THE DRACONIC EPHEMERIS

1950-2050 AT NOON

MORGAN C. BENTON

The Draconic Ephemeris, 1950-2050 at Noon

© 2015, by Morgan C. Benton. All rights reserved.

ISBN-13: 978-0996916097
ISBN-10: 0996916091

The tables in this ephemeris were produced with software written by the author, making use of the Swiss Ephemeris by Astrodienst. In accordance with the terms of the GNU General Public License, version 2, under which that software package was obtained, the source code which produced this book can be downloaded from:

https://github.com/morphatic/draconic_ephemeris

Anyone wishing to download and use this software, may do so free of charge, and in keeping with the terms of the GPLv2, under which it, too, is licensed.

Published by Lapis Lucera http://lapislucera.com

Introduction to *The Draconic Ephemeris*

20th Century astrology has primarily focused on the Tropical Zodiac, which aligns the Aries point with the vernal equinox. This results in an astrology based on the Earth's annual journey around the Sun. While this approach yields a great deal of insight into our lives, astrologers around the middle of the 20th century began to pay more attention to the spiritual implications of the Moon's Nodes, frequently referred to as the Nodes of Fate, or the Nodes of Destiny. Since Babylonian times, the nodal axis has been described as a dragon, with the North Node being the dragon's head, and the South Node being the dragon's tail. As such, the astrology that focuses on the nodes has come to be known as Draconic astrology, and its zodiac, the Draconic Zodiac.

The Draconic Zodiac places the Aries point at the North Node. While this alignment does not change the aspects observed between planets, it does change the sign and house in which the planets reside, as well as the major angles. When combined with the Tropical Zodiac, an analysis of the Draconic Zodiac adds depth and insight into the soul's underlying motivations, and has the potential to explain why some of our predictions based on Tropical astrology don't turn out in the way that we expect.

The Draconic Ephemeris is a reference book displaying the positions of the Sun and Moon, planets, dwarf planets, and key asteroids corrected by the changing position of the Moon's North Node. It will be a treasured tool and companion for those wishing to explore the Draconic Zodiac as a rich source of knowledge and wisdom.

How Planet Locations Were Calculated

The draconic location of a planet is straightforward to calculate. For each planet the following algorithm was used:

1. For each date (displayed as a single row in a table),
2. The degree of the Moon's North Node was looked up in the Swiss Ephemeris (Tropical Zodiac). This is in the form of a decimal number between 0 and 360.
3. Then for each planet that is displayed in a table,
4. If the degree of the Node was greater than the planet's degree:
Draconic Degree = Tropical Degree + 360 - Degree of the Node
5. Or, if the degree of the Node was less than the planet's degree:
Draconic Degree = Tropical Degree - Degree of the Node

So for example, at noon on January 1st, 1950 the North Node was at 12.4814° tropical, or about 12°29' Aries. The Sun was at 280.51439° tropical, or 10°31' Capricorn. Since the Nodal Degree was less than the Tropical Degree, by simple subtraction, the Draconic Degree of the Sun was determined to be:

$$280.51439 - 12.4814 = 268.03299$$

or about 28°2' Sagittarius.

Likewise, at noon on January 1st, 1951 the North Node was at 351.890348° tropical, or about 21°54' Pisces. The Sun was at 280.263095° tropical, or 10°16' Capricorn. Since the Nodal Degree was greater than the Tropical Degree, we first add 360 to it before subtracting the Nodal Degree yielding:

$$280.263095 + 360 - 351.890348 = 288.372747$$

or about 18°22' Capricorn.

Note that in all cases the True North Node was used. This is in keeping with the best practices recommended in the Reverend Pamela Crane's *The Draconic Chart* (Flare Publications, 2013). All planetary locations are given to the second and may differ from the locations given in other sources by +/- one degree due to rounding errors.

Shaded areas in each table correspond to periods when the given planet is retrograde (moving "backwards" from the perspective of the earth with respect to other stars in the sky) in the **Tropical Zodiac**. In some cases, due to the fact that that the North Node is moving *faster* in the *same direction* as the retrograde planet, the degrees listed in the table actually *increase*, which would be the opposite of what was expected. An example of this is Saturn during January 1950. As can be seen when Saturn speeds up again in February 1950, the degrees decrease again as expected. Since it is not common to consider whether or not a planet is retrograde in draconic interpretations, we elected to keep the shading consistent with what would be seen in a tropical ephemeris. Also note that the beginnings and endings of the retrograde periods may differ from other ephemerides by +/- one day. In this ephemeris, retrograde status reflects the direction of the planet at noon on the given day, whereas other ephemerides may choose mark the beginning/end of a retrograde period on a given day if it fell within the calendar day (midnight to midnight), even if it happened sometime in the day later than noon.

Table of Symbols Used in this Book

Planet	Symbol
Sun	☉
Moon	☽
Mercury	☿
Venus	♀
Mars	♂
Juno	⚵
Ceres	⚳
Jupiter	♃
Saturn	♄
Chiron	⚷
Uranus	♅
Neptune	♆
Pluto	♇

Sign	Symbol
Aries	♈
Taurus	♉
Gemini	♊
Cancer	♋
Leo	♌
Virgo	♍
Libra	♎
Scorpio	♏
Sagittarius	♐
Capricorn	♑
Aquarius	♒
Pisces	♓

January 1950 LONGITUDE

Day	☉	0 hr ☽	Noon ☽	☿	♀	♂	⚵	⚳	♃	♄	⚷	♅	♆	♇
1 Su	28 ♐ 01 59	18 ♉ 56 03	25 ♉ 03 47	17 ♑ 29 26	4 ♒ 40 16	19 ♍ 54 47	20 ♍ 13 49	12 ♏ 23 54	24 ♑ 08 12	6 ♍ 57 15	3 ♐ 21 09	20 ♊ 10 48	4 ♎ 47 23	5 ♌ 18 29
2 M	29 14 34	1 ♊ 26 41	7 ♊ 42 03	18 39 38	5 10 59	20 27 58	20 33 41	12 58 47	24 33 12	7 08 23	3 39 22	20 19 42	4 59 24	5 28 50
3 Tu	0 ♑ 28 59	14 14 44	20 38 10	19 45 23	5 41 30	21 02 39	20 55 03	13 35 26	25 00 05	7 21 14	3 59 24	20 30 27	5 13 13	5 41 00
4 W	1 44 07	27 19 36	3 ♋ 50 55	20 44 42	6 10 38	21 37 43	21 16 47	14 12 41	25 27 43	7 34 42	4 20 07	20 41 54	5 27 43	5 53 52
5 Th	2 58 39	10 ♋ 39 19	17 17 45	21 35 23	6 37 02	22 11 50	21 37 34	14 49 15	25 54 48	7 47 28	4 40 12	20 52 48	5 41 36	6 06 08
6 F	4 11 23	24 10 57	0 ♌ 55 25	22 15 18	6 59 24	22 43 47	21 56 12	15 23 55	26 20 07	7 58 18	4 58 25	21 01 53	5 53 38	6 16 33
7 Sa	5 21 24	7 ♌ 51 20	14 40 39	22 42 40	7 16 46	23 12 39	22 11 44	15 55 46	26 42 46	8 06 19	5 13 54	21 08 16	6 02 55	6 24 15
8 Su	6 28 19	21 37 46	28 30 55	22 56 19	7 28 42	23 38 02	22 23 49	16 24 24	27 02 21	8 11 08	5 26 14	21 11 34	6 09 03	6 28 50
9 M	7 32 20	5 ♍ 28 35	12 ♍ 24 49	22 55 48	7 35 24	24 00 10	22 32 39	16 50 04	27 19 05	8 12 57	5 35 39	21 12 01	6 12 17	6 30 31
10 Tu	8 34 18	19 23 15	26 22 11	22 41 30	7 37 36	24 19 50	22 39 02	17 13 33	27 33 47	8 12 36	5 42 57	21 10 24	6 13 25	6 30 07
11 W	9 35 25	3 ♎ 22 21	10 ♎ 23 46	22 14 31	7 36 31	24 38 15	22 44 12	17 36 05	27 47 41	8 11 17	5 49 22	21 07 57	6 13 40	6 28 51
12 Th	10 37 06	17 26 53	24 30 34	21 36 32	7 33 31	24 56 49	22 49 32	17 59 04	28 02 10	8 10 26	5 56 18	21 06 05	6 14 26	6 28 08
13 F	11 40 36	1 ♏ 37 35	8 ♏ 43 01	20 49 30	7 29 50	25 16 47	22 56 19	18 23 46	28 18 31	8 11 17	6 05 00	21 06 04	6 16 60	6 29 14
14 Sa	12 46 47	15 54 03	23 00 14	19 55 26	7 26 20	25 38 60	23 05 23	18 51 01	28 37 34	8 14 43	6 16 21	21 08 45	6 22 12	6 32 59
15 Su	13 55 53	0 ♐ 14 12	7 ♐ 19 31	18 56 13	7 23 16	26 03 42	23 16 59	19 21 06	28 59 35	8 20 59	6 30 34	21 14 23	6 30 18	6 39 40
16 M	15 07 32	14 34 08	21 36 26	17 53 29	7 20 16	26 30 29	23 30 44	19 53 35	29 24 09	8 29 41	6 47 17	21 22 35	6 40 55	6 48 52
17 Tu	16 20 46	28 48 27	5 ♑ 45 20	16 48 36	7 16 23	26 58 25	23 45 41	20 27 34	29 50 22	8 39 53	7 05 33	21 32 25	6 53 06	6 59 40
18 W	17 34 21	12 ♑ 51 07	19 40 21	15 42 45	7 10 28	27 26 13	24 00 35	21 01 47	0 ♒ 16 57	8 50 20	7 24 08	21 42 37	7 05 35	7 10 49
19 Th	18 46 59	26 36 36	3 ♒ 16 29	14 37 03	7 01 14	27 52 36	24 14 08	21 34 55	0 42 37	8 59 44	7 41 42	21 51 55	7 17 07	7 20 60
20 F	19 57 36	10 ♒ 00 48	16 30 26	13 32 40	6 47 44	28 16 29	24 25 16	22 05 56	1 06 19	9 07 02	7 57 13	21 59 14	7 26 35	7 29 10
21 Sa	21 05 34	23 01 46	29 21 11	12 30 52	6 29 24	28 37 14	24 33 21	22 34 10	1 27 23	9 11 36	8 10 03	22 03 56	7 33 24	7 34 41
22 Su	22 10 44	5 ♓ 39 54	11 ♓ 50 02	11 33 04	6 06 15	28 54 41	24 38 14	22 59 29	1 45 41	9 13 17	8 20 02	22 05 54	7 37 23	7 37 25
23 M	23 13 28	17 57 48	24 00 19	10 40 44	5 38 45	29 09 12	24 40 18	23 22 16	2 01 35	9 12 28	8 27 33	22 05 28	7 38 56	7 37 44
24 Tu	24 14 33	29 59 52	5 ♈ 56 59	9 55 23	5 07 52	29 21 32	24 40 18	23 43 15	2 15 52	9 09 54	8 33 21	22 03 26	7 38 48	7 36 23
25 W	25 14 58	11 ♈ 51 44	17 46 01	9 18 22	4 34 45	29 32 41	24 39 15	24 03 28	2 29 31	9 06 36	8 38 28	22 00 47	7 37 59	7 34 24
26 Th	26 15 48	23 39 44	29 33 55	8 50 52	4 00 43	29 43 44	24 38 13	24 23 59	2 43 37	9 03 39	8 43 58	21 58 36	7 37 35	7 32 50
27 F	27 18 02	5 ♉ 30 21	11 ♉ 27 12	8 33 42	3 26 55	29 55 37	24 38 10	24 45 46	2 59 08	9 02 01	8 50 48	21 57 52	7 38 33	7 32 41
28 Sa	28 22 20	17 29 43	23 31 49	8 27 13	2 54 18	0 ♎ 09 03	24 39 48	25 09 30	3 16 46	9 02 25	8 59 41	21 59 17	7 41 35	7 34 37
29 Su	29 29 02	29 43 10	5 ♊ 52 45	8 31 18	2 23 24	0 24 18	24 43 26	25 35 30	3 36 49	9 05 07	9 10 54	22 03 08	7 46 60	7 38 57
30 M	0 ♒ 37 58	12 ♊ 14 47	18 33 35	8 45 18	1 54 20	0 41 13	24 48 54	26 03 36	3 59 08	9 09 59	9 24 19	22 09 17	7 54 38	7 45 33
31 Tu	1 48 34	25 07 07	1 ♋ 36 07	9 08 05	1 26 46	0 59 12	24 55 37	26 33 14	4 23 07	9 16 27	9 39 20	22 17 08	8 03 55	7 53 49

February 1950 LONGITUDE

Day	☉	0 hr ☽	Noon ☽	☿	♀	♂	⚵	⚳	♃	♄	⚷	♅	♆	♇
1 W	2 ♒ 59 53	8 ♋ 20 48	15 ♋ 00 09	9 ♑ 38 13	1 ♒ 00 04	1 ♎ 17 19	25 ♍ 02 41	27 ♏ 03 28	4 ♒ 47 52	9 ♍ 23 36	9 ♐ 55 03	22 ♊ 25 47	8 ♎ 13 55	8 ♌ 02 50
2 Th	4 10 51	21 54 35	28 43 32	10 14 05	0 33 22	1 34 30	25 08 60	27 33 12	5 12 18	9 30 19	10 10 22	22 34 08	8 23 33	8 11 30
3 F	5 20 26	5 ♌ 45 29	12 ♌ 42 30	10 54 06	0 05 55	1 49 39	25 13 30	28 01 24	5 35 20	9 35 35	10 24 14	22 41 09	8 31 46	8 18 48
4 Sa	6 27 48	19 49 19	26 52 16	11 37 00	29 ♑ 37 09	2 01 58	25 15 25	28 27 16	5 56 11	9 38 36	10 35 50	22 46 01	8 37 46	8 23 55
5 Su	7 32 36	4 ♍ 01 20	11 ♍ 07 56	12 21 60	29 06 56	2 11 05	25 14 22	28 50 24	6 14 30	9 38 59	10 44 50	22 48 23	8 41 12	8 26 28
6 M	8 34 58	18 17 06	25 25 11	13 08 48	28 35 38	2 17 07	25 10 29	29 10 58	6 30 24	9 36 53	10 51 21	22 48 23	8 42 10	8 26 37
7 Tu	9 35 31	2 ♎ 33 05	9 ♎ 40 53	13 57 40	28 04 03	2 20 39	25 04 24	29 29 34	6 44 29	9 32 54	10 55 59	22 46 36	8 41 19	8 24 57
8 W	10 35 12	16 46 58	23 53 13	14 49 13	27 33 21	2 22 39	24 57 02	29 47 08	6 57 43	9 27 59	10 59 41	22 44 01	8 39 34	8 22 26
9 Th	11 35 06	0 ♏ 57 31	8 ♏ 01 23	15 44 14	27 04 46	2 24 10	24 49 31	0 ♐ 04 46	7 11 11	9 23 15	11 03 33	22 41 43	8 38 02	8 20 09
10 F	12 36 12	15 04 12	22 05 06	16 43 25	26 39 26	2 26 11	24 42 48	0 23 26	7 25 51	9 19 40	11 08 34	22 40 41	8 37 41	8 19 06
11 Sa	13 39 09	29 06 35	6 ♐ 04 02	17 47 13	26 18 07	2 29 21	24 37 34	0 43 48	7 42 24	9 17 54	11 15 22	22 41 33	8 39 11	8 19 54
12 Su	14 44 11	13 ♐ 03 53	19 57 18	18 55 37	26 01 10	2 33 52	24 34 03	1 06 05	8 01 01	9 18 09	11 24 12	22 44 34	8 42 44	8 22 49
13 M	15 51 02	26 54 37	3 ♑ 43 15	20 08 11	25 48 22	2 39 29	24 31 58	1 30 01	8 21 29	9 20 12	11 34 47	22 49 29	8 48 06	8 27 34
14 Tu	16 59 04	10 ♑ 36 34	17 19 34	21 24 05	25 39 11	2 45 33	24 30 43	1 54 57	8 43 08	9 23 23	11 46 30	22 55 38	8 54 39	8 33 32
15 W	18 07 25	24 07 09	0 ♒ 43 38	22 42 20	25 32 46	2 51 11	24 29 25	2 20 02	9 05 06	9 26 51	11 58 29	23 02 11	9 01 30	8 39 50
16 Th	19 15 11	7 ♒ 23 44	13 52 59	24 01 54	25 28 15	2 55 29	24 27 12	2 44 21	9 26 30	9 29 42	12 09 48	23 08 12	9 07 45	8 45 35
17 F	20 21 37	20 24 17	26 45 53	25 21 54	25 24 54	2 57 42	24 23 19	3 07 10	9 46 34	9 31 12	12 19 44	23 12 58	9 12 40	8 50 01
18 Sa	21 26 12	3 ♓ 07 42	9 ♓ 21 42	26 41 44	25 22 13	2 57 20	24 17 16	3 27 58	10 04 48	9 30 51	12 27 47	23 15 58	9 15 45	8 52 39
19 Su	22 28 49	15 34 11	21 41 10	28 01 11	25 20 03	2 54 14	24 08 55	3 46 37	10 21 05	9 28 29	12 33 48	23 17 04	9 16 52	8 53 21
20 M	23 29 38	27 45 19	3 ♈ 46 22	29 20 20	25 18 32	2 48 34	23 58 28	4 03 16	10 35 33	9 24 19	12 37 57	23 16 27	9 16 09	8 52 16
21 Tu	24 29 04	9 ♈ 43 59	15 40 41	0 ♒ 39 34	25 18 06	2 40 47	23 46 21	4 18 22	10 48 39	9 18 45	12 40 40	23 14 32	9 14 05	8 49 51
22 W	25 27 45	21 34 10	27 28 29	1 59 25	25 19 19	2 31 30	23 33 12	4 32 32	11 01 01	9 12 27	12 42 36	23 11 57	9 11 16	8 46 44
23 Th	26 26 23	3 ♉ 20 41	9 ♉ 14 55	3 20 33	25 22 50	2 21 24	23 19 44	4 46 27	11 13 20	9 06 04	12 44 24	23 09 23	9 08 24	8 43 35
24 F	27 25 35	15 08 52	21 05 31	4 43 33	25 29 14	2 11 08	23 06 34	5 00 45	11 26 14	9 00 16	12 46 43	23 07 28	9 06 07	8 41 03
25 Sa	28 25 50	27 04 14	3 ♊ 05 50	6 08 51	25 38 58	2 01 12	22 54 14	5 15 55	11 40 11	8 55 32	12 50 03	23 06 43	9 04 54	8 39 37
26 Su	29 27 25	9 ♊ 12 08	15 21 10	7 36 42	25 52 13	1 51 50	22 42 59	5 32 13	11 55 28	8 52 08	12 54 39	23 07 22	9 05 01	8 39 34
27 M	0 ♓ 30 18	21 37 21	27 55 60	9 07 04	26 08 54	1 43 03	22 32 50	5 49 37	12 12 04	8 50 03	13 00 29	23 09 24	9 06 26	8 40 51
28 Tu	1 34 14	4 ♋ 23 47	10 ♋ 53 42	10 39 38	26 28 43	1 34 35	22 23 30	6 07 51	12 29 41	8 49 00	13 07 19	23 12 33	9 08 54	8 43 13

Notes

LONGITUDE — March 1950

Day	☉	0 hr ☽	Noon ☽	☿	♀	♂	⚵	⚳	♃	♄	⚷	♅	♆	♇
1 W	2 ♓ 38 42	17 ♋ 33 55	24 ♋ 16 02	12 ♒ 13 54	26 ♑ 51 07	1 ♎ 25 57	22 ♍ 14 31	6 ♐ 26 26	12 ♒ 47 52	8 ♍ 48 31	13 ♐ 14 38	23 ♊ 16 20	9 ♎ 11 56	8 ♌ 46 10
2 Th	3 43 07	1 ♌ 08 32	8 ♌ 02 47	13 49 17	27 15 25	1 16 35	22 05 19	6 44 45	13 05 60	8 48 01	13 21 50	23 20 10	9 14 56	8 49 07
3 F	4 46 55	15 06 24	22 11 37	15 25 11	27 40 60	1 05 53	21 55 20	7 02 15	13 23 30	8 46 54	13 28 22	23 23 27	9 17 19	8 51 30
4 Sa	5 49 38	29 24 11	6 ♍ 38 11	17 01 09	28 07 20	0 53 27	21 44 07	7 18 27	13 39 56	8 44 45	13 33 46	23 25 45	9 18 38	8 52 51
5 Su	6 51 04	13 ♍ 56 49	21 16 34	18 36 57	28 34 10	0 39 03	21 31 27	7 33 08	13 55 03	8 41 18	13 37 48	23 26 50	9 18 40	8 52 57
6 M	7 51 14	28 38 02	6 ♎ 00 06	20 12 37	29 01 26	0 22 45	21 17 25	7 46 20	14 08 54	8 36 38	13 40 31	23 26 45	9 17 27	8 51 49
7 Tu	8 50 25	13 ♎ 21 14	20 42 17	21 48 28	29 29 23	0 04 51	21 02 18	7 58 20	14 21 47	8 31 01	13 42 12	23 25 46	9 15 16	8 49 46
8 W	9 49 06	28 00 23	5 ♏ 17 32	23 24 56	29 58 25	29 ♍ 45 49	20 46 34	8 09 35	14 34 08	8 24 55	13 43 18	23 24 21	9 12 35	8 47 15
9 Th	10 47 47	12 ♏ 30 35	19 41 40	25 02 33	0 ♒ 28 58	29 26 11	20 30 44	8 20 35	14 46 27	8 18 50	13 44 20	23 23 01	9 09 54	8 44 46
10 F	11 46 53	26 48 21	3 ♐ 52 02	26 41 45	1 01 25	29 06 26	20 15 16	8 31 47	14 59 12	8 13 13	13 45 43	23 22 11	9 07 39	8 42 45
11 Sa	12 46 43	10 ♐ 51 38	17 47 14	28 22 51	1 35 60	28 46 51	20 00 28	8 43 27	15 12 38	8 08 21	13 47 46	23 22 10	9 06 08	8 41 30
12 Su	13 47 20	24 39 28	1 ♑ 26 53	0 ♓ 05 55	2 12 44	28 27 34	19 46 26	8 55 39	15 26 51	8 04 19	13 50 32	23 23 01	9 05 26	8 41 06
13 M	14 48 37	8 ♑ 11 42	14 51 08	1 50 51	2 51 26	28 08 28	19 33 03	9 08 17	15 41 44	8 01 00	13 53 54	23 24 37	9 05 24	8 41 24
14 Tu	15 50 20	21 28 35	28 00 27	3 37 24	3 31 49	27 49 20	19 20 04	9 21 04	15 56 60	7 58 09	13 57 38	23 26 43	9 05 48	8 42 10
15 W	16 52 07	4 ♒ 30 41	10 ♒ 55 27	5 25 16	4 13 28	27 29 54	19 07 12	9 33 40	16 12 20	7 55 25	14 01 22	23 28 59	9 06 19	8 43 04
16 Th	17 53 41	17 18 39	23 36 49	7 14 08	4 56 03	27 09 52	18 54 08	9 45 47	16 27 25	7 52 31	14 04 49	23 31 06	9 06 36	8 43 48
17 F	18 54 47	29 53 16	6 ♓ 05 23	9 03 48	5 39 17	26 49 02	18 40 39	9 57 10	16 42 01	7 49 13	14 07 44	23 32 51	9 06 27	8 44 07
18 Sa	19 55 18	12 ♓ 15 31	18 22 11	10 54 07	6 22 59	26 27 21	18 26 39	10 07 41	16 56 00	7 45 23	14 09 60	23 34 06	9 05 44	8 43 53
19 Su	20 55 13	24 26 38	0 ♈ 28 34	12 45 06	7 07 06	26 04 49	18 12 08	10 17 20	17 09 22	7 41 01	14 11 35	23 34 50	9 04 26	8 43 07
20 M	21 54 37	6 ♈ 28 14	12 26 21	14 36 50	7 51 42	25 41 35	17 57 12	10 26 11	17 22 12	7 36 12	14 12 37	23 35 09	9 02 38	8 41 53
21 Tu	22 53 41	18 22 25	24 17 50	16 29 29	8 36 53	25 17 51	17 42 03	10 34 25	17 34 40	7 31 06	14 13 13	23 35 11	9 00 31	8 40 21
22 W	23 52 33	0 ♉ 11 44	6 ♉ 05 51	18 23 13	9 22 49	24 53 51	17 26 52	10 42 12	17 46 55	7 25 54	14 13 36	23 35 09	8 58 16	8 38 43
23 Th	24 51 26	11 59 16	17 53 45	20 18 12	10 09 37	24 29 47	17 11 50	10 49 41	17 59 09	7 20 47	14 13 54	23 35 12	8 56 01	8 37 08
24 F	25 50 25	23 48 36	29 45 21	22 14 30	10 57 22	24 05 50	16 57 04	10 56 59	18 11 28	7 15 51	14 14 16	23 35 27	8 53 55	8 35 43
25 Sa	26 49 35	5 ♊ 43 44	11 ♊ 44 52	24 12 10	11 46 06	23 42 05	16 42 40	11 04 11	18 23 55	7 11 10	14 14 44	23 35 58	8 52 01	8 34 32
26 Su	27 48 53	17 48 56	23 56 42	26 11 06	12 35 46	23 18 35	16 28 37	11 11 13	18 36 30	7 06 43	14 15 17	23 36 44	8 50 18	8 33 34
27 M	28 48 17	0 ♋ 08 37	6 ♋ 25 14	28 11 12	13 26 16	22 55 17	16 14 52	11 18 03	18 49 08	7 02 27	14 15 52	23 37 39	8 48 42	8 32 44
28 Tu	29 47 40	12 47 05	19 14 35	0 ♈ 12 16	14 17 29	22 32 09	16 01 20	11 24 34	19 01 44	6 58 15	14 16 23	23 38 40	8 47 07	8 31 57
29 W	0 ♈ 46 56	25 48 07	2 ♌ 28 04	2 14 07	15 09 19	22 09 09	15 47 56	11 30 41	19 14 11	6 54 03	14 16 44	23 39 39	8 45 28	8 31 08
30 Th	1 46 04	9 ♌ 14 29	16 07 45	4 16 34	16 01 40	21 46 15	15 34 38	11 36 21	19 26 28	6 49 47	14 16 52	23 40 35	8 43 42	8 30 13
31 F	2 45 04	23 07 28	0 ♍ 13 53	6 19 29	16 54 33	21 23 32	15 21 28	11 41 35	19 38 35	6 45 30	14 16 50	23 41 29	8 41 50	8 29 15

LONGITUDE — April 1950

Day	☉	0 hr ☽	Noon ☽	☿	♀	♂	⚵	⚳	♃	♄	⚷	♅	♆	♇
1 Sa	3 ♈ 44 02	7 ♍ 26 11	14 ♍ 44 19	8 ♈ 22 46	17 ♒ 48 01	21 ♍ 01 07	15 ♍ 08 33	11 ♐ 46 27	19 ♒ 50 37	6 ♍ 41 16	14 ♐ 16 41	23 ♊ 42 26	8 ♎ 39 58	8 ♌ 28 18
2 Su	4 43 04	22 07 15	29 34 22	10 26 19	18 42 12	20 39 10	14 55 59	11 51 05	20 02 42	6 37 13	14 16 33	23 43 33	8 38 13	8 27 29
3 M	5 42 19	7 ♎ 04 44	14 ♎ 37 00	12 30 03	19 37 10	20 17 50	14 43 55	11 55 36	20 14 57	6 33 28	14 16 35	23 44 57	8 36 42	8 26 57
4 Tu	6 41 52	22 10 38	29 43 36	14 33 44	20 32 60	19 57 14	14 32 26	12 00 05	20 27 26	6 30 06	14 16 49	23 46 43	8 35 30	8 26 45
5 W	7 41 40	7 ♏ 15 57	14 ♏ 45 08	16 37 04	21 29 39	19 37 23	14 21 32	12 04 31	20 40 09	6 27 06	14 17 16	23 48 51	8 34 36	8 26 52
6 Th	8 41 38	22 11 53	29 33 29	18 39 37	22 26 59	19 18 13	14 11 07	12 08 46	20 52 58	6 24 22	14 17 49	23 51 13	8 33 54	8 27 13
7 F	9 41 35	6 ♐ 51 08	14 ♐ 02 28	20 40 49	23 24 48	18 59 33	14 00 58	12 12 38	21 05 42	6 21 42	14 18 16	23 53 38	8 33 12	8 27 35
8 Sa	10 41 15	21 08 43	28 08 18	22 40 07	24 22 51	18 41 11	13 50 54	12 15 54	21 18 07	6 18 52	14 18 23	23 55 51	8 32 15	8 27 44
9 Su	11 40 27	5 ♑ 02 06	11 ♑ 49 40	24 36 55	25 20 54	18 22 57	13 40 41	12 18 20	21 30 00	6 15 40	14 17 57	23 57 41	8 30 52	8 27 28
10 M	12 39 04	18 31 08	25 07 17	26 30 47	26 18 50	18 04 47	13 30 15	12 19 52	21 41 16	6 11 60	14 16 53	23 59 00	8 28 56	8 26 41
11 Tu	13 37 08	1 ♒ 37 21	8 ♒ 03 18	28 21 20	27 16 38	17 46 42	13 19 36	12 20 28	21 51 54	6 07 52	14 15 12	23 59 51	8 26 28	8 25 24
12 W	14 34 47	14 23 31	20 40 46	0 ♉ 08 25	28 14 28	17 28 54	13 08 55	12 20 19	22 02 04	6 03 27	14 13 02	24 00 22	8 23 38	8 23 46
13 Th	15 32 17	26 52 56	3 ♓ 03 03	1 51 57	29 12 33	17 11 39	12 58 26	12 19 39	22 12 01	5 58 59	14 10 40	24 00 48	8 20 41	8 22 02
14 F	16 29 58	9 ♓ 09 04	15 13 34	3 31 59	0 ♓ 11 13	16 55 18	12 48 30	12 18 48	22 22 05	5 54 48	14 08 24	24 01 30	8 17 56	8 20 32
15 Sa	17 28 10	21 15 13	27 15 29	5 08 34	1 10 46	16 40 13	12 39 28	12 18 07	22 32 36	5 51 15	14 06 35	24 02 47	8 15 44	8 19 35
16 Su	18 27 09	3 ♈ 14 20	9 ♈ 11 33	6 41 45	2 11 29	16 26 41	12 31 36	12 17 51	22 43 50	5 48 37	14 05 30	24 04 55	8 14 22	8 19 30
17 M	19 27 05	15 08 55	21 04 13	8 11 28	3 13 31	16 14 53	12 25 04	12 18 11	22 55 58	5 47 02	14 05 19	24 08 06	8 13 60	8 20 26
18 Tu	20 28 00	27 01 11	2 ♉ 55 34	9 37 35	4 16 52	16 04 51	12 19 55	12 19 09	23 09 00	5 46 34	14 06 03	24 12 20	8 14 38	8 22 24
19 W	21 29 45	8 ♉ 53 00	14 47 31	10 59 47	5 21 24	15 56 28	12 16 01	12 20 35	23 22 49	5 47 04	14 07 34	24 17 29	8 16 10	8 25 16
20 Th	22 32 04	20 46 13	26 41 59	12 17 37	6 26 49	15 49 27	12 13 03	12 22 13	23 37 06	5 48 14	14 09 35	24 23 15	8 18 16	8 28 44
21 F	23 34 29	2 ♊ 42 43	8 ♊ 41 01	13 30 33	7 32 40	15 43 23	12 10 37	12 23 37	23 51 26	5 49 39	14 11 40	24 29 14	8 20 33	8 32 24
22 Sa	24 36 35	14 44 41	20 46 59	14 38 00	8 38 29	15 37 48	12 08 15	12 24 20	24 05 22	5 50 51	14 13 22	24 34 57	8 22 33	8 35 48
23 Su	25 37 53	26 54 43	3 ♋ 02 42	15 39 26	9 43 49	15 32 16	12 05 30	12 23 55	24 18 27	5 51 24	14 14 13	24 39 58	8 23 47	8 38 28
24 M	26 38 05	9 ♋ 15 56	15 31 26	16 34 25	10 48 20	15 26 27	12 02 03	12 22 01	24 30 20	5 50 58	14 13 55	24 43 56	8 23 58	8 40 05
25 Tu	27 37 01	21 51 55	28 16 49	17 22 45	11 51 52	15 20 14	11 57 46	12 18 32	24 40 53	5 49 26	14 12 20	24 46 44	8 22 57	8 40 30
26 W	28 34 50	4 ♌ 46 32	11 ♌ 22 38	18 04 29	12 54 34	15 13 42	11 52 45	12 13 34	24 50 14	5 46 52	14 09 33	24 48 28	8 20 50	8 39 52
27 Th	29 31 51	18 03 35	24 52 19	18 39 56	13 56 44	15 07 14	11 47 22	12 07 29	24 58 43	5 43 41	14 05 57	24 49 30	8 18 00	8 38 30
28 F	0 ♉ 28 40	1 ♍ 46 12	8 ♍ 48 17	19 09 37	14 58 58	15 01 23	11 42 11	12 00 51	25 06 55	5 40 24	14 02 06	24 50 24	8 14 60	8 36 60
29 Sa	1 25 56	15 55 59	23 11 07	19 34 11	16 01 53	14 56 47	11 37 51	11 54 19	25 15 29	5 37 42	13 58 39	24 51 49	8 12 29	8 35 60
30 Su	2 24 15	0 ♎ 32 16	7 ♎ 58 43	19 54 14	17 06 07	14 54 03	11 34 58	11 48 31	25 25 00	5 36 11	13 56 12	24 54 21	8 11 04	8 36 06

Notes

May 1950 — LONGITUDE

Day	☉	0 hr ☽	Noon ☽	☿	♀	♂	⚵	⚳	♃	♄	⚷	♅	♆	♇
1 M	3 ♉ 24 01	15 ♌ 31 16	23 ♌ 05 49	20 ♉ 10 14	18 ♓ 12 03	14 ♍ 53 36	11 ♍ 33 57	11 ♐ 43 50	25 ♒ 35 54	5 ♍ 36 16	13 ♐ 55 11	24 ♊ 58 25	8 ♎ 11 10	8 ♌ 37 45
2 Tu	4 25 22	0 ♏ 45 57	8 ♏ 24 07	20 22 20	19 19 48	14 55 30	11 34 53	11 40 24	25 48 17	5 38 03	13 55 41	25 04 08	8 12 53	8 41 00
3 W	5 28 01	16 06 36	23 43 08	20 30 22	20 29 04	14 59 29	11 37 32	11 37 56	26 01 52	5 41 15	13 57 27	25 11 12	8 15 56	8 45 37
4 Th	6 31 22	1 ♐ 22 09	8 ♐ 52 00	20 33 53	21 39 16	15 04 58	11 41 16	11 35 51	26 16 04	5 45 18	13 59 52	25 19 02	8 19 45	8 51 00
5 F	7 34 40	16 22 05	23 41 10	20 32 19	22 49 38	15 11 09	11 45 20	11 33 23	26 30 07	5 49 25	14 02 12	25 26 53	8 23 32	8 56 23
6 Sa	8 37 09	0 ♑ 58 11	8 ♑ 03 52	20 25 08	23 59 24	15 17 17	11 48 58	11 29 48	26 43 15	5 52 51	14 03 40	25 33 58	8 26 34	9 01 00
7 Su	9 38 16	15 05 28	21 56 49	20 12 04	25 07 59	15 22 47	11 51 36	11 24 32	26 54 53	5 55 02	14 03 43	25 39 45	8 28 15	9 04 18
8 M	10 37 44	28 42 30	5 ♒ 19 55	19 53 13	26 15 07	15 27 23	11 52 59	11 17 19	27 04 47	5 55 42	14 02 06	25 43 56	8 28 21	9 06 00
9 Tu	11 35 42	11 ♒ 50 48	18 15 43	19 29 06	27 20 56	15 31 12	11 53 13	11 08 17	27 13 04	5 54 59	13 58 55	25 46 40	8 26 58	9 06 14
10 W	12 32 35	24 34 01	0 ♓ 48 28	19 00 37	28 25 52	15 34 40	11 52 45	10 57 53	27 20 09	5 53 19	13 54 37	25 48 23	8 24 33	9 05 28
11 Th	13 29 05	6 ♓ 57 04	13 03 19	18 28 59	29 30 36	15 38 28	11 52 16	10 46 49	27 26 45	5 51 23	13 49 53	25 49 46	8 21 48	9 04 21
12 F	14 25 60	19 05 18	25 05 37	17 55 31	0 ♈ 35 54	15 43 23	11 52 33	10 35 53	27 33 38	5 49 60	13 45 33	25 51 37	8 19 30	9 03 41
13 Sa	15 24 05	1 ♈ 03 55	7 ♈ 00 24	17 21 35	1 42 33	15 50 09	11 54 23	10 25 51	27 41 34	5 49 54	13 42 20	25 54 41	8 18 24	9 04 15
14 Su	16 23 56	12 57 35	18 52 01	16 48 25	2 51 07	15 59 23	11 58 20	10 17 21	27 51 09	5 51 43	13 40 51	25 59 35	8 19 08	9 06 38
15 M	17 25 54	24 50 06	0 ♉ 44 00	16 16 57	4 01 58	16 11 25	12 04 46	10 10 42	28 02 44	5 55 46	13 41 28	26 06 39	8 22 01	9 11 11
16 Tu	18 30 01	6 ♉ 44 22	12 38 57	15 47 51	5 15 07	16 26 14	12 13 41	10 05 58	28 16 20	6 02 04	13 44 11	26 15 54	8 27 05	9 17 55
17 W	19 35 56	18 42 21	24 38 35	15 21 24	6 30 14	16 43 33	12 24 47	10 02 49	28 31 37	6 10 20	13 48 42	26 27 01	8 34 01	9 26 32
18 Th	20 43 04	0 ♊ 45 19	6 ♊ 44 03	14 57 36	7 46 43	17 02 42	12 37 26	10 00 41	28 48 00	6 19 57	13 54 24	26 39 24	8 42 12	9 36 24
19 F	21 50 35	12 54 04	18 56 04	14 36 08	9 03 42	17 22 53	12 50 48	9 58 44	29 04 38	6 30 03	14 00 28	26 52 13	8 50 49	9 46 42
20 Sa	22 57 34	25 09 13	1 ♋ 15 20	14 16 35	10 20 18	17 43 08	13 03 59	9 56 03	29 20 36	6 39 45	14 05 57	27 04 33	8 58 57	9 56 31
21 Su	24 03 09	7 ♋ 31 41	13 42 52	13 58 35	11 35 39	18 02 37	13 16 06	9 51 48	29 35 02	6 48 11	14 10 03	27 15 31	9 05 44	10 04 59
22 M	25 06 42	20 02 51	26 20 17	13 41 51	12 49 05	18 20 41	13 26 31	9 45 22	29 47 19	6 54 44	14 12 05	27 24 32	9 10 32	10 11 28
23 Tu	26 07 57	2 ♌ 44 55	9 ♌ 09 59	13 26 27	14 00 22	18 37 02	13 34 58	9 36 30	29 57 10	6 59 06	14 11 49	27 31 17	9 13 05	10 15 43
24 W	27 07 03	15 40 52	22 15 03	13 12 50	15 09 38	18 51 49	13 41 36	9 25 21	0 ♓ 04 44	7 01 27	14 09 24	27 35 56	9 13 33	10 17 52
25 Th	28 04 36	28 54 15	5 ♍ 39 00	13 01 46	16 17 27	19 05 36	13 46 59	9 12 31	0 10 37	7 02 21	14 05 24	27 39 04	9 12 29	10 18 29
26 F	29 01 29	12 ♍ 28 47	19 25 12	12 54 22	17 24 45	19 19 18	13 52 03	8 58 57	0 15 42	7 02 45	14 00 45	27 41 36	9 10 50	10 18 32
27 Sa	29 58 49	26 27 27	3 ♎ 35 58	12 51 49	18 32 37	19 33 59	13 57 51	8 45 43	0 21 06	7 03 43	13 56 32	27 44 38	9 09 41	10 19 03
28 Su	0 ♊ 57 38	10 ♎ 51 36	18 11 32	12 55 13	19 42 05	19 50 41	14 05 26	8 33 54	0 27 49	7 06 16	13 53 47	27 49 10	9 10 02	10 21 06
29 M	1 58 38	25 39 55	3 ♏ 09 08	13 05 19	20 53 52	20 10 05	14 15 31	8 24 13	0 36 36	7 11 09	13 53 14	27 55 57	9 12 39	10 25 24
30 Tu	3 02 04	10 ♏ 47 37	18 22 29	13 22 23	22 08 11	20 32 26	14 28 20	8 16 55	0 47 41	7 18 35	13 55 07	28 05 12	9 17 44	10 32 10
31 W	4 07 37	26 06 28	3 ♐ 42 10	13 46 03	23 24 44	20 57 24	14 43 33	8 11 42	1 00 43	7 28 15	13 59 07	28 16 37	9 24 59	10 41 06

June 1950 — LONGITUDE

Day	☉	0 hr ☽	Noon ☽	☿	♀	♂	⚵	⚳	♃	♄	⚷	♅	♆	♇
1 Th	5 ♊ 14 27	11 ♐ 25 39	18 ♐ 56 56	14 ♉ 15 27	24 ♈ 42 41	21 ♍ 24 07	15 ♍ 00 20	8 ♐ 07 44	1 ♓ 14 53	7 ♍ 39 20	14 ♐ 04 24	28 ♊ 29 20	9 ♎ 33 34	10 ♌ 51 21
2 F	6 21 27	26 33 40	3 ♑ 55 45	14 49 23	26 00 55	21 51 29	15 17 33	8 03 56	1 29 04	7 50 41	14 09 50	28 42 16	9 42 22	11 01 49
3 Sa	7 27 29	11 ♑ 20 23	18 29 45	15 26 39	27 18 16	22 18 21	15 34 04	7 59 09	1 42 07	8 01 10	14 14 18	28 54 15	9 50 14	11 11 21
4 Su	8 31 39	25 38 41	2 ♒ 33 30	16 06 16	28 33 52	22 43 48	15 48 60	7 52 32	1 53 09	8 09 55	14 16 55	29 04 24	9 56 16	11 19 03
5 M	9 33 31	9 ♒ 25 19	16 05 23	16 47 42	29 47 16	23 07 23	16 01 53	7 43 38	2 01 43	8 16 28	14 17 13	29 12 17	10 00 03	11 24 30
6 Tu	10 33 09	22 40 40	29 07 07	17 30 56	0 ♉ 58 31	23 29 11	16 12 47	7 32 33	2 07 53	8 20 54	14 15 17	29 17 57	10 01 38	11 27 44
7 W	11 31 06	5 ♓ 28 02	11 ♓ 45 11	18 16 26	2 08 11	23 49 43	16 22 16	7 19 50	2 12 12	8 23 45	14 11 41	29 21 58	10 01 35	11 29 19
8 Th	12 28 15	17 52 39	23 58 25	19 04 58	3 17 09	24 09 53	16 31 12	7 06 24	2 15 34	8 25 55	14 07 18	29 25 12	10 00 47	11 30 09
9 F	13 25 41	0 ♈ 00 39	5 ♈ 59 57	19 57 31	4 26 28	24 30 43	16 40 39	6 53 19	2 19 01	8 28 27	14 03 10	29 28 44	10 00 16	11 31 17
10 Sa	14 24 24	11 58 21	17 53 45	20 55 03	5 37 10	24 53 16	16 51 38	6 41 38	2 23 36	8 32 23	14 00 22	29 33 35	10 01 07	11 33 44
11 Su	15 25 16	23 51 35	29 45 24	21 58 18	6 50 05	25 18 21	17 04 60	6 32 11	2 30 08	8 38 34	13 59 42	29 40 36	10 04 07	11 38 21
12 M	16 28 45	5 ♉ 45 19	11 ♉ 39 31	23 07 42	8 05 43	25 46 28	17 21 13	6 25 31	2 39 07	8 47 29	14 01 40	29 50 16	10 09 48	11 45 39
13 Tu	17 34 57	17 43 24	23 39 34	24 23 17	9 24 09	26 17 40	17 40 24	6 21 41	2 50 39	8 59 13	14 06 23	0 ♋ 02 39	10 18 14	11 55 41
14 W	18 43 31	29 48 24	5 ♊ 47 43	25 44 37	10 44 60	26 51 36	18 02 08	6 20 22	3 04 21	9 13 24	14 13 27	0 17 25	10 29 04	12 08 05
15 Th	19 53 39	12 ♊ 01 45	18 05 01	27 10 53	12 07 31	27 27 30	18 25 42	6 20 49	3 19 29	9 29 16	14 22 08	0 33 47	10 41 31	12 22 07
16 F	21 04 21	24 23 51	0 ♋ 31 37	28 41 01	13 30 40	28 04 19	18 50 03	6 22 00	3 34 58	9 45 48	14 31 24	0 50 44	10 54 34	12 36 45
17 Sa	22 14 27	6 ♋ 54 32	13 07 08	0 ♊ 13 48	14 53 18	28 40 54	19 14 00	6 22 47	3 49 41	10 01 50	14 40 06	1 07 06	11 07 04	12 50 47
18 Su	23 22 52	19 33 23	25 51 08	1 48 08	16 14 19	29 16 08	19 36 30	6 22 06	4 02 32	10 16 17	14 47 08	1 21 48	11 17 55	13 03 11
19 M	24 28 48	2 ♌ 20 17	8 ♌ 43 37	3 23 11	17 32 55	29 49 15	19 56 43	6 19 09	4 12 43	10 28 21	14 51 42	1 34 02	11 26 20	13 13 08
20 Tu	25 31 52	15 15 46	21 45 19	4 58 32	18 48 44	0 ♎ 19 51	20 14 17	6 13 35	4 19 52	10 37 40	14 53 28	1 43 25	11 31 56	13 20 15
21 W	26 32 15	28 21 21	4 ♍ 57 54	6 34 19	20 01 55	0 48 04	20 29 22	6 05 33	4 24 08	10 44 22	14 52 33	1 50 07	11 34 52	13 24 42
22 Th	27 30 34	11 ♍ 39 23	18 23 54	8 11 11	21 13 08	1 14 35	20 42 35	5 55 45	4 26 10	10 49 07	14 49 38	1 54 48	11 35 48	13 27 08
23 F	28 27 54	25 12 50	2 ♎ 06 11	9 50 07	22 23 25	1 40 25	20 55 02	5 45 13	4 27 02	10 52 59	14 45 46	1 58 30	11 35 47	13 28 36
24 Sa	29 25 31	9 ♎ 04 35	16 07 20	11 32 21	23 34 03	2 06 50	21 07 56	5 35 14	4 27 59	10 57 13	14 42 13	2 02 29	11 36 06	13 30 22
25 Su	0 ♋ 24 35	23 16 37	0 ♏ 28 35	13 19 01	24 46 13	2 35 02	21 22 29	5 26 59	4 30 14	11 03 00	14 40 10	2 07 56	11 37 54	13 33 38
26 M	1 25 59	7 ♏ 48 58	15 08 55	15 10 57	26 00 46	3 05 51	21 39 33	5 21 23	4 34 37	11 11 13	14 40 29	2 15 44	11 42 05	13 39 15
27 Tu	2 30 02	22 38 52	0 ♐ 04 18	17 08 21	27 18 03	3 39 37	21 59 28	5 18 43	4 41 29	11 22 10	14 43 31	2 26 11	11 48 58	13 47 33
28 W	3 36 28	7 ♐ 40 24	15 07 39	19 10 52	28 37 46	4 16 03	22 21 55	5 18 44	4 50 31	11 35 35	14 48 57	2 39 02	11 58 15	13 58 15
29 Th	4 44 24	22 44 57	0 ♑ 09 39	21 17 29	29 59 04	4 54 15	22 46 04	5 20 35	5 00 53	11 50 36	14 55 57	2 53 23	12 09 06	14 10 29
30 F	5 52 41	7 ♑ 42 29	15 00 15	23 26 54	1 ♊ 20 45	5 33 04	23 10 42	5 23 04	5 11 24	12 06 01	15 03 19	3 08 05	12 20 18	14 23 03

Notes

LONGITUDE July 1950

Day	☉	0 hr ☽	Noon ☽	☿	♀	♂	⚵	⚳	♃	♄	⚷	♅	♆	♇
1 Sa	7 ♋ 00 02	22 ♑ 23 18	29 ♑ 30 33	25 ♊ 37 42	2 ♊ 41 35	6 ♎ 11 14	23 ♍ 34 34	5 ♐ 24 57	5 ♓ 20 48	12 ♍ 20 37	15 ♐ 09 49	3 ♋ 21 51	12 ♎ 30 37	14 ♌ 34 44
2 Su	8 05 28	6 ♒ 39 49	13 ♒ 34 13	27 48 39	4 00 33	6 47 44	23 56 42	5 25 15	5 28 05	12 33 21	15 14 26	3 33 43	12 39 03	14 44 31
3 M	9 08 26	20 27 35	27 08 20	29 58 58	5 17 07	7 22 01	24 16 30	5 23 23	5 32 43	12 43 43	15 16 38	3 43 06	12 45 03	14 51 51
4 Tu	10 08 54	3 ♓ 45 40	10 ♓ 13 17	2 ♋ 08 24	6 31 14	7 54 03	24 33 57	5 19 22	5 34 39	12 51 38	15 16 23	3 49 58	12 48 35	14 56 41
5 W	11 07 21	16 36 09	22 52 13	4 17 09	7 43 23	8 24 18	24 49 32	5 13 40	5 34 22	12 57 37	15 14 09	3 54 49	12 50 07	14 59 30
6 Th	12 04 38	29 03 24	5 ♈ 10 08	6 25 46	8 54 25	8 53 39	25 04 06	5 07 08	5 32 43	13 02 30	15 10 49	3 58 29	12 50 31	15 01 11
7 F	13 01 49	11 ♈ 13 10	17 13 11	8 35 01	10 05 25	9 23 06	25 18 42	5 00 50	5 30 46	13 07 20	15 07 24	4 02 03	12 50 50	15 02 45
8 Sa	13 59 57	23 11 47	29 07 47	10 45 41	11 17 24	9 53 46	25 34 24	4 55 50	5 29 35	13 13 12	15 05 00	4 06 33	12 52 08	15 05 18
9 Su	14 59 56	5 ♉ 05 31	11 ♉ 00 04	12 58 21	12 31 18	10 26 29	25 52 04	4 53 01	5 30 03	13 20 59	15 04 30	4 12 53	12 55 18	15 09 41
10 M	16 02 20	16 59 59	22 55 26	15 13 19	13 47 38	11 01 51	26 12 17	4 52 59	5 32 43	13 31 14	15 06 28	4 21 36	13 00 55	15 16 30
11 Tu	17 07 17	28 59 51	4 ♊ 58 13	17 30 28	15 06 36	11 40 00	26 35 12	4 55 51	5 37 46	13 44 07	15 11 02	4 32 53	13 09 07	15 25 53
12 W	18 14 31	11 ♊ 08 38	17 11 27	19 49 15	16 27 52	12 20 38	27 00 31	5 01 21	5 44 53	13 59 20	15 17 56	4 46 25	13 19 36	15 37 32
13 Th	19 23 19	23 28 29	29 36 48	22 08 48	17 50 46	13 03 05	27 27 32	5 08 48	5 53 24	14 16 11	15 26 29	5 01 30	13 31 42	15 50 46
14 F	20 32 43	6 ♋ 00 19	12 ♋ 14 45	24 27 54	19 14 19	13 46 19	27 55 16	5 17 11	6 02 19	14 33 42	15 35 40	5 17 11	13 44 26	16 04 37
15 Sa	21 41 37	18 43 60	25 04 44	26 45 19	20 37 24	14 29 17	28 22 37	5 25 27	6 10 32	14 50 45	15 44 25	5 32 20	13 56 40	16 17 58
16 Su	22 48 59	1 ♌ 38 42	8 ♌ 05 37	28 59 52	21 58 59	15 10 54	28 48 34	5 32 32	6 17 02	15 06 21	15 51 41	5 45 56	14 07 24	16 29 46
17 M	23 54 02	14 43 18	21 16 06	1 ♌ 10 40	23 18 18	15 50 25	29 12 18	5 37 39	6 21 02	15 19 41	15 56 43	5 57 12	14 15 51	16 39 17
18 Tu	24 56 24	27 56 52	4 ♍ 35 20	3 17 16	24 34 59	16 27 27	29 33 29	5 40 28	6 22 11	15 30 23	15 59 07	6 05 46	14 21 38	16 46 06
19 W	25 56 12	11 ♍ 19 05	18 03 04	5 19 42	25 49 09	17 02 07	29 52 12	5 41 06	6 20 35	15 38 35	15 59 02	6 11 45	14 24 54	16 50 22
20 Th	26 54 02	24 50 23	1 ♎ 39 55	7 18 31	27 01 22	17 35 01	0 ♎ 09 04	5 40 07	6 16 50	15 44 53	15 57 03	6 15 45	14 26 12	16 52 41
21 F	27 50 51	8 ♎ 31 50	15 27 04	9 14 37	28 12 38	18 07 05	0 25 02	5 38 28	6 11 53	15 50 12	15 54 06	6 18 42	14 26 31	16 53 58
22 Sa	28 47 46	22 24 50	29 25 50	11 09 06	29 24 02	18 39 27	0 41 12	5 37 18	6 06 53	15 55 41	15 51 21	6 21 45	14 26 58	16 55 22
23 Su	29 45 51	6 ♏ 30 27	13 ♏ 36 56	13 03 02	0 ♋ 36 40	19 13 10	0 58 39	5 37 40	6 02 54	16 02 24	15 49 50	6 25 57	14 28 37	16 57 56
24 M	0 ♌ 45 54	20 48 39	27 59 48	14 57 10	1 51 16	19 49 01	1 18 09	5 40 20	6 00 41	16 11 07	15 50 20	6 32 04	14 32 14	17 02 28
25 Tu	1 48 11	5 ♐ 17 42	12 ♐ 31 53	16 51 48	3 08 11	20 27 18	1 39 60	5 45 37	6 00 33	16 22 07	15 53 09	6 40 25	14 38 08	17 09 14
26 W	2 52 30	19 53 45	27 08 35	18 46 42	4 27 09	21 07 46	2 03 58	5 53 16	6 02 18	16 35 12	15 58 05	6 50 45	14 46 05	17 18 03
27 Th	3 58 09	4 ♑ 30 59	11 ♑ 43 30	20 41 13	5 47 30	21 49 45	2 29 21	6 02 37	6 05 13	16 49 40	16 04 25	7 02 25	14 55 23	17 28 11
28 F	5 04 10	19 02 21	26 09 26	22 34 21	7 08 15	22 32 15	2 55 12	6 12 39	6 08 20	17 04 32	16 11 11	7 14 24	15 05 04	17 38 41
29 Sa	6 09 30	3 ♒ 20 42	10 ♒ 19 33	24 25 04	8 28 22	23 14 14	3 20 27	6 22 22	6 10 38	17 18 46	16 17 20	7 25 41	15 14 06	17 48 29
30 Su	7 13 19	17 19 56	24 08 31	26 12 32	9 46 60	23 54 51	3 44 16	6 30 53	6 11 14	17 31 30	16 22 02	7 35 24	15 21 37	17 56 46
31 M	8 15 05	0 ♓ 55 57	7 ♓ 33 16	27 56 15	11 03 37	24 33 35	4 06 07	6 37 41	6 09 39	17 42 14	16 24 46	7 43 02	15 27 06	18 02 60

LONGITUDE August 1950

Day	☉	0 hr ☽	Noon ☽	☿	♀	♂	⚵	⚳	♃	♄	⚷	♅	♆	♇
1 Tu	9 ♌ 14 43	14 ♓ 07 09	20 ♓ 33 15	29 ♌ 36 07	12 ♋ 18 08	25 ♎ 10 19	4 ♎ 25 53	6 ♐ 42 41	6 ♓ 05 47	17 ♍ 50 52	16 ♐ 25 25	7 ♋ 48 30	15 ♎ 30 27	18 ♌ 07 04
2 W	10 12 31	26 54 25	3 ♈ 10 14	1 ♍ 12 25	13 30 51	25 45 22	4 43 55	6 46 10	5 59 56	17 57 41	16 24 19	7 52 05	15 31 59	18 09 18
3 Th	11 09 06	9 ♈ 20 40	15 27 54	2 45 48	14 42 23	26 19 21	5 00 47	6 48 45	5 52 43	18 03 19	16 22 03	7 54 25	15 32 19	18 10 18
4 F	12 05 15	21 30 20	27 31 09	4 17 03	15 53 32	26 53 03	5 17 18	6 51 14	5 44 56	18 08 33	16 19 26	7 56 17	15 32 14	18 10 51
5 Sa	13 01 50	3 ♉ 28 47	9 ♉ 25 39	5 46 59	17 05 08	27 27 19	5 34 19	6 54 26	5 37 26	18 14 14	16 17 18	7 58 31	15 32 34	18 11 49
6 Su	13 59 33	15 21 44	21 17 11	7 16 20	18 17 54	28 02 51	5 52 32	6 59 06	5 30 57	18 21 05	16 16 23	8 01 51	15 34 04	18 13 54
7 M	14 58 55	27 14 45	3 ♊ 11 19	8 45 35	19 32 21	28 40 11	6 12 27	7 05 43	5 25 58	18 29 35	16 17 10	8 06 47	15 37 13	18 17 37
8 Tu	16 00 08	9 ♊ 12 59	15 12 57	10 14 55	20 48 39	29 19 28	6 34 16	7 14 28	5 22 42	18 39 58	16 19 52	8 13 31	15 42 12	18 23 09
9 W	17 03 01	21 20 43	27 26 03	11 44 08	22 06 41	0 ♏ 00 36	6 57 50	7 25 12	5 21 01	18 52 03	16 24 19	8 21 52	15 48 53	18 30 21
10 Th	18 07 10	3 ♋ 41 16	9 ♋ 53 31	13 12 47	23 25 59	0 43 06	7 22 43	7 37 29	5 20 27	19 05 24	16 30 05	8 31 26	15 56 49	18 38 46
11 F	19 11 53	16 16 45	22 36 53	14 40 10	24 45 53	1 26 18	7 48 13	7 50 38	5 20 20	19 19 20	16 36 30	8 41 31	16 05 19	18 47 45
12 Sa	20 16 23	29 08 04	5 ♌ 36 31	16 05 25	26 05 36	2 09 26	8 13 34	8 03 51	5 19 55	19 33 04	16 42 46	8 51 20	16 13 37	18 56 29
13 Su	21 19 56	12 ♌ 15 01	18 51 36	17 27 47	27 24 23	2 51 44	8 38 00	8 16 25	5 18 27	19 45 52	16 48 09	9 00 09	16 20 58	19 04 15
14 M	22 21 57	25 36 24	2 ♍ 20 26	18 46 38	28 41 41	3 32 38	9 00 59	8 27 44	5 15 21	19 57 10	16 52 05	9 07 24	16 26 49	19 10 29
15 Tu	23 22 11	9 ♍ 10 24	16 00 52	20 01 37	29 57 12	4 11 52	9 22 13	8 37 32	5 10 22	20 06 40	16 54 17	9 12 47	16 30 51	19 14 53
16 W	24 20 40	22 54 55	29 50 39	21 12 43	1 ♌ 10 60	4 49 29	9 41 45	8 45 52	5 03 34	20 14 27	16 54 49	9 16 23	16 33 09	19 17 32
17 Th	25 17 47	6 ♎ 47 59	13 ♎ 47 48	22 20 14	2 23 27	5 25 51	9 59 58	8 53 07	4 55 19	20 20 53	16 54 04	9 18 34	16 34 06	19 18 47
18 F	26 14 10	20 47 53	27 50 41	23 24 42	3 35 11	6 01 37	10 17 30	8 59 54	4 46 16	20 26 35	16 52 39	9 19 57	16 34 18	19 19 16
19 Sa	27 10 32	4 ♏ 53 15	11 ♏ 58 05	24 26 45	4 46 58	6 37 30	10 35 04	9 06 57	4 37 09	20 32 18	16 51 18	9 21 18	16 34 31	19 19 45
20 Su	28 07 36	19 02 53	26 08 48	25 26 57	5 59 26	7 14 11	10 53 23	9 14 57	4 28 40	20 38 43	16 50 43	9 23 16	16 35 26	19 20 53
21 M	29 05 51	3 ♐ 15 23	10 ♐ 21 27	26 25 41	7 13 07	7 52 09	11 12 54	9 24 22	4 21 19	20 46 18	16 51 23	9 26 22	16 37 31	19 23 11
22 Tu	0 ♍ 05 27	17 28 58	24 34 00	27 22 58	8 28 11	8 31 36	11 33 50	9 35 25	4 15 16	20 55 16	16 53 29	9 30 46	16 40 58	19 26 49
23 W	1 06 17	1 ♑ 41 04	8 ♑ 43 46	28 18 32	9 44 30	9 12 24	11 56 02	9 47 57	4 10 25	21 05 28	16 56 54	9 36 20	16 45 39	19 31 39
24 Th	2 07 56	15 48 31	22 47 20	29 11 47	11 01 39	9 54 07	12 19 05	10 01 32	4 06 21	21 16 30	17 01 12	9 42 41	16 51 10	19 37 17
25 F	3 09 51	29 47 40	6 ♒ 41 01	0 ♎ 02 00	12 19 06	10 36 12	12 42 27	10 15 38	4 02 31	21 27 48	17 05 50	9 49 14	16 56 56	19 43 09
26 Sa	4 11 27	13 ♒ 34 48	20 21 15	0 48 23	13 36 15	11 18 05	13 05 31	10 29 38	3 58 20	21 38 46	17 10 13	9 55 24	17 02 23	19 48 41
27 Su	5 12 15	27 06 43	3 ♓ 45 10	1 30 15	14 52 37	11 59 15	13 27 49	10 43 04	3 53 20	21 48 56	17 13 52	10 00 42	17 07 02	19 53 22
28 M	6 11 57	10 ♓ 21 08	16 50 57	2 07 04	16 07 54	12 39 26	13 49 03	10 55 38	3 47 13	21 58 01	17 16 30	10 04 52	17 10 35	19 56 56
29 Tu	7 10 30	23 16 60	29 38 08	2 38 30	17 22 04	13 18 33	14 09 09	11 07 16	3 39 55	22 05 55	17 18 02	10 07 47	17 12 58	19 59 19
30 W	8 08 01	5 ♈ 54 40	12 ♈ 07 41	3 04 28	18 35 13	13 56 44	14 28 15	11 18 05	3 31 36	22 12 48	17 18 36	10 09 38	17 14 19	20 00 38
31 Th	9 04 50	18 15 50	24 21 49	3 24 57	19 47 39	14 34 18	14 46 40	11 28 24	3 22 34	22 18 57	17 18 32	10 10 41	17 14 57	20 01 12

Notes

September 1950 LONGITUDE

Day	☉	0 hr ☽	Noon ☽	☿	♀	♂	⚵	⚳	♃	♄	⚷	♅	♆	♇
1 F	10♍01 20	0♉23 19	6♉23 52	3♌40 07	20♌59 48	15♏11 39	15♎04 46	11♐38 36	3♓13 12	22♍24 46	17♐18 12	10♋11 20	17♎15 15	20♌01 25
2 Sa	10 57 54	12 20 54	18 17 56	3 50 02	22 12 02	15 49 09	15 22 58	11 49 05	3 03 56	22 30 39	17 18 00	10 12 01	17 15 37	20 01 40
3 Su	11 54 55	24 12 56	0♊08 39	3 54 49	23 24 43	16 27 12	15 41 38	12 00 12	2 55 07	22 36 58	17 18 19	10 13 04	17 16 25	20 02 19
4 M	12 52 37	6♊04 10	12 00 55	3 54 26	24 38 06	17 06 00	16 01 00	12 12 12	2 46 59	22 43 57	17 19 22	10 14 43	17 17 53	20 03 37
5 Tu	13 51 06	17 59 24	23 59 34	3 48 43	25 52 17	17 45 41	16 21 10	12 25 11	2 39 40	22 51 41	17 21 16	10 17 05	17 20 07	20 05 39
6 W	14 50 20	0♋03 19	6♋09 10	3 37 26	27 07 13	18 26 12	16 42 04	12 39 04	2 33 07	23 00 09	17 23 57	10 20 06	17 23 04	20 08 23
7 Th	15 50 06	12 20 10	18 33 42	3 20 15	28 22 42	19 07 20	17 03 33	12 53 43	2 27 08	23 09 08	17 27 15	10 23 36	17 26 33	20 11 38
8 F	16 50 10	24 53 30	1♌16 20	2 56 51	29 38 29	19 48 51	17 25 19	13 08 49	2 21 29	23 18 23	17 30 53	10 27 19	17 30 19	20 15 07
9 Sa	17 50 13	7♌45 59	14 19 07	2 26 56	0♍54 15	20 30 27	17 47 05	13 24 05	2 15 53	23 27 36	17 34 35	10 30 56	17 34 03	20 18 33
10 Su	18 50 00	20 59 01	27 42 46	1 50 25	2 09 46	21 11 51	18 08 36	13 39 16	2 10 02	23 36 32	17 38 04	10 34 12	17 37 30	20 21 40
11 M	19 49 20	4♍32 37	11♍26 26	1 07 26	3 24 50	21 52 53	18 29 39	13 54 10	2 03 48	23 44 58	17 41 08	10 36 57	17 40 29	20 24 17
12 Tu	20 48 09	18 25 15	25 27 48	0 18 24	4 39 23	22 33 29	18 50 13	14 08 43	1 57 07	23 52 53	17 43 46	10 39 06	17 42 55	20 26 21
13 W	21 46 31	2♎33 54	9♎43 09	29♍24 04	5 53 29	23 13 42	19 10 18	14 22 58	1 50 02	24 00 18	17 45 59	10 40 43	17 44 53	20 27 54
14 Th	22 44 33	16 54 25	24 07 53	28 25 28	7 07 17	23 53 41	19 30 06	14 37 05	1 42 42	24 07 22	17 47 57	10 41 57	17 46 32	20 29 06
15 F	23 42 29	1♏21 54	8♏36 57	27 23 50	8 20 57	24 33 38	19 49 47	14 51 15	1 35 21	24 14 18	17 49 51	10 42 58	17 48 02	20 30 09
16 Sa	24 40 28	15 51 18	23 05 26	26 20 38	9 34 42	25 13 44	20 09 31	15 05 38	1 28 08	24 21 16	17 51 53	10 43 59	17 49 35	20 31 12
17 Su	25 38 38	0♐17 55	7♐29 02	25 17 24	10 48 38	25 54 06	20 29 28	15 20 22	1 21 12	24 28 23	17 54 10	10 45 08	17 51 19	20 32 25
18 M	26 37 03	14 37 49	21 44 17	24 15 39	12 02 49	26 34 47	20 49 39	15 35 30	1 14 36	24 35 44	17 56 44	10 46 25	17 53 16	20 33 50
19 Tu	27 35 40	28 47 59	5♑48 41	23 16 53	13 17 12	27 15 45	21 10 02	15 50 58	1 08 18	24 43 14	17 59 34	10 47 51	17 55 23	20 35 23
20 W	28 34 24	12♑43 16	19 40 35	22 22 33	14 31 42	27 56 53	21 30 31	16 06 43	1 02 13	24 50 49	18 02 34	10 49 18	17 57 37	20 37 01
21 Th	29 33 08	26 31 33	3♒19 02	21 33 56	15 46 12	28 38 07	21 51 01	16 22 36	0 56 16	24 58 23	18 05 38	10 50 41	17 59 50	20 38 37
22 F	0♎31 48	10♒03 03	16 43 36	20 52 14	17 00 39	29 19 21	22 11 28	16 38 34	0 50 21	25 05 51	18 08 41	10 51 56	18 01 59	20 40 07
23 Sa	1 30 24	23 20 35	29 54 13	20 18 33	18 15 02	0♐00 35	22 31 50	16 54 37	0 44 29	25 13 13	18 11 43	10 53 02	18 04 01	20 41 29
24 Su	2 28 59	6♓24 16	12♓51 05	19 53 46	19 29 23	0 41 51	22 52 09	17 10 45	0 38 42	25 20 31	18 14 47	10 54 01	18 06 01	20 42 47
25 M	3 27 38	19 14 25	25 34 36	19 38 37	20 43 48	1 23 16	23 12 33	17 27 06	0 33 06	25 27 50	18 17 57	10 55 00	18 08 04	20 44 07
26 Tu	4 26 28	1♈51 38	8♈05 31	19 33 36	21 58 24	2 04 55	23 33 07	17 43 46	0 27 49	25 35 19	18 21 22	10 56 05	18 10 17	20 45 34
27 W	5 25 36	14 16 44	20 24 51	19 38 59	23 13 18	2 46 57	23 53 59	18 00 50	0 22 58	25 43 02	18 25 08	10 57 23	18 12 46	20 47 17
28 Th	6 25 05	26 30 58	2♉34 04	19 54 47	24 28 32	3 29 23	24 15 11	18 18 23	0 18 35	25 51 04	18 29 17	10 58 57	18 15 34	20 49 17
29 F	7 24 55	8♉35 56	14 35 03	20 20 44	25 44 07	4 12 13	24 36 42	18 36 24	0 14 40	25 59 23	18 33 49	11 00 47	18 18 41	20 51 35
30 Sa	8 24 59	20 33 48	26 30 15	20 56 23	26 59 57	4 55 21	24 58 28	18 54 46	0 11 08	26 07 55	18 38 39	11 02 46	18 22 01	20 54 04

October 1950 LONGITUDE

Day	☉	0 hr ☽	Noon ☽	☿	♀	♂	⚵	⚳	♃	♄	⚷	♅	♆	♇
1 Su	9♎25 10	2♊27 11	8♊22 38	21♍41 03	28♍15 51	5♐38 39	25♎20 18	19♐13 21	0♓07 50	26♍16 29	18♐43 37	11♋04 45	18♎25 26	20♌56 36
2 M	10 25 14	14 19 19	20 15 39	22 33 55	29 31 39	6 21 54	25 42 00	19 31 56	0 04 33	26 24 53	18 48 30	11 06 33	18 28 41	20 58 58
3 Tu	11 24 59	26 13 54	2♋13 14	23 34 08	0♎47 07	7 04 53	26 03 23	19 50 18	0 01 06	26 32 56	18 53 07	11 07 56	18 31 36	21 00 58
4 W	12 24 16	8♋15 05	14 19 41	24 40 48	2 02 06	7 47 28	26 24 16	20 08 18	29♒57 19	26 40 26	18 57 18	11 08 46	18 34 01	21 02 26
5 Th	13 23 01	20 27 22	26 39 30	25 53 08	3 16 33	8 29 34	26 44 35	20 25 52	29 53 09	26 47 21	19 00 59	11 08 58	18 35 52	21 03 18
6 F	14 21 17	2♌55 17	9♌17 04	27 10 27	4 30 30	9 11 14	27 04 25	20 43 04	29 48 38	26 53 44	19 04 14	11 08 36	18 37 12	21 03 38
7 Sa	15 19 16	15 43 08	22 16 20	28 32 16	5 44 09	9 52 40	27 23 56	21 00 03	29 43 59	26 59 46	19 07 13	11 07 52	18 38 12	21 03 38
8 Su	16 17 17	28 54 28	5♍40 13	29 58 11	6 57 48	10 34 11	27 43 26	21 17 10	29 39 30	27 05 46	19 10 15	11 07 03	18 39 12	21 03 34
9 M	17 15 40	12♍31 29	19 30 01	1♎27 59	8 11 50	11 16 08	28 03 18	21 34 46	29 35 33	27 12 05	19 13 42	11 06 31	18 40 32	21 03 51
10 Tu	18 14 47	26 34 28	3♎44 52	3 01 25	9 26 34	11 58 52	28 23 53	21 53 11	29 32 30	27 19 04	19 17 56	11 06 39	18 42 34	21 04 48
11 W	19 14 53	11♎01 11	18 21 15	4 38 13	10 42 16	12 42 37	28 45 24	22 12 39	29 30 34	27 26 58	19 23 09	11 07 39	18 45 33	21 06 39
12 Th	20 16 00	25 46 43	3♏13 08	6 17 58	11 58 59	13 27 28	29 07 55	22 33 15	29 29 50	27 35 50	19 29 27	11 09 36	18 49 31	21 09 29
13 F	21 17 59	10♏43 47	18 12 29	8 00 06	13 16 33	14 13 13	29 31 17	22 54 48	29 30 07	27 45 29	19 36 38	11 12 19	18 54 18	21 13 07
14 Sa	22 20 26	25 43 41	3♐10 24	9 43 53	14 34 34	14 59 30	29 55 05	23 16 55	29 31 03	27 55 33	19 44 19	11 15 25	18 59 32	21 17 11
15 Su	23 22 51	10♐37 35	17 58 32	11 28 30	15 52 32	15 45 49	0♏18 49	23 39 04	29 32 07	28 05 32	19 52 00	11 18 24	19 04 42	21 21 08
16 M	24 24 43	25 17 49	2♑30 13	13 13 09	17 09 56	16 31 36	0 41 58	24 00 45	29 32 47	28 14 53	19 59 10	11 20 44	19 09 17	21 24 29
17 Tu	25 25 37	9♑39 00	16 41 13	14 57 14	18 26 21	17 16 30	1 04 09	24 21 34	29 32 40	28 23 12	20 05 24	11 22 02	19 12 52	21 26 50
18 W	26 25 23	23 38 17	0♒29 49	16 40 22	19 41 38	18 00 19	1 25 10	24 41 20	29 31 36	28 30 21	20 10 33	11 22 08	19 15 18	21 27 59
19 Th	27 24 09	7♒15 16	13 56 29	18 22 33	20 55 54	18 43 09	1 45 08	25 00 10	29 29 42	28 36 24	20 14 43	11 21 08	19 16 41	21 28 05
20 F	28 22 16	20 31 22	27 03 14	20 03 59	22 09 29	19 25 24	2 04 26	25 18 25	29 27 18	28 41 45	20 18 15	11 19 24	19 17 23	21 27 28
21 Sa	29 20 15	3♓29 12	9♓52 55	21 45 06	23 22 56	20 07 35	2 23 35	25 36 39	29 24 59	28 46 54	20 21 43	11 17 28	19 17 56	21 26 42
22 Su	0♏18 46	16 11 52	22 28 42	23 26 27	24 36 53	20 50 19	2 43 12	25 55 27	29 23 21	28 52 31	20 25 43	11 15 58	19 18 57	21 26 22
23 M	1 18 22	28 42 25	4♈53 33	25 08 33	25 51 54	21 34 11	3 03 53	26 15 24	29 22 58	28 59 08	20 30 49	11 15 28	19 21 02	21 27 05
24 Tu	2 19 29	11♈03 35	17 10 01	26 51 47	27 08 26	22 19 38	3 26 04	26 36 58	29 24 17	29 07 12	20 37 29	11 16 25	19 24 36	21 29 15
25 W	3 22 21	23 17 31	29 20 08	28 36 19	28 26 41	23 06 51	3 49 56	27 00 19	29 27 31	29 16 56	20 45 55	11 19 01	19 29 52	21 33 07
26 Th	4 26 54	5♉25 52	11♉25 26	0♏22 04	29 46 37	23 55 48	4 15 29	27 25 27	29 32 37	29 28 18	20 56 04	11 23 14	19 36 48	21 38 37
27 F	5 32 52	17 29 52	23 27 09	2 08 44	1♏07 55	24 46 12	4 42 22	27 52 01	29 39 17	29 40 59	21 07 37	11 28 45	19 45 05	21 45 27
28 Sa	6 39 41	29 30 33	5♊26 25	3 55 45	2 30 04	25 37 29	5 10 05	28 19 31	29 46 58	29 54 27	21 20 04	11 35 03	19 54 11	21 53 05
29 Su	7 46 41	11♊29 03	17 24 33	5 42 27	3 52 22	26 28 60	5 37 56	28 47 15	29 55 01	0♎08 00	21 32 42	11 41 27	20 03 26	22 00 51
30 M	8 53 08	23 26 51	29 23 17	7 28 05	5 14 07	27 19 60	6 05 12	29 14 30	0♓02 40	0 20 56	21 44 49	11 47 13	20 12 05	22 07 60
31 Tu	9 58 23	5♋26 02	11♋24 59	9 12 01	6 34 38	28 09 50	6 31 14	29 40 36	0 09 18	0 32 35	21 55 45	11 51 42	20 19 30	22 13 54

Notes

LONGITUDE November 1950

Day	☉	0 hr ☽	Noon ☽	☿	♀	♂	⚵	⚳	♃	♄	⚷	♅	♆	♇
1 W	11 ♏ 01 60	17 ♋ 29 28	23 ♋ 32 50	10 ♏ 53 48	7 ♏ 53 29	28 ♐ 58 04	6 ♏ 55 33	0 ♑ 05 07	0 ♓ 14 28	0 ♎ 42 31	22 ♐ 05 02	11 ♋ 54 27	20 ♎ 25 13	22 ♌ 18 05
2 Th	12 03 48	29 40 55	5 ♌ 50 48	12 33 17	9 10 30	29 44 32	7 18 02	0 27 52	0 17 58	0 50 32	22 12 32	11 55 19	20 29 05	22 20 23
3 F	13 03 59	12 ♌ 04 54	18 23 34	14 10 39	10 25 53	0 ♑ 29 24	7 38 51	0 49 02	0 20 01	0 56 51	22 18 26	11 54 28	20 31 17	22 21 01
4 Sa	14 03 05	24 46 27	1 ♍ 16 07	15 46 28	11 40 08	1 13 12	7 58 31	1 09 10	0 21 09	1 01 59	22 23 14	11 52 26	20 32 20	22 20 29
5 Su	15 01 52	7 ♍ 50 40	14 33 14	17 21 31	12 54 04	1 56 45	8 17 50	1 29 03	0 22 08	1 06 43	22 27 45	11 50 02	20 33 03	22 19 36
6 M	16 01 17	21 21 59	28 18 39	18 56 45	14 08 36	2 40 57	8 37 43	1 49 36	0 23 54	1 11 60	22 32 54	11 48 09	20 34 20	22 19 16
7 Tu	17 02 11	5 ♎ 23 08	12 ♎ 33 58	20 33 02	15 24 36	3 26 40	8 59 03	2 11 40	0 27 19	1 18 40	22 39 33	11 47 41	20 37 04	22 20 22
8 W	18 05 10	19 54 12	27 17 47	22 11 02	16 42 40	4 14 31	9 22 25	2 35 54	0 33 01	1 27 21	22 48 18	11 49 14	20 41 51	22 23 30
9 Th	19 10 27	4 ♏ 51 38	12 ♏ 24 49	23 50 54	18 03 00	5 04 41	9 48 01	3 02 27	0 41 08	1 38 12	22 59 20	11 52 59	20 48 52	22 28 51
10 F	20 17 41	20 08 03	27 46 11	25 32 21	19 25 16	5 56 50	10 15 32	3 30 59	0 51 23	1 50 56	23 12 20	11 58 37	20 57 47	22 36 06
11 Sa	21 26 05	5 ♐ 32 48	13 ♐ 10 23	27 14 37	20 48 40	6 50 11	10 44 09	4 00 45	1 02 58	2 04 44	23 26 31	12 05 20	21 07 50	22 44 27
12 Su	22 34 34	20 53 45	28 25 25	28 56 38	22 12 08	7 43 40	11 12 49	4 30 38	1 14 49	2 18 32	23 40 48	12 12 04	21 17 56	22 52 51
13 M	23 42 05	5 ♑ 59 29	13 ♑ 20 53	0 ♐ 37 20	23 34 37	8 36 12	11 40 26	4 59 35	1 25 50	2 31 16	23 54 07	12 17 45	21 27 00	23 00 12
14 Tu	24 47 46	20 41 16	27 49 40	2 15 55	24 55 15	9 26 57	12 06 12	5 26 46	1 35 12	2 42 05	24 05 37	12 21 33	21 34 13	23 05 41
15 W	25 51 16	4 ♒ 54 11	11 ♒ 48 37	3 52 02	26 13 41	10 15 33	12 29 44	5 51 48	1 42 34	2 50 38	24 14 57	12 23 06	21 39 13	23 08 57
16 Th	26 52 45	18 37 11	25 18 07	5 25 50	27 30 04	11 02 10	12 51 11	6 14 52	1 48 03	2 57 04	24 22 16	12 22 34	21 42 09	23 10 07
17 F	27 52 51	1 ♓ 52 24	8 ♓ 21 16	6 57 57	28 45 03	11 47 25	13 11 12	6 36 34	1 52 19	3 02 01	24 28 13	12 20 34	21 43 39	23 09 52
18 Sa	28 52 30	14 43 58	21 02 46	8 29 23	29 59 34	12 32 16	13 30 44	6 57 53	1 56 19	3 06 26	24 33 43	12 18 04	21 44 40	23 09 07
19 Su	29 52 48	27 17 05	3 ♈ 27 57	10 01 12	1 ♐ 14 42	13 17 47	13 50 50	7 19 52	2 01 06	3 11 25	24 39 53	12 16 09	21 46 18	23 08 57
20 M	0 ♐ 54 44	9 ♈ 36 60	15 41 57	11 34 24	2 31 28	14 04 59	14 12 33	7 43 32	2 07 42	3 17 56	24 47 41	12 15 50	21 49 32	23 10 23
21 Tu	1 59 05	21 48 26	27 49 16	13 09 46	3 50 38	14 54 37	14 36 36	8 09 39	2 16 52	3 26 46	24 57 55	12 17 50	21 55 07	23 14 11
22 W	3 06 14	3 ♉ 55 11	9 ♉ 53 23	14 47 41	5 12 34	15 47 04	15 03 24	8 38 36	2 28 59	3 38 18	25 10 56	12 22 35	22 03 28	23 20 43
23 Th	4 16 09	15 59 60	21 56 41	16 28 06	6 37 15	16 42 19	15 32 54	9 10 21	2 44 00	3 52 30	25 26 44	12 30 03	22 14 33	23 29 59
24 F	5 28 21	28 04 32	4 ♊ 00 35	18 10 33	8 04 12	17 39 53	16 04 38	9 44 25	3 01 29	4 08 54	25 44 49	12 39 44	22 27 52	23 41 29
25 Sa	6 42 02	10 ♊ 09 36	16 05 43	19 54 11	9 32 36	18 38 57	16 37 48	10 19 59	3 20 35	4 26 40	26 04 23	12 50 51	22 42 38	23 54 24
26 Su	7 56 08	22 15 31	28 12 22	21 37 57	11 01 25	19 38 27	17 11 18	10 55 60	3 40 14	4 44 45	26 24 22	13 02 18	22 57 45	24 07 41
27 M	9 09 30	4 ♋ 22 31	10 ♋ 20 51	23 20 40	12 29 28	20 37 15	17 44 01	11 31 19	3 59 19	5 02 00	26 43 37	13 12 58	23 12 06	24 20 11
28 Tu	10 21 07	16 31 09	22 31 56	25 01 16	13 55 45	21 34 19	18 14 55	12 04 54	4 16 47	5 17 24	27 01 06	13 21 50	23 24 40	24 30 53
29 W	11 30 14	28 42 46	4 ♌ 47 16	26 38 60	15 19 30	22 28 54	18 43 15	12 36 01	4 31 53	5 30 12	27 16 06	13 28 09	23 34 40	24 39 02
30 Th	12 36 32	10 ♌ 59 43	17 09 32	28 13 27	16 40 26	23 20 42	19 08 42	13 04 20	4 44 19	5 40 04	27 28 15	13 31 34	23 41 49	24 44 19

LONGITUDE December 1950

Day	☉	0 hr ☽	Noon ☽	☿	♀	♂	⚵	⚳	♃	♄	⚷	♅	♆	♇
1 F	13 ♐ 40 11	23 ♌ 25 32	29 ♌ 42 34	29 ♐ 44 47	17 ♐ 58 41	24 ♑ 09 51	19 ♏ 31 26	13 ♑ 30 01	4 ♓ 54 14	5 ♎ 47 10	27 ♐ 37 46	13 ♋ 32 18	23 ♎ 46 15	24 ♌ 46 54
2 Sa	14 41 51	6 ♍ 04 48	12 ♍ 31 08	1 ♑ 13 33	19 14 56	24 57 03	19 52 06	13 53 45	5 02 18	5 52 11	27 45 16	13 30 59	23 48 40	24 47 26
3 Su	15 42 36	19 02 48	25 40 32	2 40 45	20 30 14	25 43 21	20 11 47	14 16 35	5 09 34	5 56 09	27 51 51	13 28 42	23 50 06	24 46 60
4 M	16 43 41	2 ♎ 24 52	9 ♎ 15 45	4 07 33	21 45 51	26 29 60	20 31 44	14 39 46	5 17 19	6 00 22	27 58 46	13 26 41	23 51 50	24 46 51
5 Tu	17 46 20	16 15 23	23 20 22	5 35 04	23 03 02	27 18 14	20 53 11	15 04 33	5 26 46	6 06 02	28 07 14	13 26 12	23 55 06	24 48 14
6 W	18 51 30	0 ♏ 36 37	7 ♏ 55 22	7 04 05	24 22 42	28 09 01	21 17 04	15 31 51	5 38 52	6 14 06	28 18 13	13 28 11	24 00 49	24 52 04
7 Th	19 59 34	15 27 28	22 57 56	8 34 50	25 45 15	29 02 42	21 43 47	16 02 04	5 53 60	6 24 57	28 32 04	13 33 01	24 09 23	24 58 45
8 F	21 10 14	0 ♐ 42 36	8 ♐ 20 51	10 06 50	27 10 23	29 59 01	22 13 02	16 34 56	6 11 52	6 38 19	28 48 32	13 40 24	24 20 31	25 07 59
9 Sa	22 22 37	16 12 26	23 53 04	11 38 58	28 37 13	0 ♒ 57 03	22 43 54	17 09 30	6 31 33	6 53 15	29 06 41	13 49 27	24 33 18	25 18 54
10 Su	23 35 21	1 ♑ 44 24	9 ♑ 21 27	13 09 38	0 ♑ 04 23	1 55 29	23 15 04	17 44 28	6 51 45	7 08 27	29 25 11	13 58 50	24 46 25	25 30 07
11 M	24 47 03	17 05 16	24 33 17	14 37 07	1 30 30	2 52 53	23 45 07	18 18 25	7 11 02	7 22 30	29 42 39	14 07 08	24 58 26	25 40 16
12 Tu	25 56 35	2 ♒ 03 42	9 ♒ 18 45	15 59 56	2 54 26	3 48 09	24 12 55	18 50 12	7 28 17	7 34 16	29 57 55	14 13 14	25 08 15	25 48 12
13 W	27 03 21	16 32 12	23 32 16	17 17 08	4 15 36	4 40 40	24 37 54	19 19 16	7 42 54	7 43 11	0 ♑ 10 27	14 16 33	25 15 17	25 53 21
14 Th	28 07 27	0 ♓ 27 43	7 ♓ 12 36	18 28 17	5 34 05	5 30 32	25 00 07	19 45 41	7 54 58	7 49 19	0 20 17	14 17 10	25 19 36	25 55 47
15 F	29 09 32	13 51 19	20 22 13	19 33 33	6 50 32	6 18 24	25 20 15	20 10 05	8 05 09	7 53 19	0 28 05	14 15 44	25 21 51	25 56 10
16 Sa	0 ♑ 10 40	26 46 57	3 ♈ 05 57	20 33 25	8 06 02	7 05 22	25 39 23	20 33 35	8 14 32	7 56 17	0 34 57	14 13 21	25 23 08	25 55 35
17 Su	1 12 09	9 ♈ 20 20	15 29 55	21 28 28	9 21 51	7 52 40	25 58 45	20 57 26	8 24 21	7 59 28	0 42 08	14 11 16	25 24 43	25 55 18
18 M	2 15 09	21 37 42	27 40 27	22 19 11	10 39 11	8 41 31	26 19 35	21 22 49	8 35 50	8 04 04	0 50 51	14 10 41	25 27 47	25 56 30
19 Tu	3 20 36	3 ♉ 45 05	9 ♉ 43 23	23 05 40	11 58 57	9 32 50	26 42 47	21 50 41	8 49 53	8 11 02	1 01 60	14 12 33	25 33 16	26 00 08
20 W	4 29 01	15 47 37	21 43 33	23 47 35	13 21 41	10 27 08	27 08 53	22 21 32	9 07 02	8 20 51	1 16 06	14 17 22	25 41 41	26 06 42
21 Th	5 40 26	27 49 18	3 ♊ 44 35	24 24 03	14 47 24	11 24 27	27 37 53	22 55 23	9 27 17	8 33 32	1 33 11	14 25 09	25 53 03	26 16 14
22 F	6 54 21	9 ♊ 52 52	15 48 46	24 53 42	16 15 37	12 24 17	28 09 19	23 31 47	9 50 10	8 48 39	1 52 46	14 35 26	26 06 54	26 28 15
23 Sa	8 09 55	21 59 49	27 57 17	25 14 48	17 45 27	13 25 47	28 42 19	24 09 49	10 14 48	9 05 17	2 13 59	14 47 20	26 22 21	26 41 52
24 Su	9 25 58	4 ♋ 10 45	10 ♋ 10 26	25 25 27	19 15 47	14 27 47	29 15 42	24 48 22	10 40 02	9 22 17	2 35 40	14 59 43	26 38 15	26 55 57
25 M	10 41 17	16 25 36	22 28 00	25 23 51	20 45 20	15 29 02	29 48 16	25 26 10	11 04 38	9 38 27	2 56 35	15 11 20	26 53 22	27 09 16
26 Tu	11 54 43	28 44 16	4 ♌ 49 53	25 08 33	22 13 01	16 28 27	0 ♐ 18 52	26 02 08	11 27 28	9 52 37	3 15 37	15 21 05	27 06 35	27 20 40
27 W	13 05 28	11 ♌ 06 56	17 16 22	24 38 49	23 38 00	17 25 10	0 46 42	26 35 24	11 47 43	10 03 60	3 31 56	15 28 07	27 17 04	27 29 22
28 Th	14 13 08	23 34 34	29 48 42	23 54 47	24 59 54	18 18 49	1 11 21	27 05 37	12 04 60	10 12 11	3 45 10	15 32 04	27 24 26	27 34 57
29 F	15 17 51	6 ♍ 09 11	12 ♍ 29 11	22 57 36	26 18 49	19 09 32	1 32 57	27 32 52	12 19 25	10 17 18	3 55 25	15 33 04	27 28 48	27 37 33
30 Sa	16 20 14	18 53 52	25 21 10	21 49 27	27 35 25	19 57 56	1 52 08	27 57 49	12 31 37	10 19 58	4 03 19	15 31 43	27 30 48	27 37 47
31 Su	17 21 19	1 ♎ 52 38	8 ♎ 28 50	20 33 26	28 50 41	20 45 02	2 09 55	28 21 28	12 42 37	10 21 14	4 09 53	15 29 04	27 31 27	27 36 42

Notes

January 1951

LONGITUDE

Day	☉	0 hr ☽	Noon ☽	☿	♀	♂	⚶	⚳	♃	♄	⚷	♅	♆	♇
1 M	18 ♑ 22 22	15 ♎ 09 58	21 ♎ 56 36	19 ♑ 13 15	0 ♒ 05 54	21 ♒ 32 06	2 ♐ 27 33	28 ♑ 45 05	12 ♓ 53 41	10 ♎ 22 19	4 ♑ 16 24	15 ♋ 26 22	27 ♎ 32 02	27 ♌ 35 33
2 Tu	19 24 36	28 50 00	5 ♏ 48 12	17 52 47	1 22 19	22 20 22	2 46 18	29 09 54	13 06 01	10 24 30	4 24 04	15 24 51	27 33 46	27 35 34
3 W	20 29 01	12 ♏ 55 36	20 05 39	16 35 40	2 40 53	23 10 49	3 07 06	29 36 53	13 20 38	10 28 45	4 33 54	15 25 31	27 37 38	27 37 44
4 Th	21 36 03	27 27 11	4 ♐ 48 03	15 24 55	4 02 04	24 03 54	3 30 26	0 ♒ 06 31	13 37 59	10 35 30	4 46 19	15 28 48	27 44 05	27 42 30
5 F	22 45 34	12 ♐ 21 49	19 50 57	14 22 30	5 25 43	24 59 28	3 56 08	0 38 38	13 57 53	10 44 37	5 01 12	15 34 34	27 52 59	27 49 43
6 Sa	23 56 48	27 32 48	5 ♑ 06 08	13 29 24	6 51 05	25 56 45	4 23 26	1 12 27	14 19 36	10 55 20	5 17 45	15 42 03	28 03 33	27 58 37
7 Su	25 08 32	12 ♑ 50 16	20 22 45	12 45 41	8 16 57	26 54 34	4 51 10	1 46 49	14 41 56	11 06 27	5 34 49	15 50 04	28 14 36	28 08 02
8 M	26 19 30	28 02 38	5 ♒ 29 07	12 10 48	9 42 01	27 51 37	5 17 59	2 20 23	15 03 34	11 16 41	5 51 03	15 57 18	28 24 50	28 16 39
9 Tu	27 28 34	12 ♒ 58 49	20 14 60	11 43 60	11 05 12	28 46 46	5 42 49	2 52 05	15 23 24	11 24 54	6 05 23	16 02 40	28 33 09	28 23 21
10 W	28 35 05	27 30 12	4 ♓ 33 12	11 24 39	12 25 50	29 39 25	6 05 00	3 21 15	15 40 48	11 30 30	6 17 09	16 05 30	28 38 54	28 27 30
11 Th	29 39 01	11 ♓ 31 50	18 20 29	11 12 24	13 43 52	0 ♓ 29 27	6 24 29	3 47 49	15 55 42	11 33 23	6 26 18	16 05 46	28 42 01	28 29 03
12 F	0 ♒ 40 48	25 02 37	1 ♈ 37 14	11 07 18	14 59 44	1 17 21	6 41 42	4 12 16	16 08 32	11 34 01	6 33 17	16 03 54	28 42 58	28 28 27
13 Sa	1 41 18	8 ♈ 04 42	14 26 46	11 09 38	16 14 21	2 04 00	6 57 33	4 35 26	16 20 12	11 33 17	6 38 58	16 00 48	28 42 37	28 26 34
14 Su	2 41 36	20 42 30	26 54 11	11 19 50	17 28 44	2 50 27	7 13 04	4 58 25	16 31 44	11 32 14	6 44 25	15 57 31	28 42 01	28 24 28
15 M	3 42 44	3 ♉ 01 38	9 ♉ 05 28	11 38 19	18 43 58	3 37 45	7 29 20	5 22 14	16 44 13	11 31 56	6 50 41	15 55 06	28 42 15	28 23 12
16 Tu	4 45 34	15 08 05	21 06 41	12 05 17	20 00 53	4 26 45	7 47 10	5 47 46	16 58 28	11 33 14	6 58 37	15 54 24	28 44 10	28 23 38
17 W	5 50 36	27 07 32	3 ♊ 03 22	12 40 36	21 19 60	5 17 57	8 07 05	6 15 30	17 15 01	11 36 38	7 08 44	15 55 56	28 48 15	28 26 16
18 Th	6 57 56	9 ♊ 04 56	15 00 13	13 23 49	22 41 25	6 11 29	8 29 12	6 45 34	17 33 58	11 42 15	7 21 09	15 59 50	28 54 37	28 31 13
19 F	8 07 17	21 04 12	27 00 47	14 14 05	24 04 50	7 07 01	8 53 12	7 17 38	17 54 60	11 49 47	7 35 32	16 05 45	29 02 58	28 38 10
20 Sa	9 17 60	3 ♋ 08 13	9 ♋ 07 31	15 10 15	25 29 37	8 03 55	9 18 27	7 51 04	18 17 28	11 58 34	7 51 14	16 13 04	29 12 40	28 46 29
21 Su	10 29 10	15 18 46	21 21 52	16 10 60	26 54 52	9 01 19	9 44 03	8 24 59	18 40 30	12 07 45	8 07 24	16 20 54	29 22 48	28 55 16
22 M	11 39 52	27 36 49	3 ♌ 44 24	17 14 58	28 19 38	9 58 13	10 09 02	8 58 25	19 03 08	12 16 21	8 23 04	16 28 18	29 32 27	29 03 35
23 Tu	12 49 13	10 ♌ 02 43	16 15 11	18 20 55	29 43 02	10 53 47	10 32 33	9 30 30	19 24 30	12 23 30	8 37 20	16 34 22	29 40 43	29 10 32
24 W	13 56 33	22 36 30	28 54 06	19 27 53	1 ♓ 04 24	11 47 19	10 53 55	10 00 34	19 43 55	12 28 32	8 49 33	16 38 28	29 46 57	29 15 29
25 Th	15 01 32	5 ♍ 18 19	11 ♍ 41 13	20 35 15	2 23 27	12 38 32	11 12 49	10 28 19	20 01 05	12 31 09	8 59 24	16 40 16	29 50 49	29 18 06
26 F	16 04 15	18 08 38	24 37 09	21 42 50	3 40 12	13 27 28	11 29 18	10 53 46	20 16 02	12 31 24	9 06 57	16 39 50	29 52 23	29 18 26
27 Sa	17 05 07	1 ♎ 08 31	7 ♎ 43 05	22 50 50	4 55 05	14 14 33	11 43 48	11 17 23	20 29 12	12 29 42	9 12 36	16 37 35	29 52 05	29 16 55
28 Su	18 04 51	14 19 40	21 00 51	23 59 48	6 08 51	15 00 31	11 57 02	11 39 52	20 41 20	12 26 47	9 17 06	16 34 15	29 50 37	29 14 18
29 M	19 04 21	27 44 09	4 ♏ 32 34	25 10 26	7 22 22	15 46 14	12 09 53	12 02 07	20 53 17	12 23 32	9 21 19	16 30 44	29 48 55	29 11 26
30 Tu	20 04 30	11 ♏ 24 01	18 20 09	26 23 29	8 36 32	16 32 37	12 23 15	12 25 00	21 05 57	12 20 51	9 26 09	16 27 54	29 47 50	29 09 13
31 W	21 05 60	25 20 45	2 ♐ 24 39	27 39 30	9 52 02	17 20 20	12 37 48	12 49 14	21 20 02	12 19 25	9 32 17	16 26 28	29 48 04	29 08 22

February 1951

LONGITUDE

Day	☉	0 hr ☽	Noon ☽	☿	♀	♂	⚶	⚳	♃	♄	⚷	♅	♆	♇
1 Th	22 ♒ 09 11	9 ♐ 34 31	16 ♐ 45 33	28 ♑ 58 44	11 ♓ 09 13	18 ♓ 09 45	12 ♐ 53 54	13 ♒ 15 10	21 ♓ 35 53	12 ♎ 19 36	9 ♑ 40 05	16 ♋ 26 46	29 ♎ 49 59	29 ♌ 09 13
2 F	23 14 01	24 03 33	1 ♑ 20 10	0 ♒ 21 01	12 28 03	19 00 48	13 11 29	13 42 44	21 53 26	12 21 20	9 49 29	16 28 45	29 53 31	29 11 42
3 Sa	24 20 02	8 ♑ 43 50	16 03 33	1 45 48	13 48 02	19 53 02	13 30 06	14 11 28	22 12 13	12 24 10	10 00 01	16 31 59	29 58 12	29 15 23
4 Su	25 26 29	23 29 12	0 ♒ 48 46	3 12 19	15 08 29	20 45 43	13 49 01	14 40 39	22 31 32	12 27 22	10 10 58	16 35 42	0 ♏ 03 20	29 19 32
5 M	26 32 35	8 ♒ 12 07	15 27 54	4 39 38	16 28 32	21 38 02	14 07 24	15 09 27	22 50 32	12 30 07	10 21 30	16 39 06	0 08 04	29 23 19
6 Tu	27 37 35	22 44 41	29 53 19	6 07 01	17 47 31	22 29 16	14 24 32	15 37 11	23 08 31	12 31 42	10 30 55	16 41 29	0 11 43	29 26 02
7 W	28 41 03	6 ♓ 59 58	13 ♓ 58 47	7 33 57	19 04 57	23 18 57	14 39 58	16 03 21	23 25 02	12 31 41	10 38 45	16 42 23	0 13 48	29 27 14
8 Th	29 42 52	20 53 02	27 40 24	9 00 16	20 20 43	24 06 60	14 53 35	16 27 53	23 39 57	12 29 57	10 44 54	16 41 42	0 14 14	29 26 48
9 F	0 ♓ 43 13	4 ♈ 21 24	10 ♈ 56 50	10 26 10	21 35 02	24 53 35	15 05 36	16 50 57	23 53 28	12 26 41	10 49 33	16 39 37	0 13 11	29 24 57
10 Sa	1 42 34	17 25 04	23 49 08	11 52 04	22 48 20	25 39 10	15 16 26	17 13 00	24 06 04	12 22 21	10 53 10	16 36 37	0 11 09	29 22 06
11 Su	2 41 31	0 ♉ 06 12	6 ♉ 20 14	13 18 31	24 01 14	26 24 21	15 26 42	17 34 39	24 18 18	12 17 33	10 56 20	16 33 15	0 08 41	29 18 53
12 M	3 40 38	12 28 25	18 34 24	14 46 06	25 14 17	27 09 42	15 36 58	17 56 28	24 30 47	12 12 52	10 59 38	16 30 08	0 06 23	29 15 51
13 Tu	4 40 26	24 36 19	0 ♊ 36 31	16 15 19	26 28 01	27 55 44	15 47 44	18 18 58	24 44 01	12 08 49	11 03 35	16 27 47	0 04 47	29 13 33
14 W	5 41 13	6 ♊ 34 54	12 31 45	17 46 27	27 42 45	28 42 47	15 59 20	18 42 27	24 58 18	12 05 42	11 08 30	16 26 29	0 04 09	29 12 15
15 Th	6 43 07	18 29 08	24 25 03	19 19 38	28 58 35	29 30 55	16 11 52	19 07 03	25 13 44	12 03 39	11 14 28	16 26 22	0 04 38	29 12 06
16 F	7 46 00	0 ♋ 23 41	6 ♋ 20 57	20 54 44	0 ♈ 15 23	0 ♈ 20 03	16 25 13	19 32 37	25 30 14	12 02 32	11 21 24	16 27 19	0 06 07	29 12 59
17 Sa	8 49 35	12 22 41	18 23 18	22 31 28	1 32 54	1 09 53	16 39 05	19 58 54	25 47 29	12 02 04	11 28 60	16 29 03	0 08 17	29 14 35
18 Su	9 53 29	24 29 36	0 ♌ 35 14	24 09 26	2 50 41	2 00 01	16 53 04	20 25 28	26 05 06	12 01 51	11 36 51	16 31 09	0 10 46	29 16 32
19 M	10 57 13	6 ♌ 47 06	12 59 01	25 48 11	4 08 20	2 49 60	17 06 44	20 51 53	26 22 37	12 01 28	11 44 31	16 33 11	0 13 06	29 18 22
20 Tu	12 00 25	19 17 07	25 36 05	27 27 21	5 25 26	3 39 26	17 19 39	21 17 45	26 39 39	12 00 29	11 51 36	16 34 45	0 14 53	29 19 41
21 W	13 02 48	2 ♍ 00 42	8 ♍ 27 06	29 06 38	6 41 41	4 28 03	17 31 34	21 42 46	26 55 54	11 58 39	11 57 49	16 35 34	0 15 51	29 20 13
22 Th	14 04 13	14 58 14	21 31 60	0 ♓ 45 56	7 56 59	5 15 43	17 42 19	22 06 50	27 11 16	11 55 49	12 03 02	16 35 31	0 15 52	29 19 50
23 F	15 04 43	28 09 26	4 ♎ 50 09	2 25 18	9 11 21	6 02 27	17 51 58	22 29 59	27 25 45	11 52 01	12 07 17	16 34 37	0 14 57	29 18 33
24 Sa	16 04 29	11 ♎ 33 33	18 20 36	4 04 55	10 24 58	6 48 26	18 00 41	22 52 22	27 39 33	11 47 28	12 10 46	16 33 03	0 13 19	29 16 35
25 Su	17 03 49	25 09 32	2 ♏ 02 09	5 45 06	11 38 08	7 33 60	18 08 45	23 14 19	27 52 57	11 42 26	12 13 46	16 31 08	0 11 15	29 14 13
26 M	18 03 03	8 ♏ 56 10	15 53 33	7 26 12	12 51 11	8 19 26	18 16 29	23 36 08	28 06 18	11 37 16	12 16 36	16 29 11	0 09 04	29 11 46
27 Tu	19 02 28	22 52 07	29 53 24	9 08 30	14 04 24	9 05 03	18 24 12	23 58 07	28 19 52	11 32 15	12 19 34	16 27 29	0 07 04	29 09 32
28 W	20 02 15	6 ♐ 55 52	14 ♐ 00 12	10 52 14	15 17 60	9 51 03	18 32 05	24 20 28	28 33 52	11 27 36	12 22 52	16 26 15	0 05 27	29 07 44

Notes

LONGITUDE — March 1951

Day	☉	0 hr ☽	Noon ☽	☿	♀	♂	⚵	⚳	♃	♄	⚷	♅	♆	♇
1 Th	21♓02 30	21♐05 41	28♐12 04	12♓37 29	16♈32 02	10♈37 29	18♐40 12	24♒43 16	28♓48 21	11♎23 22	12♑26 35	16♋25 33	0♏04 17	29♌06 25
2 F	22 03 09	5♑19 28	12♑26 43	14 24 12	17 46 26	11 24 19	18 48 29	25 06 25	29 03 16	11 19 30	12 30 38	16 25 19	0 03 32	29 05 32
3 Sa	23 04 02	19 34 35	26 41 19	16 12 13	19 01 04	12 11 22	18 56 47	25 29 48	29 18 27	11 15 51	12 34 51	16 25 24	0 02 60	29 04 55
4 Su	24 04 57	3♒47 57	10♒52 33	18 01 22	20 15 43	12 58 27	19 04 52	25 53 11	29 33 43	11 12 14	12 39 04	16 25 35	0 02 31	29 04 22
5 M	25 05 43	17 56 06	24 56 50	19 51 28	21 30 13	13 45 23	19 12 36	26 16 25	29 48 53	11 08 27	12 43 05	16 25 44	0 01 53	29 03 43
6 Tu	26 06 15	1♓55 25	8♓50 34	21 42 26	22 44 28	14 32 04	19 19 50	26 39 22	0♈03 50	11 04 24	12 46 48	16 25 42	0 01 02	29 02 53
7 W	27 06 31	15 42 31	22 30 33	23 34 12	23 58 25	15 18 29	19 26 34	27 02 03	0 18 33	11 00 05	12 50 12	16 25 29	29♎59 55	29 01 49
8 Th	28 06 35	29 14 35	5♈54 22	25 26 51	25 12 09	16 04 40	19 32 52	27 24 29	0 33 06	10 55 34	12 53 21	16 25 09	29 58 36	29 00 35
9 F	29 06 31	12♈29 41	19 00 36	27 20 27	26 25 46	16 50 45	19 38 48	27 46 48	0 47 35	10 50 56	12 56 20	16 24 47	29 57 11	28 59 17
10 Sa	0♈06 28	25 27 01	1♉49 03	29 15 05	27 39 22	17 36 49	19 44 29	28 09 05	1 02 05	10 46 18	12 59 16	16 24 30	29 55 48	28 58 02
11 Su	1 06 29	8♉06 56	14 20 42	1♈10 47	28 53 01	18 22 58	19 50 01	28 31 25	1 16 43	10 41 46	13 02 13	16 24 24	29 54 29	28 56 55
12 M	2 06 36	20 30 56	26 37 35	3 07 30	0♉06 45	19 09 12	19 55 23	28 53 49	1 31 27	10 37 19	13 05 13	16 24 28	29 53 17	28 55 56
13 Tu	3 06 46	2♊41 32	8♊42 41	5 05 09	1 20 32	19 55 29	20 00 33	29 16 16	1 46 17	10 32 57	13 08 14	16 24 41	29 52 10	28 55 04
14 W	4 06 54	14 42 05	20 39 41	7 03 31	2 34 15	20 41 43	20 05 26	29 38 38	2 01 07	10 28 34	13 11 09	16 24 57	29 51 01	28 54 13
15 Th	5 06 52	26 36 30	2♋32 48	9 02 23	3 47 47	21 27 47	20 09 53	0♓00 49	2 15 49	10 24 02	13 13 51	16 25 08	29 49 44	28 53 15
16 F	6 06 33	8♋29 13	14 26 31	11 01 29	5 01 01	22 13 33	20 13 49	0 22 42	2 30 16	10 19 15	13 16 13	16 25 09	29 48 12	28 52 04
17 Sa	7 05 54	20 24 50	26 25 30	13 00 36	6 13 54	22 58 59	20 17 09	0 44 12	2 44 24	10 14 09	13 18 12	16 24 54	29 46 20	28 50 35
18 Su	8 04 54	2♌27 59	8♌34 13	14 59 33	7 26 25	23 44 05	20 19 53	1 05 21	2 58 14	10 08 44	13 19 48	16 24 25	29 44 10	28 48 50
19 M	9 03 40	14 43 05	20 56 48	16 58 10	8 38 40	24 28 55	20 22 06	1 26 14	3 11 51	10 03 08	13 21 07	16 23 46	29 41 46	28 46 54
20 Tu	10 02 22	27 13 59	3♍36 44	18 56 23	9 50 50	25 13 41	20 23 60	1 47 01	3 25 25	9 57 29	13 22 18	16 23 09	29 39 20	28 44 57
21 W	11 01 14	10♍03 41	16 36 25	20 54 09	11 03 08	25 58 36	20 25 47	2 07 55	3 39 11	9 52 02	13 23 36	16 22 47	29 37 05	28 43 13
22 Th	12 00 29	23 14 00	29 56 58	22 51 20	12 15 49	26 43 54	20 27 41	2 29 11	3 53 22	9 47 01	13 25 14	16 22 54	29 35 15	28 41 56
23 F	13 00 19	6♎45 13	13♎37 51	24 47 46	13 29 02	27 29 46	20 29 53	2 50 60	4 08 08	9 42 37	13 27 24	16 23 41	29 34 01	28 41 17
24 Sa	14 00 49	20 35 54	27 36 53	26 43 10	14 42 54	28 16 17	20 32 29	3 13 26	4 23 36	9 38 55	13 30 10	16 25 13	29 33 29	28 41 21
25 Su	15 01 54	4♏42 58	11♏50 17	28 37 03	15 57 19	29 03 23	20 35 23	3 36 26	4 39 40	9 35 52	13 33 29	16 27 26	29 33 33	28 42 04
26 M	16 03 21	19 01 55	26 13 07	0♉28 45	17 12 05	29 50 51	20 38 22	3 59 45	4 56 07	9 33 13	13 37 06	16 30 06	29 34 01	28 43 13
27 Tu	17 04 51	3♐27 26	10♐39 59	2 17 32	18 26 50	0♉38 19	20 41 06	4 23 03	5 12 37	9 30 39	13 40 41	16 32 53	29 34 32	28 44 26
28 W	18 05 58	17 54 05	25 05 38	4 02 35	19 41 12	1 25 25	20 43 10	4 45 57	5 28 45	9 27 46	13 43 51	16 35 23	29 34 42	28 45 21
29 Th	19 06 23	2♑17 02	9♑25 39	5 43 07	20 54 50	2 11 47	20 44 14	5 08 05	5 44 12	9 24 14	13 46 15	16 37 15	29 34 11	28 45 36
30 F	20 05 54	16 32 27	23 36 45	7 18 33	22 07 31	2 57 14	20 44 06	5 29 16	5 58 45	9 19 50	13 47 40	16 38 18	29 32 48	28 44 60
31 Sa	21 04 31	0♒37 52	7♒36 57	8 48 32	23 19 16	3 41 47	20 42 46	5 49 30	6 12 24	9 14 36	13 48 08	16 38 32	29 30 32	28 43 33

LONGITUDE — April 1951

Day	☉	0 hr ☽	Noon ☽	☿	♀	♂	⚵	⚳	♃	♄	⚷	♅	♆	♇
1 Su	22♈02 28	14♒31 56	21♒25 19	10♉12 57	24♉30 20	4♉25 39	20♐40 28	6♓09 02	6♈25 24	9♎08 45	13♑47 53	16♋38 12	29♎27 37	28♌41 30
2 M	23 00 11	28 14 16	5♓01 43	11 31 54	25 41 06	5 09 15	20 37 37	6 28 15	6 38 09	9 02 44	13 47 19	16 37 41	29 24 30	28 39 16
3 Tu	23 58 10	11♓44 56	18 26 18	12 45 37	26 52 07	5 53 06	20 34 44	6 47 41	6 51 11	8 57 02	13 46 58	16 37 32	29 21 40	28 37 20
4 W	24 56 54	25 04 12	1♈39 22	13 54 21	28 03 51	6 37 42	20 32 19	7 07 50	7 04 59	8 52 10	13 47 19	16 38 13	29 19 37	28 36 15
5 Th	25 56 49	8♈12 12	14 41 05	14 58 16	29 16 43	7 23 28	20 30 46	7 29 05	7 19 57	8 48 32	13 48 46	16 40 09	29 18 46	28 36 22
6 F	26 58 04	21 08 57	27 31 28	15 57 23	0♊30 55	8 10 33	20 30 16	7 51 38	7 36 16	8 46 20	13 51 31	16 43 32	29 19 19	28 37 54
7 Sa	28 00 40	3♉54 20	10♉10 32	16 51 32	1 46 23	8 58 58	20 30 47	8 15 27	7 53 55	8 45 32	13 55 32	16 48 19	29 21 13	28 40 49
8 Su	29 04 18	16 28 19	22 38 30	17 40 18	3 02 53	9 48 25	20 32 03	8 40 16	8 12 37	8 45 52	14 00 33	16 54 15	29 24 12	28 44 51
9 M	0♉08 32	28 51 09	4♊55 56	18 23 08	4 19 55	10 38 26	20 33 37	9 05 36	8 31 55	8 46 53	14 06 05	17 00 51	29 27 48	28 49 33
10 Tu	1 12 47	11♊03 40	17 04 01	18 59 23	5 36 56	11 28 27	20 34 54	9 30 53	8 51 13	8 47 59	14 11 35	17 07 33	29 31 28	28 54 18
11 W	2 16 25	23 07 23	29 04 41	19 28 27	6 53 18	12 17 52	20 35 17	9 55 31	9 09 54	8 48 34	14 16 26	17 13 44	29 34 33	28 58 31
12 Th	3 18 57	5♋00 43	11♋00 41	19 49 48	8 08 30	13 06 08	20 34 15	10 18 57	9 27 29	8 48 08	14 20 06	17 18 53	29 36 34	29 01 41
13 F	4 20 01	16 58 58	22 55 39	20 03 11	9 22 13	13 52 57	20 31 29	10 40 53	9 43 37	8 46 20	14 22 16	17 22 40	29 37 10	29 03 28
14 Sa	5 19 33	28 54 18	4♌53 59	20 08 37	10 34 21	14 38 12	20 26 53	11 01 12	9 58 12	8 43 06	14 22 51	17 25 01	29 36 17	29 03 46
15 Su	6 17 45	10♌55 33	17 00 41	20 06 29	11 45 05	15 22 07	20 20 39	11 20 07	10 11 26	8 38 38	14 22 02	17 26 06	29 34 06	29 02 48
16 M	7 15 04	23 08 03	29 21 02	19 57 28	12 54 54	16 05 07	20 13 16	11 38 05	10 23 47	8 33 23	14 20 17	17 26 23	29 31 04	29 01 01
17 Tu	8 12 10	5♍37 13	12♍00 14	19 42 31	14 04 26	16 47 54	20 05 22	11 55 45	10 35 54	8 27 60	14 18 16	17 26 32	29 27 51	28 59 04
18 W	9 09 47	18 27 57	25 02 46	19 22 44	15 14 26	17 31 10	19 57 43	12 13 52	10 48 32	8 23 14	14 16 42	17 27 16	29 25 12	28 57 42
19 Th	10 08 36	1♎44 06	8♎31 41	18 59 17	16 25 35	18 15 38	19 50 59	12 33 06	11 02 21	8 19 47	14 16 18	17 29 18	29 23 48	28 57 37
20 F	11 09 06	15 27 38	22 27 54	18 33 08	17 38 22	19 01 46	19 45 40	12 53 58	11 17 51	8 18 08	14 17 32	17 33 07	29 24 08	28 59 16
21 Sa	12 11 29	29 37 57	6♏49 34	18 05 02	18 52 57	19 49 45	19 41 57	13 16 36	11 35 12	8 18 27	14 20 35	17 38 52	29 26 23	29 02 51
22 Su	13 15 30	14♏11 28	21 31 47	17 35 26	20 09 07	20 39 22	19 39 36	13 40 48	11 54 10	8 20 30	14 25 12	17 46 20	29 30 18	29 08 09
23 M	14 20 33	29 01 41	6♐26 60	17 04 23	21 26 15	21 29 59	19 38 01	14 05 57	12 14 09	8 23 43	14 30 49	17 54 55	29 35 17	29 14 32
24 Tu	15 25 47	13♐59 60	21 26 03	16 31 45	22 43 30	22 20 46	19 36 21	14 31 11	12 34 18	8 27 12	14 36 33	18 03 44	29 40 30	29 21 08
25 W	16 30 15	28 56 60	6♑19 45	15 57 23	23 59 55	23 10 46	19 33 39	14 55 34	12 53 39	8 30 02	14 41 28	18 11 53	29 44 60	29 27 04
26 Th	17 33 13	13♑44 08	21 00 19	15 21 15	25 14 45	23 59 14	19 29 11	15 18 21	13 11 28	8 31 27	14 44 49	18 18 35	29 48 00	29 31 31
27 F	18 34 15	28 15 01	5♒22 31	14 43 40	26 27 35	24 45 45	19 22 32	15 39 06	13 27 19	8 31 03	14 46 10	18 23 25	29 49 08	29 34 06
28 Sa	19 33 24	12♒26 05	19 23 57	14 05 24	27 38 28	25 30 22	19 13 46	15 57 52	13 41 16	8 28 53	14 45 36	18 26 27	29 48 25	29 34 51
29 Su	20 31 10	26 16 27	3♓04 45	13 27 37	28 47 53	26 13 34	19 03 22	16 15 08	13 53 48	8 25 26	14 43 35	18 28 10	29 46 21	29 34 17
30 M	21 28 24	9♓47 25	16 26 49	12 51 43	29 56 41	26 56 12	18 52 11	16 31 46	14 05 44	8 21 33	14 40 57	18 29 23	29 43 47	29 33 13

Notes

May 1951 **LONGITUDE**

Day	☉	0 hr ☽	Noon ☽	☿	♀	♂	⚵	⚳	♃	♄	⚷	♅	♆	♇
1 Tu	22 ♉ 26 03	23 ♓ 01 32	29 ♓ 33 03	12 ♉ 19 14	1 ♋ 05 49	27 ♉ 39 15	18 ♐ 41 11	16 ♓ 48 42	14 ♈ 18 05	8 ♎ 18 12	14 ♑ 38 42	18 ♋ 31 07	29 ♎ 41 40	29 ♌ 32 38
2 W	23 25 05	6 ♈ 01 49	12 ♈ 26 30	11 51 35	2 16 15	28 23 38	18 31 21	17 06 54	14 31 45	8 16 20	14 37 46	18 34 17	29 40 59	29 33 28
3 Th	24 26 11	18 51 02	25 09 50	11 29 50	3 28 42	29 10 05	18 23 22	17 27 04	14 47 27	8 16 40	14 38 51	18 39 35	29 42 24	29 36 27
4 F	25 29 44	1 ♉ 31 20	7 ♉ 44 59	11 14 41	4 43 30	29 58 57	18 17 39	17 49 34	15 05 34	8 19 34	14 42 21	18 47 25	29 46 19	29 41 56
5 Sa	26 35 42	14 04 04	20 13 08	11 06 18	6 00 37	0 ♊ 50 12	18 14 07	18 14 21	15 26 03	8 24 59	14 48 11	18 57 42	29 52 41	29 49 52
6 Su	27 43 37	26 29 52	2 ♊ 34 49	11 04 27	7 19 36	1 43 23	18 12 23	18 40 59	15 48 27	8 32 29	14 55 56	19 10 01	0 ♏ 01 03	29 59 49
7 M	28 52 44	8 ♊ 48 54	14 50 14	11 08 26	8 39 41	2 37 44	18 11 39	19 08 40	16 11 59	8 41 18	15 04 49	19 23 35	0 10 39	0 ♍ 11 01
8 Tu	0 ♊ 02 03	21 01 15	26 59 36	11 17 22	9 59 54	3 32 17	18 10 58	19 36 28	16 35 43	8 50 27	15 13 53	19 37 27	0 20 31	0 22 30
9 W	1 10 36	3 ♋ 07 17	9 ♋ 03 33	11 30 16	11 19 14	4 26 02	18 09 21	20 03 21	16 58 36	8 58 57	15 22 07	19 50 35	0 29 39	0 33 15
10 Th	2 17 29	15 08 04	21 03 28	11 46 12	12 36 49	5 18 06	18 05 56	20 28 26	17 19 47	9 05 54	15 28 39	20 02 08	0 37 10	0 42 24
11 F	3 22 06	27 05 38	3 ♌ 01 46	12 04 31	13 52 01	6 07 52	18 00 07	20 51 07	17 38 39	9 10 43	15 32 53	20 11 28	0 42 28	0 49 20
12 Sa	4 24 14	9 ♌ 03 09	15 01 58	12 24 56	15 04 38	6 55 08	17 51 41	21 11 12	17 54 59	9 13 11	15 34 34	20 18 23	0 45 20	0 53 51
13 Su	5 24 05	21 04 54	27 08 41	12 47 32	16 14 51	7 40 05	17 40 52	21 28 51	18 08 59	9 13 29	15 33 57	20 23 05	0 45 58	0 56 08
14 M	6 22 16	3 ♍ 16 09	9 ♍ 27 22	13 12 50	17 23 18	8 23 21	17 28 17	21 44 42	18 21 15	9 12 15	15 31 37	20 26 11	0 44 59	0 56 49
15 Tu	7 19 42	15 42 49	22 03 59	13 41 38	18 30 53	9 05 51	17 14 51	21 59 40	18 32 44	9 10 23	15 28 30	20 28 35	0 43 18	0 56 48
16 W	8 17 28	28 30 55	5 ♎ 04 18	14 14 52	19 38 40	9 48 39	17 01 41	22 14 49	18 44 29	9 08 59	15 25 41	20 31 23	0 41 59	0 57 10
17 Th	9 16 36	11 ♎ 45 48	18 33 07	14 53 27	20 47 42	10 32 47	16 49 49	22 31 12	18 57 33	9 09 05	15 24 12	20 35 37	0 42 06	0 58 58
18 F	10 17 53	25 31 14	2 ♏ 33 09	15 38 03	21 58 45	11 19 04	16 40 03	22 49 34	19 12 42	9 11 28	15 24 50	20 42 03	0 44 25	1 02 58
19 Sa	11 21 40	9 ♏ 48 15	17 04 04	16 28 52	23 12 10	12 07 48	16 32 44	23 10 17	19 30 17	9 16 28	15 27 55	20 51 02	0 49 16	1 09 31
20 Su	12 27 43	24 34 21	2 ♐ 01 35	17 25 35	24 27 44	12 58 48	16 27 40	23 33 08	19 50 06	9 23 52	15 33 16	21 02 21	0 56 28	1 18 24
21 M	13 35 19	9 ♐ 42 59	17 17 33	18 27 20	25 44 41	13 51 19	16 24 07	23 57 22	20 11 22	9 32 56	15 40 06	21 15 16	1 05 14	1 28 52
22 Tu	14 43 20	25 04 10	2 ♑ 40 50	19 32 52	27 01 53	14 44 11	16 20 57	24 21 50	20 32 59	9 42 32	15 47 19	21 28 38	1 14 28	1 39 48
23 W	15 50 29	10 ♑ 25 58	17 59 19	20 40 51	28 18 06	15 36 11	16 16 56	24 45 17	20 53 41	9 51 25	15 53 39	21 41 12	1 22 53	1 49 56
24 Th	16 55 45	25 36 47	3 ♒ 02 09	21 50 07	29 32 16	16 26 16	16 11 02	25 06 40	21 12 24	9 58 31	15 58 04	21 51 55	1 29 27	1 58 12
25 F	17 58 32	10 ♒ 27 23	17 41 36	23 00 01	0 ♌ 43 47	17 13 51	16 02 40	25 25 24	21 28 34	10 03 15	15 59 57	22 00 12	1 33 35	2 04 03
26 Sa	18 58 52	24 52 17	1 ♓ 53 49	24 10 28	1 52 40	17 58 55	15 51 51	25 41 28	21 42 11	10 05 38	15 59 21	22 06 04	1 35 18	2 07 28
27 Su	19 57 18	8 ♓ 49 47	15 38 37	25 21 59	2 59 30	18 42 05	15 39 12	25 55 29	21 53 51	10 06 16	15 56 49	22 10 05	1 35 10	2 09 03
28 M	20 54 53	22 21 25	28 58 32	26 35 31	4 05 18	19 24 21	15 25 45	26 08 27	22 04 33	10 06 09	15 53 24	22 13 16	1 34 13	2 09 48
29 Tu	21 52 47	5 ♈ 30 44	11 ♈ 57 44	27 52 13	5 11 15	20 06 55	15 12 40	26 21 32	22 15 29	10 06 29	15 50 17	22 16 50	1 33 38	2 10 56
30 W	22 52 11	18 22 13	24 40 55	29 13 12	6 18 30	20 50 56	15 01 10	26 35 55	22 27 50	10 08 25	15 48 37	22 21 55	1 34 34	2 13 35
31 Th	23 53 56	1 ♉ 00 21	7 ♉ 12 29	0 ♊ 39 16	7 27 56	21 37 17	14 52 07	26 52 28	22 42 27	10 12 50	15 49 17	22 29 25	1 37 55	2 18 39

June 1951 **LONGITUDE**

Day	☉	0 hr ☽	Noon ☽	☿	♀	♂	⚵	⚳	♃	♄	⚷	♅	♆	♇
1 F	24 ♊ 58 32	13 ♉ 28 58	19 ♉ 36 01	2 ♊ 10 54	8 ♌ 40 01	22 ♊ 26 26	14 ♐ 45 59	27 ♓ 11 38	22 ♈ 59 48	10 ♎ 20 12	15 ♑ 52 46	22 ♋ 39 46	1 ♏ 44 09	2 ♍ 26 35
2 Sa	26 05 56	25 50 53	1 ♊ 54 04	3 48 01	9 54 42	23 18 21	14 42 47	27 33 25	23 19 52	10 30 30	15 59 03	22 52 59	1 53 14	2 37 22
3 Su	27 15 40	8 ♊ 07 54	14 08 08	5 30 07	11 11 30	24 12 34	14 42 02	27 57 19	23 42 10	10 43 14	16 07 37	23 08 32	2 04 41	2 50 30
4 M	28 26 51	20 20 52	26 18 53	7 16 18	12 29 33	25 08 12	14 42 52	28 22 26	24 05 49	10 57 32	16 17 37	23 25 35	2 17 37	3 05 09
5 Tu	29 38 22	2 ♋ 30 06	8 ♋ 26 34	9 05 27	13 47 43	26 04 09	14 44 12	28 47 41	24 29 42	11 12 18	16 27 57	23 43 01	2 30 57	3 20 10
6 W	0 ♋ 49 05	14 35 45	20 31 21	10 56 25	15 04 52	26 59 15	14 44 52	29 11 54	24 52 41	11 26 23	16 37 27	23 59 40	2 43 30	3 34 25
7 Th	1 57 58	26 38 16	2 ♌ 33 53	12 48 08	16 19 56	27 52 29	14 43 53	29 34 04	25 13 43	11 38 44	16 45 06	24 14 31	2 54 17	3 46 52
8 F	3 04 17	8 ♌ 38 49	14 35 35	14 39 53	17 32 13	28 43 07	14 40 31	29 53 26	25 32 06	11 48 40	16 50 11	24 26 51	3 02 32	3 56 48
9 Sa	4 07 44	20 39 33	26 38 59	16 31 20	18 41 23	29 30 52	14 34 29	0 ♈ 09 43	25 47 31	11 55 50	16 52 24	24 36 20	3 07 59	4 03 55
10 Su	5 08 29	2 ♍ 43 48	8 ♍ 47 46	18 22 38	19 47 35	0 ♋ 15 52	14 25 56	0 23 04	26 00 07	12 00 25	16 51 54	24 43 10	3 10 45	4 08 22
11 M	6 07 07	14 56 04	21 06 43	20 14 19	20 51 26	0 58 44	14 15 30	0 34 04	26 10 29	12 03 01	16 49 17	24 47 54	3 11 29	4 10 44
12 Tu	7 04 36	27 21 44	3 ♎ 41 25	22 07 19	21 53 51	1 40 24	14 04 09	0 43 40	26 19 36	12 04 34	16 45 31	24 51 32	3 11 06	4 12 00
13 W	8 02 05	10 ♎ 06 40	16 37 44	24 02 43	22 55 58	2 22 02	13 52 60	0 53 01	26 28 36	12 06 14	16 41 45	24 55 10	3 10 45	4 13 18
14 Th	9 00 40	23 16 34	0 ♏ 01 01	26 01 34	23 58 55	3 04 45	13 43 13	1 03 14	26 38 36	12 09 08	16 39 05	24 59 57	3 11 33	4 15 44
15 F	10 01 16	6 ♏ 55 59	13 55 04	28 04 39	25 03 34	3 49 26	13 35 40	1 15 13	26 50 29	12 14 09	16 38 26	25 06 46	3 14 25	4 20 13
16 Sa	11 04 19	21 07 18	28 20 59	0 ♋ 12 17	26 10 21	4 36 32	13 30 50	1 29 23	27 04 42	12 21 43	16 40 14	25 16 03	3 19 46	4 27 12
17 Su	12 09 41	5 ♐ 49 32	13 ♐ 16 07	2 24 13	27 19 09	5 25 56	13 28 35	1 45 37	27 21 07	12 31 44	16 44 22	25 27 42	3 27 30	4 36 32
18 M	13 16 42	20 57 40	28 33 34	4 39 35	28 29 14	6 16 56	13 28 14	2 03 15	27 39 04	12 43 30	16 50 08	25 41 01	3 36 55	4 47 32
19 Tu	14 24 15	6 ♑ 22 44	14 ♑ 03 42	6 57 05	29 39 32	7 08 26	13 28 42	2 21 08	27 57 25	12 55 54	16 56 28	25 54 53	3 46 55	4 59 07
20 W	15 31 05	21 52 24	29 30 58	9 15 14	0 ♍ 48 44	7 59 10	13 28 43	2 38 02	28 14 56	13 07 42	17 02 04	26 08 02	3 56 14	5 09 60
21 Th	16 36 07	7 ♒ 14 27	14 ♒ 46 00	11 32 43	1 55 47	8 48 05	13 27 13	2 52 51	28 30 30	13 17 48	17 05 53	26 19 25	4 03 47	5 19 07
22 F	17 38 43	22 17 45	29 38 08	13 48 36	3 00 00	9 34 30	13 23 33	3 04 57	28 43 30	13 25 33	17 07 16	26 28 22	4 08 56	5 25 49
23 Sa	18 38 48	6 ♓ 54 46	14 ♓ 01 35	16 02 34	4 01 19	10 18 23	13 17 40	3 14 15	28 53 51	13 30 54	17 06 08	26 34 50	4 11 37	5 30 02
24 Su	19 36 54	21 02 07	27 54 41	18 14 50	5 00 14	11 00 14	13 10 04	3 21 16	29 02 03	13 34 21	17 03 01	26 39 18	4 12 19	5 32 16
25 M	20 33 55	4 ♈ 40 07	11 ♈ 19 08	20 26 03	5 57 39	11 40 57	13 01 41	3 26 54	29 09 02	13 36 49	16 58 50	26 42 41	4 11 59	5 33 27
26 Tu	21 30 58	17 51 47	24 18 52	22 37 02	6 54 40	12 21 40	12 53 38	3 32 16	29 15 55	13 39 24	16 54 42	26 46 08	4 11 44	5 34 41
27 W	22 29 09	0 ♉ 41 42	6 ♉ 58 52	24 48 39	7 52 22	13 03 28	12 47 02	3 38 27	29 23 46	13 43 14	16 51 42	26 50 42	4 12 38	5 37 04
28 Th	23 29 19	13 14 51	19 24 17	27 01 29	8 51 36	13 47 12	12 42 42	3 46 18	29 33 27	13 49 07	16 50 42	26 57 16	4 15 33	5 41 28
29 F	24 31 56	25 35 60	1 ♊ 39 42	29 15 47	9 52 47	14 33 21	12 41 08	3 56 18	29 45 26	13 57 33	16 52 09	27 06 17	4 20 57	5 48 19
30 Sa	25 37 01	7 ♊ 49 07	13 48 53	1 ♌ 31 23	10 55 58	15 21 56	12 42 20	4 08 26	29 59 43	14 08 32	16 56 06	27 17 46	4 28 51	5 57 39

Notes

LONGITUDE — July 1951

Day	☉	0 hr ☽	Noon ☽	☿	♀	♂	⚵	⚳	♃	♄	⚷	♅	♆	♇
1 Su	26♋44 10	19♊57 12	25♊54 31	3♌47 43	12♍00 42	16♋12 32	12♐45 56	4♈22 19	0♉15 55	14♎21 41	17♑02 08	27♋31 20	4♏38 51	6♍09 05
2 M	27 52 39	2♋02 18	7♋58 20	6 03 53	13 06 13	17 04 24	12 51 10	4 37 12	0 33 16	14 36 14	17 09 30	27 46 11	4 50 12	6 21 50
3 Tu	29 01 28	14 05 42	20 01 24	8 18 48	14 11 33	17 56 35	12 57 05	4 52 06	0 50 49	14 51 14	17 17 14	28 01 25	5 01 57	6 34 58
4 W	0♌09 39	26 08 11	2♌04 21	10 31 22	15 15 40	18 48 04	13 02 39	5 06 00	1 07 33	15 05 40	17 24 21	28 15 59	5 13 04	6 47 28
5 Th	1 16 16	8♌10 26	14 07 49	12 40 36	16 17 38	19 37 57	13 07 01	5 18 02	1 22 34	15 18 38	17 29 56	28 29 01	5 22 39	6 58 25
6 F	2 20 41	20 13 22	26 12 52	14 45 48	17 16 49	20 25 36	13 09 30	5 27 32	1 35 13	15 29 29	17 33 21	28 39 50	5 30 05	7 07 12
7 Sa	3 22 38	2♍18 30	8♍21 10	16 46 38	18 12 52	21 10 43	13 09 50	5 34 12	1 45 12	15 37 56	17 34 19	28 48 10	5 35 04	7 13 30
8 Su	4 22 11	14 28 12	20 35 20	18 43 11	19 05 52	21 53 24	13 08 06	5 38 08	1 52 39	15 44 05	17 32 56	28 54 07	5 37 42	7 17 26
9 M	5 19 48	26 45 41	2♎58 53	20 35 52	19 56 17	22 34 08	13 04 47	5 39 49	1 57 60	15 48 24	17 29 39	28 58 08	5 38 26	7 19 28
10 Tu	6 16 18	9♎15 02	15 36 06	22 25 29	20 44 50	23 13 40	13 00 40	5 40 00	2 02 02	15 51 39	17 25 16	29 01 00	5 38 04	7 20 21
11 W	7 12 34	22 00 52	28 31 42	24 12 55	21 32 27	23 52 57	12 56 39	5 39 38	2 05 40	15 54 47	17 20 42	29 03 40	5 37 31	7 21 03
12 Th	8 09 34	5♏07 52	11♏50 12	25 59 08	22 20 01	24 32 54	12 53 42	5 39 38	2 09 52	15 58 43	17 16 55	29 07 02	5 37 43	7 22 30
13 F	9 08 02	18 40 04	25 35 09	27 44 52	23 08 16	25 14 18	12 52 34	5 40 46	2 15 22	16 04 12	17 14 38	29 11 53	5 39 26	7 25 25
14 Sa	10 08 23	2♐39 57	9♐48 07	29 30 32	23 57 34	25 57 32	12 53 38	5 43 26	2 22 34	16 11 38	17 14 17	29 18 36	5 43 04	7 30 14
15 Su	11 10 35	17 07 32	24 27 49	1♍16 05	24 47 51	26 42 33	12 56 52	5 47 35	2 31 26	16 21 00	17 15 49	29 27 09	5 48 34	7 36 55
16 M	12 14 08	1♑59 37	9♑29 26	3 01 03	25 38 37	27 28 54	13 01 48	5 52 45	2 41 28	16 31 48	17 18 45	29 37 03	5 55 28	7 44 58
17 Tu	13 18 14	17 09 27	24 44 46	4 44 36	26 28 59	28 15 45	13 07 36	5 58 06	2 51 53	16 43 13	17 22 17	29 47 29	6 02 56	7 53 34
18 W	14 21 56	2♒27 26	10♒03 13	6 25 47	27 17 58	29 02 08	13 13 18	6 02 41	3 01 41	16 54 18	17 25 26	29 57 30	6 10 01	8 01 45
19 Th	15 24 22	17 42 28	25 13 33	8 03 45	28 04 42	29 47 14	13 18 04	6 05 39	3 10 03	17 04 11	17 27 23	0♌06 15	6 15 52	8 08 42
20 F	16 25 01	2♓43 57	10♓05 54	9 37 56	28 48 36	0♌30 29	13 21 21	6 06 27	3 16 26	17 12 21	17 27 35	0 13 10	6 19 57	8 13 51
21 Sa	17 23 46	17 23 32	24 33 16	11 08 14	29 29 30	1 11 46	13 23 02	6 04 59	3 20 42	17 18 40	17 25 55	0 18 10	6 22 09	8 17 06
22 Su	18 20 53	1♈36 07	8♈32 09	12 34 54	0♎07 40	1 51 23	13 23 25	6 01 32	3 23 09	17 23 25	17 22 41	0 21 31	6 22 45	8 18 44
23 M	19 17 00	15 20 04	22 02 20	13 58 31	0 43 40	2 29 57	13 23 05	5 56 42	3 24 25	17 27 14	17 18 29	0 23 51	6 22 22	8 19 21
24 Tu	20 12 54	28 36 40	5♉06 13	15 19 51	1 18 13	3 08 15	13 22 50	5 51 17	3 25 14	17 30 52	17 14 06	0 25 55	6 21 46	8 19 44
25 W	21 09 20	11♉29 09	17 47 44	16 39 38	1 52 04	3 47 02	13 23 25	5 46 02	3 26 24	17 35 07	17 10 18	0 28 31	6 21 44	8 20 39
26 Th	22 06 56	24 01 55	0♊11 40	17 58 26	2 25 48	4 26 55	13 25 28	5 41 34	3 28 31	17 40 34	17 07 43	0 32 14	6 22 53	8 22 44
27 F	23 06 05	6♊19 40	12 22 50	19 16 35	2 59 42	5 08 18	13 29 21	5 38 17	3 31 57	17 47 37	17 06 42	0 37 28	6 25 34	8 26 21
28 Sa	24 06 49	18 26 55	24 25 40	20 34 05	3 33 48	5 51 13	13 35 07	5 36 13	3 36 47	17 56 18	17 07 20	0 44 15	6 29 53	8 31 33
29 Su	25 08 55	0♋27 43	6♋24 00	21 50 39	4 07 49	6 35 27	13 42 32	5 35 09	3 42 46	18 06 25	17 09 24	0 52 23	6 35 34	8 38 06
30 M	26 11 56	12 25 22	18 20 55	23 05 45	4 41 15	7 20 32	13 51 10	5 34 39	3 49 27	18 17 29	17 12 25	1 01 24	6 42 11	8 45 34
31 Tu	27 15 17	24 22 34	0♌18 47	24 18 42	5 13 26	8 05 54	14 00 24	5 34 06	3 56 15	18 28 56	17 15 48	1 10 41	6 49 08	8 53 20

LONGITUDE — August 1951

Day	☉	0 hr ☽	Noon ☽	☿	♀	♂	⚵	⚳	♃	♄	⚷	♅	♆	♇
1 W	28♌18 18	6♌21 23	12♌19 24	25♍28 48	5♎43 42	8♌50 53	14♐09 35	5♈32 52	4♉02 31	18♎40 06	17♑18 55	1♌19 38	6♏55 47	9♍00 47
2 Th	29 20 27	18 23 26	24 24 14	26 35 22	6 11 24	9 34 56	14 18 11	5 30 26	4 07 41	18 50 26	17 21 14	1 27 40	7 01 34	9 07 20
3 F	0♍21 19	0♍30 09	6♍34 31	27 37 55	6 36 05	10 17 40	14 25 47	5 26 21	4 11 22	18 59 33	17 22 18	1 34 23	7 06 06	9 12 37
4 Sa	1 20 44	12 42 55	18 51 38	28 36 06	6 57 31	10 58 52	14 32 12	5 20 28	4 13 23	19 07 14	17 21 59	1 39 36	7 09 10	9 16 24
5 Su	2 18 43	25 03 19	1♎17 09	29 29 53	7 15 40	11 38 36	14 37 28	5 12 50	4 13 45	19 13 33	17 20 17	1 43 21	7 10 50	9 18 46
6 M	3 15 34	7♎33 14	13 53 05	0♎19 21	7 30 46	12 17 08	14 41 51	5 03 44	4 12 46	19 18 46	17 17 31	1 45 56	7 11 22	9 19 59
7 Tu	4 11 42	20 14 56	26 41 45	1 04 49	7 43 10	12 54 55	14 45 49	4 53 36	4 10 52	19 23 19	17 14 06	1 47 47	7 11 13	9 20 29
8 W	5 07 40	3♏10 54	9♏45 44	1 46 38	7 53 22	13 32 28	14 49 52	4 42 59	4 08 35	19 27 44	17 10 34	1 49 25	7 10 55	9 20 48
9 Th	6 03 59	16 23 43	23 07 30	2 25 09	8 01 48	14 10 19	14 54 31	4 32 24	4 06 26	19 32 32	17 07 27	1 51 21	7 10 57	9 21 27
10 F	7 01 03	29 55 35	6♐48 60	3 00 34	8 08 50	14 48 52	15 00 11	4 22 17	4 04 50	19 38 08	17 05 09	1 54 00	7 11 47	9 22 50
11 Sa	7 59 06	13♐47 49	20 51 00	3 32 55	8 14 37	15 28 20	15 07 05	4 12 50	4 03 59	19 44 45	17 03 53	1 57 35	7 13 35	9 25 11
12 Su	8 58 06	28 00 19	5♑12 37	4 01 57	8 19 06	16 08 42	15 15 11	4 04 04	4 03 53	19 52 21	17 03 39	2 02 05	7 16 21	9 28 29
13 M	9 57 49	12♑31 03	19 50 48	4 27 15	8 21 59	16 49 44	15 24 15	3 55 44	4 04 17	20 00 42	17 04 11	2 07 16	7 19 51	9 32 28
14 Tu	10 57 51	27 15 46	4♒40 16	4 48 11	8 22 51	17 31 02	15 33 52	3 47 28	4 04 49	20 09 25	17 05 07	2 12 44	7 23 41	9 36 47
15 W	11 57 46	12♒08 10	19 33 54	5 04 04	8 21 12	18 12 10	15 43 37	3 38 49	4 05 00	20 18 02	17 05 59	2 18 01	7 27 24	9 40 57
16 Th	12 57 11	27 00 35	4♓23 41	5 14 20	8 16 39	18 52 44	15 53 06	3 29 25	4 04 29	20 26 11	17 06 25	2 22 46	7 30 38	9 44 35
17 F	13 55 52	11♓45 01	19 01 43	5 18 33	8 08 57	19 32 30	16 02 04	3 19 01	4 02 60	20 33 37	17 06 10	2 26 43	7 33 07	9 47 28
18 Sa	14 53 45	26 14 15	3♈21 32	5 16 28	7 58 02	20 11 25	16 10 27	3 07 36	4 00 31	20 40 17	17 05 11	2 29 49	7 34 49	9 49 32
19 Su	15 50 58	10♈22 49	17 18 41	5 08 03	7 44 03	20 49 37	16 18 24	2 55 17	3 57 09	20 46 18	17 03 36	2 32 12	7 35 51	9 50 54
20 M	16 47 45	24 07 32	0♉51 09	4 53 29	7 27 16	21 27 20	16 26 07	2 42 20	3 53 08	20 51 54	17 01 38	2 34 07	7 36 27	9 51 49
21 Tu	17 44 25	7♉27 34	13 59 08	4 33 00	7 08 02	22 04 51	16 33 56	2 29 03	3 48 48	20 57 24	16 59 37	2 35 50	7 36 56	9 52 35
22 W	18 41 15	20 24 05	26 44 40	4 06 55	6 46 39	22 42 28	16 42 07	2 15 42	3 44 23	21 03 04	16 57 48	2 37 39	7 37 34	9 53 29
23 Th	19 38 25	2♊59 45	9♊11 03	3 35 34	6 23 26	23 20 22	16 50 51	2 02 33	3 40 07	21 09 06	16 56 24	2 39 46	7 38 32	9 54 42
24 F	20 36 04	15 18 16	21 22 21	2 59 17	5 58 33	23 58 41	17 00 15	1 49 40	3 36 07	21 15 36	16 55 31	2 42 17	7 39 59	9 56 20
25 Sa	21 34 10	27 23 54	3♋22 60	2 18 25	5 32 07	24 37 24	17 10 18	1 37 06	3 32 21	21 22 35	16 55 09	2 45 11	7 41 52	9 58 25
26 Su	22 32 38	9♋21 02	15 17 25	1 33 21	5 04 10	25 16 24	17 20 55	1 24 44	3 28 44	21 29 56	16 55 13	2 48 24	7 44 07	10 00 49
27 M	23 31 19	21 14 01	27 09 51	0 44 35	4 34 41	25 55 34	17 31 57	1 12 27	3 25 08	21 37 31	16 55 32	2 51 46	7 46 35	10 03 24
28 Tu	24 30 03	3♌06 55	9♌04 09	29♍52 44	4 03 39	26 34 43	17 43 12	1 00 06	3 21 23	21 45 09	16 55 59	2 55 07	7 49 05	10 06 00
29 W	25 28 43	15 03 23	21 03 43	28 58 34	3 31 08	27 13 43	17 54 34	0 47 34	3 17 21	21 52 42	16 56 24	2 58 19	7 51 30	10 08 29
30 Th	26 27 12	27 06 35	3♍11 23	28 03 01	2 57 13	27 52 29	18 05 57	0 34 45	3 12 57	22 00 05	16 56 42	3 01 17	7 53 44	10 10 46
31 F	27 25 29	9♍19 06	15 29 27	27 07 13	2 22 06	28 30 60	18 17 19	0 21 41	3 08 10	22 07 18	16 56 53	3 03 60	7 55 46	10 12 49

Notes

September 1951 LONGITUDE

Day	☉	0 hr ☽	Noon ☽	☿	♀	♂	⚵	⚳	♃	♄	⚷	♅	♆	♇
1 Sa	28 ♍ 23 38	21 ♍ 42 56	27 ♍ 59 35	26 ♍ 12 22	1 ♎ 46 01	29 ♌ 09 18	18 ♐ 28 43	0 ♈ 08 23	3 ♉ 03 02	22 ♎ 14 21	16 ♑ 56 58	3 ♌ 06 29	7 ♏ 57 38	10 ♍ 14 41
2 Su	29 21 43	4 ♎ 19 31	10 ♎ 42 53	25 19 49	1 09 18	29 47 28	18 40 14	29 ♓ 54 60	2 57 38	22 21 21	16 57 03	3 08 51	7 59 27	10 16 27
3 M	0 ♎ 19 50	17 09 42	23 39 59	24 30 50	0 32 17	0 ♍ 25 37	18 51 57	29 41 36	2 52 06	22 28 23	16 57 13	3 11 11	8 01 17	10 18 14
4 Tu	1 18 04	0 ♏ 13 50	6 ♏ 51 02	23 46 39	29 ♍ 55 15	1 03 48	19 03 58	29 28 18	2 46 31	22 35 32	16 57 35	3 13 34	8 03 13	10 20 05
5 W	2 16 27	13 31 50	20 15 48	23 08 21	29 18 30	1 42 05	19 16 18	29 15 09	2 40 53	22 42 50	16 58 08	3 16 02	8 05 18	10 22 03
6 Th	3 14 56	27 03 20	3 ♐ 53 46	22 36 51	28 42 14	2 20 25	19 28 54	29 02 08	2 35 12	22 50 15	16 58 53	3 18 33	8 07 30	10 24 05
7 F	4 13 27	10 ♐ 47 36	17 44 07	22 12 51	28 06 35	2 58 42	19 41 42	28 49 10	2 29 22	22 57 41	16 59 43	3 21 01	8 09 42	10 26 07
8 Sa	5 11 53	24 43 38	1 ♑ 45 39	21 56 51	27 31 40	3 36 50	19 54 34	28 36 09	2 23 17	23 05 01	17 00 31	3 23 19	8 11 48	10 28 01
9 Su	6 10 05	8 ♑ 50 02	15 56 43	21 49 14	26 57 34	4 14 42	20 07 22	28 22 58	2 16 50	23 12 09	17 01 10	3 25 21	8 13 41	10 29 40
10 M	7 08 02	23 04 57	0 ♒ 15 08	21 50 15	26 24 27	4 52 13	20 20 04	28 09 36	2 09 58	23 19 00	17 01 36	3 27 03	8 15 17	10 31 02
11 Tu	8 05 45	7 ♒ 25 53	14 38 02	22 00 05	25 52 32	5 29 27	20 32 41	27 56 05	2 02 43	23 25 37	17 01 53	3 28 26	8 16 39	10 32 06
12 W	9 03 21	21 49 42	29 01 52	22 18 55	25 22 09	6 06 32	20 45 21	27 42 34	1 55 13	23 32 08	17 02 07	3 29 40	8 17 54	10 33 03
13 Th	10 01 05	6 ♓ 12 34	13 ♓ 22 33	22 46 49	24 53 38	6 43 39	20 58 16	27 29 16	1 47 41	23 38 44	17 02 32	3 30 55	8 19 15	10 34 04
14 F	10 59 10	20 30 15	27 35 44	23 23 49	24 27 24	7 21 03	21 11 41	27 16 27	1 40 22	23 45 42	17 03 21	3 32 28	8 20 57	10 35 24
15 Sa	11 57 48	4 ♈ 38 20	11 ♈ 37 09	24 09 46	24 03 46	7 58 58	21 25 48	27 04 19	1 33 28	23 53 11	17 04 47	3 34 30	8 23 11	10 37 15
16 Su	12 57 07	18 32 47	25 23 08	25 04 23	23 42 57	8 37 29	21 40 43	26 53 00	1 27 08	24 01 21	17 06 57	3 37 08	8 26 05	10 39 44
17 M	13 57 06	2 ♉ 10 17	8 ♉ 51 01	26 07 09	23 25 03	9 16 36	21 56 27	26 42 31	1 21 20	24 10 10	17 09 51	3 40 21	8 29 38	10 42 50
18 Tu	14 57 38	15 28 42	21 59 20	27 17 23	23 09 59	9 56 11	22 12 51	26 32 44	1 15 56	24 19 30	17 13 19	3 44 02	8 33 41	10 46 26
19 W	15 58 25	28 27 14	4 ♊ 48 05	28 34 15	22 57 33	10 35 59	22 29 38	26 23 23	1 10 42	24 29 05	17 17 08	3 47 54	8 38 00	10 50 15
20 Th	16 59 10	11 ♊ 06 31	17 18 34	29 56 47	22 47 26	11 15 39	22 46 29	26 14 09	1 05 17	24 38 35	17 20 56	3 51 38	8 42 14	10 53 57
21 F	17 59 31	23 28 29	29 33 17	1 ♎ 24 01	22 39 21	11 54 51	23 03 04	26 04 44	0 59 22	24 47 40	17 24 23	3 54 54	8 46 03	10 57 14
22 Sa	18 59 13	5 ♋ 36 12	11 ♋ 35 43	2 55 04	22 33 00	12 33 20	23 19 06	25 54 52	0 52 41	24 56 04	17 27 14	3 57 25	8 49 11	10 59 47
23 Su	19 58 06	17 33 36	23 30 07	4 29 10	22 28 15	13 10 56	23 34 26	25 44 23	0 45 05	25 03 37	17 29 19	3 59 02	8 51 29	11 01 29
24 M	20 56 10	29 25 19	5 ♌ 21 12	6 05 45	22 25 05	13 47 38	23 49 05	25 33 20	0 36 36	25 10 21	17 30 38	3 59 46	8 52 57	11 02 19
25 Tu	21 53 38	11 ♌ 16 19	17 13 57	7 44 27	22 23 38	14 23 39	24 03 12	25 21 53	0 27 23	25 16 25	17 31 23	3 59 46	8 53 46	11 02 29
26 W	22 50 47	23 11 39	29 13 18	9 25 06	22 24 14	14 59 18	24 17 09	25 10 23	0 17 47	25 22 09	17 31 52	3 59 25	8 54 15	11 02 17
27 Th	23 48 06	5 ♍ 16 10	11 ♍ 23 51	11 07 41	22 27 15	15 35 02	24 31 20	24 59 16	0 08 16	25 28 00	17 32 34	3 59 06	8 54 52	11 02 11
28 F	24 46 01	17 34 13	23 49 33	12 52 16	22 33 08	16 11 18	24 46 16	24 49 03	29 ♈ 59 18	25 34 27	17 33 55	3 59 20	8 56 03	11 02 39
29 Sa	25 44 59	0 ♎ 09 12	6 ♎ 33 19	14 38 53	22 42 14	16 48 32	25 02 19	24 40 08	29 51 18	25 41 53	17 36 21	4 00 31	8 58 16	11 04 06
30 Su	26 45 16	13 03 20	19 36 41	16 27 32	22 54 47	17 27 00	25 19 48	24 32 48	29 44 33	25 50 36	17 40 09	4 02 56	9 01 46	11 06 49

October 1951 LONGITUDE

Day	☉	0 hr ☽	Noon ☽	☿	♀	♂	⚵	⚳	♃	♄	⚷	♅	♆	♇
1 M	27 ♎ 46 55	26 ♎ 17 18	2 ♏ 59 42	18 ♎ 18 00	23 ♍ 10 47	18 ♍ 06 47	25 ♐ 38 45	24 ♓ 27 08	29 ♈ 39 09	26 ♎ 00 40	17 ♑ 45 23	4 ♌ 06 38	9 ♏ 06 37	11 ♍ 10 52
2 Tu	28 49 46	9 ♏ 50 10	16 40 45	20 09 51	23 29 59	18 47 41	25 58 60	24 22 57	29 34 53	26 11 54	17 51 51	4 11 26	9 12 37	11 16 02
3 W	29 53 22	23 39 26	0 ♐ 36 45	22 02 27	23 51 53	19 29 16	26 20 06	24 19 49	29 31 20	26 23 50	17 59 06	4 16 55	9 19 22	11 21 55
4 Th	0 ♏ 57 06	7 ♐ 41 25	14 43 40	23 55 01	24 15 50	20 10 54	26 41 25	24 17 08	29 27 53	26 35 52	18 06 33	4 22 26	9 26 12	11 27 52
5 F	2 00 18	21 51 44	28 57 01	25 46 45	24 41 03	20 51 56	27 02 18	24 14 13	29 23 53	26 47 20	18 13 30	4 27 20	9 32 29	11 33 14
6 Sa	3 02 23	6 ♑ 06 03	13 ♑ 12 34	27 36 59	25 06 57	21 31 46	27 22 10	24 10 31	29 18 46	26 57 38	18 19 24	4 31 03	9 37 37	11 37 27
7 Su	4 03 02	20 20 36	27 26 53	29 25 17	25 33 08	22 10 07	27 40 41	24 05 42	29 12 12	27 06 29	18 23 54	4 33 15	9 41 18	11 40 10
8 M	5 02 17	4 ♒ 32 37	11 ♒ 37 32	1 ♏ 11 36	25 59 34	22 46 58	27 57 53	23 59 48	29 04 13	27 13 52	18 27 02	4 33 56	9 43 33	11 41 25
9 Tu	6 00 28	18 40 21	25 43 02	2 56 15	26 26 33	23 22 43	28 14 08	23 53 11	28 55 12	27 20 10	18 29 10	4 33 31	9 44 43	11 41 35
10 W	6 58 17	2 ♓ 42 52	9 ♓ 42 39	4 39 52	26 54 42	23 57 60	28 30 04	23 46 31	28 45 49	27 26 03	18 30 58	4 32 37	9 45 29	11 41 19
11 Th	7 56 30	16 39 37	23 35 47	6 23 13	27 24 47	24 33 38	28 46 31	23 40 36	28 36 51	27 32 18	18 33 13	4 32 03	9 46 38	11 41 24
12 F	8 55 55	0 ♈ 29 58	7 ♈ 21 46	8 07 04	27 57 29	25 10 23	29 04 14	23 36 12	28 29 07	27 39 43	18 36 43	4 32 37	9 48 56	11 42 38
13 Sa	9 57 07	14 12 54	20 59 28	9 51 58	28 33 22	25 48 51	29 23 49	23 33 56	28 23 12	27 48 51	18 42 02	4 34 51	9 53 00	11 45 36
14 Su	11 00 23	27 46 55	4 ♉ 27 18	11 38 12	29 12 39	26 29 18	29 45 31	23 34 03	28 19 21	28 00 00	18 49 27	4 39 04	9 59 05	11 50 34
15 M	12 05 37	11 ♉ 10 04	17 43 26	13 25 41	29 55 12	27 11 39	0 ♑ 09 17	23 36 29	28 17 32	28 13 04	18 58 53	4 45 11	10 07 07	11 57 27
16 Tu	13 12 23	24 20 21	0 ♊ 46 07	15 13 59	0 ♎ 40 32	27 55 27	0 34 39	23 40 46	28 17 17	28 27 38	19 09 52	4 52 44	10 16 39	12 05 48
17 W	14 19 59	7 ♊ 16 05	13 34 06	17 02 25	1 27 54	28 40 01	1 00 55	23 46 14	28 17 54	28 42 58	19 21 44	5 01 02	10 26 58	12 14 56
18 Th	15 27 34	19 56 22	26 06 57	18 50 07	2 16 25	29 24 30	1 27 14	23 52 02	28 18 34	28 58 14	19 33 37	5 09 14	10 37 15	12 23 60
19 F	16 34 19	2 ♋ 21 20	8 ♋ 25 27	20 36 19	3 05 11	0 ♎ 08 04	1 52 47	23 57 19	28 18 28	29 12 37	19 44 42	5 16 30	10 46 39	12 32 09
20 Sa	17 39 34	14 32 27	20 31 32	22 20 19	3 53 32	0 50 03	2 16 53	24 01 25	28 16 54	29 25 25	19 54 18	5 22 10	10 54 30	12 38 45
21 Su	18 42 54	26 32 28	2 ♌ 28 27	24 01 45	4 40 59	1 30 02	2 39 08	24 03 57	28 13 29	29 36 15	20 02 01	5 25 50	11 00 24	12 43 22
22 M	19 44 17	8 ♌ 25 25	14 20 34	25 40 36	5 27 29	2 07 60	2 59 30	24 04 52	28 08 12	29 45 05	20 07 49	5 27 28	11 04 19	12 45 59
23 Tu	20 44 03	20 16 17	26 13 08	27 17 11	6 13 18	2 44 15	3 18 18	24 04 30	28 01 23	29 52 14	20 12 02	5 27 23	11 06 34	12 46 54
24 W	21 42 50	2 ♍ 10 51	8 ♍ 12 02	28 52 12	6 59 03	3 19 27	3 36 11	24 03 28	27 53 39	29 58 20	20 15 17	5 26 14	11 07 48	12 46 47
25 Th	22 41 31	14 15 13	20 23 18	0 ♐ 26 31	7 45 34	3 54 28	3 54 01	24 02 40	27 45 54	0 ♏ 04 15	20 18 27	5 24 52	11 08 52	12 46 30
26 F	23 41 01	26 35 22	2 ♎ 52 39	2 01 05	8 33 45	4 30 13	4 12 43	24 03 01	27 39 04	0 10 57	20 22 29	5 24 15	11 10 44	12 46 58
27 Sa	24 42 12	9 ♎ 16 33	15 44 49	3 36 46	9 24 25	5 07 34	4 33 10	24 05 23	27 34 00	0 19 15	20 28 13	5 25 14	11 14 14	12 49 04
28 Su	25 45 40	22 22 35	29 02 53	5 14 12	10 18 09	5 47 07	4 55 57	24 10 21	27 31 20	0 29 46	20 36 15	5 28 24	11 19 58	12 53 23
29 M	26 51 36	5 ♏ 55 14	12 ♏ 47 33	6 53 34	11 15 06	6 29 03	5 21 15	24 18 08	27 31 14	0 42 41	20 46 47	5 33 57	11 28 08	13 00 06
30 Tu	27 59 44	19 53 38	26 56 45	8 34 37	12 14 57	7 13 05	5 48 47	24 28 24	27 33 27	0 57 43	20 59 31	5 41 35	11 38 26	13 08 56
31 W	29 09 16	4 ♐ 14 00	11 ♐ 25 35	10 16 35	13 16 55	7 58 28	6 17 48	24 40 26	27 37 12	1 14 07	21 13 43	5 50 35	11 50 08	13 19 09

Notes

LONGITUDE — November 1951

Day	☉	0 hr ☽	Noon ☽	☿	♀	♂	⚵	⚳	♃	♄	⚷	♅	♆	♇
1 Th	0 ♐ 19 10	18 ♐ 50 04	26 ♐ 06 51	11 ♐ 58 25	14 ♎ 19 54	8 ♎ 44 07	6 ♑ 47 13	24 ♓ 53 09	27 ♈ 41 26	1 ♏ 30 48	21 ♑ 28 17	5 ♌ 59 50	12 ♏ 02 08	13 ♍ 29 39
2 F	1 28 14	3 ♑ 33 53	10 ♑ 52 17	13 38 56	15 22 42	9 28 51	7 15 52	25 05 21	27 44 57	1 46 35	21 42 04	6 08 11	12 13 17	13 39 17
3 Sa	2 35 28	18 17 18	25 33 56	15 17 09	16 24 17	10 11 40	7 42 43	25 16 02	27 46 47	2 00 28	21 54 01	6 14 36	12 22 32	13 46 60
4 Su	3 40 18	2 ♒ 53 19	10 ♒ 05 33	16 52 29	17 24 03	10 52 00	8 07 13	25 24 38	27 46 20	2 11 52	22 03 36	6 18 32	12 29 21	13 52 16
5 M	4 42 42	17 17 08	24 23 17	18 24 55	18 21 59	11 29 51	8 29 21	25 31 08	27 43 38	2 20 48	22 10 48	6 19 60	12 33 44	13 55 04
6 Tu	5 43 17	1 ♓ 26 28	8 ♓ 25 48	19 55 04	19 18 39	12 05 46	8 49 42	25 36 08	27 39 15	2 27 50	22 16 11	6 19 32	12 36 14	13 55 58
7 W	6 43 03	15 21 15	22 13 44	21 23 56	20 15 03	12 40 49	9 09 18	25 40 37	27 34 13	2 33 59	22 20 48	6 18 12	12 37 53	13 56 02
8 Th	7 43 15	29 02 54	5 ♈ 48 56	22 52 44	21 12 24	13 16 13	9 29 22	25 45 51	27 29 45	2 40 30	22 25 52	6 17 13	12 39 56	13 56 27
9 F	8 45 04	12 ♈ 33 29	19 13 32	24 22 39	22 11 52	13 53 08	9 51 06	25 52 60	27 27 04	2 48 33	22 32 34	6 17 47	12 43 34	13 58 27
10 Sa	9 49 24	25 54 49	2 ♉ 29 17	25 54 34	23 14 21	14 32 30	10 15 23	26 02 58	27 27 03	2 59 03	22 41 49	6 20 46	12 49 40	14 02 54
11 Su	10 56 42	9 ♉ 08 01	15 37 04	27 28 54	24 20 16	15 14 44	10 42 40	26 16 11	27 30 10	3 12 27	22 54 02	6 26 39	12 58 41	14 10 15
12 M	12 06 53	22 13 16	28 36 52	29 05 33	25 29 32	15 59 47	11 12 54	26 32 35	27 36 20	3 28 39	23 09 10	6 35 21	13 10 34	14 20 27
13 Tu	13 19 22	5 ♊ 09 50	11 ♊ 27 52	0 ♑ 43 53	26 41 33	16 47 04	11 45 28	26 51 34	27 44 58	3 47 05	23 26 38	6 46 18	13 24 42	14 32 54
14 W	14 33 13	17 56 31	24 08 53	2 22 55	27 55 21	17 35 37	12 19 25	27 12 12	27 55 07	4 06 48	23 45 28	6 58 31	13 40 09	14 46 39
15 Th	15 47 15	0 ♋ 32 04	6 ♋ 38 54	4 01 24	29 09 44	18 24 16	12 53 36	27 33 17	28 05 37	4 26 37	24 04 30	7 10 50	13 55 45	15 00 31
16 F	17 00 16	12 55 42	18 57 29	5 38 07	0 ♏ 23 32	19 11 49	13 26 48	27 53 39	28 15 18	4 45 20	24 22 33	7 22 04	14 10 17	15 13 19
17 Sa	18 11 19	25 07 38	1 ♌ 05 18	7 11 58	1 35 43	19 57 18	13 58 04	28 12 17	28 23 09	5 02 00	24 38 37	7 31 15	14 22 48	15 24 06
18 Su	19 19 44	7 ♌ 09 20	13 04 17	8 42 15	2 45 39	20 40 05	14 26 43	28 28 34	28 28 33	5 15 58	24 52 05	7 37 45	14 32 39	15 32 11
19 M	20 25 21	19 03 39	24 57 47	10 08 40	3 53 09	21 19 58	14 52 37	28 42 19	28 31 20	5 27 02	25 02 45	7 41 21	14 39 39	15 37 25
20 Tu	21 28 28	0 ♍ 54 53	6 ♍ 50 27	11 31 23	4 58 30	21 57 15	15 16 02	28 53 49	28 31 46	5 35 30	25 10 55	7 42 23	14 44 05	15 40 05
21 W	22 29 49	12 48 27	18 48 03	12 50 58	6 02 24	22 32 41	15 37 43	29 03 48	28 30 37	5 42 08	25 17 20	7 41 35	14 46 43	15 40 55
22 Th	23 30 26	24 50 42	0 ♎ 57 05	14 08 19	7 05 55	23 07 17	15 58 42	29 13 19	28 28 55	5 47 56	25 23 02	7 39 59	14 48 35	15 40 58
23 F	24 31 32	7 ♎ 08 21	13 24 15	15 24 26	8 10 12	23 42 17	16 20 11	29 23 33	28 27 52	5 54 08	25 29 13	7 38 47	14 50 52	15 41 27
24 Sa	25 34 14	19 47 53	26 15 44	16 40 11	9 16 24	24 18 47	16 43 18	29 35 39	28 28 36	6 01 50	25 37 01	7 39 07	14 54 42	15 43 28
25 Su	26 39 24	2 ♏ 54 45	9 ♏ 36 21	17 56 10	10 25 21	24 57 39	17 08 54	29 50 26	28 31 59	6 11 55	25 47 16	7 41 51	15 00 58	15 47 54
26 M	27 47 24	16 32 27	23 28 32	19 12 28	11 37 24	25 39 16	17 37 22	0 ♈ 08 19	28 38 22	6 24 44	26 00 22	7 47 20	15 10 00	15 55 06
27 Tu	28 58 01	0 ♐ 41 34	7 ♐ 51 26	20 28 29	12 52 21	26 23 23	18 08 28	0 29 02	28 47 34	6 40 05	26 16 06	7 55 24	15 21 37	16 04 52
28 W	0 ♑ 10 27	15 19 03	22 40 20	21 43 01	14 09 23	27 09 15	18 41 25	0 51 49	28 58 46	6 57 10	26 33 40	8 05 12	15 35 01	16 16 25
29 Th	1 23 28	0 ♑ 18 08	7 ♑ 46 56	22 54 21	15 27 14	27 55 34	19 14 58	1 15 25	29 10 44	7 14 44	26 51 48	8 15 31	15 48 56	16 28 28
30 F	2 35 38	15 29 03	23 00 32	24 00 33	16 44 30	28 40 58	19 47 43	1 38 24	29 22 03	7 31 22	27 09 06	8 24 57	16 01 58	16 39 39

LONGITUDE — December 1951

Day	☉	0 hr ☽	Noon ☽	☿	♀	♂	⚵	⚳	♃	♄	⚷	♅	♆	♇
1 Sa	3 ♑ 45 45	0 ♒ 40 45	8 ♒ 09 58	24 ♑ 59 48	17 ♏ 59 56	29 ♎ 24 12	20 ♑ 18 25	1 ♈ 59 34	29 ♈ 31 30	7 ♏ 45 50	27 ♑ 24 21	8 ♌ 32 16	16 ♏ 12 54	16 ♍ 48 42
2 Su	4 53 03	15 42 52	23 05 41	25 50 42	19 12 48	0 ♏ 04 32	20 46 21	2 18 09	29 38 20	7 57 26	27 36 49	8 36 43	16 20 60	16 54 55
3 M	5 57 29	0 ♓ 27 41	7 ♓ 41 15	26 32 28	20 23 00	0 41 54	21 11 26	2 34 05	29 42 30	8 06 03	27 46 25	8 38 15	16 26 10	16 58 13
4 Tu	6 59 39	14 50 52	21 53 50	27 04 54	21 31 10	1 16 54	21 34 16	2 47 58	29 44 34	8 12 19	27 53 44	8 37 27	16 29 02	16 59 12
5 W	8 00 38	28 51 30	5 ♈ 43 47	27 28 17	22 38 21	1 50 37	21 55 57	3 00 54	29 45 41	8 17 19	27 59 55	8 35 27	16 30 41	16 58 58
6 Th	9 01 48	12 ♈ 31 13	19 13 34	27 43 06	23 45 56	2 24 26	22 17 51	3 14 13	29 47 09	8 22 25	28 06 16	8 33 34	16 32 29	16 58 52
7 F	10 04 26	25 53 07	2 ♉ 26 44	27 49 51	24 55 12	2 59 37	22 41 14	3 29 14	29 50 18	8 28 53	28 14 06	8 33 08	16 35 43	17 00 12
8 Sa	11 09 32	9 ♉ 00 40	15 26 52	27 48 43	26 07 07	3 37 10	23 07 07	3 46 55	29 56 06	8 37 44	28 24 24	8 35 06	16 41 22	17 03 58
9 Su	12 17 37	21 56 57	28 16 53	27 39 36	27 22 12	4 17 36	23 35 60	4 07 47	0 ♉ 05 04	8 49 28	28 37 42	8 40 01	16 49 58	17 10 40
10 M	13 28 37	4 ♊ 44 08	10 ♊ 58 45	27 22 03	28 40 24	5 00 52	24 07 49	4 31 47	0 17 09	9 04 02	28 53 55	8 47 49	17 01 27	17 20 15
11 Tu	14 41 59	17 13 22	23 33 20	26 55 24	0 ♐ 01 09	5 46 23	24 42 02	4 58 21	0 31 48	9 20 52	29 12 31	8 57 57	17 15 16	17 32 10
12 W	15 56 46	29 54 56	6 ♋ 00 42	26 19 01	1 23 29	6 33 14	25 17 41	5 26 31	0 48 03	9 39 02	29 32 31	9 09 27	17 30 27	17 45 27
13 Th	17 11 48	12 ♋ 18 32	18 20 30	25 32 33	2 46 13	7 20 12	25 53 36	5 55 07	1 04 44	9 57 20	29 52 46	9 21 09	17 45 50	17 58 56
14 F	18 25 52	24 33 47	0 ♌ 32 25	24 36 12	4 08 10	8 06 07	26 28 34	6 22 56	1 20 38	10 14 35	0 ♒ 12 03	9 31 52	18 00 13	18 11 25
15 Sa	19 37 58	6 ♌ 40 42	12 36 40	23 30 52	5 28 19	8 49 58	27 01 35	6 48 59	1 34 45	10 29 46	0 29 23	9 40 34	18 12 35	18 21 54
16 Su	20 47 25	18 40 03	24 34 20	22 18 14	6 45 58	9 31 03	27 31 58	7 12 34	1 46 25	10 42 12	0 44 03	9 46 36	18 22 17	18 29 42
17 M	21 53 59	0 ♍ 33 46	6 ♍ 27 43	21 00 46	8 00 53	10 09 08	27 59 29	7 33 26	1 55 22	10 51 38	0 55 50	9 49 42	18 29 02	18 34 33
18 Tu	22 57 51	12 24 56	18 20 19	19 41 30	9 13 15	10 44 25	28 24 19	7 51 47	2 01 48	10 58 17	1 04 55	9 50 04	18 33 03	18 36 41
19 W	23 59 38	24 17 55	0 ♎ 16 52	18 23 44	10 23 41	11 17 30	28 47 05	8 08 13	2 06 21	11 02 46	1 11 55	9 48 20	18 34 57	18 36 42
20 Th	25 00 18	6 ♎ 18 06	12 23 05	17 10 51	11 33 06	11 49 20	29 08 44	8 23 42	2 09 56	11 05 59	1 17 47	9 45 26	18 35 40	18 35 33
21 F	26 00 55	18 31 35	24 45 13	16 05 54	12 42 38	12 21 01	29 30 21	8 39 18	2 13 40	11 09 05	1 23 35	9 42 28	18 36 18	18 34 19
22 Sa	27 02 35	1 ♏ 04 44	7 ♏ 29 36	15 11 26	13 53 19	12 53 38	29 53 02	8 56 07	2 18 37	11 13 07	1 30 27	9 40 31	18 37 57	18 34 05
23 Su	28 06 09	14 03 25	20 41 45	14 29 12	15 06 03	13 28 02	0 ♒ 17 38	9 15 01	2 25 39	11 18 57	1 39 12	9 40 27	18 41 27	18 35 44
24 M	29 12 06	27 32 15	4 ♐ 25 30	14 00 06	16 21 15	14 04 40	0 44 36	9 36 26	2 35 13	11 27 02	1 50 18	9 42 43	18 47 17	18 39 42
25 Tu	0 ♒ 20 21	11 ♐ 33 30	18 41 53	13 44 04	17 38 54	14 43 29	1 13 54	10 00 19	2 47 17	11 37 20	2 03 43	9 47 17	18 55 23	18 45 57
26 W	1 30 18	26 06 13	3 ♑ 28 17	13 40 14	18 58 21	15 23 53	1 44 55	10 26 04	3 01 14	11 49 15	2 18 50	9 53 32	19 05 09	18 53 53
27 Th	2 40 58	11 ♑ 05 33	18 38 02	13 47 03	20 18 37	16 04 52	2 16 38	10 52 41	3 16 03	12 01 44	2 34 38	10 00 27	19 15 35	19 02 29
28 F	3 51 06	26 22 56	4 ♒ 01 01	14 02 40	21 38 27	16 45 11	2 47 52	11 18 55	3 30 31	12 13 37	2 49 54	10 06 51	19 25 27	19 10 32
29 Sa	4 59 38	11 ♒ 47 09	19 25 16	14 25 13	22 56 47	17 23 45	3 17 28	11 43 42	3 43 33	12 23 46	3 03 33	10 11 37	19 33 40	19 16 56
30 Su	6 05 49	27 06 20	4 ♓ 39 08	14 53 14	24 12 52	17 59 51	3 44 45	12 06 18	3 54 25	12 31 29	3 14 51	10 14 02	19 39 30	19 20 59
31 M	7 09 29	12 ♓ 10 07	19 33 24	15 25 49	25 26 33	18 33 19	4 09 33	12 26 33	4 02 58	12 36 35	3 23 39	10 13 57	19 42 48	19 22 29

Notes

January 1952 LONGITUDE

Day	☉	0 hr ☽	Noon ☽	☿	♀	♂	⚵	⚳	♃	♄	⚷	♅	♆	♇
1 Tu	8 ♒ 11 03	26 ♓ 51 15	4 ♈ 02 24	16 ♑ 02 39	26 ♐ 38 13	19 ♏ 04 33	4 ♒ 32 15	12 ♈ 44 50	4 ♉ 09 34	12 ♏ 39 29	3 ♒ 30 20	10 ♌ 11 45	19 ♏ 43 58	19 ♍ 21 52
2 W	9 11 21	11 ♈ 06 10	18 04 12	16 43 53	27 48 43	19 34 22	4 53 42	13 02 00	4 15 05	12 41 01	3 35 44	10 08 17	19 43 50	19 19 58
3 Th	10 11 27	24 54 40	1 ♉ 39 54	17 29 60	28 59 06	20 03 51	5 14 57	13 19 07	4 20 34	12 42 15	3 40 56	10 04 37	19 43 28	19 17 51
4 F	11 12 23	8 ♉ 18 54	14 52 31	18 21 28	0 ♑ 10 25	20 34 02	5 37 03	13 37 12	4 27 03	12 44 13	3 46 58	10 01 47	19 43 54	19 16 33
5 Sa	12 14 57	21 22 22	27 46 02	19 18 36	1 23 28	21 05 44	6 00 49	13 57 05	4 35 22	12 47 44	3 54 38	10 00 36	19 45 57	19 16 53
6 Su	13 19 37	4 ♊ 08 54	10 ♊ 24 24	20 21 25	2 38 41	21 39 22	6 26 41	14 19 12	4 45 56	12 53 15	4 04 23	10 01 32	19 50 05	19 19 17
7 M	14 26 24	16 42 05	22 51 08	21 29 32	3 56 06	22 14 59	6 54 40	14 43 34	4 58 46	13 00 46	4 16 14	10 04 34	19 56 16	19 23 48
8 Tu	15 34 54	29 04 53	5 ♋ 08 58	22 42 13	5 15 20	22 52 11	7 24 23	15 09 47	5 13 30	13 09 56	4 29 49	10 09 21	20 04 11	19 30 01
9 W	16 44 29	11 ♋ 19 29	17 19 51	23 58 32	6 35 44	23 30 18	7 55 12	15 37 13	5 29 28	13 20 03	4 44 27	10 15 13	20 13 07	19 37 18
10 Th	17 54 17	23 27 27	29 25 09	25 17 21	7 56 25	24 08 31	8 26 14	16 05 01	5 45 50	13 30 18	4 59 19	10 21 20	20 22 16	19 44 48
11 F	19 03 29	5 ♌ 29 55	11 ♌ 25 49	26 37 36	9 16 35	24 45 57	8 56 41	16 32 19	6 01 44	13 39 51	5 13 33	10 26 50	20 30 46	19 51 40
12 Sa	20 11 20	17 27 52	23 22 46	27 58 22	10 35 30	25 21 54	9 25 48	16 58 25	6 16 28	13 47 58	5 26 26	10 31 02	20 37 55	19 57 12
13 Su	21 17 22	29 22 25	5 ♍ 17 11	29 18 58	11 52 39	25 55 53	9 53 06	17 22 49	6 29 31	13 54 09	5 37 29	10 33 24	20 43 12	20 00 54
14 M	22 21 22	11 ♍ 15 09	17 10 47	0 ♒ 39 04	13 07 51	26 27 39	10 18 22	17 45 19	6 40 42	13 58 12	5 46 29	10 33 46	20 46 26	20 02 33
15 Tu	23 23 26	23 08 15	29 05 59	1 58 37	14 21 12	26 57 20	10 41 43	18 05 60	6 50 06	14 00 13	5 53 32	10 32 14	20 47 42	20 02 16
16 W	24 23 58	5 ♎ 04 43	11 ♎ 06 02	3 17 53	15 33 03	27 25 18	11 03 30	18 25 14	6 58 05	14 00 35	5 59 01	10 29 09	20 47 23	20 00 25
17 Th	25 23 31	17 08 16	23 14 57	4 37 21	16 44 01	27 52 07	11 24 20	18 43 38	7 05 16	13 59 53	6 03 31	10 25 07	20 46 04	19 57 35
18 F	26 22 48	29 23 16	5 ♏ 37 20	5 57 39	17 54 47	28 18 31	11 44 55	19 01 53	7 12 19	13 58 49	6 07 45	10 20 51	20 44 28	19 54 30
19 Sa	27 22 32	11 ♏ 54 30	18 18 01	7 19 25	19 06 03	28 45 09	12 05 56	19 20 42	7 19 58	13 58 06	6 12 23	10 17 03	20 43 17	19 51 50
20 Su	28 23 17	24 46 42	1 ♐ 21 40	8 43 08	20 18 24	29 12 38	12 27 58	19 40 38	7 28 46	13 58 17	6 18 01	10 14 17	20 43 05	19 50 11
21 M	29 25 23	8 ♐ 04 00	14 51 59	10 09 07	21 32 09	29 41 16	12 51 21	20 02 01	7 39 03	13 59 43	6 24 59	10 12 54	20 44 12	19 49 53
22 Tu	0 ♓ 28 52	21 49 14	28 50 59	11 37 19	22 47 20	0 ♐ 11 04	13 16 07	20 24 54	7 50 51	14 02 25	6 33 18	10 12 54	20 46 40	19 50 56
23 W	1 33 25	6 ♑ 03 03	13 ♑ 18 09	13 07 26	24 03 40	0 41 46	13 41 57	20 48 58	8 03 53	14 06 07	6 42 41	10 14 02	20 50 12	19 53 05
24 Th	2 38 31	20 43 20	28 09 50	14 38 52	25 20 36	1 12 48	14 08 20	21 13 41	8 17 35	14 10 14	6 52 35	10 15 44	20 54 14	19 55 45
25 F	3 43 29	5 ♒ 44 43	13 ♒ 19 06	16 10 57	26 37 27	1 43 30	14 34 35	21 38 23	8 31 18	14 14 09	7 02 20	10 17 20	20 58 07	19 58 19
26 Sa	4 47 43	20 58 54	28 36 28	17 43 02	27 53 36	2 13 15	15 00 05	22 02 26	8 44 24	14 17 12	7 11 18	10 18 13	21 01 14	20 00 07
27 Su	5 50 45	6 ♓ 15 42	13 ♓ 51 16	19 14 40	29 08 37	2 41 35	15 24 24	22 25 24	8 56 27	14 18 59	7 19 05	10 17 58	21 03 08	20 00 45
28 M	6 52 28	21 24 39	28 53 22	20 45 42	0 ♒ 22 22	3 08 23	15 47 23	22 47 10	9 07 19	14 19 20	7 25 30	10 16 25	21 03 42	20 00 03
29 Tu	7 52 59	6 ♈ 16 42	13 ♈ 34 48	22 16 17	1 34 60	3 33 47	16 09 12	23 07 51	9 17 08	14 18 25	7 30 44	10 13 45	21 03 04	19 58 11
30 W	8 52 44	20 45 24	27 50 33	23 46 47	2 46 53	3 58 10	16 30 13	23 27 51	9 26 18	14 16 38	7 35 09	10 10 20	21 01 38	19 55 33
31 Th	9 52 11	4 ♉ 47 22	11 ♉ 38 46	25 17 43	3 58 32	4 22 02	16 50 57	23 47 40	9 35 19	14 14 28	7 39 15	10 06 41	20 59 53	19 52 38

February 1952 LONGITUDE

Day	☉	0 hr ☽	Noon ☽	☿	♀	♂	⚵	⚳	♃	♄	⚷	♅	♆	♇
1 F	10 ♓ 51 50	18 ♉ 22 07	25 ♉ 00 11	26 ♒ 49 34	5 ♒ 10 25	4 ♐ 45 52	17 ♒ 11 53	24 ♈ 07 47	9 ♉ 44 40	14 ♏ 12 25	7 ♒ 43 33	10 ♌ 03 17	20 ♏ 58 20	19 ♍ 49 56
2 Sa	11 52 04	1 ♊ 31 21	7 ♊ 57 21	28 22 43	6 22 57	5 10 04	17 33 25	24 28 35	9 54 43	14 10 52	7 48 24	10 00 31	20 57 21	19 47 49
3 Su	12 53 05	14 18 09	20 33 57	29 57 24	7 36 20	5 34 48	17 55 43	24 50 16	10 05 42	14 10 01	7 54 02	9 58 35	20 57 08	19 46 32
4 M	13 54 55	26 46 22	2 ♋ 54 01	1 ♓ 33 38	8 50 34	6 00 06	18 18 50	25 12 52	10 17 37	14 09 53	8 00 26	9 57 32	20 57 44	19 46 03
5 Tu	14 57 23	9 ♋ 00 02	15 01 38	3 11 16	10 05 30	6 25 49	18 42 36	25 36 13	10 30 19	14 10 20	8 07 29	9 57 11	20 58 58	19 46 15
6 W	16 00 15	21 03 01	27 00 32	4 50 03	11 20 52	6 51 39	19 06 45	26 00 03	10 43 32	14 11 05	8 14 53	9 57 16	21 00 34	19 46 52
7 Th	17 03 11	2 ♌ 58 51	8 ♌ 54 04	6 29 42	12 36 22	7 17 19	19 30 58	26 24 03	10 56 56	14 11 50	8 22 21	9 57 30	21 02 15	19 47 34
8 F	18 05 54	14 50 40	20 45 07	8 09 54	13 51 41	7 42 30	19 54 58	26 47 56	11 10 14	14 12 18	8 29 34	9 57 34	21 03 42	19 48 04
9 Sa	19 08 11	26 41 13	2 ♍ 36 12	9 50 28	15 06 37	8 06 57	20 18 30	27 11 27	11 23 13	14 12 13	8 36 19	9 57 15	21 04 41	19 48 09
10 Su	20 09 52	8 ♍ 32 52	14 29 31	11 31 16	16 21 01	8 30 33	20 41 28	27 34 29	11 35 44	14 11 29	8 42 27	9 56 25	21 05 05	19 47 40
11 M	21 10 58	20 27 47	26 27 04	13 12 19	17 34 52	8 53 17	21 03 50	27 57 00	11 47 47	14 10 05	8 47 59	9 55 03	21 04 53	19 46 37
12 Tu	22 11 33	2 ♎ 27 57	8 ♎ 30 48	14 53 42	18 48 14	9 15 12	21 25 40	28 19 06	11 59 25	14 08 06	8 52 57	9 53 13	21 04 09	19 45 05
13 W	23 11 45	14 35 21	20 42 42	16 35 35	20 01 18	9 36 27	21 47 07	28 40 55	12 10 48	14 05 39	8 57 32	9 51 06	21 03 03	19 43 11
14 Th	24 11 47	26 52 03	3 ♏ 04 52	18 18 09	21 14 13	9 57 13	22 08 23	29 02 37	12 22 06	14 02 57	9 01 54	9 48 50	21 01 45	19 41 08
15 F	25 11 47	9 ♏ 20 14	15 39 37	20 01 35	22 27 09	10 17 38	22 29 36	29 24 24	12 33 30	14 00 10	9 06 12	9 46 38	21 00 25	19 39 05
16 Sa	26 11 54	22 02 13	28 29 17	21 46 02	23 40 15	10 37 52	22 50 56	29 46 22	12 45 07	13 57 24	9 10 36	9 44 36	20 59 12	19 37 11
17 Su	27 12 12	5 ♐ 00 21	11 ♐ 36 13	23 31 35	24 53 34	10 57 55	23 12 26	0 ♉ 08 36	12 57 01	13 54 45	9 15 08	9 42 49	20 58 09	19 35 28
18 M	28 12 39	18 16 47	25 02 26	25 18 11	26 07 05	11 17 48	23 34 04	0 31 04	13 09 10	13 52 11	9 19 48	9 41 14	20 57 14	19 33 56
19 Tu	29 13 11	1 ♑ 53 15	8 ♑ 49 16	27 05 47	27 20 43	11 37 24	23 55 45	0 53 41	13 21 30	13 49 38	9 24 30	9 39 49	20 56 24	19 32 30
20 W	0 ♈ 13 42	15 50 31	22 56 53	28 54 16	28 34 23	11 56 38	24 17 25	1 16 21	13 33 55	13 46 59	9 29 09	9 38 26	20 55 32	19 31 05
21 Th	1 14 06	0 ♒ 08 04	7 ♒ 23 51	0 ♈ 43 34	29 47 58	12 15 23	24 38 57	1 39 00	13 46 20	13 44 10	9 33 39	9 37 01	20 54 34	19 29 35
22 F	2 14 23	14 43 30	22 06 46	2 33 36	1 ♓ 01 28	12 33 37	25 00 20	2 01 36	13 58 43	13 41 10	9 37 59	9 35 33	20 53 27	19 27 59
23 Sa	3 14 34	29 32 27	7 ♓ 00 12	4 24 25	2 14 55	12 51 23	25 21 36	2 24 11	14 11 07	13 37 60	9 42 12	9 34 03	20 52 15	19 26 20
24 Su	4 14 47	14 ♓ 28 37	21 57 05	6 16 04	3 28 26	13 08 47	25 42 53	2 46 52	14 23 37	13 34 48	9 46 24	9 32 39	20 51 04	19 24 44
25 M	5 15 09	29 24 21	6 ♈ 49 27	8 08 39	4 42 09	13 25 56	26 04 18	3 09 47	14 36 24	13 31 42	9 50 44	9 31 29	20 50 03	19 23 19
26 Tu	6 15 48	14 ♈ 11 40	21 29 32	10 02 14	5 56 10	13 42 58	26 25 59	3 33 03	14 49 33	13 28 50	9 55 18	9 30 41	20 49 18	19 22 14
27 W	7 16 47	28 43 14	5 ♉ 50 48	11 56 46	7 10 34	13 59 54	26 47 58	3 56 44	15 03 07	13 26 15	10 00 10	9 30 17	20 48 54	19 21 31
28 Th	8 18 03	12 ♉ 53 24	19 48 44	13 52 06	8 25 17	14 16 42	27 10 12	4 20 46	15 17 04	13 23 53	10 05 17	9 30 15	20 48 47	19 21 06
29 F	9 19 27	26 38 44	3 ♊ 21 05	15 47 59	9 40 10	14 33 11	27 32 34	4 45 01	15 31 15	13 21 38	10 10 29	9 30 25	20 48 48	19 20 53

Notes

LONGITUDE — March 1952

Day	☉	0 hr ☽	Noon ☽	☿	♀	♂	⚵	⚳	♃	♄	⚷	♅	♆	♇
1 Sa	10♈20 45	9♊58 08	16♊27 54	17♈44 01	10♓55 01	14♐49 10	27♒54 49	5♉09 15	15♉45 27	13♏19 15	10♒15 35	9♌30 36	20♏48 45	19♍20 37
2 Su	11 21 45	22 52 37	29 11 05	19 39 48	12 09 35	15 04 22	28 16 44	5 33 15	15 59 25	13 16 30	10 20 20	9 30 33	20 48 23	19 20 05
3 M	12 22 14	5♋24 53	11♋33 55	21 34 54	13 23 41	15 18 36	28 38 07	5 56 48	16 12 58	13 13 13	10 24 32	9 30 05	20 47 32	19 19 05
4 Tu	13 22 05	17 38 48	23 40 38	23 28 59	14 37 11	15 31 45	28 58 51	6 19 48	16 25 60	13 09 16	10 28 05	9 29 04	20 46 03	19 17 30
5 W	14 21 20	29 38 54	5♌35 55	25 21 46	15 50 07	15 43 48	29 18 57	6 42 16	16 38 29	13 04 40	10 30 58	9 27 31	20 43 59	19 15 21
6 Th	15 20 05	11♌30 07	17 24 39	27 13 02	17 02 37	15 54 53	29 38 32	7 04 19	16 50 35	12 59 34	10 33 21	9 25 34	20 41 26	19 12 46
7 F	16 18 37	23 17 17	29 11 33	29 02 41	18 14 55	16 05 15	29 57 52	7 26 12	17 02 33	12 54 13	10 35 28	9 23 30	20 38 40	19 10 00
8 Sa	17 17 14	5♍05 03	11♍00 59	0♉50 38	19 27 22	16 15 12	0♓17 16	7 48 15	17 14 41	12 48 56	10 37 38	9 21 36	20 36 02	19 07 23
9 Su	18 16 19	16 57 31	22 56 48	2 36 48	20 40 18	16 25 05	0 37 05	8 10 49	17 27 22	12 44 04	10 40 13	9 20 14	20 33 50	19 05 16
10 M	19 16 09	28 58 11	5♎02 08	4 21 02	21 54 02	16 35 12	0 57 38	8 34 13	17 40 53	12 39 57	10 43 32	9 19 43	20 32 26	19 03 58
11 Tu	20 16 58	11♎09 45	17 19 21	6 03 03	23 08 47	16 45 46	1 19 08	8 58 39	17 55 28	12 36 47	10 47 47	9 20 16	20 32 01	19 03 41
12 W	21 18 49	23 34 03	29 49 58	7 42 24	24 24 36	16 56 48	1 41 37	9 24 11	18 11 10	12 34 39	10 53 01	9 21 57	20 32 39	19 04 30
13 Th	22 21 36	6♏12 09	12♏34 44	9 18 27	25 41 23	17 08 12	2 04 60	9 50 42	18 27 51	12 33 24	10 59 08	9 24 37	20 34 13	19 06 16
14 F	23 24 58	19 04 19	25 33 42	10 50 24	26 58 49	17 19 37	2 28 57	10 17 53	18 45 13	12 32 45	11 05 49	9 27 59	20 36 24	19 08 41
15 Sa	24 28 30	2♐10 15	8♐46 24	12 17 18	28 16 25	17 30 36	2 53 00	10 45 17	19 02 48	12 32 14	11 12 36	9 31 36	20 38 45	19 11 19
16 Su	25 31 39	15 29 20	22 12 08	13 38 10	29 33 42	17 40 36	3 16 39	11 12 22	19 20 06	12 31 20	11 18 58	9 34 55	20 40 45	19 13 37
17 M	26 33 57	29 00 49	5♑50 07	14 52 02	0♈50 08	17 49 08	3 39 22	11 38 37	19 36 35	12 29 34	11 24 26	9 37 26	20 41 53	19 15 06
18 Tu	27 35 02	12♑44 01	19 39 37	15 58 12	2 05 25	17 55 49	4 00 51	12 03 44	19 51 56	12 26 34	11 28 37	9 38 51	20 41 50	19 15 25
19 W	28 34 49	26 38 24	3♒39 58	16 56 12	3 19 25	18 00 34	4 20 59	12 27 37	20 06 04	12 22 17	11 31 29	9 39 02	20 40 30	19 14 29
20 Th	29 33 32	10♒43 26	17 50 25	17 45 57	4 32 23	18 03 35	4 39 58	12 50 27	20 19 10	12 16 54	11 33 12	9 38 14	20 38 06	19 12 31
21 F	0♉31 39	24 58 19	2♓09 46	18 27 41	5 44 47	18 05 20	4 58 19	13 12 45	20 31 44	12 10 56	11 34 17	9 36 55	20 35 07	19 10 01
22 Sa	1 29 51	9♓21 35	16 36 02	19 01 54	6 57 18	18 06 30	5 16 42	13 35 12	20 44 28	12 05 02	11 35 24	9 35 47	20 32 15	19 07 39
23 Su	2 28 51	23 50 43	1♈06 07	19 29 11	8 10 39	18 07 47	5 35 50	13 58 29	20 58 03	11 59 57	11 37 16	9 35 31	20 30 11	19 06 08
24 M	3 29 14	8♈21 57	15 35 45	19 50 02	9 25 25	18 09 45	5 56 17	14 23 12	21 13 04	11 56 16	11 40 27	9 36 43	20 29 32	19 06 03
25 Tu	4 31 18	22 50 19	29 59 43	20 04 47	10 41 54	18 12 43	6 18 22	14 49 41	21 29 51	11 54 16	11 45 18	9 39 42	20 30 35	19 07 42
26 W	5 35 03	7♉10 10	14♉12 26	20 13 31	12 00 05	18 16 38	6 42 03	15 17 52	21 48 22	11 53 58	11 51 45	9 44 26	20 33 20	19 11 05
27 Th	6 40 04	21 15 54	28 08 47	20 16 01	13 19 35	18 21 08	7 06 58	15 47 23	22 08 13	11 54 58	11 59 27	9 50 33	20 37 23	19 15 49
28 F	7 45 44	5♊02 43	11♊44 49	20 11 56	14 39 46	18 25 33	7 32 27	16 17 35	22 28 46	11 56 37	12 07 44	9 57 23	20 42 06	19 21 14
29 Sa	8 51 16	18 27 27	24 58 15	20 00 50	15 59 50	18 29 06	7 57 45	16 47 42	22 49 14	11 58 10	12 15 50	10 04 11	20 46 43	19 26 34
30 Su	9 55 54	1♋28 52	7♋48 49	19 42 28	17 19 02	18 31 03	8 22 05	17 16 59	23 08 53	11 58 51	12 22 59	10 10 10	20 50 28	19 31 05
31 M	10 59 04	14 07 44	20 18 08	19 16 52	18 36 49	18 30 49	8 44 54	17 44 51	23 27 07	11 58 07	12 28 39	10 14 48	20 52 47	19 34 12

LONGITUDE — April 1952

Day	☉	0 hr ☽	Noon ☽	☿	♀	♂	⚵	⚳	♃	♄	⚷	♅	♆	♇
1 Tu	12♉00 30	26♋26 40	2♌29 27	18♉44 23	19♈52 53	18♐28 07	9♓05 53	18♉11 01	23♉43 39	11♏55 39	12♒32 30	10♌17 45	20♏53 23	19♍35 37
2 W	13 00 13	8♌29 48	14 27 16	18 05 50	21 07 16	18 22 58	9 25 06	18 35 31	23 58 32	11 51 32	12 34 36	10 19 06	20 52 18	19 35 23
3 Th	13 58 35	20 22 16	26 16 58	17 22 28	22 20 21	18 15 45	9 42 54	18 58 44	24 12 08	11 46 06	12 35 19	10 19 11	20 49 55	19 33 53
4 F	14 56 13	2♍09 50	8♍04 24	16 35 46	23 32 44	18 07 05	9 59 55	19 21 16	24 25 04	11 39 60	12 35 16	10 18 39	20 46 51	19 31 43
5 Sa	15 53 56	13 58 28	19 55 22	15 47 28	24 45 13	17 57 45	10 16 54	19 43 54	24 38 06	11 33 59	12 35 13	10 18 15	20 43 51	19 29 40
6 Su	16 52 29	25 53 52	1♎55 23	14 59 19	25 58 35	17 48 33	10 34 41	20 07 26	24 52 02	11 28 53	12 35 59	10 18 48	20 41 46	19 28 32
7 M	17 52 36	8♎01 05	14 09 06	14 12 56	27 13 33	17 40 12	10 53 56	20 32 34	25 07 35	11 25 24	12 38 15	10 21 00	20 41 16	19 29 02
8 Tu	18 54 45	20 24 09	26 40 04	13 29 41	28 30 33	17 33 09	11 15 08	20 59 46	25 25 12	11 23 59	12 42 30	10 25 19	20 42 49	19 31 36
9 W	19 59 02	3♏05 41	9♏30 18	12 50 32	29 49 45	17 27 33	11 38 24	21 29 09	25 45 00	11 24 46	12 48 50	10 31 51	20 46 34	19 36 23
10 Th	21 05 14	16 06 41	22 40 07	12 15 56	1♉10 53	17 23 08	12 03 28	22 00 29	26 06 45	11 27 31	12 57 02	10 40 23	20 52 14	19 43 08
11 F	22 12 42	29 26 25	6♐08 08	11 45 58	2 33 19	17 19 19	12 29 45	22 33 07	26 29 49	11 31 35	13 06 27	10 50 16	20 59 13	19 51 13
12 Sa	23 20 33	13♐02 38	19 51 31	11 20 16	3 56 10	17 15 12	12 56 18	23 06 11	26 53 19	11 36 06	13 16 13	11 00 38	21 06 38	19 59 45
13 Su	24 27 47	26 51 54	3♑46 30	10 58 16	5 18 25	17 09 46	13 22 08	23 38 40	27 16 13	11 40 03	13 25 17	11 10 26	21 13 26	20 07 43
14 M	25 33 28	10♑50 19	17 49 06	10 39 24	6 39 09	17 02 08	13 46 20	24 09 37	27 37 36	11 42 31	13 32 45	11 18 47	21 18 44	20 14 11
15 Tu	26 36 59	24 54 13	1♒55 45	10 23 18	7 57 45	16 51 42	14 08 15	24 38 27	27 56 52	11 42 53	13 38 00	11 25 03	21 21 54	20 18 33
16 W	27 38 11	9♒00 43	16 03 52	10 09 59	9 14 04	16 38 18	14 27 45	25 04 59	28 13 50	11 40 59	13 40 53	11 29 04	21 22 47	20 20 38
17 Th	28 37 26	23 08 05	0♓12 02	9 59 54	10 28 27	16 22 20	14 45 11	25 29 35	28 28 52	11 37 12	13 41 44	11 31 12	21 21 44	20 20 50
18 F	29 35 32	7♓15 37	14 19 45	9 53 53	11 41 43	16 04 39	15 01 22	25 53 05	28 42 47	11 32 20	13 41 24	11 32 17	21 19 35	20 19 57
19 Sa	0♊33 37	21 23 14	28 26 57	9 53 02	12 54 58	15 46 22	15 17 24	26 16 34	28 56 43	11 27 31	13 40 59	11 33 24	21 17 25	20 19 05
20 Su	1 32 49	5♈30 49	12♈33 21	9 58 24	14 09 23	15 28 40	15 34 26	26 41 12	29 11 47	11 23 52	13 41 37	11 35 43	21 16 25	20 19 24
21 M	2 34 04	19 37 39	26 37 57	10 10 50	15 25 53	15 12 31	15 53 25	27 07 56	29 28 56	11 22 23	13 44 15	11 40 10	21 17 31	20 21 50
22 Tu	3 37 56	3♉41 57	10♉38 35	10 30 44	16 44 60	14 58 30	16 14 52	27 37 17	29 48 42	11 23 33	13 49 26	11 47 18	21 21 15	20 26 55
23 W	4 44 24	17 40 44	24 32 04	10 57 57	18 06 45	14 46 39	16 38 47	28 09 15	0♊11 06	11 27 25	13 57 10	11 57 06	21 27 38	20 34 40
24 Th	5 52 58	1♊30 03	8♊14 36	11 31 50	19 30 37	14 36 30	17 04 42	28 43 22	0 35 38	11 33 28	14 06 57	12 09 05	21 36 09	20 44 34
25 F	7 02 44	15 06 19	21 42 26	12 11 17	20 55 43	14 27 12	17 31 40	29 18 41	1 01 22	11 40 48	14 17 52	12 22 21	21 45 54	20 55 44
26 Sa	8 12 33	28 25 30	4♋52 34	12 55 02	22 20 55	14 17 38	17 58 34	29 54 06	1 27 12	11 48 17	14 28 48	12 35 45	21 55 45	21 07 02
27 Su	9 21 21	11♋25 27	17 43 23	13 41 46	23 45 05	14 06 46	18 24 17	0♊28 30	1 52 00	11 54 49	14 38 39	12 48 11	22 04 37	21 17 20
28 M	10 28 12	24 05 30	0♌15 00	14 30 27	25 07 21	13 53 44	18 47 56	1 00 59	2 14 54	11 59 30	14 46 30	12 58 46	22 11 35	21 25 46
29 Tu	11 32 36	6♌26 52	12 29 19	15 20 24	26 27 11	13 38 04	19 08 60	1 31 02	2 35 21	12 01 51	14 51 52	13 06 58	22 16 09	21 31 49
30 W	12 34 29	18 32 34	24 29 55	16 11 23	27 44 32	13 19 44	19 27 23	1 58 35	2 53 19	12 01 45	14 54 39	13 12 44	22 18 15	21 35 25

Notes

May 1952 — LONGITUDE

Day	☉	0 hr ☽	Noon ☽	☿	♀	♂	⚵	⚳	♃	♄	⚷	♅	♆	♇
1 Th	13 ♊ 34 14	0 ♍ 27 07	6 ♍ 21 44	17 ♉ 03 39	28 ♉ 59 47	12 ♐ 59 10	19 ♓ 43 30	2 ♊ 24 01	3 ♊ 09 09	11 ♏ 59 38	14 ♒ 55 15	13 ♌ 16 26	22 ♏ 18 14	21 ♍ 36 55
2 F	14 32 35	12 16 09	18 10 42	17 57 49	0 ♊ 13 40	12 37 10	19 58 05	2 48 06	3 23 37	11 56 14	14 54 26	13 18 50	22 16 54	21 37 07
3 Sa	15 30 34	24 06 02	0 ♎ 03 13	18 54 45	1 27 11	12 14 47	20 12 08	3 11 49	3 37 42	11 52 33	14 53 10	13 20 55	22 15 14	21 36 60
4 Su	16 29 14	6 ♎ 03 17	12 05 47	19 55 25	2 41 25	11 53 08	20 26 43	3 36 14	3 52 30	11 49 40	14 52 33	13 23 46	22 14 18	21 37 37
5 M	17 29 33	18 14 06	24 24 21	21 00 38	3 57 20	11 33 12	20 42 47	4 02 19	4 08 57	11 48 31	14 53 32	13 28 19	22 15 03	21 39 57
6 Tu	18 32 12	0 ♏ 43 49	7 ♏ 03 45	22 11 01	5 15 36	11 15 44	21 01 01	4 30 44	4 27 45	11 49 49	14 56 48	13 35 17	22 18 11	21 44 40
7 W	19 37 26	13 36 16	20 07 09	23 26 43	6 36 29	11 01 02	21 21 41	5 01 46	4 49 08	11 53 48	15 02 37	13 44 55	22 23 57	21 52 02
8 Th	20 45 02	26 53 18	3 ♐ 35 30	24 47 25	7 59 46	10 48 55	21 44 32	5 35 11	5 12 53	12 00 16	15 10 44	13 56 58	22 32 08	22 01 49
9 F	21 54 17	10 ♐ 34 25	17 27 13	26 12 21	9 24 42	10 38 41	22 08 52	6 10 14	5 38 17	12 08 29	15 20 28	14 10 44	22 42 00	22 13 19
10 Sa	23 04 05	24 36 36	1 ♑ 38 18	27 40 22	10 50 14	10 29 19	22 33 35	6 45 52	6 04 15	12 17 22	15 30 42	14 25 08	22 52 29	22 25 25
11 Su	24 13 13	8 ♑ 54 44	16 02 48	29 10 09	12 15 07	10 19 36	22 57 26	7 20 50	6 29 32	12 25 41	15 40 13	14 38 55	23 02 20	22 36 55
12 M	25 20 33	23 22 22	0 ♒ 33 54	0 ♊ 40 31	13 38 12	10 08 27	23 19 16	7 53 59	6 53 00	12 32 17	15 47 51	14 50 57	23 10 24	22 46 38
13 Tu	26 25 17	7 ♒ 52 57	15 05 08	2 10 41	14 58 44	9 55 07	23 38 21	8 24 34	7 13 53	12 36 25	15 52 53	15 00 27	23 15 56	22 53 50
14 W	27 27 15	22 20 50	29 31 22	3 40 22	16 16 29	9 39 27	23 54 26	8 52 22	7 31 58	12 37 53	15 55 04	15 07 14	23 18 44	22 58 18
15 Th	28 26 49	6 ♓ 42 09	13 ♓ 49 26	5 09 59	17 31 54	9 21 53	24 07 56	9 17 47	7 47 40	12 37 04	15 54 49	15 11 42	23 19 11	23 00 26
16 F	29 24 58	20 55 02	27 58 10	6 40 25	18 45 53	9 03 23	24 19 47	9 41 46	8 01 54	12 34 54	15 53 04	15 14 46	23 18 14	23 01 10
17 Sa	0 ♋ 22 54	4 ♈ 59 14	11 ♈ 57 53	8 12 54	19 59 42	8 45 14	24 31 14	10 05 32	8 15 56	12 32 40	15 51 05	15 17 41	23 17 08	23 01 45
18 Su	1 21 57	18 55 31	25 49 35	9 48 44	21 14 37	8 28 45	24 43 33	10 30 25	8 31 03	12 31 38	15 50 09	15 21 46	23 17 11	23 03 30
19 M	2 23 09	2 ♉ 44 48	9 ♉ 34 13	11 28 57	22 31 44	8 15 03	24 57 49	10 57 26	8 48 18	12 32 52	15 51 19	15 28 03	23 19 25	23 07 26
20 Tu	3 27 07	16 27 28	23 12 00	13 14 09	23 51 37	8 04 45	25 14 36	11 27 13	9 08 18	12 36 58	15 55 12	15 37 10	23 24 27	23 14 11
21 W	4 33 54	0 ♊ 02 59	6 ♊ 42 11	15 04 22	25 14 20	7 57 56	25 33 58	11 59 47	9 31 04	12 43 60	16 01 51	15 49 07	23 32 20	23 23 47
22 Th	5 42 58	13 29 51	20 03 06	16 59 06	26 39 21	7 54 06	25 55 23	12 34 39	9 56 08	12 53 26	16 10 45	16 03 25	23 42 34	23 35 44
23 F	6 53 23	26 45 53	3 ♋ 12 34	18 57 24	28 05 45	7 52 21	26 17 55	13 10 52	10 22 31	13 04 20	16 20 57	16 19 08	23 54 11	23 49 05
24 Sa	8 03 59	9 ♋ 48 44	16 08 26	20 58 05	29 32 22	7 51 32	26 40 23	13 47 15	10 49 03	13 15 32	16 31 18	16 35 04	24 06 03	24 02 40
25 Su	9 13 36	22 36 32	28 49 09	22 59 59	0 ♋ 57 60	7 50 29	27 01 37	14 22 38	11 14 35	13 25 51	16 40 37	16 50 04	24 16 57	24 15 18
26 M	10 21 15	5 ♌ 08 24	11 ♌ 14 23	25 02 06	2 21 41	7 48 15	27 20 38	14 56 02	11 38 07	13 34 20	16 47 56	17 03 10	24 25 56	24 26 01
27 Tu	11 26 20	17 24 51	23 25 09	27 03 48	3 42 49	7 44 15	27 36 50	15 26 52	11 59 04	13 40 22	16 52 38	17 13 43	24 32 24	24 34 13
28 W	12 28 41	29 27 55	5 ♍ 24 03	29 04 55	5 01 14	7 38 20	27 50 02	15 54 57	12 17 15	13 43 47	16 54 34	17 21 36	24 36 11	24 39 43
29 Th	13 28 36	11 ♍ 21 09	17 15 04	1 ♋ 05 40	6 17 15	7 30 48	28 00 32	16 20 35	12 32 57	13 44 53	16 54 02	17 27 06	24 37 34	24 42 51
30 F	14 26 45	23 09 21	29 03 25	3 06 42	7 31 31	7 22 21	28 09 01	16 44 27	12 46 53	13 44 21	16 51 43	17 30 53	24 37 15	24 44 16
31 Sa	15 24 06	4 ♎ 58 21	10 ♎ 55 10	5 08 52	8 45 00	7 13 56	28 16 25	17 07 29	12 59 59	13 43 08	16 48 34	17 33 55	24 36 11	24 44 56

June 1952 — LONGITUDE

Day	☉	0 hr ☽	Noon ☽	☿	♀	♂	⚵	⚳	♃	♄	⚷	♅	♆	♇
1 Su	16 ♋ 21 42	16 ♎ 54 29	22 ♎ 56 47	7 ♋ 13 07	9 ♋ 58 46	7 ♐ 06 36	28 ♓ 23 48	17 ♊ 30 46	13 ♊ 13 17	13 ♏ 42 17	16 ♒ 45 38	17 ♌ 37 14	24 ♏ 35 25	24 ♍ 45 53
2 M	17 20 33	29 04 13	5 ♏ 14 40	9 20 20	11 13 47	7 01 22	28 32 09	17 55 16	13 27 48	13 42 48	16 43 55	17 41 51	24 35 56	24 48 08
3 Tu	18 21 23	11 ♏ 33 30	17 54 29	11 31 05	12 30 48	6 58 57	28 42 12	18 21 44	13 44 16	13 45 25	16 44 09	17 48 29	24 38 29	24 52 25
4 W	19 24 33	24 27 12	1 ♐ 00 30	13 45 33	13 50 11	6 59 44	28 54 17	18 50 31	14 03 02	13 50 30	16 46 42	17 57 30	24 43 25	24 59 04
5 Th	20 29 56	7 ♐ 48 21	14 34 53	16 03 25	15 11 48	7 03 34	29 08 18	19 21 30	14 23 59	13 57 55	16 51 27	18 08 46	24 50 37	25 07 59
6 F	21 36 55	21 37 35	28 37 03	18 23 51	16 35 02	7 09 50	29 23 38	19 54 04	14 46 29	14 07 04	16 57 46	18 21 42	24 59 29	25 18 34
7 Sa	22 44 33	5 ♑ 52 41	13 ♑ 03 24	20 45 38	17 58 56	7 17 36	29 39 19	20 27 15	15 09 35	14 16 58	17 04 42	18 35 18	25 09 01	25 29 49
8 Su	23 51 41	20 28 30	27 47 34	23 07 20	19 22 21	7 25 40	29 54 10	20 59 54	15 32 08	14 26 28	17 11 07	18 48 26	25 18 06	25 40 36
9 M	24 57 14	5 ♒ 17 38	12 ♒ 41 17	25 27 37	20 44 12	7 32 58	0 ♈ 07 07	21 30 56	15 53 03	14 34 31	17 15 55	19 00 00	25 25 38	25 49 50
10 Tu	26 00 27	20 11 36	27 35 48	27 45 29	22 03 44	7 38 46	0 17 26	21 59 37	16 11 36	14 40 21	17 18 22	19 09 18	25 30 54	25 56 48
11 W	27 01 08	5 ♓ 02 13	12 ♓ 23 20	0 ♌ 00 24	23 20 44	7 42 49	0 24 53	22 25 43	16 27 32	14 43 45	17 18 15	19 16 04	25 33 39	26 01 14
12 Th	27 59 35	19 42 59	26 58 17	2 12 28	24 35 32	7 45 27	0 29 46	22 49 34	16 41 12	14 45 02	17 15 53	19 20 38	25 34 13	26 03 29
13 F	28 56 38	4 ♈ 09 43	11 ♈ 17 31	4 22 13	25 48 56	7 47 27	0 32 54	23 11 58	16 53 23	14 45 00	17 12 04	19 23 49	25 33 25	26 04 21
14 Sa	29 53 21	18 20 39	25 20 13	6 30 30	27 02 01	7 49 54	0 35 22	23 33 59	17 05 11	14 44 46	17 07 55	19 26 42	25 32 19	26 04 56
15 Su	0 ♌ 50 52	2 ♉ 15 51	9 ♉ 07 11	8 38 16	28 15 55	7 53 54	0 38 16	23 56 45	17 17 42	14 45 26	17 04 31	19 30 23	25 32 03	26 06 19
16 M	1 50 05	15 56 27	22 39 56	10 46 13	29 31 31	8 00 23	0 42 31	24 21 11	17 31 51	14 47 53	17 02 48	19 35 48	25 33 30	26 09 26
17 Tu	2 51 31	29 23 52	6 ♊ 00 05	12 54 43	0 ♌ 49 21	8 09 50	0 48 38	24 47 47	17 48 09	14 52 41	17 03 18	19 43 27	25 37 14	26 14 48
18 W	3 55 14	12 ♊ 39 17	19 08 44	15 03 43	2 09 28	8 22 19	0 56 39	25 16 38	18 06 40	14 59 52	17 06 02	19 53 24	25 43 16	26 22 28
19 Th	5 00 50	25 43 18	2 ♋ 06 25	17 12 42	3 31 30	8 37 26	1 06 12	25 47 18	18 26 59	15 09 02	17 10 39	20 05 15	25 51 14	26 32 03
20 F	6 07 34	8 ♋ 35 56	14 53 02	19 20 49	4 54 39	8 54 24	1 16 31	26 19 03	18 48 22	15 19 26	17 16 23	20 18 15	26 00 22	26 42 48
21 Sa	7 14 29	21 16 53	27 28 14	21 27 06	6 18 02	9 12 17	1 26 39	26 50 57	19 09 52	15 30 09	17 22 18	20 31 29	26 09 44	26 53 46
22 Su	8 20 41	3 ♌ 45 47	9 ♌ 51 47	23 30 32	7 40 41	9 30 10	1 35 41	27 22 04	19 30 34	15 40 14	17 27 28	20 43 58	26 18 23	27 04 01
23 M	9 25 21	16 02 42	22 03 53	25 30 18	9 01 49	9 47 12	1 42 48	27 51 36	19 49 39	15 48 54	17 31 06	20 54 58	26 25 34	27 12 47
24 Tu	10 27 59	28 08 20	4 ♍ 05 32	27 25 52	10 20 55	10 02 55	1 47 31	28 19 02	20 06 37	15 55 38	17 32 42	21 03 56	26 30 45	27 19 32
25 W	11 28 25	10 ♍ 04 22	15 58 46	29 17 03	11 37 50	10 17 06	1 49 38	28 44 13	20 21 18	16 00 16	17 32 04	21 10 42	26 33 46	27 24 06
26 Th	12 26 48	21 53 30	27 46 40	1 ♍ 03 59	12 52 44	10 29 55	1 49 21	29 07 18	20 33 53	16 02 58	17 29 25	21 15 28	26 34 47	27 26 39
27 F	13 23 38	3 ♎ 39 29	9 ♎ 33 18	2 47 09	14 06 04	10 41 50	1 47 07	29 28 47	20 44 48	16 04 13	17 25 12	21 18 41	26 34 17	27 27 41
28 Sa	14 19 36	15 26 59	21 23 39	4 27 15	15 18 34	10 53 32	1 43 38	29 49 19	20 54 46	16 04 42	17 20 07	21 21 02	26 32 57	27 27 52
29 Su	15 15 30	27 21 20	3 ♏ 23 17	6 05 02	16 30 59	11 05 48	1 39 41	0 ♋ 09 44	21 04 35	16 05 13	17 14 58	21 23 20	26 31 36	27 28 00
30 M	16 12 04	9 ♏ 28 13	15 37 59	7 41 17	17 44 06	11 19 23	1 36 02	0 30 46	21 14 60	16 06 32	17 10 31	21 26 20	26 30 57	27 28 51

Notes

LONGITUDE — July 1952

Day	☉	0 hr ☽	Noon ☽	☿	♀	♂	⚵	⚳	♃	♄	⚷	♅	♆	♇
1 Tu	17 ♌ 09 56	21 ♏ 53 17	28 ♏ 13 20	9 ♍ 16 34	18 ♌ 58 31	11 ♐ 34 51	1 ♈ 33 18	0 ♋ 53 02	21 ♊ 26 36	16 ♏ 09 14	17 ♒ 07 21	21 ♌ 30 37	26 ♏ 31 39	27 ♍ 31 00
2 W	18 09 25	4 ♐ 41 37	11 ♐ 14 01	10 51 13	20 14 33	11 52 32	1 31 47	1 16 50	21 39 44	16 13 38	17 05 48	21 36 32	26 33 59	27 34 48
3 Th	19 10 30	17 57 04	24 43 14	12 25 12	21 32 12	12 12 25	1 31 29	1 42 11	21 54 22	16 19 45	17 05 52	21 44 04	26 37 58	27 40 13
4 F	20 12 49	1 ♑ 41 38	8 ♑ 41 55	13 58 08	22 51 06	12 34 06	1 32 02	2 08 41	22 10 09	16 27 12	17 07 11	21 52 50	26 43 13	27 46 54
5 Sa	21 15 44	15 54 44	23 08 09	15 29 21	24 10 36	12 56 57	1 32 48	2 35 44	22 26 25	16 35 21	17 09 06	22 02 12	26 49 06	27 54 11
6 Su	22 18 28	0 ♒ 32 51	7 ♒ 56 56	16 58 02	25 29 55	13 20 09	1 32 60	3 02 31	22 42 25	16 43 24	17 10 51	22 11 23	26 54 51	28 01 19
7 M	23 20 16	15 29 37	23 00 35	18 23 25	26 48 19	13 42 57	1 31 51	3 28 17	22 57 22	16 50 37	17 11 41	22 19 38	26 59 41	28 07 31
8 Tu	24 20 35	0 ♓ 36 28	8 ♓ 09 47	19 44 53	28 05 14	14 04 47	1 28 52	3 52 30	23 10 44	16 56 27	17 11 02	22 26 25	27 03 04	28 12 16
9 W	25 19 14	15 43 59	23 15 02	21 02 13	29 20 29	14 25 28	1 23 48	4 14 57	23 22 19	17 00 41	17 08 44	22 31 31	27 04 49	28 15 21
10 Th	26 16 22	0 ♈ 43 21	8 ♈ 08 09	22 15 30	0 ♍ 34 13	14 45 08	1 16 50	4 35 49	23 32 16	17 03 30	17 04 56	22 35 06	27 05 04	28 16 56
11 F	27 12 30	15 27 35	22 43 16	23 25 12	1 46 57	15 04 16	1 08 28	4 55 35	23 41 06	17 05 23	17 00 07	22 37 39	27 04 21	28 17 30
12 Sa	28 08 17	29 52 15	6 ♉ 57 10	24 31 53	2 59 20	15 23 32	0 59 22	5 14 54	23 49 28	17 07 00	16 54 59	22 39 52	27 03 18	28 17 44
13 Su	29 04 24	13 ♉ 55 21	20 48 58	25 36 10	4 12 04	15 43 37	0 50 14	5 34 29	23 58 03	17 09 03	16 50 12	22 42 24	27 02 37	28 18 20
14 M	0 ♍ 01 27	27 36 52	4 ♊ 19 32	26 38 33	5 25 43	16 05 04	0 41 39	5 54 53	24 07 26	17 12 06	16 46 21	22 45 51	27 02 53	28 19 50
15 Tu	0 59 45	10 ♊ 58 07	17 30 45	27 39 16	6 40 37	16 28 13	0 33 55	6 16 26	24 17 56	17 16 28	16 43 46	22 50 31	27 04 25	28 22 36
16 W	1 59 20	24 01 07	0 ♋ 24 52	28 38 14	7 56 48	16 53 07	0 27 06	6 39 11	24 29 35	17 22 12	16 42 29	22 56 28	27 07 16	28 26 38
17 Th	2 59 59	6 ♋ 48 03	13 04 10	29 35 07	9 14 03	17 19 30	0 20 59	7 02 53	24 42 10	17 29 05	16 42 17	23 03 28	27 11 12	28 31 46
18 F	4 01 18	19 20 59	25 30 41	0 ♎ 29 25	10 31 57	17 46 59	0 15 11	7 27 08	24 55 18	17 36 42	16 42 46	23 11 06	27 15 49	28 37 33
19 Sa	5 02 46	1 ♌ 41 48	7 ♌ 46 13	1 20 27	11 50 01	18 15 03	0 09 11	7 51 27	25 08 26	17 44 32	16 43 26	23 18 53	27 20 36	28 43 29
20 Su	6 03 54	13 52 12	19 52 21	2 07 37	13 07 43	18 43 10	0 02 29	8 15 18	25 21 05	17 52 06	16 43 46	23 26 18	27 25 04	28 49 04
21 M	7 04 16	25 53 48	1 ♍ 50 40	2 50 19	14 24 40	19 10 56	29 ♓ 54 41	8 38 16	25 32 50	17 58 59	16 43 22	23 32 56	27 28 48	28 53 54
22 Tu	8 03 36	7 ♍ 48 18	13 42 53	3 28 09	15 40 35	19 38 05	29 45 33	9 00 07	25 43 26	18 04 55	16 41 59	23 38 32	27 31 31	28 57 42
23 W	9 01 50	19 37 39	25 31 02	4 00 52	16 55 24	20 04 31	29 34 59	9 20 45	25 52 46	18 09 49	16 39 30	23 42 60	27 33 10	29 00 25
24 Th	9 59 03	1 ♎ 24 10	7 ♎ 17 36	4 28 24	18 09 11	20 30 19	29 23 06	9 40 14	26 00 57	18 13 47	16 36 03	23 46 25	27 33 49	29 02 06
25 F	10 55 29	13 10 42	19 05 37	4 50 47	19 22 11	20 55 42	29 10 08	9 58 49	26 08 12	18 17 01	16 31 50	23 49 03	27 33 42	29 02 60
26 Sa	11 51 28	25 00 31	0 ♏ 58 35	5 08 12	20 34 43	21 21 01	28 56 27	10 16 50	26 14 51	18 19 52	16 27 13	23 51 12	27 33 09	29 03 26
27 Su	12 47 21	6 ♏ 57 28	13 00 34	5 20 51	21 47 10	21 46 36	28 42 24	10 34 38	26 21 16	18 22 43	16 22 32	23 53 14	27 32 33	29 03 48
28 M	13 43 31	19 05 44	25 15 53	5 28 56	22 59 52	22 12 48	28 28 22	10 52 35	26 27 47	18 25 53	16 18 09	23 55 31	27 32 13	29 04 25
29 Tu	14 40 11	1 ♐ 29 39	7 ♐ 48 57	5 32 34	24 13 05	22 39 52	28 14 36	11 10 55	26 34 41	18 29 38	16 14 20	23 58 17	27 32 26	29 05 33
30 W	15 37 31	14 13 31	20 43 55	5 31 47	25 26 57	23 07 56	28 01 15	11 29 47	26 42 04	18 34 07	16 11 12	24 01 41	27 33 19	29 07 20
31 Th	16 35 29	27 21 03	4 ♑ 04 07	5 26 28	26 41 26	23 36 57	27 48 20	11 49 09	26 49 57	18 39 17	16 08 46	24 05 42	27 34 52	29 09 46

LONGITUDE — August 1952

Day	☉	0 hr ☽	Noon ☽	☿	♀	♂	⚵	⚳	♃	♄	⚷	♅	♆	♇
1 F	17 ♍ 33 56	10 ♑ 54 58	17 ♑ 51 33	5 ♎ 16 26	27 ♍ 56 25	24 ♐ 06 48	27 ♓ 35 43	12 ♋ 08 53	26 ♊ 58 09	18 ♏ 45 01	16 ♒ 06 51	24 ♌ 10 11	27 ♏ 36 56	29 ♍ 12 41
2 Sa	18 32 39	24 56 15	2 ♒ 06 12	5 01 29	29 11 39	24 37 13	27 23 10	12 28 44	27 06 28	18 51 05	16 05 14	24 14 54	27 39 16	29 15 50
3 Su	19 31 21	9 ♒ 23 40	16 45 31	4 41 23	0 ♎ 26 50	25 07 55	27 10 25	12 48 25	27 14 35	18 57 10	16 03 39	24 19 33	27 41 36	29 18 59
4 M	20 29 47	24 13 20	1 ♓ 44 12	4 16 04	1 41 45	25 38 40	26 57 15	13 07 43	27 22 17	19 03 03	16 01 51	24 23 56	27 43 42	29 21 51
5 Tu	21 27 49	9 ♓ 18 41	16 54 31	3 45 36	2 56 16	26 09 18	26 43 32	13 26 28	27 29 25	19 08 36	15 59 41	24 27 52	27 45 24	29 24 18
6 W	22 25 25	24 31 11	2 ♈ 07 13	3 10 19	4 10 20	26 39 47	26 29 15	13 44 38	27 35 57	19 13 46	15 57 08	24 31 20	27 46 41	29 26 19
7 Th	23 22 41	9 ♈ 41 21	17 12 52	2 30 41	5 24 02	27 10 12	26 14 31	14 02 18	27 41 58	19 18 38	15 54 17	24 34 25	27 47 38	29 27 59
8 F	24 19 45	24 40 08	2 ♉ 03 08	1 47 26	6 37 31	27 40 42	25 59 28	14 19 38	27 47 36	19 23 21	15 51 16	24 37 17	27 48 24	29 29 26
9 Sa	25 16 48	9 ♉ 20 15	16 31 51	1 01 21	7 50 59	28 11 26	25 44 19	14 36 46	27 53 02	19 28 06	15 48 17	24 40 04	27 49 09	29 30 50
10 Su	26 13 58	23 36 45	0 ♊ 35 29	0 13 17	9 04 32	28 42 33	25 29 13	14 53 51	27 58 24	19 33 01	15 45 27	24 42 56	27 50 02	29 32 20
11 M	27 11 19	7 ♊ 27 22	14 12 57	29 ♍ 24 09	10 18 15	29 14 05	25 14 13	15 10 58	28 03 46	19 38 08	15 42 51	24 45 55	27 51 05	29 34 00
12 Tu	28 08 50	20 52 06	27 25 14	28 34 49	11 32 07	29 46 04	24 59 22	15 28 04	28 09 07	19 43 29	15 40 27	24 49 03	27 52 20	29 35 49
13 W	29 06 28	3 ♋ 52 42	10 ♋ 14 49	27 46 09	12 46 05	0 ♑ 18 24	24 44 35	15 45 07	28 14 23	19 48 59	15 38 13	24 52 14	27 53 41	29 37 44
14 Th	0 ♎ 04 08	16 32 05	22 44 57	26 59 01	14 00 02	0 50 59	24 29 50	16 02 00	28 19 28	19 54 32	15 36 02	24 55 24	27 55 04	29 39 38
15 F	1 01 44	28 53 50	4 ♌ 59 20	26 14 18	15 13 56	1 23 46	24 15 02	16 18 39	28 24 19	20 00 04	15 33 51	24 58 28	27 56 23	29 41 28
16 Sa	1 59 15	11 ♌ 01 42	17 01 44	25 32 53	16 27 42	1 56 41	24 00 10	16 35 01	28 28 51	20 05 33	15 31 37	25 01 22	27 57 37	29 43 10
17 Su	2 56 41	22 59 25	28 55 44	24 55 39	17 41 22	2 29 45	23 45 16	16 51 07	28 33 07	20 10 59	15 29 21	25 04 09	27 58 46	29 44 46
18 M	3 54 06	4 ♍ 50 28	10 ♍ 44 38	24 23 28	18 54 60	3 03 02	23 30 25	17 07 01	28 37 11	20 16 26	15 27 07	25 06 52	27 59 55	29 46 20
19 Tu	4 51 37	16 38 02	22 31 27	23 57 11	20 08 42	3 36 38	23 15 45	17 22 49	28 41 08	20 22 01	15 25 02	25 09 38	28 01 09	29 47 59
20 W	5 49 22	28 24 56	4 ♎ 18 50	23 37 32	21 22 37	4 10 42	23 01 25	17 38 39	28 45 06	20 27 52	15 23 13	25 12 35	28 02 38	29 49 49
21 Th	6 47 28	10 ♎ 13 42	16 09 14	23 25 07	22 36 51	4 45 19	22 47 32	17 54 37	28 49 13	20 34 05	15 21 48	25 15 48	28 04 26	29 51 59
22 F	7 45 57	22 06 40	28 04 55	23 20 26	23 51 27	5 20 32	22 34 11	18 10 46	28 53 31	20 40 43	15 20 50	25 19 22	28 06 39	29 54 30
23 Sa	8 44 49	4 ♏ 05 59	10 ♏ 08 06	23 23 45	25 06 25	5 56 21	22 21 23	18 27 07	28 57 59	20 47 47	15 20 18	25 23 16	28 09 15	29 57 23
24 Su	9 43 59	16 13 51	22 20 59	23 35 10	26 21 38	6 32 40	22 09 02	18 43 32	29 02 32	20 55 09	15 20 06	25 27 24	28 12 08	0 ♎ 00 32
25 M	10 43 15	28 32 29	4 ♐ 45 56	23 54 37	27 36 57	7 09 17	21 56 59	18 59 51	29 06 60	21 02 40	15 20 05	25 31 36	28 15 08	0 03 46
26 Tu	11 42 24	11 ♐ 04 16	17 25 23	24 21 55	28 52 07	7 45 59	21 45 02	19 15 50	29 11 07	21 10 05	15 19 59	25 35 37	28 18 01	0 06 51
27 W	12 41 12	23 51 42	0 ♑ 21 52	24 56 44	0 ♏ 06 54	8 22 32	21 32 56	19 31 14	29 14 41	21 17 11	15 19 36	25 39 14	28 20 32	0 09 34
28 Th	13 39 28	6 ♑ 57 20	13 37 48	25 38 48	1 21 08	8 58 44	21 20 33	19 45 54	29 17 31	21 23 47	15 18 45	25 42 15	28 22 32	0 11 43
29 F	14 37 09	20 23 29	27 15 10	26 27 48	2 34 45	9 34 31	21 07 49	19 59 44	29 19 32	21 29 49	15 17 21	25 44 38	28 23 57	0 13 15
30 Sa	15 34 18	4 ♒ 11 49	11 ♒ 15 06	27 23 35	3 47 49	10 09 59	20 54 49	20 12 50	29 20 49	21 35 21	15 15 30	25 46 26	28 24 50	0 14 14
31 Su	16 31 11	18 22 55	25 37 17	28 26 03	5 00 34	10 45 20	20 41 50	20 25 26	29 21 36	21 40 37	15 13 26	25 47 54	28 25 27	0 14 55

Notes

September 1952 — LONGITUDE

Day	☉	0 hr ☽	Noon ☽	☿	♀	♂	⚷	⚴	♃	♄	⚸	♅	♆	♇
1 M	17♎28 09	2♓55 34	10♓19 24	29♍35 12	6♏13 23	11♑20 57	20♓29 12	20♋37 52	29♊22 16	21♏45 60	15♒11 30	25♌49 24	28♏26 08	0♎15 39
2 Tu	18 25 36	17 46 22	25 16 51	0♎50 59	7 26 39	11 57 13	20 17 22	20 50 33	29 23 11	21 51 53	15 10 06	25 51 19	28 27 18	0 16 50
3 W	19 23 53	2♈49 28	10♈22 46	2 13 19	8 40 42	12 34 28	20 06 39	21 03 48	29 24 43	21 58 36	15 09 36	25 53 60	28 29 18	0 18 49
4 Th	20 23 12	17 56 60	25 28 38	3 41 53	9 55 45	13 12 54	19 57 16	21 17 51	29 27 03	22 06 22	15 10 10	25 57 38	28 32 18	0 21 48
5 F	21 23 30	2♉59 54	10♉25 26	5 16 09	11 11 46	13 52 29	19 49 13	21 32 38	29 30 10	22 15 09	15 11 47	26 02 13	28 36 18	0 25 44
6 Sa	22 24 34	17 49 18	25 04 56	6 55 20	12 28 31	14 32 58	19 42 15	21 47 55	29 33 48	22 24 41	15 14 13	26 07 29	28 41 03	0 30 23
7 Su	23 25 58	2♊17 45	9♊20 53	8 38 30	13 45 33	15 13 56	19 35 56	22 03 15	29 37 32	22 34 33	15 17 02	26 13 00	28 46 07	0 35 20
8 M	24 27 11	16 20 13	23 09 38	10 24 37	15 02 22	15 54 52	19 29 48	22 18 09	29 40 52	22 44 16	15 19 43	26 18 17	28 50 59	0 40 03
9 Tu	25 27 46	29 54 26	6♋30 14	12 12 43	16 18 30	16 35 17	19 23 22	22 32 08	29 43 20	22 53 19	15 21 49	26 22 51	28 55 12	0 44 06
10 W	26 27 22	13♋00 50	19 24 07	14 01 59	17 33 37	17 14 52	19 16 19	22 44 51	29 44 34	23 01 24	15 22 58	26 26 21	28 58 25	0 47 06
11 Th	26 25 52	25 41 57	1♌54 35	15 51 50	18 47 36	17 53 29	19 08 32	22 56 10	29 44 28	23 08 23	15 23 05	26 28 40	29 00 30	0 48 58
12 F	28 23 22	8♌01 50	14 06 05	17 42 00	20 00 32	18 31 14	19 00 07	23 06 12	29 43 08	23 14 22	15 22 14	26 29 55	29 01 35	0 49 47
13 Sa	29 20 12	20 05 27	26 03 43	19 32 26	21 12 47	19 08 28	18 51 26	23 15 17	29 40 54	23 19 41	15 20 47	26 30 26	29 01 59	0 49 55
14 Su	0♏16 53	1♍58 06	7♍52 45	21 23 19	22 24 49	19 45 40	18 42 57	23 23 54	29 38 16	23 24 50	15 19 13	26 30 43	29 02 13	0 49 49
15 M	1 13 59	13 45 02	19 38 16	23 14 55	23 37 14	20 23 24	18 35 17	23 32 37	29 35 49	23 30 23	15 18 07	26 31 20	29 02 49	0 50 06
16 Tu	2 12 03	25 31 04	1♎24 49	25 07 34	24 50 35	21 02 13	18 28 59	23 41 60	29 34 06	23 36 55	15 18 02	26 32 50	29 04 23	0 51 17
17 W	3 11 32	7♎20 23	13 16 17	27 01 30	26 05 19	21 41 60	18 24 31	23 52 29	29 33 34	23 44 51	15 19 25	26 35 41	29 07 21	0 53 52
18 Th	4 12 42	19 16 19	25 15 40	28 56 48	27 21 41	22 24 46	18 22 08	24 04 20	29 34 29	23 54 28	15 22 32	26 40 08	29 11 59	0 58 04
19 F	5 15 34	1♏21 21	7♏25 07	0♏53 20	28 39 42	23 08 46	18 21 51	24 17 34	29 36 51	24 05 46	15 27 24	26 46 11	29 18 17	1 03 55
20 Sa	6 19 53	13 37 02	19 45 57	2 50 44	29 59 08	23 54 19	18 23 25	24 31 54	29 40 26	24 18 30	15 33 45	26 53 37	29 26 00	1 11 10
21 Su	7 25 07	26 04 12	2♐18 48	4 48 23	1♐19 26	24 40 55	18 26 20	24 46 50	29 44 43	24 32 09	15 41 05	27 01 54	29 34 38	1 19 18
22 M	8 30 35	8♐43 09	15 03 51	6 45 31	2 39 57	25 27 52	18 29 54	25 01 40	29 48 60	24 46 01	15 48 42	27 10 20	29 43 29	1 27 37
23 Tu	9 35 32	21 33 56	28 01 07	8 41 19	3 59 53	26 14 25	18 33 22	25 15 39	29 52 32	24 59 22	15 55 51	27 18 10	29 51 47	1 35 22
24 W	10 39 15	4♑36 39	11♑10 26	10 35 02	5 18 35	26 59 19	18 36 03	25 28 04	29 54 38	25 11 29	16 01 51	27 24 42	29 58 51	1 41 51
25 Th	11 41 18	17 51 45	24 33 16	12 26 12	6 35 32	27 43 42	18 37 28	25 38 28	29 54 49	25 21 54	16 06 12	27 29 29	0♐04 13	1 46 36
26 F	12 41 32	1♒00 20	8♒09 30	14 14 38	7 50 39	28 25 51	18 37 30	25 46 42	29 52 58	25 30 04	16 08 49	27 32 22	0 07 45	1 49 30
27 Sa	13 40 14	15 02 51	22 00 31	16 00 37	9 04 11	29 06 35	18 36 25	25 53 03	29 49 22	25 37 33	16 09 56	27 33 39	0 09 44	1 50 49
28 Su	14 38 02	29 01 15	6♓07 11	17 44 46	10 16 47	29 46 30	18 34 52	25 58 09	29 44 40	25 43 42	16 10 13	27 33 57	0 10 48	1 51 12
29 M	15 35 51	13♓15 56	20 29 31	19 28 01	11 29 20	0♒26 32	18 33 45	26 02 53	29 39 44	25 49 50	16 10 33	27 34 11	0 11 51	1 51 32
30 Tu	16 34 37	27 46 14	5♈05 60	21 11 18	12 42 49	1 07 37	18 33 60	26 08 14	29 35 34	25 56 55	16 11 54	27 35 18	0 13 51	1 52 47

October 1952 — LONGITUDE

Day	☉	0 hr ☽	Noon ☽	☿	♀	♂	⚷	⚴	♃	♄	⚸	♅	♆	♇
1 W	17♏35 10	12♈29 33	19♈53 05	22♏55 26	13♐58 01	1♒50 34	18♓36 26	26♋14 59	29♊32 57	26♏05 44	16♒15 04	27♌38 06	0♐17 35	1♎55 45
2 Th	18 37 56	27 21 02	4♉44 60	24 40 54	15 15 24	2 35 49	18 41 31	26 23 14	29 32 21	26 16 47	16 20 31	27 43 03	0 23 31	2 00 54
3 F	19 42 55	12♉13 42	19 34 17	26 27 42	16 34 57	3 23 23	18 49 13	26 34 01	29 33 46	26 30 00	16 28 13	27 50 08	0 31 39	2 08 13
4 Sa	20 49 39	26 59 21	4♊12 45	28 15 22	17 56 12	4 12 46	18 59 04	26 45 48	29 36 42	26 44 57	16 37 43	27 58 53	0 41 30	2 17 12
5 Su	21 57 16	11♊29 48	18 32 52	0♐03 04	19 18 17	5 03 07	19 10 12	26 58 06	29 40 20	27 00 46	16 48 09	28 08 25	0 52 12	2 27 03
6 M	23 04 46	25 38 16	2♋28 57	1 49 49	20 40 13	5 53 26	19 21 38	27 09 54	29 43 38	27 16 26	16 58 30	28 17 46	1 02 46	2 36 43
7 Tu	24 11 13	9♋20 20	15 57 53	3 34 41	22 01 02	6 42 45	19 32 23	27 20 13	29 45 40	27 30 60	17 07 50	28 25 58	1 12 14	2 45 15
8 W	25 15 53	22 34 25	28 59 16	5 16 58	23 20 07	7 30 23	19 41 45	27 28 22	29 45 44	27 43 46	15 27 28	28 32 18	1 19 53	2 51 58
9 Th	26 18 28	5♌21 42	11♌35 26	6 56 23	24 36 53	8 15 60	19 49 25	27 34 01	29 43 30	27 54 25	17 21 00	28 36 27	1 25 26	2 56 33
10 F	27 19 06	17 45 39	23 50 20	8 33 03	25 51 44	8 59 43	19 55 30	27 37 18	29 39 07	28 03 03	17 24 38	28 38 33	1 28 58	2 59 05
11 Sa	28 18 16	29 51 18	5♍49 32	10 07 31	27 05 05	9 42 03	20 00 32	27 38 43	29 33 05	28 10 13	17 26 51	28 39 06	1 31 01	3 00 07
12 Su	29 16 49	11♍44 17	17 39 10	11 40 37	28 17 45	10 23 29	20 05 18	27 39 04	29 26 14	28 16 42	17 28 29	28 38 56	1 32 25	3 00 28
13 M	0♐15 42	23 32 14	29 25 37	13 13 20	29 30 43	11 06 00	20 10 47	27 39 21	29 19 33	28 23 30	17 30 29	28 39 02	1 34 06	3 01 06
14 Tu	1 15 53	5♎20 07	11♎14 53	14 46 37	0♑44 55	11 49 33	20 17 56	27 40 30	29 13 58	28 31 33	17 33 50	28 40 19	1 37 04	3 02 58
15 W	2 18 10	17 13 58	23 12 16	16 21 18	2 00 11	12 35 16	20 27 33	27 43 19	29 10 19	28 41 40	17 39 19	28 43 38	1 42 04	3 06 52
16 Th	3 23 02	29 18 20	5♏21 54	17 57 52	3 19 59	13 23 37	20 40 08	27 48 17	29 09 04	28 54 19	17 47 25	28 49 25	1 49 38	3 13 17
17 F	4 30 33	11♏36 31	17 46 33	19 36 24	4 41 23	14 14 42	20 55 43	27 55 29	29 10 19	29 09 36	17 58 13	28 57 47	1 59 49	3 22 19
18 Sa	5 40 23	24 10 19	0♐27 28	21 16 32	6 05 03	15 08 21	21 13 59	28 04 33	29 13 43	29 27 08	18 11 21	29 08 22	2 12 16	3 33 34
19 Su	6 51 44	6♐59 58	13 24 23	22 57 31	7 30 11	16 03 10	21 34 07	28 14 42	29 18 28	29 46 09	18 26 03	29 20 22	2 26 13	3 46 18
20 M	8 03 32	20 06 41	26 35 49	24 38 15	8 55 43	16 58 43	21 55 03	28 24 53	29 23 32	0♐05 34	18 41 14	29 32 45	2 40 34	3 59 26
21 Tu	9 14 36	3♑21 46	9♑59 25	26 17 33	10 20 29	17 53 35	22 15 37	28 34 44	29 27 43	0 24 13	18 55 44	29 44 18	2 54 10	4 11 46
22 W	10 23 52	16 39 23	23 32 44	27 54 20	11 43 23	18 46 43	22 34 44	28 40 49	29 29 58	0 41 01	19 08 27	29 53 58	3 05 55	4 22 15
23 Th	11 30 36	0♒29 55	7♒13 40	29 27 51	13 03 42	19 37 21	22 51 38	28 44 29	29 29 33	0 55 15	19 18 41	0♍01 01	3 15 05	4 30 08
24 F	12 34 34	14 08 19	21 01 01	0♑57 52	14 21 13	20 25 18	23 06 08	28 46 05	29 26 15	1 06 40	19 26 12	0 05 13	3 21 28	4 35 11
25 Sa	13 36 08	27 57 36	4♓54 35	2 24 42	15 36 17	21 10 53	23 18 33	28 42 53	29 20 25	1 15 38	19 31 20	0 06 56	3 25 25	4 37 48
26 Su	14 36 11	11♓53 52	18 55 02	3 49 14	16 49 46	21 55 01	23 29 48	28 38 44	29 12 59	1 23 03	19 35 01	0 07 03	3 27 50	4 38 51
27 M	15 35 57	25 58 07	3♈03 15	5 12 38	18 02 57	22 38 55	23 41 06	28 33 53	29 05 09	1 30 09	19 38 27	0 06 49	3 29 55	4 39 33
28 Tu	16 36 47	10♈11 07	17 19 40	6 36 12	17 08	23 23 56	23 53 46	28 29 41	28 58 17	1 38 15	19 42 59	0 07 34	3 33 02	4 41 16
29 W	17 39 48	24 32 36	1♉43 24	8 01 00	20 33 27	24 11 10	28 08 56	28 27 14	28 53 31	1 48 30	19 49 44	0 10 24	3 38 18	4 45 07
30 Th	18 45 41	9♉00 35	16 11 46	9 27 39	21 52 33	25 01 19	24 27 17	28 27 13	28 51 31	2 01 33	19 59 22	0 16 01	3 46 24	4 51 46
31 F	19 54 28	23 31 01	0♊40 05	10 56 08	23 11 56	25 54 25	24 48 51	28 29 44	28 52 21	2 17 28	20 11 58	0 24 29	3 57 22	5 01 17

Notes

LONGITUDE — November 1952

Day	☉	0 hr ☽	Noon ☽	☿	♀	♂	⚵	⚳	♃	♄	⚷	♅	♆	♇
1 Sa	21 ♐ 05 39	7 ♊ 58 10	15 ♊ 02 15	12 ♑ 25 48	24 ♑ 38 51	26 ♒ 49 57	25 ♓ 13 06	28 ♋ 34 12	28 ♊ 55 29	2 ♐ 35 43	20 ♒ 26 58	0 ♍ 35 14	4 ♐ 10 41	5 ♎ 13 07
2 Su	22 18 10	22 15 17	29 11 41	13 55 31	26 04 27	27 46 51	25 38 60	28 39 36	28 59 54	2 55 16	20 43 22	0 47 15	4 25 18	5 26 14
3 M	23 30 46	6 ♋ 15 54	13 ♋ 02 29	15 23 55	27 30 04	28 43 52	26 05 15	28 44 40	29 04 19	3 14 50	20 59 51	0 59 16	4 39 58	5 39 23
4 Tu	24 42 11	19 54 55	26 30 26	16 49 34	28 54 28	29 39 44	26 30 37	28 48 10	29 07 30	3 33 09	21 15 11	1 10 00	4 53 24	5 51 17
5 W	25 51 28	3 ♌ 09 24	9 ♌ 33 41	18 11 22	0 ♒ 16 39	0 ♓ 33 30	26 54 07	28 49 07	29 08 30	3 49 17	21 28 25	1 18 32	5 04 39	6 00 59
6 Th	26 58 05	15 59 03	22 12 55	19 28 36	1 36 08	1 24 39	27 15 15	28 47 02	29 06 47	4 02 42	21 39 01	1 24 19	5 13 13	6 07 58
7 F	28 02 04	28 25 55	4 ♍ 31 03	20 41 04	2 52 54	2 13 10	27 33 60	28 41 54	29 02 22	4 13 24	21 46 59	1 27 22	5 19 05	6 12 15
8 Sa	29 03 54	10 ♍ 34 11	16 32 48	21 49 00	4 07 28	2 59 34	27 50 52	28 34 14	28 55 47	4 21 53	21 52 50	1 28 11	5 22 45	6 14 20
9 Su	0 ♑ 04 29	22 29 27	28 24 12	22 53 03	5 20 44	3 44 45	28 06 45	28 24 57	28 47 54	4 29 04	21 57 27	1 27 40	5 25 08	6 15 05
10 M	1 04 55	4 ♎ 18 11	10 ♎ 11 52	23 53 58	6 33 47	4 29 49	28 22 46	28 15 09	28 39 51	4 36 02	22 01 57	1 26 55	5 27 19	6 15 38
11 Tu	2 06 22	16 07 10	22 02 34	24 52 33	7 47 47	5 15 55	28 40 02	28 06 00	28 32 48	4 43 57	22 07 29	1 27 06	5 30 28	6 17 08
12 W	3 09 49	28 02 54	4 ♏ 02 38	25 49 23	9 03 44	6 04 03	28 59 34	27 58 31	28 27 44	4 53 47	22 15 02	1 29 11	5 35 35	6 20 34
13 Th	4 15 55	10 ♏ 11 06	16 17 25	26 44 38	10 22 17	6 54 52	29 22 00	27 53 20	28 25 19	5 06 13	22 25 16	1 33 52	5 43 18	6 26 37
14 F	5 24 53	22 36 15	28 50 53	27 37 60	11 43 38	7 48 34	29 47 33	27 50 42	28 25 46	5 21 27	22 38 23	1 41 19	5 53 50	6 35 27
15 Sa	6 36 24	5 ♐ 21 10	11 ♐ 45 10	28 28 35	13 07 28	8 44 50	0 ♈ 15 54	27 50 17	28 28 46	5 39 09	22 54 04	1 51 14	6 06 52	6 46 47
16 Su	7 49 40	18 26 46	25 00 22	29 14 56	14 33 00	9 42 53	0 46 15	27 51 19	28 33 33	5 58 33	23 11 31	2 02 50	6 21 37	6 59 48
17 M	9 03 32	1 ♑ 51 56	8 ♑ 34 32	29 55 13	15 59 04	10 41 33	1 17 25	27 52 40	28 38 57	6 18 28	23 29 35	2 14 57	6 36 55	7 13 21
18 Tu	10 16 40	15 33 47	22 24 05	0 ♒ 27 24	17 24 21	11 39 32	1 48 07	27 53 01	28 43 40	6 37 35	23 46 58	2 26 16	6 51 27	7 26 08
19 W	11 27 54	29 28 13	6 ♒ 24 25	0 49 31	18 47 40	12 35 37	2 17 09	27 51 12	28 46 30	6 54 44	24 02 27	2 35 36	7 04 01	7 36 57
20 Th	12 36 23	13 ♒ 30 43	20 30 53	0 59 59	20 08 10	13 28 59	2 43 39	27 46 23	28 46 39	7 09 04	24 15 12	2 42 08	7 13 49	7 44 58
21 F	13 41 51	27 37 10	4 ♓ 39 32	0 57 49	21 25 36	14 19 21	3 07 23	27 38 20	28 43 50	7 20 19	24 24 58	2 45 34	7 20 33	7 49 55
22 Sa	14 44 38	11 ♓ 44 37	18 47 50	0 42 46	22 40 17	15 07 04	3 28 40	27 27 23	28 38 24	7 28 49	24 32 05	2 46 15	7 24 34	7 52 08
23 Su	15 45 39	25 51 29	2 ♈ 54 41	0 15 18	23 53 08	15 53 02	3 48 24	27 14 29	28 31 17	7 35 28	24 37 26	2 45 07	7 26 47	7 52 33
24 M	16 46 09	9 ♈ 57 29	17 00 10	29 ♑ 36 30	25 05 25	16 38 31	4 07 51	27 00 53	28 23 43	7 41 33	24 42 19	2 43 24	7 28 27	7 52 23
25 Tu	17 47 30	24 03 05	1 ♉ 04 52	28 47 56	26 18 27	17 24 51	4 28 21	26 47 58	28 17 05	7 48 25	24 48 03	2 42 27	7 30 54	7 53 01
26 W	18 50 50	8 ♉ 08 40	15 09 08	27 51 21	27 33 25	18 13 11	4 51 04	26 36 53	28 12 31	7 57 11	24 55 48	2 43 26	7 35 19	7 55 35
27 Th	19 56 49	22 13 57	29 12 22	26 48 36	28 50 58	19 04 11	5 16 39	26 28 20	28 10 42	8 08 32	25 06 13	2 47 02	7 42 21	8 00 47
28 F	21 05 35	6 ♊ 17 22	13 ♊ 12 38	25 41 28	0 ♓ 11 14	19 57 60	5 45 13	26 22 27	28 11 47	8 22 36	25 19 26	2 53 20	7 52 07	8 08 42
29 Sa	22 16 38	20 16 05	27 06 47	24 31 38	1 33 42	20 54 06	6 16 17	26 18 46	28 15 14	8 38 53	25 34 58	3 01 52	8 04 08	8 18 51
30 Su	23 29 02	4 ♋ 06 13	10 ♋ 50 48	23 20 43	2 57 26	21 51 33	6 48 53	26 16 20	28 20 09	8 56 26	25 51 51	3 11 41	8 17 27	8 30 18

LONGITUDE — December 1952

Day	☉	0 hr ☽	Noon ☽	☿	♀	♂	⚵	⚳	♃	♄	⚷	♅	♆	♇
1 M	24 ♑ 41 35	17 ♋ 43 33	24 ♋ 20 39	22 ♑ 10 19	4 ♓ 21 15	22 ♓ 49 10	7 ♈ 21 51	26 ♋ 13 59	28 ♊ 25 20	9 ♐ 14 03	26 ♒ 08 55	3 ♍ 21 36	8 ♐ 30 53	8 ♎ 41 52
2 Tu	25 53 07	1 ♌ 04 18	7 ♌ 32 57	21 02 03	5 43 58	23 45 47	7 53 59	26 10 35	28 29 37	9 30 36	26 24 59	3 30 27	8 43 16	8 52 22
3 W	27 02 42	14 05 55	20 25 45	19 57 30	7 04 39	24 40 27	8 24 22	26 05 11	28 32 03	9 45 06	26 39 05	3 37 17	8 53 39	9 00 52
4 Th	28 09 46	26 47 28	2 ♍ 58 52	18 58 19	8 22 44	25 32 37	8 52 25	25 57 16	28 32 06	9 56 60	26 50 42	3 41 32	9 01 28	9 06 37
5 F	29 14 13	9 ♍ 09 57	15 13 57	18 06 05	9 38 07	26 22 10	9 18 02	25 46 43	28 29 40	10 06 12	26 59 43	3 43 08	9 06 38	9 10 04
6 Sa	0 ♒ 16 24	21 16 08	27 14 25	17 22 14	10 51 09	27 09 27	9 41 35	25 33 56	28 25 06	10 13 04	27 06 28	3 42 23	9 09 29	9 11 01
7 Su	1 17 02	3 ♎ 10 19	9 ♎ 05 02	16 48 04	12 02 32	27 55 10	10 03 44	25 19 36	28 19 07	10 18 17	27 11 40	3 40 02	9 10 44	9 10 21
8 M	2 17 01	14 57 57	20 51 36	16 24 40	13 13 12	28 40 16	10 25 27	25 04 42	28 12 38	10 22 47	27 16 15	3 37 01	9 11 18	9 09 01
9 Tu	3 17 24	26 45 07	2 ♏ 40 23	16 12 47	14 24 09	29 25 45	10 47 43	24 50 16	28 06 41	10 27 35	27 21 13	3 34 19	9 12 13	9 08 01
10 W	4 19 04	8 ♏ 38 11	14 37 49	16 12 48	15 36 19	0 ♈ 12 32	11 11 27	24 37 11	28 02 10	10 33 35	27 27 29	3 32 51	9 14 22	9 08 16
11 Th	5 22 42	20 43 13	26 49 49	16 24 42	16 50 19	1 01 16	11 37 19	24 26 10	27 59 45	10 41 27	27 35 42	3 33 17	9 18 26	9 10 25
12 F	6 28 33	3 ♐ 05 35	9 ♐ 21 24	16 47 58	18 06 29	1 52 15	12 05 35	24 17 30	27 59 44	10 51 28	27 46 10	3 35 55	9 24 41	9 14 45
13 Sa	7 36 31	15 49 25	22 16 08	17 21 38	19 24 39	2 45 19	12 36 08	24 11 05	28 01 59	11 03 30	27 58 45	3 40 36	9 32 60	9 21 09
14 Su	8 46 01	28 57 09	5 ♑ 35 39	18 04 18	20 44 15	3 39 56	13 08 23	24 06 21	28 05 56	11 16 59	28 12 53	3 46 47	9 42 48	9 29 03
15 M	9 56 11	12 ♑ 29 09	19 19 18	18 54 16	22 04 24	4 35 13	13 41 27	24 02 27	28 10 43	11 31 02	28 27 40	3 53 35	9 53 14	9 37 33
16 Tu	11 05 58	26 23 33	3 ♒ 24 06	19 49 46	23 24 05	5 30 07	14 14 19	23 58 22	28 15 17	11 44 37	28 42 05	3 59 58	10 03 14	9 45 39
17 W	12 14 23	10 ♒ 36 23	17 45 05	20 49 07	24 42 18	6 23 40	14 45 59	23 53 07	28 18 41	11 56 45	28 55 08	4 04 57	10 11 50	9 52 20
18 Th	13 20 44	25 02 04	2 ♓ 16 03	21 50 59	25 58 21	7 15 09	15 15 45	23 46 02	28 20 11	12 06 44	29 06 08	4 07 50	10 18 20	9 56 56
19 F	14 24 44	9 ♓ 34 22	16 50 30	22 54 33	27 11 56	8 04 17	15 43 20	23 36 50	28 19 31	12 14 16	29 14 48	4 08 20	10 22 26	9 59 08
20 Sa	15 26 35	24 07 21	1 ♈ 22 45	23 59 30	28 23 15	8 51 16	16 08 56	23 25 44	28 16 55	12 19 35	29 21 19	4 06 39	10 24 22	9 59 09
21 Su	16 26 57	8 ♈ 36 08	15 48 33	25 06 04	29 32 58	9 36 46	16 33 11	23 13 25	28 12 59	12 23 19	29 26 21	4 03 27	10 24 45	9 57 39
22 M	17 26 43	22 57 28	0 ♉ 05 18	26 14 47	0 ♈ 41 60	10 21 41	16 57 02	23 00 48	28 08 41	12 26 23	29 30 49	3 59 39	10 24 32	9 55 32
23 Tu	18 26 54	7 ♉ 09 32	14 11 54	27 26 18	1 51 18	11 07 01	17 21 26	22 48 53	28 04 60	12 29 46	29 35 41	3 56 15	10 24 41	9 53 49
24 W	19 28 19	21 11 38	28 08 05	28 41 10	3 01 43	11 53 35	17 47 14	22 38 31	28 02 44	12 34 19	29 41 49	3 54 03	10 26 03	9 53 17
25 Th	20 31 29	5 ♊ 03 34	11 ♊ 53 60	29 59 37	4 13 45	12 41 53	18 14 56	22 30 13	28 02 26	12 40 31	29 49 42	3 53 35	10 29 07	9 54 29
26 F	21 36 29	18 45 15	25 29 34	1 ♒ 21 34	5 27 29	13 32 02	18 44 38	22 24 05	28 04 10	12 48 28	29 59 25	3 54 56	10 33 60	9 57 30
27 Sa	22 43 01	2 ♋ 16 13	8 ♋ 54 22	2 46 30	6 42 38	14 23 43	19 16 01	22 19 49	28 07 38	12 57 53	0 ♓ 10 41	3 57 49	10 40 23	10 02 02
28 Su	23 50 29	15 35 42	22 07 31	4 13 40	7 58 33	15 16 19	19 48 28	22 16 50	28 12 15	13 08 07	0 22 53	4 01 37	10 47 39	10 07 27
29 M	24 58 07	28 42 37	5 ♌ 07 57	5 42 09	9 14 30	16 09 05	20 21 14	22 14 22	28 17 13	13 18 26	0 35 15	4 05 34	10 55 04	10 13 02
30 Tu	26 05 09	11 ♌ 35 56	17 54 44	7 11 04	10 29 42	17 01 15	20 53 33	22 11 39	28 21 49	13 28 05	0 47 02	4 08 54	11 01 51	10 17 59
31 W	27 10 59	24 14 58	0 ♍ 27 19	8 39 44	11 43 32	17 52 13	21 24 49	22 08 07	28 25 24	13 36 26	0 57 37	4 11 02	11 07 24	10 21 42

Notes

January 1953 LONGITUDE

Day	☉	0 hr ☽	Noon ☽	☿	♀	♂	⚵	⚳	♃	♄	⚷	♅	♆	♇
1 Th	28 ♒ 15 15	6 ♍ 39 42	12 ♍ 46 01	10 ♒ 07 40	12 ♈ 55 38	18 ♈ 41 35	21 ♈ 54 38	22 ♋ 03 22	28 ♊ 27 37	13 ♐ 43 06	1 ♓ 06 37	4 ♍ 11 34	11 ♐ 11 20	10 ♌ 23 50
2 F	29 17 49	18 51 00	24 52 02	11 34 42	14 05 53	19 29 16	22 22 54	21 57 19	28 28 22	13 48 00	1 13 56	4 10 25	11 13 33	10 24 15
3 Sa	0 ♓ 18 52	0 ♎ 50 45	6 ♎ 47 38	13 00 56	15 14 27	20 15 25	22 49 48	21 50 08	28 27 48	13 51 18	1 19 44	4 07 44	11 14 12	10 23 08
4 Su	1 18 48	12 41 48	18 36 06	14 26 42	16 21 43	21 00 26	23 15 42	21 42 13	28 26 18	13 53 22	1 24 24	4 03 56	11 13 42	10 20 51
5 M	2 18 07	24 27 57	0 ♏ 21 32	15 52 29	17 28 12	21 44 50	23 41 07	21 34 05	28 24 25	13 54 43	1 28 28	3 59 30	11 12 34	10 17 57
6 Tu	3 17 24	6 ♏ 13 43	12 08 47	17 18 50	18 34 28	22 29 11	24 06 39	21 26 18	28 22 41	13 55 58	1 32 29	3 55 02	11 11 21	10 14 60
7 W	4 17 11	18 04 07	24 03 05	18 46 14	19 41 02	23 14 02	24 32 48	21 19 26	28 21 41	13 57 36	1 37 00	3 51 04	11 10 36	10 12 31
8 Th	5 17 52	0 ♐ 04 26	6 ♐ 09 46	20 15 06	20 48 20	23 59 47	24 59 60	21 13 52	28 21 46	14 00 03	1 42 25	3 48 00	11 10 44	10 10 55
9 F	6 19 40	12 19 51	18 33 59	21 45 35	21 56 32	24 46 37	25 28 25	21 09 50	28 23 11	14 03 30	1 48 56	3 46 03	11 11 56	10 10 25
10 Sa	7 22 34	24 55 05	1 ♑ 20 10	23 17 41	23 05 37	25 34 32	25 58 04	21 07 17	28 25 53	14 07 57	1 56 32	3 45 11	11 14 11	10 10 59
11 Su	8 26 18	7 ♑ 53 58	14 31 36	24 51 07	24 15 21	26 23 17	26 28 42	21 06 01	28 29 39	14 13 09	2 04 59	3 45 11	11 17 15	10 12 23
12 M	9 30 29	21 18 54	28 09 51	26 25 31	25 25 19	27 12 29	26 59 53	21 05 36	28 34 04	14 18 42	2 13 51	3 45 37	11 20 43	10 14 12
13 Tu	10 34 37	5 ♒ 10 24	12 ♒ 14 19	28 00 22	26 35 01	28 01 37	27 31 10	21 05 34	28 38 38	14 24 06	2 22 41	3 46 02	11 24 08	10 15 58
14 W	11 38 15	19 26 40	26 41 54	29 35 12	27 43 59	28 50 14	28 02 04	21 05 27	28 42 55	14 28 54	2 30 60	3 45 56	11 26 60	10 17 13
15 Th	12 41 02	4 ♓ 03 26	11 ♓ 27 06	1 ♓ 09 43	28 51 53	29 38 01	28 32 15	21 04 55	28 46 35	14 32 46	2 38 28	3 45 02	11 28 60	10 17 37
16 F	13 42 51	18 54 19	26 22 39	2 43 46	29 58 35	0 ♉ 24 48	29 01 36	21 03 50	28 49 28	14 35 34	2 44 57	3 43 09	11 29 59	10 17 02
17 Sa	14 43 46	3 ♈ 51 34	11 ♈ 20 24	4 17 26	1 ♉ 04 08	1 10 42	29 30 10	21 02 18	28 51 40	14 37 22	2 50 32	3 40 24	11 30 04	10 15 33
18 Su	15 44 02	18 47 08	26 12 30	5 50 60	2 08 47	1 55 56	29 58 13	21 00 32	28 53 26	14 38 26	2 55 29	3 37 02	11 29 28	10 13 25
19 M	16 44 01	3 ♉ 33 46	10 ♉ 52 27	7 24 49	3 12 54	2 40 53	0 ♉ 26 07	20 58 56	28 55 08	14 39 08	3 00 08	3 33 24	11 28 34	10 11 00
20 Tu	17 44 06	18 05 53	25 15 40	8 59 17	4 16 49	3 25 54	0 54 13	20 57 50	28 57 08	14 39 50	3 04 52	3 29 53	11 27 44	10 08 40
21 W	18 44 31	2 ♊ 19 51	9 ♊ 19 33	10 34 41	5 20 49	4 11 17	1 22 48	20 57 32	28 59 41	14 40 47	3 09 56	3 26 46	11 27 14	10 06 42
22 Th	19 45 26	16 13 57	23 03 20	12 11 09	6 25 02	4 57 08	1 51 60	20 58 09	29 02 58	14 42 09	3 15 31	3 24 10	11 27 12	10 05 13
23 F	20 46 51	29 48 03	6 ♋ 27 32	13 48 43	7 29 26	5 43 29	2 21 49	20 59 41	29 06 56	14 43 55	3 21 34	3 22 05	11 27 39	10 04 15
24 Sa	21 48 37	13 ♋ 03 07	19 33 31	15 27 16	8 33 53	6 30 11	2 52 07	21 02 01	29 11 28	14 45 57	3 27 59	3 20 24	11 28 27	10 03 38
25 Su	22 50 33	26 00 43	2 ♌ 23 05	17 06 36	9 38 10	7 17 02	3 22 42	21 04 55	29 16 23	14 48 04	3 34 34	3 18 56	11 29 23	10 03 12
26 M	23 52 27	8 ♌ 42 46	14 58 10	18 46 33	10 42 06	8 03 50	3 53 22	21 08 13	29 21 28	14 50 04	3 41 06	3 17 28	11 30 17	10 02 44
27 Tu	24 54 09	21 11 14	27 20 43	20 26 59	11 45 30	8 50 27	4 23 58	21 11 44	29 26 33	14 51 47	3 47 27	3 15 50	11 30 58	10 02 05
28 W	25 55 35	3 ♍ 28 05	9 ♍ 32 35	22 07 49	12 48 15	9 36 46	4 54 24	21 15 23	29 31 35	14 53 08	3 53 30	3 13 59	11 31 21	10 01 10
29 Th	26 56 44	15 35 11	21 35 38	23 49 03	13 50 22	10 22 48	5 24 40	21 19 10	29 36 31	14 54 07	3 59 16	3 11 53	11 31 27	9 59 59
30 F	27 57 41	27 34 26	3 ♎ 31 44	25 30 47	14 51 53	11 08 36	5 54 51	21 23 07	29 41 27	14 54 48	4 04 48	3 09 37	11 31 18	9 58 36
31 Sa	28 58 30	9 ♎ 27 46	15 22 55	27 13 06	15 52 54	11 54 16	6 25 01	21 27 22	29 46 27	14 55 17	4 10 13	3 07 17	11 31 02	9 57 06

February 1953 LONGITUDE

Day	☉	0 hr ☽	Noon ☽	☿	♀	♂	⚵	⚳	♃	♄	⚷	♅	♆	♇
1 Su	29 ♓ 59 20	21 ♎ 17 20	27 ♎ 11 25	28 ♓ 56 09	16 ♉ 53 30	12 ♉ 39 56	6 ♉ 55 19	21 ♋ 32 01	29 ♊ 51 39	14 ♐ 55 40	4 ♓ 15 37	3 ♍ 04 59	11 ♐ 30 45	9 ♌ 55 37
2 M	1 ♈ 00 15	3 ♏ 05 31	8 ♏ 59 49	0 ♈ 40 00	17 53 46	13 25 41	7 25 48	21 37 09	29 57 08	14 56 04	4 21 06	3 02 50	11 30 33	9 54 14
3 Tu	2 01 18	14 55 01	20 51 04	2 24 43	18 53 44	14 11 33	7 56 32	21 42 48	0 ♋ 02 57	14 56 30	4 26 42	3 00 50	11 30 27	9 52 60
4 W	3 02 27	26 48 57	2 ♐ 48 29	4 10 15	19 53 22	14 57 29	8 27 28	21 48 55	0 09 02	14 56 56	4 32 23	2 59 00	11 30 26	9 51 52
5 Th	4 03 37	8 ♐ 50 50	14 55 48	5 56 31	20 52 32	15 43 26	8 58 32	21 55 27	0 15 21	14 57 19	4 38 04	2 57 14	11 30 26	9 50 46
6 F	5 04 41	21 04 31	27 16 58	7 43 21	21 51 07	16 29 16	9 29 36	22 02 14	0 21 43	14 57 29	4 43 37	2 55 24	11 30 17	9 49 35
7 Sa	6 05 30	3 ♑ 34 01	9 ♑ 56 04	9 30 38	22 48 59	17 14 51	10 00 32	22 09 10	0 28 03	14 57 20	4 48 56	2 53 23	11 29 54	9 48 10
8 Su	7 06 00	16 23 23	22 56 55	11 18 13	23 45 59	18 00 05	10 31 15	22 16 08	0 34 14	14 56 46	4 53 53	2 51 06	11 29 10	9 46 27
9 M	8 06 10	29 36 13	6 ♒ 22 42	13 06 03	24 42 08	18 44 59	11 01 45	22 23 08	0 40 16	14 55 46	4 58 29	2 48 31	11 28 06	9 44 24
10 Tu	9 06 06	13 ♒ 15 10	20 15 16	14 54 10	25 37 30	19 29 37	11 32 06	22 30 15	0 46 13	14 54 27	5 02 50	2 45 45	11 26 46	9 42 08
11 W	10 05 58	27 21 16	4 ♓ 34 34	16 42 40	26 32 14	20 14 11	12 02 30	22 37 40	0 52 19	14 52 59	5 07 06	2 42 59	11 25 22	9 39 49
12 Th	11 06 03	11 ♓ 53 16	19 17 58	18 31 44	27 26 35	20 58 57	12 33 13	22 45 39	0 58 48	14 51 39	5 11 33	2 40 30	11 24 09	9 37 45
13 F	12 06 36	26 47 07	4 ♈ 19 59	20 21 30	28 20 48	21 44 10	13 04 30	22 54 27	1 05 55	14 50 41	5 16 27	2 38 31	11 23 24	9 36 09
14 Sa	13 07 47	11 ♈ 55 54	19 32 34	22 12 00	29 15 01	22 30 01	13 36 32	23 04 15	1 13 52	14 50 17	5 21 58	2 37 15	11 23 17	9 35 13
15 Su	14 09 39	27 10 32	4 ♉ 46 03	24 03 06	0 ♊ 09 16	23 16 32	14 09 22	23 15 04	1 22 40	14 50 30	5 28 10	2 36 43	11 23 50	9 35 00
16 M	15 12 03	12 ♉ 20 58	19 50 32	25 54 27	1 03 23	24 03 36	14 42 50	23 26 46	1 32 11	14 51 10	5 34 52	2 36 49	11 24 56	9 35 21
17 Tu	16 14 42	27 17 41	4 ♊ 37 25	27 45 30	1 57 01	24 50 53	15 16 39	23 39 03	1 42 07	14 51 60	5 41 48	2 37 12	11 26 16	9 35 59
18 W	17 17 12	11 ♊ 53 10	19 00 33	29 35 36	2 49 46	25 38 01	15 50 26	23 51 32	1 52 05	14 52 37	5 48 34	2 37 32	11 27 27	9 36 29
19 Th	18 19 10	26 02 43	2 ♋ 56 40	1 ♉ 24 01	3 41 13	26 24 36	16 23 47	24 03 48	2 01 41	14 52 38	5 54 47	2 37 23	11 28 06	9 36 30
20 F	19 20 19	9 ♋ 44 34	16 25 18	3 10 07	4 31 02	27 10 21	16 56 24	24 15 35	2 10 38	14 51 45	6 00 09	2 36 29	11 27 56	9 35 43
21 Sa	20 20 31	22 59 33	29 28 11	4 53 20	5 19 05	27 55 09	17 28 12	24 26 45	2 18 49	14 49 51	6 04 35	2 34 44	11 26 50	9 34 02
22 Su	21 19 52	5 ♌ 50 21	12 ♌ 08 37	6 33 20	6 05 25	28 39 06	17 59 15	24 37 23	2 26 20	14 47 03	6 08 08	2 32 13	11 24 53	9 31 33
23 M	22 18 40	18 20 50	24 30 42	8 09 51	6 50 17	29 22 29	18 29 51	24 47 46	2 33 26	14 43 37	6 11 06	2 29 12	11 22 23	9 28 32
24 Tu	23 17 18	0 ♍ 35 25	6 ♍ 38 52	9 42 47	7 34 04	0 ♊ 05 41	19 00 23	24 58 19	2 40 34	14 39 59	6 13 54	2 26 07	11 19 43	9 25 24
25 W	24 16 17	12 38 29	18 37 23	11 12 03	8 17 12	0 49 14	19 31 22	25 09 30	2 48 11	14 36 36	6 17 01	2 23 26	11 17 25	9 22 39
26 Th	25 16 04	24 34 08	0 ♎ 30 07	12 37 29	9 00 07	1 33 34	20 03 15	25 21 47	2 56 47	14 33 59	6 20 55	2 21 39	11 15 54	9 20 44
27 F	26 17 01	6 ♎ 25 53	12 20 22	13 58 52	9 43 08	2 19 03	20 36 24	25 35 33	3 06 42	14 32 28	6 25 59	2 21 07	11 15 35	9 20 03
28 Sa	27 19 21	18 16 39	24 10 49	15 15 47	10 26 27	3 05 55	21 11 03	25 50 59	3 18 09	14 32 16	6 32 23	2 22 02	11 16 39	9 20 46

Notes

LONGITUDE — March 1953

Day	☉	0 hr ☽	Noon ☽	☿	♀	♂	⚵	⚳	♃	♄	⚷	♅	♆	♇
1 Su	28 ♈ 23 05	0 ♏ 08 44	6 ♏ 03 37	16 ♉ 27 39	11 ♊ 09 60	3 ♊ 54 10	21 ♉ 47 10	26 ♋ 08 05	3 ♋ 31 09	14 ♐ 33 23	6 ♓ 40 09	2 ♍ 24 26	11 ♐ 19 06	9 ♌ 22 55
2 M	29 27 58	12 03 55	18 00 26	17 33 40	11 53 31	4 43 33	22 24 33	26 26 38	3 45 28	14 35 38	6 49 04	2 28 04	11 22 43	9 26 17
3 Tu	0 ♉ 33 37	24 03 38	0 ♐ 02 45	18 32 52	12 36 33	5 33 41	23 02 46	26 46 12	4 00 41	14 38 33	6 58 42	2 32 31	11 27 06	9 30 26
4 W	1 39 26	6 ♐ 09 14	12 11 58	19 24 14	13 18 29	6 23 58	23 41 16	27 06 14	4 16 13	14 41 35	7 08 29	2 37 14	11 31 39	9 34 47
5 Th	2 44 47	18 22 13	24 29 45	20 06 44	13 58 36	7 13 46	24 19 23	27 26 03	4 31 25	14 44 06	7 17 46	2 41 33	11 35 45	9 38 43
6 F	3 49 05	0 ♑ 44 26	6 ♑ 58 07	20 39 26	14 36 16	8 02 31	24 56 32	27 45 05	4 45 43	14 45 31	7 25 58	2 44 54	11 38 48	9 41 39
7 Sa	4 51 53	13 18 15	19 39 39	21 01 43	15 11 02	8 49 45	25 32 19	28 02 54	4 58 41	14 45 23	7 32 39	2 46 51	11 40 22	9 43 07
8 Su	5 53 04	26 06 39	2 ♒ 37 21	21 13 19	15 42 39	9 35 20	26 06 31	28 19 19	5 10 08	14 43 33	7 37 39	2 47 14	11 40 18	9 42 60
9 M	6 52 46	9 ♒ 13 01	15 54 33	21 14 27	16 11 14	10 19 26	26 39 21	28 34 31	5 20 15	14 40 12	7 41 09	2 46 13	11 38 46	9 41 26
10 Tu	7 51 28	22 40 46	29 34 20	21 05 46	16 37 14	11 02 31	27 11 17	28 48 59	5 29 30	14 35 48	7 43 37	2 44 18	11 36 15	9 38 56
11 W	8 49 57	6 ♓ 32 45	13 ♓ 38 53	20 48 20	17 01 20	11 45 22	27 43 04	29 03 27	5 38 40	14 31 07	7 45 50	2 42 13	11 33 30	9 36 15
12 Th	9 49 03	20 50 23	28 08 33	20 23 29	17 24 20	12 28 49	28 15 33	29 18 48	5 48 35	14 27 01	7 48 37	2 40 50	11 31 23	9 34 13
13 F	10 49 33	5 ♈ 32 44	13 ♈ 01 00	19 52 39	17 46 56	13 13 40	28 49 32	29 35 47	6 00 02	14 24 16	7 52 46	2 40 56	11 30 41	9 33 37
14 Sa	11 51 57	20 35 42	28 10 41	19 17 06	18 09 36	14 00 23	29 25 30	29 54 53	6 13 30	14 23 22	7 58 47	2 43 01	11 31 53	9 34 59
15 Su	12 56 19	5 ♉ 51 54	13 ♉ 28 57	18 37 52	18 32 20	14 49 04	0 ♊ 03 32	0 ♌ 16 14	6 29 05	14 24 25	8 06 45	2 47 10	11 35 04	9 38 22
16 M	14 02 18	21 11 17	28 45 10	17 55 37	18 54 42	15 39 21	0 43 16	0 39 24	6 46 24	14 27 02	8 16 17	2 53 01	11 39 53	9 43 24
17 Tu	15 09 07	6 ♊ 22 39	13 ♊ 48 26	17 10 44	19 15 51	16 30 28	1 23 55	1 03 38	7 04 41	14 30 26	8 26 36	2 59 46	11 45 33	9 49 19
18 W	16 15 48	21 15 37	28 29 27	16 23 27	19 34 47	17 21 26	2 04 31	1 27 59	7 22 58	14 33 42	8 36 47	3 06 30	11 51 07	9 55 10
19 Th	17 21 26	5 ♋ 42 21	12 ♋ 41 60	15 34 03	19 50 31	18 11 21	2 44 11	1 51 30	7 40 20	14 35 54	8 45 52	3 12 16	11 55 38	10 00 02
20 F	18 25 21	19 38 31	26 23 23	14 43 04	20 02 18	18 59 32	3 22 12	2 13 31	7 56 06	14 36 20	8 53 13	3 16 24	11 58 28	10 03 14
21 Sa	19 27 16	3 ♌ 03 24	9 ♌ 34 16	13 51 20	20 09 48	19 45 43	3 58 18	2 33 46	8 09 59	14 34 46	8 58 31	3 18 38	11 59 19	10 04 28
22 Su	20 27 21	15 59 17	22 17 56	13 00 03	20 13 07	20 30 02	4 32 39	2 52 23	8 22 09	14 31 19	9 01 56	3 19 07	11 58 22	10 03 56
23 M	21 26 07	28 30 35	4 ♍ 39 20	12 10 41	20 12 47	21 13 03	5 05 47	3 09 55	8 33 09	14 26 34	9 04 02	3 18 23	11 56 07	10 02 10
24 Tu	22 24 24	10 ♍ 42 53	16 44 17	11 24 48	20 09 32	21 55 33	5 38 31	3 27 10	8 43 46	14 21 19	9 05 36	3 17 15	11 53 25	9 59 57
25 W	23 23 07	22 42 15	28 38 47	10 43 60	20 04 17	22 38 30	6 11 46	3 45 04	8 54 57	14 16 30	9 07 35	3 16 40	11 51 10	9 58 14
26 Th	24 23 10	4 ♎ 34 27	10 ♎ 28 27	10 09 37	19 57 54	23 22 45	6 46 26	4 04 29	9 07 34	14 12 59	9 10 51	3 17 29	11 50 17	9 57 55
27 F	25 25 13	16 24 40	22 18 08	9 42 44	19 51 04	24 09 00	7 23 11	4 26 07	9 22 18	14 11 28	9 16 05	3 20 24	11 51 26	9 59 39
28 Sa	26 29 41	28 17 07	4 ♏ 11 40	9 23 57	19 44 10	24 57 39	8 02 26	4 50 22	9 39 34	14 12 22	9 23 42	3 25 49	11 55 01	10 03 52
29 Su	27 36 35	10 ♏ 14 54	16 11 50	9 13 26	19 37 15	25 48 43	8 44 11	5 17 13	9 59 22	14 15 41	9 33 42	3 33 45	12 01 03	10 10 33
30 M	28 45 32	22 20 02	28 20 16	9 10 50	19 29 58	26 41 50	9 28 05	5 46 20	10 21 20	14 21 04	9 45 43	3 43 50	12 09 10	10 19 22
31 Tu	29 55 51	4 ♐ 33 31	10 ♐ 37 44	9 15 24	19 21 42	27 36 17	10 13 24	6 16 59	10 44 46	14 27 48	9 59 03	3 55 22	12 18 40	10 29 36

LONGITUDE — April 1953

Day	☉	0 hr ☽	Noon ☽	☿	♀	♂	⚵	⚳	♃	♄	⚷	♅	♆	♇
1 W	1 ♊ 06 33	16 ♐ 55 40	23 ♐ 04 22	9 ♉ 26 06	19 ♊ 11 31	28 ♊ 31 08	10 ♊ 59 13	6 ♌ 48 14	11 ♋ 08 42	14 ♐ 34 56	10 ♓ 12 45	4 ♍ 07 24	12 ♐ 28 36	10 ♌ 40 17
2 Th	2 16 37	29 26 23	5 ♑ 40 01	9 41 41	18 58 28	29 25 18	11 44 26	7 18 60	11 32 04	14 41 25	10 25 45	4 18 51	12 37 55	10 50 22
3 F	3 25 03	12 ♑ 05 38	18 24 45	10 01 03	18 41 41	0 ♋ 17 50	12 28 06	7 48 18	11 53 55	14 46 16	10 37 05	4 28 45	12 45 36	10 58 52
4 Sa	4 31 08	24 53 51	1 ♒ 19 08	10 23 14	18 20 35	1 08 01	13 09 31	8 15 27	12 13 31	14 48 47	10 46 01	4 36 24	12 50 60	11 05 06
5 Su	5 34 36	7 ♒ 52 13	14 24 34	10 47 46	17 55 01	1 55 33	13 48 21	8 40 08	12 30 35	14 48 41	10 52 17	4 41 30	12 53 46	11 08 45
6 M	6 35 37	21 02 50	27 43 18	11 14 35	17 25 20	2 40 38	14 24 50	9 02 33	12 45 18	14 46 09	10 56 04	4 44 15	12 54 08	11 10 01
7 Tu	7 34 54	4 ♓ 28 29	11 ♓ 18 05	11 44 11	16 52 25	3 23 57	14 59 39	9 23 23	12 58 22	14 41 52	10 58 03	4 45 21	12 52 47	11 09 36
8 W	8 33 31	18 12 12	25 11 42	12 17 24	16 17 32	4 06 35	15 33 51	9 43 43	13 10 51	14 36 57	10 59 19	4 45 51	12 50 47	11 08 33
9 Th	9 32 41	2 ♈ 16 30	9 ♈ 26 03	12 55 15	15 42 07	4 49 45	16 08 40	10 04 46	13 23 59	14 32 35	11 01 05	4 46 59	12 49 22	11 08 08
10 F	10 33 33	16 42 23	24 01 10	13 38 41	15 07 33	5 34 37	16 45 16	10 27 40	13 38 53	14 29 57	11 04 30	4 49 54	12 49 41	11 09 27
11 Sa	11 36 54	1 ♉ 28 21	8 ♉ 54 16	14 28 16	14 34 51	6 21 57	17 24 25	10 53 13	13 56 22	14 29 49	11 10 22	4 55 23	12 52 31	11 13 19
12 Su	12 42 58	16 29 45	23 59 22	15 24 04	14 04 28	7 11 58	18 06 21	11 21 38	14 16 39	14 32 25	11 18 53	5 03 40	12 58 04	11 19 58
13 M	13 51 20	1 ♊ 38 45	9 ♊ 07 40	16 25 29	13 36 14	8 04 17	18 50 38	11 52 30	14 39 19	14 37 20	11 29 39	5 14 20	13 05 58	11 28 57
14 Tu	15 01 03	16 45 22	24 08 50	17 31 24	13 09 28	8 57 56	19 36 21	12 24 53	15 03 24	14 43 39	11 41 43	5 26 26	13 15 15	11 39 21
15 W	16 10 53	1 ♋ 39 02	8 ♋ 52 54	18 40 27	12 43 10	9 51 41	20 22 14	12 57 31	15 27 42	14 50 06	11 53 51	5 38 43	13 24 40	11 49 56
16 Th	17 19 33	16 10 42	23 11 57	19 51 14	12 16 18	10 44 16	21 07 03	13 29 10	15 50 55	14 55 26	12 04 48	5 49 57	13 32 59	11 59 25
17 F	18 26 08	0 ♌ 14 10	7 ♌ 01 22	21 02 40	11 48 10	11 34 45	21 49 49	13 58 51	16 12 07	14 58 43	12 13 36	5 59 10	13 39 15	12 06 52
18 Sa	19 30 08	13 46 51	20 20 05	22 14 10	11 18 30	12 22 39	22 30 05	14 26 07	16 30 50	14 59 29	12 19 47	6 05 54	13 42 58	12 11 48
19 Su	20 31 39	26 49 38	3 ♍ 10 10	23 25 43	10 47 37	13 08 01	23 07 55	14 51 02	16 47 07	14 57 47	12 23 24	6 10 12	13 44 13	12 14 19
20 M	21 31 13	9 ♍ 26 07	15 36 04	24 37 46	10 16 15	13 51 28	23 43 53	15 14 09	17 01 33	14 54 12	12 25 04	6 12 41	13 43 35	12 14 57
21 Tu	22 29 49	21 41 45	27 43 42	25 51 12	9 45 34	14 33 55	24 18 56	15 36 26	17 15 05	14 49 42	12 25 42	6 14 15	13 42 01	12 14 40
22 W	23 28 32	3 ♎ 42 54	9 ♎ 39 37	27 07 03	9 16 49	15 16 29	24 54 10	15 58 59	17 28 49	14 45 22	12 26 25	6 16 02	13 40 37	12 14 35
23 Th	24 28 28	15 36 10	21 30 18	28 26 21	8 51 14	16 00 15	25 30 41	16 22 53	17 43 50	14 42 19	12 28 18	6 19 07	13 40 28	12 15 46
24 F	25 30 30	27 27 41	3 ♏ 21 43	29 49 54	8 29 51	16 46 06	26 09 21	16 49 01	18 01 01	14 41 25	12 32 15	6 24 23	13 42 28	12 19 07
25 Sa	26 35 10	9 ♏ 22 46	15 18 48	1 ♊ 18 11	8 13 17	17 34 34	26 50 43	17 17 55	18 20 54	14 43 13	12 38 46	6 32 22	13 47 08	12 25 10
26 Su	27 42 34	21 25 32	27 25 16	2 51 16	8 01 44	18 25 45	27 34 52	17 49 40	18 43 35	14 47 47	12 47 58	6 43 09	13 54 34	12 33 60
27 M	28 52 19	3 ♐ 38 46	9 ♐ 43 26	4 28 45	7 54 54	19 19 16	28 21 26	18 23 54	19 08 41	14 54 47	12 59 29	6 56 22	14 04 24	12 45 15
28 Tu	0 ♋ 03 39	16 03 54	22 14 14	6 09 48	7 52 04	20 14 22	29 09 37	18 59 50	19 35 25	15 03 26	13 12 31	7 11 14	14 15 51	12 58 08
29 W	1 15 29	28 41 07	4 ♑ 57 27	7 53 20	7 52 11	21 09 57	29 58 23	19 36 24	20 02 43	15 12 39	13 26 01	7 26 42	14 27 51	13 11 36
30 Th	2 26 37	11 ♑ 29 42	17 52 01	9 38 08	7 54 06	22 04 49	0 ♋ 46 30	20 12 24	20 29 24	15 21 14	13 38 47	7 41 32	14 39 13	13 24 25

Notes

May 1953 — LONGITUDE

Day	☉	0 hr ☽	Noon ☽	☿	♀	♂	⚵	⚳	♃	♄	⚷	♅	♆	♇
1 F	3 ♋ 35 59	24 ♑ 28 25	0 ♒ 56 33	11 ♊ 23 05	7 ♊ 56 42	22 ♋ 57 53	1 ♋ 32 53	20 ♌ 46 43	20 ♋ 54 21	15 ♐ 28 06	13 ♓ 49 42	7 ♍ 54 40	14 ♐ 48 49	13 ♎ 35 31
2 Sa	4 42 45	7 ♒ 36 06	14 09 52	13 07 22	7 59 11	23 48 21	2 16 43	21 18 33	21 16 45	15 32 27	13 57 59	8 05 16	14 55 52	13 44 04
3 Su	5 46 34	20 52 04	27 31 25	14 50 38	8 01 10	24 35 51	2 57 39	21 47 34	21 36 15	15 33 55	14 03 15	8 12 60	14 59 60	13 49 43
4 M	6 47 38	4 ♓ 16 31	11 ♓ 01 36	16 33 03	8 02 51	25 20 34	3 35 53	22 13 55	21 53 03	15 32 41	14 05 43	8 18 02	15 01 25	13 52 41
5 Tu	7 46 39	17 50 34	24 41 42	18 15 21	8 04 54	26 03 14	4 12 07	22 38 21	22 07 52	15 29 30	14 06 06	8 21 06	15 00 51	13 53 39
6 W	8 44 45	1 ♈ 35 60	8 ♈ 33 31	19 58 39	8 08 22	26 44 57	4 47 29	23 01 57	22 21 47	15 25 27	14 05 29	8 23 19	14 59 22	13 53 45
7 Th	9 43 13	15 34 43	22 38 45	21 44 14	8 14 30	27 27 01	5 23 14	23 26 02	22 36 08	15 21 51	14 05 11	8 25 57	14 58 18	13 54 16
8 F	10 43 14	29 47 54	6 ♉ 58 01	23 33 17	8 24 27	28 10 37	6 00 36	23 51 46	22 52 03	15 19 52	14 06 23	8 30 12	14 58 50	13 56 23
9 Sa	11 45 39	14 ♉ 15 11	21 30 10	25 26 40	8 38 58	28 56 35	6 40 23	24 19 59	23 10 25	15 20 22	14 09 55	8 36 55	15 01 47	14 00 57
10 Su	12 50 43	28 53 54	6 ♊ 11 34	27 24 37	8 58 18	29 45 12	7 22 52	24 50 58	23 31 29	15 23 35	14 16 03	8 46 20	15 07 26	14 08 13
11 M	13 58 06	13 ♊ 38 54	20 56 14	29 26 49	9 21 60	0 ♌ 36 06	8 07 42	25 24 21	23 54 54	15 29 13	14 24 27	8 58 09	15 15 26	14 17 51
12 Tu	15 06 55	28 22 58	5 ♋ 36 27	1 ♋ 32 22	9 49 08	1 28 25	8 54 01	25 59 17	24 19 47	15 36 21	14 34 14	9 11 27	15 24 54	14 28 59
13 W	16 15 58	12 ♋ 57 50	20 04 03	3 40 03	10 18 26	2 20 58	9 40 36	26 34 32	24 44 56	15 43 49	14 44 12	9 25 03	15 34 40	14 40 23
14 Th	17 24 02	27 15 43	4 ♌ 11 55	5 48 38	10 48 38	3 12 30	10 26 14	27 08 54	25 09 09	15 50 23	14 53 08	9 37 44	15 43 28	14 50 52
15 F	18 30 08	11 ♌ 10 37	17 55 06	7 57 04	11 18 40	4 02 03	11 09 56	27 41 24	25 31 26	15 55 05	15 00 02	9 48 31	15 50 22	14 59 26
16 Sa	19 33 43	24 39 12	1 ♍ 11 30	10 04 47	11 47 56	4 49 05	11 51 10	28 11 28	25 51 14	15 57 21	15 04 23	9 56 50	15 54 47	15 05 32
17 Su	20 34 45	7 ♍ 41 05	14 01 50	12 11 39	12 16 20	5 33 32	12 29 53	28 39 05	26 08 30	15 57 10	15 06 08	10 02 40	15 56 42	15 09 09
18 M	21 33 41	20 18 28	26 29 13	14 18 01	12 44 15	6 15 52	13 06 31	29 04 41	26 23 43	15 54 58	15 05 44	10 06 28	15 56 33	15 10 42
19 Tu	22 31 17	2 ♎ 35 37	8 ♎ 38 33	16 24 36	13 12 26	6 56 52	13 41 53	29 29 04	26 37 38	15 51 34	15 03 59	10 09 00	15 55 08	15 10 60
20 W	23 28 36	14 38 05	20 35 45	18 32 14	13 41 49	7 37 33	14 16 58	29 53 14	26 51 18	15 47 58	15 01 52	10 11 18	15 53 28	15 11 03
21 Th	24 26 37	26 32 04	2 ♏ 27 08	20 41 47	14 13 23	8 18 55	14 52 48	0 ♍ 18 12	27 05 41	15 45 10	15 00 26	10 14 22	15 52 34	15 11 51
22 F	25 26 12	8 ♏ 23 47	14 18 52	22 53 54	14 47 54	9 01 51	15 30 14	0 44 48	27 21 40	15 44 02	15 00 31	10 19 03	15 53 16	15 14 17
23 Sa	26 27 54	20 18 58	26 16 32	25 08 56	15 25 54	9 46 52	16 09 49	1 13 38	27 39 48	15 45 09	15 02 41	10 25 56	15 56 09	15 18 54
24 Su	27 31 54	2 ♐ 22 32	8 ♐ 24 41	27 26 50	16 07 30	10 34 11	16 51 43	1 44 49	28 00 15	15 48 39	15 07 06	10 35 09	16 01 22	15 25 51
25 M	28 37 57	14 38 14	20 46 39	29 47 04	16 52 24	11 23 31	17 35 42	2 18 09	28 22 46	15 54 18	15 13 31	10 46 29	16 08 41	15 34 54
26 Tu	29 45 26	27 08 32	3 ♑ 24 19	2 ♌ 08 46	17 39 56	12 14 16	18 21 08	2 52 59	28 46 44	16 01 29	15 21 20	10 59 18	16 17 28	15 45 26
27 W	0 ♌ 53 26	9 ♑ 54 27	16 18 07	4 30 44	18 29 09	13 05 31	19 07 08	3 28 25	29 11 15	16 09 18	15 29 37	11 12 41	16 26 49	15 56 32
28 Th	2 00 57	22 55 42	29 27 12	6 51 42	19 18 60	13 56 16	19 52 39	4 03 26	29 35 17	16 16 44	15 37 23	11 25 38	16 35 44	16 07 12
29 F	3 07 01	6 ♒ 10 59	12 ♒ 49 45	9 10 26	20 08 29	14 45 33	20 36 45	4 37 05	29 57 54	16 22 50	15 43 40	11 37 11	16 43 16	16 16 29
30 Sa	4 10 58	19 38 16	26 23 25	11 25 59	20 56 53	15 32 40	21 18 44	5 08 40	0 ♌ 18 24	16 26 54	15 47 45	11 46 40	16 48 41	16 23 39
31 Su	5 12 27	3 ♓ 15 22	10 ♓ 05 54	13 37 46	21 43 49	16 17 19	21 58 17	5 37 52	0 36 26	16 28 37	15 49 21	11 53 43	16 51 42	16 28 25

June 1953 — LONGITUDE

Day	☉	0 hr ☽	Noon ☽	☿	♀	♂	⚵	⚳	♃	♄	⚷	♅	♆	♇
1 M	6 ♌ 11 37	17 ♓ 00 26	23 ♓ 55 23	15 ♌ 45 44	22 ♊ 29 23	16 ♌ 59 38	22 ♋ 35 32	6 ♍ 04 48	0 ♌ 52 10	16 ♐ 28 07	15 ♓ 48 36	11 ♍ 58 30	16 ♐ 52 26	16 ♎ 30 55
2 Tu	7 09 02	0 ♈ 52 11	7 ♈ 50 45	17 50 13	23 14 07	17 40 10	23 11 03	6 30 04	1 06 09	16 25 58	15 46 02	12 01 34	16 51 28	16 31 41
3 W	8 05 35	14 50 00	21 51 35	19 51 58	23 58 53	18 19 49	23 45 43	6 54 31	1 19 17	16 23 04	15 42 34	12 03 49	16 49 40	16 31 39
4 Th	9 02 19	28 53 44	5 ♉ 57 46	21 51 51	24 44 40	18 59 37	24 20 33	7 19 13	1 32 35	16 20 26	15 39 14	12 06 16	16 48 04	16 31 48
5 F	10 00 09	13 ♉ 03 12	20 09 02	23 50 41	25 32 22	19 40 29	24 56 30	7 45 04	1 46 59	16 19 00	15 36 57	12 09 52	16 47 38	16 33 06
6 Sa	10 59 45	27 17 39	4 ♊ 24 23	25 49 02	26 22 37	20 23 06	25 34 14	8 12 45	2 03 08	16 19 27	15 36 24	12 15 16	16 48 59	16 36 13
7 Su	12 01 20	11 ♊ 35 16	18 41 35	27 47 02	27 15 36	21 07 41	26 13 57	8 42 28	2 21 17	16 21 59	15 37 47	12 22 41	16 52 22	16 41 20
8 M	13 04 41	25 52 58	2 ♋ 57 07	29 44 24	28 11 03	21 53 59	26 55 26	9 13 60	2 41 10	16 26 22	15 40 53	12 31 53	16 57 32	16 48 15
9 Tu	14 09 08	10 ♋ 06 29	17 06 26	1 ♍ 40 27	29 08 20	22 41 23	27 38 02	9 46 42	3 02 10	16 31 58	15 45 03	12 42 14	17 03 52	16 56 19
10 W	15 13 50	24 10 52	1 ♌ 04 37	3 34 15	0 ♋ 06 31	23 29 00	28 20 53	10 19 42	3 23 25	16 37 56	15 49 26	12 52 53	17 10 29	17 04 40
11 Th	16 17 54	8 ♌ 01 16	14 47 04	5 24 55	1 04 42	24 15 58	29 03 06	10 52 08	3 43 60	16 43 22	15 53 09	13 02 54	17 16 30	17 12 24
12 F	17 20 36	21 33 43	28 10 22	7 11 40	2 02 08	25 01 32	29 43 57	11 23 14	4 03 13	16 47 33	15 55 27	13 11 36	17 21 11	17 18 49
13 Sa	18 21 29	4 ♍ 45 44	11 ♍ 12 46	8 54 04	2 58 21	25 45 15	0 ♌ 22 59	11 52 35	4 20 36	16 50 01	15 55 55	13 18 30	17 24 06	17 23 27
14 Su	19 20 28	17 36 41	23 54 22	10 31 59	3 53 15	26 27 04	1 00 07	12 20 04	4 36 04	16 50 42	15 54 27	13 23 33	17 25 10	17 26 13
15 M	20 17 47	0 ♎ 07 44	6 ♎ 17 06	12 05 40	4 47 02	27 07 11	1 35 36	12 45 58	4 49 53	16 49 50	15 51 17	13 26 57	17 24 37	17 27 22
16 Tu	21 13 58	12 21 45	18 24 23	13 35 36	5 40 13	27 46 08	2 09 55	13 10 45	5 02 31	16 47 56	15 46 57	13 29 15	17 22 57	17 27 24
17 W	22 09 39	24 22 47	0 ♏ 20 44	15 02 24	6 33 25	28 24 35	2 43 45	13 35 06	5 14 39	16 45 39	15 42 07	13 31 05	17 20 50	17 26 59
18 Th	23 05 32	6 ♏ 15 48	12 11 23	16 26 45	7 27 19	29 03 12	3 17 48	13 59 43	5 26 59	16 43 41	15 37 26	13 33 09	17 18 59	17 26 48
19 F	24 02 14	18 06 09	24 01 51	17 49 14	8 22 31	29 42 36	3 52 38	14 25 10	5 40 06	16 42 39	15 33 34	13 36 04	17 17 58	17 27 27
20 Sa	25 00 11	29 59 13	5 ♐ 57 31	19 10 13	9 19 26	0 ♍ 23 14	4 28 43	14 51 55	5 54 26	16 42 58	15 30 54	13 40 14	17 18 15	17 29 24
21 Su	25 59 32	12 ♐ 00 07	18 03 21	20 29 52	10 18 12	1 05 15	5 06 12	15 20 08	6 10 10	16 44 48	15 29 38	13 45 51	17 19 59	17 32 47
22 M	27 00 13	24 13 18	0 ♑ 23 33	21 48 02	11 18 45	1 48 34	5 45 00	15 49 42	6 27 13	16 48 04	15 29 41	13 52 49	17 23 05	17 37 31
23 Tu	28 01 53	6 ♑ 42 23	13 01 17	23 04 18	12 20 42	2 32 50	6 24 47	16 20 18	6 45 12	16 52 26	15 30 41	14 00 47	17 27 13	17 43 16
24 W	29 03 60	19 29 49	25 58 22	24 18 05	13 23 30	3 17 32	7 04 59	16 51 24	7 03 37	16 57 22	15 32 07	14 09 14	17 31 50	17 49 31
25 Th	0 ♍ 05 57	2 ♒ 36 41	9 ♒ 15 16	25 28 43	14 26 33	4 02 03	7 45 02	17 22 22	7 21 51	17 02 14	15 33 22	14 17 32	17 36 20	17 55 37
26 F	1 07 10	16 02 44	22 50 52	26 35 32	15 29 16	4 45 49	8 24 20	17 52 38	7 39 19	17 06 29	15 33 53	14 25 07	17 40 08	18 01 01
27 Sa	2 07 13	29 46 16	6 ♓ 42 50	27 38 00	16 31 10	5 28 22	9 02 26	18 21 47	7 55 34	17 09 40	15 33 12	14 31 33	17 42 48	18 05 16
28 Su	3 05 54	13 ♓ 44 28	20 47 45	28 35 51	17 32 04	6 09 32	9 39 10	18 49 35	8 10 26	17 11 34	15 31 08	14 36 38	17 44 08	18 08 10
29 M	4 03 17	27 53 47	5 ♈ 01 42	29 29 02	18 32 01	6 49 22	10 14 33	19 16 06	8 23 56	17 12 17	15 27 45	14 40 25	17 44 12	18 09 47
30 Tu	4 59 40	12 ♈ 10 20	19 20 46	0 ♎ 17 45	19 31 18	7 28 09	10 48 55	19 41 39	8 36 24	17 12 05	15 23 20	14 43 12	17 43 18	18 10 25

Notes

LONGITUDE — July 1953

Day	☉	0 hr ☽	Noon ☽	☿	♀	♂	⚵	⚳	♃	♄	⚷	♅	♆	♇
1 W	5 ♍ 55 31	26 ♈ 30 21	3 ♉ 41 18	1 ♎ 02 22	20 ♋ 30 24	8 ♍ 06 25	11 ♌ 22 45	20 ♍ 06 43	8 ♌ 48 19	17 ♐ 11 29	15 ♓ 18 24	14 ♍ 45 29	17 ♐ 41 54	18 ♎ 10 34
2 Th	6 51 26	10 ♉ 50 33	18 00 17	1 43 19	21 29 51	8 44 40	11 56 36	20 31 51	9 00 13	17 11 00	15 13 28	14 47 48	17 40 35	18 10 45
3 F	7 47 51	25 08 05	2 ♊ 15 13	2 20 58	22 30 08	9 23 25	12 30 56	20 57 32	9 12 36	17 11 09	15 09 04	14 50 40	17 39 49	18 11 29
4 Sa	8 45 08	9 ♊ 20 40	16 24 03	2 55 30	23 31 34	10 02 59	13 06 05	21 24 05	9 25 46	17 12 14	15 05 29	14 54 22	17 39 56	18 13 05
5 Su	9 43 22	23 26 14	0 ♋ 24 59	3 26 54	24 34 13	10 43 29	13 42 10	21 51 36	9 39 50	17 14 22	15 02 50	14 59 01	17 41 01	18 15 38
6 M	10 42 24	7 ♋ 22 57	14 16 17	3 54 55	25 37 58	11 24 45	14 19 01	22 19 58	9 54 40	17 17 25	15 00 60	15 04 29	17 42 56	18 19 01
7 Tu	11 41 58	21 08 60	27 56 15	4 19 06	26 42 30	12 06 30	14 56 21	22 48 52	10 09 58	17 21 04	14 59 40	15 10 28	17 45 25	18 22 56
8 W	12 41 39	4 ♌ 42 43	11 ♌ 23 18	4 38 58	27 47 25	12 48 21	15 33 47	23 17 54	10 25 20	17 24 56	14 58 27	15 16 35	17 48 03	18 26 59
9 Th	13 41 05	18 02 36	24 36 06	4 54 01	28 52 20	13 29 55	16 10 55	23 46 43	10 40 23	17 28 39	14 56 58	15 22 26	17 50 27	18 30 48
10 F	14 39 59	1 ♍ 07 36	7 ♍ 33 46	5 03 50	29 56 56	14 10 53	16 47 28	24 14 59	10 54 50	17 31 54	14 54 56	15 27 44	17 52 20	18 34 04
11 Sa	15 38 09	13 57 11	20 16 03	5 08 14	1 ♌ 01 03	14 51 07	17 23 15	24 42 34	11 08 30	17 34 32	14 52 10	15 32 19	17 53 31	18 36 38
12 Su	16 35 35	26 31 35	2 ♎ 43 32	5 07 07	2 04 40	15 30 35	17 58 16	25 09 25	11 21 22	17 36 31	14 48 41	15 36 09	17 54 01	18 38 28
13 M	17 32 24	8 ♎ 51 50	14 57 37	5 00 35	3 07 53	16 09 24	18 32 37	25 35 41	11 33 33	17 37 59	14 44 34	15 39 22	17 53 54	18 39 42
14 Tu	18 28 47	20 59 50	27 00 33	4 48 54	4 10 54	16 47 46	19 06 30	26 01 31	11 45 15	17 39 07	14 40 02	15 42 10	17 53 25	18 40 31
15 W	19 24 59	2 ♏ 58 14	8 ♏ 55 22	4 32 21	5 13 56	17 25 54	19 40 10	26 27 12	11 56 42	17 40 09	14 35 20	15 44 46	17 52 45	18 41 09
16 Th	20 21 15	14 50 23	20 45 44	4 11 21	6 17 13	18 04 04	20 13 50	26 52 57	12 08 08	17 41 20	14 30 41	15 47 25	17 52 11	18 41 52
17 F	21 17 44	26 40 10	2 ♐ 35 47	3 46 15	7 20 57	18 42 26	20 47 41	27 18 56	12 19 44	17 42 50	14 26 16	15 50 18	17 51 53	18 42 49
18 Sa	22 14 34	8 ♐ 31 55	14 30 01	3 17 28	8 25 13	19 21 07	21 21 50	27 45 17	12 31 36	17 44 47	14 22 13	15 53 30	17 51 56	18 44 06
19 Su	23 11 46	20 30 08	26 33 00	2 45 21	9 30 01	20 00 08	21 56 18	28 11 60	12 43 46	17 47 10	14 18 32	15 57 04	17 52 23	18 45 47
20 M	24 09 15	2 ♑ 39 21	8 ♑ 49 15	2 10 17	10 35 20	20 39 24	22 31 00	28 39 02	12 56 09	17 49 57	14 15 10	16 00 55	17 53 10	18 47 45
21 Tu	25 06 56	15 03 52	21 22 51	1 32 39	11 40 60	21 18 50	23 05 51	29 06 15	13 08 39	17 52 60	14 11 59	16 04 57	17 54 10	18 49 55
22 W	26 04 40	27 47 30	4 ♒ 17 12	0 52 53	12 46 54	21 58 18	23 40 42	29 33 32	13 21 08	17 56 11	14 08 54	16 09 02	17 55 15	18 52 09
23 Th	27 02 21	10 ♒ 53 06	17 34 34	0 11 33	13 52 55	22 37 39	24 15 26	0 ♎ 00 46	13 33 28	17 59 24	14 05 45	16 13 02	17 56 17	18 54 20
24 F	27 59 53	24 22 17	1 ♓ 15 42	29 ♍ 29 14	14 58 59	23 16 51	24 49 59	0 27 53	13 45 36	18 02 34	14 02 29	16 16 53	17 57 13	18 56 22
25 Sa	28 57 17	8 ♓ 14 58	15 19 32	28 46 41	16 05 04	23 55 53	25 24 20	0 54 51	13 57 30	18 05 40	13 59 06	16 20 35	17 58 02	18 58 17
26 Su	29 54 37	22 29 05	29 42 58	28 04 44	17 11 14	24 34 47	25 58 33	1 21 44	14 09 14	18 08 46	13 55 39	16 24 10	17 58 47	19 00 06
27 M	0 ♎ 51 56	7 ♈ 00 32	14 ♈ 20 59	27 24 13	18 17 34	25 13 40	26 32 42	1 48 38	14 20 53	18 11 57	13 52 13	16 27 45	17 59 34	19 01 55
28 Tu	1 49 21	21 43 34	29 07 13	26 45 59	19 24 09	25 52 36	27 06 53	2 15 37	14 32 32	18 15 18	13 48 54	16 31 24	18 00 27	19 03 50
29 W	2 46 55	6 ♉ 31 19	13 ♉ 54 35	26 10 49	20 31 01	26 31 38	27 41 08	2 42 45	14 44 14	18 18 51	13 45 44	16 35 10	18 01 30	19 05 53
30 Th	3 44 37	21 16 45	28 36 22	25 39 23	21 38 10	27 10 46	28 15 27	3 09 60	14 55 57	18 22 37	13 42 43	16 39 02	18 02 42	19 08 03
31 F	4 42 21	5 ♊ 53 29	13 ♊ 06 49	25 12 14	22 45 30	27 49 55	28 49 45	3 37 17	15 07 38	18 26 29	13 39 46	16 42 55	18 03 57	19 10 16

LONGITUDE — August 1953

Day	☉	0 hr ☽	Noon ☽	☿	♀	♂	⚵	⚳	♃	♄	⚷	♅	♆	♇
1 Sa	5 ♎ 40 01	20 ♊ 16 33	27 ♊ 21 50	24 ♍ 49 48	23 ♌ 52 54	28 ♍ 28 56	29 ♌ 23 53	4 ♎ 04 29	15 ♌ 19 08	18 ♐ 30 21	13 ♓ 36 45	16 ♍ 46 41	18 ♐ 05 08	19 ♎ 12 23
2 Su	6 37 28	4 ♋ 22 43	11 ♋ 18 60	24 32 26	25 00 13	29 07 43	29 57 45	4 31 28	15 30 18	18 34 03	13 33 32	16 50 13	18 06 07	19 14 17
3 M	7 34 38	18 10 24	24 57 30	24 20 29	26 07 22	29 46 09	0 ♍ 31 14	4 58 09	15 41 05	18 37 32	13 30 04	16 53 25	18 06 49	19 15 52
4 Tu	8 31 30	1 ♌ 39 31	8 ♌ 17 47	24 14 16	27 14 21	0 ♎ 24 15	1 04 20	5 24 31	15 51 27	18 40 47	13 26 18	16 56 17	18 07 14	19 17 08
5 W	9 28 09	14 51 01	21 21 05	24 14 09	28 21 15	1 02 06	1 37 09	5 50 40	16 01 30	18 43 53	13 22 20	16 58 55	18 07 27	19 18 11
6 Th	10 24 46	27 46 27	4 ♍ 09 06	24 20 32	29 28 13	1 39 53	2 09 51	6 16 45	16 11 23	18 46 60	13 18 22	17 01 27	18 07 38	19 19 11
7 F	11 21 33	10 ♍ 27 39	16 43 44	24 33 45	0 ♍ 35 29	2 17 48	2 42 38	6 43 01	16 21 21	18 50 21	13 14 37	17 04 09	18 08 00	19 20 21
8 Sa	12 18 47	22 56 32	29 06 52	24 54 10	1 43 18	2 56 05	3 15 46	7 09 41	16 31 37	18 54 12	13 11 18	17 07 14	18 08 49	19 21 55
9 Su	13 16 37	5 ♎ 14 54	11 ♎ 20 17	25 21 59	2 51 50	3 34 58	3 49 25	7 36 57	16 42 22	18 58 43	13 08 38	17 10 53	18 10 15	19 24 05
10 M	14 15 11	17 24 30	23 25 45	25 57 19	4 01 12	4 14 32	4 23 43	8 04 56	16 53 45	19 04 01	13 06 43	17 15 14	18 12 25	19 26 58
11 Tu	15 14 28	29 26 59	5 ♏ 25 01	26 40 07	5 11 24	4 54 47	4 58 40	8 33 38	17 05 44	19 10 07	13 05 34	17 20 17	18 15 20	19 30 34
12 W	16 14 22	11 ♏ 24 07	17 19 59	27 30 10	6 22 19	5 35 36	5 34 07	9 02 55	17 18 11	19 16 52	13 05 03	17 25 53	18 18 51	19 34 45
13 Th	17 14 38	23 17 51	29 12 48	28 27 08	7 33 42	6 16 44	6 09 50	9 32 33	17 30 53	19 24 02	13 04 56	17 31 48	18 22 45	19 39 17
14 F	18 14 56	5 ♐ 10 30	11 ♐ 06 01	29 30 29	8 45 13	6 57 53	6 45 30	10 02 12	17 43 30	19 31 18	13 04 54	17 37 44	18 26 41	19 43 50
15 Sa	19 14 54	17 04 47	23 02 37	0 ♎ 39 42	9 56 31	7 38 40	7 20 46	10 31 30	17 55 40	19 38 18	13 04 34	17 43 18	18 30 19	19 48 03
16 Su	20 14 15	29 03 58	5 ♑ 06 04	1 54 13	11 07 17	8 18 46	7 55 17	11 00 09	18 07 04	19 44 43	13 03 39	17 48 11	18 33 20	19 51 37
17 M	21 12 44	11 ♑ 11 51	17 20 19	3 13 34	12 17 17	8 57 59	8 28 51	11 27 56	18 17 29	19 50 19	13 01 54	17 52 10	18 35 29	19 54 18
18 Tu	22 10 18	23 32 38	29 49 39	4 37 22	13 26 27	9 36 14	9 01 25	11 54 46	18 26 51	19 55 04	12 59 17	17 55 12	18 36 44	19 56 03
19 W	23 07 05	6 ♒ 10 46	12 ♒ 38 23	6 05 25	14 34 56	10 13 40	9 33 05	12 20 48	18 35 18	19 59 05	12 55 56	17 57 24	18 37 13	19 57 00
20 Th	24 03 25	19 10 32	25 50 27	7 37 41	15 43 04	10 50 37	10 04 13	12 46 22	18 43 10	20 02 41	12 52 10	17 59 06	18 37 14	19 57 29
21 F	24 59 45	2 ♓ 35 31	9 ♓ 28 46	9 14 14	16 51 17	11 27 31	10 35 14	13 11 54	18 50 54	20 06 21	12 48 26	18 00 46	18 37 16	19 57 57
22 Sa	25 56 38	16 27 52	23 34 31	10 55 11	18 00 08	12 04 56	11 06 42	13 37 57	18 59 02	20 10 36	12 45 18	18 02 55	18 37 51	19 58 56
23 Su	26 54 31	0 ♈ 47 34	8 ♈ 06 23	12 40 33	19 10 05	12 43 19	11 39 03	14 04 59	19 08 01	20 15 54	12 43 13	18 06 02	18 39 27	20 00 54
24 M	27 53 43	15 31 44	23 00 02	14 30 12	20 21 26	13 22 58	12 12 37	14 33 18	19 18 11	20 22 33	12 42 28	18 10 25	18 42 22	20 04 09
25 Tu	28 54 15	0 ♉ 34 22	8 ♉ 08 12	16 23 43	21 34 12	14 03 55	12 47 25	15 02 56	19 29 32	20 30 35	12 43 07	18 16 05	18 46 37	20 08 43
26 W	29 55 52	15 46 46	23 21 21	18 20 24	22 48 08	14 45 54	13 23 11	15 33 36	19 41 49	20 39 44	12 44 53	18 22 46	18 51 56	20 14 20
27 Th	0 ♏ 58 02	0 ♊ 58 44	8 ♊ 29 14	20 19 19	24 02 41	15 28 23	13 59 22	16 04 48	19 54 29	20 49 27	12 47 14	18 29 57	18 57 48	20 20 28
28 F	2 00 04	16 00 10	23 22 26	22 19 22	25 17 12	16 10 43	14 35 19	16 35 49	20 06 53	20 59 06	12 49 30	18 36 57	19 03 32	20 26 26
29 Sa	3 01 21	0 ♋ 42 43	7 ♋ 53 52	24 19 34	26 31 01	16 52 14	15 10 23	17 06 02	20 18 20	21 07 59	12 51 02	18 43 07	19 08 30	20 31 37
30 Su	4 01 24	15 00 54	21 59 30	26 19 07	27 43 41	17 32 28	15 44 05	17 34 60	20 28 25	21 15 41	12 51 23	18 47 60	19 12 14	20 35 32
31 M	5 00 04	28 52 22	5 ♌ 38 20	28 17 33	28 55 01	18 11 16	16 16 17	18 02 31	20 36 55	21 22 01	12 50 22	18 51 25	19 14 34	20 38 01

Notes

September 1953 LONGITUDE

Day	☉	0 hr ☽	Noon ☽	☿	♀	♂	⚵	⚳	♃	♄	⚷	♅	♆	♇
1 Tu	5 ♏ 57 30	12 ♌ 17 38	18 ♌ 51 50	0 ♏ 14 46	0 ♎ 05 13	18 ♎ 48 48	16 ♍ 47 07	18 ♎ 28 47	20 ♌ 44 03	21 ♐ 27 09	12 ♓ 48 11	18 ♍ 53 33	19 ♐ 15 39	20 ♎ 39 14
2 W	6 54 11	25 19 17	1 ♍ 43 13	2 11 01	1 14 43	19 25 32	17 17 04	18 54 15	20 50 14	21 31 34	12 45 17	18 54 52	19 15 59	20 39 40
3 Th	7 50 46	8 ♍ 01 08	14 16 34	4 06 46	2 24 11	20 02 08	17 46 48	19 19 34	20 56 10	21 35 54	12 42 19	18 56 02	19 16 13	20 39 58
4 F	8 48 01	20 27 29	26 36 11	6 02 34	3 34 22	20 39 19	18 17 02	19 45 30	21 02 33	21 40 54	12 40 03	18 57 46	19 17 04	20 40 52
5 Sa	9 46 34	2 ♎ 42 30	8 ♎ 46 05	7 58 59	4 45 55	21 17 47	18 48 27	20 12 41	21 10 05	21 47 14	12 39 08	19 00 45	19 19 14	20 43 03
6 Su	10 46 55	14 49 49	20 49 43	9 56 23	5 59 20	21 58 00	19 21 32	20 41 39	21 19 15	21 55 24	12 40 04	19 05 28	19 23 12	20 46 60
7 M	11 49 20	26 52 22	2 ♏ 49 45	11 54 55	7 14 52	22 40 14	19 56 31	21 12 36	21 30 17	22 05 38	12 43 05	19 12 10	19 29 11	20 52 57
8 Tu	12 53 42	8 ♏ 52 20	14 48 12	13 54 27	8 32 25	23 24 22	20 33 20	21 45 29	21 43 06	22 17 51	12 48 08	19 20 47	19 37 08	21 00 50
9 W	13 59 40	20 51 16	26 46 28	15 54 32	9 51 37	24 10 04	21 11 35	22 19 54	21 57 19	22 31 41	12 54 48	19 30 54	19 46 40	21 10 16
10 Th	15 06 36	2 ♐ 50 14	8 ♐ 45 39	17 54 31	11 11 49	24 56 40	21 50 40	22 55 14	22 12 19	22 46 30	13 02 29	19 41 55	19 57 09	21 20 38
11 F	16 13 41	14 50 14	20 46 49	19 53 34	12 32 15	25 43 23	22 29 45	23 30 40	22 27 17	23 01 29	13 10 22	19 53 02	20 07 47	21 31 06
12 Sa	17 20 05	26 52 25	2 ♑ 51 20	21 50 50	13 52 03	26 29 23	23 08 00	24 05 23	22 41 23	23 15 48	13 17 38	20 03 23	20 17 43	21 40 52
13 Su	18 25 04	8 ♑ 58 28	15 01 06	23 45 33	15 10 29	27 13 55	23 44 42	24 38 38	22 53 53	23 28 43	13 23 31	20 12 16	20 26 13	21 49 10
14 M	19 28 08	21 10 49	27 18 51	25 37 14	16 27 03	27 56 29	24 19 19	25 09 54	23 04 16	23 39 44	13 27 32	20 19 09	20 32 48	21 55 30
15 Tu	20 29 07	3 ♒ 32 46	9 ♒ 48 06	27 25 44	17 41 35	28 36 56	24 51 42	25 39 02	23 12 23	23 48 42	13 29 32	20 23 53	20 37 17	21 59 44
16 W	21 28 16	16 08 28	22 33 08	29 11 17	18 54 20	29 15 30	25 22 05	26 06 17	23 18 27	23 55 49	13 29 44	20 26 42	20 39 55	22 02 04
17 Th	22 26 11	29 02 37	5 ♓ 38 37	0 ♐ 54 30	20 05 54	29 52 47	25 51 05	26 32 15	23 23 07	24 01 43	13 28 45	20 28 14	20 41 18	22 03 08
18 F	23 23 46	12 ♓ 19 59	19 08 59	2 36 19	21 17 11	0 ♏ 29 41	26 19 36	26 57 49	23 27 14	24 07 18	13 27 29	20 29 21	20 42 20	22 03 50
19 Sa	24 22 02	26 04 35	3 ♈ 07 31	4 17 44	22 29 12	1 07 15	26 48 38	27 24 02	23 31 51	24 13 35	13 26 57	20 31 06	20 44 03	22 05 11
20 Su	25 21 55	10 ♈ 18 41	17 35 18	5 59 44	23 42 52	1 46 23	27 19 08	27 51 48	23 37 54	24 21 30	13 28 06	20 34 23	20 47 22	22 08 06
21 M	26 24 03	25 01 40	2 ♉ 30 08	7 42 57	24 58 51	2 27 42	27 51 42	28 21 46	23 45 58	24 31 39	13 31 33	20 39 50	20 52 55	22 13 13
22 Tu	27 28 34	10 ♉ 09 09	17 45 56	9 27 33	26 17 15	3 11 23	28 26 30	28 54 03	23 56 14	24 44 13	13 37 25	20 47 37	21 00 51	22 20 41
23 W	28 35 06	25 32 52	3 ♊ 12 56	11 13 08	27 37 42	3 57 01	29 03 08	29 28 17	24 08 18	24 58 46	13 45 21	20 57 18	21 10 45	22 30 06
24 Th	29 42 45	11 ♊ 01 26	18 39 07	12 58 52	28 59 20	4 43 45	29 40 43	0 ♏ 03 35	24 21 17	25 14 27	13 54 27	21 08 03	21 21 45	22 40 37
25 F	0 ♐ 50 24	26 22 23	3 ♋ 52 16	14 43 37	0 ♏ 20 59	5 30 25	0 ♎ 18 07	0 38 48	24 34 03	25 30 09	14 03 36	21 18 44	21 32 45	22 51 04
26 Sa	1 56 57	11 ♋ 24 20	18 42 18	16 26 19	1 41 35	6 15 56	0 54 14	1 12 52	24 45 29	25 44 43	14 11 41	21 28 12	21 42 36	23 00 21
27 Su	3 01 35	25 59 05	3 ♌ 02 46	18 06 09	3 00 17	6 59 29	1 28 15	1 44 55	24 54 47	25 57 21	14 17 53	21 35 40	21 50 30	23 07 40
28 M	4 03 57	10 ♌ 02 28	16 51 16	19 42 48	4 16 46	7 40 43	1 59 49	2 14 39	25 01 36	26 07 44	14 21 52	21 40 48	21 56 07	23 12 41
29 Tu	5 04 15	23 34 15	0 ♍ 09 02	21 16 27	5 31 13	8 19 51	2 29 07	2 42 15	25 06 09	26 16 02	14 23 50	21 43 47	21 59 39	23 15 34
30 W	6 03 11	6 ♍ 37 22	12 59 53	22 47 48	6 44 19	8 57 33	2 56 52	3 08 24	25 09 04	26 22 57	14 24 27	21 45 18	22 01 47	23 17 01

October 1953 LONGITUDE

Day	☉	0 hr ☽	Noon ☽	☿	♀	♂	⚵	⚳	♃	♄	⚷	♅	♆	♇
1 Th	7 ♐ 01 43	19 ♍ 16 40	25 ♍ 29 14	24 ♐ 17 51	7 ♏ 57 04	9 ♏ 34 48	3 ♎ 24 00	3 ♏ 34 04	25 ♌ 11 23	26 ♐ 29 28	14 ♓ 24 44	21 ♍ 46 20	22 ♐ 03 28	23 ♎ 18 01
2 F	8 00 57	1 ♎ 37 56	7 ♎ 42 59	25 47 42	9 10 32	10 12 43	3 51 39	4 00 23	25 14 10	26 36 40	14 25 45	21 47 59	22 05 51	23 19 40
3 Sa	9 01 55	13 47 02	19 46 51	27 18 21	10 25 46	10 52 18	4 20 50	4 28 20	25 18 27	26 45 35	14 28 32	21 51 17	22 09 55	23 22 59
4 Su	10 05 23	25 49 12	1 ♏ 45 50	28 50 36	11 43 31	11 34 20	4 52 18	4 58 42	25 25 00	26 56 58	14 33 52	21 56 59	22 16 27	23 28 45
5 M	11 11 44	7 ♏ 48 44	13 43 53	0 ♑ 24 47	13 04 10	12 19 12	5 26 26	5 31 52	25 34 12	27 11 14	14 42 06	22 05 29	22 25 51	23 37 20
6 Tu	12 20 53	19 48 45	25 43 44	2 00 51	14 27 39	13 06 50	6 03 11	6 07 47	25 45 59	27 28 17	14 53 12	22 16 42	22 38 01	23 48 40
7 W	13 32 21	1 ♐ 51 15	7 ♐ 47 03	3 38 16	15 53 28	13 56 43	6 42 01	6 45 55	25 59 50	27 47 39	15 06 40	22 30 09	22 52 28	24 02 16
8 Th	14 45 15	13 57 13	19 54 36	5 16 09	17 20 45	14 47 60	7 22 04	7 25 24	26 14 54	28 08 25	15 21 36	22 44 56	23 08 19	24 17 15
9 F	15 58 29	26 06 57	2 ♑ 06 33	6 53 21	18 48 23	15 39 34	8 02 15	8 05 08	26 30 04	28 29 30	15 36 54	22 59 59	23 24 29	24 32 30
10 Sa	17 10 52	8 ♑ 20 33	14 23 01	8 28 40	20 15 11	16 30 13	8 41 21	8 43 56	26 44 08	28 49 43	15 51 25	23 14 05	23 39 46	24 46 51
11 Su	18 21 22	20 38 18	26 44 23	10 01 01	21 40 07	17 18 57	9 18 20	9 20 46	26 56 06	29 08 02	16 04 04	23 26 13	23 53 07	24 59 15
12 M	19 29 14	3 ♒ 01 06	9 ♒ 11 50	11 29 36	23 02 26	18 05 00	9 52 28	9 54 53	27 05 12	29 23 42	16 14 09	23 35 38	24 03 50	25 08 59
13 Tu	20 34 11	15 30 52	21 47 33	12 54 06	24 21 53	18 48 06	10 23 29	10 26 01	27 11 09	29 36 27	16 21 22	23 42 04	24 11 36	25 15 45
14 W	21 36 29	28 10 36	4 ♓ 34 48	14 14 41	25 38 40	19 28 29	10 51 35	10 54 23	27 14 13	29 46 30	16 25 58	23 45 45	24 16 41	25 19 47
15 Th	22 36 51	11 ♓ 04 18	17 37 47	15 31 59	26 53 32	20 06 54	11 17 32	11 20 44	27 15 07	29 54 36	16 28 40	23 47 24	24 19 47	25 21 51
16 F	23 36 23	24 16 35	1 ♈ 01 03	16 47 03	28 07 37	20 44 27	11 42 25	11 46 11	27 14 58	0 ♑ 01 52	16 30 36	23 48 10	24 22 03	25 23 02
17 Sa	24 36 23	7 ♈ 52 01	14 48 47	18 01 04	29 22 10	21 22 25	12 07 33	12 12 00	27 15 03	0 09 35	16 33 03	23 49 19	24 24 45	25 24 38
18 Su	25 38 04	21 54 05	29 03 38	19 15 06	0 ♐ 38 25	22 02 01	12 34 06	12 39 25	27 16 35	0 18 56	16 37 13	23 52 03	24 29 07	25 27 51
19 M	26 42 17	6 ♉ 24 01	13 ♉ 45 34	20 29 53	1 57 13	22 44 06	13 02 57	13 09 16	27 20 25	0 30 49	16 43 58	23 57 15	24 35 58	25 33 34
20 Tu	27 49 20	21 19 43	28 50 48	21 45 34	3 18 51	23 28 59	13 34 24	13 41 52	27 26 52	0 45 30	16 53 35	24 05 11	24 45 37	25 42 03
21 W	28 58 50	6 ♊ 35 03	14 ♊ 11 35	23 01 34	4 42 58	24 16 16	14 08 02	14 16 49	27 35 32	1 02 36	17 05 42	24 15 30	24 57 42	25 52 56
22 Th	0 ♑ 09 51	22 00 12	29 36 53	24 16 44	6 08 36	25 05 01	14 42 56	14 53 11	27 45 28	1 21 11	17 19 21	24 27 13	25 11 15	26 05 15
23 F	1 21 03	7 ♋ 23 01	14 ♋ 54 18	25 29 33	7 34 26	25 53 55	15 17 45	15 29 38	27 55 21	1 39 56	17 33 15	24 39 03	25 24 58	26 17 43
24 Sa	2 31 06	22 31 17	29 52 21	26 38 24	8 59 08	26 41 38	15 51 11	16 04 51	28 03 53	1 57 30	17 46 02	24 49 40	25 37 30	26 28 59
25 Su	3 39 00	7 ♌ 15 04	14 ♌ 22 38	27 41 57	10 21 41	27 27 08	16 22 10	16 37 48	28 10 00	2 12 52	17 56 42	24 58 01	25 47 50	26 38 02
26 M	4 44 15	21 28 11	28 20 47	28 39 24	11 41 34	28 09 56	16 50 14	17 07 59	28 13 14	2 25 33	18 04 44	25 03 37	25 55 27	26 44 21
27 Tu	5 46 56	5 ♍ 08 42	11 ♍ 46 31	29 30 28	12 58 56	28 50 08	17 15 28	17 35 31	28 13 41	2 35 39	18 10 15	25 06 36	26 00 30	26 48 04
28 W	6 47 44	18 18 20	24 42 49	0 ♒ 15 24	14 14 24	29 28 23	17 38 32	18 01 02	28 12 01	2 43 49	18 13 55	25 07 35	26 03 37	26 49 50
29 Th	7 47 42	1 ♎ 01 28	7 ♎ 14 52	0 54 47	15 29 02	0 ♐ 05 45	18 00 29	18 25 37	28 09 16	2 51 05	18 16 47	25 07 38	26 05 51	26 50 41
30 F	8 48 01	13 24 01	19 28 56	1 29 17	16 44 01	0 43 26	18 22 28	18 50 26	28 06 38	2 58 41	18 20 01	25 07 57	26 08 23	26 51 50
31 Sa	9 49 49	25 32 23	1 ♏ 31 28	1 59 30	18 00 29	1 22 33	18 45 40	19 16 37	28 05 16	3 07 43	18 24 46	25 09 40	26 12 22	26 54 24

Notes

LONGITUDE — November 1953

Day	☉	0 hr ☽	Noon ☽	☿	♀	♂	⚵	⚳	♃	♄	⚷	♅	♆	♇
1 Su	10 ♑ 54 00	7 ♏ 32 44	13 ♏ 28 29	2 ♒ 25 42	19 ♐ 19 20	2 ♐ 03 59	19 ♎ 10 56	19 ♏ 45 04	28 ♌ 06 03	3 ♑ 19 05	18 ♓ 31 56	25 ♍ 13 40	26 ♐ 18 42	26 ♎ 59 17
2 M	12 01 02	19 30 23	25 25 02	2 47 45	20 41 03	2 48 14	19 38 45	20 16 15	28 09 27	3 33 16	18 41 59	25 20 26	26 27 50	27 06 58
3 Tu	13 10 56	1 ♐ 29 36	7 ♐ 24 57	3 04 59	22 05 36	3 35 17	20 09 07	20 50 10	28 15 29	3 50 15	18 54 55	25 29 58	26 39 46	27 17 26
4 W	14 23 12	13 33 20	19 30 47	3 16 19	23 32 33	4 24 40	20 41 33	21 26 21	28 23 42	4 09 35	19 10 17	25 41 48	26 54 04	27 30 14
5 Th	15 36 60	25 43 18	1 ♑ 43 50	3 20 16	25 01 00	5 15 32	21 15 12	22 03 55	28 33 12	4 30 23	19 27 11	25 55 04	27 09 50	27 44 29
6 F	16 51 11	8 ♑ 00 10	14 04 26	3 15 11	26 29 52	6 06 44	21 48 55	22 41 46	28 42 53	4 51 32	19 44 31	26 08 38	27 25 57	27 59 04
7 Sa	18 04 34	20 23 52	26 32 16	2 59 31	27 57 54	6 57 05	22 21 30	23 18 42	28 51 33	5 11 50	20 01 04	26 21 19	27 41 13	28 12 47
8 Su	19 16 04	2 ♒ 54 04	9 ♒ 06 53	2 32 03	29 24 04	7 45 31	22 51 53	23 53 36	28 58 08	5 30 13	20 15 47	26 32 02	27 54 35	28 24 35
9 M	20 24 56	15 30 35	21 48 10	1 52 09	0 ♑ 47 35	8 31 15	23 19 17	24 25 45	29 01 52	5 45 54	20 27 53	26 40 02	28 05 15	28 33 40
10 Tu	21 30 50	28 13 53	4 ♓ 36 44	1 00 02	2 08 09	9 13 60	23 43 24	24 54 49	29 02 27	5 58 36	20 37 03	26 45 00	28 12 56	28 39 44
11 W	22 33 58	11 ♓ 05 16	17 34 08	29 ♑ 56 52	3 25 56	9 53 55	24 04 25	25 20 59	29 00 04	6 08 28	20 43 30	26 47 07	28 17 49	28 42 60
12 Th	23 35 01	24 07 02	0 ♈ 42 54	28 44 45	4 41 38	10 31 43	24 22 60	25 44 55	28 55 24	6 16 12	20 47 53	26 47 04	28 20 33	28 44 06
13 F	24 35 01	7 ♈ 22 17	14 06 15	27 26 38	5 56 16	11 08 25	24 40 11	26 07 41	28 49 30	6 22 51	20 51 15	26 45 53	28 22 13	28 44 07
14 Sa	25 35 11	20 54 25	27 47 28	26 06 03	7 11 05	11 45 14	24 57 11	26 30 29	28 43 35	6 29 36	20 54 50	26 44 48	28 24 00	28 44 14
15 Su	26 36 39	4 ♉ 46 22	11 ♉ 49 04	24 46 43	8 27 12	12 23 20	25 15 09	26 54 28	28 38 49	6 37 38	20 59 45	26 44 57	28 27 04	28 45 37
16 M	27 40 17	18 59 43	26 11 48	23 32 07	9 45 28	13 03 32	25 34 54	27 20 27	28 36 01	6 47 46	21 06 51	26 47 12	28 32 15	28 49 06
17 Tu	28 46 23	3 ♊ 33 44	10 ♊ 53 46	22 25 08	11 06 12	13 46 11	25 56 47	27 48 48	28 35 32	7 00 20	21 16 28	26 51 50	28 39 53	28 55 01
18 W	29 54 43	18 24 40	25 49 58	21 27 46	12 29 10	14 31 01	26 20 31	28 19 13	28 37 06	7 15 04	21 28 20	26 58 38	28 49 42	29 03 06
19 Th	1 ♒ 04 28	3 ♋ 25 43	10 ♋ 52 26	20 41 03	13 53 33	15 17 14	26 45 18	28 50 55	28 39 57	7 31 11	21 41 39	27 06 47	29 00 54	29 12 34
20 F	2 14 33	18 27 43	25 51 26	20 05 12	15 18 15	16 03 43	27 10 01	29 22 48	28 42 57	7 47 33	21 55 19	27 15 10	29 12 22	29 22 17
21 Sa	3 23 45	3 ♌ 20 38	10 ♌ 37 05	19 39 50	16 42 04	16 49 18	27 33 30	29 53 40	28 44 56	8 03 00	22 08 09	27 22 38	29 22 57	29 31 05
22 Su	4 31 10	17 55 20	25 01 06	19 24 20	18 04 05	17 33 03	27 54 48	0 ♐ 22 35	28 44 58	8 16 36	22 19 13	27 28 13	29 31 40	29 38 02
23 M	5 36 15	2 ♍ 05 07	8 ♍ 58 08	19 18 05	19 23 46	18 14 25	28 13 21	0 49 02	28 42 31	8 27 49	22 27 58	27 31 23	29 38 02	29 42 37
24 Tu	6 38 59	15 46 31	22 26 09	19 20 38	20 41 06	18 53 24	28 29 10	1 12 58	28 37 35	8 36 37	22 34 23	27 32 09	29 41 60	29 44 46
25 W	7 39 49	28 59 25	5 ♎ 26 18	19 31 46	21 56 31	19 30 26	28 42 40	1 34 50	28 30 36	8 43 27	22 38 56	27 30 56	29 44 01	29 44 59
26 Th	8 39 32	11 ♎ 46 21	18 02 04	19 51 29	23 10 49	20 06 19	28 54 39	1 55 26	28 22 23	8 49 06	22 42 23	27 28 32	29 44 53	29 44 01
27 F	9 39 05	24 11 50	0 ♏ 18 36	20 19 53	24 24 56	20 41 58	29 06 02	2 15 42	28 13 51	8 54 32	22 45 41	27 25 54	29 45 31	29 42 50
28 Sa	10 39 24	6 ♏ 21 24	12 21 44	20 57 00	25 39 49	21 18 22	29 17 45	2 36 34	28 05 59	9 00 40	22 49 46	27 23 57	29 46 54	29 42 22
29 Su	11 41 16	18 20 56	24 17 28	21 42 44	26 56 13	21 56 15	29 30 35	2 58 48	27 59 33	9 08 17	22 55 26	27 23 29	29 49 46	29 43 23
30 M	12 45 08	0 ♐ 16 06	6 ♐ 11 20	22 36 42	28 14 37	22 36 05	29 44 59	3 22 52	27 54 59	9 17 50	23 03 06	27 24 57	29 54 35	29 46 20

LONGITUDE — December 1953

Day	☉	0 hr ☽	Noon ☽	☿	♀	♂	⚵	⚳	♃	♄	⚷	♅	♆	♇
1 Tu	13 ♒ 51 06	12 ♐ 11 55	18 ♐ 08 07	23 ♑ 38 16	29 ♑ 35 07	23 ♐ 17 59	0 ♏ 01 02	3 ♐ 48 51	27 ♌ 52 25	9 ♑ 29 24	23 ♓ 12 53	27 ♍ 28 27	0 ♑ 01 28	29 ♎ 51 21
2 W	14 58 53	24 12 28	0 ♑ 11 34	24 46 26	0 ♒ 57 25	24 01 39	0 18 27	4 16 29	27 51 35	9 42 44	23 24 31	27 33 42	0 10 07	29 58 07
3 Th	16 07 54	6 ♑ 20 50	12 24 20	25 59 59	2 20 56	24 46 30	0 36 39	4 45 10	27 51 53	9 57 14	23 37 23	27 40 07	0 19 58	0 ♏ 06 05
4 F	17 17 20	18 39 00	24 47 58	27 17 34	3 44 52	25 31 45	0 54 49	5 14 06	27 52 32	10 12 05	23 50 43	27 46 54	0 30 11	0 14 25
5 Sa	18 26 20	1 ♒ 07 60	7 ♒ 23 02	28 37 49	5 08 21	26 16 30	1 12 05	5 42 24	27 52 39	10 26 26	24 03 37	27 53 10	0 39 55	0 22 15
6 Su	19 34 06	13 48 02	20 09 21	29 59 31	6 30 35	26 59 58	1 27 38	6 09 16	27 51 28	10 39 28	24 15 17	27 58 09	0 48 23	0 28 48
7 M	20 40 03	26 38 48	3 ♓ 06 20	1 ♒ 21 43	7 51 01	27 41 34	1 40 54	6 34 09	27 48 25	10 50 38	24 25 10	28 01 16	0 54 59	0 33 30
8 Tu	21 43 56	9 ♓ 39 48	16 13 20	2 43 50	9 09 21	28 21 04	1 51 37	6 56 45	27 43 14	10 59 39	24 33 01	28 02 16	0 59 29	0 36 05
9 W	22 45 50	22 50 40	29 29 55	4 05 42	10 25 42	28 58 33	1 59 54	7 17 12	27 36 03	11 06 38	24 38 54	28 01 14	1 01 58	0 36 39
10 Th	23 46 13	6 ♈ 11 21	12 ♈ 56 09	5 27 30	11 40 32	29 34 28	2 06 09	7 35 56	27 27 17	11 12 01	24 43 16	27 58 38	1 02 53	0 35 39
11 F	24 45 45	19 42 13	26 32 30	6 49 44	12 54 30	0 ♑ 09 30	2 11 05	7 53 37	27 17 39	11 16 30	24 46 49	27 55 08	1 02 55	0 33 46
12 Sa	25 45 14	3 ♉ 23 59	10 ♉ 19 41	8 13 01	14 08 25	0 44 27	2 15 29	8 11 03	27 07 58	11 20 52	24 50 21	27 51 33	1 02 53	0 31 48
13 Su	26 45 27	17 17 16	24 18 15	9 37 59	15 23 04	1 20 05	2 20 07	8 29 01	26 58 59	11 25 54	24 54 38	27 48 39	1 03 31	0 30 31
14 M	27 46 56	1 ♊ 22 11	8 ♊ 27 59	11 05 02	16 38 58	1 56 57	2 25 32	8 48 03	26 51 15	11 32 08	25 00 12	27 46 58	1 05 24	0 30 29
15 Tu	28 49 55	15 37 49	22 47 28	12 34 18	17 56 21	2 35 16	2 31 56	9 08 23	26 45 02	11 39 47	25 07 17	27 46 45	1 08 45	0 31 53
16 W	29 54 15	0 ♋ 01 48	7 ♋ 13 44	14 05 32	19 15 06	3 14 55	2 39 12	9 29 51	26 40 10	11 48 44	25 15 44	27 47 51	1 13 24	0 34 38
17 Th	0 ♓ 59 29	14 30 12	21 42 13	15 38 14	20 34 45	3 55 26	2 46 52	9 52 00	26 36 13	11 58 31	25 25 07	27 49 50	1 18 56	0 38 14
18 F	2 04 59	28 57 45	6 ♌ 07 14	17 11 42	21 54 39	4 36 10	2 54 18	10 14 14	26 32 34	12 08 29	25 34 48	27 52 02	1 24 42	0 42 04
19 Sa	3 10 06	13 ♌ 18 28	20 22 43	18 45 12	23 14 09	5 16 29	3 00 49	10 35 49	26 28 32	12 17 60	25 44 05	27 53 48	1 30 02	0 45 29
20 Su	4 14 15	27 26 29	4 ♍ 23 04	20 18 09	24 32 43	5 55 48	3 05 52	10 56 15	26 23 36	12 26 30	25 52 26	27 54 35	1 34 23	0 47 55
21 M	5 17 09	11 ♍ 16 55	18 04 04	21 50 12	25 49 60	6 33 49	3 09 09	11 15 12	26 17 26	12 33 39	25 59 32	27 54 05	1 37 26	0 49 03
22 Tu	6 18 44	24 46 34	1 ♎ 23 18	23 21 16	27 05 58	7 10 29	3 10 36	11 32 35	26 09 59	12 39 24	26 05 20	27 52 13	1 39 08	0 48 49
23 W	7 19 11	7 ♎ 54 07	14 20 24	24 51 32	28 20 48	7 45 60	3 10 23	11 48 37	26 01 27	12 43 58	26 10 02	27 49 12	1 39 40	0 47 26
24 Th	8 18 54	20 40 16	26 56 49	26 21 21	29 34 52	8 20 42	3 08 54	12 03 40	25 52 14	12 47 42	26 13 59	27 45 25	1 39 24	0 45 16
25 F	9 18 19	3 ♏ 07 18	9 ♏ 15 33	27 51 10	0 ♓ 48 39	8 55 05	3 06 36	12 18 10	25 42 47	12 51 04	26 17 39	27 41 18	1 38 49	0 42 47
26 Sa	10 17 55	15 18 48	21 20 39	29 21 26	2 02 37	9 29 36	3 03 57	12 32 36	25 33 34	12 54 32	26 21 30	27 37 20	1 38 22	0 40 27
27 Su	11 18 04	27 19 10	3 ♐ 16 52	0 ♓ 52 33	3 17 07	10 04 38	3 01 19	12 47 20	25 24 59	12 58 27	26 25 55	27 33 53	1 38 26	0 38 37
28 M	12 18 60	9 ♐ 13 11	15 09 09	2 24 44	4 32 23	10 40 24	2 58 56	13 02 36	25 17 15	13 03 06	26 31 07	27 31 12	1 39 15	0 37 33
29 Tu	13 20 47	21 05 48	27 02 26	3 58 03	5 48 31	11 16 59	2 56 53	13 18 27	25 10 28	13 08 30	26 37 11	27 29 20	1 40 52	0 37 18
30 W	14 23 20	3 ♑ 01 41	9 ♑ 01 20	5 32 25	7 05 24	11 54 16	2 55 04	13 34 48	25 04 31	13 14 35	26 44 01	27 28 13	1 43 13	0 37 46
31 Th	15 26 24	15 05 10	21 09 54	7 07 36	8 22 48	12 32 03	2 53 14	13 51 24	24 59 12	13 21 06	26 51 23	27 27 36	1 46 03	0 38 44

Notes

January 1954 — LONGITUDE

Day	☉	0 hr ☽	Noon ☽	☿	♀	♂	⚵	⚳	♃	♄	⚷	♅	♆	♇
1 F	16 ♓ 29 41	27 ♑ 19 57	3 ♒ 31 30	8 ♓ 43 19	9 ♓ 40 25	13 ♑ 09 59	2 ♏ 51 06	14 ♐ 07 56	24 ♌ 54 12	13 ♑ 27 46	26 ♓ 58 58	27 ♍ 27 10	1 ♑ 49 03	0 ♏ 39 54
2 Sa	17 32 52	9 ♒ 48 57	16 08 34	10 19 15	10 57 55	13 47 47	2 48 20	14 24 06	24 49 11	13 34 14	27 06 27	27 26 37	1 51 55	0 40 55
3 Su	18 35 40	22 34 08	29 02 32	11 55 07	12 15 03	14 25 09	2 44 40	14 39 35	24 43 55	13 40 14	27 13 33	27 25 41	1 54 22	0 41 32
4 M	19 37 54	5 ♓ 36 26	12 ♓ 13 41	13 30 47	13 31 36	15 01 55	2 39 56	14 54 14	24 38 13	13 45 36	27 20 07	27 24 10	1 56 13	0 41 35
5 Tu	20 39 32	18 55 39	25 41 14	15 06 13	14 47 33	15 38 01	2 34 05	15 07 59	24 32 02	13 50 16	27 26 04	27 22 02	1 57 26	0 40 59
6 W	21 40 38	2 ♈ 30 33	9 ♈ 23 27	16 41 28	16 02 58	16 13 33	2 27 12	15 20 55	24 25 26	13 54 19	27 31 29	27 19 22	1 58 05	0 39 50
7 Th	22 41 21	16 19 02	23 17 49	18 16 45	17 17 60	16 48 40	2 19 28	15 33 10	24 18 37	13 57 55	27 36 33	27 16 19	1 58 20	0 38 18
8 F	23 41 53	0 ♉ 18 20	7 ♉ 21 23	19 52 16	18 32 52	17 23 34	2 11 04	15 44 57	24 11 46	14 01 15	27 41 27	27 13 06	1 58 22	0 36 34
9 Sa	24 42 28	14 25 22	21 31 03	21 28 14	19 47 46	17 58 27	2 02 14	15 56 28	24 05 07	14 04 33	27 46 23	27 09 54	1 58 25	0 34 52
10 Su	25 43 12	28 37 02	5 ♊ 43 48	23 04 48	21 02 50	18 33 27	1 53 07	16 07 51	23 58 46	14 07 56	27 51 30	27 06 53	1 58 36	0 33 19
11 M	26 44 10	12 ♊ 50 23	19 56 51	24 42 02	22 18 07	19 08 38	1 43 45	16 19 08	23 52 49	14 11 27	27 56 50	27 04 05	1 58 58	0 31 58
12 Tu	27 45 17	27 02 43	4 ♋ 07 43	26 19 55	23 33 34	19 43 57	1 34 08	16 30 17	23 47 12	14 15 03	28 02 21	27 01 28	1 59 29	0 30 46
13 W	28 46 29	11 ♋ 11 40	18 14 09	27 58 22	24 49 06	20 19 18	1 24 10	16 41 11	23 41 49	14 18 40	28 07 57	26 58 57	2 00 04	0 29 39
14 Th	29 47 39	25 15 04	2 ♌ 14 04	29 37 16	26 04 37	20 54 35	1 13 45	16 51 45	23 36 36	14 22 10	28 13 32	26 56 24	2 00 35	0 28 30
15 F	0 ♈ 48 43	9 ♌ 10 56	16 05 30	1 ♈ 16 34	27 20 01	21 29 43	1 02 50	17 01 53	23 31 27	14 25 28	28 19 01	26 53 46	2 00 59	0 27 14
16 Sa	1 49 40	22 57 21	29 46 34	2 56 16	28 35 19	22 04 42	0 51 24	17 11 35	23 26 21	14 28 35	28 24 23	26 51 02	2 01 14	0 25 51
17 Su	2 50 32	6 ♍ 32 36	13 ♍ 15 37	4 36 25	29 50 33	22 39 34	0 39 33	17 20 52	23 21 23	14 31 33	28 29 41	26 48 14	2 01 24	0 24 24
18 M	3 51 28	19 55 07	26 31 14	6 17 09	1 ♈ 05 50	23 14 27	0 27 22	17 29 53	23 16 40	14 34 29	28 35 03	26 45 31	2 01 35	0 22 59
19 Tu	4 52 35	3 ♎ 03 45	9 ♎ 32 28	7 58 35	2 21 19	23 49 28	0 15 02	17 38 44	23 12 18	14 37 31	28 40 36	26 43 00	2 01 56	0 21 45
20 W	5 53 59	15 57 47	22 18 59	9 40 49	3 37 05	24 24 45	0 02 39	17 47 32	23 08 26	14 40 46	28 46 27	26 40 48	2 02 33	0 20 49
21 Th	6 55 44	28 37 13	4 ♏ 51 09	11 23 55	4 53 13	25 00 19	29 ♎ 50 18	17 56 20	23 05 05	14 44 16	28 52 39	26 38 57	2 03 29	0 20 13
22 F	7 57 48	11 ♏ 02 45	17 10 08	13 07 48	6 09 40	25 36 10	29 37 58	18 05 06	23 02 16	14 48 01	28 59 09	26 37 27	2 04 43	0 19 56
23 Sa	9 00 05	23 15 55	29 17 54	14 52 21	7 26 19	26 12 10	29 25 33	18 13 42	22 59 51	14 51 52	29 05 52	26 36 11	2 06 08	0 19 50
24 Su	10 02 22	5 ♐ 19 02	11 ♐ 17 10	16 37 20	8 42 59	26 48 08	29 12 52	18 21 57	22 57 38	14 55 38	29 12 35	26 34 56	2 07 32	0 19 46
25 M	11 04 27	17 15 10	23 11 22	18 22 29	9 59 28	27 23 50	28 59 44	18 29 37	22 55 25	14 59 07	29 19 06	26 33 31	2 08 42	0 19 29
26 Tu	12 06 06	29 08 03	5 ♑ 04 28	20 07 31	11 15 30	27 59 04	28 45 57	18 36 29	22 52 58	15 02 05	29 25 11	26 31 41	2 09 25	0 18 46
27 W	13 07 10	11 ♑ 01 57	17 00 55	21 52 13	12 30 58	28 33 40	28 31 22	18 42 23	22 50 09	15 04 23	29 30 40	26 29 18	2 09 31	0 17 28
28 Th	14 07 36	23 01 31	29 05 24	23 36 25	13 45 49	29 07 34	28 15 57	18 47 16	22 46 54	15 05 57	29 35 32	26 26 19	2 08 58	0 15 33
29 F	15 07 29	5 ♒ 11 34	11 ♒ 22 40	25 20 06	15 00 07	29 40 52	27 59 50	18 51 12	22 43 19	15 06 53	29 39 50	26 22 49	2 07 51	0 13 04
30 Sa	16 07 03	17 36 46	23 57 06	27 03 21	16 14 05	0 ♒ 13 47	27 43 14	18 54 26	22 39 37	15 07 24	29 43 48	26 19 00	2 06 23	0 10 16
31 Su	17 06 37	0 ♓ 21 18	6 ♓ 52 25	28 46 20	17 28 04	0 46 38	27 26 30	18 57 16	22 36 08	15 07 50	29 47 45	26 15 14	2 04 53	0 07 28

February 1954 — LONGITUDE

Day	☉	0 hr ☽	Noon ☽	☿	♀	♂	⚵	⚳	♃	♄	⚷	♅	♆	♇
1 M	18 ♈ 06 33	13 ♓ 28 19	20 ♓ 11 03	0 ♉ 29 13	18 ♈ 42 26	1 ♒ 19 50	27 ♎ 10 04	19 ♐ 00 05	22 ♌ 33 15	15 ♑ 08 33	29 ♓ 52 06	26 ♍ 11 54	2 ♑ 03 46	0 ♏ 05 04
2 Tu	19 07 16	26 59 27	3 ♈ 53 45	2 12 08	19 57 34	1 53 42	26 54 18	19 03 15	22 31 20	15 09 57	29 57 11	26 09 21	2 03 23	0 03 26
3 W	20 08 58	10 ♈ 54 18	17 59 03	3 55 03	21 13 43	2 28 32	26 39 29	19 07 02	22 30 38	15 12 15	0 ♈ 03 16	26 07 50	2 03 58	0 02 48
4 Th	21 11 43	25 10 11	2 ♉ 23 13	5 37 44	22 30 56	3 04 21	26 25 42	19 11 27	22 31 13	15 15 33	0 10 25	26 07 26	2 05 37	0 03 15
5 F	22 15 22	9 ♉ 42 08	17 00 29	7 19 37	23 49 02	3 40 60	26 12 47	19 16 22	22 32 55	15 19 38	0 18 27	26 07 58	2 08 08	0 04 36
6 Sa	23 19 31	24 23 30	1 ♊ 43 42	8 59 53	25 07 39	4 18 05	26 00 24	19 21 22	22 35 21	15 24 08	0 26 57	26 09 03	2 11 08	0 06 28
7 Su	24 23 37	9 ♊ 06 49	16 25 28	10 37 30	26 26 13	4 55 03	25 48 00	19 25 55	22 37 57	15 28 30	0 35 25	26 10 07	2 14 04	0 08 17
8 M	25 27 05	23 44 55	0 ♋ 59 09	12 11 24	27 44 11	5 31 21	25 35 04	19 29 26	22 40 10	15 32 10	0 43 16	26 10 38	2 16 23	0 09 31
9 Tu	26 29 30	8 ♋ 12 01	15 19 46	13 40 32	29 01 07	6 06 31	25 21 09	19 31 30	22 41 33	15 34 42	0 50 03	26 10 09	2 17 38	0 09 43
10 W	27 30 40	22 24 14	29 24 22	15 04 03	0 ♉ 16 47	6 40 22	25 06 06	19 31 53	22 41 54	15 35 54	0 55 34	26 08 28	2 17 36	0 08 41
11 Th	28 30 39	6 ♌ 19 47	13 ♌ 11 56	16 21 23	1 31 17	7 12 59	24 49 60	19 30 42	22 41 19	15 35 50	0 59 54	26 05 40	2 16 25	0 06 30
12 F	29 29 50	19 58 38	26 56 53	17 32 12	2 45 01	7 44 45	24 33 16	19 28 19	22 40 10	15 34 55	1 03 27	26 02 08	2 14 25	0 03 33
13 Sa	0 ♉ 28 49	3 ♍ 21 57	9 ♍ 58 60	18 36 21	3 58 33	8 16 15	24 16 30	19 25 19	22 39 02	15 33 42	1 06 47	25 58 27	2 12 13	0 00 25
14 Su	1 28 16	16 31 28	23 01 50	19 33 47	5 12 33	8 48 09	24 00 24	19 22 23	22 38 36	15 32 53	1 10 35	25 55 18	2 10 28	29 ♎ 57 47
15 M	2 28 48	29 29 03	5 ♎ 53 19	20 24 27	6 27 40	9 21 05	23 45 36	19 20 08	22 39 29	15 33 05	1 15 28	25 53 18	2 09 49	29 56 16
16 Tu	3 30 54	12 ♎ 16 16	18 34 54	21 08 08	7 44 21	9 55 30	23 32 36	19 19 02	22 42 10	15 34 46	1 21 54	25 52 56	2 10 43	29 56 20
17 W	4 34 47	24 54 13	1 ♏ 07 36	21 44 28	9 02 50	10 31 38	23 21 37	19 19 18	22 46 51	15 38 08	1 30 06	25 54 24	2 13 24	29 58 13
18 Th	5 40 22	7 ♏ 23 35	13 32 06	22 12 54	10 23 01	11 09 24	23 12 36	19 20 53	22 53 27	15 43 09	1 39 60	25 57 39	2 17 46	0 ♏ 01 49
19 F	6 47 18	19 44 49	25 48 56	22 32 45	11 44 34	11 48 26	23 05 13	19 23 24	23 01 38	15 49 25	1 51 14	26 02 18	2 23 30	0 06 49
20 Sa	7 55 00	1 ♐ 58 19	7 ♐ 58 41	22 43 13	13 06 53	12 28 10	22 58 53	19 26 17	23 10 47	15 56 23	2 03 13	26 07 47	2 29 59	0 12 36
21 Su	9 02 45	14 04 48	20 02 19	22 43 34	14 29 16	13 07 51	22 52 55	19 28 48	23 20 13	16 03 18	2 15 14	26 13 23	2 36 30	0 18 27
22 M	10 09 46	26 05 31	2 ♑ 01 29	22 33 16	15 50 56	13 46 45	22 46 33	19 30 12	23 29 08	16 09 26	2 26 31	26 18 19	2 42 18	0 23 37
23 Tu	11 15 27	8 ♑ 02 32	13 58 33	22 12 06	17 11 15	14 24 12	22 39 09	19 29 52	23 36 56	16 14 08	2 36 26	26 21 58	2 46 44	0 27 27
24 W	12 19 20	19 58 51	25 56 53	21 40 20	18 29 48	14 59 46	22 30 19	19 27 20	23 43 09	16 16 58	2 44 33	26 23 54	2 49 23	0 29 32
25 Th	13 21 19	1 ♒ 58 25	8 ♒ 00 42	20 58 44	19 46 27	15 33 21	22 19 57	19 22 31	23 47 40	16 17 49	2 50 44	26 24 00	2 50 08	0 29 45
26 F	14 21 38	14 06 02	20 14 60	20 08 41	21 01 26	16 05 10	22 08 17	19 15 39	23 50 45	16 16 55	2 55 14	26 22 30	2 49 12	0 28 20
27 Sa	15 20 49	26 27 09	2 ♓ 45 15	19 12 01	22 15 19	16 35 47	21 55 54	19 07 18	23 52 55	16 14 50	2 58 36	26 19 57	2 47 09	0 25 49
28 Su	16 19 43	9 ♓ 07 24	15 36 52	18 11 02	23 28 54	17 05 58	21 43 35	18 58 15	23 54 59	16 12 21	3 01 38	26 17 09	2 44 47	0 23 02

Notes

LONGITUDE — March 1954

Day	☉	0 hr ☽	Noon ☽	☿	♀	♂	⚵	⚳	♃	♄	⚷	♅	♆	♇
1 M	17 ♉ 19 12	22 ♓ 11 58	28 ♓ 54 33	17 ♉ 08 09	24 ♉ 43 06	17 ♒ 36 40	21 ♎ 32 17	18 ♐ 49 27	23 ♋ 57 52	16 ♑ 10 24	3 ♈ 05 15	26 ♍ 15 03	2 ♑ 43 02	0 ♏ 20 53
2 Tu	18 20 10	5 ♈ 44 49	12 ♈ 41 22	16 05 46	25 58 46	18 08 43	21 22 52	18 41 45	24 02 26	16 09 50	3 10 18	26 14 28	2 42 44	0 20 13
3 W	19 23 10	19 47 40	26 57 48	15 05 59	27 16 30	18 42 43	21 15 55	18 35 45	24 09 15	16 11 15	3 17 23	26 16 00	2 44 30	0 21 40
4 Th	20 28 25	4 ♉ 19 10	11 ♉ 40 55	14 10 23	28 36 28	19 18 50	21 11 39	18 31 40	24 18 31	16 14 50	3 26 42	26 19 52	2 48 30	0 25 22
5 F	21 35 35	19 14 19	26 44 12	13 19 53	29 58 23	19 56 46	21 09 46	18 29 11	24 29 55	16 20 17	3 37 55	26 25 44	2 54 26	0 31 03
6 Sa	22 43 55	4 ♊ 24 41	11 ♊ 58 01	12 34 47	1 ♊ 21 28	20 35 45	21 09 29	18 27 33	24 42 42	16 26 50	3 50 16	26 32 50	3 01 32	0 37 56
7 Su	23 52 21	19 39 33	27 11 16	11 54 52	2 44 40	21 14 43	21 09 46	18 25 42	24 55 46	16 33 24	4 02 42	26 40 07	3 08 44	0 44 58
8 M	24 59 46	4 ♋ 47 46	12 ♋ 13 15	11 19 41	4 06 52	21 52 33	21 09 31	18 22 34	25 08 03	16 38 54	4 14 07	26 46 29	3 14 57	0 51 02
9 Tu	26 05 19	19 39 48	26 55 37	10 48 49	5 27 12	22 28 24	21 07 51	18 17 18	25 18 41	16 42 29	4 23 38	26 51 03	3 19 18	0 55 16
10 W	27 08 36	4 ♌ 09 08	11 ♌ 13 24	10 22 11	6 45 16	23 01 51	21 04 24	18 09 29	25 27 13	16 43 43	4 30 51	26 53 26	3 21 23	0 57 17
11 Th	28 09 43	18 12 52	25 05 08	10 00 01	8 01 13	23 33 01	20 59 16	17 59 17	25 33 50	16 42 45	4 35 55	26 53 46	3 21 20	0 57 12
12 F	29 09 21	1 ♍ 51 20	8 ♍ 32 15	9 42 59	9 15 39	24 02 34	20 53 07	17 47 21	25 39 08	16 40 14	4 39 27	26 52 40	3 19 48	0 55 40
13 Sa	0 ♊ 08 25	15 07 12	21 38 06	9 31 58	10 29 34	24 31 27	20 46 55	17 34 40	25 44 06	16 37 07	4 42 26	26 51 08	3 17 45	0 53 39
14 Su	1 08 05	28 04 26	4 ♎ 26 54	9 27 56	11 44 05	25 00 46	20 41 47	17 22 21	25 49 51	16 34 32	4 45 58	26 50 15	3 16 17	0 52 15
15 M	2 09 21	10 ♎ 47 17	17 02 57	9 31 39	13 00 12	25 31 34	20 38 43	17 11 28	25 57 23	16 33 30	4 51 05	26 51 04	3 16 27	0 52 31
16 Tu	3 12 58	23 19 40	29 29 58	9 43 40	14 18 41	26 04 36	20 38 31	17 02 46	26 07 30	16 34 47	4 58 32	26 54 20	3 18 59	0 55 12
17 W	4 19 20	5 ♏ 44 41	11 ♏ 50 45	10 04 03	15 39 55	26 40 12	20 41 31	16 56 39	26 20 31	16 38 45	5 08 43	27 00 26	3 24 16	1 00 39
18 Th	5 28 21	18 04 25	24 07 09	10 32 26	17 03 49	27 18 20	20 47 38	16 53 02	26 36 23	16 45 19	5 21 31	27 09 16	3 32 14	1 08 50
19 F	6 39 30	0 ♐ 20 01	6 ♐ 20 05	11 08 02	18 29 53	27 58 27	20 56 24	16 51 27	26 54 36	16 53 60	5 36 26	27 20 20	3 42 22	1 19 12
20 Sa	7 51 57	12 31 55	18 29 56	11 49 42	19 57 14	28 39 42	21 06 55	16 51 02	27 14 17	17 03 55	5 52 37	27 32 46	3 53 48	1 30 55
21 Su	9 04 38	24 40 16	0 ♑ 36 51	12 36 04	21 24 49	29 21 01	21 18 08	16 50 46	27 34 22	17 14 01	6 09 00	27 45 31	4 05 29	1 42 54
22 M	10 16 26	6 ♑ 45 16	12 41 14	13 25 48	22 51 32	0 ♓ 01 17	21 28 55	16 49 31	27 53 45	17 23 11	6 24 29	27 57 29	4 16 17	1 54 04
23 Tu	11 26 22	18 47 42	24 44 06	14 17 39	24 16 24	0 39 32	21 38 20	16 46 22	28 11 27	17 30 27	6 38 04	28 07 40	4 25 16	2 03 25
24 W	12 33 47	0 ♒ 49 11	6 ♒ 47 28	15 10 42	25 38 44	1 15 04	21 45 40	16 40 38	28 26 48	17 35 09	6 49 05	28 15 25	4 31 44	2 10 17
25 Th	13 38 25	12 52 31	18 54 27	16 04 30	26 58 18	1 47 38	21 50 40	16 32 05	28 39 33	17 37 01	6 57 18	28 20 27	4 35 25	2 14 26
26 F	14 40 28	25 01 38	1 ♓ 09 21	16 59 02	28 15 17	2 17 26	21 53 32	16 20 58	28 49 53	17 36 17	7 02 54	28 23 00	4 36 33	2 16 03
27 Sa	15 40 37	7 ♓ 21 35	13 37 27	17 54 48	29 30 22	2 45 07	21 54 57	16 07 55	28 58 28	17 33 35	7 06 33	28 23 44	4 35 48	2 15 48
28 Su	16 39 52	19 58 11	26 24 36	18 52 37	0 ♋ 44 34	3 11 43	21 55 55	15 54 01	29 06 20	17 29 57	7 09 16	28 23 39	4 34 09	2 14 43
29 M	17 39 24	2 ♈ 57 23	9 ♈ 36 35	19 53 33	1 59 04	3 38 23	21 57 38	15 40 27	29 14 40	17 26 35	7 12 15	28 23 56	4 32 50	2 13 59
30 Tu	18 40 25	16 24 31	23 18 04	20 58 35	3 15 02	4 06 19	22 01 13	15 28 24	29 24 36	17 24 39	7 16 39	28 25 46	4 32 59	2 14 45
31 W	19 43 44	0 ♉ 23 08	7 ♉ 31 33	22 08 28	4 33 19	4 36 20	22 07 34	15 18 45	29 37 02	17 24 59	7 23 20	28 30 01	4 35 29	2 17 54

LONGITUDE — April 1954

Day	☉	0 hr ☽	Noon ☽	☿	♀	♂	⚵	⚳	♃	♄	⚷	♅	♆	♇
1 Th	20 ♊ 49 45	14 ♉ 53 53	22 ♉ 16 05	23 ♉ 23 27	5 ♋ 54 18	5 ♓ 08 48	22 ♎ 17 03	15 ♐ 11 53	29 ♋ 52 19	17 ♑ 27 60	7 ♈ 32 40	28 ♍ 37 02	4 ♑ 40 42	2 ♏ 23 47
2 F	21 58 13	29 53 26	7 ♊ 26 28	24 43 11	7 17 44	5 43 29	22 29 23	15 07 35	0 ♍ 10 11	17 33 25	7 44 25	28 46 35	4 48 22	2 32 10
3 Sa	23 08 15	15 ♊ 14 08	22 53 20	26 06 43	8 42 45	6 19 30	22 43 44	15 05 00	0 29 49	17 40 24	7 57 42	28 57 48	4 57 39	2 42 11
4 Su	24 18 38	0 ♋ 44 43	8 ♋ 24 20	27 32 41	10 08 06	6 55 37	22 58 50	15 02 54	0 49 55	17 47 41	8 11 17	29 09 25	5 07 17	2 52 36
5 M	25 27 58	16 12 11	23 46 26	28 59 41	11 32 25	7 30 26	23 13 18	14 59 57	1 09 09	17 53 56	8 23 48	29 20 06	5 15 55	3 02 02
6 Tu	26 35 10	1 ♌ 24 18	8 ♌ 48 29	0 ♊ 26 31	12 54 37	8 02 51	23 26 04	14 55 03	1 26 24	17 58 01	8 34 08	29 28 45	5 22 26	3 09 24
7 W	27 39 40	16 11 52	23 22 58	1 52 35	14 14 07	8 32 19	23 36 31	14 47 40	1 41 06	17 59 24	8 41 45	29 34 47	5 26 18	3 14 07
8 Th	28 41 31	0 ♍ 29 52	7 ♍ 26 44	3 17 53	15 30 59	8 58 52	23 44 45	14 37 52	1 53 20	17 58 08	8 46 41	29 38 16	5 27 32	3 16 15
9 F	29 41 24	14 17 28	21 00 27	4 43 02	16 45 53	9 23 11	23 51 24	14 26 20	2 03 43	17 54 53	8 49 36	29 39 52	5 26 51	3 16 29
10 Sa	0 ♋ 40 23	27 37 04	4 ♎ 07 38	6 09 05	17 59 53	9 46 19	23 57 32	14 14 10	2 13 22	17 50 44	8 51 35	29 40 39	5 25 17	3 15 53
11 Su	1 39 43	10 ♎ 33 11	16 53 20	7 37 14	19 14 14	10 09 30	24 04 24	14 02 37	2 23 30	17 46 55	8 53 53	29 41 52	5 24 06	3 15 41
12 M	2 40 33	23 11 06	29 23 01	9 08 37	20 30 05	10 33 54	24 13 09	13 52 52	2 35 17	17 44 37	8 57 39	29 44 41	5 24 28	3 17 03
13 Tu	3 43 45	5 ♏ 36 03	11 ♏ 41 51	10 44 06	21 48 20	11 00 23	24 24 39	13 45 47	2 49 36	17 44 42	9 03 45	29 49 59	5 27 14	3 20 52
14 W	4 49 47	17 52 35	23 54 05	12 24 06	23 09 24	11 29 23	24 39 20	13 41 50	3 06 52	17 47 37	9 12 39	29 58 11	5 32 52	3 27 34
15 Th	5 58 36	0 ♐ 04 08	6 ♐ 02 51	14 08 34	24 33 15	12 00 51	24 57 10	13 40 59	3 27 04	17 53 19	9 24 18	0 ♎ 09 15	5 41 19	3 37 06
16 F	7 09 42	12 13 02	18 10 07	15 56 59	25 59 22	12 34 16	25 17 37	13 42 44	3 49 40	18 01 18	9 38 10	0 22 40	5 52 04	3 48 59
17 Sa	8 22 10	24 20 35	0 ♑ 16 57	17 48 28	27 26 53	13 08 44	25 39 49	13 46 13	4 13 47	18 10 40	9 53 23	0 37 35	6 04 15	4 02 18
18 Su	9 34 55	6 ♑ 27 22	12 23 43	19 41 54	28 54 41	13 43 09	26 02 37	13 50 20	4 38 19	18 20 20	10 08 51	0 52 51	6 16 45	4 15 58
19 M	10 46 48	18 33 36	24 30 36	21 36 08	0 ♌ 21 36	14 16 19	26 24 53	13 53 56	5 02 06	18 29 09	10 23 23	1 07 19	6 28 24	4 28 49
20 Tu	11 56 48	0 ♒ 39 37	6 ♒ 38 01	23 30 09	1 46 37	14 47 15	26 45 35	13 56 00	5 24 07	18 36 05	10 35 60	1 19 59	6 38 12	4 39 50
21 W	13 04 11	12 46 18	18 47 02	25 23 14	3 09 02	15 15 11	27 03 60	13 55 50	5 43 38	18 40 25	10 45 57	1 30 07	6 45 25	4 48 18
22 Th	14 08 38	24 55 20	0 ♓ 59 39	27 15 06	4 28 31	15 39 48	27 19 48	13 53 08	6 00 22	18 41 50	10 52 56	1 37 24	6 49 45	4 53 54
23 F	15 10 20	7 ♓ 09 33	13 19 01	29 05 53	5 45 15	16 01 17	27 33 09	13 48 03	6 14 27	18 40 31	10 57 06	1 42 01	6 51 21	4 56 47
24 Sa	16 09 53	19 32 50	25 49 19	0 ♋ 56 13	6 59 48	16 20 11	27 44 39	13 41 12	6 26 30	18 37 04	10 59 05	1 44 33	6 50 50	4 57 35
25 Su	17 08 13	2 ♈ 09 59	8 ♈ 35 32	2 47 04	8 13 10	16 37 27	27 55 14	13 33 33	6 37 27	18 32 26	10 59 48	1 45 57	6 49 08	4 57 13
26 M	18 06 30	15 06 17	21 42 57	4 39 34	9 26 27	16 54 14	28 06 04	13 26 16	6 48 28	18 27 46	11 00 25	1 47 23	6 47 26	4 56 52
27 Tu	19 05 53	28 26 51	5 ♉ 16 19	6 34 51	10 40 50	17 11 39	28 18 16	13 20 27	7 00 40	18 24 13	11 02 04	1 49 57	6 46 50	4 57 39
28 W	20 07 13	12 ♉ 15 37	19 18 50	8 33 49	11 57 10	17 30 35	28 32 43	13 17 01	7 14 56	18 22 39	11 05 37	1 54 35	6 48 14	5 00 27
29 Th	21 10 57	26 34 19	3 ♊ 50 58	10 36 52	13 15 53	17 51 26	28 49 50	13 16 25	7 31 43	18 23 30	11 11 32	2 01 40	6 52 04	5 05 42
30 F	22 16 56	11 ♊ 21 24	18 49 30	12 43 50	14 36 52	18 14 03	29 09 29	13 18 29	7 50 52	18 26 39	11 19 39	2 11 05	6 58 11	5 13 16

Notes

May 1954 LONGITUDE

Day	☉	0 hr ☽	Noon ☽	☿	♀	♂	⚵	⚳	♃	♄	⚷	♅	♆	♇
1 Sa	23♋24 29	26♊31 20	4♋07 11	14♋53 60	15♌59 23	18♓37 44	29♎30 58	13♐22 32	8♍11 40	18♑31 23	11♈29 16	2♌22 08	7♑05 54	5♏22 26
2 Su	24 32 29	11♋54 49	19 33 20	17 06 11	17 22 22	19 01 22	29 53 10	13 27 28	8 33 01	18 36 37	11 39 17	2 33 43	7 14 06	5 32 07
3 M	25 39 42	27 20 03	4♌55 35	19 19 06	18 44 33	19 23 42	0♏14 51	13 32 04	8 53 42	18 41 06	11 48 29	2 44 35	7 21 34	5 41 05
4 Tu	26 45 06	12♌34 49	20 02 12	21 31 38	20 04 55	19 43 41	0 34 59	13 35 17	9 12 39	18 43 49	11 55 49	2 53 43	7 27 15	5 48 17
5 W	27 48 05	27 28 48	4♍44 13	23 43 05	21 22 51	20 00 43	0 52 57	13 36 32	9 29 18	18 44 10	12 00 40	3 00 30	7 30 34	5 53 07
6 Th	28 48 36	11♍55 10	18 56 33	25 53 15	22 38 20	20 14 45	1 08 43	13 35 46	9 43 35	18 42 07	12 03 02	3 04 54	7 31 28	5 55 34
7 F	29 47 09	25 51 09	2♎38 05	28 02 29	23 51 49	20 26 16	1 22 45	13 33 29	9 56 00	18 38 08	12 03 23	3 07 24	7 30 26	5 56 05
8 Sa	0♌44 36	9♎17 29	15 50 55	0♌11 27	25 04 13	20 36 08	1 35 56	13 30 32	10 07 25	18 33 07	12 02 35	3 08 53	7 28 21	5 55 35
9 Su	1 42 00	22 17 34	28 39 15	2 21 02	26 16 32	20 45 22	1 49 18	13 27 59	10 18 52	18 28 06	12 01 41	3 10 23	7 26 15	5 55 05
10 M	2 40 21	4♏56 14	11♏08 23	4 31 56	27 29 48	20 54 58	2 03 50	13 26 49	10 31 21	18 24 06	12 01 41	3 12 55	7 25 09	5 55 35
11 Tu	3 40 25	17 18 46	23 23 45	6 44 44	28 44 47	21 05 42	2 20 20	13 27 49	10 45 39	18 21 53	12 03 22	3 17 13	7 25 49	5 57 52
12 W	4 42 37	29 30 18	5♐30 21	8 59 33	0♍01 54	21 17 58	2 39 12	13 31 25	11 02 12	18 21 52	12 07 09	3 23 46	7 28 40	6 02 21
13 Th	5 47 01	11♐35 12	17 32 20	11 16 08	1 21 10	21 31 49	3 00 28	13 37 37	11 21 00	18 24 06	12 13 04	3 32 32	7 33 45	6 09 05
14 F	6 53 13	23 36 60	29 32 55	13 33 50	2 42 15	21 46 51	3 23 45	13 46 03	11 41 42	18 28 13	12 20 44	3 43 12	7 40 41	6 17 40
15 Sa	8 00 33	5♑38 15	11♑34 19	15 51 43	4 04 27	22 02 23	3 48 23	13 56 04	12 03 37	18 33 32	12 29 31	3 55 04	7 48 48	6 27 27
16 Su	9 08 10	17 40 42	23 37 59	18 08 37	5 26 55	22 17 34	4 13 30	14 06 48	12 25 54	18 39 12	12 38 32	4 07 17	7 57 15	6 37 35
17 M	10 15 11	29 45 27	5♒44 50	20 23 24	6 48 46	22 31 29	4 38 13	14 17 20	12 47 40	18 44 20	12 46 53	4 18 57	8 05 08	6 47 09
18 Tu	11 20 48	11♒53 21	17 55 31	22 35 01	8 09 11	22 43 19	5 01 44	14 26 54	13 08 05	18 48 08	12 53 47	4 29 17	8 11 40	6 55 22
19 W	12 24 26	24 05 14	0♓10 53	24 42 41	9 27 37	22 52 30	5 23 27	14 34 53	13 26 37	18 50 02	12 58 40	4 37 42	8 16 15	7 01 40
20 Th	13 25 51	6♓22 15	12 32 10	26 45 56	10 43 48	22 58 47	5 43 08	14 41 04	13 42 59	18 49 47	13 01 17	4 43 57	8 18 39	7 05 47
21 F	14 25 07	18 46 07	25 01 14	28 44 43	11 57 49	23 02 13	6 00 51	14 45 31	13 57 17	18 47 28	13 01 42	4 48 07	8 18 58	7 07 49
22 Sa	15 22 41	1♈19 15	7♈40 42	0♍39 18	13 10 06	23 03 13	6 17 02	14 48 39	14 09 56	18 43 30	13 00 21	4 50 38	8 17 36	7 08 11
23 Su	16 19 13	14 04 41	20 33 47	2 30 15	14 21 21	23 02 29	6 32 22	14 51 09	14 21 37	18 38 35	12 57 55	4 52 10	8 15 15	7 07 34
24 M	17 15 33	27 05 54	3♉43 58	4 18 17	15 32 22	23 00 50	6 47 40	14 53 50	14 33 10	18 33 33	12 55 15	4 53 34	8 12 44	7 06 48
25 Tu	18 12 31	10♉26 20	17 14 34	6 04 09	16 43 59	22 59 03	7 03 46	14 57 33	14 45 24	18 29 13	12 53 09	4 55 38	8 10 53	7 06 42
26 W	19 10 45	24 08 48	1♊07 53	7 48 26	17 56 51	22 57 48	7 21 18	15 02 54	14 58 58	18 26 13	12 52 16	4 59 02	8 10 21	7 07 55
27 Th	20 10 36	8♊14 40	15 24 30	9 31 26	19 11 18	22 57 25	7 40 36	15 10 15	15 14 12	18 24 56	12 52 56	5 04 05	8 11 28	7 10 47
28 F	21 12 01	22 43 07	0♋02 26	11 13 01	20 27 17	22 57 51	8 01 37	15 19 33	15 31 04	18 25 16	12 55 08	5 10 45	8 14 10	7 15 15
29 Sa	22 14 33	7♋30 33	14 56 48	12 52 45	21 44 22	22 58 39	8 23 55	15 30 20	15 49 05	18 26 50	12 58 23	5 18 35	8 18 03	7 20 54
30 Su	23 17 31	22 30 34	0♌00 02	14 29 52	23 01 51	22 59 07	8 46 47	15 41 54	16 07 35	18 28 53	13 02 01	5 26 53	8 22 23	7 26 60
31 M	24 20 05	7♌34 30	15 02 47	16 03 32	24 18 55	22 58 27	9 09 25	15 53 28	16 25 45	18 30 38	13 05 13	5 34 51	8 26 22	7 32 46

June 1954 LONGITUDE

Day	☉	0 hr ☽	Noon ☽	☿	♀	♂	⚵	⚳	♃	♄	⚷	♅	♆	♇
1 Tu	25♌21 34	22♌32 46	29♌55 30	17♍33 01	25♍34 52	22♓55 57	9♏31 07	16♐04 18	16♍42 53	18♑31 24	13♈07 17	5♌41 47	8♑29 19	7♏37 29
2 W	26 21 33	7♍16 26	14♍29 52	18 57 52	26 49 16	22 51 13	9 51 26	16 13 58	16 58 33	18 30 44	13 07 47	5 47 14	8 30 47	7 40 44
3 Th	27 19 54	21 38 31	28 40 10	20 17 55	28 02 02	22 44 08	10 10 18	16 22 23	17 12 39	18 28 33	13 06 37	5 51 08	8 30 42	7 42 24
4 F	28 16 53	5♎34 55	12♎23 36	21 33 24	29 13 24	22 34 59	10 27 55	16 29 47	17 25 26	18 25 05	13 04 03	5 53 42	8 29 17	7 42 46
5 Sa	29 13 00	19 04 27	25 40 17	22 44 44	0♎23 52	22 24 16	10 44 49	16 36 39	17 37 24	18 20 51	13 00 34	5 55 26	8 27 01	7 42 17
6 Su	0♍08 51	2♏08 27	8♏32 31	23 52 29	1 34 01	22 12 35	11 01 34	16 43 35	17 49 07	18 16 26	12 56 46	5 56 57	8 24 33	7 41 35
7 M	1 05 02	14 50 05	21 04 07	24 57 12	2 44 29	22 00 35	11 18 48	16 51 12	18 01 14	18 12 28	12 53 17	5 58 52	8 22 28	7 41 16
8 Tu	2 02 02	27 13 33	3♐19 43	25 59 17	3 55 43	21 48 45	11 36 58	16 59 58	18 14 13	18 09 25	12 50 34	6 01 38	8 21 14	7 41 48
9 W	3 00 08	9♐23 32	15 24 07	26 58 57	5 08 02	21 37 24	11 56 22	17 10 09	18 28 20	18 07 33	12 48 55	6 05 32	8 21 10	7 43 30
10 Th	3 59 23	21 24 40	27 21 56	27 56 10	6 21 27	21 26 35	12 17 03	17 21 49	18 43 38	18 06 58	12 48 23	6 10 38	8 22 17	7 46 23
11 F	4 59 38	3♑21 15	9♑17 19	28 50 41	7 35 49	21 16 10	12 38 50	17 34 47	18 59 59	18 07 27	12 48 48	6 16 47	8 24 26	7 50 17
12 Sa	6 00 32	15 17 04	21 13 47	29 42 04	8 50 48	21 05 50	13 01 23	17 48 43	19 16 60	18 08 42	12 49 50	6 23 36	8 27 17	7 54 54
13 Su	7 01 38	27 15 15	3♒14 13	0♎29 48	10 05 57	20 55 11	13 24 16	18 03 10	19 34 16	18 10 16	12 51 03	6 30 41	8 30 24	7 59 45
14 M	8 02 31	9♒18 23	15 20 53	1 13 20	11 20 49	20 43 47	13 47 02	18 17 40	19 51 20	18 11 42	12 51 59	6 37 34	8 33 19	8 04 25
15 Tu	9 02 45	21 28 29	27 35 30	1 52 09	12 35 00	20 31 16	14 09 16	18 31 49	20 07 48	18 12 35	12 52 15	6 43 50	8 35 38	8 08 29
16 W	10 02 05	3♓47 06	9♓59 22	2 25 53	13 48 14	20 17 22	14 30 41	18 45 22	20 23 23	18 12 40	12 51 34	6 49 14	8 37 06	8 11 40
17 Th	11 00 24	16 15 30	22 33 33	2 54 20	15 00 23	20 02 01	14 51 11	18 58 09	20 37 58	18 11 50	12 49 50	6 53 39	8 37 34	8 13 52
18 F	11 57 44	28 54 44	5♈18 58	3 17 28	16 11 31	19 45 19	15 10 48	19 10 15	20 51 35	18 10 07	12 47 05	6 57 07	8 37 06	8 15 07
19 Sa	12 54 19	11♈45 45	18 16 32	3 35 23	17 21 49	19 27 28	15 29 46	19 21 50	21 04 29	18 07 45	12 43 32	6 59 50	8 35 55	8 15 39
20 Su	13 50 26	24 49 33	1♉27 09	3 48 22	18 31 37	19 08 51	15 48 21	19 33 15	21 16 56	18 05 01	12 39 30	7 02 08	8 34 19	8 15 45
21 M	14 46 28	8♉07 04	14 51 45	3 56 42	19 41 16	18 49 50	16 06 57	19 44 49	21 29 18	18 02 17	12 35 20	7 04 22	8 32 39	8 15 47
22 Tu	15 42 45	21 39 05	28 31 00	4 00 43	20 51 05	18 30 49	16 25 52	19 56 53	21 41 56	17 59 54	12 31 22	7 06 51	8 31 16	8 16 05
23 W	16 39 30	5♊26 02	12♊25 04	4 00 38	22 01 20	18 12 03	16 45 20	20 09 40	21 55 03	17 58 05	12 27 51	7 09 51	8 30 23	8 16 53
24 Th	17 36 50	19 27 37	26 33 17	3 56 37	23 12 06	17 53 42	17 05 29	20 23 17	22 08 45	17 56 57	12 24 52	7 13 26	8 30 07	8 18 17
25 F	18 34 42	3♋42 33	10♋53 49	3 48 41	24 23 20	17 35 46	17 26 14	20 37 40	22 23 00	17 56 26	12 22 23	7 17 34	8 30 26	8 20 15
26 Sa	19 32 56	18 08 16	25 23 27	3 36 48	25 34 52	17 18 06	17 47 25	20 52 39	22 37 37	17 56 24	12 20 13	7 22 05	8 31 08	8 22 35
27 Su	20 31 18	2♌40 52	9♌57 39	3 20 53	26 46 27	17 00 32	18 08 49	21 07 60	22 52 22	17 56 34	12 18 10	7 26 44	8 31 59	8 25 05
28 M	21 29 32	17 15 14	24 30 53	3 00 57	27 57 51	16 42 51	18 30 10	21 23 27	23 07 00	17 56 43	12 15 57	7 31 17	8 32 45	8 27 28
29 Tu	22 27 29	1♍45 35	8♍57 13	2 37 05	29 08 54	16 24 57	18 51 18	21 38 50	23 21 21	17 56 41	12 13 25	7 35 33	8 33 16	8 29 36
30 W	23 25 04	16 06 07	23 11 00	2 09 34	0♏19 30	16 06 48	19 12 08	21 54 04	23 35 21	17 56 22	12 10 28	7 39 28	8 33 26	8 31 22

Notes

LONGITUDE July 1954

Day	☉	0 hr ☽	Noon ☽	☿	♀	♂	⚵	⚳	♃	♄	⚷	♅	♆	♇
1 Th	24♍22 17	0♎11 40	7♎07 41	1♎38 49	1♏29 42	15♓48 28	19♏32 41	22♐09 10	23♍48 56	17♑55 48	12♈07 10	7♎43 03	8♑33 17	8♏32 49
2 F	25 19 16	13 58 25	20 44 09	1 05 26	2 39 33	15 30 06	19 53 04	22 24 15	24 02 19	17 55 06	12 03 35	7 46 23	8 32 56	8 34 02
3 Sa	26 16 08	27 24 09	3♏59 06	0 30 03	3 49 14	15 11 53	20 13 23	22 39 25	24 15 35	17 54 23	11 59 52	7 49 38	8 32 30	8 35 09
4 Su	27 13 01	10♏28 23	16 52 53	29♍53 22	4 58 50	14 53 60	20 33 48	22 54 49	24 28 51	17 53 46	11 56 08	7 52 54	8 32 07	8 36 19
5 M	28 09 60	23 12 15	29 27 20	29 16 04	6 08 28	14 36 34	20 54 22	23 10 30	24 42 13	17 53 22	11 52 29	7 56 16	8 31 52	8 37 35
6 Tu	29 07 05	5♐38 09	11♐45 24	28 38 47	7 18 08	14 19 39	21 15 07	23 26 31	24 55 42	17 53 11	11 48 57	7 59 47	8 31 46	8 39 00
7 W	0♎04 17	17 49 27	23 50 53	28 02 10	8 27 48	14 03 16	21 36 01	23 42 49	25 09 16	17 53 11	11 45 28	8 03 23	8 31 48	8 40 32
8 Th	1 01 29	29 50 12	5♑47 59	27 26 45	9 37 25	13 47 23	21 57 00	23 59 20	25 22 51	17 53 19	11 42 01	8 07 01	8 31 53	8 42 06
9 F	1 58 37	11♑44 45	17 41 11	26 53 05	10 46 52	13 31 57	22 17 59	24 15 58	25 36 21	17 53 29	11 38 28	8 10 36	8 31 56	8 43 37
10 Sa	2 55 38	23 37 36	29 34 55	26 21 41	11 56 05	13 16 55	22 38 52	24 32 40	25 49 43	17 53 37	11 34 46	8 14 03	8 31 53	8 45 01
11 Su	3 52 28	5♒33 08	11♒33 26	25 53 06	13 05 03	13 02 19	22 59 40	24 49 22	26 02 54	17 53 41	11 30 55	8 17 20	8 31 42	8 46 17
12 M	4 49 12	17 35 27	23 40 34	25 27 54	14 13 48	12 48 13	23 20 23	25 06 08	26 15 57	17 53 44	11 26 56	8 20 31	8 31 27	8 47 26
13 Tu	5 45 54	29 48 11	5♓59 37	25 06 36	15 22 26	12 34 42	23 41 08	25 23 02	26 28 58	17 53 52	11 22 54	8 23 40	8 31 11	8 48 35
14 W	6 42 43	12♓14 15	18 33 07	24 49 46	16 31 04	12 21 58	24 02 02	25 40 14	26 42 04	17 54 11	11 18 58	8 26 56	8 31 04	8 49 51
15 Th	7 39 48	24 55 48	1♈22 42	24 37 53	17 39 51	12 10 11	24 23 14	25 57 50	26 55 25	17 54 52	11 15 18	8 30 28	8 31 15	8 51 23
16 F	8 37 15	7♈53 57	14 29 03	24 31 23	18 48 55	11 59 29	24 44 52	26 15 60	27 09 08	17 56 02	11 12 00	8 34 22	8 31 50	8 53 19
17 Sa	9 35 10	21 08 49	27 51 45	24 30 33	19 58 19	11 49 56	25 06 59	26 34 45	27 23 16	17 57 45	11 09 09	8 38 43	8 32 54	8 55 42
18 Su	10 33 30	4♉39 26	11♉29 28	24 35 33	21 08 01	11 41 33	25 29 33	26 54 05	27 37 47	17 59 57	11 06 42	8 43 28	8 34 24	8 58 31
19 M	11 32 06	18 24 00	25 20 03	24 46 21	22 17 52	11 34 11	25 52 26	27 13 49	27 52 33	18 02 31	11 04 30	8 48 29	8 36 12	9 01 36
20 Tu	12 30 44	2♊20 02	9♊20 49	25 02 50	23 27 39	11 27 37	26 15 23	27 33 45	28 07 19	18 05 12	11 02 21	8 53 32	8 38 03	9 04 44
21 W	13 29 09	16 24 38	23 28 51	25 24 48	24 37 04	11 21 35	26 38 07	27 53 34	28 21 49	18 07 45	10 59 57	8 58 20	8 39 42	9 07 37
22 Th	14 27 05	0♋34 54	7♋41 12	25 52 02	25 45 52	11 15 52	27 00 25	28 13 04	28 35 48	18 09 54	10 57 04	9 02 39	8 40 53	9 10 02
23 F	15 24 23	14 48 03	21 55 08	26 24 22	26 53 56	11 10 18	27 22 07	28 32 03	28 49 07	18 11 31	10 53 33	9 06 18	8 41 28	9 11 49
24 Sa	16 21 04	29 01 32	6♌08 12	27 01 48	28 01 14	11 04 56	27 43 13	28 50 33	29 01 47	18 12 34	10 49 24	9 09 19	8 41 26	9 12 59
25 Su	17 17 18	13♌13 07	20 18 08	27 44 28	29 07 57	10 59 55	28 03 53	29 08 44	29 13 57	18 13 16	10 44 47	9 11 52	8 40 58	9 13 41
26 M	18 13 25	27 20 39	4♍22 47	28 32 38	0♐14 25	10 55 36	28 24 28	29 26 54	29 25 56	18 13 55	10 40 04	9 14 17	8 40 24	9 14 16
27 Tu	19 09 48	11♍22 02	18 19 59	29 26 40	1 21 01	10 52 24	28 45 20	29 45 29	29 38 10	18 14 56	10 35 37	9 16 57	8 40 08	9 15 07
28 W	20 06 53	25 15 03	2♎07 32	0♎26 51	2 28 09	10 50 43	29 06 55	0♑04 52	29 51 02	18 16 42	10 31 50	9 20 16	8 40 34	9 16 39
29 Th	21 04 56	8♎57 30	15 43 19	1 33 23	3 36 07	10 50 50	29 29 29	0 25 21	0♎04 50	18 19 32	10 29 02	9 24 33	8 41 59	9 19 09
30 F	22 04 05	22 27 10	29 05 22	2 46 18	4 45 03	10 52 54	29 53 12	0 47 03	0 19 41	18 23 33	10 27 22	9 29 55	8 44 31	9 22 45
31 Sa	23 04 17	5♏42 16	12♏12 14	4 05 24	5 54 53	10 56 51	0♐17 57	1 09 55	0 35 32	18 28 41	10 26 44	9 36 18	8 48 08	9 27 23

LONGITUDE August 1954

Day	☉	0 hr ☽	Noon ☽	☿	♀	♂	⚵	⚳	♃	♄	⚷	♅	♆	♇
1 Su	24♎05 16	18♏41 33	25♏03 10	5♎30 15	7♐05 20	11♓02 24	0♐43 31	1♑33 40	0♎52 06	18♑34 41	10♈26 53	9♎43 26	8♑52 32	9♏32 48
2 M	25 06 36	1♐24 39	7♐38 20	7 00 17	8 15 58	11 09 10	1 09 27	1 57 53	1 08 59	18 41 07	10 27 24	9 50 54	8 57 18	9 38 34
3 Tu	26 07 49	13 52 10	19 58 55	8 34 47	9 26 20	11 16 37	1 35 16	2 22 05	1 25 41	18 47 30	10 27 48	9 58 14	9 01 58	9 44 11
4 W	27 08 24	26 05 50	2♑07 05	10 13 03	10 35 54	11 24 17	2 00 30	2 45 47	1 41 43	18 53 21	10 27 37	10 04 55	9 06 03	9 49 12
5 Th	28 08 01	8♑08 24	14 06 00	11 54 27	11 44 19	11 31 47	2 24 45	3 08 36	1 56 43	18 58 17	10 26 27	10 10 35	9 09 09	9 53 14
6 F	29 06 26	20 03 32	25 59 41	13 38 29	12 51 23	11 38 53	2 47 50	3 30 19	2 10 28	19 02 07	10 24 07	10 15 03	9 11 05	9 56 03
7 Sa	0♏03 42	1♒55 45	7♒52 47	15 24 52	13 57 05	11 45 38	3 09 46	3 50 59	2 22 60	19 04 52	10 20 38	10 18 19	9 11 53	9 57 42
8 Su	1 00 02	13 50 01	19 50 23	17 13 31	15 01 41	11 52 14	3 30 47	4 10 49	2 34 33	19 06 46	10 16 15	10 20 39	9 11 46	9 58 26
9 M	1 55 55	25 51 38	1♓57 40	19 04 30	16 05 38	11 59 09	3 51 21	4 30 17	2 45 34	19 08 16	10 11 26	10 22 28	9 11 12	9 58 41
10 Tu	2 51 54	8♓05 47	14 19 35	20 58 03	17 09 29	12 06 56	4 12 01	4 49 57	2 56 38	19 09 57	10 06 44	10 24 23	9 10 45	9 59 02
11 W	3 48 36	20 37 07	27 00 25	22 54 21	18 13 51	12 16 10	4 33 25	5 10 25	3 08 22	19 12 26	10 02 47	10 26 59	9 11 03	10 00 06
12 Th	4 46 33	3♈29 19	10♈03 13	24 53 35	19 19 16	12 27 24	4 56 05	5 32 14	3 21 17	19 16 14	10 00 06	10 30 48	9 12 37	10 02 24
13 F	5 46 07	16 44 32	23 29 20	26 55 43	20 26 03	12 40 57	5 20 20	5 55 43	3 35 43	19 21 41	9 59 02	10 36 10	9 15 46	10 06 17
14 Sa	6 47 19	0♉23 00	7♉18 04	29 00 26	21 34 16	12 56 51	5 46 15	6 20 56	3 51 44	19 28 52	9 59 39	10 43 10	9 20 36	10 11 48
15 Su	7 49 56	14 22 42	21 26 28	1♏07 10	22 43 40	13 14 51	6 13 34	6 47 37	4 09 05	19 37 30	10 01 41	10 51 31	9 26 50	10 18 42
16 M	8 53 22	28 39 30	5♊49 35	3 15 01	23 53 39	13 34 21	6 41 42	7 15 13	4 27 11	19 47 03	10 04 34	11 00 40	9 33 55	10 26 25
17 Tu	9 56 54	13♊07 37	20 21 09	5 22 58	25 03 29	13 54 35	7 09 54	7 42 58	4 45 16	19 56 43	10 07 33	11 09 50	9 41 04	10 34 11
18 W	10 59 41	27 40 26	4♋54 33	7 29 57	26 12 20	14 14 44	7 37 23	8 10 03	5 02 34	20 05 42	10 09 49	11 18 15	9 47 30	10 41 13
19 Th	12 01 06	12♋11 39	19 23 46	9 35 07	27 19 33	14 34 09	8 03 28	8 35 49	5 18 23	20 13 23	10 10 45	11 25 14	9 52 33	10 46 50
20 F	13 00 49	26 36 06	3♌44 19	11 37 56	28 24 49	14 52 29	8 27 50	8 59 57	5 32 25	20 19 24	10 09 59	11 30 28	9 55 54	10 50 43
21 Sa	13 58 55	10♌50 25	17 53 31	13 38 20	29 28 11	15 09 48	8 50 35	9 22 32	5 44 45	20 23 51	10 07 37	11 34 01	9 57 38	10 52 57
22 Su	14 55 53	24 52 59	1♍50 24	15 36 40	0♑30 09	15 26 36	9 12 10	9 44 01	5 55 51	20 27 13	10 04 08	11 36 23	9 58 13	10 54 02
23 M	15 52 30	8♍43 40	15 35 14	17 33 39	1 31 29	15 43 38	9 33 24	10 05 14	6 06 30	20 30 17	10 00 20	11 38 22	9 58 28	10 54 44
24 Tu	16 49 42	22 23 13	29 08 58	19 30 05	2 33 07	16 01 49	9 55 12	10 27 04	6 17 39	20 33 59	9 57 09	11 40 52	9 59 17	10 55 58
25 W	17 48 20	5♎52 35	12♎32 34	21 26 46	3 35 54	16 22 02	10 18 24	10 50 24	6 30 07	20 39 09	9 55 24	11 44 44	10 01 32	10 58 37
26 Th	18 49 02	19 12 26	25 46 37	23 24 18	4 40 26	16 44 51	10 43 40	11 15 50	6 44 34	20 46 26	9 55 45	11 50 38	10 05 50	11 03 18
27 F	19 52 03	2♏22 56	8♏51 10	25 22 55	5 46 59	17 10 34	11 11 14	11 43 40	7 01 14	20 56 06	9 58 28	11 58 48	10 12 28	11 10 18
28 Sa	20 57 17	15 23 37	21 45 44	27 22 26	6 55 26	17 39 01	11 40 59	12 13 45	7 20 01	21 08 01	10 03 25	12 09 06	10 21 18	11 19 27
29 Su	22 04 12	28 13 40	4♐29 34	29 22 22	8 05 14	18 09 42	12 12 25	12 45 34	7 40 23	21 21 40	10 10 05	12 21 03	10 31 50	11 30 16
30 M	23 12 02	10♐52 13	17 02 05	1♐21 54	9 15 36	18 41 48	12 44 44	13 18 21	8 01 33	21 36 15	10 17 41	12 33 51	10 43 15	11 41 57
31 Tu	24 19 48	23 18 49	29 23 09	3 20 05	10 25 35	19 14 22	13 16 59	13 51 07	8 22 34	21 50 51	10 25 16	12 46 33	10 54 38	11 53 35

Notes

September 1954 LONGITUDE

Day	☉	0 hr ☽	Noon ☽	☿	♀	♂	⚵	⚳	♃	♄	⚷	♅	♆	♇
1 W	25 ♏ 26 38	5 ♑ 33 47	11 ♑ 33 31	5 ♐ 16 02	11 ♑ 34 15	19 ♓ 46 29	13 ♐ 48 15	14 ♑ 22 59	8 ♎ 42 31	22 ♑ 04 32	10 ♈ 31 57	12 ♎ 58 14	11 ♑ 05 03	12 ♏ 04 12
2 Th	26 31 45	17 38 27	23 34 58	7 08 59	12 40 50	20 17 23	14 17 48	14 53 12	9 00 40	22 16 33	10 36 57	13 08 09	11 13 46	12 13 06
3 F	27 34 43	29 35 22	5 ♒ 30 29	8 58 32	13 44 53	20 46 36	14 45 11	15 21 18	9 16 33	22 26 28	10 39 51	13 15 52	11 20 20	12 19 49
4 Sa	28 35 30	11 ♒ 28 20	17 24 14	10 44 37	14 46 21	21 14 06	15 10 21	15 47 15	9 30 09	22 34 14	10 40 35	13 21 21	11 24 42	12 24 19
5 Su	29 34 25	23 22 11	29 21 20	12 27 37	15 45 33	21 40 12	15 33 39	16 11 24	9 41 46	22 40 11	10 39 31	13 24 54	11 27 12	12 26 55
6 M	0 ♐ 32 10	5 ♓ 22 39	11 ♓ 27 38	14 08 14	16 43 09	22 05 34	15 55 45	16 34 24	9 52 07	22 45 00	10 37 19	13 27 14	11 28 33	12 28 20
7 Tu	1 29 42	17 35 50	23 49 17	15 47 23	17 40 05	22 31 08	16 17 35	16 57 13	10 02 07	22 49 38	10 34 55	13 29 17	11 29 38	12 29 28
8 W	2 27 59	0 ♈ 07 53	6 ♈ 32 05	17 26 08	18 37 20	22 57 54	16 40 10	17 20 51	10 12 46	22 55 04	10 33 21	13 32 02	11 31 30	12 31 21
9 Th	3 27 58	13 04 06	19 40 51	19 05 23	19 35 48	23 26 45	17 04 25	17 46 11	10 24 59	23 02 13	10 33 30	13 36 25	11 35 03	12 34 53
10 F	4 30 16	26 28 18	3 ♉ 18 31	20 45 46	20 36 05	23 58 18	17 30 57	18 13 53	10 39 24	23 11 43	10 36 00	13 43 03	11 40 54	12 40 42
11 Sa	5 35 04	10 ♉ 21 55	17 25 17	22 27 31	21 38 22	24 32 45	17 59 57	18 44 06	10 56 12	23 23 45	10 41 03	13 52 07	11 49 15	12 48 58
12 Su	6 42 03	24 43 16	1 ♊ 58 00	24 10 17	22 42 18	25 09 44	18 31 06	19 16 32	11 15 03	23 38 00	10 48 19	14 03 18	11 59 46	12 59 24
13 M	7 50 24	9 ♊ 27 17	16 50 13	25 53 17	23 47 05	25 48 28	19 03 36	19 50 22	11 35 09	23 53 39	10 57 00	14 15 48	12 11 39	13 11 09
14 Tu	8 58 60	24 25 55	1 ♋ 52 53	27 35 24	24 51 31	26 27 46	19 36 17	20 24 27	11 55 21	24 09 33	11 05 58	14 28 28	12 23 45	13 23 06
15 W	10 06 37	9 ♋ 29 20	16 55 50	29 15 24	25 54 25	27 06 27	20 07 58	20 57 35	12 14 27	24 24 31	11 13 59	14 40 05	12 34 52	13 34 02
16 Th	11 12 18	24 27 43	1 ♌ 49 43	0 ♑ 52 19	26 54 45	27 43 30	20 37 40	21 28 48	12 31 28	24 37 33	11 20 06	14 49 40	12 44 01	13 42 58
17 F	12 15 30	9 ♌ 12 56	16 27 25	2 25 39	27 52 01	28 18 25	21 04 51	21 57 33	12 45 53	24 48 08	11 23 47	14 56 44	12 50 40	13 49 24
18 Sa	13 16 20	23 39 43	0 ♍ 45 01	3 55 27	28 46 15	28 51 15	21 29 38	22 23 57	12 57 46	24 56 21	11 25 07	15 01 20	12 54 56	13 53 24
19 Su	14 15 27	7 ♍ 45 60	14 41 37	5 22 22	29 38 06	29 22 41	21 52 38	22 48 38	13 07 48	25 02 52	11 24 47	15 04 08	12 57 28	13 55 38
20 M	15 13 55	21 32 20	28 18 39	6 47 29	0 ♒ 28 38	29 53 47	22 14 58	23 12 42	13 17 02	25 08 45	11 23 49	15 06 13	12 59 20	13 57 10
21 Tu	16 13 00	5 ♎ 01 04	11 ♎ 38 60	8 12 01	1 19 03	0 ♈ 25 46	22 37 51	23 37 23	13 26 43	25 15 16	11 23 31	15 08 50	13 01 46	13 59 16
22 W	17 13 51	18 15 16	24 45 53	9 37 06	2 10 30	0 59 48	23 02 27	24 03 51	13 38 02	25 23 33	11 25 01	15 13 08	13 05 58	14 03 05
23 Th	18 17 19	1 ♏ 17 57	7 ♏ 42 14	11 03 34	3 03 49	1 36 45	23 29 38	24 32 56	13 51 48	25 34 27	11 29 10	15 19 58	13 12 45	14 09 28
24 F	19 23 47	14 11 21	20 30 06	12 31 45	3 59 20	2 16 59	23 59 46	25 05 02	14 08 26	25 48 24	11 36 22	15 29 45	13 22 31	14 18 48
25 Sa	20 33 08	26 56 49	3 ♐ 10 32	14 01 30	4 56 55	3 00 21	24 32 44	25 40 02	14 27 47	26 05 13	11 46 28	15 42 18	13 35 08	14 30 58
26 Su	21 44 45	9 ♐ 34 41	15 43 46	15 32 07	5 55 54	3 46 15	25 07 55	26 17 17	14 49 14	26 24 18	11 58 53	15 57 03	13 49 60	14 45 20
27 M	22 57 37	22 04 39	28 09 25	17 02 34	6 55 16	4 33 41	25 44 19	26 55 50	15 11 48	26 44 40	12 12 37	16 12 59	14 06 06	15 00 56
28 Tu	24 10 35	4 ♑ 26 13	10 ♑ 27 03	18 31 37	7 53 48	5 21 27	26 20 46	27 34 28	15 34 17	27 05 08	12 26 28	16 28 56	14 22 17	15 16 34
29 W	25 22 28	16 39 04	22 36 36	19 57 59	8 50 17	6 08 23	26 56 04	28 12 01	15 55 32	27 24 31	12 39 17	16 43 43	14 37 21	15 31 03
30 Th	26 32 17	28 43 39	4 ♒ 38 49	21 20 36	9 43 43	6 53 29	27 29 16	28 47 31	16 14 34	27 41 51	12 50 04	16 56 21	14 50 19	15 43 26

October 1954 LONGITUDE

Day	☉	0 hr ☽	Noon ☽	☿	♀	♂	⚵	⚳	♃	♄	⚷	♅	♆	♇
1 F	27 ♐ 39 25	10 ♒ 41 26	16 ♒ 35 37	22 ♑ 38 46	10 ♒ 33 26	7 ♈ 36 09	27 ♐ 59 44	29 ♑ 20 20	16 ♎ 30 44	27 ♑ 56 31	12 ♈ 58 14	17 ♎ 06 14	15 ♑ 00 36	15 ♏ 53 06
2 Sa	28 43 43	22 35 11	28 30 09	23 52 11	11 19 13	8 16 11	28 27 18	29 50 19	16 43 54	28 08 20	13 03 35	17 13 11	15 08 01	15 59 51
3 Su	29 45 28	4 ♓ 28 59	10 ♓ 26 54	25 01 01	12 01 20	8 53 55	28 52 17	0 ♒ 17 46	16 54 22	28 17 37	13 06 27	17 17 31	15 12 52	16 04 01
4 M	0 ♑ 45 25	16 28 03	22 31 24	26 05 51	12 40 29	9 30 04	29 15 24	0 43 25	17 02 52	28 25 07	13 07 33	17 19 58	15 15 53	16 06 21
5 Tu	1 44 36	28 38 32	4 ♈ 49 58	27 07 34	13 17 40	10 05 39	29 37 44	1 08 19	17 10 26	28 31 51	13 07 57	17 21 36	15 18 08	16 07 52
6 W	2 44 13	11 ♈ 06 55	17 29 06	28 07 09	13 54 00	10 41 53	0 ♑ 00 25	1 33 39	17 18 16	28 39 01	13 08 49	17 23 34	15 20 47	16 09 45
7 Th	3 45 22	23 59 30	0 ♉ 34 44	29 05 28	14 30 33	11 19 50	0 24 36	2 00 30	17 27 27	28 47 43	13 11 15	17 26 59	15 24 57	16 13 07
8 F	4 48 52	7 ♉ 21 27	14 11 20	0 ♒ 03 05	15 08 03	12 00 18	0 51 03	2 29 42	17 38 48	28 58 46	13 16 05	17 32 40	15 31 25	16 18 47
9 Sa	5 55 02	21 15 45	28 20 44	1 00 05	15 46 49	12 43 39	1 20 08	3 01 35	17 52 40	29 12 29	13 23 39	17 40 57	15 40 33	16 27 05
10 Su	7 03 38	5 ♊ 42 15	13 ♊ 01 08	1 55 54	16 26 32	13 29 36	1 51 36	3 35 53	18 08 47	29 28 39	13 33 41	17 51 35	15 52 06	16 37 45
11 M	8 13 51	20 36 53	28 06 40	2 49 21	17 06 19	14 17 20	2 24 37	4 11 48	18 26 20	29 46 24	13 45 22	18 03 45	16 05 13	16 49 60
12 Tu	9 24 28	5 ♋ 51 33	13 ♋ 27 40	3 38 52	17 44 53	15 05 37	2 57 58	4 48 07	18 44 06	0 ♒ 04 34	13 57 30	18 16 14	16 18 43	17 02 35
13 W	10 34 09	21 15 13	28 52 11	4 22 42	18 20 53	15 53 08	3 30 20	5 23 30	19 00 45	0 21 47	14 08 45	18 27 42	16 31 15	17 14 10
14 Th	11 41 48	6 ♌ 35 45	14 ♌ 08 12	4 59 17	18 53 06	16 38 46	4 00 36	5 56 49	19 15 11	0 36 57	14 17 59	18 37 02	16 41 43	17 23 40
15 F	12 46 47	21 42 13	29 05 51	5 27 31	19 20 53	17 21 52	4 28 08	6 27 28	19 26 45	0 49 27	14 24 37	18 43 37	16 49 30	17 30 27
16 Sa	13 49 08	6 ♍ 26 48	13 ♍ 38 54	5 46 55	19 44 12	18 02 29	4 52 59	6 55 28	19 35 29	0 59 18	14 28 38	18 47 29	16 54 36	17 34 32
17 Su	14 49 29	20 45 32	27 44 60	5 57 36	20 03 37	18 41 14	5 15 45	7 21 28	19 42 02	1 07 08	14 30 41	18 49 16	16 57 40	17 36 34
18 M	15 48 55	4 ♎ 38 02	11 ♎ 25 08	6 00 06	20 20 09	19 19 12	5 37 31	7 46 31	19 47 27	1 14 01	14 31 51	18 50 01	16 59 46	17 37 36
19 Tu	16 48 41	18 06 37	24 42 30	5 55 10	20 35 00	19 57 38	5 59 34	8 11 53	19 53 01	1 21 14	14 33 24	18 51 02	17 02 10	17 38 55
20 W	17 49 59	1 ♏ 15 01	7 ♏ 41 18	5 43 31	20 49 19	20 37 43	6 23 04	8 38 47	19 59 54	1 29 57	14 36 30	18 53 29	17 06 04	17 41 42
21 Th	18 53 41	14 07 26	20 25 49	5 25 39	21 03 53	21 20 20	6 48 54	9 08 03	20 08 59	1 41 03	14 42 03	18 58 14	17 12 19	17 46 49
22 F	20 00 13	26 47 40	2 ♐ 59 43	5 01 43	21 19 05	22 05 53	7 17 30	9 40 08	20 20 41	1 54 58	14 50 27	19 05 44	17 21 23	17 54 42
23 Sa	21 09 28	9 ♐ 18 38	15 25 42	4 31 35	21 34 47	22 54 18	7 48 45	10 14 56	20 34 55	2 11 35	15 01 38	19 15 52	17 33 07	18 05 16
24 Su	22 20 54	21 42 19	27 45 27	3 54 52	21 50 21	23 45 00	8 22 06	10 51 54	20 51 06	2 30 22	15 15 01	19 28 05	17 47 00	18 17 56
25 M	23 33 35	3 ♑ 59 46	9 ♑ 59 45	3 11 09	22 04 50	24 37 04	8 56 37	11 30 05	21 08 20	2 50 22	15 29 41	19 41 27	18 02 06	18 31 48
26 Tu	24 46 24	16 11 24	22 08 55	2 20 11	22 17 04	25 29 23	9 31 13	12 08 23	21 25 30	3 10 29	15 44 32	19 54 53	18 17 18	18 45 44
27 W	25 58 15	28 17 25	4 ♒ 13 07	1 22 10	22 25 55	26 20 51	10 04 45	12 45 43	21 41 29	3 29 36	15 58 27	20 07 15	18 31 29	18 58 39
28 Th	27 08 12	10 ♒ 18 13	16 12 51	0 17 47	22 30 26	27 10 31	10 36 20	13 21 07	21 55 21	3 46 48	16 10 30	20 17 38	18 43 44	19 09 36
29 F	28 15 38	22 14 48	28 09 21	29 ♑ 08 29	22 29 58	27 57 46	11 05 19	13 53 59	22 06 29	4 01 28	16 20 05	20 25 25	18 53 26	19 17 58
30 Sa	29 20 21	4 ♓ 09 04	10 ♓ 04 49	27 56 18	22 24 19	28 42 24	11 31 30	14 24 07	22 14 42	4 13 24	16 26 59	20 30 23	19 00 23	19 23 35
31 Su	0 ♒ 22 34	16 03 58	22 02 35	26 43 51	22 13 43	29 24 37	11 55 07	14 51 44	22 20 12	4 22 47	16 31 25	20 32 47	19 04 48	19 26 37

Notes

LONGITUDE — November 1954

Day	☉	0 hr ☽	Noon ☽	☿	♀	♂	⚵	⚳	♃	♄	⚷	♅	♆	♇
1 M	1 ♒ 22 52	28 ♓ 03 36	4 ♈ 07 03	25 ♑ 34 07	21 ♒ 58 47	0 ♉ 05 02	12 ♑ 16 45	15 ♒ 17 26	22 ♎ 23 34	4 ♒ 30 16	16 ♈ 33 59	20 ♎ 33 11	19 ♑ 07 16	19 ♏ 27 42
2 Tu	2 22 10	10 ♈ 12 59	16 23 32	24 30 08	21 40 26	0 44 32	12 37 18	15 42 05	22 25 44	4 36 42	16 35 35	20 32 30	19 08 42	19 27 43
3 W	3 21 29	22 37 47	28 57 51	23 34 48	21 19 46	1 24 09	12 57 47	16 06 45	22 27 41	4 43 08	16 37 15	20 31 45	19 10 07	19 27 43
4 Th	4 21 49	5 ♉ 23 48	11 ♉ 55 45	22 50 30	20 57 51	2 04 52	13 19 13	16 32 25	22 30 27	4 50 34	16 39 58	20 31 56	19 12 31	19 28 40
5 F	5 23 56	18 36 21	25 22 03	22 19 01	20 35 32	2 47 26	13 42 21	16 59 51	22 34 47	4 59 44	16 44 31	20 33 49	19 16 40	19 31 20
6 Sa	6 28 12	2 ♊ 19 13	9 ♊ 19 45	22 01 13	20 13 18	3 32 14	14 07 34	17 29 24	22 41 04	5 11 03	16 51 15	20 37 47	19 22 56	19 36 07
7 Su	7 34 32	16 33 49	23 48 54	21 57 05	19 51 10	4 19 10	14 34 45	18 00 60	22 49 10	5 24 23	17 00 05	20 43 43	19 31 13	19 42 53
8 M	8 42 18	1 ♋ 18 11	8 ♋ 45 49	22 05 47	19 28 43	5 07 37	15 03 19	18 34 01	22 58 31	5 39 09	17 10 24	20 51 01	19 40 56	19 51 04
9 Tu	9 50 35	16 26 27	24 02 51	22 25 52	19 05 10	5 56 39	15 32 18	19 07 32	23 08 09	5 54 23	17 21 16	20 58 46	19 51 06	19 59 42
10 W	10 58 19	1 ♌ 49 14	9 ♌ 29 17	22 55 32	18 39 37	6 45 10	16 00 38	19 40 27	23 16 60	6 09 01	17 31 36	21 05 51	20 00 41	20 07 42
11 Th	12 04 31	17 14 56	24 52 57	23 33 02	18 11 21	7 32 14	16 27 23	20 11 50	23 24 07	6 22 07	17 40 27	21 11 21	20 08 42	20 14 09
12 F	13 08 39	2 ♍ 31 43	10 ♍ 02 30	24 16 55	17 40 01	8 17 16	16 51 57	20 41 06	23 28 55	6 33 06	17 47 16	21 14 41	20 14 36	20 18 27
13 Sa	14 10 37	17 29 42	24 49 22	25 06 12	17 05 47	9 00 12	17 14 16	21 08 11	23 31 21	6 41 52	17 51 56	21 15 46	20 18 18	20 20 32
14 Su	15 10 49	2 ♎ 02 19	9 ♎ 08 37	26 00 24	16 29 18	9 41 25	17 34 44	21 33 29	23 31 47	6 48 51	17 54 53	21 15 01	20 20 12	20 20 47
15 M	16 10 02	16 06 42	22 59 02	26 59 29	15 51 34	10 21 41	17 54 08	21 57 45	23 30 59	6 54 48	17 56 52	21 13 11	20 21 03	20 19 60
16 Tu	17 09 11	29 43 14	6 ♏ 22 15	28 03 36	15 13 47	11 01 56	18 13 21	22 21 56	23 29 55	7 00 38	17 58 49	21 11 12	20 21 48	20 19 05
17 W	18 09 09	12 ♏ 54 36	19 21 47	29 12 57	14 37 05	11 43 03	18 33 19	22 46 54	23 29 25	7 07 15	18 01 37	21 09 57	20 23 20	20 18 56
18 Th	19 10 38	25 44 42	2 ♐ 01 58	0 ♒ 27 35	14 02 24	12 25 43	18 54 41	23 13 21	23 30 13	7 15 20	18 05 57	21 10 08	20 26 20	20 20 13
19 F	20 13 59	8 ♐ 17 50	14 27 14	1 47 18	13 30 19	13 10 17	19 17 49	23 41 37	23 32 38	7 25 13	18 12 09	21 12 06	20 31 08	20 23 19
20 Sa	21 19 10	20 38 04	26 41 35	3 11 37	13 01 05	13 56 45	19 42 41	24 11 42	23 36 40	7 36 55	18 20 15	21 15 49	20 37 44	20 28 11
21 Su	22 25 51	2 ♑ 48 54	8 ♑ 48 17	4 39 44	12 34 33	14 44 45	20 08 58	24 43 15	23 41 58	7 50 04	18 29 52	21 20 58	20 45 48	20 34 31
22 M	23 33 27	14 53 08	20 49 52	6 10 43	12 10 19	15 33 41	20 36 04	25 15 41	23 47 58	8 04 05	18 40 25	21 26 57	20 54 44	20 41 41
23 Tu	24 41 14	26 52 53	2 ♒ 48 14	7 43 31	11 47 52	16 22 51	21 03 14	25 48 15	23 53 54	8 18 14	18 51 11	21 33 02	21 03 48	20 48 59
24 W	25 48 28	8 ♒ 49 49	14 44 48	9 17 08	11 26 38	17 11 31	21 29 46	26 20 15	23 59 05	8 31 48	19 01 26	21 38 29	21 12 17	20 55 41
25 Th	26 54 33	20 45 19	26 40 49	10 50 44	11 06 09	17 59 03	21 55 02	26 51 04	24 02 52	8 44 09	19 10 33	21 42 43	21 19 34	21 01 10
26 F	27 59 04	2 ♓ 40 43	8 ♓ 37 38	12 23 41	10 46 09	18 45 04	22 18 38	27 20 17	24 04 53	8 54 54	19 18 08	21 45 19	21 25 15	21 05 02
27 Sa	29 01 51	14 37 38	20 36 53	13 55 42	10 26 35	19 29 24	22 40 26	27 47 44	24 04 57	9 03 53	19 24 01	21 46 07	21 29 10	21 07 08
28 Su	0 ♓ 03 03	26 38 07	2 ♈ 40 47	15 26 44	10 07 39	20 12 09	23 00 30	28 13 34	24 03 11	9 11 12	19 28 20	21 45 15	21 31 26	21 07 35
29 M	1 02 58	8 ♈ 44 46	14 52 09	16 57 01	9 49 46	20 53 41	23 19 13	28 38 06	23 59 58	9 17 14	19 31 26	21 43 03	21 32 25	21 06 43
30 Tu	2 02 10	21 00 50	27 14 26	18 26 59	9 33 33	21 34 31	23 37 06	29 01 52	23 55 47	9 22 28	19 33 49	21 40 03	21 32 37	21 05 04

LONGITUDE — December 1954

Day	☉	0 hr ☽	Noon ☽	☿	♀	♂	⚵	⚳	♃	♄	⚷	♅	♆	♇
1 W	3 ♓ 01 14	3 ♉ 29 60	9 ♉ 51 29	19 ♒ 57 10	9 ♒ 19 36	22 ♉ 15 14	23 ♑ 54 44	29 ♒ 25 28	23 ♎ 51 16	9 ♒ 27 32	19 ♈ 36 06	21 ♎ 36 52	21 ♑ 32 39	21 ♏ 03 15
2 Th	4 00 45	16 16 14	22 47 20	21 28 03	9 08 34	22 56 27	24 12 43	29 49 30	23 46 60	9 33 01	19 38 51	21 34 04	21 33 06	21 01 50
3 F	5 01 10	29 23 24	6 ♊ 05 38	23 00 03	9 00 53	23 38 35	24 31 31	0 ♓ 14 23	23 43 25	9 39 20	19 42 33	21 32 07	21 34 25	21 01 16
4 Sa	6 02 42	12 ♊ 54 35	19 49 03	24 33 22	8 56 47	24 21 52	24 51 19	0 40 23	23 40 46	9 46 45	19 47 25	21 31 14	21 36 50	21 01 48
5 Su	7 05 21	26 51 33	3 ♋ 58 29	26 07 55	8 56 15	25 06 17	25 12 08	1 07 27	23 39 01	9 55 13	19 53 24	21 31 24	21 40 19	21 03 23
6 M	8 08 50	11 ♋ 13 57	18 32 24	27 43 23	8 58 58	25 51 33	25 33 39	1 35 18	23 37 54	10 04 27	20 00 15	21 32 19	21 44 34	21 05 45
7 Tu	9 12 40	25 26 24	3 ♌ 26 24	29 19 19	9 04 26	26 37 11	25 55 26	2 03 29	23 36 57	10 14 00	20 07 29	21 33 34	21 49 10	21 08 26
8 W	10 16 20	11 ♌ 00 07	18 33 19	0 ♓ 55 10	9 12 08	27 22 41	26 16 56	2 31 29	23 35 38	10 23 20	20 14 35	21 34 35	21 53 33	21 10 55
9 Th	11 19 23	26 09 44	3 ♍ 43 55	2 30 28	9 21 31	28 07 34	26 37 42	2 58 49	23 33 31	10 32 01	20 21 05	21 34 56	21 57 18	21 12 44
10 F	12 21 32	11 ♍ 17 58	18 48 20	4 04 55	9 32 18	28 51 34	26 57 28	3 25 13	23 30 19	10 39 44	20 26 43	21 34 19	22 00 05	21 13 37
11 Sa	13 22 44	26 15 20	3 ♎ 37 33	5 38 29	9 44 20	29 34 37	27 16 09	3 50 37	23 25 57	10 46 26	20 31 25	21 32 42	22 01 54	21 13 29
12 Su	14 23 08	10 ♎ 53 51	18 04 44	7 11 19	9 57 45	0 ♊ 16 53	27 33 55	4 15 11	23 20 37	10 52 17	20 35 20	21 30 14	22 02 52	21 12 31
13 M	15 23 03	25 08 06	2 ♏ 05 51	8 43 43	10 12 48	0 58 40	27 51 05	4 39 13	23 14 36	10 57 35	20 38 47	21 27 13	22 03 17	21 11 01
14 Tu	16 22 50	8 ♏ 55 33	15 39 41	10 16 04	10 29 45	1 40 19	28 07 59	5 03 05	23 08 16	11 02 41	20 42 07	21 24 02	22 03 33	21 09 21
15 W	17 22 49	22 16 12	28 47 25	11 48 43	10 48 54	2 22 11	28 24 59	5 27 08	23 01 58	11 07 57	20 45 42	21 20 59	22 03 59	21 07 50
16 Th	18 23 16	5 ♐ 12 07	11 ♐ 31 55	13 21 55	11 10 25	3 04 31	28 42 17	5 51 35	22 55 57	11 13 36	20 49 44	21 18 21	22 04 49	21 06 44
17 F	19 24 16	17 46 40	23 57 02	14 55 46	11 34 20	3 47 24	29 00 02	6 16 32	22 50 19	11 19 45	20 54 21	21 16 13	22 06 10	21 06 09
18 Sa	20 25 48	0 ♑ 03 58	6 ♑ 07 08	16 30 16	12 00 34	4 30 50	29 18 10	6 41 59	22 45 02	11 26 21	20 59 30	21 14 34	22 08 01	21 06 03
19 Su	21 27 44	12 08 23	18 06 35	18 05 18	12 28 56	5 14 39	29 36 35	7 07 48	22 39 59	11 33 18	21 05 05	21 13 17	22 10 13	21 06 19
20 M	22 29 53	24 04 09	29 59 32	19 40 42	12 59 09	5 58 42	29 55 04	7 33 46	22 34 60	11 40 24	21 10 53	21 12 09	22 12 35	21 06 44
21 Tu	23 32 02	5 ♒ 55 16	11 ♒ 49 45	21 16 16	13 30 59	6 42 45	0 ♒ 13 26	7 59 42	22 29 52	11 47 26	21 16 43	21 10 59	22 14 55	21 07 08
22 W	24 34 02	17 45 18	23 40 34	22 51 51	14 04 11	7 26 40	0 31 30	8 25 27	22 24 25	11 54 15	21 22 25	21 09 37	22 17 04	21 07 21
23 Th	25 35 46	29 37 22	5 ♓ 34 48	24 27 23	14 38 36	8 10 19	0 49 11	8 50 53	22 18 35	12 00 45	21 27 52	21 07 58	22 18 55	21 07 16
24 F	26 37 14	11 ♓ 34 06	17 34 51	26 02 51	15 14 10	8 53 43	1 06 27	9 16 01	22 12 19	12 06 54	21 33 04	21 06 00	22 20 27	21 06 52
25 Sa	27 38 29	23 37 42	29 42 42	27 38 19	15 50 52	9 36 53	1 23 21	9 40 52	22 05 42	12 12 46	21 38 04	21 03 47	22 21 43	21 06 12
26 Su	28 39 36	5 ♈ 50 02	11 ♈ 59 60	29 13 54	16 28 45	10 19 55	1 39 59	10 05 33	21 58 50	12 18 27	21 42 56	21 01 24	22 22 50	21 05 24
27 M	29 40 42	18 12 37	24 28 11	0 ♈ 49 43	17 07 52	11 02 58	1 56 28	10 30 10	21 51 40	12 24 03	21 47 50	20 58 58	22 23 54	21 04 32
28 Tu	0 ♈ 41 53	0 ♉ 46 48	7 ♉ 08 35	2 25 54	17 48 17	11 46 05	2 12 53	10 54 50	21 44 49	12 29 40	21 52 49	20 56 36	22 25 01	21 03 44
29 W	1 43 12	13 33 50	20 02 25	4 02 30	18 29 60	12 29 21	2 29 17	11 19 36	21 37 49	12 35 22	21 57 58	20 54 21	22 26 14	21 03 03
30 Th	2 44 37	26 34 52	3 ♊ 10 50	5 39 30	19 12 56	13 12 44	2 45 40	11 44 25	21 30 49	12 41 06	22 03 14	20 52 11	22 27 31	21 02 26
31 F	3 46 04	9 ♊ 50 59	16 34 53	7 16 49	19 56 58	13 56 08	3 01 55	12 09 14	21 23 46	12 46 48	22 08 33	20 50 01	22 28 48	21 01 49

Notes

January 1955

LONGITUDE

Day	☉	0 hr ☽	Noon ☽	☿	♀	♂	⚵	⚳	♃	♄	⚷	♅	♆	♇
1 Sa	4 ♈ 47 25	23 ♊ 23 05	0 ♋ 15 17	8 ♈ 54 20	20 ♒ 41 55	14 ♊ 39 27	3 ♒ 17 55	12 ♓ 33 53	21 ♌ 16 31	12 ♒ 52 19	22 ♈ 13 47	20 ♌ 47 43	22 ♑ 29 57	21 ♏ 01 05
2 Su	5 48 32	7 ♋ 11 38	14 12 11	10 31 57	21 27 39	15 22 31	3 33 32	12 58 16	21 08 57	12 57 33	22 18 48	20 45 11	22 30 51	21 00 06
3 M	6 49 20	21 16 26	28 24 52	12 09 34	22 14 02	16 05 18	3 48 43	13 22 18	21 01 01	13 02 26	22 23 33	20 42 21	22 31 24	20 58 48
4 Tu	7 49 52	5 ♌ 36 15	12 ♌ 51 24	13 47 12	23 01 03	16 47 48	4 03 27	13 46 01	20 52 44	13 06 57	22 28 01	20 39 13	22 31 40	20 57 12
5 W	8 50 14	20 08 28	27 28 22	15 24 59	23 48 49	17 30 08	4 17 53	14 09 33	20 44 14	13 11 16	22 32 22	20 35 55	22 31 44	20 55 25
6 Th	9 50 41	4 ♍ 48 58	12 ♍ 10 55	17 03 07	24 37 30	18 12 33	4 32 14	14 33 05	20 35 45	13 15 34	22 36 48	20 32 40	22 31 51	20 53 42
7 F	10 51 26	19 32 17	26 52 59	18 41 51	25 27 20	18 55 16	4 46 44	14 56 54	20 27 32	13 20 08	22 41 33	20 29 44	22 32 15	20 52 17
8 Sa	11 52 45	4 ♎ 11 58	11 ♎ 28 02	20 21 21	26 18 30	19 38 32	5 01 38	15 21 13	20 19 49	13 25 11	22 46 53	20 27 21	22 33 11	20 51 23
9 Su	12 54 45	18 41 25	25 49 42	22 01 43	27 11 08	20 22 29	5 17 03	15 46 10	20 12 45	13 30 50	22 52 55	20 25 39	22 34 45	20 51 10
10 M	13 57 25	2 ♏ 54 40	9 ♏ 52 44	23 42 55	28 05 10	21 07 06	5 32 59	16 11 45	20 06 19	13 37 06	22 59 37	20 24 36	22 36 59	20 51 36
11 Tu	15 00 35	16 47 09	23 33 33	25 24 41	29 00 25	21 52 12	5 49 14	16 37 47	20 00 22	13 43 48	23 06 51	20 24 04	22 39 40	20 52 31
12 W	16 03 59	0 ♐ 16 11	6 ♐ 50 31	27 06 41	29 56 34	22 37 32	6 05 33	17 03 59	19 54 36	13 50 38	23 14 18	20 23 44	22 42 33	20 53 39
13 Th	17 07 13	13 21 07	19 43 59	28 48 27	0 ♓ 53 14	23 22 41	6 21 32	17 29 59	19 48 41	13 57 15	23 21 37	20 23 15	22 45 16	20 54 36
14 F	18 09 58	26 03 12	2 ♑ 15 58	0 ♉ 29 30	1 50 01	24 07 21	6 36 50	17 55 25	19 42 14	14 03 17	23 28 27	20 22 17	22 47 26	20 55 03
15 Sa	19 11 55	8 ♑ 25 14	14 29 50	2 09 25	2 46 37	24 51 13	6 51 10	18 20 01	19 35 01	14 08 28	23 34 29	20 20 31	22 48 47	20 54 42
16 Su	20 12 58	20 31 10	26 29 55	3 47 54	3 42 54	25 34 09	7 04 25	18 43 40	19 26 52	14 12 40	23 39 38	20 17 50	22 49 12	20 53 25
17 M	21 13 09	2 ♒ 25 45	8 ♒ 21 08	5 24 49	4 38 53	26 16 14	7 16 36	19 06 22	19 17 53	14 15 54	23 43 55	20 14 18	22 48 43	20 51 15
18 Tu	22 12 42	14 14 10	20 08 37	7 00 08	5 34 45	26 57 39	7 27 58	19 28 23	19 08 15	14 18 26	23 47 34	20 10 08	22 47 34	20 48 26
19 W	23 11 58	26 01 39	1 ♓ 57 28	8 33 58	6 30 53	27 38 48	7 38 52	19 50 04	18 58 23	14 20 37	23 50 57	20 05 42	22 46 07	20 45 21
20 Th	24 11 27	7 ♓ 53 11	13 52 29	10 06 28	7 27 43	28 20 10	7 49 47	20 11 55	18 48 45	14 22 56	23 54 33	20 01 29	22 44 51	20 42 27
21 F	25 11 38	19 53 16	25 57 46	11 37 45	8 25 43	29 02 13	8 01 13	20 34 24	18 39 51	14 25 52	23 58 52	19 57 59	22 44 16	20 40 15
22 Sa	26 12 56	2 ♈ 05 36	8 ♈ 16 37	13 07 48	9 25 19	29 45 22	8 13 33	20 57 56	18 32 07	14 29 51	24 04 17	19 55 36	22 44 45	20 39 10
23 Su	27 15 37	14 32 51	20 51 12	14 36 24	10 26 44	0 ♋ 29 55	8 27 05	21 22 48	18 25 49	14 35 08	24 11 07	19 54 38	22 46 37	20 39 27
24 M	28 19 43	27 16 28	3 ♉ 42 32	16 03 02	11 30 01	1 15 53	8 41 50	21 49 02	18 21 01	14 41 46	24 19 22	19 55 07	22 49 52	20 41 11
25 Tu	29 25 03	10 ♉ 16 43	16 50 20	17 26 53	12 34 56	2 03 04	8 57 35	22 16 25	18 17 29	14 49 33	24 28 51	19 56 50	22 54 20	20 44 07
26 W	0 ♉ 31 08	23 32 39	0 ♊ 13 19	18 46 50	13 41 01	2 51 01	9 13 55	22 44 30	18 14 47	14 58 01	24 39 06	19 59 20	22 59 32	20 47 49
27 Th	1 37 20	7 ♊ 02 26	13 49 23	20 01 28	14 47 36	3 39 04	9 30 08	23 12 39	18 12 18	15 06 31	24 49 29	20 01 58	23 04 49	20 51 38
28 F	2 42 57	20 43 45	27 36 03	21 09 21	15 53 58	4 26 33	9 45 35	23 40 09	18 09 18	15 14 22	24 59 17	20 04 04	23 09 31	20 54 53
29 Sa	3 47 22	4 ♋ 34 10	11 ♋ 30 57	22 09 00	16 59 31	5 12 49	9 59 37	24 06 24	18 05 13	15 20 56	25 07 53	20 04 60	23 12 60	20 56 56
30 Su	4 50 13	18 31 34	25 32 03	22 59 16	18 03 50	5 57 31	10 11 51	24 31 01	17 59 39	15 25 52	25 14 56	20 04 23	23 14 53	20 57 25
31 M	5 51 27	2 ♌ 34 24	9 ♌ 37 52	23 39 17	19 06 54	6 40 36	10 22 16	24 53 57	17 52 36	15 29 07	25 20 23	20 02 12	23 15 10	20 56 19

February 1955

LONGITUDE

Day	☉	0 hr ☽	Noon ☽	☿	♀	♂	⚵	⚳	♃	♄	⚷	♅	♆	♇
1 Tu	6 ♉ 51 26	16 ♌ 41 37	23 ♌ 47 21	24 ♉ 08 38	20 ♓ 09 02	7 ♋ 22 26	10 ♒ 31 14	25 ♓ 15 35	17 ♌ 44 24	15 ♒ 31 02	25 ♈ 24 36	19 ♌ 58 49	23 ♑ 14 10	20 ♏ 53 58
2 W	7 50 50	0 ♍ 52 25	7 ♍ 59 34	24 27 20	21 10 56	8 03 41	10 39 23	25 36 34	17 35 44	15 32 19	25 28 13	19 54 53	23 12 35	20 51 04
3 Th	8 50 31	15 05 51	22 13 18	24 35 42	22 13 24	8 45 13	10 47 35	25 57 46	17 27 29	15 33 47	25 32 08	19 51 15	23 11 15	20 48 26
4 F	9 51 18	29 20 19	6 ♎ 26 34	24 34 13	23 17 18	9 27 50	10 56 41	26 20 00	17 20 28	15 36 17	25 37 10	19 48 48	23 11 02	20 46 56
5 Sa	10 53 51	13 ♎ 33 18	20 36 31	24 23 26	24 23 16	10 12 14	11 07 19	26 43 58	17 15 21	15 40 30	25 43 59	19 48 09	23 12 35	20 47 14
6 Su	11 58 31	27 41 20	4 ♏ 39 29	24 03 49	25 31 37	10 58 44	11 19 49	27 09 56	17 12 29	15 46 44	25 52 53	19 49 38	23 16 12	20 49 38
7 M	13 05 10	11 ♏ 40 14	18 31 20	23 35 46	26 42 16	11 47 13	11 34 06	27 37 51	17 11 45	15 54 53	26 03 48	19 53 11	23 21 49	20 54 04
8 Tu	14 13 21	25 25 42	2 ♐ 08 08	22 59 35	27 54 43	12 37 13	11 49 39	28 07 14	17 12 42	16 04 30	26 16 15	19 58 18	23 28 56	21 00 02
9 W	15 22 18	8 ♐ 54 01	15 26 46	22 15 40	29 08 11	13 27 59	12 05 44	28 37 18	17 14 33	16 14 47	26 29 28	20 04 13	23 36 49	21 06 46
10 Th	16 31 06	22 02 39	28 25 31	21 24 30	0 ♈ 21 46	14 18 35	12 21 25	29 07 08	17 16 25	16 24 51	26 42 31	20 10 02	23 44 32	21 13 23
11 F	17 38 53	4 ♑ 50 41	11 ♑ 04 13	20 26 54	1 34 34	15 08 10	12 35 50	29 35 52	17 17 25	16 33 48	26 54 33	20 14 53	23 51 13	21 18 59
12 Sa	18 44 58	17 18 58	23 24 30	19 24 03	2 45 55	15 56 02	12 48 18	0 ♈ 02 50	17 16 53	16 40 60	27 04 54	20 18 05	23 56 11	21 22 55
13 Su	19 49 00	29 30 06	5 ♒ 29 32	18 17 30	3 55 28	16 41 51	12 58 28	0 27 41	17 14 27	16 46 03	27 13 11	20 19 17	23 59 06	21 24 49
14 M	20 51 01	11 ♒ 28 09	17 23 48	17 09 09	5 03 13	17 25 39	13 06 21	0 50 26	17 10 11	16 49 01	27 19 27	20 18 31	23 59 59	21 24 43
15 Tu	21 51 26	23 18 18	29 12 45	16 01 11	6 09 34	18 07 50	13 12 22	1 11 29	17 04 29	16 50 17	27 24 06	20 16 11	23 59 15	21 23 02
16 W	22 50 57	5 ♓ 06 32	11 ♓ 02 28	14 55 52	7 15 14	18 49 06	13 17 12	1 31 33	16 58 03	16 50 34	27 27 50	20 13 01	23 57 36	21 20 28
17 Th	23 50 27	16 59 05	22 59 07	13 55 27	8 21 07	19 30 23	13 21 46	1 51 32	16 51 48	16 50 47	27 31 35	20 09 54	23 55 56	21 17 55
18 F	24 50 56	29 02 02	5 ♈ 08 34	13 01 54	9 28 09	20 12 36	13 27 02	2 12 23	16 46 42	16 51 51	27 36 16	20 07 47	23 55 14	21 16 21
19 Sa	25 53 10	11 ♈ 20 50	17 35 49	12 16 49	10 37 09	20 56 36	13 33 47	2 34 56	16 43 33	16 54 38	27 42 44	20 07 31	23 56 17	21 16 35
20 Su	26 57 45	23 59 41	0 ♉ 24 31	11 41 16	11 48 40	21 42 55	13 42 36	2 59 43	16 42 56	16 59 40	27 51 30	20 09 38	23 59 40	21 19 10
21 M	28 04 48	7 ♉ 01 07	13 36 23	11 15 39	13 02 51	22 31 43	13 53 36	3 26 53	16 44 59	17 07 06	28 02 46	20 14 18	24 05 31	21 24 16
22 Tu	29 14 01	20 25 34	27 10 56	10 59 46	14 19 22	23 22 41	14 06 29	3 56 08	16 49 24	17 16 36	28 16 10	20 21 11	24 13 32	21 31 33
23 W	0 ♊ 24 39	4 ♊ 11 09	11 ♊ 05 24	10 52 47	15 37 28	24 15 03	14 20 30	4 26 41	16 55 26	17 27 27	28 30 59	20 29 32	24 22 56	21 40 16
24 Th	1 35 35	18 13 56	25 15 05	10 53 25	16 56 04	25 07 44	14 34 32	4 57 28	17 01 59	17 38 32	28 46 06	20 38 17	24 32 40	21 49 21
25 F	2 45 41	2 ♋ 28 31	9 ♋ 34 08	11 00 13	18 13 58	25 59 34	14 47 26	5 27 18	17 07 54	17 48 41	29 00 22	20 46 15	24 41 33	21 57 37
26 Sa	3 53 52	16 48 55	23 56 34	11 11 50	19 30 08	26 49 30	14 58 10	5 55 09	17 12 07	17 56 53	29 12 44	20 52 23	24 48 32	22 04 01
27 Su	4 59 32	1 ♌ 09 45	8 ♌ 17 17	11 27 15	20 43 56	27 36 55	15 06 04	6 20 22	17 14 03	18 02 28	29 22 34	20 56 04	24 53 00	22 07 55
28 M	6 02 36	15 26 57	22 32 50	11 46 03	21 55 18	28 21 44	15 11 05	6 42 54	17 13 35	18 05 24	29 29 48	20 57 14	24 54 53	22 09 17

Notes

LONGITUDE — March 1955

Day	☉	0 hr ☽	Noon ☽	☿	♀	♂	⚵	⚳	♃	♄	⚷	♅	♆	♇
1 Tu	7 ♊ 03 35	29 ♌ 38 15	6 ♍ 41 33	12 ♉ 08 22	23 ♈ 04 44	29 ♋ 04 28	15 ♒ 13 44	7 ♈ 03 15	17 ♎ 11 16	18 ♒ 06 10	29 ♈ 34 57	20 ♎ 56 23	24 ♑ 54 40	22 ♏ 08 36
2 W	8 03 29	13 ♍ 43 02	20 43 16	12 34 49	24 13 13	29 46 07	15 14 59	7 22 25	17 08 06	18 05 47	29 38 60	20 54 32	24 53 23	22 06 52
3 Th	9 03 33	27 41 47	4 ♎ 38 45	13 06 18	25 22 02	0 ♌ 27 56	15 16 07	7 41 38	17 05 18	18 05 30	29 43 12	20 52 56	24 52 17	22 05 20
4 F	10 05 00	11 ♎ 35 20	18 28 49	13 43 43	26 32 23	1 11 09	15 18 22	8 02 10	17 04 09	18 06 33	29 48 49	20 52 48	24 52 35	22 05 16
5 Sa	11 08 50	25 24 09	2 ♏ 13 45	14 27 44	27 45 15	1 56 44	15 22 41	8 24 58	17 05 35	18 09 54	29 56 47	20 55 08	24 55 16	22 07 36
6 Su	12 15 32	9 ♏ 07 49	15 52 51	15 18 33	29 01 08	2 45 11	15 29 34	8 50 31	17 10 06	18 16 03	0 ♉ 07 37	21 00 24	25 00 49	22 12 51
7 M	13 25 02	22 44 47	29 24 23	16 15 49	0 ♉ 19 57	3 36 26	15 38 57	9 18 46	17 17 40	18 24 56	0 21 14	21 08 33	25 09 11	22 20 57
8 Tu	14 36 46	6 ♐ 12 38	12 ♐ 45 51	17 18 44	1 41 07	4 29 55	15 50 15	9 49 08	17 27 40	18 35 58	0 37 04	21 19 01	25 19 47	22 31 18
9 W	15 49 42	19 28 33	25 54 35	18 26 03	3 03 39	5 24 36	16 02 28	10 20 36	17 39 07	18 48 10	0 54 06	21 30 46	25 31 36	22 42 56
10 Th	17 02 41	2 ♑ 29 54	8 ♑ 48 21	19 36 23	4 26 20	6 19 19	16 14 24	10 51 59	17 50 49	19 00 18	1 11 10	21 42 38	25 43 28	22 54 38
11 F	18 14 30	15 14 56	21 25 55	20 48 21	5 47 59	7 12 53	16 24 52	11 22 05	18 01 35	19 11 14	1 27 03	21 53 25	25 54 11	23 05 13
12 Sa	19 24 13	27 43 15	3 ♒ 47 30	22 00 51	7 07 39	8 04 20	16 32 55	11 49 58	18 10 29	19 19 59	1 40 49	22 02 11	26 02 48	23 13 45
13 Su	20 31 16	9 ♒ 56 02	15 54 53	23 13 09	8 24 47	8 53 07	16 37 60	12 15 03	18 16 56	19 26 00	1 51 54	22 08 21	26 08 46	23 19 39
14 M	21 35 33	21 56 10	27 51 29	24 25 01	9 39 15	9 39 08	16 39 59	12 37 15	18 20 51	19 29 11	2 00 11	22 11 51	26 11 58	23 22 50
15 Tu	22 37 27	3 ♓ 47 59	9 ♓ 42 04	25 36 43	10 51 27	10 22 46	16 39 17	12 56 55	18 22 35	19 29 55	2 06 05	22 13 02	26 12 48	23 23 40
16 W	23 37 44	15 37 02	21 32 31	26 48 56	12 02 10	11 04 46	16 36 39	13 14 51	18 22 57	19 28 58	2 10 20	22 12 41	26 12 02	23 22 57
17 Th	24 37 29	27 29 44	3 ♈ 29 22	28 02 35	13 12 26	11 46 14	16 33 09	13 32 06	18 22 59	19 27 24	2 14 02	22 11 52	26 10 43	23 21 43
18 F	25 37 49	9 ♈ 32 45	15 39 18	29 18 46	14 23 24	12 28 18	16 29 56	13 49 49	18 23 51	19 26 23	2 18 18	22 11 44	26 10 01	23 21 08
19 Sa	26 39 49	21 52 35	28 08 33	0 ♊ 38 26	15 36 07	13 12 00	16 28 04	14 09 02	18 26 35	19 26 56	2 24 12	22 13 20	26 10 58	23 22 15
20 Su	27 44 14	4 ♉ 34 49	11 ♉ 02 15	2 02 18	16 51 21	13 58 08	16 28 17	14 30 31	18 31 58	19 29 50	2 32 29	22 17 25	26 14 21	23 25 50
21 M	28 51 21	17 43 26	24 23 33	3 30 35	18 09 24	14 46 58	16 30 54	14 54 34	18 40 16	19 35 23	2 43 27	22 24 18	26 20 28	23 32 10
22 Tu	0 ♋ 00 56	1 ♊ 20 07	8 ♊ 13 01	5 03 00	19 30 00	15 38 16	16 35 41	15 20 56	18 51 16	19 43 21	2 56 53	22 33 45	26 29 03	23 41 01
23 W	1 12 12	15 23 40	22 28 10	6 38 43	20 52 23	16 31 15	16 41 50	15 48 50	19 04 10	19 52 56	3 11 57	22 44 57	26 39 20	23 51 36
24 Th	2 23 58	29 49 51	7 ♋ 03 27	8 16 31	22 15 22	17 24 44	16 48 11	16 17 05	19 17 48	20 02 57	3 27 30	22 56 44	26 50 09	24 02 44
25 F	3 34 54	14 ♋ 31 48	21 51 02	9 55 01	23 37 35	18 17 22	16 53 24	16 44 20	19 30 49	20 12 05	3 42 12	23 07 47	27 00 07	24 13 05
26 Sa	4 43 48	29 21 05	6 ♌ 42 04	11 33 01	24 57 52	19 07 59	16 56 17	17 09 23	19 42 01	20 19 08	3 54 50	23 16 52	27 08 06	24 21 27
27 Su	5 49 55	14 ♌ 09 14	21 28 21	13 09 44	26 15 27	19 55 50	16 56 06	17 31 30	19 50 40	20 23 21	4 04 40	23 23 16	27 13 18	24 27 06
28 M	6 53 07	28 49 14	6 ♍ 03 39	14 45 01	27 30 13	20 40 46	16 52 42	17 50 33	19 56 38	20 24 36	4 11 34	23 26 52	27 15 38	24 29 54
29 Tu	7 53 55	13 ♍ 16 26	20 24 21	16 19 22	28 42 40	21 23 18	16 46 39	18 07 03	20 00 26	20 23 25	4 16 03	23 28 09	27 15 35	24 30 21
30 W	8 53 22	27 28 49	4 ♎ 29 27	17 53 50	29 53 51	22 04 30	16 38 58	18 22 01	20 03 06	20 20 50	4 19 09	23 28 10	27 14 13	24 29 31
31 Th	9 52 46	11 ♎ 26 32	18 19 52	19 29 42	1 ♊ 05 05	22 45 38	16 30 57	18 36 46	20 05 56	20 18 09	4 22 11	23 28 13	27 12 49	24 28 42

LONGITUDE — April 1955

Day	☉	0 hr ☽	Noon ☽	☿	♀	♂	⚵	⚳	♃	♄	⚷	♅	♆	♇
1 F	10 ♋ 53 25	25 ♎ 11 05	1 ♏ 57 30	21 ♊ 08 16	2 ♊ 17 37	23 ♌ 28 01	16 ♒ 23 55	18 ♈ 52 35	20 ♎ 10 13	20 ♒ 16 41	4 ♉ 26 26	23 ♎ 29 37	27 ♑ 12 41	24 ♏ 29 10
2 Sa	11 56 17	8 ♏ 44 21	15 24 22	22 50 32	3 32 28	24 12 38	16 18 51	19 10 28	20 16 58	20 17 24	4 32 54	23 33 20	27 14 49	24 31 56
3 Su	13 01 55	22 07 52	28 41 56	24 37 00	4 50 11	25 00 01	16 16 18	19 30 56	20 26 41	20 20 50	4 42 06	23 39 54	27 19 44	24 37 31
4 M	14 10 17	5 ♐ 22 24	11 ♐ 50 46	26 27 41	6 10 42	25 50 08	16 16 14	19 53 57	20 39 22	20 26 59	4 54 01	23 49 18	27 27 25	24 45 55
5 Tu	15 20 50	18 27 47	24 50 30	28 22 00	7 33 28	26 42 27	16 18 06	20 18 58	20 54 25	20 35 16	5 08 04	24 00 58	27 37 19	24 56 32
6 W	16 32 37	1 ♑ 23 07	7 ♑ 40 08	0 ♋ 19 03	8 57 34	27 35 59	16 20 58	20 45 02	21 10 56	20 44 44	5 23 20	24 13 58	27 48 28	25 08 27
7 Th	17 44 29	14 07 11	20 18 32	2 17 41	10 21 49	28 29 36	16 23 42	21 10 60	21 27 44	20 54 17	5 38 40	24 27 08	27 59 44	25 20 31
8 F	18 55 18	26 38 57	2 ♒ 44 50	4 16 45	11 45 06	29 22 11	16 25 09	21 35 43	21 43 41	21 02 44	5 52 55	24 39 20	28 09 59	25 31 36
9 Sa	20 04 08	8 ♒ 58 03	14 58 60	6 15 21	13 06 29	0 ♍ 12 46	16 24 23	21 58 15	21 57 52	21 09 10	6 05 09	24 49 39	28 18 17	25 40 44
10 Su	21 10 24	21 05 10	27 02 08	8 12 54	14 25 21	1 00 47	16 20 51	22 18 00	22 09 40	21 12 59	6 14 46	24 57 28	28 24 01	25 47 22
11 M	22 13 55	3 ♓ 02 16	8 ♓ 56 40	10 09 14	15 41 32	1 46 03	16 14 21	22 34 48	22 18 55	21 14 02	6 21 37	25 02 37	28 27 03	25 51 18
12 Tu	23 14 57	14 52 37	20 46 16	12 04 36	16 55 19	2 28 50	16 05 11	22 48 55	22 25 53	21 12 34	6 25 56	25 05 23	28 27 37	25 52 49
13 W	24 14 09	26 40 45	2 ♈ 35 52	13 59 40	18 07 20	3 09 46	15 53 59	23 00 58	22 31 12	21 09 14	6 28 23	25 06 23	28 26 22	25 52 33
14 Th	25 12 25	8 ♈ 32 08	14 31 14	15 55 20	19 18 29	3 49 47	15 41 40	23 11 53	22 35 47	21 04 57	6 29 52	25 06 33	28 24 14	25 51 25
15 F	26 10 48	20 32 56	26 38 41	17 52 36	20 29 48	4 29 54	15 29 17	23 22 40	22 40 40	21 00 45	6 31 25	25 06 54	28 22 13	25 50 26
16 Sa	27 10 16	2 ♉ 49 29	9 ♉ 04 32	19 52 26	21 42 16	5 11 06	15 17 50	23 34 19	22 46 49	20 57 36	6 34 01	25 08 25	28 21 19	25 50 36
17 Su	28 11 34	15 27 46	21 54 30	21 55 34	22 56 38	5 54 08	15 08 04	23 47 34	22 54 60	20 56 16	6 38 25	25 11 51	28 22 17	25 52 39
18 M	29 15 04	28 32 38	5 ♊ 12 51	24 02 18	24 13 16	6 39 23	15 00 22	24 02 47	23 05 34	20 57 07	6 44 59	25 17 34	28 25 29	25 56 58
19 Tu	0 ♌ 20 42	12 ♊ 07 09	19 01 37	26 12 29	25 32 04	7 26 44	14 54 39	24 19 52	23 18 25	21 00 04	6 53 37	25 25 29	28 30 49	26 03 27
20 W	1 27 51	26 11 40	3 ♋ 19 52	28 25 27	26 52 27	8 15 37	14 50 20	24 38 15	23 32 60	21 04 31	7 03 44	25 35 01	28 37 44	26 11 31
21 Th	2 35 35	10 ♋ 43 24	18 03 14	0 ♌ 40 09	28 13 29	9 05 05	14 46 31	24 56 58	23 48 20	21 09 33	7 14 24	25 45 13	28 45 15	26 20 14
22 F	3 42 48	25 36 17	3 ♌ 04 11	2 55 20	29 34 03	9 54 02	14 42 04	25 14 54	24 03 20	21 14 03	7 24 30	25 54 58	28 52 16	26 28 28
23 Sa	4 48 27	10 ♌ 41 37	18 13 05	5 09 49	0 ♋ 53 06	10 41 25	14 35 58	25 31 02	24 16 56	21 16 58	7 33 00	26 03 14	28 57 46	26 35 13
24 Su	5 51 51	25 49 28	3 ♍ 19 46	7 22 44	2 09 58	11 26 34	14 27 34	25 44 39	24 28 29	21 17 39	7 39 13	26 09 21	29 01 04	26 39 47
25 M	6 52 51	10 ♍ 50 24	18 15 23	9 33 42	3 24 28	12 09 17	14 16 42	25 55 36	24 37 48	21 15 54	7 42 59	26 13 08	29 01 59	26 41 59
26 Tu	7 51 46	25 36 59	2 ♎ 53 37	11 42 50	4 36 58	12 49 57	14 03 44	26 04 14	24 45 12	21 12 06	7 44 38	26 14 56	29 00 52	26 42 11
27 W	8 49 24	10 ♎ 04 35	17 11 07	13 50 39	5 48 14	13 29 21	13 49 27	26 11 19	24 51 31	21 07 01	7 44 59	26 15 32	28 58 30	26 41 10
28 Th	9 46 47	24 11 22	1 ♏ 07 17	15 57 55	6 59 16	14 08 28	13 34 53	26 17 51	24 57 44	21 01 41	7 45 01	26 15 58	28 55 55	26 39 56
29 F	10 44 53	7 ♏ 57 46	14 43 23	18 05 18	8 11 07	14 48 20	13 21 04	26 24 52	25 04 51	20 57 05	7 45 45	26 17 12	28 54 07	26 39 31
30 Sa	11 44 31	21 25 31	28 01 43	20 13 18	9 24 32	15 29 43	13 08 47	26 33 08	25 13 40	20 54 02	7 47 58	26 20 03	28 53 53	26 40 41

Notes

May 1955 **LONGITUDE**

Day	☉	0 hr ☽	Noon ☽	☿	♀	♂	⚵	⚳	♃	♄	⚷	♅	♆	♇
1 Su	12 ♌ 46 06	4 ♐ 36 56	11 ♐ 04 48	22 ♌ 22 03	10 ♋ 39 57	16 ♍ 13 03	12 ♒ 58 28	26 ♈ 43 05	25 ♎ 24 35	20 ♒ 52 56	7 ♉ 52 06	26 ♎ 24 56	28 ♑ 55 38	26 ♏ 43 51
2 M	13 49 38	17 34 14	23 54 51	24 31 15	11 57 22	16 58 21	12 50 09	26 54 42	25 37 38	20 53 49	7 58 09	26 31 51	28 59 23	26 49 03
3 Tu	14 54 45	0 ♑ 19 11	6 ♑ 33 34	26 40 12	13 16 26	17 45 14	12 43 27	27 07 37	25 52 25	20 56 18	8 05 45	26 40 26	29 04 46	26 55 53
4 W	16 00 47	12 53 03	19 02 03	28 48 00	14 36 27	18 33 02	12 37 44	27 21 10	26 08 16	20 59 42	8 14 13	26 50 00	29 11 06	27 03 42
5 Th	17 06 56	25 16 41	1 ♒ 21 02	0 ♍ 53 35	15 56 39	19 20 56	12 32 12	27 34 32	26 24 24	21 03 15	8 22 45	26 59 46	29 17 35	27 11 41
6 F	18 12 23	7 ♒ 30 43	13 31 08	2 55 54	17 16 11	20 08 09	12 26 04	27 46 55	26 39 59	21 06 07	8 30 33	27 08 55	29 23 25	27 19 02
7 Sa	19 16 30	19 35 54	25 33 08	4 54 06	18 34 26	20 54 00	12 18 40	27 57 39	26 54 22	21 07 39	8 36 58	27 16 47	29 27 56	27 25 05
8 Su	20 18 49	1 ♓ 33 24	7 ♓ 28 20	6 47 35	19 50 57	21 38 05	12 09 35	28 06 18	27 07 07	21 07 27	8 41 32	27 22 57	29 30 43	27 29 25
9 M	21 19 13	13 24 56	19 18 43	8 36 01	21 05 34	22 20 14	11 58 42	28 12 43	27 18 05	21 05 19	8 44 09	27 27 15	29 31 36	27 31 53
10 Tu	22 17 50	25 13 04	1 ♈ 07 05	10 19 27	22 18 27	23 00 35	11 46 08	28 17 02	27 27 24	21 01 26	8 44 55	27 29 51	29 30 45	27 32 36
11 W	23 15 03	7 ♈ 01 07	12 57 05	11 58 09	23 29 60	23 39 33	11 32 19	28 19 38	27 35 28	20 56 12	8 44 15	27 31 07	29 28 32	27 31 59
12 Th	24 11 27	18 53 13	24 53 07	13 32 36	24 40 46	24 17 42	11 17 50	28 21 06	27 42 51	20 50 10	8 42 44	27 31 38	29 25 33	27 30 37
13 F	25 07 43	0 ♉ 54 09	7 ♉ 00 11	15 03 24	25 51 26	24 55 41	11 03 22	28 22 07	27 50 14	20 44 01	8 41 00	27 32 04	29 22 27	27 29 09
14 Sa	26 04 28	13 09 02	19 23 32	16 31 07	27 02 38	25 34 11	10 49 33	28 23 17	27 58 14	20 38 24	8 39 44	27 33 05	29 19 54	27 28 14
15 Su	27 02 15	25 43 02	2 ♊ 08 14	17 56 12	28 14 54	26 13 41	10 36 56	28 25 09	28 07 24	20 33 50	8 39 26	27 35 10	29 18 24	27 28 23
16 M	28 01 20	8 ♊ 40 48	15 18 38	19 18 53	29 28 30	26 54 29	10 25 48	28 27 59	28 17 58	20 30 36	8 40 22	27 38 37	29 18 14	27 29 52
17 Tu	29 01 43	22 05 52	28 57 35	20 39 07	0 ♌ 43 26	27 36 34	10 16 10	28 31 46	28 29 59	20 28 42	8 42 33	27 43 25	29 19 24	27 32 43
18 W	0 ♍ 03 06	5 ♋ 59 57	13 ♋ 05 44	21 56 32	1 59 25	28 19 40	10 07 44	28 36 13	28 43 06	20 27 50	8 45 42	27 49 18	29 21 36	27 36 37
19 Th	1 04 57	20 22 15	27 40 52	23 10 35	3 15 55	29 03 13	9 59 59	28 40 48	28 56 50	20 27 30	8 49 16	27 55 43	29 24 19	27 41 02
20 F	2 06 40	5 ♌ 08 56	12 ♌ 37 41	24 20 32	4 32 17	29 46 38	9 52 19	28 44 54	29 10 32	20 27 03	8 52 37	28 02 02	29 26 56	27 45 21
21 Sa	3 07 37	20 13 16	27 48 07	25 25 46	5 47 56	0 ♎ 29 16	9 44 08	28 47 53	29 23 35	20 25 53	8 55 11	28 07 39	29 28 49	27 48 58
22 Su	4 07 23	5 ♍ 26 16	13 ♍ 02 22	26 25 47	7 02 27	1 10 44	9 35 01	28 49 21	29 35 35	20 23 36	8 56 30	28 12 09	29 29 35	27 51 27
23 M	5 05 51	20 37 60	28 10 29	27 20 22	8 15 41	1 50 53	9 24 50	28 49 10	29 46 24	20 20 03	8 56 29	28 15 25	29 29 04	27 52 40
24 Tu	6 03 08	5 ♎ 39 10	13 ♎ 03 54	28 09 36	9 27 47	2 29 52	9 13 45	28 47 28	29 56 09	20 15 24	8 55 14	28 17 34	29 27 25	27 52 47
25 W	6 59 39	20 22 25	27 36 27	28 53 49	10 39 09	3 08 05	9 02 10	28 44 39	0 ♏ 05 15	20 10 02	8 53 10	28 18 60	29 25 03	27 52 09
26 Th	7 55 54	4 ♏ 43 05	11 ♏ 44 50	29 33 26	11 50 17	3 46 01	8 50 36	28 41 13	0 14 11	20 04 27	8 50 47	28 20 13	29 22 28	27 51 19
27 F	8 52 23	18 39 08	25 28 17	0 ♎ 08 53	13 01 41	4 24 10	8 39 33	28 37 41	0 23 28	19 59 09	8 48 36	28 21 44	29 20 09	27 50 46
28 Sa	9 49 29	2 ♐ 10 49	8 ♐ 47 58	0 40 30	14 13 44	5 02 58	8 29 25	28 34 26	0 33 29	19 54 34	8 46 59	28 23 57	29 18 30	27 50 54
29 Su	10 47 25	15 19 55	21 46 18	1 08 25	15 26 39	5 42 34	8 20 24	28 31 40	0 44 26	19 50 51	8 46 09	28 27 02	29 17 44	27 51 54
30 M	11 46 11	28 09 07	4 ♑ 26 19	1 32 35	16 40 27	6 23 01	8 12 32	28 29 24	0 56 20	19 48 03	8 46 07	28 31 01	29 17 50	27 53 47
31 Tu	12 45 37	10 ♑ 41 28	16 51 09	1 52 48	17 54 56	7 04 07	8 05 38	28 27 28	1 08 59	19 45 59	8 46 42	28 35 43	29 18 40	27 56 23

June 1955 **LONGITUDE**

Day	☉	0 hr ☽	Noon ☽	☿	♀	♂	⚵	⚳	♃	♄	⚷	♅	♆	♇
1 W	13 ♍ 45 25	23 ♑ 00 01	29 ♑ 03 50	2 ♎ 08 45	19 ♌ 09 50	7 ♎ 45 36	7 ♒ 59 26	28 ♈ 25 33	1 ♏ 22 08	19 ♒ 44 22	8 ♉ 47 38	28 ♎ 40 51	29 ♑ 19 54	27 ♏ 59 25
2 Th	14 45 16	5 ♒ 07 39	11 ♒ 07 06	2 20 07	20 24 49	8 27 07	7 53 35	28 23 22	1 35 25	19 42 52	8 48 33	28 46 04	29 21 14	28 02 32
3 F	15 44 51	17 06 60	23 03 26	2 26 35	21 39 34	9 08 22	7 47 47	28 20 34	1 48 31	19 41 10	8 49 09	28 51 05	29 22 21	28 05 26
4 Sa	16 43 55	29 00 28	4 ♓ 55 07	2 27 60	22 53 50	9 49 05	7 41 48	28 16 55	2 01 13	19 39 02	8 49 13	28 55 38	29 22 59	28 07 52
5 Su	17 42 21	10 ♓ 50 20	16 44 21	2 24 18	24 07 30	10 29 10	7 35 30	28 12 18	2 13 22	19 36 20	8 48 35	28 59 36	29 23 02	28 09 42
6 M	18 40 08	22 38 50	28 33 19	2 15 38	25 20 32	11 08 35	7 28 51	28 06 41	2 24 56	19 33 03	8 47 14	29 02 57	29 22 27	28 10 55
7 Tu	19 37 19	4 ♈ 28 16	10 ♈ 24 23	2 02 14	26 33 01	11 47 25	7 21 57	28 00 10	2 36 00	19 29 15	8 45 16	29 05 45	29 21 20	28 11 36
8 W	20 34 06	16 21 10	22 20 10	1 44 31	27 45 07	12 25 49	7 14 58	27 52 54	2 46 45	19 25 07	8 42 50	29 08 11	29 19 50	28 11 53
9 Th	21 30 39	28 20 17	4 ♉ 23 32	1 22 57	28 57 02	13 03 59	7 08 05	27 45 05	2 57 21	19 20 50	8 40 09	29 10 27	29 18 10	28 12 00
10 F	22 27 12	10 ♉ 28 40	16 37 43	0 58 06	0 ♍ 08 57	13 42 08	7 01 31	27 36 56	3 08 01	19 16 36	8 37 23	29 12 43	29 16 31	28 12 08
11 Sa	23 23 53	22 49 36	29 06 05	0 30 31	1 21 03	14 20 25	6 55 26	27 28 37	3 18 54	19 12 36	8 34 43	29 15 11	29 15 02	28 12 27
12 Su	24 20 49	5 ♊ 26 31	11 ♊ 52 06	0 00 43	2 33 25	14 58 56	6 49 55	27 20 13	3 30 07	19 08 55	8 32 15	29 17 55	29 13 51	28 13 03
13 M	25 18 01	18 22 43	24 58 57	29 ♍ 29 14	3 46 05	15 37 43	6 44 60	27 11 47	3 41 39	19 05 34	8 29 59	29 20 58	29 12 57	28 13 56
14 Tu	26 15 25	1 ♋ 41 06	8 ♋ 29 11	28 56 32	4 58 59	16 16 41	6 40 37	27 03 15	3 53 28	19 02 31	8 27 54	29 24 15	29 12 19	28 15 04
15 W	27 12 56	15 23 39	22 24 06	28 23 04	6 12 01	16 55 45	6 36 40	26 54 31	4 05 28	18 59 39	8 25 52	29 27 40	29 11 49	28 16 21
16 Th	28 10 28	29 30 54	6 ♌ 43 20	27 49 18	7 25 05	17 34 49	6 33 04	26 45 30	4 17 32	18 56 52	8 23 48	29 31 08	29 11 21	28 17 39
17 F	29 07 54	14 ♌ 01 23	21 24 13	27 15 44	8 38 05	18 13 47	6 29 43	26 36 07	4 29 35	18 54 05	8 21 35	29 34 32	29 10 50	28 18 54
18 Sa	0 ♎ 05 14	28 51 18	6 ♍ 21 41	26 42 55	9 51 01	18 52 38	6 26 35	26 26 21	4 41 35	18 51 17	8 19 14	29 37 51	29 10 15	28 20 05
19 Su	1 02 30	13 ♍ 54 23	21 28 24	26 11 27	11 03 53	19 31 24	6 23 44	26 16 15	4 53 35	18 48 29	8 16 46	29 41 09	29 09 39	28 21 13
20 M	1 59 47	29 02 33	6 ♎ 35 41	25 41 57	12 16 49	20 10 11	6 21 13	26 05 54	5 05 40	18 45 48	8 14 16	29 44 29	29 09 05	28 22 24
21 Tu	2 57 10	14 ♎ 06 46	21 34 32	25 15 00	13 29 52	20 49 04	6 19 09	25 55 25	5 17 55	18 43 19	8 11 50	29 47 57	29 08 40	28 23 44
22 W	3 54 44	28 58 26	6 ♏ 17 02	24 51 09	14 43 07	21 28 06	6 17 36	25 44 52	5 30 24	18 41 05	8 09 32	29 51 37	29 08 28	28 25 16
23 Th	4 52 28	13 ♏ 30 26	20 37 12	24 30 47	15 56 33	22 07 18	6 16 33	25 34 15	5 43 06	18 39 07	8 07 22	29 55 30	29 08 29	28 26 59
24 F	5 50 17	27 38 01	4 ♐ 31 36	24 14 12	17 10 07	22 46 35	6 15 55	25 23 31	5 55 57	18 37 20	8 05 16	29 59 29	29 08 37	28 28 50
25 Sa	6 48 03	11 ♐ 19 00	17 59 17	24 01 34	18 23 39	23 25 49	6 15 34	25 12 33	6 08 49	18 35 36	8 03 04	0 ♏ 03 27	29 08 45	28 30 40
26 Su	7 45 38	24 33 32	1 ♑ 01 24	23 52 60	19 37 01	24 04 50	6 15 22	25 01 11	6 21 33	18 33 45	8 00 39	0 07 15	29 08 43	28 32 20
27 M	8 42 52	7 ♑ 23 40	13 40 43	23 48 34	20 50 04	24 43 31	6 15 09	24 49 18	6 33 59	18 31 41	7 57 52	0 10 44	29 08 24	28 33 42
28 Tu	9 39 42	19 52 43	26 00 57	23 48 21	22 02 45	25 21 47	6 14 51	24 36 50	6 46 04	18 29 18	7 54 38	0 13 51	29 07 42	28 34 41
29 W	10 36 09	2 ♒ 04 49	8 ♒ 06 23	23 52 30	23 15 03	25 59 38	6 14 29	24 23 50	6 57 48	18 26 37	7 50 59	0 16 35	29 06 40	28 35 18
30 Th	11 32 18	14 04 22	20 01 24	24 01 13	24 27 06	26 37 12	6 14 09	24 10 24	7 09 18	18 23 45	7 47 01	0 19 03	29 05 22	28 35 40

Notes

LONGITUDE — July 1955

Day	☉	0 hr ☽	Noon ☽	☿	♀	♂	⚵	⚳	♃	♄	⚷	♅	♆	♇
1 F	12♎ 28 22	25♒ 55 48	1♓ 50 18	24♍ 14 44	25♍ 39 04	27♎ 14 40	6♒ 14 02	23♈ 56 44	7♏ 20 46	18♒ 20 53	7♉ 42 56	0♏ 21 28	29♑ 04 02	28♏ 35 58
2 Sa	13 24 35	7♓ 43 16	13 37 03	24 33 20	26 51 14	27 52 16	6 14 24	23 43 06	7 32 25	18 18 16	7 38 58	0 24 02	29 02 53	28 36 26
3 Su	14 21 13	19 30 31	25 25 09	24 57 16	28 03 50	28 30 16	6 15 28	23 29 47	7 44 31	18 16 09	7 35 23	0 27 03	29 02 11	28 37 21
4 M	15 18 29	1♈ 20 49	7♈ 17 39	25 26 45	29 17 05	29 08 54	6 17 29	23 16 59	7 57 18	18 14 46	7 32 25	0 30 42	29 02 08	28 38 54
5 Tu	16 16 32	13 16 52	19 17 02	26 01 54	0♎ 31 07	29 48 17	6 20 35	23 04 53	8 10 53	18 14 16	7 30 11	0 35 08	29 02 55	28 41 16
6 W	17 15 22	25 20 53	1♉ 25 20	26 42 42	1 45 59	0♏ 28 27	6 24 46	22 53 30	8 25 19	18 14 38	7 28 43	0 40 24	29 04 31	28 44 26
7 Th	18 14 54	7♉ 34 36	13 44 12	27 28 59	3 01 34	1 09 18	6 29 56	22 42 44	8 40 27	18 15 48	7 27 55	0 46 20	29 06 50	28 48 19
8 F	19 14 52	19 59 27	26 14 58	28 20 28	4 17 36	1 50 34	6 35 49	22 32 22	8 56 03	18 17 29	7 27 31	0 52 44	29 09 37	28 52 39
9 Sa	20 14 54	2♊ 36 37	8♊ 58 52	29 16 43	5 33 44	2 31 54	6 42 04	22 22 02	9 11 46	18 19 21	7 27 10	0 59 12	29 12 31	28 57 04
10 Su	21 14 38	15 27 17	21 57 01	0♎ 17 17	6 49 34	3 12 53	6 48 17	22 11 21	9 27 10	18 20 58	7 26 28	1 05 22	29 15 07	29 01 11
11 M	22 13 40	28 32 36	5♋ 10 35	1 21 44	8 04 43	3 53 10	6 54 05	21 59 58	9 41 55	18 21 59	7 25 02	1 10 50	29 17 03	29 04 37
12 Tu	23 11 45	11♋ 53 48	18 40 41	2 29 46	9 18 57	4 32 29	6 59 12	21 47 38	9 55 44	18 22 09	7 22 38	1 15 21	29 18 03	29 07 06
13 W	24 08 51	25 32 02	2♌ 28 12	3 41 15	10 32 11	5 10 47	7 03 36	21 34 18	10 08 34	18 21 24	7 19 13	1 18 53	29 18 06	29 08 37
14 Th	25 05 07	9♌ 28 04	16 33 28	4 56 19	11 44 38	5 48 15	7 07 27	21 20 12	10 20 36	18 19 56	7 14 57	1 21 35	29 17 20	29 09 18
15 F	26 00 59	23 41 54	0♍ 55 50	6 15 16	12 56 41	6 25 18	7 11 09	21 05 43	10 32 15	18 18 08	7 10 14	1 23 52	29 16 12	29 09 36
16 Sa	26 57 01	8♍ 12 15	15 33 07	7 38 36	14 08 54	7 02 28	7 15 16	20 51 26	10 44 03	18 16 35	7 05 40	1 26 18	29 15 14	29 10 02
17 Su	27 53 46	22 56 03	0♎ 21 19	9 06 48	15 21 52	7 40 21	7 20 22	20 37 57	10 56 36	18 15 50	7 01 47	1 29 28	29 15 01	29 11 13
18 M	28 51 43	7♎ 48 16	15 14 37	10 40 14	16 36 03	8 19 25	7 26 55	20 25 46	11 10 22	18 16 24	6 59 06	1 33 50	29 16 02	29 13 37
19 Tu	29 51 06	22 42 10	0♏ 05 45	12 19 01	17 51 41	8 59 55	7 35 10	20 15 06	11 25 34	18 18 29	6 57 49	1 39 37	29 18 30	29 17 27
20 W	0♏ 51 52	7♏ 29 57	14 46 58	14 02 54	19 08 41	9 41 45	7 45 02	20 05 55	11 42 09	18 22 01	6 57 53	1 46 46	29 22 22	29 22 39
21 Th	1 53 37	22 03 53	29 11 07	15 51 23	20 26 43	10 24 34	7 56 09	19 57 51	11 59 44	18 26 38	6 58 56	1 54 54	29 27 15	29 28 51
22 F	2 55 46	6♐ 17 26	13♐ 12 42	17 43 39	21 45 09	11 07 46	8 07 54	19 50 20	12 17 44	18 31 45	7 00 23	2 03 25	29 32 34	29 35 28
23 Sa	3 57 39	20 06 09	26 48 30	19 38 49	23 03 20	11 50 41	8 19 39	19 42 42	12 35 29	18 36 42	7 01 33	2 11 41	29 37 38	29 41 49
24 Su	4 58 40	3♑ 28 05	9♑ 57 44	21 36 01	24 20 39	12 32 42	8 30 44	19 34 21	12 52 21	18 40 51	7 01 49	2 19 03	29 41 51	29 47 17
25 M	5 58 22	16 23 48	22 41 57	23 34 33	25 36 41	13 13 24	8 40 46	19 24 52	13 07 54	18 43 47	7 00 47	2 25 07	29 44 47	29 51 28
26 Tu	6 56 36	28 55 55	5♒ 04 26	25 33 57	26 51 16	13 52 38	8 49 33	19 14 08	13 22 01	18 45 22	6 58 16	2 29 42	29 46 17	29 54 11
27 W	7 53 32	11♒ 08 36	17 09 49	27 34 04	28 04 33	14 30 31	8 57 16	19 02 16	13 34 49	18 45 43	6 54 27	2 32 58	29 46 30	29 55 36
28 Th	8 49 33	23 07 00	29 03 25	29 34 58	29 16 56	15 07 30	9 04 18	18 49 44	13 46 42	18 45 15	6 49 43	2 35 19	29 45 50	29 56 07
29 F	9 45 17	4♓ 56 45	10♓ 50 52	1♏ 36 54	0♏ 29 03	15 44 10	9 11 16	18 37 06	13 58 18	18 44 35	6 44 41	2 37 22	29 44 54	29 56 20
30 Sa	10 41 26	16 43 29	22 37 37	3 40 15	1 41 35	16 21 13	9 18 51	18 25 07	14 10 18	18 44 25	6 40 03	2 39 48	29 44 23	29 56 57
31 Su	11 38 38	28 32 25	4♈ 28 40	5 45 22	2 55 12	16 59 19	9 27 43	18 14 26	14 23 22	18 45 24	6 36 30	2 43 18	29 44 59	29 58 39

LONGITUDE — August 1955

Day	☉	0 hr ☽	Noon ☽	☿	♀	♂	⚵	⚳	♃	♄	⚷	♅	♆	♇
1 M	12♏ 37 28	10♈ 28 08	16♈ 28 16	7♏ 52 28	4♏ 10 26	17♏ 39 02	9♒ 38 24	18♈ 05 37	14♏ 38 03	18♒ 48 05	6♉ 34 33	2♏ 48 23	29♑ 47 12	0♐ 01 57
2 Tu	13 38 13	22 34 15	28 39 39	10 01 33	5 27 37	18 20 38	9 51 14	17 58 59	14 54 38	18 52 47	6 34 32	2 55 23	29 51 22	0 07 11
3 W	14 40 54	4♉ 53 19	11♉ 04 53	12 12 23	6 46 44	19 04 10	10 06 11	17 54 32	15 13 09	18 59 30	6 36 27	3 04 17	29 57 29	0 14 21
4 Th	15 45 13	17 26 39	23 44 55	14 24 25	8 07 29	19 49 18	10 22 57	17 51 59	15 33 16	19 07 55	6 39 59	3 14 48	0♒ 05 15	0 23 07
5 F	16 50 34	0♊ 14 30	6♊ 39 36	16 36 49	9 29 17	20 35 26	10 40 57	17 50 43	15 54 24	19 17 27	6 44 33	3 26 19	0 14 02	0 32 55
6 Sa	17 56 07	13 16 11	19 48 00	18 48 37	10 51 17	21 21 45	10 59 20	17 49 56	16 15 43	19 27 15	6 49 19	3 38 01	0 23 03	0 42 54
7 Su	19 00 60	26 30 29	3♋ 08 43	20 58 46	12 12 37	22 07 23	11 17 13	17 48 47	16 36 21	19 36 28	6 53 25	3 49 00	0 31 25	0 52 13
8 M	20 04 26	9♋ 55 60	16 40 20	23 06 22	13 32 31	22 51 33	11 33 51	17 46 27	16 55 31	19 44 19	6 56 04	3 58 31	0 38 21	1 00 04
9 Tu	21 05 55	23 31 35	0♌ 21 45	25 10 48	14 50 28	23 33 44	11 48 42	17 42 28	17 12 42	19 50 17	6 56 45	4 06 03	0 43 19	1 05 57
10 W	22 05 21	7♌ 16 40	14 12 28	27 11 54	16 06 22	24 13 50	12 01 41	17 36 44	17 27 48	19 54 16	6 55 24	4 11 30	0 46 16	1 09 45
11 Th	23 03 05	21 11 11	28 12 25	29 09 57	17 20 34	24 52 14	12 13 08	17 29 36	17 41 11	19 56 37	6 52 21	4 15 13	0 47 31	1 11 52
12 F	23 59 55	5♍ 15 28	12♍ 21 46	1♐ 05 40	18 33 51	25 29 40	12 23 49	17 21 52	17 53 36	19 58 08	6 48 23	4 17 59	0 47 51	1 13 01
13 Sa	24 56 50	19 29 40	26 40 18	3 00 04	19 47 14	26 07 11	12 34 46	17 14 31	18 06 06	19 59 48	6 44 31	4 20 48	0 48 17	1 14 15
14 Su	25 54 54	3♎ 53 07	11♎ 06 49	4 54 09	21 01 47	26 45 50	12 47 02	17 08 39	18 19 42	20 02 42	6 41 48	4 24 44	0 49 52	1 16 37
15 M	26 54 59	18 23 47	25 38 35	6 48 47	22 18 20	27 26 27	13 01 28	17 05 06	18 35 17	20 07 40	6 41 06	4 30 38	0 53 29	1 20 59
16 Tu	27 57 32	2♏ 57 51	10♏ 11 09	8 44 24	23 37 20	28 09 31	13 18 31	17 04 21	18 53 18	20 15 10	6 42 52	4 38 57	0 59 33	1 27 47
17 W	29 02 29	17 29 51	24 38 43	10 40 58	24 58 45	28 54 58	13 38 07	17 06 19	19 13 41	20 25 08	6 47 03	4 49 39	1 08 02	1 36 58
18 Th	0♐ 09 16	1♐ 53 20	8♐ 54 52	12 37 54	26 21 60	29 42 14	13 59 44	17 10 29	19 35 52	20 37 01	6 53 06	5 02 08	1 18 22	1 47 58
19 F	1 16 59	16 01 47	22 53 40	14 34 18	27 46 10	0♐ 30 24	14 22 24	17 15 53	19 58 55	20 49 53	7 00 04	5 15 30	1 29 38	1 59 53
20 Sa	2 24 31	29 49 51	6♑ 30 34	16 29 05	29 10 10	1 18 21	14 45 03	17 21 27	20 21 46	21 02 39	7 06 53	5 28 39	1 40 43	2 11 35
21 Su	3 30 52	13♑ 14 03	19 43 12	18 21 15	0♐ 32 57	2 05 06	15 06 38	17 26 10	20 43 23	21 14 17	7 12 31	5 40 35	1 50 37	2 22 05
22 M	4 35 16	26 13 20	2♒ 31 31	20 10 03	1 53 49	2 49 53	15 26 26	17 29 17	21 03 01	21 24 03	7 16 13	5 50 31	1 58 35	2 30 37
23 Tu	5 37 24	8♒ 49 01	14 57 43	21 55 10	3 12 23	3 32 22	15 44 06	17 30 28	21 20 19	21 31 35	7 17 40	5 58 08	2 04 17	2 36 51
24 W	6 37 21	21 04 31	27 05 48	23 36 43	4 28 47	4 12 39	15 59 43	17 29 49	21 35 25	21 37 02	7 16 59	6 03 32	2 07 49	2 40 53
25 Th	7 35 40	3♓ 04 45	9♓ 01 09	25 15 15	5 43 32	4 51 17	16 13 51	17 27 52	21 48 49	21 40 54	7 14 40	6 07 15	2 09 42	2 43 16
26 F	8 33 11	14 55 43	20 49 55	26 51 37	6 57 29	5 29 05	16 27 18	17 25 28	22 01 23	21 44 01	7 11 34	6 10 08	2 10 48	2 44 50
27 Sa	9 30 54	26 43 49	2♈ 38 30	28 26 50	8 11 38	6 07 04	16 41 05	17 23 36	22 14 06	21 47 25	7 08 43	6 13 10	2 12 07	2 46 34
28 Su	10 29 49	8♈ 35 23	14 33 07	0♑ 01 53	9 26 58	6 46 14	16 56 12	17 23 17	22 27 58	21 52 04	7 07 04	6 17 21	2 14 38	2 49 29
29 M	11 30 46	20 36 13	26 39 14	1 37 37	10 44 20	7 27 24	17 13 27	17 25 20	22 43 49	21 58 49	7 07 29	6 23 32	2 19 10	2 54 24
30 Tu	12 34 15	2♉ 51 07	9♉ 01 13	3 14 32	12 04 14	8 11 05	17 33 23	17 30 15	23 02 09	22 08 09	7 10 28	6 32 11	2 26 15	3 01 50
31 W	13 40 21	15 23 29	21 41 54	4 52 43	13 26 44	8 57 22	17 56 02	17 38 08	23 23 02	22 20 10	7 16 05	6 43 25	2 35 57	3 11 51

Notes

September 1955

LONGITUDE

Day	☉	0 hr ☽	Noon ☽	☿	♀	♂	⚵	⚳	♃	♄	⚷	♅	♆	♇
1 Th	14 ♐ 48 42	28 ♉ 15 03	4 ♊ 42 19	6 ♑ 31 47	14 ♐ 51 28	9 ♐ 45 52	18 ♒ 21 03	17 ♈ 48 35	23 ♏ 46 07	22 ♒ 34 28	7 ♉ 23 59	6 ♏ 56 50	2 ♒ 47 53	3 ♐ 24 05
2 F	15 58 31	11 ♊ 25 43	18 01 39	8 10 56	16 17 39	10 35 47	18 47 37	18 00 48	24 10 35	22 50 17	7 33 21	7 11 39	3 01 16	3 37 45
3 Sa	17 08 40	24 53 42	1 ♋ 37 26	9 49 03	17 44 11	11 26 03	19 14 39	18 13 43	24 35 21	23 06 30	7 43 06	7 26 46	3 15 01	3 51 43
4 Su	18 17 59	8 ♋ 35 49	15 26 02	11 24 55	19 09 51	12 15 26	19 40 57	18 26 06	24 59 12	23 21 55	7 52 02	7 40 59	3 27 54	4 04 50
5 M	19 25 25	22 28 13	29 23 25	12 57 28	20 33 37	13 02 54	20 05 27	18 36 54	25 21 06	23 35 30	7 59 06	7 53 15	3 38 54	4 15 60
6 Tu	20 30 16	6 ♌ 27 10	13 ♌ 25 50	14 25 58	21 54 47	13 47 45	20 27 29	18 45 27	25 40 21	23 46 32	8 03 36	8 02 52	3 47 18	4 24 33
7 W	21 32 23	20 29 39	27 30 34	15 50 16	23 13 12	14 29 52	20 46 52	18 51 34	25 56 47	23 54 53	8 05 24	8 09 42	3 52 57	4 30 20
8 Th	22 32 13	4 ♍ 33 53	11 ♍ 36 13	17 10 45	24 29 20	15 09 39	21 04 04	18 55 43	26 10 53	24 00 60	8 04 56	8 14 11	3 56 19	4 33 48
9 F	23 30 44	18 39 17	25 42 30	18 28 19	25 44 07	15 48 06	21 20 02	18 58 51	26 23 34	24 05 49	8 03 11	8 17 17	3 58 21	4 35 54
10 Sa	24 29 11	2 ♎ 46 08	9 ♎ 49 49	19 44 12	26 58 49	16 26 27	21 36 01	19 02 13	26 36 07	24 10 37	8 01 23	8 20 15	4 00 18	4 37 54
11 Su	25 28 53	16 54 53	23 58 30	20 59 37	28 14 45	17 06 00	21 53 20	19 07 08	26 49 49	24 16 42	8 00 51	8 24 23	4 03 29	4 41 06
12 M	26 30 53	1 ♏ 05 24	8 ♏ 08 06	22 15 34	29 32 57	17 47 51	22 13 02	19 14 39	27 05 45	24 25 07	8 02 39	8 30 46	4 08 57	4 46 33
13 Tu	27 35 46	15 16 21	22 16 51	23 32 33	0 ♑ 54 02	18 32 32	22 35 43	19 25 21	27 24 29	24 36 27	8 07 22	8 39 57	4 17 17	4 54 51
14 W	28 43 31	29 24 56	6 ♐ 21 33	24 50 27	2 17 57	19 20 04	23 01 20	19 39 12	27 45 60	24 50 41	8 14 58	8 51 56	4 28 28	5 05 57
15 Th	29 53 31	13 ♐ 27 03	20 17 55	26 08 32	3 44 06	20 09 49	23 29 17	19 55 35	28 09 41	25 07 12	8 24 51	9 06 06	4 41 53	5 19 17
16 F	1 ♑ 04 44	27 17 56	4 ♑ 01 17	27 25 39	5 11 27	21 00 45	23 58 31	20 13 29	28 34 29	25 24 58	8 35 59	9 21 24	4 56 30	5 33 47
17 Sa	2 15 55	10 ♑ 52 59	17 27 30	28 40 25	6 38 44	21 51 37	24 27 48	20 31 38	28 59 10	25 42 44	8 47 06	9 36 37	5 11 04	5 48 11
18 Su	3 25 51	24 08 39	0 ♒ 33 41	29 51 28	8 04 45	22 41 13	24 55 55	20 48 49	29 22 31	25 59 18	8 57 01	9 50 30	5 24 23	6 01 19
19 M	4 33 37	7 ♒ 03 09	13 18 51	0 ♒ 57 42	9 28 35	23 28 38	25 21 57	21 04 08	29 43 38	26 13 43	9 04 48	10 02 10	5 35 31	6 12 14
20 Tu	5 38 45	19 36 40	25 43 59	1 58 28	10 49 45	24 13 22	25 45 24	21 17 04	0 ♐ 01 59	26 25 32	9 09 59	10 11 06	5 43 59	6 20 28
21 W	6 41 13	1 ♓ 51 30	7 ♓ 52 04	2 53 32	12 08 15	24 55 26	26 06 16	21 27 38	0 17 37	26 34 43	9 12 33	10 17 20	5 49 48	6 26 01
22 Th	7 41 32	13 51 40	19 47 38	3 43 10	13 24 35	25 35 19	26 25 04	21 36 19	0 31 00	26 41 48	9 12 60	10 21 20	5 53 26	6 29 21
23 F	8 40 32	25 42 32	1 ♈ 36 28	4 27 55	14 39 33	26 13 51	26 42 36	21 43 57	0 42 58	26 47 34	9 12 10	10 23 57	5 55 45	6 31 20
24 Sa	9 39 17	7 ♈ 30 22	13 24 59	5 08 36	15 54 15	26 52 07	26 59 57	21 51 35	0 54 35	26 53 08	9 11 07	10 26 14	5 57 47	6 33 01
25 Su	10 38 52	19 21 46	25 19 50	5 45 58	17 09 46	27 31 11	27 18 13	22 00 19	1 06 57	26 59 33	9 10 56	10 29 17	6 00 38	6 35 30
26 M	11 40 14	1 ♉ 23 10	7 ♉ 27 18	6 20 38	18 27 03	28 12 01	27 38 19	22 11 06	1 20 60	27 07 47	9 12 36	10 34 03	6 05 16	6 39 43
27 Tu	12 44 01	13 40 19	19 52 49	6 52 53	19 46 43	28 55 15	28 00 54	22 24 33	1 37 22	27 18 27	9 16 43	10 41 10	6 12 18	6 46 18
28 W	13 50 25	26 17 44	2 ♊ 40 21	7 22 29	21 08 59	29 41 03	28 26 09	22 40 51	1 56 15	27 31 46	9 23 28	10 50 49	6 21 55	6 55 28
29 Th	14 59 07	9 ♊ 18 14	15 51 55	7 48 45	22 33 31	0 ♑ 29 09	28 53 46	22 59 42	2 17 20	27 47 25	9 32 35	11 02 42	6 33 50	7 06 53
30 F	16 09 22	22 42 32	29 27 18	8 10 29	23 59 35	1 18 46	29 22 60	23 20 21	2 39 52	28 04 37	9 43 17	11 16 03	6 47 16	7 19 48

October 1955

LONGITUDE

Day	☉	0 hr ☽	Noon ☽	☿	♀	♂	⚵	⚳	♃	♄	⚷	♅	♆	♇
1 Sa	17 ♑ 20 05	6 ♋ 29 02	13 ♋ 23 51	8 ♒ 26 11	25 ♑ 26 04	2 ♑ 08 49	29 ♒ 52 44	23 ♈ 41 41	3 ♐ 02 44	28 ♒ 22 19	9 ♉ 54 29	11 ♏ 29 48	7 ♒ 01 09	7 ♐ 33 08
2 Su	18 30 02	20 33 58	27 36 52	8 34 12	26 51 47	2 58 06	0 ♓ 21 45	24 02 30	3 24 45	28 39 16	10 04 58	11 42 42	7 14 15	7 45 39
3 M	19 38 09	4 ♌ 51 58	12 ♌ 00 24	8 33 05	28 15 37	3 45 29	0 48 59	24 21 41	3 44 49	28 54 23	10 13 38	11 53 41	7 25 29	7 56 17
4 Tu	20 43 42	19 17 01	26 28 10	8 21 47	29 36 51	4 30 18	1 13 41	24 38 31	4 02 11	29 06 57	10 19 46	12 02 01	7 34 07	8 04 17
5 W	21 46 31	3 ♍ 43 25	10 ♍ 54 46	7 59 53	0 ♒ 55 20	5 12 21	1 35 42	24 52 51	4 16 43	29 16 48	10 23 12	12 07 32	7 39 60	8 09 30
6 Th	22 46 60	18 06 46	25 16 19	7 27 43	2 11 26	5 52 02	1 55 26	25 05 03	4 28 48	29 24 19	10 24 21	12 10 38	7 43 31	8 12 20
7 F	23 46 03	2 ♎ 24 19	9 ♎ 30 44	6 46 14	3 26 06	6 30 16	2 13 47	25 16 02	4 39 19	29 30 25	10 24 06	12 12 13	7 45 34	8 13 41
8 Sa	24 44 53	16 34 55	23 37 30	5 56 57	4 40 30	7 08 15	2 31 56	25 26 59	4 49 30	29 36 18	10 23 40	12 13 30	7 47 22	8 14 45
9 Su	25 44 43	0 ♏ 38 34	7 ♏ 36 57	5 01 37	5 55 52	7 47 11	2 51 07	25 39 09	5 00 33	29 43 12	10 24 15	12 15 41	7 50 09	8 16 45
10 M	26 46 32	14 35 40	21 29 37	4 02 05	7 13 11	8 28 06	3 12 20	25 53 30	5 13 28	29 52 04	10 26 52	12 19 47	7 54 52	8 20 41
11 Tu	27 50 53	28 26 18	5 ♐ 15 35	3 00 05	8 33 00	9 11 30	3 36 07	26 10 34	5 28 46	0 ♓ 03 29	10 32 02	12 26 19	8 02 06	8 27 06
12 W	28 57 47	12 ♐ 09 53	18 54 03	1 57 06	9 55 20	9 57 26	4 02 28	26 30 22	5 46 29	0 17 26	10 39 47	12 35 18	8 11 50	8 35 59
13 Th	0 ♒ 06 42	25 44 56	2 ♑ 23 21	0 54 22	11 19 39	10 45 21	4 30 52	26 52 23	6 06 06	0 33 25	10 49 36	12 46 13	8 23 33	8 46 50
14 F	1 16 44	9 ♑ 09 15	15 41 16	29 ♑ 52 57	12 45 04	11 34 22	5 00 26	27 15 43	6 26 43	0 50 32	11 00 35	12 58 11	8 36 23	8 58 45
15 Sa	2 26 49	22 20 27	28 45 29	28 53 50	14 10 30	12 23 24	5 30 05	27 39 17	6 47 13	1 07 41	11 11 38	13 10 06	8 49 13	9 10 40
16 Su	3 35 54	5 ♒ 16 27	11 ♒ 34 12	27 58 02	15 34 53	13 11 23	5 58 45	28 02 01	7 06 36	1 23 51	11 21 43	13 20 55	9 01 00	9 21 30
17 M	4 43 09	17 56 00	24 06 35	27 06 39	16 57 24	13 57 32	6 25 36	28 23 06	7 23 60	1 38 09	11 30 01	13 29 49	9 10 56	9 30 27
18 Tu	5 48 04	0 ♓ 19 08	6 ♓ 23 10	26 20 53	18 17 34	14 41 19	6 50 11	28 42 02	7 38 56	1 50 09	11 36 01	13 36 19	9 18 31	9 37 02
19 W	6 50 36	12 27 17	18 25 57	25 42 02	19 35 19	15 22 42	7 12 23	28 58 46	7 51 21	1 59 46	11 39 41	13 40 21	9 23 40	9 41 10
20 Th	7 51 04	24 23 20	0 ♈ 18 17	25 11 29	20 50 58	16 01 59	7 32 34	29 13 36	8 01 34	2 07 18	11 41 19	13 42 13	9 26 44	9 43 10
21 F	8 50 05	6 ♈ 11 28	12 04 45	24 50 27	22 05 09	16 39 49	7 51 19	29 27 10	8 10 12	2 13 25	11 41 33	13 42 34	9 28 20	9 43 41
22 Sa	9 48 31	17 56 49	23 50 50	24 40 06	23 18 43	17 17 02	8 09 31	29 40 19	8 18 06	2 18 56	11 41 15	13 42 15	9 29 18	9 43 33
23 Su	10 47 15	29 45 12	5 ♉ 42 35	24 41 14	24 32 33	17 54 31	8 28 03	29 53 55	8 26 09	2 24 44	11 41 17	13 42 09	9 30 32	9 43 40
24 M	11 47 06	11 ♉ 42 43	17 46 06	24 54 21	25 47 28	18 33 06	8 47 42	0 ♉ 08 48	8 35 11	2 31 40	11 42 28	13 43 04	9 32 52	9 44 51
25 Tu	12 48 39	23 55 15	0 ♊ 07 13	25 19 31	27 04 02	19 13 22	9 09 05	0 25 32	8 45 45	2 40 16	11 45 23	13 45 37	9 36 51	9 47 40
26 W	13 52 08	6 ♊ 28 02	12 50 49	25 56 15	28 22 32	19 55 33	9 32 26	0 44 22	8 58 08	2 50 50	11 50 18	13 50 01	9 42 46	9 52 22
27 Th	14 57 26	19 25 06	26 00 18	26 43 40	29 42 48	20 39 31	9 57 37	1 05 10	9 12 10	3 03 11	11 57 04	13 56 08	9 50 27	9 58 50
28 F	16 04 02	2 ♋ 48 45	9 ♋ 37 02	27 40 23	1 ♓ 04 21	21 24 47	10 24 07	1 27 25	9 27 22	3 16 51	12 05 11	14 03 30	9 59 25	10 06 33
29 Sa	17 11 10	16 38 60	23 39 54	28 44 46	2 26 23	22 10 33	10 51 11	1 50 21	9 42 56	3 31 02	12 13 52	14 11 18	10 08 53	10 14 44
30 Su	18 17 55	0 ♌ 53 21	8 ♌ 05 06	29 55 06	3 48 01	22 55 56	11 17 52	2 13 03	9 57 59	3 44 50	12 22 12	14 18 38	10 17 56	10 22 30
31 M	19 23 29	15 26 51	22 46 33	1 ♒ 09 44	5 08 25	23 40 05	11 43 23	2 34 41	10 11 40	3 57 25	12 29 23	14 24 41	10 25 44	10 28 60

Notes

LONGITUDE — November 1955

Day	☉	0 hr ☽	Noon ☽	☿	♀	♂	⚵	⚳	♃	♄	⚷	♅	♆	♇
1 Tu	20♒27 15	0♍12 40	7♍36 40	2♒27 21	6♓27 01	24♑22 26	12♓07 08	2♉54 40	10♐23 25	4♓08 13	12♉34 50	14♏28 53	10♒31 45	10♐33 40
2 W	21 29 05	15 03 08	22 27 34	3 47 06	7 43 37	25 02 49	12 28 56	3 12 50	10 33 02	4 17 02	12 38 21	14 31 01	10 35 45	10 36 19
3 Th	22 29 11	29 50 53	7♎12 14	5 08 35	8 58 28	25 41 27	12 49 02	3 29 25	10 40 47	4 24 07	12 40 11	14 31 22	10 37 60	10 37 11
4 F	23 28 09	14♎29 52	21 45 28	6 31 52	10 12 09	26 18 56	13 08 00	3 44 59	10 47 14	4 30 04	12 40 56	14 30 29	10 39 05	10 36 52
5 Sa	24 26 49	28 55 60	6♏04 05	7 57 15	11 25 29	26 56 05	13 26 40	4 00 21	10 53 11	4 35 40	12 41 23	14 29 12	10 39 48	10 36 09
6 Su	25 25 58	13♏07 02	20 06 45	9 25 09	12 39 17	27 33 42	13 45 50	4 16 21	10 59 29	4 41 45	12 42 22	14 28 19	10 40 59	10 35 54
7 M	26 26 18	27 02 18	3♐53 29	10 55 51	13 54 13	28 12 28	14 06 10	4 33 38	11 06 45	4 48 58	12 44 33	14 28 31	10 43 17	10 36 44
8 Tu	27 28 09	10♐42 05	17 25 00	12 29 25	15 10 39	28 52 45	14 28 03	4 52 33	11 15 23	4 57 42	12 48 18	14 30 10	10 47 04	10 39 02
9 W	28 31 34	24 07 05	0♑42 14	14 05 35	16 28 36	29 34 33	14 51 29	5 13 09	11 25 24	5 07 58	12 53 38	14 33 16	10 52 22	10 42 50
10 Th	29 36 13	7♑18 03	13 45 58	15 43 50	17 47 46	0♒17 35	15 16 10	5 35 06	11 36 29	5 19 27	13 00 15	14 37 32	10 58 53	10 47 49
11 F	0♓41 36	20 15 31	26 36 45	17 23 26	19 07 37	1 01 19	15 41 34	5 57 54	11 48 06	5 31 38	13 07 37	14 42 26	11 06 04	10 53 28
12 Sa	1 47 04	2♒59 55	9♒14 57	19 03 36	20 27 32	1 45 08	16 07 04	6 20 53	11 59 38	5 43 53	13 15 06	14 47 20	11 13 18	10 59 08
13 Su	2 52 01	15 31 36	21 40 55	20 43 36	21 46 54	2 28 23	16 32 03	6 43 28	12 10 27	5 55 35	13 22 06	14 51 38	11 19 59	11 04 14
14 M	3 55 58	27 51 07	3♓55 16	22 22 48	23 05 14	3 10 38	16 56 03	7 05 09	12 20 06	6 06 16	13 28 08	14 54 51	11 25 37	11 08 16
15 Tu	4 58 38	9♓59 19	15 59 02	24 00 53	24 22 15	3 51 35	17 18 45	7 25 40	12 28 17	6 15 38	13 32 56	14 56 42	11 29 56	11 10 58
16 W	5 59 58	21 57 42	27 53 53	25 37 40	25 37 55	4 31 11	17 40 08	7 44 58	12 34 57	6 23 39	13 36 25	14 57 08	11 32 52	11 12 17
17 Th	7 00 07	3♈48 23	9♈42 15	27 13 17	26 52 22	5 09 35	18 00 20	8 03 10	12 40 15	6 30 28	13 38 46	14 56 19	11 34 36	11 12 21
18 F	7 59 25	15 34 15	21 27 17	28 47 59	28 05 56	5 47 07	18 19 41	8 20 38	12 44 31	6 36 23	13 40 18	14 54 33	11 35 26	11 11 31
19 Sa	8 58 16	27 18 53	3♉12 54	0♓22 10	29 19 02	6 24 11	18 38 35	8 37 45	12 48 09	6 41 52	13 41 25	14 52 17	11 35 47	11 10 11
20 Su	9 57 09	9♉06 29	15 03 33	1 56 16	0♈32 08	7 01 16	18 57 31	8 54 60	12 51 38	6 47 19	13 42 36	14 49 57	11 36 07	11 08 49
21 M	10 56 27	21 01 43	27 04 09	3 30 38	1 45 37	7 38 46	19 16 53	9 12 46	12 55 20	6 53 11	13 44 15	14 47 59	11 36 51	11 07 50
22 Tu	11 56 28	3♊09 33	9♊19 42	5 05 35	2 59 48	8 16 58	19 36 57	9 31 20	12 59 34	6 59 44	13 46 39	14 46 38	11 38 16	11 07 31
23 W	12 57 20	15 34 49	21 54 60	6 41 13	4 14 48	8 55 60	19 57 53	9 50 51	13 04 28	7 07 06	13 49 56	14 46 05	11 40 29	11 07 59
24 Th	13 58 60	28 22 00	4♋54 14	8 17 30	5 30 34	9 35 49	20 19 36	10 11 17	13 09 59	7 15 15	13 54 03	14 46 15	11 43 28	11 09 13
25 F	15 01 16	11♋34 39	18 20 20	9 54 13	6 46 55	10 16 15	20 41 56	10 32 23	13 15 54	7 23 58	13 58 49	14 46 57	11 47 01	11 11 00
26 Sa	16 03 50	25 14 53	2♌14 30	11 31 05	8 03 32	10 56 57	21 04 33	10 53 53	13 21 56	7 32 57	14 03 54	14 47 53	11 50 50	11 13 02
27 Su	17 06 20	9♌22 42	16 35 31	13 07 43	9 20 04	11 37 35	21 27 06	11 15 25	13 27 42	7 41 51	14 08 58	14 48 41	11 54 33	11 14 57
28 M	18 08 28	23 55 37	1♍19 29	14 43 52	10 36 12	12 17 51	21 49 18	11 36 39	13 32 55	7 50 21	14 13 42	14 49 03	11 57 52	11 16 27
29 Tu	19 10 04	8♍48 28	16 19 54	16 19 19	11 51 46	12 57 34	22 10 56	11 57 26	13 37 24	7 58 16	14 17 55	14 48 48	12 00 36	11 17 21
30 W	20 11 03	23 53 44	1♎28 20	17 54 03	13 06 42	13 36 40	22 31 58	12 17 42	13 41 04	8 05 34	14 21 34	14 47 53	12 02 41	11 17 37

LONGITUDE — December 1955

Day	☉	0 hr ☽	Noon ☽	☿	♀	♂	⚵	⚳	♃	♄	⚷	♅	♆	♇
1 Th	21♓11 33	9♎02 29	16♎35 34	19♓28 11	14♈21 07	14♒15 16	22♓52 30	12♉37 34	13♐44 04	8♓12 19	14♉24 46	14♏46 24	12♒04 15	11♐17 20
2 F	22 11 46	24 05 38	1♏32 54	21 01 56	15 35 12	14 53 34	23 12 44	12 57 12	13 46 33	8 18 45	14 27 42	14 44 33	12 05 29	11 16 43
3 Sa	23 11 55	8♏55 14	16 13 21	22 35 32	16 49 13	15 31 48	23 32 53	13 16 51	13 48 47	8 25 05	14 30 35	14 42 35	12 06 36	11 15 59
4 Su	24 12 13	23 25 26	0♐32 16	24 09 13	18 03 19	16 10 10	23 53 11	13 36 43	13 50 57	8 31 31	14 33 39	14 40 41	12 07 50	11 15 20
5 M	25 12 46	7♐32 44	14 27 27	25 43 06	19 17 39	16 48 47	24 13 42	13 56 54	13 53 09	8 38 10	14 36 59	14 38 58	12 09 16	11 14 52
6 Tu	26 13 35	21 16 01	27 58 47	27 17 13	20 32 14	17 27 39	24 34 30	14 17 26	13 55 25	8 45 02	14 40 38	14 37 27	12 10 55	11 14 39
7 W	27 14 36	4♑35 59	11♑07 43	28 51 31	21 46 59	18 06 42	24 55 28	14 38 14	13 57 41	8 52 04	14 44 30	14 36 04	12 12 44	11 14 34
8 Th	28 15 43	17 34 37	23 56 41	0♈25 55	23 01 49	18 45 51	25 16 32	14 59 12	13 59 50	8 59 09	14 48 29	14 34 43	12 14 37	11 14 32
9 F	29 16 49	0♒14 38	6♒28 35	2 00 18	24 16 35	19 24 59	25 37 33	15 20 13	14 01 45	9 06 10	14 52 28	14 33 17	12 16 26	11 14 26
10 Sa	0♈17 50	12 39 04	18 46 26	3 34 38	25 31 15	20 03 60	25 58 29	15 41 13	14 03 22	9 13 03	14 56 24	14 31 41	12 18 06	11 14 11
11 Su	1 18 44	24 50 58	0♓53 12	5 08 53	26 45 46	20 42 54	26 19 17	16 02 10	14 04 40	9 19 47	15 00 15	14 29 56	12 19 38	11 13 47
12 M	2 19 35	6♓53 12	12 51 37	6 43 09	28 00 12	21 21 45	26 40 00	16 23 08	14 05 43	9 26 25	15 04 04	14 28 04	12 21 04	11 13 18
13 Tu	3 20 28	18 48 24	24 44 09	8 17 31	29 14 40	22 00 38	27 00 46	16 44 12	14 06 35	9 33 03	15 07 57	14 26 11	12 22 30	11 12 48
14 W	4 21 32	0♈38 59	6♈33 09	9 52 08	0♉29 16	22 39 41	27 21 40	17 05 31	14 07 25	9 39 49	15 12 02	14 24 24	12 24 05	11 12 25
15 Th	5 22 52	12 27 11	18 20 47	11 27 07	1 44 08	23 19 01	27 42 51	17 27 11	14 08 19	9 46 48	15 16 26	14 22 52	12 25 53	11 12 18
16 F	6 24 34	24 15 09	0♉09 17	13 02 32	2 59 19	23 58 41	28 04 22	17 49 15	14 09 22	9 54 06	15 21 12	14 21 38	12 28 01	11 12 28
17 Sa	7 26 36	6♉05 06	12 00 59	14 38 24	4 14 49	24 38 42	28 26 13	18 11 44	14 10 34	10 01 43	15 26 21	14 20 41	12 30 27	11 12 58
18 Su	8 28 54	17 59 26	23 58 24	16 14 37	5 30 33	25 18 59	28 48 18	18 34 32	14 11 48	10 09 31	15 31 46	14 19 57	12 33 07	11 13 40
19 M	9 31 17	0♊00 47	6♊04 26	17 51 01	6 46 21	25 59 20	29 10 27	18 57 29	14 12 56	10 17 23	15 37 19	14 19 16	12 35 49	11 14 25
20 Tu	10 33 32	12 12 11	18 22 13	19 27 21	8 01 59	26 39 34	29 32 28	19 20 23	14 13 44	10 25 04	15 42 46	14 18 24	12 38 22	11 15 01
21 W	11 35 25	24 36 57	0♋55 15	21 03 24	9 17 15	27 19 26	29 54 06	19 42 58	14 13 57	10 32 21	15 47 52	14 17 08	12 40 31	11 15 13
22 Th	12 36 46	7♋18 39	13 47 06	22 38 58	10 31 56	27 58 46	0♈15 11	20 05 04	14 13 27	10 39 02	15 52 28	14 15 17	12 42 06	11 14 50
23 F	13 37 31	20 20 53	27 01 07	24 13 57	11 45 59	28 37 30	0 35 39	20 26 38	14 12 08	10 45 05	15 56 29	14 12 48	12 43 02	11 13 50
24 Sa	14 37 43	3♌46 50	10♌40 02	25 48 23	12 59 29	29 15 42	0 55 33	20 47 43	14 10 05	10 50 32	16 00 00	14 09 44	12 43 25	11 12 15
25 Su	15 37 37	17 38 43	24 45 16	27 22 28	14 12 38	29 53 36	1 15 08	21 08 33	14 07 32	10 55 39	16 03 15	14 06 21	12 43 27	11 10 20
26 M	16 37 34	1♍57 06	9♍16 11	28 56 30	15 25 50	0♓31 34	1 34 45	21 29 30	14 04 51	11 00 46	16 06 34	14 02 58	12 43 31	11 08 27
27 Tu	17 37 59	16 40 05	24 09 30	0♉30 49	16 39 27	1 09 60	1 54 49	21 50 58	14 02 25	11 06 18	16 10 22	14 00 02	12 44 00	11 07 00
28 W	18 39 13	1♎42 55	9♎19 02	2 05 42	17 53 52	1 49 16	2 15 41	22 13 19	14 00 37	11 12 36	16 15 01	13 57 53	12 45 17	11 06 21
29 Th	19 41 29	16 57 56	24 36 03	3 41 15	19 09 16	2 29 34	2 37 34	22 36 44	13 59 40	11 19 53	16 20 44	13 56 44	12 47 34	11 06 42
30 F	20 44 46	2♏15 24	9♏50 23	5 17 21	20 25 40	3 10 53	3 00 26	23 01 14	13 59 32	11 28 08	16 27 29	13 56 34	12 50 50	11 08 02
31 Sa	21 48 49	17 24 51	24 51 56	6 53 35	21 42 48	3 52 58	3 24 02	23 26 32	13 59 57	11 37 05	16 35 00	13 57 08	12 54 49	11 10 06

Notes

January 1956

LONGITUDE

Day	☉	0 hr ☽	Noon ☽	☿	♀	♂	⚵	⚳	♃	♄	⚷	♅	♆	♇
1 Su	22 ♈ 53 10	2 ♐ 16 48	9 ♐ 32 18	8 ♉ 29 20	23 ♉ 00 12	4 ♓ 35 22	3 ♈ 47 56	23 ♉ 52 11	14 ♐ 00 29	11 ♓ 46 17	16 ♉ 42 52	13 ♏ 57 58	12 ♒ 59 05	11 ♐ 12 26
2 M	23 57 17	16 44 04	23 45 49	10 03 52	24 17 19	5 17 32	4 11 33	24 17 39	14 00 36	11 55 12	16 50 30	13 58 33	13 03 04	11 14 31
3 Tu	25 00 40	0 ♑ 42 37	7 ♑ 29 59	11 36 25	25 33 41	5 58 59	4 34 25	24 42 26	13 59 47	12 03 19	16 57 25	13 58 22	13 06 17	11 15 49
4 W	26 02 57	14 11 30	20 45 10	13 06 24	26 48 56	6 39 21	4 56 10	25 06 11	13 57 42	12 10 18	17 03 16	13 57 05	13 08 23	11 16 01
5 Th	27 04 04	27 12 28	3 ♒ 33 58	14 33 21	28 02 57	7 18 31	5 16 42	25 28 46	13 54 13	12 16 01	17 07 57	13 54 34	13 09 15	11 15 00
6 F	28 04 08	9 ♒ 49 05	16 00 32	15 57 03	29 15 54	7 56 40	5 36 10	25 50 22	13 49 32	12 20 39	17 11 36	13 50 60	13 09 03	11 12 56
7 Sa	29 03 33	22 06 05	28 09 47	17 17 28	0 ♊ 28 09	8 34 10	5 54 56	26 11 22	13 43 60	12 24 34	17 14 37	13 46 45	13 08 09	11 10 10
8 Su	0 ♉ 02 52	4 ♓ 08 38	10 ♓ 06 52	18 34 39	1 40 17	9 11 34	6 13 35	26 32 18	13 38 11	12 28 19	17 17 33	13 42 24	13 07 07	11 07 17
9 M	1 02 41	16 01 51	21 56 44	19 48 38	2 52 53	9 49 30	6 32 43	26 53 47	13 32 43	12 32 31	17 21 01	13 38 32	13 06 35	11 04 53
10 Tu	2 03 37	27 50 24	3 ♈ 43 46	20 59 24	4 06 33	10 28 31	6 52 55	27 16 25	13 28 09	12 37 46	17 25 36	13 35 45	13 07 06	11 03 34
11 W	3 06 05	9 ♈ 38 16	15 31 39	22 06 41	5 21 44	11 09 06	7 14 37	27 40 38	13 24 59	12 44 30	17 31 44	13 34 30	13 09 08	11 03 47
12 Th	4 10 20	21 28 38	27 23 18	23 09 56	6 38 40	11 51 29	7 38 05	28 06 41	13 23 25	12 52 57	17 39 41	13 35 02	13 12 55	11 05 46
13 F	5 16 21	3 ♉ 23 51	9 ♉ 20 47	24 08 20	7 57 18	12 35 37	8 03 16	28 34 32	13 23 27	13 03 06	17 49 24	13 37 19	13 18 26	11 09 29
14 Sa	6 23 49	15 25 31	21 25 34	25 00 40	9 17 22	13 21 13	8 29 52	29 03 52	13 24 47	13 14 38	18 00 35	13 41 02	13 25 22	11 14 38
15 Su	7 32 10	27 34 41	3 ♊ 38 36	25 45 31	10 38 18	14 07 44	8 57 20	29 34 09	13 26 51	13 27 00	18 12 41	13 45 40	13 33 11	11 20 41
16 M	8 40 41	9 ♊ 52 07	16 00 39	26 21 15	11 59 21	14 54 25	9 24 56	0 ♊ 04 38	13 28 56	13 39 29	18 24 58	13 50 27	13 41 07	11 26 53
17 Tu	9 48 35	22 18 35	28 32 36	26 46 16	13 19 44	15 40 30	9 51 52	0 34 32	13 30 15	13 51 16	18 36 38	13 54 37	13 48 25	11 32 26
18 W	10 55 07	4 ♋ 55 11	11 ♋ 15 42	26 59 09	14 38 44	16 25 14	10 17 26	1 03 08	13 30 05	14 01 39	18 46 59	13 57 26	13 54 20	11 36 38
19 Th	11 59 50	17 43 32	24 11 45	26 58 51	15 55 52	17 08 10	10 41 08	1 29 57	13 27 57	14 10 09	18 55 30	13 58 26	13 58 25	11 39 01
20 F	13 02 34	0 ♌ 45 56	7 ♌ 23 06	26 44 57	17 10 59	17 49 08	11 02 49	1 54 49	13 23 43	14 16 37	19 02 05	13 57 28	14 00 29	11 39 24
21 Sa	14 03 35	14 05 09	20 52 27	26 17 43	18 24 20	18 28 24	11 22 45	2 18 02	13 17 38	14 21 18	19 06 58	13 54 49	14 00 50	11 38 05
22 Su	15 03 32	27 44 06	4 ♍ 42 25	25 38 12	19 36 35	19 06 37	11 41 35	2 40 12	13 10 23	14 24 52	19 10 48	13 51 06	14 00 05	11 35 41
23 M	16 03 20	11 ♍ 45 09	18 54 42	24 48 07	20 48 39	19 44 43	12 00 14	3 02 17	13 02 51	14 28 13	19 14 30	13 47 15	13 59 10	11 33 09
24 Tu	17 03 60	26 09 16	3 ♎ 29 13	23 49 43	22 01 31	20 23 41	12 19 43	3 25 15	12 56 05	14 32 22	19 19 05	13 44 17	13 59 06	11 31 29
25 W	18 06 23	10 ♎ 55 03	18 23 17	22 45 29	23 16 04	21 04 25	12 40 53	3 49 59	12 50 56	14 38 11	19 25 24	13 43 04	14 00 45	11 31 32
26 Th	19 11 02	25 58 05	3 ♏ 31 06	21 37 56	24 32 50	21 47 25	13 04 16	4 17 01	12 47 57	14 46 12	19 34 00	13 44 07	14 04 37	11 33 51
27 F	20 17 57	11 ♏ 10 48	18 44 02	20 29 14	25 51 49	22 32 43	13 29 54	4 46 22	12 47 08	14 56 26	19 44 54	13 47 29	14 10 46	11 38 27
28 Sa	21 26 40	26 23 17	3 ♐ 51 48	19 21 12	27 12 33	23 19 50	13 57 16	5 17 33	12 48 01	15 08 23	19 57 35	13 52 39	14 18 40	11 44 50
29 Su	22 36 16	11 ♐ 24 51	18 44 06	18 15 07	28 34 06	24 07 51	14 25 30	5 49 39	12 49 43	15 21 10	20 11 11	13 58 44	14 27 27	11 52 07
30 M	23 45 41	26 05 52	3 ♑ 12 30	17 11 58	29 55 25	24 55 42	14 53 29	6 21 35	12 51 07	15 33 42	20 24 36	14 04 39	14 36 01	11 59 13
31 Tu	24 53 53	10 ♑ 19 20	17 11 35	16 12 28	1 ♋ 15 28	25 42 22	15 20 12	6 52 20	12 51 14	15 44 56	20 36 49	14 09 22	14 43 21	12 05 05

February 1956

LONGITUDE

Day	☉	0 hr ☽	Noon ☽	☿	♀	♂	⚵	⚳	♃	♄	⚷	♅	♆	♇
1 W	26 ♉ 00 08	24 ♑ 01 50	0 ♒ 39 29	15 ♉ 17 19	2 ♋ 33 30	26 ♓ 27 05	15 ♈ 44 56	7 ♊ 21 11	12 ♐ 49 20	15 ♓ 54 09	20 ♉ 47 05	14 ♏ 12 10	14 ♒ 48 43	12 ♐ 09 02
2 Th	27 04 09	7 ♒ 13 20	13 37 30	14 27 16	3 49 15	27 09 36	16 07 22	7 47 49	12 45 07	16 01 04	20 55 07	14 12 46	14 51 49	12 10 44
3 F	28 06 06	19 56 44	26 09 27	13 43 11	5 02 53	27 50 04	16 27 43	8 12 26	12 38 47	16 05 51	21 01 07	14 11 19	14 52 51	12 10 23
4 Sa	29 06 38	2 ♓ 16 60	8 ♓ 20 45	13 06 05	6 15 01	28 29 08	16 46 33	8 35 38	12 30 57	16 09 08	21 05 41	14 08 29	14 52 25	12 08 36
5 Su	0 ♊ 06 37	14 20 11	20 17 43	12 36 59	7 26 33	29 07 40	17 04 49	8 58 20	12 22 31	16 11 48	21 09 42	14 05 07	14 51 26	12 06 18
6 M	1 07 06	26 12 47	2 ♈ 06 45	12 16 50	8 38 31	29 46 43	17 23 31	9 21 33	12 14 33	16 14 54	21 14 14	14 02 18	14 50 56	12 04 30
7 Tu	2 09 04	8 ♈ 01 03	13 53 55	12 06 21	9 51 55	0 ♈ 27 16	17 43 38	9 46 17	12 08 01	16 19 24	21 20 16	14 01 00	14 51 54	12 04 11
8 W	3 13 18	19 50 31	25 44 26	12 05 58	11 07 30	1 10 06	18 05 58	10 13 19	12 03 43	16 26 06	21 28 33	14 02 00	14 55 07	12 06 09
9 Th	4 20 14	1 ♉ 45 43	7 ♉ 42 26	12 15 42	12 25 44	1 55 40	18 30 57	10 43 04	12 02 05	16 35 26	21 39 33	14 05 44	15 01 00	12 10 50
10 F	5 29 52	13 49 56	19 50 43	12 35 04	13 46 36	2 43 57	18 58 35	11 15 34	12 03 09	16 47 24	21 53 16	14 12 14	15 09 36	12 18 15
11 Sa	6 41 48	26 05 05	2 ♊ 10 48	13 03 11	15 09 42	3 34 32	19 28 26	11 50 23	12 06 30	17 01 34	22 09 17	14 21 03	15 20 28	12 27 57
12 Su	7 55 11	8 ♊ 31 51	14 42 58	13 38 45	16 34 10	4 26 36	19 59 42	12 26 40	12 11 17	17 17 08	22 26 45	14 31 22	15 32 47	12 39 08
13 M	9 08 55	21 09 54	27 26 36	14 20 12	17 58 56	5 19 03	20 31 14	13 03 21	12 16 25	17 32 59	22 44 35	14 42 06	15 45 26	12 50 42
14 Tu	10 21 49	3 ♋ 58 20	10 ♋ 20 38	15 05 53	19 22 47	6 10 40	21 01 53	13 39 13	12 20 44	17 47 55	23 01 34	14 52 02	15 57 14	13 01 26
15 W	11 32 47	16 56 06	23 24 03	15 54 20	20 44 37	7 00 22	21 30 32	14 13 11	12 23 07	18 00 52	23 16 38	15 00 05	16 07 06	13 10 16
16 Th	12 41 04	0 ♌ 02 34	6 ♌ 36 22	16 44 25	22 03 43	7 47 26	21 56 27	14 44 29	12 22 52	18 11 03	23 29 02	15 05 31	16 14 18	13 16 27
17 F	13 46 25	13 17 58	19 57 58	17 35 32	23 19 48	8 31 35	22 19 22	15 12 54	12 19 42	18 18 15	23 38 31	15 08 05	16 18 32	13 19 43
18 Sa	14 49 09	26 43 26	3 ♍ 30 12	18 27 40	24 33 10	9 13 08	22 39 36	15 38 43	12 13 57	18 22 45	23 45 22	15 08 04	16 20 10	13 20 24
19 Su	15 50 05	10 ♍ 21 00	17 15 09	19 21 23	25 44 40	9 52 55	22 57 59	16 02 46	12 06 28	18 25 23	23 50 27	15 06 20	16 19 60	13 19 19
20 M	16 50 27	24 13 03	1 ♎ 14 60	20 17 39	26 55 31	10 32 10	23 15 43	16 26 17	11 58 27	18 27 24	23 54 58	15 04 06	16 19 15	13 17 42
21 Tu	17 51 37	8 ♎ 21 33	15 31 11	21 17 34	28 07 04	11 12 13	23 34 11	16 50 36	11 51 17	18 30 07	24 00 16	15 02 42	16 19 18	13 16 54
22 W	18 54 44	22 47 04	0 ♏ 03 27	22 22 08	29 20 29	11 54 16	23 54 32	17 16 55	11 46 09	18 34 45	24 07 33	15 03 21	16 21 19	13 18 06
23 Th	20 00 34	7 ♏ 27 57	14 49 02	23 31 54	0 ♌ 36 32	12 39 04	24 17 33	17 45 59	11 43 48	18 42 02	24 17 33	15 06 46	16 26 03	13 22 04
24 F	21 09 16	22 19 42	29 42 22	24 46 52	1 55 21	13 26 46	24 43 21	18 17 56	11 44 24	18 52 06	24 30 26	15 13 08	16 33 40	13 28 55
25 Sa	22 20 20	7 ♐ 15 08	14 ♐ 35 31	26 06 21	3 16 25	14 16 50	25 11 26	18 52 16	11 47 25	19 04 28	24 45 39	15 21 54	16 43 37	13 38 10
26 Su	23 32 42	22 05 19	29 19 24	27 29 12	4 38 41	15 08 15	25 40 45	19 27 56	11 51 50	19 18 04	25 02 12	15 32 04	16 54 53	13 48 45
27 M	24 45 04	6 ♑ 41 05	13 ♑ 45 23	28 53 58	6 00 51	15 59 42	26 09 60	20 03 37	11 56 20	19 31 36	25 18 44	15 42 17	17 06 09	13 59 23
28 Tu	25 56 10	20 54 41	27 46 50	0 ♊ 19 17	7 21 38	16 49 54	26 37 52	20 38 02	11 59 39	19 43 47	25 34 00	15 51 18	17 16 09	14 08 45
29 W	27 05 00	4 ♒ 41 03	11 ♒ 20 02	1 44 05	8 40 03	17 37 51	27 03 25	21 10 14	12 00 48	19 53 39	25 47 00	15 58 07	17 23 53	14 15 55

Notes

LONGITUDE — March 1956

Day	☉	0 hr ☽	Noon ☽	☿	♀	♂	⚵	⚳	♃	♄	⚷	♅	♆	♇
1 Th	28 ♊ 11 07	17 ♒ 58 22	24 ♒ 24 29	3 ♊ 07 48	9 ♌ 55 37	18 ♈ 23 07	27 ♈ 26 09	21 ♊ 39 43	11 ♐ 59 20	20 ♓ 00 42	25 ♉ 57 17	16 ♏ 02 17	17 ♒ 28 53	14 ♐ 20 23
2 F	29 14 35	0 ♓ 47 55	7 ♓ 02 34	4 30 27	11 08 25	19 05 45	27 46 08	22 06 34	11 55 19	20 05 02	26 04 54	16 03 51	17 31 14	14 22 14
3 Sa	0 ♋ 15 58	13 13 31	19 18 52	5 52 34	12 19 02	19 46 20	28 03 57	22 31 21	11 49 21	20 07 13	26 10 26	16 03 26	17 31 32	14 22 03
4 Su	1 16 15	25 20 41	1 ♈ 19 21	7 15 01	13 28 25	20 25 49	28 20 35	22 55 03	11 42 23	20 08 12	26 14 51	16 01 58	17 30 42	14 20 47
5 M	2 16 34	7 ♈ 15 56	13 10 43	8 38 56	14 37 42	21 05 22	28 37 08	23 18 48	11 35 34	20 09 10	26 19 18	16 00 36	17 29 55	14 19 35
6 Tu	3 18 04	19 06 00	24 59 40	10 05 24	15 48 02	21 46 06	28 54 46	23 43 44	11 30 03	20 11 13	26 24 55	16 00 29	17 30 17	14 19 36
7 W	4 21 39	0 ♉ 57 17	6 ♉ 52 24	11 35 19	17 00 20	22 28 58	29 14 25	24 10 47	11 26 46	20 15 18	26 32 37	16 02 33	17 32 47	14 21 46
8 Th	5 27 56	12 55 23	18 54 12	13 09 14	18 15 11	23 14 31	29 36 37	24 40 31	11 26 18	20 21 60	26 42 60	16 07 21	17 37 57	14 26 38
9 F	6 36 60	25 04 39	1 ♊ 08 58	14 47 15	19 32 41	24 02 53	0 ♉ 01 31	25 13 04	11 28 46	20 31 24	26 56 09	16 15 02	17 45 55	14 34 21
10 Sa	7 48 28	7 ♊ 28 03	13 39 06	16 28 57	20 52 27	24 53 41	0 28 43	25 48 02	11 33 47	20 43 08	27 11 42	16 25 11	17 56 18	14 44 30
11 Su	9 01 32	20 06 57	26 25 22	18 13 30	22 13 40	25 46 05	0 57 24	26 24 35	11 40 33	20 56 24	27 28 51	16 37 01	18 08 16	14 56 18
12 M	10 15 03	3 ♋ 01 10	9 ♋ 27 02	19 59 45	23 35 11	26 38 57	1 26 27	27 01 37	11 47 55	21 10 02	27 46 25	16 49 22	18 20 42	15 08 35
13 Tu	11 27 45	16 09 19	22 42 10	21 46 28	24 55 44	27 31 01	1 54 32	27 37 50	11 54 38	21 22 48	28 03 11	17 00 60	18 32 21	15 20 06
14 W	12 38 30	29 29 10	6 ♌ 08 15	23 32 28	26 14 11	28 21 10	2 20 34	28 12 08	11 59 35	21 33 32	28 17 58	17 10 46	18 42 02	15 29 44
15 Th	13 46 30	12 ♌ 58 20	19 42 47	25 16 57	27 29 43	29 08 34	2 43 44	28 43 40	12 01 57	21 41 28	28 30 01	17 17 51	18 48 60	15 36 38
16 F	14 51 27	26 34 49	3 ♍ 23 53	26 59 39	28 42 02	29 52 56	3 03 44	29 12 10	12 01 26	21 46 16	28 38 59	17 21 58	18 52 55	15 40 33
17 Sa	15 53 37	10 ♍ 17 29	17 10 38	28 40 50	29 51 24	0 ♉ 34 33	3 20 51	29 37 54	11 58 19	21 48 14	28 45 10	17 23 24	18 54 04	15 41 45
18 Su	16 53 50	24 06 14	1 ♎ 03 12	0 ♋ 21 18	0 ♍ 58 38	1 14 13	3 35 52	0 ♋ 01 41	11 53 26	21 48 10	28 49 23	17 22 57	18 53 17	15 41 01
19 M	17 53 15	8 ♎ 01 48	15 02 27	2 02 17	2 04 53	1 53 07	3 49 59	0 24 42	11 47 57	21 47 15	28 52 49	17 21 49	18 51 44	15 39 34
20 Tu	18 53 12	22 05 13	29 09 20	3 45 03	3 11 29	2 32 34	4 04 30	0 48 14	11 43 11	21 46 48	28 56 45	17 21 17	18 50 43	15 38 42
21 W	19 54 48	6 ♏ 17 05	13 ♏ 24 10	5 30 47	4 19 32	3 13 42	4 20 34	1 13 27	11 40 17	21 47 57	29 02 21	17 22 31	18 51 23	15 39 33
22 Th	20 58 49	20 36 50	27 45 46	7 20 15	5 29 48	3 57 16	4 38 54	1 41 04	11 39 60	21 51 28	29 10 20	17 26 14	18 54 30	15 42 52
23 F	22 05 25	5 ♐ 02 07	12 ♐ 11 08	9 13 36	6 42 27	4 43 26	4 59 41	2 11 17	11 42 29	21 57 29	29 20 54	17 32 38	19 00 12	15 48 49
24 Sa	23 14 11	19 28 41	26 35 28	11 10 27	7 57 02	5 31 46	5 22 30	2 43 40	11 47 19	22 05 37	29 33 37	17 41 17	19 08 05	15 56 59
25 Su	24 24 12	3 ♑ 50 46	10 ♑ 52 42	13 09 55	9 12 39	6 21 24	5 46 26	3 17 19	11 53 38	22 14 57	29 47 34	17 51 16	19 17 15	16 06 28
26 M	25 34 19	18 01 59	24 56 32	15 10 50	10 28 08	7 11 09	6 10 20	3 51 04	12 00 15	22 24 19	0 ♊ 01 37	18 01 28	19 26 33	16 16 06
27 Tu	26 43 24	1 ♒ 56 22	8 ♒ 41 36	17 12 03	11 42 21	7 59 51	6 33 03	4 23 46	12 06 02	22 32 35	0 14 36	18 10 41	19 34 49	16 24 45
28 W	27 50 31	15 29 28	22 04 14	19 12 41	12 54 20	8 46 38	6 53 39	4 54 31	12 10 03	22 38 49	0 25 36	18 18 02	19 41 08	16 31 30
29 Th	28 55 09	28 39 00	5 ♓ 03 08	21 12 12	14 03 37	9 30 56	7 11 37	5 22 47	12 11 48	22 42 32	0 34 07	18 23 00	19 45 00	16 35 49
30 F	29 57 18	11 ♓ 25 04	17 39 18	23 10 34	15 10 07	10 12 45	7 26 56	5 48 33	12 11 16	22 43 41	0 40 06	18 25 33	19 46 23	16 37 42
31 Sa	0 ♌ 57 20	23 49 56	29 55 48	25 08 10	16 14 15	10 52 28	7 39 59	6 12 12	12 08 49	22 42 39	0 43 57	18 26 05	19 45 41	16 37 31

LONGITUDE — April 1956

Day	☉	0 hr ☽	Noon ☽	☿	♀	♂	⚵	⚳	♃	♄	⚷	♅	♆	♇
1 Su	1 ♌ 56 00	5 ♈ 57 43	11 ♈ 57 19	27 ♋ 05 42	17 ♍ 16 44	11 ♉ 30 50	7 ♉ 51 30	6 ♋ 34 28	12 ♐ 05 13	22 ♓ 40 12	0 ♊ 46 25	18 ♏ 25 19	19 ♒ 43 38	16 ♐ 36 01
2 M	2 54 14	17 53 45	23 49 31	29 04 04	18 18 30	12 08 45	8 02 25	6 56 18	12 01 24	22 37 16	0 48 25	18 24 13	19 41 10	16 34 08
3 Tu	3 52 60	29 43 60	5 ♉ 38 36	1 ♌ 04 12	19 20 30	12 47 13	8 13 41	7 18 39	11 58 19	22 34 47	0 50 56	18 23 43	19 39 15	16 32 50
4 W	4 53 07	11 ♉ 34 37	17 30 42	3 06 50	20 23 32	13 27 02	8 26 08	7 42 20	11 56 47	22 33 36	0 54 46	18 24 39	19 38 42	16 32 57
5 Th	5 55 09	23 31 28	29 31 34	5 12 27	21 28 12	14 08 45	8 40 19	8 07 56	11 57 24	22 34 17	1 00 29	18 27 35	19 40 05	16 35 02
6 F	6 59 18	5 ♊ 39 38	11 ♊ 45 58	7 21 08	22 34 38	14 52 36	8 56 26	8 35 38	12 00 21	22 37 01	1 08 18	18 32 44	19 43 37	16 39 17
7 Sa	8 05 22	18 03 11	24 17 31	9 32 35	23 42 40	15 38 21	9 14 17	9 05 14	12 05 25	22 41 37	1 17 60	18 39 52	19 49 05	16 45 29
8 Su	9 12 46	0 ♋ 44 46	7 ♋ 08 16	11 46 01	24 51 41	16 25 26	9 33 16	9 36 09	12 12 02	22 47 29	1 28 60	18 48 26	19 55 54	16 53 06
9 M	10 20 39	13 45 30	20 18 35	14 00 26	26 00 51	17 13 01	9 52 34	10 07 33	12 19 23	22 53 49	1 40 28	18 57 34	20 03 15	17 01 16
10 Tu	11 28 05	27 04 54	3 ♌ 47 13	16 14 39	27 09 11	18 00 07	10 11 13	10 38 28	12 26 29	22 59 37	1 51 27	19 06 20	20 10 09	17 09 01
11 W	12 34 10	10 ♌ 41 00	17 31 31	18 27 33	28 15 47	18 45 51	10 28 17	11 08 01	12 32 26	23 04 02	2 01 03	19 13 50	20 15 44	17 15 28
12 Th	13 38 14	24 30 46	1 ♍ 27 54	20 38 11	29 19 59	19 29 34	10 43 10	11 35 32	12 36 36	23 06 23	2 08 36	19 19 24	20 19 19	17 19 58
13 F	14 40 01	8 ♍ 30 38	15 32 32	22 45 60	0 ♎ 21 30	20 10 60	10 55 34	12 00 46	12 38 44	23 06 25	2 13 51	19 22 48	20 20 40	17 22 15
14 Sa	15 39 42	22 37 02	29 41 54	24 50 51	1 20 30	20 50 19	11 05 39	12 23 52	12 38 58	23 04 18	2 16 59	19 24 10	20 19 57	17 22 30
15 Su	16 37 50	6 ♎ 47 02	13 ♎ 53 16	26 52 59	2 17 30	21 28 04	11 13 58	12 45 24	12 37 53	23 00 36	2 18 32	19 24 05	20 17 43	17 21 16
16 M	17 35 16	20 58 25	28 04 45	28 52 53	3 13 22	22 05 07	11 21 23	13 06 13	12 36 20	22 56 10	2 19 21	19 23 23	20 14 48	17 19 23
17 Tu	18 32 56	5 ♏ 09 43	12 ♏ 15 10	0 ♍ 51 08	4 08 58	22 42 22	11 28 49	13 27 14	12 35 13	22 51 55	2 20 22	19 22 60	20 12 09	17 17 47
18 W	19 31 37	19 19 55	26 23 40	2 48 14	5 05 07	23 20 39	11 37 03	13 49 15	12 35 21	22 48 40	2 22 23	19 23 44	20 10 34	17 17 17
19 Th	20 31 51	3 ♐ 27 55	10 ♐ 29 11	4 44 22	6 02 18	24 00 27	11 46 37	14 12 48	12 37 16	22 46 56	2 25 55	19 26 06	20 10 34	17 18 24
20 F	21 33 45	17 32 14	24 30 09	6 39 22	7 00 39	24 41 56	11 57 38	14 38 01	12 41 05	22 46 52	2 31 07	19 30 15	20 12 18	17 21 15
21 Sa	22 37 05	1 ♑ 30 49	8 ♑ 24 20	8 32 42	7 59 52	25 24 49	12 09 51	15 04 37	12 46 33	22 48 11	2 37 42	19 35 54	20 15 28	17 25 36
22 Su	23 41 16	15 20 58	22 08 60	10 23 32	8 59 21	26 08 33	12 22 41	15 32 03	12 53 05	22 50 19	2 45 06	19 42 29	20 19 32	17 30 51
23 M	24 45 35	28 59 44	5 ♒ 41 12	12 10 55	9 58 23	26 52 22	12 35 25	15 59 34	12 59 57	22 52 34	2 52 36	19 49 17	20 23 46	17 36 17
24 Tu	25 49 17	12 ♒ 24 19	18 58 20	13 53 56	10 56 11	27 35 34	12 47 17	16 26 27	13 06 26	22 54 10	2 59 27	19 55 34	20 27 25	17 41 11
25 W	26 51 47	25 32 32	1 ♓ 58 35	15 31 48	11 52 09	28 17 34	12 57 44	16 52 06	13 11 56	22 54 33	3 05 05	20 00 44	20 29 55	17 44 56
26 Th	27 52 46	8 ♓ 23 14	14 41 17	17 04 03	12 45 56	28 57 59	13 06 23	17 16 12	13 16 07	22 53 23	3 09 08	20 04 27	20 30 55	17 47 14
27 F	28 52 09	20 56 32	27 07 05	18 30 28	13 37 25	29 36 47	13 13 12	17 38 39	13 18 54	22 50 36	3 11 34	20 06 39	20 30 21	17 47 58
28 Sa	29 50 07	3 ♈ 13 54	9 ♈ 17 57	19 51 09	14 26 48	0 ♊ 14 09	13 18 20	17 59 40	13 20 30	22 46 23	3 12 33	20 07 32	20 28 24	17 47 22
29 Su	0 ♍ 47 05	15 17 59	21 17 02	21 06 22	15 14 25	0 50 29	13 22 13	18 19 39	13 21 18	22 41 08	3 12 30	20 07 29	20 25 30	17 45 49
30 M	1 43 35	27 12 31	3 ♉ 08 27	22 16 34	16 00 48	1 26 17	13 25 21	18 39 05	13 21 49	22 35 24	3 11 55	20 07 02	20 22 09	17 43 51

Notes

May 1956

LONGITUDE

Day	☉	0 hr ☽	Noon ☽	☿	♀	♂	⚵	⚳	♃	♄	⚷	♅	♆	♇
1 Tu	2 ♍ 40 09	9 ♉ 01 59	14 ♉ 56 59	23 ♍ 22 14	16 ♎ 46 28	2 ♊ 02 08	13 ♉ 28 16	18 ♋ 58 34	13 ♐ 22 37	22 ♓ 29 42	3 ♊ 11 22	20 ♏ 06 43	20 ♒ 18 54	17 ♐ 42 00
2 W	3 37 16	20 51 20	26 47 47	24 23 45	17 31 51	2 38 29	13 31 29	19 18 33	13 24 11	22 24 34	3 11 20	20 07 03	20 16 14	17 40 46
3 Th	4 35 18	2 ♊ 45 43	8 ♊ 46 03	25 21 24	18 17 17	3 15 41	13 35 18	19 39 23	13 26 50	22 20 18	3 12 10	20 08 22	20 14 31	17 40 30
4 F	5 34 24	14 50 10	20 56 45	26 15 18	19 02 54	3 53 54	13 39 55	20 01 15	13 30 46	22 17 06	3 14 01	20 10 49	20 13 54	17 41 20
5 Sa	6 34 30	27 09 16	3 ♋ 24 15	27 05 17	19 48 35	4 33 04	13 45 14	20 24 03	13 35 53	22 14 53	3 16 49	20 14 20	20 14 19	17 43 14
6 Su	7 35 20	9 ♋ 46 52	16 11 58	27 51 04	20 34 03	5 12 55	13 51 01	20 47 33	13 41 57	22 13 24	3 20 19	20 18 41	20 15 31	17 45 56
7 M	8 36 32	22 45 42	29 21 60	28 32 12	21 18 53	5 53 03	13 56 50	21 11 20	13 48 33	22 12 15	3 24 08	20 23 26	20 17 05	17 49 02
8 Tu	9 37 36	6 ♌ 07 05	12 ♌ 54 52	29 08 11	22 02 33	6 33 01	14 02 15	21 34 57	13 55 14	22 10 59	3 27 47	20 28 10	20 18 35	17 52 04
9 W	10 38 09	19 50 41	26 49 14	29 38 32	22 44 36	7 12 21	14 06 49	21 57 57	14 01 35	22 09 10	3 30 51	20 32 25	20 19 35	17 54 37
10 Th	11 37 50	3 ♍ 54 18	11 ♍ 01 60	0 ♎ 02 56	23 24 41	7 50 46	14 10 13	22 20 04	14 07 15	22 06 31	3 33 01	20 35 53	20 19 46	17 56 22
11 F	12 36 32	18 14 08	25 28 33	0 21 16	24 02 37	8 28 08	14 12 21	22 41 07	14 12 09	22 02 52	3 34 10	20 38 27	20 19 00	17 57 12
12 Sa	13 34 20	2 ♎ 45 06	10 ♎ 03 18	0 33 38	24 38 26	9 04 31	14 13 15	23 01 13	14 16 19	21 58 20	3 34 22	20 40 11	20 17 22	17 57 11
13 Su	14 31 28	17 21 29	24 40 26	0 40 18	25 12 19	9 40 10	14 13 11	23 20 34	14 20 00	21 53 08	3 33 51	20 41 19	20 15 07	17 56 33
14 M	15 28 17	1 ♏ 57 36	9 ♏ 14 30	0 41 42	25 44 34	10 15 24	14 12 29	23 39 33	14 23 34	21 47 38	3 32 59	20 42 12	20 12 35	17 55 39
15 Tu	16 25 08	16 28 27	23 41 00	0 38 20	26 15 29	10 50 36	14 11 30	23 58 30	14 27 22	21 42 11	3 32 07	20 43 13	20 10 09	17 54 51
16 W	17 22 19	0 ♐ 50 04	7 ♐ 56 37	0 30 39	26 45 20	11 26 02	14 10 33	24 17 43	14 31 40	21 37 05	3 31 32	20 44 37	20 08 05	17 54 27
17 Th	18 19 60	14 59 36	21 59 07	0 19 00	27 14 10	12 01 54	14 09 46	24 37 22	14 36 40	21 32 30	3 31 24	20 46 36	20 06 33	17 54 36
18 F	19 18 11	28 55 18	5 ♑ 47 17	0 03 41	27 41 59	12 38 10	14 09 11	24 57 26	14 42 20	21 28 26	3 31 44	20 49 09	20 05 34	17 55 18
19 Sa	20 16 45	12 ♑ 36 15	19 20 34	29 ♍ 44 52	28 08 35	13 14 44	14 08 40	25 17 50	14 48 34	21 24 47	3 32 25	20 52 09	20 05 02	17 56 28
20 Su	21 15 30	26 02 08	2 ♒ 38 55	29 22 45	28 33 43	13 51 24	14 08 01	25 38 20	14 55 10	21 21 22	3 33 15	20 55 25	20 04 43	17 57 51
21 M	22 14 14	9 ♒ 13 05	15 42 36	28 57 31	28 57 06	14 27 57	14 07 01	25 58 45	15 01 56	21 17 56	3 34 01	20 58 44	20 04 26	17 59 17
22 Tu	23 12 46	22 09 30	28 32 07	28 29 28	29 18 31	15 04 11	14 05 29	26 18 53	15 08 39	21 14 20	3 34 33	21 01 55	20 03 59	18 00 34
23 W	24 10 60	4 ♓ 52 01	11 ♓ 08 11	27 58 60	29 37 46	15 40 01	14 03 20	26 38 37	15 15 14	21 10 26	3 34 43	21 04 51	20 03 16	18 01 36
24 Th	25 08 54	17 21 34	23 31 48	27 26 38	29 54 47	16 15 24	14 00 30	26 57 56	15 21 39	21 06 15	3 34 30	21 07 30	20 02 16	18 02 20
25 F	26 06 30	29 39 18	5 ♈ 44 17	26 53 00	0 ♏ 09 33	16 50 23	13 57 04	27 16 53	15 27 57	21 01 48	3 33 58	21 09 57	20 01 00	18 02 50
26 Sa	27 03 55	11 ♈ 46 48	17 47 24	26 18 48	0 22 07	17 25 04	13 53 06	27 35 33	15 34 13	20 57 12	3 33 12	21 12 15	19 59 37	18 03 12
27 Su	28 01 16	23 46 00	29 43 20	25 44 43	0 32 32	17 59 32	13 48 44	27 54 03	15 40 33	20 52 34	3 32 18	21 14 32	19 58 11	18 03 33
28 M	28 58 38	5 ♉ 39 20	11 ♉ 34 44	25 11 26	0 40 51	18 33 54	13 44 03	28 12 29	15 47 05	20 47 58	3 31 22	21 16 54	19 56 49	18 03 57
29 Tu	29 56 06	17 29 41	23 24 45	24 39 36	0 47 03	19 08 13	13 39 08	28 30 54	15 53 51	20 43 31	3 30 29	21 19 25	19 55 34	18 04 30
30 W	0 ♎ 53 39	29 20 24	5 ♊ 16 60	24 09 43	0 51 08	19 42 28	13 33 57	28 49 19	16 00 51	20 39 10	3 29 39	21 22 04	19 54 27	18 05 10
31 Th	1 51 16	11 ♊ 15 14	17 15 25	23 42 16	0 52 59	20 16 38	13 28 30	29 07 40	16 08 03	20 34 55	3 28 49	21 24 50	19 53 26	18 05 56

June 1956

LONGITUDE

Day	☉	0 hr ☽	Noon ☽	☿	♀	♂	⚵	⚳	♃	♄	⚷	♅	♆	♇
1 F	2 ♎ 48 50	23 ♊ 18 17	29 ♊ 24 14	23 ♍ 17 35	0 ♏ 52 29	20 ♊ 50 36	13 ♉ 22 40	29 ♋ 25 53	16 ♐ 15 22	20 ♓ 30 40	3 ♊ 27 53	21 ♏ 27 36	19 ♒ 52 24	18 ♐ 06 43
2 Sa	3 46 16	5 ♋ 33 50	11 ♋ 47 43	22 55 59	0 49 31	21 24 16	13 16 22	29 43 51	16 22 41	20 26 20	3 26 46	21 30 17	19 51 17	18 07 24
3 Su	4 43 30	18 06 08	24 29 59	22 37 44	0 43 59	21 57 34	13 09 32	0 ♌ 01 30	16 29 56	20 21 50	3 25 24	21 32 49	19 50 00	18 07 55
4 M	5 40 31	0 ♌ 59 04	7 ♌ 34 34	22 23 05	0 35 50	22 30 27	13 02 09	0 18 49	16 37 07	20 17 09	3 23 46	21 35 11	19 48 32	18 08 15
5 Tu	6 37 23	14 15 46	21 03 58	22 12 21	0 25 09	23 03 00	12 54 16	0 35 51	16 44 16	20 12 21	3 21 55	21 37 25	19 46 56	18 08 28
6 W	7 34 12	27 58 01	4 ♍ 59 02	22 05 48	0 12 03	23 35 19	12 46 01	0 52 44	16 51 31	20 07 34	3 19 59	21 39 41	19 45 21	18 08 41
7 Th	8 31 10	12 ♍ 05 43	19 18 34	22 03 46	29 ♎ 56 44	24 07 35	12 37 36	1 09 38	16 59 03	20 02 59	3 18 08	21 42 07	19 43 57	18 09 06
8 F	9 28 29	26 36 27	3 ♎ 58 52	22 06 33	29 39 25	24 39 59	12 29 13	1 26 44	17 07 03	19 58 47	3 16 35	21 44 57	19 42 55	18 09 52
9 Sa	10 26 15	11 ♎ 25 15	18 53 52	22 14 18	29 20 16	25 12 39	12 20 58	1 44 11	17 15 39	19 55 06	3 15 27	21 48 17	19 42 23	18 11 10
10 Su	11 24 32	26 24 58	3 ♏ 55 41	22 27 06	28 59 24	25 45 35	12 12 56	2 02 00	17 24 53	19 51 59	3 14 46	21 52 10	19 42 24	18 12 60
11 M	12 23 12	11 ♏ 27 06	18 55 35	22 44 49	28 36 47	26 18 43	12 04 59	2 20 06	17 34 38	19 49 20	3 14 27	21 56 30	19 42 52	18 15 16
12 Tu	13 22 04	26 22 58	3 ♐ 45 23	23 07 14	28 12 16	26 51 47	11 56 56	2 38 13	17 44 42	19 46 55	3 14 16	22 01 03	19 43 33	18 17 45
13 W	14 20 47	11 ♐ 04 59	18 18 23	23 33 58	27 45 41	27 24 30	11 48 28	2 56 05	17 54 46	19 44 26	3 13 54	22 05 31	19 44 08	18 20 09
14 Th	15 19 05	25 27 33	2 ♑ 30 13	24 04 42	27 16 51	27 56 34	11 39 18	3 13 23	18 04 32	19 41 36	3 13 04	22 09 36	19 44 21	18 22 10
15 F	16 16 44	9 ♑ 27 34	16 18 52	24 39 07	26 45 42	28 27 44	11 29 13	3 29 54	18 13 46	19 38 11	3 11 33	22 13 05	19 43 57	18 23 35
16 Sa	17 13 40	23 04 12	29 44 27	25 17 05	26 12 20	28 57 55	11 18 08	3 45 33	18 22 24	19 34 07	3 09 16	22 15 52	19 42 53	18 24 18
17 Su	18 09 56	6 ♒ 18 31	12 ♒ 48 41	25 58 37	25 36 60	29 27 14	11 06 10	4 00 24	18 30 30	19 29 28	3 06 18	22 18 04	19 41 12	18 24 25
18 M	19 05 50	19 12 54	25 34 16	26 43 54	25 00 10	29 55 53	10 53 33	4 14 43	18 38 20	19 24 30	3 02 54	22 19 54	19 39 11	18 24 10
19 Tu	20 01 41	1 ♓ 50 22	8 ♓ 04 21	27 33 11	24 22 24	0 ♋ 24 14	10 40 40	4 28 50	18 46 14	19 19 34	2 59 25	22 21 44	19 37 09	18 23 55
20 W	20 57 54	14 14 09	20 22 09	28 26 50	23 44 20	0 52 40	10 27 55	4 43 10	18 54 37	19 15 05	2 56 15	22 23 58	19 35 32	18 24 05
21 Th	21 54 51	26 27 22	2 ♈ 30 40	29 25 08	23 06 35	1 21 33	10 15 40	4 58 04	19 03 50	19 11 24	2 53 48	22 26 59	19 34 42	18 25 00
22 F	22 52 50	8 ♈ 32 48	14 32 31	0 ♎ 28 20	22 29 40	1 51 11	10 04 15	5 13 51	19 14 11	19 08 49	2 52 19	22 31 02	19 34 55	18 26 59
23 Sa	23 51 58	20 32 47	26 29 58	1 36 28	21 53 58	2 21 40	9 53 46	5 30 36	19 25 48	19 07 28	2 51 57	22 36 17	19 36 20	18 30 09
24 Su	24 52 13	2 ♉ 29 20	8 ♉ 24 59	2 49 29	21 19 42	2 52 57	9 44 13	5 48 18	19 38 37	19 07 18	2 52 40	22 42 41	19 38 54	18 34 28
25 M	25 53 22	14 24 12	20 19 20	4 07 06	20 46 52	3 24 48	9 35 22	6 06 44	19 52 26	19 08 06	2 54 14	22 49 60	19 42 24	18 39 42
26 Tu	26 55 02	26 19 04	2 ♊ 14 48	5 28 52	20 15 19	3 56 50	9 26 51	6 25 29	20 06 51	19 09 30	2 56 16	22 57 51	19 46 26	18 45 29
27 W	27 56 43	8 ♊ 15 46	14 13 21	6 54 17	19 44 48	4 28 34	9 18 11	6 44 05	20 21 24	19 10 59	2 58 16	23 05 44	19 50 33	18 51 18
28 Th	28 57 55	20 16 26	26 17 22	8 22 46	19 15 00	4 59 26	9 08 53	7 02 00	20 35 32	19 12 04	2 59 45	23 13 10	19 54 11	18 56 39
29 F	29 58 10	2 ♋ 23 40	8 ♋ 29 41	9 53 49	18 45 40	5 28 59	8 58 29	7 18 47	20 48 48	19 12 16	3 00 14	23 19 40	19 56 55	19 01 05
30 Sa	0 ♏ 57 10	14 40 42	20 53 39	11 27 06	18 16 40	5 56 54	8 46 41	7 34 06	21 00 54	19 11 17	2 59 25	23 24 55	19 58 25	19 04 16

Notes

LONGITUDE — July 1956

Day	☉	0 hr ☽	Noon ☽	☿	♀	♂	⚵	⚳	♃	♄	⚷	♅	♆	♇
1 Su	1 ♏ 54 50	27 ♋ 11 17	3 ♌ 33 09	13 ♎ 02 29	17 ♎ 48 05	6 ♋ 23 06	8 ♉ 33 27	7 ♌ 47 54	21 ♐ 11 46	19 ♓ 09 03	2 ♊ 57 14	23 ♏ 28 52	19 ♒ 58 37	19 ♐ 06 09
2 M	2 51 22	9 ♌ 59 32	16 32 13	14 40 06	17 20 15	6 47 45	8 18 58	8 00 21	21 21 34	19 05 46	2 53 52	23 31 41	19 57 43	19 06 55
3 Tu	3 47 13	23 09 35	29 54 41	16 20 19	16 53 45	7 11 18	8 03 41	8 11 54	21 30 45	19 01 52	2 49 47	23 33 51	19 56 09	19 07 00
4 W	4 43 01	6 ♍ 44 59	13 ♍ 43 26	18 03 42	16 29 19	7 34 22	7 48 17	8 23 12	21 39 59	18 58 00	2 45 36	23 35 58	19 54 34	19 07 04
5 Th	5 39 30	20 47 52	27 59 36	19 50 52	16 07 45	7 57 40	7 33 29	8 34 57	21 49 57	18 54 53	2 42 03	23 38 46	19 53 41	19 07 49
6 F	6 37 15	5 ♎ 18 04	12 ♎ 41 39	21 42 17	15 49 44	8 21 49	7 19 55	8 47 46	22 01 16	18 53 08	2 39 45	23 42 52	19 54 08	19 09 52
7 Sa	7 36 42	20 12 22	27 44 51	23 38 13	15 35 43	8 47 09	7 07 59	9 02 02	22 14 21	18 53 08	2 39 05	23 48 39	19 56 16	19 13 37
8 Su	8 37 49	5 ♏ 24 08	13 ♏ 01 12	25 38 29	15 25 44	9 13 42	6 57 43	9 17 46	22 29 11	18 54 55	2 40 04	23 56 08	20 00 07	19 19 04
9 M	9 40 16	20 43 52	28 20 21	27 42 30	15 19 27	9 41 05	6 48 46	9 34 34	22 45 25	18 58 06	2 42 20	24 04 56	20 05 20	19 25 50
10 Tu	10 43 20	6 ♐ 00 27	13 ♐ 31 15	29 49 23	15 16 09	10 08 35	6 40 26	9 51 46	23 02 20	19 01 59	2 45 12	24 14 23	20 11 11	19 33 15
11 W	11 46 11	21 03 08	28 23 60	1 ♏ 57 59	15 15 00	10 35 22	6 31 54	10 08 31	23 19 05	19 05 45	2 47 48	24 23 36	20 16 51	19 40 28
12 Th	12 48 01	5 ♑ 43 20	12 ♑ 51 26	4 07 17	15 15 13	11 00 37	6 22 24	10 24 00	23 34 54	19 08 35	2 49 22	24 31 50	20 21 33	19 46 41
13 F	13 48 18	19 55 42	26 49 53	6 16 25	15 16 12	11 23 47	6 11 24	10 37 42	23 49 14	19 09 57	2 49 21	24 38 31	20 24 43	19 51 22
14 Sa	14 46 52	3 ♒ 38 27	10 ♒ 18 57	8 24 55	15 17 48	11 44 42	5 58 45	10 49 26	24 01 55	19 09 42	2 47 36	24 43 29	20 26 12	19 54 21
15 Su	15 43 56	16 52 53	23 20 60	10 32 42	15 20 10	12 03 35	5 44 41	10 59 26	24 13 10	19 08 02	2 44 20	24 46 59	20 26 13	19 55 51
16 M	16 40 04	29 42 29	6 ♓ 00 05	12 40 02	15 23 51	12 20 59	5 29 47	11 08 14	24 23 33	19 05 33	2 40 06	24 49 33	20 25 21	19 56 26
17 Tu	17 36 04	12 ♓ 11 59	18 21 14	14 47 24	15 29 34	12 37 40	5 14 51	11 16 39	24 33 50	19 02 59	2 35 42	24 51 58	20 24 21	19 56 53
18 W	18 32 45	24 26 33	0 ♈ 29 35	16 55 22	15 38 08	12 54 27	5 00 43	11 25 29	24 44 52	19 01 13	2 31 58	24 55 05	20 24 05	19 58 02
19 Th	19 30 53	6 ♈ 31 10	12 29 58	19 04 25	15 50 14	13 12 05	4 48 10	11 35 30	24 57 25	19 00 59	2 29 40	24 59 39	20 25 17	20 00 39
20 F	20 31 02	18 30 12	24 26 27	21 14 52	16 06 23	13 31 07	4 37 47	11 47 15	25 12 01	19 02 51	2 29 22	25 06 13	20 28 32	20 05 17
21 Sa	21 33 27	0 ♉ 27 09	6 ♉ 22 17	23 26 48	16 26 46	13 51 48	4 29 48	12 00 60	25 28 56	19 07 04	2 31 17	25 15 03	20 34 03	20 12 11
22 Su	22 38 02	12 24 37	18 19 46	25 39 55	16 51 15	14 14 01	4 24 10	12 16 38	25 48 04	19 13 33	2 35 22	25 26 03	20 41 47	20 21 16
23 M	23 44 22	24 24 20	0 ♊ 20 25	27 53 38	17 19 21	14 37 20	4 20 27	12 33 44	26 08 59	19 21 52	2 41 10	25 38 48	20 51 18	20 32 06
24 Tu	24 51 45	6 ♊ 27 22	12 25 12	0 ♐ 07 09	17 50 18	15 01 02	4 17 59	12 51 36	26 31 00	19 31 19	2 48 00	25 52 36	21 01 52	20 43 59
25 W	25 59 17	18 34 26	24 34 49	2 19 26	18 23 09	15 24 12	4 15 51	13 09 19	26 53 13	19 40 60	2 54 58	26 06 32	21 12 37	20 56 01
26 Th	27 06 03	0 ♋ 46 15	6 ♋ 50 05	4 29 30	18 56 54	15 45 54	4 13 10	13 25 58	27 14 41	19 49 60	3 01 08	26 19 40	21 22 36	21 07 17
27 F	28 11 14	13 03 53	19 12 16	6 36 27	19 30 41	16 05 17	4 09 06	13 40 43	27 34 36	19 57 29	3 05 42	26 31 12	21 31 01	21 16 57
28 Sa	29 14 15	25 29 04	1 ♌ 43 19	8 39 40	20 03 52	16 21 47	4 03 06	13 52 60	27 52 24	20 02 53	3 08 04	26 40 34	21 37 18	21 24 27
29 Su	0 ♐ 14 57	8 ♌ 04 24	14 26 03	10 38 58	20 36 15	16 35 13	3 54 60	14 02 38	28 07 53	20 06 03	3 08 06	26 47 35	21 41 16	21 29 38
30 M	1 13 34	20 53 19	27 24 05	12 34 34	21 08 00	16 45 49	3 45 05	14 09 53	28 21 21	20 07 14	3 06 03	26 52 32	21 43 11	21 32 44
31 Tu	2 10 49	3 ♍ 59 55	10 ♍ 41 28	14 27 09	21 39 46	16 54 16	3 34 02	14 15 25	28 33 27	20 07 06	3 02 35	26 56 04	21 43 43	21 34 27

LONGITUDE — August 1956

Day	☉	0 hr ☽	Noon ☽	☿	♀	♂	⚵	⚳	♃	♄	⚷	♅	♆	♇
1 W	3 ♐ 07 41	17 ♍ 28 24	24 ♍ 22 04	16 ♐ 17 42	22 ♎ 12 30	17 ♋ 01 33	3 ♉ 22 52	14 ♌ 20 14	28 ♐ 45 11	20 ♓ 06 40	2 ♊ 58 43	26 ♏ 59 11	21 ♒ 43 54	21 ♐ 35 45
2 Th	4 05 16	1 ♎ 22 16	8 ♎ 28 42	18 07 20	22 47 15	17 08 45	3 12 42	14 25 27	28 57 40	20 07 03	2 55 34	27 03 01	21 44 48	21 37 47
3 F	5 04 36	15 43 18	23 02 00	19 57 04	23 24 59	17 16 54	3 04 33	14 32 04	29 11 55	20 09 14	2 54 08	27 08 34	21 47 28	21 41 33
4 Sa	6 06 20	0 ♏ 30 27	7 ♏ 59 24	21 47 34	24 06 18	17 26 37	2 59 05	14 40 45	29 28 36	20 13 55	2 55 05	27 16 30	21 52 33	21 47 43
5 Su	7 10 36	15 38 60	23 14 35	23 38 59	24 51 18	17 38 02	2 56 27	14 51 36	29 47 49	20 21 12	2 58 34	27 26 55	22 00 11	21 56 23
6 M	8 16 56	1 ♐ 00 31	8 ♐ 37 48	25 30 51	25 39 27	17 50 42	2 56 11	15 04 10	0 ♑ 09 08	20 30 38	3 04 05	27 39 24	22 09 53	22 07 07
7 Tu	9 24 23	16 23 49	23 57 20	27 22 14	26 29 47	18 03 38	2 57 21	15 17 30	0 31 34	20 41 15	3 10 43	27 52 58	22 20 43	22 18 57
8 W	10 31 45	1 ♑ 36 50	9 ♑ 01 33	29 11 55	27 21 02	18 15 39	2 58 45	15 30 24	0 53 57	20 51 52	3 17 16	28 06 24	22 31 28	22 30 41
9 Th	11 37 51	16 28 56	23 41 08	0 ♑ 58 46	28 12 01	18 25 34	2 59 13	15 41 41	1 15 05	21 01 19	3 22 33	28 18 35	22 40 59	22 41 10
10 F	12 41 53	0 ♒ 52 40	7 ♒ 50 21	2 41 58	29 01 51	18 32 35	2 57 57	15 50 31	1 34 09	21 08 47	3 25 45	28 28 39	22 48 26	22 49 33
11 Sa	13 43 30	14 44 35	21 27 27	4 21 11	29 50 12	18 36 22	2 54 36	15 56 36	1 50 50	21 13 54	3 26 33	28 36 17	22 53 30	22 55 31
12 Su	14 42 57	28 05 05	4 ♓ 34 12	5 56 39	0 ♏ 37 14	18 37 08	2 49 26	16 00 08	2 05 21	21 16 57	3 25 10	28 41 43	22 56 24	22 59 18
13 M	15 40 55	10 ♓ 57 29	17 14 49	7 29 03	1 23 38	18 35 35	2 43 07	16 01 50	2 18 24	21 18 35	3 22 18	28 45 38	22 57 50	23 01 35
14 Tu	16 38 24	23 27 02	29 35 03	8 59 23	2 10 22	18 32 45	2 36 41	16 02 40	2 30 58	21 19 49	3 18 58	28 49 03	22 58 48	23 03 23
15 W	17 36 32	5 ♈ 39 50	11 ♈ 41 06	10 28 46	2 58 31	18 29 43	2 31 14	16 03 47	2 44 12	21 21 45	3 16 16	28 53 04	23 00 24	23 05 48
16 Th	18 36 18	17 42 02	23 39 02	11 58 12	3 49 04	18 27 32	2 27 47	16 06 10	2 59 04	21 25 26	3 15 13	28 58 42	23 03 40	23 09 51
17 F	19 38 28	29 39 14	5 ♉ 34 11	13 28 24	4 42 46	18 26 56	2 27 05	16 10 34	3 16 21	21 31 35	3 16 35	29 06 43	23 09 22	23 16 18
18 Sa	20 43 25	11 ♉ 36 05	17 30 50	14 59 45	5 39 57	18 28 20	2 29 32	16 17 23	3 36 25	21 40 36	3 20 44	29 17 28	23 17 50	23 25 30
19 Su	21 51 05	23 36 01	29 32 04	16 32 07	6 40 31	18 31 40	2 35 03	16 26 32	3 59 12	21 52 24	3 27 36	29 30 54	23 29 02	23 37 24
20 M	23 00 58	5 ♊ 41 19	11 ♊ 39 44	18 05 00	7 43 57	18 36 25	2 43 07	16 37 30	4 24 11	22 06 29	3 36 41	29 46 30	23 42 27	23 51 29
21 Tu	24 12 12	17 53 07	23 54 42	19 37 29	8 49 22	18 41 46	2 52 54	16 49 26	4 50 31	22 21 58	3 47 08	0 ♐ 03 25	23 57 12	24 06 54
22 W	25 23 40	0 ♋ 11 45	6 ♋ 17 01	21 08 26	9 55 39	18 46 37	3 03 18	17 01 13	5 17 05	22 37 48	3 57 49	0 20 32	24 12 14	24 22 33
23 Th	26 34 15	12 37 04	18 46 28	22 36 37	11 01 37	18 49 50	3 13 08	17 11 43	5 42 45	22 52 46	4 07 37	0 36 42	24 26 21	24 37 16
24 F	27 42 55	25 08 55	1 ♌ 22 54	24 00 59	12 06 14	18 50 25	3 21 25	17 19 55	6 06 29	23 05 54	4 15 30	0 50 55	24 38 33	24 50 02
25 Sa	28 48 57	7 ♌ 47 36	14 06 49	25 20 44	13 08 47	18 47 42	3 27 26	17 25 05	6 27 35	23 16 29	4 20 47	1 02 28	24 48 08	25 00 10
26 Su	29 52 08	20 34 14	26 59 32	26 35 35	14 09 01	18 41 27	3 30 56	17 27 00	6 45 49	23 24 16	4 23 12	1 11 06	24 54 51	25 07 24
27 M	0 ♑ 52 43	3 ♍ 30 56	10 ♍ 03 24	27 45 41	15 07 09	18 31 58	3 32 11	17 25 56	7 01 26	23 29 31	4 23 02	1 17 06	24 58 58	25 12 01
28 Tu	1 51 29	16 40 42	23 21 34	28 51 42	16 03 57	18 20 02	3 31 58	17 22 38	7 15 12	23 32 59	4 21 02	1 21 13	25 01 15	25 14 45
29 W	2 49 32	0 ♎ 07 08	6 ♎ 57 34	29 54 39	17 00 30	18 06 48	3 31 22	17 18 13	7 28 14	23 35 48	4 18 20	1 24 33	25 02 49	25 16 45
30 Th	3 48 08	13 53 41	20 54 29	0 ♒ 55 40	17 58 05	17 53 34	3 31 41	17 13 57	7 41 48	23 39 14	4 16 12	1 28 24	25 04 56	25 19 17
31 F	4 48 27	28 02 48	5 ♏ 13 59	1 55 47	18 57 49	17 41 33	3 34 04	17 11 01	7 57 04	23 44 27	4 15 47	1 33 55	25 08 46	25 23 30

Notes

September 1956 — LONGITUDE

Day	☉	0 hr ☽	Noon ☽	☿	♀	♂	⚵	⚳	♃	♄	⚷	♅	♆	♇
1 Sa	5 ♑ 51 18	12 ♏ 34 46	19 ♏ 55 13	2 ♒ 55 38	20 ♏ 00 30	17 ♋ 31 34	3 ♉ 39 19	17 ♌ 10 12	8 ♑ 14 49	23 ♓ 52 14	4 ♊ 17 54	1 ♐ 41 53	25 ♒ 15 06	25 ♐ 30 11
2 Su	6 56 52	27 26 54	4 ♐ 54 05	3 55 16	21 06 19	17 23 52	3 47 37	17 11 44	8 35 17	24 02 48	4 22 46	1 52 32	25 24 10	25 39 34
3 M	8 04 45	12 ♐ 33 00	20 03 06	4 54 04	22 14 51	17 18 06	3 58 35	17 15 10	8 58 01	24 15 44	4 29 57	2 05 26	25 35 31	25 51 14
4 Tu	9 13 58	27 43 56	5 ♑ 12 14	5 50 51	23 25 05	17 13 19	4 11 14	17 19 33	9 22 04	24 30 03	4 38 29	2 19 36	25 48 12	26 04 11
5 W	10 23 15	12 ♑ 48 55	20 10 42	6 44 09	24 35 46	17 08 19	4 24 17	17 23 37	9 46 09	24 44 30	4 47 06	2 33 47	26 00 57	26 17 10
6 Th	11 31 20	27 37 31	4 ♒ 48 50	7 32 26	25 45 36	17 01 53	4 36 29	17 26 07	10 09 00	24 57 48	4 54 32	2 46 43	26 12 30	26 28 56
7 F	12 37 17	12 ♒ 01 32	18 59 49	8 14 30	26 53 39	16 53 07	4 46 52	17 26 06	10 29 41	25 09 01	4 59 51	2 57 27	26 21 54	26 38 31
8 Sa	13 40 38	25 56 10	2 ♓ 40 26	8 49 37	27 59 27	16 41 38	4 55 01	17 23 09	10 47 45	25 17 43	5 02 36	3 05 32	26 28 42	26 45 28
9 Su	14 41 32	9 ♓ 20 22	15 51 04	9 17 37	29 03 07	16 27 37	5 01 02	17 17 22	11 03 20	25 23 60	5 02 55	3 11 06	26 33 02	26 49 56
10 M	15 40 36	22 16 13	28 34 54	9 38 48	0 ♐ 05 16	16 11 43	5 05 33	17 09 24	11 17 03	25 28 30	5 01 25	3 14 47	26 35 33	26 52 33
11 Tu	16 38 48	4 ♈ 48 11	10 ♈ 57 04	9 53 49	1 06 52	15 54 59	5 09 32	17 00 14	11 29 52	25 32 12	4 59 05	3 17 33	26 37 10	26 54 14
12 W	17 37 14	17 02 04	23 03 45	10 03 26	2 09 00	15 38 32	5 14 04	16 50 58	11 42 53	25 36 11	4 57 02	3 20 29	26 39 02	26 56 09
13 Th	18 36 57	29 04 08	5 ♉ 01 17	10 08 22	3 12 44	15 23 30	5 20 13	16 42 39	11 57 09	25 41 30	4 56 16	3 24 39	26 42 10	26 59 18
14 F	19 38 46	11 ♉ 00 30	16 55 39	10 09 06	4 18 49	15 10 43	5 28 46	16 36 07	12 13 28	25 48 58	4 57 38	3 30 51	26 47 24	27 04 30
15 Sa	20 43 07	22 56 34	28 52 01	10 05 48	5 27 44	15 00 40	5 40 11	16 31 47	12 32 17	25 59 01	5 01 34	3 39 31	26 55 08	27 12 12
16 Su	21 49 60	4 ♊ 56 44	10 ♊ 54 23	9 58 15	6 39 27	14 53 24	5 54 25	16 29 42	12 53 35	26 11 38	5 08 03	3 50 39	27 05 24	27 22 24
17 M	22 58 59	17 04 11	23 05 32	9 45 50	7 53 32	14 48 31	6 11 05	16 29 24	13 16 58	26 26 25	5 16 41	4 03 50	27 17 46	27 34 40
18 Tu	24 09 17	29 20 53	5 ♋ 26 57	9 27 43	9 09 12	14 45 18	6 29 21	16 30 09	13 41 37	26 42 34	5 26 39	4 18 16	27 31 27	27 48 13
19 W	25 19 54	11 ♋ 47 39	17 59 03	9 02 56	10 25 25	14 42 44	6 48 13	16 30 55	14 06 30	26 59 03	5 36 57	4 32 56	27 45 24	28 02 01
20 Th	26 29 44	24 24 26	0 ♌ 41 24	8 30 40	11 41 06	14 39 47	7 06 36	16 30 38	14 30 35	27 14 48	5 46 30	4 46 46	27 58 34	28 14 59
21 F	27 37 50	7 ♌ 10 38	13 33 13	7 50 22	12 55 17	14 35 33	7 23 32	16 28 21	14 52 52	27 28 51	5 54 21	4 58 47	28 09 59	28 26 11
22 Sa	28 43 32	20 05 35	26 33 43	7 02 01	14 07 17	14 29 22	7 38 22	16 23 25	15 12 42	27 40 33	5 59 49	5 08 20	28 18 59	28 34 57
23 Su	29 46 35	3 ♍ 08 57	9 ♍ 42 38	6 06 16	15 16 53	14 21 03	7 50 49	16 15 36	15 29 50	27 49 38	6 02 41	5 15 10	28 25 19	28 41 01
24 M	0 ♒ 47 13	16 21 00	23 00 24	5 04 27	16 24 16	14 10 50	8 01 07	16 05 07	15 44 30	27 56 20	6 03 08	5 19 30	28 29 13	28 44 37
25 Tu	1 46 05	29 42 50	6 ♎ 28 16	3 58 34	17 30 06	13 59 24	8 09 56	15 52 39	15 57 20	28 01 18	6 01 52	5 22 00	28 31 19	28 46 23
26 W	2 44 10	13 ♎ 16 07	20 08 00	2 51 09	18 35 21	13 47 45	8 18 12	15 39 11	16 09 19	28 05 30	5 59 49	5 23 38	28 32 37	28 47 19
27 Th	3 42 34	27 02 46	4 ♏ 01 26	1 44 57	19 41 06	13 37 01	8 27 04	15 25 51	16 21 33	28 10 03	5 58 07	5 25 30	28 34 12	28 48 32
28 F	4 42 18	11 ♏ 04 18	18 09 39	0 42 44	20 48 23	13 28 15	8 37 31	15 13 39	16 35 03	28 15 57	5 57 46	5 28 37	28 37 06	28 51 00
29 Sa	5 44 04	25 20 57	2 ♐ 32 18	29 ♑ 46 53	21 57 52	13 22 10	8 50 15	15 03 18	16 50 30	28 23 55	5 59 29	5 33 41	28 41 59	28 55 28
30 Su	6 48 04	9 ♐ 51 07	17 06 52	28 59 14	23 09 47	13 18 59	9 05 29	14 55 03	17 08 09	28 34 09	6 03 28	5 40 55	28 49 06	29 02 06

October 1956 — LONGITUDE

Day	☉	0 hr ☽	Noon ☽	☿	♀	♂	⚵	⚳	♃	♄	⚷	♅	♆	♇
1 M	7 ♒ 54 01	24 ♐ 30 50	1 ♑ 48 30	28 ♑ 20 53	24 ♐ 23 49	13 ♋ 18 26	9 ♉ 22 54	14 ♌ 48 36	17 ♑ 27 39	28 ♓ 46 21	6 ♊ 09 25	5 ♐ 50 00	28 ♒ 58 08	29 ♐ 10 38
2 Tu	9 01 09	9 ♑ 13 60	16 30 22	27 52 19	25 39 11	13 19 47	9 41 44	14 43 12	17 48 17	28 59 45	6 16 35	6 00 12	29 08 19	29 20 17
3 W	10 08 27	23 52 60	1 ♒ 04 38	27 33 26	26 54 54	13 22 03	10 01 00	14 37 52	18 09 00	29 13 22	6 23 57	6 10 29	29 18 39	29 30 04
4 Th	11 14 54	8 ♒ 19 59	15 23 43	27 23 51	28 09 56	13 24 12	10 19 40	14 31 35	18 28 49	29 26 09	6 30 30	6 19 51	29 28 07	29 38 57
5 F	12 19 43	22 28 11	29 21 37	27 23 08	29 23 28	13 25 27	10 36 56	14 23 36	18 46 55	29 37 19	6 35 27	6 27 29	29 35 55	29 46 08
6 Sa	13 22 28	6 ♓ 12 54	12 ♓ 54 45	27 30 56	0 ♑ 35 05	13 25 25	10 52 22	14 13 28	19 02 52	29 46 26	6 38 22	6 32 59	29 41 37	29 51 12
7 Su	14 23 09	19 32 07	26 02 12	27 47 08	1 44 47	13 24 05	11 05 58	14 01 14	19 16 41	29 53 31	6 39 15	6 36 20	29 45 14	29 54 09
8 M	15 22 10	2 ♈ 26 25	8 ♈ 45 35	28 11 47	2 52 57	13 21 52	11 18 07	13 47 19	19 28 46	29 58 58	6 38 30	6 37 56	29 47 10	29 55 23
9 Tu	16 20 11	14 58 35	21 08 27	28 45 01	4 00 17	13 19 26	11 29 31	13 32 24	19 39 47	0 ♈ 03 26	6 36 48	6 38 28	29 48 04	29 55 35
10 W	17 18 02	27 12 58	3 ♉ 15 40	29 27 02	5 07 34	13 17 37	11 40 58	13 17 18	19 50 32	0 07 45	6 34 58	6 38 45	29 48 47	29 55 32
11 Th	18 16 29	9 ♉ 14 49	15 12 49	0 ♒ 17 56	6 15 36	13 17 11	11 53 15	13 02 50	20 01 51	0 12 43	6 33 47	6 39 34	29 50 05	29 56 04
12 F	19 16 13	21 09 45	27 05 35	1 17 34	7 25 02	13 18 48	12 07 01	12 49 41	20 14 20	0 18 58	6 33 55	6 41 34	29 52 38	29 57 49
13 Sa	20 17 36	3 ♊ 03 14	8 ♊ 59 24	2 25 35	8 36 15	13 22 50	12 22 40	12 38 15	20 28 24	0 26 53	6 35 44	6 45 09	29 56 49	0 ♑ 01 10
14 Su	21 20 44	15 00 16	20 59 02	3 41 15	9 49 21	13 29 23	12 40 15	12 28 37	20 44 08	0 36 34	6 39 20	6 50 24	0 ♓ 02 43	0 06 12
15 M	22 25 22	27 05 01	3 ♋ 08 23	5 03 36	11 04 04	13 38 11	12 59 34	12 20 34	21 01 17	0 47 47	6 44 29	6 57 05	0 10 06	0 12 42
16 Tu	23 31 01	9 ♋ 20 46	15 30 16	6 31 26	12 19 55	13 48 46	13 20 05	12 13 38	21 19 23	1 00 02	6 50 42	7 04 41	0 18 28	0 20 10
17 W	24 37 01	21 49 42	28 06 23	8 03 25	13 36 15	14 00 25	13 41 10	12 07 09	21 37 44	1 12 38	6 57 17	7 12 34	0 27 09	0 27 55
18 Th	25 42 38	4 ♌ 32 57	10 ♌ 57 20	9 38 15	14 52 18	14 12 25	14 02 03	12 00 25	21 55 37	1 24 53	7 03 32	7 19 59	0 35 26	0 35 15
19 F	26 47 15	17 30 36	24 02 42	11 14 43	16 07 28	14 24 07	14 22 08	11 52 48	22 12 24	1 36 08	7 08 49	7 26 19	0 42 41	0 41 30
20 Sa	27 50 23	0 ♍ 41 59	7 ♍ 21 20	12 51 54	17 21 15	14 35 04	14 40 55	11 43 52	22 27 38	1 45 55	7 12 40	7 31 05	0 48 26	0 46 14
21 Su	28 51 52	14 05 50	20 51 39	14 29 12	18 33 30	14 45 02	14 58 14	11 33 26	22 41 07	1 54 03	7 14 53	7 34 07	0 52 29	0 49 15
22 M	29 51 50	27 40 38	4 ♎ 32 01	16 06 21	19 44 19	14 54 09	15 14 12	11 21 38	22 52 58	2 00 40	7 15 37	7 35 31	0 54 59	0 50 41
23 Tu	0 ♓ 50 39	11 ♎ 24 54	18 20 54	17 43 26	20 54 06	15 02 47	15 29 13	11 08 52	23 03 35	2 06 08	7 15 15	7 35 42	0 56 18	0 50 55
24 W	1 48 55	25 17 22	2 ♏ 17 06	19 20 47	22 03 26	15 11 32	15 43 50	10 55 45	23 13 33	2 11 04	7 14 21	7 35 15	0 57 02	0 50 32
25 Th	2 47 18	9 ♏ 16 58	16 19 37	20 58 49	23 12 57	15 21 02	15 58 45	10 42 57	23 23 31	2 16 07	7 13 36	7 34 49	0 57 50	0 50 12
26 F	3 46 22	23 22 41	0 ♐ 27 28	22 37 55	24 23 16	15 31 51	16 14 32	10 31 03	23 34 05	2 21 52	7 13 35	7 35 00	0 59 18	0 50 31
27 Sa	4 46 33	7 ♐ 33 16	14 39 17	24 18 19	25 34 46	15 44 23	16 31 34	10 20 28	23 45 39	2 28 42	7 14 42	7 36 11	1 01 50	0 51 51
28 Su	5 47 56	21 46 58	28 53 05	26 00 02	26 47 33	15 58 45	16 49 59	10 11 20	23 58 18	2 36 45	7 17 03	7 38 29	1 05 31	0 54 20
29 M	6 50 22	6 ♑ 01 15	13 ♑ 06 06	27 42 45	28 01 28	16 14 45	17 09 36	10 03 30	24 11 55	2 45 51	7 20 29	7 41 45	1 10 14	0 57 49
30 Tu	7 53 28	20 12 49	27 14 47	29 25 60	29 16 07	16 32 01	17 30 03	9 56 35	24 26 04	2 55 36	7 24 36	7 45 35	1 15 34	1 01 53
31 W	8 56 42	4 ♒ 17 52	11 ♒ 15 11	1 ♓ 09 13	0 ♒ 30 60	16 50 00	17 50 48	9 50 04	24 40 15	3 05 30	7 28 55	7 49 28	1 21 00	1 06 03

Notes

LONGITUDE — November 1956

Day	☉	0 hr ☽	Noon ☽	☿	♀	♂	⚵	⚳	♃	♄	⚷	♅	♆	♇
1 Th	9 ♓ 59 36	18 ♒ 12 21	25 ♒ 03 20	2 ♓ 51 49	1 ♒ 45 36	17 ♋ 08 13	18 ♉ 11 22	9 ♌ 43 30	24 ♑ 53 59	3 ♈ 15 03	7 ♊ 32 55	7 ♐ 52 55	1 ♓ 26 04	1 ♑ 09 48
2 F	11 01 46	1 ♓ 52 40	8 ♓ 35 55	4 33 24	2 59 32	17 26 16	18 31 21	9 36 28	25 06 52	3 23 51	7 36 13	7 55 33	1 30 21	1 12 45
3 Sa	12 02 59	15 16 00	21 50 36	6 13 43	4 12 35	17 43 55	18 50 33	9 28 48	25 18 43	3 31 44	7 38 37	7 57 10	1 33 39	1 14 43
4 Su	13 03 16	28 20 49	4 ♈ 46 25	7 52 44	5 24 47	18 01 11	19 08 58	9 20 30	25 29 30	3 38 39	7 40 06	7 57 44	1 35 59	1 15 40
5 M	14 02 47	11 ♈ 06 55	17 23 51	9 30 37	6 36 15	18 18 12	19 26 45	9 11 45	25 39 23	3 44 48	7 40 52	7 57 28	1 37 31	1 15 48
6 Tu	15 01 48	23 35 34	29 44 44	11 07 37	7 47 19	18 35 15	19 44 12	9 02 49	25 48 41	3 50 28	7 41 11	7 56 37	1 38 31	1 15 23
7 W	16 00 40	5 ♉ 49 10	11 ♉ 52 01	12 44 05	8 58 16	18 52 39	20 01 38	8 54 04	25 57 42	3 55 58	7 41 22	7 55 32	1 39 20	1 14 46
8 Th	16 59 42	17 51 09	23 49 33	14 20 20	10 09 28	19 10 43	20 19 24	8 45 48	26 06 47	4 01 38	7 41 46	7 54 32	1 40 17	1 14 15
9 F	17 59 08	29 45 39	5 ♊ 41 46	15 56 37	11 21 07	19 29 40	20 37 42	8 38 18	26 16 08	4 07 42	7 42 37	7 53 51	1 41 36	1 14 06
10 Sa	18 59 07	11 ♊ 37 14	17 33 23	17 33 03	12 33 22	19 49 38	20 56 41	8 31 40	26 25 55	4 14 18	7 44 03	7 53 39	1 43 25	1 14 25
11 Su	19 59 39	23 30 37	29 29 11	19 09 41	13 46 13	20 10 37	21 16 22	8 25 57	26 36 09	4 21 27	7 46 04	7 53 54	1 45 46	1 15 15
12 M	21 00 38	5 ♋ 30 29	11 ♋ 33 48	20 46 26	14 59 36	20 32 30	21 36 38	8 21 02	26 46 42	4 29 03	7 48 36	7 54 33	1 48 33	1 16 29
13 Tu	22 01 56	17 41 12	23 51 23	22 23 08	16 13 20	20 55 07	21 57 21	8 16 47	26 57 27	4 36 57	7 51 28	7 55 24	1 51 35	1 17 58
14 W	23 03 19	0 ♌ 06 39	6 ♌ 25 25	23 59 36	17 27 13	21 18 15	22 18 18	8 12 59	27 08 09	4 44 57	7 54 28	7 56 17	1 54 41	1 19 30
15 Th	24 04 37	12 49 52	19 18 28	25 35 41	18 41 03	21 41 43	22 39 17	8 09 27	27 18 39	4 52 50	7 57 25	7 57 00	1 57 40	1 20 53
16 F	25 05 42	25 52 52	2 ♍ 31 50	27 11 14	19 54 44	22 05 21	23 00 11	8 06 04	27 28 49	5 00 30	8 00 12	7 57 26	2 00 24	1 22 00
17 Sa	26 06 32	9 ♍ 16 19	16 05 26	28 46 16	21 08 13	22 29 07	23 20 57	8 02 47	27 38 36	5 07 54	8 02 45	7 57 31	2 02 51	1 22 49
18 Su	27 07 08	22 59 23	29 57 37	0 ♈ 20 48	22 21 30	22 53 02	23 41 37	7 59 38	27 48 01	5 15 04	8 05 07	7 57 18	2 05 01	1 23 21
19 M	28 07 37	6 ♎ 59 43	14 ♎ 05 19	1 54 57	23 34 43	23 17 10	24 02 17	7 56 43	27 57 11	5 22 05	8 07 23	7 56 52	2 07 02	1 23 41
20 Tu	29 08 05	21 13 39	28 24 19	3 28 52	24 47 57	23 41 39	24 23 02	7 54 09	28 06 11	5 29 04	8 09 41	7 56 21	2 08 59	1 23 58
21 W	0 ♈ 08 38	5 ♏ 36 31	12 ♏ 49 42	5 02 39	26 01 19	24 06 33	24 44 00	7 52 02	28 15 09	5 36 08	8 12 06	7 55 50	2 10 59	1 24 16
22 Th	1 09 19	20 03 17	27 16 30	6 36 22	27 14 51	24 31 55	25 05 13	7 50 24	28 24 06	5 43 18	8 14 41	7 55 23	2 13 05	1 24 39
23 F	2 10 06	4 ♐ 29 03	11 ♐ 40 08	8 09 60	28 28 32	24 57 43	25 26 39	7 49 13	28 33 01	5 50 33	8 17 23	7 54 56	2 15 14	1 25 04
24 Sa	3 10 54	18 49 36	25 56 49	9 43 28	29 42 16	25 23 50	25 48 12	7 48 26	28 41 48	5 57 47	8 20 09	7 54 26	2 17 22	1 25 28
25 Su	4 11 36	3 ♑ 01 38	10 ♑ 03 49	11 16 40	0 ♓ 55 56	25 50 10	26 09 46	7 47 53	28 50 20	6 04 55	8 22 50	7 53 45	2 19 21	1 25 41
26 M	5 12 07	17 02 55	23 59 17	12 49 32	2 09 26	26 16 36	26 31 14	7 47 30	28 58 32	6 11 49	8 25 21	7 52 47	2 21 05	1 25 39
27 Tu	6 12 23	0 ♒ 52 06	7 ♒ 42 16	14 22 01	3 22 43	26 43 05	26 52 35	7 47 15	29 06 21	6 18 27	8 27 41	7 51 30	2 22 33	1 25 20
28 W	7 12 29	14 28 33	21 12 18	15 54 11	4 35 52	27 09 41	27 13 52	7 47 10	29 13 50	6 24 53	8 29 51	7 49 58	2 23 48	1 24 47
29 Th	8 12 32	27 52 03	4 ♓ 29 18	17 26 12	5 49 00	27 36 31	27 35 13	7 47 24	29 21 07	6 31 16	8 32 00	7 48 19	2 24 58	1 24 08
30 F	9 12 46	11 ♓ 02 41	17 33 24	18 58 15	7 02 20	28 03 49	27 56 50	7 48 10	29 28 26	6 37 47	8 34 22	7 46 46	2 26 16	1 23 36

LONGITUDE — December 1956

Day	☉	0 hr ☽	Noon ☽	☿	♀	♂	⚵	⚳	♃	♄	⚷	♅	♆	♇
1 Sa	10 ♈ 13 23	24 ♓ 00 38	0 ♈ 24 50	20 ♈ 30 33	8 ♓ 16 04	28 ♋ 31 46	28 ♉ 18 57	7 ♌ 49 40	29 ♑ 35 59	6 ♈ 44 40	8 ♊ 37 09	7 ♐ 45 31	2 ♓ 27 54	1 ♑ 23 24
2 Su	11 14 34	6 ♈ 46 09	13 03 59	22 03 18	9 30 25	29 00 33	28 41 44	7 52 06	29 43 57	6 52 06	8 40 32	7 44 47	2 30 05	1 23 44
3 M	12 16 26	19 19 42	25 31 26	23 36 36	10 45 28	29 30 17	29 05 19	7 55 35	29 52 27	7 00 11	8 44 39	7 44 40	2 32 54	1 24 41
4 Tu	13 18 59	1 ♉ 41 56	7 ♉ 48 07	25 10 26	12 01 13	0 ♌ 00 56	29 29 41	8 00 05	0 ♒ 01 28	7 08 56	8 49 28	7 45 09	2 36 21	1 26 17
5 W	14 22 04	13 53 57	19 55 24	26 44 37	13 17 32	0 32 23	29 54 41	8 05 29	0 10 53	7 18 11	8 54 51	7 46 07	2 40 19	1 28 21
6 Th	15 25 27	25 57 20	1 ♊ 55 12	28 18 55	14 34 10	1 04 23	0 ♊ 20 05	8 11 31	0 20 26	7 27 43	9 00 34	7 47 18	2 44 32	1 30 41
7 F	16 28 48	7 ♊ 54 15	13 50 05	29 52 58	15 50 47	1 36 35	0 45 34	8 17 53	0 29 48	7 37 12	9 06 18	7 48 24	2 48 42	1 32 57
8 Sa	17 31 47	19 47 34	25 43 10	1 ♉ 26 23	17 07 04	2 08 38	1 10 46	8 24 13	0 38 38	7 46 17	9 11 42	7 49 04	2 52 27	1 34 48
9 Su	18 34 05	1 ♋ 40 47	7 ♋ 38 16	2 58 48	18 22 41	2 40 14	1 35 23	8 30 12	0 46 38	7 54 40	9 16 26	7 49 00	2 55 29	1 35 55
10 M	19 35 31	13 38 01	19 39 41	4 29 58	19 37 27	3 11 10	1 59 15	8 35 40	0 53 36	8 02 09	9 20 21	7 48 01	2 57 37	1 36 08
11 Tu	20 36 03	25 43 53	1 ♌ 52 07	5 59 48	20 51 21	3 41 26	2 22 18	8 40 34	0 59 31	8 08 43	9 23 25	7 46 04	2 58 50	1 35 25
12 W	21 35 51	8 ♌ 03 18	14 20 23	7 28 21	22 04 32	4 11 10	2 44 43	8 45 04	1 04 33	8 14 31	9 25 46	7 43 19	2 59 16	1 33 55
13 Th	22 35 15	20 41 04	27 09 01	8 55 52	23 17 21	4 40 41	3 06 50	8 49 30	1 09 01	8 19 53	9 27 45	7 40 08	2 59 16	1 31 58
14 F	23 34 44	3 ♍ 41 27	10 ♍ 21 45	10 22 41	24 30 15	5 10 29	3 29 08	8 54 20	1 13 23	8 25 19	9 29 51	7 36 58	2 59 19	1 30 05
15 Sa	24 34 48	17 07 34	24 00 51	11 49 10	25 43 46	5 41 04	3 52 06	9 00 05	1 18 12	8 31 18	9 32 35	7 34 21	2 59 55	1 28 44
16 Su	25 35 56	1 ♎ 00 37	8 ♎ 06 26	13 15 38	26 58 22	6 12 53	4 16 14	9 07 12	1 23 55	8 38 20	9 36 25	7 32 44	3 01 34	1 28 25
17 M	26 38 25	15 19 21	22 35 55	14 42 07	28 14 20	6 46 13	4 41 49	9 15 59	1 30 49	8 46 41	9 41 37	7 32 26	3 04 31	1 29 25
18 Tu	27 42 17	29 59 36	7 ♏ 23 53	16 08 27	29 31 42	7 21 06	5 08 51	9 26 27	1 38 55	8 56 22	9 48 14	7 33 26	3 08 49	1 31 45
19 W	28 47 14	14 ♏ 54 29	22 22 32	17 34 02	0 ♈ 50 11	7 57 15	5 37 04	9 38 19	1 47 56	8 55 58	9 07 07	7 35 30	3 14 10	1 35 09
20 Th	29 52 45	29 55 15	7 ♐ 22 41	18 58 00	2 09 15	8 34 06	6 05 56	9 51 03	1 57 21	9 18 23	10 04 18	7 38 04	3 20 02	1 39 04
21 F	0 ♉ 58 08	14 ♐ 52 33	22 15 21	20 19 18	3 28 10	9 10 58	6 34 45	10 03 55	2 06 27	9 29 29	10 12 31	7 40 27	3 25 44	1 42 48
22 Sa	2 02 41	29 38 01	6 ♑ 53 02	21 36 47	4 46 18	9 47 09	7 02 49	10 16 16	2 14 32	9 39 43	10 19 56	7 41 58	3 30 34	1 45 40
23 Su	3 05 56	14 ♑ 05 28	21 10 44	22 49 28	6 03 07	10 22 11	7 29 39	10 27 34	2 21 09	9 48 36	10 26 03	7 42 06	3 34 03	1 47 11
24 M	4 07 41	28 11 25	5 ♒ 06 13	23 56 37	7 18 28	10 55 51	7 55 05	10 37 41	2 26 04	9 55 57	10 30 43	7 40 43	3 36 00	1 47 10
25 Tu	5 08 07	11 ♒ 55 07	18 39 40	24 57 45	8 32 30	11 28 21	8 19 17	10 46 45	2 29 31	10 01 57	10 34 05	7 37 57	3 36 36	1 45 48
26 W	6 07 44	25 17 53	1 ♓ 53 03	25 52 39	9 45 45	12 00 10	8 42 45	10 55 17	2 31 57	10 07 05	10 36 40	7 34 21	3 36 22	1 43 35
27 Th	7 07 17	8 ♓ 22 22	14 49 22	26 41 18	10 58 56	12 32 03	9 06 14	11 04 01	2 34 08	10 12 06	10 39 11	7 30 37	3 35 59	1 41 16
28 F	8 07 33	21 11 49	27 31 52	27 23 36	12 12 50	13 04 46	9 30 29	11 13 43	2 36 50	10 17 48	10 42 27	7 27 33	3 36 18	1 39 37
29 Sa	9 09 14	3 ♈ 49 23	10 ♈ 03 37	27 59 25	13 28 10	13 39 03	9 56 16	11 25 08	2 40 47	10 24 52	10 47 10	7 25 53	3 37 60	1 39 21
30 Su	10 12 52	16 17 47	22 27 08	28 28 20	14 45 28	14 15 25	10 24 04	11 38 46	2 46 30	10 33 52	10 53 51	7 26 08	3 41 37	1 41 01
31 M	11 18 40	28 38 59	4 ♉ 44 15	28 49 40	16 04 56	14 54 04	10 54 07	11 54 49	2 54 12	10 44 58	11 02 44	7 28 30	3 47 21	1 44 49

Notes

January 1957 LONGITUDE

Day	☉	0 hr ☽	Noon ☽	☿	♀	♂	⚵	⚳	♃	♄	⚷	♅	♆	♇
1 Tu	12 ♉ 26 30	10 ♉ 54 21	16 ♉ 56 09	29 ♉ 02 30	17 ♈ 26 27	15 ♌ 34 53	11 ♊ 26 17	12 ♌ 13 10	3 ♒ 03 45	10 ♈ 58 04	11 ♊ 13 40	7 ♐ 32 53	3 ♓ 55 06	1 ♑ 50 37
2 W	13 35 56	23 04 41	29 03 37	29 05 40	18 49 35	16 17 25	12 00 07	12 33 22	3 14 42	11 12 43	11 26 14	7 38 49	4 04 24	1 57 59
3 Th	14 46 14	5 ♊ 10 31	11 ♊ 07 18	28 57 60	20 13 35	17 00 57	12 34 56	12 54 42	3 26 21	11 28 12	11 39 42	7 45 37	4 14 34	2 06 13
4 F	15 56 33	17 12 30	23 08 03	28 38 28	21 37 38	17 44 37	13 09 49	13 16 19	3 37 50	11 43 40	11 53 12	7 52 24	4 24 42	2 14 26
5 Sa	17 06 00	29 11 42	5 ♋ 07 14	28 06 25	23 00 49	18 27 32	13 43 56	13 37 18	3 48 16	11 58 13	12 05 53	7 58 19	4 33 57	2 21 46
6 Su	18 13 51	11 ♋ 09 57	17 06 58	27 21 47	24 22 25	19 08 57	14 16 32	13 56 56	3 56 55	12 11 08	12 16 58	8 02 35	4 41 34	2 27 29
7 M	19 19 36	23 10 00	29 10 23	26 25 16	25 41 56	19 48 24	14 47 06	14 14 43	4 03 17	12 21 54	12 25 60	8 04 45	4 47 03	2 31 05
8 Tu	20 23 09	5 ♌ 15 38	11 ♌ 21 33	25 18 25	26 59 15	20 25 44	15 15 33	14 30 32	4 07 16	12 30 25	12 32 50	8 04 42	4 50 18	2 32 27
9 W	21 24 46	17 31 36	23 45 26	24 03 38	28 14 40	21 01 16	15 42 09	14 44 40	4 09 08	12 36 59	12 37 47	8 02 42	4 51 37	2 31 53
10 Th	22 25 08	0 ♍ 03 22	6 ♍ 27 32	22 43 59	29 28 50	21 35 39	16 07 35	14 57 47	4 09 35	12 42 15	12 41 31	7 59 27	4 51 39	2 30 03
11 F	23 25 11	12 56 37	19 33 18	21 22 58	0 ♉ 42 42	22 09 48	16 32 47	15 10 49	4 09 32	12 47 09	12 44 57	7 55 52	4 51 20	2 27 53
12 Sa	24 25 57	26 16 33	3 ♎ 07 22	20 04 09	1 57 19	22 44 47	16 58 47	15 24 48	4 10 01	12 52 45	12 49 08	7 53 00	4 51 44	2 26 27
13 Su	25 28 25	10 ♎ 06 54	17 12 26	18 50 49	3 13 37	23 21 33	17 26 33	15 40 42	4 12 01	12 59 59	12 55 02	7 51 50	4 53 48	2 26 40
14 M	26 33 11	24 28 47	1 ♏ 48 10	17 45 35	4 32 16	24 00 44	17 56 43	15 59 08	4 16 09	13 09 29	13 03 18	7 52 58	4 58 09	2 29 13
15 Tu	27 40 27	9 ♏ 19 47	16 50 23	16 50 10	5 53 25	24 42 28	18 29 27	16 20 16	4 22 35	13 21 26	13 14 03	7 56 35	5 04 58	2 34 14
16 W	28 49 47	24 33 20	2 ♐ 10 50	16 05 17	7 16 39	25 26 22	19 04 20	16 43 42	4 30 55	13 35 25	13 26 54	8 02 16	5 13 49	2 41 18
17 Th	0 ♊ 00 18	9 ♐ 59 13	17 38 09	15 30 44	8 41 05	26 11 32	19 40 27	17 08 30	4 40 15	13 50 31	13 40 57	8 09 08	5 23 50	2 49 33
18 F	1 10 47	25 25 04	2 ♑ 59 45	15 05 37	10 05 30	26 56 45	20 16 38	17 33 29	4 49 22	14 05 32	13 54 60	8 15 58	5 33 48	2 57 45
19 Sa	2 20 04	10 ♑ 38 39	18 04 16	14 48 47	11 28 43	27 40 50	20 51 40	17 57 28	4 57 05	14 19 18	14 07 51	8 21 36	5 42 32	3 04 45
20 Su	3 27 15	25 30 09	2 ♒ 43 27	14 39 06	12 49 51	28 22 54	21 24 41	18 19 33	5 02 31	14 30 56	14 18 38	8 25 07	5 49 08	3 09 38
21 M	4 31 58	9 ♒ 53 35	16 53 04	14 35 47	14 08 33	29 02 34	21 55 19	18 39 22	5 05 19	14 40 02	14 26 58	8 26 12	5 53 15	3 12 03
22 Tu	5 34 27	23 47 03	0 ♓ 32 50	14 38 35	15 25 01	29 40 05	22 23 46	18 57 09	5 05 41	14 46 50	14 33 05	8 25 02	5 55 06	3 12 12
23 W	6 35 26	7 ♓ 12 08	13 45 27	14 47 40	16 39 59	0 ♍ 16 10	22 50 48	19 13 36	5 04 22	14 52 06	14 37 43	8 22 22	5 55 26	3 10 52
24 Th	7 36 00	20 12 45	26 35 28	15 03 31	17 54 34	0 51 54	23 17 29	19 29 50	5 02 27	14 56 52	14 41 56	8 19 17	5 55 18	3 09 06
25 F	8 37 21	2 ♈ 54 01	9 ♈ 08 15	15 26 45	19 09 55	1 28 29	23 45 00	19 47 02	5 01 08	15 02 22	14 46 57	8 16 59	5 55 56	3 08 06
26 Sa	9 40 33	15 21 13	21 28 60	15 57 53	20 27 10	2 07 00	24 14 28	20 06 17	5 01 30	15 09 40	14 53 51	8 16 34	5 58 24	3 08 57
27 Su	10 46 25	27 39 07	3 ♉ 42 14	16 37 10	21 47 04	2 48 15	24 46 39	20 28 21	5 04 20	15 19 34	15 03 25	8 18 49	6 03 30	3 12 28
28 M	11 55 17	9 ♉ 51 29	15 51 24	17 24 27	23 09 59	3 32 34	25 21 55	20 53 38	5 10 00	15 32 26	15 16 00	8 24 05	6 11 35	3 18 59
29 Tu	13 07 02	22 00 56	27 58 47	18 19 10	24 35 49	4 19 51	26 00 09	21 21 58	5 18 23	15 48 07	15 31 30	8 32 16	6 22 33	3 28 24
30 W	14 21 05	4 ♊ 09 00	10 ♊ 05 36	19 20 19	26 03 58	5 09 30	26 40 45	21 52 47	5 28 53	16 06 02	15 49 18	8 42 45	6 35 47	3 40 06
31 Th	15 36 29	16 16 18	22 12 19	20 26 34	27 33 28	6 00 34	27 22 45	22 25 07	5 40 34	16 25 15	16 08 28	8 54 37	6 50 20	3 53 10

February 1957 LONGITUDE

Day	☉	0 hr ☽	Noon ☽	☿	♀	♂	⚵	⚳	♃	♄	⚷	♅	♆	♇
1 F	16 ♊ 52 03	28 ♊ 22 56	4 ♋ 18 60	21 ♉ 36 23	29 ♉ 03 09	6 ♍ 51 52	28 ♊ 05 00	22 ♌ 57 47	5 ♒ 52 15	16 ♈ 44 35	16 ♊ 27 49	9 ♐ 06 40	7 ♓ 05 02	4 ♑ 06 24
2 Sa	18 06 34	10 ♋ 28 58	16 25 48	22 48 16	0 ♊ 31 47	7 42 11	28 46 17	23 29 35	6 02 43	17 02 48	16 46 08	9 17 41	7 18 41	4 18 35
3 Su	19 18 58	22 34 53	28 33 25	24 00 54	1 58 21	8 30 29	29 25 31	23 59 28	6 10 56	17 18 52	17 02 23	9 26 39	7 30 12	4 28 41
4 M	20 28 35	4 ♌ 42 01	10 ♌ 43 31	25 13 19	3 22 08	9 16 02	0 ♋ 02 02	24 26 42	6 16 10	17 32 04	17 15 49	9 32 50	7 38 55	4 35 59
5 Tu	21 35 07	16 52 49	22 58 55	26 25 05	4 42 52	9 58 35	0 35 34	24 51 02	6 18 12	17 42 09	17 26 14	9 35 59	7 44 33	4 40 15
6 W	22 38 53	29 10 58	5 ♍ 23 36	27 36 15	6 00 50	10 38 25	1 06 23	25 12 45	6 17 18	17 49 24	17 33 52	9 36 24	7 47 23	4 41 44
7 Th	23 40 36	11 ♍ 41 17	18 02 40	28 47 26	7 16 46	11 16 17	1 35 13	25 32 36	6 14 13	17 54 33	17 39 29	9 34 49	7 48 10	4 41 13
8 F	24 41 24	24 29 21	1 ♎ 01 46	29 59 36	8 31 49	11 53 17	2 03 14	25 51 42	6 10 04	17 58 44	17 44 12	9 32 20	7 48 02	4 39 47
9 Sa	25 42 34	7 ♎ 40 55	14 26 21	1 ♊ 13 53	9 47 15	12 30 43	2 31 41	26 11 19	6 06 08	18 03 14	17 49 18	9 30 17	7 48 16	4 38 44
10 Su	26 45 19	21 20 56	28 20 46	2 31 26	11 04 18	13 09 48	3 01 47	26 32 41	6 03 40	18 09 15	17 56 01	9 29 52	7 50 04	4 39 19
11 M	27 50 33	5 ♏ 32 28	12 ♏ 46 48	3 52 59	12 23 49	13 51 25	3 34 26	26 56 40	6 03 31	18 17 42	18 05 12	9 31 57	7 54 20	4 42 22
12 Tu	28 58 33	20 15 19	27 42 39	5 18 48	13 46 10	14 35 52	4 09 56	27 23 36	6 06 02	18 28 52	18 17 12	9 36 52	8 01 23	4 48 14
13 W	0 ♋ 09 01	5 ♐ 25 10	13 ♐ 02 04	6 48 29	15 10 58	15 22 50	4 47 58	27 53 08	6 10 52	18 42 26	18 31 40	9 44 18	8 10 53	4 56 34
14 Th	1 20 59	20 53 16	28 34 36	8 20 59	16 37 19	16 11 21	5 27 34	28 24 19	6 17 06	18 57 26	18 47 39	9 53 16	8 21 52	5 06 27
15 F	2 33 08	6 ♑ 27 29	14 ♑ 07 14	9 54 58	18 03 51	17 00 06	6 07 26	28 55 49	6 23 22	19 12 35	19 03 50	10 02 29	8 33 02	5 16 31
16 Sa	3 44 06	21 54 23	29 26 47	11 28 58	19 29 13	17 47 43	6 46 10	29 26 17	6 28 20	19 26 27	19 18 49	10 10 33	8 43 00	5 25 26
17 Su	4 52 47	7 ♒ 01 53	14 ♒ 22 27	13 01 53	20 52 20	18 33 06	7 22 42	29 54 36	6 30 54	19 38 00	19 31 33	10 16 23	8 50 42	5 32 05
18 M	5 58 41	21 41 23	28 47 30	14 33 10	22 12 40	19 15 44	7 56 30	0 ♍ 20 17	6 30 34	19 46 42	19 41 30	10 19 29	8 55 35	5 35 58
19 Tu	7 01 55	5 ♓ 48 45	12 ♓ 39 41	16 02 54	23 30 22	19 55 46	8 27 43	0 43 25	6 27 27	19 52 39	19 48 47	10 19 58	8 57 47	5 37 13
20 W	8 03 11	19 24 04	26 00 36	17 31 47	24 46 08	20 33 53	8 57 02	1 04 44	6 22 16	19 56 35	19 54 07	10 18 32	8 58 02	5 36 32
21 Th	9 03 37	2 ♈ 30 34	8 ♈ 54 32	19 00 54	26 01 03	21 11 11	9 25 34	1 25 20	6 16 07	19 59 36	19 58 37	10 16 19	8 57 25	5 35 00
22 F	10 04 26	15 13 29	21 27 13	20 31 28	27 16 24	21 48 57	9 54 33	1 46 28	6 10 16	20 02 57	20 03 30	10 14 32	8 57 12	5 33 55
23 Sa	11 06 50	27 38 45	3 ♉ 44 43	22 04 40	28 33 19	22 28 19	10 25 11	2 09 17	6 05 53	20 07 48	20 09 58	10 14 23	8 58 32	5 34 24
24 Su	12 11 39	9 ♉ 52 09	15 52 44	23 41 20	29 52 41	23 10 09	10 58 18	2 34 39	6 03 50	20 14 60	20 18 51	10 16 42	9 02 17	5 37 21
25 M	13 19 19	21 58 45	27 56 01	25 21 54	1 ♋ 14 56	23 54 54	11 34 20	3 03 00	6 04 34	20 24 59	20 30 36	10 21 57	9 08 54	5 43 11
26 Tu	14 29 48	4 ♊ 02 28	9 ♊ 58 09	27 06 19	2 40 00	24 42 29	12 13 14	3 34 17	6 08 00	20 37 43	20 45 09	10 30 03	9 18 18	5 51 51
27 W	15 42 32	16 06 01	22 01 28	28 54 03	4 07 21	25 32 24	12 54 28	4 07 57	6 13 37	20 52 38	21 01 58	10 40 29	9 29 57	6 02 49
28 Th	16 56 37	28 11 01	4 ♋ 07 14	0 ♋ 44 10	5 36 04	26 23 42	13 37 07	4 43 06	6 20 32	21 08 50	21 20 08	10 52 19	9 42 58	6 15 09

Notes

LONGITUDE — March 1957

Day	☉	0 hr ☽	Noon ☽	☿	♀	♂	⚵	⚳	♃	♄	⚷	♅	♆	♇
1 F	18♋10 55	10♋18 11	16♋15 54	2♋35 34	7♋05 01	27♍15 15	14♋20 03	5♍18 34	6♒27 35	21♈25 10	21♊38 31	11♐04 26	9♓56 11	6♑27 44
2 Sa	19 24 15	22 27 44	28 27 33	4 27 04	8 33 01	28 05 54	15 02 04	5 53 12	6 33 36	21 40 29	21 55 57	11 15 39	10 08 27	6 39 24
3 Su	20 35 36	4♌39 49	10♌42 20	6 17 40	9 59 03	28 54 36	15 42 10	6 25 58	6 37 35	21 53 45	22 11 23	11 24 57	10 18 43	6 49 06
4 M	21 44 14	16 54 58	23 00 54	8 06 38	11 22 23	29 40 39	16 19 38	6 56 09	6 38 49	22 04 14	22 24 07	11 31 37	10 26 17	6 56 09
5 Tu	22 49 54	29 14 27	5♍24 47	9 53 44	12 42 47	0♎23 46	16 54 11	7 23 28	6 37 02	22 11 40	22 33 52	11 35 22	10 30 53	7 00 14
6 W	23 52 46	11♍40 32	17 56 30	11 39 09	14 00 24	1 04 08	17 26 01	7 48 06	6 32 25	22 16 15	22 40 50	11 36 24	10 32 41	7 01 36
7 Th	24 53 29	24 16 31	0♎39 39	13 23 34	15 15 54	1 42 24	17 55 46	8 10 44	6 25 38	22 18 38	22 45 40	11 35 22	10 32 22	7 00 51
8 F	25 53 04	7♎06 34	13 38 34	15 07 58	16 30 16	2 19 35	18 24 26	8 32 18	6 17 41	22 19 48	22 49 21	11 33 16	10 30 54	6 58 60
9 Sa	26 52 38	20 15 16	26 57 49	16 53 31	17 44 39	2 56 48	18 53 10	8 54 01	6 09 43	22 20 55	22 53 03	11 31 15	10 29 27	6 57 12
10 Su	27 53 20	3♏46 55	10♏41 19	18 41 22	19 00 11	3 35 11	19 23 05	9 16 56	6 02 52	22 23 04	22 57 51	11 30 26	10 29 07	6 56 33
11 M	28 55 58	17 44 39	24 51 27	20 32 20	20 17 41	4 15 33	19 55 00	9 41 55	5 57 56	22 27 06	23 04 37	11 31 37	10 30 45	6 57 54
12 Tu	0♌00 53	2♐09 22	9♐27 53	22 26 48	21 37 30	4 58 16	20 29 18	10 09 18	5 55 19	22 33 23	23 13 40	11 35 12	10 34 42	7 01 36
13 W	1 07 56	16 58 44	24 26 45	24 24 34	22 59 27	5 43 07	21 05 46	10 38 54	5 54 49	22 41 42	23 24 50	11 40 58	10 40 45	7 07 28
14 Th	2 16 20	2♑06 49	9♑40 33	26 24 54	24 22 47	6 29 24	21 43 40	11 09 59	5 55 42	22 51 19	23 37 22	11 48 12	10 48 12	7 14 44
15 F	3 25 03	17 24 20	24 58 54	28 26 43	25 46 28	7 16 01	22 21 57	11 41 29	5 56 54	23 01 12	23 50 12	11 55 48	10 55 58	7 22 23
16 Sa	4 32 56	2♒40 02	10♒10 11	0♌28 53	27 09 19	8 01 50	22 59 26	12 12 14	5 57 17	23 10 09	24 02 12	12 02 39	11 02 54	7 29 13
17 Su	5 39 01	17 42 43	25 03 49	2 30 26	28 30 23	8 45 54	23 35 13	12 41 18	5 55 54	23 17 15	24 12 24	12 07 47	11 08 04	7 34 18
18 M	6 42 47	2♓23 10	9♓31 55	4 30 47	29 49 11	9 27 41	24 08 44	13 08 08	5 52 14	23 21 59	24 20 17	12 10 42	11 10 55	7 37 08
19 Tu	7 44 14	16 35 35	23 30 17	6 29 54	1♌05 40	10 07 11	24 39 59	13 32 46	5 46 17	23 24 19	24 25 50	12 11 21	11 11 28	7 37 42
20 W	8 43 50	0♈17 51	6♈58 25	8 28 12	2 20 19	10 44 51	25 09 26	13 55 37	5 38 31	23 24 43	24 29 30	12 10 14	11 10 10	7 36 26
21 Th	9 42 22	13 31 13	19 58 44	10 26 25	3 33 55	11 21 31	25 37 54	14 17 30	5 29 44	23 23 60	24 32 07	12 08 08	11 07 48	7 34 10
22 F	10 40 48	26 19 17	2♉35 38	12 25 22	4 47 27	11 58 06	26 06 18	14 39 23	5 20 53	23 23 06	24 34 37	12 06 01	11 05 22	7 31 50
23 Sa	11 40 02	8♉46 60	14 54 32	14 25 54	6 01 48	12 35 31	26 35 35	15 02 09	5 12 54	23 22 56	24 37 54	12 04 47	11 03 44	7 30 22
24 Su	12 40 48	20 59 52	27 01 04	16 28 34	7 17 42	13 14 31	27 06 26	15 26 33	5 06 30	23 24 13	24 42 43	12 05 09	11 03 39	7 30 28
25 M	13 43 30	3♊03 14	9♊00 30	18 33 36	8 35 32	13 55 28	27 39 16	15 52 57	5 02 06	23 27 22	24 49 25	12 07 32	11 05 30	7 32 33
26 Tu	14 48 09	15 01 51	20 57 21	20 40 51	9 55 21	14 38 24	28 14 08	16 21 23	4 59 44	23 32 24	24 58 05	12 11 57	11 09 19	7 36 38
27 W	15 54 26	26 59 37	2♋55 15	22 49 46	11 16 49	15 23 01	28 50 40	16 51 34	4 59 04	23 39 01	25 08 22	12 18 05	11 14 47	7 42 24
28 Th	17 01 46	8♋59 31	14 56 50	24 59 29	12 39 20	16 08 42	29 28 19	17 22 51	4 59 31	23 46 35	25 19 40	12 25 20	11 21 19	7 49 15
29 F	18 09 20	21 03 41	27 03 51	27 08 55	14 02 08	16 54 41	0♌06 15	17 54 29	5 00 19	23 54 20	25 31 12	12 32 56	11 28 06	7 56 25
30 Sa	19 16 21	3♌13 30	9♌17 22	29 16 57	15 24 23	17 40 08	0 43 42	18 25 38	5 00 39	24 01 27	25 42 10	12 40 03	11 34 21	8 03 04
31 Su	20 22 05	15 29 49	21 38 02	1♍22 31	16 45 22	18 24 20	1 19 55	18 55 35	4 59 49	24 07 14	25 51 49	12 45 58	11 39 20	8 08 29

LONGITUDE — April 1957

Day	☉	0 hr ☽	Noon ☽	☿	♀	♂	⚵	⚳	♃	♄	⚷	♅	♆	♇
1 M	21♌26 02	27♌53 20	4♍06 21	3♍24 44	18♌04 36	19♎06 47	1♌54 24	19♍23 50	4♒57 17	24♈11 10	25♊59 41	12♐50 11	11♓42 33	8♑12 11
2 Tu	22 27 58	10♍24 43	16 43 01	5 23 02	19 21 49	19 47 16	2 26 55	19 50 10	4 52 52	24 13 01	26 05 31	12 52 29	11 43 47	8 13 55
3 W	23 28 00	23 04 60	29 29 03	7 17 05	20 37 10	20 25 53	2 57 36	20 14 40	4 46 39	24 12 54	26 09 26	12 52 58	11 43 08	8 13 49
4 Th	24 26 32	5♎55 38	12♎26 04	9 06 56	21 51 02	21 03 02	3 26 50	20 37 44	4 39 04	24 11 14	26 11 50	12 52 03	11 41 01	8 12 16
5 F	25 24 11	18 58 32	25 36 04	10 52 50	23 04 02	21 39 21	3 55 15	21 00 01	4 30 45	24 08 37	26 13 21	12 50 20	11 38 02	8 09 54
6 Sa	26 21 42	2♏15 54	9♏01 16	12 35 08	24 16 55	22 15 34	4 23 35	21 22 15	4 22 24	24 05 49	26 14 42	12 48 34	11 34 57	8 07 27
7 Su	27 19 46	15 49 51	22 43 36	14 14 12	25 30 23	22 52 22	4 52 31	21 45 07	4 14 46	24 03 30	26 16 36	12 47 28	11 32 27	8 05 38
8 M	28 18 56	29 41 51	6♐44 10	15 50 16	26 44 58	23 30 18	5 22 37	22 09 08	4 08 23	24 02 14	26 19 35	12 47 32	11 31 04	8 04 58
9 Tu	29 19 26	13♐52 10	21 02 30	17 23 14	28 00 54	24 09 36	5 54 06	22 34 35	4 03 28	24 02 15	26 23 52	12 49 02	11 31 03	8 05 41
10 W	0♍21 09	28 19 12	5♑36 08	18 52 47	29 18 05	24 50 10	6 26 52	23 01 20	3 59 56	24 03 26	26 29 23	12 51 51	11 32 18	8 07 42
11 Th	1 23 44	12♑59 14	20 20 20	20 18 17	0♍36 08	25 31 37	7 00 32	23 28 60	3 57 24	24 05 25	26 35 43	12 55 37	11 34 26	8 10 38
12 F	2 26 33	27 46 23	5♒08 27	21 38 55	1 54 27	26 13 21	7 34 30	23 56 59	3 55 17	24 07 35	26 42 17	12 59 43	11 36 50	8 13 53
13 Sa	3 28 60	12♒33 19	19 52 42	22 53 53	3 12 24	26 54 44	8 08 09	24 24 40	3 52 57	24 09 20	26 48 27	13 03 32	11 38 53	8 16 48
14 Su	4 30 31	27 12 10	4♓25 19	24 02 29	4 29 28	27 35 14	8 40 56	24 51 31	3 49 51	24 10 06	26 53 41	13 06 31	11 40 03	8 18 52
15 M	5 30 50	11♓35 48	18 39 47	25 04 16	5 45 19	28 14 33	9 12 32	25 17 12	3 45 43	24 09 37	26 57 41	13 08 22	11 40 02	8 19 47
16 Tu	6 29 53	25 38 46	2♈31 39	25 59 06	6 59 56	28 52 37	9 42 56	25 41 41	3 40 28	24 07 47	27 00 23	13 09 03	11 38 47	8 19 29
17 W	7 27 51	9♈17 57	15 58 54	26 47 04	8 13 29	29 29 39	10 12 18	26 05 09	3 34 20	24 04 51	27 01 59	13 08 44	11 36 28	8 18 10
18 Th	8 25 08	22 32 35	29 01 50	27 28 28	9 26 22	0♏06 00	10 41 02	26 27 60	3 27 40	24 01 09	27 02 52	13 07 49	11 33 30	8 16 13
19 F	9 22 11	5♉24 03	11♉42 41	28 03 41	10 39 01	0 42 09	11 09 34	26 50 40	3 20 56	23 57 10	27 03 28	13 06 44	11 30 19	8 14 05
20 Sa	10 19 25	17 55 19	24 05 03	28 33 09	11 51 53	1 18 32	11 38 20	27 13 35	3 14 34	23 53 19	27 04 15	13 05 56	11 27 22	8 12 12
21 Su	11 17 12	0♊10 23	6♊13 20	28 57 11	13 05 18	1 55 28	12 07 42	27 37 07	3 08 56	23 49 58	27 05 32	13 05 46	11 24 59	8 10 55
22 M	12 15 44	12 13 46	18 12 14	29 15 60	14 19 29	2 33 11	12 37 50	28 01 26	3 04 13	23 47 19	27 07 32	13 06 25	11 23 22	8 10 26
23 Tu	13 15 03	24 10 11	0♋06 30	29 29 41	15 34 27	3 11 42	13 08 48	28 26 36	3 00 28	23 45 22	27 10 17	13 07 55	11 22 34	8 10 47
24 W	14 15 00	6♋04 07	12 00 31	29 38 12	16 50 06	3 50 54	13 40 28	28 52 28	2 57 33	23 44 03	27 13 39	13 10 10	11 22 26	8 11 50
25 Th	15 15 23	17 59 43	23 58 15	29 41 28	18 06 11	4 30 33	14 12 35	29 18 48	2 55 15	23 43 05	27 17 24	13 12 55	11 22 46	8 13 22
26 F	16 15 54	0♌00 38	6♌03 02	29 39 20	19 22 23	5 10 20	14 44 52	29 45 19	2 53 15	23 42 12	27 21 14	13 15 51	11 23 14	8 15 04
27 Sa	17 16 13	12 09 53	18 17 34	29 31 46	20 38 26	5 49 58	15 16 60	0♎11 43	2 51 17	23 41 05	27 24 52	13 18 42	11 23 33	8 16 40
28 Su	18 16 07	24 29 51	0♍43 51	29 18 47	21 54 04	6 29 13	15 48 45	0 37 44	2 49 04	23 39 30	27 28 02	13 21 12	11 23 29	8 17 53
29 M	19 15 26	7♍02 15	13 23 10	29 00 36	23 09 08	7 07 54	16 19 57	1 03 13	2 46 29	23 37 18	27 30 35	13 23 12	11 22 52	8 18 34
30 Tu	20 14 08	19 48 05	26 16 12	28 37 35	24 23 36	7 46 00	16 50 35	1 28 08	2 43 28	23 34 26	27 32 29	13 24 41	11 21 40	8 18 43

Notes

May 1957 — LONGITUDE

Day	☉	0 hr ☽	Noon ☽	☿	♀	♂	⚵	⚳	♃	♄	⚷	♅	♆	♇
1 W	21♍ 12 18	2♎ 47 49	9♎ 23 04	28♍ 10 16	25♍ 37 32	8♏ 23 35	17♌ 20 43	1♎ 52 34	2♒ 40 07	23♈ 30 60	27♊ 33 48	13♐ 25 41	11♓ 19 58	8♑ 18 21
2 Th	22 10 03	16 01 19	22 43 25	27 39 20	26 51 05	9 00 48	17 50 29	2 16 39	2 36 35	23 27 07	27 34 41	13 26 22	11 17 54	8 17 40
3 F	23 07 37	29 28 07	6♏ 16 34	27 05 34	28 04 27	9 37 50	18 20 05	2 40 34	2 33 02	23 23 01	27 35 20	13 26 57	11 15 40	8 16 50
4 Sa	24 05 10	13♏ 07 22	20 01 34	26 29 46	29 17 49	10 14 54	18 49 42	3 04 32	2 29 42	23 18 52	27 35 57	13 27 35	11 13 28	8 16 04
5 Su	25 02 50	26 57 57	3♐ 57 13	25 52 44	0♎ 31 20	10 52 07	19 19 30	3 28 41	2 26 42	23 14 49	27 36 39	13 28 26	11 11 26	8 15 28
6 M	26 00 42	10♐ 58 30	18 02 01	25 15 10	1 45 03	11 29 33	19 49 31	3 53 04	2 24 06	23 10 56	27 37 31	13 29 34	11 09 37	8 15 08
7 Tu	26 58 44	25 07 15	2♑ 14 01	24 37 45	2 58 57	12 07 11	20 19 44	4 17 40	2 21 53	23 07 12	27 38 31	13 30 57	11 08 02	8 15 02
8 W	27 56 52	9♑ 22 04	16 30 51	24 01 03	4 12 57	12 44 56	20 50 06	4 42 24	2 19 59	23 03 32	27 39 34	13 32 30	11 06 34	8 15 04
9 Th	28 54 59	23 40 15	0♒ 49 35	23 25 35	5 26 58	13 22 42	21 20 29	5 07 11	2 18 16	22 59 50	27 40 35	13 34 07	11 05 09	8 15 10
10 F	29 53 00	7♒ 58 36	15 06 44	22 51 52	6 40 54	14 00 23	21 50 48	5 31 54	2 16 41	22 56 02	27 41 28	13 35 44	11 03 40	8 15 14
11 Sa	0♎ 50 54	22 13 32	29 18 34	22 20 25	7 54 43	14 37 59	22 21 02	5 56 32	2 15 10	22 52 05	27 42 12	13 37 17	11 02 06	8 15 14
12 Su	1 48 42	6♓ 21 13	13♓ 21 14	21 51 46	9 08 28	15 15 31	22 51 12	6 21 08	2 13 47	22 48 01	27 42 48	13 38 50	11 00 30	8 15 12
13 M	2 46 30	20 17 59	27 11 13	21 26 24	10 22 13	15 53 04	23 21 24	6 45 45	2 12 36	22 43 56	27 43 21	13 40 27	10 58 55	8 15 13
14 Tu	3 44 25	4♈ 00 34	10♈ 45 40	21 04 48	11 36 04	16 30 44	23 51 43	7 10 31	2 11 44	22 39 56	27 43 58	13 42 15	10 57 29	8 15 23
15 W	4 42 31	17 26 36	24 02 41	20 47 22	12 50 08	17 08 37	24 22 17	7 35 30	2 11 15	22 36 07	27 44 44	13 44 18	10 56 17	8 15 49
16 Th	5 40 51	0♉ 34 41	7♉ 01 32	20 34 22	14 04 27	17 46 46	24 53 06	8 00 46	2 11 14	22 32 32	27 45 42	13 46 40	10 55 22	8 16 32
17 F	6 39 25	13 24 39	19 42 40	20 25 57	15 18 60	18 25 08	25 24 09	8 26 17	2 11 38	22 29 09	27 46 51	13 49 19	10 54 41	8 17 31
18 Sa	7 38 06	25 57 29	2♊ 07 38	20 22 07	16 33 40	19 03 39	25 55 22	8 51 57	2 12 20	22 25 52	27 48 04	13 52 10	10 54 11	8 18 40
19 Su	8 36 44	8♊ 15 16	14 19 01	20 22 49	17 48 18	19 42 09	26 26 33	9 17 36	2 13 13	22 22 32	27 49 12	13 55 01	10 53 39	8 19 50
20 M	9 35 09	20 20 58	26 20 13	20 27 52	19 02 44	20 20 27	26 57 32	9 43 04	2 14 05	22 18 58	27 50 04	13 57 44	10 52 57	8 20 50
21 Tu	10 33 12	2♋ 18 19	8♋ 15 12	20 37 07	20 16 47	20 58 23	27 28 09	10 08 10	2 14 45	22 15 00	27 50 30	14 00 07	10 51 54	8 21 29
22 W	11 30 44	14 11 35	20 08 22	20 50 24	21 30 21	21 35 50	27 58 18	10 32 48	2 15 08	22 10 33	27 50 23	14 02 05	10 50 24	8 21 42
23 Th	12 27 46	26 05 21	2♌ 04 21	21 07 39	22 43 24	22 12 47	28 27 57	10 56 57	2 15 12	22 05 34	27 49 43	14 03 35	10 48 25	8 21 27
24 F	13 24 24	8♌ 04 18	14 07 46	21 28 52	23 56 03	22 49 21	28 57 12	11 20 42	2 15 03	22 00 10	27 48 35	14 04 44	10 46 03	8 20 49
25 Sa	14 20 48	20 12 59	26 22 55	21 54 11	25 08 29	23 25 42	29 26 14	11 44 16	2 14 52	21 54 33	27 47 11	14 05 43	10 43 30	8 20 01
26 Su	15 17 15	2♍ 35 33	8♍ 53 35	22 23 46	26 20 60	24 02 08	29 55 21	12 07 54	2 14 57	21 48 60	27 45 48	14 06 50	10 41 03	8 19 20
27 M	16 14 05	15 15 21	21 42 38	22 57 49	27 33 52	24 38 58	0♍ 24 51	12 31 56	2 15 36	21 43 49	27 44 44	14 08 22	10 39 01	8 19 03
28 Tu	17 11 34	28 14 40	4♎ 51 43	23 36 30	28 47 25	25 16 28	0 55 01	12 56 39	2 17 06	21 39 17	27 44 17	14 10 37	10 37 40	8 19 29
29 W	18 09 54	11♎ 34 23	18 20 59	24 19 55	0♏ 01 48	25 54 49	1 26 02	13 22 12	2 19 38	21 35 37	27 44 36	14 13 47	10 37 11	8 20 48
30 Th	19 09 06	25 13 43	2♏ 08 57	25 07 58	1 17 04	26 34 03	1 57 56	13 48 40	2 23 14	21 32 49	27 45 46	14 17 51	10 37 38	8 23 02
31 F	20 09 01	9♏ 10 19	16 12 34	26 00 25	2 33 03	27 14 02	2 30 33	14 15 52	2 27 45	21 30 45	27 47 36	14 22 43	10 38 50	8 26 02

June 1957 — LONGITUDE

Day	☉	0 hr ☽	Noon ☽	☿	♀	♂	⚵	⚳	♃	♄	⚷	♅	♆	♇
1 Sa	21♎ 09 20	23♏ 20 22	0♐ 27 34	26♍ 56 50	3♏ 49 26	27♏ 54 26	3♍ 03 35	14♎ 43 28	2♒ 32 51	21♈ 29 06	27♊ 49 47	14♐ 28 02	10♓ 40 28	8♑ 29 28
2 Su	22 09 35	7♐ 39 08	14 48 60	27 56 40	5 05 46	28 34 47	3 36 33	15 11 02	2 38 05	21 27 25	27 51 51	14 33 20	10 42 05	8 32 54
3 M	23 09 19	22 01 36	29 11 55	28 59 23	6 21 35	29 14 38	4 09 01	15 38 05	2 42 59	21 25 13	27 53 21	14 38 11	10 43 13	8 35 51
4 Tu	24 08 08	6♑ 23 06	13♑ 31 59	0♎ 04 31	7 36 30	29 53 35	4 40 35	16 04 15	2 47 10	21 22 09	27 53 55	14 42 10	10 43 30	8 37 57
5 W	25 05 52	20 39 52	27 45 49	1 11 49	8 50 20	0♐ 31 29	5 11 04	16 29 21	2 50 29	21 18 01	27 53 21	14 45 09	10 42 45	8 39 01
6 Th	26 02 37	4♒ 49 13	11♒ 51 12	2 21 19	10 03 11	1 08 24	5 40 34	16 53 28	2 52 58	21 12 55	27 51 45	14 47 10	10 41 02	8 39 07
7 F	26 58 41	18 49 36	25 46 54	3 33 16	11 15 21	1 44 40	6 09 24	17 16 56	2 54 58	21 07 11	27 49 26	14 48 35	10 38 42	8 38 36
8 Sa	27 54 36	2♓ 40 12	9♓ 32 20	4 48 10	12 27 23	2 20 47	6 38 05	17 40 15	2 57 00	21 01 20	27 46 55	14 49 54	10 36 15	8 37 59
9 Su	28 50 58	16 20 43	23 07 15	6 06 32	13 39 51	2 57 22	7 07 12	18 04 01	2 59 40	20 55 56	27 44 48	14 51 42	10 34 16	8 37 51
10 M	29 48 18	29 50 51	6♈ 31 25	7 28 54	14 53 18	3 34 56	7 37 19	18 28 46	3 03 29	20 51 34	27 43 37	14 54 32	10 33 20	8 38 44
11 Tu	0♏ 47 01	13♈ 10 15	19 44 28	8 55 37	16 08 07	4 13 54	8 08 48	18 54 55	3 08 50	20 48 36	27 43 46	14 58 47	10 33 48	8 41 02
12 W	1 47 15	26 18 19	2♉ 45 54	10 26 49	17 24 27	4 54 23	8 41 48	19 22 35	3 15 54	20 47 12	27 45 23	15 04 36	10 35 50	8 44 53
13 Th	2 48 54	9♉ 14 25	15 35 12	12 02 22	18 42 12	5 36 19	9 16 12	19 51 40	3 24 33	20 47 14	27 48 22	15 11 53	10 39 19	8 50 12
14 F	3 51 36	21 58 02	28 12 09	13 41 51	20 01 00	6 19 17	9 51 39	20 21 48	3 34 24	20 48 22	27 52 22	15 20 15	10 43 53	8 56 36
15 Sa	4 54 48	4♊ 29 01	10♊ 36 58	15 24 44	21 20 18	7 02 47	10 27 36	20 52 26	3 44 56	20 50 02	27 56 48	15 29 10	10 48 59	9 03 32
16 Su	5 57 51	16 47 55	22 50 36	17 10 20	22 39 27	7 46 08	11 03 23	21 22 55	3 55 28	20 51 36	28 01 03	15 37 58	10 53 59	9 10 21
17 M	7 00 08	28 56 07	4♋ 54 51	18 57 59	23 57 49	8 28 43	11 38 23	21 52 38	4 05 24	20 52 25	28 04 28	15 46 02	10 58 14	9 16 26
18 Tu	8 01 08	10♋ 55 58	16 52 28	20 47 08	25 14 54	9 10 02	12 12 05	22 21 03	4 14 12	20 51 60	28 06 33	15 52 51	11 01 15	9 21 15
19 W	9 00 34	22 50 48	28 47 08	22 37 29	26 30 24	9 49 48	12 44 12	22 47 55	4 21 36	20 50 03	28 07 02	15 58 08	11 02 44	9 24 33
20 Th	9 58 27	4♌ 44 51	10♌ 43 19	24 28 57	27 44 21	10 28 00	13 14 55	23 13 12	4 27 35	20 46 36	28 05 54	16 01 54	11 02 41	9 26 19
21 F	10 55 04	16 43 07	22 46 10	26 21 46	28 57 00	11 04 57	13 43 60	23 37 13	4 32 27	20 41 55	28 03 27	16 04 25	11 01 24	9 26 50
22 Sa	11 50 57	28 51 03	5♍ 01 06	28 16 22	0♐ 08 56	11 41 11	14 12 30	24 00 29	4 36 45	20 36 33	28 00 13	16 06 15	10 59 25	9 26 39
23 Su	12 46 50	11♍ 14 10	17 33 28	0♏ 13 22	1 20 52	12 17 25	14 40 59	24 23 45	4 41 12	20 31 14	27 56 56	16 08 06	10 57 29	9 26 30
24 M	13 43 30	23 57 32	0♎ 27 54	2 13 24	2 33 33	12 54 26	15 10 13	24 47 47	4 46 34	20 26 45	27 54 23	16 10 45	10 56 21	9 27 09
25 Tu	14 41 37	7♎ 05 09	13 47 43	4 16 59	3 47 41	13 32 55	15 40 52	25 13 14	4 53 32	20 23 45	27 53 14	16 14 54	10 56 42	9 29 17
26 W	15 41 38	20 39 16	27 34 11	6 24 20	5 03 42	14 13 17	16 13 23	25 40 35	5 02 31	20 22 43	27 53 55	16 20 57	10 58 58	9 33 20
27 Th	16 43 36	4♏ 39 40	11♏ 45 52	8 35 20	6 21 40	14 55 38	16 47 50	26 09 53	5 13 38	20 23 41	27 56 32	16 29 00	11 03 15	9 39 22
28 F	17 47 13	19 03 18	26 18 30	10 49 24	7 41 16	15 39 38	17 23 54	26 40 48	5 26 31	20 26 22	28 00 44	16 38 43	11 09 11	9 47 04
29 Sa	18 51 46	3♐ 44 20	11♐ 05 14	13 05 34	9 01 47	16 24 34	18 00 51	27 12 37	5 40 29	20 30 01	28 05 50	16 49 23	11 16 06	9 55 43
30 Su	19 56 18	18 34 52	25 57 36	15 22 36	10 22 17	17 09 31	18 37 46	27 44 26	5 54 34	20 33 45	28 10 52	17 00 05	11 23 02	10 04 24

Notes

LONGITUDE — July 1957

Day	☉	0 hr ☽	Noon ☽	☿	♀	♂	⚵	⚳	♃	♄	⚷	♅	♆	♇
1 M	20♏ 59 53	3♑ 26 10	10♑ 46 57	17♏ 39 17	11♐ 41 48	17♐ 53 30	19♍ 13 41	28♎ 15 15	6♒ 07 50	20♈ 36 34	28♊ 14 54	17♐ 09 50	11♓ 29 03	10♑ 12 08
2 Tu	22 01 45	18 10 12	25 25 53	19 54 34	12 59 37	18 35 47	19 47 52	28 44 22	6 19 32	20 37 45	28 17 12	17 17 55	11 33 24	10 18 12
3 W	23 01 36	2♒ 40 48	9♒ 49 16	22 07 51	14 15 23	19 16 04	20 19 59	29 11 26	6 29 20	20 36 59	28 17 26	17 23 59	11 35 46	10 22 16
4 Th	23 59 34	16 54 24	23 54 34	24 19 00	15 29 16	19 54 28	20 50 11	29 36 35	6 37 24	20 34 24	28 15 45	17 28 12	11 36 17	10 24 29
5 F	24 56 16	0♓ 49 57	7♓ 41 38	26 28 24	16 41 52	20 31 36	21 19 04	0♏ 00 28	6 44 20	20 30 37	28 12 45	17 31 10	11 35 34	10 25 27
6 Sa	25 52 37	14 28 21	21 11 58	28 36 42	17 54 06	21 08 24	21 47 34	0 23 58	6 51 02	20 26 34	28 09 23	17 33 49	11 34 32	10 26 05
7 Su	26 49 38	27 51 39	4♈ 27 56	0♐ 44 44	19 06 59	21 45 53	22 16 42	0 48 07	6 58 32	20 23 16	28 06 38	17 37 09	11 34 13	10 27 25
8 M	27 48 16	11♈ 02 17	17 32 00	2 53 14	20 21 27	22 24 58	22 47 24	1 13 51	7 07 46	20 21 38	28 05 28	17 42 07	11 35 32	10 30 23
9 Tu	28 49 09	24 02 23	0♉ 26 11	5 02 42	21 38 10	23 06 20	23 20 18	1 41 49	7 19 22	20 22 20	28 06 31	17 49 21	11 39 09	10 35 38
10 W	29 52 34	6♉ 53 26	13 11 48	7 13 17	22 57 23	23 50 13	23 55 41	2 12 17	7 33 37	20 25 38	28 10 04	17 59 08	11 45 19	10 43 25
11 Th	0♐ 58 21	19 36 10	25 49 26	9 24 41	24 18 57	24 36 28	24 33 23	2 45 05	7 50 21	20 31 22	28 15 56	18 11 17	11 53 53	10 53 35
12 F	2 05 57	2♊ 10 40	8♊ 19 08	11 36 17	25 42 17	25 24 32	25 12 50	3 19 40	8 09 01	20 38 59	28 23 35	18 25 16	12 04 17	11 05 34
13 Sa	3 14 30	14 36 42	20 40 45	13 47 10	27 06 35	26 13 34	25 53 11	3 55 10	8 28 44	20 47 39	28 32 09	18 40 13	12 15 41	11 18 32
14 Su	4 23 01	26 54 07	2♋ 54 20	15 56 15	28 30 48	27 02 34	26 33 27	4 30 36	8 48 32	20 56 20	28 40 38	18 55 08	12 27 04	11 31 29
15 M	5 30 30	9♋ 03 13	15 00 30	18 02 32	29 53 58	27 50 32	27 12 37	5 04 58	9 07 24	21 04 04	28 48 04	19 09 01	12 37 27	11 43 24
16 Tu	6 36 09	21 05 10	27 00 46	20 05 11	1♑ 15 16	28 36 39	27 49 52	5 37 27	9 24 31	21 10 02	28 53 37	19 21 04	12 46 01	11 53 29
17 W	7 39 28	3♌ 02 12	8♌ 57 45	22 03 40	2 34 12	29 20 27	28 24 44	6 07 33	9 39 25	21 13 44	28 56 47	19 30 47	12 52 16	12 01 15
18 Th	8 40 22	14 57 41	20 55 15	23 57 54	3 50 41	0♑ 01 48	28 57 05	6 35 11	9 51 58	21 15 05	28 57 30	19 38 05	12 56 06	12 06 35
19 F	9 39 09	26 56 14	2♍ 58 08	25 48 12	5 05 01	0 41 04	29 27 16	7 00 41	10 02 31	21 14 24	28 56 04	19 43 16	12 57 52	12 09 50
20 Sa	10 36 33	9♍ 03 18	15 12 06	27 35 16	6 17 57	1 18 56	29 55 58	7 24 44	10 11 46	21 12 24	28 53 13	19 47 04	12 58 16	12 11 41
21 Su	11 33 32	21 25 02	27 43 16	29 20 06	7 30 26	1 56 23	0♎ 24 11	7 48 19	10 20 42	21 10 04	28 49 54	19 50 26	12 58 16	12 13 08
22 M	12 31 12	4♎ 07 31	10♎ 37 33	1♑ 03 47	8 43 33	2 34 31	0 52 60	8 12 32	10 30 24	21 08 28	28 47 14	19 54 29	12 58 58	12 15 15
23 Tu	13 30 32	17 16 13	23 59 49	2 47 19	9 58 18	3 14 18	1 23 23	8 38 22	10 41 50	21 08 37	28 46 12	20 00 11	13 01 22	12 19 02
24 W	14 32 13	0♏ 54 56	7♏ 52 54	4 31 23	11 15 23	3 56 26	1 56 02	9 06 30	10 55 43	21 11 12	28 47 30	20 08 14	13 06 07	12 25 11
25 Th	15 36 28	15 04 51	22 16 36	6 16 13	12 34 59	4 41 09	2 31 10	9 37 09	11 12 15	21 16 25	28 51 19	20 18 51	13 13 28	12 33 53
26 F	16 42 57	29 43 38	7♐ 06 57	8 01 27	13 56 47	5 28 04	3 08 24	10 09 57	11 31 05	21 23 56	28 57 19	20 31 40	13 23 02	12 44 48
27 Sa	17 50 46	14♐ 45 09	22 16 12	9 46 14	15 19 53	6 16 21	3 46 54	10 44 03	11 51 21	21 32 53	29 04 39	20 45 50	13 33 59	12 57 05
28 Su	18 58 44	29 59 55	7♑ 33 47	11 29 19	16 43 06	7 04 45	4 25 27	11 18 14	12 11 51	21 42 03	29 12 06	21 00 07	13 45 06	13 09 30
29 M	20 05 35	15♑ 16 35	22 48 07	13 09 29	18 05 10	7 52 03	5 02 46	11 51 14	12 31 18	21 50 11	29 18 24	21 13 18	13 55 07	13 20 48
30 Tu	21 10 19	0♒ 24 05	7♒ 48 48	14 45 42	19 25 05	8 37 14	5 37 54	12 22 05	12 48 43	21 56 18	29 22 35	21 24 21	14 03 03	13 29 60
31 W	22 12 30	15 13 36	22 28 20	16 17 30	20 42 24	9 19 52	6 10 20	12 50 18	13 03 39	21 59 55	29 24 10	21 32 48	14 08 26	13 36 37

LONGITUDE — August 1957

Day	☉	0 hr ☽	Noon ☽	☿	♀	♂	⚵	⚳	♃	♄	⚷	♅	♆	♇
1 Th	23♐ 12 15	29♒ 39 45	6♓ 42 57	17♑ 44 60	21♑ 57 15	10♑ 00 04	6♎ 40 15	13♏ 16 02	13♒ 16 14	22♈ 01 12	29♊ 23 20	21♐ 38 51	14♓ 11 26	13♑ 40 50
2 F	24 10 18	13♓ 40 51	20 32 17	19 08 54	23 10 22	10 38 34	7 08 22	13 40 00	13 27 11	22 00 53	29 20 46	21 43 11	14 12 44	13 43 20
3 Sa	25 07 46	27 18 07	3♈ 58 35	20 30 15	24 22 50	11 16 28	7 35 46	14 03 19	13 37 38	22 00 02	29 17 35	21 46 55	14 13 28	13 45 14
4 Su	26 05 51	10♈ 34 43	17 05 35	21 50 17	25 35 55	11 55 00	8 03 41	14 27 12	13 48 46	21 59 55	29 15 01	21 51 15	14 14 52	13 47 47
5 M	27 05 42	23 34 38	29 57 27	23 10 02	26 50 41	12 35 18	8 33 15	14 52 47	14 01 44	22 01 39	29 14 12	21 57 21	14 18 02	13 52 05
6 Tu	28 08 06	6♉ 21 43	12♉ 37 57	24 30 16	28 07 58	13 18 08	9 05 14	15 20 50	14 17 18	22 05 60	29 15 55	22 05 57	14 23 45	13 58 55
7 W	29 13 22	18 59 11	25 10 06	25 51 14	29 28 05	14 03 51	9 39 59	15 51 42	14 35 49	22 13 19	29 20 30	22 17 26	14 32 23	14 08 37
8 Th	0♑ 21 22	1♊ 29 15	7♊ 35 51	27 12 43	0♒ 50 52	14 52 16	10 17 19	16 25 13	14 57 07	22 23 26	29 27 47	22 31 37	14 43 45	14 21 03
9 F	1 31 28	13 53 09	19 56 10	28 34 01	2 15 43	15 42 48	10 56 38	17 00 46	15 20 35	22 35 44	29 37 10	22 47 53	14 57 14	14 35 34
10 Sa	2 42 44	26 11 21	2♋ 11 24	29 54 06	3 41 39	16 34 29	11 36 58	17 37 23	15 45 15	22 49 15	29 47 41	23 05 16	15 11 52	14 51 13
11 Su	3 54 00	8♋ 23 54	14 21 33	1♒ 11 45	5 07 34	17 26 11	12 17 10	18 13 57	16 09 59	23 02 53	29 58 12	23 22 39	15 26 33	15 06 53
12 M	5 04 11	20 30 52	26 26 49	2 25 44	6 32 20	18 16 46	12 56 09	18 49 20	16 33 41	23 15 30	0♋ 07 37	23 38 55	15 40 09	15 21 27
13 Tu	6 12 21	2♌ 32 50	8♌ 28 00	3 34 59	7 55 01	19 05 20	13 32 57	19 22 37	16 55 24	23 26 10	0 14 60	23 53 07	15 51 44	15 33 58
14 W	7 17 53	14 31 10	20 26 47	4 38 49	9 15 02	19 51 17	14 06 59	19 53 11	17 14 33	23 34 17	0 19 45	24 04 41	16 00 42	15 43 51
15 Th	8 20 39	26 28 21	2♍ 26 03	5 36 53	10 32 12	20 34 26	14 38 05	20 20 54	17 30 58	23 39 42	0 21 42	24 13 26	16 06 53	15 50 56
16 F	9 20 55	8♍ 28 05	14 29 48	6 29 21	11 46 49	21 15 04	15 06 31	20 46 01	17 44 55	23 42 42	0 21 08	24 19 39	16 10 35	15 55 30
17 Sa	10 19 23	20 35 09	26 43 10	7 16 42	12 59 35	21 53 55	15 32 59	21 09 14	17 57 06	23 43 57	0 18 46	24 24 02	16 12 30	15 58 15
18 Su	11 17 03	2♎ 55 13	9♎ 12 00	7 59 48	14 11 29	22 31 56	15 58 29	21 31 34	18 08 32	23 44 29	0 15 35	24 27 34	16 13 36	16 00 10
19 M	12 15 03	15 34 22	22 02 22	8 39 34	15 23 40	23 10 18	16 24 08	21 54 09	18 20 20	23 45 26	0 12 44	24 31 25	16 15 03	16 02 25
20 Tu	13 14 29	28 38 28	5♏ 19 47	9 16 52	16 37 12	23 50 04	16 51 02	22 18 02	18 33 36	23 47 52	0 11 17	24 36 38	16 17 55	16 06 02
21 W	14 16 06	12♏ 12 11	19 08 12	9 52 15	17 52 52	24 32 01	17 19 56	22 44 01	18 49 05	23 52 34	0 12 02	24 44 01	16 22 59	16 11 50
22 Th	15 20 14	26 18 01	3♐ 28 50	10 25 48	19 10 59	25 16 29	17 51 10	23 12 25	19 07 06	23 59 51	0 15 17	24 53 52	16 30 34	16 20 08
23 F	16 26 38	10♐ 55 09	18 19 14	10 57 02	20 31 18	26 03 11	18 24 28	23 42 58	19 27 26	24 09 27	0 20 47	25 05 56	16 40 24	16 30 39
24 Sa	17 34 30	25 58 47	3♑ 32 46	11 24 53	21 53 02	26 51 21	18 59 01	24 14 53	19 49 14	24 20 36	0 27 45	25 19 25	16 51 43	16 42 37
25 Su	18 42 40	11♑ 20 09	18 59 05	11 47 56	23 14 59	27 39 48	19 33 40	24 46 58	20 11 22	24 32 07	0 34 60	25 33 09	17 03 18	16 54 51
26 M	19 49 51	26 47 37	4♒ 25 48	12 04 40	24 35 54	28 27 16	20 07 08	25 17 59	20 32 33	24 42 43	0 41 17	25 45 53	17 13 56	17 06 05
27 Tu	20 55 03	12♒ 08 47	19 40 49	12 13 50	25 54 46	29 12 45	20 38 24	25 46 54	20 51 47	24 51 25	0 45 35	25 56 35	17 22 35	17 15 18
28 W	21 57 44	27 12 49	4♓ 34 31	12 14 40	27 11 03	29 55 43	21 06 57	26 13 11	21 08 32	24 57 41	0 47 22	26 04 43	17 28 43	17 21 59
29 Th	22 57 59	11♓ 52 14	19 01 04	12 07 04	28 24 49	0♒ 36 13	21 32 50	26 36 54	21 22 51	25 01 34	0 46 43	26 10 22	17 32 25	17 26 12
30 F	23 56 24	26 03 29	2♈ 58 39	11 51 31	29 36 43	1 14 54	21 56 40	26 58 42	21 35 22	25 03 42	0 44 16	26 14 09	17 34 17	17 28 34
31 Sa	24 53 60	9♈ 46 39	16 28 41	11 28 58	0♓ 47 43	1 52 45	22 19 28	27 19 33	21 47 06	25 05 05	0 40 59	26 17 05	17 35 20	17 30 05

Notes

September 1957 LONGITUDE

Day	☉	0 hr ☽	Noon ☽	☿	♀	♂	⚵	⚳	♃	♄	⚷	♅	♆	♇
1 Su	25 ♑ 51 56	23 ♈ 04 29	29 ♈ 34 46	11 ♒ 00 34	1 ♓ 58 58	2 ♒ 30 56	22 ♎ 42 21	27 ♏ 40 37	21 ♒ 59 11	25 ♈ 06 52	0 ♋ 38 04	26 ♐ 20 17	17 ♓ 36 44	17 ♑ 31 55
2 M	26 51 14	6 ♉ 01 06	12 ♉ 21 31	10 27 29	3 11 32	3 10 29	23 06 23	28 02 57	22 12 39	25 10 06	0 36 31	26 24 50	17 39 30	17 35 05
3 Tu	27 52 40	18 41 05	24 53 38	9 50 46	4 26 09	3 52 09	23 32 18	28 27 17	22 28 16	25 15 32	0 37 07	26 31 27	17 44 23	17 40 22
4 W	28 56 35	1 ♊ 08 43	7 ♊ 15 15	9 11 07	5 43 09	4 36 17	24 00 27	28 53 57	22 46 23	25 23 31	0 40 11	26 40 30	17 51 45	17 48 05
5 Th	0 ♒ 02 51	13 27 31	19 29 40	8 29 02	7 02 27	5 22 47	24 30 43	29 22 52	23 06 52	25 33 55	0 45 39	26 51 52	18 01 29	17 58 09
6 F	1 10 59	25 40 05	1 ♋ 39 11	7 44 44	8 23 32	6 11 07	25 02 35	29 53 30	23 29 13	25 46 14	0 52 58	27 05 01	18 13 03	18 10 01
7 Sa	2 20 08	7 ♋ 48 08	13 45 17	6 58 19	9 45 33	7 00 29	25 35 12	0 ♐ 25 02	23 52 36	25 59 39	1 01 20	27 19 10	18 25 40	18 22 53
8 Su	3 29 22	19 52 46	25 48 50	6 09 56	11 07 34	7 49 54	26 07 38	0 56 30	24 16 04	26 13 12	1 09 47	27 33 19	18 38 20	18 35 48
9 M	4 37 42	1 ♌ 54 43	7 ♌ 50 28	5 19 48	12 28 36	8 38 26	26 38 54	1 26 57	24 38 39	26 25 55	1 17 21	27 46 32	18 50 06	18 47 47
10 Tu	5 44 21	13 54 42	19 50 57	4 28 29	13 47 52	9 25 15	27 08 12	1 55 33	24 59 33	26 37 01	1 23 15	27 58 00	19 00 10	18 58 03
11 W	6 48 47	25 53 53	1 ♍ 51 32	3 36 49	15 04 50	10 09 51	27 34 59	2 21 49	25 18 14	26 45 57	1 26 56	28 07 12	19 08 01	19 06 03
12 Th	7 50 51	7 ♍ 54 01	13 54 14	2 46 02	16 19 20	10 52 04	27 59 06	2 45 32	25 34 33	26 52 33	1 28 16	28 13 57	19 13 29	19 11 38
13 F	8 50 43	19 57 43	26 01 56	1 57 42	17 31 33	11 32 05	28 20 44	3 06 55	25 48 39	26 57 02	1 27 25	28 18 27	19 16 44	19 14 60
14 Sa	9 48 56	2 ♎ 08 33	8 ♎ 18 28	1 13 34	18 42 02	12 10 26	28 40 24	3 26 30	26 01 07	26 59 55	1 24 56	28 21 15	19 18 20	19 16 40
15 Su	10 46 18	14 30 50	20 48 23	0 35 33	19 51 34	12 47 55	28 58 53	3 45 04	26 12 43	27 01 59	1 21 36	28 23 07	19 19 04	19 17 26
16 M	11 43 43	27 09 26	3 ♏ 36 40	0 05 30	21 01 03	13 25 27	29 17 05	4 03 31	26 24 21	27 04 10	1 18 20	28 24 58	19 19 49	19 18 12
17 Tu	12 42 04	10 ♏ 09 17	16 48 06	29 ♑ 45 01	22 11 22	14 03 53	29 35 53	4 22 44	26 36 54	27 07 18	1 16 00	28 27 40	19 21 29	19 19 51
18 W	13 41 59	23 34 38	0 ♐ 26 29	29 35 20	23 23 10	14 43 53	29 55 55	4 43 21	26 51 01	27 12 05	1 15 16	28 31 53	19 24 42	19 23 02
19 Th	14 43 47	7 ♐ 28 20	14 33 46	29 37 04	24 36 46	15 25 45	0 ♏ 17 30	5 05 42	27 07 00	27 18 47	1 16 26	28 37 55	19 29 48	19 28 03
20 F	15 47 22	21 50 44	29 09 01	29 50 15	25 52 02	16 09 23	0 40 29	5 29 37	27 24 45	27 27 18	1 19 23	28 45 39	19 36 38	19 34 48
21 Sa	16 52 09	6 ♑ 39 03	14 ♑ 07 50	0 ♒ 14 18	27 08 25	16 54 13	1 04 19	5 54 36	27 43 42	27 37 06	1 23 34	28 54 32	19 44 41	19 42 43
22 Su	17 57 20	21 46 57	29 22 20	0 48 12	28 25 06	17 39 26	1 28 10	6 19 47	28 03 01	27 47 19	1 28 09	29 03 44	19 53 06	19 50 58
23 M	19 01 59	7 ♒ 05 05	14 ♒ 42 05	1 30 42	29 41 08	18 24 06	1 51 06	6 44 14	28 21 47	27 57 03	1 32 13	29 12 19	20 00 57	19 58 37
24 Tu	20 05 18	22 22 25	29 55 44	2 20 34	0 ♈ 55 45	19 07 26	2 12 20	7 07 11	28 39 12	28 05 30	1 34 60	29 19 31	20 07 28	20 04 55
25 W	21 06 51	7 ♓ 28 08	14 ♓ 53 07	3 16 48	2 08 29	19 48 59	2 31 23	7 28 10	28 51 35	28 12 13	1 36 01	29 24 52	20 12 11	20 09 24
26 Th	22 06 36	22 13 28	29 26 45	4 18 47	3 19 19	20 28 43	2 48 15	7 47 10	29 08 38	28 17 11	1 35 15	29 28 20	20 15 05	20 12 01
27 F	23 04 54	6 ♈ 32 49	13 ♈ 32 37	5 26 13	4 28 36	21 06 60	3 03 16	8 04 32	29 20 59	28 20 45	1 33 05	29 30 18	20 16 31	20 13 09
28 Sa	24 02 24	20 24 03	27 10 03	6 39 04	5 36 60	21 44 29	3 17 05	8 20 54	29 32 31	28 23 34	1 30 08	29 31 24	20 17 09	20 13 27
29 Su	24 59 52	3 ♉ 47 55	10 ♉ 20 58	7 57 25	6 45 14	22 21 56	3 30 27	8 37 03	29 44 00	28 26 25	1 27 12	29 32 24	20 17 44	20 13 41
30 M	25 58 01	16 47 17	23 08 59	9 21 18	7 54 03	23 00 03	3 44 05	8 53 41	29 56 09	28 29 58	1 24 58	29 34 01	20 18 59	20 14 32

October 1957 LONGITUDE

Day	☉	0 hr ☽	Noon ☽	☿	♀	♂	⚵	⚳	♃	♄	⚷	♅	♆	♇
1 Tu	26 ♒ 57 23	29 ♉ 26 08	5 ♊ 38 33	10 ♒ 50 36	9 ♈ 03 58	23 ♒ 39 22	3 ♏ 58 30	9 ♐ 11 19	0 ♓ 09 29	28 ♈ 34 48	1 ♋ 23 59	29 ♐ 36 46	20 ♓ 21 26	20 ♑ 16 34
2 W	27 58 14	11 ♊ 48 56	17 54 14	12 24 57	10 15 14	24 20 10	4 13 58	9 30 14	0 24 16	28 41 08	1 24 30	29 40 56	20 25 20	20 20 01
3 Th	29 00 31	23 59 59	0 ♋ 00 15	14 03 45	11 27 50	25 02 24	4 30 26	9 50 23	0 40 29	28 48 58	1 26 31	29 46 28	20 30 40	20 24 53
4 F	0 ♓ 03 59	6 ♋ 03 06	12 00 16	15 46 12	12 41 29	25 45 48	4 47 37	10 11 30	0 57 49	28 58 00	1 29 43	29 53 06	20 37 09	20 30 52
5 Sa	1 08 08	18 01 33	23 57 17	17 31 20	13 55 41	26 29 53	5 05 02	10 33 05	1 15 50	29 07 46	1 33 38	0 ♑ 00 21	20 44 18	20 37 29
6 Su	2 12 24	29 57 59	5 ♌ 53 42	19 18 11	15 09 54	27 14 05	5 22 07	10 54 35	1 33 56	29 17 42	1 37 43	0 07 39	20 51 34	20 44 11
7 M	3 16 15	11 ♌ 54 30	17 51 22	21 05 48	16 23 33	27 57 51	5 38 18	11 15 26	1 51 35	29 27 14	1 41 24	0 14 26	20 58 22	20 50 24
8 Tu	4 19 12	23 52 54	29 51 53	22 53 24	17 36 10	28 40 43	5 53 06	11 35 09	2 08 18	29 35 55	1 44 13	0 20 16	21 04 16	20 55 40
9 W	5 20 59	5 ♍ 54 45	11 ♍ 56 41	24 40 26	18 47 28	29 22 24	6 06 14	11 53 28	2 23 48	29 43 26	1 45 53	0 24 50	21 08 57	20 59 42
10 Th	6 21 28	18 01 37	24 07 21	26 26 32	19 57 20	0 ♓ 02 47	6 17 35	12 10 15	2 37 59	29 49 43	1 46 18	0 28 02	21 12 19	21 02 24
11 F	7 20 47	0 ♎ 15 17	6 ♎ 25 41	28 11 38	21 05 54	0 41 59	6 27 16	12 25 38	2 50 56	29 54 51	1 45 34	0 29 58	21 14 29	21 03 53
12 Sa	8 19 12	12 37 49	18 53 51	29 55 50	22 13 25	1 20 17	6 35 32	12 39 52	3 02 59	29 59 07	1 43 59	0 30 57	21 15 45	21 04 24
13 Su	9 17 09	25 11 39	1 ♏ 34 24	1 ♓ 39 24	23 20 19	1 58 06	6 42 48	12 53 23	3 14 29	0 ♉ 02 56	1 41 56	0 31 22	21 16 29	21 04 24
14 M	10 15 05	7 ♏ 59 26	14 30 04	3 22 42	24 27 02	2 35 53	6 49 31	13 06 38	3 25 56	0 06 45	1 39 54	0 31 40	21 17 11	21 04 19
15 Tu	11 13 25	21 03 56	27 43 34	5 06 03	25 34 01	3 14 05	6 56 06	13 20 01	3 37 44	0 11 00	1 38 18	0 32 18	21 18 15	21 04 34
16 W	12 12 28	4 ♐ 27 37	11 ♐ 17 10	6 49 41	26 41 32	3 52 58	7 02 51	13 33 51	3 50 13	0 15 59	1 37 27	0 33 33	21 20 00	21 05 29
17 Th	13 12 21	18 12 14	25 12 07	8 33 42	27 49 45	4 32 42	7 09 53	13 48 16	4 03 29	0 21 50	1 37 28	0 35 34	21 22 34	21 07 11
18 F	14 13 02	2 ♑ 18 11	9 ♑ 28 04	10 17 58	28 58 36	5 13 12	7 17 09	14 03 11	4 17 29	0 28 30	1 38 18	0 38 18	21 25 53	21 09 37
19 Sa	15 14 17	16 44 06	24 02 37	12 02 13	0 ♉ 07 49	5 54 15	7 24 24	14 18 23	4 31 60	0 35 44	1 39 43	0 41 29	21 29 44	21 12 32
20 Su	16 15 44	1 ♒ 26 23	8 ♒ 51 05	13 46 07	1 17 06	6 35 31	7 31 17	14 33 31	4 46 40	0 43 12	1 41 22	0 44 47	21 33 45	21 15 37
21 M	17 17 03	16 19 16	23 46 44	15 29 17	2 26 04	7 16 38	7 37 27	14 48 14	5 01 08	0 50 33	1 42 56	0 47 53	21 37 36	21 18 30
22 Tu	18 17 57	1 ♓ 15 16	8 ♓ 41 31	17 11 26	3 34 26	7 57 19	7 42 37	15 02 14	5 15 09	0 57 30	1 44 06	0 50 28	21 41 00	21 20 54
23 W	19 18 17	16 06 12	23 27 12	18 52 25	4 42 03	8 37 26	7 46 38	15 15 23	5 28 32	1 03 55	1 44 44	0 52 24	21 43 48	21 22 41
24 Th	20 18 04	0 ♈ 44 13	7 ♈ 56 32	20 32 15	5 48 57	9 17 00	7 49 31	15 27 40	5 41 19	1 09 47	1 44 51	0 53 42	21 46 02	21 23 51
25 F	21 17 27	15 03 02	22 04 12	22 11 04	6 55 14	9 56 09	7 51 23	15 39 15	5 53 37	1 15 15	1 44 36	0 54 29	21 47 48	21 24 33
26 Sa	22 16 36	28 58 30	5 ♉ 47 13	23 49 05	8 01 07	10 35 05	7 52 27	15 50 19	6 05 40	1 20 33	1 44 10	0 54 60	21 49 20	21 24 59
27 Su	23 15 46	12 ♉ 28 52	19 05 01	25 26 32	9 06 48	11 14 01	7 52 57	16 01 05	6 17 40	1 25 51	1 43 47	0 55 25	21 50 50	21 25 22
28 M	24 15 06	25 34 34	1 ♊ 59 01	27 03 36	10 12 28	11 53 07	7 53 01	16 11 42	6 29 47	1 31 22	1 43 37	0 55 57	21 52 30	21 25 53
29 Tu	25 14 43	8 ♊ 17 48	14 32 06	28 40 24	11 18 11	12 32 30	7 52 46	16 22 17	6 42 06	1 37 09	1 43 45	0 56 40	21 54 24	21 26 36
30 W	26 14 36	20 41 58	26 48 08	0 ♈ 16 56	12 23 57	13 12 09	7 52 12	16 32 50	6 54 39	1 43 14	1 44 12	0 57 34	21 56 32	21 27 33
31 Th	27 14 41	2 ♋ 51 10	8 ♋ 51 27	1 53 10	13 29 42	13 52 01	7 51 16	16 43 15	7 07 20	1 49 33	1 44 54	0 58 36	21 58 52	21 28 39

Notes

LONGITUDE

November 1957

Day	☉	0 hr ☽	Noon ☽	☿	♀	♂	⚵	⚳	♃	♄	⚷	♅	♆	♇
1 F	28♓14 53	14♋49 51	20♋46 34	3♈29 01	14♉35 20	14♓31 59	7♏49 50	16♐53 28	7♓20 05	1♉55 59	1♋45 45	0♑59 39	22♓01 16	21♑29 48
2 Sa	29 15 04	26 42 28	2♌37 50	5 04 23	15 40 43	15 11 57	7 47 49	17 03 20	7 32 45	2 02 26	1 46 38	1 00 38	22 03 37	21 30 54
3 Su	0♈15 11	8♌33 19	14 29 20	6 39 13	16 45 46	15 51 50	7 45 09	17 12 48	7 45 17	2 08 49	1 47 29	1 01 27	22 05 53	21 31 51
4 M	1 15 13	20 26 16	26 24 43	8 13 30	17 50 29	16 31 38	7 41 48	17 21 49	7 57 40	2 15 06	1 48 16	1 02 05	22 08 01	21 32 40
5 Tu	2 15 10	2♍24 46	8♍27 07	9 47 17	18 54 52	17 11 22	7 37 48	17 30 27	8 09 54	2 21 21	1 49 02	1 02 35	22 10 03	21 33 22
6 W	3 15 10	14 31 41	20 39 04	11 20 42	19 59 01	17 51 08	7 33 17	17 38 45	8 22 07	2 27 39	1 49 52	1 03 02	22 12 05	21 34 03
7 Th	4 15 19	26 49 15	3♎02 30	12 53 52	21 03 02	18 31 04	7 28 20	17 46 51	8 34 25	2 34 06	1 50 54	1 03 33	22 14 15	21 34 49
8 F	5 15 44	9♎19 04	15 38 42	14 26 55	22 07 02	19 11 16	7 23 06	17 54 52	8 46 55	2 40 50	1 52 15	1 04 16	22 16 38	21 35 49
9 Sa	6 16 30	22 02 08	28 28 25	15 59 56	23 11 04	19 51 49	7 17 39	18 02 51	8 59 41	2 47 55	1 53 57	1 05 13	22 19 20	21 37 05
10 Su	7 17 36	4♏58 52	11♏31 54	17 32 56	24 15 08	20 32 42	7 11 60	18 10 49	9 12 44	2 55 20	1 56 03	1 06 27	22 22 20	21 38 38
11 M	8 18 58	18 09 18	24 49 01	19 05 49	25 19 09	21 13 50	7 06 03	18 18 38	9 25 56	3 03 01	1 58 25	1 07 50	22 25 33	21 40 23
12 Tu	9 20 24	1♐33 07	8♐19 23	20 38 25	26 22 54	21 55 03	6 59 38	18 26 10	9 39 08	3 10 46	2 00 55	1 09 12	22 28 48	21 42 08
13 W	10 21 41	15 09 45	22 02 21	22 10 31	27 26 10	22 36 07	6 52 33	18 33 09	9 52 07	3 18 22	2 03 17	1 10 20	22 31 52	21 43 41
14 Th	11 22 36	28 58 30	5♑57 05	23 41 55	28 28 43	23 16 49	6 44 35	18 39 22	10 04 38	3 25 36	2 05 18	1 11 01	22 34 31	21 44 49
15 F	12 22 60	12♑58 26	20 02 29	25 12 27	29 30 24	23 57 00	6 35 36	18 44 40	10 16 34	3 32 18	2 06 51	1 11 06	22 36 37	21 45 21
16 Sa	13 22 52	27 08 20	4♒16 58	26 42 05	0♊31 10	24 36 39	6 25 36	18 49 02	10 27 52	3 38 29	2 07 54	1 10 33	22 38 08	21 45 18
17 Su	14 22 20	11♒26 24	18 38 20	28 10 58	1 31 11	25 15 55	6 14 45	18 52 36	10 38 42	3 44 15	2 08 35	1 09 32	22 39 14	21 44 48
18 M	15 21 42	25 50 08	3♓03 38	29 39 23	2 30 41	25 55 05	6 03 20	18 55 39	10 49 20	3 49 55	2 09 12	1 08 19	22 40 10	21 44 08
19 Tu	16 21 21	10♓16 11	17 29 02	1♉07 40	3 30 04	26 34 31	5 51 45	18 58 33	11 00 09	3 55 51	2 10 07	1 07 18	22 41 20	21 43 41
20 W	17 21 39	24 40 21	1♈50 05	2 36 11	4 29 41	27 14 36	5 40 25	19 01 41	11 11 32	4 02 26	2 11 43	1 06 50	22 43 07	21 43 49
21 Th	18 22 53	8♈57 54	16 01 58	4 05 12	5 29 48	27 55 38	5 29 38	19 05 21	11 23 47	4 09 57	2 14 18	1 07 14	22 45 48	21 44 51
22 F	19 25 11	23 03 60	0♉00 11	5 34 47	6 30 33	28 37 45	5 19 33	19 09 38	11 36 59	4 18 32	2 17 59	1 08 38	22 49 31	21 46 52
23 Sa	20 28 27	6♉54 20	13 40 55	7 04 49	7 31 49	29 20 50	5 10 07	19 14 29	11 51 06	4 28 05	2 22 41	1 10 55	22 54 10	21 49 50
24 Su	21 32 26	20 25 36	27 01 42	8 34 57	8 33 18	0♈04 38	5 01 04	19 19 36	12 05 48	4 38 20	2 28 07	1 13 49	22 59 29	21 53 26
25 M	22 36 41	3♊35 59	10♊01 31	10 04 42	9 34 33	0 48 43	4 51 60	19 24 34	12 20 42	4 48 51	2 33 51	1 16 56	23 05 02	21 57 15
26 Tu	23 40 42	16 25 18	22 41 01	11 33 29	10 35 03	1 32 35	4 42 26	19 28 52	12 35 16	4 59 08	2 39 24	1 19 44	23 10 20	22 00 48
27 W	24 44 01	28 54 55	5♋02 16	13 00 43	11 34 20	2 15 45	4 31 57	19 32 02	12 49 04	5 08 43	2 44 18	1 21 46	23 14 53	22 03 36
28 Th	25 46 19	11♋07 41	17 08 37	14 25 59	12 32 01	2 57 55	4 20 14	19 33 45	13 01 44	5 17 16	2 48 13	1 22 42	23 18 23	22 05 20
29 F	26 47 26	23 07 31	29 04 20	15 48 58	13 27 58	3 38 56	4 07 10	19 33 52	13 13 09	5 24 39	2 50 60	1 22 24	23 20 41	22 05 50
30 Sa	27 47 28	4♌59 14	10♌54 23	17 09 36	14 22 12	4 18 51	3 52 51	19 32 27	13 23 22	5 30 56	2 52 43	1 20 55	23 21 51	22 05 12

LONGITUDE

December 1957

Day	☉	0 hr ☽	Noon ☽	☿	♀	♂	⚵	⚳	♃	♄	⚷	♅	♆	♇
1 Su	28♈46 43	16♌48 05	22♌44 04	18♉28 01	15♊15 02	4♈58 00	3♏37 38	19♐29 48	13♓32 42	5♉36 25	2♋53 42	1♑18 36	23♓22 12	22♑03 44
2 M	29 45 40	28 39 31	4♍38 44	19 44 29	16 06 55	5 36 53	3 22 02	19 26 26	13 41 39	5 41 36	2 54 26	1 15 55	23 22 13	22 01 55
3 Tu	0♉44 54	10♍38 48	16 43 23	20 59 19	16 58 24	6 16 04	3 06 39	19 22 55	13 50 48	5 47 04	2 55 29	1 13 27	23 22 30	22 00 22
4 W	1 45 02	22 50 38	29 02 22	22 12 51	17 50 05	6 56 09	2 52 07	19 19 51	14 00 45	5 53 25	2 57 28	1 11 49	23 23 38	21 59 39
5 Th	2 46 33	5♎18 49	11♎38 57	23 25 13	18 42 25	7 37 39	2 38 58	19 17 44	14 11 59	6 01 09	3 00 53	1 11 30	23 26 07	22 00 17
6 F	3 49 46	18 05 53	24 35 04	24 36 21	19 35 41	8 20 51	2 27 30	19 16 53	14 24 48	6 10 33	3 06 01	1 12 48	23 30 15	22 02 33
7 Sa	4 54 41	1♏12 47	7♏50 58	25 45 49	20 29 51	9 05 47	2 17 48	19 17 17	14 39 13	6 21 39	3 12 54	1 15 45	23 36 04	22 06 28
8 Su	6 01 00	14 38 48	21 25 15	26 52 48	21 24 36	9 52 08	2 09 34	19 18 40	14 54 56	6 34 09	3 21 13	1 20 03	23 43 15	22 11 46
9 M	7 08 10	28 21 36	5♐15 01	27 56 10	22 19 19	10 39 20	2 02 15	19 20 26	15 11 23	6 47 27	3 30 24	1 25 06	23 51 14	22 17 51
10 Tu	8 15 22	12♐17 33	19 16 17	28 54 29	23 13 12	11 26 36	1 55 06	19 21 49	15 27 47	7 00 48	3 39 41	1 30 08	23 59 13	22 23 55
11 W	9 21 49	26 22 26	3♑24 40	29 46 14	24 05 24	12 13 07	1 47 20	19 21 59	15 43 17	7 13 22	3 48 13	1 34 21	24 06 24	22 29 11
12 Th	10 26 48	10♑32 01	17 36 07	0♊29 56	24 55 10	12 58 12	1 38 17	19 20 17	15 57 14	7 24 27	3 55 19	1 37 02	24 12 06	22 32 57
13 F	11 29 59	24 42 46	1♒47 22	1 04 24	25 42 08	13 41 29	1 27 36	19 16 20	16 09 15	7 33 42	4 00 40	1 37 51	24 15 57	22 34 52
14 Sa	12 31 25	8♒52 14	15 56 21	1 28 50	26 26 19	14 23 03	1 15 23	19 10 12	16 19 24	7 41 11	4 04 16	1 36 50	24 17 59	22 34 58
15 Su	13 31 35	22 59 03	0♓01 58	1 42 48	27 08 09	15 03 21	1 02 09	19 02 22	16 28 10	7 47 23	4 06 39	1 34 30	24 18 44	22 33 46
16 M	14 31 18	7♓02 42	14 03 50	1 46 19	27 48 26	15 43 14	0 48 44	18 53 41	16 36 23	7 53 07	4 08 36	1 31 40	24 18 60	22 32 04
17 Tu	15 31 34	21 03 00	28 01 41	1 39 36	28 28 05	16 23 40	0 36 09	18 45 08	16 45 01	7 59 22	4 11 09	1 29 19	24 19 45	22 30 52
18 W	16 33 19	4♈59 30	11♈54 54	1 23 00	29 08 01	17 05 37	0 25 21	18 37 39	16 54 60	8 07 04	4 15 11	1 28 23	24 21 58	22 31 07
19 Th	17 37 13	18 51 05	25 42 09	0 56 53	29 48 50	17 49 44	0 17 04	18 31 55	17 07 02	8 16 55	4 21 26	1 29 33	24 26 17	22 33 29
20 F	18 43 35	2♉35 50	9♉21 20	0 21 34	0♋30 49	18 36 20	0 11 35	18 28 16	17 21 23	8 29 11	4 30 09	1 33 07	24 33 02	22 38 15
21 Sa	19 52 13	16 11 05	22 49 48	29♉37 23	1 13 42	19 25 14	0 08 46	18 26 30	17 37 54	8 43 43	4 41 11	1 38 55	24 42 01	22 45 16
22 Su	21 02 34	29 33 56	6♊04 52	28 44 45	1 56 53	20 15 52	0 08 03	18 26 05	17 55 60	8 59 56	4 53 57	1 46 21	24 52 41	22 53 57
23 M	22 13 43	12♊41 43	19 04 22	27 44 19	2 39 23	21 07 19	0 08 33	18 26 06	18 14 46	9 16 56	5 07 34	1 54 34	25 04 06	23 03 24
24 Tu	23 24 39	25 32 39	1♋47 05	26 37 08	3 20 09	21 58 36	0 09 17	18 25 34	18 33 13	9 33 42	5 20 60	2 02 31	25 15 18	23 12 36
25 W	24 34 24	8♋06 14	14 13 10	25 24 43	3 58 08	22 48 43	0 09 17	18 23 31	18 50 21	9 49 15	5 33 17	2 09 14	25 25 16	23 20 36
26 Th	25 42 14	20 23 30	26 24 17	24 09 02	4 32 32	23 36 56	0 07 51	18 19 14	19 05 26	10 02 52	5 43 41	2 13 60	25 33 17	23 26 38
27 F	26 47 46	2♌27 03	8♌23 34	22 52 27	5 02 54	24 22 53	0 04 34	18 12 19	19 18 06	10 14 10	5 51 48	2 16 25	25 38 58	23 30 20
28 Sa	27 51 02	14 20 54	20 15 28	21 37 34	5 29 13	25 06 36	29♎59 32	18 02 52	19 28 22	10 23 10	5 57 43	2 16 32	25 42 21	23 31 46
29 Su	28 52 29	26 10 19	2♍05 31	20 27 07	5 51 52	25 48 32	29 53 11	17 51 19	19 36 43	10 30 21	6 01 50	2 14 49	25 43 55	23 31 20
30 M	29 52 55	8♍01 20	13 59 52	19 23 38	6 11 35	26 29 29	29 46 20	17 38 29	19 43 54	10 36 29	6 04 59	2 12 02	25 44 25	23 29 53
31 Tu	0♊53 20	20 00 22	26 04 57	18 29 23	6 29 17	27 10 27	29 39 60	17 25 23	19 50 57	10 42 34	6 08 09	2 09 12	25 44 53	23 28 22

Notes

January 1958 LONGITUDE

Day	☉	0 hr ☽	Noon ☽	☿	♀	♂	⚵	⚳	♃	♄	⚷	♅	♆	♇
1 W	1 ♊ 54 46	2 ♎ 13 46	8 ♎ 26 49	17 ♉ 46 12	6 ♋ 45 57	27 ♈ 52 28	29 ♎ 35 12	17 ♐ 13 04	19 ♓ 58 53	10 ♉ 49 40	6 ♋ 12 22	2 ♑ 07 22	25 ♓ 46 21	23 ♑ 27 52
2 Th	2 58 08	14 47 08	21 10 39	17 15 17	7 02 24	28 36 27	29 32 51	17 02 27	20 08 36	10 58 39	6 18 32	2 07 26	25 49 42	23 29 16
3 F	4 04 00	27 44 41	4 ♏ 19 58	16 57 12	7 19 11	29 22 58	29 33 34	16 54 08	20 20 43	11 10 07	6 27 15	2 09 58	25 55 32	23 33 09
4 Sa	5 12 31	11 ♏ 08 40	17 55 58	16 51 46	7 36 22	0 ♉ 12 09	29 37 27	16 48 17	20 35 19	11 24 12	6 38 38	2 15 07	26 03 59	23 39 38
5 Su	6 23 17	24 58 40	1 ♐ 57 07	16 58 05	7 53 29	1 03 39	29 44 08	16 44 30	20 52 03	11 40 31	6 52 19	2 22 30	26 14 39	23 48 22
6 M	7 35 26	9 ♐ 11 29	16 19 02	17 14 42	8 09 39	1 56 34	29 52 45	16 41 57	21 10 02	11 58 12	7 07 25	2 31 15	26 26 42	23 58 29
7 Tu	8 47 48	23 41 18	0 ♑ 54 59	17 39 44	8 23 37	2 49 43	0 ♏ 02 08	16 39 28	21 28 05	12 16 03	7 22 45	2 40 10	26 38 55	24 08 46
8 W	9 59 07	8 ♑ 20 36	15 36 57	18 11 12	8 34 05	3 41 51	0 10 59	16 35 48	21 44 56	12 32 49	7 37 03	2 48 01	26 50 02	24 17 58
9 Th	11 08 18	23 01 25	0 ♒ 17 06	18 47 23	8 39 57	4 31 54	0 18 15	16 29 54	21 59 31	12 47 25	7 49 16	2 53 43	26 59 01	24 25 02
10 F	12 14 48	7 ♒ 36 46	14 49 07	19 27 01	8 40 38	5 19 18	0 23 23	16 21 13	22 11 16	12 59 18	7 58 48	2 56 42	27 05 16	24 29 23
11 Sa	13 18 38	22 01 46	29 08 59	20 09 33	8 36 09	6 04 04	0 26 24	16 09 48	22 20 13	13 08 29	8 05 43	2 57 00	27 08 49	24 31 03
12 Su	14 20 29	6 ♓ 13 58	13 ♓ 15 10	20 55 05	8 27 10	6 46 53	0 27 57	15 56 20	22 27 01	13 15 39	8 10 40	2 55 18	27 10 22	24 30 43
13 M	15 21 28	20 13 09	27 08 13	21 44 12	8 14 49	7 28 52	0 29 11	15 41 57	22 32 47	13 21 54	8 14 45	2 52 42	27 11 00	24 29 29
14 Tu	16 22 55	4 ♈ 00 38	10 ♈ 49 50	22 37 49	8 00 29	8 11 21	0 31 26	15 28 02	22 38 54	13 28 35	8 19 21	2 50 34	27 12 06	24 28 42
15 W	17 26 08	17 38 19	24 22 01	23 36 46	7 45 27	8 55 38	0 35 58	15 15 52	22 46 36	13 36 60	8 25 44	2 50 09	27 14 54	24 29 40
16 Th	18 32 02	1 ♉ 07 52	7 ♉ 46 20	24 41 38	7 30 45	9 42 39	0 43 43	15 06 24	22 56 50	13 48 03	8 34 49	2 52 26	27 20 22	24 33 18
17 F	19 41 04	14 30 06	21 03 22	25 52 32	7 16 52	10 32 49	0 55 08	15 00 07	23 10 03	14 02 11	8 47 03	2 57 49	27 28 56	24 40 03
18 Sa	20 53 04	27 44 50	4 ♊ 12 40	27 09 02	7 03 45	11 25 60	1 10 04	14 56 52	23 26 04	14 19 16	9 02 17	3 06 10	27 40 27	24 49 45
19 Su	22 07 21	10 ♊ 50 51	17 12 56	28 30 10	6 50 49	12 21 30	1 27 48	14 55 58	23 44 14	14 38 35	9 19 50	3 16 48	27 54 13	25 01 44
20 M	23 22 49	23 46 24	0 ♋ 02 26	29 54 39	6 37 07	13 18 14	1 47 15	14 56 23	24 03 25	14 59 04	9 38 36	3 28 38	28 09 10	25 14 54
21 Tu	24 38 13	6 ♋ 29 43	12 39 38	1 ♊ 21 00	6 21 31	14 14 56	2 07 09	14 56 51	24 22 23	15 19 26	9 57 19	3 40 23	28 24 00	25 27 59
22 W	25 52 18	18 59 37	25 03 45	2 47 50	6 02 57	15 10 22	2 26 15	14 56 08	24 39 52	15 38 27	10 14 44	3 50 48	28 37 31	25 39 44
23 Th	27 04 05	1 ♌ 16 00	7 ♌ 15 10	4 13 59	5 40 37	16 03 32	2 43 33	14 53 17	24 54 54	15 55 07	10 29 53	3 58 57	28 48 41	25 49 12
24 F	28 12 59	13 20 12	19 15 43	5 38 46	5 14 10	16 53 52	2 58 30	14 47 44	25 06 54	16 08 52	10 42 11	4 04 12	28 56 58	25 55 46
25 Sa	29 18 56	25 15 00	1 ♍ 08 43	7 01 60	4 43 42	17 41 17	3 10 58	14 39 25	25 15 47	16 19 37	10 51 32	4 06 31	29 02 16	25 59 23
26 Su	0 ♋ 22 18	7 ♍ 04 44	12 58 54	8 23 58	4 09 53	18 26 11	3 21 22	14 28 46	25 21 56	16 27 46	10 58 22	4 06 16	29 04 60	26 00 26
27 M	1 23 56	18 54 54	24 52 06	9 45 24	3 33 47	19 09 24	3 30 32	14 16 36	25 26 12	16 34 09	11 03 28	4 04 18	29 05 58	25 59 45
28 Tu	2 24 57	0 ♎ 51 54	6 ♎ 54 56	11 07 22	2 56 44	19 52 01	3 39 32	14 04 04	25 29 41	16 39 52	11 07 59	4 01 44	29 06 17	25 58 27
29 W	3 26 31	13 02 33	19 14 11	12 30 59	2 20 14	20 35 16	3 49 35	13 52 23	25 33 34	16 46 07	11 13 06	3 59 44	29 07 10	25 57 43
30 Th	4 29 46	25 33 26	1 ♏ 56 14	13 57 18	1 45 37	21 20 14	4 01 46	13 42 37	25 38 58	16 53 58	11 19 53	3 59 26	29 09 42	25 58 39
31 F	5 35 26	8 ♏ 30 12	15 06 11	15 27 03	1 13 55	22 07 40	4 16 50	13 35 36	25 46 38	17 04 14	11 29 09	4 01 34	29 14 39	26 02 02

February 1958 LONGITUDE

Day	☉	0 hr ☽	Noon ☽	☿	♀	♂	⚵	⚳	♃	♄	⚷	♅	♆	♇
1 Sa	6 ♋ 43 49	21 ♏ 56 45	28 ♏ 46 58	17 ♊ 00 27	0 ♋ 45 39	22 ♉ 57 53	4 ♏ 35 05	13 ♐ 31 37	25 ♓ 56 52	17 ♉ 17 11	11 ♋ 41 09	4 ♑ 06 28	29 ♓ 22 18	26 ♑ 08 09
2 Su	7 54 39	5 ♐ 54 16	12 ♐ 58 28	18 37 14	0 20 49	23 50 35	4 56 12	13 30 22	26 09 23	17 32 31	11 55 36	4 13 48	29 32 22	26 16 42
3 M	9 07 04	20 20 39	27 36 59	20 16 30	29 ♊ 58 46	24 44 55	5 19 20	13 31 04	26 23 20	17 49 24	12 11 41	4 22 46	29 44 02	26 26 52
4 Tu	10 19 51	5 ♑ 10 11	12 ♑ 35 18	21 57 00	29 38 31	25 39 41	5 43 16	13 32 28	26 37 28	18 06 36	12 28 09	4 32 07	29 56 02	26 37 23
5 W	11 31 38	20 14 09	27 43 36	23 37 23	29 18 53	26 33 29	6 06 38	13 33 13	26 50 27	18 22 46	12 43 38	4 40 30	0 ♈ 07 01	26 46 56
6 Th	12 41 16	5 ♒ 22 14	12 ♒ 51 13	25 16 28	28 58 55	27 25 12	6 28 14	13 32 11	27 01 07	18 36 44	12 56 59	4 46 46	0 15 51	26 54 20
7 F	13 48 05	20 24 22	27 48 37	26 53 34	28 38 05	28 14 08	6 47 25	13 28 42	27 08 48	18 47 50	13 07 32	4 50 13	0 21 50	26 58 56
8 Sa	14 52 03	5 ♓ 12 29	12 ♓ 28 53	28 28 39	28 16 31	29 00 17	7 04 09	13 22 44	27 13 27	18 56 02	13 15 15	4 50 52	0 24 57	27 00 40
9 Su	15 53 46	19 41 38	26 48 26	0 ♋ 02 20	27 54 56	29 44 13	7 19 01	13 14 56	27 15 42	19 01 56	13 20 45	4 49 17	0 25 49	27 00 12
10 M	16 54 22	3 ♈ 50 04	10 ♈ 46 46	1 35 43	27 34 31	0 ♊ 27 05	7 33 07	13 06 22	27 16 38	19 06 39	13 25 07	4 46 36	0 25 32	26 58 35
11 Tu	17 55 07	17 38 36	24 25 36	3 10 08	27 16 41	1 10 09	7 47 46	12 58 24	27 17 35	19 11 29	13 29 40	4 44 07	0 25 24	26 57 09
12 W	18 57 18	1 ♉ 09 36	7 ♉ 47 51	4 46 48	27 02 42	1 54 42	8 04 12	12 52 15	27 19 46	19 17 40	13 35 39	4 43 05	0 26 40	26 57 10
13 Th	20 01 49	14 26 00	20 56 36	6 26 41	26 53 34	2 41 39	8 23 21	12 48 52	27 24 08	19 26 10	13 43 60	4 44 27	0 30 16	26 59 32
14 F	21 09 09	27 30 27	3 ♊ 54 25	8 10 14	26 49 44	3 31 26	8 45 39	12 48 43	27 31 08	19 37 25	13 55 09	4 48 38	0 36 39	27 04 43
15 Sa	22 19 10	10 ♊ 24 49	16 42 59	9 57 21	26 51 07	4 23 58	9 11 00	12 51 42	27 40 39	19 51 18	14 09 02	4 55 34	0 45 44	27 12 37
16 Su	23 31 18	23 10 03	29 23 03	11 47 28	26 57 06	5 18 40	9 38 48	12 57 13	27 52 07	20 07 13	14 25 01	5 04 38	0 56 54	27 22 38
17 M	24 44 34	5 ♋ 46 18	11 ♋ 54 33	13 39 37	27 06 43	6 14 32	10 08 04	13 04 19	28 04 32	20 24 14	14 42 09	5 14 52	1 09 11	27 33 48
18 Tu	25 57 48	18 13 16	24 17 08	15 32 41	27 18 47	7 10 27	10 37 39	13 11 51	28 16 47	20 41 11	14 59 17	5 25 09	1 21 27	27 44 59
19 W	27 09 56	0 ♌ 30 34	6 ♌ 30 30	17 25 33	27 32 09	8 05 17	11 06 26	13 18 44	28 27 44	20 56 57	15 15 18	5 34 21	1 32 36	27 55 04
20 Th	28 20 01	12 38 17	18 34 57	19 17 20	27 45 52	8 58 08	11 33 31	13 24 01	28 36 29	21 10 37	15 29 18	5 41 34	1 41 41	28 03 08
21 F	29 27 30	24 37 19	0 ♍ 31 38	21 07 29	27 59 19	9 48 26	11 58 18	13 27 11	28 42 29	21 21 38	15 40 43	5 46 14	1 48 11	28 08 38
22 Sa	0 ♌ 32 14	6 ♍ 29 34	12 22 54	22 55 52	28 12 18	10 36 03	12 20 39	13 28 03	28 45 33	21 29 51	15 49 24	5 48 12	1 51 55	28 11 24
23 Su	1 34 29	18 18 13	24 12 17	24 42 45	28 25 02	11 21 13	12 40 49	13 26 54	28 45 60	21 35 32	15 55 36	5 47 44	1 53 09	28 11 43
24 M	2 34 53	0 ♎ 07 31	6 ♎ 04 25	26 28 47	28 38 06	12 04 36	12 59 26	13 24 22	28 44 25	21 39 19	15 59 59	5 45 29	1 52 34	28 10 14
25 Tu	3 34 20	12 02 44	18 04 53	28 14 53	28 52 18	12 47 05	13 17 24	13 21 22	28 41 45	21 42 06	16 03 25	5 42 21	1 51 01	28 07 49
26 W	4 33 50	24 09 49	0 ♏ 19 49	0 ♌ 02 03	29 08 37	13 29 41	13 35 42	13 18 53	28 38 58	21 44 52	16 06 56	5 39 19	1 49 31	28 05 30
27 Th	5 34 20	6 ♏ 34 56	12 55 22	1 51 15	29 27 56	14 13 20	13 55 18	13 17 52	28 37 03	21 48 36	16 11 27	5 37 22	1 49 01	28 04 13
28 F	6 36 33	19 23 53	25 57 03	3 43 11	29 50 52	14 58 46	14 16 53	13 19 02	28 36 42	21 53 59	16 17 42	5 37 11	1 50 15	28 04 41

Notes

LONGITUDE — March 1958

Day	☉	0 hr ☽	Noon ☽	☿	♀	♂	⚵	⚳	♃	♄	⚷	♅	♆	♇
1 Sa	7 ♌ 40 49	2 ♐ 41 20	9 ♐ 28 55	5 ♌ 38 11	0 ♋ 17 44	15 ♊ 46 18	14 ♏ 40 47	13 ♐ 22 44	28 ♓ 38 15	22 ♉ 01 23	16 ♋ 26 02	5 ♑ 39 08	1 ♈ 53 33	28 ♑ 07 15
2 Su	8 47 02	16 30 01	23 32 35	7 36 08	0 48 20	16 35 51	15 06 54	13 28 50	28 41 35	22 10 40	16 36 18	5 43 05	1 58 47	28 11 48
3 M	9 54 37	0 ♑ 49 50	8 ♑ 06 27	9 36 25	1 22 03	17 26 49	15 34 39	13 36 46	28 46 10	22 21 16	16 47 58	5 48 29	2 05 24	28 17 45
4 Tu	11 02 41	15 37 10	23 05 14	11 38 06	1 57 55	18 18 19	16 03 07	13 45 38	28 51 04	22 32 17	17 00 07	5 54 24	2 12 29	28 24 13
5 W	12 10 09	0 ♒ 44 55	8 ♒ 20 14	13 40 06	2 34 49	19 09 18	16 31 14	13 54 22	28 55 14	22 42 39	17 11 41	5 59 50	2 19 00	28 30 09
6 Th	13 16 08	16 03 11	23 40 36	15 41 25	3 11 47	19 58 50	16 58 06	14 02 04	28 57 46	22 51 29	17 21 46	6 03 49	2 24 01	28 34 37
7 F	14 20 01	1 ♓ 20 55	8 ♓ 55 10	17 41 23	3 48 10	20 46 20	17 23 07	14 08 06	28 58 04	22 58 09	17 29 45	6 05 46	2 26 57	28 37 02
8 Sa	15 21 42	16 27 48	23 54 27	19 39 48	4 23 48	21 31 42	17 46 09	14 12 23	28 56 02	23 02 33	17 35 33	6 05 36	2 27 41	28 37 17
9 Su	16 21 34	1 ♈ 15 55	8 ♈ 31 51	21 36 53	4 59 00	22 15 16	18 07 34	14 15 17	28 52 01	23 05 04	17 39 32	6 03 40	2 26 36	28 35 44
10 M	17 20 20	15 40 34	22 44 12	23 33 16	5 34 27	22 57 49	18 28 07	14 17 31	28 46 47	23 06 26	17 42 25	6 00 43	2 24 25	28 33 09
11 Tu	18 18 56	29 40 13	6 ♉ 31 18	25 29 39	6 11 01	23 40 15	18 48 43	14 20 01	28 41 14	23 07 33	17 45 07	5 57 40	2 22 04	28 30 26
12 W	19 18 15	13 ♉ 15 48	19 55 05	27 26 43	6 49 31	24 23 27	19 10 14	14 23 40	28 36 16	23 09 20	17 48 33	5 55 24	2 20 26	28 28 27
13 Th	20 18 58	26 29 47	2 ♊ 58 34	29 24 54	7 30 36	25 08 05	19 33 21	14 29 07	28 32 33	23 12 26	17 53 22	5 54 35	2 20 12	28 27 55
14 F	21 21 24	9 ♊ 25 19	15 45 12	1 ♍ 24 15	8 14 34	25 54 30	19 58 23	14 36 44	28 30 27	23 17 12	17 59 55	5 55 35	2 21 42	28 29 09
15 Sa	22 25 34	22 05 34	28 18 07	3 24 27	9 01 20	26 42 42	20 25 21	14 46 28	28 29 56	23 23 37	18 08 11	5 58 22	2 24 55	28 32 09
16 Su	23 31 05	4 ♋ 33 19	10 ♋ 40 01	5 24 46	9 50 30	27 32 17	20 53 51	14 57 59	28 30 39	23 31 19	18 17 48	6 02 34	2 29 30	28 36 32
17 M	24 37 22	16 50 50	22 52 57	7 24 15	10 41 26	28 22 42	21 23 19	15 10 41	28 32 00	23 39 43	18 28 11	6 07 37	2 34 52	28 41 44
18 Tu	25 43 42	28 59 51	4 ♌ 58 31	9 21 45	11 33 24	29 13 12	21 53 02	15 23 50	28 33 18	23 48 07	18 38 37	6 12 48	2 40 17	28 47 02
19 W	26 49 24	11 ♌ 01 50	16 57 58	11 16 10	12 25 40	0 ♋ 03 08	22 22 17	15 36 45	28 33 52	23 55 49	18 48 24	6 17 26	2 45 05	28 51 45
20 Th	27 53 54	22 58 04	28 52 36	13 06 28	13 17 37	0 51 55	22 50 32	15 48 53	28 33 07	24 02 14	18 56 60	6 20 56	2 48 41	28 55 19
21 F	28 56 51	4 ♍ 50 02	10 ♍ 43 54	14 51 50	14 08 52	1 39 11	23 17 23	15 59 50	28 30 42	24 07 03	19 04 01	6 22 58	2 50 45	28 57 21
22 Sa	29 58 06	16 39 32	22 33 48	16 31 42	14 59 16	2 24 49	23 42 45	16 09 31	28 26 31	24 10 06	19 09 23	6 23 24	2 51 08	28 57 47
23 Su	0 ♍ 57 50	28 28 55	4 ♎ 24 52	18 05 45	15 48 55	3 08 58	24 06 44	16 18 03	28 20 42	24 11 34	19 13 11	6 22 22	2 50 01	28 56 43
24 M	1 56 22	10 ♎ 21 13	16 20 19	19 33 54	16 38 08	3 51 58	24 29 42	16 25 46	28 13 36	24 11 46	19 15 48	6 20 14	2 47 42	28 54 31
25 Tu	2 54 12	22 20 01	28 24 04	20 56 15	17 27 24	4 34 20	24 52 08	16 33 10	28 05 43	24 11 12	19 17 42	6 17 29	2 44 43	28 51 40
26 W	3 51 53	4 ♏ 29 34	10 ♏ 40 30	22 12 59	18 17 14	5 16 36	25 14 35	16 40 48	27 57 37	24 10 26	19 19 28	6 14 41	2 41 36	28 48 44
27 Th	4 49 58	16 54 21	23 14 15	23 24 17	19 08 09	5 59 18	25 37 35	16 49 12	27 49 51	24 10 00	19 21 38	6 12 22	2 38 55	28 46 14
28 F	5 48 51	29 38 56	6 ♐ 09 49	24 30 15	20 00 31	6 42 52	26 01 33	16 58 46	27 42 48	24 10 19	19 24 35	6 10 55	2 37 02	28 44 36
29 Sa	6 48 44	12 ♐ 47 24	19 30 54	25 30 50	20 54 33	7 27 28	26 26 40	17 09 41	27 36 41	24 11 33	19 28 32	6 10 35	2 36 11	28 44 02
30 Su	7 49 35	26 22 44	3 ♑ 19 51	26 25 46	21 50 09	8 13 07	26 52 54	17 21 57	27 31 30	24 13 43	19 33 27	6 11 18	2 36 20	28 44 30
31 M	8 51 10	10 ♑ 26 10	17 36 48	27 14 37	22 47 06	8 59 32	27 20 01	17 35 18	27 26 59	24 16 33	19 39 06	6 12 51	2 37 14	28 45 45

LONGITUDE — April 1958

Day	☉	0 hr ☽	Noon ☽	☿	♀	♂	⚵	⚳	♃	♄	⚷	♅	♆	♇
1 Tu	9 ♍ 53 04	24 ♑ 56 26	2 ♒ 19 07	27 ♍ 56 50	23 ♋ 44 55	9 ♋ 46 18	27 ♏ 47 35	17 ♐ 49 17	27 ♓ 22 44	24 ♉ 19 37	19 ♋ 45 03	6 ♑ 14 47	2 ♈ 38 27	28 ♑ 47 22
2 W	10 54 47	9 ♒ 49 23	17 21 11	28 31 49	24 43 08	10 32 58	28 15 07	18 03 26	27 18 15	24 22 28	19 50 49	6 16 38	2 39 32	28 48 52
3 Th	11 55 54	24 58 01	2 ♓ 34 42	28 59 05	25 41 17	11 19 04	28 42 10	18 17 19	27 13 08	24 24 38	19 55 58	6 17 58	2 40 02	28 49 50
4 F	12 56 09	10 ♓ 13 09	17 49 47	29 18 24	26 39 05	12 04 21	29 08 29	18 30 40	27 07 06	24 25 53	20 00 15	6 18 32	2 39 42	28 49 58
5 Sa	13 55 28	25 24 46	2 ♈ 56 26	29 29 43	27 36 28	12 48 45	29 33 60	18 43 24	27 00 06	24 26 07	20 03 35	6 18 14	2 38 26	28 49 14
6 Su	14 53 59	10 ♈ 23 31	17 46 07	29 33 19	28 33 33	13 32 23	29 58 50	18 55 39	26 52 17	24 25 30	20 06 07	6 17 14	2 36 24	28 47 46
7 M	15 52 00	25 02 04	2 ♉ 12 46	29 29 40	29 30 35	14 15 35	0 ♐ 23 17	19 07 42	26 43 56	24 24 19	20 08 07	6 15 49	2 33 53	28 45 51
8 Tu	16 49 51	9 ♉ 15 47	16 13 10	29 19 23	0 ♌ 27 56	14 58 38	0 47 41	19 19 54	26 35 23	24 22 54	20 09 56	6 14 19	2 31 13	28 43 49
9 W	17 47 52	23 02 50	29 46 46	29 03 07	1 25 51	15 41 54	1 12 22	19 32 33	26 26 59	24 21 34	20 11 54	6 13 03	2 28 45	28 41 59
10 Th	18 46 16	6 ♊ 23 45	12 ♊ 55 06	28 41 31	2 24 36	16 25 35	1 37 32	19 45 53	26 18 57	24 20 33	20 14 13	6 12 16	2 26 40	28 40 36
11 F	19 45 08	19 20 43	25 41 03	28 15 10	3 24 13	17 09 47	2 03 17	19 59 59	26 11 22	24 19 56	20 16 60	6 12 01	2 25 04	28 39 45
12 Sa	20 44 27	1 ♋ 57 02	8 ♋ 08 15	27 44 39	4 24 40	17 54 27	2 29 35	20 14 48	26 04 14	24 19 42	20 20 12	6 12 19	2 23 57	28 39 23
13 Su	21 44 04	14 16 27	20 20 34	27 10 28	5 25 49	18 39 29	2 56 18	20 30 13	25 57 25	24 19 42	20 23 41	6 12 60	2 23 10	28 39 23
14 M	22 43 50	26 22 50	2 ♌ 21 49	26 33 11	6 27 28	19 24 40	3 23 15	20 46 03	25 50 44	24 19 47	20 27 18	6 13 54	2 22 32	28 39 35
15 Tu	23 43 32	8 ♌ 19 53	14 15 34	25 53 21	7 29 25	20 09 50	3 50 15	21 02 07	25 44 01	24 19 44	20 30 49	6 14 49	2 21 52	28 39 46
16 W	24 43 03	20 11 01	26 05 03	25 11 40	8 31 31	20 54 50	4 17 09	21 18 14	25 37 06	24 19 25	20 34 07	6 15 38	2 21 02	28 39 49
17 Th	25 42 17	1 ♍ 59 19	7 ♍ 53 07	24 28 52	9 33 40	21 39 36	4 43 52	21 34 21	25 29 57	24 18 45	20 37 07	6 16 16	2 19 56	28 39 39
18 F	26 41 13	13 47 32	19 42 21	23 45 44	10 35 50	22 24 05	5 10 23	21 50 27	25 22 31	24 17 44	20 39 48	6 16 40	2 18 35	28 39 14
19 Sa	27 39 54	25 38 09	1 ♎ 35 05	23 03 07	11 38 05	23 08 22	5 36 45	22 06 33	25 14 53	24 16 25	20 42 14	6 16 56	2 17 00	28 38 39
20 Su	28 38 27	7 ♎ 33 25	13 33 31	22 21 53	12 40 29	23 52 31	6 03 04	22 22 46	25 07 09	24 14 53	20 44 29	6 17 07	2 15 19	28 37 58
21 M	29 36 57	19 35 31	25 39 48	21 42 47	13 43 08	24 36 40	6 29 26	22 39 12	24 59 26	24 13 16	20 46 40	6 17 22	2 13 37	28 37 18
22 Tu	0 ♎ 35 30	1 ♏ 46 36	7 ♏ 56 09	21 06 34	14 46 07	25 20 53	6 55 56	22 55 56	24 51 48	24 11 37	20 48 52	6 17 44	2 11 59	28 36 44
23 W	1 34 08	14 08 52	20 24 49	20 33 47	15 49 27	26 05 13	7 22 37	23 12 60	24 44 19	24 09 60	20 51 08	6 18 17	2 10 28	28 36 20
24 Th	2 32 49	26 44 38	3 ♐ 08 11	20 04 53	16 53 08	26 49 39	7 49 27	23 30 22	24 36 59	24 08 23	20 53 27	6 18 59	2 09 04	28 36 02
25 F	3 31 30	9 ♐ 36 13	16 08 33	19 40 08	17 57 03	27 34 05	8 16 21	23 47 58	24 29 41	24 06 43	20 55 44	6 19 45	2 07 41	28 35 48
26 Sa	4 30 04	22 45 51	29 28 02	19 19 44	19 01 07	28 18 26	8 43 12	24 05 41	24 22 22	24 04 52	20 57 52	6 20 30	2 06 12	28 35 31
27 Su	5 28 24	6 ♑ 15 25	13 ♑ 08 12	19 03 47	20 05 12	29 02 34	9 09 55	24 23 24	24 14 53	24 02 44	20 59 44	6 21 06	2 04 32	28 35 03
28 M	6 26 26	20 06 06	27 09 40	18 52 20	21 09 13	29 46 27	9 36 24	24 41 03	24 07 12	24 00 15	21 01 18	6 21 29	2 02 37	28 34 21
29 Tu	7 24 10	4 ♒ 17 55	11 ♒ 31 38	18 45 30	22 13 12	0 ♌ 30 03	10 02 41	24 58 38	23 59 19	23 57 26	21 02 33	6 21 41	2 00 26	28 33 26
30 W	8 21 45	18 49 12	26 11 26	18 43 25	23 17 14	1 13 31	10 28 52	25 16 16	23 51 22	23 54 24	21 03 36	6 21 48	1 58 08	28 32 25

Notes

May 1958

LONGITUDE

Day	☉	0 hr ☽	Noon ☽	☿	♀	♂	⚵	⚳	♃	♄	⚷	♅	♆	♇
1 Th	9 ♎ 19 20	3 ♓ 36 21	11 ♓ 04 22	18 ♍ 46 14	24 ♌ 21 31	1 ♌ 57 02	10 ♐ 55 09	25 ♐ 34 09	23 ♓ 43 32	23 ♉ 51 20	21 ♋ 04 39	6 ♑ 22 00	1 ♈ 55 53	28 ♑ 31 28
2 F	10 17 11	18 33 38	26 03 50	18 54 08	25 26 16	2 40 49	11 21 44	25 52 29	23 36 03	23 48 28	21 05 55	6 22 33	1 53 54	28 30 50
3 Sa	11 15 29	3 ♈ 33 43	11 ♈ 01 59	19 07 14	26 31 41	3 25 04	11 48 51	26 11 28	23 29 08	23 46 00	21 07 36	6 23 38	1 52 26	28 30 42
4 Su	12 14 20	18 28 26	25 50 39	19 25 32	27 37 53	4 09 55	12 16 35	26 31 14	23 22 54	23 44 04	21 09 49	6 25 22	1 51 33	28 31 12
5 M	13 13 45	3 ♉ 09 50	10 ♉ 22 34	19 48 55	28 44 50	4 55 19	12 44 57	26 51 44	23 17 19	23 42 37	21 12 34	6 27 43	1 51 16	28 32 19
6 Tu	14 13 34	17 31 19	24 32 10	20 17 03	29 52 23	5 41 09	13 13 45	27 12 50	23 12 16	23 41 31	21 15 41	6 30 33	1 51 24	28 33 52
7 W	15 13 30	1 ♊ 28 26	8 ♊ 16 13	20 49 33	1 ♍ 00 14	6 27 06	13 42 44	27 34 15	23 07 26	23 40 30	21 18 52	6 33 35	1 51 41	28 35 36
8 Th	16 13 14	14 59 05	21 33 49	21 25 55	2 08 04	7 12 52	14 11 34	27 55 38	23 02 32	23 39 13	21 21 49	6 36 29	1 51 49	28 37 12
9 F	17 12 27	28 03 33	4 ♋ 26 14	22 05 42	3 15 35	7 58 07	14 39 56	28 16 42	22 57 14	23 37 22	21 24 13	6 38 57	1 51 27	28 38 19
10 Sa	18 10 55	10 ♋ 43 59	16 56 20	22 48 32	4 22 31	8 42 38	15 07 37	28 37 12	22 51 20	23 34 44	21 25 50	6 40 45	1 50 23	28 38 45
11 Su	19 08 35	23 04 00	29 08 11	23 34 13	5 28 48	9 26 20	15 34 32	28 57 03	22 44 45	23 31 14	21 26 35	6 41 47	1 48 31	28 38 25
12 M	20 05 30	5 ♌ 08 06	11 ♌ 06 26	24 22 39	6 34 31	10 09 18	16 00 45	29 16 20	22 37 33	23 26 57	21 26 34	6 42 10	1 45 57	28 37 23
13 Tu	21 01 54	17 01 14	22 56 06	25 13 59	7 39 52	10 51 45	16 26 30	29 35 18	22 29 59	23 22 06	21 25 59	6 42 06	1 42 54	28 35 54
14 W	21 58 10	28 48 26	4 ♍ 42 03	26 08 26	8 45 14	11 34 03	16 52 10	29 54 16	22 22 25	23 17 04	21 25 14	6 41 58	1 39 45	28 34 20
15 Th	22 54 42	10 ♍ 34 28	16 28 52	27 06 20	9 51 02	12 16 38	17 18 08	0 ♑ 13 41	22 15 16	23 12 16	21 24 42	6 42 11	1 36 54	28 33 05
16 F	23 51 56	22 23 42	28 20 38	28 07 58	10 57 39	12 59 53	17 44 51	0 33 58	22 08 58	23 08 07	21 24 49	6 43 09	1 34 46	28 32 34
17 Sa	24 50 11	4 ♎ 19 48	10 ♎ 20 40	29 13 35	12 05 27	13 44 09	18 12 38	0 55 25	22 03 51	23 04 58	21 25 55	6 45 13	1 33 43	28 33 08
18 Su	25 49 39	16 25 38	22 31 35	0 ♎ 23 19	13 14 36	14 29 39	18 41 41	1 18 16	22 00 07	23 02 60	21 28 13	6 48 35	1 33 55	28 34 59
19 M	26 50 22	28 43 17	4 ♏ 55 05	1 37 05	14 25 08	15 16 21	19 12 00	1 42 30	21 57 46	23 02 13	21 31 41	6 53 14	1 35 22	28 38 07
20 Tu	27 52 05	11 ♏ 13 59	17 32 10	2 54 36	15 36 47	16 04 03	19 43 22	2 07 54	21 56 36	23 02 25	21 36 08	6 58 59	1 37 53	28 42 18
21 W	28 54 23	23 58 14	0 ♐ 23 06	4 15 23	16 49 11	16 52 20	20 15 23	2 34 03	21 56 12	23 03 12	21 41 08	7 05 23	1 41 02	28 47 09
22 Th	29 56 44	6 ♐ 56 02	13 27 47	5 38 50	18 01 44	17 40 39	20 47 28	3 00 24	21 56 01	23 03 59	21 46 08	7 11 54	1 44 16	28 52 05
23 F	0 ♏ 58 32	20 07 06	26 45 48	7 04 18	19 13 51	18 28 24	21 19 02	3 26 20	21 55 27	23 04 11	21 50 32	7 17 56	1 46 59	28 56 30
24 Sa	1 59 15	3 ♑ 31 04	10 ♑ 16 48	8 31 14	20 25 01	19 15 02	21 49 33	3 51 20	21 53 59	23 03 17	21 53 49	7 22 57	1 48 39	28 59 54
25 Su	2 58 33	17 07 44	24 00 31	9 59 17	21 34 53	20 00 15	22 18 42	4 15 04	21 51 17	23 00 58	21 55 39	7 26 38	1 48 58	29 01 57
26 M	3 56 25	0 ♒ 57 03	7 ♒ 56 46	11 28 23	22 43 27	20 44 01	22 46 27	4 37 31	21 47 21	22 57 11	21 56 01	7 28 57	1 47 53	29 02 38
27 Tu	4 53 09	14 58 59	22 05 15	12 58 49	23 50 59	21 26 39	23 13 06	4 58 58	21 42 28	22 52 16	21 55 13	7 30 12	1 45 43	29 02 13
28 W	5 49 21	29 13 09	6 ♓ 25 09	14 31 10	24 58 06	22 08 42	23 39 15	5 20 01	21 37 13	22 46 47	21 53 49	7 30 59	1 43 03	29 01 19
29 Th	6 45 45	13 ♓ 38 24	20 54 43	16 06 11	26 05 32	22 50 57	24 05 38	5 41 24	21 32 22	22 41 30	21 52 36	7 32 02	1 40 38	29 00 41
30 F	7 43 07	28 12 19	5 ♈ 30 50	17 44 36	27 14 03	23 34 08	24 33 01	6 03 54	21 28 41	22 37 11	21 52 19	7 34 08	1 39 14	29 01 04
31 Sa	8 42 03	12 ♈ 50 55	20 08 56	19 27 00	28 24 13	24 18 52	25 01 58	6 28 04	21 26 44	22 34 24	21 53 32	7 37 50	1 39 25	29 03 04

June 1958

LONGITUDE

Day	☉	0 hr ☽	Noon ☽	☿	♀	♂	⚵	⚳	♃	♄	⚷	♅	♆	♇
1 Su	9 ♏ 42 48	27 ♈ 28 49	4 ♉ 43 13	21 ♎ 13 39	29 ♍ 36 20	25 ♌ 05 23	25 ♐ 32 46	6 ♑ 54 11	21 ♓ 26 48	22 ♉ 33 26	21 ♋ 56 32	7 ♑ 43 25	1 ♈ 41 29	29 ♑ 06 55
2 M	10 45 16	11 ♉ 59 37	19 07 19	23 04 25	0 ♎ 50 15	25 53 35	26 05 19	7 22 08	21 28 46	22 34 10	22 01 13	7 50 47	1 45 17	29 12 32
3 Tu	11 48 59	26 16 53	3 ♊ 15 15	24 58 50	2 05 31	26 43 00	26 39 07	7 51 27	21 32 10	22 36 09	22 07 05	7 59 26	1 50 23	29 19 27
4 W	12 53 12	10 ♊ 15 00	17 02 15	26 56 08	3 21 24	27 32 54	27 13 28	8 21 24	21 36 16	22 38 38	22 13 26	8 08 41	1 56 02	29 26 55
5 Th	13 57 08	23 50 05	0 ♋ 25 27	28 55 28	4 37 05	28 22 28	27 47 31	8 51 09	21 40 15	22 40 48	22 19 25	8 17 40	2 01 25	29 34 08
6 F	15 00 00	7 ♋ 00 24	13 24 11	0 ♏ 56 03	5 51 48	29 10 55	28 20 32	9 19 58	21 43 22	22 41 55	22 24 18	8 25 38	2 05 46	29 40 19
7 Sa	16 01 17	19 46 28	25 59 51	2 57 18	7 05 00	29 57 45	28 51 58	9 47 17	21 45 05	22 41 26	22 27 33	8 32 05	2 08 35	29 44 58
8 Su	17 00 46	2 ♌ 10 49	8 ♌ 15 43	4 58 53	8 16 30	0 ♍ 42 43	29 21 37	10 12 55	21 45 11	22 39 08	22 28 56	8 36 46	2 09 37	29 47 50
9 M	17 58 35	14 17 38	20 16 19	7 00 53	9 26 25	1 25 59	29 49 36	10 36 59	21 43 48	22 35 11	22 28 37	8 39 50	2 09 01	29 49 05
10 Tu	18 55 12	26 12 07	2 ♍ 07 11	9 03 38	10 35 13	2 07 59	0 ♑ 16 24	10 59 56	21 41 25	22 30 01	22 27 02	8 41 44	2 07 15	29 49 10
11 W	19 51 18	8 ♍ 00 10	13 54 12	11 07 42	11 43 35	2 49 25	0 42 42	11 22 30	21 38 42	22 24 21	22 24 54	8 43 11	2 05 01	29 48 47
12 Th	20 47 45	19 47 45	25 43 16	13 13 43	12 52 22	3 31 07	1 09 21	11 45 29	21 36 30	22 19 00	22 23 02	8 45 01	2 03 09	29 48 45
13 F	21 45 19	1 ♎ 40 37	7 ♎ 39 53	15 22 18	14 02 22	4 13 54	1 37 08	12 09 42	21 35 38	22 14 48	22 22 16	8 48 01	2 02 27	29 49 54
14 Sa	22 44 42	13 43 48	19 48 42	17 33 55	15 14 14	4 58 25	2 06 43	12 35 48	21 36 45	22 12 25	22 23 14	8 52 51	2 03 35	29 52 53
15 Su	23 46 15	26 01 15	2 ♏ 13 15	19 48 42	16 28 21	5 45 02	2 38 30	13 04 11	21 40 15	22 12 13	22 26 21	8 59 56	2 06 56	29 58 06
16 M	24 50 02	8 ♏ 35 38	14 55 36	22 06 25	17 44 46	6 33 49	3 12 30	13 34 53	21 46 09	22 14 15	22 31 37	9 09 16	2 12 33	0 ♒ 05 33
17 Tu	25 55 39	21 28 01	27 56 14	24 26 26	19 03 06	7 24 22	3 48 22	14 07 31	21 54 05	22 18 09	22 38 42	9 20 29	2 20 02	0 14 53
18 W	27 02 25	4 ♐ 37 56	11 ♐ 14 06	26 47 45	20 22 38	8 15 58	4 25 21	14 41 22	22 03 21	22 23 11	22 46 51	9 32 53	2 28 42	0 25 23
19 Th	28 09 20	18 03 35	24 46 53	29 09 07	21 42 24	9 07 39	5 02 31	15 15 28	22 12 58	22 28 25	22 55 07	9 45 29	2 37 33	0 36 06
20 F	29 15 23	1 ♑ 42 09	8 ♑ 31 32	1 ♐ 29 14	23 01 22	9 58 24	5 38 49	15 48 48	22 21 54	22 32 48	23 02 29	9 57 15	2 45 35	0 45 58
21 Sa	0 ♐ 19 41	15 30 32	22 24 49	3 46 59	24 18 38	10 47 19	6 13 22	16 20 27	22 29 17	22 35 27	23 08 03	10 07 19	2 51 54	0 54 07
22 Su	1 21 42	29 25 53	6 ♒ 23 60	6 01 33	25 33 42	11 33 52	6 45 38	16 49 54	22 34 34	22 35 51	23 11 16	10 15 08	2 55 59	1 00 01
23 M	2 21 22	13 ♒ 26 06	20 27 12	8 12 41	26 46 28	12 17 58	7 15 33	17 17 05	22 37 42	22 33 56	23 12 07	10 20 38	2 57 44	1 03 37
24 Tu	3 19 10	27 30 05	4 ♓ 33 31	10 20 40	27 57 26	13 00 08	7 43 36	17 42 29	22 39 09	22 30 10	23 11 02	10 24 19	2 57 40	1 05 22
25 W	4 15 58	11 ♓ 37 29	18 42 41	12 26 14	29 07 29	13 41 13	8 10 40	18 06 58	22 39 48	22 25 28	23 08 56	10 27 03	2 56 40	1 06 10
26 Th	5 12 57	25 48 19	2 ♈ 54 39	14 30 22	0 ♏ 17 46	14 22 23	8 37 54	18 31 42	22 40 49	22 20 58	23 06 58	10 29 59	2 55 52	1 07 11
27 F	6 11 15	10 ♈ 02 18	17 08 48	16 34 06	1 29 26	15 04 46	9 06 26	18 57 49	22 43 19	22 17 48	23 06 15	10 34 15	2 56 24	1 09 31
28 Sa	7 11 43	24 18 11	1 ♉ 23 29	18 38 13	2 43 20	15 49 15	9 37 09	19 26 11	22 48 11	22 16 52	23 07 41	10 40 45	2 59 10	1 14 05
29 Su	8 14 48	8 ♉ 33 26	15 35 44	20 43 05	3 59 54	16 36 15	10 10 29	19 57 15	22 55 51	22 18 36	23 11 41	10 49 54	3 04 35	1 21 17
30 M	9 20 24	22 44 11	29 41 25	22 48 31	5 19 04	17 25 40	10 46 19	20 30 53	23 06 13	22 22 52	23 18 10	11 01 35	3 12 34	1 31 02

Notes

LONGITUDE — July 1958

Day	☉	0 hr ☽	Noon ☽	☿	♀	♂	⚵	⚳	♃	♄	⚷	♅	♆	♇
1 Tu	10 ♐ 27 55	6 ♊ 45 41	13 ♊ 35 49	24 ♐ 53 53	6 ♏ 40 11	18 ♍ 16 53	11 ♑ 24 03	21 ♑ 06 30	23 ♓ 18 40	22 ♉ 29 06	23 ♋ 26 30	11 ♑ 15 13	3 ♈ 22 29	1 ♒ 42 43
2 W	11 36 22	20 33 02	27 14 25	26 58 11	8 02 18	19 08 56	12 02 43	21 43 06	23 32 14	22 36 18	23 35 44	11 29 48	3 33 21	1 55 22
3 Th	12 44 38	4 ♋ 02 04	10 ♋ 33 42	29 00 15	9 24 17	20 00 40	12 41 10	22 19 35	23 45 46	22 43 20	23 44 43	11 44 13	3 44 04	2 07 50
4 F	13 51 37	17 10 08	23 31 48	0 ♑ 59 01	10 45 03	20 51 03	13 18 20	22 54 51	23 58 12	22 49 10	23 52 24	11 57 23	3 53 34	2 19 04
5 Sa	14 56 34	29 56 28	6 ♌ 08 51	2 53 40	12 03 50	21 39 15	13 53 27	23 28 08	24 08 46	22 52 59	23 57 59	12 08 32	4 01 02	2 28 16
6 Su	15 59 05	12 ♌ 22 23	18 26 52	4 43 51	13 20 14	22 24 53	14 26 07	23 59 01	24 17 04	22 54 24	24 01 05	12 17 16	4 06 06	2 35 03
7 M	16 59 14	24 31 04	0 ♍ 29 39	6 29 35	14 34 19	23 08 02	14 56 23	24 27 36	24 23 10	22 53 30	24 01 46	12 23 39	4 08 49	2 39 29
8 Tu	17 57 32	6 ♍ 27 16	12 22 21	8 11 24	15 46 35	23 49 11	15 24 47	24 54 23	24 27 33	22 50 47	24 00 32	12 28 11	4 09 42	2 42 04
9 W	18 54 47	18 16 45	24 11 00	9 50 07	16 57 52	24 29 11	15 52 08	25 20 10	24 31 04	22 47 05	23 58 14	12 31 41	4 09 35	2 43 38
10 Th	19 52 03	0 ♎ 05 55	6 ♎ 02 05	11 26 46	18 09 12	25 09 01	16 19 27	25 46 00	24 34 45	22 43 26	23 55 53	12 35 13	4 09 30	2 45 13
11 F	20 50 21	12 01 17	18 01 59	13 02 24	19 21 38	25 49 46	16 47 48	26 12 56	24 39 38	22 40 52	23 54 32	12 39 48	4 10 29	2 47 51
12 Sa	21 50 35	24 08 53	0 ♏ 16 30	14 37 52	20 36 02	26 32 17	17 18 03	26 41 50	24 46 36	22 40 18	23 55 04	12 46 20	4 13 25	2 52 26
13 Su	22 53 19	6 ♏ 33 50	12 50 18	16 13 44	21 52 59	27 17 09	17 50 47	27 13 17	24 56 14	22 42 16	23 58 03	12 55 21	4 18 52	2 59 31
14 M	23 58 41	19 19 48	25 46 21	17 50 07	23 12 35	28 04 29	18 26 07	27 47 23	25 08 37	22 46 54	24 03 36	13 07 01	4 26 58	3 09 14
15 Tu	25 06 17	2 ♐ 28 30	9 ♐ 05 34	19 26 37	24 34 29	28 53 54	19 03 39	28 23 46	25 23 25	22 53 50	24 11 22	13 20 56	4 37 21	3 21 13
16 W	26 15 18	15 59 32	22 46 36	21 02 22	25 57 51	29 44 34	19 42 36	29 01 38	25 39 47	23 02 16	24 20 30	13 36 16	4 49 10	3 34 37
17 Th	27 24 37	29 50 15	6 ♑ 45 56	22 36 13	27 21 32	0 ♎ 35 21	20 21 48	29 39 49	25 56 35	23 11 01	24 29 53	13 51 54	5 01 18	3 48 20
18 F	28 32 58	13 ♑ 56 15	20 58 27	24 06 53	28 44 18	1 25 00	21 00 02	0 ♒ 17 05	26 12 34	23 18 54	24 38 17	14 06 36	5 12 30	4 01 05
19 Sa	29 39 18	28 12 03	5 ♒ 18 20	25 33 16	0 ♐ 05 06	2 12 28	21 36 13	0 52 22	26 26 42	23 24 49	24 44 37	14 19 16	5 21 43	4 11 50
20 Su	0 ♑ 42 58	12 ♒ 32 09	19 40 11	26 54 38	1 23 16	2 57 05	22 09 42	1 25 01	26 38 18	23 28 07	24 48 15	14 29 17	5 28 17	4 19 56
21 M	1 43 53	26 51 56	3 ♓ 59 45	28 10 53	2 38 44	3 38 46	22 40 25	1 54 58	26 47 18	23 28 45	24 49 06	14 36 33	5 32 08	4 25 17
22 Tu	2 42 35	11 ♓ 08 19	18 14 33	29 22 26	3 52 00	4 18 02	23 08 53	2 22 43	26 54 14	23 27 14	24 47 41	14 41 36	5 33 47	4 28 26
23 W	3 40 03	25 19 50	2 ♈ 23 39	0 ♒ 30 14	5 04 06	4 55 54	23 36 06	2 49 17	27 00 04	23 24 33	24 45 02	14 45 26	5 34 15	4 30 22
24 Th	4 37 35	9 ♈ 26 19	16 27 16	1 35 29	6 16 18	5 33 39	24 03 20	3 15 57	27 06 07	23 22 00	24 42 23	14 49 20	5 34 48	4 32 21
25 F	5 36 25	23 28 13	0 ♉ 26 00	2 39 19	7 29 51	6 12 30	24 31 51	3 43 57	27 13 36	23 20 50	24 41 02	14 54 32	5 36 40	4 35 40
26 Sa	6 37 32	7 ♉ 25 52	14 20 05	3 42 36	8 45 42	6 53 25	25 02 37	4 14 14	27 23 30	23 22 01	24 41 55	15 02 01	5 40 51	4 41 15
27 Su	7 41 23	21 18 49	28 08 50	4 45 42	10 04 20	7 36 53	25 36 05	4 47 18	27 36 16	23 25 60	24 45 31	15 12 14	5 47 48	4 49 35
28 M	8 47 54	5 ♊ 05 38	11 ♊ 50 36	5 48 24	11 25 40	8 22 49	26 12 11	5 23 04	27 51 50	23 32 43	24 51 44	15 25 07	5 57 25	5 00 36
29 Tu	9 56 27	18 43 52	25 22 46	6 49 58	12 49 05	9 10 34	26 50 18	6 00 54	28 09 34	23 41 34	24 59 59	15 40 02	6 09 07	5 13 39
30 W	11 06 04	2 ♋ 10 31	8 ♋ 42 24	7 49 14	14 13 36	9 59 10	27 29 26	6 39 47	28 28 29	23 51 31	25 09 15	15 55 59	6 21 53	5 27 45
31 Th	12 15 34	15 22 39	21 46 51	8 44 53	15 38 02	10 47 26	28 08 24	7 18 36	28 47 24	24 01 26	25 18 22	16 11 50	6 34 33	5 41 44

LONGITUDE — August 1958

Day	☉	0 hr ☽	Noon ☽	☿	♀	♂	⚵	⚳	♃	♄	⚷	♅	♆	♇
1 F	13 ♑ 23 50	28 ♋ 18 01	4 ♌ 34 22	9 ♒ 35 40	17 ♐ 01 16	11 ♎ 34 14	28 ♑ 46 06	7 ♒ 56 12	29 ♓ 05 13	24 ♉ 10 11	25 ♋ 26 14	16 ♑ 26 26	6 ♈ 46 01	5 ♒ 54 29
2 Sa	14 30 02	10 ♌ 55 41	17 04 31	10 20 33	18 22 28	12 18 44	29 21 42	8 31 44	29 21 04	24 16 57	25 31 59	16 38 57	6 55 25	6 05 10
3 Su	15 33 41	23 16 12	29 18 32	10 58 52	19 41 10	13 00 27	29 54 43	9 04 45	29 34 30	24 21 14	25 35 11	16 48 54	7 02 18	6 13 17
4 M	16 34 47	5 ♍ 21 50	11 ♍ 19 12	11 30 26	20 57 20	13 39 22	0 ♒ 25 07	9 35 13	29 45 29	24 23 01	25 35 47	16 56 18	7 06 38	6 18 51
5 Tu	17 33 45	17 16 21	23 10 47	11 55 27	22 11 24	14 15 53	0 53 21	10 03 34	29 54 26	24 22 45	25 34 13	17 01 31	7 08 51	6 22 16
6 W	18 31 20	29 04 45	4 ♎ 58 39	12 14 30	23 24 06	14 50 46	1 20 09	10 30 32	0 ♈ 02 07	24 21 09	25 31 14	17 05 20	7 09 41	6 24 17
7 Th	19 28 30	10 ♎ 52 57	16 48 57	12 28 22	24 36 26	15 24 58	1 46 29	10 57 06	0 09 29	24 19 13	25 27 48	17 08 44	7 10 07	6 25 53
8 F	20 26 18	22 47 18	28 48 07	12 37 52	25 49 24	15 59 31	2 13 24	11 24 18	0 17 34	24 17 59	25 24 59	17 12 43	7 11 11	6 28 06
9 Sa	21 25 37	4 ♏ 54 08	11 ♏ 02 25	12 43 46	27 03 56	16 35 18	2 41 48	11 53 02	0 27 18	24 18 20	25 23 39	17 18 13	7 13 47	6 31 49
10 Su	22 27 05	17 19 15	23 37 20	12 46 31	28 20 39	17 12 57	3 12 18	12 23 56	0 39 16	24 20 55	25 24 26	17 25 51	7 18 33	6 37 41
11 M	23 30 56	0 ♐ 07 17	6 ♐ 36 55	12 46 14	29 39 45	17 52 41	3 45 07	12 57 12	0 53 43	24 25 55	25 27 35	17 35 49	7 25 42	6 45 53
12 Tu	24 36 53	13 21 07	20 03 14	12 42 34	1 ♑ 00 60	18 34 13	4 19 60	13 32 35	1 10 22	24 33 08	25 32 49	17 47 52	7 34 58	6 56 12
13 W	25 44 16	27 01 22	3 ♑ 55 49	12 34 49	2 23 41	19 16 52	4 56 14	14 09 23	1 28 31	24 41 49	25 39 26	18 01 19	7 45 39	7 07 55
14 Th	26 52 02	11 ♑ 06 04	18 11 25	12 21 59	3 46 47	19 59 35	5 32 50	14 46 35	1 47 10	24 50 58	25 46 26	18 15 08	7 56 45	7 20 00
15 F	27 59 04	25 30 41	2 ♒ 44 23	12 03 05	5 09 10	20 41 15	6 08 38	15 23 03	2 05 11	24 59 28	25 52 40	18 28 10	8 07 06	7 31 20
16 Sa	29 04 21	10 ♒ 08 39	17 27 24	11 37 18	6 29 50	21 20 51	6 42 38	15 57 47	2 21 32	25 06 17	25 57 09	18 39 27	8 15 44	7 40 55
17 Su	0 ♒ 07 17	24 52 32	2 ♓ 12 44	11 04 22	7 48 10	21 57 44	7 14 14	16 30 08	2 35 37	25 10 49	25 59 15	18 48 20	8 22 01	7 48 07
18 M	1 07 44	9 ♓ 35 08	16 53 33	10 24 36	9 04 02	22 31 48	7 43 17	17 00 01	2 47 18	25 12 57	25 58 51	18 54 42	8 25 49	7 52 49
19 Tu	2 06 07	24 10 42	1 ♈ 24 47	9 38 60	10 17 53	23 03 28	8 10 15	17 27 51	2 57 01	25 13 07	25 56 23	18 59 00	8 27 35	7 55 27
20 W	3 03 19	8 ♈ 35 29	15 43 36	8 49 07	11 30 33	23 33 36	8 35 58	17 54 30	3 05 39	25 12 10	25 52 44	19 02 05	8 28 10	7 56 53
21 Th	4 00 26	22 47 42	29 49 01	7 56 51	12 43 09	24 03 17	9 01 31	18 21 02	3 14 16	25 11 11	25 48 59	19 05 02	8 28 40	7 58 12
22 F	4 58 31	6 ♉ 47 06	13 ♉ 41 24	7 04 13	13 56 45	24 33 34	9 28 00	18 48 33	3 23 56	25 11 16	25 46 11	19 08 56	8 30 08	8 00 28
23 Sa	5 58 23	20 34 16	27 21 40	6 13 01	15 12 10	25 05 17	9 56 14	19 17 51	3 35 28	25 13 13	25 45 10	19 14 35	8 33 25	8 04 31
24 Su	7 00 27	4 ♊ 09 55	10 ♊ 50 39	5 24 44	16 29 47	25 38 48	10 26 35	19 49 21	3 49 17	25 17 26	25 46 21	19 22 24	8 38 54	8 10 44
25 M	8 04 39	17 34 27	24 08 42	4 40 25	17 49 34	26 14 05	10 59 02	20 22 59	4 05 19	25 23 53	25 49 40	19 32 19	8 46 31	8 19 05
26 Tu	9 10 30	0 ♋ 47 44	7 ♋ 15 36	4 00 40	19 11 02	26 50 38	11 33 04	20 58 15	4 23 05	25 32 03	25 54 38	19 43 52	8 55 49	8 29 04
27 W	10 17 15	13 49 09	20 10 42	3 25 47	20 33 23	27 27 40	12 07 55	21 34 24	4 41 47	25 41 10	26 00 29	19 56 14	9 05 59	8 39 53
28 Th	11 23 57	26 37 54	2 ♌ 53 14	2 55 51	21 55 44	28 04 14	12 42 41	22 10 30	5 00 32	25 50 20	26 06 16	20 08 33	9 16 07	8 50 40
29 F	12 29 44	9 ♌ 13 21	15 22 39	2 30 52	23 17 10	28 39 29	13 16 28	22 45 40	5 18 26	25 58 39	26 11 09	20 19 54	9 25 21	9 00 30
30 Sa	13 33 57	21 35 21	27 39 08	2 10 57	24 37 03	29 12 43	13 48 37	23 19 15	5 34 48	26 05 27	26 14 27	20 29 38	9 32 59	9 08 43
31 Su	14 36 10	3 ♍ 44 38	9 ♍ 43 42	1 56 22	25 54 58	29 43 31	14 18 42	23 50 49	5 49 16	26 10 21	26 15 45	20 37 20	9 38 39	9 14 56

Notes

September 1958 — LONGITUDE

Day	☉	0 hr ☽	Noon ☽	☿	♀	♂	⚵	⚳	♃	♄	⚷	♅	♆	♇
1 M	15 ♒ 36 22	15 ♍ 42 57	21 ♍ 38 28	1 ♒ 47 34	27 ♑ 10 51	0 ♏ 11 50	14 ♒ 46 41	24 ♒ 20 21	6 ♈ 01 44	26 ♉ 13 16	26 ♋ 15 01	20 ♑ 42 56	9 ♈ 42 15	9 ♒ 19 04
2 Tu	16 34 46	27 33 07	3 ♎ 26 40	1 45 12	28 24 58	0 37 54	15 12 50	24 48 04	6 12 29	26 14 28	26 12 30	20 46 43	9 44 05	9 21 24
3 W	17 31 55	9 ♎ 18 59	15 12 29	1 50 04	29 37 50	1 02 14	15 37 39	25 14 31	6 22 02	26 14 29	26 08 43	20 49 12	9 44 39	9 22 26
4 Th	18 28 31	21 05 15	27 00 58	2 02 57	0 ♒ 50 09	1 25 31	16 01 49	25 40 23	6 31 05	26 14 01	26 04 22	20 51 04	9 44 39	9 22 52
5 F	19 25 17	2 ♏ 57 18	8 ♏ 57 39	2 24 39	2 02 41	1 48 30	16 26 08	26 06 25	6 40 22	26 13 47	26 00 12	20 53 04	9 44 50	9 23 28
6 Sa	20 22 57	15 00 45	21 08 18	2 55 44	3 16 05	2 11 50	16 51 14	26 33 18	6 50 34	26 14 30	25 56 55	20 55 54	9 45 53	9 24 54
7 Su	21 22 00	27 21 12	3 ♐ 38 23	3 36 31	4 30 53	2 36 02	17 17 39	27 01 33	7 02 13	26 16 40	25 55 01	21 00 03	9 48 19	9 27 41
8 M	22 22 39	10 ♐ 03 37	16 32 35	4 26 56	5 47 18	3 01 19	17 45 37	27 31 23	7 15 31	26 20 31	25 54 44	21 05 46	9 52 20	9 32 03
9 Tu	23 24 49	23 11 54	29 54 07	5 26 33	7 05 14	3 27 33	18 15 00	28 02 42	7 30 21	26 25 55	25 55 56	21 12 55	9 57 51	9 37 52
10 W	24 28 05	6 ♑ 48 09	13 ♑ 44 08	6 34 30	8 24 16	3 54 18	18 45 24	28 35 05	7 46 20	26 32 29	25 58 15	21 21 07	10 04 28	9 44 45
11 Th	25 31 47	20 52 09	28 01 10	7 49 40	9 43 44	4 20 56	19 16 11	29 07 53	8 02 49	26 39 33	26 01 00	21 29 42	10 11 30	9 52 02
12 F	26 35 11	5 ♒ 20 58	12 ♒ 40 52	9 10 46	11 02 55	4 46 40	19 46 35	29 40 21	8 19 01	26 46 23	26 03 28	21 37 55	10 18 13	9 58 58
13 Sa	27 37 36	20 08 60	27 36 23	10 36 34	12 21 07	5 10 49	20 15 55	0 ♓ 11 49	8 34 17	26 52 17	26 04 56	21 45 06	10 23 57	10 04 53
14 Su	28 38 35	5 ♓ 08 30	12 ♓ 39 10	12 06 04	13 37 53	5 32 56	20 43 45	0 41 49	8 48 10	26 56 50	26 04 60	21 50 47	10 28 14	10 09 20
15 M	29 38 02	20 10 46	27 40 20	13 38 31	14 53 07	5 52 53	21 09 57	1 10 14	9 00 31	26 59 53	26 03 31	21 54 53	10 30 58	10 12 12
16 Tu	0 ♓ 36 09	5 ♈ 07 27	12 ♈ 32 01	15 13 37	16 07 01	6 10 53	21 34 45	1 37 18	9 11 36	27 01 41	26 00 44	21 57 35	10 32 22	10 13 42
17 W	1 33 27	19 51 39	27 08 17	16 51 16	17 20 07	6 27 25	21 58 40	2 03 32	9 21 54	27 02 44	25 57 08	21 59 24	10 32 57	10 14 20
18 Th	2 30 34	4 ♉ 18 43	11 ♉ 25 35	18 31 35	18 33 01	6 43 07	22 22 19	2 29 33	9 32 04	27 03 40	25 53 23	22 00 60	10 33 20	10 14 46
19 F	3 28 08	18 26 11	25 22 32	20 14 43	19 46 23	6 58 37	22 46 21	2 55 59	9 42 42	27 05 07	25 50 06	22 02 59	10 34 10	10 15 36
20 Sa	4 26 38	2 ♊ 13 29	8 ♊ 59 26	22 00 39	21 00 41	7 14 22	23 11 13	3 23 19	9 54 18	27 07 33	25 47 45	22 05 50	10 35 54	10 17 20
21 Su	5 26 17	15 41 22	22 17 33	23 49 11	22 16 08	7 30 36	23 37 10	3 51 46	10 07 06	27 11 12	25 46 35	22 09 47	10 38 48	10 20 11
22 M	6 27 04	28 51 18	5 ♋ 18 41	25 39 57	23 32 42	7 47 15	24 04 10	4 21 20	10 21 03	27 16 03	25 46 34	22 14 48	10 42 49	10 24 07
23 Tu	7 28 44	11 ♋ 45 00	18 04 40	27 32 21	24 50 10	8 04 05	24 31 58	4 51 44	10 35 55	27 21 50	25 47 27	22 20 38	10 47 41	10 28 53
24 W	8 30 52	24 24 15	0 ♌ 37 15	29 25 41	26 08 06	8 20 41	25 00 10	5 22 35	10 51 16	27 28 09	25 48 49	22 26 53	10 53 02	10 34 06
25 Th	9 33 01	6 ♌ 50 41	12 58 01	1 ♓ 19 14	27 26 03	8 36 33	25 28 18	5 53 25	11 06 41	27 34 33	25 50 14	22 33 06	10 58 23	10 39 17
26 F	10 34 47	19 05 49	25 08 25	3 12 24	28 43 36	8 51 17	25 55 57	6 23 48	11 21 43	27 40 36	25 51 16	22 38 50	11 03 19	10 44 02
27 Sa	11 35 50	1 ♍ 11 12	7 ♍ 09 59	5 04 39	0 ♓ 00 26	9 04 32	26 22 48	6 53 27	11 36 03	27 45 60	25 51 37	22 43 48	11 07 31	10 48 01
28 Su	12 35 60	13 08 30	19 04 23	6 55 43	1 16 23	9 16 08	26 48 41	7 22 10	11 49 31	27 50 34	25 51 06	22 47 48	11 10 50	10 51 05
29 M	13 35 16	24 59 36	0 ♎ 53 40	8 45 25	2 31 25	9 26 03	27 13 35	7 49 57	12 02 07	27 54 17	25 49 42	22 50 51	11 13 13	10 53 12
30 Tu	14 33 47	6 ♎ 46 49	12 40 16	10 33 49	3 45 42	9 34 23	27 37 37	8 16 56	12 13 58	27 57 18	25 47 33	22 53 04	11 14 50	10 54 30

October 1958 — LONGITUDE

Day	☉	0 hr ☽	Noon ☽	☿	♀	♂	⚵	⚳	♃	♄	⚷	♅	♆	♇
1 W	15 ♓ 31 45	18 ♎ 32 55	24 ♎ 27 09	12 ♓ 21 03	4 ♓ 59 26	9 ♏ 41 22	28 ♒ 01 02	8 ♓ 43 20	12 ♈ 25 17	27 ♉ 59 49	25 ♋ 44 54	22 ♑ 54 40	11 ♈ 15 53	10 ♒ 55 13
2 Th	16 29 30	0 ♏ 21 07	6 ♏ 17 48	14 07 21	6 12 55	9 47 18	28 24 08	9 09 27	12 36 23	28 02 09	25 42 02	22 55 58	11 16 41	10 55 39
3 F	17 27 18	12 15 09	18 16 10	15 52 59	7 26 27	9 52 26	28 47 11	9 35 35	12 47 33	28 04 36	25 39 14	22 57 15	11 17 31	10 56 05
4 Sa	18 25 25	24 19 07	0 ♐ 26 31	17 38 10	8 40 18	9 57 01	29 10 28	10 01 59	12 59 02	28 07 24	25 36 47	22 58 45	11 18 38	10 56 47
5 Su	19 24 01	6 ♐ 37 21	12 53 15	19 23 02	9 54 36	10 01 12	29 34 07	10 28 49	13 11 01	28 10 43	25 34 49	23 00 40	11 20 13	10 57 55
6 M	20 23 08	19 14 09	25 40 37	21 07 38	11 09 25	10 05 02	29 58 12	10 56 08	13 23 31	28 14 36	25 33 24	23 03 03	11 22 17	10 59 31
7 Tu	21 22 45	2 ♑ 13 27	8 ♑ 52 14	22 51 53	12 24 43	10 08 26	0 ♓ 22 40	11 23 52	13 36 30	28 19 01	25 32 29	23 05 49	11 24 49	11 01 32
8 W	22 22 41	15 38 20	22 30 32	24 35 40	13 40 19	10 11 16	0 47 22	11 51 53	13 49 49	28 23 47	25 31 55	23 08 49	11 27 39	11 03 49
9 Th	23 22 45	29 30 24	6 ♒ 36 13	26 18 46	14 56 02	10 13 19	1 12 05	12 19 59	14 03 16	28 28 45	25 31 31	23 11 54	11 30 35	11 06 12
10 F	24 22 47	13 ♒ 49 14	21 07 36	28 01 01	16 11 42	10 14 23	1 36 40	12 47 59	14 16 40	28 33 42	25 31 04	23 14 50	11 33 27	11 08 28
11 Sa	25 22 37	28 31 52	6 ♓ 00 17	29 42 18	17 27 10	10 14 21	2 00 58	13 15 46	14 29 54	28 38 30	25 30 29	23 17 31	11 36 07	11 10 30
12 Su	26 22 15	13 ♓ 32 36	21 07 18	1 ♈ 22 35	18 42 24	10 13 09	2 24 57	13 43 15	14 42 54	28 43 08	25 29 42	23 19 54	11 38 31	11 12 16
13 M	27 21 41	28 43 26	6 ♈ 19 46	3 01 55	19 57 26	10 10 50	2 48 38	14 10 31	14 55 43	28 47 37	25 28 46	23 22 02	11 40 43	11 13 47
14 Tu	28 21 03	13 ♈ 55 00	21 28 10	4 40 26	21 12 22	10 07 29	3 12 08	14 37 38	15 08 26	28 52 03	25 27 46	23 23 59	11 42 49	11 15 10
15 W	29 20 27	28 57 57	6 ♉ 23 37	6 18 15	22 27 19	10 03 15	3 35 34	15 04 44	15 21 12	28 56 34	25 26 50	23 25 54	11 44 55	11 16 32
16 Th	0 ♈ 19 57	13 ♉ 44 13	20 59 10	7 55 27	23 42 21	9 58 11	3 59 01	15 31 54	15 34 04	29 01 14	25 26 03	23 27 51	11 47 06	11 17 57
17 F	1 19 34	28 08 03	5 ♊ 10 25	9 32 06	24 57 31	9 52 20	4 22 28	15 59 08	15 47 03	29 06 04	25 25 25	23 29 50	11 49 23	11 19 27
18 Sa	2 19 17	12 ♊ 06 19	18 55 32	11 08 08	26 12 44	9 45 37	4 45 54	16 26 23	16 00 07	29 11 00	25 24 53	23 31 50	11 51 44	11 20 58
19 Su	3 18 58	25 38 23	2 ♋ 14 58	12 43 30	27 27 54	9 37 59	5 09 13	16 53 33	16 13 09	29 15 58	25 24 23	23 33 44	11 54 01	11 22 25
20 M	4 18 31	8 ♋ 45 36	15 10 50	14 18 05	28 42 56	9 29 19	5 32 17	17 20 33	16 26 03	29 20 51	25 23 47	23 35 25	11 56 10	11 23 41
21 Tu	5 17 52	21 30 41	27 46 16	15 51 50	29 57 44	9 19 33	5 55 03	17 47 17	16 38 44	29 25 33	25 23 00	23 36 50	11 58 04	11 24 42
22 W	6 16 59	3 ♌ 57 10	10 ♌ 04 59	17 24 45	1 ♈ 12 19	9 08 42	6 17 29	18 13 44	16 51 11	29 30 04	25 22 03	23 37 56	11 59 44	11 25 26
23 Th	7 15 57	16 08 52	22 10 47	18 56 55	2 26 42	8 56 48	6 39 39	18 39 59	17 03 28	29 34 28	25 20 58	23 38 49	12 01 13	11 25 58
24 F	8 14 54	28 09 37	4 ♍ 07 23	20 28 27	3 41 04	8 44 02	7 01 41	19 06 08	17 15 44	29 38 53	25 19 54	23 39 35	12 02 39	11 26 25
25 Sa	9 14 01	10 ♍ 02 60	15 58 10	21 59 35	4 55 34	8 30 36	7 23 46	19 32 24	17 28 08	29 43 29	25 19 02	23 40 26	12 04 13	11 26 59
26 Su	10 13 30	21 52 13	27 46 10	23 30 31	6 10 25	8 16 43	7 46 07	19 58 59	17 40 53	29 48 30	25 18 34	23 41 35	12 06 07	11 27 51
27 M	11 13 31	3 ♎ 40 07	9 ♎ 34 01	25 01 25	7 25 48	8 02 34	8 08 54	20 26 02	17 54 10	29 54 05	25 18 41	23 43 11	12 08 33	11 29 13
28 Tu	12 14 13	15 29 08	21 24 06	26 32 25	8 41 49	7 48 19	8 32 13	20 53 42	18 08 06	0 ♊ 00 21	25 19 29	23 45 23	12 11 36	11 31 12
29 W	13 15 35	27 21 26	3 ♏ 18 30	28 03 31	9 58 30	7 33 59	8 56 06	21 21 58	18 22 41	0 07 20	25 21 01	23 48 10	12 15 18	11 33 47
30 Th	14 17 33	9 ♏ 19 00	15 19 13	29 34 39	11 15 44	7 19 31	9 20 27	21 50 45	18 37 50	0 14 55	25 23 09	23 51 26	12 19 33	11 36 55
31 F	15 19 52	21 23 47	27 28 19	1 ♉ 05 34	12 33 20	7 04 43	9 45 03	22 19 51	18 53 20	0 22 53	25 25 41	23 55 00	12 24 09	11 40 20

Notes

LONGITUDE November 1958

Day	☉	0 hr ☽	Noon ☽	☿	♀	♂	⚵	⚳	♃	♄	⚷	♅	♆	♇
1 Sa	16 ♈ 22 15	3 ♐ 37 51	9 ♐ 47 58	2 ♉ 35 58	13 ♈ 50 57	6 ♏ 49 18	10 ♓ 09 36	22 ♓ 48 56	19 ♈ 08 52	0 ♊ 30 57	25 ♋ 28 19	23 ♑ 58 33	12 ♈ 28 45	11 ♒ 43 46
2 Su	17 24 21	16 03 27	22 20 33	4 05 28	15 08 16	6 32 59	10 33 43	23 17 40	19 24 04	0 38 45	25 30 41	24 01 43	12 33 03	11 46 51
3 M	18 25 51	28 43 08	5 ♑ 08 44	5 33 45	16 24 57	6 15 27	10 57 07	23 45 43	19 38 39	0 45 57	25 32 29	24 04 11	12 36 42	11 49 16
4 Tu	19 26 31	11 ♑ 39 41	18 15 15	7 00 33	17 40 48	5 56 32	11 19 33	24 12 52	19 52 23	0 52 21	25 33 29	24 05 45	12 39 29	11 50 48
5 W	20 26 19	24 55 55	1 ♒ 42 40	8 25 49	18 55 45	5 36 14	11 41 00	24 39 05	20 05 12	0 57 54	25 33 39	24 06 21	12 41 22	11 51 24
6 Th	21 25 26	8 ♒ 34 16	15 32 60	9 49 40	20 09 59	5 14 46	12 01 37	25 04 32	20 17 18	1 02 47	25 33 09	24 06 10	12 42 31	11 51 15
7 F	22 24 13	22 36 19	29 46 59	11 12 26	21 23 52	4 52 33	12 21 47	25 29 34	20 29 03	1 07 20	25 32 22	24 05 35	12 43 18	11 50 42
8 Sa	23 23 12	7 ♓ 01 59	14 ♓ 23 28	12 34 34	22 37 55	4 30 08	12 42 01	25 54 44	20 40 57	1 12 07	25 31 48	24 05 05	12 44 14	11 50 17
9 Su	24 22 55	21 48 56	29 18 47	13 56 33	23 52 41	4 08 09	13 02 50	26 20 34	20 53 33	1 17 38	25 32 00	24 05 15	12 45 53	11 50 33
10 M	25 23 49	6 ♈ 52 04	14 ♈ 26 35	15 18 45	25 08 36	3 47 03	13 24 43	26 47 30	21 07 18	1 24 22	25 33 26	24 06 31	12 48 40	11 51 57
11 Tu	26 26 07	22 03 42	29 38 17	16 41 17	26 25 54	3 27 09	13 47 51	27 15 45	21 22 25	1 32 30	25 36 17	24 09 05	12 52 49	11 54 40
12 W	27 29 44	7 ♉ 14 17	14 ♉ 44 05	18 03 58	27 44 30	3 08 23	14 12 10	27 45 14	21 38 49	1 41 58	25 40 29	24 12 53	12 58 14	11 58 39
13 Th	28 34 16	22 13 56	29 34 36	19 26 16	29 03 59	2 50 27	14 37 16	28 15 34	21 56 05	1 52 22	25 45 38	24 17 31	13 04 33	12 03 30
14 F	29 39 07	6 ♊ 53 51	14 ♊ 02 14	20 47 27	0 ♉ 23 47	2 32 47	15 02 33	28 46 09	22 13 39	2 03 07	25 51 10	24 22 24	13 11 09	12 08 37
15 Sa	0 ♉ 43 37	21 07 45	28 02 08	22 06 39	1 43 11	2 14 46	15 27 21	29 16 17	22 30 50	2 13 31	25 56 22	24 26 51	13 17 21	12 13 20
16 Su	1 47 10	4 ♋ 52 24	11 ♋ 32 33	23 23 06	3 01 38	1 55 52	15 51 03	29 45 25	22 47 01	2 22 60	26 00 40	24 30 16	13 22 35	12 17 02
17 M	2 49 23	18 07 37	24 34 31	24 36 10	4 18 44	1 35 45	16 13 18	0 ♈ 13 08	23 01 51	2 31 09	26 03 40	24 32 16	13 26 27	12 19 21
18 Tu	3 50 11	0 ♌ 55 43	7 ♌ 11 11	25 45 30	5 34 23	1 14 24	16 33 59	0 39 21	23 15 13	2 37 55	26 05 19	24 32 47	13 28 53	12 20 13
19 W	4 49 47	13 20 50	19 27 10	26 51 02	6 48 50	0 52 03	16 53 20	1 04 18	23 27 21	2 43 29	26 05 47	24 32 02	13 30 04	12 19 49
20 Th	5 48 40	25 28 11	1 ♍ 27 51	27 52 52	8 02 32	0 29 15	17 11 49	1 28 26	23 38 44	2 48 22	26 05 35	24 30 29	13 30 31	12 18 39
21 F	6 47 29	7 ♍ 23 20	13 18 47	28 51 17	9 16 09	0 06 42	17 30 05	1 52 26	23 50 00	2 53 11	26 05 21	24 28 47	13 30 51	12 17 23
22 Sa	7 46 57	19 11 50	25 05 17	29 46 33	10 30 23	29 ♎ 45 09	17 48 52	2 17 00	24 01 53	2 58 39	26 05 49	24 27 39	13 31 48	12 16 42
23 Su	8 47 44	0 ♎ 58 40	6 ♎ 52 07	0 ♊ 38 47	11 45 55	29 25 19	18 08 48	2 42 48	24 15 01	3 05 27	26 07 37	24 27 45	13 34 02	12 17 16
24 M	9 50 18	12 48 08	18 43 13	1 27 56	13 03 14	29 07 42	18 30 24	3 10 18	24 29 55	3 14 03	26 11 16	24 29 35	13 38 02	12 19 35
25 Tu	10 54 55	24 43 35	0 ♏ 41 35	2 13 37	14 22 34	28 52 37	18 53 53	3 39 47	24 46 49	3 24 43	26 17 00	24 33 23	13 44 02	12 23 54
26 W	12 01 32	6 ♏ 47 21	12 49 14	2 55 04	15 43 52	28 40 02	19 19 12	4 11 09	25 05 40	3 37 22	26 24 45	24 39 06	13 51 60	12 30 09
27 Th	13 09 45	19 00 51	25 07 18	3 31 10	17 06 46	28 29 36	19 45 59	4 44 03	25 26 04	3 51 39	26 34 10	24 46 21	14 01 32	12 37 58
28 F	14 18 56	1 ♐ 24 42	7 ♐ 36 14	4 00 28	18 30 37	28 20 43	20 13 34	5 17 49	25 47 23	4 06 53	26 44 34	24 54 29	14 12 00	12 46 41
29 Sa	15 28 15	13 59 01	20 16 02	4 21 19	19 54 34	28 12 32	20 41 07	5 51 38	26 08 47	4 22 15	26 55 08	25 02 39	14 22 33	12 55 29
30 Su	16 36 47	26 43 44	3 ♑ 06 41	4 32 02	21 17 43	28 04 13	21 07 44	6 24 35	26 29 21	4 36 51	27 04 58	25 09 59	14 32 17	13 03 27

LONGITUDE December 1958

Day	☉	0 hr ☽	Noon ☽	☿	♀	♂	⚵	⚳	♃	♄	⚷	♅	♆	♇
1 M	17 ♉ 43 47	9 ♑ 38 59	16 ♑ 08 24	4 ♊ 31 05	22 ♉ 39 18	27 ♎ 55 01	21 ♓ 32 38	6 ♈ 55 53	26 ♈ 48 19	4 ♊ 49 54	27 ♋ 13 17	25 ♑ 15 41	14 ♈ 40 26	13 ♒ 09 49
2 Tu	18 48 43	22 45 25	29 21 59	4 17 22	23 58 49	27 44 26	21 55 20	7 25 02	27 05 10	5 00 54	27 19 35	25 19 16	14 46 30	13 14 04
3 W	19 51 31	6 ♒ 04 20	12 ♒ 48 48	3 50 24	25 16 10	27 32 23	22 15 42	7 51 56	27 19 48	5 09 45	27 23 45	25 20 36	14 50 22	13 16 07
4 Th	20 52 31	19 37 37	26 30 42	3 10 25	26 31 42	27 19 16	22 34 06	8 16 57	27 32 36	5 16 48	27 26 11	25 20 05	14 52 24	13 16 20
5 F	21 52 30	3 ♓ 27 22	10 ♓ 29 29	2 18 32	27 46 12	27 05 53	22 51 19	8 40 52	27 44 20	5 22 50	27 27 37	25 18 29	14 53 23	13 15 29
6 Sa	22 52 32	17 35 14	24 46 15	1 16 35	29 00 44	26 53 18	23 08 25	9 04 43	27 56 03	5 28 55	27 29 09	25 16 51	14 54 23	13 14 37
7 Su	23 53 44	2 ♈ 01 38	9 ♈ 20 28	0 07 03	0 ♊ 16 24	26 42 38	23 26 29	9 29 38	28 08 51	5 36 10	27 31 52	25 16 18	14 56 30	13 14 52
8 M	24 57 01	16 44 47	24 09 16	28 ♉ 52 42	1 34 08	26 34 50	23 46 28	9 56 31	28 23 41	5 45 28	27 36 41	25 17 45	15 00 39	13 17 09
9 Tu	26 02 52	1 ♉ 40 15	9 ♉ 07 04	27 36 24	2 54 26	26 30 24	24 08 50	10 25 53	28 41 01	5 57 21	27 44 08	25 21 43	15 07 20	13 21 57
10 W	27 11 14	16 40 54	24 05 57	26 20 46	4 17 13	26 29 17	24 33 32	10 57 39	29 00 49	6 11 45	27 54 06	25 28 07	15 16 29	13 29 12
11 Th	28 21 29	1 ♊ 37 44	8 ♊ 56 42	25 08 00	5 41 53	26 30 53	24 59 56	11 31 12	29 22 26	6 28 01	28 06 01	25 36 20	15 27 30	13 38 19
12 F	29 32 37	16 21 17	23 30 25	23 59 50	7 07 24	26 34 10	25 27 02	12 05 32	29 44 51	6 45 10	28 18 51	25 45 22	15 39 22	13 48 15
13 Sa	0 ♊ 43 25	0 ♋ 43 20	7 ♋ 40 01	22 57 31	8 32 35	26 37 57	25 53 37	12 39 26	0 ♉ 06 54	7 01 60	28 31 23	25 54 01	15 50 51	13 57 49
14 Su	1 52 49	14 38 15	21 21 15	22 01 59	9 56 21	26 41 09	26 18 37	13 11 49	0 27 28	7 17 25	28 42 33	26 01 12	16 00 55	14 05 57
15 M	3 00 04	28 03 35	4 ♌ 33 05	21 13 57	11 17 57	26 43 02	26 41 16	13 41 57	0 45 50	7 30 41	28 51 37	26 06 11	16 08 48	14 11 53
16 Tu	4 04 54	11 ♌ 00 03	17 17 23	20 34 06	12 37 07	26 43 19	27 01 18	14 09 33	1 01 42	7 41 31	28 58 17	26 08 40	16 14 13	14 15 21
17 W	5 07 31	23 30 58	29 38 17	20 03 04	13 54 04	26 42 13	27 18 58	14 34 50	1 15 19	7 50 09	29 02 49	26 08 55	16 17 24	14 16 36
18 Th	6 08 37	5 ♍ 41 34	11 ♍ 41 26	19 41 34	15 09 29	26 40 25	27 34 54	14 58 30	1 27 20	7 57 16	29 05 51	26 07 34	16 19 03	14 16 16
19 F	7 09 10	17 38 06	23 33 19	19 30 13	16 24 20	26 38 51	27 50 05	15 21 30	1 38 44	8 03 48	29 08 22	26 05 37	16 20 06	14 15 21
20 Sa	8 10 14	29 27 15	5 ♎ 20 33	19 29 35	17 39 42	26 38 37	28 05 36	15 44 55	1 50 36	8 10 53	29 11 27	26 04 09	16 21 39	14 14 56
21 Su	9 12 53	11 ♎ 15 25	17 09 20	19 40 00	18 56 38	26 40 44	28 22 29	16 09 47	2 03 57	8 19 31	29 16 09	26 04 12	16 24 44	14 16 03
22 M	10 17 54	23 08 21	29 05 06	20 01 31	20 15 55	26 46 00	28 41 33	16 36 55	2 19 37	8 30 31	29 23 15	26 06 34	16 30 10	14 19 30
23 Tu	11 25 43	5 ♏ 10 42	11 ♏ 12 03	20 33 45	21 38 00	26 54 51	29 03 13	17 06 45	2 38 01	8 44 19	29 33 13	26 11 42	16 38 22	14 25 44
24 W	12 36 20	17 25 45	23 32 59	21 15 55	23 02 53	27 07 14	29 27 28	17 39 16	2 59 09	9 00 55	29 45 60	26 19 35	16 49 21	14 34 43
25 Th	13 49 16	29 55 18	6 ♐ 09 08	22 06 48	24 30 04	27 22 41	29 53 49	18 13 58	3 22 32	9 19 49	0 ♌ 01 08	26 29 43	17 02 36	14 45 59
26 F	15 03 38	12 ♐ 39 38	19 00 17	23 04 47	25 58 39	27 40 17	0 ♈ 21 23	18 49 59	3 47 15	9 40 08	0 17 44	26 41 15	17 17 15	14 58 39
27 Sa	16 18 14	25 37 45	2 ♑ 04 59	24 08 04	27 27 28	27 58 51	0 48 59	19 26 07	4 12 08	10 00 40	0 34 37	26 52 58	17 32 07	15 11 32
28 Su	17 31 50	8 ♑ 47 49	15 21 08	25 14 51	28 55 17	28 17 07	1 15 22	20 01 07	4 35 57	10 20 12	0 50 32	27 03 38	17 45 57	15 23 22
29 M	18 43 21	22 07 38	28 46 28	26 23 29	0 ♋ 20 59	28 33 59	1 39 25	20 33 54	4 57 35	10 37 37	1 04 23	27 12 10	17 57 38	15 33 05
30 Tu	19 52 02	5 ♒ 35 25	12 ♒ 19 17	27 32 48	1 43 52	28 48 41	2 00 26	21 03 45	5 16 18	10 52 13	1 15 26	27 17 50	18 06 29	15 39 56
31 W	20 57 43	19 10 07	25 58 46	28 42 14	3 03 44	29 01 04	2 18 13	21 30 27	5 31 57	11 03 47	1 23 32	27 20 27	18 12 18	15 43 46

Notes

January 1959 LONGITUDE

Day	☉	0 hr ☽	Noon ☽	☿	♀	♂	⚵	⚳	♃	♄	⚷	♅	♆	♇
1 Th	22 ♊ 00 51	2 ♓ 51 48	9 ♓ 45 15	29 ♉ 51 51	4 ♋ 21 01	29 ♎ 11 32	2 ♈ 33 12	21 ♈ 54 27	5 ♉ 44 57	11 ♊ 12 46	1 ♌ 29 05	27 ♑ 20 28	18 ♈ 15 30	15 ♒ 44 59
2 F	23 02 22	16 41 31	23 39 54	1 ♊ 02 18	5 36 42	29 21 02	2 46 20	22 16 44	5 56 16	11 20 08	1 33 04	27 18 50	18 17 05	15 44 34
3 Sa	24 03 36	0 ♈ 40 52	7 ♈ 44 14	2 14 39	6 52 04	29 30 53	2 58 57	22 38 34	6 07 12	11 27 11	1 36 48	27 16 53	18 18 20	15 43 51
4 Su	25 05 57	14 51 10	21 59 11	3 30 02	8 08 34	29 42 28	3 12 26	23 01 24	6 19 10	11 35 21	1 41 40	27 15 59	18 20 40	15 44 12
5 M	26 10 36	29 12 40	6 ♉ 24 20	4 49 26	9 27 19	29 56 57	3 27 58	23 26 21	6 33 19	11 45 46	1 48 51	27 17 21	18 25 15	15 46 49
6 Tu	27 18 12	13 ♉ 43 37	20 57 08	6 13 21	10 49 02	0 ♏ 14 59	3 46 12	23 54 08	6 50 21	11 59 07	1 59 02	27 21 39	18 32 46	15 52 22
7 W	28 28 47	28 20 02	5 ♊ 32 48	7 41 39	12 13 44	0 36 36	4 07 10	24 24 46	7 10 16	12 15 27	2 12 13	27 28 53	18 43 14	16 00 53
8 Th	29 41 43	12 ♊ 55 46	20 04 39	9 13 34	13 40 46	1 01 08	4 30 14	24 57 35	7 32 27	12 34 06	2 27 48	27 38 26	18 56 01	16 11 43
9 F	0 ♋ 55 52	27 23 22	4 ♋ 25 15	10 47 51	15 09 00	1 27 28	4 54 16	25 31 29	7 55 45	12 53 57	2 44 37	27 49 11	19 09 59	16 23 44
10 Sa	2 09 52	11 ♋ 35 25	18 27 42	12 23 03	16 37 05	1 54 11	5 17 53	26 05 04	8 18 48	13 13 38	3 01 20	27 59 45	19 23 47	16 35 35
11 Su	3 22 25	25 25 51	2 ♌ 06 52	13 57 46	18 03 43	2 20 01	5 39 47	26 37 03	8 40 19	13 31 51	3 16 37	28 08 51	19 36 06	16 45 59
12 M	4 32 34	8 ♌ 50 58	15 20 11	15 30 59	19 27 57	2 43 59	5 59 01	27 06 30	8 59 21	13 47 38	3 29 32	28 15 32	19 45 59	16 53 57
13 Tu	5 39 51	21 49 49	28 07 50	17 02 12	20 49 18	3 05 37	6 15 08	27 32 55	9 15 25	14 00 33	3 39 37	28 19 19	19 52 59	16 59 02
14 W	6 44 23	4 ♍ 24 10	10 ♍ 32 30	18 31 27	22 07 54	3 25 01	6 28 14	27 56 26	9 28 38	14 10 41	3 47 00	28 20 21	19 57 13	17 01 22
15 Th	7 46 46	16 38 03	22 38 52	19 59 19	23 24 22	3 42 47	6 38 55	28 17 40	9 39 38	14 18 40	3 52 16	28 19 14	19 59 17	17 01 33
16 F	8 47 59	28 37 00	4 ♎ 32 55	21 26 45	24 39 39	3 59 51	6 48 10	28 37 33	9 49 21	14 25 27	3 56 24	28 16 55	20 00 09	17 00 33
17 Sa	9 49 12	10 ♎ 27 32	16 21 20	22 54 50	25 54 54	4 17 24	6 57 07	28 57 16	9 58 58	14 32 13	4 00 33	28 14 35	20 00 60	16 59 31
18 Su	10 51 31	22 16 24	28 10 54	24 24 44	27 11 17	4 36 32	7 06 55	29 17 57	10 09 36	14 40 04	4 05 52	28 13 22	20 02 56	16 59 36
19 M	11 55 54	4 ♏ 10 04	10 ♏ 07 54	25 57 20	28 29 43	4 58 11	7 18 29	29 40 31	10 22 12	14 49 58	4 13 16	28 14 12	20 06 54	17 01 44
20 Tu	13 02 54	16 14 15	22 17 44	27 33 12	29 50 45	5 22 53	7 32 24	0 ♉ 05 33	10 37 19	15 02 27	4 23 19	28 17 39	20 13 29	17 06 29
21 W	14 12 37	28 33 26	4 ♐ 44 23	29 12 25	1 ♌ 14 31	5 50 44	7 48 44	0 33 08	10 55 03	15 17 38	4 36 07	28 23 49	20 22 45	17 13 57
22 Th	15 24 39	11 ♐ 10 35	17 30 12	0 ♋ 54 35	2 40 35	6 21 21	8 07 07	1 02 51	11 14 60	15 35 08	4 51 16	28 32 17	20 34 20	17 23 44
23 F	16 38 10	24 06 53	0 ♑ 35 37	2 38 51	4 08 08	6 53 50	8 26 41	1 33 53	11 36 20	15 54 04	5 07 56	28 42 15	20 47 22	17 34 59
24 Sa	17 52 01	7 ♑ 21 42	13 59 14	4 24 06	5 36 01	7 27 04	8 46 17	2 05 05	11 57 54	16 13 20	5 24 58	28 52 33	21 00 43	17 46 35
25 Su	19 04 58	20 52 48	27 38 09	6 09 04	7 02 59	7 59 47	9 04 41	2 35 12	12 18 26	16 31 39	5 41 08	29 01 57	21 13 08	17 57 15
26 M	20 15 54	4 ♒ 36 50	11 ♒ 28 31	7 52 40	8 27 56	8 30 52	9 20 46	3 03 06	12 36 52	16 47 56	5 55 18	29 09 19	21 23 32	18 05 55
27 Tu	21 24 05	18 29 58	25 26 19	9 34 09	9 50 08	8 59 34	9 33 48	3 28 05	12 52 26	17 01 26	6 06 45	29 13 58	21 31 09	18 11 50
28 W	22 29 19	2 ♓ 28 41	9 ♓ 28 08	11 13 20	11 09 22	9 25 41	9 43 34	3 49 55	13 04 56	17 11 57	6 15 16	29 15 38	21 35 48	18 14 47
29 Th	23 31 57	16 30 22	23 31 41	12 50 36	12 25 60	9 49 33	9 50 25	4 08 58	13 14 44	17 19 50	6 21 13	29 14 44	21 37 49	18 15 08
30 F	24 32 53	0 ♈ 33 36	7 ♈ 35 56	14 26 49	13 40 55	10 12 03	9 55 14	4 26 06	13 22 41	17 25 59	6 25 29	29 12 07	21 38 07	18 13 47
31 Sa	25 33 19	14 38 04	21 40 52	16 03 14	14 55 19	10 34 23	9 59 14	4 42 32	13 30 02	17 31 36	6 29 16	29 09 01	21 37 54	18 11 55

February 1959 LONGITUDE

Day	☉	0 hr ☽	Noon ☽	☿	♀	♂	⚵	⚳	♃	♄	⚷	♅	♆	♇
1 Su	26 ♋ 34 31	28 ♈ 44 03	5 ♉ 46 55	17 ♋ 41 07	16 ♌ 10 29	10 ♏ 57 49	10 ♈ 03 40	4 ♉ 59 32	13 ♉ 38 02	17 ♊ 37 56	6 ♌ 33 50	29 ♑ 06 41	21 ♈ 38 25	18 ♒ 10 50
2 M	27 37 33	12 ♉ 51 47	19 54 13	19 21 34	17 27 29	11 23 26	10 09 37	5 18 09	13 47 44	17 46 05	6 40 16	29 06 12	21 40 45	18 11 35
3 Tu	28 43 03	27 00 45	4 ♊ 01 55	21 05 13	18 46 56	11 51 49	10 17 42	5 39 02	13 59 47	17 56 40	6 49 12	29 08 12	21 45 32	18 14 48
4 W	29 51 05	11 ♊ 09 12	18 07 55	22 52 08	20 08 55	12 23 03	10 27 59	6 02 14	14 14 15	18 09 44	7 00 40	29 12 44	21 52 50	18 20 33
5 Th	1 ♌ 01 09	25 14 03	2 ♋ 08 44	24 41 51	21 32 56	12 56 37	10 39 57	6 27 15	14 30 36	18 24 48	7 14 12	29 19 19	22 02 08	18 28 20
6 F	2 12 20	9 ♋ 11 08	16 00 06	26 33 28	22 58 02	13 31 35	10 52 42	6 53 08	14 47 57	18 40 57	7 28 52	29 27 02	22 12 32	18 37 14
7 Sa	3 23 29	22 55 56	29 37 35	28 25 50	24 23 07	14 06 51	11 05 04	7 18 47	15 05 09	18 57 01	7 43 31	29 34 45	22 22 53	18 46 07
8 Su	4 33 30	6 ♌ 24 19	12 ♌ 57 28	0 ♌ 17 54	25 47 03	14 41 16	11 15 59	7 43 05	15 21 06	19 11 57	7 57 05	29 41 21	22 32 06	18 53 53
9 M	5 41 34	19 33 23	25 57 27	2 08 48	27 09 02	15 14 01	11 24 35	8 05 11	15 34 57	19 24 52	8 08 42	29 46 02	22 39 21	18 59 42
10 Tu	6 47 12	2 ♍ 21 53	8 ♍ 37 03	3 58 07	28 28 35	15 44 37	11 30 25	8 24 38	15 46 15	19 35 19	8 17 55	29 48 18	22 44 09	19 03 06
11 W	7 50 23	14 50 31	20 57 40	5 45 49	29 45 40	16 13 03	11 33 29	8 41 24	15 54 59	19 43 17	8 24 42	29 48 10	22 46 30	19 04 05
12 Th	8 51 31	27 01 47	3 ♎ 02 26	7 32 18	1 ♍ 00 42	16 39 41	11 34 08	8 55 53	16 01 32	19 49 10	8 29 28	29 46 00	22 46 47	19 03 01
13 F	9 51 17	8 ♎ 59 41	14 55 54	9 18 15	2 14 22	17 05 14	11 33 04	9 08 45	16 06 35	19 53 40	8 32 54	29 42 31	22 45 42	19 00 37
14 Sa	10 50 34	20 49 24	26 43 33	11 04 33	3 27 33	17 30 34	11 31 12	9 20 55	16 11 02	19 57 38	8 35 52	29 38 36	22 44 07	18 57 46
15 Su	11 50 17	2 ♏ 36 45	8 ♏ 31 27	12 52 05	4 41 08	17 56 34	11 29 24	9 33 15	16 15 46	20 01 60	8 39 17	29 35 08	22 42 58	18 55 21
16 M	12 51 11	14 27 45	20 25 41	14 41 37	5 55 58	18 24 01	11 28 27	9 46 32	16 21 35	20 07 31	8 43 55	29 32 55	22 43 00	18 54 09
17 Tu	13 53 49	26 28 17	2 ♐ 32 01	16 33 37	7 12 25	18 53 26	11 28 53	10 01 17	16 28 59	20 14 43	8 50 18	29 32 27	22 44 45	18 54 42
18 W	14 58 21	8 ♐ 43 33	14 55 22	18 28 15	8 30 49	19 24 59	11 30 53	10 17 41	16 38 09	20 23 48	8 58 37	29 33 57	22 48 25	18 57 12
19 Th	16 04 36	21 17 43	27 39 28	20 25 15	9 50 55	19 58 29	11 34 16	10 35 34	16 48 55	20 34 33	9 08 41	29 37 12	22 53 47	19 01 26
20 F	17 12 02	4 ♑ 13 35	10 ♑ 46 21	22 24 01	11 12 12	20 33 24	11 38 29	10 54 21	17 00 43	20 46 27	9 19 57	29 41 42	23 00 20	19 06 52
21 Sa	18 19 53	17 32 11	24 16 11	24 23 41	12 33 53	21 08 57	11 42 46	11 13 18	17 12 48	20 58 44	9 31 38	29 46 39	23 07 18	19 12 45
22 Su	19 27 16	1 ♒ 12 36	8 ♒ 07 07	26 23 16	13 55 06	21 44 15	11 46 14	11 31 30	17 24 18	21 10 30	9 42 54	29 51 11	23 13 48	19 18 12
23 M	20 33 24	15 12 04	22 15 26	28 21 49	15 15 02	22 18 29	11 48 07	11 48 11	17 34 23	21 20 59	9 52 55	29 54 31	23 19 03	19 22 26
24 Tu	21 37 43	29 26 19	6 ♓ 36 07	0 ♍ 18 38	16 33 09	22 51 08	11 47 51	12 02 46	17 42 31	21 29 36	10 01 08	29 56 05	23 22 28	19 24 52
25 W	22 40 01	13 ♓ 50 05	21 03 34	2 13 17	17 49 15	23 21 57	11 45 13	12 15 04	17 48 30	21 36 09	10 07 22	29 55 42	23 23 52	19 25 20
26 Th	23 40 31	28 18 04	5 ♈ 32 30	4 05 46	19 03 31	23 51 10	11 40 26	12 25 16	17 52 32	21 40 52	10 11 48	29 53 33	23 23 28	19 24 00
27 F	24 39 46	12 ♈ 45 28	19 58 30	5 56 20	20 16 31	24 19 18	11 34 03	12 33 55	17 55 10	21 44 16	10 14 59	29 50 12	23 21 48	19 21 27
28 Sa	25 38 31	27 08 37	4 ♉ 18 25	7 45 27	21 29 01	24 47 08	11 26 51	12 41 46	17 57 09	21 47 07	10 17 41	29 46 24	23 19 38	19 18 26

Notes

LONGITUDE — March 1959

Day	☉	0 hr ☽	Noon ☽	☿	♀	♂	⚵	⚳	♃	♄	⚷	♅	♆	♇
1 Su	26 ♌ 37 34	11 ♉ 24 58	18 ♉ 30 19	9 ♍ 33 34	22 ♍ 41 48	25 ♏ 15 28	11 ♈ 19 36	12 ♉ 49 38	17 ♉ 59 17	21 ♊ 50 15	10 ♌ 20 43	29 ♑ 42 58	23 ♈ 17 47	19 ♒ 15 45
2 M	27 37 38	25 32 59	2 ♊ 33 06	11 20 57	23 55 33	25 44 57	11 13 01	12 58 11	18 02 16	21 54 18	10 24 45	29 40 34	23 16 54	19 14 05
3 Tu	28 39 03	9 ♊ 31 41	16 26 08	13 07 34	25 10 41	26 16 00	11 07 28	13 07 47	18 06 29	21 59 41	10 30 09	29 39 37	23 17 24	19 13 50
4 W	29 41 55	23 20 20	0 ♋ 08 48	14 52 59	26 27 13	26 48 40	11 03 02	13 18 31	18 11 58	22 06 26	10 37 01	29 40 08	23 19 20	19 15 03
5 Th	0 ♍ 45 57	6 ♋ 58 05	13 40 20	16 36 26	27 44 54	27 22 39	10 59 26	13 30 05	18 18 27	22 14 18	10 45 03	29 41 53	23 22 25	19 17 27
6 F	1 50 38	20 23 57	26 59 43	18 16 52	29 03 14	27 57 28	10 56 09	13 41 58	18 25 27	22 22 46	10 53 44	29 44 21	23 26 09	19 20 32
7 Sa	2 55 20	3 ♌ 36 49	10 ♌ 05 55	19 53 07	0 ♎ 21 34	28 32 29	10 52 36	13 53 34	18 32 18	22 31 13	11 02 27	29 46 54	23 29 55	19 23 42
8 Su	3 59 29	16 35 42	22 57 59	21 24 03	1 39 19	29 07 06	10 48 11	14 04 16	18 38 27	22 39 03	11 10 38	29 48 57	23 33 08	19 26 19
9 M	5 02 36	29 19 60	5 ♍ 35 32	22 48 38	2 56 02	29 40 51	10 42 26	14 13 37	18 43 25	22 45 48	11 17 47	29 50 03	23 35 19	19 27 58
10 Tu	6 04 26	11 ♍ 49 41	17 58 50	24 06 07	4 11 27	0 ♐ 13 30	10 35 06	14 21 21	18 46 57	22 51 12	11 23 40	29 49 56	23 36 13	19 28 22
11 W	7 04 58	24 05 36	0 ♎ 09 02	25 15 56	5 25 32	0 44 59	10 26 11	14 27 25	18 49 01	22 55 15	11 28 15	29 48 34	23 35 49	19 27 30
12 Th	8 04 21	6 ♎ 09 28	12 08 15	26 17 48	6 38 28	1 15 29	10 15 51	14 32 01	18 49 47	22 58 07	11 31 42	29 46 08	23 34 18	19 25 32
13 F	9 02 56	18 03 56	23 59 29	27 11 38	7 50 34	1 45 21	10 04 27	14 35 28	18 49 36	23 00 07	11 34 21	29 42 58	23 31 58	19 22 48
14 Sa	10 01 06	29 52 25	5 ♏ 46 32	27 57 28	9 02 15	2 14 57	9 52 23	14 38 10	18 48 51	23 01 39	11 36 37	29 39 29	23 29 14	19 19 44
15 Su	10 59 19	11 ♏ 39 06	17 33 50	28 35 26	10 13 56	2 44 44	9 40 06	14 40 33	18 47 60	23 03 11	11 38 55	29 36 06	23 26 33	19 16 43
16 M	11 57 55	23 28 34	29 26 13	29 05 41	11 26 00	3 15 04	9 27 58	14 42 59	18 47 22	23 05 02	11 41 37	29 33 11	23 24 17	19 14 10
17 Tu	12 57 09	5 ♐ 25 44	11 ♐ 28 41	29 28 17	12 38 42	3 46 11	9 16 15	14 45 43	18 47 15	23 07 30	11 44 58	29 30 59	23 22 40	19 12 18
18 W	13 57 08	17 35 29	23 46 08	29 43 17	13 52 06	4 18 11	9 05 03	14 48 49	18 47 42	23 10 38	11 49 04	29 29 37	23 21 48	19 11 13
19 Th	14 57 48	0 ♑ 02 28	6 ♑ 22 58	29 50 39	15 06 10	4 50 59	8 54 20	14 52 15	18 48 42	23 14 24	11 53 51	29 28 60	23 21 37	19 10 52
20 F	15 58 56	12 50 37	19 22 44	29 50 21	16 20 41	5 24 25	8 43 53	14 55 48	18 50 01	23 18 35	11 59 08	29 28 56	23 21 57	19 11 02
21 Sa	17 00 15	26 02 51	2 ♒ 47 38	29 42 19	17 35 21	5 58 10	8 33 26	14 59 12	18 51 22	23 22 55	12 04 36	29 29 09	23 22 28	19 11 28
22 Su	18 01 27	9 ♒ 40 31	16 38 04	29 26 37	18 49 53	6 31 56	8 22 42	15 02 06	18 52 27	23 27 04	12 09 57	29 29 19	23 22 53	19 11 49
23 M	19 02 17	23 43 01	0 ♓ 52 19	29 03 30	20 04 00	7 05 26	8 11 24	15 04 15	18 52 60	23 30 46	12 14 55	29 29 11	23 22 56	19 11 50
24 Tu	20 02 33	8 ♓ 07 31	15 26 21	28 33 25	21 17 32	7 38 31	7 59 24	15 05 30	18 52 51	23 33 52	12 19 21	29 28 35	23 22 27	19 11 21
25 W	21 02 14	22 49 03	0 ♈ 14 12	27 57 05	22 30 28	8 11 07	7 46 41	15 05 47	18 51 57	23 36 19	12 23 11	29 27 29	23 21 24	19 10 20
26 Th	22 01 25	7 ♈ 40 53	15 08 31	27 15 25	23 42 51	8 43 21	7 33 19	15 05 13	18 50 25	23 38 13	12 26 32	29 25 58	23 19 51	19 08 53
27 F	23 00 17	22 35 25	0 ♉ 01 38	26 29 32	24 54 54	9 15 23	7 19 30	15 03 56	18 48 25	23 39 44	12 29 33	29 24 12	23 18 01	19 07 09
28 Sa	23 59 02	7 ♉ 25 11	14 46 28	25 40 40	26 06 48	9 47 25	7 05 29	15 02 11	18 46 08	23 41 05	12 32 27	29 22 24	23 16 04	19 05 21
29 Su	24 57 52	22 03 44	29 17 26	24 50 01	27 18 43	10 19 37	6 51 24	15 00 07	18 43 46	23 42 26	12 35 25	29 20 45	23 14 12	19 03 41
30 M	25 56 51	6 ♊ 26 20	13 ♊ 30 44	23 58 45	28 30 46	10 52 06	6 37 24	14 57 50	18 41 25	23 43 52	12 38 32	29 19 21	23 12 30	19 02 13
31 Tu	26 56 01	20 30 04	27 24 27	23 07 55	29 42 58	11 24 52	6 23 31	14 55 21	18 39 05	23 45 25	12 41 50	29 18 11	23 11 00	19 00 58

LONGITUDE — April 1959

Day	☉	0 hr ☽	Noon ☽	☿	♀	♂	⚵	⚳	♃	♄	⚷	♅	♆	♇
1 W	27 ♍ 55 18	4 ♋ 13 51	10 ♋ 58 15	22 ♍ 18 26	0 ♏ 55 14	11 ♐ 57 52	6 ♈ 09 40	14 ♉ 52 36	18 ♉ 36 43	23 ♊ 47 01	12 ♌ 45 14	29 ♑ 17 14	23 ♈ 09 38	18 ♒ 59 54
2 Th	28 54 36	17 37 57	24 12 56	21 31 05	2 07 29	12 30 59	5 55 48	14 49 30	18 34 13	23 48 34	12 48 38	29 16 23	23 08 18	18 58 54
3 F	29 53 49	0 ♌ 43 36	7 ♌ 10 04	20 46 35	3 19 37	13 04 08	5 41 48	14 45 56	18 31 29	23 49 59	12 51 57	29 15 31	23 06 54	18 57 52
4 Sa	0 ♎ 52 54	13 32 36	19 51 34	20 05 35	4 31 35	13 37 15	5 27 39	14 41 52	18 28 29	23 51 11	12 55 07	29 14 36	23 05 22	18 56 45
5 Su	1 51 51	26 07 00	2 ♍ 19 30	19 28 39	5 43 22	14 10 20	5 13 22	14 37 17	18 25 11	23 52 11	12 58 09	29 13 38	23 03 44	18 55 32
6 M	2 50 44	8 ♍ 28 56	14 35 56	18 56 18	6 55 02	14 43 27	4 59 01	14 32 16	18 21 40	23 53 02	13 01 06	29 12 41	23 02 02	18 54 19
7 Tu	3 49 39	20 40 25	26 42 52	18 29 00	8 06 42	15 16 42	4 44 43	14 26 55	18 18 03	23 53 52	13 04 03	29 11 51	23 00 23	18 53 11
8 W	4 48 42	2 ♎ 43 27	8 ♎ 42 17	18 07 05	9 18 29	15 50 12	4 30 36	14 21 21	18 14 27	23 54 46	13 07 10	29 11 15	22 58 55	18 52 16
9 Th	5 48 01	14 40 00	20 36 12	17 50 49	10 30 28	16 24 03	4 16 48	14 15 41	18 10 57	23 55 52	13 10 30	29 10 59	22 57 43	18 51 38
10 F	6 47 38	26 32 07	2 ♏ 26 44	17 40 19	11 42 42	16 58 19	4 03 22	14 09 59	18 07 38	23 57 12	13 14 09	29 11 07	22 56 51	18 51 23
11 Sa	7 47 32	8 ♏ 22 00	14 16 17	17 35 32	12 55 10	17 32 57	3 50 19	14 04 12	18 04 28	23 58 45	13 18 03	29 11 36	22 56 17	18 51 28
12 Su	8 47 36	20 12 08	26 07 32	17 36 19	14 07 47	18 07 52	3 37 31	13 58 16	18 01 21	24 00 25	13 22 08	29 12 22	22 55 55	18 51 47
13 M	9 47 41	2 ♐ 05 21	8 ♐ 03 32	17 42 23	15 20 20	18 42 53	3 24 51	13 52 01	17 58 07	24 02 01	13 26 12	29 13 13	22 55 35	18 52 10
14 Tu	10 47 33	14 04 52	20 07 43	17 53 24	16 32 39	19 17 48	3 12 07	13 45 14	17 54 33	24 03 22	13 30 03	29 13 58	22 55 05	18 52 25
15 W	11 47 01	26 14 22	2 ♑ 23 55	18 09 00	17 44 30	19 52 24	2 59 06	13 37 44	17 50 28	24 04 14	13 33 29	29 14 23	22 54 12	18 52 18
16 Th	12 45 54	8 ♑ 37 46	14 56 06	18 28 51	18 55 43	20 26 31	2 45 40	13 29 21	17 45 42	24 04 28	13 36 20	29 14 20	22 52 46	18 51 41
17 F	13 44 11	21 19 11	27 48 17	18 52 42	20 06 17	21 00 06	2 31 47	13 20 03	17 40 12	24 04 01	13 38 34	29 13 45	22 50 45	18 50 31
18 Sa	14 41 55	4 ♒ 22 30	11 ♒ 03 59	19 20 26	21 16 14	21 33 15	2 17 33	13 09 56	17 34 04	24 02 59	13 40 15	29 12 43	22 48 14	18 48 53
19 Su	15 39 21	17 50 55	24 45 47	19 52 07	22 25 49	22 06 11	2 03 12	12 59 13	17 27 31	24 01 34	13 41 36	29 11 28	22 45 26	18 46 60
20 M	16 36 48	1 ♓ 46 16	8 ♓ 54 31	20 27 52	23 35 22	22 39 12	1 49 03	12 48 15	17 20 53	24 00 07	13 42 57	29 10 20	22 42 42	18 45 11
21 Tu	17 34 38	16 08 22	23 28 44	21 07 53	24 45 15	23 12 42	1 35 31	12 37 25	17 14 32	23 58 60	13 44 41	29 09 40	22 40 22	18 43 50
22 W	18 33 12	0 ♈ 54 18	8 ♈ 24 06	21 52 20	25 55 46	23 47 01	1 22 56	12 27 02	17 08 49	23 58 32	13 47 07	29 09 50	22 38 48	18 43 15
23 Th	19 32 41	15 58 14	23 33 32	22 41 14	27 07 09	24 22 19	1 11 30	12 17 21	17 03 56	23 58 55	13 50 27	29 10 59	22 38 11	18 43 40
24 F	20 33 04	1 ♉ 11 46	8 ♉ 47 47	23 34 25	28 19 22	24 58 37	1 01 12	12 08 19	16 59 51	24 00 09	13 54 41	29 13 08	22 38 30	18 45 02
25 Sa	21 34 07	16 24 56	23 56 45	24 31 29	29 32 10	25 35 38	0 51 48	11 59 43	16 56 21	24 01 59	13 59 33	29 16 02	22 39 30	18 47 08
26 Su	22 35 24	1 ♊ 27 45	8 ♊ 51 08	25 31 54	0 ♐ 45 08	26 12 59	0 42 55	11 51 09	16 53 00	24 03 60	14 04 38	29 19 15	22 40 47	18 49 31
27 M	23 36 27	16 11 46	23 23 42	26 35 01	1 57 46	26 50 09	0 34 02	11 42 07	16 49 19	24 05 40	14 09 26	29 22 17	22 41 49	18 51 43
28 Tu	24 36 45	0 ♋ 31 12	7 ♋ 30 06	27 40 15	3 09 36	27 26 39	0 24 40	11 32 09	16 44 48	24 06 33	14 13 28	29 24 41	22 42 10	18 53 13
29 W	25 36 01	14 23 16	21 08 55	28 47 11	4 20 18	28 02 10	0 14 33	11 20 58	16 39 11	24 06 19	14 16 26	29 26 07	22 41 29	18 53 45
30 Th	26 34 09	27 48 03	4 ♌ 21 17	29 55 38	5 29 47	28 36 39	0 03 36	11 08 29	16 32 21	24 04 54	14 18 15	29 26 30	22 39 43	18 53 12

Notes

May 1959

LONGITUDE

Day	☉	0 hr ☽	Noon ☽	☿	♀	♂	⚵	⚳	♃	♄	⚷	♅	♆	♇
1 F	27 ♎ 31 20	10 ♌ 47 46	17 ♌ 10 07	1 ♎ 05 40	6 ♐ 38 14	29 ♐ 10 14	29 ♓ 51 59	10 ♉ 54 53	16 ♉ 24 30	24 ♊ 02 27	14 ♌ 19 05	29 ♑ 25 60	22 ♈ 37 00	18 ♒ 51 44
2 Sa	28 27 56	23 26 05	29 39 24	2 17 37	7 46 01	29 43 19	29 40 05	10 40 34	16 16 00	23 59 22	14 19 18	29 25 01	22 33 46	18 49 46
3 Su	29 24 30	5 ♍ 47 18	11 ♍ 53 33	3 31 55	8 53 41	0 ♑ 16 26	29 28 27	10 26 05	16 07 24	23 56 10	14 19 27	29 24 03	22 30 30	18 47 49
4 M	0 ♏ 21 37	17 55 53	23 56 55	4 49 06	10 01 47	0 50 09	29 17 41	10 12 01	15 59 17	23 53 26	14 20 06	29 23 43	22 27 48	18 46 26
5 Tu	1 19 46	29 55 58	5 ♎ 53 25	6 09 38	11 10 51	1 24 59	29 08 17	9 58 55	15 52 10	23 51 41	14 21 47	29 24 31	22 26 11	18 46 11
6 W	2 19 22	11 ♎ 51 07	17 46 25	7 33 51	12 21 15	2 01 21	29 00 39	9 47 10	15 46 27	23 51 20	14 24 52	29 26 50	22 26 03	18 47 25
7 Th	3 20 35	23 44 13	29 38 35	9 01 52	13 33 11	2 39 22	28 54 58	9 36 59	15 42 18	23 52 31	14 29 32	29 30 50	22 27 33	18 50 19
8 F	4 23 20	5 ♏ 37 33	11 ♏ 32 01	10 33 35	14 46 33	3 19 01	28 51 10	9 28 16	15 39 40	23 55 11	14 35 43	29 36 27	22 30 38	18 54 49
9 Sa	5 27 18	17 32 49	23 28 20	12 08 41	16 01 01	3 59 56	28 48 55	9 20 45	15 38 12	23 59 00	14 43 04	29 43 23	22 34 58	19 00 36
10 Su	6 31 56	29 31 22	5 ♐ 28 55	13 46 34	17 16 04	4 41 36	28 47 42	9 13 55	15 37 24	24 03 27	14 51 05	29 51 03	22 40 00	19 07 06
11 M	7 36 36	11 ♐ 34 31	17 35 08	15 26 34	18 31 01	5 23 21	28 46 52	9 07 05	15 36 36	24 07 51	14 59 04	29 58 50	22 45 06	19 13 41
12 Tu	8 40 33	23 43 45	29 48 40	17 07 58	19 45 10	6 04 28	28 45 41	8 59 34	15 35 05	24 11 30	15 06 20	0 ♒ 05 59	22 49 32	19 19 38
13 W	9 43 13	6 ♑ 00 58	12 ♑ 11 36	18 50 09	20 57 54	6 44 21	28 43 34	8 50 48	15 32 17	24 13 48	15 12 16	0 11 55	22 52 43	19 24 20
14 Th	10 44 11	18 28 45	24 46 43	20 32 44	22 08 49	7 22 36	28 40 06	8 40 24	15 27 46	24 14 20	15 16 28	0 16 15	22 54 14	19 27 24
15 F	11 43 21	1 ♒ 10 18	7 ♒ 37 19	22 15 36	23 17 49	7 59 08	28 35 14	8 28 16	15 21 28	24 13 03	15 18 51	0 18 51	22 54 00	19 28 44
16 Sa	12 41 00	14 09 19	20 47 06	23 59 02	24 25 09	8 34 12	28 29 12	8 14 42	15 13 39	24 10 11	15 19 41	0 20 01	22 52 17	19 28 36
17 Su	13 37 42	27 29 42	4 ♓ 19 38	25 43 36	25 31 26	9 08 23	28 22 35	8 00 18	15 04 55	24 06 19	15 19 32	0 20 19	22 49 40	19 27 35
18 M	14 34 18	11 ♓ 14 48	18 17 41	27 30 08	26 37 27	9 42 30	28 16 14	7 45 53	14 56 05	24 02 18	15 19 14	0 20 35	22 46 58	19 26 30
19 Tu	15 31 39	25 26 38	2 ♈ 42 15	29 19 32	27 44 06	10 17 28	28 11 01	7 32 23	14 48 03	23 59 00	15 19 41	0 21 41	22 45 06	19 26 16
20 W	16 30 34	10 ♈ 04 53	17 31 36	1 ♏ 12 32	28 52 08	10 54 01	28 07 43	7 20 35	14 41 35	23 57 12	15 21 38	0 24 25	22 44 48	19 27 37
21 Th	17 31 28	25 05 60	2 ♉ 40 41	3 09 36	0 ♑ 02 02	11 32 38	28 06 47	7 10 55	14 37 09	23 57 21	15 25 33	0 29 13	22 46 32	19 31 01
22 F	18 34 22	10 ♉ 22 57	18 01 05	5 10 42	1 13 46	12 13 18	28 08 12	7 03 26	14 34 45	23 59 28	15 31 26	0 36 05	22 50 19	19 36 29
23 Sa	19 38 49	25 45 44	3 ♊ 21 59	7 15 22	2 26 52	12 55 34	28 11 32	6 57 40	14 33 56	24 03 04	15 38 49	0 44 34	22 55 41	19 43 32
24 Su	20 43 58	11 ♊ 02 49	18 32 00	9 22 41	3 40 32	13 38 35	28 15 56	6 52 49	14 33 53	24 07 20	15 46 53	0 53 50	23 01 47	19 51 21
25 M	21 48 51	26 03 14	3 ♋ 21 09	11 31 38	4 53 44	14 21 22	28 20 25	6 47 53	14 33 35	24 11 17	15 54 36	1 02 53	23 07 39	19 58 56
26 Tu	22 52 31	10 ♋ 38 24	17 42 25	13 41 11	6 05 33	15 03 01	28 24 03	6 41 57	14 32 09	24 13 58	16 01 06	1 10 47	23 12 20	20 05 22
27 W	23 54 23	24 43 19	1 ♌ 32 31	15 50 38	7 15 22	15 42 53	28 26 13	6 34 26	14 28 56	24 14 48	16 05 43	1 16 56	23 15 15	20 10 01
28 Th	24 54 13	8 ♌ 16 43	14 51 39	17 59 38	8 22 59	16 20 46	28 26 42	6 25 08	14 23 46	24 13 33	16 08 16	1 21 08	23 16 10	20 12 42
29 F	25 52 17	21 20 31	27 42 48	20 08 18	9 28 38	16 56 57	28 25 47	6 14 18	14 16 53	24 10 30	16 09 00	1 23 37	23 15 21	20 13 39
30 Sa	26 49 13	3 ♍ 58 57	10 ♍ 10 48	22 17 05	10 32 57	17 32 02	28 24 04	6 02 36	14 08 56	24 06 16	16 08 33	1 25 01	23 13 26	20 13 31
31 Su	27 45 53	16 17 29	22 21 21	24 26 39	11 36 49	18 06 54	28 22 27	5 50 55	14 00 48	24 01 44	16 07 49	1 26 14	23 11 17	20 13 10

June 1959

LONGITUDE

Day	☉	0 hr ☽	Noon ☽	☿	♀	♂	⚵	⚳	♃	♄	⚷	♅	♆	♇
1 M	28 ♏ 43 16	28 ♍ 22 02	4 ♎ 20 24	26 ♏ 37 44	12 ♑ 41 10	18 ♑ 42 31	28 ♓ 21 53	5 ♉ 40 13	13 ♉ 53 27	23 ♊ 57 52	16 ♌ 07 43	1 ♒ 28 12	23 ♈ 09 53	20 ♒ 13 33
2 Tu	29 42 14	10 ♎ 18 19	16 13 26	28 50 58	13 46 54	19 19 46	28 23 13	5 31 24	13 47 46	23 55 32	16 09 09	1 31 48	23 10 06	20 15 34
3 W	0 ♐ 43 24	22 11 28	28 05 10	1 ♐ 06 44	14 54 36	19 59 16	28 27 08	5 25 05	13 44 22	23 55 23	16 12 46	1 37 41	23 12 33	20 19 51
4 Th	1 47 05	4 ♏ 05 11	9 ♏ 59 20	3 25 03	16 04 37	20 41 21	28 33 53	5 21 36	13 43 36	23 57 43	16 18 50	1 46 08	23 17 33	20 26 41
5 F	2 53 12	16 02 47	21 58 31	5 45 33	17 16 49	21 25 53	28 43 25	5 20 52	13 45 20	24 02 26	16 27 17	1 57 04	23 25 02	20 35 59
6 Sa	4 01 17	28 06 03	4 ♐ 04 19	8 07 30	18 30 44	22 12 26	28 55 14	5 22 24	13 49 08	24 09 05	16 37 39	2 10 01	23 34 30	20 47 17
7 Su	5 10 29	10 ♐ 15 56	16 17 28	10 29 49	19 45 33	23 00 09	29 08 31	5 25 26	13 54 11	24 16 51	16 49 06	2 24 09	23 45 08	20 59 46
8 M	6 19 50	22 32 48	28 38 13	12 51 14	21 00 14	23 48 04	29 22 16	5 28 56	13 59 29	24 24 43	17 00 39	2 38 29	23 55 57	21 12 25
9 Tu	7 28 15	4 ♑ 56 48	11 ♑ 06 42	15 10 29	22 13 44	24 35 05	29 35 25	5 31 52	14 03 58	24 31 38	17 11 13	2 51 57	24 05 52	21 24 12
10 W	8 34 49	17 28 16	23 43 22	17 26 25	23 25 06	25 20 18	29 47 03	5 33 18	14 06 43	24 36 41	17 19 53	3 03 36	24 13 59	21 34 10
11 Th	9 38 54	0 ♒ 08 06	6 ♒ 29 18	19 38 15	24 33 43	26 03 05	29 56 31	5 32 38	14 07 08	24 39 14	17 26 03	3 12 51	24 19 40	21 41 42
12 F	10 40 21	12 58 03	19 26 29	21 45 40	25 39 24	26 43 16	0 ♈ 03 41	5 29 42	14 05 01	24 39 08	17 29 31	3 19 30	24 22 44	21 46 39
13 Sa	11 39 28	26 00 47	2 ♓ 37 44	23 48 49	26 42 27	27 21 11	0 08 49	5 24 48	14 00 43	24 36 41	17 30 37	3 23 53	24 23 31	21 49 18
14 Su	12 37 02	9 ♓ 19 40	16 06 23	25 48 24	27 43 39	27 57 34	0 12 43	5 18 44	13 55 00	24 32 40	17 30 06	3 26 45	24 22 48	21 50 26
15 M	13 34 09	22 58 13	29 55 43	27 45 26	28 44 03	28 33 33	0 16 28	5 12 36	13 48 58	24 28 12	17 29 07	3 29 14	24 21 40	21 51 10
16 Tu	14 32 01	6 ♈ 59 21	14 ♈ 07 58	29 41 02	29 44 53	29 10 19	0 21 16	5 07 36	13 43 51	24 24 28	17 28 49	3 32 31	24 21 19	21 52 41
17 W	15 31 42	21 24 22	28 43 24	1 ♑ 36 14	0 ♒ 47 12	29 48 58	0 28 12	5 04 49	13 40 41	24 22 34	17 30 19	3 37 40	24 22 51	21 56 05
18 Th	16 33 53	6 ♉ 11 51	13 ♉ 39 12	3 31 39	1 51 38	0 ♒ 30 07	0 37 55	5 04 54	13 40 09	24 23 08	17 34 15	3 45 21	24 26 54	22 01 60
19 F	17 38 39	21 17 00	28 49 11	5 27 21	2 58 17	1 13 55	0 50 31	5 07 57	13 42 22	24 26 17	17 40 44	3 55 41	24 33 35	22 10 32
20 Sa	18 45 29	6 ♊ 31 41	14 ♊ 04 03	7 22 50	4 06 37	1 59 49	1 05 29	5 13 29	13 46 49	24 31 31	17 49 15	4 08 08	24 42 22	22 21 12
21 Su	19 53 25	21 45 20	29 12 53	9 17 03	5 15 39	2 46 51	1 21 48	5 20 29	13 52 30	24 37 50	17 58 48	4 21 42	24 52 17	22 32 59
22 M	21 01 12	6 ♋ 46 50	14 ♋ 05 03	11 08 46	6 24 07	3 33 45	1 38 14	5 27 42	13 58 11	24 43 59	18 08 09	4 35 10	25 02 05	22 44 38
23 Tu	22 07 39	21 26 30	28 32 06	12 56 48	7 30 50	4 19 22	1 53 37	5 33 59	14 02 41	24 48 49	18 16 08	4 47 21	25 10 36	22 55 00
24 W	23 11 57	5 ♌ 37 44	12 ♌ 29 04	14 40 18	8 34 56	5 02 51	2 07 07	5 38 30	14 05 11	24 51 29	18 21 54	4 57 24	25 16 59	23 03 14
25 Th	24 13 44	19 17 42	25 54 40	16 18 54	9 36 05	5 43 52	2 18 21	5 40 52	14 05 21	24 51 39	18 25 06	5 04 58	25 20 53	23 08 59
26 F	25 13 14	2 ♍ 27 08	8 ♍ 50 56	17 52 50	10 34 28	6 22 37	2 27 34	5 41 20	14 03 22	24 49 31	18 25 58	5 10 17	25 22 32	23 12 28
27 Sa	26 11 07	15 09 33	21 22 15	19 22 43	11 30 45	6 59 46	2 35 24	5 40 34	13 59 55	24 45 46	18 25 09	5 14 01	25 22 35	23 14 22
28 Su	27 08 22	27 30 22	3 ♎ 34 30	20 49 32	12 25 54	7 36 20	2 42 51	5 39 32	13 56 01	24 41 23	18 23 39	5 17 09	25 22 02	23 15 39
29 M	28 06 06	9 ♎ 35 52	15 34 06	22 14 22	13 21 01	8 13 24	2 51 02	5 39 21	13 52 45	24 37 29	18 22 35	5 20 47	25 21 60	23 17 26
30 Tu	29 05 21	21 32 26	27 27 24	23 38 13	14 17 06	8 52 01	3 00 58	5 41 04	13 51 10	24 35 07	18 22 59	5 25 58	25 23 30	23 20 46

Notes

LONGITUDE July 1959

Day	☉	0 hr ☽	Noon ☽	☿	♀	♂	⚵	⚳	♃	♄	⚷	♅	♆	♇
1 W	0 ♑ 06 54	3 ♏ 25 60	9 ♏ 20 06	25 ♑ 01 50	15 ♒ 14 57	9 ♒ 32 57	3 ♈ 13 27	5 ♉ 45 28	13 ♉ 52 03	24 ♊ 35 03	18 ♌ 25 38	5 ♒ 33 28	25 ♈ 27 21	23 ♒ 26 25
2 Th	1 11 10	15 21 35	21 16 52	26 25 35	16 14 55	10 16 38	3 28 52	5 52 56	13 55 48	24 37 42	18 30 56	5 43 43	25 33 55	23 34 48
3 F	2 18 05	27 23 04	3 ♐ 21 08	27 49 21	17 16 57	11 03 00	3 47 11	6 03 26	14 02 23	24 43 02	18 38 51	5 56 39	25 43 11	23 45 51
4 Sa	3 27 11	9 ♐ 32 58	15 35 03	29 12 37	18 20 33	11 51 35	4 07 53	6 16 29	14 11 19	24 50 34	18 48 53	6 11 47	25 54 40	23 59 07
5 Su	4 37 35	21 52 39	27 59 31	0 ♒ 34 25	19 24 50	12 41 29	4 30 08	6 31 12	14 21 44	24 59 24	19 00 11	6 28 14	26 07 28	24 13 42
6 M	5 48 11	4 ♑ 22 20	10 ♑ 34 24	1 53 36	20 28 38	13 31 38	4 52 48	6 46 29	14 32 32	25 08 28	19 11 38	6 44 55	26 20 31	24 28 31
7 Tu	6 57 50	17 01 35	23 19 03	3 08 54	21 30 47	14 20 50	5 14 44	7 01 10	14 42 32	25 16 36	19 22 04	7 00 40	26 32 37	24 42 23
8 W	8 05 29	29 49 41	6 ♒ 12 38	4 19 12	22 30 15	15 08 05	5 34 54	7 14 13	14 50 44	25 22 46	19 30 28	7 14 27	26 42 47	24 54 17
9 Th	9 10 29	12 ♒ 46 08	19 14 42	5 23 45	23 26 18	15 52 42	5 52 36	7 24 59	14 56 27	25 26 18	19 36 10	7 25 36	26 50 18	25 03 33
10 F	10 12 37	25 51 04	2 ♓ 25 32	6 22 11	24 18 43	16 34 28	6 07 39	7 33 13	14 59 28	25 26 60	19 38 57	7 33 53	26 54 59	25 09 57
11 Sa	11 12 10	9 ♓ 05 29	15 46 22	7 14 44	25 07 46	17 13 42	6 20 20	7 39 14	15 00 06	25 25 09	19 39 08	7 39 38	26 57 08	25 13 49
12 Su	12 09 57	22 31 15	29 19 10	8 02 02	25 54 12	17 51 11	6 31 27	7 43 49	14 59 09	25 21 34	19 37 29	7 43 38	26 57 33	25 15 56
13 M	13 07 04	6 ♈ 10 46	13 ♈ 06 20	8 45 06	26 39 07	18 28 03	6 42 06	7 48 07	14 57 44	25 17 22	19 35 09	7 46 59	26 57 20	25 17 24
14 Tu	14 04 47	20 06 22	27 09 51	9 25 01	27 23 43	19 05 31	6 53 33	7 53 19	14 57 04	25 13 48	19 33 21	7 50 58	26 57 45	25 19 29
15 W	15 04 11	4 ♉ 19 25	11 ♉ 30 29	10 02 44	28 09 03	19 44 42	7 06 52	8 00 32	14 58 16	25 11 56	19 33 12	7 56 37	26 59 52	25 23 15
16 Th	16 05 56	18 49 29	26 06 51	10 38 46	28 55 47	20 26 16	7 22 44	8 10 28	15 02 01	25 12 30	19 35 22	8 04 40	27 04 23	25 29 25
17 F	17 10 13	3 ♊ 33 36	10 ♊ 54 54	11 13 09	29 44 01	21 10 23	7 41 18	8 23 13	15 08 28	25 15 36	19 40 01	8 15 14	27 11 26	25 38 07
18 Sa	18 16 33	18 26 03	25 47 55	11 45 15	0 ♓ 33 15	21 56 35	8 02 06	8 38 21	15 17 09	25 20 49	19 46 41	8 27 53	27 20 35	25 48 52
19 Su	19 24 01	3 ♋ 18 52	10 ♋ 37 26	12 14 01	1 22 31	22 43 56	8 24 13	8 54 56	15 27 09	25 27 12	19 54 27	8 41 41	27 30 54	26 00 47
20 M	20 31 27	18 03 04	25 14 31	12 38 07	2 10 36	23 31 16	8 46 28	9 11 48	15 37 17	25 33 36	20 02 08	8 55 27	27 41 12	26 12 40
21 Tu	21 37 43	2 ♌ 30 11	9 ♌ 31 25	12 56 18	2 56 20	24 17 27	9 07 43	9 27 47	15 46 26	25 38 53	20 08 37	9 08 04	27 50 22	26 23 24
22 W	22 41 58	16 33 45	23 22 51	13 07 37	3 38 49	25 01 39	9 27 06	9 42 03	15 53 44	25 42 10	20 13 01	9 18 39	27 57 32	26 32 07
23 Th	23 43 48	0 ♍ 10 09	6 ♍ 46 31	13 11 34	4 17 37	25 43 26	9 44 14	9 54 11	15 58 47	25 43 06	20 14 59	9 26 50	28 02 18	26 38 25
24 F	24 43 19	13 18 53	19 43 06	13 08 12	4 52 46	26 22 56	9 59 12	10 04 18	16 01 40	25 41 45	20 14 34	9 32 41	28 04 46	26 42 24
25 Sa	25 41 03	26 02 11	2 ♎ 15 46	12 58 04	5 24 46	27 00 39	10 12 32	10 12 54	16 02 57	25 38 39	20 12 20	9 36 45	28 05 28	26 44 36
26 Su	26 37 51	8 ♎ 24 18	14 29 24	12 42 03	5 54 24	27 37 28	10 25 05	10 20 51	16 03 28	25 34 41	20 09 07	9 39 54	28 05 15	26 45 53
27 M	27 34 43	20 30 45	26 29 54	12 21 13	6 22 37	28 14 21	10 37 50	10 29 08	16 04 13	25 30 48	20 05 55	9 43 05	28 05 07	26 47 12
28 Tu	28 32 35	2 ♏ 27 36	8 ♏ 23 26	11 56 43	6 50 19	28 52 15	10 51 44	10 38 41	16 06 07	25 27 59	20 03 41	9 47 17	28 06 00	26 49 32
29 W	29 32 14	14 20 52	20 15 58	11 29 32	7 18 12	29 31 57	11 07 32	10 50 16	16 09 58	25 26 59	20 03 11	9 53 14	28 08 41	26 53 38
30 Th	0 ♒ 34 04	26 16 05	2 ♐ 12 49	11 00 27	7 46 39	0 ♓ 13 51	11 25 41	11 04 19	16 16 10	25 28 14	20 04 50	10 01 23	28 13 34	26 59 56
31 F	1 38 09	8 ♐ 17 51	14 18 15	10 29 54	8 15 38	0 58 01	11 46 12	11 20 52	16 24 47	25 31 47	20 08 42	10 11 46	28 20 43	27 08 28

LONGITUDE August 1959

Day	☉	0 hr ☽	Noon ☽	☿	♀	♂	⚵	⚳	♃	♄	⚷	♅	♆	♇
1 Sa	2 ♒ 44 07	20 ♐ 29 41	26 ♐ 35 23	9 ♒ 58 04	8 ♓ 44 46	1 ♓ 44 05	12 ♈ 08 45	11 ♉ 39 34	16 ♉ 35 27	25 ♊ 37 16	20 ♌ 14 24	10 ♒ 24 01	28 ♈ 29 46	27 ♒ 18 53
2 Su	3 51 18	2 ♑ 53 54	9 ♑ 05 59	9 24 50	9 13 16	2 31 22	12 32 37	11 59 42	16 47 28	25 43 60	20 21 16	10 37 28	28 40 02	27 30 30
3 M	4 58 44	15 31 31	21 50 35	8 49 59	9 40 10	3 18 57	12 56 53	12 20 22	16 59 55	25 51 04	20 28 22	10 51 11	28 50 36	27 42 23
4 Tu	6 05 29	28 22 30	4 ♒ 48 40	8 13 16	10 04 26	4 05 51	13 20 35	12 40 34	17 11 50	25 57 30	20 34 45	11 04 11	29 00 28	27 53 34
5 W	7 10 41	11 ♒ 25 59	17 58 56	7 34 39	10 25 08	4 51 12	13 42 51	12 59 27	17 22 21	26 02 26	20 39 31	11 15 37	29 08 48	28 03 11
6 Th	8 13 43	24 40 39	1 ♓ 19 52	6 54 23	10 41 39	5 34 25	14 03 05	13 16 25	17 30 52	26 05 16	20 42 07	11 24 53	29 14 60	28 10 38
7 F	9 14 25	8 ♓ 05 11	14 50 03	6 13 09	10 53 41	6 15 18	14 21 05	13 31 17	17 37 12	26 05 49	20 42 20	11 31 48	29 18 52	28 15 45
8 Sa	10 12 59	21 38 35	28 28 33	5 32 01	11 01 27	6 54 05	14 37 05	13 44 15	17 41 35	26 04 19	20 40 24	11 36 35	29 20 38	28 18 43
9 Su	11 10 03	5 ♈ 20 27	12 ♈ 15 06	4 52 27	11 05 28	7 31 23	14 51 42	13 55 56	17 44 36	26 01 23	20 36 57	11 39 51	29 20 54	28 20 12
10 M	12 06 31	19 10 52	26 09 52	4 16 08	11 06 37	8 08 05	15 05 49	14 07 14	17 47 10	25 57 55	20 32 51	11 42 28	29 20 35	28 21 03
11 Tu	13 03 19	3 ♉ 10 10	10 ♉ 13 10	3 44 47	11 05 48	8 45 09	15 20 24	14 19 06	17 50 15	25 54 51	20 29 05	11 45 27	29 20 39	28 22 15
12 W	14 01 20	17 18 25	24 24 50	3 19 52	11 03 49	9 23 27	15 36 18	14 32 24	17 54 41	25 53 05	20 26 31	11 49 37	29 21 55	28 24 40
13 Th	15 01 06	1 ♊ 34 47	8 ♊ 43 39	3 02 32	11 01 12	10 03 30	15 54 02	14 47 38	18 01 01	25 53 06	20 25 39	11 55 30	29 24 57	28 28 47
14 F	16 02 43	15 57 14	23 07 02	2 53 22	10 58 02	10 45 26	16 13 44	15 04 57	18 09 21	25 55 04	20 26 38	12 03 15	29 29 52	28 34 47
15 Sa	17 05 53	0 ♋ 22 06	7 ♋ 30 49	2 52 27	10 53 59	11 28 55	16 35 05	15 23 60	18 19 23	25 58 39	20 29 08	12 12 30	29 36 20	28 42 18
16 Su	18 09 56	14 44 30	21 49 44	2 59 27	10 48 25	12 13 19	16 57 25	15 44 08	18 30 27	26 03 11	20 32 30	12 22 38	29 43 42	28 50 42
17 M	19 14 03	28 58 46	5 ♌ 58 07	3 13 45	10 40 30	12 57 47	17 19 54	16 04 31	18 41 42	26 07 51	20 35 55	12 32 48	29 51 09	28 59 09
18 Tu	20 17 24	12 ♌ 59 22	19 50 43	3 34 40	10 29 28	13 41 30	17 41 43	16 24 20	18 52 21	26 11 50	20 38 33	12 42 11	29 57 51	29 06 49
19 W	21 19 23	26 41 45	3 ♍ 23 37	4 01 40	10 14 43	14 23 51	18 02 14	16 42 57	19 01 45	26 14 30	20 39 47	12 50 10	0 ♉ 03 10	29 13 06
20 Th	22 19 41	10 ♍ 03 00	16 34 43	4 34 26	9 56 01	15 04 31	18 21 09	17 00 02	19 09 35	26 15 33	20 39 18	12 56 25	0 06 48	29 17 40
21 F	23 18 16	23 02 12	29 23 55	5 12 54	9 33 25	15 43 30	18 38 27	17 15 36	19 15 51	26 14 57	20 37 06	13 00 57	0 08 45	29 20 31
22 Sa	24 15 29	5 ♎ 40 23	11 ♎ 53 02	5 57 16	9 07 21	16 21 06	18 54 26	17 29 58	19 20 52	26 13 03	20 33 29	13 04 04	0 09 19	29 21 58
23 Su	25 11 50	18 00 15	24 05 24	6 47 53	8 38 27	16 57 52	19 09 38	17 43 37	19 25 09	26 10 21	20 29 00	13 06 17	0 09 01	29 22 31
24 M	26 07 58	0 ♏ 05 51	6 ♏ 05 31	7 45 10	8 07 29	17 34 25	19 24 42	17 57 14	19 29 20	26 07 30	20 24 17	13 08 15	0 08 31	29 22 51
25 Tu	27 04 31	12 01 59	17 58 28	8 49 30	7 35 15	18 11 24	19 40 15	18 11 24	19 34 04	26 05 08	20 19 57	13 10 36	0 08 25	29 23 33
26 W	28 02 01	23 53 53	29 49 39	10 01 05	7 02 26	18 49 19	19 56 49	18 26 41	19 39 51	26 03 47	20 16 33	13 13 51	0 09 16	29 25 11
27 Th	29 00 47	5 ♐ 46 49	11 ♐ 44 17	11 19 52	6 29 33	19 28 31	20 14 43	18 43 22	19 47 01	26 03 45	20 14 24	13 18 19	0 11 23	29 28 03
28 F	0 ♓ 00 54	17 45 41	23 47 13	12 45 34	5 56 52	20 09 05	20 34 01	19 01 33	19 55 39	26 05 09	20 13 35	13 24 07	0 14 52	29 32 14
29 Sa	1 02 13	29 54 53	6 ♑ 02 29	14 17 35	5 24 27	20 50 51	20 54 36	19 21 05	20 05 36	26 07 48	20 13 56	13 31 03	0 19 31	29 37 36
30 Su	2 04 21	12 ♑ 17 54	18 33 13	15 55 04	4 52 08	21 33 26	21 16 03	19 41 35	20 16 29	26 11 20	20 15 06	13 38 46	0 24 60	29 43 44
31 M	3 06 47	24 57 15	1 ♒ 21 24	17 37 03	4 19 39	22 16 20	21 37 51	20 02 30	20 27 46	26 15 15	20 16 33	13 46 45	0 30 46	29 50 09

Notes

September 1959 — LONGITUDE

Day	☉	0 hr ☽	Noon ☽	☿	♀	♂	⚵	⚳	♃	♄	⚷	♅	♆	♇
1 Tu	4 ♓ 08 58	7 ♒ 54 17	14 ♒ 27 43	19 ♒ 22 28	3 ♓ 46 39	22 ♓ 58 58	21 ♈ 59 28	20 ♉ 23 19	20 ♉ 38 55	26 ♊ 18 58	20 ♌ 17 43	13 ♒ 54 25	0 ♉ 36 17	29 ♒ 56 17
2 W	5 10 23	21 09 06	27 51 38	21 10 20	3 12 54	23 40 53	22 20 23	20 43 31	20 49 25	26 21 60	20 18 08	14 01 18	0 41 02	0 ♓ 01 37
3 Th	6 10 43	4 ♓ 40 38	11 ♓ 31 25	22 59 51	2 38 17	24 21 42	22 40 16	21 02 44	20 58 56	26 24 00	20 17 26	14 07 02	0 44 42	0 05 50
4 F	7 09 50	18 26 48	25 24 30	24 50 24	2 02 55	25 01 18	22 58 59	21 20 53	21 07 20	26 24 52	20 15 32	14 11 30	0 47 08	0 08 48
5 Sa	8 07 51	2 ♈ 24 51	9 ♈ 27 47	26 41 39	1 27 08	25 39 49	23 16 39	21 38 04	21 14 45	26 24 42	20 12 30	14 14 50	0 48 29	0 10 39
6 Su	9 05 05	16 31 41	23 38 04	28 33 33	0 51 29	26 17 34	23 33 36	21 54 35	21 21 29	26 23 49	20 08 42	14 17 21	0 49 02	0 11 41
7 M	10 01 59	0 ♉ 44 11	7 ♉ 52 17	0 ♓ 26 08	0 16 37	26 55 00	23 50 16	22 10 54	21 27 60	26 22 41	20 04 34	14 19 29	0 49 16	0 12 21
8 Tu	10 59 02	14 59 26	22 07 43	2 19 33	29 ♒ 43 13	27 32 36	24 07 08	22 27 29	21 34 46	26 21 47	20 00 35	14 21 43	0 49 38	0 13 09
9 W	11 56 38	29 14 52	6 ♊ 21 58	4 13 53	29 11 51	28 10 44	24 24 35	22 44 44	21 42 10	26 21 29	19 57 09	14 24 27	0 50 33	0 14 27
10 Th	12 55 00	13 ♊ 28 07	20 32 53	6 09 07	28 42 56	28 49 40	24 42 52	23 02 52	21 50 27	26 22 02	19 54 29	14 27 55	0 52 15	0 16 30
11 F	13 54 11	27 36 56	4 ♋ 38 19	8 05 03	28 16 38	29 29 24	25 01 60	23 21 56	21 59 38	26 23 28	19 52 38	14 32 08	0 54 44	0 19 19
12 Sa	14 54 00	11 ♋ 39 07	18 36 09	10 01 19	27 52 56	0 ♈ 09 48	25 21 49	23 41 45	22 09 34	26 25 37	19 51 26	14 36 57	0 57 52	0 22 45
13 Su	15 54 11	25 32 28	2 ♌ 24 12	11 57 29	27 31 40	0 50 34	25 42 03	24 02 02	22 19 57	26 28 12	19 50 36	14 42 04	1 01 22	0 26 31
14 M	16 54 25	9 ♌ 14 46	16 00 21	13 53 05	27 12 36	1 31 24	26 02 21	24 22 27	22 30 27	26 30 54	19 49 49	14 47 12	1 04 53	0 30 18
15 Tu	17 54 23	22 44 06	29 22 47	15 47 43	26 55 32	2 11 58	26 22 26	24 42 43	22 40 48	26 33 24	19 48 46	14 51 60	1 08 09	0 33 46
16 W	18 53 53	5 ♍ 58 51	12 ♍ 30 08	17 41 05	26 40 18	2 52 05	26 42 05	25 02 38	22 50 46	26 35 30	19 47 16	14 56 17	1 10 56	0 36 45
17 Th	19 52 51	18 58 05	25 21 45	19 33 03	26 26 54	3 31 40	27 01 14	25 22 05	23 00 16	26 37 09	19 45 14	14 59 59	1 13 11	0 39 09
18 F	20 51 19	1 ♎ 41 35	7 ♎ 57 49	21 23 36	26 15 23	4 10 45	27 19 55	25 41 09	23 09 22	26 38 21	19 42 43	15 03 08	1 14 55	0 41 01
19 Sa	21 49 25	14 10 03	20 19 26	23 12 49	26 05 54	4 49 29	27 38 15	25 59 55	23 18 10	26 39 15	19 39 49	15 05 50	1 16 16	0 42 28
20 Su	22 47 20	26 25 03	2 ♏ 28 35	25 00 51	25 58 39	5 28 02	27 56 26	26 18 35	23 26 51	26 40 01	19 36 44	15 08 18	1 17 24	0 43 40
21 M	23 45 14	8 ♏ 28 57	14 28 02	26 47 53	25 53 47	6 06 34	28 14 37	26 37 19	23 35 36	26 40 50	19 33 39	15 10 41	1 18 31	0 44 50
22 Tu	24 43 17	20 24 54	26 21 16	28 34 03	25 51 26	6 45 16	28 32 59	26 56 17	23 44 34	26 41 51	19 30 43	15 13 09	1 19 46	0 46 06
23 W	25 41 34	2 ♐ 16 36	8 ♐ 12 17	0 ♈ 19 27	25 51 40	7 24 12	28 51 36	27 15 33	23 53 50	26 43 11	19 28 02	15 15 47	1 21 14	0 47 33
24 Th	26 40 07	14 08 14	20 05 27	2 04 06	25 54 30	8 03 24	29 10 29	27 35 10	24 03 26	26 44 49	19 25 36	15 18 37	1 22 57	0 49 13
25 F	27 38 52	26 04 15	2 ♑ 05 18	3 47 57	25 59 48	8 42 49	29 29 37	27 55 04	24 13 18	26 46 44	19 23 24	15 21 36	1 24 51	0 51 02
26 Sa	28 37 46	8 ♑ 09 12	14 16 23	5 30 57	26 07 28	9 22 22	29 48 53	28 15 10	24 23 23	26 48 50	19 21 19	15 24 38	1 26 51	0 52 57
27 Su	29 36 41	20 27 30	26 42 55	7 13 01	26 17 20	10 01 57	0 ♉ 08 13	28 35 23	24 33 32	26 51 01	19 19 18	15 27 38	1 28 53	0 54 50
28 M	0 ♈ 35 34	3 ♒ 03 09	9 ♒ 28 35	8 54 04	26 29 17	10 41 30	0 27 30	28 55 36	24 43 43	26 53 13	19 17 14	15 30 32	1 30 50	0 56 38
29 Tu	1 34 22	15 59 24	22 36 04	10 34 06	26 43 12	11 20 59	0 46 44	29 15 50	24 53 53	26 55 24	19 15 06	15 33 16	1 32 42	0 58 18
30 W	2 33 09	29 18 22	6 ♓ 06 42	12 13 10	26 59 06	12 00 26	1 05 57	29 36 05	25 04 05	26 57 36	19 12 57	15 35 54	1 34 31	0 59 54

October 1959 — LONGITUDE

Day	☉	0 hr ☽	Noon ☽	☿	♀	♂	⚵	⚳	♃	♄	⚷	♅	♆	♇
1 Th	3 ♈ 31 58	13 ♓ 00 33	20 ♓ 00 03	13 ♈ 51 22	27 ♒ 16 58	12 ♈ 39 56	1 ♉ 25 13	29 ♉ 56 27	25 ♉ 14 23	26 ♊ 59 55	19 ♌ 10 52	15 ♒ 38 32	1 ♉ 36 21	1 ♓ 01 29
2 F	4 30 58	27 04 35	4 ♈ 13 45	15 28 52	27 36 54	13 19 38	1 44 41	0 ♊ 17 04	25 24 55	27 02 27	19 08 58	15 41 15	1 38 21	1 03 12
3 Sa	5 30 15	11 ♈ 27 05	18 43 28	17 05 46	27 58 55	13 59 37	2 04 26	0 38 02	25 35 48	27 05 20	19 07 22	15 44 11	1 40 37	1 05 09
4 Su	6 29 53	26 02 50	3 ♉ 23 20	18 42 09	28 23 02	14 39 57	2 24 32	0 59 23	25 47 04	27 08 37	19 06 08	15 47 23	1 43 11	1 07 23
5 M	7 29 48	10 ♉ 45 23	18 06 35	20 17 59	28 49 08	15 20 35	2 44 57	1 21 06	25 58 42	27 12 15	19 05 12	15 50 49	1 46 03	1 09 52
6 Tu	8 29 53	25 27 50	2 ♊ 46 32	21 53 10	29 17 02	16 01 23	3 05 32	1 43 02	26 10 32	27 16 07	19 04 28	15 54 21	1 49 03	1 12 29
7 W	9 29 56	10 ♊ 03 43	17 20 23	23 27 29	29 46 28	16 42 10	3 26 06	2 05 00	26 22 24	27 19 60	19 03 43	15 57 46	1 51 60	1 14 60
8 Th	10 29 43	24 28 06	1 ♋ 34 36	25 00 44	0 ♓ 17 10	17 22 42	3 46 24	2 26 46	26 34 03	27 23 40	19 02 44	16 00 52	1 54 40	1 17 13
9 F	11 29 04	8 ♋ 37 14	15 35 39	26 32 45	0 48 54	18 02 49	4 06 17	2 48 08	26 45 19	27 26 58	19 01 20	16 03 27	1 56 52	1 18 56
10 Sa	12 27 54	22 29 24	29 19 23	28 03 28	1 21 32	18 42 25	4 25 39	3 09 04	26 56 07	27 29 49	18 59 27	16 05 27	1 58 33	1 20 06
11 Su	13 26 17	6 ♌ 04 16	12 ♌ 46 00	29 32 58	1 55 05	19 21 35	4 44 35	3 29 35	27 06 32	27 32 16	18 57 09	16 06 56	1 59 46	1 20 47
12 M	14 24 26	19 22 35	25 56 32	1 ♉ 01 25	2 29 43	20 00 32	5 03 17	3 49 55	27 16 44	27 34 32	18 54 37	16 08 06	2 00 44	1 21 10
13 Tu	15 22 38	2 ♍ 25 40	8 ♍ 52 29	2 29 09	3 05 41	20 39 32	5 22 02	4 10 22	27 27 03	27 36 54	18 52 11	16 09 16	2 01 43	1 21 33
14 W	16 21 14	15 15 10	21 35 30	3 56 29	3 43 15	21 18 56	5 41 10	4 31 14	27 37 47	27 39 43	18 50 10	16 10 44	2 03 04	1 22 17
15 Th	17 20 32	27 52 41	4 ♎ 07 08	5 23 44	4 22 43	21 59 04	6 01 02	4 52 52	27 49 17	27 43 18	18 48 53	16 12 51	2 05 07	1 23 40
16 F	18 20 47	10 ♎ 19 40	16 28 52	6 51 07	5 04 16	22 40 09	6 21 49	5 15 29	28 01 46	27 47 52	18 48 34	16 15 49	2 08 05	1 25 57
17 Sa	19 22 05	22 37 27	28 42 01	8 18 42	5 47 57	23 22 16	6 43 39	5 39 10	28 15 19	27 53 31	18 49 19	16 19 45	2 12 04	1 29 13
18 Su	20 24 21	4 ♏ 47 16	10 ♏ 47 56	9 46 25	6 33 40	24 05 23	7 06 27	6 03 53	28 29 53	28 00 12	18 51 04	16 24 36	2 16 59	1 33 24
19 M	21 27 22	16 50 26	22 48 08	11 14 01	7 21 09	24 49 16	7 29 59	6 29 22	28 45 13	28 07 40	18 53 35	16 30 06	2 22 38	1 38 17
20 Tu	22 30 46	28 48 32	4 ♐ 44 24	12 41 04	8 09 59	25 33 32	7 53 54	6 55 17	29 00 59	28 15 34	18 56 31	16 35 54	2 28 38	1 43 29
21 W	23 34 06	10 ♐ 43 32	16 38 58	14 07 08	8 59 42	26 17 45	8 17 45	7 21 10	29 16 42	28 23 27	18 59 25	16 41 34	2 34 33	1 48 34
22 Th	24 36 56	22 37 57	28 34 39	15 31 39	9 49 48	27 01 27	8 41 04	7 46 34	29 31 56	28 30 51	19 01 49	16 46 38	2 39 55	1 53 05
23 F	25 38 51	4 ♑ 34 56	10 ♑ 34 54	16 54 14	10 39 52	27 44 16	9 03 28	8 11 05	29 46 18	28 37 24	19 03 20	16 50 43	2 44 20	1 56 38
24 Sa	26 39 38	16 38 20	22 43 44	18 14 33	11 29 38	28 25 57	9 24 43	8 34 30	29 59 33	28 42 50	19 03 45	16 53 35	2 47 36	1 58 59
25 Su	27 39 17	28 52 33	5 ♒ 05 40	19 32 30	12 19 03	29 06 30	9 44 48	8 56 48	0 ♊ 11 40	28 47 10	19 03 02	16 55 12	2 49 41	2 00 08
26 M	28 37 60	11 ♒ 22 22	17 45 27	20 48 15	13 08 19	29 46 08	10 03 57	9 18 12	0 22 53	28 50 37	19 01 26	16 55 49	2 50 48	2 00 18
27 Tu	29 36 15	24 12 38	0 ♓ 47 36	22 02 07	13 57 51	0 ♉ 25 18	10 22 37	9 39 10	0 33 40	28 53 38	18 59 23	16 55 53	2 51 25	1 59 55
28 W	0 ♉ 34 39	7 ♓ 27 33	14 15 46	23 14 37	14 48 15	1 04 38	10 41 25	10 00 17	0 44 36	28 56 49	18 57 30	16 56 00	2 52 09	1 59 38
29 Th	1 33 50	21 10 06	28 11 60	24 26 14	15 40 07	1 44 46	11 00 59	10 22 14	0 56 20	29 00 50	18 56 26	16 56 50	2 53 38	2 00 05
30 F	2 34 22	5 ♈ 21 04	12 ♈ 35 48	25 37 22	16 34 01	2 26 15	11 21 53	10 45 33	1 09 28	29 06 15	18 56 46	16 58 56	2 56 27	2 01 50
31 Sa	3 36 36	19 58 22	27 23 36	26 48 11	17 30 12	3 09 26	11 44 27	11 10 35	1 24 16	29 13 22	18 58 47	17 02 37	3 00 53	2 05 11

Notes

LONGITUDE — November 1959

Day	☉	0 hr ☽	Noon ☽	☿	♀	♂	⚵	⚳	♃	♄	⚷	♅	♆	♇
1 Su	4 ♉ 40 28	4 ♉ 56 34	12 ♉ 28 33	27 ♉ 58 24	18 ♓ 28 40	3 ♉ 54 17	12 ♉ 08 38	11 ♊ 37 16	1 ♊ 40 45	29 ♊ 22 11	19 ♌ 02 30	17 ♒ 07 52	3 ♉ 06 58	2 ♓ 10 08
2 M	5 45 35	20 07 14	27 41 15	29 07 25	19 28 57	4 40 23	12 34 04	12 05 15	1 58 30	29 32 17	19 07 30	17 14 18	3 14 15	2 16 17
3 Tu	6 51 16	5 ♊ 19 60	12 ♊ 51 07	0 ♊ 14 14	20 30 23	5 27 05	13 00 02	12 33 48	2 16 49	29 42 58	19 13 05	17 21 12	3 22 04	2 22 56
4 W	7 56 39	20 24 20	27 48 11	1 17 42	21 32 04	6 13 30	13 25 42	13 02 05	2 34 53	29 53 25	19 18 25	17 27 44	3 29 34	2 29 14
5 Th	9 00 60	5 ♋ 11 18	12 ♋ 24 45	2 16 42	22 33 13	6 58 52	13 50 18	13 29 21	2 51 54	0 ♋ 02 50	19 22 44	17 33 08	3 35 59	2 34 26
6 F	10 03 46	19 34 51	26 36 13	3 10 18	23 33 20	7 42 42	14 13 19	13 55 04	3 07 22	0 10 44	19 25 32	17 36 54	3 40 49	2 38 01
7 Sa	11 04 51	3 ♌ 32 15	10 ♌ 21 16	3 57 56	24 32 15	8 24 52	14 34 37	14 19 07	3 21 10	0 16 59	19 26 40	17 38 53	3 43 55	2 39 51
8 Su	12 04 31	17 03 46	23 41 12	4 39 22	25 30 13	9 05 37	14 54 29	14 41 46	3 33 34	0 21 51	19 26 26	17 39 23	3 45 35	2 40 14
9 M	13 03 24	0 ♍ 11 57	6 ♍ 39 11	5 14 40	26 27 53	9 45 37	15 13 32	15 03 39	3 45 11	0 25 57	19 25 27	17 39 00	3 46 26	2 39 45
10 Tu	14 02 19	13 00 35	19 19 20	5 44 03	27 26 01	10 25 40	15 32 36	15 25 35	3 56 51	0 30 08	19 24 32	17 38 35	3 47 17	2 39 16
11 W	15 02 09	25 33 59	1 ♎ 45 56	6 07 45	28 25 30	11 06 38	15 52 34	15 48 27	4 09 26	0 35 16	19 24 35	17 39 01	3 49 01	2 39 38
12 Th	16 03 39	7 ♎ 56 14	14 02 56	6 25 48	29 27 05	11 49 18	16 14 10	16 13 01	4 23 42	0 42 05	19 26 19	17 41 01	3 52 23	2 41 38
13 F	17 07 20	20 10 49	26 13 33	6 38 01	0 ♈ 31 16	12 34 10	16 37 57	16 39 46	4 40 10	0 51 08	19 30 18	17 45 08	3 57 55	2 45 45
14 Sa	18 13 24	2 ♏ 20 23	8 ♏ 20 12	6 43 55	1 38 14	13 21 27	17 04 05	17 08 55	4 59 01	1 02 35	19 36 42	17 51 33	4 05 48	2 52 12
15 Su	19 21 41	14 26 46	20 24 31	6 42 38	2 47 47	14 10 58	17 32 24	17 40 18	5 20 05	1 16 17	19 45 20	18 00 07	4 15 51	3 00 49
16 M	20 31 41	26 31 03	2 ♐ 27 28	6 33 07	3 59 25	15 02 12	18 02 23	18 13 24	5 42 51	1 31 43	19 55 43	18 10 17	4 27 35	3 11 04
17 Tu	21 42 35	8 ♐ 33 56	14 29 45	6 14 12	5 12 20	15 54 22	18 33 16	18 47 25	6 06 33	1 48 05	20 07 04	18 21 18	4 40 12	3 22 12
18 W	22 53 30	20 35 60	26 32 06	5 44 49	6 25 34	16 46 33	19 04 07	19 21 27	6 30 15	2 04 28	20 18 26	18 32 13	4 52 47	3 33 15
19 Th	24 03 26	2 ♑ 38 08	8 ♑ 35 36	5 04 14	7 38 11	17 37 48	19 33 58	19 54 31	6 52 58	2 19 55	20 28 52	18 42 06	5 04 21	3 43 17
20 F	25 11 37	14 41 52	20 42 04	4 12 15	8 49 22	18 27 18	20 02 01	20 25 50	7 13 56	2 33 37	20 37 35	18 50 08	5 14 08	3 51 30
21 Sa	26 17 33	26 49 36	2 ♒ 54 16	3 09 31	9 58 36	19 14 33	20 27 47	20 54 54	7 32 37	2 45 05	20 44 04	18 55 50	5 21 36	3 57 24
22 Su	27 21 06	9 ♒ 04 50	15 15 57	1 57 33	11 05 46	19 59 28	20 51 08	21 21 35	7 48 56	2 54 12	20 48 13	18 59 04	5 26 40	4 00 53
23 M	28 22 37	21 32 00	27 51 48	0 38 47	12 11 11	20 42 21	21 12 25	21 46 15	8 03 13	3 01 18	20 50 22	19 00 11	5 29 40	4 02 15
24 Tu	29 22 50	4 ♓ 16 21	10 ♓ 47 03	29 ♉ 16 28	13 15 35	21 23 58	21 32 23	22 09 38	8 16 11	3 07 07	20 51 15	18 59 55	5 31 19	4 02 17
25 W	0 ♊ 22 48	17 23 16	24 06 53	27 54 22	14 19 60	22 05 21	21 52 02	22 32 45	8 28 53	3 12 41	20 51 54	18 59 19	5 32 41	4 01 59
26 Th	1 23 40	0 ♈ 57 39	7 ♈ 55 31	26 36 22	15 25 34	22 47 39	22 12 33	22 56 45	8 42 29	3 19 10	20 53 29	18 59 31	5 34 54	4 02 32
27 F	2 26 26	15 02 41	22 15 01	25 26 01	16 33 17	23 31 52	22 34 56	23 22 41	8 57 58	3 27 35	20 57 01	19 01 33	5 38 59	4 04 56
28 Sa	3 31 46	29 38 44	7 ♉ 04 10	24 26 09	17 43 49	24 18 40	22 59 50	23 51 10	9 15 60	3 38 34	21 03 08	19 06 04	5 45 35	4 09 49
29 Su	4 39 45	14 ♉ 42 16	22 17 36	23 38 34	18 57 14	25 08 10	23 27 21	24 22 19	9 36 41	3 52 13	21 11 57	19 13 09	5 54 48	4 17 20
30 M	5 49 53	0 ♊ 05 28	7 ♊ 45 51	23 03 54	20 13 02	25 59 49	23 56 59	24 55 36	9 59 29	4 08 02	21 22 57	19 22 19	6 06 08	4 26 55

LONGITUDE — December 1959

Day	☉	0 hr ☽	Noon ☽	☿	♀	♂	⚵	⚳	♃	♄	⚷	♅	♆	♇
1 Tu	7 ♊ 01 08	15 ♊ 36 59	23 ♊ 16 35	22 ♉ 41 43	21 ♈ 30 09	26 ♉ 52 36	24 ♉ 27 40	25 ♊ 30 01	10 ♊ 23 24	4 ♋ 24 58	21 ♌ 35 06	19 ♒ 32 30	6 ♉ 18 33	4 ♓ 37 34
2 W	8 12 11	1 ♋ 03 46	8 ♋ 36 50	22 30 53	22 47 18	27 45 13	24 58 08	26 04 13	10 47 07	4 41 44	21 47 05	19 42 25	6 30 43	4 47 59
3 Th	9 21 48	16 13 33	23 35 29	22 29 55	24 03 13	28 36 27	25 27 08	26 37 01	11 09 23	4 57 05	21 57 41	19 50 50	6 41 26	4 56 54
4 F	10 29 08	0 ♌ 57 08	8 ♌ 05 09	22 37 27	25 17 02	29 25 24	25 53 48	27 07 31	11 29 21	5 10 10	22 06 02	19 56 54	6 49 50	5 03 30
5 Sa	11 33 52	15 09 34	22 02 42	22 52 30	26 28 29	0 ♊ 11 48	26 17 51	27 35 26	11 46 43	5 20 40	22 11 51	20 00 18	6 55 36	5 07 28
6 Su	12 36 21	28 50 07	5 ♍ 28 60	23 14 34	27 37 51	0 55 59	26 39 36	28 01 06	12 01 48	5 28 57	22 15 27	20 01 23	6 59 05	5 09 07
7 M	13 37 24	12 ♍ 01 26	18 27 42	23 43 37	28 45 59	1 38 45	26 59 52	28 25 20	12 15 28	5 35 48	22 17 39	20 00 57	7 01 07	5 09 18
8 Tu	14 38 10	24 48 19	1 ♎ 04 13	24 19 57	29 53 60	2 21 15	27 19 48	28 49 17	12 28 49	5 42 22	22 19 36	20 00 10	7 02 48	5 09 08
9 W	15 39 50	7 ♎ 16 35	13 24 31	25 03 56	1 ♉ 03 07	3 04 43	27 40 38	29 14 09	12 43 04	5 49 53	22 22 31	20 00 15	7 05 24	5 09 52
10 Th	16 43 31	19 32 04	25 34 19	25 55 52	2 14 24	3 50 13	28 03 24	29 41 02	12 59 19	5 59 24	22 27 29	20 02 15	7 09 57	5 12 33
11 F	17 49 57	1 ♏ 39 58	7 ♏ 38 33	26 55 48	3 28 37	4 38 30	28 28 54	0 ♋ 10 39	13 18 18	6 11 42	22 35 14	20 06 57	7 17 14	5 17 56
12 Sa	18 59 27	13 44 28	19 41 01	28 03 23	4 46 03	5 29 53	28 57 25	0 43 21	13 40 19	6 27 04	22 46 06	20 14 40	7 27 33	5 26 21
13 Su	20 11 51	25 48 28	1 ♐ 44 17	29 17 53	6 06 33	6 24 12	29 28 47	1 18 56	14 05 13	6 45 21	22 59 54	20 25 11	7 40 44	5 37 37
14 M	21 26 30	7 ♐ 53 45	13 49 46	0 ♊ 38 10	7 29 27	7 20 48	0 ♊ 02 22	1 56 46	14 32 22	7 05 53	23 15 60	20 37 55	7 56 08	5 51 06
15 Tu	22 42 25	20 01 03	25 57 58	2 02 45	8 53 47	8 18 42	0 37 09	2 35 53	15 00 45	7 27 43	23 33 23	20 51 51	8 12 46	6 05 49
16 W	23 58 24	2 ♑ 10 30	8 ♑ 08 54	3 30 04	10 18 19	9 16 42	1 11 58	3 15 03	15 29 11	7 49 36	23 50 54	21 05 46	8 29 26	6 20 33
17 Th	25 13 14	14 22 02	20 22 32	4 58 32	11 41 50	10 13 35	1 45 35	3 53 03	15 56 26	8 10 21	24 07 17	21 18 29	8 44 54	6 34 05
18 F	26 25 52	26 35 55	2 ♒ 39 17	6 26 51	13 03 18	11 08 18	2 16 57	4 28 52	16 21 28	8 28 54	24 21 30	21 28 56	8 58 09	6 45 22
19 Sa	27 35 37	8 ♒ 53 07	15 00 23	7 54 02	14 22 01	12 00 10	2 45 23	5 01 47	16 43 35	8 44 34	24 32 53	21 36 27	9 08 29	6 53 45
20 Su	28 42 18	21 15 41	27 28 13	9 19 41	15 37 47	12 48 59	3 10 41	5 31 37	17 02 36	8 57 10	24 41 13	21 40 49	9 15 42	6 58 59
21 M	29 46 12	3 ♓ 46 48	10 ♓ 06 18	10 43 54	16 50 54	13 35 05	3 33 09	5 58 40	17 18 48	9 06 60	24 46 49	21 42 21	9 20 06	7 01 25
22 Tu	0 ♋ 48 09	16 30 51	22 59 13	12 07 22	18 02 11	14 19 15	3 53 37	6 23 46	17 33 02	9 14 52	24 50 30	21 41 53	9 22 31	7 01 52
23 W	1 49 20	29 32 50	6 ♈ 12 02	13 31 06	19 12 49	15 02 41	4 13 15	6 48 05	17 46 28	9 21 58	24 53 27	21 40 34	9 24 08	7 01 29
24 Th	2 51 04	12 ♈ 57 55	19 49 34	14 56 20	20 24 07	15 46 42	4 33 23	7 12 56	18 00 25	9 29 38	24 56 59	21 39 45	9 26 15	7 01 38
25 F	3 54 35	26 50 15	3 ♉ 55 18	16 24 10	21 37 18	16 32 32	4 55 15	7 39 34	18 16 06	9 39 04	25 02 20	21 40 40	9 30 07	7 03 31
26 Sa	5 00 44	11 ♉ 11 59	18 30 04	17 55 22	22 53 13	17 21 02	5 19 40	8 08 49	18 34 23	9 51 07	25 10 20	21 44 09	9 36 35	7 07 58
27 Su	6 09 44	26 01 54	3 ♊ 31 03	19 30 06	24 12 05	18 12 26	5 46 53	8 40 55	18 55 30	10 06 02	25 21 14	21 50 26	9 45 52	7 15 16
28 M	7 21 10	11 ♊ 14 42	18 51 08	21 07 52	25 33 30	19 06 17	6 16 29	9 15 26	19 19 01	10 23 23	25 34 36	21 59 06	9 57 33	7 24 57
29 Tu	8 34 00	26 40 59	4 ♋ 19 30	22 47 36	26 56 23	20 01 35	6 47 24	9 51 20	19 43 53	10 42 08	25 49 24	22 09 06	10 10 35	7 35 59
30 W	9 46 50	12 ♋ 08 33	19 43 23	24 27 51	28 19 22	20 56 55	7 18 17	10 27 14	20 08 43	11 00 52	26 04 14	22 19 04	10 23 36	7 46 60
31 Th	10 58 18	27 24 35	4 ♌ 50 28	26 07 13	29 41 05	21 50 55	7 47 43	11 01 46	20 32 09	11 18 14	26 17 45	22 27 37	10 35 13	7 56 37

Notes

January 1960 LONGITUDE

Day	☉	0 hr ☽	Noon ☽	☿	♀	♂	⚵	⚳	♃	♄	⚷	♅	♆	♇
1 F	12♋ 07 22	12♌ 18 11	19♌ 31 15	27♊ 44 40	1♊ 00 30	22♊ 42 35	8♊ 14 42	11♋ 33 53	20♊ 53 09	11♋ 33 13	26♌ 28 54	22♒ 33 44	10♉ 44 25	8♓ 03 49
2 Sa	13 13 37	26 42 06	3♍ 40 22	29 19 44	2 17 10	23 31 27	8 38 49	12 03 11	21 11 18	11 45 22	26 37 16	22 36 59	10 50 45	8 08 09
3 Su	14 17 14	10♍ 33 28	17 16 42	0♋ 52 36	3 31 17	24 17 44	9 00 13	12 29 50	21 26 47	11 54 54	26 43 03	22 37 33	10 54 26	8 09 50
4 M	15 18 58	23 53 20	0♎ 22 42	2 23 60	4 43 37	25 02 11	9 19 42	12 54 36	21 40 21	12 02 33	26 46 59	22 36 13	10 56 13	8 09 37
5 Tu	16 19 55	6♎ 45 39	13 03 12	3 55 03	5 55 15	25 45 54	9 38 20	13 18 35	21 53 06	12 09 25	26 50 11	22 34 05	10 57 11	8 08 37
6 W	17 21 20	19 16 01	25 24 17	5 26 57	7 07 26	26 30 08	9 57 21	13 43 01	22 06 17	12 16 45	26 53 53	22 32 22	10 58 36	8 08 02
7 Th	18 24 18	1♏ 30 41	7♏ 32 15	7 00 50	8 21 14	27 15 57	10 17 53	14 09 01	22 20 59	12 25 38	26 59 11	22 32 10	11 01 33	8 08 60
8 F	19 29 39	13 35 38	19 33 01	8 37 29	9 37 30	28 04 12	10 40 43	14 37 22	22 38 01	12 36 53	27 06 54	22 34 20	11 06 50	8 12 18
9 Sa	20 37 45	25 36 07	1♐ 31 33	10 17 20	10 56 36	28 55 14	11 06 14	15 08 27	22 57 46	12 50 53	27 17 24	22 39 12	11 14 51	8 18 21
10 Su	21 48 30	7♐ 36 18	13 31 36	12 00 15	12 18 25	29 48 59	11 34 21	15 42 12	23 20 07	13 07 33	27 30 36	22 46 43	11 25 30	8 27 02
11 M	23 01 22	19 39 07	25 35 43	13 45 43	13 42 26	0♋ 44 54	12 04 30	16 18 03	23 44 34	13 26 19	27 45 57	22 56 18	11 38 15	8 37 49
12 Tu	24 15 26	1♑ 46 20	7♑ 45 17	15 32 50	15 07 44	1 42 04	12 35 48	16 55 06	24 10 10	13 46 17	28 02 33	23 07 05	11 52 11	8 49 48
13 W	25 29 38	13 58 47	20 00 48	17 20 32	16 33 14	2 39 24	13 07 09	17 32 15	24 35 51	14 06 22	28 19 18	23 17 58	12 06 12	9 01 53
14 Th	26 42 49	26 16 37	2♒ 22 12	19 07 42	17 57 46	3 35 46	13 37 25	18 08 23	25 00 28	14 25 26	28 35 05	23 27 48	12 19 11	9 12 56
15 F	27 54 01	8♒ 39 48	14 49 20	20 53 22	19 20 25	4 30 12	14 05 37	18 42 31	25 23 04	14 42 31	28 48 55	23 35 38	12 30 10	9 21 59
16 Sa	29 02 36	21 08 28	27 22 23	22 36 55	20 40 30	5 22 04	14 31 08	19 14 02	25 42 59	14 56 58	29 00 09	23 40 50	12 38 30	9 28 24
17 Su	0♌ 08 20	3♓ 43 21	10♓ 02 15	24 18 07	21 57 48	6 11 08	14 53 44	19 42 40	26 00 01	15 08 33	29 08 35	23 43 10	12 43 58	9 31 58
18 M	1 11 28	16 25 59	22 50 43	25 57 15	23 12 33	6 57 39	15 13 38	20 08 41	26 14 23	15 17 32	29 14 26	23 42 52	12 46 47	9 32 54
19 Tu	2 12 40	29 18 52	5♈ 50 30	27 34 59	24 25 26	7 42 15	15 31 31	20 32 45	26 26 46	15 24 33	29 18 23	23 40 37	12 47 39	9 31 53
20 W	3 12 54	12♈ 25 13	19 04 58	29 12 20	25 37 25	8 25 58	15 48 22	20 55 52	26 38 09	15 30 36	29 21 25	23 37 23	12 47 33	9 29 54
21 Th	4 13 20	25 48 35	2♉ 37 37	0♌ 50 27	26 49 39	9 09 55	16 05 19	21 19 08	26 49 39	15 36 49	29 24 40	23 34 20	12 47 35	9 28 05
22 F	5 14 59	9♉ 32 12	16 31 16	2 30 22	28 03 10	9 55 08	16 23 25	21 43 36	27 02 20	15 44 15	29 29 10	23 32 29	12 48 50	9 27 29
23 Sa	6 18 37	23 38 02	0♊ 47 12	4 12 52	29 18 43	10 42 23	16 43 24	22 10 02	27 16 55	15 53 39	29 35 40	23 32 36	12 52 02	9 28 51
24 Su	7 24 30	8♊ 05 55	15 24 06	5 58 14	0♋ 36 34	11 31 55	17 05 32	22 38 42	27 33 42	16 05 16	29 44 27	23 34 58	12 57 27	9 32 27
25 M	8 32 21	22 52 48	0♋ 17 38	7 46 11	1 56 26	12 23 28	17 29 33	23 09 19	27 52 24	16 18 50	29 55 14	23 39 17	13 04 49	9 38 01
26 Tu	9 41 26	7♋ 52 33	15 20 24	9 35 60	3 17 35	13 16 18	17 54 42	23 41 08	28 12 15	16 33 37	0♍ 07 15	23 44 48	13 13 22	9 44 47
27 W	10 50 40	22 56 23	0♌ 22 53	11 26 37	4 38 56	14 09 20	18 19 56	24 13 05	28 32 13	16 48 33	0 19 29	23 50 30	13 22 04	9 51 43
28 Th	11 58 60	7♌ 54 19	15 14 58	13 16 57	5 59 26	15 01 31	18 44 09	24 44 07	28 51 12	17 02 33	0 30 50	23 55 17	13 29 51	9 57 45
29 F	13 05 34	22 36 47	29 47 48	15 06 11	7 18 13	15 51 60	19 06 32	25 13 23	29 08 22	17 14 46	0 40 27	23 58 18	13 35 51	10 02 01
30 Sa	14 09 56	6♍ 56 21	13♍ 55 11	16 53 50	8 34 51	16 40 19	19 26 36	25 40 25	29 23 17	17 24 47	0 47 55	23 59 08	13 39 38	10 04 05
31 Su	15 12 08	20 48 39	27 34 10	18 39 55	9 49 22	17 26 31	19 44 25	26 05 16	29 35 58	17 32 36	0 53 14	23 57 48	13 41 13	10 03 59

February 1960 LONGITUDE

Day	☉	0 hr ☽	Noon ☽	☿	♀	♂	⚵	⚳	♃	♄	⚷	♅	♆	♇
1 M	16♌ 12 38	4♎ 12 35	10♎ 45 01	20♌ 24 53	11♋ 02 13	18♋ 11 04	20♊ 00 25	26♋ 28 23	29♊ 46 52	17♋ 38 42	0♍ 56 52	23♒ 54 46	13♉ 41 05	10♓ 02 10
2 Tu	17 12 08	17 09 55	23 30 31	22 09 27	12 14 09	18 54 42	20 15 21	26 50 31	29 56 44	17 43 48	0 59 34	23 50 46	13 39 58	9 59 24
3 W	18 11 33	29 44 27	5♏ 55 13	23 54 25	13 26 01	19 38 16	20 30 05	27 12 31	0♋ 06 26	17 48 47	1 02 11	23 46 40	13 38 44	9 56 32
4 Th	19 11 40	12♏ 01 12	18 04 31	25 40 34	14 38 39	20 22 37	20 45 26	27 35 14	0 16 47	17 54 28	1 05 34	23 43 19	13 38 12	9 54 23
5 F	20 13 08	24 05 40	0♐ 04 03	27 28 27	15 52 40	21 08 22	21 02 02	27 59 15	0 28 25	18 01 29	1 10 19	23 41 19	13 38 60	9 53 36
6 Sa	21 16 18	6♐ 03 15	11 59 10	29 18 19	17 08 26	21 55 52	21 20 13	28 24 58	0 41 41	18 10 10	1 16 48	23 41 02	13 41 29	9 54 31
7 Su	22 21 10	17 58 49	23 54 33	1♍ 10 06	18 25 58	22 45 07	21 40 00	28 52 21	0 56 35	18 20 33	1 25 01	23 42 29	13 45 39	9 57 09
8 M	23 27 27	29 56 30	5♑ 54 03	3 03 21	19 44 57	23 35 51	22 01 07	29 21 09	1 12 50	18 32 19	1 34 41	23 45 23	13 51 15	10 01 13
9 Tu	24 34 36	11♑ 59 33	18 00 31	4 57 23	21 04 52	24 27 31	22 22 59	29 50 47	1 29 54	18 44 57	1 45 16	23 49 10	13 57 42	10 06 11
10 W	25 41 58	24 10 20	0♒ 15 57	6 51 18	22 25 01	25 19 26	22 44 56	0♌ 20 36	1 47 05	18 57 45	1 56 04	23 53 11	14 04 20	10 11 21
11 Th	26 48 48	6♒ 30 23	12 41 28	8 44 11	23 44 42	26 10 54	23 06 16	0 49 53	2 03 41	19 10 01	2 06 23	23 56 42	14 10 27	10 16 01
12 F	27 54 30	19 00 31	25 17 32	10 35 09	25 03 18	27 01 16	23 26 21	1 17 60	2 19 05	19 21 08	2 15 35	23 59 06	14 15 25	10 19 34
13 Sa	28 58 40	1♓ 41 06	8♓ 04 14	12 23 28	26 20 23	27 50 10	23 44 47	1 44 33	2 32 51	19 30 41	2 23 16	23 59 60	14 18 50	10 21 35
14 Su	0♍ 01 07	14 32 14	21 01 28	14 08 36	27 35 49	28 37 24	24 01 23	2 09 22	2 44 50	19 38 29	2 29 17	23 59 13	14 20 32	10 21 55
15 M	1 01 59	27 34 00	4♈ 09 17	15 50 18	28 49 43	29 23 06	24 16 16	2 32 34	2 55 09	19 44 41	2 33 44	23 56 53	14 20 38	10 20 41
16 Tu	2 01 39	10♈ 46 38	17 27 55	17 28 28	0♌ 02 27	0♌ 07 39	24 29 49	2 54 32	3 04 11	19 49 38	2 36 59	23 53 21	14 19 31	10 18 15
17 W	3 00 40	24 10 39	0♉ 57 55	19 03 10	1 14 34	0 51 37	24 42 36	3 15 49	3 12 29	19 53 55	2 39 37	23 49 13	14 17 44	10 15 11
18 Th	3 59 39	7♉ 46 39	14 39 55	20 34 28	2 26 42	1 35 36	24 55 14	3 37 03	3 20 40	19 58 08	2 42 15	23 45 06	14 15 55	10 12 07
19 F	4 59 12	21 35 12	28 34 20	22 02 22	3 39 26	2 20 11	25 08 17	3 58 48	3 29 19	20 02 53	2 45 28	23 41 33	14 14 39	10 09 38
20 Sa	5 59 42	5♊ 36 18	12♊ 40 56	23 26 37	4 53 10	3 05 47	25 22 09	4 21 28	3 38 51	20 08 33	2 49 39	23 38 60	14 14 19	10 08 06
21 Su	7 01 18	19 49 08	26 58 22	24 46 44	6 08 02	3 52 32	25 36 59	4 45 13	3 49 22	20 15 17	2 54 56	23 37 34	14 15 05	10 07 42
22 M	8 03 52	4♋ 11 31	11♋ 23 53	26 01 56	7 23 54	4 40 18	25 52 38	5 09 53	4 00 47	20 22 57	3 01 14	23 37 10	14 16 48	10 08 17
23 Tu	9 07 03	18 39 51	25 53 17	27 11 11	8 40 26	5 28 45	26 08 46	5 35 08	4 12 43	20 31 12	3 08 09	23 37 25	14 19 08	10 09 30
24 W	10 10 22	3♌ 09 14	10♌ 21 11	28 13 21	9 57 08	6 17 22	26 24 53	6 00 29	4 24 41	20 39 32	3 15 13	23 37 49	14 21 35	10 10 53
25 Th	11 13 20	17 33 57	24 41 41	29 07 23	11 13 30	7 05 40	26 40 29	6 25 25	4 36 11	20 47 29	3 21 57	23 37 55	14 23 40	10 11 55
26 F	12 15 32	1♍ 48 10	8♍ 49 06	29 52 20	12 29 10	7 53 17	26 55 11	6 49 35	4 46 52	20 54 39	3 27 57	23 37 19	14 24 60	10 12 14
27 Sa	13 16 49	15 46 47	22 38 53	0♎ 27 32	13 43 55	8 40 01	27 08 49	7 12 46	4 56 30	21 00 50	3 33 02	23 35 49	14 25 23	10 11 39
28 Su	14 17 09	29 26 04	6♎ 08 02	0 52 38	14 57 47	9 25 51	27 21 20	7 34 58	5 05 06	21 06 03	3 37 12	23 33 27	14 24 50	10 10 10
29 M	15 16 43	12♎ 44 02	19 15 28	1 07 32	16 10 55	10 10 59	27 32 57	7 56 23	5 12 50	21 10 28	3 40 37	23 30 21	14 23 31	10 07 56

Notes

LONGITUDE

March 1960

Day	☉	0 hr ☽	Noon ☽	☿	♀	♂	⚵	⚳	♃	♄	⚷	♅	♆	♇
1 Tu	16♍15 48	25♎40 35	2♏01 54	1♎12 27	17♌23 36	10♌55 41	27♊43 56	8♌17 16	5♋19 60	21♋14 22	3♍43 35	23♒26 50	14♉21 43	10♓05 16
2 W	17 14 44	8♏17 15	14 29 34	1 07 42	18 36 11	11 40 17	27 54 35	8 37 57	5 26 54	21 18 05	3 46 25	23 23 14	14 19 47	10 02 28
3 Th	18 13 49	20 36 54	26 41 55	0 53 48	19 48 56	12 25 04	28 05 14	8 58 44	5 33 51	21 21 54	3 49 24	23 19 49	14 17 58	9 59 51
4 F	19 13 14	2♐43 20	8♐43 07	0 31 23	21 02 04	13 10 16	28 16 03	9 19 50	5 41 02	21 26 01	3 52 45	23 16 48	14 16 31	9 57 38
5 Sa	20 13 05	14 40 55	20 37 47	0 01 06	22 15 41	13 55 57	28 27 10	9 41 20	5 48 35	21 30 33	3 56 34	23 14 18	14 15 31	9 55 53
6 Su	21 13 23	26 34 18	2♑30 36	29♍23 44	23 29 46	14 42 08	28 38 32	10 03 14	5 56 27	21 35 30	4 00 50	23 12 18	14 14 57	9 54 37
7 M	22 14 01	8♑28 05	14 26 07	28 40 07	24 44 14	15 28 42	28 50 04	10 25 24	6 04 33	21 40 43	4 05 28	23 10 42	14 14 44	9 53 44
8 Tu	23 14 48	20 26 40	26 28 36	27 51 12	25 58 54	16 15 28	29 01 36	10 47 42	6 12 43	21 46 05	4 10 16	23 09 20	14 14 41	9 53 02
9 W	24 15 35	2♒34 02	8♒41 43	26 58 02	27 13 35	17 02 18	29 12 57	11 09 57	6 20 45	21 51 23	4 15 05	23 08 01	14 14 37	9 52 23
10 Th	25 16 12	14 53 35	21 08 30	26 01 47	28 28 09	17 49 00	29 23 57	11 31 59	6 28 31	21 56 30	4 19 45	23 06 36	14 14 25	9 51 37
11 F	26 16 34	27 27 56	3♓51 04	25 03 44	29 42 30	18 35 31	29 34 31	11 53 43	6 35 56	22 01 18	4 24 10	23 04 60	14 13 57	9 50 38
12 Sa	27 16 40	10♓18 47	16 50 36	24 05 10	0♍56 38	19 21 49	29 44 38	12 15 07	6 42 58	22 05 48	4 28 21	23 03 12	14 13 14	9 49 25
13 Su	28 16 32	23 26 49	0♈07 11	23 07 27	2 10 34	20 07 56	29 54 21	12 36 16	6 49 39	22 10 02	4 32 19	23 01 15	14 12 18	9 48 02
14 M	29 16 17	6♈51 35	13 39 50	22 11 49	3 24 25	20 53 59	0♋03 44	12 57 14	6 56 06	22 14 06	4 36 10	22 59 14	14 11 16	9 46 33
15 Tu	0♎16 01	20 31 37	27 26 39	21 19 26	4 38 17	21 40 04	0 12 55	13 18 07	7 02 25	22 18 07	4 40 00	22 57 17	14 10 12	9 45 07
16 W	1 15 49	4♉24 37	11♉24 60	20 31 16	5 52 15	22 26 15	0 21 57	13 39 01	7 08 41	22 22 08	4 43 55	22 55 27	14 09 13	9 43 47
17 Th	2 15 42	18 27 38	25 31 46	19 48 02	7 06 20	23 12 35	0 30 53	13 59 56	7 14 54	22 26 11	4 47 56	22 53 47	14 08 19	9 42 34
18 F	3 15 37	2♊37 27	9♊43 45	19 10 14	8 20 30	23 58 59	0 39 38	14 20 49	7 21 02	22 30 13	4 51 59	22 52 13	14 07 27	9 41 26
19 Sa	4 15 28	16 50 49	23 57 49	18 38 10	9 34 37	24 45 22	0 48 06	14 41 35	7 26 58	22 34 08	4 55 58	22 50 39	14 06 32	9 40 17
20 Su	5 15 07	1♋04 43	8♋11 05	18 11 57	10 48 35	25 31 36	0 56 10	15 02 05	7 32 35	22 37 49	4 59 46	22 48 58	14 05 26	9 38 58
21 M	6 14 30	15 16 30	22 21 03	17 51 35	12 02 18	26 17 35	1 03 42	15 22 14	7 37 47	22 41 08	5 03 16	22 47 03	14 04 02	9 37 25
22 Tu	7 13 32	29 23 49	6♌25 30	17 37 05	13 15 43	27 03 18	1 10 43	15 41 59	7 42 31	22 44 06	5 06 28	22 44 54	14 02 20	9 35 35
23 W	8 12 20	13♌24 38	20 22 26	17 28 27	14 28 55	27 48 47	1 17 14	16 01 25	7 46 52	22 46 44	5 09 24	22 42 33	14 00 23	9 33 33
24 Th	9 11 03	27 17 07	4♍10 02	17 25 42	15 42 03	28 34 14	1 23 27	16 20 41	7 50 59	22 49 14	5 12 15	22 40 12	13 58 21	9 31 28
25 F	10 09 53	10♍59 31	17 46 36	17 28 53	16 55 21	29 19 50	1 29 33	16 40 00	7 55 06	22 51 48	5 15 14	22 38 03	13 56 28	9 29 33
26 Sa	11 09 05	24 30 15	1♎10 40	17 38 01	18 09 02	0♍05 52	1 35 47	16 59 37	7 59 27	22 54 41	5 18 35	22 36 20	13 54 57	9 28 04
27 Su	12 08 51	7♎47 53	14 21 01	17 53 04	19 23 19	0 52 28	1 42 20	17 19 42	8 04 13	22 58 04	5 22 29	22 35 16	13 54 00	9 27 11
28 M	13 09 15	20 51 24	27 16 54	18 13 52	20 38 17	1 39 46	1 49 17	17 40 22	8 09 30	23 02 02	5 27 02	22 34 55	13 53 43	9 26 60
29 Tu	14 10 16	3♏40 16	9♏58 11	18 40 08	21 53 53	2 27 44	1 56 37	18 01 34	8 15 15	23 06 35	5 32 13	22 35 16	13 54 05	9 27 29
30 W	15 11 45	16 14 40	22 25 31	19 11 28	23 09 59	3 16 11	2 04 10	18 23 09	8 21 20	23 11 31	5 37 51	22 36 10	13 54 54	9 28 29
31 Th	16 13 25	28 35 34	4♐40 18	19 47 22	24 26 18	4 04 52	2 11 40	18 44 50	8 27 28	23 16 36	5 43 40	22 37 20	13 55 56	9 29 43

LONGITUDE

April 1960

Day	☉	0 hr ☽	Noon ☽	☿	♀	♂	⚵	⚳	♃	♄	⚷	♅	♆	♇
1 F	17♎14 57	10♐44 47	16♐44 48	20♍27 14	25♍42 30	4♍53 26	2♋18 45	19♌06 17	8♋33 18	23♋21 28	5♍49 21	22♒38 26	13♉56 51	9♓30 52
2 Sa	18 15 59	22 44 58	28 42 04	21 10 31	26 58 15	5 41 33	2 25 06	19 27 11	8 38 31	23 25 48	5 54 33	22 39 08	13 57 17	9 31 36
3 Su	19 16 15	4♑39 35	10♑35 50	21 56 45	28 13 16	6 28 57	2 30 27	19 47 13	8 42 49	23 29 18	5 58 59	22 39 10	13 56 59	9 31 37
4 M	20 15 36	16 32 45	22 30 26	22 45 34	29 27 23	7 15 28	2 34 37	20 06 15	8 46 05	23 31 51	6 02 30	22 38 22	13 55 48	9 30 46
5 Tu	21 14 03	28 29 06	4♒30 35	23 36 47	0♎40 39	8 01 07	2 37 37	20 24 18	8 48 17	23 33 26	6 05 06	22 36 45	13 53 43	9 29 05
6 W	22 11 46	10♒33 34	16 41 11	24 30 26	1 53 13	8 46 05	2 39 38	20 41 32	8 49 38	23 34 14	6 06 60	22 34 29	13 50 57	9 26 44
7 Th	23 09 08	22 51 05	29 06 59	25 26 42	3 05 27	9 30 43	2 41 01	20 58 18	8 50 28	23 34 37	6 08 31	22 31 58	13 47 50	9 24 05
8 F	24 06 35	5♓26 12	11♓52 07	26 25 55	4 17 48	10 15 28	2 42 14	21 15 04	8 51 14	23 35 02	6 10 08	22 29 37	13 44 50	9 21 35
9 Sa	25 04 37	18 22 38	24 59 42	27 28 25	5 30 46	11 00 51	2 43 45	21 32 20	8 52 27	23 35 58	6 12 19	22 27 55	13 42 27	9 19 43
10 Su	26 03 38	1♈42 42	8♈31 16	28 34 31	6 44 46	11 47 15	2 46 00	21 50 29	8 54 31	23 37 50	6 15 30	22 27 20	13 41 05	9 18 54
11 M	27 03 55	15 26 50	22 26 13	29 44 21	8 00 03	12 34 57	2 49 14	22 09 47	8 57 41	23 40 55	6 19 56	22 28 04	13 40 59	9 19 25
12 Tu	28 05 29	29 33 12	6♉41 43	0♎57 51	9 16 38	13 23 57	2 53 27	22 30 16	9 01 59	23 45 12	6 25 37	22 30 10	13 42 11	9 21 15
13 W	29 08 03	13♉57 41	21 12 43	2 14 40	10 34 16	14 13 59	2 58 24	22 51 39	9 07 08	23 50 25	6 32 19	22 33 22	13 44 26	9 24 09
14 Th	0♏11 07	28 34 11	5♊52 32	3 34 12	11 52 26	15 04 33	3 03 34	23 13 26	9 12 39	23 56 06	6 39 31	22 37 10	13 47 12	9 27 37
15 F	1 14 03	13♊15 30	20 33 50	4 55 44	13 10 29	15 55 01	3 08 18	23 34 57	9 17 51	24 01 33	6 46 33	22 40 53	13 49 50	9 30 60
16 Sa	2 16 11	27 54 27	5♋09 46	6 18 34	14 27 45	16 44 42	3 11 57	23 55 33	9 22 06	24 06 09	6 52 46	22 43 54	13 51 43	9 33 38
17 Su	3 17 02	12♋24 51	19 34 51	7 42 09	15 43 46	17 33 07	3 14 00	24 14 45	9 24 54	24 09 24	6 57 41	22 45 42	13 52 19	9 35 02
18 M	4 16 25	26 42 22	3♌45 37	9 06 13	16 58 21	18 20 05	3 14 17	24 32 21	9 26 05	24 11 06	7 01 07	22 46 08	13 51 28	9 35 02
19 Tu	5 14 28	10♌44 41	17 40 34	10 30 55	18 11 38	19 05 46	3 12 57	24 48 30	9 25 46	24 11 25	7 03 13	22 45 18	13 49 20	9 33 45
20 W	6 11 42	24 31 21	1♍19 48	11 56 41	19 24 05	19 50 37	3 10 28	25 03 42	9 24 28	24 10 49	7 04 27	22 43 44	13 46 22	9 31 41
21 Th	7 08 47	8♍03 12	14 44 33	13 24 11	20 36 26	20 35 20	3 07 33	25 18 36	9 22 51	24 10 00	7 05 32	22 42 05	13 43 17	9 29 32
22 F	8 06 29	21 21 44	27 56 26	14 54 10	21 49 27	21 20 43	3 04 56	25 34 01	9 21 43	24 09 45	7 07 13	22 41 10	13 40 52	9 28 04
23 Sa	9 05 32	4♎28 33	10♎57 04	16 27 19	23 03 48	22 07 25	3 03 21	25 50 36	9 21 44	24 10 45	7 10 13	22 41 39	13 39 47	9 27 58
24 Su	10 06 22	17 24 59	23 47 38	18 04 04	24 19 59	22 55 57	3 03 15	26 08 52	9 23 24	24 13 30	7 14 59	22 44 01	13 40 33	9 29 45
25 M	11 09 11	0♏11 51	6♏28 54	19 44 37	25 38 09	23 46 28	3 04 50	26 28 57	9 26 53	24 18 08	7 21 43	22 48 26	13 43 18	9 33 33
26 Tu	12 13 49	12 49 30	19 01 13	21 28 48	26 58 11	24 38 49	3 07 55	26 50 43	9 32 02	24 24 32	7 30 15	22 54 46	13 47 54	9 39 14
27 W	13 19 48	25 17 60	1♐24 44	23 16 07	28 19 35	25 32 32	3 12 02	27 13 41	9 38 22	24 32 13	7 40 06	23 02 32	13 53 53	9 46 19
28 Th	14 26 26	7♐37 27	13 39 46	25 05 54	29 41 39	26 26 54	3 16 30	27 37 09	9 45 11	24 40 28	7 50 36	23 11 02	14 00 33	9 54 07
29 F	15 32 53	19 48 19	25 47 04	26 57 19	1♏03 34	27 21 06	3 20 30	28 00 17	9 51 41	24 48 29	8 00 53	23 19 27	14 07 04	10 01 48
30 Sa	16 38 22	1♑51 41	7♑48 05	28 49 35	2 24 33	28 14 21	3 23 13	28 22 18	9 57 04	24 55 28	8 10 12	23 26 59	14 12 39	10 08 35

Notes

May 1960 LONGITUDE

Day	☉	0 hr ☽	Noon ☽	☿	♀	♂	⚵	⚳	♃	♄	⚷	♅	♆	♇
1 Su	17 ♏ 42 15	13 ♑ 49 31	19 ♑ 45 11	0 ♏ 42 03	3 ♏ 43 56	29 ♍ 06 00	3 ♋ 24 02	28 ♌ 42 33	10 ♋ 00 41	25 ♋ 00 46	8 ♍ 17 52	23 ♒ 32 59	14 ♉ 16 39	10 ♓ 13 48
2 M	18 44 08	25 44 52	1 ♒ 41 43	2 34 23	5 01 22	29 55 40	3 22 33	29 00 40	10 02 09	25 04 02	8 23 32	23 37 05	14 18 43	10 17 07
3 Tu	19 44 01	7 ♒ 41 44	13 42 02	4 26 31	6 16 49	0 ♎ 43 21	3 18 46	29 16 36	10 01 29	25 05 13	8 27 11	23 39 16	14 18 48	10 18 28
4 W	20 42 14	19 45 04	25 51 16	6 18 49	7 30 37	1 29 21	3 13 01	29 30 42	9 58 59	25 04 40	8 29 07	23 39 52	14 17 15	10 18 13
5 Th	21 39 25	2 ♓ 00 27	8 ♓ 15 02	8 11 56	8 43 26	2 14 21	3 05 58	29 43 37	9 55 19	25 03 02	8 30 02	23 39 32	14 14 43	10 17 00
6 F	22 36 28	14 33 41	20 58 60	10 06 42	9 56 07	2 59 12	2 58 28	29 56 13	9 51 21	25 01 11	8 30 46	23 39 08	14 12 04	10 15 42
7 Sa	23 34 17	27 30 11	4 ♈ 08 05	12 04 04	11 09 36	3 44 50	2 51 27	0 ♍ 09 26	9 48 02	25 00 03	8 32 15	23 39 36	14 10 14	10 15 14
8 Su	24 33 42	10 ♈ 54 11	17 45 47	14 04 48	12 24 43	4 32 05	2 45 45	0 24 03	9 46 10	25 00 27	8 35 19	23 41 44	14 10 02	10 16 26
9 M	25 35 15	24 47 51	1 ♉ 53 04	16 09 25	13 41 59	5 21 28	2 41 55	0 40 38	9 46 17	25 02 55	8 40 29	23 46 06	14 12 00	10 19 50
10 Tu	26 39 01	9 ♉ 10 26	16 27 44	18 17 55	15 01 30	6 13 04	2 40 01	0 59 16	9 48 30	25 07 33	8 47 52	23 52 46	14 16 14	10 25 30
11 W	27 44 38	23 57 41	1 ♊ 23 60	20 29 52	16 22 52	7 06 30	2 39 40	1 19 32	9 52 24	25 13 57	8 57 03	24 01 21	14 22 20	10 33 04
12 Th	28 51 15	9 ♊ 01 58	16 32 59	22 44 20	17 45 17	8 00 57	2 40 03	1 40 37	9 57 10	25 21 18	9 07 12	24 11 01	14 29 29	10 41 42
13 F	29 57 48	24 13 12	1 ♋ 44 04	25 00 07	19 07 38	8 55 19	2 40 06	2 01 27	10 01 43	25 28 30	9 17 15	24 20 42	14 36 35	10 50 18
14 Sa	1 ♐ 03 11	9 ♋ 20 38	16 46 45	27 15 60	20 28 51	9 48 32	2 38 43	2 20 54	10 04 58	25 34 29	9 26 06	24 29 17	14 42 34	10 57 49
15 Su	2 06 37	24 14 41	1 ♌ 32 29	29 30 59	21 48 07	10 39 45	2 35 05	2 38 11	10 06 07	25 38 25	9 32 58	24 35 58	14 46 37	11 03 24
16 M	3 07 44	8 ♌ 48 33	15 55 53	1 ♐ 44 33	23 05 07	11 28 41	2 28 54	2 52 57	10 04 50	25 39 59	9 37 29	24 40 26	14 48 23	11 06 44
17 Tu	4 06 46	22 58 50	29 54 55	3 56 42	24 20 02	12 15 30	2 20 22	3 05 25	10 01 19	25 39 24	9 39 52	24 42 53	14 48 06	11 08 02
18 W	5 04 25	6 ♍ 45 20	13 ♍ 30 30	6 07 55	25 33 36	13 00 55	2 10 13	3 16 17	9 56 17	25 37 22	9 40 51	24 44 01	14 46 27	11 07 60
19 Th	6 01 43	20 10 08	26 45 27	8 18 55	26 46 49	13 45 59	1 59 27	3 26 35	9 50 46	25 34 55	9 41 26	24 44 52	14 44 30	11 07 40
20 F	6 59 48	3 ♎ 16 43	9 ♎ 43 34	10 30 37	28 00 51	14 31 48	1 49 14	3 37 26	9 45 55	25 33 10	9 42 45	24 46 34	14 43 22	11 08 09
21 Sa	7 59 41	16 08 54	22 28 43	12 43 42	29 16 41	15 19 24	1 40 35	3 49 50	9 42 43	25 33 09	9 45 49	24 50 08	14 44 02	11 10 29
22 Su	9 02 03	28 50 10	5 ♏ 04 12	14 58 37	0 ♐ 35 02	16 09 28	1 34 12	4 04 29	9 41 54	25 35 33	9 51 21	24 56 15	14 47 14	11 15 22
23 M	10 07 11	11 ♏ 23 13	17 32 29	17 15 23	1 56 10	17 02 16	1 30 22	4 21 41	9 43 43	25 40 39	9 59 36	25 05 13	14 53 15	11 23 03
24 Tu	11 14 54	23 49 45	29 55 02	19 33 31	3 19 54	17 57 38	1 28 54	4 41 12	9 48 00	25 48 17	10 10 24	25 16 49	15 01 52	11 33 22
25 W	12 24 35	6 ♐ 10 37	12 ♐ 12 32	21 52 10	4 45 37	18 54 57	1 29 13	5 02 27	9 54 09	25 57 49	10 23 07	25 30 28	15 12 29	11 45 43
26 Th	13 35 18	18 26 04	24 25 10	24 10 11	6 12 23	19 53 16	1 30 23	5 24 29	10 01 13	26 08 19	10 36 49	25 45 12	15 24 10	11 59 08
27 F	14 45 56	0 ♑ 36 08	6 ♑ 33 03	26 26 16	7 39 06	20 51 30	1 31 18	5 46 11	10 08 07	26 18 41	10 50 25	25 59 56	15 35 49	12 12 31
28 Sa	15 55 25	12 41 04	18 36 39	28 39 09	9 04 40	21 48 32	1 30 54	6 06 28	10 13 45	26 27 50	11 02 49	26 13 35	15 46 21	12 24 48
29 Su	17 02 50	24 41 49	0 ♒ 37 11	0 ♑ 47 47	10 28 12	22 43 29	1 28 17	6 24 27	10 17 14	26 34 52	11 13 08	26 25 14	15 54 52	12 35 05
30 M	18 07 39	6 ♒ 40 16	12 36 55	2 51 30	11 49 08	23 35 47	1 22 55	6 39 33	10 18 02	26 39 15	11 20 47	26 34 21	16 00 48	12 42 48
31 Tu	19 09 44	18 39 28	24 39 17	4 50 05	13 07 22	24 25 20	1 14 41	6 51 40	10 16 00	26 40 51	11 25 40	26 40 48	16 04 03	12 47 51

June 1960 LONGITUDE

Day	☉	0 hr ☽	Noon ☽	☿	♀	♂	⚵	⚳	♃	♄	⚷	♅	♆	♇
1 W	20 ♐ 09 25	0 ♓ 43 40	6 ♓ 48 51	6 ♑ 43 46	14 ♐ 23 13	25 ♎ 12 28	1 ♋ 03 57	7 ♍ 01 06	10 ♋ 11 30	26 ♋ 39 59	11 ♍ 28 07	26 ♒ 44 55	16 ♉ 04 57	12 ♓ 50 32
2 Th	21 07 27	12 58 10	19 11 09	8 33 15	15 37 26	25 57 55	0 51 28	7 08 38	10 05 17	26 37 26	11 28 52	26 47 28	16 04 14	12 51 38
3 F	22 04 53	25 28 57	1 ♈ 52 13	10 19 30	16 51 04	26 42 44	0 38 16	7 15 17	9 58 23	26 34 14	11 28 60	26 49 27	16 02 57	12 52 10
4 Sa	23 02 52	8 ♈ 22 03	14 57 54	12 03 39	18 05 17	27 28 03	0 25 33	7 22 12	9 51 58	26 31 32	11 29 37	26 52 04	16 02 16	12 53 18
5 Su	24 02 27	21 42 53	28 33 01	13 46 43	19 21 06	28 14 57	0 14 21	7 30 27	9 47 05	26 30 23	11 31 49	26 56 21	16 03 13	12 56 06
6 M	25 04 21	5 ♉ 35 07	12 ♉ 40 10	15 29 24	20 39 16	29 04 09	0 05 26	7 40 44	9 44 29	26 31 32	11 36 18	27 03 01	16 06 33	13 01 16
7 Tu	26 08 49	19 59 34	27 18 42	17 11 53	22 00 01	29 55 52	29 ♊ 59 02	7 53 18	9 44 23	26 35 11	11 43 17	27 12 18	16 12 28	13 09 02
8 W	27 15 29	4 ♊ 53 16	12 ♊ 23 47	18 53 48	23 22 58	0 ♏ 49 45	29 54 46	8 07 45	9 46 26	26 40 59	11 52 26	27 23 50	16 20 37	13 19 02
9 Th	28 23 26	20 09 03	27 46 34	20 34 13	24 47 14	1 44 52	29 51 47	8 23 12	9 49 43	26 48 02	12 02 50	27 36 44	16 30 06	13 30 23
10 F	29 31 27	5 ♋ 36 14	13 ♋ 15 13	22 11 52	26 11 34	2 40 01	29 48 50	8 38 25	9 53 02	26 55 06	12 13 14	27 49 44	16 39 41	13 41 50
11 Sa	0 ♑ 38 16	21 02 16	28 37 05	23 45 27	27 34 43	3 33 55	29 44 40	8 52 07	9 55 05	27 00 55	12 22 24	28 01 35	16 48 05	13 52 06
12 Su	1 42 54	6 ♌ 15 15	13 ♌ 41 06	25 14 00	28 55 43	4 25 36	29 38 21	9 03 21	9 54 56	27 04 32	12 29 20	28 11 19	16 54 22	14 00 15
13 M	2 44 56	21 05 55	28 19 39	26 37 01	0 ♑ 14 07	5 14 38	29 29 25	9 11 38	9 52 09	27 05 29	12 33 37	28 18 29	16 58 04	14 05 50
14 Tu	3 44 33	5 ♍ 28 60	12 ♍ 29 12	27 54 38	1 30 06	6 01 11	29 18 06	9 17 11	9 46 54	27 03 58	12 35 26	28 23 17	16 59 22	14 09 01
15 W	4 42 27	19 23 13	26 09 59	29 07 32	2 44 24	6 45 59	29 05 07	9 20 43	9 39 56	27 00 43	12 35 29	28 26 25	16 59 00	14 10 32
16 Th	5 39 46	2 ♎ 50 28	9 ♎ 25 00	0 ♒ 16 45	3 58 07	7 30 08	28 51 35	9 23 18	9 32 20	26 56 49	12 34 53	28 28 60	16 58 04	14 11 29
17 F	6 37 41	15 54 42	22 18 46	1 23 26	5 12 27	8 14 50	28 38 43	9 26 10	9 25 19	26 53 29	12 34 50	28 32 14	16 57 47	14 13 04
18 Sa	7 37 18	28 40 41	4 ♏ 56 16	2 28 36	6 28 29	9 01 10	28 27 38	9 30 24	9 20 00	26 51 49	12 36 26	28 37 12	16 59 13	14 16 23
19 Su	8 39 23	11 ♏ 13 09	17 22 09	3 32 57	7 46 60	9 49 55	28 19 05	9 36 45	9 17 09	26 52 34	12 40 27	28 44 41	17 03 09	14 22 12
20 M	9 44 15	23 36 08	29 40 16	4 36 42	9 08 18	10 41 23	28 13 26	9 45 33	9 17 04	26 56 05	12 47 12	28 54 60	17 09 54	14 30 50
21 Tu	10 51 45	5 ♐ 52 43	11 ♐ 53 20	5 39 36	10 32 15	11 35 24	28 10 31	9 56 38	9 19 38	27 02 11	12 56 32	29 07 58	17 19 18	14 42 08
22 W	12 01 16	18 04 52	24 03 04	6 40 57	11 58 14	12 31 24	28 09 44	10 09 23	9 24 13	27 10 16	13 07 49	29 23 00	17 30 46	14 55 28
23 Th	13 11 52	0 ♑ 13 44	6 ♑ 10 21	7 39 42	13 25 19	13 28 24	28 10 11	10 22 52	9 29 54	27 19 25	13 20 09	29 39 10	17 43 20	15 09 56
24 F	14 22 27	12 19 48	18 15 35	8 34 38	14 52 23	14 25 19	28 10 46	10 35 60	9 35 35	27 28 32	13 32 24	29 55 21	17 55 56	15 24 24
25 Sa	15 31 55	24 23 26	0 ♒ 19 06	9 24 34	16 18 20	15 21 02	28 10 23	10 47 39	9 40 12	27 36 30	13 43 29	0 ♓ 10 27	18 07 26	15 37 47
26 Su	16 39 21	6 ♒ 25 13	12 21 37	10 08 26	17 42 17	16 14 40	28 08 09	10 56 56	9 42 48	27 42 25	13 52 30	0 23 34	18 16 57	15 49 10
27 M	17 44 11	18 26 22	24 24 36	10 45 33	19 03 37	17 05 38	28 03 29	11 03 15	9 42 50	27 45 42	13 58 51	0 34 06	18 23 54	15 57 58
28 Tu	18 46 14	0 ♓ 29 04	6 ♓ 30 31	11 15 38	20 22 11	17 53 44	27 56 15	11 06 26	9 40 09	27 46 12	14 02 23	0 41 54	18 28 06	16 04 02
29 W	19 45 47	12 36 31	18 42 54	11 38 52	21 38 17	18 39 16	27 46 43	11 06 47	9 35 01	27 44 12	14 03 22	0 47 15	18 29 50	16 07 38
30 Th	20 43 31	24 53 00	1 ♈ 06 20	11 55 48	22 52 33	19 22 55	27 35 35	11 04 57	9 28 06	27 40 21	14 02 30	0 50 49	18 29 47	16 09 26

Notes

LONGITUDE

July 1960

Day	☉	0 hr ☽	Noon ☽	☿	♀	♂	⚵	⚳	♃	♄	⚷	♅	♆	♇
1 F	21 ♑ 40 24	7 ♈ 23 38	13 ♈ 46 07	12 ♒ 07 21	24 ♑ 05 59	20 ♏ 05 37	27 ♊ 23 48	11 ♍ 01 55	9 ♋ 20 24	27 ♋ 35 39	14 ♍ 00 42	0 ♓ 53 33	18 ♉ 28 55	16 ♓ 10 24
2 Sa	22 37 30	20 13 54	26 47 42	12 14 30	25 19 39	20 48 29	27 12 30	10 58 45	9 13 00	27 31 10	13 59 07	0 56 33	18 28 19	16 11 38
3 Su	23 35 52	3 ♉ 29 03	10 ♉ 15 59	12 18 15	26 34 34	21 32 32	27 02 41	10 56 30	9 06 55	27 27 55	13 58 43	1 00 50	18 29 00	16 14 09
4 M	24 36 12	17 13 06	24 14 14	12 19 18	27 51 29	22 18 28	26 55 06	10 55 53	9 02 54	27 26 40	14 00 16	1 07 09	18 31 43	16 18 40
5 Tu	25 38 48	1 ♊ 27 54	8 ♊ 43 01	12 17 59	29 10 40	23 06 36	26 50 03	10 57 10	9 01 13	27 27 40	14 04 01	1 15 44	18 36 42	16 25 29
6 W	26 43 24	16 11 59	23 39 16	12 14 05	0 ♒ 31 51	23 56 40	26 47 15	11 00 07	9 01 38	27 30 40	14 09 45	1 26 22	18 43 45	16 34 19
7 Th	27 49 17	1 ♋ 20 03	8 ♋ 55 51	12 06 59	1 54 19	24 47 54	26 45 60	11 03 59	9 03 23	27 34 57	14 16 41	1 38 18	18 52 05	16 44 27
8 F	28 55 20	16 42 59	24 22 18	11 55 48	3 16 59	25 39 15	26 45 12	11 07 42	9 05 25	27 39 25	14 23 46	1 50 26	19 00 39	16 54 47
9 Sa	0 ♒ 00 28	2 ♌ 09 11	9 ♌ 46 21	11 39 37	4 38 42	26 29 34	26 43 45	11 10 08	9 06 37	27 42 56	14 29 52	2 01 40	19 08 18	17 04 13
10 Su	1 03 46	17 26 31	24 56 18	11 17 53	5 58 36	27 17 58	26 40 44	11 10 23	9 06 04	27 44 38	14 34 05	2 11 05	19 14 08	17 11 49
11 M	2 04 46	2 ♍ 24 38	9 ♍ 43 03	10 50 30	7 16 13	28 04 00	26 35 44	11 07 60	9 03 20	27 44 03	14 35 58	2 18 14	19 17 44	17 17 10
12 Tu	3 03 34	16 56 27	24 01 15	10 17 59	8 31 37	28 47 44	26 28 49	11 03 03	8 58 29	27 41 16	14 35 35	2 23 11	19 19 08	17 20 18
13 W	4 00 43	0 ♎ 58 52	7 ♎ 49 26	9 41 23	9 45 22	29 29 42	26 20 32	10 56 07	8 52 05	27 36 49	14 33 30	2 26 30	19 18 55	17 21 48
14 Th	4 57 06	14 32 14	21 09 16	9 02 11	10 58 21	0 ♐ 10 49	26 11 46	10 48 04	8 45 01	27 31 36	14 30 35	2 29 03	19 17 56	17 22 32
15 F	5 53 41	27 39 28	4 ♏ 04 34	8 21 60	12 11 32	0 52 02	26 03 31	10 39 55	8 38 16	27 26 37	14 27 51	2 31 51	19 17 12	17 23 30
16 Sa	6 51 26	10 ♏ 24 58	16 40 11	7 42 23	13 25 52	1 34 18	25 56 44	10 32 33	8 32 47	27 22 47	14 26 12	2 35 47	19 17 38	17 25 37
17 Su	7 50 58	22 53 35	29 01 08	7 04 42	14 42 00	2 18 15	25 52 03	10 26 40	8 29 13	27 20 46	14 26 18	2 41 33	19 19 53	17 29 33
18 M	8 52 38	5 ♐ 10 02	11 ♐ 12 01	6 29 59	16 00 15	3 04 13	25 49 48	10 22 35	8 27 53	27 20 52	14 28 27	2 49 25	19 24 16	17 35 36
19 Tu	9 56 19	17 18 23	23 16 42	5 58 49	17 20 32	3 52 07	25 49 54	10 20 12	8 28 42	27 23 01	14 32 36	2 59 20	19 30 43	17 43 41
20 W	11 01 37	29 21 51	5 ♑ 18 08	5 31 29	18 42 24	4 41 29	25 51 55	10 19 07	8 31 15	27 26 47	14 38 18	3 10 52	19 38 47	17 53 23
21 Th	12 07 49	11 ♑ 22 50	17 18 25	5 07 55	20 05 10	5 31 39	25 55 10	10 18 38	8 34 50	27 31 28	14 44 51	3 23 18	19 47 47	18 03 60
22 F	13 14 04	23 23 02	29 18 59	4 47 54	21 27 60	6 21 46	25 58 48	10 17 54	8 38 36	27 36 14	14 51 25	3 35 48	19 56 51	18 14 40
23 Sa	14 19 34	5 ♒ 23 39	11 ♒ 20 53	4 31 08	22 50 03	7 10 59	26 01 59	10 16 08	8 41 44	27 40 16	14 57 10	3 47 33	20 05 11	18 24 35
24 Su	15 23 35	17 25 44	23 25 02	4 17 26	24 10 38	7 58 38	26 04 03	10 12 37	8 43 33	27 42 51	15 01 25	3 57 50	20 12 04	18 33 02
25 M	16 25 42	29 30 27	5 ♓ 32 40	4 06 46	25 29 18	8 44 14	26 04 31	10 06 54	8 43 36	27 43 32	15 03 42	4 06 11	20 17 03	18 39 34
26 Tu	17 25 44	11 ♓ 39 22	17 45 26	3 59 21	26 45 53	9 27 39	26 03 15	9 58 52	8 41 43	27 42 12	15 03 52	4 12 30	20 20 00	18 44 03
27 W	18 23 53	23 54 38	0 ♈ 05 41	3 55 40	28 00 34	10 09 03	26 00 27	9 48 42	8 38 06	27 38 60	15 02 06	4 16 55	20 21 05	18 46 38
28 Th	19 20 37	6 ♈ 19 06	12 36 30	3 56 27	29 13 50	10 48 55	25 56 33	9 36 52	8 33 13	27 34 25	14 58 53	4 19 55	20 20 46	18 47 49
29 F	20 16 37	18 56 15	25 21 29	4 02 31	0 ♓ 26 21	11 27 55	25 52 15	9 24 04	8 27 45	27 29 07	14 54 54	4 22 11	20 19 44	18 48 16
30 Sa	21 12 39	1 ♉ 49 53	8 ♉ 24 31	4 14 49	1 38 54	12 06 49	25 48 20	9 11 06	8 22 29	27 23 55	14 50 54	4 24 29	20 18 46	18 48 45
31 Su	22 09 26	15 03 47	21 49 11	4 34 09	2 52 12	12 46 21	25 45 30	8 58 40	8 18 07	27 19 30	14 47 37	4 27 33	20 18 34	18 49 59

LONGITUDE

August 1960

Day	☉	0 hr ☽	Noon ☽	☿	♀	♂	⚵	⚳	♃	♄	⚷	♅	♆	♇
1 M	23 ♒ 07 30	28 ♉ 41 01	5 ♊ 38 05	5 ♒ 01 05	4 ♓ 06 46	13 ♐ 27 02	25 ♊ 44 17	8 ♍ 47 20	8 ♋ 15 13	27 ♋ 16 25	14 ♍ 45 36	4 ♓ 31 54	20 ♉ 19 41	18 ♓ 52 31
2 Tu	24 07 05	12 ♊ 43 14	19 51 59	5 35 51	5 22 50	14 09 07	25 44 55	8 37 20	8 13 58	27 14 53	14 45 03	4 37 45	20 22 20	18 56 34
3 W	25 08 03	27 09 48	4 ♋ 29 08	6 18 18	6 40 17	14 52 26	25 47 16	8 28 32	8 14 16	27 14 46	14 45 51	4 44 59	20 26 23	19 01 60
4 Th	26 09 56	11 ♋ 57 20	19 24 44	7 07 56	7 58 38	15 36 33	25 50 51	8 20 30	8 15 40	27 15 38	14 47 31	4 53 08	20 31 23	19 08 20
5 F	27 12 03	26 59 31	4 ♌ 31 14	8 03 60	9 17 12	16 20 46	25 55 01	8 12 34	8 17 27	27 16 47	14 49 25	5 01 32	20 36 38	19 14 56
6 Sa	28 13 43	12 ♌ 07 38	19 39 08	9 05 39	10 35 18	17 04 22	25 59 02	8 04 01	8 18 56	27 17 30	14 50 48	5 09 26	20 41 26	19 21 02
7 Su	29 14 19	27 11 53	4 ♍ 38 32	10 12 11	11 52 19	17 46 47	26 02 19	7 54 17	8 19 32	27 17 12	14 51 06	5 16 16	20 45 11	19 26 05
8 M	0 ♓ 13 32	12 ♍ 02 55	19 20 44	11 23 08	13 07 56	18 27 40	26 04 31	7 43 03	8 18 54	27 15 35	14 49 58	5 21 43	20 47 34	19 29 45
9 Tu	1 11 22	26 33 18	3 ♎ 39 27	12 38 17	14 22 09	19 07 02	26 05 40	7 30 20	8 17 03	27 12 37	14 47 25	5 25 46	20 48 35	19 32 01
10 W	2 08 05	10 ♎ 38 22	17 31 27	13 57 42	15 35 15	19 45 08	26 06 00	7 16 24	8 14 15	27 08 35	14 43 44	5 28 41	20 48 30	19 33 10
11 Th	3 04 12	24 16 26	0 ♏ 56 19	15 21 38	16 47 43	20 22 28	26 06 02	7 01 47	8 11 00	27 03 60	14 39 24	5 30 59	20 47 49	19 33 41
12 F	4 00 16	7 ♏ 28 23	13 55 60	16 50 22	18 00 06	20 59 35	26 06 20	6 47 03	8 07 52	26 59 23	14 34 58	5 33 12	20 47 06	19 34 08
13 Sa	4 56 48	20 16 59	26 33 58	18 24 06	19 12 56	21 37 01	26 07 23	6 32 43	8 05 21	26 55 18	14 30 58	5 35 52	20 46 50	19 35 02
14 Su	5 54 12	2 ♐ 46 09	8 ♐ 54 34	20 02 53	20 26 36	22 15 09	26 09 36	6 19 12	8 03 51	26 52 08	14 27 48	5 39 21	20 47 27	19 36 47
15 M	6 52 38	15 00 19	21 02 23	21 46 33	21 41 18	22 54 10	26 13 10	6 06 43	8 03 35	26 50 03	14 25 39	5 43 53	20 49 08	19 39 34
16 Tu	7 52 07	27 03 55	3 ♑ 01 52	23 34 42	22 57 01	23 34 04	26 18 03	5 55 15	8 04 30	26 49 04	14 24 30	5 49 26	20 51 50	19 43 22
17 W	8 52 27	9 ♑ 01 09	14 57 03	25 26 42	24 13 33	24 14 37	26 24 05	5 44 37	8 06 25	26 48 58	14 24 09	5 55 47	20 55 24	19 47 59
18 Th	9 53 16	20 55 44	26 51 27	27 21 50	25 30 33	24 55 29	26 30 53	5 34 29	8 09 00	26 49 25	14 24 16	6 02 36	20 59 27	19 53 05
19 F	10 54 11	2 ♒ 50 51	8 ♒ 47 59	29 19 15	26 47 38	25 36 17	26 38 05	5 24 29	8 11 51	26 50 01	14 24 27	6 09 30	21 03 37	19 58 16
20 Sa	11 54 49	14 49 10	20 49 01	1 ♓ 18 10	28 04 23	26 16 36	26 45 16	5 14 15	8 14 34	26 50 23	14 24 19	6 16 04	21 07 30	20 03 08
21 Su	12 54 50	26 52 51	2 ♓ 56 28	3 17 53	29 20 32	26 56 09	26 52 08	5 03 27	8 16 51	26 50 13	14 23 34	6 22 01	21 10 46	20 07 23
22 M	13 54 05	9 ♓ 03 43	15 11 57	5 17 51	0 ♈ 35 51	27 34 43	26 58 30	4 51 57	8 18 30	26 49 18	14 21 59	6 27 09	21 13 16	20 10 49
23 Tu	14 52 29	21 23 18	27 36 49	7 17 39	1 50 19	28 12 15	27 04 18	4 39 41	8 19 29	26 47 37	14 19 33	6 31 24	21 14 56	20 13 23
24 W	15 50 09	3 ♈ 52 59	10 ♈ 12 23	9 17 05	3 04 00	28 48 52	27 09 39	4 26 47	8 19 54	26 45 16	14 16 22	6 34 54	21 15 52	20 15 13
25 Th	16 47 17	16 34 10	22 59 59	11 16 04	4 17 09	29 24 46	27 14 44	4 13 29	8 19 57	26 42 27	14 12 37	6 37 50	21 16 17	20 16 29
26 F	17 44 11	29 28 11	6 ♉ 00 57	13 14 38	5 30 01	0 ♑ 00 13	27 19 50	4 00 02	8 19 55	26 39 26	14 08 36	6 40 29	21 16 27	20 17 29
27 Sa	18 41 06	12 ♉ 36 24	19 16 39	15 12 53	6 42 53	0 35 30	27 25 14	3 46 47	8 20 05	26 36 32	14 04 36	6 43 09	21 16 39	20 18 30
28 Su	19 38 18	26 00 03	2 ♊ 48 11	17 10 51	7 56 00	1 10 52	27 31 11	3 33 58	8 20 41	26 33 58	14 00 53	6 46 04	21 17 09	20 19 46
29 M	20 35 56	9 ♊ 39 60	16 36 11	19 08 32	9 09 32	1 46 28	27 37 49	3 21 44	8 21 54	26 31 55	13 57 34	6 49 22	21 18 04	20 21 27
30 Tu	21 34 01	23 36 25	0 ♋ 40 24	21 05 50	10 23 29	2 22 20	27 45 10	3 10 08	8 23 43	26 30 23	13 54 41	6 53 06	21 19 28	20 23 34
31 W	22 32 29	7 ♋ 48 26	14 59 23	23 02 35	11 37 47	2 58 22	27 53 09	2 59 06	8 26 05	26 29 17	13 52 11	6 57 10	21 21 14	20 26 02

Notes

September 1960 — LONGITUDE

Day	☉	0 hr ☽	Noon ☽	☿	♀	♂	⚵	⚳	♃	♄	⚷	♅	♆	♇
1 Th	23 ♓ 31 10	22 ♋ 13 53	29 ♋ 30 12	24 ♓ 58 32	12 ♈ 52 16	3 ♑ 34 24	28 ♊ 01 36	2 ♍ 48 29	8 ♋ 28 50	26 ♋ 28 29	13 ♍ 49 53	7 ♓ 01 25	21 ♉ 23 14	20 ♓ 28 42
2 F	24 29 54	6 ♌ 49 02	14 ♌ 08 26	26 53 27	14 06 46	4 10 17	28 10 20	2 38 08	8 31 47	26 27 48	13 47 37	7 05 41	21 25 16	20 31 23
3 Sa	25 28 31	21 28 49	28 48 23	28 47 09	15 21 07	4 45 51	28 19 12	2 27 53	8 34 47	26 27 04	13 45 15	7 09 48	21 27 12	20 33 56
4 Su	26 26 58	6 ♍ 07 09	13 ♍ 23 42	0 ♈ 39 30	16 35 16	5 21 00	28 28 07	2 17 40	8 37 45	26 26 14	13 42 40	7 13 42	21 28 57	20 36 17
5 M	27 25 13	20 37 40	27 48 07	2 30 29	17 49 11	5 55 46	28 37 05	2 07 30	8 40 42	26 25 17	13 39 54	7 17 23	21 30 32	20 38 25
6 Tu	28 23 22	4 ♎ 54 30	11 ♎ 56 17	4 20 10	19 02 58	6 30 12	28 46 10	1 57 29	8 43 41	26 24 17	13 37 01	7 20 54	21 31 59	20 40 24
7 W	29 21 31	18 52 57	25 44 18	6 08 39	20 16 42	7 04 23	28 55 28	1 47 41	8 46 48	26 23 21	13 34 07	7 24 22	21 33 26	20 42 21
8 Th	0 ♈ 19 45	2 ♏ 30 02	9 ♏ 10 06	7 56 02	21 30 30	7 38 26	29 05 05	1 38 14	8 50 10	26 22 33	13 31 17	7 27 53	21 34 57	20 44 21
9 F	1 18 07	15 44 35	22 13 26	9 42 22	22 44 23	8 12 23	29 15 02	1 29 10	8 53 48	26 21 58	13 28 35	7 31 29	21 36 37	20 46 28
10 Sa	2 16 38	28 37 10	4 ♐ 55 43	11 27 38	23 58 22	8 46 14	29 25 20	1 20 31	8 57 43	26 21 35	13 25 60	7 35 10	21 38 23	20 48 40
11 Su	3 15 12	11 ♐ 09 53	17 19 38	13 11 49	25 12 22	9 19 53	29 35 54	1 12 11	9 01 51	26 21 20	13 23 29	7 38 52	21 40 14	20 50 54
12 M	4 13 45	23 25 53	29 28 50	14 54 48	26 26 19	9 53 15	29 46 39	1 04 07	9 06 04	26 21 06	13 20 54	7 42 28	21 42 01	20 53 03
13 Tu	5 12 09	5 ♑ 29 10	11 ♑ 27 31	16 36 31	27 40 04	10 26 13	29 57 26	0 56 10	9 10 17	26 20 47	13 18 11	7 45 53	21 43 39	20 55 01
14 W	6 10 19	17 24 09	23 20 13	18 16 52	28 53 33	10 58 42	0 ♋ 08 13	0 48 18	9 14 25	26 20 19	13 15 14	7 49 00	21 45 03	20 56 44
15 Th	7 08 15	29 15 26	5 ♒ 11 31	19 55 52	0 ♉ 06 44	11 30 39	0 18 55	0 40 28	9 18 26	26 19 39	13 12 01	7 51 50	21 46 12	20 58 09
16 F	8 05 58	11 ♒ 07 36	17 05 49	21 33 36	1 19 42	12 02 09	0 29 38	0 32 44	9 22 24	26 18 52	13 08 36	7 54 24	21 47 07	20 59 19
17 Sa	9 03 38	23 04 57	29 07 13	23 10 11	2 32 33	12 33 17	0 40 28	0 25 15	9 26 25	26 18 04	13 05 07	7 56 51	21 47 58	21 00 23
18 Su	10 01 26	5 ♓ 11 18	11 ♓ 19 11	24 45 49	3 45 29	13 04 16	0 51 36	0 18 11	9 30 42	26 17 28	13 01 45	7 59 22	21 48 56	21 01 32
19 M	10 59 33	17 29 50	23 44 31	26 20 46	4 58 43	13 35 19	1 03 16	0 11 47	9 35 27	26 17 16	12 58 44	8 02 09	21 50 13	21 02 59
20 Tu	11 58 14	0 ♈ 02 54	6 ♈ 25 07	27 55 13	6 12 27	14 06 36	1 15 39	0 06 15	9 40 52	26 17 40	12 56 15	8 05 26	21 52 02	21 04 56
21 W	12 57 34	12 51 53	19 21 54	29 29 19	7 26 49	14 38 15	1 28 53	0 01 42	9 47 05	26 18 49	12 54 26	8 09 19	21 54 30	21 07 30
22 Th	13 57 36	25 57 07	2 ♉ 34 47	1 ♉ 03 06	8 41 50	15 10 18	1 42 60	29 ♌ 58 10	9 54 07	26 20 43	12 53 19	8 13 50	21 57 39	21 10 43
23 F	14 58 13	9 ♉ 17 58	16 02 45	2 36 27	9 57 22	15 42 37	1 57 51	29 55 33	10 01 52	26 23 16	12 52 47	8 18 52	22 01 22	21 14 28
24 Sa	15 59 08	22 52 57	29 44 03	4 09 07	11 13 12	16 14 56	2 13 12	29 53 34	10 10 03	26 26 12	12 52 34	8 24 10	22 05 23	21 18 30
25 Su	17 00 02	6 ♊ 40 01	13 ♊ 36 25	5 40 45	12 28 57	16 46 55	2 28 41	29 51 54	10 18 21	26 29 10	12 52 20	8 29 23	22 09 22	21 22 28
26 M	18 00 32	20 36 45	27 37 25	7 10 59	13 44 16	17 18 11	2 43 57	29 50 11	10 26 21	26 31 49	12 51 43	8 34 08	22 12 56	21 25 59
27 Tu	19 00 20	4 ♋ 40 45	11 ♋ 44 38	8 39 30	14 58 50	17 48 25	2 58 40	29 48 05	10 33 47	26 33 49	12 50 24	8 38 07	22 15 47	21 28 46
28 W	19 59 17	18 49 46	25 55 49	10 06 09	16 12 30	18 17 29	3 12 42	29 45 29	10 40 30	26 35 03	12 48 15	8 41 12	22 17 46	21 30 39
29 Th	20 57 26	3 ♌ 01 46	10 ♌ 08 54	11 30 58	17 25 21	18 45 25	3 26 06	29 42 27	10 46 32	26 35 34	12 45 20	8 43 26	22 18 58	21 31 43
30 F	21 55 06	17 14 50	24 21 53	12 54 14	18 37 39	19 12 31	3 39 10	29 39 14	10 52 12	26 35 39	12 41 55	8 45 07	22 19 39	21 32 13

October 1960 — LONGITUDE

Day	☉	0 hr ☽	Noon ☽	☿	♀	♂	⚵	⚳	♃	♄	⚷	♅	♆	♇
1 Sa	22 ♈ 52 42	1 ♍ 26 60	8 ♍ 32 37	14 ♉ 16 22	19 ♉ 49 51	19 ♑ 39 14	3 ♋ 52 20	29 ♌ 36 18	10 ♋ 57 55	26 ♋ 35 45	12 ♍ 38 29	8 ♓ 46 40	22 ♉ 20 16	21 ♓ 32 39
2 Su	23 50 47	15 36 01	22 38 42	15 37 52	21 02 29	20 06 04	4 06 07	29 34 11	11 04 14	26 36 23	12 35 31	8 48 39	22 21 20	21 33 30
3 M	24 49 50	29 39 17	6 ♎ 37 24	16 59 10	22 16 02	20 33 31	4 21 00	29 33 22	11 11 37	26 38 02	12 33 32	8 51 30	22 23 21	21 35 15
4 Tu	25 50 09	13 ♎ 33 53	20 25 50	18 20 34	23 30 49	21 01 53	4 37 19	29 34 09	11 20 23	26 41 03	12 32 52	8 55 35	22 26 38	21 38 15
5 W	26 51 53	27 16 45	4 ♏ 01 07	19 42 08	24 46 57	21 31 16	4 55 10	29 36 40	11 30 40	26 45 31	12 33 35	9 01 00	22 31 18	21 42 36
6 Th	27 54 51	10 ♏ 45 06	17 20 53	21 03 38	26 04 17	22 01 32	5 14 25	29 40 45	11 42 18	26 51 18	12 35 35	9 07 35	22 37 11	21 48 09
7 F	28 58 42	23 56 48	0 ♐ 23 32	22 24 38	27 22 26	22 32 17	5 34 39	29 46 02	11 54 54	26 58 00	12 38 27	9 14 59	22 43 55	21 54 31
8 Sa	0 ♉ 02 52	6 ♐ 50 42	13 08 33	23 44 31	28 40 52	23 02 57	5 55 21	29 51 58	12 07 55	27 05 06	12 41 40	9 22 37	22 50 57	22 01 09
9 Su	1 06 46	19 26 52	25 36 40	25 02 35	29 58 58	23 32 57	6 15 53	29 57 56	12 20 46	27 11 58	12 44 36	9 29 55	22 57 41	22 07 27
10 M	2 09 49	1 ♑ 46 42	7 ♑ 49 52	26 18 09	1 ♊ 16 11	24 01 42	6 35 43	0 ♍ 03 22	12 32 52	27 18 03	12 46 44	9 36 18	23 03 34	22 12 52
11 Tu	3 11 39	13 52 52	19 51 15	27 30 42	2 32 06	24 28 47	6 54 26	0 07 54	12 43 49	27 22 58	12 47 38	9 41 21	23 08 10	22 16 59
12 W	4 12 03	25 49 07	1 ♒ 44 59	28 39 56	3 46 34	24 54 01	7 11 51	0 11 19	12 53 27	27 26 31	12 47 08	9 44 56	23 11 20	22 19 38
13 Th	5 11 09	7 ♒ 40 09	13 35 55	29 45 48	4 59 40	25 17 30	7 28 05	0 13 43	13 01 52	27 28 48	12 45 20	9 47 07	23 13 10	22 20 55
14 F	6 09 17	19 31 16	25 29 28	0 ♊ 48 27	6 11 45	25 39 34	7 43 28	0 15 29	13 09 24	27 30 11	12 42 36	9 48 16	23 14 00	22 21 11
15 Sa	7 07 03	1 ♓ 28 04	7 ♓ 31 08	1 48 17	7 23 26	26 00 49	7 58 36	0 17 11	13 16 40	27 31 16	12 39 30	9 48 58	23 14 27	22 21 02
16 Su	8 05 10	13 36 04	19 46 14	2 45 47	8 35 23	26 21 56	8 14 10	0 19 31	13 24 21	27 32 43	12 36 45	9 49 55	23 15 12	22 21 09
17 M	9 04 18	26 00 14	2 ♈ 19 19	3 41 23	9 48 20	26 43 36	8 30 54	0 23 11	13 33 09	27 35 16	12 35 04	9 51 50	23 16 57	22 22 14
18 Tu	10 05 04	8 ♈ 44 32	15 13 46	4 35 22	11 02 51	27 06 24	8 49 21	0 28 47	13 43 39	27 39 29	12 35 02	9 55 17	23 20 18	22 24 54
19 W	11 07 47	21 51 23	28 31 14	5 27 46	12 19 16	27 30 39	9 09 52	0 36 37	13 56 12	27 45 43	12 36 57	10 00 37	23 25 35	22 29 27
20 Th	12 12 27	5 ♉ 21 15	12 ♉ 11 15	6 18 11	13 37 35	27 56 21	9 32 26	0 46 42	14 10 46	27 53 56	12 40 51	10 07 49	23 32 47	22 35 54
21 F	13 18 41	19 12 22	26 11 09	7 05 50	14 57 25	28 23 05	9 56 40	0 58 38	14 26 59	28 03 47	12 46 20	10 16 29	23 41 30	22 43 51
22 Sa	14 25 44	3 ♊ 20 53	10 ♊ 26 19	7 49 34	16 18 02	28 50 08	10 21 51	1 11 42	14 44 07	28 14 31	12 52 41	10 25 56	23 51 03	22 52 36
23 Su	15 32 44	17 41 19	24 50 48	8 27 57	17 38 31	29 16 35	10 47 04	1 24 59	15 01 15	28 25 14	12 58 59	10 35 13	24 00 29	23 01 12
24 M	16 38 42	2 ♋ 07 28	9 ♋ 18 20	8 59 33	18 57 57	29 41 28	11 11 22	1 37 32	15 17 27	28 34 60	13 04 18	10 43 25	24 08 53	23 08 45
25 Tu	17 42 58	16 33 25	23 43 20	9 23 04	20 15 38	0 ♒ 04 06	11 34 03	1 48 39	15 32 02	28 43 06	13 07 56	10 49 50	24 15 33	23 14 32
26 W	18 45 13	0 ♌ 54 27	8 ♌ 01 39	9 37 37	21 31 14	0 24 09	11 54 49	1 58 02	15 44 40	28 49 14	13 09 35	10 54 09	24 20 10	23 18 14
27 Th	19 45 36	15 07 33	22 10 56	9 42 46	22 44 55	0 41 47	12 13 50	2 05 50	15 55 31	28 53 34	13 09 24	10 56 32	24 22 55	23 20 02
28 F	20 44 46	29 11 25	6 ♍ 10 25	9 38 34	23 57 21	0 57 36	12 31 43	2 12 42	16 05 13	28 56 44	13 08 02	10 57 37	24 24 25	23 20 33
29 Sa	21 43 40	13 ♍ 06 05	20 00 28	9 25 25	25 09 27	1 12 34	12 49 26	2 19 33	16 14 44	28 59 41	13 06 26	10 58 22	24 25 37	23 20 45
30 Su	22 43 22	26 52 15	3 ♎ 41 55	9 03 55	26 22 17	1 27 44	13 08 01	2 27 27	16 25 06	29 03 29	13 05 39	10 59 49	24 27 34	23 21 42
31 M	23 44 48	10 ♎ 30 38	17 15 25	8 34 44	27 36 49	1 44 02	13 28 27	2 37 22	16 37 17	29 09 04	13 06 39	11 02 57	24 31 15	23 24 20

Notes

LONGITUDE — November 1960

Day	☉	0 hr ☽	Noon ☽	☿	♀	♂	⚵	⚳	♃	♄	⚷	♅	♆	♇
1 Tu	24 ♉ 48 38	24 ♎ 01 27	0 ♏ 41 01	7 ♊ 58 26	28 ♊ 53 42	2 ♒ 02 07	13 ♋ 51 22	2 ♍ 49 56	16 ♋ 51 57	29 ♋ 17 06	13 ♍ 10 05	11 ♓ 08 24	24 ♉ 37 19	23 ♓ 29 19
2 W	25 55 05	7 ♏ 24 11	13 58 02	7 15 25	0 ♋ 13 08	2 22 12	14 17 00	3 05 23	17 09 18	29 27 49	13 16 11	11 16 24	24 45 58	23 36 52
3 Th	27 03 57	20 37 35	27 05 09	6 26 00	1 34 55	2 44 01	14 45 07	3 23 29	17 29 06	29 40 59	13 24 42	11 26 42	24 56 59	23 46 45
4 F	28 14 33	3 ♐ 39 55	10 ♐ 00 50	5 30 32	2 58 24	3 06 55	15 15 03	3 43 33	17 50 42	29 55 55	13 34 59	11 38 41	25 09 43	23 58 20
5 Sa	29 25 57	16 29 35	22 43 41	4 29 28	4 22 37	3 29 58	15 45 52	4 04 40	18 13 11	0 ♌ 11 43	13 46 07	11 51 23	25 23 13	24 10 40
6 Su	0 ♊ 37 06	29 05 25	5 ♑ 13 01	3 23 35	5 46 31	3 52 04	16 16 30	4 25 45	18 35 27	0 27 17	13 57 01	12 03 44	25 36 26	24 22 40
7 M	1 46 59	11 ♑ 27 19	17 29 13	2 14 07	7 09 06	4 12 12	16 45 57	4 45 49	18 56 31	0 41 39	14 06 41	12 14 45	25 48 21	24 33 22
8 Tu	2 54 52	23 36 23	29 33 56	1 02 46	8 29 36	4 29 36	17 13 27	5 04 05	19 15 38	0 54 01	14 14 21	12 23 39	25 58 12	24 41 58
9 W	4 00 19	5 ♒ 35 08	11 ♒ 30 10	29 ♉ 51 42	9 47 37	4 43 51	17 38 37	5 20 09	19 32 22	1 04 01	14 19 39	12 30 04	26 05 37	24 48 06
10 Th	5 03 23	17 27 31	23 22 15	28 43 25	11 03 12	4 54 59	18 01 28	5 34 04	19 46 46	1 11 40	14 22 35	12 33 60	26 10 36	24 51 48
11 F	6 04 32	29 18 36	5 ♓ 15 35	27 40 35	12 16 48	5 03 26	18 22 28	5 46 16	19 59 18	1 17 26	14 23 38	12 35 56	26 13 39	24 53 30
12 Sa	7 04 36	11 ♓ 14 24	17 16 20	26 45 51	13 29 15	5 10 02	18 42 27	5 57 36	20 10 48	1 22 09	14 23 37	12 36 41	26 15 33	24 54 04
13 Su	8 04 38	23 21 24	29 31 00	26 01 34	14 41 36	5 15 49	19 02 27	6 09 06	20 22 18	1 26 52	14 23 35	12 37 19	26 17 23	24 54 31
14 M	9 05 43	5 ♈ 46 03	12 ♈ 05 47	25 29 41	15 54 57	5 21 52	19 23 36	6 21 53	20 34 55	1 32 40	14 24 40	12 38 56	26 20 15	24 55 59
15 Tu	10 08 50	18 34 01	25 05 51	25 11 30	17 10 15	5 29 08	19 46 49	6 36 52	20 49 36	1 40 32	14 27 47	12 42 29	26 25 05	24 59 25
16 W	11 14 34	1 ♉ 49 29	8 ♉ 34 33	25 07 33	18 28 08	5 38 13	20 12 45	6 54 42	21 06 57	1 51 04	14 33 35	12 48 34	26 32 32	25 05 25
17 Th	12 23 04	15 34 16	22 32 31	25 17 35	19 48 42	5 49 13	20 41 29	7 15 29	21 27 05	2 04 23	14 42 08	12 57 20	26 42 40	25 14 06
18 F	13 33 50	29 47 08	6 ♊ 57 06	25 40 31	21 11 29	6 01 40	21 12 34	7 38 45	21 49 34	2 20 01	14 53 02	13 08 17	26 55 04	25 25 01
19 Sa	14 45 57	14 ♊ 23 27	21 42 16	26 14 35	22 35 32	6 14 36	21 45 03	8 03 32	22 13 25	2 37 01	15 05 17	13 20 29	27 08 46	25 37 12
20 Su	15 58 05	29 15 38	6 ♋ 39 24	26 57 38	23 59 33	6 26 43	22 17 37	8 28 33	22 37 21	2 54 05	15 17 36	13 32 39	27 22 27	25 49 21
21 M	17 08 56	14 ♋ 14 14	21 38 38	27 47 29	25 22 14	6 36 42	22 48 59	8 52 29	23 00 02	3 09 54	15 28 41	13 43 27	27 34 50	26 00 11
22 Tu	18 17 29	29 09 41	6 ♌ 30 45	28 42 11	26 42 31	6 43 30	23 18 05	9 14 17	23 20 27	3 23 26	15 37 29	13 51 51	27 44 51	26 08 39
23 W	19 23 13	13 ♌ 54 01	21 08 44	29 40 25	27 59 57	6 46 39	23 44 28	9 33 29	23 38 06	3 34 13	15 43 32	13 57 23	27 52 04	26 14 16
24 Th	20 26 21	28 21 59	5 ♍ 28 35	0 ♊ 41 36	29 14 42	6 46 20	24 08 18	9 50 15	23 53 12	3 42 26	15 47 01	14 00 14	27 56 37	26 17 13
25 F	21 27 41	12 ♍ 31 26	19 29 17	1 45 47	0 ♌ 27 34	6 43 19	24 30 22	10 05 24	24 06 31	3 48 52	15 48 43	14 01 11	27 59 20	26 18 18
26 Sa	22 28 23	26 22 48	3 ♎ 12 09	2 53 33	1 39 46	6 38 50	24 51 54	10 20 07	24 19 17	3 54 43	15 49 52	14 01 28	28 01 25	26 18 45
27 Su	23 29 52	9 ♎ 58 15	16 39 50	4 05 40	2 52 39	6 34 14	25 14 16	10 35 46	24 32 50	4 01 22	15 51 48	14 02 26	28 04 14	26 19 53
28 M	24 33 19	23 20 35	29 55 19	5 22 52	4 07 26	6 30 44	25 38 39	10 53 34	24 48 24	4 10 02	15 55 46	14 05 18	28 08 59	26 22 58
29 Tu	25 39 34	6 ♏ 32 25	13 ♏ 01 06	6 45 33	5 24 57	6 29 11	26 05 55	11 14 21	25 06 50	4 21 33	16 02 35	14 10 54	28 16 32	26 28 48
30 W	26 48 59	19 35 37	25 58 49	8 13 37	6 45 31	6 29 54	26 36 22	11 38 27	25 28 25	4 36 14	16 12 35	14 19 35	28 27 11	26 37 44

LONGITUDE — December 1960

Day	☉	0 hr ☽	Noon ☽	☿	♀	♂	⚵	⚳	♃	♄	⚷	♅	♆	♇
1 Th	28 ♊ 01 17	2 ♐ 30 55	8 ♐ 48 59	9 ♊ 46 31	8 ♌ 08 55	6 ♒ 32 39	27 ♋ 09 47	12 ♍ 05 36	25 ♋ 52 57	4 ♌ 53 51	16 ♍ 25 32	14 ♓ 31 05	28 ♉ 40 42	26 ♓ 49 31
2 F	29 15 44	15 18 10	21 31 14	11 23 14	9 34 23	6 36 42	27 45 24	12 35 04	26 19 40	5 13 38	16 40 40	14 44 40	28 56 20	27 03 25
3 Sa	0 ♋ 31 16	27 56 32	4 ♑ 04 44	13 02 24	11 00 50	6 40 56	28 22 08	13 05 46	26 47 29	5 34 32	16 56 54	14 59 15	29 13 00	27 18 19
4 Su	1 46 36	10 ♑ 25 01	16 28 35	14 42 33	12 27 01	6 44 08	28 58 44	13 36 25	27 15 08	5 55 15	17 12 59	15 13 33	29 29 27	27 32 59
5 M	3 00 32	22 43 02	28 42 26	16 22 20	13 51 42	6 45 05	29 34 00	14 05 50	27 41 25	6 14 37	17 27 44	15 26 24	29 44 29	27 46 12
6 Tu	4 12 10	4 ♒ 50 46	10 ♒ 46 54	18 00 38	15 13 59	6 42 53	0 ♌ 06 59	14 33 05	28 05 25	6 31 40	17 40 11	15 36 51	29 57 08	27 57 03
7 W	5 20 54	16 49 40	22 43 49	19 36 48	16 33 18	6 36 59	0 37 09	14 57 36	28 26 33	6 45 53	17 49 47	15 44 21	0 ♊ 06 53	28 04 59
8 Th	6 26 43	28 42 29	4 ♓ 36 25	21 10 37	17 49 34	6 27 19	1 04 25	15 19 18	28 44 46	6 57 10	17 56 29	15 48 50	0 13 39	28 09 55
9 F	7 29 59	10 ♓ 33 22	16 29 16	22 42 26	19 03 13	6 14 20	1 29 11	15 38 37	29 00 29	7 05 56	18 00 42	15 50 43	0 17 51	28 12 16
10 Sa	8 31 32	22 27 39	28 28 02	24 12 59	20 15 03	5 58 51	1 52 18	15 56 22	29 14 30	7 13 01	18 03 14	15 50 48	0 20 18	28 12 51
11 Su	9 32 30	4 ♈ 31 37	10 ♈ 39 12	25 43 19	21 26 10	5 41 60	2 14 51	16 13 39	29 27 56	7 19 30	18 05 11	15 50 13	0 22 07	28 12 47
12 M	10 34 03	16 51 56	23 09 27	27 14 34	22 37 48	5 25 01	2 38 03	16 31 40	29 41 59	7 26 37	18 07 47	15 50 09	0 24 29	28 13 15
13 Tu	11 37 17	29 35 05	6 ♉ 05 01	28 47 49	23 51 01	5 09 01	3 02 58	16 51 30	29 57 44	7 35 26	18 12 06	15 51 42	0 28 30	28 15 23
14 W	12 42 59	12 ♉ 46 33	19 30 46	0 ♋ 23 47	25 06 34	4 54 47	3 30 24	17 13 55	0 ♌ 15 58	7 46 43	18 18 55	15 55 38	0 34 56	28 19 54
15 Th	13 51 24	26 29 50	3 ♊ 29 07	2 02 41	26 24 45	4 42 38	4 00 35	17 39 10	0 36 55	8 00 44	18 28 28	16 02 13	0 44 03	28 27 06
16 F	15 02 12	10 ♊ 45 28	17 59 04	3 44 11	27 45 11	4 32 15	4 33 11	18 06 57	1 00 17	8 17 09	18 40 27	16 11 07	0 55 31	28 36 37
17 Sa	16 14 29	25 30 13	2 ♋ 55 41	5 27 23	29 07 01	4 22 47	5 07 19	18 36 20	1 25 09	8 35 05	18 53 58	16 21 26	1 08 25	28 47 36
18 Su	17 26 59	10 ♋ 36 59	18 10 09	7 10 60	0 ♍ 28 56	4 12 59	5 41 44	19 06 05	1 50 15	8 53 14	19 07 43	16 31 54	1 21 31	28 58 45
19 M	18 38 21	25 55 30	3 ♌ 31 11	8 53 39	1 49 37	4 01 34	6 15 02	19 34 48	2 14 14	9 10 17	19 20 23	16 41 10	1 33 27	29 08 43
20 Tu	19 47 29	11 ♌ 14 06	18 46 59	10 34 16	3 07 56	3 47 29	6 46 09	20 01 25	2 35 59	9 25 06	19 30 52	16 48 09	1 43 06	29 16 25
21 W	20 53 48	26 21 52	3 ♍ 47 27	12 12 16	4 23 21	3 30 12	7 14 31	20 25 21	2 54 58	9 37 09	19 38 35	16 52 16	1 49 56	29 21 16
22 Th	21 57 25	11 ♍ 10 35	18 25 47	13 47 45	5 35 54	3 09 51	7 40 13	20 46 42	3 11 15	9 46 30	19 43 37	16 53 37	1 54 01	29 23 22
23 F	22 59 01	25 35 37	2 ♎ 38 59	15 21 25	6 46 20	2 47 11	8 03 56	21 06 10	3 25 32	9 53 51	19 46 42	16 52 54	1 56 04	29 23 26
24 Sa	23 59 44	9 ♎ 35 53	16 27 19	16 54 24	7 55 44	2 23 23	8 26 49	21 24 51	3 38 56	10 00 20	19 48 55	16 51 14	1 57 11	29 22 34
25 Su	25 00 49	23 13 01	29 53 22	18 27 60	9 05 22	1 59 45	8 50 07	21 44 01	3 52 45	10 07 12	19 51 34	16 49 54	1 58 40	29 22 03
26 M	26 03 25	6 ♏ 30 09	13 ♏ 00 49	20 03 21	10 16 24	1 37 30	9 14 59	22 04 51	4 08 05	10 15 38	19 55 47	16 50 03	2 01 38	29 23 02
27 Tu	27 08 22	19 31 00	25 53 30	21 41 17	11 29 37	1 17 30	9 42 14	22 28 08	4 25 47	10 26 24	20 02 23	16 52 29	2 06 56	29 26 19
28 W	28 15 59	2 ♐ 18 58	8 ♐ 34 46	23 22 09	12 45 21	1 00 07	10 12 12	22 54 11	4 46 10	10 39 52	20 11 42	16 57 32	2 14 51	29 32 15
29 Th	29 26 06	14 56 42	21 07 03	25 05 47	14 03 26	0 45 13	10 44 43	23 22 52	5 09 04	10 55 51	20 23 33	17 05 03	2 25 16	29 40 39
30 F	0 ♌ 38 06	27 25 55	3 ♑ 31 49	26 51 35	15 23 15	0 32 15	11 19 09	23 53 31	5 33 51	11 13 44	20 37 20	17 14 23	2 37 31	29 50 54
31 Sa	1 51 03	9 ♑ 47 35	15 49 46	28 38 39	16 43 50	0 20 20	11 54 34	24 25 14	5 59 35	11 32 34	20 52 06	17 24 38	2 50 42	0 ♈ 02 04

Notes

January 1961 — LONGITUDE

Day	☉	0 hr ☽	Noon ☽	☿	♀	♂	⚴	⚳	♃	♄	⚷	♅	♆	♇
1 Su	3 ♌ 03 53	22 ♑ 02 03	28 ♑ 01 11	0 ♌ 25 55	18 ♍ 04 08	0 ♒ 08 27	12 ♌ 29 55	24 ♍ 56 56	6 ♌ 25 14	11 ♌ 51 18	21 ♍ 06 48	17 ♓ 34 43	3 ♊ 03 44	0 ♈ 13 06
2 M	4 15 35	4 ♒ 09 33	10 ♒ 06 14	2 12 23	19 23 08	29 ♑ 55 36	13 04 09	25 27 37	6 49 44	12 08 55	21 20 24	17 43 38	3 15 36	0 22 58
3 Tu	5 25 19	16 10 33	22 05 30	3 57 15	20 39 59	29 41 01	13 36 29	25 56 26	7 12 17	12 24 35	21 32 05	17 50 32	3 25 29	0 30 50
4 W	6 32 36	28 06 05	4 ♓ 00 16	5 40 01	21 54 12	29 24 17	14 06 24	26 22 53	7 32 24	12 37 48	21 41 21	17 54 57	3 32 53	0 36 14
5 Th	7 37 19	9 ♓ 58 06	15 52 46	7 20 36	23 05 40	29 05 17	14 33 47	26 46 53	7 49 57	12 48 27	21 48 05	17 56 44	3 37 42	0 39 02
6 F	8 39 45	21 49 32	27 46 17	8 59 17	24 14 38	28 44 21	14 58 54	27 08 40	8 05 10	12 56 49	21 52 33	17 56 12	3 40 10	0 39 30
7 Sa	9 40 28	3 ♈ 44 23	9 ♈ 45 11	10 36 41	25 21 42	28 22 07	15 22 22	27 28 51	8 18 44	13 03 30	21 55 22	17 53 56	3 40 55	0 38 16
8 Su	10 40 22	15 47 33	21 54 37	12 13 38	26 27 44	27 59 30	15 45 01	27 48 18	8 31 26	13 09 20	21 57 23	17 50 46	3 40 48	0 36 09
9 M	11 40 21	28 04 34	4 ♉ 20 20	13 51 08	27 33 39	27 37 27	16 07 49	28 07 56	8 44 15	13 15 17	21 59 32	17 47 41	3 40 46	0 34 07
10 Tu	12 41 20	10 ♉ 41 11	17 08 02	15 30 02	28 40 20	27 16 55	16 31 38	28 28 39	8 58 03	13 22 14	22 02 42	17 45 33	3 41 40	0 33 03
11 W	13 43 58	23 42 44	0 ♊ 22 45	17 11 02	29 48 28	26 58 35	16 57 08	28 51 06	9 13 30	13 30 48	22 07 34	17 45 01	3 44 13	0 33 36
12 Th	14 48 34	7 ♊ 13 22	14 07 55	18 54 24	0 ♎ 58 18	26 42 47	17 24 37	29 15 36	9 30 54	13 41 22	22 14 24	17 46 25	3 48 40	0 36 05
13 F	15 54 57	21 15 08	28 24 25	20 40 00	2 09 43	26 29 25	17 53 56	29 41 59	9 50 06	13 53 43	22 23 06	17 49 35	3 54 54	0 40 21
14 Sa	17 02 35	5 ♋ 47 07	13 ♋ 09 45	22 27 16	3 22 07	26 17 55	18 24 32	0 ♎ 09 42	10 10 32	14 07 19	22 33 03	17 53 57	4 02 20	0 45 50
15 Su	18 10 35	20 44 50	28 17 40	24 15 17	4 34 39	26 07 28	18 55 32	0 37 52	10 31 19	14 21 17	22 43 25	17 58 39	4 10 07	0 51 39
16 M	19 17 58	6 ♌ 00 13	13 ♌ 38 40	26 03 04	5 46 19	25 57 07	19 25 57	1 05 31	10 51 30	14 34 38	22 53 12	18 02 44	4 17 16	0 56 52
17 Tu	20 23 56	21 22 42	29 01 17	27 49 46	6 56 18	25 46 03	19 54 58	1 31 49	11 10 14	14 46 33	23 01 35	18 05 21	4 22 58	1 00 37
18 W	21 27 57	6 ♍ 40 50	14 ♍ 14 16	29 34 50	8 04 04	25 33 49	20 22 06	1 56 16	11 27 03	14 56 34	23 08 06	18 06 01	4 26 42	1 02 26
19 Th	22 30 02	21 44 22	29 08 18	1 ♍ 18 10	9 09 37	25 20 23	20 47 18	2 18 52	11 41 54	15 04 36	23 12 41	18 04 43	4 28 28	1 02 17
20 F	23 30 31	6 ♎ 25 45	13 ♎ 37 24	3 00 07	10 13 17	25 06 11	21 10 58	2 39 57	11 55 10	15 11 05	23 15 44	18 01 49	4 28 38	1 00 33
21 Sa	24 30 08	20 40 54	27 39 02	4 41 16	11 15 47	24 51 53	21 33 48	3 00 16	12 07 33	15 16 41	23 17 56	17 58 02	4 27 54	0 57 56
22 Su	25 29 42	4 ♏ 28 54	11 ♏ 13 41	6 22 19	12 17 54	24 38 21	21 56 36	3 20 36	12 19 52	15 22 13	23 20 08	17 54 11	4 27 05	0 55 15
23 M	26 29 57	17 51 21	24 23 51	8 03 55	13 20 25	24 26 20	22 20 08	3 41 42	12 32 53	15 28 27	23 23 03	17 51 01	4 26 57	0 53 16
24 Tu	27 31 26	0 ♐ 51 18	7 ♐ 13 13	9 46 27	14 23 49	24 16 23	22 44 56	4 04 08	12 47 07	15 35 57	23 27 16	17 49 05	4 28 03	0 52 31
25 W	28 34 26	13 32 32	19 45 45	11 29 58	15 28 23	24 08 46	23 11 17	4 28 09	13 02 51	15 44 56	23 33 01	17 48 39	4 30 38	0 53 15
26 Th	29 38 51	25 58 47	2 ♑ 05 14	13 14 11	16 34 01	24 03 25	23 39 06	4 53 40	13 20 01	15 55 21	23 40 14	17 49 38	4 34 38	0 55 26
27 F	0 ♍ 44 22	8 ♑ 13 32	14 14 59	14 58 31	17 40 23	23 59 59	24 08 02	5 20 23	13 38 16	16 06 52	23 48 36	17 51 43	4 39 42	0 58 43
28 Sa	1 50 29	20 19 40	26 17 39	16 42 08	18 46 57	23 57 59	24 37 36	5 47 45	13 57 06	16 18 59	23 57 35	17 54 24	4 45 21	1 02 35
29 Su	2 56 35	2 ♒ 19 36	8 ♒ 15 27	18 24 06	19 53 08	23 56 48	25 07 12	6 15 11	14 15 55	16 31 04	24 06 35	17 57 04	4 50 59	1 06 26
30 M	4 02 07	14 15 17	20 10 07	20 03 25	20 58 19	23 55 52	25 36 16	6 42 08	14 34 09	16 42 36	24 15 04	17 59 10	4 56 02	1 09 44
31 Tu	5 06 38	26 08 27	2 ♓ 03 16	21 39 12	22 02 04	23 54 45	26 04 20	7 08 08	14 51 21	16 53 07	24 22 35	18 00 16	5 00 03	1 12 01

February 1961 — LONGITUDE

Day	☉	0 hr ☽	Noon ☽	☿	♀	♂	⚴	⚳	♃	♄	⚷	♅	♆	♇
1 W	6 ♍ 09 53	8 ♓ 00 48	13 ♓ 56 32	23 ♍ 10 38	23 ♎ 04 05	23 ♑ 53 10	26 ♌ 31 10	7 ♎ 32 56	15 ♌ 07 16	17 ♌ 02 20	24 ♍ 28 50	18 ♓ 00 05	5 ♊ 02 46	1 ♈ 13 02
2 Th	7 11 47	19 54 07	25 51 44	24 37 06	24 04 18	23 51 02	26 56 41	7 56 28	15 21 48	17 10 13	24 33 47	17 58 33	5 04 08	1 12 41
3 F	8 12 28	1 ♈ 50 33	7 ♈ 51 09	25 58 04	25 02 51	23 48 30	27 21 01	8 18 51	15 35 07	17 16 52	24 37 33	17 55 49	5 04 16	1 11 09
4 Sa	9 12 14	13 52 39	19 57 31	27 13 10	25 59 59	23 45 50	27 44 28	8 40 23	15 47 31	17 22 36	24 40 26	17 52 11	5 03 28	1 08 42
5 Su	10 11 30	26 03 29	2 ♉ 14 03	28 22 04	26 56 07	23 43 27	28 07 26	9 01 29	15 59 22	17 27 49	24 42 51	17 48 03	5 02 08	1 05 45
6 M	11 10 43	8 ♉ 26 29	14 44 23	29 24 27	27 51 40	23 41 47	28 30 23	9 22 36	16 11 09	17 32 58	24 45 14	17 43 52	5 00 45	1 02 44
7 Tu	12 10 17	21 05 22	27 32 18	0 ♎ 19 57	28 47 01	23 41 14	28 53 42	9 44 08	16 23 15	17 38 27	24 47 60	17 40 02	4 59 41	1 00 05
8 W	13 10 29	4 ♊ 03 48	10 ♊ 41 21	1 08 07	29 42 27	23 42 04	29 17 41	10 06 21	16 35 59	17 44 34	24 51 26	17 36 51	4 59 15	0 58 05
9 Th	14 11 27	17 24 57	24 14 22	1 48 20	0 ♏ 38 04	23 44 25	29 42 28	10 29 25	16 49 26	17 51 26	24 55 39	17 34 28	4 59 33	0 56 51
10 F	15 13 09	1 ♋ 10 56	8 ♋ 12 46	2 19 55	1 33 48	23 48 13	0 ♍ 07 58	10 53 15	17 03 35	17 58 60	25 00 37	17 32 47	5 00 34	0 56 20
11 Sa	16 15 19	15 22 12	22 36 00	2 42 04	2 29 24	23 53 15	0 34 00	11 17 39	17 18 12	18 07 02	25 06 06	17 31 37	5 02 03	0 56 20
12 Su	17 17 40	29 56 53	7 ♌ 20 55	2 54 05	3 24 32	23 59 09	1 00 14	11 42 16	17 32 57	18 15 14	25 11 47	17 30 39	5 03 41	0 56 30
13 M	18 19 51	14 ♌ 50 30	22 21 42	2 55 24	4 18 50	24 05 36	1 26 19	12 06 47	17 47 30	18 23 14	25 17 19	17 29 31	5 05 08	0 56 31
14 Tu	19 21 36	29 56 03	7 ♍ 30 15	2 45 42	5 12 00	24 12 19	1 51 59	12 30 56	18 01 35	18 30 48	25 22 27	17 27 59	5 06 09	0 56 06
15 W	20 22 46	15 ♍ 04 43	22 37 12	2 25 06	6 03 53	24 19 09	2 17 06	12 54 33	18 15 04	18 37 46	25 27 02	17 25 53	5 06 34	0 55 08
16 Th	21 23 22	0 ♎ 07 06	7 ♎ 33 21	1 54 05	6 54 26	24 26 06	2 41 41	13 17 41	18 27 57	18 44 09	25 31 05	17 23 16	5 06 25	0 53 37
17 F	22 23 32	14 54 38	22 10 56	1 13 34	7 43 48	24 33 16	3 05 51	13 40 26	18 40 22	18 50 05	25 34 43	17 20 13	5 05 49	0 51 41
18 Sa	23 23 28	29 20 40	6 ♏ 24 36	0 24 47	8 32 06	24 40 53	3 29 48	14 03 00	18 52 31	18 55 45	25 38 10	17 16 59	5 04 59	0 49 32
19 Su	24 23 22	13 ♏ 21 14	20 11 42	29 ♍ 29 13	9 19 32	24 49 06	3 53 45	14 25 37	19 04 37	19 01 24	25 41 35	17 13 45	5 04 06	0 47 23
20 M	25 23 23	26 54 58	3 ♐ 32 08	28 28 30	10 06 13	24 58 05	4 17 51	14 48 24	19 16 47	19 07 08	25 45 10	17 10 41	5 03 20	0 45 22
21 Tu	26 23 34	10 ♐ 02 45	16 27 44	27 24 20	10 52 10	25 07 52	4 42 09	15 11 25	19 29 06	19 13 02	25 48 58	17 07 49	5 02 45	0 43 34
22 W	27 23 56	22 47 12	29 01 45	26 18 25	11 37 20	25 18 25	5 06 39	15 34 40	19 41 34	19 19 05	25 52 57	17 05 11	5 02 20	0 41 58
23 Th	28 24 23	5 ♑ 11 56	11 ♑ 18 11	25 12 20	12 21 35	25 29 40	5 31 16	15 58 05	19 54 05	19 25 13	25 57 03	17 02 40	5 02 01	0 40 29
24 F	29 24 49	17 21 10	23 21 20	24 07 36	13 04 48	25 41 30	5 55 53	16 21 32	20 06 33	19 31 19	26 01 11	17 00 11	5 01 40	0 39 01
25 Sa	0 ♎ 25 09	29 19 17	5 ♒ 15 32	23 05 33	13 46 51	25 53 47	6 20 25	16 44 55	20 18 52	19 37 17	26 05 13	16 57 38	5 01 13	0 37 28
26 Su	1 25 19	11 ♒ 10 30	17 04 53	22 07 25	14 27 37	26 06 28	6 44 50	17 08 13	20 30 60	19 43 05	26 09 08	16 54 59	5 00 37	0 35 48
27 M	2 25 21	22 58 48	28 53 07	21 14 12	15 07 04	26 19 33	7 09 07	17 31 26	20 42 56	19 48 42	26 12 56	16 52 14	4 59 52	0 34 01
28 Tu	3 25 17	4 ♓ 47 42	10 ♓ 43 29	20 26 48	15 45 14	26 33 06	7 33 20	17 54 36	20 54 45	19 54 14	26 16 40	16 49 27	4 59 02	0 32 10

Notes

LONGITUDE — March 1961

Day	☉	0 hr ☽	Noon ☽	☿	♀	♂	⚵	⚳	♃	♄	⚷	♅	♆	♇
1 W	4 ♎ 25 16	16 ♓ 40 18	22 ♓ 38 51	19 ♍ 45 53	16 ♏ 22 10	26 ♑ 47 11	7 ♍ 57 37	18 ♎ 17 52	21 ♌ 06 34	19 ♌ 59 46	26 ♍ 20 28	16 ♓ 46 45	4 ♊ 58 14	0 ♈ 30 24
2 Th	5 25 24	28 39 11	4 ♈ 41 34	19 11 57	16 57 57	27 01 58	8 22 04	18 41 21	21 18 30	20 05 27	26 24 27	16 44 15	4 57 36	0 28 50
3 F	6 25 50	10 ♈ 46 28	16 53 32	18 45 17	17 32 40	27 17 31	8 46 50	19 05 10	21 30 40	20 11 23	26 28 44	16 42 06	4 57 14	0 27 35
4 Sa	7 26 35	23 03 53	29 16 22	18 25 59	18 06 19	27 33 53	9 11 57	19 29 22	21 43 07	20 17 38	26 33 23	16 40 20	4 57 13	0 26 42
5 Su	8 27 40	5 ♉ 32 49	11 ♉ 51 22	18 13 58	18 38 49	27 51 03	9 37 25	19 53 57	21 55 51	20 24 10	26 38 22	16 38 57	4 57 32	0 26 10
6 M	9 28 58	18 14 27	24 39 41	18 08 54	19 10 00	28 08 55	10 03 07	20 18 47	22 08 45	20 30 54	26 43 35	16 37 49	4 58 03	0 25 53
7 Tu	10 30 17	1 ♊ 09 47	7 ♊ 42 19	18 10 23	19 39 38	28 27 14	10 28 50	20 43 41	22 21 36	20 37 36	26 48 51	16 36 46	4 58 35	0 25 40
8 W	11 31 23	14 19 49	21 00 12	18 17 52	20 07 24	28 45 47	10 54 21	21 08 24	22 34 11	20 44 04	26 53 54	16 35 33	4 58 54	0 25 14
9 Th	12 32 01	27 45 22	4 ♋ 34 04	18 30 49	20 33 02	29 04 18	11 19 25	21 32 43	22 46 15	20 50 02	26 58 30	16 33 55	4 58 45	0 24 24
10 F	13 32 03	11 ♋ 27 07	18 24 21	18 48 45	20 56 16	29 22 38	11 43 53	21 56 26	22 57 38	20 55 20	27 02 30	16 31 43	4 57 59	0 22 58
11 Sa	14 31 25	25 25 15	2 ♌ 30 47	19 11 17	21 17 04	29 40 44	12 07 42	22 19 34	23 08 19	20 59 58	27 05 52	16 28 56	4 56 34	0 20 56
12 Su	15 30 17	9 ♌ 39 11	16 52 12	19 38 16	21 35 28	29 58 45	12 31 02	22 42 14	23 18 26	21 04 02	27 08 44	16 25 42	4 54 39	0 18 25
13 M	16 28 56	24 07 11	1 ♍ 26 04	20 09 40	21 51 43	0 ♒ 16 57	12 54 09	23 04 43	23 28 16	21 07 52	27 11 24	16 22 19	4 52 31	0 15 44
14 Tu	17 27 46	8 ♍ 46 02	16 08 21	20 45 36	22 06 10	0 35 44	13 17 28	23 27 26	23 38 13	21 11 51	27 14 16	16 19 11	4 50 34	0 13 16
15 W	18 27 12	23 30 53	0 ♎ 53 33	21 26 11	22 19 09	0 55 29	13 41 23	23 50 46	23 48 41	21 16 23	27 17 44	16 16 41	4 49 13	0 11 26
16 Th	19 27 32	8 ♎ 15 38	15 35 09	22 11 28	22 30 55	1 16 32	14 06 12	24 15 04	23 59 60	21 21 46	27 22 07	16 15 10	4 48 46	0 10 33
17 F	20 28 54	22 53 26	0 ♏ 06 23	23 01 22	22 41 32	1 38 60	14 32 04	24 40 25	24 12 17	21 28 10	27 27 33	16 14 44	4 49 22	0 10 44
18 Sa	21 31 12	7 ♏ 17 33	14 21 05	23 55 32	22 50 52	2 02 46	14 58 52	25 06 45	24 25 25	21 35 27	27 33 55	16 15 19	4 50 54	0 11 54
19 Su	22 34 08	21 22 22	28 14 31	24 53 29	22 58 32	2 27 31	15 26 19	25 33 46	24 39 08	21 43 20	27 40 57	16 16 36	4 53 05	0 13 45
20 M	23 37 14	5 ♐ 04 03	11 ♐ 43 55	25 54 34	23 04 02	2 52 49	15 53 57	26 00 59	24 52 57	21 51 21	27 48 10	16 18 08	4 55 27	0 15 49
21 Tu	24 39 59	18 20 51	24 48 40	26 58 05	23 06 49	3 18 07	16 21 14	26 27 55	25 06 22	21 58 59	27 55 03	16 19 24	4 57 29	0 17 36
22 W	25 41 57	1 ♑ 13 13	7 ♑ 30 04	28 03 27	23 06 23	3 42 57	16 47 44	26 54 04	25 18 53	22 05 47	28 01 08	16 19 56	4 58 44	0 18 37
23 Th	26 42 47	13 43 25	19 51 06	29 10 12	23 02 22	4 07 00	17 13 07	27 19 08	25 30 14	22 11 25	28 06 07	16 19 25	4 58 52	0 18 34
24 F	27 42 23	25 55 10	1 ♒ 55 56	0 ♎ 18 06	22 54 41	4 30 09	17 37 17	27 43 02	25 40 16	22 15 48	28 09 53	16 17 46	4 57 48	0 17 21
25 Sa	28 40 54	7 ♒ 53 13	13 49 29	1 27 10	22 43 25	4 52 32	18 00 21	28 05 51	25 49 09	22 19 02	28 12 35	16 15 06	4 55 39	0 15 06
26 Su	29 38 40	19 42 49	25 37 06	2 37 40	22 28 57	5 14 29	18 22 41	28 27 59	25 57 12	22 21 30	28 14 32	16 11 46	4 52 47	0 12 09
27 M	0 ♏ 36 12	1 ♓ 29 27	7 ♓ 24 07	3 49 60	22 11 48	5 36 30	18 44 47	28 49 54	26 04 56	22 23 40	28 16 16	16 08 16	4 49 41	0 09 01
28 Tu	1 34 04	13 18 22	19 15 36	5 04 40	21 52 36	5 59 09	19 07 14	29 12 12	26 12 56	22 26 09	28 18 21	16 05 12	4 46 57	0 06 17
29 W	2 32 52	25 14 20	1 ♈ 15 59	6 22 12	21 31 57	6 23 01	19 30 36	29 35 27	26 21 47	22 29 31	28 21 21	16 03 08	4 45 09	0 04 31
30 Th	3 33 02	7 ♈ 21 21	13 28 54	7 42 57	21 10 23	6 48 33	19 55 20	0 ♏ 00 06	26 31 55	22 34 11	28 25 44	16 02 30	4 44 44	0 04 11
31 F	4 34 48	19 42 23	25 56 51	9 07 08	20 48 15	7 15 58	20 21 41	0 26 24	26 43 34	22 40 27	28 31 45	16 03 35	4 45 57	0 05 31

LONGITUDE — April 1961

Day	☉	0 hr ☽	Noon ☽	☿	♀	♂	⚵	⚳	♃	♄	⚷	♅	♆	♇
1 Sa	5 ♏ 38 12	2 ♉ 19 13	8 ♉ 41 08	10 ♎ 34 41	20 ♏ 25 39	7 ♒ 45 15	20 ♍ 49 39	0 ♏ 54 21	26 ♌ 56 45	22 ♌ 48 15	28 ♍ 39 23	16 ♓ 06 21	4 ♊ 48 48	0 ♈ 08 31
2 Su	6 42 54	15 12 23	21 41 49	12 05 15	20 02 25	8 16 07	21 18 54	1 23 37	27 11 10	22 57 20	28 48 19	16 10 30	4 52 59	0 12 52
3 M	7 48 20	28 21 15	4 ♊ 57 54	13 38 16	19 38 07	8 47 60	21 48 54	1 53 40	27 26 13	23 07 06	28 57 59	16 15 29	4 57 55	0 18 02
4 Tu	8 53 47	11 ♊ 44 18	18 27 33	15 12 56	19 12 12	9 20 08	22 18 54	2 23 45	27 41 11	23 16 49	29 07 41	16 20 32	5 02 52	0 23 14
5 W	9 58 27	25 19 26	2 ♋ 08 31	16 48 28	18 44 05	9 51 44	22 48 07	2 53 05	27 55 17	23 25 43	29 16 35	16 24 54	5 07 04	0 27 44
6 Th	11 01 42	9 ♋ 04 28	15 58 39	18 24 10	18 13 17	10 22 09	23 15 53	3 20 60	28 07 50	23 33 07	29 24 04	16 27 55	5 09 50	0 30 50
7 F	12 03 08	22 57 34	29 56 09	19 59 39	17 39 41	10 50 59	23 41 50	3 47 08	28 18 29	23 38 39	29 29 43	16 29 12	5 10 49	0 32 12
8 Sa	13 02 47	6 ♌ 57 24	13 ♌ 59 47	21 34 56	17 03 30	11 18 17	24 05 58	4 11 29	28 27 15	23 42 20	29 33 35	16 28 46	5 10 02	0 31 48
9 Su	14 01 03	21 03 11	28 08 46	23 10 26	16 25 25	11 44 25	24 28 43	4 34 29	28 34 31	23 44 36	29 36 04	16 27 02	5 07 53	0 30 06
10 M	14 58 44	5 ♍ 14 26	12 ♍ 22 25	24 46 54	15 46 27	12 10 12	24 50 52	4 56 55	28 41 06	23 46 12	29 37 57	16 24 47	5 05 09	0 27 50
11 Tu	15 56 46	19 30 24	26 39 43	26 25 18	15 07 47	12 36 33	25 13 20	5 19 43	28 47 55	23 48 06	29 40 11	16 22 59	5 02 47	0 25 59
12 W	16 56 04	3 ♎ 49 38	10 ♎ 58 47	28 06 32	14 30 37	13 04 24	25 37 03	5 43 49	28 55 54	23 51 13	29 43 41	16 22 31	5 01 43	0 25 28
13 Th	17 57 20	18 09 35	25 16 35	29 51 20	13 55 51	13 34 26	26 02 43	6 09 53	29 05 44	23 56 14	29 49 07	16 24 07	5 02 38	0 26 58
14 F	19 00 52	2 ♏ 26 26	9 ♏ 29 02	1 ♏ 39 58	13 24 03	14 06 56	26 30 37	6 38 13	29 17 42	24 03 26	29 56 49	16 28 02	5 05 50	0 30 47
15 Sa	20 06 29	16 35 28	23 31 25	3 32 17	12 55 15	14 41 45	27 00 35	7 08 40	29 31 39	24 12 40	0 ♎ 06 36	16 34 08	5 11 08	0 36 44
16 Su	21 13 36	0 ♐ 31 40	7 ♐ 19 01	5 27 43	12 29 06	15 18 16	27 32 01	7 40 39	29 46 59	24 23 21	0 17 53	16 41 50	5 17 58	0 44 15
17 M	22 21 21	14 10 34	20 47 60	7 25 24	12 04 56	15 55 37	28 04 04	8 13 15	0 ♍ 02 50	24 34 36	0 29 47	16 50 14	5 25 27	0 52 27
18 Tu	23 28 44	27 28 57	3 ♑ 55 58	9 24 19	11 41 55	16 32 48	28 35 43	8 45 30	0 18 12	24 45 26	0 41 18	16 58 21	5 32 36	1 00 21
19 W	24 34 50	10 ♑ 25 22	16 42 23	11 23 37	11 19 21	17 08 55	29 06 04	9 16 30	0 32 10	24 54 55	0 51 32	17 05 18	5 38 29	1 07 02
20 Th	25 39 02	23 00 24	29 08 35	13 22 37	10 56 44	17 43 19	29 34 28	9 45 36	0 44 07	25 02 26	0 59 51	17 10 24	5 42 30	1 11 51
21 F	26 41 01	5 ♒ 16 29	11 ♒ 17 42	15 21 03	10 33 56	18 15 42	0 ♎ 00 39	10 12 30	0 53 44	25 07 41	1 05 58	17 13 24	5 44 20	1 14 33
22 Sa	27 40 57	17 17 42	23 14 15	17 19 03	10 11 11	18 46 14	0 24 45	10 37 22	1 01 10	25 10 50	1 10 01	17 14 27	5 44 09	1 15 15
23 Su	28 39 21	29 09 20	5 ♓ 03 46	19 17 07	9 49 08	19 15 23	0 47 16	11 00 42	1 06 57	25 12 22	1 12 30	17 14 01	5 42 27	1 14 28
24 M	29 36 59	10 ♓ 57 22	16 52 23	21 16 00	9 28 37	19 43 59	1 09 00	11 23 17	1 11 51	25 13 06	1 14 14	17 12 56	5 40 02	1 12 59
25 Tu	0 ♐ 34 49	22 48 07	28 46 20	23 16 39	9 10 41	20 12 57	1 30 54	11 46 05	1 16 49	25 13 57	1 16 09	17 12 08	5 37 50	1 11 46
26 W	1 33 48	4 ♈ 47 40	10 ♈ 51 30	25 19 55	8 56 19	20 43 13	1 53 54	12 10 02	1 22 48	25 15 54	1 19 12	17 12 34	5 36 49	1 11 46
27 Th	2 34 41	17 01 28	23 12 56	27 26 30	8 46 19	21 15 35	2 18 47	12 35 54	1 30 33	25 19 41	1 24 08	17 14 59	5 37 44	1 13 43
28 F	3 37 56	29 33 47	5 ♉ 54 22	29 36 48	8 41 09	21 50 29	2 45 59	13 04 08	1 40 34	25 25 47	1 31 26	17 19 53	5 41 04	1 18 07
29 Sa	4 43 37	12 ♉ 27 14	18 57 42	1 ♐ 50 44	8 40 52	22 27 57	3 15 34	13 34 47	1 52 51	25 34 14	1 41 08	17 27 16	5 46 50	1 24 59
30 Su	5 51 18	25 42 35	2 ♊ 22 51	4 07 45	8 45 05	23 07 36	3 47 07	14 07 28	2 07 00	25 44 37	1 52 50	17 36 45	5 54 39	1 33 55

Notes

May 1961

LONGITUDE

Day	☉	0 hr ☽	Noon ☽	☿	♀	♂	⚵	⚳	♃	♄	⚷	♅	♆	♇
1 M	7 ♐ 00 11	9 ♊ 18 25	16 ♊ 07 36	6 ♐ 26 53	8 ♏ 52 56	23 ♒ 48 36	4 ♎ 19 49	14 ♏ 41 20	2 ♍ 22 14	25 ♌ 56 09	2 ♎ 05 43	17 ♓ 47 31	6 ♊ 03 42	1 ♈ 44 07
2 Tu	8 09 11	23 11 29	0 ♋ 07 58	8 46 51	9 03 20	24 29 52	4 52 35	15 15 19	2 37 25	26 07 43	2 18 41	17 58 29	6 12 53	1 54 29
3 W	9 17 08	7 ♋ 17 08	14 18 51	11 06 18	9 15 04	25 10 15	5 24 16	15 48 15	2 51 26	26 18 11	2 30 36	18 08 29	6 21 03	2 03 52
4 Th	10 23 06	21 30 11	28 34 58	13 23 60	9 27 09	25 48 46	5 53 53	16 19 11	3 03 17	26 26 34	2 40 29	18 16 34	6 27 15	2 11 18
5 F	11 26 30	5 ♌ 45 49	12 ♌ 51 44	15 39 09	9 38 59	26 24 52	6 20 53	16 47 33	3 12 26	26 32 19	2 47 47	18 22 10	6 30 55	2 16 14
6 Sa	12 27 21	20 00 25	27 05 60	17 51 29	9 50 30	26 58 33	6 45 16	17 13 22	3 18 53	26 35 27	2 52 30	18 25 18	6 32 03	2 18 40
7 Su	13 26 13	4 ♍ 11 50	11 ♍ 16 07	20 01 16	10 02 12	27 30 24	7 07 37	17 37 11	3 23 12	26 36 31	2 55 13	18 26 31	6 31 15	2 19 10
8 M	14 24 07	18 19 24	25 21 49	22 09 14	10 15 05	28 01 25	7 28 56	18 00 01	3 26 24	26 36 34	2 56 56	18 26 52	6 29 30	2 18 46
9 Tu	15 22 20	2 ♎ 23 21	9 ♎ 23 31	24 16 22	10 30 18	28 32 53	7 50 29	18 23 09	3 29 44	26 36 50	2 58 56	18 27 35	6 28 05	2 18 43
10 W	16 22 03	16 24 07	23 21 36	26 23 34	10 49 02	29 05 59	8 13 29	18 47 47	3 34 25	26 38 32	3 02 25	18 29 53	6 28 12	2 20 14
11 Th	17 24 12	0 ♏ 21 40	7 ♏ 15 48	28 31 30	11 12 07	29 41 39	8 38 49	19 14 48	3 41 23	26 42 34	3 08 17	18 34 41	6 30 46	2 24 13
12 F	18 29 10	14 14 57	21 04 47	0 ♑ 40 19	11 39 53	0 ♓ 20 16	9 06 55	19 44 39	3 50 60	26 49 22	3 16 57	18 42 23	6 36 12	2 31 05
13 Sa	19 36 50	28 01 47	4 ♐ 46 11	2 49 39	12 12 07	1 01 42	9 37 37	20 17 10	4 03 09	26 58 47	3 28 16	18 52 51	6 44 21	2 40 41
14 Su	20 46 29	11 ♐ 39 09	18 16 53	4 58 36	12 48 06	1 45 16	10 10 14	20 51 40	4 17 08	27 10 07	3 41 33	19 05 24	6 54 31	2 52 21
15 M	21 57 06	25 03 38	1 ♑ 33 44	7 05 57	13 26 41	2 29 55	10 43 43	21 27 05	4 31 54	27 22 20	3 55 46	19 18 59	7 05 41	3 05 01
16 Tu	23 07 27	8 ♑ 12 16	14 34 10	9 10 21	14 06 37	3 14 26	11 16 53	22 02 14	4 46 15	27 34 13	4 09 42	19 32 23	7 16 38	3 17 29
17 W	24 16 25	21 03 05	27 16 50	11 10 32	14 46 43	3 57 41	11 48 33	22 35 59	4 59 03	27 44 39	4 22 12	19 44 28	7 26 13	3 28 37
18 Th	25 23 09	3 ♒ 35 40	9 ♒ 41 58	13 05 33	15 26 04	4 38 50	12 17 55	23 07 28	5 09 28	27 52 47	4 32 27	19 54 24	7 33 36	3 37 34
19 F	26 27 12	15 51 18	21 51 30	14 54 52	16 04 11	5 17 25	12 44 31	23 36 16	5 17 02	27 58 10	4 39 59	20 01 44	7 38 21	3 43 55
20 Sa	27 28 38	27 53 01	3 ♓ 49 00	16 38 28	16 41 03	5 53 30	13 08 24	24 02 25	5 21 49	28 00 51	4 44 53	20 06 31	7 40 31	3 47 41
21 Su	28 27 56	9 ♓ 45 19	15 39 25	18 16 47	17 17 07	6 27 34	13 30 03	24 26 24	5 24 18	28 01 20	4 47 36	20 09 15	7 40 35	3 49 22
22 M	29 25 56	21 33 51	27 28 40	19 50 35	17 53 10	7 00 27	13 50 19	24 49 04	5 25 20	28 00 27	4 48 60	20 10 46	7 39 24	3 49 50
23 Tu	0 ♑ 23 42	3 ♈ 24 57	9 ♈ 23 14	21 20 54	18 30 12	7 33 13	14 10 15	25 11 28	5 25 57	27 59 16	4 50 07	20 12 07	7 38 01	3 50 06
24 W	1 22 19	15 25 14	21 29 41	22 48 46	19 09 16	8 06 57	14 30 56	25 34 42	5 27 15	27 58 52	4 52 04	20 14 23	7 37 31	3 51 16
25 Th	2 22 42	27 40 57	3 ♉ 54 04	24 15 05	19 51 16	8 42 33	14 53 18	25 59 40	5 30 11	28 00 11	4 55 45	20 18 31	7 38 50	3 54 17
26 F	3 25 28	10 ♉ 17 28	16 41 15	25 40 22	20 36 44	9 20 39	15 17 56	26 26 59	5 35 19	28 03 48	5 01 48	20 25 06	7 42 34	3 59 43
27 Sa	4 30 47	23 18 38	29 54 21	27 04 47	21 25 49	10 01 24	15 44 59	26 56 49	5 42 49	28 09 53	5 10 20	20 34 17	7 48 53	4 07 45
28 Su	5 38 16	6 ♊ 46 09	13 ♊ 34 04	28 27 53	22 18 05	10 44 25	16 14 07	27 28 47	5 52 20	28 18 06	5 21 01	20 45 44	7 57 24	4 18 01
29 M	6 47 06	20 39 09	27 38 23	29 48 49	23 12 41	11 28 53	16 44 29	28 02 05	6 03 02	28 27 35	5 33 01	20 58 36	8 07 19	4 29 41
30 Tu	7 56 09	4 ♋ 54 05	12 ♋ 02 33	1 ♒ 06 21	24 08 26	12 13 41	17 14 57	28 35 33	6 13 47	28 37 13	5 45 12	21 11 44	8 17 30	4 41 36
31 W	9 04 11	19 25 04	26 39 45	2 19 14	25 04 05	12 57 32	17 44 16	29 07 57	6 23 20	28 45 46	5 56 19	21 23 56	8 26 41	4 52 34

June 1961

LONGITUDE

Day	☉	0 hr ☽	Noon ☽	☿	♀	♂	⚵	⚳	♃	♄	⚷	♅	♆	♇
1 Th	10 ♑ 10 10	4 ♌ 04 47	11 ♌ 22 17	3 ♒ 26 20	25 ♏ 58 33	13 ♓ 39 26	18 ♎ 11 25	29 ♏ 38 15	6 ♍ 30 39	28 ♌ 52 11	6 ♎ 05 20	21 ♓ 34 07	8 ♊ 33 50	5 ♈ 01 30
2 F	11 13 28	18 45 47	26 02 49	4 26 58	26 51 12	14 18 45	18 35 45	0 ♐ 05 51	6 35 08	28 55 52	6 11 38	21 41 43	8 38 21	5 07 50
3 Sa	12 14 05	3 ♍ 21 43	10 ♍ 35 37	5 21 02	27 41 57	14 55 28	18 57 15	0 30 42	6 36 45	28 56 47	6 15 12	21 46 40	8 40 13	5 11 30
4 Su	13 12 34	17 48 15	24 57 11	6 09 01	28 31 22	15 30 09	19 16 30	0 53 22	6 36 04	28 55 30	6 16 36	21 49 34	8 39 59	5 13 05
5 M	14 09 58	2 ♎ 03 12	9 ♎ 06 14	6 51 52	29 20 25	16 03 49	19 34 30	1 14 54	6 34 06	28 53 03	6 16 52	21 51 25	8 38 42	5 13 37
6 Tu	15 07 31	16 06 17	23 03 06	7 30 45	0 ♐ 10 21	16 37 43	19 52 30	1 36 31	6 32 07	28 50 41	6 17 13	21 53 28	8 37 34	5 14 20
7 W	16 06 24	29 58 18	6 ♏ 48 58	8 06 46	1 02 18	17 13 03	20 11 41	1 59 25	6 31 17	28 49 35	6 18 52	21 56 55	8 37 50	5 16 26
8 Th	17 07 31	13 ♏ 40 23	20 25 06	8 40 43	1 57 09	17 50 42	20 32 57	2 24 30	6 32 32	28 50 39	6 22 42	22 02 40	8 40 21	5 20 48
9 F	18 11 17	27 13 17	3 ♐ 52 10	9 12 57	2 55 18	18 31 05	20 56 42	2 52 10	6 36 14	28 54 18	6 29 08	22 11 07	8 45 33	5 27 52
10 Sa	19 17 35	10 ♐ 37 02	17 10 02	9 43 16	3 56 34	19 14 04	21 22 49	3 22 18	6 42 18	29 00 24	6 38 03	22 22 08	8 53 18	5 37 29
11 Su	20 25 47	23 50 50	0 ♑ 17 46	10 10 60	5 00 20	19 59 03	21 50 39	3 54 16	6 50 05	29 08 20	6 48 48	22 35 07	9 02 60	5 49 03
12 M	21 34 55	6 ♑ 53 21	13 13 59	10 35 08	6 05 36	20 45 03	22 19 16	4 27 06	6 58 39	29 17 09	7 00 28	22 49 05	9 13 39	6 01 36
13 Tu	22 43 53	19 43 04	25 57 20	10 54 32	7 11 15	21 30 58	22 47 32	4 59 43	7 06 52	29 25 44	7 11 54	23 02 57	9 24 11	6 14 00
14 W	23 51 37	2 ♒ 18 52	8 ♒ 26 56	11 08 11	8 16 13	22 15 44	23 14 24	5 31 02	7 13 43	29 33 02	7 22 05	23 15 38	9 33 31	6 25 14
15 Th	24 57 20	14 40 29	20 42 55	11 15 16	9 19 38	22 58 33	23 39 03	6 00 15	7 18 21	29 38 14	7 30 10	23 26 20	9 40 52	6 34 28
16 F	26 00 34	26 48 48	2 ♓ 46 36	11 15 27	10 21 04	23 38 58	24 01 01	6 26 55	7 20 21	29 40 55	7 35 44	23 34 37	9 45 46	6 41 16
17 Sa	27 01 16	8 ♓ 46 01	14 40 39	11 08 47	11 20 28	24 16 56	24 20 17	6 50 60	7 19 40	29 41 00	7 38 43	23 40 26	9 48 10	6 45 34
18 Su	27 59 49	20 35 40	26 29 02	10 55 48	12 18 09	24 52 50	24 37 13	7 12 50	7 16 40	29 38 53	7 39 31	23 44 08	9 48 28	6 47 46
19 M	28 56 54	2 ♈ 22 24	8 ♈ 16 45	10 37 25	13 14 50	25 27 20	24 52 28	7 33 09	7 12 04	29 35 16	7 38 48	23 46 25	9 47 20	6 48 32
20 Tu	29 53 25	14 11 47	20 09 39	10 14 47	14 11 22	26 01 22	25 06 58	7 52 49	7 06 45	29 31 01	7 37 28	23 48 12	9 45 40	6 48 46
21 W	0 ♒ 50 19	26 09 54	2 ♉ 13 56	9 49 13	15 08 43	26 35 51	25 21 39	8 12 47	7 01 40	29 27 07	7 36 29	23 50 25	9 44 26	6 49 26
22 Th	1 48 28	8 ♉ 22 56	14 35 44	9 21 55	16 07 42	27 11 38	25 37 22	8 33 56	6 57 41	29 24 24	7 36 42	23 53 55	9 44 29	6 51 23
23 F	2 48 28	20 56 36	27 20 31	8 53 57	17 08 55	27 49 21	25 54 42	8 56 50	6 55 23	29 23 29	7 38 43	23 59 19	9 46 24	6 55 12
24 Sa	3 50 30	3 ♊ 55 33	10 ♊ 32 22	8 25 60	18 12 34	28 29 11	26 13 53	9 21 42	6 55 01	29 24 35	7 42 44	24 06 49	9 50 25	7 01 07
25 Su	4 54 24	17 22 43	24 13 17	7 58 24	19 18 26	29 10 57	26 34 41	9 48 20	6 56 22	29 27 30	7 48 33	24 16 12	9 56 19	7 08 55
26 M	5 59 31	1 ♋ 18 36	8 ♋ 22 32	7 31 07	20 25 54	29 53 60	26 56 30	10 16 07	6 58 48	29 31 35	7 55 34	24 26 52	10 03 29	7 17 59
27 Tu	7 04 58	15 40 50	22 56 20	7 03 49	21 34 02	0 ♈ 37 26	27 18 25	10 44 08	7 01 26	29 35 58	8 02 51	24 37 54	10 11 01	7 27 24
28 W	8 09 44	0 ♌ 24 05	7 ♌ 48 01	6 36 06	22 41 49	1 20 16	27 39 24	11 11 23	7 03 15	29 39 37	8 09 24	24 48 18	10 17 53	7 36 10
29 Th	9 12 57	15 20 42	22 48 60	6 07 44	23 48 22	2 01 36	27 58 35	11 36 58	7 03 22	29 41 41	8 14 21	24 57 10	10 23 15	7 43 24
30 F	10 14 05	0 ♍ 21 46	7 ♍ 50 04	5 38 45	24 53 09	2 40 54	28 15 26	12 00 23	7 01 17	29 41 36	8 17 10	25 03 59	10 26 33	7 48 35

Notes

LONGITUDE July 1961

Day	☉	0 hr ☽	Noon ☽	☿	♀	♂	⚵	⚳	♃	♄	⚷	♅	♆	♇
1 Sa	11♒ 13 03	15♍ 18 38	22♍ 43 00	5♒ 09 40	25♐ 56 05	3♈ 18 07	28♎ 29 52	12♐ 21 31	6♍ 56 55	29♌ 39 20	8♎ 17 46	25♓ 08 41	10♊ 27 43	7♈ 51 38
2 Su	12 10 15	0♎ 04 15	7♎ 21 41	4 41 25	26 57 33	3 53 37	28 42 17	12 40 48	6 50 40	29 35 16	8 16 33	25 11 39	10 27 09	7 52 56
3 M	13 06 29	14 33 55	21 42 32	4 15 16	27 58 19	4 28 12	28 53 26	12 58 59	6 43 19	29 30 10	8 14 18	25 13 39	10 25 38	7 53 17
4 Tu	14 02 39	28 45 22	5♏ 44 22	3 52 37	28 59 18	5 02 47	29 04 15	13 17 00	6 35 47	29 24 58	8 11 56	25 15 38	10 24 05	7 53 35
5 W	14 59 41	12♏ 38 21	19 27 44	3 34 44	0♑ 01 25	5 38 16	29 15 39	13 35 46	6 28 59	29 20 36	8 10 22	25 18 30	10 23 25	7 54 46
6 Th	15 58 14	26 13 51	2♐ 54 09	3 22 40	1 05 19	6 15 20	29 28 17	13 55 56	6 23 37	29 17 43	8 10 17	25 22 55	10 24 18	7 57 30
7 F	16 58 38	9♐ 33 24	16 05 25	3 17 00	2 11 18	6 54 19	29 42 28	14 17 49	6 19 58	29 16 39	8 11 59	25 29 13	10 27 03	8 02 05
8 Sa	18 00 49	22 38 34	29 03 08	3 17 55	3 19 19	7 35 07	29 58 07	14 41 22	6 18 01	29 17 19	8 15 24	25 37 18	10 31 37	8 08 28
9 Su	19 04 21	5♑ 30 36	11♑ 48 31	3 25 10	4 28 55	8 17 21	0♏ 14 50	15 06 09	6 17 19	29 19 19	8 20 07	25 46 46	10 37 33	8 16 14
10 M	20 08 36	18 10 23	24 22 20	3 38 14	5 39 26	9 00 19	0 31 56	15 31 30	6 17 13	29 21 60	8 25 30	25 56 58	10 44 14	8 24 43
11 Tu	21 12 47	0♒ 38 31	6♒ 45 10	3 56 28	6 50 07	9 43 18	0 48 39	15 56 40	6 16 59	29 24 35	8 30 46	26 07 08	10 50 52	8 33 09
12 W	22 16 11	12 55 35	18 57 36	4 19 13	8 00 15	10 25 33	1 04 17	16 20 55	6 15 53	29 26 23	8 35 12	26 16 32	10 56 45	8 40 49
13 Th	23 18 15	25 02 24	1♓ 00 32	4 45 58	9 09 15	11 06 31	1 18 14	16 43 42	6 13 22	29 26 49	8 38 14	26 24 37	11 01 20	8 47 11
14 F	24 18 40	7♓ 00 14	12 55 25	5 16 24	10 16 47	11 45 53	1 30 12	17 04 42	6 09 08	29 25 35	8 39 35	26 31 05	11 04 17	8 51 54
15 Sa	25 17 22	18 51 02	24 44 28	5 50 28	11 22 49	12 23 35	1 40 07	17 23 50	6 03 07	29 22 37	8 39 09	26 35 50	11 05 33	8 54 55
16 Su	26 14 34	0♈ 37 31	6♈ 30 40	6 28 20	12 27 31	12 59 50	1 48 12	17 41 20	5 55 33	29 18 08	8 37 11	26 39 07	11 05 20	8 56 27
17 M	27 10 41	12 23 12	18 17 51	7 10 25	13 31 20	13 35 04	1 54 50	17 57 36	5 46 50	29 12 34	8 34 05	26 41 20	11 04 05	8 56 55
18 Tu	28 06 17	24 12 19	0♉ 10 30	7 57 13	14 34 49	14 09 49	2 00 36	18 13 12	5 37 33	29 06 27	8 30 24	26 43 03	11 02 19	8 56 52
19 W	29 01 57	6♉ 09 42	12 13 41	8 49 16	15 38 33	14 44 42	2 06 06	18 28 44	5 28 18	29 00 25	8 26 46	26 44 51	11 00 40	8 56 55
20 Th	29 58 15	18 20 28	24 32 35	9 47 04	16 43 05	15 20 16	2 11 51	18 44 45	5 19 38	28 55 01	8 23 43	26 47 18	10 59 40	8 57 37
21 F	0♓ 55 35	0♊ 49 43	7♊ 12 16	10 50 57	17 48 48	15 56 54	2 18 15	19 01 38	5 11 58	28 50 38	8 21 38	26 50 48	10 59 44	8 59 20
22 Sa	1 54 06	13 42 04	20 17 01	12 00 59	18 55 54	16 34 47	2 25 30	19 19 33	5 05 29	28 47 27	8 20 43	26 55 31	11 01 01	9 02 17
23 Su	2 53 45	27 01 05	3♋ 49 45	13 17 02	20 04 17	17 13 51	2 33 29	19 38 26	5 00 05	28 45 23	8 20 52	27 01 21	11 03 27	9 06 21
24 M	3 54 11	10♋ 48 38	17 51 21	14 38 39	21 13 38	17 53 45	2 41 53	19 57 58	4 55 29	28 44 08	8 21 47	27 08 01	11 06 42	9 11 15
25 Tu	4 54 57	25 04 15	2♌ 20 01	16 05 14	22 23 27	18 34 00	2 50 12	20 17 39	4 51 11	28 43 11	8 22 58	27 14 60	11 10 18	9 16 27
26 W	5 55 28	9♌ 44 41	17 11 03	17 36 05	23 33 10	19 14 04	2 57 54	20 36 54	4 46 37	28 42 01	8 23 52	27 21 44	11 13 41	9 21 26
27 Th	6 55 16	24 43 51	2♍ 17 04	19 10 35	24 42 19	19 53 27	3 04 28	20 55 17	4 41 20	28 40 07	8 23 60	27 27 46	11 16 22	9 25 41
28 F	7 54 01	9♍ 53 27	17 28 55	20 48 13	25 50 35	20 31 51	3 09 35	21 12 26	4 35 01	28 37 12	8 23 03	27 32 47	11 18 02	9 28 55
29 Sa	8 51 42	25 04 02	2♎ 36 60	22 28 43	26 57 55	21 09 12	3 13 13	21 28 20	4 27 38	28 33 13	8 20 58	27 36 42	11 18 38	9 31 04
30 Su	9 48 29	10♎ 06 29	17 32 45	24 12 03	28 04 28	21 45 41	3 15 31	21 43 08	4 19 20	28 28 19	8 17 57	27 39 43	11 18 21	9 32 18
31 M	10 44 43	24 53 17	2♏ 09 44	25 58 17	29 10 38	22 21 39	3 16 51	21 57 13	4 10 31	28 22 54	8 14 20	27 42 12	11 17 33	9 33 00

LONGITUDE August 1961

Day	☉	0 hr ☽	Noon ☽	☿	♀	♂	⚵	⚳	♃	♄	⚷	♅	♆	♇
1 Tu	11♓ 40 52	9♏ 19 15	16♏ 24 03	27♒ 47 36	0♒ 16 50	22♈ 57 35	3♏ 17 39	22♐ 11 00	4♍ 01 36	28♌ 17 23	8♎ 10 34	27♓ 44 35	11♊ 16 40	9♈ 33 36
2 W	12 37 19	23 21 46	0♐ 14 17	29 40 04	1 23 28	23 33 52	3 18 20	22 24 54	3 53 02	28 12 13	8 07 05	27 47 16	11 16 07	9 34 31
3 Th	13 34 24	7♐ 00 23	13 40 59	1♓ 35 39	2 30 50	24 10 47	3 19 11	22 39 13	3 45 06	28 07 39	8 04 09	27 50 34	11 16 11	9 36 02
4 F	14 32 13	20 16 21	26 46 03	3 34 07	3 39 04	24 48 29	3 20 19	22 54 04	3 37 56	28 03 51	8 01 55	27 54 35	11 17 00	9 38 17
5 Sa	15 30 43	3♑ 11 51	9♑ 32 03	5 35 04	4 48 07	25 26 56	3 21 42	23 09 24	3 31 30	28 00 45	8 00 20	27 59 18	11 18 32	9 41 14
6 Su	16 29 45	15 49 38	22 01 53	7 37 58	5 57 48	26 05 55	3 23 08	23 25 02	3 25 38	27 58 12	7 59 14	28 04 31	11 20 36	9 44 41
7 M	17 29 03	28 12 32	4♒ 18 24	9 42 12	7 07 50	26 45 12	3 24 22	23 40 42	3 20 03	27 55 55	7 58 20	28 09 60	11 22 56	9 48 23
8 Tu	18 28 19	10♒ 23 21	16 24 15	11 47 08	8 17 59	27 24 30	3 25 07	23 56 07	3 14 31	27 53 38	7 57 22	28 15 26	11 25 15	9 52 03
9 W	19 27 20	22 24 40	28 21 57	13 52 13	9 27 58	28 03 35	3 25 08	24 11 04	3 08 47	27 51 07	7 56 07	28 20 36	11 27 20	9 55 27
10 Th	20 25 56	4♓ 18 56	10♓ 13 48	15 57 01	10 37 38	28 42 17	3 24 17	24 25 23	3 02 41	27 48 13	7 54 24	28 25 21	11 29 01	9 58 27
11 F	21 24 04	16 08 27	22 02 04	18 01 12	11 46 56	29 20 33	3 22 29	24 38 58	2 56 11	27 44 52	7 52 10	28 29 37	11 30 14	10 00 57
12 Sa	22 21 45	27 55 33	3♈ 49 01	20 04 33	12 55 54	29 58 25	3 19 46	24 51 53	2 49 19	27 41 07	7 49 28	28 33 25	11 31 01	10 02 59
13 Su	23 19 06	9♈ 42 35	15 37 07	22 06 58	14 04 37	0♉ 35 58	3 16 15	25 04 13	2 42 11	27 37 03	7 46 23	28 36 52	11 31 29	10 04 41
14 M	24 16 15	21 32 09	27 29 01	24 08 26	15 13 14	1 13 22	3 12 03	25 16 07	2 34 56	27 32 50	7 43 04	28 40 07	11 31 45	10 06 11
15 Tu	25 13 22	3♉ 27 03	9♉ 27 42	26 08 58	16 21 54	1 50 46	3 07 22	25 27 44	2 27 45	27 28 36	7 39 41	28 43 18	11 32 01	10 07 37
16 W	26 10 35	15 30 23	21 36 27	28 08 32	17 30 45	2 28 17	3 02 18	25 39 12	2 20 44	27 24 31	7 36 22	28 46 34	11 32 22	10 09 09
17 Th	27 07 58	27 45 33	3♊ 58 46	0♈ 07 10	18 39 52	3 06 01	2 56 56	25 50 34	2 13 60	27 20 38	7 33 11	28 49 59	11 32 55	10 10 50
18 F	28 05 31	10♊ 16 05	16 38 15	2 04 45	19 49 15	3 43 58	2 51 18	26 01 52	2 07 33	27 16 58	7 30 09	28 53 34	11 33 39	10 12 41
19 Sa	29 03 13	23 05 31	29 38 20	4 01 14	20 58 52	4 22 05	2 45 20	26 13 03	2 01 20	27 13 30	7 27 14	28 57 17	11 34 32	10 14 40
20 Su	0♈ 00 59	6♋ 17 01	13♋ 01 52	5 56 27	22 08 38	5 00 18	2 38 59	26 24 01	1 55 18	27 10 08	7 24 21	29 01 01	11 35 30	10 16 42
21 M	0 58 43	19 53 02	26 50 41	7 50 19	23 18 28	5 38 32	2 32 09	26 34 42	1 49 21	27 06 47	7 21 24	29 04 44	11 36 27	10 18 42
22 Tu	1 56 22	3♌ 54 38	11♌ 04 58	9 42 44	24 28 17	6 16 42	2 24 48	26 45 02	1 43 26	27 03 25	7 18 22	29 08 20	11 37 19	10 20 36
23 W	2 53 57	18 20 58	25 42 39	11 33 43	25 38 08	6 54 50	2 16 55	26 55 01	1 37 34	27 00 01	7 15 13	29 11 51	11 38 08	10 22 24
24 Th	3 51 32	3♍ 08 49	10♍ 39 11	13 23 20	26 48 02	7 32 60	2 08 36	27 04 42	1 31 49	26 56 40	7 12 03	29 15 20	11 38 57	10 24 11
25 F	4 49 14	18 12 22	25 47 36	15 11 41	27 58 09	8 11 18	1 59 58	27 14 14	1 26 19	26 53 28	7 08 58	29 18 54	11 39 53	10 26 04
26 Sa	5 47 10	3♎ 23 38	10♎ 59 08	16 58 55	29 08 36	8 49 54	1 51 09	27 23 43	1 21 11	26 50 35	7 06 06	29 22 42	11 41 05	10 28 11
27 Su	6 45 27	18 33 22	26 04 25	18 45 08	0♓ 19 27	9 28 51	1 42 15	27 33 15	1 16 31	26 48 05	7 03 34	29 26 48	11 42 37	10 30 37
28 M	7 44 06	3♏ 32 20	10♏ 54 48	20 30 23	1 30 45	10 08 11	1 33 17	27 42 49	1 12 20	26 45 59	7 01 21	29 31 14	11 44 31	10 33 23
29 Tu	8 43 01	18 12 40	25 23 29	22 14 33	2 42 22	10 47 49	1 24 11	27 52 22	1 08 33	26 44 12	6 59 22	29 35 54	11 46 41	10 36 23
30 W	9 42 01	2♐ 28 47	9♐ 26 18	23 57 31	3 54 10	11 27 34	1 14 46	28 01 41	1 04 59	26 42 34	6 57 28	29 40 37	11 48 56	10 39 27
31 Th	10 40 55	16 17 48	23 01 39	25 39 03	5 05 55	12 07 14	1 04 50	28 10 34	1 01 26	26 40 52	6 55 25	29 45 11	11 51 04	10 42 23

Notes

September 1961 — LONGITUDE

Day	☉	0 hr ☽	Noon ☽	☿	♀	♂	⚵	⚳	♃	♄	⚷	♅	♆	♇
1 F	11 ♈ 39 28	29 ♐ 39 23	6 ♑ 10 19	27 ♈ 18 58	6 ♓ 17 23	12 ♉ 46 35	0 ♏ 54 10	28 ♐ 18 47	0 ♍ 57 41	26 ♌ 38 52	6 ♎ 52 60	29 ♓ 49 22	11 ♊ 52 52	10 ♈ 44 56
2 Sa	12 37 32	12 ♑ 35 19	18 54 52	28 57 08	7 28 26	13 25 28	0 42 39	28 26 11	0 53 36	26 36 26	6 50 04	29 53 02	11 54 10	10 46 58
3 Su	13 35 04	25 08 51	1 ♒ 18 58	0 ♉ 33 30	8 39 01	14 03 50	0 30 13	28 32 43	0 49 06	26 33 31	6 46 35	29 56 07	11 54 56	10 48 26
4 M	14 32 09	7 ♒ 24 08	13 26 59	2 08 11	9 49 12	14 41 47	0 17 00	28 38 27	0 44 19	26 30 13	6 42 38	29 58 43	11 55 15	10 49 26
5 Tu	15 28 59	19 25 41	25 23 26	3 41 22	10 59 12	15 19 31	0 03 12	28 43 36	0 39 24	26 26 42	6 38 24	0 ♈ 01 01	11 55 18	10 50 08
6 W	16 25 52	1 ♓ 18 02	7 ♓ 12 41	5 13 21	12 09 17	15 57 18	29 ♎ 49 07	28 48 26	0 34 41	26 23 18	6 34 11	0 03 19	11 55 23	10 50 50
7 Th	17 23 06	13 05 28	18 58 49	6 44 29	13 19 48	16 35 29	29 35 05	28 53 17	0 30 29	26 20 18	6 30 18	0 05 56	11 55 49	10 51 53
8 F	18 21 01	24 51 45	0 ♈ 45 22	8 15 04	14 31 03	17 14 22	29 21 27	28 58 27	0 27 07	26 18 03	6 27 06	0 09 11	11 56 57	10 53 34
9 Sa	19 19 52	6 ♈ 40 09	12 35 21	9 45 21	15 43 17	17 54 13	29 08 29	29 04 11	0 24 49	26 16 47	6 24 48	0 13 20	11 58 59	10 56 09
10 Su	20 19 47	18 33 21	24 31 15	11 15 28	16 56 37	18 35 08	28 56 19	29 10 37	0 23 45	26 16 38	6 23 33	0 18 28	12 02 05	10 59 45
11 M	21 20 42	0 ♉ 33 26	6 ♉ 35 02	12 45 22	18 11 01	19 17 05	28 44 56	29 17 41	0 23 50	26 17 33	6 23 18	0 24 35	12 06 11	11 04 20
12 Tu	22 22 25	12 42 07	18 48 16	14 14 49	19 26 17	19 59 53	28 34 09	29 25 12	0 24 54	26 19 21	6 23 50	0 31 28	12 11 05	11 09 41
13 W	23 24 36	25 00 46	1 ♊ 12 21	15 43 27	20 42 02	20 43 10	28 23 39	29 32 48	0 26 35	26 21 40	6 24 50	0 38 45	12 16 26	11 15 28
14 Th	24 26 47	7 ♊ 30 40	13 48 33	17 10 47	21 57 50	21 26 27	28 12 57	29 39 60	0 28 25	26 24 02	6 25 48	0 45 59	12 21 46	11 21 12
15 F	25 28 26	20 13 08	26 38 19	18 36 18	23 13 11	22 09 16	28 01 37	29 46 19	0 29 54	26 25 58	6 26 16	0 52 40	12 26 36	11 26 23
16 Sa	26 29 11	3 ♋ 09 43	9 ♋ 43 10	19 59 32	24 27 39	22 51 11	27 49 13	29 51 20	0 30 39	26 27 02	6 25 47	0 58 22	12 30 29	11 30 37
17 Su	27 28 45	16 22 08	23 04 48	21 20 13	25 40 59	23 31 57	27 35 34	29 54 48	0 30 22	26 27 01	6 24 09	1 02 51	12 33 13	11 33 39
18 M	28 27 09	29 52 13	6 ♌ 44 51	22 38 18	26 53 12	24 11 34	27 20 40	29 56 42	0 29 06	26 25 53	6 21 20	1 06 08	12 34 45	11 35 28
19 Tu	29 24 40	13 ♌ 41 32	20 44 27	23 53 60	28 04 35	24 50 21	27 04 49	29 57 19	0 27 07	26 23 56	6 17 38	1 08 28	12 35 25	11 36 22
20 W	0 ♉ 21 49	27 50 57	5 ♍ 03 45	25 07 47	29 15 38	25 28 47	26 48 34	29 57 12	0 24 56	26 21 42	6 13 34	1 10 24	12 35 42	11 36 53
21 Th	1 19 17	12 ♍ 19 52	19 41 13	26 20 15	0 ♈ 27 03	26 07 33	26 32 38	29 56 59	0 23 14	26 19 51	6 09 49	1 12 35	12 36 17	11 37 40
22 F	2 17 44	27 05 45	4 ♎ 33 11	27 31 59	1 39 29	26 47 19	26 17 40	29 57 22	0 22 41	26 19 03	6 07 03	1 15 42	12 37 51	11 39 23
23 Sa	3 17 40	12 ♎ 03 38	19 33 39	28 43 24	2 53 27	27 28 37	26 04 14	29 58 49	0 23 47	26 19 48	6 05 46	1 20 15	12 40 54	11 42 33
24 Su	4 19 18	27 06 20	4 ♏ 34 46	29 54 36	4 09 10	28 11 37	25 52 32	0 ♑ 01 34	0 26 44	26 22 18	6 06 11	1 26 27	12 45 37	11 47 23
25 M	5 22 28	12 ♏ 05 11	19 27 45	1 ♊ 05 19	5 26 27	28 56 12	25 42 27	0 05 27	0 31 24	26 26 26	6 08 09	1 34 08	12 51 52	11 53 43
26 Tu	6 26 42	26 51 19	4 ♐ 04 13	2 14 54	6 44 50	29 41 51	25 33 30	0 09 59	0 37 18	26 31 41	6 11 10	1 42 48	12 59 10	12 01 03
27 W	7 31 17	11 ♐ 16 58	18 17 35	3 22 30	8 03 35	0 ♊ 27 52	25 24 60	0 14 26	0 43 41	26 37 20	6 14 32	1 51 46	13 06 48	12 08 41
28 Th	8 35 26	25 16 43	2 ♑ 03 43	4 27 10	9 21 57	1 13 28	25 16 11	0 18 02	0 49 48	26 42 37	6 17 27	2 00 14	13 13 58	12 15 51
29 F	9 38 28	8 ♑ 47 59	15 21 25	5 28 01	10 39 14	1 57 60	25 06 25	0 20 07	0 54 58	26 46 51	6 19 17	2 07 31	13 20 01	12 21 51
30 Sa	10 39 59	21 50 60	28 12 00	6 24 26	11 55 01	2 41 01	24 55 18	0 20 14	0 58 46	26 49 38	6 19 34	2 13 13	13 24 32	12 26 17

October 1961 — LONGITUDE

Day	☉	0 hr ☽	Noon ☽	☿	♀	♂	⚵	⚳	♃	♄	⚷	♅	♆	♇
1 Su	11 ♉ 39 53	4 ♒ 28 23	10 ♒ 38 53	7 ♊ 16 03	13 ♈ 09 13	3 ♊ 22 26	24 ♎ 42 44	0 ♑ 18 19	1 ♍ 01 06	26 ♌ 50 51	6 ♎ 18 15	2 ♈ 17 15	13 ♊ 27 24	12 ♈ 29 03
2 M	12 38 25	16 44 31	22 46 54	8 02 52	14 22 05	4 02 31	24 29 01	0 14 37	1 02 13	26 50 46	6 15 34	2 19 50	13 28 52	12 30 23
3 Tu	13 36 08	28 44 49	4 ♓ 41 39	8 45 08	15 34 08	4 41 47	24 14 41	0 09 39	1 02 41	26 49 55	6 12 03	2 21 31	13 29 30	12 30 51
4 W	14 33 45	10 ♓ 35 11	16 29 02	9 23 13	16 46 08	5 20 58	24 00 31	0 04 10	1 03 12	26 49 02	6 08 27	2 23 03	13 30 01	12 31 10
5 Th	15 32 05	22 21 29	28 14 44	9 57 36	17 58 52	6 00 54	23 47 19	29 ♐ 58 58	1 04 35	26 48 56	6 05 34	2 25 13	13 31 13	12 32 09
6 F	16 31 52	4 ♈ 09 06	10 ♈ 03 52	10 28 35	19 13 04	6 42 18	23 35 51	29 54 48	1 07 35	26 50 21	6 04 09	2 28 46	13 33 51	12 34 32
7 Sa	17 33 39	16 02 38	22 00 39	10 56 19	20 29 18	7 25 44	23 26 42	29 52 13	1 12 44	26 53 50	6 04 44	2 34 16	13 38 29	12 38 52
8 Su	18 37 43	28 05 39	4 ♉ 08 17	11 20 37	21 47 49	8 11 28	23 20 08	29 51 29	1 20 19	26 59 39	6 07 37	2 41 58	13 45 21	12 45 25
9 M	19 43 58	10 ♉ 20 32	16 28 42	11 40 55	23 08 33	8 59 24	23 16 06	29 52 32	1 30 14	27 07 43	6 12 41	2 51 46	13 54 23	12 54 07
10 Tu	20 51 57	22 48 31	29 02 44	11 56 17	24 31 02	9 49 06	23 14 09	29 54 54	1 42 03	27 17 35	6 19 30	3 03 15	14 05 08	13 04 29
11 W	22 00 55	5 ♊ 29 42	11 ♊ 50 11	12 05 29	25 54 31	10 39 48	23 13 33	29 57 50	1 55 01	27 28 31	6 27 19	3 15 39	14 16 51	13 15 48
12 Th	23 09 55	18 23 25	24 50 10	12 07 05	27 18 02	11 30 33	23 13 21	0 ♑ 00 24	2 08 08	27 39 31	6 35 10	3 27 60	14 28 34	13 27 05
13 F	24 17 57	1 ♋ 28 36	8 ♋ 01 31	11 59 42	28 40 37	12 20 22	23 12 36	0 01 36	2 20 28	27 49 38	6 42 04	3 39 18	14 39 17	13 37 21
14 Sa	25 24 11	14 44 16	21 23 17	11 42 12	0 ♉ 01 25	13 08 24	23 10 27	0 00 37	2 31 08	27 58 01	6 47 12	3 48 45	14 48 12	13 45 46
15 Su	26 28 08	28 09 51	4 ♌ 55 03	11 13 55	1 19 57	13 54 11	23 06 27	29 ♐ 56 58	2 39 41	28 04 12	6 50 04	3 55 51	14 54 49	13 51 51
16 M	27 29 47	11 ♌ 45 33	18 37 06	10 34 50	2 36 12	14 37 42	23 00 35	29 50 38	2 46 05	28 08 08	6 50 39	4 00 35	14 59 07	13 55 36
17 Tu	28 29 37	25 32 12	2 ♍ 30 17	9 45 41	3 50 38	15 19 25	22 53 21	29 42 07	2 50 49	28 10 19	6 49 27	4 03 26	15 01 34	13 57 29
18 W	29 28 32	9 ♍ 31 00	16 35 37	8 47 57	5 04 12	16 00 15	22 45 40	29 32 19	2 54 48	28 11 41	6 47 22	4 05 18	15 03 06	13 58 24
19 Th	0 ♊ 27 43	23 42 55	0 ♎ 53 35	7 43 41	6 18 00	16 41 22	22 38 41	29 22 26	2 59 11	28 13 21	6 45 33	4 07 21	15 04 51	13 59 31
20 F	1 28 17	8 ♎ 07 51	15 23 25	6 35 17	7 33 14	17 23 55	22 33 34	29 13 35	3 05 06	28 16 29	6 45 09	4 10 43	15 07 60	14 01 59
21 Sa	2 31 09	22 43 56	0 ♏ 02 22	5 25 17	8 50 46	18 08 46	22 31 12	29 06 42	3 13 27	28 21 58	6 47 05	4 16 19	15 13 24	14 06 42
22 Su	3 36 44	7 ♏ 27 04	14 45 28	4 16 01	10 11 01	18 56 21	22 32 02	29 02 11	3 24 40	28 30 14	6 51 44	4 24 33	15 21 30	14 14 04
23 M	4 44 52	22 11 01	29 26 00	3 09 29	11 33 51	19 46 32	22 35 54	28 59 54	3 38 34	28 41 07	6 58 58	4 35 16	15 32 07	14 23 56
24 Tu	5 54 52	6 ♐ 48 12	13 ♐ 56 17	2 07 18	12 58 32	20 38 35	22 42 06	28 59 10	3 54 28	28 53 55	7 08 06	4 47 47	15 44 35	14 35 37
25 W	7 05 40	21 10 48	28 09 05	1 10 35	14 24 02	21 31 28	22 49 35	28 58 55	4 11 18	29 07 35	7 18 02	5 01 00	15 57 49	14 48 03
26 Th	8 16 03	5 ♑ 12 15	11 ♑ 58 47	0 20 14	15 49 08	22 23 58	22 57 09	28 57 58	4 27 52	29 20 54	7 27 36	5 13 45	16 10 37	15 00 00
27 F	9 24 58	18 48 10	25 22 15	29 ♉ 36 55	17 12 46	23 15 00	23 03 44	28 55 15	4 43 04	29 32 48	7 35 42	5 24 56	16 21 54	15 10 26
28 Sa	10 31 40	1 ♒ 56 60	8 ♒ 19 03	29 01 18	18 34 11	24 03 51	23 08 35	28 50 02	4 56 12	29 42 32	7 41 37	5 33 49	16 30 57	15 18 35
29 Su	11 35 54	14 39 52	20 51 20	28 34 02	19 53 07	24 50 15	23 11 27	28 42 05	5 06 59	29 49 51	7 45 04	5 40 09	16 37 29	15 24 12
30 M	12 37 53	27 00 17	3 ♓ 03 18	28 15 56	21 09 50	25 34 26	23 12 33	28 31 37	5 15 38	29 54 58	7 46 18	5 44 10	16 41 45	15 27 31
31 Tu	13 38 17	9 ♓ 03 26	15 00 34	28 07 46	22 24 57	26 17 04	23 12 35	28 19 21	5 22 50	29 58 35	7 45 59	5 46 31	16 44 24	15 29 11

Notes

LONGITUDE — November 1961

Day	☉	0 hr ☽	Noon ☽	☿	♀	♂	⚵	⚳	♃	♄	⚷	♅	♆	♇
1 W	14 ♊ 38 06	20 ♓ 55 35	26 ♓ 49 36	28 ♉ 10 19	23 ♉ 39 29	26 ♊ 59 07	23 ♎ 12 30	28 ♐ 06 15	5 ♍ 29 34	0 ♍ 01 38	7 ♌ 45 05	5 ♈ 48 11	16 ♊ 46 25	15 ♈ 30 13
2 Th	15 38 26	2 ♈ 43 23	8 ♈ 37 04	28 24 15	24 54 32	27 41 42	23 13 26	27 53 27	5 36 56	0 05 16	7 44 44	5 50 17	16 48 55	15 31 41
3 F	16 40 19	14 33 23	20 29 21	28 49 56	26 11 08	28 25 52	23 16 25	27 42 01	5 45 59	0 10 31	7 45 58	5 53 52	16 52 57	15 34 40
4 Sa	17 44 37	26 31 28	2 ♉ 31 59	29 27 25	27 30 09	29 12 28	23 22 18	27 32 47	5 57 33	0 18 12	7 49 37	5 59 46	16 59 21	15 39 59
5 Su	18 51 45	8 ♉ 42 27	14 49 21	0 ♊ 16 18	28 51 59	0 ♋ 01 56	23 31 31	27 26 14	6 12 04	0 28 48	7 56 09	6 08 26	17 08 34	15 48 05
6 M	20 01 42	21 09 42	27 24 14	1 15 39	0 ♊ 16 39	0 54 15	23 44 03	27 22 21	6 29 32	0 42 15	8 05 31	6 19 49	17 20 33	15 58 56
7 Tu	21 13 57	3 ♊ 54 52	10 ♊ 17 38	2 24 06	1 43 36	1 48 53	23 59 22	27 20 38	6 49 25	0 58 04	8 17 13	6 33 26	17 34 49	16 12 02
8 W	22 27 33	16 57 51	23 28 45	3 39 51	3 11 54	2 44 54	24 16 31	27 20 08	7 10 46	1 15 17	8 30 18	6 48 19	17 50 24	16 26 26
9 Th	23 41 16	0 ♋ 16 56	6 ♋ 55 19	5 00 53	4 40 19	3 41 03	24 34 17	27 19 40	7 32 20	1 32 40	8 43 31	7 03 14	18 06 04	16 40 53
10 F	24 53 49	13 49 15	20 34 00	6 25 13	6 07 33	4 36 04	24 51 21	27 17 56	7 52 51	1 48 56	8 55 36	7 16 53	18 20 31	16 54 06
11 Sa	26 04 06	27 31 24	4 ♌ 21 17	7 51 07	7 32 31	5 28 51	25 06 39	27 13 53	8 11 13	2 02 60	9 05 28	7 28 13	18 32 41	17 05 01
12 Su	27 11 29	11 ♌ 20 16	18 14 05	9 17 21	8 54 35	6 18 45	25 19 32	27 06 53	8 26 48	2 14 13	9 12 28	7 36 33	18 41 56	17 12 58
13 M	28 15 54	25 13 32	2 ♍ 10 24	10 43 23	10 13 40	7 05 43	25 29 55	26 56 53	8 39 32	2 22 31	9 16 31	7 41 51	18 48 10	17 17 53
14 Tu	29 17 55	9 ♍ 10 09	16 09 31	12 09 18	11 30 21	7 50 19	25 38 23	26 44 29	8 49 58	2 28 27	9 18 13	7 44 40	18 51 59	17 20 22
15 W	0 ♋ 18 35	23 10 15	0 ♎ 11 49	13 35 49	12 45 42	8 33 36	25 45 58	26 30 45	8 59 10	2 33 08	9 18 37	7 46 05	18 54 26	17 21 27
16 Th	1 19 18	7 ♎ 14 38	14 18 09	15 03 57	14 01 04	9 16 57	25 54 04	26 17 05	9 08 31	2 37 53	9 19 05	7 47 26	18 56 53	17 22 31
17 F	2 21 23	21 24 06	28 29 08	16 34 47	15 17 49	10 01 44	26 04 00	26 04 50	9 19 22	2 44 04	9 20 59	7 50 07	19 00 41	17 24 55
18 Sa	3 25 55	5 ♏ 38 38	12 ♏ 44 16	18 09 08	16 37 00	10 48 59	26 16 50	25 55 05	9 32 45	2 52 46	9 25 21	7 55 09	19 06 55	17 29 43
19 Su	4 33 26	19 56 41	27 01 28	19 47 19	17 59 10	11 39 13	26 33 05	25 48 23	9 49 13	3 04 28	9 32 45	8 03 05	19 16 04	17 37 26
20 M	5 43 48	4 ♐ 14 56	11 ♐ 16 54	21 29 02	19 24 10	12 32 22	26 52 38	25 44 38	10 08 39	3 19 05	9 43 01	8 13 48	19 28 04	17 47 57
21 Tu	6 56 18	18 28 32	25 25 24	23 13 28	20 51 20	13 27 41	27 14 46	25 43 08	10 30 20	3 35 54	9 55 30	8 26 36	19 42 11	18 00 35
22 W	8 09 50	2 ♑ 31 46	9 ♑ 21 19	24 59 20	22 19 29	14 24 03	27 38 20	25 42 46	10 53 06	3 53 47	10 09 01	8 40 19	19 57 16	18 14 09
23 Th	9 23 04	16 19 06	22 59 33	26 45 13	23 47 20	15 20 08	28 02 02	25 42 14	11 15 41	4 11 24	10 22 16	8 53 40	20 12 02	18 27 23
24 F	10 34 48	29 46 08	6 ♒ 16 32	28 29 51	25 13 41	16 14 46	28 24 39	25 40 21	11 36 52	4 27 34	10 34 04	9 05 26	20 25 16	18 39 03
25 Sa	11 44 09	12 ♒ 50 29	19 10 43	0 ♋ 12 16	26 37 39	17 07 03	28 45 18	25 36 15	11 55 45	4 41 24	10 43 31	9 14 45	20 36 05	18 48 17
26 Su	12 50 44	25 32 00	1 ♓ 42 52	1 52 02	27 58 50	17 56 35	29 03 34	25 29 32	12 11 58	4 52 30	10 50 14	9 21 13	20 44 06	18 54 42
27 M	13 54 40	7 ♓ 52 48	13 55 51	3 29 13	29 17 21	18 43 30	29 19 35	25 20 22	12 25 36	5 00 59	10 54 20	9 24 57	20 49 25	18 58 24
28 Tu	14 56 31	19 56 53	25 54 16	5 04 21	0 ♋ 33 47	19 28 22	29 33 55	25 09 19	12 37 15	5 07 26	10 56 23	9 26 31	20 52 37	18 59 59
29 W	15 57 14	1 ♈ 49 41	7 ♈ 43 57	6 38 21	1 49 04	20 12 07	29 47 30	24 57 20	12 47 50	5 12 46	10 57 19	9 26 51	20 54 38	19 00 20
30 Th	16 57 54	13 37 32	19 31 25	8 12 18	3 04 17	20 55 51	0 ♏ 01 24	24 45 32	12 58 27	5 18 06	10 58 15	9 27 04	20 56 35	19 00 36

LONGITUDE — December 1961

Day	☉	0 hr ☽	Noon ☽	☿	♀	♂	⚵	⚳	♃	♄	⚷	♅	♆	♇
1 F	17 ♋ 59 37	25 ♈ 27 05	1 ♉ 23 23	9 ♋ 47 17	4 ♋ 20 33	21 ♋ 40 41	0 ♏ 16 45	24 ♐ 35 02	13 ♍ 10 13	5 ♍ 24 32	11 ♌ 00 17	9 ♈ 28 16	20 ♊ 59 32	19 ♈ 01 53
2 Sa	19 03 19	7 ♉ 24 46	13 26 10	11 24 12	5 38 47	22 27 31	0 34 27	24 26 45	13 24 02	5 32 58	11 04 18	9 31 21	21 04 26	19 05 04
3 Su	20 09 32	19 36 23	25 45 13	13 03 37	6 59 32	23 16 54	0 55 02	24 21 15	13 40 27	5 43 58	11 10 54	9 36 53	21 11 49	19 10 43
4 M	21 18 23	2 ♊ 06 28	8 ♊ 24 35	14 45 37	8 22 53	24 08 56	1 18 36	24 18 39	13 59 34	5 57 38	11 20 08	9 44 57	21 21 47	19 18 56
5 Tu	22 29 27	14 57 59	21 26 30	16 29 48	9 48 27	25 03 14	1 44 46	24 18 34	14 21 00	6 13 33	11 31 39	9 55 11	21 33 57	19 29 20
6 W	23 41 54	28 11 53	4 ♋ 51 02	18 15 21	11 15 24	25 58 57	2 12 40	24 20 10	14 43 53	6 30 53	11 44 35	10 06 43	21 47 27	19 41 04
7 Th	24 54 36	11 ♋ 47 01	18 36 05	20 01 08	12 42 35	26 54 57	2 41 10	24 22 20	15 07 06	6 48 31	11 57 48	10 18 25	22 01 10	19 52 60
8 F	26 06 20	25 40 17	2 ♌ 37 39	21 45 56	14 08 47	27 49 60	3 09 02	24 23 50	15 29 25	7 05 12	12 10 05	10 29 04	22 13 53	20 03 54
9 Sa	27 16 02	9 ♌ 47 05	16 50 32	23 28 42	15 32 57	28 43 04	3 35 13	24 23 39	15 49 47	7 19 54	12 20 23	10 37 37	22 24 32	20 12 43
10 Su	28 23 03	24 02 09	1 ♍ 09 14	25 08 49	16 54 25	29 33 30	3 59 05	24 21 07	16 07 33	7 31 57	12 28 03	10 43 26	22 32 29	20 18 50
11 M	29 27 18	8 ♍ 20 28	15 28 52	26 46 11	18 13 06	0 ♌ 21 10	4 20 29	24 16 10	16 22 37	7 41 16	12 32 58	10 46 24	22 37 36	20 22 07
12 Tu	0 ♌ 29 13	22 38 06	29 45 58	28 21 16	19 29 28	1 06 34	4 39 54	24 09 15	16 35 26	7 48 18	12 35 37	10 46 58	22 40 23	20 23 02
13 W	1 29 45	6 ♎ 52 32	13 ♎ 58 33	29 55 02	20 44 26	1 50 38	4 58 16	24 01 19	16 46 57	7 53 59	12 36 55	10 46 06	22 41 45	20 22 31
14 Th	2 30 05	21 02 38	28 06 01	1 ♌ 28 41	21 59 12	2 34 31	5 16 45	23 53 33	16 58 20	7 59 30	12 38 05	10 44 57	22 42 54	20 21 47
15 F	3 31 24	5 ♏ 08 12	12 ♏ 08 32	3 03 24	23 14 57	3 19 26	5 36 32	23 47 09	17 10 47	8 06 03	12 40 16	10 44 44	22 44 60	20 21 58
16 Sa	4 34 38	19 09 21	26 06 15	4 40 08	24 32 35	4 06 17	5 58 32	23 43 02	17 25 12	8 14 32	12 44 24	10 46 22	22 48 58	20 24 02
17 Su	5 40 13	3 ♐ 05 50	9 ♐ 58 52	6 19 21	25 52 35	4 55 33	6 23 12	23 41 40	17 42 03	8 25 26	12 50 56	10 50 18	22 55 17	20 28 25
18 M	6 48 07	16 56 35	23 45 08	8 01 01	27 14 53	5 47 10	6 50 29	23 43 00	18 01 17	8 38 39	12 59 50	10 56 28	23 03 52	20 35 05
19 Tu	7 57 46	0 ♑ 39 43	7 ♑ 22 57	9 44 36	28 38 57	6 40 35	7 19 49	23 46 29	18 22 21	8 53 41	13 10 32	11 04 21	23 14 11	20 43 28
20 W	9 08 18	14 12 37	20 49 37	11 29 13	0 ♌ 03 52	7 34 55	7 50 18	23 51 14	18 44 21	9 09 37	13 22 09	11 13 02	23 25 21	20 52 41
21 Th	10 18 40	27 32 29	4 ♒ 02 27	13 13 52	1 28 38	8 29 07	8 20 55	23 56 13	19 06 15	9 25 25	13 33 39	11 21 30	23 36 20	21 01 42
22 F	11 27 55	10 ♒ 36 50	16 59 14	14 57 35	2 52 16	9 22 15	8 50 42	24 00 29	19 27 06	9 40 07	13 44 04	11 28 48	23 46 09	21 09 33
23 Sa	12 35 19	23 24 07	29 38 54	16 39 39	4 14 04	10 13 34	9 18 54	24 03 18	19 46 10	9 53 01	13 52 42	11 34 11	23 54 06	21 15 32
24 Su	13 40 31	5 ♓ 54 05	12 ♓ 01 41	18 19 43	5 33 38	11 02 43	9 45 09	24 04 17	20 03 05	10 03 44	13 59 08	11 37 17	23 59 48	21 19 15
25 M	14 43 29	18 07 54	24 09 20	19 57 47	6 50 59	11 49 41	10 09 28	24 03 28	20 17 50	10 12 15	14 03 24	11 38 08	24 03 16	21 20 44
26 Tu	15 44 37	0 ♈ 08 14	6 ♈ 05 02	21 34 13	8 06 28	12 34 51	10 32 11	24 01 11	20 30 48	10 18 57	14 05 52	11 37 03	24 04 50	21 20 19
27 W	16 44 31	11 59 00	17 53 08	23 09 39	9 20 44	13 18 50	10 53 56	23 58 05	20 42 35	10 24 26	14 07 08	11 34 42	24 05 09	21 18 38
28 Th	17 43 59	23 45 07	29 38 53	24 44 51	10 34 34	14 02 24	11 15 30	23 54 57	20 54 00	10 29 32	14 08 01	11 31 51	24 05 00	21 16 29
29 F	18 43 50	5 ♉ 32 08	11 ♉ 28 06	26 20 38	11 48 45	14 46 24	11 37 41	23 52 35	21 05 51	10 35 00	14 09 18	11 29 20	24 05 12	21 14 40
30 Sa	19 44 46	17 25 55	23 26 43	27 57 42	13 04 02	15 31 31	12 01 12	23 51 42	21 18 49	10 41 36	14 11 43	11 27 49	24 06 26	21 13 54
31 Su	20 47 15	29 32 14	5 ♊ 40 25	29 36 29	14 20 52	16 18 14	12 26 31	23 52 46	21 33 24	10 49 46	14 15 44	11 27 49	24 09 13	21 14 40

Notes

January 1962

LONGITUDE

Day	☉	0 hr ☽	Noon ☽	☿	♀	♂	⚵	⚳	♃	♄	⚷	♅	♆	♇
1 M	21 ♌ 51 28	11 ♊ 56 15	18 ♊ 14 08	1 ♍ 17 08	15 ♌ 39 25	17 ♌ 06 43	12 ♏ 53 48	23 ♐ 55 58	21 ♍ 49 47	10 ♍ 59 41	14 ♎ 21 30	11 ♈ 29 30	24 ♊ 13 41	21 ♈ 17 07
2 Tu	22 57 15	24 42 11	1 ♋ 11 34	2 59 27	16 59 32	17 56 48	13 22 53	24 01 07	22 07 45	11 11 11	14 28 53	11 32 41	24 19 40	21 21 05
3 W	24 04 06	7 ♋ 52 47	14 34 38	4 42 54	18 20 42	18 48 00	13 53 16	24 07 45	22 26 51	11 23 46	14 37 22	11 36 54	24 26 42	21 26 06
4 Th	25 11 19	21 28 50	28 23 09	6 26 42	19 42 15	19 39 36	14 24 15	24 15 07	22 46 21	11 36 45	14 46 15	11 41 25	24 34 04	21 31 27
5 F	26 18 06	5 ♌ 28 55	12 ♌ 34 30	8 10 00	21 03 21	20 30 48	14 55 01	24 22 28	23 05 29	11 49 18	14 54 44	11 45 27	24 40 58	21 36 20
6 Sa	27 23 45	19 49 22	27 03 52	9 51 60	22 23 19	21 20 55	15 24 53	24 29 04	23 23 31	12 00 45	15 02 08	11 48 18	24 46 42	21 40 03
7 Su	28 27 48	4 ♍ 24 33	11 ♍ 44 48	11 32 07	23 41 41	22 09 28	15 53 23	24 34 27	23 40 01	12 10 37	15 07 59	11 49 31	24 50 49	21 42 09
8 M	29 30 07	19 07 44	26 30 09	13 10 06	24 58 19	22 56 21	16 20 22	24 38 31	23 54 50	12 18 47	15 12 08	11 48 58	24 53 11	21 42 30
9 Tu	0 ♍ 30 57	3 ♎ 51 59	11 ♎ 13 06	14 46 02	26 13 29	23 41 47	16 46 05	24 41 29	24 08 12	12 25 29	15 14 51	11 46 54	24 54 02	21 41 20
10 W	1 30 50	18 31 10	25 48 06	16 20 15	27 27 41	24 26 18	17 11 04	24 43 53	24 20 40	12 31 15	15 16 39	11 43 50	24 53 54	21 39 12
11 Th	2 30 26	3 ♏ 00 34	10 ♏ 11 16	17 53 12	28 41 36	25 10 36	17 35 58	24 46 24	24 32 54	12 36 46	15 18 13	11 40 28	24 53 28	21 36 46
12 F	3 30 25	17 17 10	24 20 22	19 25 18	29 55 56	25 55 19	18 01 30	24 49 41	24 45 35	12 42 41	15 20 14	11 37 27	24 53 24	21 34 43
13 Sa	4 31 20	1 ♐ 19 23	8 ♐ 14 34	20 56 47	1 ♍ 11 10	26 41 01	18 28 08	24 54 16	24 59 14	12 49 33	15 23 12	11 35 20	24 54 15	21 33 34
14 Su	5 33 25	15 06 42	21 53 53	22 27 31	2 27 35	27 27 55	18 56 09	25 00 24	25 14 06	12 57 37	15 27 23	11 34 21	24 56 14	21 33 34
15 M	6 36 38	28 39 16	5 ♑ 18 42	23 57 04	3 45 09	28 16 02	19 25 31	25 08 03	25 30 09	13 06 50	15 32 46	11 34 30	24 59 21	21 34 42
16 Tu	7 40 44	11 ♑ 57 25	18 29 32	25 24 42	5 03 36	29 05 03	19 55 57	25 16 56	25 47 07	13 16 57	15 39 04	11 35 29	25 03 19	21 36 42
17 W	8 45 16	25 01 37	1 ♒ 26 51	26 49 27	6 22 30	29 54 33	20 27 01	25 26 38	26 04 35	13 27 32	15 45 50	11 36 54	25 07 43	21 39 08
18 Th	9 49 45	7 ♒ 52 14	14 11 02	28 10 12	7 41 20	0 ♍ 44 03	20 58 13	25 36 38	26 22 01	13 38 04	15 52 36	11 38 13	25 12 02	21 41 29
19 F	10 53 45	20 29 42	26 42 30	29 25 50	8 59 41	1 33 06	21 29 06	25 46 30	26 39 01	13 48 08	15 58 55	11 39 02	25 15 50	21 43 21
20 Sa	11 56 55	2 ♓ 54 36	9 ♓ 01 55	0 ♎ 35 20	10 17 13	2 21 23	21 59 21	25 55 53	26 55 13	13 57 24	16 04 27	11 39 00	25 18 47	21 44 22
21 Su	12 59 07	15 07 52	21 10 19	1 37 43	11 33 48	3 08 44	22 28 49	26 04 39	27 10 29	14 05 42	16 09 03	11 37 59	25 20 45	21 44 25
22 M	14 00 21	27 10 51	3 ♈ 09 17	2 32 11	12 49 24	3 55 10	22 57 30	26 12 48	27 24 50	14 13 03	16 12 44	11 35 59	25 21 44	21 43 29
23 Tu	15 00 47	9 ♈ 05 31	15 01 01	3 18 02	14 04 13	4 40 51	23 25 33	26 20 29	27 38 25	14 19 36	16 15 39	11 33 10	25 21 54	21 41 44
24 W	16 00 40	20 54 26	26 48 23	3 54 40	15 18 30	5 26 01	23 53 13	26 27 57	27 51 30	14 25 37	16 18 03	11 29 46	25 21 30	21 39 26
25 Th	17 00 20	2 ♉ 40 48	8 ♉ 34 51	4 21 34	16 32 33	6 11 00	24 20 50	26 35 30	28 04 21	14 31 25	16 20 16	11 26 08	25 20 50	21 36 54
26 F	18 00 03	14 28 24	20 24 29	4 38 20	17 46 39	6 56 06	24 48 40	26 43 27	28 17 19	14 37 18	16 22 34	11 22 32	25 20 12	21 34 24
27 Sa	19 00 04	26 21 27	2 ♊ 21 45	4 44 35	19 01 04	7 41 32	25 16 58	26 52 01	28 30 37	14 43 28	16 25 13	11 19 14	25 19 52	21 32 13
28 Su	20 00 32	8 ♊ 24 31	14 31 20	4 40 05	20 15 57	8 27 27	25 45 53	27 01 21	28 44 23	14 50 06	16 28 20	11 16 22	25 19 56	21 30 27
29 M	21 01 29	20 42 15	26 57 52	4 24 42	21 31 18	9 13 54	26 15 26	27 11 28	28 58 39	14 57 13	16 31 59	11 13 57	25 20 29	21 29 11
30 Tu	22 02 50	3 ♋ 19 07	9 ♋ 45 39	3 58 30	22 47 05	10 00 48	26 45 33	27 22 19	29 13 22	15 04 45	16 36 04	11 11 57	25 21 24	21 28 18
31 W	23 04 27	16 18 59	22 58 07	3 21 49	24 03 06	10 47 60	27 16 04	27 33 42	29 28 21	15 12 32	16 40 26	11 10 11	25 22 33	21 27 40

February 1962

LONGITUDE

Day	☉	0 hr ☽	Noon ☽	☿	♀	♂	⚵	⚳	♃	♄	⚷	♅	♆	♇
1 Th	24 ♍ 06 07	29 ♋ 44 42	6 ♌ 37 20	2 ♎ 35 21	25 ♍ 19 12	11 ♍ 35 18	27 ♏ 46 48	27 ♐ 45 28	29 ♍ 43 26	15 ♍ 20 24	16 ♎ 44 54	11 ♈ 08 28	25 ♊ 23 45	21 ♈ 27 05
2 F	25 07 41	13 ♌ 37 25	20 43 26	1 40 08	26 35 12	12 22 31	28 17 35	27 57 25	29 58 25	15 28 08	16 49 17	11 06 38	25 24 49	21 26 24
3 Sa	26 09 01	27 56 08	5 ♍ 14 06	0 37 38	27 50 58	13 09 34	28 48 17	28 09 26	0 ♎ 13 13	15 35 39	16 53 28	11 04 35	25 25 38	21 25 29
4 Su	27 10 06	12 ♍ 37 17	20 04 25	29 ♍ 29 39	29 06 29	13 56 24	29 18 53	28 21 30	0 27 46	15 42 55	16 57 26	11 02 16	25 26 10	21 24 18
5 M	28 10 58	27 34 46	5 ♎ 07 11	28 18 14	0 ♎ 21 49	14 43 04	29 49 26	28 33 39	0 42 09	15 49 60	17 01 15	10 59 45	25 26 30	21 22 56
6 Tu	29 11 45	12 ♎ 40 30	20 13 41	27 05 34	1 37 03	15 29 41	0 ♐ 20 02	28 45 59	0 56 27	15 56 58	17 04 59	10 57 09	25 26 43	21 21 29
7 W	0 ♎ 12 32	27 45 31	5 ♏ 14 58	25 53 45	2 52 18	16 16 21	0 50 47	28 58 37	1 10 48	16 03 57	17 08 46	10 54 33	25 26 55	21 20 02
8 Th	1 13 24	12 ♏ 41 09	20 03 05	24 44 43	4 07 39	17 03 09	1 21 46	29 11 37	1 25 14	16 11 02	17 12 40	10 52 03	25 27 12	21 18 41
9 F	2 14 20	27 20 20	4 ♐ 32 02	23 40 05	5 23 05	17 50 04	1 52 57	29 24 58	1 39 46	16 18 11	17 16 41	10 49 38	25 27 32	21 17 24
10 Sa	3 15 16	11 ♐ 38 13	18 38 14	22 41 06	6 38 31	18 37 01	2 24 18	29 38 36	1 54 21	16 25 20	17 20 45	10 47 15	25 27 52	21 16 09
11 Su	4 16 05	25 32 23	2 ♑ 20 27	21 48 38	7 53 51	19 23 55	2 55 40	29 52 23	2 08 49	16 32 23	17 24 43	10 44 45	25 28 05	21 14 48
12 M	5 16 40	9 ♑ 02 37	15 39 19	21 03 17	9 08 58	20 10 37	3 26 56	0 ♑ 06 13	2 23 05	16 39 12	17 28 30	10 42 03	25 28 03	21 13 14
13 Tu	6 16 57	22 10 23	28 36 54	20 25 23	10 23 47	20 57 03	3 58 01	0 19 60	2 37 04	16 45 43	17 32 01	10 39 03	25 27 42	21 11 22
14 W	7 16 55	4 ♒ 58 12	11 ♒ 15 59	19 55 08	11 38 18	21 43 14	4 28 56	0 33 43	2 50 46	16 51 55	17 35 15	10 35 46	25 27 02	21 09 13
15 Th	8 16 39	17 29 09	23 39 45	19 32 36	12 52 36	22 29 13	4 59 46	0 47 30	3 04 15	16 57 54	17 38 18	10 32 17	25 26 09	21 06 52
16 F	9 16 21	29 46 28	5 ♓ 51 24	19 17 48	14 06 52	23 15 13	5 30 40	1 01 27	3 17 42	17 03 50	17 41 20	10 28 47	25 25 12	21 04 29
17 Sa	10 16 12	11 ♓ 53 19	17 53 55	19 10 39	15 21 18	24 01 24	6 01 51	1 15 50	3 31 20	17 09 55	17 44 33	10 25 27	25 24 24	21 02 16
18 Su	11 16 25	23 52 32	29 50 00	19 11 04	16 36 07	24 48 01	6 33 33	1 30 50	3 45 22	17 16 23	17 48 12	10 22 32	25 23 58	21 00 28
19 M	12 17 13	5 ♈ 46 39	11 ♈ 42 05	19 18 48	17 51 32	25 35 14	7 05 56	1 46 38	3 59 58	17 23 25	17 52 26	10 20 13	25 24 07	20 59 14
20 Tu	13 18 42	17 37 55	23 32 20	19 33 34	19 07 37	26 23 11	7 39 07	2 03 21	4 15 16	17 31 07	17 57 23	10 18 36	25 24 55	20 58 43
21 W	14 20 51	29 28 22	5 ♉ 22 49	19 54 57	20 24 23	27 11 51	8 13 05	2 20 59	4 31 16	17 39 29	18 03 02	10 17 42	25 26 24	20 58 54
22 Th	15 23 33	11 ♉ 19 58	17 15 33	20 22 25	21 41 43	28 01 06	8 47 43	2 39 23	4 47 48	17 48 24	18 09 15	10 17 22	25 28 25	20 59 39
23 F	16 26 33	23 14 47	29 12 45	20 55 19	22 59 22	28 50 42	9 22 47	2 58 20	5 04 40	17 57 37	18 15 49	10 17 22	25 30 44	21 00 43
24 Sa	17 29 32	5 ♊ 15 04	11 ♊ 16 52	21 32 56	24 17 00	29 40 18	9 57 56	3 17 28	5 21 31	18 06 48	18 22 23	10 17 23	25 33 01	21 01 47
25 Su	18 32 08	17 23 28	23 30 45	22 14 34	25 34 15	0 ♎ 29 34	10 32 47	3 36 26	5 37 58	18 15 34	18 28 35	10 17 02	25 34 54	21 02 29
26 M	19 33 60	29 43 01	5 ♋ 57 37	22 59 32	26 50 47	1 18 08	11 07 02	3 54 53	5 53 43	18 23 36	18 34 05	10 16 00	25 36 03	21 02 30
27 Tu	20 34 56	12 ♋ 17 12	18 40 59	23 47 22	28 06 24	2 05 48	11 40 27	4 12 37	6 08 31	18 30 41	18 38 40	10 14 04	25 36 16	21 01 35
28 W	21 34 53	25 09 43	1 ♌ 44 29	24 37 42	29 21 02	2 52 32	12 12 60	4 29 35	6 22 20	18 36 47	18 42 18	10 11 11	25 35 29	20 59 43

Notes

LONGITUDE — March 1962

Day	☉	0 hr ☽	Noon ☽	☿	♀	♂	⚵	⚳	♃	♄	⚷	♅	♆	♇
1 Th	22 ♎ 34 01	8 ♌ 24 12	15 ♌ 11 24	25 ♍ 30 29	0 ♏ 34 52	3 ♎ 38 30	12 ♐ 44 50	4 ♑ 45 56	6 ♎ 35 22	18 ♍ 42 03	18 ♎ 45 08	10 ♈ 07 32	25 ♊ 33 54	20 ♈ 57 04
2 F	23 32 45	22 03 41	29 04 08	26 25 52	1 48 17	4 24 04	13 16 21	5 02 05	6 47 57	18 46 52	18 47 35	10 03 29	25 31 52	20 54 01
3 Sa	24 31 34	6 ♍ 09 50	13 ♍ 23 20	27 24 10	3 01 49	5 09 46	13 48 05	5 18 31	7 00 39	18 51 47	18 50 09	9 59 36	25 29 57	20 51 06
4 Su	25 31 03	20 42 12	28 07 12	28 25 46	4 16 01	5 56 10	14 20 34	5 35 50	7 14 01	18 57 20	18 53 24	9 56 24	25 28 41	20 48 52
5 M	26 31 40	5 ♎ 37 25	13 ♎ 10 55	29 30 59	5 31 22	6 43 44	14 54 17	5 54 29	7 28 30	19 04 01	18 57 48	9 54 24	25 28 33	20 47 48
6 Tu	27 33 40	20 48 59	28 26 39	0 ♎ 39 53	6 48 05	7 32 43	15 29 29	6 14 41	7 44 22	19 12 02	19 03 36	9 53 48	25 29 47	20 48 09
7 W	28 36 57	6 ♏ 07 43	13 ♏ 44 26	1 52 16	8 06 07	8 23 02	16 06 05	6 36 24	8 01 31	19 21 21	19 10 43	9 54 34	25 32 19	20 49 49
8 Th	29 41 09	21 22 54	28 53 36	3 07 39	9 25 05	9 14 17	16 43 41	6 59 13	8 19 35	19 31 33	19 18 47	9 56 17	25 35 45	20 52 26
9 F	0 ♏ 45 39	6 ♐ 24 05	13 ♐ 44 31	4 25 16	10 44 20	10 05 51	17 21 40	7 22 30	8 37 55	19 42 01	19 27 09	9 58 21	25 39 30	20 55 23
10 Sa	1 49 43	21 02 45	28 10 07	5 44 22	12 03 11	10 57 03	17 59 20	7 45 34	8 55 51	19 52 04	19 35 07	10 00 03	25 42 49	20 57 58
11 Su	2 52 45	5 ♑ 13 29	12 ♑ 06 35	7 04 13	13 21 01	11 47 15	18 36 04	8 07 47	9 12 45	20 01 03	19 42 05	10 00 47	25 45 07	20 59 33
12 M	3 54 22	18 54 15	25 33 17	8 24 22	14 37 25	12 36 04	19 11 28	8 28 46	9 28 13	20 08 36	19 47 39	10 00 09	25 46 01	20 59 45
13 Tu	4 54 29	2 ♒ 06 00	8 ♒ 32 18	9 44 41	15 52 21	13 23 25	19 45 29	8 48 27	9 42 11	20 14 38	19 51 45	9 58 06	25 45 25	20 58 30
14 W	5 53 22	14 51 58	21 07 28	11 05 21	17 06 03	14 09 33	20 18 20	9 07 04	9 54 54	20 19 25	19 54 38	9 54 52	25 43 35	20 56 04
15 Th	6 51 31	27 16 46	3 ♓ 23 44	12 26 52	18 19 02	14 55 00	20 50 33	9 25 07	10 06 53	20 23 27	19 56 49	9 50 58	25 41 02	20 52 56
16 F	7 49 37	9 ♓ 25 39	15 26 22	13 49 51	19 31 60	15 40 27	21 22 48	9 43 19	10 18 49	20 27 25	19 58 58	9 47 05	25 38 27	20 49 49
17 Sa	8 48 25	21 23 52	27 20 29	15 14 60	20 45 38	16 26 36	21 55 50	10 02 22	10 31 26	20 32 03	20 01 50	9 43 58	25 36 34	20 47 26
18 Su	9 48 33	3 ♈ 16 14	9 ♈ 10 39	16 42 56	22 00 38	17 14 08	22 30 17	10 22 55	10 45 21	20 37 60	20 06 03	9 42 14	25 36 02	20 46 25
19 M	10 50 28	15 06 52	21 00 40	18 14 05	23 17 25	18 03 29	23 06 37	10 45 26	11 01 04	20 45 43	20 12 05	9 42 23	25 37 18	20 47 15
20 Tu	11 54 23	26 58 60	2 ♉ 53 30	19 48 39	24 36 13	18 54 52	23 45 01	11 10 07	11 18 46	20 55 24	20 20 07	9 44 35	25 40 34	20 50 08
21 W	13 00 13	8 ♉ 55 00	14 51 14	21 26 30	25 56 56	19 48 10	24 25 24	11 36 51	11 38 21	21 06 58	20 30 05	9 48 45	25 45 45	20 54 58
22 Th	14 07 32	20 56 27	26 55 16	23 07 13	27 19 08	20 43 00	25 07 21	12 05 14	11 59 24	21 19 60	20 41 33	9 54 29	25 52 27	21 01 20
23 F	15 15 41	3 ♊ 04 19	9 ♊ 06 28	24 50 09	28 42 11	21 38 41	25 50 13	12 34 37	12 21 16	21 33 49	20 53 52	10 01 07	25 59 58	21 08 35
24 Sa	16 23 50	15 19 16	21 25 32	26 34 27	0 ♐ 05 14	22 34 24	26 33 09	13 04 09	12 43 07	21 47 37	21 06 12	10 07 50	26 07 31	21 15 52
25 Su	17 31 08	27 42 02	3 ♋ 53 17	28 19 16	1 27 27	23 29 18	27 15 19	13 32 58	13 04 05	22 00 32	21 17 41	10 13 45	26 14 12	21 22 22
26 M	18 36 50	10 ♋ 13 41	16 30 56	0 ♏ 03 51	2 48 04	24 22 36	27 55 56	14 00 21	13 23 26	22 11 48	21 27 35	10 18 08	26 19 19	21 27 17
27 Tu	19 40 27	22 55 54	29 20 24	1 47 44	4 06 36	25 13 52	28 34 33	14 25 47	13 40 40	22 20 58	21 35 24	10 20 31	26 22 21	21 30 12
28 W	20 41 54	5 ♌ 51 07	12 ♌ 24 13	3 30 49	5 22 59	26 02 58	29 11 04	14 49 12	13 55 43	22 27 55	21 41 04	10 20 48	26 23 13	21 30 58
29 Th	21 41 31	19 02 26	25 45 30	5 13 26	6 37 31	26 50 15	29 45 48	15 10 54	14 08 52	22 32 60	21 44 53	10 19 18	26 22 15	21 29 57
30 F	22 40 00	2 ♍ 33 11	9 ♍ 27 20	6 56 21	7 50 56	27 36 26	0 ♑ 19 28	15 31 38	14 20 53	22 36 54	21 47 36	10 16 45	26 20 11	21 27 51
31 Sa	23 38 23	16 26 24	23 32 11	8 40 33	9 04 15	28 22 32	0 53 06	15 52 24	14 32 45	22 40 40	21 50 12	10 14 10	26 18 01	21 25 42

LONGITUDE — April 1962

Day	☉	0 hr ☽	Noon ☽	☿	♀	♂	⚵	⚳	♃	♄	⚷	♅	♆	♇
1 Su	24 ♏ 37 44	0 ♎ 43 49	8 ♎ 00 48	10 ♏ 27 07	10 ♐ 18 31	29 ♎ 09 36	1 ♑ 27 46	16 ♑ 14 15	14 ♎ 45 32	22 ♍ 45 20	21 ♎ 53 46	10 ♈ 12 37	26 ♊ 16 48	21 ♈ 24 33
2 M	25 38 56	15 24 52	22 51 21	12 16 60	11 34 40	29 58 33	2 04 20	16 38 06	15 00 09	22 51 50	21 59 12	10 12 60	26 17 29	21 25 18
3 Tu	26 42 31	0 ♏ 25 15	7 ♏ 58 41	14 10 40	12 53 12	0 ♏ 49 53	2 43 21	17 04 27	15 17 06	23 00 40	22 07 01	10 15 50	26 20 32	21 28 30
4 W	27 48 27	15 39 50	23 14 29	16 08 09	14 14 04	1 43 35	3 24 47	17 33 18	15 36 21	23 11 48	22 17 11	10 21 05	26 25 58	21 34 05
5 Th	28 56 09	0 ♐ 56 47	8 ♐ 28 13	18 08 51	15 36 43	2 39 04	4 08 02	18 04 02	15 57 21	23 24 40	22 29 07	10 28 11	26 33 10	21 41 29
6 F	0 ♐ 04 37	16 05 34	23 28 55	20 11 47	17 00 09	3 35 21	4 52 07	18 35 41	16 19 04	23 38 15	22 41 49	10 36 09	26 41 10	21 49 44
7 Sa	1 12 42	0 ♑ 55 45	8 ♑ 07 12	22 15 46	18 23 11	4 31 15	5 35 52	19 07 04	16 40 21	23 51 24	22 54 09	10 43 48	26 48 47	21 57 38
8 Su	2 19 20	15 19 23	22 16 42	24 19 46	19 44 48	5 25 43	6 18 15	19 37 08	17 00 10	24 03 05	23 05 02	10 50 05	26 54 60	22 04 09
9 M	3 23 50	29 12 09	5 ♒ 54 43	26 23 03	21 04 16	6 18 04	6 58 32	20 05 11	17 17 47	24 12 34	23 13 47	10 54 19	26 59 05	22 08 35
10 Tu	4 25 58	12 ♒ 33 23	19 02 04	28 25 24	22 21 23	7 08 04	7 36 31	20 31 01	17 33 00	24 19 39	23 20 11	10 56 17	27 00 50	22 10 43
11 W	5 26 02	25 25 36	1 ♓ 42 12	0 ♐ 27 02	23 36 26	7 56 01	8 12 29	20 54 51	17 46 07	24 24 38	23 24 31	10 56 15	27 00 32	22 10 51
12 Th	6 24 45	7 ♓ 53 30	14 00 26	2 28 37	24 50 07	8 42 37	8 47 09	21 17 32	17 57 50	24 28 12	23 27 30	10 54 58	26 58 54	22 09 41
13 F	7 23 04	20 03 03	26 02 59	4 31 03	26 03 26	9 28 51	9 21 29	21 39 55	18 09 06	24 31 21	23 30 06	10 53 22	26 56 55	22 08 11
14 Sa	8 22 04	2 ♈ 00 39	7 ♈ 56 13	6 35 19	27 17 26	10 15 46	9 56 33	22 03 05	18 21 00	24 35 07	23 33 22	10 52 32	26 55 38	22 07 26
15 Su	9 22 43	13 52 27	19 46 07	8 42 16	28 33 04	11 04 20	10 33 17	22 28 01	18 34 29	24 40 29	23 38 17	10 53 26	26 56 01	22 08 22
16 M	10 25 41	25 43 56	1 ♉ 37 49	10 52 27	29 51 02	11 55 15	11 12 25	22 55 23	18 50 16	24 48 08	23 45 32	10 56 45	26 58 45	22 11 43
17 Tu	11 31 21	7 ♉ 39 30	13 35 21	13 06 04	1 ♑ 11 41	12 48 51	11 54 17	23 25 34	19 08 40	24 58 25	23 55 28	11 02 50	27 04 12	22 17 48
18 W	12 39 36	19 42 21	25 41 31	15 22 48	2 34 55	13 45 03	12 38 46	23 58 26	19 29 36	25 11 15	24 07 59	11 11 35	27 12 15	22 26 31
19 Th	13 49 54	1 ♊ 54 26	7 ♊ 57 50	17 41 56	4 00 14	14 43 20	13 25 22	24 33 28	19 52 33	25 26 05	24 22 34	11 22 30	27 22 25	22 37 23
20 F	15 01 25	14 16 32	20 24 44	20 02 20	5 26 44	15 42 48	14 13 12	25 09 49	20 16 37	25 42 03	24 38 19	11 34 41	27 33 47	22 49 29
21 Sa	16 13 01	26 48 32	3 ♋ 01 52	22 22 39	6 53 19	16 42 22	15 01 10	25 46 21	20 40 43	25 58 04	24 54 10	11 47 03	27 45 16	23 01 44
22 Su	17 23 33	9 ♋ 29 52	15 48 31	24 41 25	8 18 50	17 40 53	15 48 06	26 21 55	21 03 42	26 12 57	25 08 57	11 58 26	27 55 42	23 12 59
23 M	18 32 02	22 19 55	28 44 06	26 57 21	9 42 18	18 37 20	16 33 01	26 55 33	21 24 33	26 25 44	25 21 39	12 07 50	28 04 07	23 22 14
24 Tu	19 37 49	5 ♌ 18 32	11 ♌ 48 37	29 09 29	11 03 03	19 31 05	17 15 16	27 26 33	21 42 37	26 35 45	25 31 39	12 14 37	28 09 51	23 28 50
25 W	20 40 43	18 26 20	25 02 53	1 ♑ 17 19	12 20 56	20 21 59	17 54 41	27 54 48	21 57 46	26 42 50	25 38 46	12 18 37	28 12 44	23 32 38
26 Th	21 41 09	1 ♍ 44 57	8 ♍ 28 40	3 20 56	13 36 18	21 10 22	18 31 38	28 20 38	22 10 20	26 47 22	25 43 22	12 20 12	28 13 09	23 33 58
27 F	22 39 56	15 16 43	22 08 25	5 20 52	14 50 03	21 57 07	19 06 59	28 44 57	22 21 11	26 50 12	25 46 20	12 20 14	28 11 58	23 33 45
28 Sa	23 38 18	29 04 21	6 ♎ 04 35	7 18 04	16 03 22	22 43 27	19 41 56	29 08 55	22 31 32	26 52 32	25 48 51	12 19 56	28 10 22	23 33 09
29 Su	24 37 33	13 ♎ 10 05	20 18 54	9 13 33	17 17 33	23 30 38	20 17 48	29 33 51	22 42 41	26 55 41	25 52 14	12 20 34	28 09 41	23 33 29
30 M	25 38 47	27 34 42	4 ♏ 51 15	11 08 11	18 33 43	24 19 49	20 55 40	0 ♒ 00 52	22 55 44	27 00 45	25 57 34	12 23 17	28 10 60	23 35 51

Notes

May 1962 — LONGITUDE

Day	☉	0 hr ☽	Noon ☽	☿	♀	♂	⚵	⚳	♃	♄	⚷	♅	♆	♇
1 Tu	26 ♐ 42 40	12 ♏ 16 38	19 ♏ 38 58	13 ♑ 02 26	19 ♑ 52 31	25 ♏ 11 38	21 ♑ 36 13	0 ♒ 30 37	23 ♎ 11 21	27 ♍ 08 25	26 ♎ 05 33	12 ♈ 28 44	28 ♊ 14 59	23 ♈ 40 56
2 W	27 49 16	27 11 25	4 ♐ 36 21	14 56 09	21 14 02	26 06 09	22 19 30	1 03 10	23 29 36	27 18 42	26 16 13	12 36 58	28 21 43	23 48 47
3 Th	28 57 59	12 ♐ 11 38	19 35 11	16 48 36	22 37 40	27 02 47	23 04 56	1 37 56	23 49 53	27 31 04	26 28 59	12 47 24	28 30 36	23 58 49
4 F	0 ♑ 07 46	27 08 01	4 ♑ 25 54	18 38 34	24 02 21	28 00 29	23 51 28	2 13 50	24 11 07	27 44 25	26 42 48	12 58 59	28 40 34	24 09 57
5 Sa	1 17 19	11 ♑ 50 53	18 59 22	20 24 39	25 26 48	28 57 55	24 37 46	2 49 35	24 32 02	27 57 27	26 56 22	13 10 25	28 50 19	24 20 55
6 Su	2 25 24	26 12 01	3 ♒ 08 26	22 05 30	26 49 46	29 53 52	25 22 38	3 23 58	24 51 24	28 08 58	27 08 26	13 20 28	28 58 39	24 30 28
7 M	3 31 09	10 ♒ 05 55	16 49 01	23 40 10	28 10 24	0 ♐ 47 30	26 05 12	3 56 06	25 08 22	28 18 05	27 18 11	13 28 17	29 04 42	24 37 46
8 Tu	4 34 15	23 30 27	0 ♓ 00 21	25 08 14	29 28 22	1 38 27	26 45 07	4 25 39	25 22 33	28 24 29	27 25 14	13 33 30	29 08 06	24 42 27
9 W	5 34 51	6 ♓ 26 40	12 44 06	26 29 49	0 ♒ 43 50	2 26 54	27 22 34	4 52 48	25 34 10	28 28 19	27 29 47	13 36 20	29 09 03	24 44 44
10 Th	6 33 40	18 58 15	25 06 25	27 45 31	1 57 30	3 13 33	27 58 15	5 18 14	25 43 53	28 30 18	27 32 31	13 37 27	29 08 14	24 45 15
11 F	7 31 39	1 ♈ 10 35	7 ♈ 11 26	28 56 16	3 10 19	3 59 21	28 33 07	5 42 55	25 52 40	28 31 23	27 34 24	13 37 50	29 06 38	24 45 01
12 Sa	8 29 55	13 09 59	19 06 14	0 ♒ 03 05	4 23 25	4 45 25	29 08 17	6 07 58	26 01 39	28 32 41	27 36 33	13 38 35	29 05 22	24 45 08
13 Su	9 29 31	25 02 54	0 ♉ 57 16	1 06 59	5 37 50	5 32 49	29 44 48	6 34 25	26 11 52	28 35 15	27 40 01	13 40 44	29 05 27	24 46 38
14 M	10 31 14	6 ♉ 55 30	12 50 28	2 08 40	6 54 21	6 22 19	0 ♒ 23 28	7 03 04	26 24 05	28 39 52	27 45 35	13 45 06	29 07 42	24 50 18
15 Tu	11 35 31	18 53 01	24 50 47	3 08 30	8 13 25	7 14 21	1 04 41	7 34 21	26 38 46	28 46 58	27 53 40	13 52 06	29 12 32	24 56 36
16 W	12 42 19	0 ♊ 59 38	7 ♊ 01 57	4 06 24	9 34 59	8 08 53	1 48 26	8 08 13	26 55 51	28 56 32	28 04 16	14 01 42	29 19 56	25 05 29
17 Th	13 51 11	13 18 08	19 26 17	5 01 51	10 58 37	9 05 28	2 34 16	8 44 14	27 14 54	29 08 05	28 16 54	14 13 27	29 29 26	25 16 28
18 F	15 01 16	25 49 58	2 ♋ 04 39	5 53 56	12 23 26	10 03 16	3 21 20	9 21 32	27 35 04	29 20 48	28 30 44	14 26 30	29 40 11	25 28 45
19 Sa	16 11 30	8 ♋ 35 14	14 56 43	6 41 31	13 48 23	11 01 11	4 08 33	9 59 02	27 55 15	29 33 34	28 44 41	14 39 47	29 51 07	25 41 14
20 Su	17 20 45	21 33 04	28 01 10	7 23 25	15 12 20	11 58 05	4 54 47	10 35 38	28 14 20	29 45 17	28 57 37	14 52 09	0 ♋ 01 06	25 52 47
21 M	18 28 02	4 ♌ 42 00	11 ♌ 16 17	7 58 36	16 34 17	12 53 00	5 39 04	11 10 19	28 31 20	29 54 58	29 08 33	15 02 37	0 09 09	26 02 25
22 Tu	19 32 42	18 00 26	24 40 23	8 26 25	17 53 36	13 45 17	6 20 43	11 42 27	28 45 35	0 ♎ 01 57	29 16 50	15 10 33	0 14 37	26 09 29
23 W	20 34 35	1 ♍ 27 12	8 ♍ 12 22	8 46 39	19 10 06	14 34 44	6 59 35	12 11 51	28 56 56	0 06 04	29 22 18	15 15 46	0 17 19	26 13 48
24 Th	21 34 00	15 01 50	21 51 60	8 59 39	20 24 07	15 21 43	7 35 60	12 38 51	29 05 41	0 07 39	29 25 17	15 18 36	0 17 36	26 15 44
25 F	22 31 47	28 44 44	5 ♎ 39 48	9 06 15	21 36 28	16 07 00	8 10 45	13 04 15	29 12 39	0 07 30	29 26 33	15 19 50	0 16 15	26 16 02
26 Sa	23 28 60	12 ♎ 36 54	19 36 49	9 07 38	22 48 13	16 51 43	8 44 57	13 29 09	29 18 56	0 06 43	29 27 15	15 20 35	0 14 23	26 15 51
27 Su	24 26 52	26 39 24	3 ♏ 44 01	9 05 04	24 00 36	17 37 01	9 19 46	13 54 45	29 25 43	0 06 29	29 28 32	15 22 03	0 13 11	26 16 20
28 M	25 26 23	10 ♏ 52 43	18 01 25	8 59 44	25 14 36	18 23 58	9 56 15	14 22 03	29 34 00	0 07 50	29 31 27	15 25 14	0 13 40	26 18 32
29 Tu	26 28 10	25 15 58	2 ♐ 27 31	8 52 26	26 30 50	19 13 08	10 35 00	14 51 40	29 44 26	0 11 23	29 36 35	15 30 46	0 16 28	26 23 03
30 W	27 32 19	9 ♐ 46 24	16 58 51	8 43 27	27 49 24	20 04 37	11 16 05	15 23 42	29 57 04	0 17 11	29 44 03	15 38 42	0 21 38	26 29 58
31 Th	28 38 21	24 19 18	1 ♑ 30 03	8 32 39	29 09 50	20 57 57	11 59 03	15 57 40	0 ♏ 11 26	0 24 48	29 53 20	15 48 36	0 28 43	26 38 48

June 1962 — LONGITUDE

Day	☉	0 hr ☽	Noon ☽	☿	♀	♂	⚵	⚳	♃	♄	⚷	♅	♆	♇
1 F	29 ♑ 45 22	8 ♑ 48 22	15 ♑ 54 33	8 ♒ 19 26	0 ♓ 31 13	21 ♐ 52 15	12 ♒ 43 00	16 ♒ 32 40	0 ♏ 26 40	0 ♎ 33 20	0 ♏ 03 35	15 ♈ 59 33	0 ♋ 36 50	26 ♈ 48 41
2 Sa	0 ♒ 52 17	23 06 46	0 ♒ 05 36	8 03 06	1 52 28	22 46 23	13 26 50	17 07 37	0 41 37	0 41 40	0 13 41	16 10 27	0 44 53	26 58 31
3 Su	1 58 03	7 ♒ 08 10	13 57 29	7 43 03	3 12 31	23 39 20	14 09 30	17 41 27	0 55 17	0 48 47	0 22 36	16 20 17	0 51 48	27 07 13
4 M	3 01 52	20 47 52	27 26 24	7 18 58	4 30 37	24 30 19	14 50 13	18 13 24	1 06 51	0 53 52	0 29 32	16 28 14	0 56 49	27 14 03
5 Tu	4 03 24	4 ♓ 03 27	10 ♓ 30 57	6 51 02	5 46 22	25 18 56	15 28 37	18 43 05	1 15 58	0 56 35	0 34 07	16 33 56	0 59 34	27 18 37
6 W	5 02 41	16 54 58	23 12 07	6 19 49	6 59 51	26 05 17	16 04 47	19 10 35	1 22 42	0 56 59	0 36 26	16 37 29	1 00 07	27 20 60
7 Th	6 00 12	29 24 42	5 ♈ 32 58	5 46 24	8 11 31	26 49 50	16 39 09	19 36 22	1 27 31	0 55 33	0 36 56	16 39 19	0 58 56	27 21 39
8 F	6 56 41	11 ♈ 36 39	17 38 07	5 12 04	9 22 09	27 33 19	17 12 29	20 01 10	1 31 08	0 53 01	0 36 23	16 40 12	0 56 47	27 21 20
9 Sa	7 53 03	23 36 02	29 33 05	4 38 18	10 32 35	28 16 37	17 45 41	20 25 52	1 34 29	0 50 17	0 35 39	16 41 01	0 54 31	27 20 56
10 Su	8 50 08	5 ♉ 28 37	11 ♉ 23 51	4 06 31	11 43 42	29 00 35	18 19 34	20 51 21	1 38 23	0 48 11	0 35 36	16 42 37	0 53 01	27 21 18
11 M	9 48 37	17 20 16	23 16 15	3 37 56	12 56 12	29 45 56	18 54 51	21 18 16	1 43 32	0 47 26	0 36 55	16 45 41	0 52 58	27 23 07
12 Tu	10 48 56	29 16 30	5 ♊ 15 40	3 13 27	14 10 28	0 ♑ 33 04	19 31 56	21 47 03	1 50 21	0 48 26	0 40 02	16 50 38	0 54 47	27 26 48
13 W	11 51 08	11 ♊ 22 08	17 26 37	2 53 37	15 26 35	1 22 02	20 10 54	22 17 45	1 58 54	0 51 16	0 44 59	16 57 33	0 58 31	27 32 26
14 Th	12 54 57	23 40 57	29 52 29	2 38 33	16 44 15	2 12 34	20 51 27	22 50 07	2 08 53	0 55 37	0 51 31	17 06 07	1 03 54	27 39 42
15 F	13 59 47	6 ♋ 15 34	12 ♋ 35 19	2 28 02	18 02 54	3 04 05	21 32 60	23 23 32	2 19 44	1 00 56	0 59 01	17 15 46	1 10 21	27 48 03
16 Sa	15 04 52	19 07 14	25 35 45	2 21 35	19 21 44	3 55 47	22 14 46	23 57 13	2 30 39	1 06 25	1 06 43	17 25 43	1 17 05	27 56 40
17 Su	16 09 21	2 ♌ 15 53	8 ♌ 53 04	2 18 37	20 39 56	4 46 51	22 55 55	24 30 21	2 40 48	1 11 14	1 13 47	17 35 08	1 23 14	28 04 44
18 M	17 12 30	15 40 14	22 25 23	2 18 36	21 56 43	5 36 31	23 35 42	25 02 10	2 49 26	1 14 38	1 19 27	17 43 16	1 28 06	28 11 31
19 Tu	18 13 49	29 18 10	6 ♍ 10 08	2 21 13	23 11 38	6 24 19	24 13 37	25 32 11	2 56 04	1 16 09	1 23 16	17 49 37	1 31 10	28 16 29
20 W	19 13 09	13 ♍ 07 04	20 04 26	2 26 25	24 24 30	7 10 04	24 49 32	26 00 15	3 00 33	1 15 36	1 25 02	17 54 01	1 32 17	28 19 31
21 Th	20 10 43	27 04 18	4 ♎ 05 38	2 34 29	25 35 32	7 53 60	25 23 38	26 26 34	3 03 04	1 13 12	1 24 59	17 56 43	1 31 40	28 20 48
22 F	21 07 04	11 ♎ 07 34	18 11 34	2 46 02	26 45 16	8 36 39	25 56 30	26 51 41	3 04 11	1 09 31	1 23 40	17 58 14	1 29 50	28 20 54
23 Sa	22 02 57	25 15 06	2 ♏ 20 36	3 01 49	27 54 29	9 18 46	26 28 51	27 16 22	3 04 39	1 05 18	1 21 49	17 59 19	1 27 35	28 20 34
24 Su	22 59 10	9 ♏ 25 29	16 31 31	3 22 39	29 03 59	10 01 11	27 01 30	27 41 24	3 05 16	1 01 21	1 20 16	18 00 48	1 25 42	28 20 36
25 M	23 56 25	23 37 29	0 ♐ 43 07	3 49 12	0 ♈ 14 26	10 44 34	27 35 09	28 07 29	3 06 43	0 58 21	1 19 41	18 03 20	1 24 53	28 21 42
26 Tu	24 55 06	7 ♐ 49 37	14 53 50	4 21 50	1 26 15	11 29 18	28 10 12	28 35 01	3 09 25	0 56 42	1 20 29	18 07 21	1 25 31	28 24 15
27 W	25 55 17	21 59 53	29 01 32	5 00 33	2 39 30	12 15 29	28 46 42	29 04 04	3 13 25	0 56 30	1 22 44	18 12 54	1 27 40	28 28 19
28 Th	26 56 41	6 ♑ 05 35	13 ♑ 03 22	5 45 02	3 53 52	13 02 48	29 24 22	29 34 20	3 18 26	0 57 25	1 26 07	18 19 42	1 31 03	28 33 37
29 F	27 58 44	20 03 31	26 56 01	6 34 39	5 08 50	13 50 42	0 ♓ 02 39	0 ♓ 05 17	3 23 55	0 58 56	1 30 07	18 27 11	1 35 08	28 39 37
30 Sa	29 00 47	3 ♒ 50 12	10 ♒ 36 06	7 28 42	6 23 43	14 38 33	0 40 53	0 36 14	3 29 12	1 00 23	1 34 04	18 34 43	1 39 14	28 45 38

Notes

LONGITUDE — July 1962

Day	☉	0 hr ☽	Noon ☽	☿	♀	♂	⚵	⚳	♃	♄	⚷	♅	♆	♇
1 Su	0 ♓ 02 11	17 ♒ 22 27	24 ♒ 00 40	8 ♒ 26 28	7 ♈ 37 54	15 ♑ 25 41	1 ♓ 18 27	1 ♓ 06 34	3 ♏ 33 39	1 ♎ 01 08	1 ♏ 37 19	18 ♈ 41 39	1 ♋ 42 44	28 ♈ 51 02
2 M	1 02 29	0 ♓ 37 50	7 ♓ 07 41	9 27 26	8 50 53	16 11 38	1 54 51	1 35 49	3 36 47	1 00 43	1 39 24	18 47 30	1 45 09	28 55 21
3 Tu	2 01 26	13 35 00	19 56 22	10 31 18	10 02 26	16 56 10	2 29 52	2 03 42	3 38 23	0 58 52	1 40 06	18 52 02	1 46 15	28 58 21
4 W	2 59 02	26 13 60	2 ♈ 27 19	11 38 00	11 12 34	17 39 18	3 03 29	2 30 16	3 38 27	0 55 38	1 39 23	18 55 16	1 46 02	29 00 01
5 Th	3 55 32	8 ♈ 36 13	14 42 28	12 47 45	12 21 30	18 21 14	3 35 57	2 55 44	3 37 12	0 51 14	1 37 31	18 57 25	1 44 44	29 00 36
6 F	4 51 18	20 44 17	26 44 58	14 00 51	13 29 38	19 02 23	4 07 39	3 20 30	3 35 03	0 46 03	1 34 52	18 58 53	1 42 45	29 00 30
7 Sa	5 46 50	2 ♉ 41 51	8 ♉ 38 49	15 17 45	14 37 26	19 43 14	4 39 05	3 45 01	3 32 28	0 40 35	1 31 57	19 00 09	1 40 34	29 00 11
8 Su	6 42 36	14 33 17	20 28 42	16 38 52	15 45 22	20 24 14	5 10 41	4 09 47	3 29 55	0 35 18	1 29 12	19 01 41	1 38 38	29 00 08
9 M	7 38 59	26 23 24	2 ♊ 19 37	18 04 29	16 53 50	21 05 46	5 42 51	4 35 11	3 27 47	0 30 35	1 27 01	19 03 52	1 37 21	29 00 42
10 Tu	8 36 12	8 ♊ 17 09	14 16 33	19 34 48	18 03 03	21 48 05	6 15 49	5 01 26	3 26 19	0 26 40	1 25 39	19 06 55	1 36 57	29 02 09
11 W	9 34 21	20 19 23	26 24 18	21 09 48	19 13 05	22 31 15	6 49 40	5 28 36	3 25 35	0 23 38	1 25 08	19 10 56	1 37 30	29 04 33
12 Th	10 33 18	2 ♋ 34 32	8 ♋ 47 04	22 49 17	20 23 49	23 15 09	7 24 15	5 56 35	3 25 28	0 21 21	1 25 23	19 15 47	1 38 53	29 07 46
13 F	11 32 48	15 06 23	21 28 15	24 32 51	21 34 60	23 59 31	7 59 21	6 25 07	3 25 41	0 19 35	1 26 08	19 21 12	1 40 51	29 11 33
14 Sa	12 32 29	27 57 44	4 ♌ 30 05	26 20 02	22 46 16	24 44 00	8 34 34	6 53 51	3 25 55	0 17 57	1 27 02	19 26 50	1 43 02	29 15 33
15 Su	13 31 60	11 ♌ 10 10	17 53 25	28 10 19	23 57 14	25 28 14	9 09 34	7 22 24	3 25 47	0 16 07	1 27 42	19 32 19	1 45 05	29 19 23
16 M	14 31 01	24 43 48	1 ♍ 37 31	0 ♓ 03 11	25 07 36	26 11 54	9 44 01	7 50 28	3 24 58	0 13 44	1 27 49	19 37 20	1 46 39	29 22 44
17 Tu	15 29 20	8 ♍ 37 09	15 40 03	1 58 14	26 17 08	26 54 47	10 17 43	8 17 49	3 23 16	0 10 38	1 27 11	19 41 40	1 47 33	29 25 25
18 W	16 26 55	22 47 11	29 57 16	3 55 11	27 25 49	27 36 51	10 50 36	8 44 26	3 20 37	0 06 44	1 25 46	19 45 17	1 47 44	29 27 22
19 Th	17 23 51	7 ♎ 09 42	14 ♎ 24 24	5 53 52	28 33 44	28 18 11	11 22 48	9 10 24	3 17 09	0 02 10	1 23 40	19 48 17	1 47 18	29 28 42
20 F	18 20 23	21 39 40	28 56 15	7 54 13	29 41 06	28 59 01	11 54 30	9 35 57	3 13 04	29 ♍ 57 09	1 21 05	19 50 52	1 46 28	29 29 36
21 Sa	19 16 45	6 ♏ 11 53	13 ♏ 27 42	9 56 13	0 ♉ 48 12	29 39 38	12 26 01	10 01 20	3 08 39	29 51 57	1 18 18	19 53 20	1 45 31	29 30 23
22 Su	20 13 16	20 41 29	27 54 16	11 59 48	1 55 17	0 ♒ 20 17	12 57 35	10 26 51	3 04 10	29 46 50	1 15 35	19 55 55	1 44 43	29 31 17
23 M	21 10 05	5 ♐ 04 22	12 ♐ 12 20	14 04 51	3 02 34	1 01 10	13 29 24	10 52 39	2 59 48	29 42 00	1 13 09	19 58 51	1 44 15	29 32 31
24 Tu	22 07 19	19 17 20	26 19 16	16 11 06	4 10 05	1 42 21	14 01 33	11 18 51	2 55 40	29 37 32	1 11 02	20 02 11	1 44 11	29 34 09
25 W	23 04 54	3 ♑ 18 10	10 ♑ 13 19	18 18 14	5 17 50	2 23 49	14 33 60	11 45 24	2 51 41	29 33 24	1 09 15	20 05 53	1 44 31	29 36 09
26 Th	24 02 45	17 05 27	23 53 27	20 25 49	6 25 42	3 05 26	15 06 37	12 12 11	2 47 47	29 29 29	1 07 39	20 09 50	1 45 07	29 38 25
27 F	25 00 41	0 ♒ 38 25	7 ♒ 19 10	22 33 24	7 33 30	3 47 03	15 39 16	12 39 03	2 43 47	29 25 39	1 06 06	20 13 54	1 45 50	29 40 46
28 Sa	25 58 35	13 56 49	20 30 21	24 40 37	8 41 07	4 28 31	16 11 49	13 05 51	2 39 34	29 21 44	1 04 27	20 17 55	1 46 31	29 43 04
29 Su	26 56 20	27 00 43	3 ♓ 27 12	26 47 07	9 48 25	5 09 45	16 44 08	13 32 29	2 35 01	29 17 39	1 02 36	20 21 48	1 47 04	29 45 14
30 M	27 53 55	9 ♓ 50 28	16 10 12	28 52 42	10 55 25	5 50 44	17 16 13	13 58 56	2 30 08	29 13 23	1 00 32	20 25 31	1 47 29	29 47 14
31 Tu	28 51 23	22 26 44	28 40 06	0 ♈ 57 13	12 02 07	6 31 28	17 48 06	14 25 14	2 24 57	29 08 58	0 58 18	20 29 07	1 47 47	29 49 06

LONGITUDE — August 1962

Day	☉	0 hr ☽	Noon ☽	☿	♀	♂	⚵	⚳	♃	♄	⚷	♅	♆	♇
1 W	29 ♓ 48 47	4 ♈ 50 29	10 ♈ 58 04	3 ♈ 00 35	13 ♉ 08 36	7 ♒ 12 04	18 ♓ 19 51	14 ♓ 51 28	2 ♏ 19 33	29 ♍ 04 30	0 ♏ 55 57	20 ♈ 32 40	1 ♋ 48 03	29 ♈ 50 56
2 Th	0 ♈ 46 15	17 03 05	23 05 41	5 02 49	14 14 58	7 52 37	18 51 35	15 17 44	2 14 02	29 00 03	0 53 37	20 36 15	1 48 23	29 52 48
3 F	1 43 49	29 06 19	5 ♉ 04 60	7 03 51	15 21 18	8 33 11	19 23 22	15 44 06	2 08 28	28 55 44	0 51 21	20 39 59	1 48 52	29 54 48
4 Sa	2 41 34	11 ♉ 02 28	16 58 33	9 03 40	16 27 36	9 13 49	19 55 14	16 10 36	2 02 55	28 51 33	0 49 12	20 43 52	1 49 31	29 56 57
5 Su	3 39 26	22 54 19	28 49 24	11 02 12	17 33 51	9 54 29	20 27 09	16 37 13	1 57 21	28 47 31	0 47 09	20 47 53	1 50 20	29 59 15
6 M	4 37 22	4 ♊ 45 07	10 ♊ 41 04	12 59 18	18 39 58	10 35 06	20 59 04	17 03 52	1 51 41	28 43 32	0 45 07	20 51 58	1 51 13	0 ♉ 01 36
7 Tu	5 35 15	16 37 29	22 37 29	14 54 50	19 45 51	11 15 33	21 30 50	17 30 26	1 45 49	28 39 29	0 42 59	20 55 59	1 52 04	0 03 53
8 W	6 32 57	28 38 51	4 ♋ 42 53	16 48 39	20 51 20	11 55 44	22 02 21	17 56 47	1 39 38	28 35 16	0 40 37	20 59 50	1 52 46	0 05 59
9 Th	7 30 21	10 ♋ 50 12	17 01 37	18 40 39	21 56 21	12 35 31	22 33 30	18 22 51	1 33 02	28 30 46	0 37 56	21 03 23	1 53 11	0 07 49
10 F	8 27 27	23 17 03	29 37 56	20 30 48	23 00 49	13 14 53	23 04 15	18 48 33	1 25 59	28 25 57	0 34 54	21 06 36	1 53 18	0 09 19
11 Sa	9 24 16	6 ♌ 03 30	12 ♌ 35 37	22 19 07	24 04 48	13 53 52	23 34 39	19 13 57	1 18 32	28 20 52	0 31 33	21 09 33	1 53 10	0 10 32
12 Su	10 20 57	19 12 57	25 57 30	24 05 46	25 08 26	14 32 37	24 04 50	19 39 11	1 10 49	28 15 40	0 28 01	21 12 22	1 52 55	0 11 37
13 M	11 17 43	2 ♍ 47 37	9 ♍ 44 56	25 50 59	26 11 55	15 11 21	24 35 01	20 04 29	1 03 04	28 10 33	0 24 33	21 15 16	1 52 46	0 12 47
14 Tu	12 14 50	16 47 55	23 57 14	27 35 02	27 15 31	15 50 19	25 05 27	20 30 05	0 55 33	28 05 48	0 21 22	21 18 29	1 52 58	0 14 16
15 W	13 12 31	1 ♎ 11 57	8 ♎ 31 18	29 18 08	28 19 25	16 29 44	25 36 23	20 56 13	0 48 29	28 01 38	0 18 44	21 22 16	1 53 45	0 16 20
16 Th	14 10 53	15 55 18	23 21 35	1 ♉ 00 26	29 23 47	17 09 44	26 07 55	21 23 01	0 41 60	27 58 10	0 16 44	21 26 43	1 55 15	0 19 04
17 F	15 09 56	0 ♏ 51 17	8 ♏ 20 33	2 41 56	0 ♊ 28 33	17 50 18	26 40 02	21 50 27	0 36 05	27 55 23	0 15 23	21 31 51	1 57 25	0 22 28
18 Sa	16 09 30	15 51 36	23 19 39	4 22 27	1 33 34	18 31 16	27 12 34	22 18 21	0 30 34	27 53 08	0 14 30	21 37 27	2 00 06	0 26 21
19 Su	17 09 14	0 ♐ 47 37	8 ♐ 10 33	6 01 42	2 38 29	19 12 17	27 45 11	22 46 23	0 25 08	27 51 04	0 13 45	21 43 13	2 02 59	0 30 24
20 M	18 08 46	15 31 31	22 46 18	7 39 16	3 42 55	19 52 59	28 17 30	23 14 10	0 19 24	27 48 48	0 12 45	21 48 45	2 05 39	0 34 13
21 Tu	19 07 44	29 57 25	7 ♑ 02 07	9 14 51	4 46 30	20 32 60	28 49 10	23 41 21	0 13 01	27 46 00	0 11 09	21 53 43	2 07 46	0 37 28
22 W	20 05 55	14 ♑ 01 49	20 55 39	10 48 10	5 49 01	21 12 06	29 19 56	24 07 41	0 05 44	27 42 26	0 08 44	21 57 51	2 09 06	0 39 54
23 Th	21 03 16	27 43 36	4 ♒ 26 44	12 19 13	6 50 23	21 50 14	29 49 47	24 33 09	29 ♎ 57 33	27 38 02	0 05 26	22 01 08	2 09 35	0 41 28
24 F	21 59 57	11 ♒ 03 37	17 36 51	13 48 09	7 50 46	22 27 35	0 ♈ 18 51	24 57 53	29 48 37	27 32 60	0 01 25	22 03 42	2 09 25	0 42 21
25 Sa	22 56 19	24 04 01	0 ♓ 28 30	15 15 17	8 50 31	23 04 28	0 47 30	25 22 15	29 39 18	27 27 39	29 ♎ 57 03	22 05 56	2 08 55	0 42 53
26 Su	23 52 48	6 ♓ 47 41	13 04 43	16 41 05	9 50 04	23 41 21	1 16 10	25 46 41	29 30 02	27 22 28	29 52 46	22 08 16	2 08 33	0 43 31
27 M	24 49 54	19 17 41	25 28 32	18 06 00	10 49 54	24 18 44	1 45 21	26 11 41	29 21 19	27 17 55	29 49 04	22 11 10	2 08 47	0 44 44
28 Tu	25 48 02	1 ♈ 36 55	7 ♈ 42 44	19 30 27	11 50 26	24 56 60	2 15 28	26 37 40	29 13 35	27 14 26	29 46 21	22 15 05	2 10 04	0 46 59
29 W	26 47 29	13 47 54	19 49 43	20 54 42	12 51 55	25 36 27	2 46 48	27 04 55	29 07 08	27 12 18	29 44 57	22 20 18	2 12 41	0 50 30
30 Th	27 48 21	25 52 43	1 ♉ 51 26	22 18 47	13 54 27	26 17 12	3 19 27	27 33 31	29 02 03	27 11 36	29 44 55	22 26 53	2 16 42	0 55 26
31 F	28 50 31	7 ♉ 53 03	13 49 34	23 42 34	14 57 54	26 59 05	3 53 16	28 03 21	28 58 13	27 12 15	29 46 09	22 34 45	2 22 00	1 01 37

Notes

September 1962 LONGITUDE

Day	☉	0 hr ☽	Noon ☽	☿	♀	♂	⚵	⚳	♃	♄	⚷	♅	♆	♇
1 Sa	29 ♈ 53 38	19 ♉ 50 23	25 ♉ 45 39	25 ♉ 05 40	16 ♊ 01 56	27 ♒ 41 48	4 ♈ 27 57	28 ♓ 34 06	28 ♎ 55 20	27 ♍ 13 53	29 ♎ 48 19	22 ♈ 43 31	2 ♋ 28 17	1 ♉ 08 44
2 Su	0 ♉ 57 13	1 ♊ 46 10	7 ♊ 41 17	26 27 32	17 06 01	28 24 51	5 02 60	29 05 14	28 52 53	27 16 02	29 50 55	22 52 44	2 35 01	1 16 17
3 M	2 00 40	13 42 05	19 38 19	27 47 32	18 09 33	29 07 37	5 37 48	29 36 12	28 50 17	27 18 05	29 53 22	23 01 47	2 41 38	1 23 42
4 Tu	3 03 24	25 40 15	1 ♋ 39 08	29 04 59	19 11 57	29 49 33	6 11 47	0 ♈ 06 23	28 46 59	27 19 28	29 55 05	23 10 06	2 47 32	1 30 22
5 W	4 04 57	7 ♋ 43 22	13 46 43	0 ♊ 19 20	20 12 43	0 ♓ 30 08	6 44 28	0 35 19	28 42 28	27 19 43	29 55 35	23 17 10	2 52 14	1 35 48
6 Th	5 05 02	19 54 53	26 04 41	1 30 14	21 11 33	1 09 07	7 15 34	1 02 43	28 36 30	27 18 32	29 54 36	23 22 45	2 55 29	1 39 46
7 F	6 03 38	2 ♌ 18 54	8 ♌ 37 18	2 37 35	22 08 26	1 46 29	7 45 06	1 28 36	28 29 05	27 15 56	29 52 07	23 26 50	2 57 15	1 42 13
8 Sa	7 01 05	14 59 59	21 29 04	3 41 34	23 03 40	2 22 33	8 13 21	1 53 14	28 20 30	27 12 13	29 48 28	23 29 42	2 57 52	1 43 29
9 Su	7 57 55	28 02 46	4 ♍ 44 21	4 42 38	23 57 47	2 57 53	8 40 53	2 17 13	28 11 21	27 07 58	29 44 12	23 31 57	2 57 53	1 44 07
10 M	8 54 55	11 ♍ 31 23	18 26 40	5 41 23	24 51 31	3 33 12	9 08 28	2 41 17	28 02 23	27 03 54	29 40 04	23 34 18	2 58 02	1 44 53
11 Tu	9 52 50	25 28 32	2 ♎ 37 43	6 38 26	25 45 38	4 09 19	9 36 52	3 06 13	27 54 22	27 00 50	29 36 50	23 37 32	2 59 08	1 46 32
12 W	10 52 20	9 ♎ 54 36	17 16 28	7 34 16	26 40 44	4 46 51	10 06 43	3 32 39	27 47 58	26 59 22	29 35 10	23 42 19	3 01 47	1 49 44
13 Th	11 53 44	24 46 45	2 ♏ 18 30	8 29 02	27 37 11	5 26 08	10 38 21	4 00 55	27 43 31	26 59 53	29 35 24	23 48 57	3 06 21	1 54 49
14 F	12 56 59	9 ♏ 58 31	17 35 53	9 22 26	28 34 51	6 07 08	11 11 44	4 30 58	27 40 58	27 02 18	29 37 28	23 57 24	3 12 45	2 01 42
15 Sa	14 01 36	25 20 18	2 ♐ 58 02	10 13 46	29 33 14	6 49 20	11 46 21	5 02 18	27 39 49	27 06 08	29 40 53	24 07 10	3 20 31	2 09 56
16 Su	15 06 46	10 ♐ 40 37	18 13 24	11 01 57	0 ♋ 31 32	7 31 56	12 21 24	5 34 06	27 39 17	27 10 33	29 44 49	24 17 26	3 28 49	2 18 39
17 M	16 11 32	25 48 12	3 ♑ 11 32	11 45 47	1 28 44	8 13 59	12 55 56	6 05 27	27 38 24	27 14 39	29 48 22	24 27 16	3 36 43	2 26 57
18 Tu	17 15 05	10 ♑ 33 54	17 44 44	12 24 07	2 24 02	8 54 38	13 29 06	6 35 29	27 36 22	27 17 34	29 50 39	24 35 49	3 43 23	2 33 59
19 W	18 16 53	24 51 57	1 ♒ 48 56	12 56 07	3 16 50	9 33 23	14 00 24	7 03 41	27 32 38	27 18 47	29 51 11	24 42 34	3 48 17	2 39 14
20 Th	19 16 51	8 ♒ 40 18	15 23 34	13 21 19	4 07 03	10 10 06	14 29 44	7 29 57	27 27 08	27 18 13	29 49 52	24 47 25	3 51 19	2 42 35
21 F	20 15 18	22 00 10	28 30 55	13 39 42	4 54 58	10 45 10	14 57 26	7 54 37	27 20 12	27 16 12	29 47 01	24 50 42	3 52 50	2 44 23
22 Sa	21 12 57	4 ♓ 55 02	11 ♓ 15 07	13 51 36	5 41 16	11 19 14	15 24 11	8 18 24	27 12 32	27 13 25	29 43 21	24 53 07	3 53 32	2 45 20
23 Su	22 10 41	17 29 41	23 41 13	13 57 31	6 26 50	11 53 14	15 50 53	8 42 11	27 05 03	27 10 48	29 39 45	24 55 35	3 54 19	2 46 20
24 M	23 09 28	29 49 17	5 ♈ 54 21	13 58 02	7 12 34	12 28 05	16 18 31	9 06 55	26 58 42	27 09 16	29 37 12	24 59 02	3 56 07	2 48 19
25 Tu	24 10 06	11 ♈ 58 45	17 59 15	13 53 35	7 59 14	13 04 36	16 47 50	9 33 24	26 54 17	27 09 39	29 36 29	25 04 16	3 59 45	2 52 07
26 W	25 13 07	24 02 16	29 59 50	13 44 25	8 47 21	13 43 19	17 19 25	10 02 11	26 52 21	27 12 28	29 38 08	25 11 50	4 05 45	2 58 15
27 Th	26 18 42	6 ♉ 03 07	11 ♉ 59 01	13 30 27	9 37 04	14 24 26	17 53 25	10 33 26	26 53 05	27 17 55	29 42 22	25 21 54	4 14 18	3 06 55
28 F	27 26 39	18 03 32	23 58 48	13 11 20	10 28 08	15 07 43	18 29 40	11 06 58	26 56 18	27 25 48	29 48 57	25 34 17	4 25 13	3 17 54
29 Sa	28 36 24	0 ♊ 04 54	6 ♊ 00 23	12 46 29	11 19 56	15 52 37	19 07 33	11 42 11	27 01 26	27 35 32	29 57 19	25 48 24	4 37 54	3 30 37
30 Su	29 47 04	12 07 57	18 04 25	12 15 12	12 11 35	16 38 15	19 46 14	12 18 14	27 07 36	27 46 16	0 ♏ 06 38	26 03 23	4 51 30	3 44 14

October 1962 LONGITUDE

Day	☉	0 hr ☽	Noon ☽	☿	♀	♂	⚵	⚳	♃	♄	⚷	♅	♆	♇
1 M	0 ♊ 57 40	24 ♊ 13 13	0 ♋ 11 25	11 ♊ 36 49	13 ♋ 01 59	17 ♓ 23 36	20 ♈ 24 41	12 ♈ 54 06	27 ♎ 13 49	27 ♍ 56 59	0 ♏ 15 51	26 ♈ 18 14	5 ♋ 04 60	3 ♉ 57 43
2 Tu	2 07 08	6 ♋ 21 17	12 22 12	10 50 56	13 50 06	18 07 39	21 01 53	13 28 45	27 19 02	28 06 39	0 23 58	26 31 54	5 17 22	4 10 03
3 W	3 14 40	18 33 20	24 38 08	9 57 37	14 35 02	18 49 34	21 36 60	14 01 21	27 22 27	28 14 26	0 30 08	26 43 34	5 27 47	4 20 23
4 Th	4 19 44	0 ♌ 51 22	7 ♌ 01 31	8 57 31	15 16 14	19 28 49	22 09 30	14 31 23	27 23 32	28 19 50	0 33 51	26 52 43	5 35 43	4 28 13
5 F	5 22 16	13 18 24	19 35 41	7 52 01	15 53 32	20 05 20	22 39 19	14 58 47	27 22 13	28 22 45	0 35 02	26 59 16	5 41 07	4 33 28
6 Sa	6 22 40	25 58 28	2 ♍ 24 49	6 43 11	16 27 19	20 39 30	23 06 52	15 23 56	27 18 54	28 23 37	0 34 05	27 03 37	5 44 20	4 36 32
7 Su	7 21 44	8 ♍ 56 19	15 33 41	5 33 43	16 58 20	21 12 10	23 32 56	15 47 40	27 14 25	28 23 14	0 31 49	27 06 36	5 46 14	4 38 14
8 M	8 20 36	22 16 53	29 06 57	4 26 37	17 27 38	21 44 24	23 58 40	16 11 05	27 09 52	28 22 42	0 29 22	27 09 18	5 47 55	4 39 41
9 Tu	9 20 28	6 ♎ 04 24	13 ♎ 08 08	3 25 00	17 56 21	22 17 26	24 25 13	16 35 23	27 06 28	28 23 15	0 27 55	27 12 57	5 50 34	4 42 05
10 W	10 22 20	20 21 20	27 38 33	2 31 42	18 25 28	22 52 16	24 53 39	17 01 35	27 05 14	28 25 52	0 28 30	27 18 32	5 55 13	4 46 26
11 Th	11 26 49	5 ♏ 07 08	12 ♏ 36 02	1 48 51	18 55 30	23 29 31	25 24 33	17 30 17	27 06 47	28 31 11	0 31 42	27 26 41	6 02 29	4 53 23
12 F	12 33 58	20 17 22	27 54 23	1 17 48	19 26 27	24 09 12	25 57 57	18 01 32	27 11 07	28 39 13	0 37 35	27 37 25	6 12 22	5 02 55
13 Sa	13 43 11	5 ♐ 43 27	13 ♐ 23 30	0 58 55	19 57 38	24 50 44	26 33 15	18 34 43	27 17 41	28 49 23	0 45 32	27 50 09	6 24 18	5 14 29
14 Su	14 53 22	21 13 40	28 50 56	0 51 42	20 27 56	25 33 02	27 09 22	19 08 46	27 25 23	29 00 36	0 54 28	28 03 48	6 37 12	5 26 58
15 M	16 03 14	6 ♑ 35 07	14 ♑ 04 09	0 55 11	20 55 58	26 14 46	27 45 01	19 42 23	27 32 55	29 11 33	1 03 05	28 17 03	6 49 44	5 39 04
16 Tu	17 11 34	21 36 16	28 52 54	1 08 07	21 20 29	26 54 45	28 18 58	20 14 20	27 39 05	29 21 03	1 10 12	28 28 42	7 00 44	5 49 36
17 W	18 17 36	6 ♒ 08 51	13 ♒ 10 46	1 29 27	21 40 38	27 32 11	28 50 26	20 43 50	27 43 05	29 28 18	1 15 00	28 37 58	7 09 23	5 57 45
18 Th	19 21 04	20 08 57	26 55 39	1 58 27	21 56 07	28 06 49	29 19 11	21 10 39	27 44 41	29 33 03	1 17 16	28 44 36	7 15 27	6 03 18
19 F	20 22 20	3 ♓ 36 42	10 ♓ 09 09	2 34 51	22 07 14	28 39 01	29 45 34	21 35 09	27 44 15	29 35 40	1 17 20	28 48 58	7 19 18	6 06 35
20 Sa	21 22 15	16 35 26	22 55 33	3 18 46	22 14 46	29 09 36	0 ♉ 10 26	21 58 09	27 42 38	29 36 59	1 16 04	28 51 54	7 21 45	6 08 28
21 Su	22 21 57	29 10 26	5 ♈ 20 42	4 10 29	22 19 48	29 39 43	0 34 53	22 20 46	27 40 56	29 38 09	1 14 35	28 54 31	7 23 57	6 10 04
22 M	23 22 37	11 ♈ 27 56	17 30 54	5 10 24	22 23 30	0 ♈ 10 32	1 00 08	22 44 14	27 40 23	29 40 20	1 14 05	28 58 03	7 27 06	6 12 34
23 Tu	24 25 18	23 34 07	29 32 16	6 18 44	22 26 51	0 43 07	1 27 13	23 09 34	27 42 00	29 44 37	1 15 37	29 03 31	7 32 15	6 17 02
24 W	25 30 44	5 ♉ 34 31	11 ♉ 30 03	7 35 25	22 30 34	1 18 11	1 56 53	23 37 31	27 46 33	29 51 43	1 19 55	29 11 39	7 40 06	6 24 12
25 Th	26 39 13	17 33 38	23 28 21	8 59 59	22 34 54	1 56 01	2 29 25	24 08 21	27 54 19	0 ♎ 01 55	1 27 16	29 22 46	7 50 59	6 34 20
26 F	27 50 33	29 34 42	5 ♊ 30 03	10 31 33	22 39 38	2 36 25	3 04 36	24 41 53	28 05 05	0 15 01	1 37 29	29 36 38	8 04 40	6 47 16
27 Sa	29 04 03	11 ♊ 39 44	17 36 44	12 08 50	22 44 07	3 18 44	3 41 47	25 17 27	28 18 12	0 30 23	1 49 54	29 52 37	8 20 31	7 02 20
28 Su	0 ♋ 18 44	23 49 38	29 49 02	13 50 15	22 47 18	4 01 56	4 19 57	25 54 02	28 32 40	0 46 59	2 03 31	0 ♉ 09 41	8 37 30	7 18 30
29 M	1 33 22	6 ♋ 04 32	12 ♋ 06 52	15 34 05	22 48 02	4 44 48	4 57 54	26 30 25	28 47 16	1 03 36	2 17 07	0 26 39	8 54 26	7 34 35
30 Tu	2 46 46	18 24 16	24 30 01	17 18 41	22 45 06	5 26 08	5 34 24	27 05 24	29 00 47	1 19 02	2 29 29	0 42 17	9 10 04	7 49 21
31 W	3 57 52	0 ♌ 48 47	6 ♌ 58 30	19 02 39	22 37 32	6 04 53	6 08 26	27 37 57	29 12 13	1 32 16	2 39 36	0 55 34	9 23 25	8 01 48

Notes

LONGITUDE November 1962

Day	☉	0 hr ☽	Noon ☽	☿	♀	♂	⚵	⚳	♃	♄	⚷	♅	♆	♇
1 Th	5 ♋ 06 05	13 ♌ 18 40	19 ♌ 33 08	20 ♊ 45 00	22 ♋ 24 46	6 ♈ 40 26	6 ♉ 39 23	28 ♈ 07 25	29 ♎ 20 54	1 ♎ 42 39	2 ♏ 46 51	1 ♉ 05 52	9 ♋ 33 49	8 ♉ 11 17
2 F	6 11 14	25 55 26	2 ♍ 15 42	22 25 20	22 06 44	7 12 38	7 07 04	28 33 41	29 26 44	1 50 04	2 51 04	1 13 02	9 41 09	8 17 39
3 Sa	7 13 44	8 ♍ 41 45	15 09 08	24 03 48	21 43 55	7 41 52	7 31 55	28 57 08	29 30 04	1 54 53	2 52 39	1 17 29	9 45 48	8 21 19
4 Su	8 14 27	21 41 14	28 17 15	25 41 03	21 17 18	8 08 60	7 54 47	29 18 37	29 31 48	1 57 59	2 52 29	1 20 03	9 48 38	8 23 09
5 M	9 14 34	4 ♎ 58 09	11 ♎ 44 18	27 18 08	20 48 15	8 35 14	8 16 52	29 39 22	29 33 07	2 00 34	2 51 46	1 21 59	9 50 52	8 24 20
6 Tu	10 15 25	18 36 39	25 34 04	28 56 12	20 18 13	9 01 52	8 39 29	0 ♉ 00 40	29 35 21	2 03 57	2 51 48	1 24 34	9 53 47	8 26 12
7 W	11 18 09	2 ♏ 39 52	9 ♏ 48 56	0 ♋ 36 17	19 48 31	9 30 04	9 03 46	0 23 40	29 39 37	2 09 16	2 53 44	1 28 56	9 58 34	8 29 53
8 Th	12 23 28	17 08 42	24 28 36	2 19 02	19 20 05	10 00 31	9 30 27	0 49 05	29 46 40	2 17 15	2 58 19	1 35 50	10 05 55	8 36 07
9 F	13 31 31	2 ♐ 00 54	9 ♐ 29 16	4 04 28	18 53 16	10 33 22	9 59 39	1 17 03	29 56 37	2 28 02	3 05 38	1 45 23	10 15 58	8 45 01
10 Sa	14 41 46	17 10 28	24 43 27	5 52 01	18 27 44	11 08 04	10 30 50	1 47 03	0 ♏ 08 56	2 41 04	3 15 12	1 57 04	10 28 11	8 56 04
11 Su	15 53 09	2 ♑ 28 00	10 ♑ 00 39	7 40 34	18 02 43	11 43 34	11 02 58	2 18 00	0 22 35	2 55 19	3 25 56	2 09 48	10 41 31	9 08 13
12 M	17 04 23	17 42 05	25 09 15	9 28 46	17 37 08	12 18 33	11 34 43	2 48 36	0 36 13	3 09 28	3 36 32	2 22 18	10 54 39	9 20 08
13 Tu	18 14 11	2 ♒ 41 21	9 ♒ 58 33	11 15 21	17 09 59	12 51 45	12 04 50	3 17 36	0 48 37	3 22 15	3 45 45	2 33 19	11 06 21	9 30 35
14 W	19 21 41	17 16 37	24 20 47	12 59 24	16 40 38	13 22 17	12 32 26	3 44 05	0 58 52	3 32 47	3 52 42	2 41 56	11 15 42	9 38 40
15 Th	20 26 32	1 ♓ 22 14	8 ♓ 11 59	14 40 32	16 09 01	13 49 46	12 57 08	4 07 43	1 06 37	3 40 44	3 56 60	2 47 48	11 22 21	9 44 02
16 F	21 28 57	14 56 29	21 31 59	16 18 60	15 35 34	14 14 25	13 19 11	4 28 43	1 12 06	3 46 17	3 58 54	2 51 10	11 26 33	9 46 54
17 Sa	22 29 39	28 01 04	4 ♈ 23 44	17 55 29	15 01 17	14 36 59	13 39 17	4 47 48	1 16 02	3 50 12	3 59 08	2 52 44	11 28 59	9 48 00
18 Su	23 29 40	10 ♈ 40 16	16 52 14	19 31 01	14 27 24	14 58 27	13 58 29	5 05 59	1 19 27	3 53 29	3 58 42	2 53 32	11 30 43	9 48 22
19 M	24 30 09	22 59 46	29 03 37	21 06 46	13 55 17	15 19 57	14 17 54	5 24 25	1 23 29	3 57 16	3 58 45	2 54 43	11 32 52	9 49 08
20 Tu	25 32 07	5 ♉ 05 49	11 ♉ 04 13	22 43 45	13 26 09	15 42 32	14 38 33	5 44 07	1 29 09	4 02 36	4 00 20	2 57 18	11 36 28	9 51 19
21 W	26 36 19	17 04 28	22 59 58	24 22 44	13 00 56	16 06 54	15 01 12	6 05 50	1 37 13	4 10 13	4 04 10	3 02 02	11 42 16	9 55 41
22 Th	27 43 06	29 01 05	4 ♊ 55 59	26 04 04	12 40 09	16 33 26	15 26 12	6 29 54	1 48 02	4 20 29	4 10 37	3 09 16	11 50 37	10 02 34
23 F	28 52 23	10 ♊ 59 59	16 56 14	27 47 41	12 23 50	17 01 59	15 53 26	6 56 15	2 01 30	4 33 18	4 19 36	3 18 55	12 01 26	10 11 54
24 Sa	0 ♌ 03 38	23 04 19	29 03 26	29 33 04	12 11 35	17 32 04	16 22 24	7 24 19	2 17 05	4 48 08	4 30 35	3 30 27	12 14 10	10 23 08
25 Su	1 15 60	5 ♋ 16 03	11 ♋ 19 07	1 ♌ 19 22	12 02 40	18 02 47	16 52 12	7 53 16	2 33 56	5 04 07	4 42 43	3 43 01	12 27 59	10 35 25
26 M	2 28 25	17 36 06	23 43 47	3 05 34	11 56 06	18 33 05	17 21 50	8 22 03	2 51 00	5 20 14	4 54 56	3 55 34	12 41 50	10 47 43
27 Tu	3 39 50	0 ♌ 04 36	6 ♌ 17 17	4 50 37	11 50 52	19 01 55	17 50 11	8 49 34	3 07 14	5 35 24	5 06 12	4 07 02	12 54 38	10 58 58
28 W	4 49 21	12 41 16	18 59 06	6 33 36	11 46 09	19 28 20	18 16 23	9 14 58	3 21 43	5 48 43	5 15 36	4 16 32	13 05 31	11 08 15
29 Th	5 56 24	25 25 47	1 ♍ 48 53	8 14 00	11 41 23	19 51 47	18 39 50	9 37 38	3 33 52	5 59 37	5 22 33	4 23 28	13 13 53	11 15 01
30 F	7 00 48	8 ♍ 18 15	14 46 48	9 51 40	11 36 26	20 12 06	19 00 23	9 57 24	3 43 33	6 07 56	5 26 55	4 27 41	13 19 35	11 19 05

LONGITUDE December 1962

Day	☉	0 hr ☽	Noon ☽	☿	♀	♂	⚵	⚳	♃	♄	⚷	♅	♆	♇
1 Sa	8 ♌ 02 52	21 ♍ 19 26	27 ♍ 53 47	11 ♌ 26 53	11 ♋ 31 36	20 ♈ 29 32	19 ♉ 18 20	10 ♉ 14 35	3 ♏ 51 02	6 ♎ 13 58	5 ♏ 28 58	4 ♉ 29 30	13 ♋ 22 55	11 ♉ 20 46
2 Su	9 03 16	4 ♎ 30 48	11 ♎ 11 31	13 00 23	11 27 34	20 44 48	19 34 21	10 29 52	3 57 01	6 18 24	5 29 25	4 29 35	13 24 33	11 20 45
3 M	10 02 60	17 54 31	24 42 14	14 33 08	11 25 16	20 58 51	19 49 25	10 44 12	4 02 29	6 22 12	5 29 14	4 28 54	13 25 29	11 19 59
4 Tu	11 03 05	1 ♏ 32 53	8 ♏ 28 09	16 06 13	11 25 45	21 12 44	20 04 35	10 58 38	4 08 27	6 26 26	5 29 27	4 28 32	13 26 45	11 19 33
5 W	12 04 29	15 27 49	22 30 50	17 40 33	11 29 54	21 27 21	20 20 45	11 14 07	4 15 53	6 32 01	5 31 01	4 29 23	13 29 18	11 20 23
6 Th	13 07 46	29 40 00	6 ♐ 50 19	19 16 46	11 38 17	21 43 19	20 38 33	11 31 13	4 25 21	6 39 33	5 34 31	4 32 04	13 33 43	11 23 03
7 F	14 13 06	14 ♐ 08 14	21 24 27	20 55 01	11 51 01	22 00 45	20 58 07	11 50 06	4 37 01	6 49 11	5 40 06	4 36 44	13 40 09	11 27 44
8 Sa	15 20 08	28 48 53	6 ♑ 08 37	22 34 57	12 07 41	22 19 19	21 19 05	12 10 24	4 50 31	7 00 35	5 47 27	4 43 01	13 48 15	11 34 04
9 Su	16 28 07	13 ♑ 35 58	20 55 56	24 15 51	12 27 30	22 38 15	21 40 43	12 31 23	5 05 08	7 12 59	5 55 47	4 50 12	13 57 16	11 41 18
10 M	17 36 07	28 21 43	5 ♒ 38 16	25 56 45	12 49 28	22 56 35	22 02 05	12 52 05	5 19 54	7 25 26	6 04 10	4 57 19	14 06 17	11 48 31
11 Tu	18 43 12	12 ♒ 57 52	20 07 27	27 36 45	13 12 35	23 13 23	22 22 13	13 11 36	5 33 53	7 37 02	6 11 42	5 03 27	14 14 21	11 54 46
12 W	19 48 41	27 16 55	4 ♓ 16 41	29 15 08	13 36 08	23 27 58	22 40 28	13 29 12	5 46 24	7 47 04	6 17 39	5 07 55	14 20 47	11 59 22
13 Th	20 52 14	11 ♓ 13 22	18 01 33	0 ♍ 51 34	13 59 41	23 39 58	22 56 27	13 44 34	5 57 07	7 55 13	6 21 43	5 10 22	14 25 15	12 01 59
14 F	21 53 55	24 44 20	1 ♈ 20 21	2 26 06	14 23 15	23 49 27	23 10 16	13 57 46	6 06 06	8 01 33	6 23 57	5 10 53	14 27 48	12 02 41
15 Sa	22 54 08	7 ♈ 49 38	14 14 00	3 59 08	14 47 12	23 56 48	23 22 18	14 09 11	6 13 44	8 06 27	6 24 45	5 09 52	14 28 52	12 01 53
16 Su	23 53 32	20 31 25	26 45 32	5 31 17	15 12 05	24 02 40	23 33 12	14 19 29	6 20 42	8 10 36	6 24 47	5 07 58	14 29 05	12 00 13
17 M	24 52 53	2 ♉ 53 32	8 ♉ 59 23	7 03 16	15 38 37	24 07 47	23 43 42	14 29 24	6 27 44	8 14 43	6 24 48	5 05 56	14 29 13	11 58 26
18 Tu	25 52 52	15 00 53	21 00 49	8 35 44	16 07 24	24 12 49	23 54 31	14 39 37	6 35 31	8 19 30	6 25 29	5 04 28	14 29 56	11 57 15
19 W	26 54 01	26 58 49	2 ♊ 55 21	10 09 10	16 38 57	24 18 19	24 06 10	14 50 40	6 44 36	8 25 31	6 27 23	5 04 06	14 31 48	11 57 12
20 Th	27 56 39	8 ♊ 52 40	14 48 17	11 43 48	17 13 29	24 24 34	24 18 57	15 02 52	6 55 17	8 33 02	6 30 47	5 05 08	14 35 05	11 58 34
21 F	29 00 46	20 47 22	26 44 25	13 19 35	17 50 57	24 31 34	24 32 53	15 16 12	7 07 35	8 42 05	6 35 43	5 07 36	14 39 50	12 01 22
22 Sa	0 ♍ 06 07	2 ♋ 47 12	8 ♋ 47 43	14 56 09	18 31 03	24 39 02	24 47 41	15 30 25	7 21 13	8 52 24	6 41 56	5 11 13	14 45 47	12 05 22
23 Su	1 12 14	14 55 38	21 01 20	16 32 56	19 13 15	24 46 31	25 02 55	15 45 04	7 35 45	9 03 31	6 48 57	5 15 33	14 52 28	12 10 06
24 M	2 18 31	27 15 15	3 ♌ 27 21	18 09 12	19 56 55	24 53 25	25 17 58	15 59 31	7 50 35	9 14 52	6 56 10	5 19 59	14 59 18	12 14 57
25 Tu	3 24 22	9 ♌ 47 40	16 06 56	19 44 10	20 41 24	24 59 06	25 32 13	16 13 11	8 05 05	9 25 48	7 03 00	5 23 55	15 05 39	12 19 20
26 W	4 29 17	22 33 38	29 00 18	21 17 08	21 26 07	25 03 03	25 45 09	16 25 33	8 18 46	9 35 51	7 08 56	5 26 51	15 11 02	12 22 44
27 Th	5 32 55	5 ♍ 33 06	12 ♍ 07 00	22 47 32	22 10 41	25 04 56	25 56 27	16 36 15	8 31 17	9 44 38	7 13 38	5 28 27	15 15 06	12 24 49
28 F	6 35 09	18 45 26	25 26 06	24 15 01	22 54 58	25 04 38	26 05 60	16 45 12	8 42 32	9 52 05	7 16 59	5 28 36	15 17 46	12 25 28
29 Sa	7 36 09	2 ♎ 09 42	8 ♎ 56 25	25 39 24	23 39 04	25 02 17	26 13 55	16 52 32	8 52 40	9 58 20	7 19 08	5 27 27	15 19 09	12 24 51
30 Su	8 36 16	15 44 48	22 36 48	27 00 40	24 23 16	24 58 14	26 20 35	16 58 36	9 02 01	10 03 44	7 20 26	5 25 21	15 19 37	12 23 19
31 M	9 35 58	29 29 41	6 ♏ 26 12	28 18 54	25 08 03	24 52 59	26 26 28	17 03 53	9 11 05	10 08 46	7 21 23	5 22 48	15 19 39	12 21 20

Notes

January 1963 LONGITUDE

Day	☉	0 hr ☽	Noon ☽	☿	♀	♂	⚵	⚳	♃	♄	⚷	♅	♆	♇
1 Tu	10 ♍ 35 46	13 ♏ 23 22	20 ♏ 23 42	29 ♍ 34 07	25 ♋ 53 52	24 ♈ 47 01	26 ♉ 32 05	17 ♉ 08 53	9 ♏ 20 21	10 ♎ 13 57	7 ♏ 22 29	5 ♉ 20 18	15 ♋ 19 45	12 ♉ 19 26
2 W	11 36 06	27 24 51	4 ♐ 28 16	0 ♎ 46 13	26 41 07	24 40 47	26 37 50	17 14 02	9 30 17	10 19 42	7 24 09	5 18 18	15 20 23	12 18 02
3 Th	12 37 13	11 ♐ 32 53	18 38 33	1 54 50	27 30 01	24 34 31	26 44 00	17 19 35	9 41 07	10 26 17	7 26 40	5 17 02	15 21 46	12 17 24
4 F	13 39 11	25 45 45	2 ♑ 52 36	2 59 19	28 20 36	24 28 18	26 50 37	17 25 36	9 52 54	10 33 44	7 30 04	5 16 33	15 23 58	12 17 35
5 Sa	14 41 50	10 ♑ 01 03	17 07 44	3 58 46	29 12 40	24 21 57	26 57 32	17 31 53	10 05 28	10 41 55	7 34 12	5 16 43	15 26 50	12 18 25
6 Su	15 44 51	24 15 37	1 ♒ 20 31	4 52 03	0 ♌ 05 53	24 15 10	27 04 26	17 38 09	10 18 31	10 50 31	7 38 45	5 17 13	15 30 03	12 19 37
7 M	16 47 53	8 ♒ 25 44	15 27 02	5 37 56	0 59 52	24 07 35	27 10 56	17 44 01	10 31 42	10 59 09	7 43 22	5 17 41	15 33 15	12 20 48
8 Tu	17 50 35	22 27 24	29 23 13	6 15 10	1 54 16	23 58 54	27 16 44	17 49 11	10 44 40	11 07 31	7 47 42	5 17 48	15 36 07	12 21 38
9 W	18 52 46	6 ♓ 16 45	13 ♓ 05 28	6 42 39	2 48 49	23 48 53	27 21 36	17 53 24	10 57 12	11 15 23	7 51 33	5 17 20	15 38 25	12 21 55
10 Th	19 54 20	19 50 36	26 30 59	6 59 27	3 43 26	23 37 27	27 25 26	17 56 35	11 09 13	11 22 40	7 54 50	5 16 12	15 40 05	12 21 34
11 F	20 55 20	3 ♈ 06 48	9 ♈ 38 11	7 04 51	4 38 07	23 24 41	27 28 18	17 58 47	11 20 46	11 29 25	7 57 35	5 14 29	15 41 10	12 20 38
12 Sa	21 55 55	16 04 29	22 26 49	6 58 26	5 33 01	23 10 43	27 30 20	18 00 09	11 32 00	11 35 47	7 59 58	5 12 18	15 41 48	12 19 15
13 Su	22 56 18	28 44 05	4 ♉ 57 59	6 40 03	6 28 18	22 55 47	27 31 45	18 00 53	11 43 07	11 41 58	8 02 11	5 09 52	15 42 12	12 17 38
14 M	23 56 39	11 ♉ 07 19	17 13 57	6 09 52	7 24 09	22 40 05	27 32 43	18 01 10	11 54 19	11 48 10	8 04 26	5 07 23	15 42 33	12 15 59
15 Tu	24 57 09	23 16 56	29 17 57	5 28 27	8 20 42	22 23 47	27 33 24	18 01 09	12 05 45	11 54 32	8 06 51	5 04 60	15 43 01	12 14 27
16 W	25 57 52	5 ♊ 16 31	11 ♊ 13 57	4 36 41	9 17 60	22 06 59	27 33 52	18 00 56	12 17 29	12 01 08	8 09 31	5 02 47	15 43 40	12 13 06
17 Th	26 58 49	17 10 15	23 06 20	3 35 51	10 16 02	21 49 42	27 34 08	18 00 30	12 29 33	12 07 59	8 12 27	5 00 46	15 44 32	12 11 58
18 F	27 59 55	29 02 38	4 ♋ 59 44	2 27 38	11 14 43	21 31 55	27 34 09	17 59 48	12 41 51	12 15 02	8 15 36	4 58 53	15 45 31	12 10 59
19 Sa	29 01 05	10 ♋ 58 18	16 58 47	1 13 59	12 13 57	21 13 32	27 33 46	17 58 43	12 54 18	12 22 10	8 18 50	4 57 01	15 46 33	12 10 02
20 Su	0 ♎ 02 12	23 01 51	29 07 56	29 ♍ 57 07	13 13 35	20 54 28	27 32 55	17 57 09	13 06 47	12 29 16	8 22 04	4 55 05	15 47 30	12 09 01
21 M	1 03 13	5 ♌ 17 30	11 ♌ 31 08	28 39 22	14 13 34	20 34 42	27 31 31	17 55 01	13 19 15	12 36 17	8 25 13	4 52 60	15 48 19	12 07 52
22 Tu	2 04 05	17 48 57	24 11 39	27 23 03	15 13 49	20 14 14	27 29 34	17 52 20	13 31 40	12 43 12	8 28 17	4 50 45	15 48 58	12 06 35
23 W	3 04 53	0 ♍ 38 60	7 ♍ 11 40	26 10 22	16 14 25	19 53 10	27 27 05	17 49 08	13 44 06	12 50 03	8 31 18	4 48 24	15 49 32	12 05 12
24 Th	4 05 42	13 49 14	20 32 06	25 03 11	17 15 26	19 31 38	27 24 12	17 45 31	13 56 38	12 56 57	8 34 24	4 46 03	15 50 06	12 03 50
25 F	5 06 42	27 19 50	4 ♎ 12 17	24 03 06	18 17 01	19 09 48	27 21 04	17 41 38	14 09 26	13 04 03	8 37 42	4 43 51	15 50 48	12 02 37
26 Sa	6 07 58	11 ♎ 09 20	18 10 02	23 11 14	19 19 14	18 47 51	27 17 46	17 37 37	14 22 35	13 11 27	8 41 19	4 41 55	15 51 46	12 01 41
27 Su	7 09 35	25 14 45	2 ♏ 21 42	22 28 18	20 22 09	18 25 52	27 14 24	17 33 31	14 36 10	13 19 13	8 45 20	4 40 19	15 53 04	12 01 05
28 M	8 11 30	9 ♏ 31 48	16 42 37	21 54 33	21 25 43	18 03 52	27 10 54	17 29 18	14 50 08	13 27 18	8 49 41	4 38 59	15 54 38	12 00 46
29 Tu	9 13 34	23 55 30	1 ♐ 07 41	21 29 53	22 29 46	17 41 44	27 07 08	17 24 49	15 04 19	13 35 34	8 54 13	4 37 48	15 56 21	12 00 37
30 W	10 15 33	8 ♐ 20 41	15 31 56	21 13 53	23 34 03	17 19 17	27 02 53	17 19 52	15 18 31	13 43 47	8 58 44	4 36 31	15 57 58	12 00 23
31 Th	11 17 12	22 42 43	29 51 09	21 05 59	24 38 20	16 56 20	26 57 54	17 14 10	15 32 29	13 51 41	9 02 57	4 34 55	15 59 14	11 59 49

February 1963 LONGITUDE

Day	☉	0 hr ☽	Noon ☽	☿	♀	♂	⚵	⚳	♃	♄	⚷	♅	♆	♇
1 F	12 ♎ 18 19	6 ♑ 57 51	14 ♑ 02 05	21 ♍ 05 33	25 ♌ 42 24	16 ♈ 32 43	26 ♉ 51 58	17 ♉ 07 33	15 ♏ 45 59	13 ♎ 59 05	9 ♏ 06 41	4 ♉ 32 46	15 ♋ 59 58	11 ♉ 58 44
2 Sa	13 18 49	21 03 29	28 02 37	21 11 59	26 46 08	16 08 23	26 45 01	16 59 56	15 58 57	14 05 53	9 09 51	4 30 00	16 00 04	11 57 01
3 Su	14 18 45	4 ♒ 58 04	11 ♒ 51 36	21 24 51	27 49 36	15 43 27	26 37 07	16 51 22	16 11 26	14 12 09	9 12 29	4 26 40	15 59 35	11 54 45
4 M	15 18 21	18 40 56	25 28 33	21 43 50	28 53 00	15 18 11	26 28 29	16 42 06	16 23 39	14 18 05	9 14 50	4 22 60	15 58 45	11 52 09
5 Tu	16 17 56	2 ♓ 11 54	8 ♓ 53 26	22 08 45	29 56 41	14 52 58	26 19 28	16 32 27	16 35 56	14 24 02	9 17 12	4 19 19	15 57 54	11 49 33
6 W	17 17 54	15 31 02	22 06 20	22 39 30	1 ♍ 00 60	14 28 13	26 10 27	16 22 50	16 48 40	14 30 23	9 19 60	4 16 01	15 57 25	11 47 20
7 Th	18 18 35	28 38 25	5 ♈ 07 24	23 15 59	2 06 18	14 04 20	26 01 46	16 13 35	17 02 12	14 37 29	9 23 33	4 13 27	15 57 39	11 45 51
8 F	19 20 15	11 ♈ 34 07	17 56 44	23 58 01	3 12 51	13 41 36	25 53 43	16 04 59	17 16 46	14 45 35	9 28 08	4 11 51	15 58 50	11 45 21
9 Sa	20 22 58	24 18 11	0 ♉ 34 31	24 45 18	4 20 42	13 20 10	25 46 22	15 57 07	17 32 29	14 54 45	9 33 48	4 11 20	16 01 05	11 45 56
10 Su	21 26 41	6 ♉ 50 47	13 01 08	25 37 24	5 29 46	12 59 59	25 39 38	15 49 54	17 49 15	15 04 54	9 40 30	4 11 48	16 04 18	11 47 29
11 M	22 31 05	19 12 24	25 17 21	26 33 44	6 39 46	12 40 49	25 33 16	15 43 04	18 06 47	15 15 47	9 47 56	4 12 58	16 08 12	11 49 45
12 Tu	23 35 48	1 ♊ 23 58	7 ♊ 24 29	27 33 34	7 50 17	12 22 17	25 26 51	15 36 15	18 24 40	15 26 58	9 55 41	4 14 26	16 12 23	11 52 20
13 W	24 40 18	13 27 07	19 24 31	28 36 11	9 00 50	12 03 57	25 19 55	15 28 57	18 42 26	15 37 58	10 03 17	4 15 43	16 16 21	11 54 43
14 Th	25 44 09	25 24 11	1 ♋ 20 10	29 40 52	10 10 56	11 45 22	25 11 60	15 20 41	18 59 35	15 48 18	10 10 15	4 16 21	16 19 38	11 56 27
15 F	26 46 56	7 ♋ 18 22	13 14 56	0 ♎ 47 00	11 20 10	11 26 12	25 02 43	15 11 07	19 15 44	15 57 36	10 16 11	4 15 55	16 21 51	11 57 08
16 Sa	27 48 27	19 13 34	25 12 58	1 54 14	12 28 20	11 06 16	24 51 52	15 00 02	19 30 41	16 05 38	10 20 54	4 14 15	16 22 48	11 56 33
17 Su	28 48 44	1 ♌ 14 24	7 ♌ 19 03	3 02 24	13 35 27	10 45 37	24 39 29	14 47 28	19 44 26	16 12 25	10 24 23	4 11 20	16 22 28	11 54 45
18 M	29 48 02	13 25 58	19 38 14	4 11 37	14 41 47	10 24 34	24 25 51	14 33 43	19 57 17	16 18 15	10 26 56	4 07 28	16 21 10	11 51 59
19 Tu	0 ♏ 46 50	25 53 28	2 ♍ 15 35	5 22 15	15 47 48	10 03 36	24 11 27	14 19 15	20 09 41	16 23 34	10 29 01	4 03 07	16 19 21	11 48 44
20 W	1 45 46	8 ♍ 41 46	15 15 32	6 34 48	16 54 08	9 43 25	23 56 57	14 04 45	20 22 16	16 29 03	10 31 15	3 58 55	16 17 39	11 45 37
21 Th	2 45 30	21 54 49	28 41 18	7 49 51	18 01 25	9 24 40	23 43 01	13 50 52	20 35 43	16 35 19	10 34 20	3 55 32	16 16 44	11 43 20
22 F	3 46 35	5 ♎ 34 52	12 ♎ 34 07	9 07 52	19 10 14	9 07 58	23 30 13	13 38 12	20 50 34	16 42 56	10 38 47	3 53 32	16 17 10	11 42 25
23 Sa	4 49 21	19 41 43	26 52 34	10 29 04	20 20 53	8 53 39	23 18 53	13 27 05	21 07 09	16 52 15	10 44 57	3 53 13	16 19 17	11 43 12
24 Su	5 53 47	4 ♏ 12 21	11 ♏ 32 16	11 53 25	21 33 22	8 41 43	23 09 03	13 17 31	21 25 27	17 03 13	10 52 48	3 54 36	16 23 02	11 45 39
25 M	6 59 28	19 00 45	26 26 08	13 20 26	22 47 16	8 31 48	23 00 18	13 09 08	21 45 05	17 15 28	11 01 58	3 57 18	16 28 04	11 49 25
26 Tu	8 05 45	3 ♐ 58 36	11 ♐ 25 13	14 49 23	24 01 53	8 23 14	22 51 59	13 01 15	22 05 20	17 28 17	11 11 44	4 00 35	16 33 39	11 53 46
27 W	9 11 43	18 56 31	26 20 13	16 19 21	25 16 22	8 15 10	22 43 15	12 53 02	22 25 20	17 40 50	11 21 14	4 03 37	16 38 57	11 57 52
28 Th	10 16 36	3 ♑ 45 42	11 ♑ 03 02	17 49 29	26 29 53	8 06 48	22 33 18	12 43 41	22 44 18	17 52 16	11 29 40	4 05 36	16 43 09	12 00 53

Notes

LONGITUDE — March 1963

Day	☉	0 hr ☽	Noon ☽	☿	♀	♂	⚵	⚳	♃	♄	⚷	♅	♆	♇
1 F	11 ♏ 19 48	18 ♑ 19 11	25 ♑ 27 50	19 ♎ 19 13	27 ♍ 41 53	7 ♈ 57 34	22 ♉ 21 36	12 ♉ 32 40	23 ♏ 01 40	18 ♎ 02 03	11 ♏ 36 29	4 ♉ 05 56	16 ♋ 45 41	12 ♉ 02 17
2 Sa	12 21 11	2 ♒ 32 48	9 ♒ 31 38	20 48 21	28 52 12	7 47 19	22 07 59	12 19 51	23 17 14	18 10 00	11 41 29	4 04 30	16 46 24	12 01 52
3 Su	13 20 60	16 25 07	23 14 05	22 17 07	0 ♎ 01 05	7 36 20	21 52 45	12 05 30	23 31 18	18 16 24	11 44 58	4 01 33	16 45 32	11 59 56
4 M	14 19 53	29 57 03	6 ♓ 36 47	23 46 08	1 09 10	7 25 15	21 36 33	11 50 16	23 44 29	18 21 52	11 47 33	3 57 42	16 43 46	11 57 07
5 Tu	15 18 42	13 ♓ 10 60	19 42 32	25 16 17	2 17 20	7 14 56	21 20 16	11 35 03	23 57 39	18 27 17	11 50 07	3 53 51	16 41 55	11 54 16
6 W	16 18 23	26 09 60	2 ♈ 34 29	26 48 27	3 26 30	7 06 18	21 04 50	11 20 47	24 11 44	18 33 33	11 53 33	3 50 53	16 40 56	11 52 18
7 Th	17 19 42	8 ♈ 57 07	15 15 35	28 23 26	4 37 25	7 00 08	20 51 03	11 08 15	24 27 30	18 41 27	11 58 40	3 49 37	16 41 36	11 52 01
8 F	18 23 12	21 34 53	27 48 13	0 ♏ 01 46	5 50 39	6 56 57	20 39 28	10 58 02	24 45 29	18 51 32	12 05 59	3 50 35	16 44 27	11 53 57
9 Sa	19 29 03	4 ♉ 05 07	10 ♉ 13 59	1 43 36	7 06 21	6 56 57	20 30 17	10 50 19	25 05 51	19 03 57	12 15 40	3 53 56	16 49 39	11 58 15
10 Su	20 37 02	16 28 52	22 33 48	3 28 45	8 24 19	6 59 55	20 23 18	10 44 54	25 28 25	19 18 31	12 27 32	3 59 29	16 56 60	12 04 45
11 M	21 46 37	28 46 38	4 ♊ 48 09	5 16 40	9 43 59	7 05 16	20 17 58	10 41 14	25 52 36	19 34 39	12 41 01	4 06 41	17 05 56	12 12 52
12 Tu	22 56 57	10 ♊ 58 39	16 57 21	7 06 32	11 04 33	7 12 11	20 13 31	10 38 33	26 17 35	19 51 33	12 55 17	4 14 41	17 15 38	12 21 48
13 W	24 07 07	23 05 15	29 01 57	8 57 24	12 25 03	7 19 43	20 08 58	10 35 52	26 42 26	20 08 16	13 09 23	4 22 34	17 25 10	12 30 35
14 Th	25 16 10	5 ♋ 07 16	11 ♋ 03 03	10 48 22	13 44 32	7 26 56	20 03 26	10 32 19	27 06 12	20 23 51	13 22 24	4 29 23	17 33 34	12 38 17
15 F	26 23 21	17 06 18	23 02 38	12 38 41	15 02 16	7 33 03	19 56 10	10 27 07	27 28 08	20 37 33	13 33 34	4 34 22	17 40 07	12 44 09
16 Sa	27 28 13	29 04 60	5 ♌ 03 42	14 27 54	16 17 46	7 37 37	19 46 44	10 19 52	27 47 46	20 48 55	13 42 26	4 37 06	17 44 20	12 47 45
17 Su	28 30 42	11 ♌ 07 07	17 10 20	16 15 58	17 31 01	7 40 34	19 35 06	10 10 30	28 05 04	20 57 54	13 48 56	4 37 30	17 46 11	12 48 60
18 M	29 31 11	23 17 28	29 27 35	18 03 18	18 42 21	7 42 17	19 21 38	9 59 25	28 20 23	21 04 51	13 53 27	4 35 58	17 46 02	12 48 17
19 Tu	0 ♐ 30 24	5 ♍ 41 38	12 ♍ 01 08	19 50 38	19 52 31	7 43 28	19 07 06	9 47 22	28 34 28	21 10 31	13 56 43	4 33 13	17 44 38	12 46 20
20 W	1 29 22	18 25 33	24 56 46	21 38 59	21 02 32	7 45 09	18 52 32	9 35 22	28 48 20	21 15 56	13 59 45	4 30 16	17 42 58	12 44 12
21 Th	2 29 11	1 ♎ 34 48	8 ♎ 19 36	23 29 28	22 13 30	7 48 24	18 39 03	9 24 33	29 03 04	21 22 09	14 03 39	4 28 14	17 42 10	12 42 56
22 F	3 30 48	15 13 41	22 13 04	25 23 03	23 26 21	7 54 10	18 27 35	9 15 52	29 19 37	21 30 10	14 09 22	4 28 03	17 43 10	12 43 30
23 Sa	4 34 50	29 24 12	6 ♏ 37 47	27 20 20	24 41 42	8 03 05	18 18 49	9 09 58	29 38 37	21 40 35	14 17 31	4 30 21	17 46 35	12 46 33
24 Su	5 41 24	14 ♏ 04 51	21 30 36	29 21 25	25 59 40	8 15 12	18 12 50	9 06 56	0 ♐ 00 10	21 53 30	14 28 12	4 35 15	17 52 32	12 52 10
25 M	6 50 00	29 10 12	6 ♐ 44 18	1 ♐ 25 50	27 19 46	8 30 04	18 09 10	9 06 20	0 23 47	22 08 25	14 40 56	4 42 14	18 00 32	12 59 51
26 Tu	7 59 40	14 ♐ 30 56	22 08 17	3 32 33	28 41 00	8 46 40	18 06 52	9 07 10	0 48 28	22 24 23	14 54 45	4 50 21	18 09 36	13 08 39
27 W	9 09 07	29 55 12	7 ♑ 30 15	5 40 18	0 ♏ 02 07	9 03 45	18 04 40	9 08 12	1 12 58	22 40 08	15 08 22	4 58 20	18 18 29	13 17 18
28 Th	10 17 09	15 ♑ 10 50	22 38 33	7 47 48	1 21 54	9 20 04	18 01 22	9 08 14	1 36 05	22 54 25	15 20 35	5 04 58	18 25 57	13 24 34
29 F	11 22 54	0 ♒ 07 32	7 ♒ 24 17	9 54 09	2 39 28	9 34 45	17 56 07	9 06 23	1 56 55	23 06 25	15 30 31	5 09 23	18 31 08	13 29 36
30 Sa	12 26 02	14 38 35	21 42 27	11 58 58	3 54 31	9 47 28	17 48 37	9 02 22	2 15 11	23 15 47	15 37 53	5 11 17	18 33 45	13 32 06
31 Su	13 26 54	28 41 16	5 ♓ 31 56	14 02 26	5 07 21	9 58 32	17 39 10	8 56 30	2 31 11	23 22 50	15 42 58	5 10 58	18 34 06	13 32 22

LONGITUDE — April 1963

Day	☉	0 hr ☽	Noon ☽	☿	♀	♂	⚵	⚳	♃	♄	⚷	♅	♆	♇
1 M	14 ♐ 26 17	12 ♓ 16 26	18 ♓ 54 47	16 ♐ 05 18	6 ♏ 18 48	10 ♈ 08 45	17 ♉ 28 38	8 ♉ 49 36	2 ♐ 45 43	23 ♎ 28 24	15 ♏ 46 36	5 ♉ 09 15	18 ♋ 32 59	13 ♉ 31 12
2 Tu	15 25 20	25 27 25	1 ♈ 55 03	18 08 31	7 30 00	10 19 14	17 18 07	8 42 49	2 59 57	23 33 36	15 49 55	5 07 17	18 31 33	13 29 47
3 W	16 25 16	8 ♈ 18 49	14 37 39	20 13 10	8 42 10	10 31 12	17 08 52	8 37 21	3 15 04	23 39 40	15 54 08	5 06 17	18 31 02	13 29 17
4 Th	17 27 08	20 55 33	27 07 28	22 20 05	9 56 20	10 45 40	17 01 56	8 34 17	3 32 09	23 47 39	16 00 17	5 07 17	18 32 27	13 30 47
5 F	18 31 39	3 ♉ 22 01	9 ♉ 28 43	24 29 45	11 13 14	11 03 21	16 58 02	8 34 19	3 51 53	23 58 14	16 09 07	5 11 01	18 36 33	13 34 59
6 Sa	19 39 04	15 41 44	21 44 35	26 42 11	12 33 07	11 24 31	16 57 26	8 37 42	4 14 33	24 11 43	16 20 51	5 17 45	18 43 34	13 42 09
7 Su	20 49 11	27 57 04	3 ♊ 57 10	28 56 52	13 55 45	11 48 53	16 59 56	8 44 15	4 39 54	24 27 51	16 35 17	5 27 14	18 53 18	13 52 04
8 M	22 01 20	10 ♊ 09 24	16 07 33	1 ♑ 12 51	15 20 30	12 15 50	17 04 50	8 53 17	5 07 18	24 45 59	16 51 45	5 38 50	19 05 05	14 04 04
9 Tu	23 14 30	22 19 15	28 16 08	3 28 46	16 46 21	12 44 19	17 11 11	9 03 48	5 35 44	25 05 07	17 09 16	5 51 32	19 17 55	14 17 09
10 W	24 27 34	4 ♋ 26 46	10 ♋ 23 00	5 43 09	18 12 09	13 13 11	17 17 49	9 14 40	6 04 03	25 24 05	17 26 39	6 04 12	19 30 38	14 30 10
11 Th	25 39 21	16 32 06	22 28 27	7 54 30	19 36 45	13 41 18	17 23 36	9 24 43	6 31 06	25 41 45	17 42 47	6 15 41	19 42 07	14 41 58
12 F	26 48 56	28 35 56	4 ♌ 33 20	10 01 29	20 59 12	14 07 41	17 27 34	9 33 02	6 55 57	25 57 11	17 56 43	6 25 01	19 51 24	14 51 38
13 Sa	27 55 43	10 ♌ 39 44	16 39 31	12 03 12	22 18 56	14 31 44	17 29 09	9 38 60	7 17 60	26 09 46	18 07 50	6 31 39	19 57 54	14 58 32
14 Su	28 59 35	22 46 08	28 49 56	13 59 09	23 35 48	14 53 20	17 28 13	9 42 29	7 37 06	26 19 22	18 16 02	6 35 25	20 01 30	15 02 34
15 M	0 ♑ 00 50	4 ♍ 58 58	11 ♍ 08 45	15 49 21	24 50 08	15 12 47	17 25 05	9 43 50	7 53 37	26 26 21	18 21 38	6 36 40	20 02 31	15 04 03
16 Tu	1 00 17	17 23 06	23 41 07	17 34 18	26 02 43	15 30 52	17 20 34	9 43 49	8 08 19	26 31 28	18 25 25	6 36 11	20 01 44	15 03 47
17 W	1 59 02	0 ♎ 04 11	6 ♎ 32 46	19 14 50	27 14 38	15 48 41	17 15 45	9 43 33	8 22 17	26 35 50	18 28 29	6 35 04	20 00 15	15 02 51
18 Th	2 58 17	13 08 03	19 49 18	20 51 55	28 27 08	16 07 26	17 11 51	9 44 15	8 36 46	26 40 39	18 32 03	6 34 33	19 59 19	15 02 29
19 F	3 59 10	26 39 46	3 ♏ 35 13	22 26 27	29 41 19	16 28 14	17 09 60	9 47 01	8 52 51	26 47 03	18 37 15	6 35 43	20 00 00	15 03 48
20 Sa	5 02 26	10 ♏ 42 40	17 52 43	23 59 01	0 ♐ 57 57	16 51 51	17 10 57	9 52 38	9 11 19	26 55 48	18 44 50	6 39 22	20 03 07	15 07 34
21 Su	6 08 20	25 17 04	2 ♐ 40 35	25 29 40	2 17 16	17 18 29	17 14 56	10 01 18	9 32 24	27 07 07	18 55 01	6 45 43	20 08 52	15 13 60
22 M	7 16 27	10 ♐ 19 21	17 53 18	26 57 51	3 38 50	17 47 45	17 21 33	10 12 39	9 55 41	27 20 36	19 07 25	6 54 22	20 16 51	15 22 42
23 Tu	8 25 49	25 41 37	3 ♑ 21 15	28 22 30	5 01 43	18 18 39	17 29 50	10 25 41	10 20 12	27 35 17	19 21 04	7 04 21	20 26 07	15 32 44
24 W	9 35 09	11 ♑ 12 26	18 52 00	29 42 11	6 24 38	18 49 55	17 38 30	10 39 08	10 44 40	27 49 53	19 34 41	7 14 23	20 35 22	15 42 46
25 Th	10 43 10	26 38 53	4 ♒ 12 38	0 ♒ 55 31	7 46 15	19 20 14	17 46 15	10 51 41	11 07 47	28 03 06	19 46 57	7 23 09	20 43 19	15 51 32
26 F	11 48 52	11 ♒ 48 55	19 12 12	2 01 27	9 05 38	19 48 37	17 52 06	11 02 22	11 28 36	28 13 59	19 56 55	7 29 43	20 48 59	15 58 04
27 Sa	12 51 52	26 33 37	3 ♓ 43 29	2 59 29	10 22 21	20 14 40	17 55 40	11 10 47	11 46 40	28 22 05	20 04 10	7 33 40	20 51 59	16 01 57
28 Su	13 52 22	10 ♓ 48 15	17 43 35	3 49 45	11 36 38	20 38 34	17 57 09	11 17 08	12 02 14	28 27 39	20 08 55	7 35 12	20 52 31	16 03 24
29 M	14 51 08	24 32 10	1 ♈ 13 24	4 32 58	12 49 13	21 01 06	17 57 18	11 22 11	12 16 02	28 31 26	20 11 55	7 35 06	20 51 20	16 03 11
30 Tu	15 49 14	7 ♈ 47 55	14 16 32	5 10 10	14 01 12	21 23 19	17 57 12	11 26 59	12 29 11	28 34 31	20 14 16	7 34 25	20 49 32	16 02 22

Notes

May 1963 — LONGITUDE

Day	☉	0 hr ☽	Noon ☽	☿	♀	♂	⚵	⚳	♃	♄	⚷	♅	♆	♇
1 W	16 ♑ 47 53	20 ♈ 40 01	26 ♈ 58 07	5 ♒ 42 30	15 ♐ 13 47	21 ♈ 46 25	17 ♉ 58 02	11 ♉ 32 45	12 ♐ 42 49	28 ♎ 38 04	20 ♏ 17 09	7 ♉ 34 22	20 ♋ 48 18	16 ♉ 02 09
2 Th	17 48 07	3 ♉ 13 50	9 ♉ 23 41	6 10 58	16 27 59	22 11 26	18 00 50	11 40 30	12 58 02	28 43 09	20 21 36	7 35 59	20 48 41	16 03 35
3 F	18 50 40	15 34 37	21 38 26	6 36 20	17 44 34	22 39 04	18 06 21	11 50 58	13 15 31	28 50 30	20 28 21	7 39 60	20 51 25	16 07 23
4 Sa	19 55 49	27 46 59	3 ♊ 46 44	6 58 54	19 03 47	23 09 38	18 14 52	12 04 27	13 35 36	29 00 24	20 37 42	7 46 42	20 56 47	16 13 51
5 Su	21 03 25	9 ♊ 54 34	15 51 54	7 18 33	20 25 31	23 42 57	18 26 12	12 20 45	13 58 05	29 12 41	20 49 29	7 55 56	21 04 37	16 22 50
6 M	22 12 52	21 59 54	27 56 08	7 34 47	21 49 09	24 18 26	18 39 46	12 39 19	14 22 24	29 26 47	21 03 06	8 07 08	21 14 22	16 33 44
7 Tu	23 23 18	4 ♋ 04 35	10 ♋ 00 43	7 46 51	23 13 48	24 55 11	18 54 41	12 59 15	14 47 40	29 41 47	21 17 42	8 19 22	21 25 06	16 45 40
8 W	24 33 40	16 09 28	22 06 20	7 53 51	24 38 26	25 32 09	19 09 54	13 19 28	15 12 49	29 56 39	21 32 12	8 31 38	21 35 48	16 57 36
9 Th	25 42 56	28 15 05	4 ♌ 13 22	7 54 59	26 02 01	26 08 18	19 24 23	13 38 58	15 36 50	0 ♏ 10 22	21 45 35	8 42 52	21 45 26	17 08 28
10 F	26 50 14	10 ♌ 21 57	16 22 24	7 49 39	27 23 40	26 42 45	19 37 15	13 56 51	15 58 51	0 22 03	21 56 59	8 52 13	21 53 08	17 17 27
11 Sa	27 55 02	22 31 03	28 34 31	7 37 38	28 42 52	27 14 58	19 47 58	14 12 36	16 18 18	0 31 09	22 05 52	8 59 09	21 58 21	17 23 58
12 Su	28 57 10	4 ♍ 44 04	10 ♍ 51 38	7 19 09	29 59 26	27 44 47	19 56 21	14 26 01	16 35 03	0 37 32	22 12 03	9 03 29	22 00 56	17 27 52
13 M	29 56 53	17 03 35	23 16 38	6 54 53	1 ♑ 13 39	28 12 28	20 02 41	14 37 23	16 49 21	0 41 26	22 15 49	9 05 30	22 01 08	17 29 26
14 Tu	0 ♒ 54 52	29 33 07	5 ♎ 53 17	6 25 59	2 26 08	28 38 37	20 07 35	14 47 20	17 01 51	0 43 30	22 17 47	9 05 49	21 59 36	17 29 17
15 W	1 51 59	12 ♎ 16 56	18 46 01	5 53 52	3 37 49	29 04 11	20 11 58	14 56 46	17 13 26	0 44 39	22 18 53	9 05 23	21 57 15	17 28 20
16 Th	2 49 18	25 19 41	1 ♏ 59 25	5 20 10	4 49 44	29 30 11	20 16 52	15 06 44	17 25 10	0 45 55	22 20 09	9 05 12	21 55 07	17 27 38
17 F	3 47 45	8 ♏ 45 40	15 37 27	4 46 24	6 02 50	29 57 34	20 23 15	15 18 09	17 37 58	0 48 15	22 22 32	9 06 15	21 54 10	17 28 08
18 Sa	4 48 03	22 38 03	29 42 32	4 13 54	7 17 48	0 ♉ 27 01	20 31 46	15 31 44	17 52 34	0 52 21	22 26 42	9 09 12	21 55 04	17 30 30
19 Su	5 50 25	6 ♐ 57 50	14 ♐ 14 29	3 43 30	8 34 52	0 58 47	20 42 40	15 47 42	18 09 10	0 58 26	22 32 56	9 14 17	21 58 04	17 35 00
20 M	6 54 37	21 42 59	29 09 46	3 15 35	9 53 49	1 32 36	20 55 43	16 05 48	18 27 32	1 06 17	22 40 57	9 21 17	22 02 56	17 41 23
21 Tu	7 59 56	6 ♑ 47 56	14 ♑ 21 17	2 49 59	11 13 54	2 07 45	21 10 11	16 25 20	18 46 57	1 15 10	22 50 04	9 29 28	22 08 56	17 48 56
22 W	9 05 22	22 03 52	29 39 00	2 26 18	12 34 09	2 43 15	21 25 05	16 45 17	19 06 26	1 24 05	22 59 16	9 37 51	22 15 05	17 56 39
23 Th	10 09 54	7 ♒ 19 54	14 ♒ 51 38	2 03 60	13 53 31	3 18 04	21 39 22	17 04 38	19 24 56	1 32 02	23 07 31	9 45 24	22 20 22	18 03 31
24 F	11 12 43	22 24 58	29 48 35	1 42 44	15 11 13	3 51 24	21 52 14	17 22 34	19 41 40	1 38 11	23 14 03	9 51 19	22 23 58	18 08 43
25 Sa	12 13 26	7 ♓ 09 47	14 ♓ 21 47	1 22 30	16 26 51	4 22 50	22 03 17	17 38 42	19 56 13	1 42 10	23 18 26	9 55 12	22 25 30	18 11 52
26 Su	13 12 07	21 28 13	28 26 42	1 03 46	17 40 28	4 52 26	22 12 36	17 53 04	20 08 40	1 44 02	23 20 45	9 57 08	22 25 02	18 13 03
27 M	14 09 15	5 ♈ 17 42	12 ♈ 02 16	0 47 16	18 52 35	5 20 43	22 20 39	18 06 11	20 19 30	1 44 16	23 21 29	9 57 35	22 23 03	18 12 44
28 Tu	15 05 36	18 38 53	25 10 23	0 34 02	20 03 57	5 48 25	22 28 12	18 18 48	20 29 29	1 43 40	23 21 26	9 57 20	22 20 20	18 11 41
29 W	16 02 02	1 ♉ 34 47	7 ♉ 54 53	0 25 06	21 15 26	6 16 24	22 36 07	18 31 47	20 39 29	1 43 04	23 21 25	9 57 15	22 17 44	18 10 47
30 Th	16 59 21	14 09 49	20 20 39	0 21 24	22 27 50	6 45 27	22 45 11	18 45 53	20 50 17	1 43 16	23 22 15	9 58 07	22 16 03	18 10 49
31 F	17 58 06	26 28 57	2 ♊ 32 51	0 23 36	23 41 42	7 16 08	22 55 57	19 01 43	21 02 27	1 44 50	23 24 30	10 00 30	22 15 50	18 12 20

June 1963 — LONGITUDE

Day	☉	0 hr ☽	Noon ☽	☿	♀	♂	⚵	⚳	♃	♄	⚷	♅	♆	♇
1 Sa	18 ♒ 58 34	8 ♊ 37 06	14 ♊ 36 19	0 ♒ 31 59	24 ♑ 57 19	7 ♉ 48 43	23 ♉ 08 41	19 ♉ 19 30	21 ♐ 16 14	1 ♏ 48 02	23 ♏ 28 25	10 ♉ 04 39	22 ♋ 17 23	18 ♉ 15 37
2 Su	20 00 41	20 38 38	26 35 16	0 46 33	26 14 38	8 23 08	23 23 20	19 39 12	21 31 37	1 52 48	23 33 58	10 10 33	22 20 37	18 20 36
3 M	21 04 07	2 ♋ 37 16	8 ♋ 33 08	1 06 55	27 33 16	8 59 03	23 39 32	20 00 27	21 48 12	1 58 49	23 40 47	10 17 48	22 25 11	18 26 57
4 Tu	22 08 15	14 35 55	20 32 32	1 32 28	28 52 40	9 35 51	23 56 42	20 22 40	22 05 26	2 05 28	23 48 17	10 25 52	22 30 31	18 34 04
5 W	23 12 27	26 36 46	2 ♌ 35 21	2 02 28	0 ♒ 12 09	10 12 52	24 14 09	20 45 10	22 22 37	2 12 04	23 55 48	10 34 02	22 35 55	18 41 16
6 Th	24 15 60	8 ♌ 41 27	14 42 58	2 36 10	1 31 01	10 49 25	24 31 12	21 07 16	22 39 04	2 17 58	24 02 38	10 41 37	22 40 44	18 47 53
7 F	25 18 21	20 51 13	26 56 26	3 12 57	2 48 42	11 24 56	24 47 17	21 28 23	22 54 14	2 22 35	24 08 14	10 48 05	22 44 22	18 53 21
8 Sa	26 19 08	3 ♍ 07 10	9 ♍ 16 46	3 52 20	4 04 52	11 59 02	25 02 01	21 48 09	23 07 44	2 25 33	24 12 13	10 53 02	22 46 29	18 57 17
9 Su	27 18 14	15 30 31	21 45 08	4 34 07	5 19 23	12 31 37	25 15 17	22 06 27	23 19 27	2 26 45	24 14 29	10 56 22	22 46 56	18 59 35
10 M	28 15 48	28 02 45	4 ♎ 23 07	5 18 24	6 32 23	13 02 50	25 27 15	22 23 27	23 29 32	2 26 19	24 15 10	10 58 14	22 45 53	19 00 24
11 Tu	29 12 14	10 ♎ 45 44	17 12 39	6 05 27	7 44 16	13 33 02	25 38 16	22 39 30	23 38 23	2 24 40	24 14 40	10 59 00	22 43 44	19 00 06
12 W	0 ♓ 08 04	23 41 41	0 ♏ 16 04	6 55 44	8 55 36	14 02 49	25 48 55	22 55 10	23 46 31	2 22 21	24 13 32	10 59 15	22 41 01	18 59 15
13 Th	1 03 55	6 ♏ 53 02	13 35 45	7 49 49	10 06 59	14 32 45	25 59 47	23 11 03	23 54 35	2 19 58	24 12 23	10 59 34	22 38 21	18 58 28
14 F	2 00 23	20 22 02	27 13 45	8 48 09	11 18 59	15 03 26	26 11 27	23 27 44	24 03 07	2 18 05	24 11 46	11 00 33	22 36 19	18 58 19
15 Sa	2 57 50	4 ♐ 10 15	11 ♐ 11 14	9 51 06	12 32 00	15 35 15	26 24 18	23 45 36	24 12 32	2 17 06	24 12 06	11 02 34	22 35 18	18 59 12
16 Su	3 56 26	18 18 01	25 27 49	10 58 45	13 46 12	16 08 22	26 38 29	24 04 48	24 22 59	2 17 11	24 13 32	11 05 47	22 35 28	19 01 16
17 M	4 56 04	2 ♑ 43 54	10 ♑ 01 07	12 10 54	15 01 26	16 42 38	26 53 53	24 25 13	24 34 21	2 18 13	24 15 56	11 10 05	22 36 40	19 04 23
18 Tu	5 56 20	17 24 14	24 46 31	13 27 09	16 17 21	17 17 42	27 10 07	24 46 27	24 46 14	2 19 47	24 18 57	11 15 05	22 38 34	19 08 11
19 W	6 56 46	2 ♒ 13 17	9 ♒ 37 22	14 46 56	17 33 26	17 53 02	27 26 41	25 08 01	24 58 08	2 21 26	24 22 03	11 20 16	22 40 38	19 12 10
20 Th	7 56 48	17 03 43	24 25 51	16 09 40	18 49 10	18 28 08	27 43 02	25 29 23	25 09 31	2 22 36	24 24 43	11 25 08	22 42 20	19 15 48
21 F	8 56 02	1 ♓ 47 35	9 ♓ 04 05	17 34 56	20 04 07	19 02 33	27 58 47	25 50 07	25 19 59	2 22 53	24 26 32	11 29 14	22 43 17	19 18 40
22 Sa	9 54 16	16 17 30	23 25 14	19 02 28	21 18 05	19 36 07	28 13 41	26 10 01	25 29 20	2 22 04	24 27 18	11 32 23	22 43 15	19 20 34
23 Su	10 51 30	0 ♈ 27 41	7 ♈ 24 30	20 32 15	22 31 04	20 08 48	28 27 46	26 29 06	25 37 32	2 20 11	24 27 01	11 34 36	22 42 15	19 21 31
24 M	11 47 57	14 14 34	20 59 24	22 04 28	23 43 18	20 40 50	28 41 14	26 47 33	25 44 50	2 17 26	24 25 54	11 36 04	22 40 31	19 21 42
25 Tu	12 43 57	27 36 58	4 ♉ 09 52	23 39 24	24 55 07	21 12 33	28 54 25	27 05 44	25 51 33	2 14 10	24 24 18	11 37 09	22 38 21	19 21 29
26 W	13 39 53	10 ♉ 35 48	16 57 42	25 17 25	26 06 53	21 44 20	29 07 42	27 23 59	25 58 03	2 10 44	24 22 35	11 38 12	22 36 10	19 21 13
27 Th	14 36 05	23 13 38	29 26 07	26 58 47	27 18 56	22 16 29	29 21 24	27 42 40	26 04 42	2 07 29	24 21 04	11 39 35	22 34 16	19 21 15
28 F	15 32 47	5 ♊ 34 07	11 ♊ 39 13	28 43 40	28 31 30	22 49 16	29 35 45	28 02 01	26 11 42	2 04 40	24 20 01	11 41 30	22 32 54	19 21 50
29 Sa	16 30 05	17 41 32	23 41 26	0 ♓ 32 07	29 44 43	23 22 47	29 50 53	28 22 07	26 19 11	2 02 23	24 19 32	11 44 04	22 32 11	19 23 03
30 Su	17 27 58	29 40 18	5 ♋ 37 18	2 23 59	0 ♓ 58 32	23 56 60	0 ♊ 06 44	28 42 56	26 27 06	2 00 37	24 19 35	11 47 16	22 32 06	19 24 53

Notes

LONGITUDE — July 1963

Day	☉	0 hr ☽	Noon ☽	☿	♀	♂	⚵	⚳	♃	♄	⚷	♅	♆	♇
1 M	18 ♓ 26 18	11 ♋ 34 49	17 ♋ 31 06	4 ♓ 19 03	2 ♓ 12 49	24 ♉ 31 46	0 ♊ 23 10	29 ♉ 04 21	26 ♐ 35 19	1 ♏ 59 12	24 ♏ 20 02	11 ♉ 50 58	22 ♋ 32 29	19 ♉ 27 12
2 Tu	19 24 52	23 29 09	29 26 42	6 16 57	3 27 21	25 06 53	0 39 60	29 26 09	26 43 38	1 57 57	24 20 40	11 54 57	22 33 08	19 29 47
3 W	20 23 27	5 ♌ 26 58	11 ♌ 27 33	8 17 17	4 41 56	25 42 08	0 56 58	29 48 06	26 51 49	1 56 39	24 21 16	11 58 59	22 33 50	19 32 24
4 Th	21 21 51	17 31 25	23 36 28	10 19 39	5 56 21	26 17 18	1 13 54	0 ♊ 09 59	26 59 39	1 55 05	24 21 38	12 02 51	22 34 22	19 34 52
5 F	22 19 55	29 45 04	5 ♍ 55 42	12 23 43	7 10 27	26 52 15	1 30 37	0 31 40	27 07 01	1 53 07	24 21 36	12 06 27	22 34 37	19 37 01
6 Sa	23 17 35	12 ♍ 09 56	18 26 56	14 29 09	8 24 11	27 26 54	1 47 05	0 53 05	27 13 49	1 50 40	24 21 09	12 09 41	22 34 30	19 38 49
7 Su	24 14 53	24 47 25	1 ♎ 11 14	16 35 43	9 37 35	28 01 18	2 03 18	1 14 16	27 20 07	1 47 48	24 20 16	12 12 35	22 34 03	19 40 16
8 M	25 11 55	7 ♎ 38 23	14 09 12	18 43 14	10 50 43	28 35 30	2 19 22	1 35 17	27 25 58	1 44 34	24 19 04	12 15 15	22 33 21	19 41 28
9 Tu	26 08 48	20 43 12	27 20 58	20 51 30	12 03 44	29 09 40	2 35 24	1 56 16	27 31 30	1 41 07	24 17 40	12 17 48	22 32 31	19 42 32
10 W	27 05 40	4 ♏ 01 49	10 ♏ 46 20	23 00 23	13 16 44	29 43 55	2 51 32	2 17 21	27 36 51	1 37 35	24 16 11	12 20 22	22 31 42	19 43 37
11 Th	28 02 37	17 33 50	24 24 43	25 09 40	14 29 51	0 ♊ 18 20	3 07 51	2 38 38	27 42 07	1 34 02	24 14 44	12 23 02	22 30 60	19 44 47
12 F	28 59 42	1 ♐ 18 29	8 ♐ 15 15	27 19 06	15 43 06	0 52 58	3 24 24	3 00 08	27 47 20	1 30 33	24 13 21	12 25 51	22 30 26	19 46 06
13 Sa	29 56 53	15 14 41	22 16 41	29 28 25	16 56 28	1 27 48	3 41 10	3 21 50	27 52 29	1 27 06	24 12 00	12 28 48	22 30 00	19 47 31
14 Su	0 ♈ 54 05	29 20 57	6 ♑ 27 17	1 ♈ 37 16	18 09 53	2 02 45	3 58 04	3 43 41	27 57 29	1 23 37	24 10 38	12 31 48	22 29 38	19 49 00
15 M	1 51 15	13 ♑ 35 18	20 44 47	3 45 21	19 23 16	2 37 45	4 15 01	4 05 35	28 02 15	1 19 60	24 09 10	12 34 47	22 29 13	19 50 26
16 Tu	2 48 19	27 55 07	5 ♒ 06 15	5 52 25	20 36 34	3 12 43	4 31 57	4 27 28	28 06 44	1 16 12	24 07 32	12 37 40	22 28 44	19 51 47
17 W	3 45 15	12 ♒ 17 14	19 28 11	7 58 15	21 49 45	3 47 40	4 48 52	4 49 19	28 10 54	1 12 13	24 05 43	12 40 27	22 28 08	19 53 01
18 Th	4 42 09	26 37 54	3 ♓ 46 34	10 02 49	23 02 54	4 22 38	5 05 50	5 11 13	28 14 50	1 08 07	24 03 48	12 43 13	22 27 31	19 54 13
19 F	5 39 06	10 ♓ 52 59	17 57 14	12 06 04	24 16 08	4 57 46	5 22 57	5 33 17	28 18 39	1 04 01	24 01 53	12 46 03	22 26 59	19 55 29
20 Sa	6 36 16	24 58 23	1 ♈ 56 11	14 08 05	25 29 35	5 33 13	5 40 23	5 55 39	28 22 29	1 00 04	24 00 08	12 49 08	22 26 41	19 56 59
21 Su	7 33 48	8 ♈ 50 19	15 39 59	16 08 53	26 43 25	6 09 05	5 58 14	6 18 27	28 26 29	0 56 25	23 58 41	12 52 35	22 26 46	19 58 51
22 M	8 31 44	22 25 46	29 06 12	18 08 31	27 57 40	6 45 28	6 16 37	6 41 45	28 30 42	0 53 07	23 57 35	12 56 28	22 27 18	20 01 08
23 Tu	9 30 05	5 ♉ 42 49	12 ♉ 13 33	20 06 54	29 12 20	7 22 20	6 35 28	7 05 33	28 35 08	0 50 10	23 56 51	13 00 47	22 28 15	20 03 51
24 W	10 28 43	18 40 49	25 02 05	22 03 54	0 ♈ 27 18	7 59 34	6 54 43	7 29 44	28 39 40	0 47 27	23 56 21	13 05 24	22 29 31	20 06 51
25 Th	11 27 27	1 ♊ 20 21	7 ♊ 33 04	23 59 17	1 42 24	8 36 59	7 14 08	7 54 05	28 44 07	0 44 48	23 55 55	13 10 07	22 30 54	20 09 58
26 F	12 26 03	13 43 17	19 48 52	25 52 49	2 57 21	9 14 22	7 33 29	8 18 23	28 48 13	0 41 57	23 55 17	13 14 44	22 32 11	20 12 58
27 Sa	13 24 16	25 52 29	1 ♋ 52 48	27 44 17	4 11 58	9 51 26	7 52 34	8 42 23	28 51 46	0 38 41	23 54 13	13 18 60	22 33 07	20 15 36
28 Su	14 21 57	7 ♋ 51 38	13 48 51	29 33 28	5 26 02	10 28 03	8 11 10	9 05 55	28 54 34	0 34 50	23 52 35	13 22 43	22 33 32	20 17 41
29 M	15 19 00	19 45 03	25 41 27	1 ♉ 20 18	6 39 29	11 04 07	8 29 13	9 28 54	28 56 32	0 30 18	23 50 16	13 25 50	22 33 20	20 19 10
30 Tu	16 15 29	1 ♌ 37 25	7 ♌ 35 20	3 04 52	7 52 22	11 39 41	8 46 45	9 51 22	28 57 44	0 25 09	23 47 19	13 28 23	22 32 35	20 20 04
31 W	17 11 33	13 33 32	19 35 11	4 47 18	9 04 52	12 14 55	9 03 57	10 13 30	28 58 19	0 19 34	23 43 54	13 30 32	22 31 27	20 20 34

LONGITUDE — August 1963

Day	☉	0 hr ☽	Noon ☽	☿	♀	♂	⚵	⚳	♃	♄	⚷	♅	♆	♇
1 Th	18 ♈ 07 29	25 ♌ 38 04	1 ♍ 45 30	6 ♉ 27 56	10 ♈ 17 15	12 ♊ 50 06	9 ♊ 21 06	10 ♊ 35 35	28 ♐ 58 34	0 ♏ 13 49	23 ♏ 40 20	13 ♉ 32 35	22 ♋ 30 14	20 ♉ 20 58
2 F	19 03 40	7 ♍ 55 16	14 10 10	8 07 06	11 29 52	13 25 35	9 38 33	10 57 58	28 58 52	0 08 15	23 36 58	13 34 52	22 29 15	20 21 35
3 Sa	20 00 27	20 28 39	26 52 14	9 45 12	12 43 06	14 01 45	9 56 39	11 21 00	28 59 33	0 03 16	23 34 08	13 37 45	22 28 54	20 22 49
4 Su	20 58 07	3 ♎ 20 40	9 ♎ 53 33	11 22 30	13 57 14	14 38 52	10 15 42	11 44 60	29 00 55	29 ♎ 59 07	23 32 08	13 41 32	22 29 27	20 24 56
5 M	21 56 50	16 32 25	23 14 35	12 59 10	15 12 25	15 17 06	10 35 52	12 10 05	29 03 07	29 56 00	23 31 09	13 46 22	22 31 04	20 28 06
6 Tu	22 56 36	0 ♏ 03 28	6 ♏ 54 11	14 35 12	16 28 39	15 56 26	10 57 07	12 36 16	29 06 09	29 53 53	23 31 09	13 52 14	22 33 45	20 32 18
7 W	23 57 09	13 51 48	20 49 44	16 10 21	17 45 41	16 36 38	11 19 13	13 03 18	29 09 46	29 52 31	23 31 54	13 58 54	22 37 14	20 37 17
8 Th	24 58 05	27 54 06	4 ♐ 57 28	17 44 11	19 03 06	17 17 17	11 41 45	13 30 46	29 13 33	29 51 31	23 32 59	14 05 57	22 41 06	20 42 40
9 F	25 58 52	12 ♐ 06 06	19 12 53	19 16 12	20 20 23	17 57 51	12 04 11	13 58 08	29 16 58	29 50 20	23 33 52	14 12 51	22 44 51	20 47 53
10 Sa	26 59 01	26 23 14	3 ♑ 31 28	20 45 49	21 36 60	18 37 49	12 26 00	14 24 53	29 19 30	29 48 27	23 34 02	14 19 05	22 47 57	20 52 26
11 Su	27 58 06	10 ♑ 41 17	17 49 12	22 12 40	22 52 34	19 16 47	12 46 49	14 50 38	29 20 46	29 45 30	23 33 07	14 24 15	22 50 01	20 55 55
12 M	28 55 59	24 56 45	2 ♒ 02 58	23 36 34	24 06 57	19 54 38	13 06 28	15 15 13	29 20 38	29 41 20	23 30 57	14 28 14	22 50 53	20 58 12
13 Tu	29 52 51	9 ♒ 07 11	16 10 39	24 57 38	25 20 17	20 31 30	13 25 08	15 38 49	29 19 13	29 36 06	23 27 41	14 31 09	22 50 44	20 59 26
14 W	0 ♉ 49 05	23 11 02	0 ♓ 10 57	26 16 15	26 33 01	21 07 48	13 43 12	16 01 50	29 16 58	29 30 13	23 23 45	14 33 26	22 49 58	21 00 02
15 Th	1 45 19	7 ♓ 07 25	14 03 06	27 33 01	27 45 44	21 44 10	14 01 19	16 24 53	29 14 29	29 24 19	23 19 47	14 35 43	22 49 12	21 00 37
16 F	2 42 15	20 55 41	27 46 29	28 48 32	28 59 08	22 21 16	14 20 08	16 48 39	29 12 28	29 19 04	23 16 26	14 38 39	22 49 08	21 01 52
17 Sa	3 40 26	4 ♈ 35 07	11 ♈ 20 23	0 ♊ 03 22	0 ♉ 13 48	22 59 42	14 40 16	17 13 43	29 11 30	29 15 05	23 14 19	14 42 51	22 50 20	21 04 23
18 Su	4 40 17	18 04 44	24 43 45	1 17 48	1 30 07	23 39 51	15 02 05	17 40 29	29 11 57	29 12 44	23 13 48	14 48 42	22 53 12	21 08 32
19 M	5 41 52	1 ♉ 23 16	7 ♉ 55 25	2 31 53	2 48 11	24 21 48	15 25 41	18 09 01	29 13 57	29 12 07	23 14 60	14 56 16	22 57 50	21 14 24
20 Tu	6 45 00	14 29 21	20 54 14	3 45 19	4 07 47	25 05 21	15 50 51	18 39 08	29 17 15	29 13 02	23 17 41	15 05 22	23 03 60	21 21 49
21 W	7 49 12	27 21 50	3 ♊ 39 22	4 57 31	5 28 26	25 50 01	16 17 06	19 10 20	29 21 23	29 15 00	23 21 23	15 15 30	23 11 14	21 30 15
22 Th	8 53 46	10 ♊ 00 05	16 10 37	6 07 42	6 49 27	26 35 07	16 43 46	19 41 57	29 25 42	29 17 21	23 25 26	15 25 60	23 18 51	21 39 04
23 F	9 57 58	22 24 20	28 28 44	7 15 01	8 10 07	27 19 55	17 10 06	20 13 14	29 29 26	29 19 21	23 29 05	15 36 08	23 26 08	21 47 30
24 Sa	11 01 09	4 ♋ 35 53	10 ♋ 35 28	8 18 40	9 29 45	28 03 45	17 35 26	20 43 31	29 31 56	29 20 19	23 31 41	15 45 13	23 32 24	21 54 54
25 Su	12 02 50	16 37 06	22 33 40	9 18 02	10 47 52	28 46 08	17 59 16	21 12 19	29 32 42	29 19 46	23 32 43	15 52 46	23 37 09	22 00 46
26 M	13 02 46	28 31 33	4 ♌ 27 13	10 12 44	12 04 16	29 26 50	18 21 25	21 39 26	29 31 32	29 17 31	23 32 00	15 58 35	23 40 12	22 04 54
27 Tu	14 01 06	10 ♌ 23 44	16 20 53	11 02 42	13 19 01	0 ♋ 05 59	18 41 58	22 04 56	29 28 33	29 13 39	23 29 39	16 02 46	23 41 38	22 07 24
28 W	14 58 14	22 18 54	28 20 03	11 48 11	14 32 35	0 43 59	19 01 20	22 29 16	29 24 09	29 08 36	23 26 03	16 05 43	23 41 52	22 08 40
29 Th	15 54 50	4 ♍ 22 47	10 ♍ 30 25	12 29 36	15 45 35	1 21 30	19 20 12	22 53 06	29 19 01	29 03 02	23 21 53	16 08 07	23 41 35	22 09 24
30 F	16 51 42	16 41 05	22 57 32	13 07 35	16 58 52	1 59 21	19 39 20	23 17 12	29 13 57	28 57 44	23 17 58	16 10 46	23 41 35	22 10 22
31 Sa	17 49 39	29 19 04	5 ♎ 46 11	13 42 40	18 13 13	2 38 20	19 59 35	23 42 25	29 09 45	28 53 33	23 15 06	16 14 28	23 42 40	22 12 25

Notes

September 1963 LONGITUDE

Day	☉	0 hr ☽	Noon ☽	☿	♀	♂	⚵	⚳	♃	♄	⚷	♅	♆	♇
1 Su	18♉49 21	12♌20 49	18♌59 48	14♊15 16	19♉29 19	3♋19 06	20♊21 35	24♊09 24	29♐07 07	28♎51 08	23♏13 57	16♉19 54	23♋45 30	22♉16 11
2 M	19 51 10	25 48 39	2♍39 45	14 45 30	20 47 31	4 02 03	20 45 44	24 38 31	29 06 24	28 50 51	23 14 54	16 27 26	23 50 27	22 22 02
3 Tu	20 55 04	9♏42 29	16 44 49	15 13 03	22 07 47	4 47 08	21 11 58	25 09 44	29 07 35	28 52 41	23 17 54	16 37 01	23 57 30	22 29 58
4 W	22 00 38	23 59 29	1♐10 56	15 37 10	23 29 42	5 33 55	21 39 52	25 42 36	29 10 12	28 56 10	23 22 31	16 48 14	24 06 12	22 39 31
5 Th	23 07 01	8♐34 06	15 51 37	15 56 44	24 52 25	6 21 34	22 08 35	26 16 19	29 13 27	29 00 31	23 27 56	17 00 14	24 15 43	22 49 52
6 F	24 13 13	23 18 51	0♑38 49	16 10 27	26 14 56	7 09 04	22 37 08	26 49 50	29 16 19	29 04 41	23 33 08	17 12 00	24 25 03	22 59 60
7 Sa	25 18 13	8♑05 27	15 24 17	16 17 03	27 36 16	7 55 26	23 04 29	27 22 11	29 17 49	29 07 42	23 37 07	17 22 34	24 33 12	23 08 55
8 Su	26 21 20	22 46 15	0♒00 58	16 15 33	28 55 40	8 39 57	23 29 57	27 52 39	29 17 14	29 08 50	23 39 11	17 31 11	24 39 26	23 15 54
9 M	27 22 17	7♒15 28	14 24 00	16 05 27	0♊12 53	9 22 20	23 53 15	28 20 56	29 14 17	29 07 50	23 39 02	17 37 36	24 43 30	23 20 41
10 Tu	28 21 20	21 29 44	28 31 01	15 46 54	1 28 11	10 02 52	24 14 38	28 47 19	29 09 14	29 04 56	23 36 58	17 42 04	24 45 39	23 23 31
11 W	29 19 13	5♓28 05	12♓21 52	15 20 31	2 42 17	10 42 16	24 34 51	29 12 32	29 02 50	29 00 54	23 33 41	17 45 19	24 46 37	23 25 09
12 Th	0♊16 57	19 11 21	25 57 56	14 47 23	3 56 14	11 21 34	24 54 55	29 37 37	28 56 07	28 56 46	23 30 15	17 48 23	24 47 27	23 26 37
13 F	1 15 41	2♈41 25	9♈21 19	14 08 48	5 11 09	12 01 53	25 15 57	0♋03 40	28 50 13	28 53 38	23 27 46	17 52 24	24 49 15	23 29 01
14 Sa	2 16 21	16 00 20	22 34 05	13 26 03	6 27 60	12 44 13	25 38 57	0 31 41	28 46 06	28 52 29	23 27 12	17 58 19	24 52 60	23 33 20
15 Su	3 19 37	29 09 44	5♉37 44	12 40 16	7 47 25	13 29 10	26 04 32	1 02 17	28 44 24	28 53 58	23 29 13	18 06 47	24 59 19	23 40 13
16 M	4 25 40	12♉10 29	18 32 57	11 52 22	9 09 35	14 16 57	26 32 52	1 35 39	28 45 19	28 58 16	23 33 59	18 17 59	25 08 25	23 49 50
17 Tu	5 34 12	25 02 40	1♊19 39	11 02 59	10 34 13	15 07 15	27 03 42	2 11 31	28 48 33	29 05 05	23 41 13	18 31 38	25 19 59	24 01 54
18 W	6 44 31	7♊45 40	13 57 16	10 12 31	12 00 37	15 59 23	27 36 18	2 49 08	28 53 26	29 13 43	23 50 13	18 47 01	25 33 20	24 15 42
19 Th	7 55 37	20 18 42	26 25 06	9 21 18	13 27 46	16 52 20	28 09 40	3 27 33	28 58 56	29 23 11	23 59 58	19 03 07	25 47 27	24 30 15
20 F	9 06 23	2♋41 12	8♋42 53	8 29 40	14 54 34	17 44 59	28 42 41	4 05 37	29 03 58	29 32 22	24 09 23	19 18 51	26 01 14	24 44 25
21 Sa	10 15 46	14 53 15	20 51 07	7 38 07	16 19 58	18 36 19	29 14 19	4 42 18	29 07 30	29 40 13	24 17 24	19 33 10	26 13 37	24 57 11
22 Su	11 22 59	26 56 02	2♌51 21	6 47 29	17 43 11	19 25 32	29 43 47	5 16 49	29 08 45	29 45 57	24 23 15	19 45 16	26 23 51	25 07 45
23 M	12 27 39	8♌51 57	14 46 28	5 58 52	19 03 48	20 12 13	0♋10 40	5 48 46	29 07 17	29 49 10	24 26 32	19 54 45	26 31 30	25 15 43
24 Tu	13 29 46	20 44 43	26 40 34	5 13 45	20 21 52	20 56 24	0 35 00	6 18 10	29 03 11	29 49 55	24 27 16	20 01 40	26 36 36	25 21 07
25 W	14 29 50	2♍39 16	8♍38 54	4 33 55	21 37 52	21 38 35	0 57 17	6 45 30	28 56 56	29 48 39	24 25 56	20 06 28	26 39 39	25 24 25
26 Th	15 28 43	14 41 27	20 47 31	4 01 16	22 52 38	22 19 37	1 18 20	7 11 38	28 49 22	29 46 15	24 23 24	20 10 02	26 41 30	25 26 28
27 F	16 27 28	26 57 43	3♎12 54	3 37 43	24 07 15	23 00 34	1 39 15	7 37 38	28 41 35	29 43 47	24 20 44	20 13 26	26 43 12	25 28 23
28 Sa	17 27 13	9♎34 28	16 01 12	3 24 59	25 22 51	23 42 33	2 01 10	8 04 38	28 34 42	29 42 23	24 19 05	20 17 46	26 45 55	25 31 15
29 Su	18 28 57	22 37 18	29 17 30	3 24 22	26 40 24	24 26 34	2 25 01	8 33 36	28 29 43	29 43 01	24 19 24	20 24 03	26 50 35	25 36 03
30 M	19 33 15	6♏10 14	13♏04 50	3 36 34	28 00 30	25 13 11	2 51 27	9 05 07	28 27 13	29 46 17	24 22 17	20 32 50	26 57 49	25 43 23

October 1963 LONGITUDE

Day	☉	0 hr ☽	Noon ☽	☿	♀	♂	⚵	⚳	♃	♄	⚷	♅	♆	♇
1 Tu	20♊40 13	20♏14 34	27♏23 09	4♊01 33	29♊23 14	26♋02 30	3♋20 30	9♋39 17	28♐27 18	29♎52 16	24♏27 50	20♉44 14	27♋07 42	25♉53 21
2 W	21 49 21	4♐48 12	12♐08 42	4 38 34	0♋48 06	26 54 02	3 51 43	10 15 36	28 29 30	0♏00 29	24 35 33	20 57 46	27 19 44	26 05 26
3 Th	22 59 40	19 45 12	27 14 01	5 26 09	2 14 08	27 46 47	4 24 04	10 53 05	28 32 48	0 09 56	24 44 26	21 12 24	27 32 57	26 18 39
4 F	24 09 53	4♑56 23	12♑28 44	6 22 28	3 40 01	28 39 27	4 56 18	11 30 26	28 35 55	0 19 20	24 53 13	21 26 53	27 46 01	26 31 43
5 Sa	25 18 42	20 10 41	27 41 32	7 25 34	5 04 29	29 30 46	5 27 07	12 06 23	28 37 36	0 27 25	25 00 36	21 39 54	27 57 42	26 43 21
6 Su	26 25 12	5♒17 16	12♒42 09	8 33 49	6 26 36	0♌19 47	5 55 34	12 39 58	28 36 54	0 33 12	25 05 39	21 50 32	28 07 01	26 52 36
7 M	27 28 58	20 07 24	27 23 09	9 46 05	7 45 58	1 06 08	6 21 16	13 10 49	28 33 26	0 36 21	25 07 59	21 58 24	28 13 37	26 59 05
8 Tu	28 30 19	4♓35 45	11♓40 40	11 01 54	9 02 51	1 50 04	6 44 31	13 39 12	28 27 28	0 37 07	25 07 53	22 03 45	28 17 44	27 03 04
9 W	29 30 03	18 40 30	25 34 17	12 21 23	10 18 07	2 32 27	7 06 07	14 05 58	28 19 53	0 36 20	25 06 11	22 07 26	28 20 15	27 05 25
10 Th	0♋29 25	2♈22 46	9♈06 03	13 45 02	11 32 58	3 14 28	7 27 18	14 32 20	28 11 53	0 35 14	25 04 05	22 10 40	28 22 21	27 07 19
11 F	1 29 43	15 45 29	22 19 29	15 13 30	12 48 43	3 57 27	7 49 23	14 59 35	28 04 47	0 35 07	25 02 55	22 14 46	28 25 21	27 10 06
12 Sa	2 32 04	28 52 22	5♉18 28	16 47 20	14 06 29	4 42 32	8 13 29	15 28 53	27 59 44	0 37 08	25 03 49	22 20 52	28 30 24	27 14 53
13 Su	3 37 14	11♉46 54	18 06 26	18 26 43	15 27 03	5 30 28	8 40 23	16 00 58	27 57 29	0 42 01	25 07 33	22 29 43	28 38 15	27 22 26
14 M	4 45 29	24 31 54	0♊45 55	20 11 25	16 50 38	6 21 30	9 10 18	16 36 05	27 58 18	0 50 03	25 14 20	22 41 34	28 49 08	27 33 00
15 Tu	5 56 30	7♊09 04	13 18 25	22 00 40	18 16 59	7 15 21	9 42 57	17 13 57	28 01 53	1 00 54	25 23 55	22 56 07	29 02 46	27 46 18
16 W	7 09 32	19 39 11	25 44 26	23 53 22	19 45 18	8 11 15	10 17 35	17 53 48	28 07 30	1 13 51	25 35 30	23 12 37	29 18 24	28 01 33
17 Th	8 23 30	2♋02 15	8♋03 54	25 48 03	21 14 32	9 08 07	10 53 07	18 34 34	28 14 04	1 27 47	25 48 02	23 29 59	29 34 56	28 17 40
18 F	9 37 11	14 18 00	20 16 31	27 43 15	22 43 26	10 04 44	11 28 19	19 15 00	28 20 22	1 41 30	26 00 18	23 46 59	29 51 10	28 33 28
19 Sa	10 49 26	26 26 19	2♌22 19	29 37 34	24 10 52	10 59 57	12 02 03	19 53 59	28 25 16	1 53 52	26 11 08	24 02 30	0♌05 56	28 47 46
20 Su	11 59 21	8♌27 41	14 22 07	1♋29 53	25 35 57	11 52 52	12 33 26	20 30 37	28 27 53	2 03 58	26 19 40	24 15 37	0 18 22	28 59 42
21 M	13 06 27	20 23 37	26 17 44	3 19 33	26 58 11	12 43 00	13 01 55	21 04 22	28 27 43	2 11 19	26 25 23	24 25 50	0 27 57	29 08 45
22 Tu	14 10 40	2♍16 48	8♍12 16	5 06 21	28 17 30	13 30 18	13 27 31	21 35 14	28 24 43	2 15 52	26 28 14	24 33 06	0 34 38	29 14 52
23 W	15 12 26	14 11 12	20 10 05	6 50 36	29 34 20	14 15 11	13 50 36	22 03 37	28 19 19	2 18 01	26 28 39	24 37 52	0 38 50	29 18 30
24 Th	16 12 33	26 11 54	2♎16 35	8 33 01	0♌49 30	14 58 27	14 12 00	22 30 19	28 12 21	2 18 37	26 27 27	24 40 54	0 41 23	29 20 25
25 F	17 12 07	8♎24 53	14 37 57	10 14 35	2 04 03	15 41 12	14 32 48	22 56 25	28 04 53	2 18 43	26 25 41	24 43 19	0 43 20	29 21 43
26 Sa	18 12 15	20 56 31	27 20 33	11 56 25	3 19 10	16 24 33	14 54 09	23 23 05	27 58 05	2 19 29	26 24 33	24 46 15	0 45 51	29 23 34
27 Su	19 14 00	3♏52 53	10♏30 12	13 39 29	4 35 52	17 09 34	15 17 03	23 51 19	27 52 59	2 21 56	26 25 02	24 50 43	0 49 58	29 26 59
28 M	20 18 04	17 19 00	24 11 11	15 24 26	5 54 51	17 56 56	15 42 14	24 21 51	27 50 16	2 26 46	26 27 52	24 57 26	0 56 22	29 32 39
29 Tu	21 24 39	1♐17 43	8♐25 09	17 11 28	7 16 19	18 46 51	16 09 53	24 54 51	27 50 10	2 34 11	26 33 13	25 06 36	1 05 16	29 40 47
30 W	22 33 22	15 48 40	23 10 07	19 00 10	8 39 53	19 38 56	16 39 38	25 29 57	27 52 18	2 43 50	26 40 45	25 17 50	1 16 16	29 50 60
31 Th	23 43 22	0♑47 34	8♑19 57	20 49 41	10 04 42	20 32 19	17 10 36	26 06 18	27 55 48	2 54 49	26 49 34	25 30 16	1 28 32	0♊02 26

Notes

LONGITUDE — November 1963

Day	☉	0 hr ☽	Noon ☽	☿	♀	♂	⚷	⚶	♃	♄	☊	⛢	♆	♇
1 F	24♋53 25	16♑06 10	23♑44 44	22♏38 46	11♌29 32	21♌25 48	17♌41 35	26♋42 40	27♐59 27	3♏05 56	26♏58 28	25♉42 41	1♌40 49	0♊13 53
2 Sa	26 02 18	1♒33 10	9♒12 17	24 26 13	12 53 10	22 18 09	18 11 20	27 17 49	28 02 03	3 15 56	27 06 13	25 53 52	1 51 55	0 24 06
3 Su	27 09 03	16 56 15	24 30 22	26 11 03	14 14 39	23 08 24	18 38 56	27 50 49	28 02 39	3 23 54	27 11 52	26 02 51	2 00 52	0 32 08
4 M	28 13 15	2♓04 20	9♓29 01	27 52 52	15 33 32	23 56 08	19 03 54	28 21 13	28 00 47	3 29 22	27 14 59	26 09 11	2 07 13	0 37 34
5 Tu	29 15 03	16 49 28	24 01 52	29 31 50	16 49 59	24 41 29	19 26 25	28 49 10	27 56 38	3 32 30	27 15 42	26 13 03	2 11 08	0 40 31
6 W	0♌15 09	1♈07 32	8♈06 32	1♌08 38	18 04 42	25 25 10	19 47 10	29 15 22	27 50 54	3 33 60	27 14 45	26 15 08	2 13 19	0 41 43
7 Th	1 14 36	14 58 05	21 43 56	2 44 21	19 18 43	26 08 14	20 07 13	29 40 52	27 44 39	3 34 55	27 13 10	26 16 28	2 14 49	0 42 12
8 F	2 14 32	28 23 20	4♉57 15	4 20 09	20 33 13	26 51 49	20 27 41	0♌06 50	27 39 00	3 36 23	27 12 06	26 18 14	2 16 47	0 43 07
9 Sa	3 15 59	11♉27 02	17 50 45	5 57 03	21 49 11	27 36 57	20 49 38	0 34 16	27 35 01	3 39 26	27 12 34	26 21 26	2 20 13	0 45 30
10 Su	4 19 39	24 13 27	0♊28 51	7 35 46	23 07 19	28 24 19	21 13 43	1 03 51	27 33 22	3 44 46	27 15 16	26 26 45	2 25 50	0 50 01
11 M	5 25 47	6♊46 34	12 55 27	9 16 04	24 27 54	29 14 11	21 40 12	1 35 52	27 34 19	3 52 37	27 20 27	26 34 27	2 33 53	0 56 57
12 Tu	6 34 10	19 09 42	25 13 38	10 59 18	25 50 42	0♍06 20	22 08 53	2 10 05	27 37 40	4 02 48	27 27 56	26 44 21	2 44 10	1 05 05
13 W	7 44 15	1♋25 17	7♋25 35	12 43 22	27 15 10	1 00 13	22 39 12	2 45 57	27 42 52	4 14 45	27 37 07	26 55 50	2 56 06	1 16 50
14 Th	8 55 00	13 24 56	19 22 38	14 27 55	28 40 24	1 54 56	23 10 15	3 22 35	27 49 01	4 27 34	27 47 08	27 08 04	3 08 48	1 28 20
15 F	10 05 52	25 19 39	1♌19 35 37	16 12 01	0♍05 28	2 49 32	23 41 06	3 59 01	27 55 11	4 40 18	27 57 02	27 20 03	3 21 20	1 39 38
16 Sa	11 15 31	7♌40 11	13 35 11	17 54 45	1 29 24	3 43 05	24 10 48	4 34 19	28 00 25	4 52 01	28 05 53	27 30 53	3 32 45	1 49 48
17 Su	12 23 22	19 37 21	25 32 12	19 35 23	2 51 31	4 34 51	24 38 38	5 07 46	28 04 00	5 01 60	28 12 57	27 39 50	3 42 19	1 58 06
18 M	13 28 59	1♍32 22	7♍27 59	21 13 32	4 11 21	5 24 26	25 04 10	5 38 56	28 05 32	5 09 49	28 17 50	27 46 28	3 49 38	2 04 06
19 Tu	14 32 16	13 24 42	19 02 51	3 33 38 14	5 28 51	6 11 44	25 27 19	6 07 44	28 04 54	5 15 23	28 20 25	27 50 43	3 54 35	2 07 44
20 W	15 33 31	25 24 26	1♎25 23	24 22 24	6 44 17	6 57 01	25 48 22	6 34 27	28 02 25	5 18 59	28 20 60	27 52 50	3 57 29	2 09 17
21 Th	16 33 18	7♎27 53	13 34 01	25 54 01	7 58 13	7 40 52	26 07 53	6 59 40	27 58 39	5 21 12	28 20 09	27 53 26	3 58 53	2 09 18
22 F	17 31 59	19 41 57	25 51 57	27 24 42	9 11 27	8 24 05	26 26 40	7 24 00	27 54 22	5 22 48	28 18 40	27 53 16	3 59 35	2 08 36
23 Sa	18 31 42	2♏11 37	8♏34 16	28 55 22	10 24 49	9 07 30	26 45 33	7 48 46	27 50 27	5 24 39	28 17 23	27 53 12	4 00 25	2 08 01
24 Su	19 31 56	15 01 58	21 36 02	0♐26 45	11 39 08	9 51 55	27 05 20	8 14 17	27 47 40	5 27 31	28 17 06	27 54 01	4 02 11	2 08 21
25 M	20 33 41	28 17 34	5♐04 44	1 59 27	12 54 55	10 37 53	27 26 33	8 41 16	27 46 35	5 31 59	28 18 23	27 56 16	4 05 27	2 10 08
26 Tu	21 37 09	12♐01 40	19 02 51	3 33 38	14 12 24	11 25 36	27 49 26	9 09 56	27 47 24	5 38 14	28 21 25	28 00 11	4 10 24	2 13 36
27 W	22 42 10	26 15 20	3♑30 13	5 09 07	15 31 24	12 14 55	28 13 48	9 40 06	27 49 58	5 46 06	28 26 02	28 05 34	4 16 52	2 18 33
28 Th	23 48 11	10♑56 38	18 23 19	6 45 22	16 51 23	13 05 15	28 39 05	10 11 13	27 53 43	5 55 02	28 31 42	28 11 52	4 24 19	2 24 28
29 F	24 54 26	26 00 11	3♒35 10	8 21 35	18 11 33	13 55 51	29 04 32	10 42 30	27 57 53	6 04 16	28 37 37	28 18 20	4 31 57	2 30 33
30 Sa	26 00 04	11♒17 24	18 55 51	9 56 54	19 31 06	14 45 52	29 29 19	11 13 08	28 01 38	6 12 58	28 42 59	28 24 07	4 38 57	2 35 59

LONGITUDE — December 1963

Day	☉	0 hr ☽	Noon ☽	☿	♀	♂	⚷	⚶	♃	♄	☊	⛢	♆	♇
1 Su	27♌04 27	26♒37 36	4♓14 08	11♐30 37	20♍49 21	15♍34 40	29♌52 45	11♌42 28	28♐04 18	6♏20 28	28♏47 07	28♉28 34	4♌44 40	2♊40 06
2 M	28 07 12	11♓49 44	19 19 21	13 02 22	22 05 57	16 21 53	0♍14 30	12 10 07	28 05 32	6 26 29	28 49 41	28 31 19	4 48 44	2 42 33
3 Tu	29 08 22	26 44 18	4♈03 06	14 32 05	23 20 55	17 07 32	0 34 34	12 36 07	28 05 22	6 30 48	28 50 41	28 32 24	4 51 10	2 43 21
4 W	0♑08 18	11♈17 36	18 20 15	16 00 07	24 34 38	17 51 59	0 53 20	13 00 50	28 04 10	6 34 03	28 50 30	28 32 11	4 52 20	2 42 52
5 Th	1 07 36	25 17 21	2♉09 01	17 26 57	25 47 41	18 35 49	1 11 23	13 24 52	28 02 30	6 36 43	28 49 43	28 31 15	4 52 50	2 41 42
6 F	2 06 56	8♉52 15	15 30 55	18 53 12	27 00 44	19 19 44	1 29 24	13 48 53	28 01 04	6 39 28	28 48 58	28 30 16	4 53 21	2 40 31
7 Sa	3 06 55	22 02 01	28 27 23	20 19 20	28 14 25	20 04 20	1 47 59	14 13 29	28 00 28	6 42 56	28 48 56	28 29 52	4 54 28	2 39 55
8 Su	4 07 58	4♊48 09	11♊03 57	21 45 41	29 29 08	20 50 01	2 07 32	14 39 05	28 01 07	6 47 32	28 49 60	28 30 27	4 56 37	2 40 20
9 M	5 10 16	17 16 45	23 24 26	23 12 16	0♎45 03	21 36 60	2 28 16	15 05 53	28 03 12	6 53 25	28 52 20	28 32 12	4 59 58	2 41 57
10 Tu	6 13 44	29 31 21	5♋33 03	24 38 50	2 02 08	22 25 10	2 50 04	15 33 48	28 06 39	7 00 33	28 55 54	28 35 03	5 04 28	2 44 41
11 W	7 16 00	11♋36 55	17 33 56	26 04 54	3 20 04	23 14 15	3 12 41	16 02 32	28 11 10	7 08 37	29 00 22	28 38 43	5 09 49	2 48 15
12 Th	8 22 55	23 33 42	29 29 08	27 29 50	4 38 25	24 03 50	3 35 40	16 31 40	28 16 21	7 17 12	29 05 21	28 42 45	5 15 35	2 52 14
13 F	9 27 43	5♌27 47	11♌22 28	28 52 50	5 56 45	24 53 26	3 58 33	17 00 44	28 21 42	7 25 50	29 10 22	28 46 43	5 21 19	2 56 14
14 Sa	10 32 05	17 20 33	23 15 44	0♑13 12	7 14 36	25 42 38	4 20 54	17 29 17	28 26 48	7 34 05	29 14 57	28 50 09	5 26 34	2 59 34
15 Su	11 35 39	29 14 04	5♍15 10 48	1 30 11	8 31 37	26 31 03	4 42 22	17 56 59	28 31 17	7 41 35	29 18 48	28 52 44	5 30 59	3 02 09
16 M	12 38 14	11♍10 11	17 09 23	2 43 12	9 47 39	27 18 33	5 02 47	18 23 40	28 35 00	7 48 11	29 21 43	28 54 16	5 34 24	3 03 43
17 Tu	13 39 51	23 10 40	29 13 13	3 51 45	11 02 40	28 05 05	5 22 07	18 49 17	28 37 55	7 53 51	29 23 42	28 54 45	5 36 48	3 04 15
18 W	14 40 35	5♎17 26	11♎24 15	4 55 25	12 16 47	28 50 47	5 40 30	19 13 59	28 40 11	7 58 43	29 24 51	28 54 18	5 38 19	3 03 52
19 Th	15 40 44	17 32 35	23 44 38	5 53 49	13 30 17	29 35 56	5 58 11	19 38 02	28 42 01	8 03 02	29 25 27	28 53 11	5 39 12	3 02 51
20 F	16 40 35	29 58 29	6♏16 55	6 46 35	14 43 28	0♎20 49	6 15 30	20 01 44	28 43 46	8 07 08	29 25 48	28 51 43	5 39 46	3 01 31
21 Sa	17 40 29	12♏37 26	19 03 47	7 33 18	15 56 40	1 05 47	6 32 45	20 25 24	28 45 45	8 11 19	29 26 15	28 50 13	5 40 20	3 00 11
22 Su	18 40 41	25 33 09	2♐07 59	8 13 23	17 10 10	1 51 07	6 50 15	20 49 20	28 48 15	8 15 54	29 27 03	28 48 59	5 41 12	2 59 07
23 M	19 41 22	8♐47 14	15 31 19	8 46 08	18 24 06	2 36 57	7 08 07	21 13 41	28 51 17	8 21 00	29 28 23	28 48 11	5 42 32	2 58 30
24 Tu	20 42 34	22 22 04	29 17 26	9 10 40	19 38 32	3 23 20	7 26 25	21 38 29	28 55 17	8 26 41	29 30 17	28 47 49	5 44 21	2 58 22
25 W	21 44 12	6♑18 42	13♑24 44	9 26 01	20 53 21	4 10 10	7 45 02	22 03 40	28 59 46	8 32 51	29 32 39	28 47 50	5 46 33	2 58 37
26 Th	22 46 04	20 36 35	27 50 17	9 31 09	22 08 24	4 57 18	8 03 49	22 29 01	29 04 41	8 39 19	29 35 19	28 48 02	5 48 56	2 59 05
27 F	23 47 58	5♒13 14	12♒36 50	9 25 10	23 26 22	5 44 30	8 22 37	22 54 20	29 09 50	8 45 59	29 38 04	28 48 12	5 51 26	2 59 33
28 Sa	24 49 44	20 03 53	27 32 12	9 07 23	24 38 19	6 31 35	8 41 00	23 19 28	29 15 01	8 52 21	29 40 43	28 48 11	5 53 42	2 59 51
29 Su	25 51 15	5♓01 50	12♓30 58	8 37 29	25 52 54	7 18 27	8 59 08	23 44 16	29 20 08	8 58 38	29 43 10	28 47 52	5 55 42	2 59 52
30 M	26 52 30	19 59 03	27 24 48	7 55 39	27 07 30	8 05 07	9 16 55	24 08 46	29 25 11	9 04 42	29 45 25	28 47 14	5 57 26	2 59 35
31 Tu	27 53 36	4♈47 17	12♈05 43	7 02 38	28 21 19	8 51 37	9 34 25	24 33 01	29 30 15	9 10 40	29 47 32	28 46 22	5 58 57	2 59 06

Notes

January 1964

LONGITUDE

Day	☉	0 hr ☽	Noon ☽	☿	♀	♂	⚵	⚳	♃	♄	⚷	♅	♆	♇
1 W	28 ♍ 54 37	19 ♈ 19 09	26 ♈ 27 12	5 ♎ 59 44	29 ♎ 35 19	9 ♎ 38 07	9 ♌ 51 45	24 ♌ 57 09	29 ♐ 35 25	9 ♏ 16 37	29 ♏ 49 38	28 ♉ 45 23	6 ♌ 00 23	2 ♊ 58 32
2 Th	29 55 42	3 ♉ 29 10	10 ♉ 24 53	4 48 46	0 ♏ 49 21	10 24 41	10 09 01	25 21 15	29 40 49	9 22 39	29 51 50	28 44 24	6 01 50	2 57 58
3 F	0 ♎ 56 53	17 14 09	23 56 50	3 31 56	2 03 27	11 11 24	10 26 18	25 45 24	29 46 31	9 28 52	29 54 10	28 43 29	6 03 22	2 57 30
4 Sa	1 58 11	0 ♊ 33 16	7 ♊ 03 21	2 11 45	3 17 37	11 58 15	10 43 35	26 09 35	29 52 29	9 35 14	29 56 40	28 42 37	6 04 59	2 57 05
5 Su	2 59 32	13 27 45	19 46 32	0 50 47	4 31 48	12 45 11	11 00 47	26 33 44	29 58 40	9 41 40	29 59 15	28 41 43	6 06 37	2 56 42
6 M	4 00 48	26 00 26	2 ♋ 09 47	29 ♍ 31 33	5 45 52	13 32 03	11 17 47	26 57 45	0 ♑ 04 56	9 48 05	0 ♐ 01 48	28 40 42	6 08 08	2 56 11
7 Tu	5 01 52	8 ♋ 15 09	14 17 18	28 16 19	6 59 43	14 18 46	11 34 30	27 21 29	0 11 11	9 54 21	0 04 11	28 39 26	6 09 26	2 55 27
8 W	6 02 40	20 16 23	26 13 41	27 07 04	8 13 14	15 05 15	11 50 48	27 44 52	0 17 20	10 00 24	0 06 21	28 37 51	6 10 26	2 54 25
9 Th	7 03 11	2 ♌ 08 48	8 ♌ 03 35	26 05 21	9 26 27	15 51 28	12 06 42	28 07 53	0 23 21	10 06 11	0 08 16	28 35 55	6 11 06	2 53 04
10 F	8 03 28	13 57 04	19 51 30	25 12 23	10 39 23	16 37 29	12 22 15	28 30 36	0 29 19	10 11 48	0 09 59	28 33 43	6 11 31	2 51 27
11 Sa	9 03 40	25 45 33	1 ♍ 41 34	24 28 56	11 52 12	17 23 28	12 37 36	28 53 10	0 35 22	10 17 22	0 11 41	28 31 23	6 11 50	2 49 44
12 Su	10 03 60	7 ♍ 38 11	13 37 25	23 55 29	13 05 07	18 09 36	12 52 57	29 15 46	0 41 42	10 23 07	0 13 33	28 29 08	6 12 15	2 48 07
13 M	11 04 41	19 38 19	25 42 04	23 32 13	14 18 21	18 56 07	13 08 32	29 38 39	0 48 33	10 29 15	0 15 48	28 27 12	6 12 59	2 46 50
14 Tu	12 05 56	1 ♎ 48 34	7 ♎ 57 49	23 19 01	15 32 06	19 43 13	13 24 32	0 ♍ 02 01	0 56 08	10 35 60	0 18 40	28 25 47	6 14 16	2 46 05
15 W	13 07 52	14 10 52	20 26 15	23 15 34	16 46 30	20 31 03	13 41 07	0 25 59	1 04 34	10 43 28	0 22 16	28 25 00	6 16 12	2 46 01
16 Th	14 10 30	26 46 23	3 ♏ 08 18	23 21 19	18 01 34	21 19 37	13 58 15	0 50 34	1 13 52	10 51 41	0 26 36	28 24 54	6 18 49	2 46 37
17 F	15 13 42	9 ♏ 35 38	16 04 14	23 35 31	19 17 10	22 08 47	14 15 51	1 15 39	1 23 54	11 00 32	0 31 34	28 25 20	6 21 60	2 47 46
18 Sa	16 17 14	22 38 36	29 13 56	23 57 16	20 33 02	22 58 18	14 33 37	1 40 59	1 34 24	11 09 44	0 36 54	28 26 02	6 25 28	2 49 14
19 Su	17 20 42	5 ♐ 54 57	12 ♐ 36 56	24 25 34	21 48 49	23 47 48	14 51 12	2 06 10	1 45 01	11 18 55	0 42 13	28 26 40	6 28 51	2 50 37
20 M	18 23 43	19 24 09	26 12 42	24 59 25	23 04 06	24 36 52	15 08 12	2 30 49	1 55 20	11 27 42	0 47 08	28 26 49	6 31 47	2 51 33
21 Tu	19 25 57	3 ♑ 05 38	10 ♑ 00 35	25 37 57	24 18 34	25 25 12	15 24 17	2 54 36	2 05 02	11 35 44	0 51 19	28 26 10	6 33 54	2 51 41
22 W	20 27 13	16 58 50	23 59 52	26 20 25	25 32 01	26 12 36	15 39 16	3 17 21	2 13 55	11 42 52	0 54 35	28 24 31	6 35 03	2 50 51
23 Th	21 27 33	1 ♒ 03 05	8 ♒ 09 38	27 06 26	26 44 30	26 59 07	15 53 12	3 39 05	2 22 03	11 49 06	0 56 59	28 21 55	6 35 15	2 49 05
24 F	22 27 15	15 17 19	22 28 27	27 55 50	27 56 18	27 45 01	16 06 21	4 00 06	2 29 41	11 54 45	0 58 47	28 18 40	6 34 48	2 46 40
25 Sa	23 26 47	29 39 51	6 ♓ 54 03	28 48 41	29 07 52	28 30 47	16 19 11	4 20 51	2 37 18	12 00 16	1 00 27	28 15 13	6 34 10	2 44 05
26 Su	24 26 43	14 ♓ 07 60	21 23 13	29 45 14	0 ♐ 19 48	29 16 59	16 32 16	4 41 55	2 45 28	12 06 14	1 02 35	28 12 09	6 33 54	2 41 53
27 M	25 27 35	28 37 56	5 ♈ 51 40	0 ♎ 45 43	1 32 36	0 ♏ 04 08	16 46 09	5 03 50	2 54 43	12 13 10	1 05 41	28 10 00	6 34 34	2 40 37
28 Tu	26 29 46	13 ♈ 04 50	20 14 19	1 50 14	2 46 40	0 52 39	17 01 12	5 26 59	3 05 26	12 21 27	1 10 09	28 09 09	6 36 32	2 40 40
29 W	27 33 23	27 23 19	4 ♉ 25 52	2 58 40	4 02 07	1 42 37	17 17 32	5 51 28	3 17 43	12 31 12	1 16 06	28 09 43	6 39 55	2 42 08
30 Th	28 38 16	11 ♉ 28 02	18 21 26	4 10 37	5 18 47	2 33 54	17 34 59	6 17 08	3 31 25	12 42 16	1 23 21	28 11 32	6 44 33	2 44 53
31 F	29 43 60	25 14 28	1 ♊ 57 15	5 25 30	6 36 13	3 26 02	17 53 07	6 43 32	3 46 06	12 54 12	1 31 30	28 14 10	6 50 00	2 48 27

February 1964

LONGITUDE

Day	☉	0 hr ☽	Noon ☽	☿	♀	♂	⚵	⚳	♃	♄	⚷	♅	♆	♇
1 Sa	0 ♏ 49 58	8 ♊ 39 33	15 ♊ 11 10	6 ♎ 42 32	7 ♐ 53 50	4 ♏ 18 27	18 ♌ 11 19	7 ♍ 10 06	4 ♑ 01 09	13 ♏ 06 24	1 ♐ 39 55	28 ♉ 17 02	6 ♌ 55 41	2 ♊ 52 16
2 Su	1 55 31	21 41 59	28 02 49	8 00 55	9 10 59	5 10 28	18 28 57	7 36 08	4 15 56	13 18 13	1 47 58	28 19 28	7 00 56	2 55 39
3 M	3 00 04	4 ♋ 22 22	10 ♋ 33 37	9 19 56	10 27 03	6 01 31	18 45 25	8 01 03	4 29 50	13 29 04	1 55 03	28 20 52	7 05 09	2 58 02
4 Tu	4 03 12	16 43 01	22 46 30	10 39 05	11 41 40	6 51 11	19 00 18	8 24 29	4 42 28	13 38 32	2 00 46	28 20 52	7 07 57	2 59 01
5 W	5 04 49	28 47 43	4 ♌ 45 42	11 58 09	12 54 40	7 39 20	19 13 29	8 46 16	4 53 41	13 46 30	2 04 59	28 19 19	7 09 11	2 58 27
6 Th	6 05 03	10 ♌ 41 16	16 36 15	13 17 11	14 06 14	8 26 09	19 25 07	9 06 34	5 03 40	13 53 08	2 07 52	28 16 23	7 09 02	2 56 31
7 F	7 04 21	22 29 12	28 23 46	14 36 33	15 16 48	9 12 03	19 35 38	9 25 49	5 12 50	13 58 50	2 09 51	28 12 30	7 07 56	2 53 39
8 Sa	8 03 21	4 ♍ 17 16	10 ♍ 13 56	15 56 49	16 26 59	9 57 40	19 45 39	9 44 39	5 21 49	14 04 15	2 11 33	28 08 18	7 06 30	2 50 28
9 Su	9 02 46	16 11 10	22 12 13	17 18 41	17 37 31	10 43 43	19 55 55	10 03 48	5 31 21	14 10 08	2 13 44	28 04 32	7 05 28	2 47 42
10 M	10 03 19	28 16 02	4 ♎ 23 26	18 42 49	18 49 08	11 30 57	20 07 09	10 23 58	5 42 09	14 17 10	2 17 05	28 01 53	7 05 35	2 46 06
11 Tu	11 05 35	10 ♎ 36 07	16 51 21	20 09 44	20 02 22	12 19 55	20 19 54	10 45 44	5 54 47	14 25 57	2 22 11	28 00 57	7 07 22	2 46 12
12 W	12 09 51	23 14 24	29 38 20	21 39 42	21 17 33	13 10 55	20 34 28	11 09 24	6 09 33	14 36 46	2 29 20	28 02 02	7 11 10	2 48 19
13 Th	13 16 06	6 ♏ 12 17	12 ♏ 45 07	23 12 40	22 34 38	14 03 55	20 50 49	11 34 55	6 26 25	14 49 34	2 38 29	28 05 05	7 16 55	2 52 25
14 F	14 23 56	19 29 25	26 10 42	24 48 12	23 53 12	14 58 30	21 08 32	12 01 53	6 44 58	15 03 58	2 49 15	28 09 43	7 24 13	2 58 06
15 Sa	15 32 35	3 ♐ 03 50	9 ♐ 52 30	26 25 34	25 12 32	15 53 57	21 26 54	12 29 34	7 04 29	15 19 14	3 00 54	28 15 11	7 32 21	3 04 38
16 Su	16 41 08	16 52 15	23 46 49	28 03 48	26 31 41	16 49 20	21 44 58	12 57 02	7 24 01	15 34 25	3 12 29	28 20 35	7 40 23	3 11 05
17 M	17 48 38	0 ♑ 50 38	7 ♑ 49 30	29 41 56	27 49 42	17 43 41	22 01 47	13 23 19	7 42 37	15 48 35	3 23 03	28 24 56	7 47 21	3 16 30
18 Tu	18 54 19	14 55 02	21 56 39	1 ♏ 19 14	29 05 49	18 36 15	22 16 35	13 47 41	7 59 31	16 00 58	3 31 51	28 27 29	7 52 30	3 20 07
19 W	19 57 50	29 02 08	6 ♒ 05 14	2 55 18	0 ♑ 19 40	19 26 39	22 29 00	14 09 43	8 14 22	16 11 12	3 38 31	28 27 52	7 55 28	3 21 34
20 Th	20 59 16	13 ♒ 09 40	20 13 20	4 30 16	1 31 21	20 15 01	22 39 09	14 29 34	8 27 15	16 19 22	3 43 09	28 26 13	7 56 21	3 20 59
21 F	21 59 13	27 16 32	4 ♓ 20 07	6 04 42	2 41 28	21 01 55	22 47 36	14 47 49	8 38 46	16 26 05	3 46 20	28 23 05	7 55 46	3 18 56
22 Sa	22 58 38	11 ♓ 22 26	18 25 21	7 39 35	3 50 57	21 48 19	22 55 19	15 05 24	8 49 53	16 32 18	3 49 02	28 19 28	7 54 38	3 16 23
23 Su	23 58 39	25 27 19	2 ♈ 28 55	9 16 02	5 00 56	22 35 20	23 03 25	15 23 27	9 01 42	16 39 08	3 52 22	28 16 28	7 54 06	3 14 27
24 M	25 00 16	9 ♈ 30 48	16 30 10	10 55 05	6 12 25	23 23 59	23 12 54	15 42 59	9 15 14	16 47 35	3 57 21	28 15 05	7 55 10	3 14 08
25 Tu	26 04 13	23 31 35	0 ♉ 27 30	12 37 28	7 26 08	24 14 59	23 24 31	16 04 42	9 31 12	16 58 24	4 04 42	28 16 05	7 58 34	3 16 12
26 W	27 10 46	7 ♉ 27 22	14 18 20	14 23 27	8 42 20	25 08 36	23 38 29	16 28 52	9 49 52	17 11 49	4 14 41	28 19 41	8 04 34	3 20 52
27 Th	28 19 41	21 14 54	27 59 24	16 12 49	10 00 46	26 04 37	23 54 36	16 55 16	10 11 01	17 27 38	4 27 04	28 25 41	8 12 55	3 27 56
28 F	29 30 16	4 ♊ 50 30	11 ♊ 27 13	18 04 54	11 20 47	27 02 19	24 12 10	17 23 12	10 33 56	17 45 08	4 41 10	28 33 24	8 22 56	3 36 42
29 Sa	0 ♐ 41 33	18 10 43	24 38 46	19 58 43	12 41 21	28 00 43	24 30 11	17 51 40	10 57 38	18 03 19	4 55 58	28 41 49	8 33 39	3 46 11

Notes

LONGITUDE — March 1964

Day	☉	0 hr ☽	Noon ☽	☿	♀	♂	⚵	⚳	♃	♄	⚷	♅	♆	♇
1 Su	1 ♐ 52 24	1 ♋ 13 02	7 ♋ 32 11	21 ♏ 53 10	14 ♑ 01 23	28 ♏ 58 44	24 ♌ 47 33	18 ♍ 19 35	11 ♑ 21 01	18 ♏ 21 07	5 ♐ 10 24	28 ♉ 49 51	8 ♌ 43 56	3 ♊ 55 16
2 M	3 01 51	13 56 19	20 07 05	23 47 18	15 19 52	29 55 20	25 03 15	18 45 54	11 43 05	18 37 30	5 23 26	28 56 30	8 52 48	4 02 58
3 Tu	4 09 08	26 21 13	2 ♌ 24 47	25 40 21	16 36 05	0 ♐ 49 48	25 16 33	19 09 55	12 03 05	18 51 44	5 34 20	29 01 02	8 59 30	4 08 32
4 W	5 13 56	8 ♌ 30 05	14 28 14	27 32 01	17 49 40	1 41 48	25 27 07	19 31 18	12 20 42	19 03 30	5 42 48	29 03 06	9 03 43	4 11 38
5 Th	6 16 22	20 26 52	26 21 52	29 22 26	19 00 45	2 31 27	25 35 05	19 50 09	12 36 02	19 12 54	5 48 55	29 02 50	9 05 33	4 12 24
6 F	7 16 59	2 ♍ 16 48	8 ♍ 11 14	1 ♐ 12 09	20 09 53	3 19 17	25 40 57	20 06 60	12 49 38	19 20 29	5 53 14	29 00 47	9 05 34	4 11 23
7 Sa	8 16 39	14 06 01	20 02 35	3 02 02	21 17 55	4 06 11	25 45 37	20 22 44	13 02 23	19 27 07	5 56 37	28 57 50	9 04 38	4 09 26
8 Su	9 16 25	26 01 01	2 ♎ 02 28	4 53 08	22 25 54	4 53 12	25 50 07	20 38 23	13 15 19	19 33 52	6 00 09	28 55 00	9 03 47	4 07 37
9 M	10 17 21	8 ♎ 08 17	14 17 09	6 46 31	23 34 55	5 41 24	25 55 32	20 55 03	13 29 30	19 41 48	6 04 52	28 53 23	9 04 07	4 07 00
10 Tu	11 20 21	20 33 35	26 51 59	8 43 04	24 45 50	6 31 41	26 02 44	21 13 35	13 45 50	19 51 46	6 11 40	28 53 52	9 06 30	4 08 29
11 W	12 25 56	3 ♏ 21 25	9 ♏ 50 50	10 43 16	25 59 12	7 24 33	26 12 15	21 34 32	14 04 51	20 04 21	6 21 05	28 56 60	9 11 29	4 12 35
12 Th	13 34 11	16 34 23	23 15 25	12 47 10	27 15 03	8 20 06	26 24 10	21 57 57	14 26 35	20 19 35	6 33 10	29 02 49	9 19 06	4 19 23
13 F	14 44 36	0 ♐ 12 42	7 ♐ 04 52	14 54 15	28 32 55	9 17 50	26 37 59	22 23 22	14 50 36	20 37 00	6 47 29	29 10 52	9 28 55	4 28 23
14 Sa	15 56 16	14 13 54	21 15 35	17 03 30	29 51 52	10 16 50	26 52 46	22 49 50	15 15 57	20 55 40	7 03 03	29 20 12	9 39 59	4 38 41
15 Su	17 07 57	28 33 01	5 ♑ 41 43	19 13 36	1 ♒ 10 39	11 15 50	27 07 16	23 16 06	15 41 22	21 14 19	7 18 39	29 29 36	9 51 02	4 49 00
16 M	18 18 20	13 ♑ 03 24	20 16 02	21 23 09	2 27 57	12 13 34	27 20 12	23 40 54	16 05 35	21 31 42	7 32 59	29 37 45	10 00 49	4 58 06
17 Tu	19 26 23	27 37 48	4 ♒ 51 17	23 31 01	3 42 46	13 08 59	27 30 33	24 03 11	16 27 34	21 46 46	7 45 02	29 43 39	10 08 18	5 04 54
18 W	20 31 36	12 ♒ 09 42	19 21 24	25 36 30	4 54 32	14 01 34	27 37 46	24 22 25	16 46 47	21 58 59	7 54 15	29 46 46	10 12 56	5 08 55
19 Th	21 34 05	26 34 17	3 ♓ 42 21	27 39 33	6 03 23	14 51 26	27 41 57	24 38 43	17 03 20	22 08 27	8 00 46	29 47 12	10 14 50	5 10 14
20 F	22 34 32	10 ♓ 48 59	17 52 22	29 40 39	7 09 60	15 39 17	27 43 51	24 52 47	17 17 57	22 15 54	8 05 17	29 45 40	10 14 44	5 09 34
21 Sa	23 34 08	24 53 16	1 ♈ 51 36	1 ♑ 40 44	8 15 33	16 26 17	27 44 35	25 05 48	17 31 47	22 22 30	8 08 58	29 43 20	10 13 46	5 08 06
22 Su	24 34 13	8 ♈ 47 57	15 41 15	3 40 53	9 21 22	17 13 47	27 45 32	25 19 05	17 46 10	22 29 35	8 13 09	29 41 34	10 13 19	5 07 11
23 M	25 36 02	22 34 24	29 22 48	5 41 60	10 28 41	18 03 01	27 47 56	25 33 54	18 02 22	22 38 24	8 19 06	29 41 35	10 14 37	5 08 02
24 Tu	26 40 27	6 ♉ 13 44	12 ♉ 57 16	7 44 38	11 38 23	18 54 52	27 52 39	25 51 06	18 21 15	22 49 49	8 27 41	29 44 17	10 18 31	5 11 32
25 W	27 47 49	19 46 15	26 24 41	9 48 47	12 50 48	19 49 42	28 00 02	26 11 02	18 43 10	23 04 11	8 39 15	29 49 60	10 25 24	5 18 03
26 Th	28 57 55	3 ♊ 11 09	9 ♊ 44 05	11 53 48	14 05 42	20 47 15	28 09 51	26 33 29	19 07 52	23 21 16	8 53 33	29 58 30	10 35 01	5 27 20
27 F	0 ♑ 10 01	16 26 48	22 53 42	13 58 34	15 22 20	21 46 48	28 21 21	26 57 41	19 34 37	23 40 20	9 09 52	0 ♊ 09 04	10 46 38	5 38 40
28 Sa	1 23 00	29 31 03	5 ♋ 51 27	16 01 34	16 39 36	22 47 15	28 33 28	27 22 34	20 02 21	24 00 18	9 27 06	0 20 36	10 59 10	5 50 56
29 Su	2 35 40	12 ♋ 21 52	18 35 34	18 01 09	17 56 15	23 47 22	28 44 56	27 46 52	20 29 48	24 19 54	9 43 60	0 31 51	11 11 22	6 02 56
30 M	3 46 50	24 57 55	1 ♌ 05 09	19 55 45	19 11 08	24 46 00	28 54 38	28 09 27	20 55 49	24 38 00	9 59 26	0 41 42	11 22 06	6 13 29
31 Tu	4 55 39	7 ♌ 19 01	13 20 32	21 44 08	20 23 23	25 42 18	29 01 41	28 29 26	21 19 33	24 53 45	10 12 32	0 49 15	11 30 30	6 21 44

LONGITUDE — April 1964

Day	☉	0 hr ☽	Noon ☽	☿	♀	♂	⚵	⚳	♃	♄	⚷	♅	♆	♇
1 W	6 ♑ 01 40	19 ♌ 26 29	25 ♌ 23 34	23 ♑ 25 28	21 ♒ 32 32	26 ♐ 35 47	29 ♌ 05 37	28 ♍ 46 22	21 ♑ 40 33	25 ♏ 06 40	10 ♐ 22 51	0 ♊ 54 04	11 ♌ 36 06	6 ♊ 27 13
2 Th	7 04 54	1 ♍ 23 08	7 ♍ 17 33	24 59 24	22 38 34	27 26 29	29 06 27	29 00 16	21 58 48	25 16 47	10 30 23	0 56 10	11 38 55	6 29 59
3 F	8 05 49	13 13 14	19 07 12	26 26 07	23 41 59	28 14 51	29 04 41	29 11 35	22 14 48	25 24 34	10 35 36	0 56 01	11 39 25	6 30 28
4 Sa	9 05 15	25 02 14	0 ♎ 58 17	27 46 08	24 43 35	29 01 46	29 01 07	29 21 10	22 29 22	25 30 51	10 39 22	0 54 27	11 38 28	6 29 31
5 Su	10 04 17	6 ♎ 56 22	12 57 15	29 00 19	25 44 26	29 48 15	28 56 51	29 30 04	22 43 35	25 36 42	10 42 43	0 52 33	11 37 07	6 28 13
6 M	11 04 01	19 02 17	25 10 43	0 ♒ 09 31	26 45 40	0 ♑ 35 27	28 52 59	29 39 25	22 58 33	25 43 14	10 46 47	0 51 26	11 36 30	6 27 40
7 Tu	12 05 28	1 ♏ 26 22	7 ♏ 44 56	1 14 33	27 48 13	1 24 21	28 50 31	29 50 11	23 15 17	25 51 26	10 52 34	0 52 04	11 37 34	6 28 52
8 W	13 09 15	14 14 12	20 44 58	2 15 54	28 52 45	2 15 35	28 50 05	0 ♎ 03 02	23 34 24	26 01 58	11 00 42	0 55 08	11 41 01	6 32 28
9 Th	14 15 34	27 29 44	4 ♐ 13 55	3 13 36	29 59 26	3 09 21	28 51 54	0 18 07	23 56 05	26 15 00	11 11 22	1 00 48	11 46 60	6 38 39
10 F	15 24 04	11 ♐ 14 32	18 12 14	4 07 12	1 ♓ 07 53	4 05 17	28 55 35	0 35 06	24 20 00	26 30 11	11 24 12	1 08 43	11 55 10	6 47 04
11 Sa	16 33 53	25 27 13	2 ♑ 37 05	4 55 45	2 17 16	5 02 32	29 00 18	0 53 07	24 45 17	26 46 40	11 38 23	1 18 02	12 04 41	6 56 51
12 Su	17 43 51	10 ♑ 03 12	17 22 28	5 38 02	3 26 22	5 59 55	29 04 52	1 10 59	25 10 46	27 03 16	11 52 42	1 27 33	12 14 22	7 06 50
13 M	18 52 42	24 55 05	2 ♒ 19 55	6 12 47	4 33 54	6 56 11	29 08 02	1 27 26	25 35 10	27 18 43	12 05 55	1 36 03	12 22 56	7 15 45
14 Tu	19 59 24	9 ♒ 53 49	17 19 53	6 38 57	5 38 50	7 50 18	29 08 46	1 41 26	25 57 27	27 31 59	12 16 58	1 42 28	12 29 23	7 22 35
15 W	21 03 23	24 50 15	2 ♓ 13 32	6 56 04	6 40 35	8 41 41	29 06 31	1 52 26	26 17 04	27 42 30	12 25 19	1 46 15	12 33 08	7 26 45
16 Th	22 04 42	9 ♓ 36 45	16 54 04	7 04 14	7 39 10	9 30 24	29 01 19	2 00 27	26 34 04	27 50 19	12 31 00	1 47 27	12 34 14	7 28 18
17 F	23 03 57	24 08 10	1 ♈ 17 33	7 04 17	8 35 12	10 17 03	28 53 48	2 06 07	26 49 03	27 56 04	12 34 39	1 46 40	12 33 18	7 27 53
18 Sa	24 02 13	8 ♈ 22 10	15 22 43	6 57 28	9 29 42	11 02 42	28 45 01	2 10 29	27 03 04	28 00 47	12 37 18	1 44 59	12 31 25	7 26 31
19 Su	25 00 42	22 18 42	29 10 26	6 45 15	10 23 52	11 48 34	28 36 13	2 14 46	27 17 21	28 05 42	12 40 11	1 43 37	12 29 46	7 25 26
20 M	26 00 33	5 ♉ 59 12	12 ♉ 42 39	6 29 09	11 18 49	12 35 46	28 28 31	2 20 06	27 33 02	28 11 56	12 44 24	1 43 40	12 29 30	7 25 46
21 Tu	27 02 31	19 25 40	26 01 35	6 10 20	12 15 18	13 25 07	28 22 43	2 27 15	27 50 53	28 20 16	12 50 47	1 45 57	12 31 23	7 28 17
22 W	28 06 58	2 ♊ 39 58	9 ♊ 09 05	5 49 38	13 13 39	14 16 55	28 19 09	2 36 33	28 11 14	28 31 03	12 59 38	1 50 47	12 35 47	7 33 21
23 Th	29 13 43	15 43 20	22 06 17	5 27 25	14 13 39	15 10 60	28 17 39	2 47 51	28 33 55	28 44 05	13 10 46	1 58 01	12 42 30	7 40 46
24 F	0 ♒ 22 09	28 36 20	4 ♋ 53 32	5 03 41	15 14 40	16 06 46	28 17 36	3 00 30	28 58 20	28 58 46	13 23 36	2 07 00	12 50 56	7 49 57
25 Sa	1 31 22	11 ♋ 18 51	17 30 41	4 38 11	16 15 47	17 03 19	28 18 08	3 13 37	29 23 34	29 14 13	13 37 14	2 16 52	13 00 11	7 59 58
26 Su	2 40 22	23 50 34	29 57 20	4 10 36	17 15 56	17 59 37	28 18 13	3 26 10	29 48 35	29 29 22	13 50 36	2 26 35	13 09 13	8 09 49
27 M	3 48 10	6 ♌ 11 12	12 ♌ 13 22	3 40 41	18 14 09	18 54 42	28 16 53	3 37 12	0 ♒ 12 26	29 43 18	14 02 47	2 35 11	13 17 05	8 18 31
28 Tu	4 54 02	18 21 02	24 19 16	3 08 26	19 09 39	19 47 51	28 13 26	3 45 58	0 34 22	29 55 15	14 13 02	2 41 56	13 23 03	8 25 21
29 W	5 57 33	0 ♍ 21 09	6 ♍ 16 27	2 34 10	20 02 00	20 38 38	28 07 26	3 52 03	0 53 59	0 ♐ 04 49	14 20 55	2 46 25	13 26 41	8 29 54
30 Th	6 58 41	12 13 40	18 07 24	1 58 30	20 51 07	21 27 01	27 58 52	3 55 24	1 11 14	0 11 56	14 26 24	2 48 36	13 27 58	8 32 07

Notes

May 1964

LONGITUDE

Day	☉	0 hr ☽	Noon ☽	☿	♀	♂	⚵	⚳	♃	♄	⚷	♅	♆	♇
1 F	7 ♒ 57 45	24 ♍ 01 48	29 ♍ 55 41	1 ♒ 22 26	21 ♓ 37 17	22 ♑ 13 18	27 ♌ 48 03	3 ♎ 56 20	1 ♒ 26 26	0 ♐ 16 56	14 ♐ 29 49	2 ♊ 48 47	13 ♌ 27 11	8 ♊ 32 18
2 Sa	8 55 21	5 ♎ 49 48	11 ♎ 45 55	0 47 11	22 21 06	22 58 06	27 35 36	3 55 28	1 40 11	0 20 26	14 31 45	2 47 35	13 24 59	8 31 06
3 Su	9 52 19	17 42 49	23 43 31	0 14 05	23 03 19	23 42 15	27 22 21	3 53 36	1 53 18	0 23 13	14 33 01	2 45 49	13 22 09	8 29 18
4 M	10 49 31	29 46 30	5 ♏ 54 19	29 ♑ 44 30	23 44 48	24 26 37	27 09 10	3 51 37	2 06 39	0 26 12	14 34 31	2 44 22	13 19 35	8 27 47
5 Tu	11 47 44	12 ♏ 06 46	18 24 14	29 19 38	24 26 18	25 11 58	26 56 53	3 50 19	2 21 04	0 30 09	14 37 01	2 44 01	13 18 03	8 27 22
6 W	12 47 34	24 49 08	1 ♐ 18 30	29 00 23	25 08 20	25 58 55	26 46 03	3 50 15	2 37 04	0 35 38	14 41 06	2 45 21	13 18 09	8 28 35
7 Th	13 49 13	7 ♐ 58 07	14 41 07	28 47 12	25 51 06	26 47 39	26 36 56	3 51 40	2 54 55	0 42 53	14 46 60	2 48 34	13 20 06	8 31 41
8 F	14 52 31	21 36 32	28 33 53	28 40 08	26 34 23	27 38 02	26 29 21	3 54 23	3 14 24	0 51 44	14 54 31	2 53 32	13 23 43	8 36 29
9 Sa	15 56 56	5 ♑ 44 41	12 ♑ 55 49	28 38 45	27 17 36	28 29 28	26 22 46	3 57 50	3 35 01	1 01 37	15 03 08	2 59 40	13 28 28	8 42 27
10 Su	17 01 37	20 19 49	27 42 35	28 42 18	27 59 51	29 21 11	26 16 22	4 01 13	3 55 54	1 11 43	15 11 60	3 06 10	13 33 32	8 48 45
11 M	18 05 41	5 ♒ 15 59	12 ♒ 46 47	28 49 55	28 40 13	0 ♒ 12 14	26 09 17	4 03 38	4 16 10	1 21 09	15 20 14	3 12 08	13 37 59	8 54 28
12 Tu	19 08 22	20 24 38	27 58 51	29 00 49	29 17 52	1 01 52	26 00 44	4 04 18	4 35 03	1 29 07	15 27 02	3 16 46	13 41 05	8 58 52
13 W	20 09 11	5 ♓ 35 51	13 ♓ 08 38	29 14 30	29 52 17	1 49 37	25 50 17	4 02 46	4 52 04	1 35 10	15 31 58	3 19 38	13 42 21	9 01 27
14 Th	21 08 06	20 40 02	28 07 02	29 30 50	0 ♈ 23 22	2 35 27	25 37 54	3 58 60	5 07 12	1 39 16	15 34 60	3 20 41	13 41 46	9 02 12
15 F	22 05 30	5 ♈ 29 22	12 ♈ 47 19	29 50 08	0 51 26	3 19 44	25 23 59	3 53 22	5 20 48	1 41 46	15 36 29	3 20 18	13 39 41	9 01 30
16 Sa	23 02 04	19 58 40	27 05 40	0 ♒ 12 57	1 17 06	4 03 09	25 09 12	3 46 34	5 33 33	1 43 22	15 37 06	3 19 08	13 36 47	8 59 60
17 Su	23 58 34	4 ♉ 05 34	11 ♉ 00 57	0 39 59	1 41 07	4 46 29	24 54 23	3 39 22	5 46 16	1 44 52	15 37 39	3 18 01	13 33 52	8 58 30
18 M	24 55 45	17 50 00	24 34 04	1 11 50	2 04 09	5 30 28	24 40 16	3 32 33	5 59 39	1 46 59	15 38 52	3 17 40	13 31 41	8 57 46
19 Tu	25 54 10	1 ♊ 13 27	7 ♊ 47 08	1 48 56	2 26 40	6 15 40	24 27 24	3 26 37	6 14 16	1 50 16	15 41 17	3 18 37	13 30 45	8 58 19
20 W	26 54 02	14 18 13	20 42 46	2 31 22	2 48 50	7 02 17	24 16 01	3 21 50	6 30 19	1 54 56	15 45 08	3 21 07	13 31 18	9 00 22
21 Th	27 55 17	27 06 48	3 ♋ 23 35	3 18 57	3 10 31	7 50 15	24 06 04	3 18 06	6 47 44	2 00 55	15 50 20	3 25 03	13 33 16	9 03 51
22 F	28 57 33	9 ♋ 41 33	15 51 52	4 11 13	3 31 19	8 39 12	23 57 12	3 15 06	7 06 10	2 07 51	15 56 32	3 30 06	13 36 17	9 08 24
23 Sa	0 ♓ 00 18	22 04 32	28 09 34	5 07 31	3 50 37	9 28 38	23 48 55	3 12 16	7 25 05	2 15 12	16 03 13	3 35 43	13 39 51	9 13 31
24 Su	1 02 58	4 ♌ 17 26	10 ♌ 18 16	6 07 10	4 07 47	10 17 56	23 40 36	3 09 04	7 43 53	2 22 24	16 09 46	3 41 19	13 43 20	9 18 36
25 M	2 05 00	16 21 48	22 19 25	7 09 31	4 22 13	11 06 33	23 31 46	3 04 55	8 02 03	2 28 54	16 15 39	3 46 22	13 46 14	9 23 05
26 Tu	3 05 59	28 19 09	4 ♍ 14 30	8 14 03	4 33 26	11 54 06	23 21 58	2 59 26	8 19 07	2 34 15	16 20 28	3 50 25	13 48 06	9 26 34
27 W	4 05 39	10 ♍ 11 11	16 05 16	9 20 27	4 41 09	12 40 19	23 10 59	2 52 22	8 34 53	2 38 15	16 23 56	3 53 15	13 48 42	9 28 49
28 Th	5 04 01	21 59 57	27 53 54	10 28 37	4 45 18	13 25 10	22 58 49	2 43 42	8 49 18	2 40 50	16 26 04	3 54 51	13 48 01	9 29 47
29 F	6 01 13	3 ♎ 47 57	9 ♎ 43 07	11 38 38	4 45 59	14 08 49	22 45 37	2 33 36	9 02 32	2 42 12	16 26 60	3 55 20	13 46 12	9 29 38
30 Sa	6 57 34	15 38 17	21 36 12	12 50 45	4 43 30	14 51 36	22 31 43	2 22 24	9 14 54	2 42 38	16 27 03	3 55 04	13 43 34	9 28 42
31 Su	7 53 30	27 34 35	3 ♏ 37 02	14 05 21	4 38 14	15 33 55	22 17 33	2 10 31	9 26 49	2 42 33	16 26 39	3 54 26	13 40 32	9 27 23

June 1964

LONGITUDE

Day	☉	0 hr ☽	Noon ☽	☿	♀	♂	⚵	⚳	♃	♄	⚷	♅	♆	♇
1 M	8 ♓ 49 28	9 ♏ 40 56	15 ♏ 49 53	15 ♒ 22 49	4 ♈ 30 36	16 ♒ 16 13	22 ♌ 03 34	1 ♎ 58 24	9 ♒ 38 42	2 ♐ 42 25	16 ♐ 26 13	3 ♊ 53 53	13 ♌ 37 33	9 ♊ 26 08
2 Tu	9 45 50	22 01 44	28 19 14	16 43 31	4 20 59	16 58 53	21 50 10	1 46 29	9 50 59	2 42 37	16 26 11	3 53 49	13 35 02	9 25 21
3 W	10 42 54	4 ♐ 41 23	11 ♐ 09 26	18 07 41	4 09 42	17 42 13	21 37 40	1 35 01	10 03 56	2 43 26	16 26 48	3 54 31	13 33 13	9 25 18
4 Th	11 40 48	17 43 51	24 24 07	19 35 26	3 56 50	18 26 20	21 26 10	1 24 09	10 17 39	2 44 59	16 28 11	3 56 06	13 32 16	9 26 07
5 F	12 39 27	1 ♑ 12 10	8 ♑ 05 45	21 06 39	3 42 22	19 11 09	21 15 37	1 13 50	10 32 05	2 47 12	16 30 17	3 58 30	13 32 05	9 27 44
6 Sa	13 38 37	15 07 50	22 14 49	22 41 06	3 26 06	19 56 26	21 05 48	1 03 50	10 46 60	2 49 51	16 32 52	4 01 28	13 32 28	9 29 54
7 Su	14 37 57	29 30 06	6 ♒ 49 20	24 18 25	3 07 45	20 41 52	20 56 23	0 53 49	11 02 03	2 52 35	16 35 35	4 04 42	13 33 02	9 32 18
8 M	15 37 07	14 ♒ 15 35	21 44 29	25 58 14	2 47 01	21 27 05	20 47 00	0 43 27	11 16 52	2 55 04	16 38 05	4 07 48	13 33 28	9 34 34
9 Tu	16 35 49	29 18 09	6 ♓ 52 53	27 40 14	2 23 41	22 11 45	20 37 24	0 32 27	11 31 10	2 56 58	16 40 03	4 10 29	13 33 27	9 36 23
10 W	17 33 51	14 ♓ 29 28	22 05 22	29 24 13	1 57 42	22 55 44	20 27 23	0 20 38	11 44 46	2 58 08	16 41 20	4 12 35	13 32 48	9 37 35
11 Th	18 31 14	29 40 04	7 ♈ 12 22	1 ♓ 10 10	1 29 09	23 39 01	20 16 58	0 08 03	11 57 40	2 58 33	16 41 55	4 14 05	13 31 33	9 38 12
12 F	19 28 07	14 ♈ 40 44	22 05 13	2 58 12	0 58 21	24 21 45	20 06 19	29 ♍ 54 50	12 10 01	2 58 23	16 41 58	4 15 09	13 29 49	9 38 20
13 Sa	20 24 42	29 23 49	6 ♉ 37 24	4 48 29	0 25 39	25 04 09	19 55 39	29 41 14	12 22 01	2 57 51	16 41 40	4 15 59	13 27 50	9 38 13
14 Su	21 21 15	13 ♉ 44 03	20 44 60	6 41 14	29 ♓ 51 28	25 46 28	19 45 14	29 27 30	12 33 56	2 57 11	16 41 18	4 16 51	13 25 50	9 38 08
15 M	22 17 58	27 38 47	4 ♊ 26 38	8 36 33	29 16 13	26 28 54	19 35 16	29 13 52	12 45 58	2 56 37	16 41 04	4 17 56	13 24 03	9 38 14
16 Tu	23 14 58	11 ♊ 07 47	17 43 06	10 34 30	28 40 12	27 11 35	19 25 52	29 00 27	12 58 14	2 56 14	16 41 04	4 19 22	13 22 35	9 38 40
17 W	24 12 15	24 12 36	0 ♋ 36 39	12 34 57	28 03 40	27 54 30	19 17 04	28 47 17	13 10 44	2 56 03	16 41 19	4 21 10	13 21 27	9 39 27
18 Th	25 09 47	6 ♋ 55 58	13 10 30	14 37 43	27 26 45	28 37 36	19 08 47	28 34 19	13 23 24	2 56 01	16 41 45	4 23 15	13 20 35	9 40 30
19 F	26 07 25	19 21 21	25 28 14	16 42 31	26 49 36	29 20 46	19 00 57	28 21 27	13 36 08	2 56 02	16 42 16	4 25 30	13 19 51	9 41 42
20 Sa	27 05 03	1 ♌ 32 25	7 ♌ 33 33	18 49 03	26 12 20	0 ♓ 03 53	18 53 24	28 08 34	13 48 48	2 55 56	16 42 45	4 27 49	13 19 10	9 42 56
21 Su	28 02 35	13 32 48	19 29 59	20 56 59	25 35 06	0 46 52	18 46 04	27 55 36	14 01 18	2 55 40	16 43 04	4 30 05	13 18 25	9 44 07
22 M	28 59 59	25 25 58	1 ♍ 20 48	23 06 04	24 58 05	1 29 39	18 38 54	27 42 31	14 13 36	2 55 10	16 43 13	4 32 15	13 17 33	9 45 12
23 Tu	29 57 14	7 ♍ 15 03	13 08 59	25 16 01	24 21 33	2 12 14	18 31 56	27 29 19	14 25 42	2 54 26	16 43 10	4 34 21	13 16 36	9 46 10
24 W	0 ♈ 54 26	19 02 56	24 57 14	27 26 38	23 45 48	2 54 43	18 25 12	27 16 07	14 37 39	2 53 33	16 43 01	4 36 26	13 15 36	9 47 07
25 Th	1 51 38	0 ♎ 52 11	6 ♎ 48 02	29 37 44	23 11 07	3 37 09	18 18 48	27 02 59	14 49 33	2 52 36	16 42 50	4 38 35	13 14 39	9 48 07
26 F	2 48 58	12 45 12	18 43 42	1 ♈ 49 07	22 37 49	4 19 40	18 12 50	26 50 02	15 01 30	2 51 40	16 42 43	4 40 53	13 13 51	9 49 15
27 Sa	3 46 28	24 44 14	0 ♏ 46 29	4 00 34	22 06 10	5 02 17	18 07 23	26 37 21	15 13 32	2 50 50	16 42 43	4 43 26	13 13 15	9 50 37
28 Su	4 44 10	6 ♏ 51 33	12 58 41	6 11 51	21 36 21	5 45 04	18 02 26	26 24 58	15 25 42	2 50 05	16 42 53	4 46 12	13 12 53	9 52 11
29 M	5 42 01	19 09 23	25 22 37	8 22 40	21 08 29	6 27 55	17 57 58	26 12 50	15 37 55	2 49 24	16 43 08	4 49 10	13 12 41	9 53 57
30 Tu	6 39 55	1 ♐ 40 06	8 ♐ 00 44	10 32 39	20 42 35	7 10 46	17 53 52	26 00 51	15 50 06	2 48 40	16 43 22	4 52 14	13 12 34	9 55 46

Notes

LONGITUDE — July 1964

Day	☉	0 hr ☽	Noon ☽	☿	♀	♂	⚵	⚳	♃	♄	⚷	♅	♆	♇
1 W	7 ♈ 37 42	14 ♐ 26 09	20 ♐ 55 28	12 ♈ 41 29	20 ♓ 18 38	7 ♓ 53 27	17 ♌ 49 58	25 ♍ 48 54	16 ♒ 02 05	2 ♐ 47 44	16 ♐ 43 27	4 ♊ 55 13	13 ♌ 12 21	9 ♊ 57 31
2 Th	8 35 13	27 29 55	4 ♑ 09 07	14 48 48	19 56 34	8 35 48	17 46 08	25 36 50	16 13 43	2 46 26	16 43 12	4 57 58	13 11 55	9 59 01
3 F	9 32 22	10 ♑ 53 33	17 43 31	16 54 20	19 36 21	9 17 43	17 42 14	25 24 32	16 24 52	2 44 40	16 42 31	5 00 23	13 11 06	10 00 09
4 Sa	10 29 06	24 38 36	1 ♒ 39 43	18 57 56	19 18 02	9 59 10	17 38 16	25 12 00	16 35 31	2 42 23	16 41 22	5 02 25	13 09 55	10 00 54
5 Su	11 25 30	8 ♒ 45 33	15 57 26	20 59 36	19 01 44	10 40 13	17 34 17	24 59 19	16 45 44	2 39 41	16 39 51	5 04 10	13 08 26	10 01 22
6 M	12 21 48	23 13 18	0 ♓ 34 31	22 59 25	18 47 42	11 21 06	17 30 30	24 46 43	16 55 45	2 36 47	16 38 09	5 05 51	13 06 51	10 01 43
7 Tu	13 18 16	7 ♓ 58 45	15 26 46	24 57 37	18 36 13	12 02 05	17 27 14	24 34 29	17 05 50	2 33 57	16 36 33	5 07 43	13 05 28	10 02 16
8 W	14 15 12	22 56 36	0 ♈ 27 51	26 54 27	18 27 35	12 43 28	17 24 44	24 22 55	17 16 16	2 31 29	16 35 22	5 10 05	13 04 34	10 03 18
9 Th	15 12 49	7 ♈ 59 35	15 29 54	28 50 07	18 22 01	13 25 28	17 23 16	24 12 17	17 27 18	2 29 38	16 34 50	5 13 11	13 04 24	10 05 03
10 F	16 11 13	22 59 18	0 ♉ 24 25	0 ♉ 44 41	18 19 36	14 08 12	17 22 54	24 02 41	17 39 00	2 28 28	16 35 01	5 17 06	13 05 02	10 07 36
11 Sa	17 10 19	7 ♉ 47 19	15 03 29	2 38 02	18 20 13	14 51 34	17 23 33	23 54 00	17 51 18	2 27 54	16 35 50	5 21 44	13 06 23	10 10 51
12 Su	18 09 52	22 16 22	29 20 51	4 29 54	18 23 33	15 35 18	17 24 58	23 46 02	18 03 55	2 27 42	16 37 03	5 26 51	13 08 12	10 14 35
13 M	19 09 28	6 ♊ 21 14	13 ♊ 12 36	6 19 54	18 29 14	16 19 02	17 26 46	23 38 24	18 16 30	2 27 28	16 38 17	5 32 04	13 10 07	10 18 23
14 Tu	20 08 43	19 59 17	26 37 21	8 07 40	18 36 47	17 02 21	17 28 33	23 30 42	18 28 38	2 26 49	16 39 07	5 36 58	13 11 44	10 21 53
15 W	21 07 18	3 ♋ 10 22	9 ♋ 35 59	9 52 49	18 45 50	17 44 57	17 29 59	23 22 37	18 39 58	2 25 25	16 39 13	5 41 14	13 12 41	10 24 43
16 Th	22 05 00	15 56 25	22 11 15	11 35 11	18 56 06	18 26 35	17 30 50	23 13 56	18 50 18	2 23 03	16 38 23	5 44 38	13 12 47	10 26 41
17 F	23 01 47	28 20 59	4 ♌ 27 06	13 14 42	19 07 32	19 07 14	17 31 05	23 04 39	18 59 36	2 19 40	16 36 35	5 47 09	13 11 60	10 27 45
18 Sa	23 57 48	10 ♌ 28 32	16 28 17	14 51 33	19 20 13	19 47 04	17 30 54	22 54 54	19 08 02	2 15 28	16 33 59	5 48 56	13 10 29	10 28 06
19 Su	24 53 25	22 24 05	28 19 47	16 26 04	19 34 26	20 26 25	17 30 36	22 45 03	19 15 56	2 10 46	16 30 55	5 50 20	13 08 35	10 28 02
20 M	25 49 02	4 ♍ 12 41	10 ♍ 06 34	17 58 41	19 50 33	21 05 43	17 30 38	22 35 32	19 23 43	2 06 00	16 27 48	5 51 46	13 06 43	10 27 60
21 Tu	26 45 09	15 59 10	21 53 13	19 29 52	20 09 01	21 45 27	17 31 27	22 26 50	19 31 53	2 01 40	16 25 09	5 53 44	13 05 23	10 28 28
22 W	27 42 13	27 47 49	3 ♎ 43 46	21 00 04	20 30 12	22 26 03	17 33 31	22 19 24	19 40 51	1 58 12	16 23 23	5 56 40	13 05 01	10 29 54
23 Th	28 40 33	9 ♎ 42 16	15 41 33	22 29 34	20 54 22	23 07 51	17 37 08	22 13 33	19 50 58	1 55 54	16 22 49	6 00 52	13 05 56	10 32 37
24 F	29 40 17	21 45 22	27 49 05	23 58 30	21 21 37	23 50 59	17 42 27	22 09 27	20 02 21	1 54 57	16 23 37	6 06 31	13 08 17	10 36 45
25 Sa	0 ♉ 41 21	3 ♏ 59 07	10 ♏ 08 06	25 26 46	21 51 48	24 35 24	17 49 24	22 07 01	20 14 56	1 55 16	16 25 42	6 13 31	13 11 60	10 42 13
26 Su	1 43 28	16 24 46	22 39 38	26 54 03	22 24 34	25 20 46	17 57 40	22 05 57	20 28 25	1 56 32	16 28 46	6 21 34	13 16 46	10 48 45
27 M	2 46 08	29 02 57	5 ♐ 24 07	28 19 49	22 59 22	26 06 37	18 06 45	22 05 46	20 42 19	1 58 17	16 32 19	6 30 10	13 22 06	10 55 49
28 Tu	3 48 43	11 ♐ 53 49	18 21 38	29 43 23	23 35 32	26 52 18	18 16 01	22 05 51	20 55 59	1 59 52	16 35 45	6 38 43	13 27 22	11 02 49
29 W	4 50 35	24 57 25	1 ♑ 32 12	1 ♊ 04 05	24 12 22	27 37 12	18 24 51	22 05 32	21 08 47	2 00 40	16 38 23	6 46 33	13 31 56	11 09 06
30 Th	5 51 12	8 ♑ 13 50	14 55 53	2 21 20	24 49 17	28 20 47	18 32 43	22 04 20	21 20 11	2 00 09	16 39 44	6 53 09	13 35 17	11 14 08
31 F	6 50 18	21 43 23	28 32 59	3 34 47	25 25 58	29 02 46	18 39 19	22 01 56	21 29 55	1 58 02	16 39 30	6 58 14	13 37 07	11 17 39

LONGITUDE — August 1964

Day	☉	0 hr ☽	Noon ☽	☿	♀	♂	⚵	⚳	♃	♄	⚷	♅	♆	♇
1 Sa	7 ♉ 47 56	5 ♒ 26 39	12 ♒ 23 57	4 ♊ 44 24	26 ♓ 02 23	29 ♓ 43 11	18 ♌ 44 41	21 ♍ 58 24	21 ♒ 38 00	1 ♐ 54 21	16 ♐ 37 44	7 ♊ 01 50	13 ♌ 37 30	11 ♊ 19 41
2 Su	8 44 27	19 24 12	26 29 05	5 50 30	26 38 54	0 ♈ 22 26	18 49 13	21 54 06	21 44 51	1 49 31	16 34 49	7 04 21	13 36 47	11 20 38
3 M	9 40 35	3 ♓ 36 14	10 ♓ 48 05	6 53 40	27 16 09	1 01 12	18 53 36	21 49 45	21 51 07	1 44 13	16 31 26	7 06 27	13 35 41	11 21 09
4 Tu	10 37 08	18 02 02	25 19 31	7 54 38	27 54 54	1 40 18	18 58 40	21 46 10	21 57 39	1 39 15	16 28 24	7 08 60	13 35 01	11 22 06
5 W	11 34 54	2 ♈ 39 21	10 ♈ 00 18	8 54 07	28 35 57	2 20 33	19 05 12	21 44 09	22 05 15	1 35 28	16 26 34	7 12 46	13 35 35	11 24 16
6 Th	12 34 30	17 24 02	24 45 33	9 52 33	29 19 48	3 02 31	19 13 47	21 44 17	22 14 29	1 33 25	16 26 28	7 18 21	13 37 59	11 28 15
7 F	13 36 07	2 ♉ 10 10	9 ♉ 28 49	10 50 01	0 ♈ 06 38	3 46 26	19 24 38	21 46 47	22 25 34	1 33 20	16 28 21	7 25 57	13 42 26	11 34 15
8 Sa	14 39 32	16 50 33	24 02 49	11 46 10	0 56 12	4 32 05	19 37 33	21 51 27	22 38 18	1 35 00	16 31 59	7 35 22	13 48 41	11 42 03
9 Su	15 44 09	1 ♊ 17 47	8 ♊ 20 39	12 40 14	1 47 52	5 18 51	19 51 54	21 57 40	22 52 04	1 37 50	16 36 47	7 45 59	13 56 10	11 51 03
10 M	16 49 09	15 25 23	22 16 45	13 31 12	2 40 46	6 05 53	20 06 51	22 04 35	23 06 01	1 40 58	16 41 53	7 56 58	14 04 02	12 00 25
11 Tu	17 53 36	29 08 48	5 ♋ 47 42	14 17 60	3 33 58	6 52 19	20 21 30	22 11 19	23 19 16	1 43 31	16 46 25	8 07 25	14 11 22	12 09 14
12 W	18 56 46	12 ♋ 25 57	18 52 36	14 59 40	4 26 39	7 37 22	20 35 05	22 17 06	23 31 02	1 44 43	16 49 36	8 16 34	14 17 26	12 16 45
13 Th	19 58 08	25 17 16	1 ♌ 32 52	15 35 30	5 18 19	8 20 33	20 47 06	22 21 26	23 40 51	1 44 05	16 50 57	8 23 56	14 21 43	12 22 29
14 F	20 57 37	7 ♌ 45 27	13 51 54	16 05 11	6 08 50	9 01 45	20 57 27	22 24 13	23 48 35	1 41 31	16 50 22	8 29 24	14 24 08	12 26 19
15 Sa	21 55 28	19 54 50	25 54 31	16 28 45	6 58 27	9 41 14	21 06 24	22 25 42	23 54 31	1 37 18	16 48 06	8 33 15	14 24 56	12 28 31
16 Su	22 52 18	1 ♍ 50 55	7 ♍ 46 25	16 46 35	7 47 44	10 19 37	21 14 32	22 26 30	23 59 15	1 32 00	16 44 47	8 36 04	14 24 44	12 29 41
17 M	23 48 54	13 39 43	19 33 40	16 59 16	8 37 27	10 57 42	21 22 39	22 27 24	24 03 34	1 26 27	16 41 11	8 38 39	14 24 19	12 30 37
18 Tu	24 46 10	25 27 20	1 ♎ 22 13	17 07 26	9 28 29	11 36 21	21 31 39	22 29 18	24 08 21	1 21 32	16 38 13	8 41 53	14 24 34	12 32 12
19 W	25 44 54	7 ♎ 19 26	13 17 29	17 11 43	10 21 36	12 16 23	21 42 19	22 32 59	24 14 26	1 18 03	16 36 41	8 46 35	14 26 19	12 35 15
20 Th	26 45 44	19 20 56	25 24 01	17 12 30	11 17 25	12 58 26	21 55 16	22 39 05	24 22 24	1 16 37	16 37 11	8 53 22	14 30 09	12 40 23
21 F	27 48 56	1 ♏ 35 37	7 ♏ 45 08	17 09 57	12 16 12	13 42 46	22 10 48	22 47 52	24 32 34	1 17 32	16 40 01	9 02 31	14 36 23	12 47 52
22 Sa	28 54 25	14 05 56	20 22 44	17 03 51	13 17 49	14 29 17	22 28 48	22 59 15	24 44 48	1 20 42	16 45 06	9 13 55	14 44 54	12 57 38
23 Su	0 ♊ 01 42	26 52 49	3 ♐ 17 14	16 53 39	14 21 46	15 17 31	22 48 47	23 12 43	24 58 39	1 25 38	16 51 56	9 27 07	14 55 13	13 09 10
24 M	1 09 57	9 ♐ 55 50	16 27 39	16 38 33	15 27 13	16 06 38	23 09 55	23 27 28	25 13 15	1 31 31	16 59 42	9 41 16	15 06 31	13 21 39
25 Tu	2 18 08	23 13 19	29 51 57	16 17 39	16 33 07	16 55 35	23 31 10	23 42 27	25 27 36	1 37 18	17 07 21	9 55 20	15 17 45	13 34 04
26 W	3 25 14	6 ♑ 42 54	13 ♑ 27 33	15 50 07	17 38 24	17 43 21	23 51 30	23 56 38	25 40 38	1 41 57	17 13 52	10 08 16	15 27 53	13 45 21
27 Th	4 30 21	20 22 06	27 11 54	15 15 28	18 42 12	18 29 03	24 10 02	24 09 07	25 51 29	1 44 38	17 18 22	10 19 14	15 36 04	13 54 39
28 F	5 33 03	4 ♒ 08 46	11 ♒ 03 01	14 33 43	19 44 01	19 12 14	24 26 18	24 19 29	25 59 42	1 44 51	17 20 24	10 27 44	15 41 49	14 01 30
29 Sa	6 33 22	18 01 38	24 59 48	13 45 35	20 43 54	19 52 56	24 40 22	24 27 44	26 05 20	1 42 40	17 20 00	10 33 50	15 45 11	14 05 56
30 Su	7 31 53	2 ♓ 00 18	9 ♓ 02 01	12 52 25	21 42 25	20 31 44	24 52 47	24 34 28	26 08 56	1 38 40	17 17 46	10 38 07	15 46 46	14 08 33
31 M	8 29 36	16 05 04	23 09 59	11 56 11	22 40 32	21 09 39	25 04 34	24 40 40	26 11 31	1 33 50	17 14 42	10 41 33	15 47 32	14 10 20

Notes

September 1964 — LONGITUDE

Day	☉	0 hr ☽	Noon ☽	☿	♀	♂	⚵	⚳	♃	♄	⚷	♅	♆	♇
1 Tu	9 ♊ 27 45	0 ♈ 16 22	7 ♈ 23 54	10 ♊ 59 11	23 ♈ 39 28	21 ♈ 47 53	25 ♌ 16 55	24 ♍ 47 33	26 ♒ 14 19	1 ♐ 29 26	17 ♐ 11 60	10 ♊ 45 24	15 ♌ 48 43	14 ♊ 12 31
2 W	10 27 30	14 34 01	21 43 09	10 03 44	24 40 23	22 27 36	25 31 02	24 56 19	26 18 28	1 26 36	17 10 52	10 50 48	15 51 30	14 16 16
3 Th	11 29 42	28 56 36	6 ♉ 05 45	9 11 57	25 44 08	23 09 41	25 47 46	25 07 48	26 24 52	1 26 13	17 12 09	10 58 38	15 56 44	14 22 27
4 F	12 34 44	13 ♉ 20 60	20 28 01	8 25 28	26 51 03	23 54 30	26 07 27	25 22 22	26 33 52	1 28 39	17 16 13	11 09 16	16 04 48	14 31 25
5 Sa	13 42 21	27 42 29	4 ♊ 44 53	7 45 17	28 00 55	24 41 47	26 29 54	25 39 47	26 45 14	1 33 40	17 22 51	11 22 27	16 15 27	14 42 58
6 Su	14 51 49	11 ♊ 55 16	18 50 35	7 11 49	29 12 57	25 30 49	26 54 19	25 59 18	26 58 13	1 40 31	17 31 17	11 37 27	16 27 56	14 56 19
7 M	16 01 60	25 53 28	2 ♋ 39 38	6 45 04	0 ♉ 26 02	26 20 28	27 19 36	26 19 47	27 11 41	1 48 06	17 40 24	11 53 08	16 41 09	15 10 21
8 Tu	17 11 41	9 ♋ 32 05	16 07 50	6 24 44	1 38 55	27 09 31	27 44 32	26 40 01	27 24 26	1 55 11	17 48 60	12 08 18	16 53 52	15 23 52
9 W	18 19 48	22 47 59	29 12 59	6 10 32	2 50 33	27 56 52	28 08 02	26 58 56	27 35 23	2 00 42	17 55 59	12 21 51	17 04 60	15 35 47
10 Th	19 25 35	5 ♌ 40 14	11 ♌ 55 06	6 02 24	4 00 09	28 41 50	28 29 22	27 15 46	27 43 48	2 03 55	18 00 38	12 33 04	17 13 49	15 45 21
11 F	20 28 49	18 10 14	24 16 24	6 00 30	5 07 28	29 24 06	28 48 15	27 30 17	27 49 24	2 04 34	18 02 42	12 41 40	17 20 04	15 52 20
12 Sa	21 29 42	0 ♍ 21 27	6 ♍ 20 60	6 05 22	6 12 44	0 ♉ 03 55	29 04 55	27 42 41	27 52 27	2 02 54	18 02 23	12 47 53	17 23 58	15 56 55
13 Su	22 28 53	12 18 55	18 14 19	6 17 47	7 16 34	0 41 57	29 20 02	27 53 37	27 53 34	1 59 33	18 00 22	12 52 24	17 26 11	15 59 48
14 M	23 27 21	24 08 41	0 ♎ 02 41	6 38 41	8 19 57	1 19 09	29 34 33	28 04 04	27 53 44	1 55 30	17 57 35	12 56 08	17 27 40	16 01 55
15 Tu	24 26 11	5 ♎ 57 22	11 52 43	7 09 02	9 23 58	1 56 37	29 49 34	28 15 06	27 54 03	1 51 50	17 55 10	13 00 13	17 29 32	16 04 23
16 W	25 26 26	17 51 29	23 50 49	7 49 34	10 29 39	2 35 24	0 ♍ 06 07	28 27 46	27 55 33	1 49 36	17 54 09	13 05 40	17 32 48	16 08 14
17 Th	26 28 56	29 57 01	6 ♏ 02 41	8 40 46	11 37 49	3 16 18	0 25 02	28 42 54	27 59 04	1 49 39	17 55 21	13 13 20	17 38 19	16 14 18
18 F	27 34 07	12 ♏ 18 53	18 32 46	9 42 35	12 48 55	3 59 48	0 46 45	29 00 56	28 05 03	1 52 24	17 59 13	13 23 38	17 46 30	16 23 00
19 Sa	28 41 57	25 00 32	1 ♐ 23 53	10 54 28	14 02 54	4 45 50	1 11 14	29 21 49	28 13 27	1 57 50	18 05 43	13 36 34	17 57 20	16 34 20
20 Su	29 51 56	8 ♐ 03 32	14 36 46	12 15 19	15 19 16	5 33 54	1 37 58	29 45 03	28 23 45	2 05 26	18 14 21	13 51 36	18 10 19	16 47 46
21 M	1 ♋ 03 06	21 27 23	28 10 07	13 43 34	16 37 02	6 23 04	2 06 01	0 ♎ 09 41	28 35 02	2 14 16	18 24 10	14 07 47	18 24 29	17 02 22
22 Tu	2 14 17	5 ♑ 09 40	12 ♑ 00 39	15 17 22	17 55 02	7 12 06	2 34 10	0 34 31	28 46 05	2 23 08	18 33 58	14 23 55	18 38 38	17 16 56
23 W	3 24 14	19 06 21	26 03 48	16 54 51	19 11 60	7 59 48	3 01 11	0 58 17	28 55 40	2 30 47	18 42 30	14 38 46	18 51 33	17 30 13
24 Th	4 31 56	3 ♒ 12 38	10 ♒ 14 27	18 34 22	20 26 56	8 45 09	3 26 03	1 20 00	29 02 46	2 36 14	18 48 47	14 51 20	19 02 12	17 41 13
25 F	5 36 50	17 24 24	24 27 58	20 14 46	21 39 15	9 27 34	3 48 13	1 39 06	29 06 50	2 38 54	18 52 15	15 01 02	19 10 03	17 49 23
26 Sa	6 38 58	1 ♓ 35 60	8 ♓ 40 54	21 55 31	22 49 00	10 07 07	4 07 42	1 55 36	29 07 54	2 38 50	18 52 56	15 07 56	19 15 06	17 54 44
27 Su	7 38 59	15 46 51	22 51 21	23 36 41	23 56 48	10 44 24	4 25 09	2 10 09	29 06 36	2 36 40	18 51 27	15 12 38	19 18 01	17 57 54
28 M	8 37 56	29 55 25	6 ♈ 58 49	25 18 54	25 03 45	11 20 31	4 41 39	2 23 49	29 04 02	2 33 30	18 48 55	15 16 15	19 19 52	17 59 58
29 Tu	9 37 11	14 ♈ 01 48	21 03 42	27 03 03	26 11 09	11 56 47	4 58 30	2 37 56	29 01 30	2 30 39	18 46 39	15 20 05	19 21 59	18 02 17
30 W	10 37 59	28 06 30	5 ♉ 06 29	28 49 59	27 20 15	12 34 29	5 17 00	2 53 46	29 00 17	2 29 23	18 45 55	15 25 24	19 25 37	18 06 06

October 1964 — LONGITUDE

Day	☉	0 hr ☽	Noon ☽	☿	♀	♂	⚵	⚳	♃	♄	⚷	♅	♆	♇
1 Th	11 ♋ 41 15	12 ♉ 09 35	19 ♉ 07 07	0 ♋ 40 19	28 ♉ 32 00	13 ♉ 14 33	5 ♍ 38 03	3 ♎ 12 14	29 ♒ 01 18	2 ♐ 30 37	18 ♐ 47 39	15 ♊ 33 09	19 ♌ 31 44	18 ♊ 12 20
2 F	12 47 25	26 10 11	3 ♊ 04 22	2 34 09	29 46 48	13 57 21	6 02 05	3 33 45	29 04 59	2 34 47	18 52 15	15 43 44	19 40 42	18 21 25
3 Sa	13 56 15	10 ♊ 06 10	16 55 48	4 31 01	1 ♊ 04 26	14 42 42	6 28 52	3 58 06	29 11 07	2 41 41	18 59 31	15 56 55	19 52 20	18 33 07
4 Su	15 07 02	23 54 17	0 ♋ 38 01	6 29 59	2 24 09	15 29 53	6 57 40	4 24 33	29 18 59	2 50 34	19 08 43	16 11 60	20 05 53	18 46 43
5 M	16 18 39	7 ♋ 30 44	14 07 17	8 29 44	3 44 51	16 17 45	7 27 23	4 51 59	29 27 26	3 00 20	19 18 45	16 27 51	20 20 15	19 01 06
6 Tu	17 29 52	20 51 52	27 20 16	10 28 54	5 05 17	17 05 06	7 56 47	5 19 10	29 35 17	3 09 44	19 28 23	16 43 15	20 34 13	19 15 03
7 W	18 39 34	3 ♌ 54 53	10 ♌ 14 46	12 26 15	6 24 21	17 50 48	8 24 45	5 44 59	29 41 25	3 17 42	19 36 30	16 57 05	20 46 39	19 27 26
8 Th	19 46 58	16 38 33	22 50 09	14 20 52	7 41 15	18 34 04	8 50 30	6 08 39	29 45 01	3 23 24	19 42 19	17 08 34	20 56 45	19 37 28
9 F	20 51 43	29 03 23	5 ♍ 07 39	16 12 21	8 55 38	19 14 33	9 13 39	6 29 48	29 45 45	3 26 31	19 45 28	17 17 19	21 04 12	19 44 48
10 Sa	21 53 55	11 ♍ 11 41	17 10 11	18 00 43	10 07 35	19 52 21	9 34 20	6 48 33	29 43 45	3 27 08	19 46 05	17 23 28	21 09 04	19 49 32
11 Su	22 54 07	23 07 24	29 02 13	19 46 30	11 17 40	20 28 01	9 53 05	7 05 27	29 39 32	3 25 49	19 44 42	17 27 34	21 11 56	19 52 14
12 M	23 53 11	4 ♎ 55 45	10 ♎ 49 19	21 30 29	12 26 44	21 02 25	10 10 46	7 21 20	29 33 59	3 23 25	19 42 11	17 30 28	21 13 38	19 53 44
13 Tu	24 52 07	16 42 46	22 37 45	23 13 43	13 35 48	21 36 34	10 28 25	7 37 14	29 28 08	3 20 58	19 39 33	17 33 11	21 15 13	19 55 05
14 W	25 51 59	28 34 53	4 ♏ 34 02	24 57 09	14 45 54	22 11 28	10 47 01	7 54 10	29 22 59	3 19 29	19 37 50	17 36 46	21 17 41	19 57 17
15 Th	26 53 34	10 ♏ 38 24	16 44 24	26 41 40	15 57 51	22 47 60	11 07 27	8 12 59	29 19 24	3 19 49	19 37 53	17 42 01	21 21 52	20 01 11
16 F	27 57 25	22 59 03	29 14 13	28 27 44	17 12 10	23 26 39	11 30 11	8 34 11	29 17 53	3 22 28	19 40 11	17 49 28	21 28 18	20 07 18
17 Sa	29 03 37	5 ♐ 41 22	12 ♐ 07 32	0 ♌ 15 27	18 28 57	24 07 29	11 55 20	8 57 50	29 18 33	3 27 31	19 44 51	17 59 13	21 37 04	20 15 43
18 Su	0 ♌ 11 47	18 48 13	25 26 23	2 04 27	19 47 48	24 50 10	12 22 31	9 23 35	29 20 59	3 34 37	19 51 29	18 10 51	21 47 46	20 26 02
19 M	1 21 08	2 ♑ 20 22	9 ♑ 10 30	3 53 58	21 07 57	25 33 54	12 50 56	9 50 38	29 24 27	3 42 58	19 59 19	18 23 37	21 59 39	20 37 30
20 Tu	2 30 38	16 16 09	23 17 06	5 42 58	22 28 21	26 17 38	13 19 34	10 17 57	29 27 54	3 51 32	20 07 19	18 36 28	22 11 39	20 49 04
21 W	3 39 12	0 ♒ 31 33	7 ♒ 41 05	7 30 22	23 47 54	27 00 16	13 47 18	10 44 25	29 30 14	3 59 13	20 14 22	18 48 19	22 22 42	20 59 38
22 Th	4 45 53	15 00 47	22 15 53	9 15 16	25 05 42	27 40 54	14 13 13	11 09 08	29 30 32	4 05 06	20 19 35	18 58 13	22 31 51	21 08 17
23 F	5 50 11	29 37 06	6 ♓ 54 30	10 57 10	26 21 11	28 18 59	14 36 48	11 31 34	29 28 17	4 08 40	20 22 24	19 05 40	22 38 35	21 14 29
24 Sa	6 52 04	14 ♓ 13 59	21 30 36	12 36 02	27 34 21	28 54 31	14 58 01	11 51 41	29 23 28	4 09 53	20 22 49	19 10 38	22 42 52	21 18 14
25 Su	7 52 03	28 46 03	5 ♈ 59 28	14 12 24	28 45 41	29 27 58	15 17 22	12 09 59	29 16 35	4 09 14	20 21 20	19 13 37	22 45 13	21 19 59
26 M	8 50 59	13 ♈ 09 42	20 18 14	15 47 10	29 56 05	0 ♊ 00 14	15 35 43	12 27 21	29 08 32	4 07 38	20 18 50	19 15 29	22 46 31	21 20 40
27 Tu	9 49 59	27 23 04	4 ♉ 25 48	17 21 25	1 ♋ 06 36	0 32 24	15 54 10	12 44 51	29 00 22	4 06 08	20 16 23	19 17 20	22 47 49	21 21 19
28 W	10 50 03	11 ♉ 25 37	18 22 10	18 56 13	2 18 16	1 05 28	16 13 44	13 03 32	28 53 09	4 05 47	20 15 00	19 20 11	22 50 10	21 22 60
29 Th	11 51 56	25 17 32	2 ♊ 07 52	20 32 18	3 31 50	1 40 11	16 35 10	13 24 07	28 47 37	4 07 19	20 15 29	19 24 47	22 54 19	21 26 26
30 F	12 55 59	8 ♊ 59 08	15 43 16	22 10 04	4 47 39	2 16 55	16 58 48	13 46 57	28 44 07	4 11 05	20 18 07	19 31 28	23 00 36	21 31 59
31 Sa	14 02 05	22 30 21	29 08 17	23 49 21	6 05 33	2 55 30	17 24 30	14 11 54	28 42 32	4 16 58	20 22 49	19 40 06	23 08 53	21 39 30

Notes

LONGITUDE — November 1964

Day	☉	0 hr ☽	Noon ☽	☿	♀	♂	⚵	⚳	♃	♄	⚷	♅	♆	♇
1 Su	15 ♌ 09 40	5 ♋ 50 37	12 ♋ 22 16	25 ♌ 29 40	7 ♋ 25 02	3 ♊ 35 25	17 ♍ 51 44	14 ♎ 38 27	28 ♒ 42 20	4 ♐ 24 24	20 ♐ 29 01	19 ♊ 50 10	23 ♌ 18 39	21 ♊ 48 28
2 M	16 17 56	18 58 54	25 24 09	27 10 12	8 45 15	4 15 50	18 19 42	15 05 46	28 42 43	4 32 35	20 35 56	20 00 51	23 29 03	21 58 03
3 Tu	17 25 59	1 ♌ 54 04	8 ♌ 12 49	28 50 04	10 05 20	4 55 53	18 47 30	15 32 57	28 42 47	4 40 38	20 42 38	20 11 14	23 39 13	22 07 22
4 W	18 33 00	14 35 10	20 47 29	0 ♍ 28 26	11 24 26	5 34 42	19 14 17	15 59 10	28 41 43	4 47 43	20 48 20	20 20 30	23 48 19	22 15 35
5 Th	19 38 23	27 01 52	3 ♍ 08 06	2 04 43	12 41 57	6 11 42	19 39 28	16 23 50	28 38 56	4 53 14	20 52 24	20 28 03	23 55 45	22 22 06
6 F	20 41 49	9 ♍ 14 45	15 15 37	3 38 38	13 57 34	6 46 35	20 02 44	16 46 38	28 34 07	4 56 53	20 54 33	20 33 36	24 01 13	22 26 37
7 Sa	21 43 19	21 15 27	27 12 04	5 10 10	15 11 20	7 19 22	20 24 07	17 07 36	28 27 19	4 58 41	20 54 49	20 37 08	24 04 43	22 29 10
8 Su	22 43 14	3 ♎ 06 44	9 ♎ 00 38	6 39 41	16 23 33	7 50 22	20 43 57	17 27 02	28 18 51	4 58 57	20 53 30	20 39 01	24 06 36	22 30 04
9 M	23 42 05	14 52 25	20 45 29	8 07 42	17 34 47	8 20 08	21 02 45	17 45 31	28 09 17	4 58 16	20 51 10	20 39 46	24 07 25	22 29 51
10 Tu	24 40 35	26 37 08	2 ♏ 31 36	9 34 53	18 45 42	8 49 21	21 21 14	18 03 42	27 59 18	4 57 18	20 48 29	20 40 05	24 07 51	22 29 14
11 W	25 39 25	8 ♏ 26 09	14 24 28	11 01 57	19 57 01	9 18 43	21 40 05	18 22 18	27 49 37	4 56 44	20 46 11	20 40 40	24 08 35	22 28 53
12 Th	26 39 11	20 25 02	26 29 46	12 29 26	21 09 17	9 48 49	21 59 54	18 41 53	27 40 50	4 57 11	20 44 50	20 42 06	24 10 13	22 29 25
13 F	27 40 15	2 ♐ 39 19	8 ♐ 52 56	13 57 44	22 22 57	10 20 04	22 21 04	19 02 53	27 33 20	4 59 02	20 44 50	20 44 48	24 13 09	22 31 14
14 Sa	28 42 47	15 13 60	21 38 45	15 26 57	23 38 06	10 52 34	22 43 43	19 25 23	27 27 16	5 02 25	20 46 20	20 48 52	24 17 31	22 34 26
15 Su	29 46 37	28 13 08	4 ♑ 50 41	16 56 51	24 54 36	11 26 09	23 07 41	19 49 16	27 22 29	5 07 10	20 49 09	20 54 10	24 23 08	22 38 53
16 M	0 ♍ 51 18	11 ♑ 39 14	18 30 23	18 26 59	26 12 00	12 00 25	23 32 33	20 14 04	27 18 34	5 12 52	20 52 51	21 00 15	24 29 36	22 44 08
17 Tu	1 56 15	25 32 44	2 ♒ 37 07	19 56 41	27 29 43	12 34 45	23 57 43	20 39 12	27 14 54	5 18 55	20 56 52	21 06 31	24 36 18	22 49 37
18 W	3 00 49	9 ♒ 51 37	17 07 32	21 25 14	28 47 06	13 08 30	24 22 31	21 04 01	27 10 52	5 24 39	21 00 31	21 12 21	24 42 36	22 54 39
19 Th	4 04 28	24 31 15	1 ♓ 55 43	22 52 00	0 ♌ 03 35	13 41 06	24 46 25	21 27 58	27 05 54	5 29 32	21 03 17	21 17 10	24 47 56	22 58 42
20 F	5 06 50	9 ♓ 24 50	16 53 56	24 16 34	1 18 51	14 12 14	25 09 04	21 50 42	26 59 42	5 33 13	21 04 49	21 20 38	24 51 59	23 01 26
21 Sa	6 07 53	24 24 13	1 ♈ 53 42	25 38 44	2 32 49	14 41 50	25 30 25	22 12 10	26 52 11	5 35 40	21 05 03	21 22 43	24 54 40	23 02 47
22 Su	7 07 51	9 ♈ 21 10	16 47 01	26 58 37	3 45 46	15 10 08	25 50 42	22 32 37	26 43 37	5 37 06	21 04 14	21 23 38	24 56 14	23 02 60
23 M	8 07 11	24 08 28	1 ♉ 27 28	28 16 31	4 58 06	15 37 35	26 10 23	22 52 29	26 34 27	5 37 59	21 02 49	21 23 50	24 57 09	23 02 32
24 Tu	9 06 26	8 ♉ 40 44	15 50 42	29 32 48	6 10 23	16 04 43	26 29 60	23 12 19	26 25 14	5 38 51	21 01 21	21 23 53	24 57 56	23 01 55
25 W	10 06 07	22 54 40	29 54 31	0 ♎ 47 45	7 23 08	16 32 03	26 50 03	23 32 37	26 16 29	5 40 12	21 00 19	21 24 16	24 59 07	23 01 40
26 Th	11 06 34	6 ♊ 48 55	13 ♊ 38 27	2 01 30	8 36 41	16 59 55	27 10 54	23 53 45	26 08 34	5 42 25	21 00 07	21 25 21	25 01 02	23 02 08
27 F	12 07 57	20 23 36	27 03 17	3 13 53	9 51 11	17 28 28	27 32 41	24 15 52	26 01 37	5 45 37	21 00 52	21 27 17	25 03 51	23 03 28
28 Sa	13 10 11	3 ♋ 39 47	10 ♋ 10 26	4 24 31	11 06 34	17 57 38	27 55 21	24 38 53	25 55 36	5 49 45	21 02 30	21 30 00	25 07 29	23 05 37
29 Su	14 13 03	16 39 01	23 01 39	5 32 48	12 22 37	18 27 11	28 18 39	25 02 34	25 50 17	5 54 35	21 04 47	21 33 15	25 11 42	23 08 19
30 M	15 16 12	29 22 60	5 ♌ 38 39	6 37 57	13 38 57	18 56 45	28 42 15	25 26 35	25 45 18	5 59 46	21 07 24	21 36 43	25 16 11	23 11 15

LONGITUDE — December 1964

Day	☉	0 hr ☽	Noon ☽	☿	♀	♂	⚵	⚳	♃	♄	⚷	♅	♆	♇
1 Tu	16 ♍ 19 16	11 ♌ 53 25	18 ♌ 03 04	7 ♎ 39 09	14 ♌ 55 15	19 ♊ 25 59	29 ♍ 05 47	25 ♎ 50 34	25 ♒ 40 21	6 ♐ 04 57	21 ♐ 09 58	21 ♊ 40 01	25 ♌ 20 33	23 ♊ 14 03
2 W	17 21 58	24 11 55	0 ♍ 16 29	8 35 31	16 11 12	19 54 35	29 28 58	26 14 14	25 35 06	6 09 50	21 12 12	21 42 53	25 24 31	23 16 26
3 Th	18 24 06	6 ♍ 20 05	12 20 27	9 26 16	17 26 36	20 22 22	29 51 36	26 37 23	25 29 23	6 14 14	21 13 55	21 45 06	25 27 53	23 18 12
4 F	19 25 37	18 19 37	24 16 39	10 10 37	18 41 24	20 49 14	0 ♎ 13 37	26 59 57	25 23 09	6 18 04	21 15 02	21 46 37	25 30 35	23 19 17
5 Sa	20 26 32	0 ♎ 12 22	6 ♎ 07 02	10 47 53	19 55 37	21 15 15	0 35 04	27 21 58	25 16 26	6 21 23	21 15 36	21 47 29	25 32 40	23 19 44
6 Su	21 26 60	12 00 28	17 53 55	11 17 24	21 09 25	21 40 32	0 56 04	27 43 35	25 09 22	6 24 21	21 15 45	21 47 49	25 34 17	23 19 40
7 M	22 27 12	23 46 29	29 40 01	11 38 31	22 22 59	22 05 17	1 16 50	28 04 59	25 02 11	6 27 07	21 15 42	21 47 49	25 35 36	23 19 19
8 Tu	23 27 22	5 ♏ 33 22	11 ♏ 28 35	11 50 33	23 36 31	22 29 42	1 37 34	28 26 23	24 55 05	6 29 55	21 15 38	21 47 42	25 36 51	23 18 51
9 W	24 27 38	17 24 34	23 23 15	11 52 52	24 50 11	22 53 56	1 58 26	28 47 56	24 48 13	6 32 54	21 15 44	21 47 38	25 38 11	23 18 28
10 Th	25 28 08	29 23 55	5 ♐ 28 06	11 44 49	26 04 05	23 18 07	2 19 32	29 09 46	24 41 43	6 36 11	21 16 06	21 47 43	25 39 43	23 18 16
11 F	26 28 53	11 ♐ 35 34	17 47 24	11 25 51	27 18 16	23 42 14	2 40 54	29 31 53	24 35 37	6 39 48	21 16 46	21 47 59	25 41 28	23 18 16
12 Sa	27 29 51	24 03 49	0 ♑ 25 26	10 55 35	28 32 41	24 06 17	3 02 30	29 54 16	24 29 52	6 43 43	21 17 41	21 48 25	25 43 25	23 18 26
13 Su	28 30 56	6 ♑ 52 46	13 26 07	10 13 58	29 47 15	24 30 08	3 24 14	0 ♏ 16 48	24 24 25	6 47 49	21 18 47	21 48 53	25 45 27	23 18 42
14 M	29 32 02	20 06 00	26 52 33	9 21 19	1 ♍ 01 50	24 53 41	3 45 59	0 39 24	24 19 07	6 52 01	21 19 56	21 49 19	25 47 29	23 18 55
15 Tu	0 ♎ 33 03	3 ♒ 46 00	10 ♒ 46 24	8 18 32	2 16 22	25 16 51	4 07 41	1 01 58	24 13 54	6 56 13	21 21 04	21 49 36	25 49 25	23 19 02
16 W	1 33 59	17 53 30	25 07 15	7 07 08	3 30 49	25 39 36	4 29 18	1 24 28	24 08 46	7 00 23	21 22 08	21 49 43	25 51 13	23 19 00
17 Th	2 34 51	2 ♓ 26 52	9 ♓ 52 04	5 49 12	4 45 14	26 01 58	4 50 52	1 46 57	24 03 44	7 04 34	21 23 12	21 49 43	25 52 56	23 18 53
18 F	3 35 46	17 21 42	24 55 03	4 27 21	5 59 43	26 24 02	5 12 29	2 09 31	23 58 55	7 08 53	21 24 22	21 49 43	25 54 41	23 18 46
19 Sa	4 36 52	2 ♈ 30 54	10 ♈ 07 60	3 04 27	7 14 24	26 45 58	5 34 18	2 32 19	23 54 28	7 13 27	21 25 45	21 49 49	25 56 36	23 18 48
20 Su	5 38 16	17 45 25	25 21 16	1 43 26	8 29 23	27 07 49	5 56 25	2 55 26	23 50 29	7 18 22	21 27 29	21 50 09	25 58 45	23 19 04
21 M	6 39 59	2 ♉ 55 20	10 ♉ 25 14	0 26 56	9 44 43	27 29 39	6 18 52	3 18 54	23 46 59	7 23 41	21 29 34	21 50 44	26 01 13	23 19 38
22 Tu	7 41 56	17 51 31	25 11 38	29 ♍ 17 11	11 00 18	27 51 21	6 41 34	3 42 38	23 43 54	7 29 18	21 31 56	21 51 30	26 03 53	23 20 23
23 W	8 43 59	2 ♊ 26 46	9 ♊ 34 36	28 15 51	12 15 59	28 12 45	7 04 20	4 06 30	23 41 05	7 35 04	21 34 26	21 52 17	26 06 36	23 21 11
24 Th	9 45 53	16 36 35	23 31 03	27 23 59	13 31 32	28 33 38	7 26 59	4 30 15	23 38 19	7 40 46	21 36 50	21 52 52	26 09 09	23 21 48
25 F	10 47 26	0 ♋ 19 15	7 ♋ 00 31	26 42 09	14 46 44	28 53 46	7 49 16	4 53 39	23 35 22	7 46 10	21 38 55	21 53 00	26 11 18	23 22 00
26 Sa	11 48 27	13 35 28	20 04 39	26 10 29	16 01 27	29 12 59	8 11 03	5 16 35	23 32 05	7 51 07	21 40 31	21 52 34	26 12 55	23 21 40
27 Su	12 48 56	26 27 42	2 ♌ 46 27	25 48 54	17 15 36	29 31 14	8 32 16	5 38 59	23 28 27	7 55 34	21 41 37	21 51 31	26 13 56	23 20 43
28 M	13 48 57	8 ♌ 59 33	15 09 46	25 37 08	18 29 18	29 48 35	8 53 01	6 00 57	23 24 32	7 59 37	21 42 17	21 49 56	26 14 28	23 19 16
29 Tu	14 48 42	21 15 04	27 18 43	25 34 49	19 42 46	0 ♋ 05 16	9 13 32	6 22 41	23 20 34	8 03 29	21 42 46	21 48 03	26 14 43	23 17 32
30 W	15 48 32	3 ♍ 18 27	9 ♍ 17 22	25 41 38	20 56 19	0 21 35	9 34 06	6 44 31	23 16 51	8 07 28	21 43 20	21 46 10	26 14 60	23 15 50
31 Th	16 48 46	15 13 35	21 09 24	25 57 10	22 10 16	0 37 51	9 55 05	7 06 47	23 13 44	8 11 56	21 44 21	21 44 37	26 15 39	23 14 29

Notes

January 1965

LONGITUDE

Day	☉	0 hr ☽	Noon ☽	☿	♀	♂	⚵	⚳	♃	♄	⚷	♅	♆	♇
1 F	17 ♎ 49 44	27 ♍ 03 59	2 ♎ 58 06	26 ♍ 21 01	23 ♍ 24 58	0 ♋ 54 23	10 ♎ 16 48	7 ♏ 29 48	23 ♒ 11 34	8 ♐ 17 11	21 ♐ 46 09	21 ♊ 43 44	26 ♌ 17 01	23 ♊ 13 51
2 Sa	18 51 39	8 ♎ 52 35	14 46 13	26 52 41	24 40 38	1 11 26	10 39 29	7 53 50	23 10 34	8 23 28	21 48 58	21 43 47	26 19 19	23 14 08
3 Su	19 54 40	20 41 50	26 36 02	27 31 36	25 57 24	1 29 06	11 03 15	8 18 57	23 10 51	8 30 54	21 52 54	21 44 51	26 22 40	23 15 29
4 M	20 58 42	2 ♏ 33 45	8 ♏ 29 30	28 17 04	27 15 12	1 47 18	11 28 03	8 45 08	23 12 22	8 39 25	21 57 55	21 46 53	26 27 02	23 17 49
5 Tu	22 03 32	14 30 03	20 28 21	29 08 14	28 33 49	2 05 49	11 53 38	9 12 08	23 14 54	8 48 48	22 03 46	21 49 40	26 32 09	23 20 55
6 W	23 08 46	26 32 22	2 ♐ 34 16	0 ♎ 04 14	29 52 50	2 24 14	12 19 38	9 39 34	23 18 03	8 58 39	22 10 05	21 52 48	26 37 39	23 24 24
7 Th	24 13 55	8 ♐ 42 25	14 49 09	1 04 04	1 ♎ 11 47	2 42 04	12 45 33	10 06 57	23 21 19	9 08 28	22 16 22	21 55 49	26 43 04	23 27 46
8 F	25 18 29	21 02 14	27 15 12	2 06 48	2 30 10	2 58 48	13 10 52	10 33 46	23 24 13	9 17 47	22 22 06	21 58 11	26 47 51	23 30 32
9 Sa	26 22 02	3 ♑ 34 14	9 ♑ 54 58	3 11 39	3 47 32	3 13 59	13 35 11	10 59 36	23 26 19	9 26 07	22 26 52	21 59 30	26 51 36	23 32 15
10 Su	27 24 18	16 21 19	22 51 26	4 18 01	5 03 39	3 27 22	13 58 13	11 24 10	23 27 22	9 33 15	22 30 25	21 59 29	26 54 04	23 32 40
11 M	28 25 17	29 26 41	6 ♒ 07 43	5 25 37	6 18 29	3 38 56	14 19 59	11 47 30	23 27 20	9 39 11	22 32 44	21 58 09	26 55 13	23 31 48
12 Tu	29 25 16	12 ♒ 53 32	19 46 39	6 34 28	7 32 20	3 48 57	14 40 44	12 09 51	23 26 32	9 44 10	22 34 06	21 55 47	26 55 21	23 29 54
13 W	0 ♏ 24 48	26 44 27	3 ♓ 50 09	7 44 54	8 45 45	3 57 57	15 01 03	12 31 46	23 25 30	9 48 45	22 35 04	21 52 55	26 55 01	23 27 32
14 Th	1 24 34	11 ♓ 00 41	18 18 27	8 57 24	9 59 25	4 06 37	15 21 35	12 53 57	23 24 55	9 53 38	22 36 19	21 50 15	26 54 54	23 25 23
15 F	2 25 17	25 41 15	3 ♈ 09 12	10 12 31	11 14 03	4 15 40	15 43 05	13 17 07	23 25 30	9 59 32	22 38 34	21 48 30	26 55 43	23 24 10
16 Sa	3 27 30	10 ♈ 42 14	18 17 05	11 30 39	12 30 12	4 25 38	16 06 05	13 41 48	23 27 48	10 06 60	22 42 23	21 48 13	26 58 01	23 24 26
17 Su	4 31 28	25 56 37	3 ♉ 33 50	12 51 56	13 48 07	4 36 44	16 30 49	14 08 16	23 32 03	10 16 16	22 47 59	21 49 38	27 02 02	23 26 26
18 M	5 37 02	11 ♉ 14 48	18 49 13	14 16 06	15 07 38	4 48 49	16 57 09	14 36 20	23 38 08	10 27 11	22 55 14	21 52 38	27 07 39	23 30 02
19 Tu	6 43 41	26 25 57	3 ♊ 52 39	15 42 33	16 28 16	5 01 23	17 24 34	15 05 31	23 45 30	10 39 14	23 03 36	21 56 40	27 14 19	23 34 41
20 W	7 50 39	11 ♊ 19 51	18 34 55	17 10 25	17 49 13	5 13 36	17 52 17	15 35 02	23 53 23	10 51 40	23 12 21	22 00 59	27 21 16	23 39 37
21 Th	8 57 04	25 48 33	2 ♋ 49 35	18 38 47	19 09 39	5 24 39	18 19 28	16 04 02	24 00 57	11 03 36	23 20 35	22 04 44	27 27 40	23 44 01
22 F	10 02 15	9 ♋ 47 22	16 33 36	20 06 52	20 28 50	5 33 46	18 45 23	16 31 48	24 07 28	11 14 21	23 27 38	22 07 11	27 32 48	23 47 09
23 Sa	11 05 45	23 15 05	29 47 10	21 34 13	21 46 22	5 40 33	19 09 37	16 57 54	24 12 31	11 23 27	23 33 02	22 07 56	27 36 13	23 48 35
24 Su	12 07 31	6 ♌ 13 29	12 ♌ 33 04	23 00 42	23 02 10	5 44 53	19 32 06	17 22 16	24 16 02	11 30 52	23 36 44	22 06 54	27 37 52	23 48 16
25 M	13 07 50	18 46 33	24 55 54	24 26 36	24 16 33	5 47 06	19 53 08	17 45 14	24 18 19	11 36 54	23 39 03	22 04 24	27 38 04	23 46 29
26 Tu	14 07 22	0 ♍ 59 36	7 ♍ 01 15	25 52 30	25 30 08	5 47 48	20 13 21	18 07 23	24 20 00	11 42 10	23 40 36	22 01 04	27 37 27	23 43 54
27 W	15 06 53	12 58 33	18 55 02	27 19 13	26 43 43	5 47 46	20 33 33	18 29 34	24 21 53	11 47 29	23 42 11	21 57 42	27 36 48	23 41 17
28 Th	16 07 15	24 49 13	0 ♎ 42 53	28 47 33	27 58 11	5 47 52	20 54 36	18 52 37	24 24 50	11 53 42	23 44 40	21 55 10	27 36 58	23 39 31
29 F	17 09 14	6 ♎ 36 58	12 29 54	0 ♏ 18 16	29 14 16	5 48 51	21 17 14	19 17 17	24 29 35	12 01 35	23 48 48	21 54 12	27 38 44	23 39 21
30 Sa	18 13 21	18 26 18	24 20 12	1 51 53	0 ♏ 32 30	5 51 13	21 42 01	19 44 07	24 36 42	12 11 39	23 55 08	21 55 22	27 42 38	23 41 20
31 Su	19 19 52	0 ♏ 20 42	6 ♏ 16 56	3 28 37	1 53 08	5 55 14	22 09 09	20 13 21	24 46 23	12 24 08	24 03 53	21 58 54	27 48 54	23 45 41

February 1965

LONGITUDE

Day	☉	0 hr ☽	Noon ☽	☿	♀	♂	⚵	⚳	♃	♄	⚷	♅	♆	♇
1 M	20 ♏ 28 36	12 ♏ 22 34	18 ♏ 22 08	5 ♏ 08 20	3 ♏ 16 01	6 ♋ 00 43	22 ♎ 38 30	20 ♏ 44 49	24 ♒ 58 30	12 ♐ 38 54	24 ♐ 14 54	22 ♊ 04 38	27 ♌ 57 22	23 ♊ 52 15
2 Tu	21 39 04	24 33 14	0 ♐ 36 52	6 50 32	4 40 39	6 07 11	23 09 35	21 18 02	25 12 34	12 55 27	24 27 42	22 12 05	28 07 33	24 00 33
3 W	22 50 27	6 ♐ 53 15	13 01 27	8 34 25	6 06 13	6 13 48	23 41 33	21 52 11	25 27 45	13 12 58	24 41 28	22 20 27	28 18 38	24 09 47
4 Th	24 01 46	19 22 34	25 35 48	10 18 58	7 31 43	6 19 34	24 13 27	22 26 17	25 43 03	13 30 27	24 55 12	22 28 43	28 29 38	24 18 56
5 F	25 11 60	2 ♑ 01 06	8 ♑ 19 50	12 03 13	8 56 09	6 23 30	24 44 15	22 59 18	25 57 29	13 46 54	25 07 55	22 35 54	28 39 33	24 27 00
6 Sa	26 20 17	14 49 01	21 13 51	13 46 17	10 18 41	6 24 44	25 13 06	23 30 25	26 10 11	14 01 28	25 18 43	22 41 09	28 47 31	24 33 09
7 Su	27 26 08	27 47 06	4 ♒ 18 52	15 27 42	11 38 46	6 22 46	25 39 29	23 59 06	26 20 38	14 13 38	25 27 08	22 43 56	28 53 01	24 36 51
8 M	28 29 29	10 ♒ 57 02	17 36 40	17 07 26	12 56 23	6 17 31	26 03 22	24 25 17	26 28 47	14 23 21	25 33 07	22 44 13	28 56 01	24 38 04
9 Tu	29 30 48	24 21 11	1 ♓ 09 40	18 45 55	14 11 59	6 09 29	26 25 11	24 49 28	26 35 06	14 31 04	25 37 05	22 42 28	28 56 58	24 37 15
10 W	0 ♐ 30 57	8 ♓ 02 20	15 00 27	20 24 04	15 26 27	5 59 32	26 45 51	25 12 30	26 40 27	14 37 41	25 39 57	22 39 34	28 56 45	24 35 18
11 Th	1 31 08	22 03 01	29 10 60	22 03 05	16 40 57	5 48 52	27 06 30	25 35 34	26 46 01	14 44 21	25 42 53	22 36 41	28 56 33	24 33 22
12 F	2 32 31	6 ♈ 24 29	13 ♈ 41 42	23 44 10	17 56 41	5 38 39	27 28 22	25 59 52	26 53 00	14 52 17	25 47 05	22 35 01	28 57 34	24 32 40
13 Sa	3 36 05	21 05 52	28 30 29	25 28 18	19 14 37	5 29 53	27 52 23	26 26 21	27 02 21	15 02 27	25 53 30	22 35 33	29 00 45	24 34 10
14 Su	4 42 20	6 ♉ 03 19	13 ♉ 32 12	27 15 59	20 35 14	5 23 04	28 19 03	26 55 31	27 14 33	15 15 19	26 02 38	22 38 45	29 06 36	24 38 21
15 M	5 51 08	21 09 54	28 38 50	29 07 09	21 58 27	5 18 05	28 48 16	27 27 16	27 29 31	15 30 48	26 14 23	22 44 31	29 15 00	24 45 06
16 Tu	7 01 49	6 ♊ 16 12	13 ♊ 40 33	1 ♐ 01 05	23 23 33	5 14 16	29 19 21	28 00 54	27 46 32	15 48 11	26 28 03	22 52 10	29 25 16	24 53 45
17 W	8 13 15	21 11 53	28 27 21	2 56 42	24 49 27	5 10 31	29 51 09	28 35 19	28 04 30	16 06 22	26 42 31	23 00 35	29 36 18	25 03 11
18 Th	9 24 12	5 ♋ 47 31	12 ♋ 50 51	4 52 45	26 14 51	5 05 35	0 ♏ 22 27	29 09 13	28 22 08	16 24 06	26 56 31	23 08 31	29 46 49	25 12 07
19 F	10 33 32	19 56 13	26 45 39	6 48 08	27 38 40	4 58 21	0 52 05	29 41 32	28 38 20	16 40 14	27 08 57	23 14 51	29 55 42	25 19 28
20 Sa	11 40 31	3 ♌ 34 30	10 ♌ 09 47	8 42 06	29 00 09	4 48 06	1 19 21	0 ♐ 11 29	28 52 21	16 54 03	27 19 04	23 18 49	0 ♍ 02 14	25 24 28
21 Su	12 44 55	16 42 20	23 04 33	10 34 27	0 ♐ 19 04	4 34 39	1 44 01	0 38 53	29 03 59	17 05 20	27 26 39	23 20 15	0 06 11	25 26 55
22 M	13 47 04	29 22 39	5 ♍ 33 46	12 25 28	1 35 45	4 18 19	2 06 24	1 04 00	29 13 31	17 14 23	27 32 00	23 19 25	0 07 51	25 27 06
23 Tu	14 47 42	11 ♍ 40 31	17 43 04	14 15 53	2 50 57	3 59 52	2 27 13	1 27 38	29 21 42	17 21 57	27 35 53	23 17 05	0 08 01	25 25 49
24 W	15 47 53	23 42 11	29 38 57	16 06 46	4 05 42	3 40 24	2 47 33	1 50 48	29 29 36	17 29 05	27 39 20	23 14 18	0 07 42	25 24 04
25 Th	16 48 44	5 ♎ 34 22	11 ♎ 28 06	17 59 11	5 21 09	3 21 05	3 08 32	2 14 39	29 38 20	17 36 55	27 43 30	23 12 13	0 08 03	25 23 02
26 F	17 51 19	17 23 35	23 16 53	19 54 09	6 38 20	3 02 58	3 31 12	2 40 13	29 48 58	17 46 30	27 49 25	23 11 52	0 10 07	25 23 44
27 Sa	18 56 24	29 15 38	5 ♏ 10 47	21 52 24	7 58 02	2 46 53	3 56 19	3 08 17	0 ♓ 02 15	17 58 37	27 57 52	23 14 03	0 14 40	25 26 56
28 Su	20 04 21	11 ♏ 15 15	17 14 05	23 54 13	9 20 37	2 33 14	4 24 17	3 39 13	0 18 35	18 13 37	28 09 13	23 19 06	0 22 05	25 33 03

Notes

LONGITUDE — March 1965

Day	☉	0 hr ☽	Noon ☽	☿	♀	♂	⚷	♆?	♃	♄	☊	♅	♆	♇
1 M	21 ♐ 15 03	23 ♏ 25 48	29 ♏ 29 42	25 ♐ 59 25	10 ♐ 45 60	2 ♋ 21 57	4 ♏ 54 58	4 ♐ 12 55	0 ♓ 37 50	18 ♐ 31 25	28 ♐ 23 23	23 ♊ 26 58	0 ♍ 32 16	25 ♊ 41 57
2 Tu	22 27 58	5 ♐ 49 11	11 ♐ 59 01	28 07 18	12 13 35	2 12 30	5 27 48	4 48 48	0 59 26	18 51 26	28 39 46	23 37 02	0 44 38	25 53 04
3 W	23 42 05	18 25 55	24 42 02	0 ♑ 16 46	13 42 24	2 03 57	6 01 49	5 25 55	1 22 24	19 12 42	28 57 23	23 48 21	0 58 13	26 05 25
4 Th	24 56 12	1 ♑ 15 16	7 ♑ 37 39	2 26 26	15 11 15	1 55 07	6 35 47	6 03 01	1 45 32	19 33 58	29 15 04	23 59 41	1 11 47	26 17 48
5 F	26 09 04	14 15 49	20 44 11	4 34 50	16 38 51	1 44 48	7 08 27	6 38 52	2 07 34	19 54 01	29 31 30	24 09 48	1 24 06	26 28 57
6 Sa	27 19 36	27 25 51	3 ♒ 59 51	6 40 42	18 04 09	1 31 58	7 38 45	7 12 23	2 27 26	20 11 45	29 45 39	24 17 38	1 34 05	26 37 49
7 Su	28 27 10	10 ♒ 44 05	17 23 27	8 43 05	19 26 29	1 16 02	8 06 02	7 42 56	2 44 29	20 26 33	29 56 52	24 22 31	1 41 07	26 43 45
8 M	29 31 40	24 09 58	0 ♓ 54 41	10 41 36	20 45 47	0 56 57	8 30 12	8 10 24	2 58 37	20 38 18	0 ♑ 05 02	24 24 23	1 45 04	26 46 38
9 Tu	0 ♑ 33 34	7 ♓ 44 03	14 34 18	12 36 23	22 02 31	0 35 13	8 51 45	8 35 17	3 10 19	20 47 29	0 10 40	24 23 41	1 46 26	26 46 59
10 W	1 33 53	21 27 47	28 23 51	14 28 03	23 17 41	0 11 55	9 11 39	8 58 35	3 20 34	20 55 07	0 14 44	24 21 27	1 46 13	26 45 46
11 Th	2 33 55	5 ♈ 23 03	12 ♈ 25 08	16 17 30	24 32 35	29 ♊ 48 22	9 31 13	9 21 35	3 30 42	21 02 28	0 18 34	24 18 59	1 45 44	26 44 19
12 F	3 35 01	19 31 26	26 39 22	18 05 38	25 48 34	29 25 60	9 51 49	9 45 39	3 42 03	21 10 55	0 23 29	24 17 38	1 46 19	26 43 58
13 Sa	4 38 17	3 ♉ 53 21	11 ♉ 06 13	19 53 05	27 06 45	29 05 56	10 14 32	10 11 54	3 55 42	21 21 33	0 30 37	24 18 29	1 49 04	26 45 50
14 Su	5 44 18	18 27 09	25 43 09	21 39 57	28 27 43	28 48 40	10 39 58	10 40 53	4 12 16	21 34 59	0 40 32	24 22 09	1 54 36	26 50 30
15 M	6 53 03	3 ♊ 08 45	10 ♊ 25 12	23 25 42	29 51 26	28 34 38	11 08 03	11 12 35	4 31 41	21 51 08	0 53 13	24 28 36	2 02 51	26 57 55
16 Tu	8 03 51	17 51 44	25 05 19	25 09 11	1 ♑ 17 13	28 22 47	11 38 09	11 46 21	4 53 19	22 09 22	1 07 59	24 37 08	2 13 10	27 07 27
17 W	9 15 36	2 ♋ 28 13	9 ♋ 35 30	26 48 48	2 43 58	28 12 11	12 09 09	12 21 02	5 16 01	22 28 33	1 23 43	24 46 41	2 24 26	27 17 58
18 Th	10 26 60	16 50 12	23 48 13	28 22 46	4 10 23	28 01 34	12 39 43	12 55 22	5 38 29	22 47 24	1 39 07	24 55 55	2 35 21	27 28 10
19 F	11 36 50	0 ♌ 50 59	7 ♌ 37 43	29 49 27	5 36 16	27 49 46	13 08 40	13 28 07	5 59 33	23 04 42	1 52 59	25 03 38	2 44 43	27 36 50
20 Sa	12 44 16	14 26 16	21 00 53	1 ♒ 07 37	6 57 46	27 35 60	13 35 09	13 58 27	6 18 19	23 19 36	2 04 29	25 09 00	2 51 41	27 43 10
21 Su	13 48 58	27 34 37	3 ♍ 57 26	2 16 34	8 17 33	27 19 56	13 58 50	14 26 03	6 34 30	23 31 47	2 13 16	25 11 41	2 55 55	27 46 47
22 M	14 51 07	10 ♍ 17 25	16 29 45	3 16 08	9 34 47	27 01 48	14 19 53	14 51 03	6 48 24	23 41 25	2 19 31	25 11 52	2 57 36	27 47 53
23 Tu	15 51 21	22 38 20	28 42 15	4 06 43	10 50 08	26 42 16	14 38 57	15 14 08	7 00 11	23 49 08	2 23 52	25 10 11	2 57 22	27 47 07
24 W	16 50 38	4 ♎ 42 41	10 ♎ 40 41	4 49 02	12 04 33	26 22 20	14 56 60	15 36 15	7 11 18	23 55 54	2 27 17	25 07 36	2 56 12	27 45 26
25 Th	17 50 04	16 36 43	22 31 30	5 24 02	13 19 08	26 03 09	15 15 07	15 58 29	7 22 41	24 02 49	2 30 52	25 05 13	2 55 10	27 43 57
26 F	18 50 41	28 26 56	4 ♏ 21 36	5 52 38	14 34 56	25 45 45	15 34 20	16 21 53	7 35 22	24 10 55	2 35 40	25 04 05	2 55 21	27 43 41
27 Sa	19 53 19	10 ♏ 19 37	16 16 06	6 15 38	15 52 45	25 30 60	15 55 30	16 47 16	7 50 11	24 21 02	2 42 29	25 05 01	2 57 32	27 45 29
28 Su	20 58 25	22 20 16	28 21 12	6 33 30	17 13 03	25 19 23	16 19 02	17 15 06	8 07 35	24 33 37	2 51 48	25 08 28	3 02 11	27 49 47
29 M	22 05 59	4 ♐ 33 20	10 ♐ 40 35	6 46 20	18 35 50	25 10 55	16 44 57	17 45 17	8 28 34	24 48 41	3 03 35	25 14 27	3 09 19	27 56 36
30 Tu	23 15 34	17 01 49	23 16 42	6 53 53	20 00 40	25 05 12	17 12 49	18 17 39	8 49 41	25 05 45	3 17 25	25 22 31	3 18 30	28 05 30
31 W	24 26 21	29 47 13	6 ♑ 10 24	6 55 34	21 26 43	25 01 24	17 41 46	18 51 05	9 13 06	25 24 01	3 32 27	25 31 50	3 28 51	28 15 37

LONGITUDE — April 1965

Day	☉	0 hr ☽	Noon ☽	☿	♀	♂	⚷	♆?	♃	♄	☊	♅	♆	♇
1 Th	25 ♑ 37 15	12 ♑ 49 26	19 ♑ 20 55	6 ♒ 50 42	22 ♑ 52 53	24 ♊ 58 27	18 ♏ 10 45	19 ♐ 24 36	9 ♓ 36 44	25 ♐ 42 22	3 ♑ 47 37	25 ♊ 41 19	3 ♍ 39 20	28 ♊ 25 54
2 F	26 47 06	26 07 02	2 ♒ 46 13	6 38 34	24 18 02	24 55 15	18 38 38	19 57 03	9 59 27	25 59 42	4 01 45	25 49 50	3 48 48	28 35 12
3 Sa	27 54 58	9 ♒ 37 34	16 23 25	6 18 48	25 41 12	24 50 50	19 04 21	20 27 29	10 20 17	26 15 01	4 13 55	25 56 25	3 56 16	28 42 32
4 Su	29 00 12	23 18 15	0 ♓ 09 30	5 51 24	27 01 47	24 44 36	19 27 24	20 55 15	10 38 36	26 27 43	4 23 28	26 00 27	4 01 09	28 47 20
5 M	0 ♒ 02 43	7 ♓ 06 26	14 01 53	5 16 60	28 19 38	24 36 29	19 47 37	21 20 16	10 54 17	26 37 41	4 30 19	26 01 49	4 03 18	28 49 26
6 Tu	1 02 52	21 00 09	27 58 47	4 36 47	29 35 10	24 26 44	20 05 23	21 42 54	11 07 44	26 45 18	4 34 49	26 00 55	4 03 07	28 49 14
7 W	2 01 31	4 ♈ 58 21	11 ♈ 59 25	3 52 27	0 ♒ 49 12	24 16 22	20 21 32	22 03 60	11 19 46	26 51 23	4 37 50	25 58 35	4 01 27	28 47 36
8 Th	2 59 45	19 00 46	26 03 44	3 06 01	2 02 51	24 06 24	20 37 10	22 24 38	11 31 30	26 57 04	4 40 27	25 55 54	3 59 23	28 45 35
9 F	3 58 42	3 ♉ 07 28	10 ♉ 11 49	2 19 30	3 17 13	23 57 58	20 53 24	22 45 57	11 44 02	27 03 26	4 43 47	25 54 00	3 58 03	28 44 11
10 Sa	4 59 16	17 18 18	24 23 23	1 34 43	4 33 15	23 52 01	21 11 10	23 08 52	11 58 18	27 11 26	4 48 46	25 53 49	3 58 22	28 44 49
11 Su	6 01 58	1 ♊ 32 18	8 ♊ 37 05	0 53 03	5 51 25	23 49 01	21 30 57	23 33 53	12 14 48	27 21 33	4 55 54	25 55 50	4 00 50	28 47 27
12 M	7 06 48	15 47 12	22 50 14	0 15 18	7 11 44	23 48 58	21 52 45	24 00 59	12 33 31	27 33 48	5 05 10	26 00 03	4 05 27	28 52 17
13 Tu	8 13 15	29 59 26	6 ♋ 58 57	29 ♑ 41 42	8 33 32	23 51 22	22 16 05	24 29 41	12 53 58	27 47 39	5 16 05	26 05 59	4 11 43	28 58 48
14 W	9 20 31	14 ♋ 04 29	20 58 31	29 12 03	9 56 29	23 55 23	22 40 04	24 59 08	13 15 19	28 02 17	5 27 48	26 12 48	4 18 47	29 06 10
15 Th	10 27 34	27 57 27	4 ♌ 53 16	28 45 56	11 19 05	24 00 01	23 03 45	25 28 20	13 36 17	28 16 43	5 39 19	26 19 28	4 25 42	29 13 24
16 F	11 33 30	11 ♌ 34 02	18 12 07	28 22 52	12 40 35	24 04 20	23 26 11	25 56 22	13 56 43	28 29 59	5 49 44	26 25 06	4 31 29	29 19 33
17 Sa	12 37 38	24 51 04	1 ♍ 19 47	28 02 31	14 00 18	24 07 38	23 46 40	26 22 34	14 15 12	28 41 27	5 58 21	26 29 01	4 35 30	29 23 58
18 Su	13 39 39	7 ♍ 47 11	14 06 33	27 44 52	15 17 54	24 09 36	24 04 55	26 46 34	14 31 37	28 50 46	6 04 50	26 30 52	4 37 25	29 26 24
19 M	14 39 39	20 22 52	26 33 40	27 30 07	16 33 27	24 10 16	24 20 57	27 08 28	14 46 04	28 57 59	6 09 15	26 30 44	4 37 16	29 26 38
20 Tu	15 40 24	2 ♎ 40 24	8 ♎ 44 04	27 18 47	17 47 20	24 10 03	24 35 10	27 28 60	14 58 33	29 03 30	6 12 00	26 28 60	4 35 28	29 25 20
21 W	16 35 06	14 45 34	20 42 20	27 11 34	19 00 13	24 09 33	24 48 12	27 47 43	15 10 48	29 07 58	6 13 44	26 26 18	4 32 39	29 23 05
22 Th	17 32 05	26 37 10	2 ♏ 32 40	27 09 12	20 12 51	24 09 34	25 00 51	28 06 29	15 22 31	29 12 09	6 15 11	26 23 26	4 29 36	29 20 36
23 F	18 29 34	8 ♏ 26 39	14 21 44	27 12 24	21 25 60	24 10 49	25 13 50	28 25 41	15 34 48	29 16 48	6 17 09	26 21 08	4 27 04	29 18 41
24 Sa	19 28 12	20 17 43	26 14 55	27 21 41	22 40 18	24 13 56	25 27 48	28 45 58	15 48 17	29 22 33	6 20 14	26 20 03	4 25 42	29 17 57
25 Su	20 28 20	2 ♐ 15 50	8 ♐ 17 38	27 37 21	23 56 08	24 19 18	25 43 08	29 07 42	16 03 22	29 29 48	6 24 50	26 20 33	4 25 51	29 18 48
26 M	21 30 06	14 25 59	20 34 38	27 59 20	25 13 36	24 27 00	25 59 55	29 30 59	16 20 08	29 38 38	6 31 03	26 22 45	4 27 39	29 21 19
27 Tu	22 56 23	26 52 13	3 ♑ 09 33	28 27 16	26 32 28	24 36 49	26 17 55	29 55 36	16 38 39	29 48 49	6 38 39	26 26 25	4 30 51	29 25 17
28 W	23 37 20	9 ♑ 37 27	16 04 42	29 00 30	27 52 16	24 48 14	26 36 40	0 ♑ 21 03	16 57 34	29 59 52	6 47 09	26 31 04	4 34 59	29 30 12
29 Th	24 41 37	22 43 08	29 20 48	29 38 10	29 12 18	25 00 33	26 55 27	0 46 39	17 03	0 ♑ 11 06	6 55 53	26 36 02	4 39 22	29 35 24
30 F	25 45 25	6 ♒ 09 07	12 ♒ 56 53	0 ♒ 19 24	0 ♓ 31 54	25 13 04	27 13 34	1 11 40	17 36 07	0 21 49	7 04 05	26 40 33	4 43 16	29 40 10

Notes

May 1965

LONGITUDE

Day	☉	0 hr ☽	Noon ☽	☿	♀	♂	⚵	⚳	♃	♄	⚷	♅	♆	♇
1 Sa	26♒48 04	19♒53 42	26♒50 25	1♒03 24	1♓50 16	25♊25 07	27♏30 22	1♑35 29	17♓54 05	0♑31 21	7♑11 09	26♊44 02	4♍46 04	29♊43 51
2 Su	27 49 10	3♓53 49	10♓57 38	1 49 35	3 07 09	25 36 16	27 45 26	1 57 40	18 10 35	0 39 17	7 16 40	26 46 02	4 47 19	29 46 01
3 M	28 48 36	18 05 27	25 14 10	2 37 41	4 22 22	25 46 24	27 58 38	2 18 07	18 25 27	0 45 31	7 20 29	26 46 26	4 46 56	29 46 35
4 Tu	29 46 35	2♈24 15	9♈35 31	3 27 46	5 36 09	25 55 44	28 10 12	2 37 01	18 38 56	0 50 14	7 22 51	26 45 28	4 45 07	29 45 46
5 W	0♓43 34	16 46 05	23 57 43	4 20 10	6 48 58	26 04 42	28 20 35	2 54 51	18 51 30	0 53 57	7 24 13	26 43 37	4 42 21	29 44 01
6 Th	1 40 13	1♉07 23	8♉17 34	5 15 26	8 01 28	26 13 58	28 30 25	3 12 16	19 03 46	0 57 17	7 25 15	26 41 29	4 39 16	29 41 59
7 F	2 37 11	15 25 20	22 32 38	6 14 03	9 14 16	26 24 08	28 40 23	3 29 54	19 16 25	1 00 53	7 26 34	26 39 46	4 36 31	29 40 19
8 Sa	3 34 57	29 37 49	6♊41 10	7 16 27	10 27 55	26 35 43	28 50 57	3 48 17	19 29 55	1 05 15	7 28 41	26 38 56	4 34 37	29 39 32
9 Su	4 33 49	13♊43 06	20 41 42	8 22 49	11 42 39	26 48 58	29 02 24	4 07 40	19 44 35	1 10 40	7 31 54	26 39 17	4 33 51	29 39 54
10 M	5 33 46	27 39 41	4♋32 54	9 33 02	12 58 30	27 03 54	29 14 45	4 28 02	20 00 23	1 17 08	7 36 12	26 40 48	4 34 11	29 41 25
11 Tu	6 34 33	11♋26 04	18 13 20	10 46 46	14 15 12	27 20 12	29 27 42	4 49 10	20 17 04	1 24 23	7 41 18	26 43 14	4 35 24	29 43 49
12 W	7 35 45	25 00 44	1♌41 34	12 03 32	15 32 19	27 37 28	29 40 51	5 10 36	20 34 12	1 32 00	7 46 49	26 46 09	4 37 03	29 46 42
13 Th	8 36 52	8♌22 14	14 56 13	13 22 47	16 49 21	27 55 12	29 53 42	5 31 51	20 51 19	1 39 29	7 52 13	26 49 05	4 38 38	29 49 33
14 F	9 37 28	21 29 23	27 56 14	14 44 00	18 05 54	28 12 55	0♐05 48	5 52 30	21 07 57	1 46 24	7 57 06	26 51 34	4 39 45	29 51 57
15 Sa	10 37 14	4♍21 26	10♍41 08	16 06 50	19 21 37	28 30 20	0 16 51	6 12 13	21 23 47	1 52 26	8 01 08	26 53 18	4 40 04	29 53 34
16 Su	11 36 01	16 58 20	23 11 10	17 31 07	20 36 21	28 47 15	0 26 40	6 30 50	21 38 41	1 57 27	8 04 10	26 54 09	4 39 25	29 54 15
17 M	12 33 51	29 20 51	5♎27 28	18 56 48	21 50 10	29 03 43	0 35 18	6 48 24	21 52 41	2 01 26	8 06 14	26 54 07	4 37 51	29 54 03
18 Tu	13 30 55	11♎30 37	17 32 00	20 24 04	23 03 12	29 19 54	0 42 55	7 05 05	22 05 56	2 04 36	8 07 29	26 53 22	4 35 33	29 53 08
19 W	14 27 29	23 30 06	29 27 39	21 53 09	24 15 45	29 36 02	0 49 46	7 21 09	22 18 43	2 07 12	8 08 14	26 52 13	4 32 45	29 51 46
20 Th	15 23 51	5♏22 33	11♏17 58	23 24 20	25 28 07	29 52 26	0 56 11	7 36 55	22 31 20	2 09 33	8 08 45	26 50 56	4 29 48	29 50 15
21 F	16 20 21	17 11 49	23 07 05	24 57 57	26 40 37	0♋09 24	1 02 27	7 52 40	22 44 07	2 11 57	8 09 22	26 49 51	4 27 00	29 48 54
22 Sa	17 17 12	29 02 15	4♐59 34	26 34 11	27 53 28	0 27 10	1 08 48	8 08 39	22 57 16	2 14 38	8 10 18	26 49 11	4 24 34	29 47 58
23 Su	18 14 32	10♐58 25	17 00 05	28 13 11	29 06 48	0 45 52	1 15 21	8 25 00	23 10 56	2 17 45	8 11 42	26 49 05	4 22 40	29 47 34
24 M	19 12 23	23 04 59	29 13 18	29 54 57	0♈20 40	1 05 29	1 22 09	8 41 44	23 25 08	2 21 18	8 13 35	26 49 34	4 21 17	29 47 43
25 Tu	20 10 40	5♑26 25	11♑43 31	1♓39 26	1 34 58	1 25 57	1 29 05	8 58 45	23 39 47	2 25 13	8 15 52	26 50 33	4 20 22	29 48 21
26 W	21 09 12	18 06 39	24 34 20	3 26 26	2 49 32	1 47 06	1 36 00	9 15 54	23 54 44	2 29 20	8 18 23	26 51 51	4 19 44	29 49 18
27 Th	22 07 48	1♒08 48	7♒48 15	5 15 44	4 04 10	2 08 42	1 42 41	9 32 58	24 09 45	2 33 25	8 20 55	26 53 18	4 19 11	29 50 21
28 F	23 06 17	14 34 41	21 26 19	7 07 09	5 18 40	2 30 35	1 48 56	9 49 45	24 24 39	2 37 19	8 23 18	26 54 41	4 18 33	29 51 20
29 Sa	24 04 29	28 24 29	5♓27 39	9 00 31	6 32 54	2 52 34	1 54 37	10 06 08	24 39 19	2 40 52	8 25 22	26 55 52	4 17 39	29 52 05
30 Su	25 02 22	12♓36 22	19 49 24	10 55 45	7 46 50	3 14 37	1 59 40	10 22 02	24 53 39	2 44 01	8 27 05	26 56 48	4 16 28	29 52 33
31 M	25 59 57	27 06 28	4♈26 42	12 52 51	9 00 27	3 36 45	2 04 07	10 37 30	25 07 43	2 46 48	8 28 28	26 57 31	4 15 01	29 52 47

June 1965

LONGITUDE

Day	☉	0 hr ☽	Noon ☽	☿	♀	♂	⚵	⚳	♃	♄	⚷	♅	♆	♇
1 Tu	26♓57 21	11♈49 10	19♈13 15	14♓51 50	10♈13 54	3♋59 03	2♐08 04	10♑52 37	25♓21 36	2♑49 19	8♑29 38	26♊58 06	4♍13 25	29♊52 51
2 W	27 54 39	26 37 41	4♉01 57	16 52 45	11 27 15	4 21 39	2 11 36	11 07 29	25 35 25	2 51 40	8 30 41	26 58 40	4 11 45	29 52 54
3 Th	28 51 59	11♉24 53	18 45 57	18 55 38	12 40 39	4 44 37	2 14 51	11 22 13	25 49 16	2 53 59	8 31 43	26 59 20	4 10 08	29 53 02
4 F	29 49 23	26 04 16	3♊19 20	21 00 24	13 54 07	5 08 00	2 17 51	11 36 53	26 03 13	2 56 17	8 32 48	27 00 09	4 08 39	29 53 17
5 Sa	0♈46 51	10♊30 37	17 37 43	23 06 53	15 07 38	5 31 48	2 20 35	11 51 26	26 17 13	2 58 35	8 33 54	27 01 06	4 07 14	29 53 38
6 Su	1 44 18	24 40 23	1♋38 26	25 14 51	16 21 10	5 55 55	2 22 59	12 05 48	26 31 13	3 00 47	8 34 57	27 02 06	4 05 51	29 54 02
7 M	2 41 39	8♋31 44	15 20 24	27 24 02	17 34 35	6 20 16	2 24 57	12 19 54	26 45 08	3 02 48	8 35 53	27 03 05	4 04 24	29 54 22
8 Tu	3 38 49	22 04 15	28 43 48	29 34 08	18 47 50	6 44 46	2 26 25	12 33 40	26 58 53	3 04 35	8 36 36	27 03 57	4 02 49	29 54 35
9 W	4 35 48	5♌18 39	11♌49 44	1♈44 53	20 00 53	7 09 22	2 27 21	12 47 03	27 12 26	3 06 05	8 37 06	27 04 42	4 01 05	29 54 40
10 Th	5 32 37	18 16 22	24 39 47	3 56 04	21 13 47	7 34 08	2 27 47	13 00 07	27 25 50	3 07 22	8 37 24	27 05 21	3 59 13	29 54 38
11 F	6 29 25	0♍59 10	7♍15 48	6 07 31	22 26 39	7 59 10	2 27 51	13 12 58	27 39 12	3 08 31	8 37 38	27 06 03	3 57 21	29 54 37
12 Sa	7 26 19	13 28 58	19 39 42	8 19 08	23 39 38	8 24 35	2 27 40	13 25 44	27 52 41	3 09 42	8 37 56	27 06 55	3 55 38	29 54 45
13 Su	8 23 29	25 47 40	1♎53 21	10 30 47	24 52 52	8 50 35	2 27 25	13 38 36	28 06 26	3 11 05	8 38 28	27 08 07	3 54 13	29 55 12
14 M	9 21 05	7♎57 09	13 58 40	12 42 21	26 06 32	9 17 16	2 27 13	13 51 40	28 20 35	3 12 47	8 39 23	27 09 48	3 53 15	29 56 06
15 Tu	10 19 09	19 59 14	25 57 30	14 53 39	27 20 40	9 44 43	2 27 09	14 05 02	28 35 14	3 14 54	8 40 44	27 12 01	3 52 48	29 57 32
16 W	11 17 43	1♏55 50	7♏51 55	17 04 26	28 35 18	10 12 54	2 27 12	14 18 41	28 50 20	3 17 24	8 42 32	27 14 48	3 52 52	29 59 30
17 Th	12 16 40	13 49 01	19 44 06	19 14 24	29 50 17	10 41 44	2 27 16	14 32 31	29 05 49	3 20 11	8 44 40	27 18 00	3 53 20	0♋01 52
18 F	13 15 47	25 41 06	1♐36 38	21 23 08	1♉05 27	11 11 01	2 27 09	14 46 18	29 21 28	3 23 04	8 46 56	27 21 27	3 54 01	0 04 28
19 Sa	14 14 51	7♐34 48	13 32 26	23 30 14	2 20 33	11 40 29	2 26 35	14 59 49	29 37 01	3 25 48	8 49 05	27 24 53	3 54 40	0 07 02
20 Su	15 13 34	19 33 15	25 34 50	25 35 18	3 35 18	12 09 51	2 25 18	15 12 46	29 52 14	3 28 05	8 50 51	27 28 02	3 55 00	0 09 18
21 M	16 11 43	1♑40 02	7♑47 35	27 37 58	4 49 28	12 38 53	2 23 04	15 24 55	0♈06 50	3 29 42	8 51 59	27 30 39	3 54 47	0 11 00
22 Tu	17 09 08	13 59 05	20 14 43	29 37 59	6 02 53	13 07 26	2 19 44	15 36 06	0 20 41	3 30 30	8 52 21	27 32 36	3 53 52	0 12 02
23 W	18 05 50	26 34 36	3♒00 20	1♉35 18	7 15 35	13 35 30	2 15 18	15 46 21	0 33 48	3 30 29	8 51 56	27 33 52	3 52 16	0 12 22
24 Th	19 01 59	9♒30 41	16 08 14	3 30 01	8 27 43	14 03 14	2 09 55	15 55 47	0 46 20	3 29 48	8 50 55	27 34 38	3 50 07	0 12 10
25 F	19 57 52	22 50 50	29 41 23	5 22 24	9 39 35	14 30 56	2 03 55	16 04 44	0 58 35	3 28 47	8 49 36	27 35 12	3 47 45	0 11 46
26 Sa	20 53 56	6♓37 25	13♓41 13	7 12 49	10 51 37	14 59 03	1 57 41	16 13 36	1 10 58	3 27 50	8 48 24	27 35 59	3 45 35	0 11 33
27 Su	21 50 37	20 50 50	28 06 58	9 01 43	12 04 14	15 27 59	1 51 41	16 22 50	1 23 56	3 27 23	8 47 45	27 37 26	3 44 03	0 11 58
28 M	22 48 15	5♈28 54	12♈55 04	10 49 25	13 17 48	15 58 06	1 46 17	16 32 46	1 37 50	3 27 48	8 48 01	27 39 52	3 43 30	0 13 23
29 Tu	23 47 01	20 26 30	27 59 06	12 36 05	14 32 29	16 29 34	1 41 37	16 43 34	1 52 49	3 29 15	8 49 21	27 43 30	3 44 07	0 15 58
30 W	24 46 49	5♉35 49	13♉10 18	14 21 37	15 48 12	17 02 17	1 37 37	16 55 09	2 08 49	3 31 38	8 51 41	27 48 12	3 45 48	0 19 37

Notes

LONGITUDE — July 1965

Day	☉	0 hr ☽	Noon ☽	☿	♀	♂	⚵	⚳	♃	♄	⚷	♅	♆	♇
1 Th	25♈47 20	20♉47 11	28♉18 45	16♉05 41	17♉04 37	17♋35 56	1♐33 58	17♑07 10	2♈25 29	3♑34 39	8♑54 40	27♊53 40	3♍48 13	0♋23 60
2 F	26 48 02	5♊50 39	13♊14 59	17 47 46	18 21 12	18 09 58	1 30 07	17 19 07	2 42 18	3 37 44	8 57 47	27 59 22	3 50 51	0 28 36
3 Sa	27 48 19	20 37 28	27 51 22	19 27 15	19 37 22	18 43 47	1 25 31	17 30 23	2 58 41	3 40 20	9 00 27	28 04 42	3 53 07	0 32 49
4 Su	28 47 43	5♋01 26	12♋03 03	21 03 38	20 52 37	19 16 55	1 19 40	17 40 29	3 14 08	3 41 56	9 02 10	28 09 12	3 54 31	0 36 11
5 M	29 45 55	18 59 18	25 48 12	22 36 37	22 06 39	19 49 04	1 12 16	17 49 08	3 28 21	3 42 15	9 02 39	28 12 32	3 54 45	0 38 23
6 Tu	0♉42 55	2♌30 42	9♌07 29	24 06 10	23 19 28	20 20 11	1 03 19	17 56 16	3 41 19	3 41 16	9 01 53	28 14 43	3 53 49	0 39 25
7 W	1 38 58	15 37 32	22 03 32	25 32 32	24 31 20	20 50 34	0 53 06	18 02 12	3 53 18	3 39 14	9 00 07	28 16 00	3 51 59	0 39 31
8 Th	2 34 34	28 23 10	4♍40 05	26 56 10	25 42 43	21 20 39	0 42 04	18 07 23	4 04 46	3 36 40	8 57 51	28 16 53	3 49 42	0 39 12
9 F	3 30 19	10♍51 41	17 01 19	28 17 40	26 54 14	21 51 05	0 30 52	18 12 25	4 16 22	3 34 09	8 55 41	28 17 56	3 47 37	0 39 04
10 Sa	4 26 51	23 07 18	29 11 23	29 37 36	28 06 30	22 22 28	0 20 08	18 17 56	4 28 41	3 32 19	8 54 15	28 19 49	3 46 20	0 39 43
11 Su	5 24 41	5♎13 55	11♎13 60	0♊56 27	29 20 03	22 55 20	0 10 22	18 24 28	4 42 15	3 31 42	8 54 04	28 23 03	3 46 24	0 41 43
12 M	6 24 10	17 14 51	23 12 14	2 14 32	0♊35 14	23 30 01	0 01 57	18 32 20	4 57 25	3 32 38	8 55 29	28 27 57	3 48 08	0 45 23
13 Tu	7 25 24	29 12 45	5♏08 34	3 31 53	1 52 09	24 06 37	29♏54 59	18 41 40	5 14 18	3 35 13	8 58 36	28 34 40	3 51 39	0 50 50
14 W	8 28 14	11♏09 37	17 04 52	4 48 17	3 10 37	24 44 59	29 49 19	18 52 15	5 32 42	3 39 18	9 03 15	28 42 59	3 56 47	0 57 53
15 Th	9 32 15	23 06 58	29 02 34	6 03 14	4 30 15	25 24 40	29 44 32	19 03 43	5 52 13	3 44 28	9 09 01	28 52 31	4 03 07	1 06 08
16 F	10 36 49	5♐06 02	11♐02 57	7 16 02	5 50 24	26 05 05	29 40 02	19 15 24	6 12 15	3 50 05	9 15 18	29 02 39	4 10 02	1 14 58
17 Sa	11 41 14	17 08 05	23 07 23	8 25 53	7 10 22	26 45 29	29 35 05	19 26 36	6 32 02	3 55 27	9 21 22	29 12 38	4 16 49	1 23 38
18 Su	12 44 46	29 14 38	5♑17 37	9 31 58	8 29 25	27 25 09	29 28 60	19 36 35	6 50 53	3 59 50	9 26 29	29 21 46	4 22 44	1 31 27
19 M	13 46 49	11♑27 47	17 35 56	10 33 35	9 46 58	28 03 30	29 21 11	19 44 46	7 08 11	4 02 38	9 30 04	29 29 27	4 27 12	1 37 48
20 Tu	14 47 05	23 50 18	0♒05 22	11 30 17	11 02 41	28 40 11	29 11 20	19 50 48	7 23 37	4 03 32	9 31 48	29 35 22	4 29 54	1 42 21
21 W	15 45 32	6♒25 44	12 49 33	12 21 56	12 16 33	29 15 12	28 59 25	19 54 41	7 37 10	4 02 32	9 31 40	29 39 29	4 30 47	1 45 07
22 Th	16 42 32	19 18 11	25 52 38	13 08 46	13 28 57	29 48 55	28 45 51	19 56 45	7 49 11	3 59 58	9 30 01	29 42 10	4 30 15	1 46 26
23 F	17 38 45	2♓31 57	9♓18 39	13 51 18	14 40 31	0♌21 59	28 31 18	19 57 42	8 00 21	3 56 32	9 27 32	29 44 06	4 28 58	1 46 59
24 Sa	18 35 06	16 10 54	23 10 50	14 30 18	15 52 11	0 55 19	28 16 40	19 58 24	8 11 33	3 53 07	9 25 06	29 46 10	4 27 49	1 47 40
25 Su	19 32 30	0♈17 31	7♈30 40	15 06 30	17 04 51	1 29 50	28 02 53	19 59 47	8 23 43	3 50 39	9 23 39	29 49 18	4 27 43	1 49 23
26 M	20 31 41	14 51 52	22 16 53	15 40 30	18 19 17	2 06 17	27 50 44	20 02 36	8 37 36	3 49 52	9 23 57	29 54 14	4 29 26	1 52 55
27 Tu	21 33 03	29 50 47	7♉24 37	16 12 31	19 35 51	2 45 02	27 40 37	20 07 14	8 53 34	3 51 11	9 26 22	0♋01 22	4 33 21	1 58 37
28 W	22 36 29	15♉07 20	22 45 32	16 42 16	20 54 27	3 26 00	27 32 27	20 13 34	9 11 32	3 54 28	9 30 48	0 10 36	4 39 22	2 06 25
29 Th	23 41 26	0♊31 27	8♊08 38	17 08 59	22 14 31	4 08 36	27 25 39	20 21 02	9 30 54	3 59 09	9 36 40	0 21 20	4 46 54	2 15 42
30 F	24 46 55	15 51 20	23 22 09	17 31 34	23 35 06	4 51 53	27 19 18	20 28 41	9 50 44	4 04 18	9 43 02	0 32 38	4 54 60	2 25 33
31 Sa	25 51 53	0♋55 36	8♋15 41	17 48 47	24 55 07	5 34 46	27 12 21	20 35 26	10 09 57	4 08 51	9 48 49	0 43 27	5 02 36	2 34 53

LONGITUDE — August 1965

Day	☉	0 hr ☽	Noon ☽	☿	♀	♂	⚵	⚳	♃	♄	⚷	♅	♆	♇
1 Su	26♉55 25	15♋35 20	22♋41 51	17♊59 34	26♊13 39	6♌16 21	27♏03 54	20♑40 23	10♈27 39	4♑11 52	9♑53 07	0♋52 49	5♍08 47	2♋42 48
2 M	27 56 57	29 45 12	6♌37 07	18 03 13	27 30 09	6 56 03	26 53 24	20 42 58	10 43 15	4 12 48	9 55 23	1 00 13	5 12 59	2 48 43
3 Tu	28 56 25	13♌23 50	20 01 33	17 59 35	28 44 33	7 33 49	26 40 48	20 43 06	10 56 42	4 11 35	9 55 31	1 05 34	5 15 09	2 52 34
4 W	29 54 12	26 33 03	2♍58 06	17 49 00	29 57 12	8 10 01	26 26 30	20 41 11	11 08 22	4 08 36	9 53 55	1 09 14	5 15 39	2 54 45
5 Th	0♊51 03	9♍17 01	15 31 32	17 32 13	1♋08 54	8 45 25	26 11 17	20 37 59	11 19 01	4 04 37	9 51 21	1 12 00	5 15 15	2 56 00
6 F	1 47 58	21 41 08	27 47 31	17 10 17	2 20 36	9 20 59	25 56 09	20 34 27	11 29 37	4 00 36	9 48 47	1 14 50	5 14 56	2 57 19
7 Sa	2 45 55	3♎51 11	9♎51 47	16 44 18	3 33 18	9 57 42	25 42 04	20 31 35	11 41 09	3 57 33	9 47 12	1 18 43	5 15 40	2 59 40
8 Su	3 45 46	15 52 39	21 49 37	16 15 21	4 47 50	10 36 25	25 29 56	20 30 15	11 54 29	3 56 18	9 47 28	1 24 29	5 18 18	3 03 55
9 M	4 48 03	27 50 15	3♏45 25	15 44 19	6 04 46	11 17 42	25 20 18	20 30 58	12 10 09	3 57 26	9 50 08	1 32 43	5 23 24	3 10 36
10 Tu	5 52 59	9♏47 41	15 42 35	15 11 49	7 24 16	12 01 43	25 13 23	20 33 58	12 28 21	4 01 07	9 55 22	1 43 35	5 31 10	3 19 56
11 W	7 00 19	21 47 35	27 43 21	14 38 08	8 46 09	12 48 15	25 08 58	20 39 00	12 48 51	4 07 08	10 02 59	1 56 52	5 41 21	3 31 40
12 Th	8 09 28	3♐51 31	9♐49 04	14 03 20	10 09 47	13 36 43	25 06 29	20 45 28	13 11 03	4 14 54	10 12 21	2 11 58	5 53 22	3 45 12
13 F	9 19 32	16 00 15	22 00 18	13 27 15	11 34 16	14 26 11	25 05 01	20 52 29	13 34 03	4 23 30	10 22 35	2 27 59	6 06 18	3 59 39
14 Sa	10 29 28	28 14 08	4♑17 18	12 49 40	12 58 33	15 15 36	25 03 33	20 58 59	13 56 47	4 31 53	10 32 37	2 43 51	6 19 07	4 13 57
15 Su	11 38 12	10♑33 22	16 40 21	12 10 26	14 21 36	16 03 56	25 01 02	21 03 55	14 18 13	4 38 60	10 41 25	2 58 31	6 30 44	4 27 03
16 M	12 44 52	22 58 35	29 10 15	11 29 40	15 42 31	16 50 18	24 56 37	21 06 26	14 37 27	4 43 59	10 48 05	3 11 07	6 40 19	4 38 04
17 Tu	13 48 58	5♒31 04	11♒48 32	10 47 50	17 00 47	17 34 11	24 49 48	21 05 60	14 53 59	4 46 18	10 52 08	3 21 08	6 47 19	4 46 30
18 W	14 50 26	18 13 08	24 37 43	10 05 51	18 16 22	18 15 31	24 40 32	21 02 33	15 07 45	4 45 56	10 53 30	3 28 30	6 51 41	4 52 17
19 Th	15 49 41	1♓07 58	7♓41 14	9 25 08	19 29 41	18 54 44	24 29 16	20 56 33	15 19 11	4 43 17	10 52 36	3 33 40	6 53 52	4 55 51
20 F	16 47 37	14 19 34	21 03 01	8 47 28	20 41 36	19 32 43	24 16 52	20 48 51	15 29 09	4 39 13	10 50 19	3 37 28	6 54 43	4 58 04
21 Sa	17 45 22	27 52 02	4♈46 56	8 14 50	21 53 17	20 10 37	24 04 32	20 40 38	15 38 49	4 34 56	10 47 48	3 41 06	6 55 24	5 00 05
22 Su	18 44 11	11♈48 49	18 55 44	7 49 12	23 05 57	20 49 40	23 53 29	20 33 07	15 49 24	4 31 38	10 46 18	3 45 46	6 57 09	5 03 09
23 M	19 45 06	26 11 37	3♉30 01	7 32 15	24 20 39	21 30 53	23 44 47	20 27 21	16 01 55	4 30 21	10 46 50	3 52 31	7 00 59	5 08 17
24 Tu	20 48 40	10♉59 14	18 27 08	7 25 04	25 37 57	22 14 52	23 39 01	20 23 54	16 16 58	4 31 41	10 49 59	4 01 55	7 07 29	5 16 04
25 W	21 54 54	26 06 51	3♊40 40	7 28 04	26 57 50	23 01 35	23 36 10	20 22 47	16 34 31	4 35 36	10 55 45	4 13 56	7 16 39	5 26 29
26 Th	23 03 07	11♊25 59	19 00 53	7 40 53	28 19 39	23 50 23	23 35 37	20 23 20	16 53 55	4 41 28	11 03 27	4 27 57	7 27 49	5 38 52
27 F	24 12 13	26 45 29	4♋16 10	8 02 35	29 42 16	24 40 09	23 36 14	20 24 27	17 14 03	4 48 09	11 11 58	4 42 49	7 39 51	5 52 06
28 Sa	25 20 52	11♋53 32	19 15 10	8 31 57	1♌04 23	25 29 33	23 36 43	20 24 49	17 33 35	4 54 20	11 20 01	4 57 13	7 51 27	6 04 53
29 Su	26 27 54	26 39 52	3♌48 54	9 07 49	2 24 48	26 17 26	23 35 54	20 23 17	17 51 22	4 58 52	11 26 25	5 09 60	8 01 27	6 16 02
30 M	27 32 34	10♌57 27	17 52 02	9 49 20	3 42 47	27 03 01	23 33 03	20 19 06	18 06 37	5 00 59	11 30 23	5 20 23	8 09 05	6 24 47
31 Tu	28 34 39	24 43 16	1♍23 13	10 36 08	4 58 07	27 46 06	23 27 58	20 12 03	18 19 08	5 00 28	11 31 45	5 28 10	8 14 08	6 30 56

Notes

September 1965 — LONGITUDE

Day	☉	0 hr ☽	Noon ☽	☿	♀	♂	⚵	⚳	♃	♄	⚷	♅	♆	♇
1 W	29 ♊ 34 32	7 ♍ 58 02	14 ♍ 24 32	11 ♊ 28 22	6 ♌ 11 10	28 ♌ 27 04	23 ♏ 21 02	20 ♑ 02 32	18 ♈ 29 17	4 ♑ 57 43	11 ♑ 30 51	5 ♋ 33 44	8 ♍ 16 59	6 ♋ 34 52
2 Th	0 ♋ 33 01	20 45 24	27 00 28	12 26 33	7 22 45	29 06 43	23 13 03	19 51 23	18 37 54	4 53 33	11 28 33	5 37 53	8 18 27	6 37 24
3 F	1 31 13	3 ♎ 10 49	9 ♎ 16 58	13 31 24	8 33 58	29 46 10	23 05 09	19 39 43	18 46 04	4 49 03	11 25 55	5 41 44	8 19 38	6 39 36
4 Sa	2 30 16	15 20 34	21 20 27	14 43 41	9 45 58	0 ♍ 26 33	22 58 28	19 28 40	18 54 56	4 45 22	11 24 06	5 46 25	8 21 41	6 42 39
5 Su	3 31 10	27 20 55	3 ♏ 17 06	16 03 55	10 59 44	1 08 51	22 54 00	19 19 15	19 05 29	4 43 31	11 24 06	5 52 55	8 25 35	6 47 31
6 M	4 34 37	9 ♏ 17 35	15 12 22	17 32 18	12 15 58	1 53 47	22 52 28	19 12 10	19 18 25	4 44 11	11 26 37	6 01 57	8 32 02	6 54 55
7 Tu	5 40 52	21 15 16	27 10 37	19 08 36	13 34 55	2 41 35	22 54 07	19 07 42	19 33 60	4 47 37	11 31 54	6 13 46	8 41 18	7 05 05
8 W	6 49 44	3 ♐ 17 29	9 ♐ 14 57	20 52 03	14 56 25	3 32 05	22 58 46	19 05 40	19 52 01	4 53 39	11 39 46	6 28 10	8 53 10	7 17 51
9 Th	8 00 36	15 26 29	21 27 11	22 41 31	16 19 48	4 24 38	23 05 47	19 05 27	20 11 51	5 01 40	11 49 36	6 44 31	9 07 02	7 32 35
10 F	9 12 29	27 43 22	3 ♑ 48 02	24 35 30	17 44 08	5 18 17	23 14 13	19 06 06	20 32 33	5 10 40	12 00 25	7 01 53	9 21 55	7 48 19
11 Sa	10 24 15	10 ♑ 08 19	16 17 24	26 32 19	19 08 15	6 11 54	23 22 56	19 06 29	20 52 57	5 19 33	12 11 06	7 19 06	9 36 42	8 03 54
12 Su	11 34 47	22 40 59	28 54 46	28 30 20	20 31 03	7 04 19	23 30 47	19 05 30	21 11 56	5 27 09	12 20 29	7 35 02	9 50 13	8 18 12
13 M	12 43 07	5 ♒ 20 56	11 ♒ 39 41	0 ♋ 28 09	21 51 33	7 54 37	23 36 50	19 02 12	21 28 32	5 32 33	12 27 40	7 48 45	10 01 33	8 30 17
14 Tu	13 48 42	18 08 10	24 32 13	2 24 47	23 09 13	8 42 13	23 40 32	18 56 01	21 42 12	5 35 11	12 32 03	7 59 41	10 10 07	8 39 35
15 W	14 51 27	1 ♓ 03 23	7 ♓ 33 17	4 19 43	24 23 56	9 27 03	23 41 46	18 46 55	21 52 51	5 34 57	12 33 34	8 07 43	10 15 50	8 45 60
16 Th	15 51 46	14 08 13	20 44 46	6 13 03	25 36 08	10 09 31	23 40 58	18 35 18	22 00 52	5 32 17	12 32 38	8 13 18	10 19 07	8 49 57
17 F	16 50 32	27 25 12	4 ♈ 09 19	8 05 20	26 46 40	10 50 29	23 39 00	18 22 03	22 07 08	5 28 03	12 30 06	8 17 17	10 20 50	8 52 18
18 Sa	17 48 54	10 ♈ 57 21	17 49 54	9 57 27	27 56 43	11 31 06	23 37 02	18 08 20	22 12 49	5 23 25	12 27 08	8 20 49	10 22 08	8 54 14
19 Su	18 48 06	24 47 31	1 ♉ 49 04	11 50 24	29 07 29	12 12 37	23 36 17	17 55 25	22 19 08	5 19 35	12 24 59	8 25 09	10 24 16	8 56 56
20 M	19 49 10	8 ♉ 57 33	16 07 57	13 45 03	0 ♍ 20 02	12 56 05	23 37 48	17 44 21	22 27 07	5 17 38	12 24 40	8 31 19	10 28 16	9 01 29
21 Tu	20 52 44	23 27 17	0 ♊ 45 21	15 41 50	1 34 59	13 42 05	23 42 12	17 35 46	22 37 24	5 18 11	12 26 49	8 39 55	10 34 44	9 08 29
22 W	21 58 50	8 ♊ 13 49	15 37 09	17 40 39	2 52 21	14 30 41	23 49 31	17 29 42	22 49 60	5 21 15	12 31 28	8 51 01	10 43 43	9 17 58
23 Th	23 06 54	23 11 10	0 ♋ 36 15	19 40 51	4 11 35	15 21 18	23 59 12	17 25 37	23 04 21	5 26 16	12 38 03	9 04 01	10 54 40	9 29 23
24 F	24 15 54	8 ♋ 10 52	15 33 30	21 41 18	5 31 39	16 12 55	24 10 13	17 22 31	23 19 28	5 32 16	12 45 34	9 17 56	11 06 32	9 41 42
25 Sa	25 24 39	23 03 13	0 ♌ 19 12	23 40 44	6 51 20	17 04 20	24 21 21	17 19 12	23 34 05	5 37 59	12 52 48	9 31 32	11 18 08	9 53 42
26 Su	26 31 59	7 ♌ 38 59	14 44 52	25 37 58	8 09 31	17 54 24	24 31 29	17 14 32	23 47 06	5 42 18	12 58 36	9 43 40	11 28 18	10 04 15
27 M	27 37 08	21 51 02	28 44 34	27 32 10	9 25 24	18 42 21	24 39 49	17 07 46	23 57 43	5 44 28	13 02 12	9 53 35	11 36 18	10 12 35
28 Tu	28 39 49	5 ♍ 35 17	12 ♍ 15 39	29 23 02	10 38 43	19 27 53	24 46 04	16 58 38	24 05 39	5 44 11	13 03 19	10 00 60	11 41 48	10 18 25
29 W	29 40 15	18 51 01	25 18 40	1 ♌ 10 46	11 49 40	20 11 14	24 50 27	16 47 22	24 11 08	5 41 40	13 02 11	10 06 07	11 45 03	10 21 57
30 Th	0 ♌ 39 06	1 ♎ 40 21	7 ♎ 56 46	2 56 01	12 58 54	20 53 03	24 53 39	16 34 39	24 14 50	5 37 36	12 59 27	10 09 35	11 46 43	10 23 52

October 1965 — LONGITUDE

Day	☉	0 hr ☽	Noon ☽	☿	♀	♂	⚵	⚳	♃	♄	⚷	♅	♆	♇
1 F	1 ♌ 37 17	14 ♎ 07 30	20 ♎ 14 50	4 ♌ 39 43	14 ♍ 07 22	21 ♍ 34 16	24 ♏ 56 33	16 ♑ 21 24	24 ♈ 17 39	5 ♑ 32 53	12 ♑ 56 02	10 ♋ 12 22	11 ♍ 47 42	10 ♋ 25 05
2 Sa	2 35 49	26 18 01	2 ♏ 18 45	6 22 52	15 16 03	22 15 52	25 00 11	16 08 39	24 20 35	5 28 33	12 52 58	10 15 26	11 49 01	10 26 36
3 Su	3 35 37	8 ♏ 17 54	14 14 41	8 06 23	16 25 53	22 58 48	25 05 26	15 57 19	24 24 35	5 25 30	12 51 08	10 19 43	11 51 35	10 29 20
4 M	4 37 20	20 13 04	26 08 26	9 50 57	17 37 30	23 43 42	25 12 60	15 48 05	24 30 17	5 24 24	12 51 14	10 25 52	11 56 05	10 33 58
5 Tu	5 41 17	2 ♐ 08 48	8 ♐ 05 06	11 36 53	18 51 13	24 30 54	25 23 09	15 41 17	24 38 00	5 25 35	12 53 34	10 34 13	12 02 47	10 40 46
6 W	6 47 23	14 09 34	20 08 48	13 24 07	20 06 57	25 20 18	25 35 49	15 36 50	24 47 39	5 28 56	12 58 02	10 44 40	12 11 38	10 49 42
7 Th	7 55 11	26 18 42	2 ♑ 22 26	15 12 21	21 24 14	26 11 26	25 50 32	15 34 16	24 58 46	5 34 02	13 04 11	10 56 45	12 22 09	11 00 16
8 F	9 03 54	8 ♑ 38 22	14 47 44	17 00 25	22 42 19	27 03 33	26 06 32	15 32 52	25 10 37	5 40 05	13 11 17	11 09 43	12 33 36	11 11 43
9 Sa	10 12 40	21 09 40	27 25 17	18 47 50	24 00 17	27 55 45	26 22 54	15 31 44	25 22 15	5 46 13	13 18 23	11 22 39	12 45 03	11 23 10
10 Su	11 20 31	3 ♒ 52 42	10 ♒ 14 47	20 33 35	25 17 12	28 47 05	26 38 43	15 29 55	25 32 46	5 51 29	13 24 36	11 34 39	12 55 35	11 33 39
11 M	12 26 42	16 46 57	23 15 22	22 16 53	26 32 18	29 36 49	26 53 12	15 26 41	25 41 23	5 55 07	13 29 08	11 44 54	13 04 27	11 42 26
12 Tu	13 30 45	29 51 34	6 ♓ 26 02	23 57 19	27 45 07	0 ♎ 24 27	27 05 53	15 21 34	25 47 38	5 56 40	13 31 32	11 52 58	13 11 09	11 49 02
13 W	14 32 34	13 ♓ 05 48	19 45 56	25 34 45	28 55 31	1 09 53	27 16 40	15 14 28	25 51 25	5 56 00	13 31 41	11 58 44	13 15 35	11 53 20
14 Th	15 32 27	26 29 14	3 ♈ 14 45	27 09 32	0 ♎ 03 50	1 53 25	27 25 49	15 05 41	25 53 02	5 53 27	13 29 53	12 02 30	13 18 04	11 55 39
15 F	16 31 02	10 ♈ 02 01	16 52 45	28 42 20	1 10 41	2 35 42	27 33 59	14 55 54	25 53 06	5 49 39	13 26 48	12 04 55	13 19 14	11 56 36
16 Sa	17 29 11	23 44 42	0 ♉ 40 33	0 ♍ 13 59	2 16 56	3 17 36	27 42 03	14 45 57	25 52 32	5 45 28	13 23 16	12 06 50	13 19 56	11 57 05
17 Su	18 27 49	7 ♉ 38 02	14 38 52	1 45 27	3 23 30	4 00 02	27 50 55	14 36 47	25 52 12	5 41 48	13 20 14	12 09 10	13 21 07	11 58 00
18 M	19 27 43	21 42 22	28 47 46	3 17 30	4 31 09	4 43 45	28 01 21	14 29 10	25 52 53	5 39 27	13 18 27	12 12 42	13 23 31	12 00 07
19 Tu	20 29 20	5 ♊ 57 10	13 ♊ 06 16	4 50 36	5 40 21	5 29 14	28 13 47	14 23 33	25 55 02	5 38 52	13 18 23	12 17 53	13 27 37	12 03 54
20 W	21 32 43	20 20 26	27 31 46	6 24 48	6 51 07	6 16 32	28 28 18	14 20 01	25 58 44	5 40 06	13 20 05	12 24 46	13 33 27	12 09 23
21 Th	22 37 31	4 ♋ 48 33	11 ♋ 59 59	7 59 45	8 03 07	7 05 16	28 44 31	14 18 12	26 03 35	5 42 47	13 23 12	12 32 59	13 40 40	12 16 13
22 F	23 43 03	19 16 21	26 25 22	9 34 47	9 15 40	7 54 47	29 01 46	14 17 26	26 08 57	5 46 15	13 27 03	12 41 52	13 48 36	12 23 45
23 Sa	24 48 30	3 ♌ 37 50	10 ♌ 41 42	11 09 05	10 27 57	8 44 16	29 19 14	14 16 56	26 13 59	5 49 43	13 30 50	12 50 37	13 56 26	12 31 08
24 Su	25 53 08	17 46 54	24 43 12	12 41 52	11 39 12	9 32 58	29 36 09	14 15 55	26 17 58	5 52 24	13 33 47	12 58 28	14 03 25	12 37 39
25 M	26 56 23	1 ♍ 38 24	8 ♍ 25 17	14 12 37	12 48 53	10 20 20	29 51 59	14 13 52	26 20 20	5 53 47	13 35 23	13 04 53	14 09 00	12 42 44
26 Tu	27 58 01	15 08 49	21 45 18	15 41 02	13 56 44	11 06 08	0 ♐ 06 30	14 10 32	26 20 51	5 53 36	13 35 22	13 09 36	14 12 57	12 46 08
27 W	28 58 07	28 16 42	4 ♎ 42 42	17 07 12	15 02 50	11 50 25	0 19 44	14 06 00	26 19 36	5 51 57	13 33 50	13 12 44	14 15 20	12 47 57
28 Th	29 57 02	11 ♎ 02 41	17 18 56	18 31 27	16 07 32	12 33 35	0 32 05	14 00 39	26 16 56	5 49 11	13 31 08	13 14 37	14 16 30	12 48 32
29 F	0 ♍ 55 17	23 29 08	29 37 05	19 54 16	17 11 21	13 16 07	0 44 02	13 54 59	26 13 23	5 45 50	13 27 48	13 15 47	14 17 01	12 48 26
30 Sa	1 53 30	5 ♏ 39 49	11 ♏ 41 25	21 16 12	18 14 54	13 58 40	0 56 14	13 49 37	26 09 34	5 42 31	13 24 26	13 16 50	14 17 27	12 48 13
31 Su	2 52 14	17 39 24	23 36 55	22 37 48	19 18 43	14 41 45	1 09 11	13 45 08	26 06 02	5 39 47	13 21 36	13 18 20	14 18 23	12 48 28

Notes

LONGITUDE November 1965

Day	☉	0 hr ☽	Noon ☽	☿	♀	♂	⚵	⚳	♃	♄	⚷	♅	♆	♇
1 M	3 ♍ 51 54	29 ♏ 32 56	5 ♐ 28 48	23 ♍ 59 24	20 ♎ 23 13	15 ♎ 25 49	1 ♐ 23 21	13 ♑ 41 56	26 ♈ 03 12	5 ♑ 38 03	13 ♑ 19 43	13 ♋ 20 42	14 ♍ 20 14	12 ♋ 49 36
2 Tu	4 52 44	11 ♐ 25 33	17 22 14	25 21 11	21 28 37	16 11 06	1 38 56	13 40 14	26 01 20	5 37 33	13 19 01	13 24 10	14 23 13	12 51 51
3 W	5 54 44	23 22 07	29 21 57	26 43 03	22 34 56	16 57 34	1 55 56	13 40 04	26 00 23	5 38 18	13 19 31	13 28 44	14 27 21	12 55 13
4 Th	6 57 41	5 ♑ 26 59	11 ♑ 32 04	28 04 41	23 41 55	17 45 03	2 14 09	13 41 13	26 00 11	5 40 05	13 20 59	13 34 12	14 32 26	12 59 29
5 F	8 01 13	17 43 49	23 55 50	29 25 39	24 49 13	18 33 08	2 33 11	13 43 18	26 00 22	5 42 32	13 23 04	13 40 11	14 38 03	13 04 17
6 Sa	9 04 53	0 ♒ 15 20	6 ♒ 35 32	0 ♎ 45 19	25 56 21	19 21 24	2 52 36	13 45 51	26 00 26	5 45 11	13 25 18	13 46 13	14 43 48	13 09 10
7 Su	10 08 14	13 03 14	19 32 16	2 03 07	27 02 51	20 09 22	3 11 55	13 48 26	25 59 59	5 47 34	13 27 14	13 51 52	14 49 11	13 13 40
8 M	11 10 52	26 08 10	2 ♓ 46 03	3 18 28	28 08 20	20 56 40	3 30 46	13 50 40	25 58 36	5 49 21	13 28 29	13 56 44	14 53 50	13 17 25
9 Tu	12 12 34	9 ♓ 29 38	16 15 47	4 30 59	29 12 34	21 43 04	3 48 55	13 52 19	25 56 05	5 50 16	13 28 50	14 00 37	14 57 33	13 20 10
10 W	13 13 19	23 06 10	29 59 31	5 40 23	0 ♏ 15 30	22 28 33	4 06 20	13 53 20	25 52 23	5 50 17	13 28 14	14 03 27	15 00 16	13 21 55
11 Th	14 13 15	6 ♈ 55 32	13 ♈ 54 39	6 46 32	1 17 16	23 13 13	4 23 08	13 53 52	25 47 39	5 49 34	13 26 50	14 05 23	15 02 07	13 22 47
12 F	15 12 38	20 55 04	27 58 19	7 49 28	2 18 08	23 57 24	4 39 37	13 54 13	25 42 11	5 48 23	13 24 55	14 06 43	15 03 25	13 23 03
13 Sa	16 11 51	5 ♉ 01 53	12 ♉ 07 41	8 49 10	3 18 28	24 41 26	4 56 09	13 54 43	25 36 20	5 47 06	13 22 52	14 07 49	15 04 30	13 23 06
14 Su	17 11 15	19 13 10	26 20 01	9 45 38	4 18 37	25 25 41	5 13 04	13 55 44	25 30 27	5 46 05	13 21 00	14 09 00	15 05 45	13 23 16
15 M	18 11 06	3 ♊ 26 18	10 ♊ 32 54	10 38 41	5 18 49	26 10 24	5 30 39	13 57 32	25 24 49	5 45 35	13 19 37	14 10 34	15 07 24	13 23 49
16 Tu	19 11 31	17 38 53	24 44 03	11 27 57	6 19 11	26 55 43	5 48 60	14 00 13	25 19 34	5 45 43	13 18 50	14 12 37	15 09 36	13 24 53
17 W	20 12 29	1 ♋ 48 36	8 ♋ 51 18	12 12 53	7 19 42	27 41 37	6 08 06	14 03 48	25 14 40	5 46 30	13 18 37	14 15 09	15 12 20	13 26 26
18 Th	21 13 52	15 53 14	22 52 27	12 52 42	8 20 11	28 27 57	6 27 48	14 08 06	25 09 58	5 47 45	13 18 49	14 18 00	15 15 25	13 28 20
19 F	22 15 25	29 50 33	6 ♌ 45 17	13 26 33	9 20 25	29 14 30	6 47 53	14 12 54	25 05 16	5 49 15	13 19 14	14 20 58	15 18 39	13 30 22
20 Sa	23 16 56	13 ♌ 38 20	20 27 36	13 53 29	10 20 09	0 ♏ 01 02	7 08 08	14 17 59	25 00 21	5 50 48	13 19 38	14 23 49	15 21 49	13 32 18
21 Su	24 18 16	27 14 30	3 ♍ 57 23	14 12 34	11 19 13	0 47 24	7 28 22	14 23 11	24 55 02	5 52 13	13 19 52	14 26 23	15 24 45	13 33 58
22 M	25 19 18	10 ♍ 37 12	17 12 59	14 22 59	12 17 31	1 33 31	7 48 31	14 28 26	24 49 17	5 53 27	13 19 52	14 28 35	15 27 23	13 35 18
23 Tu	26 20 05	23 45 08	0 ♎ 13 20	14 23 57	13 15 03	2 19 25	8 08 36	14 33 44	24 43 06	5 54 30	13 19 37	14 30 28	15 29 43	13 36 19
24 W	27 20 42	6 ♎ 37 36	12 58 08	14 14 54	14 11 53	3 05 09	8 28 42	14 39 11	24 36 35	5 55 28	13 19 14	14 32 06	15 31 51	13 37 07
25 Th	28 21 15	19 14 45	25 27 57	13 55 20	15 08 07	3 50 52	8 48 55	14 44 53	24 29 51	5 56 27	13 18 50	14 33 36	15 33 54	13 37 48
26 F	29 21 51	1 ♏ 37 36	7 ♏ 44 13	13 25 00	16 03 51	4 36 41	9 09 23	14 50 57	24 23 02	5 57 34	13 18 31	14 35 05	15 35 59	13 38 30
27 Sa	0 ♎ 22 35	13 47 59	19 49 17	12 43 54	16 59 08	5 22 39	9 30 10	14 57 27	24 16 12	5 58 55	13 18 22	14 36 38	15 38 10	13 39 16
28 Su	1 23 28	25 48 36	1 ♐ 46 11	11 52 19	17 53 56	6 08 47	9 51 17	15 04 24	24 09 22	6 00 30	13 18 25	14 38 15	15 40 28	13 40 08
29 M	2 24 27	7 ♐ 42 49	13 38 37	10 51 00	18 48 12	6 55 03	10 12 40	15 11 45	24 02 30	6 02 15	13 18 35	14 39 54	15 42 50	13 41 03
30 Tu	3 25 26	19 34 32	25 30 46	9 41 09	19 41 49	7 41 21	10 34 13	15 19 23	23 55 31	6 04 06	13 18 48	14 41 29	15 45 11	13 41 54

LONGITUDE December 1965

Day	☉	0 hr ☽	Noon ☽	☿	♀	♂	⚵	⚳	♃	♄	⚷	♅	♆	♇
1 W	4 ♎ 26 17	1 ♑ 28 08	7 ♑ 27 08	8 ♎ 24 28	20 ♏ 34 38	8 ♏ 27 34	10 ♐ 55 50	15 ♑ 27 13	23 ♈ 48 17	6 ♑ 05 55	13 ♑ 18 56	14 ♋ 42 52	15 ♍ 47 23	13 ♋ 42 36
2 Th	5 26 56	13 28 12	19 32 19	7 03 11	21 26 30	9 13 35	11 17 25	15 35 06	23 40 44	6 07 36	13 18 54	14 43 59	15 49 21	13 43 03
3 F	6 27 19	25 39 23	1 ♒ 50 51	5 39 53	22 17 23	9 59 22	11 38 54	15 43 02	23 32 48	6 09 07	13 18 39	14 44 45	15 51 01	13 43 10
4 Sa	7 27 28	8 ♒ 06 04	14 26 52	4 17 26	23 07 15	10 44 58	12 00 19	15 51 00	23 24 33	6 10 29	13 18 13	14 45 14	15 52 26	13 43 01
5 Su	8 27 31	20 52 05	27 23 42	2 58 41	23 56 12	11 30 28	12 21 47	15 59 09	23 16 05	6 11 51	13 17 42	14 45 32	15 53 44	13 42 43
6 M	9 27 39	4 ♓ 00 17	10 ♓ 43 28	1 46 19	24 44 25	12 16 06	12 43 31	16 07 40	23 07 38	6 13 22	13 17 20	14 45 52	15 55 05	13 42 28
7 Tu	10 28 06	17 31 60	24 26 38	0 42 36	25 32 04	13 02 04	13 05 44	16 16 46	22 59 24	6 15 18	13 17 19	14 46 26	15 56 44	13 42 29
8 W	11 29 05	1 ♈ 26 43	8 ♈ 31 41	29 ♍ 49 16	26 19 20	13 48 35	13 28 37	16 26 40	22 51 38	6 17 51	13 17 53	14 47 29	15 58 52	13 42 59
9 Th	12 30 44	15 41 47	22 54 58	29 07 24	27 06 19	14 35 48	13 52 20	16 37 29	22 44 27	6 21 09	13 19 09	14 49 06	16 01 39	13 44 06
10 F	13 33 02	0 ♉ 12 32	7 ♉ 30 59	28 37 27	27 52 59	15 23 41	14 16 51	16 49 13	22 37 50	6 25 10	13 21 06	14 51 19	16 05 04	13 45 49
11 Sa	14 35 50	14 52 38	22 12 60	28 19 17	28 39 06	16 12 05	14 42 00	17 01 42	22 31 40	6 29 46	13 23 35	14 53 57	16 08 55	13 47 58
12 Su	15 38 48	29 35 02	6 ♊ 53 59	28 12 14	29 24 21	17 00 41	15 07 29	17 14 36	22 25 36	6 34 38	13 26 17	14 56 41	16 12 56	13 50 16
13 M	16 41 35	14 ♊ 12 53	21 27 33	28 15 23	0 ♐ 08 18	17 49 06	15 32 55	17 27 33	22 19 18	6 39 23	13 28 50	14 59 09	16 16 43	13 52 18
14 Tu	17 43 48	28 40 27	5 ♋ 48 45	28 27 38	0 50 32	18 36 59	15 57 56	17 40 11	22 12 23	6 43 39	13 30 52	15 00 59	16 19 55	13 53 44
15 W	18 45 13	12 ♋ 53 44	19 54 27	28 47 57	1 30 46	19 24 05	16 22 17	17 52 15	22 04 38	6 47 11	13 32 08	15 01 57	16 22 16	13 54 19
16 Th	19 45 46	26 50 38	3 ♌ 43 17	29 15 25	2 08 55	20 10 20	16 45 54	18 03 41	21 55 58	6 49 56	13 32 34	15 01 58	16 23 44	13 53 59
17 F	20 45 37	10 ♌ 30 41	17 15 22	29 49 24	2 45 05	20 55 55	17 08 59	18 14 39	21 46 35	6 52 03	13 32 20	15 01 13	16 24 28	13 52 54
18 Sa	21 45 08	23 54 39	0 ♍ 31 49	0 ♎ 29 29	3 19 34	21 41 11	17 31 51	18 25 31	21 36 51	6 53 55	13 31 49	15 00 03	16 24 49	13 51 26
19 Su	22 44 47	7 ♍ 03 60	13 34 13	1 15 24	3 52 48	22 26 36	17 54 59	18 36 45	21 27 14	6 56 01	13 31 29	14 58 58	16 25 17	13 50 03
20 M	23 45 06	20 00 24	26 24 17	2 07 01	4 25 15	23 12 41	18 18 56	18 48 51	21 18 16	6 58 50	13 31 50	14 58 27	16 26 22	13 49 17
21 Tu	24 46 30	2 ♎ 45 27	9 ♎ 03 29	3 04 11	4 57 18	23 59 54	18 44 06	19 02 17	21 10 24	7 02 50	13 33 20	14 58 58	16 28 31	13 49 34
22 W	25 49 17	15 20 26	21 33 05	4 06 38	5 29 10	24 48 31	19 10 47	19 17 19	21 03 55	7 08 17	13 36 15	15 00 48	16 32 01	13 51 12
23 Th	26 53 31	27 46 17	3 ♏ 54 00	5 13 58	6 00 52	25 38 36	19 39 03	19 34 01	20 58 55	7 15 16	13 40 40	15 04 02	16 36 57	13 54 14
24 F	27 59 03	10 ♏ 03 49	16 07 08	6 25 38	6 32 11	26 29 60	20 08 46	19 52 14	20 55 15	7 23 38	13 46 25	15 08 29	16 43 09	13 58 31
25 Sa	29 05 29	22 13 47	28 13 24	7 40 52	7 02 40	27 22 20	20 39 31	20 11 34	20 52 31	7 32 60	13 53 08	15 13 47	16 50 14	14 03 41
26 Su	0 ♏ 12 18	4 ♐ 17 11	10 ♐ 14 05	8 58 49	7 31 42	28 15 04	21 10 46	20 31 30	20 50 12	7 42 48	14 00 17	15 19 24	16 57 39	14 09 11
27 M	1 18 51	16 15 29	22 10 58	10 18 34	7 58 36	29 07 33	21 41 53	20 51 22	20 47 40	7 52 26	14 07 12	15 24 42	17 04 48	14 14 23
28 Tu	2 24 33	28 10 51	4 ♑ 06 31	11 39 18	8 22 41	29 59 12	22 12 17	21 10 36	20 44 20	8 01 18	14 13 19	15 29 04	17 11 04	14 18 41
29 W	3 28 54	10 ♑ 06 11	16 03 60	13 00 19	8 43 26	0 ♐ 49 32	22 41 29	21 28 41	20 39 45	8 08 54	14 18 09	15 32 03	17 15 58	14 21 38
30 Th	4 31 41	22 05 18	28 07 27	14 21 13	9 00 32	1 38 20	23 09 14	21 45 25	20 33 39	8 15 01	14 21 28	15 33 25	17 19 17	14 22 58
31 F	5 32 57	4 ♒ 12 45	10 ♒ 21 37	15 41 52	9 13 57	2 25 37	23 35 36	22 00 49	20 26 07	8 19 42	14 23 19	15 33 12	17 21 02	14 22 45

Notes

January 1966 — LONGITUDE

Day	☉	0 hr ☽	Noon ☽	☿	♀	♂	⚵	⚳	♃	♄	⚷	♅	♆	♇
1 Sa	6 ♏ 33 02	16 ♒ 33 41	22 ♒ 51 40	17 ♎ 02 31	9 ♐ 23 59	3 ♐ 11 44	24 ♐ 00 54	22 ♑ 15 14	20 ♈ 17 29	8 ♑ 23 17	14 ♑ 24 02	15 ♋ 31 45	17 ♍ 21 36	14 ♋ 21 20
2 Su	7 32 33	29 13 25	5 ♓ 42 44	18 23 38	9 31 11	3 57 19	24 25 46	22 29 17	20 08 22	8 26 22	14 24 14	15 29 41	17 21 35	14 19 19
3 M	8 32 16	12 ♓ 16 59	18 59 21	19 45 55	9 36 15	4 43 07	24 50 58	22 43 43	19 59 34	8 29 45	14 24 41	15 27 46	17 21 44	14 17 28
4 Tu	9 32 59	25 48 14	2 ♈ 44 32	21 10 04	9 39 56	5 29 57	25 17 17	22 59 21	19 51 52	8 34 12	14 26 12	15 26 48	17 22 53	14 16 36
5 W	10 35 21	9 ♈ 49 01	16 58 57	22 36 40	9 42 51	6 18 26	25 45 22	23 16 49	19 45 55	8 40 23	14 29 24	15 27 25	17 25 38	14 17 21
6 Th	11 39 43	24 18 20	1 ♉ 40 03	24 06 01	9 45 17	7 08 56	26 15 35	23 36 27	19 42 05	8 48 39	14 34 40	15 30 00	17 30 23	14 20 04
7 F	12 46 01	9 ♉ 11 38	16 41 46	25 37 58	9 47 09	8 01 23	26 47 50	23 58 12	19 40 18	8 58 55	14 41 54	15 34 27	17 37 02	14 24 42
8 Sa	13 53 44	24 21 01	1 ♊ 54 59	27 12 01	9 47 55	8 55 17	27 21 38	24 21 33	19 40 03	9 10 40	14 50 36	15 40 17	17 45 04	14 30 43
9 Su	15 02 01	9 ♊ 36 07	17 08 49	28 47 14	9 46 44	9 49 45	27 56 07	24 45 37	19 40 30	9 23 04	14 59 55	15 46 38	17 53 40	14 37 16
10 M	16 09 52	24 45 49	2 ♋ 12 33	0 ♏ 22 38	9 42 37	10 43 48	28 30 16	25 09 26	19 40 38	9 35 07	15 08 51	15 52 29	18 01 48	14 43 22
11 Tu	17 16 23	9 ♋ 40 16	16 57 26	1 57 15	9 34 39	11 36 32	29 03 13	25 32 05	19 39 35	9 45 53	15 16 30	15 56 58	18 08 34	14 48 07
12 W	18 20 59	24 12 26	1 ♌ 17 57	3 30 32	9 22 19	12 27 22	29 34 21	25 52 59	19 36 45	9 54 49	15 22 17	15 59 28	18 13 24	14 50 54
13 Th	19 23 34	8 ♌ 18 46	15 11 59	5 02 19	9 05 32	13 16 11	0 ♑ 03 34	26 12 01	19 32 02	10 01 48	15 26 05	15 59 55	18 16 10	14 51 39
14 F	20 24 30	21 59 01	28 40 30	6 32 59	8 44 45	14 03 21	0 31 15	26 29 33	19 25 48	10 07 11	15 28 16	15 58 38	18 17 16	14 50 42
15 Sa	21 24 32	5 ♍ 15 28	11 ♍ 46 30	8 03 18	8 20 49	14 49 39	0 58 08	26 46 20	19 18 50	10 11 45	15 29 36	15 56 25	18 17 27	14 48 50
16 Su	22 24 40	18 11 56	24 34 10	9 34 15	7 54 49	15 36 03	1 25 15	27 03 24	19 12 07	10 16 29	15 31 05	15 54 16	18 17 42	14 47 03
17 M	23 25 55	0 ♎ 52 46	7 ♎ 07 53	11 06 51	7 27 54	16 23 35	1 53 35	27 21 43	19 06 41	10 22 24	15 33 44	15 53 11	18 19 02	14 46 22
18 Tu	24 29 09	13 22 10	19 31 42	12 41 58	7 01 05	17 13 07	2 24 00	27 42 11	19 03 25	10 30 22	15 38 25	15 54 02	18 22 21	14 47 38
19 W	25 34 56	25 43 37	1 ♏ 48 50	14 20 11	6 35 05	18 05 12	2 57 05	28 05 20	19 02 51	10 40 56	15 45 41	15 57 23	18 28 10	14 51 26
20 Th	26 43 24	7 ♏ 59 40	14 01 34	16 01 39	6 10 13	19 00 00	3 32 58	28 31 20	19 05 09	10 54 17	15 55 41	16 03 24	18 36 40	14 57 54
21 F	27 54 19	20 11 55	26 11 15	17 46 06	5 46 25	19 57 14	4 11 23	28 59 55	19 10 04	11 10 07	16 08 10	16 11 48	18 47 35	15 06 47
22 Sa	29 06 59	2 ♐ 21 10	8 ♐ 18 35	19 32 54	5 23 15	20 56 16	4 51 41	29 30 25	19 16 56	11 27 47	16 22 29	16 21 56	19 00 14	15 17 25
23 Su	0 ♐ 20 29	14 27 43	20 23 51	21 21 07	4 59 60	21 56 07	5 32 56	0 ♒ 01 53	19 24 49	11 46 21	16 37 40	16 32 52	19 13 42	15 28 52
24 M	1 33 43	26 31 49	2 ♑ 27 27	23 09 41	4 35 48	22 55 44	6 14 00	0 33 13	19 32 38	12 04 44	16 52 38	16 43 30	19 26 52	15 40 03
25 Tu	2 45 38	8 ♑ 34 04	14 30 12	24 57 33	4 09 52	23 54 02	6 53 53	1 03 24	19 39 20	12 21 51	17 06 20	16 52 47	19 38 43	15 49 54
26 W	3 55 24	20 35 49	26 33 47	26 43 54	3 41 36	24 50 12	7 31 42	1 31 34	19 44 05	12 36 53	17 17 56	16 59 53	19 48 24	15 57 35
27 Th	5 02 30	2 ♒ 39 25	8 ♒ 40 56	28 28 15	3 10 46	25 43 44	8 06 60	1 57 13	19 46 23	12 49 21	17 26 56	17 04 19	19 55 25	16 02 37
28 F	6 06 56	14 48 26	20 55 32	0 ♐ 10 35	2 37 35	26 34 35	8 39 43	2 20 20	19 46 13	12 59 11	17 33 18	17 06 03	19 59 44	16 04 57
29 Sa	7 09 08	27 07 31	3 ♓ 22 31	1 51 21	2 02 46	27 23 13	9 10 17	2 41 21	19 44 01	13 06 51	17 37 29	17 05 30	20 01 48	16 05 03
30 Su	8 09 56	9 ♓ 42 14	16 07 31	3 31 26	1 27 24	28 10 29	9 39 36	3 01 06	19 40 38	13 13 13	17 40 20	17 03 34	20 02 28	16 03 46
31 M	9 10 29	22 38 28	29 16 18	5 11 59	0 52 51	28 57 31	10 08 45	3 20 45	19 37 14	13 19 23	17 42 59	17 01 21	20 02 53	16 02 14

February 1966 — LONGITUDE

Day	☉	0 hr ☽	Noon ☽	☿	♀	♂	⚵	⚳	♃	♄	⚷	♅	♆	♇
1 Tu	10 ♐ 12 00	6 ♈ 01 44	12 ♈ 53 50	6 ♐ 54 13	0 ♐ 20 33	29 ♐ 45 30	10 ♑ 38 59	3 ♒ 41 30	19 ♈ 35 00	13 ♑ 26 34	17 ♑ 46 39	17 ♋ 00 05	20 ♍ 04 14	16 ♋ 01 40
2 W	11 15 31	19 56 03	27 03 08	8 39 11	29 ♏ 51 45	0 ♑ 35 31	11 11 19	4 04 22	19 34 59	13 35 50	17 52 22	17 00 48	20 07 35	16 03 05
3 Th	12 21 40	4 ♉ 22 48	11 ♉ 44 03	10 27 31	29 27 17	1 28 10	11 46 23	4 29 60	19 37 50	13 47 47	18 00 47	17 04 08	20 13 33	16 07 09
4 F	13 30 30	19 19 31	26 52 17	12 19 18	29 07 21	2 23 30	12 24 15	4 58 26	19 43 34	14 02 30	18 11 55	17 10 08	20 22 11	16 13 53
5 Sa	14 41 26	4 ♊ 39 22	12 ♊ 19 10	14 13 56	28 51 33	3 20 58	13 04 18	5 29 06	19 51 38	14 19 21	18 25 12	17 18 14	20 32 55	16 22 44
6 Su	15 53 21	20 11 32	27 52 39	16 10 19	28 38 54	4 19 25	13 45 27	6 00 53	20 00 55	14 37 16	18 39 31	17 27 18	20 44 37	16 32 35
7 M	17 04 56	5 ♋ 42 57	13 ♋ 19 22	18 07 05	28 28 09	5 17 31	14 26 21	6 32 25	20 10 03	14 54 54	18 53 32	17 35 60	20 55 58	16 42 04
8 Tu	18 14 53	21 00 40	28 27 20	20 02 58	28 18 08	6 14 01	15 05 43	7 02 27	20 17 47	15 10 57	19 05 58	17 43 03	21 05 40	16 49 56
9 W	19 22 21	5 ♌ 54 28	13 ♌ 07 58	21 57 05	28 08 03	7 08 02	15 42 43	7 30 08	20 23 16	15 24 34	19 15 58	17 47 38	21 12 52	16 55 20
10 Th	20 27 05	20 18 15	27 17 05	23 49 09	27 57 43	7 59 19	16 17 04	7 55 11	20 26 14	15 35 31	19 23 17	17 49 27	21 17 20	16 57 59
11 F	21 29 29	4 ♍ 10 16	10 ♍ 54 38	25 39 32	27 47 33	8 48 16	16 49 11	8 18 00	20 27 04	15 44 10	19 28 17	17 48 55	21 19 26	16 58 18
12 Sa	22 30 26	17 32 30	24 03 46	27 29 03	27 38 28	9 35 47	17 19 56	8 39 30	20 26 41	15 51 26	19 31 54	17 46 57	21 20 04	16 57 11
13 Su	23 31 10	0 ♎ 29 19	6 ♎ 49 33	29 18 52	27 31 40	10 23 04	17 50 34	9 00 51	20 26 17	15 58 31	19 35 19	17 44 43	21 20 28	16 55 50
14 M	24 32 55	13 06 16	19 17 48	1 ♑ 10 09	27 28 25	11 11 22	18 22 18	9 23 21	20 27 08	16 06 40	19 39 48	17 43 31	21 21 52	16 55 31
15 Tu	25 36 46	25 29 06	1 ♏ 34 11	3 03 53	27 29 45	12 01 48	18 56 16	9 48 05	20 30 20	16 16 59	19 46 26	17 44 25	21 25 22	16 57 19
16 W	26 43 28	7 ♏ 42 55	13 43 34	5 00 40	27 36 24	12 55 04	19 33 08	10 15 44	20 36 34	16 30 11	19 55 57	17 48 09	21 31 42	17 01 57
17 Th	27 53 14	19 51 50	25 49 42	7 00 34	27 48 31	13 51 25	20 13 11	10 46 34	20 46 07	16 46 30	20 08 34	17 54 57	21 41 05	17 09 40
18 F	29 05 49	1 ♐ 58 44	7 ♐ 55 07	9 03 09	28 05 50	14 50 34	20 56 09	11 20 20	20 58 41	17 05 41	20 24 03	18 04 34	21 53 16	17 20 13
19 Sa	0 ♑ 20 29	14 05 17	20 01 09	11 07 27	28 27 33	15 51 49	21 41 17	11 56 16	21 13 35	17 26 60	20 41 39	18 16 16	22 07 32	17 32 51
20 Su	1 36 10	26 12 14	2 ♑ 08 19	13 12 10	28 52 32	16 54 05	22 27 31	12 33 20	21 29 42	17 49 22	21 00 19	18 28 59	22 22 48	17 46 32
21 M	2 51 37	8 ♑ 19 43	14 16 38	15 15 44	29 19 31	17 56 07	23 13 38	13 10 16	21 45 50	18 11 34	21 18 48	18 41 29	22 37 50	17 59 59
22 Tu	4 05 39	20 27 46	26 26 09	17 16 38	29 47 12	18 56 45	23 58 25	13 45 53	22 00 46	18 32 24	21 35 53	18 52 35	22 51 26	18 12 03
23 W	5 17 16	2 ♒ 36 45	8 ♒ 37 24	19 13 29	0 ♐ 14 34	19 54 58	24 40 53	14 19 12	22 13 31	18 50 51	21 50 37	19 01 16	23 02 37	18 21 42
24 Th	6 25 53	14 47 48	20 51 49	21 05 15	0 40 56	20 50 10	25 20 27	14 49 36	22 23 29	19 06 21	22 02 23	19 06 58	23 10 47	18 28 23
25 F	7 31 22	27 03 10	3 ♓ 11 58	22 51 21	1 06 08	21 42 16	25 56 59	15 16 58	22 30 33	19 18 46	22 11 04	19 09 33	23 15 50	18 31 58
26 Sa	8 34 08	9 ♓ 26 14	15 41 34	24 31 41	1 30 30	22 31 39	26 30 53	15 41 44	22 35 08	19 28 31	22 17 04	19 09 27	23 18 10	18 32 51
27 Su	9 35 02	22 01 32	28 25 24	26 06 32	1 54 50	23 19 10	27 03 01	16 04 44	22 38 05	19 36 27	22 21 16	19 07 30	23 18 38	18 31 54
28 M	10 35 15	4 ♈ 54 17	11 ♈ 28 47	27 36 29	2 20 13	24 05 59	27 34 33	16 27 07	22 40 33	19 43 44	22 24 48	19 04 52	23 18 24	18 30 16

Notes

LONGITUDE — March 1966

Day	☉	0 hr ☽	Noon ☽	☿	♀	♂	⚵	⚳	♃	♄	⚷	♅	♆	♇
1 Tu	11 ♑ 36 01	18 ♈ 09 51	24 ♈ 56 49	29 ♑ 02 14	2 ♐ 47 53	24 ♑ 53 23	28 ♑ 06 45	16 ♓ 50 11	22 ♈ 43 49	19 ♑ 51 38	22 ♑ 28 56	19 ♋ 02 50	23 ♍ 18 44	18 ♋ 29 15
2 W	12 38 30	1 ♉ 52 48	8 ♉ 53 26	0 ♒ 24 18	3 18 53	25 42 29	28 40 44	17 15 02	22 48 60	20 01 17	22 34 50	19 02 31	23 20 46	18 29 57
3 Th	13 43 24	16 05 46	23 20 08	1 42 50	3 53 55	26 34 01	29 17 15	17 42 25	22 56 50	20 13 24	22 43 11	19 04 40	23 25 14	18 33 07
4 F	14 50 55	0 ♊ 48 18	8 ♊ 14 52	2 57 26	4 33 04	27 28 09	29 56 28	18 12 30	23 07 30	20 28 09	22 54 12	19 09 27	23 32 19	18 38 56
5 Sa	16 00 33	15 55 57	23 31 23	4 07 04	5 15 50	28 24 25	0 ♒ 37 54	18 44 47	23 20 31	20 45 05	23 07 22	19 16 24	23 41 31	18 46 53
6 Su	17 11 19	1 ♋ 20 11	8 ♋ 59 32	5 10 16	6 01 08	29 21 49	1 20 33	19 18 18	23 34 52	21 03 11	23 21 43	19 24 29	23 51 51	18 56 00
7 M	18 21 54	16 49 16	24 26 47	6 05 17	6 47 38	0 ♒ 19 02	2 03 06	19 51 43	23 49 15	21 21 08	23 35 55	19 32 26	24 02 00	19 04 59
8 Tu	19 31 03	2 ♌ 10 25	9 ♌ 40 35	6 50 30	7 34 00	1 14 48	2 44 19	20 23 47	24 02 25	21 37 42	23 48 43	19 38 59	24 10 43	19 12 33
9 W	20 37 52	17 12 12	24 30 41	7 24 46	8 19 18	2 08 15	3 23 17	20 53 36	24 13 27	21 51 57	23 59 12	19 43 13	24 17 06	19 17 49
10 Th	21 41 59	1 ♍ 46 27	8 ♍ 50 43	7 47 31	9 03 08	2 58 59	3 59 38	21 20 48	24 22 00	22 03 32	24 07 02	19 44 47	24 20 47	19 20 24
11 F	22 43 40	15 49 17	22 38 36	7 58 59	9 45 41	3 47 16	4 33 38	21 45 38	24 28 18	22 12 42	24 12 27	19 43 56	24 22 01	19 20 35
12 Sa	23 43 38	29 20 45	5 ♎ 55 51	7 59 55	10 27 39	4 33 51	5 06 00	22 08 51	24 33 06	22 20 12	24 16 12	19 41 25	24 21 33	19 19 06
13 Su	24 42 59	12 ♎ 23 57	18 46 35	7 51 37	11 10 04	5 19 47	5 37 49	22 31 30	24 37 28	22 27 05	24 19 20	19 38 18	24 20 26	19 16 60
14 M	25 42 49	25 03 51	1 ♏ 16 20	7 35 33	11 54 01	6 06 13	6 10 13	22 54 44	24 42 32	22 34 30	24 22 60	19 35 43	24 19 49	19 15 26
15 Tu	26 44 10	7 ♏ 26 13	13 31 02	7 13 12	12 40 28	6 54 10	6 44 13	23 19 33	24 49 19	22 43 27	24 28 12	19 34 40	24 20 43	19 15 24
16 W	27 47 44	19 36 44	25 36 17	6 45 54	13 30 05	7 44 19	7 20 31	23 46 39	24 58 30	22 54 39	24 35 39	19 35 53	24 23 50	19 17 38
17 Th	28 53 48	1 ♐ 40 24	7 ♐ 36 54	6 14 43	14 23 08	8 36 57	7 59 24	24 16 20	25 10 23	23 08 22	24 45 38	19 39 38	24 29 27	19 22 23
18 F	0 ♒ 02 13	13 41 18	19 36 37	5 40 24	15 19 23	9 31 56	8 40 42	24 48 26	25 24 48	23 24 27	24 57 58	19 45 46	24 37 24	19 29 32
19 Sa	1 12 24	25 42 25	1 ♑ 38 02	5 03 24	16 18 16	10 28 41	9 23 52	25 22 23	25 41 11	23 42 20	25 12 07	19 53 43	24 47 08	19 38 29
20 Su	2 23 30	7 ♑ 45 42	13 42 46	4 23 57	17 18 53	11 26 20	10 08 01	25 57 19	25 58 40	24 01 09	25 27 12	20 02 37	24 57 47	19 48 23
21 M	3 34 30	19 52 16	25 51 37	3 42 12	18 20 10	12 23 52	10 52 09	26 32 13	26 16 15	24 19 52	25 42 12	20 11 28	25 08 20	19 58 13
22 Tu	4 44 23	2 ♒ 02 40	8 ♒ 04 58	2 58 18	19 21 05	13 20 18	11 35 15	27 06 05	26 32 54	24 37 31	25 56 08	20 19 15	25 17 46	20 06 59
23 W	5 52 20	14 17 21	20 23 09	2 12 36	20 20 48	14 14 47	12 16 30	27 38 05	26 47 49	24 53 15	26 08 08	20 25 09	25 25 17	20 13 52
24 Th	6 57 50	26 36 56	2 ♓ 46 51	1 25 40	21 18 46	15 06 48	12 55 23	28 07 42	27 00 28	25 06 33	26 17 44	20 28 39	25 30 21	20 18 20
25 F	8 00 45	9 ♓ 02 33	15 17 21	0 38 21	22 14 49	15 56 15	13 31 47	28 34 49	27 10 43	25 17 17	26 24 47	20 29 38	25 32 52	20 20 16
26 Sa	9 01 23	21 36 09	27 56 49	29 ♑ 51 51	23 09 14	16 43 24	14 05 57	28 59 43	27 18 52	25 25 45	26 29 33	20 28 23	25 33 05	20 19 58
27 Su	10 00 21	4 ♈ 20 25	10 ♈ 48 08	29 07 33	24 02 37	17 28 52	14 38 33	29 23 01	27 25 33	25 32 35	26 32 42	20 25 31	25 31 39	20 18 03
28 M	10 58 34	17 18 43	23 54 49	28 26 58	24 55 50	18 13 35	15 10 28	29 45 38	27 31 39	25 38 41	26 35 06	20 21 57	25 29 29	20 15 25
29 Tu	11 56 59	0 ♉ 34 42	7 ♉ 20 26	27 51 34	25 49 51	18 55 30	15 42 41	0 ♓ 08 31	27 38 09	25 45 00	26 37 45	20 18 40	25 27 32	20 13 04
30 W	12 56 30	14 11 36	21 07 53	27 22 36	26 45 32	19 44 30	16 16 04	0 32 34	27 45 55	25 52 26	26 41 31	20 16 32	25 26 41	20 11 50
31 Th	13 57 42	28 11 33	5 ♊ 18 36	27 00 53	27 43 26	20 32 11	16 51 13	0 58 23	27 55 32	26 01 34	26 46 60	20 16 09	25 27 33	20 12 22

LONGITUDE — April 1966

Day	☉	0 hr ☽	Noon ☽	☿	♀	♂	⚵	⚳	♃	♄	⚷	♅	♆	♇
1 F	15 ♒ 00 46	12 ♊ 34 39	19 ♊ 51 36	26 ♑ 46 44	28 ♐ 43 44	21 ♒ 21 43	17 ♒ 28 19	1 ♓ 26 07	28 ♈ 07 12	26 ♑ 12 35	26 ♑ 54 21	20 ♋ 17 42	25 ♍ 30 17	20 ♋ 14 48
2 Sa	16 05 25	27 18 16	4 ♋ 42 58	26 39 55	29 46 08	22 12 50	18 07 04	1 55 29	28 20 37	26 25 11	27 03 20	20 20 53	25 34 37	20 18 52
3 Su	17 10 57	12 ♋ 16 44	19 45 45	26 39 43	0 ♑ 49 55	23 04 50	18 46 48	2 25 50	28 35 07	26 38 15	27 13 13	20 25 03	25 39 52	20 23 53
4 M	18 16 31	27 21 48	4 ♌ 50 48	26 45 10	1 54 12	23 56 50	19 26 37	2 56 15	28 49 47	26 52 15	27 23 09	20 29 17	25 45 09	20 28 58
5 Tu	19 21 11	12 ♌ 23 41	19 48 06	26 55 14	2 58 05	24 47 57	20 05 38	3 25 51	29 03 44	27 04 56	27 32 13	20 32 42	25 49 33	20 33 14
6 W	20 24 19	27 12 46	4 ♍ 28 34	27 09 04	4 00 50	25 37 30	20 43 10	3 53 57	29 16 18	27 16 03	27 39 44	20 34 38	25 52 25	20 35 59
7 Th	21 25 34	11 ♍ 41 09	18 45 26	27 26 11	5 02 10	26 25 09	21 18 54	4 20 13	29 27 08	27 25 18	27 45 24	20 34 45	25 53 25	20 36 55
8 F	22 25 01	25 43 48	2 ♎ 35 03	27 46 26	6 02 07	27 10 60	21 52 54	4 44 46	29 36 21	27 32 46	27 49 17	20 33 08	25 52 39	20 36 06
9 Sa	23 23 06	9 ♎ 18 46	15 56 48	28 10 02	7 01 06	27 55 27	22 25 36	5 07 59	29 44 19	27 38 51	27 51 48	20 30 12	25 50 30	20 33 57
10 Su	24 20 27	22 26 58	28 52 42	28 37 25	7 59 45	28 39 10	22 57 39	5 30 31	29 51 44	27 44 13	27 53 37	20 26 37	25 47 39	20 31 08
11 M	25 17 49	5 ♏ 11 24	11 ♏ 26 34	29 09 05	8 58 47	29 22 53	23 29 46	5 53 07	29 59 17	27 49 34	27 55 25	20 23 05	25 44 48	20 28 22
12 Tu	26 15 50	17 36 26	23 43 12	29 45 31	9 58 50	0 ♓ 07 13	24 02 37	6 16 25	0 ♉ 07 39	27 55 35	27 57 55	20 20 17	25 42 38	20 26 18
13 W	27 15 00	29 47 02	5 ♐ 47 47	0 ♒ 26 58	11 00 24	0 52 42	24 36 40	6 40 55	0 17 18	28 02 45	28 01 33	20 18 43	25 41 37	20 25 27
14 Th	28 15 34	11 ♐ 48 12	17 45 19	1 13 30	12 03 42	1 39 34	25 12 11	7 06 52	0 28 29	28 11 17	28 06 36	20 18 35	25 42 00	20 26 02
15 F	29 17 29	23 44 38	29 40 20	2 04 54	13 08 40	2 27 45	25 49 07	7 34 12	0 41 10	28 21 11	28 12 59	20 19 52	25 43 46	20 28 01
16 Sa	0 ♓ 20 27	5 ♑ 40 23	11 ♑ 36 41	3 00 42	14 15 02	3 16 59	26 27 11	8 02 39	0 55 03	28 32 07	28 20 27	20 22 18	25 46 36	20 31 07
17 Su	1 24 02	17 38 50	23 37 25	4 00 18	15 22 18	4 06 48	27 05 55	8 31 45	1 09 41	28 43 39	28 28 32	20 25 24	25 50 03	20 34 52
18 M	2 27 39	29 42 39	5 ♒ 44 52	5 02 59	16 29 54	4 56 38	27 44 45	9 00 56	1 24 29	28 55 13	28 36 39	20 28 36	25 53 33	20 38 42
19 Tu	3 30 46	11 ♒ 53 47	18 00 39	6 08 02	17 37 17	5 45 57	28 23 07	9 29 38	1 38 54	29 06 15	28 44 15	20 31 21	25 56 33	20 42 05
20 W	4 32 53	24 13 39	0 ♓ 25 53	7 14 54	18 43 58	6 34 15	29 00 35	9 57 25	1 52 29	29 16 18	28 50 53	20 33 13	25 58 35	20 44 32
21 Th	5 33 45	6 ♓ 43 15	13 01 17	8 23 11	19 49 39	7 21 17	29 36 51	10 23 58	2 04 56	29 25 05	28 56 15	20 33 53	25 59 23	20 45 47
22 F	6 33 17	19 23 19	25 47 27	9 32 41	20 54 17	8 06 58	0 ♓ 11 51	10 49 14	2 16 11	29 32 30	29 00 18	20 33 17	25 58 53	20 45 46
23 Sa	7 31 38	2 ♈ 14 33	8 ♈ 45 00	10 43 29	21 57 58	8 51 26	0 45 43	11 13 21	2 26 22	29 38 43	29 03 09	20 31 35	25 57 11	20 44 36
24 Su	8 29 05	15 17 41	21 54 39	11 55 47	23 01 02	9 35 01	1 18 46	11 36 38	2 35 48	29 44 03	29 05 08	20 29 04	25 54 39	20 42 37
25 M	9 26 07	28 33 33	5 ♉ 17 14	13 09 58	24 03 54	10 18 08	1 51 26	11 59 31	2 44 56	29 48 56	29 06 41	20 26 13	25 51 42	20 40 16
26 Tu	10 23 11	12 ♉ 02 59	18 53 31	14 26 27	25 07 03	11 01 17	2 24 13	12 22 29	2 54 14	29 53 51	29 08 17	20 23 28	25 48 49	20 38 01
27 W	11 20 42	25 46 38	2 ♊ 43 06	15 45 34	26 10 52	11 44 51	2 57 30	12 45 57	3 04 06	29 59 11	29 10 20	20 21 16	25 46 23	20 36 16
28 Th	12 18 55	9 ♊ 44 33	16 48 25	17 07 32	27 15 37	12 29 06	3 31 33	13 10 08	3 14 48	0 ♒ 05 12	29 13 04	20 19 49	25 44 42	20 35 16
29 F	13 17 54	23 55 55	1 ♋ 05 26	18 32 22	28 21 21	13 14 05	4 06 25	13 35 08	3 26 22	0 11 58	29 16 35	20 19 14	25 43 48	20 35 07
30 Sa	14 17 30	8 ♋ 18 37	15 32 19	19 59 54	29 27 56	13 59 42	4 41 59	14 00 48	3 38 42	0 19 21	29 20 44	20 19 22	25 43 34	20 35 39

Notes

May 1966 — LONGITUDE

Day	☉	0 hr ☽	Noon ☽	☿	♀	♂	⚷	♆?	♃	♄	⚸	♅	♆	♇
1 Su	15 ♓ 17 28	22 ♋ 49 07	0 ♌ 04 55	21 ♒ 29 50	0 ♒ 35 05	14 ♓ 45 39	5 ♓ 17 58	14 ♓ 26 52	3 ♉ 51 30	0 ♒ 27 04	29 ♑ 25 14	20 ♋ 19 56	25 ♍ 43 42	20 ♋ 36 35
2 M	16 17 27	7 ♌ 22 35	14 37 52	23 01 47	1 42 27	15 31 35	5 54 00	14 52 58	4 04 26	0 34 46	29 29 45	20 20 35	25 43 53	20 37 36
3 Tu	17 17 06	21 53 18	29 05 12	24 35 24	2 49 42	16 17 12	6 29 47	15 18 48	4 17 09	0 42 09	29 33 57	20 21 00	25 43 49	20 38 22
4 W	18 16 14	6 ♍ 15 19	13 ♍ 21 03	26 10 28	3 56 37	17 02 14	7 05 05	15 44 07	4 29 27	0 48 57	29 37 36	20 20 58	25 43 49	20 38 39
5 Th	19 14 44	20 23 12	27 20 30	27 46 53	5 03 06	17 46 38	7 39 49	16 08 50	4 41 13	0 55 06	29 40 37	20 20 23	25 41 56	20 38 22
6 F	20 12 40	4 ♎ 12 48	11 ♎ 00 06	29 24 41	6 09 11	18 30 26	8 14 01	16 33 01	4 52 32	1 00 39	29 43 03	20 19 19	25 40 10	20 37 34
7 Sa	21 10 10	17 41 32	24 18 09	1 ♓ 04 02	7 15 02	19 13 47	8 47 51	16 56 48	5 03 30	1 05 44	29 45 04	20 17 53	25 37 59	20 36 24
8 Su	22 07 27	0 ♏ 48 41	7 ♏ 14 47	2 45 06	8 20 50	19 56 53	9 21 31	17 20 23	5 14 22	1 10 34	29 46 50	20 16 19	25 35 37	20 35 04
9 M	23 04 43	13 35 09	19 51 37	4 28 07	9 26 47	20 39 57	9 55 12	17 43 58	5 25 18	1 15 21	29 48 34	20 14 47	25 33 15	20 33 45
10 Tu	24 02 06	26 03 14	2 ♐ 11 35	6 13 14	10 33 02	21 23 06	10 29 04	18 07 43	5 36 27	1 20 13	29 50 25	20 13 29	25 31 02	20 32 38
11 W	24 59 43	8 ♐ 16 14	14 18 24	8 00 31	11 39 40	22 06 27	11 03 11	18 31 42	5 47 55	1 25 16	29 52 29	20 12 27	25 29 03	20 31 47
12 Th	25 57 33	20 18 11	26 16 21	9 50 00	12 46 40	22 49 60	11 37 34	18 55 55	5 59 42	1 30 29	29 54 44	20 11 44	25 27 19	20 31 12
13 F	26 55 33	2 ♑ 13 27	8 ♑ 09 55	11 41 37	13 53 59	23 33 41	12 12 10	19 20 19	6 11 44	1 35 50	29 57 08	20 11 15	25 25 46	20 30 51
14 Sa	27 53 38	14 06 33	20 03 34	13 35 15	15 01 31	24 17 24	12 46 52	19 44 48	6 23 55	1 41 12	29 59 36	20 10 54	25 24 19	20 30 36
15 Su	28 51 40	26 01 52	2 ♒ 01 37	15 30 48	16 09 09	25 01 03	13 21 35	20 09 17	6 36 09	1 46 30	0 ♒ 01 60	20 10 36	25 22 51	20 30 23
16 M	29 49 36	8 ♒ 03 32	14 07 55	17 28 10	17 16 50	25 44 34	13 56 13	20 33 40	6 48 22	1 51 38	0 04 16	20 10 15	25 21 18	20 30 06
17 Tu	0 ♈ 47 24	20 15 12	26 25 49	19 27 17	18 24 30	26 27 56	14 30 46	20 57 55	7 00 32	1 56 35	0 06 23	20 09 51	25 19 38	20 29 44
18 W	1 45 05	2 ♓ 39 55	8 ♓ 57 56	21 28 08	19 32 12	27 11 09	15 05 15	21 22 06	7 12 40	2 01 23	0 08 23	20 09 26	25 17 53	20 29 19
19 Th	2 42 45	15 19 51	21 46 00	23 30 45	20 40 00	27 54 19	15 39 45	21 46 15	7 24 51	2 06 07	0 10 19	20 09 03	25 16 09	20 28 52
20 F	3 40 30	28 16 18	4 ♈ 50 47	25 35 08	21 48 00	28 37 32	16 14 21	22 10 30	7 37 12	2 10 52	0 12 20	20 08 50	25 14 31	20 28 41
21 Sa	4 38 26	11 ♈ 29 31	18 12 00	27 41 17	22 56 19	29 20 54	16 49 11	22 34 57	7 49 49	2 15 46	0 14 30	20 08 52	25 13 06	20 28 40
22 Su	5 36 36	24 58 42	1 ♉ 48 28	29 49 08	24 04 59	0 ♈ 04 28	17 24 16	22 59 39	8 02 44	2 20 50	0 16 52	20 09 13	25 11 56	20 28 56
23 M	6 34 59	8 ♉ 42 10	15 38 07	1 ♈ 58 31	25 13 58	0 48 14	17 59 37	23 24 34	8 15 57	2 26 04	0 19 26	20 09 51	25 11 01	20 29 28
24 Tu	7 33 29	22 37 31	29 38 11	4 09 08	26 23 12	1 32 04	18 35 07	23 49 36	8 29 21	2 31 22	0 22 06	20 10 41	25 10 15	20 30 11
25 W	8 31 55	6 ♊ 41 53	13 ♊ 46 12	6 20 38	27 32 28	2 15 50	19 10 36	24 14 36	8 42 46	2 36 33	0 24 42	20 11 33	25 09 28	20 30 54
26 Th	9 30 07	20 52 17	27 58 41	8 32 34	28 41 37	2 59 18	19 45 51	24 39 22	8 55 60	2 41 26	0 27 01	20 12 14	25 08 27	20 31 25
27 F	10 27 53	5 ♋ 05 46	12 ♋ 12 53	10 43 42	29 50 26	3 42 20	20 43 25	25 03 43	9 08 53	2 45 51	0 28 53	20 12 34	25 07 03	20 31 34
28 Sa	11 25 09	19 19 36	26 26 11	12 56 10	0 ♓ 58 52	4 24 50	20 55 07	25 27 34	9 21 20	2 49 42	0 30 14	20 12 30	25 05 12	20 31 17
29 Su	12 21 57	3 ♌ 31 19	10 ♌ 36 09	15 07 15	2 06 57	5 06 50	21 29 06	25 50 58	9 33 24	2 53 03	0 31 06	20 12 02	25 02 54	20 30 35
30 M	13 18 29	17 38 39	24 40 32	17 17 41	3 14 51	5 48 31	22 02 48	26 14 05	9 45 14	2 56 03	0 31 39	20 11 21	25 00 22	20 29 39
31 Tu	14 14 60	1 ♍ 39 28	8 ♍ 37 09	19 27 28	4 22 51	6 30 10	22 36 33	26 37 12	9 57 08	2 58 58	0 32 11	20 10 45	24 57 51	20 28 46

June 1966 — LONGITUDE

Day	☉	0 hr ☽	Noon ☽	☿	♀	♂	⚷	♆?	♃	♄	⚸	♅	♆	♇
1 W	15 ♈ 11 49	15 ♍ 31 38	22 ♍ 23 57	21 ♈ 36 40	5 ♓ 31 15	7 ♈ 12 06	23 ♓ 10 37	27 ♓ 00 37	10 ♉ 09 24	3 ♒ 02 09	0 ♒ 32 59	20 ♋ 10 32	24 ♍ 55 40	20 ♋ 28 15
2 Th	16 09 15	29 13 07	5 ♎ 58 57	23 45 18	6 40 21	7 54 36	23 45 19	27 24 29	10 22 19	3 05 52	0 34 22	20 10 60	24 54 08	20 28 23
3 F	17 07 29	12 ♎ 41 59	19 20 27	25 53 22	7 50 22	8 37 14	24 20 51	27 49 29	10 36 06	3 10 20	0 36 31	20 12 00	24 53 26	20 29 23
4 Sa	18 06 35	25 56 40	2 ♏ 27 12	28 00 42	9 01 20	9 21 58	24 57 16	28 15 11	10 50 48	3 15 35	0 39 30	20 14 35	24 53 38	20 31 17
5 Su	19 06 26	8 ♏ 56 07	15 18 34	0 ♉ 07 01	10 13 08	10 06 47	25 34 27	28 41 37	11 06 18	3 21 31	0 43 12	20 17 41	24 54 36	20 33 59
6 M	20 06 48	21 40 01	27 54 43	2 11 55	11 25 32	10 52 04	26 12 10	29 08 34	11 22 29	3 27 54	0 47 23	20 21 20	24 56 07	20 37 14
7 Tu	21 07 17	4 ♐ 08 56	10 ♐ 16 44	4 14 53	12 38 10	11 37 26	26 50 01	29 35 38	11 38 35	3 34 19	0 51 39	20 25 11	24 57 47	20 40 39
8 W	22 07 30	16 24 23	22 26 35	6 15 20	13 50 36	12 22 30	27 27	0 ♈ 02 41	11 54 35	3 40 24	0 55 56	20 28 50	24 59 12	20 43 51
9 Th	23 07 04	28 28 49	4 ♑ 27 10	8 13 03	15 02 27	13 06 52	28 04 34	0 28 31	12 09 59	3 45 45	1 00 09	20 31 53	24 59 59	20 46 26
10 F	24 05 42	10 ♑ 25 36	16 22 08	10 07 25	16 13 27	13 50 16	28 40 36	0 53 41	12 24 28	3 50 05	1 01 09	20 34 04	24 59 52	20 48 07
11 Sa	25 03 16	22 18 49	28 15 49	11 58 23	17 23 29	14 32 41	29 15 36	1 17 46	12 37 56	3 53 17	1 02 20	20 35 16	24 58 44	20 48 47
12 Su	25 59 53	4 ♒ 13 11	10 ♒ 12 59	13 45 57	18 32 38	15 13 52	29 49 38	1 40 53	12 50 29	3 56 49	1 02 31	20 35 33	24 56 39	20 48 32
13 M	26 55 48	16 13 40	22 18 38	15 30 23	19 41 09	15 54 26	0 ♈ 22 59	2 03 17	13 02 22	3 56 49	1 01 58	20 35 12	24 53 54	20 47 38
14 Tu	27 51 29	28 25 22	4 ♓ 37 40	17 12 07	20 49 30	16 34 42	0 56 06	2 25 25	13 14 03	3 57 51	1 01 07	20 34 40	24 50 55	20 46 31
15 W	28 47 26	10 ♓ 52 60	17 14 28	18 51 38	21 58 11	17 15 13	1 29 29	2 47 49	13 26 02	3 59 06	1 00 30	20 34 28	24 48 15	20 45 43
16 Th	29 44 12	23 40 31	0 ♈ 12 26	20 29 27	23 07 46	17 56 30	2 03 42	3 11 00	13 38 51	4 01 04	1 00 40	20 35 08	24 46 26	20 45 47
17 F	0 ♉ 42 13	6 ♈ 50 33	13 33 29	22 06 00	24 18 39	18 38 59	2 39 09	3 35 25	13 52 57	4 04 11	1 02 01	20 37 07	24 45 53	20 47 07
18 Sa	1 41 41	20 23 60	27 17 34	23 41 28	25 31 04	22 53	3 16 03	4 01 15	14 08 32	4 08 41	1 04 47	20 40 36	24 46 49	20 49 57
19 Su	2 42 33	4 ♉ 19 35	11 ♉ 22 28	25 15 47	26 44 56	20 08 08	3 54 22	4 28 27	14 25 32	4 14 29	1 08 54	20 45 33	24 49 10	20 54 13
20 M	3 44 04	18 27 50	25 43 50	26 49 02	27 59 54	20 55 24	4 33 43	4 56 41	14 43 36	4 21 14	1 14 01	20 51 36	24 52 35	20 59 34
21 Tu	4 46 47	3 ♊ 01 23	10 ♊ 15 39	28 19 11	29 15 22	21 41 01	5 13 49	5 25 19	15 02 07	4 28 20	1 19 31	20 58 08	24 56 29	21 05 23
22 W	5 48 50	17 35 24	24 46 52	0 ♊ 37 02	0 ♈ 30 37	22 25 59	5 52 59	5 53 38	15 20 23	4 35 04	1 24 41	21 04 26	25 00 07	21 10 57
23 Th	6 49 54	2 ♋ 10 07	9 ♋ 24 06	1 ♊ 10 55	1 46 56	23 09 37	6 31 29	6 20 56	15 37 41	4 40 43	1 28 50	21 09 49	25 02 48	21 15 34
24 F	7 49 31	16 38 48	23 48 59	2 30 48	3 03 13	23 54 24	7 08 32	6 46 45	15 53 33	4 44 50	1 31 29	21 13 49	25 04 04	21 18 47
25 Sa	8 47 33	0 ♌ 57 28	8 ♌ 02 22	3 46 21	4 09 17	24 38 34	7 44 00	7 10 59	16 07 52	4 47 18	1 32 31	21 16 17	25 03 48	21 20 28
26 Su	9 44 16	15 03 45	22 02 32	4 57 45	5 19 26	25 19 22	8 18 08	7 33 51	16 20 52	4 48 20	1 32 11	21 17 29	25 02 13	21 20 51
27 M	10 41 39	28 57 49	5 ♍ 49 17	6 05 32	6 28 53	25 59 23	8 51 30	7 55 56	16 33 09	4 48 31	1 31 02	21 17 60	24 59 56	21 20 15
28 Tu	11 36 12	12 ♍ 37 15	19 23 41	7 10 23	7 38 26	26 39 22	9 24 54	8 18 00	16 45 27	4 48 39	1 29 53	21 18 00	24 57 42	21 20 15
29 W	12 33 02	26 05 57	2 ♎ 45 11	8 13 03	8 48 53	27 20 10	9 59 09	8 40 54	16 58 38	4 49 33	1 29 32	21 20 05	24 56 21	21 20 53
30 Th	13 31 25	9 ♎ 23 54	15 57 46	9 14 09	10 00 56	28 02 28	10 34 55	9 05 18	17 13 22	4 51 53	1 30 41	21 23 10	24 56 35	21 23 05

Notes

LONGITUDE — July 1966

Day	☉	0 hr ☽	Noon ☽	☿	♀	♂	⚵	⚳	♃	♄	⚷	♅	♆	♇
1 F	14 ♉ 31 46	22 ♎ 31 48	28 ♎ 59 42	10 ♊ 14 00	11 ♈ 15 01	28 ♈ 46 42	11 ♈ 12 39	9 ♈ 31 37	17 ♉ 30 05	4 ♒ 56 07	1 ♒ 33 46	21 ♋ 28 17	24 ♍ 58 49	21 ♋ 27 17
2 Sa	15 34 11	5 ♏ 29 51	11 ♏ 51 47	11 12 37	12 31 13	29 32 57	11 52 26	9 59 59	17 48 52	5 02 18	1 38 51	21 35 30	25 03 09	21 33 35
3 Su	16 38 24	18 17 47	24 33 49	12 09 36	13 49 18	0 ♉ 20 57	12 34 00	10 30 07	18 09 28	5 10 13	1 45 42	21 44 35	25 09 19	21 41 44
4 M	17 43 53	0 ♐ 55 13	7 ♐ 05 32	13 04 18	15 08 40	1 10 10	13 16 48	11 01 26	18 31 19	5 19 15	1 53 45	21 54 58	25 16 45	21 51 09
5 Tu	18 49 49	13 21 53	19 26 56	13 55 48	16 28 33	1 59 48	14 00 03	11 33 11	18 53 40	5 28 40	2 02 12	22 05 51	25 24 41	22 01 03
6 W	19 55 23	25 38 01	1 ♑ 38 38	14 43 07	17 48 07	2 48 59	14 42 53	12 04 30	19 15 32	5 37 36	2 10 13	22 16 23	25 32 15	22 10 36
7 Th	20 59 46	7 ♑ 44 39	13 42 04	15 25 20	19 06 33	3 36 58	15 24 32	12 34 36	19 36 17	5 45 16	2 17 01	22 25 48	25 38 41	22 19 00
8 F	22 02 24	19 43 52	25 39 41	16 01 45	20 23 16	4 23 08	16 04 24	13 02 53	19 55 16	5 51 03	2 21 59	22 33 29	25 43 23	22 25 40
9 Sa	23 02 60	1 ♒ 38 50	7 ♒ 35 03	16 31 55	21 38 01	5 07 13	16 42 12	13 29 04	20 12 13	5 54 42	2 24 53	22 39 11	25 46 04	22 30 19
10 Su	24 01 38	13 33 45	19 32 40	16 55 49	22 50 51	5 49 17	17 18 01	13 53 15	20 27 12	5 56 18	2 25 45	22 42 58	25 46 49	22 33 03
11 M	24 58 47	25 33 46	1 ♓ 37 52	17 13 45	24 02 13	6 29 48	17 52 17	14 15 52	20 40 39	5 56 17	2 25 04	22 45 16	25 46 05	22 34 17
12 Tu	25 55 09	7 ♓ 44 40	13 56 29	17 26 20	25 12 52	7 09 30	18 25 45	14 37 39	20 53 19	5 55 22	2 23 33	22 46 50	25 44 36	22 34 45
13 W	26 51 40	20 12 21	26 34 15	17 34 25	26 23 42	7 49 17	18 59 20	14 59 31	21 06 08	5 54 31	2 22 07	22 48 35	25 43 17	22 35 24
14 Th	27 49 16	3 ♈ 02 20	9 ♈ 36 17	17 38 49	27 35 40	8 30 06	19 33 58	15 22 25	21 20 00	5 54 38	2 21 43	22 51 27	25 43 05	22 37 09
15 F	28 48 44	16 18 58	23 06 08	17 40 17	28 49 32	9 12 44	20 10 25	15 47 06	21 35 43	5 56 30	2 23 07	22 56 13	25 44 45	22 40 46
16 Sa	29 50 31	0 ♉ 04 33	7 ♉ 05 02	17 39 13	0 ♉ 05 45	9 57 36	20 49 07	16 14 01	21 53 43	6 00 33	2 26 45	23 03 18	25 48 46	22 46 43
17 Su	0 ♊ 54 34	14 18 34	21 31 04	17 35 37	1 24 17	10 44 42	21 30 04	16 43 09	22 13 59	6 06 47	2 32 37	23 12 43	25 55 04	22 54 57
18 M	2 00 23	28 57 10	6 ♊ 18 56	17 29 02	2 44 37	11 33 31	22 12 45	17 13 59	22 35 58	6 14 40	2 40 11	23 23 55	26 03 09	23 04 58
19 Tu	3 07 01	13 ♊ 53 16	21 20 22	17 18 40	4 05 49	12 23 06	22 56 12	17 45 34	22 58 47	6 23 17	2 48 32	23 35 58	26 12 06	23 15 50
20 W	4 13 21	28 57 27	6 ♋ 25 21	17 03 34	5 26 44	13 12 18	23 39 17	18 16 45	23 21 14	6 31 28	2 56 30	23 47 44	26 20 45	23 26 24
21 Th	5 18 16	13 ♋ 59 37	21 23 59	16 42 54	6 46 17	14 00 03	24 20 55	18 46 28	23 42 16	6 38 08	3 03 00	23 58 08	26 28 01	23 35 34
22 F	6 21 03	28 50 42	6 ♌ 08 06	16 16 15	8 03 45	14 45 37	25 00 22	19 13 58	24 01 08	6 42 34	3 07 19	24 06 25	26 33 11	23 42 37
23 Sa	7 21 27	13 ♌ 24 13	20 32 29	15 43 50	9 18 52	15 28 45	25 37 24	19 39 01	24 17 36	6 44 31	3 09 13	24 12 22	26 35 59	23 47 19
24 Su	8 19 50	27 36 50	4 ♍ 35 03	15 06 30	10 32 00	16 09 48	26 12 22	20 01 59	24 32 01	6 44 21	3 09 02	24 16 19	26 36 48	23 50 00
25 M	9 17 02	11 ♍ 28 08	18 16 28	14 25 37	11 43 59	16 49 36	26 46 04	20 23 39	24 45 13	6 42 53	3 07 35	24 19 05	26 36 27	23 51 30
26 Tu	10 14 08	24 59 55	1 ♎ 39 11	13 42 59	12 55 54	17 29 16	27 19 38	20 45 10	24 58 17	6 41 13	3 06 01	24 21 49	26 36 02	23 52 56
27 W	11 12 17	8 ♎ 15 09	14 46 27	13 00 26	14 08 56	18 09 56	27 54 13	21 07 39	25 12 23	6 40 31	3 05 27	24 25 37	26 36 42	23 55 27
28 Th	12 12 29	21 17 04	27 41 32	12 19 41	15 24 02	18 52 35	28 30 46	21 32 06	25 28 29	6 41 45	3 06 52	24 31 29	26 39 26	24 00 00
29 F	13 15 20	4 ♏ 08 29	10 ♏ 27 07	11 42 09	16 41 50	19 37 50	29 09 55	21 59 06	25 47 12	6 45 31	3 10 52	24 40 01	26 44 50	24 07 13
30 Sa	14 20 59	16 51 26	23 04 59	11 08 46	18 02 27	20 25 49	29 51 49	22 28 49	26 08 40	6 51 60	3 17 38	24 51 23	26 53 03	24 17 14
31 Su	15 29 06	29 26 59	5 ♐ 36 01	10 39 60	19 25 35	21 16 14	0 ♉ 36 07	23 00 55	26 32 35	7 00 51	3 26 49	25 05 14	27 03 46	24 29 45

LONGITUDE — August 1966

Day	☉	0 hr ☽	Noon ☽	☿	♀	♂	⚵	⚳	♃	♄	⚷	♅	♆	♇
1 M	16 ♊ 38 59	11 ♐ 55 28	18 ♐ 00 25	10 ♊ 15 53	20 ♉ 50 31	22 ♉ 08 21	1 ♉ 22 07	23 ♈ 34 41	26 ♉ 58 12	7 ♒ 11 21	3 ♒ 37 41	25 ♋ 20 52	27 ♍ 16 16	24 ♋ 44 01
2 Tu	17 49 37	24 16 44	0 ♑ 18 03	9 56 07	22 16 13	23 01 08	2 08 47	24 09 06	27 24 31	7 22 29	3 49 15	25 37 15	27 29 31	24 59 02
3 W	18 59 52	6 ♑ 30 36	12 28 52	9 40 15	23 41 35	23 53 30	2 55 01	24 43 02	27 50 25	7 33 08	4 00 24	25 53 17	27 42 26	25 13 41
4 Th	20 08 43	18 37 20	24 33 24	9 27 49	25 05 34	24 44 23	3 39 46	25 15 28	28 14 51	7 42 17	4 10 03	26 07 54	27 53 56	25 26 55
5 F	21 15 20	0 ♒ 37 59	6 ♒ 33 03	9 18 34	26 27 22	25 33 00	4 22 14	25 45 34	28 37 01	7 49 06	4 17 27	26 20 19	28 03 14	25 37 57
6 Sa	22 19 19	12 34 42	18 30 21	9 12 29	27 46 33	26 18 54	5 01 58	26 12 55	28 56 29	7 53 10	4 22 08	26 30 06	28 09 54	25 46 19
7 Su	23 20 40	24 30 52	0 ♓ 29 03	9 09 57	29 03 09	27 02 07	5 38 59	26 37 32	29 13 16	7 54 30	4 24 08	26 37 16	28 13 58	25 52 03
8 M	24 19 52	6 ♓ 31 02	12 34 04	9 11 43	0 ♊ 17 35	27 43 06	6 13 46	26 59 52	29 27 49	7 53 33	4 23 54	26 42 16	28 15 52	25 55 37
9 Tu	25 17 43	18 40 48	24 51 12	9 18 51	1 30 44	28 22 42	6 47 08	27 20 46	29 40 59	7 51 11	4 22 17	26 45 56	28 16 27	25 57 51
10 W	26 15 21	1 ♈ 06 19	7 ♈ 26 40	9 32 36	2 43 40	29 01 59	7 20 11	27 41 17	29 53 51	7 48 27	4 20 22	26 49 22	28 16 48	25 59 50
11 Th	27 13 52	13 53 51	20 26 30	9 54 10	3 57 31	29 42 06	7 54 02	28 02 36	0 ♊ 07 33	7 46 32	4 19 18	26 53 43	28 18 04	26 02 43
12 F	28 14 17	27 08 51	3 ♉ 55 36	10 24 37	5 13 18	0 ♊ 24 03	8 29 42	28 25 41	0 23 04	7 46 24	4 20 03	26 59 57	28 21 14	26 07 29
13 Sa	29 17 13	10 ♉ 55 05	17 56 42	11 04 31	6 31 37	1 08 27	9 07 47	28 51 09	0 41 02	7 48 40	4 23 16	27 08 41	28 26 56	26 14 46
14 Su	0 ♋ 22 45	25 13 28	2 ♊ 29 13	11 53 54	7 52 32	1 55 23	9 48 21	29 19 05	1 01 31	7 53 26	4 29 01	27 20 02	28 35 13	26 24 37
15 M	1 30 22	10 ♊ 01 12	17 28 37	12 52 11	9 15 35	2 44 20	10 30 56	29 48 59	1 24 02	8 00 12	4 36 48	27 33 27	28 45 37	26 36 33
16 Tu	2 39 04	25 11 25	2 ♋ 46 21	13 58 11	10 39 43	3 34 17	11 14 29	0 ♉ 19 49	1 47 33	8 07 56	4 45 36	27 47 57	28 57 06	26 49 33
17 W	3 47 33	10 ♋ 33 50	18 10 58	15 10 26	12 03 40	4 23 57	11 57 43	0 50 18	2 10 46	8 15 22	4 54 08	28 02 14	29 08 22	27 02 19
18 Th	4 54 33	25 56 23	3 ♌ 30 14	16 27 28	13 26 09	5 12 05	12 39 22	1 19 11	2 32 27	8 21 13	5 01 09	28 15 03	29 18 11	27 13 37
19 F	5 59 12	11 ♌ 07 30	18 33 23	17 48 08	14 46 19	5 57 48	13 18 34	1 45 33	2 51 42	8 24 38	5 05 45	28 25 30	29 25 39	27 22 33
20 Sa	7 01 10	25 58 13	3 ♍ 12 58	19 11 49	16 03 49	6 40 47	13 54 60	2 09 08	3 08 12	8 25 17	5 07 38	28 33 17	29 30 28	27 28 48
21 Su	8 00 48	10 ♍ 23 19	17 25 26	20 38 31	17 19 00	7 21 21	14 28 59	2 30 13	3 22 16	8 23 31	5 07 08	28 38 42	29 32 57	27 32 42
22 M	8 58 57	24 21 27	1 ♎ 10 52	22 08 44	18 32 43	8 00 21	15 01 22	2 49 40	3 34 47	8 20 10	5 05 05	28 42 39	29 33 58	27 35 06
23 Tu	9 56 47	7 ♎ 54 16	14 31 60	23 43 13	19 46 09	8 38 60	15 33 20	3 08 40	3 46 54	8 16 26	5 02 41	28 46 17	29 34 40	27 37 10
24 W	10 55 32	21 05 20	27 32 55	25 22 48	21 00 30	9 18 28	16 06 05	3 28 26	3 59 51	8 13 32	5 01 09	28 50 48	29 36 18	27 40 09
25 Th	11 56 13	3 ♏ 58 56	10 ♏ 18 10	27 08 04	22 16 49	9 59 50	16 40 42	3 49 59	4 14 40	8 12 29	5 01 31	28 57 17	29 39 53	27 45 04
26 F	12 59 31	16 39 17	22 51 51	28 59 13	23 35 46	10 43 44	17 17 47	4 13 60	4 32 01	8 13 59	5 04 27	29 06 21	29 46 06	27 52 34
27 Sa	14 05 37	29 09 51	5 ♐ 17 14	0 ♋ 55 59	24 57 32	11 30 22	17 57 33	4 40 39	4 52 03	8 18 11	5 10 08	29 18 12	29 55 06	28 02 51
28 Su	15 14 11	11 ♐ 33 09	17 36 33	2 57 37	26 21 48	12 19 25	18 39 42	5 09 37	5 14 30	8 24 48	5 18 15	29 32 33	0 ♎ 06 36	28 15 37
29 M	16 24 33	23 50 43	29 51 04	5 02 58	27 47 52	13 10 11	19 23 30	5 40 13	5 38 37	8 33 07	5 28 07	29 48 38	0 19 54	28 30 08
30 Tu	17 35 41	6 ♑ 03 19	12 ♑ 01 21	7 10 37	29 14 43	14 01 39	20 07 57	6 11 25	6 03 26	8 42 09	5 38 42	0 ♌ 05 30	0 33 58	28 45 25
31 W	18 46 29	18 11 17	24 07 40	9 19 04	0 ♋ 41 15	14 52 43	20 51 57	6 42 07	6 27 49	8 50 46	5 48 55	0 22 01	0 47 43	29 00 21

Notes

September 1966 LONGITUDE

Day	☉	0 hr ☽	Noon ☽	☿	♀	♂	⚵	⚳	♃	♄	⚷	♅	♆	♇
1 Th	19 ♋ 55 56	0 ♒ 14 55	6 ♒ 10 23	11 ♋ 26 56	2 ♋ 06 26	15 ♊ 42 21	21 ♉ 34 26	7 ♉ 11 17	6 ♊ 50 44	8 ♒ 57 57	5 ♒ 57 43	0 ♌ 37 09	1 ♎ 00 05	29 ♋ 13 53
2 F	21 03 12	12 14 55	18 10 22	13 33 05	3 29 28	16 29 45	22 14 38	7 38 06	7 11 23	9 02 53	6 04 18	0 50 05	1 10 18	29 25 14
3 Sa	22 07 51	24 12 46	0 ♓ 09 21	15 36 47	4 49 52	17 14 27	22 52 04	8 02 06	7 29 18	9 05 08	6 08 13	1 00 23	1 17 54	29 33 56
4 Su	23 09 50	6 ♓ 10 54	12 10 07	17 37 46	6 07 38	17 56 24	23 26 43	8 23 16	7 44 28	9 04 39	6 09 26	1 07 60	1 22 49	29 39 56
5 M	24 09 33	18 12 52	24 16 33	19 36 12	7 23 08	18 36 02	23 58 56	8 41 58	7 57 14	9 01 50	6 08 20	1 13 19	1 25 29	29 43 39
6 Tu	25 07 45	0 ♈ 23 16	6 ♈ 33 33	21 32 38	8 37 08	19 14 03	24 29 29	8 58 57	8 08 22	8 57 25	6 05 39	1 17 05	1 26 36	29 45 49
7 W	26 05 24	12 47 27	19 06 40	23 27 55	9 50 35	19 51 27	24 59 21	9 15 12	8 18 52	8 52 24	6 02 24	1 20 17	1 27 12	29 47 24
8 Th	27 03 36	25 31 10	2 ♉ 01 37	25 22 60	11 04 35	20 29 19	25 29 36	9 31 48	8 29 46	8 47 52	5 59 38	1 24 00	1 28 19	29 49 30
9 F	28 03 16	8 ♉ 39 51	15 23 30	27 18 43	12 20 04	21 08 36	26 01 11	9 49 39	8 42 02	8 44 44	5 58 19	1 29 10	1 30 55	29 53 03
10 Sa	29 05 04	22 17 44	29 15 48	29 15 39	13 37 40	21 49 54	26 34 43	10 09 25	8 56 18	8 43 40	5 59 03	1 36 25	1 35 37	29 58 41
11 Su	0 ♌ 09 08	6 ♊ 26 53	13 ♊ 39 23	1 ♌ 13 52	14 57 33	22 33 24	27 10 22	10 31 15	9 12 44	8 44 49	6 02 02	1 45 54	1 42 35	0 ♌ 06 33
12 M	1 15 07	21 06 11	28 31 27	3 12 59	16 19 21	23 18 45	27 47 47	10 54 46	9 30 56	8 47 50	6 06 54	1 57 17	1 51 28	0 16 19
13 Tu	2 22 11	6 ♋ 10 35	13 ♋ 45 14	5 12 08	17 42 15	24 05 06	28 26 06	11 19 10	9 50 07	8 51 53	6 12 48	2 09 42	2 01 26	0 27 07
14 W	3 29 15	21 31 22	29 10 27	7 10 12	19 05 07	24 51 21	29 04 14	11 43 19	10 09 09	8 55 52	6 18 39	2 22 05	2 11 23	0 37 53
15 Th	4 35 10	6 ♌ 57 06	14 ♌ 35 01	9 06 02	20 26 52	25 36 24	29 41 05	12 06 07	10 26 55	8 58 40	6 23 21	2 33 18	2 20 12	0 47 29
16 F	5 39 09	22 15 45	29 47 10	10 58 51	21 46 40	26 19 26	0 ♊ 15 48	12 26 44	10 42 37	8 59 30	6 26 03	2 42 33	2 27 03	0 55 06
17 Sa	6 40 50	7 ♍ 16 49	14 ♍ 37 37	12 48 16	23 04 10	27 00 04	0 48 03	12 44 49	10 55 54	8 57 59	6 26 26	2 49 27	2 31 36	1 00 23
18 Su	7 40 24	21 53 02	29 00 43	14 34 29	24 19 34	27 38 31	1 18 00	13 00 34	11 06 56	8 54 19	6 24 40	2 54 13	2 34 03	1 03 31
19 M	8 38 30	6 ♎ 00 56	12 ♎ 54 41	16 18 10	25 33 29	28 15 26	1 46 19	13 14 36	11 16 22	8 49 09	6 21 25	2 57 29	2 35 01	1 05 10
20 Tu	9 36 04	19 40 31	26 20 51	18 00 15	26 46 52	28 51 44	2 13 54	13 27 52	11 25 08	8 43 26	6 17 36	3 00 11	2 35 27	1 06 15
21 W	10 34 05	2 ♏ 54 19	9 ♏ 22 39	19 41 44	28 00 43	29 28 24	2 41 46	13 41 20	11 34 13	8 38 08	6 14 13	3 03 18	2 36 20	1 07 45
22 Th	11 33 24	15 46 20	22 04 35	21 23 31	29 15 52	0 ♋ 06 19	3 10 46	13 55 53	11 44 29	8 34 07	6 12 07	3 07 41	2 38 31	1 10 31
23 F	12 34 36	28 21 05	4 ♐ 31 20	23 06 09	0 ♌ 32 53	0 46 01	3 41 27	14 12 02	11 56 29	8 31 58	6 11 52	3 13 55	2 42 35	1 15 08
24 Sa	13 37 53	10 ♐ 42 53	16 47 09	24 49 51	1 51 58	1 27 43	4 14 00	14 30 01	12 10 24	8 31 52	6 13 40	3 22 12	2 48 42	1 21 47
25 Su	14 43 02	22 55 29	28 55 34	26 34 27	3 12 56	2 11 13	4 48 15	14 49 36	12 26 05	8 33 38	6 17 20	3 32 18	2 56 42	1 30 17
26 M	15 49 33	5 ♑ 01 52	10 ♑ 59 18	28 19 28	4 35 17	2 56 00	5 23 40	15 10 19	12 42 59	8 36 45	6 22 21	3 43 45	3 06 04	1 40 07
27 Tu	16 56 43	17 04 14	23 00 18	0 ♍ 04 11	5 58 15	3 41 22	5 59 32	15 31 24	13 00 23	8 40 30	6 27 59	3 55 48	3 16 04	1 50 34
28 W	18 03 43	29 04 12	4 ♒ 59 55	1 47 47	7 21 03	4 26 29	6 35 02	15 52 02	13 17 28	8 44 04	6 33 27	4 07 38	3 25 54	2 00 48
29 Th	19 09 48	11 ♒ 02 60	16 59 16	3 29 34	8 42 56	5 10 36	7 09 24	16 11 29	13 33 29	8 46 43	6 37 58	4 18 31	3 34 47	2 10 05
30 F	20 14 23	23 01 46	28 59 25	5 08 54	10 03 17	5 53 07	7 42 02	16 29 08	13 47 50	8 47 50	6 40 57	4 27 50	3 42 10	2 17 48

October 1966 LONGITUDE

Day	☉	0 hr ☽	Noon ☽	☿	♀	♂	⚵	⚳	♃	♄	⚷	♅	♆	♇
1 Sa	21 ♌ 17 05	5 ♓ 01 50	11 ♓ 01 46	6 ♍ 45 30	11 ♌ 21 47	6 ♋ 33 41	8 ♊ 12 36	16 ♉ 44 38	14 ♊ 00 10	8 ♒ 47 05	6 ♒ 42 03	4 ♌ 35 15	3 ♎ 47 40	2 ♌ 23 37
2 Su	22 17 54	17 05 01	23 08 14	8 19 18	12 38 21	7 12 17	8 41 03	16 57 57	14 10 26	8 44 26	6 41 14	4 40 43	3 51 15	2 27 30
3 M	23 17 03	29 13 40	5 ♈ 21 25	9 50 33	13 53 16	7 49 08	9 07 37	17 09 18	14 18 54	8 40 07	6 38 44	4 44 28	3 53 09	2 29 40
4 Tu	24 15 02	11 ♈ 30 52	17 44 36	11 19 46	15 06 60	8 24 44	9 32 47	17 19 11	14 26 01	8 34 38	6 35 04	4 47 01	3 53 53	2 30 37
5 W	25 12 31	24 00 17	0 ♉ 21 37	12 47 36	16 20 13	8 59 45	9 57 12	17 28 15	14 32 29	8 28 38	6 30 52	4 49 00	3 54 05	2 31 02
6 Th	26 10 13	6 ♉ 45 56	13 16 34	14 14 45	17 33 37	9 34 53	10 21 37	17 37 12	14 38 59	8 22 51	6 26 52	4 51 09	3 54 29	2 31 36
7 F	27 08 46	19 51 49	26 33 19	15 41 53	18 47 52	10 10 46	10 46 38	17 46 42	14 46 10	8 17 56	6 23 41	4 54 05	3 55 43	2 32 58
8 Sa	28 08 36	3 ♊ 21 19	10 ♊ 14 48	17 09 23	20 03 24	10 47 52	11 12 41	17 57 09	14 54 27	8 14 18	6 21 48	4 58 16	3 58 13	2 35 35
9 Su	29 09 53	17 16 29	24 22 17	18 37 26	21 20 21	11 26 19	11 39 55	18 08 43	15 04 01	8 12 07	6 21 19	5 03 49	4 02 08	2 39 35
10 M	0 ♍ 12 24	1 ♋ 37 15	8 ♋ 54 32	20 05 48	22 38 31	12 05 55	12 08 09	18 21 11	15 14 38	8 11 11	6 22 04	5 10 33	4 07 17	2 44 46
11 Tu	1 15 42	16 20 48	23 47 23	21 33 59	23 57 27	12 46 12	12 36 54	18 34 06	15 25 52	8 11 02	6 23 35	5 18 01	4 13 11	2 50 41
12 W	2 19 09	1 ♌ 21 23	8 ♌ 53 40	23 01 20	25 16 31	13 26 32	13 05 32	18 46 48	15 37 03	8 11 03	6 25 14	5 25 34	4 19 12	2 56 42
13 Th	3 22 04	16 30 39	24 04 07	24 27 09	26 35 02	14 06 15	13 33 22	18 58 38	15 47 32	8 10 33	6 26 22	5 32 32	4 24 41	3 02 08
14 F	4 23 58	1 ♍ 38 48	9 ♍ 08 37	25 50 54	27 52 31	14 44 52	13 59 55	19 09 05	15 56 49	8 09 04	6 26 27	5 38 26	4 29 08	3 06 30
15 Sa	5 24 36	16 36 07	23 57 60	27 12 17	29 08 44	15 22 07	14 24 56	19 17 56	16 04 39	8 06 21	6 25 17	5 43 00	4 32 18	3 09 33
16 Su	6 24 02	1 ♎ 14 32	8 ♎ 25 15	28 31 17	0 ♍ 23 43	15 58 05	14 48 27	19 25 12	16 11 06	8 02 27	6 22 55	5 46 19	4 34 14	3 11 21
17 M	7 22 34	15 28 36	22 26 19	29 48 10	1 37 47	16 33 03	15 10 48	19 31 13	16 16 28	7 57 41	6 19 38	5 48 40	4 35 16	3 12 13
18 Tu	8 20 41	29 15 50	6 ♏ 00 08	1 ♎ 03 18	2 51 24	17 07 30	15 32 27	19 36 27	16 21 13	7 52 31	6 15 56	5 50 33	4 35 50	3 12 36
19 W	9 18 51	12 ♏ 36 28	19 08 01	2 17 05	4 05 05	17 41 56	15 53 52	19 41 22	16 25 51	7 47 28	6 12 19	5 52 26	4 36 28	3 12 60
20 Th	10 17 32	25 32 45	1 ♐ 53 02	3 29 53	5 19 15	18 16 47	16 15 30	19 46 25	16 30 49	7 42 58	6 09 12	5 54 47	4 37 36	3 13 52
21 F	11 17 01	8 ♐ 08 12	14 19 12	4 41 49	6 34 11	18 52 20	16 37 39	19 51 54	16 36 23	7 39 18	6 06 53	5 57 52	4 39 30	3 15 29
22 Sa	12 17 23	20 27 03	26 30 57	5 52 52	7 50 01	19 28 42	17 00 23	19 57 53	16 42 39	7 36 34	6 05 29	6 01 47	4 42 17	3 17 56
23 Su	13 18 35	2 ♑ 33 37	8 ♑ 32 39	7 02 48	9 06 38	20 05 47	17 23 38	20 04 19	16 49 33	7 34 43	6 04 54	6 06 28	4 45 53	3 21 10
24 M	14 20 23	14 32 05	20 28 19	8 11 12	10 23 51	20 43 24	17 47 11	20 10 57	16 56 52	7 33 30	6 04 56	6 11 42	4 50 03	3 24 58
25 Tu	15 22 28	26 26 13	2 ♒ 21 33	9 17 33	11 41 20	21 21 12	18 10 43	20 17 30	17 04 16	7 32 38	6 05 16	6 17 09	4 54 30	3 28 60
26 W	16 24 32	8 ♒ 19 20	14 15 24	10 21 18	12 58 46	21 58 53	18 33 55	20 23 37	17 11 28	7 31 48	6 05 35	6 22 32	4 58 54	3 32 57
27 Th	17 26 18	20 14 17	26 12 26	11 21 52	14 15 52	22 36 10	18 56 29	20 29 02	17 18 08	7 30 42	6 05 36	6 27 33	5 02 59	3 36 33
28 F	18 27 33	2 ♓ 13 27	8 ♓ 14 48	12 18 45	15 32 27	23 12 52	19 18 12	20 33 32	17 24 07	7 29 08	6 05 08	6 31 59	5 06 31	3 39 36
29 Sa	19 28 12	14 18 50	20 24 16	13 11 33	16 48 26	23 48 51	19 39 00	20 37 02	17 29 17	7 27 03	6 04 04	6 35 46	5 09 27	3 41 60
30 Su	20 28 18	26 32 10	2 ♈ 42 25	13 59 51	18 03 48	24 24 12	19 58 54	20 39 33	17 33 42	7 24 26	6 02 27	6 38 55	5 11 48	3 43 46
31 M	21 27 56	8 ♈ 55 00	15 10 44	14 43 22	19 18 43	24 58 59	20 18 00	20 41 12	17 37 27	7 21 26	6 00 24	6 41 33	5 13 40	3 45 03

Notes

LONGITUDE — November 1966

Day	☉	0 hr ☽	Noon ☽	☿	♀	♂	⚵	⚳	♃	♄	⚷	♅	♆	♇
1 Tu	22 ♍ 27 20	21 ♈ 28 49	27 ♈ 50 39	15 ♎ 21 48	20 ♍ 33 21	25 ♋ 33 25	20 ♊ 36 30	20 ♉ 42 10	17 ♊ 40 44	7 ♒ 18 14	5 ♒ 58 06	6 ♌ 43 52	5 ♎ 15 15	3 ♌ 46 00
2 W	23 26 39	4 ♉ 15 03	10 ♉ 43 37	15 54 48	21 47 54	26 07 42	20 54 34	20 42 39	17 43 45	7 15 01	5 55 45	6 46 03	5 16 45	3 46 51
3 Th	24 26 06	17 15 10	23 51 06	16 21 59	23 02 32	26 41 60	21 12 24	20 42 49	17 46 40	7 11 59	5 53 32	6 48 17	5 18 20	3 47 45
4 F	25 25 47	0 ♊ 30 30	7 ♊ 14 23	16 42 51	24 17 24	27 16 25	21 30 06	20 42 47	17 49 36	7 09 15	5 51 34	6 50 41	5 20 08	3 48 51
5 Sa	26 25 44	14 02 12	20 54 24	16 56 46	25 32 30	27 51 01	21 47 42	20 42 35	17 52 35	7 06 50	5 49 53	6 53 17	5 22 11	3 50 09
6 Su	27 25 55	27 50 50	4 ♋ 51 25	17 03 02	26 47 48	28 25 44	22 05 08	20 42 11	17 55 35	7 04 43	5 48 26	6 56 03	5 24 25	3 51 37
7 M	28 26 14	11 ♋ 56 08	19 04 35	17 00 54	28 03 13	29 00 29	22 22 19	20 41 27	17 58 30	7 02 47	5 47 08	6 58 52	5 26 45	3 53 09
8 Tu	29 26 34	26 16 38	3 ♌ 31 43	16 49 39	29 18 38	29 35 09	22 39 07	20 40 18	18 01 12	7 00 56	5 45 52	7 01 37	5 29 05	3 54 39
9 W	0 ♎ 26 51	10 ♌ 49 25	18 09 05	16 28 43	0 ♎ 33 58	0 ♌ 09 38	22 55 27	20 38 39	18 03 38	6 59 05	5 44 33	7 04 15	5 31 20	3 56 02
10 Th	1 27 05	25 29 58	2 ♍ 51 27	15 57 45	1 49 12	0 43 58	23 11 20	20 36 30	18 05 47	6 57 15	5 43 12	7 06 45	5 33 29	3 57 18
11 F	2 27 17	10 ♍ 12 31	17 32 33	15 16 43	3 04 25	1 18 10	23 26 47	20 33 53	18 07 42	6 55 29	5 41 52	7 09 11	5 35 37	3 58 30
12 Sa	3 27 37	24 50 31	2 ♎ 05 43	14 25 57	4 19 43	1 52 22	23 41 55	20 30 56	18 09 30	6 53 53	5 40 39	7 11 38	5 37 48	3 59 45
13 Su	4 28 09	9 ♎ 17 28	16 24 49	13 26 12	5 35 13	2 26 41	23 56 52	20 27 45	18 11 18	6 52 35	5 39 41	7 14 15	5 40 12	4 01 11
14 M	5 29 00	23 27 44	0 ♏ 24 55	12 18 40	6 51 00	3 01 12	24 11 41	20 24 27	18 13 12	6 51 40	5 39 03	7 17 05	5 42 53	4 02 51
15 Tu	6 30 11	7 ♏ 17 09	14 02 50	11 04 55	8 07 05	3 35 56	24 26 24	20 21 01	18 15 11	6 51 09	5 38 46	7 20 11	5 45 51	4 04 48
16 W	7 31 35	20 43 32	27 17 24	9 46 56	9 23 23	4 10 47	24 40 55	20 17 24	18 17 11	6 50 57	5 38 45	7 23 27	5 49 02	4 06 56
17 Th	8 33 05	3 ♐ 46 32	10 ♐ 09 14	8 26 59	10 39 44	4 45 36	24 55 04	20 13 25	18 19 03	6 50 55	5 38 50	7 26 44	5 52 17	4 09 05
18 F	9 34 27	16 27 39	22 40 33	7 07 29	11 55 57	5 20 12	25 08 38	20 08 53	18 20 34	6 50 50	5 38 50	7 29 50	5 55 22	4 11 04
19 Sa	10 35 29	28 49 44	4 ♑ 54 44	5 50 55	13 11 49	5 54 21	25 21 27	20 03 37	18 21 33	6 50 31	5 38 32	7 32 32	5 58 07	4 12 40
20 Su	11 36 03	10 ♑ 56 37	16 55 58	4 39 38	14 27 12	6 27 55	25 33 19	19 57 26	18 21 50	6 49 49	5 37 48	7 34 41	6 00 22	4 13 45
21 M	12 36 05	22 52 49	28 48 54	3 35 45	15 42 01	7 00 50	25 44 12	19 50 19	18 21 22	6 48 39	5 36 34	7 36 14	6 02 03	4 14 15
22 Tu	13 35 38	4 ♒ 43 12	10 ♒ 38 24	2 41 01	16 56 20	7 33 11	25 54 08	19 42 18	18 20 13	6 47 07	5 34 53	7 37 15	6 03 15	4 14 14
23 W	14 34 54	16 32 38	22 29 10	1 56 49	18 10 21	8 05 06	26 03 19	19 33 35	18 18 32	6 45 22	5 32 57	7 37 54	6 04 07	4 13 52
24 Th	15 34 08	28 25 45	4 ♓ 25 39	1 24 02	19 24 19	8 36 54	26 11 59	19 24 26	18 16 38	6 43 40	5 31 01	7 38 28	6 04 57	4 13 25
25 F	16 33 41	10 ♓ 26 46	16 31 43	1 03 14	20 38 35	9 08 53	26 20 29	19 15 13	18 14 49	6 42 23	5 29 27	7 39 16	6 06 04	4 13 14
26 Sa	17 33 53	22 39 12	28 50 29	0 54 30	21 53 28	9 41 24	26 29 08	19 06 14	18 13 25	6 41 49	5 28 32	7 40 39	6 07 48	4 13 39
27 Su	18 34 59	5 ♈ 05 41	11 ♈ 24 11	0 57 38	23 09 14	10 14 42	26 38 12	18 57 46	18 12 42	6 42 15	5 28 34	7 42 51	6 10 24	4 14 55
28 M	19 37 07	17 47 51	24 13 55	1 12 03	24 26 01	10 48 56	26 47 48	18 49 59	18 12 49	6 43 48	5 29 41	7 46 02	6 14 01	4 17 10
29 Tu	20 40 15	0 ♉ 46 11	7 ♉ 19 47	1 36 54	25 43 48	11 24 02	26 57 53	18 42 49	18 13 43	6 46 27	5 31 50	7 50 09	6 18 37	4 20 22
30 W	21 44 10	14 00 08	20 40 50	2 11 05	27 02 19	11 59 47	27 08 14	18 36 03	18 15 10	6 49 57	5 34 47	7 54 58	6 23 57	4 24 17

LONGITUDE — December 1966

Day	☉	0 hr ☽	Noon ☽	☿	♀	♂	⚵	⚳	♃	♄	⚷	♅	♆	♇
1 Th	22 ♎ 48 27	27 ♉ 28 18	4 ♊ 15 22	2 ♎ 53 19	28 ♎ 21 11	12 ♌ 35 47	27 ♊ 18 27	18 ♉ 29 18	18 ♊ 16 46	6 ♒ 53 54	5 ♒ 38 09	8 ♌ 00 04	6 ♎ 29 37	4 ♌ 28 31
2 F	23 52 35	11 ♊ 08 38	18 01 13	3 42 13	29 39 54	13 11 31	27 27 59	18 22 04	18 18 00	6 57 48	5 41 24	8 04 58	6 35 08	4 32 34
3 Sa	24 56 05	24 58 52	1 ♋ 56 04	4 36 29	0 ♏ 57 56	13 46 28	27 36 19	18 13 50	18 18 22	7 01 08	5 44 01	8 09 07	6 39 57	4 35 54
4 Su	25 58 31	8 ♋ 56 50	15 57 48	5 34 58	2 14 54	14 20 14	27 43 04	18 04 13	18 17 28	7 03 29	5 45 37	8 12 10	6 43 41	4 38 07
5 M	26 59 44	23 00 41	0 ♌ 04 36	6 36 51	3 30 37	14 52 38	27 48 04	17 53 05	18 15 08	7 04 43	5 46 03	8 13 54	6 46 10	4 39 04
6 Tu	27 59 52	7 ♌ 08 54	14 14 55	7 41 39	4 45 15	15 23 49	27 51 26	17 40 32	18 11 29	7 04 57	5 45 25	8 14 29	6 47 31	4 38 53
7 W	28 59 20	21 20 12	28 27 23	8 49 16	5 59 11	15 54 13	27 53 34	17 27 02	18 06 59	7 04 36	5 44 10	8 14 20	6 48 12	4 37 59
8 Th	29 58 46	5 ♍ 33 12	12 ♍ 40 21	9 59 51	7 13 04	16 24 25	27 55 07	17 13 14	18 02 13	7 04 18	5 42 55	8 14 04	6 48 48	4 36 59
9 F	0 ♏ 58 53	19 46 05	26 51 43	11 13 42	8 27 37	16 55 10	27 56 47	16 59 50	17 57 55	7 04 46	5 42 22	8 14 24	6 50 02	4 36 37
10 Sa	2 00 18	3 ♎ 56 21	10 ♎ 58 40	12 31 06	9 43 27	17 27 04	27 59 12	16 47 29	17 54 44	7 06 38	5 43 10	8 15 59	6 52 34	4 37 30
11 Su	3 03 26	18 00 45	24 57 52	13 52 10	11 00 59	18 00 32	28 02 45	16 36 37	17 53 03	7 10 17	5 45 43	8 19 11	6 56 46	4 40 03
12 M	4 08 22	1 ♏ 55 35	8 ♏ 45 40	15 16 41	12 20 17	18 35 40	28 07 33	16 27 21	17 52 58	7 15 50	5 50 07	8 24 07	7 02 44	4 44 21
13 Tu	5 14 50	15 37 04	22 18 37	16 44 12	13 41 08	19 12 11	28 13 19	16 19 25	17 54 14	7 23 01	5 56 06	8 30 32	7 10 13	4 50 08
14 W	6 22 18	29 01 56	5 ♐ 34 03	18 13 58	15 02 57	19 49 33	28 19 32	16 12 18	17 56 18	7 31 18	6 03 07	8 37 53	7 18 41	4 56 53
15 Th	7 30 02	12 ♐ 07 12	18 30 30	19 45 05	16 25 01	20 27 02	28 25 27	16 05 18	17 58 27	7 39 56	6 10 27	8 45 25	7 27 23	5 03 51
16 F	8 37 15	24 54 30	1 ♑ 07 57	21 16 38	17 46 34	21 03 51	28 30 17	15 57 38	17 59 54	7 48 09	6 17 18	8 52 22	7 35 32	5 10 15
17 Sa	9 43 16	7 ♑ 22 14	13 27 54	22 47 48	19 06 53	21 39 18	28 33 21	15 48 38	17 59 58	7 55 15	6 23 01	8 58 04	7 42 27	5 15 25
18 Su	10 47 37	19 33 36	25 33 18	24 18 02	20 25 33	22 12 57	28 34 13	15 37 54	17 58 13	8 00 48	6 27 06	9 02 02	7 47 42	5 18 53
19 M	11 50 11	1 ♒ 32 20	7 ♒ 28 20	25 47 07	21 42 24	22 44 39	28 32 44	15 25 16	17 54 29	8 04 38	6 29 27	9 04 09	7 51 08	5 20 30
20 Tu	12 51 08	13 23 17	19 18 06	27 15 11	22 57 39	23 14 36	28 29 06	15 10 58	17 49 00	8 06 59	6 30 16	9 04 36	7 52 57	5 20 30
21 W	13 51 01	25 12 04	1 ♓ 08 18	28 42 39	24 11 47	23 43 18	28 23 51	14 55 32	17 42 16	8 08 20	6 30 01	9 03 54	7 53 38	5 19 22
22 Th	14 50 31	7 ♓ 04 39	13 04 53	0 ♏ 10 14	25 25 34	24 11 29	28 17 41	14 39 44	17 35 01	8 09 25	6 29 28	9 02 47	7 53 57	5 17 50
23 F	15 50 32	19 06 57	25 13 33	1 38 44	26 39 49	24 39 60	28 11 29	14 24 24	17 28 06	8 11 06	6 29 28	9 02 06	7 54 44	5 16 46
24 Sa	16 51 51	1 ♈ 24 20	7 ♈ 39 19	3 08 56	27 55 22	25 09 39	28 06 03	14 10 23	17 22 21	8 14 11	6 30 50	9 02 40	7 56 49	5 16 58
25 Su	17 55 06	14 01 11	20 25 57	4 41 26	29 12 51	25 41 06	28 02 02	13 58 20	17 18 24	8 19 18	6 34 10	9 05 07	8 00 48	5 19 04
26 M	19 00 38	27 00 19	3 ♉ 35 32	6 16 33	0 ♐ 32 36	26 14 38	27 59 46	13 48 35	17 16 34	8 26 46	6 39 50	9 09 46	8 07 02	5 23 24
27 Tu	20 08 21	10 ♉ 22 33	17 08 00	7 54 12	1 54 31	26 50 11	27 59 11	13 41 06	17 16 48	8 36 32	6 47 44	9 16 34	8 15 26	5 29 53
28 W	21 17 45	24 06 29	1 ♊ 01 02	9 33 52	3 18 08	27 27 15	27 59 47	13 35 23	17 18 35	8 48 05	6 57 23	9 24 58	8 25 30	5 38 02
29 Th	22 27 59	8 ♊ 08 34	15 10 17	11 14 40	4 42 33	28 04 58	28 00 43	13 30 35	17 21 04	9 00 33	7 07 54	9 34 10	8 36 22	5 46 58
30 F	23 37 60	22 23 33	29 29 59	12 55 34	6 06 44	28 42 17	28 00 55	13 25 40	17 23 12	9 12 52	7 18 15	9 43 04	8 46 59	5 55 38
31 Sa	24 46 44	6 ♋ 45 25	13 ♋ 54 01	14 35 30	7 29 38	29 18 08	27 59 22	13 19 36	17 23 56	9 24 00	7 27 21	9 50 37	8 56 18	6 02 60

Notes

January 1967 — LONGITUDE

Day	☉	0 hr ☽	Noon ☽	☿	♀	♂	⚵	⚳	♃	♄	⚷	♅	♆	♇
1 Su	25 ♏ 53 25	21 ♋ 08 21	28 ♋ 16 50	16 ♏ 13 43	8 ♐ 50 28	29 ♌ 51 43	27 ♊ 55 18	13 ♉ 11 37	17 ♊ 22 29	9 ♒ 33 10	7 ♒ 34 27	9 ♌ 56 03	9 ♎ 03 32	6 ♌ 08 15
2 M	26 57 43	5 ♌ 27 43	12 ♌ 34 20	17 49 52	10 08 55	0 ♍ 22 45	27 48 22	13 01 25	17 18 34	9 40 02	7 39 13	9 59 04	9 08 21	6 11 06
3 Tu	27 59 52	19 40 36	26 44 16	19 24 12	11 25 12	0 51 25	27 38 51	12 49 14	17 12 23	9 44 51	7 41 53	9 59 51	9 10 60	6 11 46
4 W	29 00 38	3 ♍ 45 51	10 ♍ 46 02	20 57 29	12 40 04	1 18 29	27 27 30	12 35 51	17 04 41	9 48 21	7 43 11	9 59 11	9 12 13	6 10 60
5 Th	0 ♐ 01 05	17 43 40	24 40 08	22 30 49	13 54 38	1 45 03	27 15 25	12 22 23	16 56 36	9 51 38	7 44 14	9 58 09	9 13 06	6 09 53
6 F	1 02 28	1 ♎ 34 53	8 ♎ 27 30	24 05 26	15 10 07	2 12 19	27 03 51	12 10 03	16 49 21	9 55 55	7 46 16	9 57 59	9 14 53	6 09 39
7 Sa	2 05 50	15 20 17	22 08 47	25 42 26	16 27 34	2 41 21	26 53 53	11 59 56	16 43 60	10 02 17	7 50 19	9 59 45	9 18 38	6 11 23
8 Su	3 11 54	28 59 57	5 ♏ 43 49	27 22 31	17 47 43	3 12 51	26 46 15	11 52 48	16 41 16	10 11 26	7 57 07	10 04 10	9 25 03	6 15 47
9 M	4 20 52	12 ♏ 32 56	19 11 29	29 05 55	19 10 46	3 47 03	26 41 10	11 48 50	16 41 23	10 23 34	8 06 52	10 11 25	9 34 21	6 23 04
10 Tu	5 32 25	25 57 26	2 ♐ 29 50	0 ♐ 52 20	20 36 23	4 23 35	26 38 19	11 47 44	16 44 01	10 38 22	8 19 15	10 21 12	9 46 12	6 32 53
11 W	6 45 45	9 ♐ 11 02	15 36 33	2 40 57	22 03 47	5 01 40	26 36 57	11 48 42	16 48 22	10 55 03	8 33 28	10 32 43	9 59 48	6 44 28
12 Th	7 59 45	22 11 17	28 29 30	4 30 43	23 31 50	5 40 12	26 35 58	11 50 41	16 53 21	11 12 29	8 48 24	10 44 51	10 14 04	6 56 41
13 F	9 13 13	4 ♑ 56 23	11 ♑ 07 21	6 20 24	24 59 21	6 17 57	26 34 12	11 52 27	16 57 45	11 29 28	9 02 52	10 56 25	10 27 46	7 08 21
14 Sa	10 25 04	17 25 38	23 30 00	8 08 59	26 25 15	6 53 50	26 30 34	11 52 56	17 00 31	11 44 55	9 15 45	11 06 18	10 39 50	7 18 23
15 Su	11 34 32	29 39 50	5 ♒ 38 50	9 55 39	27 48 45	7 27 05	26 24 19	11 51 24	17 00 51	11 58 04	9 26 18	11 13 46	10 49 29	7 25 60
16 M	12 41 14	11 ♒ 41 22	17 36 46	11 40 06	29 09 30	7 57 20	26 15 08	11 47 28	16 58 26	12 08 34	9 34 10	11 18 26	10 56 23	7 30 51
17 Tu	13 45 21	23 34 10	29 28 11	13 22 29	0 ♑ 27 38	8 24 43	26 03 10	11 41 19	16 53 24	12 16 33	9 39 28	11 20 27	11 00 39	7 33 04
18 W	14 47 26	5 ♓ 23 27	11 ♓ 18 39	15 03 22	1 43 45	8 49 50	25 49 03	11 33 31	16 46 21	12 22 36	9 42 49	11 20 25	11 02 53	7 33 16
19 Th	15 48 27	17 15 23	23 14 32	16 43 44	2 58 47	9 13 36	25 33 44	11 25 03	16 38 13	12 27 39	9 45 09	11 19 16	11 04 02	7 32 22
20 F	16 49 31	29 16 42	5 ♈ 22 34	18 24 43	4 13 52	9 37 09	25 18 22	11 17 02	16 30 10	12 32 52	9 47 35	11 18 09	11 05 13	7 31 31
21 Sa	17 51 47	11 ♈ 34 01	17 49 13	20 07 27	5 30 09	10 01 39	25 04 09	11 10 38	16 23 20	12 39 22	9 51 17	11 18 12	11 07 36	7 31 52
22 Su	18 56 12	24 13 18	0 ♉ 39 59	21 52 53	6 48 35	10 28 01	24 52 02	11 06 48	16 18 41	12 48 05	9 57 11	11 20 21	11 12 06	7 34 20
23 M	20 03 20	7 ♉ 19 05	13 58 38	23 41 34	8 09 43	10 56 47	24 42 35	11 06 05	16 16 45	12 59 36	10 05 50	11 25 11	11 19 18	7 39 30
24 Tu	21 13 11	20 53 41	27 46 25	25 33 30	9 33 34	11 28 01	24 35 52	11 08 31	16 17 36	13 13 56	10 17 17	11 32 42	11 29 13	7 47 24
25 W	22 25 15	4 ♊ 56 30	12 ♊ 01 23	27 28 09	10 59 38	12 01 09	24 31 23	11 13 35	16 20 42	13 30 34	10 30 59	11 42 24	11 41 19	7 57 29
26 Th	23 38 28	19 23 45	26 38 21	29 24 28	12 26 51	12 35 08	24 28 07	11 20 15	16 25 00	13 48 26	10 45 54	11 53 14	11 54 34	8 08 43
27 F	24 51 33	4 ♋ 08 38	11 ♋ 29 24	1 ♑ 21 02	13 53 54	13 08 40	24 24 45	11 27 11	16 29 12	14 06 13	11 00 43	12 03 53	12 07 39	8 19 48
28 Sa	26 03 08	19 02 22	26 25 12	3 16 32	15 19 27	13 40 23	24 19 59	11 33 04	16 31 59	14 22 36	11 14 05	12 13 01	12 19 13	8 29 22
29 Su	27 12 13	3 ♌ 55 44	11 ♌ 16 43	5 09 50	16 42 30	14 09 17	24 12 50	11 36 54	16 32 19	14 36 34	11 25 01	12 19 37	12 28 17	8 36 26
30 M	28 18 22	18 40 45	25 56 43	7 00 26	18 02 37	14 34 54	24 02 53	11 38 13	16 29 47	14 47 39	11 33 03	12 23 14	12 34 23	8 40 33
31 Tu	29 21 48	3 ♍ 11 52	10 ♍ 20 47	8 48 28	19 19 59	14 57 27	23 50 21	11 37 15	16 24 37	14 56 06	11 38 24	12 24 07	12 37 44	8 41 56

February 1967 — LONGITUDE

Day	☉	0 hr ☽	Noon ☽	☿	♀	♂	⚵	⚳	♃	♄	⚷	♅	♆	♇
1 W	0 ♑ 23 22	17 ♍ 26 27	24 ♍ 27 25	10 ♑ 34 38	20 ♑ 35 29	15 ♍ 17 47	23 ♊ 36 07	11 ♉ 34 51	16 ♊ 17 39	15 ♒ 02 45	11 ♒ 41 57	12 ♌ 23 05	12 ♎ 39 13	8 ♌ 41 27
2 Th	1 24 18	1 ♎ 24 26	8 ♎ 17 27	12 20 03	21 50 22	15 37 07	23 21 28	11 32 17	16 10 09	15 08 52	11 44 55	12 21 25	12 40 03	8 40 20
3 F	2 26 02	15 07 31	21 53 06	14 05 55	23 06 00	15 56 52	23 07 49	11 30 56	16 03 31	15 15 49	11 48 42	12 20 29	12 41 38	8 39 58
4 Sa	3 29 45	28 38 06	5 ♏ 16 58	15 53 15	24 23 39	16 18 14	22 56 24	11 32 01	15 58 58	15 24 51	11 54 32	12 21 32	12 45 12	8 41 37
5 Su	4 36 18	11 ♏ 58 27	18 31 16	17 42 38	25 44 06	16 42 02	22 48 03	11 36 22	15 57 22	15 36 46	12 03 14	12 25 23	12 51 35	8 46 04
6 M	5 45 56	25 10 04	1 ♐ 37 18	19 34 01	27 07 38	17 08 32	22 43 05	11 44 16	15 58 58	15 51 51	12 15 04	12 32 18	13 01 02	8 53 37
7 Tu	6 58 22	8 ♐ 13 25	14 35 15	21 26 46	28 33 56	17 37 24	22 41 12	11 55 24	16 03 27	16 09 47	12 29 45	12 41 59	13 13 16	9 03 57
8 W	8 12 45	21 08 01	27 24 30	23 19 41	0 ♒ 02 12	18 07 49	22 41 35	12 08 56	16 10 02	16 29 45	12 46 25	12 53 36	13 27 26	9 16 14
9 Th	9 27 57	3 ♑ 52 44	10 ♑ 03 52	25 11 09	1 31 17	18 38 37	22 43 08	12 23 43	16 17 33	16 50 36	13 03 58	13 06 01	13 42 24	9 29 20
10 F	10 42 41	16 26 22	22 32 17	26 59 25	2 59 53	19 08 32	22 44 34	12 38 30	16 24 45	17 11 04	13 21 06	13 17 58	13 56 54	9 41 59
11 Sa	11 55 48	28 48 08	4 ♒ 49 15	28 42 45	4 26 51	19 36 23	22 44 45	12 52 06	16 30 29	17 29 59	13 36 39	13 28 17	14 09 45	9 53 01
12 Su	13 06 25	10 ♒ 58 09	16 55 16	0 ♒ 19 42	5 51 20	20 01 17	22 42 49	13 03 39	16 33 51	17 46 28	13 49 46	13 36 05	14 20 07	10 01 33
13 M	14 14 05	22 57 49	28 52 11	1 49 11	7 12 51	20 22 47	22 38 21	13 12 41	16 34 26	18 00 05	13 59 58	13 40 56	14 27 31	10 07 09
14 Tu	15 18 51	4 ♓ 49 54	10 ♓ 43 14	3 10 31	8 31 27	20 40 54	22 31 22	13 19 15	16 32 15	18 10 51	14 07 19	13 42 52	14 31 59	10 09 51
15 W	16 21 10	16 38 32	22 32 58	4 23 30	9 47 36	20 56 07	22 22 23	13 23 50	16 27 49	18 19 16	14 12 17	13 42 22	14 34 02	10 10 08
16 Th	17 21 56	28 29 01	4 ♈ 27 02	5 28 17	11 02 12	21 09 18	22 12 17	13 27 17	16 21 59	18 26 10	14 15 45	13 40 18	14 34 30	10 08 52
17 F	18 22 13	10 ♈ 27 33	16 31 50	6 25 16	12 16 18	21 21 30	22 02 09	13 30 41	16 15 50	18 32 41	14 18 46	13 37 45	14 34 29	10 07 08
18 Sa	19 23 09	22 40 43	28 54 02	7 14 55	13 31 02	21 33 51	21 53 07	13 35 09	16 10 32	18 39 54	14 22 30	13 35 52	14 35 08	10 06 04
19 Su	20 25 44	5 ♉ 14 57	11 ♉ 39 52	7 57 35	14 47 25	21 47 20	21 46 12	13 41 42	16 07 03	18 48 50	14 27 55	13 35 37	14 37 24	10 06 39
20 M	21 30 36	18 15 47	24 54 21	8 33 23	16 06 05	22 02 36	21 42 02	13 50 57	16 06 02	19 00 08	14 35 41	13 37 40	14 41 57	10 09 33
21 Tu	22 37 54	1 ♊ 47 04	8 ♊ 40 21	9 02 03	17 27 10	22 19 46	21 40 48	14 03 04	16 07 39	19 13 56	14 45 56	13 42 10	14 48 57	10 14 55
22 W	23 47 17	15 49 57	22 57 42	9 22 55	18 50 19	22 38 29	21 42 07	14 17 40	16 11 32	19 29 53	14 58 18	13 48 45	14 58 02	10 22 23
23 Th	24 57 53	0 ♋ 22 16	7 ♋ 42 35	9 34 59	20 14 40	22 57 50	21 45 08	14 33 52	16 16 49	19 47 05	15 11 55	13 56 33	15 08 18	10 31 04
24 F	26 08 29	15 18 12	22 47 34	9 37 06	21 39 01	23 16 40	21 48 39	14 50 30	16 22 20	20 04 23	15 25 37	14 04 22	15 18 35	10 39 47
25 Sa	27 17 54	0 ♌ 28 49	8 ♌ 02 31	9 28 19	23 02 10	23 33 43	21 51 27	15 06 20	16 26 50	20 20 32	15 38 10	14 11 01	15 27 40	10 47 20
26 Su	28 25 10	15 43 25	23 16 20	9 08 09	24 23 08	23 48 02	21 52 36	15 20 23	16 29 22	20 34 35	15 48 35	14 15 30	15 34 36	10 52 44
27 M	29 29 47	0 ♍ 51 27	8 ♍ 19 00	8 36 48	25 41 27	23 59 06	21 51 35	15 32 11	16 29 28	20 46 04	15 56 24	14 17 21	15 38 52	10 55 31
28 Tu	0 ♒ 31 52	15 44 22	23 03 08	7 55 18	26 57 14	24 07 02	21 48 33	15 41 50	16 27 15	20 55 04	16 01 45	14 16 41	15 40 37	10 55 48

Notes

LONGITUDE — March 1967

Day	☉	0 hr ☽	Noon ☽	☿	♀	♂	⚵	⚳	♃	♄	⚷	♅	♆	♇
1 W	1 ♒ 32 07	0 ♌ 16 43	7 ♌ 24 45	7 ♒ 05 28	28 ♒ 11 08	24 ♍ 12 29	21 ♊ 44 08	15 ♉ 50 00	16 ♊ 23 23	21 ♒ 02 16	16 ♒ 05 16	14 ♌ 14 11	15 ♎ 40 29	10 ♌ 54 15
2 Th	2 31 32	14 26 20	21 22 60	6 09 37	29 24 12	24 16 28	21 39 24	15 57 44	16 18 54	21 08 42	16 08 01	14 10 52	15 39 33	10 51 53
3 F	3 31 18	28 13 41	4 ♏ 59 25	5 10 19	0 ♓ 37 36	24 20 10	21 35 31	16 06 10	16 14 58	21 15 32	16 11 08	14 07 56	15 38 57	10 49 54
4 Sa	4 32 28	11 ♏ 41 01	18 16 49	4 10 07	1 52 22	24 24 35	21 33 30	16 16 21	16 12 38	21 23 48	16 15 41	14 06 23	15 39 43	10 49 20
5 Su	5 35 43	24 51 16	1 ♐ 18 26	3 11 11	3 09 12	24 30 25	21 34 04	16 28 59	16 12 36	21 34 12	16 22 22	14 06 56	15 42 35	10 50 52
6 M	6 41 19	7 ♐ 47 18	14 07 09	2 15 15	4 28 23	24 37 55	21 37 29	16 44 19	16 15 08	21 47 01	16 31 26	14 09 52	15 47 48	10 54 47
7 Tu	7 49 05	20 31 29	26 45 11	1 23 27	5 49 41	24 46 53	21 43 33	17 02 09	16 20 02	22 02 01	16 42 41	14 14 57	15 55 09	11 00 52
8 W	8 58 23	3 ♑ 05 26	9 ♑ 13 57	0 36 20	7 12 31	24 56 41	21 51 38	17 21 53	16 26 41	22 18 37	16 55 31	14 21 37	16 04 02	11 08 31
9 Th	10 08 21	15 30 08	21 34 14	29 ♑ 54 05	8 36 00	25 06 27	22 00 53	17 42 37	16 34 14	22 35 56	17 09 04	14 28 58	16 13 36	11 16 52
10 F	11 18 02	27 46 06	3 ♒ 46 29	29 16 33	9 59 11	25 15 13	22 10 21	18 03 25	16 41 44	22 53 01	17 22 21	14 36 04	16 22 52	11 24 58
11 Sa	12 26 32	9 ♒ 53 48	15 51 06	28 43 28	11 21 10	25 22 05	22 19 06	18 23 23	16 48 16	23 08 58	17 34 30	14 42 00	16 30 58	11 31 55
12 Su	13 33 11	21 53 54	27 48 55	28 14 36	12 41 17	25 26 22	22 26 30	18 41 48	16 53 10	23 23 06	17 44 50	14 46 07	16 37 12	11 37 03
13 M	14 37 36	3 ♓ 47 40	9 ♓ 41 22	27 49 52	13 59 08	25 27 41	22 32 08	18 58 20	16 56 04	23 35 03	17 52 57	14 48 02	16 41 13	11 39 59
14 Tu	15 39 46	15 37 10	21 30 50	27 29 22	15 14 42	25 26 01	22 35 59	19 12 55	16 56 56	23 44 47	17 58 52	14 47 43	16 42 57	11 40 41
15 W	16 39 57	27 25 25	3 ♈ 20 37	27 13 25	16 28 17	25 21 39	22 38 20	19 25 51	16 56 03	23 52 36	18 02 50	14 45 28	16 42 44	11 39 27
16 Th	17 38 45	9 ♈ 16 19	15 14 59	27 02 31	17 40 28	25 15 09	22 39 47	19 37 44	16 54 02	23 59 04	18 05 28	14 41 53	16 41 09	11 36 53
17 F	18 36 55	21 14 37	27 18 56	26 57 16	18 51 59	25 07 18	22 41 03	19 49 17	16 51 36	24 04 57	18 07 29	14 37 42	16 38 55	11 33 43
18 Sa	19 35 15	3 ♉ 25 36	9 ♉ 37 57	26 58 16	20 03 39	24 58 52	22 42 57	20 01 19	16 49 35	24 11 03	18 09 44	14 33 43	16 36 53	11 30 45
19 Su	20 34 29	15 54 47	22 17 33	27 05 59	21 16 11	24 50 36	22 46 12	20 14 32	16 48 40	24 18 05	18 12 53	14 30 41	16 35 44	11 28 44
20 M	21 35 06	28 47 21	5 ♊ 22 40	27 20 41	22 30 05	24 43 00	22 51 17	20 29 27	16 49 24	24 26 33	18 17 29	14 29 04	16 35 59	11 28 09
21 Tu	22 37 18	12 ♊ 07 29	18 56 53	27 42 16	23 45 32	24 36 15	22 58 24	20 46 15	16 51 56	24 36 38	18 23 41	14 29 06	16 37 50	11 29 11
22 W	23 40 55	25 57 38	3 ♋ 01 36	28 10 16	25 02 23	24 30 12	23 07 21	21 04 44	16 56 07	24 48 10	18 31 20	14 30 35	16 41 06	11 31 41
23 Th	24 45 26	10 ♋ 17 39	17 35 19	28 43 55	26 20 06	24 24 21	23 17 39	21 24 25	17 01 26	25 00 40	18 39 56	14 33 01	16 45 17	11 35 08
24 F	25 50 09	25 04 13	2 ♌ 33 04	29 22 13	27 37 58	24 17 58	23 28 34	21 44 34	17 07 10	25 13 22	18 48 44	14 35 42	16 49 39	11 38 49
25 Sa	26 54 16	10 ♌ 10 46	17 46 46	0 ♒ 04 10	28 55 13	24 10 17	23 39 18	22 04 25	17 12 32	25 25 32	18 56 60	14 37 50	16 53 27	11 41 57
26 Su	27 57 09	25 27 59	3 ♍ 06 07	0 48 51	0 ♈ 11 13	24 00 42	23 49 12	22 23 18	17 16 54	25 36 29	19 04 03	14 38 47	16 56 02	11 43 54
27 M	28 58 28	10 ♍ 45 17	18 20 21	1 35 41	1 25 35	23 48 51	23 57 56	22 40 51	17 19 55	25 45 54	19 09 33	14 38 12	16 57 03	11 44 19
28 Tu	29 58 12	25 52 30	3 ♎ 19 57	2 24 29	2 38 21	23 34 44	24 05 29	22 57 06	17 21 34	25 53 46	19 13 30	14 36 06	16 56 29	11 43 12
29 W	0 ♓ 56 42	10 ♎ 41 27	17 58 01	3 15 22	3 49 50	23 18 44	24 12 11	23 12 22	17 22 13	26 00 25	19 16 14	14 32 48	16 54 41	11 40 53
30 Th	1 54 32	25 06 54	2 ♏ 10 46	4 08 44	5 00 37	23 01 25	24 18 35	23 27 12	17 22 24	26 06 26	19 18 19	14 28 53	16 52 13	11 37 57
31 F	2 52 20	9 ♏ 06 35	15 57 19	5 05 03	6 11 20	22 43 26	24 25 20	23 42 16	17 22 46	26 12 26	19 20 23	14 24 60	16 49 44	11 35 01

LONGITUDE — April 1967

Day	☉	0 hr ☽	Noon ☽	☿	♀	♂	⚵	⚳	♃	♄	⚷	♅	♆	♇
1 Sa	3 ♓ 50 42	22 ♏ 40 48	29 ♏ 19 00	6 ♒ 04 45	7 ♈ 22 34	22 ♍ 25 25	24 ♊ 33 01	23 ♉ 58 08	17 ♊ 23 56	26 ♒ 19 02	19 ♒ 23 03	14 ♌ 21 43	16 ♎ 47 49	11 ♌ 32 42
2 Su	4 50 02	5 ♐ 51 33	12 ♐ 18 34	7 08 06	8 34 43	22 07 46	24 42 01	24 15 12	17 26 16	26 26 36	19 26 42	14 19 27	16 46 53	11 31 24
3 M	5 50 29	18 41 53	24 59 22	8 15 07	9 47 58	21 50 41	24 52 31	24 33 39	17 29 56	26 35 20	19 31 29	14 18 21	16 47 04	11 31 15
4 Tu	6 51 59	1 ♑ 15 07	7 ♑ 24 53	9 25 37	11 02 12	21 34 07	25 04 24	24 53 21	17 34 52	26 45 07	19 37 20	14 18 22	16 48 18	11 32 12
5 W	7 54 15	13 34 35	19 38 20	10 39 11	12 17 10	21 17 48	25 17 23	25 14 03	17 40 45	26 55 40	19 43 57	14 19 10	16 50 18	11 33 56
6 Th	8 56 50	25 43 14	1 ♒ 42 34	11 55 21	13 32 25	21 01 21	25 31 03	25 35 19	17 47 12	27 06 35	19 50 56	14 20 23	16 52 38	11 36 04
7 F	9 59 20	7 ♒ 43 42	13 40 03	13 13 33	14 47 31	20 44 21	25 44 57	25 56 42	17 53 45	27 17 24	19 57 49	14 21 33	16 54 53	11 38 09
8 Sa	11 01 19	19 38 19	25 32 53	14 33 19	16 02 04	20 26 28	25 58 41	26 17 48	18 00 01	27 27 44	20 04 12	14 22 16	16 56 38	11 39 45
9 Su	12 02 29	1 ♓ 29 10	7 ♓ 23 03	15 54 18	17 15 45	20 07 24	26 11 56	26 38 18	18 05 40	27 37 17	20 09 48	14 22 14	16 57 36	11 40 37
10 M	13 02 42	13 18 16	19 12 32	17 16 16	18 28 26	19 47 04	26 24 32	26 58 04	18 10 34	27 45 53	20 14 28	14 21 18	16 57 36	11 40 33
11 Tu	14 01 58	25 07 44	1 ♈ 03 27	18 39 11	19 40 07	19 25 29	26 36 30	27 17 06	18 14 44	27 53 32	20 18 11	14 19 28	16 56 40	11 39 36
12 W	15 00 25	6 ♈ 59 53	12 58 13	20 03 08	20 50 56	19 02 52	26 47 58	27 35 31	18 18 17	28 00 23	20 21 06	14 16 54	16 54 56	11 37 53
13 Th	15 58 17	18 57 22	24 59 38	21 28 20	22 01 07	18 39 29	26 59 10	27 53 34	18 21 27	28 06 40	20 23 28	14 13 49	16 52 38	11 35 38
14 F	16 55 52	1 ♉ 03 12	7 ♉ 10 52	22 55 03	23 10 59	18 15 41	27 10 24	28 11 33	18 24 34	28 12 42	20 25 33	14 10 31	16 50 05	11 33 10
15 Sa	17 53 28	13 20 42	19 35 26	24 23 33	24 20 48	17 51 48	27 21 56	28 29 46	18 27 53	28 18 45	20 27 41	14 07 19	16 47 34	11 30 47
16 Su	18 51 20	25 53 28	2 ♊ 16 57	25 54 03	25 30 50	17 28 07	27 34 02	28 48 26	18 31 41	28 25 05	20 30 05	14 04 27	16 45 19	11 28 42
17 M	19 49 37	8 ♊ 45 01	15 18 54	27 26 41	26 41 12	17 04 52	27 46 49	29 07 42	18 36 05	28 31 50	20 32 55	14 02 03	16 43 31	11 27 06
18 Tu	20 48 20	21 58 34	28 44 10	29 01 28	27 51 58	16 42 05	28 00 20	29 27 36	18 41 07	28 39 02	20 36 12	14 00 11	16 42 10	11 25 60
19 W	21 47 25	5 ♋ 36 26	12 ♋ 34 31	0 ♓ 38 20	29 03 01	16 19 45	28 14 29	29 48 04	18 46 43	28 46 35	20 39 51	13 58 44	16 41 12	11 25 18
20 Th	22 46 41	19 39 32	26 49 56	2 17 06	0 ♉ 14 12	15 57 45	28 29 06	0 ♊ 08 55	18 52 43	28 54 22	20 43 43	13 57 34	16 40 27	11 24 53
21 F	23 45 58	4 ♌ 06 48	11 ♌ 28 10	3 57 35	1 25 20	15 35 56	28 43 60	0 29 57	18 58 54	29 02 09	20 47 36	13 56 29	16 39 44	11 24 31
22 Sa	24 45 05	18 54 43	26 24 24	5 39 37	2 36 13	15 14 10	28 58 59	0 51 00	19 05 07	29 09 47	20 51 20	13 55 18	16 38 52	11 24 03
23 Su	25 43 56	3 ♍ 57 16	11 ♍ 31 27	7 23 05	3 46 47	14 52 24	29 13 58	1 11 58	19 11 16	29 17 08	20 54 48	13 53 56	16 37 46	11 23 22
24 M	26 42 31	19 06 21	26 40 31	9 08 01	4 56 59	14 30 39	29 28 55	1 32 50	19 17 19	29 24 14	20 58 01	13 52 22	16 36 24	11 22 29
25 Tu	27 40 53	4 ♎ 12 52	11 ♎ 42 23	10 54 27	6 06 55	14 09 02	29 43 54	1 53 40	19 23 20	29 31 07	21 01 01	13 50 40	16 34 52	11 21 26
26 W	28 39 10	19 07 55	26 28 46	12 42 31	7 16 39	13 47 41	29 59 00	2 14 33	19 29 26	29 37 53	21 03 55	13 48 56	16 33 14	11 20 20
27 Th	29 37 26	3 ♏ 44 02	10 ♏ 53 19	14 32 19	8 26 18	13 26 45	0 ♋ 14 21	2 35 36	19 35 42	29 44 39	21 06 50	13 47 16	16 31 37	11 19 18
28 F	0 ♈ 35 46	17 56 07	24 52 13	16 23 56	9 35 56	13 06 19	0 29 59	2 56 53	19 42 13	29 51 29	21 09 48	13 45 45	16 30 05	11 18 23
29 Sa	1 34 10	1 ♐ 41 39	8 ♐ 24 15	18 17 21	10 45 33	12 46 25	0 45 54	3 18 23	19 48 57	29 58 21	21 12 50	13 44 21	16 28 38	11 17 35
30 Su	2 32 35	15 00 29	21 30 21	20 12 30	11 55 05	12 27 02	1 02 02	3 40 02	19 55 52	0 ♓ 05 13	21 15 51	13 43 02	16 27 12	11 16 49

Notes

May 1967 — LONGITUDE

Day	☉	0 hr ☽	Noon ☽	☿	♀	♂	⚵	⚳	♃	♄	⚷	♅	♆	♇
1 M	3 ♈ 30 53	27 ♐ 54 27	4 ♑ 13 06	22 ♓ 09 18	13 ♉ 04 25	12 ♍ 08 07	1 ♋ 18 17	4 ♊ 01 44	20 ♊ 02 51	0 ♓ 11 58	21 ♒ 18 47	13 ♌ 41 41	16 ♎ 25 42	11 ♌ 16 02
2 Tu	4 29 00	10 ♑ 26 45	16 36 08	24 07 36	14 13 28	11 49 34	1 34 33	4 23 24	20 09 48	0 18 31	21 21 30	13 40 13	16 24 01	11 15 05
3 W	5 26 52	22 41 22	28 43 39	26 07 19	15 22 10	11 31 22	1 50 45	4 44 57	20 16 39	0 24 47	21 23 58	13 38 33	16 22 05	11 13 57
4 Th	6 24 27	4 ♒ 42 38	10 ♒ 40 00	28 08 24	16 30 30	11 13 33	2 06 54	5 06 23	20 23 24	0 30 46	21 26 09	13 36 42	16 19 54	11 12 35
5 F	7 21 51	16 34 57	22 29 28	0 ♈ 10 52	17 38 32	10 56 11	2 23 02	5 27 46	20 30 06	0 36 32	21 28 08	13 34 43	16 17 33	11 11 05
6 Sa	8 19 11	28 22 30	4 ♓ 16 03	2 14 46	18 46 24	10 39 27	2 39 18	5 49 13	20 36 54	0 42 13	21 30 02	13 32 45	16 15 09	11 09 34
7 Su	9 16 37	10 ♓ 09 05	16 03 18	4 20 11	19 54 17	10 23 33	2 55 53	6 10 55	20 43 58	0 47 59	21 32 03	13 30 58	16 12 53	11 08 13
8 M	10 14 23	21 58 04	27 54 21	6 27 11	21 02 21	10 08 41	3 12 57	6 33 05	20 51 30	0 54 03	21 34 22	13 29 34	16 10 56	11 07 14
9 Tu	11 12 36	3 ♈ 52 18	9 ♈ 51 50	8 35 48	22 10 48	9 55 04	3 30 41	6 55 51	20 59 40	1 00 34	21 37 08	13 28 43	16 09 30	11 06 47
10 W	12 11 24	15 54 09	21 57 55	10 45 57	23 19 42	9 42 47	3 49 11	7 19 19	21 08 33	1 07 38	21 40 29	13 28 30	16 08 39	11 06 58
11 Th	13 10 47	28 05 30	4 ♉ 14 22	12 57 26	24 29 04	9 31 52	4 08 25	7 43 30	21 18 09	1 15 15	21 44 23	13 28 58	16 08 25	11 07 46
12 F	14 10 37	10 ♉ 27 56	16 42 40	15 09 56	25 38 46	9 22 12	4 28 18	8 08 17	21 28 22	1 23 18	21 48 44	13 29 57	16 08 39	11 09 05
13 Sa	15 10 40	23 02 44	29 24 05	17 22 57	26 48 34	9 13 35	4 48 34	8 33 24	21 38 58	1 31 33	21 53 18	13 31 14	16 09 09	11 10 41
14 Su	16 10 39	5 ♊ 51 05	12 ♊ 19 47	19 35 55	27 58 10	9 05 43	5 08 55	8 58 35	21 49 37	1 39 41	21 57 47	13 32 31	16 09 35	11 12 16
15 M	17 10 13	18 54 07	25 30 54	21 48 13	29 07 13	8 58 16	5 29 02	9 23 28	21 59 59	1 47 23	22 01 50	13 33 28	16 09 38	11 13 29
16 Tu	18 09 04	2 ♋ 12 58	8 ♋ 58 26	23 59 18	0 ♊ 15 25	8 50 57	5 48 36	9 47 46	22 09 48	1 54 22	22 05 10	13 33 48	16 09 01	11 14 04
17 W	19 07 05	15 48 36	22 43 09	26 08 42	1 22 38	8 43 37	6 07 29	10 11 21	22 18 55	2 00 27	22 07 38	13 33 21	16 07 34	11 13 51
18 Th	20 04 16	29 41 40	6 ♌ 45 18	28 16 12	2 28 53	8 36 18	6 25 42	10 34 14	22 27 20	2 05 41	22 09 17	13 32 11	16 05 20	11 12 53
19 F	21 00 52	13 ♌ 52 07	21 04 12	0 ♉ 21 46	3 34 24	8 29 15	6 43 29	10 56 38	22 35 19	2 10 19	22 10 19	13 30 29	16 02 32	11 11 23
20 Sa	21 57 17	28 18 43	5 ♍ 37 50	2 25 33	4 39 35	8 22 52	7 01 14	11 18 59	22 43 15	2 14 44	22 11 10	13 28 42	15 59 36	11 09 45
21 Su	22 54 02	12 ♍ 58 42	20 22 33	4 27 49	5 44 56	8 17 38	7 19 28	11 41 47	22 51 38	2 19 26	22 12 20	13 27 19	15 57 02	11 08 31
22 M	23 51 34	27 47 30	5 ♎ 12 58	6 28 51	6 50 54	8 14 02	7 38 37	12 05 28	23 00 56	2 24 54	22 14 16	13 26 49	15 55 16	11 08 08
23 Tu	24 50 14	12 ♎ 38 54	20 02 22	8 28 47	7 57 49	8 12 22	7 59 02	12 30 23	23 11 29	2 31 27	22 17 19	13 27 30	15 54 40	11 08 55
24 W	25 50 07	27 25 40	4 ♏ 43 25	10 27 34	9 05 47	8 12 44	8 20 48	12 56 38	23 23 23	2 39 10	22 21 33	13 29 29	15 55 19	11 10 59
25 Th	26 51 03	12 ♏ 00 21	19 09 08	12 24 55	10 14 36	8 14 58	8 43 45	13 24 02	23 36 27	2 47 54	22 26 49	13 32 36	15 57 02	11 14 09
26 F	27 52 38	26 16 28	3 ♐ 13 54	14 20 18	11 23 53	8 18 38	9 07 28	13 52 10	23 50 16	2 57 14	22 32 43	13 36 25	15 59 25	11 18 00
27 Sa	28 54 19	10 ♐ 09 15	16 54 07	16 13 06	12 33 04	8 23 11	9 31 24	14 20 30	24 04 18	3 06 37	22 38 40	13 40 24	16 01 55	11 22 00
28 Su	29 55 30	23 36 15	0 ♑ 08 29	18 02 39	13 41 34	8 28 02	9 54 57	14 48 26	24 17 57	3 15 28	22 44 06	13 43 59	16 03 58	11 25 34
29 M	0 ♉ 55 43	6 ♑ 37 22	12 57 54	19 48 24	14 48 52	8 32 41	10 17 40	15 15 29	24 30 45	3 23 16	22 48 33	13 46 39	16 05 04	11 28 12
30 Tu	1 54 40	19 14 34	25 25 04	21 30 02	15 54 42	8 36 50	10 39 13	15 41 22	24 42 22	3 29 46	22 51 41	13 48 07	16 04 55	11 29 37
31 W	2 52 18	1 ♒ 31 29	7 ♒ 34 08	23 07 27	16 59 01	8 40 26	10 59 34	16 06 02	24 52 47	3 34 54	22 53 29	13 48 20	16 03 29	11 29 46

June 1967 — LONGITUDE

Day	☉	0 hr ☽	Noon ☽	☿	♀	♂	⚵	⚳	♃	♄	⚷	♅	♆	♇
1 Th	3 ♉ 48 51	13 ♒ 32 49	19 ♒ 30 04	24 ♉ 40 51	18 ♊ 01 60	8 ♍ 43 41	11 ♋ 18 55	16 ♊ 29 41	25 ♊ 02 13	3 ♓ 38 52	22 ♒ 54 09	13 ♌ 47 32	16 ♎ 00 59	11 ♌ 28 52
2 F	4 44 44	25 23 57	1 ♓ 18 17	26 10 37	19 04 06	8 47 01	11 37 44	16 52 46	25 11 05	3 42 08	22 54 08	13 46 08	15 57 50	11 27 21
3 Sa	5 40 34	7 ♓ 10 25	13 04 15	27 37 20	20 05 54	8 51 02	11 56 36	17 15 52	25 19 60	3 45 17	22 54 01	13 44 45	15 54 40	11 25 49
4 Su	6 36 58	18 57 37	24 53 09	29 01 36	21 08 03	8 56 21	12 16 08	17 39 38	25 29 34	3 48 56	22 54 27	13 44 01	15 52 06	11 24 55
5 M	7 34 33	0 ♈ 50 22	6 ♈ 49 29	0 ♊ 23 58	22 11 06	9 03 32	12 36 56	18 04 39	25 40 25	3 53 42	22 56 00	13 44 30	15 50 43	11 25 14
6 Tu	8 33 44	12 52 44	18 56 58	1 44 51	23 15 30	9 13 03	12 59 27	18 31 22	25 52 58	4 00 01	22 59 08	13 46 40	15 50 58	11 27 11
7 W	9 34 42	25 07 45	1 ♉ 18 13	3 04 23	24 21 26	9 25 02	13 23 50	18 59 56	26 07 24	4 08 03	23 04 02	13 50 42	15 53 03	11 30 59
8 Th	10 37 23	7 ♉ 37 19	13 54 41	4 22 25	25 28 47	9 39 25	13 50 02	19 30 18	26 23 37	4 17 43	23 10 35	13 56 29	15 56 51	11 36 32
9 F	11 41 20	20 22 09	26 46 39	5 38 30	26 37 09	9 55 46	14 17 36	20 02 01	26 41 13	4 28 37	23 18 23	14 03 38	16 01 58	11 43 24
10 Sa	12 45 56	3 ♊ 21 55	9 ♊ 53 29	6 51 54	27 45 51	10 13 24	14 45 54	20 34 27	26 59 32	4 40 05	23 26 48	14 11 29	16 07 45	11 50 58
11 Su	13 50 21	16 35 30	23 13 48	8 01 46	28 54 05	10 31 32	15 14 07	21 06 47	27 17 46	4 51 19	23 34 59	14 19 14	16 13 23	11 58 23
12 M	14 53 47	0 ♋ 01 21	6 ♋ 45 56	9 07 11	0 ♋ 01 00	10 49 19	15 41 26	21 38 12	27 35 06	5 01 29	23 42 10	14 26 03	16 18 04	12 04 52
13 Tu	15 55 35	13 37 56	20 28 20	10 07 27	1 05 59	11 06 07	16 07 12	22 08 04	27 50 54	5 09 58	23 47 40	14 31 19	16 21 09	12 09 47
14 W	16 55 27	27 24 02	4 ♌ 19 52	11 02 09	2 08 41	11 21 35	16 31 07	22 36 05	28 04 50	5 16 26	23 51 12	14 34 43	16 22 20	12 12 48
15 Th	17 53 29	11 ♌ 18 59	18 19 51	11 51 18	3 09 12	11 35 50	16 53 17	23 02 19	28 17 00	5 20 60	23 52 52	14 36 20	16 21 43	12 14 01
16 F	18 50 12	25 22 31	2 ♍ 27 59	12 35 20	4 08 02	11 49 22	17 14 13	23 27 18	28 27 57	5 24 11	23 53 11	14 36 43	16 19 49	12 13 59
17 Sa	19 46 27	9 ♍ 34 28	16 43 49	13 14 59	5 06 03	12 03 01	17 34 46	23 51 54	28 38 31	5 26 50	23 53 00	14 36 42	16 17 29	12 13 31
18 Su	20 43 14	23 54 14	1 ♎ 06 21	13 51 08	6 04 12	12 17 47	17 55 55	24 17 05	28 49 41	5 29 57	23 53 19	14 37 17	16 15 43	12 13 38
19 M	21 41 28	8 ♎ 20 12	15 33 22	14 24 38	7 03 24	12 34 33	18 18 35	24 43 48	29 02 22	5 34 26	23 55 02	14 39 22	16 15 26	12 15 14
20 Tu	22 41 47	22 49 20	0 ♏ 01 19	14 55 59	8 04 16	12 53 57	18 43 25	25 12 39	29 17 13	5 40 56	23 58 48	14 43 37	16 17 16	12 18 59
21 W	23 44 25	7 ♏ 17 08	14 25 18	15 25 19	9 07 00	13 16 11	19 10 37	25 43 52	29 34 26	5 49 39	24 04 50	14 50 13	16 21 26	12 25 04
22 Th	24 49 04	21 37 59	28 39 39	15 52 16	10 11 20	13 40 58	19 39 55	26 17 11	29 53 45	6 00 20	24 12 51	14 58 55	16 27 40	12 33 13
23 F	25 55 05	5 ♐ 45 58	12 ♐ 38 50	16 16 05	11 16 33	14 07 38	20 10 38	26 51 54	0 ♋ 14 30	6 12 17	24 22 11	15 09 02	16 35 17	12 42 46
24 Sa	27 01 31	19 35 50	26 18 15	16 35 48	12 21 43	14 35 12	20 41 49	27 27 06	0 35 43	6 24 35	24 31 54	15 19 37	16 43 21	12 52 46
25 Su	28 07 22	3 ♑ 03 46	9 ♑ 35 04	16 50 20	13 25 48	15 02 41	21 12 29	28 01 46	0 56 24	6 36 12	24 40 58	15 29 41	16 50 51	13 02 13
26 M	29 11 47	16 08 03	22 28 31	16 58 51	14 27 56	15 29 12	21 41 46	28 35 02	1 15 42	6 46 17	24 48 33	15 38 21	16 56 57	13 10 16
27 Tu	0 ♊ 14 12	28 49 09	4 ♒ 59 57	17 00 47	15 27 32	15 54 10	22 09 06	29 06 20	1 33 03	6 54 17	24 54 05	15 45 04	17 01 03	13 16 20
28 W	1 14 26	11 ♒ 09 37	17 12 36	16 56 03	16 24 26	16 17 26	22 34 18	29 35 32	1 48 18	7 00 01	24 57 23	15 49 40	17 03 02	13 20 16
29 Th	2 12 46	23 13 39	29 11 09	16 45 01	17 18 50	16 39 15	22 57 39	0 ♋ 02 51	2 01 40	7 03 45	24 58 44	15 52 24	17 03 06	13 22 19
30 F	3 09 48	5 ♓ 06 41	11 ♓ 01 17	16 28 26	18 11 21	17 00 11	23 19 44	0 28 55	2 13 47	7 06 05	24 58 44	15 53 53	17 01 54	13 23 05

Notes

LONGITUDE — July 1967

Day	☉	0 hr ☽	Noon ☽	☿	♀	♂	⚵	⚳	♃	♄	⚷	♅	♆	♇
1 Sa	4 ♊ 06 24	16 ♓ 54 49	22 ♓ 49 12	16 ♊ 07 23	19 ♋ 02 51	17 ♍ 21 08	23 ♋ 41 26	0 ♋ 54 36	2 ♋ 25 31	7 ♓ 07 53	24 ♒ 58 14	15 ♌ 54 58	17 ♎ 00 18	13 ♌ 23 27
2 Su	5 03 32	28 44 24	4 ♈ 41 11	15 43 08	19 54 15	17 43 03	24 03 43	1 20 51	2 37 49	7 10 08	24 58 13	15 56 39	16 59 15	13 24 24
3 M	6 02 08	10 ♈ 41 27	16 43 01	15 16 55	20 46 27	18 06 50	24 27 30	1 48 36	2 51 38	7 13 45	24 59 36	15 59 50	16 59 41	13 26 49
4 Tu	7 02 52	22 51 17	28 59 39	14 49 49	21 40 08	18 33 11	24 53 29	2 18 32	3 07 38	7 19 24	25 03 05	16 05 12	17 02 18	13 31 24
5 W	8 06 07	5 ♉ 18 01	11 ♉ 34 38	14 22 40	22 35 37	19 02 27	25 22 00	2 51 01	3 26 11	7 27 28	25 09 01	16 13 08	17 07 26	13 38 32
6 Th	9 11 48	18 04 12	24 29 54	13 55 52	23 32 49	19 34 31	25 52 59	3 25 58	3 47 11	7 37 51	25 17 19	16 23 31	17 15 01	13 48 06
7 F	10 19 21	1 ♊ 10 33	7 ♊ 45 25	13 29 29	24 31 09	20 08 53	26 25 53	4 02 50	4 10 07	7 50 01	25 27 28	16 35 50	17 24 31	13 59 36
8 Sa	11 27 54	14 35 58	21 19 19	13 03 10	25 29 41	20 44 36	26 59 48	4 40 42	4 34 03	8 03 04	25 38 31	16 49 11	17 35 01	14 12 05
9 Su	12 36 17	28 17 38	5 ♋ 08 13	12 36 27	26 27 14	21 20 33	27 33 36	5 18 28	4 57 53	8 15 52	25 49 22	17 02 25	17 45 23	14 24 27
10 M	13 43 21	12 ♋ 11 40	19 07 51	12 08 50	27 22 40	21 55 34	28 06 09	5 54 57	5 20 26	8 27 15	25 58 52	17 14 23	17 54 29	14 35 32
11 Tu	14 48 15	26 13 50	3 ♌ 13 53	11 40 05	28 15 01	22 28 45	28 36 31	6 29 17	5 40 50	8 36 21	26 06 07	17 24 13	18 01 25	14 44 27
12 W	15 50 30	10 ♌ 20 18	17 22 41	11 10 22	29 03 50	22 59 39	29 04 18	7 01 01	5 58 37	8 42 43	26 10 40	17 31 27	18 05 45	14 50 45
13 Th	16 50 14	24 28 18	1 ♍ 31 51	10 40 28	29 49 11	23 28 24	29 29 35	7 30 16	6 13 56	8 46 27	26 12 40	17 36 13	18 07 35	14 54 35
14 F	17 48 09	8 ♍ 36 21	15 40 18	10 11 36	0 ♌ 31 43	23 55 39	29 53 04	7 57 42	6 27 26	8 48 16	26 12 47	17 39 11	18 07 38	14 56 36
15 Sa	18 45 19	22 44 08	29 47 54	9 45 27	1 12 29	24 22 30	0 ♌ 15 51	8 24 26	6 40 13	8 49 15	26 12 06	17 41 27	18 06 57	14 57 53
16 Su	19 43 00	6 ♎ 51 52	13 ♎ 54 57	9 23 45	1 52 43	24 50 12	0 39 11	8 51 44	6 53 34	8 50 39	26 11 54	17 44 18	18 06 50	14 59 45
17 M	20 42 24	20 59 39	28 01 23	9 08 06	2 33 32	25 19 55	1 04 15	9 20 45	7 08 39	8 53 39	26 13 21	17 48 53	18 08 27	15 03 19
18 Tu	21 44 19	5 ♏ 06 47	12 ♏ 06 10	8 59 42	3 15 43	25 52 29	1 31 51	9 52 19	7 26 15	8 59 03	26 17 16	17 56 01	18 12 37	15 09 26
19 W	22 49 02	19 11 23	26 07 03	8 59 09	3 59 30	26 28 08	2 02 17	10 26 43	7 46 42	9 07 10	26 23 56	18 06 00	18 19 36	15 18 23
20 Th	23 56 17	3 ♐ 10 17	10 ♐ 00 39	9 06 26	4 44 34	27 06 38	2 35 16	11 03 39	8 09 41	9 17 42	26 33 04	18 18 33	18 29 09	15 29 52
21 F	25 05 17	16 59 30	23 42 57	9 20 57	5 30 05	27 47 09	3 10 01	11 42 22	8 34 25	9 29 53	26 43 54	18 32 53	18 40 28	15 43 08
22 Sa	26 14 56	0 ♑ 34 50	7 ♑ 10 05	9 41 48	6 14 54	28 28 37	3 45 25	12 21 45	8 59 50	9 42 36	26 55 20	18 47 53	18 52 28	15 57 03
23 Su	27 24 03	13 52 44	20 19 00	10 07 52	6 57 47	29 09 48	4 20 18	13 00 36	9 24 43	9 54 40	27 06 10	19 02 23	19 03 56	16 10 27
24 M	28 31 34	26 50 58	3 ♒ 08 14	10 38 11	7 37 37	29 49 40	4 53 36	13 37 53	9 48 00	10 05 02	27 15 20	19 15 18	19 13 50	16 22 15
25 Tu	29 36 46	9 ♒ 29 06	15 38 02	11 12 03	8 13 39	0 ♎ 27 29	5 24 36	14 12 51	10 08 59	10 12 57	27 22 08	19 25 56	19 21 26	16 31 45
26 W	0 ♋ 39 21	21 48 34	27 50 34	11 49 13	8 45 30	1 02 57	5 52 59	14 45 14	10 27 21	10 18 09	27 26 15	19 33 59	19 26 27	16 38 39
27 Th	1 39 32	3 ♓ 52 39	9 ♓ 49 39	12 29 49	9 13 19	1 36 15	6 18 58	15 15 12	10 43 19	10 20 49	27 27 54	19 39 38	19 29 03	16 43 09
28 F	2 37 53	15 46 03	21 40 27	13 14 27	9 37 40	2 07 59	6 43 07	15 43 21	10 57 27	10 21 33	27 27 40	19 43 29	19 29 51	16 45 49
29 Sa	3 35 20	27 34 36	3 ♈ 29 01	14 03 58	9 59 22	2 39 03	7 06 23	16 10 37	11 10 41	10 21 16	27 26 28	19 46 27	19 29 47	16 47 36
30 Su	4 32 58	9 ♈ 24 43	15 21 54	14 59 21	10 19 28	3 10 32	7 29 49	16 38 03	11 24 04	10 21 01	27 25 22	19 49 36	19 29 53	16 49 33
31 M	5 31 48	21 22 56	27 25 34	16 01 33	10 38 56	3 43 28	7 54 28	17 06 42	11 38 40	10 21 53	27 25 25	19 53 59	19 31 12	16 52 43

LONGITUDE — August 1967

Day	☉	0 hr ☽	Noon ☽	☿	♀	♂	⚵	⚳	♃	♄	⚷	♅	♆	♇
1 Tu	6 ♋ 32 41	3 ♉ 35 20	9 ♉ 45 51	17 ♊ 11 19	10 ♌ 58 33	4 ♎ 18 41	8 ♌ 21 10	17 ♋ 37 24	11 ♋ 55 19	10 ♓ 24 39	27 ♒ 27 27	20 ♌ 00 26	19 ♎ 34 36	16 ♌ 57 56
2 W	7 36 06	16 07 05	22 27 27	18 28 59	11 18 44	4 56 40	8 50 23	18 10 38	12 14 28	10 29 51	27 31 57	20 09 25	19 40 32	17 05 41
3 Th	8 42 02	29 01 47	5 ♊ 33 16	19 54 24	11 39 26	5 37 23	9 22 08	18 46 24	12 36 09	10 37 26	27 38 55	20 20 57	19 49 00	17 15 57
4 F	9 50 01	12 ♊ 21 02	19 03 58	21 26 54	12 00 05	6 20 23	9 55 55	19 24 12	12 59 51	10 46 57	27 47 52	20 34 32	19 59 32	17 28 16
5 Sa	10 59 07	26 04 02	2 ♋ 57 42	23 05 23	12 19 44	7 04 42	10 30 48	20 03 07	13 24 39	10 57 28	27 57 52	20 49 14	20 11 11	17 41 42
6 Su	12 08 08	10 ♋ 07 39	17 10 16	24 48 25	12 37 08	7 49 11	11 05 38	20 41 58	13 49 23	11 07 48	28 07 44	21 03 53	20 22 47	17 55 03
7 M	13 15 53	24 26 41	1 ♌ 35 42	26 34 33	12 51 01	8 32 36	11 39 10	21 19 32	14 12 49	11 16 44	28 16 16	21 17 17	20 33 08	18 07 09
8 Tu	14 21 24	8 ♌ 54 49	16 07 19	28 22 33	13 00 24	9 13 60	12 10 29	21 54 53	14 33 60	11 23 19	28 22 31	21 28 27	20 41 16	18 17 00
9 W	15 24 13	23 25 43	0 ♍ 38 50	0 ♋ 11 35	13 04 44	9 52 53	12 39 04	22 27 30	14 52 27	11 27 05	28 25 59	21 36 56	20 46 42	18 24 09
10 Th	16 24 24	7 ♍ 53 60	15 05 25	2 01 27	13 04 06	10 29 22	13 05 02	22 57 31	15 08 16	11 28 07	28 26 48	21 42 48	20 49 32	18 28 40
11 F	17 22 39	22 16 01	29 24 08	3 52 27	12 59 09	11 04 06	13 29 03	23 25 35	15 22 08	11 27 06	28 25 36	21 46 44	20 50 27	18 31 16
12 Sa	18 20 02	6 ♎ 29 59	13 ♎ 33 50	5 45 16	12 50 55	11 38 11	13 52 12	23 52 47	15 35 07	11 25 06	28 23 30	21 49 49	20 50 31	18 32 59
13 Su	19 17 48	20 35 33	27 34 42	7 40 47	12 40 40	12 12 50	14 15 43	24 20 22	15 48 28	11 23 24	28 21 44	21 53 19	20 50 60	18 35 06
14 M	20 17 06	4 ♏ 33 08	11 ♏ 27 26	9 39 44	12 29 32	12 49 13	14 40 46	24 49 29	16 03 20	11 23 06	28 21 26	21 58 20	20 53 01	18 38 45
15 Tu	21 18 43	18 23 15	25 12 33	11 42 32	12 18 19	13 28 05	15 08 07	25 20 54	16 20 29	11 25 01	28 23 25	22 05 41	20 57 22	18 44 42
16 W	22 22 56	2 ♐ 05 51	8 ♐ 49 54	13 49 05	12 07 20	14 09 44	15 38 03	25 54 55	16 40 12	11 29 25	28 27 56	22 15 39	21 04 20	18 53 15
17 Th	23 29 30	15 40 05	22 18 28	15 58 48	11 56 24	14 53 55	16 10 19	26 31 16	17 02 15	11 36 04	28 34 45	22 27 58	21 13 40	19 04 10
18 F	24 37 43	29 04 20	5 ♑ 36 30	18 10 38	11 44 51	15 39 54	16 44 14	27 09 15	17 25 55	11 44 15	28 43 10	22 41 55	21 24 40	19 16 42
19 Sa	25 46 35	12 ♑ 16 32	18 41 59	20 23 18	11 31 48	16 26 43	17 18 46	27 47 53	17 50 12	11 52 59	28 52 10	22 56 32	21 36 20	19 29 53
20 Su	26 55 01	25 14 39	1 ♒ 33 05	22 35 27	11 16 15	17 13 15	17 52 51	28 26 04	18 14 01	12 01 10	29 00 41	23 10 43	21 47 33	19 42 37
21 M	28 02 02	7 ♒ 57 18	14 08 46	24 45 52	10 57 21	17 58 32	18 25 30	29 02 49	18 36 23	12 07 49	29 07 45	23 23 29	21 57 23	19 53 57
22 Tu	29 06 58	20 24 05	26 29 07	26 53 40	10 34 33	18 41 53	18 56 02	29 37 28	18 56 37	12 12 16	29 12 39	23 34 09	22 05 08	20 03 09
23 W	0 ♌ 09 28	2 ♓ 35 58	8 ♓ 35 34	28 58 22	10 07 41	19 22 58	19 24 07	0 ♌ 09 40	19 14 23	12 14 12	29 15 05	23 42 24	22 10 28	20 09 56
24 Th	1 09 39	14 35 20	20 30 59	0 ♌ 59 54	9 37 02	20 01 52	19 49 51	0 39 32	19 29 48	12 13 41	29 15 08	23 48 18	22 13 29	20 14 22
25 F	2 07 59	26 25 51	2 ♈ 19 31	2 58 37	9 03 15	20 39 03	20 13 42	1 07 30	19 43 17	12 11 13	29 13 16	23 52 20	22 14 38	20 16 55
26 Sa	3 05 11	8 ♈ 12 21	14 06 19	4 55 10	8 27 17	21 15 16	20 36 24	1 34 20	19 55 37	12 07 30	29 10 13	23 55 15	22 14 40	20 18 20
27 Su	4 02 11	20 00 28	25 57 16	6 50 23	7 50 14	21 51 24	20 58 52	2 00 56	20 07 41	12 03 28	29 06 54	23 57 56	22 14 30	20 19 31
28 M	4 59 52	1 ♉ 56 15	7 ♉ 58 35	8 45 07	7 13 16	22 28 23	21 21 59	2 28 12	20 20 24	12 00 01	29 04 14	24 01 18	22 15 01	20 21 22
29 Tu	5 59 01	14 05 49	20 16 16	10 40 07	6 37 23	23 06 58	21 46 33	2 56 55	20 34 31	11 57 56	29 02 58	24 06 07	22 17 01	20 24 40
30 W	7 00 07	26 34 46	2 ♊ 55 39	12 35 49	6 03 17	23 47 38	22 13 01	3 27 33	20 50 33	11 57 41	29 03 36	24 12 51	22 20 57	20 29 54
31 Th	8 03 17	9 ♊ 27 35	16 00 42	14 32 18	5 31 21	24 30 29	22 41 30	4 00 12	21 08 33	11 59 23	29 06 14	24 21 39	22 26 57	20 37 10

Notes

September 1967 — LONGITUDE

Day	☉	0 hr ☽	Noon ☽	☿	♀	♂	⚵	⚳	♃	♄	⚷	♅	♆	♇
1 F	9 ♌ 08 10	22 ♊ 47 10	29 ♊ 33 26	16 ♌ 29 15	5 ♌ 01 28	25 ♎ 15 12	23 ♌ 11 42	4 ♌ 34 33	21 ♋ 28 15	12 ♓ 02 43	29 ♒ 10 33	24 ♌ 32 09	22 ♎ 34 40	20 ♌ 46 08
2 Sa	10 14 07	6 ♋ 34 06	13 ♋ 33 18	18 25 58	4 33 11	26 01 06	23 42 54	5 09 56	21 48 56	12 07 00	29 15 52	24 43 41	22 43 27	20 56 07
3 Su	11 20 11	20 46 24	27 56 59	20 21 33	4 05 49	26 47 15	24 14 11	5 45 24	22 09 41	12 11 18	29 21 15	24 55 19	22 52 21	21 06 13
4 M	12 25 23	5 ♌ 19 22	12 ♌ 38 34	22 15 01	3 38 37	27 32 41	24 44 36	6 19 59	22 29 31	12 14 40	29 25 44	25 06 05	23 00 24	21 15 26
5 Tu	13 28 58	20 06 09	27 30 21	24 05 35	3 10 58	28 16 36	25 13 19	6 52 54	22 47 39	12 16 17	29 28 32	25 15 11	23 06 49	21 22 59
6 W	14 30 27	4 ♍ 58 48	12 ♍ 23 60	25 52 51	2 42 37	28 58 34	25 39 56	7 23 43	23 03 38	12 15 44	29 29 12	25 22 12	23 11 09	21 28 26
7 Th	15 29 54	19 49 28	27 11 59	27 36 50	2 13 48	29 38 36	26 04 28	7 52 27	23 17 31	12 13 03	29 27 47	25 27 09	23 13 26	21 31 49
8 F	16 27 46	4 ♎ 31 37	11 ♎ 48 34	29 18 02	1 45 08	0 ♏ 17 11	26 27 23	8 19 34	23 29 46	12 08 42	29 24 45	25 30 30	23 14 10	21 33 35
9 Sa	17 24 52	19 00 44	26 10 12	0 ♍ 57 16	1 17 32	0 55 07	26 49 28	8 45 52	23 41 10	12 03 30	29 20 54	25 33 03	23 14 06	21 34 34
10 Su	18 22 05	3 ♏ 14 24	10 ♏ 15 25	2 35 28	0 52 04	1 33 18	27 11 40	9 12 17	23 52 38	11 58 21	29 17 09	25 35 44	23 14 11	21 35 39
11 M	19 20 17	17 11 56	24 04 17	4 13 29	0 29 40	2 12 34	27 34 48	9 39 38	24 05 00	11 54 05	29 14 20	25 39 21	23 15 14	21 37 42
12 Tu	20 20 02	0 ♐ 53 46	7 ♐ 37 43	5 51 54	0 11 00	2 53 30	27 59 27	10 08 30	24 18 52	11 51 18	29 13 02	25 44 31	23 17 51	21 41 16
13 W	21 21 33	14 20 47	20 56 51	7 30 57	29 ♋ 56 22	3 36 19	28 25 49	10 39 07	24 34 26	11 50 13	29 13 28	25 51 25	23 22 14	21 46 35
14 Th	22 24 41	27 33 55	4 ♑ 02 41	9 10 30	29 45 40	4 20 51	28 53 46	11 11 17	24 51 32	11 50 40	29 15 29	25 59 55	23 28 14	21 53 29
15 F	23 28 58	10 ♑ 33 52	16 55 53	10 50 04	29 38 28	5 06 38	29 22 48	11 44 35	25 09 42	11 52 12	29 18 36	26 09 32	23 35 22	22 01 30
16 Sa	24 33 43	23 21 02	29 36 49	12 29 02	29 34 08	5 53 00	29 52 17	12 18 19	25 28 17	11 54 08	29 22 11	26 19 36	23 42 60	22 09 58
17 Su	25 38 15	5 ♒ 55 42	12 ♒ 05 45	14 06 40	29 31 58	6 39 15	0 ♍ 21 30	12 51 47	25 46 34	11 55 46	29 25 29	26 29 25	23 50 23	22 18 11
18 M	26 41 56	18 18 15	24 23 05	15 42 19	29 31 20	7 24 43	0 49 48	13 24 20	26 03 54	11 56 29	29 27 54	26 38 20	23 56 55	22 25 30
19 Tu	27 44 17	0 ♓ 29 20	6 ♓ 29 39	17 15 34	29 31 46	8 08 57	1 16 43	13 55 32	26 19 49	11 55 48	29 28 57	26 45 54	24 02 07	22 31 28
20 W	28 45 05	12 30 14	18 26 55	18 46 10	29 33 02	8 51 45	1 42 04	14 25 08	26 34 08	11 53 31	29 28 26	26 51 54	24 05 46	22 35 51
21 Th	29 44 23	24 22 52	0 ♈ 17 05	20 14 09	29 35 08	9 33 07	2 05 50	14 53 11	26 46 50	11 49 39	29 26 22	26 56 21	24 07 54	22 38 41
22 F	0 ♍ 42 26	6 ♈ 09 60	12 03 13	21 39 45	29 38 16	10 13 20	2 28 18	15 19 56	26 58 12	11 44 29	29 23 02	26 59 31	24 08 47	22 40 14
23 Sa	1 39 40	17 55 08	23 49 08	23 03 24	29 42 51	10 52 49	2 49 54	15 45 50	27 08 40	11 38 26	29 18 50	27 01 50	24 08 49	22 40 56
24 Su	2 36 37	29 42 30	5 ♉ 39 21	24 25 37	29 49 22	11 32 05	3 11 10	16 11 23	27 18 45	11 32 02	29 14 19	27 03 49	24 08 35	22 41 19
25 M	3 33 50	11 ♉ 36 53	17 38 49	25 46 53	29 58 18	12 11 42	3 32 37	16 37 08	27 28 59	11 25 50	29 10 01	27 06 01	24 08 34	22 41 54
26 Tu	4 31 45	23 43 19	29 52 45	27 07 40	0 ♌ 10 03	12 52 07	3 54 44	17 03 33	27 39 51	11 20 18	29 06 25	27 08 54	24 09 16	22 43 10
27 W	5 30 42	6 ♊ 06 53	12 ♊ 26 07	28 28 12	0 24 52	13 33 38	4 17 49	17 30 57	27 51 39	11 15 44	29 03 48	27 12 46	24 10 59	22 45 25
28 Th	6 30 46	18 52 15	25 23 20	29 48 34	0 42 47	14 16 21	4 41 58	17 59 24	28 04 27	11 12 14	29 02 17	27 17 42	24 13 48	22 48 44
29 F	7 31 50	2 ♋ 03 06	8 ♋ 47 32	1 ♎ 08 34	1 03 36	15 00 08	5 07 02	18 28 47	28 18 09	11 09 40	29 01 43	27 23 35	24 17 36	22 52 60
30 Sa	8 33 33	15 41 40	22 40 01	2 27 49	1 26 57	15 44 39	5 32 42	18 58 46	28 32 23	11 07 43	29 01 47	27 30 05	24 22 02	22 57 52

October 1967 — LONGITUDE

Day	☉	0 hr ☽	Noon ☽	☿	♀	♂	⚵	⚳	♃	♄	⚷	♅	♆	♇
1 Su	9 ♍ 35 28	29 ♋ 48 03	6 ♌ 59 38	3 ♎ 45 46	1 ♌ 52 17	16 ♏ 29 27	5 ♍ 58 30	19 ♌ 28 54	28 ♋ 46 44	11 ♓ 05 55	29 ♒ 02 01	27 ♌ 36 43	24 ♎ 26 39	23 ♌ 02 54
2 M	10 37 06	14 ♌ 19 45	21 42 30	5 01 53	2 19 05	17 14 02	6 23 57	19 58 41	29 00 41	11 03 48	29 01 56	27 43 03	24 30 58	23 07 37
3 Tu	11 38 04	29 11 33	6 ♍ 42 05	6 15 39	2 46 52	17 58 01	6 48 40	20 27 44	29 13 51	11 00 58	29 01 10	27 48 39	24 34 36	23 11 36
4 W	12 38 08	14 ♍ 15 53	21 49 52	7 26 46	3 15 23	18 41 12	7 12 26	20 55 50	29 26 02	10 57 13	28 59 30	27 53 19	24 37 20	23 14 40
5 Th	13 37 19	29 23 51	6 ♎ 56 37	8 35 06	3 44 33	19 23 34	7 35 15	21 22 60	29 37 12	10 52 33	28 56 55	27 57 02	24 39 10	23 16 47
6 F	14 35 48	14 ♎ 26 27	21 53 45	9 40 43	4 14 32	20 05 19	7 57 19	21 49 24	29 47 35	10 47 10	28 53 37	28 00 02	24 40 18	23 18 11
7 Sa	15 33 57	29 15 54	6 ♏ 34 23	10 43 47	4 45 36	20 46 47	8 18 58	22 15 24	29 57 30	10 41 24	28 49 58	28 02 39	24 41 04	23 19 11
8 Su	16 32 07	13 ♏ 46 30	20 54 02	11 44 30	5 18 05	21 28 21	8 40 34	22 41 21	0 ♌ 07 19	10 35 39	28 46 19	28 05 13	24 41 51	23 20 09
9 M	17 30 36	27 54 55	4 ♐ 50 38	12 42 58	5 52 15	22 10 18	9 02 27	23 07 35	0 17 22	10 30 13	28 42 60	28 08 05	24 42 57	23 21 25
10 Tu	18 29 37	11 ♐ 40 07	18 24 05	13 39 10	6 28 13	22 52 52	9 24 47	23 34 16	0 27 49	10 25 17	28 40 11	28 11 26	24 44 33	23 23 10
11 W	19 29 12	25 02 45	1 ♑ 35 49	14 32 53	7 06 01	23 36 03	9 47 37	24 01 28	0 38 44	10 20 55	28 37 57	28 15 18	24 46 44	23 25 27
12 Th	20 29 17	8 ♑ 04 37	14 28 03	15 23 44	7 45 30	24 19 48	10 10 53	24 29 05	0 50 01	10 17 03	28 36 11	28 19 37	24 49 23	23 28 11
13 F	21 29 40	20 48 13	27 03 27	16 11 14	8 26 27	25 03 55	10 34 23	24 56 58	1 01 30	10 13 28	28 34 43	28 24 12	24 52 20	23 31 11
14 Sa	22 30 10	3 ♒ 16 15	9 ♒ 24 46	16 54 49	9 08 38	25 48 12	10 57 56	25 24 53	1 12 58	10 10 00	28 33 22	28 28 50	24 55 22	23 34 14
15 Su	23 30 35	15 31 27	21 34 39	17 33 54	9 51 48	26 32 28	11 21 19	25 52 39	1 24 14	10 06 27	28 31 55	28 33 20	24 58 19	23 37 10
16 M	24 30 47	27 36 24	3 ♓ 35 33	18 07 56	10 35 48	27 16 35	11 44 26	26 20 08	1 35 09	10 02 41	28 30 16	28 37 34	25 01 02	23 39 50
17 Tu	25 30 43	9 ♓ 33 32	15 29 48	18 36 23	11 20 31	28 00 28	12 07 12	26 47 17	1 45 41	9 58 39	28 28 20	28 41 30	25 03 28	23 42 12
18 W	26 30 25	21 25 11	27 19 38	18 58 47	12 05 58	28 44 11	12 29 40	27 14 07	1 55 51	9 54 23	28 26 09	28 45 07	25 05 39	23 44 16
19 Th	27 29 57	3 ♈ 13 33	9 ♈ 07 17	19 14 40	12 52 11	29 27 46	12 51 53	27 40 44	2 05 43	9 49 58	28 23 48	28 48 32	25 07 38	23 46 08
20 F	28 29 26	15 00 57	20 55 05	19 23 38	13 39 14	0 ♐ 11 22	13 13 58	28 07 12	2 15 25	9 45 30	28 21 24	28 51 50	25 09 34	23 47 53
21 Sa	29 28 58	26 49 47	2 ♉ 45 34	19 25 12	14 27 12	0 55 04	13 36 02	28 33 40	2 25 01	9 41 06	28 19 04	28 55 08	25 11 32	23 49 39
22 Su	0 ♎ 28 39	8 ♉ 42 43	14 41 34	19 18 56	15 16 08	1 38 57	13 58 10	29 00 11	2 34 38	9 36 51	28 16 51	28 58 31	25 13 36	23 51 30
23 M	1 28 29	20 42 40	26 46 11	19 04 24	16 06 01	2 23 02	14 20 23	29 26 48	2 44 16	9 32 46	28 14 48	29 01 59	25 15 49	23 53 27
24 Tu	2 28 27	2 ♊ 52 53	9 ♊ 02 49	18 41 09	16 56 48	3 07 18	14 42 38	29 53 27	2 53 52	9 28 50	28 12 52	29 05 32	25 18 08	23 55 28
25 W	3 28 27	15 16 52	21 35 05	18 08 54	17 48 21	3 51 38	15 04 50	0 ♍ 20 03	3 03 23	9 24 57	28 10 58	29 09 03	25 20 28	23 57 29
26 Th	4 28 22	27 58 13	4 ♋ 26 33	17 27 29	18 40 32	4 35 57	15 26 53	0 46 30	3 12 40	9 21 00	28 08 60	29 12 26	25 22 41	23 59 21
27 F	5 28 07	11 ♋ 00 26	17 40 29	16 37 03	19 33 12	5 20 06	15 48 40	1 12 41	3 21 37	9 16 54	28 06 50	29 15 33	25 24 42	24 00 59
28 Sa	6 27 37	24 26 28	1 ♌ 19 21	15 38 08	20 26 18	6 04 05	16 10 07	1 38 32	3 30 11	9 12 35	28 04 27	29 18 23	25 26 28	24 02 20
29 Su	7 26 56	8 ♌ 18 13	15 24 14	14 31 45	21 19 50	6 47 54	16 31 18	2 04 07	3 38 24	9 08 05	28 01 52	29 20 58	25 27 60	24 03 25
30 M	8 26 11	22 35 52	29 54 09	13 19 25	22 13 55	7 31 41	16 52 19	2 29 33	3 46 24	9 03 34	27 59 13	29 23 24	25 29 27	24 04 24
31 Tu	9 25 35	7 ♍ 17 15	14 ♍ 45 37	12 03 08	23 08 43	8 15 40	17 13 24	2 55 02	3 54 24	8 59 13	27 56 44	29 25 56	25 31 01	24 05 28

Notes

LONGITUDE — November 1967

Day	☉	0 hr ☽	Noon ☽	☿	♀	♂	⚵	⚳	♃	♄	⚷	♅	♆	♇
1 W	10♎ 25 22	22♍ 17 31	29♍ 52 24	10♎ 45 16	24♌ 04 29	9♐ 00 05	17♍ 34 47	3♍ 20 50	4♌ 02 38	8♓ 55 18	27♒ 54 38	29♌ 28 47	25♎ 32 57	24♌ 06 51
2 Th	11 25 44	7♎ 29 11	15♎ 06 03	9 28 22	25 01 21	9 45 07	17 56 39	3 47 06	4 11 17	8 51 60	27 53 07	29 32 08	25 35 26	24 08 46
3 F	12 26 46	22 42 57	0♏ 16 51	8 14 57	25 59 24	10 30 51	18 19 06	4 13 57	4 20 27	8 49 24	27 52 18	29 36 06	25 38 34	24 11 18
4 Sa	13 28 24	7♏ 48 58	15 15 18	7 07 19	26 58 34	11 17 14	18 42 03	4 41 19	4 30 03	8 47 26	27 52 04	29 40 36	25 42 16	24 14 23
5 Su	14 30 24	22 38 16	29 53 31	6 07 22	27 58 34	12 04 01	19 05 18	5 08 57	4 39 52	8 45 54	27 52 14	29 45 24	25 46 19	24 17 46
6 M	15 32 26	7♐ 04 09	14♐ 06 09	5 16 33	28 59 06	12 50 53	19 28 29	5 36 33	4 49 33	8 44 27	27 52 27	29 50 11	25 50 23	24 21 09
7 Tu	16 34 09	21 02 41	27 50 45	4 35 47	29 59 45	13 37 27	19 51 15	6 03 44	4 58 46	8 42 44	27 52 23	29 54 35	25 54 07	24 24 10
8 W	17 35 14	4♑ 32 51	11♑ 07 31	4 05 38	1♍ 00 13	14 23 27	20 13 19	6 30 11	5 07 12	8 40 27	27 51 42	29 58 18	25 57 12	24 26 30
9 Th	18 35 32	17 36 01	23 58 43	3 46 19	2 00 20	15 08 41	20 34 30	6 55 46	5 14 40	8 37 26	27 50 14	0♍ 01 10	25 59 28	24 27 60
10 F	19 35 02	0♒ 15 21	6♒ 28 02	3 37 48	3 00 03	15 53 09	20 54 47	7 20 27	5 21 12	8 33 41	27 48 00	0 03 10	26 00 55	24 28 39
11 Sa	20 33 56	12 35 06	18 39 57	3 39 57	3 59 34	16 37 03	21 14 23	7 44 27	5 26 57	8 29 23	27 45 12	0 04 30	26 01 45	24 28 39
12 Su	21 32 33	24 39 59	0♓ 39 11	3 52 31	4 59 13	17 20 43	21 33 37	8 08 04	5 32 16	8 24 53	27 42 09	0 05 30	26 02 17	24 28 19
13 M	22 31 21	6♓ 34 46	12 30 22	4 15 10	5 59 24	18 04 34	21 52 55	8 31 46	5 37 34	8 20 37	27 39 17	0 06 37	26 02 58	24 28 07
14 Tu	23 30 46	18 23 54	24 17 44	4 47 31	7 00 34	18 49 05	22 12 44	8 55 59	5 43 20	8 17 02	27 37 04	0 08 17	26 04 15	24 28 28
15 W	24 31 12	0♈ 11 19	6♈ 04 56	5 29 04	8 03 07	19 34 38	22 33 29	9 21 08	5 49 58	8 14 32	27 35 53	0 10 54	26 06 32	24 29 48
16 Th	25 32 57	12 00 15	17 54 57	6 19 12	9 07 19	20 21 31	22 55 27	9 47 29	5 57 43	8 13 25	27 36 03	0 14 45	26 10 05	24 32 23
17 F	26 36 05	23 53 18	29 50 11	7 17 11	10 13 15	21 09 50	23 18 43	10 15 08	6 06 41	8 13 46	27 37 38	0 19 57	26 15 02	24 36 19
18 Sa	27 40 32	5♉ 52 26	11♉ 52 23	8 22 06	11 20 48	21 59 29	23 43 10	10 43 58	6 16 47	8 15 29	27 40 33	0 26 23	26 21 14	24 41 30
19 Su	28 45 57	17 59 06	24 02 57	9 32 52	12 29 38	22 50 07	24 08 30	11 13 41	6 27 41	8 18 15	27 44 27	0 33 43	26 28 24	24 47 36
20 M	29 51 51	0♊ 14 24	6♊ 22 59	10 48 19	13 39 14	23 41 14	24 34 12	11 43 45	6 38 52	8 21 33	27 48 52	0 41 27	26 36 00	24 54 07
21 Tu	0♏ 57 36	12 39 27	18 53 39	12 07 16	14 48 60	24 32 15	24 59 39	12 13 35	6 49 44	8 24 47	27 53 09	0 48 59	26 43 26	25 00 26
22 W	2 02 36	25 15 26	1♋ 36 16	13 28 32	15 58 16	25 22 31	25 24 14	12 42 32	6 59 39	8 27 20	27 56 43	0 55 40	26 50 05	25 05 57
23 Th	3 06 20	8♋ 03 56	14 32 31	14 51 10	17 06 34	26 11 32	25 47 27	13 10 07	7 08 07	8 28 42	27 59 02	1 01 02	26 55 27	25 10 08
24 F	4 08 33	21 06 59	27 44 30	16 14 31	18 13 35	26 59 03	26 09 01	13 36 03	7 14 52	8 28 36	27 59 51	1 04 48	26 59 15	25 12 44
25 Sa	5 09 17	4♌ 26 57	11♌ 14 28	17 38 15	19 19 23	27 45 06	26 28 60	14 00 23	7 19 57	8 27 06	27 59 13	1 07 00	27 01 32	25 13 48
26 Su	6 08 55	18 06 14	25 04 30	19 02 28	20 24 20	28 30 04	26 47 46	14 23 31	7 23 45	8 24 35	27 57 31	1 08 03	27 02 42	25 13 43
27 M	7 08 09	2♍ 06 44	9♍ 15 52	20 27 37	21 29 06	29 14 40	27 06 01	14 46 07	7 26 57	8 21 45	27 55 27	1 08 37	27 03 25	25 13 11
28 Tu	8 07 49	16 29 05	23 48 12	21 54 17	22 34 33	29 59 42	27 24 36	15 09 02	7 30 23	8 19 25	27 53 50	1 09 33	27 04 34	25 13 01
29 W	9 08 46	1♎ 11 47	8♎ 38 50	23 23 09	23 41 28	0♑ 46 02	27 44 19	15 33 05	7 34 54	8 18 26	27 53 32	1 11 40	27 06 56	25 14 04
30 Th	10 11 34	16 10 39	23 42 18	24 54 38	24 50 28	1 34 14	28 05 47	15 58 53	7 41 04	8 19 24	27 55 07	1 15 35	27 11 08	25 16 55

LONGITUDE — December 1967

Day	☉	0 hr ☽	Noon ☽	☿	♀	♂	⚵	⚳	♃	♄	⚷	♅	♆	♇
1 F	11♏ 16 27	1♏ 18 43	8♏ 50 37	26♎ 28 49	26♍ 01 45	2♑ 24 32	28♍ 29 12	16♍ 26 37	7♌ 49 08	8♓ 22 32	27♒ 58 48	1♍ 21 30	27♎ 17 24	25♌ 21 48
2 Sa	12 23 10	16 26 45	23 54 12	28 05 22	27 15 04	3 16 42	28 54 21	16 56 05	7 58 50	8 27 36	28 04 23	1 29 12	27 25 28	25 28 29
3 Su	13 31 05	1♐ 24 45	8♐ 43 22	29 43 31	28 29 46	4 10 03	29 20 34	17 26 36	8 09 31	8 33 56	28 11 10	1 38 00	27 34 42	25 36 17
4 M	14 39 16	16 03 32	23 10 02	1♏ 22 18	29 44 55	5 03 43	29 46 56	17 57 16	8 20 17	8 40 38	28 18 17	1 47 01	27 44 10	25 44 19
5 Tu	15 46 46	0♑ 16 16	7♑ 08 49	3 00 41	0♎ 59 35	5 56 42	0♎ 12 30	18 27 07	8 30 10	8 46 45	28 24 45	1 55 17	27 52 56	25 51 37
6 W	16 52 48	13 59 17	20 37 33	4 37 50	2 12 57	6 48 14	0 36 28	18 55 22	8 38 24	8 51 29	28 29 47	2 02 02	28 00 13	25 57 25
7 Th	17 56 56	27 12 11	3♒ 37 08	6 13 16	3 24 35	7 37 53	0 58 25	19 21 35	8 44 32	8 54 25	28 32 58	2 06 47	28 05 35	26 01 15
8 F	18 59 07	9♒ 57 21	16 10 52	7 46 56	4 34 27	8 25 37	1 18 18	19 45 44	8 48 31	8 55 31	28 34 15	2 09 33	28 08 58	26 03 06
9 Sa	19 59 45	22 19 14	28 23 44	9 19 10	5 42 56	9 11 47	1 36 30	20 08 11	8 50 45	8 55 08	28 34 01	2 10 41	28 10 46	26 03 21
10 Su	20 59 31	4♓ 23 31	10♓ 21 38	10 50 40	6 50 42	9 57 07	1 53 44	20 29 39	8 51 56	8 54 01	28 32 59	2 10 54	28 11 42	26 02 42
11 M	21 59 19	16 16 24	22 10 47	12 22 19	7 58 40	10 42 30	2 10 51	20 51 01	8 52 57	8 53 01	28 32 01	2 11 06	28 12 39	26 02 03
12 Tu	23 00 06	28 04 01	3♈ 57 08	13 55 02	9 07 45	11 28 52	2 28 50	21 13 12	8 54 45	8 53 05	28 32 04	2 12 11	28 14 32	26 02 19
13 W	24 02 39	9♈ 52 00	15 46 00	15 29 38	10 18 47	12 17 01	2 48 27	21 37 02	8 58 07	8 55 03	28 33 57	2 15 00	28 18 11	26 04 19
14 Th	25 07 34	21 45 03	27 41 44	17 06 41	11 32 18	13 07 32	3 10 18	22 03 05	9 03 39	8 59 27	28 38 14	2 20 06	28 24 09	26 08 38
15 F	26 15 03	3♉ 46 46	9♉ 47 31	18 46 24	12 48 31	14 00 38	3 34 35	22 31 33	9 11 33	9 06 32	28 45 07	2 27 43	28 32 41	26 15 29
16 Sa	27 24 55	15 59 30	22 05 13	20 28 36	14 07 17	14 56 07	4 01 07	23 02 16	9 21 38	9 16 05	28 54 27	2 37 39	28 43 34	26 24 40
17 Su	28 36 37	28 24 19	4♊ 35 35	22 12 44	15 27 59	15 53 25	4 29 20	23 34 38	9 33 20	9 27 34	29 05 38	2 49 19	28 56 14	26 35 37
18 M	29 49 13	11♊ 01 15	17 18 16	23 57 53	16 49 43	16 51 39	4 58 19	24 07 46	9 45 45	9 40 03	29 17 47	3 01 51	29 09 48	26 47 27
19 Tu	1♐ 01 39	23 49 33	0♋ 12 21	25 43 01	18 11 25	17 49 43	5 26 60	24 40 35	9 57 47	9 52 28	29 29 48	3 14 09	29 23 10	26 59 04
20 W	2 12 49	6♋ 48 09	13 16 43	27 27 01	19 31 59	18 46 31	5 54 16	25 11 59	10 08 21	10 03 43	29 40 36	3 25 07	29 35 15	27 09 22
21 Th	3 21 51	19 56 09	26 30 35	29 09 02	20 50 31	19 41 11	6 19 15	25 41 04	10 16 34	10 12 56	29 49 19	3 33 52	29 45 09	27 17 30
22 F	4 28 15	3♌ 13 19	9♌ 53 50	0♐ 48 36	22 06 33	20 33 13	6 41 27	26 07 22	10 21 57	10 19 36	29 55 26	3 39 56	29 52 24	27 22 56
23 Sa	5 32 03	16 40 15	23 27 16	2 25 45	23 20 04	21 22 40	7 00 55	26 30 54	10 24 32	10 23 46	29 58 59	3 43 19	29 57 01	27 25 45
24 Su	6 33 50	0♍ 18 23	7♍ 12 24	4 01 03	24 31 41	22 10 04	7 18 11	26 52 14	10 24 53	10 26 00	0♓ 00 34	3 44 37	29 59 35	27 26 28
25 M	7 34 37	14 09 43	21 11 05	5 35 35	25 42 24	22 56 30	7 34 19	27 12 24	10 24 02	10 27 21	0 01 12	3 44 51	0♏ 01 08	27 26 10
26 Tu	8 35 41	28 16 02	5♎ 24 39	7 10 38	26 53 30	23 43 12	7 50 34	27 32 41	10 23 15	10 29 04	0 02 09	3 45 19	0 02 56	27 26 06
27 W	9 38 19	12♎ 38 06	19 53 08	8 47 30	28 06 16	24 31 28	8 08 13	27 54 20	10 23 50	10 32 27	0 04 42	3 47 15	0 06 15	27 27 33
28 Th	10 43 28	27 14 44	4♏ 34 20	10 27 08	29 21 38	25 22 15	8 28 13	28 18 20	10 26 43	10 38 26	0 09 50	3 51 39	0 12 04	27 31 28
29 F	11 51 33	12♏ 02 08	19 23 28	12 09 59	0♏ 40 02	26 15 59	8 51 01	28 45 05	10 32 21	10 47 28	0 17 56	3 58 56	0 20 48	27 38 18
30 Sa	13 02 22	26 53 57	4♐ 13 21	13 55 51	2 01 14	27 12 26	9 16 21	29 14 23	10 40 30	10 59 20	0 28 49	4 08 53	0 32 14	27 47 48
31 Su	14 15 05	11♐ 41 51	18 55 26	15 43 55	3 24 26	28 10 48	9 43 26	29 45 23	10 50 21	11 13 11	0 41 39	4 20 39	0 45 32	27 59 11

Notes

January 1968 — LONGITUDE

Day	☉	0 hr ☽	Noon ☽	☿	♀	♂	⚵	⚳	♃	♄	⚷	♅	♆	♇
1 M	15 ♐ 28 28	26 ♐ 16 58	3 ♑ 21 16	17 ♐ 32 59	4 ♏ 48 23	29 ♑ 09 50	10 ♎ 11 02	0 ♎ 16 53	11 ♌ 00 41	11 ♓ 27 49	0 ♓ 55 12	4 ♍ 33 03	0 ♏ 59 29	28 ♌ 11 12
2 Tu	16 41 12	10 ♑ 31 27	17 23 59	19 21 42	6 11 45	0 ♒ 08 12	10 37 47	0 47 31	11 10 10	11 41 54	1 08 09	4 44 43	1 12 45	28 22 31
3 W	17 52 07	24 19 51	0 ♒ 59 26	21 08 57	7 33 23	1 04 46	11 02 34	1 16 09	11 17 39	11 54 16	1 19 20	4 54 32	1 24 12	28 31 59
4 Th	19 00 29	7 ♒ 39 43	14 06 29	22 53 59	8 52 33	1 58 48	11 24 38	1 42 03	11 22 23	12 04 11	1 28 02	5 01 44	1 33 04	28 38 53
5 F	20 06 06	20 31 44	26 46 58	24 36 38	10 09 03	2 50 04	11 43 47	2 05 01	11 24 12	12 11 29	1 34 02	5 06 09	1 39 10	28 43 01
6 Sa	21 09 20	2 ♓ 59 14	9 ♓ 04 59	26 17 14	11 23 14	3 38 58	12 00 22	2 25 23	11 23 26	12 16 29	1 37 42	5 08 07	1 42 52	28 44 43
7 Su	22 10 59	15 07 26	21 06 17	27 56 34	12 35 55	4 26 16	12 15 11	2 43 57	11 20 54	12 19 60	1 39 50	5 08 27	1 44 57	28 44 49
8 M	23 12 07	27 02 43	2 ♈ 57 27	29 35 44	13 48 09	5 13 04	12 29 19	3 01 50	11 17 41	12 23 07	1 41 32	5 08 13	1 46 31	28 44 23
9 Tu	24 13 56	8 ♈ 51 52	14 45 19	1 ♑ 15 53	15 01 09	6 00 33	12 43 58	3 20 10	11 14 59	12 27 00	1 43 57	5 08 38	1 48 45	28 44 36
10 W	25 17 30	20 41 34	26 36 22	2 58 04	16 15 57	6 49 46	13 00 10	3 40 03	11 13 50	12 32 45	1 48 10	5 10 44	1 52 42	28 46 32
11 Th	26 23 35	2 ♉ 37 44	8 ♉ 36 15	4 43 03	17 33 22	7 41 32	13 18 43	4 02 16	11 15 04	12 41 08	1 54 58	5 15 19	1 59 10	28 50 59
12 F	27 32 35	14 45 15	20 49 22	6 31 08	18 53 45	8 36 11	13 39 59	4 27 09	11 19 01	12 52 31	2 04 44	5 22 45	2 08 31	28 58 18
13 Sa	28 44 21	27 07 30	3 ♊ 18 35	8 22 09	20 16 58	9 33 36	14 03 50	4 54 36	11 25 34	13 06 47	2 17 20	5 32 55	2 20 37	29 08 22
14 Su	29 58 16	9 ♊ 46 16	16 05 02	10 15 24	21 42 25	10 33 10	14 29 39	5 23 58	11 34 07	13 23 18	2 32 07	5 45 11	2 34 51	29 20 34
15 M	1 ♑ 13 18	22 41 40	29 08 12	12 09 48	23 09 02	11 33 52	14 56 24	5 54 15	11 43 38	13 41 02	2 48 06	5 58 32	2 50 12	29 33 53
16 Tu	2 28 13	5 ♋ 52 17	12 ♋ 26 06	14 03 58	24 35 36	12 34 25	15 22 49	6 24 09	11 52 51	13 58 44	3 03 60	6 11 42	3 05 23	29 47 02
17 W	3 41 43	19 15 41	25 55 55	15 56 30	26 00 49	13 33 34	15 47 38	6 52 26	12 00 30	14 15 08	3 18 32	6 23 25	3 19 09	29 58 45
18 Th	4 52 47	2 ♌ 48 57	9 ♌ 34 33	17 46 13	27 23 39	14 30 15	16 09 47	7 18 01	12 05 33	14 29 10	3 30 41	6 32 39	3 30 26	0 ♍ 08 01
19 F	6 00 48	16 29 24	23 19 24	19 32 22	28 43 30	15 23 54	16 28 42	7 40 20	12 07 25	14 40 16	3 39 50	6 38 47	3 38 41	0 14 12
20 Sa	7 05 47	0 ♍ 15 12	7 ♍ 08 52	21 14 42	0 ♐ 00 22	16 14 29	16 44 22	7 59 21	12 06 05	14 48 26	3 46 00	6 41 50	3 43 51	0 17 20
21 Su	8 08 19	14 05 39	21 02 33	22 53 35	1 14 51	17 02 38	16 57 23	8 15 41	12 02 10	14 54 14	3 49 46	6 42 24	3 46 33	0 17 60
22 M	9 09 30	28 01 08	5 ♎ 01 06	24 29 49	2 28 02	17 49 25	17 08 49	8 30 24	11 56 45	14 58 47	3 52 15	6 41 34	3 47 54	0 17 18
23 Tu	10 10 43	12 ♎ 02 43	19 05 36	26 04 25	3 41 17	18 36 13	17 20 03	8 44 52	11 51 13	15 03 26	3 54 47	6 40 42	3 49 13	0 16 35
24 W	11 13 17	26 11 22	3 ♏ 16 50	27 38 22	4 55 58	19 24 22	17 32 26	9 00 27	11 46 55	15 09 32	3 58 44	6 41 10	3 51 54	0 17 13
25 Th	12 18 15	10 ♏ 27 14	17 34 26	29 12 13	6 13 05	20 14 55	17 46 59	9 18 10	11 44 52	15 18 08	4 05 08	6 43 59	3 56 57	0 20 14
26 F	13 26 07	24 48 49	1 ♐ 56 16	0 ♒ 45 58	7 33 08	21 08 20	18 04 11	9 38 29	11 45 36	15 29 43	4 14 28	6 49 39	4 04 52	0 26 07
27 Sa	14 36 43	9 ♐ 12 42	16 18 20	2 18 52	8 55 59	22 04 30	18 23 54	10 01 16	11 48 56	15 44 08	4 26 35	6 58 01	4 15 30	0 34 44
28 Su	15 49 17	23 33 42	0 ♑ 35 02	3 49 34	10 20 50	23 02 37	18 45 21	10 25 44	11 54 07	16 00 36	4 40 43	7 08 19	4 28 05	0 45 18
29 M	17 02 39	7 ♑ 45 38	14 40 09	5 16 10	11 46 33	24 01 32	19 07 22	10 50 44	12 00 00	16 17 58	4 55 44	7 19 23	4 41 27	0 56 39
30 Tu	18 15 31	21 42 20	28 27 57	6 36 37	13 11 48	24 59 56	19 28 39	11 14 57	12 05 17	16 34 55	5 10 16	7 29 55	4 54 18	1 07 30
31 W	19 26 43	5 ♒ 18 48	11 ♒ 54 12	7 48 58	14 35 25	25 56 40	19 47 60	11 37 11	12 08 47	16 50 17	5 23 11	7 38 44	5 05 27	1 16 39

February 1968 — LONGITUDE

Day	☉	0 hr ☽	Noon ☽	☿	♀	♂	⚵	⚳	♃	♄	⚷	♅	♆	♇
1 Th	20 ♑ 35 25	18 ♒ 32 03	24 ♒ 56 51	8 ♒ 51 36	15 ♐ 56 35	26 ♒ 50 54	20 ♎ 04 37	11 ♎ 56 38	12 ♌ 09 42	17 ♓ 03 16	5 ♓ 33 41	7 ♍ 45 02	5 ♏ 14 07	1 ♍ 23 19
2 F	21 41 19	1 ♓ 21 30	7 ♓ 36 17	9 43 24	17 15 01	27 42 19	20 18 13	12 13 01	12 07 45	17 13 32	5 41 25	7 48 31	5 19 58	1 27 11
3 Sa	22 44 38	13 48 56	19 55 04	10 23 47	18 30 53	28 31 09	20 28 57	12 26 29	12 03 07	17 21 19	5 46 38	7 49 23	5 23 12	1 28 27
4 Su	23 45 59	25 58 07	1 ♈ 57 39	10 52 40	19 44 51	29 18 02	20 37 30	12 37 43	11 56 28	17 27 13	5 49 56	7 48 16	5 24 29	1 27 45
5 M	24 46 20	7 ♈ 54 18	13 49 43	11 10 24	20 57 51	0 ♓ 03 53	20 44 47	12 47 37	11 48 44	17 32 13	5 52 18	7 46 08	5 24 44	1 26 03
6 Tu	25 46 45	19 43 39	25 37 37	11 17 33	22 10 58	0 49 48	20 51 53	12 57 17	11 41 01	17 37 22	5 54 46	7 44 02	5 25 03	1 24 26
7 W	26 48 15	1 ♉ 32 37	7 ♉ 27 55	11 14 54	23 25 13	1 36 48	20 59 49	13 07 44	11 34 20	17 43 42	5 58 23	7 43 00	5 26 27	1 23 53
8 Th	27 51 38	13 27 30	19 26 47	11 03 11	24 41 24	2 25 41	21 09 23	13 19 45	11 29 29	17 52 00	6 03 57	7 43 51	5 29 43	1 25 14
9 F	28 57 20	25 33 56	1 ♊ 39 35	10 43 05	25 59 56	3 16 53	21 21 00	13 33 47	11 26 54	18 02 44	6 11 53	7 47 00	5 35 18	1 28 55
10 Sa	0 ♒ 05 22	7 ♊ 56 29	14 10 26	10 15 09	27 20 52	4 10 24	21 34 42	13 49 49	11 26 38	18 15 52	6 22 12	7 52 28	5 43 12	1 34 56
11 Su	1 15 18	20 38 17	27 01 48	9 39 48	28 43 43	5 05 48	21 50 00	14 07 25	11 28 13	18 30 59	6 34 28	7 59 49	5 52 59	1 42 51
12 M	2 26 18	3 ♋ 40 42	10 ♋ 14 19	8 57 24	0 ♑ 07 41	6 02 15	22 06 07	14 25 45	11 30 50	18 47 16	6 47 51	8 08 13	6 03 50	1 51 50
13 Tu	3 37 19	17 03 18	23 46 41	8 08 20	1 31 44	6 58 44	22 21 60	14 43 47	11 33 28	19 03 39	7 01 19	8 16 38	6 14 42	2 00 52
14 W	4 47 17	0 ♌ 43 54	7 ♌ 35 53	7 13 11	2 54 46	7 54 09	22 36 32	15 00 25	11 35 02	19 19 04	7 13 47	8 23 59	6 24 31	2 08 50
15 Th	5 55 18	14 38 56	21 37 44	6 12 53	4 15 53	8 47 37	22 48 51	15 14 46	11 34 38	19 32 37	7 24 21	8 29 22	6 32 21	2 14 52
16 F	7 00 50	28 44 06	5 ♍ 47 36	5 08 44	5 34 34	9 38 34	22 58 23	15 26 16	11 31 45	19 43 45	7 32 28	8 32 15	6 37 42	2 18 25
17 Sa	8 03 50	12 ♍ 55 05	20 01 12	4 02 32	6 50 44	10 26 58	23 05 06	15 34 53	11 26 19	19 52 26	7 38 05	8 32 35	6 40 29	2 19 26
18 Su	9 04 43	27 08 17	4 ♎ 15 11	2 56 23	8 04 52	11 13 16	23 09 25	15 41 02	11 18 47	19 59 05	7 41 40	8 30 49	6 41 10	2 18 21
19 M	10 04 22	11 ♎ 21 06	18 27 26	1 52 38	9 17 46	11 58 17	23 12 11	15 45 34	11 10 01	20 04 34	7 44 02	8 27 46	6 40 35	2 16 02
20 Tu	11 03 48	25 32 05	2 ♏ 36 54	0 53 37	10 30 31	12 43 06	23 14 28	15 49 33	11 01 04	20 09 55	7 46 14	8 24 32	6 39 48	2 13 31
21 W	12 04 06	9 ♏ 40 31	16 43 09	0 01 19	11 44 09	13 28 45	23 17 18	15 53 60	10 52 59	20 16 12	7 49 21	8 22 08	6 39 50	2 11 52
22 Th	13 06 02	23 45 59	0 ♐ 45 52	29 ♑ 17 17	12 59 28	14 16 03	23 21 28	15 59 43	10 46 34	20 24 11	7 54 08	8 21 22	6 41 31	2 11 52
23 F	14 10 00	7 ♐ 47 43	14 44 14	28 42 22	14 16 51	15 05 21	23 27 21	16 07 05	10 42 13	20 34 17	8 01 00	8 22 38	6 45 13	2 13 55
24 Sa	15 15 56	21 44 18	28 36 40	28 16 46	15 36 14	15 56 36	23 34 53	16 16 02	10 39 52	20 46 25	8 09 52	8 25 51	6 50 51	2 17 55
25 Su	16 23 18	5 ♑ 33 35	12 ♑ 20 49	28 00 01	16 57 05	16 49 17	23 43 33	16 26 02	10 38 60	21 00 03	8 20 13	8 30 30	6 57 55	2 23 23
26 M	17 31 18	19 12 45	25 53 51	27 51 15	18 18 36	17 42 34	23 52 32	16 36 16	10 38 49	21 14 24	8 31 14	8 35 47	7 05 37	2 29 29
27 Tu	18 39 01	2 ♒ 38 54	9 ♒ 12 56	27 49 22	19 39 53	18 35 35	24 00 56	16 45 51	10 38 25	21 28 32	8 42 02	8 40 48	7 13 02	2 35 21
28 W	19 45 39	15 29 49	22 15 47	27 53 18	21 00 06	19 27 30	24 07 56	16 53 57	10 36 60	21 41 39	8 51 46	8 44 43	7 19 20	2 40 07
29 Th	20 50 35	28 42 49	5 ♓ 01 13	28 02 07	22 18 40	20 17 42	24 12 55	16 59 57	10 33 58	21 53 08	8 59 51	8 46 58	7 23 57	2 43 13

Notes

LONGITUDE — March 1968

Day	☉	0 hr ☽	Noon ☽	☿	♀	♂	⚵	⚳	♃	♄	⚷	♅	♆	♇
1 F	21♒53 33	11♓18 29	17♓29 19	28♑15 14	23♑35 18	21♓05 56	24♎15 37	17♎03 37	10♌29 03	22♓02 45	9♓06 02	8♍47 15	7♏26 36	2♍44 23
2 Sa	22 54 38	23 37 31	29 41 39	28 32 19	24 50 05	21 52 16	24 16 07	17 04 59	10 22 19	22 10 31	9 10 21	8 45 39	7 27 21	2 43 40
3 Su	23 54 10	5♈42 18	11♈41 08	28 53 24	26 03 21	22 37 02	24 14 45	17 04 26	10 14 09	22 16 50	9 13 11	8 42 32	7 26 34	2 41 27
4 M	24 52 44	17 36 26	23 31 50	29 18 40	27 15 42	23 20 51	24 12 07	17 02 31	10 05 07	22 22 14	9 15 05	8 38 28	7 24 48	2 38 17
5 Tu	25 51 00	29 24 29	5♉18 38	29 48 28	28 27 47	24 04 21	24 08 52	16 59 55	9 55 54	22 27 26	9 16 45	8 34 07	7 22 45	2 34 52
6 W	26 49 39	11♉11 39	17 06 59	0♒23 08	29 40 17	24 48 13	24 05 41	16 57 19	9 47 11	22 33 04	9 18 50	8 30 10	7 21 05	2 31 51
7 Th	27 49 14	23 03 24	29 02 27	1 02 55	0♒53 45	25 33 00	24 03 06	16 55 14	9 39 29	22 39 42	9 21 53	8 27 10	7 20 20	2 29 47
8 F	28 50 04	5♊05 10	11♊10 27	1 47 52	2 08 30	26 19 02	24 01 28	16 54 02	9 33 12	22 47 39	9 26 14	8 25 27	7 20 51	2 29 01
9 Sa	29 52 14	17 21 58	23 35 47	2 37 48	3 24 39	27 06 24	24 00 52	16 53 47	9 28 22	22 57 01	9 31 59	8 25 06	7 22 43	2 29 37
10 Su	0♓55 33	29 58 02	6♋22 17	3 32 18	4 41 58	27 54 54	24 01 06	16 54 18	9 24 49	23 07 35	9 38 54	8 25 55	7 25 44	2 31 25
11 M	1 59 36	12♋56 25	19 32 20	4 30 42	6 00 03	28 44 08	24 01 45	16 55 10	9 22 08	23 18 57	9 46 36	8 27 30	7 29 28	2 33 58
12 Tu	3 03 49	26 18 38	3♌06 35	5 32 16	7 18 21	29 33 30	24 02 15	16 55 48	9 19 46	23 30 33	9 54 31	8 29 16	7 33 23	2 36 42
13 W	4 07 36	10♌04 19	17 03 38	6 36 11	8 36 14	0♈22 26	24 02 00	16 55 38	9 17 06	23 41 46	10 02 01	8 30 38	7 36 52	2 39 03
14 Th	5 10 26	24 11 07	1♍20 05	7 41 49	9 53 13	1 10 24	24 00 30	16 54 08	9 13 39	23 52 06	10 08 38	8 31 05	7 39 24	2 40 30
15 F	6 12 01	8♍34 48	15 50 51	8 48 40	11 08 59	1 57 06	23 57 26	16 50 60	9 09 05	24 01 15	10 14 01	8 30 18	7 40 42	2 40 43
16 Sa	7 12 17	23 09 49	0♎29 46	9 56 34	12 23 28	2 42 29	23 52 45	16 46 11	9 03 23	24 09 08	10 18 08	8 28 14	7 40 40	2 39 39
17 Su	8 11 27	7♎49 54	15 10 28	11 05 36	13 36 53	3 26 44	23 46 39	16 39 53	8 56 43	24 15 58	10 21 10	8 25 06	7 39 33	2 37 32
18 M	9 09 54	22 28 60	29 47 12	12 16 04	14 49 39	4 10 17	23 39 32	16 32 31	8 49 31	24 22 09	10 23 33	8 21 18	7 37 43	2 34 44
19 Tu	10 08 11	7♏01 54	14♏15 20	13 28 22	16 02 14	4 53 37	23 31 55	16 24 36	8 42 18	24 28 11	10 25 45	8 17 20	7 35 42	2 31 46
20 W	11 06 44	21 24 40	28 31 14	14 42 54	17 15 09	5 37 13	23 24 17	16 16 35	8 35 31	24 34 34	10 28 17	8 13 41	7 33 58	2 29 08
21 Th	12 05 55	5♐34 40	12♐34 16	15 59 56	18 28 43	6 21 27	23 16 59	16 08 52	8 29 33	24 41 37	10 31 28	8 10 42	7 32 52	2 27 10
22 F	13 05 55	19 30 26	26 22 13	17 19 33	19 43 08	7 06 27	23 10 11	16 01 35	8 24 33	24 49 31	10 35 29	8 08 33	7 32 34	2 26 02
23 Sa	14 06 39	3♑11 19	9♑55 18	18 41 40	20 58 18	7 52 11	23 03 49	15 54 41	8 20 28	24 58 12	10 40 16	8 07 10	7 32 60	2 25 41
24 Su	15 07 54	16 37 14	23 13 39	20 06 00	22 14 03	8 38 26	22 57 42	15 47 59	8 17 05	25 07 28	10 45 36	8 06 21	7 33 58	2 25 53
25 M	16 09 22	29 48 25	6♒17 35	21 32 12	23 30 01	9 24 52	22 51 29	15 41 10	8 14 07	25 16 58	10 51 11	8 05 47	7 35 09	2 26 20
26 Tu	17 10 43	12♒45 13	19 07 33	22 59 52	24 45 54	10 11 10	22 44 53	15 33 55	8 11 12	25 26 24	10 56 40	8 05 08	7 36 12	2 26 42
27 W	18 11 40	25 28 11	1♓44 06	24 28 43	26 01 25	10 57 04	22 37 36	15 25 57	8 08 05	25 35 29	11 01 46	8 04 08	7 36 52	2 26 43
28 Th	19 12 03	7♓58 02	14 08 04	25 58 33	27 16 24	11 42 23	22 29 30	15 17 07	8 04 36	25 44 02	11 06 20	8 02 36	7 36 59	2 26 13
29 F	20 11 49	20 15 49	26 20 35	27 29 18	28 30 47	12 27 03	22 20 30	15 07 23	8 00 42	25 52 01	11 10 19	8 00 30	7 36 28	2 25 07
30 Sa	21 11 01	2♈22 54	8♈23 12	29 00 59	29 44 38	13 11 09	22 10 41	14 56 48	7 56 25	25 59 28	11 13 45	7 57 52	7 35 24	2 23 31
31 Su	22 09 47	14 21 10	20 18 03	0♓33 44	0♓58 06	13 54 48	22 00 13	14 45 33	7 51 56	26 06 32	11 16 47	7 54 53	7 33 55	2 21 32

LONGITUDE — April 1968

Day	☉	0 hr ☽	Noon ☽	☿	♀	♂	⚵	⚳	♃	♄	⚷	♅	♆	♇
1 M	23♓08 18	26♈12 60	2♉07 45	2♓07 44	2♓11 20	14♈38 13	21♎49 15	14♎33 47	7♌47 24	26♓13 24	11♓19 36	7♍51 41	7♏32 12	2♍19 21
2 Tu	24 06 46	8♉01 18	13 55 31	3 43 10	3 24 33	15 21 32	21 37 60	14 21 44	7 43 01	26 20 14	11 22 23	7 48 29	7 30 26	2 17 09
3 W	25 05 18	19 49 31	25 45 02	5 20 09	4 37 52	16 04 55	21 26 36	14 09 32	7 38 56	26 27 12	11 25 17	7 45 25	7 28 45	2 15 04
4 Th	26 04 00	1♊41 33	7♊40 25	6 58 48	5 51 23	16 48 28	21 15 10	13 57 18	7 35 13	26 34 21	11 28 21	7 42 34	7 27 15	2 13 13
5 F	27 02 53	13 41 36	19 46 02	8 39 06	7 05 06	17 32 11	21 03 43	13 45 03	7 31 54	26 41 44	11 31 38	7 39 57	7 25 56	2 11 36
6 Sa	28 01 54	25 54 05	2♋06 21	10 21 02	8 18 59	18 15 60	20 52 12	13 32 45	7 28 56	26 49 17	11 35 05	7 37 32	7 24 46	2 10 09
7 Su	29 00 56	8♋23 25	14 45 38	12 04 31	9 32 56	18 59 51	20 40 32	13 20 20	7 26 14	26 56 54	11 38 35	7 35 13	7 23 40	2 08 48
8 M	29 59 56	21 13 35	27 47 34	13 49 26	10 46 52	19 43 38	20 28 39	13 07 42	7 23 41	27 04 29	11 42 03	7 32 53	7 22 31	2 07 27
9 Tu	0♈58 47	4♌27 52	11♌14 47	15 35 46	12 00 42	20 27 16	20 16 29	12 54 49	7 21 13	27 11 59	11 45 24	7 30 30	7 21 15	2 06 01
10 W	1 57 31	18 08 12	25 08 21	17 23 29	13 14 25	21 10 45	20 04 01	12 41 41	7 18 51	27 19 23	11 48 39	7 28 02	7 19 51	2 04 30
11 Th	2 56 09	2♍14 39	9♍27 09	19 12 40	14 28 05	21 54 08	19 51 20	12 28 21	7 16 37	27 26 43	11 51 50	7 25 33	7 18 24	2 02 58
12 F	3 54 48	16 44 57	24 07 40	21 03 24	15 41 48	22 37 31	19 38 32	12 14 57	7 14 36	27 34 06	11 55 02	7 23 08	7 16 58	2 01 29
13 Sa	4 53 35	1♎34 18	9♎03 52	22 55 51	16 55 41	23 21 02	19 25 45	12 01 38	7 12 58	27 41 40	11 58 25	7 20 56	7 15 42	2 00 12
14 Su	5 52 38	16 35 38	24 07 53	24 50 06	18 09 50	24 04 46	19 13 06	11 48 29	7 11 47	27 49 29	12 02 03	7 19 02	7 14 42	1 59 13
15 M	6 51 56	1♏40 24	9♏10 53	26 46 09	19 24 17	24 48 46	19 00 37	11 35 34	7 11 05	27 57 35	12 05 58	7 17 28	7 13 58	1 58 33
16 Tu	7 51 26	16 39 46	24 04 26	28 43 58	20 38 58	25 32 56	18 48 14	11 22 49	7 10 49	28 05 55	12 10 05	7 16 09	7 13 27	1 58 08
17 W	8 50 59	1♐25 51	8♐41 34	0♈43 20	21 53 43	26 17 07	18 35 49	11 10 06	7 10 47	28 14 18	12 14 15	7 14 57	7 12 58	1 57 49
18 Th	9 50 21	15 52 44	22 57 31	2 44 01	23 08 19	27 01 07	18 23 09	10 57 13	7 10 48	28 22 31	12 18 16	7 13 37	7 12 20	1 57 21
19 F	10 49 21	29 56 52	6♑49 56	4 45 46	24 22 33	27 44 43	18 10 03	10 43 57	7 10 39	28 30 23	12 21 54	7 11 59	7 11 20	1 56 34
20 Sa	11 47 49	13♑37 06	20 18 41	6 48 24	25 36 18	28 27 46	17 56 23	10 30 13	7 10 11	28 37 44	12 25 01	7 09 52	7 09 50	1 55 19
21 Su	12 45 44	26 54 13	3♒25 13	8 51 48	26 49 30	29 10 15	17 42 07	10 15 58	7 09 23	28 44 32	12 27 35	7 07 16	7 07 46	1 53 33
22 M	13 43 11	9♒50 23	16 12 09	10 55 58	28 02 17	29 52 15	17 27 22	10 01 20	7 08 20	28 50 54	12 29 42	7 04 17	7 05 16	1 51 23
23 Tu	14 40 25	22 28 35	28 42 35	13 00 59	29 14 51	0♉34 00	17 12 23	9 46 33	7 07 16	28 57 02	12 31 34	7 01 07	7 02 33	1 49 01
24 W	15 37 41	4♓52 05	10♓59 47	15 07 02	0♈27 30	1 15 47	16 57 28	9 31 56	7 06 28	29 03 13	12 33 31	6 58 04	6 59 54	1 46 46
25 Th	16 35 21	17 04 07	23 06 54	17 14 16	1 40 34	1 57 57	16 42 57	9 17 49	7 06 16	29 09 49	12 35 51	6 55 29	6 57 39	1 44 58
26 F	17 33 42	29 07 38	5♈06 43	19 22 46	2 54 19	2 40 45	16 29 08	9 04 32	7 06 58	29 17 05	12 38 51	6 53 38	6 56 05	1 43 53
27 Sa	18 32 55	11♈05 14	17 01 44	21 32 31	4 08 59	3 24 26	16 16 15	8 52 16	7 08 45	29 25 15	12 42 45	6 52 44	6 55 26	1 43 44
28 Su	19 33 06	22 59 10	28 54 07	23 43 21	5 24 38	4 09 03	16 04 24	8 41 09	7 11 43	29 34 23	12 47 36	6 52 52	6 55 45	1 44 36
29 M	20 34 09	4♉51 24	10♉45 48	25 54 56	6 41 10	4 54 31	15 53 29	8 31 05	7 15 46	29 44 23	12 53 20	6 53 57	6 56 57	1 46 24
30 Tu	21 35 51	16 43 45	22 38 44	28 06 42	7 58 23	5 40 36	15 43 17	8 21 52	7 20 39	29 55 02	12 59 43	6 55 44	6 58 49	1 48 54

Notes

May 1968

LONGITUDE

Day	☉	0 hr ☽	Noon ☽	☿	♀	♂	⚵	⚳	♃	♄	⚷	♅	♆	♇
1 W	22 ♈ 37 48	28 ♉ 38 09	4 ♊ 34 56	0 ♉ 18 01	9 ♈ 15 52	6 ♉ 26 56	15 ♎ 33 28	8 ♎ 13 08	7 ♌ 26 02	0 ♈ 05 57	13 ♓ 06 21	6 ♍ 57 52	7 ♏ 00 58	1 ♍ 51 43
2 Th	23 39 35	10 ♊ 36 43	16 36 45	2 28 08	10 33 13	7 13 05	15 23 35	8 04 28	7 31 27	0 16 41	13 12 49	6 59 54	7 02 59	1 54 25
3 F	24 40 44	22 41 58	28 46 52	4 36 18	11 49 57	7 58 35	15 13 12	7 55 25	7 36 27	0 26 49	13 18 39	7 01 22	7 04 23	1 56 32
4 Sa	25 40 54	4 ♋ 56 54	11 ♋ 08 31	6 41 51	13 05 44	8 43 05	15 01 59	7 45 39	7 40 40	0 35 57	13 23 30	7 01 56	7 04 49	1 57 45
5 Su	26 39 53	17 25 04	23 45 18	8 44 18	14 20 21	9 26 22	14 49 43	7 34 58	7 43 55	0 43 53	13 27 10	7 01 23	7 04 05	1 57 49
6 M	27 37 41	0 ♌ 10 19	6 ♌ 41 05	10 43 26	15 33 49	10 08 28	14 36 27	7 23 25	7 46 12	0 50 40	13 29 40	6 59 45	7 02 13	1 56 47
7 Tu	28 34 36	13 16 38	19 59 34	12 39 17	16 46 25	10 49 40	14 22 27	7 11 16	7 47 48	0 56 33	13 31 17	6 57 18	6 59 29	1 54 55
8 W	29 31 07	26 47 31	3 ♍ 43 41	14 32 08	17 58 39	11 30 27	14 08 15	6 59 02	7 49 12	1 02 02	13 32 29	6 54 32	6 56 23	1 52 43
9 Th	0 ♉ 27 51	10 ♍ 45 20	17 54 52	16 22 24	19 11 07	12 11 25	13 54 27	6 47 20	7 51 01	1 07 43	13 33 54	6 52 03	6 53 30	1 50 46
10 F	1 25 25	25 10 23	2 ♎ 32 12	18 10 33	20 24 26	12 53 12	13 41 42	6 36 48	7 53 53	1 14 14	13 36 09	6 50 29	6 51 30	1 49 44
11 Sa	2 24 18	10 ♎ 00 13	17 31 41	19 56 58	21 39 07	13 36 18	13 30 29	6 27 56	7 58 15	1 22 04	13 39 43	6 50 19	6 50 51	1 50 05
12 Su	3 24 44	25 09 04	2 ♏ 46 09	21 41 42	22 55 21	14 20 54	13 21 02	6 20 56	8 04 22	1 31 26	13 44 48	6 51 46	6 51 46	1 52 01
13 M	4 26 34	10 ♏ 28 09	18 05 52	23 24 32	24 13 00	15 06 54	13 13 12	6 15 42	8 12 04	1 42 11	13 51 17	6 54 41	6 54 05	1 55 25
14 Tu	5 29 19	25 46 48	3 ♐ 19 55	25 04 55	25 31 36	15 53 47	13 06 31	6 11 44	8 20 52	1 53 50	13 58 41	6 58 36	6 57 22	1 59 47
15 W	6 32 16	10 ♐ 54 06	18 18 04	26 42 04	26 50 26	16 40 51	13 00 17	6 08 20	8 30 05	2 05 40	14 06 16	7 02 47	7 00 52	2 04 24
16 Th	7 34 41	25 40 46	2 ♑ 52 22	28 15 10	28 08 44	17 27 21	12 53 46	6 04 45	8 38 55	2 16 57	14 13 18	7 06 30	7 03 51	2 08 32
17 F	8 35 54	10 ♑ 00 30	16 58 07	29 43 30	29 25 51	18 12 38	12 46 18	6 00 21	8 46 44	2 27 00	14 19 07	7 09 06	7 05 39	2 11 31
18 Sa	9 35 34	23 50 30	0 ♒ 33 60	1 ♊ 06 40	0 ♉ 41 27	18 56 20	12 37 32	5 54 47	8 53 12	2 35 29	14 23 21	7 10 13	7 05 55	2 13 00
19 Su	10 33 40	7 ♒ 11 08	13 41 34	2 24 37	1 55 30	19 38 27	12 27 29	5 48 01	8 58 16	2 42 22	14 26 01	7 09 50	7 04 39	2 12 59
20 M	11 30 33	20 05 17	26 24 27	3 37 37	3 08 21	20 19 19	12 16 30	5 40 26	9 02 17	2 48 01	14 27 26	7 08 18	7 02 11	2 11 47
21 Tu	12 26 50	2 ♓ 37 20	8 ♓ 47 24	4 46 14	4 20 36	20 59 33	12 05 10	5 32 37	9 05 52	2 53 01	14 28 13	7 06 13	6 59 07	2 10 01
22 W	13 23 15	14 52 29	20 55 40	5 51 11	5 33 01	21 39 55	11 54 17	5 25 21	9 09 46	2 58 08	14 29 08	7 04 22	6 56 13	2 08 27
23 Th	14 20 36	26 55 54	2 ♈ 54 20	6 53 11	6 46 23	22 21 10	11 44 37	5 19 25	9 14 46	3 04 09	14 30 56	7 03 30	6 54 17	2 07 52
24 F	15 19 32	8 ♈ 52 22	14 47 54	7 52 48	8 01 20	23 03 59	11 36 50	5 15 28	9 21 31	3 11 42	14 34 19	7 04 17	6 53 56	2 08 54
25 Sa	16 20 28	20 45 54	26 40 09	8 50 24	9 18 20	23 48 46	11 31 22	5 13 55	9 30 26	3 21 14	14 39 40	7 07 09	6 55 37	2 11 60
26 Su	17 23 32	2 ♉ 39 41	8 ♉ 33 54	9 46 03	10 37 28	24 35 40	11 28 21	5 14 55	9 41 40	3 32 52	14 47 08	7 12 13	6 59 28	2 17 17
27 M	18 28 32	14 35 56	20 31 12	10 39 29	11 58 33	25 24 29	11 27 36	5 18 16	9 54 59	3 46 24	14 56 30	7 19 18	7 05 17	2 24 32
28 Tu	19 34 57	26 36 09	2 ♊ 33 20	11 30 06	13 21 05	26 14 41	11 28 34	5 23 27	10 09 54	4 01 19	15 07 16	7 27 52	7 12 32	2 33 16
29 W	20 42 02	8 ♊ 41 17	14 41 12	12 17 03	14 44 17	27 05 31	11 30 32	5 29 43	10 25 37	4 16 51	15 18 40	7 37 10	7 20 28	2 42 43
30 Th	21 48 53	20 52 05	26 55 34	12 59 23	16 07 16	27 56 06	11 32 36	5 36 09	10 41 17	4 32 08	15 29 49	7 46 19	7 28 12	2 51 59
31 F	22 54 38	3 ♋ 09 24	9 ♋ 17 26	13 36 10	17 29 10	28 45 34	11 33 54	5 41 55	10 55 59	4 46 15	15 39 50	7 54 25	7 34 51	3 00 12

June 1968

LONGITUDE

Day	☉	0 hr ☽	Noon ☽	☿	♀	♂	⚵	⚳	♃	♄	⚷	♅	♆	♇
1 Sa	23 ♉ 58 33	15 ♋ 34 35	21 ♋ 48 20	14 ♊ 06 37	18 ♉ 49 16	29 ♉ 33 10	11 ♎ 33 44	5 ♎ 46 16	11 ♌ 09 03	4 ♈ 58 31	15 ♓ 48 01	8 ♍ 00 47	7 ♏ 39 44	3 ♍ 06 39
2 Su	25 00 16	28 09 41	4 ♌ 30 32	14 30 18	20 07 11	0 ♊ 18 33	11 31 41	5 48 50	11 20 03	5 08 32	15 53 57	8 05 01	7 42 25	3 10 56
3 M	25 59 47	10 ♌ 57 33	17 27 03	14 47 10	21 22 54	1 01 41	11 27 46	5 49 36	11 28 59	5 16 18	15 57 39	8 07 07	7 42 56	3 13 04
4 Tu	26 57 30	24 01 45	0 ♍ 41 28	14 57 39	22 36 52	1 43 02	11 22 26	5 49 01	11 36 19	5 22 15	15 59 33	8 07 30	7 41 42	3 13 28
5 W	27 54 17	7 ♍ 26 08	14 17 23	15 02 35	23 49 53	2 23 23	11 16 28	5 47 53	11 42 49	5 27 12	16 00 28	8 07 01	7 39 32	3 12 58
6 Th	28 51 07	21 14 11	28 17 45	15 03 01	25 02 59	3 03 48	11 10 56	5 47 14	11 49 33	5 32 10	16 01 26	8 06 40	7 37 29	3 12 36
7 F	29 49 06	5 ♎ 28 05	12 ♎ 43 47	15 00 07	26 17 15	3 45 19	11 06 53	5 48 07	11 57 34	5 38 14	16 03 30	8 07 31	7 36 36	3 13 24
8 Sa	0 ♊ 49 02	20 07 38	27 33 54	14 54 49	27 33 30	4 28 46	11 05 09	5 51 23	12 07 42	5 46 14	16 07 31	8 10 26	7 37 42	3 16 14
9 Su	1 51 23	5 ♏ 09 23	12 ♏ 43 08	14 47 43	28 52 09	5 14 36	11 06 09	5 57 26	12 20 21	5 56 33	16 13 53	8 15 47	7 41 15	3 21 31
10 M	2 55 59	20 26 17	28 03 01	14 38 53	0 ♊ 13 05	6 02 39	11 09 45	6 06 09	12 35 25	6 09 06	16 22 29	8 23 29	7 47 04	3 29 05
11 Tu	4 02 11	5 ♐ 48 11	13 ♐ 22 39	14 27 55	1 35 38	6 52 17	11 15 18	6 16 50	12 52 12	6 23 10	16 32 38	8 32 50	7 54 31	3 38 19
12 W	5 08 56	21 03 27	28 30 30	14 14 06	2 58 45	7 42 27	11 21 44	6 28 29	13 09 40	6 37 45	16 43 19	8 42 49	8 02 34	3 48 08
13 Th	6 15 06	6 ♑ 01 04	13 ♑ 16 34	13 56 40	4 21 18	8 31 59	11 27 55	6 39 54	13 26 41	6 51 41	16 53 22	8 52 16	8 10 02	3 57 24
14 F	7 19 41	20 32 30	27 33 55	13 35 03	5 42 15	9 19 54	11 32 51	6 50 07	13 42 14	7 03 58	17 01 48	9 00 11	8 15 56	4 05 07
15 Sa	8 22 04	4 ♒ 33 00	11 ♒ 19 31	13 09 06	7 01 03	10 05 36	11 35 55	6 58 30	13 55 42	7 13 59	17 07 59	9 05 59	8 19 41	4 10 42
16 Su	9 22 11	18 01 36	24 33 53	12 39 15	8 17 34	10 48 59	11 37 03	7 04 59	14 07 01	7 21 40	17 11 51	9 09 33	8 21 10	4 14 02
17 M	10 20 25	1 ♓ 00 37	7 ♓ 20 23	12 06 27	9 32 13	11 30 27	11 36 37	7 09 56	14 16 35	7 27 24	17 13 48	9 11 18	8 20 48	4 15 31
18 Tu	11 17 33	13 34 38	19 44 14	11 32 04	10 45 47	12 10 48	11 35 26	7 14 10	14 25 09	7 31 58	17 14 37	9 12 01	8 19 22	4 15 57
19 W	12 14 38	25 49 32	1 ♈ 51 34	10 57 42	11 59 18	12 51 03	11 34 30	7 18 41	14 33 47	7 36 24	17 15 18	9 12 44	8 17 53	4 16 21
20 Th	13 12 42	7 ♈ 51 35	13 48 37	10 25 00	13 13 50	13 32 16	11 34 54	7 24 33	14 43 31	7 41 45	17 16 57	9 14 29	8 17 25	4 17 47
21 F	14 12 41	19 46 47	25 41 13	9 55 27	14 30 16	14 15 21	11 37 30	7 32 40	14 55 16	7 48 56	17 20 27	9 18 12	8 18 53	4 21 09
22 Sa	15 15 10	1 ♉ 40 22	7 ♉ 34 15	9 30 13	15 49 14	15 00 55	11 42 58	7 43 39	15 09 38	7 58 34	17 26 25	9 24 30	8 22 54	4 27 05
23 Su	16 20 24	13 36 31	19 31 33	9 10 02	17 10 56	15 49 11	11 51 28	7 57 42	15 26 51	8 10 51	17 35 05	9 33 35	8 29 39	4 35 46
24 M	17 28 09	25 38 11	1 ♊ 35 40	8 55 10	18 35 09	16 39 55	12 02 49	8 14 36	15 46 41	8 25 34	17 46 12	9 45 14	8 38 58	4 47 00
25 Tu	18 37 46	7 ♊ 47 08	13 48 02	8 45 25	20 01 16	17 32 31	12 16 21	8 33 43	16 08 29	8 42 05	17 59 09	9 58 48	8 50 10	5 00 09
26 W	19 48 18	20 04 09	26 09 04	8 40 12	21 28 18	18 25 59	12 31 06	8 54 04	16 31 19	8 59 27	18 12 58	10 13 22	9 02 19	5 14 15
27 Th	20 58 37	2 ♋ 29 14	8 ♋ 38 37	8 38 43	22 55 08	19 19 13	12 45 58	9 14 32	16 54 02	9 16 31	18 26 32	10 27 45	9 14 17	5 28 11
28 F	22 07 36	15 02 07	21 16 21	8 40 09	24 20 38	20 11 04	12 59 48	9 33 60	17 15 31	9 32 10	18 38 42	10 40 52	9 24 56	5 40 48
29 Sa	23 14 21	27 42 42	4 ♌ 02 15	8 43 49	25 43 55	21 00 39	13 11 42	9 51 32	17 34 51	9 45 29	18 48 36	10 51 48	9 33 23	5 51 13
30 Su	24 18 19	10 ♌ 31 27	16 56 57	8 49 21	27 04 26	21 47 26	13 21 09	10 06 37	17 51 31	9 55 58	18 55 40	11 00 01	9 39 05	5 58 54

Notes

LONGITUDE — July 1968

Day	☉	0 hr ☽	Noon ☽	☿	♀	♂	⚵	⚳	♃	♄	⚷	♅	♆	♇
1 M	25 ♊ 19 30	23 ♌ 29 42	0 ♍ 02 01	8 ♊ 56 54	28 ♊ 22 09	22 ♊ 31 24	13 ♎ 28 05	10 ♎ 19 12	18 ♌ 05 29	10 ♈ 03 34	18 ♓ 59 54	11 ♍ 05 29	9 ♏ 42 01	6 ♍ 03 49
2 Tu	26 18 22	6 ♍ 39 47	13 19 57	9 07 02	29 37 34	23 13 01	13 33 02	10 29 48	18 17 14	10 08 47	19 01 46	11 08 43	9 42 41	6 06 28
3 W	27 15 52	20 04 43	26 53 45	9 20 46	0 ♋ 51 38	23 53 13	13 36 53	10 39 19	18 27 42	10 12 32	19 02 13	11 10 36	9 41 60	6 07 46
4 Th	28 13 12	3 ♎ 47 41	10 ♎ 46 24	9 39 20	2 05 32	24 33 14	13 40 52	10 48 57	18 38 05	10 16 02	19 02 28	11 12 24	9 41 11	6 08 56
5 F	29 11 36	17 51 18	24 59 54	10 04 00	3 20 31	25 14 17	13 46 13	10 59 58	18 49 39	10 20 32	19 03 44	11 15 19	9 41 28	6 11 14
6 Sa	0 ♋ 12 06	2 ♏ 16 31	9 ♏ 34 12	10 35 47	4 37 36	25 57 24	13 53 56	11 13 22	19 03 23	10 27 02	19 07 03	11 20 22	9 43 53	6 15 38
7 Su	1 15 13	17 01 41	24 26 25	11 15 10	5 57 18	26 43 05	14 04 33	11 29 38	19 19 49	10 36 04	19 12 55	11 28 06	9 48 56	6 22 41
8 M	2 20 52	2 ♐ 01 58	9 ♐ 30 24	12 02 04	7 19 32	27 31 17	14 17 59	11 48 44	19 38 51	10 47 32	19 21 17	11 38 24	9 56 33	6 32 18
9 Tu	3 28 23	17 09 26	24 37 14	12 55 45	8 43 39	28 21 18	14 33 33	12 09 57	19 59 51	11 00 47	19 31 28	11 50 37	10 06 04	6 43 49
10 W	4 36 39	2 ♑ 14 05	9 ♑ 36 38	13 55 04	10 08 31	29 12 03	14 50 08	12 32 12	20 21 40	11 14 42	19 42 21	12 03 39	10 16 22	6 56 06
11 Th	5 44 25	17 05 34	24 18 46	14 58 42	11 32 53	0 ♋ 02 16	15 06 29	12 54 11	20 43 04	11 28 01	19 52 40	12 16 12	10 26 10	7 07 55
12 F	6 50 34	1 ♒ 35 04	8 ♒ 35 60	16 05 29	12 55 38	0 50 49	15 21 27	13 14 48	21 02 54	11 39 36	20 01 19	12 27 11	10 34 24	7 18 08
13 Sa	7 54 23	15 36 45	22 23 58	17 14 38	14 16 02	1 36 59	15 34 20	13 33 19	21 20 28	11 48 45	20 07 34	12 35 52	10 40 17	7 26 01
14 Su	8 55 39	29 08 18	5 ♓ 41 50	18 25 52	15 33 54	2 20 34	15 44 55	13 49 32	21 35 32	11 55 15	20 11 12	12 42 02	10 43 40	7 31 23
15 M	9 54 42	12 ♓ 10 45	18 31 49	19 39 28	16 49 32	3 01 53	15 53 32	14 03 46	21 48 28	11 59 26	20 12 34	12 46 01	10 44 50	7 34 33
16 Tu	10 52 17	24 47 45	0 ♈ 58 24	20 56 06	18 03 43	3 41 43	16 00 55	14 16 47	21 59 59	12 02 03	20 12 25	12 48 34	10 44 34	7 36 17
17 W	11 49 27	7 ♈ 04 42	13 07 26	22 16 43	19 17 28	4 21 04	16 08 07	14 29 35	22 11 08	12 04 07	20 11 46	12 50 44	10 43 54	7 37 35
18 Th	12 47 16	19 07 48	25 05 19	23 42 18	20 31 52	5 01 02	16 16 12	14 43 15	22 23 00	12 06 45	20 11 43	12 53 35	10 43 54	7 39 33
19 F	13 46 42	1 ♉ 03 24	6 ♉ 58 19	25 13 44	21 47 52	5 42 35	16 26 08	14 58 46	22 36 32	12 10 53	20 13 13	12 58 05	10 45 32	7 43 10
20 Sa	14 48 27	12 57 21	18 52 07	26 51 33	23 06 11	6 26 24	16 38 36	15 16 49	22 52 26	12 17 12	20 16 58	13 04 55	10 49 30	7 49 06
21 Su	15 52 47	24 54 39	0 ♊ 51 22	28 35 55	24 27 06	7 12 46	16 53 53	15 37 39	23 10 59	12 26 01	20 23 15	13 14 23	10 56 04	7 57 38
22 M	16 59 34	6 ♊ 59 11	12 59 31	0 ♋ 26 30	25 50 26	8 01 32	17 11 49	16 01 09	23 32 00	12 37 09	20 31 55	13 26 19	11 05 06	8 08 37
23 Tu	18 08 13	19 13 29	25 18 41	2 22 31	27 15 37	8 52 07	17 31 50	16 26 42	23 54 57	12 50 02	20 42 23	13 40 08	11 16 01	8 21 29
24 W	19 17 48	1 ♋ 38 53	7 ♋ 49 42	4 22 52	28 41 46	9 43 37	17 53 01	16 53 25	24 18 53	13 03 46	20 53 43	13 54 56	11 27 54	8 35 18
25 Th	20 27 16	14 15 37	20 32 24	6 26 12	0 ♌ 07 45	10 34 55	18 14 16	17 20 11	24 42 44	13 17 14	21 04 52	14 09 37	11 39 40	8 48 60
26 F	21 35 30	27 03 06	3 ♌ 25 53	8 31 08	1 32 31	11 24 58	18 34 30	17 45 55	25 05 23	13 29 22	21 14 44	14 23 07	11 50 13	9 01 29
27 Sa	22 41 37	10 ♌ 00 24	16 29 03	10 36 32	2 55 09	12 12 52	18 52 51	18 09 45	25 25 59	13 39 17	21 22 26	14 34 31	11 58 42	9 11 52
28 Su	23 45 07	23 06 42	29 41 02	12 41 31	4 15 10	12 58 06	19 08 45	18 31 08	25 44 00	13 46 27	21 27 27	14 43 20	12 04 34	9 19 38
29 M	24 45 56	6 ♍ 21 39	13 ♍ 01 39	14 45 43	5 32 29	13 40 37	19 22 11	18 50 02	25 59 23	13 50 50	21 29 43	14 49 30	12 07 47	9 24 45
30 Tu	25 44 31	19 45 42	26 31 27	16 49 14	6 47 34	14 20 50	19 33 35	19 06 52	26 12 34	13 52 52	21 29 42	14 53 27	12 08 47	9 27 38
31 W	26 41 43	3 ♎ 19 60	10 ♎ 11 47	18 52 34	8 01 15	14 59 39	19 43 47	19 22 30	26 24 24	13 53 24	21 28 15	14 56 02	12 08 24	9 29 08

LONGITUDE — August 1968

Day	☉	0 hr ☽	Noon ☽	☿	♀	♂	⚵	⚳	♃	♄	⚷	♅	♆	♇
1 Th	27 ♋ 38 37	17 ♎ 06 10	24 ♎ 04 12	20 ♋ 56 29	9 ♌ 14 38	15 ♋ 38 07	19 ♎ 53 53	19 ♎ 38 01	26 ♌ 35 59	13 ♈ 53 31	21 ♓ 26 26	14 ♍ 58 22	12 ♏ 07 46	9 ♍ 30 21
2 F	28 36 22	1 ♏ 05 42	8 ♏ 09 58	23 01 47	10 28 50	16 17 23	20 05 01	19 54 33	26 48 27	13 54 22	21 25 25	15 01 33	12 07 60	9 32 25
3 Sa	29 35 51	15 19 15	22 29 11	25 09 04	11 44 47	16 58 22	20 18 04	20 12 59	27 02 41	13 56 51	21 26 04	15 06 30	12 09 59	9 36 15
4 Su	0 ♌ 37 34	29 45 47	7 ♐ 00 04	27 18 32	13 02 56	17 41 31	20 33 32	20 33 49	27 19 10	14 01 27	21 28 54	15 13 42	12 14 13	9 42 18
5 M	1 41 28	14 ♐ 22 13	21 38 39	29 29 55	14 23 16	18 26 50	20 51 21	20 56 59	27 37 53	14 08 07	21 33 53	15 23 08	12 20 40	9 50 34
6 Tu	2 47 01	29 03 10	6 ♑ 18 50	1 ♌ 42 24	15 45 14	19 13 44	21 10 60	21 21 58	27 58 16	14 16 19	21 40 26	15 34 12	12 28 47	10 00 28
7 W	3 53 18	13 ♑ 41 40	20 53 15	3 54 55	17 07 54	20 01 20	21 31 32	21 47 49	28 19 24	14 25 07	21 47 40	15 46 02	12 37 39	10 11 06
8 Th	4 59 15	28 10 02	5 ♒ 14 24	6 06 13	18 30 14	20 48 34	21 51 54	22 13 30	28 40 14	14 33 29	21 54 30	15 57 32	12 46 11	10 21 25
9 F	6 03 54	12 ♒ 21 18	19 15 56	8 15 12	19 51 15	21 34 27	22 11 08	22 38 01	28 59 48	14 40 26	21 59 60	16 07 47	12 53 28	10 30 26
10 Sa	7 06 38	26 10 15	2 ♓ 53 38	10 21 07	21 10 20	22 18 22	22 28 36	23 00 45	29 17 27	14 45 19	22 03 29	16 16 05	12 58 49	10 37 31
11 Su	8 07 11	9 ♓ 34 10	16 05 53	12 23 38	22 27 12	23 00 03	22 44 02	23 21 26	29 32 55	14 47 55	22 04 45	16 22 14	13 01 60	10 42 25
12 M	9 05 44	22 32 56	28 53 38	14 22 51	23 42 03	23 39 41	22 57 37	23 40 15	29 46 25	14 48 23	22 03 56	16 26 23	13 03 12	10 45 19
13 Tu	10 02 50	5 ♈ 08 48	11 ♈ 19 55	16 19 15	24 55 26	24 17 50	23 09 53	23 57 44	29 58 29	14 47 16	22 01 37	16 29 05	13 02 57	10 46 45
14 W	10 59 16	17 25 46	23 29 19	18 13 36	26 08 06	24 55 15	23 21 38	24 14 40	0 ♍ 09 52	14 45 21	21 58 34	16 31 07	13 02 02	10 47 30
15 Th	11 55 52	29 28 56	5 ♉ 27 21	20 06 41	27 20 56	25 32 48	23 33 41	24 31 55	0 21 26	14 43 29	21 55 37	16 33 20	13 01 18	10 48 25
16 F	12 53 26	11 ♉ 24 02	17 19 50	21 59 18	28 34 43	26 11 15	23 46 50	24 50 14	0 33 58	14 42 27	21 53 34	16 36 30	13 01 33	10 50 18
17 Sa	13 52 34	23 16 43	29 12 28	23 52 02	29 50 01	26 51 13	24 01 40	25 10 13	0 48 05	14 42 51	21 53 02	16 41 14	13 03 21	10 53 43
18 Su	14 53 32	5 ♊ 12 20	11 ♊ 10 23	25 45 11	1 ♍ 07 09	27 32 60	24 18 30	25 32 11	1 04 02	14 44 59	21 54 16	16 47 50	13 07 01	10 58 59
19 M	15 56 20	17 15 27	23 17 55	27 38 42	2 26 04	28 16 32	24 37 16	25 56 04	1 21 49	14 48 48	21 57 16	16 56 14	13 12 31	11 06 03
20 Tu	17 00 35	29 29 42	5 ♋ 38 16	29 32 14	3 46 25	29 01 28	24 57 36	26 21 31	1 41 02	14 53 56	22 01 39	17 06 05	13 19 28	11 14 33
21 W	18 05 40	11 ♋ 57 36	18 13 27	1 ♍ 25 09	5 07 34	29 47 11	25 18 54	26 47 53	2 01 05	14 59 46	22 06 48	17 16 46	13 27 14	11 23 52
22 Th	19 10 47	24 40 29	1 ♌ 04 15	3 16 43	6 28 44	0 ♌ 32 53	25 40 22	27 14 25	2 21 10	15 05 31	22 11 57	17 27 29	13 35 04	11 33 12
23 F	20 15 10	7 ♌ 38 32	14 10 17	5 06 09	7 49 08	1 17 48	26 01 12	27 40 18	2 40 31	15 10 25	22 16 17	17 37 27	13 42 10	11 41 48
24 Sa	21 18 09	20 50 59	27 30 17	6 52 48	9 08 07	2 01 17	26 20 46	28 04 55	2 58 29	15 13 48	22 19 11	17 46 02	13 47 53	11 48 60
25 Su	22 19 22	4 ♍ 16 22	11 ♍ 02 24	8 36 19	10 25 18	2 42 56	26 38 41	28 27 50	3 14 39	15 15 16	22 20 15	17 52 50	13 51 50	11 54 23
26 M	23 18 45	17 52 53	24 44 39	10 16 37	11 40 36	3 22 42	26 54 51	28 49 01	3 28 58	15 14 47	22 19 24	17 57 48	13 53 57	11 57 56
27 Tu	24 16 33	1 ♎ 38 46	8 ♎ 35 15	11 54 01	12 54 19	4 00 51	27 09 35	29 08 44	3 41 43	15 12 37	22 16 58	18 01 11	13 54 30	11 59 54
28 W	25 13 22	15 32 32	22 32 44	13 29 05	14 07 01	4 37 58	27 23 26	29 27 33	3 53 28	15 09 21	22 13 28	18 03 35	13 54 05	12 00 52
29 Th	26 09 56	29 33 01	6 ♏ 36 03	15 02 34	15 19 25	5 14 45	27 37 08	29 46 12	4 04 57	15 05 41	22 09 40	18 05 42	13 53 24	12 01 33
30 F	27 06 57	13 ♏ 39 13	20 44 18	16 35 12	16 32 16	5 51 58	27 51 24	0 ♏ 05 24	4 16 54	15 02 23	22 06 17	18 08 18	13 53 12	12 02 41
31 Sa	28 05 02	27 50 06	4 ♐ 56 19	18 07 35	17 46 08	6 30 12	28 06 50	0 25 45	4 29 53	15 00 02	22 03 55	18 11 56	13 54 04	12 04 52

Notes

September 1968 LONGITUDE

Day	☉	0 hr ☽	Noon ☽	☿	♀	♂	⚵	⚳	♃	♄	⚷	♅	♆	♇
1 Su	29♌04 30	12♐04 06	19♐10 23	19♍40 00	19♍01 21	7♌09 46	28♎23 44	0♏47 34	4♍44 14	14♈58 56	22♓02 52	18♍16 57	13♏56 19	12♍08 25
2 M	0♍05 18	26 18 57	3♑23 58	21 12 27	20 17 52	7 50 37	28 42 05	1 10 48	4 59 55	14 59 04	22 03 07	18 23 18	13 59 55	12 13 17
3 Tu	1 07 07	10♑31 30	17 33 42	22 44 36	21 35 23	8 32 26	29 01 33	1 35 08	5 16 36	15 00 06	22 04 21	18 30 39	14 04 33	12 19 09
4 W	2 09 25	24 37 60	1♒35 37	24 15 53	22 53 21	9 14 42	29 21 35	2 00 02	5 33 45	15 01 31	22 06 01	18 38 29	14 09 40	12 25 30
5 Th	3 11 36	8♒34 21	15 25 43	25 45 42	24 11 09	9 56 47	29 41 36	2 24 53	5 50 45	15 02 42	22 07 31	18 46 11	14 14 40	12 31 42
6 F	4 13 07	22 16 45	29 00 28	27 13 28	25 28 15	10 38 09	0♏01 01	2 49 07	6 07 04	15 03 06	22 08 18	18 53 11	14 19 00	12 37 12
7 Sa	5 13 35	5♓42 12	12♓17 18	28 38 47	26 44 16	11 18 25	0 19 28	3 12 23	6 22 19	15 02 20	22 07 59	18 59 08	14 22 18	12 41 38
8 Su	6 12 51	18 48 57	25 15 04	0♎01 29	27 59 03	11 57 26	0 36 49	3 34 32	6 36 20	15 00 16	22 06 25	19 03 52	14 24 23	12 44 50
9 M	7 11 01	1♈36 38	7♈54 02	1 21 37	29 12 40	12 35 17	0 53 07	3 55 36	6 49 12	14 56 58	22 03 42	19 07 27	14 25 21	12 46 54
10 Tu	8 08 19	14 06 23	20 15 58	2 39 22	0♎25 24	13 12 14	1 08 39	4 15 53	7 01 11	14 52 42	22 00 05	19 10 10	14 25 28	12 48 05
11 W	9 05 09	26 20 37	2♉23 48	3 55 07	1 37 37	13 48 39	1 23 46	4 35 46	7 12 39	14 47 51	21 55 56	19 12 24	14 25 07	12 48 46
12 Th	10 01 56	8♉22 50	14 21 25	5 09 12	2 49 45	14 24 58	1 38 56	4 55 39	7 24 04	14 42 51	21 51 42	19 14 33	14 24 42	12 49 23
13 F	10 59 05	20 17 14	26 13 22	6 21 58	4 02 12	15 01 35	1 54 30	5 15 57	7 35 47	14 38 06	21 47 47	19 17 02	14 24 39	12 50 19
14 Sa	11 56 52	2♊08 30	8♊04 31	7 33 37	5 15 15	15 38 48	2 10 48	5 36 56	7 48 07	14 33 53	21 44 27	19 20 08	14 25 14	12 51 51
15 Su	12 55 28	14 01 28	19 59 45	8 44 15	6 29 04	16 16 46	2 27 57	5 58 47	8 01 12	14 30 22	21 41 54	19 24 01	14 26 36	12 54 10
16 M	13 54 52	26 00 54	2♋03 46	9 53 44	7 43 38	16 55 28	2 45 59	6 21 29	8 15 03	14 27 33	21 40 05	19 28 40	14 28 47	12 57 15
17 Tu	14 54 55	8♋11 14	14 20 48	11 01 50	8 58 49	17 34 47	3 04 43	6 44 53	8 29 31	14 25 16	21 38 53	19 33 56	14 31 36	13 00 57
18 W	15 55 22	20 36 17	26 54 21	12 08 10	10 14 22	18 14 25	3 23 55	7 08 43	8 44 20	14 23 18	21 38 02	19 39 34	14 34 48	13 05 00
19 Th	16 55 55	3♌19 04	9♌46 52	13 12 17	11 29 57	18 54 06	3 43 16	7 32 42	8 59 12	14 21 19	21 37 15	19 45 17	14 38 06	13 09 07
20 F	17 56 16	16 21 30	22 59 38	14 13 44	12 45 18	19 33 32	4 02 28	7 56 32	9 13 49	14 19 02	21 36 13	19 50 45	14 41 11	13 13 00
21 Sa	18 56 11	29 44 09	6♍32 27	15 12 07	14 00 11	20 12 28	4 21 18	8 19 58	9 27 57	14 16 14	21 34 43	19 55 45	14 43 50	13 16 26
22 Su	19 55 34	13♍26 11	20 23 41	16 07 07	15 14 29	20 50 49	4 39 40	8 42 55	9 41 31	14 12 48	21 32 39	20 00 12	14 45 56	13 19 16
23 M	20 54 26	27 25 18	4♎30 19	16 58 33	16 28 13	21 28 35	4 57 33	9 05 23	9 54 30	14 08 45	21 30 01	20 04 04	14 47 31	13 21 34
24 Tu	21 52 53	11♎37 57	18 48 17	17 46 17	17 41 31	22 05 54	5 15 05	9 27 29	10 07 02	14 04 14	21 26 58	20 07 32	14 48 41	13 23 25
25 W	22 51 08	25 59 47	3♏12 57	18 30 14	18 54 33	22 42 57	5 32 28	9 49 25	10 19 19	13 59 24	21 23 40	20 10 44	14 49 38	13 25 01
26 Th	23 49 23	10♏25 60	17 39 34	19 10 19	20 07 33	23 19 57	5 49 54	10 11 24	10 31 33	13 54 30	21 20 20	20 13 55	14 50 35	13 26 35
27 F	24 47 48	24 52 00	2♐03 47	19 46 23	21 20 40	23 57 03	6 07 33	10 33 34	10 43 53	13 49 41	21 17 09	20 17 14	14 51 42	13 28 17
28 Sa	25 46 28	9♐13 44	16 21 58	20 18 08	22 33 59	24 34 21	6 25 30	10 56 02	10 56 25	13 45 03	21 14 10	20 20 45	14 53 02	13 30 12
29 Su	26 45 22	23 27 52	0♑31 16	20 45 14	23 47 31	25 11 51	6 43 44	11 18 46	11 09 08	13 40 35	21 11 26	20 24 29	14 54 38	13 32 20
30 M	27 44 27	7♑31 59	14 29 40	21 07 10	25 01 10	25 49 27	7 02 12	11 41 43	11 21 59	13 36 13	21 08 50	20 28 22	14 56 23	13 34 35

October 1968 LONGITUDE

Day	☉	0 hr ☽	Noon ☽	☿	♀	♂	⚵	⚳	♃	♄	⚷	♅	♆	♇
1 Tu	28♍43 35	21♑24 24	28♑15 49	21♎23 25	26♎14 50	26♌27 04	7♏20 45	12♏04 45	11♍34 50	13♈31 51	21♓06 16	20♍32 16	14♏58 12	13♍36 52
2 W	29 42 42	5♒04 03	11♒48 54	21 33 27	27 28 25	27 04 37	7 39 20	12 27 48	11 47 36	13 27 23	21 03 40	20 36 06	14 59 58	13 39 06
3 Th	0♎41 44	18 30 21	25 08 26	21 36 47	28 41 54	27 42 01	7 57 53	12 50 48	12 00 14	13 22 48	21 00 58	20 39 50	15 01 40	13 41 12
4 F	1 40 43	1♓43 01	8♓14 17	21 32 59	29 55 16	28 19 19	8 16 24	13 13 45	12 12 44	13 18 05	20 58 12	20 43 28	15 03 18	13 43 13
5 Sa	2 39 43	14 42 02	21 06 31	21 21 46	1♏08 36	28 56 35	8 34 59	13 36 46	12 25 12	13 13 19	20 55 25	20 47 04	15 04 56	13 45 12
6 Su	3 38 51	27 27 39	3♈45 33	21 02 53	2 22 01	29 33 56	8 53 44	13 59 55	12 37 44	13 08 38	20 52 45	20 50 46	15 06 41	13 47 17
7 M	4 38 13	10♈00 26	16 12 06	20 36 14	3 35 38	0♍11 27	9 12 45	14 23 21	12 50 26	13 04 08	20 50 18	20 54 39	15 08 39	13 49 33
8 Tu	5 37 54	22 21 19	28 27 21	20 01 48	4 49 30	0 49 14	9 32 07	14 47 06	13 03 24	12 59 54	20 48 09	20 58 49	15 10 57	13 52 06
9 W	6 37 56	4♉31 39	10♉32 58	19 19 41	6 03 40	1 27 19	9 51 51	15 11 13	13 16 37	12 55 57	20 46 19	21 03 17	15 13 33	13 54 57
10 Th	7 38 15	16 33 23	22 31 11	18 30 11	7 18 04	2 05 37	10 11 54	15 35 38	13 30 03	12 52 14	20 44 46	21 07 59	15 16 26	13 58 02
11 F	8 38 43	28 28 56	4♊24 46	17 33 46	8 32 35	2 44 00	10 32 07	16 00 13	13 43 34	12 48 37	20 43 20	21 12 47	15 19 26	14 01 13
12 Sa	9 39 09	10♊21 21	16 17 02	16 31 12	9 46 60	3 22 18	10 52 20	16 24 47	13 56 58	12 44 55	20 41 51	21 17 30	15 22 24	14 04 19
13 Su	10 39 22	22 14 11	28 11 47	15 23 30	11 01 08	4 00 19	11 12 20	16 49 08	14 10 03	12 40 57	20 40 08	21 21 56	15 25 07	14 07 08
14 M	11 39 09	4♋11 31	10♋13 16	14 12 06	12 14 48	4 37 52	11 31 57	17 13 04	14 22 39	12 36 31	20 37 58	21 25 54	15 27 23	14 09 30
15 Tu	12 38 26	16 17 45	22 25 57	12 58 44	13 27 54	5 14 50	11 51 05	17 36 31	14 34 39	12 31 32	20 35 17	21 29 18	15 29 08	14 11 17
16 W	13 37 13	28 37 29	4♌54 22	11 45 28	14 40 27	5 51 14	12 09 43	17 59 28	14 46 04	12 26 01	20 32 05	21 32 09	15 30 21	14 12 32
17 Th	14 35 39	11♌15 12	17 42 42	10 34 34	15 52 36	6 27 14	12 28 01	18 22 03	14 57 02	12 20 06	20 28 31	21 34 35	15 31 12	14 13 21
18 F	15 33 58	24 14 49	0♍54 22	9 28 23	17 04 36	7 03 04	12 46 14	18 44 34	15 07 50	12 14 03	20 24 50	21 36 52	15 31 55	14 14 02
19 Sa	16 32 33	7♍39 11	14 31 26	8 29 11	18 16 47	7 39 05	13 04 44	19 07 20	15 18 47	12 08 14	20 21 24	21 39 20	15 32 53	14 14 55
20 Su	17 31 45	21 29 28	28 33 60	7 38 59	19 29 33	8 15 39	13 23 50	19 30 43	15 30 16	12 03 00	20 18 33	21 42 22	15 34 25	14 16 22
21 M	18 31 50	5♎44 31	12♎59 43	6 59 23	20 43 09	8 53 04	13 43 52	19 55 00	15 42 33	11 58 39	20 16 37	21 46 15	15 36 51	14 18 39
22 Tu	19 32 57	20 20 38	27 43 40	6 31 27	21 57 43	9 31 27	14 04 56	20 20 20	15 55 46	11 55 17	20 15 41	21 51 06	15 40 17	14 21 55
23 W	20 35 00	5♏11 32	12♏38 40	6 15 37	23 13 11	10 10 42	14 26 57	20 46 36	16 09 51	11 52 52	20 15 42	21 56 50	15 44 37	14 26 04
24 Th	21 37 41	20 09 09	27 36 13	6 11 45	24 29 14	10 50 32	14 49 37	21 13 30	16 24 27	11 51 03	20 16 20	22 03 08	15 49 35	14 30 47
25 F	22 40 31	5♐04 43	12♐27 46	6 19 15	25 45 22	11 30 27	15 12 27	21 40 33	16 39 07	11 49 24	20 17 08	22 09 32	15 54 41	14 35 37
26 Sa	23 42 58	19 50 07	27 05 58	6 37 08	27 01 05	12 09 56	15 34 55	22 07 14	16 53 19	11 47 21	20 17 33	22 15 30	15 59 23	14 40 02
27 Su	24 44 36	4♑19 04	11♑25 37	7 04 22	28 15 55	12 48 32	15 56 34	22 33 06	17 06 36	11 44 29	20 17 09	22 20 35	16 03 14	14 43 33
28 M	25 45 07	18 27 43	25 24 02	7 39 57	29 29 36	13 25 59	16 17 08	22 57 52	17 18 41	11 40 31	20 15 40	22 24 32	16 05 58	14 45 57
29 Tu	26 44 34	2♒14 40	9♒00 46	8 23 04	0♐42 09	14 02 17	16 36 38	23 21 33	17 29 36	11 35 29	20 13 06	22 27 20	16 07 37	14 47 12
30 W	27 43 12	15 40 37	22 17 10	9 13 06	1 53 50	14 37 44	16 55 20	23 44 26	17 39 37	11 29 39	20 09 44	22 29 16	16 08 25	14 47 36
31 Th	28 41 31	28 47 39	5♓15 43	10 09 43	3 05 08	15 12 48	17 13 43	24 07 00	17 49 12	11 23 30	20 06 03	22 30 50	16 08 54	14 47 37

Notes

LONGITUDE November 1968

Day	☉	0 hr ☽	Noon ☽	☿	♀	♂	⚵	⚳	♃	♄	⚷	♅	♆	♇
1 F	29♎40 07	11♓38 34	17♓59 20	11♎12 41	4♐16 41	15♍48 06	17♏32 24	24♏29 51	17♍58 59	11♈17 40	20♓02 41	22♍32 38	16♏09 39	14♍47 54
2 Sa	0♏39 37	24 16 20	0♈30 56	12 21 49	5 29 03	16 24 15	17 51 59	24 53 36	18 09 34	11 12 45	20 00 13	22 35 16	16 11 16	14 49 01
3 Su	1 40 30	6♈43 39	12 53 05	13 36 53	6 42 46	17 01 44	18 12 58	25 18 45	18 21 26	11 09 14	19 59 09	22 39 14	16 14 16	14 51 28
4 M	2 43 06	19 02 45	25 07 52	14 57 32	7 58 08	17 40 51	18 35 39	25 45 35	18 34 53	11 07 26	19 59 48	22 44 51	16 18 56	14 55 34
5 Tu	3 47 25	1♉15 19	7♉16 53	16 23 13	9 15 10	18 21 40	19 00 05	26 14 09	18 49 59	11 07 24	20 02 12	22 52 08	16 25 20	15 01 22
6 W	4 53 17	13 22 38	19 21 21	17 53 12	10 33 40	19 03 56	19 26 03	26 44 15	19 06 30	11 08 55	20 06 08	23 00 53	16 33 14	15 08 38
7 Th	6 00 12	25 25 40	1♊22 21	19 26 33	11 53 10	19 47 13	19 53 04	27 15 24	19 23 58	11 11 31	20 11 09	23 10 39	16 42 10	15 16 55
8 F	7 07 33	7♊25 28	13 21 03	21 02 13	13 13 02	20 30 52	20 20 30	27 46 57	19 41 45	11 14 34	20 16 36	23 20 45	16 51 30	15 25 33
9 Sa	8 14 35	19 23 19	25 19 02	22 39 10	14 32 32	21 14 09	20 47 38	28 18 12	19 59 06	11 17 21	20 21 45	23 30 30	17 00 30	15 33 50
10 Su	9 20 38	1♋21 06	7♋18 26	24 16 22	15 50 58	21 56 23	21 13 46	28 48 27	20 15 21	11 19 10	20 25 56	23 39 11	17 08 28	15 41 04
11 M	10 25 09	13 21 26	19 22 12	25 53 04	17 07 49	22 37 01	21 38 23	29 17 09	20 29 57	11 19 29	20 28 35	23 46 16	17 14 54	15 46 43
12 Tu	11 27 52	25 27 47	1♌34 04	27 28 45	18 22 48	23 15 48	22 01 11	29 44 03	20 42 39	11 18 02	20 29 28	23 51 29	17 19 30	15 50 31
13 W	12 28 52	7♌44 31	13 58 33	29 03 20	19 35 59	23 52 48	22 22 15	0♐09 13	20 53 29	11 14 54	20 28 38	23 54 55	17 22 21	15 52 31
14 Th	13 28 33	20 16 35	26 40 41	0♏37 03	20 47 48	24 28 25	22 41 59	0 33 03	21 02 53	11 10 30	20 26 30	23 56 58	17 23 51	15 53 10
15 F	14 27 37	3♍09 15	9♍45 30	2 10 31	21 58 57	25 03 23	23 01 07	0 56 16	21 11 33	11 05 31	20 23 46	23 58 20	17 24 43	15 53 08
16 Sa	15 26 60	16 27 21	23 17 20	3 44 29	23 10 19	25 38 34	23 20 32	1 19 46	21 20 23	11 00 53	20 21 22	23 59 56	17 25 51	15 53 21
17 Su	16 27 35	0♎14 33	7♎18 52	5 19 49	24 22 50	26 14 54	23 41 09	1 44 27	21 30 18	10 57 31	20 20 11	24 02 40	17 28 10	15 54 43
18 M	17 30 05	14 32 08	21 50 03	6 57 09	25 37 12	26 53 05	24 03 41	2 11 03	21 42 01	10 56 06	20 20 57	24 07 16	17 32 22	15 57 56
19 Tu	18 34 52	29 18 10	6♏47 17	8 36 46	26 53 47	27 33 30	24 28 29	2 39 55	21 55 53	10 57 02	20 24 00	24 14 04	17 38 50	16 03 23
20 W	19 41 46	14♏26 51	22 03 06	10 18 30	28 12 26	28 15 58	24 55 24	3 10 53	22 11 45	11 00 08	20 29 13	24 22 56	17 47 23	16 10 55
21 Th	20 50 11	29 48 46	7♐26 55	12 01 40	29 32 30	28 59 53	25 23 48	3 43 21	22 28 59	11 04 48	20 35 57	24 33 13	17 57 25	16 19 53
22 F	21 59 05	15♐12 10	22 46 42	13 45 14	0♑53 00	29 44 14	25 52 42	4 16 18	22 46 34	11 10 02	20 43 13	24 43 57	18 07 56	16 29 18
23 Sa	23 07 22	0♑25 07	7♑51 11	15 28 04	2 12 49	0♎27 53	26 20 58	4 48 37	23 03 25	11 14 42	20 49 54	24 53 59	18 17 47	16 38 02
24 Su	24 14 04	15 17 38	22 31 49	17 09 13	3 30 59	1 09 55	26 47 39	5 19 20	23 18 33	11 17 52	20 55 01	25 02 23	18 26 03	16 45 09
25 M	25 18 39	29 43 11	6♒43 48	18 48 07	4 46 57	1 49 46	27 12 11	5 47 56	23 31 26	11 18 59	20 58 04	25 08 35	18 32 10	16 50 06
26 Tu	26 21 04	13♒39 12	20 26 08	20 24 43	6 00 41	2 27 24	27 34 34	6 14 21	23 42 02	11 18 01	20 58 59	25 12 35	18 36 06	16 52 50
27 W	27 21 49	27 06 36	3♓40 56	21 59 32	7 12 40	3 03 18	27 55 16	6 39 05	23 50 49	11 15 27	20 58 16	25 14 50	18 38 20	16 53 51
28 Th	28 21 45	10♓08 47	16 32 17	23 33 24	8 23 45	3 38 20	28 15 08	7 02 59	23 58 39	11 12 08	20 56 46	25 16 13	18 39 45	16 54 00
29 F	29 21 57	22 50 34	29 05 18	25 07 25	9 35 02	4 13 34	28 35 15	7 27 08	24 06 36	11 09 10	20 55 34	25 17 47	18 41 23	16 54 22
30 Sa	0♐23 27	5♈17 10	11♈25 11	26 42 38	10 47 32	4 50 04	28 56 40	7 52 35	24 15 45	11 07 36	20 55 43	25 20 37	18 44 20	16 56 01

LONGITUDE December 1968

Day	☉	0 hr ☽	Noon ☽	☿	♀	♂	⚵	⚳	♃	♄	⚷	♅	♆	♇
1 Su	1♐27 09	17♈33 28	23♈36 37	28♏19 57	12♑02 08	5♎28 42	29♏20 16	8♐20 13	24♍26 56	11♈08 19	20♓58 06	25♍25 34	18♏49 26	16♍59 47
2 M	2 33 34	29 43 32	5♉43 23	29 59 54	13 19 23	6 09 59	29 46 35	8 50 33	24 40 42	11 11 49	21 03 14	25 33 11	18 57 14	17 06 14
3 Tu	3 42 49	11♉50 26	17 48 10	1♐42 36	14 39 22	6 54 03	0♐15 42	9 23 42	24 57 10	11 18 14	21 11 14	25 43 33	19 07 51	17 15 28
4 W	4 54 35	23 56 06	29 52 38	3 27 46	16 01 47	7 40 34	0 47 20	9 59 21	25 15 60	11 27 15	21 21 48	25 56 23	19 20 56	17 27 10
5 Th	6 08 09	6♊01 33	11♊57 39	5 14 40	17 25 54	8 28 50	1 20 44	10 36 46	25 36 29	11 38 09	21 34 11	26 10 56	19 35 49	17 40 36
6 F	7 22 30	18 07 14	24 03 32	7 02 21	18 50 42	9 17 49	1 54 54	11 14 58	25 57 36	11 49 56	21 47 25	26 26 13	19 51 27	17 54 48
7 Sa	8 36 31	0♋13 17	6♋10 30	8 49 40	20 15 05	10 06 25	2 28 43	11 52 48	26 18 14	12 01 27	22 00 20	26 41 05	20 06 43	18 08 36
8 Su	9 49 05	12 20 09	18 19 11	10 35 33	21 37 55	10 53 31	3 01 05	12 29 10	26 37 17	12 11 38	22 11 51	26 54 28	20 20 31	18 20 54
9 M	10 59 23	24 28 53	0♌30 54	12 19 10	22 58 22	11 38 16	3 31 08	13 03 14	26 53 53	12 19 36	22 21 07	27 05 29	20 32 00	18 30 53
10 Tu	12 06 53	6♌41 30	12 48 01	14 00 03	24 15 56	12 20 10	3 58 23	13 34 31	27 07 33	12 24 54	22 27 39	27 13 39	20 40 41	18 38 01
11 W	13 11 37	19 01 13	25 14 04	15 38 11	25 30 36	12 59 14	4 22 50	14 02 59	27 18 17	12 27 29	22 31 27	27 18 58	20 46 34	18 42 20
12 Th	14 14 05	1♍32 20	7♍53 38	17 14 06	26 42 54	13 35 57	4 44 58	14 29 09	27 26 35	12 27 53	22 32 59	27 21 55	20 50 08	18 44 19
13 F	15 15 11	14 20 04	20 51 60	18 48 45	27 53 44	14 11 15	5 05 44	14 53 54	27 33 22	12 27 02	22 33 13	27 23 28	20 52 19	18 44 54
14 Sa	16 16 09	27 29 57	4♎14 29	20 23 21	29 04 19	14 46 22	5 26 21	15 18 33	27 39 51	12 26 08	22 33 22	27 24 49	20 54 20	18 45 18
15 Su	17 18 17	11♎06 59	18 05 32	21 59 12	0♒15 56	15 22 34	5 48 05	15 44 18	27 47 19	12 26 28	22 34 42	27 27 15	20 57 29	18 46 48
16 M	18 22 37	25 14 34	2♏27 26	23 37 23	1 29 40	16 00 54	6 12 01	16 12 15	27 56 51	12 29 08	22 38 17	27 31 49	21 02 49	18 50 28
17 Tu	19 29 48	9♏53 09	17 19 02	25 18 31	2 46 06	16 42 00	6 38 45	16 43 00	28 09 02	12 34 43	22 44 44	27 39 09	21 10 57	18 56 55
18 W	20 39 45	24 59 12	2♐34 56	27 02 33	4 05 12	17 25 50	7 08 14	17 16 31	28 23 51	12 43 11	22 54 02	27 49 13	21 21 50	19 06 06
19 Th	21 51 48	10♐24 46	18 05 27	28 48 48	5 26 17	18 11 41	7 39 48	17 52 07	28 40 35	12 53 50	23 05 27	28 01 18	21 34 48	19 17 21
20 F	23 04 44	25 58 12	3♑37 55	0♑36 04	6 48 06	18 58 20	8 12 12	18 28 33	28 58 01	13 05 29	23 17 48	28 14 11	21 48 36	19 29 25
21 Sa	24 17 06	11♑26 09	18 59 04	2 22 53	8 09 15	19 44 22	8 44 01	19 04 24	29 14 44	13 16 40	23 29 38	28 26 27	22 01 50	19 40 53
22 Su	25 27 39	26 36 08	3♒57 33	4 07 59	9 28 25	20 28 30	9 13 59	19 38 24	29 29 28	13 26 07	23 39 42	28 36 50	22 13 13	19 50 29
23 M	26 35 33	11♒18 49	18 25 55	5 50 34	10 44 50	21 09 57	9 41 18	20 09 45	29 41 23	13 33 03	23 47 10	28 44 32	22 21 56	19 57 24
24 Tu	27 40 40	25 29 20	2♓21 09	7 30 25	11 58 18	21 48 32	10 05 47	20 38 16	29 50 20	13 37 18	23 51 54	28 49 22	22 27 50	20 01 30
25 W	28 43 27	9♓07 08	15 44 20	9 07 60	13 09 18	22 24 43	10 27 55	21 04 27	29 56 48	13 39 20	23 54 22	28 51 49	22 31 23	20 03 14
26 Th	29 44 52	22 15 08	28 39 29	10 44 14	14 18 48	22 59 29	10 48 40	21 29 15	0♎01 45	13 40 07	23 55 31	28 52 51	22 33 34	20 03 35
27 F	0♑46 10	4♈58 27	11♈12 18	12 20 18	15 28 01	23 34 03	11 09 16	21 53 54	0 06 24	13 40 53	23 56 36	28 53 42	22 35 36	20 03 46
28 Sa	1 48 36	17 23 10	23 29 04	13 57 25	16 38 13	24 09 42	11 30 58	22 19 40	0 12 00	13 42 53	23 58 52	28 55 38	22 38 45	20 05 02
29 Su	2 53 12	29 35 24	5♉35 49	15 36 33	17 50 25	24 47 27	11 54 49	22 47 35	0 19 37	13 47 11	24 03 22	28 59 40	22 44 03	20 08 28
30 M	4 00 40	11♉40 38	17 37 44	17 18 16	19 05 17	25 27 60	12 21 30	23 18 19	0 29 55	13 54 27	24 10 46	29 06 31	22 52 11	20 14 42
31 Tu	5 11 09	23 43 15	29 38 51	19 02 41	20 23 02	26 11 30	12 51 11	23 52 04	0 43 04	14 04 51	24 21 15	29 16 20	23 03 20	20 23 56

Notes

January 1969 LONGITUDE

Day	☉	0 hr ☽	Noon ☽	☿	♀	♂	⚵	⚳	♃	♄	⚷	♅	♆	♇
1 W	6 ♑ 24 23	5 ♊ 46 21	11 ♊ 41 54	20 ♑ 49 21	21 ♒ 43 20	26 ♎ 57 41	13 ♐ 23 34	24 ♐ 28 32	0 ♎ 58 47	14 ♈ 18 07	24 ♓ 34 32	29 ♍ 28 51	23 ♏ 17 12	20 ♍ 35 53
2 Th	7 39 35	17 51 52	23 48 23	22 37 21	23 05 25	27 45 47	13 57 54	25 06 57	1 16 19	14 33 27	24 49 50	29 43 16	23 33 01	20 49 47
3 F	8 55 41	0 ♋ 00 39	5 ♋ 58 53	24 25 26	24 28 13	28 34 42	14 33 06	25 46 14	1 34 33	14 49 48	25 06 06	29 58 32	23 49 43	21 04 32
4 Sa	10 11 28	12 12 49	18 13 20	26 12 10	25 50 30	29 23 13	15 07 56	26 25 10	1 52 18	15 05 56	25 22 05	0 ♎ 13 25	24 06 04	21 18 56
5 Su	11 25 44	24 28 17	0 ♌ 31 35	27 56 06	27 11 03	0 ♏ 10 10	15 41 13	27 02 33	2 08 21	15 20 40	25 36 37	0 26 44	24 20 54	21 31 47
6 M	12 37 33	6 ♌ 47 09	12 53 49	29 35 60	28 28 57	0 54 35	16 12 01	27 37 28	2 21 46	15 33 03	25 48 44	0 37 33	24 33 14	21 42 09
7 Tu	13 46 21	19 10 08	25 21 01	1 ♒ 10 58	29 43 37	1 35 56	16 39 47	28 09 20	2 31 60	15 42 32	25 57 54	0 45 18	24 42 33	21 49 29
8 W	14 52 06	1 ♍ 38 59	7 ♍ 55 10	2 40 34	0 ♓ 55 00	2 14 07	17 04 26	28 38 06	2 38 59	15 49 03	26 04 03	0 49 55	24 48 46	21 53 43
9 Th	15 55 13	14 16 31	20 39 25	4 04 46	2 03 33	2 49 38	17 26 26	29 04 14	2 43 10	15 53 04	26 07 39	0 51 52	24 52 21	21 55 18
10 F	16 56 38	27 06 34	3 ♎ 37 51	5 23 58	3 10 08	3 23 21	17 46 41	29 28 37	2 45 26	15 55 29	26 09 34	0 52 03	24 54 11	21 55 08
11 Sa	17 57 31	10 ♎ 13 42	16 55 01	6 38 46	4 15 58	3 56 27	18 06 21	29 52 26	2 47 01	15 57 28	26 11 01	0 51 39	24 55 29	21 54 25
12 Su	18 59 10	23 42 25	0 ♏ 35 11	7 49 46	5 22 18	4 30 14	18 26 45	0 ♑ 16 59	2 49 09	16 00 19	26 13 16	0 51 57	24 57 30	21 54 26
13 M	20 02 39	7 ♏ 36 22	14 41 19	8 57 22	6 30 14	5 05 47	18 48 56	0 43 20	2 52 57	16 05 07	26 17 24	0 54 03	25 01 21	21 56 15
14 Tu	21 08 39	21 57 10	29 13 55	10 01 26	7 40 25	5 43 45	19 13 35	1 12 10	2 59 04	16 12 33	26 24 07	0 58 36	25 07 41	22 00 33
15 W	22 17 15	6 ♐ 43 23	14 ♐ 09 60	11 01 12	8 52 55	6 24 14	19 40 48	1 43 33	3 07 36	16 22 40	26 33 28	1 05 41	25 16 35	22 07 25
16 Th	23 27 53	21 49 49	29 22 47	11 55 15	10 07 11	7 06 40	20 09 59	2 16 57	3 17 59	16 34 56	26 44 54	1 14 46	25 27 30	22 16 18
17 F	24 39 30	7 ♑ 07 39	14 ♑ 42 08	12 41 37	11 22 09	7 49 58	20 40 07	2 51 16	3 29 09	16 48 17	26 57 22	1 24 46	25 39 23	22 26 08
18 Sa	25 50 47	22 25 35	29 56 18	13 18 10	12 36 30	8 32 52	21 09 52	3 25 15	3 39 49	17 01 25	27 09 34	1 34 24	25 50 54	22 35 37
19 Su	27 00 32	7 ♒ 31 53	14 ♒ 53 58	13 42 54	13 48 60	9 14 09	21 38 02	3 57 38	3 48 45	17 13 08	27 20 17	1 42 27	26 00 52	22 43 33
20 M	28 07 54	22 16 34	29 26 25	13 54 20	14 58 49	9 52 57	22 03 47	4 27 38	3 55 08	17 22 34	27 28 41	1 48 05	26 08 27	22 49 05
21 Tu	29 12 38	6 ♓ 32 58	13 ♓ 28 40	13 51 43	16 05 40	10 29 01	22 26 50	4 54 56	3 58 41	17 29 29	27 34 29	1 51 01	26 13 22	22 51 57
22 W	0 ♒ 14 59	20 18 23	26 59 39	13 35 08	17 09 49	11 02 38	22 47 29	5 19 51	3 59 42	17 34 08	27 37 58	1 51 33	26 15 54	22 52 26
23 Th	1 15 43	3 ♈ 33 43	10 ♈ 01 36	13 05 28	18 12 00	11 34 32	23 06 28	5 43 06	3 58 55	17 37 17	27 39 55	1 50 26	26 16 48	22 51 18
24 F	2 15 52	16 22 35	22 38 60	12 24 15	19 13 15	12 05 46	23 24 48	6 05 44	3 57 22	17 39 57	27 41 19	1 48 42	26 17 07	22 49 34
25 Sa	3 16 31	28 50 12	4 ♉ 57 34	11 33 27	20 14 36	12 37 23	23 43 35	6 28 50	3 56 09	17 43 14	27 43 17	1 47 25	26 17 53	22 48 18
26 Su	4 18 35	11 ♉ 02 27	17 03 22	10 35 20	21 17 00	13 10 21	24 03 45	6 53 19	3 56 10	17 48 03	27 46 43	1 47 31	26 20 05	22 48 28
27 M	5 22 43	23 05 10	29 02 09	9 32 14	22 21 04	13 45 17	24 25 56	7 19 50	3 58 06	17 55 02	27 52 18	1 49 40	26 24 20	22 50 41
28 Tu	6 29 10	5 ♊ 03 33	10 ♊ 58 53	8 26 22	23 27 03	14 22 26	24 50 23	7 48 37	4 02 10	18 04 28	28 00 14	1 54 05	26 30 54	22 55 12
29 W	7 37 46	17 01 51	22 57 32	7 19 45	24 34 44	15 01 38	25 16 56	8 19 32	4 08 12	18 16 08	28 10 23	2 00 38	26 39 35	23 01 52
30 Th	8 47 58	29 03 18	5 ♋ 00 56	6 14 02	25 43 34	15 42 20	25 45 01	8 51 60	4 15 41	18 29 31	28 22 11	2 08 45	26 49 52	23 10 08
31 F	9 58 57	11 ♋ 10 05	17 10 51	5 10 33	26 52 44	16 23 44	26 13 51	9 25 13	4 23 47	18 43 48	28 34 51	2 17 37	27 00 55	23 19 10

February 1969 LONGITUDE

Day	☉	0 hr ☽	Noon ☽	☿	♀	♂	⚵	⚳	♃	♄	⚷	♅	♆	♇
1 Sa	11 ♒ 09 47	23 ♋ 23 27	29 ♋ 28 10	4 ♒ 10 18	28 ♓ 01 16	17 ♏ 04 51	26 ♐ 42 27	9 ♑ 58 14	4 ♎ 31 33	18 ♈ 58 02	28 ♓ 47 23	2 ♎ 26 18	27 ♏ 11 48	23 ♍ 28 03
2 Su	12 19 32	5 ♌ 43 58	11 ♌ 53 11	3 14 01	29 08 14	17 44 48	27 09 56	10 30 09	4 38 04	19 11 18	28 58 55	2 33 52	27 21 36	23 35 51
3 M	13 27 28	18 11 51	24 25 53	2 22 16	0 ♈ 12 51	18 22 50	27 35 32	11 00 11	4 42 37	19 22 50	29 08 41	2 39 36	27 29 33	23 41 49
4 Tu	14 33 08	0 ♍ 47 17	7 ♍ 06 26	1 35 35	1 14 41	18 58 29	27 58 48	11 27 55	4 44 44	19 32 13	29 16 14	2 43 02	27 35 14	23 45 31
5 W	15 36 27	13 30 45	19 55 20	0 54 32	2 13 36	19 31 40	28 19 40	11 53 16	4 44 20	19 39 21	29 21 29	2 44 06	27 38 34	23 46 52
6 Th	16 37 43	26 23 17	2 ♎ 53 46	0 19 44	3 09 55	20 02 41	28 38 25	12 16 31	4 41 43	19 44 33	29 24 45	2 43 05	27 39 49	23 46 10
7 F	17 37 35	9 ♎ 26 32	16 03 33	29 ♑ 51 55	4 04 13	20 32 10	28 55 41	12 38 19	4 37 32	19 48 25	29 26 39	2 40 38	27 39 39	23 44 03
8 Sa	18 36 52	22 42 39	29 26 56	29 31 48	4 57 20	21 00 58	29 12 19	12 59 29	4 32 36	19 51 49	29 28 01	2 37 34	27 38 53	23 41 21
9 Su	19 36 29	6 ♏ 13 58	13 ♏ 06 09	29 20 03	5 50 08	21 29 57	29 29 12	13 20 55	4 27 51	19 55 38	29 29 46	2 34 49	27 38 27	23 38 58
10 M	20 37 12	20 02 26	27 02 51	29 17 04	6 43 23	21 59 55	29 47 07	13 43 25	4 24 03	20 00 40	29 32 40	2 33 08	27 39 05	23 37 42
11 Tu	21 39 32	4 ♐ 08 57	11 ♐ 17 19	29 22 57	7 37 34	22 31 20	0 ♑ 06 33	14 07 28	4 21 41	20 07 23	29 37 13	2 33 02	27 41 19	23 38 01
12 W	22 43 33	18 32 38	25 47 49	29 37 20	8 32 44	23 04 19	0 27 37	14 33 09	4 20 52	20 15 53	29 43 31	2 34 36	27 45 13	23 40 02
13 Th	23 48 57	3 ♑ 10 23	10 ♑ 30 13	29 59 26	9 28 33	23 38 33	0 49 59	15 00 10	4 21 17	20 25 52	29 51 14	2 37 32	27 50 30	23 43 26
14 F	24 55 04	17 56 45	25 18 10	0 ♒ 28 09	10 24 20	24 13 21	1 12 60	15 27 52	4 22 17	20 36 41	29 59 44	2 41 10	27 56 29	23 47 34
15 Sa	26 01 07	2 ♒ 44 26	10 ♒ 03 46	1 02 13	11 19 15	24 47 55	1 35 51	15 55 25	4 23 03	20 47 30	0 ♈ 08 13	2 44 43	28 02 23	23 51 37
16 Su	27 06 19	17 25 16	24 38 51	1 40 27	12 12 30	25 21 30	1 57 46	16 22 04	4 22 50	20 57 34	0 15 53	2 47 23	28 07 25	23 54 49
17 M	28 10 06	1 ♓ 51 34	8 ♓ 56 17	2 21 54	13 03 29	25 53 30	2 18 12	16 47 15	4 21 05	21 06 19	0 22 11	2 48 38	28 11 01	23 56 37
18 Tu	29 12 14	15 57 16	22 50 57	3 05 57	13 51 56	26 23 42	2 36 54	17 10 43	4 17 32	21 13 31	0 26 54	2 48 13	28 12 58	23 56 47
19 W	0 ♓ 12 48	29 38 43	6 ♈ 20 21	3 52 22	14 37 54	26 52 10	2 53 57	17 32 34	4 12 19	21 19 14	0 30 06	2 46 14	28 13 21	23 55 24
20 Th	1 12 12	12 ♈ 54 52	19 24 35	4 41 13	15 21 44	27 19 18	3 09 44	17 53 12	4 05 48	21 23 53	0 32 10	2 43 04	28 12 33	23 52 50
21 F	2 10 57	25 47 00	2 ♉ 05 53	5 32 48	16 03 56	27 45 39	3 24 49	18 13 08	3 58 32	21 27 60	0 33 40	2 39 16	28 11 07	23 49 40
22 Sa	3 09 42	8 ♉ 18 15	14 27 60	6 27 27	16 45 04	28 11 49	3 39 47	18 32 59	3 51 08	21 32 11	0 35 12	2 35 27	28 09 40	23 46 30
23 Su	4 08 58	20 32 51	26 35 39	7 25 30	17 25 39	28 38 20	3 55 12	18 53 19	3 44 10	21 36 60	0 37 18	2 32 09	28 08 44	23 43 52
24 M	5 09 08	2 ♊ 35 41	8 ♊ 33 56	8 27 07	18 06 01	29 05 35	4 11 26	19 14 29	3 38 00	21 42 48	0 40 22	2 29 46	28 08 42	23 42 11
25 Tu	6 10 24	14 31 45	20 27 52	9 32 20	18 46 17	29 33 45	4 28 40	19 36 41	3 32 50	21 49 48	0 44 35	2 28 29	28 09 46	23 41 36
26 W	7 12 43	26 25 49	2 ♋ 22 08	10 40 55	19 26 24	0 ♐ 02 48	4 46 51	19 59 53	3 28 38	21 57 56	0 49 54	2 28 15	28 11 53	23 42 05
27 Th	8 15 51	8 ♋ 22 13	14 20 49	11 52 31	20 06 02	0 32 28	5 05 46	20 23 50	3 25 09	22 06 59	0 56 05	2 28 50	28 14 48	23 43 24
28 F	9 19 25	20 24 36	26 27 19	13 06 36	20 44 47	1 02 24	5 25 01	20 48 09	3 22 02	22 16 33	1 02 45	2 29 51	28 18 10	23 45 11

Notes

LONGITUDE

March 1969

Day	☉	0 hr ☽	Noon ☽	☿	♀	♂	⚵	⚳	♃	♄	⚷	♅	♆	♇
1 Sa	10♓22 59	2♌35 59	8♌44 12	14♒22 38	21♈22 10	1♐32 08	5♑44 11	21♑12 25	3♎18 49	22♈26 12	1♈09 28	2♎30 53	28♏21 31	23♍46 59
2 Su	11 26 08	14 58 33	21 13 16	15 40 05	21 57 41	2 01 15	6 02 49	21 36 11	3 15 07	22 35 32	1 15 49	2 31 31	28 24 27	23 48 24
3 M	12 28 32	27 33 45	3♍55 33	16 58 32	22 30 58	2 29 25	6 20 36	21 59 08	3 10 36	22 44 11	1 21 27	2 31 24	28 26 39	23 49 05
4 Tu	13 29 59	10♍22 19	16 51 20	18 17 44	23 01 45	2 56 26	6 37 21	22 21 05	3 05 05	22 52 00	1 26 13	2 30 21	28 27 54	23 48 51
5 W	14 30 29	23 24 21	0♎00 24	19 37 35	23 29 59	3 22 18	6 53 02	22 41 60	2 58 33	22 58 56	1 30 03	2 28 22	28 28 11	23 47 41
6 Th	15 30 11	6♎39 29	13 22 09	20 58 09	23 55 44	3 47 07	7 07 47	23 02 01	2 51 08	23 05 08	1 33 07	2 25 33	28 27 39	23 45 44
7 F	16 29 18	20 07 02	26 55 44	22 19 39	24 19 12	4 11 08	7 21 51	23 21 24	2 43 06	23 10 50	1 35 40	2 22 12	28 26 33	23 43 14
8 Sa	17 28 12	3♏46 06	10♏40 10	23 42 23	24 40 38	4 34 42	7 35 35	23 40 29	2 34 46	23 16 24	1 38 01	2 18 38	28 25 13	23 40 32
9 Su	18 27 10	17 35 39	24 34 23	25 06 35	25 00 19	4 58 06	7 49 16	23 59 33	2 26 29	23 22 07	1 40 30	2 15 09	28 23 57	23 37 56
10 M	19 26 28	1♐34 31	8♐37 08	26 32 30	25 18 25	5 21 35	8 03 09	24 18 52	2 18 29	23 28 13	1 43 20	2 12 00	28 23 01	23 35 41
11 Tu	20 26 13	15 41 13	22 46 51	28 00 13	25 34 60	5 45 15	8 17 22	24 38 33	2 10 54	23 34 51	1 46 40	2 09 19	28 22 31	23 33 54
12 W	21 26 24	29 53 53	7♑01 27	29 29 41	25 49 59	6 09 06	8 31 52	24 58 34	2 03 43	23 41 59	1 50 27	2 07 05	28 22 27	23 32 35
13 Th	22 26 53	14♑10 07	21 18 16	1♓00 46	26 03 12	6 32 58	8 46 33	25 18 48	1 56 48	23 49 30	1 54 35	2 05 10	28 22 41	23 31 36
14 F	23 27 29	28 26 53	5♒33 60	2 33 16	26 14 23	6 56 40	9 01 13	25 39 04	1 49 59	23 57 12	1 58 52	2 03 23	28 23 01	23 30 45
15 Sa	24 28 01	12♒40 38	19 44 53	4 06 58	26 23 17	7 20 01	9 15 40	25 59 09	1 43 04	24 04 53	2 03 07	2 01 32	28 23 17	23 29 51
16 Su	25 28 19	26 47 31	3♓47 01	5 41 44	26 29 43	7 42 50	9 29 45	26 18 55	1 35 56	24 12 25	2 07 10	1 59 29	28 23 19	23 28 46
17 M	26 28 20	10♓43 45	17 36 43	7 17 29	26 33 34	8 05 05	9 43 25	26 38 19	1 28 31	24 19 45	2 10 59	1 57 11	28 23 05	23 27 25
18 Tu	27 28 07	24 25 56	1♈10 58	8 54 17	26 34 50	8 26 46	9 56 41	26 57 22	1 20 51	24 26 53	2 14 36	1 54 40	28 22 35	23 25 52
19 W	28 27 43	7♈51 35	14 27 44	10 32 11	26 33 32	8 47 59	10 09 39	27 16 09	1 13 02	24 33 56	2 18 04	1 52 00	28 21 56	23 24 12
20 Th	29 27 16	20 59 14	27 26 13	12 11 19	26 29 46	9 08 49	10 22 25	27 34 47	1 05 12	24 41 00	2 21 32	1 49 19	28 21 14	23 22 30
21 F	0♈26 52	3♉48 41	10♉06 50	13 51 48	26 23 36	9 29 22	10 35 04	27 53 22	0 57 25	24 48 11	2 25 04	1 46 42	28 20 35	23 20 53
22 Sa	1 26 33	16 20 59	22 31 13	15 33 40	26 15 03	9 49 40	10 47 40	28 11 55	0 49 46	24 55 31	2 28 44	1 44 13	28 20 01	23 19 24
23 Su	2 26 18	28 38 15	4♊42 02	17 16 55	26 04 07	10 09 43	11 00 10	28 30 27	0 42 13	25 02 59	2 32 30	1 41 50	28 19 32	23 18 01
24 M	3 26 03	10♊43 31	16 42 42	19 01 30	25 50 43	10 29 24	11 12 31	28 48 52	0 34 43	25 10 31	2 36 18	1 39 30	28 19 03	23 16 41
25 Tu	4 25 42	22 40 34	28 37 17	20 47 18	25 34 48	10 48 38	11 24 36	29 07 05	0 27 09	25 18 00	2 40 02	1 37 05	28 18 29	23 15 18
26 W	5 25 07	4♋33 38	10♋30 11	22 34 14	25 16 15	11 07 16	11 36 18	29 24 57	0 19 26	25 25 20	2 43 35	1 34 29	28 17 41	23 13 43
27 Th	6 24 13	16 27 17	22 26 01	24 22 14	24 55 04	11 25 14	11 47 31	29 42 24	0 11 27	25 32 25	2 46 51	1 31 37	28 16 35	23 11 52
28 F	7 22 59	28 26 09	4♌29 20	26 11 15	24 31 17	11 42 28	11 58 15	29 59 25	0 03 13	25 39 13	2 49 50	1 28 28	28 15 10	23 09 44
29 Sa	8 21 29	10♌34 43	16 44 24	28 01 23	24 05 05	11 59 04	12 08 32	0♒16 02	29♍54 47	25 45 49	2 52 33	1 25 05	28 13 30	23 07 23
30 Su	9 19 51	22 57 05	29 14 56	29 52 47	23 36 42	12 15 07	12 18 30	0 32 24	29 46 18	25 52 21	2 55 11	1 21 36	28 11 42	23 04 57
31 M	10 18 17	5♍36 36	12♍03 50	1♈45 38	23 06 28	12 30 51	12 28 23	0 48 43	29 37 58	25 59 00	2 57 56	1 18 15	28 09 59	23 02 37

LONGITUDE

April 1969

Day	☉	0 hr ☽	Noon ☽	☿	♀	♂	⚵	⚳	♃	♄	⚷	♅	♆	♇
1 Tu	11♈17 01	18♍35 35	25♍12 46	3♈40 10	22♈34 48	12♐46 28	12♑38 23	1♒05 14	29♍30 01	26♈06 01	3♈00 60	1♎15 15	28♏08 34	23♍00 39
2 W	12 16 16	1♎55 01	8♎41 60	5 36 34	22 02 03	13 02 09	12 48 41	1 22 06	29 22 40	26 13 35	3 04 36	1 12 47	28 07 40	22 59 13
3 Th	13 16 07	15 34 19	22 30 09	7 34 57	21 28 33	13 18 01	12 59 26	1 39 29	29 16 02	26 21 50	3 08 51	1 11 00	28 07 24	22 58 27
4 F	14 16 35	29 31 14	6♏34 19	9 35 16	20 54 29	13 34 03	13 10 36	1 57 20	29 10 06	26 30 44	3 13 44	1 09 52	28 07 45	22 58 21
5 Sa	15 17 31	13♏42 06	20 50 16	11 37 18	20 19 56	13 50 04	13 22 01	2 15 30	29 04 44	26 40 09	3 19 05	1 09 14	28 08 34	22 58 45
6 Su	16 18 35	28 02 10	5♐13 04	13 40 43	19 44 51	14 05 46	13 33 24	2 33 41	28 59 38	26 49 45	3 24 37	1 08 48	28 09 32	22 59 20
7 M	17 19 27	12♐26 18	19 37 35	15 45 02	19 09 05	14 20 45	13 44 21	2 51 31	28 54 25	26 59 11	3 29 57	1 08 12	28 10 18	22 59 45
8 Tu	18 19 44	26 49 35	3♑59 12	17 49 50	18 32 32	14 34 40	13 54 31	3 08 37	28 48 44	27 08 05	3 34 44	1 07 03	28 10 30	22 59 39
9 W	19 19 11	11♑07 53	18 14 16	19 54 44	17 55 13	14 47 13	14 03 38	3 24 44	28 42 21	27 16 11	3 38 42	1 05 08	28 09 52	22 58 44
10 Th	20 17 45	25 18 14	2♒20 15	21 59 29	17 17 18	14 58 21	14 11 38	3 39 48	28 35 10	27 23 26	3 41 47	1 02 22	28 08 20	22 56 59
11 F	21 15 33	9♒18 44	16 15 41	24 04 06	16 39 11	15 08 11	14 18 39	3 53 58	28 27 23	27 29 58	3 44 08	0 58 53	28 06 04	22 54 31
12 Sa	22 12 57	23 08 28	29 59 55	26 08 44	16 01 28	15 17 04	14 25 03	4 07 34	28 19 19	27 36 09	3 46 06	0 55 04	28 03 24	22 51 42
13 Su	23 10 26	6♓47 09	13♓32 47	28 13 36	15 24 50	15 25 28	14 31 18	4 21 05	28 11 29	27 42 26	3 48 09	0 51 23	28 00 49	22 49 01
14 M	24 08 30	20 14 41	26 54 15	0♉18 58	14 50 02	15 33 52	14 37 54	4 35 01	28 04 21	27 49 20	3 50 48	0 48 19	27 58 50	22 46 57
15 Tu	25 07 35	3♈31 02	10♈04 18	2 25 00	14 17 40	15 42 41	14 45 16	4 49 48	27 58 24	27 57 18	3 54 29	0 46 20	27 57 52	22 45 57
16 W	26 07 57	16 35 58	23 02 44	4 31 39	13 48 13	15 52 12	14 53 41	5 05 42	27 53 53	28 06 34	3 59 28	0 45 41	27 58 12	22 46 17
17 Th	27 09 38	29 29 13	5♉49 25	6 38 38	13 21 52	16 02 26	15 03 12	5 22 45	27 50 50	28 17 13	4 05 48	0 46 26	27 59 53	22 47 60
18 F	28 12 28	12♉10 32	18 24 19	8 45 27	12 58 35	16 13 11	15 13 36	5 40 46	27 49 06	28 29 01	4 13 16	0 48 22	28 02 42	22 50 54
19 Sa	29 16 02	24 39 58	0♊47 46	10 51 21	12 38 07	16 24 03	15 24 29	5 59 20	27 48 16	28 41 36	4 21 30	0 51 06	28 06 17	22 54 36
20 Su	0♉19 48	6♊58 03	13 00 43	12 55 29	12 19 60	16 34 28	15 35 20	6 17 56	27 47 48	28 54 25	4 29 57	0 54 07	28 10 05	22 58 33
21 M	1 23 10	19 06 03	25 04 49	14 56 55	12 03 45	16 43 52	15 45 31	6 35 58	27 47 07	29 06 52	4 38 01	0 56 47	28 13 30	23 02 10
22 Tu	2 25 36	1♋06 06	7♋02 33	16 54 49	11 48 53	16 51 40	15 54 31	6 52 51	27 45 39	29 18 25	4 45 09	0 58 35	28 16 00	23 04 53
23 W	3 26 41	13 01 11	18 57 18	18 48 30	11 35 05	16 57 28	16 01 55	7 08 14	27 43 03	29 28 39	4 50 58	0 59 07	28 17 11	23 06 21
24 Th	4 26 17	24 55 13	0♌53 13	20 37 34	11 22 13	17 01 06	16 07 34	7 21 55	27 39 08	29 37 26	4 55 18	0 58 13	28 16 53	23 06 21
25 F	5 24 29	6♌52 51	12 55 08	22 21 52	11 10 24	17 02 40	16 11 33	7 34 01	27 33 60	29 44 50	4 58 14	0 55 59	28 15 13	23 05 01
26 Sa	6 21 39	18 59 16	25 08 16	24 01 34	11 00 02	17 02 32	16 14 14	7 44 54	27 28 02	29 51 14	5 00 10	0 52 49	28 12 33	23 02 44
27 Su	7 18 24	1♍19 54	7♍37 54	25 37 06	10 51 41	17 01 17	16 16 14	7 55 09	27 21 49	29 57 14	5 01 41	0 49 16	28 09 28	23 00 04
28 M	8 15 24	13 59 52	20 28 48	27 08 59	10 46 04	16 59 36	16 18 13	8 05 28	27 16 04	0♉03 32	5 03 29	0 46 04	28 06 40	22 57 43
29 Tu	9 13 24	27 03 28	3♎44 39	28 37 50	10 43 52	16 58 12	16 20 54	8 16 33	27 11 30	0 10 50	5 06 15	0 43 55	28 04 52	22 56 25
30 W	10 12 55	10♎33 28	17 27 17	0♊04 03	10 45 37	16 57 37	16 24 51	8 28 58	27 08 39	0 19 41	5 10 35	0 43 22	28 04 38	22 56 43

Notes

May 1969

LONGITUDE

Day	☉	0 hr ☽	Noon ☽	☿	♀	♂	⚵	⚳	♃	♄	⚷	♅	♆	♇
1 Th	11 ♉ 14 15	24 ♎ 30 21	1 ♏ 36 03	1 ♊ 27 50	10 ♈ 51 32	16 ♐ 58 09	16 ♑ 30 20	8 ♒ 42 59	27 ♍ 07 49	0 ♉ 30 22	5 ♈ 16 43	0 ♎ 44 42	28 ♏ 06 14	22 ♍ 58 52
2 F	12 17 19	8 ♏ 51 53	16 07 23	2 48 59	11 01 31	16 59 41	16 37 15	8 58 31	27 08 54	0 42 48	5 24 35	0 47 50	28 09 35	23 02 49
3 Sa	13 21 39	23 32 50	0 ♐ 54 57	4 06 58	11 15 01	17 01 45	16 45 08	9 15 04	27 11 27	0 56 30	5 33 43	0 52 18	28 14 12	23 08 05
4 Su	14 26 28	8 ♐ 25 36	15 50 23	5 20 56	11 31 15	17 03 34	16 53 12	9 31 54	27 14 40	1 10 42	5 43 20	0 57 19	28 19 20	23 13 53
5 M	15 30 51	23 21 15	0 ♑ 44 38	6 29 54	11 49 12	17 04 14	17 00 33	9 48 03	27 17 40	1 24 29	5 52 32	1 01 59	28 24 03	23 19 18
6 Tu	16 33 59	8 ♑ 11 00	15 29 29	7 32 57	12 08 01	17 02 54	17 06 19	10 02 43	27 19 36	1 37 02	6 00 27	1 05 27	28 27 31	23 23 31
7 W	17 35 19	22 47 44	29 58 45	8 29 29	12 27 04	16 59 01	17 09 59	10 15 21	27 19 55	1 47 46	6 06 34	1 07 10	28 29 13	23 25 59
8 Th	18 34 44	7 ♒ 06 48	14 ♒ 08 57	9 19 20	12 46 10	16 52 29	17 11 26	10 25 48	27 18 32	1 56 35	6 10 46	1 07 03	28 29 00	23 26 35
9 F	19 32 34	21 06 17	27 59 12	10 02 47	13 05 37	16 43 39	17 10 59	10 34 26	27 15 45	2 03 51	6 13 23	1 05 25	28 27 14	23 25 40
10 Sa	20 29 33	4 ♓ 46 35	11 ♓ 30 38	10 40 29	13 26 03	16 33 13	17 09 21	10 41 57	27 12 20	2 10 15	6 15 08	1 03 00	28 24 38	23 23 56
11 Su	21 26 38	18 09 39	24 45 39	11 13 21	13 48 21	16 22 09	17 07 30	10 49 18	27 09 12	2 16 44	6 16 57	1 00 45	28 22 08	23 22 21
12 M	22 24 45	1 ♈ 18 10	7 ♈ 47 04	11 42 18	14 13 24	16 11 25	17 06 22	10 57 26	27 07 18	2 24 16	6 19 49	0 59 36	28 20 42	23 21 52
13 Tu	23 24 44	14 14 48	20 37 28	12 08 06	14 41 58	16 01 50	17 06 46	11 07 09	27 07 28	2 33 39	6 24 31	1 00 22	28 21 08	23 23 16
14 W	24 27 02	27 01 43	3 ♉ 18 53	12 31 14	15 14 27	15 53 53	17 09 10	11 18 56	27 10 10	2 45 22	6 31 33	1 03 33	28 23 55	23 27 04
15 Th	25 31 47	9 ♉ 40 22	15 52 34	12 51 49	15 50 54	15 47 43	17 13 41	11 32 52	27 15 31	2 59 30	6 40 59	1 09 14	28 29 10	23 33 22
16 F	26 38 38	22 11 28	28 19 09	13 09 34	16 30 56	15 43 01	17 19 59	11 48 39	27 23 11	3 15 46	6 52 33	1 17 06	28 36 33	23 41 49
17 Sa	27 46 57	4 ♊ 35 12	10 ♊ 38 47	13 23 53	17 13 51	15 39 08	17 27 25	12 05 37	27 32 30	3 33 28	7 05 32	1 26 30	28 45 24	23 51 47
18 Su	28 55 49	16 51 34	22 51 36	13 33 59	17 58 39	15 35 12	17 35 04	12 22 50	27 42 35	3 51 43	7 19 04	1 36 30	28 54 50	24 02 21
19 M	0 ♊ 04 13	29 00 46	4 ♋ 58 04	13 38 59	18 44 19	15 30 14	17 41 57	12 39 18	27 52 25	4 09 30	7 32 08	1 46 08	29 03 50	24 12 31
20 Tu	1 11 15	11 ♋ 03 38	16 59 18	13 38 09	19 29 52	15 23 21	17 47 07	12 54 07	28 01 04	4 25 54	7 43 48	1 54 28	29 11 28	24 21 21
21 W	2 16 12	23 01 54	28 57 24	13 31 02	20 14 33	15 13 52	17 49 54	13 06 34	28 07 52	4 40 13	7 53 24	2 00 48	29 17 04	24 28 11
22 Th	3 18 44	4 ♌ 58 21	10 ♌ 55 34	13 17 35	20 57 59	15 01 29	17 49 57	13 16 18	28 12 28	4 52 06	8 00 33	2 04 48	29 20 17	24 32 39
23 F	4 18 56	16 56 58	22 58 05	12 58 11	21 40 11	14 46 18	17 47 19	13 23 24	28 14 55	5 01 38	8 05 21	2 06 31	29 21 11	24 34 50
24 Sa	5 17 15	29 02 44	5 ♍ 10 12	12 33 45	22 21 36	14 28 49	17 42 31	13 28 20	28 15 42	5 09 18	8 08 16	2 06 27	29 20 14	24 35 12
25 Su	6 14 32	11 ♍ 21 27	17 37 47	12 05 31	23 03 01	14 09 56	17 36 21	13 31 55	28 15 39	5 15 53	8 10 07	2 05 25	29 18 16	24 34 34
26 M	7 11 48	23 59 09	0 ♎ 26 47	11 35 00	23 45 25	13 50 41	17 29 51	13 35 11	28 15 48	5 22 28	8 11 57	2 04 26	29 16 20	24 33 60
27 Tu	8 10 07	7 ♎ 01 33	13 42 26	11 03 49	24 29 50	13 32 10	17 24 05	13 39 12	28 17 12	5 30 04	8 14 49	2 04 35	29 15 28	24 34 31
28 W	9 10 21	20 33 06	27 28 22	10 33 22	25 17 05	13 15 18	17 19 57	13 44 49	28 20 43	5 39 34	8 19 34	2 06 44	29 16 32	24 37 02
29 Th	10 13 01	4 ♏ 35 60	11 ♏ 45 31	10 04 45	26 07 40	13 00 38	17 17 54	13 52 32	28 26 52	5 51 29	8 26 44	2 11 22	29 20 04	24 42 00
30 F	11 18 04	19 09 11	26 31 14	9 38 31	27 01 30	12 48 10	17 17 58	14 02 21	28 35 36	6 05 46	8 36 17	2 18 29	29 26 02	24 49 26
31 Sa	12 24 57	4 ♐ 07 45	11 ♐ 38 54	9 14 42	27 57 60	12 37 24	17 19 33	14 13 40	28 46 23	6 21 51	8 47 38	2 27 30	29 33 51	24 58 44

June 1969

LONGITUDE

Day	☉	0 hr ☽	Noon ☽	☿	♀	♂	⚵	⚳	♃	♄	⚷	♅	♆	♇
1 Su	13 ♊ 32 39	19 ♐ 23 04	26 ♐ 58 32	8 ♊ 52 50	28 ♈ 56 07	12 ♐ 27 19	17 ♑ 21 39	14 ♒ 25 28	28 ♍ 58 09	6 ♉ 38 44	8 ♈ 59 46	2 ♎ 37 24	29 ♏ 42 30	25 ♍ 08 55
2 M	14 39 56	4 ♑ 43 57	12 ♑ 18 21	8 32 14	29 54 34	12 16 45	17 23 01	14 36 32	29 09 42	6 55 10	9 11 28	2 46 57	29 50 46	25 18 43
3 Tu	15 45 40	19 58 36	27 27 00	8 12 16	0 ♉ 52 13	12 04 36	17 22 33	14 45 42	29 19 53	7 10 01	9 21 34	2 55 00	29 57 30	25 27 01
4 W	16 49 04	4 ♒ 56 53	12 ♒ 15 33	7 52 39	1 48 16	11 50 09	17 19 27	14 52 13	29 27 56	7 22 30	9 29 20	3 00 49	0 ♐ 01 55	25 33 02
5 Th	17 49 58	19 31 54	26 38 40	7 33 34	2 42 28	11 33 13	17 13 33	14 55 52	29 33 39	7 32 26	9 34 32	3 04 10	0 03 52	25 36 34
6 F	18 48 44	3 ♓ 40 32	10 ♓ 34 48	7 15 49	3 35 13	11 14 17	17 05 15	14 57 04	29 37 26	7 40 13	9 37 35	3 05 27	0 03 42	25 38 03
7 Sa	19 46 17	17 23 08	24 05 31	7 00 33	4 27 22	10 54 15	16 55 26	14 56 40	29 40 10	7 46 44	9 39 22	3 05 35	0 02 19	25 38 19
8 Su	20 43 45	0 ♈ 42 30	7 ♈ 14 20	6 49 12	5 20 03	10 34 20	16 45 16	14 55 51	29 42 60	7 53 07	9 41 03	3 05 42	0 00 54	25 38 34
9 M	21 42 20	13 42 42	20 05 39	6 43 10	6 14 26	10 15 47	16 35 57	14 55 49	29 47 08	8 00 35	9 43 49	3 06 60	0 00 37	25 39 58
10 Tu	22 43 02	26 28 07	2 ♉ 43 53	6 43 35	7 11 30	9 59 37	16 28 29	14 57 32	29 53 33	8 10 07	9 48 38	3 10 28	0 02 28	25 43 32
11 W	23 46 27	9 ♉ 02 42	15 12 47	6 51 10	8 11 50	9 46 30	16 23 29	15 01 37	0 ♎ 02 53	8 22 20	9 56 10	3 16 44	0 07 03	25 49 51
12 Th	24 52 45	21 29 27	27 35 06	7 06 09	9 15 33	9 36 38	16 21 07	15 08 14	0 15 15	8 37 22	10 06 31	3 25 55	0 14 33	25 59 05
13 F	26 01 34	3 ♊ 50 24	9 ♊ 52 35	7 28 13	10 22 18	9 29 42	16 21 03	15 17 01	0 30 19	8 54 53	10 19 21	3 37 42	0 24 35	26 10 54
14 Sa	27 12 10	16 06 34	22 06 01	7 56 38	11 31 19	9 25 01	16 22 31	15 27 13	0 47 21	9 14 07	10 33 56	3 51 19	0 36 26	26 24 31
15 Su	28 23 29	28 18 21	4 ♋ 15 43	8 30 19	12 41 31	9 21 32	16 24 30	15 37 48	1 05 16	9 34 02	10 49 11	4 05 44	0 49 01	26 38 54
16 M	29 34 22	10 ♋ 25 51	16 21 47	9 08 05	13 51 44	9 18 10	16 25 51	15 47 35	1 22 55	9 53 28	11 03 59	4 19 46	1 01 12	26 52 54
17 Tu	0 ♋ 43 44	22 29 22	28 24 41	9 48 49	15 00 52	9 13 51	16 25 29	15 55 32	1 39 14	10 11 20	11 17 13	4 32 21	1 11 54	27 05 25
18 W	1 50 46	4 ♌ 29 49	10 ♌ 25 36	10 31 38	16 08 05	9 07 49	16 22 36	16 00 46	1 53 22	10 26 48	11 28 04	4 42 40	1 20 17	27 15 39
19 Th	2 54 60	16 29 04	22 26 42	11 15 60	17 12 55	8 59 37	16 16 45	16 02 53	2 04 53	10 39 26	11 36 06	4 50 14	1 25 53	27 23 07
20 F	3 56 27	28 30 07	4 ♍ 31 24	12 01 52	18 15 22	8 49 17	16 07 57	16 01 52	2 13 47	10 49 13	11 41 17	4 55 06	1 28 45	27 27 51
21 Sa	4 55 34	10 ♍ 37 09	16 44 11	12 49 37	19 15 52	8 37 21	15 56 42	15 58 12	2 20 31	10 56 37	11 44 07	4 57 41	1 29 19	27 30 17
22 Su	5 53 13	22 55 22	29 10 30	13 40 03	20 15 15	8 24 39	15 43 49	15 52 43	2 25 56	11 02 30	11 45 26	4 58 52	1 28 26	27 31 18
23 M	6 50 29	5 ♎ 30 38	11 ♎ 56 17	14 34 11	21 14 38	8 12 18	15 30 27	15 46 31	2 31 09	11 07 56	11 46 20	4 59 44	1 27 12	27 31 59
24 Tu	7 48 31	18 28 52	25 07 15	15 33 07	22 15 08	8 01 30	15 17 45	15 40 46	2 37 17	11 14 06	11 47 58	5 01 26	1 26 47	27 33 28
25 W	8 48 19	1 ♏ 55 14	8 ♏ 47 57	16 37 45	23 17 44	7 53 14	15 06 43	15 36 28	2 45 20	11 21 57	11 51 19	5 04 58	1 28 08	27 36 45
26 Th	9 50 29	15 53 05	23 00 41	17 48 40	24 23 02	7 48 07	14 57 57	15 34 12	2 55 55	11 32 07	11 56 60	5 10 55	1 31 54	27 42 27
27 F	10 55 05	0 ♐ 22 51	7 ♐ 44 20	19 05 52	25 31 05	7 46 15	14 51 34	15 34 04	3 09 05	11 44 39	12 05 04	5 19 22	1 38 08	27 50 38
28 Sa	12 01 38	15 21 08	22 53 37	20 28 48	26 41 24	7 47 08	14 47 04	15 35 34	3 24 21	11 59 04	12 15 03	5 29 49	1 46 20	28 00 47
29 Su	13 09 08	0 ♑ 40 19	8 ♑ 19 16	21 56 27	27 52 58	7 49 47	14 43 27	15 37 42	3 40 42	12 14 22	12 25 55	5 41 16	1 55 31	28 11 55
30 M	14 16 20	16 09 23	23 49 10	23 27 30	29 04 32	7 52 58	14 39 31	15 39 15	3 56 55	12 29 18	12 36 27	5 52 30	2 04 25	28 22 48

Notes

LONGITUDE July 1969

Day	☉	0 hr ☽	Noon ☽	☿	♀	♂	⚵	⚳	♃	♄	⚷	♅	♆	♇
1 Tu	15♋22 04	1♒35 43	9♒10 37	25♊00 45	0♊14 54	7♐55 29	14♑34 05	15♒39 01	4♎11 47	12♉42 42	12♈45 29	6♎02 18	2♐11 54	28♍32 15
2 W	16 25 32	16 47 29	24 12 47	26 35 20	1 23 17	7 56 33	14 26 22	15 36 13	4 24 31	12 53 44	12 52 09	6 09 52	2 17 06	28 39 26
3 Th	17 26 25	1♓35 43	8♓48 19	28 10 55	2 29 22	7 55 54	14 16 04	15 30 33	4 34 50	13 02 09	12 56 14	6 14 55	2 19 47	28 44 06
4 F	18 25 06	15 55 28	22 54 03	29 47 47	3 33 29	7 53 50	14 03 34	15 22 23	4 43 02	13 08 14	12 58 01	6 17 48	2 20 15	28 46 33
5 Sa	19 22 21	29 45 42	6♈30 29	1♋26 39	4 36 26	7 51 11	13 49 39	15 12 31	4 49 58	13 12 50	12 58 20	6 19 19	2 19 19	28 47 37
6 Su	20 19 17	13♈08 32	19 40 48	3 08 33	5 39 17	7 49 01	13 35 27	15 02 04	4 56 41	13 17 01	12 58 16	6 20 32	2 18 04	28 48 23
7 M	21 17 01	26 08 00	2♉29 37	4 54 29	6 43 11	7 48 30	13 22 06	14 52 08	5 04 20	13 21 56	12 58 57	6 22 36	2 17 40	28 49 58
8 Tu	22 16 30	8♉48 58	15 02 00	6 45 19	7 49 04	7 50 35	13 10 34	14 43 43	5 13 52	13 28 31	13 01 20	6 26 29	2 19 02	28 53 20
9 W	23 18 22	21 16 11	27 22 43	8 41 29	8 57 33	7 55 51	13 01 30	14 37 25	5 25 54	13 37 22	13 06 02	6 32 46	2 22 48	28 59 07
10 Th	24 22 47	3♊33 52	9♊35 41	10 43 01	10 08 47	8 04 29	12 55 03	14 33 26	5 40 36	13 48 42	13 13 13	6 41 39	2 29 07	29 07 27
11 F	25 29 28	15 45 13	21 43 53	12 49 26	11 22 29	8 16 13	12 50 58	14 31 30	5 57 41	14 02 12	13 22 37	6 52 51	2 37 45	29 18 05
12 Sa	26 37 46	27 52 30	3♋49 15	14 59 51	12 38 00	8 30 23	12 48 37	14 30 57	6 16 29	14 17 13	13 33 34	7 05 42	2 47 60	29 30 20
13 Su	27 46 46	9♋57 10	15 52 58	17 13 06	13 54 25	8 46 03	12 47 06	14 30 54	6 36 07	14 32 51	13 45 09	7 19 16	2 58 58	29 43 19
14 M	28 55 25	22 00 02	27 55 44	19 27 53	15 10 41	9 02 11	12 45 23	14 30 19	6 55 31	14 48 03	13 56 21	7 32 34	3 09 37	29 55 59
15 Tu	0♌02 47	4♌01 47	9♌58 08	21 42 57	16 25 50	9 17 50	12 42 32	14 28 17	7 13 45	15 01 52	14 06 12	7 44 36	3 19 01	0♎07 23
16 W	1 08 08	16 03 13	22 01 04	23 57 15	17 39 09	9 32 14	12 37 49	14 24 02	7 30 03	15 13 34	14 13 58	7 54 39	3 26 24	0 16 47
17 Th	2 11 01	28 05 40	4♍06 02	26 10 03	18 50 10	9 44 59	12 30 51	14 17 12	7 44 01	15 22 43	14 19 13	8 02 18	3 31 22	0 23 44
18 F	3 11 26	10♍11 16	16 15 26	28 21 02	19 58 54	9 56 01	12 21 35	14 07 44	7 55 37	15 29 17	14 21 56	8 07 30	3 33 52	0 28 15
19 Sa	4 09 43	22 23 04	28 32 34	0♌30 14	21 05 40	10 05 41	12 10 24	13 56 01	8 05 12	15 33 39	14 22 29	8 10 38	3 34 16	0 30 39
20 Su	5 06 35	4♎44 60	11♎01 39	2 38 03	22 11 10	10 14 41	11 58 00	13 42 46	8 13 28	15 36 29	14 21 33	8 12 21	3 33 17	0 31 39
21 M	6 02 55	17 21 40	23 47 27	4 45 08	23 16 18	10 23 54	11 45 18	13 28 53	8 21 18	15 38 42	14 20 01	8 13 36	3 31 47	0 32 08
22 Tu	6 59 41	0♏17 60	6♏54 48	6 52 11	24 22 01	10 34 16	11 33 17	13 15 21	8 29 40	15 41 15	14 18 52	8 15 19	3 30 44	0 33 05
23 W	7 57 44	13 38 29	20 27 53	8 59 50	25 29 10	10 46 38	11 22 47	13 03 02	8 39 25	15 44 58	14 18 57	8 18 21	3 31 00	0 35 19
24 Th	8 57 35	27 26 29	4♐29 15	11 08 25	26 38 18	11 01 31	11 14 21	12 52 28	8 51 05	15 50 25	14 20 47	8 23 14	3 33 07	0 39 24
25 F	9 59 23	11♐43 09	18 58 53	13 17 53	27 49 30	11 19 01	11 08 08	12 43 48	9 04 47	15 57 42	14 24 31	8 30 06	3 37 11	0 45 26
26 Sa	11 02 47	26 26 35	3♑53 22	15 27 47	29 02 27	11 38 48	11 03 47	12 36 41	9 20 10	16 06 29	14 29 47	8 38 35	3 42 52	0 53 04
27 Su	12 07 03	11♑31 23	19 05 40	17 37 14	0♋16 25	12 00 06	11 00 34	12 30 25	9 36 31	16 16 01	14 35 51	8 47 59	3 49 27	1 01 36
28 M	13 11 14	26 48 48	4♒25 47	19 45 13	1 30 26	12 21 58	10 57 33	12 24 04	9 52 52	16 25 22	14 41 47	8 57 19	3 55 59	1 10 04
29 Tu	14 14 25	12♒07 58	19 42 21	21 50 43	2 43 34	12 43 27	10 53 49	12 16 43	10 08 18	16 33 37	14 46 39	9 05 41	4 01 31	1 17 32
30 W	15 15 56	27 17 42	4♓44 35	23 53 02	3 55 11	13 03 53	10 48 43	12 07 42	10 22 08	16 40 04	14 49 47	9 12 24	4 05 23	1 23 20
31 Th	16 15 29	12♓08 26	19 24 08	25 51 50	5 04 58	13 22 57	10 41 57	11 56 46	10 34 06	16 44 28	14 50 54	9 17 11	4 07 20	1 27 11

LONGITUDE August 1969

Day	☉	0 hr ☽	Noon ☽	☿	♀	♂	⚵	⚳	♃	♄	⚷	♅	♆	♇
1 F	17♌13 16	26♓33 42	3♈36 02	27♌47 16	6♋13 05	13♐40 49	10♑33 42	11♒44 05	10♎44 22	16♉46 58	14♈50 11	9♎20 13	4♐07 31	1♎29 16
2 Sa	18 09 47	10♈30 31	17 18 54	29 39 50	7 20 05	13 58 02	10 24 30	11 30 12	10 53 27	16 48 05	14 48 08	9 22 01	4 06 28	1 30 06
3 Su	19 05 50	23 59 06	0♉34 11	1♍30 18	8 26 43	14 15 18	10 15 08	11 15 53	11 02 07	16 48 37	14 45 33	9 23 21	4 04 56	1 30 27
4 M	20 02 12	7♉02 05	13 25 23	3 19 28	9 33 47	14 33 27	10 06 24	11 01 58	11 11 10	16 49 20	14 43 12	9 25 01	4 03 44	1 31 07
5 Tu	20 59 35	19 43 28	25 57 02	5 08 03	10 41 59	14 53 10	9 59 00	10 49 09	11 21 18	16 50 58	14 41 49	9 27 43	4 03 34	1 32 48
6 W	21 58 27	2♊07 55	8♊13 55	6 56 29	11 51 46	15 14 54	9 53 25	10 37 56	11 32 60	16 53 57	14 41 51	9 31 55	4 04 54	1 35 59
7 Th	22 58 59	14 19 59	20 20 38	8 44 60	13 03 19	15 38 49	9 49 49	10 28 28	11 46 25	16 58 28	14 43 29	9 37 48	4 07 54	1 40 49
8 F	24 01 01	26 23 52	2♋21 09	10 33 25	14 16 29	16 04 45	9 48 03	10 20 39	12 01 24	17 04 22	14 46 33	9 45 12	4 12 26	1 47 09
9 Sa	25 04 11	8♋23 03	14 18 46	12 21 22	15 30 52	16 32 19	9 47 45	10 14 05	12 17 33	17 11 16	14 50 41	9 53 44	4 18 05	1 54 36
10 Su	26 07 52	20 20 22	26 15 60	14 08 18	16 45 53	17 00 54	9 48 18	10 08 12	12 34 19	17 18 35	14 55 16	10 02 49	4 24 17	2 02 35
11 M	27 11 27	2♌18 02	8♌14 47	15 53 32	18 00 53	17 29 51	9 49 06	10 02 22	12 51 01	17 25 39	14 59 41	10 11 47	4 30 22	2 10 27
12 Tu	28 14 18	14 17 44	20 16 38	17 36 30	19 15 14	17 58 34	9 49 30	9 55 59	13 07 02	17 31 52	15 03 18	10 20 03	4 35 45	2 17 36
13 W	29 15 57	26 20 58	2♍22 52	19 16 43	20 28 30	18 26 33	9 49 04	9 48 36	13 21 56	17 36 45	15 05 40	10 27 07	4 39 57	2 23 32
14 Th	0♍16 09	8♍29 06	14 34 48	20 53 56	21 40 23	18 53 32	9 47 30	9 39 56	13 35 24	17 40 04	15 06 30	10 32 45	4 42 41	2 28 00
15 F	1 14 50	20 43 44	26 54 03	22 28 07	22 50 51	19 19 28	9 44 48	9 29 59	13 47 26	17 41 45	15 05 47	10 36 53	4 43 57	2 30 59
16 Sa	2 12 15	3♎06 44	9♎22 35	23 59 27	24 00 08	19 44 34	9 41 10	9 18 59	13 58 14	17 42 01	15 03 43	10 39 45	4 43 56	2 32 39
17 Su	3 08 46	15 40 24	22 02 48	25 28 22	25 08 36	20 09 12	9 36 59	9 07 19	14 08 12	17 41 16	15 00 42	10 41 44	4 43 03	2 33 27
18 M	4 04 56	28 27 21	4♏57 26	26 55 21	26 16 48	20 33 54	9 32 48	8 55 31	14 17 51	17 40 03	14 57 16	10 43 22	4 41 49	2 33 52
19 Tu	5 01 16	11♏30 23	18 09 17	28 20 58	27 25 15	20 59 11	9 29 10	8 44 10	14 27 44	17 38 53	14 53 58	10 45 11	4 40 47	2 34 28
20 W	5 58 16	24 52 10	1♐40 46	29 45 38	28 34 27	21 25 33	9 26 32	8 33 44	14 38 19	17 38 15	14 51 16	10 47 41	4 40 26	2 35 44
21 Th	6 56 14	8♐34 38	15 33 26	1♎09 39	29 44 42	21 53 15	9 25 13	8 24 31	14 49 54	17 38 27	14 49 28	10 51 08	4 41 02	2 37 56
22 F	7 55 13	22 38 29	29 47 15	2 33 03	0♌56 03	22 22 22	9 25 16	8 16 36	15 02 34	17 39 33	14 48 38	10 55 38	4 42 41	2 41 10
23 Sa	8 55 04	7♑02 37	14♑20 06	3 55 38	2 08 19	22 52 43	9 26 32	8 09 50	15 16 08	17 41 23	14 48 37	11 00 59	4 45 12	2 45 15
24 Su	9 55 24	21 43 38	29 07 32	5 16 59	3 21 11	23 23 55	9 28 39	8 03 50	15 30 13	17 43 35	14 49 02	11 06 50	4 48 14	2 49 49
25 M	10 55 46	6♒35 57	14♒02 55	6 36 37	4 34 09	23 55 31	9 31 08	7 58 10	15 44 23	17 45 42	14 49 26	11 12 44	4 51 18	2 54 25
26 Tu	11 55 45	21 32 05	28 58 12	7 54 02	5 46 48	24 27 03	9 33 34	7 52 24	15 58 12	17 47 18	14 49 23	11 18 14	4 53 60	2 58 36
27 W	12 55 02	6♓23 45	13♓45 01	9 08 52	6 58 49	24 58 14	9 35 38	7 46 14	16 11 20	17 48 03	14 48 34	11 23 01	4 55 59	3 02 04
28 Th	13 53 29	21 02 60	28 15 54	10 20 55	8 10 05	25 28 53	9 37 12	7 39 31	16 23 40	17 47 51	14 46 52	11 26 59	4 57 10	3 04 42
29 F	14 51 10	5♈23 21	12♈25 22	11 30 10	9 20 39	25 59 06	9 38 20	7 32 22	16 35 16	17 46 46	14 44 21	11 30 11	4 57 34	3 06 33
30 Sa	15 48 19	19 20 31	26 10 17	12 36 45	10 30 45	26 29 05	9 39 15	7 24 58	16 46 21	17 45 00	14 41 14	11 32 49	4 57 27	3 07 50
31 Su	16 45 13	2♉52 40	9♉29 58	13 40 51	11 40 40	26 59 07	9 40 16	7 17 38	16 57 13	17 42 52	14 37 50	11 35 13	4 57 05	3 08 52

Notes

September 1969 LONGITUDE

Day	☉	0 hr ☽	Noon ☽	☿	♀	♂	⚵	⚳	♃	♄	⚷	♅	♆	♇
1 M	17 ♍ 42 12	16 ♉ 00 13	22 ♉ 25 49	14 ♎ 42 42	12 ♌ 50 43	27 ♐ 29 31	9 ♑ 41 40	7 ♒ 10 41	17 ♎ 08 10	17 ♉ 40 40	14 ♈ 34 25	11 ♎ 37 41	4 ♐ 56 48	3 ♎ 09 57
2 Tu	18 39 30	28 45 18	5 ♊ 00 42	15 42 23	14 01 10	28 00 31	9 43 42	7 04 22	17 19 28	17 38 39	14 31 17	11 40 27	4 56 50	3 11 19
3 W	19 37 17	11 ♊ 11 21	17 18 29	16 39 56	15 12 08	28 32 17	9 46 31	6 58 51	17 31 15	17 36 58	14 28 34	11 43 40	4 57 20	3 13 09
4 Th	20 35 33	23 22 26	29 23 30	17 35 13	16 23 40	29 04 49	9 50 09	6 54 09	17 43 33	17 35 40	14 26 17	11 47 23	4 58 20	3 15 27
5 F	21 34 17	5 ♋ 22 57	11 ♋ 20 14	18 28 00	17 35 42	29 38 04	9 54 33	6 50 12	17 56 18	17 34 40	14 24 23	11 51 31	4 59 47	3 18 10
6 Sa	22 33 18	17 17 16	23 12 58	19 17 56	18 48 05	0 ♑ 11 52	9 59 32	6 46 53	18 09 22	17 33 49	14 22 44	11 55 56	5 01 31	3 21 09
7 Su	23 32 26	29 09 32	5 ♌ 05 41	20 04 39	20 00 38	0 46 04	10 04 57	6 44 00	18 22 34	17 32 58	14 21 09	12 00 28	5 03 22	3 24 14
8 M	24 31 32	11 ♌ 03 32	17 01 54	20 47 45	21 13 12	1 20 28	10 10 38	6 41 25	18 35 44	17 31 57	14 19 28	12 04 56	5 05 11	3 27 15
9 Tu	25 30 28	23 02 34	29 04 38	21 26 51	22 25 39	1 54 58	10 16 27	6 39 00	18 48 45	17 30 38	14 17 34	12 09 13	5 06 50	3 30 05
10 W	26 29 12	5 ♍ 09 25	11 ♍ 16 23	22 01 38	23 37 57	2 29 30	10 22 22	6 36 42	19 01 33	17 28 59	14 15 25	12 13 17	5 08 17	3 32 41
11 Th	27 27 44	17 26 18	23 39 02	22 31 51	24 50 06	3 04 04	10 28 22	6 34 33	19 14 11	17 27 00	14 13 01	12 17 08	5 09 31	3 35 03
12 F	28 26 09	29 54 53	6 ♎ 13 57	22 57 13	26 02 10	3 38 45	10 34 32	6 32 36	19 26 41	17 24 46	14 10 26	12 20 50	5 10 39	3 37 16
13 Sa	29 24 32	12 ♎ 36 18	19 02 04	23 17 32	27 14 16	4 13 39	10 40 59	6 30 57	19 39 10	17 22 23	14 07 47	12 24 29	5 11 44	3 39 26
14 Su	0 ♎ 22 60	25 31 14	2 ♏ 03 51	23 32 33	28 26 29	4 48 50	10 47 47	6 29 43	19 51 44	17 19 57	14 05 10	12 28 12	5 12 54	3 41 39
15 M	1 21 36	8 ♏ 39 59	15 19 27	23 41 59	29 38 52	5 24 23	10 54 60	6 28 57	20 04 26	17 17 32	14 02 39	12 32 02	5 14 12	3 43 58
16 Tu	2 20 19	22 02 31	28 48 44	23 45 30	0 ♍ 51 26	6 00 17	11 02 38	6 28 39	20 17 16	17 15 08	14 00 13	12 35 59	5 15 38	3 46 23
17 W	3 19 08	5 ♐ 38 31	12 ♐ 31 17	23 42 43	2 04 08	6 36 29	11 10 37	6 28 46	20 30 11	17 12 41	13 57 49	12 39 59	5 17 09	3 48 52
18 Th	4 17 54	19 27 23	26 26 19	23 33 12	3 16 50	7 12 51	11 18 51	6 29 10	20 43 05	17 10 05	13 55 21	12 43 56	5 18 38	3 51 17
19 F	5 16 32	3 ♑ 28 09	10 ♑ 32 38	23 16 37	4 29 25	7 49 16	11 27 12	6 29 46	20 55 49	17 07 13	13 52 42	12 47 43	5 19 58	3 53 32
20 Sa	6 14 56	17 39 20	24 48 25	22 52 43	5 41 50	8 25 39	11 35 36	6 30 27	21 08 19	17 04 01	13 49 47	12 51 14	5 21 04	3 55 31
21 Su	7 13 05	1 ♒ 58 48	9 ♒ 11 06	22 21 24	6 54 02	9 01 58	11 44 01	6 31 14	21 20 35	17 00 28	13 46 35	12 54 30	5 21 55	3 57 14
22 M	8 11 05	16 23 38	23 37 18	21 42 52	8 06 08	9 38 20	11 52 32	6 32 11	21 32 42	16 56 39	13 43 12	12 57 36	5 22 38	3 58 46
23 Tu	9 09 07	0 ♓ 50 09	8 ♓ 02 56	20 57 31	9 18 17	10 14 54	12 01 20	6 33 28	21 44 49	16 52 44	13 39 49	13 00 42	5 23 22	4 00 18
24 W	10 07 24	15 13 56	22 23 24	20 06 03	10 30 45	10 51 53	12 10 38	6 35 20	21 57 12	16 48 59	13 36 39	13 04 01	5 24 21	4 02 04
25 Th	11 06 10	29 30 17	6 ♈ 34 01	19 09 22	11 43 43	11 29 31	12 20 40	6 37 59	22 10 02	16 45 36	13 33 56	13 07 48	5 25 49	4 04 16
26 F	12 05 34	13 ♈ 34 39	20 30 31	18 08 33	12 57 21	12 07 56	12 31 34	6 41 34	22 23 29	16 42 43	13 31 48	13 12 10	5 27 53	4 07 03
27 Sa	13 05 38	27 23 02	4 ♉ 09 28	17 04 51	14 11 41	12 47 10	12 43 22	6 46 08	22 37 36	16 40 25	13 30 19	13 17 11	5 30 38	4 10 29
28 Su	14 06 18	10 ♉ 52 37	17 28 47	15 59 34	15 26 39	13 27 09	12 55 59	6 51 35	22 52 17	16 38 35	13 29 23	13 22 44	5 33 57	4 14 27
29 M	15 07 19	24 01 53	0 ♊ 27 46	14 54 06	16 41 60	14 07 38	13 09 12	6 57 41	23 07 19	16 37 00	13 28 46	13 28 38	5 37 37	4 18 45
30 Tu	16 08 23	6 ♊ 50 51	13 07 09	13 49 53	17 57 26	14 48 19	13 22 41	7 04 08	23 22 22	16 35 23	13 28 11	13 34 32	5 41 20	4 23 04

October 1969 LONGITUDE

Day	☉	0 hr ☽	Noon ☽	☿	♀	♂	⚵	⚳	♃	♄	⚷	♅	♆	♇
1 W	17 ♎ 09 12	19 ♊ 20 58	25 ♊ 29 03	12 ♎ 48 21	19 ♍ 12 38	15 ♑ 28 52	13 ♑ 36 07	7 ♒ 10 36	23 ♎ 37 08	16 ♉ 33 23	13 ♈ 27 17	13 ♎ 40 09	5 ♐ 44 46	4 ♎ 27 04
2 Th	18 09 26	1 ♋ 34 55	7 ♋ 36 38	11 50 58	20 27 17	16 08 59	13 49 12	7 16 47	23 51 19	16 30 42	13 25 47	13 45 08	5 47 37	4 30 27
3 F	19 08 55	13 36 23	19 33 56	10 59 10	21 41 12	16 48 28	14 01 44	7 22 29	24 04 41	16 27 09	13 23 29	13 49 19	5 49 41	4 33 02
4 Sa	20 07 34	25 29 49	1 ♌ 25 33	10 14 19	22 54 19	17 27 17	14 13 40	7 27 39	24 17 14	16 22 42	13 20 21	13 52 39	5 50 56	4 34 45
5 Su	21 05 33	7 ♌ 20 07	13 16 27	9 37 42	24 06 46	18 05 31	14 25 07	7 32 24	24 29 03	16 17 26	13 16 30	13 55 15	5 51 28	4 35 44
6 M	22 03 07	19 12 21	25 11 36	9 10 30	25 18 50	18 43 28	14 36 21	7 37 01	24 40 26	16 11 41	13 12 12	13 57 24	5 51 35	4 36 16
7 Tu	23 00 40	1 ♍ 11 28	7 ♍ 15 45	8 53 41	26 30 55	19 21 33	14 47 48	7 41 54	24 51 47	16 05 50	13 07 52	13 59 31	5 51 41	4 36 46
8 W	23 58 42	13 22 02	19 33 08	8 48 01	27 43 29	20 00 12	14 59 54	7 47 31	25 03 34	16 00 21	13 03 59	14 02 02	5 52 13	4 37 40
9 Th	24 57 38	25 47 49	2 ♎ 07 03	8 53 57	28 56 58	20 39 53	15 13 06	7 54 18	25 16 13	15 55 41	13 00 58	14 05 25	5 53 39	4 39 25
10 F	25 57 48	8 ♎ 31 31	14 59 38	9 11 36	0 ♎ 11 42	21 20 55	15 27 44	8 02 35	25 30 04	15 52 11	12 59 11	14 10 00	5 56 18	4 42 22
11 Sa	26 59 21	21 34 28	28 11 34	9 40 41	1 27 50	22 03 26	15 43 57	8 12 31	25 45 17	15 49 58	12 58 45	14 15 55	6 00 20	4 46 40
12 Su	28 02 11	4 ♏ 56 27	11 ♏ 41 60	10 20 32	2 45 16	22 47 21	16 01 37	8 23 58	26 01 44	15 48 56	12 59 34	14 23 04	6 05 37	4 52 11
13 M	29 05 57	18 35 42	25 28 34	11 10 06	4 03 38	23 32 18	16 20 25	8 36 37	26 19 04	15 48 46	13 01 18	14 31 06	6 11 49	4 58 35
14 Tu	0 ♏ 10 04	2 ♐ 29 11	9 ♐ 27 49	12 08 06	5 22 23	24 17 44	16 39 46	8 49 52	26 36 44	15 48 54	13 03 24	14 39 27	6 18 22	5 05 18
15 W	1 13 53	16 32 60	23 35 38	13 13 04	6 40 51	25 02 58	16 58 59	9 03 05	26 54 04	15 48 39	13 05 10	14 47 28	6 24 36	5 11 41
16 Th	2 16 47	0 ♑ 43 01	7 ♑ 47 58	14 23 34	7 58 24	25 47 22	17 17 28	9 15 37	27 10 27	15 47 26	13 06 01	14 54 30	6 29 54	5 17 06
17 F	3 18 20	14 55 29	22 01 14	15 38 24	9 14 37	26 30 31	17 34 47	9 27 03	27 25 26	15 44 47	13 05 29	15 00 10	6 33 51	5 21 07
18 Sa	4 18 25	29 07 25	6 ♒ 12 47	16 56 44	10 29 23	27 12 18	17 50 49	9 37 15	27 38 55	15 40 37	13 03 30	15 04 18	6 36 18	5 23 38
19 Su	5 17 17	13 ♒ 16 51	20 20 53	18 18 05	11 42 56	27 52 57	18 05 47	9 46 28	27 51 08	15 35 10	13 00 17	15 07 11	6 37 32	5 24 53
20 M	6 15 29	27 22 32	4 ♓ 24 29	19 42 24	12 55 51	28 33 03	18 20 17	9 55 16	28 02 40	15 29 01	12 56 25	15 09 22	6 38 06	5 25 26
21 Tu	7 13 49	11 ♓ 23 46	18 22 52	21 09 52	14 08 53	29 13 20	18 35 04	10 04 24	28 14 17	15 22 56	12 52 39	15 11 37	6 38 46	5 26 04
22 W	8 13 04	25 19 48	2 ♈ 15 14	22 40 45	15 22 52	29 54 38	18 50 56	10 14 42	28 26 46	15 17 44	12 49 49	15 14 45	6 40 21	5 27 34
23 Th	9 13 56	9 ♈ 09 34	16 00 20	24 15 18	16 38 28	0 ♒ 37 36	19 08 33	10 26 49	28 40 49	15 14 05	12 48 35	15 19 26	6 43 31	5 30 38
24 F	10 16 47	22 51 26	29 36 27	25 53 30	17 56 03	1 22 38	19 28 20	10 41 08	28 56 49	15 12 23	12 49 21	15 26 04	6 48 41	5 35 39
25 Sa	11 21 41	6 ♉ 23 17	13 ♉ 01 30	27 35 03	19 15 42	2 09 48	19 50 19	10 57 43	29 14 49	15 12 41	12 52 09	15 34 42	6 55 51	5 42 40
26 Su	12 28 19	19 42 48	26 13 25	29 19 19	20 37 05	2 58 44	20 14 10	11 16 14	29 34 29	15 14 40	12 56 40	15 45 00	7 04 44	5 51 21
27 M	13 36 02	2 ♊ 47 53	9 ♊ 10 28	1 ♏ 05 26	21 59 34	3 48 51	20 39 16	11 36 02	29 55 12	15 17 43	13 02 17	15 56 21	7 14 42	6 01 05
28 Tu	14 44 02	15 37 08	21 51 46	2 52 22	23 22 20	4 39 18	21 04 48	11 56 19	0 ♏ 16 09	15 21 00	13 08 11	16 07 55	7 24 56	6 11 03
29 W	15 51 28	28 10 09	4 ♋ 17 32	4 39 05	24 44 32	5 29 13	21 29 53	12 16 14	0 36 27	15 23 41	13 13 30	16 18 52	7 34 33	6 20 23
30 Th	16 57 35	10 ♋ 27 54	16 29 18	6 24 40	26 05 25	6 17 54	21 53 48	12 35 01	0 55 23	15 25 00	13 17 30	16 28 25	7 42 50	6 28 20
31 F	18 01 53	22 32 39	28 29 50	8 08 31	27 24 28	7 04 48	22 16 02	12 52 10	1 12 27	15 24 29	13 19 41	16 36 07	7 49 17	6 34 26

Notes

LONGITUDE — November 1969

Day	☉	0 hr ☽	Noon ☽	☿	♀	♂	⚵	⚳	♃	♄	⚷	♅	♆	♇
1 Sa	19 ♏ 04 13	4 ♌ 28 01	10 ♌ 23 11	9 ♏ 50 21	28 ♎ 41 34	7 ♒ 49 47	22 ♑ 36 25	13 ♒ 07 31	1 ♏ 27 28	15 ♉ 21 57	13 ♈ 19 54	16 ♎ 41 46	7 ♐ 53 44	6 ♎ 38 30
2 Su	20 04 46	16 18 44	22 14 21	11 30 18	29 56 52	8 33 03	22 55 10	13 21 18	1 40 40	15 17 38	13 18 20	16 45 36	7 56 23	6 40 44
3 M	21 04 06	28 10 24	4 ♍ 09 04	13 08 51	1 ♏ 10 58	9 15 08	23 12 50	13 34 01	1 52 34	15 12 03	13 15 33	16 48 08	7 57 47	6 41 41
4 Tu	22 03 01	10 ♍ 09 03	16 13 25	14 46 45	2 24 38	9 56 52	23 30 12	13 46 30	2 03 60	15 06 03	13 12 21	16 50 12	7 58 45	6 42 10
5 W	23 02 28	22 20 49	28 33 16	16 24 54	3 38 49	10 39 10	23 48 13	13 59 42	2 15 53	15 00 33	13 09 41	16 52 44	8 00 13	6 43 08
6 Th	24 03 20	4 ♎ 51 15	11 ♎ 13 51	18 04 11	4 54 26	11 22 56	24 07 48	14 14 28	2 29 07	14 56 28	13 08 27	16 56 37	8 03 04	6 45 27
7 F	25 06 20	17 44 50	24 18 56	19 45 15	6 12 10	12 08 53	24 29 37	14 31 33	2 44 25	14 54 30	13 09 21	17 02 35	8 08 02	6 49 51
8 Sa	26 11 47	1 ♏ 04 12	7 ♏ 50 15	21 28 27	7 32 22	12 57 20	24 54 02	14 51 16	3 02 07	14 54 59	13 12 43	17 10 56	8 15 26	6 56 39
9 Su	27 19 36	14 49 35	21 46 54	23 13 39	8 54 54	13 48 10	25 20 55	15 13 29	3 22 06	14 57 49	13 18 28	17 21 35	8 25 10	7 05 45
10 M	28 29 10	28 58 27	6 ♐ 05 12	25 00 14	10 19 11	14 40 49	25 49 41	15 37 37	3 43 46	15 02 25	13 25 57	17 33 56	8 36 38	7 16 33
11 Tu	29 39 29	13 ♐ 25 37	20 38 58	26 47 14	11 44 13	15 34 15	26 19 19	16 02 41	4 06 07	15 07 46	13 34 14	17 46 58	8 48 49	7 28 03
12 W	0 ♐ 49 23	28 03 53	5 ♑ 20 28	28 33 28	13 08 50	16 27 19	26 48 39	16 27 29	4 27 59	15 12 43	13 42 06	17 59 32	9 00 35	7 39 05
13 Th	1 57 46	12 ♑ 45 20	20 01 44	0 ♐ 17 51	14 31 55	17 18 54	27 16 35	16 50 55	4 48 15	15 16 09	13 48 28	18 10 30	9 10 47	7 48 33
14 F	3 03 52	27 22 36	4 ♒ 35 59	1 59 36	15 52 42	18 08 15	27 42 21	17 12 14	5 06 10	15 17 19	13 52 34	18 19 09	9 18 42	7 55 41
15 Sa	4 07 27	11 ♒ 50 11	18 58 32	3 38 33	17 10 59	18 55 07	28 05 44	17 31 12	5 21 31	15 16 00	13 54 12	18 25 13	9 24 05	8 00 15
16 Su	5 08 55	26 04 53	3 ♓ 07 08	5 15 04	18 27 09	19 39 54	28 27 06	17 48 11	5 34 40	15 12 36	13 53 44	18 29 07	9 27 20	8 02 40
17 M	6 09 09	10 ♓ 05 54	17 01 44	6 50 03	19 42 03	20 23 28	28 47 21	18 04 05	5 46 30	15 07 59	13 52 02	18 31 43	9 29 19	8 03 47
18 Tu	7 09 20	23 54 05	0 ♈ 43 42	8 24 42	20 56 55	21 07 02	29 07 40	18 20 05	5 58 13	15 03 21	13 50 20	18 34 13	9 31 14	8 04 48
19 W	8 10 43	7 ♈ 31 13	14 15 00	10 00 19	22 12 58	21 51 50	29 29 17	18 37 25	6 11 04	14 59 57	13 49 52	18 37 51	9 34 20	8 06 59
20 Th	9 14 21	20 59 06	27 37 24	11 37 55	23 31 16	22 38 53	29 53 15	18 57 09	6 26 05	14 58 49	13 51 39	18 43 41	9 39 40	8 11 21
21 F	10 20 51	4 ♉ 18 57	10 ♉ 51 55	13 18 10	24 52 25	23 28 51	0 ♒ 20 12	19 19 53	6 43 54	15 00 36	13 56 21	18 52 18	9 47 50	8 18 32
22 Sa	11 30 20	17 31 05	23 58 38	15 01 11	26 16 33	24 21 48	0 50 14	19 45 44	7 04 37	15 05 25	14 04 03	19 03 52	9 58 58	8 28 40
23 Su	12 42 23	0 ♊ 34 49	6 ♊ 56 44	16 46 35	27 43 15	25 17 21	1 22 56	20 14 17	7 27 49	15 12 51	14 14 21	19 17 56	10 12 39	8 41 19
24 M	13 56 11	13 28 52	19 44 56	18 33 32	29 11 40	26 14 39	1 57 28	20 44 42	7 52 41	15 22 02	14 26 25	19 33 41	10 28 03	8 55 39
25 Tu	15 10 33	26 11 45	2 ♋ 21 55	20 20 54	0 ♐ 40 41	27 12 34	2 32 42	21 15 50	8 18 03	15 31 53	14 39 06	19 49 57	10 44 01	9 10 31
26 W	16 24 20	8 ♋ 42 19	14 46 54	22 07 31	2 09 04	28 09 52	3 07 25	21 46 29	8 42 43	15 41 09	14 51 12	20 05 32	10 59 20	9 24 43
27 Th	17 36 24	21 00 17	27 00 02	23 52 18	3 35 45	29 05 30	3 40 31	22 15 33	9 05 36	15 48 46	15 01 38	20 19 22	11 12 57	9 37 11
28 F	18 46 01	3 ♌ 06 38	9 ♌ 02 46	25 34 29	4 59 58	29 58 40	4 11 15	22 42 16	9 25 56	15 53 58	15 09 38	20 30 40	11 24 03	9 47 07
29 Sa	19 52 49	15 03 43	20 57 57	27 13 45	6 21 21	0 ♓ 49 03	4 39 17	23 06 18	9 43 21	15 56 25	15 14 51	20 39 05	11 32 20	9 54 12
30 Su	20 56 57	26 55 21	2 ♍ 49 50	28 50 14	7 40 04	1 36 46	5 04 43	23 27 47	9 58 02	15 56 15	15 17 26	20 44 46	11 37 55	9 58 33

LONGITUDE — December 1969

Day	☉	0 hr ☽	Noon ☽	☿	♀	♂	⚵	⚳	♃	♄	⚷	♅	♆	♇
1 M	21 ♐ 59 01	8 ♍ 46 37	14 ♍ 43 52	0 ♑ 24 33	8 ♐ 56 42	2 ♓ 22 26	5 ♒ 28 11	23 ♒ 47 18	10 ♏ 10 32	15 ♉ 54 04	15 ♈ 17 58	20 ♎ 48 20	11 ♐ 41 24	10 ♎ 00 47
2 Tu	22 59 59	20 43 38	26 46 22	1 57 41	10 12 13	3 06 59	5 50 38	24 05 49	10 21 51	15 50 51	15 17 26	20 50 42	11 43 45	10 01 52
3 W	24 01 01	2 ♎ 53 04	9 ♎ 04 04	3 30 46	11 27 47	3 51 37	6 13 13	24 24 31	10 33 08	15 47 44	15 16 60	20 53 05	11 46 09	10 02 57
4 Th	25 03 18	15 21 36	21 43 28	5 05 01	12 44 36	4 37 31	6 37 09	24 44 34	10 45 33	15 45 57	15 17 50	20 56 38	11 49 45	10 05 13
5 F	26 07 47	28 15 12	4 ♏ 50 02	6 41 22	14 03 36	5 25 37	7 03 23	25 06 57	11 00 05	15 46 26	15 20 55	21 02 20	11 55 33	10 09 39
6 Sa	27 15 03	11 ♏ 38 14	18 27 16	8 20 24	15 25 23	6 16 31	7 32 28	25 32 12	11 17 18	15 49 45	15 26 49	21 10 45	12 04 05	10 16 49
7 Su	28 25 06	25 32 33	2 ♐ 35 43	10 02 04	16 49 55	7 10 11	8 04 25	26 00 20	11 37 12	15 55 56	15 35 31	21 21 52	12 15 22	10 26 42
8 M	29 37 19	9 ♐ 56 41	17 12 20	11 45 47	18 16 37	8 06 02	8 38 37	26 30 44	11 59 10	16 04 21	15 46 26	21 35 05	12 28 48	10 38 42
9 Tu	0 ♑ 50 35	24 45 23	2 ♑ 10 19	13 30 22	19 44 22	9 02 57	9 13 58	27 02 17	12 22 04	16 13 53	15 58 26	21 49 17	12 43 16	10 51 43
10 W	2 03 30	9 ♑ 50 10	17 19 55	15 14 25	21 11 45	9 59 32	9 49 03	27 33 36	12 44 32	16 23 10	16 10 08	22 03 05	12 57 21	11 04 20
11 Th	3 14 45	25 00 28	2 ♒ 30 08	16 56 33	22 37 28	10 54 26	10 22 32	28 03 21	13 05 13	16 30 52	16 20 12	22 15 09	13 09 45	11 15 13
12 F	4 23 23	10 ♒ 05 38	17 30 46	18 35 46	24 00 32	11 46 44	10 53 29	28 30 34	13 23 11	16 36 00	16 27 41	22 24 31	13 19 29	11 23 26
13 Sa	5 29 03	24 56 55	2 ♓ 14 10	20 11 40	25 20 38	12 36 04	11 21 33	28 54 55	13 38 05	16 38 17	16 32 16	22 30 52	13 26 15	11 28 40
14 Su	6 32 07	9 ♓ 28 41	16 36 08	21 44 32	26 38 09	13 22 49	11 47 08	29 16 48	13 50 18	16 38 04	16 34 18	22 34 35	13 30 25	11 31 15
15 M	7 33 33	23 38 45	0 ♈ 35 48	23 15 13	27 54 01	14 07 57	12 11 08	29 37 07	14 00 45	16 36 18	16 34 44	22 36 35	13 32 54	11 32 10
16 Tu	8 34 39	7 ♈ 27 47	14 14 51	24 44 56	29 09 32	14 52 44	12 34 54	29 57 12	14 10 47	16 34 18	16 34 53	22 38 11	13 35 02	11 32 41
17 W	9 36 45	20 58 19	27 36 24	26 14 53	0 ♑ 26 03	15 38 32	12 59 45	0 ♓ 18 23	14 21 43	16 33 24	16 36 06	22 40 45	13 38 10	11 34 12
18 Th	10 41 01	4 ♉ 13 38	10 ♉ 43 57	27 46 03	1 44 44	16 26 29	13 26 50	0 41 49	14 34 41	16 34 45	16 39 31	22 45 25	13 43 26	11 37 49
19 F	11 48 08	17 16 52	23 40 34	29 18 57	3 06 15	17 17 18	13 56 51	1 08 12	14 50 25	16 39 04	16 45 50	22 52 52	13 51 32	11 44 14
20 Sa	12 58 15	0 ♊ 10 23	6 ♊ 28 25	0 ♒ 53 31	4 30 47	18 11 07	14 29 57	1 37 41	15 09 03	16 46 29	16 55 13	23 03 16	14 02 37	11 53 39
21 Su	14 11 00	12 55 33	19 08 36	2 29 06	5 57 56	19 07 33	15 05 46	2 09 53	15 30 11	16 56 37	17 07 16	23 16 15	14 16 19	12 05 38
22 M	15 25 32	25 32 46	1 ♋ 41 17	4 04 35	7 26 52	20 05 46	15 43 26	2 43 56	15 52 60	17 08 39	17 21 09	23 30 56	14 31 46	12 19 22
23 Tu	16 40 44	8 ♋ 01 46	14 06 07	5 38 27	8 56 26	21 04 38	16 21 50	3 18 44	16 16 21	17 21 25	17 35 45	23 46 13	14 47 51	12 33 42
24 W	17 55 21	20 22 03	26 22 37	7 09 07	10 25 27	22 02 55	16 59 44	3 53 03	16 39 01	17 33 45	17 49 49	24 00 53	15 03 21	12 47 27
25 Th	19 08 19	2 ♌ 33 20	8 ♌ 30 41	8 35 02	11 52 48	22 59 33	17 36 04	4 25 47	16 59 55	17 44 31	18 02 17	24 13 50	15 17 11	12 59 29
26 F	20 18 50	14 36 05	20 31 03	9 54 50	13 17 41	23 53 43	18 09 60	4 56 08	17 18 14	17 52 55	18 12 20	24 24 16	15 28 31	13 09 02
27 Sa	21 26 28	26 31 46	2 ♍ 25 34	11 07 31	14 39 41	24 44 60	18 41 07	5 23 41	17 33 33	17 58 33	18 19 34	24 31 45	15 36 57	13 15 39
28 Su	22 31 17	8 ♍ 23 04	14 17 20	12 12 30	15 58 52	25 33 27	19 09 30	5 48 30	17 45 56	18 01 28	18 24 01	24 36 22	15 42 32	13 19 25
29 M	23 33 46	20 13 55	26 10 41	13 09 30	17 15 42	26 19 33	19 35 37	6 11 03	17 55 51	18 02 09	18 26 11	24 38 34	15 45 46	13 20 49
30 Tu	24 34 45	2 ♎ 09 25	8 ♎ 11 03	13 58 33	18 31 03	27 04 09	20 00 19	6 32 11	18 04 09	18 01 27	18 26 54	24 39 14	15 47 29	13 20 40
31 W	25 35 19	14 15 30	20 24 37	14 39 52	19 45 57	27 48 19	20 24 39	6 52 58	18 11 54	18 00 25	18 27 15	24 39 24	15 48 45	13 20 04

Notes

January 1970 LONGITUDE

Day	☉	0 hr ☽	Noon ☽	☿	♀	♂	⚵	⚳	♃	♄	⚷	♅	♆	♇
1 Th	26 ♑ 36 33	26 ♎ 38 32	2 ♏ 57 46	15 ♒ 13 39	21 ♑ 01 33	28 ♓ 33 09	20 ♒ 49 43	7 ♓ 14 29	18 ♏ 20 11	18 ♉ 00 11	18 ♈ 28 19	24 ♎ 40 11	15 ♐ 50 40	13 ♎ 20 06
2 F	27 39 26	9 ♏ 24 43	15 56 30	15 39 56	22 18 46	29 19 36	21 16 31	7 37 44	18 29 59	18 01 42	18 31 04	24 42 32	15 54 11	13 21 43
3 Sa	28 44 34	22 39 17	29 25 28	15 58 29	23 38 14	0 ♈ 08 19	21 45 37	8 03 17	18 41 55	18 05 34	18 36 08	24 47 06	15 59 57	13 25 34
4 Su	29 52 06	6 ♐ 25 35	13 ♐ 26 58	16 08 38	25 00 06	0 59 24	22 17 11	8 31 18	18 56 05	18 11 56	18 43 38	24 53 59	16 08 04	13 31 46
5 M	1 ♒ 01 36	20 44 07	27 59 59	16 09 22	26 23 56	1 52 27	22 50 47	9 01 22	19 12 06	18 20 23	18 53 09	25 02 47	16 18 08	13 39 54
6 Tu	2 12 12	5 ♑ 31 43	12 ♑ 59 36	15 59 23	27 48 51	2 46 35	23 25 33	9 32 35	19 29 05	18 30 02	19 03 49	25 12 37	16 29 17	13 49 06
7 W	3 22 42	20 41 20	28 17 03	15 37 28	29 13 41	3 40 38	24 00 18	10 03 47	19 45 50	18 39 44	19 14 27	25 22 18	16 40 18	13 58 10
8 Th	4 31 57	6 ♒ 02 48	13 ♒ 41 03	15 02 48	0 ♒ 37 15	4 33 24	24 33 51	10 33 48	20 01 11	18 48 16	19 23 53	25 30 41	16 50 03	14 05 58
9 F	5 39 03	21 24 24	28 59 40	14 15 19	1 58 41	5 24 02	25 05 20	11 01 44	20 14 16	18 54 47	19 31 13	25 36 51	16 57 39	14 11 34
10 Sa	6 43 38	6 ♓ 35 01	14 ♓ 02 35	13 15 56	3 17 35	6 12 07	25 34 21	11 27 13	20 24 41	18 58 53	19 36 05	25 40 28	17 02 41	14 14 38
11 Su	7 45 53	21 26 05	28 42 41	12 06 39	4 34 10	6 57 53	26 01 07	11 50 26	20 32 38	19 00 47	19 38 41	25 41 41	17 05 23	14 15 20
12 M	8 46 31	5 ♈ 52 33	12 ♈ 56 30	10 50 19	5 49 07	7 42 01	26 26 20	12 12 06	20 38 49	19 01 11	19 39 43	25 41 15	17 06 27	14 14 24
13 Tu	9 46 32	19 52 52	26 43 58	9 30 23	7 03 28	8 25 32	26 50 60	12 33 13	20 44 16	19 01 06	19 40 12	25 40 08	17 06 53	14 12 49
14 W	10 47 01	3 ♉ 28 16	10 ♉ 07 20	8 10 28	8 18 18	9 09 30	27 16 12	12 54 53	20 50 03	19 01 36	19 41 13	25 39 28	17 07 46	14 11 41
15 Th	11 48 53	16 41 41	23 10 12	6 53 55	9 34 30	9 54 51	27 42 52	13 17 59	20 57 04	19 03 36	19 43 40	25 40 07	17 10 01	14 11 56
16 F	12 52 43	29 36 48	5 ♊ 56 26	5 43 32	10 52 41	10 42 10	28 11 33	13 43 07	21 05 55	19 07 42	19 48 10	25 42 42	17 14 14	14 14 07
17 Sa	13 58 42	12 ♊ 17 10	18 29 38	4 41 21	12 13 01	11 31 37	28 42 28	14 10 28	21 16 47	19 14 04	19 54 51	25 47 24	17 20 35	14 18 26
18 Su	15 06 35	24 45 55	0 ♋ 52 45	3 48 33	13 35 16	12 22 57	29 15 21	14 39 47	21 29 24	19 22 27	20 03 30	25 53 56	17 28 48	14 24 37
19 M	16 15 47	7 ♋ 05 24	13 07 53	3 05 35	14 58 50	13 15 36	29 49 37	15 10 28	21 43 12	19 32 17	20 13 32	26 01 46	17 38 20	14 32 07
20 Tu	17 25 30	19 17 18	25 16 32	2 32 14	16 22 55	14 08 45	0 ♓ 24 28	15 41 45	21 57 22	19 42 45	20 24 09	26 10 04	17 48 23	14 40 07
21 W	18 34 54	1 ♌ 22 50	7 ♌ 19 41	2 07 54	17 46 41	15 01 34	0 59 03	16 12 45	22 11 04	19 53 01	20 34 29	26 17 59	17 58 04	14 47 46
22 Th	19 43 11	13 22 56	19 18 14	1 51 46	19 09 21	15 53 16	1 32 35	16 42 42	22 23 30	20 02 17	20 43 46	26 24 46	18 06 38	14 54 18
23 F	20 49 46	25 18 39	1 ♍ 13 14	1 42 60	20 30 19	16 43 15	2 04 30	17 11 01	22 34 06	20 09 59	20 51 24	26 29 48	18 13 30	14 59 07
24 Sa	21 54 22	7 ♍ 11 23	13 06 11	1 40 52	21 49 18	17 31 13	2 34 29	17 37 23	22 42 32	20 15 49	20 57 07	26 32 48	18 18 20	15 01 55
25 Su	22 56 57	19 03 07	24 59 17	1 44 54	23 06 17	18 17 11	3 02 31	18 01 49	22 48 50	20 19 45	21 00 52	26 33 45	18 21 10	15 02 42
26 M	23 57 50	0 ♎ 56 34	6 ♎ 55 33	1 54 48	24 21 33	19 01 25	3 28 54	18 24 34	22 53 15	20 22 05	21 02 58	26 32 57	18 22 15	15 01 45
27 Tu	24 57 31	12 55 16	18 58 45	2 10 32	25 35 39	19 44 26	3 54 09	18 46 12	22 56 20	20 23 20	21 03 56	26 30 55	18 22 08	14 59 35
28 W	25 56 41	25 03 26	1 ♏ 13 23	2 32 12	26 49 13	20 26 56	4 18 57	19 07 21	22 58 44	20 24 12	21 04 26	26 28 20	18 21 29	14 56 54
29 Th	26 56 03	7 ♏ 25 48	13 44 21	2 59 59	28 02 60	21 09 37	4 44 00	19 28 45	23 01 10	20 25 22	21 05 10	26 25 53	18 21 01	14 54 23
30 F	27 56 15	20 07 15	26 36 29	3 33 58	29 17 36	21 53 06	5 09 57	19 51 02	23 04 17	20 27 29	21 06 48	26 24 14	18 21 21	14 52 41
31 Sa	28 57 42	3 ♐ 12 19	9 ♐ 54 04	4 14 07	0 ♓ 33 29	22 37 49	5 37 12	20 14 37	23 08 29	20 30 58	21 09 44	26 23 48	18 22 55	14 52 14

February 1970 LONGITUDE

Day	☉	0 hr ☽	Noon ☽	☿	♀	♂	⚵	⚳	♃	♄	⚷	♅	♆	♇
1 Su	0 ♓ 00 32	16 ♐ 44 31	23 ♐ 39 58	5 ♒ 00 08	1 ♓ 50 45	23 ♈ 23 56	6 ♓ 05 54	20 ♓ 39 39	23 ♏ 13 54	20 ♉ 35 57	21 ♈ 14 07	26 ♎ 24 43	18 ♐ 25 52	14 ♎ 53 09
2 M	1 04 36	0 ♑ 45 34	7 ♑ 54 51	5 51 25	3 09 14	24 11 15	6 35 53	21 05 56	23 20 23	20 42 16	21 19 45	26 26 49	18 30 00	14 55 16
3 Tu	2 09 24	15 14 36	22 36 27	6 47 10	4 28 29	24 59 18	7 06 41	21 33 01	23 27 27	20 49 27	21 26 12	26 29 38	18 34 53	14 58 08
4 W	3 14 19	0 ♒ 07 39	7 ♒ 39 11	7 46 23	5 47 51	25 47 27	7 37 39	22 00 16	23 34 28	20 56 51	21 32 49	26 32 31	18 39 51	15 01 06
5 Th	4 18 42	15 17 34	22 54 33	8 48 10	7 06 41	26 35 02	8 08 07	22 27 01	23 40 47	21 03 50	21 38 57	26 34 50	18 44 16	15 03 31
6 F	5 22 01	0 ♓ 34 50	8 ♓ 12 08	9 51 41	8 24 27	27 21 34	8 37 36	22 52 45	23 45 52	21 09 52	21 44 04	26 36 03	18 47 36	15 04 52
7 Sa	6 24 01	15 48 51	23 21 23	10 56 30	9 40 55	28 06 46	9 05 50	23 17 14	23 49 28	21 14 42	21 47 55	26 35 55	18 49 37	15 04 54
8 Su	7 24 45	0 ♈ 49 48	8 ♈ 13 15	12 02 25	10 56 08	28 50 42	9 32 51	23 40 29	23 51 38	21 18 23	21 50 34	26 34 30	18 50 21	15 03 39
9 M	8 24 32	15 29 58	22 41 23	13 09 35	12 10 24	29 33 39	9 58 58	24 02 49	23 52 42	21 21 14	21 52 19	26 32 07	18 50 07	15 01 27
10 Tu	9 23 49	29 44 41	6 ♉ 42 35	14 18 19	13 24 11	0 ♉ 16 08	10 24 40	24 24 44	23 53 07	21 23 43	21 53 39	26 29 12	18 49 23	14 58 47
11 W	10 23 09	13 ♉ 32 14	20 16 31	15 28 59	14 38 01	0 58 37	10 50 28	24 46 43	23 53 24	21 26 20	21 55 04	26 26 19	18 48 41	14 56 08
12 Th	11 22 56	26 53 25	3 ♊ 25 02	16 41 53	15 52 19	1 41 34	11 16 47	25 09 13	23 53 59	21 29 32	21 56 59	26 23 52	18 48 26	14 53 58
13 F	12 23 26	9 ♊ 50 45	16 11 19	17 57 12	17 07 22	2 25 14	11 43 53	25 32 29	23 55 08	21 33 36	21 59 43	26 22 08	18 48 55	14 52 32
14 Sa	13 24 46	22 27 47	28 39 15	19 14 54	18 23 14	3 09 43	12 11 53	25 56 38	23 56 57	21 38 35	22 03 19	26 21 12	18 50 12	14 51 55
15 Su	14 26 49	4 ♋ 48 25	10 ♋ 52 52	20 34 48	19 39 50	3 54 55	12 40 40	26 21 32	23 59 20	21 44 25	22 07 42	26 20 59	18 52 12	14 52 02
16 M	15 29 21	16 56 32	22 55 57	21 56 37	20 56 57	4 40 35	13 09 59	26 46 59	24 02 02	21 50 50	22 12 37	26 21 14	18 54 42	14 52 39
17 Tu	16 32 04	28 55 44	4 ♌ 51 58	23 19 58	22 14 14	5 26 25	13 39 33	27 12 38	24 04 46	21 57 33	22 17 46	26 21 38	18 57 21	14 53 28
18 W	17 34 40	10 ♌ 49 18	16 43 57	24 44 29	23 31 24	6 12 08	14 09 02	27 38 13	24 07 12	22 04 15	22 22 51	26 21 55	18 59 52	14 54 09
19 Th	18 36 51	22 40 03	28 34 29	26 09 52	24 48 12	6 57 26	14 38 12	28 03 27	24 09 05	22 10 41	22 27 37	26 21 47	19 02 00	14 54 27
20 F	19 38 30	4 ♍ 30 28	10 ♍ 25 54	27 35 55	26 04 27	7 42 10	15 06 53	28 28 10	24 10 15	22 16 39	22 31 52	26 21 06	19 03 35	14 54 13
21 Sa	20 39 32	16 22 49	22 20 16	29 02 32	27 20 07	8 26 17	15 34 60	28 52 19	24 10 40	22 22 08	22 35 34	26 19 48	19 04 32	14 53 24
22 Su	21 40 01	28 19 09	4 ♎ 19 35	0 ♓ 29 44	28 35 13	9 09 50	16 02 37	29 15 56	24 10 20	22 27 09	22 38 45	26 17 55	19 04 55	14 52 01
23 M	22 40 03	10 ♎ 21 32	16 25 54	1 57 38	29 49 53	9 52 56	16 29 51	29 39 10	24 09 25	22 31 51	22 41 32	26 15 35	19 04 52	14 50 12
24 Tu	23 39 49	22 32 03	28 41 23	3 26 23	1 ♈ 04 18	10 35 45	16 56 53	0 ♈ 02 10	24 08 04	22 36 23	22 44 08	26 12 59	19 04 32	14 48 09
25 W	24 39 31	4 ♏ 52 58	11 ♏ 08 21	4 56 09	2 18 39	11 18 29	17 23 53	0 25 07	24 06 29	22 40 56	22 46 41	26 10 18	19 04 07	14 46 02
26 Th	25 39 17	17 26 40	23 49 17	6 27 04	3 33 04	12 01 17	17 51 01	0 48 11	24 04 48	22 45 39	22 49 21	26 07 40	19 03 46	14 43 59
27 F	26 39 12	0 ♐ 15 38	6 ♐ 46 44	7 59 13	4 47 40	12 44 13	18 18 22	1 11 26	24 03 07	22 50 38	22 52 14	26 05 11	19 03 33	14 42 07
28 Sa	27 39 18	13 22 20	20 03 01	9 32 37	6 02 26	13 27 18	18 45 56	1 34 54	24 01 26	22 55 54	22 55 19	26 02 53	19 03 31	14 40 25

Notes

LONGITUDE — March 1970

Day	☉	0 hr ☽	Noon ☽	☿	♀	♂	⚵	⚳	♃	♄	⚷	♅	♆	♇
1 Su	28 ♓ 39 31	26 ♐ 48 49	3 ♑ 39 56	11 ♓ 07 13	7 ♈ 17 20	14 ♉ 10 30	19 ♓ 13 40	1 ♈ 58 30	23 ♏ 59 43	23 ♉ 01 22	22 ♈ 58 35	26 ♎ 00 41	19 ♐ 03 35	14 ♎ 38 52
2 M	29 39 45	10 ♑ 36 27	17 38 19	12 42 55	8 32 16	14 53 43	19 41 29	2 22 10	23 57 51	23 06 57	23 01 54	25 58 30	19 03 39	14 37 21
3 Tu	0 ♈ 39 55	24 45 25	1 ♒ 57 32	14 19 38	9 47 07	15 36 50	20 09 16	2 45 47	23 55 46	23 12 33	23 05 12	25 56 14	19 03 39	14 35 46
4 W	1 39 57	9 ♒ 14 09	16 35 01	15 57 18	11 01 51	16 19 49	20 36 59	3 09 18	23 53 23	23 18 08	23 08 24	25 53 51	19 03 31	14 34 05
5 Th	2 39 52	23 59 08	1 ♓ 26 08	17 35 56	12 16 29	17 02 41	21 04 38	3 32 44	23 50 43	23 23 41	23 11 32	25 51 20	19 03 15	14 32 17
6 F	3 39 45	8 ♓ 54 43	16 24 18	19 15 40	13 31 05	17 45 30	21 32 19	3 56 09	23 47 52	23 29 17	23 14 41	25 48 48	19 02 56	14 30 29
7 Sa	4 39 44	23 53 35	1 ♈ 21 39	20 56 36	14 45 48	18 28 25	22 00 08	4 19 43	23 44 58	23 35 06	23 17 58	25 46 22	19 02 44	14 28 48
8 Su	5 39 56	8 ♈ 47 34	16 10 00	22 38 54	16 00 45	19 11 32	22 28 14	4 43 31	23 42 09	23 41 13	23 21 32	25 44 09	19 02 44	14 27 22
9 M	6 40 26	23 28 46	0 ♉ 42 04	24 22 39	17 16 00	19 54 57	22 56 41	5 07 40	23 39 28	23 47 45	23 25 26	25 42 16	19 03 03	14 26 16
10 Tu	7 41 14	7 ♉ 50 36	14 52 14	26 07 51	18 31 34	20 38 40	23 25 29	5 32 08	23 36 57	23 54 40	23 29 41	25 40 41	19 03 39	14 25 29
11 W	8 42 13	21 48 33	28 37 17	27 54 24	19 47 19	21 22 33	23 54 31	5 56 48	23 34 29	24 01 51	23 34 10	25 39 17	19 04 27	14 24 54
12 Th	9 43 12	5 ♊ 20 32	11 ♊ 56 15	29 42 09	21 03 05	22 06 26	24 23 37	6 21 31	23 31 52	24 09 08	23 38 41	25 37 55	19 05 14	14 24 22
13 F	10 43 57	18 26 41	24 50 21	1 ♈ 30 52	22 18 37	22 50 05	24 52 31	6 46 01	23 28 53	24 16 17	23 43 02	25 36 20	19 05 48	14 23 37
14 Sa	11 44 15	1 ♋ 09 03	7 ♋ 22 20	3 20 20	23 33 43	23 33 16	25 21 03	7 10 07	23 25 20	24 23 05	23 46 58	25 34 19	19 05 55	14 22 28
15 Su	12 43 58	13 31 06	19 36 05	5 10 27	24 48 15	24 15 53	25 49 02	7 33 39	23 21 04	24 29 23	23 50 22	25 31 44	19 05 27	14 20 46
16 M	13 43 04	25 37 08	1 ♌ 36 09	7 01 09	26 02 10	24 57 51	26 16 28	7 56 35	23 16 03	24 35 09	23 53 12	25 28 34	19 04 23	14 18 29
17 Tu	14 41 38	7 ♌ 31 56	13 27 20	8 52 34	27 15 34	25 39 18	26 43 25	8 19 02	23 10 24	24 40 29	23 55 32	25 24 54	19 02 47	14 15 43
18 W	15 39 53	19 20 22	25 14 24	10 44 52	28 28 40	26 20 25	27 10 07	8 41 11	23 04 18	24 45 36	23 57 37	25 20 55	19 00 53	14 12 39
19 Th	16 38 07	1 ♍ 07 08	7 ♍ 01 51	12 38 20	29 41 45	27 01 31	27 36 50	9 03 20	22 58 04	24 50 47	23 59 42	25 16 58	18 58 57	14 09 37
20 F	17 36 40	12 56 33	18 53 43	14 33 19	0 ♉ 55 10	27 42 56	28 03 56	9 25 50	22 52 02	24 56 22	24 02 10	25 13 21	18 57 22	14 06 57
21 Sa	18 35 53	24 52 18	0 ♎ 53 23	16 30 05	2 09 14	28 24 59	28 31 44	9 49 01	22 46 33	25 02 41	24 05 19	25 10 25	18 56 25	14 04 57
22 Su	19 35 58	6 ♎ 57 25	13 03 32	18 28 50	3 24 12	29 07 56	29 00 28	10 13 06	22 41 50	25 09 58	24 09 23	25 08 24	18 56 23	14 03 53
23 M	20 37 05	19 14 06	25 26 04	20 29 37	4 40 11	29 51 52	29 30 16	10 38 13	22 38 02	25 18 21	24 14 31	25 07 25	18 57 21	14 03 53
24 Tu	21 39 08	1 ♏ 43 46	8 ♏ 02 06	22 32 19	5 57 07	0 ♊ 36 46	0 ♈ 01 04	11 04 19	22 35 05	25 27 46	24 20 38	25 07 25	18 59 17	14 04 51
25 W	22 41 55	14 27 06	20 52 06	24 36 33	7 14 47	1 22 21	0 32 38	11 31 08	22 32 44	25 37 59	24 27 30	25 08 10	19 01 55	14 06 35
26 Th	23 45 00	27 24 11	3 ♐ 55 59	26 41 50	8 32 46	2 08 15	1 04 33	11 58 18	22 30 36	25 48 34	24 34 43	25 09 16	19 04 53	14 08 40
27 F	24 47 55	10 ♐ 34 44	17 13 22	28 47 30	9 50 34	2 53 58	1 36 21	12 25 17	22 28 12	25 59 04	24 41 47	25 10 12	19 07 40	14 10 36
28 Sa	25 50 08	23 58 16	0 ♑ 43 41	0 ♉ 52 51	11 07 41	3 38 58	2 07 29	12 51 36	22 24 60	26 08 56	24 48 11	25 10 28	19 09 46	14 11 53
29 Su	26 51 15	7 ♑ 34 18	14 26 28	2 57 18	12 23 43	4 22 52	2 37 35	13 16 50	22 20 37	26 17 47	24 53 32	25 09 41	19 10 46	14 12 07
30 M	27 51 07	21 22 30	28 21 13	5 00 24	13 38 29	5 05 30	3 06 27	13 40 48	22 14 53	26 25 25	24 57 38	25 07 40	19 10 31	14 11 07
31 Tu	28 49 48	5 ♒ 22 30	12 ♒ 27 23	7 01 59	14 52 04	5 46 57	3 34 11	14 03 37	22 07 54	26 31 58	25 00 35	25 04 30	19 09 05	14 08 58

LONGITUDE — April 1970

Day	☉	0 hr ☽	Noon ☽	☿	♀	♂	⚵	⚳	♃	♄	⚷	♅	♆	♇
1 W	29 ♈ 47 43	19 ♒ 33 46	26 ♒ 44 03	9 ♉ 02 09	16 ♉ 04 53	6 ♊ 27 36	4 ♈ 01 11	14 ♈ 25 39	22 ♏ 00 03	26 ♉ 37 47	25 ♈ 02 47	25 ♎ 00 36	19 ♐ 06 52	14 ♎ 06 06
2 Th	0 ♉ 45 27	3 ♓ 55 08	11 ♓ 09 33	11 01 10	17 17 32	7 08 05	4 28 02	14 47 32	21 51 57	26 43 31	25 04 51	24 56 33	19 04 29	14 03 05
3 F	1 43 43	18 24 27	25 41 06	12 59 24	18 30 43	7 49 05	4 55 29	15 09 57	21 44 19	26 49 50	25 07 28	24 53 04	19 02 38	14 00 38
4 Sa	2 43 09	2 ♈ 58 16	10 ♈ 14 39	14 57 07	19 45 04	8 31 15	5 24 08	15 33 33	21 37 47	26 57 23	25 11 17	24 50 48	19 01 58	13 59 25
5 Su	3 44 11	17 31 46	24 45 01	16 54 22	21 01 01	9 14 60	5 54 24	15 58 44	21 32 47	27 06 35	25 16 42	24 50 10	19 02 54	13 59 49
6 M	4 46 53	1 ♉ 59 14	9 ♉ 06 25	18 50 51	22 18 39	10 00 25	6 26 24	16 25 37	21 29 25	27 17 32	25 23 50	24 51 15	19 05 31	14 01 57
7 Tu	5 51 01	16 14 38	23 13 09	20 45 56	23 37 42	10 47 15	6 59 52	16 53 55	21 27 25	27 29 58	25 32 25	24 53 47	19 09 33	14 05 33
8 W	6 56 00	0 ♊ 12 34	7 ♊ 00 34	22 38 42	24 57 37	11 34 57	7 34 13	17 23 05	21 26 14	27 43 20	25 41 53	24 57 14	19 14 28	14 10 03
9 Th	8 01 07	13 49 01	20 25 33	24 28 04	26 17 40	12 22 45	8 08 44	17 52 23	21 25 08	27 56 52	25 51 30	25 00 52	19 19 30	14 14 43
10 F	9 05 35	27 01 52	3 ♋ 27 02	26 12 57	27 37 04	13 09 55	8 42 40	18 21 03	21 23 23	28 09 50	26 00 30	25 03 54	19 23 56	14 18 49
11 Sa	10 08 47	9 ♋ 51 08	16 05 55	27 52 26	28 55 12	13 55 48	9 15 21	18 48 27	21 20 19	28 21 35	26 08 15	25 05 43	19 27 05	14 21 41
12 Su	11 10 19	22 18 47	28 24 53	29 25 51	0 ♊ 11 41	14 40 02	9 46 25	19 14 11	21 15 35	28 31 44	26 14 23	25 05 55	19 28 36	14 22 56
13 M	12 10 07	4 ♌ 28 27	10 ♌ 28 04	0 ♊ 52 55	1 26 26	15 22 31	10 15 48	19 38 12	21 09 07	28 40 13	26 18 48	25 04 28	19 28 24	14 22 31
14 Tu	13 08 28	16 24 57	22 20 35	2 13 40	2 39 44	16 03 33	10 43 45	20 00 46	21 01 10	28 47 18	26 21 47	25 01 35	19 26 45	14 20 42
15 W	14 05 53	28 13 53	4 ♍ 08 07	3 28 27	3 52 06	16 43 39	11 10 50	20 22 24	20 52 18	28 53 30	26 23 52	24 57 51	19 24 12	14 18 00
16 Th	15 03 07	10 ♍ 01 09	15 56 32	4 37 51	5 04 17	17 23 33	11 37 45	20 43 50	20 43 15	28 59 35	26 25 46	24 53 59	19 21 28	14 15 10
17 F	16 00 57	21 52 34	27 51 26	5 42 32	6 17 04	18 04 03	12 05 18	21 05 53	20 34 48	29 06 19	26 28 19	24 50 46	19 19 22	14 13 00
18 Sa	17 00 07	3 ♎ 53 23	9 ♎ 57 47	6 43 05	7 31 11	18 45 53	12 34 14	21 29 16	20 27 42	29 14 26	26 32 12	24 48 57	19 18 36	14 12 13
19 Su	18 01 09	16 08 02	22 19 33	7 39 56	8 47 10	19 29 35	13 05 05	21 54 31	20 22 30	29 24 29	26 37 59	24 49 04	19 19 44	14 13 22
20 M	19 04 19	28 39 39	4 ♏ 59 19	8 33 15	10 05 16	20 15 23	13 38 04	22 21 53	20 19 26	29 36 41	26 45 55	24 51 22	19 23 00	14 16 41
21 Tu	20 09 28	11 ♏ 29 53	17 58 08	9 22 51	11 25 22	21 03 11	14 13 06	22 51 14	20 18 24	29 50 57	26 55 51	24 55 42	19 28 17	14 22 03
22 W	21 16 08	24 38 47	1 ♐ 15 23	10 08 10	12 46 58	21 52 29	14 49 39	23 22 05	20 18 53	0 ♊ 06 45	27 07 18	25 01 37	19 35 05	14 28 58
23 Th	22 23 29	8 ♐ 04 47	14 48 57	10 48 22	14 09 16	22 42 28	15 26 57	23 53 37	20 20 07	0 23 18	27 19 28	25 08 17	19 42 35	14 36 39
24 F	23 30 35	21 45 08	28 35 41	11 22 28	15 31 17	23 32 11	16 04 00	24 24 53	20 21 06	0 39 37	27 31 22	25 14 45	19 49 51	14 44 06
25 Sa	24 36 27	5 ♑ 36 22	12 ♑ 31 55	11 49 32	16 52 04	24 20 39	16 39 51	24 54 54	20 20 55	0 54 44	27 42 04	25 20 02	19 55 53	14 50 23
26 Su	25 40 21	19 34 58	26 34 10	12 08 52	18 10 53	25 07 09	17 13 46	25 22 56	20 18 48	1 07 56	27 50 48	25 23 25	19 59 58	14 54 45
27 M	26 41 58	3 ♒ 38 02	10 ♒ 39 46	12 20 13	19 27 24	25 51 21	17 45 25	25 48 40	20 14 28	1 18 53	27 57 14	25 24 34	20 01 47	14 56 53
28 Tu	27 41 28	17 43 36	24 47 01	12 23 52	20 41 47	26 33 25	18 14 59	26 12 16	20 08 03	1 27 45	28 01 35	25 23 39	20 01 29	14 56 56
29 W	28 39 30	1 ♓ 50 45	8 ♓ 55 11	12 20 39	21 54 43	27 14 02	18 43 06	26 34 23	20 00 15	1 35 11	28 04 28	25 21 21	19 59 45	14 55 35
30 Th	29 37 06	15 59 13	23 04 04	12 11 48	23 07 12	27 54 11	19 10 48	26 56 02	19 52 04	1 42 12	28 06 55	25 18 39	19 57 35	14 53 51

Notes

May 1970 — LONGITUDE

Day	☉	0 hr ☽	Noon ☽	☿	♀	♂	⚷	♆?	♃	♄	☊	♅	♆	♇
1 F	0 ♊ 35 25	0 ♈ 08 54	7 ♈ 13 25	11 ♊ 58 44	24 ♊ 20 22	28 ♊ 35 03	19 ♈ 39 14	27 ♈ 18 22	19 ♏ 44 40	1 ♊ 49 58	28 ♈ 10 04	25 ♎ 16 44	19 ♐ 56 08	14 ♎ 52 52
2 Sa	1 35 28	14 19 12	21 22 18	11 42 48	25 35 17	29 17 38	20 09 26	27 42 26	19 39 04	1 59 30	28 14 58	25 16 37	19 56 27	14 53 41
3 Su	2 37 57	28 28 27	5 ♉ 28 43	11 25 05	26 52 37	0 ♋ 02 39	20 42 05	28 08 54	19 35 60	2 11 29	28 22 18	25 18 59	19 59 12	14 56 59
4 M	3 43 04	12 ♉ 33 51	19 29 32	11 06 13	28 12 34	0 50 17	21 17 22	28 37 58	19 35 39	2 26 08	28 32 16	25 24 03	20 04 36	15 02 57
5 Tu	4 50 29	26 31 30	3 ♊ 20 47	10 46 22	29 34 49	1 40 12	21 54 59	29 09 18	19 37 41	2 43 06	28 44 31	25 31 29	20 12 19	15 11 17
6 W	5 59 25	10 ♊ 17 03	16 58 20	10 25 18	0 ♋ 58 34	2 31 38	22 34 07	29 42 08	19 41 20	3 01 37	28 58 18	25 40 30	20 21 34	15 21 11
7 Th	7 08 48	23 46 28	0 ♋ 18 39	10 02 34	2 22 45	3 23 30	23 13 46	0 ♉ 15 22	19 45 32	3 20 36	29 12 32	25 50 02	20 31 18	15 31 35
8 F	8 17 30	6 ♋ 56 45	13 19 27	9 37 38	3 46 16	4 14 42	23 52 41	0 47 55	19 49 10	3 38 56	29 26 05	25 58 57	20 40 21	15 41 22
9 Sa	9 24 33	19 46 32	26 00 09	9 10 10	5 08 06	5 04 14	24 29 60	1 18 46	19 51 16	3 55 39	29 37 59	26 06 18	20 47 47	15 49 33
10 Su	10 29 18	2 ♌ 16 22	8 ♌ 22 03	8 40 13	6 27 38	5 51 28	25 05 02	1 47 18	19 51 11	4 10 04	29 47 35	26 11 24	20 52 57	15 55 30
11 M	11 31 33	14 28 39	20 28 10	8 08 11	7 44 39	6 36 11	25 37 34	2 13 17	19 48 44	4 22 01	29 54 41	26 14 05	20 55 37	15 59 00
12 Tu	12 31 32	26 27 27	2 ♍ 23 03	7 34 56	8 59 23	7 18 38	26 07 52	2 36 59	19 44 08	4 31 43	29 59 31	26 14 35	20 56 04	16 00 18
13 W	13 29 54	8 ♍ 18 06	14 12 21	7 01 44	10 12 29	7 59 27	26 36 34	2 59 02	19 38 04	4 39 50	0 ♉ 02 44	26 13 31	20 54 54	16 00 02
14 Th	14 27 34	20 06 44	26 02 22	6 30 02	11 24 53	8 39 34	27 04 34	3 20 20	19 31 26	4 47 15	0 05 15	26 11 51	20 53 05	15 59 08
15 F	15 25 37	1 ♎ 59 53	7 ♎ 59 35	6 01 23	12 37 38	9 20 03	27 32 58	3 41 59	19 25 18	4 55 04	0 08 08	26 10 37	20 51 39	15 58 40
16 Sa	16 25 01	14 03 51	20 10 08	5 37 15	13 51 44	10 01 54	28 02 44	4 04 57	19 20 41	5 04 16	0 12 22	26 10 49	20 51 36	15 59 37
17 Su	17 26 34	26 24 18	2 ♏ 39 18	5 18 46	15 07 57	10 45 53	28 34 40	4 30 01	19 18 21	5 15 37	0 18 45	26 13 14	20 53 44	16 02 46
18 M	18 30 40	9 ♏ 05 37	15 30 52	5 06 39	16 26 42	11 32 24	29 09 09	4 57 36	19 18 44	5 29 31	0 27 41	26 18 17	20 58 26	16 08 31
19 Tu	19 37 14	22 10 24	28 46 37	5 01 06	17 47 54	12 21 29	29 46 07	5 27 37	19 21 44	5 45 55	0 39 04	26 25 52	21 05 38	16 16 49
20 W	20 45 44	5 ♐ 39 04	12 ♐ 26 01	5 01 44	19 11 01	13 12 17	0 ♉ 25 01	5 59 30	19 26 48	6 04 15	0 52 23	26 35 28	21 14 47	16 27 05
21 Th	21 55 12	19 29 41	26 26 06	5 07 44	20 35 04	14 04 08	1 04 52	6 32 18	19 32 59	6 23 32	1 06 37	26 46 05	21 24 50	16 38 22
22 F	22 ♋ 38 03	3 ♑ 38 03	10 ♑ 45 15	5 17 59	21 58 50	14 55 43	1 44 29	7 04 48	19 39 05	6 42 35	1 20 37	26 56 31	21 34 50	16 49 36
23 Sa	24 12 10	17 58 28	25 06 60	5 31 21	23 21 08	15 45 51	2 22 40	7 35 48	19 43 54	7 00 11	1 33 09	27 05 35	21 43 19	16 59 08
24 Su	25 17 35	2 ♒ 24 39	9 ♒ 35 11	5 46 55	24 41 04	16 33 38	2 58 30	8 04 24	19 46 32	7 15 27	1 43 19	27 12 22	21 49 28	17 06 32
25 M	26 20 15	16 50 51	24 01 01	6 04 15	25 58 12	17 18 38	3 31 34	8 30 11	19 46 34	7 27 56	1 50 42	27 16 27	21 52 53	17 11 13
26 Tu	27 20 21	1 ♓ 12 46	8 ♓ 20 48	6 23 30	27 12 44	18 01 03	4 02 03	8 53 19	19 44 11	7 37 51	1 55 30	27 18 02	21 53 45	17 13 23
27 W	28 18 37	15 27 59	22 32 45	6 45 21	28 25 26	18 41 38	4 30 43	9 14 35	19 40 09	7 45 56	1 58 27	27 17 52	21 52 50	17 13 46
28 Th	29 16 15	29 35 44	6 ♈ 36 43	7 10 54	29 37 27	19 21 33	4 58 43	9 35 09	19 35 38	7 53 22	2 00 44	27 17 07	21 51 16	17 13 34
29 F	0 ♋ 14 32	13 ♈ 36 26	20 33 25	7 41 20	0 ♌ 50 05	20 02 07	5 27 22	9 56 17	19 31 57	8 01 26	2 03 39	27 17 06	21 50 23	17 14 03
30 Sa	1 14 39	27 30 53	4 ♉ 23 41	8 17 45	2 04 31	20 44 30	5 57 50	10 19 10	19 30 15	8 11 19	2 08 22	27 18 57	21 51 20	17 16 25
31 Su	2 17 21	11 ♉ 19 28	18 07 48	9 00 48	3 21 30	21 29 28	6 30 53	10 44 35	19 31 20	8 23 48	2 15 39	27 23 29	21 54 55	17 21 25

June 1970 — LONGITUDE

Day	☉	0 hr ☽	Noon ☽	☿	♀	♂	⚷	♆?	♃	♄	☊	♅	♆	♇
1 M	3 ♋ 22 55	25 ♉ 01 45	1 ♊ 45 06	9 ♊ 50 38	4 ♌ 41 19	22 ♋ 17 15	7 ♉ 06 46	11 ♉ 12 47	19 ♏ 35 26	8 ♊ 39 06	2 ♉ 25 45	27 ♎ 30 55	22 ♐ 01 22	17 ♎ 29 19
2 Tu	4 30 59	8 ♊ 36 15	15 13 54	10 46 49	6 03 37	23 07 34	7 45 09	11 43 25	19 42 28	8 56 54	2 38 21	27 40 56	22 10 21	17 39 48
3 W	5 40 47	22 00 41	28 31 51	11 48 26	7 27 35	23 59 33	8 25 13	12 15 41	19 50 55	9 16 24	2 52 38	27 52 44	22 21 04	17 52 01
4 Th	6 51 09	5 ♋ 12 26	11 ♋ 36 31	12 54 18	8 52 06	24 53 10	9 05 52	12 48 28	20 00 23	9 36 28	3 07 28	28 05 12	22 32 24	18 04 53
5 F	8 00 56	18 09 13	24 25 55	14 03 06	10 15 59	25 48 11	9 45 54	13 20 33	20 09 26	9 55 55	3 21 41	28 17 07	22 43 09	18 17 11
6 Sa	9 09 02	0 ♌ 49 37	6 ♌ 59 08	15 13 42	11 38 10	26 44 29	10 24 14	13 50 53	20 16 60	10 13 41	3 34 12	28 27 26	22 52 16	18 27 52
7 Su	10 14 44	13 13 35	19 16 40	16 25 18	12 57 54	27 22 14	11 00 08	14 18 45	20 22 21	10 29 01	3 44 17	28 35 26	22 58 60	18 36 12
8 M	11 17 43	25 22 21	1 ♍ 26 42	17 37 31	14 14 53	28 07 22	11 33 19	14 43 48	20 25 11	10 41 38	3 51 38	28 40 47	23 03 03	18 41 53
9 Tu	12 18 10	7 ♍ 19 46	13 14 30	18 50 26	15 29 16	28 49 57	12 03 56	15 06 14	20 25 39	10 51 40	3 56 24	28 43 39	23 04 35	18 45 03
10 W	13 16 37	19 09 31	25 03 15	20 04 34	16 41 38	29 30 32	12 32 15	15 26 35	20 24 20	10 59 41	3 59 10	28 44 36	23 04 09	18 46 17
11 Th	14 13 58	0 ♎ 55 24	6 ♎ 52 40	21 20 47	17 52 51	0 ♌ 09 59	12 59 59	15 45 28	20 22 06	11 06 35	4 00 47	28 44 31	23 02 39	18 46 28
12 F	15 11 15	12 49 40	18 49 11	22 40 02	19 03 57	0 49 23	13 27 22	16 04 44	20 19 60	11 13 24	4 02 19	28 44 26	23 01 06	18 46 38
13 Sa	16 09 30	24 52 47	0 ♏ 59 16	24 03 21	20 15 58	1 29 43	13 55 41	16 24 36	20 19 04	11 21 09	4 04 47	28 45 24	23 00 34	18 47 49
14 Su	17 09 33	7 ♏ 12 56	13 28 52	25 31 32	21 29 45	2 11 51	14 25 47	16 46 11	20 20 07	11 30 40	4 09 01	28 48 14	23 01 52	18 50 51
15 M	18 11 54	19 55 24	26 22 50	27 05 01	22 45 45	2 56 30	14 58 08	17 09 57	20 23 40	11 42 28	4 15 31	28 53 16	23 05 23	18 56 29
16 Tu	19 16 34	3 ♐ 03 56	9 ♐ 44 00	28 43 50	24 04 02	3 42 59	15 32 46	17 35 57	20 29 43	11 56 32	4 24 18	29 00 60	23 11 26	19 03 57
17 W	20 23 06	16 40 06	23 33 14	0 ♋ 27 30	25 24 08	4 31 33	16 09 15	18 03 42	20 37 50	12 12 27	4 34 55	29 10 31	23 19 17	19 13 36
18 Th	21 30 38	0 ♑ 43 42	7 ♑ 47 47	2 15 07	26 45 10	5 21 07	16 46 41	18 32 21	20 47 09	12 29 19	4 46 30	29 21 06	23 28 11	19 24 54
19 F	22 38 04	15 08 04	22 22 33	4 05 33	28 06 01	6 10 32	17 23 58	19 00 47	20 56 32	12 46 02	4 57 33	29 31 37	23 36 58	19 34 54
20 Sa	23 44 14	29 49 29	7 ♒ 10 04	5 57 37	29 25 34	6 58 42	17 59 58	19 27 51	21 04 52	13 01 29	5 08 05	29 40 58	23 44 33	19 44 19
21 Su	24 48 18	14 ♒ 39 06	22 01 56	7 50 25	0 ♍ 42 56	7 44 44	18 33 48	19 52 41	21 11 15	13 14 45	5 16 04	29 48 15	23 50 02	19 51 39
22 M	25 49 49	29 28 47	6 ♓ 50 12	9 43 28	1 57 41	8 28 12	19 05 03	20 14 51	21 15 18	13 25 26	5 21 28	29 53 02	23 52 60	19 56 29
23 Tu	26 48 56	14 ♓ 11 37	21 28 36	11 37 05	3 09 58	9 09 14	19 33 51	20 34 29	21 17 07	13 33 40	5 24 25	29 55 30	23 53 35	19 58 57
24 W	27 46 18	28 42 21	5 ♈ 53 13	13 31 04	4 20 27	9 48 31	20 00 51	20 52 16	21 17 22	13 40 07	5 25 35	29 56 16	23 52 27	19 59 42
25 Th	28 42 57	12 ♈ 59 29	20 02 30	15 27 07	5 30 07	10 27 04	20 27 04	21 09 11	21 17 05	13 45 47	5 25 59	29 56 21	23 50 36	19 59 46
26 F	29 40 02	27 ♈ 03 30	3 ♉ 56 59	17 25 58	6 40 09	11 06 01	20 53 39	21 27 14	21 17 24	13 51 49	5 28 54	29 56 56	23 49 13	20 00 17
27 Sa	0 ♌ 38 33	10 ♉ 49 17	17 36 53	19 28 28	7 51 32	11 46 22	21 21 37	21 44 54	21 19 21	13 59 14	5 28 54	28 58 60	23 49 17	20 02 16
28 Su	1 39 11	24 24 14	1 ♊ 04 38	21 35 08	9 04 58	12 28 50	21 51 38	22 05 23	21 23 35	14 08 43	5 33 07	0 ♏ 03 14	23 51 29	20 06 25
29 M	2 42 09	7 ♊ 47 21	14 20 59	23 45 57	10 20 40	13 13 36	22 23 55	22 28 04	21 30 20	14 20 29	5 39 38	0 09 52	23 56 02	20 12 55
30 Tu	3 47 13	20 59 12	27 26 24	26 00 26	11 38 22	14 00 27	22 58 13	22 52 41	21 39 21	14 34 16	5 48 11	0 18 37	24 02 43	20 21 33

Notes

LONGITUDE July 1970

Day	☉	0 hr ☽	Noon ☽	☿	♀	♂	⚵	⚳	♃	♄	⚷	♅	♆	♇
1 W	4 ♌ 53 42	3 ♋ 59 45	10 ♋ 20 45	28 ♋ 17 41	12 ♍ 57 25	14 ♌ 48 42	23 ♉ 33 53	23 ♉ 18 36	21 ♏ 49 58	14 ♊ 49 25	5 ♉ 58 06	0 ♏ 28 52	24 ♐ 10 50	20 ♎ 31 38
2 Th	6 00 44	16 48 32	23 03 32	0 ♌ 36 30	14 16 55	15 37 28	24 10 00	23 44 53	22 01 18	15 05 03	6 08 31	0 39 42	24 19 31	20 42 17
3 F	7 07 19	29 24 59	5 ♌ 34 13	2 55 39	15 35 54	16 25 47	24 45 37	24 10 34	22 12 23	15 20 10	6 18 26	0 50 09	24 27 47	20 52 31
4 Sa	8 12 36	11 ♌ 48 48	17 52 43	5 13 58	16 53 29	17 12 46	25 19 51	24 34 48	22 22 20	15 33 56	6 27 00	0 59 21	24 34 46	21 01 30
5 Su	9 15 59	24 00 21	29 59 38	7 30 33	18 09 05	17 57 49	25 52 06	24 56 58	22 30 33	15 45 43	6 33 36	1 06 41	24 39 52	21 08 35
6 M	10 17 09	6 ♍ 00 56	11 ♍ 56 39	9 44 50	19 22 23	18 40 39	26 22 03	25 16 46	22 36 44	15 55 14	6 37 57	1 11 52	24 42 47	21 13 30
7 Tu	11 16 11	17 52 54	23 46 28	11 56 36	20 33 27	19 21 20	26 49 47	25 34 15	22 40 58	16 02 33	6 40 07	1 14 58	24 43 36	21 16 19
8 W	12 13 28	29 39 41	5 ♎ 32 55	14 06 01	21 42 40	20 00 14	27 15 42	25 49 50	22 43 37	16 08 03	6 40 28	1 16 22	24 42 41	21 17 24
9 Th	13 09 39	11 ♎ 25 43	17 20 44	16 13 31	22 50 42	20 38 01	27 40 25	26 04 08	22 45 20	16 12 22	6 39 41	1 16 44	24 40 42	21 17 26
10 F	14 05 30	23 16 11	29 15 23	18 19 39	23 58 18	21 15 28	28 04 44	26 17 57	22 46 55	16 16 19	6 38 31	1 16 49	24 38 25	21 17 10
11 Sa	15 01 51	5 ♏ 16 46	11 ♏ 22 41	20 25 04	25 06 16	21 53 22	28 29 26	26 32 04	22 49 08	16 20 39	6 37 47	1 17 25	24 36 38	21 17 24
12 Su	15 59 20	17 33 12	23 48 23	22 30 18	26 15 17	22 32 24	28 55 11	26 47 09	22 52 40	16 26 04	6 38 09	1 19 14	24 36 02	21 18 49
13 M	16 58 24	0 ♐ 10 54	6 ♐ 37 34	24 35 39	27 25 46	23 12 60	29 22 25	27 03 38	22 57 57	16 32 60	6 40 02	1 22 40	24 37 02	21 21 50
14 Tu	17 59 08	13 14 13	19 54 07	26 41 07	28 37 49	23 55 15	29 51 14	27 21 37	23 05 04	16 41 32	6 43 33	1 27 49	24 39 45	21 26 33
15 W	19 01 18	26 45 57	3 ♑ 39 52	28 46 23	29 51 10	24 38 54	0 ♊ 21 22	27 40 50	23 13 47	16 51 24	6 48 25	1 34 27	24 43 54	21 32 44
16 Th	20 04 19	10 ♑ 46 31	17 54 03	0 ♍ 50 48	1 ♎ 05 15	25 23 22	0 52 15	28 00 42	23 23 30	17 02 03	6 54 06	1 41 59	24 48 56	21 39 47
17 F	21 07 25	25 13 38	2 ♒ 32 53	2 53 35	2 19 18	26 07 55	1 23 08	28 20 27	23 33 28	17 12 43	6 59 49	1 49 38	24 54 05	21 46 56
18 Sa	22 09 48	10 ♒ 02 00	17 29 44	4 53 52	3 32 30	26 51 44	1 53 10	28 39 18	23 42 52	17 22 34	7 04 45	1 56 37	24 58 32	21 53 25
19 Su	23 10 51	25 03 57	2 ♓ 35 55	6 51 02	4 44 13	27 34 10	2 21 46	28 56 36	23 51 05	17 31 00	7 08 18	2 02 18	25 01 40	21 58 33
20 M	24 10 13	10 ♓ 10 23	17 42 00	8 44 43	5 54 08	28 14 54	2 48 33	29 12 01	23 57 46	17 37 40	7 10 06	2 06 20	25 03 08	22 02 02
21 Tu	25 07 56	25 12 18	2 ♈ 39 21	10 34 58	7 02 16	28 53 59	3 13 35	29 25 34	24 02 57	17 42 37	7 10 12	2 08 46	25 02 59	22 03 54
22 W	26 04 26	10 ♈ 02 04	17 21 17	12 22 11	8 09 01	29 31 47	3 37 15	29 37 41	24 07 03	17 46 13	7 08 60	2 10 00	25 01 37	22 04 32
23 Th	27 00 20	24 34 21	1 ♉ 43 39	14 06 60	9 15 02	0 ♍ 08 59	4 00 11	29 48 58	24 10 42	17 49 09	7 07 08	2 10 41	24 59 41	22 04 35
24 F	27 56 22	8 ♉ 46 19	15 44 45	15 50 09	10 21 02	0 46 17	4 23 08	0 ♊ 00 09	24 14 37	17 52 06	7 05 21	2 11 31	24 57 53	22 04 47
25 Sa	28 53 10	22 37 12	29 24 47	17 32 17	11 27 40	1 24 19	4 46 42	0 11 52	24 19 26	17 55 44	7 04 16	2 13 09	24 56 53	22 05 46
26 Su	29 51 11	6 ♊ 07 50	12 ♊ 45 13	19 13 50	12 35 20	2 03 32	5 11 19	0 24 33	24 25 36	18 00 28	7 04 19	2 16 01	24 57 05	22 07 58
27 M	0 ♍ 50 32	19 19 51	25 48 02	20 54 57	13 44 11	2 44 04	5 37 09	0 38 21	24 33 14	18 06 27	7 05 40	2 20 15	24 58 40	22 11 31
28 Tu	1 51 06	2 ♋ 15 15	8 ♋ 35 22	22 35 30	14 54 06	3 25 47	6 04 02	0 53 06	24 42 13	18 13 32	7 08 08	2 25 44	25 01 27	22 16 17
29 W	2 52 31	14 55 57	21 09 11	24 15 07	16 04 41	4 08 19	6 31 36	1 08 27	24 52 10	18 21 21	7 11 24	2 32 05	25 05 07	22 21 54
30 Th	3 54 16	27 23 44	3 ♌ 31 09	25 53 18	17 15 27	4 51 10	6 59 21	1 23 52	25 02 36	18 29 25	7 14 56	2 38 48	25 09 07	22 27 52
31 F	4 55 50	9 ♌ 40 11	15 42 47	27 29 30	18 25 51	5 33 48	7 26 44	1 38 51	25 12 57	18 37 11	7 18 12	2 45 21	25 12 58	22 33 39

LONGITUDE August 1970

Day	☉	0 hr ☽	Noon ☽	☿	♀	♂	⚵	⚳	♃	♄	⚷	♅	♆	♇
1 Sa	5 ♍ 56 44	21 ♌ 46 48	27 ♌ 45 30	29 ♍ 03 16	19 ♎ 35 26	6 ♍ 15 44	7 ♊ 53 18	1 ♊ 52 55	25 ♏ 22 47	18 ♊ 44 12	7 ♉ 20 46	2 ♏ 51 16	25 ♐ 16 09	22 ♎ 38 47
2 Su	6 56 40	3 ♍ 45 07	9 ♍ 40 54	0 ♎ 34 15	20 43 50	6 56 41	8 18 43	2 05 44	25 31 46	18 50 07	7 22 16	2 56 14	25 18 23	22 42 57
3 M	7 55 28	15 36 56	21 30 49	2 02 17	21 50 56	7 36 27	8 42 50	2 17 09	25 39 44	18 54 48	7 22 35	3 00 06	25 19 30	22 45 59
4 Tu	8 53 09	27 24 25	3 ♎ 17 36	3 27 22	22 56 44	8 15 06	9 05 40	2 27 11	25 46 44	18 58 16	7 21 44	3 02 53	25 19 33	22 47 56
5 W	9 49 57	9 ♎ 10 14	15 04 04	4 49 41	24 01 27	8 52 49	9 27 24	2 36 02	25 52 57	19 00 43	7 19 56	3 04 47	25 18 42	22 48 59
6 Th	10 46 09	20 57 33	26 53 40	6 09 30	25 05 22	9 29 56	9 48 23	2 44 02	25 58 41	19 02 30	7 17 28	3 06 08	25 17 17	22 49 27
7 F	11 42 09	2 ♏ 50 06	8 ♏ 50 21	7 27 11	26 08 53	10 06 48	10 08 58	2 51 32	26 04 21	19 03 56	7 14 45	3 07 18	25 15 40	22 49 43
8 Sa	12 38 19	14 52 03	20 58 26	8 43 02	27 12 21	10 43 49	10 29 31	2 58 54	26 10 17	19 05 27	7 12 07	3 08 39	25 14 15	22 50 10
9 Su	13 34 57	27 07 48	3 ♐ 22 29	9 57 18	28 16 04	11 21 16	10 50 20	3 06 28	26 16 49	19 07 19	7 09 54	3 10 29	25 13 19	22 51 05
10 M	14 32 15	9 ♐ 41 50	16 06 53	11 10 09	29 20 14	11 59 21	11 11 37	3 14 23	26 24 07	19 09 43	7 08 18	3 13 01	25 13 03	22 52 39
11 Tu	15 30 14	22 38 14	29 15 25	12 21 30	0 ♏ 24 51	12 38 07	11 33 24	3 22 42	26 32 13	19 12 44	7 07 19	3 16 16	25 13 31	22 54 56
12 W	16 28 49	6 ♑ 00 13	12 ♑ 50 47	13 31 12	1 29 50	13 17 27	11 55 33	3 31 19	26 41 02	19 16 12	7 06 53	3 20 07	25 14 36	22 57 49
13 Th	17 27 47	19 49 36	26 53 52	14 38 56	2 34 57	13 57 07	12 17 52	3 39 60	26 50 19	19 19 57	7 06 46	3 24 22	25 16 03	23 01 04
14 F	18 26 49	4 ♒ 06 08	11 ♒ 23 09	15 44 18	3 39 53	14 36 51	12 40 03	3 48 26	26 59 48	19 23 39	7 06 39	3 28 43	25 17 37	23 04 25
15 Sa	19 25 40	18 46 60	26 14 28	16 46 56	4 44 22	15 16 22	13 01 49	3 56 23	27 09 11	19 27 03	7 06 18	3 32 54	25 18 60	23 07 34
16 Su	20 24 08	3 ♓ 46 40	11 ♓ 20 56	17 46 31	5 48 12	15 55 27	13 22 58	4 03 37	27 18 17	19 29 56	7 05 30	3 36 42	25 20 00	23 10 19
17 M	21 22 08	18 57 16	26 33 47	18 42 50	6 51 18	16 34 03	13 43 25	4 10 03	27 27 01	19 32 14	7 04 10	3 40 03	25 20 34	23 12 36
18 Tu	22 19 42	4 ♈ 09 30	11 ♈ 43 27	19 35 46	7 53 41	17 12 12	14 03 13	4 15 45	27 35 25	19 33 60	7 02 22	3 42 59	25 20 43	23 14 28
19 W	23 17 00	19 14 02	26 41 03	20 25 19	8 55 30	17 50 03	14 22 28	4 20 49	27 43 38	19 35 21	7 00 12	3 45 39	25 20 35	23 16 03
20 Th	24 14 13	4 ♉ 02 44	11 ♉ 19 28	21 11 30	9 56 55	18 27 46	14 41 23	4 25 28	27 51 50	19 36 29	6 57 54	3 48 13	25 20 23	23 17 31
21 F	25 11 30	18 29 43	25 34 06	21 54 18	10 58 07	19 05 31	15 00 06	4 29 49	28 00 12	19 37 34	6 55 35	3 50 53	25 20 15	23 19 03
22 Sa	26 08 58	2 ♊ 31 39	9 ♊ 22 58	22 33 36	11 59 10	19 43 26	15 18 44	4 34 01	28 08 50	19 38 42	6 53 24	3 53 43	25 20 19	23 20 46
23 Su	27 06 39	16 07 40	22 46 15	23 09 14	13 00 07	20 21 31	15 37 18	4 38 04	28 17 46	19 39 55	6 51 22	3 56 47	25 20 36	23 22 40
24 M	28 04 30	29 18 52	5 ♋ 45 52	23 40 55	14 00 54	20 59 45	15 55 46	4 41 55	28 26 57	19 41 11	6 49 26	4 00 01	25 21 04	23 24 44
25 Tu	29 02 27	12 ♋ 07 43	18 24 45	24 08 20	15 01 27	21 38 02	16 14 02	4 45 30	28 36 18	19 42 23	6 47 32	4 03 20	25 21 37	23 26 53
26 W	0 ♎ 00 24	24 37 30	0 ♌ 46 24	24 31 08	16 01 37	22 16 17	16 31 59	4 48 43	28 45 43	19 43 28	6 45 34	4 06 39	25 22 10	23 29 00
27 Th	0 58 17	6 ♌ 51 51	12 54 28	24 48 58	17 01 22	22 54 26	16 49 34	4 51 28	28 55 08	19 44 20	6 43 27	4 09 54	25 22 40	23 31 02
28 F	1 56 04	18 54 26	24 52 31	25 01 36	18 00 40	23 32 27	17 06 44	4 53 46	29 04 33	19 44 59	6 41 12	4 13 03	25 23 04	23 32 58
29 Sa	2 53 49	0 ♍ 48 43	6 ♍ 43 54	25 08 46	18 59 31	24 10 24	17 23 33	4 55 37	29 13 59	19 45 26	6 38 50	4 16 09	25 23 25	23 34 50
30 Su	3 51 36	12 37 55	18 31 37	25 10 19	19 58 02	24 48 21	17 40 05	4 57 09	29 23 32	19 45 49	6 36 26	4 19 18	25 23 50	23 36 44
31 M	4 49 33	24 24 56	0 ♎ 18 24	25 06 08	20 56 17	25 26 26	17 56 27	4 58 26	29 33 18	19 46 12	6 34 09	4 22 36	25 24 24	23 38 46

Notes

September 1970 LONGITUDE

Day	☉	0 hr ☽	Noon ☽	☿	♀	♂	⚵	⚳	♃	♄	⚷	♅	♆	♇
1 Tu	5 ♎ 47 46	6 ♎ 12 21	12 ♎ 06 45	24 ♎ 56 10	21 ♏ 54 24	26 ♍ 04 45	18 ♊ 12 46	4 ♊ 59 37	29 ♏ 43 25	19 ♊ 46 44	6 ♉ 32 05	4 ♏ 26 10	25 ♐ 25 15	23 ♎ 41 03
2 W	6 46 21	18 02 32	23 58 59	24 40 20	22 52 26	26 43 24	18 29 05	5 00 46	29 53 58	19 47 30	6 30 19	4 30 06	25 26 28	23 43 41
3 Th	7 45 19	29 57 43	5 ♏ 57 21	24 18 34	23 50 24	27 22 23	18 45 26	5 01 54	0 ♐ 04 57	19 48 30	6 28 52	4 34 23	25 28 04	23 46 41
4 F	8 44 36	12 ♏ 00 08	18 04 08	23 50 50	24 48 14	28 01 40	19 01 45	5 02 57	0 16 20	19 49 41	6 27 41	4 39 00	25 29 59	23 49 59
5 Sa	9 44 03	24 12 05	0 ♐ 21 45	23 17 07	25 45 45	28 41 06	19 17 53	5 03 48	0 27 56	19 50 55	6 26 37	4 43 47	25 32 06	23 53 26
6 Su	10 43 29	6 ♐ 36 00	12 52 45	22 37 29	26 42 45	29 20 28	19 33 38	5 04 13	0 39 35	19 51 60	6 25 29	4 48 32	25 34 11	23 56 51
7 M	11 42 40	19 14 31	25 39 48	21 52 07	27 38 59	29 59 33	19 48 45	5 03 59	0 51 03	19 52 41	6 24 03	4 53 02	25 36 02	24 00 00
8 Tu	12 41 24	2 ♑ 10 21	8 ♑ 45 35	21 01 24	28 34 13	0 ♎ 38 10	20 03 03	5 02 54	1 02 07	19 52 47	6 22 07	4 57 04	25 37 25	24 02 41
9 W	13 39 34	15 26 07	22 12 28	20 05 60	29 28 21	1 16 11	20 16 24	5 00 52	1 12 41	19 52 12	6 19 34	5 00 33	25 38 16	24 04 46
10 Th	14 37 12	29 03 60	6 ♒ 02 09	19 06 54	0 ♐ 21 22	1 53 37	20 28 49	4 57 53	1 22 46	19 50 57	6 16 26	5 03 28	25 38 34	24 06 19
11 F	15 34 29	13 ♒ 05 11	20 15 04	18 05 23	1 13 25	2 30 41	20 40 29	4 54 09	1 32 33	19 49 12	6 12 53	5 06 01	25 38 32	24 07 28
12 Sa	16 31 42	27 29 21	4 ♓ 49 51	17 03 04	2 04 48	3 07 39	20 51 42	4 49 57	1 42 19	19 47 16	6 09 15	5 08 31	25 38 26	24 08 33
13 Su	17 29 16	12 ♓ 14 01	19 42 46	16 01 41	2 55 53	3 44 56	21 02 50	4 45 42	1 52 29	19 45 33	6 05 54	5 11 20	25 38 41	24 09 57
14 M	18 27 31	27 14 14	4 ♈ 47 43	15 03 04	3 46 59	4 22 53	21 14 15	4 41 46	2 03 24	19 44 23	6 03 13	5 14 50	25 39 38	24 12 02
15 Tu	19 26 45	12 ♈ 22 43	19 56 33	14 08 53	4 38 22	5 01 46	21 26 13	4 38 22	2 15 20	19 44 04	6 01 26	5 19 17	25 41 33	24 15 03
16 W	20 26 60	27 30 34	5 ♉ 00 05	13 20 35	5 30 02	5 41 38	21 38 45	4 35 36	2 28 19	19 44 37	6 00 38	5 24 45	25 44 28	24 19 03
17 Th	21 28 06	12 ♉ 28 26	19 49 27	12 39 17	6 21 49	6 22 19	21 51 42	4 33 16	2 42 11	19 45 53	6 00 37	5 31 02	25 48 15	24 23 53
18 F	22 29 41	27 07 60	4 ♊ 17 20	12 05 45	7 13 19	7 03 27	22 04 40	4 31 01	2 56 35	19 47 30	6 01 03	5 37 47	25 52 30	24 29 10
19 Sa	23 31 16	11 ♊ 23 04	18 18 54	11 40 25	8 04 01	7 44 33	22 17 11	4 28 23	3 11 01	19 48 59	6 01 27	5 44 30	25 56 46	24 34 25
20 Su	24 32 22	25 10 14	1 ♋ 52 09	11 23 31	8 53 24	8 25 08	22 28 44	4 24 50	3 25 00	19 49 51	6 01 18	5 50 43	26 00 31	24 39 09
21 M	25 32 36	8 ♋ 28 54	14 57 38	11 15 12	9 41 02	9 04 49	22 38 56	4 20 02	3 38 09	19 49 42	6 00 13	5 56 02	26 03 24	24 42 58
22 Tu	26 31 45	21 20 49	27 37 60	11 15 33	10 26 43	9 43 22	22 47 34	4 13 44	3 50 14	19 48 20	5 58 02	6 00 15	26 05 12	24 45 41
23 W	27 29 52	3 ♌ 49 34	9 ♌ 57 19	11 24 42	11 10 26	10 20 51	22 54 40	4 06 01	4 01 19	19 45 47	5 54 45	6 03 23	26 05 56	24 47 19
24 Th	28 27 13	15 59 50	22 00 32	11 42 50	11 52 25	10 57 31	23 00 29	3 57 07	4 11 39	19 42 19	5 50 38	6 05 44	26 05 54	24 48 08
25 F	29 24 13	27 56 49	3 ♍ 52 51	12 10 09	12 33 04	11 33 49	23 05 27	3 47 30	4 21 40	19 38 23	5 46 10	6 07 42	26 05 30	24 48 35
26 Sa	0 ♏ 21 27	9 ♍ 45 48	15 39 25	12 46 50	13 12 54	12 10 19	23 10 08	3 37 44	4 31 56	19 34 33	5 41 51	6 09 52	26 05 20	24 49 13
27 Su	1 19 29	21 31 45	27 24 58	13 32 56	13 52 28	12 47 34	23 15 04	3 28 23	4 43 02	19 31 22	5 38 19	6 12 48	26 05 57	24 50 36
28 M	2 18 48	3 ♎ 19 03	9 ♎ 13 35	14 28 22	14 32 12	13 26 04	23 20 47	3 19 57	4 55 26	19 29 21	5 36 01	6 16 60	26 07 51	24 53 14
29 Tu	3 19 44	15 11 19	21 08 34	15 32 50	15 12 24	14 06 08	23 27 34	3 12 46	5 09 28	19 28 49	5 35 17	6 22 46	26 11 21	24 57 28
30 W	4 22 23	27 11 17	3 ♏ 12 21	16 45 45	15 53 06	14 47 54	23 35 32	3 06 57	5 25 15	19 29 52	5 36 15	6 30 14	26 16 33	25 03 21

October 1970 LONGITUDE

Day	☉	0 hr ☽	Noon ☽	☿	♀	♂	⚵	⚳	♃	♄	⚷	♅	♆	♇
1 Th	5 ♏ 26 36	9 ♏ 20 50	15 ♏ 26 33	18 ♎ 06 14	16 ♐ 34 06	15 ♎ 31 11	23 ♊ 44 30	3 ♊ 02 20	5 ♐ 42 36	19 ♊ 32 21	5 ♉ 38 44	6 ♏ 39 13	26 ♐ 23 18	25 ♎ 10 46
2 F	6 31 56	21 41 06	27 52 04	19 33 10	17 14 55	16 15 33	23 54 04	2 58 31	6 01 06	19 35 49	5 42 18	6 49 17	26 31 10	25 19 16
3 Sa	7 37 45	4 ♐ 12 36	10 ♐ 29 21	21 05 14	17 54 52	17 00 23	24 03 33	2 54 51	6 20 06	19 39 40	5 46 19	6 59 49	26 39 31	25 28 13
4 Su	8 43 18	16 55 35	23 18 34	22 41 03	18 33 09	17 44 55	24 12 14	2 50 37	6 38 51	19 43 08	5 50 03	7 10 03	26 47 36	25 36 52
5 M	9 47 52	29 50 16	6 ♑ 19 60	24 19 14	19 08 59	18 28 25	24 19 22	2 45 05	6 56 38	19 45 29	5 52 47	7 19 16	26 54 41	25 44 29
6 Tu	10 50 54	12 ♑ 57 10	19 34 13	25 58 43	19 41 44	19 10 21	24 24 23	2 37 43	7 12 53	19 46 10	5 53 55	7 26 54	27 00 13	25 50 32
7 W	11 52 06	26 17 12	3 ♒ 02 13	27 38 42	20 11 05	19 50 26	24 27 03	2 28 15	7 27 21	19 44 57	5 53 14	7 32 42	27 03 55	25 54 43
8 Th	12 51 38	9 ♒ 51 44	16 45 15	29 18 51	20 37 07	20 28 49	24 27 29	2 16 50	7 40 09	19 41 55	5 50 51	7 36 47	27 05 57	25 57 12
9 F	13 50 01	23 42 15	0 ♓ 44 31	0 ♏ 59 18	21 00 16	21 06 00	24 26 12	2 03 60	7 51 48	19 37 38	5 47 17	7 39 41	27 06 48	25 58 28
10 Sa	14 48 03	7 ♓ 49 52	15 00 38	2 40 31	21 21 19	21 42 50	24 24 01	1 50 34	8 03 07	19 32 53	5 43 21	7 42 12	27 07 19	25 59 22
11 Su	15 46 42	22 14 38	29 32 47	4 23 10	21 41 08	22 20 14	24 21 54	1 37 32	8 15 04	19 28 40	5 40 02	7 45 18	27 08 27	26 00 52
12 M	16 46 52	6 ♈ 54 46	14 ♈ 18 15	6 07 51	22 00 35	22 59 08	24 20 44	1 25 48	8 28 33	19 25 51	5 38 12	7 49 53	27 11 04	26 03 49
13 Tu	17 49 09	21 46 11	29 11 54	7 54 57	22 20 09	23 40 06	24 21 07	1 15 57	8 44 08	19 25 03	5 38 28	7 56 33	27 15 48	26 08 51
14 W	18 53 43	6 ♉ 42 28	14 ♉ 06 34	9 44 28	22 39 59	24 23 20	24 23 14	1 08 12	9 02 01	19 26 25	5 40 59	8 05 27	27 22 48	26 16 07
15 Th	20 00 15	21 35 25	28 53 52	11 35 55	22 59 41	25 08 29	24 26 45	1 02 12	9 21 51	19 29 38	5 45 27	8 16 15	27 31 45	26 25 17
16 F	21 07 59	6 ♊ 16 20	13 ♊ 25 31	13 28 26	23 18 27	25 54 49	24 30 56	0 57 16	9 42 55	19 33 59	5 51 07	8 28 15	27 41 54	26 35 39
17 Sa	22 15 58	20 37 27	27 34 44	15 20 55	23 35 16	26 41 22	24 34 48	0 52 24	10 04 13	19 38 28	5 57 01	8 40 26	27 52 16	26 46 12
18 Su	23 23 12	4 ♋ 33 08	11 ♋ 17 10	17 12 18	23 49 04	27 27 07	24 37 22	0 46 37	10 24 44	19 42 05	6 02 07	8 51 49	28 01 52	26 55 56
19 M	24 28 51	18 00 34	24 31 22	19 01 41	23 58 59	28 11 16	24 37 47	0 39 07	10 43 41	19 44 02	6 05 38	9 01 34	28 09 52	27 04 03
20 Tu	25 32 28	0 ♌ 59 54	7 ♌ 18 36	20 48 34	24 04 31	28 53 20	24 35 39	0 29 28	11 00 36	19 43 50	6 07 05	9 09 15	28 15 48	27 10 04
21 W	26 34 01	13 33 49	19 42 20	22 32 54	24 05 37	29 33 19	24 30 55	0 17 39	11 15 26	19 41 30	6 06 29	9 14 49	28 19 40	27 13 59
22 Th	27 33 55	25 46 52	1 ♍ 47 41	24 15 02	24 02 39	0 ♏ 11 36	24 23 59	0 04 05	11 28 36	19 37 24	6 04 11	9 18 40	28 21 51	27 16 12
23 F	28 32 54	7 ♍ 44 53	13 40 40	25 55 41	23 56 19	0 48 56	24 15 37	29 ♉ 49 31	11 40 50	19 32 18	6 00 58	9 21 33	28 23 06	27 17 25
24 Sa	29 31 54	19 34 11	25 27 39	27 35 47	23 47 35	1 26 15	24 06 46	29 34 55	11 53 05	19 27 07	5 57 45	9 24 24	28 24 20	27 18 37
25 Su	0 ♐ 31 54	1 ♎ 21 08	7 ♎ 14 50	29 16 20	23 37 24	2 04 33	23 58 26	29 21 17	12 06 19	19 22 52	5 55 31	9 28 12	28 26 34	27 20 47
26 M	1 33 47	13 11 34	19 07 46	0 ♐ 58 12	23 26 39	2 44 41	23 51 30	29 09 30	12 21 25	19 20 24	5 55 10	9 33 50	28 30 39	27 24 46
27 Tu	2 38 09	25 10 26	1 ♏ 11 02	2 41 58	23 15 59	3 27 16	23 46 35	29 00 11	12 38 59	19 20 21	5 57 18	9 41 54	28 37 12	27 31 11
28 W	3 45 14	7 ♏ 21 31	13 27 53	4 27 53	23 05 39	4 12 31	23 43 55	28 53 35	12 59 15	19 22 55	6 02 07	9 52 37	28 46 26	27 40 14
29 Th	4 54 47	19 47 07	26 00 08	6 15 43	22 55 29	5 00 14	23 43 18	28 49 29	13 21 59	19 27 55	6 09 25	10 05 45	28 58 08	27 51 44
30 F	6 06 12	2 ♐ 28 04	8 ♐ 48 05	8 04 52	22 44 54	5 49 45	23 44 07	28 47 17	13 46 32	19 34 40	6 18 33	10 20 42	29 11 39	28 05 02
31 Sa	7 18 27	15 23 50	21 50 44	9 54 21	22 33 01	6 40 06	23 45 24	28 45 59	14 11 56	19 42 13	6 28 33	10 36 26	29 26 00	28 19 07

Notes

LONGITUDE — November 1970

Day	☉	0 hr ☽	Noon ☽	☿	♀	♂	⚵	⚳	♃	♄	⚷	♅	♆	♇
1 Su	8 ♐ 30 23	28 ♐ 32 50	5 ♑ 06 11	11 ♐ 42 60	22 ♐ 18 46	7 ♏ 30 05	23 ♊ 45 59	28 ♉ 44 27	14 ♐ 36 59	19 ♊ 49 23	6 ♉ 38 13	10 ♏ 51 48	29 ♐ 40 01	28 ♎ 32 51
2 M	9 40 51	11 ♑ 52 56	18 32 09	13 29 41	22 01 07	8 18 35	23 44 45	28 41 32	15 00 33	19 55 01	6 46 26	11 05 39	29 52 33	28 45 03
3 Tu	10 48 58	25 22 04	2 ♒ 06 34	15 13 33	21 39 20	9 04 42	23 40 51	28 36 23	15 21 45	19 58 15	6 52 18	11 17 06	0 ♑ 02 43	28 54 51
4 W	11 54 19	8 ♒ 58 45	15 48 08	16 54 11	21 13 10	9 48 01	23 33 53	28 28 35	15 40 10	19 58 41	6 55 24	11 25 44	0 10 06	29 01 51
5 Th	12 57 03	22 42 28	29 36 34	18 31 45	20 42 57	10 28 41	23 24 01	28 18 19	15 55 57	19 56 26	6 55 54	11 31 41	0 14 50	29 06 10
6 F	13 57 52	6 ♓ 33 40	13 ♓ 32 28	20 06 59	20 09 35	11 07 25	23 11 59	28 06 17	16 09 47	19 52 14	6 54 29	11 35 41	0 17 39	29 08 32
7 Sa	14 57 55	20 33 27	27 36 53	21 41 02	19 34 25	11 45 22	22 58 57	27 53 40	16 22 51	19 47 13	6 52 20	11 38 51	0 19 40	29 10 05
8 Su	15 58 32	4 ♈ 42 56	11 ♈ 50 40	23 15 16	18 59 02	12 23 50	22 46 17	27 41 47	16 36 27	19 42 44	6 50 45	11 42 32	0 22 15	29 12 09
9 M	17 00 57	19 02 24	26 13 29	24 50 56	18 24 56	13 04 06	22 35 15	27 31 56	16 51 50	19 40 02	6 50 59	11 47 59	0 26 37	29 15 59
10 Tu	18 06 04	3 ♉ 30 31	10 ♉ 43 18	26 28 55	17 53 12	13 47 02	22 26 46	27 24 57	17 09 53	19 39 59	6 53 55	11 56 04	0 33 39	29 22 27
11 W	19 14 09	18 03 52	25 15 57	28 09 31	17 24 25	14 32 55	22 21 08	27 21 11	17 30 53	19 42 53	6 59 52	12 07 05	0 43 40	29 31 51
12 Th	20 24 54	2 ♊ 37 01	9 ♊ 45 28	29 52 26	16 58 30	15 21 26	22 18 02	27 20 18	17 54 31	19 48 25	7 08 28	12 20 41	0 56 18	29 43 51
13 F	21 37 25	17 03 07	24 04 57	1 ♑ 36 48	16 34 49	16 11 41	22 16 39	27 21 25	18 19 53	19 55 41	7 18 51	12 36 00	1 10 40	29 57 34
14 Sa	22 50 27	1 ♋ 15 06	8 ♋ 07 44	3 21 22	16 12 23	17 02 26	22 15 44	27 23 19	18 45 45	20 03 28	7 29 47	12 51 48	1 25 34	0 ♏ 11 46
15 Su	24 02 44	15 06 53	21 48 35	5 04 50	15 50 08	17 52 24	22 14 01	27 24 42	19 10 49	20 10 27	7 39 58	13 06 46	1 39 39	0 25 09
16 M	25 13 08	28 34 27	5 ♌ 04 33	6 46 08	15 27 13	18 40 29	22 10 26	27 24 30	19 33 59	20 15 33	7 48 18	13 19 48	1 51 52	0 36 36
17 Tu	26 20 59	11 ♌ 36 20	17 55 16	8 24 34	15 03 07	19 25 58	22 04 20	27 22 00	19 54 34	20 18 05	7 54 05	13 30 13	2 01 30	0 45 27
18 W	27 26 07	24 13 43	0 ♍ 22 52	9 59 57	14 37 53	20 08 42	21 55 33	27 17 05	20 12 23	20 17 53	7 57 09	13 37 51	2 08 22	0 51 31
19 Th	28 28 53	6 ♍ 30 04	12 31 29	11 32 38	14 12 03	20 49 03	21 44 28	27 10 04	20 27 47	20 15 17	7 57 53	13 43 03	2 12 50	0 55 09
20 F	29 30 02	18 30 34	24 26 47	13 03 24	13 46 31	21 27 46	21 31 54	27 01 46	20 41 33	20 11 05	7 57 01	13 46 35	2 15 42	0 57 08
21 Sa	0 ♑ 30 41	0 ♎ 21 29	6 ♎ 15 17	14 33 18	13 22 31	22 05 56	21 18 57	26 53 15	20 54 45	20 06 22	7 55 39	13 49 32	2 17 60	0 58 33
22 Su	1 31 58	12 09 35	18 03 47	16 03 28	13 01 19	22 44 43	21 06 48	26 45 42	21 08 33	20 02 17	7 54 58	13 53 04	2 20 55	1 00 32
23 M	2 34 58	24 01 32	29 58 49	17 34 58	12 44 06	23 25 12	20 56 33	26 40 11	21 24 02	19 59 55	7 55 60	13 58 15	2 25 32	1 04 12
24 Tu	3 40 28	6 ♏ 03 24	12 ♏ 06 10	19 08 33	12 31 43	24 08 09	20 49 00	26 37 30	21 41 59	20 00 04	7 59 34	14 05 53	2 32 37	1 10 18
25 W	4 48 51	18 20 06	24 30 18	20 44 32	12 24 36	24 53 57	20 44 34	26 38 03	22 02 45	20 03 05	8 06 01	14 16 19	2 42 33	1 19 13
26 Th	5 59 58	0 ♐ 55 08	7 ♐ 14 05	22 22 44	12 22 37	25 42 27	20 43 08	26 41 39	22 26 12	20 08 51	8 15 14	14 29 24	2 55 11	1 30 49
27 F	7 13 10	13 50 06	20 18 22	24 02 27	12 25 12	26 33 02	20 44 04	26 47 42	22 51 42	20 16 43	8 26 34	14 44 32	3 09 53	1 44 27
28 Sa	8 27 23	27 04 42	3 ♑ 42 04	25 42 33	12 31 15	27 24 36	20 46 21	26 55 08	23 18 10	20 25 38	8 38 56	15 00 37	3 25 35	1 59 03
29 Su	9 41 21	10 ♑ 36 48	17 22 16	27 21 38	12 39 30	28 15 53	20 48 41	27 02 40	23 44 20	20 34 18	8 51 05	15 16 22	3 40 60	2 13 21
30 M	10 53 46	24 22 51	1 ♒ 14 55	28 58 22	12 48 39	29 05 36	20 49 51	27 09 02	24 08 55	20 41 28	9 01 44	15 30 32	3 54 51	2 26 03

LONGITUDE — December 1970

Day	☉	0 hr ☽	Noon ☽	☿	♀	♂	⚵	⚳	♃	♄	⚷	♅	♆	♇
1 Tu	12 ♑ 03 40	8 ♒ 18 40	15 ♒ 15 32	0 ♒ 31 36	12 ♐ 57 42	29 ♏ 52 47	20 ♊ 48 53	27 ♉ 13 15	24 ♐ 30 56	20 ♊ 46 09	9 ♉ 09 53	15 ♏ 42 06	4 ♑ 06 09	2 ♏ 36 10
2 W	13 10 32	22 20 10	29 20 07	2 00 43	13 06 07	0 ♐ 36 55	20 45 16	27 14 49	24 49 53	20 47 50	9 15 02	15 50 36	4 14 25	2 43 14
3 Th	14 14 31	6 ♓ 24 11	13 ♓ 25 50	3 25 40	13 13 59	1 18 08	20 39 11	27 13 52	25 05 52	20 46 39	9 17 20	15 56 08	4 19 45	2 47 20
4 F	15 16 18	20 28 52	27 31 16	4 46 58	13 21 58	1 57 08	20 31 21	27 11 07	25 19 38	20 43 20	9 17 29	15 59 25	4 22 53	2 49 13
5 Sa	16 17 03	4 ♈ 33 41	11 ♈ 36 16	6 05 33	13 31 11	2 35 06	20 22 57	27 07 43	25 32 20	20 39 02	9 16 39	16 01 37	4 24 58	2 50 01
6 Su	17 18 09	18 38 60	25 41 25	7 22 30	13 42 57	3 13 23	20 15 21	27 05 03	25 45 18	20 35 07	9 16 11	16 04 06	4 27 23	2 51 07
7 M	18 20 50	2 ♉ 45 22	9 ♉ 47 12	8 38 47	13 58 27	3 53 15	20 09 49	27 04 21	25 59 50	20 32 51	9 17 22	16 08 07	4 31 21	2 53 45
8 Tu	19 25 60	16 52 45	23 53 22	9 54 55	14 18 32	4 35 35	20 07 15	27 06 31	26 16 47	20 33 07	9 21 03	16 14 33	4 37 47	2 58 50
9 W	20 33 58	1 ♊ 00 01	7 ♊ 58 21	11 10 50	14 43 27	5 20 42	20 07 59	27 11 53	26 36 29	20 36 14	9 27 36	16 23 44	4 47 00	3 06 40
10 Th	21 44 28	15 04 33	21 59 09	12 25 47	15 12 53	6 08 20	20 11 46	27 20 10	26 58 40	20 41 57	9 36 42	16 35 23	4 58 44	3 16 59
11 F	22 56 41	29 02 31	5 ♋ 51 44	13 38 25	15 45 57	6 57 41	20 17 48	27 30 33	27 22 32	20 49 28	9 47 35	16 48 42	5 12 10	3 28 60
12 Sa	24 09 30	12 ♋ 49 28	19 31 39	14 47 02	16 21 29	7 47 36	20 24 56	27 41 55	27 46 55	20 57 37	9 59 06	17 02 33	5 26 10	3 41 33
13 Su	25 21 42	26 21 02	2 ♌ 54 55	15 49 44	16 58 11	8 36 53	20 31 58	27 53 02	28 10 38	21 05 13	10 10 02	17 15 44	5 39 32	3 53 26
14 M	26 32 12	9 ♌ 33 53	15 58 47	16 44 43	17 34 56	9 24 29	20 37 52	28 02 50	28 32 37	21 11 12	10 19 20	17 27 09	5 51 11	4 03 35
15 Tu	27 40 20	22 26 16	28 42 13	17 30 28	18 10 58	10 09 40	20 41 54	28 10 38	28 52 09	21 14 52	10 26 17	17 36 08	6 00 26	4 11 18
16 W	28 45 49	4 ♍ 58 22	11 ♍ 06 08	18 05 52	18 45 58	10 52 12	20 43 50	28 16 10	29 08 58	21 15 57	10 30 38	17 42 24	6 07 00	4 16 20
17 Th	29 48 51	17 12 18	23 13 19	18 30 15	19 20 04	11 32 16	20 43 52	28 19 37	29 23 17	21 14 40	10 32 34	17 46 09	6 11 06	4 18 52
18 F	0 ♒ 50 03	29 11 49	5 ♎ 08 06	18 43 19	19 53 49	12 10 29	20 42 36	28 21 36	29 35 41	21 11 37	10 32 43	17 48 01	6 13 20	4 19 31
19 Sa	1 50 17	11 ♎ 02 02	16 55 57	18 45 08	20 28 03	12 47 43	20 40 55	28 22 59	29 47 04	21 07 40	10 31 56	17 48 50	6 14 35	4 19 09
20 Su	2 50 33	22 48 52	28 43 04	18 35 58	21 03 42	13 24 59	20 39 50	28 24 47	29 58 26	21 03 50	10 31 14	17 49 39	6 15 51	4 18 47
21 M	3 51 51	4 ♏ 38 39	10 ♏ 35 53	18 16 17	21 41 41	14 03 15	20 40 18	28 27 57	0 ♑ 10 44	21 01 06	10 31 36	17 51 24	6 18 06	4 19 23
22 Tu	4 54 54	16 37 36	22 40 32	17 46 37	22 22 42	14 43 16	20 43 06	28 33 14	0 24 44	21 00 13	10 33 46	17 54 51	6 22 05	4 21 42
23 W	6 00 10	28 51 23	5 ♐ 02 26	17 07 32	23 07 09	15 25 28	20 48 38	28 41 05	0 40 51	21 01 36	10 38 11	18 00 27	6 28 15	4 26 10
24 Th	7 07 37	11 ♐ 24 38	17 45 44	16 19 40	23 54 58	16 09 51	20 56 56	28 51 30	0 59 06	21 05 17	10 44 51	18 08 10	6 36 35	4 32 48
25 F	8 16 51	24 20 27	0 ♑ 52 50	15 23 47	24 45 41	16 55 59	21 07 33	29 04 02	1 19 04	21 10 49	10 53 20	18 17 36	6 46 40	4 41 09
26 Sa	9 27 04	7 ♑ 40 05	14 24 03	14 20 47	25 38 28	17 43 07	21 19 42	29 17 55	1 39 57	21 17 26	11 02 50	18 27 58	6 57 43	4 50 28
27 Su	10 37 17	21 22 37	28 17 25	13 11 51	26 32 16	18 30 12	21 32 23	29 32 07	2 00 44	21 24 08	11 12 23	18 38 16	7 08 43	4 59 42
28 M	11 46 26	5 ♒ 24 60	12 ♒ 28 52	11 58 29	27 26 00	19 16 13	21 44 35	29 45 38	2 20 24	21 29 53	11 20 56	18 47 26	7 18 39	5 07 52
29 Tu	12 53 43	19 42 27	26 52 50	10 42 36	28 18 50	20 00 22	21 55 26	29 57 37	2 38 07	21 33 51	11 27 40	18 54 42	7 26 42	5 14 06
30 W	13 58 41	4 ♓ 09 11	11 ♓ 23 09	9 26 26	29 10 16	20 42 11	22 04 32	0 ♊ 07 38	2 53 27	21 35 36	11 32 08	18 59 34	7 32 24	5 18 00
31 Th	15 01 22	18 39 19	25 53 59	8 12 30	0 ♑ 00 17	21 21 42	22 11 52	0 15 42	3 06 25	21 35 10	11 34 21	19 02 06	7 35 48	5 19 34

Notes

January 1971 LONGITUDE

Day	☉	0 hr ☽	Noon ☽	☿	♀	♂	⚵	⚳	♃	♄	⚷	♅	♆	♇
1 F	16♒02 15	3♈07 46	10♈20 42	7♒03 23	0♑49 21	21♐59 25	22♊17 56	0♊22 19	3♑17 31	21♊33 03	11♉34 51	19♏02 46	7♑37 23	5♏19 18
2 Sa	17 02 10	17 30 49	24 40 13	6 01 34	1 38 17	22 36 10	22 23 36	0 28 18	3 27 35	21 30 05	11 34 26	19 02 26	7 37 59	5 18 03
3 Su	18 02 07	1♉46 12	8♉50 56	5 09 09	2 28 02	23 12 56	22 29 49	0 34 40	3 37 37	21 27 15	11 34 07	19 02 05	7 38 37	5 16 48
4 M	19 03 02	15 52 50	22 52 18	4 27 42	3 19 29	23 50 40	22 37 30	0 42 18	3 48 31	21 25 30	11 34 48	19 02 38	7 40 11	5 16 29
5 Tu	20 05 32	29 50 20	6♊44 13	3 58 06	4 13 16	24 29 58	22 47 17	0 51 52	4 00 57	21 25 27	11 37 09	19 04 44	7 43 19	5 17 43
6 W	21 09 53	13♊38 26	20 26 35	3 40 30	5 09 36	25 11 08	22 59 26	1 03 35	4 15 09	21 27 21	11 41 23	19 08 38	7 48 17	5 20 46
7 Th	22 15 54	27 16 40	3♋58 54	3 34 23	6 08 18	25 53 58	23 13 46	1 17 19	4 30 57	21 31 04	11 47 23	19 14 09	7 54 55	5 25 29
8 F	23 23 06	10♋44 08	17 20 12	3 38 42	7 08 50	26 37 58	23 29 45	1 32 31	4 47 50	21 36 03	11 54 36	19 20 47	8 02 42	5 31 20
9 Sa	24 30 45	23 59 36	0♌29 16	3 52 07	8 10 26	27 22 24	23 46 39	1 48 29	5 05 05	21 41 37	12 02 18	19 27 49	8 10 55	5 37 36
10 Su	25 38 03	7♌01 48	13 24 49	4 13 11	9 12 19	28 06 30	24 03 42	2 04 24	5 21 55	21 46 56	12 09 44	19 34 28	8 18 47	5 43 31
11 M	26 44 19	19 49 38	26 05 58	4 40 32	10 13 45	28 49 35	24 20 12	2 19 36	5 37 39	21 51 22	12 16 13	19 40 02	8 25 36	5 48 22
12 Tu	27 49 07	2♍22 42	8♍32 34	5 13 02	11 14 17	29 31 11	24 35 39	2 33 36	5 51 48	21 54 26	12 21 15	19 44 05	8 30 55	5 51 42
13 W	28 52 14	14 41 24	20 45 23	5 49 50	12 13 40	0♑11 05	24 49 53	2 46 13	6 04 12	21 55 55	12 24 40	19 46 23	8 34 32	5 53 20
14 Th	29 53 44	26 47 10	2♎46 15	6 30 26	13 11 59	0 49 22	25 02 57	2 57 30	6 14 53	21 55 55	12 26 31	19 47 01	8 36 31	5 53 19
15 F	0♓53 57	8♎42 29	14 38 04	7 14 37	14 09 31	1 26 22	25 15 09	3 07 47	6 24 11	21 54 45	12 27 09	19 46 19	8 37 11	5 51 60
16 Sa	1 53 21	20 30 50	26 24 39	8 02 21	15 06 44	2 02 33	25 26 59	3 17 32	6 32 36	21 52 53	12 27 01	19 44 46	8 37 02	5 49 51
17 Su	2 52 32	2♏16 28	8♏10 38	8 53 48	16 04 12	2 38 31	25 39 00	3 27 20	6 40 41	21 50 55	12 26 43	19 42 56	8 36 38	5 47 26
18 M	3 52 03	14 04 16	20 01 07	9 49 06	17 02 26	3 14 47	25 51 46	3 37 44	6 49 01	21 49 23	12 26 48	19 41 22	8 36 33	5 45 19
19 Tu	4 52 20	25 59 27	2♐01 28	10 48 21	18 01 54	3 51 50	26 05 42	3 49 10	6 58 01	21 48 46	12 27 43	19 40 32	8 37 12	5 43 57
20 W	5 53 41	8♐07 17	14 16 56	11 51 31	19 02 51	4 29 57	26 21 06	4 01 56	7 07 58	21 49 19	12 29 44	19 40 42	8 38 55	5 43 38
21 Th	6 56 09	20 32 42	26 52 17	12 58 25	20 05 19	5 09 10	26 38 01	4 16 04	7 18 57	21 51 06	12 32 56	19 41 57	8 41 42	5 44 23
22 F	7 59 33	3♑19 56	9♑51 19	14 08 35	21 09 07	5 49 19	26 56 16	4 31 25	7 30 46	21 53 57	12 37 08	19 44 05	8 45 26	5 46 05
23 Sa	9 03 34	16 32 01	23 16 20	15 21 30	22 13 54	6 30 04	27 15 29	4 47 36	7 43 05	21 57 31	12 41 58	19 46 46	8 49 44	5 48 20
24 Su	10 07 41	0♒10 20	7♒07 44	16 36 29	23 19 10	7 10 55	27 35 13	5 04 10	7 55 25	22 01 20	12 46 60	19 49 32	8 54 08	5 50 42
25 M	11 11 27	14 14 06	21 23 33	17 52 53	24 24 25	7 51 25	27 54 57	5 20 38	8 07 18	22 04 55	12 51 43	19 51 53	8 58 09	5 52 41
26 Tu	12 14 29	28 40 14	5♓59 25	19 10 11	25 29 16	8 31 10	28 14 18	5 36 35	8 18 19	22 07 52	12 55 45	19 53 27	9 01 25	5 53 54
27 W	13 16 33	13♓23 19	20 48 54	20 28 03	26 33 30	9 09 56	28 33 03	5 51 50	8 28 16	22 09 59	12 58 52	19 54 01	9 03 42	5 54 08
28 Th	14 17 39	28 16 19	5♈44 20	21 46 22	27 37 04	9 47 45	28 51 12	6 06 22	8 37 10	22 11 17	13 01 06	19 53 35	9 05 01	5 53 24
29 F	15 17 59	13♈11 24	20 37 50	23 05 14	28 40 12	10 24 48	29 08 56	6 20 22	8 45 12	22 11 56	13 02 38	19 52 21	9 05 33	5 51 54
30 Sa	16 17 54	28 01 04	5♉22 25	24 24 54	29 43 12	11 01 26	29 26 35	6 34 11	8 52 41	22 12 18	13 03 47	19 50 39	9 05 39	5 49 57
31 Su	17 17 45	12♉39 06	19 52 45	25 45 41	0♒46 25	11 37 59	29 44 31	6 48 11	9 00 01	22 12 44	13 04 57	19 48 52	9 05 41	5 47 56

February 1971 LONGITUDE

Day	☉	0 hr ☽	Noon ☽	☿	♀	♂	⚵	⚳	♃	♄	⚷	♅	♆	♇
1 M	18♓17 52	27♉01 04	4♊05 24	27♒07 51	1♒50 12	12♑14 49	0♋03 03	7♊02 41	9♑07 31	22♊13 34	13♉06 27	19♏47 19	9♑05 58	5♏46 11
2 Tu	19 18 27	11♊04 26	17 58 47	28 31 31	2 54 42	12 52 06	0 22 21	7 17 52	9 15 21	22 14 59	13 08 27	19 46 11	9 06 41	5 44 53
3 W	20 19 31	24 48 22	1♋32 50	29 56 43	3 59 59	13 29 54	0 42 29	7 33 46	9 23 35	22 17 03	13 11 02	19 45 31	9 07 55	5 44 05
4 Th	21 21 01	8♋13 14	14 48 26	1♓23 18	5 05 57	14 08 06	1 03 20	7 50 19	9 32 08	22 19 39	13 14 05	19 45 15	9 09 33	5 43 42
5 F	22 22 44	21 20 14	27 47 04	2 51 05	6 12 24	14 46 33	1 24 44	8 07 20	9 40 48	22 22 37	13 17 26	19 45 11	9 11 25	5 43 33
6 Sa	23 24 30	4♌11 01	10♌30 27	4 19 49	7 19 08	15 25 02	1 46 27	8 24 35	9 49 24	22 25 45	13 20 53	19 45 08	9 13 18	5 43 25
7 Su	24 26 07	16 47 23	23 00 24	5 49 19	8 25 57	16 03 22	2 08 19	8 41 54	9 57 43	22 28 52	13 24 14	19 44 54	9 15 02	5 43 09
8 M	25 27 28	29 11 09	5♍18 40	7 19 27	9 32 45	16 41 27	2 30 13	8 59 10	10 05 41	22 31 51	13 27 24	19 44 22	9 16 29	5 42 37
9 Tu	26 28 31	11♍24 06	17 27 01	8 50 10	10 39 29	17 19 14	2 52 05	9 16 21	10 13 14	22 34 40	13 30 19	19 43 32	9 17 38	5 41 47
10 W	27 29 19	23 28 03	29 27 15	10 21 30	11 46 11	17 56 46	3 13 58	9 33 28	10 20 24	22 37 21	13 33 03	19 42 24	9 18 32	5 40 41
11 Th	28 29 57	5♎24 52	11♎21 16	11 53 33	12 52 57	18 34 09	3 35 57	9 50 38	10 27 17	22 39 60	13 35 40	19 41 06	9 19 15	5 39 27
12 F	29 30 33	17 16 34	23 11 12	13 26 26	13 59 52	19 11 28	3 58 09	10 07 57	10 34 01	22 42 44	13 38 18	19 39 43	9 19 54	5 38 09
13 Sa	0♈31 12	29 05 24	4♏59 30	15 00 14	15 07 03	19 48 51	4 20 40	10 25 30	10 40 40	22 45 38	13 41 02	19 38 21	9 20 37	5 36 54
14 Su	1 31 57	10♏54 00	16 49 00	16 35 01	16 14 33	20 26 21	4 43 31	10 43 21	10 47 18	22 48 46	13 43 57	19 37 05	9 21 25	5 35 46
15 M	2 32 50	22 45 20	28 42 55	18 10 48	17 22 21	21 03 57	5 06 44	11 01 31	10 53 55	22 52 09	13 47 01	19 35 54	9 22 19	5 34 45
16 Tu	3 33 45	4♐42 48	10♐44 50	19 47 32	18 30 23	21 41 35	5 30 15	11 19 54	11 00 28	22 55 42	13 50 11	19 34 45	9 23 15	5 33 47
17 W	4 34 36	16 50 10	22 58 44	21 25 06	19 38 32	22 19 10	5 53 55	11 38 25	11 06 49	22 59 18	13 53 21	19 33 30	9 24 07	5 32 45
18 Th	5 35 17	29 11 28	5♑28 40	23 03 23	20 46 40	22 56 33	6 17 38	11 56 54	11 12 51	23 02 50	13 56 23	19 32 03	9 24 47	5 31 32
19 F	6 35 39	11♑50 50	18 18 42	24 42 17	21 54 41	23 33 38	6 41 16	12 15 17	11 18 26	23 06 11	13 59 10	19 30 16	9 25 08	5 30 01
20 Sa	7 35 41	24 52 07	1♒32 21	26 21 48	23 02 31	24 10 22	7 04 47	12 33 30	11 23 33	23 09 19	14 01 39	19 28 08	9 25 09	5 28 10
21 Su	8 35 26	8♒18 29	15 12 09	28 01 58	24 10 14	24 46 49	7 28 13	12 51 36	11 28 15	23 12 17	14 03 54	19 25 41	9 24 51	5 26 02
22 M	9 35 03	22 11 47	29 18 58	29 42 59	25 17 58	25 23 07	7 51 44	13 09 44	11 32 40	23 15 13	14 06 05	19 23 05	9 24 24	5 23 47
23 Tu	10 34 45	6♓31 49	13♓51 20	1♈25 04	26 25 58	25 59 30	8 15 34	13 28 08	11 37 03	23 18 24	14 08 24	19 20 35	9 24 03	5 21 38
24 W	11 34 50	21 15 49	28 45 04	3 08 31	27 34 28	26 36 14	8 39 58	13 47 04	11 41 40	23 22 02	14 11 09	19 18 25	9 24 04	5 19 51
25 Th	12 35 29	6♈18 05	13♈53 11	4 53 33	28 43 41	27 13 33	9 05 09	14 06 45	11 46 42	23 26 23	14 14 31	19 16 49	9 24 38	5 18 40
26 F	13 36 49	21 30 27	29 06 39	6 40 17	29 53 43	27 51 30	9 31 11	14 27 16	11 52 17	23 31 31	14 18 36	19 15 53	9 25 52	5 18 09
27 Sa	14 38 44	6♉43 09	14♉15 33	8 28 38	1♓04 29	28 30 03	9 58 02	14 48 32	11 58 19	23 37 22	14 23 21	19 15 31	9 27 42	5 18 15
28 Su	15 40 60	21 46 21	29 10 38	10 18 23	2 15 44	29 08 57	10 25 25	15 10 20	12 04 33	23 43 41	14 28 29	19 15 31	9 29 52	5 18 44

Notes

LONGITUDE — March 1971

Day	☉	0 hr ☽	Noon ☽	☿	♀	♂	⚵	⚳	♃	♄	⚷	♅	♆	♇
1 M	16♈43 16	6♊31 36	13♊44 38	12♈09 10	3♓27 07	29♑47 50	10♋52 59	15♊32 17	12♑10 39	23♊50 07	14♉33 41	19♏15 30	9♑32 02	5♏19 13
2 Tu	17 45 07	20 52 58	27 53 04	14 00 36	4 38 14	0♒26 19	11 20 20	15 53 59	12 16 13	23 56 16	14 38 32	19 15 06	9 33 48	5 19 19
3 W	18 46 15	4♋47 26	11♋34 16	15 52 21	5 48 44	1 04 03	11 47 09	16 15 07	12 20 54	24 01 48	14 42 43	19 13 57	9 34 51	5 18 43
4 Th	19 46 28	18 14 45	24 49 04	17 44 13	6 58 28	1 40 52	12 13 13	16 35 30	12 24 32	24 06 34	14 46 02	19 11 54	9 34 58	5 17 14
5 F	20 45 48	1♌16 50	7♌40 04	19 36 13	8 07 26	2 16 48	12 38 35	16 55 09	12 27 09	24 10 32	14 48 31	19 08 58	9 34 13	5 14 53
6 Sa	21 44 28	13 57 02	20 11 03	21 28 31	9 15 51	2 52 02	13 03 26	17 14 17	12 28 57	24 13 58	14 50 23	19 05 22	9 32 47	5 11 54
7 Su	22 42 49	26 19 30	2♍26 14	23 21 28	10 24 05	3 26 58	13 28 09	17 33 15	12 30 17	24 17 12	14 52 00	19 01 28	9 31 03	5 08 37
8 M	23 41 19	8♍28 33	14 29 54	25 15 28	11 32 36	4 02 03	13 53 11	17 52 31	12 31 39	24 20 42	14 53 50	18 57 43	9 29 28	5 05 32
9 Tu	24 40 28	20 28 21	26 25 58	27 10 55	12 41 52	4 37 46	14 19 01	18 12 35	12 33 31	24 24 58	14 56 21	18 54 38	9 28 32	5 03 06
10 W	25 40 40	2♎22 33	8♎17 56	29 08 08	13 52 18	5 14 31	14 46 03	18 33 49	12 36 16	24 30 22	14 59 57	18 52 36	9 28 39	5 01 45
11 Th	26 42 10	14 14 15	20 08 38	1♉07 17	15 04 09	5 52 34	15 14 32	18 56 30	12 40 11	24 37 12	15 04 55	18 51 52	9 30 04	5 01 44
12 F	27 45 03	26 05 56	2♏00 22	3 08 18	16 17 29	6 31 59	15 44 33	19 20 43	12 45 20	24 45 31	15 11 19	18 52 33	9 32 52	5 03 07
13 Sa	28 49 11	7♏59 31	13 55 00	5 10 52	17 32 11	7 12 38	16 15 57	19 46 18	12 51 34	24 55 12	15 18 60	18 54 28	9 36 54	5 05 47
14 Su	29 54 12	19 56 35	25 54 04	7 14 27	18 47 53	7 54 09	16 48 22	20 12 55	12 58 33	25 05 52	15 27 37	18 57 17	9 41 50	5 09 22
15 M	0♉59 35	1♐58 33	7♐59 03	9 18 17	20 04 03	8 36 02	17 21 18	20 40 01	13 05 45	25 16 60	15 36 39	19 00 29	9 47 08	5 13 21
16 Tu	2 04 44	14 06 52	20 11 32	11 21 31	21 20 04	9 17 39	17 54 08	21 07 01	13 12 33	25 27 59	15 45 29	19 03 27	9 52 12	5 17 06
17 W	3 09 02	26 23 21	2♑33 32	13 23 13	22 35 20	9 58 23	18 26 13	21 33 17	13 18 20	25 38 14	15 53 30	19 05 35	9 56 24	5 20 02
18 Th	4 11 59	8♑50 17	15 07 30	15 22 36	23 49 22	10 37 45	18 57 06	21 58 20	13 22 38	25 47 14	16 00 13	19 06 22	9 59 15	5 21 40
19 F	5 13 20	21 30 32	27 56 26	17 19 00	25 01 53	11 15 30	19 26 30	22 21 54	13 25 10	25 54 44	16 05 23	19 05 35	10 00 30	5 21 43
20 Sa	6 13 08	4♒27 27	11♒03 41	19 12 07	26 12 57	11 51 40	19 54 28	22 44 03	13 25 60	26 00 46	16 09 01	19 03 15	10 00 12	5 20 14
21 Su	7 11 46	17 44 39	24 32 38	21 01 52	27 22 55	12 26 38	20 21 23	23 05 08	13 25 29	26 05 44	16 11 32	18 59 46	9 58 44	5 17 38
22 M	8 09 53	1♓25 23	8♓25 59	22 48 31	28 32 28	13 01 03	20 47 55	23 25 50	13 24 19	26 10 16	16 13 34	18 55 47	9 56 45	5 14 32
23 Tu	9 08 19	15 31 49	22 44 60	24 32 25	29 42 25	13 35 45	21 14 51	23 46 57	13 23 17	26 15 13	16 15 57	18 52 08	9 55 04	5 11 46
24 W	10 07 51	0♈04 06	7♈28 32	26 13 57	0♈53 34	14 11 32	21 43 02	24 09 18	13 23 13	26 21 23	16 19 29	18 49 36	9 54 30	5 10 10
25 Th	11 09 08	14 59 27	22 32 21	27 53 17	2 06 32	14 48 60	22 13 03	24 33 31	13 24 43	26 29 22	16 24 47	18 48 51	9 55 40	5 10 20
26 F	12 12 23	0♉11 47	7♉48 55	29 30 13	3 21 33	15 28 24	22 45 09	24 59 48	13 28 02	26 39 24	16 32 06	18 50 04	9 58 49	5 12 30
27 Sa	13 17 24	15 31 53	23 08 09	1♊04 10	4 38 24	16 09 31	23 19 07	25 27 57	13 32 57	26 51 18	16 41 12	18 53 05	10 03 43	5 16 27
28 Su	14 23 31	0♊48 44	8♊18 55	2 34 05	5 56 26	16 51 43	23 54 18	25 57 21	13 38 50	27 04 24	16 51 27	18 57 14	10 09 45	5 21 34
29 M	15 29 51	15 51 20	23 11 02	3 58 44	7 14 46	17 34 05	24 29 48	26 27 04	13 44 47	27 17 49	17 01 58	19 01 38	10 15 59	5 26 57
30 Tu	16 35 27	0♋30 34	7♋36 51	5 16 52	8 32 27	18 15 40	25 04 41	26 56 09	13 49 50	27 30 34	17 11 46	19 05 20	10 21 30	5 31 38
31 W	17 39 33	14 40 38	21 32 13	6 27 25	9 48 41	18 55 43	25 38 09	27 23 51	13 53 14	27 41 55	17 20 07	19 07 33	10 25 31	5 34 51

LONGITUDE — April 1971

Day	☉	0 hr ☽	Noon ☽	☿	♀	♂	⚵	⚳	♃	♄	⚷	♅	♆	♇
1 Th	18♉41 43	28♋19 22	4♌56 30	7♊29 45	11♈03 04	19♒33 47	26♋09 47	27♊49 43	13♑54 34	27♊51 25	17♉26 34	19♏07 53	10♑27 37	5♏36 11
2 F	19 41 57	11♌27 55	17 51 60	8 23 39	12 15 37	20 09 53	26 39 36	28 13 47	13 53 49	27 59 06	17 31 08	19 06 20	10 27 49	5 35 39
3 Sa	20 40 42	24 09 55	0♍23 05	9 09 22	13 26 44	20 44 27	27 08 01	28 36 28	13 51 26	28 05 22	17 34 14	19 03 20	10 26 31	5 33 39
4 Su	21 38 41	6♍30 33	12 35 16	9 47 32	14 37 10	21 18 12	27 35 45	28 58 28	13 48 09	28 10 58	17 36 37	18 59 36	10 24 28	5 30 57
5 M	22 36 47	18 35 42	24 34 28	10 18 56	15 47 48	21 52 02	28 03 43	29 20 43	13 44 50	28 16 46	17 39 09	18 56 02	10 22 33	5 28 25
6 Tu	23 35 55	0♎31 14	6♎26 24	10 44 27	16 59 32	22 26 52	28 32 47	29 44 05	13 42 25	28 23 41	17 42 45	18 53 33	10 21 41	5 26 58
7 W	24 36 51	12 22 31	18 16 11	11 04 50	18 13 08	23 03 25	29 03 44	0♋09 21	13 41 39	28 32 28	17 48 11	18 52 53	10 22 38	5 27 21
8 Th	25 40 04	24 14 02	0♏07 58	11 20 38	19 29 05	23 42 13	29 37 03	0 37 00	13 43 02	28 43 38	17 55 56	18 54 34	10 25 52	5 30 05
9 F	26 45 44	6♏09 16	12 04 51	11 32 07	20 47 33	24 23 23	0♌12 53	1 07 11	13 46 42	28 57 18	18 06 09	18 58 43	10 31 33	5 35 18
10 Sa	27 53 35	18 10 36	24 08 53	11 39 13	22 08 16	25 06 42	0 51 00	1 39 40	13 52 26	29 13 15	18 18 35	19 05 07	10 39 26	5 42 45
11 Su	29 03 02	0♐19 24	6♐21 09	11 41 36	23 30 40	25 51 34	1 30 47	2 13 51	13 59 39	29 30 53	18 32 39	19 13 09	10 48 57	5 51 52
12 M	0♊13 14	12 36 13	18 42 01	11 38 43	24 53 52	26 37 05	2 11 23	2 48 50	14 07 26	29 49 19	18 47 29	19 21 59	10 59 11	6 01 45
13 Tu	1 23 08	25 01 10	1♑11 33	11 29 55	26 16 50	27 22 15	2 51 45	3 23 38	14 14 48	0♋07 32	19 02 02	19 30 33	11 09 09	6 11 23
14 W	2 31 43	7♑34 17	13 49 50	11 14 42	27 38 33	28 06 02	3 30 53	3 57 13	14 20 44	0 24 30	19 15 19	19 37 52	11 17 50	6 19 47
15 Th	3 38 13	20 15 58	26 37 23	10 52 47	28 58 15	28 47 39	4 07 59	4 28 46	14 24 25	0 39 27	19 26 31	19 43 07	11 24 24	6 26 07
16 F	4 42 10	3♒07 18	9♒35 31	10 24 22	0♉15 26	29 26 38	4 42 35	4 57 52	14 25 26	0 51 54	19 35 11	19 45 52	11 28 26	6 29 56
17 Sa	5 43 35	16 10 14	22 46 19	9 50 09	1 30 10	0♓02 60	5 14 44	5 24 30	14 23 47	1 01 53	19 41 20	19 46 08	11 29 57	6 31 17
18 Su	6 42 59	29 27 30	6♓12 36	9 11 25	2 42 56	0 37 16	5 44 55	5 49 13	14 19 59	1 09 56	19 45 30	19 44 26	11 29 27	6 30 39
19 M	7 41 19	13♓02 17	19 57 22	8 29 51	3 54 41	1 10 22	6 14 06	6 12 57	14 14 59	1 16 58	19 48 36	19 41 42	11 27 54	6 29 01
20 Tu	8 39 47	26 57 32	4♈03 06	7 47 28	5 06 37	1 43 29	6 43 27	6 36 52	14 09 59	1 24 11	19 51 50	19 39 09	11 26 28	6 27 32
21 W	9 39 33	11♈15 01	18 30 40	7 06 13	6 19 54	2 17 49	7 14 10	7 02 11	14 06 11	1 32 45	19 56 24	19 37 56	11 26 22	6 27 24
22 Th	10 41 33	25 54 19	3♉18 27	6 27 49	7 35 29	2 54 16	7 47 11	7 29 48	14 04 29	1 43 37	20 03 12	19 39 01	11 28 30	6 29 33
23 F	11 46 13	10♉51 57	18 21 35	5 53 26	8 53 47	3 33 16	8 22 54	8 00 09	14 05 20	1 57 13	20 12 41	19 42 49	11 33 19	6 34 26
24 Sa	12 53 22	26 01 07	3♊32 05	5 23 34	10 14 36	4 14 39	9 01 10	8 33 05	14 08 33	2 13 21	20 24 40	19 49 09	11 40 37	6 41 50
25 Su	14 02 14	11♊12 18	18 39 46	4 58 03	11 37 11	4 57 37	9 41 12	9 07 47	14 13 23	2 31 14	20 38 23	19 57 15	11 49 38	6 51 00
26 M	15 11 38	26 14 42	3♋34 06	4 36 16	13 00 22	5 41 01	10 21 50	9 43 07	14 18 39	2 49 44	20 52 39	20 05 57	11 59 14	7 00 46
27 Tu	16 20 19	10♋58 17	18 05 59	4 17 24	14 22 52	6 23 34	11 01 47	10 17 47	14 23 06	3 07 34	21 06 12	20 13 60	12 08 07	7 09 52
28 W	17 27 12	25 15 28	2♌09 23	4 00 46	15 43 38	7 04 11	11 39 59	10 50 44	14 25 39	3 23 39	21 17 58	20 20 17	12 15 12	7 17 13
29 Th	18 31 38	9♌02 13	15 41 50	3 46 00	17 01 59	7 42 14	12 15 48	11 21 18	14 25 40	3 37 20	21 27 18	20 24 12	12 19 52	7 22 10
30 F	19 33 31	22 18 07	28 44 15	3 33 15	18 17 50	8 17 36	12 49 05	11 49 24	14 23 02	3 48 31	21 34 05	20 25 37	12 22 00	7 24 38

Notes

May 1971 LONGITUDE

Day	☉	0 hr ☽	Noon ☽	☿	♀	♂	⚵	⚳	♃	♄	⚷	♅	♆	♇
1 Sa	20 ♊ 33 16	5 ♍ 05 49	11 ♍ 20 21	3 ♊ 23 04	19 ♉ 31 35	8 ♓ 50 42	13 ♌ 20 18	12 ♋ 15 26	14 ♑ 18 12	3 ♋ 57 37	21 ♉ 38 45	20 ♏ 24 58	12 ♑ 22 01	7 ♏ 25 01
2 Su	21 31 43	17 30 11	23 35 32	3 16 23	20 44 06	9 22 21	13 50 16	12 40 14	14 11 60	4 05 29	21 42 09	20 23 05	12 20 46	7 24 10
3 M	22 29 56	29 37 20	5 ♎ 36 12	3 14 20	21 56 26	9 53 39	14 20 03	13 04 53	14 05 30	4 13 10	21 45 19	20 21 02	12 19 18	7 23 08
4 Tu	23 29 03	11 ♎ 33 49	17 28 55	3 17 60	23 09 43	10 25 42	14 50 45	13 30 29	13 59 48	4 21 47	21 49 23	20 19 57	12 18 45	7 23 04
5 W	24 29 60	23 25 55	29 19 46	3 28 18	24 24 52	10 59 26	15 23 21	13 57 59	13 55 54	4 32 17	21 55 18	20 20 46	12 20 03	7 24 53
6 Th	25 33 27	5 ♏ 19 13	11 ♏ 14 04	3 45 49	25 42 34	11 35 31	15 58 28	14 28 03	13 54 26	4 45 20	22 03 43	20 24 09	12 23 53	7 29 16
7 F	26 39 38	17 18 15	23 15 55	4 10 42	27 03 04	12 14 10	16 36 22	15 00 55	13 55 39	5 01 09	22 14 53	20 30 20	12 30 28	7 36 26
8 Sa	27 48 20	29 26 12	5 ♐ 28 04	4 42 36	28 26 06	12 55 11	17 16 49	15 36 22	13 59 19	5 19 32	22 28 34	20 39 06	12 39 35	7 46 11
9 Su	28 58 54	11 ♐ 44 59	17 51 59	5 20 45	29 51 04	13 37 53	17 59 10	16 13 45	14 04 49	5 39 49	22 44 07	20 49 48	12 50 35	7 57 51
10 M	0 ♋ 10 22	24 15 13	0 ♑ 27 50	6 04 01	1 ♊ 16 57	14 21 18	18 42 26	16 52 04	14 11 09	6 01 02	23 00 34	21 01 27	13 02 30	8 10 27
11 Tu	1 21 32	6 ♑ 56 33	13 14 57	6 51 07	2 42 36	15 04 16	19 25 26	17 30 09	14 17 10	6 21 59	23 16 43	21 12 52	13 14 09	8 22 50
12 W	2 31 17	19 48 03	26 12 10	7 40 45	4 06 52	15 45 36	20 07 03	18 06 52	14 21 42	6 41 33	23 31 27	21 22 56	13 24 23	8 33 50
13 Th	3 38 41	2 ♒ 48 38	9 ♒ 18 24	8 31 52	5 28 49	16 24 24	20 46 20	18 41 18	14 23 52	6 58 48	23 43 49	21 30 43	13 32 18	8 42 32
14 F	4 43 13	15 57 40	22 33 06	9 23 48	6 47 58	17 00 07	21 22 47	19 12 54	14 23 09	7 13 13	23 53 20	21 35 43	13 37 22	8 48 26
15 Sa	5 44 54	29 15 15	5 ♓ 56 34	10 16 27	8 04 17	17 32 47	21 56 24	19 41 43	14 19 32	7 24 48	23 59 58	21 37 54	13 39 35	8 51 32
16 Su	6 44 15	12 ♓ 42 28	19 30 01	11 10 12	9 18 18	18 02 54	22 27 42	20 08 14	14 13 34	7 34 05	24 04 17	21 37 49	13 39 30	8 52 21
17 M	7 42 16	26 21 05	3 ♈ 15 22	12 05 56	10 31 02	18 31 26	22 57 42	20 33 28	14 06 14	7 42 02	24 07 14	21 36 28	13 38 05	8 51 52
18 Tu	8 40 12	10 ♈ 13 16	17 14 34	13 04 47	11 43 42	18 59 39	23 27 36	20 58 39	13 58 48	7 49 55	24 10 05	21 35 05	13 36 36	8 51 20
19 W	9 39 17	24 20 41	1 ♉ 28 53	14 07 54	12 57 33	19 28 46	23 58 41	21 25 02	13 52 31	7 58 59	24 14 05	21 34 55	13 36 16	8 52 01
20 Th	10 40 30	8 ♉ 43 42	15 57 53	15 16 10	14 13 35	19 59 46	24 31 56	21 53 36	13 48 22	8 10 12	24 20 12	21 36 57	13 38 07	8 54 54
21 F	11 44 20	23 20 30	0 ♊ 38 48	16 29 59	15 32 17	20 33 07	25 07 48	22 24 50	13 46 50	8 24 04	24 28 56	21 41 41	13 42 35	9 00 26
22 Sa	12 50 41	8 ♊ 06 44	15 26 16	17 49 10	16 53 30	21 08 42	25 46 12	22 58 37	13 47 49	8 40 26	24 40 08	21 48 57	13 49 35	9 08 31
23 Su	13 58 48	22 55 33	0 ♋ 12 48	19 12 55	18 16 32	21 45 48	26 26 23	23 34 13	13 50 35	8 58 36	24 53 07	21 58 05	13 58 22	9 18 27
24 M	15 07 36	7 ♋ 38 38	14 49 56	20 40 04	19 40 16	22 23 16	27 07 16	24 10 31	13 54 02	9 17 27	25 06 45	22 07 57	14 07 51	9 29 05
25 Tu	16 15 49	22 07 32	29 09 39	22 09 19	21 03 27	22 59 51	27 47 34	24 46 17	13 56 56	9 35 44	25 19 47	22 17 18	14 16 46	9 39 12
26 W	17 22 21	6 ♌ 15 10	13 ♌ 05 53	23 39 33	22 25 00	23 34 29	28 26 13	25 20 26	13 58 12	9 52 21	25 31 08	22 25 04	14 24 03	9 47 42
27 Th	18 26 31	19 56 60	26 35 19	25 09 60	23 44 13	24 06 25	29 02 31	25 52 14	13 57 08	10 06 37	25 40 06	22 30 30	14 28 58	9 53 52
28 F	19 28 06	3 ♍ 11 27	9 ♍ 37 36	26 40 26	25 00 53	24 35 28	29 36 14	26 21 29	13 53 31	10 18 19	25 46 28	22 33 27	14 31 20	9 57 31
29 Sa	20 27 25	15 59 49	22 15 04	28 11 08	26 15 17	25 01 54	0 ♍ 07 41	26 48 30	13 47 41	10 27 44	25 50 31	22 34 10	14 31 27	9 58 56
30 Su	21 25 08	28 25 44	4 ♎ 32 02	29 42 47	27 28 09	25 26 26	0 37 34	27 13 59	13 40 19	10 35 35	25 52 60	22 33 23	14 30 01	9 58 50
31 M	22 22 15	10 ♎ 34 22	16 34 12	1 ♋ 16 21	28 40 26	25 50 01	1 06 51	27 38 53	13 32 23	10 42 50	25 54 50	22 32 04	14 27 59	9 58 09

June 1971 LONGITUDE

Day	☉	0 hr ☽	Noon ☽	☿	♀	♂	⚵	⚳	♃	♄	⚷	♅	♆	♇
1 Tu	23 ♋ 19 46	22 ♎ 31 47	28 ♎ 27 47	2 ♋ 52 49	29 ♊ 53 10	26 ♓ 13 41	1 ♍ 36 33	28 ♋ 04 14	13 ♑ 24 56	10 ♋ 50 30	25 ♉ 57 04	22 ♏ 31 13	14 ♑ 26 23	9 ♏ 57 57
2 W	24 18 38	4 ♏ 24 14	10 ♏ 19 03	4 33 07	1 ♋ 07 16	26 38 19	2 07 36	28 30 57	13 18 54	10 59 31	26 00 38	22 31 47	14 26 10	9 59 09
3 Th	25 19 30	16 17 39	22 13 48	6 17 55	2 23 24	27 04 36	2 40 39	28 59 43	13 14 57	11 10 32	26 06 11	22 34 26	14 27 59	10 02 24
4 F	26 22 40	28 17 12	4 ♐ 16 55	8 07 30	3 41 53	27 32 50	3 16 01	29 30 49	13 13 23	11 23 52	26 14 00	22 39 28	14 32 07	10 08 01
5 Sa	27 28 02	10 ♐ 27 03	16 32 07	10 01 44	5 02 35	28 02 52	3 53 35	0 ♌ 04 08	13 14 04	11 39 23	26 24 00	22 46 45	14 38 29	10 15 52
6 Su	28 35 04	22 50 03	29 01 48	12 00 04	6 24 59	28 34 10	4 32 49	0 39 10	13 16 32	11 56 34	26 35 39	22 55 46	14 46 33	10 25 26
7 M	29 42 57	5 ♑ 27 42	11 ♑ 46 53	14 01 40	7 48 16	29 05 56	5 12 54	1 15 03	13 19 55	12 14 36	26 48 07	23 05 43	14 55 29	10 35 55
8 Tu	0 ♌ 50 41	18 20 15	24 47 03	16 05 30	9 11 26	29 37 08	5 52 51	1 50 50	13 23 16	12 32 29	27 00 25	23 15 35	15 04 17	10 46 17
9 W	1 57 17	1 ♒ 26 47	8 ♒ 00 52	18 10 30	10 33 29	0 ♈ 06 46	6 31 38	2 25 30	13 25 33	12 49 13	27 11 33	23 24 22	15 11 59	10 55 34
10 Th	3 01 56	14 45 40	21 26 23	20 15 49	11 53 37	0 34 00	7 08 29	2 58 13	13 25 60	13 03 59	27 20 42	23 31 16	15 17 45	11 02 56
11 F	4 04 11	28 15 00	5 ♓ 01 29	22 20 54	13 11 23	0 58 24	7 42 54	3 28 34	13 24 08	13 16 21	27 27 25	23 35 50	15 21 08	11 07 57
12 Sa	5 03 60	11 ♓ 53 02	18 44 28	24 25 36	14 26 45	1 19 54	8 14 54	3 56 31	13 19 57	13 26 16	27 31 40	23 38 02	15 22 07	11 10 36
13 Su	6 01 49	25 38 36	2 ♈ 34 16	26 30 14	15 40 09	1 38 55	8 44 54	4 22 30	13 13 53	13 34 10	27 33 54	23 38 18	15 21 08	11 11 17
14 M	6 58 27	9 ♈ 31 08	16 30 30	28 35 26	16 52 22	1 56 15	9 13 41	4 47 17	13 06 43	13 40 51	27 34 53	23 37 26	15 18 58	11 10 48
15 Tu	7 54 53	23 30 39	0 ♉ 33 14	0 ♌ 41 60	18 04 25	2 12 53	9 42 16	5 11 53	12 59 29	13 47 20	27 35 39	23 36 26	15 16 37	11 10 10
16 W	8 52 08	7 ♉ 37 12	14 42 30	2 50 44	19 17 18	2 29 47	10 11 38	5 37 19	12 53 10	13 54 35	27 37 10	23 36 17	15 15 06	11 10 23
17 Th	9 50 58	21 50 26	28 57 38	5 02 11	20 31 49	2 47 45	10 42 36	6 04 21	12 48 34	14 03 24	27 40 15	23 37 48	15 15 12	11 12 14
18 F	10 51 47	6 ♊ 08 55	13 ♊ 16 50	7 16 29	21 48 19	3 07 08	11 15 31	6 33 23	12 46 04	14 14 11	27 45 16	23 41 21	15 17 18	11 16 06
19 Sa	11 54 31	20 29 55	27 36 49	9 33 18	23 06 46	3 27 52	11 50 20	7 04 20	12 45 36	14 26 50	27 52 09	23 46 52	15 21 20	11 21 54
20 Su	12 58 38	4 ♋ 49 17	11 ♋ 53 06	11 51 49	24 26 37	3 49 24	12 26 31	7 36 40	12 46 39	14 40 51	28 00 23	23 53 50	15 26 46	11 29 08
21 M	14 03 19	19 01 56	26 00 25	14 10 57	25 47 03	4 10 55	13 03 16	8 09 35	12 48 24	14 55 25	28 09 09	24 01 26	15 32 47	11 36 59
22 Tu	15 07 40	3 ♌ 02 31	9 ♌ 53 37	16 29 30	27 07 11	4 31 29	13 39 39	8 42 10	12 49 57	15 09 35	28 17 31	24 08 44	15 38 30	11 44 31
23 W	16 10 50	16 46 20	23 28 30	18 46 23	28 26 10	4 50 17	14 14 52	9 13 36	12 50 30	15 22 35	28 24 41	24 14 57	15 43 04	11 50 56
24 Th	17 12 18	0 ♍ 10 02	6 ♍ 42 25	21 00 50	29 43 27	5 06 44	14 48 21	9 43 20	12 49 28	15 33 49	28 30 06	24 19 30	15 45 56	11 55 40
25 F	18 11 51	13 12 07	19 34 41	23 12 22	0 ♌ 58 51	5 20 37	15 19 53	10 11 08	12 46 39	15 43 06	28 33 33	24 22 11	15 46 55	11 58 31
26 Sa	19 09 37	25 53 04	2 ♎ 06 33	25 20 57	2 12 29	5 32 06	15 49 37	10 37 10	12 42 13	15 50 34	28 35 10	24 23 09	15 46 08	11 59 38
27 Su	20 06 02	8 ♎ 15 09	14 20 56	27 26 51	3 24 47	5 41 34	16 17 60	11 01 52	12 36 36	15 56 40	28 35 25	24 22 51	15 44 03	11 59 27
28 M	21 01 44	20 22 04	26 22 05	29 30 33	4 36 25	5 49 41	16 45 39	11 25 52	12 30 26	16 02 01	28 34 54	24 21 53	15 41 16	11 58 35
29 Tu	21 57 27	2 ♏ 18 33	8 ♏ 15 03	1 ♍ 32 37	5 48 05	5 57 08	17 13 18	11 49 52	12 24 26	16 07 20	28 34 21	24 20 59	15 38 32	11 57 46
30 W	22 53 50	14 09 53	20 05 19	3 33 38	7 00 25	6 04 33	17 41 35	12 14 32	12 19 16	16 13 17	28 34 26	24 20 49	15 36 29	11 57 39

Notes

LONGITUDE — July 1971

Day	☉	0 hr ☽	Noon ☽	☿	♀	♂	⚵	⚳	♃	♄	⚷	♅	♆	♇
1 Th	23 ♌ 51 22	26 ♏ 01 30	1 ♐ 58 22	5 ♍ 33 59	8 ♌ 13 57	6 ♈ 12 27	18 ♍ 11 00	12 ♌ 40 22	12 ♑ 15 25	16 ♋ 20 21	28 ♉ 35 37	24 ♏ 21 52	15 ♑ 35 38	11 ♏ 58 45
2 F	24 50 20	7 ♐ 58 38	13 59 20	7 33 53	9 28 56	6 21 05	18 41 50	13 07 37	12 13 10	16 28 48	28 38 11	24 24 24	15 36 13	12 01 17
3 Sa	25 50 43	20 05 59	26 12 42	9 33 16	10 45 21	6 30 26	19 14 04	13 36 18	12 12 30	16 38 37	28 42 08	24 28 25	15 38 16	12 05 18
4 Su	26 52 15	2 ♑ 27 26	8 ♑ 41 56	11 31 50	12 02 56	6 40 12	19 47 24	14 06 07	12 13 09	16 49 32	28 47 11	24 33 37	15 41 28	12 10 28
5 M	27 54 25	15 05 50	21 29 23	13 29 04	13 21 11	6 49 54	20 21 22	14 36 35	12 14 37	17 01 04	28 52 49	24 39 32	15 45 21	12 16 20
6 Tu	28 56 39	28 02 47	4 ♒ 35 59	15 24 20	14 39 30	6 58 55	20 55 22	15 07 05	12 16 19	17 12 36	28 58 28	24 45 33	15 49 19	12 22 17
7 W	29 58 18	11 ♒ 18 31	18 01 17	17 17 02	15 57 17	7 06 38	21 28 46	15 37 01	12 17 36	17 23 30	29 03 30	24 51 03	15 52 44	12 27 42
8 Th	0 ♍ 58 54	24 51 58	1 ♓ 43 28	19 06 39	17 14 01	7 12 32	22 01 04	16 05 53	12 17 60	17 33 18	29 07 24	24 55 32	15 55 07	12 32 04
9 F	1 58 07	8 ♓ 40 53	15 39 43	20 52 58	18 29 24	7 16 19	22 31 58	16 33 22	12 17 12	17 41 40	29 09 54	24 58 43	15 56 09	12 35 06
10 Sa	2 55 58	22 42 12	29 46 33	22 35 41	19 43 25	7 17 57	23 01 27	16 59 27	12 15 11	17 48 35	29 10 57	25 00 32	15 55 49	12 36 47
11 Su	3 52 39	6 ♈ 52 26	14 ♈ 00 21	24 15 18	20 56 18	7 17 39	23 29 45	17 24 22	12 12 11	17 54 18	29 10 47	25 01 16	15 54 20	12 37 19
12 M	4 48 37	21 08 05	28 17 38	25 52 18	22 08 29	7 15 52	23 57 18	17 48 34	12 08 39	17 59 14	29 09 52	25 01 19	15 52 11	12 37 11
13 Tu	5 44 27	5 ♉ 25 59	12 ♉ 35 28	27 26 54	23 20 32	7 13 09	24 24 40	18 12 35	12 05 07	18 03 57	29 08 43	25 01 16	15 49 53	12 36 54
14 W	6 40 39	19 43 21	26 51 19	28 59 58	24 32 59	7 10 02	24 52 22	18 36 59	12 02 09	18 08 59	29 07 54	25 01 38	15 47 60	12 37 02
15 Th	7 37 39	3 ♊ 57 50	11 ♊ 03 05	0 ♎ 31 46	25 46 14	7 06 55	25 20 50	19 02 08	12 00 08	18 14 44	29 07 49	25 02 50	15 46 55	12 37 58
16 F	8 35 37	18 07 20	25 08 51	2 02 29	27 00 28	7 03 60	25 50 13	19 28 15	11 59 16	18 21 24	29 08 38	25 05 03	15 46 49	12 39 54
17 Sa	9 34 31	2 ♋ 09 49	9 ♋ 06 41	3 32 03	28 15 39	7 01 13	26 20 30	19 55 16	11 59 30	18 28 55	29 10 20	25 08 14	15 47 40	12 42 46
18 Su	10 34 06	16 03 14	22 54 38	5 00 12	29 31 31	6 58 20	26 51 25	20 22 56	12 00 34	18 37 01	29 12 37	25 12 07	15 49 12	12 46 20
19 M	11 33 57	29 45 35	6 ♌ 30 44	6 26 30	0 ♍ 47 41	6 54 58	27 22 34	20 50 51	12 02 05	18 45 20	29 15 08	25 16 19	15 51 02	12 50 12
20 Tu	12 33 41	13 ♌ 14 58	19 53 13	7 50 32	2 03 43	6 50 43	27 53 33	21 18 37	12 03 39	18 53 27	29 17 28	25 20 26	15 52 46	12 53 57
21 W	13 32 55	26 29 48	3 ♍ 00 42	9 11 53	3 19 18	6 45 16	28 24 01	21 45 52	12 04 55	19 01 00	29 19 15	25 24 07	15 54 02	12 57 14
22 Th	14 31 28	9 ♍ 29 05	15 52 27	10 30 17	4 34 11	6 38 23	28 53 44	22 12 24	12 05 39	19 07 47	29 20 16	25 27 08	15 54 36	12 59 50
23 F	15 29 14	22 12 33	28 28 33	11 45 38	5 48 19	6 30 01	29 22 38	22 38 08	12 05 47	19 13 42	29 20 27	25 29 24	15 54 26	13 01 41
24 Sa	16 26 18	4 ♎ 40 49	10 ♎ 50 02	12 57 55	7 01 44	6 20 17	29 50 47	23 03 08	12 05 23	19 18 51	29 19 52	25 31 01	15 53 35	13 02 51
25 Su	17 22 51	16 55 24	22 58 47	14 07 15	8 14 40	6 09 22	0 ♎ 18 22	23 27 34	12 04 39	19 23 23	29 18 42	25 32 09	15 52 13	13 03 30
26 M	18 19 07	28 58 40	4 ♏ 57 34	15 13 49	9 27 19	5 57 33	0 45 38	23 51 43	12 03 49	19 27 34	29 17 12	25 33 02	15 50 36	13 03 53
27 Tu	19 15 22	10 ♏ 53 46	16 49 54	16 17 47	10 39 58	5 45 07	1 12 51	24 15 48	12 03 07	19 31 39	29 15 37	25 33 56	15 48 59	13 04 17
28 W	20 11 48	22 44 28	28 39 48	17 19 15	11 52 49	5 32 19	1 40 12	24 40 03	12 02 48	19 35 51	29 14 11	25 35 04	15 47 36	13 04 53
29 Th	21 08 35	4 ♐ 34 60	10 ♐ 31 44	18 18 17	13 06 02	5 19 19	2 07 52	25 04 37	12 03 01	19 40 18	29 13 01	25 36 35	15 46 34	13 05 51
30 F	22 05 47	16 29 50	22 30 16	19 14 49	14 19 39	5 06 12	2 35 52	25 29 33	12 03 47	19 45 04	29 12 12	25 38 32	15 45 58	13 07 14
31 Sa	23 03 20	28 33 35	4 ♑ 39 60	20 08 42	15 33 39	4 52 60	3 04 12	25 54 49	12 05 06	19 50 07	29 11 42	25 40 54	15 45 45	13 08 59

LONGITUDE — August 1971

Day	☉	0 hr ☽	Noon ☽	☿	♀	♂	⚵	⚳	♃	♄	⚷	♅	♆	♇
1 Su	24 ♍ 01 09	10 ♑ 50 39	17 ♑ 05 12	20 ♎ 59 41	16 ♍ 47 56	4 ♈ 39 37	3 ♎ 32 46	26 ♌ 20 18	12 ♑ 06 52	19 ♋ 55 21	29 ♉ 11 23	25 ♏ 43 33	15 ♑ 45 49	13 ♏ 11 02
2 M	24 59 06	23 25 03	29 49 32	21 47 28	18 02 20	4 25 58	4 01 23	26 45 53	12 08 55	20 00 37	29 11 09	25 46 22	15 46 02	13 13 13
3 Tu	25 57 01	6 ♒ 20 03	12 ♒ 55 45	22 31 46	19 16 44	4 11 57	4 29 57	27 11 25	12 11 07	20 05 47	29 10 50	25 49 11	15 46 16	13 15 23
4 W	26 54 50	19 37 44	26 25 13	23 12 19	20 31 01	3 57 29	4 58 21	27 36 48	12 13 22	20 10 44	29 10 20	25 51 56	15 46 23	13 17 27
5 Th	27 52 29	3 ♓ 18 45	10 ♓ 17 38	23 48 53	21 45 10	3 42 34	5 26 32	28 01 58	12 15 37	20 15 26	29 09 38	25 54 32	15 46 22	13 19 22
6 F	28 50 00	17 21 51	24 30 46	24 21 18	22 59 10	3 27 16	5 54 31	28 26 57	12 17 54	20 19 54	29 08 43	25 57 02	15 46 13	13 21 09
7 Sa	29 47 28	1 ♈ 43 53	9 ♈ 00 30	24 49 27	24 13 07	3 11 43	6 22 24	28 51 50	12 20 17	20 24 12	29 07 40	25 59 29	15 46 03	13 22 53
8 Su	0 ♎ 44 57	16 19 52	23 41 08	25 13 14	25 27 07	2 56 01	6 50 16	29 16 43	12 22 52	20 28 26	29 06 36	26 02 01	15 45 55	13 24 39
9 M	1 42 33	1 ♉ 03 34	8 ♉ 26 04	25 32 32	26 41 13	2 40 18	7 18 11	29 41 39	12 25 42	20 32 41	29 05 35	26 04 40	15 45 54	13 26 32
10 Tu	2 40 18	15 48 10	23 08 36	25 47 09	27 55 28	2 24 38	7 46 10	0 ♍ 06 40	12 28 50	20 36 58	29 04 38	26 07 28	15 46 02	13 28 34
11 W	3 38 08	0 ♊ 27 11	7 ♊ 42 44	25 56 51	29 09 48	2 09 01	8 14 11	0 31 44	12 32 12	20 41 14	29 03 42	26 10 23	15 46 17	13 30 40
12 Th	4 35 57	14 55 15	22 03 48	26 01 21	0 ♎ 24 08	1 53 23	8 42 08	0 56 44	12 35 43	20 45 22	29 02 41	26 13 18	15 46 31	13 32 46
13 F	5 33 39	29 08 27	6 ♋ 08 46	26 00 23	1 38 20	1 37 40	9 09 54	1 21 32	12 39 15	20 49 16	29 01 28	26 16 06	15 46 38	13 34 44
14 Sa	6 31 07	13 ♋ 04 34	19 56 07	25 53 42	2 52 18	1 21 47	9 37 21	1 46 03	12 42 41	20 52 49	28 59 57	26 18 41	15 46 32	13 36 27
15 Su	7 28 18	26 42 50	3 ♌ 25 42	25 41 10	4 05 59	1 05 47	10 04 28	2 10 13	12 45 59	20 55 58	28 58 05	26 20 59	15 46 09	13 37 53
16 M	8 25 15	10 ♌ 03 39	16 38 16	25 22 49	5 19 26	0 49 43	10 31 18	2 34 06	12 49 12	20 58 47	28 55 55	26 23 05	15 45 33	13 39 05
17 Tu	9 22 06	23 08 09	29 35 09	24 58 47	6 32 46	0 33 47	10 57 57	2 57 49	12 52 28	21 01 22	28 53 35	26 25 05	15 44 51	13 40 10
18 W	10 19 04	5 ♍ 57 51	12 ♍ 17 58	24 29 24	7 46 13	0 18 13	11 24 38	3 21 34	12 55 58	21 03 57	28 51 17	26 27 12	15 44 16	13 41 21
19 Th	11 16 21	18 34 27	24 48 24	23 55 06	8 59 58	0 03 19	11 51 35	3 45 34	12 59 56	21 06 44	28 49 14	26 29 39	15 44 01	13 42 52
20 F	12 14 09	0 ♎ 59 35	7 ♎ 08 06	23 16 25	10 14 16	29 ♓ 49 18	12 18 60	4 10 03	13 04 34	21 09 55	28 47 39	26 32 39	15 44 19	13 44 53
21 Sa	13 12 39	13 14 52	19 18 41	22 33 57	11 29 13	29 36 22	12 47 01	4 35 08	13 10 01	21 13 40	28 46 41	26 36 20	15 45 17	13 47 35
22 Su	14 11 51	25 21 52	1 ♏ 21 50	21 48 18	12 44 54	29 24 37	13 15 42	5 00 52	13 16 20	21 18 01	28 46 22	26 40 44	15 46 59	13 50 59
23 M	15 11 42	7 ♏ 22 14	13 19 19	21 00 06	14 01 12	29 13 59	13 44 56	5 27 10	13 23 25	21 22 53	28 46 37	26 45 47	15 49 20	13 55 02
24 Tu	16 11 59	19 17 49	25 13 12	20 10 00	15 17 56	29 04 19	14 14 34	5 53 50	13 31 05	21 28 04	28 47 16	26 51 17	15 52 08	13 59 30
25 W	17 12 25	1 ♐ 10 48	7 ♐ 05 53	19 18 39	16 34 49	28 55 22	14 44 16	6 20 36	13 39 02	21 33 17	28 47 59	26 56 57	15 55 06	14 04 07
26 Th	18 12 40	13 03 47	19 00 15	18 26 45	17 51 31	28 46 49	15 13 42	6 47 05	13 46 55	21 38 12	28 48 28	27 02 26	15 57 53	14 08 32
27 F	19 12 24	24 59 55	0 ♑ 59 41	17 35 05	19 07 41	28 38 22	15 42 34	7 12 59	13 54 26	21 42 28	28 48 22	27 07 24	16 00 10	14 12 25
28 Sa	20 11 21	7 ♑ 02 52	13 08 01	16 44 31	20 23 04	28 29 48	16 10 34	7 38 02	14 01 17	21 45 50	28 47 26	27 11 37	16 01 41	14 15 32
29 Su	21 09 26	19 16 47	25 29 30	15 56 05	21 37 33	28 21 00	16 37 38	8 02 07	14 07 24	21 48 12	28 45 33	27 14 56	16 02 20	14 17 45
30 M	22 06 41	1 ♒ 46 06	8 ♒ 08 33	15 10 57	22 51 13	28 12 05	17 03 48	8 25 19	14 12 49	21 49 37	28 42 48	27 17 27	16 02 09	14 19 08
31 Tu	23 03 22	14 35 17	21 09 22	14 30 23	24 04 18	28 03 19	17 29 20	8 47 52	14 17 47	21 50 20	28 39 25	27 19 24	16 01 26	14 19 56

Notes

September 1971

LONGITUDE

Day	☉	0 hr ☽	Noon ☽	☿	♀	♂	⚵	⚳	♃	♄	⚷	♅	♆	♇
1 W	23♎59 54	27♒48 18	4♓35 21	13♎55 44	25♎17 14	27♓55 07	17♎54 38	9♍10 11	14♑22 44	21♋50 47	28♉35 50	27♏21 12	16♑00 34	14♏20 35
2 Th	24 56 48	11♓27 59	18 28 31	13 28 19	26 30 30	27 48 00	18 20 14	9 32 47	14 28 09	21 51 28	28 32 33	27 23 22	16 00 04	14 21 34
3 F	25 54 33	25 35 17	2♈48 36	13 09 17	27 44 37	27 42 30	18 46 36	9 56 09	14 34 33	21 52 53	28 30 04	27 26 24	16 00 26	14 23 24
4 Sa	26 53 31	10♈08 29	17 32 32	12 59 32	28 59 57	27 38 57	19 14 07	10 20 39	14 42 17	21 55 23	28 28 45	27 30 38	16 02 02	14 26 26
5 Su	27 53 51	25 02 55	2♉34 14	12 59 33	0♏16 36	27 37 32	19 42 55	10 46 25	14 51 29	21 59 06	28 28 43	27 36 13	16 04 58	14 30 49
6 M	28 55 21	10♉10 55	17 45 03	13 09 27	1 34 26	27 38 02	20 12 48	11 13 17	15 01 59	22 03 53	28 29 49	27 42 59	16 09 07	14 36 21
7 Tu	29 57 37	25 22 51	2♊54 57	13 28 52	2 53 00	27 40 04	20 43 22	11 40 48	15 13 19	22 09 16	28 31 36	27 50 30	16 13 60	14 42 37
8 W	0♏59 60	10♊28 29	17 54 06	13 57 10	4 11 40	27 42 58	21 13 58	12 08 20	15 24 53	22 14 38	28 33 27	27 58 07	16 18 60	14 48 58
9 Th	2 01 50	25 18 43	2♋34 30	14 33 33	5 29 46	27 46 05	21 43 57	12 35 14	15 36 01	22 19 19	28 34 41	28 05 10	16 23 27	14 54 45
10 F	3 02 35	9♋46 57	16 50 52	15 17 15	6 46 46	27 48 53	22 12 45	13 00 56	15 46 09	22 22 46	28 34 47	28 11 08	16 26 49	14 59 26
11 Sa	4 01 59	23 49 37	0♌41 04	16 07 40	8 02 24	27 51 05	22 40 06	13 25 11	15 55 02	22 24 43	28 33 28	28 15 43	16 28 50	15 02 43
12 Su	5 00 04	7♌26 08	14 05 36	17 04 27	9 16 42	27 52 45	23 06 04	13 48 01	16 02 42	22 25 14	28 30 47	28 18 60	16 29 32	15 04 41
13 M	5 57 14	20 38 17	27 07 01	18 07 31	10 30 02	27 54 15	23 31 01	14 09 49	16 09 31	22 24 40	28 27 06	28 21 19	16 29 17	15 05 41
14 Tu	6 54 04	3♍29 23	9♍49 01	19 16 56	11 43 02	27 56 11	23 55 33	14 31 10	16 16 07	22 23 38	28 23 02	28 23 18	16 28 43	15 06 19
15 W	7 51 18	16 03 30	22 15 44	20 32 53	12 56 24	27 59 16	24 20 23	14 52 49	16 23 12	22 22 51	28 19 19	28 25 40	16 28 33	15 07 20
16 Th	8 49 38	28 24 44	4♎31 12	21 55 29	14 10 51	28 04 14	24 46 14	15 15 27	16 31 29	22 23 02	28 16 38	28 29 06	16 29 28	15 09 25
17 F	9 49 39	10♎36 49	16 38 57	23 24 42	15 26 58	28 11 37	25 13 40	15 39 39	16 41 31	22 24 44	28 15 35	28 34 12	16 32 03	15 13 08
18 Sa	10 51 39	22 42 50	28 41 50	25 00 16	16 45 02	28 21 45	25 42 60	16 05 43	16 53 38	22 28 17	28 16 28	28 41 17	16 36 38	15 18 50
19 Su	11 55 41	4♏45 06	10♏41 59	26 41 38	18 05 06	28 34 38	26 14 16	16 33 41	17 07 52	22 33 44	28 19 19	28 50 22	16 43 14	15 26 31
20 M	13 01 27	16 45 17	22 40 55	28 27 56	19 26 54	28 50 02	26 47 11	17 03 18	17 23 56	22 40 46	28 23 53	29 01 11	16 51 35	15 35 55
21 Tu	14 08 25	28 44 33	4♐39 47	0♏18 06	20 49 52	29 07 20	27 21 12	17 33 58	17 41 16	22 48 52	28 29 35	29 13 10	17 01 07	15 46 28
22 W	15 15 50	10♐43 52	16 39 37	2 10 54	22 13 15	29 25 48	27 55 34	18 04 57	17 59 08	22 57 16	28 35 40	29 25 34	17 11 05	15 57 27
23 Th	16 22 50	22 44 18	28 41 39	4 05 01	23 36 13	29 44 34	28 29 26	18 35 25	18 16 40	23 05 07	28 41 19	29 37 33	17 20 39	16 07 59
24 F	17 28 39	4♑47 22	10♑47 40	5 59 16	24 57 58	0♈02 52	29 02 02	19 04 34	18 33 06	23 11 38	28 45 44	29 48 20	17 29 02	16 17 18
25 Sa	18 32 42	16 55 17	23 00 09	7 52 43	26 17 54	0 20 04	29 32 45	19 31 49	18 47 51	23 16 15	28 48 20	29 57 18	17 35 38	16 24 49
26 Su	19 34 41	29 11 08	5♒22 27	9 44 45	27 35 46	0 35 53	0♏01 19	19 56 52	19 00 36	23 18 39	28 48 49	0♐04 12	17 40 10	16 30 15
27 M	20 34 42	11♒38 54	17 58 43	11 35 12	28 51 38	0 50 25	0 27 49	20 19 50	19 11 28	23 18 58	28 47 19	0 09 07	17 42 44	16 33 41
28 Tu	21 33 15	24 23 14	0♓53 39	13 24 20	0♐06 00	1 04 07	0 52 46	20 41 11	19 20 57	23 17 40	28 44 18	0 12 33	17 43 50	16 35 37
29 W	22 31 08	7♓29 06	14 12 00	15 12 45	1 19 42	1 17 49	1 16 57	21 01 46	19 29 51	23 15 35	28 40 36	0 15 18	17 44 16	16 36 51
30 Th	23 29 22	21 01 00	27 57 43	17 01 18	2 33 43	1 32 28	1 41 23	21 22 32	19 39 09	23 13 42	28 37 12	0 18 21	17 45 03	16 38 24

October 1971

LONGITUDE

Day	☉	0 hr ☽	Noon ☽	☿	♀	♂	⚵	⚳	♃	♄	⚷	♅	♆	♇
1 F	24♏28 56	5♈02 08	12♈12 58	18♏50 49	3♐49 01	1♈49 04	2♏07 03	21♍44 30	19♑49 51	23♋13 00	28♉35 06	0♐22 43	17♑47 08	16♏41 15
2 Sa	25 30 34	19 33 10	26 56 58	20 41 57	5 06 23	2 08 19	2 34 41	22 08 24	20 02 42	23 14 16	28 35 02	0 29 09	17 51 19	16 46 09
3 Su	26 34 37	4♉31 19	12♉05 13	22 34 57	6 26 07	2 30 34	3 04 38	22 34 34	20 18 02	23 17 47	28 37 21	0 37 57	17 57 53	16 53 25
4 M	27 40 53	19 49 45	27 29 15	24 29 32	7 48 02	2 55 35	3 36 41	23 02 48	20 35 38	23 23 23	28 41 50	0 48 56	18 06 40	17 02 51
5 Tu	28 48 37	5♊18 08	12♊57 40	26 24 55	9 11 24	3 22 37	4 10 07	23 32 21	20 54 46	23 30 19	28 47 46	1 01 22	18 16 54	17 13 43
6 W	29 56 46	20 44 05	28 17 59	28 19 60	10 35 09	3 50 36	4 43 51	24 02 10	21 14 22	23 37 32	28 54 04	1 14 11	18 27 33	17 24 58
7 Th	1♐04 10	5♋55 27	13♋18 59	0♐13 35	11 58 07	4 18 21	5 16 43	24 31 05	21 33 17	23 43 52	28 59 36	1 26 12	18 37 26	17 35 26
8 F	2 09 53	20 42 33	27 52 37	2 04 42	13 19 22	4 44 55	5 47 48	24 58 08	21 50 33	23 48 21	29 03 24	1 36 30	18 45 37	17 44 09
9 Sa	3 13 22	4♌59 36	11♌54 53	3 52 50	14 38 22	5 09 45	6 16 33	25 22 49	22 05 39	23 50 30	29 04 57	1 44 32	18 51 34	17 50 36
10 Su	4 14 41	18 44 51	25 25 41	5 37 59	15 55 08	5 32 52	6 42 59	25 45 08	22 18 37	23 50 18	29 04 16	1 50 21	18 55 18	17 54 50
11 M	5 14 19	2♍00 06	8♍27 57	7 20 42	17 10 12	5 54 47	7 07 39	26 05 36	22 29 57	23 48 18	29 01 53	1 54 28	18 57 21	17 57 20
12 Tu	6 13 12	14 49 35	21 06 33	9 01 52	18 24 29	6 16 25	7 31 26	26 25 09	22 40 35	23 45 25	28 58 43	1 57 46	18 58 38	17 59 02
13 W	7 12 25	27 18 47	3♎27 15	10 42 37	19 39 04	6 38 50	7 55 27	26 44 52	22 51 36	23 42 44	28 55 51	2 01 23	19 00 14	18 01 02
14 Th	8 13 04	9♎33 34	15 35 51	12 24 02	20 55 03	7 03 08	8 20 46	27 05 49	23 04 05	23 41 20	28 54 23	2 06 22	19 03 15	18 04 25
15 F	9 16 00	21 39 21	27 37 36	14 06 59	22 13 17	7 30 08	8 48 15	27 28 52	23 18 54	23 42 06	28 55 12	2 13 37	19 08 32	18 10 02
16 Sa	10 21 46	3♏40 46	9♏36 44	15 52 03	23 34 19	8 00 24	9 18 27	27 54 34	23 36 35	23 45 33	28 58 47	2 23 38	19 16 38	18 18 25
17 Su	11 30 26	15 41 16	21 36 23	17 39 18	24 58 13	8 33 59	9 51 26	28 22 60	23 57 13	23 51 47	29 05 16	2 36 31	19 27 37	18 29 41
18 M	12 41 39	27 43 09	3♐38 30	19 28 24	26 24 38	9 10 31	10 26 51	28 53 46	24 20 27	24 00 27	29 14 17	2 51 55	19 41 08	18 43 26
19 Tu	13 54 39	9♐47 41	15 44 05	21 18 37	27 52 48	9 49 14	11 03 56	29 26 08	24 45 29	24 10 46	29 25 03	3 09 03	19 56 25	18 58 56
20 W	15 08 23	21 55 21	27 53 27	23 08 53	29 21 39	10 29 03	11 41 36	29 59 02	25 11 18	24 21 41	29 36 32	3 26 52	20 12 25	19 15 06
21 Th	16 21 39	4♑06 14	10♑06 41	24 58 04	0♑50 02	11 08 48	12 18 42	0♎31 16	25 36 41	24 32 01	29 47 32	3 44 11	20 27 56	19 30 46
22 F	17 33 21	16 20 33	22 24 05	26 45 03	2 16 48	11 47 20	12 54 06	1 01 44	26 00 32	24 40 40	29 56 57	3 59 53	20 41 52	19 44 49
23 Sa	18 42 36	28 39 01	4♒46 36	28 28 59	3 41 05	12 23 49	13 26 57	1 29 33	26 21 60	24 46 46	0♊03 55	4 13 06	20 53 21	19 56 23
24 Su	19 48 59	11♒03 15	17 16 08	0♑09 26	5 02 28	12 57 45	13 56 47	1 54 17	26 40 36	24 49 52	0 08 00	4 23 24	21 01 56	20 05 01
25 M	20 52 32	23 35 60	29 55 45	1 46 30	6 20 60	13 29 12	14 23 40	2 15 59	26 56 25	24 50 03	0 09 15	4 30 50	21 07 41	20 10 47
26 Tu	21 53 49	6♓21 04	12♓49 28	3 20 43	7 37 14	13 58 43	14 48 10	2 35 13	27 10 01	24 47 51	0 08 13	4 35 58	21 11 10	20 14 15
27 W	22 53 51	19 23 06	26 02 00	4 53 08	8 52 11	14 27 19	15 11 18	2 52 59	27 22 23	24 44 18	0 05 56	4 39 48	21 13 22	20 16 25
28 Th	23 53 54	2♈46 57	9♈37 57	6 25 01	10 07 07	14 56 13	15 34 18	3 10 33	27 34 48	24 40 39	0 03 40	4 43 36	21 15 34	20 18 33
29 F	24 55 13	16 36 50	23 40 53	7 57 38	11 23 17	15 26 42	15 58 27	3 29 09	27 48 31	24 38 11	0 02 39	4 48 38	21 19 02	20 21 54
30 Sa	25 58 50	0♉55 09	8♉12 03	9 32 00	12 41 43	15 59 47	16 24 46	3 49 51	28 04 34	24 37 55	0 03 57	4 55 55	21 24 47	20 27 31
31 Su	27 05 16	15 41 18	23 09 18	11 08 40	14 02 56	16 35 57	16 53 46	4 13 07	28 23 27	24 40 22	0 08 03	5 05 58	21 33 20	20 35 54

Notes

LONGITUDE — November 1971

Day	☉	0 hr ☽	Noon ☽	☿	♀	♂	⚵	⚳	♃	♄	⚷	♅	♆	♇
1 M	28 ♐ 14 22	0 ♊ 50 46	8 ♊ 26 22	12 ♑ 47 29	15 ♑ 26 48	17 ♈ 15 05	17 ♏ 25 19	4 ♎ 38 51	28 ♑ 45 03	24 ♋ 45 24	0 ♊ 14 50	5 ♐ 18 40	21 ♑ 44 33	20 ♏ 46 54
2 Tu	29 25 23	16 14 58	23 53 12	14 27 39	16 52 33	17 56 22	17 58 39	5 06 15	29 08 35	24 52 15	0 23 32	5 33 13	21 57 39	20 59 47
3 W	0 ♑ 37 06	1 ♋ 42 16	9 ♋ 17 27	16 07 59	18 18 56	18 38 36	18 32 32	5 34 06	29 32 49	24 59 42	0 32 55	5 48 24	22 11 25	21 13 17
4 Th	1 48 06	16 59 58	24 26 45	17 47 03	19 44 36	19 20 22	19 05 35	6 01 00	29 56 22	25 06 21	0 41 35	6 02 50	22 24 29	21 26 03
5 F	2 57 14	1 ♌ 56 45	9 ♌ 11 07	19 23 40	21 08 22	20 00 30	19 36 36	6 25 47	0 ♒ 18 04	25 11 03	0 48 24	6 15 21	22 35 38	21 36 53
6 Sa	4 03 47	16 24 42	23 24 22	20 57 07	22 29 30	20 38 17	20 04 55	6 47 44	0 37 12	25 13 05	0 52 37	6 25 13	22 44 11	21 45 05
7 Su	5 07 40	0 ♍ 20 07	7 ♍ 04 40	22 27 16	23 47 56	21 13 36	20 30 24	7 06 45	0 53 41	25 12 20	0 54 10	6 32 22	22 50 03	21 50 33
8 M	6 09 21	13 43 25	20 13 49	23 54 35	25 04 08	21 46 57	20 53 33	7 23 18	1 07 58	25 09 20	0 53 32	6 37 16	22 53 41	21 53 47
9 Tu	7 09 48	26 38 02	2 ♎ 56 17	25 19 57	26 19 04	22 19 16	21 15 19	7 38 21	1 21 02	25 05 00	0 51 39	6 40 52	22 56 04	21 55 43
10 W	8 10 12	9 ♎ 09 27	15 18 02	26 44 32	27 33 55	22 51 44	21 36 52	7 53 05	1 34 04	25 00 32	0 49 43	6 44 21	22 58 22	21 57 32
11 Th	9 11 44	21 23 59	27 25 33	28 09 27	28 49 52	23 25 32	21 59 25	8 08 40	1 48 14	24 57 08	0 48 56	6 48 56	23 01 46	22 00 26
12 F	10 15 25	3 ♏ 27 54	9 ♏ 25 02	29 35 38	0 ♒ 07 56	24 01 41	22 23 57	8 26 06	2 04 34	24 55 48	0 50 17	6 55 35	23 07 18	22 05 26
13 Sa	11 21 51	15 26 54	21 21 55	1 ♒ 03 38	1 28 43	24 40 47	22 51 06	8 46 02	2 23 40	24 57 10	0 54 26	7 04 57	23 15 35	22 13 08
14 Su	12 31 15	27 25 35	3 ♐ 20 25	2 33 32	2 52 26	25 23 01	23 21 03	9 08 36	2 45 43	25 01 25	1 01 31	7 17 12	23 26 46	22 23 43
15 M	13 43 15	9 ♐ 27 19	15 23 30	4 04 52	4 18 43	26 08 02	23 53 26	9 33 30	3 10 23	25 08 12	1 11 13	7 32 01	23 40 33	22 36 53
16 Tu	14 57 07	21 34 13	27 32 53	5 36 46	5 46 51	26 55 07	24 27 32	9 59 58	3 36 56	25 16 49	1 22 49	7 48 38	23 56 10	22 51 50
17 W	16 11 47	3 ♑ 47 16	9 ♑ 49 10	7 08 01	7 15 44	27 43 09	25 02 17	10 26 55	4 04 16	25 26 09	1 35 13	8 05 59	24 12 34	23 07 33
18 Th	17 26 02	16 06 37	22 12 16	8 37 14	8 44 11	28 30 58	25 36 27	10 53 09	4 31 13	25 35 02	1 47 13	8 22 53	24 28 32	23 22 47
19 F	18 38 45	28 32 02	4 ♒ 41 45	10 03 03	10 11 03	29 17 23	26 08 55	11 17 32	4 56 37	25 42 19	1 57 42	8 38 09	24 42 56	23 36 26
20 Sa	19 49 00	11 ♒ 03 18	17 17 27	11 24 20	11 35 27	0 ♉ 01 32	26 38 46	11 39 09	5 19 34	25 47 07	2 05 44	8 50 56	24 54 52	23 47 35
21 Su	20 56 20	23 40 43	29 59 49	12 40 20	12 56 53	0 42 54	27 05 31	11 57 32	5 39 36	25 48 57	2 10 53	9 00 44	25 03 50	23 55 44
22 M	22 00 44	6 ♓ 25 24	12 ♓ 50 11	13 50 45	14 15 22	1 21 30	27 29 12	12 12 39	5 56 43	25 47 49	2 13 07	9 07 33	25 09 52	24 00 56
23 Tu	23 02 44	19 19 30	25 50 57	14 55 42	15 31 26	1 57 51	27 50 17	12 25 03	6 11 26	25 44 15	2 12 59	9 11 54	25 13 29	24 03 40
24 W	24 03 15	2 ♈ 26 02	9 ♈ 05 21	15 55 44	16 45 58	2 32 52	28 09 45	12 35 39	6 24 40	25 39 11	2 11 23	9 14 44	25 15 36	24 04 53
25 Th	25 03 29	15 48 35	22 36 55	16 51 33	18 00 12	3 07 44	28 28 45	12 45 37	6 37 37	25 33 48	2 09 32	9 17 13	25 17 24	24 05 46
26 F	26 04 38	29 30 34	6 ♉ 28 47	17 43 50	19 15 19	3 43 39	28 48 30	12 56 10	6 51 30	25 29 20	2 08 38	9 20 33	25 20 06	24 07 30
27 Sa	27 07 41	13 ♉ 34 24	20 42 41	18 32 58	20 32 19	4 21 36	29 09 59	13 08 17	7 07 16	25 26 44	2 09 40	9 25 45	25 24 41	24 11 07
28 Su	28 13 10	28 00 29	5 ♊ 17 57	19 18 49	21 51 43	5 02 07	29 33 43	13 22 29	7 25 29	25 26 33	2 13 09	9 33 19	25 31 41	24 17 06
29 M	29 21 02	12 ♊ 46 22	20 10 48	20 00 37	23 13 28	5 45 08	29 59 41	13 38 44	7 46 05	25 28 46	2 19 04	9 43 14	25 41 04	24 25 26
30 Tu	0 ♒ 30 41	27 46 22	5 ♋ 14 17	20 36 60	24 36 59	6 30 03	0 ♐ 27 14	13 56 25	8 08 27	25 32 44	2 26 47	9 54 51	25 52 12	24 35 29

LONGITUDE — December 1971

Day	☉	0 hr ☽	Noon ☽	☿	♀	♂	⚵	⚳	♃	♄	⚷	♅	♆	♇
1 W	1 ♒ 41 04	12 ♋ 51 55	20 ♋ 18 55	21 ♒ 06 05	26 ♒ 01 11	7 ♉ 15 48	0 ♐ 55 21	14 ♎ 14 28	8 ♒ 31 33	25 ♋ 37 27	2 ♊ 35 17	10 ♐ 07 09	26 ♑ 04 02	24 ♏ 46 14
2 Th	2 50 60	27 52 51	5 ♌ 14 23	21 25 52	27 24 55	8 01 13	1 22 50	14 31 41	8 54 12	25 41 41	2 43 21	10 18 57	26 15 24	24 56 29
3 F	3 59 24	12 ♌ 39 11	19 51 15	21 34 28	28 47 05	8 45 12	1 48 36	14 47 01	9 15 18	25 44 24	2 49 55	10 29 09	26 25 13	25 05 09
4 Sa	5 05 35	27 02 49	4 ♍ 02 41	21 30 29	0 ♓ 07 01	9 27 03	2 11 58	14 59 46	9 34 11	25 44 55	2 54 18	10 37 05	26 32 48	25 11 33
5 Su	6 09 20	10 ♍ 58 47	17 45 10	21 13 08	1 24 29	10 06 35	2 32 44	15 09 42	9 50 38	25 42 60	2 56 18	10 42 32	26 37 56	25 15 29
6 M	7 10 59	24 25 33	0 ♎ 58 35	20 42 25	2 39 48	10 44 05	2 51 10	15 17 08	10 04 57	25 38 58	2 56 12	10 45 48	26 40 55	25 17 14
7 Tu	8 11 12	7 ♎ 24 39	13 45 35	19 58 59	3 53 39	11 20 15	3 07 59	15 22 44	10 17 50	25 33 31	2 54 42	10 47 34	26 42 27	25 17 30
8 W	9 10 54	19 59 56	26 10 45	19 04 14	5 06 59	11 55 60	3 24 06	15 27 27	10 30 12	25 27 34	2 52 45	10 48 46	26 43 27	25 17 13
9 Th	10 11 05	2 ♏ 16 38	8 ♏ 19 46	18 00 04	6 20 45	12 32 17	3 40 29	15 32 13	10 43 01	25 22 07	2 51 17	10 50 23	26 44 53	25 17 21
10 F	11 12 35	14 20 35	20 18 39	16 48 50	7 35 48	13 09 59	3 57 59	15 37 55	10 57 07	25 17 59	2 51 10	10 53 14	26 47 37	25 18 45
11 Sa	12 15 58	26 17 33	2 ♐ 13 07	15 33 10	8 52 43	13 49 40	4 17 10	15 45 05	11 13 06	25 15 47	2 52 60	10 57 56	26 52 13	25 21 59
12 Su	13 21 29	8 ♐ 12 50	14 08 15	14 15 44	10 11 43	14 31 32	4 38 16	15 53 57	11 31 12	25 15 43	2 56 58	11 04 41	26 58 55	25 27 18
13 M	14 28 58	20 10 50	26 08 09	12 59 08	11 32 40	15 15 27	5 01 07	16 04 22	11 51 15	25 17 38	3 02 57	11 13 21	27 07 33	25 34 32
14 Tu	15 37 54	2 ♑ 14 59	8 ♑ 15 53	11 45 42	12 55 02	16 00 54	5 25 13	16 15 50	12 12 44	25 21 04	3 10 26	11 23 24	27 17 37	25 43 10
15 W	16 47 34	14 27 40	20 33 23	10 37 20	14 18 06	16 47 09	5 49 49	16 27 35	12 34 55	25 25 14	3 18 40	11 34 06	27 28 23	25 52 28
16 Th	17 57 03	26 50 14	3 ♒ 01 33	9 35 32	15 40 59	17 33 18	6 14 03	16 38 45	12 56 55	25 29 17	3 26 47	11 44 35	27 38 58	26 01 34
17 F	19 05 34	9 ♒ 23 15	15 40 32	8 41 18	17 02 50	18 18 33	6 37 03	16 48 29	13 17 55	25 32 24	3 33 56	11 54 01	27 48 31	26 09 38
18 Sa	20 12 24	22 06 37	28 29 59	7 55 17	18 22 60	19 02 12	6 58 11	16 56 08	13 37 14	25 33 53	3 39 29	12 01 44	27 56 24	26 15 59
19 Su	21 17 13	5 ♓ 00 03	11 ♓ 29 23	7 17 55	19 41 06	19 43 54	7 17 04	17 01 19	13 54 29	25 33 23	3 43 03	12 07 21	28 02 13	26 20 16
20 M	22 19 57	18 03 15	24 38 23	6 49 27	20 57 06	20 23 35	7 33 39	17 03 59	14 09 40	25 30 53	3 44 35	12 10 51	28 05 57	26 22 26
21 Tu	23 20 57	1 ♈ 16 15	7 ♈ 57 05	6 30 08	22 11 21	21 01 37	7 48 15	17 04 29	14 23 04	25 26 42	3 44 26	12 12 32	28 07 56	26 22 48
22 W	24 20 49	14 39 30	21 26 02	6 20 13	23 24 26	21 38 34	8 01 31	17 03 25	14 35 20	25 21 27	3 43 13	12 13 03	28 08 45	26 22 01
23 Th	25 20 21	28 13 51	5 ♉ 06 09	6 19 52	24 37 08	22 15 15	8 14 12	17 01 34	14 47 14	25 15 55	3 41 41	12 13 10	28 09 13	26 20 51
24 F	26 20 19	12 ♉ 00 13	18 58 19	6 29 12	25 50 16	22 52 26	8 27 06	16 59 44	14 59 34	25 10 54	3 40 40	12 13 40	28 10 07	26 20 06
25 Sa	27 21 23	25 59 10	3 ♊ 02 49	6 48 05	27 04 28	23 30 47	8 40 51	16 58 34	15 12 58	25 07 03	3 40 47	12 15 13	28 12 05	26 20 24
26 Su	28 23 54	10 ♊ 10 24	17 18 54	7 16 04	28 20 05	24 10 38	8 55 49	16 58 24	15 27 47	25 04 44	3 42 25	12 18 09	28 15 29	26 22 06
27 M	29 27 51	24 32 12	1 ♋ 44 14	7 52 25	29 37 06	24 51 60	9 11 60	16 59 15	15 44 03	25 03 56	3 45 32	12 22 29	28 20 19	26 25 13
28 Tu	0 ♓ 32 54	9 ♋ 01 13	16 14 45	8 36 04	0 ♈ 55 12	25 34 30	9 29 02	17 00 46	16 01 22	25 04 18	3 49 49	12 27 51	28 26 14	26 29 24
29 W	1 38 28	23 32 31	0 ♌ 44 58	9 25 43	2 13 46	26 17 34	9 46 20	17 02 21	16 19 11	25 05 17	3 54 40	12 33 41	28 32 38	26 34 04
30 Th	2 43 52	8 ♌ 00 04	15 08 36	10 20 08	3 32 09	27 00 31	10 03 13	17 03 20	16 36 48	25 06 10	3 59 24	12 39 18	28 38 51	26 38 31
31 F	3 48 29	22 17 35	29 19 27	11 18 06	4 49 43	27 42 44	10 19 04	17 03 06	16 53 37	25 06 21	4 03 24	12 44 05	28 44 16	26 42 10

Notes

January 1972 — LONGITUDE

Day	☉	0 hr ☽	Noon ☽	☿	♀	♂	⚵	⚳	♃	♄	⚷	♅	♆	♇
1 Sa	4 ♓ 51 55	6 ♍ 19 24	13 ♍ 12 24	12 ♒ 18 45	6 ♈ 06 03	28 ♉ 23 47	10 ♐ 33 28	17 ♌ 01 15	17 ♒ 09 13	25 ♋ 05 27	4 ♊ 06 16	12 ♐ 47 37	28 ♑ 48 29	26 ♏ 44 35
2 Su	5 53 60	20 01 20	26 44 03	13 21 29	7 21 00	29 03 34	10 46 17	16 57 38	17 23 26	25 03 17	4 07 51	12 49 45	28 51 20	26 45 37
3 M	6 54 52	3 ♎ 21 07	9 ♎ 53 04	14 26 01	8 34 42	29 42 08	10 57 36	16 52 21	17 36 24	24 59 58	4 08 16	12 50 37	28 52 57	26 45 24
4 Tu	7 54 49	16 18 33	22 40 08	15 32 21	9 47 28	0 ♊ 19 51	11 07 45	16 45 43	17 48 26	24 55 51	4 07 49	12 50 31	28 53 37	26 44 14
5 W	8 54 19	28 55 17	5 ♏ 07 39	16 40 38	10 59 43	0 57 09	11 17 10	16 38 13	17 59 59	24 51 22	4 06 58	12 49 53	28 53 49	26 42 34
6 Th	9 53 50	11 ♏ 14 25	17 19 18	17 51 04	12 11 58	1 34 30	11 26 19	16 30 19	18 11 30	24 46 59	4 06 11	12 49 14	28 54 01	26 40 54
7 F	10 53 48	23 20 03	29 19 36	19 03 51	13 24 36	2 12 19	11 35 38	16 22 25	18 23 25	24 43 08	4 05 53	12 48 57	28 54 37	26 39 37
8 Sa	11 54 28	5 ♐ 16 52	11 ♐ 13 26	20 19 05	14 37 55	2 50 53	11 45 23	16 14 49	18 36 01	24 40 07	4 06 22	12 49 20	28 55 55	26 39 01
9 Su	12 55 60	17 09 48	23 05 49	21 36 43	15 52 03	3 30 21	11 55 42	16 07 40	18 49 25	24 38 01	4 07 45	12 50 30	28 58 03	26 39 14
10 M	13 58 19	29 03 37	5 ♑ 01 27	22 56 33	17 06 56	4 10 38	12 06 32	16 00 55	19 03 36	24 36 51	4 09 59	12 52 25	29 00 58	26 40 13
11 Tu	15 01 15	11 ♑ 02 48	17 04 38	24 18 16	18 22 24	4 51 35	12 17 40	15 54 23	19 18 20	24 36 22	4 12 53	12 54 53	29 04 27	26 41 47
12 W	16 04 31	23 11 17	29 18 60	25 41 28	19 38 08	5 32 53	12 28 50	15 47 47	19 33 21	24 36 19	4 16 09	12 57 38	29 08 15	26 43 37
13 Th	17 07 45	5 ♒ 32 19	11 ♒ 47 21	27 05 44	20 53 50	6 14 12	12 39 42	15 40 47	19 48 19	24 36 22	4 19 28	13 00 18	29 12 01	26 45 26
14 F	18 10 42	18 08 15	24 31 34	28 30 42	22 09 11	6 55 15	12 49 57	15 33 07	20 02 57	24 36 14	4 22 32	13 02 37	29 15 27	26 46 54
15 Sa	19 13 08	1 ♓ 00 30	7 ♓ 32 29	29 56 04	23 23 58	7 35 49	12 59 22	15 24 35	20 17 00	24 35 41	4 25 08	13 04 22	29 18 21	26 47 50
16 Su	20 14 56	14 09 25	20 49 51	1 ♓ 21 41	24 38 06	8 15 49	13 07 52	15 15 05	20 30 25	24 34 38	4 27 11	13 05 27	29 20 38	26 48 07
17 M	21 16 10	27 34 20	4 ♈ 22 28	2 47 32	25 51 36	8 55 16	13 15 29	15 04 40	20 43 11	24 33 06	4 28 42	13 05 54	29 22 18	26 47 47
18 Tu	22 16 56	11 ♈ 13 42	18 08 23	4 13 43	27 04 37	9 34 17	13 22 20	14 53 29	20 55 28	24 31 15	4 29 50	13 05 51	29 23 30	26 46 59
19 W	23 17 28	25 05 13	2 ♉ 05 02	5 40 24	28 17 20	10 13 06	13 28 36	14 41 45	21 07 28	24 29 16	4 30 47	13 05 30	29 24 26	26 45 55
20 Th	24 17 56	9 ♉ 06 12	16 09 37	7 07 45	29 29 58	10 51 54	13 34 31	14 29 40	21 19 21	24 27 22	4 31 44	13 05 04	29 25 18	26 44 46
21 F	25 18 31	23 13 46	0 ♊ 19 18	8 35 55	0 ♉ 42 39	11 30 51	13 40 14	14 17 26	21 31 20	24 25 42	4 32 52	13 04 42	29 26 17	26 43 44
22 Sa	26 19 19	7 ♊ 25 05	14 31 22	10 04 58	1 55 30	12 10 03	13 45 50	14 05 09	21 43 27	24 24 21	4 34 16	13 04 29	29 27 27	26 42 52
23 Su	27 20 18	21 37 30	28 43 19	11 34 53	3 08 30	12 49 28	13 51 18	13 52 49	21 55 44	24 23 20	4 35 56	13 04 26	29 28 48	26 42 11
24 M	28 21 23	5 ♋ 48 33	12 ♋ 52 48	13 05 35	4 21 34	13 29 01	13 56 33	13 40 22	22 08 05	24 22 34	4 37 46	13 04 27	29 30 15	26 41 37
25 Tu	29 22 29	19 55 56	26 57 33	14 36 57	5 34 34	14 08 37	14 01 29	13 27 42	22 20 23	24 21 55	4 39 40	13 04 26	29 31 41	26 41 01
26 W	0 ♈ 23 29	3 ♌ 57 29	10 ♌ 55 26	16 08 53	6 47 26	14 48 09	14 05 60	13 14 46	22 32 33	24 21 19	4 41 32	13 04 18	29 33 02	26 40 19
27 Th	1 24 22	17 51 03	24 44 17	17 41 21	8 00 07	15 27 35	14 10 03	13 01 31	22 44 32	24 20 43	4 43 21	13 03 59	29 34 14	26 39 29
28 F	2 25 09	1 ♍ 34 35	8 ♍ 22 05	19 14 23	9 12 39	16 06 56	14 13 40	12 48 00	22 56 23	24 20 09	4 45 07	13 03 32	29 35 20	26 38 32
29 Sa	3 25 55	15 06 12	21 47 04	20 48 05	10 25 07	16 46 19	14 16 56	12 34 21	23 08 10	24 19 42	4 46 57	13 03 03	29 36 24	26 37 34
30 Su	4 26 49	28 24 18	4 ♎ 57 51	22 22 35	11 37 39	17 25 51	14 19 60	12 20 41	23 20 02	24 19 31	4 48 59	13 02 39	29 37 36	26 36 43
31 M	5 27 58	11 ♎ 27 48	17 53 38	23 58 01	12 50 22	18 05 39	14 22 58	12 07 10	23 32 05	24 19 43	4 51 18	13 02 27	29 39 01	26 36 06

February 1972 — LONGITUDE

Day	☉	0 hr ☽	Noon ☽	☿	♀	♂	⚵	⚳	♃	♄	⚷	♅	♆	♇
1 Tu	6 ♈ 29 27	24 ♎ 16 13	0 ♏ 34 24	25 ♓ 34 29	14 ♉ 03 21	18 ♊ 45 48	14 ♐ 25 54	11 ♌ 53 53	23 ♒ 44 24	24 ♋ 20 21	4 ♊ 54 01	13 ♐ 02 33	29 ♑ 40 46	26 ♏ 35 48
2 W	7 31 15	6 ♏ 49 51	13 00 53	27 11 59	15 16 36	19 26 18	14 28 49	11 40 50	23 56 60	24 21 27	4 57 07	13 02 56	29 42 49	26 35 49
3 Th	8 33 17	19 09 51	25 14 41	28 50 28	16 30 00	20 07 04	14 31 37	11 27 58	24 09 46	24 22 56	5 00 31	13 03 31	29 45 05	26 36 04
4 F	9 35 24	1 ♐ 18 13	7 ♐ 18 16	0 ♈ 29 44	17 43 26	20 47 55	14 34 08	11 15 09	24 22 34	24 24 36	5 04 03	13 04 09	29 47 26	26 36 22
5 Sa	10 37 23	13 17 43	19 14 45	2 09 38	18 56 39	21 28 40	14 36 09	11 02 10	24 35 09	24 26 16	5 07 30	13 04 36	29 49 37	26 36 31
6 Su	11 39 01	25 11 51	1 ♑ 07 57	3 49 57	20 09 26	22 09 04	14 37 27	10 48 49	24 47 19	24 27 43	5 10 39	13 04 39	29 51 26	26 36 19
7 M	12 40 06	7 ♑ 04 43	13 02 10	5 30 30	21 21 36	22 48 57	14 37 51	10 34 57	24 58 52	24 28 45	5 13 19	13 04 08	29 52 41	26 35 33
8 Tu	13 40 33	19 00 51	25 02 02	7 11 13	22 33 05	23 28 13	14 37 14	10 20 29	25 09 44	24 29 16	5 15 25	13 02 56	29 53 18	26 34 09
9 W	14 40 25	1 ♒ 05 03	7 ♒ 12 17	8 52 09	23 43 53	24 06 56	14 35 41	10 05 29	25 19 56	24 29 20	5 16 58	13 01 07	29 53 18	26 32 09
10 Th	15 39 52	13 22 03	19 37 29	10 33 30	24 54 12	24 45 14	14 33 20	9 50 08	25 29 39	24 29 07	5 18 10	12 58 51	29 52 53	26 29 43
11 F	16 39 11	25 56 18	2 ♓ 21 43	12 15 33	26 04 18	25 23 26	14 30 29	9 34 45	25 39 10	24 28 54	5 19 17	12 56 26	29 52 19	26 27 10
12 Sa	17 38 45	8 ♓ 51 26	15 27 58	13 58 42	27 14 34	26 01 55	14 27 31	9 19 44	25 48 52	24 29 04	5 20 43	12 54 13	29 51 59	26 24 51
13 Su	18 38 56	22 09 45	28 57 47	15 43 20	28 25 23	26 41 02	14 24 48	9 05 29	25 59 06	24 29 59	5 22 49	12 52 36	29 52 15	26 23 09
14 M	19 40 03	5 ♈ 51 50	12 ♈ 50 45	17 29 45	29 37 02	27 21 05	14 22 38	8 52 17	26 10 11	24 31 56	5 25 54	12 51 52	29 53 26	26 22 21
15 Tu	20 42 12	19 56 04	27 04 14	19 18 04	0 ♊ 49 39	28 02 13	14 21 09	8 40 19	26 22 15	24 35 05	5 30 05	12 52 09	29 55 39	26 22 37
16 W	21 45 18	4 ♉ 18 36	11 ♉ 33 27	21 08 13	2 03 08	28 44 20	14 20 16	8 29 31	26 35 12	24 39 20	5 35 17	12 53 23	29 58 49	26 23 51
17 Th	22 49 04	18 53 39	26 12 01	22 59 51	3 17 11	29 27 07	14 19 40	8 19 35	26 48 43	24 44 21	5 41 12	12 55 14	0 ♒ 02 38	26 25 44
18 F	23 52 59	3 ♊ 34 14	10 ♊ 52 47	24 52 28	4 31 17	0 ♋ 10 05	14 18 51	8 10 01	27 02 19	24 49 40	5 47 20	12 57 13	0 06 35	26 27 46
19 Sa	24 56 28	18 13 12	25 28 54	26 45 30	5 44 54	0 52 40	14 17 16	8 00 18	27 15 26	24 54 43	5 53 06	12 58 46	0 10 07	26 29 24
20 Su	25 59 03	2 ♋ 44 17	9 ♋ 54 45	28 38 22	6 57 29	1 34 21	14 14 26	7 49 56	27 27 33	24 58 58	5 58 01	12 59 23	0 12 45	26 30 08
21 M	27 00 25	17 02 52	24 06 34	0 ♉ 30 45	8 08 46	2 14 51	14 10 01	7 38 38	27 38 23	25 02 09	6 01 47	12 58 46	0 14 09	26 29 39
22 Tu	28 00 33	1 ♌ 06 17	8 ♌ 02 31	2 22 33	9 18 42	2 54 09	14 04 01	7 26 25	27 47 54	25 04 14	6 04 23	12 56 55	0 14 18	26 27 57
23 W	28 59 43	14 53 43	21 42 24	4 13 58	10 27 35	3 32 30	13 56 44	7 13 33	27 56 23	25 05 30	6 06 04	12 54 06	0 13 31	26 25 19
24 Th	29 58 27	28 25 45	5 ♍ 07 10	6 05 26	11 35 55	4 10 27	13 48 40	7 00 34	28 04 21	25 06 28	6 07 24	12 50 49	0 12 17	26 22 15
25 F	0 ♉ 57 24	11 ♍ 43 45	18 18 24	7 57 27	12 44 21	4 48 37	13 40 29	6 48 08	28 12 27	25 07 47	6 08 59	12 47 45	0 11 15	26 19 25
26 Sa	1 57 12	24 49 20	1 ♎ 17 42	9 50 32	13 53 32	5 27 41	13 32 50	6 36 56	28 21 20	25 10 06	6 11 30	12 45 32	0 11 06	26 17 28
27 Su	2 58 25	7 ♎ 44 01	14 06 31	11 45 02	15 04 00	6 08 11	13 26 15	6 27 29	28 31 32	25 13 57	6 15 29	12 44 43	0 12 20	26 16 56
28 M	4 01 21	20 28 53	26 45 50	13 41 02	16 16 03	6 50 23	13 21 04	6 20 07	28 43 22	25 19 38	6 21 13	12 45 35	0 15 17	26 18 07
29 Tu	5 06 00	3 ♏ 04 35	9 ♏ 16 19	15 38 20	17 29 43	7 34 22	13 17 17	6 14 52	28 56 50	25 27 12	6 28 45	12 48 11	0 19 57	26 21 03

Notes

LONGITUDE — March 1972

Day	☉	0 hr ☽	Noon ☽	☿	♀	♂	⚵	⚳	♃	♄	⚷	♅	♆	♇
1 W	6 ♉ 12 08	15 ♏ 31 31	21 ♏ 38 24	17 ♉ 36 21	18 ♊ 44 44	8 ♋ 19 50	13 ♐ 14 41	6 ♌ 11 29	29 ♒ 11 42	25 ♋ 36 21	6 ♊ 37 49	12 ♐ 52 16	0 ♒ 26 07	26 ♏ 25 30
2 Th	7 19 15	27 49 59	3 ♐ 52 33	19 34 16	20 00 34	9 06 17	13 12 43	6 09 28	29 27 26	25 46 37	6 47 54	12 57 18	0 33 13	26 30 55
3 F	8 26 38	10 ♐ 00 29	15 59 33	21 31 02	21 16 34	9 53 02	13 10 45	6 08 08	29 43 22	25 57 17	6 58 20	13 02 36	0 40 37	26 36 38
4 Sa	9 33 34	22 04 04	28 00 46	23 25 28	22 31 57	10 39 21	13 08 01	6 06 46	29 58 44	26 07 37	7 08 20	13 07 27	0 47 32	26 41 54
5 Su	10 39 20	4 ♑ 02 30	9 ♑ 58 19	25 16 27	23 46 02	11 24 31	13 03 50	6 04 39	0 ♓ 12 51	26 16 55	7 17 15	13 11 07	0 53 18	26 46 02
6 M	11 43 27	15 58 27	21 55 15	27 02 60	24 58 19	12 08 03	12 57 43	6 01 18	0 25 12	26 24 41	7 24 33	13 13 08	0 57 25	26 48 32
7 Tu	12 45 42	27 55 33	3 ♒ 55 30	28 44 22	26 08 34	12 49 44	12 49 26	5 56 31	0 35 35	26 30 42	7 30 01	13 13 16	0 59 38	26 49 10
8 W	13 46 10	9 ♒ 58 22	16 03 49	0 ♊ 20 09	27 16 54	13 29 39	12 39 07	5 50 24	0 44 06	26 35 04	7 33 46	13 11 38	1 00 05	26 48 04
9 Th	14 45 20	22 12 09	28 25 36	1 50 16	28 23 45	14 08 17	12 27 14	5 43 24	0 51 11	26 38 14	7 36 15	13 08 40	0 59 12	26 45 39
10 F	15 43 54	4 ♓ 42 34	11 ♓ 06 21	3 14 53	29 29 51	14 46 20	12 14 30	5 36 16	0 57 34	26 40 56	7 38 11	13 05 07	0 57 44	26 42 40
11 Sa	16 42 45	17 35 01	24 11 08	4 34 24	0 ♋ 36 04	15 24 41	12 01 49	5 29 52	1 04 07	26 44 02	7 40 27	13 01 51	0 56 32	26 39 59
12 Su	17 42 47	0 ♈ 54 05	7 ♈ 43 48	5 49 09	1 43 17	16 04 13	11 50 04	5 25 06	1 11 45	26 48 26	7 43 55	12 59 45	0 56 31	26 38 30
13 M	18 44 40	14 42 29	21 45 58	6 59 23	2 52 11	16 45 39	11 39 57	5 22 39	1 21 07	26 54 48	7 49 19	12 59 31	0 58 20	26 38 54
14 Tu	19 48 44	29 00 12	6 ♉ 16 12	8 04 59	4 03 06	17 29 17	11 31 50	5 22 51	1 32 34	27 03 29	7 56 57	13 01 28	1 02 22	26 41 31
15 W	20 54 53	13 ♉ 43 52	21 09 35	9 05 28	5 15 54	18 15 01	11 25 36	5 25 36	1 45 58	27 14 21	8 06 41	13 05 31	1 08 27	26 46 14
16 Th	22 02 30	28 46 30	6 ♊ 17 47	9 59 52	6 29 58	19 02 14	11 20 38	5 30 16	2 00 44	27 26 48	8 17 56	13 11 01	1 15 60	26 52 26
17 F	23 10 35	13 ♊ 58 23	21 30 20	10 46 58	7 44 19	19 49 57	11 15 59	5 35 54	2 15 51	27 39 51	8 29 43	13 17 01	1 24 02	26 59 09
18 Sa	24 18 03	29 08 32	6 ♋ 36 22	11 25 27	8 57 51	20 37 04	11 10 34	5 41 24	2 30 14	27 52 24	8 40 55	13 22 24	1 31 26	27 05 17
19 Su	25 23 56	14 ♋ 06 47	21 26 35	11 54 14	10 09 35	21 22 37	11 03 25	5 45 46	2 42 55	28 03 28	8 50 35	13 26 13	1 37 16	27 09 51
20 M	26 27 38	28 45 24	5 ♌ 54 39	12 12 41	11 18 56	22 06 00	10 53 59	5 48 27	2 53 18	28 12 30	8 58 07	13 27 52	1 40 56	27 12 17
21 Tu	27 29 06	13 ♌ 00 02	19 57 43	12 20 48	12 25 49	22 47 12	10 42 12	5 49 22	3 01 21	28 19 24	9 03 28	13 27 19	1 42 21	27 12 32
22 W	28 28 48	26 49 45	3 ♍ 36 02	12 19 12	13 30 42	23 26 38	10 28 33	5 48 60	3 07 30	28 24 39	9 07 05	13 25 01	1 42 01	27 11 02
23 Th	29 27 35	10 ♍ 16 15	16 52 10	12 08 60	14 34 26	24 05 11	10 13 56	5 48 11	3 12 38	28 29 06	9 09 51	13 21 49	1 40 48	27 08 40
24 F	0 ♊ 26 33	23 22 56	29 49 55	11 51 38	15 38 06	24 43 57	9 59 25	5 48 02	3 17 49	28 33 52	9 12 51	13 18 50	1 39 45	27 06 32
25 Sa	1 26 46	6 ♎ 13 49	12 ♎ 33 25	11 28 41	16 42 46	25 23 58	9 46 06	5 49 36	3 24 08	28 39 59	9 17 08	13 17 07	1 39 58	27 05 41
26 Su	2 29 06	18 52 50	25 06 30	11 01 37	17 49 16	26 06 08	9 34 52	5 53 44	3 32 27	28 48 19	9 23 35	13 17 33	1 42 18	27 06 59
27 M	3 34 04	1 ♏ 23 15	7 ♏ 32 09	10 31 38	18 58 08	26 50 56	9 26 14	6 00 57	3 43 15	28 59 24	9 32 42	13 20 38	1 47 16	27 10 57
28 Tu	4 41 43	13 47 22	19 52 25	9 59 38	20 09 25	27 38 27	9 20 17	6 11 20	3 56 38	29 13 16	9 44 33	13 26 26	1 54 56	27 17 39
29 W	5 51 43	26 06 31	2 ♐ 08 26	9 26 10	21 22 44	28 28 20	9 16 40	6 24 30	4 12 13	29 29 36	9 58 47	13 34 35	2 04 57	27 26 44
30 Th	7 03 18	8 ♐ 21 20	14 20 41	8 51 26	22 37 20	29 19 49	9 14 40	6 39 42	4 29 16	29 47 37	10 14 38	13 44 22	2 16 34	27 37 27
31 F	8 15 29	20 31 57	26 29 20	8 15 27	23 52 13	0 ♌ 11 54	9 13 17	6 55 56	4 46 47	0 ♌ 06 20	10 31 07	13 54 46	2 28 46	27 48 48

LONGITUDE — April 1972

Day	☉	0 hr ☽	Noon ☽	☿	♀	♂	⚵	⚳	♃	♄	⚷	♅	♆	♇
1 Sa	9 ♊ 27 08	2 ♑ 38 29	8 ♑ 34 39	7 ♊ 38 07	25 ♋ 06 16	1 ♌ 03 30	9 ♐ 11 26	7 ♌ 12 06	5 ♓ 03 38	0 ♌ 24 38	10 ♊ 47 07	14 ♐ 04 41	2 ♒ 40 28	27 ♏ 59 40
2 Su	10 37 16	14 41 32	20 37 27	6 59 26	26 18 26	1 53 34	9 08 06	7 27 09	5 18 49	0 41 30	11 01 38	14 13 05	2 50 38	28 09 03
3 M	11 45 05	26 42 25	2 ♒ 39 24	6 19 32	27 27 57	2 41 20	9 02 31	7 40 19	5 31 33	0 56 08	11 13 51	14 19 12	2 58 29	28 16 08
4 Tu	12 50 11	8 ♒ 43 33	14 43 18	5 38 56	28 34 24	3 26 25	8 54 19	7 51 12	5 41 25	1 08 09	11 23 23	14 22 37	3 03 38	28 20 34
5 W	13 52 37	20 48 33	26 53 06	4 58 28	29 37 48	4 08 50	8 43 32	7 59 50	5 48 29	1 17 37	11 30 17	14 23 25	3 06 07	28 22 22
6 Th	14 52 54	3 ♓ 02 10	9 ♓ 13 50	4 19 19	0 ♌ 38 42	4 49 08	8 30 43	8 06 44	5 53 15	1 25 01	11 35 04	14 22 05	3 06 27	28 22 03
7 F	15 51 57	15 30 01	21 51 14	3 42 59	1 37 56	5 28 12	8 16 46	8 12 48	5 56 38	1 31 15	11 38 38	14 19 32	3 05 33	28 20 32
8 Sa	16 50 53	28 18 07	4 ♈ 51 15	3 11 04	2 36 41	6 07 10	8 02 52	8 19 10	5 59 46	1 37 29	11 42 07	14 16 55	3 04 33	28 18 58
9 Su	17 50 54	11 ♈ 32 11	18 19 08	2 45 05	3 36 04	6 47 13	7 50 11	8 27 01	6 03 48	1 44 52	11 46 42	14 15 25	3 04 37	28 18 30
10 M	18 52 57	25 16 36	2 ♉ 18 23	2 26 17	4 37 05	7 29 21	7 39 42	8 37 18	6 09 45	1 54 24	11 53 22	14 15 59	3 06 45	28 20 07
11 Tu	19 57 38	9 ♉ 33 18	16 49 30	2 15 22	5 40 16	8 14 06	7 32 01	8 50 36	6 18 09	2 06 37	12 02 39	14 19 12	3 11 29	28 24 24
12 W	21 04 52	24 20 37	1 ♊ 49 06	2 12 22	6 45 33	9 01 26	7 27 05	9 06 51	6 28 59	2 21 29	12 14 33	14 25 01	3 18 48	28 31 17
13 Th	22 14 02	9 ♊ 32 39	17 09 24	2 16 40	7 52 16	9 50 43	7 24 16	9 25 25	6 41 34	2 38 22	12 28 23	14 32 48	3 28 03	28 40 09
14 F	23 23 59	24 59 30	2 ♋ 39 09	2 27 04	8 59 18	10 40 48	7 22 28	9 45 09	6 54 47	2 56 08	12 43 01	14 41 24	3 38 05	28 49 50
15 Sa	24 33 22	10 ♋ 28 42	18 05 25	2 42 08	10 05 14	11 30 20	7 20 20	10 04 42	7 07 18	3 13 24	12 57 08	14 49 29	3 47 34	28 59 01
16 Su	25 40 58	25 47 33	3 ♌ 16 09	3 00 31	11 08 52	12 18 06	7 16 40	10 22 50	7 17 53	3 28 59	13 09 29	14 55 51	3 55 17	29 06 27
17 M	26 46 01	10 ♌ 45 33	18 02 19	3 21 18	12 09 24	13 03 21	7 10 42	10 38 48	7 25 45	3 42 06	13 19 19	14 59 41	4 00 28	29 11 24
18 Tu	27 48 22	25 16 01	2 ♍ 19 03	3 44 10	13 06 38	13 45 54	7 02 18	10 52 25	7 30 45	3 52 35	13 26 27	15 00 52	4 02 57	29 13 41
19 W	28 48 27	9 ♍ 16 32	16 05 37	4 09 24	14 01 02	14 26 13	6 51 55	11 04 10	7 33 22	4 00 54	13 31 22	14 59 52	4 03 12	29 13 47
20 Th	29 47 15	22 48 17	29 24 26	4 37 46	14 53 31	15 05 16	6 40 32	11 14 58	7 34 33	4 08 01	13 35 01	14 57 37	4 02 11	29 12 38
21 F	0 ♋ 45 59	5 ♎ 54 58	12 ♎ 19 59	5 10 18	15 45 16	15 44 16	6 29 22	11 26 02	7 35 29	4 15 08	13 38 37	14 55 20	4 01 05	29 11 28
22 Sa	1 45 50	18 41 34	24 57 33	5 48 01	16 37 29	16 24 24	6 19 38	11 38 35	7 37 24	4 23 27	13 43 22	14 54 14	4 01 09	29 11 29
23 Su	2 47 47	1 ♏ 13 18	7 ♏ 22 19	6 31 45	17 31 06	17 06 40	6 12 19	11 53 35	7 41 17	4 33 58	13 50 15	14 55 19	4 03 20	29 13 41
24 M	3 52 28	13 34 50	19 38 46	7 21 55	18 26 43	17 51 40	6 08 03	12 11 38	7 47 44	4 47 17	13 59 52	14 59 10	4 08 15	29 18 38
25 Tu	4 59 59	25 49 54	1 ♐ 50 20	8 18 29	19 24 24	18 39 31	6 06 56	12 32 51	7 56 52	5 03 29	14 12 21	15 05 54	4 16 02	29 26 29
26 W	6 09 59	8 ♐ 01 09	13 59 19	9 20 55	20 23 47	19 29 52	6 08 37	12 56 52	8 08 19	5 22 15	14 27 19	15 15 10	4 26 18	29 36 52
27 Th	7 21 41	20 10 07	26 06 59	10 28 19	21 24 03	20 21 56	6 12 21	13 22 54	8 21 19	5 42 48	14 44 00	15 26 12	4 38 18	29 49 00
28 F	8 34 03	2 ♑ 17 33	8 ♑ 13 52	11 39 31	22 24 07	21 14 41	6 17 05	13 49 55	8 34 50	6 04 05	15 01 23	15 37 57	4 50 58	0 ♐ 01 52
29 Sa	9 45 56	14 23 45	20 20 11	12 53 12	23 22 49	22 06 58	6 21 40	14 16 45	8 47 42	6 24 56	15 18 17	15 49 15	5 03 10	0 14 17
30 Su	10 56 15	26 28 60	2 ♒ 26 15	14 08 13	24 19 02	22 57 41	6 25 02	14 42 18	8 58 51	6 44 17	15 33 37	15 59 03	5 13 49	0 25 12

Notes

May 1972

LONGITUDE

Day	☉	0 hr ☽	Noon ☽	☿	♀	♂	⚵	⚳	♃	♄	⚷	♅	♆	♇
1 M	12♋04 11	8 ♒ 33 58	14♒ 32 58	15 ♊ 23 38	25 ♌ 11 54	23 ♌ 46 01	6 ♐ 26 22	15 ♎ 05 46	9 ♓ 07 26	7 ♌ 01 18	15 ♊ 46 35	16 ♐ 06 31	5 ♒ 22 05	0 ♐ 33 46
2 Tu	13 09 15	20 40 09	26 42 03	16 38 52	26 00 56	24 31 32	6 25 12	15 26 40	9 13 02	7 15 32	15 56 42	16 11 12	5 27 31	0 39 33
3 W	14 11 30	2 ♓ 50 03	8 ♓ 56 22	17 53 51	26 46 06	25 14 12	6 21 32	15 45 01	9 15 37	7 26 59	16 03 59	16 13 05	5 30 08	0 42 32
4 Th	15 11 21	15 07 17	21 19 50	19 08 59	27 27 48	25 54 31	6 15 52	16 01 15	9 15 40	7 36 07	16 08 54	16 12 39	5 30 22	0 43 11
5 F	16 09 41	27 36 29	3 ♈ 57 20	20 25 01	28 06 51	26 33 18	6 09 00	16 16 14	9 14 01	7 43 45	16 12 17	16 10 44	5 29 05	0 42 21
6 Sa	17 07 34	10 ♈ 22 55	16 54 12	21 42 59	28 44 18	27 11 39	6 02 04	16 31 02	9 11 46	7 51 01	16 15 13	16 08 25	5 27 22	0 41 07
7 Su	18 06 09	23 31 59	0 ♉ 15 37	23 04 01	29 21 16	27 50 43	5 56 13	16 46 49	9 10 04	7 59 02	16 18 52	16 06 52	5 26 23	0 40 39
8 M	19 06 27	7 ♉ 08 14	14 05 33	24 29 01	29 58 42	28 31 30	5 52 26	17 04 34	9 09 54	8 08 48	16 24 13	16 07 05	5 27 06	0 41 56
9 Tu	20 09 03	21 14 28	28 25 43	25 58 34	0 ♍ 37 07	29 14 36	5 51 18	17 24 52	9 11 53	8 20 55	16 31 52	16 09 39	5 30 08	0 45 34
10 W	21 14 01	5 ♊ 50 31	13 ♊ 14 25	27 32 42	1 16 35	0 ♍ 00 04	5 52 55	17 47 47	9 16 05	8 35 26	16 41 53	16 14 39	5 35 33	0 51 37
11 Th	22 20 50	20 52 27	28 25 57	29 10 51	1 56 29	0 47 24	5 56 46	18 12 48	9 21 58	8 51 52	16 53 45	16 21 33	5 42 50	0 59 34
12 F	23 28 31	6 ♋ 12 18	13♋ 50 45	0 ♋ 52 03	2 35 49	1 35 37	6 01 50	18 38 56	9 28 34	9 09 12	17 06 28	16 29 23	5 50 60	1 08 26
13 Sa	24 35 50	21 38 59	29 16 47	2 35 02	3 13 17	2 23 29	6 06 56	19 04 57	9 34 39	9 26 14	17 18 50	16 36 55	5 58 49	1 16 60
14 Su	25 41 40	7 ♌ 00 06	14 ♌ 31 46	4 18 40	3 47 41	3 09 52	6 10 55	19 29 42	9 39 06	9 41 48	17 29 42	16 43 01	6 05 10	1 24 07
15 M	26 45 14	22 04 18	29 25 24	6 02 09	4 18 13	3 54 00	6 13 01	19 52 26	9 41 08	9 55 09	17 38 18	16 46 54	6 09 16	1 29 02
16 Tu	27 46 18	6 ♍ 43 16	13 ♍ 51 00	7 45 17	4 44 33	4 35 39	6 12 59	20 12 54	9 40 31	10 06 03	17 44 24	16 48 22	6 10 53	1 31 30
17 W	28 45 11	20 52 38	27 45 57	9 28 21	5 06 57	5 15 08	6 11 09	20 31 25	9 37 35	10 14 48	17 48 19	16 47 43	6 10 20	1 31 50
18 Th	29 42 39	4 ♎ 31 50	11 ♎ 11 11	11 12 08	5 26 08	5 53 12	6 08 17	20 48 45	9 33 06	10 22 11	17 50 48	16 45 43	6 08 24	1 30 49
19 F	0 ♌ 39 43	17 43 21	24 10 11	12 57 39	5 43 03	6 30 54	6 05 24	21 05 54	9 28 05	10 29 13	17 52 54	16 43 23	6 06 06	1 29 27
20 Sa	1 37 26	0 ♏ 31 31	6 ♏ 47 55	14 45 55	5 58 41	7 09 15	6 03 32	21 23 55	9 23 35	10 36 56	17 55 38	16 41 46	6 04 28	1 28 48
21 Su	2 36 39	13 01 28	19 09 43	16 37 50	6 13 49	7 49 07	6 03 33	21 43 39	9 20 28	10 46 11	17 59 53	16 41 44	6 04 22	1 29 43
22 M	3 37 57	25 18 22	1 ♐ 20 44	18 33 56	6 28 58	8 31 05	6 06 00	22 05 40	9 19 18	10 57 34	18 06 11	16 43 51	6 06 22	1 32 45
23 Tu	4 41 28	7 ♐ 26 48	13 25 20	20 34 21	6 44 14	9 15 16	6 11 03	22 30 07	9 20 13	11 11 11	18 14 43	16 48 15	6 10 36	1 38 04
24 W	5 46 59	19 30 32	25 27 01	22 38 48	6 59 18	10 01 27	6 18 27	22 56 45	9 23 00	11 26 50	18 25 13	16 54 42	6 16 51	1 45 26
25 Th	6 53 53	1 ♑ 32 21	7 ♑ 28 14	24 46 41	7 13 32	10 49 03	6 27 35	23 24 59	9 27 04	11 43 54	18 37 06	17 02 37	6 24 32	1 54 15
26 F	8 01 22	13 34 12	19 30 40	26 57 07	7 26 06	11 37 14	6 37 41	23 53 59	9 31 35	12 01 35	18 49 34	17 11 11	6 32 48	2 03 41
27 Sa	9 08 32	25 37 22	1 ♒ 35 19	29 09 07	7 36 01	12 25 06	6 47 48	24 22 51	9 35 40	12 18 59	19 01 41	17 19 30	6 40 47	2 12 52
28 Su	10 14 32	7 ♒ 42 45	13 42 56	1 ♌ 21 45	7 42 25	13 11 49	6 57 06	24 50 45	9 38 29	12 35 14	19 12 38	17 26 43	6 47 37	2 20 56
29 M	11 18 43	19 51 10	25 54 20	3 34 15	7 44 37	13 56 44	7 04 55	25 16 60	9 39 21	12 49 41	19 21 45	17 32 10	6 52 40	2 27 14
30 Tu	12 20 43	2 ♓ 03 45	8 ♓ 10 39	5 46 06	7 42 15	14 39 27	7 10 54	25 41 14	9 37 56	13 01 58	19 28 39	17 35 31	6 55 32	2 31 24
31 W	13 20 30	14 22 05	20 33 42	7 57 06	7 35 15	15 19 58	7 14 60	26 03 26	9 34 11	13 12 03	19 33 19	17 36 42	6 56 13	2 33 23

June 1972

LONGITUDE

Day	☉	0 hr ☽	Noon ☽	☿	♀	♂	⚵	⚳	♃	♄	⚷	♅	♆	♇
1 Th	14 ♌ 18 24	26 ♓ 48 29	3 ♈ 05 57	10 ♌ 07 23	7 ♍ 23 58	15 ♍ 58 36	7 ♐ 17 32	26 ♎ 23 54	9 ♓ 28 27	13 ♌ 20 16	19 ♊ 36 04	17 ♐ 36 04	6 ♒ 55 01	2 ♐ 33 32
2 F	15 15 01	9 ♈ 25 58	15 50 37	12 17 20	7 09 01	16 35 57	7 19 07	26 43 15	9 21 19	13 27 13	19 37 31	17 34 12	6 52 34	2 32 27
3 Sa	16 11 09	22 18 05	28 51 21	14 27 31	6 51 13	17 12 49	7 20 32	27 02 17	9 13 36	13 33 41	19 38 28	17 31 55	6 49 38	2 30 55
4 Su	17 07 38	5 ♉ 28 31	12 ♉ 11 47	16 38 31	6 31 29	17 50 03	7 22 39	27 21 50	9 06 09	13 40 32	19 39 44	17 30 03	6 47 06	2 29 48
5 M	18 05 14	19 00 37	25 54 53	18 50 49	6 10 35	18 28 23	7 26 09	27 42 38	8 59 42	13 48 29	19 42 05	17 29 21	6 45 40	2 29 50
6 Tu	19 04 22	2 ♊ 56 32	10 ♊ 02 05	21 04 34	5 49 04	19 08 17	7 31 32	28 05 08	8 54 44	13 57 60	19 45 57	17 30 16	6 45 49	2 31 27
7 W	20 05 10	17 16 27	24 32 33	23 19 36	5 27 07	19 49 50	7 38 52	28 29 26	8 51 18	14 09 09	19 51 26	17 32 53	6 47 37	2 34 45
8 Th	21 07 18	1 ♋ 57 56	9 ♋ 22 30	25 35 20	5 04 31	20 32 42	7 47 50	28 55 13	8 49 08	14 21 39	19 58 14	17 36 54	6 50 47	2 39 26
9 F	22 10 07	16 55 33	24 25 13	27 50 53	4 40 47	21 16 17	7 57 48	29 21 51	8 47 34	14 34 51	20 05 41	17 41 40	6 54 39	2 44 52
10 Sa	23 12 50	2 ♌ 01 13	9 ♌ 31 43	0 ♍ 05 12	4 15 14	21 59 46	8 07 58	29 48 30	8 45 50	14 47 56	20 12 60	17 46 23	6 58 27	2 50 13
11 Su	24 14 40	17 05 21	24 32 04	2 17 19	3 47 17	22 42 22	8 17 33	0 ♏ 14 26	8 43 09	15 00 09	20 19 24	17 50 18	7 01 23	2 54 45
12 M	25 15 05	1 ♍ 58 19	9 ♍ 17 05	4 26 30	3 16 32	23 23 33	8 26 00	0 39 04	8 38 60	15 10 56	20 24 21	17 52 51	7 02 54	2 57 54
13 Tu	26 13 52	16 32 04	23 39 47	6 32 20	2 42 59	24 03 06	8 33 07	1 02 12	8 33 09	15 20 05	20 27 38	17 53 50	7 02 49	2 59 27
14 W	27 11 09	0 ♎ 41 12	7 ♎ 36 09	8 34 52	2 06 59	24 41 10	8 39 01	1 23 59	8 25 45	15 27 45	20 29 23	17 53 22	7 01 16	2 59 34
15 Th	28 07 21	14 23 22	21 05 09	10 34 23	1 29 09	25 18 09	8 44 07	1 44 49	8 17 14	15 34 20	20 30 02	17 51 55	6 58 40	2 58 39
16 F	29 03 06	27 39 00	4 ♏ 08 21	12 31 23	0 50 21	25 54 41	8 49 03	2 05 19	8 08 12	15 40 26	20 30 12	17 50 03	6 55 37	2 57 18
17 Sa	29 58 60	10 ♏ 30 38	16 49 04	14 26 28	0 11 25	26 31 23	8 54 24	2 26 07	7 59 19	15 46 42	20 30 28	17 48 25	6 52 46	2 56 10
18 Su	0 ♍ 55 37	23 02 09	29 11 43	16 20 04	29 ♌ 33 10	27 08 48	9 00 45	2 47 44	7 51 06	15 53 41	20 31 26	17 47 33	6 50 39	2 55 47
19 M	1 53 17	5 ♐ 18 06	11 ♐ 21 03	18 12 33	28 56 11	27 47 16	9 08 26	3 10 33	7 43 57	16 01 42	20 33 25	17 47 49	6 49 37	2 56 31
20 Tu	2 52 10	17 23 10	23 21 45	20 03 59	28 20 50	28 26 57	9 17 34	3 34 41	7 37 58	16 10 56	20 36 35	17 49 22	6 49 50	2 58 30
21 W	3 52 08	29 21 44	5 ♑ 18 07	21 54 15	27 47 16	29 07 45	9 28 04	4 00 02	7 33 04	16 21 15	20 40 48	17 52 03	6 51 09	3 01 37
22 Th	4 52 55	11 ♑ 17 42	17 13 49	23 43 02	27 15 24	29 49 20	9 39 37	4 26 17	7 28 58	16 32 21	20 45 47	17 55 37	6 53 19	3 05 35
23 F	5 54 04	23 14 23	29 11 55	25 29 55	26 45 02	0 ♎ 31 18	9 51 48	4 53 02	7 25 14	16 43 49	20 51 07	17 59 37	6 55 52	3 09 58
24 Sa	6 55 08	5 ♒ 14 32	11♒ 14 50	27 14 24	26 15 54	1 13 11	10 04 07	5 19 48	7 21 25	16 55 10	20 56 18	18 03 36	6 58 22	3 14 18
25 Su	7 55 40	17 20 17	23 24 28	28 56 02	25 47 45	1 54 32	10 16 10	5 46 09	7 17 04	17 05 59	21 00 56	18 07 06	7 00 21	3 18 08
26 M	8 55 20	29 33 22	5 ♓ 42 15	0 ♎ 34 29	25 20 25	2 35 02	10 27 35	6 11 44	7 11 52	17 15 55	21 04 40	18 09 48	7 01 30	3 21 10
27 Tu	9 53 59	11 ♓ 55 10	18 09 24	2 09 34	24 53 54	3 14 29	10 38 12	6 36 23	7 05 39	17 24 47	21 07 19	18 11 32	7 01 39	3 23 12
28 W	10 51 35	24 26 54	0 ♈ 46 59	3 41 15	24 28 18	3 52 54	10 48 00	7 00 06	6 58 25	17 32 36	21 08 53	18 12 17	7 00 47	3 24 13
29 Th	11 48 19	7 ♈ 09 42	13 36 05	5 09 42	24 03 55	4 30 27	10 57 09	7 23 01	6 50 19	17 39 31	21 09 32	18 12 13	6 59 03	3 24 24
30 F	12 44 28	20 04 45	26 37 53	6 35 11	23 41 09	5 07 24	11 05 56	7 45 27	6 41 40	17 45 49	21 09 32	18 11 36	6 56 46	3 24 02

Notes

LONGITUDE — July 1972

Day	☉	0 hr ☽	Noon ☽	☿	♀	♂	⚵	⚳	♃	♄	⚷	♅	♆	♇
1 Sa	13 ♍ 40 24	3 ♉ 13 17	9 ♉ 53 33	7 ♎ 58 01	23 ♌ 20 24	5 ♎ 44 08	11 ♐ 14 43	8 ♏ 07 45	6 ♓ 32 49	17 ♌ 51 52	21 ♊ 09 17	18 ♐ 10 50	6 ♒ 54 17	3 ♐ 23 29
2 Su	14 36 28	16 36 25	23 24 09	9 18 32	23 02 08	6 21 00	11 23 50	8 30 17	6 24 09	17 58 02	21 09 07	18 10 15	6 51 57	3 23 05
3 M	15 32 59	0 ♊ 15 01	7 ♊ 10 23	10 36 60	22 46 39	6 58 18	11 33 35	8 53 20	6 15 56	18 04 35	21 09 20	18 10 10	6 50 05	3 23 10
4 Tu	16 30 05	14 09 23	21 12 08	11 53 31	22 34 09	7 36 12	11 44 09	9 17 03	6 08 22	18 11 42	21 10 06	18 10 43	6 48 49	3 23 52
5 W	17 27 48	28 18 50	5 ♋ 28 12	13 08 04	22 24 40	8 14 41	11 55 30	9 41 28	6 01 27	18 19 23	21 11 24	18 11 55	6 48 11	3 25 12
6 Th	18 25 59	12 ♋ 41 22	19 55 57	14 20 26	22 18 03	8 53 38	12 07 31	10 06 25	5 55 03	18 27 30	21 13 07	18 13 38	6 48 02	3 27 02
7 F	19 24 24	27 13 34	4 ♌ 31 14	15 30 19	22 14 04	9 32 50	12 19 58	10 31 41	5 48 57	18 35 48	21 15 01	18 15 39	6 48 08	3 29 07
8 Sa	20 22 47	11 ♌ 50 36	19 08 37	16 37 22	22 12 25	10 11 59	12 32 34	10 56 59	5 42 52	18 44 02	21 16 50	18 17 40	6 48 14	3 31 12
9 Su	21 20 55	26 26 36	3 ♍ 41 58	17 41 19	22 12 51	10 50 52	12 45 07	11 22 07	5 36 36	18 51 58	21 18 21	18 19 29	6 48 05	3 33 04
10 M	22 18 41	10 ♍ 55 22	18 05 05	18 41 54	22 15 12	11 29 23	12 57 27	11 46 57	5 30 01	18 59 28	21 19 25	18 20 58	6 47 35	3 34 34
11 Tu	23 16 02	25 11 05	2 ♎ 12 36	19 39 02	22 19 24	12 07 29	13 09 35	12 11 27	5 23 08	19 06 32	21 20 03	18 22 07	6 46 43	3 35 42
12 W	24 13 05	9 ♎ 09 05	16 00 36	20 32 39	22 25 29	12 45 16	13 21 33	12 35 42	5 15 60	19 13 14	21 20 17	18 22 58	6 45 32	3 36 33
13 Th	25 09 56	22 46 20	29 26 55	21 22 48	22 33 32	13 22 52	13 33 31	12 59 50	5 08 45	19 19 42	21 20 17	18 23 42	6 44 11	3 37 14
14 F	26 06 44	6 ♏ 01 34	12 ♏ 31 13	22 09 28	22 43 39	14 00 24	13 45 37	13 23 59	5 01 35	19 26 04	21 20 11	18 24 26	6 42 50	3 37 53
15 Sa	27 03 37	18 55 18	25 14 48	22 52 39	22 55 52	14 38 01	13 57 58	13 48 17	4 54 34	19 32 29	21 20 07	18 25 17	6 41 34	3 38 40
16 Su	28 00 39	1 ♐ 29 30	7 ♐ 40 16	23 32 17	23 10 13	15 15 47	14 10 36	14 12 47	4 47 48	19 38 58	21 20 08	18 26 20	6 40 28	3 39 35
17 M	28 57 48	13 47 15	19 51 09	24 08 11	23 26 38	15 53 40	14 23 33	14 37 29	4 41 16	19 45 32	21 20 13	18 27 33	6 39 32	3 40 41
18 Tu	29 55 02	25 52 24	1 ♑ 51 35	24 40 09	23 45 00	16 31 37	14 36 44	15 02 19	4 34 56	19 52 08	21 20 20	18 28 55	6 38 42	3 41 53
19 W	0 ♎ 52 17	7 ♑ 49 15	13 45 59	25 07 58	24 05 11	17 09 35	14 50 04	15 27 13	4 28 43	19 58 41	21 20 24	18 30 19	6 37 54	3 43 06
20 Th	1 49 26	19 42 15	25 38 47	25 31 22	24 27 02	17 47 27	15 03 29	15 52 05	4 22 31	20 05 06	21 20 19	18 31 41	6 37 02	3 44 16
21 F	2 46 28	1 ♒ 35 49	7 ♒ 34 19	25 50 10	24 50 27	18 25 11	15 16 55	16 16 53	4 16 20	20 11 19	21 20 03	18 32 57	6 36 04	3 45 20
22 Sa	3 43 22	13 34 10	19 36 32	26 04 12	25 15 22	19 02 47	15 30 22	16 41 37	4 10 08	20 17 22	21 19 37	18 34 09	6 34 59	3 46 17
23 Su	4 40 13	25 41 02	1 ♓ 48 54	26 13 25	25 41 49	19 40 20	15 43 54	17 06 20	4 03 59	20 23 17	21 19 03	18 35 20	6 33 52	3 47 12
24 M	5 37 06	7 ♓ 59 36	14 14 13	26 17 47	26 09 50	20 17 54	15 57 37	17 31 08	3 58 02	20 29 11	21 18 28	18 36 36	6 32 49	3 48 11
25 Tu	6 34 10	20 32 19	26 54 30	26 17 22	26 39 31	20 55 40	16 11 39	17 56 11	3 52 23	20 35 12	21 18 01	18 38 05	6 31 59	3 49 22
26 W	7 31 34	3 ♈ 20 43	9 ♈ 50 50	26 12 13	27 10 56	21 33 44	16 26 08	18 21 35	3 47 11	20 41 29	21 17 49	18 39 56	6 31 29	3 50 53
27 Th	8 29 22	16 25 23	23 03 21	26 02 24	27 44 08	22 12 11	16 41 09	18 47 27	3 42 32	20 48 05	21 17 58	18 42 13	6 31 24	3 52 50
28 F	9 27 35	29 45 58	6 ♉ 31 17	25 47 57	28 19 03	22 51 03	16 56 43	19 13 45	3 38 26	20 55 03	21 18 28	18 44 57	6 31 45	3 55 12
29 Sa	10 26 07	13 ♉ 21 11	20 13 02	25 28 52	28 55 34	23 30 14	17 12 43	19 40 25	3 34 46	21 02 15	21 19 14	18 48 02	6 32 27	3 57 53
30 Su	11 24 47	27 09 05	4 ♊ 06 26	25 05 07	29 33 25	24 09 32	17 28 57	20 07 15	3 31 23	21 09 30	21 20 03	18 51 17	6 33 17	4 00 44
31 M	12 23 21	11 ♊ 07 16	18 08 56	24 36 41	0 ♍ 12 21	24 48 42	17 45 12	20 34 00	3 28 02	21 16 33	21 20 41	18 54 27	6 34 01	4 03 28

LONGITUDE — August 1972

Day	☉	0 hr ☽	Noon ☽	☿	♀	♂	⚵	⚳	♃	♄	⚷	♅	♆	♇
1 Tu	13 ♎ 21 32	25 ♊ 13 05	2 ♋ 17 51	24 ♎ 03 38	0 ♍ 52 01	25 ♎ 27 30	18 ♐ 01 11	21 ♏ 00 25	3 ♓ 24 26	21 ♌ 23 10	21 ♊ 20 53	18 ♐ 57 16	6 ♒ 34 23	4 ♐ 05 50
2 W	14 19 10	9 ♋ 23 57	16 30 37	23 26 12	1 32 13	26 05 43	18 16 43	21 26 18	3 20 26	21 29 08	21 20 27	18 59 34	6 34 13	4 07 39
3 Th	15 16 11	23 37 22	0 ♌ 44 43	22 44 50	2 12 51	26 43 19	18 31 45	21 51 37	3 15 58	21 34 24	21 19 20	19 01 16	6 33 27	4 08 51
4 F	16 12 42	7 ♌ 51 01	14 57 48	22 00 14	2 53 59	27 20 24	18 46 23	22 16 26	3 11 08	21 39 06	21 17 39	19 02 29	6 32 12	4 09 34
5 Sa	17 08 59	22 02 38	29 07 31	21 13 22	3 35 50	27 57 14	19 00 52	22 41 04	3 06 13	21 43 27	21 15 40	19 03 30	6 30 43	4 10 02
6 Su	18 05 24	6 ♍ 09 52	13 ♍ 11 27	20 25 22	4 18 44	28 34 11	19 15 36	23 05 51	3 01 36	21 47 51	21 13 45	19 04 40	6 29 23	4 10 39
7 M	19 02 22	20 10 17	27 07 06	19 37 28	5 03 04	29 11 39	19 30 58	23 31 11	2 57 39	21 52 42	21 12 17	19 06 24	6 28 35	4 11 48
8 Tu	20 00 11	4 ♎ 01 17	10 ♎ 51 56	18 50 52	5 49 06	29 49 59	19 47 17	23 57 25	2 54 43	21 58 20	21 11 37	19 09 01	6 28 40	4 13 49
9 W	20 59 03	17 40 20	24 23 35	18 06 39	6 37 01	0 ♏ 29 22	20 04 46	24 24 44	2 53 01	22 04 55	21 11 56	19 12 42	6 29 50	4 16 54
10 Th	21 58 60	1 ♏ 05 09	7 ♏ 40 09	17 25 43	7 26 46	1 09 47	20 23 24	24 53 07	2 52 32	22 12 28	21 13 16	19 17 29	6 32 04	4 21 02
11 F	22 59 48	14 14 03	20 40 24	16 48 45	8 18 09	1 51 04	20 42 59	25 22 24	2 53 04	22 20 48	21 15 23	19 23 09	6 35 10	4 26 03
12 Sa	24 01 06	27 06 10	3 ♐ 24 03	16 16 12	9 10 46	2 32 50	21 03 09	25 52 12	2 54 17	22 29 33	21 17 56	19 29 21	6 38 48	4 31 34
13 Su	25 02 26	9 ♐ 41 40	15 51 51	15 48 22	10 04 07	3 14 37	21 23 27	26 22 04	2 55 41	22 38 13	21 20 27	19 35 36	6 42 28	4 37 07
14 M	26 03 20	22 01 53	28 05 39	15 25 27	10 57 42	3 55 57	21 43 23	26 51 30	2 56 49	22 46 21	21 22 28	19 41 25	6 45 43	4 42 13
15 Tu	27 03 22	4 ♑ 09 12	10 ♑ 08 18	15 07 39	11 51 04	4 36 25	22 02 33	27 20 06	2 57 15	22 53 32	21 23 33	19 46 24	6 48 07	4 46 28
16 W	28 02 17	16 07 05	22 03 36	14 55 12	12 43 58	5 15 45	22 20 41	27 47 35	2 56 45	22 59 30	21 23 28	19 50 18	6 49 25	4 49 36
17 Th	29 00 02	27 59 45	3 ♒ 56 01	14 48 28	13 36 19	5 53 54	22 37 43	28 13 56	2 55 14	23 04 13	21 22 08	19 53 02	6 49 34	4 51 35
18 F	29 56 47	9 ♒ 52 06	15 50 32	14 47 56	14 28 15	6 31 04	22 53 50	28 39 18	2 52 54	23 07 49	21 19 46	19 54 48	6 48 45	4 52 33
19 Sa	0 ♏ 52 56	21 49 22	27 52 20	14 54 14	15 20 09	7 07 36	23 09 26	29 04 04	2 50 08	23 10 44	21 16 43	19 55 59	6 47 19	4 52 55
20 Su	1 49 01	3 ♓ 56 46	10 ♓ 06 30	15 08 01	16 12 33	7 44 03	23 25 02	29 28 47	2 47 28	23 13 28	21 13 32	19 57 07	6 45 51	4 53 13
21 M	2 45 38	16 19 12	22 37 34	15 29 57	17 05 60	8 21 02	23 41 13	29 54 02	2 45 30	23 16 37	21 10 50	19 58 48	6 44 55	4 54 03
22 Tu	3 43 20	29 00 43	5 ♈ 29 05	16 00 37	18 01 04	8 59 05	23 58 34	0 ♐ 20 23	2 44 47	23 20 46	21 09 09	20 01 34	6 45 05	4 55 57
23 W	4 42 32	12 ♈ 04 07	18 43 05	16 40 19	18 58 07	9 38 37	24 17 29	0 48 14	2 45 44	23 26 18	21 08 54	20 05 52	6 46 46	4 59 22
24 Th	5 43 23	25 30 22	2 ♉ 19 45	17 29 05	19 57 20	10 19 48	24 38 08	1 17 46	2 48 31	23 33 23	21 10 15	20 11 49	6 50 07	5 04 25
25 F	6 45 46	9 ♉ 18 28	16 17 06	18 26 34	20 58 31	11 02 29	25 00 20	1 48 48	2 52 58	23 41 53	21 13 02	20 19 18	6 54 59	5 10 59
26 Sa	7 49 11	23 25 13	0 ♊ 31 09	19 32 04	22 01 12	11 46 12	25 23 39	2 20 53	2 58 38	23 51 18	21 16 49	20 27 51	7 00 54	5 18 34
27 Su	8 52 58	7 ♊ 45 40	14 56 20	20 44 36	23 04 41	12 30 15	25 47 22	2 53 20	3 04 49	24 00 58	21 20 52	20 36 44	7 07 11	5 26 31
28 M	9 56 18	22 13 44	29 26 22	22 02 58	24 08 09	13 13 50	26 10 42	3 25 19	3 10 43	24 10 03	21 24 25	20 45 11	7 13 02	5 33 59
29 Tu	10 58 28	6 ♋ 43 12	13 ♋ 55 14	23 26 07	25 10 51	13 56 15	26 32 54	3 56 09	3 15 36	24 17 52	21 26 44	20 52 29	7 17 43	5 40 17
30 W	11 59 01	21 08 41	28 18 01	24 53 08	26 12 20	14 37 01	26 53 32	4 25 21	3 19 01	24 23 56	21 27 22	20 58 09	7 20 46	5 44 57
31 Th	12 57 53	5 ♌ 26 16	12 ♌ 31 28	26 23 30	27 12 30	15 16 06	27 12 32	4 52 51	3 20 55	24 28 11	21 26 14	21 02 08	7 22 09	5 47 54

Notes

September 1972 LONGITUDE

Day	☉	0 hr ☽	Noon ☽	☿	♀	♂	⚵	⚳	♃	♄	⚷	♅	♆	♇
1 F	13♏55 24	19♌33 44	26♌33 59	27♎57 04	28♍11 43	15♏53 48	27♐30 14	5♐19 01	3♓21 38	24♌30 59	21♊23 42	21♐04 46	7♒22 11	5♐49 30
2 Sa	14 52 18	3♍30 24	10♍25 20	29 34 03	29 10 38	16 30 51	27 47 20	5 44 32	3 21 51	24 33 00	21 20 27	21 06 46	7 21 35	5 50 26
3 Su	15 49 26	17 16 35	24 06 07	1♏14 50	0♎10 08	17 08 09	28 04 44	6 10 17	3 22 29	24 35 09	21 17 23	21 09 01	7 21 14	5 51 36
4 M	16 47 43	0♎53 02	7♎37 03	2 59 49	1 11 08	17 46 34	28 23 19	6 37 11	3 24 25	24 38 19	21 15 25	21 12 24	7 22 02	5 53 54
5 Tu	17 47 54	14 20 16	20 58 40	4 49 14	2 14 20	18 26 51	28 43 49	7 05 57	3 28 24	24 43 14	21 15 15	21 17 40	7 24 43	5 58 03
6 W	18 50 21	27 38 24	4♏10 55	6 43 02	3 20 07	19 09 24	29 06 38	7 36 59	3 34 48	24 50 18	21 17 18	21 25 13	7 29 41	6 04 28
7 Th	19 55 05	10♏46 52	17 13 12	8 40 47	4 28 30	19 54 13	29 31 47	8 10 18	3 43 39	24 59 32	21 21 35	21 35 02	7 36 56	6 13 09
8 F	21 01 44	23 44 43	0♐04 38	10 41 41	5 39 04	20 40 55	29 58 52	8 45 30	3 54 34	25 10 32	21 27 42	21 46 45	7 46 05	6 23 42
9 Sa	22 09 34	6♐30 51	12 44 21	12 44 41	6 51 06	21 28 47	0♑27 10	9 21 53	4 06 49	25 22 35	21 34 57	21 59 40	7 56 26	6 35 26
10 Su	23 17 40	19 04 29	25 11 53	14 48 32	8 03 41	22 16 55	0 55 47	9 58 31	4 19 29	25 34 47	21 42 25	22 12 50	8 07 04	6 47 25
11 M	24 25 06	1♑25 32	7♑27 36	16 51 60	9 15 53	23 04 22	1 23 46	10 34 29	4 31 39	25 46 12	21 49 09	22 25 20	8 17 01	6 58 43
12 Tu	25 31 04	13 34 58	19 32 54	18 53 60	10 26 51	23 50 20	1 50 18	11 08 57	4 42 29	25 55 59	21 54 21	22 36 21	8 25 30	7 08 30
13 W	26 34 59	25 34 54	1♒30 25	20 53 49	11 36 03	24 34 14	2 14 49	11 41 22	4 51 27	26 03 37	21 57 29	22 45 20	8 31 57	7 16 15
14 Th	27 36 42	7♒28 44	13 23 55	22 51 04	12 43 16	25 15 56	2 37 10	12 11 34	4 58 20	26 08 54	21 58 20	22 52 05	8 36 12	7 21 45
15 F	28 36 25	19 21 03	25 18 18	24 45 48	13 48 45	25 55 36	2 57 33	12 39 45	5 03 23	26 12 03	21 57 08	22 56 50	8 38 27	7 25 15
16 Sa	29 34 44	1♓17 20	7♓19 12	26 38 31	14 53 03	26 33 51	3 16 33	13 06 30	5 07 11	26 13 40	21 54 29	23 00 11	8 39 18	7 27 18
17 Su	0♐32 30	13 23 38	19 32 47	28 29 58	15 57 02	27 11 34	3 35 01	13 32 43	5 10 34	26 14 37	21 51 14	23 02 58	8 39 37	7 28 48
18 M	1 30 44	25 46 11	2♈05 04	0♐21 04	17 01 43	27 49 42	3 53 59	13 59 21	5 14 35	26 15 53	21 48 25	23 06 12	8 40 23	7 30 44
19 Tu	2 30 24	8♈30 41	15 01 19	2 12 44	18 08 02	28 29 16	4 14 24	14 27 24	5 20 09	26 18 27	21 46 57	23 10 52	8 42 35	7 34 04
20 W	3 32 13	21 41 35	28 25 17	4 05 40	19 16 43	29 10 58	4 36 60	14 57 36	5 28 01	26 23 02	21 47 37	23 17 40	8 46 56	7 39 32
21 Th	4 36 33	5♉21 20	12♉18 17	6 00 09	20 28 08	29 55 10	5 02 07	15 30 16	5 38 32	26 29 60	21 50 44	23 26 58	8 53 49	7 47 30
22 F	5 43 14	19 29 32	26 38 35	7 56 03	21 42 06	0♐41 43	5 29 37	16 05 18	5 51 33	26 39 11	21 56 10	23 38 37	9 03 02	7 57 47
23 Sa	6 51 38	4♊02 29	11♊21 04	9 52 40	22 57 59	1 29 58	5 58 50	16 41 60	6 06 25	26 49 56	22 03 15	23 51 57	9 13 58	8 09 45
24 Su	8 00 42	18 53 23	26 17 45	11 48 58	24 14 43	2 18 51	6 28 43	17 19 19	6 22 04	27 01 12	22 10 57	24 05 55	9 25 34	8 22 20
25 M	9 09 12	3♋53 08	11♋18 59	13 43 44	25 31 05	3 07 09	6 58 04	17 56 04	6 37 17	27 11 47	22 18 03	24 19 19	9 36 35	8 34 20
26 Tu	10 16 02	18 51 59	26 15 07	15 35 51	26 45 58	3 53 47	7 25 45	18 31 08	6 50 58	27 20 32	22 23 26	24 31 02	9 45 56	8 44 38
27 W	11 20 31	3♌41 11	10♌58 16	17 24 39	27 58 40	4 38 03	7 51 05	19 03 47	7 02 24	27 26 48	22 26 24	24 40 22	9 52 55	8 52 33
28 Th	12 22 31	18 14 31	25 23 22	19 09 60	29 09 02	5 19 47	8 13 56	19 33 56	7 11 28	27 30 25	22 26 50	24 47 10	9 57 24	8 57 55
29 F	13 22 29	2♍28 43	9♍28 25	20 52 23	0♏17 33	5 59 29	8 34 45	20 02 00	7 18 38	27 31 51	22 25 12	24 51 55	9 59 51	9 01 14
30 Sa	14 21 23	16 23 26	23 14 02	22 32 46	1 25 09	6 38 06	8 54 31	20 28 59	7 24 52	27 32 05	22 22 26	24 55 35	10 01 13	9 03 26

October 1972 LONGITUDE

Day	☉	0 hr ☽	Noon ☽	☿	♀	♂	⚵	⚳	♃	♄	⚷	♅	♆	♇
1 Su	15♐20 26	0♎00 22	6♎42 32	24♐12 24	2♏33 04	7♐16 51	9♑14 26	20♐56 05	7♓31 21	27♌32 19	22♊19 47	24♐59 22	10♒02 43	9♐05 45
2 M	16 20 53	13 22 15	19 56 58	25 52 32	3 42 32	7 56 59	9 35 45	21 24 33	7 39 21	27 33 48	22 18 30	25 04 32	10 05 37	9 09 26
3 Tu	17 23 44	26 32 03	3♏00 13	27 34 11	4 54 31	8 39 29	9 59 26	21 55 22	7 49 51	27 37 31	22 19 32	25 12 02	10 10 53	9 15 27
4 W	18 29 32	9♏32 06	15 54 30	29 17 56	6 09 36	9 24 55	10 26 05	22 29 05	8 03 26	27 44 03	22 23 29	25 22 28	10 19 06	9 24 23
5 Th	19 38 20	22 23 53	28 41 02	1♑03 50	7 27 50	10 13 20	10 55 44	23 05 47	8 20 07	27 53 26	22 30 24	25 35 53	10 30 18	9 36 17
6 F	20 49 40	5♐07 52	11♐20 07	2 51 28	8 48 44	11 04 17	11 27 56	23 44 59	8 39 27	28 05 12	22 39 50	25 51 48	10 44 02	9 50 40
7 Sa	22 02 39	17 43 45	23 51 20	4 39 56	10 11 24	11 56 52	12 01 46	24 25 48	9 00 33	28 18 29	22 50 51	26 09 20	10 59 24	10 06 41
8 Su	23 16 09	0♑10 54	6♑14 06	6 28 06	11 34 43	12 49 56	12 36 06	25 07 04	9 22 16	28 32 07	23 02 21	26 27 20	11 15 16	10 23 09
9 M	24 28 56	12 28 46	18 28 05	8 14 47	12 57 26	13 42 16	13 09 43	25 47 36	9 43 23	28 44 54	23 13 07	26 44 36	11 30 24	10 38 52
10 Tu	25 39 56	24 37 25	0♒33 40	9 58 55	14 18 29	14 32 49	13 41 33	26 26 18	10 02 49	28 55 46	23 22 04	27 00 04	11 43 45	10 52 46
11 W	26 48 24	6♒37 55	12 32 20	11 39 44	15 37 08	15 20 49	14 10 50	27 02 26	10 19 50	29 03 56	23 28 26	27 12 57	11 54 34	11 04 05
12 Th	27 54 00	18 32 36	24 26 48	13 16 57	16 53 02	16 05 57	14 37 16	27 35 41	10 34 05	29 09 07	23 31 56	27 22 57	12 02 30	11 12 30
13 F	28 56 54	0♓25 07	6♓21 11	14 50 43	18 06 20	16 48 22	15 00 59	28 06 10	10 45 45	29 11 27	23 32 42	27 30 12	12 07 44	11 18 11
14 Sa	29 57 43	12 20 24	18 20 43	16 21 38	19 17 39	17 28 40	15 22 36	28 34 32	10 55 25	29 11 34	23 31 20	27 35 21	12 10 51	11 21 44
15 Su	0♑57 24	24 24 20	0♈31 33	17 50 40	20 27 57	18 07 50	15 43 05	29 01 43	11 04 03	29 10 24	23 28 50	27 39 20	12 12 50	11 24 07
16 M	1 57 06	6♈43 27	13 00 17	19 18 59	21 38 23	18 47 01	16 03 35	29 28 55	11 12 50	29 09 08	23 26 21	27 43 19	12 14 51	11 26 29
17 Tu	2 58 01	19 24 15	25 53 12	20 47 43	22 50 08	19 27 23	16 25 16	29 57 15	11 22 54	29 08 56	23 25 02	27 48 27	12 18 03	11 30 01
18 W	4 01 04	2♉32 29	9♉15 31	22 17 49	24 04 06	20 09 53	16 49 05	0♑27 41	11 35 13	29 10 44	23 25 50	27 55 42	12 23 22	11 35 38
19 Th	5 06 46	16 12 07	23 10 12	23 49 47	25 20 50	20 55 02	17 15 33	1 00 44	11 50 16	29 15 03	23 29 16	28 05 34	12 31 20	11 43 53
20 F	6 15 04	0♊24 24	7♊37 02	25 23 32	26 40 16	21 42 46	17 44 36	1 36 21	12 08 01	29 21 51	23 35 18	28 18 00	12 41 54	11 54 41
21 Sa	7 25 21	15 06 50	22 31 48	26 58 24	28 01 46	22 32 28	18 15 37	2 13 53	12 27 50	29 30 29	23 43 17	28 32 23	12 54 26	12 07 25
22 Su	8 36 29	0♋12 58	7♋46 18	28 33 15	29 24 14	23 23 02	18 47 28	2 52 15	12 48 36	29 39 50	23 52 06	28 47 35	13 07 48	12 20 58
23 M	9 47 09	15 32 51	23 09 23	0♒06 41	0♐46 18	24 13 06	19 18 50	3 30 05	13 08 59	29 48 35	24 00 27	29 02 15	13 20 41	12 33 59
24 Tu	10 56 07	0♌54 38	8♌28 55	1 37 26	2 06 44	25 01 26	19 48 27	4 06 09	13 27 44	29 55 29	24 07 03	29 15 11	13 31 50	12 45 15
25 W	12 02 31	16 06 49	23 34 05	3 04 37	3 24 43	25 47 14	20 15 31	4 39 38	13 44 01	29 59 43	24 11 06	29 25 31	13 40 26	12 53 56
26 Th	13 06 11	1♍00 18	8♍17 12	4 27 56	4 40 02	26 30 15	20 39 49	5 10 18	13 57 38	0♍01 03	24 12 23	29 33 04	13 46 15	12 59 48
27 F	14 07 32	15 29 38	22 34 27	5 47 45	5 53 06	27 10 57	21 01 45	5 38 36	14 09 00	29♌59 56	24 11 19	29 38 15	13 49 44	13 03 19
28 Sa	15 07 31	29 33 07	6♎25 35	7 04 54	7 04 53	27 50 16	21 22 19	6 05 30	14 19 05	29 57 20	24 08 53	29 42 01	13 51 50	13 05 24
29 Su	16 07 23	13♎12 05	19 53 02	8 20 34	8 16 38	28 29 28	21 42 44	6 32 13	14 29 08	29 54 29	24 06 19	29 45 37	13 53 48	13 07 19
30 M	17 08 24	26 29 47	3♏00 38	9 35 50	9 29 35	29 09 47	22 04 16	7 00 01	14 40 23	29 52 38	24 04 53	29 50 19	13 56 53	13 10 20
31 Tu	18 11 34	9♏30 12	15 52 36	10 51 36	10 44 46	29 52 15	22 27 56	7 29 56	14 53 52	29 52 49	24 05 36	29 57 08	14 02 06	13 15 27

Notes

LONGITUDE November 1972

Day	☉	0 hr ☽	Noon ☽	☿	♀	♂	⚵	⚳	♃	♄	⚷	♅	♆	♇
1 W	19 ♑ 17 31	22 ♏ 17 15	28 ♏ 32 45	12 ♒ 08 18	12 ♐ 02 46	0 ♑ 37 29	22 ♑ 54 20	8 ♑ 02 33	15 ♓ 10 12	29 ♌ 55 39	24 ♊ 09 05	0 ♑ 06 39	14 ♒ 10 04	13 ♐ 23 18
2 Th	20 26 18	4 ♐ 54 02	11 ♐ 04 01	13 25 49	13 23 42	1 25 33	23 23 34	8 37 58	15 29 26	0 ♍ 01 13	24 15 24	0 18 59	14 20 52	13 33 56
3 F	21 37 32	17 22 46	23 28 19	14 43 32	14 47 07	2 16 03	23 55 12	9 15 46	15 51 11	0 09 05	24 24 09	0 33 42	14 34 05	13 46 57
4 Sa	22 50 22	29 44 39	5 ♑ 46 35	16 00 20	16 12 12	3 08 09	24 28 25	9 55 07	16 14 37	0 18 26	24 34 30	0 49 59	14 48 54	14 01 31
5 Su	24 03 44	12 ♑ 00 10	17 59 10	17 14 53	17 37 52	4 00 46	25 02 08	10 34 57	16 38 39	0 28 13	24 45 23	1 06 44	15 04 12	14 16 34
6 M	25 16 30	24 09 28	0 ♒ 06 08	18 25 41	19 02 59	4 52 45	25 35 12	11 14 06	17 02 07	0 37 16	24 55 39	1 22 50	15 18 53	14 30 58
7 Tu	26 27 37	6 ♒ 12 46	12 07 47	19 31 21	20 26 31	5 43 07	26 06 36	11 51 33	17 24 02	0 44 34	25 04 17	1 37 14	15 31 55	14 43 40
8 W	27 36 22	18 10 46	24 05 02	20 30 44	21 47 44	6 31 05	26 35 37	12 26 35	17 43 38	0 49 23	25 10 33	1 49 14	15 42 33	14 53 57
9 Th	28 42 24	0 ♓ 05 04	5 ♓ 59 44	21 23 01	23 06 16	7 16 20	27 01 51	12 58 50	18 00 35	0 51 22	25 14 05	1 58 27	15 50 27	15 01 27
10 F	29 45 46	11 58 14	17 54 52	22 07 43	24 22 12	7 58 55	27 25 25	13 28 22	18 14 56	0 50 36	25 14 60	2 04 58	15 55 41	15 06 16
11 Sa	0 ♒ 46 58	23 54 01	29 54 31	22 44 45	25 36 01	8 39 20	27 46 47	13 55 41	18 27 11	0 47 35	25 13 44	2 09 16	15 58 43	15 08 52
12 Su	1 46 50	5 ♈ 57 13	12 ♈ 03 47	23 14 19	26 48 31	9 18 24	28 06 47	14 21 36	18 38 09	0 43 06	25 11 09	2 12 11	16 00 24	15 10 04
13 M	2 46 20	18 13 23	24 28 27	23 36 43	28 00 44	9 57 07	28 26 23	14 47 06	18 48 50	0 38 12	25 08 14	2 14 42	16 01 43	15 10 52
14 Tu	3 46 33	0 ♉ 48 27	7 ♉ 14 27	23 52 17	29 13 41	10 36 31	28 46 40	15 13 14	19 00 16	0 33 53	25 06 01	2 17 52	16 03 43	15 12 19
15 W	4 48 19	13 48 06	20 27 13	24 01 10	0 ♑ 28 15	11 17 30	29 08 28	15 40 53	19 13 19	0 31 03	25 05 23	2 22 32	16 07 15	15 15 17
16 Th	5 52 10	27 16 55	4 ♊ 10 39	24 03 10	1 44 57	12 00 34	29 32 19	16 10 34	19 28 32	0 30 14	25 06 51	2 29 15	16 12 52	15 20 18
17 F	6 58 11	11 ♊ 17 27	18 26 09	23 57 42	3 03 51	12 45 47	29 58 19	16 42 20	19 45 58	0 31 29	25 10 30	2 38 05	16 20 38	15 27 26
18 Sa	8 05 56	25 49 14	3 ♋ 11 41	23 43 47	4 24 31	13 32 45	0 ♒ 25 60	17 15 47	20 05 10	0 34 24	25 15 54	2 48 36	16 30 06	15 36 15
19 Su	9 14 34	10 ♋ 48 04	18 21 12	23 20 15	5 46 06	14 20 35	0 54 31	17 50 03	20 25 18	0 38 06	25 22 12	2 59 56	16 40 26	15 45 53
20 M	10 22 60	26 05 54	3 ♌ 45 05	22 45 57	7 07 32	15 08 13	1 22 48	18 24 04	20 45 18	0 41 32	25 28 20	3 11 02	16 50 34	15 55 17
21 Tu	11 30 13	11 ♌ 31 51	19 11 30	22 00 09	8 27 46	15 54 39	1 49 50	18 56 47	21 04 08	0 43 41	25 33 15	3 20 52	16 59 26	16 03 25
22 W	12 35 28	26 53 54	4 ♍ 28 30	21 02 54	9 46 06	16 39 07	2 14 52	19 27 29	21 21 03	0 43 47	25 36 14	3 28 40	17 06 21	16 09 32
23 Th	13 38 30	12 ♍ 01 10	19 26 10	19 55 11	11 02 14	17 21 21	2 37 38	19 55 53	21 35 47	0 41 36	25 37 01	3 34 12	17 11 00	16 13 23
24 F	14 39 33	26 45 34	3 ♎ 58 03	18 39 02	12 16 26	18 01 37	2 58 23	20 22 15	21 48 35	0 37 22	25 35 50	3 37 42	17 13 39	16 15 12
25 Sa	15 39 18	11 ♎ 02 45	18 01 26	17 17 22	13 29 20	18 40 34	3 17 46	20 47 14	22 00 06	0 31 46	25 33 22	3 39 49	17 14 58	16 15 38
26 Su	16 38 38	24 51 49	1 ♏ 36 52	15 53 42	14 41 52	19 19 07	3 36 42	21 11 44	22 11 16	0 25 40	25 30 30	3 41 29	17 15 51	16 15 37
27 M	17 38 30	8 ♏ 14 36	14 47 10	14 31 44	15 54 57	19 58 11	3 56 07	21 36 41	22 22 59	0 20 03	25 28 11	3 43 36	17 17 14	16 16 05
28 Tu	18 39 40	21 14 32	27 36 23	13 14 57	17 09 21	20 38 34	4 16 47	22 02 53	22 36 04	0 15 41	25 27 12	3 46 59	17 19 54	16 17 47
29 W	19 42 38	3 ♐ 55 46	10 ♐ 08 53	12 06 19	18 25 35	21 20 44	4 39 12	22 30 47	22 50 57	0 13 02	25 28 01	3 52 05	17 24 20	16 21 14
30 Th	20 47 30	16 22 26	22 28 48	11 08 01	19 43 44	22 04 49	5 03 28	23 00 32	23 07 48	0 12 15	25 30 47	3 59 02	17 30 38	16 26 31

LONGITUDE December 1972

Day	☉	0 hr ☽	Noon ☽	☿	♀	♂	⚵	⚳	♃	♄	⚷	♅	♆	♇
1 F	21 ♒ 54 01	28 ♐ 38 11	4 ♑ 39 37	10 ♒ 21 20	21 ♑ 03 35	22 ♑ 50 33	5 ♒ 29 21	23 ♑ 31 51	23 ♓ 26 20	0 ♍ 13 05	25 ♊ 35 13	4 ♑ 07 35	17 ♒ 38 35	16 ♐ 33 26
2 Sa	23 01 41	10 ♑ 45 59	16 44 02	9 46 44	22 24 34	23 37 26	5 56 19	24 04 15	23 46 03	0 14 60	25 40 50	4 17 12	17 47 39	16 41 25
3 Su	24 09 48	22 48 07	28 44 06	9 24 00	23 46 02	24 24 46	6 23 40	24 36 60	24 06 13	0 17 19	25 46 54	4 27 13	17 57 07	16 49 48
4 M	25 17 35	4 ♒ 46 22	10 ♒ 41 22	9 12 25	25 07 11	25 11 46	6 50 39	25 09 21	24 26 08	0 19 17	25 52 42	4 36 51	18 06 15	16 57 48
5 Tu	26 24 24	16 42 07	22 37 04	9 10 58	26 27 23	25 57 49	7 16 37	25 40 40	24 45 05	0 20 14	25 57 32	4 45 27	18 14 23	17 04 47
6 W	27 29 44	28 36 43	4 ♓ 32 29	9 18 38	27 46 08	26 42 23	7 41 03	26 10 25	25 02 36	0 19 41	26 00 57	4 52 31	18 21 01	17 10 14
7 Th	28 33 21	10 ♓ 31 39	16 29 09	9 34 23	29 03 10	27 25 15	8 03 43	26 38 23	25 18 26	0 17 24	26 02 40	4 57 48	18 25 55	17 13 56
8 F	29 35 17	22 28 50	28 29 06	9 57 28	0 ♒ 18 33	28 06 25	8 24 38	27 04 35	25 32 36	0 13 24	26 02 44	5 01 21	18 29 06	17 15 53
9 Sa	0 ♓ 35 47	4 ♈ 30 43	10 ♈ 34 60	10 27 16	1 32 31	28 46 12	8 44 06	27 29 17	25 45 24	0 07 58	26 01 26	5 03 25	18 30 52	17 16 23
10 Su	1 35 21	16 40 23	22 50 09	11 03 26	2 45 34	29 25 02	9 02 33	27 52 58	25 57 17	0 01 35	25 59 13	5 04 30	18 31 39	17 15 53
11 M	2 34 34	29 01 29	5 ♉ 18 24	11 45 43	3 58 16	0 ♒ 03 32	9 20 36	28 16 14	26 08 50	29 ♌ 54 50	25 56 42	5 05 10	18 32 04	17 14 59
12 Tu	3 34 02	11 ♉ 38 02	18 03 54	12 34 01	5 11 14	0 42 17	9 38 51	28 39 39	26 20 41	29 48 20	25 54 28	5 06 02	18 32 43	17 14 18
13 W	4 34 15	24 34 07	1 ♊ 10 39	13 28 07	6 24 60	1 21 49	9 57 49	29 03 46	26 33 19	29 42 36	25 53 02	5 07 36	18 34 06	17 14 20
14 Th	5 35 33	7 ♊ 53 21	14 41 55	14 27 44	7 39 50	2 02 27	10 17 48	29 28 53	26 47 03	29 37 56	25 52 45	5 10 12	18 36 33	17 15 24
15 F	6 37 60	21 38 15	28 39 34	15 32 22	8 55 51	2 44 14	10 38 53	29 55 04	27 01 58	29 34 27	25 53 38	5 13 53	18 40 08	17 17 34
16 Sa	7 41 24	5 ♋ 49 32	13 ♋ 03 13	16 41 21	10 12 49	3 26 59	11 00 51	0 ♒ 22 07	27 17 52	29 31 54	25 55 32	5 18 28	18 44 39	17 20 39
17 Su	8 45 20	20 25 24	27 49 44	17 53 50	11 30 21	4 10 18	11 23 18	0 49 37	27 34 20	29 29 55	25 58 00	5 23 33	18 49 41	17 24 14
18 M	9 49 17	5 ♌ 21 12	12 ♌ 53 04	19 08 56	12 47 56	4 53 39	11 45 44	1 17 05	27 50 50	29 27 59	26 00 33	5 28 35	18 54 44	17 27 47
19 Tu	10 52 46	20 29 32	28 04 37	20 25 49	14 05 02	5 36 32	12 07 37	1 43 58	28 06 54	29 25 35	26 02 40	5 33 06	18 59 17	17 30 50
20 W	11 55 25	5 ♍ 41 04	13 ♍ 14 30	21 43 51	15 21 20	6 18 37	12 28 37	2 09 57	28 22 09	29 22 22	26 04 00	5 36 44	19 02 58	17 33 00
21 Th	12 57 05	20 45 53	28 12 60	23 02 39	16 36 40	6 59 44	12 48 35	2 34 52	28 36 27	29 18 12	26 04 25	5 39 19	19 05 40	17 34 10
22 F	13 57 52	5 ♎ 35 07	12 ♎ 52 06	24 22 05	17 51 07	7 39 59	13 07 35	2 58 49	28 49 52	29 13 11	26 03 59	5 40 58	19 07 28	17 34 23
23 Sa	14 58 01	20 02 04	27 06 27	25 42 13	19 04 58	8 19 38	13 25 54	3 22 03	29 02 42	29 07 33	26 02 58	5 41 56	19 08 36	17 33 56
24 Su	15 57 55	4 ♏ 02 51	10 ♏ 53 37	27 03 17	20 18 33	8 59 01	13 43 54	3 44 56	29 15 16	29 01 42	26 01 43	5 42 35	19 09 27	17 33 10
25 M	16 57 54	17 36 25	24 13 45	28 25 30	21 32 15	9 38 31	14 01 54	4 07 48	29 27 57	28 55 58	26 00 37	5 43 15	19 10 23	17 32 28
26 Tu	17 58 16	0 ♐ 44 00	7 ♐ 09 06	29 49 01	22 46 20	10 18 25	14 20 14	4 30 58	29 41 01	28 50 39	25 59 57	5 44 14	19 11 39	17 32 05
27 W	18 59 09	13 28 29	19 43 09	1 ♓ 13 55	24 00 57	10 58 52	14 39 01	4 54 34	29 54 38	28 45 54	25 59 51	5 45 42	19 13 26	17 32 12
28 Th	20 00 36	25 53 41	2 ♑ 00 04	2 40 08	25 16 08	11 39 53	14 58 17	5 18 37	0 ♈ 08 48	28 41 44	26 00 21	5 47 40	19 15 44	17 32 49
29 F	21 02 30	8 ♑ 03 52	14 04 12	4 07 29	26 31 47	12 21 22	15 17 56	5 43 01	0 23 27	28 38 05	26 01 21	5 50 00	19 18 29	17 33 50
30 Sa	22 04 40	20 03 21	25 59 49	5 35 45	27 47 43	13 03 09	15 37 46	6 07 37	0 38 23	28 34 45	26 02 41	5 52 34	19 21 28	17 35 06
31 Su	23 06 55	1 ♒ 56 11	7 ♒ 50 48	7 04 40	29 03 43	13 45 01	15 57 37	6 32 10	0 53 23	28 31 32	26 04 07	5 55 09	19 24 30	17 36 23

Notes

January 1973 — LONGITUDE

Day	☉	0 hr ☽	Noon ☽	☿	♀	♂	⚵	⚳	♃	♄	⚷	♅	♆	♇
1 M	24 ♓ 09 03	13 ♒ 46 07	19 ♒ 40 37	8 ♓ 34 01	0 ♓ 19 38	14 ♒ 26 48	16 ♒ 17 17	6 ♒ 56 31	1 ♈ 08 18	28 ♌ 28 16	26 ♊ 05 30	5 ♑ 57 33	19 ♒ 27 24	17 ♐ 37 32
2 Tu	25 10 56	25 36 23	1 ♓ 32 18	10 03 39	1 35 18	15 08 22	16 36 37	7 20 31	1 22 59	28 24 49	26 06 42	5 59 40	19 30 03	17 38 23
3 W	26 12 33	7 ♓ 29 49	13 28 22	11 33 29	2 50 42	15 49 40	16 55 36	7 44 09	1 37 23	28 21 09	26 07 40	6 01 26	19 32 23	17 38 55
4 Th	27 13 54	19 28 48	25 30 60	13 03 32	4 05 51	16 30 43	17 14 15	8 07 24	1 51 32	28 17 17	26 08 25	6 02 53	19 34 26	17 39 10
5 F	28 15 04	1 ♈ 35 20	7 ♈ 42 01	14 33 52	5 20 50	17 11 38	17 32 39	8 30 23	2 05 32	28 13 19	26 09 04	6 04 07	19 36 18	17 39 12
6 Sa	29 16 10	13 51 08	20 02 60	16 04 35	6 35 46	17 52 30	17 50 54	8 53 12	2 19 28	28 09 22	26 09 42	6 05 13	19 38 05	17 39 08
7 Su	0 ♈ 17 20	26 17 42	2 ♉ 35 26	17 35 47	7 50 45	18 33 27	18 09 08	9 15 57	2 33 28	28 05 32	26 10 26	6 06 20	19 39 53	17 39 05
8 M	1 18 36	8 ♉ 56 26	15 20 41	19 07 33	9 05 52	19 14 33	18 27 24	9 38 44	2 47 35	28 01 54	26 11 21	6 07 30	19 41 48	17 39 07
9 Tu	2 19 59	21 48 41	28 20 08	20 39 53	10 21 07	19 55 47	18 45 42	10 01 31	3 01 50	27 58 28	26 12 27	6 08 45	19 43 49	17 39 15
10 W	3 21 26	4 ♊ 55 44	11 ♊ 35 04	22 12 43	11 36 25	20 37 06	19 03 59	10 24 15	3 16 08	27 55 11	26 13 39	6 09 60	19 45 52	17 39 24
11 Th	4 22 48	18 18 47	25 06 32	23 45 56	12 51 41	21 18 24	19 22 08	10 46 49	3 30 24	27 51 56	26 14 52	6 11 08	19 47 51	17 39 28
12 F	5 23 60	1 ♋ 58 41	8 ♋ 55 10	25 19 26	14 06 46	21 59 32	19 40 00	11 09 06	3 44 29	27 48 35	26 15 57	6 12 03	19 49 38	17 39 19
13 Sa	6 24 54	15 55 45	23 00 47	26 53 06	15 21 35	22 40 24	19 57 30	11 30 58	3 58 17	27 45 03	26 16 48	6 12 37	19 51 06	17 38 52
14 Su	7 25 29	0 ♌ 09 18	7 ♌ 22 04	28 26 56	16 36 06	23 21 00	20 14 37	11 52 26	4 11 47	27 41 18	26 17 25	6 12 50	19 52 16	17 38 04
15 M	8 25 51	14 37 25	21 56 18	0 ♈ 01 03	17 50 25	24 01 26	20 31 26	12 13 34	4 25 04	27 37 26	26 17 53	6 12 47	19 53 11	17 37 02
16 Tu	9 26 12	29 16 36	6 ♍ 39 06	1 35 39	19 04 42	24 41 51	20 48 08	12 34 33	4 38 20	27 33 38	26 18 22	6 12 40	19 54 04	17 35 57
17 W	10 26 45	14 ♍ 01 46	21 24 45	3 10 59	20 19 14	25 22 32	21 04 58	12 55 39	4 51 49	27 30 10	26 19 09	6 12 43	19 55 09	17 35 04
18 Th	11 27 47	28 46 36	6 ♎ 06 32	4 47 18	21 34 14	26 03 43	21 22 10	13 17 06	5 05 46	27 27 16	26 20 27	6 13 12	19 56 41	17 34 38
19 F	12 29 26	13 ♎ 24 14	20 37 41	6 24 49	22 49 54	26 45 34	21 39 55	13 39 04	5 20 22	27 25 06	26 22 27	6 14 16	19 58 51	17 34 48
20 Sa	13 31 47	27 48 03	4 ♏ 52 09	8 03 35	24 06 15	27 28 08	21 58 16	14 01 36	5 35 38	27 23 44	26 25 11	6 15 58	20 01 41	17 35 38
21 Su	14 34 42	11 ♏ 52 38	18 45 23	9 43 30	25 23 12	28 11 19	22 17 06	14 24 34	5 51 29	27 23 03	26 28 34	6 18 12	20 05 04	17 37 00
22 M	15 37 56	25 34 18	2 ♐ 14 50	11 24 19	26 40 28	28 54 52	22 36 08	14 47 45	6 07 38	27 22 47	26 32 19	6 20 42	20 08 45	17 38 41
23 Tu	16 41 09	8 ♐ 51 28	15 19 57	13 05 44	27 57 44	29 38 24	22 55 04	15 10 46	6 23 46	27 22 36	26 36 06	6 23 07	20 12 24	17 40 18
24 W	17 43 58	21 44 35	28 02 05	14 47 22	29 14 37	0 ♓ 21 36	23 13 30	15 33 16	6 39 30	27 22 09	26 39 33	6 25 07	20 15 38	17 41 31
25 Th	18 46 05	4 ♑ 15 51	10 ♑ 24 08	16 28 57	0 ♈ 30 49	1 04 07	23 31 08	15 54 56	6 54 31	27 21 06	26 42 22	6 26 21	20 18 09	17 42 01
26 F	19 47 19	16 28 51	22 30 05	18 10 17	1 46 09	1 45 48	23 47 46	16 15 35	7 08 39	27 19 17	26 44 21	6 26 40	20 19 46	17 41 36
27 Sa	20 47 39	28 28 03	4 ♒ 24 41	19 51 23	3 00 35	2 26 36	24 03 23	16 35 11	7 21 52	27 16 40	26 45 29	6 26 01	20 20 27	17 40 15
28 Su	21 47 15	10 ♒ 18 32	16 12 60	21 32 24	4 14 17	3 06 42	24 18 10	16 53 55	7 34 20	27 13 26	26 45 56	6 24 36	20 20 23	17 38 09
29 M	22 46 26	22 05 31	28 00 13	23 13 40	5 27 36	3 46 26	24 32 26	17 12 06	7 46 23	27 09 55	26 46 02	6 22 43	20 19 54	17 35 37
30 Tu	23 45 39	3 ♓ 54 08	9 ♓ 51 14	24 55 39	6 40 57	4 26 15	24 46 37	17 30 11	7 58 27	27 06 33	26 46 14	6 20 50	20 19 25	17 33 07
31 W	24 45 24	15 49 04	21 50 26	26 38 49	7 54 51	5 06 37	25 01 13	17 48 38	8 11 02	27 03 50	26 47 02	6 19 26	20 19 28	17 31 07

February 1973 — LONGITUDE

Day	☉	0 hr ☽	Noon ☽	☿	♀	♂	⚵	⚳	♃	♄	⚷	♅	♆	♇
1 Th	25 ♈ 46 07	27 ♓ 54 20	4 ♈ 01 29	28 ♈ 23 36	9 ♈ 09 45	5 ♓ 47 60	25 ♒ 16 41	18 ♒ 07 55	8 ♈ 24 35	27 ♌ 02 13	26 ♊ 48 51	6 ♑ 18 58	20 ♒ 20 28	17 ♐ 30 04
2 F	26 48 09	10 ♈ 13 03	16 27 00	0 ♉ 10 20	10 25 57	6 30 43	25 33 19	18 28 22	8 39 26	27 02 02	26 52 02	6 19 46	20 22 45	17 30 19
3 Sa	27 51 36	22 47 10	29 08 31	1 59 06	11 43 36	7 14 54	25 51 16	18 50 05	8 55 41	27 03 24	26 56 42	6 21 57	20 26 27	17 31 59
4 Su	28 56 21	5 ♉ 37 31	12 ♉ 06 22	3 49 45	13 02 34	8 00 25	26 10 25	19 12 57	9 13 14	27 06 12	27 02 45	6 25 24	20 31 27	17 34 57
5 M	0 ♉ 02 02	18 43 44	25 19 49	5 41 52	14 22 29	8 46 56	26 30 22	19 36 36	9 31 42	27 10 05	27 09 47	6 29 45	20 37 22	17 38 50
6 Tu	1 08 05	2 ♊ 04 31	8 ♊ 47 13	7 34 48	15 42 46	9 33 50	26 50 34	20 00 28	9 50 31	27 14 26	27 17 14	6 34 26	20 43 38	17 43 04
7 W	2 13 47	15 37 54	22 26 31	9 27 47	17 02 44	10 20 26	27 10 18	20 23 50	10 08 58	27 18 36	27 24 25	6 38 44	20 49 34	17 46 58
8 Th	3 18 30	29 21 43	6 ♋ 15 28	11 20 04	18 21 43	11 06 06	27 28 55	20 46 02	10 26 25	27 21 54	27 30 41	6 42 01	20 54 29	17 49 52
9 F	4 21 44	13 ♋ 13 59	20 12 07	13 11 04	19 39 16	11 50 20	27 45 57	21 06 37	10 42 24	27 23 52	27 35 32	6 43 48	20 57 55	17 51 17
10 Sa	5 23 21	27 13 06	4 ♌ 14 60	15 00 27	20 55 11	12 32 58	28 01 12	21 25 25	10 56 43	27 24 21	27 38 49	6 43 56	20 59 43	17 51 05
11 Su	6 23 31	11 ♌ 18 00	18 23 00	16 48 16	22 09 42	13 14 14	28 14 55	21 42 37	11 09 36	27 23 32	27 40 44	6 42 36	21 00 06	17 49 27
12 M	7 22 50	25 27 55	2 ♍ 35 15	18 34 52	23 23 23	13 54 41	28 27 38	21 58 48	11 21 36	27 22 01	27 41 52	6 40 23	20 59 36	17 46 57
13 Tu	8 22 05	9 ♍ 41 58	16 50 35	20 20 49	24 37 00	14 35 07	28 40 10	22 14 44	11 33 31	27 20 33	27 42 59	6 38 05	20 59 02	17 44 24
14 W	9 22 08	23 58 45	1 ♎ 07 13	22 06 41	25 51 27	15 16 25	28 53 21	22 31 19	11 46 13	27 20 03	27 44 59	6 36 33	20 59 16	17 42 39
15 Th	10 23 44	8 ♎ 15 58	15 22 27	23 52 53	27 07 28	15 59 17	29 07 58	22 49 16	12 00 27	27 21 13	27 48 35	6 36 33	21 01 02	17 42 28
16 F	11 27 20	22 30 12	29 32 35	25 39 31	28 25 30	16 44 13	29 24 25	23 09 03	12 16 39	27 24 32	27 54 15	6 38 31	21 04 48	17 44 16
17 Sa	12 32 59	6 ♏ 37 13	13 ♏ 33 19	27 26 12	29 45 37	17 31 15	29 42 48	23 30 42	12 34 54	27 30 03	28 02 02	6 42 32	21 10 37	17 48 08
18 Su	13 40 21	20 32 23	27 20 17	29 12 08	1 ♉ 07 27	18 20 03	0 ♓ 02 45	23 53 54	12 54 50	27 37 25	28 11 36	6 48 14	21 18 08	17 53 43
19 M	14 48 45	4 ♐ 11 26	10 ♐ 49 46	0 ♊ 56 06	2 30 21	19 09 56	0 23 36	24 17 56	13 15 46	27 45 57	28 22 15	6 54 56	21 26 41	18 00 21
20 Tu	15 57 19	17 31 08	23 59 18	2 36 41	3 53 26	20 00 01	0 44 27	24 41 57	13 36 51	27 54 47	28 33 07	7 01 47	21 35 23	18 07 08
21 W	17 05 08	0 ♑ 29 48	6 ♑ 48 01	4 12 23	5 15 48	20 49 25	1 04 24	25 05 02	13 57 09	28 03 01	28 43 19	7 07 52	21 43 21	18 13 11
22 Th	18 11 29	13 07 34	19 16 54	5 41 49	6 36 41	21 37 23	1 22 43	25 26 26	14 15 57	28 09 54	28 52 04	7 12 27	21 49 48	18 17 46
23 F	19 15 52	25 26 23	1 ♒ 28 32	7 03 54	7 55 38	22 23 26	1 38 55	25 45 40	14 32 45	28 14 58	28 58 56	7 15 03	21 54 18	18 20 23
24 Sa	20 18 12	7 ♒ 29 51	13 26 59	8 17 52	9 12 34	23 07 29	1 52 54	26 02 39	14 47 28	28 18 07	29 03 48	7 15 34	21 56 44	18 20 58
25 Su	21 18 46	19 22 47	25 17 26	9 23 22	10 27 44	23 49 49	2 04 57	26 17 40	15 00 22	28 19 38	29 06 57	7 14 19	21 57 23	18 19 47
26 M	22 18 11	1 ♓ 10 56	7 ♓ 05 45	10 20 26	11 41 46	24 31 02	2 15 41	26 31 19	15 12 06	28 20 08	29 09 00	7 11 52	21 56 53	18 17 28
27 Tu	23 17 18	13 00 28	18 58 07	11 09 20	12 55 32	25 11 59	2 25 56	26 44 26	15 23 29	28 20 28	29 10 49	7 09 07	21 56 04	18 14 50
28 W	24 17 03	24 57 36	1 ♈ 00 33	11 50 30	14 09 56	25 53 38	2 36 38	26 57 59	15 35 27	28 21 35	29 13 19	7 06 59	21 55 53	18 12 52

Notes

LONGITUDE — March 1973

Day	☉	0 hr ☽	Noon ☽	☿	♀	♂	⚵	⚳	♃	♄	⚷	♅	♆	♇
1 Th	25♉18 19	7♈08 00	13♈18 24	12♊24 25	15♉25 52	26♓36 50	2♓48 41	27♒12 49	15♈48 55	28♌24 20	29♊17 22	7♑06 20	21♒57 12	18♐12 25
2 F	26 21 44	19 36 23	25 55 52	12 51 25	16 43 60	27 22 14	3 02 43	27 29 36	16 04 29	28 29 24	29 23 39	7 07 51	22 00 40	18 14 08
3 Sa	27 27 37	2♉25 58	8♉55 26	13 11 34	18 04 35	28 10 09	3 19 01	27 48 36	16 22 28	28 37 02	29 32 26	7 11 48	22 06 35	18 18 19
4 Su	28 35 48	15 38 02	22 17 36	13 24 39	19 27 30	29 00 24	3 37 26	28 09 40	16 42 42	28 47 07	29 43 35	7 18 02	22 14 48	18 24 49
5 M	29 45 40	29 11 44	6♊00 37	13 30 08	20 52 07	29 52 23	3 57 21	28 32 11	17 04 36	28 59 02	29 56 28	7 25 57	22 24 42	18 33 02
6 Tu	0♊56 15	13♊04 06	20 00 43	13 27 18	22 17 29	0♈45 08	4 17 48	28 55 12	17 27 10	29 11 48	0♋10 08	7 34 35	22 35 20	18 41 59
7 W	2 06 25	27 10 30	4♋12 42	13 15 24	23 42 25	1 37 30	4 37 37	29 17 32	17 49 15	29 24 16	0 23 24	7 42 46	22 45 30	18 50 31
8 Th	3 15 01	11♋25 23	18 30 51	12 53 56	25 05 50	2 28 22	4 55 42	29 38 04	18 09 45	29 35 20	0 35 12	7 49 24	22 54 08	18 57 31
9 F	4 21 17	25 43 24	2♌49 59	12 22 51	26 26 56	3 16 56	5 11 14	29 56 02	18 27 51	29 44 12	0 44 42	7 53 42	23 00 26	19 02 13
10 Sa	5 24 55	10♌00 09	17 06 10	11 42 50	27 45 25	4 02 56	5 23 58	0♓11 07	18 43 18	29 50 35	0 51 38	7 55 22	23 04 06	19 04 19
11 Su	6 26 14	24 12 49	1♍17 08	10 55 14	29 01 37	4 46 39	5 34 09	0 23 38	18 56 22	29 54 47	0 56 19	7 54 43	23 05 27	19 04 07
12 M	7 26 03	8♍20 17	15 22 16	10 02 05	0♊16 20	5 28 56	5 42 40	0 34 24	19 07 54	29 57 37	0 59 32	7 52 35	23 05 18	19 02 27
13 Tu	8 25 33	22 22 36	29 21 55	9 05 51	1 30 45	6 10 56	5 50 39	0 44 36	19 19 04	0♍00 17	1 02 31	7 50 08	23 04 51	19 00 30
14 W	9 26 00	6♎20 27	13♎16 49	8 09 06	2 46 09	6 53 58	5 59 22	0 55 30	19 31 08	0 04 02	1 06 30	7 48 39	23 05 21	18 59 31
15 Th	10 28 30	20 14 18	27 07 17	7 14 11	4 03 36	7 39 04	6 09 55	1 08 10	19 45 11	0 09 57	1 12 34	7 49 12	23 07 54	19 00 37
16 F	11 33 42	4♏03 50	10♏52 45	6 23 02	5 23 48	8 26 56	6 22 59	1 23 17	20 01 54	0 18 44	1 21 24	7 52 28	23 13 09	19 04 27
17 Sa	12 41 46	17 47 39	24 31 33	5 36 55	6 46 52	9 17 43	6 38 40	1 40 59	20 21 25	0 30 30	1 33 08	7 58 37	23 21 17	19 11 11
18 Su	13 52 17	1♐23 22	8♐01 09	4 56 26	8 12 24	10 10 60	6 56 36	2 00 52	20 43 19	0 44 50	1 47 23	8 07 13	23 31 51	19 20 24
19 M	15 04 22	14 47 58	21 18 39	4 21 34	9 39 33	11 05 55	7 15 52	2 22 03	21 06 45	1 00 54	2 03 16	8 17 24	23 44 01	19 31 13
20 Tu	16 16 54	27 58 29	4♑21 26	3 51 52	11 07 09	12 01 19	7 35 22	2 43 24	21 30 34	1 17 31	2 19 37	8 28 03	23 56 37	19 42 31
21 W	17 28 41	10♑52 38	17 07 42	3 26 41	12 34 01	12 56 00	7 53 51	3 03 41	21 53 33	1 33 31	2 35 16	8 37 56	24 08 27	19 53 04
22 Th	18 38 39	23 29 25	29 37 05	3 05 21	13 59 06	13 48 56	8 10 19	3 21 53	22 14 40	1 47 50	2 49 09	8 46 01	24 18 29	20 01 52
23 F	19 46 07	5♒49 24	11♒50 48	2 47 25	15 21 41	14 39 25	8 24 02	3 37 17	22 33 13	1 59 46	3 00 35	8 51 37	24 26 01	20 08 11
24 Sa	20 50 51	17 54 54	23 51 43	2 32 47	16 41 33	15 27 11	8 34 44	3 49 37	22 48 57	2 09 04	3 09 18	8 54 29	24 30 48	20 11 47
25 Su	21 53 02	29 49 47	5♓44 11	2 21 41	17 58 54	16 12 28	8 42 41	3 59 07	23 02 05	2 15 58	3 15 32	8 54 49	24 33 03	20 12 53
26 M	22 53 21	11♓39 13	17 33 44	2 14 43	19 14 24	16 55 56	8 48 29	4 06 27	23 13 16	2 21 07	3 19 56	8 53 18	24 33 26	20 12 08
27 Tu	23 52 47	23 29 22	29 26 44	2 12 46	20 29 01	17 38 32	8 53 09	4 12 33	23 23 28	2 25 29	3 23 28	8 50 54	24 32 55	20 10 32
28 W	24 52 26	5♈26 52	11♈29 50	2 16 46	21 43 53	18 21 25	8 57 47	4 18 35	23 33 50	2 30 11	3 27 17	8 48 44	24 32 38	20 09 11
29 Th	25 53 25	17 38 17	23 49 30	2 27 38	23 00 06	19 05 39	9 03 28	4 25 36	23 45 27	2 36 21	3 32 27	8 47 55	24 33 40	20 09 12
30 F	26 56 36	0♉09 35	6♉31 16	2 45 60	24 18 31	19 52 07	9 11 05	4 34 30	23 59 10	2 44 49	3 39 51	8 49 18	24 36 54	20 11 26
31 Sa	28 02 25	13 05 23	19 39 06	3 12 05	25 39 36	20 41 17	9 21 05	4 45 42	24 15 27	2 56 03	3 49 57	8 53 21	24 42 47	20 16 22

LONGITUDE — April 1973

Day	☉	0 hr ☽	Noon ☽	☿	♀	♂	⚵	⚳	♃	♄	⚷	♅	♆	♇
1 Su	29♊10 50	26♉28 18	3♊14 38	3♊45 35	27♊03 18	21♈33 04	9♓33 24	4♓59 11	24♈34 15	3♍09 59	4♋02 40	9♑00 01	24♒51 15	20♐23 55
2 M	0♋21 14	10♊18 19	17 16 38	4 25 40	28 29 00	22 26 52	9 47 26	5 14 18	24 54 57	3 26 01	4 17 24	9 08 42	25 01 43	20 33 30
3 Tu	1 32 35	24 32 29	1♋40 54	5 11 03	29 55 39	23 21 39	10 02 07	5 30 01	25 16 30	3 43 07	4 33 07	9 18 20	25 13 08	20 44 03
4 W	2 43 33	9♋05 08	16 20 39	6 00 11	1♋21 57	24 16 06	10 16 10	5 45 02	25 37 35	3 59 56	4 48 29	9 27 37	25 24 10	20 54 16
5 Th	3 52 52	23 48 37	1♌07 37	6 51 35	2 46 38	25 08 57	10 28 17	5 58 03	25 56 57	4 15 15	5 02 15	9 35 17	25 33 34	21 02 54
6 F	4 59 38	8♌34 41	15 53 32	7 44 07	4 08 46	25 59 16	10 37 34	6 08 11	26 13 40	4 28 07	5 13 30	9 40 26	25 40 25	21 09 00
7 Sa	6 03 29	23 15 55	0♍31 33	8 37 15	5 28 00	26 46 42	10 43 39	6 15 03	26 27 22	4 38 10	5 21 52	9 42 41	25 44 22	21 12 14
8 Su	7 04 42	7♍46 57	14 57 14	9 31 04	6 44 37	27 31 32	10 46 48	6 18 56	26 38 21	4 45 41	5 27 38	9 42 20	25 45 41	21 12 53
9 M	8 04 08	22 04 50	29 08 37	10 26 17	7 59 29	28 14 38	10 47 55	6 20 43	26 47 28	4 51 34	5 31 40	9 40 15	25 45 15	21 11 48
10 Tu	9 03 02	6♎08 58	13♎05 55	11 23 59	9 13 51	28 57 15	10 48 12	6 21 36	26 55 57	4 57 01	5 35 12	9 37 40	25 44 17	21 10 14
11 W	10 02 44	20 00 18	26 50 35	12 25 19	10 28 60	29 40 41	10 48 60	6 22 56	27 05 09	5 03 21	5 39 34	9 35 55	25 44 07	21 09 31
12 Th	11 04 20	3♏40 27	10♏24 28	13 31 19	11 46 05	0♉26 04	10 51 25	6 25 50	27 16 09	5 11 43	5 45 52	9 36 06	25 45 52	21 10 45
13 F	12 08 33	17 10 55	23 49 02	14 42 33	13 05 48	1 14 06	10 56 09	6 31 00	27 29 40	5 22 48	5 54 49	9 38 57	25 50 16	21 14 39
14 Sa	13 15 33	0♐32 32	7♐04 57	15 59 04	14 28 20	2 04 57	11 03 23	6 38 36	27 45 53	5 36 47	6 06 35	9 44 38	25 57 27	21 21 23
15 Su	14 24 58	13 45 13	20 11 56	17 20 26	15 53 17	2 58 16	11 12 45	6 48 16	28 04 24	5 53 17	6 20 48	9 52 45	26 07 04	21 30 35
16 M	15 35 58	26 48 04	3♑08 57	18 45 42	17 19 51	3 53 11	11 23 23	6 59 10	28 24 24	6 11 27	6 36 37	10 02 30	26 18 16	21 41 25
17 Tu	16 47 27	9♑39 43	15 54 40	20 13 42	18 46 54	4 48 38	11 34 13	7 10 12	28 44 47	6 30 13	6 52 57	10 12 47	26 29 58	21 52 47
18 W	17 58 16	22 18 52	28 27 58	21 43 13	20 13 19	5 43 26	11 44 05	7 20 12	29 04 23	6 48 25	7 08 39	10 22 26	26 41 01	22 03 32
19 Th	19 07 24	4♒44 48	10♒48 25	23 13 09	21 38 03	6 36 35	11 51 58	7 28 09	29 22 11	7 05 01	7 22 41	10 30 26	26 50 23	22 12 38
20 F	20 14 07	16 57 45	22 56 42	24 42 45	23 00 23	7 27 21	11 57 08	7 33 21	29 37 28	7 19 18	7 34 19	10 36 04	26 57 21	22 19 22
21 Sa	21 18 08	28 59 13	4♓54 44	26 11 39	24 20 02	8 15 27	11 59 17	7 35 29	29 49 56	7 30 57	7 43 17	10 39 01	27 01 37	22 23 27
22 Su	22 19 33	10♓52 04	16 45 50	27 39 56	25 37 06	9 00 58	11 58 32	7 34 40	29 59 41	7 40 07	7 49 40	10 39 26	27 03 18	22 24 59
23 M	23 18 55	22 40 25	28 34 34	29 08 06	26 52 08	9 44 27	11 55 26	7 31 25	0♉07 15	7 47 18	7 53 60	10 37 50	27 02 56	22 24 31
24 Tu	24 17 03	4♈29 29	10♈26 27	0♋36 56	28 05 56	10 26 43	11 50 47	7 26 36	0 13 27	7 53 21	7 57 08	10 35 02	27 01 21	22 22 51
25 W	25 14 58	16 25 17	22 27 41	2 07 27	29 19 32	11 08 47	11 45 37	7 21 13	0 19 20	7 59 15	8 00 03	10 32 04	26 59 33	22 21 01
26 Th	26 13 41	28 34 08	4♉44 39	3 40 38	0♌33 57	11 51 40	11 40 56	7 16 15	0 25 52	8 06 02	8 03 47	10 29 55	26 58 33	22 20 02
27 F	27 14 01	11♉02 11	17 23 21	5 17 18	1 49 60	12 36 12	11 37 35	7 12 35	0 33 53	8 14 32	8 09 09	10 29 28	26 59 11	22 20 43
28 Sa	28 16 29	23 54 48	0♊28 39	6 57 57	3 08 12	13 22 52	11 36 03	7 10 42	0 43 56	8 25 15	8 16 40	10 31 10	27 01 58	22 23 35
29 Su	29 21 10	7♊15 45	14 03 31	8 42 38	4 28 36	14 11 45	11 36 25	7 10 40	0 56 01	8 38 14	8 26 24	10 35 08	27 06 57	22 28 41
30 M	0♌27 37	21 06 30	28 08 12	10 30 56	5 50 48	15 02 25	11 38 16	7 12 04	1 09 46	8 53 04	8 37 55	10 40 54	27 13 44	22 35 37

Notes

May 1973 LONGITUDE

Day	☉	0 hr ☽	Noon ☽	☿	♀	♂	⚵	⚳	♃	♄	⚷	♅	♆	♇
1 Tu	1 ♌ 34 60	5 ♋ 25 34	12 ♋ 39 46	12 ♋ 22 01	7 ♌ 13 57	15 ♉ 54 02	11 ♓ 40 45	7 ♓ 14 05	1 ♉ 24 18	9 ♍ 08 55	8 ♋ 50 22	10 ♑ 47 40	27 ♒ 21 27	22 ♐ 43 32
2 W	2 42 14	20 08 13	27 31 60	14 14 49	8 36 57	16 45 30	11 42 48	7 15 37	1 38 34	9 24 42	9 02 42	10 54 20	27 29 02	22 51 22
3 Th	3 48 15	5 ♌ 06 52	12 ♌ 36 07	16 08 13	9 58 45	17 35 45	11 43 19	7 15 37	1 51 27	9 39 20	9 13 48	10 59 50	27 35 25	22 58 01
4 F	4 52 13	20 12 09	27 42 16	18 01 26	11 18 31	18 23 57	11 41 31	7 13 14	2 02 09	9 51 60	9 22 52	11 03 19	27 39 45	23 02 39
5 Sa	5 53 45	5 ♍ 14 33	12 ♍ 41 11	19 54 06	12 35 52	19 09 44	11 37 01	7 08 09	2 10 17	10 02 18	9 29 32	11 04 27	27 41 41	23 04 56
6 Su	6 53 03	20 05 55	27 25 40	21 46 23	13 50 60	19 53 17	11 29 60	7 00 31	2 16 03	10 10 27	9 33 57	11 03 23	27 41 23	23 05 02
7 M	7 50 45	4 ♎ 40 40	11 ♎ 51 18	23 38 55	15 04 32	20 35 14	11 21 07	6 51 00	2 20 04	10 17 04	9 36 48	11 00 48	27 39 31	23 03 35
8 Tu	8 47 50	18 55 58	25 56 30	25 32 42	16 17 27	21 16 33	11 11 21	6 40 35	2 23 19	10 23 08	9 39 01	10 57 38	27 37 02	23 01 34
9 W	9 45 18	2 ♏ 51 23	9 ♏ 41 48	27 28 43	17 30 48	21 58 17	11 01 43	6 30 18	2 26 49	10 29 41	9 41 39	10 54 56	27 34 59	23 00 01
10 Th	10 44 04	16 28 08	23 09 03	29 27 51	18 45 27	22 41 19	10 53 08	6 21 03	2 31 29	10 37 35	9 45 35	10 53 35	27 34 14	22 59 48
11 F	11 44 42	29 48 12	6 ♐ 20 32	1 ♌ 30 38	20 01 58	23 26 12	10 46 11	6 13 25	2 37 51	10 47 25	9 51 23	10 54 09	27 35 22	23 01 31
12 Sa	12 47 20	12 ♐ 53 40	19 18 26	3 37 10	21 20 30	24 13 06	10 40 59	6 07 34	2 46 06	10 59 19	9 59 12	10 56 48	27 38 33	23 05 18
13 Su	13 51 44	25 46 16	2 ♑ 04 24	5 47 08	22 40 49	25 01 46	10 37 20	6 03 14	2 55 57	11 13 03	10 08 47	11 01 16	27 43 29	23 10 53
14 M	14 57 18	8 ♑ 27 15	14 39 35	7 59 52	24 02 19	25 51 35	10 34 37	5 59 51	3 06 49	11 28 01	10 19 33	11 06 58	27 49 38	23 17 42
15 Tu	16 03 16	20 57 24	27 04 37	10 14 28	25 24 13	26 41 48	10 32 05	5 56 39	3 17 56	11 43 27	10 30 42	11 13 07	27 56 11	23 24 59
16 W	17 08 48	3 ♒ 17 16	9 ♒ 20 02	12 29 59	26 45 42	27 31 35	10 28 54	5 52 50	3 28 28	11 58 30	10 41 26	11 18 55	28 02 20	23 31 53
17 Th	18 13 11	15 27 26	21 26 27	14 45 33	28 06 03	28 20 12	10 24 21	5 47 40	3 37 41	12 12 28	10 50 60	11 23 36	28 07 21	23 37 40
18 F	19 15 53	27 28 50	3 ♓ 24 54	17 00 26	29 24 43	29 07 08	10 17 57	5 40 39	3 45 04	12 24 48	10 58 53	11 26 41	28 10 42	23 41 50
19 Sa	20 16 41	9 ♓ 22 57	15 17 09	19 14 12	0 ♍ 41 28	29 52 07	10 09 25	5 31 32	3 50 22	12 35 16	11 04 51	11 27 54	28 12 09	23 44 09
20 Su	21 15 36	21 12 04	27 05 42	21 26 40	1 56 22	0 ♊ 35 14	9 58 50	5 20 24	3 53 38	12 43 55	11 08 56	11 27 18	28 11 44	23 44 38
21 M	22 12 58	2 ♈ 59 18	8 ♈ 53 59	23 37 54	3 09 44	1 16 46	9 46 32	5 07 34	3 55 12	12 51 04	11 11 28	11 25 13	28 09 48	23 43 37
22 Tu	23 09 20	14 48 34	20 46 13	25 48 10	4 22 04	1 57 16	9 33 03	4 53 36	3 55 34	12 57 15	11 12 59	11 22 11	28 06 52	23 41 38
23 W	24 05 20	26 44 30	2 ♉ 47 18	27 57 50	5 34 04	2 37 22	9 19 02	4 39 08	3 55 25	13 03 07	11 14 07	11 18 51	28 03 35	23 39 21
24 Th	25 01 39	8 ♉ 52 13	15 02 30	0 ♍ 07 19	6 46 23	3 17 46	9 05 12	4 24 53	3 55 25	13 09 20	11 15 33	11 15 52	28 00 38	23 37 25
25 F	25 58 51	21 16 58	27 37 03	2 16 54	7 59 35	3 59 01	8 52 06	4 11 25	3 56 07	13 16 29	11 17 51	11 13 51	27 58 35	23 36 25
26 Sa	26 57 18	4 ♊ 03 43	10 ♊ 35 43	4 26 42	9 14 03	4 41 28	8 40 07	3 59 08	3 57 54	13 24 55	11 21 24	11 13 08	27 57 48	23 36 43
27 Su	27 57 07	17 16 32	24 02 00	6 36 33	10 29 52	5 25 15	8 29 23	3 48 08	4 00 52	13 34 45	11 26 17	11 13 50	27 58 24	23 38 25
28 M	28 58 05	0 ♋ 57 55	7 ♋ 57 32	8 46 01	11 46 51	6 10 08	8 19 42	3 38 15	4 04 48	13 45 46	11 32 18	11 15 45	28 00 09	23 41 20
29 Tu	29 59 44	15 08 09	22 21 16	10 54 26	13 04 31	6 55 40	8 10 36	3 28 60	4 09 16	13 57 31	11 38 60	11 18 24	28 02 37	23 44 58
30 W	1 ♍ 01 28	29 44 37	7 ♌ 09 09	13 01 00	14 22 15	7 41 13	8 01 29	3 19 48	4 13 37	14 09 22	11 45 44	11 21 11	28 05 10	23 48 44
31 Th	2 02 37	14 ♌ 41 45	22 14 09	15 04 55	15 39 26	8 26 08	7 51 43	3 10 02	4 17 12	14 20 41	11 51 53	11 23 28	28 07 09	23 51 57

June 1973 LONGITUDE

Day	☉	0 hr ☽	Noon ☽	☿	♀	♂	⚵	⚳	♃	♄	⚷	♅	♆	♇
1 F	3 ♍ 02 41	29 ♌ 51 22	7 ♍ 27 04	17 ♍ 05 34	16 ♍ 55 32	9 ♊ 09 56	7 ♓ 40 49	2 ♓ 59 11	4 ♉ 19 33	14 ♍ 30 57	11 ♋ 56 56	11 ♑ 24 43	28 ♒ 08 05	23 ♐ 54 10
2 Sa	4 01 26	15 ♍ 03 50	22 37 58	19 02 34	18 10 19	9 52 21	7 28 34	2 47 04	4 20 24	14 39 55	12 00 38	11 24 43	28 07 43	23 55 05
3 Su	4 58 56	0 ♎ 09 34	7 ♎ 37 39	20 55 53	19 23 50	10 33 26	7 14 60	2 33 42	4 19 48	14 47 39	12 03 04	11 23 31	28 06 07	23 54 48
4 M	5 55 28	15 00 25	22 19 02	22 45 47	20 36 24	11 13 31	7 00 29	2 19 28	4 18 06	14 54 29	12 04 31	11 21 26	28 03 34	23 53 37
5 Tu	6 51 33	29 30 41	6 ♏ 37 44	24 32 42	21 48 31	11 53 04	6 45 30	2 04 51	4 15 45	15 00 52	12 05 30	11 18 58	28 00 36	23 52 02
6 W	7 47 42	13 ♏ 37 21	20 32 01	26 17 07	23 00 43	12 32 39	6 30 36	1 50 24	4 13 19	15 07 23	12 06 32	11 16 38	27 57 44	23 50 34
7 Th	8 44 24	27 19 48	4 ♐ 02 19	27 59 27	24 13 27	13 12 42	6 16 16	1 36 36	4 11 15	15 14 26	12 08 05	11 14 54	27 55 26	23 49 42
8 F	9 41 54	10 ♐ 39 12	17 10 33	29 39 58	25 27 00	13 53 30	6 02 46	1 23 44	4 09 49	15 22 20	12 10 26	11 14 03	27 53 57	23 49 41
9 Sa	10 40 17	23 37 51	29 59 26	1 ♎ 18 42	26 41 26	14 35 07	5 50 13	1 11 53	4 09 06	15 31 09	12 13 38	11 14 09	27 53 24	23 50 37
10 Su	11 39 26	6 ♑ 18 32	12 ♑ 31 56	2 55 31	27 56 39	15 17 26	5 38 29	1 00 57	4 08 59	15 40 46	12 17 36	11 15 06	27 53 38	23 52 21
11 M	12 39 07	18 44 11	24 51 01	4 30 08	29 12 21	16 00 11	5 27 20	0 50 42	4 09 13	15 50 54	12 22 02	11 16 36	27 54 24	23 54 40
12 Tu	13 38 57	0 ♒ 57 38	6 ♒ 59 23	6 02 11	0 ♎ 28 14	16 43 02	5 16 27	0 40 47	4 09 27	16 01 14	12 26 37	11 18 22	27 55 22	23 57 11
13 W	14 38 37	13 01 28	18 59 30	7 31 19	1 43 57	17 25 38	5 05 28	0 30 52	4 09 20	16 11 24	12 31 00	11 20 00	27 56 11	23 59 35
14 Th	15 37 50	24 58 04	0 ♓ 53 38	8 57 12	2 59 12	18 07 42	4 54 09	0 20 43	4 08 36	16 21 08	12 34 55	11 21 16	27 56 35	24 01 35
15 F	16 36 25	6 ♓ 49 41	12 43 54	10 19 38	4 13 49	18 49 03	4 42 18	0 10 08	4 07 04	16 30 15	12 38 10	11 21 57	27 56 22	24 02 59
16 Sa	17 34 19	18 38 30	24 32 30	11 38 30	5 27 44	19 29 37	4 29 53	29 ♒ 59 04	4 04 41	16 38 41	12 40 40	11 21 60	27 55 28	24 03 44
17 Su	18 31 33	0 ♈ 26 47	6 ♈ 21 43	12 53 49	6 41 00	20 09 27	4 16 57	29 47 34	4 01 28	16 46 29	12 42 31	11 21 28	27 53 57	24 03 53
18 M	19 28 18	12 17 02	18 14 07	14 05 40	7 53 45	20 48 40	4 03 40	29 35 49	3 57 35	16 53 46	12 43 48	11 20 29	27 51 57	24 03 34
19 Tu	20 24 44	24 11 58	0 ♉ 12 34	15 14 12	9 06 11	21 27 29	3 50 13	29 23 60	3 53 13	17 00 46	12 44 45	11 19 15	27 49 40	24 02 60
20 W	21 21 05	6 ♉ 14 37	12 20 17	16 19 33	10 18 32	22 06 07	3 36 51	29 12 21	3 48 36	17 07 40	12 45 35	11 17 60	27 47 18	24 02 22
21 Th	22 17 32	18 28 19	24 40 43	17 21 51	11 30 58	22 44 44	3 23 45	29 01 03	3 43 55	17 14 41	12 46 28	11 16 54	27 45 04	24 01 53
22 F	23 14 14	0 ♊ 56 36	7 ♊ 17 29	18 21 09	12 43 38	23 23 28	3 11 05	28 50 17	3 39 19	17 21 56	12 47 34	11 16 06	27 43 06	24 01 40
23 Sa	24 11 13	13 43 01	20 14 03	19 17 25	13 56 35	24 02 23	2 58 54	28 40 05	3 34 50	17 29 29	12 48 55	11 15 39	27 41 27	24 01 48
24 Su	25 08 29	26 50 46	3 ♋ 33 23	20 10 32	15 09 48	24 41 27	2 47 11	28 30 26	3 30 29	17 37 18	12 50 29	11 15 32	27 40 05	24 02 14
25 M	26 05 57	10 ♋ 22 23	17 17 28	21 00 19	16 23 11	25 20 34	2 35 52	28 21 17	3 26 08	17 45 18	12 52 12	11 15 40	27 38 55	24 02 53
26 Tu	27 03 28	24 19 08	1 ♌ 26 43	21 46 32	17 36 38	25 59 37	2 24 50	28 12 29	3 21 42	17 53 21	12 53 56	11 15 54	27 37 50	24 03 38
27 W	28 00 57	8 ♌ 40 27	15 59 25	22 28 57	18 50 01	26 38 28	2 13 59	28 03 58	3 17 04	18 01 21	12 55 35	11 16 09	27 36 44	24 04 23
28 Th	28 58 20	23 23 26	0 ♍ 51 27	23 07 24	20 03 17	27 17 04	2 03 15	27 55 39	3 12 10	18 09 13	12 57 05	11 16 21	27 35 32	24 05 03
29 F	29 55 36	8 ♍ 22 45	15 56 14	23 41 46	21 16 26	27 55 25	1 52 40	27 47 33	3 07 01	18 16 59	12 58 25	11 16 30	27 34 16	24 05 39
30 Sa	0 ♎ 52 49	23 30 49	1 ♎ 05 23	24 11 59	22 29 31	28 33 34	1 42 17	27 39 44	3 01 40	18 24 41	12 59 40	11 16 39	27 32 57	24 06 14

Notes

LONGITUDE — July 1973

Day	☉	0 hr ☽	Noon ☽	☿	♀	♂	⚵	⚳	♃	♄	⚷	♅	♆	♇
1 Su	1 ♎ 50 05	8 ♎ 38 46	16 ♎ 09 47	24 ♎ 38 00	23 ♎ 42 38	29 ♊ 11 35	1 ♓ 32 13	27 ♒ 32 18	2 ♉ 56 13	18 ♍ 32 25	13 ♋ 00 54	11 ♑ 16 55	27 ♒ 31 43	24 ♐ 06 54
2 M	2 47 29	23 37 35	1 ♏ 00 52	24 59 49	24 55 51	29 49 34	1 22 33	27 25 20	2 50 45	18 40 15	13 02 13	11 17 21	27 30 37	24 07 43
3 Tu	3 45 02	8 ♏ 19 20	15 31 43	25 17 20	26 09 13	0 ♋ 27 33	1 13 18	27 18 53	2 45 18	18 48 14	13 03 39	11 17 60	27 29 43	24 08 44
4 W	4 42 42	22 38 17	29 37 51	25 30 26	27 22 42	1 05 29	1 04 28	27 12 55	2 39 51	18 56 20	13 05 10	11 18 50	27 28 57	24 09 55
5 Th	5 40 24	6 ♐ 31 12	13 ♐ 17 22	25 38 56	28 36 10	1 43 16	0 55 57	27 07 19	2 34 18	19 04 25	13 06 39	11 19 44	27 28 14	24 11 08
6 F	6 37 58	19 57 21	26 30 39	25 42 38	29 49 30	2 20 45	0 47 37	27 01 58	2 28 30	19 12 23	13 07 58	11 20 34	27 27 25	24 12 17
7 Sa	7 35 17	2 ♑ 58 05	9 ♑ 19 51	25 41 22	1 ♏ 02 34	2 57 48	0 39 19	26 56 43	2 22 19	19 20 04	13 08 58	11 21 13	27 26 22	24 13 13
8 Su	8 32 14	15 36 17	21 48 21	25 35 03	2 15 15	3 34 18	0 30 59	26 51 29	2 15 41	19 27 22	13 09 35	11 21 34	27 24 60	24 13 49
9 M	9 28 50	27 55 45	4 ♒ 00 13	25 23 43	3 27 33	4 10 15	0 22 35	26 46 14	2 08 33	19 34 17	13 09 47	11 21 35	27 23 16	24 14 05
10 Tu	10 25 07	10 ♒ 00 46	15 59 45	25 07 33	4 39 31	4 45 43	0 14 11	26 41 04	2 01 01	19 40 52	13 09 37	11 21 22	27 21 17	24 14 04
11 W	11 21 15	21 55 42	27 51 14	24 46 50	5 51 19	5 20 49	0 05 57	26 36 06	1 53 14	19 47 17	13 09 15	11 21 03	27 19 09	24 13 57
12 Th	12 17 27	3 ♓ 44 45	9 ♓ 38 41	24 22 02	7 03 10	5 55 48	29 ♒ 58 07	26 31 35	1 45 24	19 53 44	13 08 55	11 20 51	27 17 07	24 13 55
13 F	13 13 59	15 31 46	21 25 43	23 53 40	8 15 17	6 30 52	29 50 55	26 27 44	1 37 48	20 00 28	13 08 50	11 21 01	27 15 25	24 14 14
14 Sa	14 11 02	27 20 06	3 ♈ 15 30	23 22 19	9 27 56	7 06 17	29 44 34	26 24 48	1 30 38	20 07 43	13 09 14	11 21 46	27 14 17	24 15 07
15 Su	15 08 48	9 ♈ 12 39	15 10 42	22 48 37	10 41 15	7 42 10	29 39 15	26 22 56	1 24 05	20 15 38	13 10 17	11 23 17	27 13 53	24 16 44
16 M	16 07 21	21 11 47	27 13 30	22 13 05	11 55 19	8 18 37	29 35 02	26 22 12	1 18 14	20 24 17	13 12 03	11 25 37	27 14 17	24 19 09
17 Tu	17 06 37	3 ♉ 19 27	9 ♉ 25 46	21 36 16	13 10 04	8 55 32	29 31 51	26 22 32	1 13 01	20 33 37	13 14 29	11 28 42	27 15 24	24 22 19
18 W	18 06 24	15 37 15	21 49 01	20 58 35	14 25 19	9 32 44	29 29 31	26 23 46	1 08 13	20 43 26	13 17 23	11 32 21	27 17 04	24 26 00
19 Th	19 06 23	28 06 36	4 ♊ 24 41	20 20 24	15 40 43	10 09 54	29 27 43	26 25 33	1 03 34	20 53 25	13 20 25	11 36 15	27 18 57	24 29 56
20 F	20 06 12	10 ♊ 48 50	17 14 07	19 42 02	16 55 56	10 46 38	29 26 04	26 27 31	0 58 40	21 03 10	13 23 13	11 40 02	27 20 41	24 33 42
21 Sa	21 05 28	23 45 20	0 ♋ 18 41	19 03 49	18 10 33	11 22 32	29 24 12	26 29 16	0 53 09	21 12 20	13 25 24	11 43 17	27 21 53	24 36 56
22 Su	22 03 54	6 ♋ 57 32	13 39 46	18 26 12	19 24 18	11 57 20	29 21 48	26 30 33	0 46 43	21 20 36	13 26 41	11 45 44	27 22 15	24 39 20
23 M	23 01 22	20 26 52	27 18 36	17 49 46	20 37 02	12 30 53	29 18 45	26 31 12	0 39 16	21 27 51	13 26 56	11 47 16	27 21 40	24 40 48
24 Tu	23 57 57	4 ♌ 14 29	11 ♌ 15 57	17 15 17	21 48 52	13 03 16	29 15 10	26 31 19	0 30 53	21 34 11	13 26 15	11 47 57	27 20 14	24 41 23
25 W	24 53 60	18 20 55	25 31 44	16 43 43	23 00 06	13 34 48	29 11 21	26 31 14	0 21 54	21 39 54	13 24 56	11 48 07	27 18 15	24 41 27
26 Th	25 49 59	2 ♍ 45 28	10 ♍ 04 24	16 16 08	24 11 16	14 05 58	29 07 49	26 31 27	0 12 50	21 45 31	13 23 31	11 48 17	27 16 14	24 41 29
27 F	26 46 31	17 25 48	24 50 39	15 53 40	25 22 54	14 37 21	29 05 08	26 32 31	0 04 14	21 51 36	13 22 33	11 49 00	27 14 46	24 42 02
28 Sa	27 44 05	2 ♎ 17 32	9 ♎ 45 09	15 37 15	26 35 33	15 09 27	29 03 49	26 34 58	29 ♈ 56 40	21 58 40	13 22 34	11 50 48	27 14 22	24 43 40
29 Su	28 43 01	17 14 17	24 40 50	15 27 37	27 49 31	15 42 34	29 04 11	26 39 07	29 50 25	22 07 03	13 23 52	11 53 60	27 15 19	24 46 39
30 M	29 43 20	2 ♏ 08 17	9 ♏ 29 46	15 25 07	29 04 51	16 16 45	29 06 16	26 45 00	29 45 33	22 16 45	13 26 31	11 58 38	27 17 42	24 51 03
31 Tu	0 ♏ 44 48	16 51 22	24 04 10	15 29 44	0 ♐ 21 15	16 51 43	29 09 49	26 52 21	29 41 48	22 27 32	13 30 13	12 04 25	27 21 14	24 56 36

LONGITUDE — August 1973

Day	☉	0 hr ☽	Noon ☽	☿	♀	♂	⚵	⚳	♃	♄	⚷	♅	♆	♇
1 W	1 ♏ 46 52	1 ♐ 16 11	8 ♐ 17 36	15 ♎ 41 09	1 ♐ 38 14	17 ♋ 26 56	29 ♒ 14 18	27 ♒ 00 38	29 ♈ 38 39	22 ♍ 38 52	13 ♋ 34 28	12 ♑ 10 51	27 ♒ 25 23	25 ♐ 02 46
2 Th	2 48 53	15 17 16	22 05 48	15 58 52	2 55 08	18 01 45	29 19 03	27 09 12	29 35 28	22 50 05	13 38 37	12 17 17	27 29 31	25 08 55
3 F	3 50 14	28 51 38	5 ♑ 27 04	16 22 20	4 11 18	18 35 31	29 23 27	27 17 25	29 31 36	23 00 34	13 42 01	12 23 04	27 32 60	25 14 23
4 Sa	4 50 25	11 ♑ 58 54	18 22 04	16 51 07	5 26 16	19 07 44	29 27 00	27 24 46	29 26 35	23 09 50	13 44 12	12 27 43	27 35 19	25 18 43
5 Su	5 49 11	24 40 59	0 ♒ 53 34	17 24 58	6 39 46	19 38 10	29 29 28	27 31 02	29 20 10	23 17 36	13 44 53	12 30 60	27 36 15	25 21 38
6 M	6 46 35	7 ♒ 01 34	13 05 45	18 03 55	7 51 51	20 06 51	29 30 52	27 36 15	29 12 25	23 23 57	13 44 10	12 32 56	27 35 50	25 23 12
7 Tu	7 42 57	19 05 32	25 03 46	18 48 14	9 02 52	20 34 05	29 31 33	27 40 44	29 03 39	23 29 12	13 42 20	12 33 53	27 34 24	25 23 44
8 W	8 38 50	0 ♓ 58 22	6 ♓ 53 10	19 38 24	10 13 20	21 00 27	29 32 03	27 45 03	28 54 26	23 33 53	13 39 58	12 34 22	27 32 31	25 23 49
9 Th	9 34 54	12 45 42	18 39 28	20 34 56	11 23 57	21 26 34	29 33 03	27 49 50	28 45 27	23 38 42	13 37 43	12 35 05	27 30 49	25 24 05
10 F	10 31 51	24 32 57	0 ♈ 27 50	21 38 24	12 35 23	21 53 09	29 35 14	27 55 48	28 37 23	23 44 19	13 36 16	12 36 42	27 30 02	25 25 14
11 Sa	11 30 16	6 ♈ 24 51	12 22 44	22 49 12	13 48 13	22 20 45	29 39 09	28 03 30	28 30 49	23 51 18	13 36 14	12 39 48	27 30 43	25 27 51
12 Su	12 30 32	18 25 22	24 27 44	24 07 30	15 02 51	22 49 45	29 45 14	28 13 20	28 26 09	24 00 05	13 37 58	12 44 46	27 33 15	25 32 19
13 M	13 32 45	0 ♉ 37 24	6 ♉ 45 19	25 33 11	16 19 22	23 20 15	29 53 33	28 25 25	28 23 29	24 10 43	13 41 36	12 51 43	27 37 46	25 38 45
14 Tu	14 36 43	13 02 41	19 16 53	27 05 45	17 37 36	23 52 03	0 ♓ 03 54	28 39 31	28 22 38	24 23 03	13 46 55	13 00 27	27 44 03	25 46 56
15 W	15 41 56	25 41 56	2 ♊ 02 42	28 44 25	18 57 01	24 24 36	0 15 47	28 55 08	28 23 06	24 36 32	13 53 24	13 10 27	27 51 36	25 56 22
16 Th	16 47 39	8 ♊ 34 53	15 02 17	0 ♏ 28 04	20 16 51	24 57 09	0 28 27	29 11 30	28 24 08	24 50 26	14 00 20	13 20 58	27 59 39	26 06 18
17 F	17 53 01	21 40 38	28 14 32	2 15 28	21 36 17	25 28 50	0 41 00	29 27 46	28 24 51	25 03 53	14 06 49	13 31 08	28 07 21	26 15 51
18 Sa	18 57 11	4 ♋ 58 04	11 ♋ 38 16	4 05 26	22 54 26	25 58 49	0 52 39	29 43 06	28 24 28	25 16 03	14 12 03	13 40 08	28 13 51	26 24 13
19 Su	19 59 33	18 26 12	25 12 33	5 56 55	24 10 44	26 26 27	1 02 45	29 56 53	28 22 21	25 26 19	14 15 24	13 47 20	28 18 34	26 30 47
20 M	20 59 51	2 ♌ 04 30	8 ♌ 56 55	7 49 14	25 24 55	26 51 29	1 11 04	0 ♓ 08 51	28 18 15	25 34 26	14 16 37	13 52 30	28 21 15	26 35 16
21 Tu	21 58 19	15 53 01	22 51 25	9 42 11	26 37 10	27 14 05	1 17 47	0 19 12	28 12 23	25 40 37	14 15 55	13 55 50	28 22 04	26 37 54
22 W	22 55 33	29 52 12	6 ♍ 56 24	11 35 57	27 48 08	27 34 54	1 23 31	0 28 34	28 05 23	25 45 28	14 13 55	13 57 56	28 21 40	26 39 18
23 Th	23 52 31	14 ♍ 02 28	21 11 58	13 31 05	28 58 45	27 54 49	1 29 15	0 37 53	27 58 11	25 49 56	14 11 34	13 59 46	28 21 00	26 40 25
24 F	24 50 16	28 23 38	5 ♎ 37 20	15 28 16	0 ♑ 10 06	28 14 56	1 36 00	0 48 13	27 51 53	25 55 06	14 09 56	14 02 25	28 21 08	26 42 18
25 Sa	25 49 46	12 ♎ 54 07	20 10 15	17 28 04	1 23 07	28 36 11	1 44 45	1 00 32	27 47 25	26 01 55	14 09 59	14 06 48	28 23 01	26 45 56
26 Su	26 51 38	27 30 38	4 ♏ 46 41	19 30 48	2 38 25	28 59 08	1 56 06	1 15 25	27 45 25	26 10 58	14 12 18	14 13 34	28 27 15	26 51 54
27 M	27 55 58	12 ♏ 07 58	19 20 56	21 36 15	3 56 08	29 23 55	2 10 10	1 33 01	27 46 01	26 22 25	14 17 03	14 22 49	28 33 59	27 00 20
28 Tu	29 02 23	26 39 36	3 ♐ 46 20	23 43 48	5 15 52	29 50 08	2 26 34	1 52 55	27 48 48	26 35 50	14 23 48	14 34 09	28 42 48	27 10 51
29 W	0 ♐ 10 05	10 ♐ 58 33	17 56 17	25 52 21	6 36 47	0 ♌ 16 56	2 44 28	2 14 17	27 52 58	26 50 25	14 31 45	14 46 46	28 52 53	27 22 37
30 Th	1 17 58	24 58 36	1 ♑ 45 24	28 00 40	7 57 50	0 43 14	3 02 47	2 36 04	27 57 28	27 05 05	14 39 50	14 59 35	29 03 11	27 34 34
31 F	2 24 59	8 ♑ 35 17	15 10 15	0 ♐ 07 31	9 17 56	1 07 59	3 20 28	2 57 11	28 01 13	27 18 47	14 46 58	15 11 33	29 12 36	27 45 39

Notes

September 1973

LONGITUDE

Day	☉	0 hr ☽	Noon ☽	☿	♀	♂	⚵	⚳	♃	♄	⚷	♅	♆	♇
1 Sa	3 ♐ 30 15	21 ♑ 46 31	28 ♑ 09 52	2 ♐ 11 52	10 ♑ 36 14	1 ♌ 30 17	3 ♓ 36 39	3 ♓ 16 47	28 ♈ 03 21	27 ♍ 30 39	14 ♋ 52 19	15 ♑ 21 46	29 ♒ 20 19	27 ♐ 54 58
2 Su	4 33 20	4 ♒ 32 46	10 ♒ 45 41	4 13 10	11 52 14	1 49 40	3 50 51	3 34 22	28 03 26	27 40 11	14 55 23	15 29 48	29 25 49	28 02 04
3 M	5 34 09	16 56 45	23 01 08	6 11 16	13 05 55	2 06 04	4 03 01	3 49 54	28 01 23	27 47 22	14 56 09	15 35 35	29 29 05	28 06 55
4 Tu	6 33 08	29 02 58	5 ♓ 01 14	8 06 30	14 17 41	2 19 54	4 13 35	4 03 48	27 57 39	27 52 37	14 55 01	15 39 33	29 30 31	28 09 55
5 W	7 31 03	10 ♓ 57 09	16 51 56	9 59 36	15 28 17	2 31 54	4 23 16	4 16 49	27 52 59	27 56 40	14 52 45	15 42 26	29 30 53	28 11 50
6 Th	8 28 51	22 45 37	28 39 40	11 51 28	16 38 42	2 43 02	4 33 04	4 29 54	27 48 21	28 00 30	14 50 19	15 45 13	29 31 10	28 13 37
7 F	9 27 35	4 ♈ 34 49	10 ♈ 30 43	13 43 06	17 49 57	2 54 18	4 43 59	4 44 05	27 44 47	28 05 09	14 48 44	15 48 55	29 32 21	28 16 18
8 Sa	10 28 07	16 30 45	22 30 53	15 35 24	19 02 55	3 06 35	4 56 55	5 00 16	27 43 10	28 11 29	14 48 54	15 54 27	29 35 22	28 20 48
9 Su	11 31 05	28 38 35	4 ♉ 44 54	17 28 58	20 18 14	3 20 31	5 12 29	5 19 03	27 44 09	28 20 09	14 51 27	16 02 24	29 40 49	28 27 42
10 M	12 36 43	11 ♉ 02 13	17 16 09	19 24 02	21 36 08	3 36 18	5 30 55	5 40 41	27 47 57	28 31 22	14 56 36	16 13 01	29 48 57	28 37 15
11 Tu	13 44 48	23 43 59	0 ♊ 06 20	21 20 23	22 56 23	3 53 42	5 51 58	6 04 55	27 54 20	28 44 54	15 04 09	16 26 05	29 59 31	28 49 14
12 W	14 54 39	6 ♊ 44 28	13 15 20	23 17 20	24 18 18	4 12 02	6 14 59	6 31 04	28 02 39	29 00 05	15 13 23	16 40 54	0 ♓ 11 51	29 02 58
13 Th	16 05 15	20 02 32	26 41 24	25 13 54	25 40 53	4 30 16	6 38 57	6 58 09	28 11 52	29 15 54	15 23 20	16 56 29	0 24 57	29 17 25
14 F	17 15 26	3 ♋ 35 38	10 ♋ 21 25	27 08 53	27 02 56	4 47 12	7 02 39	7 24 57	28 20 48	29 31 09	15 32 46	17 11 37	0 37 37	29 31 25
15 Sa	18 24 02	17 20 19	24 11 41	29 01 12	28 23 19	5 01 42	7 24 57	7 50 19	28 28 20	29 44 43	15 40 35	17 25 10	0 48 42	29 43 50
16 Su	19 30 14	1 ♌ 13 02	8 ♌ 08 36	0 ♑ 49 59	29 41 11	5 12 54	7 45 02	8 13 26	28 33 36	29 55 45	15 45 56	17 36 19	0 57 23	29 53 48
17 M	20 33 40	15 10 43	22 09 19	2 34 56	0 ♒ 56 11	5 20 27	8 02 30	8 33 56	28 36 16	0 ♎ 03 53	15 48 28	17 44 41	1 03 18	0 ♑ 00 59
18 Tu	21 34 35	29 11 26	6 ♍ 12 13	4 16 17	2 08 34	5 24 33	8 17 38	8 52 03	28 36 33	0 09 22	15 48 24	17 50 31	1 06 42	0 05 37
19 W	22 33 46	13 ♍ 14 26	20 16 50	5 54 52	3 19 07	5 26 00	8 31 11	9 08 34	28 35 16	0 12 59	15 46 33	17 54 36	1 08 21	0 08 29
20 Th	23 32 25	27 19 55	4 ♎ 23 33	7 31 51	4 29 01	5 25 60	8 44 21	9 24 41	28 33 36	0 15 56	15 44 06	17 58 07	1 09 27	0 10 47
21 F	24 31 52	11 ♎ 28 26	18 32 51	9 08 36	5 39 36	5 25 50	8 58 28	9 41 43	28 32 53	0 19 32	15 42 22	18 02 25	1 11 20	0 13 50
22 Sa	25 33 17	25 40 08	2 ♏ 44 35	10 46 20	6 52 03	5 26 43	9 14 44	10 00 51	28 34 18	0 24 58	15 42 34	18 08 41	1 15 12	0 18 50
23 Su	26 37 28	9 ♏ 54 04	16 57 20	12 25 49	8 07 09	5 29 26	9 33 54	10 22 53	28 38 39	0 33 02	15 45 28	18 17 41	1 21 49	0 26 34
24 M	27 44 37	24 07 46	1 ♐ 08 08	14 07 17	9 25 06	5 34 10	9 56 10	10 48 00	28 46 06	0 43 55	15 51 16	18 29 38	1 31 23	0 37 13
25 Tu	28 54 18	8 ♐ 17 13	15 12 42	15 50 19	10 45 30	5 40 30	10 21 09	11 15 47	28 56 17	0 57 12	15 59 34	18 44 07	1 43 30	0 50 24
26 W	0 ♑ 05 37	22 17 27	29 06 02	17 33 60	12 07 24	5 47 32	10 47 54	11 45 19	29 08 14	1 11 59	16 09 27	19 00 12	1 57 14	1 05 09
27 Th	1 17 20	6 ♑ 03 21	12 ♑ 43 22	19 17 07	13 29 35	5 54 04	11 15 11	12 15 23	29 20 46	1 27 02	16 19 40	19 16 40	2 11 21	1 20 17
28 F	2 28 12	19 30 36	26 01 01	20 58 24	14 50 48	5 58 49	11 41 46	12 44 41	29 32 36	1 41 05	16 28 59	19 32 16	2 24 37	1 34 32
29 Sa	3 37 09	2 ♒ 36 29	8 ♒ 57 05	22 36 48	16 09 59	6 00 45	12 06 34	13 12 12	29 42 41	1 53 05	16 36 20	19 45 55	2 35 58	1 46 50
30 Su	4 43 32	15 20 22	21 31 48	24 11 39	17 26 28	5 59 15	12 28 58	13 37 16	29 50 23	2 02 23	16 41 05	19 57 00	2 44 45	1 56 32

October 1973

LONGITUDE

Day	☉	0 hr ☽	Noon ☽	☿	♀	♂	⚵	⚳	♃	♄	⚷	♅	♆	♇
1 M	5 ♑ 47 13	27 ♒ 43 47	3 ♓ 47 26	25 ♑ 42 48	18 ♒ 40 08	5 ♌ 54 10	12 ♓ 48 46	13 ♓ 59 45	29 ♈ 55 32	2 ♎ 08 50	16 ♋ 43 05	20 ♑ 05 21	2 ♓ 50 49	2 ♑ 03 30
2 Tu	6 48 31	9 ♓ 50 11	15 48 04	27 10 35	19 51 17	5 45 52	13 06 20	14 19 57	29 58 28	2 12 46	16 42 39	20 11 19	2 54 30	2 08 03
3 W	7 48 11	21 44 34	27 39 08	28 35 42	21 00 41	5 35 07	13 22 25	14 38 38	29 59 57	2 14 56	16 40 34	20 15 37	2 56 33	2 10 56
4 Th	8 47 15	3 ♈ 33 01	9 ♈ 26 57	29 59 10	22 09 21	5 22 58	13 38 01	14 56 49	0 ♉ 01 00	2 16 22	16 37 50	20 19 19	2 58 00	2 13 12
5 F	9 46 50	15 22 04	21 18 09	1 ♒ 22 04	23 18 23	5 10 32	13 54 16	15 15 37	0 02 44	2 18 10	16 35 35	20 23 30	2 59 58	2 15 56
6 Sa	10 47 57	27 18 18	3 ♉ 19 15	2 45 23	24 28 49	4 58 53	14 12 10	15 36 03	0 06 10	2 21 22	16 34 49	20 29 11	3 03 27	2 20 11
7 Su	11 51 22	9 ♉ 27 46	15 36 00	4 09 50	25 41 24	4 48 48	14 32 29	15 58 52	0 12 03	2 26 43	16 36 19	20 37 09	3 09 13	2 26 41
8 M	12 57 24	21 55 29	28 12 57	5 35 41	26 56 28	4 40 39	14 55 33	16 24 25	0 20 44	2 34 34	16 40 24	20 47 44	3 17 37	2 35 46
9 Tu	14 05 57	4 ♊ 44 53	11 ♊ 12 53	7 02 46	28 13 52	4 34 20	15 21 14	16 52 33	0 32 04	2 44 46	16 46 58	21 00 46	3 28 31	2 47 20
10 W	15 16 21	17 57 29	24 36 25	8 30 22	29 32 60	4 29 16	15 48 54	17 22 39	0 45 27	2 56 42	16 55 21	21 15 40	3 41 16	3 00 43
11 Th	16 27 38	1 ♋ 32 36	8 ♋ 21 51	9 57 24	0 ♓ 52 49	4 24 27	16 17 33	17 53 42	0 59 51	3 09 22	17 04 35	21 31 24	3 54 53	3 14 56
12 F	17 38 34	15 27 20	22 25 24	11 22 33	2 12 08	4 18 44	16 45 57	18 24 29	1 14 03	3 21 31	17 13 25	21 46 45	4 08 08	3 28 46
13 Sa	18 47 58	29 37 04	6 ♌ 41 40	12 44 32	3 29 46	4 10 58	17 12 56	18 53 50	1 26 54	3 32 01	17 20 43	22 00 33	4 19 51	3 41 02
14 Su	19 54 59	13 ♌ 56 09	21 04 40	14 02 23	4 44 50	4 00 19	17 37 38	19 20 52	1 37 30	3 39 59	17 25 34	22 11 55	4 29 10	3 50 52
15 M	20 59 13	28 18 58	5 ♍ 28 54	15 15 31	5 56 56	3 46 26	17 59 40	19 45 11	1 45 28	3 45 01	17 27 37	22 20 29	4 35 41	3 57 52
16 Tu	22 00 53	12 ♍ 40 52	19 50 06	16 24 02	7 06 17	3 29 34	18 19 12	20 07 00	1 51 01	3 47 19	17 27 03	22 26 26	4 39 37	4 02 15
17 W	23 00 43	26 58 42	4 ♎ 05 45	17 28 27	8 13 38	3 10 31	18 37 01	20 27 04	1 54 53	3 47 39	17 24 38	22 30 31	4 41 42	4 04 46
18 Th	23 59 51	11 ♎ 10 55	18 14 54	18 29 43	9 20 06	2 50 27	18 54 13	20 46 30	1 58 13	3 47 08	17 21 29	22 33 52	4 43 05	4 06 32
19 F	24 59 34	25 17 16	2 ♏ 17 43	19 28 50	10 26 56	2 30 41	19 12 05	21 06 35	2 02 15	3 47 03	17 18 53	22 37 46	4 45 00	4 08 50
20 Sa	26 00 58	9 ♏ 18 03	16 14 41	20 26 41	11 35 16	2 12 23	19 31 44	21 28 25	2 08 07	3 48 29	17 17 56	22 43 18	4 48 36	4 12 45
21 Su	27 04 47	23 13 27	0 ♐ 05 58	21 23 40	12 45 49	1 56 20	19 53 53	21 52 43	2 16 33	3 52 12	17 19 22	22 51 12	4 54 36	4 19 03
22 M	28 11 14	7 ♐ 02 60	13 50 55	22 19 40	13 58 48	1 42 48	20 18 45	22 19 43	2 27 45	3 58 23	17 23 24	23 01 42	5 03 12	4 27 56
23 Tu	29 19 57	20 45 16	27 27 53	23 13 58	15 13 51	1 31 29	20 45 59	22 49 04	2 41 23	4 06 42	17 29 42	23 14 27	5 14 04	4 39 02
24 W	0 ♒ 30 11	4 ♑ 18 00	10 ♑ 54 32	24 05 21	16 30 11	1 21 40	21 14 48	23 19 58	2 56 39	4 16 22	17 37 28	23 28 38	5 26 25	4 51 36
25 Th	1 40 50	17 38 33	24 08 13	24 52 16	17 46 43	1 12 20	21 44 08	23 51 21	3 12 29	4 26 19	17 45 38	23 43 13	5 39 10	5 04 32
26 F	2 50 49	0 ♒ 44 21	7 ♒ 06 37	25 33 09	19 02 22	1 02 26	22 12 52	24 22 08	3 27 47	4 35 28	17 53 07	23 57 06	5 51 15	5 16 45
27 Sa	3 59 11	13 33 35	19 48 19	26 06 28	20 16 11	0 51 05	22 40 05	24 51 22	3 41 38	4 42 51	17 58 59	24 09 19	6 01 42	5 27 19
28 Su	5 05 19	26 05 37	2 ♓ 13 13	26 31 03	21 27 32	0 37 43	23 05 10	25 18 25	3 53 23	4 47 51	18 02 36	24 19 16	6 09 54	5 35 36
29 M	6 09 01	8 ♓ 21 19	14 22 43	26 46 03	22 36 12	0 22 11	23 27 52	25 43 06	4 02 50	4 50 18	18 03 46	24 26 45	6 15 39	5 41 25
30 Tu	7 10 29	20 23 01	26 19 42	26 51 05	23 42 22	0 04 43	23 48 26	26 05 36	4 10 12	4 50 21	18 02 41	24 31 57	6 19 09	5 44 56
31 W	8 10 15	2 ♈ 14 28	8 ♈ 08 22	26 46 03	24 46 36	29 ♋ 45 56	24 07 22	26 26 27	4 15 60	4 48 35	17 59 54	24 35 25	6 20 57	5 46 43

Notes

LONGITUDE — November 1973

Day	☉	0 hr ☽	Noon ☽	☿	♀	♂	⚳	⚴	♃	♄	⚷	♅	♆	♇
1 Th	9 ♒ 09 08	14 ♈ 00 32	19 ♈ 53 57	26 ♒ 31 15	25 ♓ 49 40	29 ♋ 26 39	24 ♓ 25 30	26 ♓ 46 29	4 ♉ 21 03	4 ♎ 45 47	17 ♋ 56 13	24 ♑ 37 58	6 ♓ 21 50	5 ♑ 47 33
2 F	10 08 01	25 46 53	1 ♉ 42 23	26 07 07	26 52 28	29 07 50	24 43 42	27 06 34	4 26 15	4 42 52	17 52 33	24 40 28	6 22 43	5 48 22
3 Sa	11 07 48	7 ♉ 39 35	13 39 50	25 34 16	27 55 52	28 50 22	25 02 52	27 27 35	4 32 27	4 40 41	17 49 45	24 43 49	6 24 28	5 50 01
4 Su	12 09 07	19 44 39	25 52 18	24 53 18	29 00 31	28 34 60	25 23 40	27 50 12	4 40 21	4 39 56	17 48 31	24 48 41	6 27 46	5 53 10
5 M	13 12 22	2 ♊ 07 39	8 ♊ 25 04	24 04 52	0 ♈ 06 48	28 22 06	25 46 28	28 14 48	4 50 19	4 40 59	17 49 12	24 55 26	6 32 58	5 58 13
6 Tu	14 17 32	14 53 07	21 22 12	23 09 37	1 14 42	28 11 43	26 11 16	28 41 22	5 02 20	4 43 49	17 51 48	25 04 04	6 40 05	6 05 08
7 W	15 24 14	28 04 04	4 ♋ 45 53	22 08 15	2 23 47	28 03 29	26 37 39	29 09 31	5 16 00	4 48 04	17 55 57	25 14 12	6 48 43	6 13 32
8 Th	16 31 46	11 ♋ 41 28	18 36 03	21 01 35	3 33 22	27 56 43	27 04 56	29 38 32	5 30 38	4 53 00	18 00 55	25 25 06	6 58 09	6 22 43
9 F	17 39 14	25 43 52	2 ♌ 50 02	19 50 44	4 42 32	27 50 32	27 32 13	0 ♈ 07 31	5 45 19	4 57 45	18 05 49	25 35 54	7 07 31	6 31 47
10 Sa	18 45 44	10 ♌ 07 23	17 22 44	18 37 08	5 50 23	27 44 05	27 58 36	0 35 36	5 59 10	5 01 26	18 09 46	25 45 42	7 15 54	6 39 51
11 Su	19 50 36	24 46 02	2 ♍ 07 15	17 22 38	6 56 13	27 36 42	28 23 25	1 02 05	6 11 30	5 03 20	18 12 06	25 53 49	7 22 38	6 46 14
12 M	20 53 30	9 ♍ 32 35	16 55 57	16 09 31	7 59 42	27 28 03	28 46 20	1 26 38	6 21 59	5 03 09	18 12 27	25 59 54	7 27 23	6 50 35
13 Tu	21 54 31	24 19 39	1 ♎ 41 35	15 00 18	9 00 54	27 18 15	29 07 24	1 49 19	6 30 41	5 00 57	18 10 55	26 04 04	7 30 13	6 53 00
14 W	22 54 08	9 ♎ 00 51	16 18 23	13 57 36	10 00 17	27 07 46	29 27 09	2 10 39	6 38 07	4 57 14	18 07 60	26 06 46	7 31 38	6 53 58
15 Th	23 53 07	23 31 25	0 ♏ 42 28	13 03 51	10 58 37	26 57 25	29 46 18	2 31 22	6 45 00	4 52 44	18 04 26	26 08 48	7 32 23	6 54 15
16 F	24 52 18	7 ♏ 48 29	14 51 50	12 21 07	11 56 42	26 48 01	0 ♈ 05 42	2 52 20	6 52 13	4 48 20	18 01 05	26 10 58	7 33 19	6 54 40
17 Sa	25 52 27	21 50 48	28 46 02	11 50 50	12 55 18	26 40 20	0 26 08	3 14 17	7 00 30	4 44 47	17 58 42	26 14 03	7 35 12	6 56 00
18 Su	26 54 02	5 ♐ 38 15	12 ♐ 25 24	11 33 40	13 54 53	26 34 53	0 48 03	3 37 43	7 10 19	4 42 33	17 57 47	26 18 31	7 38 29	6 58 44
19 M	27 57 14	19 11 17	25 50 42	11 29 38	14 55 35	26 31 48	1 11 37	4 02 46	7 21 51	4 41 47	17 58 27	26 24 32	7 43 21	7 02 60
20 Tu	29 01 49	2 ♑ 30 26	9 ♑ 02 35	11 38 04	15 57 11	26 30 54	1 36 39	4 29 15	7 34 54	4 42 20	18 00 33	26 31 53	7 49 36	7 08 37
21 W	0 ♓ 07 21	15 36 11	22 01 30	11 57 48	16 59 12	26 31 44	2 02 39	4 56 42	7 48 58	4 43 41	18 03 35	26 40 08	7 56 46	7 15 06
22 Th	1 13 12	28 28 45	4 ♒ 47 38	12 27 24	18 01 01	26 33 41	2 29 02	5 24 29	8 03 28	4 45 15	18 06 57	26 48 38	8 04 13	7 21 52
23 F	2 18 43	11 ♒ 08 19	17 21 11	13 05 21	19 01 56	26 36 05	2 55 07	5 51 58	8 17 45	4 46 23	18 10 01	26 56 46	8 11 19	7 28 15
24 Sa	3 23 21	23 35 09	29 42 27	13 50 13	20 01 25	26 38 25	3 20 24	6 18 37	8 31 15	4 46 33	18 12 13	27 03 58	8 17 32	7 33 42
25 Su	4 26 47	5 ♓ 49 52	11 ♓ 52 11	14 40 46	20 59 04	26 40 18	3 44 30	6 44 04	8 43 38	4 45 23	18 13 13	27 09 53	8 22 29	7 37 53
26 M	5 28 50	17 53 37	23 51 45	15 36 03	21 54 45	26 41 37	4 07 17	7 08 11	8 54 45	4 42 46	18 12 52	27 14 24	8 26 04	7 40 39
27 Tu	6 29 37	29 48 12	5 ♈ 43 15	16 35 22	22 48 31	26 42 27	4 28 51	7 31 03	9 04 42	4 38 47	18 11 17	27 17 35	8 28 22	7 42 06
28 W	7 29 24	11 ♈ 36 15	17 29 34	17 38 20	23 40 37	26 43 03	4 49 28	7 52 57	9 13 45	4 33 42	18 08 43	27 19 43	8 29 38	7 42 30
29 Th	8 28 35	23 21 03	29 14 22	18 44 42	24 31 25	26 43 50	5 09 32	8 14 17	9 22 18	4 27 57	18 05 35	27 21 13	8 30 17	7 42 15
30 F	9 27 38	5 ♉ 06 39	11 ♉ 01 58	19 54 23	25 21 22	26 45 14	5 29 30	8 35 29	9 30 48	4 21 59	18 02 21	27 22 31	8 30 47	7 41 49

LONGITUDE — December 1973

Day	☉	0 hr ☽	Noon ☽	☿	♀	♂	⚳	⚴	♃	♄	⚷	♅	♆	♇
1 Sa	10 ♓ 26 59	16 ♉ 57 36	22 ♉ 57 08	21 ♒ 07 21	26 ♈ 10 51	26 ♋ 47 41	5 ♈ 49 49	8 ♈ 57 01	9 ♉ 39 42	4 ♎ 16 14	17 ♋ 59 26	27 ♑ 24 03	8 ♓ 31 34	7 ♑ 41 39
2 Su	11 26 58	28 58 47	5 ♊ 04 55	22 23 31	27 00 12	26 51 31	6 10 49	9 19 13	9 49 20	4 11 02	17 57 11	27 26 11	8 32 58	7 42 03
3 M	12 27 46	11 ♊ 15 11	17 30 17	23 42 41	27 49 33	26 56 54	6 32 42	9 42 16	9 59 54	4 06 36	17 55 48	27 29 06	8 35 10	7 43 15
4 Tu	13 29 25	23 51 30	0 ♋ 17 46	25 04 34	28 38 54	27 03 51	6 55 28	10 06 11	10 11 23	4 02 56	17 55 17	27 32 48	8 38 13	7 45 14
5 W	14 31 45	6 ♋ 51 45	13 30 53	26 28 45	29 28 03	27 12 12	7 18 58	10 30 49	10 23 40	3 59 54	17 55 31	27 37 09	8 41 55	7 47 53
6 Th	15 34 30	20 18 43	27 11 39	27 54 42	0 ♉ 16 41	27 21 39	7 42 55	10 55 52	10 36 27	3 57 12	17 56 11	27 41 51	8 46 01	7 50 53
7 F	16 37 18	4 ♌ 13 25	11 ♌ 19 59	29 21 52	1 04 25	27 31 50	8 06 58	11 21 01	10 49 22	3 54 31	17 56 56	27 46 34	8 50 10	7 53 54
8 Sa	17 39 50	18 34 29	25 53 10	0 ♓ 49 46	1 50 52	27 42 24	8 30 47	11 45 54	11 02 06	3 51 29	17 57 28	27 50 57	8 54 01	7 56 36
9 Su	18 41 51	3 ♍ 17 58	10 ♍ 45 51	2 17 60	2 35 46	27 53 07	8 54 09	12 10 17	11 14 25	3 47 54	17 57 31	27 54 46	8 57 20	7 58 44
10 M	19 43 16	18 17 21	25 50 27	3 46 21	3 18 59	28 03 51	9 16 56	12 34 06	11 26 12	3 43 39	17 56 59	27 57 56	9 00 02	8 00 14
11 Tu	20 44 07	3 ♎ 24 19	10 ♎ 58 01	5 14 46	4 00 30	28 14 38	9 39 11	12 57 21	11 37 30	3 38 47	17 55 57	28 00 29	9 02 09	8 01 06
12 W	21 44 35	18 29 48	25 59 38	6 43 20	4 40 28	28 25 39	10 01 06	13 20 15	11 48 30	3 33 29	17 54 33	28 02 35	9 03 51	8 01 33
13 Th	22 44 54	3 ♏ 25 22	10 ♏ 47 33	8 12 13	5 19 03	28 37 06	10 22 54	13 42 60	11 59 25	3 27 60	17 53 03	28 04 29	9 05 23	8 01 48
14 F	23 45 17	18 04 13	25 16 08	9 41 35	5 56 27	28 49 11	10 44 48	14 05 50	12 10 29	3 22 31	17 51 38	28 06 24	9 06 57	8 02 04
15 Sa	24 45 53	2 ♐ 21 52	9 ♐ 22 07	11 11 31	6 32 45	29 02 04	11 06 57	14 28 53	12 21 51	3 17 13	17 50 30	28 08 28	9 08 43	8 02 30
16 Su	25 46 45	16 16 12	23 04 32	12 42 03	7 07 57	29 15 46	11 29 24	14 52 14	12 33 33	3 12 10	17 49 39	28 10 45	9 10 45	8 03 10
17 M	26 47 52	29 47 07	6 ♑ 24 07	14 13 06	7 41 58	29 30 15	11 52 08	15 15 50	12 45 34	3 07 18	17 49 06	28 13 12	9 12 58	8 04 00
18 Tu	27 49 07	12 ♑ 56 02	19 22 52	15 44 33	8 14 39	29 45 24	12 15 02	15 39 34	12 57 47	3 02 32	17 48 42	28 15 45	9 15 19	8 04 56
19 W	28 50 22	25 45 19	2 ♒ 03 25	17 16 15	8 45 50	0 ♌ 01 06	12 37 58	16 03 20	13 10 05	2 57 46	17 48 22	28 18 14	9 17 39	8 05 50
20 Th	29 51 34	8 ♒ 17 47	14 28 38	18 48 07	9 15 20	0 17 14	13 00 52	16 27 03	13 22 23	2 52 53	17 48 00	28 20 36	9 19 53	8 06 37
21 F	0 ♈ 52 38	20 36 23	26 41 26	20 20 06	9 43 05	0 33 45	13 23 41	16 50 38	13 34 38	2 47 53	17 47 34	28 22 47	9 21 58	8 07 14
22 Sa	1 53 37	2 ♓ 43 58	8 ♓ 44 33	21 52 13	10 09 02	0 50 41	13 46 27	17 14 10	13 46 51	2 42 46	17 47 05	28 24 50	9 23 57	8 07 43
23 Su	2 54 36	14 43 11	20 40 28	23 24 32	10 33 13	1 08 05	14 09 14	17 37 41	13 59 09	2 37 38	17 46 39	28 26 49	9 25 55	8 08 09
24 M	3 55 41	26 36 28	2 ♈ 31 32	24 57 12	10 55 40	1 26 05	14 32 11	18 01 21	14 11 38	2 32 37	17 46 22	28 28 51	9 27 58	8 08 39
25 Tu	4 57 01	8 ♈ 26 03	14 19 55	26 30 20	11 16 27	1 44 47	14 55 23	18 25 15	14 24 25	2 27 49	17 46 23	28 31 05	9 30 15	8 09 21
26 W	5 58 40	20 14 05	26 07 48	28 04 01	11 35 35	2 04 16	15 18 57	18 49 29	14 37 35	2 23 22	17 46 46	28 33 35	9 32 49	8 10 21
27 Th	7 00 41	2 ♉ 02 44	7 ♉ 57 28	29 38 18	11 53 02	2 24 33	15 42 54	19 14 05	14 51 11	2 19 15	17 47 34	28 36 23	9 35 44	8 11 38
28 F	8 02 58	13 54 20	19 51 24	1 ♈ 13 08	12 08 41	2 45 33	16 07 10	19 38 59	15 05 07	2 15 27	17 48 41	28 39 25	9 38 55	8 13 11
29 Sa	9 05 25	25 51 27	1 ♊ 52 21	2 48 22	12 22 18	3 07 08	16 31 37	20 04 02	15 19 17	2 11 48	17 50 02	28 42 32	9 42 14	8 14 51
30 Su	10 07 47	7 ♊ 57 01	14 03 27	4 23 50	12 33 38	3 29 05	16 56 03	20 29 03	15 33 27	2 08 07	17 51 21	28 45 34	9 45 28	8 16 25
31 M	11 09 53	20 14 18	26 28 09	5 59 18	12 42 23	3 51 08	17 20 13	20 53 47	15 47 24	2 04 10	17 52 28	28 48 15	9 48 24	8 17 40

Notes

January 1974

LONGITUDE

Day	☉	0 hr ☽	Noon ☽	☿	♀	♂	⚵	⚳	♃	♄	⚷	♅	♆	♇
1 Tu	12♈11 29	2♋46 52	9♋10 03	7♈34 36	12♉48 19	4♌13 07	17♈43 56	21♈18 03	16♉00 55	1♎59 45	17♋53 08	28♑50 23	9♓50 50	8♑18 23
2 W	13 12 29	15 38 27	22 12 48	9 09 36	12 51 14	4 34 52	18 07 05	21 41 43	16 13 53	1 54 46	17 53 15	28 51 53	9 52 39	8 18 28
3 Th	14 12 54	28 52 34	5♌39 32	10 44 22	12 51 07	4 56 24	18 29 41	22 04 49	16 26 21	1 49 14	17 52 52	28 52 45	9 53 52	8 17 56
4 F	15 12 54	12♌32 01	19 32 23	12 19 05	12 48 07	5 17 55	18 51 54	22 27 30	16 38 27	1 43 19	17 52 07	28 53 09	9 54 40	8 16 58
5 Sa	16 12 49	26 38 13	3♍51 46	13 54 04	12 42 31	5 39 41	19 14 03	22 50 07	16 50 32	1 37 22	17 51 20	28 53 25	9 55 21	8 15 53
6 Su	17 13 02	11♍10 29	18 35 38	15 29 45	12 34 41	6 02 06	19 36 32	23 13 02	17 02 58	1 31 45	17 50 55	28 53 56	9 56 20	8 15 03
7 M	18 13 56	26 05 18	3♎39 02	17 06 32	12 25 01	6 25 32	19 59 45	23 36 40	17 16 09	1 26 52	17 51 15	28 55 06	9 57 59	8 14 54
8 Tu	19 15 48	11♎16 14	18 54 14	18 44 41	12 13 47	6 50 17	20 23 58	24 01 16	17 30 22	1 23 00	17 52 37	28 57 11	10 00 35	8 15 41
9 W	20 18 43	26 34 15	4♏11 26	20 24 19	12 01 06	7 16 23	20 49 15	24 26 55	17 45 40	1 20 14	17 55 04	29 00 16	10 04 13	8 17 28
10 Th	21 22 30	11♏48 57	19 20 17	22 05 15	11 46 49	7 43 39	21 15 26	24 53 26	18 01 54	1 18 23	17 58 28	29 04 10	10 08 42	8 20 06
11 F	22 26 46	26 50 10	4♐11 24	23 47 07	11 30 37	8 11 43	21 42 07	25 20 27	18 18 39	1 17 04	18 02 23	29 08 29	10 13 39	8 23 11
12 Sa	23 30 60	11♐29 32	18 37 49	25 29 23	11 12 04	8 40 01	22 08 47	25 47 25	18 35 25	1 15 45	18 06 20	29 12 43	10 18 32	8 26 10
13 Su	24 34 38	25 41 36	2♑35 40	27 11 33	10 50 42	9 08 02	22 34 54	26 13 48	18 51 39	1 13 56	18 09 45	29 16 19	10 22 49	8 28 34
14 M	25 37 18	9♑24 08	16 04 06	28 53 11	10 26 14	9 35 20	23 00 03	26 39 12	19 06 57	1 11 10	18 12 14	29 18 52	10 26 06	8 29 56
15 Tu	26 38 46	22 37 46	29 04 51	0♉34 06	9 58 37	10 01 44	23 24 02	27 03 26	19 21 06	1 07 18	18 13 35	29 20 12	10 28 11	8 30 05
16 W	27 39 07	5♒25 24	11♒41 28	2 14 20	9 28 03	10 27 16	23 46 55	27 26 32	19 34 10	1 02 21	18 13 53	29 20 20	10 29 06	8 29 05
17 Th	28 38 39	17 51 18	23 58 36	3 54 12	8 55 01	10 52 16	24 09 01	27 48 49	19 46 28	0 56 41	18 13 25	29 19 37	10 29 12	8 27 14
18 F	29 37 53	0♓00 30	6♓01 19	5 34 10	8 20 13	11 17 12	24 30 49	28 10 47	19 58 30	0 50 45	18 12 42	29 18 32	10 28 58	8 25 03
19 Sa	0♉37 24	11 58 08	17 54 36	7 14 50	7 44 28	11 42 41	24 52 57	28 33 03	20 10 52	0 45 12	18 12 20	29 17 42	10 29 01	8 23 08
20 Su	1 37 49	23 48 59	29 43 03	8 56 45	7 08 35	12 09 19	25 15 59	28 56 13	20 24 11	0 40 38	18 12 55	29 17 42	10 29 56	8 22 05
21 M	2 39 38	5♈37 17	11♈30 35	10 40 23	6 33 19	12 37 36	25 40 28	29 20 47	20 38 56	0 37 32	18 14 59	29 19 04	10 32 15	8 22 24
22 Tu	3 43 10	17 26 30	23 20 22	12 25 59	5 59 12	13 07 51	26 06 40	29 47 04	20 55 27	0 36 15	18 18 49	29 22 06	10 36 15	8 24 25
23 W	4 48 30	29 19 13	5♉14 46	14 13 33	5 26 35	13 40 07	26 34 41	0♉15 09	21 13 47	0 36 50	18 24 29	29 26 53	10 42 02	8 28 12
24 Th	5 55 23	11♉17 20	17 15 27	16 02 45	4 55 29	14 14 11	27 04 18	0 44 48	21 33 44	0 39 06	18 31 48	29 33 11	10 49 22	8 33 32
25 F	7 03 23	23 22 06	29 23 33	17 53 01	4 25 42	14 49 36	27 35 03	1 15 33	21 54 50	0 42 33	18 40 17	29 40 33	10 57 48	8 39 57
26 Sa	8 11 48	5♊34 22	11♊39 57	19 43 32	3 56 48	15 25 39	28 06 14	1 46 43	22 16 24	0 46 31	18 49 16	29 48 18	11 06 38	8 46 47
27 Su	9 19 52	17 54 59	24 05 34	21 33 21	3 28 16	16 01 34	28 37 05	2 17 32	22 37 39	0 50 15	18 57 56	29 55 39	11 15 06	8 53 14
28 M	10 26 49	0♋24 58	6♋41 34	23 21 29	2 59 34	16 36 35	29 06 51	2 47 14	22 57 49	0 52 57	19 05 34	0♒01 50	11 22 27	8 58 33
29 Tu	11 32 04	13 05 54	19 29 42	25 07 09	2 30 20	17 10 07	29 34 57	3 15 15	23 16 20	0 54 05	19 11 35	0 06 18	11 28 06	9 02 10
30 W	12 35 21	25 59 56	2♌32 15	26 49 47	2 00 32	17 41 54	0♉01 06	3 41 18	23 32 56	0 53 22	19 15 42	0 08 46	11 31 46	9 03 49
31 Th	13 36 47	9♌09 51	15 52 01	28 29 10	1 30 27	18 12 02	0 25 26	4 05 30	23 47 43	0 50 54	19 18 01	0 09 20	11 33 35	9 03 35

February 1974

LONGITUDE

Day	☉	0 hr ☽	Noon ☽	☿	♀	♂	⚵	⚳	♃	♄	⚷	♅	♆	♇
1 F	14♉36 53	22♌38 45	29♌31 52	0♊05 26	1♉00 48	18♌41 01	0♉48 27	4♉28 22	24♉01 11	0♎47 12	19♋19 04	0♒08 32	11♓34 02	9♑02 01
2 Sa	15 36 27	6♍29 27	13♍34 06	1 38 59	0 32 34	19 09 40	1 10 58	4 50 42	24 14 11	0 43 07	19 19 41	0 07 11	11 33 59	8 59 55
3 Su	16 36 31	20 43 42	27 59 34	3 10 21	0 06 52	19 39 00	1 33 60	5 13 32	24 27 43	0 39 38	19 20 50	0 06 17	11 34 24	8 58 18
4 M	17 38 00	5♎21 13	12♎46 45	4 39 54	29♈44 47	20 09 57	1 58 28	5 37 47	24 42 42	0 37 42	19 23 29	0 06 47	11 36 14	8 58 06
5 Tu	18 41 35	20 18 51	27 51 04	6 07 43	29 27 04	20 43 09	2 25 03	6 04 08	24 59 48	0 37 58	19 28 18	0 09 20	11 40 09	8 59 59
6 W	19 47 27	5♏30 12	13♏04 51	7 33 21	29 14 03	21 18 50	2 53 59	6 32 47	25 19 15	0 40 40	19 35 29	0 14 09	11 46 22	9 04 10
7 Th	20 55 21	20 45 59	28 18 05	8 55 50	29 05 28	21 56 42	3 24 55	7 03 25	25 40 44	0 45 30	19 44 44	0 20 57	11 54 34	9 10 21
8 F	22 04 28	5♐55 25	13♐20 05	10 13 37	29 00 37	22 35 57	3 57 06	7 35 18	26 03 28	0 51 41	19 55 17	0 28 56	12 04 00	9 17 45
9 Sa	23 13 46	20 48 01	28 01 14	11 24 56	28 58 28	23 15 33	4 29 31	8 07 21	26 26 26	0 58 11	20 06 05	0 37 05	12 13 37	9 25 20
10 Su	24 22 12	5♑15 26	12♑14 43	12 27 58	28 57 57	23 54 25	5 01 03	8 38 32	26 48 32	1 03 55	20 16 04	0 44 19	12 22 20	9 32 03
11 M	25 28 54	19 12 39	25 57 09	13 21 07	28 58 15	24 31 43	5 30 52	9 07 58	27 08 56	1 08 03	20 24 23	0 49 47	12 29 19	9 37 00
12 Tu	26 33 26	2♒38 16	9♒08 35	14 03 15	28 58 52	25 06 59	5 58 32	9 35 12	27 27 11	1 10 08	20 30 34	0 53 03	12 34 06	9 39 47
13 W	27 35 47	15 34 07	21 51 57	14 33 48	28 59 49	25 40 15	6 24 03	10 00 17	27 43 17	1 10 11	20 34 40	0 54 06	12 36 43	9 40 23
14 Th	28 36 28	28 04 25	4♓12 06	14 52 44	29 01 32	26 11 58	6 47 53	10 23 40	27 57 44	1 08 40	20 37 08	0 53 27	12 37 38	9 39 19
15 F	29 36 17	10♓14 54	16 15 06	15 00 32	29 04 47	26 42 58	7 10 53	10 46 10	28 11 20	1 06 26	20 38 48	0 51 54	12 37 41	9 37 22
16 Sa	0♊36 15	22 11 57	28 07 21	14 58 03	29 10 33	27 14 15	7 34 02	11 08 48	28 25 05	1 04 28	20 40 41	0 50 27	12 37 51	9 35 33
17 Su	1 37 22	4♈01 53	9♈55 03	14 46 20	29 19 47	27 46 50	7 58 21	11 32 35	28 40 02	1 03 47	20 43 46	0 50 08	12 39 11	9 34 54
18 M	2 40 31	15 50 34	21 43 44	14 26 33	29 33 16	28 21 35	8 24 42	11 58 22	28 57 01	1 05 15	20 48 56	0 51 49	12 42 30	9 36 16
19 Tu	3 46 14	27 42 50	3♉37 54	13 59 47	29 51 31	28 59 02	8 53 38	12 26 44	29 16 35	1 09 26	20 56 44	0 56 02	12 48 24	9 40 13
20 W	4 54 41	9♉42 26	15 40 50	13 27 00	0♉14 37	29 39 22	9 25 20	12 57 48	29 38 55	1 16 30	21 07 21	1 02 59	12 57 02	9 46 54
21 Th	6 05 36	21 51 45	27 54 30	12 48 60	0 42 14	0♍22 17	9 59 29	13 31 20	0♊03 43	1 26 09	21 20 28	1 12 21	13 08 07	9 56 03
22 F	7 18 17	4♊11 56	10♊19 41	12 06 22	1 13 37	1 07 06	10 35 25	14 06 36	0 30 18	1 37 42	21 35 25	1 23 27	13 20 57	10 06 58
23 Sa	8 31 43	16 43 04	22 56 08	11 19 33	1 47 39	1 52 48	11 12 07	14 42 36	0 57 39	1 50 09	21 51 10	1 35 17	13 34 31	10 18 38
24 Su	9 44 42	29 24 31	5♋43 03	10 28 58	2 23 07	2 38 12	11 48 23	15 18 10	1 24 35	2 02 18	22 06 33	1 46 40	13 47 39	10 29 53
25 M	10 56 08	12♋15 24	18 39 30	9 35 08	2 58 49	3 22 09	12 23 06	15 52 09	1 49 58	2 13 02	22 20 27	1 56 28	13 59 14	10 39 34
26 Tu	12 05 07	25 15 05	1♌44 57	8 38 47	3 33 47	4 03 47	12 55 23	16 23 40	2 12 55	2 21 28	22 31 57	2 03 48	14 08 21	10 46 49
27 W	13 11 12	8♌23 39	14 59 42	7 41 00	4 07 33	4 42 40	13 24 47	16 52 17	2 32 60	2 27 09	22 40 37	2 08 14	14 14 34	10 51 12
28 Th	14 14 30	21 42 06	28 24 56	6 43 18	4 40 07	5 18 52	13 51 25	17 18 05	2 50 18	2 30 12	22 46 34	2 09 52	14 18 01	10 52 48

Notes

LONGITUDE — March 1974

Day	☉	0 hr ☽	Noon ☽	☿	♀	♂	⚵	⚳	♃	♄	⚷	♅	♆	♇
1 F	15 ♊ 15 40	5 ♍ 12 22	12 ♍ 02 43	5 ♊ 47 30	5 ♉ 12 06	5 ♍ 53 03	14 ♉ 15 55	17 ♉ 41 45	3 ♊ 05 29	2 ♎ 31 15	22 ♋ 50 27	2 ♒ 09 21	14 ♓ 19 19	10 ♑ 52 17
2 Sa	16 15 47	18 56 58	25 55 25	4 55 42	5 44 32	6 26 19	14 39 23	18 04 21	3 19 37	2 31 24	22 53 20	2 07 46	14 19 34	10 50 45
3 Su	17 16 11	2 ♎ 58 14	10 ♎ 04 58	4 09 58	6 18 42	6 59 58	15 03 08	18 27 12	3 34 04	2 31 59	22 56 35	2 06 28	14 20 06	10 49 30
4 M	18 18 08	17 17 30	24 31 57	3 32 06	6 55 47	7 35 17	15 28 27	18 51 36	3 50 04	2 34 16	23 01 26	2 06 42	14 22 11	10 49 50
5 Tu	19 22 33	1 ♏ 54 03	9 ♏ 14 35	3 03 25	7 36 41	8 13 11	15 56 15	19 18 27	4 08 33	2 39 11	23 08 49	2 09 24	14 26 45	10 52 39
6 W	20 29 50	16 44 24	24 08 14	2 44 26	8 21 44	8 54 03	16 26 54	19 48 08	4 29 54	2 47 05	23 19 07	2 14 58	14 34 10	10 58 21
7 Th	21 39 42	1 ♐ 42 11	9 ♐ 05 34	2 34 55	9 10 36	9 37 35	17 00 09	20 20 23	4 53 50	2 57 43	23 32 04	2 23 05	14 44 10	11 06 39
8 F	22 51 16	16 38 45	23 57 30	2 33 56	10 02 22	10 22 57	17 35 07	20 54 19	5 19 29	3 10 12	23 46 46	2 32 55	14 55 53	11 16 41
9 Sa	24 03 18	1 ♑ 24 31	8 ♑ 34 44	2 40 04	10 55 46	11 08 52	18 10 33	21 28 42	5 45 36	3 23 18	24 02 00	2 43 12	15 08 03	11 27 12
10 Su	25 14 29	15 50 45	22 49 28	2 51 46	11 49 24	11 54 03	18 45 08	22 02 12	6 10 53	3 35 41	24 16 27	2 52 38	15 19 23	11 36 53
11 M	26 23 44	29 51 04	6 ♒ 36 40	3 07 39	12 42 10	12 37 22	19 17 47	22 33 44	6 34 12	3 46 16	24 28 59	3 00 07	15 28 45	11 44 38
12 Tu	27 30 22	13 ♒ 22 17	19 54 31	3 26 47	13 33 20	13 18 10	19 47 49	23 02 38	6 54 55	3 54 23	24 38 59	3 04 58	15 35 30	11 49 48
13 W	28 34 17	26 24 29	2 ♓ 44 23	3 48 43	14 22 46	13 56 21	20 15 07	23 28 47	7 12 55	3 59 55	24 46 18	3 07 06	15 39 33	11 52 17
14 Th	29 35 54	9 ♓ 00 35	15 10 03	4 13 35	15 10 51	14 32 19	20 40 08	23 52 36	7 28 36	4 03 18	24 51 23	3 06 57	15 41 17	11 52 29
15 F	0 ♋ 36 05	21 15 36	27 17 07	4 41 54	15 58 24	15 06 57	21 03 42	24 14 57	7 42 51	4 05 23	24 55 04	3 05 20	15 41 35	11 51 15
16 Sa	1 35 56	3 ♈ 15 45	9 ♈ 12 03	5 14 30	16 46 28	15 41 19	21 26 55	24 36 55	7 56 45	4 07 15	24 58 28	3 03 22	15 41 32	11 49 42
17 Su	2 36 35	15 07 43	21 01 36	5 52 13	17 36 12	16 16 35	21 50 56	24 59 39	8 11 26	4 10 04	25 02 43	3 02 13	15 42 17	11 48 60
18 M	3 39 03	26 58 04	2 ♉ 52 11	6 35 49	18 28 32	16 53 46	22 16 46	25 24 11	8 27 57	4 14 51	25 08 50	3 02 53	15 44 51	11 50 08
19 Tu	4 44 03	8 ♉ 52 39	14 49 22	7 25 44	19 24 11	17 33 33	22 45 07	25 51 12	8 46 58	4 22 18	25 17 32	3 06 05	15 49 57	11 53 49
20 W	5 51 51	20 56 18	26 57 34	8 22 01	20 23 21	18 16 14	23 16 15	26 20 58	9 08 46	4 32 40	25 29 04	3 12 04	15 57 50	12 00 19
21 Th	7 02 13	3 ♊ 12 27	9 ♊ 19 42	9 24 14	21 25 49	19 01 34	23 49 57	26 53 17	9 33 08	4 45 45	25 43 14	3 20 38	16 08 18	12 09 25
22 F	8 14 30	15 43 01	21 57 09	10 31 29	22 30 52	19 48 53	24 25 33	27 27 27	9 59 23	5 00 53	25 59 20	3 31 06	16 20 39	12 20 27
23 Sa	9 27 37	28 28 27	4 ♋ 49 46	11 42 34	23 37 26	20 37 08	25 01 58	28 02 25	10 26 28	5 16 59	26 16 20	3 42 25	16 33 52	12 32 22
24 Su	10 40 22	11 ♋ 27 52	17 56 11	12 56 05	24 44 15	21 25 06	25 38 00	28 36 59	10 53 10	5 32 52	26 33 01	3 53 23	16 46 42	12 43 56
25 M	11 51 33	24 39 29	1 ♌ 14 14	14 10 40	25 50 07	22 11 35	26 12 28	29 09 55	11 18 16	5 47 18	26 48 10	4 02 46	16 57 58	12 53 58
26 Tu	13 00 13	8 ♌ 01 09	14 41 36	15 25 17	26 54 04	22 55 39	26 44 24	29 40 19	11 40 51	5 59 23	27 00 51	4 09 40	17 06 44	13 01 32
27 W	14 05 53	21 30 56	28 16 26	16 39 17	27 55 35	23 36 47	27 13 19	0 ♊ 07 40	12 00 25	6 08 36	27 10 36	4 13 35	17 12 31	13 06 08
28 Th	15 08 38	5 ♍ 07 38	11 ♍ 57 42	17 52 40	28 54 44	24 15 06	27 39 18	0 32 03	12 17 03	6 15 01	27 17 28	4 14 36	17 15 22	13 07 50
29 F	16 09 05	18 51 03	25 45 26	19 05 55	29 52 07	24 51 11	28 02 58	0 54 06	12 31 22	6 19 17	27 22 05	4 13 19	17 15 56	13 07 18
30 Sa	17 08 18	2 ♎ 41 52	9 ♎ 40 30	20 20 03	0 ♊ 48 47	25 26 07	28 25 23	1 14 51	12 44 25	6 22 27	27 25 31	4 10 50	17 15 16	13 05 33
31 Su	18 07 33	16 41 13	23 44 00	21 36 14	1 45 59	26 01 10	28 47 49	1 35 36	12 57 29	6 25 48	27 29 02	4 08 24	17 14 39	13 03 54

LONGITUDE — April 1974

Day	☉	0 hr ☽	Noon ☽	☿	♀	♂	⚵	⚳	♃	♄	⚷	♅	♆	♇
1 M	19 ♋ 08 05	0 ♏ 50 04	7 ♏ 56 39	22 ♊ 55 38	2 ♊ 44 57	26 ♍ 37 34	29 ♉ 11 31	1 ♊ 57 35	13 ♊ 11 49	6 ♎ 30 33	27 ♋ 33 52	4 ♒ 07 16	17 ♓ 15 19	13 ♑ 03 33
2 Tu	20 10 47	15 08 21	22 17 49	24 19 07	3 46 33	27 16 13	29 37 23	2 21 41	13 28 18	6 37 37	27 40 55	4 08 20	17 18 11	13 05 25
3 W	21 16 03	29 34 20	6 ♐ 45 07	25 46 60	4 51 11	27 57 31	0 ♊ 05 47	2 48 18	13 47 19	6 47 22	27 50 35	4 11 59	17 23 36	13 09 54
4 Th	22 23 41	14 ♐ 04 16	21 14 06	27 19 01	5 58 37	28 41 14	0 36 31	3 17 14	14 08 41	6 59 38	28 02 40	4 18 02	17 31 24	13 16 48
5 F	23 32 55	28 32 37	5 ♑ 38 47	28 54 24	7 08 05	29 26 39	1 08 51	3 47 43	14 31 37	7 13 37	28 16 23	4 25 42	17 40 49	13 25 20
6 Sa	24 42 41	12 ♑ 52 48	19 52 32	0 ♋ 32 02	8 18 29	0 ♎ 12 39	1 41 40	4 18 39	14 55 03	7 28 16	28 30 40	4 33 55	17 50 46	13 34 26
7 Su	25 51 47	26 58 14	3 ♒ 49 11	2 10 41	9 28 38	0 58 03	2 13 48	4 48 53	15 17 47	7 42 22	28 44 20	4 41 30	18 00 04	13 42 56
8 M	26 59 13	10 ♒ 43 34	17 24 09	3 49 19	10 37 30	1 41 51	2 44 14	5 17 22	15 38 49	7 54 56	28 56 21	4 47 26	18 07 41	13 49 47
9 Tu	28 04 18	24 05 27	0 ♓ 35 06	5 27 16	11 44 24	2 23 23	3 12 18	5 43 28	15 57 28	8 05 16	29 06 04	4 51 03	18 12 59	13 54 20
10 W	29 06 52	7 ♓ 03 02	13 22 08	7 04 19	12 49 08	3 02 27	3 37 48	6 06 58	16 13 34	8 13 12	29 13 18	4 52 10	18 15 45	13 56 25
11 Th	0 ♌ 07 11	19 37 48	25 47 36	8 40 43	13 51 58	3 39 18	4 01 00	6 28 07	16 27 21	8 18 60	29 18 17	4 51 03	18 16 16	13 56 16
12 F	1 05 51	1 ♈ 53 15	7 ♈ 55 39	10 17 06	14 53 31	4 14 36	4 22 33	6 47 35	16 39 28	8 23 16	29 21 41	4 48 20	18 15 09	13 54 32
13 Sa	2 03 48	13 54 21	19 51 42	11 54 21	15 54 39	4 49 13	4 43 18	7 06 15	16 50 48	8 26 56	29 24 23	4 44 54	18 13 19	13 52 06
14 Su	3 01 59	25 46 54	1 ♉ 41 49	13 33 27	16 56 20	5 24 08	5 04 15	7 25 03	17 02 19	8 30 56	29 27 20	4 41 43	18 11 42	13 49 56
15 M	4 01 16	7 ♉ 37 03	13 32 12	15 15 16	17 59 26	6 00 14	5 26 17	7 44 54	17 14 54	8 36 10	29 31 26	4 39 41	18 11 14	13 48 56
16 Tu	5 02 21	19 30 47	25 28 43	17 00 30	19 04 38	6 38 10	5 50 02	8 06 27	17 29 13	8 43 18	29 37 20	4 39 28	18 12 32	13 49 46
17 W	6 05 32	1 ♊ 33 26	7 ♊ 36 31	18 49 26	20 12 12	7 18 15	6 15 51	8 30 01	17 45 35	8 52 38	29 45 22	4 41 22	18 15 56	13 52 43
18 Th	7 10 44	13 49 27	19 59 35	20 42 02	21 22 05	8 00 26	6 43 38	8 55 32	18 03 55	9 04 06	29 55 27	4 45 20	18 21 22	13 57 45
19 F	8 17 30	26 21 57	2 ♋ 40 33	22 37 50	22 33 47	8 44 14	7 12 55	9 22 31	18 23 45	9 17 15	0 ♌ 07 07	4 50 54	18 28 22	14 04 24
20 Sa	9 25 03	9 ♋ 12 39	15 40 26	24 36 05	23 46 33	9 28 53	7 42 57	9 50 12	18 44 20	9 31 18	0 19 36	4 57 17	18 36 11	14 11 53
21 Su	10 32 29	22 21 41	28 58 38	26 35 50	24 59 26	10 13 28	8 12 48	10 17 40	19 04 43	9 45 18	0 31 58	5 03 34	18 43 52	14 19 16
22 M	11 38 50	5 ♌ 47 45	12 ♌ 33 09	28 36 10	26 11 30	10 57 01	8 41 30	10 43 58	19 23 58	9 58 21	0 43 17	5 08 49	18 50 28	14 25 37
23 Tu	12 43 22	19 28 21	26 20 57	0 ♌ 36 21	27 21 58	11 38 49	9 08 20	11 08 21	19 41 20	10 09 42	0 52 49	5 12 17	18 55 16	14 30 13
24 W	13 45 40	3 ♍ 20 22	10 ♍ 18 33	2 35 57	28 30 26	12 18 27	9 32 52	11 30 24	19 56 25	10 18 54	1 00 08	5 13 33	18 57 51	14 32 37
25 Th	14 45 45	17 20 31	24 22 35	4 34 59	29 36 55	12 55 55	9 55 08	11 50 09	20 09 13	10 26 00	1 05 15	5 12 39	18 58 14	14 32 52
26 F	15 44 03	1 ♎ 25 54	8 ♎ 30 19	6 33 51	0 ♋ 41 50	13 31 40	10 15 33	12 08 01	20 20 10	10 31 25	1 08 36	5 10 01	18 56 50	14 31 22
27 Sa	16 41 19	15 34 19	22 39 50	8 33 17	1 45 57	14 06 26	10 34 52	12 24 45	20 30 01	10 35 55	1 10 58	5 06 24	18 54 26	14 28 55
28 Su	17 38 29	29 44 18	6 ♏ 49 53	10 34 08	2 50 09	14 41 10	10 54 01	12 41 17	20 39 43	10 40 25	1 13 14	5 02 43	18 51 56	14 26 24
29 M	18 36 24	13 ♏ 54 48	20 59 37	12 37 15	3 55 20	15 16 43	11 13 52	12 58 28	20 50 06	10 45 46	1 16 18	4 59 51	18 50 14	14 24 42
30 Tu	19 35 45	28 04 48	5 ♐ 08 02	14 43 11	5 02 08	15 53 43	11 35 04	13 16 58	21 01 50	10 52 39	1 20 47	4 58 27	18 49 57	14 24 28

Notes

May 1974

LONGITUDE

Day	☉	0 hr ☽	Noon ☽	☿	♀	♂	⚵	⚳	♃	♄	⚷	♅	♆	♇
1 W	20 ♌ 36 46	12 ♐ 12 56	19 ♐ 13 40	16 ♌ 52 06	6 ♋ 10 48	16 ♎ 32 29	11 ♊ 57 53	13 ♊ 37 03	21 ♊ 15 11	11 ♎ 01 19	1 ♌ 26 59	4 ♒ 58 47	18 ♓ 51 22	14 ♑ 25 59
2 Th	21 39 22	26 17 07	3 ♑ 14 15	19 03 45	7 21 14	17 12 51	12 22 11	13 58 35	21 30 02	11 11 38	1 34 46	5 00 44	18 54 22	14 29 07
3 F	22 43 03	10 ♑ 14 38	17 06 55	21 17 30	8 32 57	17 54 22	12 47 30	14 21 06	21 45 53	11 23 08	1 43 39	5 03 49	18 58 28	14 33 24
4 Sa	23 47 07	24 02 15	0 ♒ 48 26	23 32 30	9 45 14	18 36 19	13 13 08	14 43 53	22 02 04	11 35 08	1 52 57	5 07 20	19 02 59	14 38 07
5 Su	24 50 49	7 ♒ 36 44	14 15 42	25 47 46	10 57 20	19 17 57	13 38 19	15 06 12	22 17 47	11 46 51	2 01 54	5 10 33	19 07 08	14 42 31
6 M	25 53 30	20 55 21	27 26 20	28 02 26	12 08 35	19 58 37	14 02 24	15 27 22	22 32 25	11 57 38	2 09 50	5 12 48	19 10 18	14 45 58
7 Tu	26 54 44	3 ♓ 56 21	10 ♓ 19 02	0 ♍ 15 48	13 18 33	20 37 52	14 24 57	15 46 57	22 45 30	12 07 03	2 16 19	5 13 38	19 12 01	14 48 00
8 W	27 54 21	16 39 12	22 53 50	2 27 27	14 27 04	21 15 33	14 45 47	16 04 47	22 56 54	12 14 56	2 21 12	5 12 55	19 12 08	14 48 29
9 Th	28 52 28	29 04 49	5 ♈ 12 13	4 37 12	15 34 15	21 51 47	15 05 01	16 20 60	23 06 41	12 21 24	2 24 35	5 10 44	19 10 45	14 47 30
10 F	29 49 25	11 ♈ 15 26	17 16 55	6 45 06	16 40 26	22 26 54	15 23 00	16 35 55	23 15 14	12 26 48	2 26 50	5 07 27	19 08 14	14 45 25
11 Sa	0 ♍ 45 44	23 14 27	29 11 48	8 51 23	17 46 06	23 01 24	15 40 14	16 50 02	23 23 02	12 31 37	2 28 25	5 03 33	19 05 05	14 42 44
12 Su	1 41 56	5 ♉ 06 07	11 ♉ 01 25	10 56 18	18 51 50	23 35 51	15 57 15	17 03 55	23 30 39	12 36 24	2 29 54	4 59 36	19 01 50	14 39 59
13 M	2 38 34	16 55 18	22 50 54	13 00 07	19 58 08	24 10 46	16 14 36	17 18 05	23 38 35	12 41 42	2 31 49	4 56 09	18 59 01	14 37 43
14 Tu	3 36 03	28 47 08	4 ♊ 45 27	15 02 59	21 05 24	24 46 34	16 32 41	17 32 56	23 47 15	12 47 54	2 34 34	4 53 34	18 57 04	14 36 21
15 W	4 34 35	10 ♊ 46 42	16 50 09	17 04 53	22 13 52	25 23 27	16 51 41	17 48 42	23 56 52	12 55 15	2 38 23	4 52 06	18 56 10	14 36 04
16 Th	5 34 11	22 58 46	29 09 35	19 05 38	23 23 32	26 01 27	17 11 39	18 05 22	24 07 27	13 03 43	2 43 16	4 51 45	18 56 22	14 36 55
17 F	6 34 39	5 ♋ 27 28	11 ♋ 47 32	21 04 50	24 34 11	26 40 22	17 32 22	18 22 45	24 18 48	13 13 08	2 48 60	4 52 19	18 57 26	14 38 41
18 Sa	7 35 38	18 15 57	24 46 36	23 01 58	25 45 29	27 19 50	17 53 28	18 40 28	24 30 32	13 23 07	2 55 14	4 53 27	18 59 01	14 40 59
19 Su	8 36 39	1 ♌ 26 04	8 ♌ 07 55	24 56 26	26 56 56	27 59 22	18 14 28	18 58 04	24 42 12	13 33 12	3 01 31	4 54 40	19 00 40	14 43 23
20 M	9 37 16	14 58 10	21 50 56	26 47 41	28 08 05	28 38 32	18 34 56	19 15 04	24 53 20	13 42 57	3 07 22	4 55 32	19 01 54	14 45 26
21 Tu	10 37 05	28 50 51	5 ♍ 53 21	28 35 15	29 18 34	29 16 57	18 54 29	19 31 08	25 03 35	13 51 59	3 12 27	4 55 40	19 02 23	14 46 44
22 W	11 35 56	13 ♍ 01 07	20 11 20	0 ♎ 18 51	0 ♌ 28 12	29 54 27	19 12 55	19 46 02	25 12 44	14 00 06	3 16 32	4 54 53	19 01 54	14 47 07
23 Th	12 33 48	27 24 35	4 ♎ 39 52	1 58 26	1 36 57	0 ♏ 30 60	19 30 14	19 59 47	25 20 47	14 07 18	3 19 38	4 53 10	19 00 27	14 46 34
24 F	13 30 53	11 ♎ 55 60	19 13 28	3 34 08	2 45 01	1 06 48	19 46 37	20 12 34	25 27 56	14 13 47	3 21 56	4 50 44	18 58 14	14 45 17
25 Sa	14 27 30	26 29 57	3 ♏ 46 49	5 06 14	3 52 44	1 42 11	20 02 24	20 24 43	25 34 30	14 19 51	3 23 46	4 47 54	18 55 35	14 43 36
26 Su	15 24 02	11 ♏ 01 22	18 15 15	6 35 04	5 00 28	2 17 32	20 17 57	20 36 36	25 40 51	14 25 55	3 25 32	4 45 03	18 52 52	14 41 53
27 M	16 20 50	25 26 04	2 ♐ 35 04	8 00 56	6 08 34	2 53 10	20 33 37	20 48 32	25 47 21	14 32 17	3 27 32	4 42 31	18 50 26	14 40 29
28 Tu	17 18 06	9 ♐ 40 49	16 43 41	9 24 01	7 17 15	3 29 19	20 49 36	21 00 47	25 54 12	14 39 12	3 29 60	4 40 32	18 48 30	14 39 36
29 W	18 15 55	23 43 24	0 ♑ 39 22	10 44 21	8 26 34	4 06 04	21 05 59	21 13 22	26 01 29	14 46 43	3 33 00	4 39 09	18 47 08	14 39 20
30 Th	19 14 12	7 ♑ 32 28	14 21 09	12 01 48	9 36 27	4 43 19	21 22 40	21 26 14	26 09 06	14 54 46	3 36 29	4 38 19	18 46 16	14 39 36
31 F	20 12 47	21 07 14	27 48 34	13 16 09	10 46 44	5 20 54	21 39 30	21 39 12	26 16 53	15 03 10	3 40 14	4 37 50	18 45 42	14 40 12

June 1974

LONGITUDE

Day	☉	0 hr ☽	Noon ☽	☿	♀	♂	⚵	⚳	♃	♄	⚷	♅	♆	♇
1 Sa	21 ♍ 11 26	4 ♒ 27 25	11 ♒ 01 29	14 ♎ 27 07	11 ♌ 57 11	5 ♏ 58 35	21 ♊ 56 14	21 ♊ 52 01	26 ♊ 24 36	15 ♎ 11 41	3 ♌ 44 03	4 ♒ 37 28	10 ♓ 46 14	14 ♑ 40 55
2 Su	22 09 56	17 33 02	24 00 04	15 34 26	13 07 35	6 36 09	22 12 38	22 04 30	26 32 02	15 20 06	3 47 42	4 37 02	18 44 39	14 41 33
3 M	23 08 09	0 ♓ 24 25	6 ♓ 44 41	16 37 53	14 17 46	7 13 28	22 28 35	22 16 28	26 39 03	15 28 17	3 51 03	4 36 22	18 43 48	14 41 56
4 Tu	24 06 01	13 02 08	19 16 03	17 37 20	15 27 42	7 50 28	22 43 60	22 27 52	26 45 34	15 36 09	3 54 01	4 35 24	18 42 36	14 42 01
5 W	25 03 32	25 27 06	1 ♈ 35 14	18 32 44	16 37 22	8 27 09	22 58 53	22 38 42	26 51 36	15 43 43	3 56 38	4 34 10	18 41 06	14 41 49
6 Th	26 00 48	7 ♈ 40 37	13 43 45	19 24 04	17 46 53	9 03 37	23 13 20	22 49 04	26 57 14	15 51 05	3 58 58	4 32 44	18 39 21	14 41 24
7 F	26 57 56	19 44 28	25 43 35	20 11 24	18 56 20	9 39 58	23 27 27	22 59 04	27 02 35	15 58 20	4 01 09	4 31 13	18 37 29	14 40 54
8 Sa	27 55 02	1 ♉ 40 52	7 ♉ 37 14	20 54 44	20 05 50	10 16 19	23 41 20	23 08 48	27 07 46	16 05 37	4 03 17	4 29 45	18 35 37	14 40 25
9 Su	28 52 12	13 32 35	19 27 43	21 34 04	21 15 30	10 52 46	23 55 05	23 18 21	27 12 51	16 12 60	4 05 27	4 28 24	18 33 49	14 40 02
10 M	29 49 29	25 22 50	1 ♊ 18 32	22 09 22	22 25 20	11 29 21	24 08 44	23 27 47	27 17 53	16 20 30	4 07 42	4 27 12	18 32 09	14 39 49
11 Tu	0 ♎ 46 51	7 ♊ 15 18	13 13 35	22 40 30	23 35 20	12 06 03	24 22 15	23 37 03	27 22 51	16 28 08	4 10 00	4 26 10	18 30 36	14 39 43
12 W	1 44 15	19 14 02	25 17 03	23 07 21	24 45 26	12 42 48	24 35 34	23 46 05	27 27 41	16 35 50	4 12 19	4 25 12	18 29 05	14 39 42
13 Th	2 41 35	1 ♋ 23 17	7 ♋ 33 15	23 29 44	25 55 32	13 19 31	24 48 36	23 54 48	27 32 17	16 43 29	4 14 31	4 24 14	18 27 31	14 39 39
14 F	3 38 46	13 47 23	20 06 26	23 47 30	27 05 35	13 56 07	25 01 16	24 03 06	27 36 35	16 51 01	4 16 33	4 23 10	18 25 49	14 39 30
15 Sa	4 35 46	26 30 25	3 ♌ 00 22	24 00 34	28 15 29	14 32 33	25 13 30	24 10 57	27 40 31	16 58 23	4 18 22	4 21 59	18 23 57	14 39 11
16 Su	5 32 36	9 ♌ 35 50	16 18 02	24 08 56	29 25 18	15 08 50	25 25 18	24 18 21	27 44 07	17 05 37	4 19 58	4 20 41	18 21 56	14 38 45
17 M	6 29 21	23 06 02	0 ♍ 00 59	24 12 39	0 ♍ 35 05	15 45 04	25 36 48	24 25 24	27 47 27	17 12 46	4 21 27	4 19 21	18 19 51	14 38 17
18 Tu	7 26 10	7 ♍ 01 43	14 08 54	24 11 55	1 45 00	16 21 23	25 48 06	24 32 15	27 50 42	17 20 02	4 22 58	4 18 08	18 17 51	14 37 55
19 W	8 23 15	21 21 25	28 39 09	24 06 57	2 55 14	16 57 59	25 59 23	24 39 03	27 54 00	17 27 33	4 24 42	4 17 14	18 16 07	14 37 50
20 Th	9 20 43	6 ♎ 01 18	13 ♎ 26 41	23 58 01	4 05 56	17 35 01	26 10 49	24 45 58	27 57 33	17 35 29	4 26 48	4 16 48	18 14 48	14 38 12
21 F	10 18 39	20 55 10	28 24 25	23 45 20	5 17 09	18 12 32	26 22 28	24 53 04	28 01 23	17 43 55	4 29 20	4 16 53	18 13 59	14 39 05
22 Sa	11 17 01	5 ♏ 55 07	13 ♏ 24 03	23 29 03	6 28 52	18 50 31	26 34 16	25 00 19	28 05 28	17 52 48	4 32 15	4 17 28	18 13 37	14 40 26
23 Su	12 15 39	20 52 38	28 17 14	23 09 14	7 40 53	19 28 47	26 46 02	25 07 31	28 09 38	18 01 57	4 35 24	4 18 22	18 13 32	14 42 05
24 M	13 14 16	5 ♐ 39 45	12 ♐ 56 46	22 45 56	8 52 57	20 07 03	26 57 32	25 14 24	28 13 36	18 11 06	4 38 30	4 19 18	18 13 27	14 43 45
25 Tu	14 12 35	20 10 09	27 17 22	22 19 13	10 04 47	20 45 03	27 08 27	25 20 42	28 17 06	18 19 58	4 41 16	4 20 01	18 13 06	14 45 11
26 W	15 10 20	4 ♑ 19 45	11 ♑ 16 05	21 49 16	11 16 07	21 22 32	27 18 31	25 26 08	28 19 53	18 28 18	4 43 26	4 20 14	18 12 13	14 46 05
27 Th	16 07 25	18 06 47	24 52 11	21 16 26	12 26 50	21 59 21	27 27 37	25 30 35	28 21 47	18 35 58	4 44 53	4 19 50	18 10 41	14 46 22
28 F	17 03 51	1 ♒ 31 33	8 ♒ 06 39	20 41 16	13 36 57	22 35 32	27 35 46	25 34 05	28 22 52	18 42 60	4 45 39	4 18 50	18 08 32	14 46 02
29 Sa	17 59 48	14 35 46	21 01 42	20 04 30	14 46 39	23 11 17	27 43 10	25 36 48	28 23 17	18 49 34	4 45 55	4 17 26	18 05 55	14 45 16
30 Su	18 55 36	27 22 06	3 ♓ 40 08	19 27 04	15 56 15	23 46 54	27 50 05	25 39 02	28 23 23	18 55 59	4 45 59	4 15 56	18 03 11	14 44 23

Notes

LONGITUDE — July 1974

Day	☉	0 hr ☽	Noon ☽	☿	♀	♂	⚵	⚳	♃	♄	⚷	♅	♆	♇
1 M	19 ♎ 51 38	9 ♓ 53 34	16 ♓ 05 01	18 ♎ 49 57	17 ♍ 06 08	24 ♏ 22 45	27 ♊ 56 56	25 ♊ 41 11	28 ♊ 23 30	19 ♎ 02 37	4 ♌ 46 13	4 ♒ 14 43	18 ♓ 00 42	14 ♑ 43 46
2 Tu	20 48 16	22 13 08	28 19 16	18 14 09	18 16 41	24 59 14	28 04 03	25 43 37	28 24 03	19 09 53	4 47 02	4 14 10	17 58 51	14 43 47
3 W	21 45 49	4 ♈ 23 33	10 ♈ 25 31	17 40 35	19 28 12	25 36 39	28 11 47	25 46 38	28 25 19	19 18 03	4 48 43	4 14 35	17 57 56	14 44 46
4 Th	22 44 29	16 27 14	22 26 02	17 10 02	20 40 52	26 15 12	28 20 16	25 50 25	28 27 30	19 27 20	4 51 27	4 16 09	17 58 08	14 46 52
5 F	23 44 15	28 26 12	4 ♉ 22 49	16 43 05	21 54 42	26 54 52	28 29 32	25 54 59	28 30 37	19 37 43	4 55 15	4 18 54	17 59 28	14 50 08
6 Sa	24 44 59	10 ♉ 22 15	16 17 39	16 20 05	23 09 33	27 35 31	28 39 26	26 00 10	28 34 30	19 49 04	4 59 58	4 22 39	18 01 48	14 54 23
7 Su	25 46 21	22 17 03	28 12 21	16 01 13	24 25 04	28 16 50	28 49 36	26 05 39	28 38 49	20 01 02	5 05 16	4 27 06	18 04 46	14 59 19
8 M	26 47 55	4 ♊ 12 24	10 ♊ 08 48	15 46 25	25 40 51	28 58 21	28 59 37	26 10 58	28 43 07	20 13 12	5 10 42	4 31 47	18 07 57	15 04 27
9 Tu	27 49 10	16 10 21	22 09 20	15 35 35	26 56 21	29 39 33	29 08 57	26 15 38	28 46 55	20 25 01	5 15 46	4 36 12	18 10 51	15 09 18
10 W	28 49 38	28 13 27	4 ♋ 16 39	15 28 33	28 11 06	0 ♐ 19 60	29 17 08	26 19 09	28 49 44	20 36 03	5 20 00	4 39 53	18 12 58	15 13 24
11 Th	29 48 57	10 ♋ 24 46	16 34 04	15 25 13	29 24 46	0 59 19	29 23 48	26 21 11	28 51 12	20 45 55	5 23 02	4 42 29	18 13 58	15 16 23
12 F	0 ♏ 46 59	22 47 58	29 05 22	15 25 37	0 ♎ 37 12	1 37 21	29 28 48	26 21 33	28 51 11	20 54 29	5 24 43	4 43 49	18 13 41	15 18 05
13 Sa	1 43 50	5 ♌ 27 11	11 ♌ 54 40	15 30 03	1 48 28	2 14 13	29 32 13	26 20 22	28 49 46	21 01 50	5 25 09	4 44 01	18 12 14	15 18 38
14 Su	2 39 50	18 26 40	25 06 01	15 38 58	2 58 56	2 50 15	29 34 24	26 17 59	28 47 18	21 08 20	5 24 42	4 43 25	18 09 57	15 18 22
15 M	3 35 36	1 ♍ 50 21	8 ♍ 42 50	15 53 02	4 09 12	3 26 03	29 35 56	26 14 58	28 44 23	21 14 33	5 23 55	4 42 37	18 07 27	15 17 52
16 Tu	4 31 47	15 41 02	22 47 02	16 12 59	5 19 56	4 02 18	29 37 30	26 12 01	28 41 42	21 21 11	5 23 31	4 42 17	18 05 23	15 17 49
17 W	5 29 04	29 59 34	7 ♎ 18 14	16 39 30	6 31 47	4 39 38	29 39 44	26 09 48	28 39 54	21 28 52	5 24 08	4 43 05	18 04 25	15 18 53
18 Th	6 27 54	14 ♎ 44 01	22 13 01	17 13 02	7 45 15	5 18 33	29 43 07	26 08 46	28 39 27	21 38 06	5 26 16	4 45 29	18 05 02	15 21 31
19 F	7 28 26	29 49 05	7 ♏ 24 35	17 53 45	9 00 26	5 59 11	29 47 48	26 09 03	28 40 31	21 48 59	5 30 01	4 49 38	18 07 22	15 25 53
20 Sa	8 30 27	15 ♏ 06 16	22 43 23	18 41 21	10 17 08	6 41 17	29 53 31	26 10 27	28 42 50	22 01 20	5 35 11	4 55 18	18 11 11	15 31 44
21 Su	9 33 20	0 ♐ 24 56	7 ♐ 58 27	19 35 12	11 34 45	7 24 18	29 59 42	26 12 21	28 45 51	22 14 31	5 41 11	5 01 53	18 15 54	15 38 29
22 M	10 36 17	15 34 01	22 59 17	20 34 26	12 52 28	8 07 23	0 ♋ 05 32	26 13 58	28 48 43	22 27 44	5 47 10	5 08 35	18 20 42	15 45 20
23 Tu	11 38 30	0 ♑ 23 57	7 ♑ 37 34	21 38 11	14 09 28	8 49 44	0 10 11	26 14 28	28 50 40	22 40 11	5 52 22	5 14 34	18 24 47	15 51 27
24 W	12 39 19	14 48 05	21 48 14	22 45 43	15 25 08	9 30 43	0 13 02	26 13 14	28 51 02	22 51 14	5 56 07	5 19 14	18 27 30	15 56 13
25 Th	13 38 28	28 43 16	5 ♒ 29 39	23 56 40	16 39 09	10 10 02	0 13 47	26 09 57	28 49 31	23 00 33	5 58 07	5 22 15	18 28 33	15 59 19
26 F	14 36 01	12 ♒ 09 40	18 25 04	25 11 00	17 51 37	10 47 47	0 12 31	26 04 45	28 46 15	23 08 15	5 58 29	5 23 44	18 28 03	16 00 52
27 Sa	15 32 27	25 09 58	1 ♓ 32 16	26 29 05	19 02 60	11 24 25	0 09 41	25 58 03	28 41 39	23 14 48	5 57 40	5 24 08	18 26 27	16 01 18
28 Su	16 28 28	7 ♓ 48 24	14 01 32	27 51 30	20 14 00	12 00 39	0 06 01	25 50 36	28 36 28	23 20 54	5 56 23	5 24 10	18 24 27	16 01 20
29 M	17 24 55	20 09 59	26 16 04	29 18 54	21 25 28	12 37 20	0 02 20	25 43 13	28 31 32	23 27 24	5 55 27	5 24 40	18 22 54	16 01 50
30 Tu	18 22 35	2 ♈ 19 41	8 ♈ 20 41	0 ♏ 51 55	22 38 12	13 15 14	29 ♊ 59 26	25 36 43	28 27 38	23 35 04	5 55 41	5 26 25	18 22 35	16 03 33
31 W	19 22 06	14 21 60	20 19 42	2 30 59	23 52 48	13 55 00	29 57 57	25 31 44	28 25 24	23 44 33	5 57 43	5 30 04	18 24 09	16 07 09

LONGITUDE — August 1974

Day	☉	0 hr ☽	Noon ☽	☿	♀	♂	⚵	⚳	♃	♄	⚷	♅	♆	♇
1 Th	20 ♏ 23 50	26 ♈ 20 40	2 ♉ 16 31	4 ♏ 16 13	25 ♎ 09 39	14 ♐ 36 59	29 ♊ 58 14	25 ♊ 28 37	28 ♊ 25 12	23 ♎ 56 11	6 ♌ 01 53	5 ♒ 35 58	18 ♓ 27 56	16 ♑ 12 58
2 F	21 27 48	8 ♉ 18 29	14 13 42	6 07 22	26 28 46	15 21 13	0 ♋ 00 19	25 27 24	28 27 03	24 10 01	6 08 13	5 44 08	18 33 58	16 21 02
3 Sa	22 33 41	20 17 26	26 12 58	8 03 50	27 49 50	16 07 22	0 03 53	25 27 46	28 30 39	24 25 44	6 16 25	5 54 15	18 41 57	16 31 02
4 Su	23 40 52	2 ♊ 18 45	8 ♊ 15 27	10 04 42	29 12 14	16 54 50	0 08 18	25 29 06	28 35 22	24 42 41	6 25 50	6 05 42	18 51 14	16 42 20
5 M	24 48 31	14 23 15	20 21 55	12 08 45	0 ♏ 35 08	17 42 46	0 12 44	25 30 34	28 40 23	25 00 02	6 35 39	6 17 39	19 00 60	16 54 07
6 Tu	25 55 42	26 31 38	2 ♋ 33 10	14 14 44	1 57 35	18 30 14	0 16 16	25 31 16	28 44 45	25 16 53	6 44 56	6 29 09	19 10 19	17 05 26
7 W	27 01 33	8 ♋ 44 54	14 50 22	16 21 24	3 18 44	19 16 23	0 18 01	25 30 19	28 47 37	25 32 20	6 52 48	6 39 21	19 18 18	17 15 25
8 Th	28 05 24	21 04 38	27 15 20	18 27 44	4 37 56	20 00 33	0 17 21	25 27 04	28 48 19	25 45 44	6 58 37	6 47 35	19 24 19	17 23 25
9 F	29 06 58	3 ♌ 33 16	9 ♌ 50 44	20 33 02	5 54 51	20 42 25	0 13 56	25 21 13	28 46 34	25 56 47	7 02 04	6 53 33	19 28 02	17 29 08
10 Sa	0 ♐ 06 21	16 14 05	22 40 04	22 37 06	7 09 37	21 22 06	0 07 55	25 12 53	28 42 28	26 05 35	7 03 15	6 57 22	19 29 35	17 32 40
11 Su	1 04 06	29 11 10	5 ♍ 47 27	24 40 08	8 22 46	22 00 10	29 ♊ 59 50	25 02 38	28 36 35	26 12 41	7 02 44	6 59 33	19 29 31	17 34 33
12 M	2 01 07	12 ♍ 28 54	19 17 03	26 42 43	9 35 12	22 37 29	29 50 35	24 51 21	28 29 47	26 18 58	7 01 24	7 01 02	19 28 43	17 35 43
13 Tu	2 58 29	26 11 19	3 ♎ 12 20	28 45 39	10 48 01	23 15 10	29 41 16	24 40 10	28 23 12	26 25 33	7 00 21	7 02 54	19 28 16	17 37 13
14 W	3 57 17	10 ♎ 21 03	17 34 60	0 ♐ 49 46	12 02 17	23 54 17	29 32 58	24 30 09	28 17 53	26 33 30	7 00 40	7 06 12	19 29 16	17 40 10
15 Th	4 58 19	24 58 20	2 ♏ 23 48	2 55 40	13 18 48	24 35 38	29 26 29	24 22 06	28 14 39	26 43 36	7 03 07	7 11 45	19 32 30	17 45 19
16 F	6 01 53	9 ♏ 59 53	17 33 51	5 03 27	14 37 53	25 19 32	29 22 10	24 16 23	28 13 50	26 56 10	7 08 03	7 19 53	19 38 18	17 53 02
17 Sa	7 07 46	25 18 35	2 ♐ 56 29	7 12 42	15 59 17	26 05 44	29 19 45	24 12 43	28 15 10	27 10 58	7 15 13	7 30 19	19 46 24	18 03 03
18 Su	8 15 07	10 ♐ 43 59	18 20 23	9 22 30	17 22 12	26 53 25	29 18 27	24 10 19	28 17 52	27 27 11	7 23 47	7 42 16	19 55 59	18 14 32
19 M	9 22 49	26 03 55	3 ♑ 33 26	11 31 34	18 45 28	27 41 27	29 17 07	24 08 03	28 20 47	27 43 39	7 32 37	7 54 34	20 05 56	18 26 21
20 Tu	10 29 38	11 ♑ 06 49	18 25 04	13 38 37	20 07 52	28 28 37	29 14 33	24 04 43	28 22 41	27 59 10	7 40 30	8 06 00	20 15 00	18 37 18
21 W	11 34 36	25 43 45	2 ♒ 48 01	15 42 36	21 28 26	29 13 56	29 09 49	23 59 22	28 22 38	28 12 46	7 46 29	8 15 37	20 22 15	18 46 24
22 Th	12 37 13	9 ♒ 49 39	16 38 60	17 42 58	22 46 41	29 56 54	29 02 24	23 51 30	28 20 08	28 23 56	7 50 02	8 22 54	20 27 09	18 53 08
23 F	13 37 32	23 23 30	29 58 30	19 39 44	24 02 38	0 ♑ 37 34	28 52 22	23 41 11	28 15 13	28 32 43	7 51 12	8 27 54	20 29 45	18 57 34
24 Sa	14 36 05	6 ♓ 27 38	12 ♓ 49 59	21 33 25	25 16 51	1 16 29	28 40 17	23 28 59	28 08 27	28 39 41	7 50 34	8 31 10	20 30 37	19 00 15
25 Su	15 33 49	19 06 42	25 18 41	23 24 57	26 30 16	1 54 36	28 27 07	23 15 50	28 00 47	28 45 44	7 49 02	8 33 38	20 30 41	19 02 06
26 M	16 31 51	1 ♈ 26 34	7 ♈ 30 43	25 15 25	27 43 59	2 32 60	28 13 58	23 02 52	27 53 19	28 52 00	7 47 44	8 36 24	20 31 02	19 04 15
27 Tu	17 31 14	13 33 24	19 32 14	27 05 55	28 59 05	3 12 46	28 01 55	22 51 09	27 47 07	28 59 33	7 47 43	8 40 33	20 32 46	19 07 44
28 W	18 32 50	25 32 59	1 ♉ 28 48	28 57 17	0 ♐ 16 26	3 54 45	27 51 52	22 41 36	27 43 05	29 09 14	7 49 51	8 46 56	20 36 44	19 13 27
29 Th	19 37 10	7 ♉ 30 16	13 25 02	0 ♑ 50 03	1 36 31	4 39 29	27 44 20	22 34 42	27 41 42	29 21 34	7 54 40	8 56 03	20 43 26	19 21 53
30 F	20 44 19	19 29 04	25 24 22	2 44 19	2 59 26	5 27 02	27 39 25	22 30 33	27 43 04	29 36 37	8 02 13	9 08 00	20 52 58	19 33 08
31 Sa	21 53 55	1 ♊ 32 00	7 ♊ 29 02	4 39 42	4 24 48	6 17 01	27 36 44	22 28 48	27 46 48	29 54 01	8 12 08	9 22 24	21 04 56	19 46 48

Notes

September 1974

LONGITUDE

Day	☉	0 hr ☽	Noon ☽	☿	♀	♂	⚴	⚳	♃	♄	⚷	♅	♆	♇
1 Su	23 ♐ 05 11	13 ♊ 40 32	19 ♊ 40 10	6 ♑ 35 29	5 ♐ 51 51	7 ♑ 08 41	27 ♊ 35 35	22 ♊ 28 42	27 ♊ 52 10	0 ♏ 13 01	8 ♌ 23 40	9 ♒ 38 30	21 ♓ 18 36	20 ♑ 02 08
2 M	24 17 06	25 55 12	1 ♋ 58 03	8 30 37	7 19 34	8 00 59	27 34 54	22 29 13	27 58 07	0 32 33	8 35 47	9 55 14	21 32 54	20 18 06
3 Tu	25 28 29	8 ♋ 15 60	14 22 34	10 23 58	8 46 46	8 52 46	27 33 34	22 29 13	28 03 30	0 51 28	8 47 17	10 11 27	21 46 41	20 33 32
4 W	26 38 15	20 42 49	26 53 35	12 14 27	10 12 21	9 42 57	27 30 31	22 27 36	28 07 14	1 08 40	8 57 07	10 26 04	21 58 52	20 47 20
5 Th	27 45 36	3 ♌ 15 52	9 ♌ 31 27	14 01 16	11 35 32	10 30 41	27 24 55	22 23 34	28 08 29	1 23 21	9 04 27	10 38 15	22 08 36	20 58 41
6 F	28 50 06	15 56 05	22 17 22	15 44 01	12 55 52	11 15 35	27 16 24	22 16 44	28 06 51	1 35 04	9 08 51	10 47 35	22 15 30	21 07 10
7 Sa	29 51 50	28 45 25	5 ♍ 13 29	17 22 48	14 13 27	11 57 43	27 05 04	22 07 10	28 02 26	1 43 56	9 10 26	10 54 09	22 19 39	21 12 52
8 Su	0 ♑ 51 25	11 ♍ 46 46	18 22 55	18 58 13	15 28 53	12 37 42	26 51 32	21 55 32	27 55 51	1 50 33	9 09 48	10 58 35	22 21 38	21 16 24
9 M	1 49 52	25 03 48	1 ♎ 49 23	20 31 18	16 43 11	13 16 33	26 36 50	21 42 49	27 48 06	1 55 54	9 07 57	11 01 52	22 22 29	21 18 46
10 Tu	2 48 26	8 ♎ 40 22	15 36 27	22 03 18	17 57 36	13 55 30	26 22 15	21 30 18	27 40 28	2 01 16	9 06 08	11 05 15	22 23 27	21 21 14
11 W	3 48 22	22 39 35	29 46 37	23 35 28	19 13 23	14 35 49	26 09 03	21 19 14	27 34 10	2 07 53	9 05 37	11 09 60	22 25 46	21 25 02
12 Th	4 50 36	7 ♏ 02 50	14 ♏ 20 13	25 08 45	20 31 28	15 18 26	25 58 11	21 10 35	27 30 11	2 16 42	9 07 20	11 17 03	22 30 23	21 31 06
13 F	5 55 35	21 48 42	29 14 27	26 43 35	21 52 19	16 03 48	25 50 08	21 04 49	27 28 57	2 28 08	9 11 44	11 26 50	22 37 45	21 39 55
14 Sa	7 03 07	6 ♐ 52 15	14 ♐ 22 56	28 19 46	23 15 42	16 51 43	25 44 43	21 01 44	27 30 16	2 42 01	9 18 37	11 39 10	22 47 40	21 51 14
15 Su	8 12 24	22 05 12	29 36 15	29 56 27	24 40 50	17 41 23	25 41 09	21 00 33	27 33 21	2 57 32	9 27 10	11 53 14	22 59 20	22 04 17
16 M	9 22 12	7 ♑ 16 54	14 ♑ 43 20	1 ♒ 32 27	26 06 30	18 31 34	25 38 13	21 00 03	27 36 60	3 13 27	9 36 11	12 07 50	23 11 31	22 17 50
17 Tu	10 31 13	22 16 12	29 33 33	3 06 23	27 31 22	19 20 57	25 34 40	20 58 56	27 39 52	3 28 27	9 44 21	12 21 37	23 22 54	22 30 34
18 W	11 38 20	6 ♒ 53 36	13 ♒ 58 36	4 37 09	28 54 20	20 08 28	25 29 23	20 56 08	27 40 54	3 41 28	9 50 34	12 33 31	23 32 24	22 41 23
19 Th	12 42 57	21 02 43	27 53 43	6 04 04	0 ♑ 14 48	20 53 28	25 21 46	20 51 01	27 39 28	3 51 51	9 54 13	12 42 54	23 39 24	22 49 40
20 F	13 44 58	4 ♓ 40 59	11 ♓ 17 54	7 27 03	1 32 40	21 35 52	25 11 48	20 43 32	27 35 30	3 59 32	9 55 13	12 49 41	23 43 48	22 55 20
21 Sa	14 44 54	17 49 24	24 13 23	8 46 31	2 48 26	22 16 11	24 59 56	20 34 10	27 29 29	4 04 59	9 54 03	12 54 22	23 46 06	22 58 53
22 Su	15 43 36	0 ♈ 31 38	6 ♈ 44 43	10 03 18	4 02 60	22 55 17	24 47 07	20 23 49	27 22 19	4 09 07	9 51 38	12 57 50	23 47 12	23 01 12
23 M	16 42 12	12 53 09	18 57 50	11 18 27	5 17 26	23 34 17	24 34 27	20 13 37	27 15 07	4 13 01	9 49 02	13 01 10	23 48 10	23 03 22
24 Tu	17 41 46	25 00 09	0 ♉ 59 05	12 32 58	6 32 51	24 14 16	24 23 03	20 04 39	27 08 58	4 17 47	9 47 23	13 05 29	23 50 09	23 06 30
25 W	18 43 15	6 ♉ 58 51	12 54 40	13 47 43	7 50 10	24 56 09	24 13 50	19 57 50	27 04 48	4 24 20	9 47 34	13 11 42	23 54 01	23 11 31
26 Th	19 47 13	18 54 58	24 50 01	15 03 08	9 09 58	25 40 31	24 07 25	19 53 46	27 03 12	4 33 14	9 50 11	13 20 23	24 00 22	23 18 58
27 F	20 53 48	0 ♊ 53 13	6 ♊ 49 33	16 19 17	10 32 22	26 27 31	24 03 56	19 52 37	27 04 18	4 44 39	9 55 23	13 31 40	24 09 20	23 29 02
28 Sa	22 02 42	12 57 11	18 56 25	17 35 45	11 57 06	27 16 50	24 03 07	19 54 03	27 07 49	4 58 15	10 02 51	13 45 16	24 20 37	23 41 23
29 Su	23 13 15	25 09 13	1 ♋ 12 32	18 51 40	13 23 28	28 07 48	24 04 17	19 57 25	27 13 04	5 13 22	10 11 54	14 00 30	24 33 33	23 55 20
30 M	24 24 28	7 ♋ 30 28	13 38 37	20 05 55	14 50 29	28 59 25	24 06 29	20 01 44	27 19 05	5 29 02	10 21 34	14 16 22	24 47 08	24 09 56

October 1974

LONGITUDE

Day	☉	0 hr ☽	Noon ☽	☿	♀	♂	⚴	⚳	♃	♄	⚷	♅	♆	♇
1 Tu	25 ♑ 35 14	20 ♋ 01 11	26 ♋ 14 34	21 ♒ 17 14	16 ♑ 17 03	29 ♑ 50 37	24 ♊ 08 36	20 ♊ 05 56	27 ♊ 24 46	5 ♏ 44 07	10 ♌ 30 45	14 ♒ 31 48	25 ♓ 00 17	24 ♑ 24 04
2 W	26 44 34	2 ♌ 40 58	8 ♌ 59 43	22 24 23	17 42 10	0 ♒ 40 21	24 09 39	20 08 57	27 29 07	5 57 38	10 38 26	14 45 45	25 11 58	24 36 42
3 Th	27 51 39	15 29 13	21 53 23	23 26 21	19 05 01	1 27 51	24 08 51	20 10 03	27 31 19	6 08 46	10 43 49	14 57 26	25 21 24	24 47 04
4 F	28 56 05	28 25 38	4 ♍ 55 15	24 22 30	20 25 13	2 12 43	24 05 47	20 08 48	27 30 58	6 17 07	10 46 31	15 06 28	25 28 11	24 54 45
5 Sa	29 57 56	11 ♍ 30 25	18 05 42	25 12 34	21 42 49	2 54 59	24 00 33	20 05 17	27 28 10	6 22 45	10 46 34	15 12 53	25 32 23	24 59 48
6 Su	0 ♒ 57 43	24 44 36	1 ♎ 25 58	25 56 47	22 58 20	3 35 11	23 53 39	20 00 00	27 23 24	6 26 11	10 44 31	15 17 12	25 34 29	25 02 45
7 M	1 56 19	8 ♎ 09 58	14 57 55	26 35 42	24 12 39	4 14 12	23 45 59	19 53 52	27 17 35	6 28 18	10 41 13	15 20 19	25 35 24	25 04 29
8 Tu	2 54 50	21 48 39	28 43 41	27 10 01	25 26 53	4 53 08	23 38 40	19 47 57	27 11 48	6 30 11	10 37 48	15 23 19	25 36 13	25 06 05
9 W	3 54 22	5 ♏ 42 39	12 ♏ 44 59	27 40 26	26 42 06	5 33 04	23 32 46	19 43 23	27 07 09	6 32 56	10 35 20	15 27 18	25 38 02	25 08 39
10 Th	4 55 44	19 52 57	27 02 14	28 07 20	27 59 08	6 14 52	23 29 10	19 40 58	27 04 29	6 37 23	10 34 40	15 33 06	25 41 40	25 13 01
11 F	5 59 22	4 ♐ 18 52	11 ♐ 33 52	28 30 39	29 18 25	6 58 54	23 28 16	19 41 08	27 04 11	6 43 57	10 36 13	15 41 07	25 47 33	25 19 36
12 Sa	7 05 08	18 57 21	26 15 52	28 49 46	0 ♒ 39 48	7 45 04	23 29 57	19 43 46	27 06 10	6 52 29	10 39 51	15 51 15	25 55 33	25 28 16
13 Su	8 12 24	3 ♑ 42 53	11 ♑ 01 51	29 03 35	2 02 42	8 32 45	23 33 35	19 48 15	27 09 47	7 02 25	10 44 57	16 02 51	26 05 03	25 38 24
14 M	9 20 13	18 28 05	25 43 55	29 10 38	3 26 07	9 20 59	23 38 15	19 53 36	27 14 07	7 12 44	10 50 34	16 14 59	26 15 06	25 49 03
15 Tu	10 27 32	3 ♒ 04 41	10 ♒ 13 52	29 09 23	4 49 00	10 08 43	23 42 52	19 58 48	27 18 04	7 22 25	10 55 39	16 26 34	26 24 37	25 59 08
16 W	11 33 26	17 24 57	24 24 36	28 58 31	6 10 27	10 55 01	23 46 31	20 02 54	27 20 46	7 30 31	10 59 15	16 36 42	26 32 42	26 07 46
17 Th	12 37 19	1 ♓ 23 02	8 ♓ 11 17	28 37 09	7 29 53	11 39 20	23 48 39	20 05 21	27 21 36	7 36 29	11 00 50	16 44 49	26 38 46	26 14 21
18 F	13 39 04	14 55 39	21 31 49	28 04 58	8 47 09	12 21 30	23 49 07	20 06 00	27 20 28	7 40 10	11 00 14	16 50 45	26 42 41	26 18 45
19 Sa	14 38 57	28 02 18	4 ♈ 26 49	27 22 19	10 02 32	13 01 49	23 48 12	20 05 08	27 17 37	7 41 50	10 57 45	16 54 48	26 44 43	26 21 15
20 Su	15 37 34	10 ♈ 44 57	16 59 11	26 30 05	11 16 39	13 40 53	23 46 30	20 03 20	27 13 41	7 42 07	10 53 59	16 57 33	26 45 30	26 22 27
21 M	16 35 44	23 07 28	29 13 22	25 29 43	12 30 17	14 19 29	23 44 50	20 01 26	27 09 27	7 41 48	10 49 44	16 59 50	26 45 49	26 23 10
22 Tu	17 34 17	5 ♉ 14 51	11 ♉ 14 49	24 23 01	13 44 17	14 58 29	23 44 00	20 00 15	27 05 46	7 41 43	10 45 50	17 02 26	26 46 29	26 24 12
23 W	18 33 56	17 12 41	23 09 15	23 12 06	14 59 21	15 38 36	23 44 46	20 00 30	27 03 21	7 42 36	10 43 01	17 06 08	26 48 16	26 26 19
24 Th	19 35 10	29 06 32	5 ♊ 02 13	21 59 09	16 16 00	16 20 18	23 47 35	20 02 41	27 02 42	7 44 56	10 41 46	17 11 24	26 51 37	26 29 58
25 F	20 38 11	11 ♊ 01 36	16 58 47	20 46 26	17 34 25	17 03 47	23 52 40	20 06 59	27 03 60	7 48 54	10 42 17	17 18 24	26 56 44	26 35 22
26 Sa	21 42 50	23 02 22	29 03 08	19 36 02	18 54 27	17 48 56	23 59 51	20 13 15	27 07 07	7 54 23	10 44 26	17 27 01	27 03 30	26 42 21
27 Su	22 48 43	5 ♋ 12 25	11 ♋ 18 29	18 29 51	20 15 41	18 35 18	24 08 44	20 21 05	27 11 37	8 00 56	10 47 46	17 36 49	27 11 27	26 50 32
28 M	23 55 11	17 34 18	23 46 55	17 29 29	21 37 29	19 22 16	24 18 40	20 29 49	27 16 53	8 07 56	10 51 41	17 47 10	27 19 60	26 59 15
29 Tu	25 01 30	0 ♌ 09 32	6 ♌ 29 26	16 36 15	22 59 07	20 09 06	24 28 54	20 38 44	27 22 11	8 14 39	10 55 27	17 57 21	27 28 23	27 07 47
30 W	26 06 60	12 58 39	19 26 03	15 51 10	24 19 54	20 55 06	24 38 46	20 47 09	27 26 49	8 20 23	10 58 22	18 06 40	27 35 55	27 15 26
31 Th	27 11 07	26 01 18	2 ♍ 35 58	15 14 58	25 39 17	21 39 45	24 47 43	20 54 30	27 30 16	8 24 37	10 59 53	18 14 34	27 42 05	27 21 40

Notes

LONGITUDE — November 1974

Day	☉	0 hr ☽	Noon ☽	☿	♀	♂	⚵	⚳	♃	♄	⚷	♅	♆	♇
1 F	28 ♒ 13 35	9 ♍ 16 33	15 ♍ 57 55	14 ♒ 48 12	26 ♒ 56 60	22 ♒ 22 45	24 ♊ 55 27	21 ♊ 00 31	27 ♊ 32 14	8 ♏ 27 03	10 ♌ 59 45	18 ♒ 20 47	27 ♓ 46 34	27 ♑ 26 13
2 Sa	29 14 25	22 43 09	29 30 28	14 31 19	28 13 03	23 04 07	25 01 60	21 05 12	27 32 43	8 27 41	10 57 57	18 25 19	27 49 23	27 29 04
3 Su	0 ♓ 13 55	6 ♎ 19 52	13 ♎ 12 17	14 24 38	29 27 45	23 44 10	25 07 39	21 08 52	27 32 03	8 26 52	10 54 49	18 28 29	27 50 52	27 30 32
4 M	1 12 38	20 05 35	27 02 21	14 28 25	0 ♓ 41 38	24 23 25	25 12 56	21 12 02	27 30 46	8 25 06	10 50 53	18 30 48	27 51 32	27 31 10
5 Tu	2 11 12	3 ♏ 59 28	10 ♏ 59 52	14 42 46	1 55 21	25 02 33	25 18 30	21 15 22	27 29 31	8 23 03	10 46 47	18 32 57	27 52 03	27 31 36
6 W	3 10 17	18 00 45	25 04 06	15 07 36	3 09 33	25 42 12	25 25 00	21 19 30	27 28 56	8 21 21	10 43 12	18 35 33	27 53 03	27 32 30
7 Th	4 10 21	2 ♐ 08 31	9 ♐ 14 02	15 42 35	4 24 44	26 22 50	25 32 55	21 24 55	27 29 31	8 20 31	10 40 35	18 39 06	27 55 01	27 34 20
8 F	5 11 38	16 21 20	23 28 01	16 27 03	5 41 05	27 04 42	25 42 27	21 31 50	27 31 28	8 20 44	10 39 10	18 43 50	27 58 11	27 37 19
9 Sa	6 14 04	0 ♑ 36 60	7 ♑ 43 33	17 20 04	6 58 34	27 47 43	25 53 34	21 40 12	27 34 46	8 21 58	10 38 54	18 49 39	28 02 28	27 41 25
10 Su	7 17 21	14 52 25	21 57 13	18 20 27	8 16 52	28 31 35	26 05 55	21 49 41	27 39 03	8 23 53	10 39 27	18 56 16	28 07 34	27 46 17
11 M	8 20 57	29 03 43	6 ♒ 04 55	19 26 52	9 35 29	29 15 48	26 19 00	21 59 47	27 43 51	8 25 60	10 40 21	19 03 10	28 12 60	27 51 27
12 Tu	9 24 23	13 ♒ 06 39	20 02 20	20 38 04	10 53 53	29 59 51	26 32 19	22 09 59	27 48 39	8 27 47	10 41 04	19 09 51	28 18 13	27 56 23
13 W	10 27 11	26 57 01	3 ♓ 45 31	21 52 54	12 11 38	0 ♓ 43 16	26 45 24	22 19 50	27 52 59	8 28 48	10 41 09	19 15 51	28 22 47	28 00 38
14 Th	11 29 05	10 ♓ 31 23	17 11 26	23 10 28	13 28 27	1 25 47	26 57 58	22 29 03	27 56 35	8 28 47	10 40 20	19 20 54	28 26 26	28 03 55
15 F	12 29 59	23 47 24	0 ♈ 18 19	24 30 08	14 44 15	2 07 21	27 09 56	22 37 33	27 59 23	8 27 38	10 38 32	19 24 55	28 29 04	28 06 10
16 Sa	13 30 02	6 ♈ 44 11	13 05 58	25 51 34	15 59 11	2 48 03	27 21 26	22 45 28	28 01 29	8 25 29	10 35 52	19 28 01	28 30 50	28 07 31
17 Su	14 29 27	19 22 18	25 35 36	27 14 36	17 13 28	3 28 09	27 32 42	22 53 02	28 03 09	8 22 36	10 32 37	19 30 29	28 31 57	28 08 12
18 M	15 28 37	1 ♉ 43 42	7 ♉ 49 45	28 39 11	18 27 28	4 07 60	27 44 04	23 00 36	28 04 43	8 19 18	10 29 05	19 32 36	28 32 48	28 08 33
19 Tu	16 27 49	13 51 27	19 51 58	0 ♓ 05 21	19 41 29	4 47 55	27 55 52	23 08 29	28 06 30	8 15 57	10 25 38	19 34 45	28 33 41	28 08 55
20 W	17 27 22	25 49 28	1 ♊ 46 30	1 33 07	20 55 50	5 28 12	28 08 23	23 16 58	28 08 49	8 12 48	10 22 32	19 37 12	28 34 53	28 09 35
21 Th	18 27 26	7 ♊ 42 09	13 38 02	3 02 26	22 10 41	6 09 00	28 21 46	23 26 13	28 11 49	8 10 02	10 19 58	19 40 07	28 36 35	28 10 43
22 F	19 28 04	19 34 14	25 31 20	4 33 10	23 26 04	6 50 24	28 36 05	23 36 18	28 15 34	8 07 44	10 17 60	19 43 34	28 38 51	28 12 23
23 Sa	20 29 13	1 ♋ 30 27	7 ♋ 31 08	6 05 05	24 41 58	7 32 20	28 51 16	23 47 09	28 19 59	8 05 49	10 16 33	19 47 28	28 41 37	28 14 31
24 Su	21 30 44	13 35 19	19 41 47	7 37 54	25 58 11	8 14 39	29 07 09	23 58 35	28 24 57	8 04 08	10 15 30	19 51 42	28 44 43	28 16 57
25 M	22 32 24	25 52 54	2 ♌ 07 04	9 11 19	27 14 34	8 57 09	29 23 33	24 10 26	28 30 14	8 02 31	10 14 37	19 56 03	28 47 58	28 19 31
26 Tu	23 34 02	8 ♌ 26 37	14 49 55	10 45 01	28 30 53	9 39 38	29 40 15	24 22 30	28 35 40	8 00 44	10 13 44	20 00 19	28 51 11	28 21 60
27 W	24 35 29	21 18 55	27 52 13	12 18 48	29 46 60	10 21 57	29 57 05	24 34 36	28 41 04	7 58 40	10 12 41	20 04 22	28 54 11	28 24 15
28 Th	25 36 41	4 ♍ 31 05	11 ♍ 14 31	13 52 30	1 ♈ 02 50	11 04 01	0 ♋ 13 60	24 46 40	28 46 22	7 56 13	10 11 24	20 08 05	28 56 54	28 26 11
29 F	26 37 36	18 02 60	24 55 54	15 26 04	2 18 23	11 45 51	0 30 57	24 58 42	28 51 35	7 53 23	10 09 52	20 11 31	28 59 21	28 27 49
30 Sa	27 38 21	1 ♎ 53 03	8 ♎ 54 03	16 59 33	3 33 43	12 27 31	0 48 03	25 10 46	28 56 46	7 50 16	10 08 11	20 14 42	29 01 35	28 29 13

LONGITUDE — December 1974

Day	☉	0 hr ☽	Noon ☽	☿	♀	♂	⚵	⚳	♃	♄	⚷	♅	♆	♇
1 Su	28 ♓ 39 02	15 ♎ 58 17	23 ♎ 05 24	18 ♓ 33 03	4 ♈ 48 59	13 ♓ 09 09	1 ♋ 05 23	25 ♊ 22 60	29 ♊ 02 02	7 ♏ 46 58	10 ♌ 06 27	20 ♒ 17 46	29 ♓ 03 45	28 ♑ 30 30
2 M	29 39 45	0 ♏ 14 38	7 ♏ 25 32	20 06 37	6 04 16	13 50 51	1 23 04	25 35 29	29 07 31	7 43 36	10 04 48	20 20 50	29 05 55	28 31 47
3 Tu	0 ♈ 40 36	14 37 25	21 49 40	21 40 20	7 19 39	14 32 41	1 41 10	25 48 17	29 13 16	7 40 15	10 03 17	20 23 58	29 08 12	28 33 07
4 W	1 41 34	29 01 52	6 ♐ 13 15	23 14 10	8 35 08	15 14 39	1 59 41	26 01 25	29 19 17	7 36 55	10 01 55	20 27 10	29 10 34	28 34 33
5 Th	2 42 35	13 ♐ 23 37	20 32 16	24 48 04	9 50 40	15 56 42	2 18 32	26 14 48	29 25 30	7 33 31	10 00 38	20 30 21	29 12 58	28 35 57
6 F	3 43 33	27 39 05	4 ♑ 43 38	26 21 54	11 06 06	16 38 43	2 37 37	26 28 20	29 31 49	7 29 58	9 59 19	20 33 27	29 15 18	28 37 16
7 Sa	4 44 20	11 ♑ 45 37	18 45 06	27 55 33	12 21 21	17 20 35	2 56 48	26 41 54	29 38 06	7 26 09	9 57 51	20 36 18	29 17 25	28 38 21
8 Su	5 44 54	25 41 26	2 ♒ 35 16	29 28 59	13 36 21	18 02 14	3 16 03	26 55 25	29 44 19	7 21 59	9 56 11	20 38 52	29 19 18	28 39 09
9 M	6 45 15	9 ♒ 25 30	16 13 19	1 ♈ 02 13	14 51 07	18 43 42	3 35 21	27 08 55	29 50 27	7 17 31	9 54 20	20 41 10	29 20 56	28 39 41
10 Tu	7 45 29	22 57 17	29 38 51	2 35 21	16 05 46	19 25 05	3 54 49	27 22 30	29 56 38	7 12 52	9 52 24	20 43 19	29 22 26	28 40 04
11 W	8 45 49	6 ♓ 16 32	12 ♓ 51 39	4 08 35	17 20 29	20 06 34	4 14 38	27 36 22	0 ♋ 03 02	7 08 11	9 50 36	20 45 29	29 24 00	28 40 29
12 Th	9 46 26	19 23 08	25 51 43	5 42 10	18 35 29	20 48 23	4 35 01	27 50 43	0 09 54	7 03 44	9 49 07	20 47 55	29 25 51	28 41 09
13 F	10 47 34	2 ♈ 17 07	8 ♈ 39 09	7 16 19	19 50 58	21 30 44	4 56 11	28 05 45	0 17 24	6 59 43	9 48 12	20 50 47	29 28 11	28 42 17
14 Sa	11 49 21	14 58 40	21 14 16	8 51 10	21 07 05	22 13 45	5 18 15	28 21 37	0 25 42	6 56 15	9 47 58	20 54 16	29 31 09	28 44 01
15 Su	12 51 49	27 28 10	3 ♉ 37 43	10 26 48	22 23 53	22 57 29	5 41 16	28 38 22	0 34 50	6 53 24	9 48 27	20 58 22	29 34 47	28 46 23
16 M	13 54 53	9 ♉ 46 27	15 50 37	12 03 06	23 41 15	23 41 51	6 05 07	28 55 52	0 44 42	6 51 05	9 49 34	21 03 01	29 38 59	28 49 19
17 Tu	14 58 20	21 54 49	27 54 36	13 39 55	24 58 60	24 26 37	6 29 37	29 13 57	0 55 06	6 49 04	9 51 07	21 07 60	29 43 34	28 52 34
18 W	16 01 51	3 ♊ 55 10	9 ♊ 51 59	15 16 55	26 16 48	25 11 30	6 54 26	29 32 17	1 05 43	6 47 05	9 52 48	21 13 01	29 48 12	28 55 52
19 Th	17 05 07	15 50 06	21 45 40	16 53 49	27 34 21	25 56 09	7 19 15	29 50 31	1 16 12	6 44 46	9 54 16	21 17 43	29 52 34	28 58 52
20 F	18 07 47	27 42 55	3 ♋ 39 14	18 30 17	28 51 17	26 40 15	7 43 42	0 ♋ 08 21	1 26 15	6 41 49	9 55 12	21 21 47	29 56 19	29 01 15
21 Sa	19 09 38	9 ♋ 37 31	15 36 50	20 06 06	0 ♉ 07 23	27 23 34	8 07 35	0 25 31	1 35 37	6 37 59	9 55 21	21 24 58	29 59 14	29 02 45
22 Su	20 10 34	21 38 23	27 43 05	21 41 12	1 22 34	28 05 60	8 30 47	0 41 56	1 44 12	6 33 12	9 54 38	21 27 13	0 ♈ 01 14	29 03 19
23 M	21 10 41	3 ♌ 50 23	10 ♌ 02 49	23 15 40	2 36 55	28 47 39	8 53 23	0 57 42	1 52 06	6 27 32	9 53 10	21 28 35	0 02 23	29 03 01
24 Tu	22 10 16	16 18 26	22 40 46	24 49 50	3 50 43	29 28 48	9 15 41	1 13 06	1 59 36	6 21 18	9 51 12	21 29 22	0 02 59	29 02 08
25 W	23 09 45	29 07 07	5 ♍ 41 06	26 24 06	5 04 24	0 ♈ 09 53	9 38 07	1 28 32	2 07 08	6 14 56	9 49 11	21 30 00	0 03 29	29 01 08
26 Th	24 09 38	12 ♍ 20 07	19 06 46	27 59 02	6 18 29	0 51 24	10 01 10	1 44 33	2 15 12	6 08 56	9 47 38	21 30 60	0 04 22	29 00 29
27 F	25 10 25	25 59 32	2 ♎ 58 56	29 35 06	7 33 28	1 33 53	10 25 20	2 01 37	2 24 18	6 03 48	9 47 03	21 32 51	0 06 08	29 00 43
28 Sa	26 12 29	10 ♎ 05 16	17 16 14	1 ♉ 12 42	8 49 43	2 17 39	10 50 60	2 20 07	2 34 48	5 59 55	9 47 47	21 35 55	0 09 10	29 02 10
29 Su	27 15 56	24 34 29	1 ♏ 54 35	2 51 56	10 07 20	3 02 52	11 18 15	2 40 08	2 46 49	5 57 23	9 49 58	21 40 20	0 13 34	29 04 59
30 M	28 20 37	9 ♏ 21 31	16 47 13	4 32 39	11 26 10	3 49 20	11 46 56	3 01 32	3 00 11	5 56 03	9 53 25	21 45 56	0 19 11	29 08 59
31 Tu	29 26 04	24 18 29	1 ♐ 45 36	6 14 22	12 45 46	4 36 37	12 16 36	3 23 51	3 14 26	5 55 29	9 57 42	21 52 15	0 25 32	29 13 43

Notes

January 1975

LONGITUDE

Day	☉	0 hr ☽	Noon ☽	☿	♀	♂	⚵	⚳	♃	♄	⚷	♅	♆	♇
1 W	0 ♉ 31 38	9 ♐ 16 17	16 ♐ 40 41	7 ♉ 56 27	14 ♉ 05 29	5 ♈ 24 03	12 ♋ 46 34	3 ♋ 46 25	3 ♋ 28 55	5 ♏ 54 60	10 ♌ 02 09	21 ♒ 58 37	0 ♈ 32 00	29 ♑ 18 32
2 Th	1 36 36	24 06 12	1 ♑ 24 22	9 38 09	15 24 35	6 10 56	13 16 09	4 08 32	3 42 56	5 53 54	10 06 04	22 04 21	0 37 51	29 22 43
3 F	2 40 25	8 ♑ 41 06	15 50 36	11 18 53	16 42 30	6 56 41	13 44 45	4 29 36	3 55 54	5 51 37	10 08 51	22 08 52	0 42 31	29 25 41
4 Sa	3 42 45	22 56 25	29 56 01	12 58 17	17 58 57	7 40 60	14 12 04	4 49 20	4 07 30	5 47 51	10 10 13	22 11 51	0 45 41	29 27 09
5 Su	4 43 39	6 ♒ 50 17	13 ♒ 39 47	14 36 23	19 13 56	8 23 55	14 38 09	5 07 46	4 17 47	5 42 38	10 10 13	22 13 20	0 47 24	29 27 08
6 M	5 43 31	20 23 08	27 03 07	16 13 32	20 27 53	9 05 51	15 03 22	5 25 18	4 27 08	5 36 23	10 09 13	22 13 45	0 48 03	29 26 03
7 Tu	6 43 01	3 ♓ 37 03	10 ♓ 08 32	17 50 19	21 41 28	9 47 26	15 28 25	5 42 35	4 36 14	5 29 46	10 07 55	22 13 44	0 48 19	29 24 33
8 W	7 42 57	16 34 57	22 59 04	19 27 26	22 55 27	10 29 29	15 54 04	6 00 25	4 45 51	5 23 34	10 07 05	22 14 05	0 48 59	29 23 26
9 Th	8 44 03	29 19 53	5 ♈ 37 46	21 05 35	24 10 36	11 12 46	16 21 04	6 19 33	4 56 46	5 18 33	10 07 29	22 15 34	0 50 49	29 23 28
10 F	9 46 56	11 ♈ 54 38	18 07 13	22 45 13	25 27 32	11 57 52	16 50 03	6 40 36	5 09 35	5 15 19	10 09 44	22 18 47	0 54 25	29 25 16
11 Sa	10 51 56	24 21 18	0 ♉ 29 21	24 26 33	26 46 35	12 45 07	17 21 19	7 03 54	5 24 37	5 14 14	10 14 10	22 24 03	1 00 06	29 29 08
12 Su	11 59 03	6 ♉ 41 19	12 45 27	26 09 23	28 07 43	13 34 31	17 54 52	7 29 25	5 41 52	5 15 16	10 20 45	22 31 24	1 07 54	29 35 04
13 M	13 07 56	18 55 35	24 56 22	27 53 12	29 30 38	14 25 45	18 30 22	7 56 50	6 00 59	5 18 06	10 29 11	22 40 28	1 17 26	29 42 45
14 Tu	14 17 57	1 ♊ 04 36	7 ♊ 02 41	29 37 07	0 ♊ 54 40	15 18 09	19 07 11	8 25 30	6 21 21	5 22 06	10 38 48	22 50 37	1 28 06	29 51 33
15 W	15 28 17	13 08 54	19 05 05	1 ♊ 20 01	2 19 01	16 10 55	19 44 29	8 54 37	6 42 09	5 26 26	10 48 48	23 01 02	1 39 04	0 ♒ 00 38
16 Th	16 38 03	25 09 21	1 ♋ 04 44	3 00 43	3 42 47	17 03 09	20 21 23	9 23 16	7 02 28	5 30 14	10 58 18	23 10 50	1 49 27	0 09 07
17 F	17 46 25	7 ♋ 07 29	13 03 28	4 38 01	5 05 10	17 54 03	20 57 04	9 50 39	7 21 30	5 32 42	11 06 29	23 19 13	1 58 26	0 16 12
18 Sa	18 52 50	19 05 43	25 04 04	6 10 54	6 25 34	18 43 02	21 30 57	10 16 12	7 38 41	5 33 14	11 12 45	23 25 35	2 05 26	0 21 17
19 Su	19 57 02	1 ♌ 07 30	7 ♌ 10 19	7 38 38	7 43 46	19 29 51	22 02 48	10 39 39	7 53 46	5 31 37	11 16 53	23 29 42	2 10 14	0 24 09
20 M	20 59 10	13 17 19	19 26 56	9 00 48	8 59 54	20 14 39	22 32 45	11 01 09	8 06 53	5 27 59	11 19 02	23 31 43	2 12 56	0 24 55
21 Tu	21 59 47	25 40 26	1 ♍ 59 19	10 17 18	10 14 30	20 57 59	23 01 20	11 21 14	8 18 34	5 22 53	11 19 43	23 32 10	2 14 07	0 24 09
22 W	22 59 44	8 ♍ 22 37	14 53 04	11 28 19	11 28 25	21 40 42	23 29 24	11 40 46	8 29 41	5 17 10	11 19 48	23 31 54	2 14 38	0 22 42
23 Th	24 00 02	21 29 21	28 13 19	12 34 06	12 42 42	22 23 50	23 57 59	12 00 46	8 41 16	5 11 53	11 20 18	23 31 58	2 15 29	0 21 35
24 F	25 01 42	5 ♎ 05 10	12 ♎ 03 43	13 34 53	13 58 19	23 08 22	24 28 05	12 22 14	8 54 18	5 08 01	11 22 15	23 33 21	2 17 41	0 21 48
25 Sa	26 05 29	19 12 23	26 25 20	14 30 36	15 16 05	23 55 05	25 00 28	12 45 56	9 09 33	5 06 20	11 26 23	23 36 49	2 22 00	0 24 08
26 Su	27 11 44	3 ♏ 50 10	11 ♏ 15 41	15 20 42	16 36 18	24 44 20	25 35 29	13 12 13	9 27 22	5 07 12	11 33 03	23 42 43	2 28 47	0 28 56
27 M	28 20 16	18 53 46	26 28 13	16 04 12	17 58 46	25 35 53	26 12 54	13 40 51	9 47 33	5 10 24	11 42 03	23 50 50	2 37 49	0 35 58
28 Tu	29 30 19	4 ♐ 14 26	11 ♐ 52 48	16 39 34	19 22 46	26 29 02	26 51 59	14 11 08	10 09 21	5 15 13	11 52 40	24 00 27	2 48 23	0 44 31
29 W	0 ♊ 40 48	19 40 33	27 17 12	17 05 00	20 47 11	27 22 39	27 31 39	14 41 56	10 31 40	5 20 31	12 03 45	24 10 27	2 59 21	0 53 29
30 Th	1 50 29	4 ♑ 59 42	12 ♑ 29 22	17 18 46	22 10 47	28 15 31	28 10 38	15 12 01	10 53 15	5 25 05	12 14 06	24 19 36	3 09 30	1 01 37
31 F	2 58 19	20 00 55	27 19 41	17 19 31	23 32 33	29 06 36	28 47 57	15 40 23	11 13 05	5 27 55	12 22 41	24 26 53	3 17 48	1 07 54

February 1975

LONGITUDE

Day	☉	0 hr ☽	Noon ☽	☿	♀	♂	⚵	⚳	♃	♄	⚷	♅	♆	♇
1 Sa	4 ♊ 03 47	4 ♒ 36 36	11 ♒ 42 14	17 ♊ 06 36	24 ♊ 51 54	29 ♈ 55 21	29 ♋ 22 59	16 ♋ 06 26	11 ♋ 30 37	5 ♏ 28 25	12 ♌ 28 56	24 ♒ 31 43	3 ♈ 23 42	1 ♒ 11 47
2 Su	5 06 51	18 43 12	25 35 10	16 40 16	26 08 52	0 ♉ 41 46	29 55 47	16 30 11	11 45 51	5 26 37	12 32 52	24 34 08	3 27 12	1 13 15
3 M	6 08 05	2 ♓ 20 55	9 ♓ 00 01	16 01 41	27 24 00	1 26 24	0 ♌ 26 53	16 52 13	11 59 19	5 23 05	12 35 02	24 34 41	3 28 51	1 12 53
4 Tu	7 08 30	15 32 47	22 00 36	15 12 46	28 38 17	2 10 15	0 57 18	17 13 30	12 12 03	5 18 48	12 36 25	24 34 21	3 29 40	1 11 40
5 W	8 09 15	28 23 25	4 ♈ 41 56	14 15 59	29 52 55	2 54 30	1 28 10	17 35 13	12 25 12	5 14 57	12 38 13	24 34 19	3 30 48	1 10 46
6 Th	9 11 30	10 ♈ 58 00	17 09 16	13 14 05	1 ♋ 09 01	3 40 17	2 00 41	17 58 31	12 39 55	5 12 41	12 41 35	24 35 45	3 33 25	1 11 21
7 F	10 16 10	23 21 26	29 27 16	12 09 48	2 27 31	4 28 32	2 35 43	18 24 19	12 57 06	5 12 55	12 47 24	24 39 32	3 38 26	1 14 20
8 Sa	11 23 44	5 ♉ 37 46	11 ♉ 39 43	11 05 39	3 48 56	5 19 45	3 13 48	18 53 07	13 17 18	5 16 11	12 56 13	24 46 13	3 46 21	1 20 13
9 Su	12 34 17	17 49 58	23 49 14	10 03 41	5 13 18	6 13 60	3 54 59	19 24 58	13 40 32	5 22 30	13 08 03	24 55 49	3 57 13	1 29 04
10 M	13 47 21	29 59 50	5 ♊ 57 19	9 05 23	6 40 12	7 10 49	4 38 50	19 59 26	14 06 23	5 31 28	13 22 29	25 07 55	4 10 37	1 40 26
11 Tu	15 02 07	12 ♊ 08 13	18 04 38	8 11 42	8 08 47	8 09 23	5 24 30	20 35 41	14 33 59	5 42 14	13 38 41	25 21 40	4 25 41	1 53 29
12 W	16 17 27	24 15 22	0 ♋ 11 19	7 23 02	9 37 56	9 08 35	6 10 51	21 12 36	15 02 15	5 53 40	13 55 31	25 35 58	4 41 20	2 07 06
13 Th	17 32 09	6 ♋ 21 17	12 17 27	6 39 24	11 06 25	10 07 11	6 56 42	21 48 57	15 29 56	6 04 36	14 11 46	25 49 36	4 56 19	2 20 05
14 F	18 45 05	18 26 18	24 23 33	6 00 38	12 33 08	11 04 05	7 40 54	22 23 38	15 55 56	6 13 52	14 26 20	26 01 26	5 09 32	2 31 17
15 Sa	19 55 25	0 ♌ 31 27	6 ♌ 30 57	5 26 32	13 57 15	11 58 26	8 22 38	22 55 47	16 19 24	6 20 40	14 38 22	26 10 38	5 20 09	2 39 54
16 Su	21 02 45	12 38 51	18 42 07	4 57 05	15 18 21	12 49 50	9 01 29	23 25 01	16 39 56	6 24 34	14 47 28	26 16 48	5 27 45	2 45 30
17 M	22 07 09	24 51 47	1 ♍ 00 42	4 32 31	16 36 31	13 38 23	9 37 31	23 51 25	16 57 37	6 25 40	14 53 42	26 20 01	5 32 26	2 48 11
18 Tu	23 09 12	7 ♍ 14 46	13 31 31	4 13 24	17 52 20	14 24 38	10 11 21	24 15 34	17 13 02	6 24 34	14 57 40	26 20 53	5 34 46	2 48 32
19 W	24 09 56	19 53 15	26 20 08	4 00 34	19 06 48	15 09 37	10 43 57	24 38 27	17 27 11	6 22 16	15 00 23	26 20 23	5 35 46	2 47 34
20 Th	25 10 34	2 ♎ 53 04	9 ♎ 32 17	3 55 01	20 21 11	15 54 34	11 16 36	25 01 20	17 41 19	6 19 60	15 03 04	26 19 47	5 36 40	2 46 30
21 F	26 12 23	16 19 43	23 12 58	3 57 38	21 36 42	16 40 44	11 50 31	25 25 28	17 56 41	6 19 02	15 06 59	26 20 19	5 38 44	2 46 37
22 Sa	27 16 22	0 ♏ 17 09	7 ♏ 25 10	4 09 06	22 54 24	17 29 09	12 26 44	25 51 51	18 14 18	6 20 22	15 13 09	26 23 01	5 42 59	2 48 55
23 Su	28 23 04	14 46 42	22 08 42	4 29 31	24 14 49	18 20 21	13 05 47	26 21 02	18 34 42	6 24 34	15 22 07	26 28 25	5 49 57	2 53 57
24 M	29 32 24	29 45 48	7 ♐ 19 08	4 58 24	25 37 50	19 14 14	13 47 34	26 52 56	18 57 47	6 31 32	15 33 46	26 36 25	5 59 33	3 01 37
25 Tu	0 ♋ 43 38	15 ♐ 07 27	22 47 38	5 34 37	27 02 43	20 10 03	14 31 21	27 26 47	19 22 50	6 40 31	15 47 22	26 46 17	6 11 01	3 11 11
26 W	1 55 31	0 ♑ 40 43	8 ♑ 21 59	6 16 35	28 28 16	21 06 37	15 15 55	28 01 23	19 48 36	6 50 18	16 01 42	26 56 49	6 23 10	3 21 26
27 Th	3 06 41	16 12 23	23 48 42	7 02 31	29 53 05	22 02 30	15 59 51	28 35 20	20 13 43	6 59 31	16 15 23	27 06 36	6 34 35	3 30 58
28 F	4 15 56	1 ♒ 29 32	8 ♒ 55 48	7 50 53	1 ♌ 15 56	22 56 31	16 41 58	29 07 25	20 36 57	7 06 55	16 27 12	27 14 25	6 44 04	3 38 35

Notes

LONGITUDE — March 1975

Day	☉	0 hr ☽	Noon ☽	☿	♀	♂	⚵	⚳	♃	♄	⚷	♅	♆	♇
1 Sa	5 ♋ 22 30	16 ♒ 21 58	23 ♒ 34 44	8 ♊ 40 38	2 ♌ 36 06	23 ♉ 47 56	17 ♌ 21 31	29 ♋ 36 54	20 ♋ 57 34	7 ♏ 11 47	16 ♌ 36 24	27 ♒ 19 34	6 ♈ 50 52	3 ♒ 43 32
2 Su	6 26 18	0 ♓ 43 41	7 ♓ 41 29	9 31 22	3 53 29	24 36 37	17 58 24	0 ♌ 03 40	21 15 28	7 14 01	16 42 53	27 21 54	6 54 54	3 45 43
3 M	7 27 51	14 33 08	21 16 09	10 23 19	5 08 36	25 23 07	18 33 07	0 28 16	21 31 10	7 14 08	16 47 11	27 21 59	6 56 40	3 45 40
4 Tu	8 28 09	27 52 23	4 ♈ 22 03	11 17 16	6 22 26	26 08 23	19 06 40	0 51 39	21 45 39	7 13 07	16 50 16	27 20 46	6 57 10	3 44 21
5 W	9 28 24	10 ♈ 45 56	17 04 23	12 14 12	7 36 12	26 53 41	19 40 17	1 15 05	22 00 08	7 12 12	16 53 22	27 19 30	6 57 36	3 43 01
6 Th	10 29 49	23 19 27	29 29 06	13 15 08	8 51 07	27 40 13	20 15 10	1 39 44	22 15 51	7 12 36	16 57 43	27 19 23	6 59 14	3 42 51
7 F	11 33 25	5 ♉ 38 46	11 ♉ 41 60	14 20 52	10 08 11	28 28 57	20 52 19	2 06 37	22 33 47	7 15 18	17 04 16	27 21 25	7 03 00	3 44 53
8 Sa	12 39 45	17 49 09	23 48 08	15 31 50	11 27 59	29 20 30	21 32 18	2 36 19	22 54 31	7 20 53	17 13 38	27 26 11	7 09 31	3 49 40
9 Su	13 48 58	29 54 54	5 ♊ 51 27	16 48 00	12 50 38	0 ♊ 14 57	22 15 15	3 08 56	23 18 09	7 29 28	17 25 55	27 33 48	7 18 54	3 57 20
10 M	15 00 39	11 ♊ 59 04	17 54 40	18 08 52	14 15 43	1 11 56	23 00 45	3 44 06	23 44 18	7 40 41	17 40 44	27 43 53	7 30 45	4 07 29
11 Tu	16 14 01	24 03 38	29 59 22	19 33 30	15 42 29	2 10 40	23 48 03	4 21 01	24 12 11	7 53 43	17 57 18	27 55 38	7 44 17	4 19 21
12 W	17 27 59	6 ♋ 09 32	12 ♋ 06 14	21 00 43	17 09 49	3 10 02	24 36 02	4 58 35	24 40 43	8 07 30	18 14 31	28 07 59	7 58 25	4 31 50
13 Th	18 41 23	18 17 10	24 15 29	22 29 16	18 36 35	4 08 54	25 23 33	5 35 39	25 08 44	8 20 52	18 31 14	28 19 45	8 11 59	4 43 46
14 F	19 53 08	0 ♌ 26 42	6 ♌ 27 14	23 57 59	20 01 39	5 06 09	26 09 29	6 11 07	25 35 08	8 32 43	18 46 20	28 29 52	8 23 53	4 54 03
15 Sa	21 02 23	12 38 34	18 42 02	25 25 57	21 24 12	6 00 58	26 53 02	6 44 09	25 59 04	8 42 13	18 59 01	28 37 28	8 33 17	5 01 53
16 Su	22 08 43	24 53 50	1 ♍ 01 09	26 52 40	22 43 49	6 52 55	27 33 44	7 14 19	26 20 08	8 48 57	19 08 49	28 42 09	8 39 47	5 06 49
17 M	23 12 10	7 ♍ 14 30	13 26 53	28 18 08	24 00 31	7 42 02	28 11 38	7 41 40	26 38 21	8 52 56	19 15 48	28 43 57	8 43 23	5 08 54
18 Tu	24 13 13	19 43 39	26 02 35	29 42 46	25 14 47	8 28 47	28 47 14	8 06 40	26 54 13	8 54 41	19 20 26	28 43 21	8 44 36	5 08 36
19 W	25 12 44	2 ♎ 25 17	8 ♎ 52 31	1 ♋ 07 26	26 27 31	9 14 05	29 21 23	8 30 13	27 08 35	8 55 03	19 23 36	28 41 13	8 44 17	5 06 48
20 Th	26 11 51	15 24 02	22 01 21	2 33 12	27 39 48	9 59 02	29 55 14	8 53 24	27 22 36	8 55 09	19 26 25	28 38 42	8 43 34	5 04 38
21 F	27 11 42	28 44 33	5 ♏ 33 30	4 01 10	28 52 48	10 44 45	0 ♍ 29 53	9 17 23	27 37 23	8 56 09	19 30 02	28 36 54	8 43 36	5 03 14
22 Sa	28 13 14	12 ♏ 30 38	19 32 10	5 32 17	0 ♍ 07 27	11 32 12	1 06 18	9 43 06	27 53 52	8 58 58	19 35 23	28 36 48	8 45 19	5 03 33
23 Su	29 16 58	26 44 15	3 ♐ 58 15	7 07 02	1 24 17	12 21 56	1 45 01	10 11 05	28 12 37	9 04 09	19 42 60	28 38 55	8 49 15	5 06 07
24 M	0 ♌ 22 56	11 ♐ 24 29	18 49 24	8 45 27	2 43 18	13 13 56	2 26 02	10 41 21	28 33 38	9 11 43	19 52 53	28 43 16	8 55 25	5 10 56
25 Tu	1 30 35	26 26 50	3 ♑ 59 26	10 26 56	4 03 58	14 07 40	3 08 48	11 13 21	28 56 21	9 21 06	20 04 31	28 49 19	9 03 15	5 17 28
26 W	2 38 56	11 ♑ 43 09	19 18 50	12 10 32	5 25 19	15 02 10	3 52 22	11 46 06	29 19 48	9 31 20	20 16 54	28 56 04	9 11 49	5 24 44
27 Th	3 46 51	27 02 38	4 ♒ 36 08	13 55 05	6 46 10	15 56 16	4 35 33	12 18 28	29 42 50	9 41 16	20 28 53	29 02 22	9 19 56	5 31 36
28 F	4 53 15	12 ♒ 13 39	19 39 55	15 39 33	8 05 30	16 48 55	5 17 19	12 49 23	0 ♌ 04 25	9 49 51	20 39 26	29 07 12	9 26 34	5 37 00
29 Sa	5 57 30	27 05 53	4 ♓ 20 56	17 23 14	9 22 36	17 39 26	5 56 58	13 18 10	0 23 50	9 56 25	20 47 51	29 09 52	9 31 01	5 40 16
30 Su	6 59 22	11 ♓ 31 57	18 33 24	19 05 58	10 37 18	18 27 38	6 34 20	13 44 37	0 40 55	10 00 44	20 53 56	29 10 10	9 33 06	5 41 11
31 M	7 59 11	25 28 15	2 ♈ 15 22	20 48 02	11 49 54	19 13 50	7 09 42	14 09 04	0 55 57	10 03 08	20 58 01	29 08 25	9 33 08	5 40 05

LONGITUDE — April 1975

Day	☉	0 hr ☽	Noon ☽	☿	♀	♂	⚵	⚳	♃	♄	⚷	♅	♆	♇
1 Tu	8 ♌ 57 39	8 ♈ 54 45	15 ♈ 28 11	22 ♋ 30 11	13 ♍ 01 07	19 ♊ 58 43	7 ♍ 43 48	14 ♌ 32 13	1 ♌ 09 40	10 ♏ 04 19	21 ♌ 00 47	29 ♒ 05 20	9 ♈ 31 48	5 ♒ 37 39
2 W	9 55 41	21 54 11	28 15 32	24 13 19	14 11 51	20 43 13	8 17 31	14 54 58	1 22 58	10 05 13	21 03 09	29 01 49	9 30 04	5 34 50
3 Th	10 54 15	4 ♉ 31 03	10 ♉ 42 32	25 58 25	15 23 04	21 28 16	8 51 50	15 18 17	1 36 48	10 06 46	21 06 06	28 58 50	9 28 50	5 32 35
4 F	11 54 08	16 50 43	22 54 44	27 46 18	16 35 33	22 14 42	9 27 31	15 42 57	1 51 58	10 09 47	21 10 24	28 57 11	9 28 56	5 31 40
5 Sa	12 55 51	28 58 33	4 ♊ 57 31	29 37 28	17 49 49	23 02 59	10 05 07	16 09 30	2 08 60	10 14 46	21 16 34	28 57 23	9 30 51	5 32 38
6 Su	13 59 34	10 ♊ 59 28	16 55 40	1 ♌ 32 06	19 06 03	23 53 19	10 44 45	16 38 05	2 28 01	10 21 52	21 24 46	28 59 35	9 34 47	5 35 37
7 M	15 05 03	22 57 40	28 53 03	3 29 59	20 23 60	24 45 28	11 26 15	17 08 29	2 48 50	10 30 54	21 34 47	29 03 35	9 40 29	5 40 25
8 Tu	16 11 49	4 ♋ 56 24	10 ♋ 52 37	5 30 36	21 43 10	25 38 54	12 09 03	17 40 10	3 10 56	10 41 18	21 46 07	29 08 51	9 47 27	5 46 31
9 W	17 19 05	16 58 03	22 56 24	7 33 14	23 02 48	26 32 54	12 52 26	18 12 26	3 33 33	10 52 23	21 57 59	29 14 40	9 54 57	5 53 11
10 Th	18 26 05	29 04 14	5 ♌ 05 41	9 37 03	24 22 06	27 26 39	13 35 36	18 44 26	3 55 54	11 03 18	22 09 37	29 20 13	10 02 09	5 59 36
11 F	19 32 00	11 ♌ 16 00	17 21 18	11 41 16	25 40 17	28 19 22	14 17 45	19 15 24	4 17 11	11 13 17	22 20 13	29 24 43	10 08 19	6 04 59
12 Sa	20 36 17	23 34 08	29 43 50	13 45 17	26 56 46	29 10 28	14 58 19	19 44 46	4 36 50	11 21 45	22 29 12	29 27 35	10 12 49	6 08 47
13 Su	21 38 36	5 ♍ 59 24	12 ♍ 14 01	15 48 45	28 11 13	29 59 38	15 36 58	20 12 11	4 54 31	11 28 23	22 36 15	29 28 31	10 15 22	6 10 38
14 M	22 38 55	18 32 49	24 52 55	17 51 35	29 23 39	0 ♋ 46 51	16 13 41	20 37 40	5 10 14	11 33 11	22 41 22	29 27 30	10 15 57	6 10 34
15 Tu	23 37 35	1 ♎ 15 53	7 ♎ 42 08	19 54 04	0 ♎ 34 20	1 32 26	16 48 48	21 01 31	5 24 17	11 36 26	22 44 50	29 24 50	10 14 52	6 08 52
16 W	24 35 08	14 10 33	20 43 44	21 56 39	1 43 51	2 16 56	17 22 51	21 24 17	5 37 13	11 38 41	22 47 13	29 21 05	10 12 40	6 06 06
17 Th	25 32 16	27 19 09	4 ♏ 00 07	23 59 57	2 52 55	3 01 04	17 56 33	21 46 40	5 49 45	11 40 41	22 49 15	29 16 58	10 10 06	6 02 59
18 F	26 29 45	10 ♏ 44 06	17 33 38	26 04 34	4 02 14	3 45 34	18 30 38	22 09 26	6 02 37	11 43 08	22 51 39	29 13 13	10 07 51	6 00 14
19 Sa	27 28 09	24 27 24	1 ♐ 25 54	28 10 59	5 12 25	4 31 01	19 05 42	22 33 09	6 16 26	11 46 40	22 55 00	29 10 25	10 06 34	5 58 29
20 Su	28 27 51	8 ♐ 29 59	15 37 18	0 ♍ 19 21	6 23 50	5 17 48	19 42 06	22 58 11	6 31 31	11 51 36	22 59 41	29 08 58	10 06 35	5 58 04
21 M	29 28 51	22 51 08	0 ♑ 06 13	2 29 30	7 36 29	6 05 56	20 19 53	23 24 35	6 47 56	11 57 59	23 05 43	29 08 51	10 07 55	5 59 01
22 Tu	0 ♍ 30 53	7 ♑ 27 58	14 48 44	4 40 54	8 50 05	6 55 06	20 58 43	23 52 01	7 05 22	12 05 30	23 12 48	29 09 48	10 10 18	6 01 02
23 W	1 33 24	22 15 18	29 38 44	6 52 45	10 04 05	7 44 47	21 38 05	24 19 58	7 23 16	12 13 38	23 20 24	29 11 15	10 13 10	6 03 35
24 Th	2 35 45	7 ♒ 06 04	14 ♒ 28 31	9 04 08	11 17 51	8 34 21	22 17 20	24 47 46	7 41 01	12 21 43	23 27 51	29 12 36	10 15 53	6 06 02
25 F	3 37 21	21 52 13	29 09 53	11 14 11	12 30 47	9 23 10	22 55 52	25 14 51	7 57 59	12 29 11	23 34 36	29 13 13	10 17 52	6 07 46
26 Sa	4 37 48	6 ♓ 25 55	13 ♓ 35 28	13 22 09	13 42 29	10 10 53	23 33 18	25 40 48	8 13 48	12 35 36	23 40 12	29 12 44	10 18 42	6 08 24
27 Su	5 36 57	20 40 45	27 39 42	15 27 37	14 52 48	10 57 19	24 09 28	26 05 29	8 28 19	12 40 51	23 44 32	29 10 59	10 18 16	6 07 48
28 M	6 34 56	4 ♈ 32 27	11 ♈ 19 30	17 30 22	16 01 51	11 42 36	24 44 30	26 29 01	8 41 39	12 45 03	23 47 44	29 08 06	10 16 39	6 06 04
29 Tu	7 32 05	17 59 18	24 34 14	19 30 26	17 09 58	12 27 04	25 18 44	26 51 43	8 54 07	12 48 30	23 50 05	29 04 25	10 14 13	6 03 33
30 W	8 28 50	1 ♉ 01 50	7 ♉ 25 27	21 27 59	18 17 35	13 11 09	25 52 37	27 14 03	9 06 10	12 51 40	23 52 04	29 00 22	10 11 23	6 00 40

Notes

May 1975 LONGITUDE

Day	☉	0 hr ☽	Noon ☽	☿	♀	♂	⚵	⚳	♃	♄	⚷	♅	♆	♇
1 Th	9 ♍ 25 39	13 ♉ 42 29	19 ♉ 56 15	23 ♍ 23 11	19 ♎ 25 11	13 ♋ 55 19	26 ♍ 26 35	27 ♌ 36 27	9 ♌ 18 15	12 ♏ 55 01	23 ♌ 54 08	28 ♒ 56 26	10 ♈ 08 38	5 ♒ 57 54
2 F	10 22 56	26 04 54	2 ♊ 10 49	25 16 12	20 33 08	14 39 57	27 01 02	27 59 20	9 30 47	12 58 55	23 56 41	28 52 59	10 06 21	5 55 39
3 Sa	11 20 55	8 ♊ 13 27	14 13 47	27 07 05	21 41 42	15 25 19	27 36 14	28 22 56	9 44 00	13 03 39	23 59 57	28 50 17	10 04 47	5 54 09
4 Su	12 19 43	20 12 49	26 09 53	28 55 41	22 50 59	16 11 30	28 12 17	28 47 21	9 58 00	13 09 17	24 04 02	28 48 26	10 04 03	5 53 30
5 M	13 19 15	2 ♋ 07 33	8 ♋ 03 36	0 ♎ 41 48	24 00 52	16 58 26	28 49 05	29 12 31	10 12 42	13 15 46	24 08 52	28 47 21	10 04 02	5 53 38
6 Tu	14 19 19	14 01 54	19 59 03	2 25 04	25 11 11	17 45 53	29 26 26	29 38 13	10 27 54	13 22 52	24 14 14	28 46 50	10 04 34	5 54 21
7 W	15 19 37	25 59 39	1 ♌ 59 45	4 05 04	26 21 37	18 33 35	0 ♎ 04 02	0 ♍ 04 10	10 43 18	13 30 17	24 19 50	28 46 36	10 05 20	5 55 20
8 Th	16 19 49	8 ♌ 04 03	14 08 37	5 41 23	27 31 51	19 21 12	0 41 35	0 30 01	10 58 35	13 37 44	24 25 22	28 46 19	10 06 01	5 56 17
9 F	17 19 40	20 17 41	26 27 53	7 13 38	28 41 36	20 08 28	1 18 48	0 55 32	11 13 28	13 44 55	24 30 33	28 45 43	10 06 22	5 56 55
10 Sa	18 18 58	2 ♍ 42 30	8 ♍ 59 08	8 41 33	29 50 41	20 55 10	1 55 29	1 20 30	11 27 46	13 51 39	24 35 11	28 44 37	10 06 10	5 57 03
11 Su	19 17 37	15 19 50	21 43 22	10 04 60	0 ♏ 58 60	21 41 15	2 31 33	1 44 49	11 41 23	13 57 50	24 39 12	28 42 55	10 05 21	5 56 36
12 M	20 15 41	28 10 29	4 ♎ 41 02	11 23 55	2 06 34	22 26 42	3 07 01	2 08 33	11 54 22	14 03 30	24 42 36	28 40 39	10 03 56	5 55 35
13 Tu	21 13 15	11 ♎ 14 43	17 52 12	12 38 23	3 13 33	23 11 42	3 42 03	2 31 48	12 06 50	14 08 48	24 45 32	28 37 58	10 02 03	5 54 09
14 W	22 10 32	24 32 24	1 ♏ 16 32	13 48 32	4 20 06	23 56 23	4 16 48	2 54 45	12 18 58	14 13 54	24 48 11	28 35 03	9 59 54	5 52 29
15 Th	23 07 45	8 ♏ 03 08	14 53 30	14 54 30	5 26 25	24 41 00	4 51 30	3 17 39	12 30 59	14 19 01	24 50 46	28 32 06	9 57 41	5 50 47
16 F	24 05 02	21 46 13	28 42 18	15 56 25	6 32 42	25 25 43	5 26 19	3 40 38	12 43 02	14 24 19	24 53 27	28 29 18	9 55 35	5 49 14
17 Sa	25 02 32	5 ♐ 40 40	12 ♐ 41 48	16 54 18	7 39 02	26 10 37	6 01 20	4 03 49	12 55 16	14 29 54	24 56 20	28 26 45	9 53 41	5 47 57
18 Su	26 00 14	19 45 06	26 50 28	17 48 08	8 45 25	26 55 43	6 36 35	4 27 12	13 07 39	14 35 47	24 59 26	28 24 28	9 52 02	5 46 55
19 M	26 58 06	3 ♑ 57 40	11 ♑ 06 11	18 37 45	9 51 47	27 40 59	7 12 00	4 50 45	13 20 09	14 41 55	25 02 42	28 22 24	9 50 33	5 46 06
20 Tu	27 56 01	18 15 57	25 26 12	19 23 00	10 58 03	28 26 17	7 47 30	5 14 21	13 32 39	14 48 12	25 06 01	28 20 26	9 49 09	5 45 24
21 W	28 53 54	2 ♒ 36 50	9 ♒ 47 05	20 03 44	12 04 06	29 11 33	8 22 58	5 37 55	13 45 04	14 54 31	25 09 18	28 18 30	9 47 43	5 44 42
22 Th	29 51 39	16 56 40	24 04 56	20 39 47	13 09 52	29 56 41	8 58 19	6 01 21	13 57 19	15 00 49	25 12 28	28 16 29	9 46 11	5 43 57
23 F	0 ♎ 49 17	1 ♓ 11 23	8 ♓ 15 34	21 11 07	14 15 19	0 ♌ 41 41	9 33 34	6 24 39	14 09 23	15 07 04	25 15 30	28 14 25	9 44 34	5 43 07
24 Sa	1 46 52	15 16 52	22 14 58	21 37 44	15 20 32	1 26 38	10 08 46	6 47 54	14 21 21	15 13 20	25 18 29	28 12 22	9 42 54	5 42 18
25 Su	2 44 29	29 09 22	5 ♈ 59 43	21 59 42	16 25 35	2 11 36	10 44 01	7 11 11	14 33 17	15 19 44	25 21 30	28 10 23	9 41 17	5 41 34
26 M	3 42 15	12 ♈ 45 52	19 27 17	22 17 04	17 30 33	2 56 41	11 19 24	7 34 34	14 45 18	15 26 20	25 24 39	28 08 36	9 39 50	5 41 01
27 Tu	4 40 12	26 04 22	2 ♉ 36 18	22 29 55	18 35 32	3 41 57	11 54 59	7 58 10	14 57 27	15 33 12	25 27 60	28 07 05	9 38 36	5 40 43
28 W	5 38 23	9 ♉ 04 07	15 26 42	22 38 17	19 40 31	4 27 25	12 30 47	8 21 57	15 09 46	15 40 22	25 31 32	28 05 49	9 37 35	5 40 41
29 Th	6 36 42	21 45 38	27 59 37	22 42 08	20 45 25	5 13 01	13 06 45	8 45 52	15 22 09	15 47 44	25 35 13	28 04 46	9 36 45	5 40 50
30 F	7 35 03	4 ♊ 10 36	10 ♊ 17 19	22 41 26	21 50 07	5 58 37	13 42 43	9 09 47	15 34 29	15 55 12	25 38 55	28 03 47	9 35 56	5 41 04
31 Sa	8 33 16	16 21 43	22 22 54	22 36 09	22 54 27	6 44 03	14 18 33	9 33 33	15 46 36	16 02 36	25 42 27	28 02 43	9 35 00	5 41 13

June 1975 LONGITUDE

Day	☉	0 hr ☽	Noon ☽	☿	♀	♂	⚵	⚳	♃	♄	⚷	♅	♆	♇
1 Su	9 ♎ 31 11	28 ♊ 22 29	4 ♋ 20 12	22 ♎ 26 16	23 ♏ 58 14	7 ♌ 29 09	14 ♎ 54 05	9 ♍ 56 60	15 ♌ 58 21	16 ♏ 09 45	25 ♌ 45 40	28 ♒ 01 25	9 ♈ 33 47	5 ♒ 41 06
2 M	10 28 40	10 ♋ 17 01	16 13 31	22 11 53	25 01 20	8 13 47	15 29 10	10 19 59	16 09 35	16 16 31	25 48 26	27 59 43	9 32 09	5 40 35
3 Tu	11 25 40	22 09 49	28 07 25	21 53 12	26 03 42	8 57 55	16 03 46	10 42 27	16 20 15	16 22 53	25 50 43	27 57 36	9 30 03	5 39 39
4 W	12 22 14	4 ♌ 05 33	10 ♌ 06 31	21 30 36	27 05 23	9 41 35	16 37 56	11 04 28	16 30 25	16 28 52	25 52 32	27 55 06	9 27 32	5 38 20
5 Th	13 18 32	16 08 49	22 15 14	21 04 35	28 06 31	10 24 56	17 11 49	11 26 12	16 40 13	16 34 39	25 54 03	27 52 23	9 24 45	5 36 46
6 F	14 14 48	28 23 54	4 ♍ 37 33	20 35 50	29 07 21	11 08 13	17 45 40	11 47 51	16 49 54	16 40 26	25 55 32	27 49 42	9 21 57	5 35 14
7 Sa	15 11 20	10 ♍ 54 27	17 16 41	20 05 05	0 ♐ 08 09	11 51 42	18 19 45	12 09 44	16 59 45	16 46 33	25 57 14	27 47 19	9 19 26	5 33 60
8 Su	16 08 25	23 43 11	0 ♎ 14 46	19 33 08	1 09 11	12 35 43	18 54 22	12 32 08	17 10 04	16 53 15	25 59 28	27 45 32	9 17 28	5 33 21
9 M	17 06 15	6 ♎ 51 33	13 32 37	19 00 44	2 10 42	13 20 26	19 29 44	12 55 15	17 21 03	17 00 46	26 02 26	27 44 35	9 16 17	5 33 30
10 Tu	18 04 56	20 19 33	27 09 32	18 28 32	3 12 44	14 05 57	20 05 56	13 19 11	17 32 47	17 09 11	26 06 14	27 44 31	9 15 58	5 34 33
11 W	19 04 23	4 ♏ 05 36	11 ♏ 03 16	17 57 02	4 15 12	14 52 11	20 42 53	13 43 51	17 45 11	17 18 25	26 10 46	27 45 17	9 16 26	5 36 25
12 Th	20 04 20	18 06 43	25 10 18	17 26 32	5 17 51	15 38 53	21 20 20	14 08 60	17 57 60	17 28 12	26 15 47	27 46 38	9 17 26	5 38 50
13 F	21 04 24	2 ♐ 18 48	9 ♐ 26 14	16 57 12	6 20 16	16 25 39	21 57 52	14 34 12	18 10 50	17 38 09	26 20 53	27 48 08	9 18 34	5 41 25
14 Sa	22 04 06	16 37 11	23 46 22	16 29 08	7 21 58	17 11 60	22 35 02	14 59 01	18 23 12	17 47 48	26 25 37	27 49 21	9 19 21	5 43 41
15 Su	23 03 04	0 ♑ 57 20	8 ♑ 06 20	16 02 25	8 22 32	17 57 33	23 11 26	15 23 03	18 34 44	17 56 44	26 29 33	27 49 52	9 19 25	5 45 15
16 M	24 01 00	15 15 16	22 22 30	15 37 19	9 21 42	18 42 03	23 46 48	15 46 01	18 45 09	18 04 42	26 32 28	27 49 26	9 18 30	5 45 51
17 Tu	24 57 56	29 28 00	6 ♒ 32 15	15 14 13	10 19 27	19 25 28	24 21 08	16 07 56	18 54 26	18 11 42	26 34 20	27 48 03	9 16 35	5 45 29
18 W	25 54 04	13 ♒ 33 30	20 33 51	14 53 45	11 15 59	20 08 03	24 54 40	16 29 01	19 02 50	18 17 58	26 35 23	27 45 57	9 13 54	5 44 23
19 Th	26 49 53	27 30 32	4 ♓ 26 18	14 36 42	12 11 46	20 50 14	25 27 50	16 49 44	19 10 48	18 23 55	26 36 05	27 43 34	9 10 55	5 42 59
20 F	27 45 55	11 ♓ 18 22	18 09 01	14 23 55	13 07 20	21 32 37	26 01 12	17 10 38	19 18 53	18 30 09	26 36 59	27 41 29	9 08 11	5 41 52
21 Sa	28 42 44	24 56 29	1 ♈ 41 26	14 16 11	14 03 13	22 15 43	26 35 21	17 32 16	19 27 39	18 37 13	26 38 38	27 40 15	9 06 15	5 41 35
22 Su	29 40 48	8 ♈ 24 12	15 02 57	14 14 07	14 59 51	22 59 60	27 10 42	17 55 05	19 37 32	18 45 33	26 41 29	27 40 18	9 05 35	5 42 35
23 M	0 ♏ 40 20	21 40 44	28 12 49	14 18 06	15 57 27	23 45 41	27 47 30	18 19 20	19 48 46	18 55 23	26 45 47	27 41 53	9 06 25	5 45 05
24 Tu	1 41 19	4 ♉ 45 11	11 ♉ 10 17	14 28 12	16 55 59	24 32 45	28 25 42	18 44 58	20 01 20	19 06 41	26 51 29	27 44 58	9 08 42	5 49 05
25 W	2 43 28	17 36 47	23 54 50	14 44 13	17 55 09	25 20 55	29 05 03	19 11 42	20 14 56	19 19 11	26 58 19	27 49 17	9 12 11	5 54 17
26 Th	3 46 18	0 ♊ 15 05	6 ♊ 26 26	15 05 41	18 54 26	26 09 42	29 45 03	19 39 04	20 29 06	19 32 24	27 05 47	27 54 20	9 16 22	6 00 12
27 F	4 49 12	12 40 21	18 45 42	15 31 60	19 53 13	26 58 29	0 ♏ 25 05	20 06 26	20 43 12	19 45 42	27 13 17	27 59 30	9 20 38	6 06 13
28 Sa	5 51 31	24 53 36	0 ♋ 54 09	16 02 30	20 50 50	27 46 37	1 04 30	20 33 11	20 56 36	19 58 27	27 20 10	28 04 09	9 24 20	6 11 42
29 Su	6 52 45	6 ♋ 56 54	12 54 16	16 36 39	21 46 44	28 33 34	1 42 47	20 58 44	21 08 45	20 10 07	27 25 54	28 07 45	9 26 57	6 16 07
30 M	7 52 30	18 53 18	24 49 25	17 14 01	22 40 31	29 18 58	2 19 33	21 22 46	21 19 18	20 20 20	27 30 08	28 09 56	9 28 07	6 19 06

Notes

LONGITUDE — July 1975

Day	☉	0 hr ☽	Noon ☽	☿	♀	♂	⚶	⚳	♃	♄	⚷	♅	♆	♇
1 Tu	8 ♏ 50 43	0 ♌ 46 46	6 ♌ 43 54	17 ♎ 54 30	23 ♐ 32 06	0 ♍ 02 45	2 ♏ 54 44	21 ♍ 45 10	21 ♌ 28 10	20 ♏ 29 00	27 ♌ 32 45	28 ♒ 10 36	9 ♈ 27 45	6 ♒ 20 33
2 W	9 47 34	12 42 06	18 42 40	18 38 13	24 21 38	0 45 04	3 28 31	22 06 09	21 35 32	20 36 20	27 33 58	28 09 59	9 26 03	6 20 42
3 Th	10 43 31	24 44 37	0 ♍ 51 04	19 25 35	25 09 34	1 26 25	4 01 22	22 26 10	21 41 51	20 42 48	27 34 15	28 08 31	9 23 28	6 19 58
4 F	11 39 16	6 ♍ 59 53	13 14 33	20 17 13	25 56 33	2 07 27	4 33 57	22 45 52	21 47 48	20 49 03	27 34 15	28 06 53	9 20 41	6 19 03
5 Sa	12 35 33	19 33 09	25 58 01	21 13 49	26 43 18	2 48 56	5 07 01	23 06 02	21 54 09	20 55 50	27 34 45	28 05 49	9 18 26	6 18 42
6 Su	13 33 04	2 ♎ 28 53	9 ♎ 05 22	22 16 01	27 30 31	3 31 34	5 41 17	23 27 22	22 01 35	21 03 53	27 36 26	28 06 04	9 17 28	6 19 38
7 M	14 32 22	15 50 00	22 38 40	23 24 18	28 18 40	4 15 52	6 17 17	23 50 23	22 10 38	21 13 42	27 39 50	28 08 07	9 18 16	6 22 21
8 Tu	15 33 37	29 37 20	6 ♏ 37 39	24 38 48	29 07 57	5 02 02	6 55 11	24 15 17	22 21 29	21 25 29	27 45 09	28 12 12	9 21 04	6 27 04
9 W	16 36 39	13 ♏ 49 01	20 59 15	25 59 16	29 58 07	5 49 52	7 34 50	24 41 52	22 33 58	21 39 04	27 52 11	28 18 06	9 25 39	6 33 36
10 Th	17 40 53	28 20 25	5 ♐ 37 45	27 25 03	0 ♑ 48 33	6 38 47	8 15 37	25 09 33	22 47 29	21 53 50	28 00 22	28 25 14	9 31 27	6 41 21
11 F	18 45 26	13 ♐ 04 37	20 25 28	28 55 15	1 38 22	7 27 57	8 56 40	25 37 29	23 01 09	22 08 56	28 08 50	28 32 46	9 37 36	6 49 27
12 Sa	19 49 21	27 53 22	5 ♑ 14 01	0 ♏ 28 49	2 26 34	8 16 21	9 37 03	26 04 41	23 14 03	22 23 24	28 16 36	28 39 42	9 43 08	6 56 57
13 Su	20 51 49	12 ♑ 38 30	19 55 38	2 04 50	3 12 15	9 03 11	10 15 54	26 30 20	23 25 18	22 36 25	28 22 51	28 45 14	9 47 13	7 03 02
14 M	21 52 20	27 13 17	4 ♒ 24 25	3 42 44	3 54 55	9 47 59	10 52 46	26 53 57	23 34 27	22 47 29	28 27 07	28 48 53	9 49 23	7 07 11
15 Tu	22 50 53	11 ♒ 33 15	18 36 56	5 22 23	4 34 31	10 30 41	11 27 37	27 15 30	23 41 29	22 56 38	28 29 22	28 50 36	9 49 37	7 09 25
16 W	23 47 55	25 36 26	2 ♓ 32 07	7 04 07	5 11 26	11 11 47	12 00 55	27 35 28	23 46 50	23 04 10	28 30 03	28 50 53	9 48 22	7 10 10
17 Th	24 44 17	9 ♓ 22 57	16 10 47	8 48 37	5 46 27	11 52 06	12 33 28	27 54 38	23 51 20	23 11 05	28 30 00	28 50 32	9 46 28	7 10 16
18 F	25 40 58	22 54 21	29 34 53	10 36 43	6 20 32	12 32 37	13 06 18	28 14 02	23 56 00	23 18 20	28 30 14	28 50 33	9 44 54	7 10 43
19 Sa	26 38 58	6 ♈ 12 45	12 ♈ 46 37	12 29 10	6 54 36	13 14 19	13 40 22	28 34 38	24 01 48	23 26 52	28 31 43	28 51 56	9 44 40	7 12 30
20 Su	27 39 02	19 20 12	25 47 59	14 26 31	7 29 23	13 57 59	14 16 28	28 57 12	24 09 29	23 37 28	28 35 12	28 55 26	9 46 31	7 16 23
21 M	28 41 34	2 ♉ 18 12	8 ♉ 40 20	16 28 55	8 05 13	14 43 60	14 54 57	29 22 08	24 19 28	23 50 31	28 41 07	29 01 26	9 50 52	7 22 46
22 Tu	29 46 34	15 07 29	21 24 15	18 36 03	8 42 03	15 32 20	15 35 51	29 49 25	24 31 44	24 06 01	28 49 25	29 09 57	9 57 42	7 31 38
23 W	0 ♐ 53 35	27 48 11	3 ♊ 59 48	20 47 13	9 19 22	16 22 35	16 18 43	0 ♎ 18 36	24 45 50	24 23 32	28 59 42	29 20 33	10 06 34	7 42 32
24 Th	2 01 52	10 ♊ 19 58	16 26 43	23 01 17	9 56 23	17 13 58	17 02 46	0 48 57	25 01 01	24 42 18	29 11 10	29 32 26	10 16 43	7 54 44
25 F	3 10 27	22 42 29	28 44 50	25 16 60	10 32 02	18 05 31	17 47 03	1 19 27	25 16 18	25 01 20	29 22 52	29 44 40	10 27 11	8 07 14
26 Sa	4 18 20	4 ♋ 55 50	10 ♋ 54 33	27 33 00	11 05 18	18 56 12	18 30 34	1 49 08	25 30 41	25 19 38	29 33 48	29 56 13	10 36 57	8 19 03
27 Su	5 24 36	17 00 49	22 57 02	29 48 06	11 35 12	19 45 10	19 12 24	2 17 05	25 43 17	25 36 19	29 43 04	0 ♓ 06 13	10 45 08	8 29 17
28 M	6 28 42	28 59 20	4 ♌ 54 35	2 ♐ 01 23	12 01 07	20 31 48	19 51 59	2 42 43	25 53 30	25 50 47	29 50 05	0 14 04	10 51 08	8 37 20
29 Tu	7 30 22	10 ♌ 54 24	16 50 39	4 12 19	12 22 44	21 15 52	20 29 04	3 05 48	26 01 05	26 02 48	29 54 36	0 19 32	10 54 44	8 42 58
30 W	8 29 48	22 50 18	28 49 48	6 20 50	12 40 12	21 57 33	21 03 51	3 26 31	26 06 15	26 12 33	29 56 50	0 22 48	10 56 08	8 46 24
31 Th	9 27 37	4 ♍ 52 17	10 ♍ 57 31	8 27 17	12 54 03	22 37 28	21 36 56	3 45 28	26 09 34	26 20 39	29 57 21	0 24 28	10 55 54	8 48 13

LONGITUDE — August 1975

Day	☉	0 hr ☽	Noon ☽	☿	♀	♂	⚶	⚳	♃	♄	⚷	♅	♆	♇
1 F	10 ♐ 24 42	17 ♍ 06 19	23 ♍ 19 55	10 ♐ 32 22	13 ♑ 05 08	23 ♍ 16 29	22 ♏ 09 13	4 ♎ 03 32	26 ♌ 11 58	26 ♏ 27 60	29 ♌ 57 05	0 ♓ 25 27	10 ♈ 54 57	8 ♒ 49 19
2 Sa	11 22 08	29 38 39	6 ♎ 03 04	12 36 57	13 14 27	23 55 41	22 41 45	4 21 49	26 14 30	26 35 39	29 57 05	0 26 48	10 54 21	8 50 46
3 Su	12 20 57	12 ♎ 35 04	19 12 21	14 41 55	13 23 01	24 36 06	23 15 35	4 41 19	26 18 12	26 44 38	29 58 24	0 29 34	10 55 09	8 53 36
4 M	13 21 56	26 00 07	2 ♏ 51 28	16 47 57	13 31 34	25 18 32	23 51 32	5 02 51	26 23 52	26 55 46	0 ♍ 01 49	0 34 33	10 58 08	8 58 37
5 Tu	14 25 30	9 ♏ 56 03	17 01 29	18 55 18	13 40 26	26 03 22	24 29 57	5 26 47	26 31 54	27 09 26	0 07 43	0 42 07	11 03 42	9 06 13
6 W	15 31 28	24 21 59	1 ♐ 39 58	21 03 44	13 49 25	26 50 26	25 10 42	5 52 59	26 42 07	27 25 27	0 15 58	0 52 08	11 11 42	9 16 14
7 Th	16 39 08	9 ♐ 13 18	16 40 40	23 12 29	13 57 46	27 39 01	25 53 04	6 20 43	26 53 49	27 43 08	0 25 51	1 03 52	11 21 23	9 27 57
8 F	17 47 22	24 21 49	1 ♑ 54 04	25 20 23	14 04 21	28 27 60	26 35 56	6 48 51	27 05 53	28 01 22	0 36 13	1 16 13	11 31 41	9 40 15
9 Sa	18 54 55	9 ♑ 36 52	17 08 57	27 26 07	14 07 51	29 16 06	27 18 00	7 16 08	27 17 02	28 18 51	0 45 50	1 27 54	11 41 17	9 51 52
10 Su	20 00 39	24 47 16	2 ♒ 14 25	29 28 32	14 07 09	0 ♎ 02 12	27 58 11	7 41 27	27 26 10	28 34 28	0 53 34	1 37 48	11 49 06	10 01 41
11 M	21 03 55	9 ♒ 43 20	17 01 54	1 ♑ 26 57	14 01 33	0 45 39	28 35 48	8 04 06	27 32 36	28 47 35	0 58 45	1 45 16	11 54 26	10 09 02
12 Tu	22 04 37	24 18 24	1 ♓ 26 15	3 21 19	13 51 01	1 26 21	29 10 47	8 24 02	27 36 17	28 58 06	1 01 19	1 50 12	11 57 15	10 13 50
13 W	23 03 19	8 ♓ 29 29	15 25 53	5 12 10	13 36 07	2 04 52	29 43 41	8 41 48	27 37 44	29 06 34	1 01 49	1 53 10	11 58 05	10 16 38
14 Th	24 01 01	22 16 44	29 02 06	7 00 29	13 17 51	2 42 12	0 ♐ 15 29	8 58 23	27 37 59	29 13 59	1 01 15	1 55 10	11 57 55	10 18 27
15 F	24 58 57	5 ♈ 42 38	12 ♈ 18 06	8 47 32	12 57 32	3 19 33	0 47 25	9 15 01	27 38 14	29 21 34	1 00 50	1 57 25	11 58 00	10 20 30
16 Sa	25 58 17	18 50 50	25 17 48	10 34 31	12 36 24	3 58 08	1 20 41	9 32 53	27 39 42	29 30 32	1 01 47	2 01 07	11 59 31	10 23 58
17 Su	26 59 58	1 ♉ 45 07	8 ♉ 05 03	12 22 20	12 15 29	4 38 51	1 56 12	9 52 54	27 43 17	29 41 47	1 04 59	2 07 11	12 03 24	10 29 47
18 M	28 04 30	14 28 48	20 42 58	14 11 33	11 55 23	5 22 13	2 34 29	10 15 35	27 49 30	29 55 50	1 10 58	2 16 08	12 10 08	10 38 26
19 Tu	29 11 53	27 04 18	3 ♊ 13 41	16 02 09	11 36 14	6 08 13	3 15 31	10 40 55	27 58 21	0 ♐ 12 02	1 19 45	2 27 57	12 19 44	10 49 58
20 W	0 ♑ 21 39	9 ♊ 33 01	15 38 23	17 53 41	11 17 43	6 56 24	3 58 49	11 08 26	28 09 21	0 31 51	1 30 49	2 42 10	12 31 43	11 03 51
21 Th	1 32 55	21 55 29	27 57 25	19 45 17	10 59 06	7 45 52	4 43 33	11 37 16	28 21 39	0 52 27	1 43 20	2 57 54	12 45 13	11 19 15
22 F	2 44 35	4 ♋ 11 45	10 ♋ 10 47	21 35 51	10 39 30	8 35 32	5 28 35	12 06 18	28 34 09	1 13 25	1 56 11	3 14 05	12 59 09	11 35 04
23 Sa	3 55 32	16 21 45	22 18 31	23 24 17	10 17 56	9 24 14	6 12 47	12 34 23	28 45 40	1 33 35	2 08 13	3 29 32	13 12 20	11 50 08
24 Su	5 04 43	28 25 48	4 ♌ 21 07	25 09 31	9 53 38	10 10 57	6 55 07	13 00 29	28 55 13	1 51 55	2 18 26	3 43 15	13 23 47	12 03 26
25 M	6 11 26	10 ♌ 24 58	16 19 58	26 50 53	9 26 04	10 54 58	7 34 53	13 23 55	29 02 05	2 07 43	2 26 05	3 54 31	13 32 46	12 14 15
26 Tu	7 15 22	22 21 24	28 17 35	28 28 03	8 55 10	11 35 57	8 11 45	13 44 20	29 05 55	2 20 39	2 30 53	4 02 60	13 38 58	12 22 17
27 W	8 16 39	4 ♍ 18 26	10 ♍ 17 40	0 ♒ 01 08	8 21 19	12 14 03	8 45 53	14 01 52	29 06 54	2 30 53	2 32 58	4 08 51	13 42 32	12 27 40
28 Th	9 15 52	16 20 33	22 25 04	1 30 44	7 45 20	12 49 50	9 17 49	14 17 06	29 05 35	2 38 58	2 32 54	4 12 39	13 44 01	12 30 57
29 F	10 13 56	28 33 15	4 ♎ 45 31	2 57 44	7 08 24	13 24 13	9 48 30	14 30 58	29 02 55	2 45 50	2 31 37	4 15 19	13 44 23	12 33 06
30 Sa	11 11 59	11 ♎ 02 40	17 25 11	4 23 16	6 31 50	13 58 19	10 19 03	14 44 33	28 59 59	2 52 35	2 30 13	4 17 57	13 44 42	12 35 12
31 Su	12 11 08	23 54 52	0 ♏ 29 59	5 48 25	5 57 02	14 33 15	10 50 35	14 58 59	28 57 55	3 00 21	2 29 51	4 21 42	13 46 08	12 38 22

Notes

September 1975 LONGITUDE

Day	☉	0 hr ☽	Noon ☽	☿	♀	♂	⚵	⚳	♃	♄	⚷	♅	♆	♇
1 M	13 ♑ 12 17	7 ♏ 15 11	14 ♏ 04 38	7 ♒ 14 04	5 ♑ 25 07	15 ♎ 09 54	11 ♐ 24 00	15 ♎ 15 11	28 ♌ 57 39	3 ♐ 10 03	2 ♍ 31 24	4 ♓ 27 28	13 ♈ 49 34	12 ♒ 43 32
2 Tu	14 15 56	21 07 08	28 11 35	8 40 41	4 56 47	15 48 47	11 59 49	15 33 37	28 59 39	3 22 10	2 35 23	4 35 43	13 55 30	12 51 12
3 W	15 22 01	5 ♐ 31 19	12 ♐ 49 56	10 08 09	4 32 11	16 29 49	12 37 56	15 54 14	29 03 53	3 36 39	2 41 43	4 46 26	14 03 53	13 01 16
4 Th	16 29 55	20 24 32	27 54 41	11 35 50	4 10 51	17 12 23	13 17 45	16 16 24	29 09 42	3 52 50	2 49 48	4 58 57	14 14 04	13 13 08
5 F	17 38 33	5 ♑ 39 29	13 ♑ 16 47	13 02 34	3 51 54	17 55 22	13 58 11	16 39 01	29 16 03	4 09 41	2 58 32	5 12 13	14 24 59	13 25 43
6 Sa	18 46 37	21 05 31	28 44 28	14 27 02	3 34 10	18 37 31	14 37 56	17 00 49	29 21 37	4 25 53	3 06 38	5 24 56	14 35 21	13 37 44
7 Su	19 53 00	6 ♒ 30 16	14 ♒ 05 15	15 47 60	3 16 40	19 17 40	15 15 52	17 20 39	29 25 18	4 40 18	3 12 58	5 35 57	14 44 02	13 48 02
8 M	20 56 58	21 42 05	29 08 21	17 04 39	2 58 46	19 55 05	15 51 16	17 37 47	29 26 21	4 52 13	3 16 49	5 44 34	14 50 17	13 55 54
9 Tu	21 58 21	6 ♓ 32 04	13 ♓ 46 26	18 16 48	2 40 26	20 29 37	16 23 58	17 52 04	29 24 38	5 01 29	3 18 02	5 50 36	14 53 59	14 01 11
10 W	22 57 38	20 55 10	27 56 10	19 24 45	2 22 11	21 01 44	16 54 26	18 03 58	29 20 37	5 08 32	3 17 04	5 54 33	14 55 35	14 04 21
11 Th	23 55 42	4 ♈ 50 10	11 ♈ 37 50	20 29 20	2 05 01	21 32 20	17 23 35	18 14 22	29 15 12	5 14 19	3 14 50	5 57 18	14 55 59	14 06 17
12 F	24 53 44	18 18 52	24 54 19	21 31 33	1 50 06	22 02 33	17 52 34	18 24 26	29 09 33	5 19 57	3 12 29	5 59 60	14 56 20	14 08 10
13 Sa	25 52 49	1 ♉ 24 57	7 ♉ 49 51	22 32 23	1 38 37	22 33 30	18 22 28	18 35 16	29 04 46	5 26 33	3 11 09	6 03 46	14 57 46	14 11 05
14 Su	26 53 51	14 12 50	20 29 07	23 32 33	1 31 28	23 06 04	18 54 13	18 47 45	29 01 46	5 35 02	3 11 41	6 09 30	15 01 08	14 15 57
15 M	27 57 21	26 46 51	2 ♊ 56 24	24 32 23	1 29 09	23 40 46	19 28 16	19 02 23	29 01 02	5 45 51	3 14 37	6 17 40	15 06 58	14 23 14
16 Tu	29 03 19	9 ♊ 10 44	15 15 12	25 31 42	1 31 42	24 17 35	20 04 41	19 19 12	29 02 37	5 59 04	3 19 58	6 28 20	15 15 18	14 32 60
17 W	0 ♒ 11 24	21 27 15	27 28 03	26 29 55	1 38 43	24 56 09	20 43 05	19 37 48	29 06 07	6 14 17	3 27 21	6 41 06	15 25 43	14 44 50
18 Th	1 20 49	3 ♋ 38 21	9 ♋ 36 36	27 26 03	1 49 26	25 35 43	21 22 41	19 57 26	29 10 49	6 30 45	3 36 02	6 55 13	15 37 30	14 57 60
19 F	2 30 39	15 45 12	21 41 48	28 18 52	2 02 53	26 15 20	22 02 33	20 17 09	29 15 44	6 47 32	3 45 03	7 09 43	15 49 41	15 11 32
20 Sa	3 39 53	27 48 31	3 ♌ 44 15	29 07 05	2 18 01	26 53 58	22 41 42	20 35 57	29 19 54	7 03 37	3 53 24	7 23 38	16 01 16	15 24 28
21 Su	4 47 39	9 ♌ 48 59	15 44 37	29 49 31	2 33 55	27 30 45	23 19 14	20 52 57	29 22 27	7 18 07	4 00 14	7 36 05	16 11 23	15 35 54
22 M	5 53 19	21 47 32	27 43 56	0 ♓ 25 12	2 49 54	28 05 03	23 54 32	21 07 31	29 22 43	7 30 25	4 04 54	7 46 24	16 19 24	15 45 13
23 Tu	6 56 35	3 ♍ 45 42	9 ♍ 43 59	0 53 28	3 05 38	28 36 32	24 27 18	21 19 19	29 20 27	7 40 13	4 07 05	7 54 20	16 25 01	15 52 05
24 W	7 57 32	15 45 54	21 47 23	1 14 02	3 21 07	29 05 18	24 57 35	21 28 28	29 15 42	7 47 35	4 06 54	7 59 55	16 28 18	15 56 37
25 Th	8 56 36	27 51 24	3 ♎ 57 47	1 26 56	3 36 45	29 31 46	25 25 51	21 35 22	29 08 56	7 52 56	4 04 46	8 03 37	16 29 41	15 59 14
26 F	9 54 30	10 ♎ 06 24	16 19 36	1 32 29	3 53 12	29 56 39	25 52 48	21 40 46	29 00 52	7 57 02	4 01 25	8 06 08	16 29 55	16 00 39
27 Sa	10 52 09	22 35 46	28 57 51	1 31 12	4 11 16	0 ♏ 20 50	26 19 21	21 45 31	28 52 23	8 00 45	3 57 44	8 08 23	16 29 52	16 01 46
28 Su	11 50 27	5 ♏ 24 36	11 ♏ 57 40	1 23 39	4 31 51	0 45 13	26 46 23	21 50 34	28 44 26	8 05 00	3 54 39	8 11 15	16 30 28	16 03 31
29 M	12 50 09	18 37 41	25 23 27	1 10 14	4 55 37	1 10 33	27 14 41	21 56 38	28 37 46	8 10 33	3 52 54	8 15 32	16 32 28	16 06 38
30 Tu	13 51 43	2 ♐ 18 37	9 ♐ 18 07	0 51 10	5 22 58	1 37 17	27 44 42	22 04 12	28 32 49	8 17 50	3 52 58	8 21 39	16 36 20	16 11 35

October 1975 LONGITUDE

Day	☉	0 hr ☽	Noon ☽	☿	♀	♂	⚵	⚳	♃	♄	⚷	♅	♆	♇
1 W	14 ♒ 55 10	16 ♐ 28 59	23 ♐ 42 04	0 ♓ 26 19	5 ♑ 53 52	2 ♏ 05 25	28 ♐ 16 26	22 ♎ 13 15	28 ♌ 29 39	8 ♐ 26 53	3 ♍ 54 51	8 ♓ 29 38	16 ♈ 42 03	16 ♒ 18 22
2 Th	16 00 07	1 ♑ 07 21	8 ♑ 32 22	29 ♒ 55 18	6 27 50	2 34 33	28 49 29	22 23 24	28 27 51	8 37 17	3 58 09	8 39 04	16 49 15	16 26 36
3 F	17 05 45	16 08 48	23 42 26	29 17 30	7 04 03	3 03 53	29 23 05	22 33 52	28 26 40	8 48 17	4 02 06	8 49 12	16 57 09	16 35 31
4 Sa	18 11 10	1 ♒ 25 00	9 ♒ 02 34	28 32 24	7 41 31	3 32 29	29 56 18	22 43 42	28 25 09	8 58 55	4 05 47	8 59 06	17 04 49	16 44 10
5 Su	19 15 30	16 45 17	24 21 26	27 39 47	8 19 18	3 59 28	0 ♑ 28 15	22 52 03	28 22 26	9 08 21	4 08 18	9 07 52	17 11 23	16 51 41
6 M	20 18 07	1 ♓ 58 23	9 ♓ 28 02	26 40 02	8 56 47	4 24 14	0 58 21	22 58 18	28 17 57	9 15 57	4 09 05	9 14 56	17 16 14	16 57 28
7 Tu	21 18 52	16 54 24	24 13 33	25 34 12	9 33 41	4 46 36	1 26 24	23 02 16	28 11 31	9 21 34	4 07 56	9 20 06	17 19 13	17 01 20
8 W	22 17 59	1 ♈ 26 18	8 ♈ 32 28	24 24 04	10 10 14	5 06 46	1 52 39	23 04 12	28 03 23	9 25 25	4 05 06	9 23 37	17 20 33	17 03 32
9 Th	23 16 02	15 30 31	22 22 50	23 11 58	10 46 57	5 25 20	2 17 41	23 04 40	27 54 07	9 28 05	4 01 11	9 26 03	17 20 49	17 04 39
10 F	24 13 47	29 06 45	5 ♉ 45 36	22 00 35	11 24 32	5 43 02	2 42 15	23 04 25	27 44 30	9 30 19	3 56 54	9 28 10	17 20 47	17 05 25
11 Sa	25 12 01	12 ♉ 17 05	18 43 49	20 52 40	12 03 43	6 00 38	3 07 06	23 04 14	27 35 19	9 32 55	3 53 04	9 30 45	17 21 13	17 06 38
12 Su	26 11 19	25 05 09	1 ♊ 21 41	19 50 46	12 45 06	6 18 44	3 32 53	23 04 43	27 27 10	9 36 28	3 50 16	9 34 23	17 22 43	17 08 54
13 M	27 12 04	7 ♊ 35 16	13 43 43	18 57 03	13 28 59	6 37 43	3 59 56	23 06 15	27 20 26	9 41 21	3 48 53	9 39 27	17 25 41	17 12 35
14 Tu	28 14 21	19 51 47	25 54 16	18 13 07	14 15 24	6 57 36	4 28 20	23 08 53	27 15 12	9 47 37	3 48 59	9 46 02	17 30 09	17 17 45
15 W	29 17 57	1 ♋ 58 40	7 ♋ 57 10	17 39 60	15 04 06	7 18 11	4 57 53	23 12 24	27 11 16	9 55 05	3 50 21	9 53 53	17 35 56	17 24 11
16 Th	0 ♓ 22 25	13 59 20	19 55 35	17 18 09	15 54 39	7 39 02	5 28 08	23 16 23	27 08 11	10 03 17	3 52 35	10 02 37	17 42 35	17 31 29
17 F	1 27 12	25 56 34	1 ♌ 52 03	17 07 32	16 46 25	7 59 34	5 58 31	23 20 16	27 05 25	10 11 42	3 55 05	10 11 38	17 49 33	17 39 03
18 Sa	2 31 44	7 ♌ 52 38	13 48 35	17 07 46	17 38 48	8 19 12	6 28 28	23 23 28	27 02 22	10 19 42	3 57 18	10 20 22	17 56 14	17 46 19
19 Su	3 35 30	19 49 21	25 46 48	17 18 16	18 31 16	8 37 23	6 57 28	23 25 28	26 58 34	10 26 49	3 58 42	10 28 18	18 02 09	17 52 47
20 M	4 38 08	1 ♍ 48 21	7 ♍ 48 11	17 38 16	19 23 25	8 53 46	7 25 08	23 25 54	26 53 38	10 32 40	3 58 57	10 35 05	18 06 55	17 58 04
21 Tu	5 39 27	13 51 12	19 54 15	18 07 06	20 15 02	9 08 09	7 51 19	23 24 36	26 47 24	10 37 04	3 57 51	10 40 32	18 10 22	18 02 00
22 W	6 39 31	25 59 39	2 ♎ 06 49	18 44 05	21 06 09	9 20 35	8 16 03	23 21 37	26 39 55	10 40 04	3 55 28	10 44 41	18 12 33	18 04 38
23 Th	7 38 33	8 ♎ 15 44	14 27 59	19 28 41	21 56 58	9 31 16	8 39 33	23 17 10	26 31 26	10 41 54	3 52 00	10 47 47	18 13 41	18 06 12
24 F	8 36 56	20 41 51	27 00 19	20 20 27	22 47 51	9 40 34	9 02 13	23 11 39	26 22 20	10 42 58	3 47 53	10 50 11	18 14 10	18 07 04
25 Sa	9 35 09	3 ♏ 20 46	9 ♏ 46 41	21 19 01	23 39 13	9 48 57	9 24 29	23 05 30	26 13 05	10 43 41	3 43 32	10 52 23	18 14 26	18 07 42
26 Su	10 33 37	16 15 26	22 50 01	22 23 59	24 31 30	9 56 50	9 46 50	22 59 12	26 04 08	10 44 33	3 39 26	10 54 49	18 14 57	18 08 34
27 M	11 32 43	29 28 39	6 ♐ 13 03	23 34 57	25 25 03	10 04 35	10 09 36	22 53 06	25 55 51	10 45 53	3 35 55	10 57 50	18 16 06	18 10 00
28 Tu	12 32 40	13 ♐ 02 44	19 57 41	24 51 24	26 20 02	10 12 22	10 33 01	22 47 24	25 48 28	10 47 56	3 33 14	11 01 40	18 18 03	18 12 14
29 W	13 33 28	26 58 52	4 ♑ 04 27	26 12 38	27 16 27	10 20 13	10 57 03	22 42 08	25 41 58	10 50 41	3 31 22	11 06 18	18 20 51	18 15 17
30 Th	14 34 56	11 ♑ 16 37	18 31 58	27 37 53	28 14 06	10 27 55	11 21 33	22 37 06	25 36 13	10 53 57	3 30 08	11 11 35	18 24 18	18 18 56
31 F	15 36 45	25 53 20	3 ♒ 16 27	29 06 18	29 12 38	10 35 08	11 46 11	22 32 01	25 30 53	10 57 26	3 29 14	11 17 10	18 28 04	18 22 53

Notes

LONGITUDE November 1975

Day	☉	0 hr ☽	Noon ☽	☿	♀	♂	⚵	⚳	♃	♄	⚷	♅	♆	♇
1 Sa	16 ♓ 38 33	10 ♒ 44 07	18 ♒ 11 55	0 ♓ 37 01	0 ♒ 11 40	10 ♏ 41 30	12 ♑ 10 35	22 ♌ 26 29	25 ♋ 25 35	11 ♐ 00 45	3 ♍ 28 18	11 ♓ 22 42	18 ♈ 31 49	18 ♒ 26 47
2 Su	17 40 01	25 41 59	3 ♓ 10 31	2 09 18	1 10 51	10 46 40	12 34 24	22 20 12	25 20 02	11 03 34	3 27 00	11 27 51	18 35 12	18 30 16
3 M	18 40 55	10 ♓ 38 39	18 03 44	3 42 34	2 09 58	10 50 26	12 57 28	22 12 58	25 14 02	11 05 43	3 25 08	11 32 24	18 38 01	18 33 11
4 Tu	19 41 14	25 25 47	2 ♈ 43 31	5 16 29	3 08 57	10 52 44	13 19 43	22 04 45	25 07 31	11 07 07	3 22 40	11 36 20	18 40 13	18 35 26
5 W	20 41 04	9 ♈ 56 03	17 03 27	6 50 51	4 07 53	10 53 40	13 41 14	21 55 39	25 00 36	11 07 52	3 19 41	11 39 45	18 41 55	18 37 09
6 Th	21 40 35	24 04 13	0 ♉ 59 24	8 25 40	5 06 57	10 53 25	14 02 14	21 45 52	24 53 30	11 08 12	3 16 24	11 42 48	18 43 18	18 38 32
7 F	22 40 01	7 ♉ 47 23	14 29 45	10 00 58	6 06 21	10 52 13	14 22 55	21 35 39	24 46 26	11 08 18	3 13 01	11 45 46	18 44 36	18 39 47
8 Sa	23 39 35	21 05 07	27 35 07	11 36 46	7 06 18	10 50 15	14 43 30	21 25 11	24 39 36	11 08 24	3 09 46	11 48 48	18 45 60	18 41 07
9 Su	24 39 24	3 ♊ 58 55	10 ♊ 17 51	13 13 05	8 06 53	10 47 39	15 04 06	21 14 38	24 33 09	11 08 36	3 06 46	11 52 04	18 47 39	18 42 39
10 M	25 39 31	16 31 45	22 41 30	14 49 51	9 08 08	10 44 26	15 24 45	21 04 01	24 27 07	11 08 58	3 04 03	11 55 35	18 49 34	18 44 26
11 Tu	26 39 52	28 47 31	4 ♋ 50 16	16 26 54	10 10 00	10 40 35	15 45 25	20 53 20	24 21 27	11 09 26	3 01 35	11 59 18	18 51 44	18 46 26
12 W	27 40 23	10 ♋ 50 33	16 48 37	18 04 06	11 12 23	10 35 59	16 05 60	20 42 29	24 16 05	11 09 55	2 59 16	12 03 09	18 54 01	18 48 32
13 Th	28 40 55	22 45 21	28 40 58	19 41 16	12 15 09	10 30 31	16 26 22	20 31 21	24 10 53	11 10 18	2 56 60	12 06 59	18 56 21	18 50 37
14 F	29 41 24	4 ♌ 36 16	10 ♌ 31 32	21 18 15	13 18 11	10 24 07	16 46 27	20 19 53	24 05 47	11 10 30	2 54 40	12 10 44	18 58 36	18 52 36
15 Sa	0 ♈ 41 47	16 27 19	22 24 06	22 54 59	14 21 27	10 16 42	17 06 10	20 08 01	24 00 43	11 10 27	2 52 15	12 14 20	19 00 44	18 54 27
16 Su	1 42 05	28 22 08	4 ♍ 22 01	24 31 27	15 24 57	10 08 19	17 25 33	19 55 47	23 55 42	11 10 10	2 49 45	12 17 49	19 02 46	18 56 10
17 M	2 42 22	10 ♍ 23 46	16 28 01	26 07 41	16 28 45	9 59 01	17 44 40	19 43 17	23 50 50	11 09 45	2 47 14	12 21 15	19 04 46	18 57 49
18 Tu	3 42 45	22 34 44	28 44 18	27 43 49	17 32 57	9 48 57	18 03 37	19 30 38	23 46 14	11 09 18	2 44 50	12 24 44	19 06 52	18 59 31
19 W	4 43 21	4 ♎ 56 53	11 ♎ 12 26	29 19 57	18 37 38	9 38 13	18 22 32	19 17 58	23 41 59	11 08 55	2 42 39	12 28 24	19 09 09	19 01 23
20 Th	5 44 16	17 31 31	23 53 28	0 ♈ 56 10	19 42 56	9 26 55	18 41 29	19 05 23	23 38 13	11 08 43	2 40 47	12 32 20	19 11 44	19 03 32
21 F	6 45 32	0 ♏ 19 24	6 ♏ 47 58	2 32 31	20 48 50	9 15 07	19 00 31	18 52 56	23 34 57	11 08 43	2 39 17	12 36 33	19 14 39	19 05 57
22 Sa	7 47 05	13 20 50	19 56 07	4 08 55	21 55 17	9 02 45	19 19 34	18 40 35	23 32 08	11 08 52	2 38 04	12 41 02	19 17 50	19 08 38
23 Su	8 48 46	26 35 50	3 ♐ 17 50	5 45 15	23 02 08	8 49 42	19 38 29	18 28 12	23 29 38	11 09 02	2 37 01	12 45 36	19 21 08	19 11 23
24 M	9 50 24	10 ♐ 04 09	16 52 49	7 21 20	24 09 10	8 35 45	19 57 03	18 15 34	23 27 13	11 08 59	2 35 54	12 50 04	19 24 21	19 14 02
25 Tu	10 51 44	23 45 24	0 ♑ 40 33	8 56 55	25 16 09	8 20 43	20 15 02	18 02 30	23 24 41	11 08 31	2 34 31	12 54 11	19 27 15	19 16 20
26 W	11 52 36	7 ♑ 38 59	14 40 17	10 31 50	26 22 52	8 04 26	20 32 15	17 48 49	23 21 51	11 07 26	2 32 39	12 57 46	19 29 39	19 18 07
27 Th	12 52 54	21 44 00	28 50 48	12 06 03	27 29 16	7 46 51	20 48 37	17 34 28	23 18 38	11 05 40	2 30 16	13 00 46	19 31 29	19 19 17
28 F	13 52 45	5 ♒ 59 03	13 ♒ 10 16	13 39 39	28 35 25	7 28 05	21 04 14	17 19 33	23 15 07	11 03 17	2 27 25	13 03 15	19 32 50	19 19 56
29 Sa	14 52 22	20 21 59	27 36 03	15 12 53	29 41 32	7 08 22	21 19 18	17 04 19	23 11 33	11 00 33	2 24 22	13 05 27	19 33 56	19 20 18
30 Su	15 52 07	4 ♓ 49 43	12 ♓ 04 31	16 46 07	0 ♓ 47 58	6 48 08	21 34 12	16 49 08	23 08 18	10 57 48	2 21 27	13 07 43	19 35 07	19 20 45

LONGITUDE December 1975

Day	☉	0 hr ☽	Noon ☽	☿	♀	♂	⚵	⚳	♃	♄	⚷	♅	♆	♇
1 M	16 ♈ 52 22	19 ♓ 18 12	26 ♓ 31 15	18 ♈ 19 45	1 ♓ 55 06	6 ♏ 27 46	21 ♑ 49 17	16 ♌ 34 25	23 ♋ 05 43	10 ♐ 55 26	2 ♍ 19 04	13 ♓ 10 27	19 ♈ 36 48	19 ♒ 21 39
2 Tu	17 53 28	3 ♈ 42 38	10 ♈ 51 13	19 54 09	3 03 16	6 07 40	22 04 54	16 20 31	23 04 11	10 53 46	2 17 32	13 13 59	19 39 19	19 23 20
3 W	18 55 35	17 57 50	24 59 24	21 29 31	4 12 38	5 48 03	22 21 14	16 07 38	23 03 52	10 53 02	2 17 05	13 18 30	19 42 50	19 26 01
4 Th	19 58 45	1 ♉ 58 54	8 ♉ 51 21	23 05 51	5 23 13	5 28 59	22 38 17	15 55 48	23 04 46	10 53 11	2 17 40	13 23 59	19 47 22	19 29 41
5 F	21 02 43	15 41 47	22 23 48	24 42 57	6 34 47	5 10 16	22 55 49	15 44 49	23 06 40	10 54 03	2 19 07	13 30 15	19 52 41	19 34 07
6 Sa	22 07 07	29 03 51	5 ♊ 34 58	26 20 27	7 46 55	4 51 34	23 13 27	15 34 18	23 09 12	10 55 12	2 21 00	13 36 54	19 58 26	19 38 55
7 Su	23 11 26	12 ♊ 04 08	18 24 45	27 57 52	8 59 10	4 32 27	23 30 42	15 23 47	23 11 51	10 56 11	2 22 52	13 43 26	20 04 05	19 43 37
8 M	24 15 13	24 43 22	0 ♋ 54 40	29 34 45	10 11 01	4 12 30	23 47 04	15 12 49	23 14 10	10 56 30	2 24 13	13 49 22	20 09 11	19 47 44
9 Tu	25 18 04	7 ♋ 03 51	13 07 37	1 ♉ 10 43	11 22 05	3 51 21	24 02 09	15 01 01	23 15 44	10 55 46	2 24 40	13 54 20	20 13 20	19 50 51
10 W	26 19 45	19 09 08	25 07 34	2 45 32	12 32 09	3 28 51	24 15 45	14 48 11	23 16 20	10 53 47	2 23 60	13 58 06	20 16 18	19 52 47
11 Th	27 20 18	1 ♌ 03 47	6 ♌ 59 19	4 19 14	13 41 12	3 05 03	24 27 52	14 34 20	23 15 60	10 50 32	2 22 13	14 00 40	20 18 07	19 53 32
12 F	28 19 55	12 52 57	18 48 04	5 52 03	14 49 30	2 40 14	24 38 43	14 19 44	23 14 57	10 46 16	2 19 34	14 02 17	20 18 60	19 53 19
13 Sa	29 19 04	24 42 03	0 ♍ 39 13	7 24 25	15 57 26	2 14 53	24 48 44	14 04 49	23 13 36	10 41 25	2 16 29	14 03 22	20 19 23	19 52 35
14 Su	0 ♉ 18 18	6 ♍ 36 29	12 37 57	8 56 54	17 05 36	1 49 38	24 58 29	13 50 10	23 12 33	10 36 33	2 13 31	14 04 29	20 19 51	19 51 53
15 M	1 18 13	18 41 12	24 48 52	10 30 07	18 14 35	1 25 07	25 08 35	13 36 25	23 12 24	10 32 17	2 11 17	14 06 16	20 20 59	19 51 51
16 Tu	2 19 22	1 ♎ 00 22	7 ♎ 15 45	12 04 35	19 24 56	1 01 57	25 19 33	13 24 07	23 13 40	10 29 09	2 10 20	14 09 13	20 23 20	19 52 60
17 W	3 22 08	13 37 04	20 01 03	13 40 39	20 37 01	0 40 32	25 31 45	13 13 39	23 16 45	10 27 32	2 11 02	14 13 45	20 27 18	19 55 43
18 Th	4 26 38	26 32 56	3 ♏ 05 47	15 18 26	21 50 57	0 21 03	25 45 19	13 05 10	23 21 45	10 27 33	2 13 31	14 19 58	20 32 57	20 00 07
19 F	5 32 41	9 ♏ 47 59	16 29 20	16 57 44	23 06 33	0 03 22	26 00 04	12 58 28	23 28 30	10 29 02	2 17 35	14 27 40	20 40 09	20 06 02
20 Sa	6 39 47	23 20 38	0 ♐ 09 29	18 37 60	24 23 20	29 ♎ 47 01	26 15 29	12 53 06	23 36 31	10 31 29	2 22 46	14 36 24	20 48 24	20 12 58
21 Su	7 47 14	7 ♐ 07 56	14 02 52	20 18 29	25 40 34	29 31 21	26 30 52	12 48 21	23 45 03	10 34 11	2 28 19	14 45 25	20 56 58	20 20 12
22 M	8 54 12	21 06 07	28 05 29	21 58 18	26 57 25	29 15 34	26 45 23	12 43 24	23 53 18	10 36 18	2 33 27	14 53 54	21 05 01	20 26 54
23 Tu	9 59 56	5 ♑ 11 07	12 ♑ 13 20	23 36 37	28 13 09	28 58 57	26 58 15	12 37 31	24 00 30	10 37 07	2 37 22	15 01 05	21 11 50	20 32 19
24 W	11 03 56	19 19 20	26 23 01	25 12 52	29 27 14	28 41 03	27 08 60	12 30 12	24 06 09	10 36 06	2 39 37	15 06 30	21 16 53	20 35 58
25 Th	12 06 06	3 ♒ 28 04	10 ♒ 32 10	26 46 50	0 ♈ 39 35	28 21 48	27 17 29	12 21 21	24 10 09	10 33 10	2 40 03	15 10 01	21 20 04	20 37 44
26 F	13 06 45	17 35 41	24 39 24	28 18 44	1 50 31	28 01 34	27 24 04	12 11 20	24 12 51	10 28 39	2 39 02	15 11 58	21 21 44	20 37 56
27 Sa	14 06 37	1 ♓ 41 25	8 ♓ 44 07	29 49 07	3 00 45	27 41 06	27 29 26	12 00 51	24 14 55	10 23 15	2 37 16	15 13 05	21 22 35	20 37 18
28 Su	15 06 39	15 44 56	22 45 58	1 ♊ 18 47	4 11 13	27 21 23	27 34 33	11 50 53	24 17 21	10 17 57	2 35 43	15 14 18	21 23 34	20 36 48
29 M	16 07 49	29 45 51	6 ♈ 44 20	2 48 31	5 22 56	27 03 27	27 40 22	11 42 24	24 21 06	10 13 43	2 35 21	15 16 37	21 25 41	20 37 23
30 Tu	17 10 55	13 ♈ 43 06	20 37 57	4 18 51	6 36 39	26 48 06	27 47 43	11 36 14	24 26 60	10 11 21	2 36 58	15 20 49	21 29 43	20 39 52
31 W	18 16 25	27 34 50	4 ♉ 24 44	5 49 58	7 52 51	26 35 50	27 57 01	11 32 49	24 35 27	10 11 19	2 41 03	15 27 21	21 36 07	20 44 42

Notes

January 1976

LONGITUDE

Day	☉	0 hr ☽	Noon ☽	☿	♀	♂	⚵	⚳	♃	♄	⚷	♅	♆	♇
1 Th	19 ♉ 24 18	11 ♉ 18 20	18 ♉ 01 53	7 ♊ 21 32	9 ♈ 11 31	26 ♎ 26 40	28 ♑ 08 17	11 ♎ 32 11	24 ♌ 46 30	10 ♐ 13 37	2 ♍ 47 33	15 ♓ 36 14	21 ♈ 44 53	20 ♒ 51 53
2 F	20 34 08	24 50 26	1 ♊ 26 26	8 52 44	10 32 11	26 20 11	28 21 03	11 33 52	24 59 40	10 17 48	2 56 03	15 46 60	21 55 35	21 00 59
3 Sa	21 45 06	8 ♊ 08 05	14 35 42	10 22 18	11 54 05	26 15 35	28 34 31	11 37 06	25 14 10	10 23 05	3 05 46	15 58 52	22 07 24	21 11 10
4 Su	22 56 12	21 08 54	27 27 53	11 48 45	13 16 11	26 11 54	28 47 42	11 40 52	25 28 59	10 28 27	3 15 39	16 10 49	22 19 21	21 21 28
5 M	24 06 26	3 ♋ 51 45	10 ♋ 02 33	13 10 30	14 37 29	26 08 08	28 59 34	11 44 10	25 43 07	10 32 54	3 24 45	16 21 51	22 30 24	21 30 51
6 Tu	25 14 57	16 16 60	22 20 44	14 26 04	15 57 08	26 03 28	29 09 16	11 46 10	25 55 43	10 35 36	3 32 11	16 31 08	22 39 45	21 38 30
7 W	26 21 15	28 26 40	4 ♌ 25 03	15 34 14	17 14 39	25 57 23	29 16 19	11 46 22	26 06 18	10 36 03	3 37 27	16 38 09	22 46 51	21 43 54
8 Th	27 25 13	10 ♌ 24 21	16 19 32	16 34 07	18 29 54	25 49 49	29 20 36	11 44 39	26 14 44	10 34 08	3 40 29	16 42 47	22 51 37	21 46 57
9 F	28 27 11	22 14 52	28 09 22	17 25 11	19 43 13	25 41 04	29 22 27	11 41 22	26 21 21	10 30 12	3 41 33	16 45 24	22 54 22	21 47 57
10 Sa	29 27 51	4 ♍ 04 02	10 ♍ 00 33	18 07 15	20 55 17	25 31 50	29 22 32	11 37 12	26 26 50	10 24 56	3 41 23	16 46 38	22 55 48	21 47 38
11 Su	0 ♊ 28 08	15 58 15	21 59 30	18 40 22	22 07 03	25 23 04	29 21 48	11 33 04	26 32 08	10 19 16	3 40 55	16 47 28	22 56 51	21 46 54
12 M	1 29 05	28 03 55	4 ♎ 12 27	19 04 41	23 19 33	25 15 48	29 21 17	11 30 03	26 38 17	10 14 16	3 41 11	16 48 56	22 58 34	21 46 49
13 Tu	2 31 41	10 ♎ 26 57	16 44 58	19 20 20	24 33 46	25 11 01	29 21 59	11 29 06	26 46 15	10 10 53	3 43 09	16 52 00	23 01 54	21 48 22
14 W	3 36 38	23 12 13	29 41 18	19 27 20	25 50 22	25 09 24	29 24 34	11 30 55	26 56 44	10 09 51	3 47 32	16 57 22	23 07 35	21 52 13
15 Th	4 44 13	6 ♏ 22 45	13 ♏ 03 38	19 25 27	27 09 42	25 11 15	29 29 21	11 35 48	27 10 03	10 11 26	3 54 37	17 05 20	23 15 53	21 58 41
16 F	5 54 15	19 59 18	26 51 38	19 14 16	28 31 31	25 16 21	29 36 07	11 43 33	27 25 58	10 15 28	4 04 13	17 15 42	23 26 37	22 07 34
17 Sa	7 06 01	3 ♐ 59 53	11 ♐ 02 10	18 53 09	29 55 08	25 24 01	29 44 11	11 53 28	27 43 47	10 21 14	4 15 37	17 27 46	23 39 05	22 18 10
18 Su	8 18 26	18 19 52	25 29 34	18 21 31	1 ♉ 19 28	25 33 07	29 52 27	12 04 27	28 02 26	10 27 39	4 27 44	17 40 26	23 52 11	22 29 23
19 M	9 30 14	2 ♑ 52 33	10 ♑ 06 30	17 39 03	2 43 14	25 42 24	29 59 39	12 15 14	28 20 37	10 33 27	4 39 17	17 52 26	24 04 39	22 39 58
20 Tu	10 40 15	17 30 18	24 45 13	16 45 58	4 05 16	25 50 40	0 ♒ 04 37	12 24 39	28 37 11	10 37 28	4 49 08	18 02 36	24 15 19	22 48 44
21 W	11 47 42	2 ♒ 05 55	9 ♒ 18 55	15 43 18	5 24 48	25 57 10	0 06 35	12 31 55	28 51 21	10 38 57	4 56 29	18 10 11	24 23 25	22 54 55
22 Th	12 52 25	16 33 47	23 42 47	14 32 56	6 41 39	26 01 41	0 05 21	12 36 51	29 02 56	10 37 41	5 01 08	18 14 57	24 28 45	22 58 19
23 F	13 54 49	0 ♓ 50 38	7 ♓ 54 26	13 17 39	7 56 13	26 04 37	0 01 21	12 39 53	29 12 21	10 34 07	5 03 32	18 17 22	24 31 45	22 59 23
24 Sa	14 55 52	14 55 26	21 53 35	12 00 46	9 09 30	26 06 58	29 ♑ 55 35	12 41 58	29 20 35	10 29 13	5 04 40	18 18 24	24 33 24	22 59 05
25 Su	15 56 53	28 48 56	5 ♈ 41 31	10 45 50	10 22 47	26 10 01	29 49 19	12 44 26	29 28 56	10 24 18	5 05 48	18 19 20	24 34 58	22 58 42
26 M	16 59 11	12 ♈ 32 43	19 20 01	9 36 13	11 37 24	26 15 05	29 43 54	12 48 34	29 38 43	10 20 41	5 08 18	18 21 30	24 37 50	22 59 36
27 Tu	18 03 52	26 08 27	2 ♉ 50 42	8 34 40	12 54 27	26 23 14	29 40 27	12 55 30	29 51 02	10 19 29	5 13 14	18 26 01	24 43 03	23 02 51
28 W	19 11 34	9 ♉ 37 07	16 14 17	7 43 09	14 14 33	26 35 07	29 39 35	13 05 51	0 ♍ 06 31	10 21 19	5 21 15	18 33 30	24 51 16	23 09 05
29 Th	20 22 20	22 58 38	29 30 30	7 02 40	15 37 46	26 50 46	29 41 22	13 19 39	0 25 14	10 26 16	5 32 24	18 44 00	25 02 32	23 18 22
30 F	21 35 40	6 ♊ 11 56	12 ♊ 38 05	6 33 16	17 03 36	27 09 41	29 45 19	13 36 26	0 46 40	10 33 49	5 46 12	18 57 03	25 16 22	23 30 12
31 Sa	22 50 36	19 15 11	25 35 11	6 14 14	18 31 04	27 30 52	29 50 28	13 55 13	1 09 50	10 43 01	6 01 39	19 11 38	25 31 47	23 43 37

February 1976

LONGITUDE

Day	☉	0 hr ☽	Noon ☽	☿	♀	♂	⚵	⚳	♃	♄	⚷	♅	♆	♇
1 Su	24 ♊ 05 54	2 ♋ 06 23	8 ♋ 20 01	6 ♊ 04 20	19 ♉ 58 57	27 ♎ 53 06	29 ♑ 55 36	14 ♎ 14 45	1 ♍ 33 32	10 ♐ 52 38	6 ♍ 17 32	19 ♓ 26 34	25 ♈ 47 34	23 ♒ 57 23
2 M	25 20 18	14 43 57	20 51 19	6 02 07	21 25 58	28 15 04	29 59 26	14 33 46	1 56 28	11 01 24	6 32 36	19 40 32	26 02 25	24 10 14
3 Tu	26 32 42	27 07 16	3 ♌ 09 00	6 06 08	22 51 01	28 35 42	0 ♒ 00 55	14 51 10	2 17 33	11 08 12	6 45 43	19 52 29	26 15 16	24 21 04
4 W	27 42 22	9 ♌ 17 06	15 14 20	6 15 15	24 13 24	28 54 14	29 ♑ 59 18	15 06 14	2 36 03	11 12 22	6 56 11	20 01 40	26 25 23	24 29 10
5 Th	28 49 03	21 15 44	27 10 07	6 28 43	25 32 51	29 10 25	29 54 22	15 18 42	2 51 43	11 13 36	7 03 45	20 07 50	26 32 31	24 34 17
6 F	29 53 00	3 ♍ 06 58	9 ♍ 00 38	6 46 16	26 49 35	29 24 28	29 46 22	15 28 48	3 04 48	11 12 10	7 08 39	20 11 14	26 36 54	24 36 39
7 Sa	0 ♋ 54 55	14 55 57	20 51 22	7 08 07	28 04 20	29 37 05	29 35 60	15 37 14	3 15 59	11 08 46	7 11 35	20 12 33	26 39 15	24 36 58
8 Su	1 55 49	26 48 48	2 ♎ 48 43	7 34 46	29 18 07	29 49 16	29 24 18	15 45 02	3 26 18	11 04 25	7 13 34	20 12 50	26 40 34	24 36 16
9 M	2 56 52	8 ♎ 52 15	14 59 29	8 06 56	0 ♊ 32 06	0 ♏ 02 12	29 12 29	15 53 21	3 36 55	11 00 19	7 15 47	20 13 14	26 42 03	24 35 43
10 Tu	3 59 15	21 13 02	27 30 16	8 45 20	1 47 26	0 16 59	29 01 42	16 03 20	3 48 58	10 57 37	7 19 24	20 14 56	26 44 50	24 36 29
11 W	5 03 49	3 ♏ 57 14	10 ♏ 26 42	9 30 27	3 05 01	0 34 32	28 52 51	16 15 54	4 03 23	10 57 11	7 25 17	20 18 48	26 49 49	24 39 27
12 Th	6 11 03	17 09 29	23 52 40	10 22 22	4 25 19	0 55 17	28 46 24	16 31 28	4 20 35	10 59 31	7 33 54	20 25 18	26 57 29	24 45 05
13 F	7 20 53	0 ♐ 52 07	7 ♐ 49 23	11 20 40	5 48 14	1 19 08	28 42 19	16 49 58	4 40 31	11 04 31	7 45 11	20 34 22	27 07 42	24 53 18
14 Sa	8 32 38	15 04 28	22 14 39	12 24 23	7 13 08	1 45 26	28 39 56	17 10 44	5 02 30	11 11 33	7 58 28	20 45 20	27 19 52	25 03 26
15 Su	9 45 13	29 42 22	7 ♑ 02 47	13 32 07	8 38 53	2 13 03	28 38 09	17 32 40	5 25 27	11 19 29	8 12 38	20 57 05	27 32 50	25 14 24
16 M	10 57 16	14 ♑ 38 24	22 05 07	14 42 17	10 04 10	2 40 38	28 35 40	17 54 24	5 47 60	11 26 60	8 26 21	21 08 17	27 45 17	25 24 50
17 Tu	12 07 33	29 42 59	7 ♒ 11 23	15 53 24	11 27 43	3 06 55	28 31 13	18 14 42	6 08 54	11 32 49	8 38 22	21 17 41	27 55 57	25 33 30
18 W	13 15 12	14 ♒ 46 03	22 11 42	17 04 24	12 48 39	3 31 00	28 23 58	18 32 39	6 27 16	11 36 06	8 47 48	21 24 25	28 03 57	25 39 31
19 Th	14 19 55	29 38 48	6 ♓ 58 10	18 14 51	14 06 43	3 52 38	28 13 38	18 48 01	6 42 51	11 36 34	8 54 23	21 28 11	28 09 02	25 42 37
20 F	15 22 07	14 ♓ 15 09	21 25 56	19 24 57	15 22 17	4 12 10	28 00 39	19 01 10	6 56 01	11 34 35	8 58 30	21 29 24	28 11 35	25 43 11
21 Sa	16 22 43	28 32 08	5 ♈ 33 21	20 35 30	16 36 19	4 30 33	27 45 57	19 13 01	7 07 42	11 31 08	9 01 06	21 29 00	28 12 32	25 42 09
22 Su	17 23 00	12 ♈ 29 35	19 21 16	21 47 39	17 50 03	4 49 02	27 30 50	19 24 52	7 19 11	11 27 27	9 03 25	21 28 15	28 13 09	25 40 48
23 M	18 24 16	26 09 14	2 ♉ 52 04	23 02 36	19 04 47	5 08 54	27 16 36	19 37 58	7 31 46	11 24 50	9 06 47	21 28 26	28 14 43	25 40 25
24 Tu	19 27 34	9 ♉ 33 43	16 08 38	24 21 18	20 21 37	5 31 13	27 04 22	19 53 26	7 46 30	11 24 23	9 12 16	21 30 38	28 18 20	25 42 05
25 W	20 33 33	22 45 37	29 13 38	25 44 18	21 41 09	5 56 37	26 54 45	20 11 51	8 04 01	11 26 43	9 20 29	21 35 29	28 24 37	25 46 26
26 Th	21 42 19	5 ♊ 46 56	12 ♊ 08 52	27 11 38	23 03 30	6 25 12	26 47 54	20 33 21	8 24 26	11 31 57	9 31 33	21 43 05	28 33 40	25 53 33
27 F	22 53 25	18 38 46	24 55 13	28 42 48	24 28 14	6 56 30	26 43 23	20 57 28	8 47 18	11 39 38	9 45 00	21 52 60	28 45 03	26 03 01
28 Sa	24 06 01	1 ♋ 21 23	7 ♋ 32 45	0 ♋ 16 54	25 54 29	7 29 40	26 40 22	21 23 22	9 11 45	11 48 55	10 00 02	22 04 23	28 57 56	26 13 60
29 Su	25 19 00	13 54 26	20 01 03	1 52 45	27 21 10	8 03 36	26 37 47	21 49 57	9 36 43	11 58 43	10 15 30	22 16 08	29 11 11	26 25 22

Notes

LONGITUDE — March 1976

Day	☉	0 hr ☽	Noon ☽	☿	♀	♂	⚵	⚳	♃	♄	⚷	♅	♆	♇
1 M	26♋31 14	26♋17 26	2♌19 40	3♋29 12	28♊47 08	8♏37 09	26♑34 30	22♎16 02	10♍01 02	12♐07 53	10♍30 17	22♓27 07	29♈23 41	26♒35 59
2 Tu	27 41 43	8♌30 11	14 28 36	5 05 12	0♋11 22	9 09 18	26 29 32	22 40 39	10 23 43	12 15 26	10 43 23	22 36 19	29 34 26	26 44 52
3 W	28 49 46	20 33 15	26 28 39	6 40 02	1 33 12	9 39 22	26 22 14	23 03 06	10 44 03	12 20 40	10 54 06	22 43 04	29 42 44	26 51 19
4 Th	29 55 04	2♍28 09	8♍21 45	8 13 23	2 52 21	10 07 02	26 12 19	23 23 05	11 01 46	12 23 17	11 02 09	22 47 04	29 48 17	26 55 03
5 F	0♌57 46	14 17 38	20 11 02	9 45 22	4 08 55	10 32 27	25 59 55	23 40 44	11 16 58	12 23 26	11 07 40	22 48 27	29 51 15	26 56 12
6 Sa	1 58 24	26 05 37	2♎00 50	11 16 29	5 23 26	10 56 06	25 45 36	23 56 33	11 30 12	12 21 39	11 11 10	22 47 44	29 52 08	26 55 17
7 Su	2 57 45	7♎57 06	13 56 25	12 47 32	6 36 44	11 18 49	25 30 11	24 11 23	11 42 17	12 18 43	11 13 28	22 45 44	29 51 45	26 53 07
8 M	3 56 49	19 57 49	26 03 48	14 19 30	7 49 46	11 41 34	25 14 40	24 26 10	11 54 10	12 15 39	11 15 33	22 43 27	29 51 04	26 50 41
9 Tu	4 56 35	2♏13 56	8♏29 14	15 53 22	9 03 33	12 05 19	25 00 04	24 41 54	12 06 51	12 13 25	11 18 24	22 41 51	29 51 06	26 48 58
10 W	5 57 51	14 51 28	21 18 33	17 29 56	10 18 52	12 30 53	24 47 10	24 59 23	12 21 08	12 12 49	11 22 48	22 41 44	29 52 38	26 48 47
11 Th	7 01 06	27 55 39	4♐36 28	19 09 40	11 36 12	12 58 43	24 36 30	25 19 05	12 37 30	12 14 20	11 29 15	22 43 36	29 56 09	26 50 35
12 F	8 06 22	11♐30 02	18 25 40	20 52 37	12 55 35	13 28 52	24 28 06	25 41 04	12 55 59	12 18 02	11 37 48	22 47 28	0♉01 41	26 54 27
13 Sa	9 13 15	25 35 46	2♑45 57	22 38 24	14 16 37	14 00 54	24 21 34	26 04 53	13 16 10	12 23 28	11 48 00	22 52 57	0 08 50	26 59 56
14 Su	10 20 56	10♑10 43	17 33 34	24 26 12	15 38 30	14 34 01	24 16 07	26 29 44	13 37 15	12 29 51	11 59 05	22 59 14	0 16 48	27 06 16
15 M	11 28 24	25 09 14	2♒41 13	26 15 00	17 00 12	15 07 11	24 10 45	26 54 36	13 58 13	12 36 10	12 10 01	23 05 18	0 24 33	27 12 24
16 Tu	12 34 40	10♒22 35	17 58 56	28 03 51	18 20 44	15 39 25	24 04 29	27 18 29	14 18 04	12 41 26	12 19 48	23 10 09	0 31 06	27 17 21
17 W	13 39 01	25 40 09	3♓15 38	29 52 01	19 39 23	16 09 59	23 56 35	27 40 40	14 36 04	12 44 54	12 27 43	23 13 05	0 35 43	27 20 24
18 Th	14 41 09	10♓51 18	18 21 08	1♌39 14	20 55 50	16 38 35	23 46 48	28 00 51	14 51 57	12 46 18	12 33 28	23 13 47	0 38 07	27 21 16
19 F	15 41 16	25 47 09	3♈07 40	3 25 42	22 10 19	17 05 24	23 35 20	28 19 14	15 05 53	12 45 49	12 37 16	23 12 27	0 38 31	27 20 08
20 Sa	16 40 00	10♈21 45	17 30 46	5 12 04	23 23 27	17 31 05	23 22 49	28 36 27	15 18 32	12 44 06	12 39 43	23 09 45	0 37 31	27 17 39
21 Su	17 38 14	24 32 19	1♉29 04	6 59 13	24 36 07	17 56 29	23 10 08	28 53 21	15 30 44	12 42 00	12 41 44	23 06 31	0 36 01	27 14 40
22 M	18 36 53	8♉18 50	15 03 37	8 48 06	25 49 13	18 22 32	22 58 14	29 10 52	15 43 26	12 40 28	12 44 12	23 03 42	0 34 55	27 12 08
23 Tu	19 36 42	21 43 06	28 16 58	10 39 28	27 03 32	18 49 60	22 47 52	29 29 46	15 57 24	12 40 15	12 47 55	23 02 04	0 35 00	27 10 48
24 W	20 38 11	4♊47 55	11♊12 19	12 33 48	28 19 32	19 19 20	22 39 32	29 50 31	16 13 05	12 41 50	12 53 19	23 02 04	0 36 44	27 11 08
25 Th	21 41 26	17 36 21	23 52 48	14 31 13	29 37 20	19 50 38	22 33 20	0♏13 13	16 30 36	12 45 19	13 00 32	23 03 50	0 40 14	27 13 16
26 F	22 46 11	0♋11 09	6♋21 06	16 31 27	0♌56 40	20 23 41	22 29 02	0 37 38	16 49 42	12 50 27	13 09 18	23 07 07	0 45 14	27 16 56
27 Sa	23 51 56	12 34 40	18 39 25	18 33 57	2 17 01	20 57 56	22 26 08	1 03 13	17 09 52	12 56 42	13 19 07	23 11 23	0 51 14	27 21 37
28 Su	24 57 59	24 48 41	0♌49 21	20 38 02	3 37 42	21 32 41	22 23 56	1 29 18	17 30 24	13 03 25	13 29 17	23 15 57	0 57 31	27 26 39
29 M	26 03 37	6♌54 39	12 52 12	22 42 57	4 58 00	22 07 15	22 21 44	1 55 09	17 50 35	13 09 52	13 39 05	23 20 06	1 03 25	27 31 17
30 Tu	27 08 14	18 53 51	24 49 11	24 48 00	6 17 18	22 40 59	22 18 55	2 20 10	18 09 49	13 15 26	13 47 55	23 23 15	1 08 16	27 34 56
31 W	28 11 23	0♍47 38	6♍41 41	26 52 43	7 35 10	23 13 26	22 15 03	2 43 54	18 27 39	13 19 40	13 55 19	23 24 55	1 11 39	27 37 08

LONGITUDE — April 1976

Day	☉	0 hr ☽	Noon ☽	☿	♀	♂	⚵	⚳	♃	♄	⚷	♅	♆	♇
1 Th	29♌12 51	12♍37 41	18♍31 27	28♌56 48	8♌51 24	23♏44 26	22♑09 57	3♏06 08	18♍43 53	13♐22 23	14♍01 05	23♓24 56	1♉13 23	27♒37 43
2 F	0♍12 43	24 26 12	0♎20 53	1♍00 12	10 06 03	24 14 01	22 03 40	3 26 56	18 58 34	13 23 38	14 05 18	23 23 21	1 13 30	27 36 43
3 Sa	1 11 15	6♎15 58	12 13 02	3 03 04	11 19 23	24 42 27	21 56 28	3 46 35	19 11 59	13 23 41	14 08 14	23 20 26	1 12 18	27 34 25
4 Su	2 08 53	18 10 28	24 11 39	5 05 43	12 31 52	25 10 11	21 48 51	4 05 31	19 24 35	13 23 01	14 10 20	23 16 40	1 10 13	27 31 16
5 M	3 06 13	0♏13 49	6♏21 01	7 08 30	13 44 04	25 37 47	21 41 19	4 24 18	19 36 55	13 22 10	14 12 09	23 12 34	1 07 49	27 27 51
6 Tu	4 03 45	12 30 31	18 45 50	9 11 46	14 56 31	26 05 48	21 34 28	4 43 29	19 49 32	13 21 41	14 14 14	23 08 43	1 05 38	27 24 41
7 W	5 01 59	25 05 13	1♐30 45	11 15 43	16 09 40	26 34 40	21 28 43	5 03 30	20 02 54	13 22 02	14 17 03	23 05 34	1 04 10	27 22 15
8 Th	6 01 10	8♐02 21	14 39 58	13 20 23	17 23 49	27 04 41	21 24 24	5 24 40	20 17 18	13 23 30	14 20 52	23 03 24	1 03 39	27 20 49
9 F	7 01 23	21 25 27	28 16 28	15 25 32	18 39 02	27 35 53	21 21 31	5 47 00	20 32 46	13 26 07	14 25 46	23 02 17	1 04 11	27 20 28
10 Sa	8 02 27	5♑16 35	12♑21 25	17 30 39	19 55 07	28 08 06	21 19 56	6 10 21	20 49 09	13 29 45	14 31 33	23 02 02	1 05 34	27 20 59
11 Su	9 03 58	19 35 36	26 53 22	19 35 02	21 11 42	28 40 58	21 19 16	6 34 20	21 06 03	13 33 59	14 37 51	23 02 16	1 07 26	27 22 02
12 M	10 05 30	4♒19 32	11♒47 55	21 37 52	22 28 19	29 13 58	21 19 01	6 58 27	21 23 00	13 38 21	14 44 11	23 02 31	1 09 18	27 23 07
13 Tu	11 06 34	19 22 32	26 57 45	23 38 19	23 44 30	29 46 40	21 18 45	7 22 16	21 39 33	13 42 25	14 50 05	23 02 20	1 10 43	27 23 47
14 W	12 06 49	4♓36 10	12♓13 30	25 35 43	24 59 54	0♐18 43	21 18 05	7 45 25	21 55 19	13 45 48	14 55 14	23 01 22	1 11 20	27 23 41
15 Th	13 06 07	19 50 36	27 25 02	27 29 35	26 14 22	0 49 58	21 16 54	8 07 45	22 10 12	13 48 22	14 59 27	22 59 28	1 10 60	27 22 41
16 F	14 04 33	4♈56 01	12♈23 04	29 19 39	27 27 60	1 20 29	21 15 15	8 29 22	22 24 15	13 50 12	15 02 50	22 56 42	1 09 48	27 20 50
17 Sa	15 02 21	19 44 11	27 00 26	1♎05 53	28 41 01	1 50 30	21 13 24	8 50 28	22 37 42	13 51 32	15 05 37	22 53 20	1 07 58	27 18 24
18 Su	15 59 51	4♉09 20	11♉12 47	2 48 21	29 53 47	2 20 23	21 11 40	9 11 26	22 50 55	13 52 42	15 08 07	22 49 41	1 05 51	27 15 43
19 M	16 57 25	18 08 29	24 58 29	4 27 08	1♍06 37	2 50 27	21 10 23	9 32 35	23 04 13	13 54 04	15 10 44	22 46 08	1 03 48	27 13 08
20 Tu	17 55 18	1♊41 13	8♊18 16	6 02 18	2 19 49	3 20 59	21 09 51	9 54 11	23 17 53	13 55 53	15 13 42	22 42 55	1 02 04	27 10 55
21 W	18 53 40	14 49 06	21 14 27	7 33 48	3 33 30	3 52 07	21 10 12	10 16 24	23 32 04	13 58 18	15 17 10	22 40 12	1 00 50	27 09 13
22 Th	19 52 32	27 34 57	3♋50 22	9 01 28	4 47 43	4 23 53	21 11 25	10 39 14	23 46 46	14 01 21	15 21 08	22 38 00	1 00 04	27 08 03
23 F	20 51 47	10♋02 18	16 09 44	10 25 04	6 02 20	4 56 10	21 13 26	11 02 34	24 01 53	14 04 54	15 25 31	22 36 12	0 59 43	27 07 18
24 Sa	21 51 14	22 14 54	28 16 18	11 44 17	7 17 11	5 28 47	21 16 03	11 26 15	24 17 15	14 08 48	15 30 09	22 34 39	0 59 34	27 06 49
25 Su	22 50 43	4♌16 27	10♌13 41	12 58 49	8 32 05	6 01 34	21 19 05	11 50 05	24 32 40	14 12 50	15 34 49	22 33 09	0 59 27	27 06 24
26 M	23 50 02	16 10 24	22 05 08	14 08 22	9 46 50	6 34 18	21 22 20	12 13 52	24 47 57	14 16 51	15 39 21	22 31 31	0 59 11	27 05 51
27 Tu	24 49 05	27 59 52	3♍53 36	15 12 46	11 01 21	7 06 54	21 25 43	12 37 31	25 02 60	14 20 43	15 43 38	22 29 38	0 58 39	27 05 06
28 W	25 47 50	9♍47 42	15 41 43	16 11 52	12 15 35	7 39 19	21 29 09	13 00 58	25 17 45	14 24 23	15 47 38	22 27 29	0 57 49	27 04 04
29 Th	26 46 17	21 36 27	27 31 54	17 05 37	13 29 33	8 11 33	21 32 41	13 24 14	25 32 15	14 27 54	15 51 21	22 25 04	0 56 42	27 02 48
30 F	27 44 32	3♎28 27	9♎26 25	17 54 02	14 43 19	8 43 43	21 36 23	13 47 25	25 46 34	14 31 20	15 54 54	22 22 29	0 55 23	27 01 22

Notes

May 1976 — LONGITUDE

Day	☉	0 hr ☽	Noon ☽	☿	♀	♂	⚵	⚳	♃	♄	⚷	♅	♆	♇
1 Sa	28 ♍ 42 40	15 ♎ 25 57	21 ♎ 27 31	18 ♎ 37 11	15 ♍ 57 01	9 ♐ 15 54	21 ♑ 40 20	14 ♏ 10 38	26 ♍ 00 49	14 ♐ 34 47	15 ♍ 58 22	22 ♓ 19 50	0 ♉ 53 58	26 ♒ 59 53
2 Su	29 40 49	27 31 11	3 ♏ 37 26	19 15 05	17 10 45	9 48 12	21 44 40	14 33 56	26 15 05	14 38 21	16 01 51	22 17 13	0 52 35	26 58 27
3 M	0 ♎ 39 01	9 ♏ 46 29	15 58 35	19 47 48	18 24 34	10 20 41	21 49 26	14 57 26	26 29 26	14 42 07	16 05 25	22 14 42	0 51 16	26 57 08
4 Tu	1 37 19	22 14 13	28 33 26	20 15 17	19 38 29	10 53 21	21 54 37	15 21 07	26 43 54	14 46 05	16 09 05	22 12 19	0 50 02	26 55 57
5 W	2 35 38	4 ♐ 56 54	11 ♐ 24 32	20 37 30	20 52 27	11 26 11	22 00 12	15 44 57	26 58 24	14 50 12	16 12 48	22 10 00	0 48 52	26 54 52
6 Th	3 33 54	17 56 59	24 34 14	20 54 21	22 06 24	11 59 04	22 06 04	16 08 50	27 12 53	14 54 23	16 16 29	22 07 41	0 47 39	26 53 46
7 F	4 31 60	1 ♑ 16 44	8 ♑ 04 34	21 05 48	23 20 11	12 31 54	22 12 07	16 32 39	27 27 13	14 58 31	16 20 01	22 05 14	0 46 17	26 52 33
8 Sa	5 29 50	14 57 46	21 56 42	21 11 48	24 33 46	13 04 35	22 18 15	16 56 20	27 41 18	15 02 32	16 23 20	22 02 35	0 44 41	26 51 08
9 Su	6 27 25	29 00 44	6 ♒ 10 32	21 12 27	25 47 05	13 37 06	22 24 27	17 19 50	27 55 09	15 06 23	16 26 22	21 59 42	0 42 50	26 49 31
10 M	7 24 47	13 ♒ 24 45	20 44 11	21 07 57	27 00 13	14 09 31	22 30 46	17 43 15	28 08 48	15 10 08	16 29 14	21 56 40	0 40 47	26 47 44
11 Tu	8 22 05	28 06 59	5 ♓ 33 43	20 58 39	28 13 20	14 41 59	22 37 21	18 06 41	28 22 24	15 13 57	16 32 02	21 53 37	0 38 41	26 45 57
12 W	9 19 33	13 ♓ 02 27	20 33 08	20 44 59	29 26 37	15 14 41	22 44 23	18 30 23	28 36 10	15 18 01	16 35 01	21 50 46	0 36 46	26 44 22
13 Th	10 17 22	28 04 14	5 ♈ 34 47	20 27 30	0 ♎ 40 17	15 47 52	22 52 06	18 54 32	28 50 18	15 22 34	16 38 22	21 48 19	0 35 13	26 43 12
14 F	11 15 42	13 ♈ 04 10	20 30 21	20 06 39	1 54 28	16 21 38	23 00 38	19 19 17	29 04 57	15 27 43	16 42 13	21 46 25	0 34 12	26 42 36
15 Sa	12 14 35	27 53 54	5 ♉ 11 52	19 42 54	3 09 14	16 56 03	23 09 60	19 44 40	29 20 09	15 33 31	16 46 38	21 45 07	0 33 44	26 42 35
16 Su	13 13 54	12 ♉ 26 04	19 32 54	19 16 35	4 24 27	17 30 59	23 20 06	20 10 34	29 35 47	15 39 52	16 51 30	21 44 18	0 33 43	26 43 03
17 M	14 13 25	26 35 11	3 ♊ 29 10	18 48 01	5 39 55	18 06 14	23 30 41	20 36 47	29 51 38	15 46 32	16 56 34	21 43 44	0 33 56	26 43 48
18 Tu	15 12 52	10 ♊ 18 09	16 58 50	18 17 25	6 55 18	18 41 28	23 41 29	21 02 59	0 ♎ 07 24	15 53 12	17 01 33	21 43 08	0 34 04	26 44 29
19 W	16 11 55	23 34 22	0 ♋ 02 23	17 45 03	8 10 19	19 16 24	23 52 09	21 28 53	0 22 46	15 59 34	17 06 08	21 42 11	0 33 49	26 44 50
20 Th	17 10 20	6 ♋ 25 16	12 42 07	17 11 16	9 24 42	19 50 47	24 02 26	21 54 12	0 37 28	16 05 23	17 10 05	21 40 37	0 32 55	26 44 35
21 F	18 07 58	18 54 00	25 01 39	16 36 33	10 38 19	20 24 28	24 12 13	22 18 50	0 51 24	16 10 31	17 13 14	21 38 20	0 31 16	26 43 36
22 Sa	19 04 50	1 ♌ 04 45	7 ♌ 05 29	16 01 32	11 51 13	20 57 29	24 21 31	22 42 47	1 04 34	16 14 60	17 15 39	21 35 20	0 28 53	26 41 55
23 Su	20 01 09	13 02 18	18 58 29	15 26 58	13 03 34	21 30 01	24 30 30	23 06 15	1 17 09	16 18 60	17 17 28	21 31 49	0 25 55	26 39 43
24 M	20 57 12	24 51 38	0 ♍ 45 31	14 53 43	14 15 40	22 02 22	24 39 28	23 29 32	1 29 27	16 22 49	17 19 02	21 28 05	0 22 43	26 37 17
25 Tu	21 53 24	6 ♍ 37 36	12 31 17	14 22 43	15 27 55	22 34 56	24 48 50	23 53 01	1 41 53	16 26 52	17 20 43	21 24 32	0 19 40	26 35 03
26 W	22 50 08	18 24 41	24 19 59	13 54 51	16 40 44	23 08 08	24 58 59	24 17 08	1 54 51	16 31 32	17 22 57	21 21 35	0 17 10	26 33 24
27 Th	23 47 46	0 ♎ 16 44	6 ♎ 15 12	13 30 53	17 54 28	23 42 19	25 10 17	24 42 13	2 08 42	16 37 13	17 26 05	21 19 35	0 15 36	26 32 42
28 F	24 46 33	12 16 56	18 19 47	13 11 27	19 09 22	24 17 43	25 22 59	25 08 31	2 23 40	16 44 07	17 30 20	21 18 46	0 15 11	26 33 12
29 Sa	25 46 34	24 27 38	0 ♏ 35 48	12 56 54	20 25 30	24 54 25	25 37 07	25 36 07	2 39 51	16 52 19	17 35 48	21 19 14	0 15 60	26 34 58
30 Su	26 47 38	6 ♏ 50 25	13 04 35	12 47 24	21 42 44	25 32 17	25 52 34	26 04 51	2 57 04	17 01 40	17 42 20	21 20 50	0 17 54	26 37 51
31 M	27 49 27	19 26 11	25 46 47	12 42 46	23 00 43	26 10 57	26 08 59	26 34 23	3 15 01	17 11 51	17 49 36	21 23 12	0 20 33	26 41 31

June 1976 — LONGITUDE

Day	☉	0 hr ☽	Noon ☽	☿	♀	♂	⚵	⚳	♃	♄	⚷	♅	♆	♇
1 Tu	28 ♎ 51 30	2 ♐ 15 16	8 ♐ 42 38	12 ♎ 42 40	24 ♎ 18 57	26 ♐ 49 57	26 ♑ 25 51	27 ♏ 04 14	3 ♎ 33 10	17 ♐ 22 21	17 ♍ 57 05	21 ♓ 25 53	0 ♉ 23 28	26 ♒ 45 29
2 W	29 53 13	15 17 41	21 52 03	12 46 38	25 36 51	27 28 40	26 42 37	27 33 48	3 50 58	17 32 35	18 04 13	21 28 16	0 26 04	26 49 09
3 Th	0 ♏ 54 02	28 33 20	5 ♑ 14 55	12 54 11	26 53 53	28 06 34	26 58 41	28 02 32	4 07 50	17 41 60	18 10 26	21 29 49	0 27 46	26 51 59
4 F	1 53 33	12 ♑ 02 14	18 51 11	13 04 57	28 09 39	28 43 15	27 13 42	28 30 04	4 23 24	17 50 12	18 15 22	21 30 08	0 28 13	26 53 34
5 Sa	2 51 40	25 44 31	2 ♒ 40 54	13 18 48	29 24 01	29 18 36	27 27 29	28 56 13	4 37 31	17 57 05	18 18 52	21 29 06	0 27 16	26 53 48
6 Su	3 48 32	9 ♒ 40 23	16 44 00	13 35 55	0 ♏ 37 10	29 52 47	27 40 15	29 21 13	4 50 22	18 02 47	18 21 06	21 26 53	0 25 07	26 52 50
7 M	4 44 39	23 49 46	1 ♓ 00 02	13 56 42	1 49 34	0 ♑ 26 17	27 52 28	29 45 31	5 02 26	18 07 49	18 22 35	21 23 58	0 22 13	26 51 10
8 Tu	5 40 43	8 ♓ 11 54	15 27 37	14 21 50	3 01 56	0 59 48	28 04 49	0 ♐ 09 49	5 14 25	18 12 52	18 23 59	21 21 04	0 19 17	26 49 30
9 W	6 37 29	22 44 48	0 ♈ 04 04	14 51 59	4 15 01	1 34 05	28 18 05	0 34 52	5 27 04	18 18 41	18 26 05	21 18 55	0 17 05	26 48 35
10 Th	7 35 36	7 ♈ 24 56	14 45 07	15 27 43	5 29 29	2 09 47	28 32 52	1 01 21	5 41 02	18 25 56	18 29 31	21 18 11	0 16 15	26 49 05
11 F	8 35 27	22 07 09	29 25 07	16 09 22	6 45 42	2 47 18	28 49 35	1 29 37	5 56 42	18 34 59	18 34 40	21 19 15	0 17 11	26 51 21
12 Sa	9 37 04	6 ♉ 45 02	13 ♉ 57 28	16 56 51	8 03 41	3 26 37	29 08 14	1 59 41	6 14 06	18 45 51	18 41 33	21 22 07	0 19 53	26 55 26
13 Su	10 40 06	21 11 44	28 15 40	17 49 44	9 23 06	4 07 26	29 28 29	2 31 14	6 32 51	18 58 11	18 49 49	21 26 28	0 24 01	27 00 58
14 M	11 43 54	5 ♊ 20 58	12 ♊ 14 10	18 47 19	10 43 17	4 49 03	29 49 39	3 03 35	6 52 20	19 11 22	18 58 50	21 31 38	0 28 56	27 07 19
15 Tu	12 47 40	19 07 58	25 49 12	19 48 42	12 03 28	5 30 43	0 ♒ 10 57	3 35 57	7 11 44	19 24 33	19 07 47	21 36 49	0 33 51	27 13 40
16 W	13 50 38	2 ♋ 30 03	8 ♋ 59 14	20 53 03	13 22 50	6 11 37	0 31 37	4 07 33	7 30 16	19 36 59	19 15 54	21 41 15	0 37 57	27 19 16
17 Th	14 52 10	15 26 56	21 44 56	21 59 40	14 40 48	6 51 09	0 51 01	4 37 46	7 47 20	19 48 03	19 22 33	21 44 18	0 40 39	27 23 28
18 F	15 51 59	28 00 28	4 ♌ 08 57	23 08 11	15 57 03	7 29 01	1 08 50	5 06 18	8 02 36	19 57 26	19 27 27	21 45 41	0 41 38	27 25 59
19 Sa	16 50 04	10 ♌ 14 18	16 15 27	24 18 35	17 11 36	8 05 13	1 25 05	5 33 10	8 16 06	20 05 10	19 30 35	21 45 24	0 40 55	27 26 49
20 Su	17 46 49	22 13 22	28 09 41	25 31 09	18 24 48	8 40 08	1 40 09	5 58 43	8 28 12	20 11 35	19 32 21	21 43 49	0 38 52	27 26 21
21 M	18 42 52	4 ♍ 03 22	9 ♍ 57 28	26 46 30	19 37 18	9 14 23	1 54 38	6 23 36	8 39 32	20 17 20	19 33 22	21 41 35	0 36 08	27 25 12
22 Tu	19 38 59	15 50 16	21 44 41	28 05 22	20 49 53	9 48 45	2 09 21	6 48 35	8 50 52	20 23 12	19 34 25	21 39 28	0 33 28	27 24 10
23 W	20 35 59	27 39 55	3 ♎ 36 60	29 28 31	22 03 22	10 24 05	2 25 05	7 14 30	9 03 01	20 30 01	19 36 19	21 38 18	0 31 43	27 24 04
24 Th	21 34 36	9 ♎ 37 34	15 39 20	0 ♏ 56 40	23 18 29	11 01 05	2 42 35	7 42 04	9 16 44	20 38 28	19 39 48	21 38 47	0 31 36	27 25 36
25 F	22 35 18	21 47 32	27 55 36	2 30 13	24 35 41	11 40 12	3 02 17	8 11 45	9 32 27	20 49 03	19 45 19	21 41 25	0 33 34	27 29 16
26 Sa	23 38 14	4 ♏ 12 57	10 ♏ 28 24	4 09 17	25 55 07	12 21 37	3 24 21	8 43 41	9 50 20	21 01 54	19 53 01	21 46 19	0 37 48	27 35 12
27 Su	24 43 10	16 55 29	23 18 51	5 53 36	27 16 33	13 05 04	3 48 33	9 17 40	10 10 08	21 16 47	20 02 41	21 53 17	0 44 02	27 43 10
28 M	25 49 29	29 55 17	6 ♐ 26 33	7 42 31	28 39 24	13 49 58	4 14 16	9 53 03	10 31 15	21 33 06	20 13 42	22 01 41	0 51 41	27 52 33
29 Tu	26 56 19	13 ♐ 11 10	19 49 47	9 35 05	0 ♐ 02 45	14 35 26	4 40 37	10 28 59	10 52 48	21 49 57	20 25 10	22 10 39	0 59 51	28 02 29
30 W	28 02 38	26 40 52	3 ♑ 25 60	11 30 11	1 25 36	15 20 26	5 06 35	11 04 27	11 13 46	22 06 20	20 36 06	22 19 10	1 07 31	28 11 57

Notes

LONGITUDE — July 1976

Day	☉	0 hr ☽	Noon ☽	☿	♀	♂	⚵	⚳	♃	♄	⚷	♅	♆	♇
1 Th	29 ♏ 07 29	10 ♑ 21 38	17 ♑ 12 17	13 ♏ 26 49	2 ♐ 46 60	16 ♑ 04 01	5 ♒ 31 12	11 ♐ 38 28	11 ♎ 33 12	22 ♐ 21 17	20 ♍ 45 31	22 ♓ 26 16	1 ♉ 13 46	28 ♒ 19 59
2 F	0 ♐ 10 13	24 10 49	1 ♒ 05 59	15 24 11	4 06 16	16 45 32	5 53 49	12 10 23	11 50 25	22 34 09	20 52 47	22 31 17	1 17 53	28 25 56
3 Sa	1 10 35	8 ♒ 06 17	15 05 13	17 21 55	5 23 11	17 24 44	6 14 11	12 39 58	12 05 13	22 44 41	20 57 38	22 34 01	1 19 41	28 29 34
4 Su	2 08 52	22 06 52	29 08 55	19 20 09	6 38 03	18 01 55	6 32 36	13 07 31	12 17 50	22 53 10	21 00 22	22 34 44	1 19 26	28 31 09
5 M	3 05 51	6 ♓ 12 07	13 ♓ 16 48	21 19 27	7 51 35	18 37 49	6 49 49	13 33 47	12 29 04	23 00 23	21 01 45	22 34 11	1 17 53	28 31 28
6 Tu	4 02 35	20 22 06	27 28 48	23 20 41	9 04 54	19 13 32	7 06 53	13 59 49	12 39 59	23 07 22	21 02 50	22 33 27	1 16 07	28 31 35
7 W	5 00 14	4 ♈ 36 40	11 ♈ 44 31	25 24 46	10 19 08	19 50 13	7 24 59	14 26 48	12 51 43	23 15 19	21 04 48	22 33 41	1 15 17	28 32 38
8 Th	5 59 48	18 54 51	26 02 32	27 32 26	11 35 17	20 28 52	7 45 06	14 55 43	13 05 17	23 25 11	21 08 39	22 35 54	1 16 23	28 35 39
9 F	7 01 53	3 ♉ 14 23	10 ♉ 20 06	29 44 01	12 53 57	21 10 04	8 07 50	15 27 10	13 21 17	23 37 36	21 14 57	22 40 40	1 20 02	28 41 13
10 Sa	8 06 34	17 31 31	24 33 06	1 ♐ 59 16	14 15 13	21 53 54	8 33 16	16 01 15	13 39 47	23 52 38	21 23 48	22 48 06	1 26 18	28 49 25
11 Su	9 13 24	1 ♊ 41 25	8 ♊ 36 37	4 17 29	15 38 39	22 39 56	9 00 56	16 37 29	14 00 20	24 09 51	21 34 45	22 57 44	1 34 44	28 59 47
12 M	10 21 31	15 38 47	22 25 37	6 37 28	17 03 22	23 27 18	9 29 59	17 15 02	14 22 05	24 28 21	21 46 57	23 08 42	1 44 29	29 11 29
13 Tu	11 29 50	29 18 49	5 ♋ 55 55	8 57 50	18 28 16	24 14 54	9 59 18	17 52 47	14 43 54	24 47 04	21 59 16	23 19 54	1 54 26	29 23 24
14 W	12 37 13	12 ♋ 38 03	19 04 51	11 17 11	19 52 15	25 01 36	10 27 47	18 29 37	15 04 42	25 04 52	22 10 37	23 30 13	2 03 28	29 34 24
15 Th	13 42 48	25 34 56	1 ♌ 51 46	13 34 22	21 14 24	25 46 32	10 54 32	19 04 39	15 23 35	25 20 51	22 20 05	23 38 46	2 10 42	29 43 37
16 F	14 46 02	8 ♌ 10 01	14 18 02	15 48 37	22 34 13	26 29 09	11 19 01	19 37 21	15 40 00	25 34 30	22 27 09	23 45 02	2 15 37	29 50 31
17 Sa	15 46 51	20 25 53	26 26 55	17 59 40	23 51 37	27 09 24	11 41 10	20 07 39	15 53 54	25 45 45	22 31 45	23 48 55	2 18 08	29 55 02
18 Su	16 45 38	2 ♍ 26 50	8 ♍ 23 11	20 07 41	25 06 58	27 47 38	12 01 21	20 35 55	16 05 39	25 54 58	22 34 15	23 50 49	2 18 37	29 57 32
19 M	17 43 08	14 18 23	20 12 39	22 13 14	26 21 02	28 24 37	12 20 18	21 02 53	16 15 59	26 02 53	22 35 24	23 51 27	2 17 49	29 58 45
20 Tu	18 40 19	26 06 48	2 ♎ 01 42	24 17 13	27 34 46	29 01 19	12 39 02	21 29 33	16 25 53	26 10 30	22 36 10	23 51 49	2 16 44	29 59 41
21 W	19 38 15	7 ♎ 58 36	13 56 50	26 20 32	28 49 16	29 38 49	12 58 34	21 56 59	16 36 25	26 18 51	22 37 37	23 52 59	2 16 24	0 ♓ 01 22
22 Th	20 37 53	20 00 02	26 04 04	28 24 04	0 ♑ 05 26	0 ♒ 18 02	13 19 52	22 26 06	16 48 31	26 28 54	22 40 42	23 55 53	2 17 48	0 04 47
23 F	21 39 53	2 ♏ 16 32	8 ♏ 28 28	0 ♑ 28 26	1 23 59	0 59 40	13 43 36	22 57 36	17 02 52	26 41 19	22 46 06	24 01 11	2 21 34	0 10 36
24 Sa	22 44 33	14 52 18	21 13 38	2 33 50	2 45 10	1 43 59	14 10 03	23 31 45	17 19 44	26 56 23	22 54 05	24 09 12	2 28 00	0 19 04
25 Su	23 51 38	27 49 46	4 ♐ 21 15	4 40 01	4 08 47	2 30 46	14 39 00	24 08 20	17 38 54	27 13 53	23 04 26	24 19 40	2 36 53	0 29 60
26 M	25 00 29	11 ♐ 09 19	17 50 51	6 46 18	5 34 08	3 19 20	15 09 46	24 46 39	17 59 42	27 33 07	23 16 27	24 31 56	2 47 32	0 42 41
27 Tu	26 10 01	24 49 14	1 ♑ 39 46	8 51 35	7 00 11	4 08 38	15 41 16	25 25 40	18 21 03	27 53 02	23 29 07	24 44 56	2 58 53	0 56 05
28 W	27 19 01	8 ♑ 45 50	15 43 40	10 54 38	8 25 40	4 57 25	16 12 18	26 04 09	18 41 43	28 12 24	23 41 10	24 57 26	3 09 43	1 08 58
29 Th	28 26 19	22 54 16	29 57 12	12 54 18	9 49 27	5 44 32	16 41 41	26 40 56	19 00 34	28 30 04	23 51 28	25 08 17	3 18 52	1 20 10
30 F	29 31 07	7 ♒ 09 14	14 ♒ 15 02	14 49 46	11 10 44	6 29 12	17 08 37	27 15 13	19 16 46	28 45 13	23 59 11	25 16 40	3 25 32	1 28 53
31 Sa	0 ♑ 33 07	21 26 05	28 32 45	16 40 46	12 29 12	7 11 05	17 32 49	27 46 41	19 30 02	28 57 33	24 04 03	25 22 18	3 29 26	1 34 50

LONGITUDE — August 1976

Day	☉	0 hr ☽	Noon ☽	☿	♀	♂	⚵	⚳	♃	♄	⚷	♅	♆	♇
1 Su	1 ♑ 32 39	5 ♓ 41 23	12 ♓ 47 28	18 ♑ 27 36	13 ♑ 45 10	7 ♒ 50 32	17 ♒ 54 35	28 ♐ 15 41	19 ♎ 40 40	29 ♐ 07 24	24 ♍ 06 23	25 ♓ 25 29	3 ♉ 30 51	1 ♓ 38 18
2 M	2 30 33	19 53 21	26 57 54	20 11 09	14 59 31	8 28 24	18 14 47	28 43 03	19 49 33	29 15 38	24 07 01	25 27 06	3 30 41	1 40 11
3 Tu	3 28 03	4 ♈ 01 31	11 ♈ 03 57	21 52 38	16 13 27	9 05 54	18 34 38	29 10 00	19 57 53	29 23 26	24 07 11	25 28 21	3 30 08	1 41 40
4 W	4 26 27	18 06 10	25 06 09	23 33 22	17 28 15	9 44 19	18 55 25	29 37 51	20 06 58	29 32 06	24 08 11	25 30 32	3 30 29	1 44 04
5 Th	5 26 50	2 ♉ 07 41	9 ♉ 04 47	25 14 26	18 45 03	10 24 45	19 18 14	0 ♑ 07 40	20 17 54	29 42 45	24 11 07	25 34 44	3 32 51	1 48 28
6 F	6 29 52	16 05 46	22 59 19	26 56 31	20 04 29	11 07 53	19 43 46	0 40 09	20 31 20	29 56 02	24 16 38	25 41 39	3 37 54	1 55 33
7 Sa	7 35 42	29 59 05	6 ♊ 48 08	28 39 45	21 26 40	11 53 49	20 12 06	1 15 23	20 47 23	0 ♑ 12 05	24 24 52	25 51 22	3 45 44	2 05 25
8 Su	8 43 50	13 ♊ 45 11	20 28 37	0 ♒ 23 39	22 51 10	12 42 06	20 42 48	1 52 57	21 05 37	0 30 26	24 35 21	26 03 27	3 55 55	2 17 38
9 M	9 53 25	27 20 53	3 ♋ 57 34	2 07 20	24 17 05	13 31 51	21 14 59	2 31 55	21 25 07	0 50 11	24 47 12	26 16 60	4 07 32	2 31 16
10 Tu	11 03 17	10 ♋ 42 50	17 11 50	3 49 40	25 43 16	14 21 55	21 47 28	3 11 10	21 44 44	1 10 11	24 59 15	26 30 52	4 19 27	2 45 12
11 W	12 12 16	23 48 14	0 ♌ 09 05	5 29 27	27 08 33	15 11 07	22 19 06	3 49 31	22 03 19	1 29 17	25 10 22	26 43 53	4 30 31	2 58 17
12 Th	13 19 25	6 ♌ 35 27	12 48 16	7 05 43	28 31 59	15 58 31	22 48 56	4 26 00	22 19 54	1 46 31	25 19 34	26 55 05	4 39 45	3 09 31
13 F	14 24 08	19 04 25	25 09 57	8 37 50	29 52 56	16 43 29	23 16 21	5 00 02	22 33 51	2 01 16	25 26 15	27 03 52	4 46 32	3 18 18
14 Sa	15 26 14	1 ♍ 16 48	7 ♍ 16 25	10 05 37	1 ♒ 11 16	17 25 52	23 41 11	5 31 25	22 45 02	2 13 22	25 30 15	27 10 04	4 50 44	3 24 29
15 Su	16 26 01	13 15 53	19 11 28	11 29 19	2 27 15	18 05 58	24 03 43	6 00 29	22 53 42	2 23 06	25 31 51	27 13 59	4 52 37	3 28 21
16 M	17 24 09	25 06 21	1 ♎ 00 12	12 49 35	3 41 34	18 44 26	24 24 37	6 27 51	23 00 34	2 31 10	25 31 44	27 16 16	4 52 52	3 30 34
17 Tu	18 21 34	6 ♎ 53 52	12 48 34	14 07 18	4 55 08	19 22 12	24 44 49	6 54 30	23 06 31	2 38 27	25 30 49	27 17 51	4 52 24	3 32 04
18 W	19 19 19	18 44 45	24 43 02	15 23 26	6 08 60	20 00 19	25 05 22	7 21 25	23 12 36	2 46 01	25 30 08	27 19 47	4 52 15	3 33 53
19 Th	20 18 21	0 ♏ 45 25	6 ♏ 49 59	16 38 56	7 24 08	20 39 44	25 27 13	7 49 37	23 19 47	2 54 50	25 30 41	27 23 01	4 53 25	3 36 59
20 F	21 19 24	13 01 55	19 15 12	17 54 27	8 41 16	21 21 13	25 51 07	8 19 49	23 28 49	3 05 38	25 33 10	27 28 18	4 56 37	3 42 06
21 Sa	22 22 52	25 39 19	2 ♐ 03 21	19 10 16	10 00 45	22 05 06	26 17 25	8 52 21	23 40 03	3 18 46	25 37 58	27 35 60	5 02 12	3 49 37
22 Su	23 28 36	8 ♐ 41 12	15 17 14	20 26 11	11 22 30	22 51 17	26 46 01	9 27 09	23 53 22	3 34 08	25 44 58	27 45 60	5 10 04	3 59 24
23 M	24 36 03	22 09 03	28 57 22	21 41 34	12 45 56	23 39 13	27 16 20	10 03 38	24 08 11	3 51 10	25 53 36	27 57 43	5 19 40	4 10 54
24 Tu	25 44 16	6 ♑ 01 55	13 ♑ 01 37	22 55 21	14 10 06	24 27 56	27 47 26	10 40 51	24 23 36	4 08 54	26 02 56	28 10 14	5 30 02	4 23 09
25 W	26 52 07	20 16 15	27 25 18	24 06 16	15 33 53	25 16 18	28 18 11	11 17 40	24 38 26	4 26 14	26 11 49	28 22 24	5 40 03	4 35 02
26 Th	27 58 31	4 ♒ 46 24	12 ♒ 01 49	25 13 08	16 56 11	26 03 15	28 47 29	11 53 00	24 51 38	4 42 03	26 19 11	28 33 08	5 48 37	4 45 28
27 F	29 02 42	19 25 21	26 43 44	26 14 60	18 16 13	26 47 59	29 14 34	12 26 04	25 02 23	4 55 36	26 24 14	28 41 39	5 54 58	4 53 40
28 Sa	0 ♒ 04 20	4 ♓ 06 01	11 ♓ 24 05	27 11 24	19 33 41	27 30 12	29 39 07	12 56 34	25 10 25	5 06 32	26 26 40	28 47 39	5 58 48	4 59 19
29 Su	1 03 41	18 42 16	25 57 18	28 02 25	20 48 50	28 10 10	0 ♓ 01 24	13 24 44	25 15 56	5 15 09	26 26 45	28 51 23	6 00 20	5 02 40
30 M	2 01 29	3 ♈ 09 50	10 ♈ 19 55	28 48 35	22 02 25	28 48 36	0 22 08	13 51 19	25 19 43	5 22 08	26 25 13	28 53 35	6 00 20	5 04 29
31 Tu	2 58 47	17 26 20	24 30 24	29 30 45	23 15 28	29 26 33	0 42 22	14 17 23	25 22 48	5 28 35	26 23 07	28 55 19	5 59 51	5 05 47

Notes

September 1976

LONGITUDE

Day	☉	0 hr ☽	Noon ☽	☿	♀	♂	⚳	⚴	♃	♄	⚷	♅	♆	♇
1 W	3 ♒ 56 43	1 ♉ 31 06	8 ♉ 28 40	0 ♓ 09 49	24 ♒ 29 06	0 ♓ 05 10	1 ♓ 03 14	14 ♑ 44 01	25 ♌ 26 18	5 ♑ 35 36	26 ♍ 21 34	28 ♓ 57 41	6 ♉ 00 01	5 ♓ 07 42
2 Th	4 56 13	15 24 23	22 15 26	0 46 27	25 44 17	0 45 22	1 25 41	15 12 11	25 31 10	5 44 07	26 21 31	29 01 38	6 01 45	5 11 11
3 F	5 57 51	29 06 48	5 ♊ 51 27	1 20 60	27 01 34	1 27 44	1 50 16	15 42 28	25 37 57	5 54 43	26 23 33	29 07 44	6 05 38	5 16 48
4 Sa	7 01 44	12 ♊ 38 41	19 17 02	1 53 16	28 21 04	2 12 22	2 17 07	16 14 57	25 46 48	6 07 31	26 27 45	29 16 07	6 11 46	5 24 40
5 Su	8 07 31	25 59 51	2 ♋ 31 55	2 22 36	29 42 26	2 58 55	2 45 51	16 49 17	25 57 19	6 22 08	26 33 46	29 26 24	6 19 49	5 34 25
6 M	9 14 30	9 ♋ 09 35	15 35 18	2 48 01	1 ♓ 04 57	3 46 40	3 15 46	17 24 46	26 08 48	6 37 53	26 40 55	29 37 53	6 29 04	5 45 20
7 Tu	10 21 45	22 06 51	28 26 09	3 08 16	2 27 42	4 34 44	3 45 57	18 00 29	26 20 22	6 53 50	26 48 17	29 49 39	6 38 35	5 56 31
8 W	11 28 22	4 ♌ 50 39	11 ♌ 03 38	3 22 09	3 49 47	5 22 10	4 15 30	18 35 32	26 31 04	7 09 05	26 54 55	0 ♈ 00 47	6 47 29	6 07 04
9 Th	12 33 35	17 20 28	23 27 26	3 28 34	5 10 25	6 08 13	4 43 38	19 09 06	26 40 08	7 22 51	27 00 05	0 10 32	6 54 58	6 16 10
10 F	13 36 52	29 36 35	5 ♍ 38 10	3 26 47	6 29 05	6 52 22	5 09 50	19 40 43	26 47 04	7 34 37	27 03 15	0 18 21	7 00 33	6 23 21
11 Sa	14 38 05	11 ♍ 40 17	17 37 32	3 16 23	7 45 38	7 34 26	5 33 56	20 10 11	26 51 41	7 44 13	27 04 16	0 24 06	7 04 02	6 28 25
12 Su	15 37 22	23 34 02	29 28 22	2 57 22	9 00 13	8 14 37	5 56 06	20 37 40	26 54 09	7 51 50	27 03 17	0 27 55	7 05 35	6 31 32
13 M	16 35 10	5 ♎ 21 20	11 ♎ 14 36	2 30 06	10 13 17	8 53 20	6 16 47	21 03 38	26 54 55	7 57 53	27 00 45	0 30 15	7 05 41	6 33 10
14 Tu	17 32 11	17 06 42	23 01 03	1 55 17	11 25 30	9 31 15	6 36 38	21 28 45	26 54 39	8 03 03	26 57 21	0 31 48	7 04 58	6 33 59
15 W	18 29 09	28 55 20	4 ♏ 53 10	1 13 51	12 37 38	10 09 09	6 56 26	21 53 45	26 54 06	8 08 05	26 53 49	0 33 18	7 04 12	6 34 43
16 Th	19 26 49	10 ♏ 52 52	16 56 45	0 26 54	13 50 25	10 47 45	7 16 54	22 19 23	26 54 01	8 13 44	26 50 55	0 35 29	7 04 07	6 36 08
17 F	20 25 45	23 05 01	29 17 28	29 ♒ 35 32	15 04 27	11 27 39	7 38 38	22 46 15	26 54 58	8 20 34	26 49 12	0 38 57	7 05 19	6 38 47
18 Sa	21 26 18	5 ♐ 37 04	12 ♐ 00 23	28 40 49	16 20 01	12 09 11	8 01 56	23 14 39	26 57 17	8 28 55	26 49 02	0 44 00	7 08 07	6 43 01
19 Su	22 28 27	18 33 23	25 09 21	27 43 45	17 37 10	12 52 20	8 26 51	23 44 36	27 00 59	8 38 47	26 50 24	0 50 40	7 12 32	6 48 51
20 M	23 31 54	1 ♑ 56 51	8 ♑ 46 25	26 45 12	18 55 34	13 36 47	8 53 01	24 15 46	27 05 44	8 49 51	26 52 60	0 58 37	7 18 14	6 55 56
21 Tu	24 36 03	15 48 14	22 51 10	25 45 54	20 14 37	14 21 57	9 19 51	24 47 35	27 10 57	9 01 31	26 56 13	1 07 16	7 24 37	7 03 41
22 W	25 40 09	0 ♒ 05 41	7 ♒ 20 27	24 46 40	21 33 34	15 07 05	9 46 37	25 19 16	27 15 52	9 13 03	26 59 18	1 15 51	7 30 57	7 11 21
23 Th	26 43 27	14 44 42	22 08 26	23 48 21	22 51 41	15 51 26	10 12 34	25 50 06	27 19 46	9 23 42	27 01 32	1 23 38	7 36 29	7 18 13
24 F	27 45 25	29 38 25	7 ♓ 07 14	22 52 02	24 08 26	16 34 28	10 37 09	26 19 31	27 22 05	9 32 54	27 02 22	1 30 04	7 40 41	7 23 42
25 Sa	28 45 48	14 ♓ 38 32	22 08 08	21 59 03	25 23 32	17 15 57	11 00 08	26 47 18	27 22 35	9 40 26	27 01 33	1 34 55	7 43 17	7 27 35
26 Su	29 44 43	29 36 36	7 ♈ 02 54	21 10 59	26 37 08	17 55 57	11 21 36	27 13 31	27 21 22	9 46 24	26 59 12	1 38 17	7 44 25	7 29 57
27 M	0 ♓ 42 34	14 ♈ 25 13	21 44 55	20 29 31	27 49 38	18 34 56	11 42 01	27 38 38	27 18 53	9 51 13	26 55 45	1 40 37	7 44 30	7 31 15
28 Tu	1 40 01	28 58 57	6 ♉ 09 49	19 56 21	29 01 40	19 13 32	12 01 58	28 03 16	27 15 44	9 55 32	26 51 49	1 42 30	7 44 10	7 32 07
29 W	2 37 42	13 ♉ 14 31	20 15 24	19 32 56	0 ♈ 13 54	19 52 23	12 22 09	28 28 04	27 12 37	9 59 59	26 48 04	1 44 38	7 44 05	7 33 12
30 Th	3 36 12	27 10 41	4 ♊ 01 20	19 20 22	1 26 54	20 32 03	12 43 06	28 53 36	27 10 04	10 05 09	26 45 04	1 47 34	7 44 48	7 35 03

October 1976

LONGITUDE

Day	☉	0 hr ☽	Noon ☽	☿	♀	♂	⚳	⚴	♃	♄	⚷	♅	♆	♇
1 F	4 ♓ 35 50	10 ♊ 47 38	17 ♊ 28 29	19 ♒ 19 16	2 ♈ 40 59	21 ♓ 12 53	13 ♓ 05 10	29 ♑ 20 12	27 ♌ 08 26	10 ♑ 11 21	26 ♍ 43 10	1 ♈ 51 37	7 ♉ 46 40	7 ♓ 38 01
2 Sa	5 36 40	24 06 30	0 ♋ 38 20	19 29 43	3 56 14	21 54 56	13 28 24	29 47 56	27 07 47	10 18 39	26 42 24	1 56 53	7 49 43	7 42 10
3 Su	6 38 30	7 ♋ 08 48	13 32 34	19 51 23	5 12 27	22 38 02	13 52 37	0 ♒ 16 37	27 07 55	10 26 52	26 42 36	2 03 09	7 53 47	7 47 18
4 M	7 40 60	19 56 05	26 12 48	20 23 31	6 29 16	23 21 47	14 17 27	0 45 51	27 08 28	10 35 38	26 43 23	2 10 02	7 58 30	7 53 03
5 Tu	8 43 40	2 ♌ 29 53	8 ♌ 40 29	21 05 10	7 46 12	24 05 44	14 42 26	1 15 12	27 08 58	10 44 28	26 44 19	2 17 06	8 03 23	7 58 56
6 W	9 46 04	14 51 36	20 56 58	21 55 15	9 02 49	24 49 25	15 07 06	1 44 12	27 08 59	10 52 56	26 44 54	2 23 53	8 07 60	8 04 32
7 Th	10 47 50	27 02 36	3 ♍ 03 36	22 52 42	10 18 45	25 32 29	15 31 06	2 12 28	27 08 07	11 00 38	26 44 49	2 29 60	8 11 57	8 09 27
8 F	11 48 43	9 ♍ 04 24	15 01 53	23 56 35	11 33 45	26 14 42	15 54 11	2 39 48	27 06 11	11 07 22	26 43 47	2 35 14	8 15 02	8 13 27
9 Sa	12 48 40	20 58 42	26 53 41	25 06 03	12 47 46	26 56 00	16 16 17	3 06 06	27 03 04	11 13 03	26 41 47	2 39 31	8 17 11	8 16 29
10 Su	13 47 46	2 ♎ 47 38	8 ♎ 41 14	26 20 25	14 00 53	27 36 28	16 37 31	3 31 28	26 58 54	11 17 46	26 38 53	2 42 55	8 18 28	8 18 38
11 M	14 46 14	14 33 47	20 27 21	27 39 12	15 13 18	28 16 18	16 58 03	3 56 06	26 53 52	11 21 44	26 35 17	2 45 40	8 19 06	8 20 07
12 Tu	15 44 20	26 20 13	2 ♏ 15 20	29 01 59	16 25 20	28 55 48	17 18 11	4 20 18	26 48 16	11 25 14	26 31 17	2 48 03	8 19 22	8 21 12
13 W	16 42 25	8 ♏ 10 34	14 09 03	0 ♓ 28 25	17 37 15	29 35 17	17 38 14	4 44 22	26 42 24	11 28 34	26 27 11	2 50 21	8 19 35	8 22 12
14 Th	17 40 43	20 08 51	26 12 44	1 58 12	18 49 22	0 ♈ 15 01	17 58 29	5 08 35	26 36 34	11 32 01	26 23 18	2 52 53	8 20 02	8 23 24
15 F	18 39 29	2 ♐ 19 24	8 ♐ 30 51	3 30 60	20 01 52	0 55 13	18 19 09	5 33 09	26 30 59	11 35 49	26 19 48	2 55 51	8 20 55	8 25 00
16 Sa	19 38 48	14 46 41	21 07 50	5 06 27	21 14 53	1 35 59	18 40 18	5 58 10	26 25 43	11 40 01	26 16 49	2 59 19	8 22 20	8 27 07
17 Su	20 38 38	27 34 53	4 ♑ 07 41	6 44 06	22 28 21	2 17 18	19 01 56	6 23 37	26 20 47	11 44 38	26 14 18	3 03 18	8 24 16	8 29 43
18 M	21 38 53	10 ♑ 47 34	17 33 29	8 23 28	23 42 11	2 59 02	19 23 55	6 49 23	26 16 03	11 49 32	26 12 09	3 07 40	8 26 35	8 32 41
19 Tu	22 39 21	24 27 05	1 ♒ 26 44	10 04 02	24 56 11	3 40 59	19 46 04	7 15 15	26 11 20	11 54 32	26 10 11	3 12 12	8 29 06	8 35 49
20 W	23 39 50	8 ♒ 33 58	15 46 52	11 45 21	26 10 08	4 22 59	20 08 11	7 41 02	26 06 27	11 59 24	26 08 10	3 16 44	8 31 38	8 38 55
21 Th	24 40 10	23 06 23	0 ♓ 30 38	13 27 00	27 23 53	5 04 51	20 30 06	8 06 34	26 01 12	12 04 00	26 05 59	3 21 05	8 33 60	8 41 49
22 F	25 40 16	7 ♓ 59 47	15 32 07	15 08 44	28 37 21	5 46 29	20 51 44	8 31 45	25 55 32	12 08 14	26 03 31	3 25 11	8 36 06	8 44 27
23 Sa	26 40 08	23 07 02	0 ♈ 43 08	16 50 22	29 50 33	6 27 55	21 13 05	8 56 36	25 49 28	12 12 07	26 00 47	3 29 01	8 37 59	8 46 48
24 Su	27 39 51	8 ♈ 19 14	15 54 15	18 31 51	1 ♉ 03 32	7 09 14	21 34 14	9 21 13	25 43 05	12 15 44	25 57 53	3 32 41	8 39 42	8 48 59
25 M	28 39 33	23 26 50	0 ♉ 56 10	20 13 13	2 16 27	7 50 33	21 55 19	9 45 41	25 36 30	12 19 12	25 54 56	3 36 18	8 41 23	8 51 06
26 Tu	29 39 20	8 ♉ 21 06	15 41 02	21 54 29	3 29 23	8 31 57	22 16 25	10 10 08	25 29 49	12 22 37	25 52 02	3 39 58	8 43 08	8 53 14
27 W	0 ♈ 39 15	22 55 16	0 ♊ 03 21	23 35 36	4 42 24	9 13 31	22 37 36	10 34 36	25 23 07	12 26 02	25 49 14	3 43 44	8 45 00	8 55 28
28 Th	1 39 15	7 ♊ 05 06	14 00 13	25 16 30	5 55 28	9 55 12	22 58 50	10 59 04	25 16 23	12 29 26	25 46 31	3 47 36	8 46 58	8 57 46
29 F	2 39 18	20 48 56	27 31 11	26 57 05	7 08 31	10 36 56	23 20 02	11 23 27	25 09 30	12 32 44	25 43 48	3 51 27	8 48 58	9 00 04
30 Sa	3 39 15	4 ♋ 07 20	10 ♋ 37 42	28 37 10	8 21 25	11 18 37	23 41 06	11 47 38	25 02 25	12 35 50	25 40 59	3 55 11	8 50 51	9 02 14
31 Su	4 39 02	17 02 29	23 22 30	0 ♈ 16 41	9 34 05	12 00 08	24 01 57	12 11 32	24 55 01	12 38 37	25 37 59	3 58 43	8 52 34	9 04 11

Notes

LONGITUDE November 1976

Day	☉	0 hr ☽	Noon ☽	☿	♀	♂	⚵	⚳	♃	♄	⚷	♅	♆	♇
1 M	5 ♈ 38 36	29 ♋ 37 34	5 ♌ 49 02	1 ♈ 55 32	10 ♉ 46 29	12 ♈ 41 28	24 ♓ 22 31	12 ♒ 35 06	24 ♎ 47 16	12 ♑ 41 04	25 ♍ 34 45	4 ♈ 02 01	8 ♉ 54 03	9 ♓ 05 52
2 Tu	6 37 59	11 ♌ 56 15	18 01 01	3 33 46	11 58 38	13 22 38	24 42 50	12 58 22	24 39 12	12 43 12	25 31 18	4 05 06	8 55 20	9 07 20
3 W	7 37 17	24 02 20	0 ♍ 02 10	5 11 29	13 10 39	14 03 45	25 03 02	13 21 26	24 30 57	12 45 07	25 27 46	4 08 04	8 56 32	9 08 41
4 Th	8 36 40	5 ♍ 59 24	11 55 53	6 48 50	14 22 42	14 44 59	25 23 15	13 44 28	24 22 40	12 47 00	25 24 19	4 11 06	8 57 49	9 10 04
5 F	9 36 21	17 50 46	23 45 18	8 26 02	15 34 58	15 26 31	25 43 42	14 07 41	24 14 33	12 49 03	25 21 08	4 14 24	8 59 22	9 11 43
6 Sa	10 36 30	29 39 19	5 ♎ 33 09	10 03 17	16 47 40	16 08 34	26 04 34	14 31 15	24 06 49	12 51 26	25 18 25	4 18 08	9 01 23	9 13 47
7 Su	11 37 17	11 ♎ 27 37	17 21 51	11 40 45	18 00 55	16 51 15	26 26 00	14 55 18	23 59 37	12 54 19	25 16 19	4 22 27	9 04 01	9 16 26
8 M	12 38 45	23 17 53	29 13 33	13 18 27	19 14 46	17 34 38	26 48 03	15 19 55	23 52 59	12 57 44	25 14 52	4 27 25	9 07 18	9 19 42
9 Tu	13 40 50	5 ♏ 12 09	11 ♏ 10 19	14 56 24	20 29 11	18 18 40	27 10 38	15 45 01	23 46 53	13 01 38	25 14 03	4 32 58	9 11 12	9 23 34
10 W	14 43 21	17 12 24	23 14 12	16 34 24	21 43 60	19 03 10	27 33 37	16 10 25	23 41 09	13 05 51	25 13 39	4 38 56	9 15 31	9 27 49
11 Th	15 46 03	29 20 40	5 ♐ 27 23	18 12 12	22 58 54	19 47 51	27 56 42	16 35 52	23 35 30	13 10 07	25 13 25	4 45 02	9 20 00	9 32 11
12 F	16 48 36	11 ♐ 39 15	17 52 16	19 49 30	24 13 35	20 32 25	28 19 33	17 01 01	23 29 37	13 14 04	25 13 02	4 50 56	9 24 18	9 36 21
13 Sa	17 50 38	24 10 41	0 ♑ 31 33	21 25 57	25 27 41	21 16 29	28 41 50	17 25 32	23 23 11	13 17 22	25 12 07	4 56 17	9 28 05	9 39 58
14 Su	18 51 55	6 ♑ 57 48	13 28 05	23 01 20	26 40 58	21 59 50	29 03 17	17 49 08	23 15 54	13 19 46	25 10 27	5 00 50	9 31 05	9 42 46
15 M	19 52 19	20 03 35	26 44 44	24 35 32	27 53 18	22 42 19	29 23 47	18 11 43	23 07 42	13 21 10	25 07 53	5 04 28	9 33 11	9 44 38
16 Tu	20 51 57	3 ♒ 30 53	10 ♒ 23 57	26 08 39	29 04 47	23 24 02	29 43 26	18 33 22	22 58 40	13 21 38	25 04 33	5 07 16	9 34 29	9 45 41
17 W	21 51 05	17 21 50	24 27 14	27 41 02	0 ♊ 15 43	24 05 18	0 ♈ 02 31	18 54 23	22 49 07	13 21 29	25 00 43	5 09 33	9 35 17	9 46 11
18 Th	22 50 13	1 ♓ 37 15	8 ♓ 54 23	29 13 08	1 26 34	24 46 35	0 21 31	19 15 14	22 39 31	13 21 10	24 56 53	5 11 47	9 36 03	9 46 38
19 F	23 49 53	16 15 52	23 42 51	0 ♉ 45 33	2 37 53	25 28 26	0 40 59	19 36 28	22 30 26	13 21 16	24 53 35	5 14 30	9 37 20	9 47 34
20 Sa	24 50 36	1 ♈ 13 45	8 ♈ 47 22	2 18 46	3 50 11	26 11 21	1 01 25	19 58 35	22 22 21	13 22 15	24 51 20	5 18 14	9 39 38	9 49 29
21 Su	25 52 39	16 24 09	24 00 03	3 53 06	5 03 44	26 55 38	1 23 06	20 21 54	22 15 37	13 24 27	24 50 25	5 23 15	9 43 17	9 52 42
22 M	26 56 05	1 ♉ 38 01	9 ♉ 11 15	5 28 37	6 18 36	27 41 19	1 46 06	20 46 25	22 10 16	13 27 53	24 50 54	5 29 37	9 48 16	9 57 15
23 Tu	28 00 36	16 45 12	24 11 03	7 05 02	7 34 29	28 28 07	2 10 07	21 11 52	22 05 59	13 32 16	24 52 29	5 37 01	9 54 20	10 02 50
24 W	29 05 40	1 ♊ 36 05	8 ♊ 50 46	8 41 47	8 50 51	29 15 30	2 34 35	21 37 42	22 02 17	13 37 04	24 54 38	5 44 56	10 00 56	10 08 55
25 Th	0 ♉ 10 37	16 03 07	23 04 15	10 18 15	10 07 00	0 ♉ 02 46	2 58 52	22 03 15	21 58 29	13 41 37	24 56 40	5 52 42	10 07 24	10 14 50
26 F	1 14 48	0 ♋ 01 39	6 ♋ 48 25	11 53 45	11 22 19	0 49 19	3 22 19	22 27 52	21 53 57	13 45 16	24 57 58	5 59 39	10 13 05	10 19 57
27 Sa	2 17 45	13 30 18	20 03 11	13 27 51	12 36 19	1 34 40	3 44 27	22 51 05	21 48 13	13 47 33	24 58 03	6 05 20	10 17 32	10 23 48
28 Su	3 19 16	26 30 25	2 ♌ 50 57	15 00 19	13 48 49	2 18 38	4 05 04	23 12 43	21 41 06	13 48 17	24 56 43	6 09 33	10 20 32	10 26 10
29 M	4 19 28	9 ♌ 05 30	15 15 50	16 31 16	14 59 55	3 01 18	4 24 18	23 32 51	21 32 43	13 47 34	24 54 07	6 12 25	10 22 12	10 27 10
30 Tu	5 18 46	21 20 26	27 22 58	18 01 05	16 10 01	3 43 06	4 42 33	23 51 54	21 23 29	13 45 49	24 50 36	6 14 20	10 22 57	10 27 14

LONGITUDE December 1976

Day	☉	0 hr ☽	Noon ☽	☿	♀	♂	⚵	⚳	♃	♄	⚷	♅	♆	♇
1 W	6 ♉ 17 45	3 ♍ 20 42	9 ♍ 17 53	19 ♉ 30 22	17 ♊ 19 44	4 ♉ 24 38	5 ♈ 00 24	24 ♒ 10 29	21 ♎ 13 60	13 ♑ 43 38	24 ♍ 46 50	6 ♈ 15 54	10 ♉ 23 23	10 ♓ 26 56
2 Th	7 17 09	15 11 51	21 06 02	20 59 47	18 29 45	5 06 36	5 18 35	24 29 17	21 04 60	13 41 43	24 43 29	6 17 51	10 24 12	10 27 00
3 F	8 17 38	26 59 08	2 ♎ 52 22	22 30 01	19 40 46	5 49 41	5 37 47	24 49 00	20 57 10	13 40 46	24 41 15	6 20 50	10 26 07	10 28 08
4 Sa	9 19 47	8 ♎ 47 05	14 41 07	24 01 33	20 53 22	6 34 28	5 58 33	25 10 12	20 51 04	13 41 22	24 40 43	6 25 27	10 29 40	10 30 52
5 Su	10 23 56	20 39 22	26 35 36	25 34 41	22 07 51	7 21 17	6 21 14	25 33 12	20 47 03	13 43 50	24 42 13	6 32 01	10 35 11	10 35 33
6 M	11 30 08	2 ♏ 38 40	8 ♏ 38 12	27 09 24	23 24 17	8 10 11	6 45 53	25 58 04	20 45 11	13 48 13	24 45 46	6 40 35	10 42 45	10 42 15
7 Tu	12 38 06	14 46 44	20 50 21	28 45 23	24 42 24	9 00 54	7 12 13	26 24 31	20 45 11	13 54 15	24 51 09	6 50 53	10 52 05	10 50 40
8 W	13 47 17	27 04 29	3 ♐ 12 45	0 ♊ 21 56	26 01 38	9 52 51	7 39 40	26 51 58	20 46 29	14 01 22	24 57 46	7 02 22	11 02 36	11 00 16
9 Th	14 56 54	9 ♐ 32 13	15 45 38	1 58 10	27 21 10	10 45 16	8 07 28	27 19 40	20 48 20	14 08 48	25 04 51	7 14 13	11 13 32	11 10 15
10 F	16 06 03	22 10 00	28 29 04	3 33 05	28 40 08	11 37 16	8 34 42	27 46 41	20 49 49	14 15 38	25 11 29	7 25 34	11 23 59	11 19 42
11 Sa	17 13 54	4 ♑ 58 01	11 ♑ 23 17	5 05 39	29 57 41	12 27 59	9 00 33	28 12 12	20 50 07	14 21 02	25 16 51	7 35 34	11 33 06	11 27 49
12 Su	18 19 50	17 56 51	24 29 02	6 35 06	1 ♋ 13 11	13 16 48	9 24 22	28 35 34	20 48 36	14 24 23	25 20 20	7 43 35	11 40 17	11 33 57
13 M	19 23 34	1 ♒ 07 44	7 ♒ 47 42	8 00 58	2 26 24	14 03 29	9 45 54	28 56 33	20 45 02	14 25 26	25 21 40	7 49 23	11 45 16	11 37 52
14 Tu	20 25 20	14 32 35	21 21 09	9 23 10	3 37 30	14 48 12	10 05 22	29 15 19	20 39 36	14 24 22	25 21 02	7 53 08	11 48 14	11 39 45
15 W	21 25 44	28 13 40	5 ♓ 11 31	10 42 04	4 47 08	15 31 37	10 23 22	29 32 30	20 32 57	14 21 50	25 19 06	7 55 29	11 49 50	11 40 13
16 Th	22 25 46	12 ♓ 13 06	19 20 25	11 58 18	5 56 16	16 14 41	10 40 53	29 49 06	20 26 03	14 18 48	25 16 49	7 57 25	11 51 02	11 40 16
17 F	23 26 33	26 32 01	3 ♈ 48 11	13 12 37	7 06 02	16 58 32	10 59 04	0 ♓ 06 12	20 20 04	14 16 24	25 15 20	8 00 03	11 52 58	11 41 02
18 Sa	24 29 06	11 ♈ 09 41	18 32 59	14 25 36	8 17 26	17 44 12	11 18 54	0 24 51	20 15 59	14 15 40	25 15 39	8 04 24	11 56 40	11 43 31
19 Su	25 34 06	26 02 42	3 ♉ 30 12	15 37 23	9 31 09	18 32 20	11 41 05	0 45 42	20 14 30	14 17 15	25 18 27	8 11 09	12 02 46	11 48 23
20 M	26 41 42	11 ♉ 04 50	18 32 34	16 47 35	10 47 19	19 23 07	12 05 45	1 08 55	20 15 46	14 21 19	25 23 53	8 20 27	12 11 27	11 55 49
21 Tu	27 51 28	26 07 23	3 ♊ 30 55	17 55 06	12 05 32	20 16 05	12 32 29	1 34 03	20 19 22	14 27 26	25 31 33	8 31 53	12 22 18	12 05 23
22 W	29 02 30	11 ♊ 00 37	18 15 45	18 58 19	13 24 52	21 10 23	13 00 23	2 00 12	20 24 24	14 34 44	25 40 31	8 44 31	12 34 23	12 16 10
23 Th	0 ♊ 13 38	25 35 20	2 ♋ 38 47	19 55 18	14 44 09	22 04 48	13 28 16	2 26 12	20 29 43	14 42 01	25 49 38	8 57 13	12 46 34	12 27 00
24 F	1 23 42	9 ♋ 44 31	16 34 25	20 43 60	16 02 14	22 58 13	13 54 59	2 50 54	20 34 09	14 48 08	25 57 45	9 08 49	12 57 40	12 36 45
25 Sa	2 31 49	23 24 17	0 ♌ 00 15	21 22 39	17 18 13	23 49 43	14 19 39	3 13 24	20 36 48	14 52 13	26 03 57	9 18 25	13 06 49	12 44 30
26 Su	3 37 33	6 ♌ 34 05	12 57 01	21 49 55	18 31 38	24 38 51	14 41 48	3 33 14	20 37 15	14 53 49	26 07 50	9 25 35	13 13 33	12 49 50
27 M	4 40 56	19 16 19	25 28 04	22 04 56	19 42 33	25 25 42	15 01 31	3 50 29	20 35 33	14 52 58	26 09 25	9 30 22	13 17 56	12 52 47
28 Tu	5 42 31	1 ♍ 35 34	7 ♍ 38 37	22 07 28	20 51 31	26 10 48	15 19 19	4 05 39	20 32 15	14 50 15	26 09 16	9 33 19	13 20 30	12 53 55
29 W	6 43 12	13 37 50	19 34 54	21 57 44	21 59 23	26 55 02	15 36 06	4 19 40	20 28 14	14 46 31	26 08 16	9 35 18	13 22 09	12 54 05
30 Th	7 44 02	25 29 42	1 ♎ 23 33	21 36 23	23 07 14	27 39 27	15 52 56	4 33 33	20 24 34	14 42 52	26 07 28	9 37 25	13 23 57	12 54 23
31 F	8 46 06	7 ♎ 17 44	13 11 00	21 04 25	24 16 08	28 25 10	16 10 53	4 48 25	20 22 20	14 40 23	26 07 59	9 40 43	13 26 58	12 55 53

Notes

January 1977

LONGITUDE

Day	☉	0 hr ☽	Noon ☽	☿	♀	♂	⚵	⚳	♃	♄	⚷	♅	♆	♇
1 Sa	9 ♊ 50 19	19 ♎ 07 57	25 ♎ 02 58	20 ♊ 23 02	25 ♋ 26 59	29 ♉ 13 04	16 ♈ 30 51	5 ♓ 05 08	20 ♎ 22 26	14 ♑ 39 57	26 ♍ 10 41	9 ♈ 46 07	13 ♉ 32 07	12 ♓ 59 30
2 Su	10 57 14	1 ♏ 05 24	7 ♏ 04 08	19 33 37	26 40 20	0 ♊ 03 43	16 53 25	5 24 16	20 25 27	14 42 08	26 16 09	9 54 11	13 39 58	13 05 47
3 M	12 07 00	13 13 54	19 17 46	18 37 38	27 56 20	0 57 16	17 18 43	5 45 59	20 31 32	14 47 07	26 24 32	10 05 04	13 50 39	13 14 53
4 Tu	13 19 18	25 35 46	1 ♐ 45 44	17 36 35	29 14 40	1 53 23	17 46 26	6 09 56	20 40 20	14 54 33	26 35 31	10 18 26	14 03 52	13 26 29
5 W	14 33 22	8 ♐ 11 53	14 28 22	16 31 56	0 ♌ 34 33	2 51 19	18 15 47	6 35 22	20 51 07	15 03 40	26 48 19	10 33 31	14 18 50	13 39 49
6 Th	15 48 07	21 01 45	27 24 44	15 25 09	1 54 52	3 49 58	18 45 41	7 01 10	21 02 47	15 13 24	27 01 51	10 49 15	14 34 27	13 53 48
7 F	17 02 18	4 ♑ 03 54	10 ♑ 33 04	14 17 37	3 14 24	4 48 06	19 14 53	7 26 05	21 14 04	15 22 29	27 14 53	11 04 21	14 49 29	14 07 10
8 Sa	18 14 43	17 16 26	23 51 19	13 10 41	4 31 56	5 44 31	19 42 13	7 48 57	21 23 50	15 29 46	27 26 13	11 17 40	15 02 45	14 18 46
9 Su	19 24 31	0 ♒ 37 33	7 ♒ 17 43	12 05 46	5 46 36	6 38 22	20 06 47	8 08 52	21 31 10	15 34 21	27 34 59	11 28 18	15 13 24	14 27 42
10 M	20 31 19	14 06 05	20 51 20	11 04 25	6 58 00	7 29 15	20 28 13	8 25 28	21 35 42	15 35 52	27 40 48	11 35 53	15 20 60	14 33 35
11 Tu	21 35 18	27 41 58	4 ♓ 32 18	10 08 17	8 06 21	8 17 22	20 46 42	8 38 56	21 37 38	15 34 31	27 43 53	11 40 37	15 25 47	14 36 38
12 W	22 37 16	11 ♓ 26 06	18 21 44	9 19 07	9 12 23	9 03 30	21 03 01	8 50 01	21 37 45	15 31 05	27 44 59	11 43 16	15 28 31	14 37 37
13 Th	23 38 24	25 20 07	2 ♈ 21 15	8 38 43	10 17 21	9 48 51	21 18 22	8 59 58	21 37 15	15 26 46	27 45 20	11 45 04	15 30 26	14 37 45
14 F	24 40 08	9 ♈ 25 42	16 32 12	8 08 40	11 22 36	10 34 51	21 34 10	9 10 10	21 37 33	15 22 60	27 46 19	11 47 23	15 32 54	14 38 26
15 Sa	25 43 45	23 43 39	0 ♉ 54 50	7 50 08	12 29 27	11 22 45	21 51 42	9 21 53	21 39 57	15 21 03	27 49 15	11 51 33	15 37 14	14 40 58
16 Su	26 50 07	8 ♉ 13 04	15 27 24	7 43 41	13 38 46	12 13 28	22 11 50	9 36 00	21 45 18	15 21 48	27 54 60	11 58 25	15 44 18	14 46 13
17 M	27 59 31	22 50 43	0 ♊ 05 47	7 49 07	14 50 48	13 07 16	22 34 52	9 52 49	21 53 55	15 25 34	28 03 51	12 08 17	15 54 24	14 54 29
18 Tu	29 11 34	7 ♊ 30 60	14 43 41	8 05 28	16 05 10	14 03 44	23 00 23	10 11 54	22 05 23	15 31 55	28 15 24	12 20 44	16 07 07	15 05 21
19 W	0 ♋ 25 16	22 06 32	29 13 30	8 31 09	17 20 51	15 01 55	23 27 24	10 32 17	22 18 43	15 39 54	28 28 40	12 34 48	16 21 29	15 17 51
20 Th	1 39 18	6 ♋ 29 24	13 ♋ 27 39	9 04 14	18 36 33	16 00 29	23 54 36	10 52 38	22 32 36	15 48 12	28 42 21	12 49 10	16 36 11	15 30 40
21 F	2 52 19	20 32 35	27 19 56	9 42 43	19 50 52	16 58 05	24 20 38	11 11 36	22 45 41	15 55 27	28 55 05	13 02 28	16 49 50	15 42 26
22 Sa	4 03 13	4 ♌ 11 10	10 ♌ 46 33	10 24 58	21 02 43	17 53 36	24 44 23	11 28 05	22 56 52	16 00 33	29 05 45	13 13 36	17 01 22	15 52 04
23 Su	5 11 21	17 23 01	23 46 34	11 09 45	22 11 25	18 46 24	25 05 12	11 41 25	23 05 31	16 02 52	29 13 44	13 21 56	17 10 07	15 58 55
24 M	6 16 38	0 ♍ 08 51	6 ♍ 21 45	11 56 32	23 16 53	19 36 24	25 23 02	11 51 32	23 11 32	16 02 20	29 18 57	13 27 23	17 16 01	16 02 53
25 Tu	7 19 31	12 31 54	18 36 06	12 45 16	24 19 34	20 24 04	25 38 18	11 58 53	23 15 22	15 59 24	29 21 50	13 30 25	17 19 31	16 04 27
26 W	8 20 53	24 37 13	0 ♎ 35 12	13 36 26	25 20 18	21 10 16	25 51 53	12 04 20	23 17 54	15 54 57	29 23 16	13 31 52	17 21 29	16 04 29
27 Th	9 21 51	6 ♎ 31 04	12 25 35	14 30 47	26 20 12	21 56 06	26 04 54	12 08 59	23 20 15	15 50 04	29 24 22	13 32 53	17 23 02	16 04 05
28 F	10 23 33	18 20 10	24 14 01	15 29 07	27 20 24	22 42 44	26 18 30	12 13 60	23 23 34	15 45 58	29 26 18	13 34 37	17 25 20	16 04 26
29 Sa	11 27 02	0 ♏ 11 07	6 ♏ 07 02	16 32 12	28 21 55	23 31 11	26 33 43	12 20 24	23 28 52	15 43 37	29 30 04	13 38 06	17 29 24	16 06 31
30 Su	12 32 59	12 09 56	18 10 21	17 40 26	29 25 25	24 22 10	26 51 13	12 28 52	23 36 52	15 43 46	29 36 24	13 44 00	17 35 56	16 11 05
31 M	13 41 41	24 21 34	0 ♐ 28 29	18 53 52	0 ♍ 31 08	25 15 56	27 11 17	12 39 41	23 47 48	15 46 39	29 45 31	13 52 37	17 45 11	16 18 21

February 1977

LONGITUDE

Day	☉	0 hr ☽	Noon ☽	☿	♀	♂	⚵	⚳	♃	♄	⚷	♅	♆	♇
1 Tu	14 ♋ 52 52	6 ♐ 49 33	13 ♐ 04 25	20 ♊ 12 04	1 ♍ 38 51	26 ♊ 12 15	27 ♈ 33 41	12 ♓ 52 37	24 ♎ 01 28	15 ♑ 52 04	29 ♍ 57 13	14 ♈ 03 41	17 ♉ 56 56	16 ♓ 28 07
2 W	16 05 51	19 35 43	25 59 18	21 34 09	2 47 50	27 10 26	27 57 43	13 06 56	24 17 08	15 59 18	0 ♎ 10 48	14 16 32	18 10 29	16 39 41
3 Th	17 19 36	2 ♑ 40 12	9 ♑ 12 32	22 58 53	3 56 60	28 09 24	28 22 18	13 21 37	24 33 46	16 07 18	0 25 12	14 30 05	18 24 47	16 51 59
4 F	18 32 51	16 01 28	22 41 52	24 24 56	5 05 06	29 07 57	28 46 14	13 35 24	24 50 07	16 14 50	0 39 12	14 43 08	18 38 35	17 03 47
5 Sa	19 44 28	29 36 43	6 ♒ 24 00	25 50 59	6 10 57	0 ♋ 04 53	29 08 19	13 47 07	25 05 01	16 20 45	0 51 36	14 54 29	18 50 44	17 13 55
6 Su	20 53 32	13 ♒ 22 29	20 15 10	27 16 03	7 13 38	0 59 21	29 27 41	13 55 54	25 17 36	16 24 10	1 01 33	15 03 16	19 00 19	17 21 30
7 M	21 59 40	27 15 22	4 ♓ 11 59	28 39 37	8 12 44	1 50 54	29 43 54	14 01 19	25 27 26	16 24 39	1 08 37	15 09 04	19 06 58	17 26 08
8 Tu	23 02 60	11 ♓ 12 40	18 11 57	0 ♋ 01 45	9 08 21	2 39 42	29 57 07	14 03 31	25 34 40	16 22 22	1 12 57	15 12 02	19 10 48	17 27 57
9 W	24 04 14	25 12 44	2 ♈ 13 48	1 23 07	10 01 12	3 26 28	0 ♉ 08 04	14 03 12	25 40 00	16 18 03	1 15 16	15 12 52	19 12 32	17 27 41
10 Th	25 04 30	9 ♈ 15 05	16 17 21	2 44 44	10 52 20	4 12 18	0 17 49	14 01 30	25 44 34	16 12 46	1 16 40	15 12 41	19 13 16	17 26 24
11 F	26 05 03	23 19 55	0 ♉ 22 60	4 07 50	11 43 01	4 58 28	0 27 38	13 59 39	25 49 36	16 07 49	1 18 26	15 12 46	19 14 17	17 25 24
12 Sa	27 07 04	7 ♉ 27 38	14 31 03	5 33 33	12 34 24	5 46 09	0 38 43	13 58 51	25 56 18	16 04 23	1 21 43	15 14 16	19 16 46	17 25 51
13 Su	28 11 22	21 38 00	28 41 01	7 02 38	13 27 14	6 36 09	0 51 52	13 59 54	26 05 28	16 03 16	1 27 21	15 17 59	19 21 29	17 28 34
14 M	29 18 12	5 ♊ 49 38	12 ♊ 51 07	8 35 21	14 21 48	7 28 44	1 07 20	14 03 05	26 17 22	16 04 45	1 35 36	15 24 14	19 28 46	17 33 50
15 Tu	0 ♌ 27 18	19 59 44	26 58 06	10 11 22	15 17 45	8 23 38	1 24 51	14 08 06	26 31 44	16 08 32	1 46 10	15 32 43	19 38 17	17 41 20
16 W	1 37 52	4 ♋ 04 13	10 ♋ 57 39	11 49 53	16 14 17	9 20 02	1 43 36	14 14 10	26 47 44	16 13 51	1 58 16	15 42 37	19 49 15	17 50 19
17 Th	2 48 49	17 58 19	24 45 00	13 29 48	17 10 15	10 16 53	2 02 31	14 20 13	27 04 19	16 19 37	2 10 50	15 52 52	20 00 36	17 59 39
18 F	3 59 01	1 ♌ 37 23	8 ♌ 15 50	15 09 57	18 04 30	11 13 00	2 20 27	14 25 06	27 20 21	16 24 41	2 22 42	16 02 20	20 11 12	18 08 15
19 Sa	5 07 30	14 57 45	21 27 03	16 49 24	18 56 02	12 07 29	2 36 27	14 27 52	27 34 51	16 28 08	2 32 57	16 10 04	20 20 04	18 15 08
20 Su	6 13 41	27 57 22	4 ♍ 17 20	18 27 32	19 44 12	12 59 41	2 49 54	14 27 56	27 47 14	16 29 20	2 40 57	16 15 28	20 26 38	18 19 42
21 M	7 17 23	10 ♍ 36 04	16 47 20	20 04 11	20 28 48	13 49 28	3 00 39	14 25 08	27 57 19	16 28 08	2 46 33	16 18 22	20 30 43	18 21 48
22 Tu	8 18 52	22 55 43	28 59 32	21 39 35	21 10 02	14 37 04	3 08 57	14 19 44	28 05 23	16 24 48	2 49 60	16 19 01	20 32 35	18 21 41
23 W	9 18 44	4 ♎ 59 47	10 ♎ 58 03	23 14 23	21 48 28	15 23 06	3 15 23	14 12 20	28 12 01	16 19 56	2 51 54	16 18 02	20 32 49	18 19 58
24 Th	10 17 49	16 53 04	22 48 03	24 49 24	22 24 53	16 08 25	3 20 49	14 03 48	28 18 03	16 14 23	2 53 06	16 16 14	20 32 17	18 17 29
25 F	11 17 02	28 41 13	4 ♏ 35 28	26 25 33	23 00 09	16 53 54	3 26 08	13 55 01	28 24 24	16 09 03	2 54 30	16 14 33	20 31 53	18 15 07
26 Sa	12 17 13	10 ♏ 30 13	16 26 24	28 03 40	23 35 01	17 40 23	3 32 09	13 46 51	28 31 53	16 04 46	2 56 56	16 13 49	20 32 26	18 13 44
27 Su	13 18 58	22 26 01	28 26 44	29 44 24	24 10 05	18 28 30	3 39 31	13 39 55	28 41 08	16 02 09	3 01 01	16 14 38	20 34 33	18 13 56
28 M	14 22 36	4 ♐ 34 04	10 ♐ 41 45	1 ♌ 28 04	24 45 34	19 18 33	3 48 31	13 34 31	28 52 26	16 01 31	3 07 04	16 17 19	20 38 34	18 16 02

Notes

LONGITUDE — March 1977

Day	☉	0 hr ☽	Noon ☽	☿	♀	♂	⚵	⚳	♃	♄	⚷	♅	♆	♇
1 Tu	15 ♌ 28 03	16 ♐ 58 56	23 ♐ 15 34	3 ♌ 14 35	25 ♍ 21 22	20 ♋ 10 27	3 ♉ 59 04	13 ♓ 30 37	29 ♎ 05 43	16 ♑ 02 49	3 ♎ 14 59	16 ♈ 21 47	20 ♉ 44 23	18 ♓ 19 57
2 W	16 34 53	29 43 56	6 ♑ 10 56	5 03 35	25 56 59	21 03 48	4 10 46	13 27 47	29 20 35	16 05 36	3 24 22	16 27 38	20 51 36	18 25 17
3 Th	17 42 25	12 ♑ 50 48	19 28 46	6 54 20	26 31 39	21 57 53	4 22 54	13 25 20	29 36 18	16 09 10	3 34 31	16 34 10	20 59 31	18 31 18
4 F	18 49 47	26 19 27	3 ♒ 08 06	8 46 02	27 04 29	22 51 51	4 34 37	13 22 26	29 52 01	16 12 41	3 44 34	16 40 30	21 07 15	18 37 11
5 Sa	19 56 09	10 ♒ 07 58	17 06 03	10 37 50	27 34 33	23 44 52	4 45 03	13 18 14	0 ♏ 06 55	16 15 19	3 53 42	16 45 49	21 13 60	18 42 05
6 Su	21 00 52	24 12 50	1 ♓ 18 21	12 29 07	28 01 09	24 36 16	4 53 35	13 12 07	0 20 19	16 16 24	4 01 14	16 49 29	21 19 05	18 45 20
7 M	22 03 36	8 ♓ 29 24	15 39 52	14 19 32	28 23 53	25 25 44	4 59 51	13 03 44	0 31 53	16 15 36	4 06 50	16 51 08	21 22 11	18 46 37
8 Tu	23 04 24	22 52 38	0 ♈ 05 25	16 09 10	28 42 45	26 13 18	5 03 55	12 53 11	0 41 42	16 12 60	4 10 36	16 50 50	21 23 21	18 45 59
9 W	24 03 43	7 ♈ 17 48	14 30 30	17 58 28	28 58 08	26 59 26	5 06 13	12 40 53	0 50 10	16 08 60	4 12 55	16 49 01	21 23 01	18 43 52
10 Th	25 02 14	21 40 59	28 51 39	19 48 06	29 10 40	27 44 48	5 07 27	12 27 34	0 57 59	16 04 19	4 14 30	16 46 24	21 21 54	18 40 58
11 F	26 00 47	5 ♉ 59 23	13 ♉ 06 35	21 38 54	29 21 06	28 30 14	5 08 24	12 14 03	1 05 59	15 59 47	4 16 10	16 43 47	21 20 47	18 38 06
12 Sa	27 00 05	20 11 07	27 13 55	23 31 36	29 30 07	29 16 27	5 09 50	12 01 05	1 14 53	15 56 07	4 18 39	16 41 54	21 20 25	18 36 00
13 Su	28 00 39	4 ♊ 14 58	11 ♊ 12 44	25 26 41	29 38 11	0 ♌ 03 59	5 12 14	11 49 12	1 25 13	15 53 49	4 22 27	16 41 16	21 21 19	18 35 12
14 M	29 02 40	18 09 60	25 02 17	27 24 17	29 45 26	0 53 00	5 15 47	11 38 35	1 37 08	15 53 06	4 27 46	16 42 05	21 23 40	18 35 51
15 Tu	0 ♍ 05 59	1 ♋ 55 11	8 ♋ 41 36	29 24 14	29 51 38	1 43 21	5 20 21	11 29 07	1 50 29	15 53 48	4 34 26	16 44 09	21 27 18	18 37 48
16 W	1 10 08	15 29 21	22 09 32	1 ♍ 26 01	29 56 20	2 34 35	5 25 27	11 20 22	2 04 50	15 55 28	4 42 00	16 47 04	21 31 46	18 40 38
17 Th	2 14 34	28 51 09	5 ♌ 24 44	3 28 59	29 58 54	3 26 06	5 30 31	11 11 44	2 19 34	15 57 31	4 49 54	16 50 13	21 36 30	18 43 44
18 F	3 18 37	11 ♌ 59 15	18 25 57	5 32 25	29 58 40	4 17 17	5 34 55	11 02 39	2 34 05	15 59 19	4 57 28	16 52 60	21 40 52	18 46 29
19 Sa	4 21 46	24 52 40	1 ♍ 12 25	7 35 41	29 55 06	5 07 38	5 38 08	10 52 36	2 47 52	16 00 22	5 04 13	16 54 53	21 44 20	18 48 23
20 Su	5 23 43	7 ♍ 31 01	13 43 57	9 38 18	29 47 51	5 56 47	5 39 49	10 41 15	3 00 33	16 00 19	5 09 48	16 55 32	21 46 35	18 49 04
21 M	6 24 20	19 54 40	26 01 19	11 40 01	29 36 50	6 44 38	5 39 53	10 28 33	3 12 03	15 59 05	5 14 07	16 54 51	21 47 30	18 48 27
22 Tu	7 23 43	2 ♎ 04 58	8 ♎ 06 15	13 40 44	29 22 08	7 31 18	5 38 25	10 14 35	3 22 28	15 56 45	5 17 16	16 52 56	21 47 12	18 46 39
23 W	8 22 10	14 04 13	20 01 24	15 40 30	29 04 06	8 17 03	5 35 43	9 59 41	3 32 05	15 53 37	5 19 32	16 50 04	21 45 58	18 43 55
24 Th	9 20 05	25 55 34	1 ♏ 50 21	17 39 29	28 43 10	9 02 18	5 32 10	9 44 16	3 41 17	15 50 05	5 21 19	16 46 40	21 44 12	18 40 41
25 F	10 17 52	7 ♏ 42 58	13 37 19	19 37 49	28 19 48	9 47 28	5 28 12	9 28 47	3 50 31	15 46 35	5 23 03	16 43 10	21 42 19	18 37 22
26 Sa	11 15 57	19 30 54	25 27 02	21 35 33	27 54 31	10 32 58	5 24 14	9 13 38	4 00 10	15 43 31	5 25 08	16 39 56	21 40 43	18 34 23
27 Su	12 14 37	1 ♐ 24 12	7 ♐ 24 29	23 32 40	27 27 42	11 19 04	5 20 33	8 59 08	4 10 32	15 41 09	5 27 51	16 37 18	21 39 43	18 31 60
28 M	13 14 01	13 27 48	19 34 38	25 28 55	26 59 37	12 05 57	5 17 18	8 45 28	4 21 45	15 39 41	5 31 21	16 35 24	21 39 27	18 30 23
29 Tu	14 14 08	25 46 26	2 ♑ 02 06	27 23 54	26 30 24	12 53 34	5 14 29	8 32 38	4 33 50	15 39 04	5 35 39	16 34 14	21 39 55	18 29 32
30 W	15 14 50	8 ♑ 24 21	14 50 47	29 17 05	26 00 03	13 41 48	5 11 55	8 20 30	4 46 36	15 39 10	5 40 33	16 33 37	21 40 57	18 29 16
31 Th	16 15 49	21 24 54	28 03 26	1 ♎ 07 46	25 28 29	14 30 21	5 09 22	8 08 48	4 59 47	15 39 43	5 45 49	16 33 20	21 42 18	18 29 21

LONGITUDE — April 1977

Day	☉	0 hr ☽	Noon ☽	☿	♀	♂	⚵	⚳	♃	♄	⚷	♅	♆	♇
1 F	17 ♍ 16 47	4 ♒ 50 05	11 ♒ 41 16	2 ♎ 55 15	24 ♍ 55 35	15 ♌ 18 55	5 ♉ 06 31	7 ♓ 57 15	5 ♏ 13 04	15 ♑ 40 23	5 ♎ 51 07	16 ♈ 33 01	21 ♉ 43 38	18 ♓ 29 27
2 Sa	18 17 26	18 40 09	25 43 28	4 38 50	24 21 17	16 07 13	5 03 03	7 45 35	5 26 11	15 40 54	5 56 09	16 32 25	21 44 39	18 29 17
3 Su	19 17 35	2 ♓ 53 18	10 ♓ 07 04	6 17 58	23 45 35	16 55 01	4 58 46	7 33 35	5 38 53	15 41 02	6 00 44	16 31 18	21 45 10	18 28 38
4 M	20 17 07	17 25 33	24 47 01	7 52 11	23 08 39	17 42 14	4 53 36	7 21 11	5 51 06	15 40 42	6 04 45	16 29 35	21 45 06	18 27 24
5 Tu	21 16 06	2 ♈ 11 01	9 ♈ 36 43	9 21 15	22 30 48	18 28 56	4 47 35	7 08 28	6 02 52	15 39 58	6 08 16	16 27 19	21 44 28	18 25 40
6 W	22 14 41	17 02 39	24 28 45	10 44 59	21 52 25	19 15 14	4 40 52	6 55 34	6 14 20	15 38 58	6 11 25	16 24 39	21 43 25	18 23 33
7 Th	23 13 04	1 ♉ 53 04	9 ♉ 15 58	12 03 23	21 13 59	20 01 23	4 33 41	6 42 43	6 25 43	15 37 54	6 14 25	16 21 48	21 42 12	18 21 17
8 F	24 11 28	16 35 32	23 52 15	13 16 22	20 35 56	20 47 32	4 26 11	6 30 08	6 37 13	15 36 59	6 17 28	16 18 58	21 40 58	18 19 02
9 Sa	25 09 60	1 ♊ 04 39	8 ♊ 13 07	14 23 55	19 58 41	21 33 52	4 18 34	6 17 58	6 48 57	15 36 20	6 20 42	16 16 16	21 39 53	18 16 59
10 Su	26 08 44	15 16 49	22 15 53	15 25 53	19 22 30	22 20 24	4 10 51	6 06 16	7 00 59	15 36 02	6 24 09	16 13 47	21 38 60	18 15 09
11 M	27 07 37	29 10 07	5 ♋ 59 28	16 22 07	18 47 36	23 07 08	4 03 01	5 55 03	7 13 16	15 36 02	6 27 49	16 11 27	21 38 17	18 13 31
12 Tu	28 06 36	12 ♋ 44 10	19 24 05	17 12 22	18 14 06	23 53 56	3 54 59	5 44 13	7 25 44	15 36 14	6 31 36	16 09 13	21 37 38	18 11 59
13 W	29 05 32	25 59 39	2 ♌ 30 50	17 56 28	17 42 05	24 40 44	3 46 39	5 33 40	7 38 16	15 36 33	6 35 23	16 06 58	21 36 57	18 10 28
14 Th	0 ♎ 04 22	8 ♌ 57 60	15 21 18	18 34 15	17 11 39	25 27 26	3 37 56	5 23 21	7 50 47	15 36 54	6 39 05	16 04 36	21 36 10	18 08 52
15 F	1 03 03	21 40 57	27 57 19	19 05 38	16 42 56	26 13 60	3 28 50	5 13 15	8 03 15	15 37 15	6 42 41	16 02 07	21 35 14	18 07 10
16 Sa	2 01 38	4 ♍ 10 26	10 ♍ 20 48	19 30 39	16 16 07	27 00 28	3 19 21	5 03 24	8 15 42	15 37 37	6 46 13	15 59 32	21 34 12	18 05 24
17 Su	3 00 11	16 28 22	22 33 38	19 49 24	15 51 22	27 46 56	3 09 37	4 53 53	8 28 13	15 38 06	6 49 46	15 56 57	21 33 09	18 03 39
18 M	3 58 50	28 36 40	4 ♎ 37 42	20 02 01	15 28 56	28 33 30	2 59 43	4 44 50	8 40 55	15 38 50	6 53 26	15 54 28	21 32 12	18 02 02
19 Tu	4 57 40	10 ♎ 37 11	16 34 57	20 08 45	15 08 60	29 20 16	2 49 47	4 36 23	8 53 54	15 39 53	6 57 19	15 52 12	21 31 27	18 00 38
20 W	5 56 47	22 31 56	28 27 25	20 09 48	14 51 41	0 ♍ 07 18	2 39 54	4 28 36	9 07 14	15 41 20	7 01 31	15 50 13	21 30 57	17 59 34
21 Th	6 56 10	4 ♏ 23 01	10 ♏ 17 26	20 05 21	14 37 03	0 54 37	2 30 04	4 21 29	9 20 55	15 43 13	7 06 02	15 48 32	21 30 45	17 58 48
22 F	7 55 45	16 12 51	22 07 34	19 55 38	14 25 04	1 42 10	2 20 15	4 14 60	9 34 55	15 45 26	7 10 45	15 47 04	21 30 46	17 58 18
23 Sa	8 55 24	28 04 10	4 ♐ 00 48	19 40 48	14 15 37	2 29 47	2 10 17	4 08 60	9 49 03	15 47 53	7 15 36	15 45 43	21 30 52	17 57 55
24 Su	9 54 56	10 ♐ 00 08	16 00 31	19 21 03	14 08 30	3 17 17	2 00 02	4 03 18	10 03 09	15 50 20	7 20 22	15 44 16	21 30 51	17 57 27
25 M	10 54 09	22 04 17	28 10 26	18 56 38	14 03 32	4 04 29	1 49 16	3 57 43	10 17 01	15 52 36	7 24 50	15 42 31	21 30 31	17 56 43
26 Tu	11 52 52	4 ♑ 20 33	10 ♑ 34 34	18 27 54	14 00 31	4 51 11	1 37 51	3 52 04	10 30 28	15 54 31	7 28 50	15 40 18	21 29 42	17 55 32
27 W	12 50 60	16 53 03	23 16 59	17 55 19	13 59 19	5 37 18	1 25 41	3 46 17	10 43 25	15 55 60	7 32 18	15 37 32	21 28 19	17 53 49
28 Th	13 48 35	29 45 50	6 ♒ 21 30	17 19 34	13 59 58	6 22 53	1 12 50	3 40 23	10 55 53	15 57 04	7 35 14	15 34 15	21 26 24	17 51 37
29 F	14 45 47	13 ♒ 02 28	19 51 09	16 41 28	14 02 34	7 08 05	0 59 27	3 34 33	11 08 03	15 57 53	7 37 48	15 30 37	21 24 06	17 49 04
30 Sa	15 42 52	26 45 26	3 ♓ 47 35	16 01 59	14 07 22	7 53 11	0 45 50	3 29 04	11 20 12	15 58 44	7 40 19	15 26 55	21 21 44	17 46 28

Notes

May 1977

LONGITUDE

Day	☉	0 hr ☽	Noon ☽	☿	♀	♂	⚵	⚳	♃	♄	⚷	♅	♆	♇
1 Su	16♎ 40 14	10♓ 55 25	18♓ 10 19	15♎ 22 12	14♍ 14 41	8♍ 38 33	0♉ 32 22	3♓ 24 16	11♏ 32 40	15♑ 59 58	7♎ 43 06	15♈ 23 30	21♉ 19 37	17♓ 44 10
2 M	17 38 11	25 30 41	2♈ 56 18	14 43 10	14 24 47	9 24 31	0 19 23	3 20 31	11 45 48	16 01 57	7 46 31	15 20 43	21 18 07	17 42 32
3 Tu	18 36 58	10♈ 26 40	17 59 32	14 05 46	14 37 52	10 11 19	0 07 08	3 18 03	11 59 50	16 04 54	7 50 47	15 18 48	21 17 28	17 41 46
4 W	19 36 39	25 35 58	3♉ 11 39	13 30 45	14 53 56	10 59 01	29♈ 55 43	3 16 55	12 14 50	16 08 52	7 55 59	15 17 50	21 17 43	17 41 58
5 Th	20 37 06	10♉ 49 14	18 22 51	12 58 34	15 12 46	11 47 28	29 44 57	3 16 59	12 30 39	16 13 43	8 01 57	15 17 38	21 18 44	17 42 57
6 F	21 37 56	25 56 26	3♊ 23 27	12 29 24	15 33 57	12 36 18	29 34 30	3 17 52	12 46 55	16 19 05	8 08 19	15 17 51	21 20 09	17 44 23
7 Sa	22 38 41	10♊ 48 27	18 05 20	12 03 15	15 56 57	13 25 03	29 23 55	3 19 06	13 03 10	16 24 29	8 14 37	15 18 02	21 21 30	17 45 46
8 Su	23 38 53	25 18 25	2♋ 22 60	11 40 05	16 21 13	14 13 14	29 12 43	3 20 13	13 18 55	16 29 28	8 20 23	15 17 41	21 22 17	17 46 39
9 M	24 38 09	9♋ 22 19	16 13 50	11 19 50	16 46 20	15 00 29	29 00 34	3 20 51	13 33 46	16 33 37	8 25 13	15 16 26	21 22 09	17 46 38
10 Tu	25 36 20	22 59 07	29 37 59	11 02 39	17 12 03	15 46 37	28 47 17	3 20 48	13 47 36	16 36 49	8 28 59	15 14 08	21 20 56	17 45 35
11 W	26 33 30	6♌ 10 09	12♌ 37 36	10 48 48	17 38 23	16 31 44	28 32 59	3 20 11	14 00 28	16 39 07	8 31 45	15 10 51	21 18 43	17 43 34
12 Th	27 29 58	18 58 28	25 16 11	10 38 45	18 05 36	17 16 09	28 17 58	3 19 18	14 12 41	16 40 50	8 33 49	15 06 54	21 15 48	17 40 53
13 F	28 26 13	1♍ 28 04	7♍ 37 56	10 33 04	18 34 07	18 00 19	28 02 45	3 18 36	14 24 44	16 42 27	8 35 40	15 02 46	21 12 41	17 38 02
14 Sa	29 22 49	13 43 15	19 47 05	10 32 22	19 04 25	18 44 48	27 47 53	3 18 41	14 37 10	16 44 31	8 37 52	14 59 01	21 09 54	17 35 34
15 Su	0♏ 20 17	25 48 09	1♎ 47 39	10 37 11	19 37 00	19 30 09	27 33 57	3 20 04	14 50 31	16 47 34	8 40 58	14 56 10	21 08 00	17 34 02
16 M	1 19 03	7♎ 46 27	13 43 04	10 47 55	20 12 14	20 16 48	27 21 21	3 23 10	15 05 13	16 52 03	8 45 21	14 54 40	21 07 26	17 33 51
17 Tu	2 19 22	19 41 13	25 36 12	11 04 45	20 50 18	21 04 58	27 10 22	3 28 13	15 21 30	16 58 11	8 51 18	14 54 45	21 08 25	17 35 15
18 W	3 21 15	1♏ 34 51	7♏ 29 18	11 27 37	21 31 10	21 54 40	27 01 01	3 35 15	15 39 24	17 05 60	8 58 49	14 56 26	21 10 57	17 38 15
19 Th	4 24 26	13 29 14	19 24 06	11 56 11	22 14 33	22 45 40	26 53 03	3 44 01	15 58 38	17 15 14	9 07 39	14 59 29	21 14 50	17 42 38
20 F	5 28 29	25 25 50	1♐ 22 06	12 29 54	22 59 56	23 37 29	26 46 04	3 54 02	16 18 47	17 25 26	9 17 20	15 03 25	21 19 35	17 47 55
21 Sa	6 32 46	7♐ 25 59	13 24 42	13 08 00	23 46 39	24 29 32	26 39 25	4 04 42	16 39 12	17 35 59	9 27 16	15 07 38	21 24 34	17 53 29
22 Su	7 36 36	19 31 11	25 33 32	13 49 42	24 33 58	25 21 06	26 32 26	4 15 19	16 59 12	17 46 12	9 36 45	15 11 27	21 29 08	17 58 39
23 M	8 39 20	1♑ 43 16	7♑ 50 39	14 34 15	25 21 13	26 11 34	26 24 30	4 25 14	17 18 09	17 55 25	9 45 08	15 14 14	21 32 37	18 02 47
24 Tu	9 40 31	14 04 40	20 18 41	15 21 03	26 07 54	27 00 26	26 15 10	4 33 60	17 35 34	18 03 12	9 51 58	15 15 30	21 34 33	18 05 24
25 W	10 39 57	26 38 29	3♒ 00 55	16 09 48	26 53 46	27 47 32	26 04 14	4 41 23	17 51 17	18 09 20	9 57 03	15 15 04	21 34 46	18 06 19
26 Th	11 37 46	9♒ 28 25	16 01 01	17 00 32	27 38 57	28 32 60	25 51 52	4 47 33	18 05 25	18 13 58	10 00 32	15 13 04	21 33 22	18 05 41
27 F	12 34 27	22 38 26	29 22 50	17 53 37	28 23 51	29 17 18	25 38 33	4 52 57	18 18 26	18 17 34	10 02 52	15 09 59	21 30 52	18 03 58
28 Sa	13 30 44	6♓ 12 17	13♓ 09 35	18 49 41	29 09 12	0♎ 01 10	25 25 01	4 58 20	18 31 05	18 20 52	10 04 48	15 06 33	21 27 59	18 01 54
29 Su	14 27 29	20 12 41	27 23 06	19 49 32	29 55 51	0 45 30	25 12 09	5 04 33	18 44 15	18 24 45	10 07 13	15 03 39	21 25 35	18 00 22
30 M	15 25 32	4♈ 40 19	12♈ 02 50	20 53 54	0♎ 44 34	1 31 04	25 00 47	5 12 25	18 58 43	18 30 01	10 10 55	15 02 05	21 24 30	18 00 10
31 Tu	16 25 26	19 32 57	27 05 02	22 03 15	1 35 54	2 18 29	24 51 30	5 22 30	19 15 04	18 37 14	10 16 27	15 02 26	21 25 17	18 01 53

June 1977

LONGITUDE

Day	☉	0 hr ☽	Noon ☽	☿	♀	♂	⚵	⚳	♃	♄	⚷	♅	♆	♇
1 W	17♏ 27 21	4♉ 44 54	12♉ 22 28	23♎ 17 43	2♎ 29 59	3♎ 07 53	24♈ 44 27	5♓ 34 57	19♏ 33 28	18♑ 46 35	10♎ 24 01	15♈ 04 51	21♉ 28 07	18♓ 05 40
2 Th	18 31 00	20 07 06	27 45 03	24 36 55	3 26 30	3 58 58	24 39 21	5 49 28	19 53 37	18 57 44	10 33 17	15 09 02	21 32 41	18 11 13
3 F	19 35 39	5♊ 28 21	13♊ 01 17	26 00 06	4 24 42	4 51 02	24 35 30	6 05 20	20 14 46	19 09 59	10 43 33	15 14 17	21 38 16	18 17 49
4 Sa	20 40 22	20 37 11	28 00 25	27 26 15	5 23 37	5 43 08	24 31 58	6 21 34	20 36 00	19 22 23	10 53 52	15 19 38	21 43 55	18 24 32
5 Su	21 44 11	5♋ 23 52	12♋ 34 07	28 54 24	6 22 15	6 34 17	24 27 46	6 37 15	20 56 21	19 33 58	11 03 16	15 24 08	21 48 42	18 30 24
6 M	22 46 23	19 41 57	26 37 36	0♏ 23 45	7 19 53	7 23 46	24 22 11	6 51 36	21 15 05	19 44 01	11 11 01	15 27 04	21 51 51	18 34 40
7 Tu	23 46 36	3♌ 28 43	10♌ 09 48	1 53 58	8 16 07	8 11 14	24 14 54	7 04 18	21 31 51	19 52 10	11 16 46	15 28 03	21 53 03	18 37 01
8 W	24 44 57	16 44 58	23 12 41	3 25 06	9 11 02	8 56 48	24 06 01	7 15 27	21 46 45	19 58 32	11 20 39	15 27 14	21 52 23	18 37 32
9 Th	25 41 57	29 34 05	5♍ 50 27	4 57 40	10 05 09	9 40 57	23 56 04	7 25 33	22 00 19	20 03 37	11 23 09	15 25 06	21 50 23	18 36 44
10 F	26 38 25	12♍ 01 08	18 08 31	6 32 27	10 59 15	10 24 32	23 45 50	7 35 24	22 13 20	20 08 15	11 25 05	15 22 29	21 47 52	18 35 27
11 Sa	27 35 17	24 11 51	0♎ 12 43	8 10 23	11 54 15	11 08 28	23 36 18	7 45 57	22 26 46	20 13 21	11 27 23	15 20 19	21 45 45	18 34 36
12 Su	28 33 28	6♎ 12 00	12 08 38	9 52 20	12 51 02	11 53 39	23 28 22	7 58 06	22 41 30	20 19 51	11 30 59	15 19 30	21 44 57	18 35 06
13 M	29 33 40	18 06 48	24 01 15	11 39 02	13 50 19	12 40 50	23 22 46	8 12 34	22 58 16	20 28 27	11 36 35	15 20 46	21 46 13	18 37 41
14 Tu	0♐ 36 20	0♏ 00 34	5♏ 54 32	13 30 50	14 52 30	13 30 24	23 19 54	8 29 46	23 17 28	20 39 33	11 44 37	15 24 31	21 49 55	18 42 45
15 W	1 41 28	11 56 36	17 51 26	15 27 45	15 57 35	14 22 24	23 19 50	8 49 43	23 39 09	20 53 14	11 55 06	15 30 49	21 56 08	18 50 20
16 Th	2 48 44	23 57 04	29 53 50	17 29 22	17 05 13	15 16 28	23 22 12	9 12 05	24 02 58	21 09 06	12 07 41	15 39 18	22 04 29	19 00 06
17 F	3 57 26	6♐ 03 16	12♐ 02 45	19 34 57	18 14 42	16 11 55	23 26 20	9 36 09	24 28 12	21 26 28	12 21 40	15 49 16	22 14 18	19 11 20
18 Sa	5 06 37	18 15 44	24 18 38	21 43 25	19 25 02	17 07 48	23 31 15	10 00 58	24 53 55	21 44 23	12 36 06	15 59 45	22 24 35	19 23 06
19 Su	6 15 13	0♑ 34 46	6♑ 41 41	23 53 39	20 35 10	18 03 02	23 35 54	10 25 28	25 19 02	22 01 48	12 49 55	16 09 43	22 34 20	19 34 19
20 M	7 22 16	13 00 40	19 12 22	26 04 31	21 44 07	18 56 40	23 39 21	10 48 40	25 42 36	22 17 43	13 02 10	16 18 11	22 42 32	19 44 02
21 Tu	8 27 02	25 34 17	1♒ 51 40	28 15 09	22 51 09	19 47 58	23 40 50	11 09 50	26 03 52	22 31 26	13 12 07	16 24 26	22 48 29	19 51 31
22 W	9 29 12	8♒ 17 13	14 41 26	0♐ 25 02	23 55 54	20 36 36	23 40 03	11 28 40	26 22 31	22 42 36	13 19 25	16 28 08	22 51 50	19 56 26
23 Th	10 28 54	21 12 00	27 44 23	2 34 07	24 58 32	21 22 43	23 37 08	11 45 16	26 38 42	22 51 22	13 24 13	16 29 25	22 52 45	19 58 56
24 F	11 26 46	4♓ 21 59	11♓ 03 55	4 42 47	25 59 39	22 06 56	23 32 43	12 00 16	26 53 01	22 58 22	13 27 10	16 28 56	22 51 51	19 59 39
25 Sa	12 23 47	17 50 54	24 43 35	6 51 46	27 00 14	22 50 15	23 27 47	12 14 40	27 06 30	23 04 35	13 29 14	16 27 39	22 50 08	19 59 33
26 Su	13 21 10	1♈ 42 08	8♈ 46 17	9 02 00	28 01 28	23 33 52	23 23 33	12 29 39	27 20 18	23 11 13	13 31 37	16 26 47	22 48 48	19 59 51
27 M	14 20 01	15 57 48	23 13 11	11 14 21	29 04 30	24 18 54	23 21 08	12 46 21	27 35 34	23 19 23	13 35 28	16 27 28	22 48 57	20 01 41
28 Tu	15 21 11	0♉ 37 39	8♉ 02 44	13 29 20	0♏ 10 07	25 06 11	23 21 22	13 05 35	27 53 08	23 29 55	13 41 35	16 30 30	22 51 27	20 05 52
29 W	16 24 58	15 38 11	23 09 55	15 46 59	1 18 38	25 56 01	23 24 32	13 27 38	28 13 17	23 43 08	13 50 16	16 36 13	22 56 34	20 12 42
30 Th	17 31 03	0♊ 52 18	8♊ 26 20	18 06 42	2 29 45	26 48 06	23 30 21	13 52 13	28 35 43	23 58 42	14 01 14	16 44 17	23 04 01	20 21 53

Notes

LONGITUDE July 1977

Day	☉	0 hr ☽	Noon ☽	☿	♀	♂	⚵	⚳	♃	♄	⚷	♅	♆	♇
1 F	18 ♐ 38 37	16 ♊ 09 59	23 ♊ 41 14	20 ♐ 27 24	3 ♏ 42 34	27 ♎ 41 34	23 ♈ 37 57	14 ♓ 18 27	28 ♏ 59 35	24 ♑ 15 46	14 ♎ 13 37	16 ♈ 53 52	23 ♉ 12 58	20 ♓ 32 34
2 Sa	19 46 27	1 ♋ 19 51	8 ♋ 43 23	22 47 40	4 55 56	28 35 16	23 46 10	14 45 10	29 23 42	24 33 10	14 26 14	17 03 47	23 22 11	20 43 34
3 Su	20 53 20	16 11 13	23 23 09	25 06 01	6 08 37	29 27 56	23 53 45	15 11 08	29 46 50	24 49 40	14 37 52	17 12 48	23 30 29	20 53 39
4 M	21 58 18	0 ♌ 36 04	7 ♌ 34 03	27 21 20	7 19 36	0 ♏ 18 37	23 59 44	15 35 23	0 ♐ 08 01	25 04 17	14 47 31	17 19 56	23 36 52	21 01 51
5 Tu	23 00 49	14 30 02	21 13 23	29 32 53	8 28 23	1 06 47	24 03 36	15 57 22	0 26 43	25 16 30	14 54 42	17 24 42	23 40 51	21 07 38
6 W	24 00 57	27 52 33	4 ♍ 22 01	1 ♑ 40 37	9 34 60	1 52 28	24 05 23	16 17 08	0 42 58	25 26 21	14 59 25	17 27 05	23 42 25	21 11 02
7 Th	24 59 13	10 ♍ 46 14	17 03 37	3 44 54	10 39 58	2 36 13	24 05 37	16 35 13	0 57 20	25 34 22	15 02 14	17 27 40	23 42 09	21 12 37
8 F	25 56 32	23 15 55	29 23 36	5 46 36	11 44 11	3 18 56	24 05 13	16 52 31	1 10 41	25 41 28	15 04 02	17 27 21	23 40 56	21 13 17
9 Sa	26 53 59	5 ♎ 27 40	11 ♎ 28 17	7 46 43	12 48 46	4 01 43	24 05 16	17 10 09	1 24 09	25 48 45	15 05 55	17 27 12	23 39 53	21 14 06
10 Su	27 52 41	17 27 52	23 24 06	9 46 16	13 54 47	4 45 39	24 06 52	17 29 10	1 38 47	25 57 18	15 08 60	17 28 21	23 40 04	21 16 11
11 M	28 53 29	29 22 38	5 ♏ 16 56	11 46 07	15 03 05	5 31 36	24 10 53	17 50 27	1 55 29	26 07 58	15 14 07	17 31 38	23 42 23	21 20 24
12 Tu	29 56 55	11 ♏ 17 18	17 11 48	13 46 45	16 14 14	6 20 07	24 17 51	18 14 33	2 14 47	26 21 19	15 21 50	17 37 37	23 47 21	21 27 17
13 W	1 ♑ 03 07	23 16 03	29 12 32	15 48 16	17 28 18	7 11 18	24 27 52	18 41 34	2 36 46	26 37 27	15 32 14	17 46 23	23 55 05	21 36 57
14 Th	2 11 42	5 ♐ 21 51	11 ♐ 21 39	17 50 17	18 44 56	8 04 47	24 40 35	19 11 08	3 01 05	26 55 59	15 44 58	17 57 36	24 05 13	21 49 02
15 F	3 21 55	17 36 25	23 40 26	19 52 03	20 03 23	8 59 48	24 55 14	19 42 28	3 26 59	27 16 11	15 59 17	18 10 29	24 16 60	22 02 46
16 Sa	4 32 43	0 ♑ 00 20	6 ♑ 09 08	21 52 31	21 22 34	9 55 20	25 10 46	20 14 33	3 53 25	27 36 60	16 14 07	18 24 01	24 29 23	22 17 07
17 Su	5 42 57	12 33 23	18 47 16	23 50 31	22 41 21	10 50 10	25 26 02	20 46 12	4 19 13	27 57 15	16 28 19	18 36 60	24 41 12	22 30 55
18 M	6 51 30	25 15 02	1 ♒ 34 10	25 44 58	23 58 37	11 43 16	25 39 54	21 16 20	4 43 16	28 15 51	16 40 48	18 48 21	24 51 22	22 43 04
19 Tu	7 57 34	8 ♒ 04 47	14 29 23	27 35 02	25 13 33	12 33 47	25 51 36	21 44 07	5 04 48	28 31 59	16 50 44	18 57 17	24 59 04	22 52 45
20 W	9 00 46	21 02 45	27 33 09	29 20 23	26 25 47	13 21 20	26 00 43	22 09 11	5 23 23	28 45 17	16 57 45	19 03 24	25 03 55	22 59 37
21 Th	10 01 14	4 ♓ 09 50	10 ♓ 46 35	1 ♒ 01 06	27 35 26	14 06 04	26 07 23	22 31 40	5 39 11	28 55 52	17 01 58	19 06 49	25 06 04	23 03 46
22 F	10 59 37	17 27 52	24 11 41	2 37 52	28 43 07	14 48 37	26 12 15	22 52 10	5 52 50	29 04 23	17 04 03	19 08 12	25 06 08	23 05 51
23 Sa	11 56 56	0 ♈ 59 22	7 ♈ 51 01	4 11 40	29 49 54	15 29 60	26 16 20	23 11 45	6 05 21	29 11 50	17 04 60	19 08 33	25 05 09	23 06 53
24 Su	12 54 24	14 46 60	21 47 01	5 43 46	0 ♐ 56 58	16 11 27	26 20 52	23 31 38	6 17 57	29 19 29	17 06 03	19 09 08	25 04 21	23 08 07
25 M	13 53 13	28 52 47	6 ♉ 01 11	7 15 17	2 05 32	16 54 09	26 27 01	23 52 59	6 31 50	29 28 28	17 08 23	19 11 05	25 04 55	23 10 43
26 Tu	14 54 14	13 ♉ 17 11	20 33 03	8 47 06	3 16 26	17 38 58	26 35 38	24 16 39	6 47 51	29 39 41	17 12 52	19 15 18	25 07 43	23 15 33
27 W	15 57 49	27 58 13	5 ♊ 19 33	10 19 31	4 30 00	18 26 14	26 47 04	24 42 59	7 06 21	29 53 27	17 19 50	19 22 06	25 13 04	23 22 56
28 Th	17 03 41	12 ♊ 51 03	20 14 44	11 52 16	5 46 01	19 15 41	27 01 04	25 11 44	7 27 04	0 ♒ 09 32	17 29 03	19 31 15	25 20 45	23 32 39
29 F	18 11 03	27 48 12	5 ♋ 10 20	13 24 33	7 03 39	20 06 34	27 16 50	25 42 07	7 49 13	0 27 08	17 39 42	19 41 57	25 29 57	23 43 54
30 Sa	19 18 49	12 ♋ 40 32	19 57 02	14 55 10	8 21 49	20 57 43	27 33 14	26 12 59	8 11 40	0 45 06	17 50 40	19 53 04	25 39 33	23 55 33
31 Su	20 25 46	27 18 53	4 ♌ 26 09	16 22 55	9 39 17	21 47 58	27 49 04	26 43 09	8 33 14	1 02 17	18 00 46	20 03 25	25 48 21	24 06 24

LONGITUDE August 1977

Day	☉	0 hr ☽	Noon ☽	☿	♀	♂	⚵	⚳	♃	♄	⚷	♅	♆	♇
1 M	21 ♑ 30 56	11 ♌ 35 34	18 ♌ 31 05	17 ♒ 46 45	10 ♐ 55 05	22 ♏ 36 18	28 ♈ 03 22	27 ♓ 11 37	8 ♐ 52 55	1 ♒ 17 40	18 ♎ 09 00	20 ♈ 12 00	25 ♉ 55 23	24 ♓ 15 28
2 Tu	22 33 45	25 25 38	2 ♍ 08 16	19 06 02	12 08 38	23 22 12	28 15 33	27 37 50	9 10 10	1 30 41	18 14 49	20 18 17	26 00 04	24 22 13
3 W	23 34 08	8 ♍ 47 23	15 17 14	20 20 40	13 19 54	24 05 34	28 25 33	28 01 45	9 24 55	1 41 18	18 18 09	20 22 11	26 02 21	24 26 33
4 Th	24 32 32	21 42 04	28 00 22	21 30 59	14 29 16	24 46 49	28 33 46	28 23 44	9 37 34	1 49 53	18 19 24	20 24 07	26 02 39	24 28 53
5 F	25 29 43	4 ♎ 13 19	10 ♎ 22 02	22 37 41	15 37 31	25 26 43	28 41 00	28 44 36	9 48 54	1 57 15	18 19 22	20 24 51	26 01 43	24 30 01
6 Sa	26 26 38	16 26 18	22 27 52	23 41 38	16 45 37	26 06 17	28 48 13	29 05 18	9 59 53	2 04 21	18 18 60	20 25 23	26 00 34	24 30 54
7 Su	27 24 19	28 27 01	4 ♏ 24 04	24 43 44	17 54 35	26 46 28	28 56 24	29 26 50	10 11 31	2 12 12	18 19 19	20 26 41	26 00 10	24 32 33
8 M	28 23 36	10 ♏ 21 35	16 16 43	25 44 44	19 05 14	27 28 07	29 06 24	29 50 03	10 24 39	2 21 38	18 21 08	20 29 37	26 01 22	24 35 47
9 Tu	29 25 01	22 15 43	28 11 23	26 45 03	20 18 08	28 11 48	29 18 46	0 ♈ 15 29	10 39 49	2 33 11	18 25 02	20 34 43	26 04 44	24 41 11
10 W	0 ♒ 28 46	4 ♐ 14 20	10 ♐ 12 41	27 44 43	21 33 26	28 57 41	29 33 39	0 43 20	10 57 12	2 47 02	18 31 11	20 42 10	26 10 25	24 48 54
11 Th	1 34 35	16 21 18	22 24 06	28 43 22	22 50 54	29 45 30	29 50 50	1 13 20	11 16 33	3 02 57	18 39 19	20 51 43	26 18 11	24 58 42
12 F	2 41 53	28 39 19	4 ♑ 47 50	29 40 12	24 09 56	0 ♐ 34 41	0 ♉ 09 41	1 44 53	11 37 16	3 20 19	18 48 52	21 02 47	26 27 27	25 09 59
13 Sa	3 49 46	11 ♑ 09 48	17 24 49	0 ♓ 34 12	25 29 40	1 24 20	0 29 21	2 17 06	11 58 29	3 38 16	18 58 55	21 14 28	26 37 19	25 21 52
14 Su	4 57 17	23 53 06	0 ♒ 14 56	1 24 10	26 49 05	2 13 28	0 48 49	2 49 01	12 19 11	3 55 48	19 08 31	21 25 48	26 46 48	25 33 22
15 M	6 03 29	6 ♒ 48 40	13 17 11	2 09 00	28 07 17	3 01 09	1 07 11	3 19 41	12 38 28	4 12 00	19 16 44	21 35 50	26 54 59	25 43 33
16 Tu	7 07 39	19 55 25	26 30 17	2 47 47	29 23 32	3 46 42	1 23 43	3 48 24	12 55 37	4 26 10	19 22 51	21 43 53	27 01 10	25 51 44
17 W	8 09 28	3 ♓ 12 13	9 ♓ 52 55	3 19 55	0 ♑ 37 30	4 29 44	1 38 05	4 14 49	13 10 17	4 37 57	19 26 32	21 49 37	27 04 59	25 57 33
18 Th	9 08 60	16 38 11	23 24 17	3 45 18	1 49 16	5 10 22	1 50 22	4 39 02	13 22 33	4 47 25	19 27 51	21 53 05	27 06 33	26 01 05
19 F	10 06 46	0 ♈ 12 58	7 ♈ 04 09	4 04 10	2 59 21	5 49 05	2 01 04	5 01 33	13 32 56	4 55 06	19 27 20	21 54 48	27 06 21	26 02 52
20 Sa	11 03 34	13 56 50	20 52 52	4 17 07	4 08 33	6 26 43	2 10 59	5 23 10	13 42 14	5 01 47	19 25 47	21 55 36	27 05 12	26 03 41
21 Su	12 00 24	27 50 19	4 ♉ 51 02	4 24 52	5 17 50	7 04 15	2 21 07	5 44 52	13 51 26	5 08 29	19 24 11	21 56 27	27 04 06	26 04 32
22 M	12 58 10	11 ♉ 53 55	18 58 55	4 28 10	6 28 10	7 42 35	2 32 22	6 07 35	14 01 28	5 16 06	19 23 28	21 58 16	27 03 57	26 06 20
23 Tu	13 57 34	26 07 22	3 ♊ 15 52	4 27 27	7 40 11	8 22 24	2 45 26	6 31 59	14 13 00	5 25 18	19 24 18	22 01 45	27 05 27	26 09 45
24 W	14 58 53	10 ♊ 29 08	17 39 50	4 22 50	8 54 11	9 03 59	3 00 34	6 58 20	14 26 19	5 36 23	19 26 57	22 07 09	27 08 52	26 15 05
25 Th	16 01 55	24 56 06	2 ♋ 07 03	4 14 02	10 09 60	9 47 11	3 17 37	7 26 29	14 41 14	5 49 10	19 31 17	22 14 19	27 14 02	26 22 10
26 F	17 06 08	9 ♋ 23 34	16 32 21	4 00 24	11 27 03	10 31 24	3 35 59	7 55 52	14 57 11	6 03 06	19 36 43	22 22 41	27 20 23	26 30 24
27 Sa	18 10 43	23 45 44	0 ♌ 49 44	3 41 10	12 44 32	11 15 50	3 54 53	8 25 39	15 13 23	6 17 21	19 42 25	22 31 26	27 27 06	26 39 00
28 Su	19 14 48	7 ♌ 56 33	14 53 20	3 15 33	14 01 35	11 59 38	4 13 27	8 54 59	15 28 56	6 31 04	19 47 34	22 39 43	27 33 20	26 47 07
29 M	20 17 40	21 50 39	28 38 18	2 43 06	15 17 30	12 42 04	4 30 57	9 23 09	15 43 08	6 43 31	19 51 25	22 46 47	27 38 21	26 53 59
30 Tu	21 18 53	5 ♍ 24 08	12 ♍ 01 33	2 03 41	16 31 49	13 22 41	4 46 56	9 49 42	15 55 31	6 54 17	19 53 32	22 52 13	27 41 43	26 59 12
31 W	22 18 20	18 35 09	25 02 07	1 17 45	17 44 26	14 01 23	5 01 18	10 14 31	16 06 00	7 03 13	19 53 48	22 55 54	27 43 20	27 02 38

Notes

September 1977

LONGITUDE

Day	☉	0 hr ☽	Noon ☽	☿	♀	♂	⚵	⚳	♃	♄	⚷	♅	♆	♇
1 Th	23 ♒ 16 14	1 ♎ 23 55	7 ♎ 41 04	0 ♓ 26 09	18 ♑ 55 34	14 ♐ 38 24	5 ♉ 14 16	10 ♈ 37 50	16 ♐ 14 48	7 ♒ 10 35	19 ♎ 52 27	22 ♈ 58 03	27 ♉ 43 24	27 ♓ 04 32
2 F	24 13 05	13 52 33	20 01 15	29 ♒ 30 13	20 05 42	15 14 12	5 26 19	11 00 08	16 22 23	7 16 50	19 49 57	22 59 10	27 42 25	27 05 21
3 Sa	25 09 30	26 04 41	2 ♏ 06 47	28 31 33	21 15 28	15 49 24	5 38 04	11 22 02	16 29 23	7 22 36	19 46 58	22 59 51	27 41 01	27 05 43
4 Su	26 06 10	8 ♏ 04 56	14 02 41	27 31 55	22 25 32	16 24 40	5 50 11	11 44 12	16 36 28	7 28 33	19 44 07	23 00 47	27 39 50	27 06 19
5 M	27 03 38	19 58 28	25 54 18	26 33 08	23 36 28	17 00 36	6 03 16	12 07 13	16 44 13	7 35 16	19 42 01	23 02 33	27 39 29	27 07 43
6 Tu	28 02 21	1 ♐ 50 36	7 ♐ 46 58	25 36 52	24 48 40	17 37 35	6 17 41	12 31 29	16 53 01	7 43 09	19 41 03	23 05 33	27 40 22	27 10 19
7 W	29 02 27	13 46 24	19 45 42	24 44 37	26 02 20	18 15 48	6 33 38	12 57 11	17 03 04	7 52 22	19 41 25	23 09 57	27 42 38	27 14 19
8 Th	0 ♓ 03 52	25 50 27	1 ♑ 54 51	23 57 34	27 17 21	18 55 09	6 51 01	13 24 13	17 14 14	8 02 51	19 42 60	23 15 40	27 46 13	27 19 36
9 F	1 06 16	8 ♑ 06 34	14 17 50	23 16 37	28 33 24	19 35 18	7 09 30	13 52 16	17 26 14	8 14 15	19 45 29	23 22 23	27 50 47	27 25 50
10 Sa	2 09 09	20 37 37	26 57 04	22 42 23	29 49 60	20 15 46	7 28 36	14 20 50	17 38 34	8 26 04	19 48 23	23 29 35	27 55 50	27 32 34
11 Su	3 11 58	3 ♒ 25 21	9 ♒ 53 42	22 15 15	1 ♒ 06 33	20 55 58	7 47 44	14 49 20	17 50 38	8 37 46	19 51 08	23 36 43	28 00 49	27 39 11
12 M	4 14 09	16 30 22	23 07 42	21 55 29	2 22 32	21 35 22	8 06 21	15 17 15	18 01 54	8 48 46	19 53 11	23 43 14	28 05 11	27 45 10
13 Tu	5 15 19	29 52 06	6 ♓ 37 53	21 43 17	3 37 31	22 13 33	8 24 04	15 44 09	18 11 58	8 58 40	19 54 07	23 48 43	28 08 30	27 50 06
14 W	6 15 14	13 ♓ 28 58	20 22 08	21 38 54	4 51 19	22 50 18	8 40 39	16 09 49	18 20 37	9 07 16	19 53 45	23 52 58	28 10 35	27 53 46
15 Th	7 13 57	27 18 41	4 ♈ 17 46	21 42 38	6 03 57	23 25 40	8 56 08	16 34 19	18 27 54	9 14 36	19 52 06	23 56 01	28 11 29	27 56 13
16 F	8 11 44	11 ♈ 18 29	18 21 54	21 54 50	7 15 41	23 59 53	9 10 48	16 57 54	18 34 03	9 20 56	19 49 26	23 58 09	28 11 26	27 57 43
17 Sa	9 09 00	25 25 34	2 ♉ 31 41	22 15 51	8 26 57	24 33 25	9 25 03	17 20 60	18 39 31	9 26 41	19 46 11	23 59 46	28 10 53	27 58 41
18 Su	10 06 15	9 ♉ 37 14	16 44 34	22 45 59	9 38 14	25 06 44	9 39 24	17 44 05	18 44 47	9 32 21	19 42 52	24 01 22	28 10 19	27 59 37
19 M	11 03 56	23 51 03	0 ♊ 58 15	23 25 23	10 49 59	25 40 17	9 54 17	18 07 38	18 50 18	9 38 23	19 39 54	24 03 25	28 10 11	28 00 58
20 Tu	12 02 21	8 ♊ 04 43	15 10 37	24 13 54	12 02 31	26 14 22	10 09 60	18 31 56	18 56 22	9 45 06	19 37 36	24 06 12	28 10 48	28 03 02
21 W	13 01 38	22 16 03	29 19 33	25 11 09	13 15 57	26 49 07	10 26 40	18 57 05	19 03 07	9 52 35	19 36 06	24 09 50	28 12 16	28 05 56
22 Th	14 01 39	6 ♋ 22 46	13 ♋ 22 48	26 16 27	14 30 09	27 24 24	10 44 11	19 23 01	19 10 25	10 00 45	19 35 16	24 14 14	28 14 29	28 09 34
23 F	15 02 10	20 22 30	27 18 01	27 28 56	15 44 54	27 59 59	11 02 17	19 49 27	19 18 02	10 09 20	19 34 53	24 19 07	28 17 12	28 13 40
24 Sa	16 02 51	4 ♌ 12 48	11 ♌ 02 44	28 47 37	16 59 51	28 35 32	11 20 39	20 16 04	19 25 37	10 18 01	19 34 35	24 24 11	28 20 05	28 17 55
25 Su	17 03 21	17 51 17	24 34 43	0 ♓ 11 30	18 14 39	29 10 42	11 38 55	20 42 31	19 32 50	10 26 27	19 34 03	24 29 04	28 22 48	28 21 58
26 M	18 03 27	1 ♍ 15 53	7 ♍ 52 03	1 39 42	19 29 05	29 45 14	11 56 52	21 08 33	19 39 26	10 34 23	19 33 03	24 33 32	28 25 05	28 25 35
27 Tu	19 02 60	14 25 07	20 53 35	3 11 26	20 42 59	0 ♑ 18 60	12 14 20	21 34 03	19 45 18	10 41 41	19 31 25	24 37 26	28 26 50	28 28 37
28 W	20 01 59	27 18 15	3 ♎ 38 56	4 46 07	21 56 22	0 51 59	12 31 21	21 58 59	19 50 24	10 48 21	19 29 10	24 40 47	28 28 01	28 31 04
29 Th	21 00 32	9 ♎ 55 29	16 08 45	6 23 16	23 09 20	1 24 18	12 47 58	22 23 29	19 54 51	10 54 30	19 26 24	24 43 41	28 28 45	28 33 02
30 F	21 58 48	22 17 55	28 24 36	8 02 33	24 22 02	1 56 07	13 04 24	22 47 42	19 58 49	11 00 16	19 23 18	24 46 17	28 29 12	28 34 42

October 1977

LONGITUDE

Day	☉	0 hr ☽	Noon ☽	☿	♀	♂	⚵	⚳	♃	♄	⚷	♅	♆	♇
1 Sa	22 ♓ 56 59	4 ♏ 27 38	10 ♏ 28 58	9 ♓ 43 41	25 ♒ 34 42	2 ♑ 27 38	13 ♉ 20 50	23 ♈ 11 51	20 ♐ 02 30	11 ♒ 05 53	19 ♎ 20 03	24 ♈ 48 48	28 ♉ 29 34	28 ♓ 36 16
2 Su	23 55 17	16 27 29	22 25 06	11 26 26	26 47 30	2 58 60	13 37 26	23 36 06	20 06 04	11 11 30	19 16 51	24 51 25	28 30 02	28 37 54
3 M	24 53 48	28 21 02	4 ♐ 16 52	13 10 33	28 00 32	3 30 21	13 54 19	24 00 34	20 09 39	11 17 15	19 13 48	24 54 14	28 30 42	28 39 43
4 Tu	25 52 35	10 ♐ 12 19	16 08 33	14 55 45	29 13 52	4 01 44	14 11 33	24 25 18	20 13 17	11 23 12	19 10 57	24 57 19	28 31 39	28 41 46
5 W	26 51 39	22 05 45	28 04 41	16 41 46	0 ♓ 27 29	4 33 07	14 29 07	24 50 17	20 16 58	11 29 18	19 08 19	25 00 39	28 32 51	28 44 03
6 Th	27 50 53	4 ♑ 05 54	10 ♑ 09 51	18 28 15	1 41 18	5 04 26	14 46 55	25 15 27	20 20 37	11 35 29	19 05 47	25 04 09	28 34 13	28 46 29
7 F	28 50 12	16 17 16	22 28 27	20 14 55	2 55 13	5 35 35	15 04 52	25 40 41	20 24 07	11 41 39	19 03 17	25 07 42	28 35 39	28 48 57
8 Sa	29 49 31	28 44 03	5 ♒ 04 24	22 01 30	4 09 08	6 06 26	15 22 51	26 05 55	20 27 23	11 47 43	19 00 42	25 11 14	28 37 04	28 51 23
9 Su	0 ♈ 48 45	11 ♒ 29 52	18 00 49	23 47 48	5 23 00	6 36 58	15 40 51	26 31 03	20 30 22	11 53 37	18 57 60	25 14 41	28 38 25	28 53 42
10 M	1 47 56	24 37 18	1 ♓ 19 39	25 33 44	6 36 50	7 07 09	15 58 50	26 56 08	20 33 03	11 59 21	18 55 10	25 18 03	28 39 41	28 55 55
11 Tu	2 47 07	8 ♓ 07 34	15 01 14	27 19 14	7 50 40	7 37 04	16 16 53	27 21 12	20 35 31	12 04 59	18 52 18	25 21 25	28 40 56	28 58 06
12 W	3 46 25	22 00 08	29 04 04	29 04 22	9 04 38	8 06 49	16 35 06	27 46 22	20 37 52	12 10 38	18 49 29	25 24 52	28 42 18	29 00 22
13 Th	4 45 56	6 ♈ 12 33	13 ♈ 24 45	0 ♈ 49 11	10 18 50	8 36 30	16 53 36	28 11 46	20 40 14	12 16 25	18 46 50	25 28 31	28 43 54	29 02 49
14 F	5 45 47	20 40 27	27 58 08	2 33 44	11 33 22	9 06 13	17 12 28	28 37 27	20 42 40	12 22 24	18 44 27	25 32 29	28 45 47	29 05 33
15 Sa	6 45 56	5 ♉ 18 03	12 ♉ 38 01	4 17 58	12 48 13	9 35 57	17 31 42	29 03 27	20 45 11	12 28 36	18 42 21	25 36 44	28 47 59	29 08 33
16 Su	7 46 18	19 58 45	27 17 48	6 01 48	14 03 19	10 05 36	17 51 13	29 29 40	20 47 43	12 34 55	18 40 24	25 41 12	28 50 24	29 11 45
17 M	8 46 43	4 ♊ 36 07	11 ♊ 51 23	7 45 01	15 18 27	10 34 60	18 10 49	29 55 55	20 50 03	12 41 10	18 38 28	25 45 41	28 52 51	29 14 57
18 Tu	9 46 57	19 04 35	26 13 55	9 27 23	16 33 26	11 03 55	18 30 18	0 ♉ 21 58	20 51 59	12 47 09	18 36 19	25 49 59	28 55 07	29 17 57
19 W	10 46 50	3 ♋ 19 60	10 ♋ 22 03	11 08 44	17 48 03	11 32 09	18 49 28	0 47 39	20 53 19	12 52 40	18 33 46	25 53 53	28 57 00	29 20 32
20 Th	11 46 12	17 19 54	24 14 01	12 48 57	19 02 11	11 59 36	19 08 12	1 12 49	20 53 57	12 57 35	18 30 40	25 57 18	28 58 24	29 22 36
21 F	12 45 07	1 ♌ 03 20	7 ♌ 49 25	14 28 01	20 15 51	12 26 15	19 26 30	1 37 30	20 53 52	13 01 55	18 27 04	26 00 12	28 59 20	29 24 09
22 Sa	13 43 41	14 30 28	21 08 50	16 06 08	21 29 12	12 52 15	19 44 31	2 01 51	20 53 14	13 05 50	18 23 07	26 02 46	28 59 55	29 25 20
23 Su	14 42 12	27 42 18	4 ♍ 13 25	17 43 33	22 42 30	13 17 51	20 02 31	2 26 08	20 52 19	13 09 34	18 19 03	26 05 15	29 00 26	29 26 26
24 M	15 40 59	10 ♍ 40 09	17 04 34	19 20 37	23 56 04	13 43 24	20 20 50	2 50 39	20 51 26	13 13 27	18 15 14	26 07 59	29 01 12	29 27 45
25 Tu	16 40 22	23 25 27	29 43 42	20 57 41	25 10 14	14 09 12	20 39 47	3 15 45	20 50 55	13 17 50	18 11 58	26 11 17	29 02 34	29 29 38
26 W	17 40 37	5 ♎ 59 31	12 ♎ 12 08	22 35 02	26 25 17	14 35 32	20 59 38	3 41 42	20 51 02	13 22 59	18 09 33	26 15 27	29 04 48	29 32 20
27 Th	18 41 53	18 23 33	24 31 05	24 12 50	27 41 21	15 02 31	21 20 33	4 08 39	20 51 56	13 29 01	18 08 06	26 20 35	29 08 01	29 36 01
28 F	19 44 09	0 ♏ 38 41	6 ♏ 41 46	25 51 05	28 58 26	15 30 10	21 42 30	4 36 36	20 53 37	13 35 57	18 07 38	26 26 42	29 12 15	29 40 40
29 Sa	20 47 16	12 46 06	18 45 31	27 29 39	0 ♈ 16 21	15 58 16	22 05 20	5 05 21	20 55 54	13 43 36	18 07 58	26 33 38	29 17 18	29 46 06
30 Su	21 50 53	24 47 10	0 ♐ 43 59	29 08 12	1 34 47	16 26 31	22 28 42	5 34 35	20 58 28	13 51 40	18 08 48	26 41 04	29 22 51	29 52 01
31 M	22 54 36	6 ♐ 43 43	12 39 14	0 ♉ 46 21	2 53 19	16 54 29	22 52 12	6 03 54	21 00 53	13 59 41	18 09 41	26 48 33	29 28 28	29 57 59

Notes

LONGITUDE — November 1977

Day	☉	0 hr ☽	Noon ☽	☿	♀	♂	⚵	⚳	♃	♄	⚷	♅	♆	♇
1 Tu	23 ♈ 57 58	18 ♐ 38 01	24 ♐ 33 52	2 ♉ 23 39	4 ♈ 11 28	17 ♑ 21 41	23 ♉ 15 21	6 ♉ 32 50	21 ♐ 02 42	14 ♒ 07 13	18 ♎ 10 11	26 ♈ 55 38	29 ♉ 33 43	0 ♈ 03 31
2 W	25 00 32	0 ♑ 33 04	6 ♑ 31 07	3 59 41	5 28 50	17 47 42	23 37 46	7 00 56	21 03 30	14 13 51	18 09 51	27 01 54	29 38 09	0 08 14
3 Th	26 02 01	12 32 28	18 34 52	5 34 12	6 45 07	18 12 13	23 59 07	7 27 57	21 02 60	14 19 17	18 08 26	27 07 04	29 41 30	0 11 50
4 F	27 02 21	24 40 30	0 ♒ 49 33	7 07 05	8 00 15	18 35 10	24 19 20	7 53 46	21 01 05	14 23 25	18 05 49	27 11 02	29 43 40	0 14 12
5 Sa	28 01 39	7 ♒ 01 56	13 19 55	8 38 31	9 14 20	18 56 40	24 38 33	8 18 31	20 57 55	14 26 24	18 02 09	27 13 55	29 44 48	0 15 30
6 Su	29 00 19	19 41 39	26 10 41	10 08 54	10 27 46	19 17 05	24 57 08	8 42 37	20 53 52	14 28 37	17 57 48	27 16 08	29 45 16	0 16 07
7 M	29 58 53	2 ♓ 44 16	9 ♓ 26 01	11 38 46	11 41 07	19 36 58	25 15 40	9 06 36	20 49 31	14 30 38	17 53 22	27 18 15	29 45 37	0 16 35
8 Tu	0 ♉ 58 02	16 13 24	23 08 45	13 08 48	12 55 02	19 56 58	25 34 48	9 31 07	20 45 30	14 33 04	17 49 29	27 20 53	29 46 32	0 17 35
9 W	1 58 22	0 ♈ 10 53	7 ♈ 19 32	14 39 36	14 10 07	20 17 41	25 55 08	9 56 47	20 42 26	14 36 34	17 46 45	27 24 40	29 48 37	0 19 43
10 Th	3 00 17	14 35 54	21 56 12	16 11 35	15 26 48	20 39 32	26 17 05	10 24 01	20 40 44	14 41 32	17 45 36	27 30 01	29 52 16	0 23 23
11 F	4 03 54	29 24 28	6 ♉ 53 15	17 44 52	16 45 10	21 02 36	26 40 45	10 52 56	20 40 31	14 48 05	17 46 09	27 37 02	29 57 37	0 28 43
12 Sa	5 08 58	14 ♉ 29 24	22 02 21	19 19 10	18 04 57	21 26 37	27 05 53	11 23 15	20 41 31	14 55 56	17 48 07	27 45 27	0 ♊ 04 22	0 35 26
13 Su	6 14 51	29 41 02	7 ♊ 13 16	20 53 53	19 25 35	21 50 58	27 31 52	11 54 22	20 43 09	15 04 29	17 50 54	27 54 40	0 11 57	0 42 57
14 M	7 20 46	14 ♊ 48 51	22 15 44	22 28 10	20 46 13	22 14 50	27 57 54	12 25 29	20 44 35	15 12 56	17 53 43	28 03 52	0 19 33	0 50 26
15 Tu	8 25 52	29 43 09	7 ♋ 01 01	24 01 12	22 06 02	22 37 23	28 23 08	12 55 46	20 44 60	15 20 28	17 55 43	28 12 14	0 26 19	0 57 04
16 W	9 29 33	14 ♋ 16 40	21 23 17	25 32 18	23 24 25	22 58 00	28 46 59	13 24 36	20 43 47	15 26 26	17 56 18	28 19 09	0 31 40	1 02 14
17 Th	10 31 31	28 25 20	5 ♌ 19 51	27 01 11	24 41 06	23 16 23	29 09 08	13 51 42	20 40 41	15 30 35	17 55 11	28 24 19	0 35 17	1 05 39
18 F	11 31 55	12 ♌ 08 16	18 51 01	28 27 56	25 56 12	23 32 40	29 29 45	14 17 12	20 35 48	15 33 02	17 52 29	28 27 54	0 37 19	1 07 28
19 Sa	12 31 16	25 27 05	1 ♍ 59 13	29 53 01	27 10 14	23 47 20	29 49 20	14 41 37	20 29 41	15 34 18	17 48 45	28 30 23	0 38 18	1 08 11
20 Su	13 30 21	8 ♍ 25 07	14 48 10	1 ♊ 17 08	28 23 60	24 01 12	0 ♊ 08 39	15 05 44	20 23 06	15 35 10	17 44 45	28 32 34	0 38 59	1 08 35
21 M	14 30 02	21 06 24	27 22 02	2 41 07	29 38 21	24 15 05	0 28 36	15 30 26	20 16 56	15 36 32	17 41 22	28 35 19	0 40 17	1 09 32
22 Tu	15 31 08	3 ♎ 35 03	9 ♎ 44 49	4 05 42	0 ♉ 54 08	24 29 50	0 49 59	15 56 31	20 12 00	15 39 11	17 39 25	28 39 28	0 42 59	1 11 53
23 W	16 34 18	15 54 42	21 59 55	5 31 23	2 11 57	24 46 03	1 13 26	16 24 37	20 08 57	15 43 45	17 39 31	28 45 38	0 47 43	1 16 14
24 Th	17 39 49	28 08 10	4 ♏ 09 56	6 58 22	3 32 07	25 04 02	1 39 16	16 55 04	20 08 05	15 50 34	17 41 60	28 54 07	0 54 48	1 22 54
25 F	18 47 39	10 ♏ 17 28	16 16 39	8 26 28	4 54 36	25 23 43	2 07 26	17 27 47	20 09 22	15 59 34	17 46 49	29 04 54	1 04 11	1 31 51
26 Sa	19 57 25	22 23 52	28 21 11	9 55 08	6 19 00	25 44 43	2 37 32	18 02 24	20 12 24	16 10 22	17 53 33	29 17 33	1 15 29	1 42 40
27 Su	21 08 23	4 ♐ 28 05	10 ♐ 24 14	11 23 26	7 44 36	26 06 17	3 08 52	18 38 11	20 16 29	16 22 14	18 01 31	29 31 23	1 27 59	1 54 39
28 M	22 19 40	16 30 39	22 26 27	12 50 17	9 10 30	26 27 31	3 40 30	19 14 15	20 20 42	16 34 18	18 09 49	29 45 29	1 40 46	2 06 54
29 Tu	23 30 19	28 32 18	4 ♑ 28 45	14 14 27	10 35 45	26 47 27	4 11 31	19 49 38	20 24 08	16 45 34	18 17 28	29 58 54	1 52 53	2 18 27
30 W	24 39 26	10 ♑ 34 19	16 32 42	15 34 45	11 59 28	27 05 11	4 41 00	20 23 28	20 25 52	16 55 12	18 23 38	0 ♉ 10 45	2 03 29	2 28 26

LONGITUDE — December 1977

Day	☉	0 hr ☽	Noon ☽	☿	♀	♂	⚵	⚳	♃	♄	⚷	♅	♆	♇
1 Th	25 ♉ 46 25	22 ♑ 38 49	28 ♑ 40 45	16 ♊ 50 15	13 ♉ 21 02	27 ♑ 20 06	5 ♊ 08 22	20 ♉ 55 07	20 ♐ 25 20	17 ♒ 02 33	18 ♎ 27 40	0 ♉ 20 26	2 ♊ 11 54	2 ♈ 36 13
2 F	26 51 00	4 ♒ 48 57	10 ♒ 56 22	18 00 16	14 40 12	27 31 55	5 33 21	21 24 20	20 22 15	17 07 23	18 29 19	0 27 40	2 17 55	2 41 35
3 Sa	27 53 23	17 08 54	23 24 01	19 04 33	15 57 08	27 40 49	5 56 07	21 51 18	20 16 49	17 09 52	18 28 47	0 32 39	2 21 42	2 44 40
4 Su	28 54 10	29 43 45	6 ♓ 08 51	20 03 13	17 12 27	27 47 24	6 17 17	22 16 37	20 09 38	17 10 37	18 26 39	0 35 59	2 23 52	2 46 07
5 M	29 54 17	12 ♓ 39 02	19 16 19	20 56 37	18 27 07	27 52 35	6 37 49	22 41 15	20 01 41	17 10 34	18 23 54	0 38 37	2 25 22	2 46 51
6 Tu	0 ♊ 54 54	26 00 03	2 ♈ 51 12	21 45 14	19 42 15	27 57 31	6 58 50	23 06 20	19 54 05	17 10 53	18 21 39	0 41 42	2 27 19	2 48 01
7 W	1 57 05	9 ♈ 50 54	16 56 42	22 29 29	20 58 57	28 03 15	7 21 25	23 32 57	19 47 56	17 12 38	18 20 60	0 46 18	2 30 50	2 50 43
8 Th	3 01 39	24 13 18	1 ♉ 33 06	23 09 21	22 18 01	28 10 36	7 46 24	24 01 54	19 44 03	17 16 38	18 22 45	0 53 15	2 36 42	2 55 45
9 F	4 08 55	9 ♉ 05 25	16 36 50	23 44 22	23 39 46	28 19 52	8 14 04	24 33 30	19 42 46	17 23 12	18 27 14	1 02 51	2 45 15	3 03 26
10 Sa	5 18 35	24 21 13	2 ♊ 00 01	24 13 20	25 03 55	28 30 44	8 44 09	25 07 28	19 43 47	17 32 02	18 34 08	1 14 48	2 56 10	3 13 28
11 Su	6 29 46	9 ♊ 50 38	17 31 15	24 34 32	26 29 34	28 42 20	9 15 45	25 42 55	19 46 14	17 42 16	18 42 36	1 28 14	3 08 37	3 24 59
12 M	7 41 15	25 21 00	2 ♋ 57 32	24 45 55	27 55 30	28 53 25	9 47 39	26 18 37	19 48 53	17 52 40	18 51 23	1 41 55	3 21 20	3 36 44
13 Tu	8 51 42	10 ♋ 39 25	18 06 42	24 45 26	29 20 24	29 02 40	10 18 31	26 53 15	19 50 26	18 01 54	18 59 11	1 54 32	3 33 00	3 47 25
14 W	10 00 05	25 35 13	2 ♌ 49 38	24 31 33	0 ♊ 43 14	29 09 04	10 47 21	27 25 47	19 49 52	18 08 58	19 04 58	2 05 04	3 42 37	3 56 01
15 Th	11 05 55	10 ♌ 01 37	17 01 27	24 03 29	2 03 30	29 12 04	11 13 37	27 55 43	19 46 40	18 13 21	19 08 14	2 12 59	3 49 38	4 02 00
16 F	12 09 17	23 56 13	0 ♍ 41 29	23 21 29	3 21 18	29 11 47	11 37 26	28 23 09	19 40 58	18 15 09	19 09 04	2 18 24	3 54 12	4 05 30
17 Sa	13 10 52	7 ♍ 20 23	13 52 21	22 26 49	4 37 18	29 08 54	11 59 27	28 48 46	19 33 25	18 15 03	19 08 10	2 21 60	3 56 57	4 07 09
18 Su	14 11 43	20 18 10	26 38 51	21 21 41	5 52 35	29 04 27	12 20 46	29 13 37	19 25 07	18 14 06	19 06 35	2 24 50	3 58 59	4 08 03
19 M	15 13 04	2 ♎ 55 01	9 ♎ 06 45	20 08 59	7 08 20	28 59 40	12 42 34	29 38 55	19 17 17	18 13 32	19 05 33	2 28 07	4 01 29	4 09 24
20 Tu	16 16 04	15 16 48	21 21 53	18 52 04	8 25 45	28 55 43	13 06 02	0 ♊ 05 50	19 11 04	18 14 30	19 06 12	2 33 01	4 05 38	4 12 23
21 W	17 21 37	27 28 55	3 ♏ 29 27	17 34 24	9 45 42	28 53 28	13 32 02	0 35 15	19 07 23	18 17 54	19 09 28	2 40 26	4 12 19	4 17 51
22 Th	18 30 11	9 ♏ 35 52	15 33 37	16 19 14	11 08 40	28 53 24	14 01 04	1 07 39	19 06 43	18 24 13	19 15 47	2 50 49	4 21 60	4 26 19
23 F	19 41 45	21 40 60	27 37 20	15 09 18	12 34 38	28 55 32	14 33 06	1 43 01	19 09 02	18 33 25	19 25 10	3 04 10	4 34 41	4 37 45
24 Sa	20 55 51	3 ♐ 46 22	9 ♐ 42 20	14 06 41	14 03 08	28 59 20	15 07 40	2 20 52	19 13 54	18 45 02	19 37 07	3 20 01	4 49 53	4 51 40
25 Su	22 11 35	15 53 02	21 49 24	13 12 39	15 33 15	29 03 58	15 43 52	3 00 19	19 20 24	18 58 10	19 50 46	3 37 27	5 06 42	5 07 11
26 M	23 27 49	28 01 17	3 ♑ 58 38	12 27 42	17 03 52	29 08 15	16 20 33	3 40 12	19 27 23	19 11 42	20 04 57	3 55 20	5 24 00	5 23 09
27 Tu	24 43 18	10 ♑ 11 05	16 10 02	11 51 46	18 33 43	29 10 58	16 56 29	4 19 18	19 33 39	19 24 21	20 18 26	4 12 26	5 40 32	5 38 19
28 W	25 56 54	22 22 31	28 23 47	11 24 21	20 01 42	29 11 01	17 30 33	4 56 28	19 38 04	19 35 02	20 30 05	4 27 37	5 55 11	5 51 35
29 Th	27 07 49	4 ♒ 36 21	10 ♒ 40 55	11 04 50	21 26 58	29 07 33	18 01 54	5 30 54	19 39 49	19 42 54	20 39 06	4 40 03	6 07 06	6 02 07
30 F	28 15 38	16 54 16	23 03 25	10 52 42	22 49 09	29 00 13	18 30 10	6 02 12	19 38 31	19 47 34	20 45 05	4 49 21	6 15 56	6 09 31
31 Sa	29 20 31	29 19 11	5 ♓ 34 33	10 47 40	24 08 24	28 49 09	18 55 29	6 30 30	19 34 19	19 49 12	20 48 10	4 55 40	6 21 48	6 13 56

Notes

January 1978 LONGITUDE

Day	☉	0 hr ☽	Noon ☽	☿	♀	♂	⚵	⚳	♃	♄	⚷	♅	♆	♇
1 Su	0 ♋ 23 06	11 ♓ 55 09	18 ♓ 18 37	10 ♊ 49 50	25 ♊ 25 19	28 ♑ 35 02	19 ♊ 18 29	6 ♊ 56 27	19 ♐ 27 51	19 ♒ 48 24	20 ♎ 48 60	4 ♉ 59 38	6 ♊ 25 21	6 ♈ 16 01
2 M	1 24 26	24 47 07	1 ♈ 20 45	10 59 34	26 41 01	28 18 56	19 40 15	7 21 07	19 20 13	19 46 17	20 48 39	5 02 19	6 27 39	6 16 49
3 Tu	2 25 51	8 ♈ 00 26	14 46 05	11 17 27	27 56 46	28 02 10	20 02 04	7 45 48	19 12 42	19 44 07	20 48 25	5 05 01	6 29 59	6 17 38
4 W	3 28 37	21 39 55	28 38 55	11 44 04	29 13 53	27 46 03	20 25 13	8 11 47	19 06 37	19 43 12	20 49 36	5 09 02	6 33 40	6 19 47
5 Th	4 33 45	5 ♉ 48 45	13 ♉ 01 23	12 19 41	0 ♋ 33 21	27 31 38	20 50 44	8 40 05	19 02 58	19 44 33	20 53 12	5 15 22	6 39 42	6 24 15
6 F	5 41 44	20 27 17	27 52 18	13 04 09	1 55 39	27 19 24	21 19 05	9 11 10	19 02 14	19 48 39	20 59 42	5 24 29	6 48 33	6 31 31
7 Sa	6 52 22	5 ♊ 31 57	13 ♊ 06 18	13 56 38	3 20 37	27 09 12	21 50 05	9 44 52	19 04 14	19 55 18	21 08 54	5 36 14	7 00 03	6 41 25
8 Su	8 04 48	20 54 53	28 33 50	14 55 43	4 47 23	27 00 14	22 22 53	10 20 19	19 08 10	20 03 41	21 19 59	5 49 44	7 13 20	6 53 05
9 M	9 17 46	6 ♋ 24 44	14 ♋ 02 32	15 59 37	6 14 41	26 51 15	22 56 11	10 56 14	19 12 42	20 12 29	21 31 39	6 03 43	7 27 08	7 05 14
10 Tu	10 29 50	21 48 29	29 19 28	17 06 27	7 41 04	26 40 51	23 28 35	11 31 11	19 16 27	20 20 18	21 42 29	6 16 45	7 40 01	7 16 27
11 W	11 39 48	6 ♌ 54 03	14 ♌ 13 39	18 14 38	9 05 22	26 27 54	23 58 53	12 04 01	19 18 14	20 25 57	21 51 17	6 27 40	7 50 48	7 25 34
12 Th	12 47 02	21 32 27	28 37 50	19 23 07	10 26 55	26 11 46	24 26 25	12 34 02	19 17 23	20 28 46	21 57 24	6 35 47	7 58 49	7 31 53
13 F	13 51 28	5 ♍ 38 57	12 ♍ 29 11	20 31 35	11 45 42	25 52 29	24 51 10	13 01 13	19 13 53	20 28 43	22 00 48	6 41 04	8 04 03	7 35 24
14 Sa	14 53 42	19 13 05	25 48 47	21 40 19	13 02 16	25 30 40	25 13 42	13 26 09	19 08 19	20 26 25	22 02 04	6 44 08	8 07 04	7 36 41
15 Su	15 54 45	2 ♎ 17 45	8 ♎ 40 39	22 50 05	14 17 39	25 07 22	25 35 02	13 49 50	19 01 42	20 22 50	22 02 13	6 45 57	8 08 53	7 36 45
16 M	16 55 48	14 57 59	21 10 27	24 01 54	15 33 04	24 43 51	25 56 23	14 13 29	18 55 15	20 19 13	22 02 28	6 47 46	8 10 43	7 36 49
17 Tu	17 58 04	27 19 50	3 ♏ 24 26	25 16 44	16 49 41	24 21 20	26 18 55	14 38 17	18 50 09	20 16 44	22 03 58	6 50 45	8 13 45	7 38 03
18 W	19 02 28	9 ♏ 29 24	15 28 42	26 35 22	18 08 26	24 00 49	26 43 35	15 05 10	18 47 21	20 16 19	22 07 42	6 55 49	8 18 54	7 41 25
19 Th	20 09 32	21 32 13	27 28 31	27 58 12	19 29 51	23 42 52	27 10 54	15 34 40	18 47 22	20 18 31	22 14 09	7 03 32	8 26 43	7 47 25
20 F	21 19 20	3 ♐ 32 49	9 ♐ 28 03	29 25 11	20 54 02	23 27 36	27 40 57	16 06 51	18 50 18	20 23 24	22 23 25	7 13 56	8 37 15	7 56 08
21 Sa	22 31 29	15 34 30	21 30 17	0 ♋ 55 48	22 20 33	23 14 39	28 13 19	16 41 19	18 55 44	20 30 34	22 35 06	7 26 39	8 50 08	8 07 10
22 Su	23 45 10	27 39 27	3 ♑ 36 57	2 29 10	23 48 37	23 03 18	28 47 13	17 17 17	19 02 53	20 39 14	22 48 24	7 40 52	9 04 33	8 19 43
23 M	24 59 22	9 ♑ 48 47	15 48 49	4 04 10	25 17 11	22 52 33	29 21 37	17 53 40	19 10 43	20 48 20	23 02 16	7 55 33	9 19 27	8 32 46
24 Tu	26 12 55	22 02 54	28 06 03	5 39 35	26 45 08	22 41 16	29 55 21	18 29 22	19 18 05	20 56 46	23 15 34	8 09 33	9 33 42	8 45 08
25 W	27 24 48	4 ♒ 21 50	10 ♒ 28 34	7 14 20	28 11 24	22 28 31	0 ♋ 27 24	19 03 20	19 23 58	21 03 28	23 27 16	8 21 51	9 46 17	8 55 49
26 Th	28 34 14	16 45 42	22 56 27	8 47 36	29 35 14	22 13 31	0 56 59	19 34 48	19 27 35	21 07 41	23 36 36	8 31 40	9 56 24	9 04 03
27 F	29 40 51	29 15 06	5 ♓ 30 28	10 18 57	0 ♌ 56 15	21 55 59	1 23 44	20 03 23	19 28 34	21 09 02	23 43 10	8 38 37	10 03 42	9 09 25
28 Sa	0 ♌ 44 43	11 ♓ 51 23	18 12 13	11 48 26	2 14 32	21 35 60	1 47 43	20 29 09	19 26 59	21 07 37	23 47 04	8 42 47	10 08 14	9 12 02
29 Su	1 46 22	24 36 52	1 ♈ 04 14	13 16 32	3 30 36	21 14 09	2 09 27	20 52 37	19 23 23	21 03 55	23 48 49	8 44 41	10 10 32	9 12 24
30 M	2 46 41	7 ♈ 34 43	14 09 51	14 44 08	4 45 20	20 51 20	2 29 50	21 14 42	19 18 38	20 58 52	23 49 18	8 45 13	10 11 29	9 11 24
31 Tu	3 46 46	20 48 33	27 32 47	16 12 19	5 59 50	20 28 43	2 49 57	21 36 28	19 13 50	20 53 31	23 49 36	8 45 28	10 12 11	9 10 09

February 1978 LONGITUDE

Day	☉	0 hr ☽	Noon ☽	☿	♀	♂	⚵	⚳	♃	♄	⚷	♅	♆	♇
1 W	4 ♌ 47 42	4 ♉ 22 01	11 ♉ 16 23	17 ♋ 42 08	7 ♌ 15 12	20 ♑ 07 25	3 ♋ 10 54	21 ♊ 59 01	19 ♐ 10 05	20 ♒ 49 01	23 ♎ 50 50	8 ♉ 46 31	10 ♊ 13 43	9 ♈ 09 44
2 Th	5 50 22	18 17 49	25 22 45	19 14 29	8 32 17	19 48 21	3 33 34	22 23 14	19 08 17	20 46 13	23 53 52	8 49 17	10 16 59	9 11 02
3 F	6 55 14	2 ♊ 36 50	9 ♊ 51 47	20 49 48	9 51 35	19 32 01	3 58 23	22 49 34	19 08 52	20 45 35	23 59 10	8 54 11	10 22 26	9 14 30
4 Sa	8 02 13	17 17 16	24 40 25	22 28 01	11 13 01	19 18 22	4 25 18	23 17 57	19 11 47	20 47 02	24 06 39	9 01 10	10 29 59	9 20 04
5 Su	9 10 43	2 ♋ 14 11	9 ♋ 42 19	24 08 33	12 35 58	19 06 51	4 53 42	23 47 47	19 16 26	20 50 01	24 15 44	9 09 39	10 39 03	9 27 09
6 M	10 19 47	17 19 37	24 48 29	25 50 25	13 59 30	18 56 32	5 22 39	24 18 06	19 21 52	20 53 32	24 25 27	9 18 38	10 48 40	9 34 47
7 Tu	11 28 19	2 ♌ 23 42	9 ♌ 48 39	27 32 32	15 22 29	18 46 20	5 51 02	24 47 48	19 26 58	20 56 31	24 34 42	9 27 04	10 57 44	9 41 51
8 W	12 35 22	17 16 14	24 33 00	29 13 57	16 44 00	18 35 21	6 17 53	25 15 56	19 30 47	20 57 60	24 42 32	9 33 58	11 05 18	9 47 25
9 Th	13 40 18	1 ♍ 48 35	8 ♍ 53 59	0 ♌ 54 05	18 03 25	18 22 59	6 42 37	25 41 54	19 32 44	20 57 23	24 48 20	9 38 44	11 10 46	9 50 53
10 F	14 43 01	15 54 55	22 47 10	2 32 48	19 20 38	18 09 08	7 05 06	26 05 33	19 32 41	20 54 32	24 51 59	9 41 14	11 13 60	9 52 06
11 Sa	15 43 49	29 32 44	6 ♎ 11 31	4 10 26	20 35 55	17 54 07	7 25 38	26 27 13	19 30 56	20 49 47	24 53 48	9 41 47	11 15 18	9 51 25
12 Su	16 43 22	12 ♎ 42 41	19 08 52	5 47 39	21 49 59	17 38 38	7 44 53	26 47 33	19 28 10	20 43 48	24 54 27	9 41 04	11 15 21	9 49 28
13 M	17 42 30	25 27 50	1 ♏ 43 09	7 25 19	23 03 38	17 23 31	8 03 41	27 07 24	19 25 13	20 37 26	24 54 45	9 39 54	11 15 00	9 47 06
14 Tu	18 42 05	7 ♏ 52 48	13 59 29	9 04 19	24 17 45	17 09 40	8 22 55	27 27 37	19 22 57	20 31 31	24 55 36	9 39 10	11 15 06	9 45 11
15 W	19 42 49	20 02 55	26 03 27	10 45 21	25 33 02	16 57 47	8 43 17	27 48 55	19 22 04	20 26 48	24 57 40	9 39 33	11 16 20	9 44 25
16 Th	20 45 10	2 ♐ 03 38	8 ♐ 00 31	12 28 53	26 49 56	16 48 19	9 05 13	28 11 44	19 23 01	20 23 42	25 01 25	9 41 31	11 19 11	9 45 16
17 F	21 49 15	14 00 00	19 55 35	14 15 05	28 08 35	16 41 25	9 28 51	28 36 13	19 25 56	20 22 23	25 06 59	9 45 12	11 23 46	9 47 51
18 Sa	22 54 52	25 56 25	1 ♑ 52 47	16 03 45	29 28 47	16 36 52	9 53 59	29 02 08	19 30 38	20 22 38	25 14 10	9 50 24	11 29 53	9 51 58
19 Su	24 01 34	7 ♑ 56 26	13 55 20	17 54 26	0 ♍ 50 04	16 34 14	10 20 10	29 29 03	19 36 38	20 23 59	25 22 30	9 56 38	11 37 05	9 57 10
20 M	25 08 42	20 02 43	26 05 31	19 46 30	2 11 47	16 32 51	10 46 44	29 56 19	19 43 17	20 25 49	25 31 21	10 03 17	11 44 42	10 02 47
21 Tu	26 15 32	2 ♒ 17 05	8 ♒ 24 46	21 39 14	3 33 14	16 32 01	11 12 60	0 ♋ 23 12	19 49 53	20 27 24	25 39 58	10 09 37	11 52 02	10 08 08
22 W	27 21 26	14 40 39	20 53 51	23 32 01	4 53 45	16 31 03	11 38 16	0 49 04	19 55 46	20 28 05	25 47 44	10 14 59	11 58 26	10 12 33
23 Th	28 25 54	27 14 02	3 ♓ 33 05	25 24 20	6 12 51	16 29 29	12 02 04	1 13 23	20 00 26	20 27 23	25 54 08	10 18 54	12 03 23	10 15 31
24 F	29 28 41	9 ♓ 57 32	16 22 33	27 15 55	7 30 16	16 27 02	12 24 08	1 35 57	20 03 40	20 25 02	25 58 56	10 21 06	12 06 39	10 16 49
25 Sa	0 ♍ 29 49	22 51 23	29 22 27	29 06 49	8 46 02	16 23 44	12 44 30	1 56 44	20 05 27	20 21 05	26 02 08	10 21 36	12 08 14	10 16 27
26 Su	1 29 34	5 ♈ 55 59	12 ♈ 33 08	0 ♍ 57 17	10 00 26	16 19 52	13 03 27	2 16 04	20 06 05	20 15 49	26 04 02	10 20 43	12 08 28	10 14 43
27 M	2 28 27	19 11 58	25 55 18	2 47 49	11 13 59	16 15 55	13 21 29	2 34 25	20 06 04	20 09 44	26 05 08	10 18 56	12 07 49	10 12 07
28 Tu	3 27 05	2 ♉ 40 10	9 ♉ 29 49	4 38 58	12 27 17	16 12 30	13 39 13	2 52 24	20 06 02	20 03 27	26 06 03	10 16 52	12 06 54	10 09 16

Notes

LONGITUDE

March 1978

Day	☉	0 hr ☽	Noon ☽	☿	♀	♂	⚵	⚳	♃	♄	⚷	♅	♆	♇
1 W	4 ♍ 26 04	16 ♉ 21 25	23 ♉ 17 25	6 ♍ 31 18	13 ♍ 40 56	16 ♑ 10 13	13 ♋ 57 14	3 ♋ 10 39	20 ♐ 06 34	19 ♒ 57 35	26 ♎ 07 23	10 ♉ 15 08	12 ♊ 06 20	10 ♈ 06 47
2 Th	5 25 53	0 ♊ 16 11	7 ♊ 18 22	8 25 14	14 55 26	16 09 32	14 16 02	3 29 36	20 08 08	19 52 36	26 09 36	10 14 12	12 06 35	10 05 07
3 F	6 26 46	14 24 09	21 31 52	10 20 57	16 11 00	16 10 41	14 35 51	3 49 31	20 11 00	19 48 45	26 12 58	10 14 18	12 07 54	10 04 31
4 Sa	7 28 43	28 43 44	5 ♋ 55 47	12 18 18	17 27 38	16 13 37	14 56 40	4 10 22	20 15 08	19 46 01	26 17 27	10 15 25	12 10 15	10 04 59
5 Su	8 31 25	13 ♋ 11 54	20 26 22	14 16 53	18 45 02	16 18 05	15 18 10	4 31 52	20 20 15	19 44 07	26 22 46	10 17 17	12 13 22	10 06 13
6 M	9 34 25	27 44 04	4 ♌ 58 28	16 16 06	20 02 45	16 23 36	15 39 56	4 53 34	20 25 53	19 42 36	26 28 27	10 19 26	12 16 47	10 07 46
7 Tu	10 37 15	12 ♌ 14 33	19 26 03	18 15 16	21 20 17	16 29 38	16 01 26	5 14 56	20 31 33	19 40 58	26 34 00	10 21 23	12 20 00	10 09 08
8 W	11 39 26	26 37 11	3 ♍ 42 58	20 13 44	22 37 12	16 35 47	16 22 15	5 35 34	20 36 49	19 38 47	26 39 00	10 22 40	12 22 35	10 09 53
9 Th	12 40 44	10 ♍ 46 14	17 43 53	22 10 60	23 53 14	16 41 44	16 42 06	5 55 11	20 41 23	19 35 48	26 43 10	10 23 02	12 24 17	10 09 44
10 F	13 41 03	24 37 08	1 ♎ 24 56	24 06 42	25 08 17	16 47 26	17 00 55	6 13 42	20 45 13	19 31 55	26 46 26	10 22 25	12 24 60	10 08 39
11 Sa	14 40 32	8 ♎ 06 58	14 44 06	26 00 38	26 22 31	16 52 58	17 18 50	6 31 14	20 48 24	19 27 17	26 48 55	10 20 56	12 24 52	10 06 43
12 Su	15 39 25	21 14 50	27 41 20	27 52 43	27 36 09	16 58 35	17 36 04	6 48 03	20 51 13	19 22 09	26 50 53	10 18 50	12 24 08	10 04 13
13 M	16 38 02	4 ♏ 01 33	10 ♏ 18 18	29 42 51	28 49 32	17 04 37	17 52 59	7 04 29	20 53 58	19 16 51	26 52 38	10 16 27	12 23 08	10 01 28
14 Tu	17 36 41	16 29 32	22 38 01	1 ♎ 30 57	0 ♎ 02 58	17 11 21	18 09 52	7 20 49	20 56 59	19 11 41	26 54 30	10 14 07	12 22 11	9 58 47
15 W	18 35 38	28 42 13	4 ♐ 44 23	3 16 49	1 16 42	17 19 01	18 26 58	7 37 18	21 00 30	19 06 55	26 56 44	10 12 03	12 21 32	9 56 24
16 Th	19 34 60	10 ♐ 43 49	16 41 53	5 00 06	2 30 52	17 27 45	18 44 25	7 54 06	21 04 40	19 02 41	26 59 27	10 10 24	12 21 18	9 54 29
17 F	20 34 50	22 38 53	28 35 12	6 40 22	3 45 31	17 37 34	19 02 16	8 11 13	21 09 29	18 59 01	27 02 43	10 09 12	12 21 32	9 53 02
18 Sa	21 35 03	4 ♑ 32 02	10 ♑ 28 56	8 17 03	5 00 32	17 48 23	19 20 25	8 28 34	21 14 54	18 55 50	27 06 24	10 08 23	12 22 10	9 51 60
19 Su	22 35 29	16 27 46	22 27 27	9 49 32	6 15 48	18 00 01	19 38 44	8 46 01	21 20 46	18 53 00	27 10 24	10 07 47	12 23 01	9 51 13
20 M	23 35 59	28 30 10	4 ♒ 34 37	11 17 09	7 31 08	18 12 17	19 57 01	9 03 23	21 26 52	18 50 20	27 14 31	10 07 14	12 23 56	9 50 31
21 Tu	24 36 22	10 ♒ 42 53	16 53 44	12 39 20	8 46 20	18 25 01	20 15 05	9 20 28	21 33 04	18 47 40	27 18 34	10 06 33	12 24 43	9 49 43
22 W	25 36 30	23 08 50	29 27 15	13 55 31	10 01 20	18 38 04	20 32 51	9 37 11	21 39 13	18 44 52	27 22 27	10 05 37	12 25 17	9 48 43
23 Th	26 36 21	5 ♓ 50 07	12 ♓ 16 48	15 05 18	11 16 02	18 51 22	20 50 15	9 53 28	21 45 17	18 41 54	27 26 07	10 04 25	12 25 34	9 47 27
24 F	27 35 57	18 47 52	25 22 60	16 08 23	12 30 29	19 04 58	21 07 18	10 09 19	21 51 17	18 38 48	27 29 35	10 02 56	12 25 36	9 45 57
25 Sa	28 35 22	2 ♈ 02 14	8 ♈ 45 26	17 04 32	13 44 46	19 18 54	21 24 04	10 24 51	21 57 18	18 35 38	27 32 56	10 01 16	12 25 27	9 44 18
26 Su	29 34 43	15 32 21	22 22 48	17 53 38	14 58 59	19 33 16	21 40 41	10 40 09	22 03 27	18 32 31	27 36 16	9 59 32	12 25 13	9 42 37
27 M	0 ♎ 34 06	29 16 29	6 ♉ 13 01	18 35 35	16 13 14	19 48 10	21 57 14	10 55 18	22 09 47	18 29 33	27 39 40	9 57 49	12 25 02	9 40 58
28 Tu	1 33 33	13 ♉ 12 12	20 13 27	19 10 17	17 27 33	20 03 38	22 13 45	11 10 21	22 16 24	18 26 46	27 43 13	9 56 10	12 24 54	9 39 26
29 W	2 33 04	27 16 41	4 ♊ 21 10	19 37 37	18 41 56	20 19 38	22 30 13	11 25 18	22 23 15	18 24 11	27 46 52	9 54 34	12 24 51	9 37 58
30 Th	3 32 34	11 ♊ 26 56	18 33 12	19 57 30	19 56 19	20 36 05	22 46 34	11 40 04	22 30 15	18 21 41	27 50 34	9 52 56	12 24 46	9 36 32
31 F	4 31 56	25 39 59	2 ♋ 46 44	20 09 50	21 10 33	20 52 51	23 02 41	11 54 30	22 37 19	18 19 11	27 54 10	9 51 11	12 24 33	9 34 58

LONGITUDE

April 1978

Day	☉	0 hr ☽	Noon ☽	☿	♀	♂	⚵	⚳	♃	♄	⚷	♅	♆	♇
1 Sa	5 ♎ 31 03	9 ♋ 53 08	16 ♋ 59 07	20 ♎ 14 38	22 ♎ 24 33	21 ♑ 09 51	23 ♋ 18 26	12 ♋ 08 31	22 ♐ 44 18	18 ♒ 16 34	27 ♎ 57 35	9 ♉ 49 10	12 ♊ 24 05	9 ♈ 33 12
2 Su	6 29 52	24 03 53	1 ♌ 07 55	20 11 60	23 38 15	21 26 58	23 33 46	12 22 02	22 51 09	18 13 46	28 00 45	9 46 51	12 23 19	9 31 09
3 M	7 28 25	8 ♌ 09 57	15 10 54	20 02 14	24 51 41	21 44 15	23 48 42	12 35 05	22 57 55	18 10 49	28 03 41	9 44 15	12 22 16	9 28 51
4 Tu	8 26 49	22 09 10	29 05 56	19 45 48	26 04 57	22 01 48	24 03 22	12 47 48	23 04 41	18 07 50	28 06 30	9 41 30	12 21 04	9 26 26
5 W	9 25 15	5 ♍ 59 31	12 ♍ 50 59	19 23 21	27 18 16	22 19 49	24 17 57	13 00 20	23 11 40	18 05 01	28 09 25	9 38 47	12 19 55	9 24 05
6 Th	10 23 57	19 39 02	26 24 10	18 55 37	28 31 51	22 38 31	24 32 40	13 12 57	23 19 05	18 02 36	28 12 39	9 36 20	12 19 01	9 22 02
7 F	11 23 07	3 ♎ 05 57	9 ♎ 43 55	18 23 28	29 45 55	22 58 06	24 47 44	13 25 50	23 27 08	18 00 48	28 16 24	9 34 22	12 18 36	9 20 29
8 Sa	12 22 54	16 18 49	22 49 03	17 47 41	1 ♏ 00 35	23 18 40	25 03 16	13 39 07	23 35 58	17 59 44	28 20 48	9 32 60	12 18 47	9 19 34
9 Su	13 23 17	29 16 44	5 ♏ 39 03	17 09 06	2 15 52	23 40 15	25 19 17	13 52 48	23 45 34	17 59 24	28 25 51	9 32 15	12 19 36	9 19 19
10 M	14 24 11	11 ♏ 59 28	18 14 11	16 28 24	3 31 39	24 02 44	25 35 41	14 06 46	23 55 51	17 59 44	28 31 28	9 32 01	12 20 55	9 19 36
11 Tu	15 25 21	24 27 38	0 ♐ 35 32	15 46 13	4 47 43	24 25 51	25 52 12	14 20 49	24 06 34	18 00 28	28 37 24	9 32 04	12 22 30	9 20 12
12 W	16 26 29	6 ♐ 42 43	12 45 02	15 03 09	6 03 45	24 49 18	26 08 34	14 34 36	24 17 24	18 01 18	28 43 21	9 32 06	12 24 04	9 20 48
13 Th	17 27 15	18 47 06	24 45 29	14 19 42	7 19 25	25 12 45	26 24 24	14 47 48	24 28 02	18 01 55	28 48 59	9 31 46	12 25 17	9 21 04
14 F	18 27 21	0 ♑ 43 57	6 ♑ 40 25	13 36 27	8 34 25	25 35 54	26 39 27	15 00 07	24 38 09	18 02 00	28 53 60	9 30 48	12 25 50	9 20 43
15 Sa	19 26 36	12 37 13	18 33 58	12 53 57	9 48 34	25 58 32	26 53 29	15 11 21	24 47 35	18 01 23	28 58 12	9 28 59	12 25 33	9 19 34
16 Su	20 24 57	24 31 22	0 ♒ 30 45	12 12 56	11 01 49	26 20 37	27 06 28	15 21 28	24 56 16	18 00 01	29 01 33	9 26 17	12 24 22	9 17 33
17 M	21 22 31	6 ♒ 31 15	12 35 38	11 34 07	12 14 18	26 42 15	27 18 32	15 30 34	25 04 20	17 58 01	29 04 10	9 22 50	12 22 25	9 14 49
18 Tu	22 19 37	18 41 49	24 53 24	10 58 23	13 26 18	27 03 43	27 29 58	15 38 58	25 12 04	17 55 40	29 06 21	9 18 55	12 20 00	9 11 39
19 W	23 16 39	1 ♓ 07 46	7 ♓ 28 29	10 26 37	14 38 14	27 25 27	27 41 11	15 47 03	25 19 53	17 53 24	29 08 31	9 14 57	12 17 32	9 08 27
20 Th	24 14 06	13 53 11	20 24 24	9 59 37	15 50 35	27 47 55	27 52 39	15 55 19	25 28 16	17 51 42	29 11 08	9 11 25	12 15 29	9 05 43
21 F	25 12 24	27 00 57	3 ♈ 43 23	9 38 09	17 03 46	28 11 31	28 04 47	16 04 11	25 37 38	17 50 59	29 14 38	9 08 46	12 14 18	9 03 53
22 Sa	26 11 51	10 ♈ 32 20	17 25 45	9 22 42	18 18 07	28 36 34	28 17 56	16 13 57	25 48 18	17 51 34	29 19 21	9 07 17	12 14 17	9 03 15
23 Su	27 12 35	24 26 32	1 ♉ 29 45	9 13 30	19 33 43	29 03 11	28 32 09	16 24 45	26 00 22	17 53 33	29 25 21	9 07 05	12 15 32	9 03 55
24 M	28 14 24	8 ♉ 40 30	15 51 23	9 10 27	20 50 25	29 31 11	28 47 19	16 36 22	26 13 40	17 56 47	29 32 29	9 08 01	12 17 54	9 05 44
25 Tu	29 16 55	23 09 09	0 ♊ 24 50	9 13 08	22 07 48	0 ♒ 00 09	29 02 58	16 48 26	26 27 48	18 00 50	29 40 21	9 09 39	12 20 57	9 08 17
26 W	0 ♏ 19 32	7 ♊ 45 57	15 03 15	9 20 56	23 25 16	0 29 28	29 18 32	17 00 18	26 42 09	18 05 07	29 48 19	9 11 23	12 24 06	9 10 58
27 Th	1 21 34	22 23 53	29 39 46	9 33 05	24 42 10	0 58 29	29 33 20	17 11 20	26 56 03	18 08 58	29 55 46	9 12 35	12 26 42	9 13 07
28 F	2 22 30	6 ♋ 56 34	14 ♋ 08 31	9 48 57	25 57 57	1 26 38	29 46 50	17 20 59	27 08 58	18 11 50	0 ♏ 02 07	9 12 41	12 28 11	9 14 13
29 Sa	3 22 02	21 18 60	28 25 15	10 08 06	27 12 18	1 53 39	29 58 42	17 28 56	27 20 36	18 13 26	0 07 06	9 11 23	12 28 16	9 13 56
30 Su	4 20 10	5 ♌ 28 06	12 ♌ 27 41	10 30 24	28 25 15	2 19 31	0 ♌ 08 60	17 35 12	27 30 57	18 13 46	0 10 42	9 08 44	12 26 57	9 12 18

Notes

May 1978

LONGITUDE

Day	☉	0 hr ☽	Noon ☽	☿	♀	♂	⚵	⚳	♃	♄	⚷	♅	♆	♇
1 M	5 ♏ 17 18	19 ♌ 22 38	26 ♌ 15 12	10 ♎ 56 05	29 ♏ 37 11	2 ♒ 44 37	0 ♌ 18 03	17 ♋ 40 10	27 ♐ 40 25	18 ♒ 13 13	0 ♏ 13 19	9 ♉ 05 04	12 ♊ 24 38	9 ♈ 09 42
2 Tu	6 14 01	3 ♍ 02 47	9 ♍ 48 26	11 25 37	0 ♐ 48 43	3 09 33	0 26 30	17 44 27	27 49 36	18 12 25	0 15 34	9 01 02	12 21 55	9 06 44
3 W	7 11 07	16 29 38	23 08 40	11 59 35	2 00 35	3 35 06	0 35 05	17 48 47	27 59 15	18 12 06	0 18 11	8 57 23	12 19 34	9 04 11
4 Th	8 09 17	29 44 31	6 ♎ 17 16	12 38 33	3 13 32	4 01 57	0 44 32	17 53 53	28 10 06	18 12 59	0 21 55	8 54 51	12 18 19	9 02 45
5 F	9 09 06	12 ♎ 48 38	19 15 22	13 22 55	4 28 06	4 30 41	0 55 23	18 00 20	28 22 42	18 15 39	0 27 18	8 53 58	12 18 42	9 02 60
6 Sa	10 10 49	25 42 46	2 ♏ 03 39	14 12 50	5 44 35	5 01 33	1 07 56	18 08 23	28 37 20	18 20 22	0 34 37	8 55 02	12 21 00	9 05 13
7 Su	11 14 25	8 ♏ 27 11	14 42 25	15 08 05	7 02 55	5 34 31	1 22 06	18 17 59	28 53 56	18 27 05	0 43 50	8 57 59	12 25 11	9 09 20
8 M	12 19 31	21 01 56	27 11 45	16 08 11	8 22 45	6 09 13	1 37 33	18 28 47	29 12 10	18 35 27	0 54 34	9 02 29	12 30 53	9 15 01
9 Tu	13 25 30	3 ♐ 26 57	9 ♐ 31 48	17 12 24	9 43 26	6 45 00	1 53 38	18 40 09	29 31 22	18 44 49	1 06 12	9 07 53	12 37 28	9 21 38
10 W	14 31 35	15 42 29	21 43 07	18 19 48	11 04 13	7 21 06	2 09 34	18 51 17	29 50 47	18 54 25	1 17 57	9 13 26	12 44 10	9 28 23
11 Th	15 36 57	27 49 23	3 ♑ 46 53	19 29 30	12 24 17	7 56 43	2 24 33	19 01 24	0 ♑ 09 35	19 03 26	1 29 00	9 18 17	12 50 10	9 34 29
12 F	16 40 55	9 ♑ 49 21	15 45 12	20 40 42	13 42 55	8 31 07	2 37 53	19 09 47	0 27 05	19 11 11	1 38 41	9 21 47	12 54 47	9 39 14
13 Sa	17 43 01	21 45 04	27 41 07	21 52 51	14 59 41	9 03 53	2 49 06	19 15 60	0 42 50	19 17 13	1 46 31	9 23 28	12 57 33	9 42 10
14 Su	18 43 08	3 ♒ 40 16	9 ♒ 38 40	23 05 44	16 14 27	9 34 50	2 58 04	19 19 53	0 56 42	19 21 23	1 52 22	9 23 11	12 58 20	9 43 10
15 M	19 41 29	15 39 37	21 42 47	24 19 31	17 27 25	10 04 13	3 04 60	19 21 41	1 08 52	19 23 54	1 56 28	9 21 10	12 57 21	9 42 26
16 Tu	20 38 36	27 48 32	3 ♓ 58 58	25 34 40	18 39 08	10 32 34	3 10 26	19 21 55	1 19 55	19 25 19	1 59 21	9 17 58	12 55 10	9 40 32
17 W	21 35 17	10 ♓ 12 49	16 32 55	26 51 56	19 50 25	11 00 41	3 15 11	19 21 23	1 30 38	19 26 27	2 01 49	9 14 23	12 52 34	9 38 16
18 Th	22 32 27	22 58 03	29 29 54	28 12 11	21 02 09	11 29 28	3 20 08	19 21 01	1 41 56	19 28 11	2 04 47	9 11 19	12 50 29	9 36 32
19 F	23 30 58	6 ♈ 08 60	12 ♈ 54 03	29 36 14	22 15 13	11 59 46	3 26 10	19 21 39	1 54 39	19 31 23	2 09 07	9 09 38	12 49 44	9 36 11
20 Sa	24 31 27	19 48 42	26 47 22	1 ♏ 04 41	23 30 13	12 32 13	3 33 53	19 23 56	2 09 27	19 36 41	2 15 25	9 09 59	12 50 59	9 37 52
21 Su	25 34 10	3 ♉ 57 37	11 ♉ 08 60	2 37 45	24 47 26	13 07 03	3 43 32	19 28 05	2 26 32	19 44 20	2 23 57	9 12 35	12 54 28	9 41 49
22 M	26 38 52	18 32 57	25 54 39	4 15 11	26 06 37	13 44 04	3 54 53	19 33 54	2 45 42	19 54 05	2 34 29	9 17 13	12 59 58	9 47 49
23 Tu	27 44 54	3 ♊ 28 32	10 ♊ 56 47	5 56 17	27 27 04	14 22 33	4 07 16	19 40 42	3 06 16	20 05 17	2 46 21	9 23 12	13 06 47	9 55 11
24 W	28 51 13	18 35 18	26 05 30	7 40 03	28 47 49	15 01 30	4 19 39	19 47 27	3 27 13	20 16 54	2 58 31	9 29 33	13 13 55	10 02 55
25 Th	29 56 46	3 ♋ 42 50	11 ♋ 10 20	9 25 21	0 ♑ 07 45	15 39 50	4 30 56	19 53 04	3 47 27	20 27 50	3 09 53	9 35 08	13 20 17	10 09 53
26 F	1 ♐ 00 36	18 41 10	26 02 02	11 11 17	1 25 56	16 16 36	4 40 12	19 56 37	4 06 03	20 37 10	3 19 33	9 39 03	13 24 57	10 15 12
27 Sa	2 02 13	3 ♌ 22 30	10 ♌ 34 02	12 57 19	2 41 52	16 51 18	4 46 55	19 57 37	4 22 30	20 44 24	3 26 59	9 40 48	13 27 23	10 18 20
28 Su	3 01 38	17 42 10	24 43 04	14 43 28	3 55 34	17 23 57	4 51 08	19 56 03	4 36 49	20 49 33	3 32 13	9 40 22	13 27 39	10 19 19
29 M	3 59 25	1 ♍ 38 45	8 ♍ 28 54	16 30 16	5 07 35	17 55 06	4 53 22	19 52 30	4 49 34	20 53 09	3 35 48	9 38 21	13 26 17	10 18 42
30 Tu	4 56 28	15 13 26	21 53 35	18 18 39	6 18 52	18 25 41	4 54 33	19 47 53	5 01 39	20 56 08	3 38 39	9 35 38	13 24 11	10 17 24
31 W	5 53 56	28 29 06	5 ♎ 00 27	20 09 43	7 30 30	18 56 48	4 55 48	19 43 18	5 14 11	20 59 38	3 41 54	9 33 22	13 22 31	10 16 33

June 1978

LONGITUDE

Day	☉	0 hr ☽	Noon ☽	☿	♀	♂	⚵	⚳	♃	♄	⚷	♅	♆	♇
1 Th	6 ♐ 52 51	11 ♎ 29 19	17 ♎ 53 12	22 ♏ 04 30	8 ♑ 43 33	19 ♒ 29 32	4 ♌ 58 11	19 ♋ 39 50	5 ♑ 28 15	21 ♒ 04 41	3 ♏ 46 36	9 ♉ 32 36	13 ♊ 22 18	10 ♈ 17 12
2 F	7 54 03	24 17 32	0 ♏ 35 12	24 03 47	9 58 52	20 04 41	5 02 30	19 38 19	5 44 40	21 12 08	3 53 34	9 34 09	13 24 23	10 20 11
3 Sa	8 57 58	6 ♏ 56 33	13 08 60	26 07 57	11 16 50	20 42 41	5 09 11	19 39 10	6 03 51	21 22 23	4 03 13	9 38 28	13 29 12	10 25 55
4 Su	10 04 33	19 28 15	25 36 16	28 16 53	12 37 27	21 23 30	5 18 11	19 42 20	6 25 45	21 35 25	4 15 33	9 45 30	13 36 41	10 34 23
5 M	11 13 21	1 ♐ 53 37	7 ♐ 57 47	0 ♐ 30 01	14 00 13	22 06 38	5 29 03	19 47 23	6 49 55	21 50 44	4 30 04	9 54 46	13 46 23	10 45 04
6 Tu	12 23 29	14 12 56	20 13 49	2 46 26	15 24 18	22 51 17	5 40 55	19 53 27	7 15 29	22 07 31	4 45 55	10 05 26	13 57 27	10 57 10
7 W	13 33 55	26 26 14	2 ♑ 24 22	5 04 54	16 48 39	23 36 20	5 52 43	19 59 29	7 41 25	22 24 42	5 02 03	10 16 27	14 08 50	11 09 36
8 Th	14 43 33	8 ♑ 33 37	14 29 46	7 24 11	18 12 08	24 20 44	6 03 22	20 04 23	8 06 35	22 41 10	5 17 21	10 26 42	14 19 25	11 21 17
9 F	15 51 24	20 35 45	26 30 58	9 43 07	19 33 48	25 03 28	6 11 54	20 07 12	8 30 01	22 55 57	5 30 53	10 35 14	14 28 15	11 31 14
10 Sa	16 56 49	2 ♒ 34 15	8 ♒ 29 56	12 00 50	20 52 59	25 43 54	6 17 37	20 07 16	8 51 04	23 08 24	5 41 57	10 41 22	14 34 39	11 38 48
11 Su	17 59 31	14 31 48	20 29 43	14 16 49	22 09 24	26 21 45	6 20 17	20 04 20	9 09 28	23 18 14	5 50 17	10 44 51	14 38 22	11 43 41
12 M	18 59 42	26 32 21	2 ♓ 34 37	16 31 02	23 23 16	26 57 12	6 20 04	19 58 34	9 25 23	23 25 38	5 56 05	10 45 51	14 39 34	11 46 07
13 Tu	19 57 59	8 ♓ 40 54	14 49 55	18 43 48	24 35 10	27 30 52	6 17 36	19 50 38	9 39 27	23 31 14	5 59 59	10 45 01	14 38 54	11 46 41
14 W	20 55 20	21 03 17	27 21 35	20 55 50	25 46 05	28 03 43	6 13 51	19 41 28	9 52 37	23 35 59	6 02 55	10 43 18	14 37 19	11 46 22
15 Th	21 52 52	3 ♈ 45 41	10 ♈ 15 41	23 07 58	26 57 08	28 36 53	6 09 55	19 32 13	10 06 01	23 41 01	6 06 01	10 41 49	14 35 56	11 46 17
16 F	22 51 41	16 53 51	23 37 32	25 21 02	28 09 25	29 11 26	6 06 56	19 23 59	10 20 45	23 47 26	6 10 23	10 41 41	14 35 51	11 47 32
17 Sa	23 52 38	0 ♉ 32 15	7 ♉ 30 44	27 35 38	29 23 46	29 48 15	6 05 43	19 17 38	10 37 39	23 56 04	6 16 52	10 43 44	14 37 56	11 50 59
18 Su	24 56 08	14 42 54	21 55 59	29 51 54	0 ♒ 40 36	0 ♓ 27 43	6 06 42	19 13 35	10 57 08	24 07 20	6 25 52	10 48 23	14 42 34	11 57 00
19 M	26 02 01	29 24 22	6 ♊ 50 06	2 ♑ 09 27	1 59 45	1 09 40	6 09 41	19 11 39	11 19 02	24 21 03	6 37 14	10 55 27	14 49 36	12 05 27
20 Tu	27 09 32	14 ♊ 31 09	22 05 48	4 27 22	3 20 29	1 53 22	6 13 59	19 11 09	11 42 36	24 36 30	6 50 12	11 04 13	14 58 18	12 15 35
21 W	28 17 33	29 53 50	7 ♋ 32 17	6 44 19	4 41 39	2 37 40	6 18 25	19 10 54	12 06 43	24 52 31	7 03 39	11 13 32	15 07 31	12 26 15
22 Th	29 24 47	15 ♋ 20 30	22 57 04	8 58 52	6 01 57	3 21 17	6 21 43	19 09 40	12 30 03	25 07 50	7 16 17	11 22 07	15 15 57	12 36 11
23 F	0 ♑ 30 09	0 ♌ 38 49	8 ♌ 08 22	11 09 48	7 20 18	4 03 07	6 22 47	19 06 20	12 51 33	25 21 21	7 26 60	11 28 52	15 22 32	12 44 17
24 Sa	1 32 59	15 38 29	22 57 11	13 16 23	8 36 04	4 42 32	6 20 58	19 00 17	13 10 32	25 32 25	7 35 10	11 33 09	15 26 36	12 49 53
25 Su	2 33 17	0 ♍ 12 40	7 ♍ 18 28	15 18 29	9 49 12	5 19 29	6 16 16	18 51 29	13 27 00	25 40 60	7 40 44	11 34 56	15 28 08	12 52 59
26 M	3 31 35	14 18 39	21 11 06	17 16 37	11 00 16	5 54 33	6 09 13	18 40 31	13 41 30	25 47 39	7 44 17	11 34 46	15 27 42	12 54 07
27 Tu	4 28 54	27 57 13	4 ♎ 37 05	19 11 43	12 10 16	6 28 43	6 00 50	18 28 24	13 55 01	25 53 23	7 46 49	11 33 39	15 26 16	12 54 18
28 W	5 26 26	11 ♎ 11 33	17 40 24	21 04 58	13 20 24	7 03 11	5 52 20	18 16 19	14 08 46	25 59 24	7 49 30	11 32 48	15 25 05	12 54 44
29 Th	6 25 20	24 06 06	0 ♏ 25 48	22 57 30	14 31 50	7 39 08	5 44 51	18 05 29	14 23 54	26 06 51	7 53 32	11 33 22	15 25 16	12 56 35
30 F	7 26 31	6 ♏ 45 35	12 57 60	24 50 12	15 45 26	8 17 26	5 39 19	17 56 46	14 41 19	26 16 38	7 59 47	11 36 15	15 27 44	13 00 44

Notes

LONGITUDE — July 1978

Day	☉	0 hr ☽	Noon ☽	☿	♀	♂	⚷	⚴	♃	♄	☊	♅	♆	♇
1 Sa	8 ♑ 30 27	19 ♏ 14 09	25 ♏ 21 00	26 ♑ 43 31	17 ♒ 01 43	8 ♓ 58 34	5 ♌ 36 13	17 ♋ 50 41	15 ♑ 01 30	26 ♒ 29 13	8 ♏ 08 45	11 ♉ 41 56	15 ♊ 32 59	13 ♈ 07 39
2 Su	9 37 08	1 ♐ 35 05	7 ♐ 37 48	28 37 28	18 20 39	9 42 33	5 35 32	17 47 15	15 24 26	26 44 37	8 20 25	11 50 25	15 40 58	13 17 22
3 M	10 46 05	13 50 38	19 50 21	0 ♒ 31 33	19 41 47	10 28 53	5 36 49	17 45 59	15 49 39	27 02 21	8 34 19	12 01 13	15 51 16	13 29 23
4 Tu	11 56 28	26 02 04	1 ♑ 59 39	2 24 56	21 04 14	11 16 44	5 39 14	17 46 05	16 18 27	27 21 34	8 49 36	12 13 30	16 02 59	13 42 52
5 W	13 07 13	8 ♑ 09 58	14 06 11	4 16 31	22 26 58	12 05 02	5 41 43	17 46 27	16 43 19	27 41 12	9 05 12	12 26 10	16 15 05	13 56 44
6 Th	14 17 11	20 14 42	26 10 13	6 05 12	23 48 49	12 52 39	5 43 08	17 46 01	17 09 34	28 00 07	9 19 58	12 38 08	16 26 26	14 09 52
7 F	15 25 24	2 ♒ 16 40	8 ♒ 12 18	7 49 58	25 08 49	13 38 36	5 42 32	17 43 47	17 34 03	28 17 19	9 32 57	12 48 23	16 36 03	14 21 17
8 Sa	16 31 09	14 16 54	20 13 41	9 30 06	26 26 16	14 22 10	5 39 11	17 39 05	17 56 06	28 32 08	9 43 24	12 56 13	16 43 12	14 30 16
9 Su	17 34 08	26 17 16	2 ♓ 16 31	11 05 18	27 40 50	15 03 03	5 32 50	17 31 35	18 15 22	28 44 13	9 51 04	13 01 21	16 47 37	14 36 31
10 M	18 34 29	8 ♓ 20 44	14 24 06	12 35 39	28 52 40	15 41 23	5 23 36	17 21 29	18 31 59	28 53 43	9 56 02	13 03 53	16 49 25	14 40 10
11 Tu	19 32 45	20 31 18	26 40 46	14 01 42	0 ♓ 02 18	16 17 43	5 12 04	17 09 19	18 46 32	29 01 12	9 58 53	13 04 24	16 49 09	14 41 46
12 W	20 29 50	2 ♈ 53 57	9 ♈ 11 43	15 24 18	1 10 39	16 52 56	4 59 08	16 56 00	18 59 54	29 07 32	10 00 29	13 03 46	16 47 43	14 42 13
13 Th	21 26 48	15 34 14	22 02 34	16 44 30	2 18 45	17 28 07	4 45 52	16 42 38	19 13 09	29 13 48	10 01 56	13 03 05	16 46 11	14 42 35
14 F	22 24 43	28 37 41	5 ♉ 08 18	17 59 19	3 27 42	18 04 20	4 33 21	16 30 16	19 27 20	29 21 04	10 04 16	13 03 23	16 45 38	14 43 56
15 Sa	23 24 26	12 ♉ 09 00	19 04 02	19 21 31	4 38 18	18 42 26	4 22 28	16 19 47	19 43 18	29 30 11	10 08 22	13 05 33	16 46 53	14 47 07
16 Su	24 26 24	26 11 03	3 ♊ 20 31	20 39 32	5 51 03	19 22 51	4 13 39	16 11 38	20 01 31	29 41 35	10 14 39	13 10 00	16 50 25	14 52 35
17 M	25 30 32	10 ♊ 43 47	18 06 32	21 57 13	7 05 49	20 05 30	4 06 52	16 05 47	20 21 54	29 55 12	10 23 04	13 16 41	16 56 08	15 00 15
18 Tu	26 36 15	25 43 24	3 ♋ 16 28	23 13 53	8 22 03	20 49 49	4 01 30	16 01 37	20 43 51	0 ♓ 10 26	10 33 01	13 24 59	17 03 27	15 09 31
19 W	27 42 33	11 ♋ 02 07	18 40 56	24 28 29	9 38 43	21 34 47	3 56 35	15 58 09	21 06 21	0 26 17	10 43 28	13 33 56	17 11 22	15 19 24
20 Th	28 48 17	26 29 04	4 ♌ 08 05	25 39 45	10 54 41	22 19 15	3 51 01	15 54 16	21 28 17	0 41 36	10 53 19	13 42 21	17 18 45	15 28 45
21 F	29 52 77	11 ♌ 51 58	19 25 37	26 47 07	12 09 35	23 02 12	3 43 44	14 48 57	21 48 37	0 55 23	11 01 31	13 49 13	17 24 33	15 36 32
22 Sa	0 ♒ 54 23	26 59 29	4 ♍ 23 13	27 48 15	13 20 47	23 43 01	3 34 10	14 41 35	22 06 43	1 06 58	11 07 28	13 53 56	17 28 09	15 42 08
23 Su	1 54 02	11 ♍ 43 08	18 53 60	28 44 31	14 30 12	24 21 34	3 22 11	14 32 04	22 22 28	1 16 17	11 11 01	13 56 23	17 29 28	15 45 27
24 M	2 51 46	25 58 18	2 ♎ 55 01	29 35 41	15 37 33	24 58 18	3 08 15	14 20 50	22 36 18	1 23 43	11 12 37	13 56 58	17 28 53	15 46 52
25 Tu	3 48 25	9 ♎ 44 03	16 26 54	0 ♓ 22 24	16 43 29	25 33 59	2 53 10	14 08 41	22 49 01	1 30 04	11 13 03	13 56 30	17 27 14	15 47 14
26 W	4 44 58	23 02 28	29 32 41	1 05 32	17 49 29	26 09 38	2 37 56	13 56 38	23 01 36	1 36 21	11 13 20	13 55 58	17 25 29	15 47 30
27 Th	5 42 24	5 ♏ 57 26	12 ♏ 16 59	1 45 54	18 56 02	26 46 12	2 23 34	13 45 41	23 15 02	1 43 33	11 14 25	13 56 21	17 24 38	15 48 40
28 F	6 41 30	18 33 42	24 44 41	2 24 07	20 04 05	27 24 33	2 10 51	13 36 37	23 30 05	1 52 24	11 17 06	13 58 27	17 25 27	15 51 31
29 Sa	7 42 42	0 ♐ 56 01	7 ♐ 00 34	3 00 27	21 14 03	28 05 02	2 00 14	13 29 51	23 47 12	2 03 23	11 21 48	14 02 40	17 28 22	15 56 29
30 Su	8 46 02	13 08 35	19 08 39	3 34 45	22 25 59	28 47 43	1 51 47	14 25 29	24 06 25	2 16 31	11 28 35	14 09 04	17 33 27	16 03 35
31 M	9 51 11	25 14 52	1 ♑ 12 08	4 06 32	23 39 32	29 32 15	1 45 11	14 23 10	24 27 24	2 31 29	11 37 06	14 17 18	17 40 20	16 12 32

LONGITUDE — August 1978

Day	☉	0 hr ☽	Noon ☽	☿	♀	♂	⚷	⚴	♃	♄	☊	♅	♆	♇
1 Tu	10 ♒ 57 31	7 ♑ 17 26	13 ♑ 13 18	4 ♓ 34 57	24 ♓ 54 05	0 ♈ 18 02	1 ♌ 39 49	14 ♋ 22 17	24 ♑ 49 32	2 ♓ 47 37	11 ♏ 46 43	14 ♉ 26 46	17 ♊ 48 25	16 ♈ 22 39
2 W	12 04 11	19 18 07	25 13 43	4 59 01	26 08 47	1 04 13	1 34 52	14 22 00	25 11 57	3 04 07	11 56 57	14 36 36	17 56 52	16 33 08
3 Th	13 10 20	1 ♒ 08 13	7 ♒ 14 28	5 17 42	27 22 46	1 49 57	1 29 29	14 21 30	25 33 49	3 20 07	12 05 55	14 45 58	18 04 48	16 43 08
4 F	14 15 13	13 18 46	19 16 31	5 30 04	28 35 17	2 34 27	1 22 55	14 22 55	25 54 22	3 34 51	12 13 53	14 54 05	18 11 28	16 51 51
5 Sa	15 18 16	25 20 52	1 ♓ 20 56	5 35 27	29 45 45	3 17 11	1 14 39	14 16 56	26 13 02	3 47 46	12 19 57	15 00 25	18 16 20	16 58 45
6 Su	16 19 14	7 ♓ 25 58	13 29 17	5 33 28	0 ♈ 53 56	3 57 54	1 04 27	14 12 05	26 29 35	3 58 36	12 23 52	15 04 42	18 19 07	17 03 36
7 M	17 18 12	19 36 05	25 43 47	5 24 08	1 59 53	4 36 39	0 52 22	14 05 33	26 44 04	4 07 26	12 25 41	15 07 00	18 19 55	17 06 26
8 Tu	18 15 32	1 ♈ 53 58	8 ♈ 07 23	5 07 49	3 03 60	5 13 51	0 38 50	13 57 41	26 56 53	4 14 39	12 25 49	15 07 43	18 19 06	17 07 40
9 W	19 11 52	14 23 02	20 43 43	4 45 13	4 06 52	5 50 06	0 24 30	13 49 08	27 08 39	4 20 53	12 24 54	15 07 29	18 17 19	17 07 55
10 Th	20 07 59	27 07 12	3 ♉ 36 48	4 17 12	5 09 18	6 26 11	0 10 07	13 40 42	27 20 08	4 26 53	12 23 40	15 07 04	18 15 18	17 07 57
11 F	21 04 39	10 ♉ 10 32	16 50 36	3 44 45	6 12 01	7 02 51	29 ♋ 56 29	13 33 07	27 32 07	4 32 07	12 22 55	15 07 14	18 13 51	17 08 33
12 Sa	22 02 28	23 36 37	0 ♊ 28 22	3 08 48	7 15 39	7 40 45	29 44 15	13 27 02	27 45 12	4 41 10	12 23 16	15 08 35	18 13 35	17 10 19
13 Su	23 01 48	7 ♊ 27 56	14 31 51	2 30 07	8 20 31	8 20 13	29 33 45	13 22 47	27 59 45	4 50 24	12 25 03	15 11 29	18 14 50	17 13 36
14 M	24 02 38	21 44 55	29 00 24	1 49 14	9 26 38	9 01 14	29 24 59	13 20 22	28 15 44	5 01 07	12 28 15	15 15 55	18 17 37	17 18 24
15 Tu	25 04 36	6 ♋ 25 23	13 ♋ 50 22	1 06 24	10 33 36	9 43 26	29 17 37	13 19 26	28 32 48	5 12 59	12 32 32	15 21 32	18 21 32	17 24 21
16 W	26 07 05	21 24 03	28 55 26	0 21 47	11 40 47	10 26 11	29 11 02	13 19 19	28 50 19	5 25 21	12 37 14	15 27 41	18 25 59	17 30 48
17 Th	27 09 19	6 ♌ 32 55	14 ♌ 06 10	29 ♒ 35 29	12 47 27	11 08 45	29 04 28	13 19 19	29 07 31	5 37 28	12 41 38	15 33 37	18 30 13	17 37 02
18 F	28 12 43	21 42 13	29 17 46	28 47 46	13 52 54	11 50 28	28 57 17	13 18 46	29 23 46	5 48 41	12 45 03	15 38 42	18 33 33	17 42 23
19 Sa	29 10 40	6 ♍ 41 59	14 ♍ 04 57	27 59 12	14 56 43	12 30 53	28 49 03	13 17 11	29 38 37	5 58 33	12 47 04	15 42 27	18 35 33	17 46 23
20 Su	0 ♓ 09 13	21 23 42	28 35 55	27 10 41	15 58 44	13 09 54	28 39 40	13 14 30	29 51 55	6 06 57	12 47 33	15 44 47	18 36 07	17 48 56
21 M	1 06 31	5 ♎ 41 25	12 ♎ 40 50	26 23 28	16 59 11	13 47 42	28 29 19	13 10 53	0 ♒ 03 55	6 14 04	12 46 41	15 45 45	18 35 26	17 50 13
22 Tu	2 03 00	19 32 14	26 18 14	25 38 58	17 58 28	14 24 45	28 18 28	13 06 48	0 15 00	6 20 22	12 44 57	16 13 38	18 33 56	17 50 42
23 W	2 59 15	2 ♏ 56 05	9 ♏ 29 11	24 58 44	18 57 10	15 01 35	28 07 41	13 02 48	0 25 47	6 26 24	12 42 52	16 16 48	18 32 11	17 50 56
24 Th	3 55 50	15 55 05	22 16 42	24 24 11	19 55 50	15 38 47	27 57 34	12 59 28	0 36 49	6 32 44	12 41 03	16 46 45	18 30 49	17 51 29
25 F	4 53 11	28 32 47	4 ♐ 47 46	23 56 49	20 54 39	16 16 49	27 48 33	12 57 14	0 48 32	6 39 50	12 39 55	16 47 59	18 30 12	17 52 49
26 Sa	5 51 36	10 ♐ 53 30	16 58 13	23 36 43	21 54 39	16 56 24	27 40 55	12 56 24	1 01 14	6 47 57	12 39 45	15 50 18	18 30 39	17 55 12
27 Su	6 51 07	23 01 42	29 01 17	23 25 19	22 55 07	17 36 13	27 34 45	12 56 60	1 14 56	6 57 10	12 40 37	15 53 44	18 32 13	17 58 41
28 M	7 51 36	5 ♑ 01 38	10 ♑ 58 12	23 22 36	23 56 08	18 17 28	27 29 52	12 58 52	1 29 31	7 07 17	12 42 21	15 58 09	18 34 44	18 03 06
29 Tu	8 52 43	16 57 09	22 52 38	23 28 34	24 57 22	18 59 25	27 25 59	13 01 43	1 44 39	7 18 02	12 44 39	16 03 13	18 37 54	18 08 10
30 W	9 54 05	28 51 34	4 ♒ 49 39	23 42 58	25 58 26	19 41 39	27 22 42	13 05 09	1 59 56	7 28 59	12 47 06	16 08 33	18 41 18	18 13 27
31 Th	10 55 16	10 ♒ 47 42	16 45 45	24 05 31	26 58 52	20 23 45	27 19 37	13 08 43	2 14 56	7 39 44	12 49 18	16 13 43	18 44 33	18 18 34

Notes

September 1978

LONGITUDE

Day	☉	0 hr ☽	Noon ☽	☿	♀	♂	⚵	⚳	♃	♄	⚷	♅	♆	♇
1 F	11♓55 56	22♒47 50	28♒49 00	24♒35 47	27♈58 19	21♈05 22	27♋16 22	13♋12 05	2♒29 20	7♓49 55	12♏50 53	16♉18 22	18♊47 15	18♈23 08
2 Sa	12 55 49	4♓53 53	10♓59 05	25 13 27	28 56 31	21 46 14	27 12 43	13 15 01	2 42 51	7 59 17	12 51 37	16 22 16	18 49 12	18 26 55
3 Su	13 54 50	17 07 30	23 17 29	25 58 13	29 53 22	22 26 17	27 08 34	13 17 23	2 55 24	8 07 46	12 51 23	16 25 19	18 50 17	18 29 49
4 M	14 53 02	29 30 11	5♈45 38	26 49 51	0♉48 53	23 05 33	27 03 58	13 19 16	3 07 02	8 15 23	12 50 16	16 27 33	18 50 33	18 31 54
5 Tu	15 50 35	12♈03 25	18 24 57	27 48 12	1 43 15	23 44 13	26 59 08	13 20 50	3 17 56	8 22 20	12 48 26	16 29 10	18 50 11	18 33 20
6 W	16 47 47	24 48 45	1♉16 60	28 53 09	2 36 42	24 22 34	26 54 18	13 22 21	3 28 22	8 28 52	12 46 09	16 30 26	18 49 27	18 34 23
7 Th	17 44 54	7♉47 45	14 23 22	0♓04 33	3 29 32	25 00 53	26 49 48	13 24 07	3 38 38	8 35 19	12 43 43	16 31 40	18 48 40	18 35 22
8 F	18 42 15	21 01 59	27 45 33	1 22 12	4 21 60	25 39 28	26 45 54	13 26 25	3 49 00	8 41 56	12 41 26	16 33 07	18 48 06	18 36 33
9 Sa	19 40 00	4♊32 44	11♊24 39	2 45 45	5 14 16	26 18 30	26 42 48	13 29 26	3 59 41	8 48 56	12 39 29	16 34 59	18 47 58	18 38 09
10 Su	20 38 15	18 20 44	25 21 03	4 14 46	6 06 24	26 58 03	26 40 35	13 33 15	4 10 46	8 56 22	12 37 57	16 37 22	18 48 19	18 40 13
11 M	21 36 56	2♋25 47	9♋33 60	5 48 37	6 58 20	27 38 06	26 39 12	13 37 49	4 22 11	9 04 14	12 36 48	16 40 13	18 49 08	18 42 43
12 Tu	22 35 56	16 46 22	24 01 14	7 26 38	7 49 54	28 18 30	26 38 31	13 43 00	4 33 47	9 12 21	12 35 52	16 43 23	18 50 15	18 45 32
13 W	23 35 04	1♌19 26	8♌38 53	9 08 04	8 40 52	28 59 03	26 38 21	13 48 36	4 45 25	9 20 33	12 34 60	16 46 42	18 51 31	18 48 26
14 Th	24 34 07	16 00 17	23 21 33	10 52 14	9 31 04	29 39 35	26 38 29	13 54 26	4 56 52	9 28 38	12 33 59	16 49 57	18 52 43	18 51 17
15 F	25 33 01	0♍42 59	8♍02 49	12 38 31	10 20 19	0♉19 59	26 38 50	14 00 23	5 08 02	9 36 30	12 32 43	16 53 02	18 53 45	18 53 56
16 Sa	26 31 41	15 20 52	22 35 56	14 26 25	11 08 34	1 00 12	26 39 21	14 06 24	5 18 52	9 44 07	12 31 11	16 55 55	18 54 34	18 56 21
17 Su	27 30 12	29 47 29	6♎54 48	16 15 34	11 55 50	1 40 17	26 40 05	14 12 31	5 29 25	9 51 30	12 29 23	16 58 38	18 55 13	18 58 35
18 M	28 28 38	13♎57 17	20 54 37	18 05 42	12 42 11	2 20 20	26 41 06	14 18 51	5 39 46	9 58 46	12 27 27	17 01 18	18 55 48	19 00 44
19 Tu	29 27 07	27 46 20	4♏32 24	19 56 34	13 27 41	3 00 27	26 42 32	14 25 28	5 50 02	10 06 01	12 25 28	17 03 60	18 56 26	19 02 54
20 W	0♈25 43	11♏12 38	17 47 05	21 47 57	14 12 24	3 40 43	26 44 27	14 32 29	6 00 17	10 13 19	12 23 32	17 06 49	18 57 10	19 05 09
21 Th	1 24 27	24 16 01	0♐39 27	23 39 39	14 56 18	4 21 10	26 46 52	14 39 54	6 10 33	10 20 43	12 21 40	17 09 46	18 58 03	19 07 32
22 F	2 23 18	6♐58 00	13 11 44	25 31 25	15 39 20	5 01 44	26 49 45	14 47 41	6 20 48	10 28 09	12 19 49	17 12 50	18 59 02	19 09 59
23 Sa	3 22 11	19 21 26	25 27 17	27 22 57	16 21 22	5 42 22	26 53 01	14 55 44	6 30 55	10 35 32	12 17 56	17 15 55	19 00 01	19 12 26
24 Su	4 20 58	1♑30 02	7♑30 11	29 14 02	17 02 15	6 22 57	26 56 32	15 03 56	6 40 50	10 42 47	12 15 52	17 18 55	19 00 56	19 14 46
25 M	5 19 34	13 28 08	19 24 52	1♈04 25	17 41 52	7 03 23	27 00 14	15 12 13	6 50 25	10 49 46	12 13 33	17 21 43	19 01 39	19 16 54
26 Tu	6 17 57	25 20 19	1♒15 56	2 53 58	18 20 06	7 43 37	27 04 03	15 20 30	6 59 37	10 56 28	12 10 55	17 24 17	19 02 08	19 18 46
27 W	7 16 07	7♒11 09	13 07 53	4 42 37	18 56 57	8 23 40	27 08 01	15 28 49	7 08 29	11 02 53	12 08 00	17 26 39	19 02 24	19 20 24
28 Th	8 14 10	19 05 05	25 04 54	6 30 25	19 32 27	9 03 38	27 12 12	15 37 16	7 17 04	11 09 07	12 04 55	17 28 53	19 02 33	19 21 53
29 F	9 12 16	1♓06 06	7♓10 42	8 17 29	20 06 44	9 43 41	27 16 46	15 45 59	7 25 35	11 15 20	12 01 47	17 31 10	19 02 45	19 23 24
30 Sa	10 10 38	13 17 36	19 28 19	10 03 58	20 39 57	10 24 01	27 21 57	15 55 12	7 34 11	11 21 44	11 58 51	17 33 42	19 03 11	19 25 08

October 1978

LONGITUDE

Day	☉	0 hr ☽	Noon ☽	☿	♀	♂	⚵	⚳	♃	♄	⚷	♅	♆	♇
1 Su	11♈09 28	25♓42 17	2♈00 02	11♈50 04	21♉12 14	11♉04 52	27♋27 55	16♋05 06	7♒43 07	11♓28 31	11♏56 19	17♉36 42	19♊04 05	19♈27 18
2 M	12 08 55	8♈21 54	14 47 10	13 35 56	21 43 43	11 46 21	27 34 50	16 15 51	7 52 30	11 35 51	11 54 19	17 40 18	19 05 37	19 30 03
3 Tu	13 09 02	21 17 18	27 50 08	15 21 37	22 14 23	12 28 33	27 42 47	16 27 30	8 02 26	11 43 48	11 52 57	17 44 35	19 07 48	19 33 28
4 W	14 09 47	4♉28 19	11♉08 26	17 07 03	22 44 08	13 11 24	27 51 40	16 39 59	8 12 49	11 52 18	11 52 08	17 49 29	19 10 37	19 37 28
5 Th	15 10 57	17 53 59	24 40 46	18 52 02	23 12 42	13 54 43	28 01 18	16 53 06	8 23 28	12 01 08	11 51 40	17 54 47	19 13 51	19 41 52
6 F	16 12 14	1♊32 42	8♊25 22	20 36 16	23 39 41	14 38 10	28 11 21	17 06 33	8 34 04	12 10 00	11 51 15	18 00 11	19 17 11	19 46 20
7 Sa	17 13 15	15 22 26	22 20 05	22 19 24	24 04 42	15 21 23	28 21 28	17 19 57	8 44 16	12 18 32	11 50 30	18 05 20	19 20 15	19 50 31
8 Su	18 13 39	29 21 04	6♋22 47	24 01 07	24 27 18	16 04 03	28 31 18	17 32 57	8 53 42	12 26 24	11 49 07	18 09 52	19 22 44	19 54 04
9 M	19 13 16	13♋26 31	20 31 21	25 41 12	24 47 15	16 45 56	28 40 38	17 45 21	9 02 10	12 33 23	11 46 51	18 13 36	19 24 24	19 56 48
10 Tu	20 12 03	27 36 52	4♌43 49	27 19 39	25 04 26	17 27 01	28 49 28	17 57 07	9 09 39	12 39 27	11 43 43	18 16 29	19 25 14	19 58 40
11 W	21 10 12	11♌50 15	18 58 10	28 56 43	25 19 01	18 07 31	28 57 57	18 08 28	9 16 20	12 44 50	11 39 55	18 18 45	19 25 27	19 59 53
12 Th	22 08 08	26 04 42	3♍12 18	0♉32 46	25 31 19	18 47 50	29 06 31	18 19 47	9 22 39	12 49 54	11 35 49	18 20 47	19 25 25	20 00 50
13 F	23 06 21	10♍17 60	17 23 42	2 08 22	25 41 46	19 28 27	29 15 40	18 31 34	9 29 04	12 55 10	11 31 57	18 23 05	19 25 41	20 02 02
14 Sa	24 05 21	24 27 26	1♎29 31	3 44 01	25 50 50	20 09 54	29 25 53	18 44 19	9 36 07	13 01 08	11 28 50	18 26 09	19 26 44	20 04 00
15 Su	25 05 32	8♎29 52	15 26 32	5 20 08	25 58 51	20 52 34	29 37 34	18 58 26	9 44 10	13 08 13	11 26 50	18 30 24	19 28 57	20 07 07
16 M	26 07 06	22 21 56	29 11 31	6 56 56	26 05 59	21 36 38	29 50 55	19 14 06	9 53 26	13 16 35	11 26 10	18 36 01	19 32 33	20 11 35
17 Tu	27 09 60	6♏00 24	12♏41 34	8 34 23	26 12 05	22 22 03	0♌05 51	19 31 16	10 03 51	13 26 11	11 26 47	18 42 56	19 37 28	20 17 20
18 W	28 13 54	19 22 33	25 54 31	10 12 10	26 16 50	23 08 31	0 22 04	19 49 37	10 15 06	13 36 43	11 28 21	18 50 51	19 43 23	20 24 03
19 Th	29 18 20	2♐26 38	8♐49 15	11 49 49	26 19 43	23 55 32	0 39 04	20 08 39	10 26 41	13 47 41	11 30 23	18 59 17	19 49 48	20 31 16
20 F	0♉22 41	15 12 07	21 25 58	13 26 44	26 20 05	24 42 30	0 56 16	20 27 46	10 38 01	13 58 28	11 32 18	19 07 36	19 56 09	20 38 21
21 Sa	1 26 23	27 39 53	3♑46 09	15 02 21	26 17 21	25 28 51	1 13 03	20 46 23	10 48 30	14 08 30	11 33 31	19 15 15	20 01 49	20 44 45
22 Su	2 28 57	9♑52 08	15 52 33	16 36 13	26 11 02	26 14 05	1 28 57	21 04 02	10 57 40	14 17 18	11 33 32	19 21 45	20 06 21	20 49 58
23 M	3 30 08	21 52 17	27 48 59	18 08 04	26 00 53	26 57 58	1 43 44	21 20 27	11 05 15	14 24 38	11 32 08	19 26 50	20 09 29	20 53 46
24 Tu	4 29 57	3♒44 45	9♒40 08	19 37 55	25 46 56	27 40 31	1 57 22	21 35 38	11 11 17	14 30 29	11 29 19	19 30 32	20 11 13	20 56 08
25 W	5 28 40	15 34 42	21 31 17	21 06 03	25 29 30	28 21 59	2 10 10	21 49 52	11 16 01	14 35 08	11 25 21	19 33 06	20 11 52	20 57 23
26 Th	6 26 49	27 27 42	3♓27 58	22 32 58	25 09 09	29 02 54	2 22 37	22 03 40	11 19 59	14 39 07	11 20 46	19 35 05	20 11 54	20 57 60
27 F	7 25 03	9♓29 20	15 35 37	23 59 20	24 46 36	29 43 57	2 35 24	22 17 43	11 23 51	14 43 05	11 16 14	19 37 07	20 12 02	20 58 40
28 Sa	8 24 06	21 44 50	27 59 08	25 25 52	24 22 41	0♊25 51	2 49 14	22 32 42	11 28 20	14 47 46	11 12 29	19 39 57	20 12 58	21 00 07
29 Su	9 24 36	4♈18 36	10♈42 24	26 53 12	23 58 06	1 09 14	3 04 45	22 49 18	11 34 03	14 53 48	11 10 08	19 44 13	20 15 20	21 02 58
30 M	10 26 60	17 13 42	23 47 47	28 21 42	23 33 26	1 54 31	3 22 22	23 07 54	11 41 28	15 01 36	11 09 38	19 50 20	20 19 34	21 07 39
31 Tu	11 31 23	0♉31 25	7♉15 43	29 51 30	23 08 54	2 41 50	3 42 13	23 28 38	11 50 40	15 11 18	11 11 06	19 58 25	20 25 47	21 14 17

Notes

LONGITUDE — November 1978

Day	☉	0 hr ☽	Noon ☽	☿	♀	♂	⚵	⚳	♃	♄	⚷	♅	♆	♇
1 W	12 ♉ 37 30	14 ♉ 10 56	21 ♉ 04 31	1 ♊ 22 16	22 ♉ 44 26	3 ♊ 30 55	4 ♌ 04 01	23 ♋ 51 14	12 ♒ 01 25	15 ♓ 22 38	11 ♏ 14 17	20 ♉ 08 13	20 ♊ 33 44	21 ♈ 22 38
2 Th	13 44 46	28 09 20	5 ♊ 10 28	2 53 23	22 19 34	4 21 09	4 27 11	24 15 06	12 13 05	15 34 60	11 18 33	20 19 07	20 42 48	21 32 03
3 F	14 52 16	12 ♊ 21 56	19 28 17	4 23 55	21 53 38	5 11 42	4 50 49	24 39 22	12 24 48	15 47 31	11 23 03	20 30 16	20 52 07	21 41 42
4 Sa	15 59 06	26 42 59	3 ♋ 52 00	5 52 51	21 25 53	6 01 35	5 13 59	25 03 03	12 35 37	15 59 14	11 26 51	20 40 42	21 00 43	21 50 36
5 Su	17 04 25	11 ♋ 06 37	18 15 58	7 19 18	20 55 43	6 49 59	5 35 51	25 25 22	12 44 45	16 09 20	11 29 07	20 49 36	21 07 49	21 57 58
6 M	18 07 45	25 27 52	2 ♌ 35 37	8 42 43	20 22 55	7 36 27	5 55 58	25 45 50	12 51 41	16 17 22	11 29 23	20 56 30	21 12 56	22 03 19
7 Tu	19 09 06	9 ♌ 43 11	16 48 01	10 02 59	19 47 41	8 20 58	6 14 17	26 04 26	12 56 25	16 23 18	11 27 39	21 01 23	21 16 03	22 06 39
8 W	20 08 57	23 50 42	0 ♍ 51 53	11 20 27	19 10 44	9 03 60	6 31 18	26 21 38	12 59 27	16 27 37	11 24 23	21 04 45	21 17 39	22 08 25
9 Th	21 08 07	7 ♍ 50 01	14 47 11	12 35 53	18 33 13	9 46 24	6 47 52	26 38 18	13 01 37	16 31 10	11 20 27	21 07 24	21 18 35	22 09 30
10 F	22 07 42	21 41 33	28 34 29	13 50 08	17 56 25	10 29 15	7 05 01	26 55 29	13 03 58	16 35 01	11 16 54	21 10 27	21 19 55	22 10 56
11 Sa	23 08 43	5 ♎ 25 56	12 ♎ 14 23	15 04 05	17 21 36	11 13 33	7 23 48	27 14 12	13 07 32	16 40 11	11 14 46	21 14 54	21 22 39	22 13 45
12 Su	24 11 56	19 03 22	25 46 57	16 18 18	16 49 49	12 00 06	7 44 59	27 35 14	13 13 06	16 47 27	11 14 50	21 21 32	21 27 35	22 18 44
13 M	25 17 45	2 ♏ 33 22	9 ♏ 11 30	17 32 56	16 21 41	12 49 17	8 08 58	27 58 59	13 21 04	16 57 13	11 17 30	21 30 45	21 35 08	22 26 18
14 Tu	26 26 07	15 54 39	22 26 40	18 47 40	15 57 21	13 41 02	8 35 39	28 25 23	13 31 22	17 09 24	11 22 41	21 42 28	21 45 11	22 36 21
15 W	27 36 30	29 05 22	5 ♐ 30 40	20 01 39	15 36 30	14 34 51	9 04 33	28 53 53	13 43 27	17 23 30	11 29 53	21 56 11	21 57 15	22 48 22
16 Th	28 48 02	12 ♐ 03 34	18 21 48	21 13 41	15 18 27	15 29 50	9 34 46	29 23 39	13 56 29	17 38 37	11 38 14	22 11 01	22 10 28	23 01 30
17 F	29 59 41	24 47 41	0 ♑ 58 57	22 22 18	15 02 21	16 24 58	10 05 16	29 53 37	14 09 24	17 53 45	11 46 40	22 25 55	22 23 46	23 14 41
18 Sa	1 ♊ 10 23	7 ♑ 17 06	13 21 57	23 26 00	14 47 16	17 19 11	10 35 00	0 ♌ 22 44	14 21 09	18 07 48	11 54 10	22 39 50	22 36 06	23 26 53
19 Su	2 19 16	19 32 22	25 31 57	24 23 26	14 32 28	18 11 37	11 03 06	0 50 07	14 30 52	18 19 56	11 59 50	22 51 55	22 46 37	23 37 14
20 M	3 25 49	1 ♒ 35 31	7 ♒ 31 31	25 13 27	14 17 33	19 01 44	11 29 00	1 15 16	14 38 02	18 29 36	12 03 10	23 01 38	22 54 46	23 45 11
21 Tu	4 29 55	13 30 00	19 24 31	25 55 21	14 02 28	19 49 26	11 52 38	1 38 03	14 42 31	18 36 41	12 04 03	23 08 51	23 00 27	23 50 38
22 W	5 31 53	25 20 34	1 ♓ 16 04	26 28 44	13 47 38	20 35 03	12 14 18	1 58 48	14 44 39	18 41 32	12 02 48	23 13 54	23 03 59	23 53 55
23 Th	6 32 28	7 ♓ 12 59	13 12 08	26 53 38	13 33 49	21 19 17	12 34 43	2 18 13	14 45 09	18 44 51	12 00 08	23 17 31	23 06 06	23 55 44
24 F	7 32 38	19 13 38	25 19 10	27 10 13	13 22 02	22 03 09	12 54 53	2 37 19	14 45 01	18 47 39	11 57 04	23 20 41	23 07 48	23 57 06
25 Sa	8 33 30	1 ♈ 29 05	7 ♈ 43 36	27 18 51	13 13 25	22 47 45	13 15 55	2 57 13	14 45 22	18 51 01	11 54 43	23 24 32	23 10 11	23 59 08
26 Su	9 36 06	14 05 23	20 31 06	27 19 46	13 09 01	23 34 07	13 38 50	3 18 55	14 47 14	18 56 00	11 54 06	23 30 04	23 14 17	24 02 50
27 M	10 41 11	27 07 23	3 ♉ 45 48	27 13 03	13 09 33	24 22 59	14 04 24	3 43 11	14 51 21	19 03 21	11 55 58	23 38 03	23 20 50	24 08 59
28 Tu	11 49 04	10 ♉ 37 56	17 29 31	26 58 27	13 15 18	25 14 41	14 32 53	4 10 19	14 58 01	19 13 20	12 00 37	23 48 46	23 30 10	24 17 51
29 W	12 59 27	24 37 04	1 ♊ 40 60	26 35 24	13 25 60	26 08 55	15 04 02	4 40 03	15 06 60	19 25 44	12 07 49	24 01 58	23 41 59	24 29 12
30 Th	14 11 33	9 ♊ 01 38	16 15 39	26 03 05	13 40 47	27 04 55	15 37 04	5 11 34	15 17 28	19 39 43	12 16 44	24 16 51	23 55 31	24 42 13

LONGITUDE — December 1978

Day	☉	0 hr ☽	Noon ☽	☿	♀	♂	⚵	⚳	♃	♄	⚷	♅	♆	♇
1 F	15 ♊ 24 11	23 ♊ 45 16	1 ♋ 05 57	25 ♊ 20 43	13 ♉ 58 25	28 ♊ 01 28	16 ♌ 10 46	5 ♌ 43 41	15 ♒ 28 14	19 ♓ 54 06	12 ♏ 26 11	24 ♉ 32 13	24 ♊ 09 33	24 ♈ 55 43
2 Sa	16 35 58	8 ♋ 39 22	16 02 36	24 27 53	14 17 30	28 57 13	16 43 46	6 15 03	15 37 56	20 07 31	12 34 49	24 46 43	24 22 44	25 08 20
3 Su	17 45 45	23 34 27	0 ♌ 56 10	23 24 51	14 36 48	29 50 60	17 14 55	6 44 29	15 45 26	20 18 49	12 41 28	24 59 10	24 33 54	25 18 53
4 M	18 52 49	8 ♌ 21 60	15 38 52	22 12 54	14 55 34	0 ♋ 42 05	17 43 29	7 11 16	15 49 59	20 27 16	12 45 25	25 08 52	24 42 20	25 26 41
5 Tu	19 57 06	22 55 46	0 ♍ 05 32	20 54 24	15 13 40	1 30 26	18 09 25	7 35 21	15 51 33	20 32 49	12 46 37	25 15 45	24 47 59	25 31 40
6 W	20 59 11	7 ♍ 12 28	14 14 05	19 32 39	15 31 37	2 16 37	18 33 18	7 57 19	15 50 42	20 36 03	12 45 38	25 20 24	24 51 25	25 34 24
7 Th	22 00 10	21 11 36	28 04 59	18 11 36	15 50 29	3 01 45	18 56 14	8 18 15	15 48 34	20 38 05	12 43 36	25 23 55	24 53 44	25 36 00
8 F	23 01 24	4 ♎ 54 42	11 ♎ 40 21	16 55 16	16 11 32	3 47 10	19 19 33	8 39 31	15 46 27	20 40 14	12 41 50	25 27 40	24 56 18	25 37 49
9 Sa	24 04 11	18 24 16	25 02 59	15 47 19	16 36 01	4 34 11	19 44 33	9 02 24	15 45 42	20 43 49	12 41 40	25 32 56	25 00 25	25 41 08
10 Su	25 09 32	1 ♏ 42 56	8 ♏ 15 29	14 50 41	17 04 54	5 23 47	20 12 16	9 27 55	15 47 19	20 49 52	12 44 05	25 40 43	25 07 05	25 46 60
11 M	26 17 60	14 52 39	21 19 36	14 07 14	17 38 38	6 16 32	20 43 12	9 56 36	15 51 50	20 58 53	12 49 39	25 51 35	25 16 49	25 55 54
12 Tu	27 29 30	27 54 25	4 ♐ 16 05	13 37 45	18 17 07	7 12 22	21 17 19	10 28 24	15 59 11	21 10 50	12 58 17	26 05 27	25 29 37	26 07 50
13 W	28 43 28	10 ♐ 48 10	17 04 41	13 21 59	18 59 42	8 10 43	21 54 03	11 02 44	16 08 49	21 25 08	13 09 26	26 21 46	25 44 52	26 22 11
14 Th	29 58 55	23 33 05	29 44 28	13 18 49	19 45 21	9 10 34	22 32 22	11 38 37	16 19 44	21 40 47	13 22 06	26 39 30	26 01 34	26 37 58
15 F	1 ♋ 14 37	6 ♑ 08 01	12 ♑ 14 24	13 26 39	20 32 47	10 10 42	23 11 04	12 14 47	16 30 41	21 56 34	13 35 02	26 57 27	26 18 31	26 53 57
16 Sa	2 29 19	18 32 03	24 33 46	13 43 37	21 20 40	11 09 52	23 48 53	12 50 01	16 40 27	22 11 13	13 47 00	27 14 22	26 34 26	27 08 53
17 Su	3 41 57	0 ♒ 44 59	6 ♒ 42 44	14 07 56	22 07 54	12 07 01	24 24 46	13 23 16	16 47 58	22 23 42	13 56 58	27 29 11	26 48 18	27 21 44
18 M	4 51 51	12 47 46	18 42 42	14 38 05	22 53 46	13 01 28	24 58 02	13 53 49	16 52 33	22 33 18	14 04 12	27 41 13	26 59 23	27 31 47
19 Tu	5 58 46	24 42 39	0 ♓ 36 23	15 13 03	23 37 56	13 52 57	25 28 26	14 21 26	16 53 58	22 39 48	14 08 30	27 50 13	27 07 29	27 38 49
20 W	7 02 56	6 ♓ 33 21	12 27 55	15 52 14	24 20 38	14 41 45	25 56 12	14 46 23	16 52 27	22 43 27	14 10 06	27 56 27	27 12 50	27 43 04
21 Th	8 05 05	18 24 50	24 22 38	16 35 37	25 02 30	15 28 32	26 22 04	15 09 21	16 48 43	22 44 56	14 09 43	28 00 36	27 16 07	27 45 14
22 F	9 06 13	0 ♈ 23 06	6 ♈ 26 50	17 23 31	25 44 31	16 14 21	26 47 02	15 31 21	16 43 48	22 45 17	14 08 21	28 03 42	27 18 23	27 46 21
23 Sa	10 07 33	12 34 47	18 47 13	18 16 29	26 27 50	17 00 24	27 12 18	15 53 36	16 38 54	22 45 42	14 07 14	28 06 56	27 20 49	27 47 36
24 Su	11 10 13	25 06 33	1 ♉ 30 19	19 15 06	27 13 33	17 47 49	27 39 02	16 17 14	16 35 09	22 47 20	14 07 29	28 11 29	27 24 34	27 50 10
25 M	12 15 07	8 ♉ 04 23	14 41 39	20 19 45	28 02 32	18 37 30	28 08 06	16 43 09	16 33 29	22 51 05	14 10 00	28 18 13	27 30 32	27 54 54
26 Tu	13 22 42	21 32 41	28 24 45	21 30 26	28 55 11	19 29 54	28 39 58	17 11 49	16 34 20	22 57 24	14 15 16	28 27 35	27 39 11	28 02 18
27 W	14 32 52	5 ♊ 33 18	12 ♊ 40 08	22 46 38	29 51 20	20 24 55	29 14 32	17 43 05	16 37 35	23 06 10	14 23 09	28 39 29	27 50 23	28 12 13
28 Th	15 44 53	20 04 39	27 24 30	24 07 18	0 ♊ 50 15	21 21 50	29 51 03	18 16 17	16 42 32	23 16 41	14 32 56	28 53 12	28 03 25	28 23 57
29 F	16 57 36	5 ♋ 01 14	12 ♋ 30 42	25 30 57	1 50 44	22 19 28	0 ♍ 28 23	18 50 12	16 48 02	23 27 45	14 43 28	29 07 34	28 17 08	28 36 20
30 Sa	18 09 38	20 14 06	27 48 24	26 55 59	2 51 22	23 16 28	1 05 09	19 23 31	16 52 43	23 38 03	14 53 23	29 21 14	28 30 10	28 48 01
31 Su	19 19 47	5 ♌ 32 06	13 ♌ 05 57	28 20 55	3 50 55	24 11 37	1 40 08	19 54 59	16 55 22	23 46 20	15 01 27	29 32 57	28 41 18	28 57 46

Notes

January 1979

LONGITUDE

Day	☉	0 hr ☽	Noon ☽	☿	♀	♂	⚵	⚳	♃	♄	⚷	♅	♆	♇
1 M	20♋27 15	20♌43 58	28♌12 30	29♊44 46	4♊48 32	25♋04 07	2♍12 33	20♌23 48	16♒55 12	23♓51 50	15♏06 54	29♉41 57	28♊49 44	29♈04 48
2 Tu	21 31 52	5♍40 22	12♍59 56	1♋07 13	5 44 04	25 53 49	2 42 14	20 49 51	16 52 05	23 54 23	15 09 34	29 48 05	28 55 18	29 08 57
3 W	22 34 08	20 15 15	27 23 45	2 28 37	6 37 58	26 41 13	3 09 41	21 13 35	16 46 29	23 54 28	15 09 56	29 51 49	28 58 32	29 10 44
4 Th	23 35 03	4♎26 10	11♎22 58	3 49 50	7 31 11	27 27 18	3 35 54	21 36 01	16 39 25	23 53 06	15 09 02	29 54 10	29 00 23	29 11 07
5 F	24 35 53	18 13 42	24 59 15	5 12 01	8 24 59	28 13 19	4 02 07	21 58 25	16 32 09	23 51 32	15 08 05	29 56 23	29 02 09	29 11 23
6 Sa	25 37 50	1♏40 23	8♏15 51	6 36 17	9 20 33	29 00 31	4 29 35	22 21 59	16 25 55	23 51 00	15 08 20	29 59 42	29 05 01	29 12 45
7 Su	26 41 52	14 49 41	21 16 29	8 03 32	10 18 50	29 49 50	4 59 15	22 47 41	16 21 40	23 52 27	15 10 44	0♊05 04	29 09 59	29 16 10
8 M	27 48 31	27 44 59	4♐04 34	9 34 13	11 20 18	0♌41 48	5 31 37	23 16 03	16 19 57	23 56 25	15 15 49	0 13 00	29 17 32	29 22 10
9 Tu	28 57 46	10♐29 08	16 42 44	11 08 16	12 24 58	1 36 26	6 06 42	23 47 03	16 20 44	24 02 53	15 23 34	0 23 31	29 27 42	29 30 45
10 W	0♌09 09	23 04 02	29 12 42	12 45 10	13 32 20	2 33 13	6 44 02	24 20 15	16 23 36	24 11 24	15 33 31	0 36 07	29 39 59	29 41 26
11 Th	1 21 51	5♑30 46	11♑35 17	14 24 03	14 41 32	3 31 21	7 22 45	24 54 47	16 27 40	24 21 06	15 44 50	0 49 59	29 53 33	29 53 24
12 F	2 34 47	17 49 47	23 50 47	16 03 50	15 51 30	4 29 46	8 01 50	25 29 37	16 31 56	24 30 58	15 56 28	1 04 05	0♋07 23	0♉05 35
13 Sa	3 46 55	0♒01 15	5♒59 18	17 43 26	17 01 10	5 27 26	8 40 13	26 03 41	16 35 19	24 39 57	16 07 22	1 17 19	0 20 23	0 16 55
14 Su	4 57 21	12 05 26	18 01 12	19 21 56	18 09 36	6 23 25	9 16 59	26 36 05	16 36 56	24 47 07	16 16 37	1 28 49	0 31 40	0 26 32
15 M	6 05 27	24 03 08	29 57 29	20 58 42	19 16 11	7 17 07	9 51 32	27 06 11	16 36 11	24 51 51	16 23 36	1 37 57	0 40 36	0 33 47
16 Tu	7 10 58	5♓55 57	11♓50 01	22 33 27	20 20 38	8 08 16	10 23 36	27 33 45	16 32 48	24 53 56	16 28 05	1 44 27	0 46 57	0 38 26
17 W	8 14 04	17 46 30	23 41 46	24 06 21	21 23 06	8 57 01	10 53 20	27 58 56	16 26 56	24 53 29	16 30 12	1 48 29	0 50 52	0 40 37
18 Th	9 15 13	29 38 24	5♈36 45	25 37 53	22 24 02	9 43 53	11 21 13	28 22 12	16 19 06	24 51 01	16 30 26	1 50 33	0 52 50	0 40 50
19 F	10 15 13	11♈36 20	17 39 54	27 08 50	23 24 14	10 29 37	11 48 03	28 44 22	16 10 05	24 47 18	16 29 35	1 51 25	0 53 37	0 39 51
20 Sa	11 14 60	23 45 40	29 56 51	28 40 06	24 24 34	11 15 10	12 14 45	29 06 19	16 00 48	24 43 16	16 28 35	1 52 01	0 54 10	0 38 37
21 Su	12 15 27	6♉12 11	12♉33 27	0♌12 39	25 25 60	12 01 26	12 42 14	29 29 01	15 52 12	24 39 51	16 28 20	1 53 15	0 55 23	0 38 03
22 M	13 17 22	19 01 30	25 35 09	1 47 13	26 29 13	12 49 11	13 11 15	29 53 11	15 45 02	24 37 47	16 29 35	1 55 54	0 58 03	0 38 54
23 Tu	14 21 10	2♊18 24	9♊06 08	3 24 15	27 34 41	13 38 52	13 42 15	0♍19 16	15 39 45	24 37 31	16 32 48	2 00 23	1 02 34	0 41 37
24 W	15 26 51	16 05 56	23 08 31	5 03 48	28 42 22	14 30 28	14 15 14	0 47 16	15 36 21	24 39 04	16 37 58	2 06 44	1 08 59	0 46 11
25 Th	16 34 01	0♋24 30	7♋41 16	6 45 25	29 51 52	15 23 35	14 49 48	1 16 48	15 34 26	24 42 01	16 44 41	2 14 30	1 16 51	0 52 13
26 F	17 41 53	15 11 11	22 39 45	8 28 22	1♋02 23	16 17 25	15 25 09	1 47 03	15 33 15	24 45 36	16 52 10	2 22 56	1 25 25	0 58 54
27 Sa	18 49 29	0♌19 24	7♌55 45	10 11 41	2 12 55	17 11 03	16 00 20	2 17 04	15 31 48	24 48 50	16 59 28	2 31 04	1 33 41	1 05 19
28 Su	19 55 55	15 39 32	23 18 31	11 54 29	3 22 35	18 03 31	16 34 26	2 45 57	15 29 13	24 50 50	17 05 39	2 37 59	1 40 47	1 10 31
29 M	21 00 33	1♍00 22	8♍36 30	13 36 09	4 30 44	18 54 15	17 06 50	3 13 04	15 24 53	24 50 59	17 10 08	2 43 04	1 46 05	1 13 55
30 Tu	22 03 10	16 10 60	23 39 29	15 16 29	5 37 10	19 42 60	17 37 20	3 38 13	15 18 35	24 49 03	17 12 40	2 46 07	1 49 22	1 15 17
31 W	23 04 02	1♎02 39	8♎20 01	16 55 46	6 42 05	20 30 01	18 06 09	4 01 38	15 10 35	24 45 19	17 13 31	2 47 22	1 50 52	1 14 53

February 1979

LONGITUDE

Day	☉	0 hr ☽	Noon ☽	☿	♀	♂	⚵	⚳	♃	♄	⚷	♅	♆	♇
1 Th	24♌03 44	15♎29 48	22♎34 10	18♌34 36	7♋46 07	21♌15 55	18♍33 55	4♍23 55	15♒01 29	24♓40 21	17♏13 17	2♊47 25	1♋51 13	1♉13 18
2 F	25 03 04	29 30 13	6♏21 10	20 13 48	8 50 02	22 01 30	19 01 24	4 45 53	14 52 06	24 34 59	17 12 46	2 47 04	1 51 12	1 11 20
3 Sa	26 02 50	13♏04 30	19 42 44	21 54 11	9 54 38	22 47 33	19 29 26	5 08 19	14 43 13	24 30 00	17 12 46	2 47 08	1 51 36	1 09 48
4 Su	27 03 40	26 15 07	2♐42 04	23 36 24	11 00 33	23 34 42	19 58 37	5 31 51	14 35 29	24 26 03	17 13 55	2 48 15	1 53 05	1 09 20
5 M	28 05 57	9♐05 29	15 22 57	25 20 49	12 08 08	24 23 20	20 29 20	5 56 52	14 29 17	24 23 30	17 16 36	2 50 45	1 55 59	1 10 17
6 Tu	29 09 42	21 39 19	27 49 10	27 07 29	13 17 26	25 13 29	21 01 38	6 23 23	14 24 40	24 22 23	17 20 49	2 54 43	2 00 23	1 12 42
7 W	0♍14 42	4♑00 06	10♑04 07	28 56 10	14 28 11	26 04 54	21 35 16	6 51 10	14 21 23	24 22 28	17 26 22	2 59 53	2 05 60	1 16 21
8 Th	1 20 28	16 10 51	22 10 38	0♍46 25	15 39 56	26 57 09	22 09 45	7 19 46	14 18 59	24 23 18	17 32 46	3 05 48	2 12 24	1 20 46
9 F	2 26 26	28 14 05	4♒11 01	2 37 39	16 52 06	27 49 37	22 44 32	7 48 35	14 16 53	24 24 18	17 39 26	3 11 52	2 18 59	1 25 22
10 Sa	3 32 01	10♒11 51	16 07 07	4 29 15	18 04 05	28 41 43	23 19 01	8 17 03	14 14 30	24 24 53	17 45 48	3 17 32	2 25 10	1 29 35
11 Su	4 36 42	22 05 57	28 00 34	6 20 44	19 15 23	29 32 59	23 52 43	8 44 39	14 11 23	24 24 33	17 51 22	3 22 17	2 30 28	1 32 54
12 M	5 40 11	3♓58 02	9♓52 57	8 11 45	20 25 40	0♍23 04	24 25 17	9 11 05	14 07 09	24 22 59	17 55 47	3 25 47	2 34 34	1 34 59
13 Tu	6 42 19	15 49 52	21 46 04	10 02 06	21 34 47	1 11 50	24 56 35	9 36 11	14 01 43	24 20 02	17 58 56	3 27 54	2 37 17	1 35 43
14 W	7 43 10	27 43 30	3♈42 02	11 51 50	22 42 49	1 59 21	25 26 42	10 00 01	13 55 07	24 15 47	18 00 52	3 28 42	2 38 44	1 35 10
15 Th	8 42 58	9♈41 24	15 43 30	13 41 08	23 49 60	2 45 52	25 55 51	10 22 51	13 47 38	24 10 29	18 01 51	3 28 26	2 39 07	1 33 34
16 F	9 42 08	21 46 30	27 53 36	15 30 17	24 56 41	3 31 45	26 24 27	10 45 02	13 39 37	24 04 31	18 02 14	3 27 29	2 38 51	1 31 18
17 Sa	10 41 04	4♉02 12	10♉15 56	17 19 40	26 03 20	4 17 27	26 52 54	11 07 02	13 31 33	23 58 19	18 02 29	3 26 17	2 38 22	1 28 49
18 Su	11 40 13	16 32 14	22 54 20	19 09 34	27 10 22	5 03 24	27 21 40	11 29 16	13 23 50	23 52 19	18 03 01	3 25 15	2 38 04	1 26 32
19 M	12 39 55	29 20 28	5♊52 38	21 00 12	28 18 06	5 49 55	27 51 03	11 52 04	13 16 49	23 46 51	18 04 11	3 24 44	2 38 19	1 24 47
20 Tu	13 40 21	12♊30 23	19 14 07	22 51 35	29 26 44	6 37 12	28 21 16	12 15 38	13 10 42	23 42 07	18 06 09	3 24 56	2 39 18	1 23 46
21 W	14 41 33	26 04 45	3♋00 58	24 43 32	0♌36 16	7 25 16	28 52 19	12 39 58	13 05 30	23 38 08	18 08 56	3 25 51	2 41 01	1 23 30
22 Th	15 43 19	10♋04 50	17 13 35	26 35 38	1 46 32	8 13 57	29 24 02	13 04 54	13 01 03	23 34 44	18 12 23	3 27 19	2 43 19	1 23 49
23 F	16 45 23	24 29 52	1♌49 57	28 27 19	2 57 15	9 02 56	29 56 08	13 30 09	12 57 04	23 31 37	18 16 11	3 29 02	2 45 54	1 24 24
24 Sa	17 47 24	9♌16 28	16 45 22	0♎17 57	4 08 02	9 51 55	0♎28 16	13 55 22	12 53 12	23 28 28	18 20 01	3 30 41	2 48 25	1 24 57
25 Su	18 49 04	24 18 37	1♍52 34	2 06 51	5 18 36	10 40 33	1 00 07	14 20 14	12 49 09	23 24 58	18 23 34	3 31 56	2 50 35	1 25 08
26 M	19 50 11	9♍28 06	17 02 30	3 53 25	6 28 46	11 28 40	1 31 30	14 44 34	12 44 45	23 20 56	18 26 38	3 32 36	2 52 11	1 24 46
27 Tu	20 50 41	24 35 30	2♎05 36	5 37 10	7 38 27	12 16 13	2 02 23	15 08 20	12 39 56	23 16 20	18 29 10	3 32 40	2 53 11	1 23 49
28 W	21 50 42	9♎31 39	16 53 17	7 17 43	8 47 46	13 03 18	2 32 50	15 31 37	12 34 49	23 11 14	18 31 17	3 32 11	2 53 41	1 22 21

Notes

LONGITUDE

March 1979

Day	☉	0 hr ☽	Noon ☽	☿	♀	♂	⚵	⚳	♃	♄	⚷	♅	♆	♇
1 Th	22 ♍ 50 23	24 ♎ 08 54	1 ♏ 19 02	8 ♎ 54 43	9 ♌ 56 52	13 ♍ 50 04	3 ♎ 03 04	15 ♍ 54 36	12 ♒ 29 35	23 ♓ 05 52	18 ♏ 33 10	3 ♊ 31 22	2 ♋ 53 51	1 ♉ 20 35
2 F	23 49 58	8 ♏ 22 04	15 19 01	10 27 49	11 06 00	14 36 46	3 33 16	16 17 29	12 24 26	23 00 24	18 35 00	3 30 25	2 53 55	1 18 43
3 Sa	24 49 37	22 08 38	28 52 03	11 56 39	12 15 19	15 23 34	4 03 37	16 40 27	12 19 34	22 55 03	18 36 59	3 29 31	2 54 02	1 16 55
4 Su	25 49 26	5 ♐ 28 35	11 ♐ 59 13	13 20 42	13 24 55	16 10 33	4 34 14	17 03 37	12 15 04	22 49 54	18 39 13	3 28 46	2 54 20	1 15 18
5 M	26 49 25	18 23 51	24 43 11	14 39 26	14 34 50	16 57 45	5 05 07	17 26 59	12 10 58	22 44 58	18 41 42	3 28 10	2 54 50	1 13 53
6 Tu	27 49 33	0 ♑ 57 38	7 ♑ 07 40	15 52 13	15 44 59	17 45 06	5 36 12	17 50 29	12 07 13	22 40 13	18 44 24	3 27 42	2 55 26	1 12 36
7 W	28 49 42	13 13 56	19 16 49	16 58 25	16 55 17	18 32 31	6 07 24	18 14 02	12 03 42	22 35 33	18 47 12	3 27 14	2 56 05	1 11 22
8 Th	29 49 47	25 17 02	1 ♒ 14 58	17 57 25	18 05 37	19 19 52	6 38 38	18 37 32	12 00 20	22 30 52	18 50 00	3 26 40	2 56 40	1 10 04
9 F	0 ♎ 49 43	7 ♒ 11 11	13 06 16	18 48 43	19 15 55	20 07 07	7 09 47	19 00 54	11 57 03	22 26 05	18 52 44	3 25 57	2 57 06	1 08 39
10 Sa	1 49 30	19 00 26	24 54 31	19 31 53	20 26 10	20 54 13	7 40 52	19 24 08	11 53 49	22 21 12	18 55 23	3 25 04	2 57 22	1 07 05
11 Su	2 49 09	0 ♓ 48 28	6 ♓ 43 10	20 06 40	21 36 25	21 41 14	8 11 55	19 47 15	11 50 41	22 16 15	18 57 59	3 24 02	2 57 32	1 05 25
12 M	3 48 48	12 38 30	18 35 13	20 32 54	22 46 44	22 28 15	8 43 02	20 10 22	11 47 46	22 11 21	19 00 38	3 22 59	2 57 40	1 03 45
13 Tu	4 48 32	24 33 18	0 ♈ 33 12	20 50 37	23 57 17	23 15 24	9 14 19	20 33 36	11 45 10	22 06 36	19 03 28	3 22 00	2 57 55	1 02 12
14 W	5 48 31	6 ♈ 35 12	12 39 14	20 59 51	25 08 08	24 02 47	9 45 56	20 57 04	11 43 01	22 02 10	19 06 35	3 21 14	2 58 23	1 00 53
15 Th	6 48 47	18 46 09	24 55 07	21 00 49	26 19 25	24 50 30	10 17 55	21 20 50	11 41 23	21 58 05	19 10 05	3 20 46	2 59 10	0 59 54
16 F	7 49 23	1 ♉ 07 42	7 ♉ 22 22	20 53 42	27 31 06	25 38 34	10 50 18	21 44 57	11 40 19	21 54 24	19 13 59	3 20 36	3 00 15	0 59 15
17 Sa	8 50 14	13 41 17	20 02 21	20 38 47	28 43 08	26 26 54	11 23 01	22 09 19	11 39 42	21 51 02	19 18 11	3 20 39	3 01 36	0 58 52
18 Su	9 51 11	26 28 07	2 ♊ 56 16	20 16 24	29 55 22	27 15 20	11 55 54	22 33 47	11 39 25	21 47 50	19 22 32	3 20 48	3 03 02	0 58 36
19 M	10 51 60	9 ♊ 29 23	16 05 19	19 46 57	1 ♍ 07 33	28 03 39	12 28 44	22 58 07	11 39 12	21 44 34	19 26 49	3 20 47	3 04 20	0 58 13
20 Tu	11 52 26	22 46 11	29 30 31	19 10 56	2 19 27	28 51 37	13 01 16	23 22 05	11 38 52	21 41 01	19 30 48	3 20 23	3 05 15	0 57 28
21 W	12 52 20	6 ♋ 19 29	13 ♋ 12 37	18 29 03	3 30 52	29 39 02	13 33 20	23 45 30	11 38 10	21 36 59	19 34 17	3 19 25	3 05 37	0 56 11
22 Th	13 51 35	20 09 52	27 11 50	17 42 12	4 41 45	0 ♎ 25 50	14 04 49	24 08 16	11 37 04	21 32 23	19 37 12	3 17 47	3 05 20	0 54 17
23 F	14 50 16	4 ♌ 17 12	11 ♌ 27 30	16 51 32	5 52 09	1 12 05	14 35 49	24 30 29	11 35 38	21 27 18	19 39 36	3 15 35	3 04 30	0 51 50
24 Sa	15 48 37	18 40 21	25 57 40	15 58 24	7 02 17	1 58 00	15 06 34	24 52 21	11 34 05	21 21 59	19 41 44	3 13 02	3 03 19	0 49 04
25 Su	16 47 01	3 ♍ 16 40	10 ♍ 38 53	15 04 17	8 12 33	2 43 59	15 37 25	25 14 16	11 32 47	21 16 47	19 43 57	3 10 30	3 02 10	0 46 22
26 M	17 45 50	18 01 51	25 26 01	14 10 42	9 23 19	3 30 24	16 08 46	25 36 36	11 32 09	21 12 06	19 46 40	3 08 23	3 01 27	0 44 06
27 Tu	18 45 27	2 ♎ 50 03	10 ♎ 12 41	13 19 02	10 34 56	4 17 36	16 40 59	25 59 43	11 32 31	21 08 18	19 50 14	3 07 03	3 01 30	0 42 39
28 W	19 46 02	17 34 23	24 51 52	12 30 28	11 47 37	5 05 48	17 14 15	26 23 48	11 34 06	21 05 34	19 54 49	3 06 41	3 02 33	0 42 13
29 Th	20 47 36	2 ♏ 07 43	9 ♏ 16 48	11 45 52	13 01 20	5 54 59	17 48 34	26 48 52	11 36 53	21 03 54	20 00 27	3 07 16	3 04 34	0 42 46
30 F	21 49 53	16 23 41	23 21 56	11 05 43	14 15 51	6 44 54	18 23 41	27 14 39	11 40 37	21 03 05	20 06 52	3 08 36	3 07 19	0 44 05
31 Sa	22 52 30	0 ♐ 17 31	7 ♐ 03 34	10 30 14	15 30 47	7 35 10	18 59 12	27 40 46	11 44 55	21 02 42	20 13 41	3 10 15	3 10 24	0 45 46

LONGITUDE

April 1979

Day	☉	0 hr ☽	Noon ☽	☿	♀	♂	⚵	⚳	♃	♄	⚷	♅	♆	♇
1 Su	23 ♎ 54 58	13 ♐ 46 33	20 ♐ 20 08	9 ♎ 59 25	16 ♍ 45 37	8 ♎ 25 17	19 ♎ 34 38	28 ♍ 06 43	11 ♒ 49 16	21 ♓ 02 16	20 ♏ 20 23	3 ♊ 11 44	3 ♋ 13 19	0 ♉ 47 18
2 M	24 56 46	26 50 20	3 ♑ 12 14	9 33 08	17 59 52	9 14 44	20 09 29	28 31 60	11 53 12	21 01 17	20 26 30	3 12 34	3 15 35	0 48 13
3 Tu	25 57 33	9 ♑ 30 28	15 42 14	9 11 17	19 13 11	10 03 12	20 43 24	28 56 16	11 56 21	20 59 24	20 31 39	3 12 23	3 16 51	0 48 10
4 W	26 57 09	21 50 10	27 53 53	8 53 50	20 25 22	10 50 29	21 16 12	29 19 20	11 58 31	20 56 26	20 35 41	3 11 00	3 16 57	0 46 58
5 Th	27 55 37	3 ♒ 53 50	9 ♒ 51 54	8 40 53	21 36 30	11 36 38	21 47 56	29 41 16	11 59 48	20 52 28	20 38 38	3 08 30	3 15 54	0 44 39
6 F	28 53 13	15 46 36	21 41 27	8 32 42	22 46 50	12 21 57	22 18 53	0 ♎ 02 20	12 00 26	20 47 45	20 40 47	3 05 09	3 14 00	0 41 31
7 Sa	29 50 25	27 33 50	3 ♓ 27 56	8 29 40	23 56 50	13 06 51	22 49 30	0 22 59	12 00 53	20 42 45	20 42 35	3 01 23	3 11 43	0 38 01
8 Su	0 ♏ 47 46	9 ♓ 20 53	15 16 28	8 32 13	25 07 03	13 51 55	23 20 20	0 43 46	12 01 42	20 38 01	20 44 36	2 57 47	3 09 35	0 34 42
9 M	1 45 51	21 12 41	27 11 43	8 40 46	26 18 03	14 37 42	23 51 59	1 05 17	12 03 28	20 34 08	20 47 23	2 54 55	3 08 11	0 32 10
10 Tu	2 45 08	3 ♈ 13 30	9 ♈ 17 37	8 55 38	27 30 21	15 24 43	24 24 54	1 27 59	12 06 40	20 31 35	20 51 26	2 53 16	3 07 60	0 30 52
11 W	3 45 58	15 26 42	21 37 05	9 16 57	28 44 14	16 13 16	24 59 25	1 52 12	12 11 36	20 30 42	20 57 04	2 53 09	3 09 21	0 31 08
12 Th	4 48 24	27 54 31	4 ♉ 11 56	9 44 34	29 59 48	17 03 26	25 35 37	2 18 01	12 18 22	20 31 32	21 04 22	2 54 39	3 12 19	0 33 03
13 F	5 52 15	10 ♉ 38 03	17 02 48	10 18 06	1 ♎ 16 50	17 55 00	26 13 18	2 45 14	12 26 45	20 33 55	21 13 08	2 57 34	3 16 42	0 36 25
14 Sa	6 57 02	23 37 14	0 ♊ 09 14	10 56 52	2 34 52	18 47 31	26 51 59	3 13 22	12 36 17	20 37 21	21 22 52	3 01 26	3 22 02	0 40 46
15 Su	8 02 06	6 ♊ 51 02	13 29 54	11 39 60	3 53 14	19 40 19	27 30 60	3 41 44	12 46 17	20 41 11	21 32 56	3 05 34	3 27 39	0 45 25
16 M	9 06 40	20 17 50	27 02 58	12 26 31	5 11 10	20 32 36	28 09 35	4 09 36	12 55 60	20 44 39	21 42 32	3 09 13	3 32 45	0 49 36
17 Tu	10 10 01	3 ♋ 55 42	10 ♋ 46 31	13 15 33	6 27 56	21 23 40	28 47 01	4 36 13	13 04 42	20 47 02	21 50 58	3 11 39	3 36 40	0 52 37
18 W	11 11 42	17 42 57	24 38 50	14 06 26	7 43 05	22 13 03	29 22 51	5 01 08	13 11 55	20 47 50	21 57 46	3 12 25	3 38 53	0 53 60
19 Th	12 11 34	1 ♌ 38 17	8 ♌ 38 41	14 58 52	8 56 29	23 00 37	29 56 54	5 24 12	13 17 30	20 46 58	22 02 47	3 11 23	3 39 17	0 53 35
20 F	13 09 53	15 40 54	22 45 18	15 52 59	10 08 23	23 46 39	0 ♏ 29 29	5 45 42	13 21 45	20 44 41	22 06 18	3 08 48	3 38 10	0 51 40
21 Sa	14 07 19	29 50 20	6 ♍ 58 04	16 49 16	11 19 27	24 31 46	1 01 15	6 06 17	13 25 19	20 41 37	22 08 57	3 05 21	3 36 08	0 48 54
22 Su	15 04 46	14 ♍ 05 59	21 16 02	17 48 30	12 30 35	25 16 53	1 33 04	6 26 49	13 29 04	20 38 42	22 11 39	3 01 54	3 34 08	0 46 10
23 M	16 03 09	28 26 37	5 ♎ 37 34	18 51 29	13 42 42	26 02 57	2 05 53	6 48 17	13 33 57	20 36 51	22 15 20	2 59 24	3 33 04	0 44 26
24 Tu	17 03 16	12 ♎ 49 54	19 59 49	19 58 54	14 56 35	26 50 43	2 40 29	7 11 26	13 40 44	20 36 51	22 20 47	2 58 39	3 33 43	0 44 27
25 W	18 05 32	27 12 11	4 ♏ 18 46	21 11 04	16 12 41	27 40 38	3 17 18	7 36 42	13 49 53	20 39 09	22 28 25	3 00 04	3 36 33	0 46 40
26 Th	19 09 59	11 ♏ 28 46	18 29 33	22 27 55	17 30 60	28 32 43	3 56 20	8 04 06	14 01 23	20 43 45	22 38 15	3 03 40	3 41 33	0 51 06
27 F	20 16 08	25 34 19	2 ♐ 27 04	23 48 54	18 51 04	29 26 30	4 37 09	8 33 10	14 14 47	20 50 11	22 49 51	3 08 59	3 48 16	0 57 17
28 Sa	21 23 13	9 ♐ 23 50	16 06 51	25 13 09	20 12 07	0 ♏ 21 11	5 18 57	9 03 07	14 29 18	20 57 41	23 02 23	3 15 15	3 55 55	1 04 26
29 Su	22 30 16	22 53 21	29 25 47	26 39 40	21 33 10	1 15 50	6 00 46	9 33 00	14 43 57	21 05 17	23 14 56	3 21 30	4 03 32	1 11 36
30 M	23 36 20	6 ♑ 00 39	12 ♑ 22 33	28 07 25	22 53 18	2 09 29	6 41 39	10 01 52	14 57 48	21 12 03	23 26 31	3 26 48	4 10 11	1 17 49

Notes

May 1979 LONGITUDE

Day	☉	0 hr ☽	Noon ☽	☿	♀	♂	⚵	⚳	♃	♄	⚷	♅	♆	♇
1 Tu	24 ♏ 40 41	18 ♑ 45 33	24 ♑ 57 49	29 ♎ 35 39	24 ♎ 11 45	3 ♏ 01 25	7 ♏ 20 53	10 ♎ 28 58	15 ♒ 10 08	21 ♓ 17 14	23 ♏ 36 26	3 ♊ 30 24	4 ♋ 15 08	1 ♉ 22 23
2 W	25 42 55	1 ♒ 09 50	7 ♒ 14 06	1 ♏ 03 54	25 28 09	3 51 14	7 58 04	10 53 55	15 20 32	21 20 26	23 44 17	3 31 55	4 17 59	1 24 54
3 Th	26 43 04	13 17 04	19 15 29	2 32 10	26 42 29	4 38 55	8 33 12	11 16 43	15 28 60	21 21 41	23 50 03	3 31 22	4 18 44	1 25 20
4 F	27 41 29	25 12 10	1 ♓ 07 14	4 00 47	27 55 09	5 24 53	9 06 40	11 37 46	15 35 56	21 21 21	23 54 08	3 29 07	4 17 48	1 24 08
5 Sa	28 38 55	7 ♓ 00 55	12 55 18	5 30 27	29 06 52	6 09 51	9 39 12	11 57 45	15 42 02	21 20 10	23 57 15	3 25 54	4 15 52	1 21 58
6 Su	29 36 15	18 49 34	24 45 54	7 02 03	0 ♏ 18 31	6 54 41	10 11 41	12 17 37	15 48 13	21 19 01	24 00 18	3 22 37	4 13 51	1 19 45
7 M	0 ♐ 34 26	0 ♈ 44 17	6 ♈ 45 04	8 36 32	1 31 05	7 40 22	10 45 04	12 38 16	15 55 25	21 18 51	24 04 14	3 20 12	4 12 42	1 18 27
8 Tu	1 34 18	12 50 45	18 58 09	10 14 42	2 45 22	8 27 43	11 20 12	13 00 32	16 04 28	21 20 31	24 09 52	3 19 30	4 13 15	1 18 52
9 W	2 36 24	25 13 38	1 ♉ 29 20	11 57 07	4 01 56	9 17 17	11 57 36	13 25 00	16 15 55	21 24 33	24 17 46	3 21 05	4 16 03	1 21 35
10 Th	3 40 57	7 ♉ 56 12	14 21 15	13 43 57	5 20 59	10 09 15	12 37 30	13 51 51	16 29 57	21 31 08	24 28 08	3 25 07	4 21 17	1 26 46
11 F	4 47 39	20 59 55	27 34 37	15 34 59	6 42 14	11 03 23	13 19 37	14 20 48	16 46 20	21 40 03	24 40 41	3 31 21	4 28 42	1 34 11
12 Sa	5 55 52	4 ♊ 24 17	11 ♊ 08 07	17 29 30	8 05 02	11 58 60	14 03 16	14 51 11	17 04 21	21 50 35	24 54 45	3 39 06	4 37 37	1 43 08
13 Su	7 04 34	18 06 54	24 58 37	19 26 31	9 28 22	12 55 05	14 47 28	15 22 00	17 23 01	22 01 44	25 09 19	3 47 23	4 47 03	1 52 38
14 M	8 12 38	2 ♋ 03 50	9 ♋ 01 41	21 24 55	10 51 05	13 50 30	15 31 03	15 52 07	17 41 11	22 12 23	25 23 16	3 55 03	4 55 51	2 01 32
15 Tu	9 19 00	16 10 22	23 12 20	23 23 37	12 12 10	14 44 13	16 13 01	16 20 28	17 57 49	22 21 28	25 35 33	4 01 04	5 02 58	2 08 47
16 W	10 22 60	0 ♌ 21 48	7 ♌ 26 02	25 21 56	13 30 54	15 35 30	16 52 37	16 46 22	18 12 13	22 28 17	25 45 27	4 04 42	5 07 42	2 13 42
17 Th	11 24 23	14 34 21	21 39 17	27 19 39	14 47 05	16 24 10	17 29 40	17 09 35	18 24 09	22 32 39	25 52 46	4 05 47	5 09 51	2 16 04
18 F	12 23 34	28 45 31	5 ♍ 50 05	29 17 07	16 01 04	17 10 36	18 04 32	17 30 30	18 33 59	22 34 54	25 57 52	4 04 40	5 09 46	2 16 15
19 Sa	13 21 23	12 ♍ 54 14	19 57 45	1 ♐ 15 11	17 13 44	17 55 38	18 38 05	17 50 00	18 42 37	22 35 56	26 01 38	4 02 14	5 08 21	2 15 08
20 Su	14 19 04	27 00 28	4 ♎ 02 27	3 14 59	18 26 17	18 40 30	19 11 31	18 09 15	18 51 14	22 36 55	26 05 15	3 59 40	5 06 48	2 13 54
21 M	15 17 50	11 ♎ 04 33	18 04 33	5 17 44	19 39 58	19 26 25	19 46 05	18 29 31	19 01 04	22 39 08	26 09 57	3 58 14	5 06 20	2 13 48
22 Tu	16 18 44	25 06 29	2 ♏ 03 49	7 24 22	20 55 49	20 14 26	20 22 48	18 51 50	19 13 10	22 43 36	26 16 48	3 58 57	5 08 00	2 15 52
23 W	17 22 21	9 ♏ 05 23	15 59 03	9 35 25	22 14 25	21 05 09	21 02 17	19 16 46	19 28 08	22 50 55	26 26 22	4 02 26	5 12 25	2 20 43
24 Th	18 28 45	22 59 09	29 47 55	11 50 47	23 35 49	21 58 36	21 44 35	19 44 24	19 45 59	23 01 08	26 38 43	4 08 43	5 19 36	2 28 24
25 F	19 37 26	6 ♐ 44 42	13 ♐ 27 12	14 09 51	24 59 32	22 54 18	22 29 10	20 14 12	20 06 15	23 13 44	26 53 21	4 17 19	5 29 04	2 38 23
26 Sa	20 47 26	20 18 25	26 53 24	16 31 28	26 24 36	23 51 17	23 15 07	20 45 15	20 27 57	23 27 47	27 09 18	4 27 16	5 39 52	2 49 44
27 Su	21 57 34	3 ♑ 36 49	10 ♑ 03 29	18 54 17	27 49 51	24 48 23	24 01 15	21 16 20	20 49 56	23 42 06	27 25 24	4 37 25	5 50 50	3 01 17
28 M	23 06 42	16 37 23	22 55 30	21 16 55	29 14 06	25 44 25	24 46 23	21 46 18	21 11 00	23 55 31	27 40 29	4 46 34	6 00 47	3 11 52
29 Tu	24 13 51	29 19 01	5 ♒ 29 01	23 38 09	0 ♐ 36 25	26 38 27	25 29 34	22 14 12	21 30 13	24 07 05	27 53 35	4 53 47	6 08 47	3 20 31
30 W	25 18 27	11 ♒ 42 23	17 45 24	25 57 10	1 56 12	27 29 53	26 10 14	22 39 26	21 47 01	24 16 13	28 04 08	4 58 30	6 14 14	3 26 40
31 Th	26 20 23	23 49 56	29 47 42	28 13 34	3 13 22	28 18 38	26 48 16	23 01 55	22 01 16	24 22 49	28 12 02	5 00 36	6 17 03	3 30 12

June 1979 LONGITUDE

Day	☉	0 hr ☽	Noon ☽	☿	♀	♂	⚵	⚳	♃	♄	⚷	♅	♆	♇
1 F	27 ♐ 20 01	5 ♓ 45 45	11 ♓ 40 28	0 ♑ 27 28	4 ♐ 28 16	29 ♏ 05 02	27 ♏ 24 02	23 ♎ 21 59	22 ♒ 13 20	24 ♓ 27 14	28 ♏ 17 38	5 ♊ 00 26	6 ♋ 17 34	3 ♉ 31 30
2 Sa	28 18 05	17 35 10	23 29 21	2 39 19	5 41 37	29 49 51	27 58 15	23 40 23	22 23 57	24 30 12	28 21 40	4 58 45	6 16 33	3 31 17
3 Su	29 15 36	29 24 20	5 ♈ 20 43	4 49 50	6 54 28	0 ♐ 34 04	28 31 57	23 58 07	22 34 07	24 32 44	28 25 08	4 56 34	6 14 59	3 30 33
4 M	0 ♑ 13 39	11 ♈ 19 49	17 21 08	6 59 53	8 07 52	1 18 47	29 06 12	24 16 16	22 44 55	24 35 55	28 29 08	4 54 57	6 13 58	3 30 24
5 Tu	1 13 13	23 28 03	29 36 52	9 10 12	9 22 49	2 04 59	29 41 60	24 35 50	22 57 22	24 40 44	28 34 38	4 54 54	6 14 30	3 31 50
6 W	2 15 02	5 ♉ 54 42	12 ♉ 13 14	11 21 18	10 40 02	2 53 22	0 ♐ 20 03	24 57 31	23 12 09	24 47 54	28 42 23	4 57 08	6 17 17	3 35 32
7 Th	3 19 23	18 44 12	25 13 60	13 33 17	11 59 50	3 44 16	1 00 41	25 21 38	23 29 35	24 57 44	28 52 40	5 01 58	6 22 37	3 41 51
8 F	4 26 05	1 ♊ 59 04	8 ♊ 40 48	15 45 48	13 22 01	4 37 29	1 43 41	25 47 58	23 49 28	25 10 01	29 05 18	5 09 11	6 30 19	3 50 33
9 Sa	5 34 28	15 39 26	22 32 42	17 58 02	14 45 53	5 32 20	2 28 22	26 15 52	24 11 07	25 24 05	29 19 35	5 18 08	6 39 43	4 00 59
10 Su	6 43 28	29 42 51	6 ♋ 46 04	20 08 48	16 10 25	6 27 45	3 13 42	26 44 14	24 33 29	25 38 53	29 34 29	5 27 45	6 49 45	4 12 05
11 M	7 51 51	14 ♋ 04 25	21 15 04	22 16 49	17 34 23	7 22 31	3 58 26	27 11 53	24 55 21	25 53 11	29 48 45	5 36 48	6 59 11	4 22 37
12 Tu	8 58 31	28 37 34	5 ♌ 52 29	24 20 50	18 56 38	8 15 31	4 41 27	27 37 39	25 15 33	26 05 50	0 ♐ 01 16	5 44 09	7 06 54	4 31 27
13 W	10 02 40	13 ♌ 15 07	20 31 04	26 20 03	20 16 23	9 05 57	5 21 58	28 00 46	25 33 20	26 16 05	0 11 16	5 49 02	7 12 07	4 37 49
14 Th	11 04 04	27 50 31	5 ♍ 04 43	28 14 10	21 33 26	9 53 35	5 59 44	28 20 59	25 48 28	26 23 41	0 18 29	5 51 13	7 14 35	4 41 29
15 F	12 03 05	12 ♍ 18 55	19 29 18	0 ♒ 03 32	22 48 07	10 38 48	6 35 09	28 38 41	26 01 17	26 28 60	0 23 18	5 51 03	7 14 42	4 42 48
16 Sa	13 00 37	26 37 29	3 ♎ 42 50	1 48 59	24 01 20	11 22 28	7 09 03	28 54 44	26 12 41	26 32 54	0 26 36	5 49 27	7 13 19	4 42 40
17 Su	13 57 51	10 ♎ 45 22	17 45 07	3 31 43	25 14 17	12 05 47	7 42 41	29 10 20	26 23 53	26 36 37	0 29 34	5 47 35	7 11 39	4 42 17
18 M	14 56 02	24 42 57	1 ♏ 37 01	5 12 58	26 28 12	12 49 60	8 17 16	29 26 44	26 36 05	26 41 22	0 33 28	5 46 42	7 10 57	4 42 53
19 Tu	15 56 12	8 ♏ 31 11	15 19 39	6 53 44	27 44 08	13 36 08	8 53 49	29 44 56	26 50 21	26 48 11	0 39 19	5 47 51	7 12 14	4 45 30
20 W	16 58 57	22 10 48	28 53 41	8 34 37	29 02 39	14 24 48	9 32 57	0 ♏ 05 33	27 07 16	26 57 40	0 47 43	5 51 37	7 16 06	4 50 44
21 Th	18 04 20	5 ♐ 41 51	12 ♐ 19 01	10 15 38	0 ♑ 23 50	15 16 02	10 14 43	0 28 38	27 26 53	27 09 52	0 58 43	5 58 03	7 22 37	4 58 38
22 F	19 11 53	19 03 31	25 34 42	11 56 20	1 47 12	16 09 24	10 58 39	0 53 42	27 48 45	27 24 20	1 11 51	6 06 42	7 31 19	5 08 45
23 Sa	20 20 44	2 ♑ 14 21	8 ♑ 39 12	13 35 49	3 11 54	17 03 60	11 43 53	1 19 55	28 11 59	27 40 11	1 26 16	6 16 43	7 41 19	5 20 12
24 Su	21 29 47	15 12 34	21 30 50	15 12 57	4 36 49	17 58 45	12 29 20	1 46 09	28 35 29	27 56 20	1 40 51	6 26 58	7 51 33	5 31 54
25 M	22 37 58	27 56 42	4 ♒ 08 23	16 46 37	6 00 53	18 52 34	13 13 52	2 11 18	28 58 10	28 11 41	1 54 31	6 36 23	8 00 55	5 42 45
26 Tu	23 44 20	10 ♒ 26 01	16 31 29	18 15 52	7 23 10	19 44 30	13 56 36	2 34 29	29 19 06	28 25 18	2 06 21	6 44 02	8 08 29	5 51 50
27 W	24 48 19	22 40 53	28 40 59	19 40 04	8 43 05	20 34 01	14 36 57	2 55 06	29 37 44	28 36 38	2 15 46	6 49 22	8 13 41	5 58 34
28 Th	25 49 45	4 ♓ 43 04	10 ♓ 39 06	20 59 01	10 00 28	21 20 55	15 14 44	3 12 58	29 53 52	28 45 29	2 22 35	6 52 11	8 16 21	6 02 48
29 F	26 48 53	16 35 40	22 29 25	22 12 54	11 15 34	22 05 27	15 50 12	3 28 20	0 ♓ 07 45	28 52 07	2 27 05	6 52 45	8 16 44	6 04 46
30 Sa	27 46 18	28 23 01	4 ♈ 16 39	23 22 15	12 28 59	22 48 13	16 23 58	3 41 48	0 19 60	28 57 08	2 29 50	6 51 40	8 15 26	6 05 05

Notes

LONGITUDE July 1979

Day	☉	0 hr ☽	Noon ☽	☿	♀	♂	⚵	⚳	♃	♄	⚷	♅	♆	♇
1 Su	28 ♑ 42 53	10 ♈ 10 29	16 ♈ 06 27	24 ♒ 27 51	13 ♑ 41 35	23 ♐ 30 05	16 ♐ 56 51	3 ♏ 54 14	0 ♓ 31 27	29 ♓ 01 22	2 ♐ 31 42	6 ♊ 49 47	8 ♋ 13 17	6 ♉ 04 34
2 M	29 39 34	22 04 03	28 04 59	25 30 35	14 54 19	24 11 60	17 29 51	4 06 33	0 43 04	29 05 48	2 33 38	6 48 04	8 11 17	6 04 13
3 Tu	0 ♒ 37 16	4 ♉ 09 55	10 ♉ 18 30	26 31 16	16 08 05	24 54 52	18 03 51	4 19 42	0 55 45	29 11 19	2 36 34	6 47 24	8 10 18	6 04 55
4 W	1 36 40	16 34 03	22 52 44	27 30 29	17 23 34	25 39 23	18 39 32	4 34 21	1 10 12	29 18 38	2 41 09	6 48 30	8 11 03	6 07 22
5 Th	2 38 09	29 21 33	5 ♊ 52 22	28 28 30	18 41 09	26 25 55	19 17 16	4 50 50	1 26 45	29 28 04	2 47 46	6 51 43	8 13 53	6 11 55
6 F	3 41 36	12 ♊ 36 02	19 20 12	29 25 07	20 00 44	27 14 22	19 56 59	5 09 06	1 45 21	29 39 34	2 56 20	6 56 58	8 18 44	6 18 29
7 Sa	4 46 33	26 18 57	3 ♋ 16 36	0 ♓ 19 43	21 21 50	28 04 15	20 38 10	5 28 39	2 05 29	29 52 38	3 06 21	7 03 46	8 25 05	6 26 35
8 Su	5 52 10	10 ♋ 29 03	17 38 58	1 11 21	22 43 37	28 54 43	21 19 59	5 48 37	2 26 19	0 ♈ 06 25	3 16 58	7 11 16	8 32 06	6 35 23
9 M	6 57 25	25 02 13	2 ♌ 21 49	1 58 52	24 05 03	29 44 46	22 01 25	6 08 00	2 46 51	0 19 56	3 27 12	7 18 28	8 38 47	6 43 51
10 Tu	8 01 23	9 ♌ 51 43	17 17 21	2 41 12	25 25 13	0 ♑ 33 28	22 41 32	6 25 52	3 06 06	0 32 12	3 36 05	7 24 25	8 44 12	6 51 04
11 W	9 03 22	24 49 13	2 ♍ 16 41	3 17 30	26 43 26	1 20 07	23 19 40	6 41 31	3 23 26	0 42 33	3 42 57	7 28 26	8 47 38	6 56 20
12 Th	10 03 08	9 ♍ 46 06	17 11 21	3 47 25	27 59 27	2 04 30	23 55 32	6 54 42	3 38 35	0 50 45	3 47 33	7 30 16	8 48 53	6 59 24
13 F	11 00 57	24 34 48	1 ♎ 54 33	4 11 03	29 13 31	2 46 50	24 29 25	7 05 41	3 51 47	0 57 02	3 50 08	7 30 12	8 48 10	7 00 33
14 Sa	11 57 28	9 ♎ 09 55	16 21 53	4 28 57	0 ♒ 26 18	3 27 49	25 01 58	7 15 07	4 03 44	1 02 05	3 51 21	7 28 52	8 46 11	7 00 25
15 Su	12 53 36	23 28 22	0 ♏ 31 21	4 41 52	1 38 43	4 08 20	25 34 06	7 23 54	4 15 19	1 06 48	3 52 09	7 27 12	8 43 49	6 59 56
16 M	13 50 18	7 ♏ 29 11	14 22 55	4 50 42	2 51 43	4 49 21	26 06 46	7 32 60	4 27 31	1 12 08	3 53 27	7 26 09	8 42 02	7 00 03
17 Tu	14 48 23	21 12 55	27 57 40	4 56 06	4 06 06	5 31 40	26 40 45	7 43 11	4 41 05	1 18 53	3 56 04	7 26 29	8 41 37	7 01 33
18 W	15 48 16	4 ♐ 40 47	11 ♐ 17 11	4 58 28	5 22 19	6 15 43	27 16 30	7 54 55	4 56 29	1 27 30	4 00 26	7 28 41	8 43 02	7 04 53
19 Th	16 50 02	17 54 12	24 22 58	4 57 50	6 40 25	7 01 34	27 54 05	8 08 15	5 13 47	1 38 02	4 06 37	7 32 48	8 46 21	7 10 07
20 F	17 53 22	0 ♑ 54 16	7 ♑ 16 09	4 53 54	8 00 06	7 48 54	28 33 12	8 22 51	5 32 41	1 50 11	4 14 18	7 38 32	8 51 14	7 16 57
21 Sa	18 57 40	13 41 49	19 57 24	4 46 06	9 20 45	8 37 08	29 13 13	8 38 09	5 52 33	2 03 20	4 22 53	7 45 16	8 57 05	7 24 45
22 Su	20 02 10	26 17 17	2 ♒ 27 11	4 33 47	10 41 37	9 25 29	29 53 24	8 53 21	6 12 38	2 16 44	4 31 37	7 52 14	9 03 09	7 32 48
23 M	21 06 07	8 ♒ 41 04	14 45 51	4 16 24	12 01 56	10 13 11	0 ♑ 32 58	9 07 42	6 32 11	2 29 37	4 39 44	7 58 41	9 08 40	7 40 17
24 Tu	22 08 52	20 53 44	26 54 03	3 53 31	13 21 05	10 59 38	1 11 17	9 20 33	6 50 33	2 41 21	4 46 35	8 03 60	9 13 01	7 46 37
25 W	23 10 01	2 ♓ 56 16	8 ♓ 52 59	3 25 05	14 38 37	11 44 23	1 47 57	9 31 30	7 07 20	2 51 31	4 51 46	8 07 44	9 15 46	7 51 22
26 Th	24 09 24	14 50 20	20 44 32	2 51 21	15 54 25	12 27 19	2 22 48	9 40 24	7 22 21	2 59 58	4 55 09	8 09 46	9 16 47	7 54 22
27 F	25 07 10	26 38 24	2 ♈ 31 28	2 12 57	17 08 37	13 08 32	2 55 58	9 47 22	7 35 47	3 06 50	4 56 50	8 10 13	9 16 11	7 55 47
28 Sa	26 03 41	8 ♈ 23 44	14 17 21	1 30 48	18 21 34	13 48 25	3 27 50	9 52 46	7 47 57	3 12 29	4 57 12	8 09 28	9 14 22	7 55 58
29 Su	26 59 29	20 10 24	26 06 34	0 46 08	19 33 48	14 27 30	3 58 54	9 57 08	7 59 25	3 17 27	4 56 47	8 08 01	9 11 49	7 55 27
30 M	27 55 11	2 ♉ 03 07	8 ♉ 04 03	0 00 14	20 45 56	15 06 24	4 29 49	10 01 05	8 10 47	3 22 21	4 56 12	8 06 31	9 09 12	7 54 51
31 Tu	28 51 21	14 07 01	20 15 04	29 ♒ 14 29	21 58 34	15 45 43	5 01 09	10 05 11	8 22 38	3 27 46	4 56 02	8 05 33	9 07 05	7 54 45

LONGITUDE August 1979

Day	☉	0 hr ☽	Noon ☽	☿	♀	♂	⚵	⚳	♃	♄	⚷	♅	♆	♇
1 W	29 ♒ 48 28	26 ♉ 27 19	2 ♊ 44 52	28 ♒ 30 08	23 ♒ 12 10	16 ♑ 25 53	5 ♑ 33 22	10 ♏ 09 55	8 ♓ 35 27	3 ♈ 34 10	4 ♐ 56 46	8 ♊ 05 34	9 ♋ 05 55	7 ♉ 55 38
2 Th	0 ♓ 46 48	9 ♊ 08 55	15 38 07	27 48 16	24 26 58	17 07 11	6 06 44	10 15 31	8 49 28	3 41 48	4 58 38	8 06 51	9 05 59	7 57 44
3 F	1 46 21	22 15 55	28 58 22	27 09 43	25 42 60	17 49 36	6 41 14	10 22 01	9 04 42	3 50 41	5 01 39	8 09 22	9 07 17	8 01 04
4 Sa	2 46 51	5 ♋ 50 55	12 ♋ 47 25	26 34 59	26 59 60	18 32 55	7 16 38	10 29 08	9 20 54	4 00 33	5 05 33	8 12 54	9 09 33	8 05 23
5 Su	3 47 52	19 54 26	27 04 32	26 04 23	28 17 31	19 16 39	7 52 27	10 36 25	9 37 35	4 10 58	5 09 54	8 16 58	9 12 21	8 10 14
6 M	4 48 49	4 ♌ 24 20	11 ♌ 46 12	25 38 03	29 34 58	20 00 14	8 28 09	10 43 19	9 54 14	4 21 20	5 14 08	8 21 02	9 15 07	8 15 02
7 Tu	5 49 11	19 15 42	26 46 03	25 16 04	0 ♓ 51 51	20 43 09	9 03 11	10 49 16	10 10 16	4 31 08	5 17 41	8 24 32	9 17 17	8 19 15
8 W	6 48 35	4 ♍ 21 00	11 ♍ 55 34	24 58 34	2 07 45	21 25 00	9 37 10	10 53 53	10 25 19	4 39 59	5 20 12	8 27 06	9 18 30	8 22 31
9 Th	7 46 50	19 31 13	27 05 15	24 45 54	3 22 31	22 05 38	10 09 56	10 57 01	10 39 13	4 47 42	5 21 31	8 28 33	9 18 35	8 24 39
10 F	8 44 04	4 ♎ 37 01	12 ♎ 06 05	24 38 32	4 36 16	22 45 09	10 41 35	10 58 45	10 52 05	4 54 25	5 21 43	8 29 02	9 17 40	8 25 46
11 Sa	9 40 36	19 30 16	26 50 50	24 37 06	5 49 19	23 23 53	11 12 26	10 59 26	11 04 14	5 00 27	5 21 09	8 28 50	9 16 03	8 26 11
12 Su	10 36 52	4 ♏ 04 54	11 ♏ 14 37	24 42 16	7 02 07	24 02 15	11 42 57	10 59 29	11 16 06	5 06 14	5 20 14	8 28 24	9 14 11	8 26 22
13 M	11 33 21	18 17 19	25 15 07	24 54 40	8 15 06	24 40 44	12 13 34	10 59 21	11 28 09	5 12 13	5 19 27	8 28 12	9 12 31	8 26 44
14 Tu	12 30 23	2 ♐ 06 18	8 ♐ 52 09	25 14 43	9 28 39	25 19 40	12 44 39	10 59 24	11 40 43	5 18 46	5 19 08	8 28 35	9 11 25	8 27 41
15 W	13 28 10	15 32 25	22 07 04	25 42 41	10 42 57	25 59 16	13 16 22	10 59 49	11 54 02	5 26 04	5 19 30	8 29 45	9 11 05	8 29 22
16 Th	14 26 44	28 37 27	5 ♑ 02 08	26 18 31	11 58 00	26 39 33	13 48 46	11 00 38	12 08 05	5 34 09	5 20 33	8 31 42	9 11 31	8 31 50
17 F	15 25 55	11 ♑ 23 51	17 40 00	27 02 03	13 13 42	27 20 21	14 21 41	11 01 40	12 22 45	5 42 52	5 22 09	8 34 19	9 12 36	8 34 56
18 Sa	16 25 29	23 54 18	0 ♒ 03 25	27 52 52	14 29 45	28 01 25	14 54 52	11 02 42	12 37 45	5 51 57	5 24 02	8 37 20	9 14 03	8 38 24
19 Su	17 25 08	6 ♒ 11 29	12 14 60	28 50 32	15 45 53	28 42 29	15 28 01	11 03 26	12 52 48	6 01 08	5 25 55	8 40 27	9 15 35	8 41 57
20 M	18 24 35	18 17 55	24 17 09	29 54 35	17 01 50	29 23 15	16 00 53	11 03 34	13 07 38	6 10 06	5 27 33	8 43 25	9 16 57	8 45 19
21 Tu	19 23 40	0 ♓ 15 59	6 ♓ 12 09	1 ♓ 04 32	18 17 23	0 ♒ 03 31	16 33 13	11 02 56	13 22 02	6 18 42	5 28 41	8 46 01	9 17 55	8 48 18
22 W	20 22 14	12 07 57	18 02 10	2 20 01	19 32 26	0 43 12	17 04 58	11 01 24	13 35 55	6 26 48	5 29 16	8 48 09	9 18 25	8 50 47
23 Th	21 20 19	23 56 04	29 49 27	3 40 42	20 46 58	1 22 17	17 36 05	10 58 59	13 49 16	6 34 23	5 29 15	8 49 48	9 18 25	8 52 46
24 F	22 17 59	5 ♈ 42 39	11 ♈ 36 21	5 06 18	22 01 06	2 00 51	18 06 39	10 55 46	14 02 10	6 41 34	5 28 45	8 51 04	9 18 01	8 54 20
25 Sa	23 15 23	17 30 11	23 25 29	6 36 34	23 14 56	2 39 02	18 36 50	10 51 52	14 14 45	6 48 27	5 27 54	8 52 05	9 17 21	8 55 39
26 Su	24 12 40	29 21 28	5 ♉ 19 46	8 11 13	24 28 40	3 17 01	19 06 48	10 47 30	14 27 12	6 55 15	5 26 52	8 53 02	9 16 35	8 56 50
27 M	25 10 00	11 ♉ 19 35	17 22 29	9 49 60	25 42 26	3 54 56	19 36 40	10 42 46	14 39 40	7 02 05	5 25 48	8 54 03	9 15 53	8 58 05
28 Tu	26 07 30	23 27 53	29 37 09	11 32 32	26 56 22	4 32 55	20 06 34	10 37 49	14 52 15	7 09 04	5 24 48	8 55 16	9 15 21	8 59 29
29 W	27 05 13	5 ♊ 50 02	12 ♊ 07 30	13 18 24	28 10 29	5 10 60	20 36 33	10 32 42	15 04 60	7 16 15	5 23 57	8 56 42	9 15 03	9 01 06
30 Th	28 03 07	18 29 41	24 57 12	15 07 08	29 24 48	5 49 10	21 06 35	10 27 23	15 17 54	7 23 37	5 23 12	8 58 21	9 14 56	9 02 55
31 F	29 01 08	1 ♋ 30 21	8 ♋ 09 30	16 58 13	0 ♈ 39 13	6 27 21	21 36 37	10 21 48	15 30 52	7 31 05	5 22 31	9 00 10	9 14 58	9 04 51

Notes

September 1979

LONGITUDE

Day	☉	0 hr ☽	Noon ☽	☿	♀	♂	⚵	⚳	♃	♄	⚷	♅	♆	♇
1 Sa	29 ♓ 59 12	14 ♋ 54 57	21 ♋ 46 51	18 ♓ 51 06	1 ♈ 53 40	7 ♒ 05 28	22 ♑ 06 32	10 ♏ 15 53	15 ♓ 43 50	7 ♈ 38 35	5 ♐ 21 46	9 ♊ 02 02	9 ♋ 15 02	9 ♉ 06 48
2 Su	0 ♈ 57 13	28 45 15	5 ♌ 50 13	20 45 19	3 08 03	7 43 26	22 36 16	10 09 33	15 56 43	7 46 02	5 20 54	9 03 52	9 15 04	9 08 43
3 M	1 55 09	13 ♌ 01 20	20 18 32	22 40 28	4 22 21	8 21 13	23 05 46	10 02 45	16 09 28	7 53 23	5 19 53	9 05 39	9 15 02	9 10 33
4 Tu	2 53 03	27 40 57	5 ♍ 08 18	24 36 14	5 36 36	8 58 51	23 35 06	9 55 34	16 22 08	8 00 41	5 18 45	9 07 26	9 14 58	9 12 20
5 W	3 51 00	12 ♍ 39 20	20 13 24	26 32 24	6 50 53	9 36 26	24 04 19	9 48 03	16 34 48	8 08 01	5 17 36	9 09 16	9 14 58	9 14 10
6 Th	4 49 08	27 49 11	5 ♎ 25 35	28 28 51	8 05 20	10 14 04	24 33 34	9 40 22	16 47 35	8 15 30	5 16 32	9 11 18	9 15 09	9 16 11
7 F	5 47 33	13 ♎ 01 34	20 35 28	0 ♈ 25 26	9 20 03	10 51 54	25 02 57	9 32 36	17 00 36	8 23 15	5 15 40	9 13 39	9 15 38	9 18 28
8 Sa	6 46 19	28 06 57	5 ♏ 33 52	2 22 01	10 35 06	11 29 57	25 32 31	9 24 48	17 13 54	8 31 19	5 15 04	9 16 21	9 16 27	9 21 04
9 Su	7 45 23	12 ♏ 56 42	20 13 05	4 18 23	11 50 25	12 08 11	26 02 12	9 16 58	17 27 26	8 39 39	5 14 41	9 19 21	9 17 34	9 23 58
10 M	8 44 36	27 24 12	4 ♐ 27 47	6 14 16	13 05 53	12 46 27	26 31 52	9 08 56	17 41 05	8 48 07	5 14 22	9 22 32	9 18 51	9 27 01
11 Tu	9 43 48	11 ♐ 25 26	18 15 20	8 09 22	14 21 18	13 24 35	27 01 20	9 00 32	17 54 37	8 56 31	5 13 56	9 25 41	9 20 06	9 30 00
12 W	10 42 44	24 59 04	1 ♑ 35 39	10 03 22	15 36 27	14 02 20	27 30 23	8 51 32	18 07 50	9 04 38	5 13 11	9 28 35	9 21 06	9 32 44
13 Th	11 41 16	8 ♑ 06 08	14 30 38	11 56 01	16 51 09	14 39 33	27 58 49	8 41 47	18 20 33	9 12 17	5 11 54	9 31 05	9 21 40	9 35 01
14 F	12 39 17	20 49 20	27 03 33	13 47 12	18 05 20	15 16 07	28 26 33	8 31 12	18 32 42	9 19 24	5 10 03	9 33 05	9 21 44	9 36 46
15 Sa	13 36 50	3 ♒ 12 30	9 ♒ 18 31	15 36 54	19 19 00	15 52 06	28 53 38	8 19 50	18 44 18	9 26 01	5 07 37	9 34 37	9 21 20	9 38 03
16 Su	14 34 04	15 20 00	21 19 59	17 25 15	20 32 21	16 27 39	29 20 11	8 07 50	18 55 31	9 32 16	5 04 48	9 35 51	9 20 37	9 38 59
17 M	15 31 15	27 16 21	3 ♓ 12 19	19 12 30	21 45 36	17 02 59	29 46 29	7 55 29	19 06 35	9 38 25	5 01 50	9 37 01	9 19 49	9 39 50
18 Tu	16 28 41	9 ♓ 05 51	14 59 40	20 58 55	22 59 05	17 38 28	0 ♒ 12 50	7 43 05	19 17 50	9 44 47	4 59 02	9 38 26	9 19 17	9 40 54
19 W	17 26 41	20 52 26	26 45 43	22 44 51	24 13 07	18 14 22	0 39 33	7 30 60	19 29 35	9 51 41	4 56 44	9 40 26	9 19 19	9 42 32
20 Th	18 25 31	2 ♈ 39 29	8 ♈ 33 38	24 30 34	25 27 59	18 50 60	1 06 54	7 19 29	19 42 05	9 59 22	4 55 11	9 43 17	9 20 12	9 44 60
21 F	19 25 22	14 29 51	20 26 02	26 16 15	26 43 49	19 28 30	1 35 02	7 08 43	19 55 31	10 08 02	4 54 34	9 47 09	9 22 05	9 48 26
22 Sa	20 26 15	26 25 49	2 ♉ 25 04	28 01 54	28 00 39	20 06 53	2 03 59	6 58 45	20 09 54	10 17 40	4 54 54	9 52 03	9 25 00	9 52 53
23 Su	21 28 02	8 ♉ 29 14	14 32 27	29 47 26	29 18 22	20 46 03	2 33 36	6 49 27	20 25 06	10 28 10	4 56 03	9 57 50	9 28 48	9 58 13
24 M	22 30 23	20 41 36	26 49 43	1 ♉ 32 32	0 ♉ 36 38	21 25 39	3 03 35	6 40 30	20 40 47	10 39 11	4 57 42	10 04 13	9 33 12	10 04 06
25 Tu	23 32 54	3 ♊ 04 21	9 ♊ 18 18	3 16 47	1 55 01	22 05 16	3 33 29	6 31 31	20 56 33	10 50 20	4 59 26	10 10 46	9 37 44	10 10 07
26 W	24 35 05	15 38 53	21 59 41	4 59 44	3 13 04	22 44 25	4 02 50	6 22 01	21 11 53	11 01 05	5 00 46	10 16 58	9 41 57	10 15 46
27 Th	25 36 29	28 26 50	4 ♋ 55 33	6 40 56	4 30 18	23 22 39	4 31 09	6 11 34	21 26 22	11 11 01	5 01 14	10 22 25	9 45 24	10 20 38
28 F	26 36 47	11 ♋ 30 04	18 07 47	8 20 06	5 46 24	23 59 39	4 58 09	5 59 52	21 39 39	11 19 48	5 00 33	10 26 45	9 47 44	10 24 23
29 Sa	27 35 54	24 50 36	1 ♌ 38 17	9 57 09	7 01 18	24 35 20	5 23 43	5 46 50	21 51 41	11 27 22	4 58 36	10 29 55	9 48 54	10 26 56
30 Su	28 34 01	8 ♌ 30 22	15 28 37	11 32 18	8 15 10	25 09 52	5 48 02	5 32 40	22 02 36	11 33 51	4 55 34	10 32 05	9 49 03	10 28 26

October 1979

LONGITUDE

Day	☉	0 hr ☽	Noon ☽	☿	♀	♂	⚵	⚳	♃	♄	⚷	♅	♆	♇
1 M	29 ♈ 31 34	22 ♌ 30 46	29 ♌ 39 35	13 ♉ 05 58	9 ♉ 28 27	25 ♒ 43 42	6 ♒ 11 32	5 ♏ 17 50	22 ♓ 12 52	11 ♈ 39 44	4 ♐ 51 55	10 ♊ 33 41	9 ♋ 48 39	10 ♉ 29 22
2 Tu	0 ♉ 29 10	6 ♍ 51 60	14 ♍ 10 27	14 38 49	10 41 45	26 17 27	6 34 51	5 02 57	22 23 06	11 45 38	4 48 16	10 35 21	9 48 18	10 30 20
3 W	1 27 32	21 32 22	28 58 27	16 11 33	11 55 47	26 51 49	6 58 39	4 48 45	22 34 00	11 52 14	4 45 17	10 37 45	9 48 43	10 32 01
4 Th	2 27 14	6 ♎ 27 51	13 ♎ 58 22	17 44 45	13 11 07	27 27 22	7 23 31	4 35 48	22 46 08	12 00 05	4 43 34	10 41 30	9 50 27	10 35 01
5 F	3 28 35	21 31 54	29 02 48	19 18 45	14 28 05	28 04 26	7 49 47	4 24 26	22 59 49	12 09 33	4 43 27	10 46 54	9 53 51	10 39 39
6 Sa	4 31 33	6 ♏ 36 05	14 ♏ 02 54	20 53 32	15 46 39	28 42 59	8 17 24	4 14 40	23 15 02	12 20 35	4 44 53	10 53 55	9 58 52	10 45 53
7 Su	5 35 48	21 31 08	28 49 41	22 28 43	17 06 26	29 22 38	8 46 00	4 06 08	23 31 24	12 32 49	4 47 31	11 02 12	10 05 08	10 53 20
8 M	6 40 39	6 ♐ 08 28	13 ♐ 15 30	24 03 40	18 26 47	0 ♓ 02 45	9 14 55	3 58 10	23 48 16	12 45 35	4 50 41	11 11 04	10 12 00	11 01 22
9 Tu	7 45 19	20 21 25	27 15 02	25 37 36	19 46 57	0 42 32	9 43 22	3 50 02	24 04 51	12 58 07	4 53 37	11 19 46	10 18 42	11 09 11
10 W	8 49 06	4 ♑ 06 11	10 ♑ 45 52	27 09 46	21 06 10	1 21 16	10 10 38	3 41 01	24 20 25	13 09 41	4 55 34	11 27 33	10 24 29	11 16 05
11 Th	9 51 28	17 21 52	23 48 23	28 39 40	22 23 57	1 58 25	10 36 10	3 30 36	24 34 28	13 19 46	4 56 03	11 33 54	10 28 51	11 21 31
12 F	10 52 12	0 ♒ 10 17	6 ♒ 25 17	0 ♊ 07 04	23 40 04	2 33 47	10 59 46	3 18 36	24 46 46	13 28 10	4 54 50	11 38 37	10 31 34	11 25 18
13 Sa	11 51 28	12 35 14	18 40 58	1 32 05	24 54 41	3 07 30	11 21 34	3 05 10	24 57 29	13 34 60	4 52 04	11 41 50	10 32 48	11 27 34
14 Su	12 49 42	24 41 49	0 ♓ 40 50	2 55 09	26 08 13	3 40 02	11 42 01	2 50 46	25 07 02	13 40 43	4 48 13	11 44 01	10 33 00	11 28 46
15 M	13 47 36	6 ♓ 35 53	12 30 44	4 16 55	27 21 23	4 12 03	12 01 48	2 36 07	25 16 08	13 46 02	4 43 58	11 45 51	10 32 51	11 29 35
16 Tu	14 45 57	18 23 19	24 16 29	5 38 09	28 34 59	4 44 21	12 21 42	2 22 01	25 25 34	13 51 44	4 40 05	11 48 06	10 33 08	11 30 49
17 W	15 45 31	0 ♈ 09 42	6 ♈ 03 23	6 59 36	29 49 46	5 17 42	12 42 29	2 09 15	25 36 06	13 58 35	4 37 24	11 51 35	10 34 39	11 33 14
18 Th	16 46 58	11 59 55	17 55 59	8 21 49	1 ♊ 06 23	5 52 45	13 04 48	1 58 29	25 48 22	14 07 13	4 36 30	11 56 55	10 38 00	11 37 30
19 F	17 50 38	23 57 54	29 57 50	9 45 07	2 25 12	6 29 51	13 28 59	1 50 05	26 02 45	14 18 00	4 37 47	12 04 28	10 43 35	11 43 56
20 Sa	18 56 35	6 ♉ 06 27	12 ♉ 11 20	11 09 28	3 46 14	7 09 02	13 55 04	1 44 07	26 19 16	14 30 58	4 41 16	12 14 15	10 51 26	11 52 36
21 Su	20 04 28	18 27 10	24 37 41	12 34 28	5 09 11	7 49 58	14 22 44	1 40 14	26 37 36	14 45 48	4 46 39	12 25 58	11 01 12	12 03 11
22 M	21 13 37	1 ♊ 00 37	7 ♊ 17 07	13 59 20	6 33 23	8 32 00	14 51 19	1 37 50	26 57 04	15 01 50	4 53 15	12 38 56	11 12 14	12 14 59
23 Tu	22 23 08	13 46 26	20 09 02	15 23 05	7 57 55	9 14 13	15 19 53	1 35 59	27 16 47	15 18 09	5 00 10	12 52 16	11 23 38	12 27 08
24 W	23 32 02	26 43 49	3 ♋ 12 32	16 44 33	9 21 47	9 55 38	15 47 26	1 33 43	27 35 44	15 33 46	5 06 24	13 04 57	11 34 23	12 38 36
25 Th	24 39 23	9 ♋ 51 52	16 26 44	18 02 42	10 44 05	10 35 18	16 13 05	1 30 08	27 53 00	15 47 45	5 11 04	13 16 05	11 43 36	12 48 30
26 F	25 44 34	23 10 04	29 51 13	19 16 44	12 04 11	11 12 37	16 36 09	1 24 37	28 07 59	15 59 30	5 13 31	13 25 02	11 50 38	12 56 12
27 Sa	26 47 23	6 ♌ 38 33	13 ♌ 26 15	20 26 16	13 21 53	11 47 23	16 56 29	1 16 59	28 20 27	16 08 48	5 13 33	13 31 36	11 55 18	13 01 30
28 Su	27 48 08	20 18 13	27 12 47	21 31 22	14 37 29	12 19 54	17 14 20	1 07 33	28 30 44	16 15 57	5 11 30	13 36 05	11 57 54	13 04 42
29 M	28 47 36	4 ♍ 10 25	11 ♍ 12 01	22 32 34	15 51 47	12 50 56	17 30 31	0 57 06	28 39 36	16 21 44	5 08 07	13 39 17	11 59 13	13 06 35
30 Tu	29 46 53	18 16 28	25 24 56	23 30 40	17 05 51	13 21 34	17 46 05	0 46 43	28 48 08	16 27 15	5 04 31	13 42 16	12 00 19	13 08 13
31 W	0 ♊ 47 09	2 ♎ 36 53	9 ♎ 51 23	24 26 33	18 20 52	13 53 01	18 02 13	0 37 37	28 57 31	16 33 40	5 01 52	13 46 13	12 02 25	13 10 50

Notes

LONGITUDE November 1979

Day	☉	0 hr ☽	Noon ☽	☿	♀	♂	⚵	⚳	♃	♄	⚷	♅	♆	♇
1 Th	1 ♊ 49 26	17 ♎ 10 36	24 ♎ 29 23	25 ♊ 20 52	19 ♊ 37 53	14 ♓ 26 17	18 ♒ 19 58	0 ♏ 30 49	29 ♓ 08 47	16 ♈ 42 01	5 ♐ 01 12	13 ♊ 52 11	12 ♋ 06 32	13 ♉ 15 25
2 F	2 54 21	1 ♏ 54 16	9 ♏ 14 41	26 13 49	20 57 30	15 01 58	18 39 54	0 26 57	29 22 32	16 52 55	5 03 09	14 00 45	12 13 16	13 22 36
3 Sa	4 01 57	16 42 13	24 00 51	27 05 00	22 19 46	15 40 08	19 02 06	0 26 05	29 38 49	17 06 25	5 07 44	14 11 59	12 22 40	13 32 25
4 Su	5 11 44	1 ♐ 26 55	8 ♐ 40 06	27 53 25	23 44 10	16 20 16	19 26 01	0 27 41	29 57 08	17 21 60	5 14 28	14 25 23	12 34 14	13 44 23
5 M	6 22 43	16 00 07	23 04 29	28 37 31	25 09 44	17 01 24	19 50 42	0 30 48	0 ♈ 16 30	17 38 41	5 22 22	14 39 57	12 47 00	13 57 30
6 Tu	7 33 42	0 ♑ 14 18	7 ♑ 07 21	29 15 31	26 35 17	17 42 19	20 14 55	0 34 15	0 35 44	17 55 18	5 30 16	14 54 30	12 59 46	14 10 35
7 W	8 43 33	14 03 52	20 44 20	29 45 37	27 59 40	18 21 53	20 37 32	0 36 52	0 53 40	18 10 40	5 36 58	15 07 54	13 11 22	14 22 29
8 Th	9 51 23	27 26 02	3 ♒ 53 52	0 ♋ 06 16	29 21 59	18 59 11	20 57 39	0 37 47	1 09 25	18 23 54	5 41 38	15 19 14	13 20 56	14 32 19
9 F	10 56 45	10 ♒ 20 52	16 37 10	0 16 22	0 ♋ 41 48	19 33 49	21 14 49	0 36 35	1 22 33	18 34 36	5 43 48	15 28 05	13 28 02	14 39 39
10 Sa	11 59 44	22 51 04	28 57 44	0 15 17	1 59 12	20 05 49	21 29 07	0 33 19	1 33 08	18 42 48	5 43 34	15 34 31	13 32 43	14 44 32
11 Su	13 00 52	5 ♓ 01 19	11 ♓ 00 49	0 03 00	3 14 44	20 35 44	21 41 04	0 28 33	1 41 42	18 49 04	5 41 27	15 39 05	13 35 33	14 47 32
12 M	14 01 04	16 57 35	22 52 39	29 ♊ 39 55	4 29 17	21 04 28	21 51 34	0 23 11	1 49 10	18 54 17	5 38 23	15 42 40	13 37 25	14 49 33
13 Tu	15 01 25	28 46 31	4 ♈ 39 56	29 06 50	5 43 56	21 33 05	22 01 42	0 18 18	1 56 37	18 59 32	5 35 25	15 46 22	13 39 25	14 51 39
14 W	16 03 00	10 ♈ 34 45	16 29 13	28 24 49	6 59 49	22 02 43	22 12 34	0 15 01	2 05 09	19 05 56	5 33 42	15 51 17	13 42 39	14 54 58
15 Th	17 06 46	22 28 28	28 26 23	27 35 07	8 17 50	22 34 16	22 25 05	0 14 16	2 15 41	19 14 25	5 34 08	15 58 21	13 48 02	15 00 25
16 F	18 13 19	4 ♉ 32 53	10 ♉ 36 16	26 39 04	9 38 36	23 08 20	22 39 50	0 16 38	2 28 48	19 25 33	5 37 19	16 08 10	13 56 11	15 08 34
17 Sa	19 22 45	16 51 54	23 02 13	25 38 04	11 02 14	23 45 02	22 56 57	0 22 16	2 44 40	19 39 29	5 43 23	16 20 51	14 07 13	15 19 35
18 Su	20 34 45	29 27 49	5 ♊ 45 55	24 33 28	12 28 23	24 24 01	23 16 04	0 30 48	3 02 54	19 55 52	5 51 60	16 36 02	14 20 47	15 33 07
19 M	21 48 28	12 ♊ 21 12	18 47 17	23 26 39	13 56 13	25 04 27	23 36 22	0 41 25	3 22 42	20 13 52	6 02 20	16 52 56	14 36 04	15 48 19
20 Tu	23 02 44	25 30 57	2 ♋ 04 38	22 18 57	15 24 36	25 45 11	23 56 41	0 52 58	3 42 52	20 32 20	6 13 13	17 10 22	14 51 53	16 04 02
21 W	24 16 17	8 ♋ 54 44	15 35 07	21 11 47	16 52 12	26 24 53	24 15 42	1 04 08	4 02 08	20 49 57	6 23 21	17 27 01	15 06 58	16 18 58
22 Th	25 27 54	22 29 27	29 15 28	20 06 37	18 17 52	27 02 23	24 32 13	1 13 45	4 19 18	21 05 32	6 31 34	17 41 44	15 20 06	16 31 56
23 F	26 36 45	6 ♌ 12 04	13 ♌ 02 37	19 05 05	19 40 44	27 36 50	24 45 26	1 20 58	4 33 31	21 18 16	6 37 01	17 53 39	15 30 29	16 42 06
24 Sa	27 42 33	20 00 12	26 54 22	18 08 55	21 00 31	28 07 57	24 55 02	1 25 31	4 44 31	21 27 50	6 39 26	18 02 29	15 37 47	16 49 11
25 Su	28 45 39	3 ♍ 52 33	10 ♍ 49 49	17 20 03	22 17 34	28 36 03	25 01 21	1 27 43	4 52 39	21 34 36	6 39 08	18 08 36	15 42 23	16 53 30
26 M	29 46 57	17 49 05	24 49 08	16 40 24	23 32 48	29 02 04	25 05 18	1 28 29	4 58 47	21 39 27	6 37 03	18 12 53	15 45 10	16 55 60
27 Tu	0 ♋ 47 45	1 ♎ 50 36	8 ♎ 53 16	16 11 46	24 47 30	29 27 17	25 08 10	1 29 06	5 04 14	21 43 42	6 34 28	18 16 37	15 47 26	16 57 56
28 W	1 49 26	15 58 07	23 03 06	15 55 37	26 03 03	29 53 05	25 11 22	1 30 59	5 10 25	21 48 44	6 32 48	18 21 14	15 50 35	17 00 44
29 Th	2 53 13	0 ♏ 12 02	7 ♏ 18 36	15 52 52	27 20 41	0 ♈ 20 40	25 16 05	1 35 19	5 18 30	21 55 46	6 33 14	18 27 56	15 55 50	17 05 35
30 F	3 59 51	14 31 23	21 38 14	16 03 41	28 41 08	0 50 47	25 23 05	1 42 52	5 29 16	22 05 32	6 36 33	18 37 26	16 03 56	17 13 15

LONGITUDE December 1979

Day	☉	0 hr ☽	Noon ☽	☿	♀	♂	⚵	⚳	♃	♄	⚷	♅	♆	♇
1 Sa	5 ♋ 09 28	28 ♏ 53 22	5 ♐ 58 35	16 ♊ 27 29	0 ♌ 04 33	1 ♈ 23 34	25 ♒ 32 29	1 ♏ 53 46	5 ♈ 42 49	22 ♈ 18 12	6 ♐ 42 51	18 ♊ 49 54	16 ♋ 14 59	17 ♉ 23 52
2 Su	6 21 34	13 ♐ 13 23	20 14 36	17 02 55	1 30 24	1 58 30	25 43 47	2 07 28	5 58 40	22 33 13	6 51 38	19 04 48	16 28 30	17 36 54
3 M	7 35 06	27 25 37	4 ♑ 20 23	17 48 04	2 57 40	2 34 33	25 55 56	2 22 59	6 15 47	22 49 34	7 01 54	19 21 08	16 43 28	17 51 21
4 Tu	8 48 49	11 ♑ 23 58	18 10 10	18 40 47	4 25 05	3 10 25	26 07 41	2 39 00	6 32 53	23 05 59	7 12 21	19 37 36	16 58 35	18 05 56
5 W	10 01 25	25 03 13	1 ♒ 39 25	19 38 58	5 51 21	3 44 50	26 17 44	2 54 15	6 48 40	23 21 11	7 21 41	19 52 55	17 12 34	18 19 20
6 Th	11 11 53	8 ♒ 19 56	14 45 37	20 40 49	7 15 27	4 16 45	26 25 04	3 07 42	7 02 07	23 34 08	7 28 55	20 06 03	17 24 25	18 30 35
7 F	12 19 38	21 12 59	27 28 34	21 45 01	8 36 48	4 45 36	26 29 06	3 18 46	7 12 41	23 44 15	7 33 28	20 16 27	17 33 31	18 39 03
8 Sa	13 24 37	3 ♓ 43 36	9 ♓ 50 21	22 50 54	9 55 22	5 11 18	26 29 47	3 27 25	7 20 16	23 51 29	7 35 15	20 24 02	17 39 51	18 44 43
9 Su	14 27 17	15 55 08	21 55 02	23 58 19	11 11 34	5 34 17	26 27 33	3 34 02	7 25 20	23 56 16	7 34 44	20 29 16	17 43 50	18 48 00
10 M	15 28 26	27 52 36	3 ♈ 48 04	25 07 35	12 26 14	5 55 24	26 23 15	3 39 30	7 28 42	23 59 27	7 32 44	20 32 58	17 46 18	18 49 45
11 Tu	16 29 11	9 ♈ 42 05	15 35 49	26 19 21	13 40 27	6 15 41	26 17 57	3 44 52	7 31 27	24 02 05	7 30 21	20 36 12	17 48 20	18 51 02
12 W	17 30 38	21 30 12	27 25 01	27 34 20	14 55 21	6 36 16	26 12 48	3 51 15	7 34 42	24 05 19	7 28 42	20 40 06	17 51 03	18 52 59
13 Th	18 33 48	3 ♉ 23 32	9 ♉ 22 09	28 53 13	16 11 56	6 58 09	26 08 47	3 59 40	7 39 28	24 10 09	7 28 46	20 45 40	17 55 28	18 56 35
14 F	19 39 21	15 28 09	21 33 03	0 ♋ 16 24	17 30 53	7 22 01	26 06 37	4 10 47	7 46 25	24 17 15	7 31 16	20 53 36	18 02 16	19 02 32
15 Sa	20 47 34	27 49 05	4 ♊ 02 19	1 43 52	18 52 27	7 48 05	26 06 33	4 24 53	7 55 49	24 26 53	7 36 27	21 04 09	18 11 42	19 11 06
16 Su	21 58 13	10 ♊ 29 54	16 52 54	3 15 10	20 16 25	8 16 09	26 08 23	4 41 42	8 07 27	24 38 50	7 44 06	21 17 05	18 23 32	19 22 03
17 M	23 10 35	23 32 21	0 ♋ 05 43	4 49 27	21 42 04	8 45 29	26 11 24	5 00 33	8 20 35	24 52 22	7 53 30	21 31 42	18 37 05	19 34 40
18 Tu	24 23 36	6 ♋ 56 09	13 39 35	6 25 28	23 08 21	9 15 01	26 14 34	5 20 21	8 34 12	25 06 28	8 03 35	21 46 57	18 51 17	19 47 54
19 W	25 36 04	20 39 01	27 31 20	8 01 52	24 34 03	9 43 31	26 16 41	5 39 54	8 47 02	25 19 53	8 13 10	22 01 35	19 04 54	20 00 32
20 Th	26 46 49	4 ♌ 37 04	11 ♌ 36 23	9 37 24	25 58 01	10 09 51	26 16 33	5 58 03	8 57 58	25 31 28	8 21 04	22 14 30	19 16 48	20 11 26
21 F	27 55 04	18 45 28	25 49 30	11 11 09	27 19 26	10 33 11	26 13 32	6 13 59	9 06 11	25 40 26	8 26 30	22 24 51	19 26 10	20 19 46
22 Sa	29 00 28	2 ♍ 59 18	10 ♍ 05 47	12 42 43	28 37 60	10 53 11	26 07 12	6 27 22	9 11 22	25 46 27	8 29 09	22 32 20	19 32 42	20 25 13
23 Su	0 ♌ 03 18	17 14 27	24 21 28	14 12 18	29 53 57	11 10 07	25 57 50	6 38 28	9 13 46	25 49 47	8 29 16	22 37 12	19 36 39	20 28 04
24 M	1 04 21	1 ♎ 28 04	8 ♎ 34 11	15 40 38	1 ♍ 08 05	11 24 45	25 46 17	6 48 04	9 14 11	25 51 13	8 27 38	22 40 15	19 38 47	20 29 06
25 Tu	2 04 43	15 38 41	22 42 58	17 08 46	2 21 31	11 38 12	25 33 39	6 57 17	9 13 44	25 51 52	8 25 24	22 42 36	19 40 15	20 29 25
26 W	3 05 37	29 45 54	6 ♏ 47 49	18 37 54	3 35 27	11 51 41	25 21 12	7 07 19	9 13 39	25 52 57	8 23 45	22 45 27	19 42 15	20 30 14
27 Th	4 08 08	13 ♏ 49 46	20 48 54	20 09 03	4 50 58	12 06 13	25 09 59	7 19 14	9 14 57	25 55 31	8 23 45	22 49 53	19 45 50	20 32 38
28 F	5 12 53	27 50 08	4 ♐ 46 03	21 42 51	6 08 42	12 22 27	25 00 41	7 33 40	9 18 18	26 00 14	8 26 03	22 56 31	19 51 40	20 37 14
29 Sa	6 20 02	11 ♐ 46 08	18 38 10	23 19 24	7 28 47	12 40 32	24 53 28	7 50 45	9 23 51	26 07 13	8 30 48	23 05 31	19 59 53	20 44 11
30 Su	7 29 11	25 35 58	2 ♑ 23 15	24 58 19	8 50 50	13 00 04	24 47 57	8 10 07	9 31 13	26 16 06	8 37 37	23 16 28	20 10 05	20 53 07
31 M	8 39 32	9 ♑ 16 59	15 58 28	26 38 49	10 14 04	13 20 14	24 43 23	8 30 57	9 39 35	26 26 05	8 45 41	23 28 37	20 21 29	21 03 13

Notes

January 1980

LONGITUDE

Day	☉	0 hr ☽	Noon ☽	☿	♀	♂	⚵	⚳	♃	♄	⚷	♅	♆	♇
1 Tu	9 ♌ 50 07	22 ♑ 46 07	29 ♑ 20 49	28 ♋ 19 52	11 ♍ 37 28	13 ♈ 40 02	24 ♒ 38 47	8 ♏ 52 14	9 ♈ 47 59	26 ♈ 36 11	8 ♐ 54 02	23 ♊ 40 56	20 ♋ 33 06	21 ♉ 13 30
2 W	10 59 52	6 ♒ 00 27	12 ♒ 27 37	0 ♌ 00 28	13 00 02	13 58 26	24 33 08	9 12 59	9 55 23	26 45 21	9 01 38	23 52 25	20 43 53	21 22 57
3 Th	12 08 00	18 57 50	25 17 07	1 39 48	14 20 56	14 14 35	24 25 39	9 32 20	10 00 57	26 52 47	9 07 39	24 02 13	20 53 02	21 30 43
4 F	13 13 60	1 ♓ 37 20	7 ♓ 48 55	3 17 20	15 39 39	14 27 59	24 15 52	9 49 48	10 04 11	26 57 58	9 11 35	24 09 51	21 00 02	21 36 19
5 Sa	14 17 44	13 59 31	20 04 11	4 52 57	16 56 03	14 38 29	24 03 38	10 05 14	10 04 58	27 00 46	9 13 19	24 15 11	21 04 45	21 39 37
6 Su	15 19 27	26 06 27	2 ♈ 05 32	6 26 56	18 10 25	14 46 20	23 49 16	10 18 54	10 03 32	27 01 27	9 13 05	24 18 27	21 07 26	21 40 52
7 M	16 19 41	8 ♈ 01 36	13 56 56	7 59 50	19 23 16	14 52 03	23 33 19	10 31 19	10 00 26	27 00 33	9 11 26	24 20 13	21 08 39	21 40 36
8 Tu	17 19 13	19 49 35	25 43 21	9 32 24	20 35 21	14 56 23	23 16 34	10 43 15	9 56 27	26 58 49	9 09 08	24 21 14	21 09 07	21 39 36
9 W	18 18 52	1 ♉ 35 45	7 ♉ 30 27	11 05 29	21 47 31	15 00 09	22 59 52	10 55 31	9 52 22	26 57 05	9 07 00	24 22 18	21 09 42	21 38 40
10 Th	19 19 22	13 25 56	19 24 09	12 39 50	23 00 29	15 04 05	22 43 59	11 08 52	9 48 57	26 56 07	9 05 48	24 24 12	21 11 07	21 38 33
11 F	20 21 17	25 25 55	1 ♊ 30 18	14 16 03	24 14 51	15 08 45	22 29 32	11 23 52	9 46 47	26 56 27	9 06 04	24 27 29	21 13 57	21 39 49
12 Sa	21 24 56	7 ♊ 41 10	13 54 07	15 54 25	25 30 53	15 14 24	22 16 48	11 40 48	9 46 09	26 58 24	9 08 07	24 32 27	21 18 28	21 42 47
13 Su	22 30 13	20 16 18	26 39 51	17 34 53	26 48 31	15 20 59	22 05 46	11 59 36	9 46 58	27 01 53	9 11 53	24 39 00	21 24 38	21 47 21
14 M	23 36 46	3 ♋ 14 40	9 ♋ 50 09	19 17 06	28 07 22	15 28 06	21 56 04	12 19 52	9 48 53	27 06 31	9 16 58	24 46 48	21 32 03	21 53 09
15 Tu	24 43 57	16 37 52	23 25 44	21 00 26	29 26 48	15 35 05	21 47 06	12 40 58	9 51 14	27 11 40	9 22 44	24 55 10	21 40 04	21 59 32
16 W	25 50 58	0 ♌ 25 29	7 ♌ 25 04	22 44 06	0 ♎ 46 01	15 41 10	21 38 04	13 02 07	9 53 14	27 16 34	9 28 24	25 03 20	21 47 54	22 05 43
17 Th	26 57 04	14 34 51	21 44 21	24 27 23	2 04 18	15 45 34	21 28 17	13 22 34	9 54 10	27 20 26	9 33 14	25 10 33	21 54 50	22 10 58
18 F	28 01 41	29 01 18	6 ♍ 17 57	26 09 43	3 21 02	15 47 44	21 17 13	13 41 44	9 53 28	27 22 44	9 36 40	25 16 15	22 00 16	22 14 43
19 Sa	29 04 35	13 ♍ 38 43	20 59 10	27 50 53	4 36 01	15 47 24	21 04 36	13 59 23	9 50 52	27 23 13	9 38 26	25 20 11	22 03 58	22 16 43
20 Su	0 ♍ 05 51	28 20 23	5 ♎ 41 13	29 30 59	5 49 19	15 44 41	20 50 37	14 15 37	9 46 29	27 21 59	9 38 39	25 22 28	22 06 02	22 17 04
21 M	1 05 56	13 ♎ 00 03	20 18 13	1 ♍ 10 29	7 01 23	15 39 60	20 35 41	14 30 52	9 40 45	27 19 28	9 37 45	25 23 32	22 06 54	22 16 12
22 Tu	2 05 28	27 32 34	4 ♏ 45 41	2 49 59	8 12 51	15 33 59	20 20 28	14 45 45	9 34 20	27 16 18	9 36 23	25 24 01	22 07 13	22 14 45
23 W	3 05 09	11 ♏ 54 18	19 00 49	4 30 14	9 24 26	15 27 21	20 05 42	15 00 59	9 27 55	27 13 12	9 35 14	25 24 36	22 07 41	22 13 27
24 Th	4 05 35	26 03 05	3 ♐ 02 11	6 11 49	10 36 41	15 20 40	19 51 60	15 17 09	9 22 06	27 10 46	9 34 55	25 25 55	22 08 53	22 12 51
25 F	5 07 06	9 ♐ 57 58	16 49 22	7 55 04	11 49 59	15 14 19	19 39 44	15 34 37	9 17 15	27 09 20	9 35 46	25 28 17	22 11 10	22 13 21
26 Sa	6 09 48	23 38 40	0 ♑ 22 29	9 40 04	13 04 25	15 08 23	19 29 00	15 53 27	9 13 27	27 09 01	9 37 53	25 31 49	22 14 39	22 15 00
27 Su	7 13 30	7 ♑ 05 19	13 41 49	11 26 37	14 19 47	15 02 39	19 19 38	16 13 27	9 10 31	27 09 36	9 41 04	25 36 18	22 19 06	22 17 38
28 M	8 17 48	20 18 06	26 47 37	13 14 18	15 35 41	14 56 46	19 11 15	16 34 15	9 08 04	27 10 43	9 44 56	25 41 21	22 24 10	22 20 51
29 Tu	9 22 12	3 ♒ 17 14	9 ♒ 40 06	15 02 36	16 51 39	14 50 13	19 03 23	16 55 20	9 05 36	27 11 52	9 48 60	25 46 30	22 29 20	22 24 10
30 W	10 26 16	16 02 54	22 19 29	16 51 00	18 07 12	14 42 32	18 55 34	17 16 14	9 02 40	27 12 35	9 52 47	25 51 15	22 34 09	22 27 07
31 Th	11 29 36	28 35 30	4 ♓ 46 12	18 39 04	19 21 57	14 33 23	18 47 27	17 36 35	8 58 54	27 12 30	9 55 55	25 55 15	22 38 13	22 29 19

February 1980

LONGITUDE

Day	☉	0 hr ☽	Noon ☽	☿	♀	♂	⚵	⚳	♃	♄	⚷	♅	♆	♇
1 F	12 ♍ 31 59	10 ♓ 55 39	17 ♓ 01 01	20 ♍ 26 31	20 ♎ 35 41	14 ♈ 22 32	18 ♒ 38 49	17 ♏ 56 09	8 ♈ 54 05	27 ♈ 11 23	9 ♐ 58 11	25 ♊ 58 16	22 ♋ 41 21	22 ♉ 30 33
2 Sa	13 33 23	23 04 29	29 05 13	22 13 13	21 48 22	14 09 57	18 29 38	18 14 54	8 48 09	27 09 13	9 59 32	26 00 16	22 43 29	22 30 47
3 Su	14 33 54	5 ♈ 03 40	11 ♈ 00 46	23 59 10	23 00 06	13 55 44	18 20 02	18 32 57	8 41 15	27 06 06	10 00 05	26 01 21	22 44 43	22 30 07
4 M	15 33 46	16 55 31	22 50 14	25 44 27	24 11 07	13 40 10	18 10 15	18 50 30	8 33 37	27 02 16	10 00 04	26 01 45	22 45 18	22 28 47
5 Tu	16 33 18	28 43 01	4 ♉ 36 55	27 29 13	25 21 42	13 23 32	18 00 35	19 07 51	8 25 31	26 58 00	9 59 46	26 01 46	22 45 32	22 27 05
6 W	17 32 47	10 ♉ 29 45	16 24 40	29 13 35	26 32 10	13 06 09	17 51 20	19 25 20	8 17 18	26 53 38	9 59 31	26 01 42	22 45 43	22 25 20
7 Th	18 32 29	22 19 48	28 17 50	0 ♎ 57 34	27 42 48	12 48 20	17 42 49	19 43 11	8 09 13	26 49 25	9 59 33	26 01 50	22 46 06	22 23 47
8 F	19 32 36	4 ♊ 17 38	10 ♊ 21 04	2 41 06	28 53 44	12 30 15	17 35 10	20 01 36	8 01 28	26 45 32	10 00 04	26 02 20	22 46 54	22 22 37
9 Sa	20 33 12	16 27 55	22 39 04	4 23 57	0 ♏ 05 05	12 12 01	17 28 31	20 20 39	7 54 07	26 42 05	10 01 09	26 03 16	22 48 09	22 21 55
10 Su	21 34 14	28 55 14	5 ♋ 16 20	6 05 42	1 16 48	11 53 36	17 22 47	20 40 16	7 47 09	26 39 00	10 02 44	26 04 37	22 49 51	22 21 39
11 M	22 35 35	11 ♋ 47 18	18 16 43	7 45 49	2 28 43	11 34 55	17 17 53	21 00 22	7 40 25	26 36 10	10 04 43	26 06 14	22 51 50	22 21 40
12 Tu	23 37 03	24 56 52	1 ♌ 42 55	9 23 39	3 40 42	11 15 48	17 13 36	21 20 43	7 33 45	26 33 24	10 06 54	26 07 57	22 53 57	22 21 49
13 W	24 38 28	8 ♌ 36 26	15 35 57	10 58 31	4 52 31	10 56 06	17 09 46	21 41 10	7 26 59	26 30 32	10 09 05	26 09 34	22 55 59	22 21 52
14 Th	25 39 40	22 42 31	29 54 39	12 29 42	6 04 03	10 35 43	17 06 15	22 01 33	7 19 58	26 27 24	10 11 09	26 10 57	22 57 49	22 21 43
15 F	26 40 37	7 ♍ 12 41	14 ♍ 35 18	13 56 32	7 15 14	10 14 36	17 02 60	22 21 49	7 12 39	26 23 57	10 13 02	26 12 02	22 59 22	22 21 17
16 Sa	27 41 20	22 02 02	29 31 44	15 18 24	8 26 05	9 52 50	17 00 01	22 41 59	7 05 03	26 20 13	10 14 45	26 12 50	23 00 41	22 20 37
17 Su	28 41 53	7 ♎ 03 22	14 ♎ 35 55	16 34 42	9 36 42	9 30 33	16 57 24	23 02 08	6 57 17	26 16 18	10 16 24	26 13 28	23 01 50	22 19 47
18 M	29 42 24	22 08 07	29 39 01	17 44 52	10 47 10	9 07 54	16 55 16	23 22 24	6 49 28	26 12 18	10 18 05	26 14 02	23 02 56	22 18 54
19 Tu	0 ♎ 42 58	7 ♏ 07 32	14 ♏ 32 41	18 48 17	11 57 35	8 45 00	16 53 43	23 42 50	6 41 41	26 08 19	10 19 55	26 14 37	23 04 06	22 18 05
20 W	1 43 37	21 53 50	29 10 05	19 44 19	13 07 59	8 21 57	16 52 45	24 03 30	6 33 59	26 04 23	10 21 53	26 15 15	23 05 20	22 17 19
21 Th	2 44 17	6 ♐ 21 15	13 ♐ 26 36	20 32 17	14 18 19	7 58 45	16 52 21	24 24 19	6 26 19	26 00 27	10 23 59	26 15 53	23 06 36	22 16 36
22 F	3 44 53	20 26 18	27 19 58	21 11 31	15 28 28	7 35 19	16 52 23	24 45 13	6 18 36	25 56 26	10 26 05	26 16 26	23 07 48	22 15 49
23 Sa	4 45 18	4 ♑ 07 49	10 ♑ 50 01	21 41 24	16 38 19	7 11 36	16 52 45	25 06 03	6 10 43	25 52 12	10 28 06	26 16 47	23 08 48	22 14 50
24 Su	5 45 26	17 26 30	23 58 07	22 01 28	17 47 46	6 47 33	16 53 21	25 26 44	6 02 34	25 47 40	10 29 53	26 16 48	23 09 31	22 13 35
25 M	6 45 14	0 ♒ 24 21	6 ♒ 46 41	22 11 27	18 56 46	6 23 10	16 54 08	25 47 13	5 54 08	25 42 48	10 31 27	26 16 30	23 09 56	22 12 01
26 Tu	7 44 47	13 04 08	19 18 38	22 11 19	20 05 24	5 58 34	16 55 09	26 07 35	5 45 28	25 37 39	10 32 50	26 15 54	23 10 05	22 10 11
27 W	8 44 13	25 28 55	1 ♓ 37 04	22 01 18	21 13 47	5 33 55	16 56 32	26 27 57	5 36 44	25 32 23	10 34 11	26 15 10	23 10 06	22 08 15
28 Th	9 43 43	7 ♓ 41 47	13 44 56	21 41 53	22 22 06	5 09 28	16 58 29	26 48 30	5 28 07	25 27 10	10 35 41	26 14 28	23 10 12	22 06 23
29 F	10 43 30	19 45 36	25 44 58	21 13 49	23 30 35	4 45 28	17 01 13	27 09 28	5 19 51	25 22 15	10 37 33	26 14 03	23 10 35	22 04 49

Notes

LONGITUDE — March 1980

Day	☉	0 hr ☽	Noon ☽	☿	♀	♂	⚵	⚳	♃	♄	⚷	♅	♆	♇
1 Sa	11♎ 43 48	1♈ 42 57	7♈ 39 38	20♎ 37 59	24♏ 39 26	4♈ 22 11	17♒ 04 55	27♏ 31 04	5♈ 12 08	25♈ 17 49	10♐ 39 59	26♊ 14 06	23♋ 11 28	22♉ 03 45
2 Su	12 44 43	13 36 08	19 31 10	19 55 28	25 48 45	3 59 46	17 09 43	27 53 23	5 05 06	25 14 01	10 43 08	26 14 46	23 12 59	22 03 20
3 M	13 46 18	25 27 12	1♉ 21 36	19 07 24	26 58 36	3 38 19	17 15 39	28 16 30	4 58 49	25 10 53	10 47 02	26 16 04	23 15 09	22 03 34
4 Tu	14 48 28	7♉ 18 10	13 13 01	18 14 59	28 08 53	3 17 48	17 22 37	28 40 19	4 53 12	25 08 20	10 51 35	26 17 56	23 17 55	22 04 25
5 W	15 51 02	19 11 01	25 07 32	17 19 23	29 19 24	2 58 02	17 30 26	29 04 38	4 48 02	25 06 11	10 56 37	26 20 10	23 21 04	22 05 39
6 Th	16 53 41	1♊ 08 01	7♊ 07 36	16 21 44	0♐ 29 51	2 38 45	17 38 47	29 29 09	4 43 03	25 04 08	11 01 47	26 22 28	23 24 18	22 06 58
7 F	17 56 05	13 11 40	19 15 56	15 23 08	1 39 52	2 19 39	17 47 17	29 53 31	4 37 53	25 01 48	11 06 47	26 24 28	23 27 15	22 08 02
8 Sa	18 57 52	25 24 58	1♋ 35 41	14 24 37	2 49 07	2 00 26	17 55 38	0♐ 17 22	4 32 12	24 58 53	11 11 14	26 25 50	23 29 36	22 08 30
9 Su	19 58 46	7♋ 51 17	14 10 22	13 27 14	3 57 19	1 40 51	18 03 31	0 40 27	4 25 45	24 55 07	11 14 53	26 26 19	23 31 04	22 08 07
10 M	20 58 43	20 34 21	27 03 42	12 32 00	5 04 22	1 20 50	18 10 52	1 02 41	4 18 25	24 50 23	11 17 38	26 25 48	23 31 34	22 06 45
11 Tu	21 57 47	3♌ 37 58	10♌ 19 14	11 40 01	6 10 22	1 00 32	18 17 45	1 24 07	4 10 20	24 44 48	11 19 34	26 24 23	23 31 11	22 04 31
12 W	22 56 16	17 05 33	23 59 53	10 52 21	7 15 36	0 40 16	18 24 28	1 45 06	4 01 47	24 38 40	11 21 01	26 22 22	23 30 13	22 01 43
13 Th	23 54 40	0♍ 59 28	8♍ 07 09	10 10 07	8 20 34	0 20 32	18 31 29	2 06 05	3 53 15	24 32 27	11 22 25	26 20 14	23 29 09	21 58 51
14 F	24 53 31	15 20 16	22 40 22	9 34 18	9 25 47	0 01 55	18 39 21	2 27 37	3 45 19	24 26 43	11 24 22	26 18 32	23 28 32	21 56 26
15 Sa	25 53 21	0♎ 05 53	7♎ 35 60	9 05 40	10 31 46	29♓ 44 57	18 48 35	2 50 13	3 38 27	24 21 60	11 27 20	26 17 46	23 28 53	21 54 60
16 Su	26 54 27	15 11 07	22 47 27	8 44 42	11 38 50	29 29 60	18 59 30	3 14 12	3 33 02	24 18 35	11 31 40	26 18 17	23 30 31	21 54 52
17 M	27 56 54	0♏ 27 49	8♏ 05 29	8 31 28	12 47 01	29 17 06	19 12 08	3 39 38	3 29 05	24 16 33	11 37 24	26 20 07	23 33 29	21 56 05
18 Tu	29 00 24	15 45 41	23 19 32	8 25 37	13 56 04	29 06 02	19 26 12	4 06 12	3 26 21	24 15 37	11 44 16	26 22 59	23 37 31	21 58 23
19 W	0♏ 04 25	0♐ 53 60	8♐ 19 20	8 26 28	15 05 23	28 56 14	19 41 09	4 33 24	3 24 16	24 15 15	11 51 43	26 26 22	23 42 04	22 01 12
20 Th	1 08 16	15 43 15	22 56 39	8 33 08	16 14 19	28 47 04	19 56 18	5 00 31	3 22 11	24 14 45	11 59 04	26 29 33	23 46 26	22 03 53
21 F	2 11 17	0♑ 06 42	7♑ 06 16	8 44 44	17 22 10	28 37 52	20 10 59	5 26 54	3 19 26	24 13 30	12 05 39	26 31 54	23 49 59	22 05 46
22 Sa	3 13 00	14 00 52	20 46 16	9 00 33	18 28 29	28 28 11	20 24 43	5 52 04	3 15 34	24 10 59	12 11 01	26 32 57	23 52 14	22 06 22
23 Su	4 13 14	27 25 33	3♒ 57 38	9 20 08	19 33 03	28 17 50	20 37 20	6 15 52	3 10 23	24 07 04	12 14 58	26 32 30	23 53 01	22 05 30
24 M	5 12 08	10♒ 23 04	16 43 32	9 43 21	20 36 00	28 06 57	20 48 56	6 38 24	3 04 01	24 01 51	12 17 39	26 30 42	23 52 27	22 03 20
25 Tu	6 10 06	22 57 31	29 08 30	10 10 22	21 37 47	27 55 60	20 59 58	7 00 07	2 56 56	23 55 48	12 19 30	26 27 59	23 50 59	22 00 17
26 W	7 07 48	5♓ 13 52	11♓ 17 36	10 41 33	22 38 59	27 45 35	21 11 03	7 21 39	2 49 45	23 49 32	12 21 07	26 24 58	23 49 15	21 56 58
27 Th	8 05 56	17 17 19	23 16 00	11 17 23	23 40 20	27 36 25	21 22 53	7 43 42	2 43 12	23 43 46	12 23 15	26 22 23	23 47 56	21 54 07
28 F	9 05 11	29 12 49	5♈ 08 24	11 58 17	24 42 30	27 29 12	21 36 09	8 06 57	2 37 56	23 39 12	12 26 33	26 20 55	23 47 45	21 52 25
29 Sa	10 06 04	11♈ 04 41	16 58 50	12 44 34	25 45 59	27 24 27	21 51 22	8 31 56	2 34 30	23 36 20	12 31 34	26 21 05	23 49 13	21 52 23
30 Su	11 08 53	22 56 24	28 50 31	13 36 20	26 51 04	27 22 27	22 08 49	8 58 55	2 33 12	23 35 29	12 38 35	26 23 10	23 52 37	21 54 18
31 M	12 13 39	4♉ 50 37	10♉ 45 50	14 33 22	27 57 46	27 23 12	22 28 30	9 27 56	2 34 01	23 36 39	12 47 35	26 27 11	23 57 57	21 58 12

LONGITUDE — April 1980

Day	☉	0 hr ☽	Noon ☽	☿	♀	♂	⚵	⚳	♃	♄	⚷	♅	♆	♇
1 Tu	13♏ 20 02	16♉ 49 10	22♉ 46 24	15♎ 35 11	29♐ 05 44	27♓ 26 23	22♒ 50 06	9♐ 58 39	2♈ 36 40	23♈ 39 31	12♐ 58 17	26♊ 32 50	24♋ 04 55	22♉ 03 45
2 W	14 27 29	28 53 15	4♊ 53 18	16 41 04	0♑ 14 24	27 31 25	23 13 03	10 30 31	2 40 35	23 43 32	13 10 07	26 39 32	24 12 57	22 10 23
3 Th	15 35 14	11♊ 03 40	17 07 20	17 50 04	1 22 59	27 37 33	23 36 33	11 02 45	2 44 58	23 47 54	13 22 17	26 46 31	24 21 16	22 17 20
4 F	16 42 24	23 21 12	29 29 21	19 01 13	2 30 37	27 43 54	23 59 47	11 34 29	2 49 00	23 51 48	13 33 56	26 52 55	24 29 01	22 23 45
5 Sa	17 48 14	5♋ 46 53	12♋ 00 32	20 13 36	3 36 30	27 49 40	24 21 55	12 04 57	2 51 53	23 54 26	13 44 18	26 57 58	24 35 26	22 28 51
6 Su	18 52 09	18 22 17	24 42 41	21 26 31	4 40 03	27 54 18	24 42 24	12 33 34	2 53 03	23 55 14	13 52 48	27 01 06	24 39 55	22 32 03
7 M	19 53 54	1♌ 09 44	7♌ 38 16	22 39 39	5 41 02	27 57 32	25 00 58	13 00 06	2 52 16	23 53 58	13 59 12	27 02 04	24 42 15	22 33 08
8 Tu	20 53 41	14 12 15	20 50 22	23 53 04	6 39 36	27 59 33	25 17 49	13 24 44	2 49 42	23 50 49	14 03 40	27 01 03	24 42 37	22 32 16
9 W	21 52 05	27 33 16	4♍ 22 18	25 07 16	7 36 19	28 00 55	25 33 32	13 48 03	2 45 58	23 46 22	14 06 49	26 58 39	24 41 35	22 30 03
10 Th	22 50 00	11♍ 16 10	18 16 58	26 23 07	8 32 05	28 02 33	25 49 01	14 10 57	2 41 57	23 41 32	14 09 31	26 55 45	24 40 04	22 27 22
11 F	23 48 31	25 23 21	2♎ 35 58	27 41 34	9 27 57	28 05 29	26 05 19	14 34 30	2 38 44	23 37 22	14 12 51	26 53 26	24 39 09	22 25 18
12 Sa	24 48 34	9♎ 55 20	17 18 35	29 03 34	10 24 53	28 10 42	26 23 24	14 59 40	2 37 17	23 34 51	14 17 48	26 52 40	24 39 46	22 24 49
13 Su	25 50 51	24 49 42	2♏ 20 58	0♏ 29 42	11 23 30	28 18 50	26 43 56	15 27 07	2 38 15	23 34 40	14 25 00	26 54 08	24 42 36	22 26 35
14 M	26 55 30	10♏ 00 39	17 35 52	2 00 07	12 23 58	28 30 04	27 07 04	15 57 01	2 41 50	23 36 57	14 34 38	26 57 58	24 47 50	22 30 47
15 Tu	28 02 09	25 19 07	2♐ 53 18	3 34 23	13 25 52	28 43 59	27 32 26	16 28 59	2 47 37	23 41 20	14 46 19	27 03 47	24 55 03	22 36 60
16 W	29 09 57	10♐ 34 05	18 02 05	5 11 36	14 28 19	28 59 43	27 59 08	17 02 09	2 54 45	23 46 58	14 59 11	27 10 46	25 03 25	22 44 23
17 Th	0♐ 17 45	25 34 25	2♑ 51 53	6 50 37	15 30 11	29 16 08	28 26 05	17 35 23	3 02 07	23 52 43	15 12 06	27 17 45	25 11 48	22 51 49
18 F	1 24 27	10♑ 10 56	17 14 56	8 30 19	16 30 20	29 32 07	28 52 09	18 07 35	3 08 37	23 57 29	15 23 58	27 23 39	25 19 05	22 58 12
19 Sa	2 29 14	24 17 46	1♒ 07 02	10 09 51	17 27 54	29 46 50	29 16 29	18 37 56	3 13 24	24 00 27	15 33 58	27 27 37	25 24 27	23 02 41
20 Su	3 31 42	7♒ 52 51	14 27 41	11 48 49	18 22 29	29 59 53	29 38 44	19 06 02	3 16 06	24 01 13	15 41 42	27 29 18	25 27 31	23 04 55
21 M	4 31 58	20 57 32	27 19 24	13 27 21	19 14 10	0♈ 11 22	29 58 59	19 31 60	3 16 50	23 59 54	15 47 17	27 28 49	25 28 25	23 05 00
22 Tu	5 30 39	3♓ 35 46	9♓ 46 53	15 06 01	20 03 31	0 21 52	0♓ 17 50	19 56 25	3 16 12	23 57 07	15 51 19	27 26 44	25 27 42	23 03 32
23 W	6 28 37	15 53 06	21 56 03	16 45 42	20 51 24	0 32 16	0 36 10	20 20 12	3 15 04	23 53 45	15 54 42	27 23 57	25 26 18	23 01 23
24 Th	7 26 55	27 55 48	3♈ 53 14	18 27 29	21 38 49	0 43 36	0 55 01	20 44 23	3 14 30	23 50 50	15 58 27	27 21 31	25 25 15	22 59 38
25 F	8 26 34	9♈ 50 07	15 44 33	20 12 21	22 26 45	0 56 51	1 15 24	21 09 57	3 15 30	23 49 22	16 03 35	27 20 27	25 25 32	22 59 15
26 Sa	9 28 21	21 41 44	27 35 22	22 01 06	23 15 57	1 12 48	1 38 06	21 37 43	3 18 50	23 50 10	16 10 53	27 21 31	25 27 58	23 01 04
27 Su	10 32 43	3♉ 35 23	9♉ 30 07	23 54 12	24 06 51	1 31 53	2 03 33	22 08 07	3 24 60	23 53 41	16 20 50	27 25 12	25 33 00	23 05 30
28 M	11 39 44	15 34 41	21 31 58	25 51 43	24 59 28	1 54 10	2 31 50	22 41 13	3 34 01	23 59 58	16 33 27	27 31 32	25 40 41	23 12 38
29 Tu	12 49 00	27 41 57	3♊ 42 51	27 53 17	25 53 23	2 19 15	3 02 32	23 16 39	3 45 30	24 08 39	16 48 22	27 40 09	25 50 39	23 22 04
30 W	13 59 47	9♊ 58 24	16 03 38	29 58 06	26 47 47	2 46 21	3 34 55	23 53 37	3 58 43	24 18 56	17 04 50	27 50 18	26 02 07	23 33 03

Notes

May 1980

LONGITUDE

Day	☉	0 hr ☽	Noon ☽	☿	♀	♂	⚵	⚳	♃	♄	⚷	♅	♆	♇
1 Th	15 ♐ 11 02	22 ♊ 24 16	28 ♊ 34 16	2 ♐ 05 11	27 ♑ 41 36	3 ♈ 14 26	4 ♓ 07 55	24 ♐ 31 06	4 ♈ 12 37	24 ♈ 29 50	17 ♐ 21 48	28 ♊ 00 55	26 ♋ 14 03	23 ♉ 44 33
2 F	16 21 37	4 ♋ 59 11	11 ♋ 14 15	4 13 21	28 33 40	3 42 20	4 40 24	25 07 58	4 26 03	24 40 10	17 38 07	28 10 53	26 25 20	23 55 25
3 Sa	17 30 29	17 42 40	24 03 06	6 21 32	29 22 52	4 09 00	5 11 18	25 43 10	4 37 58	24 48 54	17 52 45	28 19 09	26 34 54	24 04 36
4 Su	18 36 50	0 ♌ 34 34	7 ♌ 00 45	8 28 57	0 ♒ 08 24	4 33 39	5 39 51	26 15 53	4 47 36	24 55 16	18 04 54	28 24 55	26 41 57	24 11 19
5 M	19 40 21	13 35 25	20 07 56	10 35 12	0 49 52	4 55 55	6 05 43	26 45 49	4 54 35	24 58 54	18 14 14	28 27 52	26 46 11	24 15 15
6 Tu	20 41 13	26 46 41	3 ♍ 26 19	12 40 27	1 27 25	5 15 59	6 29 04	27 13 09	4 59 07	25 00 01	18 20 57	28 28 10	26 47 45	24 16 33
7 W	21 40 08	10 ♍ 10 43	16 58 21	14 45 18	2 01 42	5 34 33	6 50 35	27 38 33	5 01 54	24 59 17	18 25 43	28 26 32	26 47 23	24 15 57
8 Th	22 38 11	23 50 20	0 ♎ 46 45	16 50 46	2 33 45	5 52 41	7 11 23	28 03 08	5 04 02	24 57 49	18 29 39	28 24 03	26 46 09	24 14 32
9 F	23 36 39	7 ♎ 48 11	14 53 43	18 58 02	3 04 48	6 11 41	7 32 44	28 28 10	5 06 47	24 56 54	18 34 02	28 22 01	26 45 20	24 13 34
10 Sa	24 36 45	22 05 49	29 20 01	21 08 08	3 35 60	6 32 43	7 55 50	28 54 52	5 11 20	24 57 43	18 40 03	28 21 36	26 46 08	24 14 16
11 Su	25 39 18	6 ♏ 42 39	14 ♏ 03 58	23 21 47	4 08 08	6 56 38	8 21 31	29 24 03	5 18 34	25 01 07	18 48 33	28 23 41	26 49 25	24 17 28
12 M	26 44 36	21 35 14	29 00 53	25 39 03	4 41 27	7 23 42	8 50 04	29 56 01	5 28 43	25 07 23	18 59 48	28 28 31	26 55 26	24 23 26
13 Tu	27 52 17	6 ♐ 37 03	14 ♐ 03 10	27 59 23	5 15 29	7 53 33	9 21 08	0 ♑ 30 24	5 41 27	25 16 09	19 13 27	28 35 45	27 03 50	24 31 51
14 W	29 01 25	21 39 07	29 01 18	0 ♑ 21 36	5 49 18	8 25 16	9 53 46	1 06 16	5 55 51	25 26 31	19 28 35	28 44 28	27 13 42	24 41 45
15 Th	0 ♑ 10 46	6 ♑ 31 24	13 ♑ 45 30	2 44 12	6 21 33	8 57 34	10 26 44	1 42 23	6 10 39	25 37 13	19 43 56	28 53 25	27 23 48	24 51 55
16 F	1 19 03	21 04 42	28 07 29	5 05 40	6 50 56	9 29 12	10 58 45	2 17 28	6 24 34	25 46 58	19 58 15	29 01 20	27 32 50	25 01 04
17 Sa	2 25 16	5 ♒ 12 12	12 ♒ 01 47	7 24 42	7 16 21	9 59 08	11 28 50	2 50 32	6 36 38	25 54 48	20 10 31	29 07 13	27 39 49	25 08 12
18 Su	3 28 53	18 50 22	25 26 23	9 40 29	7 37 14	10 26 52	11 56 26	3 21 01	6 46 17	26 00 10	20 20 12	29 10 32	27 44 12	25 12 47
19 M	4 29 56	1 ♓ 59 08	8 ♓ 22 26	11 52 46	7 53 32	10 52 22	12 21 34	3 48 58	6 53 34	26 03 05	20 27 20	29 11 19	27 46 03	25 14 51
20 Tu	5 28 57	14 41 17	20 53 41	14 01 49	8 05 43	11 16 12	12 44 46	4 14 55	6 58 59	26 04 06	20 32 26	29 10 05	27 45 51	25 14 56
21 W	6 26 49	27 01 40	3 ♈ 05 34	16 08 15	8 14 38	11 39 13	13 06 56	4 39 45	7 03 28	26 04 06	20 36 24	29 07 45	27 44 32	25 13 55
22 Th	7 24 38	9 ♈ 06 21	15 04 27	18 12 58	8 21 19	12 02 32	13 29 09	5 04 33	7 08 04	26 04 11	20 40 21	29 05 24	27 43 11	25 12 54
23 F	8 23 29	21 01 50	26 56 49	20 16 48	8 26 47	12 27 13	13 52 30	5 30 26	7 13 53	26 05 25	20 45 20	29 04 06	27 42 52	25 12 58
24 Sa	9 24 15	2 ♉ 54 21	8 ♉ 48 47	22 20 29	8 31 54	12 54 09	14 17 53	5 58 14	7 21 49	26 08 42	20 52 15	29 04 46	27 44 30	25 14 60
25 Su	10 27 29	14 49 28	20 45 39	24 24 22	8 37 08	13 23 51	14 45 49	6 28 33	7 32 23	26 14 35	21 01 38	29 07 56	27 48 36	25 19 33
26 M	11 33 19	26 51 42	2 ♊ 51 32	26 28 29	8 42 36	13 56 28	15 16 25	7 01 28	7 45 43	26 23 11	21 13 37	29 13 44	27 55 18	25 26 44
27 Tu	12 41 25	9 ♊ 04 17	15 09 11	28 32 21	8 47 57	14 31 38	15 49 24	7 36 40	8 01 29	26 34 10	21 27 53	29 21 49	28 04 17	25 36 15
28 W	13 51 02	21 29 06	27 40 01	0 ♒ 35 11	8 52 26	15 08 39	16 23 59	8 13 26	8 18 58	26 46 49	21 43 41	29 31 29	28 14 49	25 47 20
29 Th	15 01 11	4 ♋ 06 44	10 ♋ 24 05	2 35 52	8 55 00	15 46 28	16 59 11	8 50 45	8 37 09	27 00 07	21 59 60	29 41 42	28 25 53	25 58 60
30 F	16 10 43	16 56 43	23 20 32	4 33 12	8 54 34	16 23 58	17 33 51	9 27 27	8 54 52	27 12 55	22 15 43	29 51 21	28 36 20	26 10 05
31 Sa	17 18 36	29 57 52	6 ♌ 27 53	6 26 07	8 50 05	17 00 04	18 06 56	10 02 31	9 11 06	27 24 10	22 29 45	29 59 22	28 45 09	26 19 34

June 1980

LONGITUDE

Day	☉	0 hr ☽	Noon ☽	☿	♀	♂	⚵	⚳	♃	♄	⚷	♅	♆	♇
1 Su	18 ♑ 24 02	13 ♌ 08 49	19 ♌ 44 38	8 ♒ 13 47	8 ♒ 40 48	17 ♈ 34 01	18 ♓ 37 40	10 ♑ 35 10	9 ♈ 25 03	27 ♈ 33 07	22 ♐ 41 22	0 ♋ 04 59	28 ♋ 51 32	26 ♉ 26 39
2 M	19 26 42	26 28 26	3 ♍ 09 44	9 55 50	8 26 25	18 05 26	19 05 41	11 05 03	9 36 23	27 39 24	22 50 11	0 07 51	28 55 09	26 30 60
3 Tu	20 26 44	9 ♍ 56 17	16 42 52	11 32 23	8 07 12	18 34 30	19 31 09	11 32 19	9 45 14	27 43 10	22 56 23	0 08 08	28 56 09	26 32 46
4 W	21 24 48	23 32 44	0 ♎ 24 37	13 04 03	7 43 50	19 01 50	19 54 43	11 57 37	9 52 17	27 45 05	23 00 36	0 06 28	28 55 11	26 32 36
5 Th	22 21 55	7 ♎ 18 53	14 16 09	14 31 50	7 17 28	19 28 29	20 17 23	12 21 58	9 58 30	27 46 09	23 03 51	0 03 53	28 53 16	26 31 31
6 F	23 19 16	21 16 03	28 18 41	15 56 54	6 49 23	19 55 35	20 40 21	12 46 33	10 05 07	27 47 33	23 07 19	0 01 34	28 51 35	26 30 43
7 Sa	24 17 57	5 ♏ 25 10	12 ♏ 32 47	17 20 18	6 20 51	20 24 17	21 04 44	13 12 29	10 13 13	27 50 25	23 12 06	0 00 38	28 51 15	26 31 17
8 Su	25 18 45	19 45 59	26 57 36	18 42 47	5 52 48	20 55 20	21 31 17	13 40 33	10 23 34	27 55 30	23 18 59	0 01 50	28 53 02	26 34 01
9 M	26 21 57	4 ♐ 16 25	11 ♐ 30 16	20 04 35	5 25 40	21 29 01	22 00 17	14 11 00	10 36 28	28 03 06	23 28 16	0 05 28	28 57 14	26 39 11
10 Tu	27 27 16	18 52 16	26 05 50	21 25 24	4 59 21	22 05 03	22 31 28	14 43 35	10 51 37	28 12 55	23 39 38	0 11 15	29 03 33	26 46 30
11 W	28 33 55	3 ♑ 27 27	10 ♑ 37 45	22 44 22	4 33 18	22 42 39	23 04 03	15 17 30	11 08 15	28 24 11	23 52 20	0 18 25	29 11 13	26 55 12
12 Th	29 40 52	17 54 50	24 58 50	24 00 22	4 06 39	23 20 46	23 36 58	15 51 42	11 25 18	28 35 50	24 05 18	0 25 55	29 19 11	27 04 14
13 F	0 ♒ 46 59	2 ♒ 07 26	9 ♒ 02 32	25 12 15	3 38 32	23 58 17	24 09 08	16 25 05	11 41 40	28 46 47	24 17 26	0 32 37	29 26 20	27 12 29
14 Sa	1 51 23	15 59 33	22 44 02	26 19 02	3 08 16	24 34 18	24 39 38	16 56 45	11 56 27	28 56 08	24 27 49	0 37 40	29 31 47	27 19 04
15 Su	2 53 34	29 27 42	6 ♓ 00 50	27 20 07	2 35 34	25 08 18	25 07 57	17 26 11	12 09 09	29 03 20	24 35 58	0 40 30	29 35 01	27 23 28
16 M	3 53 25	12 ♓ 30 56	18 53 04	28 15 20	2 00 37	25 40 12	25 34 00	17 53 18	12 19 39	29 08 21	24 41 47	0 41 05	29 35 57	27 25 35
17 Tu	4 51 20	25 10 43	1 ♈ 23 04	29 04 56	1 23 60	26 10 22	25 58 10	18 18 28	12 28 21	29 11 32	24 45 37	0 39 45	29 34 57	27 25 48
18 W	5 47 58	7 ♈ 30 34	13 35 01	29 49 31	0 46 37	26 39 28	26 21 06	18 42 21	12 35 54	29 13 32	24 48 11	0 37 12	29 32 42	27 24 48
19 Th	6 44 12	19 35 19	25 34 12	0 ♓ 29 50	0 09 36	27 08 21	26 43 41	19 05 50	12 43 10	29 15 14	24 50 18	0 34 17	29 30 03	27 23 26
20 F	7 40 55	1 ♉ 30 40	7 ♉ 26 30	1 06 40	29 ♑ 34 02	27 37 56	27 06 48	19 29 48	12 51 03	29 17 32	24 52 54	0 31 54	29 27 54	27 22 36
21 Sa	8 38 53	13 22 31	19 17 54	1 40 40	29 00 54	28 08 57	27 31 13	19 55 00	13 00 18	29 21 11	24 56 43	0 30 49	29 27 01	27 23 03
22 Su	9 38 36	25 16 29	1 ♊ 13 55	2 12 15	28 30 54	28 41 55	27 57 25	20 21 58	13 11 27	29 26 41	25 02 16	0 31 32	29 27 55	27 25 19
23 M	10 40 16	7 ♊ 17 40	13 19 23	2 41 29	28 04 24	29 17 00	28 25 37	20 50 51	13 24 38	29 34 14	25 09 44	0 34 15	29 30 46	27 29 33
24 Tu	11 43 42	19 30 10	25 38 02	3 08 05	27 41 23	29 54 03	28 55 36	21 21 30	13 39 42	29 43 39	25 18 57	0 38 46	29 35 24	27 35 36
25 W	12 48 23	1 ♋ 56 60	8 ♋ 12 23	3 31 29	27 21 30	0 ♉ 32 31	29 26 53	21 53 23	13 56 09	29 54 24	25 29 23	0 44 35	29 41 18	27 42 57
26 Th	13 53 35	14 39 51	21 03 33	3 50 51	27 04 08	1 11 41	29 58 43	22 25 47	14 13 13	0 ♉ 05 47	25 40 18	0 50 58	29 47 44	27 50 51
27 F	14 58 27	27 39 10	4 ♌ 11 20	4 05 18	26 48 33	1 50 41	0 ♈ 30 16	22 57 50	14 30 04	0 16 55	25 50 52	0 57 04	29 53 52	27 58 28
28 Sa	16 02 12	10 ♌ 54 10	17 34 22	4 14 01	26 34 03	2 28 44	1 00 43	23 28 44	14 45 54	0 27 02	26 00 16	1 02 05	29 58 53	28 04 60
29 Su	17 04 14	24 23 08	1 ♍ 10 30	4 16 25	26 20 07	3 05 13	1 29 29	23 57 55	15 00 07	0 35 31	26 07 56	1 05 26	0 ♌ 02 11	28 09 51
30 M	18 04 16	8 ♍ 03 51	14 57 10	4 12 15	26 06 31	3 39 53	1 56 16	24 25 04	15 12 26	0 42 05	26 13 33	1 06 50	0 03 31	28 12 44

Notes

LONGITUDE — July 1980

Day	☉	0 hr ☽	Noon ☽	☿	♀	♂	⚵	⚳	♃	♄	⚷	♅	♆	♇
1 Tu	19 ♒ 02 24	21 ♍ 53 57	28 ♍ 51 57	4 ♓ 01 42	25 ♑ 53 23	4 ♉ 12 47	2 ♈ 21 11	24 ♑ 50 18	15 ♈ 22 56	0 ♉ 46 50	26 ♐ 17 14	1 ♋ 06 22	0 ♌ 02 57	28 ♉ 13 45
2 W	19 59 04	5 ♎ 51 19	12 ♎ 52 48	3 45 22	25 41 11	4 44 23	2 44 39	25 14 03	15 32 05	0 50 12	26 19 24	1 04 28	0 00 55	28 13 20
3 Th	20 54 60	19 54 20	26 58 13	3 24 10	25 30 40	5 15 23	3 07 24	25 37 02	15 40 34	0 52 54	26 20 48	1 01 53	29 ♋ 58 10	28 12 13
4 F	21 50 60	4 ♏ 01 44	11 ♏ 07 05	2 59 08	25 22 37	5 46 37	3 30 14	26 00 03	15 49 13	0 55 45	26 22 12	0 59 23	29 55 29	28 11 11
5 Sa	22 47 50	18 12 29	25 18 25	2 31 23	25 17 48	6 18 49	3 53 55	26 23 52	15 58 47	0 59 31	26 24 24	0 57 47	29 53 39	28 11 01
6 Su	23 46 01	2 ♐ 25 16	9 ♐ 30 50	2 01 49	25 16 42	6 52 31	4 18 59	26 49 01	16 09 47	1 04 43	26 27 55	0 57 34	29 53 11	28 12 15
7 M	24 45 45	16 38 19	23 42 20	1 31 05	25 19 30	7 27 55	4 45 37	27 15 41	16 22 25	1 11 32	26 32 55	0 58 56	29 54 16	28 15 03
8 Tu	25 46 52	0 ♑ 48 59	7 ♑ 50 06	0 59 29	25 25 57	8 04 49	5 13 37	27 43 41	16 36 31	1 19 47	26 39 15	1 01 43	29 56 44	28 19 15
9 W	26 48 52	14 53 59	21 50 40	0 27 07	25 35 34	8 42 46	5 42 32	28 12 33	16 51 35	1 29 01	26 46 26	1 05 26	0 ♌ 00 07	28 24 22
10 Th	27 51 07	28 49 33	5 ♒ 40 14	29 ♒ 53 56	25 47 36	9 21 05	6 11 43	28 41 37	17 06 58	1 38 33	26 53 48	1 09 26	0 03 44	28 29 46
11 F	28 52 56	12 ♒ 31 58	19 15 19	29 19 54	26 01 20	9 59 06	6 40 28	29 10 12	17 21 60	1 47 44	27 00 40	1 13 02	0 06 56	28 34 45
12 Sa	29 53 45	25 58 09	2 ♓ 33 11	28 45 07	26 16 11	10 36 17	7 08 14	29 37 46	17 36 06	1 55 59	27 06 31	1 15 41	0 09 08	28 38 46
13 Su	0 ♓ 53 14	9 ♓ 06 05	15 32 21	28 09 55	26 31 43	11 12 15	7 34 41	0 ♒ 03 58	17 48 58	2 02 59	27 10 58	1 17 04	0 10 03	28 41 29
14 M	1 51 19	21 55 06	28 12 47	27 34 54	26 47 49	11 46 57	7 59 44	0 28 43	18 00 29	2 08 38	27 13 58	1 17 04	0 09 33	28 42 50
15 Tu	2 48 10	4 ♈ 26 03	10 ♈ 35 55	27 00 52	27 04 35	12 20 34	8 23 34	0 52 12	18 10 51	2 13 08	27 15 41	1 15 54	0 07 51	28 42 59
16 W	3 44 09	16 41 06	22 44 29	26 28 47	27 22 20	12 53 26	8 46 33	1 14 46	18 20 25	2 16 50	27 16 29	1 13 54	0 05 17	28 42 17
17 Th	4 39 45	28 43 35	4 ♉ 42 14	25 59 42	27 41 29	13 26 01	9 09 08	1 36 55	18 29 40	2 20 12	27 16 50	1 11 32	0 02 21	28 41 14
18 F	5 35 26	10 ♉ 37 43	16 33 43	25 34 38	28 02 27	13 58 51	9 31 50	1 59 06	18 39 05	2 23 43	27 17 14	1 09 20	29 ♋ 59 32	28 40 18
19 Sa	6 31 39	22 28 13	28 23 52	25 14 28	28 25 37	14 32 19	9 55 03	2 21 47	18 49 05	2 27 51	27 18 06	1 07 42	29 57 15	28 39 56
20 Su	7 28 42	4 ♊ 20 02	10 ♊ 17 45	24 59 54	28 51 14	15 06 45	10 19 07	2 45 14	18 59 59	2 32 52	27 19 45	1 06 57	29 55 49	28 40 25
21 M	8 26 42	16 18 07	22 20 15	24 51 23	29 19 22	15 42 15	10 44 09	3 09 37	19 11 55	2 38 54	27 22 18	1 07 12	29 55 22	28 41 54
22 Tu	9 25 36	28 27 04	4 ♋ 35 48	24 49 09	29 49 54	16 18 46	11 10 04	3 34 50	19 24 48	2 45 54	27 25 42	1 08 24	29 55 49	28 44 18
23 W	10 25 10	10 ♋ 50 53	17 08 06	24 53 12	0 ♒ 22 33	16 56 05	11 36 40	4 00 41	19 38 24	2 53 37	27 29 42	1 10 18	29 56 58	28 47 24
24 Th	11 25 04	23 32 43	29 59 48	25 03 21	0 56 55	17 33 50	12 03 35	4 26 49	19 52 24	3 01 44	27 33 59	1 12 35	29 58 28	28 50 51
25 F	12 24 55	6 ♌ 34 39	13 ♌ 12 16	25 19 20	1 32 35	18 11 38	12 30 27	4 52 50	20 06 24	3 09 50	27 38 09	1 14 51	29 59 55	28 54 16
26 Sa	13 24 21	19 57 20	26 45 27	25 40 54	2 09 08	18 49 08	12 56 54	5 18 23	20 20 02	3 17 35	27 41 50	1 16 45	0 ♌ 00 58	28 57 18
27 Su	14 23 07	3 ♍ 39 58	10 ♍ 37 40	26 07 49	2 46 15	19 26 03	13 22 40	5 43 12	20 33 02	3 24 43	27 44 47	1 18 01	0 01 22	28 59 41
28 M	15 21 06	17 40 15	24 45 54	26 39 59	3 23 49	20 02 19	13 47 39	6 07 11	20 45 19	3 31 06	27 46 54	1 18 33	0 00 59	29 01 18
29 Tu	16 18 21	1 ♎ 54 37	9 ♎ 05 58	27 17 28	4 01 48	20 37 56	14 11 54	6 30 23	20 56 55	3 36 49	27 48 13	1 18 23	29 ♋ 59 54	29 02 13
30 W	17 15 04	16 18 35	23 33 04	28 00 24	4 40 22	21 13 08	14 35 36	6 52 59	21 08 01	3 42 02	27 48 56	1 17 44	29 58 17	29 02 37
31 Th	18 11 33	0 ♏ 47 16	8 ♏ 02 21	28 49 01	5 19 45	21 48 10	14 59 02	7 15 15	21 18 54	3 47 03	27 49 20	1 16 51	29 56 26	29 02 47

LONGITUDE — August 1980

Day	☉	0 hr ☽	Noon ☽	☿	♀	♂	⚵	⚳	♃	♄	⚷	♅	♆	♇
1 F	19 ♓ 08 03	15 ♏ 15 57	22 ♏ 29 18	29 ♒ 43 31	6 ♒ 00 13	22 ♉ 23 20	15 ♈ 22 30	7 ♒ 37 31	21 ♈ 29 52	3 ♉ 52 08	27 ♐ 49 42	1 ♋ 16 04	29 ♋ 54 38	29 ♉ 02 59
2 Sa	20 04 51	29 40 25	6 ♐ 50 07	0 ♓ 44 02	6 41 57	22 58 53	15 46 13	7 59 58	21 41 09	3 57 32	27 50 16	1 15 34	29 53 07	29 03 30
3 Su	21 02 04	13 ♐ 57 14	21 01 54	1 50 36	7 25 03	23 34 57	16 10 21	8 22 47	21 52 53	4 03 23	27 51 11	1 15 32	29 52 01	29 04 26
4 M	21 59 43	28 03 50	5 ♑ 02 30	3 03 04	8 09 30	24 11 31	16 34 53	8 45 57	22 05 04	4 09 42	27 52 27	1 15 58	29 51 21	29 05 48
5 Tu	22 57 41	11 ♑ 58 24	18 50 28	4 21 11	8 55 09	24 48 32	16 59 44	9 09 22	22 17 38	4 16 24	27 53 59	1 16 45	29 51 03	29 07 32
6 W	23 55 51	25 39 45	2 ♒ 24 53	5 44 35	9 41 50	25 25 49	17 24 45	9 32 54	22 30 23	4 23 17	27 55 36	1 17 46	29 50 55	29 09 26
7 Th	24 54 02	9 ♒ 07 09	15 45 14	7 12 53	10 29 21	26 03 12	17 49 45	9 56 21	22 43 12	4 30 14	27 57 10	1 18 49	29 50 48	29 11 22
8 F	25 52 05	22 20 18	28 51 18	8 45 43	11 17 31	26 40 33	18 14 38	10 19 37	22 55 54	4 37 05	27 58 33	1 19 47	29 50 35	29 13 12
9 Sa	26 49 58	5 ♓ 19 09	11 ♓ 43 12	10 22 42	12 06 15	27 17 49	18 39 18	10 42 37	23 08 28	4 43 47	27 59 40	1 20 36	29 50 12	29 14 51
10 Su	27 47 40	18 04 00	24 21 22	12 03 34	12 55 32	27 54 60	19 03 46	11 05 21	23 20 52	4 50 20	28 00 32	1 21 16	29 49 39	29 16 20
11 M	28 45 16	0 ♈ 35 32	6 ♈ 46 38	13 48 01	13 45 25	28 32 09	19 28 06	11 27 54	23 33 11	4 56 48	28 01 12	1 21 52	29 48 60	29 17 43
12 Tu	29 42 50	12 54 48	19 00 19	15 35 47	14 35 56	29 09 23	19 52 23	11 50 20	23 45 30	5 03 17	28 01 47	1 22 29	29 48 20	29 19 06
13 W	0 ♈ 40 30	25 03 22	1 ♉ 04 13	17 26 35	15 27 10	29 46 46	20 16 44	12 12 46	23 57 55	5 09 51	28 02 22	1 23 12	29 47 45	29 20 34
14 Th	1 38 17	7 ♉ 03 19	13 00 44	19 20 05	16 19 10	0 ♊ 24 23	20 41 12	12 35 14	24 10 29	5 16 36	28 03 01	1 24 06	29 47 20	29 22 11
15 F	2 36 13	18 57 15	24 52 44	21 15 53	17 11 55	1 02 14	21 05 47	12 57 46	24 23 13	5 23 30	28 03 44	1 25 11	29 47 04	29 23 57
16 Sa	3 34 16	0 ♊ 48 17	6 ♊ 43 39	23 13 34	18 05 21	1 40 15	21 30 26	13 20 19	24 36 05	5 30 33	28 04 28	1 26 23	29 46 55	29 25 50
17 Su	4 32 18	12 40 03	18 37 20	25 12 37	18 59 20	2 18 23	21 55 05	13 42 46	24 48 57	5 37 36	28 05 08	1 27 38	29 46 47	29 27 43
18 M	5 30 14	24 36 35	0 ♋ 37 57	27 12 35	19 53 46	2 56 28	22 19 35	14 05 01	25 01 44	5 44 35	28 05 37	1 28 49	29 46 33	29 29 31
19 Tu	6 27 57	6 ♋ 42 11	12 49 53	29 12 60	20 48 30	3 34 25	22 43 50	14 26 58	25 14 18	5 51 21	28 05 48	1 29 48	29 46 07	29 31 06
20 W	7 25 23	19 01 16	25 17 31	1 ♈ 13 29	21 43 27	4 12 10	23 07 46	14 48 31	25 26 36	5 57 51	28 05 38	1 30 32	29 45 24	29 32 24
21 Th	8 22 33	1 ♌ 38 08	8 ♌ 04 49	3 13 46	22 38 38	4 49 43	23 31 25	15 09 42	25 38 38	6 04 06	28 05 06	1 31 01	29 44 26	29 33 26
22 F	9 19 31	14 36 30	21 15 06	5 13 42	23 34 06	5 27 10	23 54 50	15 30 36	25 50 30	6 10 11	28 04 19	1 31 22	29 43 18	29 34 18
23 Sa	10 16 31	27 59 08	4 ♍ 50 19	7 13 15	24 30 03	6 04 42	24 18 15	15 51 24	26 02 23	6 16 17	28 03 28	1 31 45	29 42 11	29 35 11
24 Su	11 13 45	11 ♍ 47 11	18 50 42	9 12 27	25 26 41	6 42 33	24 41 52	16 12 21	26 14 31	6 22 39	28 02 47	1 32 25	29 41 19	29 36 18
25 M	12 11 27	25 59 45	3 ♎ 14 09	11 11 24	26 24 14	7 20 57	25 05 55	16 33 40	26 27 07	6 29 29	28 02 29	1 33 34	29 40 56	29 37 54
26 Tu	13 09 48	10 ♎ 33 32	17 56 12	13 10 07	27 22 50	8 00 03	25 30 34	16 55 30	26 40 21	6 36 59	28 02 45	1 35 24	29 41 12	29 40 08
27 W	14 08 50	25 22 49	2 ♏ 50 10	15 08 33	28 22 31	8 39 55	25 55 52	17 17 55	26 54 17	6 45 09	28 03 37	1 37 55	29 42 10	29 43 03
28 Th	15 08 26	10 ♏ 19 60	17 47 58	17 06 29	29 23 10	9 20 24	26 21 41	17 40 46	27 08 45	6 53 53	28 04 57	1 41 02	29 43 41	29 46 32
29 F	16 08 20	25 16 40	2 ♐ 41 17	19 03 36	0 ♓ 24 30	10 01 15	26 47 46	18 03 48	27 23 31	7 02 56	28 06 31	1 44 28	29 45 31	29 50 18
30 Sa	17 08 10	10 ♐ 04 44	17 22 38	20 59 29	1 26 08	10 42 06	27 13 45	18 26 39	27 38 13	7 11 54	28 07 55	1 47 52	29 47 18	29 54 01
31 Su	18 07 35	24 37 37	1 ♑ 46 28	22 53 44	2 27 42	11 22 35	27 39 15	18 48 57	27 52 29	7 20 27	28 08 49	1 50 51	29 48 39	29 57 17

Notes

September 1980 LONGITUDE

Day	☉	0 hr ☽	Noon ☽	☿	♀	♂	⚵	⚳	♃	♄	⚷	♅	♆	♇
1 M	19 ♈ 06 17	8 ♑ 50 55	15 ♑ 49 28	24 ♈ 46 03	3 ♓ 28 55	12 ♊ 02 26	28 ♈ 04 00	19 ♒ 10 25	28 ♈ 06 01	7 ♉ 28 17	28 ♐ 08 55	1 ♋ 53 08	29 ♋ 49 17	29 ♉ 59 50
2 Tu	20 04 11	22 42 33	29 30 36	26 36 18	4 29 38	12 41 32	28 27 54	19 30 55	28 18 44	7 35 17	28 08 06	1 54 38	29 49 07	0 ♊ 01 34
3 W	21 01 21	6 ♒ 12 35	12 ♒ 50 38	28 24 35	5 29 57	13 19 57	28 51 00	19 50 34	28 30 41	7 41 33	28 06 28	1 55 25	29 48 13	0 02 33
4 Th	21 58 04	19 22 35	25 51 35	0 ♉ 11 11	6 30 07	13 57 60	29 13 37	20 09 38	28 42 11	7 47 21	28 04 18	1 55 46	29 46 52	0 03 05
5 F	22 54 45	2 ♓ 15 01	8 ♓ 36 10	1 56 30	7 30 33	14 36 04	29 36 09	20 28 32	28 53 37	7 53 07	28 02 01	1 56 05	29 45 30	0 03 34
6 Sa	23 51 53	14 52 45	21 07 14	3 41 02	8 31 44	15 14 39	29 59 06	20 47 43	29 05 30	7 59 20	28 00 05	1 56 53	29 44 34	0 04 29
7 Su	24 49 55	27 18 35	3 ♈ 27 31	5 25 15	9 34 05	15 54 11	0 ♉ 22 52	21 07 40	29 18 14	8 06 25	27 58 58	1 58 35	29 44 32	0 06 17
8 M	25 49 11	9 ♈ 35 02	15 39 25	7 09 29	10 37 57	16 35 01	0 47 50	21 28 42	29 32 11	8 14 43	27 58 59	2 01 32	29 45 44	0 09 18
9 Tu	26 49 50	21 44 11	27 44 54	8 53 55	11 43 27	17 17 18	1 14 08	21 50 58	29 47 30	8 24 23	28 00 19	2 05 53	29 48 20	0 13 42
10 W	27 51 50	3 ♉ 47 45	9 ♉ 45 39	10 38 32	12 50 34	18 00 59	1 41 43	22 14 26	0 ♉ 04 08	8 35 23	28 02 54	2 11 36	29 52 16	0 19 26
11 Th	28 54 54	15 47 11	21 43 11	12 23 04	13 58 60	18 45 48	2 10 20	22 38 49	0 21 49	8 47 27	28 06 28	2 18 24	29 57 18	0 26 14
12 F	29 58 37	27 43 54	3 ♊ 39 00	14 07 05	15 08 19	19 31 19	2 39 32	23 03 41	0 40 07	9 00 09	28 10 36	2 25 51	0 ♌ 02 58	0 33 39
13 Sa	1 ♉ 02 24	9 ♊ 39 28	15 34 54	15 50 04	16 17 56	20 16 58	3 08 45	23 28 28	0 58 28	9 12 53	28 14 43	2 33 24	0 08 42	0 41 08
14 Su	2 05 40	21 35 51	27 33 06	17 31 25	17 27 16	21 02 10	3 37 24	23 52 35	1 16 15	9 25 06	28 18 14	2 40 26	0 13 56	0 48 04
15 M	3 07 53	3 ♋ 35 37	9 ♋ 36 24	19 10 38	18 35 48	21 46 22	4 04 57	24 15 29	1 32 59	9 36 14	28 20 37	2 46 27	0 18 07	0 53 58
16 Tu	4 08 44	15 42 00	21 48 19	20 47 22	19 43 09	22 29 15	4 31 04	24 36 51	1 48 18	9 45 59	28 21 33	2 51 05	0 20 56	0 58 28
17 W	5 08 05	27 58 59	4 ♌ 12 57	22 21 32	20 49 14	23 10 43	4 55 38	24 56 33	2 02 06	9 54 13	28 20 54	2 54 15	0 22 16	1 01 28
18 Th	6 06 09	10 ♌ 31 04	16 54 52	23 53 22	21 54 14	23 50 56	5 18 52	25 14 48	2 14 34	10 01 09	28 18 54	2 56 09	0 22 19	1 03 10
19 F	7 03 25	23 23 01	29 58 39	25 23 19	22 58 39	24 30 25	5 41 15	25 32 05	2 26 13	10 07 15	28 16 01	2 57 16	0 21 35	1 04 03
20 Sa	8 00 35	6 ♍ 39 20	13 ♍ 28 18	26 52 06	24 03 09	25 09 51	6 03 27	25 49 05	2 37 43	10 13 14	28 12 57	2 58 17	0 20 44	1 04 49
21 Su	8 58 25	20 23 26	27 26 25	28 20 29	25 08 30	25 50 00	6 26 17	26 06 35	2 49 51	10 19 51	28 10 29	2 59 58	0 20 33	1 06 14
22 M	9 57 37	4 ♎ 36 47	11 ♎ 53 10	29 49 11	26 15 26	26 31 35	6 50 25	26 25 16	3 03 19	10 27 49	28 09 18	3 03 03	0 21 46	1 09 01
23 Tu	10 58 40	19 17 54	26 45 34	1 ♊ 18 38	27 24 23	27 15 03	7 16 20	26 45 37	3 18 35	10 37 35	28 09 52	3 07 58	0 24 48	1 13 36
24 W	12 01 37	4 ♏ 21 48	11 ♏ 57 03	2 48 54	28 35 26	28 00 29	7 44 06	27 07 41	3 35 44	10 49 14	28 12 17	3 14 49	0 29 46	1 20 06
25 Th	13 06 10	19 40 03	27 17 57	4 19 39	29 48 14	28 47 33	8 13 23	27 31 08	3 54 24	11 02 26	28 16 11	3 23 14	0 36 18	1 28 08
26 F	14 11 33	5 ♐ 01 44	12 ♐ 36 54	5 50 07	1 ♈ 02 04	29 35 31	8 43 27	27 55 16	4 13 53	11 16 27	28 20 52	3 32 32	0 43 41	1 37 01
27 Sa	15 16 53	20 15 17	27 42 49	7 19 22	2 16 00	0 ♋ 23 28	9 13 23	28 19 07	4 33 15	11 30 23	28 25 25	3 41 45	0 51 01	1 45 49
28 Su	16 21 16	5 ♑ 10 34	12 ♑ 26 48	8 46 28	3 29 09	1 10 30	9 42 18	28 41 49	4 51 36	11 43 18	28 28 54	3 50 01	0 57 23	1 53 37
29 M	17 24 02	19 40 23	26 43 19	10 10 44	4 40 50	1 55 58	10 09 32	29 02 41	5 08 18	11 54 34	28 30 43	3 56 41	1 02 07	1 59 47
30 Tu	18 24 56	3 ♒ 41 17	10 ♒ 30 28	11 31 51	5 50 48	2 39 37	10 34 50	29 21 29	5 23 04	12 03 55	28 30 34	4 01 28	1 04 60	2 04 03

October 1980 LONGITUDE

Day	☉	0 hr ☽	Noon ☽	☿	♀	♂	⚵	⚳	♃	♄	⚷	♅	♆	♇
1 W	19 ♉ 24 10	17 ♒ 13 15	23 ♒ 49 29	12 ♊ 49 58	6 ♈ 59 15	3 ♋ 21 38	10 ♉ 58 23	29 ♒ 38 24	5 ♉ 36 07	12 ♉ 11 34	28 ♐ 28 41	4 ♋ 04 34	1 ♌ 06 12	2 ♊ 06 38
2 Th	20 22 20	0 ♓ 18 56	6 ♓ 43 50	14 05 37	8 06 45	4 02 38	11 20 47	29 54 00	5 48 01	12 18 05	28 25 37	4 06 36	1 06 18	2 08 05
3 F	21 20 16	13 02 39	19 18 13	15 19 35	9 14 11	4 43 27	11 42 54	0 ♓ 09 10	5 59 39	12 24 20	28 22 16	4 08 24	1 06 11	2 09 18
4 Sa	22 18 56	25 29 26	1 ♈ 37 43	16 32 44	10 22 28	5 25 02	12 05 40	0 24 50	6 11 57	12 31 17	28 19 34	4 10 56	1 06 48	2 11 13
5 Su	23 19 13	7 ♈ 44 14	13 47 11	17 45 51	11 32 30	6 08 16	12 29 57	0 41 53	6 25 48	12 39 46	28 18 24	4 15 04	1 09 00	2 14 42
6 M	24 21 45	19 51 26	25 50 43	18 59 27	12 44 54	6 53 49	12 56 26	1 00 57	6 41 49	12 50 28	28 19 24	4 21 27	1 13 28	2 20 25
7 Tu	25 26 51	1 ♉ 54 34	7 ♉ 51 32	20 13 44	13 59 60	7 41 58	13 25 23	1 22 20	7 00 22	13 03 41	28 22 53	4 30 23	1 20 29	2 28 40
8 W	26 34 26	13 56 06	19 51 52	21 28 28	15 17 42	8 32 39	13 56 46	1 45 58	7 21 19	13 19 20	28 28 48	4 41 49	1 29 59	2 39 22
9 Th	27 44 03	25 57 40	1 ♊ 53 04	22 43 04	16 37 33	9 25 25	14 30 06	2 11 23	7 44 15	13 36 58	28 36 41	4 55 16	1 41 30	2 52 05
10 F	28 54 56	8 ♊ 00 07	13 55 55	23 56 31	17 58 46	10 19 29	15 04 36	2 37 49	8 08 22	13 55 48	28 45 44	5 09 58	1 54 17	3 06 00
11 Sa	0 ♊ 06 04	20 03 58	26 00 57	25 07 40	19 20 21	11 13 51	15 39 17	3 04 15	8 32 40	14 14 51	28 54 59	5 24 56	2 07 19	3 20 10
12 Su	1 16 26	2 ♋ 09 47	8 ♋ 08 50	26 15 12	20 41 17	12 07 29	16 13 07	3 29 39	8 56 08	14 33 04	29 03 24	5 39 07	2 19 34	3 33 31
13 M	2 25 06	14 18 32	20 20 46	27 17 57	22 00 36	12 59 28	16 45 11	3 53 06	9 17 50	14 49 32	29 10 03	5 51 35	2 30 07	3 45 09
14 Tu	3 31 25	26 31 58	2 ♌ 38 48	28 14 59	23 17 42	13 49 09	17 14 49	4 13 57	9 37 08	15 03 36	29 14 17	6 01 43	2 38 20	3 54 24
15 W	4 35 10	8 ♌ 52 49	15 05 59	29 05 43	24 32 19	14 36 19	17 41 48	4 31 57	9 53 46	15 15 03	29 15 54	6 09 16	2 43 58	4 01 04
16 Th	5 36 35	21 24 56	27 46 22	29 50 02	25 44 41	15 21 11	18 06 22	4 47 21	10 08 01	15 24 06	29 15 07	6 14 29	2 47 15	4 05 21
17 F	6 36 21	4 ♍ 12 57	10 ♍ 44 44	0 ♋ 28 13	26 55 31	16 04 27	18 29 13	5 00 50	10 20 32	15 31 27	29 12 37	6 18 02	2 48 54	4 07 57
18 Sa	7 35 30	17 21 60	24 06 01	1 00 50	28 05 50	16 47 08	18 51 21	5 13 25	10 32 22	15 38 07	29 09 27	6 20 58	2 49 56	4 09 55
19 Su	8 35 13	0 ♎ 56 50	7 ♎ 54 27	1 28 36	29 16 49	17 30 27	19 13 60	5 26 19	10 44 42	15 45 19	29 06 49	6 24 29	2 51 32	4 12 26
20 M	9 36 39	15 00 53	22 12 29	1 52 07	0 ♉ 29 35	18 15 30	19 38 15	5 40 37	10 58 40	15 54 10	29 05 50	6 29 40	2 54 50	4 16 37
21 Tu	10 40 33	29 35 00	6 ♏ 59 30	2 11 37	1 44 55	19 03 04	20 04 54	5 57 07	11 15 01	16 05 25	29 07 16	6 37 21	3 00 36	4 23 15
22 W	11 47 11	14 ♏ 36 24	22 10 54	2 26 47	3 03 04	19 53 25	20 34 12	6 16 03	11 34 02	16 19 21	29 11 22	6 47 44	3 09 06	4 32 34
23 Th	12 56 10	29 58 03	7 ♐ 37 60	2 36 41	4 23 40	20 46 08	21 05 45	6 37 02	11 55 19	16 35 33	29 17 47	7 00 27	3 19 56	4 44 12
24 F	14 06 34	15 ♐ 29 12	23 08 53	2 39 48	5 45 45	21 40 19	21 38 38	6 59 07	12 17 55	16 53 06	29 25 33	7 14 35	3 32 11	4 57 13
25 Sa	15 17 06	0 ♑ 56 58	8 ♑ 30 36	2 34 26	7 08 03	22 34 40	22 11 34	7 21 02	12 40 34	17 10 44	29 33 24	7 28 50	3 44 33	5 10 20
26 Su	16 26 30	16 08 52	23 31 37	2 18 53	8 29 17	23 27 55	22 43 15	7 41 30	13 02 00	17 27 09	29 40 03	7 41 55	3 55 46	5 22 16
27 M	17 33 47	0 ♒ 55 03	8 ♒ 03 48	1 52 00	9 48 28	24 19 05	23 12 44	7 59 31	13 21 13	17 41 23	29 44 33	7 52 52	4 04 52	5 32 02
28 Tu	18 38 30	15 09 46	22 03 17	1 13 21	11 05 10	25 07 43	23 39 34	8 14 39	13 37 47	17 52 58	29 46 25	8 01 15	4 11 23	5 39 12
29 W	19 40 49	28 51 37	5 ♓ 30 19	0 23 24	12 19 33	25 53 59	24 03 53	8 27 03	13 51 52	18 02 05	29 45 51	8 07 12	4 15 29	5 43 56
30 Th	20 41 26	12 ♓ 02 48	18 28 17	29 ♊ 23 31	13 32 16	26 38 35	24 26 25	8 37 25	14 04 08	18 09 25	29 43 31	8 11 26	4 17 52	5 46 55
31 F	21 41 25	24 47 58	1 ♈ 02 32	28 15 53	14 44 26	27 22 35	24 48 12	8 46 48	14 15 40	18 16 03	29 40 30	8 14 60	4 19 36	5 49 13

Notes

LONGITUDE — November 1980

Day	☉	0 hr ☽	Noon ☽	☿	♀	♂	⚵	⚳	♃	♄	⚷	♅	♆	♇
1 Sa	22 ♊ 41 58	7 ♈ 13 06	13 ♈ 19 17	27 ♊ 03 11	15 ♉ 57 14	28 ♋ 07 12	25 ♉ 10 28	8 ♓ 56 24	14 ♉ 27 42	18 ♉ 23 10	29 ♐ 38 02	8 ♋ 19 08	4 ♌ 21 54	5 ♊ 52 03
2 Su	23 44 15	19 24 25	25 24 44	25 48 30	17 11 48	28 53 34	25 34 21	9 07 23	14 41 20	18 31 56	29 37 13	8 24 57	4 25 54	5 56 34
3 M	24 49 06	1 ♉ 27 44	7 ♉ 24 28	24 34 54	18 29 01	29 42 32	26 00 42	9 20 34	14 57 26	18 43 11	29 38 57	8 33 19	4 32 28	6 03 36
4 Tu	25 56 58	13 27 53	19 22 59	23 25 18	19 49 18	0 ♌ 34 34	26 29 59	9 36 25	15 16 28	18 57 23	29 43 40	8 44 42	4 42 03	6 13 38
5 W	27 07 50	25 28 32	1 ♊ 23 30	22 22 07	21 12 37	1 29 37	27 02 09	9 54 54	15 38 23	19 14 30	29 51 19	8 59 03	4 54 36	6 26 36
6 Th	28 21 11	7 ♊ 32 01	13 28 03	21 27 12	22 38 28	2 27 11	27 36 41	10 15 28	16 02 41	19 34 00	0 ♑ 01 26	9 15 51	5 09 37	6 41 60
7 F	29 36 05	19 39 35	25 37 29	20 41 42	24 05 56	3 26 21	28 12 40	10 37 14	16 28 25	19 54 59	0 13 03	9 34 11	5 26 11	6 58 55
8 Sa	0 ♋ 51 22	1 ♋ 51 34	7 ♋ 51 57	20 06 06	25 33 49	4 25 56	28 48 56	10 59 00	16 54 27	20 16 16	0 25 02	9 52 53	5 43 07	7 16 10
9 Su	2 05 48	14 07 52	20 11 13	19 40 20	27 00 54	5 24 42	29 24 14	11 19 32	17 19 30	20 36 37	0 36 08	10 10 42	5 59 11	7 32 32
10 M	3 18 15	26 28 22	2 ♌ 35 15	19 24 01	28 26 03	6 21 31	29 57 27	11 37 42	17 42 29	20 54 54	0 45 13	10 26 32	6 13 16	7 46 53
11 Tu	4 27 56	8 ♌ 53 29	15 04 37	19 16 36	29 48 29	7 15 37	0 ♊ 27 49	11 52 43	18 02 35	21 10 21	0 51 32	10 39 34	6 24 35	7 58 25
12 W	5 34 32	21 24 28	27 40 52	19 17 39	1 ♊ 07 52	8 06 39	0 54 58	12 04 15	18 19 30	21 22 37	0 54 44	10 49 30	6 32 48	8 06 50
13 Th	6 38 15	4 ♍ 03 42	10 ♍ 26 41	19 26 56	2 24 25	8 54 51	1 19 08	12 12 31	18 33 25	21 31 56	0 55 02	10 56 32	6 38 08	8 12 19
14 F	7 39 49	16 54 39	23 25 46	19 44 31	3 38 50	9 40 55	1 41 02	12 18 13	18 45 04	21 39 00	0 53 09	11 01 23	6 41 17	8 15 37
15 Sa	8 40 19	0 ♎ 01 36	6 ♎ 42 28	20 10 43	4 52 15	10 25 58	2 01 46	12 22 27	18 55 33	21 44 56	0 50 12	11 05 09	6 43 23	8 17 49
16 Su	9 41 04	13 29 03	20 21 05	20 45 58	6 05 58	11 11 19	2 22 39	12 26 33	19 06 11	21 51 02	0 47 30	11 09 10	6 45 43	8 20 14
17 M	10 43 19	27 20 50	4 ♏ 24 51	21 30 37	7 21 12	11 58 11	2 44 55	12 31 44	19 18 11	21 58 33	0 46 16	11 14 39	6 49 33	8 24 06
18 Tu	11 47 59	11 ♏ 38 60	18 54 46	22 24 41	8 38 53	12 47 30	3 09 28	12 38 55	19 32 30	22 08 23	0 47 27	11 22 30	6 55 46	8 30 20
19 W	12 55 24	26 22 45	3 ♐ 48 34	23 27 41	9 59 22	13 39 37	3 36 41	12 48 27	19 49 27	22 20 54	0 51 23	11 33 07	7 04 45	8 39 18
20 Th	14 05 17	11 ♐ 27 35	19 00 07	24 38 34	11 22 21	14 34 13	4 06 14	13 00 01	20 08 45	22 35 47	0 57 46	11 46 10	7 16 12	8 50 41
21 F	15 16 45	26 45 13	4 ♑ 19 49	25 55 42	12 46 57	15 30 27	4 37 16	13 12 46	20 29 31	22 52 10	1 05 44	12 00 47	7 29 12	9 03 37
22 Sa	16 28 32	12 ♑ 04 37	19 35 58	27 17 11	14 11 54	16 27 01	5 08 29	13 25 24	20 50 28	23 08 47	1 14 01	12 15 41	7 42 31	9 16 49
23 Su	17 39 18	27 13 53	4 ♒ 36 58	28 41 08	15 35 53	17 22 36	5 38 35	13 36 35	21 10 17	23 24 17	1 21 16	12 29 32	7 54 48	9 28 58
24 M	18 47 60	12 ♒ 02 28	19 13 30	0 ♋ 05 58	16 57 49	18 16 09	6 06 29	13 45 16	21 27 55	23 37 38	1 26 27	12 41 18	8 05 01	9 39 00
25 Tu	19 54 04	26 23 01	3 ♓ 19 52	1 30 43	18 17 09	19 07 06	6 31 38	13 50 53	21 42 47	23 48 15	1 29 01	12 50 25	8 12 35	9 46 22
26 W	20 57 33	10 ♓ 12 09	16 54 23	2 54 60	19 33 54	19 55 29	6 54 04	13 53 28	21 54 56	23 56 11	1 28 58	12 56 53	8 17 32	9 51 05
27 Th	21 59 00	23 30 19	29 58 51	4 19 04	20 48 40	20 41 53	7 14 20	13 53 35	22 04 55	24 01 59	1 26 53	13 01 19	8 20 27	9 53 44
28 F	22 59 24	6 ♈ 20 51	12 ♈ 37 36	5 43 36	22 02 24	21 27 14	7 33 25	13 52 11	22 13 43	24 06 37	1 23 45	13 04 38	8 22 17	9 55 16
29 Sa	23 59 51	18 49 02	24 56 26	7 09 30	23 16 13	22 12 41	7 52 26	13 50 25	22 22 26	24 11 14	1 20 41	13 08 00	8 24 10	9 56 49
30 Su	25 01 29	1 ♉ 00 59	7 ♉ 01 42	8 37 38	24 31 13	22 59 19	8 12 29	13 49 22	22 32 11	24 16 55	1 18 47	13 12 30	8 27 12	9 59 30

LONGITUDE — December 1980

Day	☉	0 hr ☽	Noon ☽	☿	♀	♂	⚵	⚳	♃	♄	⚷	♅	♆	♇
1 M	26 ♋ 05 09	13 ♉ 02 53	18 ♉ 59 31	10 ♋ 08 43	25 ♊ 48 17	23 ♌ 48 02	8 ♊ 34 27	13 ♓ 49 54	22 ♉ 43 51	24 ♉ 24 32	1 ♑ 18 56	13 ♋ 19 00	8 ♌ 32 16	10 ♊ 04 10
2 Tu	27 11 22	25 00 23	0 ♊ 55 20	11 43 05	27 07 55	24 39 19	8 58 48	13 52 31	22 57 54	24 34 35	1 21 37	13 28 01	8 39 51	10 11 19
3 W	28 20 10	6 ♊ 58 10	12 53 30	13 20 40	28 30 08	25 33 13	9 25 37	13 57 17	23 14 24	24 47 07	1 26 55	13 39 35	8 49 60	10 21 02
4 Th	29 31 09	18 59 47	24 57 10	15 00 58	29 54 35	26 29 21	9 54 29	14 03 48	23 32 58	25 01 46	1 34 25	13 53 19	9 02 20	10 32 53
5 F	0 ♌ 43 36	1 ♋ 07 36	7 ♋ 08 16	16 43 09	1 ♋ 20 29	27 26 56	10 24 40	14 11 19	23 52 49	25 17 44	1 43 22	14 08 27	9 16 06	10 46 08
6 Sa	1 56 27	13 22 51	19 27 39	18 26 08	2 46 50	28 24 59	10 55 07	14 18 48	24 12 57	25 34 02	1 52 45	14 23 59	9 30 17	10 59 46
7 Su	3 08 40	25 45 57	1 ♌ 55 22	20 08 45	4 12 33	29 22 25	11 24 47	14 25 12	24 32 18	25 49 34	2 01 31	14 38 50	9 43 47	11 12 42
8 M	4 19 14	8 ♌ 16 47	14 31 05	21 49 60	5 36 38	0 ♍ 18 14	11 52 40	14 29 31	24 49 51	26 03 23	2 08 39	14 52 01	9 55 39	11 23 57
9 Tu	5 27 28	20 55 07	27 14 27	23 29 07	6 58 23	1 11 44	12 18 04	14 31 04	25 04 56	26 14 44	2 13 28	15 02 49	10 05 09	11 32 50
10 W	6 33 02	3 ♍ 40 59	10 ♍ 05 36	25 05 47	8 17 31	2 02 37	12 40 40	14 29 32	25 17 12	26 23 21	2 15 40	15 10 57	10 11 60	11 39 00
11 Th	7 36 06	16 35 02	23 05 19	26 40 05	9 34 08	2 51 01	13 00 36	14 25 04	25 26 49	26 29 20	2 15 22	15 16 31	10 16 19	11 42 37
12 F	8 37 12	29 38 43	6 ♎ 15 14	28 12 34	10 48 48	3 37 29	13 18 26	14 18 13	25 34 19	26 33 16	2 13 09	15 20 07	10 18 39	11 44 15
13 Sa	9 37 13	12 ♎ 54 09	19 37 38	29 44 08	12 02 25	4 22 55	13 35 02	14 09 53	25 40 36	26 36 01	2 09 53	15 22 36	10 19 55	11 44 45
14 Su	10 37 13	26 23 52	3 ♏ 15 03	1 ♌ 15 48	13 16 01	5 08 21	13 51 29	14 01 08	25 46 42	26 38 39	2 06 37	15 25 02	10 21 09	11 45 12
15 M	11 38 11	10 ♏ 10 13	17 09 34	2 48 34	14 30 37	5 54 47	14 08 45	13 52 58	25 53 39	26 42 09	2 04 23	15 28 24	10 23 20	11 46 35
16 Tu	12 40 53	24 14 40	1 ♐ 22 04	4 23 12	15 46 57	6 42 58	14 27 35	13 46 08	26 02 09	26 47 17	2 03 54	15 33 29	10 27 15	11 49 39
17 W	13 45 37	8 ♐ 36 55	15 51 26	5 59 60	17 05 20	7 33 15	14 48 19	13 40 57	26 12 34	26 54 22	2 05 30	15 40 35	10 33 12	11 54 44
18 Th	14 52 14	23 14 22	0 ♑ 33 58	7 38 49	18 25 37	8 25 25	15 10 46	13 37 18	26 24 42	27 03 13	2 09 01	15 49 31	10 41 02	12 01 39
19 F	16 00 07	8 ♑ 01 51	15 23 31	9 19 02	19 47 11	9 18 53	15 34 20	13 34 32	26 37 57	27 13 14	2 13 50	15 59 42	10 50 06	12 09 48
20 Sa	17 08 22	22 52 02	0 ♒ 12 04	10 59 47	21 09 08	10 12 44	15 58 06	13 31 47	26 51 24	27 23 31	2 19 04	16 10 12	10 59 32	12 18 17
21 Su	18 16 00	7 ♒ 36 24	14 50 60	12 40 05	22 30 29	11 06 01	16 21 06	13 28 05	27 04 05	27 33 05	2 23 44	16 20 05	11 08 21	12 26 07
22 M	19 22 15	22 06 43	29 12 32	14 19 10	23 50 26	11 57 56	16 42 33	13 22 39	27 15 13	27 41 09	2 27 02	16 28 31	11 15 45	12 32 31
23 Tu	20 26 36	6 ♓ 16 16	13 ♓ 10 59	15 56 33	25 08 32	12 47 59	17 01 56	13 14 60	27 24 18	27 47 14	2 28 31	16 35 03	11 21 16	12 36 59
24 W	21 29 00	20 00 55	26 43 22	17 32 12	26 24 41	13 36 06	17 19 13	13 05 05	27 31 17	27 51 15	2 28 04	16 39 35	11 24 48	12 39 28
25 Th	22 29 46	3 ♈ 19 16	9 ♈ 49 31	19 06 25	27 39 12	14 22 36	17 34 40	12 53 13	27 36 27	27 53 31	2 26 02	16 42 27	11 26 42	12 40 15
26 F	23 29 28	16 12 34	22 31 40	20 39 49	28 52 41	15 08 04	17 48 53	12 39 60	27 40 23	27 54 37	2 22 58	16 44 12	11 27 30	12 39 57
27 Sa	24 28 50	28 44 03	4 ♉ 53 46	22 13 07	0 ♌ 05 49	15 53 13	18 02 36	12 26 09	27 43 49	27 55 17	2 19 37	16 45 36	11 27 58	12 39 16
28 Su	25 28 37	10 ♉ 58 15	17 00 50	23 47 06	1 19 23	16 38 49	18 16 32	12 12 28	27 47 29	27 56 14	2 16 44	16 47 22	11 28 50	12 38 57
29 M	26 29 25	23 00 26	28 58 21	25 22 23	2 33 59	17 25 26	18 31 18	11 59 32	27 52 00	27 58 06	2 14 54	16 50 06	11 30 41	12 39 37
30 Tu	27 31 37	4 ♊ 55 56	10 ♊ 51 43	26 59 22	3 49 59	18 13 30	18 47 18	11 47 45	27 57 45	28 01 15	2 14 31	16 54 13	11 33 56	12 41 39
31 W	28 35 19	16 49 53	22 45 55	28 38 10	5 07 30	19 03 05	19 04 37	11 37 17	28 04 50	28 05 48	2 15 42	16 59 48	11 38 41	12 45 09

Notes

January 1981

LONGITUDE

Day	☉	0 hr ☽	Noon ☽	☿	♀	♂	⚵	⚳	♃	♄	⚷	♅	♆	♇
1 Th	29 ♌ 40 23	28 ♊ 46 47	4 ♋ 45 14	0 ♍ 18 38	6 ♌ 26 23	19 ♍ 54 03	19 ♊ 23 05	11 ♓ 27 56	28 ♉ 13 05	28 ♉ 11 36	2 ♑ 18 17	17 ♋ 06 41	11 ♌ 44 45	12 ♊ 49 57
2 F	0 ♍ 46 22	10 ♋ 50 26	16 53 08	2 00 23	7 46 12	20 45 58	19 42 18	11 19 21	28 22 07	28 18 13	2 21 51	17 14 29	11 51 46	12 55 39
3 Sa	1 52 45	23 03 43	29 12 05	3 42 51	9 06 25	21 38 18	20 01 42	11 10 58	28 31 20	28 25 07	2 25 52	17 22 37	11 59 08	13 01 42
4 Su	2 58 53	5 ♌ 28 37	11 ♌ 43 36	5 25 27	10 26 24	22 30 24	20 20 40	11 02 11	28 40 08	28 31 40	2 29 41	17 30 28	12 06 14	13 07 28
5 M	4 04 13	18 06 17	24 28 22	7 07 37	11 45 35	23 21 44	20 38 39	10 52 29	28 47 59	28 37 18	2 32 46	17 37 30	12 12 33	13 12 24
6 Tu	5 08 22	0 ♍ 57 01	7 ♍ 26 16	8 48 57	13 03 36	24 11 54	20 55 14	10 41 28	28 54 26	28 41 38	2 34 43	17 43 18	12 17 39	13 16 06
7 W	6 11 07	14 00 34	20 36 41	10 29 17	14 20 13	25 00 42	21 10 13	10 28 59	28 59 20	28 44 29	2 35 20	17 47 40	12 21 21	13 18 23
8 Th	7 12 32	27 16 17	3 ♎ 58 43	12 08 39	15 35 31	25 48 12	21 23 40	10 15 05	29 02 43	28 45 53	2 34 41	17 50 41	12 23 43	13 19 19
9 F	8 12 55	10 ♎ 43 19	17 31 28	13 47 20	16 49 47	26 34 40	21 35 52	10 00 05	29 04 53	28 46 09	2 33 03	17 52 36	12 25 01	13 19 09
10 Sa	9 12 41	24 20 52	1 ♏ 14 06	15 25 47	18 03 28	27 20 34	21 47 16	9 44 27	29 06 17	28 45 42	2 30 54	17 53 54	12 25 43	13 18 22
11 Su	10 12 22	8 ♏ 08 10	15 05 51	17 04 28	19 17 04	28 06 23	21 58 22	9 28 43	29 07 24	28 45 04	2 28 43	17 55 04	12 26 19	13 17 28
12 M	11 12 26	22 04 29	29 06 01	18 43 51	20 31 03	28 52 37	22 09 38	9 13 23	29 08 44	28 44 43	2 26 59	17 56 36	12 27 18	13 16 55
13 Tu	12 13 12	6 ♐ 08 51	13 ♐ 13 30	20 24 12	21 45 46	29 39 36	22 21 24	8 58 47	29 10 36	28 44 59	2 26 02	17 58 48	12 28 59	13 17 03
14 W	13 14 49	20 19 53	27 26 44	22 05 38	23 01 20	0 ♎ 27 26	22 33 48	8 45 05	29 13 08	28 45 59	2 25 59	18 01 49	12 31 30	13 17 60
15 Th	14 17 11	4 ♑ 35 29	11 ♑ 43 16	23 47 60	24 17 40	1 16 03	22 46 44	8 32 12	29 16 15	28 47 39	2 26 47	18 05 34	12 34 46	13 19 40
16 F	15 20 02	18 52 43	25 59 51	25 30 57	25 34 30	2 05 10	22 59 56	8 19 53	29 19 41	28 49 42	2 28 08	18 09 46	12 38 31	13 21 49
17 Sa	16 23 02	3 ♒ 07 54	10 ♒ 12 31	27 14 03	26 51 30	2 54 28	23 13 04	8 07 50	29 23 05	28 51 48	2 29 43	18 14 05	12 42 25	13 24 05
18 Su	17 25 49	17 16 51	24 16 58	28 56 50	28 08 18	3 43 35	23 25 46	7 55 41	29 26 06	28 53 36	2 31 09	18 18 10	12 46 05	13 26 07
19 M	18 28 08	1 ♓ 15 21	8 ♓ 09 04	0 ♎ 38 55	29 24 38	4 32 14	23 37 45	7 43 12	29 28 28	28 54 50	2 32 11	18 21 44	12 49 17	13 27 39
20 Tu	19 29 50	14 59 38	21 45 23	2 19 59	0 ♍ 40 23	5 20 18	23 48 54	7 30 16	29 30 03	28 55 21	2 32 41	18 24 39	12 51 52	13 28 33
21 W	20 30 56	28 26 49	5 ♈ 03 37	3 59 52	1 55 32	6 07 46	23 59 13	7 16 54	29 30 50	28 55 10	2 32 39	18 26 57	12 53 50	13 28 49
22 Th	21 31 33	11 ♈ 35 21	18 02 50	5 38 27	3 10 13	6 54 47	24 08 49	7 03 14	29 30 58	28 54 24	2 32 13	18 28 43	12 55 18	13 28 34
23 F	22 31 52	24 25 02	0 ♉ 43 29	7 15 40	4 24 37	7 41 32	24 17 52	6 49 28	29 30 38	28 53 15	2 31 33	18 30 10	12 56 28	13 28 01
24 Sa	23 32 06	6 ♉ 56 59	13 07 22	8 51 25	5 38 56	8 28 12	24 26 35	6 35 51	29 30 01	28 51 55	2 30 52	18 31 29	12 57 33	13 27 20
25 Su	24 32 25	19 13 34	25 17 22	10 25 29	6 53 22	9 14 59	24 35 08	6 22 32	29 29 19	28 50 34	2 30 21	18 32 51	12 58 42	13 26 43
26 M	25 32 56	1 ♊ 18 04	7 ♊ 17 08	11 57 36	8 07 60	10 01 58	24 43 38	6 09 40	29 28 37	28 49 19	2 30 06	18 34 23	13 00 02	13 26 17
27 Tu	26 33 41	13 14 26	19 10 58	13 27 18	9 22 52	10 49 12	24 52 06	5 57 18	29 27 58	28 48 11	2 30 09	18 36 06	13 01 35	13 26 02
28 W	27 34 36	25 07 04	1 ♋ 03 24	14 54 01	10 37 56	11 36 37	25 00 30	5 45 23	29 27 19	28 47 09	2 30 27	18 37 58	13 03 18	13 25 57
29 Th	28 35 37	7 ♋ 00 36	12 59 06	16 17 04	11 53 07	12 24 10	25 08 43	5 33 51	29 26 35	28 46 07	2 30 55	18 39 53	13 05 06	13 25 56
30 F	29 36 38	18 59 38	25 02 36	17 35 43	13 08 17	13 11 42	25 16 39	5 22 37	29 25 40	28 44 59	2 31 27	18 41 45	13 06 53	13 25 53
31 Sa	0 ♎ 37 32	1 ♌ 08 34	7 ♌ 18 04	18 49 08	14 23 22	13 59 09	25 24 13	5 11 37	29 24 28	28 43 39	2 31 57	18 43 30	13 08 33	13 25 42

February 1981

LONGITUDE

Day	☉	0 hr ☽	Noon ☽	☿	♀	♂	⚵	⚳	♃	♄	⚷	♅	♆	♇
1 Su	1 ♎ 38 18	13 ♌ 31 21	19 ♌ 49 04	19 ♎ 56 33	15 ♍ 38 20	14 ♎ 46 29	25 ♊ 31 22	5 ♓ 00 47	29 ♉ 22 56	28 ♉ 42 06	2 ♑ 32 24	18 ♋ 45 03	13 ♌ 10 04	13 ♊ 25 21
2 M	2 38 57	26 11 08	2 ♍ 38 15	20 57 12	16 53 11	15 33 44	25 38 09	4 50 12	29 21 08	28 40 20	2 32 48	18 46 28	13 11 28	13 24 53
3 Tu	3 39 35	9 ♍ 10 05	15 47 09	21 50 24	18 08 03	16 20 58	25 44 37	4 39 58	29 19 07	28 38 28	2 33 16	18 47 50	13 12 50	13 24 22
4 W	4 40 20	22 29 03	29 15 52	22 35 27	19 23 01	17 08 19	25 50 54	4 30 12	29 17 03	28 36 37	2 33 55	18 49 16	13 14 19	13 23 57
5 Th	5 41 18	6 ♎ 07 22	13 ♎ 02 59	23 11 46	20 38 15	17 55 55	25 57 09	4 21 03	29 15 03	28 34 55	2 34 53	18 50 54	13 16 00	13 23 45
6 F	6 42 36	20 02 54	27 05 41	23 38 45	21 53 48	18 43 52	26 03 26	4 12 36	29 13 11	28 33 28	2 36 15	18 52 49	13 18 01	13 23 51
7 Sa	7 44 12	4 ♏ 12 05	11 ♏ 19 55	23 55 50	23 09 41	19 32 08	26 09 44	4 04 53	29 11 29	28 32 15	2 38 01	18 55 01	13 20 20	13 24 15
8 Su	8 46 01	18 30 26	25 40 58	24 02 30	24 25 48	20 20 38	26 15 58	3 57 48	29 09 49	28 31 10	2 40 04	18 57 24	13 22 52	13 24 50
9 M	9 47 50	2 ♐ 53 04	10 ♐ 04 02	23 58 22	25 41 57	21 09 09	26 21 55	3 51 08	29 08 01	28 30 01	2 42 13	18 59 46	13 25 23	13 25 26
10 Tu	10 49 26	17 15 17	24 24 40	23 43 13	26 57 52	21 57 27	26 27 21	3 44 40	29 05 49	28 28 34	2 44 13	19 01 53	13 27 41	13 25 47
11 W	11 50 32	1 ♑ 33 03	8 ♑ 39 17	23 17 08	28 13 20	22 45 18	26 32 00	3 38 09	29 02 59	28 26 34	2 45 50	19 03 29	13 29 30	13 25 40
12 Th	12 51 03	15 43 20	22 45 17	22 40 35	29 28 13	23 32 33	26 35 46	3 31 29	28 59 25	28 23 55	2 46 55	19 04 27	13 30 43	13 24 55
13 F	13 50 57	29 44 06	6 ♒ 41 04	21 54 28	0 ♎ 42 31	24 19 14	26 38 38	3 24 40	28 55 05	28 20 35	2 47 30	19 04 48	13 31 20	13 23 35
14 Sa	14 50 25	13 ♒ 34 12	20 25 42	21 00 10	1 56 24	25 05 29	26 40 45	3 17 51	28 50 11	28 16 46	2 47 44	19 04 42	13 31 31	13 21 48
15 Su	15 49 44	27 13 04	3 ♓ 58 47	19 59 25	3 10 09	25 51 36	26 42 26	3 11 21	28 44 59	28 12 44	2 47 54	19 04 25	13 31 33	13 19 52
16 M	16 49 17	10 ♓ 40 29	17 20 09	18 54 15	4 24 09	26 37 58	26 44 03	3 05 32	28 39 52	28 08 53	2 48 23	19 04 20	13 31 48	13 18 09
17 Tu	17 49 26	23 56 18	0 ♈ 29 41	17 46 49	5 38 46	27 24 56	26 45 56	3 00 46	28 35 13	28 05 33	2 49 33	19 04 49	13 32 39	13 17 02
18 W	18 50 28	7 ♈ 00 22	13 27 16	16 39 11	6 54 18	28 12 48	26 48 25	2 57 21	28 31 19	28 03 04	2 51 41	19 06 10	13 34 23	13 16 48
19 Th	19 52 32	19 52 30	26 12 52	15 33 16	8 10 53	29 01 43	26 51 37	2 55 25	28 28 19	28 01 33	2 54 56	19 08 31	13 37 10	13 17 36
20 F	20 55 37	2 ♉ 32 39	8 ♉ 46 39	14 30 40	9 28 29	29 51 39	26 55 30	2 54 57	28 26 11	28 00 59	2 59 16	19 11 51	13 40 56	13 19 23
21 Sa	21 59 29	15 01 03	21 09 07	13 32 35	10 46 55	0 ♏ 42 24	26 59 52	2 55 45	28 24 43	28 01 11	3 04 29	19 15 58	13 45 30	13 21 59
22 Su	23 03 48	27 18 24	3 ♊ 21 20	12 39 51	12 05 47	1 33 35	27 04 21	2 57 26	28 23 34	28 01 45	3 10 13	19 20 28	13 50 30	13 25 00
23 M	24 08 04	9 ♊ 26 01	15 24 59	11 52 56	13 24 39	2 24 45	27 08 29	2 59 32	28 22 15	28 02 14	3 15 60	19 24 55	13 55 27	13 27 59
24 Tu	25 11 50	21 25 57	27 22 32	11 12 01	14 43 01	3 15 24	27 11 46	3 01 35	28 20 18	28 02 09	3 21 20	19 28 49	13 59 53	13 30 27
25 W	26 14 39	3 ♋ 21 07	9 ♋ 17 12	10 37 08	16 00 28	4 05 08	27 13 48	3 03 09	28 17 18	28 01 05	3 25 49	19 31 46	14 03 23	13 31 58
26 Th	27 16 16	15 15 10	21 12 57	10 08 16	17 16 43	4 53 39	27 14 17	3 03 59	28 12 58	27 58 46	3 29 10	19 33 28	14 05 40	13 32 17
27 F	28 16 38	27 12 31	3 ♌ 14 20	9 45 26	18 31 44	5 40 55	27 13 10	3 03 59	28 07 15	27 55 08	3 31 21	19 33 52	14 06 40	13 31 20
28 Sa	29 15 54	9 ♌ 18 06	15 26 23	9 28 43	19 45 41	6 27 07	27 10 39	3 03 22	28 00 21	27 50 23	3 32 30	19 33 10	14 06 36	13 29 18

Notes

LONGITUDE — March 1981

Day	☉	0 hr ☽	Noon ☽	☿	♀	♂	⚵	⚳	♃	♄	⚷	♅	♆	♇
1 Su	0 ♏ 14 30	21 ♌ 37 08	27 ♌ 54 11	9 ♎ 18 22	20 ♎ 58 59	7 ♏ 12 38	27 ♊ 07 08	3 ♓ 02 31	27 ♉ 52 40	27 ♉ 44 55	3 ♑ 33 04	19 ♋ 31 45	14 ♌ 05 50	13 ♊ 26 35
2 M	1 13 01	4 ♍ 14 42	10 ♍ 42 31	9 14 44	22 12 12	7 58 05	27 03 11	3 02 03	27 44 48	27 39 20	3 33 38	19 30 14	14 04 59	13 23 47
3 Tu	2 12 06	17 15 10	23 55 08	9 18 07	23 26 00	8 44 05	26 59 28	3 02 35	27 37 24	27 34 17	3 34 49	19 29 15	14 04 41	13 21 32
4 W	3 12 20	0 ♎ 41 32	7 ♎ 34 11	9 28 50	24 40 59	9 31 16	26 56 35	3 04 43	27 31 04	27 30 21	3 37 15	19 29 24	14 05 33	13 20 28
5 Th	4 14 09	14 34 43	21 39 28	9 46 56	25 57 34	10 20 01	26 54 57	3 08 53	27 26 14	27 27 58	3 41 21	19 31 05	14 07 59	13 20 58
6 F	5 17 39	28 53 01	6 ♏ 07 56	10 12 09	27 15 50	11 10 28	26 54 40	3 15 11	27 22 60	27 27 15	3 47 11	19 34 27	14 12 06	13 23 10
7 Sa	6 22 34	13 ♏ 31 44	20 53 46	10 43 54	28 35 34	12 02 20	26 55 29	3 23 20	27 21 07	27 27 56	3 54 33	19 39 12	14 17 38	13 26 47
8 Su	7 28 19	28 23 40	5 ♐ 48 54	11 21 16	29 56 09	12 55 03	26 56 48	3 32 47	27 19 60	27 29 26	4 02 49	19 44 46	14 24 00	13 31 15
9 M	8 34 06	13 ♐ 19 58	20 44 17	12 03 07	1 ♏ 16 46	13 47 47	26 57 50	3 42 41	27 18 50	27 30 57	4 11 11	19 50 20	14 30 24	13 35 46
10 Tu	9 39 04	28 11 41	5 ♑ 31 22	12 48 18	2 36 35	14 39 43	26 57 43	3 52 11	27 16 48	27 31 37	4 18 49	19 55 04	14 35 58	13 39 27
11 W	10 42 32	12 ♑ 51 09	20 03 26	13 35 53	3 54 56	15 30 10	26 55 48	4 00 39	27 13 14	27 30 49	4 25 02	19 58 18	14 40 03	13 41 40
12 Th	11 44 12	27 13 07	4 ♒ 16 23	14 25 18	5 11 30	16 18 48	26 51 47	4 07 44	27 07 50	27 28 12	4 29 32	19 59 42	14 42 20	13 42 06
13 F	12 44 10	11 ♒ 15 01	18 08 46	15 16 26	6 26 24	17 05 46	26 45 45	4 13 33	27 00 41	27 23 53	4 32 25	19 59 24	14 42 56	13 40 52
14 Sa	13 42 57	24 56 48	1 ♓ 41 20	16 09 34	7 40 08	17 51 33	26 38 15	4 18 36	26 52 20	27 18 23	4 34 12	19 57 54	14 42 22	13 38 27
15 Su	14 41 21	8 ♓ 20 09	14 56 17	17 05 18	8 53 31	18 36 56	26 30 03	4 23 40	26 43 33	27 12 31	4 35 41	19 56 00	14 41 24	13 35 40
16 M	15 40 17	21 27 46	27 56 31	18 04 22	10 07 26	19 22 51	26 22 04	4 29 41	26 35 17	27 07 10	4 37 46	19 54 36	14 40 57	13 33 26
17 Tu	16 40 34	4 ♈ 22 32	10 ♈ 44 53	19 07 27	11 22 44	20 10 09	26 15 11	4 37 28	26 28 22	27 03 13	4 41 17	19 54 34	14 41 53	13 32 35
18 W	17 42 51	17 07 00	23 23 50	20 15 02	12 40 03	20 59 27	26 09 60	4 47 38	26 23 26	27 01 15	4 46 53	19 56 31	14 44 49	13 33 45
19 Th	18 47 27	29 43 06	5 ♉ 55 04	21 27 18	13 59 42	21 51 02	26 06 50	5 00 30	26 20 48	27 01 37	4 54 51	20 00 44	14 50 03	13 37 14
20 F	19 54 15	12 ♉ 12 01	18 19 37	22 44 03	15 21 35	22 44 51	26 05 36	5 15 58	26 20 23	27 04 12	5 05 07	20 07 10	14 57 31	13 42 57
21 Sa	21 02 51	24 34 17	0 ♊ 38 01	24 04 43	16 45 16	23 40 27	26 05 53	5 33 36	26 21 45	27 08 36	5 17 15	20 15 22	15 06 45	13 50 29
22 Su	22 12 30	6 ♊ 50 08	12 50 31	25 28 30	18 10 02	24 37 05	26 06 56	5 52 40	26 24 10	27 14 04	5 30 30	20 24 36	15 17 03	13 59 04
23 M	23 22 17	18 59 47	24 57 33	26 54 24	19 34 57	25 33 52	26 07 52	6 12 14	26 26 44	27 19 41	5 43 56	20 33 58	15 27 29	14 07 49
24 Tu	24 31 15	1 ♋ 03 52	6 ♋ 59 60	28 21 22	20 59 04	26 29 50	26 07 43	6 31 21	26 28 30	27 24 31	5 56 39	20 42 30	15 37 06	14 15 47
25 W	25 38 36	13 03 43	18 59 33	29 48 33	22 21 35	27 24 10	26 05 42	6 49 12	26 28 41	27 27 45	6 07 48	20 49 23	15 45 05	14 22 08
26 Th	26 43 46	25 01 37	0 ♌ 58 52	1 ♏ 15 19	23 41 56	28 16 19	26 01 15	7 05 14	26 26 41	27 28 50	6 16 50	20 54 04	15 50 54	14 26 19
27 F	27 46 34	7 ♌ 01 01	13 01 44	2 41 26	24 59 57	29 06 06	25 54 11	7 19 14	26 22 22	27 27 34	6 23 34	20 56 23	15 54 20	14 28 09
28 Sa	28 47 14	19 06 22	25 12 53	4 07 05	26 15 50	29 53 44	25 44 45	7 31 27	26 15 56	27 24 12	6 28 13	20 56 32	15 55 37	14 27 52
29 Su	29 46 23	1 ♍ 23 03	7 ♍ 37 51	5 32 51	27 30 12	0 ♐ 39 50	25 33 34	7 42 28	26 08 02	27 19 21	6 31 25	20 55 09	15 55 24	14 26 05
30 M	0 ♐ 44 56	13 56 59	20 22 30	6 59 38	28 44 00	1 25 20	25 21 35	7 53 15	25 59 34	27 13 56	6 34 05	20 53 09	15 54 34	14 23 44
31 Tu	1 43 57	26 53 58	3 ♎ 32 18	8 28 28	29 58 18	2 11 18	25 09 51	8 04 49	25 51 38	27 09 01	6 37 17	20 51 37	15 54 13	14 21 52

LONGITUDE — April 1981

Day	☉	0 hr ☽	Noon ☽	☿	♀	♂	⚵	⚳	♃	♄	⚷	♅	♆	♇
1 W	2 ♐ 44 28	10 ♎ 18 55	17 ♎ 11 28	10 ♏ 00 21	1 ♐ 14 05	2 ♐ 58 45	24 ♊ 59 25	8 ♓ 18 12	25 ♉ 45 15	27 ♉ 05 39	6 ♑ 42 02	20 ♋ 51 33	15 ♌ 55 21	14 ♊ 21 31
2 Th	3 47 12	24 14 51	1 ♏ 21 50	11 35 60	2 32 08	3 48 25	24 51 01	8 34 09	25 41 10	27 04 32	6 49 05	20 53 42	15 58 42	14 23 25
3 F	4 52 28	8 ♏ 41 46	16 01 54	13 15 42	3 52 43	4 40 36	24 44 58	8 52 56	25 39 40	27 06 00	6 58 42	20 58 22	16 04 35	14 27 51
4 Sa	5 59 59	23 35 55	1 ♐ 06 07	14 59 09	5 15 33	5 35 01	24 40 59	9 14 16	25 40 29	27 09 46	7 10 38	21 05 15	16 12 42	14 34 34
5 Su	7 08 54	8 ♐ 49 33	16 25 16	16 45 33	6 39 50	6 30 50	24 38 17	9 37 21	25 42 48	27 15 00	7 24 02	21 13 34	16 22 15	14 42 44
6 M	8 18 05	24 11 50	1 ♑ 47 39	18 33 43	8 04 23	7 26 55	24 35 41	10 00 59	25 45 28	27 20 33	7 37 46	21 22 07	16 32 02	14 51 10
7 Tu	9 26 15	9 ♑ 30 39	17 01 20	20 22 23	9 27 57	8 21 58	24 31 57	10 23 55	25 47 13	27 25 08	7 50 32	21 29 39	16 40 50	14 58 38
8 W	10 32 25	24 34 55	1 ♒ 56 15	22 10 34	10 49 30	9 14 60	24 26 06	10 45 09	25 47 03	27 27 47	8 01 21	21 35 10	16 47 36	15 04 07
9 Th	11 36 02	9 ♒ 16 29	16 25 51	23 57 44	12 08 33	10 05 29	24 17 36	11 04 08	25 44 28	27 27 58	8 09 42	21 38 09	16 51 51	15 07 06
10 F	12 37 13	23 31 04	0 ♓ 27 33	25 43 60	13 25 10	10 53 31	24 06 35	11 20 58	25 39 33	27 25 47	8 15 40	21 38 42	16 53 41	15 07 41
11 Sa	13 36 36	7 ♓ 18 10	14 02 08	27 30 01	14 40 02	11 39 46	23 53 42	11 36 18	25 32 58	27 21 53	8 19 54	21 37 27	16 53 43	15 06 30
12 Su	14 35 15	20 40 07	27 12 53	29 16 51	15 54 09	12 25 15	23 40 01	11 51 11	25 25 46	27 17 19	8 23 27	21 35 28	16 53 01	15 04 38
13 M	15 34 22	3 ♈ 40 60	10 ♈ 04 18	1 ♐ 05 43	17 08 46	13 11 12	23 26 45	12 06 49	25 19 09	27 13 17	8 27 32	21 33 57	16 52 47	15 03 15
14 Tu	16 35 04	16 25 31	22 41 13	2 57 44	18 24 59	13 58 43	23 15 02	12 24 18	25 14 16	27 10 56	8 33 16	21 34 01	16 54 09	15 03 30
15 W	17 38 11	28 58 10	5 ♉ 07 58	4 53 46	19 43 39	14 48 40	23 05 43	12 44 29	25 11 56	27 11 05	8 41 28	21 36 31	16 57 58	15 06 13
16 Th	18 44 10	11 ♉ 22 39	17 27 59	6 54 14	21 05 11	15 41 27	22 59 15	13 07 47	25 12 36	27 14 11	8 52 35	21 41 53	17 04 37	15 11 49
17 F	19 52 57	23 41 38	29 43 37	8 59 05	22 29 32	16 37 00	22 55 34	13 34 08	25 16 12	27 20 08	9 06 33	21 50 02	17 14 05	15 20 15
18 Sa	21 03 59	5 ♊ 56 42	11 ♊ 56 13	11 07 47	23 56 10	17 34 49	22 54 10	14 03 00	25 22 12	27 28 28	9 22 50	22 00 28	17 25 49	15 30 60
19 Su	22 16 25	18 08 36	24 06 19	13 19 25	25 24 11	18 34 00	22 54 10	14 33 31	25 29 45	27 38 15	9 40 33	22 12 16	17 38 57	15 43 09
20 M	23 29 07	0 ♋ 17 30	6 ♋ 14 03	15 32 51	26 52 30	19 33 27	22 54 29	15 04 32	25 37 43	27 48 24	9 58 34	22 24 21	17 52 20	15 55 37
21 Tu	24 40 56	12 23 32	18 19 37	17 46 55	28 19 57	20 31 59	22 53 57	15 34 54	25 44 57	27 57 45	10 15 46	22 35 33	18 04 51	16 07 14
22 W	25 50 50	24 27 11	0 ♌ 23 41	20 00 31	29 45 30	21 28 36	22 51 35	16 03 37	25 50 26	28 05 17	10 31 06	22 44 51	18 15 28	16 16 60
23 Th	26 58 08	6 ♌ 29 40	12 27 48	22 12 54	1 ♑ 08 27	22 22 35	22 46 40	16 29 56	25 53 27	28 10 17	10 43 52	22 51 32	18 23 28	16 24 10
24 F	28 02 31	18 33 17	24 34 37	24 23 40	2 28 31	23 13 39	22 38 56	16 53 35	25 53 44	28 12 29	10 53 45	22 55 19	18 28 34	16 28 28
25 Sa	29 04 11	0 ♍ 41 30	6 ♍ 47 56	26 32 55	3 45 52	24 01 58	22 28 33	17 14 44	25 51 27	28 12 03	11 00 58	22 56 23	18 30 56	16 30 05
26 Su	0 ♑ 03 46	12 58 57	19 12 42	28 41 07	5 01 08	24 48 10	22 16 12	17 34 00	25 47 15	28 09 37	11 06 08	22 55 22	18 31 14	16 29 39
27 M	1 02 16	25 31 07	1 ♎ 54 32	0 ♑ 49 09	6 15 20	25 33 17	22 02 53	17 52 25	25 42 08	28 06 12	11 10 15	22 53 16	18 30 26	16 28 09
28 Tu	2 00 53	8 ♎ 23 56	14 59 17	2 58 01	7 29 40	26 18 28	21 49 48	18 11 09	25 37 18	28 02 59	11 14 31	22 51 16	18 29 44	16 26 49
29 W	3 00 45	21 42 54	28 32 00	5 08 39	8 45 16	27 04 54	21 38 07	18 31 22	25 33 54	28 01 08	11 20 05	22 50 33	18 30 19	16 26 46
30 Th	4 02 48	5 ♏ 32 11	12 ♏ 35 59	7 21 43	10 03 04	27 53 30	21 28 47	18 53 57	25 32 51	28 01 33	11 27 51	22 52 01	18 33 05	16 28 57

Notes

May 1981

LONGITUDE

Day	☉	0 hr ☽	Noon ☽	☿	♀	♂	⚵	⚳	♃	♄	⚷	♅	♆	♇
1 F	5 ♑ 07 27	19 ♏ 53 26	27 ♏ 11 26	9 ♑ 37 24	11 ♑ 23 27	28 ♐ 44 39	21 ♊ 22 11	19 ♓ 19 20	25 ♉ 34 35	28 ♉ 04 40	11 ♑ 38 15	22 ♋ 56 04	18 ♌ 38 26	16 ♊ 33 45
2 Sa	6 14 30	4 ♐ 44 38	12 ♐ 14 35	11 55 14	12 46 16	29 38 12	21 18 11	19 47 20	25 38 54	28 10 18	11 51 05	23 02 33	18 46 11	16 40 60
3 Su	7 23 11	19 59 33	27 37 21	14 14 09	14 10 44	0 ♑ 33 21	21 15 60	20 17 10	25 45 02	28 17 40	12 05 36	23 10 40	18 55 35	16 49 55
4 M	8 32 18	5 ♑ 28 01	13 ♑ 08 12	16 32 38	15 35 38	1 28 54	21 14 27	20 47 37	25 51 48	28 25 34	12 20 34	23 19 13	19 05 25	16 59 18
5 Tu	9 40 31	20 57 27	28 34 10	18 49 05	16 59 39	2 23 33	21 12 13	21 17 22	25 57 51	28 32 41	12 34 40	23 26 53	19 14 21	17 07 51
6 W	10 46 44	6 ♒ 15 13	13 ♒ 43 17	21 02 05	18 21 40	3 16 09	21 08 12	21 45 18	26 02 05	28 37 54	12 46 48	23 32 34	19 21 17	17 14 25
7 Th	11 50 19	21 11 03	28 26 48	23 10 44	19 41 05	4 06 07	21 01 48	22 10 49	26 03 54	28 40 37	12 56 20	23 35 39	19 25 37	17 18 25
8 F	12 51 18	5 ♓ 38 32	12 ♓ 40 10	25 14 46	20 57 54	4 53 26	20 53 02	22 33 54	26 03 18	28 40 49	13 03 17	23 36 07	19 27 20	17 19 51
9 Sa	13 50 14	19 35 30	26 22 52	27 14 34	22 12 41	5 38 43	20 42 29	22 55 07	26 00 53	28 39 07	13 08 15	23 34 36	19 27 02	17 19 17
10 Su	14 48 09	3 ♈ 03 21	9 ♈ 37 32	29 10 52	23 26 28	6 22 56	20 31 10	23 15 30	25 57 37	28 36 31	13 12 12	23 32 03	19 25 42	17 17 45
11 M	15 46 13	16 05 54	22 28 46	1 ♒ 04 42	24 40 24	7 07 16	20 20 17	23 36 13	25 54 43	28 34 10	13 16 20	23 29 41	19 24 33	17 16 25
12 Tu	16 45 32	28 48 11	5 ♉ 01 55	2 56 60	25 55 37	7 52 51	20 10 57	23 58 22	25 53 18	28 33 13	13 21 46	23 28 36	19 24 39	17 16 23
13 W	17 46 59	11 ♉ 15 28	17 22 16	4 48 28	27 12 57	8 40 32	20 04 01	24 22 48	25 54 11	28 34 30	13 29 21	23 29 40	19 26 54	17 18 32
14 Th	18 50 60	23 32 31	29 34 24	6 39 27	28 32 53	9 30 45	19 59 56	24 49 59	25 57 52	28 38 28	13 39 31	23 33 19	19 31 44	17 23 17
15 F	19 57 34	5 ♊ 43 13	11 ♊ 41 54	8 29 49	29 55 22	10 23 30	19 58 43	25 19 52	26 04 17	28 45 06	13 52 15	23 39 32	19 39 07	17 30 39
16 Sa	21 06 13	17 50 23	23 47 17	10 19 03	1 ♒ 19 57	11 18 19	19 59 53	25 52 01	26 13 01	28 53 58	14 07 07	23 47 53	19 48 36	17 40 09
17 Su	22 16 11	29 55 52	5 ♋ 52 03	12 06 15	2 45 51	12 14 24	20 02 40	26 25 37	26 23 15	29 04 15	14 23 19	23 57 34	19 59 24	17 50 60
18 M	23 26 26	12 ♋ 00 41	17 57 00	13 50 22	4 12 03	13 10 45	20 06 03	26 59 40	26 33 58	29 14 56	14 39 48	24 07 32	20 10 30	18 02 11
19 Tu	24 35 55	24 05 25	0 ♌ 02 37	15 30 17	5 37 28	14 06 18	20 08 59	27 33 05	26 44 08	29 24 58	14 55 32	24 16 46	20 20 50	18 12 38
20 W	25 43 41	6 ♌ 10 35	12 09 23	17 05 01	7 01 13	15 00 07	20 10 32	28 04 57	26 52 47	29 33 25	15 09 35	24 24 19	20 29 28	18 21 26
21 Th	26 49 06	18 17 01	24 18 16	18 33 51	8 22 36	15 51 32	20 10 02	28 34 36	26 59 17	29 39 37	15 21 18	24 29 33	20 35 45	18 27 55
22 F	27 51 53	0 ♍ 26 13	6 ♍ 30 59	19 56 28	9 41 20	16 40 17	20 07 13	29 01 45	27 03 20	29 43 18	15 30 22	24 32 08	20 39 24	18 31 48
23 Sa	28 52 07	12 40 34	18 50 10	21 12 56	10 57 34	17 26 28	20 02 13	29 26 31	27 05 04	29 44 34	15 36 55	24 32 14	20 40 32	18 33 12
24 Su	29 50 22	25 03 24	1 ♎ 19 28	22 23 43	12 11 47	18 10 37	19 55 32	29 49 24	27 04 59	29 43 57	15 41 29	24 30 20	20 39 39	18 32 38
25 M	0 ♒ 47 27	7 ♎ 38 54	14 03 15	23 29 36	13 24 51	18 53 34	19 48 01	0 ♈ 11 16	27 03 57	29 42 17	15 44 53	24 27 18	20 37 37	18 30 56
26 Tu	1 44 22	20 31 46	27 06 17	24 31 31	14 37 45	19 36 19	19 40 40	0 33 06	27 02 57	29 40 35	15 48 08	24 24 08	20 35 26	18 29 08
27 W	2 42 09	3 ♏ 46 41	10 ♏ 32 59	25 30 27	15 51 31	20 19 54	19 34 31	0 55 54	27 02 59	29 39 51	15 52 14	24 21 51	20 34 07	18 28 14
28 Th	3 41 35	17 27 28	24 26 36	26 27 05	17 06 56	21 05 05	19 30 22	1 20 29	27 04 53	29 40 52	15 57 59	24 21 14	20 34 26	18 29 00
29 F	4 43 04	1 ♐ 36 09	8 ♐ 48 08	27 21 47	18 24 25	21 52 17	19 28 36	1 47 15	27 09 02	29 44 04	16 05 48	24 22 42	20 36 49	18 31 53
30 Sa	5 46 32	16 12 01	23 35 25	28 14 23	19 43 52	22 41 26	19 29 09	2 16 07	27 15 21	29 49 21	16 15 35	24 26 10	20 41 11	18 36 47
31 Su	6 51 24	1 ♑ 10 50	8 ♑ 42 38	29 04 14	21 04 45	23 31 57	19 31 28	2 46 31	27 23 16	29 56 10	16 26 47	24 31 04	20 46 58	18 43 08

June 1981

LONGITUDE

Day	☉	0 hr ☽	Noon ☽	☿	♀	♂	⚵	⚳	♃	♄	⚷	♅	♆	♇
1 M	7 ♒ 56 46	16 ♑ 24 53	24 ♑ 00 39	29 ♒ 50 20	22 ♒ 26 06	24 ♑ 22 55	19 ♊ 34 37	3 ♈ 17 31	27 ♉ 31 53	0 ♊ 03 36	16 ♑ 38 28	24 ♋ 36 29	20 ♌ 53 15	18 ♊ 50 00
2 Tu	9 01 34	1 ♒ 43 45	9 ♒ 18 16	0 ♓ 31 34	23 46 54	25 13 17	19 37 33	3 48 04	27 40 07	0 10 34	16 49 36	24 41 22	20 58 58	18 56 22
3 W	10 04 53	16 56 03	24 24 15	1 06 57	25 06 13	26 02 08	19 39 21	4 17 16	27 47 04	0 16 11	16 59 14	24 44 49	21 03 13	19 01 17
4 Th	11 06 11	1 ♓ 51 29	9 ♓ 09 16	1 35 50	26 23 31	26 48 55	19 39 28	4 44 32	27 52 12	0 19 53	17 06 51	24 46 15	21 05 27	19 04 13
5 F	12 05 21	16 22 30	23 27 18	1 58 05	27 38 41	27 33 32	19 37 50	5 09 49	27 55 24	0 21 36	17 12 20	24 45 36	21 05 35	19 05 05
6 Sa	13 02 46	0 ♈ 25 08	7 ♈ 15 58	2 14 02	28 52 07	28 16 22	19 34 47	5 33 26	27 57 02	0 21 40	17 16 04	24 43 15	21 03 58	19 04 15
7 Su	13 59 08	13 58 50	20 36 06	2 24 21	0 ♓ 04 29	28 58 07	19 31 03	5 56 08	27 57 50	0 20 49	17 18 45	24 39 52	21 01 19	19 02 25
8 M	14 55 19	27 05 49	3 ♉ 30 54	2 29 55	1 16 41	29 39 38	19 27 28	6 18 44	27 58 38	0 19 53	17 21 14	24 36 21	20 58 30	19 00 26
9 Tu	15 52 09	9 ♉ 50 03	16 04 56	2 31 34	2 29 32	0 ♒ 21 46	19 24 54	6 42 06	28 00 16	0 19 44	17 24 22	24 33 32	20 56 20	18 59 09
10 W	16 50 18	22 16 20	28 23 16	2 30 02	3 43 41	1 05 11	19 23 59	7 06 54	28 03 25	0 21 02	17 28 49	24 32 03	20 55 31	18 59 14
11 Th	17 50 08	4 ♊ 29 35	10 ♊ 30 51	2 25 47	4 59 32	1 50 14	19 25 06	7 33 28	28 08 27	0 24 07	17 34 57	24 32 19	20 56 23	19 01 03
12 F	18 51 43	16 34 21	22 32 05	2 19 02	6 17 07	2 37 00	19 28 19	8 01 53	28 15 24	0 29 04	17 42 49	24 34 21	20 59 01	19 04 40
13 Sa	19 54 46	28 34 30	4 ♋ 30 35	2 09 40	7 36 10	3 25 12	19 33 20	8 31 52	28 24 00	0 35 37	17 52 08	24 37 53	21 03 08	19 09 47
14 Su	20 58 45	10 ♋ 33 10	16 29 13	1 57 26	8 56 10	4 14 17	19 39 38	9 02 53	28 33 44	0 43 13	18 02 23	24 42 25	21 08 13	19 15 54
15 M	22 03 02	22 32 43	28 30 00	1 41 57	10 16 26	5 03 37	19 46 32	9 34 16	28 43 56	0 51 12	18 12 54	24 47 16	21 13 35	19 22 21
16 Tu	23 06 52	4 ♌ 34 54	10 ♌ 34 29	1 22 52	11 36 16	5 52 29	19 53 21	10 05 19	28 53 52	0 58 52	18 22 59	24 51 44	21 18 32	19 28 24
17 W	24 09 40	16 41 05	22 43 48	0 59 58	12 55 02	6 40 15	19 59 26	10 35 24	29 02 56	1 05 36	18 31 60	24 55 11	21 22 27	19 33 27
18 Th	25 10 58	28 52 24	4 ♍ 58 59	0 33 16	14 12 19	7 26 29	20 04 21	11 04 05	29 10 41	1 10 57	18 39 29	24 57 10	21 24 53	19 37 02
19 F	26 10 35	11 ♍ 10 07	17 21 15	0 03 03	15 27 53	8 10 59	20 07 53	11 31 08	29 16 54	1 14 43	18 45 16	24 57 30	21 25 37	19 38 59
20 Sa	27 08 33	23 35 42	29 52 10	29 ♒ 29 56	16 41 49	8 53 48	20 10 07	11 56 39	29 21 40	1 16 57	18 49 24	24 56 15	21 24 45	19 39 19
21 Su	28 05 13	6 ♎ 11 03	12 ♎ 33 44	28 54 49	17 54 25	9 35 15	20 11 20	12 20 55	29 25 16	1 17 58	18 52 11	24 53 43	21 22 34	19 38 24
22 M	29 01 05	18 58 30	25 28 22	28 18 48	19 06 13	10 15 51	20 12 04	12 44 28	29 28 15	1 18 18	18 54 09	24 50 25	21 19 36	19 36 42
23 Tu	29 56 46	2 ♏ 00 39	8 ♏ 38 42	27 43 05	20 17 49	10 56 14	20 12 55	13 07 54	29 31 12	1 18 33	18 55 54	24 46 58	21 16 27	19 34 52
24 W	0 ♓ 52 53	15 20 06	22 07 14	27 08 51	21 29 50	11 36 60	20 14 30	13 31 50	29 34 44	1 19 19	18 58 03	24 43 59	21 13 45	19 33 30
25 Th	1 49 54	28 58 58	5 ♐ 55 45	26 37 11	22 42 44	12 18 37	20 17 17	13 56 45	29 39 20	1 21 06	19 01 05	24 41 57	21 11 58	19 33 04
26 F	2 48 05	12 ♐ 58 20	20 04 40	26 08 52	23 56 48	13 01 20	20 21 31	14 22 53	29 45 15	1 24 08	19 05 14	24 41 07	21 11 20	19 33 50
27 Sa	3 47 24	27 17 35	4 ♑ 32 31	25 44 21	25 11 58	13 45 08	20 27 10	14 50 13	29 52 26	1 28 24	19 10 29	24 41 26	21 11 50	19 35 46
28 Su	4 47 33	11 ♑ 53 59	19 15 29	25 23 50	26 27 57	14 29 43	20 33 57	15 18 26	0 ♊ 00 37	1 33 35	19 16 32	24 42 37	21 13 11	19 38 33
29 M	5 48 02	26 42 28	4 ♒ 07 31	25 07 12	27 44 16	15 14 35	20 41 21	15 47 04	0 09 17	1 39 13	19 22 53	24 44 11	21 14 53	19 41 43
30 Tu	6 48 19	11 ♒ 36 01	19 00 53	24 54 17	29 00 21	15 59 11	20 48 49	16 15 33	0 17 53	1 44 43	19 28 59	24 45 35	21 16 23	19 44 42

Notes

LONGITUDE July 1981

Day	☉	0 hr ☽	Noon ☽	☿	♀	♂	⚵	⚳	♃	♄	⚷	♅	♆	♇
1 W	7 ♓ 47 54	26 ♒ 26 31	3 ♓ 47 16	24 ♒ 44 54	0 ♈ 15 43	16 ♒ 43 03	20 ♊ 55 53	16 ♈ 43 24	0 ♊ 25 57	1 ♊ 49 38	19 ♑ 34 21	24 ♋ 46 20	21 ♌ 17 12	19 ♊ 47 02
2 Th	8 46 30	11 ♓ 05 57	18 19 02	24 38 60	1 30 06	17 25 52	21 02 14	17 10 20	0 33 10	1 53 39	19 38 42	24 46 08	21 17 02	19 48 25
3 F	9 44 03	25 27 33	2 ♈ 30 18	24 36 44	2 43 24	18 07 35	21 07 49	17 36 16	0 39 29	1 56 43	19 41 58	24 44 55	21 15 50	19 48 47
4 Sa	10 40 41	9 ♈ 26 40	16 17 33	24 38 24	3 55 48	18 48 21	21 12 46	18 01 22	0 45 02	1 58 58	19 44 17	24 42 51	21 13 45	19 48 17
5 Su	11 36 45	23 01 07	29 39 44	24 44 27	5 07 35	19 28 28	21 17 24	18 25 56	0 50 09	2 00 44	19 45 59	24 40 14	21 11 06	19 47 14
6 M	12 32 37	6 ♉ 11 02	12 ♉ 37 59	24 55 20	6 19 09	20 08 21	21 22 06	18 50 21	0 55 13	2 02 24	19 47 27	24 37 29	21 08 15	19 46 02
7 Tu	13 28 40	18 58 25	25 15 06	25 11 30	7 30 52	20 48 21	21 27 15	19 15 01	1 00 36	2 04 19	19 49 04	24 34 56	21 05 37	19 45 02
8 W	14 25 10	1 ♊ 26 37	7 ♊ 34 53	25 33 16	8 43 03	21 28 46	21 33 07	19 40 12	1 06 35	2 06 49	19 51 06	24 32 55	21 03 27	19 44 33
9 Th	15 22 18	13 39 41	19 41 43	26 00 46	9 55 49	22 09 45	21 39 52	20 06 03	1 13 20	2 10 01	19 53 43	24 31 34	21 01 56	19 44 43
10 F	16 20 05	25 42 04	1 ♋ 40 08	26 34 02	11 09 13	22 51 21	21 47 31	20 32 37	1 20 51	2 13 58	19 56 56	24 30 54	21 01 05	19 45 35
11 Sa	17 18 24	7 ♋ 38 09	13 34 28	27 12 56	12 23 08	23 33 25	21 55 57	20 59 45	1 29 03	2 18 32	20 00 39	24 30 49	21 00 46	19 47 01
12 Su	18 17 04	19 32 07	25 28 43	27 57 12	13 37 22	24 15 46	22 04 58	21 27 17	1 37 42	2 23 31	20 04 40	24 31 07	21 00 50	19 48 49
13 M	19 15 49	1 ♌ 27 43	7 ♌ 26 26	28 46 35	14 51 40	24 58 10	22 14 19	21 54 57	1 46 36	2 28 41	20 08 44	24 31 34	21 00 60	19 50 45
14 Tu	20 14 27	13 28 14	19 30 38	29 40 48	16 05 48	25 40 22	22 23 46	22 22 32	1 55 28	2 33 49	20 12 38	24 31 56	21 01 03	19 52 35
15 W	21 12 46	25 36 26	1 ♍ 43 43	0 ♓ 39 35	17 19 36	26 22 14	22 33 09	22 49 51	2 04 10	2 38 43	20 16 10	24 32 02	21 00 48	19 54 09
16 Th	22 10 41	7 ♍ 54 30	14 07 35	1 42 48	18 32 59	27 03 37	22 42 21	23 16 48	2 12 34	2 43 17	20 19 15	24 31 46	21 00 11	19 55 20
17 F	23 08 12	20 24 05	26 43 35	2 50 22	19 45 54	27 44 32	22 51 21	23 43 23	2 20 41	2 47 31	20 21 52	24 31 08	20 59 08	19 56 08
18 Sa	24 05 21	3 ♎ 06 21	9 ♎ 32 36	4 02 17	20 58 26	28 25 03	23 00 12	24 09 39	2 28 33	2 51 28	20 24 05	24 30 11	20 57 46	19 56 36
19 Su	25 02 17	16 01 59	22 35 07	5 18 34	22 10 43	29 05 16	23 09 04	24 35 43	2 36 18	2 55 17	20 26 01	24 29 04	20 56 11	19 56 53
20 M	25 59 08	29 11 17	5 ♏ 51 16	6 39 18	23 22 54	29 45 22	23 18 02	25 01 45	2 44 05	2 59 04	20 27 48	24 27 54	20 54 32	19 57 07
21 Tu	26 56 02	12 ♏ 34 17	19 20 57	8 04 28	24 35 04	0 ♓ 25 26	23 27 16	25 27 51	2 52 02	3 02 59	20 29 36	24 26 49	20 52 56	19 57 24
22 W	27 53 04	26 10 38	3 ♐ 03 42	9 34 04	25 47 21	1 05 35	23 36 50	25 54 07	3 00 12	3 07 05	20 31 27	24 25 54	20 51 29	19 57 51
23 Th	28 50 15	9 ♐ 59 42	16 58 43	11 07 57	26 59 44	1 45 48	23 46 44	26 20 33	3 08 37	3 11 24	20 33 23	24 25 10	20 50 11	19 58 28
24 F	29 47 32	24 00 26	1 ♑ 04 42	12 45 55	28 12 10	2 26 04	23 56 55	26 47 06	3 17 13	3 15 53	20 35 21	24 24 34	20 48 59	19 59 12
25 Sa	0 ♈ 44 50	8 ♑ 11 14	15 19 46	14 27 41	29 24 35	3 06 17	24 07 19	27 13 42	3 25 56	3 20 26	20 37 17	24 24 01	20 47 49	19 59 58
26 Su	1 42 05	22 29 51	29 41 17	16 12 59	0 ♉ 36 54	3 46 23	24 17 50	27 40 16	3 34 42	3 24 60	20 39 05	24 23 26	20 46 36	20 00 41
27 M	2 39 13	6 ♒ 53 17	14 ♒ 05 49	18 01 30	1 49 05	4 26 18	24 28 26	28 06 45	3 43 27	3 29 30	20 40 43	24 22 48	20 45 17	20 01 20
28 Tu	3 36 18	21 17 49	28 29 19	19 53 00	3 01 08	5 06 05	24 39 09	28 33 11	3 52 12	3 33 60	20 42 12	24 22 08	20 43 54	20 01 55
29 W	4 33 22	5 ♓ 39 09	12 ♓ 47 20	21 47 17	4 13 10	5 45 49	24 50 02	28 59 39	4 01 04	3 38 34	20 43 38	24 21 30	20 42 32	20 02 31
30 Th	5 30 36	19 52 49	26 55 24	23 44 10	5 25 17	6 25 37	25 01 15	29 26 16	4 10 09	3 43 19	20 45 08	24 21 03	20 41 19	20 03 18
31 F	6 28 06	3 ♈ 54 29	10 ♈ 49 29	25 43 25	6 37 39	7 05 37	25 12 54	29 53 11	4 19 36	3 48 25	20 46 51	24 20 54	20 40 23	20 04 22

LONGITUDE August 1981

Day	☉	0 hr ☽	Noon ☽	☿	♀	♂	⚵	⚳	♃	♄	⚷	♅	♆	♇
1 Sa	7 ♈ 25 58	17 ♈ 40 32	24 ♈ 26 27	27 ♓ 44 48	7 ♉ 50 20	7 ♓ 45 56	25 ♊ 25 06	0 ♉ 20 30	4 ♊ 29 31	3 ♊ 53 56	20 ♑ 48 52	24 ♋ 21 10	20 ♌ 39 50	20 ♊ 05 49
2 Su	8 24 14	1 ♉ 08 20	7 ♉ 44 25	29 47 60	9 03 22	8 26 35	25 37 52	0 48 13	4 39 54	3 59 54	20 51 12	24 21 52	20 39 42	20 07 41
3 M	9 22 49	14 16 37	20 42 47	1 ♈ 52 34	10 16 40	9 07 28	25 51 06	1 16 16	4 50 42	4 06 14	20 53 48	24 22 56	20 39 54	20 09 53
4 Tu	10 21 34	27 05 28	3 ♊ 22 20	3 58 03	11 30 06	9 48 28	26 04 41	1 44 30	5 01 44	4 12 48	20 56 29	24 24 12	20 40 16	20 12 16
5 W	11 20 16	9 ♊ 36 15	15 45 07	6 03 54	12 43 26	10 29 21	26 18 22	2 12 43	5 12 49	4 19 22	20 59 04	24 25 28	20 40 37	20 14 38
6 Th	12 18 42	21 51 32	27 54 06	8 09 36	13 56 27	11 09 54	26 31 56	2 40 40	5 23 41	4 25 42	21 01 18	24 26 29	20 40 42	20 16 45
7 F	13 16 40	3 ♋ 54 46	9 ♋ 53 08	10 14 41	15 08 57	11 49 55	26 45 12	3 08 10	5 34 11	4 31 38	21 03 00	24 27 05	20 40 20	20 18 24
8 Sa	14 14 03	15 50 07	21 46 32	12 18 48	16 20 49	12 29 17	26 58 01	3 35 06	5 44 10	4 37 02	21 04 04	24 27 09	20 39 24	20 19 30
9 Su	15 10 52	27 42 08	3 ♌ 38 57	14 21 44	17 32 03	13 08 00	27 10 25	4 01 28	5 53 39	4 41 54	21 04 28	24 26 40	20 37 54	20 20 03
10 M	16 07 14	9 ♌ 35 39	15 35 07	16 23 27	18 42 47	13 46 13	27 22 31	4 27 23	6 02 45	4 46 22	21 04 21	24 25 47	20 35 58	20 20 09
11 Tu	17 03 23	21 35 21	27 39 36	18 24 01	19 53 15	14 24 09	27 34 33	4 53 07	6 11 43	4 50 40	21 03 57	24 24 43	20 33 51	20 20 04
12 W	17 59 39	3 ♍ 45 39	9 ♍ 56 30	20 23 39	21 03 47	15 02 07	27 46 49	5 18 58	6 20 52	4 55 08	21 03 36	24 23 49	20 31 51	20 20 06
13 Th	18 56 24	16 10 20	22 29 10	22 22 36	22 14 43	15 40 31	27 59 43	5 45 18	6 30 34	5 00 06	21 03 39	24 23 25	20 30 21	20 20 38
14 F	19 53 56	28 52 16	5 ♎ 19 57	24 21 06	23 26 23	16 19 37	28 13 31	6 12 25	6 41 06	5 05 54	21 04 25	24 23 51	20 29 38	20 21 57
15 Sa	20 52 28	11 ♎ 53 06	18 29 54	26 19 17	24 38 59	16 59 38	28 28 26	6 40 32	6 52 41	5 12 44	21 06 05	24 25 18	20 29 56	20 24 17
16 Su	21 52 02	25 13 04	1 ♏ 58 35	28 17 09	25 52 34	17 40 38	28 44 31	7 09 41	7 05 22	5 20 38	21 08 44	24 27 49	20 31 17	20 27 40
17 M	22 52 29	8 ♏ 50 55	15 44 10	0 ♉ 14 32	27 06 58	18 22 27	29 01 37	7 39 44	7 18 59	5 29 27	21 12 10	24 31 15	20 33 31	20 31 56
18 Tu	23 53 29	22 44 02	29 43 30	2 11 02	28 21 50	19 04 43	29 19 21	8 10 18	7 33 12	5 38 49	21 16 04	24 35 15	20 36 17	20 36 44
19 W	24 54 31	6 ♐ 48 45	13 ♐ 52 40	4 06 10	29 36 40	19 46 57	29 37 15	8 40 55	7 47 30	5 48 17	21 19 55	24 39 20	20 39 07	20 41 35
20 Th	25 55 06	21 00 55	28 07 25	5 59 25	0 ♊ 50 59	20 28 39	29 54 47	9 11 03	8 01 23	5 57 17	21 23 14	24 42 57	20 41 29	20 45 59
21 F	26 54 45	5 ♑ 16 25	12 ♑ 23 46	7 50 20	2 04 18	21 09 22	0 ♋ 11 31	9 40 16	8 14 24	6 05 24	21 25 32	24 45 42	20 42 57	20 49 27
22 Sa	27 53 16	19 31 41	26 38 27	9 38 41	3 16 24	21 48 51	0 27 13	10 08 19	8 26 18	6 12 24	21 26 36	24 47 19	20 43 16	20 51 46
23 Su	28 50 40	3 ♒ 44 01	10 ♒ 49 01	11 24 32	4 27 20	22 27 09	0 41 54	10 35 16	8 37 09	6 18 18	21 26 28	24 47 51	20 42 28	20 52 59
24 M	29 47 18	17 51 32	24 53 51	13 08 12	5 37 25	23 04 35	0 55 54	11 01 25	8 47 15	6 23 27	21 25 29	24 47 38	20 40 54	20 53 26
25 Tu	0 ♉ 43 43	1 ♓ 53 03	8 ♓ 51 53	14 50 16	6 47 11	23 41 43	1 09 47	11 27 20	8 57 09	6 28 23	21 24 10	24 47 12	20 39 07	20 53 38
26 W	1 40 34	15 47 38	22 42 14	16 31 25	7 57 20	24 19 13	1 24 12	11 53 41	9 07 33	6 33 47	21 23 13	24 47 15	20 37 46	20 54 17
27 Th	2 38 29	29 34 23	6 ♈ 23 55	18 12 17	9 08 29	24 57 43	1 39 47	12 21 05	9 19 03	6 40 16	21 23 15	24 48 23	20 37 30	20 55 60
28 F	3 37 57	13 ♈ 12 05	19 55 42	19 53 21	10 21 06	25 37 39	1 56 60	12 50 01	9 32 07	6 48 18	21 24 44	24 51 05	20 38 47	20 59 15
29 Sa	4 39 09	26 39 15	3 ♉ 16 09	21 34 50	11 35 23	26 19 16	2 16 02	13 20 41	9 46 58	6 58 05	21 27 52	24 55 32	20 41 48	21 04 14
30 Su	5 41 59	9 ♉ 54 14	16 23 47	23 16 38	12 51 12	27 02 25	2 36 48	13 52 57	10 03 28	7 09 31	21 32 32	25 01 39	20 46 28	21 10 51
31 M	6 46 02	22 55 31	29 17 25	24 58 21	14 08 11	27 46 42	2 58 53	14 26 25	10 21 14	7 22 12	21 38 21	25 09 00	20 52 21	21 18 41

Notes

September 1981 LONGITUDE

Day	☉	0 hr ☽	Noon ☽	☿	♀	♂	⚵	⚳	♃	♄	⚷	♅	♆	♇
1 Tu	7 ♉ 50 42	5 ♊ 42 07	11 ♊ 56 30	26 ♉ 39 24	15 ♊ 25 42	28 ♓ 31 32	3 ♋ 21 40	15 ♉ 00 30	10 ♊ 39 39	7 ♊ 35 29	21 ♑ 44 42	25 ♋ 17 00	20 ♌ 58 52	21 ♊ 27 07
2 W	8 55 16	18 13 48	24 21 20	28 19 03	16 43 01	29 16 11	3 44 25	15 34 27	10 57 58	7 48 41	21 50 50	25 24 55	21 05 16	21 35 27
3 Th	9 59 01	0 ♋ 31 27	6 ♋ 33 18	29 56 35	17 59 26	29 59 55	4 06 26	16 07 34	11 15 31	8 01 05	21 56 05	25 32 02	21 10 52	21 42 58
4 F	11 01 23	12 37 06	18 34 53	1 ♊ 31 29	19 14 25	0 ♈ 42 13	4 27 10	16 39 18	11 31 43	8 12 07	21 59 52	25 37 49	21 15 06	21 49 07
5 Sa	12 02 06	24 33 55	0 ♌ 29 41	3 03 25	20 27 38	1 22 45	4 46 18	17 09 21	11 46 16	8 21 29	22 01 54	25 41 56	21 17 41	21 53 35
6 Su	13 01 08	6 ♌ 26 09	12 22 13	4 32 24	21 39 06	2 01 33	5 03 51	17 37 43	11 59 10	8 29 12	22 02 11	25 44 25	21 18 36	21 56 22
7 M	13 58 50	18 18 51	24 17 44	5 58 43	22 49 08	2 38 55	5 20 08	18 04 42	12 10 46	8 35 35	22 01 03	25 45 35	21 18 11	21 57 49
8 Tu	14 55 46	0 ♍ 17 40	6 ♍ 21 53	7 22 58	23 58 20	3 15 27	5 35 44	18 30 56	12 21 37	8 41 13	21 59 04	25 46 01	21 17 01	21 58 31
9 W	15 52 44	12 28 22	18 40 19	8 45 54	25 07 27	3 51 55	5 51 26	18 57 08	12 32 31	8 46 52	21 57 01	25 46 29	21 15 52	21 59 12
10 Th	16 50 31	24 56 26	1 ♎ 18 10	10 08 18	26 17 19	4 29 08	6 08 02	19 24 10	12 44 16	8 53 21	21 55 43	25 47 49	21 15 35	22 00 44
11 F	17 49 53	7 ♎ 46 26	14 19 26	11 30 52	27 28 39	5 07 51	6 26 15	19 52 45	12 57 35	9 01 24	21 55 54	25 50 43	21 16 51	22 03 49
12 Sa	18 51 17	21 01 25	27 46 20	12 54 02	28 41 55	5 48 30	6 46 35	20 23 20	13 12 58	9 11 30	21 58 02	25 55 41	21 20 10	22 08 56
13 Su	19 54 50	4 ♏ 42 17	11 ♏ 38 43	14 17 53	29 57 14	6 31 14	7 09 07	20 56 02	13 30 30	9 23 44	22 02 14	26 02 49	21 25 39	22 16 11
14 M	21 00 14	18 47 22	25 53 44	15 42 03	1 ♋ 14 18	7 15 43	7 33 34	21 30 34	13 49 54	9 37 49	22 08 11	26 11 49	21 32 58	22 25 17
15 Tu	22 06 46	3 ♐ 12 15	10 ♐ 25 58	17 05 46	2 32 25	8 01 16	7 59 13	22 06 12	14 10 27	9 53 02	22 15 12	26 21 58	21 41 26	22 35 30
16 W	23 13 30	17 50 21	25 08 04	18 28 01	3 50 35	8 46 54	8 25 05	22 41 59	14 31 11	10 08 25	22 22 18	26 32 18	21 50 05	22 45 52
17 Th	24 19 22	2 ♑ 33 50	9 ♑ 52 03	19 47 41	5 07 48	9 31 36	8 50 10	23 16 53	14 51 04	10 22 56	22 28 27	26 41 48	21 57 53	22 55 23
18 F	25 23 32	17 14 57	24 30 33	21 03 50	6 23 13	10 14 31	9 13 35	23 50 04	15 09 15	10 35 44	22 32 50	26 49 37	22 03 59	23 03 10
19 Sa	26 25 35	1 ♒ 47 21	8 ♒ 57 58	22 15 56	7 36 24	10 55 13	9 34 56	24 21 04	15 25 19	10 46 24	22 34 59	26 55 18	22 07 56	23 08 49
20 Su	27 25 34	16 06 51	23 11 04	23 23 57	8 47 24	11 33 45	9 54 16	24 49 58	15 39 18	10 54 59	22 34 59	26 58 56	22 09 50	23 12 23
21 M	28 24 05	0 ♓ 11 40	7 ♓ 08 55	24 28 19	9 56 48	12 10 43	10 12 09	25 17 21	15 51 48	11 02 04	22 33 24	27 01 05	22 10 15	23 14 26
22 Tu	29 22 03	14 01 58	20 52 20	25 29 52	11 05 33	12 47 03	10 29 33	25 44 10	16 03 46	11 08 36	22 31 12	27 02 43	22 10 08	23 15 56
23 W	0 ♊ 20 38	27 39 12	4 ♈ 23 02	26 29 32	12 14 48	13 23 53	10 47 35	26 11 33	16 16 19	11 15 43	22 29 31	27 04 57	22 10 36	23 18 01
24 Th	1 20 51	11 ♈ 05 13	17 42 59	27 28 13	13 25 34	14 02 17	11 07 19	26 40 32	16 30 31	11 24 27	22 29 23	27 08 50	22 12 43	23 21 43
25 F	2 23 30	24 21 40	0 ♉ 53 41	28 26 28	14 38 39	14 43 00	11 29 31	27 11 54	16 47 08	11 35 35	22 31 35	27 15 09	22 17 15	23 27 49
26 Sa	3 28 56	7 ♉ 29 27	13 55 52	29 24 26	15 54 24	15 26 25	11 54 31	27 46 00	17 06 31	11 49 29	22 36 29	27 24 15	22 24 34	23 36 41
27 Su	4 37 01	20 28 40	26 49 29	0 ♋ 21 44	17 12 40	16 12 22	12 22 13	28 22 43	17 28 32	12 06 01	22 43 56	27 35 60	22 34 32	23 48 10
28 M	5 47 11	3 ♊ 18 42	9 ♊ 33 52	1 17 31	18 32 53	17 00 18	12 52 01	29 01 28	17 52 37	12 24 35	22 53 23	27 49 50	22 46 34	24 01 42
29 Tu	6 58 29	15 58 34	22 08 10	2 10 32	19 54 07	17 49 17	13 23 00	29 41 19	18 17 50	12 44 16	23 03 53	28 04 48	22 59 45	24 16 21
30 W	8 09 49	28 27 26	4 ♋ 31 47	2 59 21	21 15 16	18 38 13	13 54 04	0 ♊ 21 10	18 43 05	13 03 59	23 14 21	28 19 50	23 12 58	24 31 02

October 1981 LONGITUDE

Day	☉	0 hr ☽	Noon ☽	☿	♀	♂	⚵	⚳	♃	♄	⚷	♅	♆	♇
1 Th	9 ♊ 20 06	10 ♋ 45 02	16 ♋ 44 50	3 ♋ 42 31	22 ♋ 35 13	19 ♈ 25 60	14 ♋ 24 07	0 ♊ 59 55	19 ♊ 07 16	13 ♊ 22 36	23 ♑ 23 41	28 ♋ 33 49	23 ♌ 25 07	24 ♊ 44 38
2 F	10 28 27	22 52 04	28 48 29	4 18 44	23 53 07	20 11 44	14 52 15	1 36 41	19 29 29	13 39 16	23 30 59	28 45 51	23 35 21	24 56 16
3 Sa	11 34 19	4 ♌ 50 33	10 ♌ 45 09	4 47 04	25 08 23	20 54 53	15 17 56	2 10 55	19 49 12	13 53 25	23 35 44	28 55 25	23 43 05	25 05 24
4 Su	12 37 35	16 43 45	22 38 34	5 06 56	26 20 54	21 35 21	15 41 02	2 42 31	20 06 19	14 04 56	23 37 48	29 02 22	23 48 13	25 11 54
5 M	13 38 35	28 36 15	4 ♍ 33 40	5 18 14	27 31 01	22 13 27	16 01 55	3 11 48	20 21 09	14 14 11	23 37 32	29 07 05	23 51 06	25 16 08
6 Tu	14 38 05	10 ♍ 33 41	16 36 19	5 21 16	28 39 30	22 49 57	16 21 19	3 39 32	20 34 27	14 21 52	23 35 42	29 10 18	23 52 29	25 18 50
7 W	15 37 06	22 42 24	28 52 57	5 16 36	29 47 20	23 25 52	16 40 16	4 06 45	20 47 15	14 29 03	23 33 17	29 13 01	23 53 22	25 21 01
8 Th	16 36 46	5 ♎ 08 54	11 ♎ 29 58	5 04 58	0 ♌ 55 39	24 02 20	16 59 54	4 34 34	21 00 41	14 36 52	23 31 28	29 16 25	23 54 55	25 23 50
9 F	17 38 08	17 59 15	24 32 59	4 47 05	2 05 32	24 40 25	17 21 15	5 04 02	21 15 48	14 46 20	23 31 16	29 21 30	23 58 10	25 28 19
10 Sa	18 41 57	1 ♏ 18 09	8 ♏ 05 56	4 23 29	3 17 41	25 20 50	17 45 04	5 35 54	21 33 20	14 58 14	23 33 27	29 29 02	24 03 51	25 35 14
11 Su	19 48 28	15 08 05	22 10 04	3 54 20	4 32 23	26 03 53	18 11 37	6 10 26	21 53 34	15 12 48	23 38 16	29 39 17	24 12 16	25 44 50
12 M	20 57 26	29 28 22	6 ♐ 43 12	3 19 29	5 49 20	26 49 14	18 40 37	6 47 20	22 16 12	15 29 45	23 45 27	29 51 57	24 23 05	25 56 50
13 Tu	22 07 58	14 ♐ 14 37	21 39 20	2 38 28	7 07 42	27 36 05	19 11 14	7 25 46	22 40 22	15 48 15	23 54 08	0 ♌ 06 12	24 35 30	26 10 24
14 W	23 18 52	29 18 57	6 ♑ 49 16	1 50 43	8 26 14	28 23 11	19 42 12	8 04 31	23 04 53	16 07 04	24 03 07	0 20 49	24 48 15	26 24 16
15 Th	24 28 48	14 ♑ 31 00	22 01 59	0 55 57	9 43 37	29 09 13	20 12 13	8 42 14	23 28 23	16 24 52	24 11 03	0 34 27	25 00 02	26 37 09
16 F	25 36 39	29 39 50	7 ♒ 06 47	29 ♊ 54 24	10 58 44	29 53 04	20 40 11	9 17 50	23 49 47	16 40 34	24 16 51	0 46 00	25 09 45	26 47 56
17 Sa	26 41 50	14 ♒ 35 53	21 55 07	28 47 07	12 10 58	0 ♉ 34 08	21 05 28	9 50 41	24 08 28	16 53 31	24 19 54	0 54 52	25 16 46	26 55 59
18 Su	27 44 23	29 12 33	6 ♓ 21 51	27 36 07	13 20 22	1 12 27	21 28 08	10 20 50	24 24 28	17 03 48	24 20 14	1 01 05	25 21 08	27 01 22
19 M	28 44 57	13 ♓ 26 44	20 25 15	26 24 11	14 27 35	1 48 41	21 48 49	10 48 57	24 38 28	17 12 03	24 18 31	1 05 18	25 23 31	27 04 45
20 Tu	29 44 40	27 18 30	4 ♈ 06 31	25 14 36	15 33 45	2 23 57	22 08 40	11 16 09	24 51 33	17 19 23	24 15 53	1 08 40	25 25 02	27 07 14
21 W	0 ♋ 44 51	10 ♈ 50 07	17 28 37	24 10 49	16 40 10	2 59 35	22 28 59	11 43 46	25 05 04	17 27 09	24 13 39	1 12 29	25 27 01	27 10 08
22 Th	1 46 45	24 05 01	0 ♉ 35 16	23 15 58	17 48 05	3 36 48	22 51 01	12 13 01	25 20 15	17 36 34	24 13 03	1 18 00	25 30 41	27 14 43
23 F	2 51 17	7 ♉ 06 41	13 29 59	22 32 34	18 58 24	4 16 32	23 15 41	12 44 51	25 38 02	17 48 33	24 15 02	1 26 08	25 36 59	27 21 54
24 Sa	3 58 53	19 58 03	26 15 29	22 02 20	20 11 34	4 59 13	23 43 26	13 19 40	25 58 50	18 03 34	24 20 01	1 37 20	25 46 21	27 32 06
25 Su	5 09 27	2 ♊ 41 04	8 ♊ 53 28	21 45 56	21 27 27	5 44 45	24 14 08	13 57 24	26 22 32	18 21 29	24 27 54	1 51 28	25 58 39	27 45 14
26 M	6 22 22	15 16 39	21 24 37	21 43 14	22 45 26	6 32 30	24 47 11	14 37 24	26 48 33	18 41 41	24 38 04	2 07 56	26 13 18	28 00 40
27 Tu	7 36 37	27 44 54	3 ♋ 48 52	21 53 15	24 04 32	7 21 29	25 21 35	15 18 41	27 15 51	19 03 10	24 49 31	2 25 44	26 29 16	28 17 24
28 W	8 50 59	10 ♋ 05 25	16 05 48	22 14 33	25 23 29	8 10 29	25 56 06	16 00 01	27 43 14	19 24 44	25 01 02	2 43 39	26 45 22	28 34 14
29 Th	10 04 18	22 17 55	28 15 14	22 45 27	26 41 07	8 58 16	26 29 33	16 40 13	28 09 29	19 45 10	25 11 26	3 00 29	27 00 23	28 49 58
30 F	11 15 31	4 ♌ 22 32	10 ♌ 17 36	23 24 15	27 56 24	9 43 52	27 00 56	17 18 16	28 33 37	20 03 27	25 19 42	3 15 13	27 13 18	29 03 34
31 Sa	12 24 01	16 20 24	22 14 21	24 09 32	29 08 40	10 26 37	27 29 34	17 53 31	28 54 58	20 18 58	25 25 12	3 27 12	27 23 29	29 14 24

Notes

LONGITUDE November 1981

Day	☉	0 hr ☽	Noon ☽	☿	♀	♂	⚵	⚳	♃	♄	⚷	♅	♆	♇
1 Su	13♋29 34	28♌13 47	4♍08 08	25♊00 15	0♍17 42	11♉06 18	27♋55 16	18♊25 46	29♊13 20	20♊31 28	25♑27 42	3♌36 15	27♌30 44	29♊22 15
2 M	14 32 27	10♍06 14	16 02 57	25 55 46	1 23 47	11 43 12	28 18 19	18 55 17	29 28 58	20 41 15	25 27 30	3 42 37	27 35 19	29 27 25
3 Tu	15 33 23	22 02 32	28 03 55	26 55 57	2 27 36	12 18 01	28 39 23	19 22 46	29 42 36	20 49 01	25 25 17	3 46 60	27 37 55	29 30 35
4 W	16 33 21	4♎08 26	10♎17 04	28 00 59	3 30 08	12 51 45	28 59 30	19 49 14	29 55 13	20 55 46	25 22 05	3 50 25	27 39 33	29 32 45
5 Th	17 33 31	16 30 19	22 48 50	29 11 15	4 32 33	13 25 34	29 19 49	20 15 49	0♋07 59	21 02 39	25 19 02	3 54 01	27 41 23	29 35 05
6 F	18 34 59	29 14 33	5♏45 26	0♋27 10	5 35 56	14 00 34	29 41 25	20 43 39	0 21 60	21 10 47	25 17 16	3 58 55	27 44 31	29 38 41
7 Sa	19 38 36	12♏26 43	19 11 56	1 48 55	6 41 06	14 37 35	0♌05 10	21 13 32	0 38 06	21 20 60	25 17 36	4 05 56	27 49 47	29 44 23
8 Su	20 44 44	26 10 40	3♐11 12	3 16 19	7 48 25	15 16 60	0 31 26	21 45 53	0 56 40	21 33 40	25 20 25	4 15 28	27 57 34	29 52 35
9 M	21 53 13	10♐27 31	17 42 49	4 48 42	8 57 43	15 58 38	1 00 03	22 20 31	1 17 32	21 48 38	25 25 34	4 27 21	28 07 42	0♋03 05
10 Tu	23 03 21	25 14 36	2♑42 23	6 24 55	10 08 16	16 41 47	1 30 18	22 56 42	1 39 58	22 05 10	25 32 19	4 40 50	28 19 28	0 15 12
11 W	24 13 59	10♑25 17	18 01 27	8 03 28	11 18 55	17 25 19	2 01 02	23 33 19	2 02 51	22 22 08	25 39 32	4 54 50	28 31 43	0 27 47
12 Th	25 23 51	25 49 22	3♒28 33	9 42 45	12 28 23	18 07 58	2 31 01	24 09 07	2 24 55	22 38 17	25 45 59	5 08 02	28 43 13	0 39 33
13 F	26 31 52	11♒14 46	18 51 18	11 21 23	13 35 34	18 48 38	2 59 07	24 42 58	2 45 04	22 52 31	25 50 32	5 19 22	28 52 51	0 49 26
14 Sa	27 37 23	26 29 42	3♓58 39	12 58 28	14 39 48	19 26 39	3 24 43	25 14 14	3 02 38	23 04 10	25 52 33	5 28 10	28 59 57	0 56 46
15 Su	28 40 21	11♓24 53	18 42 42	14 33 47	15 41 01	20 01 58	3 47 44	25 42 52	3 17 35	23 13 11	25 51 59	5 34 23	29 04 29	1 01 30
16 M	29 41 16	25 54 38	2♈59 31	16 07 39	16 39 43	20 35 07	4 08 42	26 09 23	3 30 25	23 20 05	25 49 22	5 38 34	29 06 59	1 04 10
17 Tu	0♌41 08	9♈57 07	16 48 48	17 40 55	17 36 51	21 07 04	4 28 35	26 34 45	3 42 07	23 25 51	25 45 39	5 41 38	29 08 23	1 05 42
18 W	1 41 04	23 33 34	0♉12 53	19 14 36	18 33 33	21 38 57	4 48 32	27 00 07	3 53 50	23 31 37	25 41 59	5 44 46	29 09 52	1 07 17
19 Th	2 42 12	6♉47 10	13 15 39	20 49 42	19 30 56	22 11 53	5 09 39	27 26 35	4 06 39	23 38 30	25 39 30	5 49 04	29 12 31	1 10 00
20 F	3 45 22	19 41 59	26 01 26	22 26 59	20 29 47	22 46 41	5 32 47	27 54 60	4 21 26	23 47 19	25 39 00	5 55 22	29 17 11	1 14 43
21 Sa	4 50 58	2♊22 04	8♊34 17	24 06 49	21 30 31	23 23 47	5 58 20	28 25 45	4 38 34	23 58 31	25 40 57	6 04 04	29 24 17	1 21 49
22 Su	5 58 59	14 50 53	20 57 30	25 49 05	22 33 04	24 03 09	6 26 16	28 58 50	4 58 02	24 12 02	25 45 16	6 15 11	29 33 46	1 31 16
23 M	7 08 56	27 11 06	3♋13 27	27 33 16	23 36 57	24 44 16	6 56 07	29 33 45	5 19 22	24 27 24	25 51 31	6 28 09	29 45 10	1 42 37
24 Tu	8 20 01	9♋24 30	15 23 42	29 18 34	24 41 20	25 26 24	7 27 05	0♋09 43	5 41 44	24 43 49	25 58 54	6 42 16	29 57 42	1 55 04
25 W	9 31 16	21 32 12	27 29 07	1♌03 59	25 45 15	26 08 32	7 58 13	0 45 46	6 04 13	25 00 21	26 06 26	6 56 32	0♍10 23	2 07 39
26 Th	10 41 44	3♌34 55	9♌30 20	2 48 31	26 47 42	26 49 43	8 28 32	1 20 57	6 25 49	25 15 59	26 13 11	7 09 59	0 22 16	2 19 23
27 F	11 50 36	15 33 22	21 28 02	4 31 22	27 47 50	27 29 08	8 57 13	1 54 25	6 45 45	25 29 57	26 18 18	7 21 47	0 32 32	2 29 28
28 Sa	12 57 19	27 28 35	3♍23 24	6 11 59	28 45 05	28 06 15	9 23 44	2 25 39	7 03 26	25 41 41	26 21 17	7 31 26	0 40 39	2 37 22
29 Su	14 01 40	9♍22 13	15 18 15	7 50 08	29 39 13	28 40 50	9 47 52	2 54 26	7 18 41	25 50 58	26 21 55	7 38 42	0 46 24	2 42 53
30 M	15 03 50	21 16 44	27 15 22	9 25 60	0♎30 22	29 13 05	10 09 47	3 20 56	7 31 39	25 57 60	26 20 21	7 43 44	0 49 56	2 46 09

LONGITUDE December 1981

Day	☉	0 hr ☽	Noon ☽	☿	♀	♂	⚵	⚳	♃	♄	⚷	♅	♆	♇
1 Tu	16♌04 17	3♎15 32	9♎18 27	11♌00 04	1♎18 58	29♉43 26	10♌29 59	3♋45 37	7♋42 50	26♊03 14	26♑17 05	7♌47 03	0♍51 46	2♋47 40
2 W	17 03 45	15 22 52	21 32 03	12 33 04	2 05 45	0♊12 39	10 49 11	4 09 14	7 52 57	26 07 24	26 12 51	7 49 22	0 52 36	2 48 10
3 Th	18 03 06	27 43 40	4♏01 17	14 05 52	2 51 30	0 41 35	11 08 13	4 32 38	8 02 52	26 11 21	26 08 30	7 51 31	0 53 18	2 48 31
4 F	19 03 09	10♏23 07	16 51 21	15 39 19	3 37 01	1 11 02	11 27 57	4 56 38	8 13 23	26 15 56	26 04 52	7 54 21	0 54 41	2 49 31
5 Sa	20 04 33	23 26 11	0♐06 60	17 14 03	4 22 54	1 41 40	11 48 60	5 21 54	8 25 11	26 21 47	26 02 36	7 58 31	0 57 26	2 51 49
6 Su	21 07 38	6♐56 51	13 51 35	18 50 27	5 09 29	2 13 50	12 11 44	5 48 45	8 38 35	26 29 15	26 02 02	8 04 22	1 01 51	2 55 48
7 M	22 12 23	20 57 17	28 06 12	20 28 29	5 56 40	2 47 28	12 36 05	6 17 10	8 53 33	26 38 17	26 03 10	8 11 50	1 07 56	3 01 23
8 Tu	23 18 22	5♑26 56	12♑48 51	22 07 45	6 43 58	3 22 10	13 01 40	6 46 44	9 09 41	26 48 29	26 05 32	8 20 31	1 15 15	3 08 11
9 W	24 24 52	20 21 53	27 53 58	23 47 32	7 30 39	3 57 13	13 27 44	7 16 42	9 26 13	26 59 06	26 08 27	8 29 42	1 23 04	3 15 27
10 Th	25 31 04	5♒34 49	13♒12 42	25 27 02	8 15 49	4 31 46	13 53 27	7 46 15	9 42 22	27 09 20	26 11 04	8 38 32	1 30 33	3 22 22
11 F	26 36 11	20 55 42	28 34 07	27 05 30	8 58 40	5 05 03	14 18 05	8 14 38	9 57 20	27 18 24	26 12 39	8 46 17	1 36 58	3 28 10
12 Sa	27 39 45	6♓13 22	13♓47 00	28 42 28	9 38 41	5 36 37	14 41 07	8 41 22	10 10 40	27 25 49	26 12 42	8 52 27	1 41 49	3 32 23
13 Su	28 41 39	21 17 24	28 41 46	0♍17 50	10 15 41	6 06 18	15 02 28	9 06 19	10 22 14	27 31 30	26 11 06	8 56 55	1 44 59	3 34 54
14 M	29 42 08	5♈59 45	13♈11 49	1 51 52	10 49 52	6 34 24	15 22 23	9 29 45	10 32 17	27 35 40	26 08 07	8 59 56	1 46 44	3 35 57
15 Tu	0♍41 45	20 15 39	27 13 56	3 25 08	11 21 44	7 01 24	15 41 23	9 52 12	10 41 22	27 38 51	26 04 16	9 02 03	1 47 36	3 36 05
16 W	1 41 09	4♉03 35	10♉48 01	4 58 18	11 51 53	7 27 60	16 00 08	10 14 19	10 50 08	27 41 45	26 00 15	9 03 56	1 48 13	3 35 57
17 Th	2 41 00	17 24 40	23 56 18	6 32 02	12 20 54	7 54 50	16 19 18	10 36 46	10 59 14	27 44 60	25 56 42	9 06 13	1 49 17	3 36 14
18 F	3 41 48	0♊21 50	6♊42 21	8 06 50	12 49 16	8 22 23	16 39 22	11 00 02	11 09 10	27 49 05	25 54 08	9 09 25	1 51 17	3 37 25
19 Sa	4 43 49	12 58 58	19 10 23	9 43 00	13 17 09	8 50 57	17 00 37	11 24 25	11 20 13	27 54 18	25 52 48	9 13 48	1 54 28	3 39 46
20 Su	5 47 03	25 20 12	1♋24 39	11 20 33	13 44 32	9 20 30	17 23 04	11 49 53	11 32 23	28 00 38	25 52 43	9 19 22	1 58 52	3 43 18
21 M	6 51 17	7♋29 31	13 29 02	12 59 15	14 11 07	9 50 51	17 46 28	12 16 15	11 45 26	28 07 53	25 53 41	9 25 55	2 04 16	3 47 48
22 Tu	7 56 09	19 30 30	25 26 54	14 38 44	14 36 26	10 21 34	18 10 27	12 43 06	11 59 00	28 15 38	25 55 18	9 33 02	2 10 16	3 52 52
23 W	9 01 09	1♌26 12	7♌21 03	16 18 30	14 59 58	10 52 12	18 34 32	13 09 58	12 12 36	28 23 27	25 57 06	9 40 17	2 16 23	3 58 03
24 Th	10 05 50	13 19 11	19 13 50	17 58 07	15 21 12	11 22 16	18 58 16	13 36 24	12 25 46	28 30 51	25 58 37	9 47 10	2 22 11	4 02 51
25 F	11 09 49	25 11 38	1♍07 11	19 37 10	15 39 40	11 51 25	19 21 16	14 01 60	12 38 07	28 37 27	25 59 29	9 53 19	2 27 16	4 06 56
26 Sa	12 12 51	7♍05 26	13 02 52	21 15 24	15 55 04	12 19 22	19 43 17	14 26 32	12 49 25	28 43 01	25 59 27	9 58 30	2 31 24	4 10 02
27 Su	13 14 53	19 02 26	25 02 39	22 52 44	16 07 16	12 46 03	20 04 15	14 49 55	12 59 35	28 47 28	25 58 27	10 02 39	2 34 31	4 12 04
28 M	14 15 59	1♎04 31	7♎08 26	24 29 12	16 16 17	13 11 32	20 24 14	15 12 15	13 08 42	28 50 53	25 56 34	10 05 49	2 36 41	4 13 09
29 Tu	15 16 22	13 13 46	19 22 26	26 04 59	16 22 17	13 36 04	20 43 28	15 33 43	13 16 60	28 53 30	25 54 01	10 08 15	2 38 07	4 13 28
30 W	16 16 20	25 32 32	1♏46 57	27 40 21	16 25 30	13 59 55	21 02 16	15 54 40	13 24 46	28 55 37	25 51 07	10 10 15	2 39 09	4 13 21
31 Th	17 16 13	8♏03 29	14 24 59	29 15 33	16 26 15	14 23 26	21 20 56	16 15 24	13 32 20	28 57 33	25 48 11	10 12 09	2 40 06	4 13 08

Notes

January 1982 — LONGITUDE

Day	☉	0 hr ☽	Noon ☽	☿	♀	♂	⚵	⚳	♃	♄	⚷	♅	♆	♇
1 F	18 ♍ 16 20	20 ♏ 49 28	27 ♏ 19 21	0 ♎ 50 49	16 ♎ 24 45	14 ♊ 46 54	21 ♌ 39 47	16 ♋ 36 12	13 ♋ 40 01	28 ♊ 59 37	25 ♑ 45 32	10 ♌ 14 14	2 ♍ 41 15	4 ♋ 13 05
2 Sa	19 16 53	3 ♐ 53 18	10 ♐ 32 51	2 26 17	16 21 13	15 10 32	21 59 02	16 57 19	13 48 00	29 02 01	25 43 23	10 16 43	2 42 50	4 13 27
3 Su	20 17 56	17 17 30	24 07 39	4 01 53	16 15 40	15 34 23	22 18 45	17 18 48	13 56 23	29 04 51	25 41 48	10 19 41	2 44 55	4 14 17
4 M	21 19 27	1 ♑ 03 42	8 ♑ 04 54	5 37 28	16 08 03	15 58 26	22 38 53	17 40 37	14 05 07	29 08 02	25 40 44	10 23 05	2 47 28	4 15 34
5 Tu	22 21 17	15 12 14	22 24 04	7 12 42	15 58 13	16 22 30	22 59 18	18 02 36	14 14 03	29 11 27	25 40 03	10 26 47	2 50 19	4 17 07
6 W	23 23 13	29 41 32	7 ♒ 02 31	8 47 12	15 45 59	16 46 23	23 19 46	18 24 33	14 22 58	29 14 53	25 39 32	10 30 34	2 53 17	4 18 46
7 Th	24 25 03	14 ♒ 27 50	21 55 17	10 20 31	15 31 09	17 09 53	23 40 07	18 46 16	14 31 39	29 18 08	25 38 60	10 34 13	2 56 08	4 20 17
8 F	25 26 40	29 25 07	6 ♓ 55 23	11 52 16	15 13 39	17 32 51	24 00 11	19 07 37	14 40 00	29 21 03	25 38 18	10 37 37	2 58 46	4 21 32
9 Sa	26 28 01	14 ♓ 25 42	21 54 32	13 22 06	14 53 30	17 55 15	24 19 56	19 28 33	14 47 57	29 23 37	25 37 23	10 40 43	3 01 07	4 22 30
10 Su	27 29 09	29 21 04	6 ♈ 44 16	14 49 41	14 30 50	18 17 06	24 39 25	19 49 07	14 55 34	29 25 51	25 36 19	10 43 34	3 03 14	4 23 12
11 M	28 30 10	14 ♈ 03 09	21 17 07	16 14 44	14 05 52	18 38 32	24 58 45	20 09 24	15 02 55	29 27 54	25 35 13	10 46 17	3 05 14	4 23 46
12 Tu	29 31 11	28 25 23	5 ♉ 27 38	17 36 51	13 38 50	18 59 37	25 18 02	20 29 33	15 10 10	29 29 50	25 34 10	10 48 58	3 07 14	4 24 19
13 W	0 ♎ 32 17	12 ♉ 23 27	19 12 42	18 55 37	13 09 59	19 20 28	25 37 21	20 49 37	15 17 21	29 31 46	25 33 17	10 51 42	3 09 19	4 24 55
14 Th	1 33 31	25 55 29	2 ♊ 31 40	20 10 26	12 39 29	19 41 05	25 56 44	21 09 38	15 24 31	29 33 43	25 32 35	10 54 31	3 11 30	4 25 35
15 F	2 34 48	9 ♊ 01 49	15 25 55	21 20 33	12 07 28	20 01 23	26 16 07	21 29 33	15 31 37	29 35 37	25 31 60	10 57 22	3 13 43	4 26 18
16 Sa	3 36 03	21 44 41	27 58 20	22 25 08	11 34 04	20 21 18	26 35 24	21 49 16	15 38 31	29 37 23	25 31 27	11 00 08	3 15 54	4 26 56
17 Su	4 37 08	4 ♋ 07 32	10 ♋ 12 51	23 23 15	10 59 21	20 40 40	26 54 29	22 08 38	15 45 08	29 38 54	25 30 48	11 02 42	3 17 55	4 27 23
18 M	5 37 58	16 14 37	22 13 56	24 13 59	10 23 27	20 59 24	27 13 14	22 27 35	15 51 21	29 40 03	25 29 58	11 04 59	3 19 39	4 27 32
19 Tu	6 38 30	28 10 35	4 ♌ 06 14	24 56 23	9 46 35	21 17 27	27 31 38	22 46 04	15 57 08	29 40 48	25 28 54	11 06 57	3 21 05	4 27 22
20 W	7 38 47	10 ♌ 00 06	15 54 19	25 29 39	9 09 02	21 34 50	27 49 43	23 04 05	16 02 30	29 41 12	25 27 38	11 08 36	3 22 15	4 26 54
21 Th	8 38 55	21 47 39	27 42 28	25 53 03	8 31 09	21 51 39	28 07 36	23 21 48	16 07 34	29 41 21	25 26 19	11 10 05	3 23 15	4 26 16
22 F	9 39 05	3 ♍ 37 21	9 ♍ 34 30	26 06 03	7 53 25	22 08 07	28 25 27	23 39 22	16 12 33	29 41 27	25 25 06	11 11 34	3 24 18	4 25 39
23 Sa	10 39 32	15 32 45	21 33 40	26 08 17	7 16 17	22 24 25	28 43 31	23 57 00	16 17 39	29 41 43	25 24 14	11 13 18	3 25 36	4 25 16
24 Su	11 40 28	27 36 48	3 ♎ 42 37	25 59 35	6 40 13	22 40 45	29 02 00	24 14 57	16 23 05	29 42 22	25 23 56	11 15 28	3 27 22	4 25 21
25 M	12 42 02	9 ♎ 51 44	16 03 14	25 40 00	6 05 38	22 57 18	29 21 04	24 33 20	16 29 01	29 43 35	25 24 20	11 18 15	3 29 47	4 26 03
26 Tu	13 44 18	22 19 02	28 36 46	25 09 51	5 32 49	23 14 06	29 40 46	24 52 14	16 35 30	29 45 23	25 25 32	11 21 43	3 32 53	4 27 26
27 W	14 47 12	4 ♏ 59 37	11 ♏ 23 52	24 29 38	5 01 54	23 31 04	0 ♍ 01 02	25 11 34	16 42 28	29 47 44	25 27 26	11 25 46	3 36 37	4 29 25
28 Th	15 50 31	17 53 47	24 24 44	23 40 08	4 32 53	23 47 58	0 21 38	25 31 07	16 49 42	29 50 24	25 29 49	11 30 12	3 40 45	4 31 48
29 F	16 53 54	1 ♐ 01 29	7 ♐ 39 13	22 42 25	4 05 37	24 04 29	0 42 16	25 50 32	16 56 51	29 53 03	25 32 22	11 34 42	3 44 57	4 34 14
30 Sa	17 56 58	14 22 29	21 07 00	21 37 50	3 39 52	24 20 12	1 02 30	26 09 27	17 03 33	29 55 18	25 34 42	11 38 51	3 48 51	4 36 20
31 Su	18 59 22	27 56 25	4 ♑ 47 43	20 27 59	3 15 26	24 34 45	1 22 00	26 27 28	17 09 26	29 56 48	25 36 26	11 42 17	3 52 04	4 37 45

February 1982 — LONGITUDE

Day	☉	0 hr ☽	Noon ☽	☿	♀	♂	⚵	⚳	♃	♄	⚷	♅	♆	♇
1 M	20 ♎ 00 51	11 ♑ 42 57	18 ♑ 40 54	19 ♎ 14 47	2 ♎ 52 11	24 ♊ 47 53	1 ♍ 40 31	26 ♋ 44 22	17 ♋ 14 14	29 ♊ 57 17	25 ♑ 37 19	11 ♌ 44 47	3 ♍ 54 22	4 ♋ 38 14
2 Tu	21 01 21	25 41 40	2 ♒ 45 52	18 00 19	2 30 12	24 59 32	1 57 59	27 00 06	17 17 55	29 56 43	25 37 20	11 46 18	3 55 41	4 37 44
3 W	22 01 05	9 ♒ 51 50	17 01 32	16 46 52	2 09 45	25 09 53	2 14 37	27 14 51	17 20 41	29 55 18	25 36 40	11 47 00	3 56 14	4 36 27
4 Th	23 00 27	24 12 06	1 ♓ 26 02	15 36 40	1 51 20	25 19 21	2 30 49	27 29 00	17 22 56	29 53 25	25 35 43	11 47 19	3 56 25	4 34 47
5 F	23 59 59	8 ♓ 40 10	15 56 27	14 31 49	1 35 32	25 28 28	2 47 07	27 43 07	17 25 13	29 51 38	25 35 02	11 47 47	3 56 47	4 33 16
6 Sa	25 00 16	23 12 32	0 ♈ 28 44	13 34 07	1 22 57	25 37 45	3 04 05	27 57 45	17 28 04	29 50 31	25 35 10	11 48 57	3 57 52	4 32 30
7 Su	26 01 44	7 ♈ 44 33	14 57 50	12 44 55	1 14 04	25 47 41	3 22 09	28 13 21	17 31 58	29 50 30	25 36 34	11 51 17	4 00 09	4 32 53
8 M	27 04 36	22 10 41	29 18 10	12 04 60	1 09 07	25 58 26	3 41 33	28 30 07	17 37 06	29 51 48	25 39 28	11 55 00	4 03 50	4 34 41
9 Tu	28 08 49	6 ♉ 25 13	13 ♉ 24 18	11 34 36	1 08 01	26 09 57	4 02 13	28 48 00	17 43 26	29 54 21	25 43 47	12 00 02	4 08 51	4 37 48
10 W	29 14 02	20 22 57	27 11 46	11 13 26	1 10 25	26 21 52	4 23 48	29 06 39	17 50 36	29 57 50	25 49 12	12 06 02	4 14 51	4 41 54
11 Th	0 ♏ 19 42	3 ♊ 59 59	10 ♊ 37 31	11 00 51	1 15 45	26 33 38	4 45 45	29 25 30	17 58 04	0 ♋ 01 41	25 55 08	12 12 27	4 21 19	4 46 26
12 F	1 25 10	17 14 09	23 40 23	10 55 57	1 23 19	26 44 35	5 07 24	29 43 55	18 05 10	0 05 15	26 00 58	12 18 38	4 27 34	4 50 46
13 Sa	2 29 48	0 ♋ 05 16	6 ♋ 21 05	10 57 44	1 32 27	26 54 04	5 28 09	0 ♌ 01 15	18 11 17	0 07 55	26 06 03	12 23 58	4 32 60	4 54 16
14 Su	3 33 10	12 35 00	18 42 00	11 05 21	1 42 39	27 01 37	5 47 32	0 17 03	18 15 57	0 09 13	26 09 56	12 27 59	4 37 08	4 56 28
15 M	4 35 01	24 46 37	0 ♌ 46 55	11 18 08	1 53 36	27 07 01	6 05 18	0 31 04	18 18 56	0 08 55	26 12 23	12 30 28	4 39 44	4 57 08
16 Tu	5 35 25	6 ♌ 44 35	12 40 38	11 35 41	2 05 21	27 10 17	6 21 31	0 43 22	18 20 19	0 07 05	26 13 27	12 31 27	4 40 54	4 56 20
17 W	6 34 43	18 34 14	24 28 35	11 57 56	2 18 09	27 11 46	6 36 32	0 54 18	18 20 25	0 04 05	26 13 31	12 31 19	4 40 56	4 54 26
18 Th	7 33 29	0 ♍ 21 16	6 ♍ 16 28	12 24 59	2 32 31	27 12 02	6 50 56	1 04 26	18 19 49	0 00 28	26 13 07	12 30 36	4 40 26	4 51 59
19 F	8 32 25	12 11 25	18 09 51	12 57 11	2 49 05	27 11 46	7 05 23	1 14 28	18 19 14	29 ♊ 56 56	26 12 59	12 30 03	4 40 07	4 49 41
20 Sa	9 32 16	24 10 04	0 ♎ 13 50	13 34 50	3 08 31	27 11 42	7 20 39	1 25 06	18 19 23	29 54 15	26 13 50	12 30 21	4 40 41	4 48 18
21 Su	10 33 37	6 ♎ 21 49	12 32 36	14 18 13	3 31 23	27 12 27	7 37 19	1 36 60	18 20 53	29 53 00	26 16 17	12 32 09	4 42 46	4 48 25
22 M	11 36 54	18 50 10	25 09 05	15 07 26	3 57 60	27 14 23	7 55 49	1 50 31	18 24 09	29 53 37	26 20 45	12 35 51	4 46 46	4 50 27
23 Tu	12 42 12	1 ♏ 37 10	8 ♏ 04 44	16 02 14	4 28 23	27 17 36	8 16 12	2 05 45	18 29 15	29 56 10	26 27 18	12 41 31	4 52 46	4 54 29
24 W	13 49 13	14 43 15	21 19 20	17 02 06	5 02 11	27 21 49	8 38 13	2 22 25	18 35 56	0 ♋ 00 22	26 35 40	12 48 53	5 00 29	5 00 14
25 Th	14 57 21	28 07 12	4 ♐ 51 04	18 06 10	5 38 45	27 26 24	9 01 13	2 39 53	18 43 32	0 05 38	26 45 13	12 57 20	5 09 19	5 07 06
26 F	16 05 42	11 ♐ 46 25	18 36 53	19 13 20	6 17 08	27 30 28	9 24 21	2 57 18	18 51 14	0 11 04	26 55 06	13 06 00	5 18 23	5 14 13
27 Sa	17 13 21	25 37 26	2 ♑ 33 01	20 22 26	6 56 18	27 33 05	9 46 39	3 13 42	18 58 03	0 15 44	27 04 21	13 13 56	5 26 44	5 20 36
28 Su	18 19 26	9 ♑ 36 27	16 35 43	21 32 29	7 35 23	27 33 24	10 07 16	3 28 14	19 03 09	0 18 46	27 12 07	13 20 17	5 33 31	5 25 26

Notes

LONGITUDE — March 1982

Day	☉	0 hr ☽	Noon ☽	☿	♀	♂	⚵	⚳	♃	♄	⚷	♅	♆	♇
1 M	19 ♏ 23 26	23 ♑ 40 07	0 ♒ 41 50	22 ♎ 42 47	8 ♎ 13 47	27 ♊ 30 53	10 ♍ 25 42	3 ♌ 40 22	19 ♋ 06 00	0 ♋ 19 41	27 ♑ 17 54	13 ♌ 24 31	5 ♍ 38 14	5 ♋ 28 11
2 Tu	20 25 16	7 ♒ 45 60	14 49 09	23 53 07	8 51 22	27 25 28	10 41 50	3 50 02	19 06 33	0 18 22	27 21 36	13 26 34	5 40 46	5 28 47
3 W	21 25 22	21 52 40	28 56 33	25 03 47	9 28 31	27 17 34	10 56 07	3 57 38	19 05 12	0 15 17	27 23 40	13 26 51	5 41 35	5 27 38
4 Th	22 24 33	5 ♓ 59 36	13 ♓ 03 37	26 15 30	10 06 02	27 08 01	11 09 23	4 04 02	19 02 47	0 11 14	27 24 54	13 26 13	5 41 29	5 25 36
5 F	23 23 54	20 06 41	27 10 09	27 29 14	10 44 54	26 57 55	11 22 41	4 10 15	19 00 23	0 07 19	27 26 23	13 25 44	5 41 33	5 23 44
6 Sa	24 24 29	4 ♈ 13 33	11 ♈ 15 34	28 45 60	11 26 11	26 48 18	11 37 05	4 17 24	18 59 04	0 04 35	27 29 11	13 26 28	5 42 52	5 23 07
7 Su	25 27 09	18 19 05	25 18 26	0 ♏ 06 32	12 10 41	26 40 04	11 53 27	4 26 19	18 59 42	0 03 54	27 34 10	13 29 15	5 46 16	5 24 35
8 M	26 32 21	2 ♉ 21 05	9 ♉ 16 14	1 31 13	12 58 47	26 33 37	12 12 13	4 37 25	19 02 42	0 05 42	27 41 46	13 34 33	5 52 11	5 28 36
9 Tu	27 40 01	16 16 21	23 05 36	2 59 58	13 50 24	26 28 57	12 33 19	4 50 39	19 08 01	0 09 56	27 51 54	13 42 18	6 00 35	5 35 05
10 W	28 49 37	0 ♊ 00 59	6 ♊ 42 48	4 32 09	14 44 57	26 25 29	12 56 12	5 05 28	19 15 08	0 16 04	28 04 04	13 51 58	6 10 54	5 43 31
11 Th	0 ♐ 00 15	13 31 09	20 04 20	6 06 51	15 41 30	26 22 22	13 19 60	5 20 59	19 23 07	0 23 11	28 17 20	14 02 38	6 22 16	5 52 59
12 F	1 10 51	26 43 42	3 ♋ 07 43	7 42 56	16 38 56	26 18 32	13 43 36	5 36 07	19 30 56	0 30 14	28 30 39	14 13 15	6 33 35	6 02 26
13 Sa	2 20 20	9 ♋ 36 51	15 51 55	9 19 21	17 36 09	26 12 55	14 05 57	5 49 47	19 37 29	0 36 09	28 42 57	14 22 44	6 43 48	6 10 47
14 Su	3 27 55	22 10 33	28 17 34	10 55 12	18 32 19	26 04 43	14 26 13	6 01 11	19 41 58	0 40 07	28 53 23	14 30 17	6 52 05	6 17 13
15 M	4 33 05	4 ♌ 26 32	10 ♌ 27 06	12 30 01	19 26 54	25 53 29	14 43 57	6 09 49	19 43 55	0 41 39	29 01 30	14 35 24	6 57 58	6 21 15
16 Tu	5 35 50	16 28 12	22 24 26	14 03 45	20 19 52	25 39 13	14 59 06	6 15 40	19 43 18	0 40 44	29 07 17	14 38 04	7 01 26	6 22 53
17 W	6 36 35	28 20 25	4 ♍ 14 47	15 36 47	21 11 34	25 22 20	15 12 04	6 19 08	19 40 32	0 37 46	29 11 07	14 38 42	7 02 52	6 22 31
18 Th	7 36 04	10 ♍ 09 01	16 04 13	17 09 54	22 02 46	25 03 37	15 23 37	6 20 59	19 36 22	0 33 32	29 13 47	14 38 04	7 03 04	6 20 54
19 F	8 35 19	22 00 27	27 59 13	18 44 05	22 54 25	24 44 07	15 34 46	6 22 13	19 31 50	0 29 02	29 16 17	14 37 10	7 03 00	6 19 03
20 Sa	9 35 24	4 ♎ 01 12	10 ♎ 06 08	20 20 24	23 47 35	24 24 56	15 46 34	6 23 54	19 27 59	0 25 20	29 19 40	14 37 05	7 03 46	6 18 03
21 Su	10 37 16	16 17 19	22 30 44	21 59 49	24 43 10	24 07 02	15 59 59	6 26 60	19 25 47	0 23 24	29 24 55	14 38 45	7 06 19	6 18 50
22 M	11 41 34	28 53 49	5 ♏ 17 28	23 42 59	25 41 50	23 51 08	16 15 39	6 32 09	19 25 54	0 23 54	29 32 41	14 42 50	7 11 18	6 22 05
23 Tu	12 48 32	11 ♏ 54 03	18 28 54	25 30 07	26 43 46	23 37 29	16 33 48	6 39 36	19 28 33	0 27 03	29 43 11	14 49 34	7 18 57	6 28 00
24 W	13 57 53	25 19 13	2 ♐ 05 15	27 20 58	27 48 40	23 25 49	16 54 09	6 49 02	19 33 27	0 32 34	29 56 08	14 58 39	7 28 58	6 36 19
25 Th	15 08 49	9 ♐ 07 59	16 04 07	29 14 45	28 55 42	23 15 25	17 15 55	6 59 41	19 39 51	0 39 40	0 ♒ 10 46	15 09 19	7 40 35	6 46 15
26 F	16 20 13	23 16 32	0 ♑ 20 43	1 ♐ 10 19	0 ♏ 03 44	23 05 09	17 37 56	7 10 24	19 46 34	0 47 14	0 25 54	15 20 25	7 52 39	6 56 39
27 Sa	17 30 45	7 ♑ 39 03	14 48 33	3 06 24	1 11 27	22 53 49	17 58 56	7 19 55	19 52 20	0 53 56	0 40 16	15 30 40	8 03 52	7 06 13
28 Su	18 39 20	22 08 46	29 20 35	5 01 53	2 17 42	22 40 17	18 17 45	7 27 04	19 56 01	0 58 41	0 52 44	15 38 55	8 13 07	7 13 50
29 M	19 45 11	6 ♒ 39 04	13 ♒ 50 32	6 56 02	3 21 43	22 23 53	18 33 40	7 31 08	19 56 54	1 00 43	1 02 35	15 44 27	8 19 40	7 18 47
30 Tu	20 48 13	21 04 42	28 13 43	8 48 44	4 23 23	22 04 32	18 46 33	7 32 00	19 54 52	0 59 56	1 09 39	15 47 09	8 23 23	7 20 55
31 W	21 48 55	5 ♓ 22 25	12 ♓ 27 40	10 40 31	5 23 10	21 42 48	18 56 55	7 30 10	19 50 24	0 56 50	1 14 28	15 47 30	8 24 46	7 20 45

LONGITUDE — April 1982

Day	☉	0 hr ☽	Noon ☽	☿	♀	♂	⚵	⚳	♃	♄	⚷	♅	♆	♇
1 Th	22 ♐ 48 18	19 ♓ 30 56	26 ♓ 31 49	12 ♐ 32 24	6 ♏ 22 05	21 ♊ 19 43	19 ♍ 05 46	7 ♌ 26 39	19 ♋ 44 32	0 ♋ 52 27	1 ♒ 18 03	15 ♌ 46 32	8 ♍ 24 51	7 ♋ 19 17
2 F	23 47 40	3 ♈ 30 36	10 ♈ 26 56	14 25 41	7 21 25	20 56 39	19 14 24	7 22 46	19 38 35	0 48 04	1 21 42	15 45 33	8 24 56	7 17 51
3 Sa	24 48 20	17 22 31	24 14 20	16 21 40	8 22 28	20 34 56	19 24 07	7 19 49	19 33 50	0 45 00	1 26 42	15 45 51	8 26 18	7 17 44
4 Su	25 51 20	1 ♉ 07 45	7 ♉ 54 59	18 21 23	9 26 15	20 15 40	19 35 56	7 18 50	19 31 20	0 44 17	1 34 06	15 48 28	8 30 01	7 19 58
5 M	26 57 11	14 46 39	21 29 05	20 25 21	10 33 17	19 59 24	19 50 25	7 20 21	19 31 39	0 46 28	1 44 26	15 53 56	8 36 35	7 25 07
6 Tu	28 05 53	28 18 36	4 ♊ 55 43	22 33 31	11 43 32	19 46 11	20 07 31	7 24 22	19 34 43	0 51 30	1 57 40	16 02 15	8 46 01	7 33 07
7 W	29 16 51	11 ♊ 41 56	18 13 08	24 45 17	12 56 27	19 35 29	20 26 41	7 30 19	19 40 01	0 58 51	2 13 16	16 12 49	8 57 43	7 43 26
8 Th	0 ♑ 29 07	24 54 25	1 ♋ 19 04	26 59 38	14 11 00	19 26 21	20 46 54	7 37 11	19 46 32	1 07 32	2 30 12	16 24 41	9 10 43	7 55 03
9 F	1 41 28	7 ♋ 53 42	14 11 26	29 15 15	15 25 59	19 17 36	21 06 58	7 43 49	19 53 04	1 16 19	2 47 17	16 36 37	9 23 47	8 06 48
10 Sa	2 52 42	20 38 01	26 48 51	1 ♑ 30 54	16 40 13	19 08 07	21 25 42	7 48 59	19 58 28	1 24 02	3 03 19	16 47 26	9 35 46	8 17 28
11 Su	4 01 52	3 ♌ 06 41	9 ♌ 11 08	3 45 28	17 52 40	18 56 56	21 42 07	7 51 45	20 01 43	1 29 42	3 17 20	16 56 10	9 45 40	8 26 04
12 M	5 08 21	15 20 26	21 19 37	5 58 15	19 02 47	18 43 30	21 55 36	7 51 31	20 02 15	1 32 44	3 28 44	17 02 13	9 52 53	8 32 02
13 Tu	6 12 01	27 21 35	3 ♍ 17 06	8 08 56	20 10 23	18 27 43	22 06 02	7 48 08	19 59 56	1 32 59	3 37 22	17 05 27	9 57 18	8 35 13
14 W	7 13 13	9 ♍ 13 57	15 07 53	10 17 40	21 15 48	18 09 57	22 13 43	7 41 57	19 55 05	1 30 48	3 43 35	17 06 11	9 59 13	8 35 57
15 Th	8 12 39	21 02 37	26 57 25	12 24 58	22 19 45	17 50 58	22 19 24	7 33 42	19 48 27	1 26 54	3 48 06	17 05 10	9 59 23	8 34 57
16 F	9 11 20	2 ♎ 53 37	8 ♎ 51 58	14 31 36	23 23 13	17 31 47	22 24 04	7 24 24	19 41 03	1 22 18	3 51 55	17 03 22	9 58 48	8 33 14
17 Sa	10 10 24	14 53 30	20 58 09	16 38 24	24 27 20	17 13 33	22 28 51	7 15 10	19 33 58	1 18 06	3 56 09	17 01 57	9 58 35	8 31 54
18 Su	11 10 51	27 08 46	3 ♏ 22 23	18 46 07	25 33 06	16 57 22	22 34 45	7 07 04	19 28 17	1 15 22	4 01 50	17 01 55	9 59 46	8 32 00
19 M	12 13 29	9 ♏ 45 22	16 10 13	20 55 13	26 41 18	16 43 59	22 42 33	7 00 51	19 24 46	1 14 51	4 09 45	17 04 03	10 03 08	8 34 19
20 Tu	13 18 38	22 47 52	29 25 31	23 05 44	27 52 16	16 33 48	22 52 36	6 56 53	19 23 45	1 16 54	4 20 13	17 08 42	10 08 60	8 39 10
21 W	14 26 08	6 ♐ 18 48	13 ♐ 09 51	25 17 09	29 05 48	16 26 39	23 04 43	6 55 00	19 25 04	1 21 22	4 33 05	17 15 41	10 17 13	8 46 24
22 Th	15 35 17	20 17 60	27 21 41	27 28 27	0 ♐ 21 13	16 21 53	23 18 12	6 54 33	19 28 03	1 27 32	4 47 39	17 24 19	10 27 05	8 55 20
23 F	16 45 00	4 ♑ 42 12	11 ♑ 56 24	29 38 14	1 37 26	16 18 26	23 31 58	6 54 25	19 31 37	1 34 20	5 02 51	17 33 32	10 37 32	9 04 51
24 Sa	17 54 02	19 25 13	26 46 36	1 ♒ 44 58	2 53 11	16 15 03	23 44 46	6 53 24	19 34 30	1 40 31	5 17 24	17 42 03	10 47 17	9 13 44
25 Su	19 01 15	4 ♒ 18 48	11 ♒ 43 17	3 47 11	4 07 19	16 10 38	23 55 28	6 50 21	19 35 36	1 44 57	5 30 10	17 48 45	10 55 14	9 20 49
26 M	20 05 54	19 13 60	26 37 32	5 43 55	5 19 05	16 04 26	24 03 17	6 44 33	19 34 08	1 46 52	5 40 25	17 52 53	11 00 36	9 25 23
27 Tu	21 07 47	4 ♓ 02 44	11 ♓ 21 52	7 34 44	6 28 18	15 56 18	24 08 04	6 35 49	19 29 58	1 46 08	5 47 58	17 54 16	11 03 14	9 27 14
28 W	22 07 21	18 39 04	25 51 25	9 19 51	7 35 23	15 46 40	24 10 15	6 24 37	19 23 32	1 43 08	5 53 15	17 53 21	11 03 33	9 26 48
29 Th	23 05 32	2 ♈ 59 41	10 ♈ 03 58	11 00 02	8 41 16	15 36 27	24 10 44	6 11 53	19 15 44	1 38 50	5 57 10	17 51 02	11 02 29	9 25 01
30 F	24 03 29	17 03 44	23 59 36	12 36 17	9 47 08	15 26 52	24 10 43	5 58 49	19 07 47	1 34 24	6 00 56	17 48 31	11 01 12	9 23 04

Notes

May 1982

LONGITUDE

Day	☉	0 hr ☽	Noon ☽	☿	♀	♂	⚵	⚳	♃	♄	⚷	♅	♆	♇
1 Sa	25 ♑ 02 25	0 ♉ 52 02	7 ♉ 39 46	14 ♒ 09 39	10 ♐ 54 09	15 ♊ 19 05	24 ♍ 11 23	5 ♌ 46 36	19 ♋ 00 52	1 ♋ 31 02	6 ♒ 05 43	17 ♌ 46 59	11 ♍ 00 55	9 ♋ 22 08
2 Su	26 03 16	14 26 17	21 06 30	15 40 58	12 03 16	15 14 02	24 13 39	5 36 12	18 55 55	1 29 39	6 12 27	17 47 23	11 02 32	9 23 09
3 M	27 06 31	27 48 15	4 ♊ 21 34	17 10 37	13 14 58	15 12 15	24 18 02	5 28 08	18 53 27	1 30 47	6 21 38	17 50 11	11 06 35	9 26 38
4 Tu	28 12 11	10 ♊ 59 10	17 26 08	18 38 31	14 29 14	15 13 42	24 24 31	5 22 25	18 53 28	1 34 24	6 33 16	17 55 25	11 13 03	9 32 33
5 W	29 19 47	23 59 35	0 ♋ 20 37	20 04 06	15 45 38	15 17 55	24 32 39	5 18 35	18 55 29	1 40 03	6 46 54	18 02 37	11 21 28	9 40 29
6 Th	0 ♒ 28 31	6 ♋ 49 25	13 04 47	21 26 30	17 03 18	15 24 05	24 41 35	5 15 51	18 58 43	1 46 55	7 01 40	18 10 56	11 31 01	9 49 33
7 F	1 37 22	19 28 11	25 38 07	22 44 36	18 21 15	15 31 10	24 50 20	5 13 11	19 02 09	1 53 59	7 16 36	18 19 23	11 40 41	9 58 48
8 Sa	2 45 19	1 ♌ 55 24	8 ♌ 00 17	23 57 22	19 38 28	15 38 12	24 57 53	5 09 38	19 04 47	2 00 15	7 30 41	18 26 57	11 49 28	10 07 11
9 Su	3 51 34	14 11 03	20 11 25	25 03 54	20 54 08	15 44 19	25 03 24	5 04 23	19 05 48	2 04 55	7 43 05	18 32 49	11 56 32	10 13 55
10 M	4 55 35	26 15 52	2 ♍ 12 36	26 03 35	22 07 42	15 48 60	25 06 22	4 56 55	19 04 40	2 07 25	7 53 16	18 36 28	12 01 23	10 18 26
11 Tu	5 57 11	8 ♍ 11 36	14 05 55	26 56 13	23 19 00	15 52 03	25 06 37	4 47 04	19 01 13	2 07 37	8 01 05	18 37 43	12 03 50	10 20 36
12 W	6 56 35	20 01 06	25 54 39	27 41 56	24 28 15	15 53 42	25 04 21	4 35 04	18 55 40	2 05 42	8 06 43	18 36 46	12 04 04	10 20 36
13 Th	7 54 19	1 ♎ 48 21	7 ♎ 43 06	28 21 12	25 35 57	15 54 26	25 00 05	4 21 28	18 48 33	2 02 12	8 10 42	18 34 09	12 02 38	10 18 58
14 F	8 51 08	13 38 14	19 36 29	28 54 44	26 42 53	15 55 02	24 54 35	4 07 02	18 40 38	1 57 54	8 13 48	18 30 39	12 00 18	10 16 28
15 Sa	9 47 55	25 36 19	1 ♏ 40 34	29 23 22	27 49 55	15 56 21	24 48 43	3 52 39	18 32 48	1 53 39	8 16 53	18 27 07	11 57 56	10 13 57
16 Su	10 45 30	7 ♏ 48 32	14 01 21	29 47 55	28 57 52	15 59 13	24 43 21	3 39 10	18 25 53	1 50 17	8 20 48	18 24 24	11 56 22	10 12 18
17 M	11 44 33	20 20 35	26 44 23	0 ♓ 08 60	0 ♑ 07 23	16 04 17	24 39 07	3 27 17	18 20 32	1 48 30	8 26 11	18 23 09	11 56 15	10 12 08
18 Tu	12 45 24	3 ♐ 17 29	9 ♐ 54 12	0 26 59	1 18 51	16 11 53	24 36 22	3 17 20	18 17 07	1 48 36	8 33 24	18 23 43	11 57 58	10 13 49
19 W	13 48 01	16 42 44	23 33 33	0 41 51	2 32 11	16 21 59	24 35 04	3 09 19	18 15 36	1 50 35	8 42 23	18 26 05	12 01 26	10 17 18
20 Th	14 51 59	0 ♑ 37 41	7 ♑ 42 35	0 53 13	3 46 58	16 34 07	24 34 47	3 02 47	18 15 33	1 53 60	8 52 44	18 29 47	12 06 14	10 22 10
21 F	15 56 31	15 00 50	22 18 18	1 00 25	5 02 26	16 47 33	24 34 47	2 57 02	18 16 13	1 58 06	9 03 41	18 34 04	12 11 38	10 27 39
22 Sa	17 00 44	29 47 31	7 ♒ 14 34	1 02 41	6 17 42	17 01 21	24 34 08	2 51 09	18 16 42	2 01 59	9 14 19	18 38 04	12 16 43	10 32 52
23 Su	18 03 48	14 ♒ 50 14	22 22 39	0 59 20	7 31 54	17 14 41	24 32 02	2 44 20	18 16 10	2 04 48	9 23 49	18 40 56	12 20 38	10 36 57
24 M	19 05 06	29 59 36	7 ♓ 32 38	0 50 00	8 44 27	17 26 56	24 27 52	2 35 59	18 14 02	2 05 60	9 31 34	18 42 03	12 22 49	10 39 20
25 Tu	20 04 28	15 ♓ 05 56	22 35 03	0 34 44	9 55 09	17 37 55	24 21 29	2 25 56	18 10 07	2 05 21	9 37 24	18 41 15	12 23 03	10 39 49
26 W	21 02 08	0 ♈ 00 46	7 ♈ 22 17	0 14 07	11 04 15	17 47 52	24 13 05	2 14 26	18 04 39	2 03 07	9 41 32	18 38 47	12 21 37	10 38 39
27 Th	21 58 41	14 37 58	21 49 30	29 ♒ 49 05	12 12 20	17 57 20	24 03 18	2 02 06	17 58 14	1 59 52	9 44 35	18 35 13	12 19 04	10 36 25
28 F	22 54 54	28 54 10	5 ♉ 54 34	29 20 51	13 20 11	18 07 07	23 52 55	1 49 43	17 51 40	1 56 26	9 47 18	18 31 22	12 16 12	10 33 55
29 Sa	23 51 36	12 ♉ 48 25	19 37 36	28 50 41	14 28 36	18 17 60	23 42 44	1 38 05	17 45 43	1 53 34	9 50 31	18 28 00	12 13 49	10 31 55
30 Su	24 49 22	26 21 36	3 ♊ 00 13	28 19 41	15 38 12	18 30 34	23 33 22	1 27 51	17 41 03	1 51 54	9 54 50	18 25 46	12 12 32	10 31 03
31 M	25 48 35	9 ♊ 35 37	16 04 44	27 48 47	16 49 20	18 45 11	23 25 11	1 19 22	17 37 58	1 51 48	10 00 35	18 24 59	12 12 42	10 31 41

June 1982

LONGITUDE

Day	☉	0 hr ☽	Noon ☽	☿	♀	♂	⚵	⚳	♃	♄	⚷	♅	♆	♇
1 Tu	26 ♒ 49 16	22 ♊ 32 46	28 ♊ 53 39	27 ♒ 18 32	18 ♑ 02 00	19 ♊ 01 50	23 ♍ 18 12	1 ♌ 12 39	17 ♋ 36 32	1 ♋ 53 16	10 ♒ 07 49	18 ♌ 25 42	12 ♍ 14 20	10 ♋ 33 49
2 W	27 51 08	5 ♋ 15 17	11 ♋ 29 11	26 49 15	19 15 57	19 20 15	23 12 10	1 07 27	17 36 28	1 56 03	10 16 14	18 27 38	12 17 10	10 37 12
3 Th	28 53 42	17 45 08	23 53 13	26 21 03	20 30 42	19 39 56	23 06 36	1 03 18	17 37 16	1 59 38	10 25 22	18 30 18	12 20 43	10 41 19
4 F	29 56 23	0 ♌ 04 00	6 ♌ 07 18	25 53 53	21 45 38	20 00 16	23 00 54	0 59 35	17 38 22	2 03 27	10 34 37	18 33 06	12 24 24	10 45 36
5 Sa	0 ♓ 58 35	12 13 21	18 12 48	25 27 45	23 00 11	20 20 40	22 54 30	0 55 45	17 39 10	2 06 55	10 43 23	18 35 28	12 27 37	10 49 27
6 Su	1 59 51	24 14 33	0 ♍ 11 06	25 02 40	24 13 52	20 40 39	22 46 56	0 51 18	17 39 12	2 09 32	10 51 13	18 36 55	12 29 53	10 52 24
7 M	2 59 51	6 ♍ 09 11	12 03 48	24 38 49	25 26 23	20 59 53	22 37 54	0 45 58	17 38 10	2 11 01	10 57 47	18 37 08	12 30 55	10 54 09
8 Tu	3 58 30	17 59 08	23 52 55	24 16 32	26 37 37	21 18 15	22 27 19	0 39 37	17 35 56	2 11 15	11 02 60	18 36 01	12 30 36	10 54 34
9 W	4 55 53	29 46 47	5 ♎ 40 60	23 56 19	27 47 40	21 35 52	22 15 16	0 32 23	17 32 38	2 10 21	11 06 57	18 33 41	12 29 02	10 53 47
10 Th	5 52 19	11 ♎ 35 02	17 31 11	23 38 44	28 56 49	21 52 59	22 02 03	0 24 32	17 28 33	2 08 34	11 09 55	18 30 24	12 26 29	10 52 03
11 F	6 48 09	23 27 27	29 27 16	23 24 30	0 ♒ 05 28	22 09 60	21 48 05	0 16 29	17 24 04	2 06 20	11 12 17	18 26 35	12 23 23	10 49 48
12 Sa	7 43 53	5 ♏ 28 02	11 ♏ 33 28	23 14 17	1 14 04	22 27 21	21 33 50	0 08 41	17 19 38	2 04 05	11 14 32	18 22 39	12 20 10	10 47 27
13 Su	8 39 55	17 41 13	23 54 21	23 08 42	2 23 02	22 45 28	21 19 44	0 01 34	17 15 42	2 02 15	11 17 05	18 19 04	12 17 16	10 45 28
14 M	9 36 36	0 ♐ 11 30	6 ♐ 34 26	23 08 11	3 32 44	23 04 41	21 06 07	29 ♋ 55 29	17 12 36	2 01 10	11 20 16	18 16 10	12 15 01	10 44 10
15 Tu	10 34 08	13 03 12	19 37 48	23 13 03	4 43 20	23 25 09	20 53 13	29 50 36	17 10 31	2 01 02	11 24 16	18 14 07	12 13 37	10 43 44
16 W	11 32 28	26 19 50	3 ♑ 07 29	23 23 19	5 54 49	23 46 53	20 40 60	29 46 55	17 09 26	2 01 49	11 29 05	18 12 56	12 13 02	10 44 10
17 Th	12 31 28	10 ♑ 03 38	17 04 53	23 38 51	7 07 00	24 09 40	20 29 18	29 44 17	17 09 11	2 03 22	11 34 31	18 12 25	12 13 06	10 45 17
18 F	13 30 47	24 14 48	1 ♒ 29 02	23 59 18	8 19 34	24 33 12	20 17 50	29 42 20	17 09 26	2 05 20	11 40 15	18 12 15	12 13 30	10 46 45
19 Sa	14 30 03	8 ♒ 51 04	16 16 16	24 24 17	9 32 09	24 57 05	20 06 12	29 40 43	17 09 49	2 07 22	11 45 54	18 12 04	12 13 51	10 48 12
20 Su	15 28 54	23 47 20	1 ♓ 20 07	24 53 24	10 44 23	25 20 57	19 54 06	29 39 06	17 09 59	2 09 05	11 51 08	18 11 30	12 13 48	10 49 17
21 M	16 27 08	8 ♓ 56 03	16 32 01	25 26 23	11 56 02	25 44 35	19 41 18	29 37 14	17 09 42	2 10 18	11 55 43	18 10 21	12 13 08	10 49 47
22 Tu	17 24 39	24 08 02	1 ♈ 42 22	26 03 06	13 07 02	26 07 55	19 27 45	29 35 04	17 08 55	2 10 54	11 59 35	18 08 31	12 11 46	10 49 37
23 W	18 21 35	9 ♈ 13 49	16 42 02	26 43 36	14 17 30	26 31 01	19 13 34	29 32 41	17 07 42	2 11 01	12 02 49	18 06 08	12 09 49	10 48 54
24 Th	19 18 06	24 05 02	1 ♉ 23 33	27 28 01	15 27 38	26 54 06	18 58 58	29 30 18	17 06 18	2 10 51	12 05 38	18 03 23	12 07 29	10 47 49
25 F	20 14 31	8 ♉ 35 27	15 41 59	28 16 33	16 37 41	27 17 26	18 44 14	29 28 11	17 04 58	2 10 40	12 08 19	18 00 34	12 05 03	10 46 39
26 Sa	21 11 02	22 41 23	29 34 59	29 09 22	17 47 54	27 41 14	18 29 38	29 26 34	17 03 56	2 10 43	12 11 05	17 57 53	12 02 44	10 45 39
27 Su	22 07 50	6 ♊ 21 42	13 ♊ 02 32	0 ♓ 06 36	18 58 28	28 05 39	18 15 19	29 25 38	17 03 21	2 11 08	12 14 06	17 55 32	12 00 42	10 44 58
28 M	23 04 58	19 37 14	26 06 18	1 08 13	20 09 24	28 30 46	18 01 23	29 25 25	17 03 19	2 12 01	12 17 26	17 53 33	11 59 02	10 44 40
29 Tu	24 02 24	2 ♋ 30 16	8 ♋ 49 08	2 14 08	21 20 42	28 56 31	17 47 47	29 25 53	17 03 46	2 13 17	12 21 03	17 51 55	11 57 41	10 44 42
30 W	25 00 01	15 03 58	21 14 24	3 24 13	22 32 15	29 22 47	17 34 27	29 26 55	17 04 36	2 14 52	12 24 49	17 50 31	11 56 32	10 44 58

Notes

LONGITUDE — July 1982

Day	☉	0 hr ☽	Noon ☽	☿	♀	♂	⚵	⚳	♃	♄	⚷	♅	♆	♇
1 Th	25♓57 43	27♋21 48	3♌25 40	4♓38 15	23♒43 55	29♊49 26	17♍21 16	29♋28 25	17♋05 41	2♋16 37	12♒28 38	17♌49 14	11♍55 28	10♋45 20
2 F	26 55 21	9♌27 23	15 26 28	5 56 05	24 55 34	0♋16 21	17 08 05	29 30 13	17 06 53	2 18 25	12 32 21	17 47 55	11 54 21	10 45 42
3 Sa	27 52 51	21 24 06	27 20 03	7 17 36	26 07 09	0 43 26	16 54 53	29 32 15	17 08 09	2 20 11	12 35 55	17 46 31	11 53 07	10 45 58
4 Su	28 50 12	3♍15 09	9♍09 25	8 42 42	27 18 37	1 10 39	16 41 37	29 34 30	17 09 25	2 21 53	12 39 17	17 45 00	11 51 45	10 46 06
5 M	29 47 25	15 03 24	20 57 19	10 11 24	28 30 01	1 38 03	16 28 21	29 36 59	17 10 46	2 23 34	12 42 30	17 43 24	11 50 16	10 46 09
6 Tu	0♈44 36	26 51 31	2♎46 16	11 43 41	29 41 25	2 05 41	16 15 11	29 39 47	17 12 14	2 25 19	12 45 37	17 41 48	11 48 45	10 46 12
7 W	1 41 50	8♎41 55	14 38 39	13 19 35	0♓52 55	2 33 39	16 02 11	29 42 59	17 13 56	2 27 11	12 48 46	17 40 17	11 47 18	10 46 20
8 Th	2 39 12	20 36 57	26 36 46	14 59 07	2 04 35	3 02 01	15 49 28	29 46 40	17 15 56	2 29 18	12 51 60	17 38 56	11 45 59	10 46 37
9 F	3 36 44	2♏38 54	8♏42 58	16 42 13	3 16 29	3 30 50	15 37 06	29 50 52	17 18 17	2 31 40	12 55 22	17 37 47	11 44 51	10 47 07
10 Sa	4 34 26	14 50 08	20 59 42	18 28 45	4 28 36	4 00 04	15 25 04	29 55 34	17 20 58	2 34 18	12 58 51	17 36 51	11 43 54	10 47 49
11 Su	5 32 14	27 13 08	3♐29 32	20 18 31	5 40 51	4 29 40	15 13 18	0♌00 42	17 23 54	2 37 07	13 02 23	17 36 03	11 43 02	10 48 38
12 M	6 30 00	9♐50 27	16 15 05	22 11 14	6 53 06	4 59 29	15 01 41	0 06 08	17 26 59	2 39 59	13 05 50	17 35 15	11 42 10	10 49 27
13 Tu	7 27 35	22 44 42	29 18 53	24 06 33	8 05 13	5 29 21	14 50 05	0 11 42	17 30 02	2 42 45	13 09 03	17 34 18	11 41 07	10 50 06
14 W	8 24 52	5♑58 21	12♑43 13	26 04 07	9 17 04	5 59 10	14 38 24	0 17 17	17 32 57	2 45 18	13 11 55	17 33 05	11 39 45	10 50 28
15 Th	9 21 47	19 33 24	26 29 38	28 03 38	10 28 34	6 28 51	14 26 33	0 22 49	17 35 39	2 47 33	13 14 21	17 31 31	11 38 02	10 50 30
16 F	10 18 21	3♒30 56	10♒38 32	0♈04 51	11 39 48	6 58 26	14 14 36	0 28 20	17 38 11	2 49 33	13 16 24	17 29 40	11 35 59	10 50 13
17 Sa	11 14 45	17 50 37	25 08 35	2 07 40	12 50 52	7 28 04	14 02 42	0 33 58	17 40 41	2 51 28	13 18 13	17 27 39	11 33 46	10 49 47
18 Su	12 11 12	2♓30 11	9♓56 23	4 11 59	14 02 02	7 57 60	13 51 06	0 39 58	17 43 24	2 53 30	13 20 02	17 25 45	11 31 37	10 49 25
19 M	13 08 00	17 25 05	24 56 19	6 17 47	15 13 35	8 28 30	13 40 06	0 46 37	17 46 37	2 55 59	13 22 08	17 24 13	11 29 49	10 49 26
20 Tu	14 05 25	2♈28 39	10♈00 49	8 25 01	16 25 46	8 59 49	13 29 59	0 54 10	17 50 36	2 59 08	13 24 47	17 23 19	11 28 37	10 50 04
21 W	15 03 33	17 32 37	25 01 19	10 33 29	17 38 43	9 32 06	13 20 52	1 02 46	17 55 28	3 03 06	13 28 07	17 23 12	11 28 10	10 51 28
22 Th	16 02 24	2♉28 14	9♉49 21	12 42 54	18 52 26	10 05 19	13 12 44	1 12 21	18 01 12	3 07 51	13 32 06	17 23 50	11 28 27	10 53 37
23 F	17 01 47	17 07 28	24 17 47	14 52 45	20 06 42	10 39 16	13 05 26	1 22 46	18 07 37	3 13 13	13 36 33	17 25 02	11 29 16	10 56 18
24 Sa	18 01 21	1♊24 08	8♊21 39	17 02 29	21 21 11	11 13 38	12 58 37	1 33 40	18 14 23	3 18 52	13 41 09	17 26 29	11 30 18	10 59 13
25 Su	19 00 44	15 14 30	21 58 33	19 11 28	22 35 31	11 48 01	12 51 55	1 44 39	18 21 06	3 24 24	13 45 30	17 27 46	11 31 09	11 01 58
26 M	19 59 33	28 37 29	5♋08 33	21 19 07	23 49 21	12 22 03	12 44 59	1 55 21	18 27 25	3 29 27	13 49 14	17 28 32	11 31 27	11 04 11
27 Tu	20 57 35	11♋34 17	17 53 44	23 25 01	25 02 23	12 55 28	12 37 33	2 05 32	18 33 05	3 33 46	13 52 06	17 28 33	11 30 58	11 05 38
28 W	21 54 42	24 07 53	0♌17 40	25 28 56	26 14 35	13 28 12	12 29 33	2 15 06	18 37 60	3 37 16	13 54 02	17 27 43	11 29 37	11 06 12
29 Th	22 51 02	6♌22 27	12 24 50	27 30 50	27 26 00	14 00 19	12 21 04	2 24 06	18 42 16	3 40 04	13 55 06	17 26 07	11 27 29	11 06 01
30 F	23 46 51	18 22 51	24 20 09	29 30 53	28 36 57	14 32 07	12 12 24	2 32 52	18 46 09	3 42 24	13 55 35	17 24 03	11 24 50	11 05 19
31 Sa	24 42 33	0♍14 05	6♍08 33	1♉29 24	29 47 49	15 03 58	12 03 57	2 41 46	18 50 03	3 44 41	13 55 54	17 21 54	11 22 05	11 04 32

LONGITUDE — August 1982

Day	☉	0 hr ☽	Noon ☽	☿	♀	♂	⚵	⚳	♃	♄	⚷	♅	♆	♇
1 Su	25♈38 36	12♍01 02	17♍54 43	3♉26 48	0♈59 03	15♋36 21	11♍56 10	2♌51 15	18♋54 27	3♋47 24	13♒56 29	17♌20 08	11♍19 42	11♋04 07
2 M	26 35 26	23 48 09	29 42 51	5 23 28	2 11 06	16 09 42	11 49 31	3 01 47	18 59 46	3 50 58	13 57 48	17 19 12	11 18 07	11 04 31
3 Tu	27 33 26	5♎39 15	11♎36 30	7 19 45	3 24 22	16 44 23	11 44 21	3 13 43	19 06 22	3 55 45	14 00 13	17 19 28	11 17 43	11 06 05
4 W	28 32 47	17 37 26	23 38 27	9 15 49	4 39 00	17 20 35	11 40 53	3 27 14	19 14 28	4 01 58	14 03 55	17 21 08	11 18 40	11 09 03
5 Th	29 33 31	29 44 60	5♏50 43	11 11 39	5 55 03	17 58 20	11 39 08	3 42 21	19 24 04	4 09 37	14 08 55	17 24 12	11 21 01	11 13 23
6 F	0♉35 23	12♏03 29	18 14 38	13 07 03	7 12 16	18 37 23	11 38 51	3 58 50	19 34 56	4 18 28	14 14 60	17 28 27	11 24 31	11 18 53
7 Sa	1 37 59	24 33 49	0♐50 55	15 01 35	8 30 14	19 17 18	11 39 38	4 16 15	19 46 38	4 28 05	14 21 43	17 33 27	11 28 44	11 25 07
8 Su	2 40 43	7♐16 26	13 39 58	16 54 40	9 48 22	19 57 31	11 40 53	4 34 02	19 58 35	4 37 54	14 28 30	17 38 38	11 33 06	11 31 30
9 M	3 42 58	20 11 37	26 42 00	18 45 40	11 06 02	20 37 24	11 41 59	4 51 31	20 10 11	4 47 17	14 34 44	17 43 21	11 36 59	11 37 24
10 Tu	4 44 09	3♑19 38	9♑57 18	20 34 03	12 22 39	21 16 22	11 42 21	5 08 09	20 20 49	4 55 40	14 39 48	17 47 02	11 39 49	11 42 15
11 W	5 43 54	16 40 58	23 26 21	22 19 26	13 37 53	21 54 03	11 41 38	5 23 34	20 30 08	5 02 39	14 43 23	17 49 18	11 41 13	11 45 41
12 Th	6 42 08	0♒16 23	7♒09 48	24 01 46	14 51 37	22 30 21	11 39 44	5 37 39	20 38 03	5 08 10	14 45 21	17 50 06	11 41 07	11 47 36
13 F	7 39 09	14 06 43	21 08 17	25 41 18	16 04 08	23 05 34	11 36 55	5 50 41	20 44 49	5 12 30	14 46 01	17 49 41	11 39 47	11 48 18
14 Sa	8 35 29	28 12 32	5♓21 54	27 18 40	17 16 00	23 40 16	11 33 48	6 03 15	20 51 03	5 16 13	14 45 55	17 48 38	11 37 47	11 48 20
15 Su	9 31 58	12♓33 39	19 49 48	28 54 38	18 28 02	24 15 13	11 31 08	6 16 08	20 57 30	5 20 06	14 45 53	17 47 45	11 35 55	11 48 30
16 M	10 29 24	27 08 26	4♈29 28	0♊30 03	19 41 02	24 51 17	11 29 45	6 30 10	21 05 01	5 24 59	14 46 43	17 47 51	11 35 02	11 49 38
17 Tu	11 28 28	11♈53 20	19 16 32	2 05 35	20 55 41	25 29 07	11 30 21	6 46 00	21 14 16	5 31 33	14 49 06	17 49 36	11 35 46	11 52 24
18 W	12 29 31	26 42 51	4♉04 46	3 41 36	22 12 21	26 09 04	11 33 16	7 04 00	21 25 36	5 40 08	14 53 23	17 53 22	11 38 30	11 57 09
19 Th	13 32 29	11♉29 52	18 46 48	5 18 01	23 30 56	26 51 04	11 38 25	7 24 06	21 38 57	5 50 41	14 59 29	17 59 05	11 43 09	12 03 50
20 F	14 36 53	26 06 34	3♊15 07	6 54 21	24 50 58	27 34 38	11 45 21	7 45 48	21 53 50	6 02 42	15 06 57	18 06 16	11 49 14	12 11 57
21 Sa	15 41 57	10♊25 42	17 23 15	8 29 49	26 11 42	28 18 60	11 53 17	8 08 20	22 09 29	6 15 25	15 14 60	18 14 08	11 56 00	12 20 44
22 Su	16 46 46	24 21 41	1♋06 46	10 03 31	27 32 12	29 03 15	12 01 18	8 30 47	22 24 59	6 27 57	15 22 44	18 21 48	12 02 33	12 29 18
23 M	17 50 32	7♋51 23	14 23 45	11 34 35	28 51 39	29 46 34	12 08 35	8 52 21	22 39 30	6 39 27	15 29 18	18 28 26	12 08 02	12 36 48
24 Tu	18 52 39	20 54 17	27 14 47	13 02 26	0♉09 29	0♌28 22	12 14 33	9 12 26	22 52 29	6 49 21	15 34 09	18 33 27	12 11 53	12 42 39
25 W	19 52 52	3♌32 18	9♌42 37	14 26 47	1 25 26	1 08 24	12 18 58	9 30 47	23 03 40	6 57 23	15 37 02	18 36 36	12 13 51	12 46 38
26 Th	20 51 22	15 49 15	21 51 38	15 47 46	2 39 41	1 46 50	12 21 58	9 47 33	23 13 13	7 03 44	15 38 07	18 38 04	12 14 06	12 48 53
27 F	21 48 39	27 50 21	3♍47 21	17 05 49	3 52 43	2 24 09	12 24 03	10 03 15	23 21 37	7 08 54	15 37 52	18 38 20	12 13 08	12 49 55
28 Sa	22 45 26	9♍41 30	15 35 45	18 21 40	5 05 17	3 01 06	12 25 59	10 18 36	23 29 37	7 13 36	15 37 04	18 38 09	12 11 42	12 50 28
29 Su	23 42 37	21 28 49	27 22 51	19 36 07	6 18 15	3 38 34	12 28 37	10 34 31	23 38 06	7 18 45	15 36 34	18 38 23	12 10 41	12 51 25
30 M	24 41 03	3♎18 08	9♎14 18	20 49 57	7 32 29	4 17 23	12 32 48	10 51 48	23 47 55	7 25 09	15 37 15	18 39 54	12 10 54	12 53 37
31 Tu	25 41 25	15 14 38	21 14 54	22 03 48	8 48 40	4 58 14	12 39 14	11 11 09	23 59 44	7 33 32	15 39 45	18 43 22	12 13 04	12 57 45

Notes

September 1982 — LONGITUDE

Day	☉	0 hr ☽	Noon ☽	☿	♀	♂	⚶	⚳	♃	♄	⚷	♅	♆	♇
1 W	26♉44 07	27♎22 30	3♏28 26	23♊17 58	10♉07 11	5♌41 31	12♍48 17	11♌32 58	24♋13 58	7♋44 15	15♒44 31	18♌49 11	12♍17 34	13♋04 12
2 Th	27 49 10	9♏44 37	15 57 16	24 32 23	11 28 05	6 27 17	12 59 60	11 57 16	24 30 38	7 57 22	15 51 33	18 57 24	12 24 27	13 13 01
3 F	28 56 14	22 22 30	28 42 25	25 46 36	12 50 60	7 15 09	13 14 01	12 23 42	24 49 22	8 12 31	16 00 30	19 07 38	12 33 20	13 23 51
4 Sa	0♊04 35	5♐16 13	11♐43 25	26 59 47	14 15 12	8 04 24	13 29 35	12 51 33	25 09 28	8 28 58	16 10 38	19 19 11	12 43 30	13 35 56
5 Su	1 13 14	18 24 40	24 58 47	28 10 49	15 39 43	8 54 03	13 45 46	13 19 49	25 29 56	8 45 44	16 20 60	19 31 03	12 53 59	13 48 20
6 M	2 21 08	1♑45 51	8♑26 15	29 18 29	17 03 30	9 43 02	14 01 27	13 47 26	25 49 42	9 01 45	16 30 30	19 42 11	13 03 42	13 59 58
7 Tu	3 27 19	15 17 32	22 03 30	0♋21 41	18 25 34	10 30 25	14 15 44	14 13 28	26 07 50	9 16 06	16 38 13	19 51 38	13 11 44	14 09 54
8 W	4 31 12	28 57 40	5♒48 35	1 19 38	19 45 20	11 15 35	14 27 57	14 37 17	26 23 42	9 28 08	16 43 31	19 58 47	13 17 27	14 17 29
9 Th	5 32 37	12♒44 57	19 40 21	2 11 58	21 02 38	11 58 22	14 37 59	14 58 46	26 37 10	9 37 44	16 46 16	20 03 29	13 20 42	14 22 36
10 F	6 31 59	26 38 56	3♓38 32	2 58 54	22 17 53	12 39 10	14 46 12	15 18 16	26 48 38	9 45 15	16 46 51	20 06 08	13 21 53	14 25 39
11 Sa	7 30 08	10♓39 57	17 43 29	3 41 01	23 31 56	13 18 52	14 53 29	15 36 40	26 58 57	9 51 35	16 46 09	20 07 36	13 21 52	14 27 28
12 Su	8 28 16	24 48 36	1♈55 38	4 19 17	24 45 57	13 58 37	15 01 01	15 55 09	27 09 17	9 57 55	16 45 19	20 09 03	13 21 49	14 29 16
13 M	9 27 37	9♈05 04	16 14 45	4 54 37	26 01 11	14 39 41	15 09 60	16 14 56	27 20 53	10 05 26	16 45 35	20 11 44	13 22 59	14 32 14
14 Tu	10 29 10	23 28 23	0♉39 17	5 27 43	27 18 38	15 23 01	15 21 26	16 37 01	27 34 44	10 15 11	16 47 59	20 16 37	13 26 21	14 37 25
15 W	11 33 30	7♉55 55	15 05 58	5 58 51	28 38 50	16 09 14	15 35 54	17 01 58	27 51 25	10 27 42	16 53 03	20 24 18	13 32 29	14 45 21
16 Th	12 40 34	22 23 12	29 29 50	6 27 38	0♊01 48	16 58 16	15 53 22	17 29 46	28 10 54	10 42 59	17 00 47	20 34 45	13 41 23	14 56 00
17 F	13 49 49	6♊44 25	13♊44 54	6 53 09	1 26 55	17 49 34	16 13 14	17 59 49	28 32 34	11 00 25	17 10 34	20 47 22	13 52 26	15 08 49
18 Sa	15 00 11	20 53 10	27 45 06	7 13 59	2 53 10	18 42 04	16 34 29	18 31 05	28 55 26	11 18 60	17 21 25	21 01 08	14 04 38	15 22 45
19 Su	16 10 29	4♋43 44	11♋25 23	7 28 35	4 19 20	19 34 35	16 55 53	19 02 22	29 18 16	11 37 29	17 32 04	21 14 50	14 16 44	15 36 35
20 M	17 19 31	18 11 56	24 42 32	7 35 27	5 44 15	20 25 55	17 16 17	19 32 28	29 39 53	11 54 44	17 41 24	21 27 17	14 27 36	15 49 09
21 Tu	18 26 27	1♌15 53	7♌35 40	7 33 23	7 07 03	21 15 14	17 34 47	20 00 33	29 59 26	12 09 52	17 48 30	21 37 39	14 36 21	15 59 35
22 W	19 30 49	13 56 06	20 06 14	7 21 43	8 27 17	22 02 04	17 50 59	20 26 09	0♌16 28	12 22 27	17 52 59	21 45 28	14 42 33	16 07 28
23 Th	20 32 43	26 15 23	2♍17 45	7 00 20	9 45 03	22 46 30	18 04 55	20 49 22	0 31 05	12 32 33	17 54 54	21 50 50	14 46 17	16 12 51
24 F	21 32 40	8♍18 18	14 15 16	6 29 44	11 00 52	23 29 04	18 17 08	21 10 43	0 43 47	12 40 43	17 54 47	21 54 16	14 48 04	16 16 16
25 Sa	22 31 35	20 10 40	26 04 55	5 50 53	12 15 37	24 10 40	18 28 32	21 31 06	0 55 28	12 47 49	17 53 32	21 56 40	14 48 49	16 18 38
26 Su	23 30 31	1♎58 59	7♎53 19	5 05 07	13 30 25	24 52 23	18 40 11	21 51 35	1 07 14	12 54 58	17 52 14	21 59 06	14 49 36	16 21 01
27 M	24 30 35	13 49 54	19 46 59	4 14 01	14 46 19	25 35 17	18 53 09	22 13 15	1 20 09	13 03 13	17 51 58	22 02 41	14 51 31	16 24 30
28 Tu	25 32 41	25 49 37	1♏51 56	3 19 14	16 04 15	26 20 18	19 08 23	22 37 02	1 35 08	13 13 30	17 53 39	22 08 18	14 55 28	16 29 60
29 W	26 37 24	8♏03 29	14 13 05	2 22 21	17 24 48	27 07 59	19 26 26	23 03 31	1 52 47	13 26 24	17 57 52	22 16 33	15 02 02	16 38 06
30 Th	27 44 53	20 35 28	26 53 50	1 24 44	18 48 05	27 58 31	19 47 26	23 32 48	2 13 12	13 42 03	18 04 45	22 27 35	15 11 21	16 48 57

October 1982 — LONGITUDE

Day	☉	0 hr ☽	Noon ☽	☿	♀	♂	⚶	⚳	♃	♄	⚷	♅	♆	♇
1 F	28♊54 45	3♐27 49	9♐55 43	0♋27 31	20♊13 46	28♌51 29	20♍11 02	24♌04 33	2♌36 02	14♋00 04	18♒13 57	22♌40 60	15♍23 05	17♋02 09
2 Sa	0♋06 11	16 40 51	23 18 13	29♊31 33	21 40 60	29 46 06	20 36 24	24 37 55	3 00 29	14 19 39	18 24 38	22 55 59	15 36 22	17 16 55
3 Su	1 18 03	0♑12 53	6♑58 51	28 37 31	23 08 39	0♍41 13	21 02 23	25 11 47	3 25 23	14 39 39	18 35 39	23 11 25	15 50 05	17 32 05
4 M	2 29 06	14 00 35	20 53 40	27 45 58	24 35 28	1 35 33	21 27 43	25 44 53	3 49 28	14 58 48	18 45 46	23 26 02	16 02 58	17 46 24
5 Tu	3 38 11	27 59 35	4♒57 53	26 57 35	26 00 20	2 27 60	21 51 17	26 16 04	4 11 37	15 15 59	18 53 50	23 38 41	16 13 54	17 58 44
6 W	4 44 35	12♒05 20	19 06 56	26 13 14	27 22 28	3 17 48	22 12 21	26 44 37	4 31 05	15 30 27	18 59 08	23 48 39	16 22 08	18 08 21
7 Th	5 48 06	26 13 54	3♓17 10	25 34 09	28 41 43	4 04 47	22 30 41	27 10 20	4 47 42	15 42 01	19 01 28	23 55 44	16 27 29	18 15 04
8 F	6 49 10	10♓22 38	17 26 20	25 01 54	29 58 30	4 49 22	22 46 45	27 33 38	5 01 52	15 51 06	19 01 15	24 00 21	16 30 22	18 19 17
9 Sa	7 48 44	24 30 17	1♈33 41	24 38 16	1♋13 46	5 32 31	23 01 29	27 55 30	5 14 33	15 58 40	18 59 26	24 03 29	16 31 45	18 21 58
10 Su	8 48 06	8♈36 49	15 39 27	24 25 02	2 28 48	6 15 30	23 16 11	28 17 11	5 27 02	16 05 59	18 57 20	24 06 23	16 32 54	18 24 25
11 M	9 48 34	22 42 32	29 44 12	24 23 44	3 44 56	6 59 39	23 32 09	28 40 01	5 40 38	16 14 23	18 56 16	24 10 24	16 35 10	18 27 57
12 Tu	10 51 16	6♉48 15	13♉48 04	24 35 26	5 03 16	7 46 04	23 50 30	29 05 07	5 56 28	16 24 59	18 57 19	24 16 38	16 39 39	18 33 40
13 W	11 56 47	20 52 52	27 50 08	25 00 24	6 24 25	8 35 22	24 11 49	29 33 05	6 15 07	16 38 23	19 01 08	24 25 41	16 46 56	18 42 10
14 Th	13 05 09	4♊54 38	11♊48 09	25 38 12	7 48 23	9 27 34	24 36 10	0♍03 56	6 36 38	16 54 35	19 07 42	24 37 35	16 57 04	18 53 29
15 F	14 15 47	18 50 24	25 38 41	26 27 38	9 14 36	10 22 06	25 02 56	0 37 06	7 00 26	17 13 02	19 16 27	24 51 45	17 09 28	19 07 03
16 Sa	15 27 41	2♋36 09	9♋17 42	27 26 57	10 42 04	11 17 57	25 31 07	1 11 34	7 25 30	17 32 43	19 26 24	25 07 10	17 23 07	19 21 51
17 Su	16 39 37	16 07 45	22 41 19	28 34 09	12 09 33	12 13 53	25 59 29	1 46 06	7 50 35	17 52 24	19 36 18	25 22 37	17 36 48	19 36 38
18 M	17 50 23	29 21 45	5♌46 36	29 47 12	13 35 50	13 08 41	26 26 49	2 19 30	8 14 31	18 10 53	19 44 57	25 36 53	17 49 18	19 50 14
19 Tu	18 59 03	12♌16 04	18 32 09	1♋04 22	15 00 00	14 01 27	26 52 13	2 50 51	8 36 21	18 27 14	19 51 26	25 49 03	17 59 42	20 01 41
20 W	20 05 05	24 50 27	0♍58 26	2 24 23	16 21 32	14 51 38	27 15 08	3 19 36	8 55 34	18 40 55	19 55 14	25 58 36	18 07 28	20 10 29
21 Th	21 08 28	7♍06 32	13 07 46	3 46 28	17 40 23	15 39 13	27 35 33	3 45 44	9 12 07	18 51 56	19 56 18	26 05 29	18 12 35	20 16 37
22 F	22 09 37	19 07 45	25 04 08	5 10 21	18 56 58	16 24 37	27 53 52	4 09 39	9 26 27	19 00 40	19 55 04	26 10 08	18 15 27	20 20 28
23 Sa	23 09 19	0♎58 54	6♎52 46	6 36 11	20 12 06	17 08 36	28 10 52	4 32 09	9 39 19	19 07 54	19 52 18	26 13 19	18 16 52	20 22 50
24 Su	24 08 33	12 45 51	18 39 50	8 04 26	21 26 44	17 52 11	28 27 33	4 54 14	9 51 44	19 14 40	19 49 02	26 16 03	18 17 49	20 24 43
25 M	25 08 23	24 34 58	0♏31 50	9 35 39	22 41 58	18 36 25	28 44 58	5 16 57	10 04 44	19 21 59	19 46 18	26 19 22	18 19 23	20 27 10
26 Tu	26 09 45	6♏32 42	12 35 09	11 10 18	23 58 41	19 22 13	29 04 03	5 41 13	10 19 16	19 30 48	19 45 01	26 24 13	18 22 27	20 31 06
27 W	27 13 16	18 45 01	24 55 33	12 48 40	25 17 33	20 10 13	29 25 25	6 07 40	10 35 58	19 41 43	19 45 51	26 31 13	18 27 41	20 37 10
28 Th	28 19 11	1♐16 57	7♐37 36	14 30 39	26 38 48	21 00 39	29 49 19	6 36 32	10 55 02	19 55 01	19 49 01	26 40 36	18 35 18	20 45 36
29 F	29 27 16	14 12 03	20 44 09	16 15 45	28 02 11	21 53 18	0♎15 30	7 07 37	11 16 17	20 10 26	19 54 18	26 52 09	18 45 05	20 56 10
30 Sa	0♌36 51	27 31 52	4♑15 51	18 03 02	29 27 04	22 47 30	0 43 20	7 40 13	11 39 01	20 27 19	20 01 01	27 05 12	18 56 22	21 08 13
31 Su	1 46 59	11♑15 45	18 10 56	19 51 22	0♌52 27	23 42 16	1 11 48	8 13 21	12 02 17	20 44 41	20 08 13	27 18 46	19 08 11	21 20 45

Notes

LONGITUDE — November 1982

Day	☉	0 hr ☽	Noon ☽	☿	♀	♂	⚵	⚳	♃	♄	⚷	♅	♆	♇
1 M	2 ♌ 56 30	25 ♑ 20 39	2 ♒ 25 17	21 ♋ 39 25	2 ♌ 17 13	24 ♍ 36 29	1 ♎ 39 48	8 ♍ 45 56	12 ♌ 24 56	21 ♋ 01 25	20 ♒ 14 47	27 ♌ 31 44	19 ♍ 19 24	21 ♋ 32 40
2 Tu	4 04 26	9 ♒ 41 35	16 53 01	23 26 04	3 40 22	25 29 08	2 06 19	9 16 56	12 45 59	21 16 30	20 19 41	27 43 05	19 28 60	21 42 56
3 W	5 10 04	24 12 18	1 ♓ 27 27	25 10 30	5 01 12	26 19 31	2 30 39	9 45 40	13 04 43	21 29 15	20 22 15	27 52 08	19 36 18	21 50 53
4 Th	6 13 13	8 ♓ 46 21	16 02 10	26 52 23	6 19 30	27 07 27	2 52 35	10 11 54	13 20 56	21 39 27	20 22 15	27 58 40	19 41 06	21 56 17
5 F	7 14 10	23 18 08	0 ♈ 32 01	28 32 00	7 35 36	27 53 13	3 12 28	10 35 58	13 34 57	21 47 25	20 20 01	28 03 00	19 43 41	21 59 28
6 Sa	8 13 42	7 ♈ 43 33	14 53 36	0 ♌ 10 02	8 50 16	28 37 36	3 31 01	10 58 39	13 47 32	21 53 55	20 16 19	28 05 54	19 44 52	22 01 11
7 Su	9 12 53	22 00 14	29 05 16	1 47 29	10 04 32	29 21 40	3 49 20	11 20 58	13 59 44	21 59 59	20 12 13	28 08 26	19 45 39	22 02 30
8 M	10 12 47	6 ♉ 07 14	13 ♉ 06 42	3 25 25	11 19 30	0 ♎ 06 28	4 08 27	11 44 00	14 12 37	22 06 44	20 08 46	28 11 39	19 47 09	22 04 30
9 Tu	11 14 17	20 04 32	26 58 13	5 04 40	12 36 03	0 52 55	4 29 17	12 08 40	14 27 06	22 15 01	20 06 53	28 16 28	19 50 15	22 08 03
10 W	12 17 55	3 ♊ 52 18	10 ♊ 40 09	6 45 44	13 54 41	1 41 30	4 52 20	12 35 28	14 43 39	22 25 22	20 07 04	28 23 22	19 55 26	22 13 41
11 Th	13 23 41	17 30 29	24 12 25	8 28 38	15 15 27	2 32 16	5 17 37	13 04 24	15 02 20	22 37 49	20 09 21	28 32 24	20 02 46	22 21 25
12 F	14 31 11	0 ♋ 58 29	7 ♋ 34 19	10 12 58	16 37 56	3 24 49	5 44 46	13 35 06	15 22 44	22 51 56	20 13 20	28 43 09	20 11 50	22 30 50
13 Sa	15 39 42	14 15 10	20 44 41	11 57 58	18 01 23	4 18 23	6 12 60	14 06 49	15 44 07	23 07 00	20 18 17	28 54 54	20 21 52	22 41 14
14 Su	16 48 19	27 19 08	3 ♌ 42 06	13 42 46	19 24 55	5 12 05	6 41 26	14 38 38	16 05 33	23 22 07	20 23 18	29 06 43	20 32 01	22 51 41
15 M	17 56 09	10 ♌ 09 07	16 25 25	15 26 27	20 47 38	6 05 02	7 09 10	15 09 40	16 26 12	23 36 22	20 27 30	29 17 44	20 41 21	23 01 18
16 Tu	19 02 29	22 44 18	28 54 08	17 08 21	22 08 51	6 56 32	7 35 31	15 39 14	16 45 19	23 49 06	20 30 11	29 27 15	20 49 12	23 09 23
17 W	20 06 56	5 ♍ 04 48	11 ♍ 08 40	18 48 03	23 28 08	7 46 09	8 00 04	16 06 54	17 02 30	23 59 51	20 30 55	29 34 50	20 55 07	23 15 32
18 Th	21 09 23	17 11 47	23 10 37	20 25 28	24 45 24	8 33 48	8 22 43	16 32 36	17 17 40	24 08 33	20 29 39	29 40 25	20 59 03	23 19 40
19 F	22 10 04	29 07 33	5 ♎ 02 44	22 00 52	26 00 54	9 19 44	8 43 42	16 56 32	17 31 04	24 15 27	20 26 36	29 44 14	21 01 13	23 21 59
20 Sa	23 09 29	10 ♎ 55 35	16 48 53	23 34 45	27 15 07	10 04 25	9 03 30	17 19 13	17 43 09	24 21 01	20 22 16	29 46 46	21 02 07	23 23 00
21 Su	24 08 18	22 40 15	28 33 48	25 07 47	28 28 42	10 48 32	9 22 48	17 41 18	17 54 36	24 25 55	20 17 18	29 48 40	21 02 23	23 23 22
22 M	25 07 13	4 ♏ 26 39	10 ♏ 22 50	26 40 42	29 42 21	11 32 47	9 42 17	18 03 30	18 06 08	24 30 51	20 12 25	29 50 39	21 02 46	23 23 49
23 Tu	26 06 54	16 20 19	22 21 41	28 14 09	0 ♍ 56 45	12 17 49	10 02 37	18 26 27	18 18 22	24 36 30	20 08 17	29 53 23	21 03 53	23 24 58
24 W	27 07 47	28 26 50	4 ♐ 35 57	29 48 38	2 12 21	13 04 05	10 24 15	18 50 38	18 31 49	24 43 18	20 05 21	29 57 19	21 06 14	23 27 19
25 Th	28 10 09	10 ♐ 51 30	17 10 43	1 ♍ 24 24	3 29 23	13 51 51	10 47 27	19 16 17	18 46 41	24 51 29	20 03 53	0 ♍ 02 42	21 10 01	23 31 04
26 F	29 13 53	23 38 48	0 ♑ 10 03	3 01 24	4 47 48	14 41 01	11 12 06	19 43 19	19 02 54	25 01 01	20 03 47	0 09 27	21 15 11	23 36 11
27 Sa	0 ♍ 18 40	6 ♑ 51 54	13 36 24	4 39 18	6 07 13	15 31 15	11 37 53	20 11 24	19 20 08	25 11 31	20 04 43	0 17 12	21 21 24	23 42 18
28 Su	1 23 56	20 32 11	27 30 05	6 17 33	7 27 07	16 22 00	12 04 14	20 39 59	19 37 48	25 22 26	20 06 08	0 25 26	21 28 05	23 48 52
29 M	2 29 02	4 ♒ 38 42	11 ♒ 48 54	7 55 31	8 46 49	17 12 36	12 30 30	21 08 24	19 55 17	25 33 08	20 07 23	0 33 29	21 34 36	23 55 14
30 Tu	3 33 21	19 07 58	26 28 03	9 32 37	10 05 45	18 02 27	12 56 05	21 36 03	20 11 57	25 42 59	20 07 52	0 40 45	21 40 19	24 00 46

LONGITUDE — December 1982

Day	☉	0 hr ☽	Noon ☽	☿	♀	♂	⚵	⚳	♃	♄	⚷	♅	♆	♇
1 W	4 ♍ 36 29	3 ♓ 54 09	11 ♓ 20 38	11 ♍ 08 25	11 ♍ 23 27	18 ♎ 51 08	13 ♎ 20 32	22 ♍ 02 29	20 ♌ 27 22	25 ♋ 51 34	20 ♒ 07 08	0 ♍ 46 47	21 ♍ 44 51	24 ♋ 05 05
2 Th	5 38 16	18 49 45	26 18 32	12 42 48	12 39 46	19 38 27	13 43 43	22 27 35	20 41 24	25 58 44	20 05 03	0 51 27	21 48 00	24 07 60
3 F	6 38 49	3 ♈ 46 38	11 ♈ 13 38	14 15 52	13 54 51	20 24 35	14 05 45	22 51 27	20 54 10	26 04 36	20 01 45	0 54 52	21 49 56	24 09 39
4 Sa	7 38 33	18 37 14	25 58 55	15 48 03	15 09 05	21 09 54	14 27 01	23 14 29	21 06 04	26 09 34	19 57 38	0 57 26	21 51 01	24 10 26
5 Su	8 37 58	3 ♉ 15 27	10 ♉ 29 14	17 19 52	16 23 00	21 54 56	14 48 04	23 37 13	21 17 36	26 14 10	19 53 12	0 59 40	21 51 47	24 10 52
6 M	9 37 39	17 37 13	24 41 34	18 51 53	17 37 09	22 40 14	15 09 26	24 00 11	21 29 21	26 18 56	19 49 01	1 02 07	21 52 47	24 11 30
7 Tu	10 37 59	1 ♊ 40 22	8 ♊ 34 44	20 24 29	18 51 56	23 26 12	15 31 32	24 23 50	21 41 42	26 24 17	19 45 30	1 05 13	21 54 26	24 12 45
8 W	11 39 14	15 24 25	22 08 56	21 57 56	20 07 37	24 13 06	15 54 36	24 48 22	21 54 55	26 30 28	19 42 54	1 09 11	21 56 59	24 14 52
9 Th	12 41 23	28 49 56	5 ♋ 25 15	23 32 12	21 24 11	25 00 55	16 18 39	25 13 48	22 08 59	26 37 29	19 41 13	1 14 02	22 00 25	24 17 51
10 F	13 44 16	11 ♋ 58 10	18 25 09	25 07 06	22 41 27	25 49 29	16 43 29	25 39 57	22 23 44	26 45 09	19 40 16	1 19 35	22 04 34	24 21 31
11 Sa	14 47 34	24 50 37	1 ♌ 10 14	26 42 18	23 59 07	26 38 27	17 08 48	26 06 31	22 38 50	26 53 08	19 39 44	1 25 31	22 09 07	24 25 32
12 Su	15 50 54	7 ♌ 28 50	13 42 01	28 17 24	25 16 48	27 27 30	17 34 14	26 33 06	22 53 55	27 01 06	19 39 16	1 31 27	22 13 41	24 29 34
13 M	16 53 57	19 54 19	26 01 56	29 52 02	26 34 12	28 16 16	17 59 27	26 59 25	23 08 40	27 08 41	19 38 32	1 37 05	22 17 58	24 33 16
14 Tu	17 56 29	2 ♍ 08 34	8 ♍ 11 27	1 ♎ 25 56	27 51 03	29 04 32	18 24 13	27 25 12	23 22 51	27 15 41	19 37 18	1 42 10	22 21 43	24 36 24
15 W	18 58 22	14 13 07	20 12 06	2 58 54	29 07 15	29 52 10	18 48 24	27 50 20	23 36 20	27 21 57	19 35 27	1 46 36	22 24 49	24 38 52
16 Th	19 59 38	26 09 39	2 ♎ 05 39	4 30 55	0 ♎ 22 48	0 ♏ 39 11	19 12 02	28 14 50	23 49 08	27 27 31	19 32 59	1 50 22	22 27 16	24 40 39
17 F	21 00 23	8 ♎ 00 11	13 54 15	6 01 58	1 37 50	1 25 43	19 35 13	28 38 49	24 01 21	27 32 30	19 30 03	1 53 35	22 29 12	24 41 53
18 Sa	22 00 47	19 47 05	25 40 27	7 32 10	2 52 31	2 11 55	19 58 07	29 02 27	24 13 12	27 37 03	19 26 48	1 56 27	22 30 47	24 42 45
19 Su	23 01 04	1 ♏ 33 10	7 ♏ 27 18	9 01 34	4 07 03	2 58 00	20 20 58	29 25 58	24 24 51	27 41 24	19 23 27	1 59 09	22 32 14	24 43 27
20 M	24 01 24	13 21 41	19 18 21	10 30 16	5 21 37	3 44 10	20 43 56	29 49 31	24 36 30	27 45 44	19 20 11	2 01 54	22 33 44	24 44 09
21 Tu	25 01 56	25 16 24	1 ♐ 17 32	11 58 11	6 36 23	4 30 32	21 07 10	0 ♎ 13 15	24 48 17	27 50 11	19 17 10	2 04 48	22 35 25	24 45 02
22 W	26 02 42	7 ♐ 21 22	13 29 08	13 25 12	7 51 23	5 17 09	21 30 43	0 37 15	25 00 16	27 54 48	19 14 25	2 07 56	22 37 21	24 46 07
23 Th	27 03 43	19 40 56	25 57 31	14 51 04	9 06 36	6 04 02	21 54 34	1 01 28	25 12 26	27 59 34	19 11 58	2 11 17	22 39 31	24 47 24
24 F	28 04 52	2 ♑ 19 21	8 ♑ 46 50	16 15 26	10 21 58	6 51 05	22 18 38	1 25 50	25 24 41	28 04 25	19 09 42	2 14 46	22 41 49	24 48 48
25 Sa	29 06 05	15 20 32	22 00 40	17 37 53	11 37 22	7 38 11	22 42 49	1 50 14	25 36 56	28 09 15	19 07 32	2 18 16	22 44 10	24 50 14
26 Su	0 ♎ 07 14	28 47 35	5 ♒ 41 23	18 57 56	12 52 42	8 25 14	23 06 60	2 14 35	25 49 04	28 13 56	19 05 21	2 21 42	22 46 27	24 51 34
27 M	1 08 17	12 ♒ 42 04	19 49 37	20 15 07	14 07 56	9 12 12	23 31 09	2 38 50	26 01 02	28 18 26	19 03 07	2 24 60	22 48 38	24 52 46
28 Tu	2 09 15	27 03 29	4 ♓ 23 31	21 28 59	15 23 03	9 59 05	23 55 16	3 02 58	26 12 51	28 22 46	19 00 50	2 28 11	22 50 43	24 53 50
29 W	3 10 13	11 ♓ 48 43	19 18 33	22 39 02	16 38 10	10 45 59	24 19 27	3 27 06	26 24 36	28 27 01	18 58 37	2 31 21	22 52 48	24 54 53
30 Th	4 11 18	26 51 50	4 ♈ 27 31	23 44 48	17 53 24	11 33 01	24 43 50	3 51 21	26 36 25	28 31 19	18 56 34	2 34 36	22 54 60	24 56 01
31 F	5 12 38	12 ♈ 04 33	19 41 17	24 45 41	19 08 52	12 20 18	25 08 30	4 15 51	26 48 25	28 35 47	18 54 49	2 38 05	22 57 26	24 57 22

Notes

January 1983

LONGITUDE

Day	☉	0 hr ☽	Noon ☽	☿	♀	♂	⚵	⚳	♃	♄	⚷	♅	♆	♇
1 Sa	6 ♎ 14 17	27 ♈ 17 11	4 ♉ 50 05	25 ♎ 41 01	20 ♎ 24 38	13 ♏ 07 54	25 ♎ 33 33	4 ♎ 40 38	27 ♌ 00 39	28 ♋ 40 28	18 ♒ 53 25	2 ♍ 41 51	23 ♍ 00 11	24 ♋ 58 59
2 Su	7 16 12	12 ♉ 20 10	19 44 56	26 29 54	21 40 40	13 55 47	25 58 56	5 05 41	27 13 06	28 45 21	18 52 21	2 45 52	23 03 11	25 00 51
3 M	8 18 16	27 05 20	4 ♊ 18 53	27 11 20	22 56 50	14 43 48	26 24 31	5 30 53	27 25 37	28 50 17	18 51 29	2 49 59	23 06 19	25 02 49
4 Tu	9 20 17	11 ♊ 26 58	18 27 36	27 44 13	24 12 55	15 31 46	26 50 06	5 55 59	27 37 60	28 55 04	18 50 36	2 54 01	23 09 23	25 04 41
5 W	10 21 60	25 22 09	2 ♋ 09 32	28 07 25	25 28 43	16 19 27	27 15 26	6 20 48	27 50 00	28 59 28	18 49 29	2 57 44	23 12 09	25 06 14
6 Th	11 23 14	8 ♋ 50 36	15 25 26	28 19 53	26 44 01	17 06 40	27 40 21	6 45 07	28 01 28	29 03 18	18 47 57	3 00 56	23 14 25	25 07 16
7 F	12 23 55	21 54 01	28 17 42	28 20 48	27 58 45	17 53 20	28 04 46	7 08 51	28 12 18	29 06 29	18 45 54	3 03 33	23 16 07	25 07 42
8 Sa	13 24 05	4 ♌ 35 31	10 ♌ 49 52	28 09 40	29 12 58	18 39 28	28 28 44	7 32 04	28 22 31	29 09 04	18 43 24	3 05 36	23 17 18	25 07 35
9 Su	14 23 55	16 58 57	23 05 53	27 46 21	0 ♏ 26 49	19 25 17	28 52 24	7 54 55	28 32 20	29 11 13	18 40 37	3 07 18	23 18 07	25 07 05
10 M	15 23 41	29 08 26	5 ♍ 09 48	27 11 13	1 40 37	20 11 02	29 16 03	8 17 42	28 42 00	29 13 12	18 37 50	3 08 54	23 18 52	25 06 30
11 Tu	16 23 44	11 ♍ 07 54	17 05 23	26 25 03	2 54 40	20 57 03	29 40 03	8 40 44	28 51 52	29 15 23	18 35 23	3 10 45	23 19 54	25 06 09
12 W	17 24 23	23 00 58	28 56 01	25 29 10	4 09 20	21 43 43	0 ♏ 04 43	9 04 23	29 02 16	29 18 06	18 33 37	3 13 10	23 21 31	25 06 24
13 Th	18 25 56	4 ♎ 50 45	10 ♎ 44 38	24 25 16	5 24 53	22 31 15	0 30 20	9 28 54	29 13 28	29 21 36	18 32 48	3 16 28	23 24 02	25 07 29
14 F	19 28 32	16 39 49	22 33 38	23 15 23	6 41 29	23 19 51	0 57 03	9 54 27	29 25 39	29 26 05	18 33 07	3 20 47	23 27 35	25 09 36
15 Sa	20 32 12	28 30 19	4 ♏ 25 04	22 01 43	7 59 07	24 09 31	1 24 52	10 21 02	29 38 47	29 31 31	18 34 33	3 26 07	23 32 11	25 12 45
16 Su	21 36 44	10 ♏ 24 04	16 20 44	20 46 34	9 17 38	25 00 03	1 53 38	10 48 30	29 52 44	29 37 44	18 36 56	3 32 18	23 37 39	25 16 45
17 M	22 41 48	22 22 43	28 22 22	19 32 03	10 36 41	25 51 09	2 22 60	11 16 29	0 ♍ 07 08	29 44 25	18 39 56	3 39 01	23 43 40	25 21 15
18 Tu	23 46 59	4 ♐ 27 60	10 ♐ 31 48	18 20 04	11 55 50	26 42 20	2 52 30	11 44 33	0 21 33	29 51 07	18 43 06	3 45 47	23 49 45	25 25 50
19 W	24 51 44	16 41 51	22 51 11	17 12 14	13 14 32	27 33 06	3 21 39	12 12 10	0 35 27	29 57 17	18 45 55	3 52 07	23 55 26	25 29 58
20 Th	25 55 35	29 06 38	5 ♑ 23 03	16 09 47	14 32 21	28 22 59	3 49 58	12 38 54	0 48 23	0 ♌ 02 30	18 47 56	3 57 32	24 00 13	25 33 12
21 F	26 58 14	11 ♑ 45 11	18 10 19	15 13 45	15 48 57	29 11 40	4 17 08	13 04 24	1 00 01	0 06 25	18 48 49	4 01 43	24 03 47	25 35 11
22 Sa	27 59 34	24 40 44	1 ♒ 16 14	14 24 54	17 04 14	29 59 02	4 43 02	13 28 35	1 10 15	0 08 56	18 48 28	4 04 33	24 06 02	25 35 50
23 Su	28 59 46	7 ♒ 56 39	14 43 56	13 43 56	18 18 23	0 ♐ 45 17	5 07 52	13 51 36	1 19 16	0 10 14	18 47 04	4 06 14	24 07 10	25 35 21
24 M	29 59 18	21 35 59	28 35 56	13 11 31	19 31 51	1 30 51	5 32 04	14 13 56	1 27 31	0 10 46	18 45 04	4 07 13	24 07 36	25 34 09
25 Tu	0 ♏ 58 47	5 ♓ 40 46	12 ♓ 53 21	12 48 11	20 45 16	2 16 23	5 56 17	14 36 13	1 35 39	0 11 11	18 43 07	4 08 09	24 08 00	25 32 54
26 W	1 58 57	20 11 05	27 35 03	12 34 25	21 59 22	3 02 36	6 21 16	14 59 10	1 44 22	0 12 12	18 41 56	4 09 44	24 09 06	25 32 19
27 Th	3 00 27	5 ♈ 04 20	12 ♈ 36 59	12 30 24	23 14 46	3 50 09	6 47 36	15 23 26	1 54 19	0 14 27	18 42 09	4 12 36	24 11 30	25 33 02
28 F	4 03 37	20 14 45	27 51 59	12 36 03	24 31 51	4 39 22	7 15 41	15 49 21	2 05 51	0 18 18	18 44 08	4 17 09	24 15 35	25 35 25
29 Sa	5 08 28	5 ♉ 33 36	13 ♉ 10 23	12 50 47	25 50 37	5 30 16	7 45 29	16 16 56	2 18 58	0 23 44	18 47 53	4 23 20	24 21 21	25 39 28
30 Su	6 14 37	20 50 14	28 21 24	13 13 40	27 10 39	6 22 28	8 16 39	16 45 47	2 33 17	0 30 23	18 53 01	4 30 47	24 28 24	25 44 47
31 M	7 21 22	5 ♊ 53 51	13 ♊ 14 55	13 43 29	28 31 17	7 15 15	8 48 27	17 15 13	2 48 06	0 37 33	18 58 49	4 38 49	24 36 02	25 50 40

February 1983

LONGITUDE

Day	☉	0 hr ☽	Noon ☽	☿	♀	♂	⚵	⚳	♃	♄	⚷	♅	♆	♇
1 Tu	8 ♏ 27 53	20 ♊ 35 16	27 ♊ 43 07	14 ♎ 18 50	29 ♏ 51 40	8 ♐ 07 48	9 ♏ 20 04	17 ♎ 44 23	3 ♍ 02 34	0 ♌ 44 23	19 ♒ 04 27	4 ♍ 46 34	24 ♍ 43 26	25 ♋ 56 18
2 W	9 33 22	4 ♋ 48 19	11 ♋ 41 30	14 58 26	1 ♐ 11 01	8 59 19	9 50 43	18 12 31	3 15 55	0 50 06	19 09 09	4 53 16	24 49 48	26 00 53
3 Th	10 37 17	18 30 20	25 08 54	15 41 18	2 28 47	9 49 16	10 19 50	18 39 03	3 27 35	0 54 10	19 12 22	4 58 23	24 54 35	26 03 53
4 F	11 39 27	1 ♌ 41 54	8 ♌ 07 08	16 26 48	3 44 47	10 37 27	10 47 15	19 03 47	3 37 23	0 56 22	19 13 54	5 01 41	24 57 36	26 05 06
5 Sa	12 40 02	14 26 12	20 40 09	17 14 44	4 59 12	11 24 03	11 13 08	19 26 56	3 45 30	0 56 55	19 13 57	5 03 23	24 59 03	26 04 43
6 Su	13 39 34	26 48 04	2 ♍ 53 11	18 05 16	6 12 33	12 09 36	11 38 01	19 48 60	3 52 27	0 56 19	19 13 01	5 04 01	24 59 25	26 03 16
7 M	14 38 48	8 ♍ 53 15	14 52 02	18 58 52	7 25 36	12 54 52	12 02 40	20 10 44	3 59 00	0 55 20	19 11 52	5 04 19	24 59 30	26 01 30
8 Tu	15 38 36	20 47 36	26 42 29	19 56 04	8 39 12	13 40 40	12 27 54	20 33 01	4 05 60	0 54 49	19 11 23	5 05 08	25 00 08	26 00 17
9 W	16 39 46	2 ♎ 36 39	8 ♎ 29 48	20 57 26	9 54 09	14 27 50	12 54 33	20 56 37	4 14 14	0 55 35	19 12 19	5 07 17	25 02 07	26 00 24
10 Th	17 42 55	14 25 12	20 18 28	22 03 22	11 11 04	15 16 58	13 23 14	21 22 11	4 24 20	0 58 14	19 15 20	5 11 24	25 06 04	26 02 29
11 F	18 48 22	26 17 05	2 ♏ 11 56	23 14 01	12 30 18	16 08 25	13 54 17	21 50 02	4 36 39	1 03 08	19 20 45	5 17 47	25 12 20	26 06 52
12 Sa	19 56 08	8 ♏ 15 05	14 12 39	24 29 10	13 51 49	17 02 10	14 27 41	22 20 09	4 51 08	1 10 14	19 28 33	5 26 28	25 20 54	26 13 32
13 Su	21 05 49	20 20 54	26 22 01	25 48 17	15 15 15	17 57 51	15 03 03	22 52 10	5 07 26	1 19 11	19 38 22	5 37 01	25 31 24	26 22 08
14 M	22 16 43	2 ♐ 35 23	8 ♐ 40 40	27 10 32	16 39 54	18 54 44	15 39 41	23 25 22	5 24 50	1 29 16	19 49 30	5 48 47	25 43 06	26 31 55
15 Tu	23 27 54	14 58 46	21 08 42	28 34 51	18 04 48	19 51 54	16 16 39	23 58 49	5 42 23	1 39 32	20 00 59	6 00 47	25 55 04	26 41 59
16 W	24 38 20	27 31 00	3 ♑ 46 08	0 ♏ 00 06	19 28 57	20 48 19	16 52 56	24 31 30	5 59 05	1 48 60	20 11 49	6 12 02	26 06 18	26 51 17
17 Th	25 47 07	10 ♑ 12 17	16 33 14	1 25 18	20 51 27	21 43 04	17 27 35	25 02 30	6 14 00	1 56 43	20 21 06	6 21 35	26 15 53	26 58 56
18 F	26 53 36	23 03 19	29 30 54	2 49 42	22 11 37	22 35 31	18 00 00	25 31 09	6 26 30	2 02 04	20 28 10	6 28 49	26 23 09	27 04 17
19 Sa	27 57 33	6 ♒ 05 36	12 ♒ 40 49	4 13 01	23 29 16	23 25 27	18 29 57	25 57 16	6 36 22	2 04 48	20 32 48	6 33 31	26 27 54	27 07 06
20 Su	28 59 15	19 21 27	26 05 22	5 35 28	24 44 39	24 13 07	18 57 41	26 21 05	6 43 51	2 05 14	20 35 16	6 35 56	26 30 25	27 07 39
21 M	29 59 27	2 ♓ 53 45	9 ♓ 47 20	6 57 43	25 58 30	24 59 17	19 23 57	26 43 22	6 49 42	2 04 04	20 36 20	6 36 48	26 31 24	27 06 42
22 Tu	0 ♐ 59 12	16 45 19	23 49 08	8 20 49	27 11 54	25 45 00	19 49 51	27 05 11	6 54 59	2 02 24	20 37 03	6 37 14	26 31 58	27 05 19
23 W	1 59 44	0 ♈ 58 11	8 ♈ 12 01	9 45 56	28 26 05	26 31 30	20 16 34	27 27 45	7 00 56	2 01 27	20 38 38	6 38 25	26 33 18	27 04 43
24 Th	3 02 07	15 32 27	22 54 58	11 14 06	29 42 05	27 19 50	20 45 11	27 52 07	7 08 36	2 02 16	20 42 10	6 41 26	26 36 29	27 05 57
25 F	4 07 01	0 ♉ 25 29	7 ♉ 54 02	12 45 58	1 ♑ 00 36	28 10 41	21 16 22	28 18 59	7 18 41	2 05 33	20 48 19	6 46 57	26 42 13	27 09 43
26 Sa	5 14 34	15 31 25	23 02 05	14 21 39	2 21 44	29 04 11	21 50 15	28 48 28	7 31 16	2 11 24	20 57 11	6 55 05	26 50 34	27 16 07
27 Su	6 24 16	0 ♊ 41 30	8 ♊ 09 37	16 00 37	3 45 01	29 59 49	22 26 20	29 20 04	7 45 52	2 19 20	21 08 19	7 05 21	27 01 05	27 24 41
28 M	7 35 09	15 45 19	23 06 14	17 41 54	5 09 27	0 ♑ 56 38	23 03 39	29 52 47	8 01 31	2 28 23	21 20 42	7 16 46	27 12 47	27 34 26

Notes

LONGITUDE — March 1983

Day	☉	0 hr ☽	Noon ☽	☿	♀	♂	⚵	⚳	♃	♄	⚷	♅	♆	♇
1 Tu	8 ♐ 45 58	0 ♋ 32 38	7 ♋ 42 30	19 ♏ 24 14	6 ♑ 33 48	1 ♑ 53 23	23 ♏ 40 56	0 ♏ 25 25	8 ♍ 16 59	2 ♌ 37 18	21 ♒ 33 08	7 ♍ 28 06	27 ♍ 24 24	27 ♋ 44 06
2 W	9 55 33	14 55 12	21 51 34	21 06 26	7 56 54	2 48 52	24 17 01	0 56 45	8 31 03	2 44 54	21 44 23	7 38 10	27 34 47	27 52 32
3 Th	11 02 59	28 48 03	5 ♌ 30 03	22 47 36	9 17 49	3 42 12	24 51 01	1 25 54	8 42 51	2 50 17	21 53 35	7 46 04	27 43 01	27 58 49
4 F	12 07 53	12 ♌ 09 45	18 37 57	24 27 20	10 36 11	4 32 59	25 22 30	1 52 28	8 51 58	2 53 04	22 00 20	7 51 23	27 48 42	28 02 34
5 Sa	13 10 22	25 02 13	1 ♍ 18 16	26 05 46	11 52 08	5 21 22	25 51 38	2 16 35	8 58 32	2 53 23	22 04 45	7 54 17	27 51 59	28 03 55
6 Su	14 11 05	7 ♍ 29 44	13 35 60	27 43 32	13 06 16	6 07 56	26 19 01	2 38 52	9 03 10	2 51 51	22 07 29	7 55 23	27 53 29	28 03 28
7 M	15 10 58	19 38 12	25 37 23	29 21 36	14 19 33	6 53 41	26 45 37	3 00 17	9 06 50	2 49 25	22 09 28	7 55 37	27 54 09	28 02 12
8 Tu	16 11 09	1 ♎ 34 14	7 ♎ 29 07	1 ♐ 01 06	15 33 07	7 39 43	27 12 34	3 21 56	9 10 40	2 47 14	22 11 50	7 56 07	27 55 06	28 01 14
9 W	17 12 43	13 24 26	19 17 40	2 43 08	16 48 03	8 27 08	27 40 56	3 44 55	9 15 43	2 46 22	22 15 40	7 57 60	27 57 27	28 01 40
10 Th	18 16 34	25 14 52	1 ♏ 08 50	4 28 34	18 05 13	9 16 48	28 11 37	4 10 07	9 22 54	2 47 43	22 21 52	8 02 06	28 02 03	28 04 22
11 F	19 23 11	7 ♏ 10 38	13 07 21	6 17 57	19 25 09	10 09 14	28 45 06	4 38 03	9 32 43	2 51 46	22 30 54	8 08 58	28 09 25	28 09 50
12 Sa	20 32 38	19 15 35	25 16 35	8 11 21	20 47 53	11 04 29	29 21 28	5 08 45	9 45 12	2 58 37	22 42 53	8 18 39	28 19 38	28 18 09
13 Su	21 44 31	1 ♐ 32 09	7 ♐ 38 29	10 08 21	22 13 00	12 02 09	0 ♐ 00 17	5 41 49	9 59 58	3 07 49	22 57 21	8 30 43	28 32 16	28 28 54
14 M	22 57 57	14 01 20	20 13 35	12 08 08	23 39 41	13 01 23	0 40 43	6 16 23	10 16 09	3 18 32	23 13 28	8 44 20	28 46 27	28 41 13
15 Tu	24 11 49	26 42 56	3 ♑ 01 16	14 09 34	25 06 45	14 01 02	1 21 37	6 51 20	10 32 37	3 29 38	23 30 06	8 58 21	29 01 04	28 53 58
16 W	25 24 51	9 ♑ 35 51	16 00 09	16 11 23	26 32 58	14 59 50	2 01 43	7 25 23	10 48 05	3 39 51	23 45 59	9 11 31	29 14 52	29 05 54
17 Th	26 35 55	22 38 38	29 08 39	18 12 28	27 57 12	15 56 39	2 39 54	7 57 24	11 01 27	3 48 04	23 59 59	9 22 42	29 26 40	29 15 53
18 F	27 44 12	5 ♒ 49 60	12 ♒ 25 32	20 12 01	29 18 36	16 50 41	3 15 20	8 26 35	11 11 52	3 53 27	24 11 17	9 31 05	29 35 43	29 23 05
19 Sa	28 49 25	19 09 21	25 50 25	22 09 44	0 ♒ 36 55	17 41 38	3 47 43	8 52 37	11 19 04	3 55 42	24 19 35	9 36 22	29 41 40	29 27 14
20 Su	29 51 48	2 ♓ 37 03	9 ♓ 23 52	24 05 53	1 52 22	18 29 45	4 17 20	9 15 47	11 23 19	3 55 07	24 25 10	9 38 50	29 44 50	29 28 35
21 M	0 ♑ 52 12	16 14 29	23 07 25	26 01 16	3 05 49	19 15 53	4 45 00	9 36 54	11 25 25	3 52 31	24 28 51	9 39 17	29 45 60	29 27 58
22 Tu	1 51 50	0 ♈ 03 36	7 ♈ 03 01	27 57 06	4 18 27	20 01 14	5 11 56	9 57 10	11 26 35	3 49 06	24 31 50	9 38 57	29 46 23	29 26 35
23 W	2 52 02	14 06 22	21 12 16	29 54 41	5 31 38	20 47 08	5 39 29	10 17 57	11 28 12	3 46 14	24 35 29	9 39 10	29 47 22	29 25 48
24 Th	3 54 02	28 23 45	5 ♉ 35 34	1 ♑ 55 13	6 46 34	21 34 49	6 08 51	10 40 27	11 31 27	3 45 08	24 41 00	9 41 11	29 50 09	29 26 50
25 F	4 58 36	12 ♉ 54 59	20 11 13	3 59 25	8 04 03	22 25 05	6 40 51	11 05 28	11 37 08	3 46 36	24 49 11	9 45 45	29 55 30	29 30 29
26 Sa	6 05 58	27 36 46	4 ♊ 54 59	6 07 25	9 24 17	23 18 07	7 15 40	11 33 12	11 45 27	3 50 49	25 00 14	9 53 06	0 ♎ 03 39	29 36 55
27 Su	7 15 39	12 ♊ 23 19	19 40 15	8 18 41	10 46 49	24 13 29	7 52 51	12 03 12	11 55 57	3 57 20	25 13 42	10 02 46	0 14 08	29 45 43
28 M	8 26 43	27 06 54	4 ♋ 18 56	10 32 08	12 10 40	25 10 12	8 31 27	12 34 29	12 07 40	4 05 13	25 28 37	10 13 47	0 25 60	29 55 54
29 Tu	9 37 52	11 ♋ 39 04	18 42 51	12 46 21	13 34 34	26 06 59	9 10 10	13 05 47	12 19 20	4 13 09	25 43 41	10 24 53	0 37 57	0 ♌ 06 12
30 W	10 47 52	25 52 13	2 ♌ 45 12	14 59 55	14 57 16	27 02 36	9 47 45	13 35 51	12 29 40	4 19 55	25 57 41	10 34 48	0 48 44	0 15 22
31 Th	11 55 43	9 ♌ 40 50	16 21 40	17 11 39	16 17 47	27 56 04	10 23 14	14 03 41	12 37 44	4 24 31	26 09 36	10 42 34	0 57 23	0 22 24

LONGITUDE — April 1983

Day	☉	0 hr ☽	Noon ☽	☿	♀	♂	⚵	⚳	♃	♄	⚷	♅	♆	♇
1 F	13 ♑ 00 54	23 ♌ 02 16	29 ♌ 30 48	19 ♑ 20 49	17 ♒ 35 35	28 ♑ 46 51	10 ♐ 56 05	14 ♏ 28 46	12 ♍ 42 58	4 ♌ 26 27	26 ♒ 18 56	10 ♍ 47 39	1 ♎ 03 23	0 ♌ 26 48
2 Sa	14 03 27	5 ♍ 56 51	12 ♍ 14 03	21 27 10	18 50 42	29 34 59	11 26 18	14 51 07	12 45 23	4 25 42	26 25 41	10 50 04	1 06 43	0 28 34
3 Su	15 03 51	18 27 28	24 35 09	23 30 56	20 03 37	0 ♒ 20 56	11 54 25	15 11 14	12 45 31	4 22 48	26 30 22	10 50 19	1 07 54	0 28 12
4 M	16 02 58	0 ♎ 38 55	6 ♎ 39 26	25 32 39	21 15 12	1 05 36	12 21 16	15 29 59	12 44 13	4 18 36	26 33 50	10 49 17	1 07 48	0 26 35
5 Tu	17 01 54	12 37 11	18 33 13	27 33 04	22 26 32	1 50 03	12 47 57	15 48 26	12 42 33	4 14 12	26 37 10	10 48 02	1 07 31	0 24 47
6 W	18 01 42	24 28 45	0 ♏ 23 01	29 32 54	23 38 42	2 35 22	13 15 32	16 07 40	12 41 36	4 10 39	26 41 27	10 47 38	1 08 05	0 23 53
7 Th	19 03 16	6 ♏ 19 58	12 15 09	1 ♒ 32 42	24 52 35	3 22 26	13 44 55	16 28 34	12 42 17	4 08 53	26 47 34	10 48 60	1 10 26	0 24 47
8 F	20 07 12	18 16 39	24 15 09	3 32 40	26 08 47	4 11 51	14 16 41	16 51 44	12 45 10	4 09 28	26 56 06	10 52 43	1 15 09	0 28 04
9 Sa	21 13 40	0 ♐ 23 34	6 ♐ 27 25	5 32 36	27 27 26	5 03 45	14 50 59	17 17 18	12 50 25	4 12 34	27 07 14	10 58 55	1 22 22	0 33 53
10 Su	22 22 20	12 44 15	18 54 58	7 31 49	28 48 15	5 57 52	15 27 32	17 44 59	12 57 44	4 17 53	27 20 38	11 07 20	1 31 49	0 41 57
11 M	23 32 30	25 20 44	1 ♑ 39 13	9 29 17	0 ♓ 10 30	6 53 27	16 05 35	18 14 03	13 06 23	4 24 42	27 35 35	11 17 14	1 42 45	0 51 31
12 Tu	24 43 09	8 ♑ 13 31	14 40 04	11 23 39	1 33 11	7 49 30	16 44 09	18 43 29	13 15 23	4 32 00	27 51 06	11 27 36	1 54 10	1 01 37
13 W	25 53 09	21 21 44	27 56 03	13 13 30	2 55 09	8 44 54	17 22 05	19 12 10	13 23 35	4 38 40	28 06 01	11 37 18	2 04 56	1 11 05
14 Th	27 01 28	4 ♒ 43 28	11 ♒ 24 45	14 57 31	4 15 22	9 38 35	17 58 21	19 39 03	13 29 57	4 43 40	28 19 19	11 45 19	2 14 01	1 18 54
15 F	28 07 20	18 16 13	25 03 26	16 34 43	5 33 06	10 29 49	18 32 12	20 03 22	13 33 44	4 46 14	28 30 14	11 50 53	2 20 39	1 24 18
16 Sa	29 10 28	1 ♓ 57 33	8 ♓ 49 35	18 04 34	6 48 00	11 18 17	19 03 19	20 24 50	13 34 39	4 46 04	28 38 28	11 53 42	2 24 34	1 26 59
17 Su	0 ♒ 11 04	15 45 32	22 41 26	19 27 07	8 00 19	12 04 13	19 31 56	20 43 38	13 32 53	4 43 24	28 44 14	11 53 59	2 25 56	1 27 11
18 M	1 09 48	29 39 04	6 ♈ 38 07	20 42 51	9 10 43	12 48 16	19 58 43	21 00 29	13 29 09	4 38 55	28 48 13	11 52 25	2 25 28	1 25 34
19 Tu	2 07 44	13 ♈ 37 50	20 39 33	21 52 41	10 20 13	13 31 29	20 24 41	21 16 22	13 24 27	4 33 38	28 51 26	11 50 01	2 24 11	1 23 09
20 W	3 05 58	27 42 02	4 ♉ 45 57	22 57 36	11 29 58	14 15 01	20 50 60	21 32 27	13 19 57	4 28 41	28 55 02	11 47 56	2 23 13	1 21 06
21 Th	4 05 32	11 ♉ 51 45	18 57 16	23 58 31	12 40 58	14 59 50	21 18 39	21 49 45	13 16 39	4 25 07	29 00 01	11 47 11	2 23 36	1 20 25
22 F	5 07 06	26 06 20	3 ♊ 12 33	24 56 01	13 53 54	15 46 39	21 48 20	22 08 54	13 15 13	4 23 35	29 07 04	11 48 25	2 25 59	1 21 46
23 Sa	6 10 51	10 ♊ 23 53	17 29 26	25 50 11	15 08 55	16 35 38	22 20 12	22 30 07	13 15 52	4 24 16	29 16 21	11 51 51	2 30 33	1 25 20
24 Su	7 16 27	24 41 08	1 ♋ 44 11	26 40 38	16 25 43	17 26 28	22 53 57	22 53 03	13 18 14	4 26 50	29 27 33	11 57 08	2 36 59	1 30 48
25 M	8 23 10	8 ♋ 53 30	15 51 59	27 26 34	17 43 32	18 18 23	23 28 49	23 16 57	13 21 37	4 30 35	29 39 55	12 03 33	2 44 32	1 37 25
26 Tu	9 30 03	22 55 52	29 47 42	28 06 59	19 01 25	19 10 26	24 03 52	23 40 53	13 25 02	4 34 30	29 52 30	12 10 06	2 52 15	1 44 14
27 W	10 36 06	6 ♌ 43 16	13 ♌ 26 46	28 40 54	20 18 24	20 01 39	24 38 06	24 03 50	13 27 32	4 37 40	0 ♓ 04 18	12 15 51	2 59 09	1 50 15
28 Th	11 40 33	20 11 47	26 45 53	29 07 32	21 33 40	20 51 14	25 10 44	24 25 02	13 28 18	4 39 15	0 14 33	12 19 59	3 04 27	1 54 43
29 F	12 42 57	3 ♍ 19 13	9 ♍ 43 35	29 26 28	22 46 48	21 38 45	25 41 19	24 44 02	13 26 55	4 38 51	0 22 47	12 22 04	3 07 42	1 57 10
30 Sa	13 43 13	16 05 14	22 20 22	29 37 42	23 57 41	22 24 08	26 09 48	25 00 45	13 23 17	4 36 21	0 28 57	12 22 01	3 08 49	1 57 31

Notes

May 1983 — LONGITUDE

Day	☉	0 hr ☽	Noon ☽	☿	♀	♂	⚵	⚳	♃	♄	⚷	♅	♆	♇
1 Su	14 ♒ 41 40	28 ♍ 31 30	4 ♎ 38 35	29 ♒ 41 39	25 ♓ 06 39	23 ♒ 07 39	26 ♐ 36 27	25 ♏ 15 29	13 ♍ 17 44	4 ♌ 32 05	0 ♓ 33 20	12 ♍ 20 08	3 ♎ 08 07	1 ♌ 56 04
2 M	15 38 52	10 ♎ 41 17	16 42 06	29 39 00	26 14 16	23 49 54	27 01 51	25 28 48	13 10 50	4 26 36	0 36 30	12 17 01	3 06 10	1 53 25
3 Tu	16 35 34	22 39 05	28 35 48	29 30 43	27 21 15	24 31 37	27 26 45	25 41 27	13 03 20	4 20 41	0 39 13	12 13 23	3 03 42	1 50 18
4 W	17 32 33	4 ♏ 30 12	10 ♏ 25 17	29 17 50	28 28 25	25 13 36	27 51 56	25 54 12	12 56 01	4 15 06	0 42 14	12 10 02	3 01 32	1 47 30
5 Th	18 30 29	16 20 19	22 16 18	29 01 20	29 36 26	25 56 31	28 18 04	26 07 45	12 49 34	4 10 31	0 46 17	12 07 40	3 00 19	1 45 41
6 F	19 29 53	28 14 58	4 ♐ 14 23	28 42 02	0 ♈ 45 47	26 40 52	28 45 39	26 22 34	12 44 28	4 07 27	0 51 47	12 06 43	3 00 34	1 45 22
7 Sa	20 30 55	10 ♐ 19 20	16 24 30	28 20 34	1 56 38	27 26 49	29 14 52	26 38 50	12 40 56	4 06 05	0 58 59	12 07 26	3 02 26	1 46 43
8 Su	21 33 27	22 37 48	28 50 42	27 57 16	3 08 53	28 14 16	29 45 36	26 56 26	12 38 50	4 06 17	1 07 43	12 09 39	3 05 49	1 49 37
9 M	22 37 06	5 ♑ 13 40	11 ♑ 35 47	27 32 15	4 22 06	29 02 48	0 ♑ 17 25	27 14 56	12 37 45	4 07 39	1 17 35	12 12 58	3 10 19	1 53 39
10 Tu	23 41 13	18 08 56	24 41 03	27 05 27	5 35 40	29 51 46	0 49 42	27 33 43	12 37 04	4 09 33	1 27 58	12 16 46	3 15 16	1 58 11
11 W	24 45 04	1 ♒ 24 05	8 ♒ 06 13	26 36 44	6 48 50	0 ♓ 40 27	1 21 42	27 52 03	12 36 03	4 11 15	1 38 06	12 20 18	3 19 58	2 02 31
12 Th	25 47 59	14 58 04	21 49 29	26 06 02	8 00 54	1 28 09	1 52 45	28 09 13	12 34 02	4 12 05	1 47 20	12 22 54	3 23 43	2 05 55
13 F	26 49 26	28 48 31	5 ♓ 47 43	25 33 29	9 11 24	2 14 23	2 22 19	28 24 45	12 30 30	4 11 31	1 55 08	12 24 03	3 26 02	2 07 55
14 Sa	27 49 12	12 ♓ 51 57	19 57 01	24 59 31	10 20 03	2 58 54	2 50 13	28 38 23	12 25 14	4 09 22	2 01 18	12 23 31	3 26 39	2 08 17
15 Su	28 47 23	27 04 28	4 ♈ 13 12	24 24 49	11 26 59	3 41 50	3 16 30	28 50 14	12 18 21	4 05 42	2 05 54	12 21 26	3 25 43	2 07 06
16 M	29 44 24	11 ♈ 22 07	18 32 26	23 50 23	12 32 34	4 23 33	3 41 36	29 00 41	12 10 14	4 00 56	2 09 21	12 18 10	3 23 35	2 04 47
17 Tu	0 ♓ 40 49	25 41 24	2 ♉ 51 26	23 17 23	13 37 26	5 04 39	4 06 06	29 10 21	12 01 31	3 55 40	2 12 15	12 14 21	3 20 54	2 01 56
18 W	1 37 20	9 ♉ 59 27	17 07 42	22 46 58	14 42 12	5 45 50	4 30 40	29 19 53	11 52 51	3 50 35	2 15 17	12 10 38	3 18 18	1 59 13
19 Th	2 34 31	24 14 01	1 ♊ 19 18	22 20 12	15 47 29	6 27 39	4 55 54	29 29 52	11 44 50	3 46 15	2 19 00	12 07 36	3 16 23	1 57 13
20 F	3 32 45	8 ♊ 23 15	15 24 40	21 57 50	16 53 38	7 10 30	5 22 10	29 40 41	11 37 51	3 43 04	2 23 48	12 05 38	3 15 31	1 56 18
21 Sa	4 32 08	22 25 29	29 22 13	21 40 18	18 00 44	7 54 28	5 49 33	29 52 25	11 32 00	3 41 06	2 29 46	12 04 50	3 15 49	1 56 36
22 Su	5 32 28	6 ♋ 19 00	13 ♋ 10 22	21 27 41	19 08 38	8 39 23	6 17 53	0 ♐ 04 54	11 27 07	3 40 13	2 36 44	12 05 01	3 17 06	1 57 54
23 M	6 33 24	20 02 02	26 47 19	21 19 50	20 16 55	9 24 52	6 46 47	0 17 44	11 22 48	3 39 59	2 44 19	12 05 49	3 18 58	1 59 50
24 Tu	7 34 26	3 ♌ 32 45	10 ♌ 11 23	21 16 24	21 25 05	10 10 25	7 15 46	0 30 25	11 18 36	3 39 58	2 52 00	12 06 43	3 20 56	2 01 55
25 W	8 35 05	16 49 26	23 21 03	21 17 03	22 32 40	10 55 33	7 44 20	0 42 29	11 14 01	3 39 39	2 59 20	12 07 16	3 22 33	2 03 39
26 Th	9 34 59	29 51 12	6 ♍ 15 23	21 21 26	23 39 17	11 39 55	8 12 07	0 53 34	11 08 41	3 38 40	3 05 56	12 07 04	3 23 24	2 04 41
27 F	10 33 54	12 ♍ 37 14	18 54 10	21 29 23	24 44 42	12 23 17	8 38 54	1 03 25	11 02 23	3 36 49	3 11 35	12 05 56	3 23 18	2 04 48
28 Sa	11 31 50	25 07 58	1 ♎ 18 05	21 40 52	25 48 54	13 05 37	9 04 40	1 12 01	10 55 07	3 34 03	3 16 14	12 03 49	3 22 12	2 03 57
29 Su	12 28 54	7 ♎ 24 36	13 28 47	21 55 58	26 51 59	13 47 03	9 29 31	1 19 29	10 46 60	3 30 31	3 20 02	12 00 51	3 20 14	2 02 16
30 M	13 25 21	19 29 21	25 28 50	22 14 54	27 54 12	14 27 51	9 53 44	1 26 05	10 38 17	3 26 27	3 23 14	11 57 16	3 17 40	2 00 01
31 Tu	14 21 30	1 ♏ 25 11	7 ♏ 21 34	22 37 54	28 55 53	15 08 19	10 17 36	1 32 06	10 29 18	3 22 12	3 26 09	11 53 26	3 14 49	1 57 31

June 1983 — LONGITUDE

Day	☉	0 hr ☽	Noon ☽	☿	♀	♂	⚵	⚳	♃	♄	⚷	♅	♆	♇
1 W	15 ♓ 17 41	13 ♏ 15 48	19 ♏ 11 01	23 ♒ 05 13	29 ♈ 57 20	15 ♓ 48 47	10 ♑ 41 27	1 ♐ 37 53	10 ♍ 20 23	3 ♌ 18 04	3 ♓ 29 06	11 ♍ 49 38	3 ♎ 11 59	1 ♌ 55 05
2 Th	16 14 10	25 05 26	1 ♐ 01 37	23 37 02	0 ♉ 58 49	16 29 31	11 05 34	1 43 42	10 11 48	3 14 19	3 32 21	11 46 09	3 09 28	1 52 60
3 F	17 11 08	6 ♐ 58 38	12 58 04	24 13 25	2 00 31	17 10 42	11 30 08	1 49 42	10 03 45	3 11 10	3 36 06	11 43 10	3 07 25	1 51 26
4 Sa	18 08 40	19 00 04	25 05 05	24 54 21	3 02 28	17 52 25	11 55 11	1 55 58	9 56 17	3 08 39	3 40 23	11 40 46	3 05 56	1 50 27
5 Su	19 06 41	1 ♑ 14 19	7 ♑ 27 07	25 39 41	4 04 38	18 34 35	12 20 41	2 02 27	9 49 23	3 06 43	3 45 11	11 38 53	3 04 58	1 50 00
6 M	20 05 03	13 45 31	20 08 04	26 29 11	5 06 51	19 17 05	12 46 29	2 08 58	9 42 52	3 05 15	3 50 20	11 37 21	3 04 20	1 49 57
7 Tu	21 03 35	26 37 08	3 ♒ 10 51	27 22 32	6 08 54	19 59 41	13 12 22	2 15 21	9 36 34	3 04 01	3 55 37	11 36 00	3 03 52	1 50 05
8 W	22 02 02	9 ♒ 51 31	16 37 07	28 19 27	7 10 35	20 42 12	13 38 08	2 21 22	9 30 16	3 02 50	4 00 51	11 34 37	3 03 20	1 50 12
9 Th	23 00 16	23 29 29	0 ♓ 26 48	29 19 40	8 11 41	21 24 26	14 03 36	2 26 50	9 23 48	3 01 30	4 05 50	11 32 60	3 02 33	1 50 07
10 F	23 58 09	7 ♓ 30 05	14 37 54	0 ♓ 23 00	9 12 06	22 06 18	14 28 40	2 31 39	9 17 04	2 59 56	4 10 28	11 31 04	3 01 27	1 49 43
11 Sa	24 55 41	21 50 22	29 06 29	1 29 25	10 11 50	22 47 48	14 53 20	2 35 48	9 10 05	2 58 07	4 14 46	11 28 50	3 00 01	1 49 02
12 Su	25 52 58	6 ♈ 25 34	13 ♈ 46 59	2 38 53	11 10 56	23 28 59	15 17 39	2 39 23	9 02 54	2 56 09	4 18 47	11 26 21	2 58 19	1 48 07
13 M	26 50 05	21 09 31	28 32 47	3 51 30	12 09 31	24 09 59	15 41 46	2 42 29	8 55 41	2 54 08	4 22 39	11 23 44	2 56 29	1 47 06
14 Tu	27 47 11	5 ♉ 55 27	13 ♉ 17 09	5 07 21	13 07 41	24 50 57	16 05 47	2 45 15	8 48 31	2 52 12	4 26 29	11 21 08	2 54 38	1 46 06
15 W	28 44 21	20 36 45	27 53 55	6 26 26	14 05 31	25 31 56	16 29 48	2 47 46	8 41 32	2 50 26	4 30 23	11 18 38	2 52 51	1 45 13
16 Th	29 41 36	5 ♊ 07 51	12 ♊ 18 12	7 48 48	15 03 00	26 12 58	16 53 50	2 50 02	8 34 45	2 48 53	4 34 22	11 16 15	2 51 11	1 44 27
17 F	0 ♈ 38 54	19 24 34	26 26 41	9 14 20	16 00 07	26 54 01	17 17 50	2 52 02	8 28 07	2 47 28	4 38 23	11 13 57	2 49 34	1 43 47
18 Sa	1 36 10	3 ♋ 24 22	10 ♋ 17 35	10 42 56	16 56 45	27 35 01	17 41 44	2 53 40	8 21 34	2 46 08	4 42 22	11 11 39	2 47 56	1 43 08
19 Su	2 33 19	17 06 12	23 50 30	12 14 30	17 52 47	28 15 51	18 05 26	2 54 52	8 15 01	2 44 48	4 46 13	11 09 17	2 46 12	1 42 25
20 M	3 30 19	0 ♌ 30 12	7 ♌ 05 58	13 48 58	18 48 11	28 56 30	18 28 54	2 55 34	8 08 26	2 43 25	4 49 54	11 06 46	2 44 19	1 41 34
21 Tu	4 27 09	13 37 17	20 05 10	15 26 18	19 42 55	29 36 57	18 52 08	2 55 47	8 01 49	2 41 59	4 53 24	11 04 08	2 42 17	1 40 37
22 W	5 23 54	26 28 54	2 ♍ 49 39	17 06 32	20 37 03	0 ♈ 17 18	19 15 12	2 55 34	7 55 15	2 40 34	4 56 49	11 01 28	2 40 11	1 39 37
23 Th	6 20 41	9 ♍ 06 42	15 21 06	18 49 46	21 30 41	0 57 39	19 38 13	2 55 04	7 48 52	2 39 18	5 00 16	10 58 52	2 38 08	1 38 43
24 F	7 17 41	21 32 24	27 41 14	20 36 05	22 23 57	1 38 10	20 01 20	2 54 25	7 42 48	2 38 21	5 03 53	10 56 30	2 36 18	1 38 03
25 Sa	8 15 01	3 ♎ 47 44	9 ♎ 51 49	22 25 34	23 16 58	2 18 58	20 24 42	2 53 45	7 37 12	2 37 50	5 07 50	10 54 30	2 34 49	1 37 45
26 Su	9 12 47	15 54 26	21 54 38	24 18 13	24 09 49	3 00 11	20 48 25	2 53 11	7 32 11	2 37 52	5 12 11	10 52 58	2 33 46	1 37 56
27 M	10 11 01	27 54 18	3 ♏ 51 37	26 13 59	25 02 31	3 41 50	21 12 29	2 52 44	7 27 47	2 38 27	5 16 59	10 51 57	2 33 12	1 38 37
28 Tu	11 09 39	9 ♏ 49 21	15 44 56	28 12 40	25 54 58	4 23 50	21 36 52	2 52 20	7 23 54	2 39 33	5 22 10	10 51 21	2 33 03	1 39 45
29 W	12 08 33	21 41 49	27 37 00	0 ♈ 13 57	26 46 59	5 06 03	22 01 22	2 51 49	7 20 25	2 40 59	5 27 33	10 51 02	2 33 09	1 41 09
30 Th	13 07 28	3 ♐ 34 18	9 ♐ 30 42	2 17 26	27 38 20	5 48 15	22 25 47	2 50 59	7 17 07	2 42 34	5 32 57	10 50 46	2 33 16	1 42 37

Notes

LONGITUDE — July 1983

Day	☉	0 hr ☽	Noon ☽	☿	♀	♂	⚵	⚳	♃	♄	⚷	♅	♆	♇
1 F	14♈ 06 08	15♐ 29 52	21♐ 29 17	4♈ 22 39	28♉ 28 44	6♈ 30 11	22♑ 49 52	2♐ 49 33	7♍ 13 43	2♌ 43 60	5♓ 38 04	10♍ 50 18	2♎ 33 11	1♌ 43 53
2 Sa	15 04 21	27 31 59	3♑ 36 27	6 29 09	29 17 54	7 11 36	23 13 20	2 47 17	7 09 59	2 45 03	5 42 41	10 49 24	2 32 37	1 44 42
3 Su	16 01 55	9♑ 44 34	15 56 11	8 36 29	0♊ 05 39	7 52 19	23 36 03	2 44 01	7 05 46	2 45 34	5 46 37	10 47 53	2 31 24	1 44 55
4 M	16 58 47	22 11 49	28 32 40	10 44 20	0 51 54	8 32 18	23 57 56	2 39 41	7 00 60	2 45 28	5 49 50	10 45 41	2 29 30	1 44 28
5 Tu	17 55 03	4♒ 57 55	11♒ 29 54	12 52 30	1 36 43	9 11 39	24 19 05	2 34 24	6 55 47	2 44 53	5 52 24	10 42 56	2 27 01	1 43 26
6 W	18 50 59	18 06 44	24 51 17	15 00 58	2 20 20	9 50 36	24 39 45	2 28 24	6 50 23	2 44 02	5 54 35	10 39 52	2 24 11	1 42 06
7 Th	19 46 56	1♓ 41 09	8♓ 38 56	17 09 48	3 03 04	10 29 33	25 00 19	2 22 05	6 45 10	2 43 19	5 56 46	10 36 51	2 21 24	1 40 49
8 F	20 43 21	15 42 25	22 53 01	19 19 08	3 45 20	11 08 54	25 21 11	2 15 52	6 40 34	2 43 09	5 59 21	10 34 20	2 19 04	1 40 01
9 Sa	21 40 36	0♈ 09 28	7♈ 31 08	21 29 06	4 27 28	11 49 03	25 42 44	2 10 08	6 36 58	2 43 54	6 02 44	10 32 40	2 17 34	1 40 05
10 Su	22 38 54	14 58 22	22 28 03	23 39 38	5 09 39	12 30 13	26 05 13	2 05 07	6 34 35	2 45 50	6 07 08	10 32 07	2 17 09	1 41 15
11 M	23 38 17	0♉ 02 23	7♉ 35 55	25 50 33	5 51 53	13 12 25	26 28 36	2 00 49	6 33 27	2 48 55	6 12 34	10 32 40	2 17 49	1 43 32
12 Tu	24 38 30	15 12 35	22 45 14	28 01 22	6 33 50	13 55 24	26 52 40	1 57 00	6 33 19	2 52 56	6 18 48	10 34 05	2 19 19	1 46 39
13 W	25 39 05	0♊ 19 03	7♊ 46 19	0♉ 11 27	7 15 02	14 38 43	27 16 56	1 53 14	6 33 43	2 57 25	6 25 20	10 35 55	2 21 12	1 50 11
14 Th	26 39 28	15 12 35	22 30 48	2 20 06	7 54 52	15 21 47	27 40 51	1 48 56	6 34 06	3 01 48	6 31 39	10 37 35	2 22 54	1 53 33
15 F	27 39 08	29 45 57	6♋ 52 45	4 26 38	8 32 45	16 04 06	28 03 53	1 43 36	6 33 57	3 05 33	6 37 12	10 38 34	2 23 54	1 56 14
16 Sa	28 37 42	13♋ 54 44	20 49 09	6 30 36	9 08 17	16 45 16	28 25 40	1 36 51	6 32 53	3 08 19	6 41 37	10 38 31	2 23 49	1 57 52
17 Su	29 35 05	27 37 30	4♌ 19 41	8 31 48	9 41 16	17 25 13	28 46 04	1 28 36	6 30 47	3 09 59	6 44 48	10 37 18	2 22 33	1 58 20
18 M	0♉ 31 26	10♌ 55 13	17 26 13	10 30 19	10 11 52	18 04 05	29 05 16	1 19 01	6 27 50	3 10 42	6 46 54	10 35 05	2 20 16	1 57 47
19 Tu	1 27 09	23 50 40	0♍ 12 00	12 26 32	10 40 24	18 42 17	29 23 40	1 08 30	6 24 27	3 10 54	6 48 20	10 32 18	2 17 23	1 56 40
20 W	2 22 50	6♍ 27 35	12 40 58	14 20 59	11 07 23	19 20 24	29 41 50	0 57 39	6 21 11	3 11 09	6 49 40	10 29 30	2 14 28	1 55 31
21 Th	3 19 05	18 50 01	24 57 08	16 14 15	11 33 25	19 59 02	0♒ 00 24	0 47 05	6 18 41	3 12 03	6 51 31	10 27 20	2 12 08	1 54 59
22 F	4 16 28	1♎ 01 51	7♎ 04 16	18 06 53	11 58 58	20 38 47	0 19 54	0 37 22	6 17 29	3 14 11	6 54 28	10 26 19	2 10 57	1 55 36
23 Sa	5 15 24	13 06 31	19 05 35	19 59 18	12 24 25	21 20 01	0 40 45	0 28 56	6 18 00	3 17 57	6 58 54	10 26 54	2 11 19	1 57 48
24 Su	6 16 04	25 06 47	1♏ 03 38	21 51 40	12 49 52	22 02 56	1 03 07	0 21 57	6 20 26	3 23 31	7 05 00	10 29 14	2 13 25	2 01 45
25 M	7 18 23	7♏ 04 48	13 00 26	23 43 55	13 15 12	22 47 27	1 26 56	0 16 21	6 24 41	3 30 50	7 12 43	10 33 16	2 17 12	2 07 23
26 Tu	8 22 01	19 02 10	24 57 31	25 35 43	13 40 00	23 33 16	1 51 52	0 11 50	6 30 25	3 39 33	7 21 41	10 38 39	2 22 18	2 14 21
27 W	9 26 26	1♐ 00 11	6♐ 56 12	27 26 32	14 03 41	24 19 47	2 17 21	0 07 51	6 37 06	3 49 07	7 31 21	10 44 51	2 28 11	2 22 07
28 Th	10 30 55	13 00 07	18 57 51	29 15 40	14 25 29	25 06 20	2 42 41	0 03 42	6 44 02	3 58 50	7 41 03	10 51 10	2 34 09	2 29 59
29 F	11 34 46	25 03 25	1♑ 04 07	1♊ 02 25	14 44 38	25 52 12	3 07 08	29♏ 58 40	6 50 30	4 07 60	7 50 03	10 56 52	2 39 30	2 37 13
30 Sa	12 37 21	7♑ 12 04	13 17 12	2 46 08	15 00 27	26 36 45	3 30 05	29 52 10	6 55 51	4 15 57	7 57 42	11 01 19	2 43 34	2 43 12
31 Su	13 38 13	19 28 41	25 39 57	4 26 26	15 12 26	27 19 33	3 51 05	29 43 44	6 59 41	4 22 17	8 03 35	11 04 07	2 45 56	2 47 31

LONGITUDE — August 1983

Day	☉	0 hr ☽	Noon ☽	☿	♀	♂	⚵	⚳	♃	♄	⚷	♅	♆	♇
1 M	14♉ 37 17	1♒ 56 39	8♒ 15 56	6♊ 03 09	15♊ 20 26	28♈ 00 28	4♒ 10 01	29♏ 33 18	7♍ 01 51	4♌ 26 53	8♓ 07 35	11♍ 05 07	2♎ 46 30	2♌ 50 01
2 Tu	15 34 46	14 40 03	21 09 18	7 36 34	15 24 38	28 39 46	4 27 07	29 21 06	7 02 37	4 29 58	8 09 56	11 04 35	2 45 30	2 50 57
3 W	16 31 15	27 43 17	4♓ 24 18	9 07 13	15 25 33	29 18 00	4 42 57	29 07 43	7 02 32	4 32 06	8 11 13	11 03 04	2 43 30	2 50 54
4 Th	17 27 33	11♓ 10 34	18 04 40	10 35 56	15 23 60	29 56 01	4 58 20	28 53 60	7 02 26	4 34 08	8 12 14	11 01 24	2 41 18	2 50 41
5 F	18 24 36	25 05 07	2♈ 12 45	12 03 37	15 20 51	0♉ 34 42	5 14 11	28 40 51	7 03 14	4 36 59	8 13 55	11 00 30	2 39 52	2 51 13
6 Sa	19 23 12	9♈ 28 05	16 48 28	13 31 04	15 16 54	1 14 55	5 31 18	28 29 08	7 05 45	4 41 27	8 17 06	11 01 12	2 40 00	2 53 20
7 Su	20 23 54	24 17 38	1♉ 48 24	14 58 49	15 12 40	1 57 09	5 50 14	28 19 23	7 10 32	4 48 04	8 22 17	11 04 01	2 42 14	2 57 32
8 M	21 26 46	9♉ 28 17	17 05 27	16 26 53	15 08 13	2 41 30	6 11 01	28 11 41	7 17 38	4 56 55	8 29 34	11 09 02	2 46 37	3 03 56
9 Tu	22 31 21	24 51 00	2♊ 29 26	17 54 49	15 03 06	3 27 32	6 33 15	28 05 37	7 26 38	5 07 35	8 38 31	11 15 49	2 52 46	3 12 04
10 W	23 36 51	10♊ 14 22	17 48 34	19 21 44	14 56 30	4 14 25	6 56 04	28 00 22	7 36 42	5 19 12	8 48 16	11 23 31	2 59 48	3 21 06
11 Th	24 42 11	25 26 32	2♋ 51 39	20 46 32	14 47 24	5 01 05	7 18 25	27 54 54	7 46 46	5 30 43	8 57 48	11 31 07	3 06 42	3 30 01
12 F	25 46 22	10♋ 17 24	17 29 57	22 08 11	14 34 51	5 46 33	7 39 19	27 48 15	7 55 51	5 41 10	9 06 07	11 37 36	3 12 28	3 37 47
13 Sa	26 48 43	24 40 11	1♌ 38 25	23 25 54	14 18 11	6 30 08	7 58 03	27 39 42	8 03 15	5 49 50	9 12 31	11 42 16	3 16 24	3 43 44
14 Su	27 48 58	8♌ 31 60	15 15 47	24 39 24	13 57 15	7 11 34	8 14 23	27 29 03	8 08 43	5 56 28	9 16 45	11 44 53	3 18 15	3 47 36
15 M	28 47 22	21 53 30	28 23 59	25 48 50	13 32 23	7 51 06	8 28 32	27 16 33	8 12 30	6 01 20	9 19 04	11 45 42	3 18 16	3 49 39
16 Tu	29 44 35	4♍ 48 05	11♍ 07 11	26 54 45	13 04 20	8 29 24	8 41 09	27 02 52	8 15 15	6 05 03	9 20 06	11 45 21	3 17 07	3 50 30
17 W	0♊ 41 32	17 20 43	23 30 44	27 57 59	12 34 10	9 07 22	8 53 10	26 48 56	8 17 54	6 08 34	9 20 48	11 44 46	3 15 42	3 51 07
18 Th	1 39 13	29 37 05	5♎ 40 21	28 59 27	12 03 03	9 46 02	9 05 34	26 35 46	8 21 25	6 12 53	9 22 10	11 44 57	3 15 01	3 52 28
19 F	2 38 33	11♎ 42 43	17 41 26	29 59 54	11 32 02	10 26 17	9 19 16	26 24 18	8 26 45	6 18 54	9 25 06	11 46 50	3 16 01	3 55 29
20 Sa	3 40 12	23 42 34	29 38 40	0♋ 59 54	11 01 60	11 08 48	9 34 55	26 15 13	8 34 32	6 27 18	9 30 16	11 51 03	3 19 20	4 00 49
21 Su	4 44 29	5♏ 40 37	11♏ 35 42	1 59 35	10 33 26	11 53 54	9 52 49	26 08 49	8 45 07	6 38 22	9 37 58	11 57 56	3 25 17	4 08 48
22 M	5 51 18	17 39 49	23 35 07	2 58 44	10 06 29	12 41 29	10 12 54	26 05 03	8 58 22	6 52 02	9 48 09	12 07 23	3 33 48	4 19 19
23 Tu	7 00 11	29 41 60	5♐ 38 29	3 56 39	9 40 53	13 31 04	10 34 39	26 03 27	9 13 49	7 07 48	10 00 18	12 18 55	3 44 22	4 31 54
24 W	8 10 19	11♐ 48 10	17 46 36	4 52 22	9 16 04	14 21 51	10 57 15	26 03 11	9 30 39	7 24 52	10 13 36	12 31 44	3 56 11	4 45 44
25 Th	9 20 39	23 58 45	29 59 48	5 44 37	8 51 14	15 12 47	11 19 41	26 03 15	9 47 51	7 42 11	10 27 02	12 44 47	4 08 14	4 59 47
26 F	10 30 08	6♑ 14 02	12♑ 18 23	6 32 07	8 25 33	16 02 49	11 40 51	26 02 36	10 04 19	7 58 42	10 39 32	12 57 01	4 19 26	5 12 60
27 Sa	11 37 50	18 34 30	24 43 01	7 13 42	7 58 21	16 50 59	11 59 47	26 00 17	10 19 07	8 13 27	10 50 08	13 07 28	4 28 50	5 24 24
28 Su	12 43 05	1♒ 01 19	7♒ 15 05	7 48 26	7 29 12	17 36 39	12 15 52	25 55 41	10 31 37	8 25 48	10 58 12	13 15 30	4 35 48	5 33 21
29 M	13 45 39	13 36 34	19 56 55	8 15 52	6 58 07	18 19 36	12 28 51	25 48 34	10 41 34	8 35 31	11 03 31	13 20 53	4 40 05	5 39 38
30 Tu	14 45 50	26 23 20	2♓ 51 50	8 35 58	6 25 35	19 00 04	12 38 59	25 39 13	10 49 14	8 42 52	11 06 20	13 23 53	4 41 59	5 43 30
31 W	15 44 20	9♓ 25 31	16 03 49	8 49 13	5 52 33	19 38 49	12 46 60	25 28 23	10 55 22	8 48 35	11 07 22	13 25 14	4 42 12	5 45 42

Notes

September 1983 — LONGITUDE

Day	☉	0 hr ☽	Noon ☽	☿	♀	♂	⚵	⚳	♃	♄	⚷	♅	♆	♇
1 Th	16 ♊ 42 16	22 ♓ 47 28	29 ♓ 37 03	8 ♋ 56 25	5 ♊ 20 18	20 ♉ 16 55	12 ♒ 53 58	25 ♏ 17 09	11 ♍ 01 01	8 ♌ 53 45	11 ♓ 07 44	13 ♍ 26 01	4 ♎ 41 50	5 ♌ 47 19
2 F	17 40 50	6 ♈ 33 11	13 ♈ 35 01	8 58 31	4 50 15	20 55 37	13 01 08	25 06 46	11 07 27	8 59 35	11 08 40	13 27 29	4 42 08	5 49 34
3 Sa	18 41 11	20 45 18	27 59 22	8 56 27	4 23 41	21 36 01	13 09 36	24 58 23	11 15 47	9 07 14	11 11 16	13 30 44	4 44 12	5 53 36
4 Su	19 44 05	5 ♉ 23 54	12 ♉ 48 50	8 50 45	4 01 31	22 18 55	13 20 08	24 52 46	11 26 47	9 17 28	11 16 19	13 36 33	4 48 49	6 00 09
5 M	20 49 44	20 25 38	27 58 24	8 41 28	3 44 03	23 04 29	13 32 56	24 50 07	11 40 39	9 30 28	11 24 02	13 45 08	4 56 10	6 09 27
6 Tu	21 57 41	5 ♊ 43 12	13 ♊ 19 19	8 28 04	3 30 59	23 52 18	13 47 33	24 50 01	11 56 55	9 45 48	11 33 56	13 56 03	5 05 50	6 21 02
7 W	23 06 56	21 06 09	28 40 16	8 09 34	3 21 23	24 41 21	14 02 58	24 51 29	12 14 37	10 02 28	11 45 03	14 08 16	5 16 48	6 33 56
8 Th	24 16 12	6 ♋ 22 23	13 ♋ 49 15	7 44 49	3 14 02	25 30 22	14 17 55	24 53 13	12 32 26	10 19 10	11 56 05	14 20 33	5 27 48	6 46 50
9 F	25 24 13	21 20 33	28 35 58	7 12 48	3 07 44	26 18 04	14 31 07	24 53 58	12 49 08	10 34 39	12 05 47	14 31 35	5 37 32	6 58 28
10 Sa	26 30 03	5 ♌ 52 05	12 ♌ 53 28	6 33 00	3 01 34	27 03 30	14 41 37	24 52 49	13 03 44	10 47 59	12 13 12	14 40 27	5 45 06	7 07 55
11 Su	27 33 17	19 52 19	26 38 50	5 45 40	2 55 11	27 46 19	14 49 01	24 49 22	13 15 53	10 58 45	12 17 56	14 46 45	5 50 05	7 14 46
12 M	28 34 07	3 ♍ 20 35	9 ♍ 52 56	4 51 45	2 48 45	28 26 39	14 53 31	24 43 49	13 25 44	11 07 08	12 20 11	14 50 41	5 52 40	7 19 13
13 Tu	29 33 15	16 19 33	22 39 30	3 52 58	2 43 01	29 05 14	14 55 48	24 36 51	13 33 59	11 13 51	12 20 38	14 52 56	5 53 33	7 21 58
14 W	0 ♋ 31 44	28 54 09	5 ♎ 04 03	2 51 31	2 38 59	29 43 06	14 56 55	24 29 32	13 41 41	11 19 56	12 20 20	14 54 32	5 53 47	7 24 02
15 Th	1 30 43	11 ♎ 10 27	17 12 56	1 49 54	2 37 48	0 ♊ 21 24	14 58 01	24 23 02	13 49 60	11 26 32	12 20 26	14 56 41	5 54 32	7 26 36
16 F	2 31 17	23 14 48	29 12 28	0 50 37	2 40 32	1 01 14	15 00 11	24 18 25	13 59 60	11 34 45	12 22 03	15 00 25	5 56 53	7 30 45
17 Sa	3 34 14	5 ♏ 13 07	11 ♏ 08 23	29 ♊ 55 58	2 47 58	1 43 24	15 04 14	24 16 32	14 12 30	11 45 22	12 25 57	15 06 34	6 01 37	7 37 17
18 Su	4 40 01	17 10 28	23 05 23	29 07 51	3 00 27	2 28 19	15 10 33	24 17 46	14 27 54	11 58 49	12 32 35	15 15 33	6 09 11	7 46 37
19 M	5 48 33	29 10 45	5 ♐ 06 58	28 27 39	3 17 55	3 15 56	15 19 07	24 22 05	14 46 10	12 15 04	12 41 53	15 27 19	6 19 30	7 58 42
20 Tu	6 59 21	11 ♐ 16 34	17 15 22	27 56 08	3 39 49	4 05 46	15 29 25	24 28 59	15 06 48	12 33 35	12 53 21	15 41 22	6 32 06	8 13 02
21 W	8 11 33	23 29 22	29 31 36	27 33 36	4 05 14	4 56 55	15 40 35	24 37 37	15 28 54	12 53 30	13 06 08	15 56 50	6 46 05	8 28 45
22 Th	9 24 02	5 ♑ 49 35	11 ♑ 55 49	27 19 50	4 32 58	5 48 18	15 51 30	24 46 51	15 51 23	13 13 43	13 19 05	16 12 34	7 00 21	8 44 44
23 F	10 35 37	18 17 04	24 27 38	27 14 22	5 01 50	6 38 43	16 01 00	24 55 31	16 13 04	13 33 03	13 31 03	16 27 27	7 13 44	8 59 49
24 Sa	11 45 17	0 ♒ 51 26	7 ♒ 06 39	27 16 41	5 30 42	7 27 10	16 08 03	25 02 35	16 32 54	13 50 28	13 41 01	16 40 24	7 25 11	9 12 57
25 Su	12 52 19	13 32 35	19 52 49	27 26 17	5 58 50	8 12 54	16 11 56	25 07 21	16 50 11	14 05 16	13 48 14	16 50 45	7 34 01	9 23 26
26 M	13 56 27	26 21 06	2 ♓ 46 56	27 42 59	6 25 53	8 55 41	16 12 23	25 09 32	17 04 39	14 17 09	13 52 28	16 58 11	7 39 56	9 30 59
27 Tu	14 57 56	9 ♓ 18 30	15 50 43	28 06 52	6 52 03	9 35 44	16 09 39	25 09 24	17 16 33	14 26 24	13 53 57	17 02 60	7 43 12	9 35 53
28 W	15 57 30	22 27 13	29 06 51	28 38 22	7 17 60	10 13 48	16 04 28	25 07 40	17 26 36	14 33 43	13 53 24	17 05 53	7 44 32	9 38 49
29 Th	16 56 13	5 ♈ 50 24	12 ♈ 38 29	29 18 08	7 44 45	10 50 58	15 57 57	25 05 25	17 35 53	14 40 12	13 51 56	17 07 56	7 45 02	9 40 54
30 F	17 55 21	19 31 19	26 28 41	0 ♋ 06 52	8 13 29	11 28 28	15 51 18	25 03 55	17 45 38	14 47 06	13 50 45	17 10 23	7 45 55	9 43 22

October 1983 — LONGITUDE

Day	☉	0 hr ☽	Noon ☽	☿	♀	♂	⚵	⚳	♃	♄	⚷	♅	♆	♇
1 Sa	18 ♋ 56 03	3 ♉ 32 31	10 ♉ 39 23	1 ♋ 05 06	8 ♊ 45 19	12 ♊ 07 28	15 ♒ 45 43	25 ♏ 04 17	17 ♍ 57 01	14 ♌ 55 32	13 ♓ 51 03	17 ♍ 14 25	7 ♎ 48 22	9 ♌ 47 21
2 Su	19 59 06	17 54 51	25 10 31	2 12 56	9 20 57	12 48 45	15 41 58	25 07 21	18 10 50	15 06 20	13 53 36	17 20 48	7 53 10	9 53 41
3 M	21 04 46	2 ♊ 36 34	9 ♊ 59 08	3 29 55	10 00 37	13 32 34	15 40 21	25 13 20	18 27 20	15 19 44	13 58 40	17 29 48	8 00 34	10 02 35
4 Tu	22 12 41	17 32 49	24 59 04	4 54 58	10 43 54	14 18 34	15 40 30	25 21 54	18 46 08	15 35 22	14 05 53	17 41 03	8 10 13	10 13 43
5 W	23 21 57	2 ♋ 35 47	10 ♋ 01 35	6 26 30	11 29 50	15 05 52	15 41 33	25 32 10	19 06 22	15 52 22	14 14 22	17 53 40	8 21 14	10 26 12
6 Th	24 31 23	17 35 44	24 56 37	8 02 38	12 17 11	15 53 16	15 42 18	25 42 55	19 26 50	16 09 31	14 22 55	18 06 27	8 32 23	10 38 48
7 F	25 39 46	2 ♌ 22 40	9 ♌ 34 39	9 41 30	13 04 42	16 39 32	15 41 34	25 52 56	19 46 19	16 25 37	14 30 20	18 18 11	8 42 30	10 50 19
8 Sa	26 46 10	16 48 11	23 48 24	11 21 35	13 51 22	17 23 44	15 38 25	26 01 17	20 03 52	16 39 43	14 35 39	18 27 56	8 50 37	10 59 50
9 Su	27 50 06	0 ♍ 46 45	7 ♍ 33 44	13 01 51	14 36 42	18 05 25	15 32 23	26 07 31	20 19 01	16 51 20	14 38 26	18 35 14	8 56 16	11 06 52
10 M	28 51 38	14 16 13	20 49 56	14 41 52	15 20 42	18 44 38	15 23 35	26 11 39	20 31 50	17 00 34	14 38 44	18 40 07	8 59 31	11 11 28
11 Tu	29 51 18	27 17 42	3 ♎ 39 15	16 21 45	16 03 53	19 21 55	15 12 32	26 14 15	20 42 50	17 07 54	14 37 05	18 43 10	9 00 55	11 14 11
12 W	0 ♌ 49 58	9 ♎ 54 43	16 06 02	18 01 59	16 47 03	19 58 08	15 00 09	26 16 11	20 52 55	17 14 15	14 34 21	18 45 13	9 01 18	11 15 52
13 Th	1 48 40	22 12 26	28 15 57	19 43 15	17 31 13	20 34 19	14 47 28	26 18 27	21 03 05	17 20 37	14 31 34	18 47 18	9 01 43	11 17 34
14 F	2 48 22	4 ♏ 16 49	10 ♏ 15 08	21 26 14	18 17 19	21 11 26	14 35 28	26 22 02	21 14 18	17 27 58	14 29 42	18 50 23	9 03 09	11 20 15
15 Sa	3 49 51	16 13 52	22 09 35	23 11 28	19 06 04	21 50 15	14 24 57	26 27 42	21 27 21	17 37 05	14 29 32	18 55 15	9 06 20	11 24 41
16 Su	4 53 32	28 09 08	4 ♐ 04 41	24 59 11	19 57 54	22 31 14	14 16 23	26 35 54	21 42 41	17 48 24	14 31 30	19 02 20	9 11 45	11 31 17
17 M	5 59 29	10 ♐ 07 23	16 04 52	26 49 15	20 52 50	23 14 24	14 09 49	26 46 39	22 00 19	18 01 58	14 35 38	19 11 41	9 19 25	11 40 08
18 Tu	7 07 20	22 12 19	28 13 29	28 41 11	21 50 28	23 59 24	14 04 56	26 59 37	22 19 54	18 17 25	14 41 37	19 22 57	9 28 59	11 50 52
19 W	8 16 25	4 ♑ 26 30	10 ♑ 32 37	0 ♌ 34 11	22 50 06	24 45 34	14 01 05	27 14 06	22 40 46	18 34 05	14 48 44	19 35 26	9 39 47	12 02 47
20 Th	9 25 51	16 51 22	23 03 15	2 27 15	23 50 50	25 32 01	13 57 23	27 29 13	23 02 01	18 51 04	14 56 07	19 48 15	9 50 55	12 15 01
21 F	10 34 39	29 27 22	5 ♒ 45 24	4 19 22	24 51 39	26 17 47	13 52 55	27 44 01	23 22 43	19 07 25	15 02 49	20 00 28	10 01 26	12 26 37
22 Sa	11 42 01	12 ♒ 14 15	18 38 29	6 09 38	25 51 43	27 02 01	13 46 51	27 57 38	23 41 59	19 22 18	15 07 59	20 11 13	10 10 30	12 36 44
23 Su	12 47 20	25 11 21	1 ♓ 41 35	7 57 24	26 50 25	27 44 08	13 38 38	28 09 29	23 59 15	19 35 06	15 11 02	20 19 55	10 17 30	12 44 45
24 M	13 50 21	8 ♓ 18 01	14 53 60	9 42 24	27 47 27	28 23 54	13 28 02	28 19 19	24 14 16	19 45 36	15 11 43	20 26 19	10 22 13	12 50 28
25 Tu	14 51 15	21 33 54	28 15 25	11 24 46	28 43 00	29 01 29	13 15 15	28 27 18	24 27 12	19 53 57	15 10 12	20 30 36	10 24 47	12 54 01
26 W	15 50 34	4 ♈ 59 11	11 ♈ 46 10	13 05 01	29 37 34	29 37 24	13 00 51	28 33 59	24 38 36	20 00 41	15 07 01	20 33 17	10 25 47	12 55 57
27 Th	16 49 08	18 34 35	25 27 02	14 43 59	0 ♋ 31 56	0 ♋ 12 29	12 45 39	28 40 09	24 49 15	20 06 37	15 02 60	20 35 12	10 25 59	12 57 04
28 F	17 47 50	2 ♉ 21 04	9 ♉ 19 01	16 22 33	1 27 02	0 47 38	12 30 37	28 46 44	25 00 05	20 12 41	14 59 04	20 37 15	10 26 21	12 58 19
29 Sa	18 47 34	16 19 28	23 22 43	18 01 36	2 23 40	1 23 45	12 16 39	28 54 35	25 11 58	20 19 43	14 56 04	20 40 19	10 27 42	13 00 32
30 Su	19 48 54	0 ♊ 29 48	7 ♊ 37 44	19 41 44	3 22 25	2 01 23	12 04 20	29 04 18	25 25 30	20 28 20	14 54 37	20 44 58	10 30 40	13 04 20
31 M	20 52 04	14 50 47	22 02 12	21 23 09	4 23 30	2 40 46	11 53 56	29 16 05	25 40 52	20 38 45	14 54 55	20 51 26	10 35 26	13 09 54

Notes

LONGITUDE — November 1983

Day	☉	0 hr ☽	Noon ☽	☿	♀	♂	⚵	⚳	♃	♄	⚷	♅	♆	♇
1 Tu	21 ♌ 56 49	29 ♊ 19 24	6 ♋ 32 22	23 ♌ 05 39	5 ♋ 26 39	3 ♋ 21 41	11 ♒ 45 14	29 ♏ 29 43	25 ♍ 57 52	20 ♌ 50 43	14 ♓ 56 44	20 ♍ 59 30	10 ♎ 41 47	13 ♌ 17 02
2 W	23 02 36	13 ♋ 50 54	21 02 54	24 48 40	6 31 16	4 03 32	11 37 42	29 44 37	26 15 54	21 03 40	14 59 30	21 08 33	10 49 09	13 25 08
3 Th	24 08 36	28 19 15	5 ♌ 27 26	26 31 25	7 36 34	4 45 31	11 30 33	29 59 59	26 34 12	21 16 48	15 02 26	21 17 49	10 56 43	13 33 26
4 F	25 14 00	12 ♌ 37 57	19 39 34	28 13 05	8 41 41	5 26 51	11 23 01	0 ♐ 14 59	26 51 55	21 29 18	15 04 43	21 26 29	11 03 41	13 41 06
5 Sa	26 18 11	26 41 01	3 ♍ 33 49	29 53 05	9 45 59	6 06 52	11 14 27	0 29 00	27 08 26	21 40 32	15 05 42	21 33 54	11 09 25	13 47 29
6 Su	27 20 45	10 ♍ 23 58	17 06 27	1 ♍ 31 01	10 49 05	6 45 13	11 04 33	0 41 39	27 23 23	21 50 09	15 05 02	21 39 43	11 13 32	13 52 14
7 M	28 21 42	23 44 17	0 ♎ 15 58	3 06 55	11 50 57	7 21 52	10 53 17	0 52 55	27 36 43	21 58 05	15 02 41	21 43 54	11 16 02	13 55 20
8 Tu	29 21 18	6 ♎ 41 41	13 02 56	4 41 04	12 51 50	7 57 05	10 40 58	1 03 03	27 48 44	22 04 39	14 58 56	21 46 43	11 17 10	13 57 02
9 W	0 ♍ 20 02	19 17 51	25 29 53	6 13 57	13 52 14	8 31 22	10 28 07	1 12 34	27 59 55	22 10 18	14 54 17	21 48 40	11 17 26	13 57 51
10 Th	1 18 31	1 ♏ 36 06	7 ♏ 40 40	7 46 13	14 52 43	9 05 20	10 15 21	1 22 03	28 10 52	22 15 41	14 49 19	21 50 22	11 17 27	13 58 23
11 F	2 17 21	13 40 48	19 40 04	9 18 28	15 53 53	9 39 34	10 03 17	1 32 06	28 22 11	22 21 21	14 44 40	21 52 23	11 17 48	13 59 13
12 Sa	3 17 00	25 36 55	1 ♐ 33 18	10 51 11	16 56 13	10 14 33	9 52 26	1 43 11	28 34 21	22 27 50	14 40 48	21 55 14	11 18 58	14 00 50
13 Su	4 17 47	7 ♐ 29 36	13 25 36	12 24 43	17 59 59	10 50 36	9 43 06	1 55 38	28 47 40	22 35 23	14 38 01	21 59 11	11 21 16	14 03 34
14 M	5 19 47	19 23 53	25 21 52	13 59 09	19 05 17	11 27 46	9 35 23	2 09 29	29 02 12	22 44 07	14 36 24	22 04 21	11 24 46	14 07 27
15 Tu	6 22 50	1 ♑ 24 18	7 ♑ 26 27	15 34 19	20 11 56	12 05 56	9 29 10	2 24 36	29 17 49	22 53 52	14 35 48	22 10 33	11 29 19	14 12 23
16 W	7 26 37	13 34 46	19 42 58	17 09 56	21 19 37	12 44 46	9 24 06	2 40 40	29 34 11	23 04 18	14 35 55	22 17 29	11 34 36	14 17 59
17 Th	8 30 41	25 58 22	2 ♒ 14 02	18 45 32	22 27 52	13 23 48	9 19 48	2 57 13	29 50 52	23 14 59	14 36 16	22 24 41	11 40 10	14 23 51
18 F	9 34 34	8 ♒ 37 13	15 01 15	20 20 41	23 36 13	14 02 35	9 15 46	3 13 46	0 ♎ 07 21	23 25 26	14 36 24	22 31 42	11 45 32	14 29 30
19 Sa	10 37 50	21 32 24	28 05 06	21 54 56	24 44 13	14 40 41	9 11 36	3 29 55	0 23 16	23 35 14	14 35 55	22 38 05	11 50 18	14 34 30
20 Su	11 40 14	4 ♓ 43 56	11 ♓ 25 01	23 28 01	25 51 36	15 17 49	9 07 02	3 45 21	0 38 17	23 44 06	14 34 30	22 43 34	11 54 09	14 38 34
21 M	12 41 37	18 10 51	24 59 31	24 59 49	26 58 14	15 53 53	9 01 58	3 59 59	0 52 20	23 51 56	14 32 03	22 48 02	11 57 01	14 41 36
22 Tu	13 42 06	1 ♈ 51 26	8 ♈ 46 29	26 30 26	28 04 12	16 28 58	8 56 29	4 13 54	1 05 28	23 58 47	14 28 40	22 51 35	11 58 56	14 43 41
23 W	14 41 55	15 43 22	22 43 22	28 00 04	29 09 44	17 03 18	8 50 51	4 27 18	1 17 56	24 04 56	14 24 36	22 54 26	12 00 12	14 45 04
24 Th	15 41 25	29 44 07	6 ♉ 47 34	29 29 04	0 ♌ 15 10	17 37 14	8 45 24	4 40 34	1 30 06	24 10 43	14 20 10	22 56 57	12 01 07	14 46 05
25 F	16 40 58	13 ♉ 51 04	20 56 34	0 ♎ 57 46	1 20 53	18 11 09	8 40 32	4 54 04	1 42 19	24 16 29	14 15 46	22 59 30	12 02 05	14 47 06
26 Sa	17 40 52	28 01 47	5 ♊ 08 01	2 26 29	2 27 11	18 45 20	8 36 32	5 08 05	1 54 53	24 22 34	14 11 43	23 02 24	12 03 24	14 48 27
27 Su	18 41 20	12 ♊ 13 55	19 19 43	3 55 21	3 34 14	19 19 60	8 33 38	5 22 50	2 08 01	24 29 08	14 08 11	23 05 49	12 05 15	14 50 18
28 M	19 42 23	26 25 12	3 ♋ 29 31	5 24 21	4 42 04	19 55 09	8 31 50	5 38 19	2 21 44	24 36 14	14 05 13	23 09 48	12 07 40	14 52 41
29 Tu	20 43 54	10 ♋ 33 24	17 35 08	6 53 19	5 50 33	20 30 42	8 31 03	5 54 26	2 35 55	24 43 45	14 02 42	23 14 13	12 10 32	14 55 29
30 W	21 45 41	24 36 09	1 ♌ 34 13	8 21 60	6 59 30	21 06 25	8 31 05	6 10 58	2 50 21	24 51 28	14 00 25	23 18 53	12 13 40	14 58 31

LONGITUDE — December 1983

Day	☉	0 hr ☽	Noon ☽	☿	♀	♂	⚵	⚳	♃	♄	⚷	♅	♆	♇
1 Th	22 ♍ 47 30	8 ♌ 31 03	15 ♌ 24 20	9 ♎ 50 05	8 ♌ 08 39	21 ♋ 42 06	8 ♒ 31 41	6 ♐ 27 43	3 ♎ 04 50	24 ♌ 59 10	13 ♓ 58 11	23 ♍ 23 35	12 ♎ 16 49	15 ♌ 01 33
2 F	23 49 10	22 15 39	29 03 06	11 17 17	9 17 49	22 17 32	8 32 41	6 44 27	3 19 09	25 06 39	13 55 46	23 28 03	12 19 48	15 04 22
3 Sa	24 50 34	5 ♍ 47 46	12 ♍ 28 25	12 43 23	10 26 53	22 52 37	8 33 58	7 01 04	3 33 12	25 13 48	13 53 04	23 32 17	12 22 30	15 06 53
4 Su	25 51 40	19 05 35	25 38 43	14 08 14	11 35 50	23 27 19	8 35 31	7 17 33	3 46 57	25 20 36	13 50 05	23 36 11	12 24 54	15 09 04
5 M	26 52 33	2 ♎ 07 54	8 ♎ 33 10	15 31 44	12 44 42	24 01 42	8 37 23	7 33 58	4 00 28	25 27 08	13 46 52	23 39 51	12 27 04	15 10 59
6 Tu	27 53 19	14 54 21	21 11 51	16 53 51	13 53 37	24 35 54	8 39 43	7 50 25	4 13 53	25 33 29	13 43 32	23 43 23	12 29 07	15 12 45
7 W	28 54 05	27 25 29	3 ♏ 35 46	18 14 30	15 02 41	25 10 01	8 42 36	8 07 02	4 27 18	25 39 48	13 40 14	23 46 54	12 31 10	15 14 30
8 Th	29 54 58	9 ♏ 42 44	15 46 52	19 33 30	16 12 01	25 44 10	8 46 08	8 23 54	4 40 49	25 46 09	13 37 02	23 50 30	12 33 19	15 16 18
9 F	0 ♎ 55 60	21 48 29	27 47 54	20 50 38	17 21 37	26 18 21	8 50 22	8 41 03	4 54 29	25 52 35	13 33 59	23 54 14	12 35 36	15 18 13
10 Sa	1 57 08	3 ♐ 45 48	9 ♐ 42 21	22 05 33	18 31 28	26 52 35	8 55 16	8 58 27	5 08 15	25 59 05	13 31 03	23 58 04	12 37 60	15 20 12
11 Su	2 58 19	15 38 26	21 34 15	23 17 48	19 41 30	27 26 46	9 00 45	9 16 02	5 22 03	26 05 33	13 28 11	24 01 54	12 40 25	15 22 12
12 M	3 59 24	27 30 38	3 ♑ 27 59	24 26 50	20 51 35	28 00 46	9 06 41	9 33 41	5 35 46	26 11 53	13 25 15	24 05 39	12 42 45	15 24 04
13 Tu	5 00 18	9 ♑ 26 55	15 28 12	25 32 03	22 01 36	28 34 30	9 12 58	9 51 17	5 49 17	26 17 58	13 22 08	24 09 11	12 44 54	15 25 43
14 W	6 00 57	21 31 58	27 39 30	26 32 50	23 11 29	29 07 54	9 19 31	10 08 45	6 02 32	26 23 44	13 18 47	24 12 27	12 46 47	15 27 05
15 Th	7 01 21	3 ♒ 50 19	10 ♒ 06 11	27 28 33	24 21 14	29 40 57	9 26 21	10 26 06	6 15 31	26 29 12	13 15 13	24 15 26	12 48 24	15 28 09
16 F	8 01 34	16 26 05	22 51 59	28 18 36	25 30 56	0 ♌ 13 46	9 33 31	10 43 25	6 28 21	26 34 26	13 11 30	24 18 15	12 49 51	15 29 01
17 Sa	9 01 48	29 22 34	5 ♓ 59 36	29 02 23	26 40 46	0 46 29	9 41 13	11 00 52	6 41 10	26 39 36	13 07 49	24 21 03	12 51 19	15 29 52
18 Su	10 02 16	12 ♓ 41 48	19 30 17	29 39 18	27 50 57	1 19 21	9 49 39	11 18 40	6 54 13	26 44 57	13 04 23	24 24 03	12 52 59	15 30 54
19 M	11 03 11	26 24 10	3 ♈ 23 26	0 ♏ 08 42	29 01 41	1 52 35	9 59 02	11 37 03	7 07 42	26 50 41	13 01 26	24 27 29	12 55 07	15 32 21
20 Tu	12 04 44	10 ♈ 28 01	17 36 26	0 29 50	0 ♍ 13 09	2 26 21	10 09 31	11 56 10	7 21 47	26 56 59	12 59 08	24 31 32	12 57 51	15 34 23
21 W	13 06 56	24 49 39	2 ♉ 04 42	0 41 53	1 25 24	3 00 41	10 21 09	12 16 05	7 36 31	27 03 52	12 57 32	24 36 13	13 01 15	15 37 03
22 Th	14 09 42	9 ♉ 23 36	16 42 10	0 43 56	2 38 18	3 35 29	10 33 49	12 36 40	7 51 48	27 11 15	12 56 31	24 41 26	13 05 12	15 40 15
23 F	15 12 47	24 03 13	1 ♊ 22 02	0 35 04	3 51 36	4 10 30	10 47 16	12 57 40	8 07 23	27 18 52	12 55 51	24 46 56	13 09 26	15 43 42
24 Sa	16 15 47	8 ♊ 41 42	15 57 45	0 14 27	5 04 57	4 45 21	11 01 06	13 18 43	8 22 52	27 26 21	12 55 08	24 52 20	13 13 36	15 47 04
25 Su	17 18 22	23 12 55	0 ♋ 23 49	29 ♎ 41 35	6 17 56	5 19 40	11 14 58	13 39 26	8 37 54	27 33 20	12 54 01	24 57 17	13 17 19	15 49 56
26 M	18 20 12	7 ♋ 32 13	14 36 23	28 56 29	7 30 17	5 53 09	11 28 31	13 59 32	8 52 10	27 39 30	12 52 12	25 01 27	13 20 17	15 52 02
27 Tu	19 21 09	21 36 41	28 33 20	27 59 46	8 41 50	6 25 39	11 41 39	14 18 51	9 05 32	27 44 42	12 49 32	25 04 44	13 22 22	15 53 13
28 W	20 21 20	5 ♌ 25 09	12 ♌ 14 07	26 52 50	9 52 40	6 57 14	11 54 25	14 37 29	9 18 05	27 49 03	12 46 07	25 07 11	13 23 39	15 53 33
29 Th	21 20 60	18 57 49	25 39 20	25 37 50	11 03 06	7 28 14	12 07 07	14 55 43	9 30 07	27 52 50	12 42 15	25 09 07	13 24 25	15 53 22
30 F	22 20 37	2 ♍ 15 45	8 ♍ 50 16	24 17 30	12 13 33	7 59 04	12 20 12	15 14 00	9 42 04	27 56 28	12 38 22	25 10 58	13 25 07	15 53 05
31 Sa	23 20 42	15 20 23	21 48 23	22 54 55	13 24 32	8 30 15	12 34 09	15 32 52	9 54 28	28 00 31	12 34 59	25 13 15	13 26 16	15 53 14

Notes

January 1984 — LONGITUDE

Day	☉	0 hr ☽	Noon ☽	☿	♀	♂	⚵	⚳	♃	♄	⚷	♅	♆	♇
1 Su	24 ♎ 21 44	28 ♍ 13 09	4 ♎ 35 06	21 ♎ 33 18	14 ♍ 36 32	9 ♌ 02 17	12 ♒ 49 29	15 ♐ 52 46	10 ♎ 07 46	28 ♌ 05 25	12 ♓ 32 36	25 ♍ 16 27	13 ♎ 28 22	15 ♌ 54 18
2 M	25 24 04	10 ♎ 55 17	17 11 33	20 15 38	15 49 54	9 35 29	13 06 30	16 14 04	10 22 21	28 11 33	12 31 33	25 20 55	13 31 44	15 56 36
3 Tu	26 27 50	23 27 42	29 38 40	19 04 25	17 04 47	10 10 01	13 25 22	16 36 55	10 38 21	28 19 03	12 32 01	25 26 49	13 36 33	16 00 20
4 W	27 32 58	5 ♏ 51 05	11 ♏ 57 11	18 01 33	18 21 06	10 45 48	13 46 00	17 01 14	10 55 42	28 27 50	12 33 53	25 34 03	13 42 44	16 05 23
5 Th	28 39 10	18 06 04	24 07 54	17 08 12	19 38 33	11 22 32	14 08 06	17 26 42	11 14 05	28 37 37	12 36 52	25 42 19	13 49 58	16 11 29
6 F	29 45 55	0 ♐ 13 28	6 ♐ 11 53	16 24 51	20 56 37	11 59 43	14 31 08	17 52 50	11 32 59	28 47 53	12 40 29	25 51 07	13 57 45	16 18 05
7 Sa	0 ♏ 52 38	12 14 32	18 10 42	15 51 27	22 14 42	12 36 44	14 54 29	18 19 00	11 51 49	28 58 01	12 44 06	25 59 51	14 05 28	16 24 38
8 Su	1 58 40	24 11 08	0 ♑ 06 32	15 27 29	23 32 11	13 12 58	15 17 34	18 44 37	12 09 58	29 07 25	12 47 07	26 07 54	14 12 32	16 30 28
9 M	3 03 30	6 ♑ 05 54	12 02 23	15 12 18	24 48 32	13 47 52	15 39 48	19 09 07	12 26 53	29 15 33	12 48 60	26 14 43	14 18 23	16 35 05
10 Tu	4 06 49	18 02 21	24 02 02	15 05 10	26 03 25	14 21 09	16 00 53	19 32 12	12 42 15	29 22 05	12 49 25	26 20 00	14 22 43	16 38 08
11 W	5 08 34	0 ♒ 04 48	6 ♒ 10 02	15 05 31	27 16 47	14 52 43	16 20 44	19 53 47	12 56 00	29 26 59	12 48 20	26 23 41	14 25 28	16 39 36
12 Th	6 08 58	12 18 15	18 31 28	15 12 57	28 28 53	15 22 50	16 39 36	20 14 08	13 08 24	29 30 28	12 45 59	26 26 01	14 26 53	16 39 42
13 F	7 08 34	24 48 03	1 ♓ 11 35	15 27 20	29 40 14	15 52 02	16 58 00	20 33 47	13 19 58	29 33 04	12 42 54	26 27 31	14 27 30	16 38 58
14 Sa	8 08 05	7 ♓ 39 28	14 15 18	15 48 45	0 ♎ 51 34	16 21 01	17 16 40	20 53 26	13 31 25	29 35 31	12 39 49	26 28 55	14 28 01	16 38 08
15 Su	9 08 19	20 56 56	27 46 21	16 17 21	2 03 40	16 50 36	17 36 22	21 13 53	13 43 34	29 38 37	12 37 31	26 31 01	14 29 16	16 37 60
16 M	10 09 60	4 ♈ 43 18	11 ♈ 46 32	16 53 13	3 17 16	17 21 30	17 57 50	21 35 52	13 57 07	29 43 04	12 36 43	26 34 32	14 31 57	16 39 16
17 Tu	11 13 35	18 58 51	26 14 46	17 36 16	4 32 50	17 54 10	18 21 31	21 59 50	14 12 32	29 49 22	12 37 55	26 39 56	14 36 32	16 42 25
18 W	12 19 09	3 ♉ 40 37	11 ♉ 06 33	18 26 04	5 50 27	18 28 42	18 47 30	22 25 53	14 29 55	29 57 34	12 41 10	26 47 17	14 43 06	16 47 32
19 Th	13 26 22	18 42 10	26 14 03	19 21 46	7 09 45	19 04 44	19 15 25	22 53 40	14 48 54	0 ♍ 07 20	12 46 08	26 56 16	14 51 18	16 54 16
20 F	14 34 29	3 ♊ 54 10	11 ♊ 27 07	20 22 14	8 30 00	19 41 32	19 44 32	23 22 24	15 08 44	0 17 56	12 52 04	27 06 08	15 00 24	17 01 53
21 Sa	15 42 31	19 05 45	26 34 53	21 26 06	9 50 15	20 18 07	20 13 52	23 51 10	15 28 28	0 28 22	12 58 01	27 15 53	15 09 26	17 09 23
22 Su	16 49 32	4 ♋ 06 29	11 ♋ 27 44	22 32 04	11 09 30	20 53 30	20 42 26	24 18 58	15 47 07	0 37 41	13 02 60	27 24 34	15 17 24	17 15 50
23 M	17 54 47	18 48 09	25 58 47	23 39 07	12 27 03	21 27 00	21 09 31	24 45 05	16 03 58	0 45 10	13 06 18	27 31 29	15 23 37	17 20 30
24 Tu	18 57 59	3 ♌ 05 45	10 ♌ 04 32	24 46 40	13 42 36	21 58 18	21 34 50	25 09 13	16 18 44	0 50 31	13 07 37	27 36 19	15 27 47	17 23 05
25 W	19 59 21	16 57 41	23 44 41	25 54 43	14 56 21	22 27 35	21 58 34	25 31 36	16 31 36	0 53 57	13 07 10	27 39 16	15 30 05	17 23 47
26 Th	20 59 30	0 ♍ 25 14	7 ♍ 01 24	27 03 41	16 08 55	22 55 29	22 21 20	25 52 49	16 43 13	0 56 04	13 05 35	27 40 59	15 31 10	17 23 15
27 F	21 59 22	13 31 34	19 58 23	28 14 19	17 21 16	23 22 57	22 44 06	26 13 51	16 54 29	0 57 50	13 03 48	27 42 23	15 31 57	17 22 25
28 Sa	22 59 59	26 20 45	2 ♎ 39 50	29 27 29	18 34 24	23 50 60	23 07 51	26 35 42	17 06 28	1 00 15	13 02 51	27 44 30	15 33 29	17 22 19
29 Su	24 02 18	8 ♎ 56 59	15 09 53	0 ♏ 43 60	19 49 16	24 20 34	23 33 34	26 59 18	17 20 06	1 04 18	13 03 40	27 48 18	15 36 43	17 23 52
30 M	25 06 59	21 23 54	27 31 54	2 04 25	21 06 33	24 52 19	24 01 53	27 25 22	17 36 03	1 10 37	13 06 56	27 54 26	15 42 18	17 27 47
31 Tu	26 14 21	3 ♏ 44 17	9 ♏ 48 27	3 28 56	22 26 33	25 26 34	24 33 07	27 54 10	17 54 37	1 19 32	13 12 57	28 03 13	15 50 33	17 34 20

February 1984 — LONGITUDE

Day	☉	0 hr ☽	Noon ☽	☿	♀	♂	⚵	⚳	♃	♄	⚷	♅	♆	♇
1 W	27 ♏ 24 15	15 ♏ 59 58	22 ♏ 01 05	4 ♏ 57 20	23 ♎ 49 09	26 ♌ 03 12	25 ♒ 07 09	28 ♐ 25 35	18 ♎ 15 41	1 ♍ 30 55	13 ♓ 21 37	28 ♍ 14 31	16 ♎ 01 22	17 ♌ 43 25
2 Th	28 36 11	28 11 56	4 ♐ 10 38	6 29 00	25 13 48	26 41 39	25 43 25	28 59 06	18 38 44	1 44 15	13 32 23	28 27 49	16 14 11	17 54 31
3 F	29 49 16	10 ♐ 20 33	16 17 28	8 03 02	26 39 39	27 21 05	26 21 06	29 33 50	19 02 53	1 58 39	13 44 24	28 42 15	16 28 09	18 06 45
4 Sa	1 ♐ 02 29	22 26 02	28 21 51	9 38 18	28 05 39	28 00 26	26 59 06	0 ♑ 08 46	19 27 05	2 13 05	13 56 37	28 56 46	16 42 14	18 19 04
5 Su	2 14 42	4 ♑ 28 49	10 ♑ 24 27	11 13 41	29 30 44	28 38 36	27 36 22	0 42 47	19 50 16	2 26 28	14 07 57	29 10 17	16 55 21	18 30 24
6 M	3 25 02	16 29 56	22 26 37	12 48 12	0 ♏ 53 57	29 14 42	28 11 57	1 14 59	20 11 30	2 37 52	14 17 28	29 21 54	17 06 34	18 39 50
7 Tu	4 32 52	28 31 25	4 ♒ 30 45	14 21 13	2 14 41	29 48 04	28 45 15	1 44 44	20 30 10	2 46 41	14 24 35	29 30 58	17 15 16	18 46 44
8 W	5 37 58	10 ♒ 36 27	16 40 23	15 52 30	3 32 46	0 ♍ 18 31	29 16 02	2 11 51	20 46 04	2 52 43	14 29 04	29 37 18	17 21 15	18 50 55
9 Th	6 40 39	22 49 21	29 00 08	17 22 18	4 48 27	0 46 20	29 44 36	2 36 36	20 59 29	2 56 14	14 31 13	29 41 11	17 24 49	18 52 39
10 F	7 41 36	5 ♓ 15 27	11 ♓ 35 29	18 51 20	6 02 27	1 12 13	0 ♓ 11 39	2 59 41	21 11 08	2 57 58	14 31 45	29 43 20	17 26 39	18 52 40
11 Sa	8 41 54	18 00 39	24 32 20	20 20 37	7 15 50	1 37 14	0 38 14	3 22 11	21 22 04	2 58 57	14 31 42	29 44 48	17 27 50	18 51 60
12 Su	9 42 44	1 ♈ 10 46	7 ♈ 56 06	21 51 21	8 29 47	2 02 33	1 05 33	3 45 17	21 33 28	3 00 24	14 32 18	29 46 46	17 29 33	18 51 52
13 M	10 45 12	14 50 36	21 50 47	23 24 38	9 45 26	2 29 18	1 34 43	4 10 06	21 46 28	3 03 25	14 34 38	29 50 22	17 32 55	18 53 22
14 Tu	11 50 08	29 02 44	6 ♉ 17 41	25 01 16	11 03 34	2 58 16	2 06 30	4 37 25	22 01 50	3 08 49	14 39 30	29 56 24	17 38 44	18 57 18
15 W	12 57 45	13 ♉ 46 27	21 14 18	26 41 31	12 24 27	3 29 42	2 41 11	5 07 31	22 19 52	3 16 50	14 47 11	0 ♎ 05 07	17 47 16	19 03 57
16 Th	14 07 45	28 56 44	6 ♊ 33 46	28 25 02	13 47 44	4 03 16	3 18 23	5 40 02	22 40 11	3 27 08	14 57 18	0 16 10	17 58 08	19 12 56
17 F	15 19 09	14 ♊ 24 20	22 05 16	0 ♐ 10 53	15 12 29	4 38 00	3 57 12	6 14 02	23 01 52	3 38 47	15 08 57	0 28 37	18 10 27	19 23 21
18 Sa	16 30 42	29 56 56	7 ♋ 35 47	1 57 46	16 37 24	5 12 37	4 36 18	6 48 13	23 23 37	3 50 29	15 20 49	0 41 11	18 22 53	19 33 53
19 Su	17 41 03	15 ♋ 21 17	22 52 31	3 44 23	18 01 09	5 45 47	5 14 22	7 21 15	23 44 05	4 00 55	15 31 35	0 52 31	18 34 07	19 43 12
20 M	18 49 10	0 ♌ 25 54	7 ♌ 45 21	5 29 43	19 22 43	6 16 26	5 50 23	7 52 08	24 02 16	4 09 02	15 40 12	1 01 35	18 43 07	19 50 17
21 Tu	19 54 35	15 02 54	22 08 18	7 13 17	20 41 37	6 44 07	6 23 50	8 20 21	24 17 40	4 14 22	15 46 13	1 07 56	18 49 24	19 54 40
22 W	20 57 27	29 08 50	5 ♍ 59 42	8 55 15	21 58 00	7 08 58	6 54 54	8 46 05	24 30 26	4 17 04	15 49 46	1 11 43	18 53 09	19 56 29
23 Th	21 58 31	12 ♍ 44 13	19 21 27	10 36 24	23 12 38	7 31 43	7 24 19	9 10 03	24 41 20	4 17 53	15 51 36	1 13 39	18 55 05	19 56 29
24 F	22 58 54	25 52 31	2 ♎ 17 55	12 17 51	24 26 36	7 53 29	7 53 11	9 33 24	24 51 28	4 17 57	15 52 50	1 14 53	18 56 19	19 55 47
25 Sa	23 59 52	8 ♎ 38 49	14 54 36	14 00 52	25 41 12	8 15 32	8 22 48	9 57 23	25 02 07	4 18 31	15 54 45	1 16 41	18 58 09	19 55 40
26 Su	25 02 36	21 08 48	27 17 11	15 46 40	26 57 34	8 39 01	8 54 18	10 23 10	25 14 25	4 20 45	15 58 31	1 20 12	19 01 43	19 57 18
27 M	26 07 56	3 ♏ 27 43	9 ♏ 30 48	17 36 06	28 16 36	9 04 47	9 28 34	10 51 37	25 29 16	4 25 31	16 04 59	1 26 18	19 07 54	20 01 33
28 Tu	27 16 18	15 39 59	21 39 31	19 29 37	29 38 41	9 33 16	10 05 60	11 23 09	25 47 03	4 33 14	16 14 34	1 35 24	19 17 06	20 08 49
29 W	28 27 37	27 48 51	3 ♐ 46 13	21 27 06	1 ♐ 03 45	10 04 19	10 46 30	11 57 40	26 07 41	4 43 49	16 27 10	1 47 25	19 29 15	20 19 01

Notes

LONGITUDE

March 1984

Day	☉	0 hr ☽	Noon ☽	☿	♀	♂	⚵	⚳	♃	♄	⚷	♅	♆	♇
1 Th	29 ♐ 41 16	9 ♐ 56 21	15 ♐ 52 36	23 ♐ 28 01	2 ♐ 31 12	10 ♍ 37 24	11 ♓ 29 30	12 ♑ 34 36	26 ♎ 30 36	4 ♍ 56 41	16 ♓ 42 14	2 ♎ 01 46	19 ♎ 43 44	20 ♌ 31 34
2 F	0 ♑ 56 20	22 03 28	27 59 25	25 31 24	4 00 05	11 11 31	12 14 01	13 12 58	26 54 49	5 10 53	16 58 47	2 17 29	19 59 38	20 45 31
3 Sa	2 11 36	4 ♑ 10 32	10 ♑ 06 48	27 36 04	5 29 12	11 45 29	12 58 53	13 51 35	27 19 10	5 25 12	17 15 38	2 33 23	20 15 43	20 59 40
4 Su	3 25 50	16 17 33	22 14 47	29 40 46	6 57 20	12 18 03	13 42 52	14 29 14	27 42 23	5 38 25	17 31 32	2 48 15	20 30 47	21 12 48
5 M	4 37 59	28 24 47	4 ♒ 23 45	1 ♑ 44 27	8 23 23	12 48 08	14 24 52	15 04 50	28 03 26	5 49 29	17 45 27	3 00 59	20 43 45	21 23 50
6 Tu	5 47 17	10 ♒ 33 09	16 34 50	3 46 20	9 46 39	13 15 01	15 04 09	15 37 39	28 21 33	5 57 38	17 56 37	3 10 52	20 53 54	21 32 02
7 W	6 53 29	22 44 31	28 50 18	5 46 09	11 06 50	13 38 23	15 40 27	16 07 24	28 36 28	6 02 37	18 04 46	3 17 36	21 00 55	21 37 08
8 Th	7 56 47	5 ♓ 02 00	11 ♓ 13 32	7 44 03	12 24 10	13 58 27	16 13 59	16 34 18	28 48 23	6 04 38	18 10 07	3 21 26	21 05 03	21 39 21
9 F	8 57 53	17 29 49	23 49 05	9 40 43	13 39 20	14 15 56	16 45 26	16 59 03	28 58 02	6 04 24	18 13 22	3 23 04	21 07 00	21 39 23
10 Sa	9 57 52	0 ♈ 13 05	6 ♈ 42 14	11 37 09	14 53 25	14 31 52	17 15 53	17 22 44	29 06 28	6 02 58	18 15 36	3 23 33	21 07 50	21 38 18
11 Su	10 57 59	13 17 18	19 58 22	13 34 30	16 07 39	14 47 30	17 46 35	17 46 36	29 14 56	6 01 37	18 18 03	3 24 09	21 08 47	21 37 22
12 M	11 59 24	26 47 33	3 ♉ 42 05	15 33 54	17 23 14	15 04 01	18 18 42	18 11 49	29 24 37	6 01 31	18 21 54	3 26 02	21 11 04	21 37 44
13 Tu	13 03 02	10 ♉ 47 27	17 56 03	17 36 05	18 41 04	15 22 19	18 53 08	18 39 17	29 36 25	6 03 34	18 28 04	3 30 07	21 15 33	21 40 21
14 W	14 09 16	25 17 55	2 ♊ 39 46	19 41 17	20 01 32	15 42 44	19 30 16	19 09 23	29 50 42	6 08 09	18 36 54	3 36 47	21 22 38	21 45 33
15 Th	15 17 50	10 ♊ 16 12	17 48 41	21 49 06	21 24 23	16 05 03	20 09 50	19 41 53	0 ♏ 07 15	6 15 02	18 48 11	3 45 46	21 32 04	21 53 07
16 F	16 27 55	25 35 18	3 ♋ 14 03	23 58 29	22 48 46	16 28 25	20 51 02	20 15 56	0 25 12	6 23 22	19 01 04	3 56 15	21 43 02	22 02 13
17 Sa	17 38 18	11 ♋ 04 35	18 44 01	26 07 58	24 13 30	16 51 35	21 32 37	20 50 19	0 43 21	6 31 56	19 14 20	4 07 01	21 54 17	22 11 37
18 Su	18 47 40	26 31 19	4 ♌ 05 39	28 15 59	25 37 15	17 13 15	22 13 18	21 23 45	1 00 23	6 39 27	19 26 41	4 16 45	22 04 31	22 20 01
19 M	19 54 59	11 ♌ 43 11	19 07 29	0 ♒ 21 09	26 58 58	17 32 20	22 51 59	21 55 08	1 15 14	6 44 51	19 37 04	4 24 25	22 12 42	22 26 23
20 Tu	20 59 40	26 30 31	3 ♍ 41 29	2 22 35	28 18 06	17 48 17	23 28 09	22 23 56	1 27 21	6 47 33	19 44 53	4 29 25	22 18 15	22 30 07
21 W	22 01 46	10 ♍ 47 39	17 43 47	4 19 55	29 34 40	18 01 07	24 01 49	22 50 12	1 36 47	6 47 37	19 50 13	4 31 49	22 21 13	22 31 17
22 Th	23 01 53	24 33 05	1 ♎ 14 35	6 13 22	0 ♑ 49 17	18 11 24	24 33 34	23 14 29	1 44 06	6 45 38	19 53 38	4 32 12	22 22 12	22 30 28
23 F	24 00 58	7 ♎ 48 49	14 17 03	8 03 30	2 02 54	18 20 06	25 04 23	23 37 47	1 50 16	6 42 35	19 56 06	4 31 33	22 22 08	22 28 38
24 Sa	25 00 11	20 39 10	26 56 14	9 50 60	3 16 41	18 28 20	25 35 24	24 01 15	1 56 26	6 39 36	19 58 47	4 30 59	22 22 12	22 26 57
25 Su	26 00 35	3 ♏ 09 35	9 ♏ 17 55	11 36 31	4 31 40	18 37 11	26 07 41	24 25 55	2 03 41	6 37 45	20 02 44	4 31 36	22 23 27	22 26 27
26 M	27 03 00	15 25 48	21 27 48	13 20 26	5 48 43	18 47 27	26 42 04	24 52 39	2 12 49	6 37 52	20 08 46	4 34 12	22 26 43	22 27 59
27 Tu	28 07 52	27 33 01	3 ♐ 30 58	15 02 46	7 08 14	18 59 33	27 18 58	25 21 51	2 24 17	6 40 23	20 17 21	4 39 14	22 32 25	22 31 59
28 W	29 15 11	9 ♐ 35 36	15 31 28	16 43 08	8 30 13	19 13 28	27 58 23	25 53 31	2 38 03	6 45 17	20 28 25	4 46 41	22 40 34	22 38 26
29 Th	0 ♒ 24 29	21 36 52	27 32 14	18 20 41	9 54 14	19 28 45	28 39 53	26 27 12	2 53 41	6 52 09	20 41 35	4 56 06	22 50 42	22 46 54
30 F	1 35 01	3 ♑ 39 05	9 ♑ 35 12	19 54 18	11 19 29	19 44 37	29 22 40	27 02 09	3 10 25	7 00 11	20 56 03	5 06 44	23 02 04	22 56 37
31 Sa	2 45 47	15 43 35	21 41 24	21 22 42	12 45 01	20 00 04	0 ♈ 05 46	27 37 22	3 27 16	7 08 26	21 10 50	5 17 35	23 13 40	23 06 34

LONGITUDE

April 1984

Day	☉	0 hr ☽	Noon ☽	☿	♀	♂	⚵	⚳	♃	♄	⚷	♅	♆	♇
1 Su	3 ♒ 55 47	27 ♑ 51 08	3 ♒ 51 23	22 ♒ 44 35	14 ♑ 09 48	20 ♍ 14 04	0 ♈ 48 09	28 ♑ 11 49	3 ♏ 43 12	7 ♍ 15 51	21 ♓ 24 54	5 ♎ 27 39	23 ♎ 24 30	23 ♌ 15 47
2 M	5 04 06	10 ♒ 02 13	16 05 30	23 58 47	15 32 56	20 25 44	1 28 56	28 44 38	3 57 20	7 21 34	21 37 23	5 36 01	23 33 38	23 23 20
3 Tu	6 10 06	22 17 25	28 24 24	25 04 29	16 53 48	20 34 25	2 07 29	29 15 10	4 09 01	7 24 57	21 47 38	5 42 04	23 40 29	23 28 36
4 W	7 13 33	4 ♓ 37 49	10 ♓ 49 14	26 01 14	18 12 07	20 39 50	2 43 32	29 43 09	4 18 01	7 25 44	21 55 24	5 45 32	23 44 46	23 31 19
5 Th	8 14 34	17 05 10	23 22 00	26 49 02	19 28 02	20 42 09	3 17 13	0 ♒ 08 45	4 24 27	7 24 03	22 00 49	5 46 33	23 46 37	23 31 39
6 F	9 13 41	29 42 04	6 ♈ 05 32	27 28 16	20 42 05	20 41 52	3 49 04	0 32 27	4 28 51	7 20 27	22 04 24	5 45 40	23 46 35	23 30 06
7 Sa	10 11 42	12 ♈ 31 50	19 03 18	27 59 43	21 55 04	20 39 47	4 19 53	0 55 06	4 32 01	7 15 44	22 06 59	5 43 41	23 45 27	23 27 29
8 Su	11 09 36	25 38 14	2 ♉ 19 06	28 24 17	23 07 58	20 36 52	4 50 38	1 17 39	4 34 56	7 10 52	22 09 30	5 41 34	23 44 12	23 24 46
9 M	12 08 18	9 ♉ 04 54	15 56 20	28 42 54	24 21 41	20 34 03	5 22 15	1 41 01	4 38 31	7 06 48	22 12 54	5 40 14	23 43 46	23 22 53
10 Tu	13 08 30	22 54 39	29 57 15	28 56 21	25 36 57	20 32 02	5 55 27	2 05 55	4 43 28	7 04 13	22 17 54	5 40 25	23 44 50	23 22 33
11 W	14 10 34	7 ♊ 08 33	14 ♊ 21 56	29 05 04	26 54 06	20 31 09	6 30 32	2 32 42	4 50 08	7 03 29	22 24 49	5 42 26	23 47 46	23 24 06
12 Th	15 14 21	21 45 10	29 07 42	29 09 05	28 12 60	20 31 16	7 07 25	3 01 13	4 58 23	7 04 27	22 33 32	5 46 10	23 52 26	23 27 24
13 F	16 19 19	6 ♋ 39 57	14 ♋ 08 38	29 08 06	29 33 06	20 31 51	7 45 31	3 30 56	5 07 41	7 06 35	22 43 29	5 51 05	23 58 17	23 31 54
14 Sa	17 24 37	21 45 28	29 16 10	29 01 34	0 ♒ 53 35	20 32 03	8 24 01	4 01 01	5 17 10	7 09 04	22 53 52	5 56 20	24 04 28	23 36 47
15 Su	18 29 21	6 ♌ 52 09	14 ♌ 20 13	28 48 57	2 13 30	20 30 57	9 01 59	4 30 32	5 25 56	7 10 57	23 03 43	6 00 59	24 10 06	23 41 08
16 M	19 32 43	21 49 56	29 10 55	28 29 55	3 32 06	20 27 46	9 38 38	4 58 42	5 33 12	7 11 28	23 12 18	6 04 17	24 14 21	23 44 08
17 Tu	20 34 17	6 ♍ 29 54	13 ♍ 40 19	28 04 32	4 48 55	20 22 02	10 13 32	5 25 05	5 38 31	7 10 11	23 19 07	6 05 45	24 16 49	23 45 22
18 W	21 33 59	20 45 39	27 43 21	27 33 20	6 03 54	20 13 44	10 46 35	5 49 37	5 41 48	7 07 01	23 24 09	6 05 21	24 17 25	23 44 46
19 Th	22 32 08	4 ♎ 33 55	11 ♎ 18 13	26 57 18	7 17 21	20 03 09	11 18 09	6 12 36	5 43 24	7 02 17	23 27 41	6 03 23	24 16 27	23 42 38
20 F	23 29 19	17 54 34	24 25 57	26 17 44	8 29 52	19 50 53	11 48 47	6 34 38	5 43 52	6 56 36	23 30 19	6 00 28	24 14 32	23 39 35
21 Sa	24 26 16	0 ♏ 49 49	7 ♏ 09 45	25 36 05	9 42 11	19 37 40	12 19 13	6 56 26	5 43 57	6 50 41	23 32 46	5 57 17	24 12 23	23 36 19
22 Su	25 23 42	13 23 37	19 34 06	24 53 50	10 54 59	19 24 13	12 50 09	7 18 43	5 44 21	6 45 14	23 35 45	5 54 34	24 10 41	23 33 33
23 M	26 22 09	25 40 43	1 ♐ 44 05	24 12 18	12 08 51	19 11 07	13 22 09	7 42 01	5 45 36	6 40 49	23 39 48	5 52 51	24 10 02	23 31 50
24 Tu	27 21 58	7 ♐ 46 08	13 44 45	23 32 35	13 24 04	18 58 41	13 55 33	8 06 41	5 48 04	6 37 45	23 45 16	5 52 30	24 10 43	23 31 30
25 W	28 23 11	19 44 39	25 40 48	22 55 27	14 40 44	18 46 60	14 30 22	8 32 46	5 51 46	6 36 06	23 52 12	5 53 32	24 12 49	23 32 37
26 Th	29 25 36	1 ♑ 40 32	7 ♑ 36 17	22 21 23	15 58 37	18 35 52	15 06 26	9 00 02	5 56 31	6 35 39	24 00 23	5 55 46	24 16 06	23 34 57
27 F	0 ♓ 28 47	13 37 21	19 34 29	21 50 33	17 17 18	18 24 54	15 43 18	9 28 06	6 01 52	6 35 59	24 09 23	5 58 46	24 20 10	23 38 05
28 Sa	1 32 13	25 37 58	1 ♒ 37 57	21 22 58	18 36 15	18 13 33	16 20 25	9 56 23	6 07 18	6 36 35	24 18 41	6 01 60	24 24 28	23 41 30
29 Su	2 35 18	7 ♒ 44 35	13 48 33	20 58 31	19 54 52	18 01 17	16 57 14	10 24 19	6 12 13	6 36 50	24 27 41	6 04 52	24 28 26	23 44 36
30 M	3 37 32	19 58 48	26 07 34	20 37 07	21 12 40	17 47 39	17 33 14	10 51 24	6 16 08	6 36 16	24 35 53	6 06 54	24 31 33	23 46 53

Notes

May 1984 LONGITUDE

Day	☉	0 hr ☽	Noon ☽	☿	♀	♂	⚵	⚳	♃	♄	⚷	♅	♆	♇
1 Tu	4 ♓ 38 34	2 ♓ 21 47	8 ♓ 35 58	20 ♒ 18 42	22 ♒ 29 17	17 ♍ 32 17	18 ♈ 08 03	11 ♒ 17 18	6 ♏ 18 41	6 ♍ 34 32	24 ♓ 42 56	6 ♎ 07 43	24 ♎ 33 28	23 ♌ 48 01
2 W	5 38 16	14 54 28	21 14 28	20 03 23	23 44 34	17 15 06	18 41 34	11 41 50	6 19 44	6 31 28	24 48 41	6 07 12	24 34 02	23 47 50
3 Th	6 36 41	27 37 44	4 ♈ 03 53	19 51 22	24 58 37	16 56 11	19 13 48	12 05 05	6 19 21	6 27 09	24 53 12	6 05 24	24 33 19	23 46 24
4 F	7 34 04	10 ♈ 32 27	17 05 04	19 43 05	26 11 39	16 35 51	19 45 04	12 27 19	6 17 47	6 21 51	24 56 46	6 02 35	24 31 36	23 43 60
5 Sa	8 30 52	23 39 43	0 ♉ 19 07	19 38 57	27 24 07	16 14 32	20 15 45	12 48 57	6 15 28	6 15 59	24 59 46	5 59 10	24 29 18	23 41 02
6 Su	9 27 33	7 ♉ 00 37	13 47 06	19 39 29	28 36 30	15 52 47	20 46 21	13 10 27	6 12 52	6 10 02	25 02 42	5 55 38	24 26 52	23 37 59
7 M	10 24 32	20 36 09	27 29 55	19 45 05	29 49 12	15 31 04	21 17 17	13 32 15	6 10 26	6 04 27	25 05 59	5 52 26	24 24 46	23 35 18
8 Tu	11 22 11	4 ♊ 26 54	11 ♊ 27 50	19 56 02	1 ♓ 02 36	15 09 45	21 48 53	13 54 43	6 08 29	5 59 32	25 09 59	5 49 53	24 23 20	23 33 19
9 W	12 20 37	18 32 35	25 40 06	20 12 22	2 16 47	14 49 01	22 21 17	14 17 56	6 07 11	5 55 28	25 14 48	5 48 07	24 22 41	23 32 09
10 Th	13 19 46	2 ♋ 51 41	10 ♋ 04 36	20 33 55	3 31 44	14 28 51	22 54 26	14 41 53	6 06 27	5 52 10	25 20 23	5 47 06	24 22 46	23 31 46
11 F	14 19 24	17 21 14	24 37 38	21 00 21	4 47 11	14 09 03	23 28 05	15 06 18	6 06 03	5 49 24	25 26 30	5 46 34	24 23 20	23 31 54
12 Sa	15 19 11	1 ♌ 56 44	9 ♌ 14 04	21 31 11	6 02 48	13 49 19	24 01 54	15 30 51	6 05 38	5 46 50	25 32 48	5 46 11	24 24 04	23 32 13
13 Su	16 18 45	16 32 29	23 47 49	22 05 56	7 18 14	13 29 20	24 35 31	15 55 11	6 04 52	5 44 06	25 38 56	5 45 36	24 24 36	23 32 23
14 M	17 17 50	1 ♍ 02 14	8 ♍ 12 34	22 44 11	8 33 12	13 08 54	25 08 40	16 19 00	6 03 28	5 40 56	25 44 37	5 44 33	24 24 39	23 32 06
15 Tu	18 16 18	15 19 59	22 22 40	23 25 40	9 47 34	12 47 52	25 41 12	16 42 11	6 01 16	5 37 12	25 49 43	5 42 52	24 24 04	23 31 14
16 W	19 14 08	29 20 45	6 ♎ 13 47	24 10 16	11 01 19	12 26 19	26 13 07	17 04 43	5 58 18	5 32 53	25 54 13	5 40 34	24 22 52	23 29 46
17 Th	20 11 28	13 ♎ 01 05	19 43 24	24 57 57	12 14 36	12 04 23	26 44 32	17 26 44	5 54 41	5 28 07	25 58 14	5 37 47	24 21 10	23 27 51
18 F	21 08 29	26 19 29	2 ♏ 50 52	25 48 48	13 27 35	11 42 19	27 15 38	17 48 24	5 50 36	5 23 06	26 01 58	5 34 41	24 19 10	23 25 39
19 Sa	22 05 25	9 ♏ 16 09	15 37 14	26 42 57	14 40 29	11 20 23	27 46 39	18 09 57	5 46 16	5 18 02	26 05 39	5 31 29	24 17 04	23 23 24
20 Su	23 02 27	21 52 56	28 05 01	27 40 26	15 53 31	10 58 48	28 17 47	18 31 34	5 41 53	5 13 07	26 09 26	5 28 24	24 15 03	23 21 17
21 M	23 59 41	4 ♐ 12 47	10 ♐ 17 39	28 41 18	17 06 46	10 37 44	28 49 07	18 53 22	5 37 33	5 08 29	26 13 28	5 25 32	24 13 16	23 19 25
22 Tu	24 57 11	16 19 31	22 19 19	29 45 30	18 20 18	10 17 16	29 20 42	19 15 24	5 33 21	5 04 10	26 17 46	5 22 56	24 11 44	23 17 51
23 W	25 54 54	28 17 27	4 ♑ 14 24	0 ♓ 52 54	19 34 04	9 57 25	29 52 31	19 37 36	5 29 12	5 00 07	26 22 19	5 20 34	24 10 25	23 16 32
24 Th	26 52 45	10 ♑ 11 01	16 07 26	2 03 21	20 47 59	9 38 07	0 ♉ 24 28	19 59 55	5 25 03	4 56 17	26 27 01	5 18 19	24 09 15	23 15 24
25 F	27 50 38	22 04 40	28 02 44	3 16 41	22 01 57	9 19 18	0 56 26	20 22 13	5 20 46	4 52 31	26 31 46	5 16 07	24 08 06	23 14 19
26 Sa	28 48 27	4 ♒ 02 36	10 ♒ 04 20	4 32 44	23 15 51	9 00 55	1 28 20	20 44 25	5 16 17	4 48 46	26 36 28	5 13 52	24 06 53	23 13 12
27 Su	29 46 08	16 08 38	22 15 43	5 51 24	24 29 39	8 42 58	2 00 06	21 06 26	5 11 33	4 44 57	26 41 03	5 11 29	24 05 32	23 12 00
28 M	0 ♈ 43 41	28 25 59	4 ♓ 39 46	7 12 38	25 43 20	8 25 26	2 31 44	21 28 18	5 06 32	4 41 04	26 45 31	5 08 60	24 04 04	23 10 43
29 Tu	1 41 10	10 ♓ 57 12	17 18 35	8 36 27	26 56 58	8 08 27	3 03 17	21 50 02	5 01 19	4 37 11	26 49 56	5 06 26	24 02 32	23 09 24
30 W	2 38 40	23 43 55	0 ♈ 13 21	10 02 55	28 10 38	7 52 07	3 34 51	22 11 45	4 55 59	4 33 24	26 54 22	5 03 55	24 01 00	23 08 08
31 Th	3 36 17	6 ♈ 46 54	13 24 21	11 32 07	29 24 26	7 36 35	4 06 32	22 33 32	4 50 39	4 29 48	26 58 57	5 01 31	23 59 37	23 07 02

June 1984 LONGITUDE

Day	☉	0 hr ☽	Noon ☽	☿	♀	♂	⚵	⚳	♃	♄	⚷	♅	♆	♇
1 F	4 ♈ 34 06	20 ♈ 05 56	26 ♈ 50 55	13 ♓ 04 05	0 ♈ 38 26	7 ♍ 21 56	4 ♉ 38 24	22 ♒ 55 27	4 ♏ 45 23	4 ♍ 26 29	27 ♓ 03 43	4 ♎ 59 20	23 ♎ 58 25	23 ♌ 06 10
2 Sa	5 32 07	3 ♉ 39 54	10 ♉ 31 35	14 38 51	1 52 40	7 08 13	5 10 29	23 17 33	4 40 12	4 23 27	27 08 43	4 57 23	23 57 26	23 05 33
3 Su	6 30 18	17 26 56	24 24 16	16 16 20	3 07 04	6 55 24	5 42 42	23 39 45	4 35 04	4 20 39	27 13 53	4 55 36	23 56 36	23 05 08
4 M	7 28 30	1 ♊ 24 42	8 ♊ 26 27	17 56 23	4 21 31	6 43 22	6 14 56	24 01 55	4 29 51	4 17 58	27 19 05	4 53 51	23 55 49	23 04 46
5 Tu	8 26 32	15 30 31	22 35 24	19 38 49	5 35 48	6 31 58	6 47 00	24 23 53	4 24 22	4 15 12	27 24 08	4 51 59	23 54 52	23 04 19
6 W	9 24 14	29 41 39	6 ♋ 48 23	21 23 27	6 49 48	6 21 01	7 18 44	24 45 28	4 18 27	4 12 12	27 28 52	4 49 48	23 53 37	23 03 33
7 Th	10 21 29	13 ♋ 55 26	21 02 45	23 10 08	8 03 21	6 10 27	7 49 60	25 06 33	4 11 60	4 08 51	27 33 10	4 47 12	23 51 55	23 02 24
8 F	11 18 17	28 09 18	5 ♌ 15 56	24 58 51	9 16 28	6 00 15	8 20 48	25 27 07	4 04 59	4 05 07	27 37 00	4 44 09	23 49 46	23 00 51
9 Sa	12 14 45	12 ♌ 20 50	19 25 28	26 49 41	10 29 15	5 50 32	8 51 15	25 47 18	3 57 33	4 01 09	27 40 31	4 40 48	23 47 18	22 58 59
10 Su	13 11 07	26 27 36	3 ♍ 28 53	28 42 49	11 41 57	5 41 33	9 21 36	26 07 18	3 49 56	3 57 10	27 43 56	4 37 23	23 44 44	22 57 04
11 M	14 07 39	10 ♍ 27 12	17 23 47	0 ♈ 38 28	12 54 52	5 33 35	9 52 06	26 27 27	3 42 25	3 53 28	27 47 32	4 34 10	23 42 22	22 55 24
12 Tu	15 04 41	24 17 13	1 ♎ 07 47	2 36 53	14 08 16	5 26 57	10 23 05	26 48 01	3 35 19	3 50 20	27 51 37	4 31 28	23 40 30	22 54 15
13 W	16 02 27	7 ♎ 55 21	14 38 46	4 38 09	15 22 25	5 21 52	10 54 46	27 09 15	3 28 51	3 48 01	27 56 26	4 29 30	23 39 21	22 53 51
14 Th	17 01 01	21 19 34	27 55 01	6 42 17	16 37 23	5 18 27	11 27 15	27 31 13	3 23 08	3 46 37	28 02 04	4 28 23	23 39 03	22 54 19
15 F	18 00 23	4 ♏ 28 24	10 ♏ 55 30	8 49 05	17 53 10	5 16 38	12 00 30	27 53 55	3 18 07	3 46 05	28 08 28	4 28 04	23 39 31	22 55 37
16 Sa	19 00 18	17 21 06	23 39 59	10 58 09	19 09 32	5 16 14	12 34 17	28 17 06	3 13 37	3 46 13	28 15 26	4 28 21	23 40 34	22 57 31
17 Su	20 00 30	29 57 52	6 ♐ 09 08	13 08 58	20 26 09	5 16 54	13 08 19	28 40 28	3 09 19	3 46 42	28 22 38	4 28 55	23 41 53	22 59 43
18 M	21 00 33	12 ♐ 19 49	18 24 40	15 20 56	21 42 39	5 18 16	13 42 11	29 03 38	3 04 48	3 47 08	28 29 43	4 29 22	23 43 04	23 01 49
19 Tu	22 00 05	24 29 08	0 ♑ 29 09	17 33 23	22 58 39	5 19 57	14 15 31	29 26 11	2 59 44	3 47 09	28 36 15	4 29 19	23 43 44	23 03 26
20 W	22 58 48	6 ♑ 28 54	12 26 02	19 45 46	24 13 49	5 21 36	14 47 59	29 47 50	2 53 46	3 46 25	28 41 56	4 28 29	23 43 34	23 04 16
21 Th	23 56 31	18 23 01	24 19 28	21 57 38	25 28 01	5 23 04	15 19 26	0 ♓ 08 24	2 46 47	3 44 47	28 46 38	4 26 39	23 42 26	23 04 08
22 F	24 53 16	0 ♒ 15 58	6 ♒ 14 07	24 08 43	26 41 14	5 24 23	15 49 53	0 27 55	2 38 46	3 42 16	28 50 19	4 23 53	23 40 19	23 03 04
23 Sa	25 49 15	12 12 43	18 14 55	26 18 58	27 53 42	5 25 43	16 19 33	0 46 34	2 29 57	3 39 05	28 53 14	4 20 23	23 37 26	23 01 16
24 Su	26 44 52	24 18 20	0 ♓ 26 49	28 28 28	29 05 48	5 27 28	16 48 47	1 04 45	2 20 43	3 35 37	28 55 44	4 16 30	23 34 11	22 59 07
25 M	27 40 35	6 ♓ 37 40	12 54 24	0 ♉ 37 29	0 ♉ 18 01	5 30 07	17 18 07	1 22 57	2 11 34	3 32 21	28 58 20	4 12 47	23 31 03	22 57 07
26 Tu	28 36 56	19 14 59	25 41 28	2 46 17	1 30 53	5 34 11	17 48 03	1 41 42	2 03 02	3 29 49	29 01 34	4 09 43	23 28 33	22 55 48
27 W	29 34 24	2 ♈ 13 25	8 ♈ 50 31	4 55 08	2 44 52	5 40 07	18 19 03	2 01 26	1 55 35	3 28 28	29 05 51	4 07 46	23 27 10	22 55 36
28 Th	0 ♉ 33 15	15 34 35	22 22 20	7 04 07	4 00 13	5 48 12	18 51 25	2 22 27	1 49 31	3 28 36	29 11 30	4 07 15	23 27 10	22 56 50
29 F	1 33 31	29 18 09	6 ♉ 15 40	9 13 07	5 17 01	5 58 27	19 25 09	2 44 48	1 44 52	3 30 16	29 18 33	4 08 10	23 28 36	22 59 31
30 Sa	2 34 57	13 ♉ 21 39	20 27 10	11 21 44	6 34 59	6 10 37	20 00 02	3 08 12	1 41 22	3 33 11	29 26 45	4 10 17	23 31 13	23 03 25

Notes

LONGITUDE — July 1984

Day	☉	0 hr ☽	Noon ☽	☿	♀	♂	⚵	⚳	♃	♄	⚷	♅	♆	♇
1 Su	3 ♉ 37 02	27 ♉ 40 39	4 ♊ 51 43	13 ♉ 29 21	7 ♉ 53 36	6 ♍ 24 11	20 ♉ 35 32	3 ♓ 32 09	1 ♏ 38 32	3 ♍ 36 52	29 ♓ 35 34	4 ♎ 13 05	23 ♎ 34 29	23 ♌ 07 59
2 M	4 39 05	12 ♊ 09 19	19 23 06	15 35 11	9 12 12	6 38 26	21 10 58	3 55 58	1 35 41	3 40 36	29 44 20	4 15 54	23 37 44	23 12 34
3 Tu	5 40 24	26 41 16	3 ♋ 54 58	17 38 28	10 30 04	6 52 40	21 45 38	4 18 56	1 32 07	3 43 42	29 52 20	4 17 60	23 40 15	23 16 28
4 W	6 40 25	11 ♋ 10 31	18 21 47	19 38 35	11 46 39	7 06 19	22 18 58	4 40 30	1 27 18	3 45 37	29 59 01	4 18 51	23 41 30	23 19 06
5 Th	7 38 55	25 32 24	2 ♌ 39 28	21 35 15	13 01 42	7 19 07	22 50 44	5 00 24	1 20 57	3 46 05	0 ♈ 04 08	4 18 11	23 41 13	23 20 14
6 F	8 35 58	9 ♌ 43 50	16 45 37	23 28 32	14 15 20	7 31 10	23 21 02	5 18 46	1 13 13	3 45 14	0 07 47	4 16 08	23 39 31	23 19 58
7 Sa	9 32 03	23 43 26	0 ♍ 39 25	25 18 53	15 27 60	7 42 55	23 50 20	5 36 03	1 04 34	3 43 31	0 10 27	4 13 09	23 36 52	23 18 47
8 Su	10 27 54	7 ♍ 31 05	14 21 06	27 07 02	16 40 25	7 55 05	24 19 21	5 52 59	0 55 42	3 41 40	0 12 50	4 09 58	23 33 59	23 17 23
9 M	11 24 19	21 07 21	27 51 25	28 53 45	17 53 25	8 08 26	24 48 53	6 10 21	0 47 28	3 40 28	0 15 46	4 07 24	23 31 41	23 16 36
10 Tu	12 22 03	4 ♎ 33 03	11 ♎ 11 11	0 ♊ 39 49	19 07 44	8 23 45	25 19 43	6 28 54	0 40 36	3 40 42	0 19 58	4 06 10	23 30 43	23 17 10
11 W	13 21 38	17 48 43	24 20 51	2 25 44	20 23 54	8 41 30	25 52 20	6 49 11	0 35 38	3 42 52	0 25 59	4 06 49	23 31 36	23 19 36
12 Th	14 23 16	0 ♏ 54 24	7 ♏ 20 27	4 11 43	21 42 07	9 01 54	26 26 58	7 11 22	0 32 47	3 47 10	0 34 00	4 09 33	23 34 32	23 24 08
13 F	15 26 48	13 49 47	20 09 41	5 57 37	23 02 14	9 24 47	27 03 28	7 35 20	0 31 53	3 53 29	0 43 54	4 14 14	23 39 24	23 30 36
14 Sa	16 31 47	26 34 17	2 ♐ 48 05	7 42 59	24 23 48	9 49 41	27 41 22	8 00 36	0 32 31	4 01 20	0 55 12	4 20 23	23 45 43	23 38 32
15 Su	17 37 29	9 ♐ 07 25	15 15 26	9 27 04	25 46 05	10 15 52	28 19 56	8 26 28	0 33 56	4 10 00	1 07 10	4 27 18	23 52 45	23 47 13
16 M	18 43 06	21 29 11	27 32 05	11 09 04	27 08 16	10 42 30	28 58 22	8 52 04	0 35 20	4 18 39	1 18 60	4 34 08	23 59 43	23 55 50
17 Tu	19 47 47	3 ♑ 40 16	9 ♑ 39 08	12 48 08	28 29 31	11 08 44	29 35 49	9 16 36	0 35 53	4 26 29	1 29 51	4 40 05	24 05 45	24 03 33
18 W	20 50 54	15 42 25	21 38 46	14 23 37	29 49 12	11 33 56	0 ♊ 11 39	9 39 25	0 34 56	4 32 49	1 39 06	4 44 30	24 10 13	24 09 44
19 Th	21 52 04	27 38 28	3 ♒ 34 11	15 55 06	1 ♊ 06 55	11 57 41	0 45 28	10 00 07	0 32 08	4 37 18	1 46 20	4 46 59	24 12 44	24 13 58
20 F	22 51 15	9 ♒ 32 19	15 29 38	17 22 33	2 22 39	12 19 57	1 17 16	10 18 40	0 27 26	4 39 53	1 51 31	4 47 31	24 13 17	24 16 15
21 Sa	23 48 47	21 28 54	27 30 14	18 46 15	3 36 44	12 41 04	1 47 21	10 35 24	0 21 10	4 40 54	1 55 01	4 46 26	24 12 11	24 16 54
22 Su	24 45 18	3 ♓ 33 48	9 ♓ 41 43	20 06 50	4 49 47	13 01 40	2 16 23	10 50 58	0 13 59	4 40 59	1 57 26	4 44 22	24 10 05	24 16 35
23 M	25 41 42	15 52 58	22 09 56	21 25 07	6 02 43	13 22 36	2 45 13	11 06 14	0 06 47	4 41 02	1 59 40	4 42 12	24 07 51	24 16 08
24 Tu	26 38 54	28 32 08	5 ♈ 00 17	22 41 60	7 16 25	13 44 48	3 14 48	11 22 07	0 00 29	4 41 58	2 02 39	4 40 52	24 06 26	24 16 31
25 W	27 37 45	11 ♈ 36 09	18 16 59	23 58 16	8 31 46	14 09 06	3 45 58	11 39 28	29 ♎ 55 55	4 44 37	2 07 13	4 41 12	24 06 39	24 18 34
26 Th	28 38 47	25 08 09	2 ♉ 02 14	25 14 25	9 49 18	14 36 04	4 19 17	11 58 50	29 53 41	4 49 34	2 13 55	4 43 46	24 09 05	24 22 50
27 F	29 42 10	9 ♉ 08 46	16 15 23	26 30 31	11 09 10	15 05 48	4 54 53	12 20 21	29 53 54	4 56 55	2 22 54	4 48 43	24 13 51	24 29 27
28 Sa	0 ♊ 47 32	23 35 32	0 ♊ 52 32	27 46 08	12 31 01	15 37 58	5 32 24	12 43 40	29 56 12	5 06 21	2 33 48	4 55 40	24 20 37	24 38 05
29 Su	1 54 05	8 ♊ 22 40	15 46 38	29 00 23	13 54 01	16 11 43	6 11 02	13 07 59	29 59 49	5 17 03	2 45 49	5 03 50	24 28 34	24 47 54
30 M	3 00 42	23 21 46	0 ♋ 48 28	0 ♋ 12 03	15 17 06	16 45 60	6 49 42	13 32 10	0 ♏ 03 39	5 27 54	2 57 51	5 12 07	24 36 37	24 57 50
31 Tu	4 06 17	8 ♋ 23 03	15 48 07	1 19 56	16 39 07	17 19 38	7 27 16	13 55 08	0 06 35	5 37 48	3 08 47	5 19 23	24 43 37	25 06 45

LONGITUDE — August 1984

Day	☉	0 hr ☽	Noon ☽	☿	♀	♂	⚵	⚳	♃	♄	⚷	♅	♆	♇
1 W	5 ♊ 09 56	23 ♋ 17 09	0 ♌ 36 52	2 ♋ 23 01	17 ♊ 59 12	17 ♍ 51 45	8 ♊ 02 51	14 ♓ 15 57	0 ♏ 07 42	5 ♍ 45 52	3 ♈ 17 44	5 ♎ 24 46	24 ♎ 48 43	25 ♌ 13 45
2 Th	6 11 15	7 ♌ 56 42	15 08 26	3 20 45	19 16 55	18 21 55	8 36 01	14 34 14	0 06 37	5 51 39	3 24 16	5 27 51	24 51 28	25 18 26
3 F	7 10 21	22 17 15	29 19 38	4 13 10	20 32 26	18 50 16	9 06 56	14 50 07	0 03 29	5 55 20	3 28 33	5 28 46	24 52 03	25 20 56
4 Sa	8 07 57	6 ♍ 17 19	13 ♍ 10 06	5 00 45	21 46 25	19 17 29	9 36 16	15 04 16	29 ♎ 58 59	5 57 35	3 31 14	5 28 12	24 51 07	25 21 57
5 Su	9 05 03	19 57 54	26 41 37	5 44 25	22 59 54	19 44 35	10 05 03	15 17 44	29 54 09	5 59 25	3 33 23	5 27 11	24 49 43	25 22 30
6 M	10 02 51	3 ♎ 21 27	9 ♎ 57 02	6 25 08	24 14 04	20 12 44	10 34 28	15 31 40	29 50 08	6 02 02	3 36 09	5 26 54	24 49 01	25 23 45
7 Tu	11 02 23	16 30 60	22 59 30	7 03 48	25 29 57	20 42 58	11 05 34	15 47 08	29 48 02	6 06 27	3 40 36	5 28 23	24 50 04	25 26 46
8 W	12 04 25	29 29 22	5 ♏ 51 44	7 40 57	26 48 18	21 16 03	11 39 05	16 04 52	29 48 34	6 13 27	3 47 28	5 32 25	24 53 37	25 32 17
9 Th	13 09 16	12 ♏ 18 40	18 35 38	8 16 42	28 09 27	21 52 16	12 15 22	16 25 11	29 52 04	6 23 21	3 57 04	5 39 17	24 59 60	25 40 39
10 F	14 16 45	25 00 05	1 ♐ 12 12	8 50 42	29 33 14	22 31 27	12 54 13	16 47 55	29 58 22	6 35 57	4 09 15	5 48 49	25 09 02	25 51 40
11 Sa	15 26 17	7 ♐ 34 01	13 41 40	9 22 06	0 ♋ 59 02	23 12 60	13 35 02	17 12 27	0 ♏ 06 51	6 50 40	4 23 24	6 00 26	25 20 07	26 04 44
12 Su	16 36 55	20 00 17	26 03 50	9 49 46	2 25 55	23 55 57	14 16 54	17 37 52	0 16 36	7 06 34	4 38 35	6 13 12	25 32 18	26 18 56
13 M	17 47 33	2 ♑ 18 33	8 ♑ 18 30	10 12 25	3 52 46	24 39 12	14 58 41	18 03 01	0 26 31	7 22 32	4 53 42	6 25 59	25 44 31	26 33 08
14 Tu	18 57 06	14 28 51	20 25 57	10 28 43	5 18 31	25 21 40	15 39 19	18 26 51	0 35 29	7 37 28	5 07 38	6 37 42	25 55 38	26 46 15
15 W	20 04 40	26 31 55	2 ♒ 27 14	10 37 39	6 42 15	26 02 25	16 17 53	18 48 26	0 42 37	7 50 29	5 19 30	6 47 28	26 04 46	26 57 23
16 Th	21 09 41	8 ♒ 29 32	14 24 31	10 38 28	8 03 25	26 40 55	16 53 50	19 07 12	0 47 23	8 01 02	5 28 44	6 54 43	26 11 22	27 05 60
17 F	22 12 02	20 24 42	26 21 14	10 30 58	9 21 53	27 17 01	17 27 02	19 23 03	0 49 37	8 08 57	5 35 14	6 59 20	26 15 18	27 11 56
18 Sa	23 12 01	2 ♓ 21 39	8 ♓ 21 57	10 15 25	10 37 58	27 51 02	17 57 49	19 36 16	0 49 39	8 14 35	5 39 16	7 01 36	26 16 52	27 15 31
19 Su	24 10 24	14 25 43	20 32 17	9 52 34	11 52 24	28 23 42	18 26 53	19 47 35	0 48 14	8 18 39	5 41 37	7 02 17	26 16 50	27 17 30
20 M	25 08 11	26 42 59	2 ♈ 58 26	9 23 34	13 06 13	28 56 01	18 55 17	19 58 01	0 46 22	8 22 11	5 43 16	7 02 24	26 16 12	27 18 53
21 Tu	26 06 31	9 ♈ 19 49	15 46 39	8 49 45	14 20 34	29 29 09	19 24 09	20 08 44	0 45 13	8 26 19	5 45 24	7 03 05	26 16 07	27 20 49
22 W	27 06 28	22 22 07	29 02 24	8 12 31	15 36 29	0 ♎ 04 09	19 54 34	20 20 47	0 45 51	8 32 08	5 49 03	7 05 25	26 17 40	27 24 22
23 Th	28 08 48	5 ♉ 54 26	12 ♉ 49 24	7 33 05	16 54 46	0 41 46	20 27 17	20 34 54	0 49 01	8 40 23	5 54 60	7 10 09	26 21 35	27 30 18
24 F	29 13 48	19 58 53	27 08 26	6 52 19	18 15 40	1 22 18	21 02 33	20 51 23	0 54 60	8 51 20	6 03 30	7 17 34	26 28 10	27 38 54
25 Sa	0 ♋ 21 08	4 ♊ 34 11	11 ♊ 56 35	6 10 37	19 38 53	2 05 24	21 40 06	21 09 55	1 03 29	9 04 41	6 14 16	7 27 21	26 37 06	27 49 50
26 Su	1 29 56	19 35 05	27 06 49	5 27 59	21 03 33	2 50 13	22 19 02	21 29 36	1 13 37	9 19 34	6 26 24	7 38 38	26 47 31	28 02 15
27 M	2 38 60	4 ♋ 52 33	12 ♋ 28 43	4 44 10	22 28 25	3 35 31	22 58 08	21 49 14	1 24 09	9 34 45	6 38 42	7 50 12	26 58 10	28 14 54
28 Tu	3 46 59	20 15 03	27 50 12	3 58 54	23 52 12	4 19 58	23 36 05	22 07 29	1 33 47	9 48 55	6 49 51	8 00 42	27 07 46	28 26 30
29 W	4 52 50	5 ♌ 30 44	12 ♌ 59 50	3 12 19	25 13 49	5 02 31	24 11 49	22 23 17	1 41 28	10 00 60	6 58 46	8 09 07	27 15 14	28 35 58
30 Th	5 56 02	20 29 34	27 48 49	2 25 01	26 32 45	5 42 38	24 44 49	22 36 06	1 46 39	10 10 29	7 04 57	8 14 55	27 20 04	28 42 47
31 F	6 56 42	5 ♍ 04 53	12 ♍ 12 12	1 38 20	27 49 06	6 20 26	25 15 11	22 46 04	1 49 28	10 17 29	7 08 31	8 18 11	27 22 22	28 47 03

Notes

September 1984 LONGITUDE

Day	☉	0 hr ☽	Noon ☽	☿	♀	♂	⚵	⚳	♃	♄	⚷	♅	♆	♇
1 Sa	7 ♋ 55 32	19 ♍ 13 58	26 ♍ 08 44	0 ♋ 54 04	29 ♋ 03 35	6 ♎ 56 35	25 ♊ 43 38	22 ♓ 53 52	1 ♏ 50 37	10 ♍ 22 42	7 ♈ 10 08	8 ♎ 19 39	27 ♎ 22 50	28 ♌ 49 30
2 Su	8 53 37	2 ♎ 57 24	9 ♎ 40 14	0 14 23	0 ♌ 17 18	7 32 13	26 11 16	23 00 36	1 51 11	10 27 13	7 10 56	8 20 24	27 22 34	28 51 12
3 M	9 52 13	16 18 04	22 50 19	29 ♊ 41 30	1 31 30	8 08 34	26 39 19	23 07 31	1 52 26	10 32 18	7 12 09	8 21 42	27 22 50	28 53 25
4 Tu	10 52 28	29 20 00	5 ♏ 43 20	29 17 22	2 47 19	8 46 45	27 08 57	23 15 44	1 55 31	10 39 05	7 14 57	8 24 41	27 24 45	28 57 18
5 W	11 55 11	12 ♏ 07 24	18 23 29	29 03 27	4 05 33	9 27 36	27 40 57	23 26 05	2 01 13	10 48 23	7 20 07	8 30 09	27 29 09	29 03 39
6 Th	13 00 43	24 43 52	0 ♐ 54 12	29 00 39	5 26 35	10 11 27	28 15 41	23 38 55	2 09 54	11 00 33	7 28 00	8 38 28	27 36 23	29 12 48
7 F	14 08 57	7 ♐ 12 08	13 17 57	29 09 11	6 50 15	10 58 09	28 53 01	23 54 04	2 21 26	11 15 26	7 38 29	8 49 30	27 46 17	29 24 39
8 Sa	15 19 15	19 33 56	25 36 11	29 28 39	8 15 58	11 47 07	29 32 20	24 10 57	2 35 12	11 32 26	7 50 57	9 02 37	27 58 17	29 38 33
9 Su	16 30 41	1 ♑ 50 07	7 ♑ 49 33	29 58 14	9 42 47	12 37 24	0 ♋ 12 42	24 28 37	2 50 17	11 50 37	8 04 28	9 16 55	28 11 26	29 53 37
10 M	17 42 11	14 01 02	19 58 18	0 ♋ 36 45	11 09 36	13 27 53	0 53 01	24 45 58	3 05 33	12 08 53	8 17 56	9 31 16	28 24 38	0 ♍ 08 42
11 Tu	18 52 37	26 06 51	2 ♒ 02 38	1 22 57	12 35 20	14 17 28	1 32 11	25 01 53	3 19 55	12 26 08	8 30 15	9 44 36	28 36 46	0 22 44
12 W	20 01 06	8 ♒ 08 05	14 03 11	2 15 39	13 59 04	15 05 16	2 09 18	25 15 28	3 32 30	12 41 28	8 40 31	9 55 59	28 46 58	0 34 48
13 Th	21 07 03	20 05 54	26 01 24	3 13 54	15 20 12	15 50 40	2 43 47	25 26 08	3 42 40	12 54 17	8 48 08	10 04 51	28 54 37	0 44 18
14 F	22 10 16	2 ♓ 02 25	7 ♓ 59 44	4 17 05	16 38 35	16 33 30	3 15 27	25 33 42	3 50 17	13 04 25	8 52 56	10 11 00	28 59 33	0 51 05
15 Sa	23 11 02	14 00 54	20 01 47	5 24 57	17 54 28	17 14 01	3 44 33	25 38 25	3 55 35	13 12 06	8 55 11	10 14 43	29 02 01	0 55 23
16 Su	24 09 59	26 05 39	2 ♈ 12 11	6 37 35	19 08 29	17 52 52	4 11 44	25 40 55	3 59 12	13 18 00	8 55 30	10 16 37	29 02 40	0 57 52
17 M	25 08 03	8 ♈ 21 55	14 36 26	7 55 20	20 21 34	18 30 57	4 37 55	25 42 08	4 02 05	13 23 03	8 54 50	10 17 40	29 02 25	0 59 26
18 Tu	26 06 18	20 55 30	27 20 22	9 18 40	21 34 48	19 09 23	5 04 12	25 43 08	4 05 18	13 28 18	8 54 15	10 18 54	29 02 22	1 01 11
19 W	27 05 45	3 ♉ 52 07	10 ♉ 29 34	10 47 59	22 49 11	19 49 08	5 31 35	25 44 57	4 09 52	13 34 47	8 54 46	10 21 21	29 03 31	1 04 07
20 Th	28 07 11	17 16 44	24 08 21	12 23 26	24 05 30	20 31 00	6 00 50	25 48 19	4 16 32	13 43 15	8 57 09	10 25 48	29 06 38	1 08 60
21 F	29 10 56	1 ♊ 12 25	8 ♊ 18 48	14 04 47	25 24 06	21 15 19	6 32 17	25 53 35	4 25 40	13 54 04	9 01 45	10 32 34	29 12 04	1 16 11
22 Sa	0 ♌ 16 49	15 39 28	22 59 40	15 51 18	26 44 46	22 01 53	7 05 45	26 00 34	4 37 04	14 07 01	9 08 23	10 41 28	29 19 37	1 25 28
23 Su	1 24 07	0 ♋ 34 26	8 ♋ 05 45	17 41 44	28 06 49	22 50 01	7 40 33	26 08 34	4 50 02	14 21 26	9 16 20	10 51 49	29 28 37	1 36 11
24 M	2 31 49	15 49 58	23 27 59	19 34 35	29 29 13	23 38 40	8 15 37	26 16 32	5 03 31	14 36 14	9 24 35	11 02 34	29 37 59	1 47 15
25 Tu	3 38 45	1 ♌ 15 27	8 ♌ 54 43	21 28 14	0 ♍ 50 48	24 26 39	8 49 49	26 23 19	5 16 23	14 50 18	9 31 57	11 12 33	29 46 35	1 57 33
26 W	4 43 56	16 38 48	24 13 43	23 21 21	2 10 36	25 13 02	9 22 10	26 27 57	5 27 38	15 02 38	9 37 29	11 20 49	29 53 27	2 06 04
27 Th	5 46 51	1 ♍ 48 38	9 ♍ 14 29	25 13 04	3 28 05	25 57 16	9 52 07	26 29 53	5 36 46	15 12 43	9 40 38	11 26 49	29 58 02	2 12 19
28 F	6 47 30	16 36 14	23 49 51	27 03 04	4 43 15	26 39 20	10 19 42	26 29 08	5 43 45	15 20 33	9 41 26	11 30 34	0 ♏ 00 22	2 16 16
29 Sa	7 46 23	0 ♎ 56 38	7 ♎ 56 32	28 51 36	5 56 37	27 19 46	10 45 25	26 26 12	5 49 07	15 26 39	9 40 22	11 32 34	0 00 56	2 18 27
30 Su	8 44 23	14 48 31	21 34 44	0 ♌ 39 21	7 09 03	27 59 26	11 10 08	26 21 58	5 53 44	15 31 52	9 38 20	11 33 42	0 00 37	2 19 44

October 1984 LONGITUDE

Day	☉	0 hr ☽	Noon ☽	☿	♀	♂	⚵	⚳	♃	♄	⚷	♅	♆	♇
1 M	9 ♌ 42 31	28 ♎ 13 34	4 ♏ 47 11	2 ♌ 27 08	8 ♍ 21 34	28 ♎ 39 20	11 ♋ 34 52	26 ♓ 17 28	5 ♏ 58 36	15 ♍ 37 14	9 ♈ 36 19	11 ♎ 34 58	0 ♏ 00 26	2 ♍ 21 07
2 Tu	10 41 43	11 ♏ 15 17	17 38 03	4 15 44	9 35 06	29 20 24	12 00 33	26 13 37	6 04 41	15 43 41	9 35 17	11 37 20	0 01 19	2 23 34
3 W	11 42 41	23 58 01	0 ♐ 11 56	6 05 44	10 50 21	0 ♏ 03 20	12 27 54	26 11 06	6 12 39	15 51 54	9 35 55	11 41 27	0 03 58	2 27 45
4 Th	12 45 43	6 ♐ 26 08	12 33 14	7 57 21	12 07 38	0 48 28	12 57 12	26 10 16	6 22 50	16 02 14	9 38 33	11 47 41	0 08 43	2 34 00
5 F	13 50 47	18 43 33	24 45 40	9 50 26	13 26 54	1 35 42	13 28 25	26 11 03	6 35 09	16 14 35	9 43 06	11 55 56	0 15 29	2 42 15
6 Sa	14 57 27	0 ♑ 53 25	6 ♑ 52 10	11 44 30	14 47 43	2 24 38	14 01 07	26 13 02	6 49 12	16 28 33	9 49 10	12 05 48	0 23 50	2 52 05
7 Su	16 05 02	12 58 08	18 54 50	13 38 49	16 09 23	3 14 34	14 34 37	26 15 31	7 04 17	16 43 26	9 56 03	12 16 36	0 33 07	3 02 49
8 M	17 12 44	24 59 24	0 ♒ 55 08	15 32 33	17 31 07	4 04 42	15 08 06	26 17 42	7 19 36	16 58 26	10 02 58	12 27 31	0 42 30	3 13 38
9 Tu	18 19 43	6 ♒ 58 30	12 54 12	17 24 51	18 52 06	4 54 13	15 40 46	26 18 47	7 34 20	17 12 45	10 09 04	12 37 44	0 51 12	3 23 44
10 W	19 25 21	18 56 32	24 53 03	19 15 04	20 11 40	5 42 26	16 11 56	26 18 07	7 47 49	17 25 41	10 13 43	12 46 35	0 58 31	3 32 26
11 Th	20 29 10	0 ♓ 54 46	6 ♓ 52 56	21 02 43	21 29 22	6 28 57	16 41 11	26 15 14	7 59 36	17 36 49	10 16 28	12 53 39	1 04 01	3 39 18
12 F	21 31 02	12 54 48	18 55 38	22 47 39	22 45 04	7 13 34	17 08 21	26 10 00	8 09 32	17 46 00	10 17 10	12 58 45	1 07 34	3 44 11
13 Sa	22 31 06	24 58 53	1 ♈ 03 33	24 30 03	23 58 54	7 56 27	17 33 35	26 02 35	8 17 46	17 53 23	10 15 59	13 02 03	1 09 18	3 47 14
14 Su	23 29 47	7 ♈ 09 54	13 19 50	26 10 19	25 11 18	8 38 02	17 57 18	25 53 24	8 24 44	17 59 22	10 13 18	13 03 58	1 09 39	3 48 53
15 M	24 27 43	19 31 28	25 48 19	27 49 05	26 22 54	9 18 56	18 20 08	25 43 04	8 31 03	18 04 36	10 09 47	13 05 08	1 09 15	3 49 44
16 Tu	25 25 37	2 ♉ 07 39	8 ♉ 33 10	29 27 06	27 34 24	9 59 51	18 42 49	25 32 21	8 37 26	18 09 47	10 06 08	13 06 15	1 08 48	3 50 32
17 W	26 24 10	15 02 42	21 38 37	1 ♍ 05 05	28 46 30	10 41 30	19 06 00	25 21 54	8 44 34	18 15 37	10 03 03	13 08 02	1 08 59	3 51 57
18 Th	27 23 54	28 20 28	5 ♊ 08 13	2 43 32	29 59 44	11 24 24	19 30 15	25 12 17	8 52 59	18 22 38	10 01 04	13 10 60	1 10 22	3 54 31
19 F	28 25 05	12 ♊ 03 47	19 04 08	4 22 46	1 ♎ 14 22	12 08 49	19 55 48	25 03 45	9 02 56	18 31 04	10 00 25	13 15 24	1 13 10	3 58 29
20 Sa	29 27 39	26 13 40	3 ♋ 26 21	6 02 43	2 30 18	12 54 39	20 22 35	24 56 15	9 14 22	18 40 53	10 01 04	13 21 10	1 17 20	4 03 48
21 Su	0 ♍ 31 12	10 ♋ 48 33	18 11 57	7 43 00	3 47 11	13 41 33	20 50 13	24 49 25	9 26 53	18 51 40	10 02 36	13 27 56	1 22 30	4 10 05
22 M	1 35 07	25 43 51	3 ♌ 14 54	9 23 03	5 04 23	14 28 53	21 18 05	24 42 37	9 39 52	19 02 49	10 04 26	13 35 04	1 28 01	4 16 42
23 Tu	2 38 45	10 ♌ 52 06	18 26 32	11 02 12	6 21 14	15 15 59	21 45 31	24 35 13	9 52 38	19 13 39	10 05 53	13 41 54	1 33 14	4 22 59
24 W	3 41 29	26 03 47	3 ♍ 36 43	12 39 51	7 37 08	16 02 15	22 11 55	24 26 37	10 04 37	19 23 35	10 06 22	13 47 50	1 37 33	4 28 20
25 Th	4 42 60	11 ♍ 08 46	18 35 29	14 15 42	8 51 44	16 47 20	22 36 56	24 16 29	10 15 27	19 32 16	10 05 31	13 52 32	1 40 38	4 32 26
26 F	5 43 12	25 57 57	3 ♎ 14 40	15 49 42	10 05 01	17 31 11	23 00 31	24 04 48	10 25 05	19 39 39	10 03 18	13 55 56	1 42 25	4 35 12
27 Sa	6 42 22	10 ♎ 24 36	17 28 50	17 22 06	11 17 10	18 14 03	23 22 54	23 51 49	10 33 45	19 45 58	9 59 58	13 58 17	1 43 08	4 36 53
28 Su	7 40 54	24 24 57	1 ♏ 15 40	18 53 21	12 28 39	18 56 21	23 44 31	23 37 57	10 41 54	19 51 39	9 55 55	14 00 01	1 43 15	4 37 55
29 M	8 39 21	7 ♏ 58 08	14 35 34	20 23 59	13 39 59	19 38 36	24 05 54	23 23 45	10 50 02	19 57 13	9 51 43	14 01 39	1 43 15	4 38 50
30 Tu	9 38 10	21 05 37	27 30 59	21 54 29	14 51 38	20 21 16	24 27 30	23 09 43	10 58 38	20 03 09	9 47 49	14 03 39	1 43 37	4 40 05
31 W	10 37 43	3 ♐ 50 31	10 ♐ 05 37	23 25 12	16 03 58	21 04 44	24 49 42	22 56 13	11 08 03	20 09 48	9 44 35	14 06 24	1 44 44	4 42 02

Notes

LONGITUDE — November 1984

Day	☉	0 hr ☽	Noon ☽	☿	♀	♂	⚵	⚳	♃	♄	⚷	♅	♆	♇
1 Th	11 ♍ 38 10	16 ♐ 16 48	22 ♐ 23 47	24 ♍ 56 20	17 ♎ 17 08	21 ♏ 49 08	25 ♋ 12 39	22 ♓ 43 26	11 ♏ 18 27	20 ♍ 17 21	9 ♈ 42 11	14 ♎ 10 02	1 ♏ 46 44	4 ♍ 44 52
2 F	12 39 30	28 28 49	4 ♑ 29 53	26 27 51	18 31 08	22 34 29	25 36 20	22 31 22	11 29 49	20 25 45	9 40 36	14 14 34	1 49 37	4 48 33
3 Sa	13 41 32	10 ♑ 30 45	16 28 02	27 59 34	19 45 46	23 20 34	26 00 34	22 19 50	11 41 59	20 34 51	9 39 39	14 19 47	1 53 13	4 52 54
4 Su	14 43 59	22 26 31	28 21 60	29 31 11	21 00 45	24 07 06	26 25 04	22 08 34	11 54 37	20 44 20	9 39 03	14 25 25	1 57 12	4 57 38
5 M	15 46 31	4 ♒ 19 36	10 ♒ 14 57	1 ♎ 02 22	22 15 45	24 53 45	26 49 29	21 57 16	12 07 25	20 53 53	9 38 29	14 31 07	2 01 17	5 02 25
6 Tu	16 48 49	16 12 57	22 09 38	2 32 48	23 30 28	25 40 13	27 13 31	21 45 37	12 20 04	21 03 10	9 37 36	14 36 35	2 05 07	5 06 56
7 W	17 50 38	28 09 06	4 ♓ 08 19	4 02 14	24 44 39	26 26 14	27 36 56	21 33 24	12 32 19	21 11 58	9 36 12	14 41 34	2 08 28	5 10 56
8 Th	18 51 52	10 ♓ 10 11	16 12 54	5 30 30	25 58 09	27 11 42	27 59 35	21 20 30	12 44 03	21 20 09	9 34 09	14 45 58	2 11 14	5 14 19
9 F	19 52 30	22 18 02	28 25 04	6 57 33	27 10 60	27 56 35	28 21 27	21 06 55	12 55 14	21 27 42	9 31 25	14 49 44	2 13 22	5 17 03
10 Sa	20 52 36	4 ♈ 34 20	10 ♈ 46 24	8 23 28	28 23 15	28 40 58	28 42 39	20 52 47	13 05 58	21 34 42	9 28 07	14 52 58	2 14 59	5 19 14
11 Su	21 52 21	17 00 40	23 18 26	9 48 23	29 35 05	29 25 02	29 03 20	20 38 15	13 16 26	21 41 19	9 24 25	14 55 52	2 16 15	5 21 02
12 M	22 51 59	29 38 36	6 ♉ 02 47	11 12 25	0 ♏ 46 42	0 ♐ 08 60	29 23 43	20 23 34	13 26 49	21 47 47	9 20 31	14 58 36	2 17 21	5 22 39
13 Tu	23 51 39	12 ♉ 29 45	19 01 05	12 35 44	1 58 19	0 53 02	29 43 59	20 08 56	13 37 19	21 54 15	9 16 37	15 01 22	2 18 31	5 24 17
14 W	24 51 32	25 35 44	2 ♊ 14 56	13 58 24	3 10 04	1 37 18	0 ♌ 04 16	19 54 30	13 48 05	22 00 55	9 12 52	15 04 20	2 19 52	5 26 04
15 Th	25 51 42	8 ♊ 58 00	15 45 39	15 20 23	4 22 01	2 21 52	0 24 40	19 40 23	13 59 11	22 07 48	9 09 20	15 07 34	2 21 29	5 28 06
16 F	26 52 07	22 37 36	29 34 01	16 41 36	5 34 09	3 06 43	0 45 08	19 26 33	14 10 36	22 14 55	9 06 01	15 11 02	2 23 20	5 30 21
17 Sa	27 52 42	6 ♋ 34 52	13 ♋ 39 52	18 01 49	6 46 23	3 51 45	1 05 36	19 12 58	14 22 14	22 22 11	9 02 50	15 14 40	2 25 21	5 32 44
18 Su	28 53 22	20 49 01	28 01 44	19 20 48	7 58 36	4 36 52	1 25 57	18 59 31	14 34 00	22 29 28	8 59 39	15 18 21	2 27 26	5 35 08
19 M	29 53 60	5 ♌ 17 48	12 ♌ 36 33	20 38 17	9 10 43	5 21 59	1 46 05	18 46 07	14 45 48	22 36 41	8 56 24	15 21 59	2 29 28	5 37 27
20 Tu	0 ♎ 54 33	19 57 21	27 19 35	21 54 02	10 22 41	6 07 02	2 05 57	18 32 46	14 57 34	22 43 47	8 53 01	15 25 31	2 31 24	5 39 40
21 W	1 55 03	4 ♍ 42 15	12 ♍ 04 45	23 07 53	11 34 32	6 52 04	2 25 35	18 19 29	15 09 21	22 50 48	8 49 34	15 28 60	2 33 18	5 41 47
22 Th	2 55 37	19 25 57	26 45 12	24 19 40	12 46 22	7 37 10	2 45 05	18 06 24	15 21 14	22 57 50	8 46 07	15 32 31	2 35 13	5 43 55
23 F	3 56 21	4 ♎ 01 35	11 ♎ 14 12	25 29 12	13 58 17	8 22 28	3 04 34	17 53 39	15 33 20	23 05 00	8 42 49	15 36 11	2 37 19	5 46 11
24 Sa	4 57 21	18 22 43	25 25 57	26 36 16	15 10 23	9 08 03	3 24 07	17 41 21	15 45 46	23 12 24	8 39 45	15 40 07	2 39 41	5 48 41
25 Su	5 58 40	2 ♏ 24 19	9 ♏ 16 19	27 40 32	16 22 44	9 53 59	3 43 48	17 29 33	15 58 34	23 20 05	8 36 58	15 44 21	2 42 20	5 51 28
26 M	7 00 15	16 03 11	22 43 09	28 41 31	17 35 16	10 40 11	4 03 34	17 18 14	16 11 42	23 28 00	8 34 26	15 48 50	2 45 16	5 54 28
27 Tu	8 01 59	29 18 06	5 ♐ 46 17	29 38 35	18 47 52	11 26 33	4 23 16	17 07 16	16 25 01	23 36 01	8 32 01	15 53 27	2 48 20	5 57 35
28 W	9 03 39	12 ♐ 09 50	18 27 19	0 ♏ 30 59	20 00 19	12 12 53	4 42 43	16 56 30	16 38 19	23 43 57	8 29 32	15 58 00	2 51 20	6 00 37
29 Th	10 05 04	24 40 42	0 ♑ 49 13	1 17 55	21 12 25	12 58 58	5 01 42	16 45 43	16 51 26	23 51 34	8 26 46	16 02 17	2 54 04	6 03 20
30 F	11 06 02	6 ♑ 54 13	12 55 55	1 58 29	22 24 00	13 44 37	5 20 03	16 34 45	17 04 09	23 58 44	8 23 33	16 06 07	2 56 23	6 05 36

LONGITUDE — December 1984

Day	☉	0 hr ☽	Noon ☽	☿	♀	♂	⚵	⚳	♃	♄	⚷	♅	♆	♇
1 Sa	12 ♎ 06 29	18 ♑ 54 43	24 ♑ 51 58	2 ♏ 31 52	23 ♏ 34 58	14 ♐ 29 46	5 ♌ 37 41	16 ♓ 23 33	17 ♏ 16 23	24 ♍ 05 19	8 ♈ 19 47	16 ♎ 09 25	2 ♏ 58 09	6 ♍ 07 18
2 Su	13 06 26	0 ♒ 46 59	6 ♒ 42 09	2 57 18	24 45 19	15 14 25	5 54 36	16 12 06	17 28 10	24 11 22	8 15 31	16 12 11	2 59 24	6 08 27
3 M	14 05 60	12 35 53	18 31 17	3 14 03	25 55 13	15 58 42	6 10 56	16 00 35	17 39 37	24 16 60	8 10 52	16 14 35	3 00 17	6 09 12
4 Tu	15 05 26	24 26 12	0 ♓ 23 57	3 21 33	27 04 53	16 42 53	6 26 56	15 49 15	17 50 59	24 22 28	8 06 05	16 16 50	3 01 02	6 09 47
5 W	16 05 04	6 ♓ 22 19	12 24 14	3 19 19	28 14 38	17 27 15	6 42 55	15 38 24	18 02 36	24 28 04	8 01 28	16 19 17	3 01 58	6 10 31
6 Th	17 05 13	18 28 03	24 35 34	3 06 60	29 24 48	18 12 08	6 59 12	15 28 25	18 14 46	24 34 10	7 57 24	16 22 10	3 03 25	6 11 45
7 F	18 06 12	0 ♈ 46 23	7 ♈ 00 34	2 44 20	0 ♐ 35 41	18 57 52	7 16 06	15 19 34	18 27 48	24 41 02	7 54 08	16 25 55	3 05 41	6 13 45
8 Sa	19 08 11	13 19 23	19 40 49	2 11 18	1 47 28	19 44 35	7 33 46	15 12 04	18 41 53	24 48 52	7 51 52	16 30 39	3 08 57	6 16 44
9 Su	20 11 12	26 08 03	2 ♉ 36 54	1 28 00	3 00 10	20 32 21	7 52 16	15 05 56	18 57 02	24 57 41	7 50 39	16 36 24	3 13 14	6 20 42
10 M	21 15 05	9 ♉ 12 20	15 48 24	0 34 53	4 13 37	21 20 59	8 11 24	15 01 00	19 13 05	25 07 20	7 50 18	16 42 59	3 18 23	6 25 31
11 Tu	22 19 29	22 31 20	29 14 05	29 ♎ 32 41	5 27 28	22 10 09	8 30 49	14 56 58	19 29 42	25 17 27	7 50 28	16 50 05	3 24 03	6 30 48
12 W	23 23 57	6 ♊ 03 24	12 ♊ 52 10	28 22 35	6 41 15	22 59 21	8 50 04	14 53 20	19 46 23	25 27 34	7 50 42	16 57 13	3 29 45	6 36 06
13 Th	24 27 55	19 46 36	26 40 36	27 06 14	7 54 25	23 48 04	9 08 35	14 49 34	20 02 38	25 37 08	7 50 27	17 03 51	3 34 58	6 40 52
14 F	25 30 58	3 ♋ 38 56	10 ♋ 37 25	25 45 46	9 06 32	24 35 51	9 25 56	14 45 14	20 17 58	25 45 44	7 49 16	17 09 31	3 39 14	6 44 40
15 Sa	26 32 49	17 38 39	24 40 52	24 23 41	10 17 19	25 22 26	9 41 51	14 40 05	20 32 09	25 53 04	7 46 54	17 13 58	3 42 17	6 47 14
16 Su	27 33 29	1 ♌ 44 17	8 ♌ 49 29	23 02 50	11 26 47	26 07 51	9 56 20	14 34 08	20 45 10	25 59 11	7 43 22	17 17 13	3 44 09	6 48 35
17 M	28 33 18	15 54 36	23 01 56	21 46 06	12 35 16	26 52 23	10 09 42	14 27 41	20 57 21	26 04 22	7 38 58	17 19 34	3 45 09	6 49 01
18 Tu	29 32 49	0 ♍ 08 20	7 ♍ 16 40	20 36 15	13 43 19	27 36 37	10 22 31	14 21 20	21 09 16	26 09 12	7 34 18	17 21 37	3 45 50	6 49 07
19 W	0 ♏ 32 44	14 23 48	21 31 42	19 35 42	14 51 37	28 21 16	10 35 29	14 15 46	21 21 37	26 14 24	7 30 04	17 24 02	3 46 55	6 49 35
20 Th	1 33 44	28 38 36	5 ♎ 44 16	18 46 18	16 00 52	29 06 59	10 49 16	14 11 41	21 35 05	26 20 37	7 26 55	17 27 32	3 49 04	6 51 05
21 F	2 36 20	12 ♎ 49 32	19 50 57	18 09 11	17 11 34	29 54 18	11 04 23	14 09 35	21 50 09	26 28 21	7 25 24	17 32 35	3 52 48	6 54 09
22 Sa	3 40 44	26 52 44	3 ♏ 47 51	17 44 47	18 23 54	0 ♑ 43 24	11 21 03	14 09 40	22 07 04	26 37 51	7 25 41	17 39 25	3 58 20	6 58 58
23 Su	4 46 47	10 ♏ 44 03	17 31 05	17 32 45	19 37 45	1 34 11	11 39 06	14 11 50	22 25 39	26 48 57	7 27 41	17 47 54	4 05 31	7 05 26
24 M	5 54 04	24 19 41	0 ♐ 57 22	17 32 14	20 52 40	2 26 10	11 58 06	14 15 37	22 45 29	27 01 13	7 30 55	17 57 34	4 13 54	7 13 03
25 Tu	7 01 52	7 ♐ 36 45	14 04 31	17 41 56	22 07 56	3 18 41	12 17 21	14 20 20	23 05 53	27 13 57	7 34 43	18 07 45	4 22 49	7 21 11
26 W	8 09 24	20 33 45	26 51 51	18 00 19	23 22 46	4 10 56	12 36 04	14 25 11	23 26 02	27 26 22	7 38 18	18 17 39	4 31 28	7 29 01
27 Th	9 15 57	3 ♑ 10 50	9 ♑ 20 16	18 25 55	24 36 27	5 02 11	12 53 31	14 29 27	23 45 13	27 37 44	7 40 55	18 26 32	4 39 07	7 35 49
28 F	10 20 57	15 29 46	21 32 09	18 57 25	25 48 24	5 51 53	13 09 09	14 32 35	24 02 53	27 47 31	7 42 03	18 33 52	4 45 13	7 41 03
29 Sa	11 24 10	27 33 50	3 ♒ 31 18	19 33 49	26 58 23	6 39 48	13 22 43	14 34 20	24 18 47	27 55 27	7 41 26	18 39 24	4 49 32	7 44 27
30 Su	12 25 40	9 ♒ 27 33	15 22 31	20 14 30	28 06 28	7 26 01	13 34 17	14 34 47	24 33 00	28 01 37	7 39 09	18 43 12	4 52 09	7 46 08
31 M	13 25 53	21 16 17	27 11 23	20 59 15	29 13 03	8 10 55	13 44 17	14 34 20	24 45 58	28 06 26	7 35 38	18 45 42	4 53 27	7 46 29

Notes

January 1985

LONGITUDE

Day	☉	0 hr ☽	Noon ☽	☿	♀	♂	⚵	⚳	♃	♄	⚷	♅	♆	♇
1 Tu	14 ♏ 25 29	3 ♓ 05 58	9 ♓ 03 49	21 ♎ 48 08	0 ♑ 18 49	8 ♑ 55 12	13 ♌ 53 22	14 ♓ 33 40	24 ♏ 58 19	28 ♍ 10 35	7 ♈ 31 32	18 ♎ 47 33	4 ♏ 54 08	7 ♍ 46 11
2 W	15 25 16	15 02 35	21 05 37	22 41 27	1 24 34	9 39 41	14 02 21	14 33 36	25 10 53	28 14 52	7 27 41	18 49 35	4 55 01	7 46 04
3 Th	16 26 06	27 11 46	3 ♈ 22 10	23 39 34	2 31 09	10 25 11	14 12 05	14 34 59	25 24 31	28 20 08	7 24 56	18 52 38	4 56 57	7 46 57
4 F	17 28 40	9 ♈ 38 20	15 57 44	24 42 46	3 39 15	11 12 26	14 23 16	14 38 29	25 39 55	28 27 06	7 23 59	18 57 25	5 00 37	7 49 33
5 Sa	18 33 27	22 25 43	28 55 09	25 51 09	4 49 18	12 01 52	14 36 20	14 44 35	25 57 32	28 36 12	7 25 17	19 04 23	5 06 28	7 54 18
6 Su	19 40 28	5 ♉ 35 37	12 ♉ 15 15	27 04 26	6 01 23	12 53 33	14 51 22	14 53 19	26 17 25	28 47 29	7 28 54	19 13 35	5 14 34	8 01 18
7 M	20 49 25	19 07 36	25 56 45	28 21 60	7 15 07	13 47 07	15 07 60	15 04 21	26 39 14	29 00 38	7 34 29	19 24 40	5 24 35	8 10 10
8 Tu	21 59 31	2 ♊ 59 06	9 ♊ 56 14	29 42 50	8 29 46	14 41 51	15 25 28	15 16 56	27 02 14	29 14 53	7 41 17	19 36 54	5 35 46	8 20 11
9 W	23 09 47	17 05 43	24 08 41	1 ♏ 05 45	9 44 18	15 36 44	15 42 47	15 30 03	27 25 24	29 29 13	7 48 19	19 49 16	5 47 05	8 30 19
10 Th	24 19 08	1 ♋ 21 53	8 ♋ 28 17	2 29 27	10 57 39	16 30 41	15 58 52	15 42 36	27 47 39	29 42 34	7 54 28	20 00 41	5 57 29	8 39 30
11 F	25 26 39	15 41 54	22 49 25	3 52 53	12 08 54	17 22 48	16 12 47	15 53 43	28 08 06	29 54 02	7 58 52	20 10 16	6 06 04	8 46 50
12 Sa	26 31 51	0 ♌ 00 50	7 ♌ 07 37	5 15 24	13 17 32	18 12 34	16 24 03	16 02 51	28 26 13	0 ♎ 03 07	8 00 60	20 17 29	6 12 18	8 51 48
13 Su	27 34 44	14 15 16	21 20 00	6 36 53	14 23 33	19 00 00	16 32 40	16 10 03	28 42 03	0 09 48	8 00 53	20 22 22	6 16 12	8 54 25
14 M	28 35 52	28 23 26	5 ♍ 25 24	7 57 48	15 27 31	19 45 42	16 39 12	16 15 51	28 56 08	0 14 41	7 59 04	20 25 29	6 18 22	8 55 16
15 Tu	29 36 16	12 ♍ 25 06	19 23 56	9 19 04	16 30 26	20 30 37	16 44 38	16 21 16	29 09 27	0 18 44	7 56 35	20 27 49	6 19 46	8 55 20
16 W	0 ♐ 37 07	26 20 50	3 ♎ 16 18	10 41 48	17 33 28	21 15 59	16 50 10	16 27 28	29 23 15	0 23 10	7 54 37	20 30 35	6 21 37	8 55 49
17 Th	1 39 34	10 ♎ 11 21	17 03 11	12 07 05	18 37 47	22 02 57	16 56 58	16 35 39	29 38 39	0 29 09	7 54 19	20 34 56	6 25 03	8 57 53
18 F	2 44 30	23 56 50	0 ♏ 44 30	13 35 44	19 44 14	22 52 22	17 05 53	16 46 39	29 56 33	0 37 32	7 56 34	20 41 44	6 30 58	9 02 23
19 Sa	3 52 18	7 ♏ 36 31	14 19 15	15 08 07	20 53 13	23 44 40	17 17 20	17 00 52	0 ♐ 17 19	0 48 44	8 01 46	20 51 23	6 39 45	9 09 45
20 Su	5 02 51	21 08 37	27 45 29	16 44 02	22 04 34	24 39 41	17 31 09	17 18 10	0 40 50	1 02 35	8 09 47	21 03 45	6 51 16	9 19 49
21 M	6 15 30	4 ♐ 30 37	11 ♐ 00 43	18 22 49	23 17 38	25 36 47	17 46 43	17 37 54	1 06 27	1 18 28	8 19 58	21 18 11	7 04 53	9 31 57
22 Tu	7 29 13	17 39 49	24 02 30	20 03 26	24 31 23	26 34 57	18 02 59	17 59 03	1 33 08	1 35 22	8 31 17	21 33 40	7 19 33	9 45 09
23 W	8 42 48	0 ♑ 33 55	6 ♑ 48 59	21 44 39	25 44 36	27 32 60	18 18 46	18 20 24	1 59 42	1 52 04	8 42 35	21 49 00	7 34 07	9 58 11
24 Th	9 55 07	13 11 39	19 19 30	23 25 19	26 56 08	28 29 45	18 32 55	18 40 49	2 25 01	2 07 25	8 52 41	22 03 03	7 47 23	10 09 56
25 F	11 05 16	25 33 11	1 ♒ 34 48	25 04 30	28 05 04	29 24 20	18 44 32	18 59 23	2 48 09	2 20 33	9 00 42	22 14 55	7 58 30	10 19 29
26 Sa	12 12 45	7 ♒ 40 20	13 37 18	26 41 43	29 10 52	0 ♒ 16 13	18 53 06	19 15 37	3 08 37	2 30 56	9 06 07	22 24 05	8 06 56	10 26 21
27 Su	13 17 32	19 36 29	25 30 53	28 16 56	0 ♒ 13 31	1 05 25	18 58 37	19 29 28	3 26 24	2 38 33	9 08 57	22 30 32	8 12 40	10 30 30
28 M	14 20 04	1 ♓ 26 27	7 ♓ 20 45	29 50 34	1 13 25	1 52 20	19 01 30	19 41 22	3 41 55	2 43 51	9 09 36	22 34 42	8 16 10	10 32 23
29 Tu	15 21 10	13 16 09	19 13 02	1 ♐ 23 30	2 11 24	2 37 51	19 02 36	19 52 11	3 56 02	2 47 40	9 08 55	22 37 27	8 18 14	10 32 50
30 W	16 21 57	25 12 07	1 ♈ 14 24	2 56 47	3 08 31	3 23 00	19 02 60	20 02 58	4 09 49	2 51 06	9 08 00	22 39 50	8 19 58	10 32 56
31 Th	17 23 33	7 ♈ 21 06	13 31 28	4 31 36	4 05 56	4 08 59	19 03 51	20 14 53	4 24 25	2 55 16	9 08 00	22 43 02	8 22 32	10 33 50

February 1985

LONGITUDE

Day	☉	0 hr ☽	Noon ☽	☿	♀	♂	⚵	⚳	♃	♄	⚷	♅	♆	♇
1 F	18 ♐ 27 00	19 ♈ 49 21	26 ♈ 10 10	6 ♐ 08 59	5 ♒ 04 37	4 ♒ 56 48	19 ♌ 06 10	20 ♓ 28 57	4 ♐ 40 53	3 ♎ 01 14	9 ♈ 09 57	22 ♎ 48 04	8 ♏ 26 57	10 ♍ 36 35
2 Sa	19 33 01	2 ♉ 42 02	9 ♉ 15 02	7 49 39	6 05 17	5 47 09	19 10 41	20 45 51	4 59 53	3 09 40	9 14 32	22 55 38	8 33 56	10 41 52
3 Su	20 41 47	16 02 24	22 48 21	9 33 48	7 08 06	6 40 16	19 17 35	21 05 50	5 21 40	3 20 49	9 21 59	23 05 57	8 43 40	10 49 54
4 M	21 53 00	29 51 05	6 ♊ 49 33	11 21 09	8 12 44	7 35 48	19 26 33	21 28 32	5 45 52	3 34 20	9 31 57	23 18 41	8 55 51	11 00 22
5 Tu	23 05 47	14 ♊ 05 41	21 14 53	13 10 49	9 18 16	8 32 54	19 36 42	21 53 04	6 11 38	3 49 21	9 43 35	23 32 58	9 09 36	11 12 22
6 W	24 18 54	28 40 43	5 ♋ 57 40	15 01 35	10 23 27	9 30 19	19 46 49	22 18 13	6 37 44	4 04 37	9 55 39	23 47 33	9 23 40	11 24 42
7 Th	25 30 58	13 ♋ 28 22	20 49 14	16 52 07	11 26 53	10 26 41	19 55 30	22 42 37	7 02 47	4 18 47	10 06 46	24 01 05	9 36 43	11 35 59
8 F	26 40 52	28 19 43	5 ♌ 40 34	18 41 16	12 27 25	11 20 51	20 01 38	23 05 06	7 25 39	4 30 42	10 15 47	24 12 24	9 47 34	11 45 03
9 Sa	27 47 55	13 ♌ 06 24	20 23 51	20 28 23	13 24 19	12 12 09	20 04 32	23 24 59	7 45 39	4 39 41	10 22 03	24 20 51	9 55 34	11 51 16
10 Su	28 52 05	27 42 03	4 ♍ 53 38	22 13 27	14 17 34	13 00 33	20 04 11	23 42 15	8 02 45	4 45 42	10 25 31	24 26 23	10 00 41	11 54 35
11 M	29 54 00	12 ♍ 02 57	19 07 21	23 57 06	15 07 44	13 46 41	20 01 11	23 57 32	8 17 35	4 49 24	10 26 49	24 29 39	10 03 33	11 55 38
12 Tu	0 ♑ 54 48	26 08 06	3 ♎ 04 57	25 40 30	15 55 56	14 31 42	19 56 42	24 11 56	8 31 17	4 51 54	10 27 06	24 31 46	10 05 17	11 55 32
13 W	1 55 51	9 ♎ 58 30	16 48 05	27 25 02	16 43 30	15 16 56	19 52 04	24 26 51	8 45 13	4 54 35	10 27 43	24 34 07	10 07 15	11 55 41
14 Th	2 58 28	23 36 12	0 ♏ 19 05	29 11 60	17 31 43	16 03 44	19 48 38	24 43 34	9 00 42	4 58 45	10 30 00	24 37 60	10 10 48	11 57 22
15 F	4 03 39	7 ♏ 03 25	13 40 13	1 ♑ 02 24	18 21 33	16 53 04	19 47 24	25 03 06	9 18 44	5 05 23	10 34 56	24 44 25	10 16 53	12 01 37
16 Sa	5 11 52	20 21 45	26 52 53	2 56 45	19 13 26	17 45 26	19 48 49	25 25 54	9 39 46	5 14 59	10 42 59	24 53 50	10 26 01	12 08 52
17 Su	6 23 01	3 ♐ 31 51	9 ♐ 57 31	4 54 55	20 07 13	18 40 43	19 52 48	25 51 53	10 03 43	5 27 27	10 54 05	25 06 10	10 38 04	12 19 03
18 M	7 36 27	16 33 20	22 53 31	6 56 15	21 02 14	19 38 17	19 58 43	26 20 23	10 29 56	5 42 07	11 07 33	25 20 46	10 52 25	12 31 31
19 Tu	8 51 07	29 25 05	5 ♑ 39 43	8 59 41	21 57 21	20 37 03	20 05 31	26 50 21	10 57 22	5 57 57	11 22 20	25 36 34	11 07 58	12 45 11
20 W	10 05 46	12 ♑ 05 43	18 14 49	11 03 57	22 51 19	21 35 48	20 11 56	27 20 32	11 24 45	6 13 40	11 37 12	25 52 19	11 23 31	12 58 50
21 Th	11 19 10	24 34 09	0 ♒ 37 58	13 07 48	23 42 49	22 33 17	20 16 46	27 49 42	11 50 52	6 28 05	11 50 56	26 06 49	11 37 49	13 11 14
22 F	12 30 20	6 ♒ 50 05	12 49 16	15 10 11	24 30 51	23 28 32	20 19 03	28 16 52	12 14 45	6 40 11	12 02 31	26 19 03	11 49 53	13 21 24
23 Sa	13 38 41	18 54 25	24 50 02	17 10 29	25 14 44	24 20 57	20 18 10	28 41 25	12 35 46	6 49 24	12 11 23	26 28 27	11 59 08	13 28 44
24 Su	14 44 04	0 ♓ 49 25	6 ♓ 43 02	19 08 28	25 54 19	25 10 24	20 14 00	29 03 15	12 53 48	6 55 34	12 17 23	26 34 51	12 05 25	13 33 06
25 M	15 46 49	12 38 47	18 32 24	21 04 24	26 29 52	25 57 13	20 06 55	29 22 40	13 09 12	6 59 04	12 20 52	26 38 38	12 09 05	13 34 51
26 Tu	16 47 43	24 27 27	0 ♈ 23 26	22 58 55	27 02 05	26 42 09	19 57 39	29 40 26	13 22 41	7 00 36	12 22 35	26 40 30	12 10 53	13 34 44
27 W	17 47 45	6 ♈ 21 21	12 22 22	24 52 54	27 31 55	27 26 13	19 47 14	29 57 34	13 35 18	7 01 13	12 23 33	26 41 31	12 11 50	13 33 45
28 Th	18 48 04	18 26 59	24 35 47	26 47 18	28 00 26	28 10 34	19 36 50	0 ♈ 15 11	13 48 11	7 02 03	12 24 53	26 42 47	12 13 04	13 33 04

Notes

LONGITUDE — March 1985

Day	☉	0 hr ☽	Noon ☽	☿	♀	♂	⚵	⚳	♃	♄	⚷	♅	♆	♇
1 F	19 ♑ 49 42	0 ♉ 50 55	7 ♉ 10 11	28 ♑ 42 60	28 ♒ 28 39	28 ♒ 56 14	19 ♌ 27 28	0 ♈ 34 20	14 ♐ 02 21	7 ♎ 04 08	12 ♈ 27 40	26 ♎ 45 22	12 ♏ 15 38	13 ♍ 33 42
2 Sa	20 53 27	13 39 06	20 11 06	0 ♒ 40 31	28 57 15	29 43 59	19 19 57	0 55 48	14 18 36	7 08 16	12 32 38	26 50 02	12 20 18	13 36 26
3 Su	21 59 38	26 56 06	3 ♊ 42 20	2 39 56	29 26 30	0 ♓ 34 10	19 14 37	1 19 54	14 37 15	7 14 46	12 40 09	26 57 07	12 27 25	13 41 37
4 M	23 08 04	10 ♊ 44 13	17 45 02	4 40 45	29 56 10	1 26 35	19 11 17	1 46 27	14 58 08	7 23 26	12 50 01	27 06 26	12 36 46	13 49 03
5 Tu	24 18 02	25 02 42	2 ♋ 16 56	6 41 56	0 ♓ 25 28	2 20 32	19 09 15	2 14 44	15 20 31	7 33 35	13 01 31	27 17 17	12 47 41	13 58 02
6 W	25 28 27	9 ♋ 47 18	17 12 08	8 41 58	0 53 16	3 14 55	19 07 27	2 43 40	15 43 19	7 44 06	13 13 35	27 28 33	12 59 03	14 07 29
7 Th	26 38 06	24 50 23	2 ♌ 21 38	10 39 15	1 18 15	4 08 32	19 04 40	3 12 01	16 05 19	7 53 48	13 24 58	27 39 02	13 09 38	14 16 09
8 F	27 45 54	10 ♌ 02 03	17 34 46	12 32 12	1 39 17	5 00 16	18 59 49	3 38 41	16 25 25	8 01 33	13 34 35	27 47 38	13 18 22	14 22 58
9 Sa	28 51 10	25 11 42	2 ♍ 41 08	14 19 42	1 55 39	5 49 27	18 52 16	4 03 01	16 42 57	8 06 43	13 41 46	27 53 41	13 24 34	14 27 15
10 Su	29 53 49	10 ♍ 10 05	17 32 20	16 01 06	2 07 11	6 36 01	18 41 53	4 24 53	16 57 49	8 09 11	13 46 25	27 57 05	13 28 09	14 28 55
11 M	0 ♒ 54 18	24 50 34	2 ♎ 03 07	17 36 24	2 14 18	7 20 24	18 29 11	4 44 47	17 10 29	8 09 25	13 49 01	27 58 19	13 29 34	14 28 26
12 Tu	1 53 35	9 ♎ 09 42	16 11 25	19 05 59	2 17 54	8 03 33	18 15 07	5 03 39	17 21 53	8 08 22	13 50 28	27 58 18	13 29 46	14 26 44
13 W	2 52 46	23 06 59	29 57 50	20 30 30	2 19 05	8 46 37	18 00 49	5 22 36	17 33 10	8 07 10	13 51 57	27 58 11	13 29 54	14 24 58
14 Th	3 53 00	6 ♏ 43 54	13 ♏ 24 38	21 50 32	2 18 55	9 30 43	17 47 25	5 42 45	17 45 25	8 06 56	13 54 33	27 59 04	13 31 02	14 24 13
15 F	4 55 07	20 03 02	26 34 47	23 06 28	2 18 13	10 16 39	17 35 47	6 04 56	17 59 30	8 08 29	13 59 07	28 01 49	13 34 04	14 25 22
16 Sa	5 59 32	3 ♐ 07 09	9 ♐ 31 08	24 18 18	2 17 23	11 04 54	17 26 21	6 29 36	18 15 51	8 12 17	14 06 05	28 06 50	13 39 23	14 28 48
17 Su	7 06 12	15 58 38	22 16 01	25 25 35	2 16 21	11 55 23	17 19 05	6 56 41	18 34 23	8 18 16	14 15 24	28 14 05	13 46 58	14 34 31
18 M	8 14 39	28 39 13	4 ♑ 50 57	26 27 30	2 14 39	12 47 38	17 13 32	7 25 42	18 54 40	8 25 58	14 26 35	28 23 06	13 56 19	14 42 01
19 Tu	9 24 06	11 ♑ 09 56	17 16 48	27 22 57	2 11 30	13 40 53	17 08 55	7 55 53	19 15 52	8 34 35	14 38 51	28 33 06	14 06 40	14 50 31
20 W	10 33 36	23 31 19	29 33 58	28 10 47	2 05 58	14 34 09	17 04 19	8 26 16	19 37 04	8 43 11	14 51 15	28 43 06	14 17 03	14 59 05
21 Th	11 42 12	5 ♒ 43 44	11 ♒ 42 48	28 49 52	1 57 10	15 26 31	16 58 48	8 55 55	19 57 19	8 50 50	15 02 51	28 52 12	14 26 33	15 06 45
22 F	12 49 09	17 47 42	23 43 53	29 19 22	1 44 22	16 17 14	16 51 37	9 24 04	20 15 52	8 56 46	15 12 54	28 59 38	14 34 24	15 12 48
23 Sa	13 53 58	29 44 14	5 ♓ 38 26	29 38 46	1 27 11	17 05 48	16 42 20	9 50 15	20 32 12	9 00 30	15 20 54	29 04 55	14 40 07	15 16 43
24 Su	14 56 30	11 ♓ 35 06	17 28 30	29 47 59	1 05 32	17 52 04	16 30 46	10 14 17	20 46 13	9 01 54	15 26 42	29 07 53	14 43 33	15 18 22
25 M	15 56 57	23 23 01	29 17 07	29 47 22	0 39 43	18 36 15	16 17 10	10 36 23	20 58 04	9 01 09	15 30 30	29 08 45	14 44 54	15 17 56
26 Tu	16 55 48	5 ♈ 11 38	11 ♈ 08 14	29 37 40	0 10 22	19 18 49	16 02 02	10 57 02	21 08 16	8 58 44	15 32 48	29 08 00	14 44 39	15 15 56
27 W	17 53 45	17 05 27	23 06 42	29 19 57	29 ♒ 38 20	20 00 29	15 46 05	11 16 57	21 17 30	8 55 22	15 34 18	29 06 21	14 43 31	15 13 03
28 Th	18 51 36	29 09 39	5 ♉ 17 54	28 55 29	29 04 34	20 42 03	15 30 08	11 36 54	21 26 35	8 51 52	15 35 48	29 04 35	14 42 17	15 10 06
29 F	19 50 07	11 ♉ 29 46	17 47 27	28 25 37	28 30 01	21 24 16	15 14 57	11 57 40	21 36 16	8 48 58	15 38 02	29 03 28	14 41 44	15 07 49
30 Sa	20 49 53	24 11 12	0 ♊ 40 35	27 51 36	27 55 28	22 07 44	15 01 09	12 19 50	21 47 08	8 47 17	15 41 38	29 03 36	14 42 26	15 06 50
31 Su	21 51 13	7 ♊ 18 38	14 01 33	27 14 31	27 21 28	22 52 44	14 49 02	12 43 41	21 59 29	8 47 06	15 46 52	29 05 16	14 44 41	15 07 25

LONGITUDE — April 1985

Day	☉	0 hr ☽	Noon ☽	☿	♀	♂	⚵	⚳	♃	♄	⚷	♅	♆	♇
1 M	22 ♒ 54 03	20 ♊ 55 19	27 ♊ 52 45	26 ♒ 35 13	26 ♒ 48 10	23 ♓ 39 15	14 ♌ 38 35	13 ♈ 09 11	22 ♐ 13 17	8 ♎ 48 23	15 ♈ 53 42	29 ♎ 08 26	14 ♏ 48 28	15 ♍ 09 32
2 Tu	23 58 00	5 ♋ 02 13	12 ♋ 13 53	25 54 11	26 15 27	24 26 52	14 29 25	13 35 56	22 28 08	8 50 44	16 01 44	29 12 43	14 53 22	15 12 47
3 W	25 02 25	19 37 23	27 01 28	25 11 45	25 42 52	25 14 56	14 20 53	14 03 17	22 43 21	8 53 29	16 10 18	29 17 25	14 58 43	15 16 31
4 Th	26 06 30	4 ♌ 35 34	12 ♌ 08 39	24 28 06	25 09 56	26 02 39	14 12 13	14 30 26	22 58 11	8 55 52	16 18 38	29 21 48	15 03 45	15 19 57
5 F	27 09 33	19 48 32	27 25 57	23 43 31	24 36 10	26 49 21	14 02 43	14 56 40	23 11 54	8 57 11	16 26 02	29 25 08	15 07 45	15 22 23
6 Sa	28 11 06	5 ♍ 06 08	12 ♍ 42 43	22 58 26	24 01 23	27 34 31	13 51 56	15 21 33	23 24 03	8 56 56	16 31 60	29 26 57	15 10 16	15 23 20
7 Su	29 11 02	20 17 57	27 48 51	22 13 36	23 25 42	28 18 03	13 39 44	15 44 54	23 34 29	8 55 02	16 36 25	29 27 07	15 11 09	15 22 41
8 M	0 ♓ 09 34	5 ♎ 14 58	12 ♎ 36 21	21 30 00	22 49 34	29 00 11	13 26 23	16 06 60	23 43 26	8 51 41	16 39 31	29 25 53	15 10 38	15 20 39
9 Tu	1 07 13	19 50 43	27 00 13	20 48 51	22 13 45	29 41 24	13 12 22	16 28 18	23 51 24	8 47 23	16 41 47	29 23 44	15 09 13	15 17 44
10 W	2 04 36	4 ♏ 01 48	10 ♏ 58 24	20 11 20	21 39 04	0 ♈ 22 21	12 58 22	16 49 29	23 59 02	8 42 48	16 43 54	29 21 19	15 07 34	15 14 36
11 Th	3 02 22	17 47 29	24 31 23	19 38 34	21 06 22	1 03 41	12 44 60	17 11 09	24 06 57	8 38 33	16 46 27	29 19 15	15 06 16	15 11 52
12 F	4 00 60	1 ♐ 09 05	7 ♐ 41 20	19 11 24	20 36 17	1 45 51	12 32 46	17 33 48	24 15 38	8 35 07	16 49 55	29 18 02	15 05 50	15 10 01
13 Sa	5 00 44	14 09 12	20 31 16	18 50 20	20 09 14	2 29 06	12 21 55	17 57 39	24 25 20	8 32 45	16 54 35	29 17 55	15 06 31	15 09 17
14 Su	6 01 35	26 50 57	3 ♑ 04 32	18 35 32	19 45 21	3 13 28	12 12 28	18 22 44	24 36 02	8 31 27	17 00 26	29 18 53	15 08 18	15 09 42
15 M	7 03 19	9 ♑ 17 32	15 24 22	18 26 52	19 24 30	3 58 41	12 04 13	18 48 49	24 47 31	8 31 00	17 07 13	29 20 43	15 10 57	15 11 00
16 Tu	8 05 33	21 31 57	27 33 37	18 24 00	19 06 26	4 44 24	11 56 46	19 15 29	24 59 24	8 31 01	17 14 35	29 23 02	15 14 07	15 12 50
17 W	9 07 50	3 ♒ 36 50	9 ♒ 34 46	18 26 26	18 50 45	5 30 09	11 49 41	19 42 19	25 11 14	8 31 03	17 22 03	29 25 23	15 17 19	15 14 45
18 Th	10 09 44	15 34 33	21 30 00	18 33 39	18 37 04	6 15 30	11 42 33	20 08 53	25 22 34	8 30 39	17 29 13	29 27 21	15 20 08	15 16 18
19 F	11 10 54	27 27 11	3 ♓ 21 17	18 45 12	18 25 05	7 00 07	11 35 01	20 34 48	25 33 05	8 29 30	17 35 42	29 28 33	15 22 13	15 17 09
20 Sa	12 11 08	9 ♓ 16 44	15 10 33	19 00 44	18 14 38	7 43 46	11 26 53	20 59 54	25 42 32	8 27 23	17 41 20	29 28 49	15 23 22	15 17 05
21 Su	13 10 22	21 05 17	26 59 53	19 20 03	18 05 39	8 26 26	11 18 07	21 24 06	25 50 54	8 24 16	17 46 02	29 28 04	15 23 32	15 16 04
22 M	14 08 43	2 ♈ 55 06	8 ♈ 51 38	19 43 04	17 58 15	9 08 11	11 08 49	21 47 31	25 58 15	8 20 13	17 49 54	29 26 26	15 22 48	15 14 10
23 Tu	15 06 22	14 48 47	20 48 33	20 09 50	17 52 38	9 49 15	10 59 12	22 10 21	26 04 49	8 15 29	17 53 10	29 24 06	15 21 24	15 11 38
24 W	16 03 39	26 49 17	2 ♉ 53 45	20 40 28	17 49 03	10 29 55	10 49 33	22 32 54	26 10 53	8 10 20	17 56 06	29 21 22	15 19 36	15 08 45
25 Th	17 00 51	8 ♉ 59 56	15 10 44	21 15 05	17 47 48	11 10 30	10 40 13	22 55 28	26 16 46	8 05 06	17 59 01	29 18 34	15 17 44	15 05 49
26 F	17 58 14	21 24 21	27 43 15	21 53 48	17 49 07	11 51 15	10 31 26	23 18 19	26 22 43	8 00 02	18 02 12	29 15 56	15 16 04	15 03 07
27 Sa	18 56 01	4 ♊ 06 17	10 ♊ 35 01	22 36 39	17 53 07	12 32 23	10 23 26	23 41 39	26 28 57	7 55 22	18 05 49	29 13 42	15 14 47	15 00 50
28 Su	19 54 15	17 09 11	23 49 18	23 23 31	17 59 52	13 13 59	10 16 16	24 05 33	26 35 31	7 51 08	18 09 59	29 11 55	15 13 59	14 59 03
29 M	20 52 55	0 ♋ 35 54	7 ♋ 28 28	24 14 15	18 09 16	13 55 59	10 09 55	24 29 57	26 42 24	7 47 20	18 14 37	29 10 34	15 13 36	14 57 44
30 Tu	21 51 51	14 28 05	21 33 22	25 08 32	18 21 07	14 38 15	10 04 15	24 54 45	26 49 27	7 43 49	18 19 36	29 09 29	15 13 31	14 56 44

Notes

May 1985

LONGITUDE

Day	☉	0 hr ☽	Noon ☽	☿	♀	♂	⚳	⚴	♃	♄	⚷	♅	♆	♇
1 W	22 ♓ 50 53	28 ♋ 45 34	6 ♌ 02 43	26 ♒ 06 04	18 ♒ 35 10	15 ♈ 20 36	9 ♌ 59 03	25 ♈ 19 42	26 ♐ 56 27	7 ♎ 40 23	18 ♈ 24 44	29 ♎ 08 30	15 ♏ 13 31	14 ♍ 55 52
2 Th	23 49 48	13 ♌ 25 50	20 52 44	27 06 32	18 51 09	16 02 50	9 54 08	25 44 39	27 03 14	7 36 51	18 29 49	29 07 24	15 13 25	14 54 56
3 F	24 48 29	28 23 49	5 ♍ 57 03	28 09 40	19 08 53	16 44 49	9 49 21	26 09 26	27 09 39	7 33 04	18 34 42	29 06 04	15 13 05	14 53 47
4 Sa	25 46 52	13 ♍ 32 08	21 07 21	29 15 19	19 28 16	17 26 29	9 44 40	26 34 00	27 15 38	7 28 59	18 39 21	29 04 25	15 12 27	14 52 23
5 Su	26 44 59	28 41 50	6 ♎ 14 20	0 ♓ 23 25	19 49 15	18 07 52	9 40 07	26 58 23	27 21 13	7 24 39	18 43 47	29 02 30	15 11 34	14 50 45
6 M	27 42 56	13 ♎ 43 41	21 09 07	1 33 60	20 11 52	18 49 04	9 35 46	27 22 41	27 26 31	7 20 09	18 48 06	29 00 26	15 10 30	14 48 59
7 Tu	28 40 50	28 29 29	5 ♏ 44 23	2 47 04	20 36 11	19 30 13	9 31 45	27 47 01	27 31 37	7 15 36	18 52 25	28 58 17	15 09 24	14 47 12
8 W	29 38 47	12 ♏ 53 03	19 55 17	4 02 41	21 02 13	20 11 22	9 28 09	28 11 27	27 36 37	7 11 06	18 56 49	28 56 11	15 08 20	14 45 29
9 Th	0 ♈ 36 48	26 50 47	3 ♐ 39 31	5 20 47	21 29 57	20 52 35	9 25 01	28 36 02	27 41 32	7 06 40	19 01 20	28 54 09	15 07 20	14 43 53
10 F	1 34 51	10 ♐ 21 38	16 57 12	6 41 18	21 59 17	21 33 50	9 22 17	29 00 45	27 46 22	7 02 18	19 05 56	28 52 09	15 06 22	14 42 21
11 Sa	2 32 53	23 26 40	29 50 18	8 04 07	22 30 06	22 15 02	9 19 54	29 25 29	27 51 01	6 57 54	19 10 32	28 50 07	15 05 23	14 40 49
12 Su	3 30 46	6 ♑ 08 34	12 ♑ 22 03	9 29 06	23 02 13	22 56 05	9 17 46	29 50 09	27 55 22	6 53 22	19 15 02	28 47 57	15 04 15	14 39 11
13 M	4 28 27	18 31 00	24 36 25	10 56 07	23 35 30	23 36 54	9 15 48	0 ♉ 14 41	27 59 23	6 48 39	19 19 23	28 45 34	15 02 55	14 37 23
14 Tu	5 25 53	0 ♒ 38 10	6 ♒ 37 41	12 25 07	24 09 53	24 17 27	9 13 57	0 39 03	28 02 59	6 43 43	19 23 31	28 42 56	15 01 20	14 35 22
15 W	6 23 07	12 34 24	18 30 06	13 56 08	24 45 19	24 57 47	9 12 16	1 03 15	28 06 13	6 38 34	19 27 28	28 40 05	14 59 32	14 33 11
16 Th	7 20 14	24 23 53	0 ♓ 17 42	15 29 13	25 21 53	25 37 59	9 10 51	1 27 25	28 09 12	6 33 21	19 31 21	28 37 07	14 57 37	14 30 55
17 F	8 17 24	6 ♓ 10 32	12 04 09	17 04 33	25 59 40	26 18 13	9 09 50	1 51 42	28 12 03	6 28 11	19 35 18	28 34 12	14 55 45	14 28 43
18 Sa	9 14 47	17 57 49	23 52 43	18 42 17	26 38 49	26 58 39	9 09 24	2 16 16	28 14 58	6 23 16	19 39 31	28 31 31	14 54 07	14 26 48
19 Su	10 12 34	29 48 44	5 ♈ 46 10	20 22 35	27 19 26	27 39 28	9 09 44	2 41 17	28 18 08	6 18 46	19 44 09	28 29 13	14 52 52	14 25 18
20 M	11 10 52	11 ♈ 45 49	17 46 53	22 05 34	28 01 37	28 20 47	9 10 57	3 06 53	28 21 39	6 14 50	19 49 21	28 27 27	14 52 08	14 24 22
21 Tu	12 09 43	23 51 12	29 56 48	23 51 17	28 45 22	29 02 38	9 13 04	3 33 06	28 25 34	6 11 29	19 55 08	28 26 14	14 51 58	14 24 01
22 W	13 09 03	6 ♉ 06 38	12 ♉ 17 39	25 39 39	29 30 34	29 44 58	9 16 03	3 59 51	28 29 48	6 08 39	20 01 26	28 25 30	14 52 17	14 24 12
23 Th	14 08 41	18 33 37	24 50 53	27 30 30	0 ♓ 17 00	0 ♉ 27 35	9 19 40	4 26 59	28 34 11	6 06 09	20 08 03	28 25 06	14 52 55	14 24 44
24 F	15 08 22	1 ♊ 13 35	7 ♊ 37 55	29 23 32	1 04 21	1 10 13	9 23 41	4 54 12	28 38 26	6 03 44	20 14 45	28 24 44	14 53 35	14 25 20
25 Sa	16 07 45	14 07 51	20 40 06	1 ♈ 18 25	1 52 17	1 52 33	9 27 45	5 21 12	28 42 14	6 01 05	20 21 11	28 24 05	14 53 59	14 25 42
26 Su	17 06 33	27 17 47	3 ♋ 58 42	3 14 51	2 40 28	2 34 17	9 31 36	5 47 40	28 45 18	5 57 54	20 27 05	28 22 53	14 53 48	14 25 31
27 M	18 04 35	10 ♋ 44 39	17 34 51	5 12 35	3 28 40	3 15 14	9 34 60	6 13 25	28 47 25	5 53 59	20 32 13	28 20 54	14 52 50	14 24 36
28 Tu	19 01 47	24 29 28	1 ♌ 29 11	7 11 32	4 16 49	3 55 20	9 37 55	6 38 24	28 48 33	5 49 18	20 36 34	28 18 07	14 51 05	14 22 56
29 W	19 58 21	8 ♌ 32 37	15 41 34	9 11 47	5 05 04	4 34 47	9 40 31	7 02 47	28 48 52	5 44 01	20 40 16	28 14 42	14 48 40	14 20 38
30 Th	20 54 35	22 53 28	0 ♍ 10 33	11 13 37	5 53 42	5 13 53	9 43 07	7 26 54	28 48 42	5 38 27	20 43 42	28 10 58	14 45 56	14 18 04
31 F	21 50 57	7 ♍ 29 52	14 53 05	13 17 21	6 43 10	5 53 07	9 46 11	7 51 13	28 48 30	5 33 06	20 47 17	28 07 24	14 43 22	14 15 41

June 1985

LONGITUDE

Day	☉	0 hr ☽	Noon ☽	☿	♀	♂	⚳	⚴	♃	♄	⚷	♅	♆	♇
1 Sa	22 ♈ 47 57	22 ♍ 17 50	29 ♍ 44 17	15 ♈ 23 21	7 ♓ 33 56	6 ♉ 32 58	9 ♌ 50 12	8 ♉ 16 12	28 ♐ 48 46	5 ♎ 28 26	20 ♈ 51 30	28 ♎ 04 28	14 ♏ 41 26	14 ♍ 13 58
2 Su	23 45 57	7 ♎ 11 34	14 ♎ 37 39	17 31 51	8 26 20	7 13 47	9 55 31	8 42 13	28 49 52	5 24 49	20 56 45	28 02 33	14 40 29	14 13 18
3 M	24 45 08	22 03 51	29 25 44	19 42 48	9 20 33	7 55 46	10 02 19	9 09 29	28 51 58	5 22 26	21 03 12	28 01 49	14 40 44	14 13 51
4 Tu	25 45 25	6 ♏ 46 58	14 ♏ 01 01	21 55 57	10 16 27	8 38 50	10 10 32	9 37 53	28 54 59	5 21 13	21 10 45	28 02 13	14 42 06	14 15 32
5 W	26 46 28	21 13 41	28 17 06	24 10 45	11 13 44	9 22 39	10 19 49	10 07 07	28 58 37	5 20 50	21 19 07	28 03 24	14 44 14	14 18 03
6 Th	27 47 49	5 ♐ 18 23	12 ♐ 09 24	26 26 25	12 11 50	10 06 44	10 29 40	10 36 39	29 02 21	5 20 47	21 27 45	28 04 52	14 46 39	14 20 53
7 F	28 48 52	18 57 37	25 35 42	28 42 08	13 10 11	10 50 31	10 39 31	11 05 57	29 05 37	5 20 31	21 36 06	28 06 04	14 48 47	14 23 27
8 Sa	29 49 07	2 ♑ 10 21	8 ♑ 36 05	0 ♉ 57 07	14 08 15	11 33 28	10 48 51	11 34 29	29 07 54	5 19 29	21 43 40	28 06 28	14 50 07	14 25 16
9 Su	0 ♉ 48 12	14 57 51	21 12 39	3 10 43	15 05 40	12 15 13	10 57 17	12 01 53	29 08 51	5 17 22	21 50 04	28 05 43	14 50 17	14 25 56
10 M	1 46 01	27 23 10	3 ♒ 29 05	5 22 32	16 02 15	12 55 41	11 04 43	12 28 02	29 08 19	5 14 01	21 55 11	28 03 41	14 49 10	14 25 22
11 Tu	2 42 40	9 ♒ 30 43	15 30 05	7 32 28	16 58 09	13 34 57	11 11 16	12 53 03	29 06 27	5 09 35	21 59 09	28 00 32	14 46 53	14 23 41
12 W	3 38 32	21 25 38	27 20 57	9 40 38	17 53 43	14 13 26	11 17 17	13 17 20	29 03 37	5 04 25	22 02 19	27 56 35	14 43 50	14 21 15
13 Th	4 34 09	3 ♓ 13 27	9 ♓ 07 08	11 47 20	18 49 28	14 51 38	11 23 20	13 41 24	29 00 21	4 59 05	22 05 15	27 52 25	14 40 32	14 18 36
14 F	5 30 09	14 59 34	20 53 54	13 53 00	19 46 00	15 30 12	11 30 00	14 05 52	28 57 17	4 54 12	22 08 34	27 48 39	14 37 37	14 16 22
15 Sa	6 27 08	26 48 59	2 ♈ 45 58	15 58 05	20 43 56	16 09 43	11 37 55	14 31 21	28 55 02	4 50 22	22 12 51	27 45 52	14 35 41	14 15 10
16 Su	7 25 35	8 ♈ 46 02	14 47 18	18 02 53	21 43 42	16 50 40	11 47 33	14 58 20	28 54 03	4 48 04	22 18 36	27 44 35	14 35 13	14 15 27
17 M	8 25 46	20 54 05	27 00 54	20 07 34	22 45 35	17 33 21	11 59 10	15 27 05	28 54 38	4 47 34	22 26 05	27 45 02	14 36 29	14 17 31
18 Tu	9 27 41	3 ♉ 15 28	9 ♉ 28 41	22 12 02	23 49 33	18 17 44	12 12 46	15 57 35	28 56 46	4 48 54	22 35 18	27 47 15	14 39 30	14 21 21
19 W	10 31 03	15 51 21	22 11 25	24 15 54	24 55 19	19 03 32	12 28 02	16 29 33	29 00 10	4 51 43	22 45 56	27 50 55	14 43 57	14 26 40
20 Th	11 35 16	28 41 54	5 ♊ 08 56	26 18 32	26 02 16	19 50 11	12 44 24	17 02 25	29 04 15	4 55 30	22 57 26	27 55 29	14 49 16	14 32 52
21 F	12 39 35	11 ♊ 46 27	18 20 18	28 19 07	27 09 39	20 36 54	13 01 07	17 35 24	29 08 16	4 59 28	23 09 01	28 00 10	14 54 42	14 39 14
22 Sa	13 43 12	25 03 49	1 ♋ 44 12	0 ♊ 16 49	28 16 39	21 22 54	13 17 21	18 07 43	29 11 24	5 02 48	23 19 54	28 04 10	14 59 27	14 44 55
23 Su	14 45 25	8 ♋ 32 42	15 19 19	2 10 53	29 22 33	22 07 29	13 32 25	18 38 38	29 12 58	5 04 49	23 29 22	28 06 47	15 02 47	14 49 15
24 M	15 45 47	22 12 04	29 04 38	4 00 54	0 ♈ 26 54	22 50 11	13 45 51	19 07 45	29 12 32	5 05 05	23 36 59	28 07 36	15 04 17	14 51 46
25 Tu	16 44 16	6 ♌ 01 19	12 ♌ 59 33	5 46 47	1 29 40	23 30 59	13 57 38	19 34 60	29 10 02	5 03 32	23 42 42	28 06 33	15 03 55	14 52 27
26 W	17 41 15	20 00 15	27 03 50	7 28 54	2 31 12	24 10 15	14 08 07	20 00 45	29 05 53	5 00 35	23 46 54	28 04 01	15 02 03	14 51 40
27 Th	18 37 27	4 ♍ 08 53	11 ♍ 17 15	9 07 60	3 32 14	24 48 44	14 18 02	20 25 46	29 00 47	4 56 56	23 50 18	28 00 44	14 59 26	14 50 09
28 F	19 33 50	18 26 51	25 39 02	10 44 60	4 33 43	25 27 22	14 28 21	20 50 58	28 55 43	4 53 34	23 53 53	27 57 41	14 56 60	14 48 51
29 Sa	20 31 21	2 ♎ 52 55	10 ♎ 07 21	12 20 52	5 36 36	26 07 08	14 40 00	21 17 20	28 51 38	4 51 26	23 58 36	27 55 47	14 55 43	14 48 44
30 Su	21 30 46	17 24 23	24 38 55	13 56 20	6 41 38	26 48 45	14 53 45	21 45 37	28 49 16	4 51 16	24 05 10	27 55 49	14 56 20	14 50 33

Notes

LONGITUDE July 1985

Day	☉	0 hr ☽	Noon ☽	☿	♀	♂	⚵	⚳	♃	♄	⚷	♅	♆	♇
1 M	22 ♉ 32 27	1 ♏ 57 01	9 ♏ 08 58	15 ♊ 31 45	7 ♈ 49 10	27 ♉ 32 36	15 ♌ 09 57	22 ♉ 16 10	28 ♐ 49 02	4 ♎ 53 27	24 ♈ 13 59	27 ♎ 58 07	14 ♏ 59 13	14 ♍ 54 40
2 Tu	23 36 16	16 25 11	23 31 41	17 06 60	8 59 06	28 18 35	15 28 29	22 48 53	28 50 47	4 57 53	24 24 56	28 02 37	15 04 16	15 00 58
3 W	24 41 42	0 ♐ 42 40	7 ♐ 41 03	18 41 31	10 10 53	29 06 09	15 48 49	23 23 13	28 53 59	5 04 00	24 37 28	28 08 45	15 10 55	15 08 54
4 Th	25 47 53	14 43 33	21 31 47	20 14 23	11 23 37	29 54 26	16 10 04	23 58 18	28 57 47	5 10 57	24 50 43	28 15 38	15 18 20	15 17 37
5 F	26 53 48	28 23 12	5 ♑ 00 10	21 44 36	12 36 20	0 ♊ 42 26	16 31 14	24 33 09	29 01 10	5 17 44	25 03 41	28 22 18	15 25 29	15 26 07
6 Sa	27 58 33	11 ♑ 38 59	18 04 36	23 11 12	13 48 05	1 29 14	16 51 25	25 06 49	29 03 15	5 23 25	25 15 27	28 27 49	15 31 29	15 33 28
7 Su	29 01 28	24 30 33	0 ♒ 45 41	24 33 27	14 58 12	2 14 10	17 09 55	25 38 40	29 03 20	5 27 22	25 25 20	28 31 32	15 35 38	15 39 00
8 M	0 ♊ 02 15	6 ♒ 59 45	13 06 02	25 51 02	16 06 23	2 56 57	17 26 27	26 08 23	29 01 09	5 29 15	25 33 04	28 33 08	15 37 40	15 42 27
9 Tu	1 01 02	19 10 17	25 09 56	27 04 01	17 12 45	3 37 41	17 41 09	26 36 06	28 56 49	5 29 14	25 38 45	28 32 45	15 37 41	15 43 55
10 W	1 58 20	1 ♓ 07 15	7 ♓ 02 47	28 12 49	18 17 50	4 16 54	17 54 30	27 02 19	28 50 51	5 27 48	25 42 55	28 30 54	15 36 14	15 43 55
11 Th	2 54 55	12 56 37	18 50 41	29 18 10	19 22 23	4 55 23	18 07 19	27 27 51	28 44 03	5 25 45	25 46 20	28 28 22	15 34 04	15 43 14
12 F	3 51 46	24 44 39	0 ♈ 39 55	0 ♋ 20 56	20 27 22	5 34 06	18 20 32	27 53 37	28 37 22	5 24 03	25 49 58	28 26 08	15 32 10	15 42 51
13 Sa	4 49 48	6 ♈ 37 32	12 36 28	1 21 58	21 33 43	6 13 59	18 35 06	28 20 35	28 31 46	5 23 37	25 54 45	28 25 06	15 31 28	15 43 40
14 Su	5 49 49	18 40 50	24 45 34	2 21 57	22 42 12	6 55 47	18 51 47	28 49 31	28 27 60	5 25 14	26 01 27	28 26 04	15 32 44	15 46 30
15 M	6 52 16	0 ♉ 59 04	7 ♉ 11 16	3 21 13	23 53 17	7 40 01	19 11 02	29 20 53	28 26 33	5 29 23	26 10 34	28 29 30	15 36 26	15 51 47
16 Tu	7 57 13	13 35 20	19 56 05	4 19 43	25 07 01	8 26 42	19 32 56	29 54 44	28 27 29	5 36 08	26 22 07	28 35 28	15 42 39	15 59 36
17 W	9 04 16	26 31 04	3 ♊ 00 44	5 16 56	26 23 02	9 15 28	19 57 05	0 ♊ 30 42	28 30 25	5 45 04	26 35 45	28 43 34	15 50 59	16 09 33
18 Th	10 12 38	9 ♊ 45 52	16 24 06	6 11 57	27 40 30	10 05 32	20 22 41	1 07 59	28 34 34	5 55 24	26 50 39	28 53 00	16 00 38	16 20 51
19 F	11 21 15	23 17 39	0 ♋ 03 31	7 03 31	28 58 21	10 55 48	20 48 40	1 45 29	28 38 51	6 06 04	27 05 44	29 02 43	16 10 32	16 32 24
20 Sa	12 28 57	7 ♋ 03 06	13 55 13	7 50 20	0 ♉ 15 25	11 45 07	21 13 52	2 22 04	28 42 07	6 15 55	27 19 52	29 11 33	16 19 31	16 43 04
21 Su	13 34 43	20 58 21	27 55 09	8 31 15	1 30 43	12 32 29	21 37 16	2 56 43	28 43 24	6 23 55	27 32 01	29 18 30	16 26 36	16 51 51
22 M	14 37 58	4 ♌ 59 41	11 ♌ 59 43	9 05 29	2 43 37	13 17 17	21 58 16	3 28 50	28 42 03	6 29 30	27 41 36	29 22 56	16 31 10	16 58 08
23 Tu	15 38 36	19 04 13	26 06 18	9 32 48	3 54 03	13 59 27	22 16 47	3 58 19	28 38 00	6 32 33	27 48 31	29 24 48	16 33 07	17 01 49
24 W	16 37 06	3 ♍ 10 17	10 ♍ 13 35	9 53 30	5 02 29	14 39 28	22 33 17	4 25 41	28 31 46	6 33 34	27 53 16	29 24 35	16 32 58	17 03 25
25 Th	17 34 27	17 17 19	24 21 17	10 08 25	6 09 53	15 18 18	22 48 46	4 51 52	28 24 19	6 33 32	27 56 49	29 23 14	16 31 40	17 03 53
26 F	18 31 53	1 ♎ 25 31	8 ♎ 29 38	10 18 38	7 17 30	15 57 11	23 04 27	5 18 08	28 16 54	6 33 40	28 00 24	29 22 01	16 30 28	17 04 29
27 Sa	19 30 39	15 35 02	22 38 40	10 25 16	8 26 34	16 37 22	23 21 34	5 45 43	28 10 44	6 35 12	28 05 16	29 22 09	16 30 36	17 06 24
28 Su	20 31 41	29 45 26	6 ♏ 47 36	10 29 09	9 38 03	17 19 48	23 41 05	6 15 34	28 06 48	6 39 08	28 12 21	29 24 37	16 33 02	17 10 39
29 M	21 35 31	13 ♏ 55 01	20 54 20	10 30 43	10 52 25	18 04 59	24 03 29	6 48 11	28 05 36	6 45 55	28 22 09	29 29 53	16 38 15	17 17 42
30 Tu	22 42 01	28 00 46	4 ♐ 55 32	10 29 50	12 09 36	18 52 49	24 28 41	7 23 28	28 07 03	6 55 29	28 34 36	29 37 53	16 46 10	17 27 28
31 W	23 50 36	11 ♐ 58 33	18 46 58	10 25 53	13 28 59	19 42 42	24 56 03	8 00 48	28 10 31	7 07 13	28 49 03	29 47 59	16 56 10	17 39 19

LONGITUDE August 1985

Day	☉	0 hr ☽	Noon ☽	☿	♀	♂	⚵	⚳	♃	♄	⚷	♅	♆	♇
1 Th	25 ♊ 00 14	25 ♐ 43 51	2 ♑ 24 19	10 ♋ 17 56	14 ♉ 49 31	20 ♊ 33 36	25 ♌ 24 33	8 ♊ 39 10	28 ♐ 15 01	7 ♎ 20 04	29 ♈ 04 30	29 ♎ 59 10	17 ♏ 07 13	17 ♍ 52 14
2 F	26 09 44	9 ♑ 12 28	15 43 55	10 04 56	16 10 00	21 24 19	25 53 01	9 17 22	28 19 20	7 32 51	29 19 44	0 ♏ 10 14	17 18 08	18 05 02
3 Sa	27 17 57	22 21 27	28 43 29	9 45 57	17 29 21	22 13 44	26 20 18	9 54 16	28 22 20	7 44 28	29 33 38	0 20 03	17 27 47	18 16 35
4 Su	28 24 02	5 ♒ 09 35	11 ♒ 22 36	9 20 29	18 46 40	23 00 60	26 45 33	10 29 01	28 23 12	7 54 01	29 45 20	0 27 47	17 35 19	18 26 01
5 M	29 27 35	17 37 36	23 42 46	8 48 29	20 01 31	23 45 39	27 08 19	11 01 11	28 21 29	8 01 06	29 54 25	0 32 58	17 40 18	18 32 55
6 Tu	0 ♋ 28 35	29 48 11	5 ♓ 47 17	8 10 29	21 13 57	24 27 45	27 28 39	11 30 48	28 17 14	8 05 44	0 ♉ 00 54	0 35 41	17 42 46	18 37 17
7 W	1 27 34	11 ♓ 45 39	17 40 56	7 27 36	22 24 27	25 07 47	27 47 02	11 58 21	28 10 56	8 08 24	0 05 17	0 36 22	17 43 11	18 39 39
8 Th	2 25 21	23 35 32	29 29 35	6 41 21	23 33 51	25 46 35	28 04 17	12 24 40	28 03 26	8 09 57	0 08 24	0 35 54	17 42 25	18 40 50
9 F	3 22 59	5 ♈ 24 08	11 ♈ 19 41	5 53 35	24 43 11	26 25 12	28 21 28	12 50 48	27 55 47	8 11 25	0 11 17	0 35 17	17 41 30	18 41 51
10 Sa	4 21 33	17 18 01	23 17 48	5 06 12	25 53 32	27 04 41	28 39 39	13 17 49	27 49 03	8 13 54	0 15 01	0 35 38	17 41 31	18 43 49
11 Su	5 21 57	29 23 30	5 ♉ 30 03	4 21 03	27 05 48	27 45 59	28 59 45	13 46 39	27 44 11	8 18 17	0 20 31	0 37 51	17 43 22	18 47 39
12 M	6 24 48	11 ♉ 46 04	18 01 32	3 39 39	28 20 37	28 29 42	29 22 22	14 17 54	27 41 47	8 25 11	0 28 23	0 42 33	17 47 41	18 53 55
13 Tu	7 30 16	24 29 56	0 ♊ 55 51	3 03 05	29 38 08	29 15 59	29 47 40	14 51 43	27 42 00	8 34 47	0 38 47	0 49 53	17 54 36	19 02 50
14 W	8 38 00	7 ♊ 37 25	14 14 29	2 31 56	0 ♊ 57 59	0 ♋ 04 31	0 ♍ 15 19	15 27 46	27 44 32	8 46 44	0 51 23	0 59 31	18 03 48	19 14 01
15 Th	9 47 13	21 08 38	27 56 34	2 06 15	2 19 24	0 54 29	0 44 30	16 05 15	27 48 34	9 00 13	1 05 23	1 10 39	18 14 30	19 26 41
16 F	10 56 47	5 ♋ 01 23	11 ♋ 58 52	1 45 42	3 41 15	1 44 45	1 14 06	16 43 03	27 52 60	9 14 08	1 19 39	1 22 10	18 25 32	19 39 43
17 Sa	12 05 28	19 11 19	26 16 10	1 29 46	5 02 17	2 34 06	1 42 52	17 19 56	27 56 35	9 27 13	1 32 57	1 32 50	18 35 41	19 51 52
18 Su	13 12 11	3 ♌ 32 42	10 ♌ 42 15	1 17 60	6 21 26	3 21 27	2 09 45	17 54 48	27 58 16	9 38 26	1 44 12	1 41 33	18 43 54	20 02 04
19 M	14 16 16	17 59 25	25 10 52	1 10 14	7 38 01	4 06 08	2 34 03	18 26 59	27 57 22	9 47 05	1 52 45	1 47 41	18 49 28	20 09 39
20 Tu	15 17 37	2 ♍ 25 56	9 ♍ 36 55	1 06 47	8 51 56	4 48 02	2 55 41	18 56 24	27 53 47	9 53 03	1 58 28	1 51 06	18 52 19	20 14 30
21 W	16 16 42	16 48 14	23 56 57	1 08 28	10 03 40	5 27 39	3 15 06	19 23 30	27 48 02	9 56 51	2 01 52	1 52 17	18 52 55	20 17 06
22 Th	17 14 30	1 ♎ 04 03	8 ♎ 09 22	1 16 29	11 14 12	6 05 57	3 33 18	19 49 17	27 41 03	9 59 26	2 03 53	1 52 14	18 52 15	20 18 26
23 F	18 12 15	15 12 39	22 13 59	1 32 12	12 24 44	6 44 10	3 51 30	20 14 59	27 34 07	10 02 02	2 05 47	1 52 09	18 51 32	20 19 43
24 Sa	19 11 10	29 14 17	6 ♏ 11 22	1 56 53	13 36 31	7 23 30	4 10 56	20 41 47	27 28 26	10 05 52	2 08 45	1 53 16	18 51 60	20 22 11
25 Su	20 12 12	13 ♏ 09 24	20 02 00	2 31 28	14 50 28	8 04 55	4 32 31	21 10 40	27 24 56	10 11 54	2 13 46	1 56 32	18 54 35	20 26 46
26 M	21 15 50	26 58 00	3 ♐ 45 50	3 16 19	16 07 06	8 48 54	4 56 44	21 42 05	27 24 08	10 20 34	2 21 17	2 02 26	18 59 46	20 33 58
27 Tu	22 21 59	10 ♐ 39 19	17 21 51	4 11 13	17 26 19	9 35 22	5 23 33	22 15 59	27 25 57	10 31 51	2 31 15	2 10 52	19 07 30	20 43 41
28 W	23 30 06	24 11 40	0 ♑ 48 15	5 15 23	18 47 33	10 23 45	5 52 21	22 51 47	27 29 50	10 45 09	2 43 05	2 21 18	19 17 11	20 55 22
29 Th	24 39 14	7 ♑ 32 46	14 02 44	6 27 35	20 09 53	11 13 08	6 22 13	23 28 34	27 34 50	10 59 32	2 55 51	2 32 48	19 27 55	21 08 05
30 F	25 48 18	20 40 16	27 03 06	7 46 23	21 32 12	12 02 23	6 52 03	24 05 13	27 39 52	11 13 54	3 08 27	2 44 14	19 38 34	21 20 44
31 Sa	26 56 15	3 ♒ 32 13	9 ♒ 47 45	9 10 23	22 53 28	12 50 30	7 20 49	24 40 41	27 43 53	11 27 12	3 19 51	2 54 35	19 48 07	21 32 15

Notes

September 1985 — LONGITUDE

Day	☉	0 hr ☽	Noon ☽	☿	♀	♂	⚵	⚳	♃	♄	⚷	♅	♆	♇
1 Su	28♋02 16	16♒07 42	22♒16 14	10♋38 19	24♊12 52	13♋36 39	7♍47 40	25♊14 11	27♐46 05	11♎38 38	3♉29 14	3♏03 02	19♏55 44	21♍41 51
2 M	29 05 55	28 27 05	4♓29 25	12 09 18	25 29 56	14 20 22	8 12 11	25 45 14	27 46 01	11 47 45	3 36 08	3 09 07	20 00 58	21 49 04
3 Tu	0♌07 08	10♓32 14	16 29 41	13 42 47	26 44 39	15 01 38	8 34 19	26 13 48	27 43 39	11 54 30	3 40 31	3 12 48	20 03 48	21 53 52
4 W	1 06 18	22 26 23	28 20 47	15 18 38	27 57 21	15 40 48	8 54 25	26 40 14	27 39 19	11 59 14	3 42 45	3 14 27	20 04 34	21 56 36
5 Th	2 04 04	4♈14 04	10♈07 36	16 56 59	29 08 43	16 18 32	9 13 09	27 05 14	27 33 44	12 02 38	3 43 30	3 14 44	20 03 56	21 57 56
6 F	3 01 21	16 00 43	21 55 53	18 38 14	0♋19 38	16 55 43	9 31 24	27 29 39	27 27 46	12 05 34	3 43 38	3 14 32	20 02 49	21 58 45
7 Sa	3 59 03	27 52 21	3♉51 49	20 22 48	1 31 02	17 33 17	9 50 06	27 54 25	27 22 21	12 08 59	3 44 06	3 14 47	20 02 07	21 59 60
8 Su	4 58 02	9♉55 08	16 01 33	22 11 01	2 43 45	18 12 06	10 10 07	28 20 24	27 18 21	12 13 44	3 45 45	3 16 19	20 02 42	22 02 30
9 M	5 58 53	22 14 56	28 30 45	24 03 04	3 58 23	18 52 44	10 32 00	28 48 11	27 16 20	12 20 23	3 49 10	3 19 45	20 05 08	22 06 53
10 Tu	7 01 50	4♊56 42	11♊23 57	25 58 43	5 15 09	19 35 25	10 56 01	29 17 59	27 16 33	12 29 11	3 54 34	3 25 17	20 09 41	22 13 20
11 W	8 06 42	18 03 58	24 43 57	27 57 25	6 33 54	20 19 59	11 21 58	29 49 38	27 18 49	12 39 56	4 01 48	3 32 46	20 16 09	22 21 42
12 Th	9 12 55	1♋38 16	8♋31 13	29 58 13	7 54 00	21 05 50	11 49 16	0♋22 32	27 22 34	12 52 04	4 10 15	3 41 36	20 23 56	22 31 24
13 F	10 19 34	15 38 36	22 43 33	1♌59 57	9 14 37	21 52 06	12 17 02	0 55 49	27 26 55	13 04 42	4 19 03	3 50 54	20 32 11	22 41 32
14 Sa	11 25 42	0♌01 23	7♌16 05	4 01 20	10 34 44	22 37 48	12 44 17	1 28 28	27 30 52	13 16 50	4 27 13	3 59 41	20 39 54	22 51 07
15 Su	12 30 23	14 40 41	22 01 52	6 01 15	11 53 27	23 22 01	13 10 07	1 59 38	27 33 32	13 27 35	4 33 51	4 07 03	20 46 11	22 59 16
16 M	13 33 04	29 29 02	6♍52 54	7 58 56	13 10 12	24 04 10	13 33 58	2 28 41	27 34 21	13 36 21	4 38 22	4 12 26	20 50 28	23 05 24
17 Tu	14 33 36	14♍18 40	21 41 29	9 54 04	14 24 50	24 44 09	13 55 40	2 55 31	27 33 09	13 43 01	4 40 39	4 15 41	20 52 36	23 09 22
18 W	15 32 19	29 02 40	6♎21 18	11 46 50	15 37 41	25 22 15	14 15 33	3 20 27	27 30 19	13 47 55	4 40 60	4 17 08	20 52 54	23 11 30
19 Th	16 29 55	13♎35 56	20 48 09	13 37 52	16 49 28	25 59 13	14 34 21	3 44 11	27 26 31	13 51 44	4 40 08	4 17 30	20 52 07	23 12 32
20 F	17 27 20	27 55 22	4♏59 51	15 27 58	18 01 06	26 35 57	14 52 59	4 07 39	27 22 41	13 55 25	4 38 60	4 17 42	20 51 09	23 13 21
21 Sa	18 25 27	11♏59 42	18 55 58	17 17 58	19 13 28	27 13 21	15 12 19	4 31 45	27 19 45	13 59 50	4 38 28	4 18 37	20 50 54	23 14 53
22 Su	19 24 60	25 48 58	2♐37 04	19 08 33	20 27 18	27 52 08	15 33 06	4 57 10	27 18 22	14 05 43	4 39 15	4 20 59	20 52 04	23 17 49
23 M	20 26 18	9♐23 48	16 04 05	21 00 00	21 42 56	28 32 39	15 55 39	5 24 17	27 18 57	14 13 24	4 41 43	4 25 09	20 55 00	23 22 31
24 Tu	21 29 22	22 44 58	29 17 56	22 52 17	23 00 20	29 14 52	16 19 56	5 53 03	27 21 25	14 22 52	4 45 50	4 31 04	20 59 42	23 28 57
25 W	22 33 47	5♑53 03	12♑19 08	24 44 58	24 19 09	29 58 25	16 45 37	6 23 05	27 25 26	14 33 44	4 51 12	4 38 22	21 05 45	23 36 44
26 Th	23 38 56	18 48 19	25 07 57	26 37 28	25 38 43	0♌42 40	17 12 01	6 53 46	27 30 20	14 45 23	4 57 13	4 46 25	21 12 34	23 45 14
27 F	24 44 07	1♒30 51	7♒44 27	28 29 01	26 58 20	1 26 53	17 38 27	7 24 22	27 35 25	14 57 04	5 03 08	4 54 31	21 19 23	23 53 45
28 Sa	25 48 36	14 00 47	20 08 45	0♍18 56	28 17 19	2 10 23	18 04 11	7 54 12	27 39 60	15 08 05	5 08 16	5 01 56	21 25 31	24 01 33
29 Su	26 51 53	26 18 29	2♓21 25	2 06 42	29 35 05	2 52 37	18 28 42	8 22 43	27 43 31	15 17 56	5 12 06	5 08 09	21 30 26	24 08 08
30 M	27 53 38	8♓24 53	14 23 32	3 51 59	0♌51 22	3 33 17	18 51 42	8 49 36	27 45 40	15 26 16	5 14 17	5 12 51	21 33 50	24 13 09

October 1985 — LONGITUDE

Day	☉	0 hr ☽	Noon ☽	☿	♀	♂	⚵	⚳	♃	♄	⚷	♅	♆	♇
1 Tu	28♌53 48	20♓21 36	26♓17 01	5♍34 47	2♌06 05	4♌12 20	19♍13 06	9♋14 48	27♐46 24	15♎33 02	5♉14 47	5♏15 58	21♏35 38	24♍16 35
2 W	29 52 35	2♈11 05	8♈04 38	7 15 17	3 19 27	4 49 57	19 33 07	9 38 31	27 45 54	15 38 27	5 13 48	5 17 43	21 36 03	24 18 36
3 Th	0♍50 22	13 56 35	19 49 57	8 53 55	4 31 50	5 26 32	19 52 07	10 01 07	27 44 35	15 42 54	5 11 43	5 18 29	21 35 29	24 19 36
4 F	1 47 41	25 42 10	1♉37 18	10 31 11	5 43 46	6 02 35	20 10 39	10 23 09	27 42 57	15 46 52	5 09 03	5 18 47	21 34 25	24 20 07
5 Sa	2 45 05	7♉32 27	13 31 36	12 07 41	6 55 49	6 38 42	20 29 14	10 45 09	27 41 33	15 50 58	5 06 22	5 19 11	21 33 27	24 20 41
6 Su	3 43 05	19 32 29	25 38 02	13 43 56	8 08 28	7 15 21	20 48 25	11 07 38	27 40 55	15 55 40	5 04 10	5 20 10	21 33 04	24 21 49
7 M	4 42 03	1♊47 27	8♊01 48	15 20 20	9 22 06	7 52 56	21 08 33	11 30 58	27 41 25	16 01 20	5 02 50	5 22 08	21 33 38	24 23 54
8 Tu	5 42 10	14 22 15	20 47 36	16 57 05	10 36 54	8 31 37	21 29 49	11 55 19	27 43 12	16 08 10	5 02 32	5 25 15	21 35 21	24 27 05
9 W	6 43 22	27 21 05	3♋59 12	18 34 07	11 52 48	9 11 20	21 52 09	12 20 38	27 46 15	16 16 06	5 03 13	5 29 27	21 38 08	24 31 20
10 Th	7 45 22	10♋46 51	17 38 44	20 11 10	13 09 31	9 51 49	22 15 16	12 46 38	27 50 15	16 24 51	5 04 36	5 34 28	21 41 44	24 36 22
11 F	8 47 45	24 40 35	1♌46 08	21 47 51	14 26 37	10 32 37	22 38 45	13 12 53	27 54 47	16 33 59	5 06 15	5 39 51	21 45 41	24 41 45
12 Sa	9 49 60	9♌00 54	16 18 38	23 23 39	15 43 36	11 13 15	23 02 05	13 38 54	27 59 21	16 43 01	5 07 41	5 45 07	21 49 31	24 46 58
13 Su	10 51 41	23 43 45	1♍10 49	24 58 09	17 00 02	11 53 17	23 24 49	14 04 12	28 03 31	16 51 28	5 08 26	5 49 49	21 52 46	24 51 36
14 M	11 52 30	8♍42 30	16 14 57	26 31 03	18 15 36	12 32 24	23 46 41	14 28 30	28 06 58	16 59 04	5 08 13	5 53 39	21 55 09	24 55 19
15 Tu	12 52 22	23 48 46	1♎22 01	28 02 17	19 30 14	13 10 31	24 07 35	14 51 44	28 09 39	17 05 45	5 06 57	5 56 33	21 56 35	24 58 05
16 W	13 51 26	8♎53 32	16 23 09	29 31 59	20 44 04	13 47 48	24 27 39	15 14 02	28 11 41	17 11 37	5 04 47	5 58 39	21 57 13	25 00 01
17 Th	14 49 60	23 48 31	1♏10 46	1♎00 29	21 57 25	14 24 32	24 47 12	15 35 41	28 13 22	17 17 00	5 02 02	6 00 15	21 57 20	25 01 25
18 F	15 48 27	8♏27 09	15 39 26	2 28 08	23 10 39	15 01 07	25 06 37	15 57 06	28 15 06	17 22 17	4 59 04	6 01 45	21 57 21	25 02 41
19 Sa	16 47 08	22 45 11	29 46 06	3 55 17	24 24 08	15 37 53	25 26 15	16 18 37	28 17 14	17 27 48	4 56 15	6 03 29	21 57 36	25 04 09
20 Su	17 46 18	6♐40 42	13♐29 57	5 22 13	25 38 07	16 15 07	25 46 21	16 40 29	28 20 01	17 33 49	4 53 50	6 05 43	21 58 20	25 06 06
21 M	18 46 04	20 13 37	26 51 44	6 48 58	26 52 41	16 52 53	26 07 01	17 02 48	28 23 34	17 40 26	4 51 55	6 08 33	21 59 39	25 08 36
22 Tu	19 46 22	3♑25 17	9♑53 20	8 15 31	28 07 49	17 31 11	26 28 13	17 25 32	28 27 48	17 47 37	4 50 27	6 11 56	22 01 32	25 11 38
23 W	20 47 05	16 17 50	22 37 09	9 41 40	29 23 22	18 09 50	26 49 48	17 48 31	28 32 36	17 55 12	4 49 19	6 15 44	22 03 48	25 15 02
24 Th	21 47 59	28 53 47	5♒05 47	11 07 12	0♍39 06	18 48 38	27 11 32	18 11 32	28 37 45	18 02 59	4 48 16	6 19 43	22 06 16	25 18 36
25 F	22 48 51	11♒15 45	17 21 49	12 31 50	1 54 48	19 27 22	27 33 13	18 34 24	28 43 01	18 10 44	4 47 07	6 23 41	22 08 42	25 22 07
26 Sa	23 49 33	23 26 17	29 27 40	13 55 23	3 10 20	20 05 53	27 54 42	18 56 56	28 48 16	18 18 18	4 45 42	6 27 27	22 10 57	25 25 25
27 Su	24 49 58	5♓27 44	11♓25 37	15 17 43	4 25 36	20 44 05	28 15 53	19 19 02	28 53 23	18 25 36	4 43 55	6 30 58	22 12 55	25 28 25
28 M	25 50 07	17 22 24	23 17 50	16 38 45	5 40 35	21 21 58	28 36 45	19 40 42	28 58 22	18 32 37	4 41 46	6 34 12	22 14 37	25 31 07
29 Tu	26 50 02	29 12 27	5♈06 29	17 58 29	6 55 22	21 59 36	28 57 22	20 01 60	29 03 17	18 39 25	4 39 20	6 37 13	22 16 05	25 33 33
30 W	27 49 51	11♈00 06	16 53 51	19 16 56	8 10 01	22 37 05	29 17 51	20 23 01	29 08 14	18 46 07	4 36 41	6 40 07	22 17 26	25 35 52
31 Th	28 49 41	22 47 44	28 42 23	20 34 07	9 24 41	23 14 31	29 38 18	20 43 53	29 13 20	18 52 48	4 33 59	6 43 02	22 18 47	25 38 08

Notes

LONGITUDE — November 1985

Day	☉	0 hr ☽	Noon ☽	☿	♀	♂	⚵	⚳	♃	♄	⚷	♅	♆	♇
1 F	29 ♍ 49 36	4 ♉ 37 54	10 ♉ 34 48	21 ♎ 50 01	10 ♍ 39 28	23 ♌ 52 02	29 ♍ 58 50	21 ♋ 04 42	29 ♐ 18 40	18 ♎ 59 35	4 ♉ 31 17	6 ♏ 46 02	22 ♏ 20 14	25 ♍ 40 29
2 Sa	0 ♎ 49 41	16 33 28	22 34 12	23 04 33	11 54 23	24 29 40	0 ♎ 19 29	21 25 29	29 24 19	19 06 31	4 28 40	6 49 12	22 21 50	25 42 57
3 Su	1 49 55	28 37 38	4 ♊ 43 55	24 17 34	13 09 27	25 07 24	0 40 14	21 46 15	29 30 14	19 13 35	4 26 07	6 52 30	22 23 35	25 45 31
4 M	2 50 14	10 ♊ 53 53	17 07 36	25 28 48	14 24 36	25 45 10	1 01 02	22 06 55	29 36 22	19 20 43	4 23 34	6 55 52	22 25 23	25 48 08
5 Tu	3 50 31	23 25 54	29 48 59	26 37 58	15 39 42	26 22 53	1 21 45	22 27 22	29 42 36	19 27 49	4 20 54	6 59 12	22 27 09	25 50 42
6 W	4 50 40	6 ♋ 17 23	12 ♋ 51 37	27 44 42	16 54 40	27 00 24	1 42 18	22 47 30	29 48 50	19 34 45	4 18 01	7 02 23	22 28 46	25 53 04
7 Th	5 50 36	19 31 41	26 18 28	28 48 41	18 09 25	27 37 40	2 02 36	23 07 14	29 54 58	19 41 28	4 14 50	7 05 20	22 30 10	25 55 11
8 F	6 50 19	3 ♌ 11 18	10 ♌ 11 22	29 49 36	19 23 55	28 14 40	2 22 38	23 26 33	0 ♑ 01 02	19 47 57	4 11 22	7 08 04	22 31 19	25 57 03
9 Sa	7 49 54	17 17 19	24 30 21	0 ♏ 47 12	20 38 18	28 51 30	2 42 30	23 45 34	0 07 05	19 54 17	4 07 42	7 10 41	22 32 21	25 58 45
10 Su	8 49 33	1 ♍ 48 40	9 ♍ 13 03	1 41 16	21 52 44	29 28 21	3 02 22	24 04 26	0 13 20	20 00 40	4 04 01	7 13 20	22 33 26	26 00 28
11 M	9 49 29	16 41 40	24 14 23	2 31 37	23 07 27	0 ♍ 05 28	3 22 30	24 23 24	0 20 00	20 07 19	4 00 34	7 16 16	22 34 48	26 02 26
12 Tu	10 49 56	1 ♎ 49 51	9 ♎ 26 43	3 17 59	24 22 40	0 43 02	3 43 06	24 42 40	0 27 18	20 14 28	3 57 33	7 19 42	22 36 39	26 04 53
13 W	11 51 02	17 04 30	24 40 35	3 59 55	25 38 31	1 21 12	4 04 17	25 02 22	0 35 22	20 22 14	3 55 07	7 23 45	22 39 09	26 07 56
14 Th	12 52 45	2 ♏ 15 43	9 ♏ 46 10	4 36 49	26 54 59	1 59 58	4 26 04	25 22 30	0 44 12	20 30 37	3 53 14	7 28 27	22 42 16	26 11 34
15 F	13 54 56	17 13 55	24 34 40	5 07 51	28 11 54	2 39 09	4 48 16	25 42 52	0 53 37	20 39 27	3 51 46	7 33 35	22 45 50	26 15 38
16 Sa	14 57 16	1 ♐ 51 17	8 ♐ 59 33	5 32 02	29 28 58	3 18 28	5 10 35	26 03 13	1 03 19	20 48 26	3 50 25	7 38 53	22 49 34	26 19 50
17 Su	15 59 25	16 02 37	22 57 06	5 48 15	0 ♎ 45 50	3 57 32	5 32 39	26 23 08	1 12 56	20 57 11	3 48 49	7 43 59	22 53 06	26 23 48
18 M	17 01 01	29 45 42	6 ♑ 26 26	5 55 26	2 02 10	4 36 03	5 54 10	26 42 19	1 22 10	21 05 25	3 46 37	7 48 33	22 56 06	26 27 13
19 Tu	18 01 53	13 ♑ 00 58	19 29 02	5 52 38	3 17 44	5 13 47	6 14 52	27 00 32	1 30 45	21 12 52	3 43 38	7 52 22	22 58 21	26 29 50
20 W	19 01 56	25 50 53	2 ♒ 08 04	5 39 09	4 32 29	5 50 39	6 34 43	27 17 43	1 38 39	21 19 29	3 39 47	7 55 21	22 59 46	26 31 36
21 Th	20 01 17	8 ♒ 19 20	14 27 43	5 14 35	5 46 31	6 26 48	6 53 49	27 33 59	1 45 58	21 25 23	3 35 12	7 57 38	23 00 30	26 32 38
22 F	21 00 14	20 30 52	26 32 37	4 38 57	7 00 09	7 02 31	7 12 29	27 49 37	1 53 01	21 30 52	3 30 11	7 59 31	23 00 50	26 33 15
23 Sa	21 59 11	2 ♓ 30 12	8 ♓ 27 26	3 52 40	8 13 48	7 38 13	7 31 07	28 05 02	2 00 11	21 36 21	3 25 08	8 01 24	23 01 10	26 33 50
24 Su	22 58 37	14 21 55	20 16 31	2 56 36	9 27 53	8 14 20	7 50 09	28 20 41	2 07 55	21 42 16	3 20 30	8 03 44	23 01 57	26 34 51
25 M	23 58 55	26 10 05	2 ♈ 03 41	1 52 05	10 42 51	8 51 19	8 10 02	28 36 59	2 16 40	21 49 03	3 16 43	8 06 57	23 03 38	26 36 44
26 Tu	25 00 28	7 ♈ 58 10	13 52 10	0 40 53	11 59 03	9 29 30	8 31 05	28 54 16	2 26 45	21 57 03	3 14 08	8 11 23	23 06 32	26 39 47
27 W	26 03 23	19 48 60	25 44 30	29 ♎ 25 04	13 16 37	10 09 01	8 53 29	29 12 42	2 38 19	22 06 24	3 12 54	8 17 12	23 10 48	26 44 12
28 Th	27 07 40	1 ♉ 44 42	7 ♉ 42 42	28 07 01	14 35 32	10 49 52	9 17 11	29 32 14	2 51 21	22 17 05	3 12 59	8 24 22	23 16 26	26 49 56
29 F	28 13 04	13 46 55	19 48 16	26 49 09	15 55 32	11 31 48	9 41 56	29 52 37	3 05 36	22 28 51	3 14 09	8 32 37	23 23 10	26 56 44
30 Sa	29 19 07	25 56 53	2 ♊ 02 26	25 33 50	17 16 12	12 14 21	10 07 17	0 ♌ 13 25	3 20 36	22 41 14	3 15 57	8 41 31	23 30 32	27 04 09

LONGITUDE — December 1985

Day	☉	0 hr ☽	Noon ☽	☿	♀	♂	⚵	⚳	♃	♄	⚷	♅	♆	♇
1 Su	0 ♏ 25 15	8 ♊ 15 44	14 ♊ 26 23	24 ♎ 23 09	18 ♎ 36 55	12 ♍ 56 57	10 ♎ 32 40	0 ♌ 34 01	3 ♑ 35 47	22 ♎ 53 41	3 ♉ 17 47	8 ♏ 50 28	23 ♏ 37 59	27 ♍ 11 36
2 M	1 30 49	20 44 43	27 01 30	23 18 51	19 57 05	13 38 57	10 57 25	0 53 47	3 50 31	23 05 32	3 19 03	8 58 52	23 44 52	27 18 28
3 Tu	2 35 17	3 ♋ 25 23	9 ♋ 49 26	22 22 18	21 16 08	14 19 49	11 21 01	1 12 11	4 04 14	23 16 15	3 19 10	9 06 08	23 50 38	27 24 11
4 W	3 38 17	16 19 44	22 52 19	21 34 31	22 33 41	14 59 11	11 43 05	1 28 50	4 16 35	23 25 27	3 17 48	9 11 55	23 54 55	27 28 23
5 Th	4 39 44	29 30 12	6 ♌ 12 33	20 56 17	23 49 41	15 36 57	12 03 33	1 43 39	4 27 28	23 33 05	3 14 52	9 16 08	23 57 38	27 31 00
6 F	5 39 55	12 ♌ 59 26	19 52 31	20 28 12	25 04 24	16 13 25	12 22 40	1 56 54	4 37 10	23 39 24	3 10 37	9 19 03	23 59 04	27 32 18
7 Sa	6 39 24	26 49 46	3 ♍ 54 06	20 10 46	26 18 24	16 49 09	12 41 02	2 09 10	4 46 16	23 44 59	3 05 40	9 21 16	23 59 48	27 32 52
8 Su	7 38 60	11 ♍ 02 38	18 17 49	20 04 23	27 32 31	17 24 58	12 59 26	2 21 15	4 55 35	23 50 39	3 00 49	9 23 35	24 00 39	27 33 30
9 M	8 39 34	25 37 32	3 ♎ 02 03	20 09 18	28 47 35	18 01 43	13 18 46	2 34 00	5 05 57	23 57 15	2 56 56	9 26 50	24 02 26	27 35 04
10 Tu	9 41 49	10 ♎ 31 30	18 02 29	20 25 27	0 ♏ 04 19	18 40 07	13 39 41	2 48 07	5 18 05	24 05 29	2 54 42	9 31 43	24 05 54	27 38 16
11 W	10 46 06	25 38 31	3 ♏ 11 55	20 52 22	1 23 06	19 20 31	14 02 36	3 03 59	5 32 21	24 15 44	2 54 31	9 38 42	24 11 24	27 43 29
12 Th	11 52 23	10 ♏ 49 59	18 21 02	21 29 08	2 43 50	20 02 52	14 27 26	3 21 30	5 48 41	24 27 56	2 56 18	9 47 37	24 18 53	27 50 38
13 F	13 00 06	25 55 47	3 ♐ 19 46	22 14 25	4 06 01	20 46 38	14 53 39	3 40 10	6 06 34	24 41 33	2 59 32	9 57 58	24 27 48	27 59 12
14 Sa	14 08 27	10 ♐ 45 57	17 58 57	23 06 34	5 28 48	21 30 59	15 20 25	3 59 07	6 25 09	24 55 44	3 03 24	10 08 55	24 37 20	28 08 21
15 Su	15 16 26	25 12 21	2 ♑ 11 51	24 03 54	6 51 14	22 14 57	15 46 46	4 17 24	6 43 28	25 09 32	3 06 54	10 19 30	24 46 30	28 17 06
16 M	16 23 11	9 ♑ 09 51	15 54 53	25 04 52	8 12 25	22 57 39	16 11 49	4 34 07	7 00 38	25 22 04	3 09 12	10 28 51	24 54 26	28 24 35
17 Tu	17 28 08	22 36 41	29 07 44	26 08 19	9 31 47	23 38 31	16 34 59	4 48 42	7 16 05	25 32 45	3 09 41	10 36 22	25 00 34	28 30 15
18 W	18 31 05	5 ♒ 34 13	11 ♒ 52 49	27 13 33	10 49 10	24 17 22	16 56 07	5 00 58	7 29 39	25 41 25	3 08 13	10 41 53	25 04 42	28 33 53
19 Th	19 32 18	18 06 10	24 14 35	28 20 19	12 04 48	24 54 27	17 15 26	5 11 10	7 41 32	25 48 19	3 05 01	10 45 40	25 07 06	28 35 45
20 F	20 32 24	0 ♓ 17 51	6 ♓ 18 39	29 28 51	13 19 18	25 30 23	17 33 33	5 19 53	7 52 24	25 54 03	3 00 42	10 48 17	25 08 22	28 36 27
21 Sa	21 32 12	12 15 21	18 11 11	0 ♏ 39 36	14 33 31	26 06 00	17 51 20	5 27 58	8 03 03	25 59 27	2 56 08	10 50 37	25 09 20	28 36 50
22 Su	22 32 40	24 04 52	29 58 17	1 53 14	15 48 23	26 42 15	18 09 41	5 36 22	8 14 26	26 05 29	2 52 14	10 53 36	25 10 58	28 37 51
23 M	23 34 39	5 ♈ 52 15	11 ♈ 45 32	3 10 20	17 04 46	27 20 00	18 29 30	5 45 56	8 27 26	26 13 00	2 49 54	10 58 05	25 14 08	28 40 21
24 Tu	24 38 50	17 42 33	23 37 37	4 31 21	18 23 21	27 59 56	18 51 27	5 57 21	8 42 42	26 22 41	2 49 47	11 04 46	25 19 29	28 45 01
25 W	25 45 34	29 39 46	5 ♉ 38 08	5 56 24	19 44 28	28 42 22	19 15 51	6 10 56	9 00 35	26 34 51	2 52 14	11 13 58	25 27 22	28 52 12
26 Th	26 54 47	11 ♉ 46 41	17 49 27	7 25 18	21 08 04	29 27 17	19 42 41	6 26 39	9 21 03	26 49 29	2 57 13	11 25 39	25 37 45	29 01 51
27 F	28 06 04	24 04 51	0 ♊ 12 43	8 57 25	22 33 44	0 ♎ 14 13	20 11 30	6 44 03	9 43 38	27 06 08	3 04 17	11 39 22	25 50 11	29 13 31
28 Sa	29 18 36	6 ♊ 34 42	12 48 03	10 31 52	24 00 38	1 02 23	20 41 29	7 02 20	10 07 32	27 23 59	3 12 38	11 54 19	26 03 52	29 26 24
29 Su	0 ♐ 31 21	19 15 48	25 34 46	12 07 29	25 27 45	1 50 44	21 11 37	7 20 27	10 31 44	27 42 00	3 21 14	12 09 28	26 17 45	29 39 29
30 M	1 43 13	2 ♋ 07 17	8 ♋ 31 55	13 43 03	26 53 59	2 38 10	21 40 47	7 37 16	10 55 07	27 59 05	3 28 59	12 23 43	26 30 45	29 51 37
31 Tu	2 53 12	15 08 18	21 38 45	15 17 32	28 18 20	3 23 43	22 07 59	7 51 50	11 16 41	28 14 16	3 34 54	12 36 04	26 41 51	0 ♎ 01 52

Notes

January 1986

LONGITUDE

Day	☉	0 hr ☽	Noon ☽	☿	♀	♂	⚵	⚳	♃	♄	⚷	♅	♆	♇
1 W	4 ♐ 00 40	28 ♋ 18 31	4 ♌ 55 03	16 ♏ 50 13	29 ♏ 40 09	4 ♎ 06 42	22 ♎ 32 35	8 ♌ 03 29	11 ♑ 35 48	28 ♎ 26 52	3 ♉ 38 19	12 ♏ 45 53	26 ♏ 50 27	0 ♎ 09 33
2 Th	5 05 27	11 ♌ 38 25	18 21 30	18 20 52	0 ♐ 59 17	4 46 59	22 54 25	8 12 03	11 52 18	28 36 44	3 39 06	12 52 59	26 56 20	0 14 30
3 F	6 07 56	25 09 23	1 ♍ 59 35	19 49 49	2 16 07	5 24 55	23 13 51	8 17 53	12 06 33	28 44 14	3 37 37	12 57 46	26 59 55	0 17 07
4 Sa	7 08 58	8 ♍ 53 26	15 51 16	21 17 55	3 31 30	6 01 23	23 31 45	8 21 52	12 19 25	28 50 15	3 34 44	13 01 05	27 02 03	0 18 16
5 Su	8 09 48	22 52 42	29 58 22	22 46 21	4 46 40	6 37 37	23 49 22	8 25 14	12 32 08	28 55 60	3 31 40	13 04 09	27 03 57	0 19 10
6 M	9 11 43	7 ♎ 08 36	14 ♎ 21 38	24 16 23	6 02 55	7 14 54	24 07 58	8 29 16	12 46 01	29 02 47	3 29 45	13 08 18	27 06 56	0 21 06
7 Tu	10 15 50	21 40 49	28 59 47	25 49 07	7 21 22	7 54 21	24 28 41	8 35 04	13 02 08	29 11 43	3 30 05	13 14 38	27 12 07	0 25 13
8 W	11 22 48	6 ♏ 26 38	13 ♏ 48 59	27 25 11	8 42 39	8 36 37	24 52 08	8 43 17	13 21 10	29 23 27	3 33 18	13 23 46	27 20 08	0 32 09
9 Th	12 32 38	21 20 26	28 42 42	29 04 36	10 06 49	9 21 43	25 18 22	8 53 57	13 43 08	29 37 59	3 39 26	13 35 46	27 31 00	0 41 54
10 F	13 44 42	6 ♐ 14 19	13 ♐ 32 28	0 ♐ 46 44	11 33 13	10 09 02	25 46 45	9 06 25	14 07 24	29 54 43	3 47 53	13 49 59	27 44 07	0 53 52
11 Sa	14 57 55	20 59 08	28 09 18	2 30 29	13 00 45	10 57 27	26 16 11	9 19 36	14 32 51	0 ♏ 12 32	3 57 31	14 05 19	27 58 22	1 06 57
12 Su	16 10 56	5 ♑ 26 07	12 ♑ 25 15	4 14 31	14 28 06	11 45 39	26 45 19	9 32 10	14 58 10	0 30 06	4 07 02	14 20 26	28 12 25	1 19 48
13 M	17 22 30	19 28 31	26 14 48	5 57 34	15 53 59	12 32 22	27 12 55	9 42 50	15 22 06	0 46 10	4 15 09	14 34 05	28 25 00	1 31 11
14 Tu	18 31 42	3 ♒ 02 31	9 ♒ 35 34	7 38 45	17 17 32	13 16 42	27 38 03	9 50 44	15 43 44	0 59 50	4 20 59	14 45 22	28 35 15	1 40 11
15 W	19 38 11	16 07 35	22 28 13	9 17 41	18 38 20	13 58 16	28 00 22	9 55 28	16 02 42	1 10 43	4 24 09	14 53 54	28 42 45	1 46 25
16 Th	20 42 05	28 46 04	4 ♓ 56 05	10 54 34	19 56 35	14 37 15	28 20 00	9 57 11	16 19 09	1 18 58	4 24 49	14 59 50	28 47 41	1 50 04
17 F	21 44 05	11 ♓ 02 34	17 04 22	12 30 03	21 12 56	15 14 17	28 37 39	9 56 35	16 33 45	1 25 17	4 23 39	15 03 52	28 50 43	1 51 47
18 Sa	22 45 11	23 03 07	28 59 28	14 05 10	22 28 24	15 50 25	28 54 18	9 54 40	16 47 31	1 30 38	4 21 40	15 06 59	28 52 51	1 52 36
19 Su	23 46 35	4 ♈ 54 28	10 ♈ 48 11	15 41 07	23 44 08	16 26 49	29 11 07	9 52 36	17 01 37	1 36 14	4 20 03	15 10 22	28 55 17	1 53 40
20 M	24 49 23	16 43 22	22 37 11	17 19 01	25 01 18	17 04 35	29 29 15	9 51 32	17 17 11	1 43 11	4 19 55	15 15 09	28 59 07	1 56 07
21 Tu	25 54 29	28 36 02	4 ♉ 32 25	18 59 48	26 20 46	17 44 38	29 49 36	9 52 20	17 35 06	1 52 24	4 22 10	15 22 13	29 05 15	2 00 51
22 W	27 02 25	10 ♉ 37 45	16 38 45	20 43 59	27 43 04	18 27 29	0 ♏ 12 39	9 55 32	17 55 54	2 04 22	4 27 19	15 32 05	29 14 13	2 08 23
23 Th	28 13 12	22 52 28	28 59 39	22 31 38	29 08 15	19 13 11	0 38 28	10 01 10	18 19 37	2 19 09	4 35 25	15 44 48	29 26 03	2 18 47
24 F	29 26 24	5 ♊ 22 32	11 ♊ 36 53	24 22 19	0 ♑ 35 50	20 01 16	1 06 34	10 08 49	18 45 48	2 36 18	4 46 01	15 59 55	29 40 17	2 31 33
25 Sa	0 ♑ 41 07	18 08 44	24 30 37	26 15 08	2 04 56	20 50 49	1 36 05	10 17 32	19 13 32	2 54 53	4 58 11	16 16 32	29 56 02	2 45 49
26 Su	1 56 09	1 ♋ 10 16	7 ♋ 39 28	28 08 54	3 34 21	21 40 40	2 05 48	10 26 10	19 41 38	3 13 45	5 10 46	16 33 26	0 ♐ 12 06	3 00 22
27 M	3 10 12	14 25 11	21 01 03	0 ♑ 02 22	5 02 48	22 29 31	2 34 25	10 33 25	20 08 48	3 31 34	5 22 27	16 49 20	0 27 11	3 13 56
28 Tu	4 22 08	27 50 55	4 ♌ 32 34	1 54 22	6 29 09	23 16 14	3 00 48	10 38 09	20 33 53	3 47 12	5 32 06	17 03 06	0 40 09	3 25 21
29 W	5 31 11	11 ♌ 24 52	18 11 24	3 44 10	7 52 36	24 00 01	3 24 11	10 39 35	20 56 08	3 59 54	5 38 57	17 13 58	0 50 13	3 33 51
30 Th	6 37 07	25 05 06	1 ♍ 55 48	5 31 33	9 12 57	24 40 39	3 44 19	10 37 30	21 15 18	4 09 25	5 42 46	17 21 41	0 57 10	3 39 13
31 F	7 40 20	8 ♍ 50 43	15 45 11	7 16 53	10 30 34	25 18 32	4 01 36	10 32 17	21 31 47	4 16 09	5 43 55	17 26 39	1 01 23	3 41 50

February 1986

LONGITUDE

Day	☉	0 hr ☽	Noon ☽	☿	♀	♂	⚵	⚳	♃	♄	⚷	♅	♆	♇
1 Sa	8 ♑ 41 43	22 ♍ 41 57	29 ♍ 40 00	9 ♑ 01 07	11 ♑ 46 24	25 ♎ 54 34	4 ♏ 16 56	10 ♌ 24 53	21 ♑ 46 30	4 ♏ 20 60	5 ♉ 43 22	17 ♏ 29 47	1 ♐ 03 47	3 ♎ 42 37
2 Su	9 42 36	6 ♎ 39 50	13 ♎ 41 25	10 45 31	13 01 42	26 30 02	4 31 38	10 16 34	22 00 43	4 25 16	5 42 22	17 32 23	1 05 39	3 42 51
3 M	10 44 20	20 45 34	27 50 27	12 31 29	14 17 52	27 06 21	4 47 03	10 08 45	22 15 51	4 30 19	5 42 19	17 35 48	1 08 23	3 43 56
4 Tu	11 48 07	4 ♏ 59 44	12 ♏ 07 17	14 20 10	15 36 05	27 44 39	5 04 22	10 02 37	22 33 03	4 37 22	5 44 24	17 41 15	1 13 10	3 47 02
5 W	12 54 40	19 21 27	26 30 24	16 12 15	16 57 05	28 25 41	5 24 19	9 58 53	22 53 02	4 47 06	5 49 19	17 49 26	1 20 41	3 52 53
6 Th	14 04 03	3 ♐ 47 55	10 ♐ 56 17	18 07 49	18 20 55	29 09 31	5 46 58	9 57 38	23 15 55	4 59 36	5 57 10	18 00 26	1 31 02	4 01 32
7 F	15 15 44	18 14 19	25 19 36	20 06 16	19 47 03	29 55 37	6 11 46	9 58 22	23 41 07	5 14 20	6 07 25	18 13 42	1 43 41	4 12 28
8 Sa	16 28 39	2 ♑ 34 28	9 ♑ 33 58	22 06 29	21 14 26	0 ♏ 42 54	6 37 40	10 00 01	24 07 36	5 30 15	6 18 60	18 28 11	1 57 35	4 24 38
9 Su	17 41 32	16 41 44	23 33 00	24 07 08	22 41 47	1 30 07	7 03 23	10 01 19	24 34 04	5 46 03	6 30 38	18 42 37	2 11 26	4 36 44
10 M	18 53 07	0 ♒ 30 17	7 ♒ 11 34	26 06 53	24 07 51	2 15 59	7 27 39	10 01 01	24 59 16	6 00 30	6 41 03	18 55 44	2 23 58	4 47 31
11 Tu	20 02 27	13 56 06	20 26 34	28 04 39	25 31 40	2 59 34	7 49 31	9 58 13	25 22 16	6 12 38	6 49 20	19 06 34	2 34 16	4 56 03
12 W	21 09 03	26 57 33	3 ♓ 17 23	29 59 50	26 52 46	3 40 22	8 08 30	9 52 24	25 42 33	6 21 58	6 54 58	19 14 39	2 41 50	5 01 50
13 Th	22 12 56	9 ♓ 35 29	15 45 47	1 ♒ 52 18	28 11 09	4 18 26	8 24 37	9 43 39	26 00 10	6 28 31	6 58 00	19 20 00	2 46 41	5 04 53
14 F	23 14 37	21 52 60	27 55 34	3 42 22	29 27 22	4 54 15	8 38 24	9 32 27	26 15 36	6 32 49	6 58 56	19 23 08	2 49 21	5 05 44
15 Sa	24 14 58	3 ♈ 54 51	9 ♈ 52 02	5 30 41	0 ♒ 42 14	5 28 41	8 50 40	9 19 43	26 29 44	6 35 43	6 58 38	19 24 55	2 50 39	5 05 14
16 Su	25 15 01	15 46 56	21 41 21	7 18 03	1 56 49	6 02 47	9 02 30	9 06 29	26 43 37	6 38 15	6 58 08	19 26 23	2 51 41	5 04 26
17 M	26 15 49	27 35 40	3 ♉ 30 05	9 05 12	3 12 11	6 37 36	9 14 56	8 53 51	26 58 17	6 41 29	6 58 30	19 28 36	2 53 29	5 04 24
18 Tu	27 18 17	9 ♉ 27 26	15 24 32	10 52 41	4 29 12	7 14 02	9 28 51	8 42 42	27 14 38	6 46 19	7 00 37	19 32 27	2 56 56	5 05 60
19 W	28 22 58	21 28 07	27 30 24	12 40 40	5 48 27	7 52 39	9 44 50	8 33 37	27 33 13	6 53 17	7 05 04	19 38 30	3 02 35	5 09 49
20 Th	29 30 00	3 ♊ 42 40	9 ♊ 52 15	14 28 53	7 10 05	8 33 35	10 03 01	8 26 48	27 54 12	7 02 34	7 11 59	19 46 54	3 10 38	5 15 59
21 F	0 ♒ 39 08	16 14 46	22 33 10	16 16 33	8 33 48	9 16 34	10 23 06	8 21 56	28 17 18	7 13 52	7 21 04	19 57 21	3 20 45	5 24 14
22 Sa	1 49 37	29 06 26	5 ♋ 34 31	18 02 25	9 58 54	10 00 52	10 44 24	8 18 21	28 41 47	7 26 29	7 31 39	20 09 10	3 32 15	5 33 51
23 Su	3 00 31	12 ♋ 18 00	18 55 48	19 44 58	11 24 24	10 45 31	11 05 55	8 15 06	29 06 42	7 39 25	7 42 43	20 21 22	3 44 08	5 43 52
24 M	4 10 44	25 48 03	2 ♌ 34 46	21 22 30	12 49 14	11 29 27	11 26 34	8 11 07	29 30 57	7 51 36	7 53 13	20 32 51	3 55 21	5 53 11
25 Tu	5 19 16	9 ♌ 33 41	16 27 54	22 53 24	14 12 24	12 11 39	11 45 23	8 05 25	29 53 33	8 02 03	8 02 08	20 42 39	4 04 53	6 00 50
26 W	6 25 28	23 31 06	0 ♍ 30 57	24 16 24	15 33 14	12 51 28	12 01 39	7 57 22	0 ♒ 13 50	8 10 06	8 08 49	20 50 05	4 12 05	6 06 08
27 Th	7 29 05	7 ♍ 36 14	14 39 45	25 30 37	16 51 30	13 28 39	12 15 10	7 46 43	0 31 33	8 15 29	8 13 01	20 54 55	4 16 43	6 08 51
28 F	8 30 23	21 45 28	28 50 51	26 35 43	18 07 27	14 03 28	12 26 11	7 33 47	0 46 59	8 18 30	8 15 01	20 57 25	4 19 01	6 09 15

Notes

LONGITUDE — March 1986

Day	☉	0 hr ☽	Noon ☽	☿	♀	♂	⚵	⚳	♃	♄	⚷	♅	♆	♇
1 Sa	9 ♒ 30 06	5 ♎ 56 04	13 ♎ 01 52	27 ♒ 31 51	19 ♒ 21 49	14 ♏ 36 37	12 ♏ 35 24	7 ♌ 19 17	1 ♒ 00 49	8 ♏ 19 50	8 ♉ 15 30	20 ♏ 58 18	4 ♐ 19 43	6 ♎ 08 03
2 Su	10 29 12	20 06 23	27 11 33	28 19 28	20 35 35	15 09 07	12 43 48	7 04 14	1 14 03	8 20 30	8 15 29	20 58 33	4 19 49	6 06 14
3 M	11 28 47	4 ♏ 15 32	11 ♏ 19 21	28 59 13	21 49 50	15 42 01	12 52 29	6 49 42	1 27 47	8 21 33	8 16 02	20 59 14	4 20 22	6 04 52
4 Tu	12 29 44	18 23 03	25 24 54	29 31 36	23 05 27	16 16 13	13 02 20	6 36 39	1 42 53	8 23 55	8 18 03	21 01 17	4 22 18	6 04 53
5 W	13 32 37	2 ♐ 28 17	9 ♐ 27 30	29 56 56	24 23 01	16 52 17	13 13 54	6 25 38	1 59 56	8 28 08	8 22 06	21 05 14	4 26 09	6 06 50
6 Th	14 37 31	16 29 54	23 25 39	0 ♓ 15 08	25 42 37	17 30 18	13 27 16	6 16 46	2 19 01	8 34 18	8 28 16	21 11 10	4 32 02	6 10 47
7 F	15 44 05	0 ♑ 25 47	7 ♑ 17 03	0 25 48	27 03 53	18 09 55	13 42 06	6 09 43	2 39 46	8 42 03	8 36 12	21 18 45	4 39 34	6 16 24
8 Sa	16 51 35	14 13 05	20 58 40	0 28 21	28 26 05	18 50 23	13 57 38	6 03 46	3 01 27	8 50 40	8 45 10	21 27 15	4 48 02	6 22 58
9 Su	17 59 08	27 48 33	4 ♒ 27 23	0 22 08	29 48 21	19 30 49	14 13 00	5 58 02	3 23 12	8 59 16	8 54 17	21 35 46	4 56 33	6 29 34
10 M	19 05 52	11 ♒ 09 13	17 40 23	0 06 43	1 ♓ 09 47	20 10 21	14 27 19	5 51 42	3 44 08	9 06 57	9 02 40	21 43 27	5 04 14	6 35 20
11 Tu	20 11 04	24 12 48	0 ♓ 35 52	29 ♒ 42 01	2 29 43	20 48 16	14 39 54	5 44 04	4 03 33	9 13 04	9 09 38	21 49 35	5 10 24	6 39 36
12 W	21 14 23	6 ♓ 58 16	13 13 18	29 08 24	3 47 45	21 24 13	14 50 20	5 34 46	4 21 04	9 17 12	9 14 48	21 53 48	5 14 40	6 41 58
13 Th	22 15 44	19 25 60	25 33 39	28 26 45	5 03 51	21 58 08	14 58 36	5 23 47	4 36 38	9 19 19	9 18 08	21 56 02	5 16 59	6 42 23
14 F	23 15 24	1 ♈ 37 52	7 ♈ 39 22	27 38 22	6 18 16	22 30 17	15 04 57	5 11 23	4 50 32	9 19 41	9 19 52	21 56 34	5 17 37	6 41 08
15 Sa	24 13 54	13 37 04	19 34 06	26 44 56	7 31 32	23 01 10	15 09 54	4 58 07	5 03 15	9 18 49	9 20 32	21 55 56	5 17 05	6 38 42
16 Su	25 11 53	25 27 51	1 ♉ 22 30	25 48 20	8 44 17	23 31 27	15 14 05	4 44 38	5 15 28	9 17 22	9 20 47	21 54 45	5 16 02	6 35 47
17 M	26 10 01	7 ♉ 15 14	13 09 51	24 50 30	9 57 12	24 01 49	15 18 13	4 31 38	5 27 51	9 16 01	9 21 19	21 53 43	5 15 10	6 33 02
18 Tu	27 08 56	19 04 37	25 01 44	23 53 17	11 10 53	24 32 50	15 22 51	4 19 44	5 40 59	9 15 21	9 22 42	21 53 25	5 15 03	6 31 03
19 W	28 09 01	1 ♊ 01 29	7 ♊ 03 38	22 58 16	12 25 46	25 04 57	15 28 26	4 09 22	5 55 19	9 15 49	9 25 22	21 54 18	5 16 08	6 30 16
20 Th	29 10 27	13 11 00	19 20 34	22 06 42	13 41 60	25 38 20	15 35 06	4 00 42	6 10 59	9 17 34	9 29 29	21 56 30	5 18 33	6 30 51
21 F	0 ♓ 13 07	25 37 43	1 ♋ 56 45	21 19 28	14 59 29	26 12 50	15 42 46	3 53 38	6 27 53	9 20 29	9 34 57	21 59 56	5 22 13	6 32 41
22 Sa	1 16 41	8 ♋ 25 08	14 55 08	20 37 04	16 17 51	26 48 09	15 51 05	3 47 52	6 45 41	9 24 14	9 41 24	22 04 15	5 26 47	6 35 25
23 Su	2 20 36	21 35 23	28 17 07	19 59 37	17 36 36	27 23 43	15 59 30	3 42 50	7 03 51	9 28 17	9 48 19	22 08 54	5 31 43	6 38 32
24 M	3 24 18	5 ♌ 08 55	12 ♌ 02 09	19 27 03	18 55 07	27 58 57	16 07 26	3 37 58	7 21 46	9 32 02	9 55 05	22 13 19	5 36 25	6 41 26
25 Tu	4 27 12	19 04 14	26 07 47	18 59 14	20 12 51	28 33 17	16 14 18	3 32 42	7 38 53	9 34 56	10 01 10	22 16 54	5 40 20	6 43 33
26 W	5 28 55	3 ♍ 18 03	10 ♍ 29 45	18 35 60	21 29 25	29 06 19	16 19 44	3 26 41	7 54 48	9 36 36	10 06 10	22 19 19	5 43 04	6 44 30
27 Th	6 29 19	17 45 31	25 02 32	18 17 21	22 44 38	29 37 55	16 23 34	3 19 45	8 09 24	9 36 51	10 09 56	22 20 22	5 44 29	6 44 09
28 F	7 28 29	2 ♎ 20 52	9 ♎ 40 05	18 03 27	23 58 40	0 ♐ 08 10	16 25 55	3 12 01	8 22 45	9 35 50	10 12 34	22 20 11	5 44 41	6 42 35
29 Sa	8 26 48	16 58 14	24 16 37	17 54 36	25 11 49	0 37 26	16 27 07	3 03 50	8 35 13	9 33 53	10 14 26	22 19 07	5 43 60	6 40 10
30 Su	9 24 43	1 ♏ 32 14	8 ♏ 47 14	17 51 10	26 24 34	1 06 10	16 27 39	2 55 42	8 47 17	9 31 29	10 15 59	22 17 38	5 42 56	6 37 22
31 M	10 22 46	15 58 34	23 08 15	17 53 32	27 37 28	1 34 54	16 28 02	2 48 08	8 59 27	9 29 07	10 17 45	22 16 15	5 41 59	6 34 42

LONGITUDE — April 1986

Day	☉	0 hr ☽	Noon ☽	☿	♀	♂	⚵	⚳	♃	♄	⚷	♅	♆	♇
1 Tu	11 ♓ 21 20	0 ♐ 14 08	7 ♐ 17 15	18 ♒ 01 54	28 ♓ 50 53	2 ♐ 04 01	16 ♏ 28 39	2 ♌ 41 32	9 ♒ 12 08	9 ♏ 27 14	10 ♉ 20 08	22 ♏ 15 23	5 ♐ 41 33	6 ♎ 32 35
2 W	12 20 41	14 16 58	21 12 50	18 16 18	0 ♈ 05 04	2 33 45	16 29 44	2 36 08	9 25 33	9 26 03	10 23 23	22 15 16	5 41 54	6 31 15
3 Th	13 20 50	28 05 58	4 ♑ 54 22	18 36 32	1 20 04	3 04 07	16 31 20	2 31 59	9 39 45	9 25 36	10 27 30	22 15 55	5 43 02	6 30 44
4 F	14 21 36	11 ♑ 40 40	18 21 36	19 02 13	2 35 41	3 34 58	16 33 17	2 28 55	9 54 33	9 25 43	10 32 20	22 17 10	5 44 48	6 30 51
5 Sa	15 22 43	25 00 54	1 ♒ 34 35	19 32 48	3 51 38	4 05 59	16 35 15	2 26 39	10 09 39	9 26 06	10 37 35	22 18 45	5 46 54	6 31 19
6 Su	16 23 49	8 ♒ 06 45	14 33 26	20 07 45	5 07 35	4 36 50	16 36 56	2 24 49	10 24 43	9 26 25	10 42 56	22 20 18	5 48 59	6 31 48
7 M	17 24 37	20 58 29	27 18 28	20 46 29	6 23 14	5 07 11	16 37 59	2 23 09	10 39 27	9 26 21	10 48 02	22 21 31	5 50 46	6 31 60
8 Tu	18 24 53	3 ♓ 36 31	9 ♓ 50 14	21 28 37	7 38 21	5 36 50	16 38 14	2 21 25	10 53 37	9 25 42	10 52 42	22 22 11	5 52 00	6 31 40
9 W	19 24 31	16 01 38	22 09 35	22 13 50	8 52 49	6 05 40	16 37 32	2 19 30	11 07 08	9 24 22	10 56 48	22 22 12	5 52 37	6 30 44
10 Th	20 23 32	28 14 59	4 ♈ 17 52	23 01 57	10 06 41	6 33 42	16 35 55	2 17 27	11 19 60	9 22 22	11 00 23	22 21 36	5 52 37	6 29 13
11 F	21 22 03	10 ♈ 18 11	16 16 57	23 52 55	11 20 04	7 01 03	16 33 31	2 15 23	11 32 20	9 19 49	11 03 34	22 20 29	5 52 07	6 27 13
12 Sa	22 20 15	22 13 26	28 09 17	24 46 45	12 33 07	7 27 53	16 30 29	2 13 26	11 44 18	9 16 53	11 06 29	22 19 02	5 51 18	6 24 55
13 Su	23 18 19	4 ♉ 03 27	9 ♉ 57 53	25 43 28	13 46 02	7 54 22	16 27 02	2 11 50	11 56 07	9 13 46	11 09 22	22 17 25	5 50 21	6 22 31
14 M	24 16 25	15 51 33	21 46 19	26 43 07	14 58 59	8 20 42	16 23 19	2 10 44	12 07 55	9 10 39	11 12 22	22 15 51	5 49 27	6 20 11
15 Tu	25 14 41	27 41 28	3 ♊ 38 34	27 45 41	16 12 05	8 46 58	16 19 27	2 10 15	12 19 51	9 07 37	11 15 36	22 14 25	5 48 42	6 18 01
16 W	26 13 07	9 ♊ 37 22	15 38 60	28 51 04	17 25 23	9 13 13	16 15 29	2 10 25	12 31 56	9 04 45	11 19 07	22 13 09	5 48 08	6 16 05
17 Th	27 11 44	21 43 39	27 52 04	29 59 11	18 38 51	9 39 25	16 11 23	2 11 14	12 44 09	9 02 00	11 22 52	22 12 04	5 47 46	6 14 21
18 F	28 10 27	4 ♋ 04 46	10 ♋ 22 10	1 ♓ 09 49	19 52 25	10 05 29	16 07 06	2 12 35	12 56 24	8 59 18	11 26 48	22 11 03	5 47 29	6 12 44
19 Sa	29 09 09	16 44 54	23 13 15	2 22 48	21 05 58	10 31 20	16 02 30	2 14 23	13 08 38	8 56 34	11 30 48	22 10 02	5 47 12	6 11 09
20 Su	0 ♈ 07 46	29 47 41	6 ♌ 28 26	3 37 59	22 19 25	10 56 50	15 57 32	2 16 32	13 20 42	8 53 41	11 34 47	22 08 54	5 46 50	6 09 30
21 M	1 06 14	13 ♌ 15 37	20 09 27	4 55 14	23 32 44	11 21 58	15 52 08	2 19 00	13 32 36	8 50 38	11 38 43	22 07 38	5 46 20	6 07 45
22 Tu	2 04 35	27 09 37	4 ♍ 16 10	6 14 30	24 45 55	11 46 44	15 46 19	2 21 47	13 44 21	8 47 26	11 42 36	22 06 14	5 45 43	6 05 55
23 W	3 02 55	11 ♍ 28 24	18 46 06	7 35 50	25 59 04	12 11 12	15 40 11	2 24 58	13 55 60	8 44 09	11 46 32	22 04 47	5 45 04	6 04 04
24 Th	4 01 18	26 08 20	3 ♎ 34 21	8 59 18	27 12 17	12 35 30	15 33 50	2 28 40	14 07 40	8 40 54	11 50 36	22 03 25	5 44 30	6 02 20
25 F	4 59 53	11 ♎ 03 20	18 33 54	10 24 57	28 25 40	12 59 42	15 27 23	2 32 58	14 19 28	8 37 49	11 54 55	22 02 13	5 44 07	6 00 49
26 Sa	5 58 42	26 05 33	3 ♏ 36 21	11 52 50	29 39 18	13 23 52	15 20 53	2 37 56	14 31 28	8 34 55	11 59 33	22 01 14	5 43 58	5 59 34
27 Su	6 57 45	11 ♏ 06 21	18 33 12	13 22 52	0 ♉ 53 08	13 47 57	15 14 20	2 43 31	14 43 37	8 32 13	12 04 28	22 00 29	5 44 03	5 58 34
28 M	7 56 54	25 57 31	3 ♐ 16 55	14 54 56	2 07 04	14 11 51	15 07 36	2 49 37	14 55 48	8 29 34	12 09 32	21 59 48	5 44 14	5 57 41
29 Tu	8 55 57	10 ♐ 32 21	17 41 51	16 28 50	3 20 54	14 35 20	15 00 30	2 56 02	15 07 51	8 26 48	12 14 36	21 59 01	5 44 19	5 56 45
30 W	9 54 44	24 46 22	1 ♑ 44 42	18 04 20	4 34 26	14 58 13	14 52 50	3 02 34	15 19 31	8 23 43	12 19 25	21 57 57	5 44 07	5 55 34

Notes

May 1986 LONGITUDE

Day	☉	0 hr ☽	Noon ☽	☿	♀	♂	⚵	⚳	♃	♄	⚷	♅	♆	♇
1 Th	10♈53 03	8♑37 24	15♑24 22	19♓41 15	5♉47 29	15♐20 18	14♏44 26	3♌09 01	15♒30 41	8♏20 08	12♉23 51	21♏56 24	5♐43 27	5♎53 57
2 F	11 50 50	22 05 24	28 41 36	21 19 33	7 00 01	15 41 31	14 35 14	3 15 21	15 41 14	8 15 60	12 27 48	21 54 19	5 42 16	5 51 49
3 Sa	12 48 09	5♒11 54	11♒38 25	22 59 14	8 12 03	16 01 54	14 25 18	3 21 35	15 51 15	8 11 21	12 31 20	21 51 44	5 40 35	5 49 15
4 Su	13 45 09	17 59 26	24 17 37	24 40 29	9 23 45	16 21 37	14 14 48	3 27 53	16 00 52	8 06 21	12 34 37	21 48 50	5 38 36	5 46 24
5 M	14 42 07	0♓30 59	6♓42 16	26 23 35	10 35 24	16 40 54	14 03 59	3 34 31	16 10 22	8 01 18	12 37 54	21 45 53	5 36 34	5 43 32
6 Tu	15 39 20	12 49 41	18 55 23	28 08 51	11 47 19	17 00 04	13 53 12	3 41 47	16 20 03	7 56 28	12 41 31	21 43 11	5 34 47	5 40 58
7 W	16 37 07	24 58 27	0♈59 49	29 56 33	12 59 46	17 19 24	13 42 45	3 49 59	16 30 14	7 52 12	12 45 44	21 41 02	5 33 35	5 38 60
8 Th	17 35 42	6♈59 55	12 58 02	1♈46 57	14 12 59	17 39 07	13 32 51	3 59 20	16 41 07	7 48 41	12 50 48	21 39 40	5 33 10	5 37 51
9 F	18 35 11	18 56 22	24 52 16	3 40 10	15 27 07	17 59 21	13 23 39	4 09 58	16 52 49	7 46 05	12 56 50	21 39 13	5 33 39	5 37 39
10 Sa	19 35 34	0♉49 49	6♉44 31	5 36 10	16 42 07	18 20 02	13 15 07	4 21 51	17 05 20	7 44 20	13 03 49	21 39 38	5 35 02	5 38 22
11 Su	20 36 39	12 42 07	18 36 43	7 34 44	17 57 48	18 40 60	13 07 05	4 34 46	17 18 29	7 43 18	13 11 32	21 40 46	5 37 08	5 39 50
12 M	21 38 07	24 35 11	0♊30 52	9 35 34	19 13 52	19 01 54	12 59 15	4 48 26	17 31 55	7 42 37	13 19 43	21 42 17	5 39 37	5 41 43
13 Tu	22 39 34	6♊31 06	12 29 15	11 38 13	20 29 53	19 22 20	12 51 13	5 02 25	17 45 15	7 41 56	13 27 54	21 43 46	5 42 04	5 43 37
14 W	23 40 33	18 32 18	24 34 32	13 42 11	21 45 25	19 41 51	12 42 32	5 16 16	17 58 01	7 40 46	13 35 41	21 44 48	5 44 04	5 45 06
15 Th	24 40 40	0♋41 42	6♋49 49	15 47 03	23 00 05	20 00 02	12 32 50	5 29 36	18 09 51	7 38 44	13 42 40	21 44 58	5 45 13	5 45 46
16 F	25 39 42	13 02 45	19 18 40	17 52 27	24 13 38	20 16 39	12 21 52	5 42 10	18 20 29	7 35 37	13 48 35	21 44 02	5 45 17	5 45 22
17 Sa	26 37 33	25 39 17	2♌04 59	19 58 16	25 25 60	20 31 36	12 09 36	5 53 53	18 29 53	7 31 20	13 53 23	21 41 57	5 44 11	5 43 51
18 Su	27 34 27	8♌35 22	15 12 39	22 04 33	26 37 22	20 45 06	11 56 14	6 04 57	18 38 12	7 26 05	13 57 16	21 38 54	5 42 07	5 41 24
19 M	28 30 46	21 54 49	28 45 01	24 11 34	27 48 08	20 57 31	11 42 10	6 15 45	18 45 51	7 20 17	14 00 37	21 35 17	5 39 29	5 38 26
20 Tu	29 27 06	5♍40 34	12♍44 16	26 19 42	28 58 54	21 09 25	11 27 60	6 26 52	18 53 24	7 14 29	14 04 02	21 31 40	5 36 52	5 35 31
21 W	0♉24 03	19 53 51	27 10 29	28 29 23	0♊10 15	21 21 25	11 14 20	6 38 54	19 01 29	7 09 19	14 08 06	21 28 41	5 34 53	5 33 15
22 Th	1 22 09	4♎33 22	12♎00 57	0♉40 56	1 22 44	21 34 02	11 01 45	6 52 23	19 10 38	7 05 19	14 13 22	21 26 52	5 34 03	5 32 11
23 F	2 21 43	19 34 42	27 09 44	2 54 24	2 36 39	21 47 33	10 50 33	7 07 37	19 21 08	7 02 48	14 20 08	21 26 31	5 34 42	5 32 38
24 Sa	3 22 45	4♏50 12	12♏28 02	5 09 31	3 51 60	22 01 58	10 40 43	7 24 35	19 32 58	7 01 45	14 28 23	21 27 37	5 36 48	5 34 34
25 Su	4 24 52	20 09 49	27 45 15	7 25 40	5 08 24	22 16 53	10 31 55	7 42 55	19 45 47	7 01 47	14 37 46	21 29 49	5 39 59	5 37 38
26 M	5 27 27	5♐22 33	12♐50 41	9 41 55	6 25 13	22 31 40	10 23 31	8 01 59	19 58 57	7 02 19	14 47 38	21 32 28	5 43 39	5 41 11
27 Tu	6 29 44	20 18 22	27 35 24	11 57 15	7 41 44	22 45 33	10 14 47	8 21 01	20 11 43	7 02 34	14 57 15	21 34 51	5 47 01	5 44 30
28 W	7 31 03	4♑49 42	11♑53 23	14 10 42	8 57 14	22 57 49	10 05 03	8 39 21	20 23 23	7 01 51	15 05 55	21 36 15	5 49 24	5 46 52
29 Th	8 30 56	18 52 22	25 41 60	16 21 35	10 11 15	23 08 02	9 53 51	8 56 29	20 33 29	6 59 43	15 13 10	21 36 13	5 50 22	5 47 51
30 F	9 29 16	2♒25 32	9♒01 42	18 29 29	11 23 41	23 16 01	9 41 04	9 12 19	20 41 54	6 56 03	15 18 53	21 34 37	5 49 45	5 47 17
31 Sa	10 26 15	15 31 08	21 55 21	20 34 27	12 34 44	23 21 60	9 26 58	9 27 03	20 48 51	6 51 03	15 23 17	21 31 42	5 47 48	5 45 26

June 1986 LONGITUDE

Day	☉	0 hr ☽	Noon ☽	☿	♀	♂	⚵	⚳	♃	♄	⚷	♅	♆	♇
1 Su	11♉22 25	28♒12 59	4♓27 15	22♉36 49	13♊44 56	23♐26 29	9♏12 03	9♌41 13	20♒54 51	6♏45 16	15♉26 53	21♏27 57	5♐45 02	5♎42 47
2 M	12 18 30	10♓35 56	16 42 25	24 37 06	14 54 59	23 30 11	8 57 04	9 55 31	21 00 37	6 39 24	15 30 24	21 24 07	5 42 10	5 40 05
3 Tu	13 15 15	22 45 05	28 45 55	26 35 57	16 05 40	23 33 51	8 42 47	10 10 43	21 06 56	6 34 14	15 34 37	21 20 57	5 39 59	5 38 06
4 W	14 13 22	4♈45 19	10♈42 25	28 33 58	17 17 41	23 38 11	8 29 55	10 27 32	21 14 28	6 30 28	15 40 13	21 19 09	5 39 09	5 37 30
5 Th	15 13 21	16 40 49	22 35 50	0♊31 31	18 31 32	23 43 40	8 19 00	10 46 26	21 23 45	6 28 36	15 47 43	21 19 15	5 40 12	5 38 50
6 F	16 15 27	28 34 59	4♉29 17	2 28 47	19 47 26	23 50 32	8 10 16	11 07 40	21 34 59	6 28 52	15 57 19	21 21 27	5 43 22	5 42 17
7 Sa	17 19 33	10♉30 19	16 24 60	4 25 37	21 05 19	23 58 41	8 03 37	11 31 08	21 48 05	6 31 11	16 08 57	21 25 40	5 48 31	5 47 48
8 Su	18 25 15	22 28 31	28 24 31	6 21 32	22 24 44	24 07 41	7 58 40	11 56 24	22 02 38	6 35 08	16 22 11	21 31 30	5 55 17	5 54 56
9 M	19 31 52	4♊30 43	10♊28 53	8 15 50	23 45 01	24 16 53	7 54 44	12 22 48	22 17 58	6 40 02	16 36 22	21 38 15	6 02 58	6 03 02
10 Tu	20 38 33	16 37 44	22 38 56	10 07 38	25 05 19	24 25 24	7 51 01	12 49 29	22 33 13	6 45 03	16 50 37	21 45 05	6 10 43	6 11 15
11 W	21 44 25	28 50 29	4♋55 39	11 56 02	26 24 46	24 32 22	7 46 37	13 15 34	22 47 30	6 49 18	17 04 04	21 51 07	6 17 40	6 18 41
12 Th	22 48 42	11♋10 11	17 20 31	13 40 14	27 42 34	24 37 02	7 40 47	13 40 15	23 00 04	6 52 01	17 15 57	21 55 35	6 23 03	6 24 35
13 F	23 50 54	23 38 47	29 55 39	15 19 44	28 58 15	24 38 52	7 33 02	14 03 04	23 10 23	6 52 42	17 25 46	21 57 59	6 26 21	6 28 26
14 Sa	24 50 54	6♌19 01	12♌43 58	16 54 21	0♋11 39	24 37 45	7 23 14	14 23 51	23 18 21	6 51 13	17 33 22	21 58 11	6 27 26	6 30 07
15 Su	25 48 57	19 14 21	25 49 03	18 24 23	1 23 04	24 33 58	7 11 42	14 42 54	23 24 13	6 47 52	17 39 03	21 56 28	6 26 36	6 29 54
16 M	26 45 46	2♍28 44	9♍14 43	19 50 28	2 33 11	24 28 14	6 59 06	15 00 54	23 28 42	6 43 19	17 43 30	21 53 32	6 24 32	6 28 30
17 Tu	27 42 18	16 06 01	23 04 21	21 13 32	3 42 57	24 21 30	6 46 26	15 18 48	23 32 44	6 38 33	17 47 41	21 50 21	6 22 12	6 26 51
18 W	28 39 37	0♎09 05	7♎20 03	22 34 38	4 53 27	24 14 50	6 34 46	15 37 40	23 37 24	6 34 38	17 52 39	21 47 57	6 20 39	6 26 02
19 Th	29 38 39	14 38 48	22 01 24	23 54 38	6 05 35	24 09 11	6 25 02	15 58 25	23 43 38	6 32 28	17 59 19	21 47 18	6 20 49	6 26 58
20 F	0♊39 58	29 33 02	7♏04 45	25 14 05	7 19 56	24 05 08	6 17 48	16 21 37	23 51 58	6 32 40	18 08 17	21 48 57	6 23 17	6 30 14
21 Sa	1 43 38	14♏46 01	22 22 48	26 32 57	8 36 34	24 02 44	6 13 09	16 47 20	24 02 30	6 35 16	18 19 36	21 52 57	6 28 06	6 35 53
22 Su	2 49 09	0♐08 32	7♐45 16	27 50 44	9 54 59	24 01 32	6 10 36	17 15 05	24 14 43	6 39 47	18 32 46	21 58 51	6 34 48	6 43 26
23 M	3 55 36	15 29 10	23 00 28	29 06 25	11 14 15	24 00 35	6 09 14	17 43 55	24 27 42	6 45 18	18 46 52	22 05 42	6 42 25	6 51 57
24 Tu	5 01 52	0♑36 16	7♑57 28	0♋18 47	12 33 14	23 58 48	6 07 54	18 12 41	24 40 18	6 50 40	19 00 45	22 12 21	6 49 50	7 00 17
25 W	6 06 50	15 20 04	22 27 57	1 26 41	13 50 52	23 55 05	6 05 33	18 40 21	24 51 27	6 54 49	19 13 21	22 17 45	6 55 60	7 07 24
26 Th	7 09 48	29 34 16	6♒27 20	2 29 18	15 06 24	23 48 45	6 01 28	19 06 08	25 00 24	6 57 01	19 23 56	22 21 09	7 00 08	7 12 31
27 F	8 10 29	13♒16 27	19 54 51	3 26 15	16 19 35	23 39 31	5 55 21	19 29 46	25 06 54	6 56 60	19 32 12	22 22 17	7 01 59	7 15 24
28 Sa	9 09 08	26 27 48	2♓52 53	4 17 41	17 30 37	23 27 40	5 47 28	19 51 31	25 11 10	6 54 60	19 38 25	22 21 23	7 01 48	7 16 15
29 Su	10 06 25	9♓12 09	15 26 04	5 04 10	18 40 13	23 13 55	5 38 30	20 12 03	25 13 53	6 51 42	19 43 16	22 19 09	7 00 15	7 15 48
30 M	11 03 19	21 35 00	27 40 15	5 46 34	19 49 20	22 59 15	5 29 27	20 32 19	25 16 02	6 48 05	19 47 42	22 16 33	6 58 20	7 14 58

Notes

LONGITUDE — July 1986

Day	☉	0 hr ☽	Noon ☽	☿	♀	♂	⚵	⚳	♃	♄	⚷	♅	♆	♇
1 Tu	12 ♊ 00 53	3 ♈ 42 29	9 ♈ 41 39	6 ♋ 25 48	20 ♋ 59 02	22 ♐ 44 46	5 ♏ 21 20	20 ♌ 53 23	25 ♒ 18 39	6 ♏ 45 12	19 ♉ 52 47	22 ♏ 14 38	6 ♐ 57 04	7 ♎ 14 51
2 W	13 00 07	15 40 43	21 36 14	7 02 44	22 10 17	22 31 29	5 15 11	21 16 14	25 22 44	6 44 02	19 59 30	22 14 23	6 57 28	7 16 25
3 Th	14 01 42	27 35 08	3 ♉ 29 11	7 37 57	23 23 48	22 20 08	5 11 41	21 41 34	25 28 60	6 45 18	20 08 33	22 16 30	7 00 13	7 20 22
4 F	15 05 60	9 ♉ 30 16	15 24 38	8 11 42	24 39 57	22 11 07	5 11 13	22 09 45	25 37 46	6 49 22	20 20 18	22 21 23	7 05 42	7 27 05
5 Sa	16 12 56	21 29 25	27 25 31	8 43 44	25 58 37	22 04 24	5 13 41	22 40 42	25 48 59	6 56 07	20 34 40	22 28 54	7 13 49	7 36 27
6 Su	17 21 60	3 ♊ 34 43	9 ♊ 33 36	9 13 29	27 19 19	21 59 30	5 18 35	23 13 53	26 02 08	7 05 05	20 51 07	22 38 34	7 24 03	7 47 58
7 M	18 32 19	15 47 15	21 49 39	9 39 56	28 41 10	21 55 37	5 25 04	23 48 26	26 16 21	7 15 22	21 08 49	22 49 31	7 35 34	8 00 47
8 Tu	19 42 48	28 07 16	4 ♋ 13 43	10 01 55	0 ♌ 03 06	21 51 42	5 32 02	24 23 17	26 30 32	7 25 54	21 26 39	23 00 40	7 47 15	8 13 49
9 W	20 52 20	10 ♋ 34 38	16 45 34	10 18 15	1 23 56	21 46 40	5 38 22	24 57 17	26 43 34	7 35 33	21 43 30	23 10 52	7 57 58	8 25 54
10 Th	21 59 54	23 09 16	29 25 12	10 27 53	2 42 42	21 39 32	5 43 04	25 29 26	26 54 25	7 43 19	21 58 21	23 19 08	8 06 45	8 36 03
11 F	23 04 50	5 ♌ 51 34	12 ♌ 13 09	10 30 09	3 58 43	21 29 44	5 45 27	25 59 03	27 02 28	7 48 32	22 10 32	23 24 49	8 12 53	8 43 37
12 Sa	24 06 56	18 42 45	25 10 51	10 24 52	5 11 48	21 17 05	5 45 21	26 25 58	27 07 29	7 51 00	22 19 52	23 27 40	8 16 13	8 48 23
13 Su	25 06 31	1 ♍ 44 60	8 ♍ 20 43	10 12 27	6 22 14	21 01 57	5 43 03	26 50 27	27 09 47	7 51 02	22 26 40	23 28 03	8 17 02	8 50 39
14 M	26 04 22	15 01 20	21 45 51	9 53 50	7 30 49	20 45 10	5 39 22	27 13 19	27 10 09	7 49 26	22 31 42	23 26 44	8 16 08	8 51 14
15 Tu	27 01 38	28 35 13	5 ♎ 29 32	9 30 21	8 38 41	20 27 56	5 35 26	27 35 42	27 09 45	7 47 19	22 36 06	23 24 51	8 14 40	8 51 16
16 W	27 59 34	12 ♎ 29 44	19 34 24	9 03 31	9 47 05	20 11 33	5 32 30	27 58 51	27 09 49	7 45 58	22 41 09	23 23 41	8 13 52	8 52 00
17 Th	28 59 18	26 46 41	4 ♏ 01 23	8 34 49	10 57 08	19 57 10	5 31 40	28 23 52	27 11 29	7 46 28	22 47 57	23 24 19	8 14 52	8 54 33
18 F	0 ♋ 01 31	11 ♏ 25 34	18 48 44	8 05 22	12 09 32	19 45 33	5 33 41	28 51 30	27 15 26	7 49 34	22 57 13	23 27 29	8 18 22	8 59 39
19 Sa	1 06 23	26 22 43	3 ♐ 51 23	7 35 50	13 24 26	19 36 52	5 38 41	29 21 51	27 21 51	7 55 24	23 09 05	23 33 20	8 24 32	9 07 24
20 Su	2 13 25	11 ♐ 31 07	19 01 10	7 06 17	14 41 22	19 30 42	5 46 09	29 54 27	27 30 13	8 03 29	23 23 04	23 41 22	8 32 52	9 17 21
21 M	3 21 37	26 41 07	4 ♑ 07 48	6 36 21	15 59 18	19 26 05	5 55 08	0 ♍ 28 19	27 39 34	8 12 49	23 38 12	23 50 37	8 42 23	9 28 31
22 Tu	4 29 46	11 ♑ 41 57	19 00 45	6 05 28	17 17 00	19 21 48	6 04 22	1 02 11	27 48 39	8 22 09	23 53 12	23 59 49	8 51 51	9 39 37
23 W	5 36 37	26 23 46	3 ♒ 31 07	5 33 10	18 33 16	19 16 41	6 12 38	1 34 51	27 56 15	8 30 18	24 06 54	24 07 46	9 00 01	9 49 28
24 Th	6 41 19	10 ♒ 39 17	17 33 06	4 59 17	19 47 13	19 09 53	6 19 04	2 05 26	28 01 29	8 36 22	24 18 22	24 13 35	9 06 03	9 57 12
25 F	7 43 29	24 24 44	1 ♓ 04 30	4 24 13	20 58 27	19 01 03	6 23 16	2 33 33	28 03 59	8 39 59	24 27 16	24 16 53	9 09 33	10 02 24
26 Sa	8 43 16	7 ♓ 39 57	14 06 29	3 48 51	22 07 08	18 50 23	6 25 25	2 59 22	28 03 54	8 41 18	24 33 43	24 17 50	9 10 40	10 05 15
27 Su	9 41 20	20 27 45	26 42 49	3 14 32	23 13 54	18 38 34	6 26 08	3 23 31	28 01 53	8 40 57	24 38 24	24 17 05	9 10 03	10 06 23
28 M	10 38 38	2 ♈ 52 60	8 ♈ 58 60	2 42 54	24 19 44	18 26 35	6 26 25	3 46 58	27 58 54	8 39 56	24 42 15	24 15 35	9 08 41	10 06 47
29 Tu	11 36 16	15 01 44	21 01 19	2 15 40	25 25 42	18 15 33	6 27 20	4 10 49	27 56 03	8 39 19	24 46 23	24 14 27	9 07 39	10 07 31
30 W	12 35 16	27 00 19	2 ♉ 56 09	1 54 25	26 32 52	18 06 33	6 29 55	4 36 06	27 54 22	8 40 10	24 51 50	24 14 43	9 07 60	10 09 39
31 Th	13 36 26	8 ♉ 54 49	14 49 23	1 40 26	27 41 59	18 00 24	6 34 58	5 03 37	27 54 39	8 43 14	24 59 22	24 17 10	9 10 30	10 13 58

LONGITUDE — August 1986

Day	☉	0 hr ☽	Noon ☽	☿	♀	♂	⚵	⚳	♃	♄	⚷	♅	♆	♇
1 F	14 ♋ 40 12	20 ♉ 50 31	26 ♉ 46 03	1 ♋ 34 34	28 ♌ 53 29	17 ♐ 57 32	6 ♏ 42 54	5 ♍ 33 45	27 ♒ 57 19	8 ♏ 48 59	25 ♉ 09 27	24 ♏ 22 13	9 ♐ 15 35	10 ♎ 20 53
2 Sa	15 46 31	2 ♊ 51 39	8 ♊ 49 57	1 37 07	0 ♍ 07 21	17 57 57	6 53 43	6 06 32	28 02 21	8 57 23	25 22 01	24 29 52	9 23 15	10 30 23
3 Su	16 54 58	15 01 10	21 03 37	1 47 54	1 23 08	18 01 15	7 06 56	6 41 29	28 09 18	9 07 58	25 36 39	24 39 40	9 33 02	10 42 01
4 M	18 04 41	27 20 47	3 ♋ 28 18	2 06 20	2 39 59	18 06 35	7 21 45	7 17 47	28 17 22	9 19 55	25 52 30	24 50 47	9 44 07	10 54 58
5 Tu	19 14 39	9 ♋ 51 03	16 04 09	2 31 29	3 56 51	18 12 57	7 37 05	7 54 21	28 25 27	9 32 12	26 08 32	25 02 09	9 55 26	11 08 09
6 W	20 23 44	22 31 43	28 50 34	3 02 22	5 12 36	18 19 13	7 51 49	8 30 06	28 32 29	9 43 40	26 23 37	25 12 40	10 05 52	11 20 29
7 Th	21 30 57	5 ♌ 22 00	11 ♌ 46 35	3 38 01	6 26 16	18 24 26	8 04 60	9 04 03	28 37 28	9 53 21	26 36 46	25 21 22	10 14 27	11 30 58
8 F	22 35 40	18 21 11	24 51 25	4 17 48	7 37 10	18 27 57	8 15 56	9 35 31	28 39 45	10 00 37	26 47 20	25 27 34	10 20 32	11 38 56
9 Sa	23 37 37	1 ♍ 28 55	8 ♍ 04 50	5 01 28	8 45 06	18 29 33	8 24 25	10 04 18	28 39 07	10 05 13	26 55 05	25 31 03	10 23 53	11 44 12
10 Su	24 37 08	14 45 36	21 27 24	5 49 14	9 50 19	18 29 32	8 30 44	10 30 40	28 35 51	10 07 26	27 00 20	25 32 08	10 24 46	11 47 01
11 M	25 34 54	28 12 27	5 ♎ 00 28	6 41 42	10 53 32	18 28 36	8 35 35	10 55 21	28 30 41	10 08 00	27 03 46	25 31 29	10 23 57	11 48 08
12 Tu	26 31 59	11 ♎ 51 15	18 45 52	7 39 49	11 55 47	18 27 50	8 40 02	11 19 24	28 24 39	10 07 58	27 06 27	25 30 12	10 22 26	11 48 34
13 W	27 29 32	25 43 51	2 ♏ 45 18	8 44 31	12 58 14	18 28 21	8 45 13	11 43 57	28 18 56	10 08 29	27 09 31	25 29 24	10 21 24	11 49 29
14 Th	28 28 33	9 ♏ 51 30	16 59 31	9 56 40	14 01 52	18 31 10	8 52 08	12 10 01	28 14 32	10 10 34	27 14 00	25 30 07	10 21 51	11 51 53
15 F	29 29 43	24 14 01	1 ♐ 27 35	11 16 39	15 07 21	18 36 58	9 01 28	12 38 16	28 12 07	10 14 52	27 20 34	25 33 01	10 24 28	11 56 28
16 Sa	0 ♌ 33 11	8 ♐ 49 05	16 06 17	12 44 23	16 14 49	18 45 53	9 13 22	13 08 51	28 11 51	10 21 32	27 29 21	25 38 15	10 29 23	12 03 21
17 Su	1 38 34	23 32 01	0 ♑ 50 04	14 19 10	17 23 54	18 57 31	9 27 26	13 41 23	28 13 20	10 30 12	27 39 58	25 45 25	10 36 13	12 12 09
18 M	2 45 02	8 ♑ 16 05	15 31 36	15 59 51	18 33 44	19 11 02	9 42 50	14 15 02	28 15 46	10 40 03	27 51 37	25 53 42	10 44 09	12 22 04
19 Tu	3 51 32	22 53 21	0 ♒ 02 53	17 44 60	19 43 15	19 25 23	9 58 31	14 48 45	28 18 05	10 49 59	28 03 12	26 02 03	10 52 08	12 32 01
20 W	4 57 03	7 ♒ 16 03	14 16 38	19 33 11	20 51 27	19 39 30	10 13 27	15 21 31	28 19 16	10 59 01	28 13 44	26 09 26	10 59 07	12 40 59
21 Th	6 00 46	21 17 53	28 07 29	21 23 14	21 57 30	19 52 37	10 26 50	15 52 31	28 18 32	11 06 20	28 22 23	26 15 04	11 04 20	12 48 11
22 F	7 02 20	4 ♓ 54 57	11 ♓ 32 38	23 14 17	23 01 00	20 04 19	10 38 17	16 21 22	28 15 30	11 11 33	28 28 47	26 18 33	11 07 22	12 53 13
23 Sa	8 01 46	18 06 02	24 32 03	25 05 59	24 02 01	20 14 37	10 47 50	16 48 07	28 10 12	11 14 43	28 32 59	26 19 56	11 08 18	12 56 08
24 Su	8 59 32	0 ♈ 52 33	7 ♈ 08 04	26 58 20	25 00 57	20 23 60	10 55 56	17 13 13	28 03 05	11 16 16	28 35 25	26 19 40	11 07 33	12 57 22
25 M	9 56 20	13 17 57	19 24 49	28 51 38	25 58 33	20 33 08	11 03 19	17 37 23	27 54 54	11 16 56	28 36 49	26 18 28	11 05 51	12 57 40
26 Tu	10 53 04	25 27 03	1 ♉ 27 34	0 ♌ 46 20	26 55 39	20 42 55	11 10 50	18 01 29	27 46 31	11 17 36	28 38 02	26 17 13	11 04 04	12 57 53
27 W	11 50 34	7 ♉ 25 27	13 22 09	2 42 55	27 53 05	20 54 09	11 19 19	18 26 21	27 38 46	11 19 04	28 39 55	26 16 45	11 03 03	12 58 51
28 Th	12 49 29	19 18 55	25 14 22	4 41 41	28 51 30	21 07 31	11 29 27	18 52 41	27 32 21	11 22 03	28 43 09	26 17 44	11 03 28	13 01 15
29 F	13 50 15	1 ♊ 12 56	7 ♊ 09 35	6 42 44	29 51 19	21 23 25	11 41 38	19 20 52	27 27 40	11 26 56	28 48 08	26 20 35	11 05 43	13 05 30
30 Sa	14 52 56	13 12 22	19 12 25	8 45 50	0 ♎ 52 34	21 41 53	11 55 56	19 50 58	27 24 46	11 33 47	28 54 56	26 25 21	11 09 53	13 11 39
31 Su	15 57 15	25 21 09	1 ♋ 26 25	10 50 29	1 54 59	22 02 39	12 12 04	20 22 43	27 23 26	11 42 21	29 03 16	26 31 48	11 15 41	13 19 26

Notes

September 1986 — LONGITUDE

Day	☉	0 hr ☽	Noon ☽	☿	♀	♂	⚵	⚳	♃	♄	⚷	♅	♆	♇
1 M	17 ♌ 02 38	7 ♋ 42 10	13 ♋ 54 02	12 ♌ 55 54	2 ♎ 57 57	22 ♐ 25 09	12 ♏ 29 29	20 ♍ 55 33	27 ♒ 23 03	11 ♏ 52 02	29 ♉ 12 34	26 ♏ 39 19	11 ♐ 22 33	13 ♎ 28 17
2 Tu	18 08 20	20 17 09	26 36 27	15 01 07	4 00 44	22 48 36	12 47 24	21 28 43	27 22 55	12 02 05	29 22 06	26 47 11	11 29 45	13 37 27
3 W	19 13 32	3 ♌ 06 42	9 ♌ 33 44	17 05 11	5 02 29	23 12 11	13 05 01	22 01 23	27 22 12	12 11 43	29 31 02	26 54 34	11 36 26	13 46 07
4 Th	20 17 31	16 10 24	22 44 58	19 07 15	6 02 28	23 35 10	13 21 36	22 32 50	27 20 11	12 20 11	29 38 39	27 00 45	11 41 54	13 53 34
5 F	21 19 47	29 27 10	6 ♍ 08 39	21 06 44	7 00 10	23 57 03	13 36 40	23 02 35	27 16 23	12 26 59	29 44 27	27 05 15	11 45 40	13 59 17
6 Sa	22 20 08	12 ♍ 55 28	19 43 04	23 03 21	7 55 23	24 17 38	13 50 01	23 30 27	27 10 38	12 31 58	29 48 16	27 07 52	11 47 32	14 03 07
7 Su	23 18 46	26 33 47	3 ♎ 26 35	24 57 13	8 48 15	24 37 05	14 01 50	23 56 35	27 03 06	12 35 16	29 50 15	27 08 47	11 47 40	14 05 12
8 M	24 16 10	10 ♎ 20 47	17 17 56	26 48 47	9 39 14	24 55 51	14 12 35	24 21 29	26 54 16	12 37 23	29 50 54	27 08 29	11 46 34	14 06 03
9 Tu	25 13 01	24 15 31	1 ♏ 16 14	28 38 42	10 29 02	25 14 39	14 22 58	24 45 51	26 44 52	12 39 02	29 50 54	27 07 40	11 44 57	14 06 21
10 W	26 10 06	8 ♏ 17 14	15 20 50	0 ♍ 27 43	11 18 22	25 34 14	14 33 46	25 10 27	26 35 40	12 40 58	29 51 03	27 07 07	11 43 33	14 06 54
11 Th	27 08 04	22 25 12	29 30 53	2 16 31	12 07 53	25 55 16	14 45 38	25 35 57	26 27 20	12 43 52	29 51 59	27 07 28	11 43 04	14 08 20
12 F	28 07 22	6 ♐ 38 13	13 ♐ 45 02	4 05 29	12 57 60	26 18 08	14 59 00	26 02 47	26 20 18	12 48 08	29 54 10	27 09 11	11 43 54	14 11 05
13 Sa	29 08 06	20 54 19	28 01 01	5 54 45	13 48 46	26 42 56	15 13 58	26 31 02	26 14 41	12 53 54	29 57 41	27 12 22	11 46 11	14 15 16
14 Su	0 ♍ 10 02	5 ♑ 10 36	12 ♑ 15 36	7 44 04	14 39 56	27 09 27	15 30 18	27 00 30	26 10 16	13 00 56	0 ♊ 02 17	27 16 45	11 49 40	14 20 39
15 M	1 12 40	19 23 17	26 24 45	9 32 58	15 30 59	27 37 08	15 47 29	27 30 40	26 06 33	13 08 43	0 07 30	27 21 53	11 53 52	14 26 44
16 Tu	2 15 24	3 ♒ 28 01	10 ♒ 24 04	11 20 52	16 21 15	28 05 23	16 04 56	28 00 55	26 02 55	13 16 38	0 12 43	27 27 07	11 58 10	14 32 53
17 W	3 17 37	17 20 29	24 09 25	13 07 08	17 10 07	28 33 35	16 22 02	28 30 40	25 58 47	13 24 07	0 17 19	27 31 52	12 01 57	14 38 33
18 Th	4 18 53	0 ♓ 56 59	7 ♓ 37 30	14 51 22	17 57 05	29 01 15	16 38 18	28 59 26	25 53 42	13 30 40	0 20 51	27 35 40	12 04 47	14 43 13
19 F	5 18 56	14 14 59	20 46 21	16 33 19	18 41 53	29 28 08	16 53 31	29 26 60	25 47 26	13 36 04	0 23 04	27 38 17	12 06 25	14 46 41
20 Sa	6 17 47	27 13 22	3 ♈ 35 35	18 13 02	19 24 28	29 54 15	17 07 40	29 53 21	25 39 58	13 40 19	0 23 60	27 39 43	12 06 50	14 48 56
21 Su	7 15 40	9 ♈ 52 38	16 06 18	19 50 43	20 05 02	0 ♑ 19 46	17 20 59	0 ♎ 18 42	25 31 33	13 43 37	0 23 49	27 40 11	12 06 16	14 50 11
22 M	8 12 54	22 14 42	28 21 02	21 26 45	20 43 53	0 45 04	17 33 49	0 43 25	25 22 32	13 46 20	0 22 55	27 40 03	12 05 05	14 50 47
23 Tu	9 09 58	4 ♉ 22 41	10 ♉ 23 23	23 01 37	21 21 26	1 10 34	17 46 35	1 07 57	25 13 23	13 48 55	0 21 43	27 39 44	12 03 43	14 51 12
24 W	10 07 17	16 20 36	22 17 43	24 35 43	21 58 04	1 36 41	17 59 44	1 32 42	25 04 30	13 51 47	0 20 40	27 39 41	12 02 35	14 51 51
25 Th	11 05 11	28 13 01	4 ♊ 08 51	26 09 27	22 34 04	2 03 45	18 13 36	1 58 01	24 56 14	13 55 16	0 20 05	27 40 13	12 02 02	14 53 03
26 F	12 03 53	10 ♊ 04 49	16 01 44	27 43 00	23 09 37	2 31 58	18 28 24	2 24 08	24 48 50	13 59 36	0 20 11	27 41 35	12 02 17	14 55 03
27 Sa	13 03 26	22 00 48	28 01 11	29 16 27	23 44 42	3 01 23	18 44 10	2 51 04	24 42 20	14 04 49	0 21 02	27 43 48	12 03 23	14 57 52
28 Su	14 03 44	4 ♋ 05 32	10 ♋ 11 36	0 ♎ 49 42	24 19 11	3 31 54	19 00 47	3 18 44	24 36 38	14 10 49	0 22 30	27 46 46	12 05 13	15 01 25
29 M	15 04 32	16 23 07	22 36 46	2 22 31	24 52 46	4 03 15	19 18 03	3 46 53	24 31 31	14 17 21	0 24 23	27 50 16	12 07 34	15 05 27
30 Tu	16 05 33	28 56 51	5 ♌ 19 35	3 54 36	25 25 06	4 35 08	19 35 38	4 15 14	24 26 40	14 24 08	0 26 21	27 53 58	12 10 07	15 09 40

October 1986 — LONGITUDE

Day	☉	0 hr ☽	Noon ☽	☿	♀	♂	⚵	⚳	♃	♄	⚷	♅	♆	♇
1 W	17 ♍ 06 26	11 ♌ 49 06	18 ♌ 21 45	5 ♎ 25 38	25 ♎ 55 48	5 ♑ 07 13	19 ♏ 53 13	4 ♎ 43 26	24 ♒ 21 46	14 ♏ 30 49	0 ♊ 28 06	27 ♏ 57 34	12 ♐ 12 32	15 ♎ 13 45
2 Th	18 06 58	25 00 58	1 ♍ 43 44	6 55 21	26 24 34	5 39 14	20 10 32	5 11 15	24 16 35	14 37 11	0 29 21	28 00 49	12 14 35	15 17 27
3 F	19 06 57	8 ♍ 32 16	15 24 31	8 23 34	26 51 09	6 11 01	20 27 26	5 38 30	24 10 57	14 43 01	0 29 58	28 03 31	12 16 05	15 20 35
4 Sa	20 06 21	22 21 21	29 21 46	9 50 16	27 15 29	6 42 32	20 43 53	6 05 10	24 04 50	14 48 20	0 29 53	28 05 41	12 17 02	15 23 07
5 Su	21 05 17	6 ♎ 25 22	13 ♎ 32 02	11 15 30	27 37 35	7 13 52	20 59 57	6 31 19	23 58 20	14 53 12	0 29 14	28 07 22	12 17 29	15 25 09
6 M	22 03 55	20 40 26	27 51 06	12 39 26	27 57 33	7 45 11	21 15 49	6 57 09	23 51 38	14 57 47	0 28 09	28 08 45	12 17 38	15 26 52
7 Tu	23 02 27	5 ♏ 02 12	12 ♏ 14 30	14 02 16	28 15 34	8 16 42	21 31 43	7 22 53	23 44 58	15 02 20	0 26 54	28 10 05	12 17 42	15 28 29
8 W	24 01 07	19 26 13	26 37 59	15 24 10	28 31 44	8 48 35	21 47 50	7 48 42	23 38 32	15 07 01	0 25 39	28 11 32	12 17 53	15 30 12
9 Th	25 00 00	3 ♐ 48 23	10 ♐ 57 45	16 45 12	28 46 09	9 20 59	22 04 17	8 14 44	23 32 27	15 11 58	0 24 32	28 13 14	12 18 18	15 32 08
10 F	25 59 11	18 05 14	25 10 45	18 05 23	28 58 45	9 53 55	22 21 07	8 41 02	23 26 46	15 17 14	0 23 36	28 15 14	12 19 00	15 34 19
11 Sa	26 58 34	2 ♑ 14 01	9 ♑ 14 39	19 24 36	29 09 27	10 27 19	22 38 17	9 07 32	23 21 26	15 22 46	0 22 47	28 17 28	12 19 56	15 36 43
12 Su	27 58 05	16 12 44	23 07 45	20 42 40	29 18 04	11 01 04	22 55 40	9 34 07	23 16 21	15 28 26	0 21 59	28 19 50	12 20 60	15 39 13
13 M	28 57 37	29 59 55	6 ♒ 48 50	21 59 26	29 24 26	11 35 04	23 13 10	10 00 42	23 11 25	15 34 09	0 21 06	28 22 14	12 22 04	15 41 43
14 Tu	29 57 05	13 ♒ 34 37	20 17 05	23 14 43	29 28 27	12 09 14	23 30 41	10 27 12	23 06 34	15 39 50	0 20 03	28 24 34	12 23 04	15 44 07
15 W	0 ♎ 56 29	26 56 10	3 ♓ 31 57	24 28 25	29 30 01	12 43 32	23 48 13	10 53 36	23 01 46	15 45 27	0 18 50	28 26 51	12 24 00	15 46 26
16 Th	1 55 51	10 ♓ 04 13	16 33 10	25 40 27	29 29 11	13 18 01	24 05 49	11 19 56	22 57 06	15 51 05	0 17 28	28 29 06	12 24 55	15 48 42
17 F	2 55 17	22 58 39	29 20 48	26 50 48	29 25 59	13 52 45	24 23 35	11 46 18	22 52 38	15 56 48	0 16 05	28 31 27	12 25 53	15 51 01
18 Sa	3 54 55	5 ♈ 39 41	11 ♈ 55 14	27 59 26	29 20 32	14 27 52	24 41 36	12 12 50	22 48 29	16 02 43	0 14 47	28 33 58	12 27 03	15 53 29
19 Su	4 54 49	18 07 57	24 17 21	29 06 16	29 12 54	15 03 27	24 59 59	12 39 37	22 44 47	16 08 56	0 13 39	28 36 47	12 28 29	15 56 12
20 M	5 55 03	0 ♉ 24 33	6 ♉ 28 32	0 ♏ 11 10	29 03 08	15 39 33	25 18 46	13 06 41	22 41 32	16 15 30	0 12 45	28 39 56	12 30 14	15 59 13
21 Tu	6 55 35	12 31 06	18 30 46	1 13 53	28 51 14	16 16 07	25 37 57	13 34 02	22 38 45	16 22 23	0 12 03	28 43 23	12 32 17	16 02 31
22 W	7 56 19	24 29 50	0 ♊ 26 36	2 14 04	28 37 06	16 53 03	25 57 23	14 01 33	22 36 19	16 29 28	0 11 27	28 47 02	12 34 32	16 05 59
23 Th	8 57 06	6 ♊ 23 36	12 19 12	3 11 17	28 20 38	17 30 11	26 16 57	14 29 03	22 34 05	16 36 37	0 10 46	28 50 44	12 36 49	16 09 27
24 F	9 57 43	18 15 48	24 12 12	4 05 01	28 01 41	18 07 19	26 36 25	14 56 22	22 31 50	16 43 37	0 09 50	28 54 16	12 38 56	16 12 44
25 Sa	10 57 59	0 ♋ 10 20	6 ♋ 09 46	4 54 43	27 40 08	18 44 15	26 55 36	15 23 18	22 29 24	16 50 17	0 08 27	28 57 27	12 40 41	16 15 38
26 Su	11 57 46	12 11 33	18 16 20	5 39 53	27 15 57	19 20 52	27 14 23	15 49 42	22 26 38	16 56 28	0 06 30	29 00 09	12 41 58	16 18 02
27 M	12 57 03	24 24 04	0 ♌ 36 29	6 20 01	26 49 13	19 57 06	27 32 43	16 15 34	22 23 32	17 02 09	0 03 55	29 02 21	12 42 43	16 19 52
28 Tu	13 55 55	6 ♌ 52 28	13 14 36	6 54 45	26 20 09	20 33 05	27 50 43	16 40 59	22 20 10	17 07 26	0 00 50	29 04 07	12 43 03	16 21 16
29 W	14 54 35	19 40 59	26 14 30	7 23 45	25 49 08	21 08 59	28 08 34	17 06 09	22 16 46	17 12 31	29 ♉ 57 26	29 05 42	12 43 10	16 22 26
30 Th	15 53 23	2 ♍ 52 58	9 ♍ 38 54	7 46 47	25 16 37	21 45 10	28 26 36	17 31 24	22 13 40	17 17 44	29 54 05	29 07 24	12 43 24	16 23 41
31 F	16 52 40	16 30 23	23 28 47	8 03 37	24 43 11	22 21 57	28 45 12	17 57 06	22 11 12	17 23 26	29 51 06	29 09 35	12 44 07	16 25 24

Notes

LONGITUDE — November 1986

Day	☉	0 hr ☽	Noon ☽	☿	♀	♂	⚳	⚴	♃	♄	⚷	♅	♆	♇
1 Sa	17 ♎ 52 45	0 ♎ 33 07	7 ♎ 42 55	8 ♏ 13 55	24 ♎ 09 20	22 ♑ 59 40	29 ♏ 04 39	18 ♎ 23 33	22 ♒ 09 43	17 ♏ 29 57	29 ♉ 48 50	29 ♏ 12 34	12 ♐ 45 38	16 ♎ 27 52
2 Su	18 53 49	14 58 37	22 17 31	8 17 15	23 35 27	23 38 31	29 25 09	18 50 58	22 09 24	17 37 28	29 47 28	29 16 32	12 48 08	16 31 18
3 M	19 55 53	29 41 44	7 ♏ 06 24	8 13 00	23 01 48	24 18 29	29 46 43	19 19 19	22 10 14	17 45 58	29 47 00	29 21 30	12 51 37	16 35 41
4 Tu	20 58 42	14 ♏ 35 12	22 01 41	8 00 24	22 28 20	24 59 19	0 ♐ 09 06	19 48 24	22 12 01	17 55 14	29 47 13	29 27 13	12 55 51	16 40 48
5 W	22 01 52	29 30 33	6 ♐ 54 51	7 38 36	21 54 54	25 40 37	0 31 52	20 17 46	22 14 19	18 04 51	29 47 40	29 33 16	13 00 25	16 46 14
6 Th	23 04 50	14 ♐ 19 28	21 38 05	7 06 50	21 21 13	26 21 50	0 54 31	20 46 54	22 16 36	18 14 17	29 47 51	29 39 09	13 04 48	16 51 26
7 F	24 07 06	28 54 56	6 ♑ 05 22	6 24 36	20 47 01	27 02 29	1 16 32	21 15 19	22 18 23	18 23 02	29 47 17	29 44 20	13 08 29	16 55 55
8 Sa	25 08 22	13 ♑ 12 08	20 12 58	5 31 56	20 12 14	27 42 13	1 37 35	21 42 40	22 19 19	18 30 45	29 45 36	29 48 29	13 11 09	16 59 21
9 Su	26 08 29	27 08 41	3 ♒ 59 33	4 29 28	19 36 60	28 20 55	1 57 34	22 08 51	22 19 18	18 37 22	29 42 43	29 51 32	13 12 41	17 01 38
10 M	27 07 41	10 ♒ 44 26	17 25 43	3 18 36	19 01 43	28 58 47	2 16 40	22 34 04	22 18 33	18 43 02	29 38 49	29 53 38	13 13 17	17 02 57
11 Tu	28 06 21	24 00 52	0 ♓ 36 23	2 01 28	18 27 04	29 36 14	2 35 18	22 58 42	22 17 27	18 48 12	29 34 20	29 55 13	13 13 22	17 03 43
12 W	29 05 05	7 ♓ 00 25	13 25 19	0 40 44	17 53 49	0 ♒ 13 50	2 54 04	23 23 22	22 16 35	18 53 25	29 29 50	29 56 52	13 13 31	17 04 30
13 Th	0 ♏ 04 30	19 45 52	26 04 12	29 ♎ 19 27	17 22 47	0 52 12	3 13 33	23 48 41	22 16 36	18 59 20	29 25 57	29 59 12	13 14 20	17 05 57
14 F	1 05 10	2 ♈ 19 54	8 ♈ 32 38	28 00 49	16 54 43	1 31 53	3 34 20	24 15 11	22 18 02	19 06 28	29 23 14	0 ♐ 02 46	13 16 24	17 08 37
15 Sa	2 07 26	14 44 46	20 52 44	26 47 47	16 30 09	2 13 15	3 56 47	24 43 15	22 21 15	19 15 14	29 22 04	0 07 57	13 20 04	17 12 51
16 Su	3 11 28	27 02 12	3 ♉ 06 08	25 42 54	16 09 21	2 56 28	4 21 02	25 13 02	22 26 24	19 25 44	29 22 36	0 14 53	13 25 29	17 18 49
17 M	4 17 08	9 ♉ 13 30	15 14 03	24 48 05	15 52 19	3 41 22	4 46 57	25 44 24	22 33 22	19 37 52	29 24 41	0 23 26	13 32 32	17 26 22
18 Tu	5 24 02	21 19 37	27 17 32	24 04 30	15 38 47	4 27 35	5 14 10	26 16 58	22 41 45	19 51 15	29 27 56	0 33 14	13 40 49	17 35 08
19 W	6 31 35	3 ♊ 21 30	9 ♊ 17 39	23 32 35	15 28 13	5 14 31	5 42 04	26 50 08	22 50 57	20 05 16	29 31 47	0 43 40	13 49 44	17 44 31
20 Th	7 39 05	15 20 16	21 15 46	23 12 13	15 19 59	6 01 27	6 09 57	27 23 11	23 00 16	20 19 12	29 35 31	0 54 03	13 58 36	17 53 48
21 F	8 45 49	27 17 35	3 ♋ 13 49	23 02 44	15 13 24	6 47 40	6 37 06	27 55 25	23 08 59	20 32 22	29 38 24	1 03 38	14 06 40	18 02 16
22 Sa	9 51 10	9 ♋ 15 47	15 14 29	23 03 17	15 07 55	7 32 34	7 02 55	28 26 13	23 16 30	20 44 08	29 39 51	1 11 50	14 13 22	18 09 19
23 Su	10 54 46	21 18 07	27 21 16	23 12 56	15 03 09	8 15 47	7 27 02	28 55 14	23 22 26	20 54 09	29 39 29	1 18 17	14 18 18	18 14 36
24 M	11 56 35	3 ♌ 28 38	9 ♌ 38 29	23 30 56	14 59 04	8 57 15	7 49 23	29 22 23	23 26 44	21 02 21	29 37 17	1 22 55	14 21 26	18 18 02
25 Tu	12 56 53	15 52 12	22 11 07	23 56 42	14 55 57	9 37 16	8 10 16	29 47 59	23 29 43	21 09 03	29 33 31	1 26 03	14 23 03	18 19 55
26 W	13 56 19	28 34 07	5 ♍ 04 19	24 29 59	14 54 23	10 16 27	8 30 19	0 ♏ 12 39	23 31 58	21 14 50	29 28 48	1 28 17	14 23 47	18 20 54
27 Th	14 55 43	11 ♍ 39 33	18 22 54	25 10 45	14 55 12	10 55 39	8 50 22	0 37 13	23 34 22	21 20 35	29 24 01	1 30 28	14 24 28	18 21 48
28 F	15 56 00	25 12 49	2 ♎ 10 24	25 59 03	14 59 16	11 35 47	9 11 20	1 02 38	23 37 49	21 27 12	29 20 04	1 33 33	14 26 02	18 23 33
29 Sa	16 57 60	9 ♎ 16 21	16 28 02	26 54 55	15 07 21	12 17 41	9 34 03	1 29 42	23 43 09	21 35 31	29 17 47	1 38 19	14 29 18	18 26 58
30 Su	18 02 12	23 49 40	1 ♏ 13 49	27 58 06	15 19 55	13 01 50	9 58 60	1 58 55	23 50 51	21 46 00	29 17 39	1 45 16	14 34 45	18 32 33

LONGITUDE — December 1986

Day	☉	0 hr ☽	Noon ☽	☿	♀	♂	⚳	⚴	♃	♄	⚷	♅	♆	♇
1 M	19 ♏ 08 38	8 ♏ 48 38	16 ♏ 21 51	29 ♎ 07 58	15 ♎ 36 57	13 ♒ 48 16	10 ♐ 26 14	2 ♏ 30 19	24 ♒ 00 57	21 ♏ 58 44	29 ♉ 19 43	1 ♐ 54 27	14 ♐ 42 27	18 ♎ 40 21
2 Tu	20 16 52	24 05 15	1 ♐ 42 46	0 ♏ 23 28	15 57 53	14 36 31	10 55 16	3 03 27	24 13 01	22 13 13	29 23 32	2 05 25	14 51 55	18 49 52
3 W	21 25 58	9 ♐ 28 37	17 04 56	1 43 11	16 21 49	15 25 43	11 25 14	3 37 24	24 26 07	22 28 34	29 28 12	2 17 15	15 02 16	19 00 15
4 Th	22 34 51	24 46 38	2 ♑ 16 34	3 05 32	16 47 32	16 14 43	11 55 00	4 11 04	24 39 10	22 43 40	29 32 36	2 28 51	15 12 23	19 10 22
5 F	23 42 27	9 ♑ 48 22	17 07 50	4 29 05	17 13 56	17 02 30	12 23 32	4 43 25	24 51 06	22 57 29	29 35 42	2 39 10	15 21 13	19 19 11
6 Sa	24 48 03	24 25 45	1 ♒ 32 23	5 52 45	17 40 15	17 48 19	12 50 06	5 13 42	25 01 12	23 09 17	29 36 46	2 47 28	15 28 03	19 25 57
7 Su	25 51 25	8 ♒ 34 39	15 27 41	7 16 00	18 06 11	18 31 57	13 14 29	5 41 43	25 09 15	23 18 51	29 35 36	2 53 33	15 32 40	19 30 28
8 M	26 52 53	22 14 36	28 54 39	8 38 54	18 31 59	19 13 42	13 36 58	6 07 45	25 15 33	23 26 29	29 32 30	2 57 42	15 35 21	19 33 03
9 Tu	27 53 11	5 ♓ 28 05	11 ♓ 56 38	10 01 58	18 58 21	19 54 19	13 58 20	6 32 35	25 20 50	23 32 56	29 28 13	3 00 41	15 36 53	19 34 25
10 W	28 53 20	18 19 22	24 38 23	11 26 03	19 26 14	20 34 50	14 19 36	6 57 12	25 26 09	23 39 14	29 23 47	3 03 32	15 38 16	19 35 37
11 Th	29 54 27	0 ♈ 53 32	7 ♈ 05 02	12 52 04	19 56 40	21 16 20	14 41 51	7 22 44	25 32 35	23 46 28	29 20 17	3 07 19	15 40 36	19 37 45
12 F	0 ♐ 57 28	13 15 33	19 21 25	14 20 51	20 30 35	21 59 46	15 06 03	7 50 07	25 41 06	23 55 36	29 18 42	3 13 00	15 44 51	19 41 46
13 Sa	2 03 05	25 29 43	1 ♉ 31 34	15 52 58	21 08 34	22 45 50	15 32 51	8 20 02	25 52 20	24 07 18	29 19 41	3 21 17	15 51 41	19 48 20
14 Su	3 11 33	7 ♉ 39 23	13 38 31	17 28 33	21 50 51	23 34 45	16 02 33	8 52 45	26 06 36	24 21 49	29 23 31	3 32 24	16 01 22	19 57 43
15 M	4 22 41	19 48 25	25 44 12	19 07 23	22 37 11	24 26 23	16 34 57	9 28 05	26 23 40	24 39 00	29 30 01	3 46 09	16 13 44	20 09 44
16 Tu	5 35 55	1 ♊ 53 14	7 ♊ 49 41	20 48 46	23 26 57	25 20 07	17 09 27	10 05 26	26 42 59	24 58 14	29 38 36	4 02 00	16 28 10	20 23 49
17 W	6 50 18	13 59 14	19 55 22	22 31 45	24 19 09	26 15 01	17 45 09	10 43 53	27 03 37	25 18 37	29 48 20	4 19 00	16 43 45	20 39 01
18 Th	8 04 44	26 04 58	2 ♋ 01 28	24 15 10	25 12 38	27 09 60	18 20 56	11 22 19	27 24 26	25 39 01	29 58 08	4 36 02	16 59 23	20 54 13
19 F	9 18 06	8 ♋ 10 44	14 08 25	25 57 51	26 06 13	28 03 54	18 55 39	11 59 37	27 44 19	25 58 19	0 ♊ 06 50	4 51 59	17 13 56	21 08 19
20 Sa	10 29 25	20 17 20	26 17 18	27 38 49	26 58 55	28 55 47	19 28 21	12 34 49	28 02 18	26 15 32	0 13 31	5 05 52	17 26 26	21 20 21
21 Su	11 38 04	2 ♌ 26 29	8 ♌ 30 09	29 17 25	27 50 02	29 45 01	19 58 25	13 07 16	28 17 46	26 30 04	0 17 31	5 17 04	17 36 16	21 29 40
22 M	12 43 52	14 41 01	20 50 09	0 ♐ 53 26	28 39 21	0 ♓ 31 25	20 25 39	13 36 49	28 30 31	26 41 43	0 18 41	5 25 24	17 43 14	21 36 06
23 Tu	13 47 09	27 04 57	3 ♍ 21 37	2 27 12	29 27 10	1 15 18	20 50 23	14 03 47	28 40 54	26 50 49	0 17 20	5 31 12	17 47 40	21 39 58
24 W	14 48 42	9 ♍ 43 18	16 09 43	3 59 29	0 ♏ 14 13	1 57 28	21 13 25	14 28 57	28 49 40	26 58 09	0 14 16	5 35 16	17 50 23	21 42 04
25 Th	15 49 40	22 41 41	29 20 01	5 31 27	1 01 37	2 39 04	21 35 52	14 53 27	28 57 60	27 04 52	0 10 38	5 38 43	17 52 29	21 43 33
26 F	16 51 20	6 ♎ 05 32	12 ♎ 57 32	7 04 21	1 50 36	3 21 21	21 59 03	15 18 35	29 07 09	27 12 15	0 07 42	5 42 50	17 55 16	21 45 41
27 Sa	17 54 51	19 59 09	27 05 40	8 39 23	2 42 18	4 05 32	22 24 06	15 45 30	29 18 18	27 21 27	0 06 38	5 48 48	17 59 55	21 49 39
28 Su	19 01 03	4 ♏ 24 22	11 ♏ 44 51	10 17 20	3 37 30	4 52 23	22 51 51	16 15 01	29 32 14	27 33 17	0 08 16	5 57 25	18 07 13	21 56 15
29 M	20 10 07	19 19 26	26 51 31	11 58 26	4 36 21	5 42 07	23 22 30	16 47 21	29 49 12	27 47 58	0 12 48	6 08 54	18 17 23	22 05 41
30 Tu	21 21 36	4 ♐ 38 12	12 ♐ 17 37	13 42 13	5 38 22	6 34 17	23 55 34	17 22 01	0 ♓ 08 42	28 05 02	0 19 46	6 22 46	18 29 58	22 17 30
31 W	22 34 26	20 10 19	27 51 27	15 27 39	6 42 29	7 27 49	24 30 01	17 57 57	0 29 41	28 23 24	0 28 07	6 37 59	18 43 54	22 30 37

Notes

January 1987

LONGITUDE

Day	☉	0 hr ☽	Noon ☽	☿	♀	♂	⚵	⚳	♃	♄	⚷	♅	♆	♇
1 Th	23 ♐ 47 14	5 ♑ 42 46	13 ♑ 19 35	17 ♐ 13 20	7 ♏ 47 14	8 ♓ 21 19	25 ♐ 04 27	18 ♏ 33 47	0 ♓ 50 45	28 ♏ 41 42	0 ♊ 36 27	6 ♐ 53 08	18 ♐ 57 46	22 ♎ 43 40
2 F	24 58 36	21 02 20	28 29 31	18 57 55	8 51 15	9 13 24	25 37 29	19 08 08	1 10 31	28 58 33	0 43 24	7 06 51	19 10 14	22 55 17
3 Sa	26 07 33	5 ♒ 58 09	13 ♒ 12 01	20 40 24	9 53 29	10 03 05	26 08 06	19 39 58	1 28 01	29 12 56	0 47 58	7 18 08	19 20 16	23 04 26
4 Su	27 13 40	20 23 25	27 22 14	22 20 24	10 53 31	10 49 58	26 35 56	20 08 55	1 42 48	29 24 28	0 49 45	7 26 34	19 27 28	23 10 43
5 M	28 17 12	4 ♓ 15 49	10 ♓ 59 38	23 58 11	11 51 35	11 34 16	27 01 12	20 35 14	1 55 09	29 33 24	0 49 01	7 32 26	19 32 06	23 14 25
6 Tu	29 18 60	17 37 01	24 07 11	25 34 36	12 48 28	12 16 51	27 24 45	20 59 42	2 05 52	29 40 33	0 46 34	7 36 32	19 34 59	23 16 20
7 W	0 ♑ 20 13	0 ♈ 31 20	6 ♈ 49 59	27 10 49	13 45 21	12 58 50	27 47 44	21 23 32	2 16 08	29 47 04	0 43 35	7 40 02	19 37 16	23 17 39
8 Th	1 22 07	13 04 33	19 14 09	28 48 08	14 43 28	13 41 33	28 11 27	21 47 59	2 27 14	29 54 16	0 41 21	7 44 13	19 40 16	23 19 38
9 F	2 25 52	25 22 47	1 ♉ 25 50	0 ♑ 27 44	15 43 58	14 26 07	28 37 01	22 14 13	2 40 17	0 ♐ 03 17	0 41 02	7 50 15	19 45 07	23 23 26
10 Sa	3 32 18	7 ♉ 31 45	13 30 30	2 10 26	16 47 38	15 13 21	29 05 17	22 43 02	2 56 08	0 14 55	0 43 25	7 58 55	19 52 38	23 29 53
11 Su	4 41 45	19 36 11	25 32 35	3 56 36	17 54 49	16 03 37	29 36 35	23 14 49	3 15 08	0 29 33	0 48 54	8 10 37	20 03 10	23 39 20
12 M	5 54 05	1 ♊ 39 37	7 ♊ 35 12	5 46 08	19 05 23	16 56 47	0 ♑ 10 49	23 49 24	3 37 08	0 47 02	0 57 20	8 25 11	20 16 36	23 51 38
13 Tu	7 08 42	13 44 21	19 40 17	7 38 25	20 18 40	17 52 14	0 47 20	24 26 12	4 01 32	1 06 46	1 08 05	8 42 01	20 32 19	24 06 12
14 W	8 24 37	25 51 33	1 ♋ 48 41	9 32 28	21 33 42	18 48 58	1 25 10	25 04 12	4 27 20	1 27 45	1 20 12	9 00 08	20 49 18	24 22 02
15 Th	9 40 37	8 ♋ 01 33	14 00 30	11 27 06	22 49 15	19 45 49	2 03 06	25 42 13	4 53 21	1 48 48	1 32 29	9 18 19	21 06 24	24 37 56
16 F	10 55 30	20 14 20	26 15 37	13 21 07	24 04 05	20 41 32	2 39 56	26 19 02	5 18 21	2 08 40	1 43 42	9 35 23	21 22 22	24 52 41
17 Sa	12 08 13	2 ♌ 29 55	8 ♌ 34 07	15 13 27	25 17 10	21 35 05	3 14 38	26 53 36	5 41 18	2 26 20	1 52 48	9 50 15	21 36 10	25 05 15
18 Su	13 18 04	14 48 51	20 56 45	17 03 25	26 27 46	22 25 46	3 46 28	27 25 13	6 01 29	2 41 06	1 59 07	10 02 14	21 47 06	25 14 54
19 M	14 24 49	27 12 34	3 ♍ 25 14	18 50 46	27 35 38	23 13 21	4 15 12	27 53 38	6 18 40	2 52 42	2 02 23	10 11 06	21 54 55	25 21 26
20 Tu	15 28 43	9 ♍ 43 37	16 02 24	20 35 44	28 41 01	23 58 06	4 41 07	28 19 08	6 33 07	3 01 26	2 02 53	10 17 06	21 59 53	25 25 06
21 W	16 30 33	22 25 37	28 52 10	22 19 04	29 44 41	24 40 46	5 04 58	28 42 28	6 45 35	3 08 02	2 01 22	10 21 00	22 02 47	25 26 40
22 Th	17 31 24	5 ♎ 23 04	11 ♎ 59 09	24 01 50	0 ♐ 47 41	25 22 27	5 27 51	29 04 43	6 57 10	3 13 36	1 58 56	10 23 54	22 04 41	25 27 12
23 F	18 32 32	18 40 43	25 27 57	25 45 16	1 51 19	26 04 25	5 51 02	29 27 10	7 09 09	3 19 25	1 56 52	10 27 04	22 06 52	25 28 01
24 Sa	19 35 08	2 ♏ 22 49	9 ♏ 22 20	27 30 29	2 56 43	26 47 51	6 15 41	29 50 60	7 22 41	3 26 38	1 56 20	10 31 41	22 10 30	25 30 15
25 Su	20 40 03	16 32 01	23 43 59	29 18 16	4 04 44	27 33 36	6 42 40	0 ♐ 17 02	7 38 38	3 36 08	1 58 11	10 38 36	22 16 27	25 34 47
26 M	21 47 36	1 ♐ 08 19	8 ♐ 31 29	1 ♒ 08 51	5 15 40	28 21 59	7 12 17	0 45 36	7 57 19	3 48 12	2 02 45	10 48 06	22 25 02	25 41 55
27 Tu	22 57 26	16 08 04	23 39 32	3 01 48	6 29 11	29 12 39	7 44 12	1 16 22	8 18 22	4 02 30	2 09 40	10 59 53	22 35 53	25 51 19
28 W	24 08 40	1 ♑ 23 47	8 ♑ 59 08	4 56 05	7 44 21	0 ♈ 04 43	8 17 32	1 48 26	8 40 55	4 18 10	2 18 04	11 13 03	22 48 08	26 02 05
29 Th	25 20 03	16 44 51	24 18 46	6 50 18	8 59 56	0 56 57	8 51 01	2 20 32	9 03 43	4 33 55	2 26 42	11 26 20	23 00 32	26 12 58
30 F	26 30 17	1 ♒ 59 16	9 ♒ 26 31	8 43 01	10 14 38	1 48 02	9 23 22	2 51 25	9 25 29	4 48 29	2 34 17	11 38 28	23 11 48	26 22 42
31 Sa	27 38 24	16 55 56	24 12 15	10 32 59	11 27 28	2 37 00	9 53 37	3 20 03	9 45 12	5 00 53	2 39 49	11 48 27	23 20 55	26 30 18

February 1987

LONGITUDE

Day	☉	0 hr ☽	Noon ☽	☿	♀	♂	⚵	⚳	♃	♄	⚷	♅	♆	♇
1 Su	28 ♑ 43 54	1 ♓ 26 34	8 ♓ 29 17	12 ♒ 19 28	12 ♐ 37 54	3 ♈ 23 22	10 ♑ 21 14	3 ♐ 45 59	10 ♓ 02 23	5 ♐ 10 36	2 ♊ 42 49	11 ♐ 55 48	23 ♐ 27 26	26 ♎ 35 14
2 M	29 46 51	15 26 47	22 14 56	14 02 17	13 46 03	4 07 12	10 46 21	4 09 16	10 17 09	5 17 45	2 43 23	12 00 36	23 31 25	26 37 39
3 Tu	0 ♒ 47 54	28 56 04	5 ♈ 30 09	15 41 40	14 52 30	4 49 07	11 09 34	4 30 33	10 30 05	5 22 56	2 42 08	12 03 29	23 33 28	26 38 07
4 W	1 47 59	11 ♈ 56 60	18 18 39	17 18 12	15 58 13	5 30 05	11 31 49	4 50 45	10 42 09	5 27 06	2 40 00	12 05 22	23 34 35	26 37 36
5 Th	2 48 11	24 34 16	0 ♉ 45 44	18 52 31	17 04 16	6 11 10	11 54 12	5 10 58	10 54 26	5 31 21	2 38 06	12 07 22	23 35 48	26 37 12
6 F	3 49 30	6 ♉ 53 33	12 57 22	20 25 07	18 11 40	6 53 24	12 17 44	5 32 13	11 07 56	5 36 41	2 37 25	12 10 29	23 38 10	26 37 55
7 Sa	4 52 43	19 00 43	24 59 25	21 56 12	19 21 09	7 37 31	12 43 09	5 55 14	11 23 24	5 43 51	2 38 43	12 15 28	23 42 25	26 40 30
8 Su	5 58 12	1 ♊ 01 12	6 ♊ 57 10	23 25 31	20 33 07	8 23 54	13 10 51	6 20 26	11 41 14	5 53 14	2 42 24	12 22 43	23 48 56	26 45 21
9 M	7 05 56	12 59 33	18 54 53	24 52 25	21 47 31	9 12 32	13 40 49	6 47 45	12 01 24	6 04 49	2 48 25	12 32 11	23 57 43	26 52 25
10 Tu	8 15 28	24 59 23	0 ♋ 55 48	26 15 44	23 03 56	10 02 60	14 12 36	7 16 47	12 23 27	6 18 09	2 56 20	12 43 28	24 08 18	27 01 18
11 W	9 26 05	7 ♋ 03 11	13 02 01	27 34 01	24 21 36	10 54 32	14 45 28	7 46 46	12 46 41	6 32 32	3 05 27	12 55 48	24 19 58	27 11 15
12 Th	10 36 53	19 12 32	25 14 45	28 45 36	25 39 38	11 46 14	15 18 31	8 16 49	13 10 09	6 47 01	3 14 50	13 08 17	24 31 49	27 21 21
13 F	11 46 53	1 ♌ 28 16	7 ♌ 34 30	29 48 50	26 57 04	12 37 10	15 50 47	8 45 58	13 32 56	7 00 41	3 23 32	13 19 59	24 42 52	27 30 40
14 Sa	12 55 19	13 50 43	20 01 26	0 ♓ 42 11	28 13 06	13 26 31	16 21 29	9 13 25	13 54 12	7 12 42	3 30 45	13 30 04	24 52 21	27 38 23
15 Su	14 01 35	26 20 12	2 ♍ 35 44	1 24 28	29 27 08	14 13 43	16 50 02	9 38 35	14 13 24	7 22 31	3 35 55	13 37 59	24 59 41	27 43 57
16 M	15 05 30	8 ♍ 57 10	15 17 55	1 54 54	0 ♑ 38 59	14 58 33	17 16 13	10 01 16	14 30 18	7 29 55	3 38 49	13 43 32	25 04 39	27 47 08
17 Tu	16 07 13	21 42 36	28 09 04	2 13 13	1 48 48	15 41 11	17 40 13	10 21 38	14 45 06	7 35 04	3 39 38	13 46 51	25 07 25	27 48 06
18 W	17 07 16	4 ♎ 38 08	11 ♎ 10 58	2 19 40	2 57 06	16 22 10	18 02 33	10 40 12	14 58 17	7 38 29	3 38 52	13 48 29	25 08 31	27 47 24
19 Th	18 06 25	17 45 56	24 25 57	2 14 56	4 04 40	17 02 14	18 23 58	10 57 44	15 10 39	7 40 56	3 37 18	13 49 12	25 08 43	27 45 46
20 F	19 05 34	1 ♏ 08 32	7 ♏ 56 31	1 59 59	5 12 22	17 42 18	18 45 24	11 15 07	15 23 05	7 43 20	3 35 51	13 49 53	25 08 54	27 44 08
21 Sa	20 05 34	14 48 15	21 44 47	1 36 02	6 21 03	18 23 12	19 07 39	11 33 13	15 36 25	7 46 30	3 35 19	13 51 24	25 09 55	27 43 20
22 Su	21 07 00	28 46 39	5 ♐ 51 48	1 04 17	7 31 20	19 05 34	19 31 22	11 52 37	15 51 16	7 51 03	3 36 21	13 54 20	25 12 24	27 43 57
23 M	22 10 08	13 ♐ 03 44	20 16 45	0 25 48	8 43 26	19 49 37	19 56 46	12 13 34	16 07 53	7 57 15	3 39 10	13 58 56	25 16 33	27 46 16
24 Tu	23 14 48	27 37 20	4 ♑ 56 26	29 ♒ 41 30	9 57 12	20 35 12	20 23 41	12 35 54	16 26 06	8 04 54	3 43 37	14 05 02	25 22 15	27 50 06
25 W	24 20 28	12 ♑ 22 51	19 45 15	28 52 07	11 12 06	21 21 47	20 51 35	12 59 05	16 45 21	8 13 29	3 49 10	14 12 07	25 28 55	27 54 54
26 Th	25 26 20	27 13 29	4 ♒ 35 35	27 58 20	12 27 19	22 08 35	21 19 43	13 22 19	17 04 54	8 22 13	3 55 02	14 19 23	25 35 49	27 59 55
27 F	26 31 37	12 ♒ 01 02	19 18 59	27 00 53	13 42 05	22 54 48	21 47 14	13 44 49	17 23 55	8 30 18	4 00 25	14 26 03	25 42 07	28 04 21
28 Sa	27 35 39	26 37 13	3 ♓ 47 29	26 00 43	14 55 43	23 39 47	22 13 30	14 05 55	17 41 45	8 37 05	4 04 39	14 31 27	25 47 10	28 07 31

Notes

LONGITUDE — March 1987

Day	☉	0 hr ☽	Noon ☽	☿	♀	♂	⚵	⚳	♃	♄	⚷	♅	♆	♇
1 Su	28♒38 05	10♓54 60	17♓54 53	24♒59 02	16♑07 52	24♈23 09	22♑38 09	14♐25 15	17♓58 02	8♐42 11	4♊07 23	14♐35 13	25♐50 36	28♎09 04
2 M	29 38 53	24 49 29	1♈37 28	23 57 17	17 18 29	25 04 54	23 01 10	14 42 48	18 12 45	8 45 35	4 08 37	14 37 20	25 52 25	28 08 59
3 Tu	0♓38 21	8♈18 31	14 54 13	22 57 05	18 27 54	25 45 19	23 22 50	14 58 51	18 26 12	8 47 36	4 08 36	14 38 06	25 52 54	28 07 35
4 W	1 36 58	21 22 26	27 46 33	22 00 05	19 36 35	26 24 55	23 43 40	15 13 55	18 38 52	8 48 44	4 07 52	14 38 01	25 52 33	28 05 20
5 Th	2 35 22	4♉03 40	10♉17 42	21 07 49	20 45 09	27 04 18	24 04 17	15 28 35	18 51 23	8 49 34	4 07 01	14 37 41	25 51 59	28 02 52
6 F	3 34 08	16 26 04	22 32 02	20 21 37	21 54 11	27 44 02	24 25 13	15 43 26	19 04 18	8 50 42	4 06 38	14 37 42	25 51 46	28 00 45
7 Sa	4 33 41	28 34 19	4♊34 33	19 42 25	23 04 07	28 24 35	24 46 58	15 58 56	19 18 06	8 52 34	4 07 10	14 38 30	25 52 22	27 59 27
8 Su	5 34 18	10♊33 23	16 30 18	19 10 50	24 15 13	29 06 11	25 09 45	16 15 19	19 32 60	8 55 26	4 08 52	14 40 20	25 54 02	27 59 12
9 M	6 35 60	22 28 09	28 24 05	18 47 03	25 27 31	29 48 54	25 33 37	16 32 37	19 49 02	8 59 20	4 11 46	14 43 15	25 56 47	28 00 03
10 Tu	7 38 36	4♋23 02	10♋20 12	18 30 57	26 40 50	0♉32 32	25 58 24	16 50 39	20 06 03	9 04 06	4 15 41	14 47 03	26 00 27	28 01 49
11 W	8 41 47	16 21 58	22 22 16	18 22 06	27 54 49	1 16 44	26 23 44	17 09 05	20 23 42	9 09 22	4 20 17	14 51 25	26 04 41	28 04 10
12 Th	9 45 07	28 28 11	4♌33 09	18 19 56	29 09 03	2 01 05	26 49 12	17 27 29	20 41 33	9 14 43	4 25 09	14 55 55	26 09 05	28 06 40
13 F	10 48 10	10♌44 08	16 54 58	18 23 47	0♒23 06	2 45 10	27 14 22	17 45 25	20 59 09	9 19 43	4 29 50	15 00 07	26 13 12	28 08 53
14 Sa	11 50 34	23 11 36	29 29 03	18 33 02	1 36 35	3 28 36	27 38 51	18 02 30	21 16 09	9 23 60	4 33 58	15 03 38	26 16 40	28 10 27
15 Su	12 52 03	5♍51 39	12♍16 04	18 47 09	2 49 16	4 11 07	28 02 26	18 18 30	21 32 18	9 27 19	4 37 19	15 06 15	26 19 13	28 11 08
16 M	13 52 34	18 44 45	25 16 09	19 05 46	4 01 04	4 52 41	28 25 01	18 33 19	21 47 31	9 29 36	4 39 47	15 07 51	26 20 49	28 10 50
17 Tu	14 52 11	1♎50 53	8♎29 02	19 28 40	5 12 04	5 33 21	28 46 41	18 47 03	22 01 53	9 30 55	4 41 28	15 08 33	26 21 30	28 09 39
18 W	15 51 08	15 09 41	21 54 12	19 55 45	6 22 29	6 13 21	29 07 40	18 59 55	22 15 38	9 31 30	4 42 34	15 08 33	26 21 32	28 07 48
19 Th	16 49 43	28 40 38	5♏30 59	20 27 03	7 32 37	6 52 59	29 28 15	19 12 12	22 29 03	9 31 39	4 43 26	15 08 11	26 21 11	28 05 36
20 F	17 48 17	12♏22 60	19 18 39	21 02 38	8 42 49	7 32 36	29 48 47	19 24 15	22 42 29	9 31 42	4 44 21	15 07 45	26 20 49	28 03 22
21 Sa	18 47 05	26 15 56	3♐16 15	21 42 31	9 53 21	8 12 27	0♒09 32	19 36 20	22 56 12	9 31 56	4 45 37	15 07 33	26 20 41	28 01 23
22 Su	19 46 19	10♐18 18	17 22 33	22 26 36	11 04 23	8 52 45	0 30 41	19 48 37	23 10 23	9 32 31	4 47 25	15 07 45	26 20 59	27 59 50
23 M	20 46 01	24 28 33	1♑35 45	23 14 44	12 15 58	9 33 30	0 52 16	20 01 09	23 25 03	9 33 29	4 49 46	15 08 23	26 21 44	27 58 45
24 Tu	21 46 05	8♑43 31	15 53 25	24 06 35	13 27 59	10 14 37	1 14 10	20 13 48	23 40 08	9 34 46	4 52 36	15 09 21	26 22 51	27 58 03
25 W	22 46 20	23 03 22	0♒12 23	25 01 47	14 40 16	10 55 57	1 36 15	20 26 26	23 55 26	9 36 10	4 55 42	15 10 31	26 24 09	27 57 33
26 Th	23 46 35	7♒21 34	14 28 49	25 59 58	15 52 38	11 37 16	1 58 17	20 38 49	24 10 45	9 37 29	4 58 55	15 11 38	26 25 27	27 57 02
27 F	24 46 40	21 35 05	28 38 34	27 00 48	17 04 53	12 18 25	2 20 05	20 50 47	24 25 56	9 38 33	5 02 02	15 12 33	26 26 34	27 56 22
28 Sa	25 46 28	5♓39 48	12♓37 30	28 04 01	18 16 55	12 59 17	2 41 35	21 02 14	24 40 52	9 39 16	5 04 59	15 13 10	26 27 24	27 55 25
29 Su	26 45 58	19 31 49	26 22 02	29 09 30	19 28 45	13 39 53	3 02 46	21 13 09	24 55 33	9 39 39	5 07 45	15 13 30	26 27 57	27 54 12
30 M	27 45 16	3♈07 60	9♈49 30	0♓17 10	20 40 26	14 20 17	3 23 41	21 23 36	25 10 02	9 39 44	5 10 23	15 13 35	26 28 18	27 52 47
31 Tu	28 44 27	16 26 16	22 58 26	1 27 03	21 52 05	15 00 34	3 44 27	21 33 42	25 24 27	9 39 39	5 13 01	15 13 32	26 28 31	27 51 17

LONGITUDE — April 1987

Day	☉	0 hr ☽	Noon ☽	☿	♀	♂	⚵	⚳	♃	♄	⚷	♅	♆	♇
1 W	29♓43 38	29♈25 49	5♉48 41	2♓39 07	23♒03 47	15♉40 52	4♒05 10	21♐43 32	25♓38 53	9♐39 30	5♊15 45	15♐13 28	26♐28 45	27♎49 47
2 Th	0♈42 53	12♉07 08	18 21 23	3 53 24	24 15 37	16 21 14	4 25 55	21 53 11	25 53 25	9 39 21	5 18 38	15 13 27	26 29 03	27 48 22
3 F	1 42 13	24 31 56	0♊38 50	5 09 47	25 27 36	17 01 41	4 46 42	22 02 40	26 08 04	9 39 13	5 21 43	15 13 30	26 29 25	27 47 03
4 Sa	2 41 35	6♊42 55	12 44 12	6 28 12	26 39 41	17 42 11	5 07 29	22 11 55	26 22 46	9 39 03	5 24 55	15 13 35	26 29 50	27 45 47
5 Su	3 40 53	18 43 38	24 41 20	7 48 27	27 51 47	18 22 38	5 28 09	22 20 50	26 37 26	9 38 46	5 28 10	15 13 34	26 30 12	27 44 29
6 M	4 40 00	0♋38 10	6♋34 33	9 10 24	29 03 46	19 02 55	5 48 36	22 29 19	26 51 57	9 38 15	5 31 20	15 13 23	26 30 24	27 43 03
7 Tu	5 38 52	12 30 60	18 28 24	10 33 54	0♓15 33	19 42 57	6 08 44	22 37 16	27 06 13	9 37 25	5 34 21	15 12 55	26 30 20	27 41 21
8 W	6 37 25	24 26 44	0♌27 21	11 58 52	1 27 05	20 22 40	6 28 30	22 44 38	27 20 12	9 36 12	5 37 08	15 12 07	26 29 57	27 39 22
9 Th	7 35 41	6♌29 56	12 36 05	13 25 17	2 38 23	21 02 06	6 47 56	22 51 25	27 33 55	9 34 38	5 39 43	15 11 01	26 29 18	27 37 07
10 F	8 33 45	18 44 49	24 58 14	14 53 14	3 49 34	21 41 22	7 07 08	22 57 45	27 47 28	9 32 50	5 42 13	15 09 44	26 28 27	27 34 43
11 Sa	9 31 49	1♍15 02	7♍37 08	16 22 52	5 00 49	22 20 38	7 26 16	23 03 48	28 01 02	9 30 57	5 44 48	15 08 25	26 27 37	27 32 20
12 Su	10 30 06	14 03 21	20 34 58	17 54 23	6 12 20	23 00 07	7 45 33	23 09 46	28 14 49	9 29 14	5 47 42	15 07 18	26 26 59	27 30 10
13 M	11 28 48	27 11 20	3♎52 38	19 27 58	7 24 19	23 40 01	8 05 11	23 15 51	28 29 03	9 27 52	5 51 05	15 06 35	26 26 46	27 28 27
14 Tu	12 28 03	10♎39 08	17 29 36	21 03 47	8 36 56	24 20 29	8 25 20	23 22 13	28 43 50	9 27 01	5 55 08	15 06 25	26 27 08	27 27 20
15 W	13 27 55	24 25 21	1♏23 44	22 41 50	9 50 13	25 01 34	8 46 01	23 28 52	28 59 15	9 26 42	5 59 52	15 06 51	26 28 05	27 26 50
16 Th	14 28 18	8♏27 06	15 31 36	24 22 03	11 04 03	25 43 09	9 07 08	23 35 44	29 15 10	9 26 49	6 05 12	15 07 45	26 29 33	27 26 51
17 F	15 28 56	22 40 20	29 48 48	26 04 09	12 18 13	26 25 00	9 28 26	23 42 33	29 31 22	9 27 09	6 10 52	15 08 55	26 31 17	27 27 10
18 Sa	16 29 29	7♐00 20	14♐10 32	27 47 50	13 32 21	27 06 47	9 49 36	23 48 58	29 47 29	9 27 21	6 16 32	15 09 58	26 32 56	27 27 26
19 Su	17 29 36	21 22 18	28 32 09	29 32 44	14 46 06	27 48 08	10 10 14	23 54 38	0♈03 10	9 27 02	6 21 51	15 10 34	26 34 08	27 27 16
20 M	18 28 59	5♑41 57	12♑49 44	1♈18 33	15 59 10	28 28 44	10 30 04	23 59 14	0 18 07	9 25 56	6 26 31	15 10 26	26 34 36	27 26 24
21 Tu	19 27 30	19 55 54	27 00 18	3 05 09	17 11 25	29 08 29	10 48 56	24 02 39	0 32 11	9 23 53	6 30 22	15 09 23	26 34 12	27 24 40
22 W	20 25 13	4♒01 49	11♒01 55	4 52 38	18 22 55	29 47 26	11 06 55	24 04 55	0 45 27	9 20 59	6 33 30	15 07 31	26 32 59	27 22 10
23 Th	21 22 24	17 58 17	24 53 26	6 41 15	19 33 55	0♊25 51	11 24 17	24 06 19	0 58 11	9 17 30	6 36 11	15 05 07	26 31 14	27 19 09
24 F	22 19 30	1♓44 32	8♓34 17	8 31 28	20 44 53	1 04 10	11 41 27	24 07 18	1 10 49	9 13 51	6 38 51	15 02 35	26 29 23	27 16 04
25 Sa	23 16 59	15 20 11	22 04 07	10 23 46	21 56 17	1 42 53	11 58 56	24 08 20	1 23 50	9 10 32	6 41 58	15 00 27	26 27 55	27 13 24
26 Su	24 15 19	28 44 54	5♈22 38	12 18 36	23 08 36	2 22 28	12 17 10	24 09 53	1 37 42	9 08 02	6 46 02	14 59 08	26 27 19	27 11 37
27 M	25 14 50	11♈58 15	18 29 26	14 16 17	24 22 07	3 03 14	12 36 29	24 12 16	1 52 44	9 06 39	6 51 20	14 58 60	26 27 54	27 11 03
28 Tu	26 15 40	24 59 43	1♉24 10	16 16 56	25 36 60	3 45 19	12 57 00	24 15 37	2 09 04	9 06 31	6 58 01	15 00 09	26 29 46	27 11 48
29 W	27 17 41	7♉48 53	14 06 33	18 20 25	26 53 07	4 28 35	13 18 37	24 19 48	2 26 35	9 07 31	7 05 58	15 02 29	26 32 51	27 13 47
30 Th	28 20 34	20 25 30	26 36 42	20 26 21	28 10 08	5 12 44	13 40 60	24 24 31	2 44 57	9 09 21	7 14 51	15 05 40	26 36 47	27 16 39

Notes

May 1987

LONGITUDE

Day	☉	0 hr ☽	Noon ☽	☿	♀	♂	⚵	⚳	♃	♄	⚷	♅	♆	♇
1 F	29♈23 49	2♊49 52	8♊55 16	22♈34 13	29♓27 35	5♊57 16	14♒03 38	24♐29 16	3♈03 41	9♐11 31	7♊24 11	15♐09 13	26♐41 06	27♎19 56
2 Sa	0♉26 53	15 02 57	21 03 38	24 43 20	0♈44 52	6 41 36	14 25 59	24 33 29	3 22 12	9 13 26	7 33 24	15 12 34	26 45 14	27 23 04
3 Su	1 29 11	27 06 35	3♋04 02	26 53 05	2 01 27	7 25 12	14 47 27	24 36 35	3 39 57	9 14 33	7 41 55	15 15 08	26 48 36	27 25 27
4 M	2 30 17	9♋03 29	14 59 34	29 02 53	3 16 52	8 07 35	15 07 37	24 38 08	3 56 30	9 14 25	7 49 19	15 16 31	26 50 46	27 26 41
5 Tu	3 29 57	20 57 16	26 54 08	1♉12 23	4 30 54	8 48 33	15 26 13	24 37 55	4 11 35	9 12 50	7 55 20	15 16 27	26 51 31	27 26 31
6 W	4 28 12	2♌52 23	8♌52 23	3 21 25	5 43 33	9 28 06	15 43 18	24 35 56	4 25 14	9 09 47	8 00 01	15 14 57	26 50 51	27 24 58
7 Th	5 25 19	14 53 52	20 59 25	5 30 05	6 55 06	10 06 32	15 59 07	24 32 29	4 37 44	9 05 33	8 03 37	15 12 19	26 49 03	27 22 20
8 F	6 21 49	27 07 05	3♍20 33	7 38 40	8 06 05	10 44 20	16 14 11	24 28 03	4 49 35	9 00 40	8 06 40	15 09 04	26 46 37	27 19 06
9 Sa	7 18 21	9♍37 18	16 00 46	9 47 36	9 17 09	11 22 12	16 29 11	24 23 20	5 01 27	8 55 48	8 09 50	15 05 51	26 44 15	27 15 57
10 Su	8 15 38	22 29 10	29 04 13	11 57 20	10 29 00	12 00 48	16 44 47	24 19 01	5 14 03	8 51 39	8 13 48	15 03 22	26 42 38	27 13 35
11 M	9 14 16	5♎46 06	12♎33 31	14 08 12	11 42 15	12 40 46	17 01 37	24 15 42	5 27 59	8 48 49	8 19 11	15 02 14	26 42 23	27 12 36
12 Tu	10 14 38	19 29 32	26 29 05	16 20 16	12 57 16	13 22 28	17 20 03	24 13 47	5 43 36	8 47 41	8 26 21	15 02 50	26 43 51	27 13 24
13 W	11 16 46	3♏38 25	10♏48 36	18 33 17	14 06 14	14 05 56	17 40 06	24 13 17	6 00 58	8 48 17	8 35 20	15 05 12	26 47 05	27 15 59
14 Th	12 20 20	18 08 51	25 26 60	20 46 40	15 32 24	14 50 50	18 01 26	24 13 54	6 19 44	8 50 17	8 45 49	15 08 59	26 51 46	27 20 03
15 F	13 24 40	2♐54 19	10♐16 53	22 59 26	16 51 30	15 36 30	18 23 23	24 14 56	6 39 14	8 53 01	8 57 07	15 13 32	26 57 12	27 24 55
16 Sa	14 28 53	17 46 35	25 09 39	25 10 28	18 10 33	16 22 04	18 45 05	24 15 31	6 58 35	8 55 38	9 08 22	15 17 58	27 02 32	27 29 42
17 Su	15 32 09	2♑36 59	9♑56 52	27 18 40	19 28 39	17 06 40	19 05 39	24 14 48	7 16 56	8 57 14	9 18 41	15 21 25	27 06 54	27 33 34
18 M	16 33 47	17 17 52	24 31 41	29 23 09	20 45 10	17 49 38	19 24 26	24 12 08	7 33 36	8 57 11	9 27 26	15 23 14	27 09 38	27 35 49
19 Tu	17 33 31	1♒43 40	8♒49 34	1♊23 28	21 59 49	18 30 42	19 41 09	24 07 13	7 48 20	8 55 13	9 34 19	15 23 09	27 10 28	27 36 13
20 W	18 31 33	15 51 27	22 48 40	3 19 38	23 12 47	19 10 03	19 55 59	24 00 17	8 01 18	8 51 30	9 39 32	15 21 21	27 09 35	27 34 56
21 Th	19 28 28	29 40 41	6♓29 15	5 12 06	24 24 40	19 48 17	20 09 31	23 51 54	8 13 06	8 46 38	9 43 41	15 18 25	27 07 35	27 32 33
22 F	20 25 07	13♓12 38	19 53 07	7 01 38	25 36 20	20 26 16	20 22 37	23 42 56	8 24 37	8 41 31	9 47 37	15 15 13	27 05 20	27 29 58
23 Sa	21 22 30	26 29 33	3♈02 45	8 49 05	26 48 45	21 04 59	20 36 15	23 34 24	8 36 47	8 37 05	9 52 19	15 12 45	27 03 47	27 28 08
24 Su	22 21 28	9♈33 54	16 00 38	10 35 14	28 02 47	21 45 16	20 51 17	23 27 08	8 50 29	8 34 13	9 58 38	15 11 51	27 03 50	27 27 54
25 M	23 22 37	22 27 52	28 48 47	12 20 39	29 19 02	22 27 44	21 08 18	23 21 45	9 06 19	8 33 31	10 07 10	15 13 08	27 06 03	27 29 54
26 Tu	24 26 11	5♉12 56	11♉28 33	14 05 29	0♉37 44	23 12 38	21 27 33	23 18 30	9 24 30	8 35 13	10 18 10	15 16 50	27 10 42	27 34 21
27 W	25 31 59	17 49 51	24 00 34	15 49 31	1 58 42	23 59 45	21 48 49	23 17 12	9 44 52	8 39 08	10 31 26	15 22 46	27 17 34	27 41 05
28 Th	26 39 29	0♊18 51	6♊25 02	17 32 09	3 21 22	24 48 34	22 11 34	23 17 19	10 06 52	8 44 45	10 46 25	15 30 23	27 26 08	27 49 31
29 F	27 47 49	12 39 52	18 41 58	19 12 32	4 44 55	25 38 13	22 34 58	23 18 01	10 29 38	8 51 11	11 02 17	15 38 51	27 35 33	27 58 51
30 Sa	28 56 02	24 52 56	0♋51 40	20 49 39	6 08 23	26 27 45	22 58 02	23 18 21	10 52 14	8 57 30	11 18 04	15 47 11	27 44 50	28 08 06
31 Su	0♊03 10	6♋58 39	12 55 00	22 22 29	7 30 48	27 16 13	23 19 48	23 17 21	11 13 41	9 02 45	11 32 48	15 54 27	27 53 03	28 16 19

June 1987

LONGITUDE

Day	☉	0 hr ☽	Noon ☽	☿	♀	♂	⚵	⚳	♃	♄	⚷	♅	♆	♇
1 M	1♊08 27	18♋58 25	24♋53 46	23♊50 15	8♉51 24	28♊02 49	23♒39 30	23♐14 16	11♈33 14	9♐06 08	11♊45 44	15♐59 53	27♐59 26	28♎22 43
2 Tu	2 11 26	0♌54 44	6♌50 50	25 12 27	10 09 43	28 47 07	23 56 40	23 08 40	11 50 24	9 07 13	11 56 23	16 03 00	28 03 30	28 26 51
3 W	3 12 02	12 51 12	18 50 10	26 28 57	11 25 41	29 29 03	24 11 14	23 00 29	12 05 07	9 05 56	12 04 41	16 03 45	28 05 12	28 28 39
4 Th	4 10 37	24 52 34	0♍56 46	27 40 04	12 39 40	0♋08 58	24 23 33	22 50 04	12 17 46	9 02 38	12 10 60	16 02 30	28 04 53	28 28 28
5 F	5 07 53	7♍04 23	13 16 21	28 46 27	13 52 22	0 47 34	24 34 20	22 38 10	12 29 01	8 58 03	12 16 02	15 59 56	28 03 16	28 27 02
6 Sa	6 04 49	19 32 41	25 54 56	29 48 60	15 04 46	1 25 50	24 44 32	22 25 46	12 39 52	8 53 08	12 20 46	15 57 03	28 01 19	28 25 17
7 Su	7 02 28	2♎23 24	8♎58 06	0♋48 42	16 17 54	2 04 49	24 55 12	22 13 54	12 51 22	8 48 57	12 26 14	15 54 54	28 00 05	28 24 19
8 M	8 01 47	15 41 34	22 30 12	1 46 25	17 32 44	2 45 27	25 07 17	22 03 33	13 04 26	8 46 26	12 33 24	15 54 25	28 00 32	28 25 02
9 Tu	9 03 24	29 30 18	6♏33 18	2 42 42	18 49 54	3 28 23	25 21 25	21 55 22	13 19 44	8 46 14	12 42 52	15 56 14	28 03 17	28 28 06
10 W	10 07 27	13♏49 55	21 06 14	3 37 37	20 09 32	4 13 46	25 37 44	21 49 30	13 37 24	8 48 30	12 54 49	16 00 30	28 08 29	28 33 39
11 Th	11 13 35	28 37 04	6♐03 57	4 30 42	21 31 16	5 01 13	25 55 52	21 45 35	13 57 03	8 52 51	13 08 51	16 06 52	28 15 45	28 41 18
12 F	12 20 54	13♐44 36	21 17 50	5 20 59	22 54 14	5 49 51	26 14 55	21 42 45	14 17 49	8 58 25	13 24 06	16 14 25	28 24 13	28 50 12
13 Sa	13 28 14	29 02 21	6♑36 47	6 07 10	24 17 13	6 38 30	26 33 42	21 39 50	14 38 29	9 04 01	13 39 22	16 21 60	28 32 42	28 59 08
14 Su	14 34 24	14♑18 42	21 49 14	6 47 59	25 39 04	7 25 57	26 51 01	21 35 40	14 57 54	9 08 27	13 53 28	16 28 23	28 39 60	29 06 56
15 M	15 38 27	29 22 55	6♒45 20	7 22 26	26 58 50	8 11 18	27 05 57	21 29 19	15 15 06	9 10 49	14 05 29	16 32 42	28 45 12	29 12 39
16 Tu	16 40 00	14♒06 50	21 18 23	7 50 01	28 16 07	8 54 09	27 18 06	21 20 25	15 29 43	9 10 41	14 15 00	16 34 31	28 47 54	29 15 55
17 W	17 39 16	28 25 58	5♓25 29	8 10 52	29 31 08	9 34 41	27 27 38	21 09 10	15 41 56	9 08 17	14 22 14	16 34 02	28 48 18	29 16 55
18 Th	18 36 57	12♓19 23	19 07 01	8 25 39	0♊44 36	10 13 39	27 35 17	20 56 19	15 52 29	9 04 21	14 27 53	16 32 00	28 47 08	29 16 23
19 F	19 34 10	25 48 59	2♈25 44	8 35 25	1 57 38	10 52 08	27 42 10	20 42 59	16 02 26	8 59 57	14 33 05	16 29 30	28 45 29	29 15 24
20 Sa	20 32 07	8♈58 18	15 25 42	8 41 21	3 11 24	11 31 20	27 49 27	20 30 22	16 13 02	8 56 19	14 39 00	16 27 43	28 44 34	29 15 11
21 Su	21 31 53	21 51 31	28 11 11	8 44 34	4 27 00	12 12 20	27 58 13	20 19 34	16 25 19	8 54 31	14 46 44	16 27 47	28 45 28	29 16 49
22 M	22 34 13	4♉32 37	10♉46 03	8 45 50	5 45 12	12 55 54	28 09 13	20 11 22	16 40 03	8 55 19	14 57 03	16 30 24	28 48 56	29 21 02
23 Tu	23 39 26	17 04 48	23 13 16	8 45 33	7 06 18	13 42 21	28 22 46	20 06 06	16 57 34	8 59 02	15 10 13	16 35 55	28 55 16	29 28 11
24 W	24 47 20	29 30 17	5♊34 45	8 43 40	8 30 07	14 31 28	28 38 41	20 03 34	17 17 38	9 05 29	15 26 06	16 44 09	29 04 18	29 38 03
25 Th	25 57 17	11♊50 15	17 51 30	8 39 43	9 55 60	15 22 39	28 56 18	20 03 10	17 39 40	9 14 01	15 44 01	16 54 26	29 15 24	29 50 00
26 F	27 08 21	24 05 11	0♋03 50	8 32 59	11 23 00	16 14 54	29 14 40	20 03 56	18 02 40	9 23 41	16 03 02	17 05 50	29 27 36	0♏03 06
27 Sa	28 19 21	6♋15 11	12 11 51	8 22 35	12 49 59	17 07 06	29 32 38	20 04 46	18 25 29	9 33 21	16 21 59	17 17 12	29 39 44	0 16 10
28 Su	29 29 11	18 20 24	24 15 51	8 07 47	14 15 48	17 58 08	29 49 04	20 04 33	18 47 02	9 41 54	16 39 46	17 27 25	29 50 43	0 28 06
29 M	0♋36 55	0♌21 32	6♌16 44	7 48 02	15 39 33	18 47 03	0♓03 03	20 02 21	19 06 20	9 48 23	16 55 27	17 35 33	29 59 36	0 37 59
30 Tu	1 41 59	12 20 08	18 16 25	7 23 14	17 00 39	19 33 18	0 13 59	19 57 37	19 22 51	9 52 15	17 08 27	17 41 01	0♑05 49	0 45 13

Notes

LONGITUDE

July 1987

Day	☉	0 hr ☽	Noon ☽	☿	♀	♂	⚵	⚳	♃	♄	⚷	♅	♆	♇
1 W	2♋44 13	24♌18 52	0♍17 55	6♋53 45	18♊18 56	20♋16 42	0♓21 44	19♐50 14	19♈36 25	9♐53 21	17♊18 37	17♐43 41	0♑09 13	0♏49 41
2 Th	3 43 57	6♍21 37	12 25 28	6 20 28	19 34 45	20 57 37	0 26 37	19 40 30	19 47 21	9 51 60	17 26 16	17 43 53	0 10 08	0 51 40
3 F	4 41 55	18 33 20	24 44 18	5 44 42	20 48 49	21 36 44	0 29 21	19 29 12	19 56 23	9 48 56	17 32 09	17 42 19	0 09 16	0 51 55
4 Sa	5 39 09	0♎59 47	7♎20 20	5 08 06	22 02 10	22 15 07	0 30 59	19 17 20	20 04 33	9 45 11	17 37 17	17 40 03	0 07 41	0 51 29
5 Su	6 36 48	13 47 01	20 19 31	4 32 28	23 15 57	22 53 54	0 32 38	19 06 07	20 13 00	9 41 54	17 42 49	17 38 13	0 06 32	0 51 30
6 M	7 35 55	27 00 40	3♏47 01	3 59 29	24 31 13	23 34 10	0 35 23	18 56 34	20 22 48	9 40 10	17 49 49	17 37 53	0 06 51	0 53 01
7 Tu	8 37 16	10♏44 56	17 46 11	3 30 30	25 48 45	24 16 39	0 39 59	18 49 29	20 34 41	9 40 44	17 59 01	17 39 49	0 09 25	0 56 49
8 W	9 41 07	25 01 31	2♐17 18	3 06 22	27 08 48	25 01 37	0 46 41	18 45 08	20 48 55	9 43 50	18 10 43	17 44 15	0 14 29	1 03 08
9 Th	10 47 09	9♐48 32	17 16 45	2 47 21	28 31 03	25 48 45	0 55 10	18 43 12	21 05 11	9 49 11	18 24 34	17 50 54	0 21 45	1 11 40
10 F	11 54 30	25 00 00	2♑36 43	2 33 04	29 54 39	26 37 13	1 04 35	18 42 52	21 22 39	9 55 56	18 39 44	17 58 54	0 30 20	1 21 34
11 Sa	13 02 01	10♑26 05	18 05 60	2 22 48	1♋18 24	27 25 49	1 13 45	18 42 55	21 40 07	10 02 54	18 55 01	18 07 04	0 39 05	1 31 39
12 Su	14 08 26	25 54 33	3♒31 52	2 15 42	2 41 05	28 13 18	1 21 25	18 42 09	21 56 20	10 08 49	19 09 11	18 14 10	0 46 45	1 40 40
13 M	15 12 46	11♒13 02	18 42 35	2 11 08	4 01 44	28 58 43	1 26 36	18 39 35	22 10 19	10 12 44	19 21 15	18 19 13	0 52 20	1 47 39
14 Tu	16 14 35	26 11 20	3♓29 21	2 08 55	5 19 50	29 41 35	1 28 50	18 34 45	22 21 37	10 14 10	19 30 45	18 21 44	0 55 24	1 52 07
15 W	17 13 59	10♓42 57	17 47 27	2 09 24	6 35 34	0♌22 01	1 28 14	18 27 48	22 30 20	10 13 16	19 37 49	18 21 53	0 56 03	1 54 12
16 Th	18 11 40	24 45 26	1♈36 04	2 13 27	7 49 33	1 00 42	1 25 29	18 19 24	22 37 10	10 10 41	19 43 07	18 20 19	0 54 58	1 54 34
17 F	19 08 38	8♈19 47	14 57 27	2 22 12	9 02 52	1 38 41	1 21 36	18 10 36	22 43 07	10 07 28	19 47 40	18 18 03	0 53 11	1 54 16
18 Sa	20 06 03	21 29 23	27 55 44	2 36 57	10 16 38	2 17 05	1 17 45	18 02 33	22 49 21	10 04 46	19 52 38	18 16 16	0 51 51	1 54 27
19 Su	21 04 58	4♉18 49	10♉35 49	2 58 46	11 31 56	2 56 59	1 14 58	17 56 18	22 56 55	10 03 37	19 59 04	18 15 60	0 52 01	1 56 08
20 M	22 06 09	16 52 50	23 02 32	3 28 27	12 49 28	3 39 06	1 14 01	17 52 37	23 06 33	10 04 47	20 07 42	18 17 60	0 54 26	2 00 06
21 Tu	23 09 53	29 15 45	5♊20 01	4 06 18	14 09 36	4 23 47	1 15 12	17 51 50	23 18 35	10 08 36	20 18 53	18 22 35	0 59 25	2 06 40
22 W	24 16 04	11♊31 03	17 31 27	4 52 13	15 32 11	5 10 54	1 18 24	17 53 48	23 32 52	10 14 55	20 32 26	18 29 38	1 06 51	2 15 41
23 Th	25 24 08	23 41 12	29 39 03	5 45 34	16 56 39	5 59 52	1 23 04	17 57 59	23 48 52	10 23 11	20 47 51	18 38 35	1 16 10	2 26 37
24 F	26 33 14	5♋47 47	11♋44 06	6 45 28	18 22 10	6 49 51	1 28 20	18 03 31	24 05 42	10 32 33	21 04 14	18 48 36	1 26 31	2 38 36
25 Sa	27 42 20	17 51 45	23 47 22	7 50 51	19 47 41	7 39 50	1 33 12	18 09 25	24 22 22	10 41 60	21 20 35	18 58 38	1 36 53	2 50 37
26 Su	28 50 27	29 53 43	5♌49 25	9 00 36	21 12 14	8 28 48	1 36 39	18 14 39	24 37 51	10 50 31	21 35 54	19 07 42	1 46 15	3 01 39
27 M	29 56 43	11♌54 24	17 50 60	10 13 50	22 34 57	9 15 55	1 37 51	18 18 24	24 51 19	10 57 17	21 49 19	19 14 58	1 53 47	3 10 53
28 Tu	1♌00 37	23 54 57	29 53 26	11 29 54	23 55 18	10 00 39	1 36 17	18 20 07	25 02 13	11 01 45	22 00 20	19 19 53	1 58 58	3 17 46
29 W	2 01 60	5♍57 17	11♍58 51	12 48 31	25 13 08	10 42 51	1 31 48	18 19 40	25 10 24	11 03 46	22 08 46	19 22 17	2 01 37	3 22 09
30 Th	3 01 05	18 04 12	24 10 22	14 09 48	26 28 41	11 22 44	1 24 38	18 17 16	25 16 07	11 03 34	22 14 52	19 22 26	2 01 59	3 24 15
31 F	3 58 28	0♎19 29	6♎32 02	15 34 11	27 42 33	12 00 54	1 15 22	18 13 31	25 19 55	11 01 44	22 19 13	19 20 55	2 00 40	3 24 42

LONGITUDE

August 1987

Day	☉	0 hr ☽	Noon ☽	☿	♀	♂	⚵	⚳	♃	♄	⚷	♅	♆	♇
1 Sa	4♌55 00	12♎47 40	19♎08 36	17♋02 20	28♋55 34	12♌38 13	1♓04 54	18♐09 17	25♈22 42	10♐59 10	22♊22 40	19♐18 35	1♑58 31	3♏24 19
2 Su	5 51 41	25 33 46	2♏05 08	18 35 03	0♌08 44	13 15 39	0 54 11	18 05 33	25 25 25	10 56 47	22 26 12	19 16 25	1 56 30	3 24 05
3 M	6 49 23	8♏42 42	15 26 18	20 12 60	1 22 57	13 54 06	0 44 09	18 03 12	25 28 59	10 55 32	22 30 43	19 15 19	1 55 32	3 24 55
4 Tu	7 48 48	22 18 30	29 15 31	21 56 35	2 38 52	14 34 15	0 35 29	18 02 55	25 34 03	10 56 04	22 36 54	19 15 57	1 56 17	3 27 29
5 W	8 50 12	6♐23 21	13♐33 57	23 45 47	3 56 47	15 16 21	0 28 26	18 04 57	25 40 54	10 58 40	22 45 00	19 18 36	1 59 01	3 32 03
6 Th	9 53 23	20 56 43	28 19 36	25 40 07	5 16 30	16 00 15	0 22 51	18 09 09	25 49 21	11 03 08	22 54 50	19 23 04	2 03 34	3 38 27
7 F	10 57 45	5♑54 33	13♑26 47	27 38 36	6 37 23	16 45 18	0 18 07	18 14 51	25 58 46	11 08 51	23 05 47	19 28 44	2 09 17	3 46 01
8 Sa	12 02 22	21 09 14	28 46 23	29 39 59	7 58 32	17 30 35	0 13 20	18 21 10	26 08 14	11 14 55	23 16 57	19 34 42	2 15 16	3 53 52
9 Su	13 06 17	6♒30 27	14♒07 13	1♌42 55	9 18 58	18 15 08	0 07 32	18 27 07	26 16 47	11 20 20	23 27 19	19 39 58	2 20 33	4 01 02
10 M	14 08 40	21 46 42	29 17 52	3 46 13	10 37 54	18 58 10	29♒59 55	18 31 53	26 23 38	11 24 20	23 36 07	19 43 46	2 24 20	4 06 41
11 Tu	15 09 08	6♓47 29	14♓08 45	5 49 05	11 54 54	19 39 15	29 50 04	18 35 03	26 28 19	11 26 27	23 42 55	19 45 39	2 26 10	4 10 26
12 W	16 07 41	21 24 55	28 33 28	7 51 11	13 09 59	20 18 23	29 38 03	18 36 39	26 30 52	11 26 45	23 47 44	19 45 38	2 26 06	4 12 17
13 Th	17 04 46	5♈34 37	12♈29 15	9 52 37	14 23 35	20 56 02	29 24 17	18 37 05	26 31 44	11 25 38	23 51 01	19 44 10	2 24 34	4 12 39
14 F	18 01 05	19 15 39	25 56 34	11 53 45	15 36 25	21 32 53	29 09 30	18 37 06	26 31 37	11 23 50	23 53 27	19 41 58	2 22 16	4 12 16
15 Sa	18 57 28	2♉29 47	8♉58 12	13 55 07	16 49 20	22 09 48	28 54 33	18 37 30	26 31 21	11 22 10	23 55 53	19 39 52	2 20 02	4 11 58
16 Su	19 54 41	15 20 37	21 38 23	15 57 14	18 03 05	22 47 32	28 40 13	18 39 04	26 31 42	11 21 25	23 59 04	19 38 37	2 18 38	4 12 31
17 M	20 53 19	27 52 36	4♊01 53	18 00 25	19 18 13	23 26 38	28 27 05	18 42 21	26 33 14	11 22 09	24 03 35	19 38 48	2 18 39	4 14 29
18 Tu	21 53 38	10♊10 21	16 13 19	20 04 45	20 35 02	24 07 24	28 15 27	18 47 38	26 36 13	11 24 37	24 09 43	19 40 41	2 20 21	4 18 07
19 W	22 55 35	22 18 08	28 16 51	22 09 60	21 53 29	24 49 47	28 05 16	18 54 53	26 40 37	11 28 48	24 17 23	19 44 13	2 23 41	4 23 25
20 Th	23 58 50	4♋19 39	10♋15 57	24 15 41	23 13 14	25 33 27	27 56 13	19 03 43	26 46 05	11 34 22	24 26 17	19 49 05	2 28 19	4 30 00
21 F	25 02 50	16 17 53	22 13 20	26 21 08	24 33 43	26 17 50	27 47 48	19 13 38	26 52 05	11 40 45	24 35 51	19 54 43	2 33 42	4 37 22
22 Sa	26 06 56	28 15 09	4♌11 03	28 25 37	25 54 18	27 02 19	27 39 22	19 23 57	26 57 58	11 47 18	24 45 27	20 00 29	2 39 11	4 44 49
23 Su	27 10 30	10♌13 17	16 10 41	0♍28 23	27 14 20	27 46 13	27 30 16	19 34 02	27 03 04	11 53 23	24 54 24	20 05 44	2 44 08	4 51 44
24 M	28 12 58	22 13 48	28 13 36	2 28 51	28 33 16	28 28 60	27 20 01	19 43 19	27 06 51	11 58 27	25 02 12	20 09 54	2 47 60	4 57 35
25 Tu	29 13 60	4♍18 04	10♍21 07	4 26 38	29 50 45	29 10 20	27 08 16	19 51 28	27 08 58	12 02 09	25 08 28	20 12 40	2 50 25	5 01 59
26 W	0♍13 29	16 27 40	22 34 47	6 21 34	1♍06 40	29 50 06	26 54 55	19 58 22	27 09 19	12 04 23	25 13 06	20 13 55	2 51 18	5 04 51
27 Th	1 11 33	28 44 25	4♎56 33	8 13 47	2 21 11	0♍28 25	26 40 09	20 04 09	27 08 02	12 05 16	25 16 14	20 13 46	2 50 47	5 06 18
28 F	2 08 33	11♎10 37	17 28 49	10 03 37	3 34 36	1 05 40	26 24 18	20 09 09	27 05 28	12 05 10	25 18 13	20 12 35	2 49 12	5 06 42
29 Sa	3 04 60	23 48 58	0♏14 25	11 51 34	4 47 28	1 42 20	26 07 56	20 13 53	27 02 07	12 04 35	25 19 34	20 10 53	2 47 04	5 06 33
30 Su	4 01 27	6♏42 26	13 16 23	13 38 13	6 00 20	2 18 59	25 51 36	20 18 55	26 58 33	12 04 04	25 20 50	20 09 12	2 44 56	5 06 25
31 M	4 58 26	19 53 60	26 37 35	15 24 05	7 13 42	2 56 09	25 35 51	20 24 45	26 55 17	12 04 10	25 22 32	20 08 05	2 43 21	5 06 48

Notes

September 1987

LONGITUDE

Day	☉	0 hr ☽	Noon ☽	☿	♀	♂	⚵	⚳	♃	♄	⚷	♅	♆	♇
1 Tu	5 ♍ 56 19	3 ♐ 26 10	10 ♐ 20 10	17 ♍ 09 33	8 ♍ 27 58	3 ♍ 34 12	25 ♒ 21 06	20 ♐ 31 46	26 ♈ 52 43	12 ♐ 05 15	25 ♊ 25 04	20 ♐ 07 54	2 ♑ 42 41	5 ♏ 08 07
2 W	6 55 17	17 20 24	24 24 59	18 54 48	9 43 18	4 13 18	25 07 31	20 40 07	26 51 00	12 07 28	25 28 35	20 08 49	2 43 06	5 10 30
3 Th	7 55 13	1 ♑ 36 29	8 ♑ 50 54	20 39 46	10 59 35	4 53 21	24 55 02	20 49 43	26 50 03	12 10 45	25 32 59	20 10 44	2 44 29	5 13 51
4 F	8 55 48	16 12 04	23 34 24	22 24 07	12 16 32	5 34 03	24 43 20	21 00 15	26 49 32	12 14 45	25 37 57	20 13 20	2 46 32	5 17 53
5 Sa	9 56 37	1 ♒ 02 18	8 ♒ 29 34	24 07 27	13 33 40	6 14 56	24 31 60	21 11 14	26 49 02	12 19 02	25 43 03	20 16 11	2 48 49	5 22 07
6 Su	10 57 09	16 00 15	23 28 34	25 49 17	14 50 32	6 55 33	24 20 34	21 22 14	26 48 03	12 23 08	25 47 47	20 18 48	2 50 51	5 26 06
7 M	11 57 04	0 ♓ 57 34	8 ♓ 22 44	27 29 16	16 06 44	7 35 30	24 08 41	21 32 49	26 46 13	12 26 39	25 51 48	20 20 48	2 52 14	5 29 27
8 Tu	12 56 08	15 45 43	23 03 52	29 07 13	17 22 05	8 14 35	23 56 09	21 42 49	26 43 20	12 29 25	25 54 52	20 21 59	2 52 47	5 31 57
9 W	13 54 22	0 ♈ 17 16	7 ♈ 25 19	0 ♎ 43 08	18 36 35	8 52 49	23 42 60	21 52 13	26 39 24	12 31 23	25 57 01	20 22 21	2 52 30	5 33 37
10 Th	14 51 57	14 26 50	21 22 52	2 17 13	19 50 24	9 30 22	23 29 24	22 01 11	26 34 35	12 32 46	25 58 24	20 22 04	2 51 34	5 34 37
11 F	15 49 10	28 11 29	4 ♉ 54 49	3 49 46	21 03 50	10 07 31	23 15 42	22 10 02	26 29 13	12 33 51	25 59 19	20 21 28	2 50 16	5 35 15
12 Sa	16 46 21	11 ♉ 30 44	18 01 45	5 21 07	22 17 13	10 44 38	23 02 12	22 19 04	26 23 36	12 34 58	26 00 06	20 20 50	2 48 56	5 35 51
13 Su	17 43 48	24 26 07	0 ♊ 46 04	6 51 34	23 30 50	11 21 59	22 49 14	22 28 34	26 18 01	12 36 23	26 01 02	20 20 29	2 47 52	5 36 41
14 M	18 41 43	7 ♊ 00 38	13 11 20	8 21 19	24 44 54	11 59 45	22 37 01	22 38 46	26 12 43	12 38 20	26 02 20	20 20 37	2 47 15	5 37 59
15 Tu	19 40 10	19 18 11	25 21 45	9 50 27	25 59 28	12 38 03	22 25 37	22 49 42	26 07 44	12 40 52	26 04 04	20 21 18	2 47 11	5 39 48
16 W	20 39 07	1 ♋ 23 04	7 ♋ 21 47	11 18 55	27 14 32	13 16 49	22 15 02	23 01 21	26 03 03	12 43 58	26 06 11	20 22 30	2 47 36	5 42 07
17 Th	21 38 27	13 19 43	19 15 47	12 46 35	28 29 56	13 55 56	22 05 08	23 13 35	25 58 32	12 47 30	26 08 35	20 24 06	2 48 24	5 44 48
18 F	22 37 59	25 12 19	1 ♌ 07 51	14 13 16	29 45 31	14 35 14	21 55 47	23 26 13	25 54 02	12 51 17	26 11 04	20 25 55	2 49 24	5 47 40
19 Sa	23 37 32	7 ♌ 04 47	13 01 38	15 38 45	1 ♎ 01 05	15 14 31	21 46 47	23 39 04	25 49 22	12 55 08	26 13 27	20 27 45	2 50 24	5 50 32
20 Su	24 36 57	19 00 33	25 00 18	17 02 52	2 16 30	15 53 39	21 38 00	23 51 59	25 44 22	12 58 55	26 15 36	20 29 29	2 51 17	5 53 15
21 M	25 36 09	1 ♍ 02 34	7 ♍ 06 31	18 25 30	3 31 41	16 32 33	21 29 23	24 04 53	25 38 58	13 02 31	26 17 25	20 31 01	2 51 56	5 55 45
22 Tu	26 35 07	13 13 14	19 22 23	19 46 37	4 46 35	17 11 11	21 20 54	24 17 44	25 33 09	13 05 57	26 18 54	20 32 19	2 52 22	5 57 60
23 W	27 33 54	25 34 28	1 ♎ 49 30	21 06 13	6 01 18	17 49 36	21 12 37	24 30 36	25 26 59	13 09 16	26 20 06	20 33 28	2 52 37	6 00 03
24 Th	28 32 36	8 ♎ 07 38	14 29 03	22 24 21	7 15 53	18 27 55	21 04 39	24 43 33	25 20 33	13 12 32	26 21 05	20 34 33	2 52 46	6 02 00
25 F	29 31 19	20 53 42	27 21 47	23 41 03	8 30 29	19 06 14	20 57 07	24 56 43	25 13 58	13 15 52	26 21 60	20 35 40	2 52 57	6 03 58
26 Sa	0 ♎ 30 09	3 ♏ 53 16	10 ♏ 28 11	24 56 22	9 45 09	19 44 38	20 50 05	25 10 10	25 07 21	13 19 23	26 22 54	20 36 54	2 53 14	6 06 02
27 Su	1 29 07	17 06 39	23 48 28	26 10 14	10 59 56	20 23 09	20 43 38	25 23 56	25 00 42	13 23 05	26 23 50	20 38 19	2 53 40	6 08 13
28 M	2 28 12	0 ♐ 33 55	7 ♐ 22 36	27 22 33	12 14 48	21 01 46	20 37 43	25 38 00	24 54 02	13 26 57	26 24 47	20 39 51	2 54 13	6 10 31
29 Tu	3 27 18	14 14 51	21 10 13	28 33 07	13 29 40	21 40 23	20 32 15	25 52 16	24 47 15	13 30 53	26 25 39	20 41 26	2 54 48	6 12 49
30 W	4 26 20	28 08 54	5 ♑ 10 35	29 41 43	14 44 26	22 18 54	20 27 08	26 06 36	24 40 14	13 34 48	26 26 20	20 42 57	2 55 18	6 15 02

October 1987

LONGITUDE

Day	☉	0 hr ☽	Noon ☽	☿	♀	♂	⚵	⚳	♃	♄	⚷	♅	♆	♇
1 Th	5 ♎ 25 10	12 ♑ 15 02	19 ♑ 22 17	0 ♏ 48 07	15 ♎ 58 58	22 ♍ 57 12	20 ♒ 22 17	26 ♐ 20 56	24 ♈ 32 54	13 ♐ 38 35	26 ♊ 26 43	20 ♐ 44 18	2 ♑ 55 38	6 ♏ 17 03
2 F	6 23 46	26 31 32	3 ♒ 43 11	1 52 07	17 13 16	23 35 16	20 17 38	26 35 11	24 25 12	13 42 10	26 26 45	20 45 27	2 55 43	6 18 49
3 Sa	7 22 12	10 ♒ 55 50	18 10 11	2 53 37	18 27 20	24 13 07	20 13 15	26 49 25	24 17 13	13 45 38	26 26 31	20 46 25	2 55 38	6 20 23
4 Su	8 20 34	25 24 26	2 ♓ 39 20	3 52 34	19 41 20	24 50 54	20 09 16	27 03 45	24 09 03	13 49 06	26 26 07	20 47 22	2 55 30	6 21 54
5 M	9 19 07	9 ♓ 53 01	17 05 55	4 48 57	20 55 28	25 28 50	20 05 53	27 18 24	24 00 57	13 52 46	26 25 46	20 48 29	2 55 32	6 23 34
6 Tu	10 18 02	24 16 38	1 ♈ 24 55	5 42 45	22 09 57	26 07 08	20 03 20	27 33 35	23 53 07	13 56 52	26 25 42	20 50 01	2 55 58	6 25 36
7 W	11 17 32	8 ♈ 30 17	15 31 30	6 33 55	23 24 58	26 45 58	20 01 48	27 49 29	23 45 45	14 01 35	26 26 06	20 52 07	2 56 57	6 28 11
8 Th	12 17 41	22 29 22	29 21 33	7 22 14	24 40 37	27 25 27	20 01 22	28 06 10	23 38 56	14 06 59	26 27 02	20 54 54	2 58 36	6 31 24
9 F	13 18 28	6 ♉ 10 16	12 ♉ 52 13	8 07 19	25 56 51	28 05 32	20 01 59	28 23 37	23 32 38	14 13 03	26 28 28	20 58 18	3 00 52	6 35 12
10 Sa	14 19 40	19 30 47	26 02 04	8 48 40	27 13 30	28 46 01	20 03 29	28 41 38	23 26 42	14 19 36	26 30 14	21 02 09	3 03 34	6 39 26
11 Su	15 21 03	2 ♊ 30 13	8 ♊ 51 15	9 25 35	28 30 17	29 26 40	20 05 36	28 59 57	23 20 51	14 26 20	26 32 03	21 06 11	3 06 25	6 43 49
12 M	16 22 17	15 09 26	21 21 21	9 57 21	29 46 52	0 ♎ 07 07	20 07 59	29 18 13	23 14 45	14 32 57	26 33 36	21 10 04	3 09 07	6 48 00
13 Tu	17 23 02	27 30 42	3 ♋ 35 11	10 23 10	1 ♏ 02 57	0 47 05	20 10 20	29 36 10	23 08 06	14 39 08	26 34 33	21 13 29	3 11 21	6 51 42
14 W	18 23 06	9 ♋ 37 23	15 36 33	10 42 19	2 18 17	1 26 20	20 12 25	29 53 31	23 00 41	14 44 39	26 34 42	21 16 12	3 12 51	6 54 40
15 Th	19 22 21	21 33 42	27 29 52	10 54 12	3 32 48	2 04 44	20 14 08	0 ♑ 10 11	22 52 24	14 49 23	26 33 55	21 18 07	3 13 34	6 56 48
16 F	20 20 51	3 ♌ 24 28	9 ♌ 20 03	10 58 22	4 46 31	2 42 23	20 15 33	0 26 13	22 43 19	14 53 25	26 32 17	21 19 19	3 13 31	6 58 10
17 Sa	21 18 52	15 14 44	21 12 06	10 54 32	5 59 43	3 19 31	20 16 52	0 41 52	22 33 41	14 56 57	26 30 02	21 19 60	3 12 58	6 58 60
18 Su	22 16 44	27 09 31	3 ♍ 10 54	10 42 34	7 12 44	3 56 28	20 18 29	0 57 30	22 23 52	15 00 24	26 27 31	21 20 32	3 12 16	6 59 39
19 M	23 14 54	9 ♍ 13 35	15 20 52	10 22 32	8 26 01	4 33 42	20 20 50	1 13 32	22 14 19	15 04 10	26 25 11	21 21 24	3 11 51	7 00 36
20 Tu	24 13 50	21 30 59	27 45 41	9 54 35	9 40 02	5 11 41	20 24 23	1 30 27	22 05 29	15 08 43	26 23 31	21 23 01	3 12 13	7 02 16
21 W	25 13 54	4 ♎ 04 53	10 ♎ 27 58	9 18 58	10 55 09	5 50 47	20 29 28	1 48 36	21 57 47	15 14 26	26 22 52	21 25 47	3 13 42	7 05 03
22 Th	26 15 19	16 57 09	23 29 02	8 35 57	12 11 35	6 31 12	20 36 20	2 08 13	21 51 24	15 21 32	26 23 28	21 29 55	3 16 32	7 09 10
23 F	27 18 05	0 ♏ 08 16	6 ♏ 48 41	7 45 55	13 29 19	7 12 57	20 44 58	2 29 16	21 46 22	15 30 00	26 25 17	21 35 23	3 20 42	7 14 35
24 Sa	28 21 55	13 37 10	20 25 19	6 49 18	14 48 06	7 55 45	20 55 05	2 51 30	21 42 24	15 39 35	26 28 04	21 41 56	3 25 56	7 21 03
25 Su	29 26 20	27 21 29	4 ♐ 16 05	5 46 41	16 07 26	8 39 07	21 06 11	3 14 25	21 39 02	15 49 45	26 31 20	21 49 04	3 31 45	7 28 04
26 M	0 ♏ 30 42	11 ♐ 17 51	18 17 20	4 38 54	17 26 40	9 22 24	21 17 39	3 37 23	21 35 36	15 59 54	26 34 26	21 56 10	3 37 31	7 35 00
27 Tu	1 34 21	25 22 26	2 ♑ 25 13	3 27 09	18 45 10	10 04 57	21 28 48	3 59 43	21 31 30	16 09 21	26 36 43	22 02 33	3 42 34	7 41 12
28 W	2 36 46	9 ♑ 31 35	16 36 11	2 13 04	20 02 24	10 46 16	21 39 08	4 20 56	21 26 12	16 17 37	26 37 40	22 07 43	3 46 23	7 46 09
29 Th	3 37 43	23 42 14	0 ♒ 47 25	0 58 42	21 18 09	11 26 06	21 48 24	4 40 47	21 19 27	16 24 26	26 37 03	22 11 25	3 48 44	7 49 37
30 F	4 37 18	7 ♒ 52 09	14 56 56	29 ♎ 46 32	22 32 30	12 04 33	21 56 42	4 59 22	21 11 25	16 29 55	26 34 59	22 13 46	3 49 44	7 51 41
31 Sa	5 36 00	21 59 56	29 03 30	28 39 16	23 45 55	12 42 06	22 04 29	5 17 09	21 02 31	16 34 32	26 31 55	22 15 15	3 49 51	7 52 50

Notes

LONGITUDE — November 1987

Day	☉	0 hr ☽	Noon ☽	☿	♀	♂	⚷	⚴	♃	♄	⚶	♅	♆	♇
1 Su	6 ♏ 34 31	6 ♓ 04 41	13 ♓ 06 14	27 ♎ 39 37	24 ♏ 59 08	13 ♎ 19 28	22 ♒ 12 29	5 ♑ 34 50	20 ♈ 53 30	16 ♐ 38 60	26 ♊ 28 35	22 ♐ 16 32	3 ♑ 49 46	7 ♏ 53 47
2 M	7 33 40	20 05 34	27 04 12	26 49 60	26 12 57	13 57 26	22 21 29	5 53 14	20 45 10	16 44 07	26 25 47	22 18 29	3 50 19	7 55 11
3 Tu	8 34 12	4 ♈ 01 29	10 ♈ 56 08	26 12 20	27 28 07	14 36 47	22 32 15	6 13 07	20 38 18	16 50 38	26 24 16	22 21 48	3 52 16	7 58 15
4 W	9 36 38	17 50 42	24 40 10	25 47 52	28 45 08	15 18 01	22 45 16	6 34 58	20 33 23	16 59 04	26 24 33	22 27 02	3 56 06	8 03 02
5 Th	10 41 08	1 ♉ 30 59	8 ♉ 14 03	25 37 05	0 ♐ 04 12	16 01 18	23 00 43	6 58 58	20 30 37	17 09 36	26 26 49	22 34 20	4 01 60	8 09 51
6 F	11 47 31	14 59 44	21 35 20	25 39 41	1 25 06	16 46 27	23 18 24	7 24 55	20 29 48	17 22 01	26 30 51	22 43 30	4 09 46	8 18 31
7 Sa	12 55 15	28 14 27	4 ♊ 41 52	25 54 46	2 47 19	17 32 56	23 37 46	7 52 17	20 30 25	17 35 47	26 36 09	22 54 02	4 18 53	8 28 30
8 Su	14 03 32	11 ♊ 13 12	17 32 16	26 20 56	4 10 05	18 19 58	23 58 04	8 20 18	20 31 42	17 50 08	26 41 55	23 05 07	4 28 34	8 39 01
9 M	15 11 33	23 55 03	0 ♋ 06 12	26 56 34	5 32 30	19 06 41	24 18 24	8 48 06	20 32 46	18 04 13	26 47 17	23 15 55	4 37 56	8 49 13
10 Tu	16 18 27	6 ♋ 20 23	12 24 40	27 40 00	6 53 48	19 52 19	24 37 59	9 14 52	20 32 51	18 17 13	26 51 29	23 25 37	4 46 13	8 58 16
11 W	17 23 41	18 30 60	24 29 60	28 29 46	8 13 23	20 36 14	24 56 12	9 40 01	20 31 20	18 28 31	26 53 53	23 33 38	4 52 48	9 05 36
12 Th	18 26 56	0 ♌ 30 02	6 ♌ 25 50	29 24 40	9 30 58	21 18 10	25 12 46	10 03 16	20 27 57	18 37 53	26 54 14	23 39 40	4 57 24	9 10 56
13 F	19 28 18	12 21 55	18 16 54	0 ♏ 23 58	10 46 37	21 58 12	25 27 47	10 24 41	20 22 48	18 45 21	26 52 36	23 43 49	5 00 07	9 14 21
14 Sa	20 28 15	24 11 59	0 ♍ 08 45	1 27 18	12 00 48	22 36 47	25 41 40	10 44 44	20 16 20	18 51 24	26 49 27	23 46 31	5 01 23	9 16 17
15 Su	21 27 29	6 ♍ 06 12	12 07 24	2 34 40	13 14 15	23 14 39	25 55 10	11 04 08	20 09 16	18 56 44	26 45 30	23 48 31	5 01 56	9 17 29
16 M	22 26 55	18 10 45	24 18 54	3 46 19	14 27 53	23 52 43	26 09 11	11 23 49	20 02 33	19 02 18	26 41 40	23 50 43	5 02 42	9 18 51
17 Tu	23 27 30	0 ♎ 31 28	6 ♎ 48 47	5 02 35	15 42 37	24 31 54	26 24 39	11 44 42	19 57 06	19 09 00	26 38 54	23 54 03	5 04 35	9 21 20
18 W	24 30 01	13 13 20	19 41 27	6 23 45	16 59 16	25 13 01	26 42 21	12 07 34	19 53 42	19 17 39	26 37 59	23 59 19	5 08 24	9 25 42
19 Th	25 34 57	26 19 44	2 ♏ 59 30	7 49 50	18 16 25	25 56 31	27 02 45	12 32 54	19 52 52	19 28 42	26 39 23	24 06 59	5 14 36	9 32 26
20 F	26 42 20	9 ♏ 51 55	16 43 11	9 20 28	19 39 42	26 42 28	27 25 54	13 00 45	19 54 37	19 42 13	26 43 10	24 17 06	5 23 16	9 41 36
21 Sa	27 51 44	23 48 33	0 ♐ 49 60	10 54 53	21 03 08	27 30 25	27 51 22	13 30 40	19 58 32	19 57 45	26 48 54	24 29 14	5 33 56	9 52 44
22 Su	29 02 16	8 ♐ 05 36	15 14 51	12 31 55	22 27 41	28 19 31	28 18 16	14 01 47	20 03 45	20 14 26	26 55 42	24 42 30	5 45 45	10 04 60
23 M	0 ♐ 12 50	22 36 47	29 50 45	14 10 10	23 52 12	29 08 36	28 45 28	14 32 59	20 09 08	20 31 07	27 02 26	24 55 47	5 57 34	10 17 13
24 Tu	1 22 13	7 ♑ 14 34	14 ♑ 17 33	15 49 10	25 15 32	29 56 31	29 11 47	15 03 04	20 13 31	20 46 40	27 07 57	25 07 54	6 08 13	10 28 15
25 W	2 29 32	21 51 31	29 05 20	17 25 06	26 36 45	0 ♏ 42 22	29 36 19	15 31 08	20 16 00	21 00 08	27 11 19	25 17 56	6 16 48	10 37 11
26 Th	3 34 20	6 ♒ 21 32	13 ♒ 31 29	19 00 05	27 55 26	1 25 41	29 58 36	15 56 44	20 16 08	21 11 05	27 12 07	25 25 27	6 22 51	10 43 34
27 F	4 36 47	20 40 38	27 45 19	20 33 19	9 11 44	2 06 39	0 ♓ 18 48	16 20 02	20 14 05	21 19 42	27 10 35	25 30 37	6 26 34	10 47 34
28 Sa	5 37 36	4 ♓ 47 11	11 ♓ 46 01	22 05 14	0 ♑ 26 23	2 45 58	0 37 39	16 41 46	20 10 35	21 26 41	27 07 12	25 34 09	6 28 38	10 49 54
29 Su	6 37 53	18 41 26	25 34 25	23 37 02	1 40 28	3 24 47	0 56 14	17 03 01	20 06 44	21 33 08	27 03 19	25 37 10	6 30 11	10 51 41
30 M	7 38 56	2 ♈ 24 50	9 ♈ 12 13	25 09 51	2 55 17	4 04 20	1 15 50	17 25 05	20 03 49	21 40 21	27 00 09	25 40 56	6 32 30	10 54 11

LONGITUDE — December 1987

Day	☉	0 hr ☽	Noon ☽	☿	♀	♂	⚷	⚴	♃	♄	⚶	♅	♆	♇
1 Tu	8 ♐ 41 52	15 ♈ 59 03	22 ♈ 41 07	26 ♏ 44 46	4 ♑ 11 58	4 ♏ 45 47	1 ♓ 37 35	17 ♑ 49 05	20 ♈ 02 59	21 ♐ 49 28	26 ♊ 58 49	25 ♐ 46 35	6 ♑ 36 42	10 ♏ 58 33
2 W	9 47 31	29 25 25	6 ♉ 02 17	28 22 33	5 31 19	5 29 56	2 02 17	18 15 51	20 05 02	22 01 17	27 00 09	25 54 57	6 43 36	11 05 36
3 Th	10 56 10	12 ♉ 44 20	19 15 53	0 ♐ 03 28	6 53 39	6 17 06	2 30 15	18 45 40	20 10 17	22 16 07	27 04 26	26 06 19	6 53 30	11 15 37
4 F	12 07 37	25 55 16	2 ♊ 21 11	1 47 16	8 18 45	7 07 03	3 01 14	19 18 31	20 18 31	22 33 44	27 11 28	26 20 28	7 06 12	11 28 24
5 Sa	13 21 07	8 ♊ 56 50	15 16 49	3 33 12	9 45 53	7 59 04	3 34 32	19 53 04	20 28 59	22 53 25	27 20 32	26 36 40	7 20 57	11 43 12
6 Su	14 35 39	21 47 23	28 01 13	5 20 11	11 13 59	8 52 05	4 09 05	20 28 52	20 40 39	23 14 06	27 30 33	26 53 53	7 36 43	11 58 59
7 M	15 49 57	4 ♋ 25 25	10 ♋ 33 13	7 07 01	12 41 52	9 44 55	4 43 39	21 04 31	20 52 18	23 34 34	27 40 20	27 10 53	7 52 16	12 14 32
8 Tu	17 02 55	16 50 12	22 52 29	8 53 10	14 08 20	10 36 22	5 17 05	21 38 50	21 02 47	23 53 40	27 48 42	27 26 31	8 06 27	12 28 41
9 W	18 13 37	29 02 09	4 ♌ 59 58	10 35 48	15 32 35	11 25 35	5 48 29	22 10 57	21 11 12	24 10 31	27 54 47	27 39 53	8 18 23	12 40 32
10 Th	19 21 34	11 ♌ 03 06	16 58 01	12 16 22	16 53 56	12 13 56	6 17 21	22 40 20	21 17 03	24 24 35	27 58 05	27 50 29	8 27 32	12 49 36
11 F	20 26 44	22 56 24	28 50 12	14 11 32	18 12 05	12 55 42	6 43 39	23 06 58	21 20 18	24 35 52	27 58 34	27 58 17	8 33 55	12 55 51
12 Sa	21 29 35	4 ♍ 46 43	10 ♍ 42 14	15 29 43	19 28 47	13 37 03	7 07 51	23 31 20	21 21 26	24 44 49	27 56 41	28 03 46	8 37 58	12 59 44
13 Su	22 30 58	16 39 53	22 39 35	17 03 51	20 43 31	14 16 56	7 30 47	23 54 15	21 21 17	24 52 17	27 53 19	28 07 46	8 40 32	13 02 07
14 M	23 32 00	28 42 26	4 ♎ 49 07	18 37 41	21 57 53	14 56 28	7 53 36	24 16 52	21 20 59	24 59 24	27 49 34	28 11 24	8 42 45	13 04 07
15 Tu	24 33 54	11 ♎ 01 11	17 17 33	20 12 27	23 13 05	15 36 52	8 17 28	24 40 23	21 21 44	25 07 22	27 46 39	28 15 54	8 45 49	13 06 56
16 W	25 37 43	23 42 26	0 ♏ 10 50	22 49 14	24 30 10	16 19 11	8 43 28	25 05 11	21 24 36	25 17 13	27 45 39	28 22 17	8 50 48	13 11 38
17 Th	26 44 11	6 ♏ 51 18	13 33 21	23 28 46	25 49 52	17 04 09	9 12 19	25 33 59	21 30 18	25 29 43	27 47 16	28 31 19	8 58 26	13 18 57
18 F	27 53 30	20 30 44	27 45 19	25 11 15	27 12 23	17 51 58	9 44 35	26 05 00	21 39 03	25 45 03	27 51 42	28 43 12	9 08 53	13 29 05
19 Sa	29 05 16	4 ♐ 40 41	11 ♐ 50 08	26 56 19	28 37 19	18 42 15	10 18 46	26 38 31	21 50 27	26 02 49	27 58 35	28 57 28	9 21 48	13 41 37
20 Su	0 ♑ 18 32	19 17 31	26 37 40	28 43 02	0 ♒ 03 43	19 34 01	10 55 01	27 13 32	22 03 33	26 22 04	28 06 57	29 13 16	9 36 12	13 55 55
21 M	1 31 58	4 ♑ 14 06	11 ♑ 41 03	0 ♑ 30 04	1 30 16	20 25 57	11 31 37	27 48 46	22 17 00	26 41 28	28 15 28	29 29 13	9 50 45	14 09 45
22 Tu	2 44 10	19 20 44	26 49 48	2 16 03	2 55 32	21 16 40	12 07 11	28 22 48	22 29 26	26 59 37	28 22 46	29 43 56	10 04 05	14 22 37
23 W	3 56 40	4 ♒ 26 50	11 ♒ 53 23	3 59 42	4 18 25	22 05 02	12 40 35	28 54 30	22 40 35	27 15 23	28 27 41	29 56 16	10 15 02	14 33 05
24 Th	5 00 54	19 22 55	26 43 09	5 40 58	5 38 20	22 50 28	13 11 14	29 23 18	22 47 14	27 28 13	28 29 41	0 ♑ 05 39	10 23 04	14 40 35
25 F	6 04 58	4 ♓ 02 09	11 ♓ 13 37	7 19 27	6 55 24	23 33 05	13 39 15	29 49 19	22 52 08	27 38 12	28 28 52	0 12 13	10 28 16	14 45 15
26 Sa	7 06 58	18 21 04	25 22 38	8 56 06	8 10 22	24 13 39	14 05 24	0 ♒ 13 17	22 55 11	27 46 07	28 25 59	0 16 42	10 31 24	14 47 48
27 Su	8 08 07	2 ♈ 19 14	9 ♈ 10 56	10 29 14	9 24 26	24 53 22	14 30 52	0 36 26	22 57 15	27 53 09	28 22 16	0 20 19	10 33 40	14 49 29
28 M	9 09 47	15 58 30	22 41 05	12 08 60	10 38 60	25 33 37	14 57 03	1 00 08	23 00 42	28 00 42	28 19 05	0 24 28	10 36 28	14 51 38
29 Tu	10 13 14	29 21 48	5 ♉ 56 21	13 47 52	11 55 18	15 39 27	15 25 10	1 25 39	23 05 48	28 10 00	28 17 42	0 30 22	10 41 03	14 55 33
30 W	11 19 19	12 ♉ 32 16	18 59 53	15 29 41	14 13 27	27 00 22	15 56 08	1 53 50	23 13 44	28 21 57	28 18 59	0 38 55	10 48 16	15 02 05
31 Th	12 28 26	25 32 23	1 ♊ 54 02	17 14 48	14 36 07	27 48 06	16 30 17	2 25 04	23 24 54	28 36 54	28 23 18	0 50 28	10 58 31	15 11 37

Notes

January 1988 LONGITUDE

Day	☉	0 hr ☽	Noon ☽	☿	♀	♂	⚵	⚳	♃	♄	⚷	♅	♆	♇
1 F	13 ♑ 40 22	8 ♊ 23 45	14 ♊ 40 07	19 ♑ 03 00	16 ♒ 00 48	28 ♏ 38 41	17 ♓ 07 25	2 ♒ 59 09	23 ♈ 39 04	28 ♐ 54 39	28 ♊ 30 28	1 ♑ 04 50	11 ♑ 11 34	15 ♏ 23 56
2 Sa	14 54 25	21 06 56	27 18 29	20 53 37	17 27 34	29 31 23	17 46 51	3 35 23	23 55 34	29 14 30	28 39 47	1 21 19	11 26 45	15 38 21
3 Su	16 09 32	3 ♋ 41 43	9 ♋ 48 45	22 45 34	18 55 21	0 ♐ 25 11	18 27 31	4 12 42	24 13 19	29 35 23	28 50 11	1 38 51	11 43 00	15 53 47
4 M	17 24 30	16 07 29	22 10 20	24 37 38	20 22 58	1 18 50	19 08 11	4 49 54	24 31 06	29 56 07	29 00 28	1 56 13	11 59 06	16 09 03
5 Tu	18 38 09	28 23 46	4 ♌ 22 53	26 28 39	21 49 13	2 11 13	19 47 43	5 25 50	24 47 47	0 ♑ 15 30	29 09 29	2 12 17	12 13 53	16 22 59
6 W	19 49 35	10 ♌ 30 40	16 26 46	28 17 38	23 13 12	3 01 22	20 25 11	5 59 32	25 02 25	0 32 39	29 16 17	2 26 05	12 26 26	16 34 39
7 Th	20 58 13	22 29 14	28 23 23	0 ♒ 04 01	24 34 21	3 48 45	21 00 01	6 30 29	25 14 27	0 46 58	29 20 20	2 37 06	12 36 12	16 43 30
8 F	22 03 58	4 ♍ 21 42	10 ♍ 15 24	1 47 40	25 52 34	4 33 15	21 32 07	6 58 33	25 23 46	0 58 23	29 21 32	2 45 12	12 43 04	16 49 26
9 Sa	23 07 10	16 11 38	22 06 47	3 28 50	27 08 12	5 15 14	22 01 49	7 24 06	25 30 44	1 07 13	29 20 13	2 50 44	12 47 22	16 52 46
10 Su	24 08 33	28 03 44	4 ♎ 02 36	5 08 12	28 21 57	5 55 24	22 29 51	7 47 51	25 36 04	1 14 13	29 17 07	2 54 26	12 49 51	16 54 16
11 M	25 09 07	10 ♎ 03 42	16 08 50	6 46 42	29 34 52	6 34 47	22 57 14	8 10 48	25 40 46	1 20 22	29 13 16	2 57 19	12 51 32	16 54 55
12 Tu	26 09 60	22 17 51	28 31 56	8 25 19	0 ♓ 48 01	7 14 29	23 25 03	8 34 05	25 45 56	1 26 47	29 09 44	3 00 29	12 53 30	16 55 51
13 W	27 12 12	4 ♏ 52 33	11 ♏ 18 09	10 04 58	2 02 28	7 55 32	23 54 22	8 58 43	25 52 38	1 34 31	29 07 36	3 04 58	12 56 47	16 58 04
14 Th	28 16 30	17 53 32	24 32 48	11 46 16	3 18 57	8 38 41	24 25 54	9 25 27	26 01 35	1 44 17	29 07 35	3 11 30	13 02 09	17 02 21
15 F	29 23 11	1 ♐ 25 02	8 ♐ 19 16	13 29 19	4 37 47	9 24 14	24 59 58	9 54 35	26 13 06	1 56 26	29 10 00	3 20 25	13 09 55	17 08 59
16 Sa	0 ♒ 32 02	15 28 49	22 38 01	15 13 41	5 58 44	10 11 59	25 36 22	10 25 55	26 26 58	2 10 43	29 14 40	3 31 30	13 19 50	17 17 46
17 Su	1 42 20	0 ♑ 03 20	7 ♑ 25 47	16 58 25	7 21 05	11 01 12	26 14 21	10 58 43	26 42 28	2 26 24	29 20 49	3 44 01	13 31 12	17 27 58
18 M	2 52 59	15 03 11	22 35 25	18 42 06	8 43 44	11 50 46	26 52 50	11 31 53	26 58 29	2 42 25	29 27 22	3 56 51	13 42 55	17 38 29
19 Tu	4 02 47	0 ♒ 19 27	7 ♒ 56 36	20 23 11	10 05 29	12 39 31	27 30 36	12 04 12	27 13 49	2 57 32	29 33 08	4 08 49	13 53 46	17 48 07
20 W	5 10 41	15 40 58	23 17 34	22 00 16	11 25 17	13 26 23	28 06 37	12 34 40	27 27 26	3 10 45	29 37 04	4 18 53	14 02 44	17 55 50
21 Th	6 16 08	0 ♓ 56 17	8 ♓ 27 16	23 32 17	12 42 35	14 10 50	28 40 20	13 02 41	27 38 47	3 21 28	29 38 37	4 26 29	14 09 14	18 01 05
22 F	7 19 07	15 55 46	23 17 13	24 58 44	13 57 22	14 52 49	29 11 42	13 28 15	27 47 50	3 29 41	29 37 46	4 31 35	14 13 16	18 03 50
23 Sa	8 20 09	0 ♈ 32 54	7 ♈ 42 29	26 19 34	15 10 09	15 32 54	29 41 17	13 51 54	27 55 07	3 35 56	29 35 03	4 34 45	14 15 22	18 04 37
24 Su	9 20 11	14 44 45	21 41 41	27 35 02	16 21 52	16 11 59	0 ♈ 10 00	14 14 33	28 01 33	3 41 09	29 31 25	4 36 54	14 16 28	18 04 23
25 M	10 20 17	28 31 28	5 ♉ 16 08	28 45 33	17 33 36	16 51 11	0 38 56	14 37 19	28 08 15	3 46 25	29 27 55	4 39 06	14 17 38	18 04 12
26 Tu	11 21 27	11 ♉ 55 17	18 28 53	29 51 20	18 46 22	17 31 29	1 09 04	15 01 10	28 16 11	3 52 43	29 25 34	4 42 23	14 19 53	18 05 04
27 W	12 24 26	24 59 32	1 ♊ 23 38	0 ♓ 52 18	20 00 51	18 13 37	1 41 08	15 26 50	28 26 06	4 00 48	29 25 07	4 47 26	14 23 57	18 07 44
28 Th	13 29 31	7 ♊ 47 44	14 03 60	1 47 57	21 17 25	18 57 54	2 15 28	15 54 39	28 38 18	4 10 58	29 26 52	4 54 37	14 30 08	18 12 29
29 F	14 36 39	20 23 05	26 33 02	2 37 20	22 35 56	19 44 14	2 51 57	16 24 30	28 52 41	4 23 08	29 30 43	5 03 48	14 38 20	18 19 15
30 Sa	15 45 18	2 ♋ 48 05	8 ♋ 53 05	3 19 12	23 55 55	20 32 09	3 30 07	16 55 55	29 08 46	4 36 48	29 36 12	5 14 32	14 48 05	18 27 33
31 Su	16 54 47	15 04 35	21 05 43	3 52 03	25 16 39	21 20 54	4 09 13	17 28 09	29 25 50	4 51 15	29 42 35	5 26 03	14 58 40	18 36 39

February 1988 LONGITUDE

Day	☉	0 hr ☽	Noon ☽	☿	♀	♂	⚵	⚳	♃	♄	⚷	♅	♆	♇
1 M	18 ♒ 04 13	27 ♋ 13 50	3 ♌ 12 02	4 ♓ 14 24	26 ♓ 37 17	22 ♐ 09 38	4 ♈ 48 25	18 ♒ 00 22	29 ♈ 43 01	5 ♑ 05 38	29 ♊ 49 00	5 ♑ 37 31	15 ♑ 09 11	18 ♏ 45 40
2 Tu	19 12 47	9 ♌ 16 47	15 12 53	4 25 00	27 56 58	22 57 33	5 26 52	18 31 44	29 59 29	5 19 06	29 54 39	5 48 06	15 18 51	18 53 49
3 W	20 19 50	21 14 25	27 09 12	4 22 57	29 15 04	23 43 58	6 03 55	19 01 36	0 ♉ 14 36	5 31 02	29 58 52	5 57 09	15 27 00	19 00 26
4 Th	21 24 58	3 ♍ 07 56	9 ♍ 02 19	4 07 50	0 ♈ 31 09	24 28 30	6 39 11	19 29 33	0 27 56	5 40 59	0 ♋ 01 15	6 04 16	15 33 14	19 05 06
5 F	22 28 03	14 59 09	20 54 12	3 39 52	1 45 07	25 11 01	7 12 31	19 55 28	0 39 23	5 48 52	0 01 41	6 09 20	15 37 25	19 07 43
6 Sa	23 29 17	26 50 31	2 ♎ 47 36	2 59 56	2 57 10	25 51 44	7 44 08	20 19 34	0 49 08	5 54 51	0 00 21	6 12 32	15 39 45	19 08 28
7 Su	24 29 08	8 ♎ 45 21	14 46 05	2 09 28	4 07 45	26 31 04	8 14 28	20 42 16	0 57 38	5 59 25	29 ♊ 57 44	6 14 19	15 40 41	19 07 48
8 M	25 28 13	20 47 40	26 53 58	1 10 27	5 17 28	27 09 41	8 44 10	21 04 13	1 05 31	6 03 10	29 54 26	6 15 19	15 40 52	19 06 21
9 Tu	26 27 15	3 ♏ 02 07	9 ♏ 16 06	0 05 12	6 27 03	27 48 16	9 13 55	21 26 07	1 13 30	6 06 49	29 51 10	6 16 15	15 40 59	19 04 50
10 W	27 26 54	15 33 39	21 57 29	28 ♒ 56 12	7 37 10	28 27 30	9 44 25	21 48 39	1 22 14	6 11 03	29 48 37	6 17 47	15 41 43	19 03 54
11 Th	28 27 41	28 27 05	5 ♐ 02 47	27 45 56	8 48 19	29 07 54	10 16 08	22 12 19	1 32 13	6 16 21	29 47 17	6 20 25	15 43 35	19 04 05
12 F	29 29 50	11 ♐ 46 28	18 35 34	26 36 34	10 00 45	29 49 41	10 49 21	22 37 22	1 43 44	6 22 59	29 47 26	6 24 24	15 46 48	19 05 38
13 Sa	0 ♓ 33 17	25 34 26	2 ♑ 37 34	25 29 56	11 14 24	0 ♑ 32 49	11 23 60	23 03 43	1 56 41	6 30 53	29 48 58	6 29 41	15 51 20	19 08 27
14 Su	1 37 41	9 ♑ 51 17	17 07 49	24 27 19	12 28 53	1 16 55	11 59 41	23 31 01	2 10 42	6 39 40	29 51 32	6 35 53	15 56 48	19 12 12
15 M	2 42 26	24 34 25	2 ♒ 02 10	23 29 35	13 43 37	2 01 23	12 35 50	23 58 40	2 25 13	6 48 45	29 54 34	6 42 24	16 02 36	19 16 17
16 Tu	3 46 51	9 ♒ 38 01	17 13 15	22 37 14	14 57 57	2 45 34	13 11 47	24 26 01	2 39 32	6 57 28	29 57 22	6 48 35	16 08 06	19 20 02
17 W	4 50 22	24 53 24	2 ♓ 31 19	21 50 34	16 11 16	3 28 52	13 46 56	24 52 28	2 53 05	7 05 14	29 59 22	6 53 51	16 12 41	19 22 52
18 Th	5 52 38	10 ♓ 10 17	17 45 39	21 09 49	17 23 14	4 10 57	14 20 56	25 17 39	3 05 31	7 11 42	0 ♋ 00 13	6 57 50	16 16 00	19 24 26
19 F	6 53 34	25 18 18	2 ♈ 46 23	20 35 16	18 33 45	4 51 44	14 53 43	25 41 31	3 16 45	7 16 47	29 ♊ 59 50	7 00 29	16 18 00	19 24 39
20 Sa	7 53 24	10 ♈ 08 43	17 25 57	20 07 17	19 43 04	5 31 27	15 25 31	26 04 18	3 27 01	7 20 44	29 58 29	7 02 00	16 18 54	19 23 46
21 Su	8 52 34	24 35 32	1 ♉ 39 48	19 46 17	20 51 37	6 10 31	15 56 46	26 26 24	3 36 45	7 23 57	29 56 33	7 02 51	16 19 09	19 22 12
22 M	9 51 34	8 ♉ 35 47	15 26 25	19 32 36	21 59 53	6 49 29	16 27 58	26 48 22	3 46 27	7 26 59	29 54 35	7 03 32	16 19 14	19 20 29
23 Tu	10 50 54	22 09 15	28 46 45	19 26 26	23 08 21	7 28 48	16 59 35	27 10 39	3 56 36	7 30 17	29 53 03	7 04 31	16 19 38	19 19 05
24 W	11 50 53	5 ♊ 17 44	11 ♊ 43 28	19 27 50	24 17 21	8 08 48	17 31 59	27 33 37	4 07 32	7 34 12	29 52 17	7 06 08	16 20 43	19 18 19
25 Th	12 51 40	18 04 23	24 20 08	19 36 34	25 27 03	8 49 40	18 05 18	27 57 23	4 19 25	7 38 53	29 52 27	7 08 34	16 22 36	19 18 23
26 F	13 53 14	0 ♋ 32 52	6 ♋ 40 40	19 52 12	26 37 23	9 31 19	18 39 29	28 21 56	4 32 11	7 44 17	29 53 29	7 11 45	16 25 16	19 19 12
27 Sa	14 55 22	12 47 04	18 48 54	20 14 11	27 48 09	10 13 36	19 14 21	28 47 03	4 45 39	7 50 13	29 55 14	7 15 29	16 28 31	19 20 36
28 Su	15 57 48	24 50 37	0 ♌ 48 21	20 41 49	28 59 05	10 56 13	19 49 37	29 12 28	4 59 32	7 56 24	29 57 22	7 19 31	16 32 04	19 22 18
29 M	17 00 12	6 ♌ 46 51	12 42 11	21 14 25	0 ♉ 09 50	11 38 50	20 24 58	29 37 52	5 13 30	8 02 29	29 59 35	7 23 29	16 35 35	19 23 57

Notes

LONGITUDE — March 1988

Day	☉	0 hr ☽	Noon ☽	☿	♀	♂	⚷	♃	♄	⛢	♆	♇
1 Tu	18♓02 17	18♌38 44	24♌33 05	21♒51 22	1♉20 08	12♑21 10	21♈00 05	0♓02 57	5♉27 17	8♑08 14	0♋01 37	7♑27 09	16♑38 47	19♏25 18
2 W	19 03 51	0♍28 49	6♍23 27	22 32 08	2 29 46	13 03 02	21 34 48	0 27 31	5 40 39	8 13 24	0 03 14	7 30 16	16 41 29	19 26 07
3 Th	20 04 49	12 19 27	18 15 27	23 16 17	3 38 37	13 44 20	22 09 01	0 51 28	5 53 32	8 17 54	0 04 22	7 32 46	16 43 49	19 26 23
4 F	21 05 10	24 12 47	0♎11 09	24 03 35	4 46 43	14 25 04	22 42 42	1 14 49	6 05 55	8 21 46	0 04 60	7 34 38	16 45 04	19 25 57
5 Sa	22 05 02	6♎10 52	12 12 37	24 53 52	5 54 09	15 05 20	23 16 00	1 37 40	6 17 55	8 25 03	0 05 15	7 35 60	16 46 03	19 25 03
6 Su	23 04 33	18 15 54	24 22 02	25 47 02	7 01 05	15 45 18	23 49 03	2 00 11	6 29 41	8 27 58	0 05 16	7 36 60	16 46 42	19 23 50
7 M	24 03 56	0♏30 08	6♏41 47	26 43 06	8 07 41	16 25 09	24 22 03	2 22 32	6 41 24	8 30 40	0 05 15	7 37 50	16 47 12	19 22 27
8 Tu	25 03 19	12 56 03	19 14 27	27 41 60	9 14 07	17 05 03	24 55 09	2 44 54	6 53 15	8 33 19	0 05 21	7 38 39	16 47 43	19 21 04
9 W	26 02 51	25 36 15	2♐02 41	28 43 41	10 20 30	17 45 07	25 28 29	3 07 23	7 05 19	8 36 03	0 05 42	7 39 36	16 48 22	19 19 50
10 Th	27 02 33	8♐33 22	15 09 06	29 48 03	11 26 53	18 25 24	26 02 05	3 30 02	7 17 40	8 38 54	0 06 20	7 40 42	16 49 12	19 18 46
11 F	28 02 24	21 49 49	28 35 53	0♓54 55	12 33 12	19 05 52	26 35 55	3 52 50	7 30 16	8 41 51	0 07 14	7 41 55	16 50 10	19 17 52
12 Sa	29 02 19	5♑27 26	12♑24 28	2 04 05	13 39 24	19 46 25	27 09 55	4 15 41	7 43 02	8 44 47	0 08 18	7 43 11	16 51 12	19 17 01
13 Su	0♈02 12	19 27 02	26 34 57	3 15 19	14 45 22	20 26 58	27 43 58	4 38 29	7 55 52	8 47 38	0 09 27	7 44 24	16 52 12	19 16 07
14 M	1 01 59	3♒47 55	11♒05 39	4 28 28	15 51 00	21 07 27	28 17 59	5 01 10	8 08 41	8 50 18	0 10 35	7 45 29	16 53 05	19 15 08
15 Tu	2 01 38	18 27 23	25 52 46	5 43 23	16 56 18	21 47 49	28 55 31	5 23 42	8 21 27	8 52 47	0 11 42	7 46 25	16 53 51	19 13 60
16 W	3 01 12	3♓20 37	10♓50 24	7 00 04	18 01 17	22 28 08	29 25 58	5 46 09	8 34 14	8 55 07	0 12 51	7 47 14	16 54 31	19 12 48
17 Th	4 00 48	18 20 46	25 50 56	8 18 34	19 06 06	23 08 31	0♉00 04	6 08 37	8 47 09	8 57 26	0 14 09	7 48 05	16 55 13	19 11 38
18 F	5 00 34	3♈19 46	10♈46 04	9 38 55	20 10 49	23 49 05	0 34 26	6 31 13	9 00 19	8 59 51	0 15 43	7 49 04	16 56 05	19 10 38
19 Sa	6 00 35	18 09 16	25 27 48	11 01 11	21 15 35	24 29 57	1 09 08	6 54 04	9 13 50	9 02 27	0 17 40	7 50 18	16 57 13	19 09 54
20 Su	7 00 54	2♉41 55	9♉49 38	12 25 21	22 20 22	25 11 08	1 44 13	7 17 12	9 27 44	9 05 18	0 20 00	7 51 48	16 58 39	19 09 28
21 M	8 01 27	16 52 08	23 47 14	13 51 18	23 25 08	25 52 34	2 19 37	7 40 32	9 41 57	9 08 18	0 22 41	7 53 30	17 00 17	19 09 16
22 Tu	9 02 02	1♊36 46	7♊18 40	15 18 51	24 29 41	26 34 05	2 55 09	8 03 55	9 56 19	9 11 18	0 25 32	7 55 15	17 02 00	19 09 08
23 W	10 02 29	13 55 02	20 24 17	16 47 45	25 33 49	27 15 29	3 30 37	8 27 08	10 10 37	9 14 06	0 28 21	7 56 51	17 03 34	19 08 52
24 Th	11 02 34	26 48 17	3♋06 15	18 17 46	26 37 18	27 56 34	4 05 48	8 49 58	10 24 38	9 16 28	0 30 56	7 58 03	17 04 47	19 08 15
25 F	12 02 08	9♋19 24	15 28 03	19 48 43	27 39 57	28 37 08	4 40 33	9 12 15	10 38 13	9 18 16	0 33 05	7 58 43	17 05 28	19 07 07
26 Sa	13 01 05	21 32 24	27 33 59	21 20 31	28 41 42	29 17 09	5 14 46	9 33 55	10 51 17	9 19 23	0 34 44	7 58 46	17 05 33	19 05 24
27 Su	13 59 28	3♌31 55	9♌28 46	22 53 12	29 42 35	29 56 37	5 48 31	9 55 00	11 03 52	9 19 54	0 35 57	7 58 15	17 05 06	19 03 09
28 M	14 57 29	15 22 46	21 17 11	24 26 44	0♊35 45	0♒35 45	6 21 57	10 15 41	11 16 09	9 19 57	0 36 54	7 57 20	17 04 15	19 00 31
29 Tu	15 55 22	27 09 43	3♍03 46	26 01 58	1 42 26	1 14 46	6 55 21	10 36 13	11 28 23	9 19 50	0 37 49	7 56 16	17 03 17	18 57 47
30 W	16 53 27	8♍57 10	14 52 44	27 38 37	2 41 59	1 54 02	7 29 01	10 56 56	11 40 54	9 19 51	0 39 03	7 55 23	17 02 31	18 55 15
31 Th	17 52 03	20 49 03	26 47 43	29 17 14	3 41 41	2 33 51	8 03 17	11 18 09	11 54 01	9 20 20	0 40 56	7 55 02	17 02 17	18 53 16

LONGITUDE — April 1988

Day	☉	0 hr ☽	Noon ☽	☿	♀	♂	⚷	♃	♄	⛢	♆	♇
1 F	18♈51 28	2♎48 38	8♎51 39	0♈58 06	4♊41 49	3♒14 30	8♉38 26	11♓40 08	12♉08 01	9♑21 33	0♋43 42	7♑55 27	17♑02 52	18♏52 07
2 Sa	19 51 50	14 58 26	21 06 45	2 41 21	5 42 31	3 56 08	9 14 37	12 03 03	12 23 02	9 23 40	0 47 32	7 56 48	17 04 23	18 51 55
3 Su	20 53 10	27 20 13	3♏34 31	4 27 01	6 43 46	4 38 45	9 51 49	12 26 54	12 39 05	9 26 41	0 52 27	7 59 07	17 06 53	18 52 43
4 M	21 55 18	9♏55 03	16 15 47	6 14 57	7 45 24	5 22 12	10 29 54	12 51 31	12 56 00	9 30 25	0 58 15	8 02 12	17 10 11	18 54 19
5 Tu	22 57 53	22 43 23	10 50 24	8 04 48	8 47 03	6 06 07	11 08 30	13 16 53	13 13 27	9 34 33	1 04 37	8 05 43	17 13 56	18 56 23
6 W	24 00 27	5♐45 15	12♐19 35	9 56 08	9 48 15	6 50 03	11 47 09	13 41 32	13 30 57	9 38 37	1 11 04	8 09 12	17 17 40	18 58 28
7 Th	25 02 32	19 00 28	25 41 17	11 48 27	10 48 29	7 33 30	12 25 22	14 05 59	13 47 60	9 42 06	1 17 06	8 12 10	17 20 54	19 00 03
8 F	26 03 39	2♑28 48	9♑17 11	13 41 19	11 47 18	8 16 02	13 02 43	14 29 27	14 04 10	9 44 34	1 22 18	8 14 10	17 23 11	19 00 42
9 Sa	27 03 35	16 10 04	23 05 29	15 34 29	12 44 24	8 57 22	13 38 54	14 51 40	14 19 11	9 45 46	1 26 23	8 14 57	17 24 15	19 00 10
10 Su	28 02 17	0♒04 09	7♒06 24	17 27 57	13 39 47	9 37 30	14 13 57	15 12 37	14 33 02	9 45 40	1 29 20	8 14 29	17 24 06	18 58 26
11 M	29 00 04	14 10 46	21 19 16	19 21 59	14 33 42	10 16 42	14 48 07	15 32 36	14 46 01	9 44 34	1 31 28	8 13 03	17 23 01	18 55 47
12 Tu	29 57 26	28 29 03	5♓42 45	21 17 06	15 26 40	10 55 31	15 21 56	15 52 08	14 58 09	9 43 01	1 33 17	8 11 13	17 21 32	18 52 44
13 W	0♉55 05	12♓57 17	20 14 28	23 13 59	16 19 20	11 34 38	15 56 06	16 11 53	15 11 37	9 41 39	1 35 27	8 09 37	17 20 18	18 49 59
14 Th	1 53 41	27 32 20	4♈50 39	25 13 15	17 12 22	12 14 41	16 31 16	16 32 32	15 25 34	9 41 09	1 38 40	8 08 57	17 20 02	18 48 12
15 F	2 53 13	12♈09 43	19 27 11	23 18 00	18 06 13	12 56 10	17 07 55	16 54 34	15 41 01	9 42 02	1 43 25	8 09 42	17 21 11	18 47 52
16 Sa	3 55 23	26 43 43	3♉55 24	29 20 31	19 01 06	13 39 19	17 45 19	17 18 12	15 58 09	9 44 30	1 49 54	8 12 05	17 23 59	18 49 12
17 Su	4 58 35	11♉08 01	18 11 56	1♉28 27	19 56 50	14 23 59	18 26 13	17 43 17	16 16 52	9 48 24	1 57 59	8 15 57	17 28 18	18 52 04
18 M	6 02 50	25 16 38	2♊10 29	3 38 38	20 52 56	15 09 49	19 07 16	18 09 23	16 36 41	9 53 18	2 07 13	8 20 52	17 33 40	18 56 01
19 Tu	7 09 44	9♊04 45	15 47 10	5 50 16	21 48 42	15 55 49	19 48 44	18 35 48	16 56 55	9 58 31	2 16 55	8 26 08	17 39 25	19 00 22
20 W	8 11 41	22 29 21	29 00 02	8 02 29	22 43 20	16 41 32	20 29 53	19 01 46	17 16 48	10 03 16	2 26 20	8 31 01	17 44 46	19 04 21
21 Th	9 14 51	5♋29 38	11♋49 13	10 14 23	23 36 09	17 26 11	21 10 01	19 26 37	17 35 41	10 06 54	2 34 45	8 34 48	17 49 04	19 07 18
22 F	10 16 28	18 06 52	24 16 48	12 25 13	24 26 37	18 09 19	21 48 40	19 49 52	17 53 04	10 08 57	2 41 44	8 37 03	17 51 50	19 08 45
23 Sa	11 16 24	0♌24 06	6♌27 01	14 35 02	25 14 33	18 50 44	22 25 40	20 11 22	18 08 48	10 09 44	2 47 07	8 37 35	17 52 54	19 08 31
24 Su	12 14 46	12 25 48	18 22 56	16 43 16	26 00 04	19 30 37	23 01 11	20 31 15	18 23 01	10 07 53	2 51 02	8 36 33	17 52 23	19 06 46
25 M	13 12 03	24 17 19	0♍11 51	18 50 16	26 43 35	20 09 24	23 35 39	20 49 59	18 36 12	10 05 24	2 53 56	8 34 25	17 50 51	19 03 58
26 Tu	14 08 55	6♍04 30	11 58 57	20 56 25	27 25 45	20 47 46	24 09 44	21 08 14	18 48 59	10 02 26	2 56 30	8 31 51	17 48 52	19 00 46
27 W	15 06 08	17 53 23	23 49 45	23 02 19	28 07 17	21 26 29	24 44 14	21 26 18	19 01 44	9 59 46	2 59 46	8 29 37	17 47 14	18 57 56
28 Th	16 04 26	29 48 47	5♎50 05	25 08 02	28 48 53	22 06 18	25 19 52	21 46 29	19 16 29	9 58 08	3 03 42	8 28 29	17 46 43	18 56 15
29 F	17 04 27	11♎56 04	18 03 37	27 14 15	29 31 09	22 47 48	25 57 16	22 07 31	19 32 33	9 58 09	3 09 41	8 29 02	17 47 53	18 56 18
30 Sa	18 06 31	24 18 37	0♏33 41	29 20 51	0♋14 21	23 31 22	26 36 44	22 30 42	19 50 41	10 00 10	3 17 47	8 31 38	17 51 07	18 58 25

Notes

May 1988 — LONGITUDE

Day	☉	0 hr ☽	Noon ☽	☿	♀	♂	⚵	⚳	♃	♄	⚷	♅	♆	♇
1 Su	19 ♉ 10 38	6 ♏ 58 41	13 ♏ 21 56	1 ♊ 27 34	0 ♋ 58 27	24 ♒ 16 58	27 ♉ 18 19	22 ♓ 55 51	20 ♉ 10 55	10 ♑ 04 10	3 ♋ 28 01	8 ♑ 36 15	17 ♑ 56 24	19 ♏ 02 37
2 M	20 16 25	19 56 57	26 28 28	3 33 45	1 43 02	25 04 14	28 01 37	23 22 36	20 32 50	10 09 47	3 39 60	8 42 33	18 03 21	19 08 32
3 Tu	21 23 12	3 ♐ 12 36	9 ♐ 51 55	5 38 27	2 27 22	25 52 29	28 45 56	23 50 16	20 55 47	10 16 20	3 53 03	8 49 49	18 11 18	19 15 28
4 W	22 30 04	16 43 32	23 29 43	7 40 32	3 10 29	26 40 47	29 30 22	24 17 55	21 18 50	10 22 54	4 06 15	8 57 09	18 19 20	19 22 30
5 Th	23 36 01	0 ♑ 26 45	7 ♑ 18 38	9 38 49	3 51 22	27 28 10	0 ♊ 13 57	24 44 36	21 40 60	10 28 31	4 18 37	9 03 34	18 26 27	19 28 40
6 F	24 40 16	14 19 03	21 15 25	11 32 20	4 29 09	28 13 49	0 55 50	25 09 28	22 01 28	10 32 21	4 29 21	9 08 15	18 31 51	19 33 09
7 Sa	25 42 19	28 17 34	5 ♒ 17 19	13 20 25	5 03 17	28 57 15	1 35 34	25 32 03	22 19 46	10 33 56	4 37 56	9 10 44	18 35 03	19 35 27
8 Su	26 42 09	12 ♒ 20 14	19 22 30	15 02 58	5 33 44	29 38 27	2 13 07	25 52 20	22 35 53	10 33 15	4 44 24	9 10 60	18 36 03	19 35 35
9 M	27 40 17	26 25 54	3 ♓ 30 02	16 40 20	6 00 55	0 ♓ 17 54	2 48 60	26 10 48	22 50 18	10 30 48	4 49 12	9 09 31	18 35 19	19 34 02
10 Tu	28 37 36	10 ♓ 34 11	17 39 35	18 13 21	6 25 41	0 56 30	3 24 05	26 28 21	23 03 54	10 27 28	4 53 15	9 07 12	18 33 46	19 31 41
11 W	29 35 13	24 44 59	1 ♈ 50 54	19 43 01	6 49 05	1 35 21	3 59 29	26 46 06	23 17 49	10 24 23	4 57 39	9 05 11	18 32 31	19 29 39
12 Th	0 ♊ 34 12	8 ♈ 57 46	16 03 11	21 10 23	7 12 09	2 15 33	4 36 18	27 05 08	23 33 08	10 22 37	5 03 30	9 04 31	18 32 38	19 29 03
13 F	1 35 25	23 11 08	0 ♉ 14 37	22 36 12	7 35 38	2 57 55	5 15 21	27 26 16	23 50 40	10 23 01	5 11 37	9 06 03	18 34 58	19 30 40
14 Sa	2 39 12	7 ♉ 22 22	14 22 07	24 00 47	7 59 53	3 42 49	5 57 01	27 49 52	24 10 47	10 25 56	5 22 23	9 10 10	18 39 53	19 34 55
15 Su	3 45 26	21 27 37	28 21 39	25 23 56	8 24 40	4 30 06	6 41 09	28 15 49	24 33 22	10 31 15	5 35 39	9 16 43	18 47 13	19 41 38
16 M	4 53 28	5 ♊ 22 18	12 ♊ 08 46	26 44 56	8 49 18	5 19 09	7 27 07	28 43 26	24 57 45	10 38 19	5 50 46	9 25 03	18 56 22	19 50 11
17 Tu	6 02 19	19 01 55	25 39 24	28 02 47	9 12 43	6 08 57	8 13 55	29 11 46	25 22 57	10 46 10	6 06 46	9 34 11	19 06 20	19 59 35
18 W	7 10 52	2 ♋ 22 49	8 ♋ 50 36	29 16 16	9 33 45	6 58 24	9 00 25	29 39 40	25 47 51	10 53 39	6 22 31	9 43 01	19 15 60	20 08 43
19 Th	8 18 04	15 22 55	21 41 03	0 ♋ 24 17	9 51 18	7 46 26	9 45 37	0 ♈ 06 07	26 11 25	10 59 46	6 36 59	9 50 30	19 24 19	20 16 33
20 F	9 23 10	28 01 60	4 ♌ 11 23	1 26 02	10 04 33	8 32 20	10 28 44	0 30 21	26 32 54	11 03 44	6 49 25	9 55 52	19 30 33	20 22 19
21 Sa	10 25 49	10 ♌ 21 51	16 24 03	2 21 05	10 13 07	9 15 43	11 09 26	0 52 00	26 51 56	11 05 13	6 59 27	9 58 48	19 34 20	20 25 40
22 Su	11 26 07	22 26 02	28 23 10	3 09 28	10 17 02	9 56 41	11 47 47	1 11 11	27 08 36	11 04 20	7 07 11	9 59 22	19 35 46	20 26 43
23 M	12 24 36	4 ♍ 19 29	10 ♍ 14 02	3 51 38	10 16 48	10 35 46	12 24 21	1 28 26	27 23 28	11 01 34	7 13 09	9 58 07	19 35 23	20 25 58
24 Tu	13 22 06	16 08 09	22 02 49	4 28 22	10 13 12	11 13 48	12 59 56	1 44 34	27 37 21	10 57 48	7 18 12	9 55 53	19 34 01	20 24 18
25 W	14 19 39	27 58 28	3 ♎ 55 56	5 00 38	10 07 16	11 51 49	13 35 36	2 00 36	27 51 16	10 54 03	7 23 20	9 53 42	19 32 43	20 22 43
26 Th	15 18 17	9 ♎ 56 50	15 59 42	5 29 24	9 59 60	12 30 50	14 12 21	2 17 35	28 06 16	10 51 21	7 29 36	9 52 36	19 32 29	20 22 14
27 F	16 18 50	22 09 08	28 19 41	5 55 28	9 52 14	13 11 43	14 51 02	2 36 22	28 23 11	10 50 33	7 37 50	9 53 25	19 34 11	20 23 44
28 Sa	17 21 51	4 ♏ 40 14	11 ♏ 00 13	6 19 20	9 44 31	13 54 59	15 32 12	2 57 28	28 42 33	10 52 10	7 48 35	9 56 42	19 38 21	20 27 43
29 Su	18 27 24	17 33 24	24 03 51	6 41 03	9 36 57	14 40 42	16 15 55	3 20 58	29 04 27	10 56 19	8 01 55	10 02 31	19 45 04	20 34 18
30 M	19 35 07	0 ♐ 49 52	7 ♐ 30 59	7 00 16	9 29 12	15 28 30	17 01 47	3 46 28	29 28 30	11 02 35	8 17 27	10 10 29	19 53 56	20 43 03
31 Tu	20 44 08	14 28 41	21 19 37	7 16 08	9 20 27	16 17 31	17 48 59	4 13 08	29 53 50	11 10 08	8 34 20	10 19 46	20 04 07	20 53 10

June 1988 — LONGITUDE

Day	☉	0 hr ☽	Noon ☽	☿	♀	♂	⚵	⚳	♃	♄	⚷	♅	♆	♇
1 W	21 ♊ 53 19	28 ♐ 26 37	5 ♑ 25 42	7 ♋ 27 37	9 ♋ 09 38	17 ♓ 06 36	18 ♊ 36 21	4 ♈ 39 49	0 ♊ 19 19	11 ♑ 17 50	8 ♋ 51 25	10 ♑ 29 14	20 ♑ 14 28	21 ♏ 03 29
2 Th	23 01 28	12 ♑ 38 43	19 43 39	7 33 35	8 55 39	17 54 34	19 22 42	5 05 18	0 43 46	11 24 28	9 07 31	10 37 39	20 23 47	21 12 48
3 F	24 07 34	26 59 11	4 ♒ 07 23	7 33 09	8 37 34	18 40 22	20 06 58	5 28 34	1 06 07	11 29 02	9 21 34	10 43 59	20 31 02	21 20 06
4 Sa	25 10 60	11 ♒ 22 18	18 31 24	7 25 55	8 14 55	19 23 23	20 48 35	5 48 59	1 25 47	11 30 53	9 32 59	10 47 40	20 35 37	21 24 45
5 Su	26 11 44	25 43 30	2 ♓ 51 35	7 12 06	7 47 49	20 03 36	21 27 30	6 06 33	1 42 43	11 30 02	9 41 45	10 48 39	20 37 31	21 26 45
6 M	27 10 20	9 ♓ 59 51	17 05 39	6 52 34	7 16 60	20 41 35	22 04 17	6 21 49	1 57 31	11 27 02	9 48 25	10 47 30	20 37 16	21 26 39
7 Tu	28 07 52	24 10 08	1 ♈ 12 56	6 28 41	6 43 40	21 18 21	22 39 59	6 35 49	2 11 11	11 22 56	9 54 01	10 45 16	20 35 57	21 25 31
8 W	29 05 36	8 ♈ 14 25	15 13 51	6 02 09	6 09 21	21 55 10	23 15 52	6 49 50	2 25 02	11 19 00	9 59 51	10 43 14	20 34 49	21 24 36
9 Th	0 ♋ 04 46	22 13 18	29 09 07	5 34 38	5 35 23	22 33 18	23 53 12	7 05 06	2 40 17	11 16 30	10 07 08	10 42 38	20 35 07	21 25 09
10 F	1 06 19	6 ♉ 07 12	12 ♉ 59 04	5 07 35	5 03 02	23 13 40	24 32 53	7 22 33	2 57 52	11 16 22	10 16 50	10 44 25	20 37 47	21 28 07
11 Sa	2 10 41	19 55 46	26 43 05	4 41 57	4 32 57	23 56 42	25 15 23	7 42 38	3 18 15	11 19 02	10 29 22	10 49 01	20 43 17	21 33 56
12 Su	3 17 45	3 ♊ 37 34	10 ♊ 19 33	4 18 10	4 05 12	24 42 16	26 00 34	8 05 12	3 41 16	11 24 22	10 44 37	10 56 18	20 51 28	21 42 29
13 M	4 26 50	17 10 16	23 45 60	3 56 09	3 39 23	25 29 43	26 47 46	8 29 36	4 06 17	11 31 44	11 01 54	11 05 37	21 01 41	21 53 06
14 Tu	5 36 55	0 ♋ 31 01	6 ♋ 59 41	3 35 25	3 14 41	26 17 59	27 35 57	8 54 47	4 32 15	11 40 06	11 20 12	11 15 56	21 12 53	22 04 44
15 W	6 46 47	13 37 07	19 58 11	3 15 21	2 50 09	27 05 53	28 23 54	9 19 33	4 57 58	11 48 14	11 38 19	11 26 02	21 23 53	22 16 11
16 Th	7 55 19	26 26 37	2 ♌ 40 03	2 55 24	2 24 54	27 52 16	29 10 31	9 42 47	5 22 18	11 55 02	11 55 07	11 34 49	21 33 33	22 26 21
17 F	9 01 40	8 ♌ 58 51	15 05 12	2 35 12	1 58 17	28 36 16	29 54 54	10 03 36	5 44 24	11 59 39	12 09 44	11 41 25	21 41 01	22 34 21
18 Sa	10 05 22	21 14 46	27 15 09	2 14 50	1 30 04	29 17 28	0 ♋ 36 39	10 21 33	6 03 49	12 01 38	12 21 43	11 45 22	21 45 51	22 39 46
19 Su	11 06 25	3 ♍ 16 56	9 ♍ 13 02	1 54 44	1 00 28	29 55 50	1 15 44	10 36 40	6 20 32	12 00 59	12 31 05	11 46 42	21 48 03	22 42 34
20 M	12 05 18	15 09 22	21 03 19	1 35 47	0 30 07	0 ♈ 31 50	1 52 37	10 49 22	6 35 02	11 58 09	12 38 17	11 45 52	21 48 04	22 43 14
21 Tu	13 02 48	26 57 21	2 ♎ 51 38	1 19 06	29 ♊ 59 59	1 06 15	2 28 06	11 00 27	6 48 06	11 53 57	12 44 07	11 43 39	21 46 43	22 42 32
22 W	13 59 55	8 ♎ 46 57	14 44 15	1 06 01	29 31 15	1 40 06	3 03 11	11 10 56	7 00 44	11 49 24	12 49 35	11 41 05	21 44 59	22 41 31
23 Th	14 57 42	20 44 38	26 47 40	0 57 51	29 05 07	2 14 25	3 38 55	11 21 52	7 13 60	11 45 32	12 55 44	11 39 11	21 43 57	22 41 13
24 F	15 57 05	2 ♏ 56 44	9 ♏ 08 07	0 55 41	28 42 35	2 50 06	4 16 14	11 34 09	7 28 48	11 43 16	13 03 29	11 38 55	21 44 30	22 42 32
25 Sa	16 58 40	15 28 53	21 50 49	1 00 19	28 24 23	3 27 47	4 55 43	11 48 23	7 45 44	11 43 13	13 13 26	11 40 50	21 47 15	22 46 06
26 Su	18 02 38	28 25 26	4 ♐ 59 30	1 12 02	28 10 48	4 07 38	5 37 33	12 04 46	8 04 60	11 45 35	13 25 47	11 45 10	21 52 23	22 52 04
27 M	19 08 41	11 ♐ 48 47	18 35 36	1 30 37	28 01 34	4 49 20	6 21 27	12 22 59	8 26 17	11 50 03	13 40 13	11 51 35	21 59 37	23 00 10
28 Tu	20 16 04	25 38 51	2 ♑ 37 51	1 55 22	27 56 02	5 32 08	7 06 39	12 42 17	8 48 51	11 55 52	13 55 59	11 59 22	22 08 12	23 09 39
29 W	21 23 43	9 ♑ 52 49	17 02 12	2 25 15	27 53 08	6 14 58	7 52 06	13 01 36	9 11 37	12 01 60	14 12 02	12 07 26	22 17 03	23 19 26
30 Th	22 30 30	24 25 19	1 ♒ 42 08	2 59 06	27 51 46	6 56 40	8 36 39	13 19 46	9 33 27	12 07 16	14 27 12	12 14 37	22 25 01	23 28 22

Notes

LONGITUDE — July 1988

Day	☉	0 hr ☽	Noon ☽	☿	♀	♂	⚷	♄?	♃	♄	⚸	♅	♆	♇
1 F	23♋35 24	9♒09 05	16♒29 47	3♋35 55	27♊50 56	7♈36 15	9♋19 17	13♈35 49	9♊53 20	12♑10 41	14♋40 29	12♑19 58	22♑31 07	23♏35 28
2 Sa	24 37 51	23 56 16	1♓17 09	4 15 05	27 50 03	8 13 06	9 59 24	13 49 06	10 10 40	12 11 39	14 51 18	12 22 50	22 34 46	23 40 40
3 Su	25 37 46	8♓39 39	15 57 34	4 56 28	27 49 02	8 47 08	10 36 58	13 59 36	10 25 24	12 10 08	14 59 35	12 23 12	22 35 52	23 42 18
4 M	26 35 02	23 13 46	0♈26 24	5 40 33	27 48 21	9 18 51	11 12 28	14 07 46	10 38 02	12 06 36	15 05 49	12 21 33	22 34 57	23 42 27
5 Tu	27 32 26	7♈35 24	14 41 21	6 28 11	27 48 53	9 49 10	11 46 49	14 14 33	10 49 29	12 01 59	15 10 56	12 18 48	22 32 56	23 41 32
6 W	28 29 15	21 43 20	28 42 02	7 20 26	27 51 45	10 19 12	12 21 09	14 21 04	11 00 52	11 57 26	15 16 04	12 16 05	22 30 56	23 40 41
7 Th	29 27 11	5♉37 51	12♉29 18	8 18 23	27 57 60	10 50 02	12 56 35	14 28 25	11 13 18	11 54 02	15 22 19	14 31 22	22 30 04	23 40 59
8 F	0♌27 05	19 19 54	26 04 22	9 22 46	28 08 23	11 22 30	13 33 54	14 37 25	11 27 36	11 52 38	15 30 29	12 14 55	22 31 08	23 43 16
9 Sa	1 29 20	2♊50 29	9♊28 16	10 33 55	28 23 15	11 56 59	14 13 32	14 48 27	11 44 09	11 53 36	15 40 60	12 17 40	22 34 34	23 47 55
10 Su	2 33 49	16 10 06	22 41 28	11 51 41	28 42 26	12 33 21	14 55 22	15 01 26	12 02 52	11 56 51	15 53 44	12 22 41	22 40 14	23 54 51
11 M	3 40 02	29 18 39	5♋43 44	13 15 28	29 05 21	13 11 04	15 38 51	15 15 48	12 23 12	12 01 51	16 08 09	12 29 26	22 47 38	24 03 31
12 Tu	4 47 06	12♋15 33	18 34 26	14 44 22	29 31 06	13 49 17	16 23 10	15 30 43	12 44 18	12 07 46	16 23 25	12 37 03	22 55 53	24 13 04
13 W	5 54 03	24 59 58	1♌12 47	16 17 18	29 58 37	14 26 60	17 07 18	15 45 12	13 05 11	12 13 36	16 38 33	12 44 34	23 04 01	24 22 33
14 Th	6 59 58	7♌31 19	13 38 20	17 53 18	0♋26 55	15 03 17	17 50 21	15 58 19	13 24 56	12 18 26	16 52 37	12 51 04	23 11 07	24 31 00
15 F	8 04 08	19 49 33	25 51 21	19 31 31	0 55 14	15 37 25	18 31 35	16 09 20	13 42 49	12 21 33	17 04 54	12 55 49	23 16 28	24 37 44
16 Sa	9 06 07	1♍55 35	7♍53 05	21 11 28	1 23 05	16 08 58	19 10 35	16 17 52	13 58 26	12 22 33	17 14 59	12 58 26	23 19 38	24 42 19
17 Su	10 05 53	13 51 23	19 45 52	22 52 57	1 50 23	16 37 54	19 47 20	16 23 51	14 11 45	12 21 24	17 22 50	12 58 51	23 20 37	24 44 44
18 M	11 03 45	25 40 02	1♎33 12	24 36 09	2 17 21	17 04 30	20 22 06	16 27 35	14 23 02	12 18 23	17 28 45	12 57 23	23 19 41	24 45 15
19 Tu	12 00 17	7♎25 43	13 19 36	26 21 28	2 44 31	17 29 19	20 55 30	16 29 39	14 32 53	12 14 05	17 33 18	12 54 36	23 17 25	24 44 29
20 W	12 56 14	19 13 25	25 10 23	28 09 27	3 12 36	17 53 08	21 28 15	16 30 48	14 42 04	12 09 16	17 37 15	12 51 16	23 14 36	24 43 10
21 Th	13 52 27	1♏08 45	7♏11 18	0♌00 42	3 42 22	18 16 45	22 01 12	16 31 51	14 51 23	12 04 46	17 41 25	12 48 13	23 12 02	24 42 07
22 F	14 49 38	13 17 32	19 28 16	1 55 42	4 14 28	18 40 52	23 50 04	16 33 33	15 01 34	12 01 18	17 46 32	12 46 10	23 10 27	24 42 05
23 Sa	15 48 20	25 45 23	2♐06 40	3 54 42	4 49 25	19 06 02	23 10 23	16 36 24	15 13 09	11 59 24	17 53 08	12 45 39	23 10 24	24 43 36
24 Su	16 48 45	8♐37 08	15 10 56	5 57 36	5 27 21	19 32 26	23 47 22	16 40 37	15 26 20	11 59 17	18 01 25	12 46 53	23 12 04	24 46 51
25 M	17 50 44	21 56 13	28 43 45	8 03 57	6 08 06	19 59 55	24 25 51	16 46 04	15 40 59	12 00 48	18 11 14	12 49 42	23 15 18	24 51 42
26 Tu	18 53 49	5♑44 02	12♑45 22	10 12 56	6 51 07	20 27 59	25 05 22	16 52 14	15 56 37	12 03 28	18 22 07	12 53 39	23 19 39	24 57 41
27 W	19 57 15	19 59 22	27 13 15	12 23 28	7 35 38	20 55 54	25 45 10	16 58 25	16 12 28	12 06 34	18 33 19	12 57 59	23 24 22	25 04 03
28 Th	21 00 14	4♒38 07	12♒00 51	14 34 26	8 20 48	21 22 49	26 24 27	17 03 46	16 27 45	12 09 16	18 44 01	13 01 53	23 28 38	25 09 58
29 F	22 02 03	19 33 34	27 03 18	16 44 45	9 05 51	21 48 01	27 02 29	17 07 35	16 41 43	12 10 50	18 53 30	13 04 37	23 31 43	25 14 45
30 Sa	23 02 13	4♓37 11	12♓08 28	18 53 41	9 50 16	22 11 01	27 38 48	17 09 23	16 53 55	12 10 51	19 01 17	13 05 45	23 33 10	25 17 54
31 Su	24 00 39	19 39 57	27 08 28	21 00 52	10 33 57	22 31 42	28 13 19	17 09 06	17 04 16	12 09 11	19 07 18	13 05 10	23 32 54	25 19 20

LONGITUDE — August 1988

Day	☉	0 hr ☽	Noon ☽	☿	♀	♂	⚷	♄?	♃	♄	⚸	♅	♆	♇
1 M	24♌57 39	4♈33 48	11♈55 56	23♌06 18	11♋17 09	22♈50 23	28♋46 20	17♈06 60	17♊13 02	12♑06 09	19♋11 50	13♑03 10	23♑31 12	25♏19 22
2 Tu	25 53 49	19 12 37	26 25 52	25 10 22	12 00 24	23 07 45	29 18 25	17 03 40	17 20 49	12 02 19	19 15 28	13 00 21	23 28 38	25 18 34
3 W	26 49 52	3♉32 42	10♉35 40	27 13 36	12 44 25	23 24 04	29 50 18	16 59 50	17 28 21	11 58 27	19 18 56	12 57 25	23 25 58	25 17 40
4 Th	27 46 30	17 32 32	24 24 54	29 16 32	13 29 51	23 40 29	0♌22 42	16 56 13	17 36 20	11 55 15	19 22 56	12 55 07	23 23 54	25 17 22
5 F	28 44 16	1♊12 21	7♊54 29	1♍19 32	14 17 13	23 57 22	0 56 08	16 53 21	17 45 17	11 53 10	19 28 00	12 53 57	23 22 57	25 18 13
6 Sa	29 43 24	14 33 26	21 06 08	3 22 45	15 06 44	24 14 57	1 30 52	16 51 27	17 55 27	11 52 34	19 34 23	12 54 10	23 23 22	25 20 26
7 Su	0♍43 52	27 37 29	4♋01 48	5 26 02	15 58 19	24 33 10	2 06 49	16 50 31	18 06 47	11 53 21	19 42 01	12 55 44	23 25 06	25 24 00
8 M	1 45 21	10♋26 18	16 43 19	7 28 60	16 51 29	24 51 42	2 43 43	16 50 12	18 18 60	11 55 15	19 50 37	12 58 21	23 27 52	25 28 36
9 Tu	2 47 22	23 01 32	29 12 16	9 31 07	17 46 12	25 10 03	3 21 04	16 50 03	18 31 35	11 57 41	19 59 42	13 01 31	23 31 10	25 33 45
10 W	3 49 23	5♌24 39	11♌30 02	11 31 47	18 41 24	25 27 40	3 58 18	16 49 30	18 44 01	12 00 13	20 08 42	13 04 42	23 34 28	25 38 54
11 Th	4 50 52	17 36 59	23 37 55	13 30 28	19 36 42	25 44 00	4 34 56	16 48 03	18 55 45	12 02 17	20 17 07	13 07 23	23 37 14	25 43 32
12 F	5 51 26	29 39 56	5♍37 19	15 26 45	20 31 42	25 58 40	5 10 33	16 45 19	19 06 24	12 03 30	20 24 33	13 09 10	23 39 05	25 47 16
13 Sa	6 50 51	11♍35 06	17 29 56	17 20 24	21 26 10	26 11 26	5 44 56	16 41 03	19 15 45	12 03 39	20 30 46	13 09 50	23 39 48	25 49 53
14 Su	7 49 07	23 24 29	29 17 51	19 11 24	22 20 02	26 22 16	6 18 03	16 35 16	19 23 47	12 02 42	20 35 46	13 09 21	23 39 22	25 51 20
15 M	8 46 22	5♎10 33	11♎03 47	20 59 22	23 13 26	26 31 17	6 50 04	16 28 23	19 30 37	12 00 49	20 39 41	13 07 54	23 37 55	25 51 48
16 Tu	9 42 54	16 56 21	22 50 59	22 46 11	24 06 39	26 38 48	7 21 16	16 19 52	19 36 35	11 58 17	20 42 49	13 05 45	23 35 45	25 51 33
17 W	10 39 05	28 45 28	4♏43 19	24 30 40	25 00 02	26 45 09	7 52 02	16 10 56	19 42 02	11 55 29	20 45 32	13 03 17	23 33 15	25 50 58
18 Th	11 35 04	10♏42 01	16 45 04	26 13 46	25 53 59	26 50 45	8 22 45	16 01 42	19 47 21	11 52 49	20 48 14	13 00 54	23 30 49	25 50 28
19 F	12 31 58	22 50 26	29 00 51	27 55 45	26 48 48	26 55 57	8 53 46	15 52 31	19 52 55	11 50 38	20 51 17	12 58 56	23 28 47	25 50 22
20 Sa	13 29 15	5♐15 18	11♐35 15	29 36 59	27 44 45	27 00 57	9 25 20	15 43 39	19 58 57	11 49 09	20 54 54	12 57 39	23 27 24	25 50 56
21 Su	14 27 17	18 00 58	24 32 26	1♎17 32	28 41 53	27 05 51	9 57 32	15 35 11	20 05 32	11 48 30	20 59 11	12 57 09	23 26 47	25 52 16
22 M	15 25 60	1♑07 11	7♑55 39	2 57 21	29 40 18	27 10 36	10 30 19	15 27 05	20 12 38	11 48 36	21 04 04	12 57 21	23 26 50	25 54 16
23 Tu	16 25 11	14 48 22	21 46 38	4 36 15	0♌39 17	27 14 60	11 03 29	15 19 09	20 20 03	11 49 16	21 09 22	12 58 03	23 27 25	25 56 47
24 W	17 24 35	28 53 16	6♒04 55	6 13 57	1 39 03	27 18 44	11 36 44	15 11 06	20 27 28	11 50 12	21 14 48	12 58 59	23 28 09	25 59 30
25 Th	18 23 59	13♒20 07	20 44 07	7 50 12	2 39 07	27 21 31	12 09 47	15 02 38	20 34 36	11 51 07	21 20 03	12 59 51	23 28 49	26 02 07
26 F	19 22 49	28 16 28	5♓48 16	9 24 39	3 39 14	27 23 05	12 42 23	14 53 32	20 41 12	11 51 45	21 24 52	13 00 23	23 29 08	26 04 24
27 Sa	20 21 16	13♓23 19	20 59 21	10 57 16	4 39 14	27 23 19	13 14 23	14 43 39	20 47 07	11 51 59	21 29 08	13 00 28	23 28 59	26 06 13
28 Su	21 19 15	28 35 47	6♈11 17	12 28 01	5 39 07	27 22 11	13 45 47	14 32 59	20 52 23	11 51 47	21 32 49	13 00 06	23 28 20	26 07 33
29 M	22 16 52	13♈44 25	21 14 45	13 57 01	6 38 60	27 19 49	14 16 43	14 21 42	20 57 04	11 51 18	21 36 04	12 59 22	23 27 20	26 08 31
30 Tu	23 14 18	28 40 28	6♉01 51	15 24 27	7 39 02	27 16 24	14 47 21	14 09 57	21 01 23	11 50 43	21 39 02	12 58 30	23 26 10	26 09 18
31 W	24 11 45	13♉17 08	20 26 58	16 50 28	8 39 26	27 12 07	15 17 52	13 57 57	21 05 30	11 50 12	21 41 56	12 57 39	23 24 60	26 10 06

Notes

September 1988 — LONGITUDE

Day	☉	0 hr ☽	Noon ☽	☿	♀	♂	⚵	⚳	♃	♄	⚷	♅	♆	♇
1 Th	25 ♍ 09 22	27 ♉ 30 02	4 ♊ 27 03	18 ♎ 15 15	9 ♌ 40 18	27 ♈ 07 08	15 ♌ 48 27	13 ♈ 45 53	21 ♊ 09 35	11 ♑ 49 56	21 ♋ 44 55	12 ♑ 57 00	23 ♑ 24 00	26 ♏ 11 05
2 F	26 07 13	11 ♊ 17 22	18 01 31	19 38 49	10 41 44	27 01 30	16 19 08	13 33 47	21 13 42	11 49 57	21 48 03	12 56 36	23 23 14	26 12 17
3 Sa	27 05 19	24 39 29	1 ♋ 11 36	21 01 08	11 43 41	26 55 14	16 49 55	13 21 42	21 17 51	11 50 17	21 51 18	12 56 27	23 22 42	26 13 43
4 Su	28 03 33	7 ♋ 38 18	13 59 49	22 22 05	12 46 04	26 48 16	17 20 44	13 09 32	21 21 55	11 50 49	21 54 37	12 56 28	23 22 19	26 15 18
5 M	29 01 51	20 16 47	26 29 25	23 41 34	13 48 48	26 40 30	17 51 28	12 57 13	21 25 50	11 51 29	21 57 53	12 56 34	23 21 60	26 16 56
6 Tu	0 ♎ 00 07	2 ♌ 38 21	8 ♌ 43 56	24 59 25	14 51 46	26 31 53	18 22 03	12 44 40	21 29 30	11 52 11	22 01 02	12 56 39	23 21 38	26 18 31
7 W	0 58 18	14 46 36	20 46 53	26 15 33	15 54 55	26 22 22	18 52 25	12 31 51	21 32 53	11 52 52	22 04 00	12 56 40	23 21 11	26 20 02
8 Th	1 56 25	26 44 59	2 ♍ 41 36	27 29 55	16 58 15	26 11 59	19 22 35	12 18 48	21 35 57	11 53 32	22 06 48	12 56 38	23 20 41	26 21 28
9 F	2 54 32	8 ♍ 36 43	14 31 07	28 42 29	18 01 49	26 00 50	19 52 36	12 05 35	21 38 49	11 54 16	22 09 29	12 56 37	23 20 09	26 22 53
10 Sa	3 52 44	20 24 45	26 18 12	29 53 19	19 05 43	25 49 02	20 22 35	11 52 19	21 41 32	11 55 10	22 12 11	12 56 43	23 19 44	26 24 24
11 Su	4 51 09	2 ♎ 11 41	8 ♎ 05 24	1 ♏ 02 24	20 10 04	25 36 45	20 52 38	11 39 08	21 44 16	11 56 21	22 14 59	12 57 03	23 19 31	26 26 07
12 M	5 49 53	13 59 58	19 55 03	2 09 45	21 14 58	25 24 05	21 22 52	11 26 09	21 47 04	11 57 54	22 17 59	12 57 42	23 19 37	26 28 09
13 Tu	6 48 58	25 51 52	1 ♏ 49 26	3 15 18	22 20 26	25 11 08	21 53 19	11 13 25	21 50 01	11 59 53	22 21 16	12 58 45	23 20 05	26 30 31
14 W	7 48 23	7 ♏ 49 39	13 50 53	4 18 54	23 26 27	24 57 55	22 23 58	11 00 57	21 53 04	12 02 16	22 24 46	13 00 09	23 20 53	26 33 14
15 Th	8 48 03	19 55 37	26 01 51	5 20 17	24 32 54	24 44 22	22 54 42	10 48 39	21 56 08	12 04 57	22 28 24	13 01 49	23 21 56	26 36 11
16 F	9 47 46	2 ♐ 12 18	8 ♐ 24 57	6 19 07	25 39 38	24 30 21	23 25 21	10 36 21	21 59 02	12 07 46	22 31 60	13 03 33	23 23 02	26 39 10
17 Sa	10 47 19	14 42 23	21 02 58	7 15 00	26 46 23	24 15 41	23 55 41	10 23 52	22 01 33	12 10 29	22 35 20	13 05 09	23 23 59	26 42 00
18 Su	11 46 30	27 28 43	3 ♑ 58 46	8 07 33	27 52 59	24 00 13	24 25 32	10 10 59	22 03 29	12 12 54	22 38 12	13 06 25	23 24 34	26 44 28
19 M	12 45 11	10 ♑ 34 10	17 15 03	8 56 21	28 59 15	23 43 50	24 54 43	9 57 36	22 04 41	12 14 53	22 40 28	13 07 11	23 24 39	26 46 25
20 Tu	13 43 20	24 01 17	0 ♒ 54 01	9 41 10	0 ♍ 05 10	23 26 35	25 23 12	9 43 40	22 05 06	12 16 23	22 42 05	13 07 27	23 24 12	26 47 49
21 W	14 41 02	7 ♒ 51 54	14 56 48	10 21 49	1 10 50	23 08 35	25 51 07	9 29 21	22 04 52	12 17 32	22 43 10	13 07 18	23 23 19	26 48 47
22 Th	15 38 35	22 06 28	29 22 53	10 58 15	2 16 31	22 50 10	26 18 43	9 14 54	22 04 15	12 18 35	22 43 59	13 07 01	23 22 17	26 49 35
23 F	16 36 20	6 ♓ 43 29	14 ♓ 09 35	11 30 32	3 22 34	22 31 44	26 46 22	9 00 41	22 03 36	12 19 53	22 44 53	13 06 57	23 21 27	26 50 34
24 Sa	17 34 38	21 38 59	29 11 39	11 58 41	4 29 22	22 13 42	27 14 26	8 47 07	22 03 17	12 21 49	22 46 16	13 07 28	23 21 12	26 52 07
25 Su	18 33 50	6 ♈ 46 29	14 ♈ 21 32	12 22 36	5 37 12	21 56 26	27 43 12	8 34 30	22 03 37	12 24 41	22 48 24	13 08 53	23 21 49	26 54 31
26 M	19 34 01	21 57 24	29 30 09	12 42 04	6 46 12	21 40 05	28 12 50	8 22 58	22 04 43	12 28 38	22 51 26	13 11 19	23 23 26	26 57 56
27 Tu	20 35 08	7 ♉ 02 15	14 ♉ 28 07	12 56 34	7 56 17	21 24 38	28 43 13	8 12 28	22 06 31	12 33 33	22 55 17	13 14 42	23 25 59	27 02 15
28 W	21 36 53	21 51 57	29 07 14	13 05 24	9 07 09	21 09 49	29 14 04	8 02 42	22 08 42	12 39 08	22 59 39	13 18 43	23 29 09	27 07 10
29 Th	22 38 49	6 ♊ 19 14	13 ♊ 21 29	13 07 43	10 18 20	20 55 14	29 44 55	7 53 14	22 10 49	12 44 58	23 04 04	13 22 55	23 32 30	27 12 15
30 F	23 40 25	20 19 26	27 07 41	13 02 38	11 29 21	20 40 25	0 ♍ 15 18	7 43 34	22 12 23	12 50 31	23 08 03	13 26 49	23 35 31	27 16 60

October 1988 — LONGITUDE

Day	☉	0 hr ☽	Noon ☽	☿	♀	♂	⚵	⚳	♃	♄	⚷	♅	♆	♇
1 Sa	24 ♎ 41 16	3 ♋ 50 51	10 ♋ 25 24	12 ♏ 49 22	12 ♍ 39 44	20 ♈ 25 00	0 ♍ 44 44	7 ♈ 33 19	22 ♊ 12 57	12 ♑ 55 23	23 ♋ 11 10	13 ♑ 29 59	23 ♑ 37 47	27 ♏ 20 58
2 Su	25 41 06	16 54 22	23 16 33	12 27 26	13 49 15	20 08 46	1 12 59	7 22 11	22 12 16	12 59 16	23 13 09	13 32 08	23 39 01	27 23 54
3 M	26 39 52	29 32 56	5 ♌ 44 42	11 56 37	14 57 50	19 51 42	1 39 59	7 10 10	22 10 16	13 02 08	23 13 57	13 33 13	23 39 11	27 25 45
4 Tu	27 37 45	11 ♌ 50 54	17 54 33	11 17 07	16 05 39	19 34 03	2 05 56	6 57 27	22 07 10	13 04 10	23 13 45	13 33 27	23 38 28	27 26 42
5 W	28 35 10	23 53 18	29 51 13	10 29 32	17 13 06	19 16 13	2 31 12	6 44 27	22 03 19	13 05 46	23 12 56	13 33 12	23 37 16	27 27 08
6 Th	29 32 36	5 ♍ 45 25	11 ♍ 39 54	9 34 51	18 20 43	18 58 49	2 56 20	6 31 41	21 59 17	13 07 28	23 12 02	13 33 00	23 36 05	27 27 35
7 F	0 ♏ 30 39	17 32 19	23 25 28	8 34 21	19 29 03	18 42 26	3 21 53	6 19 44	21 55 38	13 09 48	23 11 38	13 33 25	23 35 31	27 28 38
8 Sa	1 29 51	29 18 35	5 ♎ 12 12	7 29 37	20 38 39	18 27 39	3 48 23	6 09 10	21 52 52	13 13 20	23 12 16	13 34 60	23 36 05	27 30 47
9 Su	2 30 34	11 ♎ 08 03	17 03 38	6 22 21	21 49 53	18 14 53	4 16 14	6 00 22	21 51 25	13 18 27	23 14 17	13 38 06	23 38 11	27 34 27
10 M	3 33 00	23 03 47	29 02 31	5 14 21	23 02 55	18 04 21	4 45 35	5 53 31	21 51 26	13 25 19	23 17 55	13 42 56	23 41 59	27 39 49
11 Tu	4 37 04	5 ♏ 07 55	11 ♏ 10 45	4 07 24	24 17 42	17 56 02	5 16 24	5 48 35	21 52 52	13 33 52	23 23 03	13 49 25	23 47 25	27 46 47
12 W	5 42 26	17 21 52	23 29 30	3 03 10	25 33 53	17 49 36	5 48 18	5 45 12	21 55 22	13 43 45	23 29 22	13 57 13	23 54 09	27 55 02
13 Th	6 48 32	29 46 24	5 ♐ 59 24	2 03 05	26 50 54	17 44 32	6 20 44	5 42 49	21 58 22	13 54 25	23 36 18	14 05 44	24 01 37	28 03 59
14 F	7 54 37	12 ♐ 21 56	18 40 51	1 08 24	28 07 60	17 40 07	6 52 58	5 40 44	22 01 09	14 05 08	23 43 07	14 14 17	24 09 04	28 12 55
15 Sa	8 59 58	25 08 48	1 ♑ 34 13	0 20 08	29 24 27	17 35 38	7 24 15	5 38 11	22 02 58	14 15 09	23 49 04	14 22 06	24 15 47	28 21 06
16 Su	10 03 56	8 ♑ 07 35	14 40 09	29 ♎ 39 11	0 ♎ 39 37	17 30 28	7 53 58	5 34 34	22 03 12	14 23 50	23 53 32	14 28 33	24 21 07	28 27 52
17 M	11 06 09	21 19 15	27 59 43	29 06 19	1 53 07	17 24 16	8 21 43	5 29 30	22 01 27	14 30 49	23 56 08	14 33 15	24 24 42	28 32 52
18 Tu	12 06 35	4 ♒ 45 15	11 ♒ 34 19	28 42 19	3 04 56	17 17 02	8 47 29	5 22 59	21 57 44	14 36 03	23 56 50	14 36 12	24 26 31	28 36 04
19 W	13 05 38	18 27 19	25 25 28	28 28 02	4 15 27	17 09 09	9 11 40	5 15 23	21 52 26	14 39 58	23 56 03	14 37 46	24 26 57	28 37 52
20 Th	14 04 01	2 ♓ 26 59	9 ♓ 34 17	28 24 17	5 25 23	17 01 21	9 34 58	5 07 27	21 46 15	14 43 15	23 54 28	14 38 41	24 26 42	28 38 58
21 F	15 02 41	16 44 56	24 00 41	28 31 48	6 35 40	16 54 36	9 58 19	5 00 08	21 40 09	14 46 51	23 53 04	14 39 53	24 26 44	28 40 20
22 Sa	16 02 33	1 ♈ 20 17	8 ♈ 42 48	28 51 07	7 47 15	16 49 50	10 22 41	4 54 20	21 35 04	14 51 42	23 52 45	14 42 19	24 27 59	28 42 53
23 Su	17 04 21	16 09 48	23 36 19	29 22 20	9 00 51	16 47 46	10 48 46	4 50 49	21 31 43	14 58 32	23 54 16	14 46 42	24 31 11	28 47 21
24 M	18 08 27	1 ♉ 07 48	8 ♉ 34 35	0 ♏ 05 04	10 16 49	16 48 45	11 16 55	4 49 55	21 30 28	15 07 41	23 57 57	14 53 22	24 36 39	28 54 04
25 Tu	19 14 40	16 06 22	23 29 15	0 58 21	11 34 59	16 52 38	11 46 58	4 51 29	21 31 10	15 19 00	24 03 39	15 02 11	24 44 15	29 02 54
26 W	20 22 24	0 ♊ 56 32	8 ♊ 11 29	2 00 23	12 54 44	16 58 48	12 18 19	4 54 55	21 33 12	15 31 53	24 10 46	15 12 31	24 53 22	29 13 14
27 Th	21 30 45	15 29 40	22 33 28	3 10 25	14 15 10	17 06 20	12 50 01	4 59 16	21 35 39	15 45 24	24 18 21	15 23 28	25 03 05	29 24 08
28 F	22 38 40	29 38 55	6 ♋ 29 38	4 25 35	15 35 14	17 14 11	13 21 04	5 03 33	21 37 29	15 58 30	24 25 24	15 33 59	25 12 21	29 34 34
29 Sa	23 45 14	13 ♋ 20 11	19 57 16	5 44 33	16 54 02	17 21 27	13 50 33	5 06 49	21 37 48	16 10 18	24 30 60	15 43 09	25 20 17	29 43 38
30 Su	24 49 53	26 32 26	2 ♌ 56 37	7 05 60	18 10 58	17 27 32	14 17 51	5 08 29	21 36 01	16 20 12	24 34 32	15 50 24	25 26 16	29 50 44
31 M	25 52 25	9 ♌ 17 27	15 30 24	8 29 06	19 25 50	17 32 15	14 42 48	5 08 24	21 31 57	16 28 02	24 35 51	15 55 33	25 30 09	29 55 42

Notes

LONGITUDE — November 1988

Day	☉	0 hr ☽	Noon ☽	☿	♀	♂	⚵	⚳	♃	♄	⚷	♅	♆	♇
1 Tu	26 ♏ 53 07	21 ♌ 39 13	27 ♌ 43 13	9 ♏ 53 32	20 ♎ 38 56	17 ♈ 35 52	15 ♍ 05 39	5 ♈ 06 49	21 ♊ 25 53	16 ♑ 34 02	24 ♋ 35 13	15 ♑ 58 51	25 ♑ 32 11	29 ♏ 58 47
2 W	27 52 36	3 ♍ 43 09	9 ♍ 40 52	11 19 25	21 50 53	17 39 01	15 27 03	5 04 22	21 18 27	16 38 52	24 33 16	16 00 58	25 32 60	0 ♐ 00 38
3 Th	28 51 48	15 35 32	21 29 41	12 47 13	23 02 35	17 42 35	15 47 54	5 01 57	21 10 34	16 43 25	24 30 54	16 02 46	25 33 31	0 02 10
4 F	29 51 42	27 22 47	3 ♎ 15 58	14 17 30	24 15 02	17 47 34	16 09 11	5 00 36	21 03 13	16 48 42	24 29 07	16 05 16	25 34 43	0 04 21
5 Sa	0 ♐ 53 13	9 ♎ 10 56	15 05 33	15 50 53	25 29 10	17 54 54	16 31 50	5 01 12	20 57 22	16 55 38	24 28 51	16 09 24	25 37 32	0 08 08
6 Su	1 57 05	21 05 19	27 03 23	17 27 46	26 45 41	18 05 17	16 56 33	5 04 29	20 53 42	17 04 56	24 30 49	16 15 52	25 42 41	0 14 13
7 M	3 03 38	3 ♏ 10 07	9 ♏ 13 12	19 08 16	28 04 56	18 19 02	17 23 42	5 10 49	20 52 37	17 16 56	24 35 21	16 25 02	25 50 32	0 22 58
8 Tu	4 12 49	15 28 09	21 37 20	20 52 05	29 26 52	18 36 07	17 53 12	5 20 06	20 54 01	17 31 36	24 42 25	16 36 50	26 00 60	0 34 18
9 W	5 24 07	28 00 48	4 ♐ 16 38	22 38 34	0 ♏ 50 57	18 56 00	18 24 33	5 31 52	20 57 26	17 48 25	24 51 30	16 50 45	26 13 34	0 47 44
10 Th	6 36 39	10 ♐ 48 04	17 10 39	24 26 39	2 16 19	19 17 48	18 56 51	5 45 12	21 01 58	18 06 29	25 01 42	17 05 54	26 27 23	1 02 22
11 F	7 49 17	23 48 47	0 ♑ 17 51	26 15 04	3 41 48	19 40 20	19 28 58	5 58 58	21 06 29	18 24 40	25 11 54	17 21 09	26 41 17	1 17 03
12 Sa	9 00 49	7 ♑ 01 08	13 36 12	28 02 34	5 06 15	20 02 26	19 59 42	6 11 60	21 09 49	18 41 47	25 20 55	17 35 18	26 54 05	1 30 38
13 Su	10 10 16	20 23 08	27 03 46	29 48 02	6 28 39	20 23 06	20 28 04	6 23 16	21 10 58	18 56 50	25 27 44	17 47 23	27 04 48	1 42 05
14 M	11 17 01	3 ♒ 53 19	10 ♒ 39 08	1 ♐ 30 47	7 48 22	20 41 41	20 53 26	6 32 11	21 09 20	19 09 12	25 31 45	17 56 45	27 12 48	1 50 48
15 Tu	12 20 59	17 31 01	24 21 54	3 10 44	9 05 22	20 58 06	21 15 45	6 38 39	21 04 51	19 18 50	25 32 55	18 03 22	27 18 03	1 56 44
16 W	13 22 42	1 ♓ 16 36	8 ♓ 12 37	4 48 19	10 20 09	21 12 53	21 35 31	6 43 13	20 58 03	19 26 14	25 31 44	18 07 43	27 21 02	2 00 22
17 Th	14 23 11	15 11 12	22 12 25	6 24 32	11 33 43	21 27 01	21 53 45	6 46 52	20 49 57	19 32 25	25 29 13	18 10 51	27 22 47	2 02 44
18 F	15 23 43	29 16 12	6 ♈ 22 27	8 00 39	12 47 23	21 41 46	22 11 44	6 50 54	20 41 51	19 38 40	25 26 41	18 14 02	27 24 35	2 05 08
19 Sa	16 25 38	13 ♈ 32 24	20 43 02	9 37 58	14 02 27	21 58 28	22 30 47	6 56 38	20 35 05	19 46 20	25 25 26	18 18 36	27 27 45	2 08 53
20 Su	17 29 58	27 59 10	5 ♉ 12 47	11 17 32	15 19 59	22 18 08	22 51 57	7 05 06	20 30 42	19 56 26	25 26 31	18 25 35	27 33 22	2 15 02
21 M	18 37 15	12 ♉ 33 49	19 48 11	12 59 52	16 40 30	22 41 18	23 15 46	7 16 52	20 29 14	20 09 31	25 30 28	18 35 32	27 41 55	2 24 06
22 Tu	19 47 23	27 11 25	4 ♊ 23 38	14 44 52	18 03 54	23 07 49	23 42 07	7 31 47	20 30 35	20 25 28	25 37 12	18 48 20	27 53 19	2 35 59
23 W	20 59 40	11 ♊ 45 13	18 52 05	16 31 49	19 29 29	23 36 59	24 10 18	7 49 09	20 34 04	20 43 34	25 45 59	19 03 17	28 06 52	2 49 59
24 Th	22 12 57	26 07 45	3 ♋ 06 17	18 19 34	20 56 04	24 07 38	24 39 08	8 07 48	20 38 31	21 02 41	25 55 41	19 19 13	28 21 24	3 04 57
25 F	23 25 54	10 ♋ 12 02	17 00 01	20 06 49	22 22 22	24 38 26	25 07 19	8 26 27	20 42 38	21 21 29	26 04 58	19 34 50	28 35 36	3 19 33
26 Sa	24 37 19	23 52 55	0 ♌ 29 10	21 52 23	23 47 10	25 08 10	25 33 38	8 43 51	20 45 12	21 38 46	26 12 39	19 48 54	28 48 16	3 32 35
27 Su	25 46 21	7 ♌ 07 47	13 32 16	23 35 23	25 09 35	25 35 57	25 57 14	8 59 09	20 45 22	21 53 40	26 17 52	20 00 35	28 58 33	3 43 11
28 M	26 52 38	19 56 45	26 10 30	25 15 30	26 29 17	26 01 26	26 17 43	9 11 60	20 42 49	22 05 50	26 20 15	20 09 31	29 06 04	3 51 01
29 Tu	27 56 21	2 ♍ 22 29	8 ♍ 27 20	26 52 56	27 46 27	26 24 48	26 35 18	9 22 34	20 37 42	22 15 26	26 19 60	20 15 52	29 11 01	3 56 14
30 W	28 58 10	14 29 39	20 27 60	28 28 20	29 01 44	26 46 40	26 50 37	9 31 31	20 30 42	22 23 09	26 17 46	20 20 19	29 14 03	3 59 32

LONGITUDE — December 1988

Day	☉	0 hr ☽	Noon ☽	☿	♀	♂	⚵	⚳	♃	♄	⚷	♅	♆	♇
1 Th	29 ♐ 59 06	26 ♍ 24 12	2 ♎ 18 46	0 ♑ 02 45	0 ♐ 16 08	27 ♈ 08 03	27 ♍ 04 41	9 ♈ 39 51	20 ♊ 22 49	22 ♑ 29 58	26 ♋ 14 33	20 ♑ 23 52	29 ♑ 16 11	4 ♐ 01 53
2 F	1 ♑ 00 17	8 ♎ 12 51	14 06 27	1 37 20	1 30 49	27 30 05	27 18 38	9 48 43	20 15 14	22 37 04	26 11 33	20 27 40	29 18 34	4 04 27
3 Sa	2 02 51	20 02 21	25 57 46	3 13 14	2 46 54	27 53 55	27 33 36	9 59 14	20 09 05	22 45 33	26 09 51	20 32 51	29 22 20	4 08 23
4 Su	3 07 43	1 ♏ 59 02	7 ♏ 58 46	4 51 23	4 05 18	28 20 26	27 50 29	10 12 20	20 05 16	22 56 20	26 10 24	20 40 19	29 28 23	4 14 34
5 M	4 15 25	14 08 17	20 14 28	6 32 19	5 26 32	28 50 08	28 09 49	10 28 31	20 04 19	23 09 57	26 13 41	20 50 36	29 37 15	4 23 32
6 Tu	5 25 58	26 34 07	2 ♐ 48 20	8 16 05	6 50 38	29 23 04	28 31 37	10 47 49	20 06 17	23 26 25	26 19 46	21 03 44	29 48 58	4 35 19
7 W	6 38 52	9 ♐ 18 53	15 41 59	10 02 13	8 17 07	29 58 43	28 55 23	11 09 45	20 10 41	23 45 15	26 28 10	21 19 14	0 ♒ 03 03	4 49 26
8 Th	7 53 13	22 23 01	28 55 07	11 49 47	9 45 03	0 ♉ 36 10	29 20 12	11 33 22	20 16 36	24 05 32	26 37 57	21 36 09	0 18 33	5 04 57
9 F	9 07 46	5 ♑ 45 06	12 ♑ 25 36	13 37 34	11 13 11	1 14 09	29 44 48	11 57 26	20 22 47	24 26 01	26 47 52	21 53 15	0 34 15	5 20 38
10 Sa	10 21 12	19 22 16	26 09 53	15 24 16	12 40 13	1 51 22	0 ♎ 07 54	12 20 39	20 27 56	24 45 23	26 56 37	22 09 15	0 48 50	5 35 10
11 Su	11 32 23	3 ♒ 10 40	10 ♒ 03 51	17 08 47	14 05 02	2 26 41	0 28 21	12 41 53	20 30 56	25 02 32	27 03 05	22 22 60	1 01 11	5 47 25
12 M	12 40 38	17 06 24	24 03 30	18 50 25	15 26 55	2 59 23	0 45 28	13 00 26	20 31 07	25 16 44	27 06 35	22 33 49	1 10 35	5 56 43
13 Tu	13 45 51	1 ♓ 06 10	8 ♓ 05 46	20 29 04	16 45 47	3 29 21	0 59 07	13 16 11	20 28 21	25 27 54	27 06 60	22 41 34	1 16 56	6 02 56
14 W	14 48 31	15 07 51	22 08 58	22 05 15	18 02 07	3 57 06	1 09 49	13 29 39	20 23 10	25 36 33	27 04 50	22 46 48	1 20 46	6 06 35
15 Th	15 49 40	29 10 40	6 ♈ 12 40	23 39 58	19 16 56	4 23 38	1 18 34	13 41 49	20 16 36	25 43 40	27 01 08	22 50 30	1 23 04	6 08 41
16 F	16 50 38	13 ♈ 14 51	20 17 22	25 14 34	20 31 35	4 50 16	1 26 43	13 54 03	20 09 57	25 50 36	26 57 12	22 54 01	1 25 11	6 10 34
17 Sa	17 52 44	27 21 03	4 ♉ 23 43	26 50 22	21 47 23	5 18 19	1 35 35	14 07 39	20 04 35	25 58 41	26 54 23	22 58 39	1 28 26	6 13 34
18 Su	18 57 02	11 ♉ 29 31	18 31 48	28 28 25	23 05 24	5 48 51	1 46 13	14 23 41	20 01 32	26 08 59	26 53 44	23 05 30	1 33 53	6 18 43
19 M	20 04 05	25 39 30	2 ♊ 40 24	0 ♒ 09 15	24 26 11	6 22 25	1 59 11	14 42 42	20 01 24	26 22 01	26 55 50	23 15 06	1 42 06	6 26 37
20 Tu	21 13 50	9 ♊ 48 46	16 46 52	1 52 47	25 49 40	6 58 55	2 14 24	15 04 37	20 04 06	26 37 46	27 00 36	23 27 23	1 53 00	6 37 10
21 W	22 25 38	23 53 39	0 ♋ 47 12	3 38 22	27 15 15	7 37 45	2 31 15	15 28 51	20 09 01	26 55 34	27 07 25	23 41 45	2 05 59	6 49 46
22 Th	23 38 28	7 ♋ 49 32	14 36 42	5 24 55	28 41 51	8 17 51	2 48 40	15 54 18	20 15 06	27 14 24	27 15 14	23 57 07	2 19 58	7 03 21
23 F	24 51 06	21 31 37	28 10 50	7 11 09	0 ♑ 08 16	8 57 58	3 05 26	16 19 46	20 21 08	27 33 02	27 22 51	24 12 15	2 33 46	7 16 42
24 Sa	26 02 23	4 ♌ 55 49	11 ♌ 26 02	8 55 52	1 33 20	9 36 58	3 20 24	16 44 05	20 25 59	27 50 18	27 29 05	24 26 04	2 46 12	7 28 41
25 Su	27 11 28	17 59 33	24 20 27	10 38 08	2 56 13	10 14 00	3 32 42	17 06 25	20 28 47	28 05 23	27 33 07	24 37 40	2 56 26	7 38 25
26 M	28 17 56	0 ♍ 42 08	6 ♍ 54 09	12 17 26	4 16 30	10 48 37	3 41 55	17 26 19	20 29 08	28 17 49	27 34 31	24 46 38	3 04 03	7 45 30
27 Tu	29 21 50	13 04 54	19 09 14	13 53 44	5 34 13	11 20 53	3 48 06	17 43 51	20 27 05	28 27 41	27 33 20	24 53 01	3 09 05	7 49 59
28 W	0 ♒ 23 37	25 11 02	1 ♎ 09 30	15 27 22	6 49 50	11 51 16	3 51 43	17 59 29	20 23 07	28 35 26	27 30 04	24 57 17	3 12 01	7 52 21
29 Th	1 24 08	7 ♎ 05 13	13 00 04	16 58 60	8 04 12	12 20 33	3 53 34	18 14 01	20 18 01	28 41 55	27 25 30	25 00 17	3 13 40	7 53 23
30 F	2 24 21	18 53 08	24 46 57	18 29 24	9 18 15	12 49 45	3 54 39	18 28 27	20 12 48	28 48 05	27 20 38	25 02 57	3 15 01	7 54 05
31 Sa	3 25 16	0 ♏ 41 02	6 ♏ 36 33	19 59 23	10 33 02	13 19 50	3 55 57	18 43 46	20 08 29	28 54 56	27 16 28	25 06 19	3 17 02	7 55 27

Notes

January 1989

LONGITUDE

Day	☉	0 hr ☽	Noon ☽	☿	♀	♂	⚵	⚳	♃	♄	⚷	♅	♆	♇
1 Su	4 ♒ 27 44	12 ♏ 35 14	18 ♏ 35 08	21 ♒ 29 32	11 ♑ 49 22	13 ♉ 51 39	3 ♌ 58 18	19 ♈ 00 49	20 ♊ 05 52	29 ♑ 03 19	27 ♋ 13 52	25 ♑ 11 13	3 ♒ 20 37	7 ♐ 58 20
2 M	5 32 18	24 41 37	0 ♐ 48 27	23 00 06	13 07 47	14 25 45	4 02 16	19 20 09	20 05 33	29 13 48	27 13 22	25 18 12	3 26 18	8 03 17
3 Tu	6 39 07	7 ♐ 05 14	13 21 09	24 30 53	14 28 29	15 02 17	4 08 00	19 41 55	20 07 40	29 26 30	27 15 07	25 27 25	3 34 13	8 10 27
4 W	7 47 54	19 49 49	26 16 20	26 01 12	15 51 09	15 40 58	4 15 13	20 05 49	20 11 57	29 41 11	27 18 51	25 38 36	3 44 05	8 19 33
5 Th	8 57 58	2 ♑ 57 21	9 ♑ 35 10	27 29 55	17 15 06	16 21 07	4 23 13	20 31 11	20 17 42	29 57 07	27 23 53	25 51 03	3 55 15	8 29 54
6 F	10 08 23	16 27 49	23 16 40	28 55 34	18 39 25	17 01 47	4 31 05	20 57 04	20 24 00	0 ♒ 13 24	27 29 17	26 03 50	4 06 45	8 40 34
7 Sa	11 18 05	0 ♒ 19 08	7 ♒ 17 42	0 ♓ 16 30	20 03 02	17 41 55	4 37 45	21 22 26	20 29 48	0 28 57	27 33 60	26 15 54	4 17 33	8 50 30
8 Su	12 26 10	14 27 19	21 33 29	1 31 08	21 25 02	18 20 35	4 42 18	21 46 20	20 34 11	0 42 53	27 37 07	26 26 21	4 26 43	8 58 47
9 M	13 32 02	28 47 09	5 ♓ 58 14	2 38 09	22 44 49	18 57 13	4 44 10	22 08 12	20 36 33	0 54 34	27 38 03	26 34 33	4 33 40	9 04 50
10 Tu	14 35 32	13 ♓ 13 02	20 26 13	3 36 34	24 02 15	19 31 38	4 43 10	22 27 52	20 36 46	1 03 53	27 36 39	26 40 23	4 38 15	9 08 28
11 W	15 36 59	27 39 46	4 ♈ 52 31	4 25 54	25 17 39	20 04 10	4 39 39	22 45 39	20 35 08	1 11 09	27 33 14	26 44 10	4 40 48	9 10 02
12 Th	16 37 08	12 ♈ 03 17	19 13 38	5 05 57	26 31 45	20 35 34	4 34 21	23 02 17	20 32 26	1 17 06	27 28 34	26 46 38	4 42 02	9 10 17
13 F	17 36 56	26 20 54	3 ♉ 27 30	5 36 49	27 45 31	21 06 45	4 28 14	23 18 45	20 29 35	1 22 41	27 23 35	26 48 45	4 42 56	9 10 09
14 Sa	18 37 20	10 ♉ 31 11	17 33 13	5 58 35	28 59 55	21 38 43	4 22 17	23 35 59	20 27 34	1 28 52	27 19 16	26 51 29	4 44 27	9 10 37
15 Su	19 39 08	24 33 28	1 ♊ 30 30	6 11 15	0 ♒ 15 42	22 12 12	4 17 15	23 54 46	20 27 10	1 36 27	27 16 23	26 55 35	4 47 21	9 12 27
16 M	20 42 44	8 ♊ 27 23	15 19 07	6 14 33	1 33 18	22 47 37	4 13 33	24 15 30	20 28 47	1 45 47	27 15 21	27 01 29	4 52 03	9 16 04
17 Tu	21 48 06	22 12 22	28 58 32	6 08 05	2 52 42	23 24 58	4 11 11	24 38 11	20 32 23	1 56 55	27 16 09	27 09 09	4 58 32	9 21 25
18 W	22 54 51	5 ♋ 47 29	12 ♋ 27 46	5 51 16	4 13 29	24 03 49	4 09 45	25 02 23	20 37 36	2 09 24	27 18 24	27 18 12	5 06 25	9 28 09
19 Th	24 02 19	19 11 21	25 45 22	5 23 39	5 34 60	24 43 31	4 08 36	25 27 27	20 43 44	2 22 35	27 21 24	27 27 57	5 14 60	9 35 34
20 F	25 09 42	2 ♌ 22 27	8 ♌ 49 50	4 45 04	6 56 27	25 23 16	4 06 56	25 52 35	20 50 02	2 35 41	27 24 24	27 37 37	5 23 31	9 42 54
21 Sa	26 16 18	15 19 23	21 39 55	3 55 50	8 17 07	26 02 21	4 04 03	26 17 05	20 55 44	2 47 58	27 26 39	27 46 29	5 31 14	9 49 24
22 Su	27 21 32	28 01 15	4 ♍ 15 00	2 56 52	9 36 27	26 40 11	3 59 24	26 40 21	21 00 19	2 58 52	27 27 37	27 53 58	5 37 36	9 54 31
23 M	28 25 07	10 ♍ 28 03	16 35 23	1 49 43	10 54 08	27 16 29	3 52 40	27 02 06	21 03 27	3 08 07	27 26 59	27 59 48	5 42 19	9 57 58
24 Tu	29 27 02	22 40 42	28 42 27	0 36 31	12 10 10	27 51 13	3 43 52	27 22 20	21 05 08	3 15 39	27 24 45	28 03 57	5 45 22	9 59 44
25 W	0 ♓ 27 31	4 ♎ 41 19	10 ♎ 38 41	29 ♒ 19 48	13 24 47	28 24 39	3 33 15	27 41 16	21 05 36	3 21 45	27 21 10	28 06 40	5 46 59	10 00 02
26 Th	1 27 01	16 32 58	22 27 36	28 02 17	14 38 26	28 57 12	3 21 15	27 59 21	21 05 18	3 26 51	27 16 39	28 08 22	5 47 36	9 59 20
27 F	2 26 06	28 19 41	4 ♏ 13 33	26 46 43	15 51 40	29 29 25	3 08 27	28 17 08	21 04 47	3 31 29	27 11 46	28 09 38	5 47 48	9 58 10
28 Sa	3 25 18	10 ♏ 06 08	16 01 30	25 35 34	17 05 03	0 ♊ 01 53	2 55 25	28 35 11	21 04 37	3 36 14	27 07 06	28 11 02	5 48 08	9 57 08
29 Su	4 25 09	21 57 27	27 56 47	24 30 56	18 19 04	0 35 05	2 42 41	28 53 60	21 05 18	3 41 36	27 03 08	28 13 03	5 49 06	9 56 42
30 M	5 25 59	3 ♐ 58 55	10 ♐ 04 41	23 34 22	19 34 06	1 09 22	2 30 34	29 13 55	21 07 11	3 47 55	27 00 14	28 16 02	5 51 03	9 57 14
31 Tu	6 27 57	16 15 37	22 30 14	22 46 51	20 50 15	1 44 52	2 19 16	29 35 05	21 10 24	3 55 20	26 58 31	28 20 07	5 54 07	9 58 52

February 1989

LONGITUDE

Day	☉	0 hr ☽	Noon ☽	☿	♀	♂	⚵	⚳	♃	♄	⚷	♅	♆	♇
1 W	7 ♓ 30 55	28 ♐ 52 07	5 ♑ 17 36	22 ♒ 08 48	22 ♒ 07 27	2 ♊ 21 30	2 ♌ 08 40	29 ♈ 57 24	21 ♊ 14 51	4 ♒ 03 44	26 ♋ 57 55	28 ♑ 25 12	5 ♒ 58 12	10 ♐ 01 29
2 Th	8 34 37	11 ♑ 51 57	18 29 48	21 40 07	23 25 23	2 58 57	1 58 29	0 ♉ 20 34	21 20 14	4 12 50	26 58 07	28 31 00	6 03 00	10 04 49
3 F	9 38 37	25 17 15	2 ♒ 08 04	21 20 20	24 43 37	3 36 47	1 48 19	0 44 08	21 26 08	4 22 12	26 58 41	28 37 05	6 08 06	10 08 25
4 Sa	10 42 24	9 ♒ 08 11	16 11 28	21 08 46	26 01 40	4 14 31	1 37 41	1 07 38	21 32 01	4 31 20	26 59 08	28 42 56	6 12 60	10 11 48
5 Su	11 45 34	23 22 44	0 ♓ 36 46	21 04 37	27 19 06	4 51 43	1 26 11	1 30 36	21 37 30	4 39 49	26 59 02	28 48 09	6 17 15	10 14 31
6 M	12 47 49	7 ♓ 56 35	15 18 31	21 07 13	28 35 38	5 28 06	1 13 31	1 52 47	21 42 17	4 47 20	26 58 07	28 52 26	6 20 36	10 16 19
7 Tu	13 49 04	22 43 30	0 ♈ 09 41	21 16 00	29 51 11	6 03 34	0 59 40	2 14 06	21 46 16	4 53 51	26 56 17	28 55 43	6 22 57	10 17 06
8 W	14 49 27	7 ♈ 36 08	15 02 38	21 30 37	1 ♓ 05 53	6 38 17	0 44 46	2 34 40	21 49 37	4 59 28	26 53 42	28 58 08	6 24 27	10 17 01
9 Th	15 49 17	22 26 57	29 50 06	21 50 51	2 20 03	7 12 32	0 29 08	2 54 47	21 52 37	5 04 30	26 50 38	28 59 57	6 25 23	10 16 20
10 F	16 48 54	7 ♉ 09 18	14 ♉ 26 08	22 16 37	3 34 01	7 46 40	0 13 09	3 14 49	21 55 37	5 09 18	26 47 29	29 01 34	6 26 07	10 15 28
11 Sa	17 48 40	21 38 03	28 46 32	22 47 48	4 48 10	8 21 02	29 ♍ 57 12	3 35 07	21 58 59	5 14 14	26 44 35	29 03 20	6 27 01	10 14 43
12 Su	18 48 51	5 ♊ 49 53	12 ♊ 48 57	23 24 12	6 02 43	8 55 54	29 41 32	3 55 56	22 02 58	5 19 32	26 42 11	29 05 29	6 28 19	10 14 22
13 M	19 49 31	19 43 12	26 32 36	24 05 34	7 17 48	9 31 21	29 26 18	4 17 22	22 07 39	5 25 18	26 40 23	29 08 08	6 30 07	10 14 30
14 Tu	20 50 39	3 ♋ 17 47	9 ♋ 57 52	24 51 28	8 33 21	10 07 20	29 11 27	4 39 21	22 13 00	5 31 30	26 39 09	29 11 13	6 32 23	10 15 06
15 W	21 52 05	16 34 22	23 05 49	25 41 26	9 49 14	10 43 43	28 56 52	5 01 46	22 18 52	5 37 59	26 38 20	29 14 36	6 34 58	10 15 59
16 Th	22 53 37	29 34 15	5 ♌ 57 57	26 34 57	11 05 14	11 20 17	28 42 22	5 24 24	22 25 02	5 44 32	26 37 43	29 18 05	6 37 40	10 16 58
17 F	23 55 04	12 ♌ 19 01	18 35 52	27 31 34	12 21 10	11 56 50	28 27 46	5 47 02	22 31 19	5 50 58	26 37 08	29 21 28	6 40 16	10 17 51
18 Sa	24 56 16	24 50 19	1 ♍ 01 11	28 30 53	13 36 53	12 33 13	28 12 56	6 09 32	22 37 34	5 57 08	26 36 25	29 24 36	6 42 39	10 18 30
19 Su	25 57 11	7 ♍ 09 49	13 15 34	29 32 38	14 52 20	13 09 23	27 57 51	6 31 51	22 43 43	6 02 58	26 35 30	29 27 25	6 44 43	10 18 50
20 M	26 57 48	19 19 14	25 20 42	0 ♓ 36 37	16 07 30	13 45 20	27 42 32	6 53 59	22 49 46	6 08 28	26 34 25	29 29 57	6 46 31	10 18 53
21 Tu	27 58 13	1 ♎ 20 19	7 ♎ 18 22	1 42 45	17 22 28	14 21 09	27 27 04	7 15 60	22 55 48	6 13 44	26 33 14	29 32 15	6 48 07	10 18 42
22 W	28 58 32	13 14 59	19 10 36	2 50 59	18 37 22	14 56 56	27 11 35	7 38 00	23 01 55	6 18 52	26 32 03	29 34 26	6 49 36	10 18 25
23 Th	29 58 52	25 05 22	0 ♏ 59 42	4 01 17	19 52 18	15 32 47	26 56 14	8 00 07	23 08 15	6 23 58	26 30 59	29 36 36	6 51 06	10 18 08
24 F	0 ♈ 59 16	6 ♏ 53 58	12 48 23	5 13 36	21 07 19	16 08 48	26 41 05	8 22 25	23 14 50	6 29 07	26 30 08	29 38 51	6 52 41	10 17 55
25 Sa	1 59 48	18 43 38	24 39 44	6 27 53	22 22 29	16 44 59	26 26 12	8 44 55	23 21 44	6 34 20	26 29 29	29 41 12	6 54 23	10 17 49
26 Su	3 00 24	0 ♐ 37 39	6 ♐ 37 16	7 43 57	23 37 44	17 21 19	26 11 32	9 07 35	23 28 53	6 39 35	26 29 02	29 43 36	6 56 10	10 17 46
27 M	4 00 58	12 39 42	18 44 51	9 01 40	24 52 59	17 57 41	25 57 02	9 30 20	23 36 11	6 44 46	26 28 40	29 45 57	6 57 55	10 17 42
28 Tu	5 01 25	24 53 45	1 ♑ 06 34	10 20 48	26 08 07	18 33 59	25 42 35	9 53 01	23 43 32	6 49 47	26 28 16	29 48 10	6 59 31	10 17 29

Notes

LONGITUDE

March 1989

Day	☉	0 hr ☽	Noon ☽	☿	♀	♂	⚵	⚳	♃	♄	⚷	♅	♆	♇
1 W	6 ♈ 01 36	7 ♑ 23 59	13 ♑ 46 35	11 ♓ 41 12	27 ♓ 22 60	19 ♊ 10 05	25 ♍ 28 05	10 ♉ 15 32	23 ♊ 50 48	6 ♒ 54 29	26 ♋ 27 43	29 ♑ 50 05	7 ♒ 00 52	10 ♐ 16 60
2 Th	7 01 27	20 14 26	26 48 41	13 02 44	28 37 35	19 45 55	25 13 30	10 37 49	23 57 54	6 58 48	26 26 57	29 51 40	7 01 54	10 16 10
3 F	8 00 60	3 ♒ 28 41	10 ♒ 15 57	14 25 21	29 51 52	20 21 30	24 58 50	10 59 52	24 04 53	7 02 46	26 25 59	29 52 55	7 02 36	10 15 02
4 Sa	9 00 20	17 09 12	24 10 02	15 49 09	1 ♈ 05 58	20 56 58	24 44 14	11 21 48	24 11 50	7 06 30	26 24 56	29 53 56	7 03 06	10 13 41
5 Su	9 59 42	1 ♓ 16 45	8 ♓ 30 34	17 14 17	2 20 05	21 32 29	24 29 55	11 43 50	24 18 57	7 10 11	26 24 01	29 54 57	7 03 37	10 12 20
6 M	10 59 18	15 49 44	23 14 33	18 40 58	3 34 29	22 08 19	24 16 09	12 06 12	24 26 31	7 14 04	26 23 27	29 56 13	7 04 23	10 11 15
7 Tu	11 59 24	0 ♈ 43 45	8 ♈ 16 14	20 09 25	4 49 24	22 44 43	24 03 11	12 29 09	24 34 44	7 18 24	26 23 30	29 57 56	7 05 39	10 10 38
8 W	13 00 08	15 51 40	23 27 26	21 39 46	6 04 57	23 21 48	23 51 11	12 52 48	24 43 44	7 23 19	26 24 18	0 ♒ 00 17	7 07 32	10 10 39
9 Th	14 01 29	1 ♉ 04 22	8 ♉ 38 32	23 11 59	7 21 09	23 59 34	23 40 08	13 17 10	24 53 33	7 28 49	26 25 51	0 03 13	7 10 03	10 11 18
10 F	15 03 17	16 11 57	23 39 55	24 45 52	8 37 49	24 37 51	23 29 53	13 42 04	25 03 58	7 34 42	26 27 57	0 06 36	7 13 01	10 12 23
11 Sa	16 05 12	1 ♊ 05 19	8 ♊ 23 26	26 21 07	9 54 38	25 16 19	23 20 07	14 07 10	25 14 40	7 40 41	26 30 18	0 10 05	7 16 06	10 13 37
12 Su	17 06 52	15 37 26	22 43 23	27 57 19	11 11 12	25 54 36	23 10 28	14 32 05	25 25 17	7 46 21	26 32 31	0 13 18	7 18 57	10 14 34
13 M	18 07 54	29 44 02	6 ♋ 36 56	29 34 08	12 27 10	26 32 19	23 00 36	14 56 28	25 35 27	7 51 21	26 34 14	0 15 53	7 21 10	10 14 56
14 Tu	19 08 06	13 ♋ 23 43	20 03 51	1 ♈ 11 20	13 42 19	27 09 14	22 50 16	15 20 06	25 44 56	7 55 28	26 35 14	0 17 36	7 22 33	10 14 26
15 W	20 07 23	26 37 29	3 ♌ 05 60	2 48 51	14 56 34	27 45 19	22 39 27	15 42 53	25 53 40	7 58 37	26 35 27	0 18 25	7 23 02	10 13 03
16 Th	21 05 55	9 ♌ 28 05	15 46 38	4 26 51	16 10 06	28 20 42	22 28 16	16 05 00	26 01 47	8 00 58	26 35 02	0 18 27	7 22 46	10 10 55
17 F	22 03 60	21 59 17	28 09 44	6 05 39	17 23 12	28 55 42	22 17 05	16 26 45	26 09 38	8 02 50	26 34 17	0 18 02	7 22 04	10 08 21
18 Sa	23 02 05	4 ♍ 15 16	10 ♍ 19 29	7 45 42	18 36 19	29 30 45	22 06 18	16 48 35	26 17 38	8 04 39	26 33 40	0 17 36	7 21 22	10 05 47
19 Su	24 00 38	16 20 10	22 19 52	9 27 29	19 49 55	0 ♋ 06 20	21 56 25	17 10 57	26 26 15	8 06 53	26 33 38	0 17 37	7 21 08	10 03 41
20 M	25 00 05	28 17 45	4 ♎ 14 28	11 11 27	21 04 27	0 42 51	21 47 52	17 34 17	26 35 55	8 09 58	26 34 37	0 18 31	7 21 49	10 02 30
21 Tu	26 00 44	10 ♎ 11 16	16 06 17	12 57 55	22 20 12	1 20 38	21 40 58	17 58 54	26 46 56	8 14 12	26 36 56	0 20 36	7 23 42	10 02 33
22 W	27 02 45	22 03 22	27 57 48	14 47 03	23 37 20	1 59 49	21 35 51	18 24 57	26 59 27	8 19 44	26 40 43	0 24 02	7 26 56	10 03 56
23 Th	28 06 03	3 ♏ 56 07	9 ♏ 50 59	16 38 46	24 55 46	2 40 20	21 32 28	18 52 20	27 13 24	8 26 30	26 45 54	0 28 44	7 31 28	10 06 38
24 F	29 10 21	15 51 15	21 47 30	18 32 49	26 15 13	3 21 55	21 30 32	19 20 49	27 28 30	8 34 13	26 52 12	0 34 25	7 37 00	10 10 20
25 Sa	0 ♉ 15 12	27 50 13	3 ♐ 48 52	20 28 46	27 35 14	4 04 05	21 29 35	19 49 54	27 44 16	8 42 26	26 59 11	0 40 38	7 43 05	10 14 35
26 Su	1 20 01	9 ♐ 54 32	15 56 42	22 25 60	28 55 15	4 46 16	21 29 03	20 19 00	28 00 09	8 50 33	27 06 14	0 46 48	7 49 08	10 18 49
27 M	2 24 12	22 05 55	28 12 55	24 23 56	0 ♉ 14 37	5 27 51	21 28 19	20 47 32	28 15 30	8 57 57	27 12 45	0 52 18	7 54 32	10 22 25
28 Tu	3 27 11	4 ♑ 26 34	10 ♑ 39 55	26 22 02	1 32 51	6 08 19	21 26 51	21 14 58	28 29 50	9 04 08	27 18 12	0 56 36	7 58 45	10 24 51
29 W	4 28 41	16 59 15	23 20 37	28 19 57	2 49 34	6 47 18	21 24 19	21 40 55	28 42 46	9 08 44	27 22 15	0 59 22	8 01 28	10 25 46
30 Th	5 28 35	29 47 16	6 ♒ 18 23	0 ♉ 17 35	4 04 44	7 24 45	21 20 40	22 05 22	28 54 15	9 11 41	27 24 51	1 00 32	8 02 36	10 25 07
31 F	6 27 11	12 ♒ 54 19	19 36 45	2 15 11	5 18 36	8 00 57	21 16 08	22 28 34	29 04 33	9 13 16	27 26 14	1 00 22	8 02 25	10 23 09

LONGITUDE

April 1989

Day	☉	0 hr ☽	Noon ☽	☿	♀	♂	⚵	⚳	♃	♄	⚷	♅	♆	♇
1 Sa	7 ♉ 25 02	26 ♒ 23 56	3 ♓ 18 51	4 ♉ 13 16	6 ♉ 31 44	8 ♋ 36 25	21 ♍ 11 17	22 ♉ 51 04	29 ♊ 14 12	9 ♒ 14 02	27 ♋ 26 58	0 ♒ 59 26	8 ♒ 01 28	10 ♐ 20 27
2 Su	8 22 53	10 ♓ 18 54	17 26 43	6 12 33	7 44 53	9 11 57	21 06 54	23 13 38	29 24 00	9 14 45	27 27 50	0 58 28	8 00 31	10 17 46
3 M	9 21 34	24 40 19	2 ♈ 00 18	8 13 46	8 58 53	9 48 22	21 03 48	23 37 05	29 34 45	9 16 13	27 29 38	0 58 20	8 00 25	10 15 56
4 Tu	10 21 47	9 ♈ 26 41	16 56 37	10 17 31	10 14 26	10 26 20	21 02 40	24 02 07	29 47 09	9 19 10	27 33 04	0 59 41	8 01 50	10 15 37
5 W	11 23 54	24 33 13	2 ♉ 09 24	12 24 03	11 31 54	11 06 16	21 03 52	24 29 06	0 ♋ 01 33	9 23 56	27 38 30	1 02 55	8 05 08	10 17 14
6 Th	12 27 51	9 ♉ 51 49	17 29 24	14 33 12	12 51 13	11 48 05	21 07 22	24 57 60	0 17 56	9 30 29	27 45 54	1 07 59	8 10 18	10 20 42
7 F	13 33 10	25 11 57	2 ♊ 45 37	16 44 18	14 11 55	12 31 18	21 12 40	25 28 18	0 35 47	9 38 20	27 54 46	1 14 23	8 16 48	10 25 32
8 Sa	14 39 01	10 ♊ 22 19	17 47 14	18 56 19	15 33 10	13 15 07	21 18 57	25 59 12	0 54 17	9 46 39	28 04 17	1 21 18	8 23 51	10 30 56
9 Su	15 44 27	25 12 47	2 ♋ 25 21	21 08 06	16 54 01	13 58 33	21 25 15	26 29 44	1 12 29	9 54 30	28 13 30	1 27 48	8 30 30	10 35 55
10 M	16 48 38	9 ♋ 36 08	16 34 22	23 18 32	18 13 38	14 40 47	21 30 44	26 59 04	1 29 33	10 01 02	28 21 34	1 33 01	8 35 53	10 39 41
11 Tu	17 51 01	23 28 42	0 ♌ 12 15	25 26 48	19 31 28	15 21 15	21 34 50	27 26 39	1 44 56	10 05 42	28 27 56	1 36 26	8 39 28	10 41 40
12 W	18 51 27	6 ♌ 50 22	13 20 14	27 32 27	20 47 23	15 59 50	21 37 27	27 52 21	1 58 28	10 08 22	28 32 29	1 37 53	8 41 08	10 41 44
13 Th	19 50 14	19 43 53	26 01 54	29 35 27	22 01 39	16 36 48	21 38 49	28 16 27	2 10 29	10 09 19	28 35 29	1 37 40	8 41 08	10 40 10
14 F	20 47 60	2 ♍ 13 51	8 ♍ 22 22	1 ♊ 36 06	23 14 56	17 12 48	21 39 36	28 39 35	2 21 34	10 09 11	28 37 35	1 36 25	8 40 07	10 37 37
15 Sa	21 45 35	14 25 55	20 27 24	3 34 54	24 28 03	17 48 40	21 40 37	29 02 35	2 32 36	10 08 50	28 39 36	1 34 59	8 38 57	10 34 54
16 Su	22 43 55	26 25 54	2 ♎ 22 45	5 32 25	25 41 55	18 25 19	21 42 47	29 26 23	2 44 28	10 09 09	28 42 28	1 34 17	8 38 31	10 32 58
17 M	23 43 48	8 ♎ 19 20	14 13 43	7 29 08	26 57 22	19 03 33	21 46 54	29 51 47	2 57 59	10 10 57	28 46 60	1 35 06	8 39 38	10 32 35
18 Tu	24 45 49	20 10 58	26 04 43	9 25 18	28 14 57	19 43 58	21 53 33	0 ♊ 19 21	3 13 44	10 14 50	28 53 46	1 38 03	8 42 53	10 34 23
19 W	25 50 14	2 ♏ 04 35	7 ♏ 59 14	11 20 54	29 34 58	20 26 49	22 03 00	0 49 22	3 31 59	10 21 02	29 03 01	1 43 23	8 48 32	10 38 35
20 Th	26 56 56	14 02 55	19 59 37	13 15 31	0 ♊ 57 16	21 11 59	22 15 07	1 21 43	3 52 37	10 29 28	29 14 40	1 50 59	8 56 29	10 45 06
21 F	28 05 27	26 07 40	2 ♐ 07 17	15 08 27	2 21 25	21 59 01	22 29 26	1 55 56	4 15 09	10 39 39	29 28 14	2 00 23	9 06 15	10 53 28
22 Sa	29 14 60	8 ♐ 19 42	14 22 55	16 58 40	3 46 36	22 47 07	22 45 10	2 31 13	4 38 49	10 50 48	29 42 55	2 10 48	9 17 02	11 02 53
23 Su	0 ♊ 24 36	20 39 18	26 46 43	18 45 02	5 11 51	23 35 18	23 01 19	3 06 35	5 02 37	11 01 57	29 57 46	2 21 15	9 27 53	11 12 23
24 M	1 33 15	3 ♑ 06 39	9 ♑ 18 51	20 26 20	6 36 10	24 22 34	23 16 52	3 41 03	5 25 34	11 12 03	0 ♌ 11 45	2 30 44	9 37 47	11 20 57
25 Tu	2 40 04	15 42 06	21 59 49	22 01 32	7 58 39	25 08 02	23 30 57	4 13 42	5 46 45	11 20 16	0 23 59	2 38 22	9 45 50	11 27 41
26 W	3 44 28	28 26 39	4 ♒ 50 48	23 29 56	9 18 45	25 51 07	23 42 58	4 43 59	6 05 36	11 25 59	0 33 53	2 43 33	9 51 28	11 32 03
27 Th	4 46 19	11 ♒ 22 06	17 53 49	24 51 16	10 36 17	26 31 40	23 52 46	5 11 45	6 21 58	11 29 05	0 41 20	2 46 10	9 54 32	11 33 52
28 F	5 45 58	24 31 06	1 ♓ 11 38	26 05 48	11 51 38	27 10 04	24 00 43	5 37 19	6 36 13	11 29 55	0 46 40	2 46 34	9 55 24	11 33 30
29 Sa	6 44 11	7 ♓ 56 55	14 47 23	27 14 12	13 05 35	27 47 04	24 07 35	6 01 31	6 49 08	11 29 15	0 50 39	2 45 31	9 54 50	11 31 45
30 Su	7 42 07	21 42 48	28 43 60	28 17 32	14 19 14	28 23 48	24 14 28	6 25 27	7 01 48	11 28 12	0 54 25	2 44 09	9 53 58	11 29 42

Notes

May 1989

LONGITUDE

Day	☉	0 hr ☽	Noon ☽	☿	♀	♂	⚵	⚳	♃	♄	⚷	♅	♆	♇
1 M	8 ♊ 40 56	5 ♈ 51 11	13 ♈ 03 08	29 ♊ 16 54	15 ♊ 33 48	29 ♋ 01 27	24 ♍ 22 35	6 ♊ 50 18	7 ♋ 15 27	11 ♒ 27 59	0 ♌ 59 11	2 ♒ 43 39	9 ♒ 53 60	11 ♐ 28 35
2 Tu	9 41 41	20 22 39	27 44 15	0 ♋ 13 17	16 50 18	29 41 05	24 32 58	7 17 06	7 31 06	11 29 38	1 05 57	2 45 04	9 55 57	11 29 25
3 W	10 44 60	5 ♉ 14 56	12 ♉ 43 41	1 07 13	18 09 23	0 ♌ 23 17	24 46 12	7 46 30	7 49 22	11 33 46	1 15 21	2 49 01	10 00 27	11 32 50
4 Th	11 50 53	20 22 21	27 54 25	1 58 42	19 31 03	1 08 07	25 02 21	8 18 30	8 10 18	11 40 24	1 27 25	2 55 33	10 07 32	11 38 51
5 F	12 58 48	5 ♊ 36 08	13 ♊ 06 46	2 47 05	20 54 44	1 54 60	25 20 49	8 52 32	8 33 19	11 48 60	1 41 35	3 04 03	10 16 37	11 46 55
6 Sa	14 07 40	20 45 33	28 09 51	3 31 18	22 19 24	2 42 52	25 40 33	9 27 34	8 57 21	11 58 29	1 56 47	3 13 31	10 26 41	11 55 59
7 Su	15 16 15	5 ♋ 39 50	12 ♋ 53 39	4 10 02	23 43 47	3 30 29	26 00 19	10 02 20	9 21 10	12 07 37	2 11 47	3 22 41	10 36 26	12 04 46
8 M	16 23 22	20 10 08	27 10 42	4 42 08	25 06 43	4 16 41	26 18 54	10 35 40	9 43 36	12 15 13	2 25 24	3 30 22	10 44 45	12 12 08
9 Tu	17 28 13	4 ♌ 10 55	10 ♌ 57 05	5 06 47	26 27 24	5 00 38	26 35 32	11 06 46	10 03 49	12 20 30	2 36 51	3 35 47	10 50 47	12 17 16
10 W	18 30 32	17 40 23	24 12 30	5 23 44	27 45 33	5 42 05	26 49 54	11 35 21	10 21 34	12 23 11	2 45 49	3 38 38	10 54 17	12 19 54
11 Th	19 30 33	0 ♍ 40 08	6 ♍ 59 41	5 33 17	29 01 26	6 21 17	27 02 16	12 01 39	10 37 05	12 23 30	2 52 35	3 39 12	10 55 30	12 20 16
12 F	20 28 59	13 14 17	19 23 33	5 36 14	0 ♋ 15 44	6 58 56	27 13 20	12 26 24	10 51 05	12 22 11	2 57 50	3 38 10	10 55 08	12 19 05
13 Sa	21 26 51	25 28 35	1 ♎ 30 10	5 33 44	1 29 29	7 36 03	27 24 07	12 50 36	11 04 35	12 20 15	3 02 36	3 36 33	10 54 12	12 17 23
14 Su	22 25 16	7 ♎ 29 28	13 26 05	5 27 03	2 43 47	8 13 44	27 35 42	13 15 23	11 18 41	12 18 48	3 07 60	3 35 29	10 53 50	12 16 15
15 M	23 25 15	19 23 20	25 17 34	5 17 26	3 59 40	8 53 01	27 49 08	13 41 45	11 34 24	12 18 51	3 15 02	3 35 58	10 55 01	12 16 44
16 Tu	24 27 34	1 ♏ 15 59	7 ♏ 10 10	5 05 55	5 17 53	9 34 40	28 05 08	14 10 27	11 52 30	12 21 11	3 24 27	3 38 47	10 58 32	12 19 34
17 W	25 32 35	13 12 17	19 08 22	4 53 12	6 38 49	10 19 02	28 24 06	14 41 52	12 13 21	12 26 09	3 36 39	3 44 17	11 04 46	12 25 08
18 Th	26 40 13	25 15 52	1 ♐ 15 22	4 39 35	8 02 23	11 06 04	28 45 57	15 15 57	12 36 53	12 33 42	3 51 33	3 52 24	11 13 37	12 33 23
19 F	27 49 59	7 ♐ 29 02	13 33 03	4 24 59	9 28 04	11 55 15	29 10 09	15 52 09	13 02 35	12 43 18	4 08 38	4 02 38	11 24 35	12 43 46
20 Sa	29 00 58	19 52 52	26 02 03	4 08 59	10 55 00	12 45 41	29 35 50	16 29 36	13 29 34	12 54 05	4 27 01	4 14 05	11 36 48	12 55 26
21 Su	0 ♋ 12 05	2 ♑ 27 22	8 ♑ 42 02	3 51 01	12 22 04	13 36 16	0 ♎ 01 51	17 07 10	13 56 43	13 04 55	4 45 35	4 25 39	11 49 07	13 07 14
22 M	1 22 09	15 11 52	21 32 06	3 30 28	13 48 04	14 25 49	0 27 04	17 43 43	14 22 51	13 14 39	5 03 09	4 36 09	12 00 24	13 18 02
23 Tu	2 30 10	28 05 28	4 ♒ 31 17	3 06 53	15 12 02	15 13 20	0 50 26	18 18 12	14 46 58	13 22 17	5 18 44	4 44 36	12 09 37	13 26 48
24 W	3 35 27	11 ♒ 07 33	17 39 02	2 40 14	16 33 17	15 58 10	1 11 19	18 49 59	15 08 24	13 27 08	5 31 39	4 50 18	12 16 07	13 32 53
25 Th	4 37 50	24 18 11	0 ♓ 55 35	2 10 55	17 51 38	16 40 07	1 29 29	19 18 52	15 26 58	13 29 01	5 41 42	4 53 06	12 19 42	13 36 06
26 F	5 37 41	7 ♓ 38 19	14 22 05	1 39 53	19 07 26	17 19 32	1 45 20	19 45 12	15 43 01	13 28 18	5 49 17	4 53 20	12 20 44	13 36 48
27 Sa	6 35 48	21 09 47	28 00 29	1 08 31	20 21 31	17 57 15	1 59 40	20 09 49	15 57 24	13 25 49	5 55 11	4 51 50	12 20 03	13 35 48
28 Su	7 33 24	4 ♈ 54 51	11 ♈ 52 59	0 38 32	21 35 05	18 34 28	2 13 40	20 33 54	16 11 15	13 22 44	6 00 36	4 49 47	12 18 49	13 34 18
29 M	8 31 43	18 55 40	26 01 21	0 11 42	22 49 22	19 12 26	2 28 35	20 58 43	16 25 52	13 20 19	6 06 48	4 48 28	12 18 19	13 33 34
30 Tu	9 31 53	3 ♉ 13 15	10 ♉ 25 55	29 ♊ 49 33	24 05 30	19 52 15	2 45 33	21 25 22	16 42 21	13 19 42	6 14 53	4 48 58	12 19 39	13 34 42
31 W	10 34 34	17 46 42	25 04 49	29 33 10	25 24 09	20 34 37	3 05 12	21 54 31	17 01 23	13 21 32	6 25 31	4 51 59	12 23 30	13 38 23

June 1989

LONGITUDE

Day	☉	0 hr ☽	Noon ☽	☿	♀	♂	⚵	⚳	♃	♄	⚷	♅	♆	♇
1 Th	11 ♋ 39 51	2 ♊ 32 30	9 ♊ 53 28	29 ♊ 22 57	26 ♋ 45 24	21 ♌ 19 36	3 ♎ 27 40	22 ♊ 26 17	17 ♋ 23 02	13 ♒ 25 56	6 ♌ 38 49	4 ♒ 57 35	12 ♒ 29 56	13 ♐ 44 42
2 F	12 47 13	17 24 28	24 44 49	29 18 40	28 08 44	22 06 41	3 52 23	23 00 07	17 46 47	13 32 22	6 54 14	5 05 16	12 38 28	13 53 08
3 Sa	13 55 40	2 ♋ 14 22	9 ♋ 30 15	29 19 33	29 33 09	22 54 53	4 18 22	23 35 02	18 11 39	13 39 49	7 10 46	5 14 01	12 48 04	14 02 40
4 Su	15 03 58	16 53 19	24 01 06	29 24 31	0 ♌ 57 25	23 42 57	4 44 23	24 09 47	18 36 23	13 47 05	7 27 12	5 22 37	12 57 31	14 12 06
5 M	16 10 56	1 ♌ 13 15	8 ♌ 10 11	29 32 32	2 20 22	24 29 42	5 09 15	24 43 12	18 59 48	13 52 59	7 42 21	5 29 52	13 05 38	14 20 14
6 Tu	17 15 43	15 08 23	21 52 56	29 42 49	3 41 07	25 14 18	5 32 06	25 14 26	19 21 04	13 56 39	7 55 22	5 34 57	13 11 34	14 26 13
7 W	18 17 57	28 35 55	5 ♍ 07 50	29 55 03	4 59 19	25 56 21	5 52 34	25 43 05	19 39 47	13 57 44	8 05 51	5 37 28	13 14 57	14 29 41
8 Th	19 17 45	11 ♍ 36 06	17 56 17	0 ♋ 09 23	6 15 06	26 36 01	6 10 47	26 09 19	19 56 05	13 56 21	8 13 58	5 37 34	13 15 54	14 30 46
9 F	20 15 44	24 11 48	0 ♎ 22 00	0 26 24	7 29 03	27 13 52	6 27 20	26 33 43	20 10 35	13 53 06	8 20 17	5 35 50	13 15 03	14 30 04
10 Sa	21 12 47	6 ♎ 27 45	12 30 17	0 46 59	8 42 05	27 50 50	6 43 08	26 57 10	20 24 11	13 48 55	8 25 44	5 33 12	13 13 16	14 28 29
11 Su	22 09 58	18 29 46	24 27 15	1 12 06	9 55 13	28 27 55	6 59 11	27 20 44	20 37 54	13 44 49	8 31 19	5 30 40	13 11 36	14 27 03
12 M	23 08 14	0 ♏ 24 08	6 ♏ 19 14	1 42 41	11 09 27	29 06 07	7 16 30	27 45 23	20 52 44	13 41 46	8 38 02	5 29 14	13 11 02	14 26 45
13 Tu	24 08 21	12 16 54	18 12 11	2 19 26	12 25 32	29 46 12	7 35 49	28 11 52	21 09 25	13 40 33	8 46 39	5 29 39	13 12 20	14 28 21
14 W	25 10 45	24 13 31	0 ♐ 11 17	3 02 41	13 43 53	0 ♍ 28 35	7 57 33	28 40 37	21 28 24	13 41 35	8 57 34	5 32 22	13 15 55	14 32 15
15 Th	26 15 26	6 ♐ 18 27	12 20 40	3 52 23	15 04 32	1 13 16	8 21 44	29 11 38	21 49 41	13 44 54	9 10 49	5 37 22	13 21 47	14 38 30
16 F	27 22 02	18 34 59	24 43 07	4 48 03	16 27 04	1 59 52	8 47 57	29 44 32	22 12 51	13 50 04	9 25 59	5 44 16	13 29 33	14 46 41
17 Sa	28 29 46	1 ♑ 05 05	7 ♑ 20 05	5 48 53	17 50 45	2 47 39	9 15 27	0 ♋ 18 34	22 37 11	13 56 23	9 42 19	5 52 20	13 38 29	14 56 03
18 Su	29 37 42	13 49 23	20 11 40	6 53 49	19 14 36	3 35 37	9 43 16	0 52 45	23 01 42	14 02 51	9 58 53	6 00 35	13 47 36	15 05 38
19 M	0 ♌ 44 48	26 47 27	3 ♒ 16 56	8 01 47	20 37 38	4 22 47	10 10 24	1 26 06	23 25 23	14 08 29	10 14 38	6 08 01	13 55 54	15 14 26
20 Tu	1 50 11	9 ♒ 58 00	16 34 13	9 11 50	21 58 56	5 08 15	10 35 56	1 57 42	23 47 22	14 12 22	10 28 42	6 13 44	14 02 28	15 21 33
21 W	2 53 16	23 19 24	0 ♓ 01 40	10 23 19	23 17 55	5 51 25	10 59 17	2 26 59	24 07 01	14 13 56	10 40 29	6 17 09	14 06 44	15 26 24
22 Th	3 53 52	6 ♓ 50 03	13 37 40	11 35 59	24 34 24	6 32 07	11 20 16	2 53 44	24 24 11	14 13 00	10 49 47	6 18 05	14 08 32	15 28 48
23 F	4 52 16	20 28 53	27 21 14	12 50 05	25 48 40	7 10 38	11 39 10	3 18 16	24 39 08	14 09 51	10 56 55	6 16 49	14 08 07	15 29 02
24 Sa	5 49 10	4 ♈ 15 26	11 ♈ 12 04	14 06 14	27 01 25	7 47 38	11 56 39	3 41 14	24 52 34	14 05 10	11 02 32	6 14 03	14 06 11	15 27 46
25 Su	6 45 30	18 09 48	25 10 22	15 25 23	28 13 35	8 24 06	12 13 42	4 03 37	25 05 25	13 59 54	11 07 36	6 10 43	14 03 41	15 25 59
26 M	7 42 18	2 ♉ 12 21	9 ♉ 16 27	16 48 30	29 26 14	9 01 03	12 31 20	4 26 27	25 18 44	13 55 07	11 13 10	6 07 52	14 01 40	15 24 43
27 Tu	8 40 30	16 23 04	23 30 03	18 16 26	0 ♍ 40 13	9 39 23	12 50 27	4 50 36	25 33 24	13 51 41	11 20 06	6 06 23	14 01 01	15 24 50
28 W	9 40 36	0 ♊ 41 01	7 ♊ 49 50	19 49 43	1 56 07	10 19 39	13 11 35	5 16 38	25 49 58	13 50 09	11 28 58	6 06 50	14 02 17	15 26 55
29 Th	10 42 43	15 03 54	22 12 56	21 28 23	3 14 00	11 01 56	13 34 49	5 44 38	26 08 31	13 50 37	11 39 51	6 09 17	14 05 34	15 31 02
30 F	11 46 28	29 27 50	6 ♋ 34 59	23 12 00	4 33 31	11 45 51	13 59 47	6 14 14	26 28 40	13 52 43	11 52 22	6 13 23	14 10 28	15 36 48

Notes

LONGITUDE

July 1989

Day	☉	0 hr ☽	Noon ☽	☿	♀	♂	⚵	⚳	♃	♄	⚷	♅	♆	♇
1 Sa	12♌51 07	13♋47 43	20♋50 36	24♋59 46	5♍53 53	12♍30 41	14♎25 44	6♋44 40	26♋49 42	13♒55 41	12♌05 46	6♒18 22	14♒16 15	15♐43 30
2 Su	13 55 44	27 57 50	4♌54 07	26 50 42	7 14 13	13 15 30	14 51 46	7 15 01	27 10 40	13 58 38	12 19 09	6 23 20	14 22 01	15 50 12
3 M	14 59 26	11♌52 47	18 40 32	28 43 49	8 33 37	13 59 24	15 16 58	7 44 25	27 30 41	14 00 40	12 31 37	6 27 23	14 26 52	15 56 01
4 Tu	16 01 33	25 28 22	2♍06 19	0♌38 21	9 51 24	14 41 44	15 40 40	8 12 11	27 49 06	14 01 08	12 42 29	6 29 53	14 30 08	16 00 16
5 W	17 01 45	8♍42 09	15 09 55	2 33 50	11 07 16	15 22 10	16 02 33	8 37 59	28 05 35	13 59 40	12 51 27	6 30 28	14 31 29	16 02 39
6 Th	18 00 04	21 33 48	27 51 49	4 30 09	12 21 14	16 00 43	16 22 38	9 01 51	28 20 08	13 56 21	12 58 32	6 29 10	14 30 57	16 03 11
7 F	18 56 52	4♎04 56	10♎14 22	6 27 30	13 33 38	16 37 46	16 41 18	9 24 09	28 33 08	13 51 30	13 04 06	6 26 23	14 28 55	16 02 14
8 Sa	19 52 45	16 18 48	22 21 25	8 26 15	14 45 07	17 13 54	16 59 07	9 45 28	28 45 12	13 45 46	13 08 44	6 22 41	14 25 57	16 00 23
9 Su	20 48 25	28 19 52	4♏17 50	10 26 53	15 56 21	17 49 51	17 16 48	10 06 31	28 57 00	13 39 49	13 13 10	6 18 47	14 22 48	15 58 22
10 M	21 44 34	10♏13 19	16 09 02	12 29 51	17 08 04	18 26 17	17 35 03	10 28 01	29 09 16	13 34 23	13 18 04	6 15 24	14 20 08	15 56 53
11 Tu	22 41 47	22 04 34	28 00 33	14 35 26	18 20 48	19 03 48	17 54 27	10 50 31	29 22 33	13 30 02	13 24 02	6 13 05	14 18 32	15 56 29
12 W	23 40 25	3♐58 60	9♐57 41	16 43 39	19 34 56	19 42 44	18 15 20	11 14 22	29 37 13	13 27 07	13 31 24	6 12 13	14 18 21	15 57 32
13 Th	24 40 33	16 01 29	22 05 08	18 54 26	20 50 31	20 23 10	18 37 47	11 39 39	29 53 19	13 25 43	13 40 15	6 12 50	14 19 40	16 00 06
14 F	25 41 57	28 16 12	4♑26 43	21 07 07	22 07 22	21 04 54	19 01 35	12 06 10	0♌10 40	13 25 37	13 50 23	6 14 46	14 22 16	16 03 59
15 Sa	26 44 12	10♑46 19	17 05 11	23 20 60	23 25 02	21 47 29	19 26 18	12 33 27	0 28 50	13 26 24	14 01 20	6 17 34	14 25 44	16 08 45
16 Su	27 46 43	23 33 53	0♒01 57	25 35 12	24 42 56	22 30 20	19 51 20	13 00 56	0 47 12	13 27 27	14 12 32	6 20 38	14 29 27	16 13 48
17 M	28 48 51	6♒39 38	13 17 05	27 48 49	26 00 24	23 12 48	20 16 04	13 27 59	1 05 08	13 28 10	14 23 21	6 23 21	14 32 48	16 18 31
18 Tu	29 50 03	20 03 03	26 49 24	0♍01 03	27 16 54	23 54 20	20 39 54	13 54 00	1 22 05	13 27 58	14 33 11	6 25 08	14 35 12	16 22 18
19 W	0♍49 55	3♓42 26	10♓36 34	2 11 56	28 32 03	24 34 34	21 02 29	14 18 38	1 37 40	13 26 28	14 41 41	6 25 37	14 36 18	16 24 48
20 Th	1 48 21	17 35 12	24 35 35	4 19 10	29 45 43	25 13 20	21 23 40	14 41 45	1 51 44	13 23 33	14 48 43	6 24 40	14 35 56	16 25 53
21 F	2 45 29	1♈38 17	8♈43 08	6 24 42	0♎58 03	25 50 50	21 43 36	15 03 30	2 04 27	13 19 22	14 54 26	6 22 26	14 34 18	16 25 41
22 Sa	3 41 43	15 48 30	22 56 01	8 28 09	2 09 26	26 27 25	22 02 41	15 24 15	2 16 12	13 14 19	14 59 13	6 19 19	14 31 45	16 24 37
23 Su	4 37 35	0♉02 50	7♉11 22	10 29 54	3 20 26	27 03 39	22 21 28	15 44 34	2 27 32	13 08 56	15 03 37	6 15 51	14 28 50	16 23 12
24 M	5 33 41	14 18 40	21 26 47	12 30 27	4 31 36	27 40 06	22 40 31	16 05 01	2 39 01	13 03 48	15 08 11	6 12 37	14 26 09	16 22 02
25 Tu	6 30 28	28 33 41	5♊40 08	14 30 12	5 43 25	28 17 15	23 00 17	16 26 05	2 51 07	12 59 23	15 13 26	6 10 06	14 24 08	16 21 34
26 W	7 28 14	12♊45 47	19 49 29	16 29 22	6 56 10	28 55 22	23 21 05	16 48 02	3 04 08	12 55 59	15 19 36	6 08 34	14 23 07	16 22 06
27 Th	8 27 00	26 52 51	3♋52 48	18 27 56	8 09 53	29 34 30	23 42 56	17 10 53	3 18 05	12 53 38	15 26 46	6 08 03	14 23 06	16 23 40
28 F	9 26 36	10♋52 43	17 47 55	20 25 41	9 24 22	0♎14 27	24 05 37	17 34 28	3 32 47	12 52 07	15 34 41	6 08 22	14 23 53	16 26 04
29 Sa	10 26 38	24 43 03	1♌32 34	22 22 14	10 39 15	0 54 50	24 28 48	17 58 24	3 47 50	12 51 06	15 43 01	6 09 09	14 25 08	16 28 56
30 Su	11 26 42	8♌21 35	15 04 34	24 17 09	11 54 07	1 35 15	24 52 02	18 22 15	4 02 51	12 50 09	15 51 20	6 09 57	14 26 23	16 31 50
31 M	12 26 22	21 46 16	28 22 01	26 09 60	13 08 33	2 15 17	25 14 56	18 45 37	4 17 23	12 48 51	15 59 13	6 10 24	14 27 16	16 34 22

LONGITUDE

August 1989

Day	☉	0 hr ☽	Noon ☽	☿	♀	♂	⚵	⚳	♃	♄	⚷	♅	♆	♇
1 Tu	13♍25 23	4♍55 34	11♍23 41	28♍00 31	14♎22 16	2♎54 39	25♎37 11	19♋08 13	4♌31 11	12♒46 55	16♌06 24	6♒10 12	14♒27 28	16♐36 16
2 W	14 23 35	17 48 41	24 09 05	29 48 35	15 35 09	3 33 13	25 58 40	19 29 55	4 44 06	12 44 15	16 12 44	6 09 13	14 26 53	16 37 22
3 Th	15 21 01	0♎25 44	6♎38 47	1♎34 13	16 47 12	4 11 00	26 19 25	19 50 43	4 56 09	12 40 50	16 18 15	6 07 29	14 25 31	16 37 43
4 F	16 17 50	12 47 48	18 54 18	3 17 35	17 58 34	4 48 10	26 39 35	20 10 49	5 07 30	12 36 52	16 23 06	6 05 09	14 23 32	16 37 28
5 Sa	17 14 15	24 56 55	0♏58 06	4 58 56	19 09 31	5 24 58	26 59 23	20 30 25	5 18 23	12 32 34	16 27 32	6 02 28	14 21 11	16 36 52
6 Su	18 10 35	6♏56 00	12 53 26	6 38 33	20 20 19	6 01 40	27 19 07	20 49 48	5 29 05	12 28 13	16 31 49	5 59 41	14 18 44	16 36 11
7 M	19 07 03	18 48 39	24 44 15	8 16 42	21 31 12	6 38 30	27 39 01	21 09 13	5 39 50	12 24 04	16 36 11	5 57 05	14 16 26	16 35 39
8 Tu	20 03 51	0♐38 59	6♐34 53	9 53 34	22 42 22	7 15 40	27 59 16	21 28 51	5 50 50	12 20 18	16 40 51	5 54 50	14 14 28	16 35 28
9 W	21 01 05	12 31 28	18 29 57	11 29 15	23 53 54	7 53 16	28 19 59	21 48 48	6 02 10	12 17 02	16 45 53	5 53 02	14 12 57	16 35 45
10 Th	21 58 44	24 30 42	0♑34 05	13 03 45	25 05 48	8 31 17	28 41 09	22 09 04	6 13 50	12 14 14	16 51 18	5 51 42	14 11 51	16 36 28
11 F	22 56 44	6♑41 12	12 51 43	14 36 60	26 17 59	9 09 39	29 02 40	22 29 32	6 25 44	12 11 51	16 57 00	5 50 43	14 11 06	16 37 33
12 Sa	23 54 55	19 07 10	25 26 46	16 08 50	27 30 19	9 48 14	29 24 25	22 50 06	6 37 46	12 09 44	17 02 51	5 49 58	14 10 34	16 38 51
13 Su	24 53 10	1♒52 09	8♒22 20	17 39 05	28 42 38	10 26 50	29 46 13	23 10 35	6 49 44	12 07 43	17 08 42	5 49 17	14 10 04	16 40 12
14 M	25 51 19	14 58 44	21 40 21	19 07 37	29 54 47	11 05 22	0♏07 58	23 30 51	7 01 30	12 05 40	17 14 24	5 48 33	14 09 30	16 41 30
15 Tu	26 49 18	28 28 08	5♓21 13	20 34 21	1♏06 43	11 43 44	0 29 33	23 50 49	7 13 01	12 03 31	17 19 53	5 47 40	14 08 46	16 42 38
16 W	27 47 07	12♓19 55	19 23 31	21 59 13	2 18 25	12 21 54	0 50 58	24 10 29	7 24 14	12 01 16	17 25 07	5 46 37	14 07 52	16 43 37
17 Th	28 44 48	26 31 46	3♈44 01	23 22 17	3 29 55	12 59 58	1 12 16	24 29 53	7 35 14	11 58 56	17 30 11	5 45 29	14 06 51	16 44 29
18 F	29 42 28	10♈59 35	18 17 46	24 43 36	4 41 19	13 37 59	1 33 34	24 49 08	7 46 06	11 56 39	17 35 09	5 44 21	14 05 48	16 45 20
19 Sa	0♎40 11	25 37 46	2♉58 44	26 03 12	5 52 43	14 16 04	1 54 55	25 08 17	7 56 55	11 54 29	17 40 06	5 43 18	14 04 49	16 46 15
20 Su	1 38 02	10♉19 57	17 40 24	27 21 08	7 04 10	14 54 17	2 16 24	25 27 26	8 07 44	11 52 31	17 45 08	5 42 23	14 03 58	16 47 18
21 M	2 36 01	24 59 40	2♊16 40	28 37 19	8 15 40	15 32 36	2 38 01	25 46 32	8 18 33	11 50 43	17 50 12	5 41 36	14 03 14	16 48 29
22 Tu	3 34 02	9♊31 16	16 42 29	29 51 38	9 27 08	16 10 58	2 59 41	26 05 33	8 29 18	11 49 01	17 55 14	5 40 54	14 02 32	16 49 43
23 W	4 31 60	23 50 20	0♋54 13	1♏03 54	10 38 28	16 49 16	3 21 17	26 24 20	8 39 52	11 47 20	18 00 09	5 40 09	14 01 48	16 50 54
24 Th	5 29 48	7♋54 01	14 49 43	2 13 57	11 49 34	17 27 23	3 42 42	26 42 48	8 50 08	11 45 32	18 04 49	5 39 16	14 00 52	16 51 55
25 F	6 27 21	21 40 54	28 28 14	3 21 36	13 00 21	18 05 16	4 03 54	27 00 51	9 00 02	11 43 34	18 09 10	5 38 08	13 59 43	16 52 42
26 Sa	7 24 40	5♌10 50	11♌49 59	4 26 47	14 10 49	18 42 54	4 24 50	27 18 31	9 09 34	11 41 25	18 13 11	5 36 48	13 58 19	16 53 15
27 Su	8 21 51	18 24 27	24 55 54	5 29 29	15 21 03	19 20 23	4 45 38	27 35 51	9 18 49	11 39 11	18 16 60	5 35 20	13 56 46	16 53 39
28 M	9 19 03	1♍22 57	7♍47 17	6 29 43	16 31 15	19 57 53	5 06 27	27 53 02	9 27 57	11 37 02	18 20 45	5 33 55	13 55 15	16 54 05
29 Tu	10 16 30	14 07 44	20 25 34	7 27 36	17 41 35	20 35 37	5 27 29	28 10 17	9 37 12	11 35 11	18 24 39	5 32 45	13 53 57	16 54 45
30 W	11 14 23	26 40 15	2♎52 13	8 23 10	18 52 18	21 13 47	5 48 58	28 27 49	9 46 45	11 33 52	18 28 56	5 32 04	13 53 07	16 55 52
31 Th	12 12 52	9♎01 56	15 08 42	9 16 27	20 03 33	21 52 34	6 11 03	28 45 46	9 56 47	11 33 12	18 33 44	5 31 60	13 52 54	16 57 36

Notes

September 1989 — LONGITUDE

Day	☉	0 hr ☽	Noon ☽	☿	♀	♂	⚵	⚳	♃	♄	⚷	♅	♆	♇
1 F	13 ♎ 12 04	21 ♎ 14 15	27 ♎ 16 34	10 ♏ 07 19	21 ♏ 15 24	22 ♎ 32 02	6 ♏ 33 50	29 ♋ 04 13	10 ♌ 07 21	11 ♒ 33 19	18 ♌ 39 08	5 ♒ 32 39	13 ♒ 53 22	17 ♐ 00 01
2 Sa	14 11 54	3 ♏ 18 43	9 ♏ 17 28	10 55 33	22 27 50	23 12 09	6 57 15	29 23 09	10 18 26	11 34 09	18 45 07	5 33 59	13 54 29	17 03 06
3 Su	15 12 16	15 17 03	21 13 19	11 40 47	23 40 40	23 52 47	7 21 09	29 42 24	10 29 54	11 35 33	18 51 31	5 35 51	13 56 08	17 06 42
4 M	16 12 52	27 11 17	3 ♐ 06 25	12 22 31	24 53 41	24 33 39	7 45 19	0 ♌ 01 42	10 41 27	11 37 17	18 58 06	5 37 59	13 58 02	17 10 33
5 Tu	17 13 24	9 ♐ 03 55	14 59 30	13 00 12	26 06 33	25 14 27	8 09 24	0 20 45	10 52 48	11 39 02	19 04 31	5 40 05	13 59 52	17 14 20
6 W	18 13 32	20 57 56	26 55 49	13 33 13	27 18 56	25 54 51	8 33 04	0 39 13	11 03 37	11 40 26	19 10 27	5 41 48	14 01 18	17 17 44
7 Th	19 13 00	2 ♑ 56 52	8 ♑ 59 08	14 00 60	28 30 32	26 34 34	8 56 02	0 56 47	11 13 35	11 41 15	19 15 37	5 42 53	14 02 05	17 20 27
8 F	20 11 37	15 04 46	21 13 37	14 23 04	29 41 12	27 13 26	9 18 09	1 13 20	11 22 34	11 41 17	19 19 52	5 43 08	14 02 01	17 22 20
9 Sa	21 09 24	27 26 05	3 ♒ 43 44	14 39 08	0 ♐ 50 56	27 51 28	9 39 25	1 28 49	11 30 34	11 40 33	19 23 11	5 42 35	14 01 07	17 23 22
10 Su	22 06 32	10 ♒ 05 22	16 33 50	14 49 03	1 59 56	28 28 51	10 00 02	1 43 27	11 37 45	11 39 15	19 25 46	5 41 24	13 59 34	17 23 46
11 M	23 03 22	23 06 52	29 47 46	14 52 51	3 08 32	29 05 56	10 20 19	1 57 35	11 44 30	11 37 44	19 27 57	5 39 57	13 57 45	17 23 52
12 Tu	24 00 24	6 ♓ 33 58	13 ♓ 28 13	14 50 43	4 17 13	29 43 12	10 40 47	2 11 41	11 51 16	11 36 28	19 30 15	5 38 43	13 56 06	17 24 10
13 W	24 58 07	20 28 28	27 35 54	14 42 52	5 26 30	0 ♏ 21 09	11 01 55	2 26 16	11 58 34	11 35 57	19 33 08	5 38 12	13 55 10	17 25 09
14 Th	25 56 56	4 ♈ 49 51	12 ♈ 08 58	14 29 28	6 36 46	1 00 12	11 24 07	2 41 43	12 06 48	11 36 38	19 37 02	5 38 48	13 55 20	17 27 14
15 F	26 57 05	19 34 38	27 02 35	14 10 34	7 48 15	1 40 34	11 47 38	2 58 16	12 16 12	11 38 41	19 42 10	5 40 45	13 56 50	17 30 38
16 Sa	27 58 29	4 ♉ 36 25	12 ♉ 09 08	13 46 02	9 00 54	2 22 12	12 12 23	3 15 51	12 26 42	11 42 05	19 48 27	5 43 59	13 59 35	17 35 17
17 Su	29 00 49	19 46 18	27 19 04	13 15 32	10 14 21	3 04 45	12 38 02	3 34 07	12 37 57	11 46 28	19 55 34	5 48 10	14 03 16	17 40 52
18 M	0 ♏ 03 31	4 ♊ 54 14	12 ♊ 22 26	12 38 43	11 28 02	3 47 39	13 04 01	3 52 30	12 49 22	11 51 16	20 02 56	5 52 43	14 07 18	17 46 47
19 Tu	1 05 53	19 50 39	27 10 27	11 55 15	12 41 18	4 30 13	13 29 38	4 10 19	13 00 17	11 55 49	20 09 52	5 56 58	14 11 02	17 52 23
20 W	2 07 21	4 ♋ 27 53	11 ♋ 36 46	11 05 06	13 53 31	5 11 52	13 54 19	4 26 58	13 10 08	11 59 31	20 15 48	6 00 19	14 13 50	17 57 03
21 Th	3 07 32	18 41 12	25 38 00	10 08 42	15 04 21	5 52 13	14 17 41	4 42 05	13 18 29	12 01 59	20 20 20	6 02 24	14 15 21	18 00 26
22 F	4 06 21	2 ♌ 28 52	9 ♌ 13 40	9 06 59	16 13 42	6 31 13	14 39 40	4 55 35	13 25 19	12 03 10	20 23 24	6 03 09	14 15 30	18 02 26
23 Sa	5 04 06	15 51 47	22 25 30	8 01 29	17 21 50	7 09 07	15 00 31	5 07 43	13 30 52	12 03 20	20 25 16	6 02 49	14 14 34	18 03 21
24 Su	6 01 18	28 52 37	5 ♍ 16 42	6 54 08	18 29 18	7 46 28	15 20 48	5 19 02	13 35 41	12 03 00	20 26 29	6 01 58	14 13 05	18 03 41
25 M	6 58 38	11 ♍ 35 07	17 51 11	5 47 15	19 36 48	8 23 57	15 41 11	5 30 14	13 40 27	12 02 53	20 27 44	6 01 16	14 11 45	18 04 10
26 Tu	7 56 52	24 03 16	0 ♎ 12 57	4 43 13	20 45 02	9 02 19	16 02 24	5 42 01	13 45 54	12 03 42	20 29 44	6 01 27	14 11 17	18 05 30
27 W	8 56 35	6 ♎ 20 51	12 25 35	3 44 20	21 54 39	9 42 10	16 25 05	5 55 01	13 52 39	12 06 05	20 33 08	6 03 10	14 12 19	18 08 20
28 Th	9 58 13	18 31 03	24 32 04	2 52 37	23 06 03	10 23 55	16 49 39	6 09 39	14 01 08	12 10 26	20 38 21	6 06 49	14 15 16	18 13 04
29 F	11 01 55	0 ♏ 36 21	6 ♏ 34 40	2 09 43	24 19 22	11 07 43	17 16 13	6 26 02	14 11 27	12 16 55	20 45 29	6 12 31	14 20 16	18 19 49
30 Sa	12 07 29	12 38 32	18 35 01	1 36 41	25 34 25	11 53 23	17 44 38	6 44 00	14 23 27	12 25 19	20 54 23	6 20 07	14 27 09	18 28 27

October 1989 — LONGITUDE

Day	☉	0 hr ☽	Noon ☽	☿	♀	♂	⚵	⚳	♃	♄	⚷	♅	♆	♇
1 Su	13 ♏ 14 27	24 ♏ 38 51	0 ♐ 34 19	1 ♏ 14 05	26 ♐ 50 44	12 ♏ 40 28	18 ♏ 14 24	7 ♌ 03 05	14 ♌ 36 40	12 ♒ 35 12	21 ♌ 04 35	6 ♒ 29 09	14 ♒ 35 25	18 ♐ 38 28
2 M	14 22 07	6 ♐ 38 14	12 33 34	1 01 59	28 07 37	13 28 14	18 44 51	7 22 33	14 50 22	12 45 51	21 15 22	6 38 53	14 44 24	18 49 10
3 Tu	15 29 41	18 37 42	24 33 57	1 00 03	29 24 14	14 15 53	19 15 08	7 41 36	15 03 45	12 56 26	21 25 55	6 48 32	14 53 16	18 59 45
4 W	16 36 18	0 ♑ 38 36	6 ♑ 37 00	1 07 39	0 ♑ 39 46	15 02 36	19 44 26	7 59 24	15 16 00	13 06 09	21 35 26	6 57 16	15 01 12	19 09 22
5 Th	17 41 19	12 42 56	18 45 03	1 24 05	1 53 32	15 47 42	20 12 06	8 15 17	15 26 27	13 14 20	21 43 13	7 04 24	15 07 32	19 17 23
6 F	18 44 20	24 53 32	1 ♒ 01 12	1 48 45	3 05 10	16 30 48	20 37 42	8 28 51	15 34 40	13 20 34	21 48 53	7 09 34	15 11 52	19 23 22
7 Sa	19 45 18	7 ♒ 14 11	13 29 27	2 21 09	4 14 35	17 11 51	21 01 14	8 40 03	15 40 40	13 24 49	21 52 24	7 12 42	15 14 10	19 27 19
8 Su	20 44 36	19 49 25	26 14 28	3 01 06	5 22 10	17 51 14	21 23 03	8 49 15	15 44 46	13 27 28	21 54 08	7 14 11	15 14 48	19 29 34
9 M	21 42 57	2 ♓ 44 17	9 ♓ 21 10	3 48 40	6 28 37	18 29 39	21 43 52	8 57 09	15 47 42	13 29 13	21 54 48	7 14 44	15 14 28	19 30 51
10 Tu	22 41 17	16 03 40	22 54 02	4 44 04	7 34 54	19 08 04	22 04 37	9 04 43	15 50 25	13 31 01	21 55 20	7 15 17	15 14 08	19 32 06
11 W	23 40 37	29 51 31	6 ♈ 56 09	5 47 32	8 41 60	19 47 29	22 26 20	9 12 57	15 53 55	13 33 53	21 56 46	7 16 51	15 14 48	19 34 21
12 Th	24 41 49	14 ♈ 09 41	21 28 05	6 59 11	9 50 46	20 28 45	22 49 52	9 22 42	15 59 05	13 38 41	21 59 56	7 20 19	15 17 20	19 38 26
13 F	25 45 22	28 56 53	6 ♉ 26 55	8 18 44	11 01 44	21 12 23	23 15 43	9 34 28	16 06 23	13 45 53	22 05 21	7 26 08	15 22 14	19 44 52
14 Sa	26 51 17	14 ♉ 07 55	21 45 41	9 45 28	12 14 50	21 58 22	23 43 51	9 48 13	16 15 49	13 55 30	22 13 00	7 34 20	15 29 29	19 53 38
15 Su	27 58 59	29 33 41	7 ♊ 13 58	11 18 07	13 29 32	22 46 08	24 13 44	10 03 25	16 26 49	14 06 57	22 22 19	7 44 20	15 38 31	20 04 10
16 M	29 07 30	15 ♊ 02 21	22 39 21	12 55 05	14 44 50	23 34 43	24 44 23	10 19 04	16 38 25	14 19 17	22 32 21	7 55 10	15 48 22	20 15 30
17 Tu	0 ♐ 15 40	0 ♋ 21 20	7 ♋ 49 49	14 34 39	15 59 35	24 22 56	25 14 37	10 33 59	16 49 27	14 31 19	22 41 53	8 05 39	15 57 52	20 26 28
18 W	1 22 26	15 19 43	22 35 52	16 15 13	17 12 43	25 09 45	25 43 24	10 47 07	16 58 50	14 41 59	22 49 54	8 14 44	16 05 58	20 35 59
19 Th	2 27 05	29 50 02	6 ♌ 51 49	17 55 39	18 23 31	25 54 28	26 10 01	10 57 46	17 05 53	14 50 35	22 55 41	8 21 44	16 11 56	20 43 23
20 F	3 29 28	13 ♌ 48 58	20 36 05	19 35 22	19 31 49	26 36 54	26 34 17	11 05 45	17 10 26	14 56 58	22 59 04	8 26 27	16 15 38	20 48 28
21 Sa	4 29 56	27 17 01	3 ♍ 50 31	21 14 23	20 37 59	27 17 24	26 56 35	11 11 26	17 12 50	15 01 29	23 00 25	8 29 16	16 17 24	20 51 37
22 Su	5 29 18	10 ♍ 17 33	16 39 20	22 53 13	21 42 48	27 56 48	27 17 43	11 15 36	17 13 54	15 04 56	23 00 31	8 30 58	16 18 04	20 53 37
23 M	6 28 37	22 55 40	29 07 59	24 32 40	22 47 20	28 36 09	27 38 45	11 19 20	17 14 41	15 08 23	23 00 28	8 32 39	16 18 41	20 55 34
24 Tu	7 29 01	5 ♎ 17 06	11 ♎ 22 19	26 13 39	23 52 42	29 16 35	28 00 48	11 23 43	17 16 19	15 12 58	23 01 21	8 35 25	16 20 22	20 58 34
25 W	8 31 28	17 27 26	23 27 43	27 56 58	24 59 52	29 59 04	28 24 50	11 29 46	17 19 45	15 19 38	23 04 11	8 40 14	16 24 05	21 03 34
26 Th	9 36 38	29 31 34	5 ♏ 28 47	29 43 06	26 09 29	0 ♐ 44 15	28 51 31	11 38 05	17 25 40	15 29 03	23 09 35	8 47 46	16 30 31	21 11 16
27 F	10 44 45	11 ♏ 33 18	17 28 58	1 ♐ 32 11	27 21 47	1 32 23	29 21 05	11 48 58	17 34 18	15 41 29	23 17 49	8 58 16	16 39 54	21 21 54
28 Sa	11 55 36	23 35 15	29 30 33	3 23 55	28 36 34	2 23 16	29 53 20	12 02 09	17 45 26	15 56 41	23 28 40	9 11 30	16 52 01	21 35 14
29 Su	13 08 33	5 ♐ 38 59	11 ♐ 34 47	5 17 33	29 53 09	3 16 14	0 ♐ 27 36	12 17 01	17 58 26	16 14 02	23 41 29	9 26 51	17 06 14	21 50 38
30 M	14 22 37	17 45 10	23 42 08	7 12 02	1 ♒ 10 33	4 10 19	1 02 55	12 32 34	18 12 19	16 32 32	23 55 18	9 43 19	17 21 33	22 07 07
31 Tu	15 36 38	29 53 57	5 ♑ 52 45	9 06 11	2 27 36	5 04 21	1 38 08	12 47 38	18 25 55	16 51 02	24 08 56	9 59 44	17 36 49	22 23 32

Notes

LONGITUDE — November 1989

Day	☉	0 hr ☽	Noon ☽	☿	♀	♂	⚵	⚳	♃	♄	⚷	♅	♆	♇
1 W	16 ♐ 49 25	12 ♑ 05 28	18 ♑ 06 49	10 ♐ 58 46	3 ♒ 43 08	5 ♐ 57 10	2 ♐ 12 03	13 ♌ 01 03	18 ♌ 38 03	17 ♒ 08 21	24 ♌ 21 15	10 ♒ 14 57	17 ♒ 50 52	22 ♐ 38 41
2 Th	18 00 01	24 20 16	0 ♒ 25 04	12 48 47	4 56 08	6 47 47	2 43 42	13 11 51	18 47 46	17 23 31	24 31 14	10 27 59	18 02 43	22 51 38
3 F	19 07 49	6 ♒ 39 42	12 49 08	14 35 36	6 06 01	7 35 37	3 12 30	13 19 25	18 54 28	17 35 56	24 38 18	10 38 13	18 11 46	23 01 45
4 Sa	20 12 41	19 06 11	25 21 47	16 19 06	7 12 38	8 20 31	3 38 17	13 23 38	18 57 59	17 45 28	24 42 20	10 45 32	18 17 54	23 08 55
5 Su	21 15 02	1 ♓ 43 18	8 ♓ 06 52	17 59 39	8 16 22	9 02 54	4 01 29	13 24 53	18 58 46	17 52 30	24 43 43	10 50 20	18 21 29	23 13 32
6 M	22 15 42	14 35 37	21 09 03	19 38 08	9 18 04	9 43 38	4 22 58	13 24 02	18 57 39	17 57 56	24 43 20	10 53 29	18 23 25	23 16 27
7 Tu	23 15 55	27 48 09	4 ♈ 33 17	21 15 45	10 18 56	10 23 54	4 43 54	13 22 18	18 55 51	18 02 56	24 42 22	10 56 10	18 24 54	23 18 54
8 W	24 16 58	11 ♈ 25 39	18 23 49	22 53 48	11 20 14	11 05 00	5 05 37	13 20 58	18 54 40	18 08 49	24 42 08	10 59 43	18 27 12	23 22 09
9 Th	25 20 01	25 31 31	2 ♉ 43 07	24 33 25	12 23 07	11 48 07	5 29 14	13 21 11	18 55 15	18 16 44	24 43 46	11 05 15	18 31 30	23 27 21
10 F	26 25 46	10 ♉ 06 36	17 30 33	26 15 22	13 28 17	12 33 56	5 55 30	13 23 40	18 58 19	18 27 23	24 47 60	11 13 31	18 38 31	23 35 15
11 Sa	27 34 20	25 08 00	2 ♊ 41 31	27 59 47	14 35 50	13 22 35	6 24 30	13 28 33	19 03 59	18 40 54	24 54 56	11 24 36	18 48 21	23 45 56
12 Su	28 45 09	10 ♊ 28 42	18 07 17	29 46 05	15 45 11	14 13 31	6 55 42	13 35 16	19 11 41	18 56 43	25 04 02	11 37 57	19 00 26	23 58 52
13 M	29 57 09	25 57 56	3 ♋ 35 58	1 ♑ 33 12	16 55 14	15 05 36	7 27 59	13 42 42	19 20 20	19 13 44	25 14 11	11 52 28	19 13 41	24 12 55
14 Tu	1 ♑ 08 55	11 ♋ 22 57	18 54 44	3 19 46	18 04 34	15 57 29	7 59 59	13 49 29	19 28 33	19 30 34	25 24 00	12 06 46	19 26 43	24 26 43
15 W	2 19 11	26 31 23	3 ♌ 52 12	5 04 30	19 11 54	16 47 51	8 30 23	13 54 19	19 35 02	19 45 55	25 32 12	12 19 34	19 38 14	24 38 59
16 Th	3 27 02	11 ♌ 13 39	18 20 25	6 46 32	20 16 16	17 35 49	8 58 17	13 56 19	19 38 53	19 58 53	25 37 52	12 29 57	19 47 19	24 48 48
17 F	4 32 08	25 24 13	2 ♍ 15 45	8 25 31	21 17 22	18 21 03	9 23 22	13 55 07	19 39 46	20 09 08	25 40 40	12 37 35	19 53 39	24 55 50
18 Sa	5 34 47	9 ♍ 01 55	15 38 41	10 01 49	22 15 28	19 03 51	9 45 55	13 51 04	19 38 00	20 16 58	25 40 56	12 42 46	19 57 32	25 00 23
19 Su	6 35 50	22 09 07	28 32 44	11 36 13	23 11 22	19 45 02	10 06 46	13 44 57	19 34 24	20 23 12	25 39 28	12 46 21	19 59 48	25 03 17
20 M	7 36 24	4 ♎ 50 37	11 ♎ 03 26	13 09 55	24 00 16	20 25 44	10 27 03	13 37 56	19 30 06	20 28 59	25 37 24	12 49 26	20 01 35	25 05 41
21 Tu	8 37 43	17 12 32	23 17 09	14 44 09	25 01 08	21 07 12	10 48 00	13 31 16	19 26 21	20 35 33	25 35 59	12 53 17	20 04 06	25 08 47
22 W	9 40 53	29 21 13	5 ♏ 20 15	16 20 02	25 57 17	21 50 32	11 10 43	13 26 01	19 24 15	20 43 60	25 36 19	12 58 58	20 08 28	25 13 42
23 Th	10 46 41	11 ♏ 22 35	17 18 27	17 58 20	26 55 24	22 36 30	11 35 58	13 22 60	19 24 34	20 55 05	25 39 10	13 07 17	20 15 28	25 21 13
24 F	11 55 26	23 21 38	29 16 25	19 39 26	27 55 47	23 25 26	12 04 06	13 22 32	19 27 39	21 09 10	25 44 53	13 18 33	20 25 24	25 31 39
25 Sa	13 06 60	5 ♐ 22 09	11 ♐ 17 30	21 23 08	28 58 15	24 17 11	12 34 56	13 24 28	19 33 20	21 26 04	25 53 17	13 32 38	20 38 08	25 44 51
26 Su	14 20 44	17 26 38	23 23 49	23 08 52	0 ♓ 02 09	25 11 07	13 07 51	13 28 13	19 41 00	21 45 10	26 03 47	13 48 53	20 53 02	26 00 12
27 M	15 35 39	29 36 26	5 ♑ 36 19	24 55 38	1 06 28	26 06 15	13 41 52	13 32 46	19 49 41	22 05 29	26 15 22	14 06 19	21 09 08	26 16 42
28 Tu	16 50 35	11 ♑ 51 57	17 55 07	26 42 14	2 09 59	27 01 25	14 15 49	13 36 57	19 58 11	22 25 50	26 26 51	14 23 46	21 25 14	26 33 11
29 W	18 04 19	24 13 03	0 ♒ 19 55	28 27 30	3 11 28	27 55 23	14 48 28	13 39 36	20 05 19	22 45 01	26 37 04	14 40 01	21 40 08	26 48 26
30 Th	19 15 52	6 ♒ 39 31	12 50 29	0 ♒ 10 25	4 09 53	28 47 11	15 18 49	13 39 42	20 10 05	23 02 01	26 44 60	14 54 04	21 52 50	27 01 27

LONGITUDE — December 1989

Day	☉	0 hr ☽	Noon ☽	☿	♀	♂	⚵	⚳	♃	♄	⚷	♅	♆	♇
1 F	20 ♑ 24 34	19 ♒ 11 32	25 ♒ 27 05	1 ♒ 50 20	5 ♓ 04 33	29 ♐ 36 09	15 ♐ 46 15	13 ♌ 36 38	20 ♌ 11 50	23 ♒ 16 13	26 ♌ 49 60	15 ♒ 05 18	22 ♒ 02 41	27 ♐ 11 36
2 Sa	21 30 16	1 ♓ 50 01	8 ♓ 10 53	3 27 04	5 55 16	0 ♑ 22 08	16 10 35	13 30 15	20 10 26	23 27 25	26 51 54	15 13 31	22 09 32	27 18 43
3 Su	22 33 18	14 36 54	21 04 03	5 00 57	6 42 20	1 05 28	16 32 10	13 20 53	20 06 12	23 35 59	26 51 04	15 19 04	22 13 44	27 23 08
4 M	23 34 27	27 35 04	4 ♈ 09 44	6 32 44	7 26 30	1 46 57	16 51 46	13 09 22	19 59 58	23 42 43	26 48 17	15 22 45	22 16 03	27 25 40
5 Tu	24 34 51	10 ♈ 48 10	17 31 39	8 03 33	8 08 51	2 27 42	17 10 32	12 56 49	19 52 49	23 48 43	26 44 41	15 25 41	22 17 37	27 27 24
6 W	25 35 45	24 19 57	1 ♉ 13 22	9 34 34	8 50 34	3 08 57	17 29 41	12 44 29	19 46 02	23 55 13	26 41 29	15 29 06	22 19 40	27 29 36
7 Th	26 38 13	8 ♉ 13 33	15 17 28	11 06 51	9 32 42	3 51 48	17 50 19	12 33 29	19 40 41	24 03 19	26 39 47	15 34 06	22 23 18	27 33 21
8 F	27 42 59	22 30 26	29 44 30	12 41 03	10 15 55	4 36 59	18 13 10	12 24 34	19 37 31	24 13 45	26 40 20	15 41 25	22 29 14	27 39 22
9 Sa	28 50 14	7 ♊ 09 25	14 ♊ 31 59	14 17 18	11 00 20	5 24 40	18 38 23	12 17 53	19 36 42	24 26 41	26 43 17	15 51 12	22 37 39	27 47 50
10 Su	29 59 32	22 06 06	29 34 07	15 55 04	11 45 31	6 14 26	19 05 34	12 13 05	19 37 50	24 41 42	26 48 14	16 03 03	22 48 08	27 58 20
11 M	1 ♒ 09 59	7 ♋ 12 51	14 ♋ 42 08	17 33 22	12 30 28	7 05 22	19 33 48	12 09 14	19 40 00	24 57 53	26 54 16	16 16 03	22 59 45	28 09 58
12 Tu	2 20 25	22 19 44	29 45 34	19 10 54	13 13 57	7 56 17	20 01 53	12 05 10	19 42 02	25 14 02	27 00 13	16 29 01	23 11 21	28 21 31
13 W	3 29 39	7 ♌ 16 12	14 ♌ 34 07	20 46 22	13 54 47	8 46 03	20 28 42	11 59 46	19 42 46	25 29 02	27 04 54	16 40 48	23 21 45	28 31 52
14 Th	4 36 51	21 52 55	28 59 32	22 18 46	14 32 01	9 33 48	20 53 21	11 52 10	19 41 23	25 42 00	27 07 30	16 50 32	23 30 07	28 40 08
15 F	5 41 37	6 ♍ 03 24	12 ♍ 56 43	23 47 30	15 05 15	10 19 08	21 15 29	11 42 02	19 37 28	25 52 34	27 07 37	16 57 50	23 36 03	28 45 56
16 Sa	6 44 05	19 44 35	26 24 10	25 12 29	15 34 31	11 02 13	21 35 12	11 29 28	19 31 10	26 00 50	27 05 22	17 02 51	23 39 40	28 49 25
17 Su	7 44 51	2 ♎ 56 49	9 ♎ 23 28	26 34 02	16 00 21	11 43 35	21 53 05	11 15 06	19 23 04	26 07 24	27 01 21	17 06 07	23 41 35	28 51 08
18 M	8 44 46	15 43 07	21 58 34	27 52 43	16 23 34	12 24 09	22 10 00	10 59 48	19 14 03	26 13 08	26 56 26	17 08 33	23 42 38	28 51 59
19 Tu	9 44 49	28 08 15	4 ♏ 14 49	29 09 10	16 45 05	13 04 52	22 26 58	10 44 36	19 05 06	26 19 01	26 51 36	17 11 07	23 43 50	28 52 56
20 W	10 45 56	10 ♏ 17 54	16 18 08	0 ♓ 23 54	17 05 45	13 46 40	22 44 51	10 30 24	18 57 08	26 25 57	26 47 47	17 14 43	23 46 04	28 54 54
21 Th	11 48 47	22 17 56	28 14 26	1 37 09	17 26 12	14 30 14	23 04 22	10 17 55	18 50 52	26 34 39	26 45 39	17 20 04	23 50 03	28 58 35
22 F	12 53 44	4 ♐ 13 49	10 ♐ 09 01	2 48 42	17 46 43	15 15 55	23 25 51	10 07 31	18 46 39	26 45 27	26 45 35	17 27 30	23 56 07	29 04 19
23 Sa	14 00 44	16 10 17	22 06 21	3 57 57	18 07 12	16 03 42	23 49 17	9 59 12	18 44 26	26 58 19	26 47 32	17 36 59	24 04 15	29 12 05
24 Su	15 09 25	28 11 07	4 ♑ 09 53	5 03 48	18 27 13	16 53 10	24 14 15	9 52 35	18 43 52	27 12 51	26 51 06	17 48 08	24 14 02	29 21 29
25 M	16 19 05	10 ♑ 19 03	16 21 54	6 04 52	18 45 59	17 43 39	24 40 06	9 47 01	18 44 15	27 28 23	26 55 38	18 00 16	24 24 48	29 31 51
26 Tu	17 28 53	22 35 49	28 43 42	6 59 27	19 02 38	18 34 18	25 05 57	9 41 39	18 44 45	27 44 04	27 00 16	18 12 32	24 35 43	29 42 18
27 W	18 37 58	5 ♒ 02 16	11 ♒ 15 46	7 45 49	19 16 14	19 24 15	25 30 56	9 35 39	18 44 30	27 59 01	27 04 09	18 24 02	24 45 53	29 52 00
28 Th	19 45 34	17 38 36	23 57 56	8 22 21	19 25 59	20 12 46	25 54 20	9 28 17	18 42 48	28 12 31	27 06 33	18 34 06	24 54 36	0 ♑ 00 13
29 F	20 51 13	0 ♓ 24 42	6 ♓ 49 53	8 47 39	19 31 22	20 59 22	26 15 39	9 19 07	18 39 08	28 24 04	27 06 57	18 42 11	25 01 21	0 06 26
30 Sa	21 54 46	13 20 22	19 51 22	9 00 40	19 32 10	21 43 52	26 34 44	9 07 58	18 33 22	28 33 31	27 05 15	18 48 10	25 05 59	0 10 30
31 Su	22 56 24	26 25 42	3 ♈ 02 28	9 00 52	19 28 35	22 26 30	26 51 46	8 55 05	18 25 43	28 41 04	27 01 37	18 52 14	25 08 43	0 12 39

Notes

January 1990 — LONGITUDE

Day	☉	0 hr ☽	Noon ☽	☿	♀	♂	⚴	⚳	♃	♄	⚷	♅	♆	♇
1 M	23 ♒ 56 38	9 ♈ 41 13	16 ♈ 23 51	8 ♓ 48 09	19 ♓ 21 06	23 ♑ 07 47	27 ♐ 07 17	8 ♌ 41 00	18 ♌ 16 43	28 ♒ 47 14	26 ♌ 56 35	18 ♒ 54 55	25 ♒ 10 04	0 ♑ 13 22
2 Tu	24 56 14	23 07 52	29 56 30	8 22 57	19 10 27	23 48 27	27 22 01	8 26 28	18 07 05	28 52 45	26 50 53	18 56 56	25 10 46	0 13 25
3 W	25 55 58	6 ♉ 46 48	13 ♉ 41 36	7 46 04	18 57 25	24 29 19	27 36 47	8 12 19	17 57 39	28 58 26	26 45 21	18 59 06	25 11 37	0 13 36
4 Th	26 56 35	20 38 58	27 39 56	6 58 42	18 42 46	25 11 05	27 52 16	7 59 16	17 49 09	29 05 00	26 40 42	19 02 09	25 13 21	0 14 37
5 F	27 58 33	4 ♊ 44 39	11 ♊ 51 20	6 02 15	18 27 00	25 54 14	28 08 59	7 47 50	17 42 02	29 12 56	26 37 23	19 06 32	25 16 26	0 16 58
6 Sa	29 01 60	19 02 50	26 14 11	4 58 18	18 10 18	26 38 54	28 27 02	7 38 08	17 36 29	29 22 21	26 35 34	19 12 25	25 20 60	0 20 47
7 Su	0 ♓ 06 42	3 ♋ 30 49	10 ♋ 45 04	3 48 34	17 52 30	27 24 53	28 46 13	7 29 58	17 32 15	29 32 60	26 35 01	19 19 32	25 26 50	0 25 50
8 M	1 12 08	18 04 10	25 18 50	2 34 51	17 33 10	28 11 38	29 05 59	7 22 51	17 28 51	29 44 25	26 35 13	19 27 24	25 33 24	0 31 35
9 Tu	2 17 39	2 ♌ 37 02	9 ♌ 49 14	1 19 00	17 11 47	28 58 30	29 25 42	7 16 06	17 25 35	29 55 55	26 35 30	19 35 21	25 40 03	0 37 24
10 W	3 22 35	17 02 51	24 09 35	0 02 59	16 47 47	29 44 50	29 44 41	7 09 06	17 21 50	0 ♓ 06 51	26 35 14	19 42 42	25 46 08	0 42 37
11 Th	4 26 27	1 ♍ 15 20	8 ♍ 14 01	28 ♒ 48 45	16 20 52	0 ♒ 30 08	0 ♑ 02 27	7 01 20	17 17 06	0 16 41	26 33 54	19 48 58	25 51 08	0 46 43
12 F	5 28 59	15 09 20	21 58 06	27 38 15	15 50 56	1 14 09	0 18 44	6 52 35	17 11 08	0 25 13	26 31 15	19 53 55	25 54 49	0 49 28
13 Sa	6 30 13	28 41 36	5 ♎ 19 29	26 33 16	15 18 12	1 56 54	0 33 34	6 42 52	17 03 58	0 32 25	26 27 20	19 57 32	25 57 11	0 50 54
14 Su	7 30 24	11 ♎ 50 59	18 17 60	25 35 23	14 43 08	2 38 39	0 47 11	6 32 27	16 55 51	0 38 36	26 22 24	20 00 07	25 58 31	0 51 15
15 M	8 29 57	24 38 19	0 ♏ 55 20	24 45 55	14 06 24	3 19 48	1 00 02	6 21 47	16 47 14	0 44 08	26 16 51	20 02 03	25 59 12	0 50 57
16 Tu	9 29 22	7 ♏ 06 11	13 14 41	24 05 48	13 28 42	4 00 52	1 12 34	6 11 20	16 38 34	0 49 31	26 11 11	20 03 50	25 59 45	0 50 28
17 W	10 29 05	19 18 18	25 20 18	23 35 36	12 50 45	4 42 15	1 25 14	6 01 33	16 30 19	0 55 11	26 05 50	20 05 54	26 00 36	0 50 16
18 Th	11 29 26	1 ♐ 19 11	7 ♐ 16 59	23 15 31	12 13 07	5 24 20	1 38 23	5 52 48	16 22 51	1 01 30	26 01 10	20 08 36	26 02 04	0 50 40
19 F	12 30 36	13 13 41	19 09 42	23 05 23	11 36 15	6 07 16	1 52 10	5 45 15	16 16 19	1 08 37	25 57 21	20 12 06	26 04 22	0 51 52
20 Sa	13 32 36	25 06 39	1 ♑ 03 17	23 04 43	11 00 26	6 51 05	2 06 37	5 38 57	16 10 46	1 16 34	25 54 24	20 16 26	26 07 30	0 53 52
21 Su	14 35 17	7 ♑ 02 41	13 02 11	23 12 49	10 25 46	7 35 37	2 21 35	5 33 44	16 06 02	1 25 11	25 52 11	20 21 26	26 11 18	0 56 32
22 M	15 38 24	19 05 57	25 10 19	23 28 50	9 52 14	8 20 37	2 36 48	5 29 21	16 01 52	1 34 13	25 50 25	20 26 50	26 15 32	0 59 35
23 Tu	16 41 36	1 ♒ 19 55	7 ♒ 30 47	23 51 49	9 19 45	9 05 45	2 51 55	5 25 28	15 57 56	1 43 20	25 48 48	20 32 20	26 19 51	1 02 42
24 W	17 44 35	13 47 20	20 05 53	24 20 53	8 48 14	9 50 43	3 06 39	5 21 48	15 53 58	1 52 13	25 47 01	20 37 36	26 23 57	1 05 35
25 Th	18 47 06	26 30 02	2 ♓ 56 53	24 55 12	8 17 39	10 35 16	3 20 44	5 18 06	15 49 41	2 00 38	25 44 49	20 42 24	26 27 35	1 07 59
26 F	19 49 01	9 ♓ 28 51	16 04 06	25 34 08	7 48 02	11 19 15	3 34 02	5 14 14	15 44 58	2 08 26	25 42 04	20 46 34	26 30 37	1 09 45
27 Sa	20 50 19	22 43 42	29 26 53	26 17 10	7 19 34	12 02 40	3 46 31	5 10 11	15 39 48	2 15 37	25 38 45	20 50 07	26 33 02	1 10 52
28 Su	21 51 06	6 ♈ 13 31	13 ♈ 03 45	27 03 58	6 52 29	12 45 37	3 58 18	5 06 04	15 34 18	2 22 16	25 34 59	20 53 09	26 34 56	1 11 28
29 M	22 51 33	19 56 32	26 52 37	27 54 19	6 27 07	13 28 16	4 09 33	5 02 03	15 28 39	2 28 35	25 30 57	20 55 50	26 36 30	1 11 42
30 Tu	23 51 52	3 ♉ 50 29	10 ♉ 51 03	28 48 05	6 03 48	14 10 51	4 20 30	4 58 22	15 23 04	2 34 45	25 26 52	20 58 22	26 37 57	1 11 47
31 W	24 52 14	17 52 47	24 56 27	29 45 06	5 42 48	14 53 32	4 31 18	4 55 11	15 17 43	2 40 58	25 22 54	21 00 58	26 39 27	1 11 55

February 1990 — LONGITUDE

Day	☉	0 hr ☽	Noon ☽	☿	♀	♂	⚴	⚳	♃	♄	⚷	♅	♆	♇
1 Th	25 ♓ 52 47	2 ♊ 00 48	9 ♊ 06 15	0 ♓ 45 13	5 ♓ 24 20	15 ♒ 36 27	4 ♑ 42 05	4 ♌ 52 37	15 ♌ 12 45	2 ♓ 47 21	25 ♌ 19 11	21 ♒ 03 44	26 ♒ 41 08	1 ♑ 12 13
2 F	26 53 32	16 11 59	23 17 59	1 48 13	5 08 27	16 19 37	4 52 53	4 50 43	15 08 11	2 53 56	25 15 46	21 06 42	26 43 02	1 12 41
3 Sa	27 54 26	0 ♋ 23 52	7 ♋ 29 18	2 53 48	4 55 11	17 02 59	5 03 38	4 49 25	15 03 57	3 00 39	25 12 33	21 09 49	26 45 05	1 13 18
4 Su	28 55 22	14 34 06	21 37 50	4 01 42	4 44 27	17 46 27	5 14 13	4 48 36	14 59 59	3 07 24	25 09 28	21 12 57	26 47 11	1 13 57
5 M	29 56 14	28 40 21	5 ♌ 41 15	5 11 36	4 36 09	18 29 54	5 24 32	4 48 11	14 56 10	3 14 05	25 06 25	21 16 02	26 49 13	1 14 31
6 Tu	0 ♈ 56 59	12 ♌ 40 16	19 37 12	6 23 18	4 30 14	19 13 17	5 34 31	4 48 05	14 52 25	3 20 37	25 03 19	21 18 58	26 51 09	1 14 56
7 W	1 57 36	26 31 32	3 ♍ 23 20	7 36 40	4 26 41	19 56 36	5 44 10	4 48 18	14 48 46	3 27 02	25 00 11	21 21 47	26 52 57	1 15 14
8 Th	2 58 11	10 ♍ 11 57	16 57 30	8 51 39	4 25 34	20 39 55	5 53 34	4 48 54	14 45 16	3 33 22	24 57 05	21 24 32	26 54 42	1 15 28
9 F	3 58 49	23 39 30	0 ♎ 17 55	10 08 16	4 26 57	21 23 21	6 02 49	4 50 01	14 42 03	3 39 46	24 54 09	21 27 21	26 56 32	1 15 45
10 Sa	4 59 39	6 ♎ 52 39	13 23 19	11 26 33	4 30 58	22 07 03	6 12 02	4 51 46	14 39 15	3 46 21	24 51 29	21 30 21	26 58 34	1 16 12
11 Su	6 00 47	19 50 28	26 13 12	12 46 31	4 37 37	22 51 05	6 21 20	4 54 14	14 36 57	3 53 12	24 49 13	21 33 38	27 00 53	1 16 57
12 M	7 02 13	2 ♏ 32 50	8 ♏ 47 53	14 08 08	4 46 56	23 35 30	6 30 43	4 57 27	14 35 11	4 00 21	24 47 21	21 37 13	27 03 32	1 17 60
13 Tu	8 03 56	15 00 27	21 08 37	15 31 18	4 58 46	24 20 14	6 40 09	5 01 22	14 33 55	4 07 45	24 45 51	21 41 04	27 06 27	1 19 18
14 W	9 05 47	27 14 59	3 ♐ 17 27	16 55 48	5 12 56	25 05 09	6 49 28	5 05 50	14 32 59	4 15 15	24 44 35	21 45 02	27 09 29	1 20 43
15 Th	10 07 34	9 ♐ 18 53	15 17 19	18 21 24	5 29 10	25 50 04	6 58 30	5 10 39	14 32 12	4 22 41	24 43 20	21 48 55	27 12 28	1 22 03
16 F	11 09 04	21 15 24	27 11 47	19 47 52	5 47 12	26 34 44	7 06 60	5 15 36	14 31 22	4 29 47	24 41 54	21 52 30	27 15 10	1 23 05
17 Sa	12 10 05	3 ♑ 08 25	9 ♑ 04 58	21 14 57	6 06 45	27 18 59	7 14 46	5 20 29	14 30 15	4 36 24	24 40 04	21 55 35	27 17 22	1 23 37
18 Su	13 10 30	15 02 22	21 01 26	22 42 30	6 27 38	28 02 41	7 21 41	5 25 09	14 28 46	4 42 22	24 37 45	21 58 03	27 18 58	1 23 32
19 M	14 10 17	27 01 56	3 ♒ 05 53	24 10 29	6 49 47	28 45 49	7 27 44	5 29 37	14 26 53	4 47 42	24 34 54	21 59 54	27 19 58	1 22 50
20 Tu	15 09 36	9 ♒ 11 56	15 22 60	25 39 03	7 13 16	29 28 30	7 33 02	5 34 00	14 24 44	4 52 31	24 31 40	22 01 14	27 20 28	1 21 37
21 W	16 08 40	21 36 58	27 57 04	27 08 23	7 38 14	0 ♓ 11 01	7 37 51	5 38 33	14 22 34	4 57 04	24 28 19	22 02 18	27 20 43	1 20 09
22 Th	17 07 51	4 ♓ 21 01	10 ♓ 51 36	28 38 52	8 05 00	0 53 41	7 42 31	5 43 36	14 20 44	5 01 42	24 25 10	22 03 29	27 21 05	1 18 47
23 F	18 07 31	17 26 60	24 08 48	0 ♈ 10 51	8 33 52	1 36 53	7 47 24	5 49 31	14 19 37	5 06 47	24 22 36	22 05 07	27 21 56	1 17 53
24 Sa	19 07 59	0 ♈ 56 17	7 ♈ 49 09	1 44 39	9 05 05	2 20 58	7 52 50	5 56 39	14 19 31	5 12 39	24 20 57	22 07 33	27 23 36	1 17 47
25 Su	20 09 28	14 48 18	21 51 06	3 20 29	9 38 48	3 06 05	7 58 60	6 05 09	14 20 40	5 19 30	24 20 26	22 10 59	27 26 16	1 18 41
26 M	21 11 56	29 00 16	6 ♉ 10 55	4 58 20	10 14 57	3 52 16	8 05 54	6 15 03	14 23 02	5 27 19	24 21 01	22 15 23	27 29 56	1 20 34
27 Tu	22 15 11	13 ♉ 27 23	20 43 04	6 37 59	10 53 16	4 39 16	8 13 18	6 26 06	14 26 25	5 35 53	24 22 29	22 20 34	27 34 23	1 23 14
28 W	23 18 46	28 03 22	5 ♊ 20 53	8 19 01	11 33 14	5 26 40	8 20 46	6 37 52	14 30 21	5 44 45	24 24 25	22 26 03	27 39 10	1 26 13

Notes

LONGITUDE March 1990

Day	☉	0 hr ☽	Noon ☽	☿	♀	♂	⚵	⚳	♃	♄	⚷	♅	♆	♇
1 Th	24 ♈ 22 08	12 ♊ 41 17	19 ♊ 57 33	10 ♈ 00 53	12 ♓ 14 15	6 ♓ 13 54	8 ♑ 27 45	6 ♌ 49 47	14 ♌ 34 19	5 ♓ 53 22	24 ♌ 26 15	22 ♒ 31 20	27 ♒ 43 44	1 ♑ 28 59
2 F	25 24 45	27 14 37	4 ♋ 27 04	11 43 04	12 55 47	7 00 28	8 33 43	7 01 20	14 37 46	6 01 14	24 27 28	22 35 51	27 47 35	1 31 01
3 Sa	26 26 16	11 ♋ 38 10	18 44 54	13 25 12	13 37 21	7 45 57	8 38 17	7 12 08	14 40 20	6 07 57	24 27 41	22 39 15	27 50 19	1 31 56
4 Su	27 26 31	25 48 28	2 ♌ 48 27	15 07 10	14 18 49	8 30 15	8 41 19	7 22 02	14 41 52	6 13 23	24 26 46	22 41 22	27 51 48	1 31 35
5 M	28 25 41	9 ♌ 43 56	16 36 45	16 49 09	15 00 17	9 13 31	8 43 00	7 31 13	14 42 33	6 17 42	24 24 54	22 42 25	27 52 12	1 30 10
6 Tu	29 24 12	23 24 27	0 ♍ 10 11	18 31 37	15 42 11	9 56 12	8 43 45	7 40 06	14 42 50	6 21 21	24 22 31	22 42 48	27 51 58	1 28 06
7 W	0 ♉ 22 42	6 ♍ 50 57	13 29 55	20 15 10	16 25 03	10 38 55	8 44 12	7 49 18	14 43 18	6 24 56	24 20 13	22 43 08	27 51 43	1 25 60
8 Th	1 21 49	20 04 45	26 37 20	22 00 29	17 09 32	11 22 19	8 44 59	7 59 28	14 44 37	6 29 07	24 18 40	22 44 06	27 52 06	1 24 32
9 F	2 22 09	3 ♎ 07 13	9 ♎ 33 46	23 48 10	17 56 11	12 06 60	8 46 41	8 11 10	14 47 22	6 34 29	24 18 28	22 46 15	27 53 42	1 24 17
10 Sa	3 24 05	15 59 24	22 20 10	25 38 37	18 45 20	12 53 20	8 49 43	8 24 48	14 51 57	6 41 24	24 19 59	22 50 00	27 56 54	1 25 38
11 Su	4 27 44	28 41 54	4 ♏ 57 08	27 31 59	19 37 05	13 41 27	8 54 10	8 40 30	14 58 29	6 50 02	24 23 21	22 55 28	28 01 50	1 28 43
12 M	5 32 58	11 ♏ 15 03	17 25 01	29 28 04	20 31 15	14 31 12	8 59 54	8 58 05	15 06 48	7 00 12	24 28 25	23 02 30	28 08 21	1 33 22
13 Tu	6 39 21	23 39 03	29 44 12	1 ♉ 26 29	21 27 23	15 22 09	9 06 29	9 17 07	15 16 29	7 11 27	24 34 45	23 10 39	28 16 00	1 39 10
14 W	7 46 15	5 ♐ 54 16	11 ♐ 55 17	3 26 35	22 24 49	16 13 40	9 13 16	9 36 59	15 26 53	7 23 12	24 41 43	23 19 18	28 24 10	1 45 29
15 Th	8 52 55	18 01 28	23 59 21	5 27 36	23 22 46	17 05 01	9 19 33	9 56 56	15 37 18	7 34 41	24 48 35	23 27 43	28 32 08	1 51 35
16 F	9 58 40	0 ♑ 02 10	5 ♑ 58 18	7 28 50	24 20 31	17 55 30	9 24 35	10 16 15	15 46 59	7 45 11	24 54 39	23 35 11	28 39 09	1 56 45
17 Sa	11 02 56	11 58 42	17 54 49	9 29 39	25 17 29	18 44 32	9 27 49	10 34 22	15 55 23	7 54 09	24 59 21	23 41 08	28 44 41	2 00 25
18 Su	12 05 22	23 54 26	29 52 35	11 29 43	26 13 18	19 31 49	9 28 56	10 50 57	16 02 10	8 01 16	25 02 21	23 45 16	28 48 24	2 02 17
19 M	13 06 00	5 ♒ 53 36	11 ♒ 56 07	13 28 57	27 07 56	20 17 20	9 27 56	11 06 01	16 07 22	8 06 32	25 03 39	23 47 34	28 50 19	2 02 20
20 Tu	14 05 10	18 01 16	24 10 37	15 27 37	28 01 44	21 01 26	9 25 08	11 19 54	16 11 16	8 10 15	25 03 36	23 48 21	28 50 44	2 00 54
21 W	15 03 28	0 ♓ 23 01	6 ♓ 41 37	17 26 15	28 55 16	21 44 43	9 21 11	11 33 12	16 14 33	8 13 05	25 02 50	23 48 17	28 50 19	1 58 38
22 Th	16 01 46	13 04 25	19 34 26	19 25 33	29 49 23	22 28 03	9 16 54	11 46 46	16 18 00	8 15 52	25 02 10	23 48 11	28 49 52	1 56 21
23 F	17 00 56	26 10 26	2 ♈ 53 28	21 26 15	0 ♈ 44 54	23 12 18	9 13 11	12 01 28	16 22 32	8 19 27	25 02 29	23 48 55	28 50 18	1 54 56
24 Sa	18 01 44	9 ♈ 44 37	16 41 21	23 28 57	1 42 36	23 58 14	9 10 47	12 18 05	16 28 53	8 24 38	25 04 34	23 51 17	28 52 22	1 55 10
25 Su	19 04 38	23 48 11	0 ♉ 57 59	25 33 53	2 42 54	24 46 18	9 10 11	12 37 03	16 37 33	8 31 51	25 08 52	23 55 43	28 56 31	1 57 29
26 M	20 09 40	8 ♉ 19 12	15 39 58	27 40 53	3 45 50	25 36 33	9 11 24	12 58 25	16 48 32	8 41 10	25 15 26	24 02 17	29 02 49	2 01 58
27 Tu	21 16 24	23 12 16	0 ♊ 40 27	29 49 13	4 50 57	26 28 33	9 14 00	13 21 45	17 01 25	8 52 08	25 23 49	24 10 31	29 10 48	2 08 08
28 W	22 23 58	8 ♊ 18 51	15 49 54	1 ♊ 57 44	5 57 22	27 21 27	9 17 09	13 46 10	17 15 21	9 03 53	25 33 10	24 19 34	29 19 38	2 15 09
29 Th	23 31 19	23 28 33	0 ♋ 57 38	4 05 01	7 03 60	28 14 09	9 19 47	14 10 37	17 29 14	9 15 21	25 42 25	24 28 23	29 28 14	2 21 58
30 F	24 37 23	8 ♋ 30 52	15 53 45	6 09 42	8 09 48	29 05 38	9 20 51	14 34 04	17 42 03	9 25 30	25 50 31	24 35 55	29 35 35	2 27 31
31 Sa	25 41 28	23 17 07	0 ♌ 30 46	8 10 40	9 14 01	29 55 11	9 19 37	14 55 45	17 53 04	9 33 37	25 56 45	24 41 26	29 40 56	2 31 05

LONGITUDE April 1990

Day	☉	0 hr ☽	Noon ☽	☿	♀	♂	⚵	⚳	♃	♄	⚷	♅	♆	♇
1 Su	26 ♉ 43 18	7 ♌ 41 40	14 ♌ 44 25	10 ♊ 07 15	10 ♈ 16 23	0 ♈ 42 31	9 ♑ 15 51	15 ♌ 15 25	18 ♌ 02 01	9 ♓ 39 25	26 ♌ 00 51	24 ♒ 44 42	29 ♒ 44 03	2 ♑ 32 25
2 M	27 43 09	21 42 12	28 33 46	11 59 21	11 17 11	1 27 56	9 09 50	15 33 22	18 09 12	9 43 13	26 03 07	24 45 58	29 45 11	2 31 48
3 Tu	28 41 46	5 ♍ 19 23	12 ♍ 00 23	13 47 20	12 17 08	2 12 09	9 02 18	15 50 19	18 15 19	9 45 43	26 04 17	24 45 60	29 45 06	2 29 58
4 W	29 40 11	18 35 51	25 07 32	15 31 48	13 17 15	2 56 13	8 54 16	16 07 18	18 21 25	9 47 58	26 05 21	24 45 48	29 44 48	2 27 56
5 Th	0 ♊ 39 28	1 ♎ 35 18	7 ♎ 59 07	17 13 30	14 18 36	3 41 13	8 46 51	16 25 22	18 28 35	9 51 03	26 07 26	24 46 28	29 45 23	2 26 48
6 F	1 40 35	14 21 35	20 38 54	18 53 01	15 22 07	4 28 05	8 40 59	16 45 30	18 37 45	9 55 53	26 11 27	24 48 56	29 47 49	2 27 30
7 Sa	2 44 09	26 58 02	3 ♏ 10 04	20 30 40	16 28 28	5 17 27	8 37 20	17 08 19	18 49 34	10 03 09	26 18 04	24 53 52	29 52 42	2 30 42
8 Su	3 50 25	9 ♏ 27 09	15 34 51	22 06 24	17 37 49	6 09 34	8 36 06	17 34 02	19 04 15	10 13 03	26 27 29	25 01 28	0 ♓ 00 17	2 36 36
9 M	4 59 10	21 50 29	27 54 34	23 39 44	18 49 59	7 04 12	8 37 05	18 02 27	19 21 35	10 25 22	26 39 31	25 11 32	0 10 20	2 44 59
10 Tu	6 09 46	4 ♐ 08 46	10 ♐ 09 50	25 09 48	20 04 19	8 00 44	8 39 41	18 32 55	19 40 56	10 39 29	26 53 30	25 23 27	0 22 15	2 55 15
11 W	7 21 18	16 11 24	22 20 48	26 35 29	21 19 52	8 58 15	8 42 58	19 04 32	20 01 24	10 54 28	27 08 33	25 36 16	0 35 07	3 06 28
12 Th	8 32 42	28 30 56	4 ♑ 27 42	27 55 31	22 35 35	9 55 39	8 45 51	19 36 12	20 21 52	11 09 15	27 23 33	25 48 55	0 47 49	3 17 33
13 F	9 42 53	10 ♑ 35 16	16 31 07	29 08 42	23 50 23	10 51 54	8 47 18	20 06 51	20 41 19	11 22 46	27 37 29	26 00 21	0 59 19	3 27 27
14 Sa	10 51 01	22 36 18	28 32 27	0 ♋ 14 01	25 03 24	11 46 07	8 46 28	20 35 39	20 58 51	11 34 10	27 49 27	26 09 42	1 08 45	3 35 18
15 Su	11 56 33	4 ♒ 36 07	10 ♒ 34 09	1 10 52	26 14 05	12 37 46	8 42 48	21 02 02	21 13 57	11 42 54	27 58 57	26 16 26	1 15 36	3 40 34
16 M	12 59 24	16 37 58	22 39 49	1 59 01	27 22 21	13 26 47	8 36 14	21 25 55	21 26 30	11 48 53	28 05 52	26 20 28	1 19 45	3 43 10
17 Tu	13 59 55	28 46 16	4 ♓ 54 12	2 38 48	28 28 31	14 13 29	8 27 07	21 47 39	21 36 53	11 52 29	28 10 33	26 22 08	1 21 34	3 43 27
18 W	14 58 52	11 ♓ 06 25	17 22 53	3 10 56	29 33 23	14 58 41	8 16 15	22 08 01	21 45 52	11 54 27	28 13 48	26 22 14	1 21 49	3 42 11
19 Th	15 57 21	23 44 24	0 ♈ 11 51	3 36 29	0 ♉ 38 00	15 43 24	8 04 42	22 28 05	21 54 31	11 55 51	28 16 39	26 21 49	1 21 35	3 40 27
20 F	16 56 30	6 ♈ 46 11	13 26 44	3 56 36	1 43 32	16 28 51	7 53 38	22 49 00	22 03 60	11 57 53	28 20 19	26 22 04	1 22 01	3 39 26
21 Sa	17 57 25	20 16 47	27 11 52	4 12 26	2 51 02	17 16 04	7 44 09	23 11 50	22 15 21	12 01 35	28 25 49	26 24 02	1 24 12	3 40 10
22 Su	19 00 46	4 ♉ 19 12	11 ♉ 29 03	4 24 46	4 01 12	18 05 46	7 36 57	23 37 18	22 29 19	12 07 40	28 33 52	26 28 27	1 28 50	3 43 22
23 M	20 06 45	18 53 19	26 16 31	4 33 54	5 14 12	18 58 06	7 32 13	24 05 34	22 46 03	12 16 19	28 44 40	26 35 27	1 36 06	3 49 13
24 Tu	21 14 56	3 ♊ 54 58	11 ♊ 28 15	4 39 35	6 29 35	19 52 40	7 29 31	24 36 11	23 05 07	12 27 05	28 57 45	26 44 38	1 45 32	3 57 17
25 W	22 24 19	19 15 46	26 54 19	4 41 04	7 46 23	20 48 27	7 27 55	25 08 10	23 25 32	12 38 59	29 12 09	26 54 60	1 56 11	4 06 34
26 Th	23 33 37	4 ♋ 44 13	12 ♋ 22 17	4 37 21	9 03 17	21 44 11	7 26 05	25 40 14	23 45 59	12 50 44	29 26 34	27 05 15	2 06 45	4 15 48
27 F	24 41 32	20 07 31	27 39 37	4 27 31	10 18 59	22 38 33	7 22 47	26 11 05	24 05 13	13 01 02	29 39 42	27 14 07	2 15 55	4 23 40
28 Sa	25 47 07	5 ♌ 14 14	12 ♌ 36 02	4 11 01	11 32 32	23 30 37	7 17 03	26 39 47	24 22 15	13 08 57	29 50 37	27 20 39	2 22 47	4 29 14
29 Su	26 50 00	19 56 08	27 05 02	3 47 58	12 43 34	24 19 59	7 08 31	27 05 55	24 36 42	13 14 05	29 58 56	27 24 27	2 26 55	4 32 07
30 M	27 50 26	4 ♍ 09 10	11 ♍ 04 17	3 19 09	13 52 19	25 06 56	6 57 29	27 29 46	24 48 51	13 16 43	0 ♍ 04 54	27 25 47	2 28 37	4 32 35

Notes

May 1990

LONGITUDE

Day	☉	0 hr ☽	Noon ☽	☿	♀	♂	⚵	⚳	♃	♄	⚷	♅	♆	♇
1 Tu	28 ♊ 49 13	17 ♍ 53 11	24 ♍ 35 04	2 ♋ 45 60	14 ♉ 59 36	25 ♈ 52 16	6 ♑ 44 44	27 ♌ 52 07	24 ♌ 59 29	13 ♓ 17 38	0 ♍ 09 20	27 ♒ 25 27	2 ♓ 28 41	4 ♑ 31 27
2 W	29 47 30	1 ♎ 10 56	7 ♎ 41 05	2 10 15	16 06 33	26 37 07	6 31 26	28 14 07	25 09 45	13 17 59	0 13 21	27 24 37	2 28 15	4 29 50
3 Th	0 ♋ 46 32	14 06 54	20 27 16	1 33 50	17 14 23	27 22 42	6 18 51	28 37 00	25 20 52	13 18 60	0 18 13	27 24 30	2 28 33	4 28 58
4 F	1 47 21	26 46 10	2 ♏ 58 46	0 58 31	18 24 12	28 10 08	6 08 03	29 01 51	25 33 56	13 21 46	0 24 59	27 26 12	2 30 39	4 29 58
5 Sa	2 50 45	9 ♏ 13 30	15 20 16	0 25 42	19 36 44	29 00 09	5 59 47	29 29 24	25 49 41	13 27 01	0 34 25	27 30 25	2 35 20	4 33 32
6 Su	3 56 58	21 32 52	27 35 25	29 ♊ 56 22	20 52 16	29 53 01	5 54 23	29 59 56	26 08 24	13 35 03	0 46 47	27 37 29	2 42 51	4 39 59
7 M	5 05 51	3 ♐ 47 11	9 ♐ 46 49	29 30 57	22 10 35	0 ♉ 48 32	5 51 37	0 ♍ 33 14	26 29 52	13 45 40	1 01 52	27 47 10	2 53 00	4 49 06
8 Tu	6 16 43	15 58 14	21 55 60	29 09 24	23 31 03	1 46 04	5 50 52	1 08 41	26 53 26	13 58 12	1 19 03	27 58 50	3 05 10	5 00 15
9 W	7 28 36	28 06 59	4 ♑ 03 38	28 51 19	24 52 41	2 44 39	5 51 11	1 45 17	27 18 10	14 11 42	1 37 22	28 11 31	3 18 21	5 12 27
10 Th	8 40 24	10 ♑ 13 48	16 10 01	28 36 04	26 14 22	3 43 08	5 51 27	2 21 54	27 42 53	14 25 01	1 55 39	28 24 05	3 31 26	5 24 35
11 F	9 50 59	22 18 55	28 15 25	28 22 57	27 34 57	4 40 24	5 50 33	2 57 26	28 06 31	14 37 03	2 12 49	28 35 25	3 43 17	5 35 32
12 Sa	10 59 25	4 ♒ 22 52	10 ♒ 20 30	28 11 25	28 53 33	5 35 33	5 47 35	3 30 58	28 28 06	14 46 53	2 27 55	28 44 35	3 53 01	5 44 22
13 Su	12 05 09	16 26 55	22 26 47	28 01 10	0 ♊ 09 33	6 27 59	5 41 59	4 01 53	28 47 05	14 53 56	2 40 23	28 51 02	4 00 01	5 50 30
14 M	13 08 00	28 33 16	4 ♓ 36 49	27 52 18	1 22 48	7 17 33	5 33 35	4 30 04	29 03 17	14 58 02	2 50 04	28 54 35	4 04 08	5 53 48
15 Tu	14 08 18	10 ♓ 45 16	16 54 15	27 45 17	2 33 38	8 04 34	5 22 44	4 55 48	29 17 02	14 59 30	2 57 17	28 55 34	4 05 42	5 54 34
16 W	15 06 45	23 07 19	29 23 47	27 40 56	3 42 44	8 49 44	5 10 09	5 19 49	29 29 02	14 59 03	3 02 43	28 54 41	4 05 25	5 53 32
17 Th	16 04 24	5 ♈ 44 38	12 ♈ 10 46	27 40 23	4 51 08	9 34 05	4 56 53	5 43 07	29 40 20	14 57 43	3 07 25	28 52 59	4 04 20	5 51 42
18 F	17 02 24	18 42 43	25 20 36	27 44 46	6 00 00	10 18 46	4 44 04	6 06 53	29 52 03	14 56 39	3 12 32	28 51 35	4 03 34	5 50 14
19 Sa	18 01 47	2 ♉ 06 39	8 ♉ 57 58	27 55 09	7 10 22	11 04 51	4 32 49	6 32 09	0 ♍ 05 16	14 56 55	3 19 08	28 51 35	4 04 11	5 50 12
20 Su	19 03 20	16 00 07	23 05 36	28 12 14	8 22 60	11 53 04	4 23 51	6 59 41	0 20 43	14 59 15	3 27 57	28 53 43	4 06 58	5 52 20
21 M	20 07 17	0 ♊ 24 14	7 ♊ 43 16	28 36 13	9 38 08	12 43 40	4 17 28	7 29 43	0 38 40	15 03 56	3 39 14	28 58 14	4 12 09	5 56 55
22 Tu	21 13 19	15 16 36	22 46 49	29 06 42	10 55 28	13 36 21	4 13 21	8 01 57	0 58 47	15 10 37	3 52 42	29 04 49	4 19 24	6 03 37
23 W	22 20 36	0 ♋ 30 45	8 ♋ 08 04	29 42 43	12 14 08	14 30 16	4 10 40	8 35 32	1 20 14	15 18 29	4 07 28	29 12 39	4 27 54	6 11 35
24 Th	23 27 58	15 56 37	23 35 39	0 ♋ 23 00	13 32 58	15 24 14	4 08 15	9 09 18	1 41 50	15 26 21	4 22 22	29 20 31	4 36 28	6 19 39
25 F	24 34 12	1 ♌ 21 59	8 ♌ 57 05	1 06 15	14 50 47	16 17 03	4 04 54	9 42 02	2 02 24	15 33 01	4 36 13	29 27 15	4 43 55	6 26 38
26 Sa	25 38 22	16 34 48	24 00 60	1 51 25	16 06 37	17 07 48	3 59 44	10 12 48	2 20 60	15 37 34	4 48 05	29 31 56	4 49 18	6 31 35
27 Su	26 40 04	1 ♍ 25 23	8 ♍ 39 10	2 37 58	17 20 04	17 56 03	3 52 19	10 41 12	2 37 11	15 39 34	4 57 31	29 34 07	4 52 12	6 34 05
28 M	27 39 25	15 47 46	22 47 26	3 25 55	18 31 16	18 41 55	3 42 48	11 07 21	2 51 07	15 39 10	5 04 42	29 33 57	4 52 46	6 34 17
29 Tu	28 37 04	29 39 58	6 ♎ 25 24	4 15 49	19 40 51	19 26 04	3 31 49	11 31 54	3 03 25	15 36 60	5 10 14	29 32 04	4 51 37	6 32 50
30 W	29 33 58	13 ♎ 03 25	19 35 43	5 08 31	20 49 46	20 09 27	3 20 21	11 55 47	3 15 03	15 34 02	5 15 06	29 29 26	4 49 44	6 30 39
31 Th	0 ♌ 31 12	26 01 49	2 ♏ 22 49	6 04 59	21 59 06	20 53 09	3 09 28	12 20 06	3 27 06	15 31 19	5 20 20	29 27 07	4 48 11	6 28 51

June 1990

LONGITUDE

Day	☉	0 hr ☽	Noon ☽	☿	♀	♂	⚵	⚳	♃	♄	⚷	♅	♆	♇
1 F	1 ♌ 29 42	8 ♏ 40 00	14 ♏ 51 56	7 ♋ 06 06	23 ♊ 09 48	21 ♉ 38 05	3 ♑ 00 09	12 ♍ 45 47	3 ♍ 40 29	15 ♓ 29 49	5 ♍ 26 55	29 ♒ 26 05	4 ♓ 47 54	6 ♑ 28 21
2 Sa	2 30 10	21 03 09	27 08 15	8 12 27	24 22 32	22 24 56	2 53 03	13 13 30	3 55 53	15 30 13	5 35 31	29 26 59	4 49 35	6 29 50
3 Su	3 32 51	3 ♐ 15 59	9 ♐ 16 21	9 24 15	25 37 35	23 14 01	2 48 28	13 43 32	4 13 36	15 32 48	5 46 25	29 30 08	4 53 30	6 33 36
4 M	4 37 40	15 22 28	21 19 58	10 41 19	26 54 50	24 05 11	2 46 18	14 15 47	4 33 31	15 37 27	5 59 29	29 35 23	4 59 32	6 39 32
5 Tu	5 44 08	27 25 39	3 ♑ 21 48	12 03 06	28 13 49	24 57 57	2 46 04	14 49 46	4 55 08	15 43 41	6 14 16	29 42 17	5 07 13	6 47 08
6 W	6 51 27	9 ♑ 27 41	15 23 44	13 28 48	29 33 44	25 51 33	2 46 60	15 24 41	5 17 41	15 50 44	6 29 57	29 50 02	5 15 47	6 55 39
7 Th	7 58 46	21 30 01	27 26 56	14 57 29	0 ♋ 53 43	26 45 07	2 48 13	15 59 41	5 40 16	15 57 42	6 45 41	29 57 46	5 24 19	7 04 11
8 F	9 05 10	3 ♒ 33 36	9 ♒ 32 12	16 28 12	2 12 52	27 37 44	2 48 49	16 33 50	6 02 00	16 03 42	7 00 34	0 ♓ 04 36	5 31 57	7 11 50
9 Sa	10 09 56	15 39 18	21 40 18	18 00 12	3 30 28	28 28 40	2 48 06	17 06 26	6 22 10	16 08 01	7 13 51	0 09 47	5 37 56	7 17 53
10 Su	11 12 36	27 48 07	3 ♓ 52 21	19 32 59	4 46 01	29 17 27	2 45 35	17 36 59	6 40 16	16 10 09	7 25 04	0 12 50	5 41 49	7 21 52
11 M	12 13 00	10 ♓ 01 35	16 09 59	21 06 24	5 59 23	0 ♊ 03 55	2 41 07	18 05 21	6 56 10	16 09 60	7 34 04	0 13 38	5 43 26	7 23 37
12 Tu	13 11 22	22 21 53	28 35 35	22 40 36	7 10 46	0 48 19	2 34 56	18 31 45	7 10 04	16 07 44	7 41 04	0 12 23	5 43 01	7 23 22
13 W	14 08 12	4 ♈ 51 57	11 ♈ 12 19	24 16 07	8 20 42	1 31 08	2 27 32	18 56 41	7 22 30	16 03 53	7 46 36	0 09 37	5 41 04	7 21 37
14 Th	15 04 17	17 35 20	24 03 53	25 53 41	9 29 57	2 13 08	2 19 42	19 20 56	7 34 13	15 59 14	7 51 24	0 06 04	5 38 21	7 19 08
15 F	16 00 28	0 ♉ 35 57	7 ♉ 14 10	27 34 08	10 39 21	2 55 10	2 12 16	19 45 20	7 46 04	15 54 36	7 56 19	0 02 36	5 35 43	7 16 47
16 Sa	16 57 31	13 57 30	20 46 41	29 18 13	11 49 41	3 38 02	2 06 03	20 10 40	7 58 50	15 50 49	8 02 10	0 00 01	5 33 58	7 15 20
17 Su	17 56 03	27 42 53	4 ♊ 43 42	1 ♌ 06 28	13 01 33	4 22 17	2 01 37	20 37 32	8 13 06	15 48 26	8 09 30	29 ♒ 58 53	5 33 40	7 15 23
18 M	18 56 15	11 ♊ 53 14	19 05 26	2 59 05	14 15 09	5 08 09	1 59 11	21 06 08	8 29 05	15 47 40	8 18 33	29 59 25	5 35 03	7 17 08
19 Tu	19 57 57	26 27 15	3 ♋ 49 17	4 55 49	15 30 19	5 55 27	1 58 35	21 36 18	8 46 37	15 48 22	8 29 08	0 ♓ 01 28	5 37 55	7 20 26
20 W	21 00 38	11 ♋ 20 37	18 49 35	6 56 02	16 46 30	6 43 39	1 59 17	22 07 29	9 05 08	15 49 59	8 40 42	0 04 27	5 41 45	7 24 43
21 Th	22 03 29	26 26 05	3 ♌ 57 53	8 58 52	18 02 55	7 31 57	2 00 29	22 38 55	9 23 53	15 51 43	8 52 29	0 07 38	5 45 46	7 29 12
22 F	23 05 42	11 ♌ 34 17	19 04 14	11 03 23	19 18 45	8 19 32	2 01 23	23 09 45	9 42 01	15 52 47	9 03 40	0 10 10	5 49 09	7 33 06
23 Sa	24 06 38	26 35 11	3 ♍ 58 45	13 08 46	20 33 21	9 05 45	2 01 20	23 39 22	9 58 54	15 52 32	9 13 34	0 11 25	5 51 14	7 35 44
24 Su	25 05 56	11 ♍ 19 44	18 33 17	15 14 31	21 46 23	9 50 16	1 59 59	24 07 24	10 14 11	15 50 36	9 21 53	0 11 02	5 51 42	7 36 47
25 M	26 03 38	25 41 18	2 ♎ 42 29	17 20 28	22 57 51	10 33 05	1 57 23	24 33 53	10 27 54	15 47 02	9 28 37	0 09 03	5 50 33	7 36 15
26 Tu	27 00 05	9 ♎ 36 16	16 24 10	19 26 43	24 08 08	11 14 35	1 53 51	24 59 10	10 40 23	15 42 11	9 34 08	0 05 50	5 48 09	7 34 31
27 W	27 55 51	23 04 01	29 38 58	21 33 37	25 17 47	11 55 18	1 49 59	25 23 49	10 52 13	15 36 37	9 38 59	0 01 55	5 45 05	7 32 08
28 Th	28 51 36	6 ♏ 06 22	12 ♏ 29 37	23 41 33	26 27 27	12 35 55	1 46 25	25 48 30	11 04 03	15 30 60	9 43 50	29 ♒ 57 60	5 41 59	7 29 45
29 F	29 47 54	18 46 47	25 00 12	25 50 50	27 37 44	13 17 00	1 43 46	26 13 48	11 16 28	15 25 55	9 49 16	29 54 39	5 39 28	7 27 59
30 Sa	0 ♍ 45 14	1 ♐ 09 37	7 ♐ 15 24	28 01 36	28 49 05	13 59 01	1 42 27	26 40 09	11 29 56	15 21 49	9 55 44	29 52 19	5 37 57	7 27 15

Notes

LONGITUDE — July 1990

Day	☉	0 hr ☽	Noon ☽	☿	♀	♂	⚵	⚳	♃	♄	⚷	♅	♆	♇
1 Su	1 ♍ 43 46	13 ♐ 19 32	19 ♐ 19 55	0 ♍ 13 48	0 ♌ 01 42	14 ♊ 42 10	1 ♑ 42 41	27 ♍ 07 46	11 ♍ 44 38	15 ♓ 18 55	10 ♍ 03 27	29 ♒ 51 13	5 ♓ 37 41	7 ♑ 27 47
2 M	2 43 30	25 20 59	1 ♑ 18 11	2 27 07	1 15 34	15 26 25	1 44 26	27 36 38	12 00 33	15 17 12	10 12 22	29 51 19	5 38 35	7 29 33
3 Tu	3 44 11	7 ♑ 18 01	13 14 01	4 41 02	2 30 26	16 11 30	1 47 27	28 06 28	12 17 26	15 16 23	10 22 15	29 52 23	5 40 27	7 32 17
4 W	4 45 24	19 14 07	25 10 40	6 54 54	3 45 52	16 57 02	1 51 20	28 36 54	12 34 52	15 16 07	10 32 41	29 53 59	5 42 52	7 35 36
5 Th	5 46 42	1 ♒ 12 08	7 ♒ 10 41	9 08 00	5 01 26	17 42 33	1 55 37	29 07 26	12 52 23	15 15 52	10 43 12	29 55 39	5 45 20	7 39 01
6 F	6 47 35	13 14 23	19 16 07	11 19 41	6 16 39	18 27 32	1 59 48	29 37 36	13 09 30	15 15 13	10 53 19	29 56 56	5 47 25	7 42 04
7 Sa	7 47 40	25 22 42	1 ♓ 28 33	13 29 22	7 31 06	19 11 39	2 03 30	0 ♎ 07 01	13 25 51	15 13 45	11 02 39	29 57 27	5 48 42	7 44 21
8 Su	8 46 45	7 ♓ 38 37	13 49 19	15 36 41	8 44 36	19 54 37	2 06 30	0 35 26	13 41 11	15 11 15	11 10 59	29 56 56	5 48 58	7 45 39
9 M	9 44 44	20 03 27	26 19 36	17 41 25	9 57 02	20 36 23	2 08 42	1 02 48	13 55 26	15 07 39	11 18 13	29 55 20	5 48 09	7 45 54
10 Tu	10 41 45	2 ♈ 38 29	9 ♈ 00 38	19 43 36	11 08 33	21 17 04	2 10 14	1 29 14	14 08 42	15 03 03	11 24 29	29 52 47	5 46 21	7 45 11
11 W	11 38 03	15 25 05	21 53 46	21 43 24	12 19 24	21 56 55	2 11 21	1 54 58	14 21 16	14 57 44	11 30 02	29 49 31	5 43 50	7 43 47
12 Th	12 33 59	28 24 39	5 ♉ 00 25	23 41 06	13 29 55	22 36 17	2 12 24	2 20 23	14 33 28	14 52 02	11 35 13	29 45 53	5 40 58	7 42 04
13 F	13 29 58	11 ♉ 38 40	18 22 00	25 37 04	14 40 31	23 15 32	2 13 46	2 45 50	14 45 41	14 46 21	11 40 25	29 42 18	5 38 07	7 40 23
14 Sa	14 26 18	25 08 23	1 ♊ 59 39	27 31 34	15 51 30	23 55 02	2 15 47	3 11 41	14 58 16	14 41 01	11 45 59	29 39 05	5 35 38	7 39 06
15 Su	15 23 13	8 ♊ 54 38	15 53 53	29 24 50	17 03 08	24 34 59	2 18 40	3 38 08	15 11 24	14 36 16	11 52 08	29 36 27	5 33 43	7 38 25
16 M	16 20 48	22 57 20	0 ♋ 04 06	1 ♎ 16 55	18 15 27	25 15 27	2 22 30	4 05 17	15 25 13	14 32 10	11 58 55	29 34 30	5 32 29	7 38 26
17 Tu	17 18 58	7 ♋ 15 11	14 28 22	3 07 42	19 28 22	25 56 20	2 27 11	4 33 00	15 39 35	14 28 38	12 06 16	29 33 07	5 31 48	7 39 02
18 W	18 17 28	21 45 20	29 03 03	4 56 59	20 41 41	26 37 25	2 32 29	5 01 06	15 54 17	14 25 26	12 13 57	29 32 05	5 31 28	7 39 60
19 Th	19 16 03	6 ♌ 23 23	13 ♌ 43 01	6 44 29	21 55 06	27 18 26	2 38 08	5 29 18	16 09 03	14 22 19	12 21 42	29 31 08	5 31 12	7 41 04
20 F	20 14 27	21 03 35	28 22 04	8 29 56	23 08 22	27 59 06	2 43 52	5 57 19	16 23 37	14 19 01	12 29 15	29 30 01	5 30 45	7 41 59
21 Sa	21 12 29	5 ♍ 39 28	12 ♍ 53 34	10 13 11	24 21 18	28 39 15	2 49 30	6 24 60	16 37 48	14 15 21	12 36 25	29 28 33	5 29 56	7 42 33
22 Su	22 10 05	20 04 39	27 11 29	11 54 09	25 33 51	29 18 48	2 54 58	6 52 15	16 51 31	14 11 15	12 43 08	29 26 39	5 28 41	7 42 42
23 M	23 07 18	4 ♎ 13 39	11 ♎ 10 57	13 32 53	26 46 01	29 57 47	3 00 18	7 19 08	17 04 50	14 06 46	12 49 26	29 24 22	5 27 02	7 42 29
24 Tu	24 04 14	18 02 32	24 48 57	15 09 30	27 57 58	0 ♋ 36 21	3 05 38	7 45 45	17 17 52	14 02 02	12 55 27	29 21 50	5 25 08	7 42 02
25 W	25 01 04	1 ♏ 29 14	8 ♏ 04 22	16 44 11	29 09 50	1 14 37	3 11 07	8 12 18	17 30 46	13 57 13	13 01 21	29 19 13	5 23 08	7 41 30
26 Th	25 57 56	14 33 32	20 57 52	18 17 03	0 ♍ 21 46	1 52 46	3 16 53	8 38 53	17 43 42	13 52 27	13 07 15	29 16 40	5 21 10	7 41 02
27 F	26 54 57	27 16 52	3 ♐ 31 37	19 48 12	1 33 53	2 30 52	3 23 03	9 05 37	17 56 44	13 47 50	13 13 17	29 14 15	5 19 20	7 40 44
28 Sa	27 52 07	9 ♐ 41 60	15 48 53	21 17 40	2 46 11	3 08 58	3 29 38	9 32 33	18 09 55	13 43 24	13 19 27	29 12 02	5 17 41	7 40 37
29 Su	28 49 26	21 52 32	27 53 38	22 45 23	3 58 40	3 47 01	3 36 35	9 59 37	18 23 12	13 39 08	13 25 45	29 09 58	5 16 11	7 40 41
30 M	29 46 49	3 ♑ 52 40	9 ♑ 50 13	24 11 15	5 11 14	4 24 57	3 43 51	10 26 45	18 36 32	13 34 57	13 32 05	29 07 59	5 14 45	7 40 49
31 Tu	0 ♎ 44 10	15 46 49	21 43 06	25 35 11	6 23 50	5 02 41	3 51 20	10 53 53	18 49 49	13 30 47	13 38 22	29 06 01	5 13 18	7 40 58

LONGITUDE — August 1990

Day	☉	0 hr ☽	Noon ☽	☿	♀	♂	⚵	⚳	♃	♄	⚷	♅	♆	♇
1 W	1 ♎ 41 27	27 ♑ 39 26	3 ♒ 36 37	26 ♎ 57 04	7 ♍ 36 21	5 ♋ 40 08	3 ♑ 58 58	11 ♎ 20 56	19 ♍ 02 59	13 ♓ 26 33	13 ♍ 44 32	29 ♒ 03 58	5 ♓ 11 46	7 ♑ 41 03
2 Th	2 38 36	9 ♒ 34 47	15 34 52	28 16 51	8 48 48	6 17 17	4 06 42	11 47 53	19 15 60	13 22 14	13 50 33	29 01 49	5 10 07	7 41 03
3 F	3 35 40	21 36 44	27 41 27	29 34 29	10 01 11	6 54 08	4 14 34	12 14 44	19 28 53	13 17 51	13 56 28	28 59 36	5 08 23	7 40 59
4 Sa	4 32 43	3 ♓ 48 40	9 ♓ 59 25	0 ♏ 50 02	11 13 36	7 30 47	4 22 39	12 41 35	19 41 44	13 13 30	14 02 20	28 57 25	5 06 39	7 40 55
5 Su	5 29 54	16 13 18	22 31 03	2 03 33	12 26 09	8 07 21	4 31 04	13 08 34	19 54 40	13 09 18	14 08 17	28 55 21	5 05 03	7 41 00
6 M	6 27 20	28 52 31	5 ♈ 17 50	3 15 06	13 38 59	8 43 57	4 39 57	13 35 47	20 07 48	13 05 23	14 14 26	28 53 33	5 03 42	7 41 21
7 Tu	7 25 07	11 ♈ 47 20	18 20 22	4 24 44	14 52 12	9 20 41	4 49 23	14 03 22	20 21 15	13 01 50	14 20 55	28 52 08	5 02 42	7 42 04
8 W	8 23 17	24 57 54	1 ♉ 38 24	5 32 22	16 05 51	9 57 36	4 59 25	14 31 20	20 35 04	12 58 44	14 27 45	28 51 08	5 02 06	7 43 13
9 Th	9 21 49	8 ♉ 23 28	15 10 52	6 37 53	17 19 52	10 34 39	5 09 60	14 59 39	20 49 10	12 56 00	14 34 53	28 50 29	5 01 50	7 44 43
10 F	10 20 33	22 02 37	28 56 06	7 41 03	18 34 06	11 11 40	5 20 59	15 28 10	21 03 25	12 53 31	14 42 11	28 50 04	5 01 47	7 46 26
11 Sa	11 19 17	5 ♊ 53 25	12 ♊ 51 59	8 41 31	19 48 22	11 48 25	5 32 08	15 56 40	21 17 37	12 51 03	14 49 25	28 49 39	5 01 44	7 48 09
12 Su	12 17 45	19 53 35	26 56 12	9 38 55	21 02 23	12 24 41	5 43 13	16 24 53	21 31 30	12 48 22	14 56 21	28 48 59	5 01 24	7 49 37
13 M	13 15 44	4 ♋ 00 48	11 ♋ 06 21	10 32 54	22 15 57	13 00 13	5 54 01	16 52 38	21 44 51	12 45 15	15 02 45	28 47 52	5 00 37	7 50 37
14 Tu	14 13 10	18 12 43	25 20 03	11 23 13	23 28 57	13 34 55	6 04 25	17 19 47	21 57 34	12 41 35	15 08 32	28 46 12	4 59 14	7 51 04
15 W	15 10 03	2 ♌ 27 03	9 ♌ 34 55	12 09 44	24 41 28	14 08 50	6 14 28	17 46 23	22 09 41	12 37 25	15 13 43	28 43 60	4 57 19	7 50 59
16 Th	16 06 36	16 41 27	23 48 30	12 52 30	25 53 39	14 42 08	6 24 21	18 12 39	22 21 25	12 32 59	15 18 31	28 41 29	4 55 05	7 50 35
17 F	17 03 10	0 ♍ 53 28	7 ♍ 58 13	13 31 38	27 05 51	15 15 10	6 34 25	18 38 54	22 33 05	12 28 34	15 23 16	28 38 59	4 52 50	7 50 11
18 Sa	18 00 07	15 00 26	22 01 17	14 07 19	28 18 28	15 48 18	6 45 02	19 05 32	22 45 05	12 24 36	15 28 20	28 36 54	4 50 59	7 50 12
19 Su	18 57 49	28 59 30	5 ♎ 54 49	14 39 43	29 31 50	16 21 54	6 56 34	19 32 53	22 57 45	12 21 24	15 34 06	28 35 34	4 49 52	7 50 57
20 M	19 56 29	12 ♎ 47 43	19 36 03	15 08 50	0 ♎ 46 13	16 56 11	7 09 15	20 01 12	23 11 21	12 19 15	15 40 47	28 35 15	4 49 44	7 52 42
21 Tu	20 56 14	26 22 22	3 ♏ 02 33	15 34 29	2 01 40	17 31 13	7 23 09	20 30 34	23 25 56	12 18 13	15 48 28	28 36 00	4 50 40	7 55 32
22 W	21 56 54	9 ♏ 41 14	16 12 37	15 56 19	3 18 03	18 06 54	7 38 09	21 00 51	23 41 22	12 18 09	15 57 01	28 37 43	4 52 33	7 59 17
23 Th	22 58 12	22 42 58	29 05 25	16 13 46	4 35 06	18 42 53	7 53 55	21 31 44	23 57 22	12 18 46	16 06 08	28 40 04	4 55 02	8 03 41
24 F	23 59 41	5 ♐ 27 13	11 ♐ 41 18	16 26 10	5 52 20	19 18 45	8 10 03	22 02 47	24 13 30	12 19 39	16 15 24	28 42 39	4 57 44	8 08 18
25 Sa	25 00 53	17 54 53	24 01 40	16 32 48	7 09 19	19 54 01	8 26 03	22 33 33	24 29 16	12 20 17	16 24 18	28 44 58	5 00 09	8 12 38
26 Su	26 01 22	0 ♑ 07 58	6 ♑ 09 05	16 33 01	8 25 35	20 28 15	8 41 28	23 03 34	24 44 14	12 20 16	16 32 25	28 46 34	5 01 51	8 16 15
27 M	27 00 49	12 09 37	18 07 04	16 26 19	9 40 50	21 01 07	8 56 01	23 32 32	24 58 06	12 19 16	16 39 26	28 47 11	5 02 32	8 18 51
28 Tu	27 59 07	24 03 51	29 59 53	16 12 27	10 54 58	21 32 30	9 09 33	24 00 20	25 10 45	12 17 12	16 45 15	28 46 40	5 02 04	8 20 18
29 W	28 56 23	5 ♒ 55 23	11 ♒ 52 24	15 51 27	12 08 03	22 02 30	9 22 11	24 27 03	25 22 16	12 14 08	16 49 57	28 45 08	5 00 33	8 20 44
30 Th	29 52 54	17 49 23	23 49 48	15 23 38	13 20 25	22 31 25	9 34 14	24 53 02	25 32 59	12 10 24	16 53 51	28 42 54	4 58 20	8 20 26
31 F	0 ♏ 49 12	29 51 06	5 ♓ 57 14	14 49 35	14 32 34	22 59 45	9 46 10	25 18 45	25 43 22	12 06 30	16 57 27	28 40 27	4 55 52	8 19 55

Notes

September 1990

LONGITUDE

Day	☉	0 hr ☽	Noon ☽	☿	♀	♂	⚵	⚳	♃	♄	⚷	♅	♆	♇
1 Sa	1 ♏ 45 49	12 ♓ 05 35	18 ♓ 19 25	14 ♏ 10 07	15 ♎ 45 04	23 ♋ 28 03	9 ♑ 58 35	25 ♎ 44 46	25 ♍ 54 01	12 ♓ 02 60	17 ♍ 01 18	28 ♒ 38 22	4 ♓ 53 45	8 ♑ 19 44
2 Su	2 43 22	24 37 14	1 ♈ 00 20	13 26 10	16 58 29	23 56 55	10 12 02	26 11 42	26 05 30	12 00 28	17 06 01	28 37 13	4 52 33	8 20 29
3 M	3 42 18	7 ♈ 29 19	14 02 38	12 38 43	18 13 18	24 26 48	10 27 00	26 39 58	26 18 17	11 59 24	17 12 02	28 37 29	4 52 44	8 22 37
4 Tu	4 42 51	20 43 35	27 27 14	11 48 43	19 29 45	24 57 55	10 43 43	27 09 50	26 32 36	12 00 01	17 19 35	28 39 23	4 54 34	8 26 22
5 W	5 45 00	4 ♉ 19 52	11 ♉ 13 08	10 56 57	20 47 48	25 30 14	11 02 09	27 41 16	26 48 25	12 02 16	17 28 40	28 42 54	4 57 59	8 31 44
6 Th	6 48 23	18 15 55	25 17 15	10 04 05	22 07 06	26 03 23	11 21 55	28 13 54	27 05 23	12 05 50	17 38 54	28 47 41	5 02 38	8 38 19
7 F	7 52 23	2 ♊ 27 38	9 ♊ 34 50	9 10 40	23 27 01	26 36 45	11 42 25	28 47 07	27 22 51	12 10 04	17 49 40	28 53 06	5 07 54	8 45 31
8 Sa	8 56 13	16 49 36	24 00 04	8 17 11	24 46 46	27 09 31	12 02 52	29 20 08	27 40 04	12 14 13	18 00 11	28 58 22	5 12 60	8 52 34
9 Su	9 59 08	1 ♋ 15 51	8 ♋ 27 04	7 24 11	26 05 36	27 40 57	12 22 30	29 52 11	27 56 15	12 17 29	18 09 41	29 02 43	5 17 10	8 58 40
10 M	11 00 33	15 40 55	22 50 40	6 32 29	27 22 57	28 10 26	12 40 45	0 ♏ 22 43	28 10 50	12 19 19	18 17 36	29 05 36	5 19 51	9 03 18
11 Tu	12 00 17	0 ♌ 00 27	7 ♌ 07 08	5 43 11	28 38 36	28 37 46	12 57 23	0 51 30	28 23 37	12 19 32	18 23 44	29 06 48	5 20 50	9 06 12
12 W	12 58 30	14 11 44	21 14 19	4 57 44	29 52 45	29 03 09	13 12 38	1 18 45	28 34 48	12 18 17	18 28 17	29 06 31	5 20 19	9 07 36
13 Th	13 55 49	28 13 31	5 ♍ 11 27	4 17 51	1 ♏ 05 59	29 27 07	13 27 03	1 45 02	28 44 57	12 16 11	18 31 48	29 05 20	5 18 52	9 08 05
14 F	14 53 03	12 ♍ 05 44	18 58 44	3 45 22	2 19 08	29 50 32	13 41 30	2 11 12	28 54 54	12 14 05	18 35 10	29 04 06	5 17 20	9 08 28
15 Sa	15 51 08	25 48 49	2 ♎ 36 42	3 21 58	3 33 08	0 ♌ 14 18	13 56 53	2 38 10	29 05 35	12 12 53	18 39 16	29 03 43	5 16 40	9 09 42
16 Su	16 50 52	9 ♎ 23 11	16 05 44	3 09 06	4 48 47	0 39 13	14 14 00	3 06 44	29 17 49	12 13 23	18 44 56	29 05 00	5 17 38	9 12 35
17 M	17 52 47	22 48 51	29 25 41	3 07 41	6 06 37	1 05 47	14 33 24	3 37 27	29 32 07	12 16 09	18 52 41	29 08 30	5 20 47	9 17 38
18 Tu	18 57 02	6 ♏ 05 12	12 ♏ 35 54	3 18 07	7 26 47	1 34 10	14 55 14	4 10 27	29 48 37	12 21 19	19 02 40	29 14 20	5 26 16	9 25 01
19 W	20 03 22	19 11 06	25 35 18	3 40 11	8 49 00	2 04 05	15 19 13	4 45 29	0 ♎ 07 05	12 28 37	19 14 38	29 22 16	5 33 50	9 34 28
20 Th	21 11 09	2 ♐ 05 16	8 ♐ 22 44	4 13 09	10 12 41	2 34 54	15 44 45	5 21 55	0 26 53	12 37 26	19 27 57	29 31 41	5 42 51	9 45 22
21 F	22 19 31	14 46 34	20 57 26	4 55 54	11 36 58	3 05 46	16 10 57	5 58 54	0 47 10	12 46 56	19 41 47	29 41 43	5 52 28	9 56 51
22 Sa	23 27 33	27 14 31	3 ♑ 19 21	5 47 07	13 00 52	3 35 42	16 36 53	6 35 29	1 06 58	12 56 08	19 55 08	29 51 24	6 01 44	10 07 58
23 Su	24 34 20	9 ♑ 29 37	15 29 30	6 45 27	14 23 32	4 03 49	17 01 40	7 10 47	1 25 24	13 04 10	20 07 10	29 59 53	6 09 46	10 17 51
24 M	25 39 14	21 33 36	27 30 04	7 49 40	15 44 19	4 29 28	17 24 38	7 44 09	1 41 49	13 10 23	20 17 12	0 ♓ 06 29	6 15 54	10 25 50
25 Tu	26 41 56	3 ♒ 29 27	9 ♒ 24 28	8 58 53	17 02 53	4 52 20	17 45 30	8 15 16	1 55 56	13 14 28	20 24 57	0 10 56	6 19 52	10 31 38
26 W	27 42 32	15 21 24	21 17 17	10 12 32	18 19 22	5 12 29	18 04 21	8 44 15	2 07 49	13 16 33	20 30 30	0 13 18	6 21 44	10 35 19
27 Th	28 41 31	27 14 41	3 ♓ 13 60	11 30 24	19 34 12	5 30 24	18 21 38	9 11 33	2 17 56	13 17 03	20 34 20	0 14 04	6 21 58	10 37 22
28 F	29 39 40	9 ♓ 15 16	15 20 38	12 52 38	20 48 12	5 46 50	18 38 10	9 37 58	2 27 06	13 16 48	20 37 13	0 14 01	6 21 23	10 38 35
29 Sa	0 ♐ 37 58	21 29 24	27 43 23	14 19 31	22 02 20	6 02 47	18 54 54	10 04 28	2 36 16	13 16 46	20 40 08	0 14 08	6 20 57	10 39 55
30 Su	1 37 23	4 ♈ 03 02	10 ♈ 27 52	15 51 27	23 17 35	6 19 12	19 12 51	10 32 03	2 46 26	13 17 56	20 44 05	0 15 24	6 21 39	10 42 23

October 1990

LONGITUDE

Day	☉	0 hr ☽	Noon ☽	☿	♀	♂	⚵	⚳	♃	♄	⚷	♅	♆	♇
1 M	2 ♐ 38 47	17 ♈ 01 13	23 ♈ 38 30	17 ♏ 28 38	24 ♏ 34 48	6 ♌ 36 56	19 ♑ 32 50	11 ♏ 01 33	2 ♎ 58 27	13 ♓ 21 08	20 ♍ 49 54	0 ♓ 18 40	6 ♓ 24 19	10 ♑ 46 49
2 Tu	3 42 38	0 ♉ 27 13	7 ♉ 17 38	19 11 02	25 54 28	6 56 27	19 55 20	11 33 27	3 12 46	13 26 52	20 58 05	0 24 24	6 29 27	10 53 42
3 W	4 48 58	14 21 49	21 24 48	20 58 10	27 16 37	7 17 45	20 20 23	12 07 47	3 29 26	13 35 09	21 08 38	0 32 39	6 37 04	11 03 03
4 Th	5 57 18	28 42 42	5 ♊ 56 17	22 49 05	28 40 44	7 40 21	20 47 30	12 44 03	3 47 58	13 45 30	21 21 04	0 42 55	6 46 41	11 14 23
5 F	7 06 43	13 ♊ 24 20	20 45 18	24 42 27	0 ♐ 05 55	8 03 18	21 15 44	13 21 20	4 07 25	13 56 59	21 34 27	0 54 15	6 57 22	11 26 46
6 Sa	8 15 59	28 18 36	5 ♋ 42 54	26 36 44	1 30 57	8 25 23	21 43 53	13 58 25	4 26 35	14 08 24	21 47 36	1 05 29	7 07 55	11 39 01
7 Su	9 23 57	13 ♋ 16 04	20 39 30	28 30 26	2 54 40	8 45 24	22 10 47	14 34 08	4 44 17	14 18 34	21 59 19	1 15 25	7 17 09	11 49 55
8 M	10 29 43	28 07 40	5 ♌ 26 37	0 ♐ 22 25	4 16 10	9 02 29	22 35 33	15 07 35	4 59 39	14 26 36	22 08 43	1 23 10	7 24 12	11 58 38
9 Tu	11 32 58	12 ♌ 46 17	19 58 10	2 12 06	5 35 07	9 16 14	22 57 50	15 38 27	5 12 19	14 32 10	22 15 29	1 28 24	7 28 43	12 04 47
10 W	12 33 56	27 07 37	4 ♍ 11 03	3 59 35	6 51 47	9 26 55	23 17 52	16 06 57	5 22 33	14 35 30	22 19 51	1 31 22	7 30 56	12 08 38
11 Th	13 33 26	11 ♍ 10 17	18 04 57	5 45 29	8 06 57	9 35 19	23 36 30	16 33 56	5 31 09	14 37 27	22 22 37	1 32 53	7 31 42	12 10 59
12 F	14 32 38	24 55 14	1 ♎ 41 34	7 30 53	9 21 49	9 42 35	23 54 52	17 00 32	5 39 17	14 39 08	22 24 58	1 34 06	7 32 09	12 13 02
13 Sa	15 32 49	8 ♎ 24 48	15 03 36	9 16 55	10 37 37	9 50 00	24 14 15	17 28 03	5 48 14	14 41 52	22 28 10	1 36 19	7 33 34	12 16 01
14 Su	16 35 05	21 41 47	28 13 55	11 04 37	11 55 30	9 58 39	24 35 47	17 57 34	5 59 06	14 46 45	22 33 20	1 40 37	7 37 04	12 21 05
15 M	17 40 11	4 ♏ 48 37	11 ♏ 14 49	12 54 41	13 16 12	10 09 16	25 00 10	18 29 51	6 12 38	14 54 30	22 41 12	1 47 46	7 43 23	12 28 57
16 Tu	18 48 21	17 46 55	24 07 41	14 47 17	14 39 56	10 22 05	25 27 40	19 05 07	6 29 04	15 05 24	22 52 01	1 57 60	7 52 47	12 39 51
17 W	19 59 17	0 ♐ 37 16	6 ♐ 52 55	16 42 05	16 06 26	10 36 47	25 57 59	19 43 06	6 48 06	15 19 08	23 05 29	2 11 01	8 04 57	12 53 31
18 Th	21 12 14	13 19 26	19 30 08	18 38 19	17 34 55	10 52 36	26 30 21	20 23 01	7 08 59	15 34 56	23 20 50	2 26 03	8 19 08	13 09 11
19 F	22 26 07	25 52 40	1 ♑ 58 35	20 34 50	19 04 18	11 08 27	27 03 41	21 03 46	7 30 36	15 51 42	23 36 59	2 42 01	8 34 13	13 25 44
20 Sa	23 39 41	8 ♑ 16 10	14 17 42	22 30 25	20 33 21	11 23 05	27 36 44	21 44 08	7 51 44	16 08 14	23 52 43	2 57 42	8 49 00	13 41 57
21 Su	24 51 47	20 29 41	26 27 28	24 23 56	22 00 55	11 35 20	28 08 22	22 22 58	8 11 14	16 23 22	24 06 51	3 11 55	9 02 20	13 56 41
22 M	26 01 33	2 ♒ 33 50	8 ♒ 28 58	26 14 28	23 26 08	11 44 21	28 37 42	22 59 23	8 28 13	16 36 13	24 18 31	3 23 50	9 13 19	14 09 04
23 Tu	27 08 29	14 30 30	20 24 28	28 01 34	24 48 30	11 49 37	29 04 14	23 32 55	8 42 12	16 46 18	24 27 15	3 32 56	9 21 28	14 18 37
24 W	28 12 37	26 22 54	2 ♓ 17 39	29 45 13	26 08 02	11 51 09	29 27 60	24 03 32	8 53 11	16 53 38	24 33 03	3 39 13	9 26 49	14 25 19
25 Th	29 14 23	8 ♓ 15 36	14 13 26	1 ♑ 25 54	27 25 11	11 49 25	29 49 26	24 31 43	9 01 38	16 58 40	24 36 22	3 43 10	9 29 48	14 29 38
26 F	0 ♑ 14 40	20 14 14	26 17 45	3 04 31	28 40 50	11 45 16	0 ♒ 09 25	24 58 20	9 08 25	17 02 17	24 38 04	3 45 39	9 31 19	14 32 27
27 Sa	1 14 35	2 ♈ 25 12	8 ♈ 37 09	4 42 11	29 56 06	11 39 51	0 29 04	25 24 31	9 14 40	17 05 36	24 39 17	3 47 47	9 32 28	14 34 53
28 Su	2 15 20	14 55 11	21 18 12	6 20 07	1 ♑ 12 10	11 34 20	0 49 35	25 51 26	9 21 33	17 09 48	24 41 13	3 50 46	9 34 27	14 38 08
29 M	3 17 57	27 50 20	4 ♉ 26 38	7 59 23	2 30 06	11 29 48	1 12 01	26 20 09	9 30 07	17 15 55	24 44 54	3 55 38	9 38 18	14 43 13
30 Tu	4 23 07	11 ♉ 15 27	18 06 30	9 40 40	3 50 34	11 26 54	1 37 01	26 51 21	9 41 04	17 24 40	24 51 01	4 03 04	9 44 43	14 50 51
31 W	5 31 01	25 12 59	2 ♊ 18 56	11 24 10	5 13 43	11 25 50	2 04 45	27 25 10	9 54 32	17 36 11	24 59 44	4 13 14	9 53 50	15 01 10

Notes

LONGITUDE — November 1990

Day	☉	0 hr ☽	Noon ☽	☿	♀	♂	⚵	⚳	♃	♄	⚷	♅	♆	♇
1 Th	6 ♑ 41 11	9 ♊ 42 03	17 ♊ 01 24	13 ♑ 09 25	6 ♑ 39 07	11 ♌ 26 08	2 ♒ 34 48	28 ♏ 01 10	10 ♎ 10 05	17 ♓ 50 01	25 ♍ 10 35	4 ♓ 25 41	10 ♓ 05 14	15 ♑ 13 45
2 F	7 52 39	24 37 48	2 ♋ 07 19	14 55 31	8 05 48	11 26 52	3 06 10	28 38 23	10 26 45	18 05 13	25 22 38	4 39 27	10 17 56	15 27 36
3 Sa	9 04 07	9 ♋ 51 38	17 26 38	16 41 08	9 32 28	11 26 44	3 37 34	29 15 31	10 43 13	18 20 28	25 34 33	4 53 13	10 30 39	15 41 25
4 Su	10 14 15	25 12 24	2 ♌ 47 28	18 24 59	10 57 46	11 24 24	4 07 39	29 51 15	10 58 10	18 34 27	25 45 01	5 05 40	10 42 01	15 53 54
5 M	11 22 04	10 ♌ 28 19	17 58 25	20 06 04	12 20 44	11 18 54	4 35 26	0 ♐ 24 32	11 10 35	18 46 09	25 53 01	5 15 48	10 51 03	16 04 01
6 Tu	12 27 06	25 29 18	2 ♍ 50 28	21 43 56	13 40 53	11 09 46	5 00 26	0 54 57	11 20 00	18 55 06	25 58 07	5 23 09	10 57 18	16 11 18
7 W	13 29 33	10 ♍ 08 27	17 18 21	23 18 49	14 58 25	10 57 15	5 22 53	1 22 41	11 26 39	19 01 32	26 00 30	5 27 56	11 00 58	16 15 60
8 Th	14 30 13	24 22 40	1 ♎ 20 28	24 51 32	16 14 10	10 42 10	5 43 34	1 48 33	11 31 18	19 06 14	26 00 59	5 30 56	11 02 51	16 18 53
9 F	15 30 18	8 ♎ 12 10	14 58 18	26 23 16	17 29 17	10 25 43	6 03 40	2 13 44	11 35 10	19 10 22	26 00 45	5 33 22	11 04 08	16 21 08
10 Sa	16 31 06	21 39 31	28 15 08	27 55 19	18 45 06	10 09 14	6 24 30	2 39 31	11 39 32	19 15 17	26 01 05	5 36 30	11 06 08	16 24 04
11 Su	17 33 46	4 ♏ 48 25	11 ♏ 15 03	29 28 51	20 02 45	9 53 53	6 47 12	3 07 03	11 45 32	19 22 05	26 03 10	5 41 29	11 09 58	16 28 50
12 M	18 39 03	17 42 44	24 01 57	1 ♒ 04 39	21 22 60	9 40 29	7 12 32	3 37 06	11 53 57	19 31 33	26 07 44	5 49 07	11 16 26	16 36 11
13 Tu	19 47 14	0 ♐ 25 48	6 ♐ 38 59	2 42 58	22 46 08	9 29 21	7 40 48	4 09 58	12 05 04	19 43 59	26 15 05	5 59 39	11 25 48	16 46 25
14 W	20 58 05	13 00 00	19 08 16	4 23 35	24 11 53	9 20 16	8 11 43	4 45 22	12 18 37	19 59 06	26 24 58	6 12 50	11 37 48	16 59 16
15 Th	22 10 52	25 26 46	1 ♑ 30 58	6 05 44	25 39 34	9 12 34	8 44 36	5 22 37	12 33 54	20 16 13	26 36 40	6 27 59	11 51 46	17 14 03
16 F	23 24 35	7 ♑ 46 40	13 47 29	7 48 26	27 08 09	9 05 16	9 18 24	6 00 40	12 49 54	20 34 18	26 49 10	6 44 03	12 06 38	17 29 42
17 Sa	24 38 04	19 59 48	25 57 49	9 30 28	28 36 28	8 57 16	9 51 60	6 38 23	13 05 26	20 52 11	27 01 19	6 59 54	12 21 16	17 45 06
18 Su	25 50 14	2 ♒ 06 16	8 ♒ 02 04	11 10 45	0 ♒ 03 27	8 47 31	10 24 16	7 14 40	13 19 26	21 08 47	27 12 01	7 14 25	12 34 35	17 59 09
19 M	27 00 12	14 06 30	20 00 54	12 48 24	1 28 14	8 35 13	10 54 23	7 48 39	13 31 03	21 23 16	27 20 26	7 26 46	12 45 43	18 10 59
20 Tu	28 07 30	26 01 43	1 ♓ 55 47	14 22 52	2 50 18	8 19 55	11 21 49	8 19 52	13 39 46	21 35 06	27 26 02	7 36 27	12 54 10	18 20 06
21 W	29 12 03	7 ♓ 54 10	13 49 19	15 54 02	4 09 36	8 01 36	11 46 31	8 48 12	13 45 31	21 44 14	27 28 47	7 43 23	12 59 52	18 26 27
22 Th	0 ♒ 14 13	19 47 13	25 45 16	17 22 13	5 26 30	7 40 40	12 08 50	9 14 02	13 48 39	21 51 01	27 29 01	7 47 56	13 03 10	18 30 23
23 F	1 14 42	1 ♈ 45 23	7 ♈ 48 27	18 48 05	6 41 42	7 17 55	12 29 29	9 38 05	13 49 55	21 56 10	27 27 28	7 50 49	13 04 49	18 32 37
24 Sa	2 14 28	13 54 01	20 04 31	20 12 30	7 56 10	6 54 20	12 49 26	10 01 18	13 50 15	22 00 40	27 25 06	7 53 00	13 05 45	18 34 06
25 Su	3 14 35	26 19 05	2 ♉ 39 30	21 36 26	9 10 58	6 31 03	13 09 44	10 24 45	13 50 43	22 05 32	27 22 58	7 55 33	13 07 01	18 35 55
26 M	4 16 00	9 ♉ 06 31	15 39 14	23 00 43	10 27 02	6 09 03	13 31 20	10 49 23	13 52 15	22 11 45	27 22 02	7 59 23	13 09 35	18 38 60
27 Tu	5 19 23	22 21 31	29 08 23	24 25 55	11 45 03	5 49 04	13 54 55	11 15 51	13 55 33	22 19 58	27 22 57	8 05 12	13 14 08	18 44 01
28 W	6 24 58	6 ♊ 07 37	13 ♊ 09 35	25 52 07	13 05 15	5 31 24	14 20 42	11 44 25	14 00 50	22 30 26	27 25 58	8 13 13	13 20 52	18 51 12
29 Th	7 32 29	20 25 46	27 42 18	27 18 53	14 27 22	5 15 50	14 48 27	12 14 48	14 07 51	22 42 53	27 30 49	8 23 12	13 29 34	19 00 19
30 F	8 41 14	5 ♋ 13 21	12 ♋ 42 11	28 45 17	15 50 42	5 01 41	15 17 25	12 46 16	14 15 53	22 56 36	27 36 47	8 34 24	13 39 29	19 10 38

LONGITUDE — December 1990

Day	☉	0 hr ☽	Noon ☽	☿	♀	♂	⚵	⚳	♃	♄	⚷	♅	♆	♇
1 Sa	9 ♒ 50 11	20 ♋ 23 54	28 ♋ 00 60	0 ♓ 10 04	17 ♒ 14 13	4 ♌ 47 58	15 ♒ 46 35	13 ♐ 17 50	14 ♎ 23 53	23 ♓ 10 33	27 ♍ 42 51	8 ♓ 45 49	13 ♓ 49 36	19 ♑ 21 06
2 Su	10 58 14	5 ♌ 47 33	13 ♌ 27 38	1 31 53	18 36 49	4 33 40	16 14 51	13 48 22	14 30 47	23 23 38	27 47 56	8 56 20	13 58 49	19 30 40
3 M	12 04 32	21 12 32	28 49 56	2 49 32	19 57 38	4 17 56	16 41 23	14 17 01	14 35 43	23 35 01	27 51 09	9 05 06	14 06 17	19 38 26
4 Tu	13 08 38	6 ♍ 27 17	13 ♍ 56 58	4 02 13	21 16 13	4 00 21	17 05 41	14 43 19	14 38 13	23 44 12	27 52 03	9 11 39	14 11 32	19 43 57
5 W	14 10 34	21 22 24	28 40 43	5 09 35	22 32 39	3 41 03	17 27 51	15 07 21	14 38 22	23 51 17	27 50 43	9 16 04	14 14 38	19 47 18
6 Th	15 10 54	5 ♎ 51 58	12 ♎ 56 57	6 11 41	23 47 27	3 20 34	17 48 24	15 29 37	14 36 40	23 56 47	27 47 40	9 18 52	14 16 07	19 49 00
7 F	16 10 29	19 53 42	26 44 57	7 08 52	25 01 28	2 59 49	18 08 11	15 50 60	14 33 60	24 01 32	27 43 45	9 20 54	14 16 50	19 49 54
8 Sa	17 10 15	3 ♏ 28 24	10 ♏ 06 40	8 01 27	26 15 39	2 39 47	18 28 10	16 12 26	14 31 19	24 06 32	27 39 56	9 23 08	14 17 45	19 50 58
9 Su	18 11 05	16 38 53	23 05 42	8 49 39	27 30 53	2 21 23	18 49 12	16 34 47	14 29 28	24 12 36	27 37 05	9 26 25	14 19 43	19 53 04
10 M	19 13 35	29 29 02	5 ♐ 46 17	9 33 19	28 47 47	2 05 13	19 11 53	16 58 39	14 29 04	24 20 23	27 35 48	9 31 22	14 23 20	19 56 48
11 Tu	20 18 00	12 ♐ 02 56	18 12 36	10 11 54	0 ♓ 06 33	1 51 36	19 36 29	17 24 16	14 30 22	24 30 05	27 36 20	9 38 14	14 28 52	20 02 24
12 W	21 24 13	24 24 22	0 ♑ 28 16	10 44 27	1 27 07	1 40 26	20 02 52	17 51 33	14 33 15	24 41 37	27 38 35	9 46 54	14 36 12	20 09 46
13 Th	22 31 46	6 ♑ 36 28	12 36 15	11 09 37	2 49 00	1 31 17	20 30 36	18 20 01	14 37 16	24 54 32	27 42 05	9 56 54	14 44 52	20 18 27
14 F	23 40 01	18 41 43	24 38 45	11 25 54	4 11 34	1 23 32	20 59 01	18 49 01	14 41 46	25 08 09	27 46 12	10 07 35	14 54 13	20 27 47
15 Sa	24 48 12	0 ♒ 41 58	6 ♒ 37 23	11 31 43	5 34 02	1 16 26	21 27 21	19 17 47	14 45 59	25 21 44	27 50 09	10 18 12	15 03 30	20 37 01
16 Su	25 55 36	12 38 42	18 33 28	11 25 42	6 55 43	1 09 19	21 54 53	19 45 38	14 49 13	25 34 33	27 53 15	10 28 02	15 11 60	20 45 26
17 M	27 01 39	24 33 14	0 ♓ 28 14	11 06 49	8 16 03	1 01 37	22 21 05	20 11 58	14 50 55	25 46 04	27 54 55	10 36 32	15 19 09	20 52 29
18 Tu	28 06 02	6 ♓ 26 58	12 23 05	10 34 36	9 34 41	0 53 01	22 45 36	20 36 28	14 50 44	25 55 55	27 54 51	10 43 21	15 24 38	20 57 49
19 W	29 08 40	18 21 40	24 19 55	9 49 13	10 51 33	0 43 28	23 08 22	20 59 03	14 48 37	26 04 04	27 52 58	10 48 26	15 28 22	21 01 23
20 Th	0 ♓ 09 45	0 ♈ 19 38	6 ♈ 21 12	8 51 37	12 06 52	0 33 11	23 29 34	21 19 55	14 44 45	26 10 41	27 49 27	10 51 57	15 30 32	21 03 22
21 F	1 09 41	12 23 47	18 30 06	7 43 31	13 21 01	0 22 35	23 49 38	21 39 29	14 39 34	26 16 11	27 44 44	10 54 20	15 31 35	21 04 11
22 Sa	2 09 03	24 37 39	0 ♉ 50 22	6 27 17	14 34 36	0 12 13	24 09 06	21 58 18	14 33 37	26 21 08	27 39 24	10 56 09	15 32 03	21 04 24
23 Su	3 08 28	7 ♉ 05 14	13 26 11	5 05 51	15 48 11	0 02 44	24 28 36	22 16 60	14 27 31	26 26 09	27 34 01	10 57 60	15 32 34	21 04 38
24 M	4 08 27	19 50 48	26 21 47	3 42 25	17 02 22	29 ♋ 54 39	24 48 42	22 36 06	14 21 51	26 31 47	27 29 11	11 00 27	15 33 40	21 05 25
25 Tu	5 09 26	2 ♊ 58 17	9 ♊ 40 57	2 20 08	18 17 31	29 48 24	25 09 46	22 56 02	14 16 59	26 38 26	27 25 18	11 03 53	15 35 46	21 07 10
26 W	6 11 34	16 30 54	23 26 19	1 01 53	19 33 49	29 44 08	25 31 59	23 16 56	14 13 06	26 46 16	27 22 30	11 08 28	15 39 01	21 10 03
27 Th	7 14 44	0 ♋ 30 17	7 ♋ 38 37	29 ♒ 49 59	20 51 09	29 41 45	25 55 14	23 38 42	14 10 06	26 55 10	27 20 42	11 14 07	15 43 19	21 13 57
28 F	8 18 37	14 55 50	22 15 59	28 46 06	22 09 11	29 40 53	26 19 11	24 00 60	14 07 39	27 04 47	27 19 35	11 20 28	15 48 20	21 18 32
29 Sa	9 22 43	29 44 09	7 ♌ 13 36	27 51 17	23 27 24	29 41 02	26 43 20	24 23 19	14 05 15	27 14 39	27 18 37	11 27 01	15 53 34	21 23 18
30 Su	10 26 29	14 ♌ 48 56	22 23 46	27 06 00	24 45 19	29 41 41	27 07 09	24 45 09	14 02 23	27 24 13	27 17 18	11 33 16	15 58 29	21 27 44
31 M	11 29 32	0 ♍ 01 27	7 ♍ 36 55	26 30 21	26 02 28	29 42 23	27 30 14	25 06 03	13 58 37	27 33 04	27 15 12	11 38 47	16 02 40	21 31 24

Notes

January 1991 — LONGITUDE

Day	☉	0 hr ☽	Noon ☽	☿	♀	♂	⚵	⚳	♃	♄	⚷	♅	♆	♇
1 Tu	12 ♓ 31 37	15 ♍ 11 46	22 ♍ 42 55	26 ♒ 04 13	27 ♓ 18 39	29 ♋ 42 56	27 ♒ 52 20	25 ♐ 25 48	13 ♎ 53 45	27 ♓ 40 59	27 ♍ 12 07	11 ♓ 43 19	16 ♓ 05 53	21 ♑ 34 05
2 W	13 32 45	0 ♎ 10 15	7 ♎ 32 48	25 47 24	28 33 53	29 43 17	28 13 28	25 44 24	13 47 47	27 47 58	27 08 03	11 46 55	16 08 09	21 35 46
3 Th	14 33 07	14 49 03	21 59 53	25 39 40	29 48 20	29 43 39	28 33 51	26 02 03	13 40 55	27 54 13	27 03 11	11 49 45	16 09 40	21 36 42
4 F	15 33 06	29 02 59	6 ♏ 00 26	25 40 47	1 ♈ 02 23	29 44 22	28 53 48	26 19 05	13 33 31	28 00 04	26 57 53	11 52 11	16 10 47	21 37 10
5 Sa	16 33 02	12 ♏ 49 46	19 33 30	25 50 26	2 16 23	29 45 47	29 13 41	26 35 53	13 25 56	28 05 53	26 52 31	11 54 34	16 11 50	21 37 35
6 Su	17 33 15	26 09 42	2 ♐ 40 31	26 08 14	3 30 39	29 48 14	29 33 51	26 52 45	13 18 30	28 12 01	26 47 25	11 57 14	16 13 11	21 38 15
7 M	18 33 58	9 ♐ 04 59	15 24 27	26 33 40	4 45 23	29 51 53	29 54 29	27 09 53	13 11 26	28 18 38	26 42 46	12 00 22	16 15 02	21 39 23
8 Tu	19 35 14	21 39 06	27 49 15	27 06 08	6 00 41	29 56 48	0 ♓ 15 38	27 27 22	13 04 48	28 25 50	26 38 40	12 04 04	16 17 25	21 41 02
9 W	20 36 59	3 ♑ 56 09	9 ♑ 59 10	27 44 55	7 16 27	0 ♌ 02 55	0 37 17	27 45 07	12 58 33	28 33 32	26 35 02	12 08 15	16 20 18	21 43 09
10 Th	21 39 05	16 00 25	21 58 31	28 29 15	8 32 33	0 10 04	0 59 14	28 02 58	12 52 31	28 41 35	26 31 43	12 12 45	16 23 31	21 45 34
11 F	22 41 19	27 56 02	3 ♒ 51 17	29 18 24	9 48 47	0 18 03	1 21 18	28 20 44	12 46 31	28 49 46	26 28 31	12 17 24	16 26 52	21 48 05
12 Sa	23 43 30	9 ♒ 46 50	15 41 05	0 ♓ 11 41	11 04 57	0 26 38	1 43 17	28 38 13	12 40 21	28 57 54	26 25 16	12 21 58	16 30 09	21 50 32
13 Su	24 45 27	21 36 15	27 31 06	1 08 31	12 20 53	0 35 40	2 05 02	28 55 14	12 33 53	29 05 51	26 21 47	12 26 19	16 33 13	21 52 44
14 M	25 47 08	3 ♓ 27 16	9 ♓ 24 02	2 08 24	13 36 31	0 45 04	2 26 28	29 11 44	12 27 03	29 13 30	26 18 01	12 30 23	16 36 01	21 54 37
15 Tu	26 48 31	15 22 25	21 22 12	3 11 02	14 51 52	0 54 49	2 47 36	29 27 42	12 19 50	29 20 53	26 13 58	12 34 09	16 38 30	21 56 11
16 W	27 49 41	27 23 53	3 ♈ 27 36	4 16 09	16 06 59	1 04 59	3 08 30	29 43 13	12 12 21	29 28 04	26 09 42	12 37 42	16 40 47	21 57 31
17 Th	28 50 44	9 ♈ 33 31	15 41 58	5 23 36	17 21 59	1 15 39	3 29 15	29 58 22	12 04 40	29 35 09	26 05 20	12 41 07	16 42 57	21 58 42
18 F	29 51 47	21 52 59	28 06 53	6 33 16	18 36 58	1 26 56	3 49 59	0 ♑ 13 16	11 56 56	29 42 12	26 00 59	12 44 33	16 45 08	21 59 52
19 Sa	0 ♈ 52 56	4 ♉ 23 50	10 ♉ 43 55	7 45 02	19 52 03	1 38 55	4 10 47	0 27 60	11 49 15	29 49 24	25 56 44	12 48 04	16 47 24	22 01 07
20 Su	1 54 12	17 07 33	23 34 35	8 58 43	21 07 14	1 51 35	4 31 41	0 42 36	11 41 38	29 56 43	25 52 38	12 51 42	16 49 48	22 02 27
21 M	2 55 32	0 ♊ 05 39	6 ♊ 40 23	10 14 10	22 22 30	2 04 55	4 52 38	0 57 01	11 34 03	0 ♈ 04 07	25 48 38	12 55 24	16 52 16	22 03 51
22 Tu	3 56 51	13 19 31	20 02 41	11 31 08	23 37 44	2 18 48	5 13 33	1 11 10	11 26 26	0 11 31	25 44 39	12 59 06	16 54 44	22 05 12
23 W	4 58 02	26 50 24	3 ♋ 42 29	12 49 21	24 52 49	2 33 04	5 34 17	1 24 53	11 18 39	0 18 47	25 40 33	13 02 38	16 57 04	22 06 24
24 Th	5 58 56	10 ♋ 39 00	17 40 09	14 08 38	26 07 38	2 47 38	5 54 44	1 38 05	11 10 35	0 25 47	25 36 13	13 05 55	16 59 08	22 07 19
25 F	6 59 32	24 45 17	1 ♌ 55 01	15 28 48	27 22 08	3 02 23	6 14 51	1 50 42	11 02 12	0 32 29	25 31 37	13 08 52	17 00 53	22 07 54
26 Sa	7 59 51	9 ♌ 07 57	16 24 60	16 49 52	28 36 21	3 17 24	6 34 41	2 02 47	10 53 32	0 38 56	25 26 46	13 11 34	17 02 23	22 08 12
27 Su	9 00 04	23 44 11	1 ♍ 06 23	18 11 53	29 50 26	3 32 47	6 54 22	2 14 27	10 44 46	0 45 16	25 21 52	13 14 08	17 03 46	22 08 22
28 M	10 00 23	8 ♍ 29 28	15 53 51	19 35 03	1 ♉ 04 38	3 48 46	7 14 08	2 25 58	10 36 07	0 51 43	25 17 07	13 16 49	17 05 17	22 08 37
29 Tu	11 01 05	23 17 47	0 ♎ 40 50	20 59 34	2 19 12	4 05 36	7 34 14	2 37 34	10 27 51	0 58 33	25 12 47	13 19 52	17 07 10	22 09 14
30 W	12 02 21	8 ♎ 02 10	15 20 13	22 25 36	3 34 19	4 23 28	7 54 53	2 49 27	10 20 11	1 05 58	25 09 05	13 23 30	17 09 37	22 10 25
31 Th	13 04 17	22 35 32	29 45 19	23 53 12	4 50 06	4 42 27	8 16 11	3 01 42	10 13 13	1 14 02	25 06 06	13 27 47	17 12 45	22 12 14

February 1991 — LONGITUDE

Day	☉	0 hr ☽	Noon ☽	☿	♀	♂	⚵	⚳	♃	♄	⚷	♅	♆	♇
1 F	14 ♈ 06 50	6 ♏ 51 39	13 ♏ 50 41	25 ♓ 22 18	6 ♉ 06 29	5 ♌ 02 29	8 ♓ 38 04	3 ♑ 14 16	10 ♎ 06 53	1 ♈ 22 44	25 ♍ 03 46	13 ♓ 32 40	17 ♓ 16 30	22 ♑ 14 39
2 Sa	15 09 47	20 45 51	27 32 45	26 52 40	7 23 17	5 23 22	9 00 19	3 26 56	10 01 01	1 31 51	25 01 55	13 37 58	17 20 40	22 17 28
3 Su	16 12 51	4 ♐ 15 36	10 ♐ 50 04	28 23 58	8 40 09	5 44 45	9 22 38	3 39 23	9 55 16	1 41 03	25 00 13	13 43 21	17 24 56	22 20 21
4 M	17 15 38	17 20 27	23 43 11	29 55 49	9 56 44	6 06 17	9 44 38	3 51 15	9 49 18	1 49 58	24 58 17	13 48 27	17 28 55	22 22 57
5 Tu	18 17 49	0 ♑ 01 56	6 ♑ 14 26	1 ♈ 27 53	11 12 43	6 27 36	10 05 59	4 02 11	9 42 47	1 58 17	24 55 49	13 52 56	17 32 18	22 24 55
6 W	19 19 10	12 23 06	18 27 25	2 59 56	12 27 50	6 48 28	10 26 28	4 11 58	9 35 29	2 05 45	24 52 35	13 56 34	17 34 50	22 26 01
7 Th	20 19 35	24 28 09	0 ♒ 26 38	4 31 52	13 42 01	7 08 48	10 45 59	4 20 29	9 27 20	2 12 18	24 48 29	13 59 17	17 36 28	22 26 12
8 F	21 19 12	6 ♒ 21 57	12 17 04	6 03 49	14 55 24	7 28 43	11 04 40	4 27 52	9 18 27	2 18 03	24 43 39	14 01 10	17 37 17	22 25 32
9 Sa	22 18 17	18 09 44	24 03 53	7 36 02	16 08 13	7 48 27	11 22 45	4 34 22	9 09 07	2 23 14	24 38 20	14 02 31	17 37 34	22 24 20
10 Su	23 17 15	29 56 39	5 ♓ 52 07	9 08 57	17 20 55	8 08 26	11 40 41	4 40 24	8 59 44	2 28 18	24 32 59	14 03 43	17 37 43	22 22 58
11 M	24 16 34	11 ♓ 47 35	17 46 20	10 43 02	18 33 56	8 29 07	11 58 55	4 46 27	8 50 48	2 33 42	24 28 03	14 05 16	17 38 14	22 21 58
12 Tu	25 16 42	23 46 49	29 50 31	12 18 48	19 47 47	8 50 59	12 17 55	4 52 57	8 42 46	2 39 55	24 24 02	14 07 38	17 39 34	22 21 45
13 W	26 18 01	5 ♈ 57 49	12 ♈ 07 41	13 56 35	21 02 48	9 14 22	12 38 04	5 00 18	8 36 03	2 47 20	24 21 17	14 11 10	17 42 05	22 22 43
14 Th	27 20 44	18 23 02	24 39 52	15 36 38	22 19 12	9 39 29	12 59 34	5 08 41	8 30 50	2 56 07	24 19 60	14 16 06	17 46 00	22 25 03
15 F	28 24 49	1 ♉ 03 47	7 ♉ 27 57	17 18 54	23 36 56	10 06 17	13 22 23	5 18 04	8 27 05	3 06 15	24 20 10	14 22 22	17 51 17	22 28 44
16 Sa	29 29 57	14 00 18	20 31 43	19 03 09	24 55 45	10 34 30	13 46 13	5 28 09	8 24 33	3 17 27	24 21 30	14 29 42	17 57 38	22 33 29
17 Su	0 ♉ 35 40	27 11 46	3 ♊ 50 04	20 48 52	26 15 07	11 03 35	14 10 34	5 38 27	8 22 42	3 29 13	24 23 29	14 37 36	18 04 34	22 38 47
18 M	1 41 18	10 ♊ 36 41	17 21 18	22 35 24	27 34 23	11 32 54	14 34 47	5 48 17	8 20 55	3 40 54	24 25 29	14 45 25	18 11 25	22 44 00
19 Tu	2 46 10	24 13 11	1 ♋ 03 29	24 22 07	28 52 52	12 01 45	14 58 11	5 56 59	8 18 30	3 51 47	24 26 49	14 52 27	18 17 31	22 48 26
20 W	3 49 42	7 ♋ 59 25	14 54 46	26 08 27	0 ♊ 10 01	12 29 35	15 20 13	6 04 00	8 14 54	4 01 21	24 26 56	14 58 09	18 22 17	22 51 33
21 Th	4 51 38	21 53 53	28 53 42	27 54 08	1 25 33	12 56 07	15 40 36	6 09 02	8 09 52	4 09 19	24 25 33	15 02 15	18 25 28	22 53 03
22 F	5 52 02	5 ♌ 55 29	12 ♌ 59 12	29 39 16	2 39 31	13 21 23	15 59 23	6 12 09	8 03 27	4 15 43	24 22 44	15 04 48	18 27 07	22 52 60
23 Sa	6 51 19	20 03 29	27 10 23	1 ♉ 24 16	3 52 23	13 45 49	16 17 00	6 13 48	7 56 05	4 21 01	24 18 55	15 06 14	18 27 40	22 51 51
24 Su	7 50 13	4 ♍ 17 06	11 ♍ 26 16	3 09 54	5 04 51	14 10 09	16 34 12	6 14 41	7 48 31	4 25 55	24 14 50	15 07 17	18 27 50	22 50 18
25 M	8 49 36	18 35 08	25 45 13	4 56 59	6 17 46	14 35 14	16 51 48	6 15 39	7 41 35	4 31 17	24 11 20	15 08 49	18 28 30	22 49 14
26 Tu	9 50 16	2 ♎ 55 29	10 ♎ 04 42	6 46 21	7 31 57	15 01 50	17 10 38	6 17 32	7 36 06	4 37 55	24 09 14	15 11 37	18 30 27	22 49 26
27 W	10 52 46	17 14 56	24 21 07	8 38 34	8 47 58	15 30 33	17 31 16	6 20 52	7 32 40	4 46 23	24 09 05	15 16 15	18 34 15	22 51 29
28 Th	11 57 20	1 ♏ 29 14	8 ♏ 30 03	10 33 49	10 06 00	16 01 33	17 53 53	6 25 52	7 31 27	4 56 54	24 11 06	15 22 55	18 40 06	22 55 36

Notes

LONGITUDE — March 1991

Day	☉	0 hr ☽	Noon ☽	☿	♀	♂	⚵	⚳	♃	♄	⚷	♅	♆	♇
1 F	13 ♉ 03 44	15 ♏ 33 32	22 ♏ 26 47	12 ♉ 31 53	11 ♊ 25 53	16 ♌ 34 39	18 ♓ 18 17	6 ♑ 32 20	7 ♎ 32 16	5 ♈ 09 15	24 ♍ 15 05	15 ♓ 31 27	18 ♓ 47 49	23 ♑ 01 32
2 Sa	14 11 26	29 23 05	6 ♐ 07 02	14 32 10	12 47 01	17 09 16	18 43 54	6 39 41	7 34 33	5 22 51	24 20 27	15 41 14	18 56 49	23 08 46
3 Su	15 19 36	12 ♐ 53 56	19 27 37	16 33 48	14 08 36	17 44 34	19 09 55	6 47 06	7 37 29	5 36 54	24 26 24	15 51 29	19 06 17	23 16 27
4 M	16 27 19	26 03 39	2 ♑ 26 56	18 35 50	15 29 43	18 19 40	19 35 26	6 53 41	7 40 10	5 50 30	24 32 02	16 01 17	19 15 19	23 23 41
5 Tu	17 33 47	8 ♑ 51 37	15 05 13	20 37 23	16 49 33	18 53 43	19 59 37	6 58 38	7 41 48	6 02 49	24 36 32	16 09 48	19 23 06	23 29 40
6 W	18 38 26	21 19 05	27 24 29	22 37 49	18 07 33	19 26 10	20 21 54	7 01 21	7 41 48	6 13 18	24 39 19	16 16 30	19 29 04	23 33 49
7 Th	19 41 03	3 ♒ 29 05	9 ♒ 28 19	24 36 46	19 23 29	19 56 48	20 42 05	7 01 38	7 39 58	6 21 43	24 40 11	16 21 08	19 32 59	23 35 55
8 F	20 41 47	15 26 04	21 21 32	26 34 16	20 37 31	20 25 45	21 00 17	6 59 38	7 36 26	6 28 13	24 39 17	16 23 53	19 35 02	23 36 09
9 Sa	21 41 09	27 15 29	3 ♓ 09 50	28 30 41	21 50 09	20 53 33	21 17 03	6 55 52	7 31 45	6 33 20	24 37 08	16 25 15	19 35 42	23 34 60
10 Su	22 39 56	9 ♓ 03 25	14 59 18	0 ♊ 26 36	23 02 11	21 20 57	21 33 09	6 51 07	7 26 41	6 37 50	24 34 31	16 26 00	19 35 47	23 33 15
11 M	23 39 03	20 56 04	26 56 02	2 22 41	24 14 30	21 48 52	21 49 29	6 46 18	7 22 08	6 42 37	24 32 21	16 27 04	19 36 12	23 31 50
12 Tu	24 39 23	2 ♈ 59 20	9 ♈ 05 40	4 19 36	25 28 01	22 18 13	22 06 58	6 42 19	7 19 02	6 48 37	24 31 32	16 29 21	19 37 50	23 31 38
13 W	25 41 40	15 18 19	21 32 50	6 17 47	26 43 28	22 49 43	22 26 18	6 39 54	7 18 06	6 56 33	24 32 48	16 33 34	19 41 26	23 33 23
14 Th	26 46 21	27 56 47	4 ♉ 20 44	8 17 18	28 01 17	23 23 47	22 47 56	6 39 28	7 19 45	7 06 49	24 36 33	16 40 09	19 47 24	23 37 31
15 F	27 53 23	10 ♉ 56 50	17 30 40	10 17 47	29 21 25	24 00 24	23 11 51	6 41 02	7 24 00	7 19 26	24 42 49	16 49 05	19 55 45	23 44 01
16 Sa	29 02 22	24 18 33	1 ♊ 01 54	12 18 24	0 ♋ 43 28	24 39 09	23 37 35	6 44 10	7 30 24	7 33 56	24 51 08	16 59 56	20 06 02	23 52 27
17 Su	0 ♊ 12 25	7 ♊ 59 54	14 51 35	14 17 52	2 06 34	25 19 09	24 04 19	6 47 59	7 38 05	7 49 30	25 00 39	17 11 51	20 17 23	24 01 58
18 M	1 22 26	21 57 05	28 55 18	16 14 37	3 29 36	25 59 18	24 30 55	6 51 26	7 45 58	8 04 60	25 10 17	17 23 44	20 28 43	24 11 27
19 Tu	2 31 17	6 ♋ 05 09	13 ♋ 07 47	18 07 04	4 51 27	26 38 27	24 56 15	6 53 21	7 52 55	8 19 18	25 18 52	17 34 25	20 38 54	24 19 47
20 W	3 38 04	20 18 55	27 23 51	19 53 49	6 11 10	27 15 43	25 19 24	6 52 50	7 58 01	8 31 29	25 25 30	17 43 01	20 46 59	24 26 02
21 Th	4 42 16	4 ♌ 33 49	11 ♌ 39 18	21 33 55	7 28 18	27 50 34	25 39 54	6 49 26	8 00 46	8 41 05	25 29 43	17 49 03	20 52 31	24 29 43
22 F	5 43 59	18 46 40	25 51 24	23 07 00	8 42 55	28 23 07	25 57 47	6 43 12	8 01 16	8 48 10	25 31 34	17 52 34	20 55 34	24 30 56
23 Sa	6 43 52	2 ♍ 55 46	9 ♍ 58 59	24 33 17	9 55 39	28 53 59	26 13 45	6 34 49	8 00 10	8 53 22	25 31 44	17 54 15	20 56 48	24 30 19
24 Su	7 42 58	17 00 50	24 02 04	25 53 25	11 07 35	29 24 15	26 28 50	6 25 21	7 58 31	8 57 47	25 31 15	17 55 09	20 57 16	24 28 57
25 M	8 42 34	1 ♎ 02 17	8 ♎ 01 11	27 08 17	12 19 58	29 55 09	26 44 17	6 16 04	7 57 35	9 02 38	25 31 23	17 56 31	20 58 13	24 28 04
26 Tu	9 43 49	15 00 34	21 56 39	28 18 43	13 33 57	0 ♍ 27 52	27 01 17	6 08 10	7 58 32	9 09 07	25 33 19	17 59 32	21 00 49	24 28 52
27 W	10 47 34	28 55 27	5 ♏ 48 02	29 25 14	14 50 24	1 03 13	27 20 40	6 02 27	8 02 13	9 18 04	25 37 52	18 05 02	21 05 56	24 32 09
28 Th	11 54 08	12 ♏ 45 43	19 33 46	0 ♋ 27 57	16 09 39	1 41 34	27 42 46	5 59 19	8 08 57	9 29 48	25 45 24	18 13 21	21 13 53	24 38 18
29 F	13 03 20	26 28 59	3 ♐ 11 18	1 26 24	17 31 28	2 22 40	28 07 22	5 58 32	8 18 33	9 44 08	25 55 41	18 24 17	21 24 28	24 47 04
30 Sa	14 14 26	10 ♐ 02 09	16 37 35	2 19 43	18 55 08	3 05 49	28 33 45	5 59 24	8 30 16	10 00 19	26 07 60	18 37 06	21 36 57	24 57 46
31 Su	15 26 23	23 21 55	29 49 34	3 06 41	20 19 36	3 49 56	29 00 51	6 00 52	8 43 03	10 17 18	26 21 17	18 50 44	21 50 16	25 09 17

LONGITUDE — April 1991

Day	☉	0 hr ☽	Noon ☽	☿	♀	♂	⚵	⚳	♃	♄	⚷	♅	♆	♇
1 M	16 ♊ 37 58	6 ♑ 25 31	12 ♑ 44 59	3 ♋ 46 04	21 ♋ 43 39	4 ♍ 33 50	29 ♓ 27 27	6 ♑ 01 45	8 ♎ 55 42	10 ♈ 33 53	26 ♍ 34 20	19 ♓ 03 60	22 ♓ 03 14	25 ♑ 20 28
2 Tu	17 48 05	19 11 20	25 22 50	4 16 42	23 06 11	5 16 24	29 52 27	6 00 56	9 07 06	10 48 57	26 46 03	19 15 46	22 14 44	25 30 12
3 W	18 55 54	1 ♒ 39 20	7 ♒ 43 45	4 37 50	24 26 23	5 56 48	0 ♈ 15 02	5 57 38	9 16 26	11 01 42	26 55 37	19 25 15	22 23 57	25 37 39
4 Th	20 01 03	13 51 11	19 50 01	4 49 10	25 43 51	6 34 39	0 34 47	5 51 27	9 23 18	11 11 42	27 02 36	19 32 00	22 30 28	25 42 25
5 F	21 03 35	25 50 15	1 ♓ 45 32	4 50 56	26 58 38	7 10 00	0 51 46	5 42 29	9 27 46	11 19 02	27 07 07	19 36 08	22 34 22	25 44 34
6 Sa	22 04 01	7 ♓ 41 19	13 35 29	4 43 55	28 11 17	7 43 23	1 06 31	5 31 14	9 30 22	11 24 14	27 09 39	19 38 09	22 36 10	25 44 39
7 Su	23 03 14	19 30 16	25 25 59	4 29 20	29 22 39	8 15 41	1 19 53	5 18 38	9 31 58	11 28 09	27 11 06	19 38 56	22 36 46	25 43 31
8 M	24 02 19	1 ♈ 23 36	7 ♈ 23 37	4 08 42	0 ♌ 33 50	8 47 58	1 32 59	5 05 46	9 33 39	11 31 54	27 12 33	19 39 33	22 37 13	25 42 16
9 Tu	25 02 24	13 27 56	19 34 58	3 43 37	1 45 56	9 21 22	1 46 55	4 53 46	9 36 32	11 36 35	27 15 06	19 41 09	22 38 40	25 42 01
10 W	26 04 25	25 49 30	2 ♉ 05 55	3 15 38	2 59 55	9 56 48	2 02 36	4 43 36	9 41 34	11 43 09	27 19 43	19 44 39	22 42 02	25 43 42
11 Th	27 08 58	8 ♉ 33 25	15 01 04	2 46 02	4 16 23	10 34 54	2 20 40	4 35 53	9 49 21	11 52 12	27 27 00	19 50 41	22 47 56	25 47 56
12 F	28 16 11	21 43 06	28 22 58	2 15 40	5 35 26	11 15 46	2 41 13	4 30 45	10 00 01	12 03 50	27 37 04	19 59 20	22 56 30	25 54 51
13 Sa	29 25 37	5 ♊ 19 35	12 ♊ 11 35	1 44 54	6 56 39	11 58 60	3 03 50	4 27 48	10 13 07	12 17 40	27 49 28	20 10 12	23 07 17	26 03 60
14 Su	0 ♋ 36 23	19 21 10	26 23 57	1 13 39	8 19 08	12 43 39	3 27 36	4 26 08	10 27 45	12 32 45	28 03 20	20 22 22	23 19 24	26 14 29
15 M	1 47 15	3 ♋ 43 21	10 ♋ 54 28	0 41 33	9 41 38	13 28 30	3 51 16	4 24 33	10 42 42	12 47 53	28 17 25	20 34 37	23 31 36	26 25 05
16 Tu	2 56 53	18 19 26	25 35 36	0 08 06	11 02 52	14 12 16	4 13 33	4 21 46	10 56 38	13 01 44	28 30 25	20 45 38	23 42 35	26 34 29
17 W	4 04 16	3 ♌ 01 38	10 ♌ 19 19	29 ♊ 33 06	12 21 45	14 53 52	4 33 23	4 16 44	11 08 31	13 13 16	28 41 15	20 54 22	23 51 18	26 41 38
18 Th	5 08 47	17 42 23	24 58 25	28 56 43	13 37 43	15 32 44	4 50 10	4 08 54	11 17 46	13 21 54	28 49 23	21 00 13	23 57 10	26 45 57
19 F	6 10 31	2 ♍ 15 44	9 ♍ 27 41	28 19 44	14 50 48	16 08 55	5 03 59	3 58 19	11 24 25	13 27 41	28 54 50	21 03 17	24 00 15	26 47 30
20 Sa	7 10 07	16 37 58	23 44 20	27 43 27	16 01 42	16 43 05	5 15 29	3 45 43	11 29 10	13 31 17	28 58 18	21 04 11	24 01 13	26 46 58
21 Su	8 08 44	0 ♎ 47 40	7 ♎ 47 49	27 09 32	17 11 31	17 16 21	5 25 48	3 32 12	11 33 07	13 33 50	29 00 53	21 04 06	24 01 11	26 45 26
22 M	9 07 39	14 45 12	21 39 05	26 39 48	18 21 34	17 50 02	5 36 13	3 19 07	11 37 36	13 36 39	29 03 55	21 04 18	24 01 28	26 44 15
23 Tu	10 08 06	28 31 53	5 ♏ 19 44	26 15 50	19 33 04	18 25 21	5 47 59	3 07 42	11 43 49	13 40 56	29 08 36	21 06 01	24 03 18	26 44 37
24 W	11 10 58	12 ♏ 09 05	18 51 11	25 58 47	20 46 53	19 03 12	6 01 58	2 58 50	11 52 38	13 47 34	29 15 49	21 10 08	24 07 32	26 47 26
25 Th	12 16 37	25 37 42	2 ♐ 14 11	25 49 16	22 03 23	19 43 54	6 18 30	2 52 55	12 04 26	13 56 56	29 25 55	21 17 01	24 14 33	26 53 03
26 F	13 24 51	8 ♐ 57 41	15 28 29	25 47 13	23 22 23	20 27 17	6 37 25	2 49 45	12 19 01	14 08 49	29 38 45	21 26 29	24 24 09	27 01 16
27 Sa	14 34 58	22 08 09	28 33 05	25 52 01	24 43 10	21 12 40	6 58 01	2 48 41	12 35 41	14 22 33	29 53 35	21 37 49	24 35 40	27 11 25
28 Su	15 45 59	5 ♑ 07 40	11 ♑ 26 29	26 02 41	26 04 45	21 59 01	7 19 17	2 48 42	12 53 26	14 37 06	0 ♎ 09 25	21 50 01	24 48 03	27 22 28
29 M	16 56 43	17 54 38	24 07 17	26 18 01	27 25 56	22 45 11	7 40 02	2 48 39	13 11 05	14 51 18	0 25 04	22 01 55	25 00 09	27 33 15
30 Tu	18 06 04	0 ♒ 27 59	6 ♒ 34 40	26 36 52	28 45 39	23 30 03	7 59 11	2 47 27	13 27 33	15 04 04	0 39 29	22 12 26	25 10 54	27 42 42

Notes

May 1991 — LONGITUDE

Day	☉	0 hr ☽	Noon ☽	☿	♀	♂	⚵	⚳	♃	♄	⚷	♅	♆	♇
1 W	19♋ 13 15	12♒ 47 31	18♒ 48 52	26♊ 58 19	0♍ 03 04	24♍ 12 50	8♈ 15 55	2♑ 44 19	13♎ 42 01	15♈ 14 35	0♎ 51 48	22♓ 20 44	25♓ 19 26	27♑ 49 59
2 Th	20 17 47	24 54 15	0♓ 51 21	27 21 49	1 17 43	24 53 03	8 29 47	2 38 47	13 54 01	15 22 23	1 01 36	22 26 23	25 25 21	27 54 39
3 F	21 19 40	6♓ 50 35	12 44 60	27 47 13	2 29 37	25 30 42	8 40 44	2 30 52	14 03 33	15 27 28	1 08 51	22 29 22	25 28 35	27 56 41
4 Sa	22 19 18	18 40 16	24 33 59	28 14 45	3 39 08	26 06 10	8 49 12	2 20 58	14 10 60	15 30 14	1 13 58	22 30 04	25 29 35	27 56 29
5 Su	23 17 26	0♈ 28 13	6♈ 23 35	28 45 03	4 47 01	26 40 14	8 55 54	2 09 52	14 17 07	15 31 25	1 17 40	22 29 15	25 29 04	27 54 49
6 M	24 15 02	12 20 13	18 19 49	29 18 54	5 54 15	27 13 50	9 01 48	1 58 31	14 22 53	15 31 60	1 20 56	22 27 52	25 28 01	27 52 37
7 Tu	25 13 07	24 22 33	0♉ 29 05	29 57 11	7 01 50	27 47 60	9 07 56	1 47 58	14 29 17	15 32 60	1 24 48	22 26 57	25 27 26	27 50 56
8 W	26 12 36	6♉ 41 29	12 57 34	0♋ 40 40	8 10 41	28 23 38	9 15 11	1 39 08	14 37 16	15 35 19	1 30 09	22 27 25	25 28 15	27 50 40
9 Th	27 14 06	19 22 45	25 50 36	1 29 49	9 21 25	29 01 22	9 24 12	1 32 38	14 47 25	15 39 34	1 37 38	22 29 52	25 31 04	27 52 27
10 F	28 17 50	2♊ 30 44	9♊ 11 57	2 24 43	10 34 14	29 41 24	9 35 09	1 28 43	14 59 58	15 45 60	1 47 26	22 34 32	25 36 08	27 56 29
11 Sa	29 23 32	16 07 51	23 02 58	3 24 59	11 48 54	0♎ 23 30	9 47 48	1 27 07	15 14 40	15 54 18	1 59 19	22 41 09	25 43 09	28 02 30
12 Su	0♌ 30 30	0♋ 13 48	7♋ 21 59	4 29 46	13 04 39	1 06 55	10 01 26	1 27 08	15 30 46	16 03 48	2 12 32	22 49 00	25 51 25	28 09 49
13 M	1 37 43	14 45 10	22 04 08	5 37 56	14 20 30	1 50 40	10 15 01	1 27 45	15 47 16	16 13 28	2 26 06	22 57 05	25 59 55	28 17 23
14 Tu	2 44 03	29 35 35	7♌ 01 43	6 48 15	15 35 20	2 33 36	10 27 25	1 27 52	16 03 03	16 22 11	2 38 53	23 04 16	26 07 33	28 24 07
15 W	3 48 34	14♌ 36 26	22 05 24	7 59 43	16 48 11	3 14 48	10 37 44	1 26 34	16 17 11	16 29 01	2 49 58	23 09 37	26 13 22	28 29 04
16 Th	4 50 44	29 38 23	7♍ 05 46	9 11 42	17 58 31	3 53 44	10 45 23	1 23 18	16 29 07	16 33 25	2 58 47	23 12 36	26 16 50	28 31 41
17 F	5 50 32	14♍ 32 51	21 54 57	10 24 04	19 06 19	4 30 22	10 50 23	1 18 03	16 38 51	16 35 23	3 05 19	23 13 13	26 17 56	28 31 58
18 Sa	6 48 28	29 13 25	6♎ 27 34	11 37 17	20 12 04	5 05 12	10 53 12	1 11 21	16 46 51	16 35 25	3 10 05	23 11 56	26 17 09	28 30 25
19 Su	7 45 25	13♎ 36 17	20 41 04	12 52 10	21 16 39	5 39 07	10 54 44	1 04 04	16 54 01	16 34 23	3 13 57	23 09 39	26 15 23	28 27 55
20 M	8 42 24	27 40 10	4♏ 35 10	14 09 41	22 21 06	6 13 10	10 56 01	0 57 14	17 01 23	16 33 20	3 17 59	23 07 25	26 13 41	28 25 29
21 Tu	9 40 26	11♏ 25 38	18 11 15	15 30 47	23 26 23	6 48 18	10 58 01	0 51 51	17 09 56	16 33 15	3 23 06	23 06 11	26 13 00	28 24 08
22 W	10 40 10	24 54 18	1♐ 31 09	16 56 06	24 33 11	7 25 13	11 01 26	0 48 36	17 20 20	16 34 48	3 30 03	23 06 40	26 14 02	28 24 31
23 Th	11 41 56	8♐ 08 03	14 37 05	18 25 56	25 41 47	8 04 14	11 06 33	0 47 48	17 32 55	16 38 18	3 39 06	23 09 10	26 17 06	28 26 58
24 F	12 45 35	21 08 33	27 30 39	20 00 06	26 52 05	8 45 13	11 13 15	0 49 18	17 47 32	16 43 39	3 50 09	23 13 33	26 22 05	28 31 22
25 Sa	13 50 40	3♑ 57 01	10♑ 12 56	21 38 07	28 03 35	9 27 41	11 21 03	0 52 39	18 03 42	16 50 20	4 02 42	23 19 20	26 28 28	28 37 12
26 Su	14 56 26	16 34 11	22 44 35	23 19 14	29 15 31	10 10 54	11 29 12	0 57 06	18 20 40	16 57 38	4 15 60	23 25 48	26 35 32	28 43 45
27 M	16 02 02	29 00 28	5♒ 05 57	25 02 35	0♎ 27 03	10 54 00	11 36 52	1 01 48	18 37 38	17 04 42	4 29 14	23 32 05	26 42 26	28 50 10
28 Tu	17 06 43	11♒ 16 18	17 17 30	26 47 24	1 37 25	11 36 14	11 43 17	1 05 59	18 53 47	17 10 45	4 41 36	23 37 26	26 48 24	28 55 42
29 W	18 09 50	23 22 29	29 20 01	28 33 03	2 45 59	12 16 60	11 47 49	1 09 03	19 08 31	17 15 12	4 52 31	23 41 13	26 52 50	28 59 43
30 Th	19 11 06	5♓ 19 57	11♓ 14 60	0♌ 19 12	3 52 24	12 55 55	11 50 08	1 10 39	19 21 29	17 17 41	5 01 37	23 43 07	26 55 23	29 01 53
31 F	20 10 25	17 10 60	23 04 41	2 05 47	4 56 38	13 32 59	11 50 11	1 10 43	19 32 40	17 18 10	5 08 52	23 43 04	26 56 00	29 02 09

June 1991 — LONGITUDE

Day	☉	0 hr ☽	Noon ☽	☿	♀	♂	⚵	⚳	♃	♄	⚷	♅	♆	♇
1 Sa	21♌ 08 04	28♓ 58 23	4♈ 52 14	3♌ 53 03	5♎ 58 53	14♎ 08 25	11♈ 48 12	1♑ 09 31	19♎ 42 16	17♈ 16 54	5♎ 14 30	23♓ 41 19	26♓ 54 56	29♑ 00 46
2 Su	22 04 30	10♈ 45 48	16 41 41	5 41 27	6 59 39	14 42 41	11 44 40	1 07 32	19 50 46	17 14 20	5 19 00	23 38 21	26 52 38	28 58 12
3 M	23 00 22	22 37 45	28 37 47	7 31 36	7 59 33	15 16 26	11 40 12	1 05 21	19 58 49	17 11 07	5 22 59	23 34 47	26 49 46	28 55 06
4 Tu	23 56 20	4♉ 39 15	10♉ 45 45	9 24 08	8 59 15	15 50 21	11 35 31	1 03 42	20 07 06	17 07 57	5 27 09	23 31 19	26 47 00	28 52 07
5 W	24 53 03	16 55 38	23 10 59	11 19 39	9 59 22	16 25 03	11 31 12	1 03 11	20 16 12	17 05 26	5 32 07	23 28 34	26 44 58	28 49 55
6 Th	25 50 56	29 32 04	5♊ 58 31	13 18 32	11 00 20	17 00 60	11 27 44	1 04 15	20 26 37	17 04 01	5 38 19	23 26 60	26 44 07	28 48 56
7 F	26 50 13	12♊ 33 04	19 12 26	15 20 54	12 02 22	17 38 22	11 25 17	1 07 06	20 38 30	17 03 55	5 45 59	23 26 47	26 44 38	28 49 21
8 Sa	27 50 47	26 01 51	2♋ 55 11	17 26 32	13 05 19	18 17 04	11 23 45	1 11 37	20 51 47	17 05 01	5 54 58	23 27 51	26 46 26	28 51 04
9 Su	28 52 14	9♋ 59 37	17 06 52	19 34 57	14 08 48	18 56 42	11 22 46	1 17 24	21 06 02	17 06 55	6 04 54	23 29 46	26 49 06	28 53 42
10 M	29 53 58	24 24 57	1♌ 44 36	21 45 22	15 12 13	19 36 41	11 21 42	1 23 53	21 20 41	17 09 02	6 15 11	23 31 59	26 52 04	28 56 40
11 Tu	0♍ 55 21	9♌ 13 26	16 42 32	23 56 59	16 14 53	20 16 21	11 19 56	1 30 23	21 35 04	17 10 43	6 25 09	23 33 48	26 54 39	28 59 18
12 W	1 55 46	24 17 54	1♍ 52 16	26 09 00	17 16 13	20 55 07	11 16 53	1 36 19	21 48 37	17 11 23	6 34 14	23 34 41	26 56 17	29 01 00
13 Th	2 54 55	9♍ 29 15	17 04 05	28 20 51	18 15 51	21 32 39	11 12 10	1 41 21	22 00 57	17 10 42	6 42 05	23 34 15	26 56 38	29 01 28
14 F	3 52 42	24 37 48	2♎ 08 26	0♍ 32 14	19 13 43	22 08 52	11 05 47	1 45 24	22 12 02	17 08 35	6 48 38	23 32 28	26 55 37	29 00 36
15 Sa	4 49 24	9♎ 34 49	16 57 25	2 43 08	20 10 02	22 44 03	10 57 57	1 48 44	22 22 07	17 05 18	6 54 08	23 29 35	26 53 31	28 58 40
16 Su	5 45 26	24 13 40	1♏ 25 38	4 53 44	21 05 16	23 18 38	10 49 09	1 51 48	22 31 38	17 01 18	6 59 02	23 26 02	26 50 45	28 56 08
17 M	6 41 23	8♏ 30 21	15 30 21	7 04 18	21 59 56	23 53 10	10 39 55	1 55 08	22 41 09	16 57 09	7 03 54	23 22 23	26 47 54	28 53 32
18 Tu	7 37 44	22 23 20	29 11 13	9 15 04	22 54 31	24 28 09	10 30 46	1 59 15	22 51 10	16 53 21	7 09 14	23 19 09	26 45 28	28 51 22
19 W	8 34 51	5♐ 53 06	12♐ 29 32	11 26 08	23 49 22	25 03 57	10 22 04	2 04 29	23 02 03	16 50 15	7 15 22	23 16 41	26 43 48	28 50 01
20 Th	9 32 54	19 01 28	25 27 39	13 37 23	24 44 37	25 40 44	10 13 59	2 11 01	23 13 56	16 48 01	7 22 29	23 15 08	26 43 03	28 49 38
21 F	10 31 49	1♑ 50 56	8♑ 08 22	15 48 33	25 40 11	26 18 25	10 06 27	2 18 45	23 26 45	16 46 36	7 30 31	23 14 28	26 43 11	28 50 09
22 Sa	11 31 22	14 24 18	20 34 29	17 59 11	26 35 49	26 56 47	9 59 16	2 27 28	23 40 18	16 45 45	7 39 14	23 14 25	26 43 56	28 51 20
23 Su	12 31 13	26 44 15	2♒ 48 41	20 08 45	27 31 11	27 35 30	9 52 05	2 36 50	23 54 14	16 45 09	7 48 17	23 14 41	26 45 01	28 52 52
24 M	13 31 01	8♒ 53 20	14 53 22	22 16 46	28 25 52	28 14 12	9 44 32	2 46 29	24 08 12	16 44 26	7 57 20	23 14 53	26 46 02	28 54 23
25 Tu	14 30 27	20 53 53	26 50 46	24 22 44	29 19 33	28 52 34	9 36 20	2 56 04	24 21 51	16 43 18	8 06 03	23 14 43	26 46 40	28 55 33
26 W	15 29 16	2♓ 48 06	8♓ 42 58	26 26 21	0♏ 11 58	29 30 22	9 27 15	3 05 23	24 34 58	16 41 29	8 14 11	23 13 56	26 46 42	28 56 08
27 Th	16 27 22	14 38 07	20 32 04	28 27 23	1 02 59	0♏ 07 29	9 17 10	3 14 17	24 47 25	16 38 54	8 21 38	23 12 26	26 46 01	28 56 02
28 F	17 24 46	26 26 10	2♈ 20 19	0♎ 25 47	1 52 35	0 43 56	9 06 07	3 22 48	24 59 15	16 35 33	8 28 25	23 10 13	26 44 38	28 55 16
29 Sa	18 21 34	8♈ 14 39	14 10 14	2 21 37	2 40 52	1 19 49	8 54 13	3 31 02	25 10 33	16 31 34	8 34 38	23 07 25	26 42 38	28 53 57
30 Su	19 17 59	20 06 14	26 04 36	4 15 01	3 27 59	1 55 21	8 41 39	3 39 10	25 21 30	16 27 07	8 40 29	23 04 13	26 40 15	28 52 15

Notes

LONGITUDE July 1991

Day	☉	0 hr ☽	Noon ☽	☿	♀	♂	⚵	⚳	♃	♄	⚷	♅	♆	♇
1 M	20♍ 14 13	2♉ 03 58	8♉ 06 38	6♎ 06 13	4♏ 14 09	2♏ 30 45	8♈ 28 41	3♑ 47 25	25♎ 32 21	16♈ 22 27	8♎ 46 12	23♓ 00 50	26♓ 37 41	28♑ 50 25
2 Tu	21 10 31	14 11 10	20 19 49	7 55 24	4 59 32	3 06 14	8 15 31	3 56 00	25 43 19	16 17 46	8 51 58	22 57 30	26 35 11	28 48 39
3 W	22 07 01	26 31 26	2♊ 47 51	9 42 43	5 44 18	3 41 58	8 02 21	4 05 06	25 54 32	16 13 16	8 57 60	22 54 24	26 32 53	28 47 08
4 Th	23 03 51	9♊ 08 28	15 34 27	11 28 16	6 28 30	4 18 04	7 49 18	4 14 48	26 06 09	16 09 01	9 04 21	22 51 36	26 30 53	28 45 58
5 F	24 01 01	22 05 48	28 42 57	13 12 04	7 12 07	4 54 31	7 36 21	4 25 06	26 18 07	16 05 04	9 11 04	22 49 08	26 29 14	28 45 09
6 Sa	24 58 27	5♋ 26 24	12♋ 15 54	14 54 01	7 55 03	5 31 15	7 23 28	4 35 56	26 30 25	16 01 18	9 18 03	22 46 55	26 27 49	28 44 38
7 Su	25 56 01	19 12 10	26 14 29	16 34 01	8 37 08	6 08 10	7 10 33	4 47 11	26 42 53	15 57 39	9 25 12	22 44 51	26 26 33	28 44 16
8 M	26 53 36	3♌ 23 24	10♌ 37 54	18 11 55	9 18 12	6 45 07	6 57 28	4 58 41	26 55 25	15 53 57	9 32 22	22 42 47	26 25 17	28 43 57
9 Tu	27 51 05	17 58 10	25 23 01	19 47 38	9 58 08	7 22 01	6 44 08	5 10 23	27 07 55	15 50 06	9 39 28	22 40 38	26 23 56	28 43 34
10 W	28 48 27	2♍ 52 04	10♍ 24 07	21 21 07	10 36 51	7 58 50	6 30 32	5 22 11	27 20 19	15 46 06	9 46 26	22 38 21	26 22 26	28 43 05
11 Th	29 45 43	17 58 17	25 33 22	22 52 22	11 14 18	8 35 34	6 16 42	5 34 09	27 32 40	15 41 57	9 53 20	22 35 58	26 20 51	28 42 31
12 F	0♎ 42 58	3♎ 08 14	10♎ 41 42	24 21 27	11 50 34	9 12 19	6 02 43	5 46 21	27 45 01	15 37 45	10 00 12	22 33 34	26 19 14	28 41 58
13 Sa	1 40 17	18 12 42	25 40 05	25 48 26	12 25 39	9 49 09	5 48 43	5 58 51	27 57 30	15 33 34	10 07 10	22 31 15	26 17 41	28 41 31
14 Su	2 37 43	3♏ 03 09	10♏ 20 46	27 13 23	12 59 35	10 26 10	5 34 46	6 11 44	28 10 08	15 29 30	10 14 16	22 29 04	26 16 16	28 41 13
15 M	3 35 18	17 32 50	24 38 16	28 36 14	13 32 18	11 03 20	5 20 52	6 24 59	28 22 57	15 25 32	10 21 30	22 27 01	26 14 59	28 41 05
16 Tu	4 32 57	1♐ 37 30	8♐ 29 38	29 56 54	14 03 43	11 40 37	5 06 60	6 38 32	28 35 52	15 21 36	10 28 49	22 25 03	26 13 47	28 41 03
17 W	5 30 33	15 15 26	21 54 23	1♏ 15 14	14 33 38	12 17 52	4 53 03	6 52 16	28 48 46	15 17 36	10 36 06	22 23 03	26 12 32	28 41 00
18 Th	6 27 58	28 27 14	4♑ 54 02	2 31 02	15 01 52	12 54 59	4 38 53	7 06 03	29 01 32	15 13 24	10 43 12	22 20 53	26 11 06	28 40 48
19 F	7 25 06	11♑ 15 14	17 31 32	3 44 08	15 28 15	13 31 50	4 24 26	7 19 46	29 14 02	15 08 53	10 50 01	22 18 26	26 09 23	28 40 21
20 Sa	8 21 53	23 42 52	29 50 40	4 54 26	15 52 40	14 08 23	4 09 39	7 33 21	29 26 14	15 04 01	10 56 31	22 15 40	26 07 21	28 39 35
21 Su	9 18 23	5♒ 54 13	11♒ 55 37	6 01 52	16 15 07	14 44 39	3 54 34	7 46 51	29 38 09	14 58 49	11 02 41	22 12 36	26 04 60	28 38 33
22 M	10 14 40	17 53 36	23 50 38	7 06 29	16 35 37	15 20 45	3 39 20	8 00 22	29 49 54	14 53 24	11 08 40	22 09 21	26 02 28	28 37 20
23 Tu	11 10 57	29 45 12	5♓ 39 45	8 08 23	16 54 19	15 56 52	3 24 09	8 14 04	0♏ 01 40	14 47 59	11 14 39	22 06 07	25 59 55	28 36 09
24 W	12 07 28	11♓ 32 55	17 26 40	9 07 40	17 11 23	16 33 14	3 09 15	8 28 12	0 13 40	14 42 46	11 20 51	22 03 06	25 57 36	28 35 13
25 Th	13 04 25	23 20 15	29 14 40	10 04 29	17 26 58	17 10 04	2 54 52	8 42 57	0 26 09	14 37 58	11 27 29	22 00 34	25 55 44	28 34 45
26 F	14 02 01	5♈ 10 11	11♈ 06 32	10 58 52	17 41 13	17 47 34	2 41 12	8 58 32	0 39 17	14 33 48	11 34 44	21 58 39	25 54 30	28 34 57
27 Sa	15 00 21	17 05 17	23 04 39	11 50 48	17 54 09	18 25 49	2 28 22	9 15 03	0 53 10	14 30 22	11 42 43	21 57 30	25 54 00	28 35 54
28 Su	15 59 24	29 07 38	5♉ 11 01	12 40 09	18 05 43	19 04 50	2 16 23	9 32 27	1 07 46	14 27 38	11 51 25	21 57 05	25 54 14	28 37 36
29 M	16 59 02	11♉ 19 02	17 27 20	13 26 36	18 15 43	19 44 26	2 05 06	9 50 37	1 22 59	14 25 29	12 00 41	21 57 15	25 55 02	28 39 54
30 Tu	17 58 59	23 41 03	29 55 13	14 09 44	18 23 50	20 24 22	1 54 16	10 09 15	1 38 31	14 23 38	12 10 14	21 57 45	25 56 10	28 42 32
31 W	18 58 54	6♊ 15 12	12♊ 36 10	14 49 03	18 29 40	21 04 18	1 43 34	10 28 02	1 54 01	14 21 45	12 19 45	21 58 13	25 57 15	28 45 10

LONGITUDE August 1991

Day	☉	0 hr ☽	Noon ☽	☿	♀	♂	⚵	⚳	♃	♄	⚷	♅	♆	♇
1 Th	19♎ 58 25	19♊ 03 02	25♊ 31 47	15♏ 23 59	18♏ 32 49	21♏ 43 51	1♈ 32 37	10♑ 46 35	2♏ 09 08	14♈ 19 27	12♎ 28 50	21♓ 58 18	25♓ 57 56	28♑ 47 24
2 F	20 57 13	2♋ 06 10	8♋ 43 40	15 54 01	18 32 55	22 22 42	1 21 06	11 04 33	2 23 31	14 16 25	12 37 10	21 57 40	25 57 53	28 48 56
3 Sa	21 55 06	15 26 18	22 13 21	16 18 48	18 29 45	23 00 39	1 08 53	11 21 46	2 36 59	14 12 28	12 44 34	21 56 07	25 56 56	28 49 34
4 Su	22 52 05	29 04 56	6♌ 02 02	16 38 09	18 23 19	23 37 43	0 55 57	11 38 15	2 49 33	14 07 37	12 51 03	21 53 42	25 55 04	28 49 19
5 M	23 48 25	13♌ 03 03	20 10 09	16 52 07	18 13 51	24 14 08	0 42 34	11 54 12	3 01 28	14 02 07	12 56 50	21 50 37	25 52 32	28 48 25
6 Tu	24 44 31	27 20 37	4♍ 36 53	17 00 58	18 01 46	24 50 21	0 29 10	12 10 05	3 13 08	13 56 23	13 02 22	21 47 19	25 49 47	28 47 19
7 W	25 40 57	11♍ 56 02	19 19 37	17 05 04	17 47 37	25 26 55	0 16 21	12 26 26	3 25 08	13 50 58	13 08 11	21 44 22	25 47 21	28 46 33
8 Th	26 38 14	26 45 37	4♎ 13 39	17 04 49	17 31 59	26 04 22	0 04 37	12 43 47	3 37 59	13 46 26	13 14 50	21 42 17	25 45 46	28 46 39
9 F	27 36 47	11♎ 43 33	19 12 19	17 00 30	17 15 17	26 43 05	29♓ 54 25	13 02 32	3 52 05	13 43 10	13 22 43	21 41 28	25 45 27	28 48 02
10 Sa	28 36 44	26 42 17	4♏ 07 39	16 52 10	16 57 42	27 23 13	29 45 53	13 22 49	4 07 35	13 41 18	13 31 58	21 42 04	25 46 32	28 50 50
11 Su	29 37 55	11♏ 33 23	18 51 23	16 39 38	16 39 08	28 04 37	29 38 51	13 44 28	4 24 18	13 40 42	13 42 25	21 43 54	25 48 51	28 54 53
12 M	0♏ 39 54	26 08 48	3♐ 16 14	16 22 29	16 19 13	28 46 49	29 32 54	14 07 03	4 41 47	13 40 54	13 53 37	21 46 34	25 51 58	28 59 44
13 Tu	1 42 03	10♐ 22 04	17 16 53	16 00 14	15 57 27	29 29 13	29 27 27	14 29 57	4 59 28	13 41 18	14 04 58	21 49 26	25 55 15	29 04 48
14 W	2 43 45	24 09 06	0♑ 50 34	15 32 26	15 33 17	0♐ 11 11	29 21 49	14 52 30	5 16 39	13 41 15	14 15 49	21 51 51	25 58 06	29 09 24
15 Th	3 44 26	7♑ 28 30	13 57 05	14 58 50	15 06 19	0 52 09	29 15 30	15 14 10	5 32 49	13 40 13	14 25 37	21 53 16	25 59 55	29 13 01
16 F	4 43 46	20 21 23	26 38 29	14 19 31	14 36 22	1 31 48	29 08 10	15 34 37	5 47 38	13 37 53	14 34 03	21 53 22	26 00 25	29 15 19
17 Sa	5 41 43	2♒ 50 51	8♒ 58 30	13 34 60	14 03 34	2 10 04	28 59 47	15 53 49	6 01 02	13 34 11	14 41 03	21 52 06	25 59 32	29 16 14
18 Su	6 38 32	15 01 26	21 02 01	12 46 09	13 28 20	2 47 14	28 50 35	16 11 58	6 13 17	13 29 22	14 46 52	21 49 44	25 57 30	29 16 02
19 M	7 34 41	26 58 27	2♓ 54 29	11 54 15	12 51 22	3 23 45	28 41 05	16 29 35	6 24 51	13 23 56	14 51 59	21 46 43	25 54 50	29 15 11
20 Tu	8 30 49	8♓ 47 32	14 41 26	11 00 48	12 13 32	4 00 15	28 31 53	16 47 17	6 36 23	13 18 31	14 57 03	21 43 42	25 52 08	29 14 20
21 W	9 27 37	20 34 09	26 28 09	10 07 28	11 35 43	4 37 27	28 23 43	17 05 45	6 48 33	13 13 47	15 02 43	21 41 22	25 50 07	29 14 10
22 Th	10 25 43	2♈ 23 17	8♈ 19 21	9 15 53	10 58 48	5 15 57	28 17 10	17 25 38	7 01 59	13 10 23	15 09 38	21 40 21	25 49 23	29 15 18
23 F	11 25 33	14 19 07	20 18 52	8 27 34	10 23 29	5 56 13	28 12 44	17 47 20	7 17 09	13 08 46	15 18 15	21 41 06	25 50 25	29 18 11
24 Sa	12 27 20	26 24 54	2♉ 29 34	7 43 49	9 50 12	6 38 26	28 10 36	18 11 06	7 34 13	13 09 08	15 28 46	21 43 48	25 53 23	29 23 02
25 Su	13 30 58	8♉ 42 49	14 53 13	7 05 32	9 19 06	7 22 32	28 10 41	18 36 48	7 53 07	13 11 23	15 41 05	21 48 24	25 58 13	29 29 45
26 M	14 36 03	21 13 56	27 30 35	6 33 20	8 50 01	8 08 05	28 12 34	19 04 02	8 13 25	13 15 07	15 54 47	21 54 26	26 04 29	29 37 54
27 Tu	15 41 54	3♊ 58 24	10♊ 21 30	6 07 25	8 22 31	8 54 25	28 15 35	19 32 08	8 34 27	13 19 39	16 09 12	22 01 17	26 11 31	29 46 50
28 W	16 47 41	16 55 42	23 25 15	5 47 45	7 55 59	9 40 42	28 18 53	20 00 15	8 55 24	13 24 10	16 23 29	22 08 04	26 18 30	29 55 43
29 Th	17 52 34	0♋ 04 56	6♋ 40 52	5 34 09	7 29 46	10 26 04	28 21 39	20 27 32	9 15 23	13 27 49	16 36 48	22 13 58	26 24 34	0♒ 03 41
30 F	18 55 50	13 25 17	20 07 35	5 26 28	7 03 22	11 09 51	28 23 09	20 53 17	9 33 43	13 29 53	16 48 27	22 18 15	26 29 00	0 10 02
31 Sa	19 57 05	26 56 19	3♌ 44 60	5 24 44	6 36 35	11 51 38	28 23 02	21 17 07	9 49 60	13 29 59	16 58 01	22 20 34	26 31 27	0 14 24

Notes

September 1991 — LONGITUDE

Day	⊙	0 hr ☽	Noon ☽	☿	♀	♂	⚵	⚳	♃	♄	⚷	♅	♆	♇
1 Su	20 ♏ 56 23	10 ♌ 38 09	17 ♌ 33 16	5 ♏ 29 17	6 ♏ 09 35	12 ♐ 31 28	28 ♓ 21 18	21 ♑ 39 03	10 ♏ 04 16	13 ♈ 28 10	17 ♎ 05 34	22 ♓ 20 56	26 ♓ 31 56	0 ♒ 16 48
2 M	21 54 12	24 31 22	1 ♍ 32 55	5 40 45	5 43 01	13 09 49	28 18 27	21 59 35	10 17 01	13 24 54	17 11 33	22 19 49	26 30 55	0 17 42
3 Tu	22 51 24	8 ♍ 36 39	15 44 19	6 00 03	5 17 50	13 47 33	28 15 19	22 19 33	10 29 04	13 21 03	17 16 50	22 18 05	26 29 16	0 17 59
4 W	23 48 60	22 54 13	0 ♎ 07 10	6 28 12	4 55 12	14 25 43	28 12 59	22 39 59	10 41 30	13 17 39	17 22 28	22 16 47	26 28 02	0 18 40
5 Th	24 48 02	7 ♎ 23 06	14 39 47	7 06 04	4 36 13	15 05 19	28 12 27	23 01 57	10 55 18	13 15 44	17 29 27	22 16 57	26 28 14	0 20 48
6 F	25 49 16	22 00 32	29 18 37	7 54 10	4 21 41	15 47 08	28 14 28	23 26 09	11 11 15	13 16 04	17 38 34	22 19 18	26 30 37	0 25 06
7 Sa	26 52 59	6 ♏ 41 48	13 ♏ 58 16	8 52 31	4 11 58	16 31 27	28 19 21	23 52 55	11 29 38	13 18 56	17 50 06	22 24 11	26 35 29	0 31 55
8 Su	27 58 60	21 20 25	28 31 57	10 00 30	4 06 53	17 18 03	28 26 53	24 22 02	11 50 14	13 24 08	18 03 50	22 31 21	26 42 39	0 41 00
9 M	29 06 35	5 ♐ 49 06	12 ♐ 52 33	11 17 00	4 05 45	18 06 16	28 36 21	24 52 48	12 12 23	13 30 59	18 19 05	22 40 08	26 51 24	0 51 41
10 Tu	0 ♐ 14 45	20 00 51	26 53 48	12 40 31	4 07 34	18 55 03	28 46 47	25 24 12	12 35 03	13 38 27	18 34 49	22 49 31	27 00 43	1 02 56
11 W	1 22 24	3 ♑ 50 12	10 ♑ 31 15	14 09 27	4 11 15	19 43 20	28 57 03	25 55 08	12 57 07	13 45 27	18 49 58	22 58 23	27 09 32	1 13 39
12 Th	2 28 33	17 13 60	23 42 56	15 42 15	4 15 47	20 30 09	29 06 11	26 24 39	13 17 39	13 51 02	19 03 33	23 05 48	27 16 51	1 22 54
13 F	3 32 37	0 ♒ 11 43	6 ♒ 29 22	17 17 46	4 20 34	21 14 53	29 13 36	26 52 08	13 36 02	13 54 35	19 14 58	23 11 08	27 22 05	1 30 03
14 Sa	4 34 24	12 45 19	18 53 21	18 55 15	4 25 23	21 57 21	29 19 05	27 17 23	13 52 05	13 55 54	19 24 02	23 14 13	27 25 02	1 34 55
15 Su	5 34 11	24 58 44	0 ♓ 59 27	20 34 23	4 30 28	22 37 49	29 22 56	27 40 41	14 06 03	13 55 18	19 30 60	23 15 19	27 25 60	1 37 47
16 M	6 32 37	6 ♓ 57 24	12 53 22	22 15 18	4 36 26	23 16 57	29 25 47	28 02 41	14 18 38	13 53 24	19 36 33	23 15 06	27 25 37	1 39 19
17 Tu	7 30 38	18 47 31	24 41 29	23 58 26	4 44 10	23 55 42	29 28 34	28 24 20	14 30 43	13 51 09	19 41 36	23 14 29	27 24 49	1 40 25
18 W	8 29 16	0 ♈ 35 32	6 ♈ 30 10	25 44 17	4 54 40	24 35 03	29 32 19	28 46 38	14 43 21	13 49 35	19 47 11	23 14 30	27 24 38	1 42 08
19 Th	9 29 28	12 27 42	18 25 26	27 33 24	5 08 48	25 16 00	29 37 58	29 10 33	14 57 29	13 49 39	19 54 15	23 16 07	27 26 02	1 45 25
20 F	10 31 58	24 29 27	0 ♉ 32 24	29 26 05	5 27 16	25 59 15	29 46 16	29 36 49	15 13 51	13 52 04	20 03 32	23 20 03	27 29 44	1 50 60
21 Sa	11 37 08	6 ♉ 45 09	12 54 58	1 ♐ 22 21	5 50 23	26 45 11	29 57 34	0 ♒ 05 47	15 32 49	13 57 14	20 15 23	23 26 41	27 36 06	1 59 14
22 Su	12 44 53	19 17 43	25 35 24	3 21 49	6 17 60	27 33 43	0 ♈ 11 46	0 37 23	15 54 17	14 05 02	20 29 44	23 35 54	27 45 03	2 10 04
23 M	13 54 41	2 ♊ 08 20	8 ♊ 34 18	5 23 40	6 49 31	28 24 19	0 28 22	1 11 05	16 17 45	14 14 58	20 46 03	23 47 13	27 56 04	2 22 56
24 Tu	15 05 38	15 16 34	21 50 33	7 26 45	7 23 59	29 16 04	0 46 25	1 45 57	16 42 16	14 26 06	21 03 26	23 59 41	28 08 14	2 36 56
25 W	16 16 34	28 40 26	5 ♋ 21 38	9 29 43	8 00 11	0 ♑ 07 48	1 04 47	2 20 50	17 06 41	14 37 16	21 20 41	24 12 09	28 20 22	2 50 55
26 Th	17 26 18	12 ♋ 16 58	19 04 15	11 31 12	8 36 51	0 58 21	1 22 14	2 54 33	17 29 49	14 47 19	21 36 38	24 23 25	28 31 18	3 03 41
27 F	18 33 51	26 02 50	2 ♌ 54 56	13 30 07	9 12 58	1 46 44	1 37 50	3 26 07	17 50 42	14 55 14	21 50 19	24 32 33	28 40 03	3 14 16
28 Sa	19 38 41	9 ♌ 55 00	16 50 50	15 25 47	9 47 56	2 32 25	1 51 01	3 54 60	18 08 46	15 00 30	22 01 11	24 38 58	28 46 05	3 22 06
29 Su	20 40 50	23 51 25	0 ♍ 50 06	17 18 09	10 21 43	3 15 24	2 01 48	4 21 12	18 24 03	15 03 08	22 09 15	24 42 42	28 49 25	3 27 14
30 M	21 40 53	7 ♍ 51 08	14 52 10	19 07 45	10 54 52	3 56 18	2 10 48	4 45 21	18 37 10	15 03 44	22 15 07	24 44 21	28 50 40	3 30 16

October 1991 — LONGITUDE

Day	⊙	0 hr ☽	Noon ☽	☿	♀	♂	⚵	⚳	♃	♄	⚷	♅	♆	♇
1 Tu	22 ♐ 39 55	21 ♍ 54 17	28 ♍ 57 18	20 ♐ 55 35	11 ♏ 28 24	4 ♑ 36 12	2 ♈ 19 04	5 ♒ 08 30	18 ♏ 49 10	15 ♈ 03 23	22 ♎ 19 52	24 ♓ 45 01	28 ♓ 50 53	3 ♒ 32 16
2 W	23 39 16	6 ♎ 01 31	13 ♎ 06 08	22 42 58	12 03 35	5 16 25	2 27 56	5 31 59	19 01 22	15 03 25	22 24 49	24 45 60	28 51 24	3 34 34
3 Th	24 40 13	20 13 14	27 18 50	24 31 08	12 41 40	5 58 14	2 38 41	5 57 05	19 15 05	15 05 05	22 31 15	24 48 35	28 53 31	3 38 26
4 F	25 43 43	4 ♏ 28 56	11 ♏ 34 22	26 21 02	13 23 32	6 42 37	2 52 16	6 24 46	19 31 16	15 09 23	22 40 09	24 53 44	28 58 11	3 44 51
5 Sa	26 50 12	18 46 31	25 50 10	28 13 04	14 09 34	7 29 59	3 09 07	6 55 26	19 50 19	15 16 43	22 51 54	25 01 54	29 05 50	3 54 13
6 Su	27 59 28	3 ♐ 02 15	10 ♐ 02 01	0 ♑ 07 04	14 59 33	8 20 09	3 29 02	7 28 55	20 12 03	15 26 55	23 06 20	25 12 51	29 16 16	4 06 21
7 M	29 10 45	17 11 06	24 04 46	2 02 13	15 52 38	9 12 20	3 51 14	8 04 26	20 35 42	15 39 11	23 22 40	25 25 49	29 28 42	4 20 30
8 Tu	0 ♑ 22 53	1 ♑ 07 30	7 ♑ 53 03	3 57 24	16 47 38	10 05 23	4 14 33	8 40 49	21 00 06	15 52 22	23 39 44	25 39 40	29 41 59	4 35 28
9 W	1 34 34	14 46 24	21 22 25	5 51 19	17 43 12	10 58 01	4 37 42	9 16 46	21 23 57	16 05 10	23 56 15	25 53 05	29 54 49	4 49 58
10 Th	2 44 39	28 04 11	4 ♒ 30 04	7 42 49	18 38 09	11 49 02	4 59 31	9 51 08	21 46 06	16 16 26	24 11 03	26 04 55	0 ♈ 06 04	5 02 52
11 F	3 52 19	10 ♒ 59 16	17 15 19	9 31 07	19 31 38	12 37 40	5 19 10	10 23 07	22 05 44	16 25 22	24 23 20	26 14 21	0 14 53	5 13 20
12 Sa	4 57 15	23 32 22	29 39 41	11 15 54	20 23 17	13 23 34	5 36 22	10 52 22	22 22 31	16 31 38	24 32 46	26 21 04	0 20 59	5 21 03
13 Su	5 59 38	5 ♓ 46 15	11 ♓ 46 40	12 57 21	21 13 16	14 06 56	5 51 15	11 19 05	22 36 39	16 35 24	24 39 32	26 25 16	0 24 32	5 26 12
14 M	7 00 06	17 45 30	23 41 19	14 36 09	22 02 10	14 48 24	6 04 29	11 43 54	22 48 46	16 37 21	24 44 17	26 27 33	0 26 09	5 29 25
15 Tu	7 59 36	29 35 53	5 ♈ 29 46	16 13 16	22 50 56	15 28 56	6 17 00	12 07 47	22 59 49	16 38 24	24 47 58	26 28 54	0 26 50	5 31 40
16 W	8 59 17	11 ♈ 23 54	17 18 37	17 49 51	23 40 40	16 09 38	6 29 57	12 31 51	23 10 56	16 39 41	24 51 42	26 30 27	0 27 41	5 34 04
17 Th	10 00 12	23 16 13	29 14 31	19 26 58	24 32 23	16 51 36	6 44 22	12 57 10	23 23 11	16 42 18	24 56 34	26 33 16	0 29 48	5 37 42
18 F	11 03 15	5 ♉ 19 05	11 ♉ 23 32	21 05 32	25 26 58	17 35 42	7 01 09	13 24 36	23 37 26	16 47 05	25 03 26	26 38 12	0 34 01	5 43 26
19 Sa	12 08 53	17 37 58	23 50 42	22 46 02	26 24 51	18 22 25	7 20 46	13 54 40	23 54 10	16 54 33	25 12 47	26 45 46	0 40 50	5 51 46
20 Su	13 17 10	0 ♊ 16 52	6 ♊ 39 27	24 28 31	27 26 03	19 11 47	7 43 15	14 27 21	24 13 25	17 04 43	25 24 40	26 55 58	0 50 18	6 02 42
21 M	14 27 36	13 18 05	19 51 15	26 12 31	28 30 03	20 03 19	8 08 07	15 02 13	24 34 43	17 17 06	25 38 34	27 08 22	1 01 55	6 15 46
22 Tu	15 39 17	26 41 44	3 ♋ 25 20	27 57 09	29 35 58	20 56 07	8 34 27	15 38 20	24 57 09	17 30 49	25 53 37	27 22 01	1 14 47	6 30 05
23 W	16 51 02	10 ♋ 25 51	17 18 45	29 41 15	0 ♐ 42 33	21 49 01	9 01 05	16 14 32	25 19 32	17 44 40	26 08 37	27 35 45	1 27 43	6 44 26
24 Th	18 01 39	24 26 32	1 ♌ 26 50	1 ♒ 23 36	1 48 35	22 40 46	9 26 46	16 49 35	25 40 39	17 57 26	26 22 21	27 48 22	1 39 31	6 57 38
25 F	19 10 06	8 ♌ 38 39	15 43 59	3 03 10	2 53 02	23 30 23	9 50 31	17 22 28	25 59 28	18 08 06	26 33 47	27 58 49	1 49 09	7 08 38
26 Sa	20 15 49	22 56 48	0 ♍ 04 42	4 39 25	3 55 18	24 17 16	10 11 43	17 52 37	26 15 25	18 16 06	26 42 22	28 06 33	1 56 02	7 16 53
27 Su	21 18 46	7 ♍ 16 10	14 24 28	6 12 19	4 55 20	25 01 24	10 30 22	18 20 00	26 28 29	18 21 23	26 48 04	28 11 32	2 00 10	7 22 20
28 M	22 19 32	21 33 14	28 40 21	7 42 26	5 53 42	25 43 22	10 47 02	18 45 12	26 39 14	18 24 33	26 51 27	28 14 20	2 02 06	7 25 35
29 Tu	23 19 09	5 ♎ 46 08	12 ♎ 50 60	9 10 47	6 51 24	26 24 11	11 02 44	19 09 15	26 48 41	18 26 38	26 53 33	28 15 60	2 02 53	7 27 39
30 W	24 18 52	19 54 17	26 56 19	10 38 38	7 49 40	27 05 08	11 18 44	19 33 23	26 58 07	18 28 52	26 55 37	28 17 46	2 03 45	7 29 48
31 Th	25 19 55	3 ♏ 57 52	10 ♏ 56 45	12 07 11	8 49 44	27 47 24	11 36 14	19 58 50	27 08 43	18 32 28	26 58 52	28 20 51	2 05 56	7 33 13

Notes

LONGITUDE November 1991

Day	☉	0 hr ☽	Noon ☽	☿	♀	♂	⚵	⚳	♃	♄	⚷	♅	♆	♇
1 F	26 ♑ 23 10	17 ♏ 57 11	24 ♏ 52 34	13 ♒ 37 18	9 ♐ 52 27	28 ♑ 31 54	11 ♈ 56 09	20 ♒ 26 30	27 ♏ 21 23	18 ♈ 38 21	27 ♎ 04 13	28 ♓ 26 11	2 ♈ 10 20	7 ♒ 38 50
2 Sa	27 29 04	1 ♐ 51 52	8 ♐ 43 15	15 09 24	10 58 14	29 19 04	12 18 54	20 56 48	27 36 34	18 46 57	27 12 04	28 34 09	2 17 22	7 47 04
3 Su	28 37 28	15 40 40	22 27 18	16 43 18	12 06 54	0 ♒ 08 44	12 44 18	21 29 34	27 54 05	18 58 04	27 22 17	28 44 37	2 26 53	7 57 46
4 M	29 47 41	29 21 19	6 ♑ 02 18	18 18 18	13 17 49	1 00 14	13 11 44	22 04 10	28 13 17	19 11 06	27 34 12	28 56 55	2 38 14	8 10 15
5 Tu	0 ♒ 58 43	12 ♑ 50 58	19 25 20	19 53 22	14 29 56	1 52 35	13 40 10	22 39 36	28 33 11	19 25 00	27 46 48	29 10 04	2 50 24	8 23 33
6 W	2 09 28	26 06 39	2 ♒ 33 38	21 27 18	15 42 06	2 44 39	14 08 28	23 14 43	28 52 37	19 38 40	27 58 59	29 22 54	3 02 15	8 36 31
7 Th	3 18 53	9 ♒ 05 57	15 25 11	22 59 01	16 53 19	3 35 25	14 35 37	23 48 29	29 10 35	19 51 04	28 09 42	29 34 26	3 12 47	8 48 07
8 F	4 26 13	21 47 37	27 59 12	24 27 41	18 02 46	4 24 04	15 00 51	24 20 10	29 26 18	20 01 26	28 18 12	29 43 53	3 21 13	8 57 37
9 Sa	5 31 06	4 ♓ 11 48	10 ♓ 16 27	25 52 52	19 10 08	5 10 20	15 23 50	24 49 24	29 39 26	20 09 25	28 24 08	29 50 55	3 27 14	9 04 39
10 Su	6 33 36	16 20 16	22 19 15	27 14 31	20 15 26	5 54 15	15 44 36	25 16 15	29 50 03	20 15 06	28 27 34	29 55 34	3 30 51	9 09 17
11 M	7 34 11	28 16 18	4 ♈ 11 24	28 32 58	21 19 08	6 36 15	16 03 36	25 41 10	29 58 35	20 18 55	28 28 56	29 58 19	3 32 33	9 11 57
12 Tu	8 33 35	10 ♈ 04 24	15 57 49	29 48 50	22 21 56	7 17 05	16 21 36	26 04 53	0 ♐ 05 47	20 21 36	28 29 00	29 59 53	3 33 04	9 13 25
13 W	9 32 41	21 50 02	27 44 15	1 ♓ 02 51	23 24 45	7 57 39	16 39 28	26 28 19	0 12 32	20 24 03	28 28 39	0 ♈ 01 11	3 33 18	9 14 34
14 Th	10 32 24	3 ♉ 39 11	9 ♉ 36 52	2 15 43	24 28 28	8 38 52	16 58 06	26 52 21	0 19 45	20 27 10	28 28 47	0 03 06	3 34 08	9 16 19
15 F	11 33 30	15 37 58	21 41 48	3 27 60	25 33 50	9 21 28	17 18 16	27 17 44	0 28 11	20 31 44	28 30 10	0 06 24	3 36 21	9 19 24
16 Sa	12 36 27	27 52 11	4 ♊ 04 41	4 39 56	26 41 20	10 05 57	17 40 27	27 44 59	0 38 19	20 38 13	28 33 17	0 11 35	3 40 26	9 24 20
17 Su	13 41 23	10 ♊ 26 49	16 50 04	5 51 21	27 51 05	10 52 27	18 04 47	28 14 12	0 50 17	20 46 45	28 38 17	0 18 45	3 46 31	9 31 14
18 M	14 48 03	23 25 29	0 ♋ 00 56	7 01 40	29 02 49	11 40 41	18 30 60	28 45 08	1 03 49	20 57 03	28 44 51	0 27 40	3 54 18	9 39 49
19 Tu	15 55 49	6 ♋ 50 00	13 38 09	8 09 54	0 ♑ 15 53	12 30 03	18 58 27	29 17 09	1 18 17	21 08 31	28 52 25	0 37 41	4 03 12	9 49 29
20 W	17 03 49	20 39 58	27 40 10	9 14 46	1 29 28	13 19 41	19 26 18	29 49 25	1 32 51	21 20 18	29 00 06	0 47 58	4 12 21	9 59 22
21 Th	18 11 10	4 ♌ 52 32	12 ♌ 02 55	10 14 53	2 42 36	14 08 41	19 53 38	0 ♓ 20 60	1 46 34	21 31 27	29 06 60	0 57 36	4 20 50	10 08 34
22 F	19 17 03	19 22 40	26 40 20	11 08 56	3 54 31	14 56 16	20 19 39	0 51 06	1 58 41	21 41 13	29 12 19	1 05 47	4 27 52	10 16 16
23 Sa	20 21 01	4 ♍ 03 44	11 ♍ 25 12	11 55 50	5 04 43	15 41 56	20 43 53	1 19 16	2 08 42	21 49 06	29 15 34	1 12 02	4 32 58	10 22 02
24 Su	21 22 60	18 48 33	26 10 15	12 34 52	6 13 09	16 25 37	21 06 15	1 45 26	2 16 32	21 55 03	29 16 43	1 16 18	4 36 04	10 25 46
25 M	22 23 20	3 ♎ 30 30	10 ♎ 49 16	13 05 40	7 20 09	17 07 42	21 27 07	2 09 56	2 22 34	21 59 24	29 16 05	1 18 57	4 37 32	10 27 49
26 Tu	23 22 42	18 04 18	25 17 44	13 28 10	8 26 23	17 48 51	21 47 09	2 33 27	2 27 28	22 02 50	29 14 22	1 20 37	4 38 02	10 28 54
27 W	24 21 58	2 ♏ 26 26	9 ♏ 33 02	13 42 24	9 32 43	18 29 55	22 07 13	2 56 50	2 32 05	22 06 13	29 12 25	1 22 12	4 38 24	10 29 49
28 Th	25 21 56	16 35 07	23 34 06	13 48 24	10 39 55	19 11 42	22 28 06	3 20 55	2 37 13	22 10 20	29 11 03	1 24 29	4 39 29	10 31 25
29 F	26 23 13	0 ♐ 29 44	7 ♐ 20 58	13 45 60	11 48 37	19 54 49	22 50 26	3 46 17	2 43 29	22 15 49	29 10 51	1 28 04	4 41 52	10 34 18
30 Sa	27 26 06	14 10 28	20 54 07	13 34 49	12 59 06	20 39 34	23 14 29	4 13 13	2 51 09	22 22 56	29 12 08	1 33 15	4 45 51	10 38 44

LONGITUDE December 1991

Day	☉	0 hr ☽	Noon ☽	☿	♀	♂	⚵	⚳	♃	♄	⚷	♅	♆	♇
1 Su	28 ♒ 30 30	27 ♐ 37 40	4 ♑ 14 04	13 ♓ 14 16	14 ♑ 11 15	21 ♒ 25 51	23 ♈ 40 11	4 ♓ 41 39	3 ♐ 00 09	22 ♈ 31 37	29 ♎ 14 48	1 ♈ 39 58	4 ♈ 51 20	10 ♒ 44 39
2 M	29 36 01	10 ♑ 51 40	17 21 09	12 43 45	15 24 42	22 13 17	24 07 07	5 11 11	3 10 06	22 41 29	29 18 29	1 47 48	4 57 57	10 51 40
3 Tu	0 ♓ 42 06	23 52 32	0 ♒ 15 27	12 02 45	16 38 50	23 01 18	24 34 44	5 41 15	3 20 25	22 51 55	29 22 35	1 56 11	5 05 06	10 59 11
4 W	1 48 03	6 ♒ 40 17	12 56 56	11 11 11	17 53 01	23 49 14	25 02 22	6 11 11	3 30 25	23 02 18	29 26 26	2 04 28	5 12 08	11 06 34
5 Th	2 53 18	19 14 55	25 25 39	10 09 31	19 06 39	24 36 28	25 29 24	6 40 23	3 39 32	23 12 01	29 29 29	2 12 02	5 18 28	11 13 13
6 F	3 57 25	1 ♓ 36 47	7 ♓ 42 04	8 58 56	20 19 16	25 22 36	25 55 25	7 08 25	3 47 19	23 20 38	29 31 15	2 18 28	5 23 39	11 18 41
7 Sa	5 00 09	13 46 40	19 47 11	7 41 21	21 30 40	26 07 24	26 20 11	7 35 05	3 53 33	23 27 56	29 31 33	2 23 33	5 27 28	11 22 46
8 Su	6 01 33	25 46 06	1 ♈ 42 48	6 19 19	22 40 51	26 50 54	26 43 44	8 00 22	3 58 15	23 33 57	29 30 24	2 27 17	5 29 57	11 25 28
9 M	7 01 50	7 ♈ 37 21	13 31 29	4 55 51	23 50 03	27 33 17	27 06 17	8 24 31	4 01 38	23 38 52	29 28 00	2 29 54	5 31 18	11 27 02
10 Tu	8 01 21	19 23 27	25 16 37	3 34 07	24 58 37	28 14 58	27 28 11	8 47 53	4 04 05	23 43 05	29 24 45	2 31 47	5 31 54	11 27 48
11 W	9 00 34	1 ♉ 08 13	7 ♉ 02 19	2 17 11	26 07 01	28 56 22	27 49 54	9 10 56	4 06 02	23 47 02	29 21 05	2 33 21	5 32 12	11 28 14
12 Th	9 59 56	12 56 03	18 53 14	1 07 46	27 15 40	29 37 57	28 11 54	9 34 05	4 07 57	23 51 12	29 17 28	2 35 05	5 32 40	11 28 48
13 F	10 59 51	24 51 45	0 ♊ 54 23	0 07 59	28 24 59	0 ♓ 20 06	28 34 32	9 57 47	4 10 13	23 55 56	29 14 17	2 37 22	5 33 39	11 29 53
14 Sa	12 00 32	7 ♊ 00 19	13 10 49	29 ♒ 19 15	29 35 12	1 03 05	28 58 04	10 22 15	4 13 04	24 01 30	29 11 47	2 40 25	5 35 26	11 31 42
15 Su	13 02 04	19 26 39	25 47 20	28 42 21	0 ♒ 46 23	1 46 57	29 22 35	10 47 32	4 16 35	24 07 58	29 10 03	2 44 21	5 38 04	11 34 22
16 M	14 04 23	2 ♋ 15 07	8 ♋ 47 55	28 17 22	1 58 27	2 31 38	29 47 58	11 13 34	4 20 41	24 15 14	29 08 58	2 49 03	5 41 29	11 37 47
17 Tu	15 07 12	15 29 06	22 15 19	28 03 53	3 11 08	3 16 51	0 ♉ 13 58	11 40 06	4 25 06	24 23 04	29 08 19	2 54 17	5 45 25	11 41 40
18 W	16 10 12	29 10 25	6 ♌ 10 26	28 01 06	4 24 06	4 02 17	0 40 16	12 06 47	4 29 31	24 31 08	29 07 45	2 59 41	5 49 31	11 45 43
19 Th	17 13 01	13 ♌ 18 50	20 31 43	28 08 02	5 37 00	4 47 36	1 06 30	12 33 16	4 33 33	24 39 03	29 06 55	3 04 56	5 53 28	11 49 34
20 F	18 15 24	27 51 34	5 ♍ 15 02	28 23 38	6 49 33	5 32 29	1 32 23	12 59 17	4 36 57	24 46 34	29 05 33	3 09 44	5 56 58	11 52 56
21 Sa	19 17 10	12 ♍ 43 15	20 13 47	28 46 58	8 01 36	6 16 49	1 57 46	13 24 40	4 39 33	24 53 31	29 03 28	3 13 56	5 59 51	11 55 40
22 Su	20 18 20	27 46 21	5 ♎ 19 37	29 17 14	9 13 08	7 00 34	2 22 39	13 49 26	4 41 21	24 59 54	29 00 43	3 17 31	6 02 08	11 57 47
23 M	21 19 02	12 ♎ 52 08	20 23 34	29 53 46	10 24 18	7 43 54	2 47 10	14 13 41	4 42 29	25 05 50	28 57 23	3 20 39	6 03 57	11 59 23
24 Tu	22 19 29	27 51 52	5 ♏ 17 24	0 ♓ 36 04	11 35 17	8 27 01	3 11 32	14 37 40	4 43 10	25 11 34	28 53 44	3 23 31	6 05 31	12 00 42
25 W	23 19 54	12 ♏ 38 03	19 54 33	1 23 42	12 46 22	9 10 09	3 35 58	15 01 36	4 43 38	25 17 19	28 49 58	3 26 23	6 07 04	12 01 59
26 Th	24 20 30	27 05 13	4 ♐ 10 46	2 16 14	13 57 41	9 53 29	4 00 41	15 25 41	4 44 03	25 23 15	28 46 17	3 29 24	6 08 46	12 03 24
27 F	25 21 22	11 ♐ 10 14	18 04 06	3 13 12	15 09 21	10 37 08	4 25 45	15 49 59	4 44 33	25 29 30	28 42 47	3 32 41	6 10 45	12 05 02
28 Sa	26 22 29	24 52 08	1 ♑ 34 32	4 14 08	16 21 20	11 21 03	4 51 10	16 14 31	4 45 05	25 36 01	28 39 27	3 36 13	6 12 58	12 06 54
29 Su	27 23 46	8 ♑ 11 40	14 43 30	5 18 30	17 33 35	12 05 12	5 16 51	16 39 11	4 45 36	25 42 44	28 36 13	3 39 56	6 15 21	12 08 55
30 M	28 25 07	21 10 42	27 33 15	6 25 47	18 45 57	12 49 26	5 42 41	17 03 53	4 45 57	25 49 33	28 32 58	3 43 41	6 17 48	12 10 56
31 Tu	29 26 24	3 ♒ 51 50	10 ♒ 06 32	7 35 35	19 58 20	13 33 39	6 08 34	17 28 29	4 46 04	25 56 20	28 29 35	3 47 23	6 20 11	12 12 53

Notes

January 1992 LONGITUDE

Day	☉	0 hr ☽	Noon ☽	☿	♀	♂	⚵	⚳	♃	♄	⚷	♅	♆	♇
1 W	0 ♑ 27 35	16 ♒ 17 50	22 ♒ 26 06	8 ♓ 47 31	21 ♒ 10 41	14 ♓ 17 48	6 ♉ 34 25	17 ♓ 52 57	4 ♐ 45 51	26 ♈ 03 01	28 ♎ 26 00	3 ♈ 50 58	6 ♈ 22 27	12 ♒ 14 41
2 Th	1 28 38	28 31 32	4 ♓ 34 41	10 01 21	22 22 58	15 01 52	7 00 15	18 17 16	4 45 19	26 09 38	28 22 15	3 54 26	6 24 36	12 16 20
3 F	2 29 39	10 ♓ 35 33	16 34 46	11 16 55	23 35 17	15 45 56	7 26 08	18 41 31	4 44 33	26 16 14	28 18 24	3 57 52	6 26 43	12 17 55
4 Sa	3 30 44	22 32 20	28 28 42	12 34 09	24 47 43	16 30 06	7 52 10	19 05 47	4 43 39	26 22 55	28 14 32	4 01 21	6 28 53	12 19 32
5 Su	4 31 60	4 ♈ 24 07	10 ♈ 18 40	13 53 01	26 00 24	17 14 30	8 18 30	19 30 13	4 42 44	26 29 49	28 10 48	4 04 60	6 31 15	12 21 19
6 M	5 33 33	16 13 03	22 06 47	15 13 27	27 13 26	17 59 14	8 45 12	19 54 54	4 41 55	26 37 03	28 07 19	4 08 58	6 33 54	12 23 21
7 Tu	6 35 27	28 01 15	3 ♉ 55 18	16 35 24	28 26 52	18 44 21	9 12 21	20 19 54	4 41 15	26 44 38	28 04 06	4 13 16	6 36 53	12 25 42
8 W	7 37 39	9 ♉ 50 60	15 46 36	17 58 44	29 40 40	19 29 49	9 39 53	20 45 10	4 40 42	26 52 34	28 01 10	4 17 53	6 40 12	12 28 21
9 Th	8 40 03	21 44 46	27 43 23	19 23 15	0 ♓ 54 44	20 15 32	10 07 44	21 10 37	4 40 10	27 00 44	27 58 23	4 22 42	6 43 42	12 31 10
10 F	9 42 28	3 ♊ 45 23	9 ♊ 48 41	20 48 40	2 08 52	21 01 18	10 35 40	21 36 02	4 39 27	27 08 57	27 55 34	4 27 32	6 47 14	12 33 58
11 Sa	10 44 40	15 56 03	22 05 52	22 14 44	3 22 50	21 46 55	11 03 30	22 01 13	4 38 21	27 16 58	27 52 31	4 32 09	6 50 34	12 36 33
12 Su	11 46 26	28 20 19	4 ♋ 38 36	23 41 09	4 36 27	22 32 09	11 30 59	22 25 57	4 36 38	27 24 35	27 48 60	4 36 21	6 53 28	12 38 40
13 M	12 47 37	11 ♋ 01 56	17 30 38	25 07 43	5 49 31	23 16 50	11 57 59	22 50 04	4 34 09	27 31 40	27 44 52	4 39 58	6 55 47	12 40 11
14 Tu	13 48 12	24 04 40	0 ♌ 45 28	26 34 24	7 02 02	24 00 58	12 24 28	23 13 32	4 30 53	27 38 09	27 40 06	4 42 59	6 57 31	12 41 05
15 W	14 48 17	7 ♌ 31 45	14 25 48	28 01 15	8 14 07	24 44 40	12 50 33	23 36 28	4 26 57	27 44 10	27 34 49	4 45 30	6 58 45	12 41 27
16 Th	15 48 08	21 25 24	28 32 58	29 28 31	9 26 01	25 28 10	13 16 30	23 59 09	4 22 37	27 49 60	27 29 18	4 47 47	6 59 46	12 41 35
17 F	16 48 08	5 ♍ 45 56	13 ♍ 06 04	0 ♈ 56 35	10 38 08	26 11 53	13 42 41	24 21 58	4 18 16	27 55 59	27 23 54	4 50 14	7 00 56	12 41 51
18 Sa	17 48 41	20 31 09	28 01 28	2 25 49	11 50 50	26 56 11	14 09 30	24 45 17	4 14 17	28 02 34	27 19 02	4 53 14	7 02 39	12 42 38
19 Su	18 50 06	5 ♎ 35 53	13 ♎ 12 34	3 56 32	13 04 28	27 41 25	14 37 17	25 09 26	4 11 01	28 10 02	27 15 02	4 57 06	7 05 15	12 44 17
20 M	19 52 34	20 52 04	28 30 18	5 28 52	14 19 11	28 27 44	15 06 11	25 34 35	4 08 37	28 18 34	27 12 03	5 02 00	7 08 54	12 46 56
21 Tu	20 55 58	6 ♏ 09 44	13 ♏ 44 20	7 02 46	15 34 54	29 15 03	15 36 07	26 00 39	4 06 59	28 28 03	27 10 00	5 07 51	7 13 29	12 50 31
22 W	22 00 00	21 18 19	28 44 37	8 37 54	16 51 18	0 ♈ 03 03	16 06 47	26 27 19	4 05 50	28 38 12	27 08 35	5 14 20	7 18 42	12 54 42
23 Th	23 04 11	6 ♐ 08 32	13 ♐ 23 01	10 13 47	18 07 53	0 51 14	16 37 40	26 54 05	4 04 40	28 48 30	27 07 19	5 20 57	7 24 05	12 59 01
24 F	24 07 58	20 33 33	27 34 15	11 49 52	19 24 08	1 39 05	17 08 14	27 20 25	4 02 56	28 58 26	27 05 38	5 27 10	7 29 03	13 02 54
25 Sa	25 10 54	4 ♑ 29 44	11 ♑ 16 12	13 25 42	20 39 33	2 26 06	17 38 01	27 45 50	4 00 12	29 07 31	27 03 06	5 32 31	7 33 10	13 05 54
26 Su	26 12 40	17 56 33	24 29 33	15 01 01	21 53 52	3 12 02	18 06 45	28 10 05	3 56 09	29 15 28	26 59 24	5 36 43	7 36 08	13 07 44
27 M	27 13 16	0 ♒ 56 00	7 ♒ 17 10	16 35 47	23 07 03	3 56 50	18 34 23	28 33 06	3 50 46	29 22 15	26 54 33	5 39 44	7 37 55	13 08 22
28 Tu	28 12 56	13 31 50	19 43 14	18 10 15	24 19 19	4 40 44	19 01 09	28 55 07	3 44 18	29 28 06	26 48 45	5 41 47	7 38 45	13 08 02
29 W	29 12 04	25 48 46	1 ♓ 52 40	19 44 52	25 31 08	5 24 10	19 27 29	29 16 35	3 37 10	29 33 28	26 42 27	5 43 20	7 39 05	13 07 10
30 Th	0 ♉ 11 18	7 ♓ 51 54	13 50 28	21 20 13	26 43 03	6 07 44	19 53 59	29 38 06	3 29 59	29 38 54	26 36 15	5 44 57	7 39 29	13 06 20
31 F	1 11 12	19 46 07	25 41 23	22 56 57	27 55 42	6 52 02	20 21 15	0 ♈ 00 14	3 23 20	29 45 03	26 30 45	5 47 14	7 40 35	13 06 11

February 1992 LONGITUDE

Day	☉	0 hr ☽	Noon ☽	☿	♀	♂	⚵	⚳	♃	♄	⚷	♅	♆	♇
1 Sa	2 ♉ 12 21	1 ♈ 35 51	7 ♈ 29 31	24 ♈ 35 37	29 ♓ 09 37	7 ♈ 37 37	20 ♉ 49 50	0 ♈ 23 34	3 ♐ 17 48	29 ♈ 52 26	26 ♎ 26 31	5 ♈ 50 46	7 ♈ 42 55	13 ♒ 07 15
2 Su	3 15 06	13 24 47	19 18 18	26 16 37	0 ♈ 25 12	8 24 52	21 20 07	0 48 29	3 13 46	0 ♉ 01 28	26 23 55	5 55 54	7 46 52	13 09 55
3 M	4 19 39	25 15 50	1 ♉ 10 22	28 00 08	1 42 35	9 13 57	21 52 16	1 15 07	3 11 22	0 12 16	26 23 08	6 02 49	7 52 36	13 14 20
4 Tu	5 25 51	7 ♉ 11 06	13 07 37	29 46 03	3 01 41	10 04 45	22 26 09	1 43 22	3 10 32	0 24 46	26 24 03	6 11 23	7 59 60	13 20 24
5 W	6 33 19	19 12 03	25 11 23	1 ♉ 34 01	4 22 05	10 56 52	23 01 24	2 12 51	3 10 52	0 38 32	26 26 16	6 21 13	8 08 41	13 27 43
6 Th	7 41 28	1 ♊ 19 43	7 ♊ 22 41	3 23 25	5 43 12	11 49 42	23 37 24	2 42 57	3 11 45	0 52 60	26 29 12	6 31 43	8 18 02	13 35 42
7 F	8 49 31	13 34 59	19 42 26	5 13 31	7 04 15	12 42 31	24 13 24	3 12 56	3 12 28	1 07 23	26 32 06	6 42 08	8 27 18	13 43 34
8 Sa	9 56 43	25 58 53	2 ♋ 11 49	7 03 34	8 24 29	13 34 30	24 48 37	3 41 59	3 12 13	1 20 55	26 34 11	6 51 41	8 35 43	13 50 34
9 Su	11 02 23	8 ♋ 32 50	14 52 27	8 52 54	9 43 15	14 25 03	25 22 25	4 09 29	3 10 22	1 32 57	26 34 48	6 59 44	8 42 38	13 56 03
10 M	12 06 10	21 18 57	27 46 36	10 41 08	11 00 09	15 13 44	25 54 23	4 35 02	3 06 32	1 43 05	26 33 35	7 05 52	8 47 39	13 59 37
11 Tu	13 08 01	4 ♌ 19 55	10 ♌ 57 01	12 28 16	12 15 09	16 00 32	26 24 31	4 58 36	3 00 42	1 51 18	26 30 29	7 10 04	8 50 44	14 01 14
12 W	14 08 17	17 38 56	24 26 47	14 14 38	13 28 38	16 45 50	26 53 09	5 20 34	2 53 14	1 57 58	26 25 53	7 12 42	8 52 16	14 01 17
13 Th	15 07 43	1 ♍ 19 08	8 ♍ 18 37	16 00 57	14 41 18	17 30 21	27 21 02	5 41 38	2 44 51	2 03 49	26 20 31	7 14 29	8 52 58	14 00 28
14 F	16 07 15	15 22 56	22 34 11	17 48 09	15 54 07	18 15 01	27 49 06	6 02 45	2 36 32	2 09 46	26 15 19	7 16 23	8 53 47	13 59 46
15 Sa	17 07 53	29 51 03	7 ♎ 13 05	19 37 12	17 08 04	19 00 50	28 18 21	6 24 54	2 29 14	2 16 49	26 11 16	7 19 21	8 55 42	14 00 08
16 Su	18 10 22	14 ♎ 41 36	22 12 00	21 28 49	18 23 55	19 48 34	28 49 32	6 48 52	2 23 46	2 25 44	26 09 10	7 24 12	8 59 29	14 02 21
17 M	19 15 07	29 49 26	7 ♏ 24 24	23 23 23	19 42 04	20 38 38	29 23 04	7 15 03	2 20 31	2 36 56	26 09 24	7 31 18	9 05 32	14 06 50
18 Tu	20 22 01	15 ♏ 06 14	22 40 54	25 20 41	21 02 24	21 30 53	29 58 50	7 43 19	2 19 22	2 50 16	26 11 52	7 40 33	9 13 45	14 13 28
19 W	21 30 27	0 ♐ 21 26	7 ♐ 50 42	27 20 02	22 24 18	22 24 43	0 ♊ 36 13	8 13 04	2 19 43	3 05 09	26 15 56	7 51 19	9 23 29	14 21 36
20 Th	22 39 27	15 24 01	22 43 21	29 20 23	23 46 49	23 19 11	1 14 14	8 43 20	2 20 37	3 20 37	26 20 39	8 02 39	9 33 49	14 30 18
21 F	23 47 57	0 ♑ 04 27	7 ♑ 10 39	1 ♊ 20 30	25 08 51	24 13 11	1 51 49	9 13 01	2 20 58	3 35 33	26 24 56	8 13 28	9 43 37	14 38 28
22 Sa	24 54 58	14 16 11	21 07 40	3 19 18	26 29 28	25 05 46	2 28 01	9 41 10	2 19 50	3 49 01	26 27 50	8 22 48	9 51 58	14 45 10
23 Su	25 59 56	27 56 17	4 ♒ 33 07	5 16 00	27 48 02	25 56 21	3 02 13	10 07 11	2 16 37	4 00 25	26 28 45	8 30 04	9 58 14	14 49 47
24 M	27 02 41	11 ♒ 05 24	17 28 50	7 10 14	29 04 26	26 44 46	3 34 18	10 30 56	2 11 12	4 09 37	26 27 32	8 35 06	10 02 19	14 52 11
25 Tu	28 03 33	23 46 51	29 59 01	9 02 05	0 ♉ 19 00	27 31 21	4 04 34	10 52 45	2 03 53	4 16 55	26 24 33	8 38 16	10 04 30	14 52 42
26 W	29 03 16	6 ♓ 05 53	12 ♓ 09 21	10 51 59	1 32 26	28 16 49	4 33 45	11 13 19	1 55 25	4 23 04	26 20 28	8 40 14	10 05 32	14 52 02
27 Th	0 ♊ 02 47	18 08 39	24 06 06	12 40 32	2 45 41	29 02 08	5 02 49	11 33 37	1 46 45	4 28 59	26 16 17	8 42 00	10 06 22	14 51 09
28 F	1 03 06	0 ♈ 01 34	5 ♈ 55 36	14 28 25	3 59 48	29 48 19	5 32 46	11 54 40	1 38 55	4 35 44	26 13 01	8 44 34	10 08 01	14 51 05
29 Sa	2 05 11	11 50 39	17 43 37	16 16 07	5 15 41	0 ♉ 36 18	6 04 32	12 17 23	1 32 51	4 44 13	26 11 36	8 48 52	10 11 25	14 52 45

Notes

LONGITUDE — March 1992

Day	☉	0 hr ☽	Noon ☽	☿	♀	♂	⚵	⚳	♃	♄	⚷	♅	♆	♇
1 Su	3 ♊ 09 40	23 ♈ 41 04	29 ♈ 34 59	18 ♊ 03 51	6 ♉ 34 01	1 ♉ 26 44	6 ♊ 38 47	12 ♈ 42 26	1 ♐ 29 13	4 ♉ 55 06	26 ♎ 12 41	8 ♈ 55 35	10 ♈ 17 13	14 ♒ 56 48
2 M	4 16 51	5 ♉ 36 59	11 ♉ 33 26	19 51 26	7 55 05	2 19 56	7 15 50	13 10 07	1 28 20	5 08 41	26 16 34	9 04 59	10 25 44	15 03 34
3 Tu	5 26 38	17 41 13	23 41 24	21 38 12	9 18 46	3 15 45	7 55 32	13 40 19	1 30 04	5 24 50	26 23 09	9 16 57	10 36 50	15 12 55
4 W	6 38 25	29 55 24	6 ♊ 00 05	23 23 02	10 44 30	4 13 39	8 37 19	14 12 27	1 33 53	5 42 60	26 31 52	9 30 56	10 49 58	15 24 16
5 Th	7 51 19	12 ♊ 20 01	18 29 41	25 04 29	12 11 23	5 12 41	9 20 18	14 45 37	1 38 51	6 02 16	26 41 47	9 46 00	11 04 12	15 36 44
6 F	9 04 12	24 54 44	1 ♋ 09 38	26 40 50	13 38 16	6 11 46	10 03 20	15 18 41	1 43 52	6 21 30	26 51 49	10 01 04	11 18 26	15 49 10
7 Sa	10 15 55	7 ♋ 38 51	13 59 10	28 10 23	15 04 00	7 09 42	10 45 16	15 50 29	1 47 46	6 39 33	27 00 46	10 14 55	11 31 28	15 00 25
8 Su	11 25 27	20 31 48	26 57 48	29 31 36	16 27 37	8 05 32	11 25 06	16 20 03	1 49 36	6 55 26	27 07 41	10 26 37	11 42 22	16 09 31
9 M	12 32 13	3 ♌ 33 33	10 ♌ 05 39	0 ♋ 43 22	17 48 29	8 58 38	12 02 15	16 46 45	1 48 43	7 08 32	27 11 56	10 35 31	11 50 29	16 15 50
10 Tu	13 36 07	16 44 58	23 23 48	1 45 08	19 06 32	9 48 56	12 36 36	17 10 31	1 45 05	7 18 45	27 13 27	10 41 33	11 55 45	16 19 18
11 W	14 37 36	0 ♍ 07 51	6 ♍ 54 12	2 36 57	20 22 11	10 36 51	13 08 37	17 31 46	1 39 07	7 26 33	27 12 40	10 45 10	11 58 37	16 20 20
12 Th	15 37 36	13 44 45	20 39 22	3 19 23	21 36 24	11 23 21	13 39 15	17 51 28	1 31 46	7 32 51	27 10 33	10 47 18	12 00 00	16 19 55
13 F	16 37 24	27 38 18	4 ♎ 41 39	3 53 25	22 50 26	12 09 40	14 09 44	18 10 52	1 24 20	7 38 56	27 08 20	10 49 13	12 01 11	16 19 17
14 Sa	17 38 17	11 ♎ 50 25	19 02 18	4 20 10	24 05 36	12 57 08	14 41 23	18 31 16	1 18 05	7 46 06	27 07 21	10 52 13	12 03 28	16 19 44
15 Su	18 41 20	26 21 20	3 ♏ 40 32	4 40 36	25 22 58	13 46 49	15 15 16	18 53 45	1 14 07	7 55 25	27 08 39	10 57 22	12 07 56	16 22 22
16 M	19 47 08	11 ♏ 08 39	18 32 46	4 55 19	26 43 07	14 39 19	15 52 00	19 18 54	1 13 03	8 07 29	27 12 50	11 05 16	12 15 09	16 27 46
17 Tu	20 55 40	26 06 55	3 ♐ 32 27	5 04 21	28 06 02	15 34 34	16 31 31	19 46 41	1 14 49	8 22 15	27 19 53	11 15 53	12 25 06	16 35 53
18 W	22 06 15	11 ♐ 08 02	18 30 44	5 07 16	29 31 01	16 31 55	17 13 10	20 16 24	1 18 45	8 39 03	27 29 06	11 28 32	12 37 07	16 46 03
19 Th	23 17 45	26 02 18	3 ♑ 17 57	5 03 16	0 ♊ 56 58	17 30 14	17 55 48	20 46 57	1 23 45	8 56 45	27 39 22	11 42 06	12 50 03	16 57 10
20 F	24 28 51	10 ♑ 40 13	17 45 18	4 51 32	2 22 33	18 28 12	18 38 07	21 17 01	1 28 30	9 14 03	27 49 22	11 55 16	13 02 35	17 07 52
21 Sa	25 38 21	24 54 08	1 ♒ 46 24	4 31 28	3 46 34	19 24 37	19 18 54	21 45 22	1 31 46	9 29 42	27 57 54	12 06 48	13 13 31	17 16 59
22 Su	26 45 26	8 ♒ 39 26	15 18 05	4 02 58	5 08 12	20 18 39	19 57 20	22 11 11	1 32 46	9 42 56	28 04 09	12 15 55	13 22 03	17 23 40
23 M	27 49 49	21 54 56	28 20 31	3 26 37	6 27 09	21 10 00	20 33 08	22 34 11	1 31 12	9 53 24	28 07 48	12 22 17	13 27 51	17 27 39
24 Tu	28 51 43	4 ♓ 42 34	10 ♓ 56 41	2 43 35	7 43 40	21 58 56	21 06 31	22 54 36	1 27 19	10 01 23	28 09 07	12 26 11	13 31 11	17 29 10
25 W	29 51 53	17 06 37	23 11 34	1 55 37	8 58 28	22 46 10	21 38 14	23 13 10	1 21 51	10 07 36	28 08 50	12 28 19	13 32 47	17 28 57
26 Th	0 ♋ 51 21	29 12 58	5 ♈ 11 24	1 04 51	10 12 35	23 32 43	22 09 19	23 30 54	1 15 49	10 13 05	28 07 57	12 29 44	13 33 41	17 28 01
27 F	1 51 16	11 ♈ 08 10	17 02 54	0 13 31	11 27 10	24 19 45	22 40 54	23 48 57	1 10 24	10 18 58	28 07 40	12 31 34	13 35 00	17 27 32
28 Sa	2 52 41	22 58 53	28 52 37	29 ♊ 23 45	12 43 19	25 08 21	23 14 04	24 08 24	1 06 40	10 26 21	28 09 01	12 34 54	13 37 51	17 28 34
29 Su	3 56 26	4 ♉ 51 13	10 ♉ 46 24	28 37 23	14 01 48	25 59 18	23 49 38	24 30 03	1 05 26	10 36 01	28 12 49	12 40 33	13 43 02	17 31 57
30 M	5 02 56	16 50 19	22 49 03	27 55 46	15 23 04	26 53 02	24 28 01	24 54 19	1 07 06	10 48 24	28 19 31	12 48 55	13 50 56	17 38 04
31 Tu	6 12 07	29 00 08	5 ♊ 04 03	27 19 43	16 47 03	27 49 29	25 09 08	25 21 09	1 11 39	11 03 26	28 29 01	12 59 57	14 01 33	17 46 53

LONGITUDE — April 1992

Day	☉	0 hr ☽	Noon ☽	☿	♀	♂	⚵	⚳	♃	♄	⚷	♅	♆	♇
1 W	7 ♋ 23 27	11 ♊ 23 07	17 ♊ 33 18	26 ♊ 49 25	18 ♊ 13 13	28 ♉ 48 07	25 ♊ 52 29	25 ♈ 49 60	1 ♐ 18 32	11 ♉ 20 35	28 ♎ 40 49	13 ♈ 13 08	14 ♈ 14 18	17 ♒ 57 51
2 Th	8 36 02	24 00 14	0 ♋ 17 14	26 24 32	19 40 39	29 48 01	26 37 08	26 19 56	1 26 49	11 38 56	28 53 59	13 27 31	14 28 17	18 10 04
3 F	9 48 39	6 ♋ 51 09	13 15 01	26 04 24	21 08 09	0 ♊ 47 60	27 21 53	26 49 48	1 35 21	11 57 18	29 07 20	13 41 57	14 42 20	18 22 20
4 Sa	11 00 06	19 54 31	26 24 54	25 48 09	22 34 30	1 46 51	28 05 32	27 18 20	1 42 55	12 14 28	29 19 39	13 55 11	14 55 12	18 33 27
5 Su	12 09 21	3 ♌ 08 29	9 ♌ 44 49	25 35 00	23 58 41	2 43 30	28 47 03	27 44 32	1 48 27	12 29 23	29 29 54	14 06 12	15 05 52	18 42 22
6 M	13 15 43	16 31 13	23 12 56	25 24 27	25 20 02	3 37 20	29 25 46	28 07 43	1 51 19	12 41 24	29 37 26	14 14 20	15 13 40	18 48 26
7 Tu	14 19 06	0 ♍ 01 32	6 ♍ 48 12	25 16 26	26 38 24	4 28 12	0 ♋ 01 32	28 27 46	1 51 24	12 50 23	29 42 06	14 19 27	15 18 28	18 51 31
8 W	15 19 55	13 39 05	20 30 30	25 11 23	27 54 14	5 16 32	0 34 49	28 45 06	1 49 08	12 56 45	29 44 20	14 21 60	15 20 43	18 52 03
9 Th	16 19 05	27 24 31	4 ♎ 20 41	25 10 10	29 08 27	6 03 14	1 06 31	29 00 38	1 45 24	13 01 27	29 45 04	14 22 53	15 21 19	18 50 57
10 F	17 17 49	11 ♎ 19 03	18 19 58	25 13 52	0 ♋ 22 16	6 49 33	1 37 51	29 15 36	1 41 28	13 05 41	29 45 31	14 23 19	15 21 30	18 49 26
11 Sa	18 17 24	25 23 56	2 ♏ 29 25	25 23 39	1 36 57	7 36 44	2 10 05	29 31 14	1 38 34	13 10 43	29 46 56	14 24 35	15 22 31	18 48 47
12 Su	19 18 51	9 ♏ 39 36	16 48 58	25 40 23	2 53 33	8 25 49	2 44 16	29 48 37	1 37 47	13 17 35	29 50 23	14 27 43	15 25 26	18 50 02
13 M	20 22 47	24 04 58	1 ♐ 16 50	26 04 27	4 12 39	9 17 25	3 20 59	0 ♉ 08 18	1 39 41	13 26 54	29 56 28	14 33 20	15 30 50	18 53 47
14 Tu	21 29 12	8 ♐ 36 52	15 49 07	26 35 42	5 34 16	10 11 31	4 00 16	0 30 19	1 44 16	13 38 40	0 ♏ 05 09	14 41 24	15 38 43	19 00 02
15 W	22 37 33	23 10 11	0 ♑ 20 04	27 13 22	6 57 50	11 07 34	4 41 31	0 54 05	1 50 60	13 52 18	0 15 54	14 51 22	15 48 31	19 08 14
16 Th	23 46 48	7 ♑ 38 15	14 42 49	27 56 14	8 22 20	12 04 34	5 23 45	1 18 36	1 58 52	14 06 48	0 27 42	15 02 15	15 59 15	19 17 21
17 F	24 55 49	21 54 02	28 50 35	28 42 57	9 46 38	13 01 20	6 05 48	1 42 41	2 06 41	14 21 01	0 39 23	15 12 52	16 09 43	19 26 15
18 Sa	26 03 28	5 ♒ 51 21	12 ♒ 37 51	29 32 13	11 09 35	13 56 47	6 46 33	2 05 15	2 13 22	14 33 50	0 49 51	15 22 07	16 18 51	19 33 48
19 Su	27 08 59	19 25 49	26 01 14	0 ♋ 23 04	12 30 26	14 50 06	7 25 13	2 25 30	2 18 08	14 44 27	0 58 18	15 29 12	16 25 49	19 39 14
20 M	28 12 00	2 ♓ 35 30	8 ♓ 59 50	1 14 59	13 48 48	15 40 56	8 01 26	2 43 03	2 20 36	14 52 31	1 04 23	15 33 45	16 30 18	19 42 11
21 Tu	29 12 38	15 21 01	21 35 12	2 07 54	15 04 49	16 29 24	8 35 20	2 58 02	2 20 53	14 58 09	1 08 13	15 35 55	16 32 23	19 42 46
22 W	0 ♌ 11 25	27 45 12	3 ♈ 50 56	3 02 12	16 19 00	17 16 02	9 07 25	3 10 58	2 19 33	15 01 52	1 10 19	15 36 11	16 32 38	19 41 30
23 Th	1 09 11	9 ♈ 52 32	15 52 03	3 58 35	17 32 11	18 01 39	9 38 33	3 22 41	2 17 23	15 04 31	1 11 31	15 35 26	16 31 50	19 39 14
24 F	2 06 52	21 48 38	27 44 28	4 57 52	18 45 20	18 47 13	10 09 39	3 34 07	2 15 23	15 07 02	1 12 47	15 34 34	16 30 58	19 36 55
25 Sa	3 05 26	3 ♉ 39 34	9 ♉ 34 22	6 00 51	19 59 21	19 33 40	10 41 41	3 46 14	2 14 27	15 10 22	1 15 03	15 34 34	16 30 58	19 35 29
26 Su	4 05 36	15 31 24	21 27 46	7 08 11	21 15 01	20 21 44	11 15 22	3 59 44	2 15 20	15 15 14	1 19 02	15 36 08	16 32 34	19 35 41
27 M	5 07 49	27 29 43	3 ♊ 30 05	8 20 12	22 32 45	21 11 51	11 51 09	4 15 04	2 18 29	15 22 06	1 25 12	15 39 44	16 36 12	19 37 56
28 Tu	6 12 08	9 ♊ 39 14	15 45 40	9 36 51	23 52 36	22 04 04	12 29 05	4 32 17	2 23 56	15 30 60	1 33 35	15 45 25	16 41 56	19 42 18
29 W	7 18 12	22 03 33	28 17 39	10 57 44	25 14 14	22 58 03	13 08 50	4 51 02	2 31 22	15 41 35	1 43 50	15 52 49	16 49 25	19 48 26
30 Th	8 25 21	4 ♋ 44 53	11 ♋ 07 38	12 22 04	26 36 58	23 53 08	13 49 42	5 10 38	2 40 05	15 53 12	1 55 18	16 01 17	16 57 59	19 55 41

Notes

May 1992 — LONGITUDE

Day	☉	0 hr ☽	Noon ☽	☿	♀	♂	⚵	⚳	♃	♄	⚷	♅	♆	♇
1 F	9 ♌ 32 42	17 ♋ 43 57	24 ♋ 15 38	13 ♋ 48 55	27 ♋ 59 54	24 ♊ 48 23	14 ♋ 30 47	5 ♉ 30 12	2 ♐ 49 12	16 ♉ 04 55	2 ♏ 07 04	16 ♈ 09 55	17 ♈ 06 43	20 ♒ 03 08
2 Sa	10 39 16	1 ♌ 00 02	7 ♌ 40 17	15 17 15	29 22 05	25 42 53	15 11 10	5 48 45	2 57 46	16 15 49	2 18 12	16 17 45	17 14 41	20 09 49
3 Su	11 44 14	14 31 15	21 19 06	16 46 13	0 ♌ 42 42	26 35 46	15 49 59	6 05 29	3 04 56	16 25 03	2 27 50	16 23 58	17 21 03	20 14 56
4 M	12 47 03	28 14 54	5 ♍ 08 58	18 15 13	2 01 12	27 26 32	16 26 43	6 19 50	3 10 11	16 32 05	2 35 28	16 28 01	17 25 17	20 17 57
5 Tu	13 47 37	12 ♍ 07 60	19 06 47	19 44 04	3 17 26	28 15 01	17 01 13	6 31 40	3 13 23	16 36 47	2 40 56	16 29 47	17 27 14	20 18 42
6 W	14 46 11	26 07 49	3 ♎ 09 52	21 13 04	4 31 43	29 01 31	17 33 47	6 41 17	3 14 48	16 39 25	2 44 33	16 29 33	17 27 12	20 17 30
7 Th	15 43 26	10 ♎ 12 13	17 16 17	22 42 49	5 44 42	29 46 41	18 05 05	6 49 20	3 15 06	16 40 41	2 46 58	16 27 59	17 25 50	20 15 00
8 F	16 40 14	24 19 43	1 ♏ 24 47	24 14 12	6 57 16	0 ♋ 31 26	18 35 59	6 56 41	3 15 11	16 41 27	2 49 03	16 25 57	17 24 02	20 12 05
9 Sa	17 37 31	8 ♏ 29 18	15 34 33	25 48 08	8 10 20	1 16 38	19 07 24	7 04 16	3 15 58	16 42 37	2 51 44	16 24 23	17 22 43	20 09 41
10 Su	18 36 02	22 40 06	29 44 42	27 25 20	9 24 38	2 03 05	19 40 05	7 12 49	3 18 10	16 44 57	2 55 46	16 24 02	17 22 38	20 08 32
11 M	19 36 11	6 ♐ 50 51	13 ♐ 53 52	29 06 13	10 40 37	2 51 10	20 14 28	7 22 45	3 22 14	16 48 52	3 01 34	16 25 18	17 24 11	20 09 04
12 Tu	20 38 00	20 59 35	27 59 54	0 ♌ 50 50	11 58 17	3 40 54	20 50 34	7 34 06	3 28 11	16 54 23	3 09 08	16 28 14	17 27 25	20 11 17
13 W	21 41 07	5 ♑ 03 35	11 ♑ 59 51	2 38 47	13 17 17	4 31 57	21 27 60	7 46 29	3 35 37	17 01 08	3 18 08	16 32 26	17 31 56	20 14 51
14 Th	22 44 54	18 59 27	25 50 13	4 29 26	14 36 57	5 23 38	22 06 08	7 59 15	3 43 55	17 08 28	3 27 53	16 37 17	17 37 07	20 19 05
15 F	23 48 34	2 ♒ 43 34	9 ♒ 27 29	6 22 02	15 56 32	6 15 13	22 44 12	8 11 39	3 52 19	17 15 38	3 37 39	16 42 01	17 42 12	20 23 15
16 Sa	24 51 25	16 12 38	22 48 40	8 15 52	17 15 19	7 05 58	23 21 29	8 22 56	4 00 06	17 21 55	3 46 43	16 45 55	17 46 27	20 26 37
17 Su	25 52 56	29 24 14	5 ♓ 51 48	10 10 24	18 32 47	7 55 22	23 57 29	8 32 37	4 06 44	17 26 46	3 54 31	16 48 27	17 49 21	20 28 41
18 M	26 52 50	12 ♓ 17 14	18 36 18	12 05 21	19 48 40	8 43 09	24 31 54	8 40 23	4 11 57	17 29 57	4 00 50	16 49 21	17 50 40	20 29 09
19 Tu	27 51 10	24 51 54	1 ♈ 03 04	14 00 46	21 02 60	9 29 20	25 04 46	8 46 18	4 15 47	17 31 29	4 05 41	16 48 40	17 50 23	20 28 05
20 W	28 48 12	7 ♈ 09 59	13 14 23	15 56 52	22 16 02	10 14 13	25 36 23	8 50 37	4 18 30	17 31 38	4 09 19	16 46 39	17 48 48	20 25 44
21 Th	29 44 24	19 14 29	25 13 46	17 54 06	23 28 16	10 58 15	26 07 12	8 53 48	4 20 35	17 30 53	4 12 14	16 43 48	17 46 22	20 22 35
22 F	0 ♍ 40 20	1 ♉ 09 27	7 ♉ 05 36	19 52 58	24 40 15	11 41 59	26 37 46	8 56 25	4 22 35	17 29 47	4 14 58	16 40 39	17 43 41	20 19 12
23 Sa	1 36 33	12 59 35	18 54 53	21 53 58	25 52 32	12 25 60	27 08 40	8 58 60	4 25 02	17 28 53	4 18 05	16 37 46	17 41 15	20 16 07
24 Su	2 33 31	24 49 58	0 ♊ 46 50	23 57 28	27 05 35	13 10 43	27 40 19	9 02 01	4 28 25	17 28 39	4 22 02	16 35 36	17 39 34	20 13 48
25 M	3 31 31	6 ♊ 45 45	12 46 36	26 03 39	28 19 40	13 56 28	28 13 03	9 05 45	4 33 01	17 29 23	4 27 07	16 34 27	17 38 55	20 12 33
26 Tu	4 30 39	18 51 50	24 58 59	28 12 28	29 34 54	14 43 18	28 46 55	9 10 17	4 38 55	17 31 08	4 33 25	16 34 24	17 39 23	20 12 26
27 W	5 30 45	1 ♋ 12 34	7 ♋ 28 02	0 ♍ 23 36	0 ♍ 51 08	15 31 05	29 21 47	9 15 28	4 45 58	17 33 48	4 40 46	16 35 18	17 40 48	20 13 20
28 Th	6 31 30	13 51 27	20 16 47	2 36 34	2 08 01	16 19 29	29 57 20	9 20 59	4 53 50	17 37 01	4 48 52	16 36 51	17 42 53	20 14 54
29 F	7 32 28	26 50 50	3 ♌ 26 57	4 50 42	3 25 08	17 08 04	0 ♌ 33 07	9 26 22	5 02 06	17 40 22	4 57 16	16 38 34	17 45 09	20 16 43
30 Sa	8 33 09	10 ♌ 11 41	16 58 40	7 05 17	4 42 00	17 56 21	1 08 39	9 31 09	5 10 15	17 43 22	5 05 28	16 40 00	17 47 09	20 18 16
31 Su	9 33 09	23 53 19	0 ♍ 50 24	9 19 39	5 58 12	18 43 55	1 43 31	9 34 55	5 17 53	17 45 36	5 13 05	16 40 44	17 48 27	20 19 11

June 1992 — LONGITUDE

Day	☉	0 hr ☽	Noon ☽	☿	♀	♂	⚵	⚳	♃	♄	⚷	♅	♆	♇
1 M	10 ♍ 32 12	7 ♍ 53 29	14 ♍ 59 01	11 ♍ 33 16	7 ♍ 13 27	19 ♋ 30 29	2 ♌ 17 26	9 ♉ 37 23	5 ♐ 24 44	17 ♉ 46 47	5 ♏ 19 49	16 ♈ 40 29	17 ♈ 48 47	20 ♒ 19 09
2 Tu	11 30 13	22 08 29	29 20 13	13 45 47	8 27 41	20 15 59	2 50 21	9 38 30	5 30 43	17 46 52	5 25 37	16 39 12	17 48 05	20 18 08
3 W	12 27 20	6 ♎ 33 41	13 ♎ 48 56	15 57 04	9 41 02	21 00 33	3 22 24	9 38 22	5 35 59	17 45 58	5 30 36	16 36 60	17 46 30	20 16 15
4 Th	13 23 52	21 03 58	28 20 02	18 07 09	10 53 48	21 44 29	3 53 51	9 37 18	5 40 48	17 44 24	5 35 04	16 34 11	17 44 18	20 13 47
5 F	14 20 10	5 ♏ 34 25	12 ♏ 48 51	20 16 07	12 06 22	22 28 10	4 25 07	9 35 40	5 45 34	17 42 31	5 39 23	16 31 08	17 41 53	20 11 09
6 Sa	15 16 37	20 00 42	27 11 29	22 24 09	13 19 07	23 11 58	4 56 33	9 33 51	5 50 40	17 40 44	5 43 57	16 28 14	17 39 38	20 08 42
7 Su	16 13 31	4 ♐ 19 19	11 ♐ 24 58	24 31 16	14 32 18	23 56 10	5 28 27	9 32 09	5 56 21	17 39 18	5 49 03	16 25 46	17 37 48	20 06 43
8 M	17 10 59	18 27 43	25 27 13	26 37 26	15 46 06	24 40 54	6 00 55	9 30 40	6 02 46	17 38 22	5 54 47	16 23 51	17 36 34	20 05 21
9 Tu	18 09 00	2 ♑ 24 04	9 ♑ 16 51	28 42 26	17 00 27	25 26 09	6 33 58	9 29 25	6 09 54	17 37 54	6 01 09	16 22 29	17 35 52	20 04 34
10 W	19 07 25	16 07 12	22 52 58	0 ♎ 45 59	18 15 12	26 11 45	7 07 26	9 28 12	6 17 34	17 37 46	6 07 60	16 21 30	17 35 34	20 04 13
11 Th	20 05 60	29 36 25	6 ♒ 15 04	2 47 42	19 30 09	26 57 29	7 41 04	9 26 49	6 25 34	17 37 43	6 15 05	16 20 41	17 35 26	20 04 04
12 F	21 04 31	12 ♒ 51 20	19 22 53	4 47 16	20 45 02	27 43 06	8 14 39	9 25 02	6 33 38	17 37 31	6 22 10	16 19 47	17 35 14	20 03 53
13 Sa	22 02 46	25 51 53	2 ♓ 16 29	6 44 25	21 59 41	28 28 25	8 47 60	9 22 38	6 41 36	17 36 59	6 29 04	16 18 37	17 34 47	20 03 29
14 Su	23 00 40	8 ♓ 38 17	14 56 11	8 38 58	23 13 60	29 13 20	9 20 59	9 19 32	6 49 20	17 36 01	6 35 40	16 17 05	17 33 57	20 02 45
15 M	23 58 10	21 11 08	27 22 48	10 30 52	24 27 55	29 57 48	9 53 35	9 15 43	6 56 50	17 34 35	6 41 58	16 15 09	17 32 45	20 01 40
16 Tu	24 55 22	3 ♈ 31 28	9 ♈ 37 31	12 20 07	25 41 32	0 ♌ 41 55	10 25 53	9 11 14	7 04 09	17 32 45	6 47 60	16 12 54	17 31 13	20 00 17
17 W	25 52 21	15 40 48	21 42 08	14 06 48	26 54 58	1 25 46	10 57 59	9 06 11	7 11 24	17 30 38	6 53 53	16 10 25	17 29 28	19 58 44
18 Th	26 49 16	27 41 11	3 ♉ 38 58	15 51 03	28 08 19	2 09 29	11 29 60	9 00 44	7 18 41	17 28 21	6 59 45	16 07 50	17 27 38	19 57 08
19 F	27 46 12	9 ♉ 35 11	15 30 52	17 32 57	29 21 43	2 53 11	12 02 02	8 54 57	7 26 08	17 26 01	7 05 42	16 05 17	17 25 50	19 55 35
20 Sa	28 43 14	21 25 55	27 21 13	19 12 34	0 ♎ 35 13	3 36 55	12 34 11	8 48 57	7 33 49	17 23 42	7 11 49	16 02 49	17 24 08	19 54 10
21 Su	29 40 24	3 ♊ 16 58	9 ♊ 13 51	20 49 52	1 48 51	4 20 43	13 06 27	8 42 43	7 41 45	17 21 26	7 18 06	16 00 28	17 22 32	19 52 54
22 M	0 ♎ 37 39	15 12 19	21 12 54	22 24 51	3 02 35	5 04 32	13 38 47	8 36 13	7 49 52	17 19 10	7 24 31	15 58 10	17 21 00	19 51 44
23 Tu	1 34 53	27 16 11	3 ♋ 22 43	23 57 23	4 16 19	5 48 18	14 11 07	8 29 24	7 58 07	17 16 48	7 30 59	15 55 52	17 19 29	19 50 37
24 W	2 32 04	9 ♋ 32 58	15 47 36	25 27 23	5 29 58	6 31 55	14 43 22	8 22 10	8 06 24	17 14 18	7 37 25	15 53 29	17 17 52	19 49 26
25 Th	3 29 05	22 06 51	28 31 35	26 54 47	6 43 30	7 15 19	15 15 27	8 14 28	8 14 39	17 11 33	7 43 45	15 50 56	17 16 06	19 48 08
26 F	4 25 57	5 ♌ 01 37	11 ♌ 37 59	28 19 30	7 56 52	7 58 29	15 47 22	8 06 16	8 22 52	17 08 35	7 49 59	15 48 12	17 14 10	19 46 41
27 Sa	5 22 42	18 20 05	25 08 58	29 41 36	9 10 08	8 41 29	16 19 09	7 57 39	8 31 04	17 05 24	7 56 08	15 45 22	17 12 06	19 45 10
28 Su	6 19 28	2 ♍ 03 41	9 ♍ 05 00	1 ♏ 01 08	10 23 25	9 24 24	16 50 56	7 48 44	8 39 23	17 02 10	8 02 21	15 42 31	17 10 03	19 43 41
29 M	7 16 24	16 11 52	23 24 26	2 18 13	11 36 52	10 07 26	17 22 52	7 39 40	8 47 59	16 59 01	8 08 46	15 39 50	17 08 10	19 42 23
30 Tu	8 13 39	0 ♎ 41 50	8 ♎ 03 16	3 32 58	12 50 38	10 50 42	17 55 06	7 30 37	8 57 01	16 56 07	8 15 32	15 37 28	17 06 35	19 41 27

Notes

LONGITUDE — July 1992

Day	☉	0 hr ☽	Noon ☽	☿	♀	♂	⚴	⚳	♃	♄	⚷	♅	♆	♇
1 W	9 ♎ 11 19	15 ♎ 28 22	22 ♎ 55 19	4 ♏ 45 26	14 ♎ 04 51	11 ♌ 34 19	18 ♌ 27 45	7 ♉ 21 43	9 ♐ 06 35	16 ♉ 53 34	8 ♏ 22 47	15 ♈ 35 31	17 ♈ 05 26	19 ♒ 40 58
2 Th	10 09 26	0 ♏ 24 24	7 ♏ 52 50	5 55 32	15 19 29	12 18 17	19 00 48	7 12 57	9 16 40	16 51 22	8 30 30	15 33 59	17 04 42	19 40 56
3 F	11 07 51	15 21 43	22 47 38	7 03 07	16 34 27	13 02 29	19 34 08	7 04 14	9 27 11	16 49 25	8 38 34	15 32 47	17 04 18	19 41 15
4 Sa	12 06 22	0 ♐ 12 13	7 ♐ 32 06	8 07 51	17 49 31	13 46 43	20 07 33	6 55 21	9 37 54	16 47 30	8 46 47	15 31 39	17 03 59	19 41 42
5 Su	13 04 41	14 49 02	22 00 16	9 09 23	19 04 24	14 30 40	20 40 46	6 46 02	9 48 31	16 45 20	8 54 50	15 30 21	17 03 29	19 41 59
6 M	14 02 35	29 07 13	6 ♑ 08 17	10 07 20	20 18 51	15 14 07	21 13 31	6 36 02	9 58 48	16 42 40	9 02 29	15 28 37	17 02 32	19 41 52
7 Tu	14 59 51	13 ♑ 04 06	19 54 31	11 01 28	21 32 41	15 56 52	21 45 38	6 25 11	10 08 35	16 39 19	9 09 34	15 26 15	17 00 59	19 41 11
8 W	15 56 29	26 39 07	3 ♒ 19 12	11 51 36	22 45 53	16 38 54	22 17 04	6 13 28	10 17 48	16 35 16	9 16 02	15 23 16	16 58 47	19 39 52
9 Th	16 52 35	9 ♒ 53 20	16 23 57	12 37 46	23 58 33	17 20 19	22 47 58	6 01 01	10 26 36	16 30 38	9 22 01	15 19 45	16 56 05	19 38 05
10 F	17 48 27	22 48 56	29 11 14	13 20 04	25 10 59	18 01 24	23 18 35	5 48 06	10 35 13	16 25 41	9 27 46	15 15 60	16 53 07	19 36 03
11 Sa	18 44 24	5 ♓ 28 36	11 ♓ 43 50	13 58 44	26 23 30	18 42 30	23 49 15	5 35 05	10 44 02	16 20 47	9 33 39	15 12 20	16 50 15	19 34 10
12 Su	19 40 49	17 55 12	24 04 32	14 34 01	27 36 30	19 23 60	24 20 22	5 22 22	10 53 24	16 16 18	9 40 01	15 09 08	16 47 51	19 32 46
13 M	20 38 02	0 ♈ 11 23	6 ♈ 15 57	15 06 04	28 50 18	20 06 12	24 52 15	5 10 16	11 03 39	16 12 33	9 47 13	15 06 45	16 46 15	19 32 13
14 Tu	21 36 17	12 19 33	18 20 21	15 34 59	0 ♏ 05 07	20 49 20	25 25 07	4 59 02	11 15 01	16 09 46	9 55 28	15 05 24	16 45 40	19 32 42
15 W	22 35 38	24 21 45	0 ♉ 19 43	16 00 42	1 21 02	21 33 29	25 59 03	4 48 44	11 27 33	16 08 02	10 04 50	15 05 08	16 46 12	19 34 19
16 Th	23 35 60	6 ♉ 19 47	12 15 53	16 22 59	2 37 57	22 18 32	26 33 57	4 39 18	11 41 10	16 07 15	10 15 14	15 05 53	16 47 44	19 36 58
17 F	24 37 06	18 15 19	24 10 36	16 41 24	3 55 36	23 04 14	27 09 33	4 30 29	11 55 35	16 07 09	10 26 22	15 07 23	16 49 60	19 40 23
18 Sa	25 38 32	0 ♊ 10 07	6 ♊ 05 46	16 55 28	5 13 35	23 50 11	27 45 26	4 21 53	12 10 26	16 07 20	10 37 52	15 09 13	16 52 36	19 44 10
19 Su	26 39 50	12 06 10	18 03 35	17 04 35	6 31 26	24 35 54	28 21 08	4 13 02	12 25 11	16 07 19	10 49 15	15 10 54	16 55 03	19 47 49
20 M	27 40 31	24 05 54	0 ♋ 06 42	17 08 11	7 48 39	25 20 53	28 56 09	4 03 28	12 39 24	16 06 39	11 00 01	15 11 59	16 56 53	19 50 53
21 Tu	28 40 11	6 ♋ 12 17	12 18 18	17 05 51	9 04 51	26 04 46	29 30 07	3 52 48	12 52 40	16 04 54	11 09 46	15 12 03	16 57 43	19 52 58
22 W	29 38 37	18 28 51	24 42 07	16 57 20	10 19 48	26 47 18	0 ♍ 02 48	3 40 50	13 04 46	16 01 53	11 18 18	15 10 53	16 57 18	19 53 50
23 Th	0 ♏ 35 51	0 ♌ 59 42	7 ♌ 22 16	16 42 43	11 33 33	27 28 31	0 34 12	3 27 36	13 15 42	15 57 36	11 25 38	15 08 30	16 55 39	19 53 30
24 F	1 32 08	13 49 11	20 22 57	16 22 20	12 46 19	28 08 40	1 04 35	3 13 22	13 25 45	15 52 19	11 32 00	15 05 11	16 53 04	19 52 14
25 Sa	2 27 58	27 01 27	3 ♍ 47 58	15 56 52	13 58 39	28 48 16	1 34 28	2 58 39	13 35 24	15 46 32	11 37 57	15 01 25	16 50 01	19 50 33
26 Su	3 24 01	10 ♍ 39 55	17 39 59	15 27 12	15 11 10	29 27 58	2 04 29	2 44 07	13 45 19	15 40 56	11 44 05	14 57 51	16 47 11	19 49 05
27 M	4 20 56	24 46 19	1 ♎ 59 36	14 54 20	16 24 33	0 ♍ 08 24	2 35 19	2 30 27	13 56 09	15 36 09	11 51 06	14 55 10	16 45 13	19 48 31
28 Tu	5 19 16	9 ♎ 19 53	16 44 39	14 19 11	17 39 20	0 50 08	3 07 29	2 18 13	14 08 28	15 32 44	11 59 31	14 53 54	16 44 39	19 49 22
29 W	6 19 16	24 16 39	1 ♏ 49 40	13 42 32	18 55 46	1 33 26	3 41 15	2 07 41	14 22 29	15 30 58	12 09 36	14 54 19	16 45 45	19 51 56
30 Th	7 20 50	9 ♏ 29 20	17 06 04	13 04 49	20 13 46	2 18 11	4 16 30	1 58 45	14 38 08	15 30 44	12 21 16	14 56 18	16 48 26	19 56 05
31 F	8 23 31	24 48 01	2 ♐ 23 19	12 26 15	21 32 52	3 03 54	4 52 47	1 50 59	14 54 56	15 31 33	12 34 01	14 59 24	16 52 12	20 01 20

LONGITUDE — August 1992

Day	☉	0 hr ☽	Noon ☽	☿	♀	♂	⚴	⚳	♃	♄	⚷	♅	♆	♇
1 Sa	9 ♏ 26 33	10 ♐ 01 37	17 ♐ 30 33	11 ♏ 46 49	22 ♏ 52 18	3 ♍ 49 51	5 ♍ 29 21	1 ♉ 43 38	15 ♐ 12 08	15 ♉ 32 43	12 ♏ 47 07	15 ♈ 02 52	16 ♈ 56 20	20 ♒ 06 59
2 Su	10 29 06	24 59 52	2 ♑ 18 30	11 06 27	24 11 15	4 35 12	6 05 22	1 35 55	15 28 54	15 33 23	12 59 45	15 05 53	17 00 00	20 12 11
3 M	11 30 29	9 ♑ 34 53	16 40 46	10 25 16	25 28 60	5 19 15	6 40 07	1 27 06	15 44 33	15 32 51	13 11 12	15 07 43	17 02 29	20 16 13
4 Tu	12 30 16	23 42 11	0 ♒ 34 27	9 43 42	26 45 08	6 01 35	7 13 11	1 16 49	15 58 38	15 30 41	13 21 02	15 07 58	17 03 23	20 18 41
5 W	13 28 24	7 ♒ 20 40	13 59 46	9 02 33	27 59 38	6 42 08	7 44 32	1 05 00	16 11 07	15 26 53	13 29 13	15 06 36	17 02 38	20 19 32
6 Th	14 25 15	20 32 07	26 59 25	8 22 58	29 12 48	7 21 17	8 14 31	0 52 03	16 22 21	15 21 45	13 36 06	15 03 58	17 00 36	20 19 07
7 F	15 21 27	3 ♓ 20 12	9 ♓ 37 34	7 46 23	0 ♐ 25 19	7 59 38	8 43 44	0 38 35	16 32 59	15 15 58	13 42 20	15 00 41	16 57 55	20 18 03
8 Sa	16 17 48	15 49 35	21 59 05	7 14 20	1 37 58	8 38 01	9 13 02	0 25 26	16 43 47	15 10 19	13 48 42	14 57 34	16 55 24	20 17 11
9 Su	17 15 08	28 05 12	4 ♈ 08 50	6 48 16	2 51 34	9 17 15	9 43 13	0 13 26	16 55 37	15 05 38	13 56 01	14 55 27	16 53 51	20 17 18
10 M	18 14 07	10 ♈ 11 40	16 11 12	6 29 29	4 06 49	9 58 01	10 14 58	0 03 16	17 09 08	15 02 37	14 04 60	14 55 00	16 53 59	20 19 06
11 Tu	19 15 14	22 12 51	28 09 50	6 18 54	5 24 10	10 40 46	10 48 44	29 ♈ 55 26	17 24 49	15 01 43	14 16 05	14 56 42	16 56 14	20 23 03
12 W	20 18 37	4 ♉ 11 50	10 ♉ 07 31	6 17 03	6 43 46	11 25 38	11 24 40	29 50 03	17 42 46	15 03 03	14 29 24	15 00 41	17 00 45	20 29 16
13 Th	21 24 03	16 10 46	22 06 09	6 24 04	8 05 23	12 12 25	12 02 33	29 46 56	18 02 49	15 06 26	14 44 44	15 06 43	17 07 19	20 37 33
14 F	22 31 00	28 11 04	4 ♊ 07 02	6 39 39	9 28 30	13 00 35	12 41 51	29 45 34	18 24 24	15 11 21	15 01 35	15 14 18	17 15 24	20 47 23
15 Sa	23 38 43	10 ♊ 13 40	16 11 00	7 03 11	10 52 21	13 49 22	13 21 47	29 45 10	18 46 46	15 17 00	15 19 10	15 22 39	17 24 15	20 57 59
16 Su	24 46 17	22 19 17	28 18 53	7 33 51	12 16 02	14 37 51	14 01 28	29 44 51	19 08 60	15 22 30	15 36 33	15 30 51	17 32 56	21 08 26
17 M	25 52 47	4 ♋ 28 50	10 ♋ 31 44	8 10 47	13 38 37	15 25 07	14 39 57	29 43 43	19 30 11	15 26 57	15 52 52	15 38 01	17 40 34	21 17 50
18 Tu	26 57 30	16 43 46	22 51 15	8 53 12	14 59 24	16 10 27	15 16 33	29 41 02	19 49 36	15 29 36	16 07 21	15 43 24	17 46 25	21 25 28
19 W	28 00 00	29 06 20	5 ♌ 19 53	9 40 36	16 17 56	16 53 24	15 50 47	29 36 24	20 06 49	15 30 02	16 19 35	15 46 35	17 50 02	21 30 53
20 Th	29 00 15	11 ♌ 39 38	18 01 02	10 32 48	17 34 10	17 33 56	16 22 39	29 29 46	20 21 47	15 28 13	16 29 31	15 47 31	17 51 24	21 34 04
21 F	29 58 39	24 27 40	0 ♍ 58 47	11 30 02	18 48 32	18 12 28	16 52 31	29 21 33	20 34 54	15 24 33	16 37 34	15 46 37	17 50 55	21 35 24
22 Sa	0 ♐ 55 59	7 ♍ 34 56	14 17 30	12 32 49	20 01 49	18 49 45	17 21 11	29 12 33	20 46 58	15 19 49	16 44 31	15 44 39	17 49 21	21 35 40
23 Su	1 53 19	21 05 49	28 01 11	13 41 57	21 15 02	19 26 52	17 49 42	29 03 49	20 59 02	15 15 05	16 51 24	15 42 42	17 47 47	21 35 56
24 M	2 51 44	5 ♎ 03 46	12 ♎ 12 27	14 58 13	22 29 19	20 04 54	18 19 10	28 56 27	21 12 10	15 11 27	16 59 20	15 41 50	17 47 17	21 37 17
25 Tu	3 52 08	19 30 06	26 51 19	16 22 09	23 45 35	20 44 45	18 50 28	28 51 23	21 27 19	15 09 49	17 09 13	15 42 59	17 48 47	21 40 39
26 W	4 55 04	4 ♏ 23 00	11 ♏ 54 22	17 53 52	25 04 18	21 26 57	19 24 08	28 49 08	21 44 59	15 10 43	17 21 34	15 46 40	17 52 48	21 46 31
27 Th	6 00 26	19 36 48	27 14 15	19 32 54	26 25 27	22 11 24	20 00 06	28 49 38	22 05 06	15 14 04	17 36 20	15 52 49	17 59 16	21 54 51
28 F	7 07 38	5 ♐ 02 03	12 ♐ 40 21	21 18 10	27 48 24	22 57 30	20 37 43	28 52 15	22 27 02	15 19 16	17 52 51	16 00 47	18 07 33	22 05 01
29 Sa	8 15 35	20 26 54	28 00 26	23 08 06	29 12 04	23 44 10	21 15 57	28 55 58	22 49 44	15 25 15	18 10 06	16 09 33	18 16 35	22 15 56
30 Su	9 23 04	5 ♑ 39 07	13 ♑ 02 58	25 01 02	0 ♑ 35 13	24 30 11	21 53 31	28 59 31	23 11 57	15 30 46	18 26 49	16 17 50	18 25 09	22 26 24
31 M	10 28 59	20 28 25	27 39 08	26 55 22	1 56 47	25 14 27	22 29 23	29 01 50	23 32 36	15 34 46	18 41 56	16 24 36	18 32 09	22 35 18

Notes

September 1992 LONGITUDE

Day	☉	0 hr ☽	Noon ☽	☿	♀	♂	⚵	⚳	♃	♄	⚷	♅	♆	♇
1 Tu	11 ♐ 32 40	4 ♒ 48 09	11 ♒ 44 05	28 ♏ 49 58	3 ♑ 16 04	25 ♍ 56 16	23 ♍ 02 49	29 ♈ 02 14	23 ♐ 51 00	15 ♉ 36 33	18 ♏ 54 44	16 ♈ 29 08	18 ♈ 36 55	22 ♒ 41 58
2 W	12 33 57	18 35 44	25 16 56	0 ♐ 44 14	4 32 55	26 35 32	23 33 42	29 00 35	24 07 01	15 35 58	19 05 07	16 31 18	18 39 18	22 46 15
3 Th	13 33 15	1 ♓ 52 21	8 ♓ 20 06	2 38 08	5 47 46	27 12 36	24 02 25	28 57 17	24 21 02	15 33 26	19 13 28	16 31 30	18 39 43	22 48 34
4 F	14 31 24	14 41 52	20 58 16	4 32 08	7 01 25	27 48 21	24 29 49	28 53 09	24 33 55	15 29 48	19 20 36	16 30 35	18 38 58	22 49 44
5 Sa	15 29 29	27 09 49	3 ♈ 17 20	6 26 55	8 14 58	28 23 49	24 56 57	28 49 18	24 46 42	15 26 07	19 27 37	16 29 36	18 38 10	22 50 50
6 Su	16 28 36	9 ♈ 22 17	15 23 27	8 23 17	9 29 32	29 00 08	25 24 57	28 46 50	25 00 31	15 23 31	19 35 37	16 29 42	18 38 24	22 52 59
7 M	17 29 43	21 25 14	27 22 24	10 21 55	10 46 03	29 38 14	25 54 45	28 46 41	25 16 19	15 22 58	19 45 34	16 31 48	18 40 39	22 57 08
8 Tu	18 33 29	3 ♉ 23 52	9 ♉ 19 06	12 23 11	12 05 10	0 ♎ 18 47	26 27 01	28 49 32	25 34 45	15 25 05	19 58 06	16 36 35	18 45 32	23 03 56
9 W	19 40 06	15 22 22	21 17 20	14 27 06	13 27 06	1 01 60	27 01 56	28 55 33	25 56 02	15 30 06	20 13 26	16 44 14	18 53 17	23 13 36
10 Th	20 49 21	27 23 39	3 ♊ 19 42	16 33 16	14 51 38	1 47 38	27 39 17	29 04 34	26 19 56	15 37 48	20 31 20	16 54 33	19 03 40	23 25 54
11 F	22 00 36	9 ♊ 29 33	15 27 37	18 40 52	16 18 07	2 35 02	28 18 25	29 15 53	26 45 48	15 47 32	20 51 10	17 06 52	19 16 03	23 40 11
12 Sa	23 12 52	21 40 52	27 41 38	20 48 49	17 45 34	3 23 15	28 58 21	29 28 33	27 12 39	15 58 19	21 11 56	17 20 13	19 29 26	23 55 29
13 Su	24 24 60	3 ♋ 57 43	10 ♋ 01 45	22 55 51	19 12 51	4 11 06	29 37 56	29 41 24	27 39 22	16 09 01	21 32 31	17 33 27	19 42 42	24 10 39
14 M	25 35 51	16 20 02	22 27 51	25 00 46	20 38 48	4 57 27	0 ♎ 16 02	29 53 19	28 04 46	16 18 29	21 51 45	17 45 26	19 54 41	24 24 33
15 Tu	26 44 31	28 47 57	5 ♌ 00 10	27 02 34	22 02 31	5 41 23	0 51 41	0 ♉ 03 21	28 27 56	16 25 47	22 08 42	17 55 14	20 04 28	24 36 14
16 W	27 50 23	11 ♌ 22 15	17 39 42	29 00 38	23 23 24	6 22 18	1 24 20	0 10 56	28 48 18	16 30 22	22 22 49	18 02 16	20 11 29	24 45 08
17 Th	28 53 24	24 04 39	0 ♍ 28 27	0 ♑ 54 50	24 41 23	7 00 07	1 53 53	0 15 58	29 05 47	16 32 07	22 33 59	18 06 27	20 15 37	24 51 09
18 F	29 53 60	6 ♍ 57 56	13 29 26	2 45 36	25 56 54	7 35 15	2 20 46	0 18 54	29 20 47	16 31 30	22 42 39	18 08 13	20 17 19	24 54 45
19 Sa	0 ♑ 53 03	20 05 46	26 46 23	4 33 47	27 10 49	8 08 37	2 45 51	0 20 36	29 34 14	16 29 23	22 49 42	18 08 28	20 17 29	24 56 48
20 Su	1 51 46	3 ♎ 32 11	10 ♎ 23 17	6 20 36	28 24 22	8 41 23	3 10 21	0 22 17	29 47 18	16 26 58	22 56 19	18 08 24	20 17 19	24 58 30
21 M	2 51 26	17 20 57	24 23 19	8 07 20	29 38 49	9 14 51	3 35 32	0 25 13	0 ♑ 01 16	16 25 34	23 03 49	18 09 18	20 18 05	25 01 09
22 Tu	3 53 09	1 ♏ 34 22	8 ♏ 47 56	9 55 05	0 ♒ 55 15	9 50 06	4 02 29	0 30 31	0 17 15	16 26 14	23 13 16	18 12 14	20 20 53	25 05 49
23 W	4 57 33	16 12 19	23 35 40	11 44 29	2 14 19	10 27 45	4 31 50	0 38 47	0 35 52	16 29 39	23 25 20	18 17 53	20 26 23	25 13 10
24 Th	6 04 40	1 ♐ 11 15	8 ♐ 41 28	13 35 36	3 36 04	11 07 52	5 03 38	0 50 06	0 57 10	16 35 50	23 40 01	18 26 15	20 34 35	25 23 13
25 F	7 13 53	16 23 58	23 56 46	15 27 50	4 59 52	11 49 47	5 37 15	1 03 48	1 20 32	16 44 11	23 56 43	18 36 45	20 44 53	25 35 21
26 Sa	8 24 05	1 ♑ 40 19	9 ♑ 10 38	17 20 04	6 24 37	12 32 26	6 11 34	1 18 49	1 44 50	16 53 34	24 14 19	18 48 15	20 56 10	25 48 29
27 Su	9 33 57	16 48 47	24 11 41	19 10 60	7 48 58	13 14 26	6 45 14	1 33 47	2 08 45	17 02 40	24 31 29	18 59 26	21 07 07	26 01 15
28 M	10 42 14	1 ♒ 38 42	8 ♒ 50 17	20 59 25	9 11 42	13 54 36	7 17 03	1 47 28	2 31 03	17 10 15	24 47 00	19 09 03	21 16 29	26 12 26
29 Tu	11 48 09	16 02 09	23 00 02	22 44 31	10 32 01	14 32 05	7 46 09	1 59 05	2 50 56	17 15 31	25 00 03	19 16 19	21 23 29	26 21 14
30 W	12 51 24	29 54 58	6 ♓ 38 26	24 26 04	11 49 37	15 06 37	8 12 19	2 08 20	3 08 06	17 18 12	25 10 21	19 20 57	21 27 50	26 27 23

October 1992 LONGITUDE

Day	☉	0 hr ☽	Noon ☽	☿	♀	♂	⚵	⚳	♃	♄	⚷	♅	♆	♇
1 Th	13 ♑ 52 19	13 ♓ 16 47	19 ♓ 46 33	26 ♑ 04 23	13 ♒ 04 51	15 ♎ 38 31	8 ♎ 35 49	2 ♉ 15 32	3 ♑ 22 54	17 ♉ 18 37	25 ♏ 18 14	19 ♈ 23 16	21 ♈ 29 50	26 ♒ 31 10
2 F	14 51 41	26 10 23	2 ♈ 28 13	27 40 16	14 18 28	16 08 33	8 57 27	2 21 28	3 36 05	17 17 32	25 24 28	19 24 03	21 30 18	26 33 24
3 Sa	15 50 34	8 ♈ 40 44	14 48 58	29 14 49	15 31 34	16 37 49	9 18 17	2 27 13	3 48 45	17 16 02	25 30 08	19 24 22	21 30 17	26 35 09
4 Su	16 50 07	20 53 50	26 55 08	0 ♒ 49 10	16 45 16	17 07 25	9 39 26	2 33 54	4 02 02	17 15 16	25 36 22	19 25 22	21 30 56	26 37 33
5 M	17 51 19	2 ♉ 56 01	8 ♉ 53 01	2 24 21	18 00 35	17 38 23	10 01 56	2 42 32	4 16 55	17 16 14	25 44 10	19 28 04	21 33 15	26 41 36
6 Tu	18 54 54	14 53 12	20 48 21	4 01 05	19 18 14	18 11 23	10 26 27	2 53 48	4 34 08	17 19 39	25 54 16	19 33 09	21 37 57	26 48 00
7 W	20 01 08	26 50 28	2 ♊ 45 55	5 39 39	20 38 29	18 46 44	10 53 17	3 08 01	4 53 57	17 25 47	26 06 55	19 40 55	21 45 18	26 57 04
8 Th	21 09 54	8 ♊ 51 45	14 49 16	7 19 55	22 01 12	19 24 16	11 22 17	3 24 60	5 16 14	17 34 30	26 21 59	19 51 13	21 55 11	27 08 38
9 F	22 20 35	20 59 48	27 00 43	9 01 18	23 25 47	20 03 23	11 52 51	3 44 10	5 40 22	17 45 13	26 38 53	20 03 28	22 06 59	27 22 07
10 Sa	23 32 17	3 ♋ 16 08	9 ♋ 21 22	10 42 53	24 51 21	20 43 11	12 24 04	4 04 37	6 05 29	17 57 01	26 56 43	20 16 45	22 19 48	27 36 36
11 Su	24 43 55	15 41 17	21 51 21	12 23 35	26 16 47	21 22 34	12 54 50	4 25 15	6 30 28	18 08 50	27 14 22	20 29 59	22 32 34	27 51 01
12 M	25 54 25	28 15 04	4 ♌ 30 13	14 02 20	27 41 02	22 00 28	13 24 05	4 44 59	6 54 15	18 19 33	27 30 47	20 42 06	22 44 11	28 04 16
13 Tu	27 02 52	10 ♌ 57 01	17 17 21	15 38 12	29 03 10	22 35 56	13 50 54	5 02 56	7 15 55	18 28 19	27 45 03	20 52 11	22 53 46	28 15 27
14 W	28 08 44	23 46 46	0 ♍ 12 25	17 10 38	0 ♓ 22 40	23 08 28	14 14 44	5 18 31	7 34 56	18 34 32	27 56 37	20 59 42	23 00 45	28 24 02
15 Th	29 11 55	6 ♍ 44 30	13 15 42	18 39 29	1 39 25	23 37 54	14 35 28	5 31 39	7 51 11	18 38 08	28 05 23	21 04 32	23 05 02	28 29 55
16 F	0 ♒ 12 45	19 51 11	26 28 23	20 05 07	2 53 47	24 04 38	14 53 27	5 42 40	8 05 02	18 39 28	28 11 42	21 07 02	23 06 59	28 33 26
17 Sa	1 12 03	3 ♎ 08 33	9 ♎ 52 22	21 28 17	4 06 32	24 29 24	15 09 27	5 52 22	8 17 16	18 39 19	28 16 22	21 08 01	23 07 23	28 35 22
18 Su	2 10 50	16 38 56	23 30 01	22 49 59	5 18 44	24 53 17	15 24 32	6 01 48	8 28 55	18 38 44	28 20 25	21 08 30	23 07 16	28 36 48
19 M	3 10 16	0 ♏ 24 43	7 ♏ 23 31	24 11 19	6 31 30	25 17 22	15 39 49	6 12 05	8 41 08	18 38 51	28 24 59	21 09 38	23 07 48	28 38 50
20 Tu	4 11 18	14 27 35	21 34 06	25 33 10	7 45 49	25 42 38	15 56 14	6 24 10	8 54 52	18 40 37	28 31 02	21 12 22	23 09 54	28 42 26
21 W	5 14 31	28 47 44	6 ♐ 01 07	26 56 06	9 02 16	26 09 39	16 14 23	6 38 40	9 10 43	18 44 38	28 39 09	21 17 18	23 14 12	28 48 13
22 Th	6 19 59	13 ♐ 23 05	20 41 32	28 20 05	10 20 55	26 38 30	16 34 20	6 55 38	9 28 44	18 50 59	28 49 25	21 24 31	23 20 45	28 56 13
23 F	7 27 16	28 09 01	5 ♑ 29 41	29 44 35	11 41 18	27 08 41	16 55 37	7 14 37	9 48 29	18 59 13	29 01 22	21 33 33	23 29 06	29 06 00
24 Sa	8 35 29	12 ♑ 58 34	20 17 52	1 ♓ 08 39	13 02 34	27 39 21	17 17 20	7 34 43	10 09 05	19 08 26	29 14 08	21 43 31	23 38 23	29 16 42
25 Su	9 43 33	27 43 17	4 ♒ 57 27	2 31 04	14 23 39	28 09 23	17 38 26	7 54 54	10 29 27	19 17 34	29 26 38	21 53 21	23 47 31	29 27 14
26 M	10 50 28	12 ♒ 14 46	19 20 25	3 50 41	15 43 30	28 37 49	17 57 54	8 14 08	10 48 35	19 25 38	29 37 52	22 02 03	23 55 30	29 36 35
27 Tu	11 55 31	26 25 58	3 ♓ 20 40	5 06 40	17 01 26	29 03 53	18 14 59	8 31 41	11 05 46	19 31 53	29 47 06	22 08 54	24 01 36	29 44 03
28 W	12 58 23	10 ♓ 12 18	16 54 49	6 18 30	18 17 08	29 27 16	18 29 23	8 47 15	11 20 41	19 36 02	29 54 03	22 13 34	24 05 32	29 49 19
29 Th	13 59 13	23 32 02	0 ♈ 02 22	7 26 09	19 30 45	29 48 08	18 41 15	9 00 59	11 33 30	19 38 14	29 58 51	22 16 14	24 07 26	29 52 32
30 F	14 58 33	6 ♈ 26 14	12 45 22	8 29 54	20 42 47	0 ♏ 06 59	18 51 06	9 13 25	11 44 42	19 38 59	0 ♐ 02 00	22 17 25	24 07 50	29 54 12
31 Sa	15 57 08	18 58 05	25 07 47	9 30 16	21 54 01	0 24 34	18 59 41	9 25 16	11 55 05	19 39 04	0 04 19	22 17 51	24 07 29	29 55 08

Notes

LONGITUDE November 1992

Day	☉	0 hr ☽	Noon ☽	☿	♀	♂	⚵	⚳	♃	♄	⚷	♅	♆	♇
1 Su	16 ♒ 55 49	1 ♉ 12 16	7 ♉ 14 48	10 ♓ 27 47	23 ♓ 05 19	0 ♏ 41 45	19 ♎ 07 51	9 ♉ 37 26	12 ♑ 05 30	19 ♉ 39 20	0 ♐ 06 37	22 ♈ 18 26	24 ♈ 07 15	29 ♒ 56 08
2 M	17 55 25	13 14 14	19 12 07	11 22 56	24 17 27	0 59 17	19 16 23	9 50 41	12 16 43	19 40 34	0 09 42	22 19 55	24 07 55	29 58 02
3 Tu	18 56 29	25 09 38	1 ♊ 05 25	12 15 55	25 30 60	1 17 46	19 25 52	10 05 36	12 29 20	19 43 22	0 14 09	22 22 55	24 10 04	0 ♓ 01 23
4 W	19 59 21	7 ♊ 03 49	12 59 57	13 06 35	26 46 16	1 37 29	19 36 35	10 22 27	12 43 39	19 48 01	0 20 15	22 27 42	24 14 01	0 06 30
5 Th	21 03 57	19 01 34	25 00 15	13 54 26	28 03 13	1 58 23	19 48 31	10 41 14	12 59 37	19 54 29	0 27 59	22 34 15	24 19 42	0 13 20
6 F	22 09 57	1 ♋ 06 45	7 ♋ 09 50	14 38 37	29 21 30	2 20 07	20 01 17	11 01 36	13 16 53	20 02 26	0 36 60	22 42 14	24 26 48	0 21 34
7 Sa	23 16 47	13 22 19	19 31 14	15 17 57	0 ♈ 40 33	2 42 05	20 14 19	11 22 57	13 34 54	20 11 16	0 46 43	22 51 02	24 34 43	0 30 35
8 Su	24 23 43	25 50 08	2 ♌ 05 49	15 51 06	1 59 38	3 03 33	20 26 53	11 44 34	13 52 55	20 20 17	0 56 24	22 59 58	24 42 45	0 39 41
9 M	25 30 01	8 ♌ 31 07	14 53 59	16 16 40	3 18 02	3 23 48	20 38 16	12 05 42	14 10 12	20 28 44	1 05 21	23 08 17	24 50 09	0 48 09
10 Tu	26 35 06	21 25 16	27 55 20	16 33 21	4 35 07	3 42 12	20 47 50	12 25 47	14 26 10	20 36 01	1 12 56	23 15 22	24 56 19	0 55 21
11 W	27 38 34	4 ♍ 31 60	11 ♍ 08 52	16 40 04	5 50 31	3 58 21	20 55 13	12 44 23	14 40 24	20 41 46	1 18 47	23 20 52	25 00 52	1 00 54
12 Th	28 40 19	17 50 19	24 33 23	16 36 04	7 04 08	4 12 09	21 00 17	13 01 26	14 52 50	20 45 52	1 22 48	23 24 39	25 03 42	1 04 43
13 F	29 40 34	1 ♎ 19 10	8 ♎ 07 45	16 20 57	8 16 10	4 23 47	21 03 16	13 17 08	15 03 40	20 48 32	1 25 11	23 26 58	25 05 03	1 07 01
14 Sa	0 ♓ 39 48	14 57 40	21 51 06	15 54 44	9 27 07	4 33 44	21 04 38	13 31 57	15 13 22	20 50 14	1 26 25	23 28 15	25 05 22	1 08 16
15 Su	1 38 38	28 45 08	5 ♏ 42 49	15 17 49	10 37 36	4 42 36	21 05 00	13 46 30	15 22 33	20 51 36	1 27 07	23 29 09	25 05 17	1 09 05
16 M	2 37 45	12 ♏ 41 04	19 42 25	14 30 54	11 48 17	4 51 03	21 05 03	14 01 29	15 31 55	20 53 19	1 27 58	23 30 21	25 05 28	1 10 09
17 Tu	3 37 43	26 44 50	3 ♐ 49 14	13 34 58	12 59 44	4 59 38	21 05 19	14 17 26	15 42 01	20 55 56	1 29 31	23 32 23	25 06 30	1 12 02
18 W	4 38 52	10 ♐ 55 26	18 01 60	12 31 15	14 12 16	5 08 40	21 06 09	14 34 42	15 53 10	20 59 47	1 32 07	23 35 36	25 08 42	1 15 04
19 Th	5 41 13	25 11 02	2 ♑ 18 35	11 21 10	15 25 57	5 18 10	21 07 36	14 53 19	16 05 25	21 04 55	1 35 49	23 40 03	25 12 07	1 19 17
20 F	6 44 34	9 ♑ 28 49	16 35 48	10 06 22	16 40 32	5 27 55	21 09 24	15 13 03	16 18 33	21 11 06	1 40 21	23 45 29	25 16 30	1 24 26
21 Sa	7 48 27	23 45 04	0 ♒ 49 35	8 48 43	17 55 35	5 37 25	21 11 08	15 33 26	16 32 05	21 17 52	1 45 17	23 51 28	25 21 26	1 30 07
22 Su	8 52 19	7 ♒ 55 21	14 55 22	7 30 18	19 10 33	5 46 09	21 12 16	15 53 57	16 45 30	21 24 42	1 50 05	23 57 26	25 26 21	1 35 45
23 M	9 55 42	21 55 06	28 48 41	6 13 20	20 24 56	5 53 37	21 12 17	16 14 06	16 58 19	21 31 06	1 54 15	24 02 56	25 30 46	1 40 51
24 Tu	10 58 14	5 ♓ 40 14	12 ♓ 25 45	5 00 08	21 38 23	5 59 25	21 10 51	16 33 31	17 10 09	21 36 43	1 57 26	24 07 35	25 34 20	1 45 05
25 W	11 59 46	19 07 37	25 44 02	3 52 54	22 50 45	6 03 25	21 07 49	16 52 04	17 20 52	21 41 23	1 59 30	24 11 15	25 36 54	1 48 18
26 Th	13 00 21	2 ♈ 15 35	8 ♈ 42 34	2 53 37	24 02 05	6 05 40	21 03 15	17 09 47	17 30 30	21 45 11	2 00 29	24 13 58	25 38 32	1 50 32
27 F	14 00 13	15 04 00	21 21 53	2 03 56	25 12 36	6 06 23	20 57 23	17 26 54	17 39 18	21 48 18	2 00 37	24 15 59	25 39 26	1 52 01
28 Sa	14 59 40	27 34 13	3 ♉ 43 60	1 25 01	26 22 38	6 05 51	20 50 32	17 43 44	17 47 35	21 51 06	2 00 13	24 17 36	25 39 56	1 53 04
29 Su	15 59 04	9 ♉ 48 52	15 52 05	0 57 36	27 32 31	6 04 26	20 43 04	18 00 38	17 55 40	21 53 53	1 59 37	24 19 10	25 40 22	1 54 02
30 M	16 58 43	21 51 34	27 50 10	0 41 55	28 42 33	6 02 27	20 35 18	18 17 53	18 03 54	21 57 00	1 59 10	24 21 01	25 41 04	1 55 13

LONGITUDE December 1992

Day	☉	0 hr ☽	Noon ☽	☿	♀	♂	⚵	⚳	♃	♄	⚷	♅	♆	♇
1 Tu	17 ♓ 58 50	3 ♊ 46 36	9 ♊ 42 49	0 ♓ 37 50	29 ♈ 52 58	6 ♏ 00 05	20 ♎ 27 27	18 ♉ 35 44	18 ♑ 12 28	22 ♉ 00 39	1 ♐ 59 03	24 ♈ 23 20	25 ♈ 42 15	1 ♓ 56 52
2 W	18 59 32	15 38 36	21 34 49	0 44 48	1 ♉ 03 51	5 57 26	20 19 39	18 54 16	18 21 29	22 04 56	1 59 23	24 26 14	25 44 00	1 59 03
3 Th	20 00 46	27 32 19	3 ♋ 30 55	1 02 01	2 15 11	5 54 29	20 11 52	19 13 27	18 30 55	22 09 49	2 00 09	24 29 42	25 46 18	2 01 46
4 F	21 02 26	9 ♋ 32 23	15 35 40	1 28 33	3 26 50	5 51 06	20 04 01	19 33 10	18 40 39	22 15 12	2 01 12	24 33 36	25 49 02	2 04 53
5 Sa	22 04 19	21 43 05	27 53 04	2 03 17	4 38 37	5 47 06	19 55 53	19 53 13	18 50 29	22 20 52	2 02 22	24 37 44	25 51 60	2 08 12
6 Su	23 06 14	4 ♌ 08 05	10 ♌ 26 27	2 45 12	5 50 18	5 42 16	19 47 19	20 13 24	19 00 13	22 26 37	2 03 26	24 41 54	25 54 59	2 11 31
7 M	24 08 00	16 50 17	23 18 07	3 33 18	7 01 44	5 36 26	19 38 08	20 33 33	19 09 40	22 32 17	2 04 14	24 45 57	25 57 50	2 14 39
8 Tu	25 09 31	29 51 29	6 ♍ 29 14	4 26 43	8 12 47	5 29 28	19 28 14	20 53 31	19 18 44	22 37 45	2 04 39	24 49 44	26 00 25	2 17 31
9 W	26 10 44	13 ♍ 12 11	19 59 36	5 24 45	9 23 25	5 21 22	19 17 37	21 13 19	19 27 22	22 42 59	2 04 39	24 53 14	26 02 44	2 20 03
10 Th	27 11 44	26 51 33	3 ♎ 47 36	6 26 50	10 33 43	5 12 10	19 06 22	21 32 59	19 35 38	22 48 03	2 04 19	24 56 32	26 04 49	2 22 21
11 F	28 12 36	10 ♎ 47 18	17 50 22	7 32 31	11 43 46	5 02 01	18 54 36	21 52 36	19 43 39	22 53 03	2 03 43	24 59 42	26 06 46	2 24 29
12 Sa	29 13 29	24 56 03	2 ♏ 04 01	8 41 26	12 53 41	4 50 60	18 42 27	22 12 20	19 51 31	22 58 06	2 03 01	25 02 53	26 08 44	2 26 36
13 Su	0 ♈ 14 27	9 ♏ 13 32	16 24 07	9 53 17	14 03 33	4 39 14	18 30 01	22 32 14	19 59 20	23 03 18	2 02 16	25 06 10	26 10 47	2 28 46
14 M	1 15 32	23 35 15	0 ♐ 46 14	11 07 41	15 13 25	4 26 45	18 17 23	22 52 21	20 07 08	23 08 41	2 01 32	25 09 34	26 12 57	2 31 02
15 Tu	2 16 43	7 ♐ 56 48	15 06 15	12 24 19	16 23 13	4 13 32	18 04 30	23 12 38	20 14 51	23 14 11	2 00 45	25 13 03	26 15 12	2 33 21
16 W	3 17 52	22 14 25	29 20 47	13 42 46	17 32 52	3 59 28	17 51 19	23 32 59	20 22 25	23 19 43	1 59 50	25 16 31	26 17 26	2 35 37
17 Th	4 18 53	6 ♑ 25 06	13 ♑ 27 15	15 02 42	18 42 13	3 44 29	17 37 43	23 53 16	20 29 41	23 25 09	1 58 39	25 19 51	26 19 31	2 37 43
18 F	5 19 41	20 26 41	27 23 50	16 23 50	19 51 13	3 28 29	17 23 39	24 13 26	20 36 35	23 30 26	1 57 08	25 22 58	26 21 23	2 39 33
19 Sa	6 20 15	4 ♒ 17 45	11 ♒ 09 22	17 45 56	20 59 49	3 11 28	17 09 07	24 33 26	20 43 05	23 35 31	1 55 15	25 25 51	26 23 01	2 41 08
20 Su	7 20 39	17 57 23	24 43 06	19 08 58	22 08 06	2 53 34	16 54 14	24 53 21	20 49 17	23 40 29	1 53 05	25 28 35	26 24 29	2 42 31
21 M	8 21 03	1 ♓ 25 02	8 ♓ 04 32	20 32 56	23 16 14	2 34 58	16 39 10	25 13 21	20 55 19	23 45 30	1 50 49	25 31 18	26 25 56	2 43 52
22 Tu	9 21 40	14 40 19	21 13 21	21 57 58	24 24 25	2 15 52	16 24 12	25 33 39	21 01 25	23 50 47	1 48 39	25 34 15	26 27 37	2 45 24
23 W	10 22 43	27 42 59	4 ♈ 09 22	23 24 11	25 32 52	1 56 34	16 09 33	25 54 27	21 07 47	23 56 32	1 46 48	25 37 38	26 29 43	2 47 20
24 Th	11 24 22	10 ♈ 32 55	16 52 39	24 51 40	26 41 45	1 37 15	15 55 25	26 15 56	21 14 35	24 02 57	1 45 26	25 41 37	26 32 26	2 49 51
25 F	12 26 42	23 10 16	29 23 32	26 20 26	27 51 08	1 18 01	15 41 55	26 38 11	21 21 55	24 10 05	1 44 39	25 46 17	26 35 49	2 53 01
26 Sa	13 29 39	5 ♉ 35 32	11 ♉ 42 50	27 50 24	29 00 58	0 58 53	15 29 02	27 01 08	21 29 43	24 17 54	1 44 23	25 51 35	26 39 51	2 56 47
27 Su	14 33 04	17 49 43	23 51 56	29 21 19	0 ♊ 11 05	0 39 43	15 16 37	27 24 37	21 37 50	24 26 14	1 44 29	25 57 22	26 44 20	3 00 59
28 M	15 36 40	29 54 28	5 ♊ 52 49	0 ♈ 52 54	1 21 11	0 20 16	15 04 25	27 48 23	21 45 58	24 34 48	1 44 40	26 03 19	26 49 01	3 05 21
29 Tu	16 40 07	11 ♊ 52 06	17 48 11	2 24 47	2 30 56	0 00 15	14 52 09	28 12 03	21 53 48	24 43 15	1 44 37	26 09 09	26 53 33	3 09 33
30 W	17 43 05	23 45 37	29 41 22	3 56 35	3 40 00	29 ♎ 39 22	14 39 28	28 35 19	22 00 58	24 51 16	1 43 58	26 14 29	26 57 36	3 13 13
31 Th	18 45 17	5 ♋ 38 46	11 ♋ 36 20	5 28 03	4 48 05	29 17 24	14 26 10	28 57 54	22 07 13	24 58 35	1 42 28	26 19 04	27 00 54	3 16 07

Notes

January 1993 LONGITUDE

Day	☉	0 hr ☽	Noon ☽	☿	♀	♂	⚵	⚳	♃	♄	⚷	♅	♆	♇
1 F	19 ♈ 46 34	17 ♋ 35 50	23 ♋ 37 35	6 ♈ 58 59	5 ♊ 55 03	28 ♎ 54 15	14 ♎ 12 06	29 ♉ 19 38	22 ♑ 12 24	25 ♉ 05 02	1 ♐ 39 59	26 ♈ 22 45	27 ♈ 03 17	3 ♓ 18 05
2 Sa	20 46 59	29 41 36	5 ♌ 49 55	8 29 27	7 00 55	28 29 60	13 57 20	29 40 34	22 16 33	25 10 39	1 36 31	26 25 34	27 04 49	3 19 09
3 Su	21 46 44	12 ♌ 01 01	18 18 11	9 59 38	8 05 53	28 04 54	13 42 07	0 ♊ 00 56	22 19 53	25 15 39	1 32 19	26 27 44	27 05 41	3 19 32
4 M	22 46 13	24 38 53	1 ♍ 06 51	11 29 55	9 10 20	27 39 25	13 26 51	0 21 05	22 22 46	25 20 27	1 27 46	26 29 38	27 06 17	3 19 38
5 Tu	23 45 55	7 ♍ 39 20	14 19 29	13 00 49	10 14 46	27 14 03	13 12 03	0 41 31	22 25 44	25 25 30	1 23 21	26 31 46	27 07 08	3 19 55
6 W	24 46 21	21 05 15	27 58 05	14 32 50	11 19 41	26 49 23	12 58 16	1 02 46	22 29 15	25 31 20	1 19 36	26 34 38	27 08 42	3 20 56
7 Th	25 47 56	4 ♎ 57 34	12 ♎ 02 29	16 06 24	12 25 28	26 25 53	12 45 54	1 25 14	22 33 45	25 38 21	1 16 55	26 38 40	27 11 26	3 23 04
8 F	26 50 54	19 14 40	26 29 51	17 41 45	13 32 21	26 03 49	12 35 14	1 49 07	22 39 27	25 46 47	1 15 32	26 44 03	27 15 33	3 26 33
9 Sa	27 55 10	3 ♏ 52 14	11 ♏ 14 38	19 18 49	14 40 16	25 43 09	12 26 12	2 14 24	22 46 19	25 56 35	1 15 23	26 50 46	27 20 57	3 31 19
10 Su	29 00 24	18 43 22	26 09 10	20 57 16	15 48 51	25 23 36	12 18 28	2 40 42	22 53 57	26 07 23	1 16 07	26 58 27	27 27 21	3 37 02
11 M	0 ♉ 05 60	3 ♐ 39 34	11 ♐ 04 37	22 36 32	16 57 29	25 04 37	12 11 28	3 07 25	23 01 47	26 18 34	1 17 09	27 06 30	27 34 06	3 43 05
12 Tu	1 11 15	18 31 59	25 52 32	24 15 54	18 05 29	24 45 31	12 04 30	3 33 52	23 09 06	26 29 28	1 17 46	27 14 13	27 40 31	3 48 46
13 W	2 15 31	3 ♑ 12 50	10 ♑ 26 00	25 54 49	19 12 10	24 25 43	11 56 56	3 59 22	23 15 15	26 39 24	1 17 20	27 20 56	27 45 57	3 53 26
14 Th	3 18 23	17 36 31	24 40 35	27 32 39	20 17 06	24 04 49	11 48 22	4 23 32	23 19 49	26 47 58	1 15 25	27 26 15	27 49 58	3 56 40
15 F	4 19 45	1 ♒ 40 03	8 ♒ 34 23	29 09 34	21 20 13	23 42 48	11 38 43	4 46 15	23 22 43	26 55 04	1 11 57	27 30 03	27 52 29	3 58 23
16 Sa	5 19 53	15 22 54	22 07 43	0 ♉ 45 46	22 21 45	23 19 57	11 28 17	5 07 48	23 24 12	27 00 59	1 07 11	27 32 38	27 53 47	3 58 50
17 Su	6 19 23	28 46 26	5 ♓ 22 32	2 21 51	23 22 16	22 56 55	11 17 39	5 28 46	23 24 52	27 06 17	1 01 43	27 34 35	27 54 27	3 58 38
18 M	7 19 00	11 ♓ 53 09	18 21 33	3 58 35	24 22 33	22 34 30	11 07 36	5 49 54	23 25 28	27 11 44	0 56 19	27 36 38	27 55 13	3 58 31
19 Tu	8 19 32	24 45 57	1 ♈ 07 42	5 36 48	25 23 21	22 13 31	10 58 56	6 12 00	23 26 47	27 18 08	0 51 47	27 39 36	27 56 55	3 59 17
20 W	9 21 39	7 ♈ 27 33	13 43 37	7 17 09	26 25 21	21 54 41	10 52 20	6 35 45	23 29 32	27 26 09	0 48 47	27 44 09	28 00 11	4 01 37
21 Th	10 25 48	20 00 11	26 11 19	9 00 08	27 28 57	21 38 28	10 48 15	7 01 35	23 34 07	27 36 13	0 47 45	27 50 44	28 05 29	4 05 57
22 F	11 32 04	2 ♉ 25 25	8 ♉ 32 12	10 45 49	28 34 16	21 25 01	10 46 49	7 29 35	23 40 39	27 48 28	0 48 49	27 59 26	28 12 56	4 12 24
23 Sa	12 40 15	14 44 10	20 47 09	12 34 02	29 41 03	21 14 08	10 47 48	7 59 34	23 48 55	28 02 39	0 51 46	28 10 04	28 22 17	4 20 44
24 Su	13 49 49	26 56 58	2 ♊ 56 43	14 24 14	0 ♋ 48 45	21 05 19	10 50 41	8 30 58	23 58 23	28 18 14	0 56 03	28 22 03	28 33 01	4 30 26
25 M	14 59 58	9 ♊ 04 15	15 01 30	16 15 38	1 56 35	20 57 49	10 54 41	9 03 02	24 08 16	28 34 28	1 00 54	28 34 39	28 44 22	4 40 42
26 Tu	16 09 51	21 06 42	27 02 25	18 07 23	3 03 39	20 50 47	10 58 57	9 34 52	24 17 43	28 50 26	1 05 27	28 46 59	28 55 26	4 50 41
27 W	17 18 36	3 ♋ 05 34	9 ♋ 01 03	19 58 37	4 09 06	20 43 22	11 02 37	10 05 38	24 25 51	29 05 19	1 08 51	28 58 11	29 05 23	4 59 31
28 Th	18 25 33	15 02 58	20 59 51	21 48 38	5 12 12	20 34 56	11 05 01	10 34 40	24 32 01	29 18 27	1 10 26	29 07 36	29 13 33	5 06 32
29 F	19 30 21	27 01 60	3 ♌ 02 17	23 37 05	6 12 36	20 25 07	11 05 49	11 01 35	24 35 51	29 29 26	1 09 51	29 14 50	29 19 33	5 11 23
30 Sa	20 32 60	9 ♌ 06 49	15 12 46	25 23 55	7 10 17	20 13 57	11 04 59	11 26 24	24 37 21	29 38 19	1 07 06	29 19 57	29 23 25	5 14 04
31 Su	21 33 53	21 22 28	27 36 34	27 09 32	8 05 38	20 01 51	11 02 58	11 49 31	24 36 57	29 45 29	1 02 36	29 23 18	29 25 33	5 14 60

February 1993 LONGITUDE

Day	☉	0 hr ☽	Noon ☽	☿	♀	♂	⚵	⚳	♃	♄	⚷	♅	♆	♇
1 M	22 ♉ 33 48	3 ♍ 54 39	10 ♍ 19 18	28 ♉ 54 37	8 ♋ 59 22	19 ♎ 49 35	11 ♎ 00 30	12 ♊ 11 42	24 ♑ 35 23	29 ♉ 51 41	0 ♐ 57 06	29 ♈ 25 41	29 ♈ 26 42	5 ♓ 14 55
2 Tu	23 33 41	16 49 04	23 26 25	0 ♊ 40 06	9 52 28	19 38 08	10 58 33	12 33 56	24 33 38	29 57 54	0 51 35	29 28 02	29 27 51	5 14 48
3 W	24 34 35	0 ♎ 10 47	7 ♎ 02 20	2 26 55	10 45 54	19 28 31	10 58 09	12 57 13	24 32 44	0 ♊ 05 09	0 47 06	29 31 25	29 30 01	5 15 42
4 Th	25 37 22	14 03 10	21 09 20	4 15 50	11 40 31	19 21 36	11 00 10	13 22 26	24 33 32	0 14 20	0 44 29	29 36 41	29 34 04	5 18 28
5 F	26 42 32	28 26 51	5 ♏ 46 30	6 07 16	12 36 48	19 17 54	11 05 06	13 50 05	24 36 34	0 25 55	0 44 16	29 44 20	29 40 31	5 23 36
6 Sa	27 50 05	13 ♏ 18 45	20 49 05	8 01 02	13 34 44	19 17 25	11 12 56	14 20 09	24 41 49	0 39 54	0 46 26	29 54 22	29 49 21	5 31 06
7 Su	28 59 28	28 31 48	6 ♐ 08 23	9 56 25	14 33 43	19 19 35	11 23 08	14 52 07	24 48 44	0 55 45	0 50 28	0 ♉ 06 14	0 ♉ 00 02	5 40 26
8 M	0 ♊ 09 41	13 ♐ 55 33	21 32 56	11 52 14	15 32 44	19 23 25	11 34 40	15 24 58	24 56 19	1 12 28	0 55 20	0 18 56	0 11 34	5 50 35
9 Tu	1 19 32	29 17 45	6 ♑ 50 28	13 47 01	16 30 33	19 27 41	11 46 21	15 57 29	25 03 22	1 28 50	0 59 51	0 31 16	0 22 43	6 00 20
10 W	2 27 54	14 ♑ 26 45	21 50 17	15 39 21	17 25 59	19 31 15	11 57 03	16 28 32	25 08 45	1 43 43	1 02 54	0 42 06	0 32 23	6 08 35
11 Th	3 34 00	29 13 28	6 ♒ 24 54	17 28 10	18 18 17	19 33 22	12 05 59	16 57 24	25 11 43	1 56 22	1 03 42	0 50 40	0 39 48	6 14 34
12 F	4 37 39	13 ♒ 32 42	20 30 48	19 12 52	19 07 11	19 33 50	12 12 57	17 23 50	25 12 03	2 06 36	1 02 05	0 56 47	0 44 46	6 18 05
13 Sa	5 39 14	27 23 11	4 ♓ 08 11	20 53 24	19 53 02	19 32 60	12 18 20	17 48 14	25 10 10	2 14 45	0 58 24	1 00 49	0 47 39	6 19 30
14 Su	6 39 35	10 ♓ 46 48	17 19 59	22 30 09	20 36 40	19 31 43	12 22 58	18 11 26	25 06 52	2 21 41	0 53 32	1 03 37	0 49 18	6 19 40
15 M	7 39 50	23 47 34	0 ♈ 10 43	24 03 43	21 19 09	19 31 07	12 27 60	18 34 35	25 03 20	2 28 33	0 48 36	1 06 18	0 50 53	6 19 44
16 Tu	8 41 11	6 ♈ 30 23	12 45 30	25 34 43	22 01 38	19 32 23	12 34 35	18 58 53	25 00 44	2 36 32	0 44 47	1 10 05	0 53 32	6 20 53
17 W	9 44 38	19 00 11	25 09 08	27 03 33	22 45 06	19 36 31	12 43 45	19 25 18	25 00 05	2 46 37	0 43 07	1 15 58	0 58 19	6 24 06
18 Th	10 50 52	1 ♉ 21 16	7 ♉ 25 38	28 30 14	23 30 10	19 44 10	12 56 09	19 54 33	25 02 02	2 59 30	0 44 16	1 24 37	1 05 51	6 30 06
19 F	12 00 04	13 36 54	19 37 58	29 54 17	24 16 59	19 55 32	13 11 59	20 26 48	25 06 50	3 15 22	0 48 27	1 36 14	1 16 23	6 39 03
20 Sa	13 11 59	25 49 11	1 ♊ 47 55	1 ♋ 14 48	25 05 15	20 10 21	13 30 59	21 01 48	25 14 12	3 33 58	0 55 23	1 50 33	1 29 38	6 50 43
21 Su	14 25 54	7 ♊ 59 14	13 56 23	2 30 22	25 54 12	20 27 54	13 52 26	21 38 51	25 23 25	3 54 35	1 04 23	2 06 53	1 44 53	7 04 22
22 M	15 40 47	20 07 25	26 03 36	3 39 19	26 42 45	20 47 08	14 15 18	22 16 54	25 33 27	4 16 10	1 14 24	2 24 10	2 01 06	7 18 58
23 Tu	16 55 26	2 ♋ 13 47	8 ♋ 09 39	4 39 52	27 29 38	21 06 50	14 38 22	22 54 45	25 43 08	4 37 32	1 24 15	2 41 12	2 17 06	7 33 20
24 W	18 08 42	14 18 31	20 14 52	5 30 20	28 13 38	21 25 50	15 00 29	23 31 15	25 51 17	4 57 32	1 32 46	2 56 51	2 31 42	7 46 18
25 Th	19 19 37	26 22 25	2 ♌ 20 19	6 09 19	28 53 46	21 43 11	15 20 40	24 05 27	25 56 58	5 15 12	1 39 01	3 10 10	2 43 59	7 56 55
26 F	20 27 38	8 ♌ 27 12	14 28 06	6 35 57	29 29 23	21 58 18	15 38 23	24 36 46	25 59 38	5 29 58	1 42 26	3 20 34	2 53 22	8 04 38
27 Sa	21 32 40	20 35 51	26 41 30	6 49 58	0 ♌ 00 21	22 11 05	15 53 31	25 05 09	25 59 11	5 41 46	1 42 57	3 27 59	2 59 46	8 09 21
28 Su	22 35 07	2 ♍ 52 31	9 ♍ 05 02	6 51 43	0 27 01	22 21 57	16 06 29	25 30 60	25 56 04	5 51 01	1 40 58	3 32 49	3 03 36	8 11 30

Notes

LONGITUDE — March 1993

Day	☉	0 hr ☽	Noon ☽	☿	♀	♂	⚵	⚳	♃	♄	⚷	♅	♆	♇
1 M	23 ♊ 35 52	15 ♍ 22 24	21 ♍ 44 07	6 ♋ 42 14	0 ♌ 50 11	22 ♎ 31 44	16 ♎ 18 09	25 ♊ 55 10	25 ♑ 51 07	5 ♊ 58 34	1 ♐ 37 22	3 ♉ 35 57	3 ♉ 05 45	8 ♓ 11 56
2 Tu	24 36 05	28 11 21	4 ♎ 44 36	6 22 59	1 10 57	22 41 37	16 29 40	26 18 50	25 45 32	6 05 35	1 33 19	3 38 32	3 07 22	8 11 50
3 W	25 37 02	11 ♎ 25 10	18 11 55	5 55 47	1 30 32	22 52 51	16 42 19	26 43 17	25 40 34	6 13 21	1 30 04	3 41 51	3 09 43	8 12 28
4 Th	26 39 49	25 08 36	2 ♏ 10 04	5 22 29	1 49 58	23 06 31	16 57 10	27 09 36	25 37 21	6 22 58	1 28 47	3 47 01	3 13 56	8 14 57
5 F	27 45 11	9 ♏ 24 13	16 40 17	4 44 41	2 09 55	23 23 20	17 14 59	27 38 31	25 36 37	6 35 10	1 30 09	3 54 45	3 20 43	8 19 60
6 Sa	28 53 15	24 11 06	1 ♐ 39 57	4 03 39	2 30 27	23 43 26	17 35 51	28 10 11	25 38 30	6 50 05	1 34 19	4 05 11	3 30 14	8 27 45
7 Su	0 ♋ 03 31	9 ♐ 24 07	17 01 58	3 20 06	2 51 00	24 06 17	17 59 16	28 44 05	25 42 30	7 07 11	1 40 46	4 17 49	3 41 56	8 37 42
8 M	1 14 54	24 53 47	2 ♑ 35 18	2 34 18	3 10 27	24 30 49	18 24 10	29 19 07	25 47 32	7 25 26	1 48 27	4 31 34	3 54 47	8 48 47
9 Tu	2 26 04	10 ♑ 27 35	18 06 43	1 46 17	3 27 23	24 55 39	18 49 11	29 53 59	25 52 16	7 43 28	1 56 00	4 45 05	4 07 25	8 59 38
10 W	3 35 42	25 52 11	3 ♒ 23 20	0 56 09	3 40 27	25 19 27	19 12 59	0 ♋ 27 19	25 55 22	7 59 57	2 02 07	4 57 03	4 18 30	9 08 57
11 Th	4 42 52	10 ♒ 56 05	18 15 04	0 04 17	3 48 41	25 41 19	19 34 39	0 58 14	25 55 57	8 13 58	2 05 53	5 06 33	4 27 08	9 15 47
12 F	5 47 15	25 31 30	2 ♓ 36 01	29 ♊ 11 36	3 51 43	26 00 53	19 53 51	1 26 22	25 53 40	8 25 12	2 06 57	5 13 14	4 32 59	9 19 50
13 Sa	6 49 08	9 ♓ 35 06	16 24 43	28 19 32	3 49 49	26 18 26	20 10 52	1 52 02	25 48 49	8 33 56	2 05 37	5 17 26	4 36 20	9 21 24
14 Su	7 49 23	23 07 37	29 43 17	27 29 50	3 43 50	26 34 50	20 26 32	2 16 06	25 42 17	8 41 01	2 02 46	5 19 58	4 38 03	9 21 19
15 M	8 49 10	6 ♈ 12 37	12 ♈ 36 12	26 44 29	3 34 55	26 51 13	20 42 03	2 39 42	25 35 12	8 47 37	1 59 32	5 22 01	4 39 17	9 20 45
16 Tu	9 49 43	18 55 22	25 09 09	26 05 18	3 24 19	27 08 50	20 58 37	3 04 05	25 28 50	8 54 59	1 57 12	5 24 50	4 41 18	9 20 57
17 W	10 52 07	1 ♉ 21 37	7 ♉ 27 59	25 33 47	3 13 07	27 28 46	21 17 20	3 30 21	25 24 17	9 04 12	1 56 48	5 29 29	4 45 10	9 22 60
18 Th	11 57 07	13 36 47	19 37 57	25 10 58	3 02 06	27 51 43	21 38 55	3 59 14	25 22 16	9 15 59	1 59 07	5 36 42	4 51 37	9 27 38
19 F	13 04 58	25 45 27	1 ♊ 43 20	24 57 16	2 51 35	28 17 58	22 03 39	4 30 59	25 23 05	9 30 38	2 04 25	5 46 46	5 00 56	9 35 08
20 Sa	14 15 28	7 ♊ 51 03	13 47 14	24 52 29	2 41 24	28 47 17	22 31 19	5 05 24	25 26 31	9 47 55	2 12 28	5 59 28	5 12 54	9 45 17
21 Su	15 27 57	19 55 53	25 51 32	24 55 54	2 30 58	29 18 60	23 01 13	5 41 49	25 31 54	10 07 09	2 22 37	6 14 08	5 26 50	9 57 24
22 M	16 41 25	2 ♋ 01 11	7 ♋ 57 14	25 06 24	2 19 23	29 52 07	23 32 22	6 19 15	25 38 15	10 27 22	2 33 53	6 29 47	5 41 46	10 10 31
23 Tu	17 54 42	14 07 30	20 04 38	25 22 38	2 05 38	0 ♏ 25 28	24 03 37	6 56 31	25 44 25	10 47 24	2 45 06	6 45 14	5 56 32	10 23 27
24 W	19 06 42	26 15 03	2 ♌ 13 56	25 43 16	1 48 41	0 57 54	24 33 50	7 32 29	25 49 17	11 06 07	2 55 08	6 59 22	6 09 59	10 35 06
25 Th	20 16 28	8 ♌ 24 13	14 25 31	26 07 07	1 27 47	1 28 30	25 02 04	8 06 16	25 51 55	11 22 36	3 03 04	7 11 16	6 21 13	10 44 31
26 F	21 23 25	20 35 53	26 40 30	26 33 22	1 02 31	1 56 41	25 27 44	8 37 14	25 51 45	11 36 16	3 08 19	7 20 21	6 29 40	10 51 09
27 Sa	22 27 26	2 ♍ 51 48	9 ♍ 00 53	27 01 38	0 32 58	2 22 18	25 50 44	9 05 18	25 48 40	11 46 58	3 10 47	7 26 30	6 35 10	10 54 50
28 Su	23 28 52	15 14 48	21 29 49	27 31 59	29 ♋ 59 39	2 45 41	26 11 22	9 30 47	25 43 00	11 55 04	3 10 47	7 30 02	6 38 05	10 55 57
29 M	24 28 27	27 48 42	4 ♎ 11 22	28 04 55	29 23 33	3 07 35	26 30 23	9 54 26	25 35 31	12 01 19	3 09 04	7 31 42	6 39 09	10 55 13
30 Tu	25 27 13	10 ♎ 38 04	17 10 15	28 41 15	28 45 56	3 29 02	26 48 50	10 17 18	25 27 16	12 06 44	3 06 41	7 32 34	6 39 26	10 53 42
31 W	26 26 20	23 47 45	0 ♏ 31 13	29 21 52	28 08 12	3 51 10	27 07 52	10 40 31	25 19 24	12 12 29	3 04 46	7 33 45	6 40 03	10 52 32

LONGITUDE — April 1993

Day	☉	0 hr ☽	Noon ☽	☿	♀	♂	⚵	⚳	♃	♄	⚷	♅	♆	♇
1 Th	27 ♋ 26 49	7 ♏ 22 08	14 ♏ 18 09	0 ♋ 07 36	27 ♋ 31 38	4 ♏ 15 00	27 ♎ 28 28	11 ♋ 05 07	25 ♑ 12 57	12 ♊ 19 35	3 ♐ 04 23	7 ♉ 36 19	6 ♉ 42 03	10 ♓ 52 45
2 F	28 29 23	21 24 05	28 33 05	0 58 57	26 57 11	4 41 15	27 51 22	11 31 48	25 08 36	12 28 45	3 06 12	7 40 55	6 46 08	10 55 03
3 Sa	29 34 13	5 ♐ 53 59	13 ♐ 14 60	1 55 55	26 25 18	5 10 05	28 16 46	12 00 46	25 06 36	12 40 09	3 10 26	7 47 48	6 52 29	10 59 38
4 Su	0 ♌ 40 57	20 48 48	28 19 15	2 57 59	25 55 53	5 41 08	28 44 16	12 31 40	25 06 34	12 53 28	3 16 43	7 56 35	7 00 46	11 06 09
5 M	1 48 47	6 ♑ 01 43	13 ♑ 37 27	4 04 08	25 28 20	6 13 35	29 13 03	13 03 39	25 07 41	13 07 49	3 24 13	8 06 26	7 10 08	11 13 45
6 Tu	2 56 34	21 22 42	28 58 33	5 13 06	25 01 47	6 46 17	29 42 00	13 35 37	25 08 49	13 22 08	3 31 49	8 16 14	7 19 27	11 21 20
7 W	4 03 12	6 ♒ 40 05	14 ♒ 10 43	6 23 39	24 35 21	7 18 08	0 ♏ 09 60	14 06 26	25 08 53	13 35 16	3 38 25	8 24 52	7 27 38	11 27 46
8 Th	5 07 52	21 42 39	29 03 31	7 34 50	24 08 24	7 48 17	0 36 12	14 35 16	25 07 03	13 46 23	3 43 10	8 31 30	7 33 50	11 32 15
9 F	6 10 10	6 ♓ 21 38	13 ♓ 29 39	8 46 09	23 40 45	8 16 21	1 00 13	15 01 45	25 02 56	13 55 07	3 45 42	8 35 46	7 37 41	11 34 23
10 Sa	7 10 16	20 31 49	27 25 35	9 57 38	23 12 43	8 42 29	1 22 13	15 26 02	24 56 42	14 01 38	3 46 10	8 37 49	7 39 19	11 34 19
11 Su	8 08 45	4 ♈ 11 48	10 ♈ 51 26	11 09 48	22 45 03	9 07 16	1 42 46	15 48 42	24 48 55	14 06 29	3 45 10	8 38 13	7 39 21	11 32 38
12 M	9 06 30	17 23 20	23 50 05	12 23 26	22 18 45	9 31 34	2 02 44	16 10 37	24 40 30	14 10 33	3 43 32	8 37 51	7 38 37	11 30 13
13 Tu	10 04 28	0 ♉ 10 17	6 ♉ 26 10	13 39 25	21 54 53	9 56 21	2 23 06	16 32 45	24 32 24	14 14 48	3 42 16	8 37 42	7 38 06	11 28 02
14 W	11 03 30	12 37 45	18 45 05	14 58 34	21 34 24	10 22 27	2 44 43	16 55 58	24 25 29	14 20 06	3 42 13	8 38 36	7 38 40	11 26 57
15 Th	12 04 16	24 51 04	0 ♊ 52 17	16 21 26	21 18 01	10 50 32	3 08 12	17 20 53	24 20 22	14 27 05	3 44 01	8 41 11	7 40 57	11 27 35
16 F	13 07 01	6 ♊ 55 20	12 52 44	17 48 15	21 06 02	11 20 50	3 33 49	17 47 46	24 17 22	14 36 00	3 47 56	8 45 45	7 45 12	11 30 12
17 Sa	14 11 39	18 54 57	24 50 34	19 18 53	20 58 24	11 53 16	4 01 29	18 16 33	24 16 22	14 46 47	3 53 54	8 52 10	7 51 21	11 34 44
18 Su	15 17 46	0 ♋ 53 25	6 ♋ 49 01	20 52 52	20 54 43	12 27 24	4 30 47	18 46 48	24 16 58	14 58 59	4 01 27	9 00 03	7 58 58	11 40 45
19 M	16 24 39	12 53 25	18 50 23	22 29 29	20 54 18	13 02 33	5 01 01	19 17 49	24 18 28	15 11 55	4 09 56	9 08 41	8 07 21	11 47 34
20 Tu	17 31 32	24 56 44	0 ♌ 56 11	24 07 55	20 56 21	13 37 55	5 31 22	19 48 48	24 20 05	15 24 48	4 18 32	9 17 17	8 15 44	11 54 22
21 W	18 37 35	7 ♌ 04 40	13 07 23	25 47 20	21 00 02	14 12 42	6 01 03	20 18 58	24 21 01	15 36 50	4 26 28	9 25 03	8 23 17	12 00 23
22 Th	19 42 10	19 18 03	25 24 44	27 27 04	21 04 40	14 46 13	6 29 24	20 47 38	24 20 37	15 47 20	4 33 03	9 31 19	8 29 21	12 04 55
23 F	20 44 51	1 ♍ 37 46	7 ♍ 48 57	29 06 41	21 09 48	15 18 03	6 55 60	21 14 23	24 18 27	15 55 53	4 37 53	9 35 39	8 33 31	12 07 35
24 Sa	21 45 31	14 04 50	20 21 09	0 ♌ 46 04	21 15 16	15 48 06	7 20 43	21 39 07	24 14 26	16 02 24	4 40 50	9 37 58	8 35 41	12 08 15
25 Su	22 44 23	26 40 42	3 ♎ 02 52	2 25 25	21 21 14	16 16 33	7 43 45	22 02 02	24 08 46	16 07 02	4 42 07	9 38 28	8 36 02	12 07 07
26 M	23 41 54	9 ♎ 27 23	15 56 15	4 05 12	21 28 07	16 43 52	8 05 35	22 23 35	24 01 55	16 10 19	4 42 13	9 37 36	8 35 03	12 04 41
27 Tu	24 38 46	22 27 19	29 03 50	5 46 06	21 36 32	17 10 44	8 26 54	22 44 29	23 54 34	16 12 53	4 41 48	9 36 04	8 33 24	12 01 37
28 W	25 35 44	5 ♏ 43 08	12 ♏ 28 14	7 28 53	21 47 11	17 37 53	8 48 26	23 05 26	23 47 29	16 15 29	4 41 36	9 34 35	8 31 51	11 58 39
29 Th	26 33 26	19 17 17	26 11 37	9 14 12	22 00 40	18 05 59	9 10 50	23 27 07	23 41 19	16 18 48	4 42 18	9 33 51	8 31 03	11 56 28
30 F	27 32 20	3 ♐ 11 19	10 ♐ 15 04	11 02 31	22 17 23	18 35 30	9 34 34	23 49 60	23 36 32	16 23 16	4 44 21	9 34 19	8 31 28	11 55 30

Notes

May 1993 — LONGITUDE

Day	☉	0 hr ☽	Noon ☽	☿	♀	♂	⚵	⚳	♃	♄	⚷	♅	♆	♇
1 Sa	28♌32 36	17♐25 23	24♐37 54	12♌53 59	22♋37 25	19♏06 33	9♏59 46	24♋14 13	23♑33 16	16♊29 03	4♐47 53	9♉36 07	8♉33 14	11♓55 56
2 Su	29 34 03	1♑57 29	9♑17 06	14 48 27	23 00 31	19 38 57	10 26 16	24 39 35	23 31 22	16 35 58	4 52 44	9 39 05	8 36 11	11 57 33
3 M	0♍36 11	16 43 15	24 07 13	16 45 24	23 26 09	20 12 15	10 53 34	25 05 38	23 30 21	16 43 31	4 58 26	9 42 43	8 39 49	11 59 54
4 Tu	1 38 23	1♒36 08	9♒00 52	18 44 14	23 53 39	20 45 47	11 21 04	25 31 44	23 29 34	16 51 05	5 04 20	9 46 25	8 43 32	12 02 20
5 W	2 40 02	16 28 04	23 49 39	20 44 17	24 22 17	21 18 55	11 48 05	25 57 14	23 28 25	16 58 03	5 09 48	9 49 31	8 46 41	12 04 15
6 Th	3 40 38	1♓10 44	8♓25 26	22 45 04	24 51 33	21 51 11	12 14 11	26 21 40	23 26 24	17 03 54	5 14 21	9 51 34	8 48 48	12 05 07
7 F	4 39 56	15 36 47	22 41 39	24 46 18	25 21 07	22 22 20	12 39 04	26 44 46	23 23 17	17 08 24	5 17 45	9 52 18	8 49 36	12 04 44
8 Sa	5 37 60	29 40 52	6♈34 04	26 47 58	25 50 59	22 52 23	13 02 48	27 06 36	23 19 06	17 11 36	5 20 01	9 51 46	8 49 10	12 03 07
9 Su	6 35 05	13♈20 11	20 01 02	28 50 17	26 21 21	23 21 36	13 25 39	27 27 25	23 14 07	17 13 45	5 21 26	9 50 14	8 47 44	12 00 32
10 M	7 31 36	26 34 22	3♉03 17	0♍53 36	26 52 36	23 50 26	13 48 03	27 47 38	23 08 46	17 15 17	5 22 25	9 48 06	8 45 44	11 57 25
11 Tu	8 28 03	9♉25 10	15 43 24	2 58 17	27 25 08	24 19 20	14 10 26	28 07 44	23 03 31	17 16 40	5 23 27	9 45 53	8 43 39	11 54 15
12 W	9 24 51	21 55 50	28 05 13	5 04 39	27 59 21	24 48 44	14 33 17	28 28 09	22 58 49	17 18 21	5 24 58	9 43 60	8 41 56	11 51 27
13 Th	10 22 20	4♊10 33	10♊13 15	7 12 52	28 35 30	25 18 58	14 56 52	28 49 12	22 54 59	17 20 38	5 27 16	9 42 45	8 40 52	11 49 21
14 F	11 20 38	16 13 53	22 12 13	9 22 55	29 13 41	25 50 10	15 21 23	29 11 02	22 52 10	17 23 40	5 30 31	9 42 19	8 40 37	11 48 05
15 Sa	12 19 44	28 10 27	4♋06 41	11 34 33	29 53 51	26 22 18	15 46 45	29 33 36	22 50 21	17 27 26	5 34 41	9 42 39	8 41 10	11 47 39
16 Su	13 19 28	10♋04 34	16 00 52	13 47 24	0♌35 45	26 55 13	16 12 51	29 56 46	22 49 20	17 31 46	5 39 36	9 43 35	8 42 20	11 47 52
17 M	14 19 33	22 00 12	27 58 29	16 00 56	1 19 06	27 28 37	16 39 22	0♌20 14	22 48 53	17 36 22	5 44 59	9 44 50	8 43 50	11 48 27
18 Tu	15 19 39	4♌00 42	10♌02 36	18 14 33	2 03 29	28 02 11	17 05 59	0 43 40	22 48 38	17 40 55	5 50 31	9 46 06	8 45 21	11 49 04
19 W	16 19 29	16 08 52	22 15 41	20 27 40	2 48 36	28 35 37	17 32 23	1 06 46	22 48 19	17 45 07	5 55 52	9 47 03	8 46 36	11 49 27
20 Th	17 18 47	28 26 53	4♍39 35	22 39 47	3 34 08	29 08 39	17 58 21	1 29 18	22 47 41	17 48 44	6 00 50	9 47 29	8 47 18	11 49 19
21 F	18 17 27	10♍56 23	17 15 33	24 50 29	4 19 57	29 41 11	18 23 45	1 51 08	22 46 36	17 51 38	6 05 16	9 47 14	8 47 22	11 48 35
22 Sa	19 15 28	23 38 23	0♎04 22	26 59 28	5 05 60	0♐13 12	18 48 34	2 12 15	22 45 04	17 53 47	6 09 10	9 46 18	8 46 46	11 47 13
23 Su	20 12 55	6♎33 32	13 06 23	29 06 36	5 52 20	0 44 47	19 12 53	2 32 45	22 43 10	17 55 19	6 12 37	9 44 48	8 45 37	11 45 19
24 M	21 09 59	19 42 03	26 21 42	1♎11 49	6 39 06	1 16 08	19 36 54	2 52 49	22 41 06	17 56 24	6 15 48	9 42 54	8 44 04	11 43 04
25 Tu	22 06 54	3♏03 55	9♏50 07	3 15 06	7 26 29	1 47 26	20 00 49	3 12 40	22 39 05	17 57 15	6 18 57	9 40 50	8 42 22	11 40 41
26 W	23 03 52	16 38 49	23 31 16	5 16 29	8 14 40	2 18 55	20 24 51	3 32 30	22 37 19	17 58 04	6 22 15	9 38 47	8 40 43	11 38 23
27 Th	24 00 60	0♐26 12	7♐24 25	7 15 55	9 03 46	2 50 42	20 49 07	3 52 27	22 35 56	17 59 00	6 25 51	9 36 54	8 39 14	11 36 17
28 F	24 58 23	14 25 07	21 28 27	9 13 20	9 53 49	3 22 51	21 13 42	4 12 35	22 35 00	18 00 06	6 29 48	9 35 14	8 37 60	11 34 28
29 Sa	25 55 59	28 34 05	5♑41 38	11 08 34	10 44 46	3 55 21	21 38 34	4 32 52	22 34 30	18 01 21	6 34 05	9 33 47	8 36 59	11 32 55
30 Su	26 53 43	12♑51 01	20 01 29	13 01 27	11 36 29	4 28 05	22 03 37	4 53 13	22 34 19	18 02 39	6 38 36	9 32 27	8 36 05	11 31 30
31 M	27 51 27	27 13 02	4♒24 44	14 51 46	12 28 51	5 00 57	22 28 44	5 13 31	22 34 22	18 03 53	6 43 14	9 31 07	8 35 13	11 30 09

June 1993 — LONGITUDE

Day	☉	0 hr ☽	Noon ☽	☿	♀	♂	⚵	⚳	♃	♄	⚷	♅	♆	♇
1 Tu	28♍49 07	11♒36 29	18♒47 25	16♎39 23	13♌21 45	5♐33 50	22♏53 49	5♌33 39	22♑34 32	18♊04 58	6♐47 54	9♉29 40	8♉34 15	11♓28 44
2 W	29 46 39	25 57 12	3♓05 08	18 24 11	14 15 07	6 06 43	23 18 50	5 53 35	22 34 46	18 05 50	6 52 33	9 28 06	8 33 10	11 27 14
3 Th	0♎44 05	10♓10 43	17 13 25	20 06 10	15 08 57	6 39 37	23 43 48	6 13 21	22 35 06	18 06 32	6 57 11	9 26 24	8 31 59	11 25 40
4 F	1 41 29	24 12 44	1♈08 15	21 45 22	16 03 18	7 12 35	24 08 47	6 33 01	22 35 36	18 07 07	7 01 54	9 24 40	8 30 45	11 24 06
5 Sa	2 38 58	7♈59 38	14 46 28	23 21 51	16 58 16	7 45 43	24 33 53	6 52 40	22 36 23	18 07 42	7 06 47	9 22 59	8 29 36	11 22 38
6 Su	3 36 36	21 28 47	28 06 02	24 55 40	17 53 54	8 19 07	24 59 11	7 12 23	22 37 30	18 08 21	7 11 55	9 21 27	8 28 36	11 21 21
7 M	4 34 26	4♉38 49	11♉06 18	26 26 51	18 50 13	8 52 49	25 24 43	7 32 13	22 39 01	18 09 07	7 17 21	9 20 04	8 27 47	11 20 17
8 Tu	5 32 26	17 29 40	23 47 55	27 55 19	19 47 11	9 26 46	25 50 27	7 52 07	22 40 53	18 09 57	7 23 01	9 18 51	8 27 08	11 19 25
9 W	6 30 31	0♊02 38	6♊12 45	29 20 58	20 44 41	10 00 54	26 16 18	8 12 01	22 43 00	18 10 47	7 28 52	9 17 41	8 26 33	11 18 40
10 Th	7 28 32	12 20 03	18 23 40	0♏43 38	21 42 34	10 35 03	26 42 07	8 31 44	22 45 15	18 11 28	7 34 44	9 16 26	8 25 53	11 17 51
11 F	8 26 19	24 25 11	0♋24 17	2 03 06	22 40 39	11 09 05	27 07 45	8 51 09	22 47 28	18 11 50	7 40 27	9 14 57	8 24 60	11 16 52
12 Sa	9 23 45	6♋22 01	12 18 46	3 19 13	23 38 47	11 42 51	27 33 04	9 10 06	22 49 30	18 11 45	7 45 55	9 13 04	8 23 44	11 15 32
13 Su	10 20 45	18 14 54	24 11 39	4 31 49	24 36 53	12 16 16	27 57 58	9 28 30	22 51 17	18 11 09	7 51 01	9 10 45	8 22 02	11 13 47
14 M	11 17 20	0♌08 30	6♌07 31	5 40 54	25 34 57	12 49 21	28 22 29	9 46 23	22 52 49	18 10 02	7 55 46	9 07 59	8 19 54	11 11 39
15 Tu	12 13 36	12 07 25	18 10 51	6 46 29	26 33 04	13 22 13	28 46 43	10 03 51	22 54 14	18 08 31	8 00 18	9 04 53	8 17 27	11 09 14
16 W	13 09 46	24 16 04	0♍25 47	7 48 43	27 31 26	13 55 04	29 10 52	10 21 05	22 55 43	18 06 48	8 04 48	9 01 39	8 14 53	11 06 43
17 Th	14 06 05	6♍38 17	12 55 49	8 47 47	28 30 19	14 28 09	29 35 11	10 38 22	22 57 32	18 05 08	8 09 31	8 58 34	8 12 28	11 04 24
18 F	15 02 50	19 17 09	25 43 31	9 43 52	29 29 57	15 01 46	29 59 59	10 55 58	22 59 58	18 03 50	8 14 46	8 55 54	8 10 28	11 02 33
19 Sa	16 00 16	2♎14 39	8♎50 16	10 37 08	0♍30 35	15 36 08	0♐25 28	11 14 07	23 03 14	18 03 06	8 20 45	8 53 54	8 09 08	11 01 23
20 Su	16 58 30	15 31 25	22 16 03	11 27 37	1 32 20	16 11 23	0 51 47	11 32 57	23 07 29	18 03 05	8 27 37	8 52 40	8 08 37	11 01 03
21 M	17 57 30	29 06 38	5♏59 25	12 15 10	2 35 10	16 47 31	1 18 55	11 52 27	23 12 42	18 03 46	8 35 21	8 52 13	8 08 51	11 01 32
22 Tu	18 57 07	12♏58 05	19 57 34	12 59 31	3 38 53	17 24 19	1 46 39	12 12 25	23 18 41	18 04 57	8 43 44	8 52 21	8 09 42	11 02 39
23 W	19 56 58	27 02 20	4♐06 43	13 40 12	4 43 09	18 01 27	2 14 40	12 32 30	23 25 05	18 06 19	8 52 27	8 52 43	8 10 47	11 04 03
24 Th	20 56 39	11♐15 14	18 22 34	14 16 40	5 47 30	18 38 30	2 42 32	12 52 17	23 31 29	18 07 24	9 01 03	8 52 54	8 11 41	11 05 18
25 F	21 55 44	25 32 29	2♑40 53	14 48 24	6 51 31	19 15 02	3 09 49	13 11 20	23 37 27	18 07 49	9 09 08	8 52 28	8 11 60	11 05 58
26 Sa	22 53 55	9♑50 06	16 57 54	15 14 58	7 54 54	19 50 44	3 36 12	13 29 21	23 42 41	18 07 14	9 16 23	8 51 08	8 11 24	11 05 47
27 Su	23 51 05	24 04 50	1♒10 42	15 36 10	8 57 31	20 25 31	4 01 37	13 46 13	23 47 04	18 05 33	9 22 41	8 48 47	8 09 48	11 04 37
28 M	24 47 23	8♒14 17	15 17 09	15 52 03	9 59 32	20 59 30	4 26 10	14 02 06	23 50 46	18 02 56	9 28 12	8 45 34	8 07 19	11 02 38
29 Tu	25 43 12	22 16 50	29 15 53	16 02 54	11 01 18	21 33 05	4 50 15	14 17 20	23 54 08	17 59 45	9 33 17	8 41 52	8 04 22	11 00 11
30 W	26 39 03	6♓11 24	13♓05 54	16 09 11	12 03 20	22 06 46	5 14 23	14 32 28	23 57 42	17 56 31	9 38 28	8 38 10	8 01 26	10 57 48

Notes

LONGITUDE

July 1993

Day	☉	0 hr ☽	Noon ☽	☿	♀	♂	⚵	⚳	♃	♄	⚷	♅	♆	♇
1 Th	27 ♎ 35 29	19 ♓ 57 06	26 ♓ 46 20	16 ♏ 11 26	13 ♍ 06 11	22 ♐ 41 07	5 ♐ 39 07	14 ♌ 48 03	24 ♑ 02 00	17 ♊ 53 47	9 ♐ 44 18	8 ♉ 35 05	7 ♉ 59 06	10 ♓ 56 02
2 F	28 33 00	3 ♈ 33 01	10 ♈ 16 19	16 10 07	14 10 21	23 16 37	6 04 57	15 04 33	24 07 33	17 52 03	9 51 16	8 33 03	7 57 51	10 55 23
3 Sa	29 31 55	16 58 06	23 34 48	16 05 35	15 16 07	23 53 34	6 32 10	15 22 18	24 14 38	17 51 37	9 59 41	8 32 24	7 57 59	10 56 09
4 Su	0 ♏ 32 17	0 ♉ 11 11	6 ♉ 40 48	15 57 57	16 23 33	24 32 03	7 00 51	15 41 20	24 23 19	17 52 34	10 09 37	8 33 13	7 59 33	10 58 24
5 M	1 33 54	13 11 12	19 33 30	15 47 09	17 32 27	25 11 51	7 30 47	16 01 28	24 33 24	17 54 41	10 20 51	8 35 16	8 02 23	11 01 57
6 Tu	2 36 22	25 57 25	2 ♊ 12 31	15 32 58	18 42 23	25 52 33	8 01 34	16 22 16	24 44 28	17 57 33	10 32 58	8 38 09	8 06 03	11 06 21
7 W	3 39 06	8 ♊ 29 44	14 38 11	15 15 03	19 52 48	26 33 35	8 32 38	16 43 11	24 55 57	18 00 36	10 45 24	8 41 18	8 09 59	11 11 03
8 Th	4 41 28	20 48 51	26 51 42	14 53 04	21 03 02	27 14 20	9 03 20	17 03 33	25 07 13	18 03 12	10 57 32	8 44 04	8 13 33	11 15 25
9 F	5 42 55	2 ♋ 56 31	8 ♋ 55 13	14 26 49	22 12 31	27 54 12	9 33 05	17 22 49	25 17 41	18 04 48	11 08 46	8 45 55	8 16 11	11 18 52
10 Sa	6 43 01	14 55 26	20 51 52	13 56 20	23 20 50	28 32 48	10 01 30	17 40 34	25 26 56	18 04 58	11 18 42	8 46 24	8 17 28	11 21 01
11 Su	7 41 37	26 49 21	2 ♌ 45 41	13 21 57	24 27 49	29 09 56	10 28 24	17 56 36	25 34 48	18 03 31	11 27 10	8 45 22	8 17 13	11 21 39
12 M	8 38 47	8 ♌ 42 49	14 41 26	12 44 19	25 33 33	29 45 43	10 53 53	18 11 02	25 41 24	18 00 35	11 34 15	8 42 54	8 15 33	11 20 55
13 Tu	9 34 56	20 41 03	26 44 24	12 04 26	26 38 25	0 ♑ 20 31	11 18 20	18 24 15	25 47 05	17 56 33	11 40 20	8 39 25	8 12 51	11 19 10
14 W	10 30 40	2 ♍ 49 32	9 ♍ 00 02	11 23 32	27 43 01	0 54 58	11 42 21	18 36 50	25 52 28	17 51 59	11 46 02	8 35 29	8 09 43	11 17 01
15 Th	11 26 42	15 13 42	21 33 28	10 43 03	28 48 04	1 29 46	12 06 39	18 49 31	25 58 16	17 47 39	11 52 04	8 31 51	8 06 53	11 15 11
16 F	12 23 45	27 58 20	4 ♎ 29 01	10 04 22	29 54 18	2 05 39	12 31 58	19 03 02	26 05 14	17 44 15	11 59 10	8 29 15	8 05 04	11 14 24
17 Sa	13 22 26	11 ♎ 06 58	17 49 29	9 28 45	1 ♎ 02 17	2 43 13	12 58 54	19 17 57	26 13 56	17 42 24	12 07 55	8 28 15	8 04 51	11 15 16
18 Su	14 23 01	24 41 17	1 ♏ 35 34	8 57 13	2 12 21	3 22 46	13 27 45	19 34 35	26 24 40	17 42 24	12 18 37	8 29 10	8 06 34	11 18 04
19 M	15 25 30	8 ♏ 40 33	15 45 23	8 30 18	3 24 24	4 04 14	13 58 27	19 52 51	26 37 24	17 44 11	12 31 12	8 31 58	8 10 08	11 22 46
20 Tu	16 29 23	23 01 18	0 ♐ 14 24	8 08 11	4 38 01	4 47 10	14 30 34	20 12 20	26 51 39	17 47 19	12 45 15	8 36 10	8 15 08	11 28 55
21 W	17 33 54	7 ♐ 37 41	14 55 50	7 50 36	5 52 24	5 30 49	15 03 18	20 32 14	27 06 40	17 51 00	12 59 58	8 41 01	8 20 46	11 35 43
22 Th	18 38 08	22 22 07	29 41 45	7 37 06	7 06 37	6 14 12	15 35 44	20 51 36	27 21 30	17 54 20	13 14 24	8 45 34	8 26 05	11 42 15
23 F	19 41 10	7 ♑ 06 34	14 ♑ 24 19	7 27 14	8 19 45	6 56 28	16 06 57	21 09 33	27 35 16	17 56 25	13 27 40	8 48 56	8 30 14	11 47 37
24 Sa	20 42 24	21 43 56	28 57 02	7 20 43	9 31 13	7 36 59	16 36 22	21 25 28	27 47 19	17 56 37	13 39 10	8 50 29	8 32 34	11 51 12
25 Su	21 41 38	6 ♒ 08 60	13 ♒ 15 39	7 17 42	10 40 49	8 15 33	17 03 46	21 39 10	27 57 30	17 54 46	13 48 42	8 50 04	8 32 54	11 52 50
26 M	22 39 11	20 18 54	27 18 13	7 18 41	11 48 50	8 52 29	17 29 27	21 50 55	28 06 06	17 51 09	13 56 33	8 47 57	8 31 33	11 52 47
27 Tu	23 35 44	4 ♓ 12 59	11 ♓ 04 49	7 24 36	12 55 59	9 28 29	17 54 09	22 01 27	28 13 48	17 46 30	14 03 27	8 44 52	8 29 13	11 51 47
28 W	24 32 17	17 52 13	24 36 53	7 36 31	14 03 14	10 04 31	18 18 48	22 11 43	28 21 36	17 41 46	14 10 20	8 41 46	8 26 52	11 50 47
29 Th	25 29 48	1 ♈ 18 20	7 ♈ 56 21	7 55 33	15 11 35	10 41 35	18 44 25	22 22 44	28 30 29	17 37 58	14 18 14	8 39 39	8 25 30	11 50 48
30 F	26 29 09	14 33 14	21 05 06	8 22 36	16 21 52	11 20 32	19 11 51	22 35 19	28 41 17	17 35 56	14 27 59	8 39 23	8 25 59	11 52 40
31 Sa	27 30 53	27 38 24	4 ♉ 04 28	8 58 13	17 34 39	12 01 55	19 41 38	22 50 01	28 54 35	17 36 14	14 40 07	8 41 30	8 28 50	11 56 57

LONGITUDE

August 1993

Day	☉	0 hr ☽	Noon ☽	☿	♀	♂	⚵	⚳	♃	♄	⚷	♅	♆	♇
1 Su	28 ♏ 35 08	10 ♉ 34 35	16 ♉ 55 05	9 ♏ 42 31	18 ♎ 50 03	12 ♑ 45 50	20 ♐ 13 54	23 ♌ 06 58	29 ♑ 10 27	17 ♊ 38 59	14 ♐ 54 46	8 ♉ 46 08	8 ♉ 34 11	12 ♓ 03 45
2 M	29 41 34	23 21 54	29 36 58	10 35 10	20 07 45	13 32 01	20 48 21	23 25 51	29 28 38	17 43 53	15 11 38	8 52 58	8 41 44	12 12 46
3 Tu	0 ♐ 49 34	5 ♊ 59 56	12 ♊ 09 44	11 35 27	21 27 06	14 19 46	21 24 19	23 45 60	29 48 26	17 50 16	15 30 03	9 01 22	8 50 50	12 23 21
4 W	1 58 10	18 28 13	24 33 05	12 42 20	22 47 10	15 08 12	22 00 53	24 06 30	0 ♒ 08 57	17 57 13	15 49 06	9 10 23	9 00 33	12 34 35
5 Th	3 06 24	0 ♋ 46 31	6 ♋ 47 07	13 54 42	24 06 57	15 56 17	22 37 02	24 26 20	0 29 10	18 03 44	16 07 46	9 19 01	9 09 53	12 45 26
6 F	4 13 19	12 55 22	18 52 41	15 11 29	25 25 31	16 43 06	23 11 51	24 44 33	0 48 09	18 08 53	16 25 06	9 26 20	9 17 54	12 54 60
7 Sa	5 18 12	24 56 17	0 ♌ 51 44	16 31 49	26 42 09	17 27 56	23 44 36	25 00 28	1 05 11	18 11 58	16 40 26	9 31 39	9 23 53	13 02 33
8 Su	6 20 44	6 ♌ 51 57	12 47 22	17 55 09	27 56 30	18 10 26	24 14 56	25 13 42	1 19 54	18 12 37	16 53 23	9 34 35	9 27 29	13 07 44
9 M	7 20 56	18 46 16	24 43 50	19 21 20	29 08 38	18 50 39	24 42 56	25 24 19	1 32 24	18 10 55	17 04 01	9 35 13	9 28 47	13 10 38
10 Tu	8 19 18	0 ♍ 44 13	6 ♍ 46 25	20 50 35	0 ♏ 19 01	19 29 05	25 09 03	25 32 47	1 43 07	18 07 20	17 12 48	9 34 01	9 28 13	13 11 42
11 W	9 16 39	12 51 40	19 01 05	22 23 27	1 28 27	20 06 32	25 34 07	25 39 55	1 52 54	18 02 40	17 20 33	9 31 48	9 26 39	13 11 45
12 Th	10 14 01	25 14 50	1 ♎ 34 01	24 00 39	2 37 59	20 44 01	25 59 10	25 46 45	2 02 45	17 57 59	17 28 19	9 29 35	9 25 04	13 11 50
13 F	11 12 27	7 ♎ 59 47	14 30 59	25 42 54	3 48 40	21 22 37	26 25 14	25 54 20	2 13 44	17 54 20	17 37 08	9 28 28	9 24 33	13 12 60
14 Sa	12 12 52	21 11 37	27 56 25	27 30 44	5 01 24	22 03 14	26 53 14	26 03 33	2 26 45	17 52 36	17 47 55	9 29 19	9 26 01	13 16 08
15 Su	13 15 47	4 ♏ 53 33	11 ♏ 52 30	29 24 19	6 16 42	22 46 23	27 23 43	26 14 56	2 42 21	17 53 21	18 01 11	9 32 41	9 29 58	13 21 48
16 M	14 21 13	19 06 02	26 18 12	1 ♐ 23 15	7 34 38	23 32 07	27 56 41	26 28 31	3 00 32	17 56 36	18 16 58	9 38 35	9 36 28	13 30 00
17 Tu	15 28 41	3 ♐ 45 54	11 ♐ 08 49	3 26 36	8 54 37	24 19 53	28 31 37	26 43 46	3 20 47	18 01 49	18 34 45	9 46 30	9 44 57	13 40 13
18 W	16 37 08	18 46 24	26 16 05	5 32 59	10 15 41	25 08 42	29 07 30	26 59 41	3 42 05	18 07 60	18 53 31	9 55 26	9 54 26	13 51 27
19 Th	17 45 19	3 ♑ 57 49	11 ♑ 29 26	7 40 42	11 36 33	25 57 17	29 43 05	27 14 58	4 03 12	18 13 54	19 11 60	10 04 07	10 03 40	14 02 26
20 F	18 52 03	19 09 08	26 37 50	9 48 12	12 56 02	26 44 27	0 ♑ 17 10	27 28 27	4 22 54	18 18 19	19 28 60	10 11 20	10 11 26	14 11 58
21 Sa	19 56 27	4 ♒ 10 05	11 ♒ 31 49	11 54 15	14 13 15	27 29 19	0 48 53	27 39 16	4 40 20	18 20 23	19 43 40	10 16 16	10 16 52	14 19 11
22 Su	20 58 15	18 52 56	26 04 58	13 58 14	15 27 56	28 11 38	1 17 58	27 47 07	4 55 13	18 19 51	19 55 42	10 18 36	10 19 43	14 23 49
23 M	21 57 47	3 ♓ 13 20	10 ♓ 14 27	16 00 13	16 40 26	28 51 44	1 44 44	27 52 22	5 07 54	18 17 02	20 05 28	10 18 42	10 20 18	14 26 13
24 Tu	22 55 56	17 10 20	24 00 31	18 00 46	17 51 36	29 30 28	2 10 05	27 55 51	5 19 14	18 12 49	20 13 50	10 17 25	10 19 30	14 27 13
25 W	23 53 53	0 ♈ 45 35	7 ♈ 25 41	20 00 52	19 02 38	0 ♒ 09 02	2 35 11	27 58 46	5 30 26	18 08 23	20 21 57	10 15 57	10 18 31	14 28 03
26 Th	24 52 52	14 02 17	20 33 33	22 01 32	20 14 46	0 48 41	3 01 16	28 02 22	5 42 42	18 04 59	20 31 06	10 15 33	10 18 33	14 29 55
27 F	25 53 57	27 04 06	3 ♉ 27 55	24 03 39	21 29 03	1 30 28	3 29 24	28 07 40	5 57 07	18 03 41	20 42 19	10 17 15	10 20 41	14 33 54
28 Sa	26 57 47	9 ♉ 54 24	16 12 02	26 07 45	22 46 09	2 15 02	4 00 14	28 15 22	6 14 20	18 05 07	20 56 15	10 21 43	10 25 35	14 40 38
29 Su	28 04 33	22 35 45	28 48 12	28 13 53	24 06 15	3 02 33	4 33 58	28 25 37	6 34 31	18 09 29	21 13 06	10 29 08	10 33 25	14 50 19
30 M	29 13 55	5 ♊ 09 44	11 ♊ 17 45	0 ♑ 21 39	25 29 01	3 52 44	5 10 15	28 38 06	6 57 21	18 16 28	21 32 31	10 39 11	10 43 52	15 02 37
31 Tu	0 ♑ 25 08	17 36 59	23 41 09	2 30 12	26 53 41	4 44 47	5 48 20	28 52 03	7 22 04	18 25 17	21 53 45	10 51 06	10 56 09	15 16 47

Notes

September 1993 — LONGITUDE

Day	☉	0 hr ☽	Noon ☽	☿	♀	♂	⚵	⚳	♃	♄	⚷	♅	♆	♇
1 W	1 ♑ 37 10	29 ♊ 57 33	5 ♋ 58 20	4 ♑ 38 25	28 ♏ 19 13	5 ♒ 37 40	6 ♑ 27 10	29 ♌ 06 24	7 ♒ 47 38	18 ♊ 34 55	22 ♐ 15 45	11 ♉ 03 50	11 ♉ 09 15	15 ♓ 31 44
2 Th	2 48 49	12 ♋ 11 14	18 09 12	6 45 07	29 44 27	6 30 13	7 05 35	29 20 00	8 12 51	18 44 11	22 37 22	11 16 13	11 21 58	15 46 20
3 F	3 59 02	24 18 08	0 ♌ 14 01	8 49 11	1 ♐ 08 16	7 21 21	7 42 29	29 31 46	8 36 40	18 51 60	22 57 28	11 27 09	11 33 15	15 59 30
4 Sa	5 06 57	6 ♌ 19 01	12 13 50	10 49 44	2 29 52	8 10 14	8 17 03	29 40 50	8 58 12	18 57 32	23 15 15	11 35 50	11 42 14	16 10 22
5 Su	6 12 08	18 15 39	24 10 47	12 46 21	3 48 46	8 56 23	8 48 49	29 46 45	9 17 02	19 00 19	23 30 15	11 41 46	11 48 29	16 18 30
6 M	7 14 34	0 ♍ 10 59	6 ♍ 08 13	14 38 58	5 04 58	9 39 50	9 17 46	29 49 32	9 33 08	19 00 22	23 42 28	11 44 58	11 51 58	16 23 52
7 Tu	8 14 41	12 09 13	18 10 42	16 28 05	6 18 54	10 20 59	9 44 21	29 49 35	9 46 57	18 58 08	23 52 19	11 45 53	11 53 08	16 26 56
8 W	9 13 20	24 15 36	0 ♎ 23 46	18 14 30	7 31 24	11 00 41	10 09 24	29 47 45	9 59 19	18 54 24	24 00 38	11 45 19	11 52 50	16 28 32
9 Th	10 11 35	6 ♎ 36 12	12 53 36	19 59 19	8 43 34	11 40 02	10 33 59	29 45 07	10 11 18	18 50 18	24 08 31	11 44 23	11 52 07	16 29 43
10 F	11 10 35	19 17 15	25 46 23	21 43 42	9 56 31	12 20 09	10 59 15	29 42 49	10 24 03	18 46 57	24 17 05	11 44 12	11 52 10	16 31 39
11 Sa	12 11 21	2 ♏ 24 35	9 ♏ 07 28	23 28 41	11 11 16	13 02 03	11 26 14	29 41 53	10 38 35	18 45 24	24 27 22	11 45 48	11 53 57	16 35 21
12 Su	13 14 33	16 02 33	23 00 23	25 14 55	12 28 28	13 46 24	11 55 33	29 42 56	10 55 32	18 46 16	24 40 01	11 49 49	11 58 10	16 41 27
13 M	14 20 17	0 ♐ 13 02	7 ♐ 25 39	27 02 35	13 48 17	14 33 20	12 27 22	29 46 08	11 15 04	18 49 42	24 55 10	11 56 25	12 04 56	16 50 07
14 Tu	15 28 08	14 54 26	22 19 54	28 51 13	15 10 14	15 22 24	13 01 14	29 51 02	11 36 43	18 55 17	25 12 23	12 05 08	12 13 48	17 00 53
15 W	16 37 08	0 ♑ 01 02	7 ♑ 35 39	0 ♒ 39 55	16 33 22	16 12 39	13 36 10	29 56 41	11 59 32	19 02 02	25 30 40	12 15 01	12 23 49	17 12 47
16 Th	17 46 02	15 23 22	23 02 00	2 27 24	17 56 26	17 02 50	14 10 57	0 ♍ 01 49	12 22 15	19 08 42	25 48 48	12 24 49	12 33 44	17 24 35
17 F	18 53 35	0 ♒ 49 31	8 ♒ 26 30	4 12 28	19 18 11	17 51 41	14 44 18	0 05 12	12 43 37	19 14 03	26 05 32	12 33 17	12 42 17	17 35 02
18 Sa	19 58 52	16 07 20	23 37 30	5 54 12	20 37 43	18 38 18	15 15 19	0 05 55	13 02 45	19 17 10	26 19 56	12 39 30	12 48 35	17 43 13
19 Su	21 01 32	1 ♓ 06 45	8 ♓ 26 14	7 32 16	21 54 39	19 22 19	15 43 40	0 03 37	13 19 16	19 17 42	26 31 40	12 43 07	12 52 16	17 48 47
20 M	22 01 50	15 41 09	22 47 51	9 06 57	23 09 16	20 04 01	16 09 34	29 ♌ 58 34	13 33 26	19 15 55	26 40 59	12 44 24	12 53 36	17 51 59
21 Tu	23 00 34	29 47 56	6 ♈ 41 19	10 39 00	24 22 20	20 44 11	16 33 51	29 51 34	13 46 02	19 12 36	26 48 39	12 44 08	12 53 21	17 53 37
22 W	23 58 51	13 ♈ 27 50	20 08 37	12 09 34	25 34 59	21 23 55	16 57 35	29 43 44	13 58 11	19 08 52	26 55 49	12 43 26	12 52 40	17 54 47
23 Th	24 57 50	26 43 52	3 ♉ 13 32	13 39 49	26 48 22	22 04 23	17 21 59	29 36 14	14 11 03	19 05 53	27 03 38	12 43 28	12 52 41	17 56 40
24 F	25 58 32	9 ♉ 40 14	16 00 34	15 10 46	28 03 31	22 46 36	17 48 01	29 30 05	14 25 38	19 04 40	27 13 06	12 45 14	12 54 26	18 00 16
25 Sa	27 01 37	22 21 15	28 34 08	16 43 02	29 21 03	23 31 13	18 16 21	29 25 57	14 42 36	19 05 52	27 24 52	12 49 24	12 58 33	18 06 14
26 Su	28 07 15	4 ♊ 50 47	10 ♊ 57 56	18 16 49	0 ♑ 41 12	24 18 26	18 47 11	29 24 00	15 02 07	19 09 41	27 39 09	12 56 09	13 05 14	18 14 45
27 M	29 15 12	17 11 52	23 14 43	19 51 51	2 03 40	25 07 59	19 20 15	29 24 02	15 23 57	19 15 51	27 55 40	13 05 14	13 14 14	18 25 35
28 Tu	0 ♒ 24 48	29 26 35	5 ♋ 26 18	21 27 28	3 27 50	25 59 13	19 54 54	29 25 21	15 47 26	19 23 44	28 13 46	13 15 59	13 24 53	18 38 04
29 W	1 35 09	11 ♋ 36 15	17 33 46	23 02 44	4 52 45	26 51 13	20 30 13	29 27 05	16 11 40	19 32 24	28 32 33	13 27 30	13 36 18	18 51 17
30 Th	2 45 14	23 41 37	29 37 43	24 36 36	6 17 26	27 42 58	21 05 12	29 28 13	16 35 36	19 40 51	28 50 59	13 38 46	13 47 26	19 04 13

October 1993 — LONGITUDE

Day	☉	0 hr ☽	Noon ☽	☿	♀	♂	⚵	⚳	♃	♄	⚷	♅	♆	♇
1 F	3 ♒ 54 06	5 ♌ 43 16	11 ♌ 38 42	26 ♒ 08 05	7 ♑ 40 56	28 ♒ 33 32	21 ♑ 38 52	29 ♌ 27 48	16 ♒ 58 19	19 ♊ 48 08	29 ♐ 08 07	13 ♉ 48 50	13 ♉ 57 21	19 ♓ 15 56
2 Sa	5 01 01	17 41 60	23 37 34	27 36 24	9 02 29	29 22 11	22 10 31	29 25 07	17 19 05	19 53 30	29 23 14	13 56 58	14 05 18	19 25 40
3 Su	6 05 33	29 39 06	5 ♍ 35 51	29 01 07	10 21 42	0 ♓ 08 28	22 39 42	29 19 45	17 37 27	19 56 34	29 35 53	14 02 45	14 10 54	19 33 02
4 M	7 07 40	11 ♍ 36 41	17 35 53	0 ♓ 22 05	11 38 30	0 52 21	23 06 23	29 11 39	17 53 23	19 57 15	29 46 03	14 06 07	14 14 04	19 37 58
5 Tu	8 07 41	23 37 48	29 41 04	1 39 36	12 53 14	1 34 11	23 30 54	29 01 10	18 07 12	19 55 53	29 54 01	14 07 24	14 15 08	19 40 47
6 W	9 06 16	5 ♎ 46 27	11 ♎ 55 39	2 54 13	14 06 32	2 14 35	23 53 52	28 48 57	18 19 33	19 53 08	0 ♑ 00 28	14 07 16	14 14 45	19 42 08
7 Th	10 04 16	18 07 24	24 24 38	4 06 43	15 19 16	2 54 25	24 16 11	28 35 53	18 31 18	19 49 51	0 06 15	14 06 33	14 13 47	19 42 53
8 F	11 02 37	0 ♏ 45 51	7 ♏ 13 18	5 17 56	16 32 23	3 34 38	24 38 45	28 22 54	18 43 24	19 46 59	0 12 18	14 06 13	14 13 09	19 43 59
9 Sa	12 02 10	13 46 55	20 26 35	6 28 36	17 46 42	4 16 05	25 02 26	28 10 52	18 56 39	19 45 21	0 19 28	14 07 04	14 13 44	19 46 15
10 Su	13 03 29	27 14 57	4 ♐ 08 13	7 39 10	19 02 48	4 59 19	25 27 48	28 00 22	19 11 40	19 45 33	0 28 18	14 09 44	14 16 04	19 50 17
11 M	14 06 46	11 ♐ 12 30	18 19 50	8 49 39	20 20 52	5 44 32	25 55 02	27 51 36	19 28 36	19 47 46	0 39 01	14 14 21	14 20 22	19 56 15
12 Tu	15 11 45	25 39 31	2 ♑ 59 55	9 59 39	21 40 38	6 31 28	26 23 52	27 44 19	19 47 12	19 51 44	0 51 19	14 20 41	14 26 21	20 03 54
13 W	16 17 45	10 ♑ 32 32	18 03 21	11 08 16	23 01 26	7 19 27	26 53 38	27 37 51	20 06 48	19 56 47	1 04 33	14 28 03	14 33 21	20 12 32
14 Th	17 23 51	25 44 31	3 ♒ 21 31	12 14 24	24 22 21	8 07 34	27 23 25	27 31 19	20 26 29	20 02 00	1 17 48	14 35 32	14 40 28	20 21 17
15 F	18 29 08	11 ♒ 05 28	18 43 25	13 16 52	25 42 27	8 54 52	27 52 17	27 23 47	20 45 19	20 06 27	1 30 08	14 42 13	14 46 45	20 29 10
16 Sa	19 32 51	26 24 00	3 ♓ 57 33	14 14 38	27 01 00	9 40 39	28 19 30	27 14 32	21 02 33	20 09 25	1 40 49	14 47 21	14 51 28	20 35 29
17 Su	20 34 41	11 ♓ 29 21	18 53 55	15 07 06	28 17 40	10 24 34	28 44 43	27 03 16	21 17 52	20 10 33	1 49 30	14 50 36	14 54 17	20 39 53
18 M	21 34 42	26 13 07	3 ♈ 25 32	15 53 58	29 32 31	11 06 42	29 08 03	26 50 05	21 31 21	20 09 57	1 56 17	14 52 05	14 55 19	20 42 29
19 Tu	22 33 25	10 ♈ 30 17	17 28 60	16 35 23	0 ♒ 46 05	11 47 33	29 29 58	26 35 29	21 43 29	20 08 06	2 01 41	14 52 16	14 55 02	20 43 44
20 W	23 31 33	24 19 14	1 ♉ 04 10	17 11 38	1 59 04	12 27 52	29 51 13	26 20 13	21 55 01	20 05 45	2 06 23	14 51 53	14 54 10	20 44 24
21 Th	24 29 54	7 ♉ 41 12	14 13 21	17 43 04	3 12 16	13 08 25	0 ♒ 12 36	26 05 07	22 06 44	20 03 42	2 11 14	14 51 45	14 53 32	20 45 17
22 F	25 29 10	20 39 18	27 00 23	18 09 51	4 26 24	13 49 54	0 34 47	25 50 52	22 19 20	20 02 37	2 16 53	14 52 33	14 53 49	20 47 03
23 Sa	26 29 49	3 ♊ 17 36	9 ♊ 29 39	18 31 56	5 41 55	14 32 49	0 58 17	25 37 59	22 33 18	20 03 01	2 23 50	14 54 45	14 55 30	20 50 12
24 Su	27 32 02	15 40 26	21 45 36	18 48 55	6 59 00	15 17 19	1 23 14	25 26 38	22 48 47	20 05 02	2 32 14	14 58 33	14 58 44	20 54 53
25 M	28 35 41	27 51 55	3 ♋ 52 11	19 00 06	8 17 32	16 03 16	1 49 31	25 16 44	23 05 39	20 08 34	2 41 59	15 03 47	15 03 25	21 00 60
26 Tu	29 40 23	9 ♋ 55 35	15 52 47	19 04 31	9 37 07	16 50 20	2 16 46	25 07 53	23 23 34	20 13 14	2 52 41	15 10 06	15 09 09	21 08 09
27 W	0 ♓ 45 37	21 54 25	27 50 05	19 01 05	10 57 14	17 37 56	2 44 27	24 59 36	23 41 57	20 18 30	3 03 49	15 16 58	15 15 25	21 15 48
28 Th	1 50 47	3 ♌ 50 46	9 ♌ 46 13	18 48 43	12 17 16	18 25 29	3 11 57	24 51 17	24 00 14	20 23 45	3 14 46	15 23 47	15 21 37	21 23 22
29 F	2 55 19	15 46 35	21 42 53	18 26 30	13 36 41	19 12 27	3 38 43	24 42 24	24 17 50	20 28 28	3 24 59	15 29 58	15 27 11	21 30 17
30 Sa	3 58 47	27 43 30	3 ♍ 41 36	17 53 51	14 55 02	19 58 22	4 04 19	24 32 31	24 34 21	20 32 11	3 34 02	15 35 07	15 31 41	21 36 08
31 Su	5 00 57	9 ♍ 43 07	15 43 52	17 10 34	16 12 05	20 43 01	4 28 32	24 21 25	24 49 30	20 34 41	3 41 41	15 38 60	15 34 54	21 40 39

Notes

LONGITUDE November 1993

Day	☉	0 hr ☽	Noon ☽	☿	♀	♂	⚵	⚳	♃	♄	⚷	♅	♆	♇
1 M	6 ♓ 01 48	21 ♍ 47 07	27 ♍ 51 24	16 ♓ 17 01	17 ♒ 27 49	21 ♓ 26 22	4 ♒ 51 18	24 ♌ 09 06	25 ♒ 03 17	20 ♊ 35 55	3 ♑ 47 53	15 ♉ 41 33	15 ♉ 36 47	21 ♓ 43 49
2 Tu	7 01 30	3 ♎ 57 29	10 ♎ 06 18	15 14 09	18 42 23	22 08 36	5 12 48	23 55 45	25 15 53	20 36 05	3 52 50	15 42 58	15 37 31	21 45 49
3 W	8 00 23	16 16 36	22 31 04	14 03 31	19 56 08	22 50 03	5 33 24	23 41 42	25 27 36	20 35 30	3 56 52	15 43 35	15 37 26	21 46 58
4 Th	8 58 55	28 47 14	5 ♏ 08 36	12 47 12	21 09 32	23 31 09	5 53 31	23 27 27	25 38 55	20 34 38	4 00 25	15 43 52	15 36 59	21 47 45
5 F	9 57 34	11 ♏ 32 26	18 02 03	11 27 43	22 23 01	24 12 24	6 13 38	23 13 27	25 50 18	20 33 56	4 03 57	15 44 16	15 36 39	21 48 37
6 Sa	10 56 44	24 35 17	1 ♐ 14 27	10 07 48	23 37 02	24 54 13	6 34 10	23 00 08	26 02 08	20 33 51	4 07 55	15 45 12	15 36 50	21 49 58
7 Su	11 56 42	7 ♐ 58 33	14 48 18	8 50 15	24 51 51	25 36 50	6 55 22	22 47 49	26 14 44	20 34 37	4 12 33	15 46 56	15 37 48	21 52 06
8 M	12 57 33	21 44 08	28 44 55	7 37 39	26 07 32	26 20 22	7 17 21	22 36 33	26 28 08	20 36 21	4 17 57	15 49 34	15 39 40	21 55 06
9 Tu	13 59 10	5 ♑ 52 28	13 ♑ 03 53	6 32 12	27 23 59	27 04 42	7 39 58	22 26 16	26 42 16	20 38 54	4 23 60	15 52 59	15 42 17	21 58 49
10 W	15 01 16	20 21 57	27 42 32	5 35 36	28 40 53	27 49 32	8 02 58	22 16 41	26 56 48	20 42 01	4 30 24	15 56 53	15 45 23	22 03 00
11 Th	16 03 29	5 ♒ 08 38	12 ♒ 35 41	4 49 02	29 57 55	28 34 31	8 25 56	22 07 27	27 11 24	20 45 20	4 36 48	16 00 55	15 48 36	22 07 16
12 F	17 05 28	20 06 14	27 36 03	4 13 13	1 ♓ 14 41	29 19 17	8 48 33	21 58 12	27 25 42	20 48 27	4 42 50	16 04 42	15 51 34	22 11 16
13 Sa	18 06 56	5 ♓ 06 44	12 ♓ 35 03	3 48 25	2 30 56	0 ♈ 03 34	9 10 32	21 48 43	27 39 25	20 51 09	4 48 14	16 08 00	15 54 01	22 14 44
14 Su	19 07 47	20 01 26	27 24 02	3 34 42	3 46 33	0 47 16	9 31 47	21 38 53	27 52 28	20 53 18	4 52 54	16 10 42	15 55 51	22 17 33
15 M	20 08 04	4 ♈ 42 14	11 ♈ 55 35	3 31 52	5 01 36	1 30 26	9 52 20	21 28 45	28 04 53	20 54 58	4 56 53	16 12 51	15 57 08	22 19 47
16 Tu	21 07 58	19 02 44	26 04 24	3 39 35	6 16 15	2 13 14	10 12 23	21 18 32	28 16 51	20 56 18	5 00 22	16 14 37	15 58 01	22 21 36
17 W	22 07 42	2 ♉ 58 54	9 ♉ 47 42	3 57 21	7 30 43	2 55 54	10 32 08	21 08 26	28 28 35	20 57 34	5 03 33	16 16 14	15 58 44	22 23 13
18 Th	23 07 29	16 29 14	23 05 10	4 24 35	8 45 14	3 38 40	10 51 49	20 58 43	28 40 19	20 58 57	5 06 40	16 17 56	15 59 31	22 24 53
19 F	24 07 29	29 34 27	5 ♊ 58 31	5 00 34	9 59 58	4 21 41	11 11 36	20 49 32	28 52 13	21 00 39	5 09 53	16 19 51	16 00 31	22 26 45
20 Sa	25 07 47	12 ♊ 16 59	18 30 51	5 44 26	11 14 58	5 05 01	11 31 32	20 40 58	29 04 20	21 02 42	5 13 17	16 22 06	16 01 49	22 28 52
21 Su	26 08 21	24 40 23	0 ♋ 46 10	6 35 21	12 30 15	5 48 39	11 51 38	20 33 00	29 16 39	21 05 07	5 16 50	16 24 37	16 03 24	22 31 15
22 M	27 09 06	6 ♋ 48 53	12 48 50	7 32 22	13 45 42	6 32 32	12 11 47	20 25 35	29 29 06	21 07 47	5 20 27	16 27 21	16 05 10	22 33 48
23 Tu	28 09 57	18 46 57	24 43 21	8 34 39	15 01 14	7 16 30	12 31 53	20 18 34	29 41 34	21 10 37	5 24 01	16 30 11	16 07 02	22 36 24
24 W	29 10 45	0 ♌ 38 59	6 ♌ 34 01	9 41 23	16 16 44	8 00 30	12 51 50	20 11 53	29 53 56	21 13 30	5 27 27	16 32 59	16 08 52	22 38 58
25 Th	0 ♈ 11 28	12 29 09	18 24 45	10 51 54	17 32 07	8 44 25	13 11 32	20 05 27	0 ♓ 06 08	21 16 21	5 30 39	16 35 43	16 10 36	22 41 24
26 F	1 12 04	24 21 12	0 ♍ 19 04	12 05 38	18 47 23	9 28 16	13 31 01	19 59 17	0 18 10	21 19 11	5 33 38	16 38 21	16 12 14	22 43 42
27 Sa	2 12 37	6 ♍ 18 26	12 19 56	13 22 09	20 02 35	10 12 05	13 50 17	19 53 25	0 30 04	21 22 02	5 36 26	16 40 57	16 13 49	22 45 55
28 Su	3 13 13	18 23 33	24 29 47	14 41 09	21 17 49	10 55 60	14 09 29	19 47 57	0 41 56	21 24 59	5 39 09	16 43 36	16 15 27	22 48 10
29 M	4 13 58	0 ♎ 38 41	6 ♎ 50 26	16 02 22	22 33 13	11 40 06	14 28 42	19 43 01	0 53 54	21 28 11	5 41 54	16 46 26	16 17 15	22 50 33
30 Tu	5 15 01	13 05 25	19 23 13	17 25 38	23 48 52	12 24 31	14 48 03	19 38 44	1 06 03	21 31 44	5 44 49	16 49 34	16 19 19	22 53 11

LONGITUDE December 1993

Day	☉	0 hr ☽	Noon ☽	☿	♀	♂	⚵	⚳	♃	♄	⚷	♅	♆	♇
1 W	6 ♈ 16 23	25 ♎ 44 47	2 ♏ 09 00	18 ♓ 50 43	25 ♓ 04 51	13 ♈ 09 18	15 ♒ 07 36	19 ♌ 35 09	1 ♓ 18 28	21 ♊ 35 42	5 ♑ 47 56	16 ♉ 53 01	16 ♉ 21 44	22 ♓ 56 07
2 Th	7 18 04	8 ♏ 37 23	15 08 15	20 17 21	26 21 08	13 54 26	15 27 18	19 32 14	1 31 07	21 40 01	5 51 13	16 56 49	16 24 27	22 59 21
3 F	8 19 57	21 43 32	28 21 10	21 45 15	27 37 37	14 39 47	15 47 04	19 29 55	1 43 53	21 44 37	5 54 35	17 00 48	16 27 22	23 02 44
4 Sa	9 21 51	5 ♐ 03 15	11 ♐ 47 45	23 14 04	28 54 05	15 25 12	16 06 41	19 27 58	1 56 35	21 49 18	5 57 50	17 04 49	16 30 18	23 06 07
5 Su	10 23 32	18 36 28	25 27 49	24 43 25	0 ♈ 10 20	16 10 25	16 25 57	19 26 10	2 08 58	21 53 50	6 00 45	17 08 37	16 33 01	23 09 15
6 M	11 24 48	2 ♑ 22 54	9 ♑ 20 56	26 12 58	1 26 09	16 55 15	16 44 38	19 24 20	2 20 52	21 58 01	6 03 06	17 12 01	16 35 19	23 11 56
7 Tu	12 25 32	16 21 59	23 26 18	27 42 32	2 41 25	17 39 35	17 02 37	19 22 20	2 32 07	22 01 43	6 04 46	17 14 52	16 37 04	23 14 03
8 W	13 25 44	0 ♒ 32 43	7 ♒ 42 28	29 12 01	3 56 09	18 23 26	17 19 55	19 20 11	2 42 46	22 04 58	6 05 48	17 17 13	16 38 17	23 15 36
9 Th	14 25 36	14 53 22	22 07 12	0 ♈ 41 32	5 10 32	19 06 58	17 36 43	19 18 04	2 52 60	22 07 56	6 06 21	17 19 14	16 39 10	23 16 47
10 F	15 25 27	29 21 14	6 ♓ 37 12	2 11 21	6 24 52	19 50 30	17 53 20	19 16 17	3 03 06	22 10 57	6 06 44	17 21 13	16 40 01	23 17 55
11 Sa	16 25 39	13 ♓ 52 32	21 08 11	3 41 49	7 39 33	20 34 26	18 10 09	19 15 16	3 13 28	22 14 23	6 07 22	17 23 34	16 41 14	23 19 23
12 Su	17 26 34	28 22 31	5 ♈ 35 02	5 13 15	8 54 58	21 19 08	18 27 31	19 15 20	3 24 28	22 18 36	6 08 35	17 26 40	16 43 11	23 21 32
13 M	18 28 29	12 ♈ 45 48	19 52 24	6 45 53	10 11 20	22 04 51	18 45 43	19 16 46	3 36 22	22 23 53	6 10 39	17 30 45	16 46 06	23 24 39
14 Tu	19 31 26	26 56 59	3 ♉ 55 11	8 19 46	11 28 45	22 51 39	19 04 47	19 19 37	3 49 13	22 30 16	6 13 38	17 35 53	16 50 04	23 28 47
15 W	20 35 18	10 ♉ 51 18	17 39 21	9 54 43	12 47 04	23 39 24	19 24 35	19 23 46	4 02 52	22 37 38	6 17 24	17 41 56	16 54 57	23 33 48
16 Th	21 39 44	24 25 18	1 ♊ 02 18	11 30 25	14 05 56	24 27 45	19 44 48	19 28 51	4 17 00	22 45 38	6 21 37	17 48 34	17 00 24	23 39 21
17 F	22 44 16	7 ♊ 37 10	14 03 08	13 06 23	15 24 54	25 16 14	20 04 56	19 34 25	4 31 09	22 53 49	6 25 49	17 55 19	17 05 58	23 44 59
18 Sa	23 48 25	20 26 55	26 42 43	14 42 07	16 43 28	26 04 23	20 24 31	19 39 58	4 44 49	23 01 40	6 29 30	18 01 41	17 11 09	23 50 13
19 Su	24 51 43	2 ♋ 56 12	9 ♋ 03 25	16 17 11	18 01 12	26 51 44	20 43 05	19 45 03	4 57 33	23 08 45	6 32 13	18 07 15	17 15 30	23 54 35
20 M	25 53 55	15 08 11	21 08 51	17 51 18	19 17 49	27 38 01	21 00 23	19 49 24	5 09 05	23 14 48	6 33 43	18 11 42	17 18 45	23 57 49
21 Tu	26 54 57	27 07 03	3 ♌ 03 34	19 24 25	20 33 15	28 23 09	21 16 19	19 52 56	5 19 21	23 19 44	6 33 55	18 14 59	17 20 50	23 59 51
22 W	27 54 56	8 ♌ 57 50	14 52 42	20 56 41	21 47 39	29 07 19	21 31 03	19 55 48	5 28 29	23 23 43	6 32 58	18 17 16	17 21 54	24 00 50
23 Th	28 54 17	20 45 55	26 41 36	22 28 30	23 01 24	29 50 52	21 44 57	19 58 23	5 36 52	23 27 06	6 31 15	18 18 54	17 22 19	24 01 09
24 F	29 53 31	2 ♍ 36 43	8 ♍ 35 34	24 00 23	24 15 01	0 ♉ 34 20	21 58 33	20 01 13	5 45 02	23 30 27	6 29 18	18 20 26	17 22 37	24 01 20
25 Sa	0 ♉ 53 14	14 35 25	20 39 30	25 32 58	25 29 07	1 18 20	22 12 27	20 04 52	5 53 36	23 34 20	6 27 43	18 22 27	17 23 25	24 01 58
26 Su	1 53 60	26 46 31	2 ♎ 57 30	27 06 51	26 44 17	2 03 26	22 27 14	20 09 56	6 03 06	23 39 21	6 27 05	18 25 33	17 25 17	24 03 39
27 M	2 56 16	9 ♎ 13 33	15 32 35	28 42 28	28 00 56	2 50 04	22 43 19	20 16 50	6 14 01	23 45 56	6 27 49	18 30 10	17 28 39	24 06 48
28 Tu	4 00 15	21 58 46	28 26 25	0 ♉ 20 03	29 19 18	3 38 28	23 00 56	20 25 48	6 26 32	23 54 17	6 30 10	18 36 30	17 33 44	24 11 39
29 W	5 05 53	5 ♏ 02 54	11 ♏ 39 05	1 59 33	0 ♉ 39 18	4 28 33	23 19 60	20 36 44	6 40 35	24 04 21	6 34 02	18 44 29	17 40 28	24 18 07
30 Th	6 12 47	18 25 06	25 09 10	3 40 36	2 00 34	5 19 56	23 40 07	20 49 17	6 55 48	24 15 44	6 39 03	18 53 44	17 48 29	24 25 49
31 F	7 20 18	2 ♐ 03 08	8 ♐ 53 54	5 22 34	3 22 27	6 11 58	24 00 40	21 02 45	7 11 31	24 27 47	6 44 34	19 03 37	17 57 06	24 34 06

Notes

January 1994

LONGITUDE

Day	☉	0 hr ☽	Noon ☽	☿	♀	♂	⚵	⚳	♃	♄	⚷	♅	♆	♇
1 Sa	8 ♉ 27 37	15 ♐ 53 41	22 ♐ 49 44	7 ♉ 04 40	4 ♉ 44 08	7 ♉ 03 51	24 ♒ 20 48	21 ♌ 16 22	7 ♓ 26 56	24 ♊ 39 43	6 ♑ 49 47	19 ♉ 13 18	18 ♉ 05 32	24 ♓ 42 11
2 Su	9 33 57	29 53 02	6 ♑ 52 50	8 46 06	6 04 50	7 54 48	24 39 46	21 29 19	7 41 14	24 50 42	6 53 54	19 22 01	18 12 59	24 49 15
3 M	10 38 42	13 ♑ 57 36	20 59 49	10 26 18	7 23 55	8 44 11	24 56 54	21 40 58	7 53 50	25 00 09	6 56 18	19 29 08	18 18 50	24 54 41
4 Tu	11 41 34	28 04 31	5 ♒ 08 02	12 04 59	8 41 09	9 31 45	25 11 58	21 51 05	8 04 27	25 07 48	6 56 43	19 34 24	18 22 50	24 58 14
5 W	12 42 45	12 ♒ 11 53	19 15 52	13 42 21	9 56 41	10 17 39	25 25 08	21 59 48	8 13 15	25 13 47	6 55 20	19 37 58	18 25 08	25 00 04
6 Th	13 42 50	26 18 43	3 ♓ 22 29	15 18 59	11 11 06	11 02 29	25 36 58	22 07 43	8 20 50	25 18 44	6 52 43	19 40 26	18 26 19	25 00 45
7 F	14 42 41	10 ♓ 24 34	17 27 26	16 55 48	12 25 17	11 47 08	25 48 20	22 15 43	8 28 03	25 23 30	6 49 47	19 42 40	18 27 17	25 01 12
8 Sa	15 43 19	24 29 01	1 ♈ 30 08	18 33 46	13 40 15	12 32 36	26 00 16	22 24 47	8 35 56	25 29 06	6 47 31	19 45 41	18 29 02	25 02 23
9 Su	16 45 37	8 ♈ 31 08	15 29 24	20 13 50	14 56 53	13 19 47	26 13 38	22 35 50	8 45 21	25 36 26	6 46 48	19 50 23	18 32 27	25 05 13
10 M	17 50 11	22 29 08	29 23 10	21 56 33	16 15 47	14 09 16	26 29 02	22 49 25	8 56 55	25 46 04	6 48 15	19 57 20	18 38 07	25 10 17
11 Tu	18 57 10	6 ♉ 20 21	13 ♉ 08 37	23 42 06	17 37 06	15 01 13	26 46 38	23 05 44	9 10 47	25 58 11	6 52 01	20 06 44	18 46 14	25 17 46
12 W	20 06 18	20 01 25	26 42 28	25 30 11	19 00 33	15 55 20	27 06 08	23 24 28	9 26 39	26 12 29	6 57 50	20 18 16	18 56 29	25 27 21
13 Th	21 16 52	3 ♊ 28 54	10 ♊ 01 38	27 20 05	20 25 28	16 50 57	27 26 50	23 44 57	9 43 51	26 28 17	7 04 59	20 31 14	19 08 11	25 38 21
14 F	22 27 56	16 39 53	23 03 45	29 10 51	21 50 51	17 47 06	27 47 48	24 06 11	10 01 24	26 44 38	7 12 33	20 44 43	19 20 23	25 49 50
15 Sa	23 38 27	29 32 34	5 ♋ 47 41	1 ♊ 01 24	23 15 43	18 42 44	28 07 58	24 27 10	10 18 17	27 00 30	7 19 28	20 57 40	19 32 03	26 00 45
16 Su	24 47 31	12 ♋ 06 40	18 13 53	2 50 47	24 39 07	19 36 58	28 26 27	24 46 58	10 33 36	27 14 57	7 24 51	21 09 10	19 42 16	26 10 12
17 M	25 54 29	24 23 33	0 ♌ 24 22	4 38 19	26 00 26	20 29 10	28 42 35	25 04 58	10 46 41	27 27 22	7 28 04	21 18 35	19 50 24	26 17 32
18 Tu	26 59 08	6 ♌ 26 16	12 22 42	6 23 43	27 19 25	21 19 04	28 56 09	25 20 53	10 57 19	27 37 31	7 28 51	21 25 41	19 56 12	26 22 31
19 W	28 01 37	18 19 15	24 13 43	8 07 03	28 36 15	22 06 51	29 07 18	25 34 56	11 05 39	27 45 33	7 27 25	21 30 38	19 59 52	26 25 20
20 Th	29 02 31	0 ♍ 08 02	6 ♍ 03 11	9 48 49	29 51 31	22 53 07	29 16 38	25 47 40	11 12 18	27 52 04	7 24 19	21 34 01	20 01 58	26 26 33
21 F	0 ♊ 02 43	11 58 50	17 57 23	11 29 46	1 ♊ 06 05	23 38 43	29 25 01	25 59 57	11 18 06	27 57 56	7 20 27	21 36 42	20 03 23	26 27 04
22 Sa	1 03 15	23 58 08	0 ♎ 02 43	13 10 47	2 20 59	24 24 40	29 33 27	26 12 48	11 24 05	28 04 10	7 16 50	21 39 43	20 05 07	26 27 52
23 Su	2 05 06	6 ♎ 12 04	12 25 04	14 52 42	3 37 12	25 12 00	29 42 57	26 27 15	11 31 17	28 11 47	7 14 28	21 44 04	20 08 11	26 29 59
24 M	3 09 05	18 45 58	25 09 12	16 36 08	4 55 34	26 01 31	29 54 19	26 44 04	11 40 28	28 21 35	7 14 10	21 50 33	20 13 24	26 34 14
25 Tu	4 15 38	1 ♏ 43 37	8 ♏ 18 13	18 21 16	6 16 31	26 53 39	0 ♓ 08 00	27 03 43	11 52 05	28 34 00	7 16 23	21 59 37	20 21 12	26 41 02
26 W	5 24 45	15 06 45	21 52 50	20 07 48	7 40 02	27 48 23	0 23 59	27 26 10	12 06 08	28 49 02	7 21 05	22 11 16	20 31 34	26 50 22
27 Th	6 35 54	28 54 33	5 ♐ 51 10	21 54 53	9 05 34	28 45 12	0 41 43	27 50 52	12 22 05	29 06 08	7 27 45	22 24 56	20 43 58	27 01 43
28 F	7 48 07	13 ♐ 03 36	20 08 42	23 41 09	10 32 11	29 43 07	1 00 13	28 16 52	12 38 56	29 24 20	7 35 26	22 39 40	20 57 26	27 14 07
29 Sa	9 00 09	27 28 09	4 ♑ 38 56	25 24 59	11 58 38	0 ♊ 40 54	1 18 17	28 42 56	12 55 30	29 42 25	7 42 53	22 54 15	21 10 45	27 26 20
30 Su	10 10 48	12 ♑ 01 07	19 14 26	27 04 37	13 23 42	1 37 20	1 34 41	29 07 50	13 10 30	29 59 09	7 48 53	23 07 26	21 22 41	27 37 08
31 M	11 19 08	26 35 18	3 ♒ 48 12	28 38 35	14 46 27	2 31 29	1 48 27	29 30 37	13 23 03	0 ♋ 13 36	7 52 29	23 18 17	21 32 16	27 45 35

February 1994

LONGITUDE

Day	☉	0 hr ☽	Noon ☽	☿	♀	♂	⚵	⚳	♃	♄	⚷	♅	♆	♇
1 Tu	12 ♊ 24 41	11 ♒ 04 37	18 ♒ 14 45	0 ♋ 05 51	16 ♊ 06 26	3 ♊ 22 55	1 ♓ 59 10	29 ♌ 50 52	13 ♓ 32 41	0 ♋ 25 19	7 ♑ 53 17	23 ♉ 26 23	21 ♉ 39 07	27 ♓ 51 16
2 W	13 27 42	25 25 01	2 ♓ 30 52	1 25 56	17 23 52	4 11 50	2 07 02	0 ♍ 08 46	13 39 36	0 34 32	7 51 29	23 31 55	21 43 24	27 54 22
3 Th	14 28 57	9 ♓ 34 39	16 35 30	2 38 56	18 39 33	4 59 02	2 12 51	0 25 08	13 44 37	0 42 01	7 47 52	23 35 42	21 45 56	27 55 41
4 F	15 29 39	23 33 37	0 ♈ 29 19	3 45 17	19 54 41	5 45 42	2 17 47	0 41 09	13 48 55	0 48 58	7 43 39	23 38 55	21 47 55	27 56 26
5 Sa	16 31 08	7 ♈ 23 10	14 13 53	4 45 33	21 10 37	6 33 13	2 23 13	0 58 09	13 53 51	0 56 45	7 40 10	23 42 56	21 50 41	27 57 57
6 Su	17 34 37	21 04 50	27 50 42	5 40 11	22 28 33	7 22 46	2 30 20	1 17 22	14 00 38	1 06 35	7 38 39	23 48 56	21 55 28	28 01 27
7 M	18 40 55	4 ♉ 39 41	11 ♉ 20 42	6 29 13	23 49 18	8 15 10	2 39 57	1 39 36	14 10 05	1 19 15	7 39 55	23 57 45	22 03 03	28 07 44
8 Tu	19 50 19	18 07 50	24 43 43	7 12 13	25 13 10	9 10 42	2 52 22	2 05 08	14 22 28	1 35 03	7 44 15	24 09 40	22 13 45	28 17 07
9 W	21 02 31	1 ♊ 28 18	7 ♊ 58 35	7 48 17	26 39 49	10 09 04	3 07 14	2 33 39	14 37 29	1 53 41	7 51 20	24 24 22	22 27 14	28 29 16
10 Th	22 16 40	14 39 16	21 03 25	8 16 04	28 08 26	11 09 26	3 23 46	3 04 20	14 54 19	2 14 19	8 00 22	24 41 03	22 42 41	28 43 22
11 F	23 31 37	27 38 33	3 ♋ 56 08	8 34 06	29 37 53	12 10 39	3 40 46	3 36 01	15 11 47	2 35 47	8 10 10	24 58 31	22 58 57	28 58 15
12 Sa	24 46 06	10 ♋ 24 11	16 35 08	8 40 57	1 ♋ 06 51	13 11 25	3 56 59	4 07 24	15 28 38	2 56 48	8 19 29	25 15 31	23 14 45	29 12 38
13 Su	25 58 55	22 55 03	28 59 47	8 35 33	2 34 10	14 10 35	4 11 13	4 37 21	15 43 40	3 16 12	8 27 08	25 30 51	23 28 54	29 25 22
14 M	27 09 14	5 ♌ 11 23	11 ♌ 10 48	8 17 26	3 58 59	15 07 16	4 22 37	5 04 57	15 56 02	3 33 08	8 32 16	25 43 41	23 40 33	29 35 35
15 Tu	28 16 36	17 14 52	23 10 28	7 46 50	5 20 53	16 01 04	4 30 45	5 29 49	16 05 18	3 47 10	8 34 27	25 53 36	23 49 16	29 42 51
16 W	29 21 08	29 08 48	5 ♍ 02 33	7 04 46	6 39 57	16 52 03	4 35 43	5 52 02	16 11 34	3 58 22	8 33 47	26 00 39	23 55 09	29 47 16
17 Th	0 ♋ 23 22	10 ♍ 57 54	16 52 10	6 13 02	7 56 42	17 40 47	4 38 04	6 12 07	16 15 23	4 07 19	8 30 50	26 05 25	23 58 44	29 49 22
18 F	1 24 13	22 48 00	28 45 28	5 13 60	9 12 06	18 28 10	4 38 43	6 31 00	16 17 41	4 14 55	8 26 30	26 08 48	24 00 58	29 50 05
19 Sa	2 24 50	4 ♎ 45 41	10 ♎ 49 09	4 10 25	10 27 17	19 15 22	4 38 47	6 49 50	16 19 34	4 22 20	8 21 57	26 11 57	24 02 58	29 50 34
20 Su	3 26 23	16 57 43	23 09 55	3 05 13	11 43 24	20 03 33	4 39 29	7 09 47	16 22 15	4 30 42	8 18 21	26 16 03	24 05 55	29 51 59
21 M	4 29 52	29 30 29	5 ♏ 53 52	2 01 07	13 01 28	20 53 41	4 41 47	7 31 51	16 26 43	4 41 02	8 16 42	26 22 05	24 10 49	29 55 19
22 Tu	5 35 54	12 ♏ 29 13	19 05 38	1 00 26	14 22 06	21 46 25	4 46 18	7 56 37	16 33 34	4 53 57	8 17 37	26 30 40	24 18 16	0 ♈ 01 12
23 W	6 44 35	25 57 16	2 ♐ 47 32	0 04 48	15 45 23	22 41 51	4 53 08	8 24 13	16 42 55	5 09 33	8 21 13	26 41 54	24 28 23	0 09 44
24 Th	7 55 29	9 ♐ 55 11	16 58 50	29 ♊ 15 08	17 10 53	23 39 32	5 01 51	8 54 11	16 54 19	5 27 23	8 27 03	26 55 21	24 40 43	0 20 28
25 F	9 07 37	24 20 19	1 ♑ 35 21	28 31 37	18 37 38	24 38 29	5 11 29	9 25 33	17 06 48	5 46 29	8 34 08	27 10 02	24 54 17	0 32 26
26 Sa	10 19 42	9 ♑ 06 41	16 29 43	27 53 49	20 04 22	25 37 26	5 20 44	9 57 03	17 19 05	6 05 35	8 41 13	27 24 41	25 07 50	0 44 22
27 Su	11 30 27	24 05 40	1 ♒ 32 26	27 21 07	21 29 44	26 35 04	5 28 18	10 27 21	17 29 52	6 23 20	8 46 59	27 37 58	25 20 02	0 54 55
28 M	12 38 49	9 ♒ 07 30	16 33 33	26 52 53	22 52 44	27 30 20	5 33 09	10 55 24	17 38 05	6 38 44	8 50 23	27 48 52	25 29 52	1 03 06

Notes

LONGITUDE

March 1994

Day	☉	0 hr ☽	Noon ☽	☿	♀	♂	⚵	⚳	♃	♄	⚷	♅	♆	♇
1 Tu	13♋44 17	24♒03 00	1♓24 29	26♊28 50	24♋12 51	28♊22 46	5♓34 47	11♍20 44	17♓43 16	6♋51 15	8♑50 57	27♉56 52	25♉36 48	1♈08 22
2 W	14 47 01	8♓45 07	15 59 16	26 09 13	25 30 15	29 12 30	5 33 20	11 43 29	17 45 34	7 01 04	8 48 48	28 02 08	25 41 01	1 10 54
3 Th	15 47 47	23 09 43	0♈15 04	25 54 41	26 45 40	0♋00 16	5 29 35	12 04 23	17 45 42	7 08 55	8 44 43	28 05 25	25 43 14	1 11 27
4 F	16 47 43	7♈15 36	14 11 44	25 46 16	28 00 16	0 47 16	5 24 40	12 24 37	17 44 52	7 15 58	8 39 52	28 07 52	25 44 39	1 11 10
5 Sa	17 48 10	21 03 43	27 51 03	25 45 01	29 15 23	1 34 48	5 19 55	12 45 30	17 44 22	7 23 31	8 35 34	28 10 49	25 46 34	1 11 22
6 Su	18 50 18	4♉36 18	11♉15 37	25 51 51	0♌32 12	2 24 02	5 16 32	13 08 12	17 45 23	7 32 47	8 32 59	28 15 26	25 50 10	1 13 15
7 M	19 54 55	17 55 49	24 27 60	26 07 13	1 51 30	3 15 48	5 15 18	13 33 32	17 48 44	7 44 33	8 32 57	28 22 33	25 56 16	1 17 37
8 Tu	21 02 20	1♊04 18	7♊30 10	26 31 06	3 13 36	4 10 22	5 16 32	14 01 48	17 54 43	7 59 07	8 35 46	28 32 25	26 05 09	1 24 46
9 W	22 12 16	14 03 01	20 23 07	27 02 55	4 38 14	5 07 30	5 19 58	14 32 44	18 03 04	8 16 13	8 41 10	28 44 50	26 16 34	1 34 27
10 Th	23 24 02	26 52 18	3♋07 03	27 41 36	6 04 41	6 06 29	5 24 55	15 05 37	18 13 05	8 35 09	8 48 26	28 59 02	26 29 48	1 45 56
11 F	24 36 34	9♋31 49	15 41 30	28 25 48	7 31 56	7 06 16	5 30 19	15 39 25	18 23 43	8 54 53	8 56 34	29 14 01	26 43 50	1 58 11
12 Sa	25 48 44	22 00 59	28 05 53	29 14 04	8 58 49	8 05 43	5 35 03	16 12 59	18 33 50	9 14 15	9 04 24	29 28 38	26 57 29	2 10 05
13 Su	26 59 29	4♌19 23	10♌19 55	0♋05 03	10 24 16	9 03 46	5 38 02	16 45 15	18 42 22	9 32 12	9 10 52	29 41 48	27 09 43	2 20 32
14 M	28 07 59	16 27 12	22 24 06	0 57 40	11 47 31	9 59 37	5 38 31	17 15 25	18 48 31	9 47 56	9 15 11	29 52 44	27 19 43	2 28 46
15 Tu	29 13 50	28 25 36	4♍19 57	1 51 15	13 08 05	10 52 49	5 36 01	17 43 03	18 51 51	10 01 01	9 16 55	0♊00 60	27 27 04	2 34 20
16 W	0♌17 00	10♍16 55	16 10 11	2 45 33	14 25 60	11 43 23	5 30 35	18 08 09	18 52 22	10 11 25	9 16 04	0 06 35	27 31 45	2 37 13
17 Th	1 17 53	22 04 43	27 58 45	3 40 46	15 41 38	12 31 41	5 22 35	18 31 05	18 50 28	10 19 34	9 13 01	0 09 53	27 34 09	2 37 50
18 F	2 17 14	3♎53 37	9♎50 40	4 37 25	16 55 44	13 18 28	5 12 46	18 52 36	18 46 53	10 26 10	9 08 31	0 11 37	27 35 01	2 36 54
19 Sa	3 15 57	15 49 12	21 51 45	5 36 16	18 09 14	14 04 40	5 02 05	19 13 38	18 42 32	10 32 10	9 03 30	0 12 44	27 35 17	2 35 22
20 Su	4 15 03	27 57 31	4♏08 14	6 38 11	19 23 06	14 51 16	4 51 31	19 35 10	18 38 27	10 38 33	8 58 57	0 14 14	27 35 55	2 34 12
21 M	5 15 25	10♏24 45	16 46 11	7 43 51	20 38 14	15 39 09	4 41 58	19 58 04	18 35 28	10 46 12	8 55 45	0 16 59	27 37 50	2 34 19
22 Tu	6 17 38	23 16 29	29 50 51	8 53 47	21 55 14	16 28 54	4 34 02	20 22 57	18 34 13	10 55 43	8 54 31	0 21 35	27 41 36	2 36 17
23 W	7 21 53	6♐37 01	13♐25 47	10 08 02	23 14 18	17 20 45	4 27 55	20 50 01	18 34 54	11 07 17	8 55 26	0 28 13	27 47 26	2 40 18
24 Th	8 27 57	20 28 32	27 32 02	11 26 15	24 35 09	18 14 24	4 23 24	21 18 59	18 37 15	11 20 39	8 58 16	0 36 39	27 55 04	2 46 08
25 F	9 35 07	4♑50 17	12♑07 19	12 47 39	25 57 08	19 09 11	4 19 46	21 49 10	18 40 35	11 35 07	9 02 18	0 46 11	28 03 49	2 53 05
26 Sa	10 42 26	19 38 06	27 05 51	14 11 12	27 19 15	20 04 10	4 16 05	22 19 38	18 43 57	11 49 46	9 06 36	0 55 52	28 12 44	3 00 11
27 Su	11 48 54	4♒44 31	12♒18 43	15 35 49	28 40 31	20 58 17	4 11 21	22 49 20	18 46 20	12 03 31	9 10 09	1 04 39	28 20 46	3 06 26
28 M	12 53 38	19 59 40	27 35 17	17 00 34	0♍00 05	21 50 42	4 04 43	23 17 26	18 46 53	12 15 35	9 12 05	1 11 44	28 27 07	3 10 58
29 Tu	13 56 13	5♓12 58	12♓44 60	18 24 57	1 17 28	22 40 59	3 55 44	23 43 28	18 45 09	12 25 27	9 11 58	1 16 38	28 31 17	3 13 21
30 W	14 56 40	20 14 48	27 39 10	19 48 57	2 32 44	23 29 09	3 44 28	24 07 28	18 41 10	12 33 12	9 09 50	1 19 23	28 33 20	3 13 36
31 Th	15 55 28	4♈58 07	12♈12 03	21 12 60	3 46 21	24 15 41	3 31 23	24 29 56	18 35 25	12 39 17	9 06 10	1 20 29	28 33 43	3 12 12

LONGITUDE

April 1994

Day	☉	0 hr ☽	Noon ☽	☿	♀	♂	⚵	⚳	♃	♄	⚷	♅	♆	♇
1 F	16♌53 25	19♈18 55	26♈21 04	22♋37 53	4♍59 07	25♋01 24	3♓17 19	24♍51 39	18♓28 44	12♋44 31	9♑01 46	1♊20 43	28♉33 17	3♈09 58
2 Sa	17 51 29	3♉16 05	10♉06 20	24 04 30	6 11 60	25 47 13	3 03 13	25 13 34	18 22 02	12 49 50	8 57 35	1 21 02	28 32 56	3 07 50
3 Su	18 50 29	16 50 43	23 29 48	25 33 40	7 25 48	26 33 60	2 49 55	25 36 32	18 16 10	12 56 05	8 54 27	1 22 16	28 33 31	3 06 39
4 M	19 51 01	0♊05 08	6♊34 17	27 05 57	8 41 09	27 22 19	2 38 03	26 01 07	18 11 43	13 03 51	8 52 58	1 25 01	28 35 38	3 06 59
5 Tu	20 53 19	13 02 12	19 22 50	28 41 34	9 58 15	28 12 24	2 27 50	26 27 33	18 08 57	13 13 22	8 53 23	1 29 30	28 39 30	3 09 06
6 W	21 57 15	25 44 37	1♋58 09	0♌20 23	11 16 60	29 04 09	2 19 11	26 55 44	18 07 43	13 24 30	8 55 32	1 35 37	28 45 01	3 12 51
7 Th	23 02 23	8♋14 44	14 22 28	2 01 57	12 36 56	29 57 05	2 11 39	27 25 12	18 07 36	13 36 49	8 59 01	1 42 55	28 51 44	3 17 49
8 F	24 08 04	20 34 25	26 37 28	3 45 36	13 57 26	0♌50 36	2 04 36	27 55 18	18 07 57	13 49 39	9 03 11	1 50 45	28 58 59	3 23 20
9 Sa	25 13 35	2♌45 05	8♌44 26	5 30 38	15 17 45	1 43 56	1 57 21	28 25 20	18 08 03	14 02 19	9 07 18	1 58 23	29 06 04	3 28 41
10 Su	26 18 15	14 47 60	20 44 32	7 16 23	16 37 14	2 36 27	1 49 13	28 54 37	18 07 14	14 14 07	9 10 43	2 05 10	29 12 19	3 33 13
11 M	27 21 35	26 44 24	2♍39 01	9 02 20	17 55 22	3 27 37	1 39 44	29 22 38	18 04 59	14 24 33	9 12 54	2 10 35	29 17 13	3 36 24
12 Tu	28 23 16	8♍35 50	14 29 30	10 48 12	19 11 52	4 17 10	1 28 37	29 49 07	18 01 04	14 33 20	9 13 36	2 14 22	29 20 29	3 37 58
13 W	29 23 18	20 24 19	26 18 12	12 33 59	20 26 42	5 05 03	1 15 50	0♎14 02	17 55 24	14 40 26	9 12 46	2 16 27	29 22 05	3 37 52
14 Th	0♍21 53	2♎12 28	8♎07 57	14 19 53	21 40 05	5 51 30	1 01 38	0 37 34	17 48 15	14 46 04	9 10 37	2 17 05	29 22 14	3 36 21
15 F	1 19 25	14 03 36	20 02 20	16 06 20	22 52 24	6 36 54	0 46 26	1 00 09	17 39 60	14 50 37	9 07 33	2 16 39	29 21 21	3 33 47
16 Sa	2 16 26	26 01 41	2♏05 34	17 53 51	24 04 13	7 21 47	0 30 46	1 22 18	17 31 11	14 54 38	9 04 07	2 15 40	29 19 56	3 30 44
17 Su	3 13 29	8♏11 09	14 22 16	19 43 01	25 16 05	8 06 44	0 15 13	1 44 36	17 22 23	14 58 41	9 00 52	2 14 44	29 18 35	3 27 44
18 M	4 11 06	20 36 46	26 57 17	21 34 21	26 28 29	8 52 14	0 00 19	2 07 31	17 14 06	15 03 15	8 58 19	2 14 20	29 17 47	3 25 19
19 Tu	5 09 37	3♐23 10	9♐55 05	23 28 11	27 41 48	9 38 38	29♒46 24	2 31 25	17 06 41	15 08 43	8 56 49	2 14 50	29 17 53	3 23 49
20 W	6 09 11	16 34 20	23 19 17	25 24 41	28 56 09	10 26 05	29 33 39	2 56 27	17 00 18	15 15 11	8 56 30	2 16 21	29 19 02	3 23 22
21 Th	7 09 41	0♑13 05	7♑11 53	27 23 43	0♎11 26	11 14 29	29 21 58	3 22 31	16 54 51	15 22 35	8 57 16	2 18 48	29 21 08	3 23 53
22 F	8 10 49	14 20 13	21 32 34	29 24 58	1 27 20	12 03 31	29 11 02	3 49 17	16 50 01	15 30 34	8 58 48	2 21 52	29 23 52	3 25 04
23 Sa	9 12 07	28 53 59	6♒18 10	1♍27 55	2 43 25	12 52 43	29 00 26	4 16 17	16 45 20	15 38 42	9 00 39	2 25 06	29 26 47	3 26 25
24 Su	10 13 06	13♒49 42	21 22 30	3 32 04	3 59 10	13 41 36	28 49 40	4 43 04	16 40 21	15 46 30	9 02 21	2 27 59	29 29 22	3 27 29
25 M	11 13 22	28 59 52	6♓36 53	5 36 57	5 14 12	14 29 46	28 38 22	5 09 12	16 34 38	15 53 32	9 03 27	2 30 09	29 31 15	3 27 51
26 Tu	12 12 42	14♓15 05	21 51 20	7 42 16	6 28 16	15 17 00	28 26 17	5 34 27	16 27 60	15 59 36	9 03 46	2 31 20	29 32 11	3 27 18
27 W	13 11 05	29 25 24	6♈56 06	9 47 54	7 41 24	16 03 17	28 13 27	5 58 51	16 20 25	16 04 42	9 03 16	2 31 35	29 32 10	3 25 49
28 Th	14 08 44	14♈21 48	21 43 04	11 53 57	8 53 46	16 48 48	28 00 04	6 22 33	16 12 06	16 08 60	9 02 10	2 31 02	29 31 24	3 23 36
29 F	15 05 57	28 57 28	6♉06 42	14 00 34	10 05 41	17 33 54	27 46 28	6 45 54	16 03 23	16 12 50	9 00 47	2 30 04	29 30 13	3 20 58
30 Sa	16 03 06	13♉08 17	20 04 19	16 07 59	11 17 33	18 18 56	27 33 01	7 09 16	15 54 37	16 16 34	8 59 28	2 28 60	29 28 57	3 18 18

Notes

May 1994

LONGITUDE

Day	☉	0 hr ☽	Noon ☽	☿	♀	♂	⚵	⚳	♃	♄	⚷	♅	♆	♇
1 Su	17 ♍ 00 31	26 ♉ 52 51	3 ♊ 35 43	18 ♍ 16 17	12 ♎ 29 39	19 ♌ 04 12	27 ♒ 20 03	7 ♎ 32 56	15 ♓ 46 08	16 ♋ 20 31	8 ♑ 58 33	2 ♊ 28 10	29 ♉ 27 57	3 ♈ 15 54
2 M	17 58 24	10 ♊ 11 57	16 42 36	20 25 27	13 42 12	19 49 56	27 07 46	7 57 08	15 38 08	16 24 52	8 58 14	2 27 46	29 27 24	3 13 59
3 Tu	18 56 48	23 07 53	29 27 52	22 35 19	14 55 15	20 36 10	26 56 16	8 21 55	15 30 42	16 29 42	8 58 34	2 27 52	29 27 22	3 12 36
4 W	19 55 40	5 ♋ 43 53	11 ♋ 55 02	24 45 32	16 08 45	21 22 50	26 45 28	8 47 13	15 23 46	16 34 57	8 59 30	2 28 24	29 27 46	3 11 41
5 Th	20 54 49	18 03 32	24 07 47	26 55 40	17 22 32	22 09 48	26 35 13	9 12 52	15 17 10	16 40 26	9 00 52	2 29 13	29 28 29	3 11 05
6 F	21 54 05	0 ♌ 10 27	6 ♌ 09 41	29 05 13	18 36 23	22 56 51	26 25 21	9 38 41	15 10 43	16 45 59	9 02 29	2 30 06	29 29 17	3 10 36
7 Sa	22 53 15	12 08 07	18 04 02	1 ♎ 13 42	19 50 09	23 43 47	26 15 39	10 04 28	15 04 14	16 51 23	9 04 08	2 30 52	29 29 58	3 10 03
8 Su	23 52 10	23 59 42	29 53 49	3 20 40	21 03 38	24 30 27	26 06 01	10 30 03	14 57 33	16 56 28	9 05 40	2 31 22	29 30 25	3 09 16
9 M	24 50 46	5 ♍ 48 05	11 ♍ 41 44	5 25 47	22 16 48	25 16 48	25 56 20	10 55 22	14 50 38	17 01 12	9 07 01	2 31 30	29 30 32	3 08 10
10 Tu	25 49 02	17 35 52	23 30 16	7 28 44	23 29 36	26 02 47	25 46 38	11 20 25	14 43 27	17 05 32	9 08 12	2 31 18	29 30 19	3 06 47
11 W	26 47 02	29 25 27	5 ♎ 21 43	9 29 22	24 42 08	26 48 29	25 36 59	11 45 16	14 36 05	17 09 34	9 09 14	2 30 49	29 29 50	3 05 08
12 Th	27 44 53	11 ♎ 19 10	17 18 23	11 27 32	25 54 29	27 34 01	25 27 28	12 09 59	14 28 38	17 13 22	9 10 15	2 30 09	29 29 11	3 03 21
13 F	28 42 40	23 19 19	29 22 36	13 23 11	27 06 45	28 19 27	25 18 14	12 34 43	14 21 13	17 17 04	9 11 20	2 29 23	29 28 28	3 01 32
14 Sa	29 40 29	5 ♏ 28 15	11 ♏ 36 49	15 16 12	28 19 02	29 04 55	25 09 21	12 59 32	14 13 56	17 20 44	9 12 37	2 28 39	29 27 47	2 59 47
15 Su	0 ♎ 38 23	17 48 30	24 03 37	17 06 29	29 31 23	29 50 26	25 00 54	13 24 28	14 06 49	17 24 26	9 14 06	2 27 59	29 27 11	2 58 08
16 M	1 36 21	0 ♐ 22 40	6 ♐ 45 44	18 53 56	0 ♏ 43 47	0 ♍ 36 00	24 52 50	13 49 32	13 59 53	17 28 08	9 15 47	2 27 21	29 26 39	2 56 35
17 Tu	2 34 19	13 13 25	19 45 46	20 38 20	1 56 09	1 21 33	24 45 08	14 14 39	13 53 04	17 31 47	9 17 37	2 26 42	29 26 07	2 55 03
18 W	3 32 11	26 23 17	3 ♑ 06 05	22 19 32	3 08 24	2 06 59	24 37 40	14 39 43	13 46 16	17 35 17	9 19 30	2 25 56	29 25 29	2 53 27
19 Th	4 29 52	9 ♑ 54 20	16 48 23	23 57 20	4 20 26	2 52 12	24 30 21	15 04 39	13 39 23	17 38 32	9 21 19	2 24 58	29 24 39	2 51 42
20 F	5 27 18	23 47 49	0 ♒ 53 13	25 31 39	5 32 12	3 37 09	24 23 10	15 29 23	13 32 23	17 41 29	9 23 01	2 23 44	29 23 35	2 49 43
21 Sa	6 24 31	8 ♒ 03 34	15 19 32	27 02 27	6 43 43	4 21 51	24 16 06	15 53 56	13 25 18	17 44 09	9 24 39	2 22 16	29 22 18	2 47 34
22 Su	7 21 37	22 39 33	0 ♓ 04 11	28 29 46	7 55 06	5 06 25	24 09 17	16 18 25	13 18 13	17 46 39	9 26 18	2 20 40	29 20 53	2 45 19
23 M	8 18 47	7 ♓ 31 35	15 01 52	29 53 46	9 06 31	5 51 02	24 02 53	16 43 01	13 11 21	17 49 08	9 28 08	2 19 07	29 19 33	2 43 09
24 Tu	9 16 13	22 33 21	0 ♈ 05 22	1 ♏ 14 34	10 18 10	6 35 53	23 57 06	17 07 55	13 04 53	17 51 50	9 30 23	2 17 49	29 18 28	2 41 18
25 W	10 14 06	7 ♈ 36 54	15 06 19	2 32 19	11 30 13	7 21 08	23 52 06	17 33 18	12 58 58	17 54 54	9 33 11	2 16 55	29 17 50	2 39 54
26 Th	11 12 29	22 33 38	29 56 18	3 47 03	12 42 44	8 06 52	23 47 59	17 59 14	12 53 43	17 58 24	9 36 37	2 16 31	29 17 41	2 39 02
27 F	12 11 19	7 ♉ 15 31	14 ♉ 28 02	4 58 38	13 55 42	8 53 03	23 44 40	18 25 40	12 49 05	18 02 18	9 40 38	2 16 33	29 18 01	2 38 40
28 Sa	13 10 28	21 36 08	28 36 15	6 06 53	15 08 54	9 39 28	23 41 60	18 52 25	12 44 52	18 06 25	9 45 05	2 16 52	29 18 37	2 38 37
29 Su	14 09 37	5 ♊ 31 22	12 ♊ 18 08	7 11 26	16 22 05	10 25 53	23 39 42	19 19 13	12 40 49	18 10 29	9 49 39	2 17 10	29 19 14	2 38 36
30 M	15 08 31	18 59 36	25 33 16	8 11 56	17 34 57	11 11 60	23 37 28	19 45 47	12 36 38	18 14 12	9 54 04	2 17 10	29 19 33	2 38 20
31 Tu	16 06 51	2 ♋ 01 35	8 ♋ 23 17	9 08 02	18 47 15	11 57 31	23 35 03	20 11 50	12 32 04	18 17 17	9 58 04	2 16 36	29 19 20	2 37 32

June 1994

LONGITUDE

Day	☉	0 hr ☽	Noon ☽	☿	♀	♂	⚵	⚳	♃	♄	⚷	♅	♆	♇
1 W	17 ♎ 04 29	14 ♋ 39 48	20 ♋ 51 23	9 ♏ 59 31	19 ♏ 58 47	12 ♍ 42 18	23 ♒ 32 15	20 ♎ 37 12	12 ♓ 26 56	18 ♋ 19 35	10 ♑ 01 27	2 ♊ 15 18	29 ♉ 18 23	2 ♈ 36 04
2 Th	18 01 23	26 58 07	3 ♌ 01 45	10 46 16	21 09 32	13 26 18	23 29 05	21 01 52	12 21 13	18 21 03	10 04 13	2 13 14	29 16 41	2 33 52
3 F	18 57 40	9 ♌ 01 05	14 59 06	11 28 19	22 19 38	14 09 39	23 25 38	21 25 56	12 15 03	18 21 50	10 06 30	2 10 31	29 14 22	2 31 05
4 Sa	19 53 36	20 53 38	26 48 19	12 05 51	23 29 20	14 52 36	23 22 11	21 49 41	12 08 41	18 22 11	10 08 31	2 07 26	29 11 42	2 27 59
5 Su	20 49 33	2 ♍ 40 37	8 ♍ 34 06	12 39 10	24 38 59	15 35 31	23 19 05	22 13 27	12 02 30	18 22 27	10 10 40	2 04 20	29 09 01	2 24 54
6 M	21 45 53	14 26 36	20 20 47	13 08 33	25 49 01	16 18 48	23 16 45	22 37 40	11 56 53	18 23 03	10 13 20	2 01 38	29 06 44	2 22 15
7 Tu	22 43 01	26 15 38	2 ♎ 12 08	13 34 19	26 59 46	17 02 49	23 15 31	23 02 40	11 52 12	18 24 21	10 16 53	1 59 40	29 05 13	2 20 24
8 W	23 41 12	8 ♎ 11 06	14 11 16	13 56 41	28 11 31	17 47 50	23 15 41	23 28 45	11 48 46	18 26 36	10 21 37	1 58 44	29 04 45	2 19 39
9 Th	24 40 34	20 15 39	26 20 32	14 15 43	29 24 24	18 33 60	23 17 22	23 56 02	11 46 40	18 29 57	10 27 37	1 58 58	29 05 28	2 20 05
10 F	25 41 02	2 ♏ 31 11	8 ♏ 41 35	14 31 18	0 ♐ 38 21	19 21 13	23 20 31	24 24 27	11 45 52	18 34 20	10 34 50	2 00 17	29 07 17	2 21 40
11 Sa	26 42 22	14 58 55	21 15 26	14 43 11	1 53 05	20 09 15	23 24 50	24 53 45	11 46 05	18 39 29	10 43 01	2 02 26	29 09 56	2 24 08
12 Su	27 44 05	27 39 32	4 ♐ 02 36	14 50 55	3 08 11	20 57 38	23 29 54	25 23 28	11 46 54	18 44 57	10 51 43	2 04 59	29 12 59	2 27 02
13 M	28 45 41	10 ♐ 33 19	17 03 19	14 53 60	4 23 05	21 45 51	23 35 10	25 53 04	11 47 45	18 50 12	11 00 23	2 07 22	29 15 55	2 29 49
14 Tu	29 46 35	23 40 28	0 ♑ 17 44	14 51 58	5 37 14	22 33 19	23 40 04	26 21 60	11 48 06	18 54 41	11 08 28	2 09 03	29 18 08	2 31 57
15 W	0 ♏ 46 21	7 ♑ 01 11	13 46 01	14 44 28	6 50 11	23 19 35	23 44 09	26 49 48	11 47 30	18 57 56	11 15 30	2 09 35	29 19 13	2 32 59
16 Th	1 44 45	20 35 50	27 28 28	14 31 29	8 01 42	24 04 27	23 47 12	27 16 15	11 45 43	18 59 43	11 21 17	2 08 43	29 18 56	2 32 40
17 F	2 41 51	4 ♒ 24 49	11 ♒ 25 16	14 13 16	9 11 52	24 47 59	23 49 16	27 41 26	11 42 50	19 00 08	11 25 52	2 06 33	29 17 21	2 31 05
18 Sa	3 38 01	18 28 25	25 36 19	13 50 29	10 21 02	25 30 31	23 50 44	28 05 42	11 39 12	18 59 33	11 29 38	2 03 27	29 14 50	2 28 37
19 Su	4 33 53	2 ♓ 46 14	10 ♓ 00 39	13 24 05	11 29 50	26 12 43	23 52 12	28 29 41	11 35 28	18 58 34	11 33 11	2 00 02	29 12 01	2 25 53
20 M	5 30 12	17 16 48	24 36 03	12 55 12	12 38 60	26 55 18	23 54 26	28 54 06	11 32 21	18 57 56	11 37 17	1 57 02	29 09 38	2 23 37
21 Tu	6 27 38	1 ♈ 57 04	9 ♈ 18 42	12 24 58	13 49 13	27 38 58	23 58 05	29 19 41	11 30 33	18 58 21	11 42 36	1 55 10	29 08 23	2 22 31
22 W	7 26 42	16 42 13	24 03 08	11 54 20	15 00 58	28 24 11	24 03 39	29 46 53	11 30 34	19 00 17	11 49 38	1 54 53	29 08 45	2 23 04
23 Th	8 27 31	1 ♉ 25 59	8 ♉ 42 43	11 24 01	16 14 25	29 11 08	24 11 17	0 ♏ 15 51	11 32 32	19 03 54	11 58 30	1 56 22	29 10 52	2 25 24
24 F	9 29 52	16 01 15	23 10 30	10 54 20	17 29 19	29 59 33	24 20 44	0 46 22	11 36 13	19 08 58	12 09 01	1 59 22	29 14 31	2 29 18
25 Sa	10 33 14	0 ♊ 21 06	7 ♊ 20 13	10 25 21	18 45 07	0 ♎ 48 54	24 31 28	1 17 52	11 41 04	19 14 55	12 20 36	2 03 20	29 19 10	2 34 13
26 Su	11 36 49	14 19 56	21 07 12	9 56 53	20 01 04	1 38 26	24 42 43	1 49 37	11 46 21	19 21 01	12 32 30	2 07 32	29 24 02	2 39 24
27 M	12 39 51	27 54 06	4 ♋ 28 59	9 28 46	21 16 23	2 27 21	24 53 41	2 20 49	11 51 15	19 26 28	12 43 55	2 11 09	29 28 20	2 44 03
28 Tu	13 41 40	11 ♋ 02 24	17 25 25	9 00 54	22 30 22	3 14 59	25 03 41	2 50 47	11 55 06	19 30 36	12 54 11	2 13 32	29 31 24	2 47 31
29 W	14 41 50	23 45 56	29 58 30	8 33 27	23 42 38	4 00 55	25 12 20	3 19 07	11 57 31	19 32 59	13 02 54	2 14 15	29 32 49	2 49 21
30 Th	15 40 17	6 ♌ 07 48	12 ♌ 11 56	8 06 51	24 53 05	4 45 04	25 19 31	3 45 43	11 58 22	19 33 34	13 09 59	2 13 14	29 32 31	2 49 30

Notes

LONGITUDE — July 1994

Day	⊙	0 hr ☽	Noon ☽	☿	♀	♂	⚵	⚳	♃	♄	⚷	♅	♆	♇
1 F	16♏ 37 17	18♌ 12 33	24♌ 10 40	7♏ 41 51	26♐ 01 58	5♎ 27 41	25♒ 25 30	4♏ 10 52	11♓ 57 57	19♋ 32 35	13♑ 15 40	2♊ 10 45	29♉ 30 44	2♈ 48 12
2 Sa	17 33 23	0♍ 05 39	6♍ 00 22	7 19 25	27 09 51	6 09 20	25 30 50	4 35 05	11 56 49	19 30 35	13 20 31	2 07 20	29 28 03	2 46 02
3 Su	18 29 19	11 53 03	17 46 55	7 00 43	28 17 29	6 50 46	25 36 16	4 59 09	11 55 41	19 28 20	13 25 16	2 03 44	29 25 11	2 43 43
4 M	19 25 53	23 40 38	29 36 03	6 46 52	29 25 39	7 32 46	25 42 35	5 23 50	11 55 23	19 26 37	13 30 45	2 00 46	29 22 57	2 42 04
5 Tu	20 23 52	5♎ 33 51	11♎ 32 58	6 38 54	0♑ 35 06	8 16 06	25 50 34	5 49 56	11 56 39	19 26 13	13 37 42	1 59 11	29 22 07	2 41 51
6 W	21 23 48	17 37 20	23 41 54	6 37 37	1 46 25	9 01 19	26 00 44	6 17 58	12 00 04	19 27 40	13 46 39	1 59 33	29 23 14	2 43 37
7 Th	22 25 57	29 54 37	6♏ 05 54	6 43 26	2 59 49	9 48 40	26 13 21	6 48 12	12 05 52	19 31 14	13 57 54	2 02 07	29 26 33	2 47 36
8 F	23 30 12	12♏ 27 54	18 46 40	6 56 22	4 15 13	10 38 03	26 28 19	7 20 31	12 13 56	19 36 48	14 11 19	2 06 46	29 31 57	2 53 44
9 Sa	24 36 04	25 17 55	1♐ 44 23	7 16 03	5 32 07	11 28 59	26 45 08	7 54 27	12 23 48	19 43 53	14 26 24	2 13 01	29 38 59	3 01 30
10 Su	25 42 45	8♐ 24 05	14 57 59	7 41 45	6 49 42	12 20 40	27 02 60	8 29 11	12 34 40	19 51 42	14 42 22	2 20 06	29 46 49	3 10 06
11 M	26 49 17	21 44 40	28 25 22	8 12 31	8 07 01	13 12 06	27 20 56	9 03 44	12 45 33	19 59 16	14 58 15	2 26 60	29 54 29	3 18 35
12 Tu	27 54 40	5♑ 17 19	12♑ 03 60	8 47 23	9 23 04	14 02 20	27 37 56	9 37 09	12 55 28	20 05 35	15 13 03	2 32 45	0♊ 01 01	3 25 57
13 W	28 58 08	18 59 35	25 51 24	9 25 34	10 37 05	14 50 34	27 53 15	10 08 37	13 03 39	20 09 54	15 25 59	2 36 34	0 05 37	3 31 25
14 Th	29 59 17	2♒ 49 26	9♒ 45 42	10 06 38	11 48 38	15 36 25	28 06 29	10 37 45	13 09 41	20 11 48	15 36 40	2 38 05	0 07 55	3 34 37
15 F	0♐ 58 13	16 45 39	23 45 46	10 50 41	12 57 51	16 19 59	28 17 43	11 04 40	13 13 41	20 11 25	15 45 12	2 37 22	0 07 60	3 35 37
16 Sa	1 55 33	0♓ 47 44	7♓ 51 16	11 38 15	14 05 18	17 01 52	28 27 32	11 29 57	13 16 15	20 09 19	15 52 11	2 35 03	0 06 28	3 35 03
17 Su	2 52 15	14 55 47	22 02 12	12 30 16	15 11 59	17 43 02	28 36 57	11 54 35	13 18 21	20 06 30	15 58 35	2 32 06	0 04 18	3 33 52
18 M	3 49 28	29 09 48	6♈ 18 21	13 27 49	16 19 02	18 24 39	28 47 04	12 19 42	13 21 08	20 04 07	16 05 33	2 29 40	0 02 39	3 33 14
19 Tu	4 48 16	13♈ 29 07	20 38 34	14 31 56	17 27 32	19 07 47	28 58 60	12 46 25	13 25 41	20 03 15	16 14 11	2 28 50	0 02 36	3 34 14
20 W	5 49 26	27 51 47	5♉ 00 23	15 43 17	18 38 13	19 53 12	29 13 28	13 15 27	13 32 45	20 04 38	16 25 12	2 30 21	0 04 55	3 37 36
21 Th	6 53 13	12♉ 14 18	19 19 51	17 02 03	19 51 22	20 41 09	29 30 45	13 47 05	13 42 36	20 08 34	16 38 54	2 34 29	0 09 50	3 43 38
22 F	7 59 21	26 31 50	3♊ 31 52	18 27 54	21 06 42	21 31 23	29 50 34	14 21 03	13 54 58	20 14 46	16 54 59	2 40 58	0 17 07	3 52 02
23 Sa	9 07 07	10♊ 38 46	17 31 02	19 59 58	22 23 29	22 23 09	0♓ 12 11	14 56 36	14 09 06	20 22 29	17 12 45	2 49 04	0 25 60	4 02 04
24 Su	10 15 26	24 29 44	1♋ 12 26	21 37 05	23 40 39	23 15 24	0 34 33	15 32 41	14 23 58	20 30 40	17 31 06	2 57 43	0 35 27	4 12 42
25 M	11 23 12	8♋ 00 26	14 32 39	23 17 60	24 57 04	24 06 60	0 56 31	16 08 10	14 38 24	20 38 13	17 48 56	3 05 48	0 44 19	4 22 47
26 Tu	12 29 24	21 08 28	27 30 10	25 01 32	26 11 45	24 56 58	1 17 07	16 42 05	14 51 27	20 44 07	18 05 15	3 12 21	0 51 39	4 31 20
27 W	13 33 25	3♌ 53 35	10♌ 05 38	26 46 53	27 24 02	25 44 38	1 35 40	17 13 45	15 02 26	20 47 43	18 19 24	3 16 40	0 56 46	4 37 42
28 Th	14 35 00	16 17 41	22 21 41	28 33 36	28 33 43	26 29 48	1 51 58	17 42 57	15 11 09	20 48 49	18 31 10	3 18 35	0 59 27	4 41 40
29 F	15 34 25	28 24 32	4♍ 22 42	0♐ 21 42	29 41 00	27 12 42	2 06 14	18 09 56	15 17 49	20 47 39	18 40 46	3 18 18	0 59 57	4 43 28
30 Sa	16 32 17	10♍ 19 21	16 14 11	2 11 32	0♒ 46 33	27 53 58	2 19 07	18 35 21	15 23 05	20 44 52	18 48 52	3 16 28	0 58 54	4 43 45
31 Su	17 29 33	22 08 15	28 02 28	4 03 45	1 51 17	28 34 31	2 31 33	19 00 06	15 27 53	20 41 22	18 56 23	3 14 02	0 57 14	4 43 26

LONGITUDE — August 1994

Day	⊙	0 hr ☽	Noon ☽	☿	♀	♂	⚵	⚳	♃	♄	⚷	♅	♆	♇
1 M	18♐ 27 15	3♎ 57 42	9♎ 54 01	5♐ 59 05	2♒ 56 14	29♎ 15 26	2♓ 44 34	19♏ 25 16	15♓ 33 16	20♋ 38 14	19♑ 04 22	3♊ 12 02	0♊ 55 60	4♈ 43 34
2 Tu	19 26 24	15 54 05	21 55 04	7 58 12	4 02 25	29 57 42	2 59 11	19 51 49	15 40 14	20 36 27	19 13 49	3 11 28	0 56 12	4 45 11
3 W	20 27 46	28 03 10	4♏ 11 03	10 01 31	5 10 36	0♏ 42 05	3 16 10	20 20 33	15 49 33	20 36 49	19 25 31	3 13 08	0 58 37	4 49 01
4 Th	21 31 47	10♏ 29 35	16 46 04	12 09 05	6 21 11	1 28 60	3 35 55	20 51 52	16 01 38	20 39 43	19 39 51	3 17 25	1 03 40	4 55 30
5 F	22 38 21	23 16 23	29 42 31	14 20 31	7 34 06	2 18 24	3 58 23	21 25 42	16 16 25	20 45 08	19 56 48	3 24 17	1 11 17	5 04 35
6 Sa	23 46 58	6♐ 24 44	13♐ 00 45	16 34 54	8 48 49	3 09 43	4 23 02	22 01 32	16 33 22	20 52 29	20 15 48	3 33 11	1 20 55	5 15 43
7 Su	24 56 40	19 53 43	26 38 60	18 50 59	10 04 22	4 02 02	4 48 53	22 38 23	16 51 32	21 00 52	20 35 54	3 43 10	1 31 39	5 27 56
8 M	26 06 15	3♑ 40 29	10♑ 33 38	21 07 13	11 19 32	4 54 08	5 14 46	23 15 05	17 09 43	21 09 02	20 55 54	3 53 02	1 42 15	5 40 04
9 Tu	27 14 30	17 40 45	24 39 53	23 22 08	12 33 07	5 44 48	5 39 27	23 50 23	17 26 42	21 15 49	21 14 35	4 01 36	1 51 32	5 50 53
10 W	28 20 29	1♒ 49 37	8♒ 52 37	25 34 32	13 44 10	6 33 06	6 01 58	24 23 22	17 41 31	21 20 15	21 31 01	4 07 52	1 58 31	5 59 27
11 Th	29 23 41	16 02 25	23 07 21	27 43 40	14 52 09	7 18 30	6 21 51	24 53 31	17 53 41	21 21 51	21 44 41	4 11 23	2 02 44	6 05 15
12 F	0♑ 24 13	0♓ 15 34	7♓ 20 53	29 49 28	15 57 10	8 01 09	6 39 12	25 20 57	18 03 19	21 20 43	21 55 42	4 12 14	2 04 18	6 08 24
13 Sa	1 22 46	14 26 55	21 31 35	1♑ 52 28	16 59 55	8 41 43	6 54 41	25 46 20	18 11 06	21 17 33	22 04 45	4 11 07	2 03 52	6 09 36
14 Su	2 20 27	28 35 43	5♈ 39 06	3 53 37	18 01 30	9 21 19	7 09 25	26 10 49	18 18 08	21 13 27	22 12 57	4 09 09	2 02 35	6 09 57
15 M	3 18 36	12♈ 42 09	19 43 49	5 54 08	19 03 13	10 01 15	7 24 44	26 35 41	18 25 44	21 09 45	22 21 36	4 07 39	2 01 45	6 10 46
16 Tu	4 18 23	26 46 36	3♉ 46 06	7 55 07	20 06 16	10 42 45	7 41 48	27 02 09	18 35 06	21 07 38	22 31 56	4 07 48	2 02 35	6 13 15
17 W	5 20 41	10♉ 48 55	17 45 36	9 57 22	21 11 28	11 26 39	8 01 30	27 31 03	18 47 05	21 07 59	22 44 46	4 10 29	2 05 55	6 18 16
18 Th	6 25 48	24 47 57	1♊ 40 49	12 01 08	22 19 09	12 13 16	8 24 07	28 02 43	19 02 00	21 11 06	23 00 26	4 15 59	2 12 04	6 26 06
19 F	7 33 29	8♊ 41 19	15 29 09	14 06 07	23 29 01	13 02 20	8 49 24	28 36 53	19 19 36	21 16 44	23 18 40	4 24 04	2 20 47	6 36 32
20 Sa	8 42 58	22 25 43	29 07 12	16 11 32	24 40 19	13 53 05	9 16 34	29 12 47	19 39 05	21 24 06	23 38 42	4 33 57	2 31 18	6 48 46
21 Su	9 53 08	5♋ 57 28	12♋ 31 25	18 16 15	25 51 56	14 44 26	9 44 33	29 49 18	19 59 22	21 32 07	23 59 25	4 44 33	2 42 30	7 01 42
22 M	11 02 48	19 13 11	25 38 50	20 19 05	27 02 38	15 35 10	10 12 07	0♐ 25 15	20 19 15	21 39 35	24 19 38	4 54 39	2 53 13	7 14 09
23 Tu	12 10 55	2♌ 10 33	8♌ 27 44	22 18 57	28 11 23	16 24 13	10 38 13	0 59 35	20 37 41	21 45 26	24 38 17	5 03 12	3 02 21	7 25 03
24 W	13 16 44	14 48 49	20 58 01	24 15 08	29 17 24	17 10 52	11 02 06	1 31 31	20 53 54	21 48 56	24 54 38	5 09 27	3 09 11	7 33 39
25 Th	14 19 56	27 08 58	3♍ 11 21	26 07 18	0♓ 20 22	17 54 47	11 23 27	2 00 46	21 07 35	21 49 47	25 08 21	5 13 06	3 13 24	7 39 39
26 F	15 20 40	9♍ 13 47	15 11 03	27 55 39	1 20 25	18 36 07	11 42 26	2 27 28	21 18 54	21 48 07	25 19 35	5 14 17	3 15 09	7 43 11
27 Sa	16 19 30	21 07 30	27 01 52	29 40 44	2 18 06	19 15 25	11 59 35	2 52 12	21 28 24	21 44 31	25 28 55	5 13 35	3 14 60	7 44 50
28 Su	17 17 18	2♎ 55 35	8♎ 49 34	1♒ 23 26	3 14 17	19 53 35	12 15 47	3 15 49	21 36 58	21 39 50	25 37 12	5 11 51	3 13 48	7 45 27
29 M	18 15 08	14 44 13	20 40 31	3 04 50	4 09 59	20 31 39	12 32 05	3 39 22	21 45 38	21 35 08	25 45 29	5 10 09	3 12 37	7 46 05
30 Tu	19 13 59	26 39 52	2♏ 41 13	4 45 56	5 06 13	21 10 36	12 49 29	4 03 51	21 55 24	21 31 25	25 54 47	5 09 29	3 12 28	7 47 45
31 W	20 14 42	8♏ 48 45	14 57 44	6 27 36	6 03 47	21 51 18	13 08 49	4 30 07	22 07 07	21 29 32	26 05 56	5 10 42	3 14 10	7 51 17

Notes

September 1994

LONGITUDE

Day	☉	0 hr ☽	Noon ☽	☿	♀	♂	⚵	⚳	♃	♄	⚷	♅	♆	♇
1 Th	21 ♑ 17 47	21 ♏ 16 23	27 ♏ 35 10	8 ♒ 10 19	7 ♓ 03 09	22 ♏ 34 14	13 ♓ 30 35	4 ♐ 58 39	22 ♓ 21 16	21 ♋ 29 58	26 ♑ 19 24	5 ♊ 14 16	3 ♊ 18 13	7 ♈ 57 11
2 F	22 23 16	4 ♐ 06 53	10 ♐ 37 02	9 54 11	8 04 23	23 19 26	13 54 50	5 29 29	22 37 54	21 32 47	26 35 16	5 20 15	3 24 40	8 05 29
3 Sa	23 30 43	17 22 33	24 04 46	11 38 45	9 06 60	24 06 29	14 21 07	6 02 13	22 56 35	21 37 32	26 53 05	5 28 14	3 33 06	8 15 46
4 Su	24 39 19	1 ♑ 03 22	7 ♑ 57 13	13 23 11	10 10 09	24 54 32	14 48 36	6 35 59	23 16 29	21 43 24	27 12 00	5 37 21	3 42 39	8 27 11
5 M	25 47 56	15 06 49	22 10 45	15 06 23	11 12 43	25 42 29	15 16 11	7 09 40	23 36 28	21 49 16	27 30 56	5 46 30	3 52 14	8 38 37
6 Tu	26 55 26	29 28 07	6 ♒ 39 36	16 47 14	12 13 31	26 29 10	15 42 42	7 42 09	23 55 25	21 54 00	27 48 43	5 54 33	4 00 42	8 48 57
7 W	28 00 54	14 ♒ 00 54	21 16 46	18 24 46	13 11 36	27 13 42	16 07 15	8 12 29	24 12 24	21 56 41	28 04 26	6 00 35	4 07 07	8 57 15
8 Th	29 03 50	28 38 16	5 ♓ 55 16	19 58 32	14 06 29	27 55 33	16 29 20	8 40 12	24 26 56	21 56 49	28 17 36	6 04 06	4 11 01	9 03 01
9 F	0 ♒ 04 18	13 ♓ 13 54	20 29 12	21 28 34	14 58 10	28 34 48	16 49 00	9 05 20	24 39 04	21 54 28	28 28 17	6 05 10	4 12 27	9 06 19
10 Sa	1 02 53	27 43 04	4 ♈ 54 32	22 55 27	15 47 13	29 12 02	17 06 51	9 28 30	24 49 22	21 50 14	28 37 02	6 04 22	4 11 60	9 07 45
11 Su	2 00 33	12 ♈ 02 52	19 09 09	24 20 08	16 34 36	29 48 14	17 23 51	9 50 39	24 58 51	21 45 06	28 44 52	6 02 41	4 10 39	9 08 17
12 M	2 58 29	26 12 07	3 ♉ 12 34	25 43 45	17 21 24	0 ♐ 24 32	17 41 10	10 12 56	25 08 38	21 40 12	28 52 55	6 01 16	4 09 32	9 09 03
13 Tu	3 57 41	10 ♉ 10 49	17 05 13	27 07 20	18 08 40	1 01 60	17 59 48	10 36 24	25 19 46	21 36 35	29 02 13	6 01 09	4 09 44	9 11 08
14 W	4 58 55	23 59 24	0 ♊ 47 45	28 31 33	18 57 04	1 41 20	18 20 32	11 01 47	25 32 60	21 35 00	29 13 31	6 03 05	4 11 56	9 15 13
15 Th	6 02 27	7 ♊ 38 11	14 20 30	29 56 41	19 46 52	2 22 50	18 43 36	11 29 22	25 48 35	21 35 44	29 27 05	6 07 20	4 16 28	9 21 37
16 F	7 08 06	21 06 56	27 43 09	1 ♓ 22 28	20 37 49	3 06 18	19 08 50	11 58 56	26 06 20	21 38 34	29 42 43	6 13 42	4 23 05	9 30 08
17 Sa	8 15 13	4 ♋ 24 52	10 ♋ 54 49	2 48 14	21 29 16	3 51 07	19 35 35	12 29 53	26 25 38	21 42 53	29 59 48	6 21 35	4 31 12	9 40 08
18 Su	9 22 58	17 30 45	23 54 13	4 13 04	22 20 18	4 36 23	20 03 00	13 01 20	26 45 35	21 47 50	0 ♒ 17 28	6 30 06	4 39 56	9 50 44
19 M	10 30 22	0 ♌ 23 15	6 ♌ 40 10	5 35 55	23 09 57	5 21 11	20 30 08	13 32 19	27 05 15	21 52 27	0 34 45	6 38 17	4 48 20	10 00 60
20 Tu	11 36 34	13 01 27	19 11 57	6 55 51	23 57 17	6 04 38	20 56 05	14 01 58	27 23 47	21 55 53	0 50 47	6 45 18	4 55 32	10 10 04
21 W	12 40 58	25 25 10	1 ♍ 29 42	8 12 12	24 41 40	6 46 08	21 20 16	14 29 42	27 40 32	21 57 31	1 04 58	6 50 31	5 00 55	10 17 19
22 Th	13 43 15	7 ♍ 35 12	13 34 40	9 24 32	25 22 45	7 25 22	21 42 24	14 55 12	27 55 14	21 57 04	1 17 00	6 53 38	5 04 12	10 22 27
23 F	14 43 30	19 33 35	25 29 15	10 32 48	26 00 33	8 02 24	22 02 30	15 18 32	28 07 56	21 54 34	1 26 57	6 54 44	5 05 26	10 25 33
24 Sa	15 42 06	1 ♎ 23 29	7 ♎ 17 04	11 37 16	26 35 24	8 37 37	22 20 59	15 40 03	28 19 00	21 50 26	1 35 11	6 54 11	5 04 60	10 26 58
25 Su	16 39 38	13 09 07	19 02 40	12 38 23	27 07 53	9 11 37	22 38 26	16 00 24	28 29 04	21 45 16	1 42 19	6 52 36	5 03 31	10 27 20
26 M	17 36 53	24 55 30	0 ♏ 51 23	13 36 44	27 38 40	9 45 11	22 55 38	16 20 19	28 38 53	21 39 49	1 49 06	6 50 44	5 01 44	10 27 23
27 Tu	18 34 37	6 ♏ 48 15	12 48 59	14 32 56	28 08 31	10 19 03	23 13 20	16 40 34	28 49 12	21 34 53	1 56 18	6 49 22	5 00 25	10 27 55
28 W	19 33 29	18 53 06	25 01 16	15 27 24	28 38 00	10 53 53	23 32 11	17 01 49	29 00 41	21 31 06	2 04 36	6 49 08	5 00 15	10 29 34
29 Th	20 33 54	1 ♐ 15 36	7 ♐ 33 38	16 20 22	29 07 31	11 30 07	23 52 38	17 24 28	29 13 47	21 28 54	2 14 23	6 50 30	5 01 38	10 32 47
30 F	21 36 01	14 00 33	20 30 29	17 11 39	29 37 06	12 07 52	24 14 47	17 48 40	29 28 35	21 28 24	2 25 49	6 53 33	5 04 42	10 37 39

October 1994

LONGITUDE

Day	☉	0 hr ☽	Noon ☽	☿	♀	♂	⚵	⚳	♃	♄	⚷	♅	♆	♇
1 Sa	22 ♒ 39 36	27 ♐ 11 28	3 ♑ 54 36	18 ♓ 00 46	0 ♈ 06 30	12 ♐ 46 54	24 ♓ 38 25	18 ♐ 14 10	29 ♓ 44 52	21 ♋ 29 24	2 ♒ 38 38	6 ♊ 58 04	5 ♊ 09 14	10 ♈ 43 59
2 Su	23 44 07	10 ♑ 49 60	17 46 38	18 46 52	0 35 06	13 26 41	25 03 01	18 40 27	0 ♈ 02 08	21 31 22	2 52 19	7 03 33	5 14 41	10 51 14
3 M	24 48 51	24 55 23	2 ♒ 04 32	19 28 54	1 02 09	14 06 31	25 27 50	19 06 47	0 19 37	21 33 34	3 06 10	7 09 15	5 20 21	10 58 41
4 Tu	25 53 00	9 ♒ 24 14	16 43 35	20 05 41	1 26 48	14 45 36	25 52 07	19 32 24	0 36 35	21 35 15	3 19 23	7 14 25	5 25 27	11 05 33
5 W	26 55 58	24 10 38	1 ♓ 36 44	20 36 12	1 48 21	15 23 17	26 15 13	19 56 39	0 52 22	21 35 45	3 31 20	7 18 23	5 29 21	11 11 13
6 Th	27 57 21	9 ♓ 06 54	16 35 39	20 59 38	2 06 21	15 59 13	26 36 45	20 19 10	1 06 36	21 34 44	3 41 39	7 20 47	5 31 40	11 15 17
7 F	28 57 09	24 04 43	1 ♈ 31 56	21 15 30	2 20 44	16 33 23	26 56 43	20 39 55	1 19 16	21 32 10	3 50 18	7 21 38	5 32 24	11 17 45
8 Sa	29 55 41	8 ♈ 56 18	16 18 26	21 23 40	2 31 46	17 06 06	27 15 26	20 59 15	1 30 42	21 28 23	3 57 39	7 21 14	5 31 52	11 18 58
9 Su	0 ♓ 53 33	23 35 34	0 ♉ 49 58	21 24 15	2 39 58	17 37 57	27 33 30	21 17 45	1 41 29	21 23 58	4 04 15	7 20 11	5 30 41	11 19 29
10 M	1 51 26	7 ♉ 58 26	15 03 33	21 17 30	2 45 59	18 09 38	27 51 36	21 36 05	1 52 18	21 19 38	4 10 48	7 19 10	5 29 30	11 20 01
11 Tu	2 49 58	22 02 57	28 58 11	21 03 35	2 50 21	18 41 46	28 10 22	21 54 54	2 03 48	21 15 59	4 17 56	7 18 50	5 28 59	11 21 11
12 W	3 49 33	5 ♊ 48 44	12 ♊ 34 13	20 42 39	2 53 29	19 14 48	28 30 12	22 14 36	2 16 23	21 13 28	4 26 04	7 19 35	5 29 32	11 23 25
13 Th	4 50 23	19 16 30	25 52 50	20 14 36	2 55 30	19 48 51	28 51 18	22 35 22	2 30 13	21 12 15	4 35 23	7 21 35	5 31 19	11 26 52
14 F	5 52 22	2 ♋ 27 28	8 ♋ 55 30	19 39 17	2 56 14	20 23 51	29 13 33	22 57 06	2 45 12	21 12 13	4 45 45	7 24 45	5 34 15	11 31 27
15 Sa	6 55 08	15 23 03	21 43 41	18 56 32	2 55 20	20 59 28	29 36 36	23 19 27	3 01 01	21 13 03	4 56 52	7 28 45	5 37 60	11 36 50
16 Su	7 58 16	28 04 37	4 ♌ 18 44	18 06 20	2 52 21	21 35 14	0 ♈ 00 01	23 41 58	3 17 12	21 14 17	5 08 15	7 33 06	5 42 06	11 42 32
17 M	9 01 16	10 ♌ 33 25	16 41 51	17 08 56	2 46 45	22 10 39	0 23 19	24 04 09	3 33 16	21 15 27	5 19 26	7 37 22	5 46 04	11 48 07
18 Tu	10 03 43	22 50 41	28 54 15	16 05 01	2 38 09	22 45 20	0 46 04	24 25 36	3 48 48	21 16 08	5 30 00	7 41 05	5 49 29	11 53 08
19 W	11 05 20	4 ♍ 57 43	10 ♍ 57 13	14 55 45	2 26 17	23 18 58	1 07 59	24 46 02	4 03 30	21 16 02	5 39 39	7 43 60	5 52 05	11 57 17
20 Th	12 05 59	16 56 04	22 52 25	13 42 46	2 11 02	23 51 25	1 28 57	25 05 18	4 17 14	21 15 02	5 48 16	7 45 58	5 53 42	12 00 28
21 F	13 05 43	28 47 39	4 ♎ 41 53	12 28 11	1 52 29	24 22 44	1 48 59	25 23 26	4 30 04	21 13 11	5 55 53	7 47 01	5 54 25	12 02 43
22 Sa	14 04 43	10 ♎ 34 50	16 28 14	11 14 20	1 30 54	24 53 06	2 08 17	25 40 37	4 42 10	21 10 38	6 02 40	7 47 21	5 54 23	12 04 12
23 Su	15 03 14	22 20 33	28 14 36	10 03 45	1 06 38	25 22 45	2 27 06	25 57 07	4 53 47	21 07 41	6 08 53	7 47 14	5 53 52	12 05 11
24 M	16 01 37	4 ♏ 08 14	10 ♏ 04 42	8 58 51	0 40 06	25 52 02	2 45 46	26 13 15	5 05 15	21 04 38	6 14 53	7 46 58	5 53 12	12 06 01
25 Tu	17 00 08	16 01 51	22 02 43	8 01 49	0 11 43	26 21 14	3 04 35	26 29 19	5 16 52	21 01 48	6 20 57	7 46 53	5 52 41	12 06 58
26 W	17 59 04	28 05 41	4 ♐ 13 06	7 14 26	29 ♓ 41 54	26 50 36	3 23 48	26 45 34	5 28 54	20 59 26	6 27 19	7 47 12	5 52 34	12 08 18
27 Th	18 58 33	10 ♐ 24 15	16 40 26	6 38 01	29 10 55	27 20 16	3 43 32	27 02 07	5 41 27	20 57 41	6 34 09	7 48 05	5 52 60	12 10 09
28 F	19 58 35	23 01 57	29 29 00	6 13 17	28 38 59	27 50 15	4 03 51	27 19 00	5 54 34	20 56 33	6 41 26	7 49 32	5 53 59	12 12 33
29 Sa	20 59 06	6 ♑ 02 45	12 ♑ 42 23	6 00 29	28 06 13	28 20 27	4 24 37	27 36 08	6 08 09	20 55 57	6 49 07	7 51 29	5 55 26	12 15 23
30 Su	21 59 54	19 29 37	26 22 53	5 59 23	27 32 37	28 50 42	4 45 40	27 53 18	6 22 02	20 55 43	6 56 60	7 53 44	5 57 11	12 18 30
31 M	23 00 48	3 ♒ 23 57	10 ♒ 30 54	6 09 27	26 58 12	29 20 47	5 06 47	28 10 19	6 35 59	20 55 38	7 04 52	7 56 05	5 59 00	12 21 41

Notes

LONGITUDE — November 1994

Day	☉	0 hr ☽	Noon ☽	☿	♀	♂	⚵	⚳	♃	♄	⚷	♅	♆	♇
1 Tu	24 ♓ 01 36	17 ♒ 45 02	25 ♒ 04 22	6 ♓ 29 55	26 ♓ 23 02	29 ♐ 50 29	5 ♈ 27 48	28 ♐ 26 59	6 ♈ 49 49	20 ♋ 55 30	7 ♒ 12 32	7 ♊ 58 20	6 ♊ 00 43	12 ♈ 24 43
2 W	25 02 09	2 ♓ 29 28	9 ♓ 58 30	6 59 58	25 47 12	0 ♑ 19 41	5 48 34	28 43 10	7 03 24	20 55 13	7 19 53	8 00 22	6 02 13	12 27 31
3 Th	26 02 28	17 31 11	25 06 01	7 38 43	25 10 56	0 48 22	6 09 04	28 58 50	7 16 44	20 54 45	7 26 52	8 02 10	6 03 26	12 30 02
4 F	27 02 34	2 ♈ 41 57	10 ♈ 17 51	8 25 21	24 34 31	1 16 34	6 29 21	29 14 02	7 29 51	20 54 10	7 33 34	8 03 47	6 04 28	12 32 19
5 Sa	28 02 35	17 52 20	25 24 32	9 19 08	23 58 20	1 44 24	6 49 33	29 28 54	7 42 52	20 53 34	7 40 05	8 05 20	6 05 25	12 34 31
6 Su	29 02 39	2 ♉ 53 07	10 ♉ 17 29	10 19 19	23 22 44	2 11 60	7 09 46	29 43 32	7 55 55	20 53 04	7 46 32	8 06 56	6 06 24	12 36 43
7 M	0 ♈ 02 49	17 36 39	24 50 08	11 25 10	22 48 01	2 39 25	7 30 05	29 58 01	8 09 04	20 52 46	7 53 00	8 08 40	6 07 30	12 39 01
8 Tu	1 03 06	1 ♊ 57 33	8 ♊ 58 31	12 35 57	22 14 26	3 06 40	7 50 31	0 ♑ 12 20	8 22 20	20 52 40	7 59 30	8 10 32	6 08 43	12 41 25
9 W	2 03 27	15 53 07	22 41 11	13 50 56	21 42 09	3 33 42	8 10 60	0 26 28	8 35 39	20 52 43	8 05 58	8 12 30	6 10 01	12 43 52
10 Th	3 03 46	29 23 01	5 ♋ 58 48	15 09 25	21 11 14	4 00 23	8 31 26	0 40 16	8 48 55	20 52 48	8 12 19	8 14 26	6 11 17	12 46 15
11 F	4 03 57	12 ♋ 28 47	18 53 35	16 30 44	20 41 48	4 26 39	8 51 43	0 53 39	9 02 02	20 52 50	8 18 24	8 16 16	6 12 25	12 48 29
12 Sa	5 03 55	25 13 10	1 ♌ 28 41	17 54 21	20 13 56	4 52 24	9 11 46	1 06 33	9 14 56	20 52 45	8 24 12	8 17 54	6 13 21	12 50 30
13 Su	6 03 42	7 ♌ 39 38	13 47 40	19 19 51	19 47 47	5 17 38	9 31 37	1 18 57	9 27 36	20 52 32	8 29 42	8 19 21	6 14 04	12 52 17
14 M	7 03 20	19 51 53	25 54 11	20 46 58	19 23 35	5 42 26	9 51 19	1 30 56	9 40 08	20 52 17	8 34 57	8 20 42	6 14 41	12 53 55
15 Tu	8 02 60	1 ♍ 53 30	7 ♍ 51 42	22 15 31	19 01 34	6 06 55	10 11 01	1 42 39	9 52 40	20 52 07	8 40 08	8 22 05	6 15 19	12 55 34
16 W	9 02 52	13 47 50	19 43 23	23 45 26	18 42 03	6 31 18	10 30 54	1 54 16	10 05 23	20 52 15	8 45 26	8 23 41	6 16 09	12 57 23
17 Th	10 03 09	25 37 55	1 ♎ 32 04	25 16 43	18 25 16	6 55 45	10 51 11	2 05 59	10 18 30	20 52 53	8 51 01	8 25 43	6 17 25	12 59 36
18 F	11 04 00	7 ♎ 26 19	13 20 13	26 49 18	18 11 27	7 20 27	11 12 01	2 17 57	10 32 09	20 54 09	8 57 04	8 28 20	6 19 14	13 02 21
19 Sa	12 05 31	19 15 23	25 10 04	28 23 08	18 00 44	7 45 27	11 33 29	2 30 16	10 46 26	20 56 09	9 03 41	8 31 38	6 21 43	13 05 45
20 Su	13 07 40	1 ♏ 07 10	7 ♏ 03 42	29 58 03	17 53 08	8 10 44	11 55 34	2 42 54	11 01 21	20 58 53	9 10 49	8 35 35	6 24 51	13 09 46
21 M	14 10 21	13 03 40	19 03 09	1 ♈ 33 50	17 48 31	8 36 11	12 18 09	2 55 43	11 16 45	21 02 13	9 18 22	8 40 03	6 28 30	13 14 16
22 Tu	15 13 18	25 06 56	1 ♐ 10 38	3 10 09	17 46 39	9 01 33	12 40 59	3 08 29	11 32 24	21 05 54	9 26 05	8 44 50	6 32 26	13 19 01
23 W	16 16 12	7 ♐ 19 13	13 28 31	4 46 35	17 47 12	9 26 29	13 03 44	3 20 51	11 47 58	21 09 36	9 33 38	8 49 34	6 36 18	13 23 42
24 Th	17 18 43	19 43 03	25 59 29	6 22 44	17 49 47	9 50 39	13 26 05	3 32 30	12 03 07	21 13 00	9 40 41	8 53 55	6 39 47	13 27 58
25 F	18 20 33	2 ♑ 21 16	8 ♑ 46 29	7 58 15	17 54 05	10 13 44	13 47 42	3 43 06	12 17 33	21 15 48	9 46 56	8 57 36	6 42 35	13 31 31
26 Sa	19 21 32	15 16 58	21 52 33	9 32 57	17 59 52	10 35 34	14 08 27	3 52 29	12 31 06	21 17 48	9 52 13	9 00 26	6 44 31	13 34 11
27 Su	20 21 40	28 33 15	5 ♒ 20 32	11 06 47	18 07 08	10 56 08	14 28 19	4 00 40	12 43 45	21 19 03	9 56 32	9 02 26	6 45 37	13 35 58
28 M	21 21 11	12 ♒ 12 46	19 12 31	12 39 59	18 16 01	11 15 40	14 47 32	4 07 52	12 55 46	21 19 44	10 00 06	9 03 49	6 46 05	13 37 07
29 Tu	22 20 30	26 17 05	3 ♓ 29 14	14 12 55	18 26 54	11 34 35	15 06 31	4 14 30	13 07 32	21 20 19	10 03 21	9 05 01	6 46 21	13 38 01
30 W	23 20 09	10 ♓ 46 01	18 09 15	15 46 08	18 40 15	11 53 23	15 25 48	4 21 05	13 19 36	21 21 18	10 06 50	9 06 34	6 46 57	13 39 14

LONGITUDE — December 1994

Day	☉	0 hr ☽	Noon ☽	☿	♀	♂	⚵	⚳	♃	♄	⚷	♅	♆	♇
1 Th	24 ♈ 20 40	25 ♓ 36 48	3 ♈ 08 27	17 ♈ 20 10	18 ♓ 56 32	12 ♑ 12 37	15 ♈ 45 55	4 ♑ 28 09	13 ♈ 32 30	21 ♋ 23 14	10 ♒ 11 02	9 ♊ 08 59	6 ♊ 48 25	13 ♈ 41 17
2 F	25 22 26	10 ♈ 43 47	18 19 53	18 55 22	19 16 05	12 32 38	16 07 16	4 36 05	13 46 36	21 26 29	10 16 24	9 12 40	6 51 08	13 44 34
3 Sa	26 25 36	25 58 41	3 ♉ 34 22	20 31 55	19 38 58	12 53 36	16 29 58	4 45 02	14 02 05	21 31 14	10 23 01	9 17 46	6 55 15	13 49 14
4 Su	27 29 60	11 ♉ 11 27	18 41 44	22 09 38	20 04 56	13 15 20	16 53 52	4 54 48	14 18 44	21 37 16	10 30 45	9 24 06	7 00 35	13 55 05
5 M	28 35 09	26 11 53	3 ♊ 32 27	23 48 03	20 33 29	13 37 20	17 18 29	5 04 57	14 36 07	21 44 09	10 39 08	9 31 13	7 06 42	14 01 40
6 Tu	29 40 25	10 ♊ 51 16	17 59 04	25 26 33	21 03 55	13 58 58	17 43 12	5 14 49	14 53 34	21 51 15	10 47 30	9 38 27	7 12 56	14 08 21
7 W	0 ♉ 45 07	25 03 36	1 ♋ 57 08	27 04 28	21 35 28	14 19 34	18 07 20	5 23 44	15 10 26	21 57 52	10 55 13	9 45 09	7 18 37	14 14 27
8 Th	1 48 44	8 ♋ 46 06	15 25 20	28 41 17	22 07 32	14 38 34	18 30 19	5 31 09	15 26 10	22 03 27	11 01 42	9 50 46	7 23 12	14 19 26
9 F	2 50 57	21 59 02	28 25 07	0 ♉ 16 40	22 39 47	14 55 40	18 51 53	5 36 45	15 40 27	22 07 44	11 06 40	9 55 00	7 26 23	14 22 59
10 Sa	3 51 45	4 ♌ 45 09	10 ♌ 59 60	1 50 41	23 12 10	15 10 50	19 12 01	5 40 33	15 53 18	22 10 42	11 10 08	9 57 51	7 28 11	14 25 07
11 Su	4 51 29	17 08 50	23 14 46	3 23 39	23 44 54	15 24 25	19 31 02	5 42 51	16 05 01	22 12 40	11 12 23	9 59 39	7 28 55	14 26 09
12 M	5 50 40	29 15 23	5 ♍ 14 52	4 56 06	24 18 31	15 36 55	19 49 28	5 44 13	16 16 10	22 14 11	11 13 59	10 00 54	7 29 06	14 26 38
13 Tu	6 50 01	11 ♍ 10 23	17 05 48	6 28 47	24 53 39	15 49 02	20 08 02	5 45 18	16 27 26	22 15 56	11 15 38	10 02 21	7 29 28	14 27 14
14 W	7 50 14	22 59 12	28 52 42	8 02 24	25 30 57	16 01 28	20 27 26	5 46 51	16 39 31	22 18 38	11 18 01	10 04 40	7 30 41	14 28 41
15 Th	8 51 56	4 ♎ 46 37	10 ♎ 40 03	9 37 36	26 11 00	16 14 50	20 48 17	5 49 27	16 53 02	22 22 54	11 21 47	10 08 29	7 33 25	14 31 37
16 F	9 55 33	16 36 37	22 31 30	11 14 49	26 54 11	16 29 31	21 11 00	5 53 33	17 08 26	22 29 09	11 27 20	10 14 14	7 38 03	14 36 25
17 Sa	11 01 13	28 32 13	4 ♏ 29 46	12 54 13	27 40 35	16 45 42	21 35 45	5 59 17	17 25 51	22 37 33	11 34 50	10 22 03	7 44 46	14 43 16
18 Su	12 08 49	10 ♏ 35 30	16 36 35	14 35 39	28 30 00	17 03 11	22 02 22	6 06 29	17 45 07	22 47 56	11 44 06	10 31 48	7 53 23	14 51 60
19 M	13 17 50	22 47 40	28 52 59	16 18 41	29 21 57	17 21 30	22 30 23	6 14 41	18 05 47	22 59 50	11 54 42	10 42 60	8 03 27	15 02 09
20 Tu	14 27 35	5 ♐ 09 17	11 ♐ 19 21	18 02 35	0 ♈ 15 39	17 39 55	22 59 05	6 23 11	18 27 06	23 12 32	12 05 54	10 54 55	8 14 14	15 12 59
21 W	15 37 10	17 40 31	23 55 54	19 46 30	1 10 11	17 57 32	23 27 34	6 31 04	18 48 13	23 25 09	12 16 49	11 06 42	8 24 52	15 23 38
22 Th	16 45 43	0 ♑ 21 36	6 ♑ 42 52	21 29 34	2 04 39	18 13 29	23 54 59	6 37 29	19 08 15	23 36 49	12 26 34	11 17 27	8 34 28	15 33 14
23 F	17 52 32	13 13 04	19 40 59	23 11 04	2 58 17	18 27 02	24 20 37	6 41 43	19 26 29	23 46 48	12 34 28	11 26 28	8 42 20	15 41 04
24 Sa	18 57 12	26 16 06	2 ♒ 51 32	24 50 37	3 50 40	18 37 46	24 44 03	6 43 21	19 42 30	23 54 42	12 40 05	11 33 21	8 48 02	15 46 43
25 Su	19 59 45	9 ♒ 32 32	16 16 28	26 28 14	4 41 45	18 45 41	25 05 18	6 42 25	19 56 21	24 00 34	12 43 27	11 38 07	8 51 38	15 50 13
26 M	21 00 39	23 04 45	29 58 03	28 04 23	5 32 01	18 51 15	25 24 53	6 39 23	20 08 29	24 04 51	12 45 02	11 41 15	8 53 35	15 52 02
27 Tu	22 00 47	6 ♓ 55 13	13 ♓ 58 22	29 39 56	6 22 18	18 55 21	25 43 37	6 35 08	20 19 47	24 08 25	12 45 44	11 43 36	8 54 45	15 53 04
28 W	23 01 13	21 05 43	28 18 31	1 ♊ 15 60	7 13 39	18 59 03	26 02 38	6 30 45	20 31 21	24 12 24	12 46 37	11 46 17	8 56 15	15 54 23
29 Th	24 03 05	5 ♈ 36 27	12 ♈ 57 40	2 53 36	8 07 07	19 03 25	26 23 01	6 27 21	20 44 15	24 17 51	12 48 48	11 50 24	8 59 09	15 57 05
30 F	25 07 11	20 25 10	27 52 19	4 33 35	9 03 31	19 09 18	26 45 34	6 25 44	20 59 21	24 25 36	12 53 05	11 56 45	9 04 18	16 01 60
31 Sa	26 13 53	5 ♉ 26 39	12 ♉ 56 04	6 16 16	10 03 11	19 17 01	27 10 41	6 26 17	21 16 58	24 36 02	12 59 51	12 05 42	9 12 02	16 09 29

Notes

January 1995 LONGITUDE

Day	☉	0 hr ☽	Noon ☽	☿	♀	♂	⚵	⚳	♃	♄	⚷	♅	♆	♇
1 Su	27 ♉ 22 58	20 ♉ 32 52	28 ♉ 00 07	8 ♊ 01 22	11 ♈ 05 52	19 ♑ 26 22	27 ♈ 38 07	6 ♑ 28 46	21 ♈ 36 54	24 ♋ 48 55	13 ♒ 08 52	12 ♊ 17 03	9 ♊ 22 10	16 ♈ 19 19
2 M	28 33 40	5 ♊ 34 04	12 ♊ 54 35	9 48 06	12 10 48	19 36 35	28 07 08	6 32 28	21 58 24	25 03 30	13 19 23	12 30 02	9 33 56	16 30 46
3 Tu	29 44 54	20 20 18	27 30 16	11 35 18	13 16 50	19 46 33	28 36 37	6 36 16	22 20 22	25 18 41	13 30 19	12 43 34	9 46 14	16 42 43
4 W	0 ♊ 55 28	4 ♋ 43 18	11 ♋ 40 10	13 21 41	14 22 47	19 55 04	29 05 23	6 38 59	22 41 36	25 33 16	13 40 28	12 56 26	9 57 52	16 53 58
5 Th	2 04 20	18 37 42	25 20 26	15 06 08	15 27 35	20 01 07	29 32 24	6 39 36	23 01 04	25 46 14	13 48 48	13 07 37	10 07 49	17 03 31
6 F	3 10 54	2 ♌ 01 34	8 ♌ 30 34	16 47 54	16 30 37	20 04 05	29 57 05	6 37 30	23 18 11	25 56 59	13 54 43	13 16 31	10 15 29	17 10 45
7 Sa	4 15 03	14 56 12	21 12 59	18 26 45	17 31 44	20 03 51	0 ♉ 19 17	6 32 36	23 32 49	26 05 22	13 58 07	13 23 00	10 20 44	17 15 32
8 Su	5 17 10	27 25 26	3 ♍ 32 16	20 02 53	18 31 19	20 00 47	0 39 23	6 25 17	23 45 20	26 11 48	13 59 21	13 27 29	10 23 57	17 18 16
9 M	6 18 02	9 ♍ 34 49	15 34 22	21 36 52	19 30 08	19 55 40	0 58 12	6 16 21	23 56 33	26 17 04	13 59 14	13 30 43	10 25 56	17 19 45
10 Tu	7 18 41	21 30 49	27 25 51	23 09 31	20 29 12	19 49 33	1 16 44	6 06 50	24 07 29	26 22 11	13 58 47	13 33 45	10 27 43	17 20 59
11 W	8 20 13	3 ♎ 20 03	9 ♎ 13 16	24 41 38	21 29 36	19 43 32	1 36 06	5 57 50	24 19 14	26 28 15	13 59 07	13 37 41	10 30 24	17 23 05
12 Th	9 23 36	15 08 47	21 02 37	26 13 53	22 32 17	19 38 34	1 57 16	5 50 21	24 32 46	26 36 15	14 01 11	13 43 29	10 34 57	17 27 02
13 F	10 29 33	27 02 25	2 ♏ 58 59	27 46 33	23 37 58	19 35 21	2 20 57	5 45 05	24 48 47	26 46 52	14 05 43	13 51 52	10 42 03	17 33 31
14 Sa	11 38 21	9 ♏ 05 15	15 06 10	29 19 31	24 46 53	19 34 12	2 47 24	5 42 21	25 07 35	27 00 25	14 12 59	14 03 06	10 52 01	17 42 50
15 Su	12 49 51	21 20 06	27 26 31	0 ♋ 52 07	25 58 54	19 34 57	3 16 30	5 41 59	25 29 01	27 16 43	14 22 50	14 17 02	11 04 41	17 54 50
16 M	14 03 24	3 ♐ 48 26	10 ♐ 00 59	2 23 09	27 13 22	19 36 59	3 47 36	5 43 22	25 52 25	27 35 10	14 34 38	14 33 03	11 19 26	18 08 52
17 Tu	15 18 02	16 30 15	22 49 08	3 50 59	28 29 17	19 39 18	4 19 43	5 45 33	26 16 50	27 54 44	14 47 25	14 50 08	11 35 16	18 23 58
18 W	16 32 33	29 24 33	5 ♑ 49 36	5 13 43	29 45 25	19 40 43	4 51 38	5 47 19	26 41 03	28 14 15	14 59 58	15 07 07	11 50 58	18 38 55
19 Th	17 45 41	12 ♑ 29 40	19 00 32	6 29 22	1 ♉ 00 32	19 39 59	5 22 08	5 47 27	27 03 49	28 32 28	15 11 02	15 22 45	12 05 19	18 52 29
20 F	18 56 29	25 43 54	2 ♒ 20 15	7 36 07	2 13 38	19 36 09	5 50 12	5 44 58	27 24 08	28 48 23	15 19 39	15 36 01	12 17 19	19 03 40
21 Sa	20 04 20	9 ♒ 06 03	15 47 41	8 32 30	3 24 07	19 28 37	6 15 15	5 39 18	27 41 26	29 01 25	15 25 13	15 46 22	12 26 23	19 11 54
22 Su	21 09 13	22 35 49	29 22 48	9 17 41	4 31 57	19 17 23	6 37 17	5 30 27	27 55 42	29 11 33	15 27 43	15 53 45	12 32 29	19 17 09
23 M	22 11 43	6 ♓ 13 60	13 ♓ 06 33	9 51 21	5 37 42	19 03 02	6 56 51	5 19 00	28 07 29	29 19 22	15 27 43	15 58 45	12 36 13	19 19 59
24 Tu	23 12 55	20 02 11	27 00 38	10 13 48	6 42 25	18 46 40	7 15 02	5 06 03	28 17 52	29 25 55	15 26 19	16 02 26	12 38 38	19 21 29
25 W	24 14 09	4 ♈ 02 18	11 ♈ 06 44	10 25 43	7 47 28	18 29 39	7 33 10	4 52 57	28 28 13	29 32 34	15 24 51	16 06 11	12 41 06	19 23 01
26 Th	25 16 48	18 15 41	25 25 41	10 27 56	8 54 12	18 13 23	7 52 39	4 41 06	28 39 52	29 40 41	15 24 41	16 11 20	12 44 58	19 25 55
27 F	26 21 55	2 ♉ 42 11	9 ♉ 56 33	10 21 13	10 03 40	17 58 57	8 14 31	4 31 35	28 53 54	29 51 20	15 26 54	16 18 57	12 51 19	19 31 17
28 Sa	27 30 02	17 19 28	24 36 02	10 06 06	11 16 22	17 46 53	8 39 18	4 24 55	29 10 50	0 ♌ 05 02	15 32 00	16 29 35	13 00 39	19 39 37
29 Su	28 40 59	2 ♊ 02 36	9 ♊ 18 23	9 42 44	12 32 09	17 37 05	9 06 50	4 20 60	29 30 31	0 21 37	15 39 51	16 43 02	13 12 51	19 50 46
30 M	29 53 59	16 44 31	23 56 04	9 11 03	13 50 13	17 28 47	9 36 20	4 19 02	29 52 08	0 40 18	15 49 40	16 58 33	13 27 05	20 03 57
31 Tu	1 ♋ 07 48	1 ♋ 17 04	8 ♋ 21 00	8 30 53	15 09 21	17 20 48	10 06 35	4 17 50	0 ♉ 14 30	0 59 52	16 00 13	17 14 54	13 42 09	20 17 56

February 1995 LONGITUDE

Day	☉	0 hr ☽	Noon ☽	☿	♀	♂	⚵	⚳	♃	♄	⚷	♅	♆	♇
1 W	2 ♋ 21 04	15 ♋ 32 24	22 ♋ 26 02	7 ♋ 42 19	16 ♉ 28 08	17 ♑ 11 46	10 ♉ 36 12	4 ♑ 16 02	0 ♉ 36 13	1 ♌ 18 56	16 ♒ 10 07	17 ♊ 30 42	13 ♊ 56 41	20 ♈ 31 21
2 Th	3 32 33	29 24 25	6 ♌ 06 10	6 45 53	17 45 22	17 00 33	11 03 56	4 12 27	0 56 03	1 36 17	16 18 09	17 44 43	14 09 26	20 42 58
3 F	4 41 26	12 ♌ 49 45	19 19 13	5 42 45	19 00 13	16 46 20	11 29 00	4 06 15	1 13 12	1 51 06	16 23 31	17 56 09	14 19 36	20 51 59
4 Sa	5 47 27	25 47 56	2 ♍ 05 56	4 34 45	20 12 23	16 28 53	11 51 07	3 57 13	1 27 23	2 03 05	16 25 56	18 04 43	14 26 54	20 58 07
5 Su	6 50 53	8 ♍ 21 20	14 29 31	3 24 15	21 22 11	16 08 33	12 10 32	3 45 38	1 38 52	2 12 33	16 25 41	18 10 43	14 31 38	21 01 39
6 M	7 52 27	20 34 23	26 35 04	2 13 58	22 30 19	15 46 06	12 28 02	3 32 16	1 48 25	2 20 13	16 23 31	18 14 51	14 34 31	21 03 19
7 Tu	8 53 14	2 ♎ 32 58	8 ♎ 28 50	1 06 42	23 37 51	15 22 39	12 44 39	3 18 11	1 57 04	2 27 08	16 20 29	18 18 13	14 36 37	21 04 11
8 W	9 54 23	14 23 44	20 17 35	0 05 06	24 45 57	14 59 24	13 01 33	3 04 34	2 05 60	2 34 30	16 17 46	18 21 58	14 39 06	21 05 24
9 Th	10 56 60	26 13 21	2 ♏ 07 58	29 ♊ 11 23	25 55 41	14 37 28	13 19 48	2 52 32	2 16 17	2 43 21	16 16 26	18 27 10	14 43 04	21 08 05
10 F	12 01 53	8 ♏ 08 05	14 05 60	28 27 12	27 07 52	14 17 44	13 40 15	2 42 55	2 28 44	2 54 33	16 17 19	18 34 40	14 49 18	21 13 01
11 Sa	13 09 27	20 13 16	26 16 39	27 53 29	28 22 55	14 00 40	14 03 17	2 36 09	2 43 47	3 08 29	16 20 50	18 44 51	14 58 15	21 20 38
12 Su	14 19 38	2 ♐ 32 57	8 ♐ 43 28	27 30 27	29 40 46	13 46 13	14 28 51	2 32 11	3 01 21	3 25 06	16 26 55	18 57 40	15 09 49	21 30 52
13 M	15 31 55	15 09 36	21 28 18	27 17 34	1 ♊ 00 52	13 33 55	14 56 24	2 30 29	3 20 53	3 43 50	16 35 01	19 12 34	15 23 29	21 43 10
14 Tu	16 45 19	28 04 03	4 ♑ 31 16	27 13 48	2 22 16	13 22 51	15 24 59	2 30 07	3 41 27	4 03 45	16 44 13	19 28 36	15 38 18	21 56 36
15 W	17 58 41	11 ♑ 15 26	17 50 50	27 17 41	3 43 46	13 11 53	15 53 25	2 29 57	4 01 51	4 23 40	16 53 18	19 44 36	15 53 04	22 09 58
16 Th	19 10 47	24 41 33	1 ♒ 24 14	27 27 41	5 04 11	12 59 50	16 20 29	2 28 45	4 20 53	4 42 23	17 01 05	19 59 20	16 06 35	22 22 04
17 F	20 20 37	8 ♒ 19 23	15 08 05	27 42 23	6 22 28	12 45 46	16 45 11	2 25 32	4 37 33	4 58 52	17 06 33	20 11 49	16 17 51	22 31 54
18 Sa	21 27 36	22 05 43	28 59 03	28 00 48	7 38 03	12 29 06	17 06 54	2 19 44	4 51 14	5 12 32	17 09 06	20 21 26	16 26 15	22 38 51
19 Su	22 31 40	5 ♓ 57 48	12 ♓ 54 35	28 22 25	8 50 52	12 09 50	17 25 36	2 11 18	5 01 53	5 23 20	17 08 43	20 28 09	16 31 45	22 42 53
20 M	23 33 19	19 53 53	26 53 11	28 47 20	10 01 26	11 48 30	17 41 47	2 00 45	5 10 01	5 31 47	17 05 52	20 32 27	16 34 52	22 44 30
21 Tu	24 33 33	3 ♈ 53 15	10 ♈ 54 28	29 16 06	11 10 41	11 26 09	17 56 25	1 49 05	5 16 36	5 38 49	17 01 34	20 35 20	16 36 32	22 44 40
22 W	25 33 36	17 56 04	24 58 48	29 49 33	12 19 53	11 04 01	18 10 44	1 37 33	5 22 52	5 45 43	16 57 01	20 37 60	16 38 01	22 44 38
23 Th	26 34 41	2 ♉ 02 48	9 ♉ 06 39	0 ♋ 28 35	13 30 15	10 43 24	18 25 58	1 27 23	5 30 02	5 53 40	16 53 29	20 41 43	16 40 33	22 45 37
24 F	27 37 46	16 13 31	23 17 50	1 13 47	14 42 45	10 25 17	18 43 05	1 19 34	5 39 06	6 03 41	16 51 55	20 47 25	16 45 05	22 48 36
25 Sa	28 43 21	0 ♊ 27 13	7 ♊ 30 56	2 05 20	15 57 52	10 10 12	19 02 34	1 14 36	5 50 31	6 16 13	16 52 48	20 55 38	16 52 07	22 54 04
26 Su	29 51 20	14 41 28	21 43 04	3 02 53	17 15 30	9 58 06	19 24 19	1 12 26	6 04 13	6 31 12	16 56 05	21 06 14	17 01 34	23 01 56
27 M	1 ♌ 01 07	28 52 22	5 ♋ 49 57	4 05 32	18 35 03	9 48 23	19 47 43	1 12 25	6 19 34	6 47 60	17 01 08	21 18 37	17 12 48	23 11 34
28 Tu	2 11 40	12 ♋ 55 02	19 46 36	5 12 02	19 55 29	9 40 05	20 11 46	1 13 35	6 35 35	7 05 36	17 06 56	21 31 48	17 24 49	23 21 59

Notes

LONGITUDE — March 1995

Day	☉	0 hr ☽	Noon ☽	☿	♀	♂	⚵	⚳	♃	♄	⚷	♅	♆	♇
1 W	3 ♌ 21 52	26 ♋ 44 24	3 ♌ 28 10	6 ♋ 21 03	21 ♊ 15 40	9 ♑ 32 06	20 ♉ 35 20	1 ♑ 14 48	6 ♉ 51 06	7 ♌ 22 54	17 ♒ 12 22	21 ♊ 44 36	17 ♊ 36 29	23 ♈ 32 01
2 Th	4 30 40	10 ♌ 16 05	16 50 47	7 31 20	22 34 34	9 23 24	20 57 21	1 15 01	7 05 05	7 38 49	17 16 24	21 56 00	17 46 46	23 40 40
3 F	5 37 19	23 27 09	29 52 15	8 41 59	23 51 26	9 13 16	21 17 05	1 13 32	7 16 48	7 52 38	17 18 17	22 05 16	17 54 54	23 47 09
4 Sa	6 41 31	6 ♍ 16 39	12 ♍ 32 26	9 52 31	25 05 56	9 01 25	21 34 14	1 10 01	7 25 55	8 04 02	17 17 42	22 12 05	18 00 36	23 51 11
5 Su	7 43 22	18 45 37	24 53 07	11 02 55	26 18 13	8 47 59	21 48 53	1 04 37	7 32 35	8 13 08	17 14 47	22 16 33	18 03 57	23 52 52
6 M	8 43 24	0 ♎ 56 58	6 ♎ 57 51	12 13 34	27 28 45	8 33 29	22 01 34	0 57 48	7 37 16	8 20 25	17 10 02	22 19 11	18 05 29	23 52 43
7 Tu	9 42 21	12 55 05	18 51 30	13 25 07	28 38 19	8 18 42	22 13 02	0 50 24	7 40 45	8 26 40	17 04 14	22 20 44	18 05 58	23 51 30
8 W	10 41 08	24 45 21	0 ♏ 39 46	14 38 24	29 47 49	8 04 33	22 24 10	0 43 16	7 43 56	8 32 47	16 58 17	22 22 08	18 06 17	23 50 07
9 Th	11 40 37	6 ♏ 33 40	12 28 43	15 54 10	0 ♋ 58 08	7 51 54	22 35 53	0 37 19	7 47 41	8 39 38	16 53 03	22 24 15	18 07 19	23 49 26
10 F	12 41 31	18 26 01	24 24 22	17 13 04	2 09 56	7 41 28	22 48 50	0 33 13	7 52 42	8 47 56	16 49 15	22 27 45	18 09 46	23 50 10
11 Sa	13 44 13	0 ♐ 28 05	6 ♐ 32 11	18 35 26	3 23 39	7 33 41	23 03 26	0 31 25	7 59 24	8 58 04	16 47 17	22 33 04	18 14 02	23 52 42
12 Su	14 48 48	12 44 43	18 56 45	20 01 16	4 39 20	7 28 35	23 19 46	0 31 57	8 07 51	9 10 06	16 47 12	22 40 16	18 20 11	23 57 07
13 M	15 54 57	25 19 43	1 ♑ 41 20	21 30 12	5 56 41	7 25 53	23 37 29	0 34 31	8 17 43	9 23 44	16 48 44	22 49 01	18 27 55	24 03 06
14 Tu	17 02 02	8 ♑ 15 25	14 47 33	23 01 36	7 15 04	7 24 57	23 56 00	0 38 31	8 28 23	9 38 20	16 51 14	22 58 44	18 36 36	24 10 02
15 W	18 09 16	21 32 29	28 15 14	24 34 36	8 33 41	7 24 58	24 14 29	0 43 06	8 39 03	9 53 06	16 53 55	23 08 34	18 45 25	24 17 06
16 Th	19 15 46	5 ♒ 09 49	12 ♒ 02 24	26 08 18	9 51 39	7 25 05	24 32 04	0 47 27	8 48 51	10 07 10	16 55 54	23 17 40	18 53 32	24 23 27
17 F	20 20 49	19 04 40	26 05 28	27 41 57	11 08 16	7 24 34	24 48 01	0 50 48	8 57 04	10 19 48	16 56 29	23 25 19	19 00 11	24 28 20
18 Sa	21 23 57	3 ♓ 13 02	10 ♓ 19 51	29 15 05	12 23 03	7 22 57	25 01 53	0 52 42	9 03 12	10 30 33	16 55 11	23 31 03	19 04 57	24 31 19
19 Su	22 25 06	17 30 16	24 40 41	0 ♌ 47 36	13 35 56	7 20 09	25 13 35	0 53 05	9 07 13	10 39 19	16 51 57	23 34 47	19 07 43	24 32 19
20 M	23 24 33	1 ♈ 51 48	9 ♈ 03 26	2 19 47	14 47 12	7 16 27	25 23 24	0 52 15	9 09 23	10 46 25	16 47 03	23 36 49	19 08 48	24 31 37
21 Tu	24 22 56	16 13 39	23 24 28	3 52 14	15 57 29	7 12 28	25 31 57	0 50 47	9 10 20	10 52 28	16 41 08	23 37 46	19 08 48	24 29 50
22 W	25 21 03	0 ♉ 32 47	7 ♉ 41 12	5 25 45	17 07 34	7 08 59	25 40 02	0 49 31	9 10 50	10 58 14	16 34 59	23 38 26	19 08 32	24 27 47
23 Th	26 19 39	14 47 03	21 51 58	7 01 06	18 18 13	7 06 47	25 48 25	0 49 11	9 11 42	11 04 31	16 29 24	23 39 35	19 08 46	24 26 13
24 F	27 19 22	28 55 02	5 ♊ 55 40	8 38 54	19 30 03	7 06 28	25 57 42	0 50 26	9 13 31	11 11 56	16 24 58	23 41 50	19 10 07	24 25 46
25 Sa	28 20 31	12 ♊ 55 36	19 51 22	10 19 29	20 43 24	7 08 20	26 08 13	0 53 33	9 16 35	11 20 46	16 22 01	23 45 29	19 12 53	24 26 45
26 Su	29 23 03	26 47 35	3 ♋ 37 58	12 02 47	21 58 11	7 12 21	26 19 53	0 58 31	9 20 54	11 31 00	16 20 31	23 50 31	19 17 02	24 29 06
27 M	0 ♍ 26 37	10 ♋ 29 38	17 14 07	13 48 29	23 14 05	7 18 09	26 32 24	1 04 57	9 26 05	11 42 17	16 20 07	23 56 34	19 22 13	24 32 30
28 Tu	1 30 40	24 00 08	0 ♌ 38 14	15 36 02	24 30 32	7 25 10	26 45 10	1 12 19	9 31 36	11 54 03	16 20 16	24 03 06	19 27 53	24 36 22
29 W	2 34 33	7 ♌ 17 30	13 24 38	17 24 48	25 46 54	7 32 46	26 57 33	1 19 59	9 36 48	12 05 40	16 20 20	24 09 27	19 33 23	24 40 05
30 Th	3 37 43	20 20 20	26 44 29	19 14 14	27 02 36	7 40 22	27 09 00	1 27 21	9 41 07	12 16 34	16 19 44	24 15 04	19 38 11	24 43 05
31 F	4 39 45	3 ♍ 07 48	9 ♍ 24 50	21 03 55	28 17 14	7 47 33	27 19 06	1 34 02	9 44 09	12 26 21	16 18 06	24 19 32	19 41 50	24 44 58

LONGITUDE — April 1995

Day	☉	0 hr ☽	Noon ☽	☿	♀	♂	⚵	⚳	♃	♄	⚷	♅	♆	♇
1 Sa	5 ♍ 40 28	15 ♍ 39 51	21 ♍ 50 06	22 ♌ 53 42	29 ♋ 30 36	7 ♑ 54 07	27 ♉ 27 38	1 ♑ 39 50	9 ♉ 45 42	12 ♌ 34 48	16 ♒ 15 12	24 ♊ 22 40	19 ♊ 44 10	24 ♈ 45 31
2 Su	6 39 53	27 57 24	4 ♎ 01 36	24 43 37	0 ♌ 42 45	8 00 05	27 34 40	1 44 47	9 45 48	12 41 58	16 11 07	24 24 30	19 45 14	24 44 47
3 M	7 38 15	10 ♎ 02 21	16 01 39	26 33 54	1 53 54	8 05 41	27 40 24	1 49 06	9 44 42	12 48 06	16 06 04	24 25 17	19 45 14	24 43 00
4 Tu	8 35 56	21 57 35	27 53 32	28 24 56	3 04 26	8 11 17	27 45 13	1 53 09	9 42 46	12 53 32	16 00 25	24 25 21	19 44 33	24 40 33
5 W	9 33 21	3 ♏ 46 48	9 ♏ 41 16	0 ♍ 17 10	4 14 46	8 17 17	27 49 33	1 57 23	9 40 25	12 58 44	15 54 37	24 25 10	19 43 37	24 37 51
6 Th	10 30 57	15 34 18	21 29 27	2 10 59	5 25 21	8 24 06	27 53 48	2 02 12	9 38 06	13 04 06	15 49 04	24 25 08	19 42 52	24 35 20
7 F	11 29 03	27 24 52	3 ♐ 23 01	4 06 44	6 36 29	8 32 05	27 58 19	2 07 56	9 36 08	13 09 58	15 44 08	24 25 36	19 42 37	24 33 20
8 Sa	12 27 52	9 ♐ 23 24	15 26 58	6 04 36	7 48 24	8 41 23	28 03 19	2 14 47	9 34 44	13 16 33	15 40 01	24 26 46	19 43 05	24 32 03
9 Su	13 27 26	21 34 45	27 46 05	8 04 35	9 01 08	8 52 04	28 08 49	2 22 47	9 33 56	13 23 54	15 36 45	24 28 41	19 44 19	24 31 33
10 M	14 27 38	4 ♑ 03 26	10 ♑ 24 32	10 06 33	10 14 34	9 04 00	28 14 42	2 31 51	9 33 39	13 31 54	15 34 15	24 31 15	19 46 12	24 31 42
11 Tu	15 28 16	16 52 59	23 25 34	12 10 12	11 28 28	9 16 56	28 20 45	2 41 42	9 33 37	13 40 17	15 32 16	24 34 11	19 48 30	24 32 17
12 W	16 28 58	0 ♒ 06 08	6 ♒ 51 01	14 15 07	12 42 31	9 30 32	28 26 39	2 52 02	9 33 31	13 48 47	15 30 29	24 37 13	19 50 54	24 32 58
13 Th	17 29 28	13 43 49	20 40 58	16 20 56	13 56 25	9 44 30	28 32 04	3 02 32	9 33 05	13 57 03	15 28 36	24 40 02	19 53 05	24 33 27
14 F	18 29 30	27 45 09	4 ♓ 53 24	18 27 15	15 09 55	9 58 32	28 36 45	3 12 57	9 32 01	14 04 51	15 26 22	24 42 21	19 54 48	24 33 28
15 Sa	19 28 56	12 ♓ 07 08	19 24 16	20 33 48	16 22 51	10 12 31	28 40 33	3 23 07	9 30 13	14 12 02	15 23 38	24 44 04	19 55 55	24 32 54
16 Su	20 27 45	26 44 50	4 ♈ 07 43	22 40 23	17 35 15	10 26 25	28 43 30	3 33 02	9 27 40	14 18 36	15 20 24	24 45 09	19 56 26	24 31 45
17 M	21 26 06	11 ♈ 31 50	18 56 53	24 46 57	18 47 13	10 40 21	28 45 40	3 42 50	9 24 28	14 24 40	15 16 49	24 45 44	19 56 28	24 30 07
18 Tu	22 24 09	26 21 03	3 ♉ 44 39	26 53 27	19 58 56	10 54 29	28 47 17	3 52 41	9 20 51	14 30 26	15 13 03	24 46 00	19 56 12	24 28 12
19 W	23 22 08	11 ♉ 05 40	18 24 38	28 59 51	21 10 39	11 09 04	28 48 32	4 02 49	9 17 01	14 36 07	15 09 20	24 46 12	19 55 52	24 26 14
20 Th	24 20 13	25 39 50	2 ♊ 51 45	1 ♎ 06 03	22 22 31	11 24 13	28 49 36	4 13 23	9 13 09	14 41 53	15 05 50	24 46 28	19 55 38	24 24 23
21 F	25 18 30	9 ♊ 59 16	17 02 37	3 11 51	23 34 38	11 40 03	28 50 35	4 24 30	9 09 20	14 47 50	15 02 39	24 46 55	19 55 36	24 22 44
22 Sa	26 17 00	24 01 20	0 ♋ 55 26	5 16 57	24 47 01	11 56 34	28 51 29	4 36 08	9 05 34	14 53 58	14 59 48	24 47 33	19 55 45	24 21 18
23 Su	27 15 38	7 ♋ 44 58	14 29 46	7 20 56	25 59 34	12 13 40	28 52 12	4 48 14	9 01 49	15 00 13	14 57 12	24 48 18	19 56 03	24 20 01
24 M	28 14 18	21 10 15	27 46 13	9 23 23	27 12 12	12 31 14	28 52 40	5 00 40	8 57 56	15 06 28	14 54 45	24 49 03	19 56 21	24 18 46
25 Tu	29 12 53	4 ♌ 18 08	10 ♌ 45 58	11 23 54	28 24 47	12 49 11	28 52 44	5 13 21	8 53 51	15 12 37	14 52 21	24 49 42	19 56 35	24 17 28
26 W	0 ♎ 11 21	17 10 04	23 30 34	13 22 05	29 37 18	13 07 26	28 52 23	5 26 13	8 49 31	15 18 36	14 49 57	24 50 12	19 56 41	24 16 02
27 Th	1 09 40	29 47 41	6 ♍ 01 44	15 17 41	0 ♍ 49 44	13 25 59	28 51 36	5 39 16	8 44 54	15 24 26	14 47 32	24 50 33	19 56 39	24 14 29
28 F	2 07 55	12 ♍ 12 45	18 21 11	17 10 29	2 02 07	13 44 53	28 50 25	5 52 32	8 40 06	15 30 10	14 45 11	24 50 49	19 56 32	24 12 53
29 Sa	3 06 12	24 27 03	0 ♎ 30 41	19 00 19	3 14 35	14 04 13	28 48 58	6 06 08	8 35 11	15 35 54	14 42 59	24 51 04	19 56 26	24 11 19
30 Su	4 04 37	6 ♎ 32 22	12 32 05	20 47 07	4 27 13	14 24 05	28 47 21	6 20 10	8 30 18	15 41 45	14 41 03	24 51 26	19 56 29	24 09 54

Notes

May 1995 — LONGITUDE

Day	☉	0 hr ☽	Noon ☽	☿	♀	♂	⚵	⚳	♃	♄	⚷	♅	♆	♇
1 M	5 ♌ 03 15	18 ♌ 30 34	24 ♌ 27 21	22 ♌ 30 46	5 ♍ 40 07	14 ♑ 44 34	28 ♉ 45 38	6 ♑ 34 42	8 ♉ 25 30	15 ♌ 47 46	14 ♒ 39 28	24 ♊ 52 01	19 ♊ 56 44	24 ♈ 08 43
2 Tu	6 02 08	0 ♏ 23 43	6 ♏ 18 41	24 11 09	6 53 19	15 05 42	28 43 51	6 49 47	8 20 51	15 54 01	14 38 17	24 52 49	19 57 14	24 07 48
3 W	7 01 15	12 14 07	18 08 35	25 48 04	8 06 47	15 27 26	28 42 00	7 05 23	8 16 19	16 00 28	14 37 27	24 53 49	19 57 58	24 07 08
4 Th	8 00 29	24 04 25	29 59 57	27 21 19	9 20 24	15 49 40	28 39 58	7 21 22	8 11 47	16 07 00	14 36 53	24 54 56	19 58 49	24 06 37
5 F	8 59 40	5 ♐ 57 41	11 ♐ 56 03	28 50 37	10 34 01	16 12 13	28 37 34	7 37 35	8 07 07	16 13 27	14 36 24	24 55 59	19 59 37	24 06 04
6 Sa	9 58 36	17 57 24	24 00 34	0 ♏ 15 42	11 47 26	16 34 53	28 34 37	7 53 49	8 02 07	16 19 39	14 35 49	24 56 46	20 00 10	24 05 18
7 Su	10 57 08	0 ♑ 07 23	6 ♑ 17 29	1 36 18	13 00 29	16 57 30	28 30 58	8 09 55	7 56 36	16 25 23	14 34 58	24 57 07	20 00 19	24 04 08
8 M	11 55 08	12 31 47	18 50 54	2 52 13	14 13 02	17 19 56	28 26 28	8 25 45	7 50 28	16 30 33	14 33 44	24 56 56	19 59 56	24 02 29
9 Tu	12 52 36	25 14 44	1 ♒ 44 51	4 03 22	15 25 05	17 42 09	28 21 08	8 41 18	7 43 42	16 35 09	14 32 06	24 56 11	19 59 01	24 00 17
10 W	13 49 37	8 ♒ 20 05	15 02 43	5 09 49	16 36 45	18 04 17	28 15 03	8 56 40	7 36 26	16 39 17	14 30 10	24 54 59	19 57 39	23 57 42
11 Th	14 46 27	21 50 50	28 46 48	6 11 44	17 48 15	18 26 32	28 08 29	9 12 05	7 28 53	16 43 10	14 28 11	24 53 34	19 56 06	23 54 56
12 F	15 43 24	5 ♓ 48 28	12 ♓ 57 34	7 09 21	18 59 56	18 49 13	28 01 44	9 27 52	7 21 23	16 47 09	14 26 28	24 52 15	19 54 40	23 52 19
13 Sa	16 40 49	20 12 18	27 33 03	8 02 57	20 12 06	19 12 41	27 55 09	9 44 21	7 14 16	16 51 33	14 25 21	24 51 23	19 53 43	23 50 12
14 Su	17 38 59	4 ♈ 58 57	12 ♈ 28 31	8 52 45	21 25 04	19 37 11	27 49 01	10 01 49	7 07 50	16 56 40	14 25 08	24 51 15	19 53 29	23 48 51
15 M	18 38 01	20 02 13	27 36 33	9 38 50	22 38 56	20 02 51	27 43 27	10 20 22	7 02 13	17 02 35	14 25 54	24 51 57	19 54 08	23 48 23
16 Tu	19 37 51	5 ♉ 13 31	12 ♉ 47 54	10 21 02	23 53 38	20 29 36	27 38 24	10 39 56	6 57 19	17 09 16	14 27 37	24 53 26	19 55 34	23 48 44
17 W	20 38 12	20 23 04	27 52 50	10 59 03	25 08 53	20 57 09	27 33 33	11 00 15	6 52 52	17 16 24	14 29 59	24 55 24	19 57 30	23 49 37
18 Th	21 38 38	5 ♊ 21 22	12 ♊ 42 33	11 32 22	26 24 16	21 25 04	27 28 30	11 20 51	6 48 28	17 23 35	14 32 34	24 57 27	19 59 32	23 50 37
19 F	22 38 42	20 00 37	27 10 29	12 00 31	27 39 18	21 52 51	27 22 47	11 41 17	6 43 37	17 30 20	14 34 54	24 59 04	20 01 10	23 51 15
20 Sa	23 37 57	4 ♋ 15 39	11 ♋ 12 53	12 23 02	28 53 34	22 20 07	27 15 59	12 01 08	6 37 56	17 36 13	14 36 35	24 59 52	20 01 59	23 51 06
21 Su	24 36 12	18 04 15	24 48 48	12 39 41	0 ♎ 06 51	22 46 37	27 07 52	12 20 09	6 31 10	17 41 02	14 37 22	24 59 38	20 01 47	23 49 57
22 M	25 33 25	1 ♌ 26 47	7 ♌ 59 32	12 50 29	1 19 07	23 12 20	26 58 26	12 38 20	6 23 20	17 44 45	14 37 15	24 58 19	20 00 32	23 47 48
23 Tu	26 29 49	14 25 37	20 48 02	12 55 42	2 30 38	23 37 31	26 47 56	12 55 55	6 14 40	17 47 37	14 36 29	24 56 11	19 58 29	23 44 51
24 W	27 25 52	27 04 17	3 ♍ 18 07	12 55 49	3 41 48	24 02 33	26 36 47	13 13 19	6 05 35	17 50 02	14 35 27	24 53 39	19 56 03	23 41 33
25 Th	28 22 03	9 ♍ 26 52	15 33 56	12 51 28	4 53 08	24 27 60	26 25 31	13 31 03	5 56 37	17 52 32	14 34 42	24 51 14	19 53 44	23 38 26
26 F	29 18 56	21 37 28	27 39 25	12 43 22	6 05 12	24 54 22	26 14 42	13 49 40	5 48 20	17 55 40	14 34 47	24 49 29	19 52 07	23 36 01
27 Sa	0 ♏ 16 58	3 ♎ 39 49	9 ♎ 38 10	12 32 09	7 18 27	25 22 08	26 04 46	14 09 37	5 41 11	17 59 54	14 36 09	24 48 52	19 51 39	23 34 46
28 Su	1 16 27	15 37 06	21 33 08	12 18 21	8 33 12	25 51 35	25 56 04	14 31 13	5 35 29	18 05 31	14 39 07	24 49 41	19 52 38	23 35 01
29 M	2 17 30	27 31 53	3 ♏ 26 42	12 02 21	9 49 30	26 22 49	25 48 40	14 54 32	5 31 19	18 12 37	14 43 45	24 52 01	19 55 09	23 36 50
30 Tu	3 19 55	9 ♏ 26 10	15 20 47	11 44 22	11 07 14	26 55 39	25 42 26	15 19 24	5 28 33	18 21 02	14 49 54	24 55 42	19 59 03	23 40 03
31 W	4 23 21	21 21 32	27 16 55	11 24 23	12 25 60	27 29 43	25 36 59	15 45 28	5 26 48	18 30 24	14 57 12	25 00 23	20 03 56	23 44 19

June 1995 — LONGITUDE

Day	☉	0 hr ☽	Noon ☽	☿	♀	♂	⚵	⚳	♃	♄	⚷	♅	♆	♇
1 Th	5 ♏ 27 14	3 ♐ 19 24	9 ♐ 16 35	11 ♏ 02 17	13 ♎ 45 14	28 ♑ 04 27	25 ♉ 31 47	16 ♑ 12 08	5 ♉ 25 29	18 ♌ 40 08	15 ♒ 05 04	25 ♊ 05 29	20 ♊ 09 16	23 ♈ 49 02
2 F	6 30 53	15 21 14	21 21 23	10 37 53	15 04 16	28 39 11	25 26 10	16 38 45	5 23 59	18 49 35	15 12 51	25 10 20	20 14 23	23 53 34
3 Sa	7 33 40	27 28 49	3 ♑ 33 19	10 11 05	16 22 29	29 13 15	25 19 29	17 04 39	5 21 38	18 58 05	15 19 54	25 14 18	20 18 37	23 57 15
4 Su	8 35 04	9 ♑ 44 28	15 54 53	9 41 54	17 39 19	29 46 08	25 11 14	17 29 20	5 17 56	19 05 08	15 25 41	25 16 51	20 21 27	23 59 35
5 M	9 34 47	22 11 11	28 29 17	9 10 37	18 54 30	0 ♒ 17 33	25 01 08	17 52 29	5 12 34	19 10 26	15 29 55	25 17 43	20 22 36	24 00 15
6 Tu	10 32 50	4 ♒ 52 33	11 ♒ 20 11	8 37 51	20 08 04	0 47 30	24 49 14	18 14 09	5 05 36	19 14 00	15 32 37	25 16 53	20 22 06	23 59 18
7 W	11 29 36	17 52 37	24 31 32	8 04 30	21 20 21	1 16 21	24 35 53	18 34 40	4 57 23	19 16 13	15 34 10	25 14 45	20 20 18	23 57 06
8 Th	12 25 43	1 ♓ 15 22	8 ♓ 06 58	7 31 49	22 32 02	1 44 46	24 21 46	18 54 41	4 48 34	19 17 42	15 35 11	25 11 58	20 17 51	23 54 16
9 F	13 22 00	15 04 07	22 09 01	7 01 07	23 43 55	2 13 32	24 07 42	19 15 01	4 39 60	19 19 18	15 36 31	25 09 19	20 15 35	23 51 39
10 Sa	14 19 19	29 20 26	6 ♈ 38 11	6 33 45	24 56 52	2 43 30	23 54 33	19 36 32	4 32 30	19 21 50	15 39 00	25 07 41	20 14 20	23 50 05
11 Su	15 18 19	14 ♈ 03 22	21 32 00	6 10 51	26 11 30	3 15 20	23 42 58	19 59 51	4 26 44	19 25 59	15 43 17	25 07 43	20 14 45	23 50 13
12 M	16 19 18	29 08 32	6 ♉ 44 34	5 53 06	27 28 09	3 49 19	23 33 17	20 25 17	4 23 02	19 32 02	15 49 40	25 09 42	20 17 09	23 52 22
13 Tu	17 22 07	14 ♉ 28 04	22 06 41	5 40 44	28 46 41	4 25 20	23 25 22	20 52 43	4 21 15	19 39 51	15 58 01	25 13 31	20 21 23	23 56 24
14 W	18 26 13	29 51 23	7 ♊ 27 11	5 33 28	0 ♏ 06 31	5 02 47	23 18 39	21 21 32	4 20 48	19 48 52	16 07 46	25 18 35	20 26 54	24 01 43
15 Th	19 30 43	15 ♊ 06 50	22 34 44	5 30 40	1 26 46	5 40 47	23 12 16	21 50 52	4 20 49	19 58 11	16 18 00	25 24 01	20 32 47	24 07 28
16 F	20 34 38	0 ♋ 03 47	7 ♋ 19 53	5 31 34	2 46 27	6 18 22	23 05 15	22 19 45	4 20 21	20 06 50	16 27 47	25 28 51	20 38 05	24 12 39
17 Sa	21 37 09	14 34 22	21 36 24	5 35 31	4 04 46	6 54 43	22 56 48	22 47 21	4 18 33	20 14 00	16 36 17	25 32 15	20 41 59	24 16 28
18 Su	22 37 48	28 34 27	5 ♌ 21 48	5 42 07	5 21 14	7 29 21	22 46 26	23 13 11	4 14 58	20 19 12	16 43 01	25 33 46	20 43 59	24 18 26
19 M	23 36 31	12 ♌ 03 30	18 36 58	5 51 25	6 35 49	8 02 13	22 34 09	23 37 13	4 09 34	20 22 23	16 47 56	25 33 20	20 44 04	24 18 30
20 Tu	24 33 43	25 04 01	1 ♍ 25 19	6 03 49	7 48 52	8 33 41	22 20 19	23 59 50	4 02 43	20 23 57	16 51 25	25 31 21	20 42 36	24 17 03
21 W	25 30 06	7 ♍ 40 28	13 51 49	6 20 05	9 01 09	9 04 31	22 05 41	24 21 45	3 55 09	20 24 37	16 54 13	25 28 31	20 40 18	24 14 49
22 Th	26 26 36	19 58 21	26 02 10	6 41 06	10 13 33	9 35 35	21 51 11	24 43 52	3 47 47	20 25 18	16 57 12	25 25 46	20 38 07	24 12 43
23 F	27 24 07	2 ♎ 03 23	8 ♎ 02 00	7 07 46	11 27 00	10 07 50	21 37 45	25 07 08	3 41 34	20 26 54	17 01 20	25 24 02	20 36 56	24 11 40
24 Sa	28 23 28	14 00 56	19 56 28	7 40 50	12 42 18	10 42 03	21 26 11	25 32 19	3 37 17	20 30 14	17 07 23	25 24 06	20 37 34	24 12 28
25 Su	29 25 09	25 55 34	1 ♏ 49 47	8 20 46	13 59 57	11 18 45	21 17 01	25 59 56	3 35 27	20 35 49	17 15 53	25 26 28	20 40 32	24 15 37
26 M	0 ♐ 29 20	7 ♏ 50 52	13 45 14	9 07 41	15 20 07	11 58 05	21 10 25	26 30 10	3 36 14	20 43 48	17 26 59	25 31 20	20 45 59	24 21 18
27 Tu	1 35 48	19 49 20	25 44 59	10 01 16	16 42 35	12 39 50	21 06 12	27 02 46	3 39 24	20 53 58	17 40 27	25 38 26	20 53 43	24 29 17
28 W	2 43 57	1 ♐ 52 32	7 ♐ 50 20	11 00 53	18 06 46	13 23 24	21 03 45	27 37 08	3 44 24	21 05 42	17 55 42	25 47 13	21 03 06	24 38 59
29 Th	3 52 53	14 01 13	20 01 55	12 05 36	19 31 45	14 07 55	21 02 13	28 12 25	3 50 19	21 18 09	18 11 52	25 56 47	21 13 18	24 49 30
30 F	5 01 37	26 15 49	2 ♑ 20 04	13 14 19	20 56 33	14 52 20	21 00 36	28 47 34	3 56 10	21 30 18	18 27 53	26 06 06	21 23 16	24 59 50

Notes

LONGITUDE July 1995

Day	☉	0 hr ☽	Noon ☽	☿	♀	♂	⯲	⚳	♃	♄	⚷	♅	♆	♇
1 Sa	6 ♐ 09 07	8 ♑ 36 39	14 ♑ 45 12	14 ♏ 25 58	22 ♏ 20 08	15 ♒ 35 40	20 ♉ 57 53	29 ♑ 21 34	4 ♉ 00 54	21 ♌ 41 06	18 ♒ 42 47	26 ♊ 14 10	21 ♊ 31 60	25 ♈ 08 57
2 Su	7 14 33	21 04 29	27 18 16	15 39 41	23 41 41	16 17 04	20 53 16	29 53 37	4 03 44	21 49 46	18 55 44	26 20 11	21 38 40	25 16 03
3 M	8 17 28	3 ♒ 40 48	10 ♒ 00 58	16 54 56	25 00 44	16 56 05	20 46 18	0 ♒ 23 13	4 04 12	21 55 48	19 06 14	26 23 39	21 42 49	25 20 40
4 Tu	9 17 51	16 27 59	22 55 53	18 11 39	26 17 16	17 32 41	20 36 59	0 50 23	4 02 16	21 59 13	19 14 19	26 24 34	21 44 25	25 22 46
5 W	10 16 10	29 29 18	6 ♓ 06 25	19 30 14	27 31 44	18 07 20	20 25 46	1 15 33	3 58 25	22 00 27	19 20 24	26 23 25	21 43 57	25 22 49
6 Th	11 13 17	12 ♓ 48 35	19 36 18	20 51 33	28 45 02	18 40 56	20 13 33	1 39 37	3 53 32	22 00 24	19 25 24	26 21 03	21 42 17	25 21 43
7 F	12 10 21	26 29 36	3 ♈ 28 56	22 16 39	29 58 19	19 14 35	20 01 29	2 03 42	3 48 45	22 00 12	19 30 26	26 18 37	21 40 33	25 20 35
8 Sa	13 08 32	10 ♈ 35 13	17 46 22	23 46 40	1 ♐ 12 43	19 49 28	19 50 46	2 28 59	3 45 14	22 01 02	19 36 40	26 17 18	21 39 57	25 20 37
9 Su	14 08 47	25 06 13	2 ♉ 28 13	25 22 28	2 29 13	20 26 33	19 42 21	2 56 25	3 43 58	22 03 50	19 45 04	26 18 03	21 41 25	25 22 44
10 M	15 11 36	10 ♉ 00 25	17 30 45	27 04 29	3 48 19	21 06 18	19 36 43	3 26 29	3 45 25	22 09 06	19 56 07	26 21 21	21 45 27	25 27 27
11 Tu	16 16 54	25 11 58	2 ♊ 46 40	28 52 31	5 09 54	21 48 39	19 33 49	3 59 06	3 49 30	22 16 45	20 09 43	26 27 07	21 51 57	25 34 40
12 W	17 24 00	10 ♊ 31 38	18 05 42	0 ♐ 45 46	6 33 18	22 32 54	19 32 57	4 33 35	3 55 33	22 26 06	20 25 12	26 34 40	22 00 15	25 43 43
13 Th	18 31 49	25 48 06	3 ♋ 16 20	2 43 02	7 57 25	23 17 57	19 33 03	5 08 50	4 02 28	22 36 03	20 41 28	26 42 55	22 09 15	25 53 30
14 F	19 39 04	10 ♋ 49 58	18 07 53	4 42 54	9 21 00	24 02 35	19 32 51	5 43 36	4 08 60	22 45 21	20 57 16	26 50 36	22 17 41	26 02 45
15 Sa	20 44 42	25 27 51	2 ♌ 32 26	6 44 05	10 42 59	24 45 40	19 31 17	6 16 48	4 14 04	22 52 55	21 11 30	26 56 39	22 24 30	26 10 24
16 Su	21 48 01	9 ♌ 35 50	16 25 45	8 45 42	12 02 39	25 26 32	19 27 41	6 47 45	4 16 58	22 58 03	21 23 30	27 00 22	22 28 58	26 15 45
17 M	22 48 53	23 11 58	29 47 27	10 47 22	13 19 53	26 05 03	19 21 53	7 16 17	4 17 35	23 00 38	21 33 06	27 01 36	22 30 59	26 18 40
18 Tu	23 47 40	6 ♍ 17 45	12 ♍ 40 15	12 49 11	14 35 03	26 41 35	19 14 18	7 42 48	4 16 17	23 01 02	21 40 42	27 00 45	22 30 55	26 19 32
19 W	24 45 11	18 57 20	25 09 04	14 51 42	15 48 58	27 16 57	19 05 45	8 08 07	4 13 53	23 00 04	21 47 06	26 58 38	22 29 34	26 19 09
20 Th	25 42 32	1 ♎ 16 26	7 ♎ 19 58	16 55 40	17 02 42	27 52 14	18 57 17	8 33 17	4 11 28	22 58 47	21 53 22	26 56 19	22 28 02	26 18 35
21 F	26 40 47	13 21 23	19 19 22	19 01 52	18 17 22	28 28 30	18 50 02	8 59 25	4 10 07	22 58 20	22 00 37	26 54 53	22 27 23	26 18 58
22 Sa	27 40 55	25 18 25	1 ♏ 13 24	21 10 58	19 33 55	29 06 46	18 44 58	9 27 28	4 10 50	22 59 38	22 09 48	26 55 20	22 28 37	26 21 15
23 Su	28 43 35	7 ♏ 13 07	13 07 21	23 23 18	20 53 01	29 47 39	18 42 45	9 58 07	4 14 15	23 03 23	22 21 35	26 58 18	22 32 23	26 26 05
24 M	29 49 03	19 10 04	25 05 23	25 38 48	22 14 55	0 ♓ 31 25	18 43 38	10 31 36	4 20 37	23 09 48	22 36 13	27 04 03	22 38 56	26 33 44
25 Tu	0 ♑ 57 05	1 ♐ 12 34	7 ♐ 10 28	27 56 58	23 39 24	1 17 51	18 47 25	11 07 42	4 29 44	23 18 41	22 53 29	27 12 22	22 48 02	26 43 58
26 W	2 07 03	13 22 42	19 24 13	0 ♑ 16 53	25 05 50	2 06 18	18 53 26	11 45 46	4 40 57	23 29 25	23 12 45	27 22 36	22 59 05	26 56 10
27 Th	3 17 59	25 41 25	1 ♑ 47 15	2 37 19	26 33 14	2 55 48	19 00 45	12 24 51	4 53 17	23 40 59	23 33 01	27 33 48	23 11 04	27 09 20
28 F	4 28 43	8 ♑ 08 46	14 19 19	4 56 55	28 00 26	3 45 12	19 08 11	13 03 46	5 05 37	23 52 15	23 53 08	27 44 47	23 22 51	27 22 19
29 Sa	5 38 08	20 44 21	26 59 52	7 14 20	29 26 19	4 33 21	19 14 38	13 41 24	5 16 47	24 02 06	24 11 59	27 54 27	23 33 18	27 34 00
30 Su	6 45 16	3 ♒ 27 45	9 ♒ 48 30	9 28 30	0 ♑ 49 57	5 19 20	19 19 09	14 16 49	5 25 52	24 09 35	24 28 38	28 01 50	23 41 30	27 43 28
31 M	7 49 38	16 18 58	22 45 21	11 38 43	2 10 48	6 02 37	19 21 13	14 49 28	5 32 20	24 14 11	24 42 32	28 06 26	23 46 54	27 50 08

LONGITUDE August 1995

Day	☉	0 hr ☽	Noon ☽	☿	♀	♂	⯲	⚳	♃	♄	⚷	♅	♆	♇
1 Tu	8 ♑ 51 08	29 ♒ 18 52	5 ♓ 51 27	13 ♑ 44 51	3 ♑ 28 49	6 ♓ 43 08	19 ♉ 20 47	15 ♒ 19 20	5 ♉ 36 08	24 ♌ 15 50	24 ♒ 53 39	28 ♊ 08 12	23 ♊ 49 27	27 ♈ 53 60
2 W	9 50 17	12 ♓ 29 10	19 08 46	15 47 15	4 44 28	7 21 22	19 18 19	15 46 51	5 37 44	24 15 01	25 02 27	28 07 35	23 49 38	27 55 30
3 Th	10 47 58	25 52 27	2 ♈ 39 56	17 46 47	5 58 40	7 58 14	19 14 44	16 12 57	5 38 03	24 12 40	25 09 50	28 05 31	23 48 21	27 55 35
4 F	11 45 24	9 ♈ 31 39	16 27 47	19 44 35	7 12 36	8 34 55	19 11 13	16 38 49	5 38 17	24 09 57	25 17 00	28 03 11	23 46 49	27 55 25
5 Sa	12 43 47	23 29 20	0 ♉ 34 26	21 41 49	8 27 31	9 12 39	19 09 01	17 05 41	5 39 40	24 08 06	25 25 11	28 01 50	23 46 15	27 56 15
6 Su	13 44 08	7 ♉ 46 48	15 00 23	23 39 30	9 44 24	9 52 25	19 09 08	17 34 32	5 43 10	24 08 08	25 35 23	28 02 26	23 47 38	27 59 04
7 M	14 47 00	22 23 06	29 43 35	25 38 08	11 03 49	10 34 47	19 12 05	18 05 56	5 49 22	24 10 35	25 48 08	28 05 34	23 51 33	28 04 25
8 Tu	15 52 21	7 ♊ 14 25	14 ♊ 39 02	27 37 41	12 25 41	11 19 41	19 17 52	18 39 51	5 58 12	24 15 25	26 03 23	28 11 10	23 57 56	28 12 15
9 W	16 59 32	22 14 01	29 38 56	29 37 30	13 49 25	12 06 32	19 25 49	19 15 37	6 09 04	24 22 00	26 20 32	28 18 38	24 06 10	28 21 58
10 Th	18 07 32	7 ♋ 12 54	14 ♋ 33 52	1 ♒ 36 34	15 13 58	12 54 14	19 34 54	19 52 13	6 20 53	24 29 18	26 38 32	28 26 53	24 15 11	28 32 30
11 F	19 15 06	22 01 22	29 14 21	3 33 40	16 38 05	13 41 36	19 43 55	20 28 25	6 32 27	24 36 06	26 56 08	28 34 44	24 23 48	28 42 38
12 Sa	20 21 11	6 ♌ 30 39	13 ♌ 32 35	5 27 42	18 00 42	14 27 31	19 51 44	21 03 09	6 42 41	24 41 18	27 12 16	28 41 05	24 30 54	28 51 16
13 Su	21 25 02	20 34 29	27 23 34	7 17 58	19 21 05	15 11 17	19 57 39	21 35 39	6 50 50	24 44 11	27 26 11	28 45 12	24 35 46	28 57 41
14 M	22 26 24	4 ♍ 09 48	10 ♍ 45 40	9 04 15	20 39 00	15 52 39	20 01 26	22 05 42	6 56 41	24 44 30	27 37 41	28 46 50	24 38 10	29 01 39
15 Tu	23 25 36	17 16 45	23 40 15	10 46 49	21 54 43	16 31 53	20 03 20	22 33 34	7 00 29	24 42 32	27 46 60	28 46 17	24 38 21	29 03 27
16 W	24 23 16	29 58 12	6 ♎ 11 03	12 26 23	23 08 56	17 09 40	20 04 02	22 59 57	7 02 56	24 38 59	27 54 50	28 44 14	24 37 02	29 03 44
17 Th	25 20 24	12 ♎ 18 54	18 23 26	14 03 53	24 22 35	17 46 58	20 04 30	23 25 46	7 04 59	24 34 46	28 02 07	28 41 37	24 35 09	29 03 28
18 F	26 17 59	24 24 40	0 ♏ 23 28	15 40 23	25 36 41	18 24 48	20 05 45	23 52 04	7 07 39	24 30 57	28 09 54	28 39 28	24 33 43	29 03 41
19 Sa	27 16 58	6 ♏ 21 39	12 17 21	17 16 46	26 52 11	19 04 05	20 08 42	24 19 46	7 11 51	24 28 25	28 19 06	28 38 43	24 33 41	29 05 18
20 Su	28 18 00	18 15 45	24 10 52	18 53 45	28 09 43	19 45 28	20 14 00	24 49 32	7 18 15	24 27 51	28 30 21	28 40 01	24 35 41	29 08 58
21 M	29 21 23	0 ♐ 12 10	6 ♐ 08 57	20 31 35	29 29 35	20 29 17	20 21 58	25 21 38	7 27 09	24 29 34	28 43 58	28 43 39	24 40 01	29 14 60
22 Tu	0 ♒ 27 01	12 15 07	18 15 28	22 10 11	0 ♒ 51 42	21 15 23	20 32 28	25 55 60	7 38 26	24 33 25	28 59 50	28 49 32	24 46 36	29 23 16
23 W	1 34 22	24 27 41	0 ♑ 33 01	23 49 02	2 15 32	22 03 17	20 45 01	26 32 05	7 51 36	24 38 56	29 17 27	28 57 10	24 54 54	29 33 17
24 Th	2 42 39	6 ♑ 51 40	13 02 57	25 27 19	3 40 16	22 52 09	20 58 47	27 09 06	8 05 50	24 45 17	29 36 00	29 05 43	25 04 07	29 44 14
25 F	3 50 52	19 27 46	25 45 29	27 04 01	5 04 56	23 41 02	21 12 47	27 46 03	8 20 09	24 51 31	29 54 30	29 14 12	25 13 16	29 55 07
26 Sa	4 58 02	2 ♒ 15 45	8 ♒ 39 59	28 38 10	6 28 33	24 28 56	21 26 02	28 21 58	8 33 34	24 56 37	0 ♓ 11 58	29 21 39	25 21 22	0 ♉ 04 59
27 Su	6 03 22	15 14 49	21 45 21	0 ♓ 08 55	7 50 19	25 15 03	21 37 44	28 56 03	8 45 16	24 59 49	0 27 36	29 27 17	25 27 38	0 13 00
28 M	7 06 23	28 23 57	5 ♓ 00 26	1 35 45	9 09 45	25 58 54	21 47 24	29 27 48	8 54 48	25 00 37	0 40 55	29 30 35	25 31 34	0 18 43
29 Tu	8 06 60	11 ♓ 42 23	18 24 28	2 58 35	10 26 47	26 40 25	21 54 59	29 57 10	9 02 05	24 58 58	0 51 51	29 31 30	25 33 07	0 22 02
30 W	9 05 36	25 09 50	1 ♈ 57 17	4 17 45	11 41 47	27 19 59	22 00 49	0 ♓ 24 30	9 07 29	24 55 14	1 00 47	29 30 26	25 32 39	0 23 21
31 Th	10 02 54	8 ♈ 46 39	15 39 22	5 33 55	12 55 29	27 58 19	22 05 40	0 50 34	9 11 45	24 50 09	1 08 25	29 28 04	25 30 53	0 23 24

Notes

September 1995 LONGITUDE

Day	☉	0 hr ☽	Noon ☽	☿	♀	♂	⚵	⚳	♃	♄	⚷	♅	♆	♇
1 F	10♒59 53	22♈33 37	29♈31 32	6♓48 00	14♒08 51	28♓36 23	22♉10 27	1♓16 17	9♉15 49	24♌44 42	1♓15 45	29♊25 24	25♊28 48	0♉23 07
2 Sa	11 57 32	6♉31 34	13♉34 30	8 00 54	15 22 51	29 15 10	22 16 10	1 42 40	9 20 40	24 39 50	1 23 43	29 23 24	25 27 23	0 23 31
3 Su	12 56 37	20 40 46	27 48 11	9 13 22	16 38 17	29 55 27	22 23 37	2 10 29	9 27 07	24 36 22	1 33 09	29 22 52	25 27 24	0 25 22
4 M	13 57 36	5♊00 20	12♊11 08	10 25 44	17 55 36	0♈37 41	22 33 13	2 40 12	9 35 35	24 34 45	1 44 29	29 24 14	25 29 20	0 29 07
5 Tu	15 00 27	19 27 45	26 40 11	11 37 53	19 14 47	1 21 51	22 44 59	3 11 47	9 46 03	24 34 58	1 57 41	29 27 31	25 33 08	0 34 45
6 W	16 04 45	3♋58 42	11♋10 23	12 49 18	20 35 23	2 07 30	22 58 25	3 44 47	9 58 06	24 36 34	2 12 20	29 32 13	25 38 22	0 41 50
7 Th	17 09 43	18 27 27	25 35 39	13 59 04	21 56 38	2 53 54	23 12 48	4 18 28	10 10 56	24 38 48	2 27 38	29 37 38	25 44 17	0 49 35
8 F	18 14 29	2♌47 35	9♌49 33	15 06 12	23 17 40	3 40 07	23 27 13	4 51 55	10 23 41	24 40 47	2 42 44	29 42 51	25 49 60	0 57 09
9 Sa	19 18 14	16 52 59	23 46 23	16 09 43	24 37 40	4 25 23	23 40 53	5 24 21	10 35 32	24 41 42	2 56 49	29 47 03	25 54 42	1 03 42
10 Su	20 20 24	0♍38 47	7♍22 06	17 08 54	25 56 05	5 09 07	23 53 12	5 55 12	10 45 57	24 41 00	3 09 18	29 49 42	25 57 49	1 08 40
11 M	21 20 47	14 02 07	20 34 41	18 03 21	27 12 40	5 51 06	24 03 58	6 24 13	10 54 39	24 38 28	3 19 59	29 50 34	25 59 08	1 11 51
12 Tu	22 19 29	27 02 18	3♎24 25	18 52 59	28 27 33	6 31 27	24 13 17	6 51 33	11 01 48	24 34 13	3 28 58	29 49 45	25 58 46	1 13 20
13 W	23 16 55	9♎40 44	15 53 29	19 37 59	29 41 10	7 10 36	24 21 34	7 17 37	11 07 48	24 28 40	3 36 40	29 47 42	25 57 08	1 13 35
14 Th	24 13 43	22 00 32	28 05 38	20 18 44	0♓54 06	7 49 08	24 29 26	7 42 60	11 13 16	24 22 26	3 43 43	29 45 00	25 54 51	1 13 10
15 F	25 10 33	4♏06 04	10♏05 39	20 55 39	2 07 03	8 27 46	24 37 33	8 08 24	11 18 52	24 16 12	3 50 47	29 42 22	25 52 36	1 12 47
16 Sa	26 08 03	16 02 23	21 58 51	21 29 04	3 20 38	9 07 06	24 46 34	8 34 27	11 25 15	24 10 37	3 58 29	29 40 24	25 51 02	1 13 04
17 Su	27 06 43	27 54 50	3♐50 40	21 59 09	4 35 22	9 47 38	24 56 57	9 01 38	11 32 53	24 06 08	4 07 20	29 39 36	25 50 36	1 14 30
18 M	28 06 47	9♐48 36	15 46 14	22 25 51	5 51 29	10 29 38	25 08 58	9 30 12	11 42 01	24 03 03	4 17 33	29 40 13	25 51 34	1 17 20
19 Tu	29 08 16	21 48 29	27 50 08	22 48 47	7 08 58	11 13 04	25 22 35	10 00 09	11 52 40	24 01 20	4 29 09	29 42 15	25 53 56	1 21 34
20 W	0♓10 53	3♑58 33	10♑06 11	23 07 21	8 27 34	11 57 41	25 37 33	10 31 13	12 04 32	24 00 44	4 41 52	29 45 26	25 57 27	1 26 56
21 Th	1 14 11	16 22 01	22 37 05	23 20 42	9 46 49	12 43 02	25 53 25	11 02 56	12 17 12	24 00 48	4 55 15	29 49 19	26 01 38	1 32 59
22 F	2 17 35	29 01 00	5♒24 29	23 27 54	11 06 10	13 28 33	26 09 35	11 34 44	12 30 04	24 00 57	5 08 42	29 53 19	26 05 55	1 39 08
23 Sa	3 20 32	11♒56 34	18 28 49	23 28 01	12 25 01	14 13 38	26 25 29	12 06 03	12 42 34	24 00 38	5 21 39	29 56 52	26 09 45	1 44 48
24 Su	4 22 33	25 08 37	1♓49 22	23 20 17	13 42 53	14 57 49	26 40 39	12 36 23	12 54 12	23 59 21	5 33 39	29 59 29	26 12 38	1 49 32
25 M	5 23 19	8♓36 04	15 24 30	23 04 07	14 59 31	15 40 49	26 54 47	13 05 28	13 04 43	23 56 50	5 44 22	0♋00 54	26 14 17	1 53 02
26 Tu	6 22 49	22 17 02	29 11 58	22 39 18	16 14 50	16 22 35	27 07 49	13 33 15	13 14 02	23 53 02	5 53 47	0 01 03	26 14 39	1 55 15
27 W	7 21 14	6♈09 11	13♈09 11	22 05 59	17 29 02	17 03 19	27 19 58	13 59 55	13 22 22	23 48 09	6 02 06	0 00 07	26 13 56	1 56 22
28 Th	8 18 57	20 09 59	27 13 33	21 24 38	18 42 31	17 43 24	27 31 37	14 25 52	13 30 05	23 42 35	6 09 40	29♊58 32	26 12 32	1 56 47
29 F	9 16 28	4♉16 59	11♉22 44	20 36 04	19 55 47	18 23 19	27 43 14	14 51 34	13 37 42	23 36 48	6 17 01	29 56 45	26 10 56	1 57 01
30 Sa	10 14 16	18 27 56	25 34 34	19 41 16	21 09 18	19 03 35	27 55 20	15 17 33	13 45 41	23 31 19	6 24 37	29 55 17	26 09 37	1 57 31

October 1995 LONGITUDE

Day	☉	0 hr ☽	Noon ☽	☿	♀	♂	⚵	⚳	♃	♄	⚷	♅	♆	♇
1 Su	11♓12 45	2♊40 43	9♊47 04	18♓41 24	22♓23 28	19♈44 34	28♉08 17	15♓44 10	13♉54 26	23♌26 32	6♓32 51	29♊54 31	26♊08 60	1♉58 42
2 M	12 12 06	16 53 12	23 58 10	17 37 43	23 38 27	20 26 27	28 22 17	16 11 37	14 04 07	23 22 37	6 41 55	29 54 38	26 09 14	2 00 44
3 Tu	13 12 16	1♋03 11	8♋05 39	16 31 31	24 54 15	21 09 12	28 37 17	16 39 52	14 14 44	23 19 32	6 51 47	29 55 36	26 10 18	2 03 35
4 W	14 13 05	15 08 12	22 07 02	15 24 08	26 10 39	21 52 38	28 53 05	17 08 43	14 26 03	23 17 07	7 02 15	29 57 13	26 12 00	2 07 05
5 Th	15 14 11	29 05 36	5♌59 36	14 16 60	27 27 19	22 36 24	29 09 20	17 37 50	14 37 44	23 14 60	7 12 57	29 59 08	26 14 00	2 10 51
6 F	16 15 13	12♌52 41	19 40 44	13 11 38	28 43 54	23 20 09	29 25 42	18 06 51	14 49 26	23 12 51	7 23 34	0♋01 02	26 15 57	2 14 34
7 Sa	17 15 54	26 26 56	3♍08 02	12 09 36	0♈00 05	24 03 35	29 41 52	18 35 28	15 00 52	23 10 21	7 33 47	0 02 35	26 17 33	2 17 54
8 Su	18 16 03	9♍46 19	16 19 44	11 12 33	1 15 42	24 46 31	29 57 38	19 03 31	15 11 49	23 07 21	7 43 25	0 03 37	26 18 36	2 20 42
9 M	19 15 36	22 49 30	29 14 56	10 22 02	2 30 41	25 28 53	0♊12 59	19 30 56	15 22 14	23 03 46	7 52 24	0 04 05	26 19 03	2 22 53
10 Tu	20 14 37	5♎36 10	11♎53 43	9 39 33	3 45 08	26 10 47	0 27 56	19 57 47	15 32 12	22 59 41	8 00 49	0 04 02	26 18 60	2 24 32
11 W	21 13 18	18 06 55	24 17 13	9 06 19	4 59 10	26 52 21	0 42 41	20 24 15	15 41 53	22 55 17	8 08 49	0 03 38	26 18 34	2 25 49
12 Th	22 11 49	0♏23 26	6♏27 33	8 43 18	6 13 01	27 33 48	0 57 26	20 50 30	15 51 28	22 50 44	8 16 37	0 03 06	26 17 59	2 26 56
13 F	23 10 22	12 28 17	18 27 41	8 31 09	7 26 53	28 15 19	1 12 21	21 16 45	16 01 09	22 46 16	8 24 24	0 02 37	26 17 26	2 28 04
14 Sa	24 09 08	24 24 46	0♐21 19	8 30 08	8 40 54	28 57 05	1 27 36	21 43 10	16 11 05	22 42 01	8 32 20	0 02 21	26 17 05	2 29 23
15 Su	25 08 10	6♐16 50	12 12 38	8 40 12	9 55 10	29 39 09	1 43 16	22 09 48	16 21 21	22 38 04	8 40 29	0 02 23	26 17 01	2 30 58
16 M	26 07 30	18 08 47	24 06 08	9 00 58	11 09 42	0♉21 33	1 59 22	22 36 41	16 31 58	22 34 28	8 48 52	0 02 43	26 17 13	2 32 49
17 Tu	27 07 03	0♑05 10	6♑06 25	9 31 51	12 24 25	1 04 13	2 15 49	23 03 46	16 42 52	22 31 07	8 57 25	0 03 17	26 17 40	2 34 53
18 W	28 06 45	12 10 36	18 17 60	10 12 04	13 39 14	1 47 03	2 32 32	23 30 55	16 53 58	22 27 56	9 06 03	0 04 01	26 18 14	2 37 04
19 Th	29 06 28	24 29 24	0♒45 02	11 00 44	14 54 03	2 29 57	2 49 24	23 58 03	17 05 08	22 24 49	9 14 39	0 04 47	26 18 49	2 39 15
20 F	0♈06 09	7♒05 28	13 30 59	11 56 57	16 08 46	3 12 49	3 06 21	24 25 05	17 16 18	22 21 41	9 23 08	0 05 31	26 19 22	2 41 23
21 Sa	1 05 45	20 01 49	26 38 18	12 59 55	17 23 23	3 55 40	3 23 20	24 52 00	17 27 26	22 18 32	9 31 28	0 06 11	26 19 49	2 43 24
22 Su	2 05 19	3♓20 18	10♓08 03	14 08 49	18 37 56	4 38 30	3 40 25	25 18 50	17 38 35	22 15 22	9 39 43	0 06 49	26 20 15	2 45 22
23 M	3 04 56	17 01 08	23 59 33	15 22 60	19 52 30	5 21 26	3 57 40	25 45 40	17 49 50	22 12 19	9 47 56	0 07 32	26 20 43	2 47 23
24 Tu	4 04 43	1♈02 46	8♈10 17	16 41 51	21 07 12	6 04 35	4 15 13	26 12 37	18 01 19	22 09 30	9 56 17	0 08 27	26 21 22	2 49 32
25 W	5 04 47	15 21 44	22 35 57	18 04 49	22 22 09	6 48 02	4 33 09	26 39 47	18 13 06	22 06 60	10 04 50	0 09 39	26 22 17	2 51 57
26 Th	6 05 10	29 52 58	7♉10 56	19 31 20	23 37 22	7 31 50	4 51 31	27 07 14	18 25 15	22 04 51	10 13 37	0 11 10	26 23 31	2 54 40
27 F	7 05 48	14♉30 22	21 48 56	21 00 48	24 52 49	8 15 55	5 10 15	27 34 52	18 37 43	22 03 02	10 22 36	0 12 59	26 25 01	2 57 38
28 Sa	8 06 33	29 07 33	6♊23 49	22 32 37	26 08 21	9 00 10	5 29 13	28 02 35	18 50 20	22 01 24	10 31 39	0 14 55	26 26 38	3 00 41
29 Su	9 07 12	13♊38 43	20 50 17	24 06 09	27 23 46	9 44 22	5 48 13	28 30 10	19 02 54	21 59 44	10 40 32	0 16 48	26 28 09	3 03 38
30 M	10 07 34	27 59 15	5♋04 27	25 40 51	28 38 51	10 28 19	6 07 01	28 57 23	19 15 13	21 57 50	10 49 03	0 18 24	26 29 24	3 06 17
31 Tu	11 07 29	12♋06 01	19 03 55	27 16 14	29 53 27	11 11 50	6 25 29	29 24 07	19 27 07	21 55 33	10 57 03	0 19 34	26 30 11	3 08 27

Notes

LONGITUDE — November 1995

Day	☉	0 hr ☽	Noon ☽	☿	♀	♂	⚵	⚳	♃	♄	⚷	♅	♆	♇
1 W	12♈ 06 54	25♋ 57 26	2♌ 47 41	28♓ 52 01	1♉ 07 32	11♉ 54 54	6♊ 43 34	29♓ 50 18	19♉ 38 35	21♌ 52 50	11♓ 04 29	0♋ 20 17	26♊ 30 29	3♉ 10 07
2 Th	13 05 56	9♌ 33 08	16 15 49	0♈ 28 03	2 21 11	12 37 37	7 01 22	0♈ 16 02	19 49 41	21 49 48	11 11 28	0 20 37	26 30 24	3 11 23
3 F	14 04 47	22 53 39	29 29 06	2 04 24	3 34 38	13 20 12	7 19 05	0 41 33	20 00 39	21 46 40	11 18 13	0 20 48	26 30 10	3 12 28
4 Sa	15 03 47	6♍ 00 00	12♍ 28 39	3 41 11	4 48 12	14 02 58	7 37 04	1 07 09	20 11 48	21 43 44	11 25 01	0 21 08	26 30 04	3 13 40
5 Su	16 03 16	18 53 25	25 15 40	5 18 38	6 02 12	14 46 14	7 55 37	1 33 11	20 23 28	21 41 22	11 32 14	0 21 59	26 30 26	3 15 19
6 M	17 03 32	1♎ 35 01	7♎ 51 20	6 56 56	7 16 57	15 30 19	8 15 02	1 59 56	20 35 56	21 39 50	11 40 09	0 23 38	26 31 36	3 17 45
7 Tu	18 04 45	14 05 54	20 16 43	8 36 12	8 32 39	16 15 25	8 35 31	2 27 36	20 49 25	21 39 21	11 48 58	0 26 15	26 33 44	3 21 07
8 W	19 07 00	26 27 02	2♏ 32 54	10 16 23	9 49 19	17 01 34	8 57 07	2 56 14	21 03 56	21 39 58	11 58 44	0 29 55	26 36 53	3 25 29
9 Th	20 10 10	8♏ 39 27	14 41 03	11 57 19	11 06 52	17 48 39	9 19 43	3 25 43	21 19 23	21 41 33	12 09 19	0 34 31	26 40 57	3 30 45
10 F	21 13 57	20 44 22	26 42 38	13 38 43	12 25 01	18 36 24	9 43 02	3 55 46	21 35 30	21 43 50	12 20 27	0 39 45	26 45 39	3 36 37
11 Sa	22 17 60	2♐ 43 23	8♐ 39 30	15 20 07	13 43 22	19 24 25	10 06 41	4 25 59	21 51 53	21 46 26	12 31 44	0 45 15	26 50 35	3 42 42
12 Su	23 21 49	14 38 35	20 34 05	17 01 03	15 01 29	20 12 16	10 30 12	4 55 57	22 08 04	21 48 53	12 42 44	0 50 33	26 55 18	3 48 33
13 M	24 24 59	26 32 44	2♑ 29 24	18 41 04	16 18 54	20 59 29	10 53 08	5 25 11	22 23 37	21 50 46	12 52 59	0 55 12	26 59 22	3 53 43
14 Tu	25 27 09	8♑ 29 13	14 29 09	20 19 48	17 35 17	21 45 44	11 15 10	5 53 21	22 38 12	21 51 43	13 02 09	0 58 53	27 02 26	3 57 51
15 W	26 28 09	20 32 09	26 37 37	21 57 05	18 50 28	22 30 51	11 36 07	6 20 18	22 51 38	21 51 34	13 10 04	1 01 24	27 04 20	4 00 48
16 Th	27 28 04	2♒ 46 11	8♒ 59 31	23 32 60	20 04 31	23 14 54	11 56 02	6 46 04	23 03 59	21 50 24	13 16 48	1 02 50	27 05 07	4 02 38
17 F	28 27 11	15 16 16	21 39 43	25 07 48	21 17 45	23 58 11	12 15 14	7 10 59	23 15 32	21 48 31	13 22 38	1 03 29	27 05 07	4 03 38
18 Sa	29 25 59	28 07 15	4♓ 42 43	26 42 03	22 30 38	24 41 12	12 34 13	7 35 32	23 26 49	21 46 24	13 28 05	1 03 51	27 04 49	4 04 19
19 Su	0♉ 25 09	11♓ 23 18	18 12 01	28 16 22	23 43 50	25 24 35	12 53 37	8 00 21	23 38 28	21 44 42	13 33 47	1 04 34	27 04 51	4 05 18
20 M	1 25 17	25 07 05	2♈ 09 19	29 51 23	24 57 59	26 08 59	13 14 05	8 26 05	23 51 05	21 44 04	13 40 22	1 06 16	27 05 51	4 07 15
21 Tu	2 26 53	9♈ 19 01	16 33 44	1♉ 27 38	26 13 35	26 54 54	13 36 05	8 53 13	24 05 13	21 44 59	13 48 20	1 09 28	27 08 21	4 10 39
22 W	3 30 12	23 56 31	1♉ 21 12	3 05 21	27 30 51	27 42 33	13 59 52	9 21 59	24 21 03	21 47 41	13 57 54	1 14 23	27 12 32	4 15 43
23 Th	4 35 06	8♉ 53 44	16 24 35	4 44 26	28 49 39	28 31 48	14 25 18	9 52 16	24 38 28	21 52 03	14 08 57	1 20 54	27 18 18	4 22 20
24 F	5 41 04	24 02 03	1♊ 34 22	6 24 23	0♊ 09 31	29 22 10	14 51 53	10 23 33	24 56 59	21 57 34	14 21 00	1 28 30	27 25 09	4 30 01
25 Sa	6 47 21	9♊ 11 12	16 40 13	8 04 29	1 29 40	0♊ 12 54	15 18 53	10 55 06	25 15 51	22 03 31	14 33 17	1 36 27	27 32 20	4 38 00
26 Su	7 53 08	24 11 04	1♋ 32 44	9 43 52	2 49 17	1 03 08	15 45 25	11 26 03	25 34 12	22 09 01	14 44 57	1 43 54	27 38 59	4 45 27
27 M	8 57 39	8♋ 53 21	16 04 49	11 21 52	4 07 37	1 52 10	16 10 47	11 55 42	25 51 19	22 13 22	14 55 16	1 50 07	27 44 25	4 51 37
28 Tu	10 00 31	23 12 41	0♌ 12 32	12 58 03	5 24 15	2 39 34	16 34 34	12 23 37	26 06 47	22 16 08	15 03 51	1 54 42	27 48 11	4 56 07
29 W	11 01 42	7♌ 06 53	13 54 60	14 32 26	6 39 11	3 25 20	16 56 44	12 49 46	26 20 35	22 17 19	15 10 39	1 57 37	27 50 17	4 58 55
30 Th	12 01 36	20 36 37	27 13 48	16 05 26	7 52 48	4 09 50	17 17 42	13 14 35	26 33 06	22 17 18	15 16 04	1 59 16	27 51 06	5 00 24

LONGITUDE — December 1995

Day	☉	0 hr ☽	Noon ☽	☿	♀	♂	⚵	⚳	♃	♄	⚷	♅	♆	♇
1 F	13♉ 00 55	3♍ 44 31	10♍ 12 07	17♉ 37 45	9♊ 05 48	4♊ 53 48	17♊ 38 08	13♈ 38 44	26♉ 45 03	22♌ 16 48	15♓ 20 49	2♋ 00 22	27♊ 51 20	5♉ 01 17
2 Sa	14 00 31	16 34 19	22 53 55	19 10 16	10 19 04	5 38 05	17 58 56	14 03 07	26 57 18	22 16 41	15 25 45	2 01 46	27 51 52	5 02 26
3 Su	15 01 16	29 10 02	5♎ 23 11	20 43 53	11 33 27	6 23 33	18 20 58	14 28 34	27 10 43	22 17 48	15 31 44	2 04 20	27 53 34	5 04 43
4 M	16 03 53	11♎ 35 23	17 43 26	22 19 18	12 49 40	7 10 56	18 44 55	14 55 49	27 25 59	22 20 53	15 39 30	2 08 47	27 57 08	5 08 51
5 Tu	17 08 48	23 53 24	29 57 27	23 56 58	14 08 09	8 00 37	19 11 13	15 25 17	27 43 34	22 26 20	15 49 28	2 15 33	28 02 59	5 15 15
6 W	18 16 05	6♏ 06 16	12♏ 07 13	25 36 59	15 28 59	8 52 44	19 39 59	15 57 04	28 03 32	22 34 16	16 01 42	2 24 43	28 11 14	5 24 01
7 Th	19 25 29	18 15 23	24 13 57	27 19 04	16 51 53	9 46 58	20 10 54	16 30 52	28 25 35	22 44 22	16 15 56	2 35 60	28 21 36	5 34 51
8 F	20 36 22	0♐ 21 34	6♐ 18 26	29 02 36	18 16 14	10 42 44	20 43 21	17 06 04	28 49 08	22 56 04	16 31 33	2 48 46	28 33 26	5 47 09
9 Sa	21 47 53	12 25 19	18 21 14	0♊ 46 44	19 41 11	11 39 09	21 16 31	17 41 50	29 13 20	23 08 28	16 47 42	3 02 12	28 45 55	6 00 03
10 Su	22 59 04	24 27 15	0♑ 23 07	2 30 32	21 05 47	12 35 17	21 49 24	18 17 11	29 37 11	23 20 38	17 03 25	3 15 19	28 58 04	6 12 36
11 M	24 09 00	6♑ 28 23	12 25 25	4 13 01	22 29 05	13 30 12	22 21 06	18 51 13	29 59 47	23 31 38	17 17 47	3 27 12	29 08 58	6 23 53
12 Tu	25 16 59	18 30 33	24 30 16	5 53 30	23 50 24	14 23 10	22 50 53	19 23 11	0♊ 20 24	23 40 45	17 30 04	3 37 07	29 17 55	6 33 10
13 W	26 22 35	0♒ 36 35	6♒ 40 48	7 31 33	25 09 19	15 13 48	23 18 22	19 52 43	0 38 40	23 47 36	17 39 53	3 44 41	29 24 29	6 40 03
14 Th	27 25 52	12 50 20	19 01 14	9 07 11	26 25 51	16 02 08	23 43 34	20 19 50	0 54 35	23 52 11	17 47 15	3 49 56	29 28 44	6 44 35
15 F	28 27 16	25 16 43	1♓ 36 36	10 40 49	27 40 30	16 48 38	24 06 57	20 44 59	1 08 37	23 54 60	17 52 39	3 53 19	29 31 06	6 47 13
16 Sa	29 27 39	8♓ 01 13	14 32 24	12 13 17	28 54 05	17 34 08	24 29 22	21 09 02	1 21 38	23 56 52	17 56 54	3 55 42	29 32 27	6 48 48
17 Su	0♊ 28 07	21 09 25	27 53 54	13 45 37	0♋ 07 43	18 19 44	24 51 54	21 33 04	1 34 43	23 58 53	18 01 07	3 58 09	29 33 53	6 50 26
18 M	1 29 46	4♈ 46 08	11♈ 45 09	15 18 53	1 22 31	19 06 34	25 15 42	21 58 12	1 48 59	24 02 12	18 06 26	4 01 49	29 36 30	6 53 13
19 Tu	2 33 34	18 54 14	26 07 50	16 53 57	2 39 24	19 55 34	25 41 41	22 25 24	2 05 20	24 07 44	18 13 46	4 07 39	29 41 16	6 58 08
20 W	3 40 01	3♉ 33 32	11♉ 00 04	18 31 15	3 58 55	20 47 15	26 10 22	22 55 08	2 24 22	24 15 59	18 23 37	4 16 07	29 48 41	7 05 40
21 Th	4 49 02	18 39 46	26 15 45	20 10 36	5 20 58	21 41 32	26 41 41	23 27 22	2 45 58	24 26 55	18 35 57	4 27 11	29 58 40	7 15 44
22 F	5 59 57	4♊ 04 26	11♊ 44 49	21 51 11	6 44 54	22 37 45	27 14 56	24 01 25	3 09 26	24 39 49	18 50 04	4 40 10	0♋ 10 34	7 27 41
23 Sa	7 11 37	19 35 43	27 14 36	23 31 43	8 09 32	23 34 45	27 49 01	24 36 07	3 33 39	24 53 35	19 04 49	4 53 54	0 23 13	7 40 22
24 Su	8 22 43	5♋ 00 32	12♋ 32 19	25 10 43	9 33 35	24 31 13	28 22 34	25 10 09	3 57 17	25 06 51	19 18 54	5 07 05	0 35 18	7 52 28
25 M	9 32 04	20 07 01	27 27 23	26 46 47	10 55 50	25 25 58	28 54 26	25 42 21	4 19 10	25 18 28	19 31 07	5 18 33	0 45 39	8 02 47
26 Tu	10 38 57	4♌ 46 42	11♌ 53 07	28 18 57	12 15 36	26 18 17	29 23 53	26 11 60	4 38 35	25 27 42	19 40 46	5 27 34	0 53 33	8 10 38
27 W	11 43 15	18 55 21	25 47 09	29 46 48	13 32 45	27 08 03	29 50 49	26 38 58	4 55 23	25 34 27	19 47 43	5 34 01	0 58 52	8 15 52
28 Th	12 45 28	2♍ 32 55	9♍ 10 52	1♋ 10 31	14 47 46	27 55 45	0♋ 15 42	27 03 45	5 10 05	25 39 11	19 52 28	5 38 22	1 02 06	8 18 59
29 F	13 46 31	15 42 26	22 08 17	2 30 39	16 01 36	28 42 21	0 39 29	27 27 17	5 23 38	25 42 52	19 55 57	5 41 36	1 04 11	8 20 56
30 Sa	14 47 37	28 28 52	4♎ 44 50	3 47 56	17 15 26	29 29 01	1 03 22	27 50 47	5 37 13	25 46 42	19 59 23	5 44 55	1 06 20	8 22 55
31 Su	15 49 60	10♎ 57 57	17 06 19	5 03 07	18 30 31	0♋ 16 60	1 28 35	28 15 28	5 52 03	25 51 53	20 03 59	5 49 30	1 09 46	8 26 09

Notes

January 1996 — LONGITUDE

Day	☉	0 hr ☽	Noon ☽	☿	♀	♂	‡	⚳	♃	♄	⚷	♅	♆	♇
1 M	16 ♊ 54 38	23 ♎ 15 13	29 ♎ 18 10	6 ♋ 16 36	19 ♋ 47 50	1 ♋ 07 17	1 ♋ 56 07	28 ♈ 42 19	6 ♊ 09 09	25 ♌ 59 25	20 ♓ 10 44	5 ♋ 56 23	1 ♋ 15 29	8 ♉ 31 38
2 Tu	18 02 12	5 ♏ 25 30	11 ♏ 24 51	7 28 22	21 08 01	2 00 30	2 26 37	29 11 58	6 29 08	26 09 58	20 20 18	6 06 11	1 24 07	8 40 01
3 W	19 12 49	17 32 28	23 29 43	8 37 52	22 31 13	2 56 49	3 00 14	29 44 36	6 52 10	26 23 39	20 32 49	6 19 04	1 35 50	8 51 27
4 Th	20 26 11	29 38 35	5 ♐ 34 52	9 43 60	23 57 08	3 55 55	3 36 39	0 ♉ 19 53	7 17 56	26 40 11	20 47 57	6 34 43	1 50 17	9 05 36
5 F	21 41 32	11 ♐ 45 12	17 41 21	10 45 07	25 24 59	4 57 01	4 15 05	0 57 02	7 45 39	26 58 46	21 04 58	6 52 21	2 06 44	9 21 42
6 Sa	22 57 46	23 52 47	29 49 27	11 39 17	26 53 42	5 59 03	4 54 28	1 34 59	8 14 16	27 18 20	21 22 47	7 10 54	2 24 06	9 38 42
7 Su	24 13 41	6 ♑ 01 22	11 ♑ 59 08	12 24 20	28 22 02	7 00 47	5 33 35	2 12 30	8 42 31	27 37 40	21 40 08	7 29 08	2 41 08	9 55 20
8 M	25 28 06	18 10 58	24 10 31	12 58 13	29 48 48	8 01 02	6 11 13	2 48 24	9 09 14	27 55 33	21 55 52	7 45 52	2 56 39	10 10 26
9 Tu	26 40 02	0 ♒ 22 06	6 ♒ 24 20	13 19 08	1 ♌ 13 04	8 58 51	6 46 26	3 21 43	9 33 28	28 11 04	22 09 02	8 00 09	3 09 44	10 23 04
10 W	27 48 58	12 36 09	18 42 17	13 25 54	2 34 17	9 53 42	7 18 42	3 51 56	9 54 39	28 23 39	22 19 04	8 11 26	3 19 48	10 32 39
11 Th	28 54 51	24 55 41	1 ♓ 07 16	13 17 57	3 52 23	10 45 30	7 47 57	4 18 58	10 12 46	28 33 15	22 25 55	8 19 40	3 26 48	10 39 09
12 F	29 58 08	7 ♓ 24 25	13 43 19	12 55 35	5 07 51	11 34 45	8 14 39	4 43 18	10 28 15	28 40 20	22 30 04	8 25 20	3 31 14	10 43 03
13 Sa	0 ♋ 59 46	20 07 09	26 35 27	12 19 54	6 21 36	12 22 21	8 39 44	5 05 51	10 42 03	28 45 51	22 32 27	8 29 20	3 33 60	10 45 16
14 Su	2 00 58	3 ♈ 09 18	9 ♈ 49 02	11 32 45	7 34 53	13 09 34	9 04 26	5 27 52	10 55 24	28 51 00	22 34 17	8 32 55	3 36 21	10 47 02
15 M	3 03 04	16 36 06	23 28 55	10 36 31	8 49 01	13 57 43	9 30 05	5 50 40	11 09 37	28 57 09	22 36 54	8 37 25	3 39 36	10 49 40
16 Tu	4 07 13	0 ♉ 31 40	7 ♉ 38 22	9 33 54	10 05 08	14 47 55	9 57 48	6 15 22	11 25 50	29 05 23	22 41 26	8 43 57	3 44 53	10 54 19
17 W	5 14 05	14 57 41	22 17 45	8 27 31	11 23 55	15 40 53	10 28 18	6 42 40	11 44 45	29 16 26	22 48 35	8 53 13	3 52 54	11 01 40
18 Th	6 23 44	29 52 18	7 ♊ 23 27	7 19 42	12 45 27	16 36 39	11 01 37	7 12 39	12 06 25	29 30 21	22 58 24	9 05 17	4 03 43	11 11 47
19 F	7 35 34	15 ♊ 09 24	22 47 30	6 12 16	14 09 06	17 34 37	11 37 10	7 44 40	12 30 13	29 46 31	23 10 17	9 19 32	4 16 43	11 24 04
20 Sa	8 48 24	0 ♋ 38 48	8 ♋ 18 22	5 06 26	15 33 42	18 33 38	12 13 46	8 17 34	12 55 01	0 ♍ 03 46	23 23 03	9 34 49	4 30 44	11 37 20
21 Su	10 00 51	16 07 48	23 42 57	4 03 06	16 57 51	19 32 16	12 50 00	8 49 57	13 19 21	0 20 41	23 35 19	9 49 41	4 44 21	11 50 10
22 M	11 11 34	1 ♌ 23 30	8 ♌ 49 03	3 02 55	18 20 14	20 29 13	13 24 34	9 20 28	13 41 57	0 35 59	23 45 46	10 02 52	4 56 16	12 01 17
23 Tu	12 19 42	16 15 23	23 27 41	2 06 37	19 39 58	21 23 37	13 56 36	9 48 17	14 01 56	0 48 45	23 53 30	10 13 28	5 05 36	12 09 48
24 W	13 24 59	0 ♍ 36 50	7 ♍ 34 10	1 15 09	20 56 48	22 15 11	14 25 49	10 13 07	14 19 02	0 58 46	23 58 18	10 21 14	5 12 05	12 15 26
25 Th	14 27 48	14 25 42	21 08 04	0 29 43	22 11 05	23 04 19	14 52 37	10 35 21	14 33 37	1 06 22	24 00 30	10 26 32	5 16 07	12 18 36
26 F	15 29 02	27 43 35	4 ♎ 12 18	29 ♊ 51 37	23 23 44	23 51 53	15 17 52	10 55 52	14 46 36	1 12 29	24 01 02	10 30 16	5 18 35	12 20 10
27 Sa	16 29 50	10 ♎ 34 47	16 51 59	29 22 11	24 35 55	24 39 04	15 42 46	11 15 49	14 59 07	1 18 15	24 01 02	10 33 36	5 20 39	12 21 18
28 Su	17 31 27	23 05 00	29 13 12	29 02 31	25 48 49	25 27 05	16 08 30	11 36 27	15 12 24	1 24 54	24 01 44	10 37 45	5 23 31	12 23 13
29 M	18 34 55	5 ♏ 20 22	11 ♏ 22 07	28 53 22	27 03 31	26 16 59	16 36 08	11 58 48	15 27 30	1 33 28	24 04 12	10 43 46	5 28 15	12 26 59
30 Tu	19 40 54	17 26 36	23 24 17	28 55 00	28 20 39	27 09 26	17 06 20	12 23 32	15 45 05	1 44 38	24 09 05	10 52 19	5 35 32	12 33 15
31 W	20 49 39	29 28 34	5 ♐ 24 16	29 07 11	29 40 30	28 04 40	17 39 20	12 50 53	16 05 24	1 58 39	24 16 37	11 03 39	5 45 35	12 42 17

February 1996 — LONGITUDE

Day	☉	0 hr ☽	Noon ☽	☿	♀	♂	‡	⚳	♃	♄	⚷	♅	♆	♇
1 Th	22 ♋ 00 55	11 ♐ 29 60	17 ♐ 25 25	29 ♊ 29 08	1 ♍ 02 46	29 ♋ 02 27	18 ♋ 14 54	13 ♉ 20 36	16 ♊ 28 11	2 ♍ 15 15	24 ♓ 26 35	11 ♋ 17 30	5 ♋ 58 09	12 ♉ 53 49
2 F	23 14 01	23 33 25	29 29 51	29 59 37	2 26 49	0 ♌ 02 06	18 52 22	13 52 02	16 52 47	2 33 46	24 38 18	11 33 13	6 12 35	13 07 11
3 Sa	24 28 00	5 ♑ 40 17	11 ♑ 38 41	0 ♋ 37 10	3 51 40	1 02 39	19 30 44	14 24 11	17 18 12	2 53 14	24 50 47	11 49 48	6 27 54	13 21 24
4 Su	25 41 44	17 51 14	23 52 17	1 20 08	5 16 11	2 02 58	20 08 54	14 55 55	17 43 20	3 12 30	25 02 55	12 06 10	6 42 59	13 35 21
5 M	26 54 08	0 ♒ 06 25	6 ♒ 10 38	2 06 56	6 39 16	3 01 58	20 45 46	15 26 10	18 07 04	3 30 31	25 13 37	12 21 11	6 56 43	13 47 58
6 Tu	28 04 18	12 25 59	18 33 50	2 56 16	8 00 03	3 58 47	21 20 27	15 54 04	18 28 33	3 46 22	25 22 00	12 34 00	7 08 16	13 58 21
7 W	29 11 45	24 50 23	1 ♓ 02 29	3 47 12	9 18 02	4 52 54	21 52 27	16 19 03	18 47 15	3 59 34	25 27 34	12 44 06	7 17 05	14 05 59
8 Th	0 ♌ 16 23	7 ♓ 20 50	13 37 58	4 39 17	10 33 05	5 44 12	22 21 41	16 41 04	19 03 05	4 10 00	25 30 12	12 51 22	7 23 05	14 10 47
9 F	1 18 33	19 59 26	26 22 41	5 32 31	11 45 36	6 33 05	22 48 29	17 00 27	19 16 25	4 18 03	25 30 18	12 56 12	7 26 38	14 13 07
10 Sa	2 19 03	2 ♈ 49 12	9 ♈ 19 49	6 27 23	12 56 20	7 20 18	23 13 38	17 17 59	19 27 59	4 24 28	25 28 37	12 59 21	7 28 31	14 13 44
11 Su	3 18 53	15 53 47	22 33 12	7 24 38	14 06 20	8 06 53	23 38 10	17 34 42	19 38 52	4 30 18	25 26 11	13 01 51	7 29 44	14 13 42
12 M	4 19 11	29 17 06	6 ♉ 06 33	8 25 09	15 16 41	8 53 56	24 03 13	17 51 41	19 50 09	4 36 39	25 24 07	13 04 48	7 31 26	14 14 06
13 Tu	5 20 55	13 ♉ 02 26	20 02 43	9 29 40	16 28 22	9 42 27	24 29 43	18 09 56	20 02 48	4 44 30	25 23 24	13 09 12	7 34 34	14 15 56
14 W	6 24 43	27 11 38	4 ♊ 22 42	10 38 39	17 42 01	10 33 03	24 58 20	18 30 04	20 17 27	4 54 28	25 24 39	13 15 40	7 39 46	14 19 48
15 Th	7 30 43	11 ♊ 44 07	19 04 41	11 52 01	18 57 45	11 25 52	25 29 10	18 52 13	20 34 15	5 06 41	25 28 01	13 24 20	7 47 10	14 25 51
16 F	8 38 29	26 36 13	4 ♋ 03 35	13 09 15	20 15 10	12 20 29	26 01 50	19 15 57	20 52 46	5 20 45	25 33 04	13 34 47	7 56 21	14 33 40
17 Sa	9 47 12	11 ♋ 41 03	19 11 15	14 29 19	21 33 25	13 16 03	26 35 27	19 40 25	21 12 09	5 35 48	25 38 58	13 46 10	8 06 29	14 42 25
18 Su	10 55 46	26 49 08	4 ♌ 17 31	15 51 03	22 51 24	14 11 29	27 08 58	20 04 34	21 31 19	5 50 45	25 44 39	13 57 24	8 16 28	14 50 60
19 M	12 03 09	11 ♌ 50 02	19 11 58	17 13 18	24 08 06	15 05 45	27 41 20	20 27 20	21 49 15	6 04 36	25 49 04	14 07 28	8 25 17	14 58 23
20 Tu	13 08 36	26 34 05	3 ♍ 45 46	18 35 14	25 22 45	15 58 07	28 11 49	20 47 58	22 05 11	6 16 34	25 51 29	14 15 37	8 32 11	15 03 51
21 W	14 11 50	10 ♍ 54 02	17 53 02	19 56 28	26 35 03	16 48 16	28 40 06	21 06 10	22 18 50	6 26 21	25 51 35	14 21 31	8 36 51	15 07 03
22 Th	15 12 59	24 45 55	1 ♎ 31 18	21 17 05	27 45 10	17 36 23	29 06 21	21 22 06	22 30 20	6 34 08	25 49 33	14 25 22	8 39 28	15 08 12
23 F	16 12 37	8 ♎ 09 09	14 41 18	22 37 35	28 53 38	18 22 59	29 31 07	21 36 20	22 40 16	6 40 28	25 45 57	14 27 43	8 40 34	15 07 49
24 Sa	17 11 33	21 05 52	27 26 13	23 58 44	0 ♎ 01 16	19 08 55	29 55 14	21 49 38	22 49 26	6 46 08	25 41 34	14 29 22	8 40 59	15 06 43
25 Su	18 10 39	3 ♏ 40 08	9 ♏ 50 45	25 21 21	1 08 57	19 55 01	0 ♌ 19 32	22 02 54	22 58 41	6 52 02	25 37 18	14 31 11	8 41 35	15 05 48
26 M	19 10 41	15 57 05	22 00 22	26 46 10	2 17 25	20 42 05	0 44 49	22 16 54	23 08 49	6 58 56	25 33 55	14 33 57	8 43 08	15 05 48
27 Tu	20 12 12	28 02 07	4 ♐ 00 33	28 13 42	3 27 14	21 30 39	1 11 38	22 32 10	23 20 22	7 07 22	25 31 57	14 38 12	8 46 10	15 07 17
28 W	21 15 26	10 ♐ 00 27	15 56 27	29 44 10	4 38 37	22 20 57	1 40 12	22 48 57	23 33 34	7 17 35	25 31 39	14 44 11	8 50 57	15 10 30
29 Th	22 20 19	21 56 41	27 52 25	1 ♌ 17 28	5 51 30	23 12 55	2 10 26	23 07 09	23 48 20	7 29 29	25 32 57	14 51 48	8 57 23	15 15 21

Notes

LONGITUDE — March 1996

Day	☉	0 hr ☽	Noon ☽	☿	♀	♂	⚵	⚳	♃	♄	⚷	♅	♆	♇
1 F	23 ♌ 26 27	3 ♑ 54 39	9 ♑ 51 59	2 ♌ 53 10	7 ♎ 05 28	24 ♌ 06 08	2 ♌ 41 58	23 ♉ 26 22	24 ♊ 04 17	7 ♍ 42 42	25 ♓ 35 27	15 ♋ 00 41	9 ♋ 05 04	15 ♉ 21 26
2 Sa	24 33 14	15 57 19	21 57 45	4 30 42	8 19 56	25 00 02	3 14 11	23 46 01	24 20 48	7 56 37	25 38 33	15 10 14	9 13 25	15 28 11
3 Su	25 39 58	28 06 47	4 ♒ 11 27	6 09 19	9 34 11	25 53 55	3 46 23	24 05 23	24 37 13	8 10 32	25 41 33	15 19 44	9 21 44	15 34 53
4 M	26 45 58	10 ♒ 24 27	16 34 08	7 48 21	10 47 32	26 47 04	4 17 54	24 23 48	24 52 48	8 23 45	25 43 47	15 28 30	9 29 20	15 40 50
5 Tu	27 50 41	22 51 10	29 06 20	9 27 14	11 59 25	27 38 56	4 48 09	24 40 41	25 07 02	8 35 45	25 44 42	15 35 59	9 35 39	15 45 31
6 W	28 53 47	5 ♓ 27 25	11 ♓ 48 21	11 05 38	13 09 30	28 29 12	5 16 48	24 55 42	25 19 33	8 46 09	25 43 56	15 41 50	9 40 20	15 48 33
7 Th	29 55 10	18 13 36	24 40 28	12 43 28	14 17 41	29 17 46	5 43 47	25 08 45	25 30 17	8 54 54	25 41 25	15 45 59	9 43 20	15 49 53
8 F	0 ♍ 55 03	1 ♈ 10 16	7 ♈ 43 13	14 20 56	15 24 10	0 ♍ 04 50	6 09 17	25 20 04	25 39 26	9 02 12	25 37 23	15 48 38	9 44 50	15 49 42
9 Sa	1 53 52	14 18 08	20 57 23	15 58 30	16 29 23	0 50 52	6 33 46	25 30 03	25 47 25	9 08 27	25 32 14	15 50 13	9 45 17	15 48 27
10 Su	2 52 12	27 38 15	4 ♉ 24 01	17 36 45	17 33 55	1 36 24	6 57 46	25 39 18	25 54 50	9 14 16	25 26 34	15 51 18	9 45 14	15 46 43
11 M	3 50 41	11 ♉ 11 41	18 04 10	19 16 18	18 38 23	2 22 06	7 21 57	25 48 24	26 02 17	9 20 15	25 20 60	15 52 31	9 45 20	15 45 06
12 Tu	4 49 49	24 59 19	1 ♊ 58 32	20 57 42	19 43 18	3 08 28	7 46 49	25 57 55	26 10 19	9 26 57	25 16 05	15 54 24	9 46 06	15 44 10
13 W	5 49 59	9 ♊ 01 20	16 06 55	22 41 19	20 49 01	3 55 51	8 12 44	26 08 10	26 19 16	9 34 42	25 12 09	15 57 18	9 47 54	15 44 14
14 Th	6 51 13	23 16 48	0 ♋ 27 47	24 27 14	21 55 35	4 44 20	8 39 45	26 19 14	26 29 12	9 43 33	25 09 16	16 01 16	9 50 46	15 45 22
15 F	7 53 22	7 ♋ 43 15	14 57 60	26 15 15	23 02 49	5 33 43	9 07 41	26 30 54	26 39 56	9 53 21	25 07 16	16 06 07	9 54 32	15 47 24
16 Sa	8 55 59	22 16 37	29 32 45	28 05 00	24 10 18	6 23 35	9 36 08	26 42 46	26 51 04	10 03 40	25 05 44	16 11 28	9 58 48	15 49 55
17 Su	9 58 36	6 ♌ 51 24	14 ♌ 06 04	29 55 59	25 17 32	7 13 27	10 04 36	26 54 20	27 02 04	10 13 59	25 04 11	16 16 47	10 03 03	15 52 25
18 M	11 00 44	21 21 17	28 31 28	1 ♍ 47 44	26 24 01	8 02 50	10 32 35	27 05 07	27 12 28	10 23 51	25 02 07	16 21 36	10 06 49	15 54 26
19 Tu	12 02 02	5 ♍ 39 58	12 ♍ 42 56	3 39 55	27 29 25	8 51 24	10 59 46	27 14 47	27 21 57	10 32 56	24 59 14	16 25 35	10 09 45	15 55 36
20 W	13 02 21	19 42 06	26 35 42	5 32 24	28 33 34	9 38 59	11 26 00	27 23 10	27 30 21	10 41 04	24 55 21	16 28 36	10 11 44	15 55 48
21 Th	14 01 45	3 ♎ 23 53	10 ♎ 06 51	7 25 14	29 36 32	10 25 39	11 51 20	27 30 20	27 37 44	10 48 18	24 50 34	16 30 41	10 12 47	15 55 06
22 F	15 00 27	16 43 27	23 15 28	9 18 37	0 ♏ 38 30	11 11 38	12 15 60	27 36 30	27 44 18	10 54 53	24 45 05	16 32 04	10 13 09	15 53 41
23 Sa	15 58 46	29 40 56	6 ♏ 02 32	11 12 52	1 39 47	11 57 14	12 40 17	27 41 58	27 50 23	11 01 06	24 39 14	16 33 03	10 13 08	15 51 53
24 Su	16 57 01	12 ♏ 18 07	18 30 33	13 08 17	2 40 43	12 42 46	13 04 32	27 47 04	27 56 17	11 07 17	24 33 19	16 33 58	10 13 04	15 50 02
25 M	17 55 29	24 38 04	0 ♐ 43 08	15 05 07	3 41 32	13 28 32	13 29 02	27 52 04	28 02 18	11 13 43	24 27 39	16 35 07	10 13 13	15 48 25
26 Tu	18 54 22	6 ♐ 44 46	12 44 36	17 03 30	4 42 26	14 14 42	13 53 57	27 57 10	28 08 37	11 20 35	24 22 24	16 36 39	10 13 47	15 47 12
27 W	19 53 42	18 42 39	24 39 34	19 03 26	5 43 28	15 01 21	14 19 21	28 02 25	28 15 17	11 27 57	24 17 39	16 38 39	10 14 50	15 46 28
28 Th	20 53 29	0 ♑ 36 20	6 ♑ 32 40	21 04 48	6 44 34	15 48 26	14 45 13	28 07 47	28 22 17	11 35 47	24 13 21	16 41 05	10 16 19	15 46 10
29 F	21 53 33	12 30 20	18 28 20	23 07 22	7 45 36	16 35 48	15 11 23	28 13 07	28 29 27	11 43 55	24 09 22	16 43 48	10 18 06	15 46 10
30 Sa	22 53 44	24 28 54	0 ♒ 30 38	25 10 49	8 46 22	17 23 18	15 37 42	28 18 15	28 36 38	11 52 13	24 05 33	16 46 38	10 20 00	15 46 18
31 Su	23 53 51	6 ♒ 35 48	12 43 01	27 14 51	9 46 41	18 10 44	16 03 58	28 22 59	28 43 38	12 00 28	24 01 42	16 49 24	10 21 52	15 46 23

LONGITUDE — April 1996

Day	☉	0 hr ☽	Noon ☽	☿	♀	♂	⚵	⚳	♃	♄	⚷	♅	♆	♇
1 M	24 ♍ 53 46	18 ♒ 54 15	25 ♒ 08 19	29 ♍ 19 07	10 ♏ 46 24	18 ♍ 57 58	16 ♌ 30 03	28 ♉ 27 11	28 ♊ 50 18	12 ♍ 08 31	23 ♓ 57 40	16 ♋ 51 58	10 ♋ 23 31	15 ♉ 46 16
2 Tu	25 53 24	1 ♓ 26 40	7 ♓ 48 30	1 ♎ 23 20	11 45 23	19 44 54	16 55 52	28 30 46	28 56 34	12 16 19	23 53 24	16 54 13	10 24 54	15 45 52
3 W	26 52 45	14 14 38	20 44 39	3 27 16	12 43 39	20 31 33	17 21 24	28 33 43	29 02 26	12 23 51	23 48 54	16 56 11	10 25 59	15 45 11
4 Th	27 51 51	27 18 47	3 ♈ 56 54	5 30 42	13 41 14	21 17 59	17 46 43	28 36 06	29 07 56	12 31 10	23 44 11	16 57 54	10 26 51	15 44 17
5 F	28 50 51	10 ♈ 38 50	17 24 30	7 33 26	14 38 13	22 04 16	18 11 55	28 38 01	29 13 11	12 38 22	23 39 24	16 59 29	10 27 35	15 43 15
6 Sa	29 49 48	24 13 35	1 ♉ 05 55	9 35 15	15 34 42	22 50 32	18 37 07	28 39 33	29 18 16	12 45 33	23 34 38	17 01 02	10 28 18	15 42 13
7 Su	0 ♎ 48 49	8 ♉ 01 10	14 58 59	11 35 54	16 30 43	23 36 50	19 02 22	28 40 48	29 23 18	12 52 49	23 29 59	17 02 38	10 29 05	15 41 14
8 M	1 47 55	21 59 12	29 01 12	13 35 03	17 26 18	24 23 13	19 27 42	28 41 46	29 28 15	13 00 09	23 25 27	17 04 17	10 29 55	15 40 20
9 Tu	2 47 02	6 ♊ 04 59	13 ♊ 09 50	15 32 16	18 21 21	25 09 36	19 53 04	28 42 23	29 33 06	13 07 31	23 20 59	17 05 56	10 30 47	15 39 27
10 W	3 46 04	20 15 47	27 22 12	17 27 06	19 15 47	25 55 55	20 18 22	28 42 35	29 37 43	13 14 49	23 16 30	17 07 30	10 31 35	15 38 31
11 Th	4 44 56	4 ♋ 28 54	11 ♋ 35 37	19 19 05	20 09 27	26 42 02	20 43 28	28 42 14	29 42 02	13 21 56	23 11 54	17 08 52	10 32 11	15 37 23
12 F	5 43 31	18 41 47	25 47 35	21 07 48	21 02 15	27 27 52	21 08 19	28 41 14	29 45 55	13 28 48	23 07 04	17 09 56	10 32 30	15 35 60
13 Sa	6 41 50	2 ♌ 51 58	9 ♌ 55 37	22 52 54	21 54 09	28 13 25	21 32 53	28 39 36	29 49 23	13 35 22	23 02 02	17 10 43	10 32 33	15 34 20
14 Su	7 39 57	16 57 04	23 57 20	24 34 11	22 45 12	28 58 45	21 57 14	28 37 24	29 52 31	13 41 45	22 56 52	17 11 16	10 32 23	15 32 29
15 M	8 38 01	0 ♍ 54 45	7 ♍ 50 21	26 11 32	23 35 33	29 44 03	22 21 34	28 34 48	29 55 27	13 48 05	22 51 43	17 11 46	10 32 11	15 30 35
16 Tu	9 36 16	14 42 42	21 32 27	27 44 55	24 25 23	0 ♎ 29 30	22 46 03	28 32 00	29 58 25	13 54 35	22 46 50	17 12 25	10 32 10	15 28 53
17 W	10 34 54	28 18 47	5 ♎ 01 36	29 14 20	25 14 53	1 15 19	23 10 56	28 29 14	0 ♋ 01 37	14 01 29	22 42 23	17 13 27	10 32 31	15 27 34
18 Th	11 34 05	11 ♎ 41 09	18 16 15	0 ♏ 39 44	26 04 11	2 01 40	23 36 20	28 26 38	0 05 13	14 08 55	22 38 34	17 14 59	10 33 24	15 26 48
19 F	12 33 50	24 48 28	1 ♏ 15 27	2 01 01	26 53 18	2 48 36	24 02 20	28 24 16	0 09 15	14 16 56	22 35 26	17 17 07	10 34 53	15 26 38
20 Sa	13 34 08	7 ♏ 40 04	13 59 01	3 17 59	27 42 08	3 36 03	24 28 52	28 22 05	0 13 40	14 25 29	22 32 54	17 19 45	10 36 54	15 27 01
21 Su	14 34 47	20 16 12	26 27 40	4 30 19	28 30 29	4 23 50	24 55 44	28 19 54	0 18 18	14 34 23	22 30 49	17 22 43	10 39 16	15 27 46
22 M	15 35 30	2 ♐ 37 57	8 ♐ 43 02	5 37 36	29 18 02	5 11 40	25 22 39	28 17 25	0 22 50	14 43 21	22 28 53	17 25 45	10 41 42	15 28 36
23 Tu	16 35 57	14 47 37	20 47 25	6 39 27	0 ♐ 04 25	5 59 15	25 49 20	28 14 21	0 26 59	14 52 03	22 26 48	17 28 30	10 43 53	15 29 12
24 W	17 35 52	26 47 31	2 ♑ 44 43	7 35 27	0 49 18	6 46 16	26 15 27	28 10 23	0 30 25	15 00 12	22 24 16	17 30 42	10 45 31	15 29 15
25 Th	18 34 60	8 ♑ 41 56	14 38 19	8 25 18	1 32 25	7 32 29	26 40 46	28 05 19	0 32 56	15 07 34	22 21 03	17 32 06	10 46 22	15 28 33
26 F	19 33 15	20 35 00	26 32 51	9 08 51	2 13 38	8 17 49	27 05 13	27 59 02	0 34 26	15 14 03	22 17 04	17 32 36	10 46 22	15 27 00
27 Sa	20 30 43	2 ♒ 31 27	8 ♒ 33 08	9 46 08	2 52 59	9 02 21	27 28 52	27 51 37	0 34 58	15 19 44	22 12 23	17 32 18	10 45 33	15 24 40
28 Su	21 27 37	14 36 12	20 44 01	10 17 19	3 30 39	9 46 17	27 51 55	27 43 19	0 34 48	15 24 51	22 07 14	17 31 25	10 44 11	15 21 47
29 M	22 24 18	26 54 05	3 ♓ 10 02	10 42 46	4 06 58	10 30 00	28 14 46	27 34 29	0 34 16	15 29 44	22 01 60	17 30 19	10 42 37	15 18 44
30 Tu	23 21 15	9 ♓ 29 24	15 55 06	11 02 55	4 42 19	11 13 58	28 37 51	27 25 36	0 33 50	15 34 52	21 57 07	17 29 27	10 41 17	15 15 56

Notes

May 1996 — LONGITUDE

Day	☉	0 hr ☽	Noon ☽	☿	♀	♂	⚵	⚳	♃	♄	⚷	♅	♆	♇
1 W	24♎18 53	22♓25 32	29♓01 59	11♏18 14	5♐17 06	11♎58 36	29♌01 37	27♉17 05	0♋33 56	15♍40 41	21♓53 03	17♋29 16	10♋40 40	15♉13 51
2 Th	25 17 34	5♈44 27	12♈31 51	11 29 09	5 51 38	12 44 16	29 26 24	27 09 20	0 34 56	15 47 31	21 50 08	17 30 06	10 41 05	15 12 51
3 F	26 17 29	19 26 16	26 23 53	11 35 54	6 26 02	13 31 09	29 52 24	27 02 30	0 37 00	15 55 34	21 48 33	17 32 09	10 42 44	15 13 05
4 Sa	27 18 33	3♉28 59	10♉35 09	11 38 34	7 00 11	14 19 09	0♍19 32	26 56 32	0 40 04	16 04 46	21 48 14	17 35 20	10 45 32	15 14 29
5 Su	28 20 28	17 48 31	25 00 47	11 36 59	7 33 42	15 07 59	0 47 29	26 51 07	0 43 49	16 14 46	21 48 52	17 39 20	10 49 09	15 16 44
6 M	29 22 41	2♊19 09	9♊34 34	11 30 52	8 06 00	15 57 06	1 15 43	26 45 43	0 47 42	16 25 03	21 49 56	17 43 37	10 53 05	15 19 19
7 Tu	0♏24 34	16 54 17	24 09 52	11 19 50	8 36 25	16 45 51	1 43 35	26 39 43	0 51 06	16 34 59	21 50 46	17 47 33	10 56 41	15 21 35
8 W	1 25 33	1♋27 28	8♋40 35	11 03 39	9 04 16	17 33 41	2 10 31	26 32 33	0 53 25	16 43 58	21 50 48	17 50 33	10 59 22	15 22 57
9 Th	2 25 13	15 53 18	23 01 54	10 42 17	9 29 09	18 20 10	2 36 06	26 23 48	0 54 16	16 51 37	21 49 39	17 52 12	11 00 43	15 23 02
10 F	3 23 29	0♌08 01	7♌10 49	10 16 08	9 50 52	19 05 14	3 00 15	26 13 25	0 53 33	16 57 50	21 47 12	17 52 26	11 00 40	15 21 43
11 Sa	4 20 36	14 09 36	21 05 58	9 45 53	10 09 38	19 49 06	3 23 12	26 01 37	0 51 30	17 02 51	21 43 43	17 51 28	10 59 27	15 19 16
12 Su	5 17 06	27 57 36	4♍47 23	9 12 39	10 25 55	20 32 20	3 45 30	25 48 59	0 48 41	17 07 13	21 39 44	17 49 52	10 57 37	15 16 12
13 M	6 13 41	11♍32 35	18 15 53	8 37 43	10 40 23	21 15 38	4 07 50	25 36 13	0 45 46	17 11 39	21 35 57	17 48 20	10 55 51	15 13 15
14 Tu	7 11 06	24 55 34	1♎32 37	8 02 24	10 53 41	21 59 43	4 30 58	25 24 04	0 43 32	17 16 52	21 33 07	17 47 36	10 54 54	15 11 08
15 W	8 09 58	8♎07 35	14 38 31	7 27 59	11 06 24	22 45 14	4 55 29	25 13 11	0 42 34	17 23 29	21 31 51	17 48 17	10 55 24	15 10 29
16 Th	9 10 39	21 09 16	27 34 12	6 55 25	11 18 50	23 32 32	5 21 48	25 03 56	0 43 16	17 31 53	21 32 32	17 50 45	10 57 42	15 11 41
17 F	10 13 13	4♏00 54	10♏19 55	6 25 25	11 31 01	24 21 41	5 49 56	24 56 25	0 45 42	17 42 08	21 35 13	17 55 06	11 01 54	15 14 47
18 Sa	11 17 25	16 42 23	22 55 37	5 58 18	11 42 36	25 12 27	6 19 39	24 50 22	0 49 36	17 53 58	21 39 40	18 01 02	11 07 42	15 19 32
19 Su	12 22 42	29 13 33	5♐21 19	5 34 04	11 53 02	26 04 15	6 50 24	24 45 16	0 54 25	18 06 51	21 45 20	18 08 02	11 14 36	15 25 23
20 M	13 28 21	11♐34 26	17 37 21	5 12 32	12 01 31	26 56 23	7 21 28	24 40 24	0 59 26	18 20 03	21 51 29	18 15 22	11 21 50	15 31 37
21 Tu	14 33 32	23 45 39	29 44 41	4 53 21	12 07 13	27 48 03	7 52 01	24 34 59	1 03 52	18 32 46	21 57 18	18 22 14	11 28 37	15 37 25
22 W	15 37 34	5♑48 34	11♑45 04	4 36 11	12 09 22	28 38 30	8 21 21	24 28 19	1 06 58	18 44 15	22 02 06	18 27 55	11 34 14	15 42 05
23 Th	16 39 52	17 45 35	23 41 18	4 20 52	12 07 25	29 27 14	8 48 55	24 19 51	1 08 13	18 54 00	22 05 19	18 31 51	11 38 08	15 45 04
24 F	17 40 15	29 40 07	5♒37 08	4 07 26	12 01 07	0♏13 58	9 14 28	24 09 23	1 07 22	19 01 45	22 06 43	18 33 50	11 40 06	15 46 07
25 Sa	18 38 47	11♒36 33	17 37 12	3 56 15	11 50 34	0 58 51	9 38 08	23 57 02	1 04 32	19 07 37	22 06 25	18 33 57	11 40 12	15 45 22
26 Su	19 35 55	23 40 08	29 46 54	3 47 54	11 36 13	1 42 18	10 00 21	23 43 16	1 00 09	19 12 03	22 04 51	18 32 39	11 38 55	15 43 15
27 M	20 32 22	5♓56 32	12♓11 54	3 43 16	11 18 48	2 25 02	10 21 48	23 28 48	0 54 58	19 15 45	22 02 45	18 30 39	11 36 57	15 40 29
28 Tu	21 29 02	18 31 30	24 57 41	3 43 18	10 59 15	3 07 56	10 43 24	23 14 32	0 49 50	19 19 36	22 00 58	18 28 50	11 35 11	15 37 56
29 W	22 26 45	1♈30 09	8♈08 52	3 48 54	10 38 30	3 51 52	11 06 01	23 01 21	0 45 38	19 24 29	22 00 24	18 28 03	11 34 29	15 36 29
30 Th	23 26 16	14 56 14	21 48 21	4 00 48	10 17 18	4 37 34	11 30 20	22 49 58	0 43 05	19 31 05	22 01 45	18 29 03	11 35 34	15 36 51
31 F	24 27 57	28 51 18	5♉56 29	4 19 22	9 56 09	5 25 23	11 56 44	22 40 48	0 42 34	19 39 48	22 05 24	18 32 11	11 38 48	15 39 24

June 1996 — LONGITUDE

Day	☉	0 hr ☽	Noon ☽	☿	♀	♂	⚵	⚳	♃	♄	⚷	♅	♆	♇
1 Sa	25♏31 43	13♉13 55	20♉30 24	4♏44 30	9♐35 06	6♏15 16	12♍25 10	22♉33 48	0♋44 01	19♍50 33	22♓11 16	18♋37 24	11♋44 08	15♉44 05
2 Su	26 37 05	27 59 19	5♊23 57	5 15 35	9 13 45	7 06 41	12 55 06	22 28 25	0 46 54	20 02 49	22 18 51	18 44 09	11 51 02	15 50 22
3 M	27 43 06	12♊59 41	20 28 14	5 51 41	8 51 20	7 58 45	13 25 37	22 23 48	0 50 19	20 15 42	22 27 14	18 51 33	11 58 36	15 57 20
4 Tu	28 48 43	28 05 13	5♋33 07	6 31 37	8 26 58	8 50 21	13 55 38	22 18 52	0 53 13	20 28 07	22 35 19	18 58 31	12 05 44	16 03 55
5 W	29 52 55	13♋05 53	20 28 57	7 14 17	7 59 49	9 40 30	14 24 09	22 12 37	0 54 34	20 39 03	22 42 08	19 04 03	12 11 28	16 09 07
6 Th	0♐55 04	27 53 05	5♌08 12	7 58 57	7 29 26	10 28 33	14 50 30	22 04 25	0 53 43	20 47 50	22 47 00	19 07 29	12 15 06	16 12 16
7 F	1 54 58	12♌21 03	19 26 21	8 45 20	6 55 51	11 14 19	15 14 32	21 54 06	0 50 30	20 54 20	22 49 45	19 08 39	12 16 30	16 13 11
8 Sa	2 52 60	26 27 08	3♍22 03	9 33 44	6 19 41	11 58 10	15 36 35	21 42 04	0 45 18	20 58 52	22 50 46	19 07 55	12 16 00	16 12 16
9 Su	3 49 58	10♍11 31	16 56 27	10 24 52	5 41 59	12 40 55	15 57 28	21 29 08	0 38 55	21 02 17	22 50 50	19 06 06	12 14 27	16 10 19
10 M	4 46 58	23 36 23	0♎12 19	11 19 43	5 04 02	13 23 38	16 18 16	21 16 23	0 32 26	21 05 39	22 51 03	19 04 16	12 12 54	16 08 24
11 Tu	5 45 05	6♎44 57	13 05 12	12 19 18	4 27 11	14 07 26	16 40 04	21 04 56	0 26 58	21 10 03	22 52 30	19 03 31	12 12 26	16 07 37
12 W	6 45 13	19 40 33	26 02 02	13 24 28	3 52 35	14 53 12	17 03 47	20 55 42	0 23 25	21 16 24	22 56 06	19 04 46	12 14 00	16 08 53
13 Th	7 47 58	2♏26 01	8♏41 53	14 35 43	3 21 04	15 41 32	17 29 59	20 49 17	0 22 21	21 25 16	23 02 26	19 08 36	12 18 10	16 12 46
14 F	8 53 26	15 03 23	21 14 25	15 53 07	2 52 57	16 32 32	17 58 47	20 45 49	0 23 55	21 36 47	23 11 36	19 15 07	12 25 01	16 19 24
15 Sa	10 01 17	27 33 46	3♐40 32	17 16 16	2 28 09	17 25 52	18 29 51	20 44 57	0 27 46	21 50 36	23 23 16	19 23 60	12 34 16	16 28 27
16 Su	11 10 47	9♐57 33	16 00 32	18 44 24	2 06 07	18 20 49	19 02 26	20 45 60	0 33 11	22 06 00	23 36 43	19 34 30	12 45 09	16 39 10
17 M	12 20 57	22 14 41	28 14 25	20 16 29	1 46 04	19 16 23	19 35 34	20 47 57	0 39 11	22 21 59	23 50 57	19 45 38	12 56 41	16 50 34
18 Tu	13 30 39	4♑25 10	10♑22 19	21 51 21	1 27 04	20 11 26	20 08 06	20 49 43	0 44 38	22 37 25	24 04 52	19 56 19	13 07 45	17 01 33
19 W	14 38 54	16 29 28	22 24 58	23 27 59	1 08 17	21 04 59	20 39 03	20 50 18	0 48 34	22 51 19	24 17 26	20 05 29	13 17 22	17 11 05
20 Th	15 44 54	28 28 50	4♒23 59	25 05 33	0 49 04	21 56 14	21 07 36	20 48 56	0 50 10	23 02 54	24 27 52	20 12 24	13 24 43	17 18 25
21 F	16 48 16	10♒25 39	16 22 07	26 43 38	0 29 10	22 44 48	21 33 23	20 45 14	0 49 04	23 11 45	24 35 48	20 16 39	13 29 25	17 23 08
22 Sa	17 49 02	22 23 30	28 23 19	28 22 15	0 08 44	23 30 44	21 56 26	20 39 14	0 45 19	23 17 55	24 41 15	20 18 18	13 31 32	17 25 17
23 Su	18 47 42	4♓27 06	10♓32 38	0♐01 50	29♏48 21	24 14 29	22 17 14	20 31 26	0 39 25	23 21 54	24 44 43	20 17 49	13 31 32	17 25 21
24 M	19 45 06	16 42 07	22 55 52	1 43 14	29 28 57	24 56 57	22 36 37	20 22 42	0 32 12	23 24 33	24 47 03	20 16 03	13 30 16	17 24 11
25 Tu	20 42 21	29 14 43	5♈39 12	3 27 27	29 11 41	25 39 12	22 55 41	20 14 08	0 24 46	23 26 57	24 49 20	20 14 06	13 28 50	17 22 54
26 W	21 40 32	12♈10 54	18 48 21	5 15 34	28 57 44	26 22 21	23 15 34	20 06 52	0 18 16	23 30 13	24 52 41	20 13 06	13 28 21	17 22 35
27 Th	22 40 38	25 35 47	2♉27 41	7 08 27	28 48 03	27 07 22	23 37 11	20 01 49	0 13 37	23 35 18	24 58 04	20 13 59	13 29 46	17 24 13
28 F	23 43 12	9♉32 25	16 39 08	9 06 33	28 43 13	27 54 47	24 01 06	19 59 36	0 11 25	23 42 45	25 06 01	20 17 18	13 33 38	17 28 20
29 Sa	24 48 16	24 00 47	1♊21 06	11 09 47	28 43 18	28 44 39	24 27 22	20 00 12	0 11 41	23 52 37	25 16 35	20 23 06	13 40 01	17 34 58
30 Su	25 55 16	8♊57 00	16 27 53	13 17 27	28 47 43	29 36 25	24 55 23	20 03 07	0 13 52	24 04 20	25 29 13	20 30 51	13 48 19	17 43 36

Notes

LONGITUDE

July 1996

Day	☉	0 hr ☽	Noon ☽	☿	♀	♂	⚵	⚳	♃	♄	⚷	♅	♆	♇
1 M	27 ♐ 03 12	24 ♊ 13 09	1 ♋ 50 00	15 ♐ 28 23	28 ♏ 55 27	0 ♐ 29 03	25 ♍ 24 10	20 ♉ 07 17	0 ♋ 16 58	24 ♍ 16 53	25 ♓ 42 52	20 ♋ 39 29	13 ♋ 57 33	17 ♉ 53 10
2 Tu	28 10 47	9 ♋ 38 11	17 15 29	17 41 05	29 05 11	1 21 17	25 52 25	20 11 29	0 19 42	24 28 60	25 56 17	20 47 45	14 06 25	18 02 24
3 W	29 16 50	24 59 49	2 ♌ 32 11	19 54 08	29 15 43	2 11 55	26 18 56	20 14 28	0 20 53	24 39 28	26 08 16	20 54 28	14 13 44	18 10 08
4 Th	0 ♑ 20 32	10 ♌ 06 52	17 29 57	22 06 30	29 26 09	3 00 08	26 42 54	20 15 28	0 19 42	24 47 29	26 17 59	20 58 47	14 18 41	18 15 31
5 F	1 21 37	24 51 10	2 ♍ 02 15	24 17 37	29 36 14	3 45 42	27 04 04	20 14 13	0 15 54	24 52 48	26 25 13	21 00 29	14 21 02	18 18 20
6 Sa	2 20 28	9 ♍ 08 30	16 06 32	26 27 37	29 46 16	4 28 58	27 22 48	20 11 05	0 09 52	24 55 46	26 30 18	20 59 56	14 21 07	18 18 56
7 Su	3 17 58	22 58 23	29 43 41	28 37 03	29 57 04	5 10 49	27 39 58	20 06 57	0 02 29	24 57 17	26 34 07	20 58 00	14 19 51	18 18 12
8 M	4 15 17	6 ♎ 23 09	12 ♎ 56 58	0 ♑ 46 48	0 ♐ 09 45	5 52 26	27 56 44	20 02 59	29 ♊ 54 55	24 58 30	26 37 51	20 55 52	14 18 22	18 17 17
9 Tu	5 13 37	19 26 48	25 50 51	2 57 47	0 25 27	6 34 59	28 14 17	20 00 25	29 48 23	25 00 38	26 42 42	20 54 43	14 17 54	18 17 25
10 W	6 13 59	2 ♏ 13 52	8 ♏ 29 60	5 10 43	0 45 07	7 19 31	28 33 39	20 00 13	29 43 54	25 04 41	26 49 40	20 55 34	14 19 26	18 19 36
11 Th	7 17 01	14 48 37	20 58 32	7 25 59	1 09 20	8 06 38	28 55 26	20 03 03	29 42 06	25 11 17	26 59 23	20 59 04	14 23 38	18 24 27
12 F	8 22 51	27 14 32	3 ♐ 19 43	9 43 30	1 38 12	8 56 31	29 19 48	20 09 05	29 43 09	25 20 36	27 12 02	21 05 22	14 30 38	18 32 09
13 Sa	9 31 12	9 ♐ 34 04	15 35 40	12 02 42	2 11 18	9 48 50	29 46 26	20 17 58	29 46 44	25 32 18	27 27 15	21 14 09	14 40 08	18 42 23
14 Su	10 41 18	21 48 41	27 47 37	14 22 39	2 47 52	10 42 50	0 ♎ 14 34	20 28 58	29 52 07	25 45 39	27 44 19	21 24 40	14 51 22	18 54 22
15 M	11 52 08	3 ♑ 59 04	9 ♑ 56 04	16 42 11	3 26 47	11 37 31	0 43 11	20 41 03	29 58 16	25 59 38	28 02 12	21 35 54	15 03 20	19 07 07
16 Tu	13 02 33	16 05 32	22 01 18	19 00 00	4 06 52	12 31 43	1 11 08	20 53 07	0 ♋ 04 05	26 13 05	28 19 47	21 46 42	15 14 52	19 19 29
17 W	14 11 31	28 08 25	4 ♒ 03 42	21 14 57	4 47 00	13 24 23	1 37 22	21 04 04	0 08 29	26 24 59	28 35 58	21 56 02	15 24 57	19 30 25
18 Th	15 18 12	10 ♒ 08 30	16 04 16	23 26 07	5 26 20	14 14 44	2 01 03	21 13 07	0 10 40	26 34 29	28 49 59	22 03 05	15 32 45	19 39 05
19 F	16 22 11	22 07 24	28 04 52	25 32 59	6 04 21	15 02 17	2 21 46	21 19 49	0 10 13	26 41 11	29 01 22	22 07 24	15 37 49	19 45 04
20 Sa	17 23 26	4 ♓ 07 44	10 ♓ 08 30	27 35 28	6 40 60	15 47 03	2 39 28	21 24 09	0 07 06	26 45 02	29 10 07	22 08 59	15 40 10	19 48 22
21 Su	18 22 23	16 13 17	22 19 16	29 33 59	7 16 39	16 29 27	2 54 36	21 26 33	0 01 47	26 46 29	29 16 39	22 08 15	15 40 13	19 49 22
22 M	19 19 50	28 28 50	4 ♈ 42 13	1 ♒ 29 17	7 52 03	17 10 17	3 07 56	21 27 47	29 ♊ 55 02	26 46 19	29 21 46	22 06 01	15 38 45	19 48 54
23 Tu	20 16 49	10 ♈ 59 52	17 22 60	3 22 23	8 28 12	17 50 35	3 20 31	21 28 55	29 47 55	26 45 35	29 26 29	22 03 18	15 36 49	19 47 60
24 W	21 14 25	23 52 09	0 ♉ 27 14	5 14 22	9 06 08	18 31 27	3 33 26	21 31 02	29 41 30	26 45 22	29 31 55	22 01 12	15 35 30	19 47 44
25 Th	22 13 36	7 ♉ 10 53	13 59 43	7 06 11	9 46 45	19 13 49	3 47 37	21 35 03	29 36 46	26 46 37	29 39 00	22 00 41	15 35 46	19 49 04
26 F	23 14 57	20 59 51	28 03 18	8 58 26	10 30 38	19 58 18	4 03 41	21 41 36	29 34 18	26 49 56	29 48 21	22 02 19	15 38 12	19 52 36
27 Sa	24 18 35	5 ♊ 20 16	12 ♊ 37 49	10 51 14	11 17 51	20 44 59	4 21 43	21 50 46	29 34 14	26 55 25	0 ♈ 00 03	22 06 14	15 42 55	19 58 27
28 Su	25 24 04	20 09 51	27 39 16	12 44 09	12 07 55	21 33 28	4 41 17	22 02 08	29 36 07	27 02 40	0 13 40	22 12 00	15 49 29	20 06 11
29 M	26 30 32	5 ♋ 22 19	12 ♋ 59 35	14 36 18	12 59 55	22 22 51	5 01 29	22 14 47	29 39 05	27 10 46	0 28 20	22 18 44	15 57 00	20 14 53
30 Tu	27 36 48	20 47 46	28 27 36	16 26 33	13 52 41	23 11 59	5 21 11	22 27 35	29 41 59	27 18 35	0 42 54	22 25 16	16 04 21	20 23 27
31 W	28 41 49	6 ♌ 14 11	13 ♌ 50 51	18 13 49	14 45 03	23 59 46	5 39 17	22 39 26	29 43 43	27 24 60	0 56 15	22 30 32	16 10 25	20 30 44

LONGITUDE

August 1996

Day	☉	0 hr ☽	Noon ☽	☿	♀	♂	⚵	⚳	♃	♄	⚷	♅	♆	♇
1 Th	29 ♑ 44 45	21 ♌ 29 32	28 ♌ 57 60	19 ♒ 57 18	15 ♐ 36 14	24 ♐ 45 25	5 ♎ 54 57	22 ♉ 49 31	29 ♊ 43 30	27 ♍ 29 15	1 ♈ 07 36	22 ♋ 33 43	16 ♋ 14 24	20 ♉ 35 59
2 F	0 ♒ 45 20	6 ♍ 24 05	13 ♍ 40 41	21 36 43	16 25 53	25 28 38	6 07 55	22 57 34	29 41 02	27 31 01	1 16 39	22 34 32	16 16 02	20 38 54
3 Sa	1 43 49	20 51 37	27 54 29	23 12 19	17 14 14	26 09 41	6 18 24	23 03 48	29 36 36	27 30 34	1 23 39	22 33 14	16 15 32	20 39 43
4 Su	2 40 53	4 ♎ 49 54	11 ♎ 38 42	24 44 49	18 01 57	26 49 14	6 27 07	23 08 57	29 30 52	27 28 36	1 29 19	22 30 31	16 13 38	20 39 08
5 M	3 37 32	18 19 57	24 55 36	26 15 10	18 49 58	27 28 17	6 35 02	23 13 57	29 24 50	27 26 05	1 34 35	22 27 22	16 11 17	20 38 08
6 Tu	4 34 46	1 ♏ 25 03	7 ♏ 49 16	27 44 23	19 39 18	28 07 51	6 43 08	23 19 50	29 19 31	27 24 03	1 40 31	22 24 48	16 09 32	20 37 45
7 W	5 33 29	14 09 42	20 24 30	29 13 20	20 30 47	28 48 49	6 52 20	23 27 29	29 15 48	27 23 22	1 47 58	22 23 41	16 09 14	20 38 51
8 Th	6 34 14	26 38 37	2 ♐ 46 08	0 ♓ 42 34	21 24 58	29 31 44	7 03 09	23 37 27	29 14 15	27 24 37	1 57 31	22 24 36	16 10 57	20 41 59
9 F	7 37 12	8 ♐ 56 10	14 58 22	2 12 14	22 21 59	0 ♑ 16 47	7 15 48	23 49 56	29 15 03	27 27 57	2 09 19	22 27 44	16 14 53	20 47 22
10 Sa	8 42 09	21 05 59	27 04 37	3 42 05	23 21 37	1 03 45	7 30 01	24 04 40	29 17 59	27 33 11	2 23 10	22 32 51	16 20 48	20 54 44
11 Su	9 48 33	3 ♑ 10 50	9 ♑ 07 22	5 11 32	24 23 16	1 52 05	7 45 15	24 21 07	29 22 29	27 39 43	2 38 30	22 39 23	16 28 09	21 03 34
12 M	10 55 35	15 12 44	21 08 21	6 39 45	25 26 07	2 40 57	8 00 41	24 38 29	29 27 47	27 46 47	2 54 32	22 46 34	16 36 08	21 13 02
13 Tu	12 02 23	27 13 02	3 ♒ 08 42	8 05 48	26 29 17	3 29 31	8 15 28	24 55 53	29 32 59	27 53 31	3 10 22	22 53 30	16 43 52	21 22 17
14 W	13 08 07	9 ♒ 12 47	15 09 21	9 28 48	27 31 54	4 16 56	8 28 45	25 12 29	29 37 16	27 59 04	3 25 10	22 59 22	16 50 31	21 30 29
15 Th	14 12 09	21 13 02	27 11 20	10 48 03	28 33 20	5 02 34	8 39 53	25 27 38	29 40 00	28 02 48	3 38 20	23 03 32	16 55 29	21 36 60
16 F	15 14 06	3 ♓ 15 06	9 ♓ 16 02	12 03 08	29 33 11	5 46 03	8 48 31	25 40 59	29 40 50	28 04 22	3 49 28	23 05 38	16 58 22	21 41 28
17 Sa	16 13 58	15 20 52	21 25 33	13 13 54	0 ♑ 31 24	6 27 21	8 54 36	25 52 30	29 39 42	28 03 44	3 58 32	23 05 39	16 59 09	21 43 50
18 Su	17 12 02	27 32 55	3 ♈ 42 40	14 20 35	1 28 17	7 06 46	8 58 25	26 02 27	29 36 56	28 01 12	4 05 51	23 03 51	16 58 07	21 44 25
19 M	18 08 51	9 ♈ 54 35	16 10 57	15 23 39	2 24 22	7 44 51	9 00 32	26 11 24	29 33 05	27 57 18	4 11 58	23 00 48	16 55 51	21 43 46
20 Tu	19 05 10	22 29 49	28 54 30	16 23 43	3 20 23	8 22 22	9 01 42	26 20 07	29 28 55	27 52 49	4 17 37	22 57 17	16 53 06	21 42 38
21 W	20 01 48	5 ♉ 22 51	11 ♉ 57 34	17 21 28	4 17 07	9 00 06	9 02 42	26 29 22	29 25 12	27 48 33	4 23 38	22 54 04	16 50 38	21 41 50
22 Th	20 59 26	18 37 43	25 23 58	18 17 27	5 15 16	9 38 45	9 04 14	26 39 52	29 22 39	27 45 11	4 30 40	22 51 52	16 49 11	21 42 03
23 F	21 58 31	2 ♊ 17 37	9 ♊ 16 15	19 11 60	6 15 16	10 18 47	9 06 46	26 52 03	29 21 44	27 43 11	4 39 13	22 51 08	16 49 12	21 43 44
24 Sa	22 59 11	16 23 59	23 34 57	20 05 02	7 17 13	11 00 19	9 10 24	27 06 02	29 22 34	27 42 41	4 49 23	22 51 59	16 50 47	21 47 01
25 Su	24 01 11	0 ♋ 55 48	8 ♋ 17 43	20 56 09	8 20 53	11 43 06	9 14 53	27 21 35	29 24 54	27 43 24	5 00 54	22 54 10	16 53 43	21 51 39
26 M	25 03 57	15 49 01	23 19 03	21 44 34	9 25 40	12 26 33	9 19 40	27 38 07	29 28 09	27 44 48	5 13 13	22 57 08	16 57 24	21 57 03
27 Tu	26 06 45	0 ♌ 56 32	8 ♌ 30 33	22 29 20	10 30 49	13 09 58	9 23 58	27 54 53	29 31 36	27 46 08	5 25 36	23 00 08	17 01 06	22 02 29
28 W	27 08 50	16 08 56	23 42 06	23 09 29	11 35 37	13 52 34	9 27 05	28 11 09	29 34 31	27 46 40	5 37 18	23 02 26	17 04 07	22 07 14
29 Th	28 09 41	1 ♍ 15 54	8 ♍ 43 27	23 44 15	12 39 30	14 33 51	9 28 28	28 26 23	29 36 20	27 45 52	5 47 46	23 03 29	17 05 52	22 10 44
30 F	29 09 02	16 07 59	23 25 56	24 13 07	13 42 12	15 13 33	9 27 51	28 40 19	29 36 50	27 43 29	5 56 47	23 03 04	17 06 08	22 12 46
31 Sa	0 ♓ 07 00	0 ♎ 37 58	7 ♎ 43 40	24 35 55	14 43 51	15 51 47	9 25 21	28 53 03	29 36 06	27 39 38	6 04 25	23 01 16	17 05 00	22 13 25

Notes

September 1996 — LONGITUDE

Day	☉	0 hr ☽	Noon ☽	☿	♀	♂	⚵	⚳	♃	♄	⚷	♅	♆	♇
1 Su	1 ♓ 03 58	14 ♌ 41 39	21 ♌ 33 54	24 ♓ 52 46	15 ♑ 44 47	16 ♑ 28 55	9 ♌ 21 21	29 ♉ 04 59	29 ♊ 34 32	27 ♍ 34 41	6 ♈ 11 05	22 ♋ 58 27	17 ♋ 02 52	22 ♉ 13 03
2 M	2 00 30	28 17 52	4 ♏ 56 47	25 03 54	16 45 33	17 05 31	9 16 24	29 16 39	29 32 41	27 29 12	6 17 19	22 55 13	17 00 17	22 12 16
3 Tu	2 57 11	11 ♏ 27 59	17 54 40	25 09 41	17 46 46	17 42 11	9 11 06	29 28 40	29 31 09	27 23 48	6 23 43	22 52 08	16 57 51	22 11 37
4 W	3 54 33	24 15 06	0 ♐ 31 18	25 10 19	18 48 56	18 19 25	9 05 58	29 41 31	29 30 27	27 18 59	6 30 49	22 49 44	16 56 05	22 11 40
5 Th	4 52 56	6 ♐ 43 16	12 51 07	25 05 56	19 52 23	18 57 36	9 01 21	29 55 35	29 30 56	27 15 06	6 38 56	22 48 21	16 55 21	22 12 44
6 F	5 52 29	18 56 57	24 58 40	24 56 25	20 57 15	19 36 50	8 57 23	0 ♊ 10 58	29 32 43	27 12 17	6 48 14	22 48 08	16 55 45	22 14 57
7 Sa	6 53 05	1 ♑ 00 29	6 ♑ 58 12	24 41 32	22 03 25	20 17 02	8 53 59	0 27 35	29 35 44	27 10 27	6 58 36	22 48 60	16 57 12	22 18 14
8 Su	7 54 29	12 57 49	18 53 32	24 20 54	23 10 37	20 57 55	8 50 52	0 45 09	29 39 41	27 09 20	7 09 45	22 50 38	16 59 27	22 22 18
9 M	8 56 16	24 52 24	0 ♒ 47 52	23 54 08	24 18 26	21 39 06	8 47 38	1 03 17	29 44 12	27 08 31	7 21 19	22 52 41	17 02 04	22 26 45
10 Tu	9 58 01	6 ♒ 47 11	12 43 52	23 20 56	25 26 26	22 20 08	8 43 53	1 21 31	29 48 49	27 07 35	7 32 50	22 54 41	17 04 39	22 31 10
11 W	10 59 19	18 44 34	24 43 42	22 41 10	26 34 12	23 00 38	8 39 12	1 39 29	29 53 10	27 06 09	7 43 55	22 56 16	17 06 47	22 35 09
12 Th	11 59 53	0 ♓ 46 36	6 ♓ 49 09	21 54 60	27 41 28	23 40 17	8 33 19	1 56 52	29 56 56	27 03 55	7 54 16	22 57 07	17 08 11	22 38 23
13 F	12 59 34	12 54 59	19 01 47	21 02 54	28 48 02	24 18 58	8 26 05	2 13 30	29 59 58	27 00 43	8 03 44	22 57 06	17 08 41	22 40 44
14 Sa	13 58 22	25 11 19	1 ♈ 23 06	20 05 43	29 53 55	24 56 39	8 17 30	2 29 25	0 ♋ 02 16	26 56 34	8 12 19	22 56 11	17 08 18	22 42 12
15 Su	14 56 25	7 ♈ 37 12	13 54 40	19 04 38	0 ♒ 59 15	25 33 29	8 07 44	2 44 43	0 03 59	26 51 37	8 20 10	22 54 34	17 07 11	22 42 56
16 M	15 53 59	20 14 16	26 38 07	18 01 07	2 04 18	26 09 44	7 57 02	2 59 41	0 05 23	26 46 07	8 27 31	22 52 27	17 05 34	22 43 10
17 Tu	16 51 23	3 ♉ 04 17	9 ♉ 35 17	16 56 52	3 09 20	26 45 43	7 45 45	3 14 38	0 06 45	26 40 24	8 34 42	22 50 11	17 03 47	22 43 14
18 W	17 48 54	16 09 04	22 47 56	15 53 41	4 14 42	27 21 43	7 34 11	3 29 50	0 08 25	26 34 45	8 42 01	22 48 04	17 02 07	22 43 25
19 Th	18 46 47	29 30 16	6 ♊ 17 38	14 53 19	5 20 37	27 57 60	7 22 36	3 45 33	0 10 36	26 29 25	8 49 42	22 46 20	17 00 50	22 43 59
20 F	19 45 11	13 ♊ 09 09	20 05 19	13 57 27	6 27 12	28 34 40	7 11 08	4 01 55	0 13 27	26 24 34	8 57 53	22 45 08	17 00 04	22 45 04
21 Sa	20 44 05	27 06 08	4 ♋ 10 57	13 07 31	7 34 28	29 11 45	6 59 49	4 18 54	0 16 58	26 20 10	9 06 35	22 44 27	16 59 48	22 46 39
22 Su	21 43 23	11 ♋ 20 26	18 33 01	12 24 44	8 42 18	29 49 08	6 48 33	4 36 25	0 21 02	26 16 07	9 15 40	22 44 11	16 59 56	22 48 38
23 M	22 42 53	25 49 41	3 ♌ 08 19	11 50 02	9 50 29	0 ♒ 26 37	6 37 09	4 54 16	0 25 26	26 12 14	9 24 57	22 44 08	17 00 17	22 50 49
24 Tu	23 42 24	10 ♌ 29 49	17 51 56	11 24 08	10 58 51	1 03 60	6 25 26	5 12 15	0 30 01	26 08 20	9 34 14	22 44 07	17 00 38	22 53 00
25 W	24 41 46	25 15 10	2 ♍ 37 31	11 07 33	12 07 13	1 41 07	6 13 17	5 30 12	0 34 35	26 04 15	9 43 22	22 43 58	17 00 51	22 55 03
26 Th	25 40 54	9 ♍ 59 01	17 18 08	11 00 39	13 15 31	2 17 55	6 00 36	5 48 02	0 39 04	25 59 53	9 52 15	22 43 36	17 00 49	22 56 51
27 F	26 39 49	24 34 25	1 ♎ 46 57	11 03 38	14 23 44	2 54 24	5 47 27	6 05 45	0 43 28	25 55 17	10 00 54	22 43 02	17 00 35	22 58 26
28 Sa	27 38 36	8 ♎ 55 03	15 58 19	11 16 36	15 31 59	3 30 38	5 33 55	6 23 28	0 47 53	25 50 31	10 09 24	22 42 21	17 00 13	22 59 53
29 Su	28 37 22	22 56 04	29 48 16	11 39 26	16 40 20	4 06 44	5 20 07	6 41 15	0 52 25	25 45 42	10 17 53	22 41 40	16 59 49	23 01 19
30 M	29 36 13	6 ♏ 34 29	13 ♏ 14 50	12 11 54	17 48 55	4 42 49	5 06 12	6 59 13	0 57 10	25 40 57	10 26 25	22 41 04	16 59 30	23 02 48

October 1996 — LONGITUDE

Day	☉	0 hr ☽	Noon ☽	☿	♀	♂	⚵	⚳	♃	♄	⚷	♅	♆	♇
1 Tu	0 ♈ 35 12	19 ♏ 49 19	26 ♏ 18 05	12 ♓ 53 33	18 ♒ 57 46	5 ♒ 18 55	4 ♌ 52 14	7 ♊ 17 26	1 ♋ 02 12	25 ♍ 36 18	10 ♈ 35 04	22 ♋ 40 38	16 ♋ 59 20	23 ♉ 04 26
2 W	1 34 20	2 ♐ 41 29	8 ♐ 59 41	13 43 47	20 06 53	5 55 02	4 38 13	7 35 52	1 07 29	25 31 45	10 43 50	22 40 20	16 59 17	23 06 10
3 Th	2 33 31	15 13 20	21 22 38	14 41 53	21 16 11	6 31 07	4 24 07	7 54 28	1 12 58	25 27 15	10 52 38	22 40 07	16 59 17	23 07 58
4 F	3 32 41	27 28 19	3 ♑ 30 48	15 47 01	22 25 34	7 07 03	4 09 51	8 13 08	1 18 32	25 22 42	11 01 23	22 39 53	16 59 16	23 09 44
5 Sa	4 31 43	9 ♑ 30 37	15 28 33	16 58 22	23 34 57	7 42 43	3 55 22	8 31 45	1 24 07	25 17 60	11 09 58	22 39 31	16 59 07	23 11 21
6 Su	5 30 33	21 24 44	27 20 27	18 15 08	24 44 14	8 18 05	3 40 35	8 50 16	1 29 37	25 13 05	11 18 20	22 38 59	16 58 45	23 12 45
7 M	6 29 10	3 ♒ 15 19	9 ♒ 11 04	19 36 35	25 53 25	8 53 06	3 25 32	9 08 39	1 35 01	25 07 56	11 26 27	22 38 14	16 58 10	23 13 55
8 Tu	7 27 39	15 06 51	21 04 42	21 02 07	27 02 34	9 27 51	3 10 18	9 26 58	1 40 24	25 02 38	11 34 23	22 37 21	16 57 26	23 14 55
9 W	8 26 06	27 03 28	3 ♓ 05 13	22 31 14	28 11 48	10 02 28	2 55 04	9 45 21	1 45 53	24 57 18	11 42 17	22 36 29	16 56 41	23 15 54
10 Th	9 24 44	9 ♓ 08 49	15 15 57	24 03 32	29 21 18	10 37 08	2 40 01	10 03 60	1 51 41	24 52 09	11 50 19	22 35 47	16 56 07	23 17 03
11 F	10 23 46	21 25 51	27 39 26	25 38 43	0 ♓ 31 17	11 12 03	2 25 24	10 23 06	1 57 58	24 47 23	11 58 42	22 35 30	16 55 55	23 18 34
12 Sa	11 23 20	3 ♈ 56 42	10 ♈ 17 24	27 16 27	1 41 56	11 47 25	2 11 24	10 42 51	2 04 56	24 43 10	12 07 37	22 35 47	16 56 17	23 20 38
13 Su	12 23 35	16 42 36	23 10 42	28 56 28	2 53 19	12 23 18	1 58 10	11 03 20	2 12 41	24 39 37	12 17 10	22 36 45	16 57 18	23 23 20
14 M	13 24 28	29 43 54	6 ♉ 19 17	0 ♈ 38 21	4 05 27	12 59 43	1 45 42	11 24 32	2 21 11	24 36 44	12 27 19	22 38 22	16 58 58	23 26 41
15 Tu	14 25 51	13 ♉ 00 05	19 42 23	2 21 39	5 18 10	13 36 30	1 33 53	11 46 19	2 30 19	24 34 21	12 37 56	22 40 31	17 01 08	23 30 31
16 W	15 27 27	26 29 59	3 ♊ 18 35	4 05 50	6 31 11	14 13 23	1 22 28	12 08 24	2 39 47	24 32 12	12 48 44	22 42 54	17 03 32	23 34 33
17 Th	16 28 56	10 ♊ 12 00	17 06 11	5 50 19	7 44 11	14 50 00	1 11 07	12 30 26	2 49 15	24 29 57	12 59 24	22 45 11	17 05 49	23 38 28
18 F	17 29 56	24 04 18	1 ♋ 03 17	7 34 33	8 56 46	15 26 02	0 59 32	12 52 03	2 58 20	24 27 15	13 09 32	22 47 01	17 07 37	23 41 53
19 Sa	18 30 12	8 ♋ 05 02	15 08 01	9 18 06	10 08 42	16 01 11	0 47 26	13 13 00	3 06 48	24 23 50	13 18 54	22 48 08	17 08 41	23 44 33
20 Su	19 29 38	22 12 27	29 18 31	11 00 46	11 19 52	16 35 23	0 34 46	13 33 12	3 14 33	24 19 37	13 27 23	22 48 26	17 08 55	23 46 23
21 M	20 28 21	6 ♌ 24 47	13 ♌ 32 55	12 42 32	12 30 25	17 08 43	0 21 40	13 52 44	3 21 41	24 14 42	13 35 07	22 48 02	17 08 27	23 47 29
22 Tu	21 26 40	20 40 13	27 49 08	14 23 40	13 40 38	17 41 33	0 08 29	14 11 56	3 28 32	24 09 26	13 42 26	22 47 16	17 07 35	23 48 10
23 W	22 25 05	4 ♍ 56 33	12 ♍ 04 41	16 04 33	14 51 01	18 14 20	29 ♍ 55 43	14 31 18	3 35 35	24 04 16	13 49 47	22 46 37	17 06 49	23 48 57
24 Th	23 24 06	19 11 03	26 16 38	17 45 39	16 02 05	18 47 35	29 43 54	14 51 20	3 43 21	23 59 46	13 57 42	22 46 36	17 06 39	23 50 19
25 F	24 24 10	3 ♎ 20 29	10 ♎ 21 34	19 27 23	17 14 17	19 21 46	29 33 29	15 12 28	3 52 16	23 56 21	14 06 39	22 47 39	17 07 34	23 52 43
26 Sa	25 25 34	17 21 14	24 15 53	21 09 60	18 27 53	19 57 09	29 24 46	15 35 00	4 02 36	23 54 18	14 16 52	22 50 03	17 09 48	23 56 27
27 Su	26 28 21	1 ♏ 09 37	7 ♏ 56 13	22 53 29	19 42 54	20 33 45	29 17 48	15 58 57	4 14 25	23 53 39	14 28 24	22 53 51	17 13 24	24 01 31
28 M	27 32 16	14 42 21	21 19 46	24 37 37	20 59 08	21 11 21	29 12 22	16 24 06	4 27 27	23 54 11	14 41 02	22 58 47	17 18 08	24 07 43
29 Tu	28 36 53	27 57 04	4 ♐ 24 50	26 21 58	22 16 08	21 49 31	29 08 03	16 49 59	4 41 17	23 55 28	14 54 19	23 04 27	17 23 35	24 14 36
30 W	29 41 38	10 ♐ 52 36	17 10 58	28 05 55	23 33 20	22 27 41	29 04 17	17 16 03	4 55 21	23 56 55	15 07 41	23 10 16	17 29 10	24 21 35
31 Th	0 ♉ 45 54	23 29 14	29 39 09	29 48 54	24 50 06	23 05 13	29 00 28	17 41 42	5 09 01	23 57 55	15 20 31	23 15 37	17 34 15	24 28 05

Notes

LONGITUDE November 1996

Day	☉	0 hr ☽	Noon ☽	☿	♀	♂	⚵	⚳	♃	♄	⚷	♅	♆	♇
1 F	1 ♉ 49 11	5 ♑ 48 39	11 ♑ 51 40	1 ♉ 30 23	26 ♓ 05 56	23 ♒ 41 36	28 ♍ 56 07	18 ♊ 06 24	5 ♋ 21 46	23 ♍ 57 59	15 ♈ 32 18	23 ♋ 19 60	17 ♋ 38 22	24 ♉ 33 34
2 Sa	2 51 09	17 53 52	23 51 60	3 10 04	27 20 30	24 16 31	28 50 53	18 29 49	5 33 18	23 56 47	15 42 43	23 23 04	17 41 08	24 37 42
3 Su	3 51 42	29 49 01	5 ♒ 44 36	4 47 51	28 33 43	24 49 53	28 44 43	18 51 52	5 43 30	23 54 12	15 51 39	23 24 44	17 42 30	24 40 25
4 M	4 51 03	11 ♒ 39 03	17 34 35	6 23 57	29 45 45	25 21 52	28 37 48	19 12 44	5 52 34	23 50 28	15 59 19	23 25 13	17 42 39	24 41 53
5 Tu	5 49 37	23 29 28	29 27 29	7 58 50	0 ♈ 57 05	25 52 56	28 30 37	19 32 54	6 00 56	23 46 01	16 06 10	23 24 56	17 42 02	24 42 34
6 W	6 48 04	5 ♓ 25 54	11 ♓ 28 49	9 33 09	2 08 19	26 23 42	28 23 46	19 52 57	6 09 16	23 41 29	16 12 49	23 24 32	17 41 17	24 43 05
7 Th	7 47 05	17 33 48	23 43 44	11 07 36	3 20 10	26 54 54	28 18 00	20 13 37	6 18 15	23 37 34	16 19 59	23 24 44	17 41 06	24 44 10
8 F	8 47 22	29 57 53	6 ♈ 16 33	12 42 55	4 33 19	27 27 11	28 14 01	20 35 35	6 28 34	23 34 59	16 28 20	23 26 12	17 42 11	24 46 29
9 Sa	9 49 25	12 ♈ 41 48	19 10 16	14 19 37	5 48 17	28 01 04	28 12 18	20 59 22	6 40 43	23 34 14	16 38 25	23 29 28	17 45 02	24 50 32
10 Su	10 53 28	25 47 33	2 ♉ 26 09	15 57 57	7 05 18	28 36 47	28 13 07	21 25 11	6 54 58	23 35 32	16 50 25	23 34 44	17 49 53	24 56 35
11 M	11 59 23	9 ♉ 15 15	16 03 27	17 37 47	8 24 13	29 14 13	28 16 19	21 52 54	7 11 10	23 38 47	17 04 15	23 41 55	17 56 36	25 04 29
12 Tu	13 06 42	23 02 54	29 59 20	19 18 41	9 44 33	29 52 52	28 21 27	22 22 03	7 28 49	23 43 29	17 19 23	23 50 29	18 04 43	25 13 44
13 W	14 14 36	7 ♊ 06 39	14 ♊ 09 19	20 59 50	11 05 31	0 ♓ 31 55	28 27 42	22 51 50	7 47 08	23 48 50	17 35 03	23 59 40	18 13 26	25 23 34
14 Th	15 22 09	21 21 20	28 27 53	22 40 20	12 26 09	1 10 27	28 34 07	23 21 17	8 05 09	23 53 54	17 50 18	24 08 31	18 21 47	25 33 01
15 F	16 28 27	5 ♋ 41 19	12 ♋ 49 25	24 19 17	13 45 35	1 47 34	28 39 51	23 49 31	8 22 01	23 57 48	18 04 15	24 16 08	18 28 53	25 41 12
16 Sa	17 32 52	20 01 27	27 09 05	25 56 05	15 03 10	2 22 39	28 44 14	24 15 56	8 37 05	23 59 55	18 16 16	24 21 55	18 34 09	25 47 31
17 Su	18 35 15	4 ♌ 17 47	11 ♌ 23 31	27 30 33	16 18 44	2 55 29	28 47 07	24 40 19	8 50 10	24 00 03	18 26 09	24 25 39	18 37 20	25 51 44
18 M	19 35 52	18 27 59	25 30 51	29 03 00	17 32 35	3 26 23	28 48 46	25 02 58	9 01 34	23 58 30	18 34 13	24 27 39	18 38 48	25 54 12
19 Tu	20 35 27	2 ♍ 31 08	9 ♍ 30 38	0 ♊ 34 11	18 45 26	3 56 06	28 49 57	25 24 39	9 12 00	23 56 01	18 41 12	24 28 40	18 39 14	25 55 37
20 W	21 35 03	16 27 22	23 23 12	2 05 07	19 58 19	4 25 37	28 51 40	25 46 21	9 22 31	23 53 37	18 48 07	24 29 42	18 39 40	25 57 00
21 Th	22 35 42	0 ♎ 17 09	7 ♎ 09 00	3 36 51	21 12 17	4 56 01	28 54 58	26 09 09	9 34 09	23 52 21	18 56 02	24 31 49	18 41 11	25 59 27
22 F	23 38 19	14 00 44	20 48 09	5 10 19	22 28 15	5 28 13	29 00 45	26 33 56	9 47 49	23 53 08	19 05 51	24 35 55	18 44 40	26 03 50
23 Sa	24 43 28	27 37 39	4 ♏ 20 00	6 46 03	23 46 46	6 02 44	29 09 36	27 01 16	10 04 04	23 56 32	19 18 07	24 42 34	18 50 40	26 10 44
24 Su	25 51 13	11 ♏ 06 38	17 43 07	8 24 09	25 07 56	6 39 41	29 21 34	27 31 15	10 23 00	24 02 37	19 32 55	24 51 51	18 59 18	26 20 13
25 M	27 01 14	24 25 43	0 ♐ 55 34	10 04 13	26 31 22	7 18 42	29 36 19	28 03 31	10 44 15	24 11 03	19 49 55	25 03 24	19 10 12	26 31 56
26 Tu	28 12 44	7 ♐ 32 41	13 55 21	11 45 30	27 56 19	7 58 60	29 53 03	28 37 17	11 07 02	24 21 03	20 08 19	25 16 27	19 22 34	26 45 07
27 W	29 24 43	20 25 34	26 40 51	13 26 56	29 21 47	8 39 34	0 ♎ 10 46	29 11 33	11 30 21	24 31 37	20 27 08	25 30 01	19 35 26	26 58 45
28 Th	0 ♊ 36 05	3 ♑ 03 12	9 ♑ 11 28	15 07 27	0 ♉ 46 39	9 19 20	0 28 22	29 45 14	11 53 07	24 41 39	20 45 15	25 42 58	19 47 41	27 11 46
29 F	1 45 54	15 25 36	21 27 46	16 46 01	2 09 59	9 57 20	0 44 55	0 ♋ 17 23	12 14 23	24 50 13	21 01 45	25 54 24	19 58 23	27 23 11
30 Sa	2 53 31	27 34 14	3 ♒ 31 48	18 21 57	3 31 07	10 32 55	0 59 44	0 47 20	12 33 29	24 56 40	21 15 57	26 03 38	20 06 52	27 32 23

LONGITUDE December 1996

Day	☉	0 hr ☽	Noon ☽	☿	♀	♂	⚵	⚳	♃	♄	⚷	♅	♆	♇
1 Su	3 ♊ 58 38	9 ♒ 32 05	15 ♒ 26 60	19 ♊ 54 56	4 ♉ 49 48	11 ♓ 05 48	1 ♎ 12 34	1 ♋ 14 50	12 ♋ 50 10	25 ♍ 00 43	21 ♈ 27 36	26 ♋ 10 24	20 ♋ 12 53	27 ♉ 39 04
2 M	5 01 29	21 23 28	27 18 06	21 25 05	6 06 13	11 36 10	1 23 35	1 40 03	13 04 36	25 02 33	21 36 52	26 14 53	20 16 37	27 43 27
3 Tu	6 02 39	3 ♓ 13 51	9 ♓ 10 50	22 52 55	7 20 58	12 04 38	1 33 23	2 03 37	13 17 24	25 02 48	21 44 22	26 17 42	20 18 39	27 46 06
4 W	7 03 02	15 09 31	21 11 35	24 19 17	8 34 57	12 32 06	1 42 53	2 26 25	13 29 29	25 02 22	21 51 02	26 19 47	20 19 56	27 47 58
5 Th	8 03 46	27 17 01	3 ♈ 26 51	25 45 08	9 49 18	12 59 40	1 53 11	2 49 34	13 41 56	25 02 21	21 57 56	26 22 12	20 21 32	27 50 09
6 F	9 05 54	9 ♈ 42 42	16 02 42	27 11 27	11 05 03	13 28 24	2 05 21	3 14 09	13 55 51	25 03 50	22 06 10	26 26 02	20 24 33	27 53 42
7 Sa	10 10 19	22 31 58	29 03 57	28 38 54	12 23 06	13 59 10	2 20 15	3 41 01	14 12 05	25 07 41	22 16 35	26 32 10	20 29 51	27 59 31
8 Su	11 17 29	5 ♉ 48 32	12 ♉ 33 25	0 ♋ 07 47	13 43 55	14 32 27	2 38 21	4 10 39	14 31 06	25 14 22	22 29 40	26 41 04	20 37 54	28 08 03
9 M	12 27 20	19 33 37	26 31 11	1 37 50	15 07 25	15 08 09	2 59 34	4 42 59	14 52 51	25 23 49	22 45 20	26 52 39	20 48 37	28 19 14
10 Tu	13 39 14	3 ♊ 45 27	10 ♊ 54 03	3 08 10	16 32 59	15 45 39	3 23 18	5 17 23	15 16 42	25 35 26	23 02 59	27 06 19	21 01 25	28 32 27
11 W	14 52 07	18 19 02	25 35 48	4 37 24	17 59 33	16 23 53	3 48 26	5 52 47	15 41 34	25 48 07	23 21 32	27 20 59	21 15 12	28 46 38
12 Th	16 04 39	3 ♋ 06 45	10 ♋ 27 53	6 03 52	19 25 46	17 01 30	4 13 39	6 27 50	16 06 08	26 00 32	23 39 38	27 35 18	21 28 37	29 00 26
13 F	17 15 32	17 59 32	25 21 01	7 25 54	20 50 21	17 37 12	4 37 39	7 01 16	16 29 05	26 11 25	23 56 01	27 48 01	21 40 25	29 12 34
14 Sa	18 23 52	2 ♌ 48 34	10 ♌ 06 49	8 42 08	22 12 24	18 10 06	4 59 32	7 32 10	16 49 33	26 19 51	24 09 45	27 58 11	21 49 40	29 22 08
15 Su	19 29 21	17 26 49	24 39 11	9 51 44	23 31 37	18 39 51	5 18 58	8 00 14	17 07 11	26 25 31	24 20 33	28 05 32	21 56 04	29 28 50
16 M	20 32 19	1 ♍ 49 53	8 ♍ 54 53	10 54 29	24 48 19	19 06 50	5 36 18	8 25 48	17 22 21	26 28 47	24 28 46	28 10 23	21 59 58	29 32 60
17 Tu	21 33 43	15 56 18	22 53 28	11 50 40	26 03 28	19 31 58	5 52 28	8 49 48	17 35 60	26 30 35	24 35 19	28 13 41	22 02 19	29 35 34
18 W	22 34 51	29 46 50	6 ♎ 36 25	12 40 51	27 18 21	19 56 33	6 08 45	9 13 33	17 49 24	26 32 12	24 41 31	28 16 44	22 04 24	29 37 52
19 Th	23 37 03	13 ♎ 23 34	20 06 14	13 25 37	28 34 20	20 21 55	6 26 31	9 38 25	18 03 57	26 35 00	24 48 43	28 20 54	22 07 35	29 41 13
20 F	24 41 31	26 49 03	3 ♏ 25 29	14 05 14	29 52 35	20 49 15	6 46 54	10 05 31	18 20 46	26 40 10	24 58 04	28 27 19	22 13 00	29 46 48
21 Sa	25 48 56	10 ♏ 05 21	16 36 06	14 39 35	1 ♊ 13 48	21 19 15	7 10 38	10 35 37	18 40 35	26 48 23	25 10 18	28 36 44	22 21 25	29 55 19
22 Su	26 59 29	23 13 37	29 39 01	15 07 53	2 38 09	21 52 05	7 37 52	11 08 51	19 03 35	26 59 50	25 25 35	28 49 18	22 32 58	0 ♊ 06 58
23 M	28 12 47	6 ♐ 13 59	12 ♐ 34 07	15 28 53	4 05 16	22 27 20	8 08 12	11 44 50	19 29 20	27 14 07	25 43 30	29 04 37	22 47 15	0 21 19
24 Tu	29 27 56	19 05 39	25 20 29	15 40 57	5 34 15	23 04 08	8 40 45	12 22 41	19 56 59	27 30 22	26 03 12	29 21 49	23 03 25	0 37 31
25 W	0 ♋ 43 46	1 ♑ 47 22	7 ♑ 56 53	15 42 16	7 03 55	23 41 17	9 14 19	13 01 14	20 25 21	27 47 23	26 23 29	29 39 43	23 20 16	0 54 23
26 Th	1 59 01	14 17 57	20 22 22	15 31 13	8 33 01	24 17 32	9 47 39	13 39 12	20 53 10	28 03 55	26 43 05	29 57 02	23 36 32	1 10 38
27 F	3 12 32	26 36 47	2 ♒ 36 38	15 06 37	10 00 24	24 51 43	10 19 35	14 15 26	21 19 16	28 18 49	27 00 52	0 ♌ 12 39	23 51 05	1 25 08
28 Sa	4 23 29	8 ♒ 44 20	14 40 34	14 28 06	11 25 13	25 22 59	10 49 17	14 49 07	21 42 50	28 31 15	27 15 59	0 25 42	24 03 04	1 37 02
29 Su	5 31 28	20 42 22	26 36 27	13 36 09	12 47 04	25 50 56	11 16 20	15 19 51	22 03 28	28 40 49	27 28 02	0 35 49	24 12 06	1 45 57
30 M	6 36 35	2 ♓ 34 06	8 ♓ 27 55	12 32 22	14 06 04	26 15 38	11 40 50	15 47 42	22 21 15	28 47 35	27 37 07	0 43 04	24 18 15	1 51 59
31 Tu	7 39 22	14 24 05	20 19 56	11 19 14	15 22 45	26 37 40	12 03 19	16 13 14	22 36 44	28 52 08	27 43 46	0 48 00	24 22 05	1 55 39

Notes

January 1997 — LONGITUDE

Day	☉	0 hr ☽	Noon ☽	☿	♀	♂	⚵	⚳	♃	♄	⚷	♅	♆	♇
1 W	8 ♋ 40 46	26 ♓ 18 01	2 ♈ 18 31	10 ♋ 00 04	16 ♊ 38 03	26 ♓ 57 55	12 ♎ 24 44	16 ♋ 37 24	22 ♋ 50 51	28 ♍ 55 23	27 ♈ 48 57	0 ♌ 51 34	24 ♋ 24 33	1 ♊ 57 55
2 Th	9 41 57	8 ♈ 22 24	14 30 20	8 38 39	17 53 08	27 17 34	12 46 13	17 01 20	23 04 45	28 58 30	27 53 48	0 54 55	24 26 46	1 59 56
3 F	10 44 05	20 43 59	27 02 04	7 18 51	19 09 11	27 37 46	13 08 57	17 26 13	23 19 38	29 02 40	27 59 30	0 59 14	24 29 58	2 02 52
4 Sa	11 48 11	3 ♉ 29 06	9 ♉ 59 45	6 04 15	20 27 12	27 59 32	13 33 57	17 53 04	23 36 31	29 08 54	28 07 03	1 05 31	24 35 07	2 07 45
5 Su	12 54 52	16 42 54	23 27 49	4 57 41	21 47 49	28 23 29	14 01 49	18 22 31	23 55 59	29 17 48	28 17 06	1 14 25	24 42 52	2 15 12
6 M	14 04 14	0 ♊ 28 22	7 ♊ 28 07	4 01 05	23 11 06	28 49 40	14 32 39	18 54 39	24 18 10	29 29 28	28 29 44	1 25 60	24 53 18	2 25 18
7 Tu	15 15 46	14 45 23	21 59 00	3 15 16	24 36 34	29 17 36	15 05 56	19 28 57	24 42 31	29 43 24	28 44 25	1 39 45	25 05 54	2 37 32
8 W	16 28 26	29 30 09	6 ♋ 54 57	2 40 04	26 03 11	29 46 14	15 40 39	20 04 23	25 08 02	29 58 34	29 00 08	1 54 40	25 19 39	2 50 54
9 Th	17 40 55	14 ♋ 35 09	22 06 57	2 14 37	27 29 38	0 ♈ 14 15	16 15 26	20 39 38	25 33 23	0 ♎ 13 39	29 15 35	2 09 25	25 33 13	3 04 04
10 F	18 51 55	29 50 09	7 ♌ 23 50	1 57 39	28 54 35	0 40 18	16 49 01	21 13 24	25 57 16	0 27 20	29 29 25	2 22 41	25 45 18	3 15 42
11 Sa	20 00 26	15 ♌ 03 53	22 34 25	1 47 60	0 ♋ 17 04	1 03 25	17 20 23	21 44 42	26 18 41	0 38 38	29 40 42	2 33 29	25 54 55	3 24 51
12 Su	21 06 04	0 ♍ 06 13	7 ♍ 29 28	1 44 49	1 36 41	1 23 12	17 49 08	22 13 08	26 37 15	0 47 09	29 48 60	2 41 26	26 01 40	3 31 07
13 M	22 09 05	14 49 50	22 03 04	1 47 52	2 53 42	1 39 53	18 15 32	22 38 57	26 53 13	0 53 09	29 54 35	2 46 47	26 05 50	3 34 45
14 Tu	23 10 21	29 10 52	6 ♎ 12 51	1 57 20	4 08 58	1 54 19	18 40 26	23 02 60	27 07 26	0 57 29	29 58 18	2 50 23	26 08 13	3 36 35
15 W	24 11 01	13 ♎ 08 43	19 59 29	2 13 46	5 23 39	2 07 40	19 04 59	23 26 28	27 21 05	1 01 20	0 ♉ 01 20	2 53 25	26 10 03	3 37 50
16 Th	25 12 22	26 45 10	3 ♏ 25 34	2 37 49	6 39 02	2 21 13	19 30 29	23 50 38	27 35 27	1 05 58	0 04 58	2 57 10	26 12 35	3 39 45
17 F	26 15 30	10 ♏ 03 16	16 34 35	3 09 55	7 56 13	2 36 02	19 57 60	24 16 35	27 51 37	1 12 28	0 10 16	3 02 42	26 16 53	3 43 26
18 Sa	27 21 06	23 06 22	29 29 57	3 50 11	9 15 52	2 52 48	20 28 13	24 45 00	28 10 15	1 21 32	0 17 57	3 10 44	26 23 41	3 49 34
19 Su	28 29 21	5 ♐ 57 22	12 ♐ 14 30	4 38 16	10 38 11	3 11 41	21 01 19	25 16 05	28 31 33	1 33 21	0 28 11	3 21 26	26 33 09	3 58 21
20 M	29 39 58	18 38 23	24 50 07	5 33 19	12 02 52	3 32 23	21 36 60	25 49 31	28 55 13	1 47 36	0 40 41	3 34 29	26 44 58	4 09 28
21 Tu	0 ♌ 52 11	1 ♑ 10 39	7 ♑ 17 48	6 34 12	13 29 11	3 54 09	22 14 31	26 24 34	29 20 31	2 03 34	0 54 41	3 49 11	26 58 25	4 22 11
22 W	2 05 01	13 34 42	19 37 53	7 39 28	14 56 08	4 15 59	22 52 52	27 00 14	29 46 27	2 20 15	1 09 12	4 04 31	27 12 30	4 35 30
23 Th	3 17 24	25 50 40	1 ♒ 50 27	8 47 43	16 22 39	4 36 48	23 30 60	27 35 27	0 ♌ 11 57	2 36 35	1 23 11	4 19 25	27 26 09	4 48 22
24 F	4 28 22	7 ♒ 58 42	13 55 39	9 57 37	17 47 45	4 55 36	24 07 55	28 09 15	0 36 01	2 51 34	1 35 38	4 32 54	27 38 23	4 59 47
25 Sa	5 37 11	19 59 18	25 54 13	11 08 11	19 10 43	5 11 39	24 42 52	28 40 53	0 57 57	3 04 29	1 45 50	4 44 14	27 48 28	5 09 02
26 Su	6 43 28	1 ♓ 53 48	7 ♓ 47 43	12 18 45	20 31 09	5 24 33	25 15 30	29 09 59	1 17 21	3 14 57	1 53 23	4 53 03	27 56 01	5 15 43
27 M	7 47 13	13 44 24	19 38 42	13 29 07	21 49 05	5 34 19	25 45 48	29 36 34	1 34 14	3 22 59	1 58 19	4 59 22	28 01 04	5 19 53
28 Tu	8 48 50	25 34 28	1 ♈ 30 52	14 39 28	23 04 53	5 41 19	26 14 10	0 ♌ 00 60	1 48 59	3 28 58	2 01 01	5 03 32	28 03 59	5 21 52
29 W	9 48 60	7 ♈ 28 18	13 28 54	15 50 20	24 19 15	5 46 13	26 41 16	0 23 58	2 02 17	3 33 34	2 02 09	5 06 17	28 05 27	5 22 24
30 Th	10 48 36	19 31 07	25 38 15	17 02 25	25 33 04	5 49 54	27 07 60	0 46 23	2 15 02	3 37 42	2 02 37	5 08 28	28 06 22	5 22 21
31 F	11 48 35	1 ♉ 48 38	8 ♉ 04 47	18 16 32	26 47 17	5 53 18	27 35 17	1 09 10	2 28 09	3 42 18	2 03 22	5 11 02	28 07 40	5 22 40

February 1997 — LONGITUDE

Day	☉	0 hr ☽	Noon ☽	☿	♀	♂	⚵	⚳	♃	♄	⚷	♅	♆	♇
1 Sa	12 ♌ 49 46	14 ♉ 26 39	20 ♉ 54 14	19 ♋ 33 25	28 ♋ 02 42	5 ♈ 57 14	28 ♎ 03 58	1 ♌ 33 09	2 ♌ 42 28	3 ♎ 48 11	2 ♉ 05 12	5 ♌ 14 50	28 ♋ 10 10	5 ♊ 24 10
2 Su	13 52 43	27 30 24	4 ♊ 11 26	20 53 29	29 19 54	6 02 13	28 34 35	1 58 53	2 58 33	3 55 54	2 08 43	5 20 23	28 14 27	5 27 25
3 M	14 57 37	11 ♊ 03 45	17 59 28	22 16 51	0 ♌ 39 03	6 08 27	29 07 19	2 26 32	3 16 34	4 05 38	2 14 02	5 27 53	28 20 39	5 32 34
4 Tu	16 04 09	25 08 19	2 ♋ 18 43	23 43 10	1 59 53	6 15 38	29 41 53	2 55 51	3 36 14	4 17 06	2 20 56	5 37 03	28 28 32	5 39 22
5 W	17 11 42	9 ♋ 42 39	17 06 07	25 11 40	3 21 43	6 23 05	0 ♏ 17 37	3 26 10	3 56 54	4 29 40	2 28 43	5 47 13	28 37 26	5 47 09
6 Th	18 19 20	24 41 44	2 ♌ 14 54	26 41 25	4 43 38	6 29 54	0 53 37	3 56 32	4 17 39	4 42 22	2 36 28	5 57 29	28 46 24	5 55 00
7 F	19 26 05	9 ♌ 57 10	17 35 18	28 11 24	6 04 43	6 35 07	1 28 54	4 26 02	4 37 31	4 54 18	2 43 16	6 06 53	28 54 31	6 01 59
8 Sa	20 31 14	25 18 16	2 ♍ 55 59	29 40 50	7 24 11	6 37 58	2 02 45	4 53 55	4 55 46	5 04 41	2 48 20	6 14 41	29 01 02	6 07 19
9 Su	21 34 23	10 ♍ 33 53	18 06 01	1 ♌ 09 19	8 41 42	6 38 06	2 34 46	5 19 48	5 12 02	5 13 11	2 51 20	6 20 30	29 05 34	6 10 39
10 M	22 35 38	25 34 16	2 ♎ 56 46	2 36 54	9 57 18	6 35 35	3 05 03	5 43 46	5 26 23	5 19 50	2 52 20	6 24 26	29 08 13	6 12 05
11 Tu	23 35 29	10 ♎ 12 31	17 22 50	4 04 02	11 11 31	6 30 53	3 34 05	6 06 19	5 39 19	5 25 10	2 51 49	6 26 58	29 09 27	6 12 05
12 W	24 34 39	24 25 03	1 ♏ 22 10	5 31 29	12 25 05	6 24 47	4 02 36	6 28 11	5 51 35	5 29 54	2 50 32	6 28 50	29 10 02	6 11 25
13 Th	25 33 58	8 ♏ 11 20	14 55 29	7 00 02	13 38 50	6 18 05	4 31 26	6 50 13	6 04 00	5 34 53	2 49 20	6 30 52	29 10 47	6 10 54
14 F	26 34 09	21 33 04	28 05 22	8 30 23	14 53 27	6 11 30	5 01 17	7 13 05	6 17 16	5 40 48	2 48 54	6 33 47	29 12 25	6 11 14
15 Sa	27 35 40	4 ♐ 33 14	10 ♐ 55 19	10 03 00	16 09 26	6 05 30	5 32 37	7 37 18	6 31 53	5 48 09	2 49 42	6 38 03	29 15 24	6 12 54
16 Su	28 38 41	17 15 23	23 29 03	11 38 04	17 26 55	6 00 15	6 05 36	8 02 59	6 47 58	5 57 03	2 51 55	6 43 50	29 19 53	6 16 03
17 M	29 43 03	29 42 59	5 ♑ 50 01	13 15 24	18 45 46	5 55 36	6 40 04	8 30 01	7 05 24	6 07 23	2 55 24	6 50 58	29 25 44	6 20 33
18 Tu	0 ♍ 48 21	11 ♑ 59 08	18 01 10	14 54 37	20 05 36	5 51 08	7 15 37	8 57 59	7 23 46	6 18 45	2 59 44	6 59 03	29 32 33	6 25 59
19 W	1 54 03	24 06 28	0 ♒ 04 56	16 35 11	21 25 50	5 46 20	7 51 43	9 26 21	7 42 31	6 30 35	3 04 23	7 07 33	29 39 46	6 31 49
20 Th	2 59 34	6 ♒ 07 08	12 03 14	18 16 30	22 45 54	5 40 35	8 27 44	9 54 30	8 01 04	6 42 17	3 08 45	7 15 52	29 46 49	6 37 27
21 F	4 04 21	18 02 56	23 57 45	19 58 02	24 05 15	5 33 22	9 03 10	10 21 54	8 18 52	6 53 20	3 12 18	7 23 27	29 53 08	6 42 20
22 Sa	5 07 60	29 55 33	5 ♓ 50 03	21 39 24	25 23 30	5 24 19	9 37 36	10 48 10	8 35 32	7 03 20	3 14 38	7 29 56	29 58 20	6 46 06
23 Su	6 10 19	11 ♓ 46 42	17 41 51	23 20 26	26 40 26	5 13 12	10 10 50	11 13 05	8 50 51	7 12 04	3 15 33	7 35 05	0 ♌ 02 13	6 48 31
24 M	7 11 19	23 38 21	29 35 12	25 01 07	27 56 03	5 00 02	10 42 52	11 36 39	9 04 49	7 19 32	3 15 03	7 38 54	0 04 46	6 49 36
25 Tu	8 11 10	5 ♈ 32 51	11 ♈ 32 36	26 41 40	29 10 33	4 45 02	11 13 52	11 59 03	9 17 37	7 25 55	3 13 20	7 41 35	0 06 12	6 49 32
26 W	9 10 13	17 33 02	23 37 04	28 22 26	0 ♍ 24 16	4 28 33	11 44 11	12 20 39	9 29 36	7 31 35	3 10 44	7 43 29	0 06 49	6 48 39
27 Th	10 08 53	29 42 14	5 ♉ 52 09	0 ♍ 03 51	1 37 37	4 11 01	12 14 15	12 41 50	9 41 10	7 36 55	3 07 39	7 44 59	0 07 05	6 47 23
28 F	11 07 37	12 ♉ 04 10	18 21 44	1 46 23	2 51 03	3 52 53	12 44 29	13 03 04	9 52 48	7 42 23	3 04 34	7 46 34	0 07 25	6 46 10

Notes

LONGITUDE — March 1997

Day	☉	0 hr ☽	Noon ☽	☿	♀	♂	⚷	♃	♄	⚴	♅	♆	♇
1 Sa	12♍06 48	24♉42 46	1♊09 47	3♍30 25	4♍04 57	3♈34 33	13♏15 16	13♌24 43	10♌04 50	7♎48 22	3♉01 50	7♌48 35	0♌08 11	6♊45 24
2 Su	13 06 40	7♊41 50	14 19 57	5 16 12	5 19 33	3 16 18	13 46 52	13 47 03	10 17 31	7 55 05	2 59 43	7 51 18	0 09 39	6 45 18
3 M	14 07 18	21 04 36	27 55 04	7 03 51	6 34 56	2 58 14	14 19 20	14 10 06	10 30 57	8 02 38	2 58 17	7 54 47	0 11 54	6 45 57
4 Tu	15 08 36	4♋53 05	11♋56 23	8 53 14	7 51 00	2 40 15	14 52 34	14 33 48	10 45 01	8 10 54	2 57 26	7 58 55	0 14 48	6 47 16
5 W	16 10 19	19 07 30	26 22 60	10 44 08	9 07 30	2 22 09	15 26 19	14 57 53	10 59 28	8 19 38	2 56 54	8 03 28	0 18 08	6 48 59
6 Th	17 12 06	3♌45 38	11♌22 11	12 36 12	10 24 05	2 03 36	16 00 15	15 22 00	11 13 57	8 28 29	2 56 22	8 08 05	0 21 31	6 50 45
7 F	18 13 37	18 42 31	26 15 11	14 29 07	11 40 25	1 44 19	16 34 01	15 45 50	11 28 08	8 37 09	2 55 31	8 12 27	0 24 40	6 52 16
8 Sa	19 14 38	3♍50 43	11♍25 59	16 22 36	12 56 16	1 24 07	17 07 23	16 09 08	11 41 47	8 45 21	2 54 05	8 16 18	0 27 18	6 53 16
9 Su	20 15 02	19 01 07	26 34 09	18 16 32	14 11 32	1 02 54	17 40 15	16 31 48	11 54 47	8 53 01	2 51 58	8 19 33	0 29 21	6 53 39
10 M	21 14 53	4♎04 12	11♎30 29	20 10 58	15 26 15	0 40 46	18 12 29	16 53 52	12 07 12	9 00 10	2 49 14	8 22 14	0 30 50	6 53 28
11 Tu	22 14 20	18 51 29	26 07 26	22 05 59	16 40 35	0 17 55	18 44 41	17 15 31	12 19 11	9 06 58	2 46 02	8 24 31	0 31 56	6 52 53
12 W	23 13 35	3♏16 36	10♏19 56	24 01 45	17 54 45	29♓54 36	19 16 44	17 36 56	12 30 55	9 13 38	2 42 34	8 26 37	0 32 50	6 52 07
13 Th	24 12 50	17 15 54	24 05 42	25 58 25	19 08 56	29 31 05	19 48 51	17 58 20	12 42 38	9 20 22	2 39 04	8 28 43	0 33 46	6 51 21
14 F	25 12 14	0♐48 20	7♐24 53	27 56 01	20 22 17	29 07 32	20 21 11	18 19 50	12 54 28	9 27 18	2 35 39	8 30 58	0 34 51	6 50 43
15 Sa	26 11 49	13 55 01	20 19 32	29 54 29	21 37 51	28 44 02	20 53 49	18 41 30	13 06 26	9 34 29	2 32 23	8 33 25	0 36 08	6 50 18
16 Su	27 11 34	26 38 41	2♑52 57	1♎53 40	22 52 36	28 20 36	21 26 41	19 03 18	13 18 33	9 41 53	2 29 13	8 36 02	0 37 35	6 50 02
17 M	28 11 23	9♑02 59	15 09 07	3 53 19	24 07 26	27 57 12	21 59 44	19 25 09	13 30 41	9 49 24	2 26 05	8 38 43	0 39 08	6 49 51
18 Tu	29 11 11	21 12 06	27 12 15	5 53 07	25 22 16	27 33 47	22 32 50	19 46 55	13 42 45	9 56 57	2 22 53	8 41 23	0 40 39	6 49 38
19 W	0♎10 52	3♒10 15	9♒06 31	7 52 47	26 37 00	27 10 17	23 05 54	20 08 33	13 54 40	10 04 25	2 19 31	8 43 56	0 42 04	6 49 19
20 Th	1 10 23	15 01 31	20 55 51	9 52 01	27 51 36	26 46 43	23 38 53	20 29 59	14 06 22	10 11 47	2 15 57	8 46 19	0 43 20	6 48 50
21 F	2 09 45	26 49 40	2♓43 47	11 50 26	29 06 04	26 23 09	24 11 49	20 51 14	14 17 53	10 19 04	2 12 13	8 48 34	0 44 28	6 48 13
22 Sa	3 09 04	8♓38 06	14 33 27	13 48 04	0♎20 30	25 59 41	24 44 46	21 12 23	14 29 17	10 26 19	2 08 22	8 50 44	0 45 32	6 47 32
23 Su	4 08 25	20 29 44	26 27 33	15 44 24	1 34 59	25 36 29	25 17 49	21 33 32	14 40 41	10 33 39	2 04 31	8 52 57	0 46 40	6 46 54
24 M	5 07 56	2♈27 04	8♈28 25	17 39 17	2 49 40	25 13 42	25 51 07	21 54 48	14 52 12	10 41 12	2 00 49	8 55 20	0 47 57	6 46 26
25 Tu	6 07 43	14 32 13	20 37 60	19 32 23	4 04 37	24 51 28	26 24 45	22 16 18	15 03 56	10 49 04	1 57 20	8 57 59	0 49 31	6 46 14
26 W	7 07 49	26 46 59	2♉58 00	21 23 20	5 19 54	24 29 54	26 58 46	22 38 03	15 15 54	10 57 16	1 54 08	9 00 55	0 51 24	6 46 21
27 Th	8 08 10	9♉12 56	15 29 59	23 11 41	6 35 28	24 08 58	27 33 07	23 00 01	15 28 06	11 05 47	1 51 10	9 04 08	0 53 33	6 46 44
28 F	9 08 41	21 51 31	28 15 23	24 56 53	7 51 12	23 48 35	28 07 41	23 22 06	15 40 22	11 14 28	1 48 19	9 07 29	0 55 51	6 47 16
29 Sa	10 09 09	4♊44 07	11♊15 35	26 38 20	9 06 55	23 28 37	28 42 16	23 44 04	15 52 33	11 23 09	1 45 25	9 10 46	0 58 06	6 47 45
30 Su	11 09 20	17 52 03	24 31 52	28 15 24	10 22 22	23 08 51	29 16 38	24 05 43	16 04 22	11 31 36	1 42 12	9 13 47	1 00 05	6 47 58
31 M	12 09 03	1♋16 34	8♋05 20	29 47 30	11 37 21	22 49 07	29 50 35	24 26 49	16 15 39	11 39 35	1 38 28	9 16 18	1 01 35	6 47 41

LONGITUDE — April 1997

Day	☉	0 hr ☽	Noon ☽	☿	♀	♂	⚷	♃	♄	⚴	♅	♆	♇
1 Tu	13♎08 10	14♋58 35	21♋56 35	1♏14 09	12♎51 44	22♓29 20	0♐23 60	24♌47 16	16♌26 16	11♎47 00	1♉34 08	9♌18 12	1♌02 29	6♊46 49
2 W	14 06 41	28 58 30	6♌05 20	2 35 05	14 05 34	22 09 32	0 56 52	25 07 04	16 36 29	11 53 52	1 29 11	9 19 29	1 02 48	6 45 21
3 Th	15 04 47	13♌15 39	20 30 44	3 50 15	15 18 59	21 49 56	1 29 23	25 26 23	16 45 41	12 00 20	1 23 47	9 20 21	1 02 41	6 43 28
4 F	16 02 47	27 48 04	5♍09 23	4 59 26	16 32 19	21 30 51	2 01 51	25 45 31	16 54 58	12 06 43	1 18 17	9 21 06	1 02 27	6 41 29
5 Sa	17 01 03	12♍32 02	19 56 53	6 03 06	17 45 56	21 12 43	2 34 39	26 04 53	17 04 27	12 13 24	1 13 03	9 22 07	1 02 31	6 39 47
6 Su	17 59 58	27 22 07	4♎47 06	7 01 18	19 00 13	20 55 55	3 08 09	26 24 49	17 14 30	12 20 46	1 08 27	9 23 46	1 03 13	6 38 44
7 M	18 59 48	12♎11 33	19 32 56	7 54 09	20 15 26	20 40 45	3 42 36	26 45 36	17 25 23	12 29 04	1 04 45	9 26 18	1 04 50	6 38 35
8 Tu	20 00 36	26 52 57	4♏07 11	8 41 35	21 31 37	20 27 17	4 18 05	27 07 16	17 37 10	12 38 21	1 02 02	9 29 48	1 07 25	6 39 25
9 W	21 02 12	11♏19 19	18 23 40	9 23 21	22 48 38	20 15 23	4 54 26	27 29 42	17 49 40	12 48 29	1 00 07	9 34 06	1 10 48	6 41 03
10 Th	22 04 16	25 25 00	2♐17 15	9 59 02	24 06 08	20 04 43	5 31 18	27 52 31	18 02 34	13 59 06	0 58 42	9 38 52	1 14 40	6 43 11
11 F	23 06 21	9♐04 57	15 45 57	10 28 05	25 23 40	19 54 51	6 08 13	28 15 15	18 15 24	13 09 44	0 57 17	9 43 37	1 18 32	6 45 19
12 Sa	24 07 56	22 22 01	28 49 20	10 50 11	26 40 43	19 45 18	6 44 42	28 37 27	18 27 39	13 19 55	0 55 24	9 47 52	1 21 56	6 46 59
13 Su	25 08 38	5♑12 49	11♑29 08	11 04 50	27 56 54	19 35 40	7 20 21	28 58 41	18 38 56	13 29 14	0 52 39	9 51 13	1 24 26	6 47 46
14 M	26 08 12	17 41 25	23 48 37	11 11 57	29 11 58	19 25 44	7 54 55	29 18 42	18 49 00	13 37 27	0 48 47	9 53 26	1 25 49	6 47 27
15 Tu	27 06 38	29 51 48	5♒48 21	11 11 38	0♏25 55	19 15 28	8 28 22	29 37 30	18 57 51	13 44 32	0 43 49	9 54 30	1 26 04	6 45 59
16 W	28 04 07	11♒48 52	17 44 53	11 04 21	1 38 56	19 05 05	9 00 56	29 55 17	19 05 40	13 50 42	0 37 55	9 54 37	1 25 22	6 43 36
17 Th	29 01 03	23 37 55	29 32 01	10 50 44	2 51 25	18 54 59	9 32 60	0♍12 26	19 12 50	13 56 19	0 31 31	9 54 10	1 24 07	6 40 40
18 F	29 57 57	5♓24 18	11♓18 47	10 31 40	4 03 53	18 45 41	10 05 04	0 29 29	19 19 54	14 01 56	0 25 06	9 53 40	1 22 50	6 37 43
19 Sa	0♏55 23	17 13 06	23 10 02	10 08 09	5 16 54	18 37 44	10 37 42	0 46 58	19 27 23	14 08 06	0 19 16	9 53 42	1 22 06	6 35 19
20 Su	1 53 51	29 08 48	5♈09 56	9 41 10	6 30 59	18 31 40	11 11 26	1 05 25	19 35 50	14 15 20	0 14 31	9 54 46	1 22 25	6 33 59
21 M	2 53 46	11♈15 05	17 21 47	9 11 40	7 46 30	18 27 50	11 46 37	1 25 12	19 45 37	14 23 59	0 11 13	9 57 14	1 24 10	6 34 05
22 Tu	3 55 15	23 34 38	29 47 50	8 40 25	9 03 37	18 26 24	12 23 25	1 46 28	19 56 13	14 34 14	0 09 33	10 01 17	1 27 29	6 35 47
23 W	4 58 13	6♉09 00	12♉29 14	8 08 00	10 22 14	18 27 16	13 01 43	2 09 08	20 09 31	14 45 59	0 09 24	10 06 47	1 32 17	6 38 58
24 Th	6 02 17	18 58 41	25 26 04	7 34 46	11 41 57	18 30 02	13 41 10	2 32 48	20 23 09	14 58 50	0 10 24	10 13 22	1 38 11	6 43 17
25 F	7 06 52	2♊03 09	8♊37 11	7 00 49	13 02 34	18 34 06	14 21 09	3 02 15	20 37 12	15 12 11	0 11 58	10 20 27	1 44 35	6 48 06
26 Sa	8 11 13	15 21 13	22 02 10	6 26 13	14 22 14	18 38 44	15 00 56	3 20 36	20 50 54	15 25 19	0 13 20	10 27 17	1 50 46	6 52 42
27 Su	9 14 37	28 51 18	5♋38 23	5 50 57	15 41 19	18 43 11	15 39 47	3 43 17	21 03 32	15 37 30	0 13 48	10 33 08	1 55 59	6 56 22
28 M	10 16 30	12♋31 54	19 24 37	5 15 09	16 58 54	18 46 55	16 17 08	4 04 20	21 14 32	15 48 10	0 12 48	10 37 27	1 59 40	6 58 37
29 Tu	11 16 36	26 21 48	3♌19 44	4 39 16	18 14 43	18 49 35	16 52 44	4 23 29	21 23 39	15 57 03	0 10 04	10 39 58	2 01 34	6 58 54
30 W	12 15 03	10♌20 16	17 22 56	4 04 01	19 28 53	18 51 22	17 26 43	4 40 53	21 30 59	16 04 16	0 05 45	10 40 48	2 01 49	6 57 38

Notes

May 1997

LONGITUDE

Day	☉	0 hr ☽	Noon ☽	☿	♀	♂	⚵	⚳	♃	♄	⚷	♅	♆	♇
1 Th	13 ♏ 12 22	24 ♌ 26 51	1 ♍ 33 42	3 ♏ 30 28	20 ♏ 41 56	18 ♓ 52 47	17 ♐ 59 34	4 ♍ 57 01	21 ♌ 37 03	16 ♎ 10 21	0 ♉ 00 21	10 ♌ 40 29	2 ♌ 00 55	6 ♊ 55 15
2 F	14 09 21	8 ♍ 41 06	15 51 15	2 59 55	21 54 40	18 54 36	18 32 07	5 12 43	21 42 41	16 16 05	29 ♈ 54 41	10 39 49	1 59 42	6 52 33
3 Sa	15 06 58	23 01 59	0 ♎ 14 07	2 33 43	23 08 02	18 57 46	19 05 18	5 28 53	21 48 48	16 22 26	29 49 41	10 39 44	1 59 04	6 50 28
4 Su	16 06 01	7 ♎ 27 29	14 39 45	2 13 01	24 22 51	19 03 07	19 39 57	5 46 23	21 56 15	16 30 13	29 46 12	10 41 04	1 59 53	6 49 51
5 M	17 07 06	21 54 10	29 04 15	1 58 39	25 39 42	19 11 12	20 16 39	6 05 47	22 05 35	16 40 02	29 44 49	10 44 25	2 02 43	6 51 16
6 Tu	18 10 22	6 ♏ 17 24	13 ♏ 22 41	1 50 58	26 58 44	19 22 10	20 55 32	6 27 13	22 16 58	16 51 59	29 45 41	10 49 55	2 07 44	6 54 53
7 W	19 15 30	20 31 40	27 29 40	1 49 48	28 19 40	19 35 43	21 36 19	6 50 24	22 30 05	17 05 49	29 48 30	10 57 16	2 14 36	7 00 23
8 Th	20 21 50	4 ♐ 31 29	11 ♐ 20 08	1 54 32	29 41 48	19 51 09	22 18 19	7 14 39	22 44 17	17 20 51	29 52 35	11 05 47	2 22 41	7 07 06
9 F	21 28 27	18 12 11	24 50 14	2 04 16	1 ♐ 04 14	20 07 33	23 00 37	7 39 02	22 58 38	17 36 08	29 57 03	11 14 35	2 31 02	7 14 08
10 Sa	22 34 24	1 ♑ 30 44	7 ♑ 57 51	2 18 03	2 26 01	20 23 57	23 42 15	8 02 37	23 12 11	17 50 45	0 ♉ 00 55	11 22 41	2 38 43	7 20 30
11 Su	23 38 53	14 26 09	20 42 54	2 35 01	3 46 20	20 39 31	24 22 26	8 24 35	23 24 07	18 03 52	0 03 24	11 29 17	2 44 55	7 25 25
12 M	24 41 22	26 59 30	3 ♒ 07 17	2 54 36	5 04 40	20 53 45	25 00 38	8 44 25	23 33 56	18 14 59	0 03 59	11 33 53	2 49 08	7 28 22
13 Tu	25 41 45	9 ♒ 13 47	15 14 37	3 16 34	6 20 54	21 06 31	25 36 45	9 02 00	23 41 30	18 23 58	0 02 34	11 36 21	2 51 15	7 29 14
14 W	26 40 17	21 13 30	27 09 47	3 41 05	7 35 18	21 18 04	26 11 02	9 17 36	23 47 06	18 31 07	29 ♈ 59 23	11 36 58	2 51 31	7 28 17
15 Th	27 37 37	3 ♓ 04 13	8 ♓ 58 33	4 08 40	8 48 31	21 29 00	26 44 07	9 31 50	23 51 20	18 37 01	29 55 05	11 36 20	2 50 34	7 26 08
16 F	28 34 34	14 52 02	20 47 05	4 40 00	10 01 21	21 40 10	27 16 49	9 45 32	23 55 03	18 42 31	29 50 31	11 35 19	2 49 14	7 23 38
17 Sa	29 32 04	26 43 10	2 ♈ 41 30	5 15 56	11 14 45	21 52 29	27 50 06	9 59 38	23 59 12	18 48 35	29 46 36	11 34 50	2 48 28	7 21 43
18 Su	0 ♐ 31 01	8 ♈ 43 29	14 47 21	5 57 12	12 29 36	22 06 47	28 24 49	10 15 00	24 04 38	18 56 02	29 44 14	11 35 46	2 49 08	7 21 16
19 M	1 32 03	20 58 00	27 09 17	6 44 18	13 46 33	22 23 45	29 01 38	10 32 18	24 11 60	19 05 33	29 44 02	11 38 46	2 51 52	7 22 54
20 Tu	2 35 28	3 ♉ 30 29	9 ♉ 50 28	7 37 26	15 05 53	22 43 39	29 40 50	10 51 49	24 21 36	19 17 26	29 46 20	11 44 08	2 56 60	7 26 58
21 W	3 41 11	16 23 05	22 52 23	8 36 24	16 27 31	23 06 22	0 ♑ 22 19	11 13 27	24 33 21	19 31 35	29 51 01	11 51 46	3 04 24	7 33 20
22 Th	4 48 38	29 36 06	6 ♊ 14 34	9 40 31	17 50 54	23 31 22	1 05 33	11 36 40	24 46 42	19 47 27	29 57 33	12 01 07	3 13 34	7 41 29
23 F	5 56 57	13 ♊ 07 58	19 54 43	10 48 48	19 15 09	23 57 43	1 49 39	12 00 32	25 00 44	20 04 07	0 ♉ 05 03	12 11 17	3 23 34	7 50 30
24 Sa	7 05 01	26 55 31	3 ♋ 49 05	12 00 04	20 39 09	24 24 20	2 33 29	12 23 59	25 14 22	20 20 31	0 12 24	12 21 12	3 33 18	7 59 17
25 Su	8 11 45	10 ♋ 54 32	17 53 10	13 13 07	22 01 50	24 50 06	3 15 59	12 45 55	25 26 30	20 35 33	0 18 31	12 29 44	3 41 42	8 06 45
26 M	9 16 18	25 00 37	2 ♌ 02 31	14 27 03	23 22 20	25 14 11	3 56 18	13 05 29	25 36 19	20 48 22	0 22 34	12 36 05	3 47 56	8 12 04
27 Tu	10 18 19	9 ♌ 09 53	16 13 31	15 41 24	24 40 17	25 36 10	4 34 03	13 22 17	25 43 24	20 58 35	0 24 09	12 39 51	3 51 35	8 14 51
28 W	11 17 56	23 19 36	0 ♍ 23 49	16 56 16	25 55 50	25 56 14	5 09 25	13 36 30	25 47 55	21 06 22	0 23 28	12 41 11	3 52 50	8 15 15
29 Th	12 15 51	7 ♍ 28 23	14 32 23	18 12 18	27 09 43	26 15 03	5 43 04	13 48 49	25 50 35	21 12 25	0 21 11	12 40 48	3 52 23	8 13 59
30 F	13 13 12	21 35 54	28 39 11	19 30 33	28 22 59	26 33 44	6 16 07	14 00 20	25 52 29	21 17 50	0 18 26	12 39 47	3 51 19	8 12 08
31 Sa	14 11 12	5 ♎ 42 24	12 ♎ 44 27	20 52 14	29 36 56	26 53 30	6 49 49	14 12 18	25 54 52	21 23 51	0 16 26	12 39 24	3 50 55	8 10 58

June 1997

LONGITUDE

Day	☉	0 hr ☽	Noon ☽	☿	♀	♂	⚵	⚳	♃	♄	⚷	♅	♆	♇
1 Su	15 ♐ 10 59	19 ♎ 47 55	26 ♎ 48 02	22 ♏ 18 25	0 ♑ 52 40	27 ♓ 15 30	7 ♑ 25 18	14 ♍ 25 50	25 ♌ 58 52	21 ♎ 31 37	0 ♉ 16 20	12 ♌ 40 47	3 ♌ 52 17	8 ♊ 11 36
2 M	16 13 20	3 ♏ 51 42	10 ♏ 48 53	23 49 51	2 10 57	27 40 28	8 03 19	14 41 42	26 05 15	21 41 53	0 18 55	12 44 42	3 56 12	8 14 50
3 Tu	17 18 29	17 51 48	24 44 43	25 26 47	3 32 03	28 08 40	8 44 08	15 00 09	26 14 16	21 54 55	0 24 24	12 51 23	4 02 55	8 20 52
4 W	18 26 08	1 ♐ 45 07	8 ♐ 32 17	27 08 50	4 55 38	28 39 45	9 27 25	15 20 51	26 25 35	22 10 22	0 32 29	13 00 31	4 12 05	8 29 25
5 Th	19 35 26	15 27 51	22 07 48	28 55 12	6 20 53	29 12 55	10 12 21	15 42 59	26 38 24	22 27 26	0 42 21	13 11 17	4 22 56	8 39 39
6 F	20 45 18	28 56 08	5 ♑ 27 46	0 ♐ 44 44	7 46 41	29 47 01	10 57 50	16 05 26	26 51 35	22 45 00	0 52 53	13 22 36	4 34 19	8 50 28
7 Sa	21 54 31	12 ♑ 06 48	18 29 35	2 36 15	9 11 50	0 ♈ 20 52	11 42 39	16 27 01	27 03 58	23 01 53	1 02 54	13 33 14	4 45 03	9 00 40
8 Su	23 02 04	24 58 05	1 ♒ 12 12	4 28 41	10 35 19	0 53 25	12 25 46	16 46 40	27 14 29	23 17 01	1 11 21	13 42 09	4 54 06	9 09 12
9 M	24 07 13	7 ♒ 30 01	13 36 19	6 21 18	11 56 24	1 23 58	13 06 29	17 03 41	27 22 26	23 29 42	1 17 32	13 48 40	5 00 45	9 15 22
10 Tu	25 09 43	19 44 25	25 44 28	8 13 50	13 14 50	1 52 13	13 44 32	17 17 49	27 27 34	23 39 42	1 21 12	13 52 31	5 04 45	9 18 56
11 W	26 09 48	1 ♓ 44 52	7 ♓ 40 44	10 06 27	14 30 51	2 18 25	14 20 08	17 29 15	27 30 05	23 47 12	1 22 33	13 53 54	5 06 19	9 20 05
12 Th	27 08 04	13 36 21	19 30 28	11 59 46	15 45 03	2 43 09	14 53 55	17 38 39	27 30 38	23 52 51	1 22 13	13 53 28	5 06 04	9 19 28
13 F	28 05 29	25 24 49	1 ♈ 19 53	13 54 38	16 58 23	3 07 22	15 26 49	17 46 55	27 30 09	23 57 35	1 21 09	13 52 09	5 04 58	9 18 01
14 Sa	29 03 07	7 ♈ 16 46	13 15 31	15 52 04	18 11 56	3 32 08	15 59 54	17 55 08	27 29 42	24 02 27	1 20 25	13 51 01	5 04 03	9 16 48
15 Su	0 ♑ 01 59	19 18 41	25 23 45	17 52 60	19 26 43	3 58 29	16 34 13	18 04 20	27 30 19	24 08 30	1 21 03	13 51 07	5 04 24	9 16 51
16 M	1 02 55	1 ♉ 36 33	7 ♉ 50 17	19 58 08	20 43 33	4 27 12	17 10 34	18 15 20	27 32 50	24 16 34	1 23 52	13 53 15	5 06 47	9 19 00
17 Tu	2 06 21	14 15 15	20 39 28	22 07 46	22 02 53	4 58 45	17 49 24	18 28 34	27 37 40	24 27 04	1 29 18	13 57 52	5 11 41	9 23 41
18 W	3 12 16	27 18 00	3 ♊ 53 43	24 21 43	23 24 42	5 33 05	18 30 41	18 43 59	27 44 48	24 39 58	1 37 21	14 04 56	5 19 03	9 30 52
19 Th	4 20 08	10 ♊ 45 52	17 33 06	26 39 14	24 48 26	6 09 40	19 13 54	19 01 05	27 53 42	24 54 45	1 47 27	14 13 55	5 28 21	9 40 01
20 F	5 28 60	24 37 24	1 ♋ 35 06	28 59 11	26 13 11	6 47 32	19 58 04	19 18 54	28 03 26	25 10 28	1 58 41	14 23 53	5 38 39	9 50 13
21 Sa	6 37 41	8 ♋ 48 45	15 54 50	1 ♑ 20 07	27 37 43	7 25 31	20 42 02	19 36 14	28 12 48	25 25 56	2 09 51	14 33 39	5 48 45	10 00 14
22 Su	7 44 60	23 14 09	0 ♌ 25 46	3 40 34	29 00 53	8 02 23	21 24 36	19 51 54	28 20 37	25 39 57	2 19 46	14 42 01	5 57 29	10 08 55
23 M	8 50 01	7 ♌ 46 49	15 00 55	5 59 22	0 ♒ 21 43	8 37 15	22 04 50	20 04 58	28 25 58	25 51 35	2 27 29	14 48 03	6 03 54	10 15 19
24 Tu	9 52 18	22 20 14	29 33 58	8 15 47	1 39 49	9 09 39	22 42 18	20 15 00	28 28 24	26 00 25	2 32 36	14 51 20	6 07 34	10 19 01
25 W	10 52 01	6 ♍ 49 08	14 ♍ 00 16	10 29 42	2 55 20	9 39 44	23 17 09	20 22 09	28 28 05	26 06 35	2 35 15	14 52 00	6 08 39	10 20 09
26 Th	11 49 53	21 10 09	28 17 13	12 41 33	4 08 59	10 08 13	23 50 07	20 27 08	28 25 43	26 10 49	2 36 09	14 50 48	6 07 53	10 19 28
27 F	12 47 01	5 ♎ 21 51	12 ♎ 24 04	14 52 12	5 21 52	10 36 14	24 22 18	20 31 04	28 22 27	26 14 14	2 36 26	14 48 50	6 06 21	10 18 03
28 Sa	13 44 41	19 24 13	26 21 19	17 02 40	6 35 17	11 05 01	24 54 60	20 35 12	28 19 32	26 18 06	2 37 22	14 47 22	6 05 21	10 17 12
29 Su	14 44 02	3 ♏ 17 59	10 ♏ 09 55	19 13 52	7 50 21	11 35 44	25 29 18	20 40 41	28 18 07	26 23 33	2 40 04	14 47 33	6 05 60	10 18 02
30 M	15 45 48	17 03 49	23 50 32	21 26 21	9 07 49	12 09 07	26 06 01	20 48 16	28 18 57	26 31 20	2 45 19	14 50 08	6 09 04	10 21 20

Notes

LONGITUDE — July 1997

Day	☉	0 hr ☽	Noon ☽	☿	♀	♂	⚵	⚳	♃	♄	⚷	♅	♆	♇
1 Tu	16 ♑ 50 16	0 ♐ 41 49	7 ♐ 23 06	23 ♑ 40 14	10 ♒ 27 58	12 ♈ 45 26	26 ♑ 45 23	20 ♍ 58 12	28 ♌ 22 18	26 ♎ 41 43	2 ♉ 53 23	14 ♌ 55 22	6 ♌ 14 49	10 ♊ 27 20
2 W	17 57 08	14 11 10	20 46 38	25 55 03	11 50 30	13 24 23	27 27 06	21 10 11	28 27 52	26 54 25	3 03 56	15 02 59	6 22 57	10 35 45
3 Th	19 05 39	27 30 18	3 ♑ 59 30	28 09 55	13 14 39	14 05 12	28 10 24	21 23 29	28 34 54	27 08 39	3 16 15	15 12 13	6 32 43	10 45 50
4 F	20 14 45	10 ♑ 37 15	16 59 45	0 ♒ 23 42	14 39 22	14 46 51	28 54 16	21 37 01	28 42 23	27 23 24	3 29 16	15 22 01	6 43 03	10 56 32
5 Sa	21 23 19	23 30 09	29 45 46	2 35 12	16 03 32	15 28 11	29 37 33	21 49 41	28 49 09	27 37 31	3 41 52	15 31 16	6 52 51	11 06 44
6 Su	22 30 21	6 ♒ 07 47	12 ♒ 16 41	4 43 20	17 26 08	16 08 13	0 ♒ 19 16	22 00 28	28 54 13	27 49 60	3 53 02	15 38 57	7 01 07	11 15 24
7 M	23 35 09	18 30 02	24 32 52	6 47 21	18 46 29	16 46 14	0 58 41	22 08 40	28 56 54	28 00 09	4 02 05	15 44 22	7 07 08	11 21 52
8 Tu	24 37 24	0 ♓ 38 07	6 ♓ 36 04	8 46 56	20 04 16	17 21 54	1 35 31	22 13 58	28 56 52	28 07 40	4 08 41	15 47 14	7 10 35	11 25 49
9 W	25 37 14	12 34 44	18 29 24	10 42 10	21 19 35	17 55 22	2 09 53	22 16 29	28 54 16	28 12 40	4 12 58	15 47 39	7 11 37	11 27 21
10 Th	26 35 08	24 23 51	0 ♈ 17 18	12 33 33	22 32 58	18 27 07	2 42 17	22 16 44	28 49 36	28 15 38	4 15 27	15 46 07	7 10 42	11 27 00
11 F	27 31 54	6 ♈ 10 34	12 05 10	14 21 51	23 45 12	18 57 57	3 13 30	22 15 30	28 43 39	28 17 23	4 16 55	15 43 27	7 08 40	11 25 33
12 Sa	28 28 30	18 00 43	23 59 06	16 08 01	24 57 13	19 28 48	3 44 30	22 13 44	28 37 24	28 18 52	4 18 18	15 40 35	7 06 27	11 23 57
13 Su	29 25 52	0 ♉ 00 32	6 ♉ 05 23	17 53 01	26 09 59	20 00 37	4 16 13	22 12 23	28 31 46	28 21 01	4 20 34	15 38 29	7 04 60	11 23 08
14 M	0 ♒ 24 47	12 16 08	18 30 01	19 37 37	27 24 16	20 34 10	4 49 26	22 12 14	28 27 32	28 24 37	4 24 29	15 37 54	7 05 05	11 23 54
15 Tu	1 25 44	24 52 59	1 ♊ 18 07	21 22 17	28 40 33	21 09 56	5 24 37	22 13 44	28 25 13	28 30 08	4 30 32	15 39 20	7 07 12	11 26 43
16 W	2 28 46	7 ♊ 55 18	14 33 13	23 07 06	29 58 53	21 47 59	6 01 50	22 16 59	28 24 51	28 37 39	4 38 47	15 42 50	7 11 23	11 31 39
17 Th	3 33 31	21 25 21	28 16 39	24 51 42	1 ♓ 18 54	22 27 56	6 40 44	22 21 35	28 26 04	28 46 47	4 48 51	15 48 03	7 17 18	11 38 19
18 F	4 39 14	5 ♋ 22 58	12 ♋ 26 59	26 35 18	2 39 51	23 09 01	7 20 33	22 26 48	28 28 09	28 56 47	4 59 59	15 54 13	7 24 10	11 45 60
19 Sa	5 44 57	19 45 10	26 59 53	28 16 57	4 00 46	23 50 17	8 00 18	22 31 39	28 30 06	29 06 40	5 11 13	16 00 21	7 31 02	11 53 41
20 Su	6 49 40	4 ♌ 26 16	11 ♌ 48 29	29 55 36	5 20 38	24 30 42	8 38 59	22 35 08	28 30 56	29 15 26	5 21 32	16 05 29	7 36 53	12 00 23
21 M	7 52 34	19 18 39	26 44 26	1 ♓ 30 29	6 38 39	25 09 28	9 15 49	22 36 27	28 29 50	29 22 18	5 30 08	16 08 46	7 40 54	12 05 18
22 Tu	8 53 15	4 ♍ 13 53	11 ♍ 39 12	3 01 08	7 54 26	25 46 11	9 50 22	22 35 12	28 26 24	29 26 50	5 36 37	16 09 50	7 42 43	12 08 01
23 W	9 51 49	19 04 11	26 25 30	4 27 39	9 08 01	26 20 57	10 22 43	22 31 27	28 20 45	29 29 07	5 41 04	16 08 45	7 42 23	12 08 38
24 Th	10 48 48	3 ♎ 43 28	10 ♎ 58 11	5 50 32	10 19 60	26 54 16	10 53 26	22 25 45	28 13 24	29 29 43	5 44 01	16 06 04	7 40 27	12 07 41
25 F	11 45 04	18 07 56	25 14 29	7 10 36	11 31 12	27 27 02	11 23 22	22 18 58	28 05 14	29 29 29	5 46 20	16 02 39	7 37 48	12 06 01
26 Sa	12 41 36	2 ♏ 15 54	9 ♏ 13 41	8 28 49	12 42 38	28 00 12	11 53 30	22 12 06	27 57 14	29 29 23	5 49 00	15 59 28	7 35 24	12 04 39
27 Su	13 39 16	16 07 24	22 56 26	9 45 59	13 55 10	28 34 40	12 24 43	22 06 00	27 50 16	29 30 19	5 52 54	15 57 25	7 34 07	12 04 26
28 M	14 38 41	29 43 19	6 ♐ 24 03	11 02 41	15 09 23	29 11 01	12 57 36	22 01 18	27 44 58	29 32 53	5 58 36	15 57 05	7 34 35	12 05 58
29 Tu	15 40 03	13 ♐ 04 51	19 37 54	12 19 02	16 25 30	29 49 27	13 32 21	21 58 11	27 41 30	29 37 15	6 06 21	15 58 41	7 36 58	12 09 27
30 W	16 43 09	26 13 03	2 ♑ 39 02	13 34 47	17 43 18	0 ♉ 29 47	14 08 47	21 56 27	27 39 43	29 43 15	6 15 54	16 02 00	7 41 05	12 14 43
31 Th	17 47 29	9 ♑ 08 35	15 28 02	14 49 18	19 02 17	1 11 29	14 46 22	21 55 37	27 39 05	29 50 21	6 26 46	16 06 32	7 46 24	12 21 12

LONGITUDE — August 1997

Day	☉	0 hr ☽	Noon ☽	☿	♀	♂	⚵	⚳	♃	♄	⚷	♅	♆	♇
1 F	18 ♒ 52 17	21 ♑ 51 47	28 ♑ 05 12	16 ♓ 01 47	20 ♓ 21 42	1 ♉ 53 47	15 ♒ 24 22	21 ♍ 54 54	27 ♌ 38 51	29 ♎ 57 48	6 ♉ 38 11	16 ♌ 11 31	7 ♌ 52 12	12 ♊ 28 10
2 Sa	19 56 46	4 ♒ 22 50	10 ♒ 30 42	17 11 19	21 40 45	2 35 55	16 01 58	21 53 33	27 38 14	0 ♏ 04 50	6 49 22	16 16 10	7 57 40	12 34 51
3 Su	21 00 14	16 42 01	22 44 55	18 17 07	22 58 43	3 17 10	16 38 29	21 50 50	27 36 32	0 10 43	6 59 36	16 19 48	8 02 06	12 40 32
4 M	22 02 10	28 50 04	4 ♓ 48 44	19 18 33	24 15 07	3 57 01	17 13 24	21 46 17	27 33 16	0 14 57	7 08 23	16 21 53	8 05 00	12 44 42
5 Tu	23 02 21	10 ♓ 48 20	16 43 45	20 15 14	25 29 41	4 35 15	17 46 29	21 39 40	27 28 12	0 17 18	7 15 29	16 22 12	8 06 08	12 47 07
6 W	24 00 48	22 38 58	28 32 25	21 07 06	26 42 30	5 11 54	18 17 46	21 31 01	27 21 21	0 17 49	7 20 57	16 20 47	8 05 33	12 47 50
7 Th	24 57 50	4 ♈ 24 59	10 ♈ 18 04	21 54 16	27 53 50	5 47 15	18 47 34	21 20 39	27 13 04	0 16 47	7 25 04	16 17 57	8 03 32	12 47 09
8 F	25 53 58	16 10 16	22 04 53	22 37 06	29 04 12	6 21 49	19 16 23	21 09 06	27 03 51	0 14 44	7 28 20	16 14 11	8 00 36	12 45 34
9 Sa	26 49 47	27 59 21	3 ♉ 57 41	23 16 01	0 ♈ 14 12	6 56 13	19 44 49	20 56 57	26 54 18	0 12 16	7 31 23	16 10 07	7 57 22	12 43 42
10 Su	27 45 55	9 ♉ 57 21	16 01 46	23 51 27	1 24 28	7 31 03	20 13 30	20 44 52	26 45 03	0 09 60	7 34 49	16 06 22	7 54 26	12 42 10
11 M	28 42 54	22 09 34	28 22 29	24 23 45	2 35 31	8 06 52	20 42 58	20 33 22	26 36 39	0 08 27	7 39 10	16 03 28	7 52 22	12 41 31
12 Tu	29 41 05	4 ♊ 41 07	11 ♊ 04 49	24 53 01	3 47 42	8 43 59	21 13 32	20 22 48	26 29 26	0 07 59	7 44 47	16 01 45	7 51 28	12 42 04
13 W	0 ♓ 40 32	17 36 30	24 12 52	25 19 09	5 01 06	9 22 30	21 45 18	20 13 17	26 23 29	0 08 41	7 51 45	16 01 18	7 51 51	12 43 54
14 Th	1 41 05	0 ♋ 59 01	7 ♋ 49 12	25 41 45	6 15 32	10 02 14	22 18 06	20 04 39	26 18 40	0 10 22	7 59 53	16 01 58	7 53 21	12 46 52
15 F	2 42 21	14 50 03	21 54 09	26 00 11	7 30 36	10 42 47	22 51 32	19 56 29	26 14 33	0 12 39	8 08 47	16 03 20	7 55 32	12 50 33
16 Sa	3 43 45	29 08 34	6 ♌ 25 19	26 13 41	8 45 45	11 23 36	23 25 01	19 48 15	26 10 35	0 14 56	8 17 53	16 04 50	7 57 51	12 54 24
17 Su	4 44 43	13 ♌ 50 46	21 17 28	26 21 28	10 00 24	12 04 04	23 57 59	19 39 24	26 06 13	0 16 41	8 26 37	16 05 54	7 59 45	12 57 49
18 M	5 44 47	28 50 07	6 ♍ 22 52	26 22 53	11 14 04	12 43 46	24 29 59	19 29 28	26 00 59	0 17 25	8 34 31	16 06 04	8 00 44	13 00 22
19 Tu	6 43 43	13 ♍ 58 09	21 32 21	26 17 32	12 26 32	13 22 25	25 00 45	19 18 12	25 54 38	0 16 54	8 41 19	16 05 05	8 00 35	13 01 46
20 W	7 41 31	29 05 37	6 ♎ 36 42	26 05 19	13 37 48	14 00 02	25 30 18	19 05 39	25 47 11	0 15 07	8 47 03	16 02 59	7 59 17	13 02 04
21 Th	8 38 28	14 ♎ 03 54	21 27 58	25 46 26	14 48 07	14 36 54	25 58 55	18 52 04	25 38 55	0 12 22	8 51 59	16 00 01	7 57 08	13 01 30
22 F	9 34 59	28 46 08	6 ♏ 00 23	25 21 21	15 57 56	15 13 26	26 27 01	18 37 55	25 30 15	0 09 04	8 56 32	15 56 36	7 54 32	13 00 31
23 Sa	10 31 33	13 ♏ 07 49	20 10 41	24 50 38	17 07 44	15 50 06	26 55 04	18 23 41	25 21 41	0 05 41	9 01 10	15 53 15	7 51 59	12 59 36
24 Su	11 28 35	27 06 51	3 ♐ 57 54	24 14 55	18 17 55	16 27 21	27 23 30	18 09 48	25 13 38	0 02 40	9 06 20	15 50 21	7 49 54	12 59 09
25 M	12 26 22	10 ♐ 43 06	17 22 47	23 34 47	19 28 46	17 05 26	27 52 36	17 56 33	25 06 23	0 00 16	9 12 17	15 48 12	7 48 32	12 59 27
26 Tu	13 24 59	23 57 52	0 ♑ 27 12	22 50 47	20 40 22	17 44 26	28 22 25	17 44 02	25 00 01	29 ♎ 58 34	9 19 06	15 46 52	7 47 60	13 00 35
27 W	14 24 20	6 ♑ 53 15	13 13 34	22 03 24	21 52 36	18 24 15	28 52 52	17 32 10	24 54 27	29 57 29	9 26 42	15 46 16	7 48 11	13 02 27
28 Th	15 24 10	19 31 46	25 44 27	21 13 10	23 05 16	19 04 40	29 23 44	17 20 43	24 49 26	29 56 46	9 34 49	15 46 10	7 48 51	13 04 50
29 F	16 24 12	1 ♒ 55 55	8 ♒ 02 24	20 20 40	24 18 02	19 45 22	29 54 42	17 09 25	24 44 41	29 56 08	9 43 11	15 46 15	7 49 42	13 07 24
30 Sa	17 24 08	14 08 11	20 09 45	19 26 36	25 30 37	20 26 03	0 ♓ 25 27	16 57 58	24 39 55	29 55 17	9 51 29	15 46 14	7 50 27	13 09 52
31 Su	18 23 44	26 10 50	2 ♓ 08 41	18 31 51	26 42 46	21 06 28	0 55 46	16 46 09	24 34 53	29 53 59	9 59 29	15 45 52	7 50 51	13 11 60

Notes

September 1997

LONGITUDE

Day	☉	0 hr ☽	Noon ☽	☿	♀	♂	⚵	⚳	♃	♄	⚷	♅	♆	♇
1 M	19 ♓ 22 49	8 ♓ 06 06	14 ♓ 01 20	17 ♓ 37 27	27 ♈ 54 20	21 ♉ 46 29	1 ♓ 25 30	16 ♍ 33 50	24 ♌ 29 27	29 ♎ 52 03	10 ♉ 07 01	15 ♌ 44 60	7 ♌ 50 44	13 ♊ 13 38
2 Tu	20 21 22	19 56 07	25 49 50	16 44 34	29 05 17	22 26 04	1 54 35	16 20 59	24 23 34	29 49 29	10 14 03	15 43 36	7 50 05	13 14 44
3 W	21 19 26	1 ♈ 43 08	7 ♈ 36 28	15 54 28	0 ♉ 15 39	23 05 14	2 23 05	16 07 40	24 17 18	29 46 19	10 20 37	15 41 44	7 48 57	13 15 21
4 Th	22 17 09	13 29 36	19 23 45	15 08 29	1 25 35	23 44 08	2 51 08	15 54 03	24 10 46	29 42 42	10 26 53	15 39 30	7 47 27	13 15 38
5 F	23 14 41	25 18 11	1 ♉ 14 33	14 27 50	2 35 14	24 22 57	3 18 55	15 40 18	24 04 11	29 38 47	10 33 01	15 37 07	7 45 47	13 15 44
6 Sa	24 12 13	7 ♉ 11 56	13 12 05	13 53 41	3 44 48	25 01 51	3 46 35	15 26 36	23 57 42	29 34 46	10 39 10	15 34 43	7 44 06	13 15 50
7 Su	25 09 53	19 14 12	25 19 53	13 27 01	4 54 24	25 40 57	4 14 17	15 13 08	23 51 28	29 30 47	10 45 29	15 32 28	7 42 33	13 16 05
8 M	26 07 46	1 ♊ 28 39	7 ♊ 41 44	13 08 34	6 04 07	26 20 22	4 42 07	14 59 58	23 45 34	29 26 55	10 52 03	15 30 27	7 41 14	13 16 34
9 Tu	27 05 53	13 59 05	20 21 30	12 58 51	7 13 59	27 00 06	5 10 04	14 47 09	23 40 02	29 23 11	10 58 53	15 28 40	7 40 08	13 17 16
10 W	28 04 11	26 49 14	3 ♋ 22 45	12 58 12	8 23 55	27 40 05	5 38 06	14 34 39	23 34 49	29 19 33	11 05 56	15 27 06	7 39 13	13 18 10
11 Th	29 02 34	10 ♋ 02 26	16 48 26	13 06 43	9 33 51	28 20 15	6 06 08	14 22 22	23 29 49	29 15 55	11 13 06	15 25 37	7 38 25	13 19 10
12 F	0 ♈ 00 58	23 41 03	0 ♌ 40 17	13 24 20	10 43 41	29 00 30	6 34 04	14 10 14	23 24 57	29 12 11	11 20 18	15 24 09	7 37 36	13 20 11
13 Sa	0 59 18	7 ♌ 46 02	14 58 11	13 50 55	11 53 21	29 40 45	7 01 50	13 58 12	23 20 10	29 08 18	11 27 28	15 22 39	7 36 44	13 21 08
14 Su	1 57 34	22 16 09	29 39 39	14 26 15	13 02 50	0 ♊ 21 01	7 29 26	13 46 17	23 15 28	29 04 16	11 34 35	15 21 06	7 35 48	13 22 02
15 M	2 55 51	7 ♍ 07 40	14 ♍ 39 36	15 10 04	14 12 13	1 01 22	7 56 55	13 34 32	23 10 54	29 00 09	11 41 44	15 19 33	7 34 53	13 22 56
16 Tu	3 54 14	22 14 13	29 50 31	16 02 05	15 21 36	1 41 54	8 24 25	13 23 06	23 06 35	28 56 04	11 49 02	15 18 08	7 34 04	13 23 57
17 W	4 52 51	7 ♎ 27 20	15 ♎ 03 12	17 01 57	16 31 05	2 22 43	8 52 02	13 12 05	23 02 39	28 52 07	11 56 34	15 16 57	7 33 29	13 25 12
18 Th	5 51 47	22 37 28	0 ♏ 08 11	18 09 10	17 40 46	3 03 55	9 19 51	13 01 35	22 59 09	28 48 23	12 04 25	15 16 06	7 33 12	13 26 45
19 F	6 51 01	7 ♏ 35 25	14 56 56	19 23 10	18 50 38	3 45 29	9 47 52	12 51 37	22 56 07	28 44 53	12 12 35	15 15 33	7 33 13	13 28 37
20 Sa	7 50 29	22 13 33	29 23 03	20 43 14	20 00 35	4 27 20	10 15 58	12 42 04	22 53 26	28 41 30	12 20 60	15 15 14	7 33 27	13 30 41
21 Su	8 49 59	6 ♐ 26 46	13 ♐ 22 48	22 08 34	21 10 27	5 09 18	10 44 01	12 32 48	22 50 57	28 38 05	12 29 27	15 14 58	7 33 44	13 32 48
22 M	9 49 19	20 12 39	26 55 06	23 38 20	22 20 02	5 51 10	11 11 46	12 23 37	22 48 27	28 34 26	12 37 45	15 14 33	7 33 50	13 34 44
23 Tu	10 48 19	3 ♑ 31 20	10 ♑ 01 07	25 11 44	23 29 09	6 32 44	11 39 04	12 14 20	22 45 45	28 30 21	12 45 43	15 13 47	7 33 35	13 36 19
24 W	11 46 50	16 24 54	22 43 37	26 48 04	24 37 39	7 13 54	12 05 46	12 04 50	22 42 44	28 25 43	12 53 13	15 12 34	7 32 52	13 37 26
25 Th	12 44 53	28 56 47	5 ♒ 06 24	28 26 46	25 45 33	7 54 39	12 31 52	11 55 07	22 39 23	28 20 31	13 00 14	15 10 52	7 31 40	13 38 03
26 F	13 42 34	11 ♒ 11 08	17 13 48	0 ♈ 07 25	26 52 57	8 35 06	12 57 29	11 45 18	22 35 50	28 14 53	13 06 54	15 08 50	7 30 05	13 38 18
27 Sa	14 40 06	23 12 24	29 10 09	1 49 48	28 00 03	9 15 27	13 22 49	11 35 37	22 32 16	28 09 02	13 13 25	15 06 38	7 28 21	13 38 24
28 Su	15 37 47	5 ♓ 04 56	10 ♓ 59 40	3 33 47	29 07 10	9 56 00	13 48 11	11 26 22	22 29 01	28 03 16	13 20 04	15 04 36	7 26 46	13 38 37
29 M	16 35 55	16 52 44	22 46 08	5 19 17	0 ♊ 14 35	10 37 05	14 13 52	11 17 52	22 26 23	27 57 53	13 27 11	15 03 02	7 25 38	13 39 18
30 Tu	17 34 48	28 39 21	4 ♈ 32 52	7 06 19	1 22 37	11 18 58	14 40 11	11 10 24	22 24 40	27 53 11	13 35 03	15 02 14	7 25 14	13 40 43

October 1997

LONGITUDE

Day	☉	0 hr ☽	Noon ☽	☿	♀	♂	⚵	⚳	♃	♄	⚷	♅	♆	♇
1 W	18 ♈ 34 38	10 ♈ 27 45	16 ♈ 22 37	8 ♈ 54 46	2 ♊ 31 28	12 ♊ 01 52	15 ♓ 07 19	11 ♍ 04 13	22 ♌ 24 03	27 ♎ 49 22	13 ♉ 43 52	15 ♌ 02 24	7 ♌ 25 48	13 ♊ 43 05
2 Th	19 35 31	22 20 24	28 17 41	10 44 30	3 41 11	12 45 51	15 35 21	10 59 21	22 24 38	27 46 33	13 53 43	15 03 36	7 27 23	13 46 28
3 F	20 37 19	4 ♉ 19 17	10 ♉ 19 58	12 35 12	4 51 41	13 30 50	16 04 13	10 55 46	22 26 20	27 44 36	14 04 30	15 05 46	7 29 55	13 50 47
4 Sa	21 39 50	16 26 05	22 31 05	14 26 29	6 02 44	14 16 35	16 33 38	10 53 11	22 28 54	27 43 19	14 15 59	15 08 39	7 33 09	13 55 48
5 Su	22 42 39	28 42 16	4 ♊ 52 33	16 17 48	7 13 56	15 02 41	17 03 14	10 51 15	22 31 56	27 42 17	14 27 46	15 11 51	7 36 42	14 01 07
6 M	23 45 19	11 ♊ 09 22	17 25 59	18 08 35	8 24 48	15 48 42	17 32 33	10 49 29	22 34 59	27 41 03	14 39 24	15 14 56	7 40 05	14 06 16
7 Tu	24 47 21	23 49 02	0 ♋ 13 09	19 58 15	9 34 53	16 34 08	18 01 06	10 47 25	22 37 35	27 39 09	14 50 24	15 17 23	7 42 51	14 10 48
8 W	25 48 24	6 ♋ 43 15	13 16 02	21 46 23	10 43 48	17 18 38	18 28 32	10 44 42	22 39 21	27 36 14	15 00 24	15 18 52	7 44 37	14 14 19
9 Th	26 48 16	19 54 11	26 36 46	23 32 44	11 51 22	18 02 01	18 54 40	10 41 08	22 40 07	27 32 06	15 09 13	15 19 12	7 45 13	14 16 40
10 F	27 47 02	3 ♌ 24 05	10 ♌ 17 20	25 17 21	12 57 39	18 44 22	19 19 34	10 36 50	22 39 57	27 26 50	15 16 56	15 18 28	7 44 44	14 17 54
11 Sa	28 45 04	17 14 47	24 19 03	27 00 33	14 03 00	19 26 01	19 43 35	10 32 07	22 39 14	27 20 49	15 23 55	15 17 00	7 43 30	14 18 24
12 Su	29 42 56	1 ♍ 27 12	8 ♍ 42 00	28 42 53	15 07 59	20 07 33	20 07 17	10 27 34	22 38 30	27 14 35	15 30 42	15 15 24	7 42 07	14 18 43
13 M	0 ♉ 41 18	16 00 33	23 24 21	0 ♉ 25 00	16 13 17	20 49 39	20 31 22	10 23 52	22 38 26	27 08 51	15 37 59	15 14 18	7 41 14	14 19 32
14 Tu	1 40 48	0 ♎ 51 47	8 ♎ 21 49	2 07 33	17 19 31	21 32 55	20 56 27	10 21 39	22 39 41	27 04 13	15 46 24	15 14 23	7 41 29	14 21 29
15 W	2 41 53	15 55 13	23 27 38	3 50 57	18 27 06	22 17 49	21 22 58	10 21 21	22 42 41	27 01 09	15 56 22	15 16 03	7 43 19	14 24 59
16 Th	3 44 38	1 ♏ 02 51	8 ♏ 33 09	5 35 18	19 36 09	23 04 26	21 51 01	10 23 03	22 47 31	26 59 44	16 07 60	15 19 24	7 46 50	14 30 10
17 F	4 48 49	16 05 20	23 28 60	7 20 23	20 46 24	23 52 32	22 20 21	10 26 31	22 53 56	26 59 44	16 21 02	15 24 13	7 51 46	14 36 45
18 Sa	5 53 51	0 ♐ 53 21	8 ♐ 06 36	9 05 37	21 57 16	24 41 31	22 50 23	10 31 10	23 01 21	27 00 34	16 34 54	15 29 53	7 57 33	14 44 10
19 Su	6 58 59	15 19 09	22 19 26	10 50 15	23 07 60	25 30 39	23 20 23	10 36 14	23 09 03	27 01 29	16 48 51	15 35 40	8 03 27	14 51 41
20 M	8 03 27	29 17 36	6 ♑ 03 50	12 33 34	24 17 50	26 19 09	23 49 33	10 40 59	23 16 14	27 01 43	17 02 07	15 40 48	8 08 40	14 58 30
21 Tu	9 06 39	12 ♑ 46 36	19 19 03	14 14 56	25 26 08	27 06 26	24 17 18	10 44 47	23 22 18	27 00 41	17 14 05	15 44 41	8 12 36	15 04 03
22 W	10 08 16	25 46 59	2 ♒ 06 59	15 54 05	26 32 36	27 52 09	24 43 18	10 47 19	23 26 56	26 58 02	17 24 25	15 46 59	8 14 57	15 07 59
23 Th	11 08 18	8 ♒ 21 51	14 31 30	17 31 03	27 37 15	28 36 21	25 07 35	10 48 37	23 30 09	26 53 49	17 33 10	15 47 44	8 15 44	15 10 19
24 F	12 07 08	20 35 56	26 37 41	19 06 11	28 40 25	29 19 23	25 30 30	10 49 01	23 32 19	26 48 23	17 40 41	15 47 17	8 15 18	15 11 26
25 Sa	13 05 23	2 ♓ 34 53	8 ♓ 31 19	20 40 09	29 42 43	0 ♋ 01 52	25 52 40	10 49 09	23 34 02	26 42 23	17 47 35	15 46 16	8 14 17	15 11 57
26 Su	14 03 50	14 24 38	20 18 14	22 13 45	0 ♋ 44 56	0 44 35	26 14 52	10 49 49	23 36 07	26 36 33	17 54 39	15 45 28	8 13 27	15 12 38
27 M	15 03 16	26 10 53	2 ♈ 03 59	23 47 46	1 47 51	1 28 20	26 37 53	10 51 46	23 39 20	26 31 44	18 02 40	15 45 39	8 13 36	15 14 17
28 Tu	16 04 23	7 ♈ 58 48	13 53 22	25 22 56	2 52 10	2 13 48	27 02 26	10 55 44	23 44 24	26 28 37	18 12 20	15 47 33	8 15 26	15 17 37
29 W	17 07 39	19 52 38	25 50 18	26 59 44	3 58 19	3 01 28	27 28 58	11 02 11	23 51 46	26 27 39	18 24 08	15 51 37	8 19 26	15 23 04
30 Th	18 13 14	1 ♉ 55 35	7 ♉ 57 33	28 38 20	5 06 28	3 51 28	27 57 38	11 11 14	24 01 35	26 29 00	18 38 12	15 58 01	8 25 43	15 30 48
31 F	19 20 54	14 09 40	20 16 47	0 ♊ 18 31	6 16 23	4 43 37	28 28 14	11 22 42	24 13 39	26 32 29	18 54 19	16 06 31	8 34 07	15 40 38

Notes

LONGITUDE — November 1997

Day	☉	0 hr ☽	Noon ☽	☿	♀	♂	⚵	⚳	♃	♄	⚷	♅	♆	♇
1 Sa	20 ♉ 30 07	26 ♉ 35 50	2 ♊ 48 34	1 ♊ 59 46	7 ♋ 27 30	5 ♋ 37 20	29 ♓ 00 13	11 ♍ 36 01	24 ♌ 27 25	26 ♎ 37 31	19 ♉ 11 57	16 ♌ 16 35	8 ♌ 44 03	15 ♊ 51 59
2 Su	21 40 03	9 ♊ 14 04	15 32 41	3 41 14	8 38 59	6 31 49	29 32 43	11 50 21	24 42 02	26 43 17	19 30 16	16 27 22	8 54 41	16 04 01
3 M	22 49 41	22 03 49	28 28 25	5 21 57	9 49 50	7 26 02	0 ♈ 04 46	12 04 42	24 56 31	26 48 48	19 48 15	16 37 54	9 05 03	16 15 45
4 Tu	23 58 04	5 ♋ 04 18	11 ♋ 34 60	7 00 56	10 59 04	8 19 03	0 35 24	12 18 07	25 09 54	26 53 05	20 04 58	16 47 12	9 14 10	16 26 13
5 W	25 04 27	18 15 02	24 52 02	8 37 28	12 05 55	9 10 06	1 03 51	12 29 50	25 21 26	26 55 25	20 19 39	16 54 31	9 21 17	16 34 40
6 Th	26 08 28	1 ♌ 36 09	8 ♌ 19 47	10 11 10	13 09 60	9 58 50	1 29 47	12 39 29	25 30 45	26 55 26	20 31 55	16 59 30	9 26 03	16 40 45
7 F	27 10 15	15 08 28	21 59 11	11 42 10	14 11 26	10 45 22	1 53 17	12 47 11	25 37 58	26 53 14	20 41 55	17 02 16	9 28 35	16 44 34
8 Sa	28 10 24	28 53 29	5 ♍ 51 38	13 11 02	15 10 48	11 30 18	2 14 58	12 53 33	25 43 43	26 49 27	20 50 15	17 03 25	9 29 29	16 46 44
9 Su	29 09 55	12 ♍ 52 48	19 58 28	14 38 48	16 09 06	12 14 38	2 35 52	12 59 34	25 48 58	26 45 06	20 57 55	17 03 58	9 29 46	16 48 16
10 M	0 ♊ 09 60	27 07 32	4 ♎ 20 11	16 06 36	17 07 31	12 59 34	2 57 08	13 06 27	25 54 55	26 41 20	21 06 07	17 05 07	9 30 37	16 50 21
11 Tu	1 11 45	11 ♎ 37 20	18 55 37	17 35 33	18 07 07	13 46 13	3 19 54	13 15 17	26 02 42	26 39 19	21 15 57	17 07 57	9 33 08	16 54 05
12 W	2 15 59	26 19 46	3 ♏ 41 18	19 06 24	19 08 42	14 35 22	3 44 57	13 26 51	26 13 05	26 39 49	21 28 13	17 13 17	9 38 09	17 00 17
13 Th	3 22 57	11 ♏ 09 54	18 31 24	20 39 24	20 12 30	15 27 17	4 12 33	13 41 27	26 26 21	26 43 06	21 43 10	17 21 22	9 45 54	17 09 12
14 F	4 32 20	26 00 30	3 ♐ 18 11	22 14 10	21 18 12	16 21 40	4 42 24	13 58 44	26 42 11	26 48 53	22 00 31	17 31 55	9 56 05	17 20 31
15 Sa	5 43 19	10 ♐ 43 06	17 53 14	23 49 50	22 24 56	17 17 40	5 13 38	14 17 52	26 59 44	26 56 18	22 19 25	17 44 04	10 07 52	17 33 25
16 Su	6 54 45	25 09 22	2 ♑ 08 55	25 25 11	23 31 33	18 14 09	5 45 08	14 37 42	27 17 51	27 04 12	22 38 42	17 56 40	10 20 05	17 46 44
17 M	8 05 24	9 ♑ 12 34	15 59 39	26 58 54	24 36 47	19 09 53	6 15 39	14 57 02	27 35 19	27 11 24	22 57 10	18 08 32	10 31 32	17 59 15
18 Tu	9 14 17	22 48 35	29 22 38	28 29 55	25 39 38	20 03 51	6 44 12	15 14 49	27 51 08	27 16 53	23 13 48	18 18 38	10 41 12	18 09 59
19 W	10 20 47	5 ♒ 56 19	12 ♒ 17 59	29 57 32	26 39 29	20 55 29	7 10 10	15 30 29	28 04 43	27 20 03	23 28 01	18 26 22	10 48 30	18 18 18
20 Th	11 24 49	18 37 31	24 48 27	1 ♋ 21 29	27 36 11	21 44 40	7 33 27	15 43 55	28 15 55	27 20 47	23 39 42	18 31 39	10 53 19	18 24 07
21 F	12 26 45	0 ♓ 56 12	6 ♓ 58 42	2 42 03	28 30 07	22 31 47	7 54 26	15 55 30	28 25 10	27 19 30	23 49 14	18 34 51	10 56 03	18 27 50
22 Sa	13 27 25	12 58 01	18 54 45	3 59 52	29 22 03	23 17 39	8 13 55	16 06 02	28 33 15	27 17 00	23 57 27	18 36 48	10 57 30	18 30 14
23 Su	14 27 51	24 49 27	0 ♈ 43 14	5 15 46	0 ♌ 13 02	24 03 19	8 32 59	16 16 35	28 41 14	27 14 21	24 05 22	18 38 32	10 58 43	18 32 23
24 M	15 29 11	6 ♈ 37 14	12 30 48	6 30 41	1 04 10	24 49 54	8 52 43	16 28 16	28 50 14	27 12 39	24 14 09	18 41 11	11 00 51	18 35 25
25 Tu	16 32 27	18 27 46	24 23 38	7 45 21	1 56 25	25 38 27	9 14 10	16 42 06	29 01 16	27 12 57	24 24 47	18 45 46	11 04 53	18 40 20
26 W	17 38 20	0 ♉ 26 39	6 ♉ 26 59	9 00 10	2 50 28	26 29 38	9 38 01	16 58 47	29 15 02	27 15 57	24 37 59	18 52 60	11 11 34	18 47 52
27 Th	18 47 09	12 38 17	18 44 45	10 15 07	3 46 37	27 23 47	10 04 34	17 18 37	29 31 52	27 21 58	24 54 04	19 03 11	11 21 10	18 58 19
28 F	19 58 43	25 05 32	1 ♊ 19 14	11 29 35	4 44 36	28 20 42	10 33 38	17 41 25	29 51 33	27 30 47	25 12 51	19 16 07	11 33 31	19 11 28
29 Sa	21 12 20	7 ♊ 49 36	14 11 01	12 42 26	5 43 44	29 19 43	11 04 33	18 06 30	0 ♍ 13 24	27 41 45	25 33 37	19 31 09	11 47 57	19 26 40
30 Su	22 26 57	20 50 05	27 19 05	13 52 07	6 42 54	0 ♌ 19 45	11 36 13	18 32 48	0 36 22	27 53 48	25 55 20	19 47 11	12 03 22	19 42 50

LONGITUDE — December 1997

Day	☉	0 hr ☽	Noon ☽	☿	♀	♂	⚵	⚳	♃	♄	⚷	♅	♆	♇
1 M	23 ♊ 41 18	4 ♋ 05 09	10 ♋ 41 05	14 ♋ 56 44	7 ♌ 40 47	1 ♌ 19 31	12 ♈ 07 23	18 ♍ 59 02	0 ♍ 59 10	28 ♎ 05 38	26 ♉ 16 42	20 ♌ 02 58	12 ♌ 18 30	19 ♊ 58 42
2 Tu	24 54 05	17 32 05	24 14 02	15 54 24	8 36 05	2 17 46	12 36 45	19 23 56	1 20 31	28 16 01	26 36 28	20 17 13	12 32 06	20 13 00
3 W	26 04 20	1 ♌ 07 60	7 ♌ 54 58	16 43 24	9 27 45	3 13 31	13 03 21	19 46 30	1 39 27	28 23 57	26 53 38	20 28 57	12 43 10	20 24 45
4 Th	27 11 33	14 50 26	21 41 34	17 22 28	10 15 16	4 06 15	13 26 41	20 06 14	1 55 28	28 28 55	27 07 43	20 37 40	12 51 13	20 33 26
5 F	28 15 50	28 37 57	5 ♍ 32 42	17 50 53	10 58 39	4 56 04	13 46 51	20 23 15	2 08 39	28 31 04	27 18 48	20 43 29	12 56 20	20 39 10
6 Sa	29 17 54	12 ♍ 30 17	19 28 22	18 08 31	11 38 36	5 43 42	14 04 32	20 38 15	2 19 43	28 31 05	27 27 37	20 47 06	12 59 14	20 42 40
7 Su	0 ♋ 18 55	26 28 11	3 ♎ 29 30	18 15 42	12 16 14	6 30 20	14 20 58	20 52 24	2 29 52	28 30 10	27 35 20	20 49 43	13 01 07	20 45 07
8 M	1 20 19	10 ♎ 32 49	17 37 10	18 13 03	12 52 54	7 17 20	14 37 30	21 07 08	2 40 29	28 29 42	27 43 22	20 52 43	13 03 22	20 47 54
9 Tu	2 23 23	24 44 59	1 ♏ 51 50	18 01 14	13 29 51	8 06 04	14 55 28	21 23 44	2 52 54	28 31 01	27 53 01	20 57 25	13 07 19	20 52 22
10 W	3 29 06	9 ♏ 04 19	16 12 33	17 40 44	14 07 59	8 57 27	15 15 50	21 43 09	3 08 03	28 35 04	28 05 15	21 04 47	13 13 55	20 59 27
11 Th	4 37 49	23 28 37	0 ♐ 36 27	17 11 45	14 47 38	9 51 52	15 38 57	22 05 47	3 26 18	28 42 14	28 20 26	21 15 11	13 23 32	21 09 32
12 F	5 49 17	7 ♐ 53 42	14 58 46	16 34 14	15 28 27	10 49 02	16 04 33	22 31 19	3 47 24	28 52 13	28 38 16	21 28 21	13 35 54	21 22 19
13 Sa	7 02 36	22 13 48	29 13 29	15 48 04	16 09 30	11 48 05	16 31 45	22 58 54	4 10 27	29 04 11	28 57 56	21 43 23	13 50 07	21 36 57
14 Su	8 16 33	6 ♑ 22 29	13 ♑ 14 19	14 53 16	16 49 30	12 47 48	16 59 19	23 27 17	4 34 14	29 16 52	29 18 09	21 59 05	14 04 60	21 52 12
15 M	9 29 50	20 13 43	26 55 51	13 50 20	17 27 03	13 46 50	17 25 56	23 55 10	4 57 26	29 28 58	29 37 37	22 14 07	14 19 12	22 06 44
16 Tu	10 41 16	3 ♒ 43 06	10 ♒ 14 32	12 40 25	18 00 58	14 44 04	17 50 26	24 21 23	5 18 53	29 39 20	29 55 11	22 27 20	14 31 33	22 19 26
17 W	11 50 07	16 48 23	23 09 08	11 25 25	18 30 25	15 38 44	18 12 05	24 45 11	5 37 51	29 47 12	0 ♊ 10 06	22 37 60	14 41 21	22 29 30
18 Th	12 56 09	29 29 51	5 ♓ 40 54	10 07 55	18 55 07	16 30 36	18 30 37	25 06 19	5 54 04	29 52 21	0 22 08	22 45 51	14 48 19	22 36 45
19 F	13 59 39	11 ♓ 50 07	17 53 10	8 50 56	19 15 16	17 19 56	18 46 21	25 25 05	6 07 50	29 55 04	0 31 33	22 51 10	14 52 45	22 41 25
20 Sa	15 01 20	23 53 39	29 50 59	7 37 42	19 31 32	18 07 28	18 59 57	25 42 11	6 19 53	29 56 03	0 39 04	22 54 42	14 55 23	22 44 15
21 Su	16 02 13	5 ♈ 46 14	11 ♈ 40 29	6 31 17	19 44 53	18 54 13	19 12 29	25 58 39	6 31 12	29 56 21	0 45 43	22 57 27	14 57 13	22 46 16
22 M	17 03 27	17 34 21	23 28 19	5 34 22	19 56 23	19 41 20	19 25 02	26 15 36	6 42 57	29 57 04	0 52 39	23 00 33	14 59 23	22 48 35
23 Tu	18 06 04	29 24 41	5 ♉ 21 08	4 49 02	20 07 03	20 29 52	19 38 42	26 34 07	6 56 11	29 59 18	1 00 53	23 05 04	15 02 58	22 52 17
24 W	19 10 55	11 ♉ 23 32	17 25 03	4 16 37	20 17 38	21 20 37	19 54 17	26 54 59	7 11 43	0 ♏ 03 51	1 11 16	23 11 49	15 08 45	22 58 11
25 Th	20 18 24	23 36 19	29 45 09	3 57 37	20 28 30	22 14 01	20 12 11	27 18 39	7 29 58	0 11 07	1 24 13	23 21 13	15 17 11	23 06 41
26 F	21 28 26	6 ♊ 07 12	12 ♊ 25 01	3 51 43	20 39 33	23 10 00	20 32 20	27 45 00	7 50 51	0 21 03	1 39 38	23 33 11	15 28 11	23 17 44
27 Sa	22 40 29	18 58 38	25 26 23	3 57 54	20 50 10	24 08 01	20 54 10	28 13 32	8 13 49	0 33 06	1 57 00	23 47 12	15 41 12	23 30 45
28 Su	23 53 35	2 ♋ 11 08	8 ♋ 48 55	4 14 34	20 59 22	25 07 06	21 16 45	28 43 15	8 37 55	0 46 19	2 15 20	24 02 16	15 55 17	23 44 49
29 M	25 06 34	15 43 16	22 30 18	4 39 49	21 05 58	26 06 04	21 38 52	29 12 59	9 01 59	0 59 30	2 33 28	24 17 14	16 09 14	23 58 43
30 Tu	26 18 12	29 31 53	6 ♌ 26 39	5 11 41	21 08 43	27 03 42	21 59 20	29 41 31	9 24 46	1 11 27	2 50 11	24 30 53	16 21 52	24 11 17
31 W	27 27 33	13 ♌ 32 41	20 33 08	5 48 28	21 06 40	27 59 05	22 17 11	0 ♎ 07 55	9 45 21	1 21 13	3 04 33	24 42 16	16 32 12	24 21 31

Notes

January 1998 **LONGITUDE**

Day	☉	0 hr ☽	Noon ☽	☿	♀	♂	⚵	⚳	♃	♄	⚷	♅	♆	♇
1 Th	28♋ 34 06	27♌ 40 59	4♍ 44 58	6♋ 28 57	20♌ 59 20	28♌ 51 40	22♈ 31 54	0♎ 31 39	10♍ 03 13	1♏ 28 18	3♊ 16 01	24♌ 50 51	16♌ 39 46	24♊ 28 57
2 F	29 37 54	11♍ 52 35	18 58 08	7 12 28	20 46 46	29 41 31	22 43 32	0 52 46	10 18 24	1 32 44	3 24 40	24 56 43	16 44 35	24 33 36
3 Sa	0♌ 39 32	26 04 22	3♎ 09 58	7 59 03	20 29 36	0♍ 29 14	22 52 41	1 11 52	10 31 31	1 35 07	3 31 06	25 00 28	16 47 15	24 36 06
4 Su	1 40 03	10♎ 14 32	17 19 10	8 49 06	20 08 56	1 15 51	23 00 22	1 29 58	10 43 34	1 36 30	3 36 19	25 03 05	16 48 48	24 37 26
5 M	2 40 38	24 22 29	1♏ 25 29	9 43 23	19 46 02	2 02 33	23 07 48	1 48 18	10 55 47	1 38 03	3 41 32	25 05 49	16 50 28	24 38 51
6 Tu	3 42 28	8♏ 28 10	15 29 05	10 42 33	19 22 10	2 50 30	23 16 06	2 07 59	11 09 19	1 40 58	3 47 55	25 09 48	16 53 21	24 41 28
7 W	4 46 20	22 31 32	29 29 55	11 47 02	18 58 15	3 40 30	23 26 07	2 29 50	11 24 57	1 46 01	3 56 16	25 15 52	16 58 18	24 46 08
8 Th	5 52 35	6♐ 31 55	13♐ 27 05	12 56 49	18 34 46	4 32 55	23 38 10	2 54 13	11 43 03	1 53 35	4 06 56	25 24 20	17 05 40	24 53 10
9 F	7 01 02	20 27 39	27 18 43	14 11 25	18 11 41	5 27 32	23 52 04	3 20 55	12 03 25	2 03 27	4 19 43	25 35 01	17 15 14	25 02 22
10 Sa	8 11 01	4♑ 16 09	11♑ 01 59	15 29 52	17 48 31	6 23 42	24 07 09	3 49 16	12 25 23	2 14 57	4 33 57	25 47 15	17 26 20	25 13 06
11 Su	9 21 34	17 54 10	24 33 36	16 50 60	17 24 31	7 20 27	24 22 26	4 18 19	12 47 59	2 27 08	4 48 41	26 00 04	17 38 02	25 24 23
12 M	10 31 39	1♒ 18 24	7♒ 50 26	18 13 33	16 58 52	8 16 45	24 36 54	4 47 01	13 10 12	2 38 58	5 02 52	26 12 28	17 49 16	25 35 11
13 Tu	11 40 22	14 26 06	20 50 08	19 36 27	16 30 53	9 11 41	24 49 37	5 14 28	13 31 06	2 49 31	5 15 36	26 23 29	17 59 09	25 44 36
14 W	12 47 05	27 15 41	3♓ 31 38	20 58 53	16 00 10	10 04 37	24 59 58	5 40 01	13 50 03	2 58 11	5 26 14	26 32 31	18 07 01	25 51 59
15 Th	13 51 31	9♓ 47 02	15 55 24	22 20 27	15 26 44	10 55 17	25 07 39	6 03 24	14 06 47	3 04 40	5 34 31	26 39 18	18 12 38	25 57 05
16 F	14 53 49	22 01 35	28 03 30	23 41 12	14 50 58	11 43 49	25 12 50	6 24 46	14 21 27	3 09 07	5 40 34	26 43 57	18 16 07	26 00 02
17 Sa	15 54 25	4♈ 02 19	9♈ 59 26	25 01 26	14 13 34	12 30 41	25 15 56	6 44 33	14 34 29	3 11 59	5 44 51	26 46 56	18 17 55	26 01 15
18 Su	16 54 03	15 53 27	21 47 50	26 21 48	13 35 31	13 16 34	25 17 40	7 03 27	14 46 35	3 13 58	5 48 04	26 48 57	18 18 44	26 01 29
19 M	17 53 30	27 40 07	3♉ 34 10	27 43 02	12 57 52	14 02 17	25 18 50	7 22 17	14 58 34	3 15 52	5 51 01	26 50 48	18 19 24	26 01 31
20 Tu	18 53 34	9♉ 28 01	15 24 19	29 05 51	12 21 41	14 48 37	25 20 14	7 41 51	15 11 14	3 18 30	5 54 30	26 53 17	18 20 40	26 02 09
21 W	19 54 54	21 22 60	27 24 10	0♌ 30 51	11 47 49	15 36 14	25 22 30	8 02 46	15 25 12	3 22 29	5 59 09	26 57 03	18 23 13	26 04 01
22 Th	20 57 53	3♊ 30 40	9♊ 39 14	1 58 22	11 16 54	16 25 30	25 26 01	8 25 26	15 40 52	3 28 13	6 05 21	27 02 28	18 27 25	26 07 31
23 F	22 02 34	15 55 60	22 14 09	3 28 25	10 49 10	17 16 28	25 30 50	8 49 55	15 58 18	3 35 45	6 13 11	27 09 36	18 33 20	26 12 43
24 Sa	23 08 41	28 42 50	5♋ 12 13	5 00 41	10 24 32	18 08 52	25 36 40	9 15 55	16 17 13	3 44 49	6 22 20	27 18 10	18 40 40	26 19 18
25 Su	24 15 39	11♋ 53 32	18 34 59	6 34 36	10 02 37	19 02 08	25 42 57	9 42 53	16 37 01	3 54 50	6 32 15	27 27 37	18 48 53	26 26 44
26 M	25 22 43	25 28 32	2♌ 21 54	8 09 22	9 42 48	19 55 31	25 48 57	10 10 03	16 56 60	4 05 04	6 42 12	27 37 11	18 57 12	26 34 15
27 Tu	26 29 08	9♌ 26 11	16 30 11	9 44 13	9 24 27	20 48 15	25 53 53	10 36 39	17 16 21	4 14 44	6 51 23	27 46 06	19 04 52	26 41 05
28 W	27 34 14	23 42 47	0♍ 55 06	11 18 30	9 06 60	21 39 40	25 57 05	11 02 02	17 34 27	4 23 11	6 59 11	27 53 43	19 11 15	26 46 36
29 Th	28 37 39	8♍ 12 56	15 30 35	12 51 49	8 50 11	22 29 25	25 58 13	11 25 50	17 50 56	4 30 03	7 05 12	27 59 39	19 15 56	26 50 25
30 F	29 39 21	22 50 24	0♎ 10 04	14 24 09	8 34 02	23 17 27	25 57 13	11 48 02	18 05 44	4 35 19	7 09 25	28 03 55	19 18 56	26 52 31
31 Sa	0♍ 39 40	7♎ 28 55	14 47 28	15 55 48	8 18 56	24 04 07	25 54 27	12 08 56	18 19 12	4 39 18	7 12 10	28 06 48	19 20 34	26 53 12

February 1998 **LONGITUDE**

Day	☉	0 hr ☽	Noon ☽	☿	♀	♂	⚵	⚳	♃	♄	⚷	♅	♆	♇
1 Su	1♍ 39 11	22♎ 03 02	29♎ 17 53	17♌ 27 23	8♌ 05 30	24♍ 49 59	25♈ 50 28	12♎ 29 08	18♍ 31 55	4♏ 42 34	7♊ 14 01	28♌ 08 54	19♌ 21 24	26♊ 53 05
2 M	2 38 35	6♏ 28 39	13♏ 37 57	18 59 35	7 54 25	25 35 44	25 45 58	12 49 18	18 44 34	4 45 50	7 15 40	28 10 54	19 22 07	26 52 50
3 Tu	3 38 30	20 43 03	27 45 40	20 33 02	7 46 22	26 22 02	25 41 37	13 10 06	18 57 48	4 49 44	7 17 46	28 13 27	19 23 24	26 53 07
4 W	4 39 25	4♐ 44 47	11♐ 40 11	22 08 14	7 41 49	27 09 20	25 37 51	13 31 59	19 12 05	4 54 43	7 20 46	28 17 01	19 25 41	26 54 22
5 Th	5 41 31	18 33 11	25 21 16	23 45 22	7 40 54	27 57 49	25 34 53	13 55 08	19 27 35	5 00 60	7 24 52	28 21 46	19 29 10	26 56 48
6 F	6 44 42	2♑ 08 05	8♑ 48 57	25 24 20	7 43 32	28 47 23	25 32 37	14 19 28	19 44 12	5 08 27	7 29 58	28 27 38	19 33 44	27 00 19
7 Sa	7 48 38	15 29 26	22 03 18	27 04 51	7 49 20	29 37 43	25 30 43	14 44 38	20 01 38	5 16 45	7 35 44	28 34 16	19 39 05	27 04 34
8 Su	8 52 51	28 37 12	5♒ 04 18	28 46 27	7 57 49	0♎ 28 21	25 28 43	15 10 12	20 19 24	5 25 27	7 41 43	28 41 12	19 44 44	27 09 06
9 M	9 56 52	11♒ 31 24	17 51 59	0♍ 28 39	8 08 26	1 18 46	25 26 08	15 35 38	20 37 00	5 34 02	7 47 24	28 47 57	19 50 12	27 13 25
10 Tu	11 00 17	24 12 07	0♓ 26 31	2 11 03	8 20 43	2 08 36	25 22 34	16 00 33	20 54 02	5 42 07	7 52 23	28 54 06	19 55 03	27 17 07
11 W	12 02 48	6♓ 39 46	12 48 23	3 53 24	8 34 20	2 57 31	25 17 43	16 24 39	21 10 13	5 49 23	7 56 24	28 59 23	19 59 02	27 19 55
12 Th	13 04 19	18 55 10	24 58 36	5 35 37	8 49 08	3 45 27	25 11 31	16 47 50	21 25 26	5 55 45	7 59 19	29 03 40	20 02 02	27 21 43
13 F	14 04 54	0♈ 59 42	6♈ 58 49	7 17 45	9 05 06	4 32 27	25 03 60	17 10 09	21 39 45	6 01 17	8 01 13	29 07 02	20 04 05	27 22 33
14 Sa	15 04 44	12 55 25	18 51 22	9 00 00	9 22 22	5 18 42	24 55 22	17 31 49	21 53 22	6 06 09	8 02 16	29 09 40	20 05 25	27 22 39
15 Su	16 04 06	24 45 03	0♉ 39 18	10 42 42	9 41 09	6 04 30	24 45 56	17 53 06	22 06 32	6 10 38	8 02 46	29 11 50	20 06 18	27 22 15
16 M	17 03 20	6♉ 31 58	12 26 16	12 26 09	10 01 42	6 50 08	24 35 59	18 14 18	22 19 36	6 15 04	8 03 02	29 13 52	20 07 02	27 21 42
17 Tu	18 02 41	18 20 07	24 16 28	14 10 39	10 24 15	7 35 55	24 25 49	18 35 43	22 32 50	6 19 43	8 03 21	29 16 03	20 07 55	27 21 17
18 W	19 02 24	0♊ 13 51	6♊ 14 29	15 56 25	10 48 55	8 22 03	24 15 40	18 57 34	22 46 27	6 24 49	8 03 55	29 18 36	20 09 09	27 21 12
19 Th	20 02 35	12 17 48	18 25 02	17 43 34	11 15 48	9 08 38	24 05 40	19 19 57	23 00 34	6 30 28	8 04 52	29 21 37	20 10 52	27 21 35
20 F	21 03 14	24 36 37	0♋ 52 46	19 32 06	11 44 47	9 55 42	23 55 47	19 42 53	23 15 10	6 36 39	8 06 11	29 25 06	20 13 03	27 22 24
21 Sa	22 04 15	7♋ 14 42	13 41 48	21 21 55	12 15 44	10 43 07	23 45 57	20 06 14	23 30 10	6 43 17	8 07 47	29 28 58	20 15 37	27 23 35
22 Su	23 05 28	20 15 46	26 55 24	23 12 48	12 48 24	11 30 43	23 35 60	20 29 52	23 45 23	6 50 12	8 09 29	29 33 01	20 18 22	27 24 56
23 M	24 06 40	3♌ 42 26	10♌ 35 23	25 04 33	13 22 32	12 18 20	23 25 45	20 53 33	24 00 37	6 57 12	8 11 05	29 37 05	20 21 08	27 26 17
24 Tu	25 07 42	17 35 35	24 41 32	26 56 59	13 57 56	13 05 46	23 15 03	21 17 09	24 15 43	7 04 06	8 12 25	29 40 59	20 23 44	27 27 27
25 W	26 08 30	1♍ 53 55	9♍ 11 20	28 49 56	14 34 25	13 52 57	23 03 48	21 40 34	24 30 35	7 10 50	8 13 25	29 44 38	20 26 05	27 28 22
26 Th	27 09 00	16 33 40	23 59 43	0♎ 43 21	15 11 57	14 39 52	22 52 02	22 03 46	24 45 12	7 17 23	8 14 04	29 48 01	20 28 11	27 28 59
27 F	28 09 19	1♎ 28 42	8♎ 59 33	2 37 12	15 50 32	15 26 34	22 39 49	22 26 51	24 59 39	7 23 48	8 14 25	29 51 13	20 30 05	27 29 24
28 Sa	29 09 32	16 31 05	24 02 22	4 31 30	16 30 13	16 13 11	22 27 16	22 49 55	25 14 02	7 30 13	8 14 35	29 54 19	20 31 54	27 29 43

Notes

LONGITUDE

March 1998

Day	☉	0 hr ☽	Noon ☽	☿	♀	♂	⚵	⚳	♃	♄	⚷	♅	♆	♇
1 Su	0 ♎ 09 46	1 ♏ 32 12	8 ♏ 59 39	6 ♎ 26 15	17 ♌ 11 04	16 ♎ 59 48	22 ♈ 14 30	23 ♎ 13 03	25 ♍ 28 26	7 ♏ 36 43	8 ♊ 14 41	29 ♌ 57 27	20 ♌ 33 44	27 ♊ 30 03
2 M	1 10 04	16 23 53	23 43 58	8 21 20	17 53 06	17 46 29	22 01 35	23 36 19	25 42 56	7 43 23	8 14 47	0 ♍ 00 39	20 35 39	27 30 26
3 Tu	2 10 25	0 ♐ 59 30	8 ♐ 09 44	10 16 35	18 36 15	18 33 14	21 48 33	23 59 43	25 57 31	7 50 10	8 14 51	0 03 55	20 37 38	27 30 53
4 W	3 10 44	15 14 38	22 13 43	12 11 42	19 20 25	19 19 57	21 35 18	24 23 10	26 12 06	7 57 01	8 14 48	0 07 10	20 39 37	27 31 18
5 Th	4 10 55	29 07 07	5 ♑ 54 48	14 06 18	20 05 25	20 06 31	21 21 45	24 46 32	26 26 33	8 03 48	8 14 32	0 10 18	20 41 27	27 31 34
6 F	5 10 51	12 ♑ 36 48	19 13 40	16 00 02	20 51 08	20 52 50	21 07 49	25 09 43	26 40 47	8 10 24	8 13 57	0 13 10	20 43 04	27 31 36
7 Sa	6 10 29	25 45 04	2 ♒ 12 11	17 52 30	21 37 28	21 38 51	20 53 26	25 32 39	26 54 43	8 16 48	8 12 59	0 15 46	20 44 23	27 31 19
8 Su	7 09 49	8 ♒ 34 15	14 52 59	19 43 22	22 24 25	22 24 35	20 38 39	25 55 23	27 08 24	8 22 58	8 11 40	0 18 04	20 45 25	27 30 45
9 M	8 08 59	21 07 12	27 18 56	21 32 20	23 12 02	23 10 07	20 23 56	26 17 60	27 21 55	8 29 03	8 10 05	0 20 13	20 46 18	27 30 01
10 Tu	9 08 08	3 ♓ 26 53	9 ♓ 32 57	23 19 09	24 00 28	23 55 40	20 08 25	26 40 40	27 35 27	8 35 11	8 08 25	0 22 21	20 47 11	27 29 16
11 W	10 07 30	15 36 07	21 37 46	25 03 34	24 49 54	24 41 24	19 53 24	27 03 36	27 49 12	8 41 36	8 06 53	0 24 42	20 48 17	27 28 43
12 Th	11 07 16	27 37 31	3 ♈ 35 51	26 45 17	25 40 31	25 27 32	19 38 43	27 26 60	28 03 22	8 48 31	8 05 42	0 27 28	20 49 48	27 28 35
13 F	12 07 37	9 ♈ 33 25	15 29 28	28 23 59	26 32 27	26 14 15	19 24 34	27 51 02	28 18 07	8 56 03	8 05 00	0 30 49	20 51 55	27 29 02
14 Sa	13 08 37	21 25 55	27 20 41	29 59 14	27 25 44	27 01 36	19 11 02	28 15 47	28 33 32	9 04 19	8 04 53	0 34 48	20 54 40	27 30 07
15 Su	14 10 13	3 ♉ 17 01	9 ♉ 11 33	1 ♏ 30 28	28 20 19	27 49 33	18 58 06	28 41 11	28 49 34	9 13 15	8 05 18	0 39 25	20 58 02	27 31 48
16 M	15 12 16	15 08 43	21 04 13	2 57 03	29 16 01	28 37 57	18 45 37	29 07 06	29 06 03	9 22 42	8 06 05	0 44 28	21 01 52	27 33 57
17 Tu	16 14 31	27 03 12	3 ♊ 00 59	4 18 15	0 ♍ 12 32	29 26 31	18 33 21	29 33 15	29 22 44	9 32 24	8 06 60	0 49 43	21 05 54	27 36 16
18 W	17 16 37	9 ♊ 02 55	15 04 34	5 33 18	1 09 32	0 ♏ 14 57	18 20 58	29 59 19	29 39 17	9 42 01	8 07 42	0 54 49	21 09 47	27 38 27
19 Th	18 18 14	21 10 45	27 18 00	6 41 26	2 06 38	1 02 52	18 08 08	0 ♏ 24 56	29 55 20	9 51 12	8 07 50	0 59 25	21 13 11	27 40 08
20 F	19 19 04	3 ♋ 29 59	9 ♋ 44 46	7 42 01	3 03 31	1 50 01	17 54 35	0 49 51	0 ♎ 10 37	9 59 41	8 07 07	1 03 15	21 15 49	27 41 03
21 Sa	20 18 58	16 04 21	22 28 36	8 34 35	4 00 02	2 36 12	17 40 11	1 13 51	0 24 57	10 07 16	8 05 24	1 06 08	21 17 31	27 41 01
22 Su	21 17 58	28 57 43	5 ♌ 33 15	9 18 52	4 56 09	3 21 28	17 24 57	1 37 00	0 38 23	10 14 00	8 02 42	1 08 07	21 18 18	27 40 04
23 M	22 16 16	12 ♌ 13 46	19 02 00	9 54 56	5 52 05	4 06 03	17 09 09	1 59 31	0 51 07	10 20 07	7 59 14	1 09 23	21 18 24	27 38 26
24 Tu	23 14 18	25 55 27	2 ♍ 57 06	10 23 01	6 48 15	4 50 20	16 53 12	2 21 48	1 03 34	10 25 60	7 55 26	1 10 23	21 18 14	27 36 31
25 W	24 12 35	10 ♍ 04 11	17 18 51	10 43 35	7 45 08	5 34 52	16 37 39	2 44 23	1 16 16	10 32 12	7 51 50	1 11 38	21 18 19	27 34 52
26 Th	25 11 40	24 39 05	2 ♎ 05 01	10 57 10	8 43 15	6 20 10	16 23 02	3 07 48	1 29 45	10 39 13	7 48 57	1 13 39	21 19 11	27 33 59
27 F	26 11 54	9 ♎ 36 17	17 10 15	11 04 13	9 42 59	7 06 38	16 09 45	3 32 26	1 44 24	10 47 28	7 47 10	1 16 51	21 21 14	27 34 16
28 Sa	27 13 28	24 48 47	2 ♏ 26 19	11 05 04	10 44 28	7 54 24	15 57 60	3 58 26	2 00 22	10 57 06	7 46 40	1 21 22	21 24 37	27 35 53
29 Su	28 16 12	10 ♏ 07 05	17 43 02	10 59 48	11 47 32	8 43 20	15 47 37	4 25 39	2 17 29	11 07 57	7 47 16	1 27 02	21 29 09	27 38 40
30 M	29 19 39	25 20 26	2 ♐ 49 51	10 48 18	12 51 42	9 32 58	15 38 09	4 53 37	2 35 18	11 19 34	7 48 32	1 33 25	21 34 25	27 42 10
31 Tu	0 ♏ 23 10	10 ♐ 18 40	17 37 34	10 30 25	13 56 19	10 22 40	15 29 00	5 21 42	2 53 11	11 31 18	7 49 49	1 39 52	21 39 45	27 45 45

LONGITUDE

April 1998

Day	☉	0 hr ☽	Noon ☽	☿	♀	♂	⚵	⚳	♃	♄	⚷	♅	♆	♇
1 W	1 ♏ 26 04	24 ♐ 53 48	1 ♑ 59 37	10 ♏ 05 60	15 ♍ 00 43	11 ♏ 11 45	15 ♈ 19 30	5 ♏ 49 14	3 ♎ 10 27	11 ♏ 42 29	7 ♊ 50 27	1 ♍ 45 42	21 ♌ 44 30	27 ♊ 48 44
2 Th	2 27 51	9 ♑ 01 00	15 52 47	9 35 10	16 04 20	11 59 41	15 09 07	6 15 40	3 26 34	11 52 34	7 49 54	1 50 24	21 48 07	27 50 35
3 F	3 28 11	22 38 45	29 16 51	8 58 23	17 06 53	12 46 10	14 57 34	6 40 42	3 41 15	12 01 17	7 47 53	1 53 40	21 50 18	27 51 01
4 Sa	4 27 07	5 ♒ 48 23	12 ♒ 14 10	8 16 31	18 08 21	13 31 15	14 44 55	7 04 23	3 54 30	12 08 39	7 44 25	1 55 32	21 51 06	27 50 03
5 Su	5 24 59	18 33 17	24 48 42	7 30 45	19 09 06	14 15 14	14 31 29	7 27 03	4 06 41	12 14 59	7 39 52	1 56 20	21 50 50	27 48 01
6 M	6 22 21	0 ♓ 58 04	7 ♓ 05 17	6 42 37	20 09 41	14 58 44	14 17 52	7 49 15	4 18 21	12 20 52	7 34 46	1 56 37	21 50 04	27 45 30
7 Tu	7 19 55	13 07 48	19 09 01	5 53 43	21 10 46	15 42 24	14 04 44	8 11 41	4 30 12	12 26 60	7 29 49	1 57 05	21 49 31	27 43 12
8 W	8 18 21	25 07 27	1 ♈ 04 40	5 05 41	22 13 02	16 26 56	13 52 49	8 35 03	4 42 54	12 34 03	7 25 44	1 58 27	21 49 51	27 41 46
9 Th	9 18 16	7 ♈ 01 32	12 56 30	4 20 01	23 17 04	17 12 55	13 42 42	8 59 54	4 57 03	12 42 36	7 23 04	2 01 15	21 51 38	27 41 50
10 F	10 20 00	18 53 45	24 47 56	3 37 54	24 23 14	18 00 44	13 34 45	9 26 38	5 13 01	12 53 02	7 22 13	2 05 54	21 55 17	27 43 43
11 Sa	11 23 41	0 ♉ 47 01	6 ♉ 41 37	3 00 13	25 31 37	18 50 28	13 29 05	9 55 20	5 30 53	13 05 26	7 23 17	2 12 28	22 00 51	27 47 34
12 Su	12 29 06	12 43 24	18 39 26	2 27 26	26 41 60	19 41 55	13 25 30	10 25 49	5 50 29	13 19 37	7 26 03	2 20 45	22 08 10	27 53 09
13 M	13 35 46	24 44 21	0 ♊ 42 38	1 59 39	27 53 55	20 34 37	13 23 31	10 57 34	6 11 17	13 35 05	7 30 02	2 30 17	22 16 45	27 59 60
14 Tu	14 42 59	6 ♊ 50 49	12 52 11	1 36 37	29 06 38	21 27 50	13 22 27	11 29 54	6 32 37	13 51 08	7 34 33	2 40 22	22 25 52	28 07 24
15 W	15 49 56	19 03 38	25 08 58	1 17 54	0 ♎ 19 20	22 20 47	13 21 29	12 02 00	6 53 39	14 06 56	7 38 47	2 50 09	22 34 43	28 14 32
16 Th	16 55 48	1 ♋ 23 48	7 ♋ 34 08	1 02 58	1 31 11	23 12 37	13 19 48	12 33 03	7 13 33	14 21 42	7 41 54	2 58 50	22 42 29	28 20 36
17 F	17 59 57	13 52 51	20 09 23	0 51 22	2 41 33	24 02 42	13 16 45	13 02 23	7 31 42	14 34 45	7 43 17	3 05 47	22 48 31	28 24 56
18 Sa	19 02 01	26 32 57	2 ♌ 57 06	0 42 50	3 50 05	24 50 42	13 12 00	13 29 41	7 47 44	14 45 45	7 42 33	3 10 38	22 52 28	28 27 12
19 Su	20 02 02	9 ♌ 27 01	16 00 18	0 37 27	4 56 46	25 36 37	13 05 35	13 54 56	8 01 40	14 54 43	7 39 45	3 13 26	22 54 22	28 27 26
20 M	21 00 26	22 38 32	29 22 25	0 35 40	6 02 04	26 20 55	12 57 57	14 18 37	8 13 57	15 02 07	7 35 21	3 14 36	22 54 40	28 26 03
21 Tu	21 58 03	6 ♍ 11 06	13 ♍ 06 43	0 38 11	7 06 47	27 04 24	12 49 54	14 41 32	8 25 24	15 08 44	7 30 07	3 14 56	22 54 09	28 23 53
22 W	22 55 52	20 07 42	27 15 29	0 45 57	8 11 54	27 48 04	12 42 26	15 04 39	8 37 00	15 15 34	7 25 06	3 15 28	22 53 50	28 21 55
23 Th	23 54 54	4 ♎ 29 44	11 ♎ 49 04	0 59 49	9 18 26	28 32 55	12 36 35	15 29 02	8 49 47	15 23 39	7 21 17	3 17 12	22 54 44	28 21 11
24 F	24 55 57	19 16 03	26 44 52	1 20 27	10 27 09	29 19 46	12 33 08	15 55 25	9 04 31	15 33 45	7 19 27	3 20 54	22 57 38	28 22 28
25 Sa	25 59 20	4 ♏ 22 07	11 ♏ 56 53	1 48 01	11 38 25	0 ♐ 08 56	12 32 26	16 24 11	9 21 33	15 46 13	7 19 59	3 26 57	23 02 53	28 26 06
26 Su	27 04 53	19 39 59	27 15 55	2 22 11	12 52 00	1 00 15	12 34 18	16 55 07	9 40 41	16 00 51	7 22 40	3 35 08	23 10 17	28 31 54
27 M	28 11 54	4 ♐ 59 04	12 ♐ 30 55	3 02 03	14 07 14	1 52 59	12 38 00	17 27 31	10 01 13	16 16 58	7 26 49	3 44 45	23 19 08	28 39 10
28 Tu	29 19 18	20 07 54	27 30 51	3 46 24	15 23 02	2 46 07	12 42 32	18 00 21	10 22 07	16 33 30	7 31 23	3 54 46	23 28 23	28 46 51
29 W	0 ♐ 25 59	4 ♑ 56 14	12 ♑ 06 40	4 33 56	16 38 16	3 38 30	12 46 44	18 32 29	10 42 13	16 49 19	7 35 14	4 04 01	23 36 54	28 53 49
30 Th	1 30 60	19 16 43	26 12 42	5 23 34	17 52 00	4 29 12	12 49 40	19 02 57	11 00 37	17 03 29	7 37 25	4 11 36	23 43 46	28 59 09

Notes

May 1998

LONGITUDE

Day	☉	0 hr ☽	Noon ☽	☿	♀	♂	⚵	⚳	♃	♄	⚷	♅	♆	♇
1 F	2 ♐ 33 49	3 ♒ 05 47	9 ♒ 47 01	6 ♏ 14 36	19 ♎ 03 41	5 ♐ 17 40	12 ♈ 50 49	19 ♏ 31 15	11 ♎ 16 45	17 ♏ 15 28	7 ♊ 37 26	4 ♍ 16 58	23 ♌ 48 25	29 ♊ 02 17
2 Sa	3 34 22	16 23 32	22 51 03	7 06 50	20 13 17	6 03 52	12 50 07	19 57 18	11 30 34	17 25 13	7 35 13	4 20 04	23 50 50	29 03 11
3 Su	4 33 07	29 12 59	5 ♓ 28 46	8 00 34	21 21 14	6 48 15	12 48 01	20 21 34	11 42 32	17 33 10	7 31 14	4 21 20	23 51 26	29 02 18
4 M	5 30 52	11 ♓ 39 10	17 45 41	8 56 29	22 28 19	7 31 36	12 45 18	20 44 50	11 53 26	17 40 07	7 26 15	4 21 35	23 51 01	29 00 25
5 Tu	6 28 37	23 48 08	29 47 58	9 55 28	23 35 33	8 14 55	12 42 59	21 08 07	12 04 16	17 47 05	7 21 18	4 21 50	23 50 37	28 58 34
6 W	7 27 24	5 ♈ 46 07	11 ♈ 41 50	10 58 26	24 43 58	8 59 15	12 42 06	21 32 26	12 16 04	17 55 06	7 17 25	4 23 04	23 51 14	28 57 45
7 Th	8 28 04	17 38 59	23 32 53	12 06 09	25 54 24	9 45 28	12 43 30	21 58 40	12 29 42	18 04 60	7 15 28	4 26 12	23 53 45	28 58 51
8 F	9 31 12	29 31 46	5 ♉ 25 50	13 19 05	27 07 28	10 34 07	12 47 46	22 27 23	12 45 44	18 17 23	7 16 01	4 31 46	23 58 45	29 02 26
9 Sa	10 36 60	11 ♉ 28 25	17 24 15	14 37 21	28 23 19	11 25 25	12 55 04	22 58 45	13 04 21	18 32 25	7 19 15	4 39 59	24 06 23	29 08 42
10 Su	11 45 13	23 31 40	29 30 29	16 00 38	29 41 42	12 19 05	13 05 10	23 32 33	13 25 19	18 49 52	7 24 57	4 50 35	24 16 26	29 17 24
11 M	12 55 12	5 ♊ 43 08	11 ♊ 45 44	17 28 13	1 ♏ 02 00	13 14 32	13 17 25	24 08 08	13 47 58	19 09 06	7 32 27	5 02 57	24 28 15	29 27 53
12 Tu	14 06 01	18 03 21	24 10 19	18 59 06	2 23 15	14 10 47	13 30 52	24 44 32	14 11 23	19 29 10	7 40 50	5 16 07	24 40 54	29 39 13
13 W	15 16 33	0 ♋ 32 15	6 ♋ 43 57	20 32 08	3 44 21	15 06 39	13 44 24	25 20 40	14 34 27	19 48 56	7 48 59	5 28 58	24 53 16	29 50 17
14 Th	16 25 43	13 09 27	19 26 16	22 06 09	5 04 12	16 01 11	13 56 56	25 55 25	14 56 03	20 07 19	7 55 47	5 40 26	25 04 14	29 59 60
15 F	17 32 37	25 54 50	2 ♌ 17 10	23 40 16	6 21 54	16 53 26	14 07 34	26 27 55	15 15 18	20 23 26	8 00 23	5 49 37	25 12 57	0 ♋ 07 28
16 Sa	18 36 47	8 ♌ 48 50	15 17 20	25 13 56	7 36 58	17 42 54	14 15 49	26 57 40	15 31 44	20 36 48	8 02 17	5 56 01	25 18 54	0 12 12
17 Su	19 38 12	21 52 49	28 28 18	26 47 08	8 49 25	18 29 36	14 21 40	27 24 40	15 45 19	20 47 25	8 01 29	5 59 39	25 22 06	0 14 12
18 M	20 37 24	5 ♍ 09 01	11 ♍ 52 27	28 20 23	9 59 44	19 14 02	14 25 39	27 49 25	15 56 35	20 55 46	7 58 31	6 01 02	25 23 04	0 13 60
19 Tu	21 35 20	18 40 23	25 32 41	29 54 37	11 08 54	19 57 11	14 28 42	28 12 55	16 06 30	21 02 52	7 54 19	6 01 07	25 22 46	0 12 32
20 W	22 33 14	2 ♎ 29 51	9 ♎ 31 39	1 ♐ 31 03	12 18 08	20 40 16	14 32 04	28 36 22	16 16 17	21 09 54	7 50 10	6 01 09	25 22 25	0 11 04
21 Th	23 32 21	16 39 37	23 50 51	3 10 56	13 28 41	21 24 32	14 36 59	29 01 02	16 27 11	21 18 08	7 47 16	6 02 21	25 23 17	0 10 49
22 F	24 33 41	1 ♏ 10 04	8 ♏ 29 37	4 55 15	14 41 32	22 10 59	14 44 27	29 27 53	16 40 12	21 28 34	7 46 39	6 05 45	25 26 20	0 12 48
23 Sa	25 37 43	15 58 51	23 24 20	6 44 30	15 57 11	23 00 06	14 54 56	29 57 26	16 55 48	21 41 40	7 48 47	6 11 48	25 32 04	0 17 29
24 Su	26 44 18	1 ♐ 00 25	8 ♐ 28 15	8 38 31	17 15 29	23 51 45	15 08 19	0 ♐ 29 31	17 13 52	21 57 18	7 53 32	6 20 24	25 40 21	0 24 45
25 M	27 52 43	16 06 22	23 32 09	10 36 33	18 35 41	24 45 10	15 23 50	1 03 24	17 33 38	22 14 43	8 00 10	6 30 46	25 50 27	0 33 51
26 Tu	29 01 46	1 ♑ 06 36	8 ♑ 25 51	12 37 28	19 56 37	25 39 13	15 40 19	1 37 55	17 53 57	22 32 47	8 07 32	6 41 46	26 01 11	0 43 37
27 W	0 ♑ 10 11	15 51 08	23 00 04	14 39 56	21 17 00	26 32 36	15 56 29	2 11 47	18 13 31	22 50 10	8 14 19	6 52 06	26 11 17	0 52 46
28 Th	1 16 51	0 ♒ 11 52	7 ♒ 08 00	16 42 48	22 35 43	27 24 12	16 11 13	2 43 53	18 31 13	23 05 47	8 19 26	7 00 39	26 19 36	1 00 11
29 F	2 21 03	14 03 54	20 46 15	18 45 22	23 52 03	28 13 18	16 23 48	3 13 30	18 46 21	23 18 54	8 22 10	7 06 43	26 25 28	1 05 10
30 Sa	3 22 39	27 25 49	3 ♓ 54 48	20 47 25	25 05 52	28 59 45	16 34 04	3 40 29	18 58 45	23 29 24	8 22 22	7 10 09	26 28 43	1 07 33
31 Su	4 21 60	10 ♓ 19 26	16 36 33	22 49 16	26 17 31	29 43 57	16 42 24	4 05 12	19 08 48	23 37 37	8 20 24	7 11 19	26 29 42	1 07 44

June 1998

LONGITUDE

Day	☉	0 hr ☽	Noon ☽	☿	♀	♂	⚵	⚳	♃	♄	⚷	♅	♆	♇
1 M	5 ♑ 19 54	22 ♓ 48 57	28 ♓ 56 27	24 ♐ 51 39	27 ♏ 27 48	0 ♑ 26 40	16 ♈ 49 36	4 ♐ 28 28	19 ♎ 17 18	23 ♏ 44 22	8 ♊ 17 05	7 ♍ 11 01	26 ♌ 29 16	1 ♋ 06 29
2 Tu	6 17 26	5 ♈ 00 07	11 ♈ 00 35	26 55 30	28 37 47	1 08 58	16 56 42	4 51 20	19 25 17	23 50 42	8 13 28	7 10 18	26 28 25	1 04 53
3 W	7 15 40	16 59 19	22 55 28	29 01 48	29 48 33	1 51 57	17 04 48	5 14 53	19 33 53	23 57 43	8 10 39	7 10 17	26 28 18	1 04 01
4 Th	8 15 35	28 52 55	4 ♉ 47 22	1 ♑ 11 23	1 ♐ 01 05	2 36 35	17 14 52	5 40 05	19 44 02	24 06 23	8 09 36	7 11 55	26 29 51	1 04 52
5 F	9 17 51	10 ♉ 46 43	16 41 50	3 24 44	2 16 03	3 23 32	17 27 34	6 07 37	19 56 24	24 17 21	8 10 60	7 15 53	26 33 44	1 08 04
6 Sa	10 22 44	22 45 33	28 43 23	5 41 54	3 33 41	4 13 04	17 43 09	6 37 44	20 11 16	24 30 55	8 15 05	7 22 25	26 40 14	1 13 56
7 Su	11 30 03	4 ♊ 53 05	10 ♊ 55 12	8 02 30	4 53 50	5 04 60	18 01 26	7 10 15	20 28 26	24 46 51	8 21 42	7 31 22	26 49 09	1 22 14
8 M	12 39 10	17 11 38	23 19 07	10 25 39	6 15 52	5 58 42	18 21 47	7 44 33	20 47 16	25 04 34	8 30 13	7 42 06	26 59 52	1 32 22
9 Tu	13 49 10	29 42 12	5 ♋ 55 41	12 50 11	7 38 51	6 53 15	18 43 16	8 19 42	21 06 52	25 23 08	8 39 43	7 53 42	27 11 28	1 43 25
10 W	14 58 57	12 ♋ 24 42	18 44 24	15 14 41	9 01 40	7 47 32	19 04 47	8 54 34	21 26 05	25 41 25	8 49 04	8 05 01	27 22 49	1 54 15
11 Th	16 07 23	25 18 18	1 ♌ 44 07	17 37 48	10 23 14	8 40 27	19 25 13	9 28 05	21 43 51	25 58 19	8 57 11	8 14 60	27 32 50	2 03 46
12 F	17 13 37	8 ♌ 21 48	14 53 29	19 58 23	11 42 38	9 31 08	19 43 41	9 59 21	21 59 15	26 12 58	9 03 10	8 22 43	27 40 37	2 11 07
13 Sa	18 17 09	21 34 11	28 11 29	22 15 38	12 59 24	10 19 03	19 59 40	10 27 52	22 11 48	26 24 50	9 06 33	8 27 42	27 45 41	2 15 45
14 Su	19 17 56	4 ♍ 55 01	11 ♍ 37 50	24 29 18	14 13 30	11 04 12	20 13 09	10 53 36	22 21 28	26 33 56	9 07 17	8 29 56	27 48 01	2 17 41
15 M	20 16 29	18 24 39	25 13 03	26 39 38	15 25 25	11 47 04	20 24 37	11 17 02	22 28 44	26 40 44	9 05 52	8 29 52	27 48 05	2 17 23
16 Tu	21 13 41	2 ♎ 04 13	8 ♎ 58 24	28 47 21	16 36 03	12 28 33	20 34 59	11 39 06	22 34 31	26 46 08	9 03 12	8 28 27	27 46 47	2 15 46
17 W	22 10 43	15 55 17	22 55 23	0 ♒ 53 24	17 46 34	13 09 49	20 45 22	12 00 55	22 39 57	26 51 17	9 00 27	8 26 48	27 45 18	2 13 59
18 Th	23 08 43	29 59 10	7 ♏ 05 03	2 58 47	18 58 07	13 52 01	20 56 58	12 23 41	22 46 13	26 57 21	8 58 46	8 26 06	27 44 47	2 13 12
19 F	24 08 38	14 ♏ 16 15	21 27 12	5 04 19	20 11 37	14 36 05	21 10 40	12 48 17	22 54 13	27 05 16	8 59 05	8 27 16	27 46 08	2 14 20
20 Sa	25 10 55	28 45 10	5 ♐ 59 40	7 10 20	21 27 33	15 22 29	21 26 57	13 15 12	23 04 25	27 15 29	9 01 52	8 30 47	27 49 52	2 17 52
21 Su	26 15 30	13 ♐ 22 23	20 38 04	9 16 41	22 45 49	16 11 07	21 45 44	13 44 21	23 16 45	27 27 56	9 07 02	8 36 32	27 55 51	2 23 41
22 M	27 21 44	28 02 13	5 ♑ 16 05	11 22 39	24 05 48	17 01 23	22 06 22	14 15 06	23 30 35	27 41 58	9 13 58	8 43 56	28 03 30	2 31 12
23 Tu	28 28 38	12 ♑ 37 27	19 46 15	13 27 12	25 26 31	17 52 16	22 27 53	14 46 28	23 44 55	27 56 37	9 21 41	8 51 58	28 11 48	2 39 25
24 W	29 35 06	27 00 33	4 ♒ 01 18	15 29 10	26 46 49	18 42 39	22 49 09	15 17 19	23 58 37	28 10 44	9 29 02	8 59 31	28 19 38	2 47 11
25 Th	0 ♒ 40 06	11 ♒ 04 53	17 55 22	17 27 31	28 05 43	19 31 33	23 09 09	15 46 39	24 10 42	28 23 20	9 35 02	9 05 35	28 26 01	2 53 32
26 F	1 42 59	24 45 50	1 ♓ 24 53	19 21 35	29 22 33	20 18 18	23 27 14	16 13 48	24 20 30	28 33 45	9 39 01	9 09 31	28 30 16	2 57 47
27 Sa	2 43 32	8 ♓ 01 24	14 28 55	21 11 06	0 ♑ 37 05	21 02 39	23 43 10	16 38 34	24 27 48	28 41 45	9 40 47	9 11 05	28 32 09	2 59 43
28 Su	3 41 58	20 52 10	27 09 04	22 56 19	1 49 34	21 44 52	23 57 10	17 01 08	24 32 48	28 47 35	9 40 32	9 10 30	28 31 56	2 59 34
29 M	4 38 53	3 ♈ 20 57	9 ♈ 28 54	24 37 49	3 00 35	22 25 31	24 09 51	17 22 08	24 36 07	28 51 49	9 38 53	9 08 23	28 30 12	2 57 56
30 Tu	5 35 08	15 32 14	21 33 27	26 16 25	4 10 58	23 05 27	24 22 01	17 42 23	24 38 35	28 55 19	9 36 39	9 05 34	28 27 46	2 55 38

Notes

LONGITUDE — July 1998

Day	☉	0 hr ☽	Noon ☽	☿	♀	♂	⚳	⚴	♃	♄	⚷	♅	♆	♇
1 W	6 ♒ 31 37	27 ♈ 31 30	3 ♉ 28 29	27 ♒ 53 01	5 ♑ 21 38	23 ♑ 45 34	24 ♈ 34 36	18 ♐ 02 48	24 ♎ 41 06	28 ♏ 58 58	9 ♊ 34 47	9 ♍ 02 58	28 ♌ 25 34	2 ♋ 53 36
2 Th	7 29 09	9 ♉ 24 39	15 19 59	29 28 27	6 33 24	24 26 43	24 48 25	18 24 12	24 44 31	29 03 36	9 34 04	9 01 23	28 24 25	2 52 40
3 F	8 28 21	21 17 28	27 13 41	1 ♓ 03 18	7 46 53	25 09 28	25 04 04	18 47 12	24 49 24	29 09 50	9 35 07	9 01 28	28 24 55	2 53 24
4 Sa	9 29 30	3 ♊ 15 12	9 ♊ 14 39	2 37 52	9 02 22	25 54 09	25 21 50	19 12 04	24 56 04	29 17 56	9 38 14	9 03 28	28 27 23	2 56 08
5 Su	10 32 33	15 22 19	21 26 58	4 12 01	10 19 47	26 40 40	25 41 39	19 38 45	25 04 26	29 27 51	9 43 22	9 07 20	28 31 43	3 00 46
6 M	11 37 04	27 42 09	3 ♋ 53 33	5 45 21	11 38 44	27 28 37	26 03 06	20 06 50	25 14 06	29 39 09	9 50 03	9 12 39	28 37 31	3 06 55
7 Tu	12 42 22	10 ♋ 16 51	16 35 60	7 17 09	12 58 30	28 17 19	26 25 29	20 35 37	25 24 21	29 51 10	9 57 39	9 18 44	28 44 06	3 13 52
8 W	13 47 37	23 07 17	29 34 36	8 46 31	14 18 16	29 05 54	26 47 58	21 04 16	25 34 22	0 ♐ 03 02	10 05 18	9 24 44	28 50 38	3 20 47
9 Th	14 51 59	6 ♌ 13 08	12 ♌ 48 27	10 12 36	15 37 11	29 53 34	27 09 42	21 31 57	25 43 19	0 13 57	10 12 10	9 29 50	28 56 15	3 26 51
10 F	15 54 47	19 33 09	26 15 49	11 34 40	16 54 35	0 ♒ 39 37	27 30 01	21 57 58	25 50 30	0 23 11	10 17 33	9 33 21	29 00 18	3 31 22
11 Sa	16 55 37	3 ♍ 05 27	9 ♍ 54 29	12 52 15	18 10 03	1 23 39	27 48 30	22 21 56	25 55 31	0 30 23	10 21 05	9 34 51	29 02 22	3 33 56
12 Su	17 54 27	16 47 56	23 42 14	14 05 16	19 23 33	2 05 38	28 05 07	22 43 48	25 58 21	0 35 28	10 22 43	9 34 20	29 02 26	3 34 31
13 M	18 51 37	0 ♎ 38 43	7 ♎ 37 12	15 13 59	20 35 26	2 45 54	28 20 11	23 03 53	25 59 18	0 38 48	10 22 46	9 32 07	29 00 48	3 33 27
14 Tu	19 47 45	14 36 19	21 37 60	16 18 57	21 46 19	3 25 05	28 34 21	23 22 51	25 59 01	0 40 60	10 21 54	9 28 51	28 58 08	3 31 22
15 W	20 43 40	28 39 39	5 ♏ 43 41	17 20 54	22 57 01	4 04 01	28 48 26	23 41 30	25 58 19	0 42 53	10 20 54	9 25 20	28 55 13	3 29 05
16 Th	21 40 11	12 ♏ 47 53	19 53 27	18 20 33	24 08 22	4 43 29	29 03 14	24 00 39	25 58 01	0 45 16	10 20 36	9 22 23	28 52 54	3 27 25
17 F	22 37 56	26 59 59	4 ♐ 06 12	19 18 27	25 20 59	5 24 08	29 19 23	24 20 54	25 58 44	0 48 47	10 21 38	9 20 39	28 51 49	3 27 01
18 Sa	23 37 15	11 ♐ 14 25	18 20 11	20 14 47	26 35 11	6 06 17	29 37 12	24 42 37	26 00 49	0 53 45	10 24 19	9 20 27	28 52 15	3 28 10
19 Su	24 38 04	25 28 46	2 ♑ 32 41	21 09 24	27 50 56	6 49 53	29 56 38	25 05 43	26 04 11	1 00 08	10 28 37	9 21 43	28 54 11	3 30 51
20 M	25 40 01	9 ♑ 39 44	16 40 11	22 01 47	29 07 49	7 34 33	0 ♉ 17 19	25 29 49	26 08 28	1 07 31	10 34 06	9 24 05	28 57 14	3 34 40
21 Tu	26 42 26	23 43 23	0 ♒ 38 38	22 51 08	0 ♒ 25 14	8 19 40	0 38 35	25 54 17	26 13 02	1 15 17	10 40 11	9 26 55	29 00 45	3 38 59
22 W	27 44 39	7 ♒ 35 33	14 23 58	23 36 38	1 42 28	9 04 30	0 59 44	26 18 25	26 17 10	1 22 43	10 46 09	9 29 30	29 04 02	3 43 07
23 Th	28 46 02	21 12 31	27 52 49	24 17 29	2 58 54	9 48 27	1 20 10	26 41 35	26 20 16	1 29 13	10 51 23	9 31 14	29 06 28	3 46 25
24 F	29 46 08	4 ♓ 31 32	11 ♓ 02 57	24 53 05	4 14 05	10 31 05	1 39 26	27 03 21	26 21 53	1 34 20	10 55 25	9 31 41	29 07 38	3 48 29
25 Sa	0 ♓ 44 48	17 31 12	23 53 37	25 23 08	5 27 52	11 12 13	1 57 22	27 23 34	26 21 51	1 37 55	10 58 08	9 30 40	29 07 21	3 49 07
26 Su	1 42 08	0 ♈ 11 42	6 ♈ 25 39	25 47 31	6 40 21	11 51 57	2 14 03	27 42 19	26 20 17	1 40 03	10 59 36	9 28 18	29 05 43	3 48 26
27 M	2 38 27	12 34 43	18 41 18	26 06 25	7 51 50	12 30 37	2 29 49	27 59 54	26 17 29	1 41 03	11 00 08	9 24 53	29 03 03	3 46 45
28 Tu	3 34 12	24 43 12	0 ♉ 44 03	26 20 06	9 02 47	13 08 40	2 45 07	28 16 48	26 13 56	1 41 22	11 00 12	9 20 54	28 59 49	3 44 32
29 W	4 29 53	6 ♉ 41 07	12 38 14	26 28 57	10 13 43	13 46 37	3 00 27	28 33 30	26 10 07	1 41 32	11 00 19	9 16 51	28 56 32	3 42 17
30 Th	5 26 01	18 33 04	24 28 42	26 33 16	11 25 06	14 24 57	3 16 19	28 50 31	26 06 32	1 42 02	11 00 58	9 13 13	28 53 41	3 40 29
31 F	6 22 56	0 ♊ 24 02	6 ♊ 20 34	26 33 20	12 37 19	15 04 01	3 33 03	29 08 10	26 03 33	1 43 12	11 02 29	9 10 22	28 51 36	3 39 30

LONGITUDE — August 1998

Day	☉	0 hr ☽	Noon ☽	☿	♀	♂	⚳	⚴	♃	♄	⚷	♅	♆	♇
1 Sa	7 ♓ 20 49	12 ♊ 18 58	18 ♊ 18 49	26 ♓ 29 12	13 ♒ 50 32	15 ♒ 43 60	3 ♉ 50 52	29 ♐ 26 39	26 ♎ 01 20	1 ♐ 45 14	11 ♊ 05 05	9 ♍ 08 28	28 ♌ 50 29	3 ♋ 39 30
2 Su	8 19 41	24 22 38	0 ♋ 28 02	26 20 51	15 04 45	16 24 54	4 09 43	29 45 58	25 59 54	1 48 07	11 08 44	9 07 32	28 50 21	3 40 30
3 M	9 19 21	6 ♋ 39 15	12 52 13	26 08 05	16 19 48	17 06 33	4 29 28	0 ♑ 05 55	25 59 03	1 51 42	11 13 17	9 07 23	28 51 00	3 42 20
4 Tu	10 19 29	19 12 18	25 34 23	25 50 38	17 35 20	17 48 37	4 49 45	0 26 12	25 58 29	1 55 38	11 18 23	9 07 42	28 52 07	3 44 38
5 W	11 19 41	2 ♌ 04 13	8 ♌ 36 24	25 28 13	18 50 59	18 30 42	5 10 11	0 46 24	25 57 48	1 59 31	11 23 39	9 08 05	28 53 19	3 47 02
6 Th	12 19 34	15 16 13	21 58 44	25 00 41	20 06 21	19 12 24	5 30 23	1 06 08	25 56 36	2 02 59	11 28 41	9 08 07	28 54 11	3 49 09
7 F	13 18 50	28 48 06	5 ♍ 40 27	24 28 01	21 21 06	19 53 26	5 50 01	1 25 05	25 54 35	2 05 42	11 33 11	9 07 32	28 54 25	3 50 39
8 Sa	14 17 18	12 ♍ 38 15	19 39 08	23 50 27	22 35 06	20 33 37	6 08 56	1 43 04	25 51 35	2 07 31	11 36 58	9 06 09	28 53 51	3 51 22
9 Su	15 14 59	26 43 45	3 ♎ 51 14	23 08 29	23 48 19	21 12 57	6 27 07	2 00 05	25 47 36	2 08 24	11 40 02	9 03 57	28 52 29	3 51 18
10 M	16 12 01	11 ♎ 00 41	18 12 28	22 22 52	25 00 55	21 51 35	6 44 43	2 16 17	25 42 46	2 08 31	11 42 32	9 01 05	28 50 27	3 50 37
11 Tu	17 08 40	25 24 35	2 ♏ 38 13	21 34 36	26 13 10	22 29 46	7 02 00	2 31 57	25 37 22	2 08 08	11 44 45	8 57 50	28 48 03	3 49 33
12 W	18 05 16	9 ♏ 50 57	17 04 08	20 44 48	27 25 23	23 07 50	7 19 17	2 47 21	25 31 43	2 07 34	11 46 57	8 54 31	28 45 34	3 48 27
13 Th	19 02 05	24 15 34	1 ♐ 26 20	19 54 36	28 37 50	23 46 04	7 36 50	3 02 48	25 26 06	2 07 06	11 49 28	8 51 24	28 43 17	3 47 34
14 F	19 59 19	8 ♐ 34 54	15 41 41	19 05 09	29 50 43	24 24 38	7 54 51	3 18 28	25 20 42	2 06 54	11 52 27	8 48 40	28 41 25	3 47 07
15 Sa	20 57 02	22 46 05	29 47 44	18 17 27	1 ♓ 04 06	25 03 38	8 13 24	3 34 25	25 15 36	2 07 03	11 55 59	8 46 25	28 40 00	3 47 08
16 Su	21 55 09	6 ♑ 46 59	13 ♑ 42 43	17 32 25	2 17 54	25 42 58	8 32 25	3 50 35	25 10 43	2 07 30	12 00 00	8 44 33	28 38 60	3 47 36
17 M	22 53 33	20 36 00	27 25 19	16 50 50	3 32 00	26 22 31	8 51 44	4 06 49	25 05 56	2 08 04	12 04 22	8 42 57	28 38 15	3 48 19
18 Tu	23 52 02	4 ♒ 12 02	10 ♒ 54 35	16 13 25	4 46 12	27 02 06	9 11 12	4 22 57	25 01 04	2 08 36	12 08 52	8 41 26	28 37 35	3 49 09
19 W	24 50 26	17 34 20	24 09 55	15 40 50	6 00 21	27 41 32	9 30 38	4 38 47	24 55 57	2 08 56	12 13 23	8 39 50	28 36 50	3 49 55
20 Th	25 48 40	0 ♓ 42 28	7 ♓ 11 02	15 13 43	7 14 20	28 20 43	9 49 56	4 54 14	24 50 29	2 08 58	12 17 46	8 38 02	28 35 53	3 50 30
21 F	26 46 42	13 36 20	19 57 58	14 52 41	8 28 07	28 59 38	10 09 04	5 09 16	24 44 38	2 08 39	12 22 02	8 36 02	28 34 44	3 50 54
22 Sa	27 44 33	26 16 15	2 ♈ 31 13	14 38 18	9 41 45	29 38 20	10 28 04	5 23 54	24 38 28	2 08 02	12 26 11	8 33 51	28 33 24	3 51 08
23 Su	28 42 20	8 ♈ 42 58	14 51 47	14 31 06	10 55 19	0 ♓ 16 52	10 47 03	5 38 15	24 32 04	2 07 13	12 30 19	8 31 34	28 31 59	3 51 18
24 M	29 40 08	20 57 44	27 01 12	14 31 30	12 08 55	0 55 22	11 06 04	5 52 23	24 25 31	2 06 18	12 34 32	8 29 19	28 30 35	3 51 29
25 Tu	0 ♈ 38 02	3 ♉ 02 25	9 ♉ 01 39	14 39 49	13 22 39	1 33 54	11 25 14	6 06 23	24 18 57	2 05 21	12 38 55	8 27 10	28 29 17	3 51 48
26 W	1 36 04	14 59 24	20 55 49	14 56 13	14 36 31	2 12 31	11 44 35	6 20 19	24 12 22	2 04 25	12 43 31	8 25 10	28 28 07	3 52 16
27 Th	2 34 15	26 51 41	2 ♊ 46 59	15 20 43	15 50 32	2 51 12	12 04 06	6 34 09	24 05 47	2 03 29	12 48 18	8 23 17	28 27 05	3 52 52
28 F	3 32 29	8 ♊ 42 44	14 38 54	15 53 12	17 04 38	3 29 53	12 23 43	6 47 48	23 59 08	2 02 30	12 53 13	8 21 28	28 26 06	3 53 33
29 Sa	4 30 40	20 36 31	26 35 42	16 33 28	18 18 42	4 08 28	12 43 19	7 01 10	23 52 19	2 01 21	12 58 08	8 19 37	28 25 05	3 54 12
30 Su	5 28 42	2 ♋ 37 17	8 ♋ 41 45	17 21 11	19 32 36	4 46 49	13 02 47	7 14 08	23 45 13	1 59 55	13 02 58	8 17 36	28 23 54	3 54 42
31 M	6 26 30	14 49 30	21 01 29	18 16 02	20 46 18	5 24 52	13 22 03	7 26 36	23 37 46	1 58 07	13 07 37	8 15 22	28 22 29	3 54 58

Notes

September 1998 — LONGITUDE

Day	☉	0 hr ☽	Noon ☽	☿	♀	♂	⚵	⚳	♃	♄	⚷	♅	♆	♇
1 Tu	7 ♈ 24 02	27 ♋ 17 32	3 ♌ 39 06	19 ♓ 17 41	21 ♓ 59 44	6 ♓ 02 36	13 ♉ 41 05	7 ♑ 38 35	23 ♎ 29 56	1 ♐ 55 56	13 ♊ 12 04	8 ♍ 12 51	28 ♌ 20 48	3 ♋ 54 59
2 W	8 21 22	10 ♌ 05 24	16 38 13	20 25 48	23 12 59	6 40 03	13 59 56	7 50 05	23 21 48	1 53 26	13 16 22	8 10 09	28 18 55	3 54 49
3 Th	9 18 38	23 16 17	0 ♍ 01 22	21 40 07	24 26 11	7 17 24	14 18 46	8 01 17	23 13 30	1 50 45	13 20 40	8 07 24	28 16 58	3 54 36
4 F	10 16 04	6 ♍ 52 03	13 49 34	23 00 24	25 39 32	7 54 49	14 37 46	8 12 22	23 05 16	1 48 06	13 25 10	8 04 48	28 15 11	3 54 33
5 Sa	11 13 52	20 52 41	28 01 41	24 26 23	26 53 17	8 32 34	14 57 10	8 23 34	22 57 19	1 45 42	13 30 06	8 02 36	28 13 46	3 54 53
6 Su	12 12 15	5 ♎ 15 56	12 ♎ 34 19	25 57 44	28 07 37	9 10 49	15 17 09	8 35 04	22 49 51	1 43 45	13 35 39	8 00 58	28 12 56	3 55 47
7 M	13 11 18	19 57 07	27 21 44	27 34 02	29 22 36	9 49 39	15 37 49	8 46 57	22 42 58	1 42 21	13 41 55	7 59 59	28 12 45	3 57 22
8 Tu	14 10 57	4 ♏ 49 30	12 ♏ 16 31	29 14 42	0 ♈ 38 13	10 29 02	15 59 07	8 59 10	22 36 36	1 41 26	13 48 49	7 59 38	28 13 10	3 59 33
9 W	15 11 00	19 45 03	27 10 31	0 ♈ 58 58	1 54 13	11 08 45	16 20 49	9 11 29	22 30 34	1 40 47	13 56 10	7 59 40	28 13 58	4 02 08
10 Th	16 11 08	4 ♐ 35 39	11 ♐ 55 58	2 46 03	3 10 19	11 48 29	16 42 36	9 23 35	22 24 32	1 40 06	14 03 39	7 59 47	28 14 51	4 04 48
11 F	17 10 59	19 14 10	26 26 38	4 35 04	4 26 07	12 27 50	17 04 07	9 35 06	22 18 08	1 38 60	14 10 52	7 59 37	28 15 26	4 07 10
12 Sa	18 10 13	3 ♑ 35 22	10 ♑ 38 20	6 25 16	5 41 19	13 06 32	17 25 01	9 45 42	22 11 05	1 37 10	14 17 31	7 58 51	28 15 25	4 08 56
13 Su	19 08 41	17 36 18	24 29 07	8 16 03	6 55 44	13 44 22	17 45 10	9 55 12	22 03 11	1 34 26	14 23 25	7 57 18	28 14 36	4 09 55
14 M	20 06 23	1 ♒ 16 10	7 ♒ 59 01	10 07 04	8 09 23	14 21 22	18 04 32	10 03 38	21 54 29	1 30 49	14 28 36	7 54 59	28 13 01	4 10 08
15 Tu	21 03 32	14 35 50	21 09 28	11 58 12	9 22 29	14 57 44	18 23 22	10 11 12	21 45 10	1 26 32	14 33 15	7 52 08	28 10 52	4 09 48
16 W	22 00 30	27 37 21	4 ♓ 02 47	13 49 32	10 35 24	15 33 51	18 42 01	10 18 15	21 35 39	1 21 56	14 37 46	7 49 05	28 08 32	4 09 17
17 Th	22 57 46	10 ♓ 23 17	16 41 38	15 41 15	11 48 36	16 10 11	19 00 57	10 25 15	21 26 22	1 17 31	14 42 35	7 46 20	28 06 29	4 09 03
18 F	23 55 46	22 56 18	29 08 39	17 33 38	13 02 32	16 47 11	19 20 38	10 32 40	21 17 49	1 13 43	14 48 11	7 44 20	28 05 10	4 09 33
19 Sa	24 54 53	5 ♈ 18 52	11 ♈ 26 09	19 26 50	14 17 35	17 25 13	19 41 26	10 40 51	21 10 21	1 10 55	14 54 56	7 43 28	28 04 58	4 11 10
20 Su	25 55 21	17 33 03	23 36 08	21 20 58	15 33 58	18 04 32	20 03 35	10 50 03	21 04 14	1 09 22	15 03 04	7 43 56	28 06 07	4 14 08
21 M	26 57 11	29 40 36	5 ♉ 40 18	23 15 54	16 51 43	18 45 09	20 27 06	11 00 16	20 59 29	1 09 04	15 12 35	7 45 48	28 08 38	4 18 28
22 Tu	28 00 12	11 ♉ 42 55	17 40 04	25 11 22	18 10 39	19 26 52	20 51 47	11 11 20	20 55 54	1 09 51	15 23 19	7 48 51	28 12 19	4 23 59
23 W	29 04 01	23 41 23	29 36 57	27 06 53	19 30 22	20 09 18	21 17 17	11 22 49	20 53 08	1 11 19	15 34 52	7 52 42	28 16 48	4 30 17
24 Th	0 ♉ 08 06	5 ♊ 37 27	11 ♊ 32 35	29 01 52	20 50 20	20 51 56	21 43 02	11 34 13	20 50 38	1 12 57	15 46 43	7 56 50	28 21 33	4 36 51
25 F	1 11 51	17 32 57	23 28 02	0 ♉ 55 42	22 09 59	21 34 10	22 08 27	11 44 57	20 47 51	1 14 10	15 58 16	8 00 39	28 25 59	4 43 06
26 Sa	2 14 44	29 30 16	5 ♋ 28 58	2 47 46	23 28 45	22 15 27	22 32 60	11 54 26	20 44 13	1 14 25	16 08 59	8 03 37	28 29 32	4 48 29
27 Su	3 16 20	11 ♋ 32 26	17 35 41	4 37 40	24 46 14	22 55 23	22 56 15	12 02 16	20 39 20	1 13 16	16 18 26	8 05 19	28 31 49	4 52 34
28 M	4 16 28	23 43 15	29 53 11	6 25 10	26 02 13	23 33 47	23 18 02	12 08 16	20 33 02	1 10 35	16 26 26	8 05 34	28 32 37	4 55 11
29 Tu	5 15 14	6 ♌ 07 09	12 ♌ 25 60	8 10 23	27 16 51	24 10 43	23 38 26	12 12 31	20 25 24	1 06 25	16 33 05	8 04 27	28 32 04	4 56 27
30 W	6 13 01	18 48 56	25 18 49	9 53 42	28 30 28	24 46 37	23 57 51	12 15 24	20 16 50	1 01 12	16 38 47	8 02 23	28 30 32	4 56 43

October 1998 — LONGITUDE

Day	☉	0 hr ☽	Noon ☽	☿	♀	♂	⚵	⚳	♃	♄	⚷	♅	♆	♇
1 Th	7 ♉ 10 27	1 ♍ 53 22	8 ♍ 36 03	11 ♉ 35 44	29 ♈ 43 44	25 ♓ 22 05	24 ♉ 16 54	12 ♑ 17 34	20 ♎ 07 58	0 ♐ 55 32	16 ♊ 44 09	7 ♍ 59 59	28 ♌ 28 39	4 ♋ 56 37
2 F	8 08 17	15 24 27	22 21 01	13 17 17	0 ♉ 57 24	25 57 53	24 36 21	12 19 45	19 59 35	0 50 11	16 49 57	7 57 59	28 27 10	4 56 57
3 Sa	9 07 16	29 24 34	6 ♎ 35 00	14 59 04	2 12 12	26 34 46	24 56 56	12 22 41	19 52 25	0 45 55	16 56 54	7 57 10	28 26 51	4 58 25
4 Su	10 07 58	13 ♎ 53 34	21 16 23	16 41 42	3 28 42	27 13 16	25 19 14	12 26 57	19 47 02	0 43 16	17 05 36	7 58 05	28 28 14	5 01 35
5 M	11 10 36	28 47 54	6 ♏ 20 03	18 25 23	4 47 07	27 53 39	25 43 26	12 32 45	19 43 39	0 42 29	17 16 14	8 00 57	28 31 34	5 06 41
6 Tu	12 14 59	14 ♏ 00 30	21 37 30	20 09 57	6 07 16	28 35 42	26 09 22	12 39 54	19 42 06	0 43 22	17 28 38	8 05 34	28 36 38	5 13 32
7 W	13 20 30	29 21 19	6 ♐ 57 53	21 54 50	7 28 33	29 18 48	26 36 25	12 47 47	19 41 46	0 45 18	17 42 11	8 11 21	28 42 51	5 21 31
8 Th	14 26 18	14 ♐ 38 51	22 09 49	23 39 11	8 50 06	0 ♈ 02 07	27 03 44	12 55 32	19 41 48	0 47 27	17 56 00	8 17 25	28 49 20	5 29 45
9 F	15 31 27	29 42 13	7 ♑ 03 23	25 22 03	10 10 57	0 44 41	27 30 21	13 02 12	19 41 16	0 48 51	18 09 11	8 22 49	28 55 10	5 37 19
10 Sa	16 35 10	14 ♑ 22 58	21 31 38	27 02 42	11 30 23	1 25 44	27 55 31	13 07 01	19 39 23	0 48 45	18 20 56	8 26 50	28 59 33	5 43 27
11 Su	17 37 03	28 36 09	5 ♒ 31 16	28 40 46	12 47 57	2 04 53	28 18 51	13 09 35	19 35 46	0 46 45	18 30 51	8 29 01	29 02 06	5 47 44
12 M	18 37 08	12 ♒ 20 26	19 02 20	0 ♊ 16 17	14 03 42	2 42 10	28 40 21	13 09 56	19 30 28	0 42 53	18 38 59	8 29 25	29 02 52	5 50 13
13 Tu	19 35 55	25 37 28	2 ♓ 07 28	1 49 44	15 18 07	3 18 02	29 00 30	13 08 32	19 23 57	0 37 38	18 45 48	8 28 30	29 02 18	5 51 21
14 W	20 34 09	8 ♓ 31 00	14 50 56	3 21 55	16 31 59	3 53 17	29 20 05	13 06 10	19 17 00	0 31 46	18 52 04	8 27 04	29 01 12	5 51 57
15 Th	21 32 48	21 05 46	27 17 38	4 53 48	17 46 14	4 28 51	29 40 03	13 03 47	19 10 35	0 26 16	18 58 45	8 26 04	29 00 29	5 52 56
16 F	22 32 47	3 ♈ 26 43	9 ♈ 32 29	6 26 19	19 01 47	5 05 41	0 ♊ 01 19	13 02 17	19 05 37	0 22 02	19 06 45	8 26 24	29 01 07	5 55 14
17 Sa	23 34 50	15 38 24	21 39 47	8 00 12	20 19 25	5 44 30	0 24 38	13 02 26	19 02 50	0 19 49	19 16 51	8 28 50	29 03 49	5 59 37
18 Su	24 39 25	27 44 32	3 ♉ 42 58	9 35 55	21 39 31	6 25 44	0 50 26	13 04 40	19 02 43	0 20 04	19 29 27	8 33 47	29 09 02	6 06 29
19 M	25 46 34	9 ♉ 47 54	15 44 31	11 13 32	23 02 11	7 09 29	1 18 47	13 09 03	19 05 17	0 22 50	19 44 37	8 41 20	29 16 50	6 15 55
20 Tu	26 55 58	21 50 19	27 46 00	12 52 41	24 27 04	7 55 22	1 49 20	13 15 13	19 10 15	0 27 48	20 02 01	8 51 08	29 26 52	6 27 34
21 W	28 06 54	3 ♊ 52 48	9 ♊ 48 21	14 32 43	25 53 29	8 42 43	2 21 25	13 22 31	19 16 53	0 34 17	20 20 58	9 02 31	29 38 27	6 40 46
22 Th	29 18 28	15 55 56	21 52 04	16 12 39	27 20 29	9 30 37	2 54 04	13 30 01	19 24 18	0 41 20	20 40 32	9 14 32	29 50 39	6 54 34
23 F	0 ♊ 29 35	28 00 12	3 ♋ 57 46	17 51 28	28 47 03	10 17 59	3 26 16	13 36 38	19 31 25	0 47 55	20 59 39	9 26 08	0 ♍ 02 25	7 07 56
24 Sa	1 39 18	10 ♋ 06 23	16 06 27	19 28 09	0 ♊ 12 10	11 03 51	3 57 00	13 41 26	19 37 16	0 53 04	21 17 22	9 36 20	0 12 46	7 19 52
25 Su	2 46 50	22 16 00	28 19 55	21 01 55	1 35 05	11 47 28	4 25 33	13 43 38	19 41 07	0 56 01	21 32 54	9 44 23	0 20 58	7 29 36
26 M	3 51 49	4 ♌ 31 31	10 ♌ 40 56	22 32 22	2 55 26	12 28 27	4 51 30	13 42 52	19 42 34	0 56 23	21 45 52	9 49 54	0 26 36	7 36 48
27 Tu	4 54 20	16 56 29	23 13 20	23 59 33	4 13 17	13 06 52	5 14 57	13 39 12	19 41 41	0 54 14	21 56 21	9 52 58	0 29 46	7 41 29
28 W	5 54 54	29 35 24	6 ♍ 01 49	25 23 58	5 29 10	13 43 15	5 36 25	13 33 11	19 39 02	0 50 09	22 04 53	9 54 07	0 31 00	7 44 13
29 Th	6 54 27	12 ♍ 33 26	19 11 27	26 46 29	6 44 02	14 18 33	5 56 50	13 25 46	19 35 33	0 45 02	22 12 24	9 54 17	0 31 14	7 45 57
30 F	7 54 10	25 55 44	2 ♎ 47 04	28 08 15	7 59 01	14 53 55	6 17 23	13 18 06	19 32 23	0 40 04	22 20 03	9 54 38	0 31 38	7 47 49
31 Sa	8 55 13	9 ♎ 46 31	16 52 02	29 30 20	9 15 19	15 30 32	6 39 13	13 11 22	19 30 43	0 36 25	22 29 03	9 56 20	0 33 22	7 51 00

Notes

LONGITUDE — November 1998

Day	☉	0 hr ☽	Noon ☽	☿	♀	♂	⚵	⚳	♃	♄	⚷	♅	♆	♇
1 Su	9 ♊ 58 31	24 ♌ 07 54	1 ♏ 27 12	0 ♋ 53 37	10 ♊ 33 52	16 ♈ 09 20	7 ♊ 03 17	13 ♑ 06 31	19 ♌ 31 29	0 ♐ 35 02	22 ♊ 40 17	10 ♍ 00 19	0 ♍ 37 22	7 ♋ 56 27
2 M	11 04 33	8 ♏ 58 42	16 29 38	2 18 28	11 55 07	16 50 46	7 30 02	13 04 01	19 35 09	0 36 21	22 54 14	10 07 03	0 44 05	8 04 35
3 Tu	12 13 09	24 13 34	1 ♐ 52 12	3 44 37	13 18 54	17 34 41	7 59 18	13 03 41	19 41 33	0 40 15	23 10 44	10 16 22	0 53 23	8 15 18
4 W	13 23 33	9 ♐ 43 03	17 23 59	5 11 12	14 44 28	18 20 19	8 30 21	13 04 48	19 49 55	0 45 57	23 29 01	10 27 31	1 04 30	8 27 47
5 Th	14 34 34	25 14 45	2 ♑ 52 04	6 36 52	16 10 37	19 06 28	9 01 57	13 06 10	19 59 05	0 52 16	23 47 54	10 39 18	1 16 13	8 40 52
6 F	15 44 52	10 ♑ 35 37	18 03 54	8 00 08	17 36 02	19 51 50	9 32 48	13 06 27	20 07 42	0 57 52	24 06 03	10 50 23	1 27 13	8 53 14
7 Sa	16 53 20	25 34 22	2 ♒ 49 43	9 19 43	18 59 36	20 35 15	10 01 45	13 04 32	20 14 38	1 01 37	24 22 20	10 59 39	1 36 23	9 03 43
8 Su	17 59 18	10 ♒ 03 29	17 03 53	10 34 43	20 20 38	21 16 05	10 28 10	12 59 47	20 19 16	1 02 54	24 36 05	11 06 26	1 43 03	9 11 42
9 M	19 02 44	23 59 50	0 ♓ 45 05	11 44 52	21 39 05	21 54 17	10 51 60	12 52 09	20 21 30	1 01 38	24 47 17	11 10 41	1 47 11	9 17 06
10 Tu	20 04 08	7 ♓ 24 16	13 55 34	12 50 24	22 55 31	22 30 23	11 13 45	12 42 11	20 21 55	0 58 21	24 56 26	11 12 56	1 49 17	9 20 29
11 W	21 04 31	20 20 39	26 40 01	13 51 60	24 10 52	23 05 20	11 34 25	12 30 51	20 21 27	0 54 04	25 04 31	11 14 10	1 50 21	9 22 48
12 Th	22 05 03	2 ♈ 54 32	9 ♈ 04 26	14 50 30	25 26 22	23 40 21	11 55 11	12 19 22	20 21 19	0 49 57	25 12 44	11 15 35	1 51 35	9 25 15
13 F	23 06 56	15 12 06	21 15 05	15 46 41	26 43 11	24 16 38	12 17 16	12 08 58	20 22 44	0 47 12	25 22 17	11 18 22	1 54 10	9 29 02
14 Sa	24 11 11	27 19 20	3 ♉ 17 45	16 41 05	28 02 20	24 55 10	12 41 39	12 00 37	20 26 39	0 46 50	25 34 09	11 23 31	1 59 06	9 35 09
15 Su	25 18 22	9 ♉ 21 25	15 17 18	17 33 47	29 24 24	25 36 32	13 08 55	11 54 57	20 33 43	0 49 26	25 48 56	11 31 38	2 06 59	9 44 11
16 M	26 28 38	21 22 23	27 17 25	18 24 22	0 ♋ 49 32	26 20 54	13 39 13	11 52 07	20 44 01	0 55 08	26 06 46	11 42 51	2 17 56	9 56 17
17 Tu	27 41 38	3 ♊ 24 60	9 ♊ 20 25	19 11 50	2 17 21	27 07 53	14 12 10	11 51 46	20 57 14	1 03 36	26 27 17	11 56 49	2 31 37	10 11 05
18 W	28 56 32	15 30 48	21 27 34	19 54 41	3 47 05	27 56 41	14 46 60	11 53 06	21 12 33	1 14 01	26 49 42	12 12 43	2 47 14	10 27 47
19 Th	0 ♋ 12 15	27 40 25	3 ♋ 39 09	20 31 06	5 17 35	28 46 11	15 22 35	11 55 03	21 28 51	1 25 17	27 12 54	12 29 26	3 03 39	10 45 16
20 F	1 27 32	9 ♋ 53 48	15 55 04	20 59 03	6 47 37	29 35 08	15 57 39	11 56 22	21 44 53	1 36 08	27 35 37	12 45 44	3 19 37	11 02 18
21 Sa	2 41 10	22 10 50	28 15 11	21 16 37	8 16 00	0 ♉ 22 22	16 31 03	11 55 52	21 59 28	1 45 25	27 56 40	13 00 26	3 33 58	11 17 40
22 Su	3 52 15	4 ♌ 31 46	10 ♌ 39 52	21 22 08	9 41 49	1 06 56	17 01 50	11 52 40	22 11 40	1 52 11	28 15 08	13 12 36	3 45 46	11 30 28
23 M	5 00 17	16 57 35	23 10 25	21 14 30	11 04 33	1 48 21	17 29 30	11 46 17	22 21 01	1 55 57	28 30 30	13 21 43	3 54 31	11 40 11
24 Tu	6 05 16	29 30 24	5 ♍ 49 14	20 53 13	12 24 13	2 26 38	17 54 04	11 36 44	22 27 30	1 56 44	28 42 49	13 27 50	4 00 14	11 46 51
25 W	7 07 46	12 ♍ 13 26	18 39 49	20 18 38	13 41 22	3 02 19	18 16 06	11 24 35	22 31 40	1 55 05	28 52 36	13 31 29	4 03 28	11 51 01
26 Th	8 08 46	25 10 54	1 ♎ 46 32	19 31 51	14 57 01	3 36 23	18 36 34	11 10 52	22 34 32	1 51 59	29 00 52	13 33 40	4 05 13	11 53 40
27 F	9 09 32	8 ♎ 27 28	15 13 59	18 34 39	16 12 24	4 10 08	18 56 45	10 56 51	22 37 20	1 48 44	29 08 51	13 35 38	4 06 44	11 56 04
28 Sa	10 11 22	22 07 32	29 06 08	17 29 24	17 28 50	4 44 51	19 17 56	10 43 51	22 41 24	1 46 36	29 17 53	13 38 42	4 09 20	11 59 31
29 Su	11 15 20	6 ♏ 14 09	13 ♏ 25 07	16 18 44	18 47 23	5 21 35	19 41 12	10 32 57	22 47 46	1 46 40	29 29 00	13 43 55	4 14 05	12 05 05
30 M	12 22 00	20 47 54	28 10 12	15 05 19	20 08 38	6 00 56	20 07 07	10 24 44	22 57 01	1 49 32	29 42 48	13 51 52	4 21 32	12 13 20

LONGITUDE — December 1998

Day	☉	0 hr ☽	Noon ☽	☿	♀	♂	⚵	⚳	♃	♄	⚷	♅	♆	♇
1 Tu	13 ♋ 31 20	5 ♐ 45 49	13 ♐ 16 46	13 ♋ 51 35	21 ♋ 32 30	6 ♉ 42 51	20 ♊ 35 38	10 ♑ 19 12	23 ♌ 09 07	1 ♐ 55 06	29 ♊ 59 13	14 ♍ 02 31	4 ♍ 31 40	12 ♋ 24 14
2 W	14 42 38	21 01 02	28 36 24	12 39 37	22 58 20	7 26 36	21 06 02	10 15 39	23 23 21	2 02 43	0 ♋ 17 34	14 15 09	4 43 45	12 37 05
3 Th	15 54 43	6 ♑ 23 18	13 ♑ 57 48	11 31 01	24 24 56	8 11 03	21 37 11	10 12 55	23 38 33	2 11 12	0 36 40	14 28 35	4 56 39	12 50 42
4 F	17 06 15	21 40 31	29 08 48	10 27 04	25 50 57	8 54 50	22 07 42	10 09 41	23 53 22	2 19 12	0 55 11	14 41 30	5 08 60	13 03 45
5 Sa	18 16 01	6 ♒ 41 08	13 ♒ 58 43	9 28 50	27 15 11	9 36 46	22 36 24	10 04 45	24 06 35	2 25 31	1 11 53	14 52 40	5 19 35	13 15 01
6 Su	19 23 17	21 16 09	28 20 08	8 37 20	28 36 54	10 16 03	23 02 31	9 57 23	24 17 28	2 29 24	1 26 02	15 01 21	5 27 40	13 23 44
7 M	20 27 51	5 ♓ 20 27	12 ♓ 09 41	7 53 37	29 55 54	10 52 32	23 25 52	9 47 26	24 25 49	2 30 39	1 37 26	15 07 21	5 33 04	13 29 45
8 Tu	21 30 07	18 52 56	25 27 49	7 18 47	1 ♌ 12 34	11 26 36	23 46 51	9 35 17	24 32 02	2 29 41	1 46 30	15 11 04	5 36 09	13 33 26
9 W	22 30 56	1 ♈ 55 55	8 ♈ 17 60	6 53 52	2 27 48	11 59 07	24 06 19	9 21 50	24 36 58	2 27 21	1 54 04	15 13 22	5 37 49	13 35 39
10 Th	23 31 26	14 34 02	20 45 35	6 39 50	3 42 40	12 31 11	24 25 23	9 08 11	24 41 44	2 24 47	2 01 16	15 15 22	5 39 09	13 37 32
11 F	24 32 45	26 53 11	2 ♉ 56 48	6 37 21	4 58 20	13 03 56	24 45 11	8 55 31	24 47 29	2 23 06	2 09 14	15 18 11	5 41 18	13 40 11
12 Sa	25 35 51	8 ♉ 59 34	14 57 54	6 46 43	6 15 46	13 38 22	25 06 43	8 44 49	24 55 11	2 23 18	2 18 56	15 22 49	5 45 14	13 44 37
13 Su	26 41 23	20 59 04	26 54 36	7 07 48	7 35 37	14 15 05	25 30 35	8 36 44	25 05 28	2 25 60	2 31 01	15 29 53	5 51 36	13 51 27
14 M	27 49 33	2 ♊ 56 43	8 ♊ 51 38	7 39 58	8 58 05	14 54 19	25 57 01	8 31 29	25 18 33	2 31 25	2 45 41	15 39 37	6 00 37	14 00 53
15 Tu	29 00 07	14 50 27	20 52 34	8 22 08	10 22 55	15 35 49	26 25 45	8 28 52	25 34 11	2 39 20	3 02 42	15 51 46	6 12 01	14 12 42
16 W	0 ♌ 12 25	27 01 03	2 ♋ 59 44	9 12 51	11 49 29	16 18 55	26 56 09	8 28 13	25 51 42	2 49 04	3 21 23	16 05 39	6 25 10	14 26 13
17 Th	1 25 30	9 ♋ 12 07	15 14 21	10 10 25	13 16 49	17 02 40	27 27 16	8 28 36	26 10 10	2 59 40	3 40 49	16 20 22	6 39 06	14 40 30
18 F	2 38 17	21 30 19	27 36 45	11 13 01	14 43 51	17 46 00	27 58 00	8 28 57	26 28 30	3 10 05	3 59 54	16 34 47	6 52 45	14 54 29
19 Sa	3 49 44	3 ♌ 55 46	10 ♌ 06 44	12 19 00	16 09 31	18 27 52	28 27 20	8 28 16	26 45 39	3 19 16	4 17 36	16 47 55	7 05 05	15 07 06
20 Su	4 59 03	16 28 16	22 44 02	13 26 59	17 33 02	19 07 27	28 54 25	8 25 43	27 00 48	3 26 24	4 33 06	16 58 54	7 15 16	15 17 33
21 M	6 05 44	29 07 53	5 ♍ 28 42	14 35 59	18 53 56	19 44 17	29 18 50	8 20 51	27 13 31	3 31 01	4 45 56	17 07 19	7 22 51	15 25 22
22 Tu	7 09 48	11 ♍ 55 08	18 21 26	15 45 33	20 12 10	20 18 21	29 40 31	8 13 41	27 23 44	3 33 06	4 56 05	17 13 06	7 27 49	15 30 32
23 W	8 11 38	24 51 22	1 ♎ 23 43	16 55 42	21 28 11	20 50 03	29 59 54	8 04 37	27 31 54	3 33 05	5 03 58	17 16 42	7 30 33	15 33 28
24 Th	9 12 02	7 ♎ 58 40	14 37 52	18 06 52	22 42 45	21 20 11	0 ♋ 17 46	7 54 28	27 38 46	3 31 43	5 10 22	17 18 53	7 31 53	15 34 57
25 F	10 12 01	21 19 39	28 06 33	19 19 47	23 56 53	21 49 45	0 35 08	7 44 13	27 45 22	3 30 03	5 16 17	17 20 40	7 32 47	15 35 59
26 Sa	11 12 36	4 ♏ 57 03	11 ♏ 52 21	20 35 13	25 11 37	22 19 47	0 53 02	7 34 58	27 52 45	3 29 06	5 22 46	17 23 06	7 34 20	15 37 37
27 Su	12 14 40	18 52 55	25 56 52	21 53 49	26 27 49	22 51 10	1 12 19	7 27 33	28 01 45	3 29 45	5 30 41	17 27 02	7 37 22	15 40 43
28 M	13 18 43	3 ♐ 07 54	10 ♐ 19 57	23 15 54	27 45 59	23 24 23	1 33 31	7 22 29	28 12 53	3 32 28	5 40 31	17 32 59	7 42 23	15 45 47
29 Tu	14 24 46	17 40 26	24 59 01	24 41 17	29 06 08	23 59 27	1 56 36	7 19 48	28 26 09	3 37 19	5 52 18	17 40 56	7 49 25	15 52 50
30 W	15 32 20	2 ♑ 26 21	9 ♑ 48 46	26 09 24	0 ♍ 27 49	24 35 53	2 21 08	7 19 01	28 41 05	3 43 47	6 05 33	17 50 27	7 57 59	16 01 23
31 Th	16 40 36	17 18 56	24 41 36	27 39 17	1 50 11	25 12 54	2 46 18	7 19 21	28 56 52	3 51 05	6 19 28	18 00 42	8 07 17	16 10 38

Notes

January 1999 — LONGITUDE

Day	☉	0 hr ☽	Noon ☽	☿	♀	♂	⚵	⚳	♃	♄	⚷	♅	♆	♇
1 F	17 ♌ 48 37	2 ♒ 09 47	9 ♒ 28 44	29 ♋ 09 52	3 ♍ 12 17	25 ♉ 49 29	3 ♋ 11 06	7 ♑ 19 47	29 ♎ 12 32	3 ♐ 58 13	6 ♋ 33 03	18 ♍ 10 42	8 ♍ 16 19	16 ♋ 19 36
2 Sa	18 55 28	16 50 05	24 01 34	0 ♌ 40 11	4 33 12	26 24 46	3 34 39	7 19 29	29 27 11	4 04 19	6 45 26	18 19 34	8 24 12	16 27 24
3 Su	20 00 33	1 ♓ 12 07	8 ♓ 13 14	2 09 31	5 52 21	26 58 07	3 56 21	7 17 48	29 40 12	4 08 46	6 55 59	18 26 41	8 30 21	16 33 25
4 M	21 03 40	15 10 25	21 59 25	3 37 37	7 09 31	27 29 20	4 15 58	7 14 33	29 51 23	4 11 20	7 04 30	18 31 51	8 34 31	16 37 26
5 Tu	22 04 58	28 42 19	5 ♈ 18 46	5 04 35	8 24 52	27 58 35	4 33 41	7 09 53	0 ♏ 00 53	4 12 13	7 11 09	18 35 14	8 36 53	16 39 37
6 W	23 04 59	11 ♈ 48 00	18 12 33	6 30 54	9 38 54	28 26 21	4 50 01	7 04 21	0 09 13	4 11 54	7 16 27	18 37 20	8 37 58	16 40 29
7 Th	24 04 24	24 29 56	0 ♉ 44 05	7 57 14	10 52 20	28 53 22	5 05 38	6 58 37	0 17 05	4 11 06	7 21 05	18 38 52	8 38 27	16 40 45
8 F	25 03 59	6 ♉ 52 14	12 58 05	9 24 17	12 05 55	29 20 22	5 21 19	6 53 27	0 25 14	4 10 34	7 25 49	18 40 34	8 39 07	16 41 08
9 Sa	26 04 23	18 59 55	24 59 52	10 52 43	13 20 19	29 48 00	5 37 44	6 49 31	0 34 21	4 10 59	7 31 18	18 43 07	8 40 36	16 42 21
10 Su	27 06 06	0 ♊ 58 21	6 ♊ 54 54	12 22 60	14 35 60	0 ♊ 16 46	5 55 20	6 47 19	0 44 52	4 12 48	7 38 02	18 46 59	8 43 24	16 44 49
11 M	28 09 18	12 52 45	18 48 21	13 55 17	15 53 11	0 46 50	6 14 20	6 47 01	0 57 02	4 16 14	7 46 12	18 52 22	8 47 43	16 48 48
12 Tu	29 13 57	24 47 51	0 ♋ 44 46	15 29 32	17 11 47	1 18 09	6 34 39	6 48 35	1 10 45	4 21 13	7 55 44	18 59 13	8 53 28	16 54 10
13 W	0 ♍ 19 41	6 ♋ 47 42	12 47 53	17 05 22	18 31 28	1 50 22	6 55 57	6 51 39	1 25 41	4 27 24	8 06 17	19 07 09	9 00 19	17 00 37
14 Th	1 25 60	18 55 31	25 00 33	18 42 17	19 51 43	2 22 57	7 17 43	6 55 43	1 41 18	4 34 16	8 17 21	19 15 42	9 07 45	17 07 37
15 F	2 32 16	1 ♌ 13 38	7 ♌ 24 40	20 19 40	21 11 56	2 55 17	7 39 20	7 00 09	1 57 00	4 41 13	8 28 18	19 24 13	9 15 10	17 14 34
16 Sa	3 37 55	13 43 31	20 01 15	21 56 57	22 31 30	3 26 48	8 00 12	7 04 24	2 12 12	4 47 39	8 38 34	19 32 08	9 21 57	17 20 53
17 Su	4 42 29	26 25 54	2 ♍ 50 35	23 33 39	23 49 59	3 57 01	8 19 52	7 07 58	2 26 26	4 53 06	8 47 41	19 38 59	9 27 40	17 26 05
18 M	5 45 41	9 ♍ 20 48	15 52 21	25 09 31	25 07 05	4 25 39	8 38 04	7 10 36	2 39 26	4 57 19	8 55 22	19 44 29	9 32 02	17 29 55
19 Tu	6 47 31	22 27 54	29 05 57	26 44 32	26 22 48	4 52 41	8 54 46	7 12 16	2 51 09	5 00 16	9 01 37	19 48 38	9 35 01	17 32 20
20 W	7 48 09	5 ♎ 46 38	12 ♎ 30 42	28 18 55	27 37 20	5 18 19	9 10 09	7 13 10	3 01 49	5 02 09	9 06 36	19 51 37	9 36 51	17 33 34
21 Th	8 48 00	19 16 23	26 05 59	29 53 04	28 51 05	5 42 57	9 24 39	7 13 43	3 11 49	5 03 22	9 10 44	19 53 50	9 37 54	17 34 00
22 F	9 47 34	2 ♏ 56 39	9 ♏ 51 16	1 ♍ 27 31	0 ♎ 04 31	6 07 04	9 38 44	7 14 23	3 21 38	5 04 25	9 14 32	19 55 47	9 38 40	17 34 09
23 Sa	10 47 20	16 46 56	23 46 04	3 02 46	1 18 10	6 31 10	9 52 54	7 15 40	3 31 47	5 05 48	9 18 28	19 57 59	9 39 40	17 34 29
24 Su	11 47 43	0 ♐ 46 35	7 ♐ 49 39	4 39 12	2 32 25	6 55 37	10 07 33	7 17 59	3 42 39	5 07 53	9 22 56	20 00 48	9 41 18	17 35 24
25 M	12 48 54	14 54 34	22 00 46	6 17 05	3 47 28	7 20 40	10 22 54	7 21 31	3 54 26	5 10 55	9 28 09	20 04 27	9 43 45	17 37 08
26 Tu	13 50 54	29 09 08	6 ♑ 17 21	7 56 23	5 03 18	7 46 16	10 38 55	7 26 15	4 07 08	5 14 52	9 34 06	20 08 55	9 47 01	17 39 40
27 W	14 53 29	13 ♑ 27 39	20 36 24	9 36 57	6 19 44	8 12 13	10 55 24	7 31 59	4 20 33	5 19 33	9 40 35	20 14 01	9 50 54	17 42 46
28 Th	15 56 20	27 46 37	4 ♒ 54 01	11 18 27	7 36 26	8 38 11	11 12 02	7 38 23	4 34 21	5 24 36	9 47 17	20 19 25	9 55 05	17 46 09
29 F	16 59 06	12 ♒ 01 48	19 05 45	13 00 32	8 53 02	9 03 49	11 28 27	7 45 06	4 48 09	5 29 41	9 53 49	20 24 44	9 59 10	17 49 25
30 Sa	18 01 29	26 08 38	3 ♓ 07 04	14 42 54	10 09 13	9 28 47	11 44 20	7 51 47	5 01 40	5 34 29	9 59 53	20 29 41	10 02 53	17 52 17
31 Su	19 03 16	10 ♓ 02 52	16 53 55	16 25 24	11 24 49	9 52 55	11 59 30	7 58 17	5 14 42	5 38 49	10 05 18	20 34 04	10 06 02	17 54 33

February 1999 — LONGITUDE

Day	☉	0 hr ☽	Noon ☽	☿	♀	♂	⚵	⚳	♃	♄	⚷	♅	♆	♇
1 M	20 ♍ 04 25	23 ♓ 40 59	0 ♈ 23 17	18 ♍ 07 59	12 ♎ 39 46	10 ♊ 16 07	12 ♋ 13 53	8 ♑ 04 32	5 ♏ 27 12	5 ♐ 42 38	10 ♋ 10 01	20 ♍ 37 50	10 ♍ 08 33	17 ♋ 56 11
2 Tu	21 05 02	7 ♈ 00 38	13 33 29	19 50 45	13 54 10	10 38 31	12 27 36	8 10 36	5 39 16	5 46 00	10 14 07	20 41 04	10 10 33	17 57 15
3 W	22 05 16	20 00 56	26 24 19	21 33 51	15 08 11	11 00 14	12 40 47	8 16 41	5 51 03	5 49 07	10 17 46	20 43 57	10 12 10	17 57 57
4 Th	23 05 20	2 ♉ 42 25	8 ♉ 57 01	23 17 32	16 22 01	11 21 30	12 53 39	8 22 57	6 02 46	5 52 11	10 21 11	20 46 41	10 13 39	17 58 27
5 F	24 05 26	15 06 57	21 14 01	25 01 57	17 35 52	11 42 29	13 06 24	8 29 36	6 14 35	5 55 22	10 24 32	20 49 27	10 15 09	17 58 58
6 Sa	25 05 42	27 17 25	3 ♊ 18 43	26 47 15	18 49 52	12 03 19	13 19 10	8 36 46	6 26 40	5 58 50	10 27 59	20 52 24	10 16 49	17 59 37
7 Su	26 06 11	9 ♊ 17 35	15 15 11	28 33 28	20 04 04	12 24 03	13 31 59	8 44 31	6 39 04	6 02 37	10 31 34	20 55 35	10 18 44	18 00 29
8 M	27 06 52	21 11 41	27 07 52	0 ♎ 20 34	21 18 27	12 44 39	13 44 51	8 52 49	6 51 45	6 06 43	10 35 17	20 58 59	10 20 51	18 01 33
9 Tu	28 07 40	3 ♋ 04 18	9 ♋ 01 27	2 08 26	22 32 58	13 05 03	13 57 41	9 01 35	7 04 39	6 11 02	10 39 02	21 02 31	10 23 06	18 02 43
10 W	29 08 30	15 00 03	21 00 29	3 56 55	23 47 28	13 25 07	14 10 22	9 10 43	7 17 40	6 15 29	10 42 44	21 06 05	10 25 22	18 03 53
11 Th	0 ♎ 09 16	27 03 25	3 ♌ 09 18	5 45 52	25 01 54	13 44 45	14 22 49	9 20 06	7 30 41	6 19 58	10 46 17	21 09 35	10 27 35	18 04 58
12 F	1 09 53	9 ♌ 18 33	15 31 44	7 35 09	26 16 10	14 03 54	14 34 57	9 29 42	7 43 39	6 24 25	10 49 37	21 12 58	10 29 40	18 05 54
13 Sa	2 10 22	21 48 56	28 10 49	9 24 41	27 30 18	14 22 32	14 46 47	9 39 29	7 56 34	6 28 50	10 52 44	21 16 14	10 31 37	18 06 41
14 Su	3 10 47	4 ♍ 37 11	11 ♍ 08 37	11 14 24	28 44 20	14 40 43	14 58 22	9 49 32	8 09 30	6 33 18	10 55 43	21 19 26	10 33 31	18 07 24
15 M	4 11 15	17 44 45	24 25 53	13 04 17	29 58 25	14 58 34	15 09 50	9 59 58	8 22 35	6 37 54	10 58 39	21 22 42	10 35 29	18 08 09
16 Tu	5 11 54	1 ♎ 11 44	8 ♎ 01 60	14 54 18	1 ♏ 12 40	15 16 13	15 21 18	10 10 53	8 35 54	6 42 48	11 01 42	21 26 09	10 37 38	18 09 03
17 W	6 12 50	14 56 44	21 54 53	16 44 22	2 27 11	15 33 44	15 32 52	10 22 25	8 49 36	6 48 05	11 04 57	21 29 54	10 40 04	18 10 15
18 Th	7 14 05	28 56 59	6 ♏ 01 13	18 34 15	3 41 60	15 51 09	15 44 35	10 34 35	9 03 42	6 53 47	11 08 26	21 33 59	10 42 50	18 11 44
19 F	8 15 34	13 ♏ 08 38	20 16 48	20 23 38	4 57 03	16 08 24	15 56 21	10 47 18	9 18 08	6 59 50	11 12 06	21 38 20	10 45 52	18 13 29
20 Sa	9 17 09	27 27 09	4 ♐ 37 03	22 12 02	6 12 10	16 25 19	16 08 01	11 00 25	9 32 43	7 06 05	11 15 46	21 42 47	10 49 00	18 15 18
21 Su	10 18 34	11 ♐ 47 58	18 57 34	23 58 50	7 27 08	16 41 39	16 19 21	11 13 42	9 47 15	7 12 17	11 19 13	21 47 06	10 52 00	18 16 58
22 M	11 19 37	26 06 55	3 ♑ 14 29	25 43 25	8 41 41	16 57 10	16 30 07	11 26 53	10 01 28	7 18 12	11 22 12	21 51 02	10 54 38	18 18 14
23 Tu	12 20 05	10 ♑ 20 36	17 24 51	27 25 08	9 55 40	17 11 39	16 40 07	11 39 49	10 15 12	7 23 40	11 24 33	21 54 26	10 56 42	18 18 57
24 W	13 19 57	24 26 34	1 ♒ 26 34	29 03 27	11 09 01	17 25 05	16 49 19	11 52 26	10 28 25	7 28 36	11 26 13	21 57 14	10 58 11	18 19 02
25 Th	14 19 18	8 ♒ 23 12	15 18 19	0 ♏ 37 54	12 21 50	17 37 32	16 57 49	12 04 49	10 41 10	7 33 09	11 27 18	21 59 32	10 59 10	18 18 37
26 F	15 18 23	22 09 33	28 59 17	2 08 12	13 34 22	17 49 15	17 05 51	12 17 13	10 53 45	7 37 31	11 28 03	22 01 36	10 59 54	18 17 56
27 Sa	16 17 32	5 ♓ 45 04	12 ♓ 29 01	3 34 05	14 46 57	18 00 33	17 13 46	12 29 59	11 06 29	7 42 05	11 28 48	22 03 45	11 00 44	18 17 19
28 Su	17 17 10	19 09 17	25 47 05	4 55 18	15 59 59	18 11 49	17 21 56	12 43 29	11 19 45	7 47 12	11 29 56	22 06 22	11 02 02	18 17 10

Notes

LONGITUDE — March 1999

Day	☉	0 hr ☽	Noon ☽	☿	♀	♂	⚵	⚳	♃	♄	⚷	♅	♆	♇
1 M	18♎ 17 34	2♈ 21 52	8♈ 53 11	6♏ 11 35	17♏ 13 47	18♊ 23 22	17♋ 30 40	12♑ 58 01	11♏ 33 52	7♐ 53 11	11♋ 31 46	22♍ 09 46	11♍ 04 07	18♋ 17 47
2 Tu	19 18 56	15 22 22	21 47 01	7 22 32	18 28 31	18 35 22	17 40 10	13 13 49	11 49 01	8 00 15	11 34 30	22 14 10	11 07 12	18 19 22
3 W	20 21 20	28 10 32	4♉ 28 30	8 27 35	19 44 15	18 47 51	17 50 29	13 30 53	12 05 16	8 08 25	11 38 11	22 19 36	11 11 18	18 21 59
4 Th	21 24 36	10♉ 46 19	16 57 52	9 26 05	21 00 50	19 00 40	18 01 26	13 49 05	12 22 27	8 17 33	11 42 39	22 25 54	11 16 17	18 25 27
5 F	22 28 25	23 10 08	29 15 54	10 17 13	22 17 57	19 13 28	18 12 44	14 08 05	12 40 14	8 27 19	11 47 36	22 32 46	11 21 50	18 29 28
6 Sa	23 32 22	5♊ 23 00	11♊ 24 02	11 00 10	23 35 10	19 25 50	18 23 55	14 27 28	12 58 13	8 37 19	11 52 36	22 39 46	11 27 31	18 33 36
7 Su	24 35 57	17 26 43	23 24 25	11 34 06	24 51 59	19 37 16	18 34 31	14 46 44	13 15 55	8 47 02	11 57 09	22 46 25	11 32 51	18 37 23
8 M	25 38 45	29 23 52	5♋ 20 02	11 58 20	26 07 59	19 47 18	18 44 05	15 05 27	13 32 51	8 56 02	12 00 49	22 52 16	11 37 24	18 40 21
9 Tu	26 40 25	11♋ 17 52	17 14 36	12 12 28	27 22 50	19 55 36	18 52 17	15 23 16	13 48 44	9 04 01	12 03 18	22 56 59	11 40 49	18 42 11
10 W	27 40 50	23 12 54	29 12 29	12 16 20	28 36 24	20 02 02	18 58 60	15 40 05	14 03 25	9 10 49	12 04 26	23 00 28	11 42 59	18 42 46
11 Th	28 40 06	5♌ 13 43	11♌ 18 35	12 10 13	29 48 47	20 06 42	19 04 19	15 55 58	14 17 00	9 16 32	12 04 21	23 02 48	11 44 01	18 42 11
12 F	29 38 32	17 25 30	23 38 01	11 54 41	1♐ 00 19	20 09 53	19 08 33	16 11 16	14 29 50	9 21 32	12 03 21	23 04 19	11 44 14	18 40 47
13 Sa	0♏ 36 42	29 53 26	6♍ 15 43	11 30 45	2 11 32	20 12 08	19 12 16	16 26 30	14 42 25	9 26 19	12 01 59	23 05 32	11 44 10	18 39 04
14 Su	1 35 11	12♍ 42 11	19 15 55	10 59 38	3 23 03	20 14 03	19 16 03	16 42 17	14 55 23	9 31 31	12 00 53	23 07 06	11 44 26	18 37 42
15 M	2 34 38	25 55 23	2♎ 41 29	10 22 41	4 35 30	20 16 15	19 20 32	16 59 15	15 09 22	9 37 45	12 00 39	23 09 37	11 45 39	18 37 16
16 Tu	3 35 30	9♎ 34 54	16 33 18	9 41 19	5 49 20	20 19 12	19 26 11	17 17 53	15 24 49	9 45 29	12 01 47	23 13 34	11 48 20	18 38 17
17 W	4 38 03	23 40 12	0♏ 49 35	8 56 45	7 04 49	20 23 07	19 33 15	17 38 23	15 41 60	9 54 58	12 04 29	23 19 11	11 52 40	18 40 56
18 Th	5 42 07	8♏ 07 56	15 25 49	8 09 58	8 21 47	20 27 52	19 41 34	18 00 37	16 00 45	10 06 04	12 08 39	23 26 20	11 58 32	18 45 08
19 F	6 47 15	22 52 06	0♐ 14 58	7 21 43	9 39 47	20 32 59	19 50 41	18 24 08	16 20 37	10 18 18	12 13 48	23 34 33	12 05 28	18 50 23
20 Sa	7 52 41	7♐ 44 38	15 08 32	6 32 26	10 58 04	20 37 42	19 59 51	18 48 11	16 40 50	10 30 56	12 19 12	23 43 05	12 12 44	18 55 57
21 Su	8 57 37	22 36 46	29 57 52	5 42 29	12 15 47	20 41 11	20 08 14	19 11 55	17 00 36	10 43 07	12 24 00	23 51 05	12 19 29	19 00 60
22 M	10 01 16	7♑ 20 24	14♑ 35 35	4 52 16	13 32 12	20 42 41	20 15 05	19 34 35	17 19 08	10 54 07	12 27 28	23 57 51	12 24 59	19 04 47
23 Tu	11 03 12	21 49 21	28 56 33	4 02 23	14 46 53	20 41 45	20 19 56	19 55 45	17 36 00	11 03 28	12 29 10	24 02 53	12 28 47	19 06 51
24 W	12 03 23	5♒ 59 60	12♒ 58 14	3 13 44	15 59 45	20 38 20	20 22 46	20 15 20	17 51 09	11 11 09	12 29 01	24 06 10	12 30 49	19 07 10
25 Th	13 02 10	19 51 14	26 40 27	2 27 29	17 11 11	20 32 49	20 23 55	20 33 44	18 04 58	11 17 30	12 27 26	24 08 04	12 31 29	19 06 06
26 F	14 00 15	3♓ 23 59	10♓ 04 44	1 45 01	18 21 53	20 25 52	20 24 07	20 51 39	18 18 08	11 23 15	12 25 05	24 09 16	12 31 27	19 04 21
27 Sa	14 58 33	16 40 27	23 13 35	1 07 43	19 32 45	20 18 24	20 24 13	21 09 56	18 31 32	11 29 16	12 22 51	24 10 41	12 31 38	19 02 48
28 Su	15 57 54	29 43 15	6♈ 09 41	0 36 53	20 44 38	20 11 16	20 25 08	21 29 29	18 46 03	11 36 25	12 21 39	24 13 10	12 32 54	19 02 19
29 M	16 59 03	12♈ 34 54	18 55 28	0 13 29	21 58 15	20 05 12	20 27 32	21 51 00	19 02 23	11 45 25	12 22 09	24 17 26	12 35 58	19 03 38
30 Tu	18 02 23	25 17 23	1♉ 32 43	29♎ 58 04	23 14 01	20 00 36	20 31 51	22 14 54	19 20 58	11 56 42	12 24 48	24 23 54	12 41 14	19 07 09
31 W	19 07 59	7♉ 51 58	14 02 34	29 50 45	24 32 00	19 57 32	20 38 09	22 41 14	19 41 50	12 10 18	12 29 39	24 32 37	12 48 46	19 12 56

LONGITUDE — April 1999

Day	☉	0 hr ☽	Noon ☽	☿	♀	♂	⚵	⚳	♃	♄	⚷	♅	♆	♇
1 Th	20♏ 15 32	20♉ 19 17	26♉ 25 35	29♎ 51 11	25♐ 51 52	19♊ 55 41	20♋ 46 05	23♑ 09 41	20♏ 04 41	12♐ 25 55	12♋ 36 22	24♍ 43 17	12♍ 58 14	19♋ 20 40
2 F	21 24 23	2♊ 39 32	8♊ 41 60	29 58 40	27 12 59	19 54 25	20 55 02	23 39 37	20 28 51	12 42 53	12 44 20	24 55 15	13 09 01	19 29 42
3 Sa	22 33 40	14 52 53	20 52 07	0♏ 12 11	28 34 30	19 52 53	21 04 08	24 10 09	20 53 31	13 00 21	12 52 40	25 07 38	13 20 15	19 39 11
4 Su	23 42 28	26 59 44	2♋ 56 38	0 30 37	29 55 27	19 50 10	21 12 26	24 40 21	21 17 42	13 17 24	13 00 27	25 19 32	13 30 60	19 48 10
5 M	24 49 54	9♋ 01 10	14 56 58	0 52 55	1♑ 14 59	19 45 22	21 19 05	25 09 21	21 40 33	13 33 08	13 06 49	25 30 04	13 40 22	19 55 47
6 Tu	25 55 20	20 59 10	26 55 28	1 18 14	2 32 28	19 37 54	21 23 26	25 36 31	22 01 26	13 46 55	13 11 07	25 38 35	13 47 45	20 01 25
7 W	26 58 27	2♌ 56 48	8♌ 55 33	1 46 01	3 47 33	19 27 26	21 25 09	26 01 32	22 20 01	13 58 27	13 13 03	25 44 47	13 52 49	20 04 44
8 Th	27 59 21	14 58 14	21 01 41	2 16 09	5 00 22	19 14 05	21 24 21	26 24 28	22 36 24	14 07 49	13 12 41	25 48 45	13 55 39	20 05 49
9 F	28 58 30	27 08 35	3♍ 19 11	2 48 54	6 11 23	18 58 22	21 21 31	26 45 49	22 51 05	14 15 29	13 10 32	25 50 58	13 56 45	20 05 11
10 Sa	29 56 46	9♍ 33 38	15 53 53	3 24 51	7 21 26	18 41 07	21 17 28	27 06 26	23 04 52	14 22 19	13 07 25	25 52 16	13 56 57	20 03 38
11 Su	0♐ 55 08	22 19 19	28 51 30	4 04 52	8 31 32	18 23 23	21 13 14	27 27 18	23 18 47	14 29 18	13 04 21	25 53 40	13 57 16	20 02 12
12 M	1 54 40	5♎ 30 60	12♎ 16 50	4 49 44	9 42 42	18 06 14	21 09 50	27 49 28	23 33 53	14 37 29	13 02 24	25 56 13	13 58 44	20 01 56
13 Tu	2 56 12	19 12 32	26 12 46	5 40 10	10 55 49	17 50 32	21 08 09	28 13 47	23 50 60	14 47 43	13 02 23	26 00 45	14 02 12	20 03 40
14 W	4 00 11	3♏ 25 14	10♏ 39 14	6 36 24	12 11 19	17 36 46	21 08 36	28 40 42	24 10 34	15 00 27	13 04 46	26 07 43	14 08 06	20 07 51
15 Th	5 06 32	18 06 56	25 32 23	7 38 12	13 29 06	17 24 53	21 11 08	29 10 07	24 32 32	15 15 36	13 09 28	26 17 02	14 16 23	20 14 25
16 F	6 14 38	3♐ 11 32	10♐ 44 31	8 44 48	14 48 34	17 14 18	21 15 06	29 41 26	24 56 15	15 32 32	13 15 52	26 28 06	14 26 24	20 22 43
17 Sa	7 23 24	18 29 27	26 04 55	9 54 59	16 08 37	17 03 59	21 19 26	0♒ 13 33	25 20 39	15 50 11	13 22 54	26 39 49	14 37 06	20 31 43
18 Su	8 31 36	3♑ 49 04	11♑ 21 40	11 07 23	17 28 02	16 52 43	21 22 55	0 45 14	25 44 29	16 07 19	13 29 19	26 50 57	14 47 14	20 40 09
19 M	9 38 06	18 58 51	26 23 56	12 20 46	18 45 40	16 39 26	21 24 26	1 15 23	26 06 39	16 22 48	13 34 00	27 00 24	14 55 40	20 46 53
20 Tu	10 42 13	3♒ 49 27	11♒ 03 49	13 34 18	20 00 50	16 23 28	21 23 16	1 43 16	26 26 26	16 35 56	13 36 16	27 07 26	15 01 43	20 51 15
21 W	11 43 48	18 15 08	25 17 10	14 47 49	21 13 24	16 04 44	21 19 18	2 08 46	26 43 43	16 46 36	13 35 58	27 11 56	15 05 15	20 53 07
22 Th	12 43 21	2♓ 13 54	9♓ 03 28	16 01 39	22 23 50	15 43 46	21 13 00	2 32 21	26 58 57	16 55 15	13 33 36	27 14 23	15 06 45	20 52 57
23 F	13 41 46	15 47 01	22 25 02	17 16 40	23 33 03	15 21 30	21 05 19	2 54 56	27 13 05	17 02 49	13 30 04	27 15 42	15 07 07	20 51 40
24 Sa	14 40 14	28 57 51	5♈ 25 52	18 33 58	24 42 12	14 59 11	20 57 25	3 17 42	27 27 15	17 10 28	13 26 34	27 17 03	15 07 32	20 50 26
25 Su	15 39 55	11♈ 50 48	18 10 35	19 54 40	25 52 29	14 37 60	20 50 28	3 41 48	27 42 39	17 19 22	13 24 15	27 19 36	15 09 10	20 50 27
26 M	16 41 46	24 30 19	0♉ 43 33	21 19 40	27 04 50	14 18 57	20 45 25	4 08 12	28 00 13	17 30 29	13 24 04	27 24 19	15 12 58	20 52 38
27 Tu	17 46 21	7♉ 00 16	13 08 25	22 49 29	28 19 49	14 02 40	20 42 51	4 37 27	28 20 31	17 44 22	13 26 36	27 31 45	15 19 31	20 57 34
28 W	18 53 47	19 23 33	25 27 47	24 24 11	29 37 32	13 49 17	20 42 53	5 09 40	28 43 40	18 01 08	13 31 58	27 42 01	15 28 54	21 05 22
29 Th	20 03 41	1♊ 42 00	7♊ 43 14	26 03 22	0♒ 57 37	13 38 28	20 45 09	5 44 28	29 09 18	18 20 24	13 39 46	27 54 44	15 40 45	21 15 39
30 F	21 15 17	13 56 32	19 55 27	27 46 15	2 19 17	13 29 30	20 48 52	6 21 05	29 36 37	18 41 23	13 49 16	28 09 08	15 54 19	21 27 38

Notes

May 1999

LONGITUDE

Day	☉	0 hr ☽	Noon ☽	☿	♀	♂	⚵	⚳	♃	♄	⚷	♅	♆	♇
1 Sa	22 ♐ 27 32	26 ♊ 07 27	2 ♋ 04 40	29 ♏ 31 44	3 ♒ 41 29	13 ♊ 21 22	20 ♋ 53 00	6 ♒ 58 28	0 ♐ 04 35	19 ♐ 03 03	13 ♋ 59 23	28 ♍ 24 11	16 ♍ 08 31	21 ♋ 40 18
2 Su	23 39 17	8 ♋ 14 48	14 10 59	1 ♐ 18 40	5 03 03	13 12 58	20 56 24	7 35 28	0 32 02	19 24 15	14 08 59	28 38 42	16 22 13	21 52 28
3 M	24 49 28	20 18 56	26 14 55	3 05 58	6 22 56	13 03 15	20 58 01	8 10 59	0 57 54	19 43 54	14 16 59	28 51 37	16 34 20	22 03 04
4 Tu	25 57 15	2 ♌ 20 50	8 ♌ 17 45	4 52 48	7 40 17	12 51 27	20 57 00	8 44 14	1 21 22	20 01 10	14 22 35	29 02 08	16 44 04	22 11 17
5 W	27 02 12	14 22 28	20 21 45	6 38 44	8 54 40	12 37 10	20 52 58	9 14 44	1 41 59	20 15 38	14 25 20	29 09 47	16 50 57	22 16 41
6 Th	28 04 22	26 26 58	2 ♍ 30 28	8 23 47	10 06 07	12 20 29	20 45 55	9 42 33	1 59 48	20 27 19	14 25 17	29 14 37	16 55 02	22 19 18
7 F	29 04 13	8 ♍ 38 39	14 48 31	10 08 26	11 15 08	12 01 54	20 36 21	10 08 09	2 15 16	20 36 42	14 22 54	29 17 08	16 56 48	22 19 36
8 Sa	0 ♑ 02 38	21 02 49	27 21 25	11 53 36	12 22 34	11 42 21	20 25 11	10 32 26	2 29 18	20 44 40	14 19 04	29 18 11	16 57 07	22 18 30
9 Su	1 00 47	3 ♎ 45 23	10 ♎ 15 04	13 40 25	13 29 34	11 23 01	20 13 32	10 56 31	2 43 02	20 52 22	14 14 58	29 18 55	16 57 09	22 17 07
10 M	1 59 49	16 52 09	23 35 00	15 30 03	14 37 19	11 05 07	20 02 37	11 21 36	2 57 38	21 00 58	14 11 44	29 20 31	16 58 04	22 16 38
11 Tu	3 00 45	0 ♏ 27 58	7 ♏ 25 21	17 23 32	15 46 48	10 49 40	19 53 26	11 48 40	3 14 06	21 11 30	14 10 24	29 24 01	17 00 53	22 18 04
12 W	4 04 12	14 35 36	21 47 39	19 21 26	16 58 39	10 37 20	19 46 36	12 18 20	3 33 03	21 24 31	14 11 35	29 29 58	17 06 12	22 22 01
13 Th	5 10 10	29 14 36	6 ♐ 39 47	21 23 48	18 12 51	10 28 09	19 42 10	12 50 38	3 54 30	21 40 05	14 15 17	29 38 26	17 14 01	22 28 31
14 F	6 18 06	14 ♐ 20 22	21 55 18	23 30 01	19 28 51	10 21 35	19 39 32	13 24 58	4 17 53	21 57 37	14 20 56	29 48 49	17 23 47	22 36 58
15 Sa	7 26 54	29 44 12	7 ♑ 23 53	25 38 60	20 45 32	10 16 34	19 37 40	14 00 15	4 42 06	22 16 01	14 27 28	0 ♎ 00 03	17 34 25	22 46 18
16 Su	8 35 15	15 ♑ 14 16	22 52 55	27 49 23	22 01 36	10 11 50	19 35 15	14 35 11	5 05 50	22 33 58	14 33 34	0 10 49	17 44 36	22 55 12
17 M	9 41 56	0 ♒ 37 44	8 ♒ 09 48	29 59 54	23 15 50	10 06 10	19 31 04	15 08 33	5 27 53	22 50 17	14 38 01	0 19 54	17 53 07	23 02 28
18 Tu	10 46 10	15 43 15	23 04 24	2 ♑ 09 41	24 27 25	9 58 49	19 24 22	15 39 33	5 47 26	23 04 08	14 40 01	0 26 30	17 59 09	23 07 18
19 W	11 47 44	0 ♓ 22 48	7 ♓ 30 32	4 18 26	25 36 08	9 49 33	19 14 54	16 07 58	6 04 17	23 15 19	14 39 23	0 30 24	18 02 32	23 09 28
20 Th	12 47 01	14 32 39	21 26 10	6 26 26	26 42 22	9 38 49	19 03 07	16 34 11	6 18 50	23 24 14	14 36 29	0 32 00	18 03 37	23 09 23
21 F	13 44 54	28 12 53	4 ♈ 52 49	8 34 27	27 47 01	9 27 30	18 49 54	16 59 05	6 31 57	23 31 45	14 32 13	0 32 12	18 03 19	23 07 55
22 Sa	14 42 33	11 ♈ 26 26	17 54 22	10 43 26	28 51 12	9 16 45	18 36 25	17 23 50	6 44 47	23 39 02	14 27 44	0 32 08	18 02 46	23 06 14
23 Su	15 41 08	24 17 56	0 ♉ 35 54	12 54 25	29 56 05	9 07 45	18 23 49	17 49 36	6 58 30	23 47 15	14 24 12	0 32 57	18 03 08	23 05 30
24 M	16 41 35	6 ♉ 52 30	13 02 41	15 08 06	1 ♓ 02 37	9 01 28	18 13 07	18 17 19	7 14 04	23 57 20	14 22 35	0 35 38	18 05 23	23 06 41
25 Tu	17 44 31	19 15 02	25 19 28	17 24 51	2 11 23	8 58 29	18 04 53	18 47 35	7 32 04	24 09 53	14 23 29	0 40 47	18 10 06	23 10 21
26 W	18 50 03	1 ♊ 29 38	7 ♊ 30 06	19 44 35	3 22 31	8 58 58	17 59 17	19 20 33	7 52 38	24 25 03	14 27 01	0 48 31	18 17 26	23 16 39
27 Th	19 57 54	13 39 24	19 37 21	22 06 41	4 35 42	9 02 34	17 56 01	19 55 53	8 15 28	24 42 31	14 32 54	0 58 31	18 27 04	23 25 16
28 F	21 07 21	25 46 23	1 ♋ 42 60	24 30 12	5 50 13	9 08 37	17 54 22	20 32 53	8 39 50	25 01 34	14 40 25	1 10 06	18 38 16	23 35 31
29 Sa	22 17 26	7 ♋ 51 49	13 47 59	26 53 52	7 05 06	9 16 08	17 53 25	21 10 36	9 04 48	25 21 14	14 48 36	1 22 17	18 50 07	23 46 25
30 Su	23 27 05	19 56 21	25 52 50	29 16 21	8 19 16	9 24 03	17 52 06	21 47 57	9 29 17	25 40 28	14 56 24	1 34 01	19 01 32	23 56 54
31 M	24 35 20	2 ♌ 00 29	7 ♌ 58 01	1 ♒ 36 26	9 31 45	9 31 24	17 49 26	22 23 58	9 52 17	25 58 17	15 02 49	1 44 18	19 11 31	24 06 00

June 1999

LONGITUDE

Day	☉	0 hr ☽	Noon ☽	☿	♀	♂	⚵	⚳	♃	♄	⚷	♅	♆	♇
1 Tu	25 ♑ 41 24	14 ♌ 04 57	20 ♌ 04 21	3 ♒ 53 05	10 ♓ 41 44	9 ♊ 37 23	17 ♋ 44 41	22 ♒ 57 52	10 ♐ 13 04	26 ♐ 13 54	15 ♋ 07 07	1 ♎ 52 24	19 ♍ 19 19	24 ♋ 12 57
2 W	26 44 53	26 11 04	2 ♍ 13 22	6 05 39	11 48 50	9 41 36	17 37 25	23 29 14	10 31 12	26 26 54	15 08 52	1 57 52	19 24 31	24 17 19
3 Th	27 45 46	8 ♍ 20 59	14 27 27	8 13 57	12 52 59	9 44 01	17 27 40	23 58 04	10 46 40	26 37 16	15 08 03	2 00 42	19 27 07	24 19 06
4 F	28 44 26	20 37 49	26 50 04	10 18 11	13 54 37	9 45 01	17 15 48	24 24 45	10 59 51	26 45 25	15 05 04	2 01 17	19 27 28	24 18 41
5 Sa	29 41 38	3 ♎ 05 38	9 ♎ 25 29	12 18 57	14 54 26	9 45 22	17 02 36	24 50 01	11 11 30	26 52 04	15 00 39	2 00 23	19 26 21	24 16 49
6 Su	0 ♒ 38 20	15 49 09	22 18 33	14 17 05	15 53 24	9 46 00	16 49 02	25 14 51	11 22 35	26 58 12	14 55 48	1 58 56	19 24 44	24 14 28
7 M	1 35 35	28 53 15	5 ♏ 34 02	16 13 32	16 52 32	9 47 58	16 36 08	25 40 16	11 34 08	27 04 50	14 51 32	1 58 00	19 23 37	24 12 41
8 Tu	2 34 15	12 ♏ 22 20	19 15 52	18 09 05	17 52 44	9 52 07	16 24 49	26 07 10	11 47 02	27 12 51	14 48 44	1 58 27	19 23 55	24 12 20
9 W	3 34 54	26 19 19	3 ♐ 26 07	20 04 15	18 54 31	9 59 01	16 15 39	26 36 06	12 01 51	27 22 50	14 47 58	2 00 51	19 26 12	24 13 58
10 Th	4 37 38	10 ♐ 44 42	18 03 58	21 59 04	19 57 58	10 08 46	16 08 44	27 07 09	12 18 39	27 34 51	14 49 20	2 05 17	19 30 31	24 17 42
11 F	5 42 02	25 35 41	3 ♑ 05 00	23 53 05	21 02 41	10 20 56	16 03 39	27 39 56	12 37 02	27 48 30	14 52 26	2 11 21	19 36 31	24 23 08
12 Sa	6 47 17	10 ♑ 45 48	18 21 10	25 45 26	22 07 49	10 34 41	15 59 37	28 13 36	12 56 11	28 02 57	14 56 25	2 18 14	19 43 19	24 29 24
13 Su	7 52 18	26 05 23	3 ♒ 41 45	27 35 03	23 12 18	10 48 58	15 55 35	28 47 07	13 15 02	28 17 09	15 00 15	2 24 52	19 49 54	24 35 29
14 M	8 56 08	11 ♒ 23 04	18 55 08	29 20 56	24 15 08	11 02 46	15 50 34	29 19 28	13 32 36	28 30 07	15 02 57	2 30 17	19 55 17	24 40 24
15 Tu	9 58 04	26 27 48	3 ♓ 50 55	1 ♓ 02 22	25 15 36	11 15 24	15 43 52	29 49 58	13 48 11	28 41 09	15 03 49	2 33 45	19 58 45	24 43 25
16 W	10 57 51	11 ♓ 10 42	18 21 39	2 39 04	26 13 25	11 26 36	15 35 15	0 ♓ 18 22	14 01 31	28 49 59	15 02 36	2 35 02	20 00 02	24 44 19
17 Th	11 55 41	25 26 20	2 ♈ 23 29	4 11 14	27 08 47	11 36 33	15 24 57	0 44 53	14 12 51	28 56 51	14 59 32	2 34 22	19 59 24	24 43 18
18 F	12 52 14	9 ♈ 12 51	15 56 06	5 39 29	28 02 20	11 45 54	15 13 36	1 10 08	14 22 46	29 02 22	14 55 13	2 32 21	19 57 27	24 41 01
19 Sa	13 48 17	22 31 32	29 01 55	7 04 37	28 54 51	11 55 26	15 02 02	1 34 58	14 32 08	29 07 22	14 50 30	2 29 51	19 55 00	24 38 16
20 Su	14 44 46	5 ♉ 25 44	11 ♉ 45 04	8 27 29	29 47 12	12 06 03	14 51 09	2 00 14	14 41 48	29 12 44	14 46 17	2 27 43	19 52 58	24 35 57
21 M	15 42 23	18 00 01	24 10 26	9 48 48	0 ♈ 40 08	12 18 29	14 41 41	2 26 43	14 52 33	29 19 12	14 43 17	2 26 43	19 52 05	24 34 49
22 Tu	16 41 39	0 ♊ 19 16	6 ♊ 23 02	11 09 01	1 34 04	12 33 11	14 34 09	2 54 52	15 04 49	29 27 16	14 42 00	2 27 20	19 52 49	24 35 21
23 W	17 42 42	12 28 07	18 27 25	12 28 14	2 29 10	12 50 18	14 28 41	3 24 51	15 18 48	29 37 05	14 42 36	2 29 43	19 55 21	24 37 42
24 Th	18 45 23	24 30 39	0 ♋ 27 25	13 46 13	3 25 13	13 09 38	14 25 07	3 56 30	15 34 17	29 48 28	14 44 54	2 33 41	19 59 29	24 41 41
25 F	19 49 13	6 ♋ 30 10	12 26 04	15 02 27	4 21 45	13 30 45	14 23 01	4 29 20	15 50 50	0 ♑ 00 58	14 48 26	2 38 46	20 04 46	24 46 52
26 Sa	20 53 34	18 29 12	24 25 37	16 16 13	5 18 04	13 52 57	14 21 44	5 02 43	16 07 48	0 13 55	14 52 34	2 44 22	20 10 33	24 52 35
27 Su	21 57 43	0 ♌ 29 40	6 ♌ 27 43	17 26 43	6 13 26	14 15 32	14 20 32	5 35 57	16 24 26	0 26 37	14 56 34	2 49 43	20 16 08	24 58 07
28 M	23 00 59	12 33 01	18 33 36	18 33 13	7 07 10	14 37 48	14 18 46	6 08 19	16 40 06	0 38 23	14 59 47	2 54 10	20 20 49	25 02 48
29 Tu	24 02 52	24 40 26	0 ♍ 44 20	19 35 06	7 58 42	14 59 13	14 15 56	6 39 20	16 54 15	0 48 41	15 01 41	2 57 11	20 24 07	25 06 06
30 W	25 03 04	6 ♍ 53 11	13 01 09	20 31 58	8 47 43	15 19 29	14 11 42	7 08 42	17 06 37	0 57 16	15 01 60	2 58 30	20 25 42	25 07 45

Notes

LONGITUDE — July 1999

Day	☉	0 hr ☽	Noon ☽	☿	♀	♂	⚴	⚵	♃	♄	⚷	♅	♆	♇
1 Th	26♒01 33	19℧12 45	25℧25 35	21♓23 42	9♈34 10	15Ⅱ38 35	14♋06 05	7♓36 23	17♐17 09	1♑04 04	15♋00 40	2♌58 05	20℧25 35	25♋07 43
2 F	26 58 35	1♎41 01	7♎59 37	22 10 24	10 18 16	15 56 43	13 59 19	8 02 38	17 26 05	1 09 20	14 57 58	2 56 10	20 23 59	25 06 14
3 Sa	27 54 37	14 20 20	20 45 45	22 52 27	11 00 25	16 14 22	13 51 52	8 27 54	17 33 54	1 13 32	14 54 21	2 53 18	20 21 22	25 03 46
4 Su	28 50 15	27 13 27	3♏46 49	23 30 18	11 41 13	16 32 06	13 44 20	8 52 48	17 41 12	1 17 16	14 50 25	2 49 50	20 18 20	25 00 55
5 M	29 46 08	10♏23 15	17 05 38	24 04 29	12 21 15	16 50 34	13 37 21	9 17 57	17 48 36	1 21 10	14 46 48	2 46 39	20 15 31	24 58 20
6 Tu	0♋42 48	23 52 19	0♐44 32	24 35 23	13 01 02	17 10 18	13 31 28	9 43 55	17 56 39	1 25 47	14 44 03	2 44 14	20 13 29	24 56 33
7 W	1 40 36	7♐42 24	14 44 44	25 03 15	13 40 52	17 31 37	13 27 03	10 11 02	18 05 43	1 31 27	14 42 31	2 42 55	20 12 34	24 55 55
8 Th	2 39 36	21 53 46	29 05 40	25 28 01	14 20 47	17 54 37	13 24 09	10 39 22	18 15 50	1 38 15	14 42 17	2 42 46	20 12 51	24 56 30
9 F	3 39 36	6♑24 36	13♑44 28	25 49 21	15 00 33	18 19 02	13 22 34	11 08 43	18 26 48	1 45 58	14 43 07	2 43 34	20 14 05	24 58 06
10 Sa	4 40 09	21 10 41	28 06 41	15 39 38	18 44 27	13 21 51	11 38 37	18 38 10	1 54 09	14 44 34	2 44 53	20 15 52	25 00 16

(Data continues through July 31)

LONGITUDE — August 1999

Day	☉	0 hr ☽	Noon ☽	☿	♀	♂	⚴	⚵	♃	♄	⚷	♅	♆	♇
1 Su	25♓51 40	7♏39 46	14♏22 01	16♓42 58	22♈04 07	28Ⅱ39 44	13♋27 08	21♓38 29	21♐08 13	3♑31 27	14♋39 17	2♌07 11	19℧51 52	24♋52 30

(Data continues through August 31)

Notes

September 1999 — LONGITUDE

Day	☉	0 hr ☽	Noon ☽	☿	♀	♂	⚵	⚳	♃	♄	⚷	♅	♆	♇
1 W	25 ♈ 54 48	29 ♐ 52 59	6 ♑ 59 05	18 ♈ 59 46	7 ♈ 53 21	16 ♋ 29 02	17 ♋ 30 16	5 ♈ 45 41	22 ♐ 11 48	4 ♑ 28 35	15 ♋ 51 43	1 ♎ 10 15	19 ♍ 21 16	25 ♋ 05 18
2 Th	26 53 58	14 ♑ 06 42	21 13 17	20 58 37	7 33 03	17 07 28	17 42 32	6 13 31	22 11 20	4 29 22	15 56 11	1 09 16	19 21 09	25 06 51
3 F	27 51 60	28 19 36	5 ♒ 25 28	22 56 10	7 13 51	17 44 54	17 53 50	6 40 09	22 09 29	4 28 53	15 59 34	1 07 08	19 19 53	25 07 17
4 Sa	28 49 06	12 ♒ 29 35	19 33 44	24 52 25	6 56 03	18 21 34	18 04 23	7 05 51	22 06 30	4 27 21	16 02 06	1 04 05	19 17 43	25 06 48
5 Su	29 45 48	26 35 12	3 ♓ 36 44	26 47 42	6 40 09	18 57 57	18 14 41	7 31 03	22 02 52	4 25 15	16 04 16	1 00 36	19 15 05	25 05 53
6 M	0 ♉ 42 41	10 ♓ 35 18	17 33 19	28 42 30	6 26 50	19 34 41	18 25 21	7 56 25	21 59 11	4 23 12	16 06 41	0 57 19	19 12 40	25 05 11
7 Tu	1 40 26	24 28 45	1 ♈ 22 19	0 ♉ 37 21	6 16 46	20 12 24	18 37 03	8 22 36	21 56 09	4 21 53	16 10 01	0 54 53	19 11 05	25 05 20
8 W	2 39 35	8 ♈ 14 11	15 02 18	2 32 42	6 10 28	20 51 39	18 50 17	8 50 07	21 54 16	4 21 49	16 14 47	0 53 51	19 10 54	25 06 53
9 Th	3 40 25	21 49 51	28 31 32	4 28 47	6 08 14	21 32 44	19 05 23	9 19 16	21 53 52	4 23 19	16 21 18	0 54 29	19 12 23	25 10 07
10 F	4 42 56	5 ♉ 13 51	11 ♉ 48 14	6 25 32	6 10 03	22 15 38	19 22 20	9 50 03	21 54 55	4 26 21	16 29 34	0 56 49	19 15 34	25 15 03
11 Sa	5 46 50	18 24 19	24 50 52	8 22 37	6 15 34	23 00 02	19 40 48	10 22 11	21 57 08	4 30 39	16 39 16	1 00 33	19 20 07	25 21 22
12 Su	6 51 34	1 ♊ 19 48	7 ♊ 38 26	10 19 26	6 24 13	23 45 25	20 00 16	10 55 05	21 59 58	4 35 38	16 49 51	1 05 06	19 25 30	25 28 31
13 M	7 56 26	13 59 41	20 10 48	12 15 17	6 35 14	24 31 03	20 20 01	11 28 04	22 02 43	4 40 38	17 00 37	1 09 47	19 31 01	25 35 48
14 Tu	9 00 43	26 24 21	2 ♋ 28 57	14 09 26	6 47 53	25 16 12	20 39 20	12 00 24	22 04 39	4 44 54	17 10 51	1 13 54	19 35 56	25 42 30
15 W	10 03 48	8 ♋ 35 25	14 34 59	16 01 16	7 01 30	26 00 18	20 57 35	12 31 28	22 05 11	4 47 50	17 19 55	1 16 49	19 39 40	25 48 01
16 Th	11 05 17	20 35 42	26 32 08	17 50 24	7 15 38	26 42 55	21 14 23	13 00 54	22 03 55	4 49 04	17 27 28	1 18 08	19 41 47	25 51 56
17 F	12 05 05	2 ♌ 29 08	8 ♌ 24 42	19 36 45	7 30 08	27 23 57	21 29 39	13 28 36	22 00 46	4 48 28	17 33 22	1 17 48	19 42 14	25 54 10
18 Sa	13 03 25	14 20 32	20 17 43	21 20 32	7 45 10	28 03 39	21 43 35	13 54 46	21 55 56	4 46 17	17 37 51	1 15 59	19 41 12	25 54 56
19 Su	14 00 48	26 15 27	2 ♍ 16 46	23 02 18	8 01 11	28 42 30	21 56 41	14 19 55	21 49 57	4 43 01	17 41 26	1 13 14	19 39 14	25 54 46
20 M	14 57 57	8 ♍ 19 38	14 27 33	24 42 45	8 18 52	29 21 14	22 09 42	14 44 47	21 43 33	4 39 24	17 44 49	1 10 16	19 37 01	25 54 21
21 Tu	15 55 41	20 38 45	26 55 29	26 22 45	8 38 58	0 ♌ 00 39	22 23 26	15 10 11	21 37 32	4 36 14	17 48 51	1 07 53	19 35 24	25 54 32
22 W	16 54 46	3 ♎ 17 44	9 ♎ 45 01	28 03 04	9 02 11	0 41 31	22 38 39	15 36 51	21 32 40	4 34 18	17 54 16	1 06 53	19 35 08	25 56 04
23 Th	17 55 46	16 20 18	22 59 06	29 44 17	9 29 02	1 24 25	22 55 54	16 05 24	21 29 32	4 34 10	18 01 39	1 07 47	19 36 47	25 59 32
24 F	18 58 57	29 48 13	6 ♏ 38 36	1 ♊ 26 40	9 59 42	2 09 34	23 15 26	16 36 02	21 28 23	4 36 04	18 11 14	1 10 53	19 40 36	26 05 09
25 Sa	20 04 07	13 ♏ 40 53	20 41 48	3 10 05	10 33 59	2 56 49	23 37 05	17 08 36	21 29 03	4 39 51	18 22 51	1 15 59	19 46 25	26 12 46
26 Su	21 10 43	27 55 04	5 ♐ 04 23	4 53 57	11 11 14	3 45 36	24 00 17	17 42 32	21 30 58	4 44 57	18 35 57	1 22 31	19 53 39	26 21 49
27 M	22 17 52	12 ♐ 25 09	19 39 54	6 37 24	11 50 31	4 34 60	24 24 08	18 16 56	21 33 14	4 50 27	18 49 36	1 29 36	20 01 26	26 31 24
28 Tu	23 24 30	27 03 55	4 ♑ 20 46	8 19 24	12 30 44	5 23 59	24 47 35	18 50 46	21 34 50	4 55 19	19 02 48	1 36 12	20 08 42	26 40 28
29 W	24 29 43	11 ♑ 43 45	18 59 29	9 59 03	13 10 54	6 11 37	25 09 43	19 23 05	21 34 49	4 58 39	19 14 36	1 41 22	20 14 32	26 48 06
30 Th	25 32 54	26 17 54	3 ♒ 29 58	11 35 45	13 50 22	6 57 18	25 29 55	19 53 18	21 32 36	4 59 49	19 24 23	1 44 30	20 18 20	26 53 42

October 1999 — LONGITUDE

Day	☉	0 hr ☽	Noon ☽	☿	♀	♂	⚵	⚳	♃	♄	⚷	♅	♆	♇
1 F	26 ♉ 33 55	10 ♒ 41 31	17 ♒ 48 09	13 ♊ 09 22	14 ♈ 28 57	7 ♌ 40 54	25 ♋ 48 03	20 ♈ 21 17	21 ♐ 28 02	4 ♑ 58 42	19 ♋ 32 02	1 ♎ 45 29	20 ♍ 19 57	26 ♋ 57 07
2 Sa	27 33 11	24 51 58	1 ♓ 52 19	14 40 20	15 07 02	8 22 50	26 04 32	20 47 25	21 21 35	4 55 43	19 37 58	1 44 44	20 19 50	26 58 47
3 Su	28 31 33	8 ♓ 48 44	15 42 37	16 09 29	15 45 23	9 03 57	26 20 13	21 12 35	21 14 03	4 51 42	19 43 01	1 43 04	20 18 47	26 59 32
4 M	29 30 07	22 32 47	29 20 23	17 37 55	16 25 03	9 45 20	26 36 11	21 37 51	21 06 33	4 47 46	19 48 16	1 41 37	20 17 56	27 00 28
5 Tu	0 ♊ 29 59	6 ♈ 05 44	12 ♈ 47 24	19 06 44	17 07 08	10 28 05	26 53 32	22 04 20	21 00 12	4 45 00	19 54 51	1 41 27	20 18 22	27 02 41
6 W	1 32 03	19 29 07	26 05 08	20 36 50	17 52 27	11 13 07	27 13 11	22 32 57	20 55 55	4 44 21	20 03 40	1 43 31	20 21 01	27 07 05
7 Th	2 36 50	2 ♉ 43 57	9 ♉ 14 23	22 08 44	18 41 30	12 00 58	27 35 39	23 04 11	20 54 13	4 46 17	20 15 14	1 48 19	20 26 22	27 14 13
8 F	3 44 23	15 50 20	22 15 07	23 42 27	19 34 17	12 51 38	28 00 58	23 38 06	20 55 09	4 50 53	20 29 34	1 55 53	20 34 30	27 24 06
9 Sa	4 54 16	28 47 38	5 ♊ 06 38	25 17 32	20 30 19	13 44 43	28 28 42	24 14 16	20 58 16	4 57 43	20 46 16	2 05 48	20 44 56	27 36 18
10 Su	6 05 38	11 ♊ 34 45	17 47 53	26 53 07	21 28 45	14 39 22	28 58 01	24 51 50	21 02 46	5 05 55	21 04 29	2 17 13	20 56 53	27 49 59
11 M	7 17 26	24 10 34	0 ♋ 17 59	28 28 05	22 28 29	15 34 30	29 27 50	25 29 44	21 07 35	5 14 28	21 23 08	2 29 04	21 09 14	28 04 05
12 Tu	8 28 32	6 ♋ 34 27	12 36 40	0 ♋ 01 18	23 28 20	16 29 01	29 57 03	26 06 50	21 11 36	5 22 12	21 41 06	2 40 15	21 20 54	28 17 28
13 W	9 37 57	18 46 40	24 44 41	1 31 43	24 27 18	17 21 55	0 ♌ 24 40	26 42 11	21 13 50	5 28 10	21 57 25	2 49 46	21 30 54	28 29 11
14 Th	10 45 01	0 ♌ 48 44	6 ♌ 43 59	2 58 36	25 24 41	18 12 32	0 49 60	27 15 04	21 13 36	5 31 41	22 11 24	2 56 56	21 38 31	28 38 31
15 F	11 49 27	12 43 30	18 37 53	4 21 38	26 20 11	19 00 36	1 12 47	27 45 15	21 10 41	5 32 29	22 22 46	3 01 30	21 43 32	28 45 14
16 Sa	12 51 28	24 35 11	0 ♍ 30 58	5 40 56	27 13 59	19 46 18	1 33 15	28 12 55	21 05 15	5 30 47	22 31 45	3 03 40	21 46 08	28 49 31
17 Su	13 51 42	6 ♍ 29 07	12 28 52	6 57 03	28 06 41	20 30 16	1 51 59	28 38 41	20 57 57	5 27 12	22 38 57	3 04 04	21 46 56	28 52 00
18 M	14 51 05	18 31 28	24 37 55	8 10 50	28 59 13	21 13 28	2 09 58	29 03 32	20 49 45	5 22 42	22 45 20	3 03 38	21 46 54	28 53 38
19 Tu	15 50 46	0 ♎ 48 50	7 ♎ 04 39	9 23 16	29 52 41	21 57 01	2 28 18	29 28 34	20 41 47	5 18 25	22 52 00	3 03 31	21 47 10	28 55 33
20 W	16 51 49	13 27 31	19 55 05	10 35 21	0 ♉ 48 10	22 41 60	2 48 06	29 54 53	20 35 09	5 15 26	23 00 05	3 04 49	21 48 50	28 58 51
21 Th	17 55 08	26 32 53	3 ♏ 13 54	11 47 48	1 46 30	23 29 18	3 10 13	0 ♉ 23 23	20 30 43	5 14 39	23 10 27	3 08 24	21 52 45	29 04 24
22 F	19 01 10	10 ♏ 08 22	17 03 34	13 00 52	2 48 08	24 19 22	3 35 07	0 54 28	20 28 58	5 16 29	23 23 31	3 14 42	21 59 23	29 12 39
23 Sa	20 09 48	24 14 37	1 ♐ 23 17	14 14 15	3 52 57	25 12 06	4 02 42	1 28 04	20 29 47	5 20 52	23 39 13	3 23 38	22 08 37	29 23 30
24 Su	21 20 23	8 ♐ 48 48	16 08 40	15 27 06	5 00 14	26 06 49	4 32 17	2 03 31	20 32 30	5 27 08	23 56 52	3 34 31	22 19 49	29 36 17
25 M	22 31 48	23 44 26	1 ♑ 11 45	16 37 59	6 08 53	27 02 24	5 02 45	2 39 40	20 36 02	5 34 09	24 15 21	3 46 16	22 31 50	29 49 53
26 Tu	23 42 41	8 ♑ 52 10	16 22 16	17 45 19	7 17 32	27 57 31	5 32 46	3 15 12	20 39 01	5 40 35	24 33 19	3 57 30	22 43 20	0 ♌ 02 57
27 W	24 51 50	24 01 15	1 ♒ 29 21	18 47 31	8 24 55	28 50 57	6 01 06	3 48 53	20 40 15	5 45 13	24 49 33	4 07 01	22 53 05	0 14 15
28 Th	25 58 26	9 ♒ 01 35	16 23 37	19 43 26	9 30 14	29 41 51	6 26 56	4 19 54	20 38 55	5 47 14	25 03 14	4 13 60	23 00 18	0 22 59
29 F	27 02 17	23 45 26	0 ♓ 58 38	20 32 25	10 33 15	0 ♍ 30 02	6 50 04	4 48 02	20 34 49	5 46 25	25 14 09	4 18 14	23 04 44	0 28 57
30 Sa	28 03 49	8 ♓ 08 25	15 11 26	21 14 29	11 34 23	1 15 58	7 10 56	5 13 45	20 28 25	5 43 15	25 22 46	4 20 10	23 06 52	0 32 35
31 Su	29 04 02	22 09 28	29 02 08	21 50 07	12 34 39	2 00 37	7 30 33	5 38 01	20 20 42	5 38 43	25 30 04	4 20 49	23 07 41	0 34 53

Notes

LONGITUDE November 1999

Day	☉	0 hr ☽	Noon ☽	☿	♀	♂	⚵	⚳	♃	♄	⚷	♅	♆	♇
1 M	0♋04 15	5♈50 04	12♈33 06	22♋20 04	13♉35 18	2♍45 17	7♌50 12	6♉02 10	20♐12 59	5♑34 06	25♋37 20	4♎21 28	23♍08 29	0♌37 09
2 Tu	1 05 45	19 13 11	25 47 42	22 45 04	14 37 38	3 31 18	8 11 12	6 27 29	20 06 35	5 30 45	25 45 55	4 23 25	23 10 35	0 40 42
3 W	2 09 38	2♉22 14	8♉49 29	23 05 33	15 42 44	4 19 43	8 34 37	6 55 02	20 02 36	5 29 43	25 56 51	4 27 46	23 15 03	0 46 36
4 Th	3 16 31	15 20 16	21 41 19	23 21 30	16 51 12	5 11 10	9 01 04	7 25 28	20 01 38	5 31 38	26 10 47	4 35 08	23 22 31	0 55 29
5 F	4 26 29	28 09 25	4♊25 07	23 32 21	18 03 06	6 05 45	9 30 40	7 58 51	20 03 47	5 36 36	26 27 48	4 45 36	23 33 04	1 07 26
6 Sa	5 39 05	10♊50 47	17 01 44	23 37 02	19 17 58	7 02 59	10 02 56	8 34 44	20 08 37	5 44 10	26 47 26	4 58 43	23 46 15	1 21 60
7 Su	6 53 24	23 24 34	29 31 10	23 34 07	20 34 54	8 01 60	10 36 59	9 12 13	20 15 15	5 53 26	27 08 48	5 13 35	24 01 10	1 38 16
8 M	8 08 18	5♋50 21	11♋52 57	23 22 01	21 52 43	9 01 36	11 11 39	9 50 08	20 22 29	6 03 13	27 30 43	5 29 02	24 16 39	1 55 05
9 Tu	9 22 30	18 07 38	24 06 40	22 59 18	23 10 09	10 00 34	11 45 39	10 27 13	20 29 07	6 12 18	27 51 57	5 43 49	24 31 27	2 11 12
10 W	10 34 55	0♌16 16	6♌12 24	22 24 55	24 26 06	10 57 46	12 17 56	11 02 23	20 34 02	6 19 35	28 11 23	5 56 50	24 44 27	2 25 31
11 Th	11 44 45	12 16 57	18 11 13	21 38 33	25 39 45	11 52 26	12 47 40	11 34 50	20 36 27	6 24 16	28 28 13	6 07 18	24 54 54	2 37 14
12 F	12 51 39	24 11 34	0♍05 20	20 40 41	26 50 45	12 44 10	13 14 30	12 04 12	20 36 01	6 25 60	28 42 07	6 14 51	25 02 24	2 46 00
13 Sa	13 55 43	6♍03 13	11 58 19	19 32 48	27 59 12	13 33 08	13 38 34	12 30 36	20 32 51	6 24 53	28 53 11	6 19 36	25 07 05	2 51 55
14 Su	14 57 31	17 56 18	23 54 57	18 17 17	29 05 39	14 19 51	14 00 24	12 54 36	20 27 32	6 21 31	29 01 59	6 22 06	25 09 30	2 55 34
15 M	15 58 00	29 56 21	6♎01 04	16 57 18	0♊11 02	15 05 17	14 20 57	13 17 08	20 20 59	6 16 49	29 09 27	6 23 19	25 10 37	2 57 52
16 Tu	16 58 17	12♎09 38	18 23 05	15 36 30	1 16 28	15 50 32	14 41 20	13 39 19	20 14 20	6 11 55	29 16 42	6 24 21	25 11 32	2 59 58
17 W	17 59 30	24 42 38	1♏07 26	14 18 42	2 23 06	16 36 46	15 02 43	14 02 18	20 08 46	6 07 59	29 24 54	6 26 21	25 13 24	3 02 60
18 Th	19 02 38	7♏41 26	14 19 49	13 07 27	3 31 52	17 24 56	15 26 03	14 27 03	20 05 14	6 05 57	29 34 59	6 30 18	25 17 11	3 07 55
19 F	20 08 14	21 10 42	28 04 08	12 05 38	4 43 20	18 15 36	15 51 53	14 54 06	20 04 16	6 06 24	29 47 32	6 36 44	25 23 27	3 15 17
20 Sa	21 16 20	5♐12 49	12♐21 27	11 15 13	5 57 31	19 08 46	16 20 14	15 23 30	20 05 57	6 09 21	0♌02 34	6 45 41	25 32 13	3 25 08
21 Su	22 26 23	19 46 44	27 09 03	10 37 05	7 13 52	20 03 55	16 50 36	15 54 42	20 09 43	6 14 17	0 19 32	6 56 38	25 42 57	3 36 56
22 M	23 37 22	4♑47 28	12♑20 06	10 11 07	8 31 23	21 00 02	17 21 56	16 26 42	20 14 33	6 20 11	0 37 26	7 08 32	25 54 37	3 49 39
23 Tu	24 48 03	20 06 12	27 44 16	9 56 28	9 48 48	21 55 51	17 52 58	16 58 12	20 19 13	6 25 46	0 55 00	7 20 09	26 05 59	4 02 02
24 W	25 57 12	5♒31 28	13♒09 21	9 51 55	11 04 53	22 50 09	18 22 32	17 28 02	20 22 30	6 29 52	1 11 02	7 30 16	26 15 51	4 12 53
25 Th	27 04 00	20 51 14	28 23 36	9 56 15	12 18 48	23 42 07	18 49 45	17 55 20	20 23 34	6 31 37	1 24 41	7 38 02	26 23 20	4 21 21
26 F	28 08 09	5♓55 02	13♓17 45	10 08 34	13 30 16	24 31 28	19 14 22	18 19 49	20 22 09	6 30 46	1 35 41	7 43 12	26 28 12	4 27 09
27 Sa	29 10 00	20 35 45	27 46 19	10 28 27	14 39 37	25 18 30	19 36 42	18 41 49	20 18 34	6 27 38	1 44 20	7 46 04	26 30 45	4 30 37
28 Su	0♌10 23	4♈50 01	11♈47 33	10 55 52	15 47 39	26 04 05	19 57 35	19 02 10	20 13 39	6 23 02	1 51 30	7 47 28	26 31 50	4 32 36
29 M	1 10 25	18 37 56	25 22 50	11 31 04	16 55 31	26 49 20	20 18 09	19 22 00	20 08 34	6 18 09	1 58 17	7 48 34	26 32 34	4 34 13
30 Tu	2 11 16	2♉01 56	8♉35 28	12 14 19	18 04 22	27 35 24	20 39 34	19 42 28	20 04 27	6 14 06	2 05 52	7 50 29	26 34 07	4 36 37

LONGITUDE December 1999

Day	☉	0 hr ☽	Noon ☽	☿	♀	♂	⚵	⚳	♃	♄	⚷	♅	♆	♇
1 W	3♌13 53	15♉05 46	21♉29 37	13♋05 45	19♊15 09	28♍23 16	21♌02 47	20♉04 31	20♐02 16	6♑11 52	2♌15 12	7♎54 13	26♍37 27	4♌40 47
2 Th	4 18 53	27 53 26	4♊09 21	14 05 10	20 28 27	29 13 31	21 28 22	20 28 44	20 02 37	6 12 02	2 26 52	8 00 19	26 43 09	4 47 16
3 F	5 26 21	10♊28 34	16 38 12	15 12 00	21 44 22	0♎06 15	21 56 29	20 55 15	20 05 37	6 14 44	2 41 00	8 08 56	26 51 21	4 56 14
4 Sa	6 35 59	22 53 59	28 58 45	16 25 15	23 02 36	1 01 09	22 26 45	21 23 44	20 10 57	6 19 38	2 57 15	8 19 43	27 01 41	5 07 20
5 Su	7 47 03	5♋11 42	11♋12 44	17 43 40	24 22 24	1 57 30	22 58 30	21 53 27	20 17 54	6 26 02	3 14 56	8 31 58	27 13 29	5 19 51
6 M	8 58 39	17 22 56	23 21 10	19 05 48	25 42 51	2 54 23	23 30 47	22 23 29	20 25 32	6 32 60	3 33 05	8 44 45	27 25 48	5 32 51
7 Tu	10 09 46	29 28 27	5♌24 39	20 30 13	27 02 57	3 50 48	24 02 37	22 52 51	20 32 53	6 39 32	3 50 45	8 57 05	27 37 38	5 45 22
8 W	11 19 30	11♌28 53	17 23 46	21 55 40	28 21 49	4 45 52	24 33 07	23 20 38	20 39 03	6 44 47	4 07 00	9 08 05	27 48 07	5 56 30
9 Th	12 27 14	23 25 04	29 19 28	23 21 09	29 38 47	5 38 55	25 01 36	23 46 11	20 43 23	6 48 04	4 21 13	9 17 05	27 56 36	6 05 35
10 F	13 32 37	5♍18 24	11♍13 21	24 46 03	0♋53 31	6 29 39	25 27 47	24 09 11	20 45 34	6 49 04	4 33 04	9 23 45	28 02 44	6 12 19
11 Sa	14 35 42	17 11 06	23 07 52	26 10 10	2 06 05	7 18 04	25 51 40	24 29 40	20 45 38	6 47 50	4 42 35	9 28 10	28 06 34	6 16 43
12 Su	15 36 51	29 06 16	5♎06 27	27 33 41	3 16 49	8 04 35	26 13 40	24 48 01	20 43 59	6 44 45	4 50 09	9 30 40	28 08 30	6 19 11
13 M	16 36 44	11♎07 54	17 13 25	28 57 04	4 26 24	8 49 50	26 34 24	25 04 53	20 41 15	6 40 29	4 56 25	9 31 56	28 09 10	6 20 22
14 Tu	17 36 11	23 20 48	29 33 48	0♌20 59	5 35 40	9 34 40	26 54 44	25 21 06	20 38 18	6 35 51	5 02 13	9 32 47	28 09 25	6 21 06
15 W	18 36 04	5♏50 12	12♏12 56	1 46 11	6 45 26	10 19 55	27 15 31	25 37 30	20 35 57	6 31 44	5 08 25	9 34 06	28 10 06	6 22 14
16 Th	19 37 05	18 41 20	25 15 57	3 13 16	7 56 28	11 06 19	27 37 28	25 54 50	20 34 57	6 28 50	5 15 44	9 36 35	28 11 56	6 24 30
17 F	20 39 43	1♐58 45	8♐46 56	4 42 37	9 09 13	11 54 21	28 01 03	26 13 33	20 35 47	6 27 39	5 24 39	9 40 42	28 15 25	6 28 23
18 Sa	21 44 04	15 45 33	22 48 05	6 14 15	10 23 47	12 44 07	28 26 22	26 33 45	20 38 32	6 28 16	5 35 15	9 46 35	28 20 37	6 33 57
19 Su	22 49 51	0♑02 27	7♑18 52	7 47 49	11 39 53	13 35 18	28 53 09	26 55 09	20 42 55	6 30 24	5 47 15	9 53 55	28 27 15	6 40 57
20 M	23 56 25	14 47 02	22 15 12	9 22 39	12 56 52	14 27 18	29 20 44	27 17 07	20 48 18	6 33 25	6 00 00	10 02 04	28 34 43	6 48 43
21 Tu	25 02 59	29 53 23	7♒29 32	10 57 52	14 13 56	15 19 16	29 48 20	27 38 49	20 53 51	6 36 30	6 12 43	10 10 14	28 42 09	6 56 27
22 W	26 08 43	15♒12 29	22 51 36	12 32 37	15 30 15	16 10 25	0♍15 06	27 59 26	20 58 48	6 38 52	6 24 34	10 17 36	28 48 47	7 03 21
23 Th	27 13 01	0♓33 23	8♓10 03	14 06 18	16 45 14	17 00 07	0 40 29	28 18 23	21 02 30	6 39 53	6 34 58	10 23 33	28 53 59	7 08 48
24 F	28 15 38	15 45 05	23 14 20	15 38 37	17 58 36	17 48 09	1 04 11	28 35 23	21 04 44	6 39 19	6 43 38	10 27 51	28 57 31	7 12 32
25 Sa	29 16 41	0♈38 22	7♈56 29	17 09 41	19 10 31	18 34 37	1 26 20	28 50 34	21 05 36	6 37 17	6 50 42	10 30 37	28 59 30	7 14 42
26 Su	0♍16 38	15 06 58	22 11 48	18 39 57	20 21 24	19 19 59	1 47 24	29 04 23	21 05 33	6 34 14	6 56 37	10 32 18	29 00 23	7 15 45
27 M	1 16 08	29 08 02	5♉58 56	20 10 02	21 31 53	20 04 52	2 08 00	29 17 28	21 05 15	6 30 49	7 02 03	10 33 32	29 00 49	7 16 18
28 Tu	2 15 51	12♉41 37	19 19 11	21 40 38	22 42 40	20 49 58	2 28 51	29 30 30	21 05 21	6 27 43	7 07 39	10 35 00	29 01 28	7 17 03
29 W	3 16 21	25 49 56	2♊15 35	23 12 18	23 54 19	21 35 52	2 50 29	29 44 01	21 06 26	6 25 30	7 13 59	10 37 17	29 02 55	7 18 34
30 Th	4 17 59	8♊36 28	14 52 07	24 45 24	25 07 11	22 22 54	3 13 17	29 58 25	21 08 52	6 24 31	7 21 26	10 40 44	29 05 31	7 21 13
31 F	5 20 53	21 05 16	27 12 59	26 20 03	26 21 21	23 11 10	3 37 21	0♊13 46	21 12 45	6 24 54	7 30 06	10 45 28	29 09 22	7 25 05

Notes

January 2000

LONGITUDE

Day	☉	0 hr ☽	Noon ☽	☿	♀	♂	⚵	⚳	♃	♄	⚷	♅	♆	♇
1 Sa	6 ♍ 24 53	3 ♋ 20 21	9 ♋ 22 11	27 ♌ 56 07	27 ♋ 36 42	24 ♎ 00 33	4 ♍ 02 31	0 ♊ 29 56	21 ♐ 17 56	6 ♑ 26 30	7 ♌ 39 49	10 ♎ 51 18	29 ♍ 14 20	7 ♌ 30 02
2 Su	7 29 39	15 25 22	21 23 12	29 33 14	28 52 52	24 50 41	4 28 28	0 46 34	21 24 05	6 28 57	7 50 14	10 57 56	29 20 04	7 35 44
3 M	8 34 43	27 23 33	3 ♌ 19 01	1 ♍ 10 59	0 ♌ 09 24	25 41 07	4 54 43	1 03 11	21 30 43	6 31 48	8 00 56	11 04 53	29 26 07	7 41 43
4 Tu	9 39 36	9 ♌ 17 35	15 12 06	2 48 54	1 25 49	26 31 22	5 20 49	1 19 20	21 37 23	6 34 36	8 11 24	11 11 41	29 31 59	7 47 30
5 W	10 43 54	21 09 44	27 04 31	4 26 35	2 41 43	27 21 02	5 46 19	1 34 35	21 43 39	6 36 55	8 21 15	11 17 55	29 37 17	7 52 40
6 Th	11 47 19	3 ♍ 02 02	8 ♍ 58 04	6 03 44	3 56 46	28 09 49	6 10 58	1 48 38	21 49 14	6 38 27	8 30 09	11 23 17	29 41 43	7 56 57
7 F	12 49 43	14 56 18	20 54 32	7 40 14	5 10 52	28 57 34	6 34 35	2 01 21	21 54 00	6 39 05	8 38 00	11 27 40	29 45 08	8 00 11
8 Sa	13 51 08	26 54 26	2 ♎ 55 47	9 16 09	6 24 02	29 44 20	6 57 15	2 12 45	21 57 59	6 38 51	8 44 49	11 31 04	29 47 34	8 02 25
9 Su	14 51 44	8 ♎ 58 30	15 03 58	10 51 40	7 36 26	0 ♏ 30 17	7 19 06	2 23 01	22 01 20	6 37 55	8 50 47	11 33 42	29 49 13	8 03 50
10 M	15 51 48	21 10 49	27 21 32	12 27 04	8 48 22	1 15 41	7 40 25	2 32 26	22 04 22	6 36 34	8 56 10	11 35 49	29 50 20	8 04 41
11 Tu	16 51 39	3 ♏ 34 03	9 ♏ 51 17	14 02 42	10 00 08	2 00 54	8 01 34	2 41 18	22 07 23	6 35 09	9 01 19	11 37 46	29 51 17	8 05 20
12 W	17 51 38	16 11 07	22 36 15	15 38 55	11 12 05	2 46 13	8 22 50	2 49 58	22 10 43	6 33 57	9 06 32	11 39 51	29 52 21	8 06 05
13 Th	18 51 58	29 05 02	5 ♐ 39 25	17 15 58	12 24 26	3 31 54	8 44 28	2 58 39	22 14 36	6 33 15	9 12 04	11 42 20	29 53 47	8 07 11
14 F	19 52 48	12 ♐ 18 36	19 03 26	18 53 59	13 37 21	4 18 04	9 06 37	3 07 29	22 19 11	6 33 09	9 18 03	11 45 19	29 55 44	8 08 46
15 Sa	20 54 08	25 54 02	2 ♑ 50 05	20 32 60	14 50 47	5 04 44	9 29 15	3 16 28	22 24 27	6 33 41	9 24 28	11 48 50	29 58 12	8 10 50
16 Su	21 55 49	9 ♑ 52 24	16 59 42	22 12 53	16 04 39	5 51 45	9 52 17	3 25 29	22 30 17	6 34 42	9 31 14	11 52 45	0 ♎ 01 03	8 13 16
17 M	22 57 42	24 13 05	1 ♒ 30 38	23 53 29	17 18 45	6 38 57	10 15 30	3 34 19	22 36 29	6 36 02	9 38 08	11 56 53	0 04 06	8 15 51
18 Tu	23 59 32	8 ♒ 53 19	16 18 55	25 34 34	18 32 52	7 26 07	10 38 42	3 42 47	22 42 51	6 37 27	9 44 57	12 00 60	0 07 08	8 18 25
19 W	25 01 11	23 47 57	1 ♓ 18 18	27 15 59	19 46 51	8 13 05	11 01 43	3 50 41	22 49 12	6 38 48	9 51 32	12 04 57	0 09 59	8 20 46
20 Th	26 02 34	8 ♓ 49 50	16 20 49	28 57 39	21 00 36	8 59 46	11 24 28	3 57 57	22 55 28	6 40 00	9 57 48	12 08 39	0 12 35	8 22 49
21 F	27 03 41	23 50 31	1 ♈ 17 44	0 ♎ 39 35	22 14 08	9 46 11	11 46 58	4 04 35	23 01 40	6 41 04	10 03 46	12 12 07	0 14 56	8 24 37
22 Sa	28 04 39	8 ♈ 41 25	16 00 51	2 21 51	23 27 34	10 32 25	12 09 18	4 10 41	23 07 52	6 42 06	10 09 30	12 15 27	0 17 09	8 26 14
23 Su	29 05 33	23 15 04	0 ♉ 23 38	4 04 35	24 40 59	11 18 36	12 31 36	4 16 22	23 14 12	6 43 12	10 15 09	12 18 46	0 19 19	8 27 48
24 M	0 ♎ 06 31	7 ♉ 25 57	14 21 49	5 47 50	25 54 31	12 04 50	12 53 58	4 21 43	23 20 47	6 44 29	10 20 48	12 22 08	0 21 34	8 29 24
25 Tu	1 07 36	21 11 06	27 53 40	7 31 37	27 08 11	12 51 10	13 16 25	4 26 46	23 27 38	6 45 59	10 26 30	12 25 39	0 23 53	8 31 05
26 W	2 08 45	4 ♊ 29 53	10 ♊ 59 43	9 15 52	28 21 59	13 37 33	13 38 58	4 31 31	23 34 44	6 47 41	10 32 13	12 29 15	0 26 20	8 32 50
27 Th	3 09 54	17 23 48	23 42 16	11 00 27	29 35 49	14 23 56	14 01 31	4 35 51	23 41 60	6 49 30	10 37 53	12 32 52	0 28 46	8 34 34
28 F	4 10 56	29 55 50	6 ♋ 04 53	12 45 11	0 ♍ 49 34	15 10 11	14 23 56	4 39 41	23 49 19	6 51 19	10 43 22	12 36 23	0 31 07	8 36 10
29 Sa	5 11 44	12 ♋ 09 55	18 11 50	14 29 50	2 03 07	15 56 11	14 46 07	4 42 52	23 56 34	6 53 01	10 48 34	12 39 41	0 33 13	8 37 30
30 Su	6 12 14	24 10 36	0 ♌ 07 42	16 14 16	3 16 26	16 41 53	15 08 01	4 45 20	24 03 42	6 54 33	10 53 25	12 42 43	0 35 03	8 38 33
31 M	7 12 28	6 ♌ 02 32	11 57 06	17 58 19	4 29 29	17 27 18	15 29 37	4 47 07	24 10 42	6 55 55	10 57 55	12 45 28	0 36 36	8 39 17

February 2000

LONGITUDE

Day	☉	0 hr ☽	Noon ☽	☿	♀	♂	⚵	⚳	♃	♄	⚷	♅	♆	♇
1 Tu	8 ♎ 12 30	17 ♌ 50 17	23 ♌ 44 25	19 ♎ 41 57	5 ♍ 42 23	18 ♏ 12 29	15 ♍ 51 02	4 ♊ 48 18	24 ♐ 17 41	6 ♑ 57 13	11 ♌ 02 11	12 ♎ 48 03	0 ♎ 37 59	8 ♌ 39 49
2 W	9 12 29	29 38 07	5 ♍ 33 39	21 25 07	6 55 17	18 57 39	16 12 25	4 49 01	24 24 48	6 58 36	11 06 20	12 50 38	0 39 19	8 40 18
3 Th	10 12 40	11 ♍ 29 47	17 28 18	23 07 47	8 08 25	19 42 59	16 33 58	4 49 31	24 32 15	7 00 17	11 10 37	12 53 24	0 40 52	8 40 57
4 F	11 13 15	23 28 29	29 31 13	24 49 56	9 21 58	20 28 42	16 55 55	4 49 59	24 40 16	7 02 30	11 15 15	12 56 35	0 42 49	8 41 59
5 Sa	12 14 25	5 ♎ 36 43	11 ♎ 44 37	26 31 25	10 36 09	21 14 59	17 18 27	4 50 37	24 49 02	7 05 24	11 20 24	13 00 23	0 45 22	8 43 36
6 Su	13 16 15	17 56 22	24 10 06	28 11 58	11 51 02	22 01 57	17 41 40	4 51 30	24 58 38	7 09 07	11 26 10	13 04 52	0 48 36	8 45 53
7 M	14 18 45	0 ♏ 28 36	6 ♏ 48 38	29 51 09	13 06 37	22 49 34	18 05 32	4 52 38	25 09 03	7 13 37	11 32 32	13 10 02	0 52 31	8 48 48
8 Tu	15 21 44	13 14 06	19 40 43	1 ♏ 28 20	14 22 44	23 37 40	18 29 53	4 53 50	25 20 08	7 18 44	11 39 21	13 15 42	0 56 55	8 52 12
9 W	16 24 56	26 13 06	2 ♐ 46 30	3 02 43	15 39 05	24 25 57	18 54 26	4 54 49	25 31 33	7 24 10	11 46 18	13 21 37	1 01 33	8 55 48
10 Th	17 27 57	9 ♐ 25 37	16 05 58	4 33 20	16 55 18	25 14 03	19 18 48	4 55 13	25 42 58	7 29 33	11 53 01	13 27 22	1 06 02	8 59 14
11 F	18 30 24	22 51 34	29 38 58	5 59 10	18 10 59	26 01 36	19 42 38	4 54 38	25 53 60	7 34 31	11 59 08	13 32 35	1 09 58	9 02 05
12 Sa	19 32 01	6 ♑ 30 49	13 ♑ 25 17	7 19 17	19 25 52	26 48 18	20 05 36	4 52 49	26 04 19	7 38 46	12 04 20	13 36 58	1 13 05	9 04 06
13 Su	20 32 40	20 23 11	27 24 32	8 32 51	20 39 49	27 34 00	20 27 35	4 49 36	26 13 50	7 42 09	12 08 31	13 40 25	1 15 14	9 05 08
14 M	21 32 26	4 ♒ 28 16	11 ♒ 35 58	9 39 13	21 52 56	28 18 50	20 48 43	4 45 07	26 22 37	7 44 48	12 11 46	13 43 01	1 16 32	9 05 18
15 Tu	22 31 40	18 45 05	25 58 04	10 38 02	23 05 33	29 03 07	21 09 17	4 39 41	26 31 01	7 47 02	12 14 25	13 45 06	1 17 18	9 04 54
16 W	23 30 51	3 ♓ 11 44	10 ♓ 28 22	11 29 04	24 18 10	29 47 21	21 29 49	4 33 49	26 39 32	7 49 21	12 16 59	13 47 09	1 18 04	9 04 29
17 Th	24 30 34	17 45 08	25 03 06	12 12 13	25 31 20	0 ♐ 32 06	21 50 52	4 28 04	26 48 43	7 52 18	12 20 01	13 49 46	1 19 21	9 04 34
18 F	25 31 18	2 ♈ 20 53	9 ♈ 37 21	12 47 24	26 45 34	1 17 52	22 12 56	4 22 57	26 59 03	7 56 24	12 24 00	13 53 24	1 21 42	9 05 41
19 Sa	26 33 23	16 53 30	24 05 25	13 14 25	28 01 11	2 04 57	22 36 19	4 18 47	27 10 53	8 01 58	12 29 16	13 58 25	1 25 23	9 08 07
20 Su	27 36 50	1 ♉ 16 57	8 ♉ 21 27	13 32 57	29 18 12	2 53 24	23 01 05	4 15 35	27 24 13	8 09 01	12 35 51	14 04 48	1 30 27	9 11 56
21 M	28 41 24	15 25 28	22 20 15	13 42 30	0 ♎ 36 23	3 42 58	23 26 57	4 13 09	27 38 50	8 17 19	12 43 30	14 12 21	1 36 40	9 16 52
22 Tu	29 46 38	29 14 21	5 ♊ 57 56	13 42 33	1 55 16	4 33 10	23 53 28	4 10 59	27 54 13	8 26 22	12 51 43	14 20 33	1 43 32	9 22 26
23 W	0 ♏ 51 53	12 ♊ 40 33	19 12 31	13 32 39	3 14 11	5 23 23	24 19 59	4 08 27	28 09 45	8 35 33	12 59 55	14 28 47	1 50 27	9 28 01
24 Th	1 56 31	25 43 02	2 ♋ 03 53	13 12 33	4 32 32	6 12 57	24 45 52	4 04 55	28 24 48	8 44 14	13 07 25	14 36 25	1 56 45	9 32 58
25 F	3 00 00	8 ♋ 22 45	14 33 48	12 42 19	5 49 46	7 01 23	25 10 35	3 59 54	28 38 51	8 51 53	13 13 42	14 42 54	2 01 54	9 36 47
26 Sa	4 02 03	20 42 22	26 45 35	12 02 32	7 05 34	7 48 20	25 33 50	3 53 03	28 51 33	8 58 11	13 18 28	14 47 58	2 05 37	9 39 07
27 Su	5 02 35	2 ♌ 45 58	8 ♌ 43 41	11 14 13	8 19 56	8 33 46	25 55 34	3 44 23	29 02 54	9 03 07	13 21 41	14 51 32	2 07 51	9 39 57
28 M	6 01 54	14 38 38	20 33 23	10 18 55	9 33 05	9 17 59	26 16 03	3 34 08	29 13 08	9 06 55	13 23 35	14 53 53	2 08 52	9 39 33
29 Tu	7 00 29	26 25 57	2 ♍ 20 18	9 18 31	10 45 32	10 01 26	26 35 47	3 22 49	29 22 46	9 10 05	13 24 41	14 55 31	2 09 09	9 38 25

Notes

LONGITUDE — March 2000

Day	☉	0 hr ☽	Noon ☽	☿	♀	♂	⚵	⚳	♃	♄	⚷	♅	♆	♇
1 W	7 ♏ 58 60	8 ♍ 13 40	14 ♍ 10 05	8 ♏ 15 14	11 ♎ 57 56	10 ♐ 44 48	26 ♍ 55 25	3 ♊ 11 06	29 ♐ 32 26	9 ♑ 13 17	13 ♌ 25 39	14 ♎ 57 05	2 ♎ 09 22	9 ♌ 37 11
2 Th	8 58 10	20 07 20	26 08 01	7 11 19	13 11 02	11 28 49	27 15 41	2 59 45	29 42 53	9 17 16	13 27 12	14 59 18	2 10 15	9 36 37
3 F	9 58 39	2 ♎ 11 50	8 ♎ 18 37	6 08 55	14 25 29	12 14 08	27 37 14	2 49 25	29 54 47	9 22 39	13 29 60	15 02 52	2 12 28	9 37 21
4 Sa	11 00 56	14 31 07	20 45 21	5 09 57	15 41 46	13 01 14	28 00 34	2 40 36	0 ♑ 08 35	9 29 57	13 34 31	15 08 14	2 16 29	9 39 52
5 Su	12 05 12	27 07 49	3 ♏ 30 18	4 15 52	17 00 03	13 50 19	28 25 52	2 33 30	0 24 30	9 39 20	13 40 58	15 15 35	2 22 30	9 44 23
6 M	13 11 19	10 ♏ 03 02	16 33 58	3 27 38	18 20 13	14 41 13	28 52 58	2 27 59	0 42 22	9 50 40	13 49 11	15 24 48	2 30 22	9 50 43
7 Tu	14 18 46	23 16 21	29 55 17	2 45 38	19 41 45	15 33 27	29 21 23	2 23 34	1 01 41	10 03 27	13 58 40	15 35 22	2 39 35	9 58 24
8 W	15 26 46	6 ♐ 45 52	13 ♐ 31 53	2 09 46	21 03 53	16 26 14	29 50 20	2 19 30	1 21 41	10 16 53	14 08 39	15 46 29	2 49 22	10 06 38
9 Th	16 34 23	20 28 38	27 20 31	1 39 37	22 25 39	17 18 37	0 ♎ 18 52	2 14 50	1 41 25	10 30 03	14 18 11	15 57 15	2 58 46	10 14 29
10 F	17 40 44	4 ♑ 21 13	11 ♑ 17 38	1 14 37	23 46 11	18 09 44	0 46 06	2 08 43	1 59 59	10 42 03	14 26 22	16 06 44	3 06 55	10 21 03
11 Sa	18 45 10	18 20 21	25 20 05	0 54 17	25 04 49	18 58 54	1 11 22	2 00 30	2 16 44	10 52 14	14 32 34	16 14 19	3 13 10	10 25 42
12 Su	19 47 24	2 ♒ 23 27	9 ♒ 25 30	0 38 24	26 21 19	19 45 53	1 34 27	1 49 58	2 31 26	11 00 20	14 36 32	16 19 45	3 17 15	10 28 11
13 M	20 47 43	16 28 52	23 32 29	0 27 08	27 35 55	20 30 56	1 55 33	1 37 21	2 44 18	11 06 37	14 38 30	16 23 14	3 19 24	10 28 44
14 Tu	21 46 47	0 ♓ 35 53	7 ♓ 40 25	0 21 03	28 49 18	21 14 43	2 15 23	1 23 23	2 56 02	11 11 44	14 39 09	16 25 30	3 20 20	10 28 02
15 W	22 45 36	14 44 14	21 49 03	0 20 56	0 ♏ 02 28	21 58 15	2 34 56	1 09 04	3 07 37	11 16 44	14 39 30	16 27 32	3 21 01	10 27 06
16 Th	23 45 16	28 53 38	5 ♈ 57 51	0 27 38	1 16 30	22 42 37	2 55 18	0 55 31	3 20 10	11 22 39	14 40 38	16 30 25	3 22 34	10 27 00
17 F	24 46 43	13 ♈ 03 05	20 05 29	0 41 48	2 32 23	23 28 45	3 17 25	0 43 41	3 34 36	11 30 28	14 43 29	16 35 06	3 25 55	10 28 42
18 Sa	25 50 34	27 10 35	4 ♉ 09 35	1 03 47	3 50 40	24 17 16	3 41 53	0 34 11	3 51 31	11 40 46	14 48 39	16 42 10	3 31 40	10 32 48
19 Su	26 56 55	11 ♉ 12 57	18 06 47	1 33 23	5 11 30	25 08 17	4 08 49	0 27 11	4 11 03	11 53 41	14 56 16	16 51 46	3 39 57	10 39 24
20 M	28 05 24	25 06 14	1 ♊ 53 05	2 09 58	6 34 30	26 01 25	4 37 51	0 22 17	4 32 49	12 08 49	15 05 58	17 03 30	3 50 22	10 48 08
21 Tu	29 15 14	8 ♊ 46 10	15 24 37	2 52 28	7 58 53	26 55 54	5 08 11	0 18 46	4 56 03	12 25 24	15 16 57	17 16 36	4 02 09	10 58 14
22 W	0 ♐ 25 25	22 09 07	28 38 15	3 39 35	9 23 38	27 50 42	5 38 49	0 15 34	5 19 41	12 42 24	15 28 11	17 30 01	4 14 15	11 08 39
23 Th	1 34 50	5 ♋ 12 34	11 ♋ 32 17	4 29 58	10 47 40	28 44 43	6 08 38	0 11 40	5 42 39	12 58 44	15 38 36	17 42 42	4 25 38	11 18 19
24 F	2 42 35	17 55 46	24 06 42	5 22 30	12 10 03	29 37 04	6 36 45	0 06 09	6 04 03	13 13 29	15 47 17	17 53 42	4 35 20	11 26 19
25 Sa	3 48 05	0 ♌ 19 46	6 ♌ 23 17	6 16 20	13 30 13	0 ♑ 27 09	7 02 33	29 ♉ 58 27	6 23 17	13 26 04	15 53 38	18 02 28	4 42 48	11 32 04
26 Su	4 51 09	12 27 26	18 25 28	7 11 07	14 47 59	1 14 47	7 25 52	29 48 25	6 40 10	13 36 18	15 57 30	18 08 47	4 47 49	11 35 23
27 M	5 52 04	24 23 09	0 ♍ 18 05	8 06 54	16 03 37	2 00 14	7 46 58	29 36 19	6 54 59	13 44 28	15 59 08	18 12 57	4 50 42	11 36 32
28 Tu	6 51 28	6 ♍ 12 29	12 06 56	9 04 12	17 17 47	2 44 10	8 06 30	29 22 51	7 08 22	13 51 11	15 59 11	18 15 36	4 52 04	11 36 10
29 W	7 50 19	18 01 42	23 58 24	10 03 45	18 31 23	3 27 31	8 25 24	29 08 56	7 21 16	13 57 26	15 58 35	18 17 41	4 52 52	11 35 15
30 Th	8 49 38	29 57 17	5 ♎ 58 55	11 06 29	19 45 31	4 11 21	8 44 44	28 55 40	7 34 44	14 04 14	15 58 25	18 20 14	4 54 10	11 34 48
31 F	9 50 26	12 ♎ 05 30	18 14 29	12 13 16	21 01 09	4 56 38	9 05 28	28 44 04	7 49 45	14 12 36	15 59 40	18 24 17	4 56 56	11 35 50

LONGITUDE — April 2000

Day	☉	0 hr ☽	Noon ☽	☿	♀	♂	⚵	⚳	♃	♄	⚷	♅	♆	♇
1 Sa	10 ♐ 53 30	24 ♎ 31 44	0 ♏ 50 01	13 ♏ 24 44	22 ♏ 19 04	5 ♑ 44 09	9 ♎ 28 24	28 ♉ 34 54	8 ♑ 07 06	14 ♑ 23 17	16 ♌ 03 05	18 ♎ 30 34	5 ♎ 01 58	11 ♌ 39 07
2 Su	11 59 10	7 ♏ 19 59	13 48 53	14 41 10	23 39 38	6 34 17	9 53 52	28 28 34	8 27 09	14 36 40	16 09 03	18 39 28	5 09 37	11 45 02
3 M	13 07 21	20 32 20	27 12 15	16 02 19	25 02 43	7 26 54	10 21 47	28 24 59	8 49 46	14 52 38	16 17 28	18 50 52	5 19 46	11 53 27
4 Tu	14 17 26	4 ♐ 08 28	10 ♐ 58 49	17 27 31	26 27 44	8 21 24	10 51 31	28 23 31	9 14 22	15 10 34	16 27 42	19 04 09	5 31 49	12 03 45
5 W	15 28 22	18 05 42	25 04 54	18 55 40	27 53 38	9 16 45	11 22 02	28 23 11	9 39 54	15 29 27	16 38 45	19 18 18	5 44 45	12 14 55
6 Th	16 38 55	2 ♑ 19 10	9 ♑ 24 51	20 25 25	29 19 11	10 11 42	11 52 06	28 22 44	10 05 07	15 48 00	16 49 20	19 32 03	5 57 17	12 25 43
7 F	17 47 53	16 42 41	23 52 05	21 55 30	0 ♐ 43 09	11 05 02	12 20 29	28 20 59	10 28 48	16 05 02	16 58 16	19 44 13	6 08 13	12 34 55
8 Sa	18 54 21	1 ♒ 09 49	8 ♒ 20 15	23 25 00	2 04 40	11 55 53	12 46 18	28 17 04	10 50 05	16 19 39	17 04 39	19 53 53	6 16 41	12 41 38
9 Su	19 57 59	15 35 01	22 44 16	24 53 30	3 23 22	12 43 52	13 09 13	28 10 37	11 08 36	16 31 31	17 08 08	20 00 42	6 22 19	12 45 32
10 M	20 59 03	29 54 28	7 ♓ 00 59	26 21 15	4 39 32	13 29 18	13 29 28	28 01 58	11 24 37	16 40 53	17 09 01	20 04 58	6 25 24	12 46 52
11 Tu	21 58 24	14 ♓ 06 14	21 09 09	27 49 03	5 54 01	14 12 59	13 47 56	27 51 55	11 38 60	16 48 36	17 08 07	20 07 31	6 26 46	12 46 30
12 W	22 57 15	28 10 08	5 ♈ 09 06	29 18 06	7 08 02	14 56 10	14 05 50	27 41 45	11 52 56	16 55 54	17 06 40	20 09 33	6 27 39	12 45 39
13 Th	23 56 56	12 ♈ 06 56	19 01 51	0 ♐ 49 42	8 22 54	15 40 10	14 24 27	27 32 46	12 07 47	17 04 05	17 05 59	20 12 26	6 29 22	12 45 38
14 F	24 58 35	25 57 36	2 ♉ 48 20	2 24 58	9 39 46	16 26 07	14 44 58	27 26 09	12 24 39	17 14 19	17 07 14	20 17 16	6 33 03	12 47 36
15 Sa	26 02 57	9 ♉ 42 33	16 28 50	4 04 39	10 59 23	17 14 47	15 08 07	27 22 37	12 44 19	17 27 20	17 11 08	20 24 49	6 39 28	12 52 18
16 Su	27 10 13	23 21 16	0 ♊ 02 33	5 48 54	12 21 54	18 06 19	15 34 03	27 22 22	13 06 55	17 43 17	17 17 53	20 35 15	6 48 46	12 59 53
17 M	28 19 59	6 ♊ 52 10	13 27 43	7 37 21	13 46 58	19 00 20	16 02 23	27 25 01	13 32 05	18 01 49	17 27 04	20 48 10	7 00 35	13 09 60
18 Tu	29 31 23	20 12 54	26 41 57	9 29 06	15 13 42	19 55 60	16 32 17	27 29 43	13 58 57	18 22 03	17 37 52	21 02 44	7 14 02	13 21 46
19 W	0 ♑ 43 18	3 ♋ 20 52	9 ♋ 42 52	11 23 03	16 40 58	20 52 08	17 02 34	27 35 19	14 26 22	18 42 51	17 49 06	21 17 48	7 28 00	13 34 02
20 Th	1 54 30	16 13 52	22 28 37	13 17 58	18 07 33	21 47 33	17 32 02	27 40 38	14 53 08	19 02 59	17 59 35	21 32 08	7 41 15	13 45 36
21 F	3 03 56	28 50 42	4 ♌ 58 30	15 12 47	19 32 23	22 41 11	17 59 38	27 44 35	15 18 11	19 21 24	18 08 14	21 44 41	7 52 44	13 55 24
22 Sa	4 10 52	11 ♌ 11 33	17 13 17	17 06 48	20 54 44	23 32 18	18 24 37	27 46 28	15 40 47	19 37 22	18 14 20	21 54 43	8 01 43	14 02 43
23 Su	5 15 01	23 18 10	29 15 17	18 59 44	22 14 20	24 20 36	18 46 41	27 45 59	16 00 38	19 50 36	18 17 36	22 01 57	8 07 54	14 07 15
24 M	6 16 34	5 ♍ 13 54	11 ♍ 08 21	20 51 47	23 31 21	25 06 17	19 06 02	27 43 20	16 17 56	20 01 17	18 18 12	22 06 34	8 11 29	14 09 11
25 Tu	7 16 06	17 03 27	22 57 34	22 43 32	24 46 23	25 49 57	19 23 16	27 39 06	16 33 16	20 10 00	18 16 46	22 09 10	8 13 04	14 09 08
26 W	8 14 35	28 52 34	4 ♎ 48 59	24 35 55	26 00 22	26 32 32	19 39 17	27 34 14	16 47 34	20 17 42	18 14 12	22 10 40	8 13 34	14 08 00
27 Th	9 13 05	10 ♎ 47 42	16 49 09	26 30 03	27 14 24	27 15 07	19 55 13	27 29 49	17 01 56	20 25 28	18 11 37	22 12 11	8 14 05	14 06 54
28 F	10 12 40	22 55 24	29 04 36	28 26 59	28 29 33	27 58 46	20 12 05	27 26 57	17 17 26	20 34 22	18 10 04	22 14 46	8 15 41	14 06 54
29 Sa	11 14 14	5 ♏ 21 52	11 ♏ 41 15	0 ♑ 27 35	29 46 41	28 44 22	20 30 47	27 26 28	17 34 56	20 45 16	18 10 26	22 19 18	8 19 14	14 08 52
30 Su	12 18 14	18 12 11	24 43 36	2 32 18	1 ♑ 06 18	29 32 25	20 51 48	27 28 53	17 54 56	20 58 39	18 13 13	22 26 15	8 25 14	14 13 18

Notes

May 2000 — LONGITUDE

Day	☉	0 hr ☽	Noon ☽	☿	♀	♂	⚵	⚳	♃	♄	⚷	♅	♆	♇
1 M	13 ♑ 24 42	1 ♐ 29 42	8 ♐ 14 10	4 ♑ 41 07	2 ♑ 28 22	0 ♒ 22 53	21 ♎ 15 07	27 ♉ 34 12	18 ♑ 17 24	21 ♑ 14 32	18 ♌ 18 24	22 ♎ 35 39	8 ♎ 33 42	14 ♌ 20 11
2 Tu	14 33 06	15 15 20	22 12 39	6 53 28	3 52 25	1 15 16	21 40 13	27 41 54	18 41 51	21 32 23	18 25 29	22 46 57	8 44 04	14 29 01
3 W	15 42 27	29 27 05	6 ♑ 35 44	9 08 18	5 17 26	2 08 36	22 06 09	27 50 60	19 07 17	21 51 15	18 33 29	22 59 12	8 55 24	14 38 49
4 Th	16 51 34	14 ♑ 00 00	21 17 11	11 24 21	6 42 14	3 01 40	22 31 40	28 00 18	19 32 30	22 09 53	18 41 12	23 11 10	9 06 29	14 48 23
5 F	17 59 14	28 46 47	6 ♒ 08 48	13 40 16	8 05 35	3 53 15	22 55 34	28 08 36	19 56 18	22 27 07	18 47 26	23 21 41	9 16 07	14 56 30
6 Sa	19 04 32	13 ♒ 38 55	21 01 47	15 55 04	9 26 37	4 42 29	23 16 57	28 14 59	20 17 46	22 42 00	18 51 16	23 29 48	9 23 23	15 02 17
7 Su	20 07 05	28 28 09	5 ♓ 48 17	18 08 10	10 44 55	5 28 56	23 35 26	28 19 04	20 36 31	22 54 12	18 52 20	23 35 10	9 27 53	15 05 19
8 M	21 07 06	13 ♓ 07 55	20 22 34	20 19 37	12 00 42	6 12 51	23 51 13	28 21 04	20 52 46	23 03 53	18 50 50	23 37 59	9 29 52	15 05 51
9 Tu	22 05 22	27 34 02	4 ♈ 41 33	22 30 00	13 14 45	6 54 59	24 05 05	28 21 45	21 07 17	23 11 51	18 47 34	23 39 01	9 30 05	15 04 38
10 W	23 02 59	11 ♈ 44 48	18 44 28	24 40 11	14 28 12	7 36 27	24 18 08	28 22 14	21 21 12	23 19 13	18 43 37	23 39 24	9 29 40	15 02 48
11 Th	24 01 11	25 40 25	2 ♉ 32 14	26 51 08	15 42 13	8 18 29	24 31 35	28 23 44	21 35 42	23 27 10	18 40 14	23 40 20	9 29 49	15 01 33
12 F	25 00 60	9 ♉ 22 11	16 06 35	29 03 38	16 57 54	9 02 08	24 46 29	28 27 17	21 51 51	23 36 47	18 38 27	23 42 52	9 31 35	15 01 57
13 Sa	26 03 06	22 51 41	29 29 12	1 ♒ 18 05	18 15 53	9 48 02	25 03 29	28 33 33	22 10 19	23 48 42	18 38 56	23 47 41	9 35 38	15 04 39
14 Su	27 07 41	6 ♊ 10 09	12 ♊ 41 15	3 34 21	19 36 22	10 36 24	25 22 47	28 42 43	22 31 16	24 03 08	18 41 52	23 54 57	9 42 10	15 09 50
15 M	28 14 24	19 18 09	25 43 09	5 51 51	20 59 01	11 26 54	25 44 02	28 54 27	22 54 23	24 19 44	18 46 57	24 04 20	9 50 50	15 17 12
16 Tu	29 22 34	2 ♋ 15 33	8 ♋ 34 41	8 09 35	22 23 08	12 18 49	26 06 32	29 08 03	23 18 58	24 37 48	18 53 27	24 15 08	10 00 56	15 26 00
17 W	0 ♒ 31 12	15 01 46	21 15 10	10 26 19	23 47 44	13 11 11	26 29 19	29 22 31	23 44 01	24 56 21	19 00 24	24 26 23	10 11 30	15 35 18
18 Th	1 39 17	27 36 06	3 ♌ 44 01	12 40 47	25 11 47	14 02 58	26 51 19	29 36 50	24 08 32	25 14 21	19 06 47	24 37 04	10 21 30	15 44 03
19 F	2 45 54	9 ♌ 58 14	16 01 06	14 51 51	26 34 24	14 53 17	27 11 40	29 50 05	24 31 36	25 30 55	19 11 42	24 46 15	10 30 02	15 51 21
20 Sa	3 50 25	22 08 31	28 07 06	16 58 40	27 54 57	15 41 28	27 29 42	0 ♊ 01 38	24 52 34	25 45 24	19 14 30	24 53 18	10 36 28	15 56 35
21 Su	4 52 33	4 ♍ 08 20	10 ♍ 03 44	19 00 48	29 13 07	16 27 15	27 45 08	0 11 11	25 11 09	25 57 30	19 14 54	24 57 57	10 40 30	15 59 25
22 M	5 52 22	16 00 12	21 53 54	20 58 10	0 ♒ 29 01	17 10 42	27 58 02	0 18 49	25 27 27	26 07 18	19 12 60	25 00 15	10 42 13	15 59 59
23 Tu	6 50 20	27 47 45	3 ♎ 41 38	22 51 05	1 43 03	17 52 16	28 08 51	0 24 57	25 41 53	26 15 16	19 09 13	25 00 41	10 42 03	15 58 42
24 W	7 47 09	9 ♎ 35 36	15 31 55	24 40 10	2 55 57	18 32 39	28 18 16	0 30 19	25 55 09	26 22 03	19 04 16	24 59 54	10 40 43	15 56 15
25 Th	8 43 38	21 29 12	27 30 24	26 26 10	4 08 33	19 12 42	28 27 08	0 35 43	26 08 06	26 28 33	18 58 60	24 58 47	10 39 04	15 53 31
26 F	9 40 42	3 ♏ 34 25	9 ♏ 43 04	28 09 53	5 21 44	19 53 17	28 36 19	0 42 04	26 21 37	26 35 36	18 54 17	24 58 12	10 37 57	15 51 21
27 Sa	10 39 03	15 57 08	22 15 44	29 52 00	6 36 13	20 35 08	28 46 33	0 50 03	26 36 24	26 43 56	18 50 51	24 58 52	10 38 08	15 50 29
28 Su	11 39 09	28 42 40	5 ♐ 13 24	1 ♓ 32 56	7 52 28	21 18 43	28 58 16	1 00 08	26 52 56	26 54 02	18 49 11	25 01 15	10 40 02	15 51 23
29 M	12 41 05	11 ♐ 55 11	18 39 33	3 12 44	9 10 34	22 04 06	29 11 35	1 12 26	27 11 19	27 05 58	18 49 21	25 05 27	10 43 46	15 54 08
30 Tu	13 44 34	25 36 55	2 ♑ 35 24	4 51 03	10 30 14	22 51 00	29 26 09	1 26 35	27 31 12	27 19 25	18 51 03	25 11 08	10 49 01	15 58 25
31 W	14 48 55	9 ♑ 47 31	16 59 15	6 27 12	11 50 46	23 38 45	29 41 19	1 41 58	27 51 57	27 33 45	18 53 38	25 17 40	10 55 07	16 03 36

June 2000 — LONGITUDE

Day	☉	0 hr ☽	Noon ☽	☿	♀	♂	⚵	⚳	♃	♄	⚷	♅	♆	♇
1 Th	15 ♒ 53 15	24 ♑ 23 36	1 ♒ 46 11	8 ♓ 00 15	13 ♒ 11 19	24 ♒ 26 28	29 ♎ 56 13	1 ♊ 57 40	28 ♑ 12 41	27 ♑ 48 03	18 ♌ 56 12	25 ♎ 24 10	11 ♎ 01 12	16 ♌ 08 48
2 F	16 56 41	9 ♒ 18 47	16 48 30	9 29 18	14 30 59	25 13 16	0 ♏ 09 56	2 12 48	28 32 30	28 01 28	18 57 54	25 29 43	11 06 23	16 13 06
3 Sa	17 58 32	24 24 28	1 ♓ 56 48	10 53 36	15 49 04	25 58 26	0 21 46	2 26 40	28 50 42	28 13 15	18 57 60	25 33 39	11 09 56	16 15 49
4 Su	18 58 25	9 ♓ 31 07	17 01 27	12 12 45	17 05 13	26 41 38	0 31 23	2 38 56	29 06 56	28 23 06	18 56 10	25 35 36	11 11 33	16 16 37
5 M	19 56 28	24 29 50	1 ♈ 54 12	13 26 50	18 19 32	27 22 58	0 38 51	2 49 40	29 21 19	28 31 06	18 52 31	25 35 41	11 11 18	16 15 35
6 Tu	20 53 10	9 ♈ 13 42	16 29 13	14 36 16	19 32 31	28 02 55	0 44 41	2 59 21	29 34 20	28 37 43	18 47 32	25 34 22	11 09 41	16 13 13
7 W	21 49 15	23 38 19	0 ♉ 43 24	15 41 44	20 44 54	28 42 15	0 49 36	3 08 45	29 46 43	28 43 44	18 41 58	25 32 26	11 07 28	16 10 16
8 Th	22 45 33	7 ♉ 41 54	14 36 03	16 43 59	21 57 31	29 21 46	0 54 27	3 18 40	29 59 17	28 49 57	18 36 39	25 30 40	11 05 26	16 07 33
9 F	23 42 46	21 24 38	28 08 10	17 43 40	23 11 04	0 ♓ 02 11	0 59 54	3 29 49	0 ♒ 12 46	28 57 04	18 32 16	25 29 49	11 04 20	16 05 47
10 Sa	24 41 23	4 ♊ 47 57	11 ♊ 21 45	18 41 11	24 26 01	0 43 57	1 06 27	3 42 39	0 27 36	29 05 34	18 29 19	25 30 18	11 04 36	16 05 25
11 Su	25 41 30	17 53 53	24 19 04	19 36 32	25 42 31	1 27 13	1 14 11	3 57 17	0 43 56	29 15 33	18 27 54	25 32 17	11 06 23	16 06 36
12 M	26 42 57	0 ♋ 44 31	7 ♋ 02 16	20 29 29	27 00 22	2 11 48	1 22 58	4 13 33	1 01 35	29 26 52	18 27 52	25 35 35	11 09 30	16 09 08
13 Tu	27 45 19	13 21 46	19 33 10	21 19 30	28 19 07	2 57 16	1 32 19	4 30 59	1 20 06	29 39 04	18 28 46	25 39 45	11 13 30	16 12 36
14 W	28 48 01	25 47 11	1 ♌ 53 17	22 05 54	29 38 12	3 43 02	1 41 40	4 49 02	1 38 55	29 51 35	18 30 02	25 44 13	11 17 49	16 16 25
15 Th	29 50 25	8 ♌ 02 10	14 03 51	22 47 59	0 ♓ 57 02	4 28 29	1 50 24	5 07 03	1 57 25	0 ♒ 03 46	18 31 03	25 48 21	11 21 51	16 19 57
16 F	0 ♓ 51 60	20 07 59	26 06 10	23 25 06	2 15 02	5 13 05	1 57 59	5 24 32	2 15 04	0 15 07	18 31 17	25 51 39	11 25 02	16 22 42
17 Sa	1 52 23	2 ♍ 06 03	8 ♍ 01 38	23 56 46	3 31 52	5 56 28	2 04 02	5 41 03	2 31 28	0 25 15	18 30 21	25 53 43	11 27 01	16 24 16
18 Su	2 51 24	13 58 04	19 52 07	24 22 45	4 47 20	6 38 28	2 08 21	5 56 28	2 46 28	0 33 59	18 28 06	25 54 23	11 27 37	16 24 29
19 M	3 49 05	25 46 16	1 ♎ 39 58	24 42 60	6 01 29	7 19 05	2 11 00	6 10 48	3 00 06	0 41 20	18 24 33	25 53 40	11 26 53	16 23 23
20 Tu	4 45 41	7 ♎ 33 23	13 28 13	24 57 39	7 14 32	7 58 35	2 12 11	6 24 16	3 12 35	0 47 34	18 19 56	25 51 50	11 25 01	16 21 12
21 W	5 41 32	19 22 50	25 20 27	25 07 02	8 26 52	8 37 19	2 12 17	6 37 14	3 24 17	0 53 02	18 14 38	25 49 14	11 22 25	16 18 19
22 Th	6 37 08	1 ♏ 18 32	7 ♏ 20 53	25 11 36	9 38 57	9 15 45	2 11 45	6 50 11	3 35 41	0 58 12	18 09 07	25 46 19	11 19 32	16 15 11
23 F	7 32 55	13 24 55	19 34 04	25 11 47	10 51 13	9 54 21	2 11 02	7 03 32	3 47 13	1 03 30	18 03 49	25 43 34	11 16 49	16 12 14
24 Sa	8 29 17	25 46 34	2 ♐ 04 40	25 07 59	12 04 05	10 33 30	2 10 31	7 17 41	3 59 16	1 09 21	17 59 09	25 41 21	11 14 40	16 09 54
25 Su	9 26 28	8 ♐ 28 00	14 57 06	25 00 32	13 17 46	11 13 26	2 10 27	7 32 53	4 12 06	1 15 58	17 55 21	25 39 55	11 13 19	16 08 23
26 M	10 24 32	21 33 12	28 14 57	24 49 37	14 32 20	11 54 14	2 10 52	7 49 11	4 25 45	1 23 26	17 52 29	25 39 21	11 12 50	16 07 47
27 Tu	11 23 22	5 ♑ 05 01	12 ♑ 00 20	24 35 14	15 47 41	12 35 45	2 11 40	8 06 27	4 40 06	1 31 36	17 50 25	25 39 29	11 13 06	16 07 57
28 W	12 22 40	19 04 33	26 13 20	24 17 20	17 03 29	13 17 42	2 12 33	8 24 24	4 54 51	1 40 11	17 48 52	25 40 03	11 13 48	16 08 36
29 Th	13 22 02	3 ♒ 30 34	10 ♒ 51 23	23 55 48	18 19 23	13 59 42	2 13 06	8 42 37	5 09 37	1 48 48	17 47 27	25 40 39	11 14 34	16 09 21
30 F	14 21 07	18 19 04	25 49 04	23 30 35	19 34 59	14 41 21	2 12 58	9 00 45	5 24 01	1 57 04	17 45 47	25 40 55	11 15 02	16 09 48

Notes

LONGITUDE — July 2000

Day	☉	0 hr ☽	Noon ☽	☿	♀	♂	⚵	⚳	♃	♄	⚷	♅	♆	♇
1 Sa	15 ♓ 19 36	3 ♓ 23 26	10 ♓ 58 33	23 ♓ 01 46	20 ♓ 50 00	15 ♓ 22 24	2 ♏ 11 51	9 ♊ 18 29	5 ♒ 37 46	2 ♒ 04 41	17 ♌ 43 35	25 ♎ 40 34	11 ♎ 14 52	16 ♌ 09 41
2 Su	16 17 22	18 34 59	26 10 29	22 29 41	22 04 18	16 02 41	2 09 36	9 35 41	5 50 44	2 11 32	17 40 43	25 39 27	11 13 59	16 08 52
3 M	17 14 27	3 ♈ 44 14	11 ♈ 15 26	21 54 53	23 17 54	16 42 15	2 06 17	9 52 23	6 02 56	2 17 38	17 37 13	25 37 37	11 12 23	16 07 23
4 Tu	18 11 01	18 42 16	26 05 10	21 18 07	24 31 01	17 21 17	2 02 04	10 08 48	6 14 34	2 23 11	17 33 17	25 35 15	11 10 17	16 05 25
5 W	19 07 22	3 ♉ 21 56	10 ♉ 33 45	20 40 13	25 43 54	18 00 03	1 57 13	10 25 09	6 25 54	2 28 27	17 29 11	25 32 38	11 07 56	16 03 15
6 Th	20 03 45	17 38 35	24 37 50	20 02 06	26 56 51	18 38 51	1 52 02	10 41 44	6 37 13	2 33 42	17 25 12	25 30 01	11 05 38	16 01 09
7 F	21 00 24	1 ♊ 30 05	8 ♊ 16 30	19 24 37	28 10 02	19 17 51	1 46 42	10 58 45	6 48 43	2 39 09	17 21 33	25 27 38	11 03 34	15 59 19
8 Sa	21 57 24	14 56 32	21 30 49	18 48 31	29 23 36	19 57 12	1 41 21	11 16 19	7 00 30	2 44 55	17 18 19	25 25 35	11 01 51	15 57 52
9 Su	22 54 46	27 59 40	4 ♋ 23 08	18 14 26	0 ♈ 37 31	20 36 53	1 35 57	11 34 24	7 12 34	2 50 59	17 15 31	25 23 52	11 00 30	15 56 49
10 M	23 52 24	10 ♋ 42 15	16 56 34	17 42 52	1 51 43	21 16 48	1 30 28	11 52 56	7 24 50	2 57 15	17 13 04	25 22 24	10 59 24	15 56 04
11 Tu	24 50 11	23 07 35	29 14 34	17 14 17	3 06 04	21 56 49	1 24 43	12 11 46	7 37 10	3 03 37	17 10 50	25 21 03	10 58 26	15 55 28
12 W	25 47 58	5 ♌ 19 07	11 ♌ 20 32	16 49 03	4 20 24	22 36 49	1 18 35	12 30 46	7 49 25	3 09 54	17 08 40	25 19 40	10 57 28	15 54 54
13 Th	26 45 39	17 20 15	23 17 44	16 27 33	5 34 38	23 16 41	1 11 58	12 49 49	8 01 28	3 16 01	17 06 28	25 18 09	10 56 23	15 54 14
14 F	27 43 09	29 14 07	5 ♍ 09 11	16 10 08	6 48 42	23 56 20	1 04 48	13 08 50	8 13 16	3 21 54	17 04 10	25 16 27	10 55 07	15 53 26
15 Sa	28 40 30	11 ♍ 03 40	16 57 37	15 57 11	8 02 36	24 35 47	0 57 05	13 27 51	8 24 49	3 27 33	17 01 47	25 14 32	10 53 40	15 52 29
16 Su	29 37 44	22 51 32	28 45 37	15 49 03	9 16 23	25 15 07	0 48 54	13 46 54	8 36 11	3 33 01	16 59 21	25 12 30	10 52 07	15 51 27
17 M	0 ♈ 34 58	4 ♎ 40 12	10 ♎ 35 34	15 46 06	10 30 09	25 54 23	0 40 19	14 06 05	8 47 25	3 38 24	16 56 59	25 10 25	10 50 32	15 50 26
18 Tu	1 32 16	16 32 03	22 29 49	15 48 35	11 43 60	26 33 41	0 31 27	14 25 28	8 58 39	3 43 47	16 54 46	25 08 23	10 49 00	15 49 29
19 W	2 29 43	28 29 27	4 ♏ 30 48	15 56 45	12 57 58	27 13 06	0 22 21	14 45 07	9 09 55	3 49 14	16 52 46	25 06 27	10 47 37	15 48 43
20 Th	3 27 19	10 ♏ 34 47	16 40 59	16 10 44	14 12 06	27 52 39	0 13 03	15 05 05	9 21 15	3 54 46	16 51 00	25 04 40	10 46 22	15 48 07
21 F	4 25 04	22 50 37	29 03 03	16 30 33	15 26 22	28 32 17	0 03 32	15 25 17	9 32 36	4 00 20	16 49 26	25 02 58	10 45 14	15 47 40
22 Sa	5 22 50	5 ♐ 19 39	11 ♐ 39 45	16 56 08	16 40 38	29 11 55	29 ♎ 53 42	15 45 39	9 43 53	4 05 51	16 47 58	25 01 17	10 44 07	15 47 15
23 Su	6 20 31	18 04 39	24 33 53	17 27 24	17 54 48	29 51 24	29 43 25	16 06 02	9 54 58	4 11 11	16 46 28	24 59 27	10 42 53	15 46 46
24 M	7 17 57	1 ♑ 08 20	7 ♑ 48 01	18 04 11	19 08 44	0 ♈ 30 37	29 32 34	16 26 18	10 05 41	4 16 12	16 44 49	24 57 22	10 41 24	15 46 03
25 Tu	8 15 05	14 33 07	21 24 12	18 46 21	20 22 19	1 09 29	29 21 04	16 46 22	10 15 59	4 20 48	16 42 55	24 54 55	10 39 35	15 45 02
26 W	9 11 53	28 20 38	5 ♒ 23 28	19 33 52	21 35 35	1 47 58	29 08 55	17 06 12	10 25 50	4 24 59	16 40 45	24 52 07	10 37 25	15 43 42
27 Th	10 08 27	12 ♒ 31 16	19 45 19	20 26 46	22 48 36	2 26 12	28 56 14	17 25 56	10 35 20	4 28 51	16 38 26	24 49 04	10 35 01	15 42 09
28 F	11 04 60	27 03 36	4 ♓ 27 11	21 25 09	24 01 34	3 04 21	28 43 13	17 45 44	10 44 41	4 32 35	16 36 10	24 45 57	10 32 34	15 40 35
29 Sa	12 01 47	11 ♓ 53 58	19 24 15	22 29 12	25 14 46	3 42 42	28 30 10	18 05 53	10 54 09	4 36 28	16 34 13	24 43 03	10 30 20	15 39 17
30 Su	12 59 03	26 56 22	4 ♈ 29 29	23 39 04	26 28 27	4 21 30	28 17 19	18 26 38	11 03 59	4 40 44	16 32 49	24 40 36	10 28 36	15 38 28
31 M	13 57 00	12 ♈ 02 55	19 34 26	24 54 47	27 42 47	5 00 57	28 04 53	18 48 09	11 14 22	4 45 36	16 32 11	24 38 49	10 27 30	15 38 22

LONGITUDE — August 2000

Day	☉	0 hr ☽	Noon ☽	☿	♀	♂	⚵	⚳	♃	♄	⚷	♅	♆	♇
1 Tu	14 ♈ 55 40	27 ♈ 04 43	4 ♉ 30 15	26 ♓ 16 15	28 ♈ 57 50	5 ♈ 41 04	27 ♎ 52 56	19 ♊ 10 29	11 ♒ 25 20	4 ♒ 51 04	16 ♌ 32 20	24 ♎ 37 43	10 ♎ 27 07	15 ♌ 38 58
2 W	15 54 55	11 ♉ 53 09	19 09 00	27 43 09	0 ♉ 13 26	6 21 43	27 41 20	19 33 30	11 36 46	4 57 01	16 33 08	24 37 10	10 27 19	15 40 11
3 Th	16 54 29	26 21 05	3 ♊ 24 42	29 15 02	1 29 21	7 02 39	27 29 49	19 56 56	11 48 22	5 03 11	16 34 21	24 36 55	10 27 48	15 41 44
4 F	17 53 59	10 ♊ 23 43	17 13 54	0 ♈ 51 17	2 45 11	7 43 29	27 18 04	20 20 24	11 59 48	5 09 12	16 35 35	24 36 36	10 28 14	15 43 15
5 Sa	18 53 04	23 58 55	0 ♋ 35 43	2 31 19	4 00 35	8 23 52	27 05 42	20 43 33	12 10 40	5 14 42	16 36 28	24 35 50	10 28 15	15 44 21
6 Su	19 51 27	7 ♋ 07 03	13 31 31	4 14 31	5 15 16	9 03 30	26 52 27	21 06 04	12 20 42	5 19 23	16 36 44	24 34 21	10 27 32	15 44 46
7 M	20 48 59	19 50 29	26 04 23	6 00 27	6 29 04	9 42 14	26 38 13	21 27 49	12 29 44	5 23 07	16 36 14	24 31 60	10 25 58	15 44 21
8 Tu	21 45 41	2 ♌ 13 00	8 ♌ 18 29	7 48 49	7 42 03	10 20 08	26 23 01	21 48 51	12 37 50	5 25 56	16 34 60	24 28 49	10 23 35	15 43 09
9 W	22 41 48	14 19 13	20 18 36	9 39 28	8 54 24	10 57 23	26 07 07	22 09 22	12 45 11	5 28 02	16 33 15	24 25 01	10 20 35	15 41 21
10 Th	23 37 40	26 14 06	2 ♍ 09 38	11 32 23	10 06 30	11 34 21	25 50 51	22 29 43	12 52 08	5 29 48	16 31 19	24 20 57	10 17 20	15 39 20
11 F	24 33 44	8 ♍ 02 33	13 56 20	13 27 37	11 18 46	12 11 28	25 34 42	22 50 20	12 59 09	5 31 39	16 29 41	24 17 04	10 14 17	15 37 32
12 Sa	25 30 27	19 49 07	25 43 03	15 25 14	12 31 39	12 49 12	25 19 07	23 11 41	13 06 40	5 34 03	16 28 46	24 13 49	10 11 52	15 36 23
13 Su	26 28 12	1 ♎ 37 49	7 ♎ 33 29	17 25 16	13 45 34	13 27 56	25 04 31	23 34 08	13 15 05	5 37 22	16 28 58	24 11 36	10 10 29	15 36 18
14 M	27 27 15	13 31 58	19 30 41	19 27 36	15 00 45	14 07 55	24 51 11	23 57 57	13 24 38	5 41 52	16 30 32	24 10 39	10 10 23	15 37 31
15 Tu	28 27 41	25 34 07	1 ♏ 36 55	21 31 58	16 17 17	14 49 14	24 39 11	24 23 13	13 35 24	5 47 38	16 33 33	24 11 04	10 11 39	15 40 08
16 W	29 29 20	7 ♏ 46 05	13 53 48	23 37 54	17 35 01	15 31 44	24 28 25	24 49 46	13 47 14	5 54 30	16 37 52	24 12 42	10 14 09	15 43 59
17 Th	0 ♉ 31 51	20 09 05	26 22 22	25 44 47	18 53 36	16 15 04	24 18 31	25 17 15	13 59 47	6 02 08	16 43 08	24 15 10	10 17 29	15 48 42
18 F	1 34 43	2 ♐ 43 49	9 ♐ 03 12	27 51 49	20 12 29	16 58 42	24 08 59	25 45 08	14 12 30	6 09 59	16 48 49	24 17 59	10 21 10	15 53 47
19 Sa	2 37 19	15 30 44	21 56 47	29 58 10	21 31 05	17 42 01	23 59 13	26 12 48	14 24 48	6 17 26	16 54 18	24 20 30	10 24 34	15 58 36
20 Su	3 39 04	28 30 20	5 ♑ 03 34	2 ♉ 03 02	22 48 47	18 24 25	23 48 39	26 39 40	14 36 03	6 23 55	16 58 59	24 22 08	10 27 06	16 02 34
21 M	4 39 30	11 ♑ 43 15	18 24 13	4 05 51	24 05 09	19 05 29	23 36 50	27 05 17	14 45 50	6 28 57	17 02 26	24 22 27	10 28 18	16 05 14
22 Tu	5 38 26	25 10 24	1 ♒ 59 36	6 06 15	25 19 59	19 44 59	23 23 37	27 29 26	14 53 56	6 32 22	17 04 27	24 21 15	10 27 60	16 06 24
23 W	6 36 01	8 ♒ 52 50	15 50 37	8 04 18	26 33 26	20 23 06	23 09 08	27 52 18	15 00 30	6 34 17	17 05 11	24 18 41	10 26 20	16 06 14
24 Th	7 32 43	22 51 32	29 57 48	10 00 22	27 45 58	21 00 16	22 53 54	28 14 19	15 06 01	6 35 13	17 05 06	24 15 12	10 23 46	16 05 11
25 F	8 29 16	7 ♓ 06 46	14 ♓ 20 49	11 55 07	28 58 19	21 37 15	22 38 39	28 36 14	15 11 11	6 35 51	17 04 56	24 11 34	10 21 02	16 03 59
26 Sa	9 26 30	21 37 34	28 57 51	13 49 20	0 ♊ 11 18	22 14 52	22 24 14	28 58 52	15 16 50	6 37 01	17 05 30	24 08 35	10 18 58	16 03 27
27 Su	10 25 08	6 ♈ 21 06	13 ♈ 45 08	15 43 43	1 25 41	22 53 50	22 11 24	29 22 57	15 23 44	6 39 29	17 07 33	24 07 01	10 18 18	16 04 21
28 M	11 25 40	21 12 24	28 36 51	17 38 43	2 41 55	23 34 39	22 00 39	29 48 59	15 32 19	6 43 42	17 11 34	24 07 19	10 19 31	16 07 09
29 Tu	12 28 11	6 ♉ 04 36	13 ♉ 25 39	19 34 24	4 00 05	24 17 24	21 52 04	0 ♋ 17 01	15 42 42	6 49 46	17 17 37	24 09 35	10 22 42	16 11 56
30 W	13 32 20	20 49 42	28 03 36	21 30 26	5 19 51	25 01 44	21 45 21	0 46 44	15 54 31	6 57 20	17 25 22	24 13 29	10 27 31	16 18 21
31 Th	14 37 25	5 ♊ 19 46	12 ♊ 23 26	23 26 07	6 40 33	25 46 58	21 39 49	1 17 27	16 07 05	7 05 43	17 34 08	24 18 19	10 33 16	16 25 43

Notes

September 2000 LONGITUDE

Day	☉	0 hr ☽	Noon ☽	☿	♀	♂	⚵	⚳	♃	♄	⚷	♅	♆	♇
1 F	15♉ 42 35	19♊ 28 14	26♊ 19 39	25♉ 20 34	8♊ 01 16	26♈ 32 13	21♎ 34 36	1♋ 48 15	16♒ 19 32	7♒ 14 02	17♌ 43 02	24♎ 23 13	10♎ 39 05	16♌ 33 10
2 Sa	16 46 56	3♋ 10 50	9♋ 49 14	27 12 57	9 21 09	27 16 38	21 28 52	2 18 18	16 30 59	7 21 25	17 51 13	24 27 18	10 44 05	16 39 49
3 Su	17 49 49	16 25 60	22 51 51	29 02 34	10 39 30	27 59 31	21 21 55	2 46 54	16 40 46	7 27 11	17 57 58	24 29 54	10 47 37	16 45 00
4 M	18 50 51	29 14 47	5♌ 29 29	0♊ 49 07	11 55 60	28 40 30	21 13 25	3 13 42	16 48 30	7 30 59	18 02 57	24 30 41	10 49 18	16 48 22
5 Tu	19 50 05	11♌ 40 25	17 46 04	2 32 36	13 10 39	29 19 39	21 03 26	3 38 43	16 54 14	7 32 51	18 06 12	24 29 38	10 49 10	16 49 55
6 W	20 47 55	23 47 43	29 46 47	4 13 28	14 23 51	29 57 21	20 52 21	4 02 22	16 58 22	7 33 10	18 08 06	24 27 12	10 47 38	16 50 05
7 Th	21 45 01	5♍ 42 24	11♍ 37 30	5 52 23	15 36 18	0♉ 34 16	20 40 53	4 25 20	17 01 34	7 32 39	18 09 21	24 24 01	10 45 23	16 49 32
8 F	22 42 14	17 30 35	23 24 19	7 30 15	16 48 49	1 11 17	20 29 52	4 48 26	17 04 42	7 32 06	18 10 47	24 20 59	10 43 15	16 49 06
9 Sa	23 40 28	29 18 14	5♎ 12 60	9 07 56	18 02 18	1 49 14	20 20 11	5 12 34	17 08 37	7 32 26	18 13 16	24 18 56	10 42 06	16 49 41
10 Su	24 40 26	11♎ 10 46	17 08 40	10 46 11	19 17 30	2 28 53	20 12 36	5 38 29	17 14 04	7 34 22	18 17 34	24 18 38	10 42 42	16 52 01
11 M	25 42 39	23 12 42	29 15 26	12 25 32	20 34 54	3 10 45	20 07 38	6 06 39	17 21 34	7 38 25	18 24 11	24 20 35	10 45 33	16 56 36
12 Tu	26 47 16	5♏ 27 22	11♏ 36 12	14 06 09	21 54 39	3 54 58	20 05 26	6 37 16	17 31 16	7 44 44	18 33 15	24 24 57	10 50 48	17 03 36
13 W	27 54 05	17 56 47	24 12 26	15 47 49	23 16 33	4 41 19	20 05 47	7 10 04	17 42 55	7 53 06	18 44 34	24 31 29	10 58 14	17 12 46
14 Th	29 02 27	0♐ 41 34	7♐ 04 17	17 29 54	24 39 58	5 29 11	20 08 05	7 44 27	17 55 55	8 02 53	18 57 29	24 39 35	11 07 13	17 23 31
15 F	0♊ 11 29	13 41 04	20 10 41	19 11 32	26 03 60	6 17 39	20 11 25	8 19 30	18 09 22	8 13 12	19 11 08	24 48 21	11 16 51	17 34 55
16 Sa	1 20 07	26 53 44	3♑ 29 48	20 51 38	27 27 36	7 05 42	20 14 45	8 54 11	18 22 12	8 22 58	19 24 26	24 56 43	11 26 06	17 45 56
17 Su	2 27 22	10♑ 17 36	16 59 32	22 29 13	28 49 44	7 52 17	20 17 05	9 27 29	18 33 24	8 31 13	19 36 24	25 03 41	11 33 56	17 55 33
18 M	3 32 27	23 50 44	0♒ 38 01	24 03 30	0♋ 09 41	8 36 40	20 17 38	9 58 38	18 42 14	8 37 09	19 46 14	25 08 30	11 39 37	18 03 00
19 Tu	4 35 04	7♒ 31 50	14 24 05	25 34 09	1 27 07	9 18 31	20 16 07	10 27 19	18 48 22	8 40 28	19 53 40	25 10 51	11 42 49	18 07 59
20 W	5 35 24	21 20 26	28 17 25	27 01 23	2 42 13	9 58 03	20 12 44	10 53 44	18 51 59	8 41 23	19 58 51	25 10 54	11 43 43	18 10 40
21 Th	6 34 11	5♓ 16 50	12♓ 18 24	28 25 52	3 55 42	10 35 58	20 08 11	11 18 36	18 53 49	8 40 35	20 02 31	25 09 25	11 43 04	18 11 48
22 F	7 32 29	19 21 48	26 27 41	29 48 41	5 08 41	11 13 22	20 03 34	11 42 60	18 54 56	8 39 10	20 05 46	25 07 27	11 41 55	18 12 27
23 Sa	8 31 35	3♈ 35 51	10♈ 45 24	1♋ 11 03	6 22 23	11 51 29	20 00 08	12 08 11	18 56 36	8 38 23	20 09 50	25 06 15	11 41 33	18 13 53
24 Su	9 32 34	17 58 34	25 10 31	2 34 02	7 37 56	12 31 27	19 59 01	12 35 16	18 59 56	8 39 22	20 15 51	25 06 58	11 43 05	18 17 12
25 M	10 36 12	2♉ 27 49	9♉ 40 14	3 58 22	8 56 05	13 14 01	20 00 58	13 04 60	19 05 40	8 42 50	20 24 33	25 10 19	11 47 14	18 23 09
26 Tu	11 42 41	16 59 35	24 09 54	5 24 11	10 17 02	13 59 22	20 06 10	13 37 34	19 14 01	8 49 01	20 36 08	25 16 31	11 54 14	18 31 57
27 W	12 51 36	1♊ 28 07	8♊ 33 27	6 51 00	11 40 22	14 47 06	20 14 14	14 12 35	19 24 33	8 57 30	20 50 11	25 25 10	12 03 40	18 43 10
28 Th	14 02 03	15 46 45	22 44 20	8 17 53	13 05 11	15 36 19	20 24 15	14 49 08	19 36 24	9 07 22	21 05 50	25 35 21	12 14 38	18 55 55
29 F	15 12 50	29 49 01	6♋ 36 41	9 43 33	14 30 19	16 25 49	20 35 02	15 26 02	19 48 21	9 17 27	21 21 51	25 45 54	12 25 56	19 09 01
30 Sa	16 22 45	13♋ 29 48	20 06 18	11 06 41	15 54 30	17 14 24	20 45 22	16 02 03	19 59 11	9 26 31	21 37 02	25 55 34	12 36 21	19 21 14

October 2000 LONGITUDE

Day	☉	0 hr ☽	Noon ☽	☿	♀	♂	⚵	⚳	♃	♄	⚷	♅	♆	♇
1 Su	17♊ 30 47	26♋ 46 06	3♌ 11 16	12♋ 26 11	17♋ 16 46	18♉ 01 03	20♎ 54 15	16♋ 36 12	20♒ 07 55	9♒ 33 34	21♌ 50 23	26♎ 03 22	12♎ 44 54	19♌ 31 34
2 M	18 36 21	9♌ 37 31	15 52 10	13 41 20	18 36 30	18 45 10	21 01 04	17 07 52	20 13 56	9 38 01	22 01 19	26 08 43	12 50 59	19 39 25
3 Tu	19 39 21	22 06 03	28 11 49	14 51 55	19 53 38	19 26 41	21 05 46	17 36 59	20 17 10	9 39 47	22 09 43	26 11 30	12 54 29	19 44 43
4 W	20 40 11	4♍ 15 42	10♍ 14 50	15 58 11	21 08 33	20 05 59	21 08 42	18 03 55	20 17 60	9 39 15	22 15 59	26 12 09	12 55 51	19 47 51
5 Th	21 39 40	16 11 59	22 07 06	17 00 46	22 22 03	20 43 53	21 10 42	18 29 30	20 17 14	9 37 13	22 20 56	26 11 27	12 55 50	19 49 36
6 F	22 38 49	28 01 16	3♎ 55 09	18 00 31	23 35 12	21 21 24	21 12 48	18 54 46	20 15 55	9 34 45	22 25 37	26 10 26	12 55 31	19 51 03
7 Sa	23 38 47	9♎ 50 13	15 45 36	18 58 20	24 49 05	21 59 41	21 16 07	19 20 49	20 15 11	9 32 58	22 31 08	26 10 15	12 55 60	19 53 17
8 Su	24 40 32	21 45 15	27 44 43	19 54 58	26 04 43	22 39 42	21 21 38	19 48 40	20 16 00	9 32 51	22 38 29	26 11 52	12 58 16	19 57 20
9 M	25 44 48	3♏ 52 04	9♏ 57 49	20 50 52	27 22 48	23 22 11	21 30 04	20 19 01	20 19 06	9 35 07	22 48 22	26 16 01	13 03 04	20 03 52
10 Tu	26 51 51	16 15 09	22 28 53	21 46 01	28 43 38	24 07 25	21 41 42	20 52 09	20 24 46	9 40 04	23 01 05	26 22 59	13 10 39	20 13 11
11 W	28 01 30	28 57 22	5♐ 20 08	22 39 52	0♌ 06 60	24 55 12	21 56 19	21 27 52	20 32 49	9 47 28	23 16 26	26 32 33	13 20 50	20 25 06
12 Th	29 13 04	11♐ 59 47	18 31 50	23 31 23	1 32 13	25 44 50	22 13 15	22 05 30	20 42 32	9 56 41	23 33 44	26 44 03	13 32 56	20 38 56
13 F	0♋ 25 30	25 21 27	2♑ 02 18	24 19 04	2 58 15	26 35 17	22 31 25	22 43 58	20 52 52	10 06 37	23 51 54	26 56 24	13 45 53	20 53 36
14 Sa	1 37 31	8♑ 59 45	15 48 13	25 01 16	4 23 49	27 25 16	22 49 34	23 22 01	21 02 35	10 16 03	24 09 42	27 08 23	13 58 26	21 07 51
15 Su	2 47 56	22 50 50	29 45 15	25 36 15	5 47 43	28 13 37	23 06 30	23 58 27	21 10 28	10 23 44	24 25 55	27 18 46	14 09 23	21 20 30
16 M	3 55 50	6♒ 50 22	13♒ 48 57	26 02 38	7 09 03	28 59 23	23 21 17	24 32 21	21 15 36	10 28 48	24 39 39	27 26 39	14 17 48	21 30 37
17 Tu	5 00 49	20 54 26	27 55 33	26 19 30	8 27 24	29 42 11	23 33 31	25 03 20	21 17 36	10 30 50	24 50 29	27 31 38	14 23 19	21 37 48
18 W	6 03 06	5♓ 00 09	12♓ 02 33	26 26 29	9 42 60	0♊ 22 14	23 43 25	25 31 35	21 16 40	10 30 02	24 58 38	27 33 55	14 26 07	21 42 16
19 Th	7 03 27	19 06 00	26 08 52	26 23 52	10 56 36	1 00 18	23 51 46	25 57 53	21 13 35	10 27 12	25 04 53	27 34 18	14 26 59	21 44 48
20 F	8 03 06	3♈ 11 45	10♈ 14 35	26 12 23	12 09 26	1 37 36	23 59 44	26 23 27	21 09 33	10 23 32	25 10 26	27 33 58	14 27 08	21 46 36
21 Sa	9 03 23	17 17 53	24 20 20	25 52 57	13 22 51	2 15 29	24 08 43	26 49 39	21 05 57	10 20 24	25 16 39	27 34 17	14 27 56	21 49 01
22 Su	10 05 32	1♉ 24 51	8♉ 26 26	25 26 32	14 38 05	2 55 11	24 19 55	27 17 41	21 03 59	10 19 02	25 24 45	27 36 30	14 30 35	21 53 18
23 M	11 10 23	15 32 23	22 32 17	24 53 51	15 55 56	3 37 31	24 34 09	27 48 23	21 04 30	10 20 14	25 35 33	27 41 24	14 35 55	22 00 15
24 Tu	12 18 10	29 38 55	6♊ 35 56	24 15 15	17 16 40	4 22 44	24 51 39	28 22 00	21 07 44	10 24 16	25 49 18	27 49 16	14 44 12	22 10 07
25 W	13 28 31	13♊ 41 27	20 34 02	23 30 49	18 39 54	5 10 27	25 12 05	28 58 10	21 13 20	10 30 46	26 05 38	27 59 42	14 55 02	22 22 32
26 Th	14 40 32	27 35 54	4♋ 22 21	22 40 26	20 04 45	5 59 48	25 34 30	29 35 59	21 20 23	10 38 50	26 23 39	28 11 49	15 07 32	22 36 37
27 F	15 53 01	11♋ 17 44	17 56 31	21 44 07	21 30 01	6 49 34	25 57 44	0♌ 14 14	21 27 42	10 47 16	26 42 09	28 24 26	15 20 31	22 51 09
28 Sa	17 04 44	24 42 50	1♌ 12 54	20 42 11	22 54 26	7 38 29	26 20 31	0 51 41	21 34 02	10 54 50	26 59 53	28 36 17	15 32 43	23 04 53
29 Su	18 14 35	7♌ 48 20	14 09 17	19 35 31	24 16 57	8 25 31	26 41 48	1 27 17	21 38 21	11 00 28	27 15 48	28 46 18	15 43 04	23 16 46
30 M	19 21 56	20 33 07	26 45 18	18 25 43	25 36 53	9 09 58	27 00 52	2 00 20	21 39 56	11 03 30	27 29 12	28 53 50	15 50 55	23 26 07
31 Tu	20 26 33	2♍ 58 05	9♍ 02 36	17 14 56	26 54 02	9 51 39	27 17 33	2 30 38	21 38 38	11 03 44	27 39 54	28 58 39	15 56 02	23 32 44

Notes

LONGITUDE — November 2000

Day	☉	0 hr ☽	Noon ☽	☿	♀	♂	⚵	⚳	♃	♄	⚷	♅	♆	♇
1 W	21♋ 28 43	15♍ 06 01	21♍ 04 34	16♋ 05 50	28♌ 08 41	10♊ 30 50	27♎ 32 06	2♌ 58 28	21♒ 34 42	11♒ 01 26	27♌ 48 10	29♎ 01 04	15♎ 58 43	23♌ 36 54
2 Th	22 29 09	27 01 18	2♎ 56 07	15 01 21	29 21 31	11 08 13	27 45 13	3 24 31	21 28 51	10 57 18	27 54 42	29 01 44	15 59 39	23 39 17
3 F	23 28 46	8♎ 49 32	14 43 10	14 04 20	0♍ 33 29	11 44 45	27 57 50	3 49 46	21 22 01	10 52 18	28 00 26	29 01 38	15 59 48	23 40 52
4 Sa	24 28 39	20 36 59	26 32 10	13 17 24	1 45 39	12 21 31	28 11 01	4 15 15	21 15 18	10 47 30	28 06 28	29 01 50	16 00 13	23 42 43
5 Su	25 29 48	2♏ 30 10	8♏ 29 39	12 42 35	2 59 01	12 59 29	28 25 47	4 41 58	21 09 41	10 43 54	28 13 45	29 03 18	16 01 54	23 45 48
6 M	26 32 58	14 35 16	20 41 39	12 21 14	4 14 20	13 39 24	28 42 51	5 10 40	21 05 55	10 42 14	28 23 05	29 06 49	16 05 36	23 50 54
7 Tu	27 38 31	26 57 42	3♐ 13 13	12 13 56	5 31 58	14 21 41	29 02 36	5 41 45	21 04 25	10 42 55	28 34 49	29 12 45	16 11 42	23 58 22
8 W	28 46 24	9♐ 41 37	16 07 54	12 20 24	6 51 51	15 06 14	29 24 57	6 15 07	21 05 04	10 45 51	28 48 52	29 21 02	16 20 08	24 08 09
9 Th	29 56 04	22 49 21	29 27 13	12 39 39	8 13 28	15 52 32	29 49 23	6 50 15	21 07 24	10 50 32	29 04 44	29 31 08	16 30 22	24 19 43
10 F	1♌ 06 37	6♑ 21 08	13♑ 10 23	13 10 06	9 35 54	16 39 40	0♏ 14 59	7 26 15	21 10 28	10 56 03	29 21 30	29 42 09	16 41 30	24 32 10
11 Sa	2 16 59	20 14 56	27 14 16	13 49 51	10 58 03	17 26 33	0 40 40	8 02 01	21 13 13	11 01 18	29 38 03	29 52 59	16 52 26	24 44 23
12 Su	3 26 03	4♒ 26 35	11♒ 33 48	14 36 57	12 18 50	18 12 06	1 05 18	8 36 28	21 14 32	11 05 13	29 53 20	0♏ 02 33	17 02 04	24 55 19
13 M	4 32 59	18 50 29	26 02 44	15 29 39	13 37 25	18 55 28	1 28 05	9 08 46	21 13 37	11 06 58	0♍ 06 29	0 10 01	17 09 36	25 04 05
14 Tu	5 37 25	3♓ 20 24	10♓ 34 43	16 26 42	14 53 24	19 36 17	1 48 37	9 38 30	21 10 03	11 06 08	0 17 07	0 14 59	17 14 36	25 10 19
15 W	6 39 26	17 50 38	25 04 19	17 27 22	16 06 55	20 14 38	2 06 60	10 05 49	21 03 60	11 02 53	0 25 21	0 17 34	17 17 13	25 14 09
16 Th	7 39 42	2♈ 16 40	9♈ 27 38	18 31 32	17 18 35	20 51 11	2 23 52	10 31 20	20 56 04	10 57 49	0 31 49	0 18 25	17 18 04	25 16 12
17 F	8 39 12	16 35 40	23 42 31	19 39 26	18 29 23	21 26 53	2 40 12	10 56 02	20 47 15	10 51 56	0 37 31	0 18 30	17 18 08	25 17 26
18 Sa	9 39 00	0♉ 46 17	7♉ 48 15	20 51 34	19 40 26	22 02 52	2 57 06	11 21 02	20 38 39	10 46 20	0 43 31	0 18 56	17 18 32	25 18 59
19 Su	10 40 08	14 48 12	21 44 55	22 08 21	20 52 43	22 40 07	3 15 34	11 47 18	20 31 18	10 42 01	0 50 50	0 20 42	17 20 15	25 21 49
20 M	11 43 16	28 41 30	5♊ 32 49	23 29 57	22 06 54	23 19 19	3 36 15	12 15 32	20 25 51	10 39 40	1 00 09	0 24 29	17 23 58	25 26 38
21 Tu	12 48 35	12♊ 26 06	19 11 51	24 56 10	23 23 13	24 00 39	3 59 23	12 45 55	20 22 31	10 39 30	1 11 39	0 30 29	17 29 52	25 33 38
22 W	13 55 52	26 01 24	2♋ 41 21	26 26 21	24 41 23	24 43 53	4 24 42	13 18 14	20 21 05	10 41 15	1 25 06	0 38 27	17 37 44	25 42 33
23 Th	15 04 27	9♋ 26 13	16 00 02	27 59 32	26 00 46	25 28 22	4 51 32	13 51 48	20 20 53	10 44 17	1 39 51	0 47 45	17 46 54	25 52 46
24 F	16 13 27	22 38 58	29 06 16	29 34 33	27 20 30	26 13 13	5 19 02	14 25 46	20 21 03	10 47 44	1 55 00	0 57 30	17 56 30	26 03 23
25 Sa	17 21 58	5♌ 38 01	11♌ 58 33	1♌ 10 15	28 39 38	26 57 31	5 46 15	14 59 11	20 20 40	10 50 40	2 09 40	1 06 46	18 05 37	26 13 28
26 Su	18 29 11	18 22 10	24 35 54	2 45 38	29 57 24	27 40 29	6 12 25	15 31 17	20 18 58	10 52 19	2 23 02	1 14 46	18 13 26	26 22 16
27 M	19 34 35	0♍ 50 59	6♍ 58 14	4 20 00	1♎ 13 15	28 21 35	6 36 59	16 01 32	20 15 25	10 52 09	2 34 34	1 20 59	18 19 27	26 29 13
28 Tu	20 37 58	13 05 07	19 06 39	5 53 01	2 26 59	29 00 36	6 59 45	16 29 44	20 09 50	10 49 57	2 44 05	1 25 12	18 23 27	26 34 08
29 W	21 39 28	25 06 27	1♎ 03 27	7 24 41	3 38 44	29 37 41	7 20 50	16 55 60	20 02 20	10 45 53	2 51 42	1 27 34	18 25 34	26 37 09
30 Th	22 39 29	6♎ 57 60	12 52 07	8 55 19	4 48 55	0♋ 13 15	7 40 40	17 20 45	19 53 22	10 40 20	2 57 51	1 28 29	18 26 14	26 38 41

LONGITUDE — December 2000

Day	☉	0 hr ☽	Noon ☽	☿	♀	♂	⚵	⚳	♃	♄	⚷	♅	♆	♇
1 F	23♌ 38 39	18♎ 43 51	24♎ 37 05	10♌ 25 26	5♎ 58 08	0♋ 47 55	7♏ 59 52	17♌ 44 38	19♒ 43 32	10♒ 33 58	3♍ 03 08	1♏ 28 34	18♎ 26 03	26♌ 39 20
2 Sa	24 37 41	0♏ 28 54	6♏ 23 34	11 55 43	7 07 08	1 22 24	8 19 08	18 08 20	19 33 35	10 27 28	3 08 16	1 28 33	18 25 44	26 39 51
3 Su	25 37 16	12 18 35	18 17 11	13 26 46	8 16 33	1 57 23	8 39 09	18 32 33	19 24 12	10 21 33	3 13 57	1 29 07	18 25 59	26 40 53
4 M	26 37 57	24 18 32	0♐ 23 39	14 59 07	9 26 59	2 33 24	9 00 28	18 57 49	19 15 57	10 16 45	3 20 44	1 30 49	18 27 21	26 43 01
5 Tu	27 40 03	6♐ 34 11	12 48 19	16 33 01	10 38 42	3 10 49	9 23 25	19 24 29	19 09 08	10 13 24	3 28 55	1 33 57	18 30 08	26 46 33
6 W	28 43 36	19 10 25	25 35 41	18 08 29	11 51 46	3 49 37	9 48 00	19 52 33	19 03 48	10 11 32	3 38 32	1 38 34	18 34 23	26 51 31
7 Th	29 48 20	2♑ 10 59	8♑ 48 56	19 45 15	13 05 54	4 29 34	10 13 59	20 21 47	18 59 43	10 10 53	3 49 21	1 44 25	18 39 51	26 57 40
8 F	0♍ 53 46	15 38 03	22 29 19	21 22 48	14 20 36	5 10 10	10 40 51	20 51 40	18 56 22	10 10 59	4 00 51	1 50 59	18 46 00	27 04 30
9 Sa	1 59 16	29 31 41	6♒ 35 44	23 00 28	15 35 14	5 50 47	11 07 57	21 21 34	18 53 08	10 11 10	4 12 23	1 57 38	18 52 14	27 11 23
10 Su	3 04 11	13♒ 49 31	21 04 32	24 37 38	16 49 10	6 30 46	11 34 40	21 50 51	18 49 23	10 10 49	4 23 20	2 03 44	18 57 54	27 17 39
11 M	4 08 00	28 26 49	5♓ 49 48	26 13 46	18 01 52	7 09 37	12 00 29	22 19 01	18 44 36	10 09 25	4 33 11	2 08 46	19 02 29	27 22 50
12 Tu	5 10 28	13♓ 16 51	20 43 59	27 48 37	19 13 05	7 47 05	12 25 07	22 45 46	18 38 33	10 06 42	4 41 40	2 12 29	19 05 43	27 26 38
13 W	6 11 37	28 11 49	5♈ 39 03	29 22 14	20 22 50	8 23 10	12 48 36	23 11 10	18 31 14	10 02 43	4 48 48	2 14 54	19 07 39	27 29 05
14 Th	7 11 46	13♈ 04 01	20 27 37	0♍ 54 54	21 31 25	8 58 11	13 11 15	23 35 31	18 23 00	9 57 47	4 54 55	2 16 20	19 08 35	27 30 31
15 F	8 11 24	27 46 50	5♉ 03 52	2 27 09	22 39 21	9 32 39	13 33 34	23 59 18	18 14 21	9 52 22	5 00 30	2 17 17	19 08 60	27 31 25
16 Sa	9 11 04	12♉ 15 25	19 23 54	3 59 32	23 47 10	10 07 06	13 56 06	24 23 06	18 05 49	9 47 03	5 06 06	2 18 17	19 09 27	27 32 20
17 Su	10 11 16	26 26 51	3♊ 25 50	5 32 33	24 55 22	10 42 02	14 19 19	24 47 22	17 57 54	9 42 20	5 12 13	2 19 51	19 10 27	27 33 46
18 M	11 12 19	10♊ 19 55	17 09 14	7 06 33	26 04 15	11 17 45	14 43 32	25 12 25	17 50 57	9 38 30	5 19 08	2 22 16	19 12 18	27 36 01
19 Tu	12 14 17	23 54 43	0♋ 34 45	8 41 36	27 13 54	11 54 21	15 08 51	25 38 22	17 45 01	9 35 39	5 26 59	2 25 39	19 15 05	27 39 11
20 W	13 17 05	7♋ 12 05	13 43 34	10 17 36	28 24 11	12 31 42	15 35 09	26 05 05	17 40 01	9 33 41	5 35 36	2 29 52	19 18 41	27 43 07
21 Th	14 20 24	20 13 17	26 37 04	11 54 19	29 34 50	13 09 32	16 02 08	26 32 17	17 35 40	9 32 19	5 44 44	2 34 37	19 22 49	27 47 35
22 F	15 23 53	2♌ 59 41	9♌ 16 39	13 31 22	0♏ 45 29	13 47 28	16 29 27	26 59 35	17 31 37	9 31 11	5 54 00	2 39 35	19 27 08	27 52 11
23 Sa	16 27 11	15 32 40	21 43 38	15 08 26	1 55 46	14 25 11	16 56 45	27 26 40	17 27 30	9 29 56	6 03 04	2 44 23	19 31 16	27 56 35
24 Su	17 30 02	27 53 35	3♍ 59 20	16 45 15	3 05 25	15 02 22	17 23 44	27 53 15	17 23 04	9 28 18	6 11 40	2 48 45	19 34 58	28 00 31
25 M	18 32 15	10♍ 03 50	16 05 09	18 21 41	4 14 15	15 38 53	17 50 16	28 19 09	17 18 10	9 26 08	6 19 36	2 52 31	19 38 02	28 03 48
26 Tu	19 33 49	22 04 57	28 02 41	19 57 41	5 22 14	16 14 41	18 16 17	28 44 21	17 12 44	9 23 23	6 26 51	2 55 39	19 40 28	28 06 24
27 W	20 34 48	3♎ 58 47	9♎ 53 53	21 33 23	6 29 26	16 49 52	18 41 53	29 08 55	17 06 54	9 20 09	6 33 31	2 58 14	19 42 19	28 08 25
28 Th	21 35 22	15 47 30	21 41 08	23 08 56	7 36 01	17 24 34	19 07 14	29 33 02	17 00 48	9 16 35	6 39 44	3 00 26	19 43 47	28 10 01
29 F	22 35 44	27 33 44	3♏ 27 18	24 44 33	8 42 12	17 59 01	19 32 31	29 56 54	16 54 39	9 12 54	6 45 44	3 02 27	19 45 03	28 11 22
30 Sa	23 36 05	9♏ 20 37	15 15 46	26 20 28	9 48 08	18 33 24	19 57 57	0♍ 20 42	16 48 40	9 09 18	6 51 41	3 04 30	19 46 19	28 12 43
31 Su	24 36 35	21 11 44	27 10 22	27 56 49	10 53 59	19 07 53	20 23 40	0 44 35	16 43 00	9 05 56	6 57 46	3 06 43	19 47 45	28 14 11

Notes

January 2001 LONGITUDE

Day	☉	0 hr ☽	Noon ☽	☿	♀	♂	⚵	⚳	♃	♄	⚷	♅	♆	♇
1 M	25 ♍ 37 19	3 ♐ 11 04	9 ♐ 15 17	29 ♍ 33 44	11 ♏ 59 51	19 ♋ 42 32	20 ♏ 49 47	1 ♍ 08 41	16 ♒ 37 45	9 ♒ 02 55	7 ♍ 04 03	3 ♏ 09 12	19 ♎ 49 25	28 ♌ 15 53
2 Tu	26 38 17	15 22 56	21 34 56	1 ♎ 11 12	13 05 43	20 17 24	21 16 17	1 32 58	16 32 56	9 00 14	7 10 34	3 11 57	19 51 22	28 17 48
3 W	27 39 27	27 51 41	4 ♑ 13 40	2 49 09	14 11 31	20 52 23	21 43 07	1 57 23	16 28 28	8 57 50	7 17 15	3 14 55	19 53 30	28 19 54
4 Th	28 40 41	10 ♑ 41 29	17 15 22	4 27 31	15 17 09	21 27 24	22 10 11	2 21 50	16 24 17	8 55 38	7 23 59	3 18 00	19 55 44	28 22 05
5 F	29 41 54	23 55 51	0 ♒ 43 04	6 06 09	16 22 29	22 02 21	22 37 22	2 46 12	16 20 16	8 53 31	7 30 39	3 21 05	19 57 58	28 24 12
6 Sa	0 ♎ 43 01	7 ♒ 37 10	14 38 13	7 44 59	17 27 26	22 37 08	23 04 35	3 10 26	16 16 20	8 51 24	7 37 13	3 24 06	20 00 06	28 26 14
7 Su	1 44 01	21 45 55	29 00 10	9 23 58	18 31 60	23 11 46	23 31 51	3 34 30	16 12 30	8 49 17	7 43 38	3 27 03	20 02 09	28 28 08
8 M	2 44 58	6 ♓ 20 11	13 ♓ 45 37	11 03 09	19 36 13	23 46 18	23 59 11	3 58 29	16 08 48	8 47 14	7 49 59	3 29 58	20 04 10	28 29 58
9 Tu	3 45 60	21 15 20	28 48 31	12 42 37	20 40 12	24 20 51	24 26 44	4 22 28	16 05 23	8 45 21	7 56 23	3 32 59	20 06 16	28 31 52
10 W	4 47 13	6 ♈ 24 02	14 ♈ 00 30	14 22 26	21 44 03	24 55 33	24 54 37	4 46 36	16 02 21	8 43 47	8 02 56	3 36 13	20 08 35	28 33 56
11 Th	5 48 43	21 37 10	29 12 01	16 02 38	22 47 53	25 30 28	25 22 55	5 10 58	15 59 49	8 42 37	8 09 45	3 39 47	20 11 11	28 36 17
12 F	6 50 31	6 ♉ 44 58	14 ♉ 13 36	17 43 09	23 51 39	26 05 38	25 51 38	5 35 34	15 57 46	8 41 51	8 16 49	3 43 39	20 14 06	28 38 55
13 Sa	7 52 31	21 38 34	28 57 21	19 23 47	24 55 16	26 40 57	26 20 41	6 00 19	15 56 07	8 41 24	8 24 03	3 47 44	20 17 13	28 41 43
14 Su	8 54 31	6 ♊ 11 09	13 ♊ 17 45	21 04 16	25 58 33	27 16 12	26 49 53	6 25 00	15 54 41	8 41 04	8 31 16	3 51 52	20 20 22	28 44 32
15 M	9 56 19	20 18 33	27 12 04	22 44 13	27 01 15	27 51 11	27 18 59	6 49 25	15 53 15	8 40 38	8 38 14	3 55 47	20 23 18	28 47 06
16 Tu	10 57 42	3 ♋ 59 22	10 ♋ 40 03	24 23 16	28 03 08	28 25 41	27 47 47	7 13 22	15 51 35	8 39 53	8 44 44	3 59 19	20 25 49	28 49 13
17 W	11 58 31	17 14 27	23 43 26	26 01 06	29 04 05	28 59 34	28 16 10	7 36 42	15 49 35	8 38 43	8 50 39	4 02 20	20 27 49	28 50 47
18 Th	12 58 48	0 ♌ 06 21	6 ♌ 25 15	27 37 29	0 ♐ 04 05	29 32 50	28 44 08	7 59 25	15 47 15	8 37 06	8 55 59	4 04 49	20 29 15	28 51 47
19 F	13 58 40	12 38 34	18 49 13	29 12 17	1 03 15	0 ♌ 05 38	29 11 48	8 21 39	15 44 42	8 35 11	9 00 52	4 06 54	20 30 18	28 52 21
20 Sa	14 58 21	24 55 03	0 ♍ 59 18	0 ♏ 45 26	2 01 48	0 38 10	29 39 25	8 43 39	15 42 12	8 33 13	9 05 32	4 08 50	20 31 10	28 52 43
21 Su	15 58 11	6 ♍ 59 46	12 59 21	2 16 54	3 00 03	1 10 48	0 ♐ 07 18	9 05 44	15 40 03	8 31 32	9 10 18	4 10 56	20 32 12	28 53 14
22 M	16 58 31	18 56 25	24 52 49	3 46 36	3 58 21	1 43 51	0 35 48	9 28 15	15 38 37	8 30 27	9 15 32	4 13 33	20 33 44	28 54 13
23 Tu	17 59 38	0 ♎ 48 13	6 ♎ 42 46	5 14 21	4 56 57	2 17 38	1 05 14	9 51 30	15 38 12	8 30 17	9 21 31	4 16 59	20 36 05	28 55 59
24 W	19 01 45	12 37 55	18 31 45	6 39 50	5 56 04	2 52 20	1 35 46	10 15 41	15 38 60	8 31 15	9 28 28	4 21 27	20 39 27	28 58 44
25 Th	20 04 56	24 27 46	0 ♏ 21 55	8 02 30	6 55 43	3 28 02	2 07 30	10 40 51	15 41 04	8 33 24	9 36 26	4 26 60	20 43 53	29 02 32
26 F	21 09 04	6 ♏ 19 41	12 15 08	9 21 34	7 55 47	4 04 36	2 40 17	11 06 54	15 44 19	8 36 37	9 45 18	4 33 31	20 49 15	29 07 16
27 Sa	22 13 51	18 15 24	24 13 10	10 36 03	8 55 58	4 41 46	3 13 52	11 33 33	15 48 27	8 40 38	9 54 49	4 40 43	20 55 20	29 12 39
28 Su	23 18 53	0 ♐ 16 36	6 ♐ 17 52	11 44 44	9 55 50	5 19 07	3 47 49	12 00 24	15 53 03	8 45 02	10 04 32	4 48 12	21 01 40	29 18 17
29 M	24 23 41	12 25 12	18 31 17	12 46 19	10 54 51	5 56 09	4 21 39	12 26 55	15 57 38	8 49 19	10 13 58	4 55 28	21 07 47	29 23 39
30 Tu	25 27 44	24 43 27	0 ♑ 55 53	13 39 31	11 52 30	6 32 22	4 54 51	12 52 38	16 01 42	8 53 00	10 22 38	5 02 01	21 13 10	29 28 17
31 W	26 30 41	7 ♑ 14 08	13 34 35	14 23 06	12 48 24	7 07 23	5 27 04	13 17 10	16 04 53	8 55 42	10 30 08	5 07 29	21 17 28	29 31 47

February 2001 LONGITUDE

Day	☉	0 hr ☽	Noon ☽	☿	♀	♂	⚵	⚳	♃	♄	⚷	♅	♆	♇
1 Th	27 ♎ 32 19	20 ♑ 00 26	26 ♑ 30 37	14 ♏ 56 08	13 ♐ 42 20	7 ♌ 41 02	5 ♐ 58 06	13 ♍ 40 20	16 ♒ 06 59	8 ♒ 57 13	10 ♍ 36 18	5 ♏ 11 40	21 ♎ 20 28	29 ♌ 33 58
2 F	28 32 43	3 ♒ 05 50	9 ♒ 47 21	15 18 01	14 34 20	8 13 24	6 28 01	14 02 12	16 08 05	8 57 39	10 41 12	5 14 40	21 22 16	29 34 56
3 Sa	29 32 15	16 33 42	23 27 45	15 28 30	15 24 44	8 44 48	6 57 11	14 23 08	16 08 31	8 57 21	10 45 11	5 16 48	21 23 12	29 35 01
4 Su	0 ♏ 31 30	0 ♓ 26 41	7 ♓ 33 42	15 27 49	16 14 06	9 15 51	7 26 10	14 43 42	16 08 54	8 56 54	10 48 51	5 18 41	21 23 52	29 34 48
5 M	1 31 09	14 45 52	22 05 09	15 16 29	17 03 06	9 47 14	7 55 42	15 04 37	16 09 56	8 56 60	10 52 54	5 21 01	21 24 59	29 35 00
6 Tu	2 31 55	29 29 52	6 ♈ 59 22	14 55 17	17 52 22	10 19 38	8 26 26	15 26 34	16 12 16	8 58 19	10 58 00	5 24 28	21 27 12	29 36 18
7 W	3 34 14	14 ♈ 34 17	22 10 25	14 25 06	18 42 22	10 53 32	8 58 51	15 49 60	16 16 23	9 01 21	11 04 38	5 29 30	21 31 00	29 39 09
8 Th	4 38 16	29 51 27	7 ♉ 29 29	13 46 48	19 33 11	11 29 03	9 33 05	16 15 03	16 22 26	9 06 12	11 12 55	5 36 17	21 36 32	29 43 42
9 F	5 43 45	15 ♉ 11 16	22 45 57	13 01 13	20 24 32	12 05 57	10 08 53	16 41 30	16 30 09	9 12 40	11 22 38	5 44 31	21 43 32	29 49 42
10 Sa	6 50 06	0 ♊ 22 41	7 ♊ 49 05	12 09 05	21 15 47	12 43 37	10 45 39	17 08 44	16 38 56	9 20 06	11 33 09	5 53 39	21 51 24	29 56 33
11 Su	7 56 31	15 15 33	22 29 52	11 11 15	22 06 07	13 21 15	11 22 35	17 35 56	16 47 60	9 27 44	11 43 41	6 02 52	21 59 21	0 ♍ 03 27
12 M	9 02 09	29 42 14	6 ♋ 42 19	10 08 41	22 54 39	13 58 02	11 58 52	18 02 17	16 56 30	9 34 43	11 53 25	6 11 20	22 06 32	0 09 34
13 Tu	10 06 24	13 ♋ 38 34	20 23 51	9 02 40	23 40 42	14 33 19	12 33 50	18 27 09	17 03 48	9 40 26	12 01 40	6 18 24	22 12 20	0 14 16
14 W	11 08 54	27 03 52	3 ♌ 35 09	7 54 44	24 23 56	15 06 46	13 07 11	18 50 12	17 09 35	9 44 33	12 08 10	6 23 46	22 16 24	0 17 14
15 Th	12 09 45	10 ♌ 00 17	16 19 20	6 46 46	25 04 20	15 38 27	13 38 58	19 11 29	17 13 54	9 47 06	12 12 55	6 27 28	22 18 49	0 18 31
16 F	13 09 19	22 32 06	28 41 12	5 40 45	25 42 16	16 08 46	14 09 36	19 31 25	17 17 09	9 48 32	12 16 23	6 29 56	22 19 59	0 18 31
17 Sa	14 08 20	4 ♍ 44 43	10 ♍ 46 22	4 38 47	26 18 24	16 38 24	14 39 46	19 50 41	17 20 03	9 49 31	12 19 13	6 31 51	22 20 35	0 17 57
18 Su	15 07 36	16 43 56	22 40 35	3 42 46	26 53 30	17 08 11	15 10 17	20 10 07	17 23 24	9 50 54	12 22 15	6 34 02	22 21 28	0 17 38
19 M	16 07 58	28 35 27	4 ♎ 29 20	2 54 22	27 28 22	17 38 57	15 42 00	20 30 33	17 28 03	9 53 29	12 26 20	6 37 19	22 23 27	0 18 23
20 Tu	17 10 07	10 ♎ 24 16	16 17 22	2 14 50	28 03 36	18 11 23	16 15 36	20 52 40	17 34 41	9 57 59	12 32 08	6 42 25	22 27 13	0 20 55
21 W	18 14 29	22 14 34	28 08 28	1 44 56	28 39 37	18 45 55	16 51 32	21 16 55	17 43 44	10 04 50	12 40 07	6 49 44	22 33 13	0 25 40
22 Th	19 21 10	4 ♏ 09 29	10 ♏ 05 26	1 24 54	29 16 27	19 22 39	17 29 53	21 43 23	17 55 18	10 14 08	12 50 22	6 59 24	22 41 33	0 32 43
23 F	20 29 55	16 11 07	22 10 03	1 14 25	29 53 47	20 01 20	18 10 24	22 11 49	18 09 09	10 25 38	13 02 38	7 11 10	22 51 58	0 41 51
24 Sa	21 40 09	28 20 36	4 ♐ 23 14	1 12 45	0 ♑ 30 59	20 41 22	18 52 30	22 41 37	18 24 40	10 38 43	13 16 19	7 24 25	23 03 52	0 52 26
25 Su	22 50 60	10 ♐ 38 26	16 45 20	1 18 47	1 07 06	21 21 53	19 35 19	23 11 56	18 40 59	10 52 33	13 30 34	7 38 17	23 16 24	1 03 38
26 M	24 01 27	23 04 43	29 16 28	1 31 11	1 41 05	22 01 53	20 17 50	23 41 45	18 57 07	11 06 07	13 44 22	7 51 47	23 28 33	1 14 26
27 Tu	25 10 33	5 ♑ 39 40	11 ♑ 56 53	1 48 38	2 11 54	22 40 24	20 59 06	24 10 07	19 12 05	11 18 28	13 56 46	8 03 57	23 39 22	1 23 53
28 W	26 17 32	18 23 53	24 47 26	2 10 03	2 38 44	23 16 41	21 38 23	24 36 17	19 25 09	11 28 50	14 07 01	8 14 02	23 48 06	1 31 13

Notes

LONGITUDE — March 2001

Day	☉	0 hr ☽	Noon ☽	☿	♀	♂	⚵	⚳	♃	♄	⚷	♅	♆	♇
1 Th	27♏22 03	1♒18 46	7♒49 38	2♏34 39	3♑01 09	23♌50 21	22♐15 16	24♍59 51	19♒35 56	11♒36 52	14♍14 45	8♏21 39	23♎54 22	1♍36 05
2 F	28 24 11	14 26 30	21 05 49	3 02 09	3 19 10	24 21 29	22 49 53	25 20 55	19 44 31	11 42 37	14 20 02	8 26 55	23 58 15	1 38 33
3 Sa	29 24 29	27 49 57	4♓38 51	3 32 48	3 33 18	24 50 40	23 22 46	25 40 04	19 51 28	11 46 42	14 23 27	8 30 22	24 00 21	1 39 13
4 Su	0♐23 57	11♓32 14	18 31 33	4 07 11	3 44 27	25 18 52	23 54 54	25 58 16	19 57 46	11 50 03	14 25 58	8 32 60	24 01 37	1 39 01
5 M	1 23 45	25 35 53	2♈45 48	4 46 12	3 53 43	25 47 15	24 27 28	26 16 40	20 04 35	11 53 51	14 28 46	8 35 58	24 03 13	1 39 10
6 Tu	2 24 60	10♈01 58	17 21 38	5 30 40	4 02 12	26 16 57	25 01 36	26 36 25	20 13 03	11 59 14	14 32 59	8 40 26	24 06 19	1 40 46
7 W	3 28 34	24 48 60	2♉16 16	6 21 10	4 10 41	26 48 48	25 38 08	26 58 22	20 24 00	12 07 04	14 39 28	8 47 13	24 11 44	1 44 41
8 Th	4 34 46	9♉52 19	17 23 42	7 17 47	4 19 26	27 23 09	26 17 25	27 22 51	20 37 46	12 17 39	14 48 31	8 56 39	24 19 48	1 51 14
9 F	5 43 20	25 04 05	2♊35 02	8 19 59	4 28 10	27 59 42	26 59 08	27 49 33	20 54 05	12 30 43	14 59 53	9 08 28	24 30 14	2 00 10
10 Sa	6 53 26	10♊14 07	17 39 45	9 26 46	4 35 60	28 37 37	27 42 30	28 17 41	21 12 08	12 45 27	15 12 45	9 21 51	24 42 14	2 10 37
11 Su	8 03 56	25 11 39	2♋27 38	10 36 47	4 41 45	29 15 45	28 26 21	28 46 04	21 30 43	13 00 41	15 25 56	9 35 37	24 54 38	2 21 28
12 M	9 13 34	9♋47 18	16 50 29	11 48 36	4 44 11	29 52 52	29 09 25	29 13 29	21 48 37	13 15 10	15 38 12	9 48 32	25 06 11	2 31 27
13 Tu	10 21 21	23 54 33	0♌43 25	13 01 04	4 42 17	0♍27 56	29 50 43	29 38 53	22 04 49	13 27 55	15 48 34	9 59 36	25 15 52	2 39 34
14 W	11 26 42	7♌30 34	14 05 06	14 13 28	4 35 28	1 00 22	0♑29 40	0♎01 42	22 18 45	13 38 19	15 56 25	10 08 15	25 23 08	2 45 14
15 Th	12 29 33	20 35 58	26 57 27	15 25 37	4 23 44	1 30 07	1 06 14	0 21 54	22 30 21	13 46 21	16 01 43	10 14 24	25 27 55	2 48 25
16 F	13 30 23	3♍14 15	9♍24 47	16 37 54	4 07 35	1 57 39	1 40 51	0 39 57	22 40 06	13 52 29	16 04 56	10 18 33	25 30 42	2 49 35
17 Sa	14 30 04	15 30 47	21 32 59	17 51 03	3 47 54	2 23 49	2 14 24	0 56 40	22 48 51	13 57 33	16 06 56	10 21 32	25 32 19	2 49 34
18 Su	15 29 40	27 31 58	3♎28 36	19 06 03	3 25 53	2 49 41	2 47 57	1 13 11	22 57 41	14 02 39	16 08 48	10 24 28	25 33 51	2 49 29
19 M	16 30 19	9♎24 27	15 18 13	20 23 59	3 02 42	3 16 23	3 22 38	1 30 35	23 07 42	14 08 54	16 11 39	10 28 25	25 36 27	2 50 26
20 Tu	17 32 58	21 14 30	27 07 52	21 45 41	2 39 26	3 44 51	3 59 24	1 49 49	23 19 53	14 17 15	16 16 26	10 34 23	25 41 03	2 53 23
21 W	18 38 15	3♏07 32	9♏02 39	23 11 46	2 16 50	4 15 43	4 38 53	2 11 32	23 34 51	14 28 21	16 23 47	10 42 60	25 48 17	2 58 57
22 Th	19 46 22	15 07 51	21 06 24	24 42 22	1 55 16	4 49 12	5 21 18	2 35 56	23 52 49	14 42 24	16 33 55	10 54 27	25 58 23	3 07 23
23 F	20 57 06	27 18 21	3♐21 35	26 17 12	1 34 38	5 25 02	6 06 24	3 02 46	24 13 31	14 59 08	16 46 35	11 08 30	26 11 04	3 18 24
24 Sa	22 09 42	9♐40 34	15 49 15	27 55 30	1 14 25	6 02 29	6 53 27	3 31 18	24 36 15	15 17 52	17 01 04	11 24 27	26 25 39	3 31 17
25 Su	23 23 08	22 14 45	28 29 14	29 36 11	0 53 44	6 40 31	7 41 25	4 00 31	24 59 58	15 37 31	17 16 19	11 41 13	26 41 04	3 45 00
26 M	24 36 10	5♑00 13	11♑20 32	1♐18 01	0 31 36	7 17 53	8 29 04	4 29 09	25 23 26	15 56 53	17 31 07	11 57 36	26 56 05	3 58 20
27 Tu	25 47 36	17 55 45	24 21 46	2 59 45	0 07 02	7 53 24	9 15 13	4 56 02	25 45 27	16 14 45	17 44 16	12 12 23	27 09 32	4 10 04
28 W	26 56 31	1♒00 09	7♒31 46	4 40 27	29♐39 20	8 26 06	9 58 55	5 20 13	26 05 05	16 30 12	17 54 50	12 24 39	27 20 28	4 19 17
29 Th	28 02 25	14 12 46	20 50 02	6 19 37	29 08 16	8 55 31	10 39 41	5 41 12	26 21 51	16 42 44	18 02 19	12 33 55	27 28 23	4 25 29
30 F	29 05 22	27 33 52	4♓17 02	7 57 18	28 34 08	9 21 42	11 17 35	5 59 03	26 35 49	16 52 25	18 06 48	12 40 14	27 33 21	4 28 45
31 Sa	0♑06 00	11♓04 41	17 54 12	9 34 07	27 57 48	9 45 16	11 53 15	6 14 25	26 47 35	16 59 53	18 08 54	12 44 14	27 36 01	4 29 41

LONGITUDE — April 2001

Day	☉	0 hr ☽	Noon ☽	☿	♀	♂	⚵	⚳	♃	♄	⚷	♅	♆	♇
1 Su	1♑05 23	24♓47 14	1♈43 33	11♐11 10	27♐20 38	10♍07 18	12♑27 45	6♎28 21	26♒58 16	17♒06 13	18♍09 42	12♏46 60	27♎37 28	4♍29 24
2 M	2 04 51	8♈43 41	15 47 03	12 49 45	26 44 11	10 29 07	13 02 25	6 42 10	27 09 10	17 12 43	18 10 32	12 49 51	27 38 59	4 29 12
3 Tu	3 05 42	22 55 36	0♉05 44	14 31 10	26 09 59	10 51 59	13 38 31	6 57 11	27 21 34	17 20 41	18 12 41	12 54 04	27 41 54	4 30 22
4 W	4 08 52	7♉22 58	14 38 44	16 16 22	25 39 12	11 16 52	14 17 02	7 14 20	27 36 26	17 31 05	18 17 06	13 00 38	27 47 09	4 33 53
5 Th	5 14 48	22 03 26	29 22 39	18 05 49	25 12 31	11 44 11	14 58 24	7 34 03	27 54 11	17 44 20	18 24 14	13 09 57	27 55 10	4 40 10
6 F	6 23 16	6♊51 56	14♊11 30	19 59 18	24 49 54	12 13 43	15 42 22	7 56 06	28 14 37	18 00 13	18 33 50	13 21 49	28 05 44	4 49 00
7 Sa	7 33 29	21 41 05	28 57 18	21 56 00	24 30 44	12 44 38	16 28 09	8 19 42	28 36 54	18 17 56	18 45 08	13 35 25	28 18 02	4 59 35
8 Su	8 44 14	6♋22 16	13♋31 28	23 54 46	24 13 59	13 15 46	17 14 34	8 43 38	28 59 52	18 36 17	18 56 55	13 49 34	28 30 54	5 10 43
9 M	9 54 16	20 47 04	27 46 14	25 54 18	23 58 32	13 45 47	18 00 18	9 06 37	29 22 12	18 53 59	19 07 54	14 02 59	28 43 02	5 21 06
10 Tu	11 02 27	4♌48 51	11♌36 02	27 53 31	23 43 23	14 13 35	18 44 17	9 27 34	29 42 50	19 09 56	19 16 59	14 14 33	28 53 20	5 29 40
11 W	12 08 07	18 23 42	24 58 16	29 51 45	23 27 59	14 38 29	19 25 48	9 45 45	0♓01 03	19 23 26	19 23 30	14 23 36	29 01 07	5 35 43
12 Th	13 11 05	1♍30 47	7♍53 17	1♑48 49	23 12 13	15 00 18	20 04 42	10 01 02	0 16 42	19 34 19	19 27 15	14 29 56	29 06 12	5 39 04
13 F	14 11 44	14 12 06	20 24 02	3 45 06	22 56 31	15 19 22	20 41 20	10 13 45	0 30 07	19 42 57	19 28 36	14 33 56	29 08 57	5 40 06
14 Sa	15 10 48	26 31 49	2♎35 25	5 41 19	22 41 42	15 36 26	21 16 28	10 24 39	0 42 04	19 50 06	19 28 20	14 36 21	29 10 08	5 39 33
15 Su	16 09 20	8♎35 35	14 33 25	7 38 31	22 28 49	15 52 32	21 51 06	10 34 47	0 53 35	19 56 46	19 27 27	14 38 13	29 10 46	5 38 28
16 M	17 08 25	20 29 45	26 24 34	9 37 46	22 18 59	16 08 43	22 26 22	10 45 12	1 05 46	20 04 04	19 27 03	14 40 37	29 11 57	5 37 56
17 Tu	18 09 01	2♏20 47	8♏15 16	11 39 59	22 13 09	16 25 59	23 03 12	10 56 55	1 19 34	20 12 57	19 28 07	14 44 32	29 14 39	5 38 55
18 W	19 11 50	14 14 41	20 11 19	13 45 50	22 12 02	16 44 59	23 42 19	11 10 35	1 35 40	20 24 07	19 31 20	14 50 39	29 19 33	5 42 07
19 Th	20 17 10	26 16 34	2♐17 31	15 55 32	22 15 53	17 06 01	24 24 01	11 26 30	1 54 24	20 37 52	19 36 60	14 59 15	29 26 58	5 47 50
20 F	21 24 51	8♐30 23	14 37 21	18 08 53	22 24 31	17 28 55	25 08 07	11 44 32	2 15 35	20 54 03	19 44 58	15 10 13	29 36 45	5 55 55
21 Sa	22 34 19	20 58 40	27 12 48	20 25 10	22 37 18	17 53 05	25 54 04	12 04 04	2 38 39	21 12 04	19 54 38	15 22 56	29 48 18	6 05 46
22 Su	23 44 37	3♑42 31	10♑04 21	22 43 20	22 53 17	18 17 35	26 40 54	12 24 11	3 02 39	21 31 00	20 05 06	15 36 29	0♏00 41	6 16 29
23 M	24 54 39	16 41 36	23 11 06	25 02 07	23 11 18	18 41 17	27 27 33	12 43 46	3 26 29	21 49 44	20 15 15	15 49 45	0 12 48	6 26 56
24 Tu	26 03 21	29 54 28	6♒31 07	27 20 16	23 30 12	19 03 06	28 12 53	13 01 44	3 49 03	22 07 11	20 23 59	16 01 40	0 23 34	6 36 02
25 W	27 09 49	13♒19 02	20 01 58	29 36 43	23 49 03	19 22 09	28 56 05	13 17 12	4 09 30	22 22 29	20 30 27	16 11 20	0 32 07	6 42 55
26 Th	28 13 36	26 53 03	3♓41 19	1♒50 45	24 07 20	19 37 58	29 36 38	13 29 43	4 27 21	22 35 10	20 34 10	16 18 19	0 37 58	6 47 09
27 F	29 14 44	10♓34 39	17 27 24	4 02 09	24 25 01	19 50 33	0♒14 35	13 39 17	4 42 39	22 45 15	20 35 12	16 22 37	0 41 11	6 48 43
28 Sa	0♒13 44	24 22 45	1♈19 18	6 11 10	24 42 34	20 00 27	0 50 28	13 46 27	4 55 54	22 53 16	20 34 02	16 24 47	0 42 15	6 48 10
29 Su	1 11 31	8♈17 01	15 16 55	8 18 25	25 00 50	20 08 32	1 25 12	13 52 07	5 08 02	23 00 08	20 31 36	16 25 44	0 42 07	6 46 25
30 M	2 09 12	22 17 44	29 20 36	10 24 44	25 20 53	20 15 57	1 59 53	13 57 24	5 20 09	23 06 58	20 29 03	16 26 34	0 41 53	6 44 35

Notes

May 2001

LONGITUDE

Day	☉	0 hr ☽	Noon ☽	☿	♀	♂	⚵	⚳	♃	♄	⚷	♅	♆	♇
1 Tu	3 ♒ 07 53	6 ♉ 25 13	13 ♉ 30 33	12 ♒ 30 53	25 ♐ 43 44	20 ♍ 23 45	2 ♒ 35 37	14 ♎ 03 23	5 ♓ 33 21	23 ♒ 14 51	20 ♍ 27 26	16 ♏ 28 24	0 ♏ 42 39	6 ♍ 43 46
2 W	4 08 23	20 39 10	27 46 12	14 37 23	26 10 08	20 32 45	3 13 13	14 10 53	5 48 27	23 24 37	20 27 35	16 32 01	0 45 13	6 44 46
3 Th	5 11 03	4 ♊ 58 08	12 ♊ 05 36	16 44 18	26 40 25	20 43 19	3 53 02	14 20 17	6 05 49	23 36 36	20 29 52	16 37 47	0 49 58	6 47 58
4 F	6 15 44	19 19 10	26 25 15	18 51 14	27 14 20	20 55 16	4 34 56	14 31 23	6 25 16	23 50 41	20 34 08	16 45 35	0 56 45	6 53 12
5 Sa	7 21 51	3 ♋ 37 51	10 ♋ 40 24	20 57 17	27 51 15	21 07 60	5 18 18	14 43 37	6 46 14	24 06 13	20 39 46	16 54 46	1 04 56	6 59 52
6 Su	8 28 27	17 48 51	24 45 35	23 01 19	28 30 12	21 20 35	6 02 13	14 56 02	7 07 46	24 22 19	20 45 52	17 04 27	1 13 38	7 07 02
7 M	9 34 34	1 ♌ 46 42	8 ♌ 35 36	25 02 07	29 10 06	21 32 00	6 45 41	15 07 39	7 28 53	24 37 58	20 51 26	17 13 37	1 21 50	7 13 44
8 Tu	10 39 19	15 26 43	22 06 20	26 58 39	29 50 03	21 41 23	7 27 50	15 17 36	7 48 42	24 52 18	20 55 35	17 21 24	1 28 39	7 19 04
9 W	11 42 08	28 45 49	5 ♍ 15 28	28 50 11	0 ♑ 29 25	21 48 09	8 08 05	15 25 16	8 06 39	25 04 44	20 57 45	17 27 13	1 33 31	7 22 29
10 Th	12 42 48	11 ♍ 42 51	18 02 42	0 ♓ 36 23	1 07 56	21 52 04	8 46 14	15 30 29	8 22 31	25 15 04	20 57 44	17 30 52	1 36 15	7 23 45
11 F	13 41 31	24 18 43	0 ♎ 29 42	2 17 18	1 45 46	21 53 19	9 22 28	15 33 25	8 36 30	25 23 29	20 55 43	17 32 33	1 37 01	7 23 05
12 Sa	14 38 47	6 ♎ 36 08	12 39 50	3 53 22	2 23 20	21 52 24	9 57 17	15 34 33	8 49 05	25 30 29	20 52 12	17 32 44	1 36 18	7 20 58
13 Su	15 35 18	18 39 16	24 37 45	5 25 12	3 01 19	21 50 01	10 31 23	15 34 37	9 00 60	25 36 47	20 47 54	17 32 10	1 34 51	7 18 07
14 M	16 31 52	0 ♏ 33 11	6 ♏ 28 50	6 53 32	3 40 28	21 46 57	11 05 35	15 34 24	9 13 00	25 43 10	20 43 36	17 31 37	1 33 26	7 15 19
15 Tu	17 29 13	12 23 30	18 18 51	8 19 02	4 21 28	21 43 56	11 40 36	15 34 37	9 25 51	25 50 22	20 40 03	17 31 49	1 32 47	7 13 19
16 W	18 27 54	24 15 51	0 ♐ 13 25	9 42 11	5 04 49	21 41 31	12 16 59	15 35 51	9 40 06	25 58 56	20 37 48	17 33 20	1 33 28	7 12 40
17 Th	19 28 14	6 ♐ 15 32	12 17 45	11 03 15	5 50 48	21 39 58	12 55 02	15 38 21	9 56 02	26 09 10	20 37 08	17 36 28	1 35 47	7 13 39
18 F	20 30 10	18 27 13	24 36 11	12 22 08	6 39 20	21 39 18	13 34 43	15 42 07	10 13 38	26 21 03	20 38 03	17 41 10	1 39 41	7 16 15
19 Sa	21 33 23	0 ♑ 54 36	7 ♑ 11 57	13 38 28	7 30 03	21 39 09	14 15 43	15 46 49	10 32 33	26 34 13	20 40 12	17 47 06	1 44 50	7 20 09
20 Su	22 37 17	13 40 06	20 06 55	14 51 36	8 22 20	21 38 57	14 57 26	15 51 52	10 52 13	26 48 07	20 43 01	17 53 44	1 50 42	7 24 45
21 M	23 41 11	26 44 48	3 ♒ 21 26	16 00 46	9 15 26	21 37 60	15 39 11	15 56 33	11 11 55	27 02 02	20 45 47	18 00 18	1 56 31	7 29 20
22 Tu	24 44 21	10 ♒ 08 17	16 54 18	17 05 11	10 08 36	21 35 34	16 20 12	16 00 08	11 30 55	27 15 14	20 47 47	18 06 06	2 01 36	7 33 12
23 W	25 46 11	23 48 47	0 ♓ 43 05	18 04 11	11 01 14	21 31 06	16 59 56	16 02 04	11 48 39	27 27 08	20 48 26	18 10 34	2 05 20	7 35 46
24 Th	26 46 21	7 ♓ 43 26	14 44 22	18 57 24	11 52 56	21 24 15	17 38 02	16 01 59	12 04 47	27 37 24	20 47 24	18 13 20	2 07 25	7 36 41
25 F	27 44 52	21 48 44	28 54 21	19 44 42	12 43 41	21 15 01	18 14 29	15 59 53	12 19 16	27 46 01	20 44 41	18 14 24	2 07 49	7 35 57
26 Sa	28 42 01	6 ♈ 01 03	13 ♈ 09 21	20 26 22	13 33 46	21 03 45	18 49 36	15 56 04	12 32 27	27 53 18	20 40 35	18 14 05	2 06 50	7 33 51
27 Su	29 38 21	20 17 01	27 26 11	21 02 50	14 23 42	20 50 59	19 23 56	15 51 06	12 44 51	27 59 47	20 35 38	18 12 56	2 05 03	7 30 59
28 M	0 ♓ 34 32	4 ♉ 33 48	11 ♉ 42 18	21 34 44	15 14 07	20 37 26	19 58 08	15 45 40	12 57 09	28 06 09	20 30 32	18 11 37	2 03 06	7 27 58
29 Tu	1 31 13	18 49 06	25 55 42	22 02 37	16 05 40	20 23 45	20 32 52	15 40 22	13 09 60	28 13 02	20 25 55	18 10 45	2 01 39	7 25 29
30 W	2 28 52	3 ♊ 01 02	10 ♊ 04 41	22 26 55	16 58 46	20 10 25	21 08 34	15 35 42	13 23 50	28 20 54	20 22 15	18 10 50	2 01 09	7 23 58
31 Th	3 27 41	17 07 49	24 07 37	22 47 46	17 53 37	19 57 40	21 45 28	15 31 53	13 38 53	28 29 57	20 19 45	18 12 04	2 01 49	7 23 39

June 2001

LONGITUDE

Day	☉	0 hr ☽	Noon ☽	☿	♀	♂	⚵	⚳	♃	♄	⚷	♅	♆	♇
1 F	4 ♓ 27 35	1 ♋ 07 36	8 ♋ 02 42	23 ♓ 05 05	18 ♑ 50 07	19 ♍ 45 26	22 ♒ 23 29	15 ♎ 28 49	13 ♓ 55 03	28 ♒ 40 06	20 ♍ 18 19	18 ♏ 14 21	2 ♏ 03 33	7 ♍ 24 26
2 Sa	5 28 14	14 58 20	21 47 56	23 18 31	19 47 54	19 33 25	23 02 16	15 26 11	14 12 01	28 51 02	20 17 38	18 17 22	2 06 03	7 26 01
3 Su	6 29 11	28 37 56	5 ♌ 21 12	23 27 37	20 46 31	19 21 11	23 41 21	15 23 30	14 29 18	29 02 15	20 17 14	18 20 39	2 08 50	7 27 53
4 M	7 29 55	12 ♌ 04 20	18 40 38	23 31 56	21 45 24	19 08 14	24 20 14	15 20 16	14 46 23	29 13 15	20 16 37	18 23 41	2 11 22	7 29 33
5 Tu	8 29 59	25 15 53	1 ♍ 44 44	23 31 05	22 44 07	18 54 10	24 58 28	15 16 04	15 02 50	29 23 37	20 15 19	18 26 01	2 13 15	7 30 35
6 W	9 29 07	8 ♍ 11 32	14 32 50	23 24 57	23 42 23	18 38 44	25 35 47	15 10 37	15 18 23	29 33 03	20 13 05	18 27 24	2 14 11	7 30 41
7 Th	10 27 13	20 51 08	27 05 09	23 13 35	24 40 04	18 21 52	26 12 04	15 03 49	15 32 55	29 41 27	20 09 49	18 27 42	2 14 04	7 29 47
8 F	11 24 22	3 ♎ 15 30	9 ♎ 22 53	22 57 17	25 37 14	18 03 41	26 47 25	14 55 45	15 46 32	29 48 54	20 05 36	18 27 02	2 12 59	7 27 57
9 Sa	12 20 48	15 26 25	21 28 17	22 36 34	26 34 06	17 44 27	27 22 02	14 46 39	15 59 26	29 55 38	20 00 39	18 25 36	2 11 10	7 25 24
10 Su	13 16 49	27 26 36	3 ♏ 24 28	22 12 03	27 30 59	17 24 30	27 56 16	14 36 50	16 11 56	0 ♓ 01 56	19 55 17	18 23 43	2 08 56	7 22 27
11 M	14 12 46	9 ♏ 19 35	15 15 15	21 44 28	28 28 11	17 04 14	28 30 25	14 26 39	16 24 23	0 08 10	19 49 50	18 21 44	2 06 36	7 19 27
12 Tu	15 08 58	21 09 26	27 05 00	21 14 33	29 25 60	16 43 59	29 04 48	14 16 25	16 37 04	0 14 38	19 44 38	18 19 56	2 04 29	7 16 42
13 W	16 05 37	3 ♐ 00 41	8 ♐ 58 24	20 42 59	0 ♒ 24 39	16 24 02	29 39 40	14 06 21	16 50 15	0 21 33	19 39 54	18 18 35	2 02 50	7 14 26
14 Th	17 02 51	14 57 59	21 00 12	20 10 26	1 24 14	16 04 31	0 ♓ 15 05	13 56 35	17 03 60	0 29 02	19 35 44	18 17 46	2 01 44	7 12 45
15 F	18 00 38	27 05 60	3 ♑ 14 58	19 37 23	2 24 44	15 45 30	0 51 05	13 47 07	17 18 18	0 37 04	19 32 09	18 17 28	2 01 10	7 11 38
16 Sa	18 58 53	9 ♑ 29 02	15 46 50	19 04 20	3 25 60	15 26 52	1 27 30	13 37 49	17 33 05	0 45 32	19 28 60	18 17 34	2 01 02	7 10 59
17 Su	19 57 22	22 10 51	28 39 06	18 31 37	4 27 49	15 08 29	2 04 10	13 28 31	17 48 06	0 54 13	19 26 06	18 17 53	2 01 08	7 10 35
18 M	20 55 51	5 ♒ 14 12	11 ♒ 53 56	17 59 38	5 29 59	14 50 10	2 40 50	13 18 58	18 03 07	1 02 54	19 23 13	18 18 10	2 01 13	7 10 13
19 Tu	21 54 09	18 40 32	25 31 57	17 28 42	6 32 14	14 31 46	3 17 18	13 08 59	18 17 58	1 11 22	19 20 10	18 18 13	2 01 06	7 09 40
20 W	22 52 08	2 ♓ 29 39	9 ♓ 31 59	16 59 15	7 34 27	14 13 11	3 53 25	12 58 28	18 32 28	1 19 29	19 16 47	18 17 54	2 00 38	7 08 48
21 Th	23 49 43	16 39 29	23 50 59	16 31 45	8 36 34	13 54 26	4 29 09	12 47 20	18 46 35	1 27 12	19 13 02	18 17 10	1 59 46	7 07 35
22 F	24 46 59	1 ♈ 06 07	8 ♈ 24 10	16 06 41	9 38 37	13 35 35	5 04 32	12 35 40	19 00 22	1 34 34	19 08 58	18 16 04	1 58 33	7 06 02
23 Sa	25 44 01	15 44 05	23 05 32	15 44 38	10 40 43	13 16 50	5 39 41	12 23 36	19 13 56	1 41 41	19 04 43	18 14 42	1 57 06	7 04 17
24 Su	26 40 58	0 ♉ 27 06	7 ♉ 48 35	15 26 05	11 42 58	12 58 20	6 14 44	12 11 16	19 27 24	1 48 42	19 00 23	18 13 13	1 55 33	7 02 28
25 M	27 37 57	15 08 39	22 27 07	15 11 30	12 45 31	12 40 16	6 49 48	11 58 48	19 40 54	1 55 43	18 56 08	18 11 44	1 54 02	7 00 43
26 Tu	28 35 02	29 42 56	6 ♊ 55 53	15 01 13	13 48 25	12 22 44	7 24 58	11 46 17	19 54 30	2 02 50	18 51 59	18 10 20	1 52 36	6 59 05
27 W	29 32 13	14 ♊ 05 19	21 11 00	14 55 27	14 51 38	12 05 46	8 00 12	11 33 44	20 08 11	2 09 60	18 47 59	18 08 59	1 51 15	6 57 34
28 Th	0 ♈ 29 26	28 12 39	5 ♋ 10 05	14 54 19	15 55 07	11 49 22	8 35 28	11 21 05	20 21 54	2 17 11	18 44 03	18 07 39	1 49 56	6 56 06
29 F	1 26 36	12 ♋ 03 12	18 52 03	14 57 52	16 58 47	11 33 27	9 10 39	11 08 17	20 35 33	2 24 17	18 40 06	18 06 14	1 48 33	6 54 37
30 Sa	2 23 39	25 36 30	2 ♌ 16 55	15 06 08	18 02 33	11 18 00	9 45 43	10 55 17	20 49 05	2 31 15	18 36 03	18 04 40	1 47 03	6 53 03

Notes

LONGITUDE — July 2001

Day	☉	0 hr ☽	Noon ☽	☿	♀	♂	⚵	⚳	♃	♄	⚷	♅	♆	♇
1 Su	3 ♈ 20 33	8 ♌ 52 60	15 ♌ 25 26	15 ♓ 19 10	19 ♒ 06 24	11 ♍ 03 01	10 ♓ 20 36	10 ♎ 42 02	21 ♓ 02 27	2 ♓ 38 02	18 ♍ 31 55	18 ♏ 02 55	1 ♏ 45 23	6 ♍ 51 21
2 M	4 17 21	21 53 42	28 18 45	15 37 00	20 10 21	10 48 34	10 55 22	10 28 37	21 15 41	2 44 41	18 27 42	18 01 03	1 43 36	6 49 34
3 Tu	5 14 09	4 ♍ 39 58	10 ♍ 58 19	15 59 47	21 14 29	10 34 45	11 30 05	10 15 07	21 28 54	2 51 17	18 23 31	17 59 07	1 41 48	6 47 47
4 W	6 11 04	17 13 17	23 25 37	16 27 37	22 18 56	10 21 45	12 04 55	10 01 41	21 42 13	2 57 58	18 19 29	17 57 17	1 40 07	6 46 09
5 Th	7 08 14	29 35 12	5 ♎ 42 14	17 00 38	23 23 51	10 09 43	12 39 58	9 48 30	21 55 47	3 04 53	18 15 45	17 55 41	1 38 40	6 44 48
6 F	8 05 48	11 ♎ 47 18	17 49 51	17 38 53	24 29 20	9 58 46	13 15 23	9 35 39	22 09 41	3 12 07	18 12 27	17 54 25	1 37 35	6 43 51
7 Sa	9 03 47	23 51 18	29 50 17	18 22 25	25 35 26	9 49 00	13 51 11	9 23 14	22 24 00	3 19 45	18 09 36	17 53 33	1 36 56	6 43 21
8 Su	10 02 11	5 ♏ 49 05	11 ♏ 45 34	19 11 08	26 42 07	9 40 24	14 27 22	9 11 13	22 38 42	3 27 45	18 07 13	17 53 04	1 36 40	6 43 16
9 M	11 00 53	17 42 47	23 38 04	20 04 52	27 49 16	9 32 51	15 03 49	8 59 30	22 53 39	3 35 60	18 05 09	17 52 49	1 36 40	6 43 30
10 Tu	11 59 41	29 34 56	5 ♐ 30 33	21 03 23	28 56 42	9 26 11	15 40 19	8 47 56	23 08 41	3 44 18	18 03 14	17 52 40	1 36 46	6 43 51
11 W	12 58 21	11 ♐ 28 28	17 26 12	22 06 23	0 ♓ 04 09	9 20 12	16 16 40	8 36 16	23 23 33	3 52 24	18 01 14	17 52 20	1 36 44	6 44 06
12 Th	13 56 39	23 26 48	29 28 36	23 13 34	1 11 24	9 14 38	16 52 35	8 24 17	23 38 01	4 00 06	17 58 55	17 51 35	1 36 18	6 43 59
13 F	14 54 24	5 ♑ 33 45	11 ♑ 41 44	24 24 40	2 18 15	9 09 18	17 27 55	8 11 47	23 51 52	4 07 10	17 56 04	17 50 15	1 35 17	6 43 19
14 Sa	15 51 29	17 53 29	24 09 49	25 39 32	3 24 35	9 04 09	18 02 32	7 58 43	24 05 01	4 13 31	17 52 36	17 48 13	1 33 35	6 42 00
15 Su	16 47 58	0 ♒ 30 19	6 ♒ 56 59	26 58 08	4 30 27	8 59 12	18 36 30	7 45 08	24 17 31	4 19 13	17 48 34	17 45 32	1 31 16	6 40 06
16 M	17 44 01	13 28 18	20 06 58	28 20 34	5 36 02	8 54 40	19 10 00	7 31 14	24 29 33	4 24 25	17 44 10	17 42 23	1 28 30	6 37 48
17 Tu	18 39 60	26 50 47	3 ♓ 42 28	29 47 06	6 41 40	8 50 52	19 43 21	7 17 21	24 41 27	4 29 28	17 39 43	17 39 07	1 25 38	6 35 24
18 W	19 36 16	10 ♓ 39 45	17 44 29	1 ♈ 17 59	7 47 44	8 48 13	20 16 58	7 03 54	24 53 36	4 34 45	17 35 37	17 36 07	1 23 04	6 33 20
19 Th	20 33 14	24 55 06	2 ♈ 11 45	2 53 32	8 54 38	8 47 06	20 51 13	6 51 18	25 06 24	4 40 40	17 32 16	17 33 47	1 21 10	6 31 59
20 F	21 31 12	9 ♈ 34 08	17 00 09	4 33 50	10 02 39	8 47 48	21 26 25	6 39 50	25 20 08	4 47 31	17 29 57	17 32 23	1 20 14	6 31 37
21 Sa	22 30 13	24 31 14	2 ♉ 02 54	6 18 51	11 11 51	8 50 25	22 02 36	6 29 36	25 34 53	4 55 21	17 28 46	17 32 02	1 20 21	6 32 20
22 Su	23 30 10	9 ♉ 38 21	17 11 10	8 08 13	12 22 05	8 54 47	22 39 40	6 20 28	25 50 29	5 04 02	17 28 33	17 32 33	1 21 22	6 33 60
23 M	24 30 38	24 45 57	2 ♊ 15 18	10 01 20	13 32 58	9 00 32	23 17 12	6 12 04	26 06 35	5 13 11	17 28 55	17 33 35	1 22 55	6 36 12
24 Tu	25 31 07	9 ♊ 44 31	17 06 24	11 57 26	14 43 59	9 07 07	23 54 41	6 03 53	26 22 38	5 22 17	17 29 22	17 34 36	1 24 28	6 38 27
25 W	26 31 04	24 26 01	1 ♋ 37 34	13 55 41	15 54 34	9 14 00	24 31 35	5 55 23	26 38 05	5 30 46	17 29 20	17 35 03	1 25 28	6 40 10
26 Th	27 30 04	8 ♋ 44 58	15 44 40	15 55 22	17 04 19	9 20 44	25 07 28	5 46 09	26 52 31	5 38 14	17 28 24	17 34 31	1 25 29	6 40 57
27 F	28 27 53	22 38 46	29 26 21	17 55 58	18 13 00	9 27 07	25 42 07	5 35 59	27 05 44	5 44 27	17 26 22	17 32 48	1 24 21	6 40 36
28 Sa	29 24 37	6 ♌ 07 28	12 ♌ 43 37	19 57 14	19 20 43	9 33 13	26 15 37	5 24 60	27 17 48	5 49 31	17 23 19	17 29 58	1 22 07	6 39 11
29 Su	0 ♉ 20 36	19 13 07	25 39 06	21 59 08	20 27 47	9 39 20	26 48 18	5 13 30	27 29 03	5 53 45	17 19 35	17 26 21	1 19 07	6 37 01
30 M	1 16 21	1 ♍ 58 59	8 ♍ 16 24	24 01 52	21 34 43	9 45 59	27 20 41	5 02 02	27 39 60	5 57 40	17 15 40	17 22 28	1 15 51	6 34 38
31 Tu	2 12 28	14 28 55	20 39 26	26 05 43	22 42 07	9 53 46	27 53 22	4 51 12	27 51 15	6 01 52	17 12 11	17 18 56	1 12 58	6 32 38

LONGITUDE — August 2001

Day	☉	0 hr ☽	Noon ☽	☿	♀	♂	⚵	⚳	♃	♄	⚷	♅	♆	♇
1 W	3 ♉ 09 32	26 ♍ 46 45	2 ♎ 51 53	28 ♈ 10 56	23 ♓ 50 34	10 ♍ 03 15	28 ♓ 26 56	4 ♎ 41 36	28 ♓ 03 23	6 ♓ 06 57	17 ♍ 09 43	17 ♏ 16 20	1 ♏ 11 01	6 ♍ 31 37
2 Th	4 08 01	8 ♎ 55 56	14 57 04	0 ♉ 17 41	25 00 33	10 14 53	29 01 52	4 33 42	28 16 51	6 13 22	17 08 44	17 15 07	1 10 29	6 32 02
3 F	5 08 10	20 59 22	26 57 38	2 25 59	26 12 18	10 28 54	29 38 23	4 27 45	28 31 56	6 21 23	17 09 30	17 15 33	1 11 36	6 34 08
4 Sa	6 10 01	2 ♏ 59 18	8 ♏ 55 44	4 35 34	27 25 50	10 45 19	0 ♈ 16 31	4 23 48	28 48 38	6 30 59	17 12 00	17 17 39	1 14 24	6 37 57
5 Su	7 13 18	14 57 27	20 52 58	6 45 59	28 40 54	11 03 52	0 56 01	4 21 34	29 06 42	6 41 57	17 16 01	17 21 09	1 18 38	6 43 12
6 M	8 17 34	26 55 11	2 ♐ 50 43	8 56 34	29 57 02	11 24 03	1 36 24	4 20 36	29 25 38	6 53 47	17 21 03	17 25 36	1 23 48	6 49 26
7 Tu	9 22 08	8 ♐ 53 44	14 50 19	11 06 31	1 ♈ 13 33	11 45 13	2 17 01	4 20 16	29 44 48	7 05 50	17 26 28	17 30 20	1 29 17	6 56 00
8 W	10 26 18	20 54 32	26 53 21	13 14 59	2 29 46	12 06 38	2 57 09	4 19 50	0 ♈ 03 29	7 17 24	17 31 32	17 34 39	1 34 21	7 02 11
9 Th	11 29 24	2 ♑ 59 23	9 ♑ 01 52	15 21 12	3 45 00	12 27 37	3 36 09	4 18 39	0 21 01	7 27 47	17 35 37	17 37 52	1 38 20	7 07 18
10 F	12 30 56	15 10 48	21 18 38	17 24 34	4 58 45	12 47 40	4 13 29	4 16 13	0 36 54	7 36 31	17 38 11	17 39 29	1 40 44	7 10 52
11 Sa	13 30 42	27 32 00	3 ♒ 47 03	19 24 49	6 10 48	13 06 33	4 48 56	4 12 19	0 50 54	7 43 22	17 39 02	17 39 18	1 41 20	7 12 39
12 Su	14 28 47	10 ♒ 06 58	16 31 14	21 22 01	7 21 15	13 24 22	5 22 38	4 07 03	1 03 08	7 48 26	17 38 16	17 37 25	1 40 15	7 12 47
13 M	15 25 40	23 00 07	29 35 32	23 16 34	8 30 35	13 41 34	5 55 02	4 00 55	1 14 04	7 52 12	17 36 21	17 34 17	1 37 57	7 11 42
14 Tu	16 22 05	6 ♓ 15 57	13 ♓ 04 07	25 09 12	9 39 31	13 58 53	6 26 53	3 54 39	1 24 26	7 55 23	17 34 02	17 30 41	1 35 10	7 10 10
15 W	17 18 56	19 58 15	27 00 03	27 00 49	10 48 58	14 17 13	6 59 04	3 49 08	1 35 08	7 58 55	17 32 14	17 27 29	1 32 48	7 09 05
16 Th	18 17 06	4 ♈ 09 09	11 ♈ 24 21	28 52 17	11 59 47	14 37 25	7 32 27	3 45 16	1 47 03	8 03 38	17 31 47	17 25 34	1 31 44	7 09 19
17 F	19 17 13	18 48 07	26 14 59	0 ♊ 44 13	13 12 37	15 00 07	8 07 42	3 43 41	2 00 48	8 10 11	17 33 21	17 25 34	1 32 36	7 11 31
18 Sa	20 19 31	3 ♉ 51 05	11 ♉ 26 14	2 36 53	14 27 43	15 25 33	8 45 01	3 44 37	2 16 38	8 18 49	17 37 10	17 27 45	1 35 38	7 15 53
19 Su	21 23 44	19 10 17	26 48 57	4 30 01	15 44 48	15 53 27	9 24 10	3 47 49	2 34 17	8 29 16	17 42 59	17 31 50	1 40 35	7 22 13
20 M	22 29 11	4 ♊ 35 00	12 ♊ 11 43	6 22 56	17 03 10	16 23 05	10 04 26	3 52 35	2 53 03	8 40 49	17 50 04	17 37 06	1 46 45	7 29 45
21 Tu	23 34 51	19 53 16	27 22 46	8 14 38	18 21 48	16 53 27	10 44 48	3 57 54	3 11 55	8 52 28	17 57 27	17 42 35	1 53 07	7 37 32
22 W	24 39 40	4 ♋ 54 03	12 ♋ 12 15	10 04 05	19 39 41	17 23 30	11 24 14	4 02 44	3 29 51	9 03 12	18 04 04	17 47 13	1 58 39	7 44 29
23 Th	25 42 52	19 29 07	26 33 35	11 50 30	20 55 59	17 52 24	12 01 56	4 06 16	3 46 01	9 12 09	18 09 07	17 50 12	2 02 32	7 49 49
24 F	26 44 00	3 ♌ 34 04	10 ♌ 24 03	13 33 28	22 10 18	18 19 44	12 37 28	4 08 05	4 00 02	9 18 58	18 12 11	17 51 07	2 04 22	7 53 06
25 Sa	27 43 10	17 08 17	23 44 28	15 13 05	23 22 42	18 45 34	13 10 55	4 08 17	4 11 58	9 23 41	18 13 20	17 50 03	2 04 13	7 54 26
26 Su	28 40 54	0 ♍ 14 10	6 ♍ 38 13	16 49 54	24 33 43	19 10 25	13 42 49	4 07 23	4 22 21	9 26 51	18 13 08	17 47 33	2 02 37	7 54 21
27 M	29 38 02	12 56 11	19 10 14	18 24 47	25 44 13	19 35 08	14 14 02	4 06 15	4 32 01	9 29 19	18 12 25	17 44 26	2 00 27	7 53 41
28 Tu	0 ♊ 35 36	25 19 46	1 ♎ 26 08	19 58 43	26 55 12	20 00 42	14 45 33	4 05 51	4 41 60	9 32 05	18 12 11	17 41 45	1 58 41	7 53 27
29 W	1 34 33	7 ♎ 30 29	13 31 25	21 32 42	28 07 37	20 28 04	15 18 20	4 07 11	4 53 14	9 36 07	18 13 24	17 40 25	1 58 18	7 54 37
30 Th	2 35 38	19 33 28	25 30 56	23 07 28	29 22 14	20 58 00	15 53 08	4 10 59	5 06 29	9 42 10	18 16 50	17 41 14	2 00 03	7 57 55
31 F	3 39 19	1 ♏ 32 59	7 ♏ 28 39	24 43 29	0 ♉ 39 30	21 30 55	16 30 24	4 17 42	5 22 12	9 50 41	18 22 54	17 44 37	2 04 22	8 03 50

Notes

September 2001 — LONGITUDE

Day	☉	0 hr ☽	Noon ☽	☿	♀	♂	⚵	⚳	♃	♄	⚷	♅	♆	♇
1 Sa	4 ♊ 45 37	13 ♏ 32 14	19 ♏ 27 27	26 ♊ 20 45	1 ♉ 59 26	22 ♍ 06 50	17 ♈ 10 11	4 ♎ 27 22	5 ♈ 40 25	10 ♓ 01 43	18 ♍ 31 40	17 ♏ 50 38	2 ♏ 11 19	8 ♍ 12 22
2 Su	5 54 11	25 33 21	1 ♐ 29 09	27 58 56	3 21 42	22 45 25	17 52 06	4 39 37	6 00 46	10 14 53	18 42 46	17 58 53	2 20 32	8 23 11
3 M	7 04 18	7 ♐ 37 36	13 34 47	29 37 18	4 45 34	23 25 54	18 35 27	4 53 44	6 22 32	10 29 28	18 55 29	18 08 41	2 31 17	8 35 33
4 Tu	8 15 00	19 45 31	25 44 48	1 ♋ 14 50	6 10 04	24 07 20	19 19 15	5 08 44	6 44 44	10 44 31	19 08 50	18 19 04	2 42 37	8 48 31
5 W	9 25 12	1 ♑ 57 25	7 ♑ 59 29	2 50 27	7 34 06	24 48 36	20 02 25	5 23 34	7 06 18	10 58 56	19 21 45	18 28 56	2 53 26	9 00 58
6 Th	10 33 54	14 13 45	20 19 26	4 23 08	8 56 42	25 28 43	20 43 57	5 37 11	7 26 13	11 11 42	19 33 13	18 37 16	3 02 44	9 11 56
7 F	11 40 20	26 35 30	2 ♒ 45 51	5 52 03	10 17 03	26 06 53	21 23 04	5 48 50	7 43 44	11 22 04	19 42 28	18 43 20	3 09 45	9 20 37
8 Sa	12 44 06	9 ♒ 04 32	15 20 52	7 16 49	11 34 49	26 42 44	21 59 24	5 58 08	7 58 26	11 29 40	19 49 08	18 46 45	3 14 07	9 26 40
9 Su	13 45 20	21 43 43	28 07 37	8 37 28	12 50 04	27 16 20	22 33 03	6 05 12	8 10 27	11 34 34	19 53 18	18 47 36	3 15 56	9 30 09
10 M	14 44 36	4 ♓ 36 53	11 ♓ 10 05	9 54 32	14 03 24	27 48 17	23 04 35	6 10 34	8 20 20	11 37 22	19 55 34	18 46 28	3 15 45	9 31 41
11 Tu	15 42 53	17 48 30	24 32 39	11 08 56	15 15 47	28 19 33	23 34 59	6 15 15	8 29 05	11 39 02	19 56 53	18 44 21	3 14 35	9 32 13
12 W	16 41 23	1 ♈ 22 56	8 ♈ 19 21	12 21 48	16 28 25	28 51 20	24 05 28	6 20 26	8 37 54	11 40 48	19 58 30	18 42 26	3 13 38	9 32 59
13 Th	17 41 19	15 23 39	22 32 48	13 34 16	17 42 32	29 24 51	24 37 13	6 27 20	8 47 59	11 43 50	20 01 35	18 41 57	3 14 05	9 35 10
14 F	18 43 36	29 51 58	7 ♉ 13 04	14 47 09	18 59 01	0 ♎ 00 59	25 11 09	6 36 51	9 00 15	11 49 05	20 07 04	18 43 48	3 16 53	9 39 41
15 Sa	19 48 38	14 ♉ 45 56	22 16 37	16 00 46	20 18 18	0 40 09	25 47 43	6 49 25	9 15 07	11 56 57	20 15 22	18 48 24	3 22 26	9 46 59
16 Su	20 56 13	29 59 44	7 ♊ 35 59	17 14 47	21 40 10	1 22 08	26 26 39	7 04 48	9 32 21	12 07 13	20 26 15	18 55 32	3 30 31	9 56 48
17 M	22 05 31	15 ♊ 23 50	23 00 26	18 28 13	23 03 46	2 06 07	27 07 08	7 22 10	9 51 09	12 19 04	20 38 55	19 04 24	3 40 19	10 08 21
18 Tu	23 15 18	0 ♋ 46 18	8 ♋ 17 43	19 39 43	24 27 54	2 50 50	27 47 57	7 40 17	10 10 15	12 31 15	20 52 07	19 13 44	3 50 35	10 20 23
19 W	24 24 14	15 54 59	23 16 26	20 47 47	25 51 12	3 34 58	28 27 46	7 57 50	10 28 21	12 42 27	21 04 32	19 22 13	4 00 00	10 31 34
20 Th	25 31 15	0 ♌ 39 53	7 ♌ 48 00	21 51 07	27 12 37	4 17 26	29 05 28	8 13 42	10 44 20	12 51 34	21 15 04	19 28 47	4 07 29	10 40 49
21 F	26 35 43	14 54 36	21 47 54	22 48 55	28 31 31	4 57 36	29 40 29	8 27 19	10 57 37	12 58 02	21 23 08	19 32 49	4 12 27	10 47 32
22 Sa	27 37 39	28 36 58	5 ♍ 15 33	23 40 57	29 47 54	5 35 28	0 ♉ 12 48	8 38 38	11 08 12	13 01 48	21 28 42	19 34 18	4 14 51	10 51 43
23 Su	28 37 35	11 ♍ 48 29	18 13 46	24 27 31	1 ♊ 02 20	6 11 35	0 42 57	8 48 14	11 16 37	13 03 27	21 32 20	19 33 49	4 15 16	10 53 55
24 M	29 36 29	24 33 21	0 ♎ 47 31	25 09 18	2 15 46	6 46 53	1 11 54	8 57 02	11 23 49	13 03 56	21 35 00	19 32 18	4 14 40	10 55 05
25 Tu	0 ♋ 35 32	6 ♎ 57 20	13 02 57	25 47 08	3 29 21	7 22 33	1 40 49	9 06 14	11 30 59	13 04 24	21 37 51	19 30 56	4 14 11	10 56 23
26 W	1 35 51	19 06 46	25 06 27	26 21 49	4 44 15	7 59 41	2 10 50	9 16 56	11 39 15	13 06 01	21 42 02	19 30 51	4 14 59	10 58 57
27 Th	2 38 22	1 ♏ 07 46	7 ♏ 03 59	26 53 57	6 01 22	8 39 14	2 42 52	9 30 05	11 49 32	13 09 41	21 48 27	19 32 58	4 17 59	11 03 44
28 F	3 43 38	13 05 42	19 00 37	27 23 41	7 21 16	9 21 45	3 17 30	9 46 14	12 02 23	13 15 59	21 57 42	19 37 51	4 23 44	11 11 17
29 Sa	4 51 47	25 04 50	1 ♐ 00 14	27 50 43	8 44 04	10 07 20	3 54 49	10 05 28	12 17 56	13 24 60	22 09 51	19 45 37	4 32 22	11 21 41
30 Su	6 02 26	7 ♐ 08 10	13 05 27	28 14 16	10 09 24	10 55 36	4 34 27	10 27 26	12 35 48	13 36 23	22 24 34	19 55 54	4 43 30	11 34 36

October 2001 — LONGITUDE

Day	☉	0 hr ☽	Noon ☽	☿	♀	♂	⚵	⚳	♃	♄	⚷	♅	♆	♇
1 M	7 ♋ 14 50	19 ♐ 17 29	25 ♐ 17 38	28 ♋ 33 09	11 ♊ 36 30	11 ♎ 45 47	5 ♉ 15 38	10 ♎ 51 22	12 ♈ 55 13	13 ♓ 49 22	22 ♍ 41 04	20 ♏ 07 56	4 ♏ 56 22	11 ♍ 49 15
2 Tu	8 27 54	1 ♑ 33 33	7 ♑ 37 14	28 45 52	13 04 17	12 36 49	5 57 19	11 16 12	13 15 07	14 02 54	22 58 18	20 20 38	5 09 55	12 04 34
3 W	9 40 27	13 56 21	20 03 59	28 50 50	14 31 35	13 27 31	6 38 18	11 40 44	13 34 19	14 15 46	23 15 03	20 32 51	5 22 57	12 19 23
4 Th	10 51 24	26 25 35	2 ♒ 37 31	28 46 38	15 57 18	14 16 46	7 17 28	12 03 51	13 51 42	14 26 53	23 30 14	20 43 27	5 34 23	12 32 34
5 F	11 59 53	9 ♒ 01 07	15 17 44	28 32 08	17 20 34	15 03 42	7 53 59	12 24 43	14 06 26	14 35 24	23 43 00	20 51 36	5 43 20	12 43 18
6 Sa	13 05 29	21 43 21	28 05 15	28 06 47	18 40 57	15 47 55	8 27 24	12 42 53	14 18 04	14 40 52	23 52 55	20 56 52	5 49 24	12 51 07
7 Su	14 08 16	4 ♓ 33 40	11 ♓ 01 39	27 30 40	19 58 32	16 29 26	8 57 48	12 58 26	14 26 41	14 43 23	24 00 03	20 59 19	5 52 38	12 56 07
8 M	15 08 47	17 34 23	24 09 30	26 44 36	21 13 52	17 08 52	9 25 44	13 11 55	14 32 50	14 43 30	24 04 58	20 59 32	5 53 36	12 58 51
9 Tu	16 08 03	0 ♈ 48 39	7 ♈ 32 05	25 50 04	22 27 58	17 47 10	9 52 11	13 24 20	14 37 30	14 42 12	24 08 39	20 58 28	5 53 18	13 00 18
10 W	17 07 16	14 20 01	21 12 49	24 49 05	23 42 01	18 25 33	10 18 23	13 36 53	14 41 55	14 40 43	24 12 20	20 57 23	5 52 58	13 01 42
11 Th	18 07 40	28 11 38	5 ♉ 14 24	23 43 59	24 57 16	19 05 16	10 45 33	13 50 48	14 47 19	14 40 16	24 17 14	20 57 29	5 53 48	13 04 16
12 F	19 10 13	12 ♉ 25 18	19 37 48	22 37 09	26 14 41	19 47 15	11 14 38	14 07 02	14 54 38	14 41 49	24 24 18	20 59 44	5 56 46	13 08 58
13 Sa	20 15 22	27 00 28	4 ♊ 21 18	21 30 45	27 34 42	20 31 59	11 46 06	14 26 03	15 04 20	14 45 50	24 34 01	21 04 36	6 02 21	13 16 16
14 Su	21 22 60	11 ♊ 53 31	19 19 54	20 26 36	28 57 12	21 19 18	12 19 49	14 47 44	15 16 18	14 52 11	24 46 14	21 11 57	6 10 24	13 26 02
15 M	22 32 23	26 57 32	4 ♋ 25 33	19 26 00	0 ♋ 21 27	22 08 30	12 55 02	15 11 19	15 29 48	15 00 08	25 00 14	21 21 03	6 20 11	13 37 32
16 Tu	23 42 22	12 ♋ 03 08	19 28 11	18 29 56	1 46 19	22 58 26	13 30 38	15 35 41	15 43 41	15 08 33	25 14 52	21 30 46	6 30 35	13 49 37
17 W	24 51 42	26 59 50	4 ♌ 17 31	17 39 04	3 10 32	23 47 50	14 05 21	15 59 35	15 56 41	15 16 12	25 28 53	21 39 52	6 40 19	14 01 03
18 Th	25 59 18	11 ♌ 38 07	18 44 55	16 54 06	4 33 02	24 35 37	14 38 06	16 21 54	16 07 44	15 21 58	25 41 13	21 47 14	6 48 20	14 10 45
19 F	27 04 30	25 50 58	2 ♍ 44 45	16 15 51	5 53 08	25 21 08	15 08 13	16 41 60	16 16 11	15 25 13	25 51 11	21 52 14	6 53 57	14 18 02
20 Sa	28 07 13	9 ♍ 34 45	16 14 53	15 45 15	7 10 44	26 04 15	15 35 35	16 59 45	16 21 55	15 25 49	25 58 40	21 54 44	6 57 04	14 22 49
21 Su	29 07 48	22 49 18	29 16 30	15 23 25	8 26 14	26 45 22	16 00 35	17 15 32	16 25 18	15 24 11	26 04 05	21 55 09	6 58 05	14 25 29
22 M	0 ♌ 07 04	5 ♎ 37 20	11 ♎ 53 14	15 11 31	9 40 24	27 25 15	16 24 01	17 30 10	16 27 08	15 21 07	26 08 12	21 54 15	6 57 46	14 26 48
23 Tu	1 06 00	18 03 32	24 10 25	15 10 32	10 54 15	28 04 56	16 46 53	17 44 38	16 28 26	15 17 35	26 12 02	21 53 04	6 57 09	14 27 48
24 W	2 05 40	0 ♏ 13 39	6 ♏ 14 06	15 21 14	12 08 49	28 45 25	17 10 12	17 59 57	16 30 13	15 14 39	26 16 37	21 52 37	6 57 14	14 29 31
25 Th	3 06 54	12 13 46	18 10 24	15 43 58	13 24 58	29 27 34	17 34 51	18 17 01	16 33 22	15 13 11	26 22 49	21 53 45	6 58 55	14 32 47
26 F	4 10 17	24 09 38	0 ♐ 04 57	16 18 38	14 43 16	0 ♏ 11 58	18 01 23	18 36 21	16 38 27	15 13 44	26 31 11	21 57 04	7 02 45	14 38 12
27 Sa	5 15 59	6 ♐ 06 19	12 02 33	17 04 39	16 03 53	0 58 46	18 29 58	18 58 10	16 45 36	15 16 30	26 41 53	22 02 43	7 08 54	14 45 56
28 Su	6 23 47	18 07 53	24 06 55	18 00 55	17 26 36	1 47 44	19 00 24	19 22 12	16 54 38	15 21 14	26 54 44	22 10 29	7 17 09	14 55 44
29 M	7 33 04	0 ♑ 17 17	6 ♑ 20 32	19 06 01	18 50 49	2 38 18	19 32 03	19 47 52	17 04 57	15 27 21	27 09 05	22 19 47	7 26 55	15 07 03
30 Tu	8 43 02	12 36 18	18 44 46	20 18 14	20 15 41	3 29 35	20 04 05	20 14 20	17 15 41	15 34 01	27 24 08	22 29 45	7 37 20	15 18 60
31 W	9 52 41	25 05 45	1 ♒ 19 59	21 35 49	21 40 15	4 20 38	20 35 32	20 40 37	17 25 54	15 40 15	27 38 54	22 39 26	7 47 27	15 30 38

Notes

LONGITUDE — November 2001

Day	☉	0 hr ☽	Noon ☽	☿	♀	♂	⚵	⚳	♃	♄	⚷	♅	♆	♇
1 Th	11 ♌ 01 07	7 ♒ 45 37	14 ♒ 05 49	22 ♋ 57 05	23 ♋ 03 36	5 ♏ 10 33	21 ♉ 05 30	21 ♎ 05 50	17 ♈ 34 40	15 ♓ 45 11	27 ♍ 52 29	22 ♏ 47 56	7 ♏ 56 22	15 ♍ 41 03
2 F	12 07 39	20 35 28	27 01 34	24 20 39	24 25 02	5 58 37	21 33 16	21 29 15	17 41 18	15 48 06	28 04 11	22 54 32	8 03 23	15 49 32
3 Sa	13 11 54	3 ♓ 34 44	10 ♓ 06 35	25 45 31	25 44 11	6 44 27	21 58 27	21 50 31	17 45 25	15 48 37	28 13 37	22 58 53	8 08 06	15 55 44
4 Su	14 13 54	16 43 08	23 20 35	27 11 09	27 01 05	7 28 06	22 21 06	22 09 38	17 47 03	15 46 46	28 20 48	23 00 60	8 10 35	15 59 39
5 M	15 14 03	0 ♈ 00 52	6 ♈ 43 55	28 37 27	28 16 07	8 09 58	22 41 36	22 27 01	17 46 36	15 42 58	28 26 10	23 01 17	8 11 13	16 01 43
6 Tu	16 13 06	13 28 43	20 17 29	0 ♌ 04 45	29 30 03	8 50 47	23 00 41	22 43 25	17 44 50	15 37 58	28 30 27	23 00 29	8 10 44	16 02 40
7 W	17 11 58	27 07 51	4 ♉ 02 30	1 33 34	0 ♌ 43 48	9 31 28	23 19 16	22 59 45	17 42 37	15 32 40	28 34 33	22 59 30	8 10 05	16 03 24
8 Th	18 11 34	10 ♉ 59 27	17 59 60	3 04 30	1 58 15	10 12 55	23 38 16	23 16 54	17 40 55	15 27 60	28 39 24	22 59 17	8 10 09	16 04 51
9 F	19 12 36	25 04 09	2 ♊ 10 15	4 37 59	3 14 08	10 55 52	23 58 23	23 35 36	17 40 24	15 24 40	28 45 42	23 00 30	8 11 39	16 07 44
10 Sa	20 15 27	9 ♊ 21 21	16 32 03	6 14 09	4 31 49	11 40 40	24 19 59	23 56 13	17 41 28	15 23 02	28 53 49	23 03 34	8 14 58	16 12 23
11 Su	21 20 02	23 48 45	1 ♋ 02 24	7 52 44	5 51 14	12 27 15	24 42 60	24 18 41	17 44 03	15 23 04	29 03 41	23 08 23	8 20 01	16 18 46
12 M	22 25 53	8 ♋ 22 10	15 36 23	9 33 06	7 11 55	13 15 10	25 06 56	24 42 31	17 47 40	15 24 16	29 14 51	23 14 29	8 26 21	16 26 24
13 Tu	23 32 16	22 55 48	0 ♌ 07 41	11 14 21	8 33 06	14 03 38	25 31 04	25 06 58	17 51 34	15 25 55	29 26 32	23 21 08	8 33 12	16 34 32
14 W	24 38 20	7 ♌ 22 54	14 29 26	12 55 32	9 53 58	14 51 51	25 54 32	25 31 12	17 54 56	15 27 09	29 37 55	23 27 30	8 39 44	16 42 21
15 Th	25 43 21	21 36 50	28 35 22	14 35 50	11 13 45	15 39 03	26 16 36	25 54 30	17 57 01	15 27 16	29 48 16	23 32 49	8 45 14	16 49 05
16 F	26 46 50	5 ♍ 32 08	12 ♍ 20 43	16 14 41	12 32 01	16 24 46	26 36 47	26 16 21	17 57 21	15 25 46	29 57 05	23 36 39	8 49 12	16 54 17
17 Sa	27 48 38	19 05 12	25 42 52	17 51 51	13 48 35	17 08 50	26 54 56	26 36 37	17 55 47	15 22 31	0 ♎ 04 15	23 38 49	8 51 29	16 57 47
18 Su	28 48 57	2 ♎ 14 46	8 ♎ 41 28	19 27 30	15 03 39	17 51 28	27 11 13	26 55 29	17 52 30	15 17 42	0 09 56	23 39 31	8 52 18	16 59 46
19 M	29 48 12	15 01 40	21 18 18	21 02 01	16 17 38	18 33 04	27 26 06	27 13 24	17 47 56	15 11 46	0 14 33	23 39 11	8 52 03	17 00 42
20 Tu	0 ♍ 46 58	27 28 39	3 ♏ 36 46	22 35 57	17 31 09	19 14 14	27 40 08	27 30 55	17 42 42	15 05 18	0 18 44	23 38 24	8 51 20	17 01 08
21 W	1 45 54	9 ♏ 39 42	15 41 21	24 09 55	18 44 48	19 55 35	27 53 56	27 48 41	17 37 24	14 58 56	0 23 04	23 37 48	8 50 48	17 01 42
22 Th	2 45 31	21 39 39	27 37 11	25 44 25	19 59 08	20 37 40	28 08 04	28 07 14	17 32 35	14 53 11	0 28 06	23 37 56	8 50 57	17 02 57
23 F	3 46 12	3 ♐ 33 39	9 ♐ 29 32	27 19 51	21 14 31	21 20 50	28 22 53	28 26 56	17 28 38	14 48 28	0 34 12	23 39 09	8 52 10	17 05 15
24 Sa	4 48 06	15 26 46	21 23 28	28 56 20	22 31 06	22 05 16	28 38 31	28 47 57	17 25 42	14 44 55	0 41 33	23 41 37	8 54 38	17 08 46
25 Su	5 51 08	27 23 47	3 ♑ 23 32	0 ♍ 33 48	23 48 50	22 50 51	28 54 55	29 10 11	17 23 42	14 42 27	0 50 02	23 45 15	8 58 14	17 13 24
26 M	6 55 02	9 ♑ 28 49	15 33 39	2 11 59	25 07 25	23 37 20	29 11 48	29 33 22	17 22 22	14 40 49	0 59 24	23 49 46	9 02 43	17 18 53
27 Tu	7 59 23	21 45 17	27 56 48	3 50 28	26 26 25	24 24 17	29 28 43	29 57 04	17 21 18	14 39 36	1 09 13	23 54 47	9 07 39	17 24 49
28 W	9 03 42	4 ♒ 15 41	10 ♒ 34 60	5 28 46	27 45 23	25 11 13	29 45 11	0 ♏ 20 49	17 20 00	14 38 18	1 18 60	23 59 46	9 12 34	17 30 41
29 Th	10 07 32	17 01 31	23 29 11	7 06 27	29 03 52	25 57 41	0 ♊ 00 46	0 44 09	17 18 02	14 36 29	1 28 18	24 04 19	9 17 00	17 36 03
30 F	11 10 32	0 ♓ 03 18	6 ♓ 39 19	8 43 11	0 ♍ 21 30	26 43 20	0 15 07	1 06 44	17 15 03	14 33 48	1 36 47	24 08 03	9 20 37	17 40 35

LONGITUDE — December 2001

Day	☉	0 hr ☽	Noon ☽	☿	♀	♂	⚵	⚳	♃	♄	⚷	♅	♆	♇
1 Sa	12 ♍ 12 32	13 ♓ 20 33	20 ♓ 04 22	10 ♍ 18 49	1 ♍ 38 08	27 ♏ 28 00	0 ♊ 28 03	1 ♏ 28 24	17 ♈ 10 53	14 ♓ 30 06	1 ♎ 44 16	24 ♏ 10 49	9 ♏ 23 15	17 ♍ 44 06
2 Su	13 13 33	26 51 59	3 ♈ 42 40	11 53 22	2 53 46	28 11 42	0 39 34	1 49 09	17 05 34	14 25 24	1 50 47	24 12 38	9 24 54	17 46 37
3 M	14 13 47	10 ♈ 35 44	17 32 03	13 27 04	4 08 36	28 54 38	0 49 52	2 09 11	16 59 17	14 19 53	1 56 30	24 13 41	9 25 46	17 48 20
4 Tu	15 13 34	24 29 36	1 ♉ 30 12	15 00 13	5 22 57	29 37 06	0 59 15	2 28 50	16 52 21	14 13 53	2 01 46	24 14 18	9 26 11	17 49 33
5 W	16 13 15	8 ♉ 31 15	15 34 48	16 33 15	6 37 13	0 ♐ 19 29	1 08 07	2 48 27	16 45 11	14 07 46	2 06 56	24 14 51	9 26 31	17 50 41
6 Th	17 13 11	22 38 24	29 43 39	18 06 30	7 51 43	1 02 09	1 16 47	3 08 23	16 38 05	14 01 54	2 12 21	24 15 41	9 27 07	17 52 02
7 F	18 13 38	6 ♊ 48 51	13 ♊ 54 41	19 40 14	9 06 43	1 45 18	1 25 29	3 28 53	16 31 19	13 56 30	2 18 16	24 17 02	9 28 12	17 53 52
8 Sa	19 14 39	21 00 28	28 05 46	21 14 33	10 22 17	2 29 03	1 34 19	3 50 01	16 24 60	13 51 42	2 24 45	24 18 60	9 29 54	17 56 16
9 Su	20 16 13	5 ♋ 10 59	12 ♋ 14 41	22 49 24	11 38 21	3 13 20	1 43 12	4 11 46	16 19 02	13 47 24	2 31 46	24 21 30	9 32 07	17 59 11
10 M	21 18 07	19 18 04	26 18 59	24 24 38	12 54 46	3 57 59	1 51 58	4 33 54	16 13 17	13 43 27	2 39 07	24 24 23	9 34 41	18 02 25
11 Tu	22 20 08	3 ♌ 19 07	10 ♌ 16 04	26 00 01	14 11 18	4 42 45	2 00 22	4 56 13	16 07 30	13 39 38	2 46 35	24 27 25	9 37 23	18 05 45
12 W	23 22 04	17 11 29	24 03 15	27 35 22	15 27 42	5 27 25	2 08 11	5 18 30	16 01 28	13 35 42	2 53 57	24 30 22	9 39 59	18 08 57
13 Th	24 23 44	0 ♍ 52 37	7 ♍ 38 01	29 10 32	16 43 51	6 11 51	2 15 16	5 40 36	15 55 04	13 31 32	3 01 03	24 33 05	9 42 20	18 11 54
14 F	25 25 06	14 20 13	20 58 19	0 ♎ 45 28	17 59 41	6 55 59	2 21 33	6 02 27	15 48 15	13 27 05	3 07 51	24 35 32	9 44 24	18 14 31
15 Sa	26 26 12	27 32 35	4 ♎ 02 47	2 20 14	19 15 15	7 39 51	2 27 04	6 24 05	15 41 02	13 22 23	3 14 23	24 37 45	9 46 12	18 16 52
16 Su	27 27 09	10 ♎ 28 49	16 50 56	3 54 56	20 30 38	8 23 34	2 31 56	6 45 37	15 33 33	13 17 32	3 20 44	24 39 50	9 47 52	18 19 01
17 M	28 28 02	23 08 56	29 23 18	5 29 41	21 45 58	9 07 15	2 36 16	7 07 10	15 25 55	13 12 41	3 27 02	24 41 54	9 49 29	18 21 08
18 Tu	29 29 00	5 ♏ 33 57	11 ♏ 41 24	7 04 35	23 01 21	9 51 00	2 40 09	7 28 51	15 18 16	13 07 55	3 33 25	24 44 04	9 51 11	18 23 17
19 W	0 ♎ 30 06	17 45 50	23 47 39	8 39 44	24 16 52	10 34 54	2 43 40	7 50 43	15 10 39	13 03 19	3 39 55	24 46 24	9 53 02	18 25 33
20 Th	1 31 19	29 47 23	5 ♐ 45 16	10 15 05	25 32 31	11 18 55	2 46 49	8 12 46	15 03 04	12 58 53	3 46 32	24 48 53	9 55 01	18 27 57
21 F	2 32 36	11 ♐ 42 07	17 38 07	11 50 35	26 48 12	12 03 00	2 49 30	8 34 56	14 55 29	12 54 34	3 53 12	24 51 27	9 57 05	18 30 23
22 Sa	3 33 50	23 34 07	29 30 27	13 26 06	28 03 51	12 47 03	2 51 39	8 57 07	14 47 48	12 50 14	3 59 50	24 54 02	9 59 07	18 32 45
23 Su	4 34 55	5 ♑ 27 50	11 ♑ 26 53	15 01 30	29 19 19	13 30 56	2 53 08	9 19 11	14 39 53	12 45 48	4 06 18	24 56 28	10 01 01	18 34 58
24 M	5 35 45	17 27 55	23 32 03	16 36 39	0 ♎ 34 33	14 14 35	2 53 51	9 41 05	14 31 40	12 41 11	4 12 31	24 58 42	10 02 41	18 36 55
25 Tu	6 36 19	29 39 01	5 ♒ 50 25	18 11 29	1 49 31	14 57 58	2 53 48	10 02 45	14 23 08	12 36 20	4 18 27	25 00 42	10 04 06	18 38 36
26 W	7 36 40	12 ♒ 05 26	18 26 01	19 46 02	3 04 15	15 41 08	2 53 01	10 24 16	14 14 21	12 31 21	4 24 10	25 02 31	10 05 19	18 40 03
27 Th	8 36 57	24 50 53	1 ♓ 21 60	21 20 21	4 18 56	16 24 14	2 51 39	10 45 46	14 05 28	12 26 21	4 29 49	25 04 18	10 06 29	18 41 25
28 F	9 37 23	7 ♓ 57 59	14 40 18	22 54 35	5 33 44	17 07 28	2 49 55	11 07 27	13 56 42	12 21 33	4 35 36	25 06 16	10 07 48	18 42 55
29 Sa	10 38 11	21 27 53	28 21 13	24 28 51	6 48 55	17 51 04	2 48 02	11 29 34	13 48 17	12 17 12	4 41 44	25 08 37	10 09 30	18 44 47
30 Su	11 39 32	5 ♈ 19 54	12 ♈ 23 05	26 03 14	8 04 39	18 35 13	2 46 12	11 52 17	13 40 24	12 13 28	4 48 26	25 11 34	10 11 47	18 47 11
31 M	12 41 33	19 31 21	26 42 19	27 37 41	9 21 02	19 20 02	2 44 31	12 15 42	13 33 10	12 10 27	4 55 46	25 15 13	10 14 44	18 50 14

Notes

January 2002 — LONGITUDE

Day	☉	0 hr ☽	Noon ☽	☿	♀	♂	⚵	⚳	♃	♄	⚷	♅	♆	♇
1 Tu	13 ♎ 44 11	3 ♉ 57 39	11 ♉ 13 36	29 ♎ 12 00	10 ♎ 38 02	20 ♐ 05 26	2 ♊ 42 55	12 ♏ 39 47	13 ♈ 26 32	12 ♓ 08 08	5 ♎ 03 42	25 ♏ 19 29	10 ♏ 18 19	18 ♍ 53 53
2 W	14 47 13	18 32 47	25 50 35	0 ♏ 45 47	11 55 26	20 51 15	2 41 13	13 04 19	13 20 19	12 06 17	5 12 01	25 24 12	10 22 18	18 57 55
3 Th	15 50 20	3 ♊ 10 09	10 ♊ 26 46	2 18 28	13 12 54	21 37 07	2 39 04	13 28 57	13 14 10	12 04 35	5 20 25	25 29 01	10 26 23	19 02 01
4 F	16 53 09	17 43 26	24 56 16	3 49 23	14 30 03	22 22 40	2 36 07	13 53 20	13 07 44	12 02 39	5 28 28	25 33 33	10 30 10	19 05 47
5 Sa	17 55 18	2 ♋ 07 27	9 ♋ 14 36	5 17 54	15 46 34	23 07 34	2 31 59	14 17 06	13 00 40	12 00 09	5 35 51	25 37 27	10 33 18	19 08 53
6 Su	18 56 36	16 18 35	23 18 55	6 43 26	17 02 12	23 51 36	2 26 30	14 40 03	12 52 45	11 56 52	5 42 22	25 40 32	10 35 36	19 11 07
7 M	19 57 03	0 ♌ 14 56	7 ♌ 07 59	8 05 34	18 16 60	24 34 46	2 19 39	15 02 12	12 44 01	11 52 49	5 48 01	25 42 47	10 37 03	19 12 28
8 Tu	20 56 52	13 56 02	20 41 50	9 24 02	19 31 09	25 17 17	2 11 40	15 23 44	12 34 42	11 48 13	5 52 60	25 44 25	10 37 52	19 13 10
9 W	21 56 27	27 22 31	4 ♍ 01 20	10 38 41	20 45 04	25 59 34	2 02 57	15 45 05	12 25 11	11 43 28	5 57 44	25 45 51	10 38 28	19 13 37
10 Th	22 56 18	10 ♍ 35 29	17 07 43	11 49 24	21 59 15	26 42 06	1 54 02	16 06 45	12 15 59	11 39 04	6 02 43	25 47 35	10 39 21	19 14 20
11 F	23 56 55	23 36 15	0 ♎ 02 15	12 55 60	23 14 12	27 25 25	1 45 24	16 29 13	12 07 37	11 35 33	6 08 26	25 50 06	10 41 00	19 15 47
12 Sa	24 58 43	6 ♎ 25 55	12 46 00	13 58 08	24 30 20	28 09 54	1 37 29	16 52 54	12 00 30	11 33 17	6 15 20	25 53 50	10 43 52	19 18 25
13 Su	26 01 56	19 05 19	25 19 48	14 55 12	25 47 52	28 55 46	1 30 31	17 18 02	11 54 52	11 32 33	6 23 37	25 58 60	10 48 08	19 22 26
14 M	27 06 33	1 ♏ 35 04	7 ♏ 44 17	15 46 22	27 06 49	29 43 04	1 24 31	17 44 36	11 50 43	11 33 19	6 33 17	26 05 36	10 53 50	19 27 50
15 Tu	28 12 21	13 55 41	20 00 07	16 30 29	28 26 57	0 ♑ 31 31	1 19 16	18 12 24	11 47 51	11 35 22	6 44 07	26 13 25	11 00 44	19 34 25
16 W	29 18 53	26 07 49	2 ♐ 08 10	17 06 15	29 47 50	1 20 43	1 14 20	18 40 59	11 45 48	11 38 16	6 55 40	26 21 60	11 08 23	19 41 44
17 Th	0 ♏ 25 35	8 ♐ 12 27	14 09 47	17 32 14	1 ♏ 08 52	2 10 04	1 09 09	19 09 45	11 44 02	11 41 26	7 07 21	26 30 46	11 16 12	19 49 11
18 F	1 31 48	20 11 12	26 06 52	17 47 05	2 29 26	2 58 56	1 03 06	19 38 06	11 41 53	11 44 15	7 18 33	26 39 06	11 23 34	19 56 10
19 Sa	2 36 59	2 ♑ 06 25	8 ♑ 02 09	17 49 39	3 48 58	3 46 46	0 55 39	20 05 26	11 38 50	11 46 09	7 28 42	26 46 26	11 29 55	20 02 06
20 Su	3 40 44	14 01 20	19 59 09	17 39 12	5 07 04	4 33 09	0 46 23	20 31 23	11 34 27	11 46 43	7 37 23	26 52 21	11 34 51	20 06 35
21 M	4 42 53	25 59 58	2 ♒ 02 11	17 15 31	6 23 35	5 17 56	0 35 12	20 55 47	11 28 37	11 45 49	7 44 28	26 56 43	11 38 13	20 09 28
22 Tu	5 43 36	8 ♒ 07 10	14 16 11	16 39 04	7 38 39	6 01 17	0 22 13	21 18 46	11 21 28	11 43 35	7 50 04	26 59 39	11 40 08	20 10 54
23 W	6 43 17	20 28 12	26 46 27	15 51 00	8 52 43	6 43 36	0 07 56	21 40 46	11 13 27	11 40 28	7 54 39	27 01 37	11 41 05	20 11 18
24 Th	7 42 38	3 ♓ 08 28	9 ♓ 38 06	14 53 08	10 06 26	7 25 33	29 ♉ 52 59	22 02 27	11 05 13	11 37 07	7 58 51	27 03 16	11 41 41	20 11 21
25 F	8 42 24	16 12 51	22 55 29	13 47 48	11 20 35	8 07 56	29 38 12	22 24 37	10 57 34	11 34 20	8 03 29	27 05 23	11 42 44	20 11 50
26 Sa	9 43 23	29 44 58	6 ♈ 41 21	12 37 39	12 35 57	8 51 31	29 24 21	22 48 01	10 51 16	11 32 52	8 09 16	27 08 43	11 45 01	20 13 30
27 Su	10 46 07	13 ♈ 46 16	20 55 54	11 25 24	13 53 04	9 36 50	29 12 01	23 13 12	10 46 54	11 33 17	8 16 49	27 13 51	11 49 04	20 16 55
28 M	11 50 50	28 15 17	5 ♉ 36 11	10 13 32	15 12 12	10 24 09	29 01 28	23 40 25	10 44 40	11 35 50	8 26 19	27 20 60	11 55 09	20 22 20
29 Tu	12 57 22	13 ♉ 07 07	20 35 51	9 04 05	16 33 08	11 13 15	28 52 30	24 09 28	10 44 25	11 40 18	8 37 36	27 29 59	12 02 60	20 29 32
30 W	14 05 05	28 13 39	5 ♊ 45 42	7 58 32	17 55 16	12 03 32	28 44 33	24 39 44	10 45 30	11 46 05	8 50 03	27 40 11	12 12 05	20 37 54
31 Th	15 13 05	13 ♊ 24 41	20 55 10	6 57 47	19 17 41	12 54 05	28 36 42	25 10 19	10 47 04	11 52 17	9 02 45	27 50 42	12 21 28	20 46 34

February 2002 — LONGITUDE

Day	☉	0 hr ☽	Noon ☽	☿	♀	♂	⚵	⚳	♃	♄	⚷	♅	♆	♇
1 F	16 ♏ 20 24	28 ♊ 29 34	5 ♋ 54 03	6 ♏ 02 20	20 ♏ 39 25	13 ♑ 43 55	28 ♉ 28 00	25 ♏ 40 14	10 ♈ 48 05	11 ♓ 57 54	9 ♎ 14 43	28 ♏ 00 31	12 ♏ 30 10	20 ♍ 54 30
2 Sa	17 26 10	13 ♋ 19 08	20 34 20	5 12 28	21 59 36	14 32 13	28 17 39	26 08 38	10 47 45	12 02 07	9 25 08	28 08 51	12 37 20	21 00 54
3 Su	18 29 56	27 47 02	4 ♌ 51 07	4 28 30	23 17 48	15 18 30	28 05 10	26 35 04	10 45 36	12 04 27	9 33 30	28 15 11	12 42 32	21 05 17
4 M	19 31 44	11 ♌ 50 20	18 42 48	3 50 54	24 34 02	16 02 48	27 50 38	26 59 33	10 41 39	12 04 57	9 39 53	28 19 35	12 45 45	21 07 40
5 Tu	20 32 03	25 29 06	2 ♍ 10 32	3 20 20	25 48 47	16 45 36	27 34 33	27 22 35	10 36 23	12 04 05	9 44 43	28 22 31	12 47 30	21 08 34
6 W	21 31 43	8 ♍ 45 44	15 17 22	2 57 34	27 02 54	17 27 44	27 17 46	27 44 59	10 30 41	12 02 42	9 48 54	28 24 49	12 48 37	21 08 48
7 Th	22 31 46	21 43 54	28 07 14	2 43 25	28 17 23	18 10 15	27 01 20	28 07 47	10 25 32	12 01 49	9 53 24	28 27 31	12 50 07	21 09 24
8 F	23 33 10	4 ♎ 27 38	10 ♎ 44 11	2 38 33	29 33 15	18 54 07	26 46 17	28 31 59	10 21 58	12 02 26	9 59 15	28 31 36	12 52 60	21 11 21
9 Sa	24 36 44	17 00 40	23 11 47	2 43 19	0 ♐ 51 16	19 40 07	26 33 23	28 58 21	10 20 44	12 05 20	10 07 13	28 37 52	12 58 02	21 15 27
10 Su	25 42 53	29 26 01	5 ♏ 32 46	2 57 42	2 11 53	20 28 43	26 23 09	29 27 20	10 22 18	12 10 57	10 17 44	28 46 44	13 05 41	21 22 07
11 M	26 51 40	11 ♏ 45 43	17 48 56	3 21 16	3 35 08	21 19 56	26 15 35	29 58 58	10 26 41	12 19 20	10 30 50	28 58 16	13 15 58	21 31 24
12 Tu	28 02 40	24 00 56	0 ♐ 01 16	3 53 09	5 00 37	22 13 21	26 10 21	0 ♐ 32 51	10 33 31	12 30 05	10 46 08	29 12 02	13 28 29	21 42 55
13 W	29 15 08	6 ♐ 12 10	12 10 13	4 32 07	6 27 34	23 08 15	26 06 42	1 08 13	10 42 02	12 42 26	11 02 52	29 27 18	13 42 30	21 55 53
14 Th	0 ♐ 28 04	18 19 37	24 15 60	5 16 44	7 55 00	24 03 36	26 03 40	1 44 06	10 51 14	12 55 24	11 20 03	29 43 03	13 56 60	22 09 18
15 F	1 40 24	0 ♑ 23 33	6 ♑ 19 06	6 05 30	9 21 51	24 58 21	26 00 11	2 19 23	11 00 02	13 07 53	11 36 34	29 58 13	14 10 54	22 22 07
16 Sa	2 51 08	12 24 47	18 20 39	6 57 04	10 47 05	25 51 29	25 55 16	2 53 06	11 07 28	13 18 54	11 51 28	0 ♐ 11 49	14 23 13	22 33 20
17 Su	3 59 32	24 25 01	0 ♒ 22 40	7 50 20	12 10 00	26 42 17	25 48 14	3 24 30	11 12 47	13 27 45	12 04 00	0 23 07	14 33 13	22 42 13
18 M	5 05 15	6 ♒ 27 03	12 28 19	8 44 39	13 30 16	27 30 25	25 38 45	3 53 15	11 15 39	13 34 03	12 13 49	0 31 45	14 40 34	22 48 24
19 Tu	6 08 25	18 34 51	24 41 55	9 39 50	14 47 58	28 15 58	25 26 57	4 19 28	11 16 12	13 37 56	12 21 03	0 37 51	14 45 22	22 52 02
20 W	7 09 35	0 ♓ 53 28	7 ♓ 08 45	10 36 11	16 03 41	28 59 32	25 13 25	4 43 43	11 14 58	13 39 58	12 26 16	0 41 60	14 48 12	22 53 41
21 Th	8 09 42	13 28 42	19 54 38	11 34 25	17 18 22	29 42 03	24 59 07	5 06 57	11 12 55	13 41 05	12 30 23	0 45 07	14 50 00	22 54 16
22 F	9 09 56	26 26 33	3 ♈ 05 21	12 35 29	18 33 10	0 ♒ 24 40	24 45 13	5 30 18	11 11 13	13 42 28	12 34 35	0 48 22	14 51 56	22 54 58
23 Sa	10 11 25	9 ♈ 52 21	16 45 38	13 40 20	19 49 15	1 08 33	24 32 54	5 54 57	11 11 00	13 45 15	12 40 01	0 52 55	14 55 09	22 56 56
24 Su	11 15 07	23 49 46	0 ♉ 58 02	14 49 45	21 07 32	1 54 37	24 23 06	6 21 49	11 13 13	13 50 22	12 47 37	0 59 41	15 00 34	23 01 06
25 M	12 21 27	8 ♉ 19 31	15 41 43	16 04 02	22 28 29	2 43 20	24 16 17	6 51 22	11 18 19	13 58 17	12 57 50	1 09 07	15 08 41	23 07 54
26 Tu	13 30 20	23 18 27	0 ♊ 51 38	17 22 55	23 51 58	3 34 34	24 12 22	7 23 27	11 26 10	14 08 52	13 10 32	1 21 07	15 19 19	23 17 15
27 W	14 40 60	8 ♊ 39 03	16 18 32	18 45 32	25 17 15	4 27 36	24 10 35	7 57 21	11 36 03	14 21 23	13 25 00	1 34 55	15 31 47	23 28 22
28 Th	15 52 16	24 10 05	1 ♋ 50 07	20 10 38	26 43 09	5 21 13	24 09 47	8 31 52	11 46 46	14 34 38	13 40 02	1 49 21	15 44 51	23 40 06

Notes

LONGITUDE — March 2002

Day	☉	0 hr ☽	Noon ☽	☿	♀	♂	⚵	⚳	♃	♄	⚷	♅	♆	♇
1 F	17 ♐ 02 48	9 ♋ 38 32	17 ♋ 13 19	21 ♏ 36 44	28 ♐ 08 19	6 ♒ 14 06	24 ♉ 08 38	9 ♐ 05 40	11 ♈ 56 58	14 ♓ 47 17	13 ♌ 54 17	2 ♐ 03 03	15 ♏ 57 12	23 ♍ 51 05
2 Sa	18 11 26	24 52 01	2 ♌ 16 45	23 02 36	29 31 35	7 05 04	24 05 58	9 37 35	12 05 29	14 58 09	14 06 35	2 14 53	16 07 39	24 00 10
3 Su	19 17 28	9 ♌ 41 05	16 52 43	24 27 29	0 ♑ 52 16	7 53 26	24 01 06	10 06 55	12 11 38	15 06 34	14 16 15	2 24 08	16 15 32	24 06 39
4 M	20 20 51	24 00 29	0 ♍ 57 49	25 51 15	2 10 17	8 39 07	23 53 59	10 33 36	12 15 21	15 12 27	14 23 12	2 30 43	16 20 45	24 10 28
5 Tu	21 22 07	7 ♍ 49 12	14 32 35	27 14 23	3 26 12	9 22 42	23 45 10	10 58 10	12 17 11	15 16 22	14 28 00	2 35 13	16 23 52	24 12 09
6 W	22 22 17	21 09 34	27 40 27	28 37 50	4 41 02	10 05 09	23 35 40	11 21 39	12 18 07	15 19 17	14 31 39	2 38 37	16 25 53	24 12 43
7 Th	23 22 35	4 ♎ 06 04	10 ♎ 26 29	0 ♐ 02 50	5 55 59	10 47 45	23 26 44	11 45 17	12 19 25	15 22 28	14 35 23	2 42 11	16 28 03	24 13 26
8 F	24 24 14	16 44 06	22 56 14	1 30 32	7 12 19	11 31 41	23 19 36	12 10 17	12 22 18	15 27 09	14 40 26	2 47 06	16 31 36	24 15 29
9 Sa	25 28 15	29 09 02	5 ♏ 14 59	3 01 55	8 30 59	12 17 58	23 15 16	12 37 38	12 27 45	15 34 18	14 47 46	2 54 23	16 37 29	24 19 53
10 Su	26 35 10	11 ♏ 25 31	17 27 07	4 37 32	9 52 35	13 07 10	23 14 18	13 07 55	12 36 20	15 44 30	14 57 59	3 04 36	16 46 18	24 27 12
11 M	27 45 06	23 37 07	29 35 52	6 17 25	11 17 12	13 59 22	23 16 47	13 41 12	12 48 09	15 57 50	15 11 09	3 17 49	16 58 07	24 37 30
12 Tu	28 57 36	5 ♐ 46 14	11 ♐ 43 16	8 01 11	12 44 24	14 54 08	23 22 19	14 17 05	13 02 46	16 13 52	15 26 51	3 33 39	17 12 33	24 50 24
13 W	0 ♑ 11 52	17 54 09	23 50 19	9 47 57	14 13 21	15 50 39	23 30 04	14 54 43	13 19 22	16 31 47	15 44 15	3 51 13	17 28 43	25 05 02
14 Th	1 26 44	0 ♑ 01 20	5 ♑ 57 19	11 36 35	15 42 55	16 47 47	23 38 54	15 32 58	13 36 47	16 50 27	16 02 14	4 09 26	17 45 32	25 20 16
15 F	2 40 60	12 07 53	18 04 19	13 25 52	17 11 53	17 44 18	23 47 36	16 10 37	13 53 50	17 08 37	16 19 32	4 27 03	18 01 44	25 34 54
16 Sa	3 53 31	24 13 58	0 ♒ 11 34	15 14 39	18 39 07	18 39 03	23 55 02	16 46 32	14 09 20	17 25 11	16 35 03	4 42 55	18 16 12	25 47 48
17 Su	5 03 25	6 ♒ 20 15	12 19 59	17 02 04	20 03 45	19 31 13	24 00 20	17 19 50	14 22 28	17 39 15	16 47 55	4 56 12	18 28 04	25 58 04
18 M	6 10 17	18 28 23	24 31 30	18 47 43	21 25 20	20 20 19	24 03 04	17 50 06	14 32 46	17 50 25	16 57 41	5 06 27	18 36 55	26 05 18
19 Tu	7 14 08	0 ♓ 41 04	6 ♓ 49 11	20 31 38	22 43 55	21 06 26	24 03 17	18 17 22	14 40 17	17 58 42	17 04 25	5 13 42	18 42 46	26 09 32
20 W	8 15 32	13 02 15	19 17 17	22 14 21	24 00 04	21 50 05	24 01 31	18 42 11	14 45 33	18 04 39	17 08 38	5 18 31	18 46 10	26 11 19
21 Th	9 15 26	25 36 53	2 ♈ 00 59	23 56 52	25 14 42	22 32 13	23 58 43	19 05 30	14 49 33	18 09 13	17 11 17	5 21 50	18 48 05	26 11 35
22 F	10 14 60	8 ♈ 30 28	15 05 48	25 40 21	26 29 01	23 14 02	23 56 06	19 28 30	14 53 26	18 13 36	17 13 36	5 24 51	18 49 41	26 11 33
23 Sa	11 15 29	21 48 27	28 36 51	27 26 04	27 44 16	23 56 46	23 54 51	19 52 25	14 58 27	18 19 01	17 16 46	5 28 48	18 52 13	26 12 26
24 Su	12 17 54	5 ♉ 35 12	12 ♉ 37 46	29 15 01	29 01 27	24 41 26	23 56 01	20 18 16	15 05 36	18 26 29	17 21 49	5 34 41	18 56 42	26 15 15
25 M	13 22 49	19 52 54	27 09 26	1 ♑ 07 49	0 ♒ 21 08	25 28 36	24 00 09	20 46 37	15 15 28	18 36 35	17 29 19	5 43 04	19 03 41	26 20 34
26 Tu	14 30 13	4 ♊ 40 21	12 ♊ 08 60	3 04 26	1 43 18	26 18 14	24 07 14	21 17 27	15 28 01	18 49 17	17 39 16	5 53 58	19 13 10	26 28 23
27 W	15 39 28	19 52 16	27 29 18	5 04 16	3 07 20	27 09 43	24 16 38	21 50 08	15 42 38	19 03 57	17 51 00	6 06 42	19 24 31	26 38 02
28 Th	16 49 28	5 ♋ 19 17	12 ♋ 59 28	7 06 13	4 32 06	28 01 58	24 27 14	22 23 34	15 58 12	19 19 28	18 03 27	6 20 13	19 36 37	26 48 27
29 F	17 58 54	20 49 11	28 26 42	9 08 58	5 56 19	28 53 38	24 37 44	22 56 26	16 13 25	19 34 34	18 15 17	6 33 10	19 48 11	26 58 19
30 Sa	19 06 37	6 ♌ 09 12	13 ♌ 38 36	11 11 22	7 18 49	29 43 34	24 46 57	23 27 34	16 27 06	19 48 02	18 25 20	6 44 24	19 58 01	27 06 27
31 Su	20 11 51	21 08 20	28 25 35	13 12 38	8 38 50	0 ♓ 31 02	24 54 07	23 56 13	16 38 29	19 59 08	18 32 52	6 53 09	20 05 23	27 12 06

LONGITUDE — April 2002

Day	☉	0 hr ☽	Noon ☽	☿	♀	♂	⚵	⚳	♃	♄	⚷	♅	♆	♇
1 M	21 ♑ 14 26	5 ♍ 39 11	12 ♍ 42 04	15 ♑ 12 35	9 ♒ 56 11	1 ♓ 15 50	24 ♉ 59 05	24 ♐ 22 12	16 ♈ 47 25	20 ♓ 07 42	18 ♌ 37 41	6 ♐ 59 15	20 ♏ 10 05	27 ♍ 15 06
2 Tu	22 14 47	19 38 40	26 26 43	17 11 38	11 11 19	1 58 23	25 02 14	24 45 56	16 54 18	20 14 07	18 40 12	7 03 07	20 12 34	27 15 52
3 W	23 13 45	3 ♎ 07 27	9 ♎ 41 36	19 10 35	12 25 04	2 39 33	25 04 26	25 08 17	17 00 00	20 19 17	18 41 17	7 05 36	20 13 40	27 15 15
4 Th	24 12 27	16 09 02	22 31 07	21 10 30	13 38 32	3 20 27	25 06 47	25 30 21	17 05 37	20 24 16	18 42 02	7 07 49	20 14 30	27 14 22
5 F	25 12 01	28 48 28	5 ♏ 00 47	23 12 26	14 52 52	4 02 12	25 10 25	25 53 15	17 12 16	20 30 13	18 43 36	7 10 53	20 16 12	27 14 20
6 Sa	26 13 21	11 ♏ 11 23	17 16 20	25 17 15	16 08 58	4 45 44	25 16 14	26 17 55	17 20 53	20 38 03	18 46 52	7 15 43	20 19 40	27 16 05
7 Su	27 17 02	23 23 08	29 23 02	27 25 23	17 27 25	5 31 36	25 24 48	26 44 55	17 32 01	20 48 20	18 52 26	7 22 54	20 25 29	27 20 10
8 M	28 23 12	5 ♐ 28 21	11 ♐ 25 14	29 36 52	18 48 21	6 19 56	25 36 16	27 14 23	17 45 49	21 01 11	19 00 26	7 32 34	20 33 48	27 26 45
9 Tu	29 31 34	17 30 39	23 26 12	1 ♒ 51 14	20 11 28	7 10 28	25 50 19	27 46 00	18 01 59	21 16 20	19 10 33	7 44 25	20 44 17	27 35 31
10 W	0 ♒ 41 26	29 32 34	5 ♑ 28 10	4 07 37	21 36 06	8 02 30	26 06 16	28 19 08	18 19 51	21 33 06	19 22 07	7 57 46	20 56 18	27 45 47
11 Th	1 51 53	11 ♑ 35 44	17 32 25	6 24 55	23 01 18	8 55 07	26 23 12	28 52 48	18 38 28	21 50 32	19 34 13	8 11 42	21 08 53	27 56 39
12 F	3 01 53	23 41 05	29 39 39	8 41 50	24 26 04	9 47 17	26 40 04	29 26 01	18 56 49	22 07 37	19 45 49	8 25 11	21 21 02	28 07 04
13 Sa	4 10 30	5 ♒ 49 11	11 ♒ 50 18	10 57 10	25 49 26	10 38 04	26 55 56	29 57 49	19 13 56	22 23 25	19 55 58	8 37 17	21 31 48	28 16 06
14 Su	5 17 00	18 00 38	24 04 57	13 09 53	27 10 41	11 26 43	27 10 03	0 ♑ 27 29	19 29 07	22 37 11	20 03 56	8 47 15	21 40 26	28 23 01
15 M	6 20 59	0 ♓ 16 22	6 ♓ 24 40	15 19 18	28 29 25	12 12 52	27 22 02	0 54 36	19 41 57	22 48 33	20 09 21	8 54 41	21 46 34	28 27 25
16 Tu	7 22 28	12 38 02	18 51 17	17 25 05	29 45 38	12 56 30	27 31 53	1 19 11	19 52 27	22 57 29	20 12 11	8 59 37	21 50 11	28 29 20
17 W	8 21 49	25 08 05	1 ♈ 27 29	19 27 17	0 ♓ 59 44	13 38 01	27 39 59	1 41 38	20 01 00	23 04 24	20 12 52	9 02 26	21 51 42	28 29 08
18 Th	9 19 47	7 ♈ 49 46	14 16 42	21 26 18	2 12 26	14 18 08	27 47 02	2 02 39	20 08 20	23 10 02	20 12 06	9 03 52	21 51 50	28 27 33
19 F	10 17 18	20 46 52	27 22 53	23 22 44	3 24 40	14 57 48	27 53 60	2 23 12	20 15 21	23 15 17	20 10 49	9 04 49	21 51 31	28 25 31
20 Sa	11 15 18	4 ♉ 03 21	10 ♉ 49 47	25 17 12	4 37 24	15 37 58	28 01 47	2 44 12	20 23 03	23 21 08	20 09 59	9 06 16	21 51 41	28 23 59
21 Su	12 14 36	17 42 34	24 40 22	27 10 13	5 51 26	16 19 25	28 11 13	3 06 29	20 32 11	23 28 22	20 10 24	9 09 01	21 53 09	28 23 46
22 M	13 15 40	1 ♊ 46 30	8 ♊ 55 44	29 01 58	7 07 13	17 02 39	28 22 47	3 30 31	20 43 17	23 37 28	20 12 33	9 13 32	21 56 25	28 25 20
23 Tu	14 18 34	16 14 48	23 34 23	0 ♓ 52 16	8 24 50	17 47 43	28 36 29	3 56 20	20 56 20	23 48 28	20 16 28	9 19 52	22 01 30	28 28 45
24 W	15 22 53	1 ♋ 04 10	8 ♋ 31 36	2 40 27	9 43 52	18 34 11	28 51 56	4 23 32	21 10 59	24 00 59	20 21 45	9 27 37	22 08 01	28 33 35
25 Th	16 27 52	16 08 10	23 39 38	4 25 34	11 03 32	19 21 19	29 08 21	4 51 21	21 26 25	24 14 14	20 27 38	9 36 00	22 15 11	28 39 05
26 F	17 32 35	1 ♌ 17 45	8 ♌ 48 36	6 06 32	12 22 56	20 08 11	29 24 49	5 18 53	21 41 45	24 27 19	20 33 13	9 44 08	22 22 05	28 44 20
27 Sa	18 36 11	16 22 37	23 48 10	7 42 20	13 41 12	20 53 56	29 40 28	5 45 15	21 56 06	24 39 21	20 37 38	9 51 08	22 27 52	28 48 28
28 Su	19 38 05	1 ♍ 13 02	8 ♍ 29 14	9 12 14	14 57 46	21 37 58	29 54 43	6 09 53	22 08 55	24 49 46	20 40 17	9 56 26	22 31 58	28 50 56
29 M	20 38 06	15 41 20	22 45 25	10 35 56	16 12 26	22 20 07	0 ♊ 07 22	6 32 35	22 19 58	24 58 22	20 41 00	9 59 49	22 34 10	28 51 30
30 Tu	21 36 25	29 42 54	6 ♎ 33 35	11 53 32	17 25 22	23 00 34	0 18 37	6 53 32	22 29 27	25 05 21	20 39 58	10 01 29	22 34 39	28 50 23

Notes

May 2002 LONGITUDE

Day	☉	0 hr ☽	Noon ☽	☿	♀	♂	⚵	⚳	♃	♄	⚷	♅	♆	♇
1 W	22 ♒ 33 33	13 ♎ 16 23	19 ♎ 53 42	13 ♓ 05 26	18 ♓ 37 08	23 ♓ 39 49	0 ♊ 28 57	7 ♑ 13 16	22 ♈ 37 54	25 ♓ 11 13	20 ♎ 37 41	10 ♐ 01 57	22 ♏ 33 58	28 ♍ 48 05
2 Th	23 30 13	26 23 09	2 ♏ 48 14	14 12 18	19 48 23	24 18 36	0 39 05	7 32 28	22 45 59	25 16 40	20 34 53	10 01 56	22 32 47	28 45 19
3 F	24 27 08	9 ♏ 06 34	15 21 14	15 14 44	20 59 54	24 57 37	0 49 45	7 51 52	22 54 28	25 22 27	20 32 17	10 02 09	22 31 52	28 42 48
4 Sa	25 24 56	21 31 08	27 37 36	16 13 20	22 12 16	25 37 31	1 01 33	8 12 06	23 03 58	25 29 11	20 30 30	10 03 14	22 31 49	28 41 11
5 Su	26 24 02	3 ♐ 41 48	9 ♐ 42 26	17 08 25	23 25 55	26 18 43	1 14 55	8 33 34	23 14 53	25 37 16	20 29 57	10 05 35	22 33 03	28 40 52
6 M	27 24 35	15 43 26	21 40 31	18 00 05	24 40 59	27 01 20	1 29 59	8 56 25	23 27 21	25 46 52	20 30 48	10 09 21	22 35 43	28 41 59
7 Tu	28 26 26	27 40 25	3 ♑ 36 06	18 48 08	25 57 21	27 45 16	1 46 36	9 20 31	23 41 16	25 57 50	20 32 55	10 14 25	22 39 42	28 44 26
8 W	29 29 14	9 ♑ 36 33	15 32 42	19 32 10	27 14 39	28 30 09	2 04 25	9 45 31	23 56 15	26 09 48	20 35 55	10 20 25	22 44 37	28 47 50
9 Th	0 ♓ 32 27	21 34 53	27 33 05	20 11 36	28 32 21	29 15 26	2 22 55	10 10 52	24 11 46	26 22 15	20 39 17	10 26 48	22 49 56	28 51 40
10 F	1 35 32	3 ♒ 37 49	9 ♒ 39 17	20 45 49	29 49 52	0 ♈ 00 34	2 41 29	10 35 59	24 27 15	26 34 37	20 42 27	10 33 01	22 55 06	28 55 21
11 Sa	2 37 54	15 47 09	21 52 50	21 14 15	1 ♈ 06 41	0 45 00	2 59 35	11 00 21	24 42 09	26 46 20	20 44 51	10 38 30	22 59 33	28 58 20
12 Su	3 39 10	28 04 13	4 ♓ 14 50	21 36 30	2 22 21	1 28 19	3 16 49	11 23 31	24 56 03	26 56 59	20 46 06	10 42 52	23 02 53	29 00 13
13 M	4 39 05	10 ♓ 30 05	16 46 10	21 52 20	3 36 40	2 10 16	3 32 56	11 45 17	25 08 44	27 06 22	20 45 58	10 45 51	23 04 53	29 00 46
14 Tu	5 37 39	23 05 47	29 27 45	22 01 48	4 49 36	2 50 53	3 47 55	12 05 38	25 20 10	27 14 27	20 44 26	10 47 29	23 05 31	28 59 60
15 W	6 35 05	5 ♈ 52 22	12 ♈ 20 38	22 05 11	6 01 23	3 30 22	4 01 60	12 24 46	25 30 35	27 21 27	20 41 44	10 47 57	23 05 00	28 58 05
16 Th	7 31 45	18 51 03	25 26 05	22 02 57	7 12 23	4 09 04	4 15 32	12 43 04	25 40 20	27 27 44	20 38 13	10 47 37	23 03 43	28 55 26
17 F	8 28 08	2 ♉ 03 12	8 ♉ 45 26	21 55 44	8 23 04	4 47 28	4 28 59	13 01 00	25 49 55	27 33 47	20 34 21	10 46 60	23 02 09	28 52 30
18 Sa	9 24 41	15 30 10	22 19 57	21 44 12	9 33 55	5 26 04	4 42 50	13 19 03	25 59 46	27 40 04	20 30 39	10 46 31	23 00 45	28 49 46
19 Su	10 21 49	29 12 57	6 ♊ 10 26	21 28 59	10 45 18	6 05 13	4 57 27	13 37 35	26 10 19	27 46 59	20 27 28	10 46 36	22 59 55	28 47 37
20 M	11 19 44	13 ♊ 11 51	20 16 45	21 10 35	11 57 26	6 45 09	5 13 04	13 56 49	26 21 44	27 54 43	20 25 03	10 47 27	22 59 52	28 46 16
21 Tu	12 18 26	27 26 02	4 ♋ 37 25	20 49 23	13 10 21	7 25 53	5 29 40	14 16 46	26 34 03	28 03 18	20 23 22	10 49 04	23 00 36	28 45 44
22 W	13 17 45	11 ♋ 53 06	19 09 19	20 25 35	14 23 50	8 07 13	5 47 04	14 37 14	26 47 05	28 12 32	20 22 17	10 51 16	23 01 56	28 45 49
23 Th	14 17 21	26 29 03	3 ♌ 47 43	19 59 19	15 37 34	8 48 49	6 04 56	14 57 54	27 00 30	28 22 06	20 21 26	10 53 44	23 03 34	28 46 12
24 F	15 16 53	11 ♌ 08 23	18 26 32	19 30 44	16 51 12	9 30 21	6 22 55	15 18 25	27 13 55	28 31 38	20 20 28	10 56 05	23 05 06	28 46 32
25 Sa	16 15 59	25 44 43	2 ♍ 59 10	19 00 01	18 04 23	10 11 27	6 40 40	15 38 25	27 27 01	28 40 47	20 19 04	10 58 01	23 06 13	28 46 28
26 Su	17 14 29	10 ♍ 11 32	17 19 19	18 27 32	19 16 55	10 51 57	6 57 59	15 57 43	27 39 36	28 49 22	20 17 01	10 59 18	23 06 43	28 45 48
27 M	18 12 19	24 23 04	1 ♎ 21 47	17 53 50	20 28 44	11 31 45	7 14 47	16 16 14	27 51 36	28 57 19	20 14 15	10 59 54	23 06 32	28 44 29
28 Tu	19 09 34	8 ♎ 15 01	15 03 09	17 19 34	21 39 56	12 10 58	7 31 11	16 34 05	28 03 06	29 04 43	20 10 53	10 59 52	23 05 45	28 42 35
29 W	20 06 25	21 44 59	28 21 55	16 45 31	22 50 41	12 49 47	7 47 20	16 51 26	28 14 16	29 11 45	20 07 04	10 59 25	23 04 33	28 40 18
30 Th	21 03 05	4 ♏ 52 28	11 ♏ 18 31	16 12 30	24 01 14	13 28 25	8 03 28	17 08 29	28 25 21	29 18 38	20 03 03	10 58 45	23 03 11	28 37 51
31 F	21 59 49	17 38 41	23 54 56	15 41 14	25 11 46	14 07 04	8 19 48	17 25 29	28 36 33	29 25 35	19 59 02	10 58 06	23 01 49	28 35 28

June 2002 LONGITUDE

Day	☉	0 hr ☽	Noon ☽	☿	♀	♂	⚵	⚳	♃	♄	⚷	♅	♆	♇
1 Sa	22 ♓ 56 44	0 ♐ 06 16	6 ♐ 14 20	15 ♓ 12 25	26 ♈ 22 28	14 ♈ 45 55	8 ♊ 36 29	17 ♑ 42 33	28 ♈ 48 01	29 ♓ 32 45	19 ♎ 55 12	10 ♐ 57 37	23 ♏ 00 39	28 ♍ 33 17
2 Su	23 53 56	12 18 45	18 20 40	14 46 34	27 33 23	15 25 02	8 53 36	17 59 48	28 59 51	29 40 14	19 51 36	10 57 23	22 59 45	28 31 23
3 M	24 51 24	24 20 19	0 ♑ 18 17	14 24 05	28 44 32	16 04 24	9 11 07	18 17 11	29 12 00	29 48 00	19 48 14	10 57 22	22 59 06	28 29 46
4 Tu	25 49 04	6 ♑ 15 22	12 11 43	14 05 16	29 55 51	16 43 58	9 28 59	18 34 39	29 24 26	29 55 60	19 45 03	10 57 32	22 58 38	28 28 23
5 W	26 46 50	18 08 23	24 05 18	13 50 17	1 ♉ 07 11	17 23 37	9 47 06	18 52 05	29 37 02	0 ♈ 04 06	19 41 55	10 57 45	22 58 15	28 27 05
6 Th	27 44 36	0 ♒ 03 37	6 ♒ 03 11	13 39 18	2 18 28	18 03 14	10 05 19	19 09 23	29 49 40	0 12 12	19 38 45	10 57 55	22 57 50	28 25 47
7 F	28 42 14	12 04 60	18 09 01	13 32 23	3 29 35	18 42 45	10 23 34	19 26 26	0 ♉ 02 16	0 20 13	19 35 27	10 57 56	22 57 18	28 24 23
8 Sa	29 39 45	24 15 56	0 ♓ 25 53	13 29 41	4 40 31	19 22 06	10 41 48	19 43 13	0 14 48	0 28 07	19 31 59	10 57 47	22 56 36	28 22 52
9 Su	0 ♈ 37 09	6 ♓ 39 13	12 56 10	13 31 19	5 51 17	20 01 20	11 00 04	19 59 45	0 27 16	0 35 54	19 28 23	10 57 29	22 55 46	28 21 14
10 M	1 34 30	19 16 51	25 41 27	13 37 24	7 01 57	20 40 31	11 18 24	20 16 06	0 39 45	0 43 39	19 24 42	10 57 06	22 54 53	28 19 35
11 Tu	2 31 54	2 ♈ 09 59	8 ♈ 42 26	13 48 05	8 12 37	21 19 44	11 36 55	20 32 22	0 52 21	0 51 28	19 21 04	10 56 44	22 54 02	28 18 00
12 W	3 29 27	15 18 56	21 59 01	14 03 26	9 23 21	21 59 04	11 55 42	20 48 37	1 05 08	0 59 27	19 17 34	10 56 28	22 53 19	28 16 34
13 Th	4 27 11	28 43 07	5 ♉ 30 17	14 23 30	10 34 13	22 38 36	12 14 47	21 04 55	1 18 11	1 07 37	19 14 13	10 56 22	22 52 46	28 15 21
14 F	5 25 05	12 ♉ 21 14	19 14 38	14 48 13	11 45 12	23 18 17	12 34 09	21 21 14	1 31 26	1 15 58	19 11 02	10 56 23	22 52 23	28 14 18
15 Sa	6 23 04	26 11 25	3 ♊ 10 02	15 17 26	12 56 11	23 58 02	12 53 44	21 37 29	1 44 50	1 24 24	19 07 55	10 56 28	22 52 04	28 13 22
16 Su	7 20 58	10 ♊ 11 26	17 14 08	15 50 57	14 07 02	24 37 43	13 13 20	21 53 30	1 58 12	1 32 46	19 04 44	10 56 26	22 51 39	28 12 22
17 M	8 18 38	24 18 49	1 ♋ 24 27	16 28 32	15 17 35	25 17 08	13 32 49	22 09 07	2 11 24	1 40 54	19 01 18	10 56 08	22 50 60	28 11 09
18 Tu	9 15 56	8 ♋ 31 05	15 38 25	17 09 58	16 27 41	25 56 10	13 52 02	22 24 13	2 24 15	1 48 40	18 57 28	10 55 25	22 49 57	28 09 35
19 W	10 12 47	22 45 42	29 53 28	17 55 08	17 37 17	26 34 46	14 10 56	22 38 43	2 36 44	1 56 00	18 53 13	10 54 15	22 48 28	28 07 36
20 Th	11 09 17	7 ♌ 00 10	14 ♌ 06 59	18 44 02	18 46 26	27 12 59	14 29 33	22 52 41	2 48 53	2 02 59	18 48 36	10 52 41	22 46 37	28 05 17
21 F	12 05 36	21 11 52	28 16 18	19 36 45	19 55 20	27 51 01	14 48 06	23 06 19	3 00 54	2 09 47	18 43 48	10 50 53	22 44 34	28 02 47
22 Sa	13 01 59	5 ♍ 18 08	12 ♍ 18 40	20 33 30	21 04 13	28 29 06	15 06 49	23 19 51	3 13 03	2 16 39	18 39 05	10 49 09	22 42 35	28 00 24
23 Su	13 58 45	19 16 12	26 11 20	21 34 30	22 13 24	29 07 33	15 26 00	23 33 34	3 25 36	2 23 53	18 34 44	10 47 45	22 40 57	27 58 24
24 M	14 56 08	3 ♎ 03 24	9 ♎ 51 45	22 39 58	23 23 07	29 46 37	15 45 54	23 47 45	3 38 48	2 31 44	18 30 60	10 46 56	22 39 56	27 57 02
25 Tu	15 54 17	16 37 14	23 17 45	23 49 58	24 33 30	0 ♉ 26 26	16 06 39	24 02 30	3 52 49	2 40 21	18 28 02	10 46 51	22 39 40	27 56 28
26 W	16 53 12	29 55 47	6 ♏ 27 47	25 04 28	25 44 35	1 07 00	16 28 16	24 17 51	4 07 38	2 49 43	18 25 51	10 47 30	22 40 09	27 56 41
27 Th	17 52 46	12 ♏ 57 49	19 21 12	26 23 17	26 56 12	1 48 12	16 50 35	24 33 38	4 23 07	2 59 43	18 24 18	10 48 45	22 41 16	27 57 33
28 F	18 52 41	25 43 05	1 ♐ 58 15	27 46 06	28 08 05	2 29 44	17 13 21	24 49 35	4 38 59	3 10 03	18 23 07	10 50 19	22 42 43	27 58 47
29 Sa	19 52 37	8 ♐ 12 21	14 20 16	29 12 30	29 19 51	3 11 15	17 36 11	25 05 20	4 54 52	3 20 23	18 21 57	10 51 50	22 44 09	28 00 02
30 Su	20 52 09	20 27 26	26 29 35	0 ♈ 42 04	0 ♊ 31 09	3 52 23	17 58 43	25 20 30	5 10 24	3 30 18	18 20 23	10 52 56	22 45 11	28 00 55

Notes

LONGITUDE July 2002

Day	☉	0 hr ☽	Noon ☽	☿	♀	♂	⚵	⚳	♃	♄	⚷	♅	♆	♇
1 M	21 ♈ 50 59	2 ♑ 31 08	8 ♑ 29 21	2 ♈ 14 25	1 ♊ 41 38	4 ♉ 32 46	18 ♊ 20 37	25 ♑ 34 44	5 ♉ 25 15	3 ♈ 39 29	18 ♎ 18 07	10 ♐ 53 18	22 ♏ 45 29	28 ♍ 01 07
2 Tu	22 48 54	14 27 07	20 23 34	3 49 18	2 51 06	5 12 14	18 41 40	25 47 51	5 39 12	3 47 44	18 14 57	10 52 41	22 44 52	28 00 24
3 W	23 45 52	26 19 45	2 ♒ 16 44	5 26 38	3 59 29	5 50 43	19 01 49	25 59 47	5 52 12	3 54 59	18 10 49	10 51 05	22 43 15	27 58 44
4 Th	24 42 01	8 ♒ 13 50	14 13 45	7 06 27	5 06 57	6 28 22	19 21 13	26 10 41	6 04 25	4 01 25	18 05 53	10 48 37	22 40 48	27 56 16
5 F	25 37 40	20 14 25	26 19 33	8 49 02	6 13 49	7 05 30	19 40 12	26 20 51	6 16 08	4 07 18	18 00 28	10 45 37	22 37 50	27 53 19
6 Sa	26 33 16	2 ♓ 26 29	8 ♓ 38 54	10 34 42	7 20 31	7 42 35	19 59 11	26 30 45	6 27 50	4 13 08	17 55 01	10 42 32	22 34 49	27 50 21
7 Su	27 29 21	14 54 29	21 15 52	12 23 50	8 27 35	8 20 07	20 18 43	26 40 54	6 40 01	4 19 24	17 50 04	10 39 53	22 32 15	27 47 51
8 M	28 26 23	27 41 60	4 ♈ 13 28	14 16 48	9 35 28	8 58 34	20 39 15	26 51 45	6 53 09	4 26 35	17 46 04	10 38 08	22 30 37	27 46 20
9 Tu	29 24 43	10 ♈ 51 16	17 33 13	16 13 45	10 44 31	9 38 18	21 01 08	27 03 39	7 07 36	4 35 01	17 43 22	10 37 38	22 30 15	27 46 06
10 W	0 ♉ 24 27	24 22 47	1 ♉ 14 45	18 14 36	11 54 51	10 19 26	21 24 29	27 16 43	7 23 27	4 44 51	17 42 07	10 38 31	22 31 17	27 47 19
11 Th	1 25 27	8 ♉ 15 02	15 15 41	20 18 58	13 06 20	11 01 48	21 49 10	27 30 47	7 40 35	4 55 53	17 42 09	10 40 38	22 33 33	27 49 48
12 F	2 27 18	22 24 31	29 31 45	22 26 12	14 18 31	11 45 00	22 14 44	27 45 27	7 58 34	5 07 44	17 43 02	10 43 32	22 36 39	27 53 09
13 Sa	3 29 21	6 ♊ 46 10	13 ♊ 57 27	24 35 23	15 30 46	12 28 24	22 40 34	28 00 05	8 16 46	5 19 46	17 44 10	10 46 37	22 39 57	27 56 43
14 Su	4 30 55	21 14 03	28 26 42	26 45 31	16 42 24	13 11 17	23 05 58	28 13 57	8 34 28	5 31 16	17 44 51	10 49 11	22 42 45	27 59 49
15 M	5 31 23	5 ♋ 42 18	12 ♋ 53 52	28 55 43	17 52 48	13 53 03	23 30 19	28 26 29	8 51 05	5 41 38	17 44 27	10 50 37	22 44 26	28 01 51
16 Tu	6 30 23	20 05 53	27 14 26	1 ♉ 05 16	19 01 35	14 33 21	23 53 15	28 37 16	9 06 15	5 50 30	17 42 38	10 50 33	22 44 39	28 02 26
17 W	7 27 54	4 ♌ 21 14	11 ♌ 25 28	3 13 52	20 08 44	15 12 08	24 14 45	28 46 18	9 19 55	5 57 50	17 39 21	10 48 59	22 43 22	28 01 33
18 Th	8 24 17	18 26 22	25 25 30	5 21 34	21 14 35	15 49 47	24 35 10	28 53 56	9 32 27	6 03 60	17 34 59	10 46 14	22 40 57	27 59 34
19 F	9 20 10	2 ♍ 20 35	9 ♍ 14 16	7 28 43	22 19 46	16 26 54	24 55 07	29 00 48	9 44 30	6 09 37	17 30 09	10 42 57	22 38 01	27 57 05
20 Sa	10 16 20	16 04 04	22 52 08	9 35 50	23 25 05	17 04 18	25 15 24	29 07 40	9 56 48	6 15 29	17 25 38	10 39 56	22 35 21	27 54 56
21 Su	11 13 35	29 37 21	6 ♎ 19 41	11 43 27	24 31 18	17 42 44	25 36 48	29 15 19	10 10 11	6 22 22	17 22 14	10 37 57	22 33 45	27 53 51
22 M	12 12 30	13 ♎ 00 45	19 37 12	13 51 60	25 39 00	18 22 50	25 59 54	29 24 21	10 25 14	6 30 52	17 20 33	10 37 37	22 33 49	27 54 28
23 Tu	13 13 25	26 14 16	2 ♏ 44 36	16 01 35	26 48 32	19 04 55	26 25 03	29 35 06	10 42 16	6 41 20	17 20 54	10 39 15	22 35 52	27 57 07
24 W	14 16 19	9 ♏ 17 24	15 41 25	18 12 02	27 59 50	19 48 57	26 52 12	29 47 32	11 01 16	6 53 43	17 23 16	10 42 49	22 39 52	28 01 44
25 Th	15 20 50	22 09 26	28 27 02	20 22 51	29 12 34	20 34 35	27 20 59	0 ♒ 01 16	11 21 52	7 07 39	17 27 17	10 47 58	22 45 29	28 07 60
26 F	16 26 19	4 ♐ 49 39	11 ♐ 01 00	22 33 17	0 ♋ 26 05	21 21 10	27 50 47	0 15 39	11 43 25	7 22 30	17 32 18	10 54 04	22 52 03	28 15 14
27 Sa	17 31 58	17 17 44	23 23 21	24 42 27	1 39 33	22 07 54	28 20 46	0 29 55	12 05 07	7 37 28	17 37 33	11 00 17	22 58 46	28 22 40
28 Su	18 36 58	29 34 05	5 ♑ 34 54	26 49 27	2 52 10	22 53 57	28 50 08	0 43 11	12 26 09	7 51 43	17 42 10	11 05 49	23 04 49	28 29 27
29 M	19 40 36	11 ♑ 40 05	17 37 27	28 53 32	4 03 12	23 38 36	29 18 08	0 54 46	12 45 46	8 04 31	17 45 27	11 09 57	23 09 28	28 34 53
30 Tu	20 42 23	23 38 11	29 33 54	0 ♊ 54 11	5 12 10	24 21 24	29 44 20	1 04 11	13 03 32	8 15 25	17 46 56	11 12 12	23 12 16	28 38 29
31 W	21 42 12	5 ♒ 32 01	11 ♒ 28 14	2 51 13	6 18 56	25 02 11	0 ♋ 08 33	1 11 17	13 19 17	8 24 16	17 46 29	11 12 26	23 13 05	28 40 07

LONGITUDE August 2002

Day	☉	0 hr ☽	Noon ☽	☿	♀	♂	⚵	⚳	♃	♄	⚷	♅	♆	♇
1 Th	22 ♉ 40 15	17 ♒ 26 14	23 ♒ 25 19	4 ♊ 44 52	7 ♋ 23 42	25 ♉ 41 11	0 ♋ 31 02	1 ♒ 16 17	13 ♉ 33 15	8 ♈ 31 17	17 ♎ 44 18	11 ♐ 10 52	23 ♏ 12 06	28 ♍ 39 59
2 F	23 37 05	29 26 14	5 ♓ 30 45	6 35 39	8 27 02	26 18 56	0 52 19	1 19 44	13 45 58	8 37 01	17 40 57	11 08 03	23 09 53	28 38 39
3 Sa	24 33 31	11 ♓ 37 56	17 50 24	8 24 24	9 29 42	26 56 16	1 13 13	1 22 25	13 58 14	8 42 16	17 37 14	11 04 48	23 07 15	28 36 56
4 Su	25 30 28	24 07 13	0 ♈ 29 55	10 12 01	10 32 39	27 34 05	1 34 38	1 25 16	14 10 59	8 47 58	17 34 05	11 02 02	23 05 07	28 35 44
5 M	26 28 49	6 ♈ 59 18	13 34 01	11 59 25	11 36 44	28 13 16	1 57 28	1 29 10	14 25 07	8 54 58	17 32 22	11 00 37	23 04 22	28 35 57
6 Tu	27 29 14	20 18 04	27 05 44	13 47 15	12 42 38	28 54 30	2 22 23	1 34 45	14 41 15	9 03 58	17 32 46	11 01 14	23 05 39	28 38 14
7 W	28 31 59	4 ♉ 05 08	11 ♉ 05 36	15 35 48	13 50 36	29 38 03	2 49 38	1 42 20	14 59 41	9 15 13	17 35 33	11 04 10	23 09 16	28 42 52
8 Th	29 36 54	18 19 20	25 31 03	17 24 55	15 00 26	0 ♊ 23 43	3 19 03	1 51 42	15 20 15	9 28 33	17 40 32	11 09 13	23 15 01	28 49 40
9 F	0 ♊ 43 18	2 ♊ 56 15	10 ♊ 16 21	19 13 56	16 11 30	1 10 51	3 49 59	2 02 12	15 42 15	9 43 18	17 47 03	11 15 44	23 22 15	28 57 58
10 Sa	1 50 11	17 48 34	25 13 11	21 01 50	17 22 45	1 58 27	4 21 24	2 12 48	16 04 42	9 58 26	17 54 07	11 22 42	23 29 57	29 06 46
11 Su	2 56 24	2 ♋ 47 07	10 ♋ 12 00	22 47 31	18 33 02	2 45 22	4 52 09	2 22 22	16 26 26	10 12 50	18 00 34	11 28 59	23 36 59	29 14 55
12 M	4 00 58	17 42 28	25 03 43	24 29 57	19 41 22	3 30 35	5 21 16	2 29 55	16 46 28	10 25 29	18 05 25	11 33 35	23 42 20	29 21 25
13 Tu	5 03 16	2 ♌ 26 36	9 ♌ 41 11	26 08 33	20 47 06	4 13 31	5 48 07	2 34 49	17 04 12	10 35 48	18 08 03	11 35 54	23 45 26	29 25 41
14 W	6 03 15	16 54 02	24 00 09	27 43 17	21 50 12	4 54 08	6 12 40	2 37 03	17 19 35	10 43 43	18 08 27	11 35 53	23 46 12	29 27 39
15 Th	7 01 26	1 ♍ 02 15	7 ♍ 59 13	29 14 38	22 51 10	5 32 55	6 35 25	2 37 06	17 33 06	10 49 45	18 07 06	11 34 03	23 45 10	29 27 50
16 F	7 58 46	14 51 20	21 39 22	0 ♋ 43 32	23 50 55	6 10 49	6 57 19	2 35 55	17 45 43	10 54 49	18 04 56	11 31 19	23 43 15	29 27 09
17 Sa	8 56 22	28 23 09	5 ♎ 03 00	2 11 07	24 50 35	6 48 58	7 19 29	2 34 38	17 58 34	11 00 06	18 03 07	11 28 52	23 41 37	29 26 47
18 Su	9 55 24	11 ♎ 40 27	18 13 03	3 38 30	25 51 18	7 28 31	7 43 05	2 34 23	18 12 47	11 06 42	18 02 47	11 27 48	23 41 24	29 27 51
19 M	10 56 43	24 45 58	1 ♏ 12 13	5 06 33	26 53 54	8 10 20	8 08 58	2 36 03	18 29 14	11 15 30	18 04 47	11 29 01	23 43 27	29 31 13
20 Tu	12 00 48	7 ♏ 41 54	14 02 30	6 35 42	27 58 53	8 54 54	8 37 36	2 40 06	18 48 24	11 26 59	18 09 37	11 32 58	23 48 16	29 37 22
21 W	13 07 39	20 29 33	26 44 60	8 05 55	29 06 12	9 42 12	9 09 01	2 46 32	19 10 16	11 41 08	18 17 17	11 39 40	23 55 51	29 46 17
22 Th	14 16 47	3 ♐ 09 22	9 ♐ 20 00	9 36 42	0 ♌ 15 24	10 31 46	9 42 43	2 54 52	19 34 22	11 57 28	18 27 17	11 48 39	24 05 43	29 57 31
23 F	15 27 23	15 41 09	21 47 17	11 07 09	1 25 36	11 22 45	10 17 51	3 04 17	19 59 51	12 15 10	18 38 48	11 59 04	24 17 01	0 ♎ 10 12
24 Sa	16 38 22	28 04 27	4 ♑ 06 29	12 36 10	2 35 43	12 14 06	10 53 21	3 13 41	20 25 39	12 33 08	18 50 45	12 09 50	24 28 41	0 23 17
25 Su	17 48 36	10 ♑ 19 03	16 17 36	14 02 32	3 44 37	13 04 41	11 28 06	3 21 57	20 50 39	12 50 16	19 02 01	12 19 50	24 39 36	0 35 38
26 M	18 57 07	22 25 22	28 21 22	15 25 14	4 51 19	13 53 30	12 01 07	3 28 06	21 13 51	13 05 34	19 11 37	12 28 06	24 48 47	0 46 15
27 Tu	20 03 14	4 ♒ 24 48	10 ♒ 19 37	16 43 29	5 55 06	14 39 54	12 31 43	3 31 28	21 34 35	13 18 21	19 18 52	12 33 57	24 55 33	0 54 29
28 W	21 06 40	16 19 58	22 15 21	17 56 56	6 55 42	15 23 35	12 59 37	3 31 45	21 52 33	13 28 21	19 23 29	12 37 05	24 59 37	1 00 03
29 Th	22 07 36	28 14 46	4 ♓ 12 50	19 05 40	7 53 15	16 04 44	13 25 00	3 29 10	22 07 57	13 35 44	19 25 40	12 37 43	25 01 11	1 03 06
30 F	23 06 39	10 ♓ 14 13	16 17 26	20 10 11	8 48 21	16 43 58	13 48 29	3 24 17	22 21 23	13 41 07	19 26 00	12 36 25	25 00 51	1 04 17
31 Sa	24 04 46	22 24 17	28 35 15	21 11 18	9 41 57	17 22 14	14 10 60	3 18 05	22 33 47	13 45 27	19 25 27	12 34 10	24 59 33	1 04 31

Notes

September 2002

LONGITUDE

Day	☉	0 hr ☽	Noon ☽	☿	♀	♂	⚵	⚳	♃	♄	⚷	♅	♆	♇
1 Su	25 ♊ 03 04	4 ♈ 51 20	11 ♈ 12 40	22 ♋ 10 01	10 ♌ 35 08	18 ♊ 00 40	14 ♋ 33 41	3 ♒ 11 42	22 ♉ 46 19	13 ♈ 49 51	19 ♎ 25 09	12 ♐ 32 06	24 ♏ 58 26	1 ♎ 04 57
2 M	26 02 40	17 41 36	24 15 35	23 07 19	11 29 02	18 40 22	14 57 39	3 06 14	23 00 03	13 55 27	19 26 12	12 31 19	24 58 37	1 06 41
3 Tu	27 04 29	1 ♉ 00 15	7 ♉ 48 31	24 03 54	12 24 29	19 22 14	15 23 48	3 02 36	23 15 54	14 03 07	19 29 31	12 32 42	25 00 58	1 10 37
4 W	28 08 56	14 50 30	21 53 32	25 00 02	13 21 55	20 06 43	15 52 34	3 01 14	23 34 19	14 13 19	19 35 31	12 36 43	25 05 58	1 17 13
5 Th	29 15 56	29 12 29	6 ♊ 29 14	25 55 25	14 21 13	20 53 43	16 23 50	3 02 02	23 55 11	14 25 55	19 44 07	12 43 16	25 13 30	1 26 20
6 F	0 ♋ 24 46	14 ♊ 02 32	21 30 11	26 49 08	15 21 40	21 42 31	16 56 56	3 04 19	24 17 47	14 40 15	19 54 37	12 51 38	25 22 51	1 37 19
7 Sa	1 34 19	29 13 02	6 ♋ 47 14	27 39 48	16 22 05	22 31 59	17 30 42	3 06 56	24 41 01	14 55 10	20 05 52	13 00 42	25 32 54	1 48 60
8 Su	2 43 13	14 ♋ 33 23	22 08 49	28 25 49	17 21 06	23 20 48	18 03 49	3 08 35	25 03 31	15 09 19	20 16 32	13 09 07	25 42 18	2 00 03
9 M	3 50 18	29 51 41	7 ♌ 23 09	29 05 42	18 17 31	24 07 46	18 35 05	3 08 05	25 24 06	15 21 32	20 25 27	13 15 42	25 49 53	2 09 17
10 Tu	4 54 49	14 ♌ 57 08	22 20 20	29 38 27	19 10 33	24 52 08	19 03 45	3 04 41	25 42 01	15 31 03	20 31 52	13 19 43	25 54 54	2 15 57
11 W	5 56 40	29 41 46	6 ♍ 53 57	0 ♌ 03 37	20 00 03	25 33 48	19 29 44	2 58 17	25 57 11	15 37 47	20 35 39	13 21 03	25 57 14	2 19 58
12 Th	6 56 21	14 ♍ 01 24	21 01 24	0 21 23	20 46 31	26 13 17	19 53 31	2 49 24	26 10 05	15 42 14	20 37 21	13 20 13	25 57 24	2 21 49
13 F	7 54 53	27 55 27	4 ♎ 43 27	0 32 25	21 30 54	26 51 34	20 16 06	2 39 04	26 21 44	15 45 24	20 37 56	13 18 14	25 56 25	2 22 31
14 Sa	8 53 30	11 ♎ 26 00	18 03 04	0 37 38	22 14 24	27 29 55	20 38 46	2 28 32	26 33 22	15 48 31	20 38 40	13 16 20	25 55 30	2 23 19
15 Su	9 53 25	24 36 41	1 ♏ 04 19	0 37 57	22 58 14	28 09 33	21 02 42	2 19 02	26 46 13	15 52 50	20 40 47	13 15 44	25 55 55	2 25 26
16 M	10 55 36	7 ♏ 31 34	13 51 25	0 33 60	23 43 16	28 51 26	21 28 52	2 11 30	27 01 14	15 59 17	20 45 13	13 17 24	25 58 34	2 29 49
17 Tu	12 00 35	20 14 25	26 27 58	0 26 04	24 30 02	29 36 04	21 57 47	2 06 31	27 18 56	16 08 24	20 52 29	13 21 51	26 04 02	2 36 59
18 W	13 08 23	2 ♐ 48 07	8 ♐ 56 38	0 14 01	25 18 29	0 ♋ 23 30	22 29 30	2 04 05	27 39 20	16 20 12	21 02 39	13 29 08	26 12 18	2 46 59
19 Th	14 18 32	15 14 37	21 19 06	29 ♋ 57 17	26 08 07	1 13 15	23 03 32	2 03 46	28 01 60	16 34 13	21 15 13	13 38 46	26 22 55	2 59 21
20 F	15 30 12	27 34 55	3 ♑ 36 06	29 35 03	26 58 02	2 04 29	23 39 02	2 04 43	28 26 03	16 49 37	21 29 20	13 49 54	26 35 03	3 13 13
21 Sa	16 42 17	9 ♑ 49 20	15 47 52	29 06 26	27 47 08	2 56 07	24 14 55	2 05 52	28 50 25	17 05 19	21 43 56	14 01 27	26 47 36	3 27 31
22 Su	17 53 40	21 58 01	27 54 30	28 30 41	28 34 12	3 47 00	24 50 03	2 06 06	29 13 58	17 20 10	21 57 53	14 12 18	26 59 26	3 41 06
23 M	19 03 21	4 ♒ 01 14	9 ♒ 56 26	27 47 24	29 18 13	4 36 10	25 23 27	2 04 26	29 35 42	17 33 11	22 10 11	14 21 27	27 09 33	3 52 59
24 Tu	20 10 37	15 59 52	21 54 45	26 56 43	29 58 24	5 22 53	25 54 24	2 00 09	29 54 54	17 43 39	22 20 08	14 28 11	27 17 16	4 02 27
25 W	21 15 10	27 55 44	3 ♓ 51 37	25 59 22	0 ♍ 34 23	6 06 51	26 22 33	1 52 58	0 ♊ 11 14	17 51 14	22 27 23	14 32 11	27 22 15	4 09 11
26 Th	22 17 05	9 ♓ 51 43	15 50 15	24 56 48	1 06 14	6 48 09	26 48 04	1 43 00	0 24 51	17 56 04	22 32 04	14 33 34	27 24 35	4 13 18
27 F	23 16 55	21 51 51	27 55 03	23 51 01	1 34 25	7 27 21	27 11 26	1 30 48	0 36 14	17 58 41	22 34 42	14 32 52	27 24 51	4 15 19
28 Sa	24 15 32	4 ♈ 01 10	10 ♈ 11 21	22 44 33	1 59 45	8 05 17	27 33 31	1 17 13	0 46 15	17 59 54	22 36 10	14 30 55	27 23 52	4 16 06
29 Su	25 13 58	16 25 27	22 45 02	21 40 11	2 23 12	8 43 00	27 55 23	1 03 20	0 55 59	18 00 49	22 37 30	14 28 48	27 22 42	4 16 43
30 M	26 13 18	29 10 38	5 ♉ 41 60	20 40 42	2 45 48	9 21 36	28 18 06	0 50 14	1 06 28	18 02 29	22 39 46	14 27 35	27 22 25	4 18 12

October 2002

LONGITUDE

Day	☉	0 hr ☽	Noon ☽	☿	♀	♂	⚵	⚳	♃	♄	⚷	♅	♆	♇
1 Tu	27 ♋ 14 24	12 ♉ 22 09	19 ♉ 07 15	19 ♋ 48 38	3 ♍ 08 23	10 ♋ 01 56	28 ♋ 42 32	0 ♒ 38 49	1 ♊ 18 36	18 ♈ 05 46	22 ♎ 43 51	14 ♐ 28 08	27 ♏ 23 55	4 ♎ 21 28
2 W	28 17 48	26 04 03	3 ♊ 03 57	19 05 58	3 31 22	10 44 31	29 09 12	0 29 36	1 32 52	18 11 12	22 50 16	14 30 59	27 27 41	4 27 00
3 Th	29 23 28	10 ♊ 17 52	17 32 20	18 33 57	3 54 42	11 29 20	29 38 06	0 22 35	1 49 17	18 18 46	22 59 01	14 36 06	27 33 43	4 34 49
4 F	0 ♌ 30 54	25 01 46	2 ♋ 28 48	18 13 02	4 17 48	12 15 54	0 ♌ 08 42	0 17 16	2 07 18	18 27 56	23 09 33	14 42 58	27 41 31	4 44 22
5 Sa	1 39 07	10 ♋ 09 54	17 45 44	18 02 59	4 39 38	13 03 12	0 40 01	0 12 43	2 25 58	18 37 44	23 20 55	14 50 38	27 50 05	4 54 42
6 Su	2 46 57	25 32 47	3 ♌ 12 18	18 03 01	4 58 59	13 50 06	1 10 55	0 07 45	2 44 07	18 47 01	23 31 57	14 57 55	27 58 16	5 04 39
7 M	3 53 19	10 ♌ 58 40	18 36 09	18 12 13	5 14 41	14 35 30	1 40 18	0 01 20	3 00 39	18 54 41	23 41 33	15 03 46	28 04 59	5 13 08
8 Tu	4 57 31	26 15 34	3 ♍ 45 52	18 29 44	5 26 00	15 18 42	2 07 27	29 ♑ 52 45	3 14 52	19 00 02	23 49 02	15 07 26	28 09 32	5 19 25
9 W	5 59 20	11 ♍ 13 33	18 32 47	18 55 06	5 32 40	15 59 29	2 32 10	29 41 50	3 26 35	19 02 52	23 54 12	15 08 44	28 11 42	5 23 21
10 Th	6 59 09	25 46 04	2 ♎ 52 05	19 28 09	5 34 59	16 38 15	2 54 49	29 28 56	3 36 07	19 03 33	23 57 23	15 08 02	28 11 52	5 25 15
11 F	7 57 43	9 ♎ 50 25	16 42 40	20 09 05	5 33 41	17 15 44	3 16 11	29 14 53	3 44 17	19 02 51	23 59 23	15 06 07	28 10 48	5 25 55
12 Sa	8 56 04	23 27 12	0 ♏ 06 23	20 58 11	5 29 45	17 52 58	3 37 16	29 00 40	3 52 04	19 01 47	24 01 12	15 03 59	28 09 30	5 26 21
13 Su	9 55 12	6 ♏ 39 17	13 06 54	21 55 42	5 24 10	18 30 58	3 59 04	28 47 20	4 00 29	19 01 22	24 03 51	15 02 39	28 08 59	5 27 34
14 M	10 55 55	19 30 44	25 48 41	23 01 39	5 17 43	19 10 31	4 22 24	28 35 42	4 10 20	19 02 23	24 08 07	15 02 55	28 10 04	5 30 22
15 Tu	11 58 41	2 ♐ 05 54	8 ♐ 16 12	24 15 45	5 10 51	19 52 06	4 47 44	28 26 15	4 22 05	19 05 19	24 14 30	15 05 16	28 13 12	5 35 13
16 W	13 03 34	14 28 49	20 33 21	25 37 17	5 03 40	20 35 46	5 15 08	28 19 02	4 35 48	19 10 14	24 23 02	15 09 44	28 18 28	5 42 11
17 Th	14 10 16	26 42 50	2 ♑ 43 16	27 05 13	4 55 50	21 21 14	5 44 16	28 13 47	4 51 10	19 16 49	24 33 25	15 16 02	28 25 32	5 50 57
18 F	15 18 09	8 ♑ 50 32	14 48 16	28 38 16	4 46 48	22 07 51	6 14 32	28 09 53	5 07 33	19 24 27	24 45 02	15 23 32	28 33 48	6 00 54
19 Sa	16 26 25	20 53 46	26 49 55	0 ♌ 15 01	4 35 49	22 54 49	6 45 08	28 06 32	5 24 11	19 32 19	24 57 04	15 31 26	28 42 27	6 11 14
20 Su	17 34 14	2 ♒ 53 52	8 ♒ 49 23	1 54 05	4 22 06	23 41 20	7 15 13	28 02 56	5 40 11	19 39 36	25 08 42	15 38 54	28 50 39	6 21 06
21 M	18 40 53	14 51 55	20 47 39	3 34 15	4 05 01	24 26 37	7 44 02	27 58 19	5 54 51	19 45 34	25 19 11	15 45 12	28 57 41	6 29 47
22 Tu	19 45 48	26 49 04	2 ♓ 45 52	5 14 32	3 44 09	25 10 10	8 11 05	27 52 12	6 07 37	19 49 40	25 27 59	15 49 48	29 02 59	6 36 44
23 W	20 48 45	8 ♓ 46 47	14 45 36	6 54 19	3 19 22	25 51 43	8 36 06	27 44 20	6 18 15	19 51 39	25 34 50	15 52 26	29 06 19	6 41 42
24 Th	21 49 47	20 47 08	26 49 06	8 33 18	2 50 53	26 31 20	8 59 07	27 34 45	6 26 47	19 51 35	25 39 49	15 53 10	29 07 44	6 44 45
25 F	22 49 14	2 ♈ 52 51	8 ♈ 59 21	10 11 34	2 19 11	27 09 19	9 20 29	27 23 50	6 33 34	19 49 47	25 43 14	15 52 20	29 07 33	6 46 12
26 Sa	23 47 41	15 07 22	21 20 02	11 49 27	1 45 02	27 46 17	9 40 47	27 12 09	6 39 10	19 46 51	25 45 41	15 50 31	29 06 23	6 46 37
27 Su	24 45 50	27 34 46	3 ♉ 55 24	13 27 27	1 09 22	28 22 56	10 00 43	27 00 26	6 44 18	19 43 28	25 47 53	15 48 25	29 04 55	6 46 45
28 M	25 44 26	10 ♉ 19 26	16 49 52	15 06 08	0 33 07	28 59 59	10 20 60	26 49 24	6 49 41	19 40 23	25 50 32	15 46 46	29 03 53	6 47 17
29 Tu	26 44 04	23 25 35	0 ♊ 07 30	16 45 57	29 ♌ 57 07	29 38 03	10 42 15	26 39 41	6 55 55	19 38 12	25 54 15	15 46 10	29 03 53	6 48 51
30 W	27 45 06	6 ♊ 56 43	13 51 16	18 27 11	29 21 59	0 ♌ 17 29	11 04 50	26 31 38	7 03 22	19 37 17	25 59 24	15 46 59	29 05 17	6 51 49
31 Th	28 47 36	20 54 49	28 02 15	20 09 46	28 47 60	0 58 22	11 28 48	26 25 20	7 12 05	19 37 41	26 06 02	15 49 16	29 08 09	6 56 13

Notes

LONGITUDE — November 2002

Day	☉	0 hr ☽	Noon ☽	☿	♀	♂	⚵	⚳	♃	♄	⚷	♅	♆	♇
1 F	29 ♌ 51 17	5 ♋ 19 30	12 ♋ 38 51	21 ♌ 53 21	28 ♌ 15 07	1 ♌ 40 23	11 ♌ 53 52	26 ♑ 20 31	7 ♊ 21 48	19 ♈ 39 07	26 ♎ 13 52	15 ♐ 52 45	29 ♏ 12 11	7 ♎ 01 46
2 Sa	0 ♍ 55 34	20 07 31	27 36 17	23 37 20	27 43 04	2 22 60	12 19 28	26 16 36	7 31 56	19 41 02	26 22 21	15 56 52	29 16 51	7 07 56
3 Su	1 59 48	5 ♌ 12 30	12 ♌ 46 47	25 20 57	27 11 22	3 05 31	12 44 55	26 12 56	7 41 49	19 42 45	26 30 47	16 00 57	29 21 26	7 14 01
4 M	3 03 19	20 25 29	28 00 32	27 03 32	26 39 38	3 47 17	13 09 35	26 08 52	7 50 47	19 43 38	26 38 32	16 04 19	29 25 19	7 19 22
5 Tu	4 05 40	5 ♍ 36 16	13 ♍ 07 06	28 44 36	26 07 37	4 27 52	13 33 00	26 03 58	7 58 23	19 43 12	26 45 09	16 06 33	29 28 01	7 23 33
6 W	5 06 41	20 34 57	27 57 14	0 ♍ 23 59	25 35 23	5 07 06	13 55 00	25 58 03	8 04 28	19 41 19	26 50 27	16 07 28	29 29 24	7 26 22
7 Th	6 06 30	5 ♎ 13 34	12 ♎ 24 10	2 01 48	25 03 17	5 45 06	14 15 44	25 51 17	8 09 10	19 38 07	26 54 36	16 07 12	29 29 36	7 27 60
8 F	7 05 32	19 26 60	26 24 16	3 38 26	24 31 53	6 22 17	14 35 35	25 44 04	8 12 51	19 33 60	26 57 58	16 06 10	29 29 00	7 28 48
9 Sa	8 04 15	3 ♏ 13 09	9 ♏ 56 49	5 14 23	24 01 53	6 59 10	14 55 04	25 36 53	8 16 04	19 29 28	27 01 03	16 04 52	29 28 07	7 29 19
10 Su	9 03 12	16 32 36	23 03 30	6 50 11	23 33 57	7 36 14	15 14 41	25 30 18	8 19 18	19 25 02	27 04 25	16 03 49	29 27 28	7 30 02
11 M	10 02 47	29 27 51	5 ♐ 47 34	8 26 16	23 08 37	8 13 55	15 34 52	25 24 42	8 22 59	19 21 08	27 08 26	16 03 26	29 27 28	7 31 23
12 Tu	11 03 15	12 ♐ 02 35	18 13 10	10 02 51	22 46 17	8 52 29	15 55 51	25 20 20	8 27 21	19 18 00	27 13 21	16 03 58	29 28 21	7 33 36
13 W	12 04 39	24 21 01	0 ♑ 24 39	11 40 01	22 27 04	9 31 56	16 17 40	25 17 15	8 32 26	19 15 41	27 19 14	16 05 27	29 30 10	7 36 45
14 Th	13 06 50	6 ♑ 27 24	12 26 15	13 17 39	22 10 56	10 12 10	16 40 12	25 15 19	8 38 07	19 14 04	27 25 55	16 07 45	29 32 47	7 40 40
15 F	14 09 33	18 25 46	24 21 50	14 55 28	21 57 41	10 52 55	17 03 10	25 14 17	8 44 07	19 12 51	27 33 10	16 10 36	29 35 56	7 45 06
16 Sa	15 12 27	0 ♒ 19 40	6 ♒ 14 46	16 33 10	21 47 02	11 33 49	17 26 15	25 13 47	8 50 07	19 11 43	27 40 37	16 13 40	29 39 18	7 49 42
17 Su	16 15 13	12 12 16	18 07 55	18 10 26	21 38 41	12 14 35	17 49 06	25 13 31	8 55 45	19 10 21	27 47 57	16 16 37	29 42 31	7 54 10
18 M	17 17 33	24 06 12	0 ♓ 03 41	19 47 01	21 32 22	12 54 54	18 11 27	25 13 11	9 00 47	19 08 28	27 54 54	16 19 11	29 45 20	7 58 12
19 Tu	18 19 19	6 ♓ 03 45	12 04 07	21 22 44	21 27 56	13 34 37	18 33 07	25 12 39	9 05 02	19 05 55	28 01 17	16 21 12	29 47 34	8 01 38
20 W	19 20 27	18 06 52	24 10 60	22 57 35	21 25 20	14 13 41	18 54 04	25 11 49	9 08 25	19 02 37	28 07 03	16 22 36	29 49 11	8 04 26
21 Th	20 20 60	0 ♈ 17 18	6 ♈ 25 59	24 31 37	21 24 35	14 52 10	19 14 21	25 10 46	9 11 01	18 58 38	28 12 15	16 23 26	29 50 13	8 06 37
22 F	21 21 07	12 36 44	18 50 41	26 05 01	21 25 49	15 30 11	19 34 06	25 09 39	9 12 59	18 54 09	28 17 02	16 23 53	29 50 50	8 08 22
23 Sa	22 21 01	25 06 51	1 ♉ 26 51	27 37 59	21 29 13	16 07 58	19 53 32	25 08 39	9 14 31	18 49 20	28 21 37	16 24 08	29 51 13	8 09 53
24 Su	23 20 54	7 ♉ 49 24	14 16 14	29 10 45	21 34 56	16 45 43	20 12 52	25 08 00	9 15 48	18 44 25	28 26 11	16 24 23	29 51 36	8 11 21
25 M	24 20 56	20 46 11	27 20 40	0 ♎ 43 30	21 43 05	17 23 36	20 32 15	25 07 52	9 17 03	18 39 34	28 30 56	16 24 48	29 52 09	8 12 58
26 Tu	25 21 14	3 ♊ 58 54	10 ♊ 41 50	2 16 21	21 53 44	18 01 44	20 51 47	25 08 20	9 18 19	18 34 53	28 35 57	16 25 31	29 52 57	8 14 49
27 W	26 21 49	17 29 03	24 20 56	3 49 20	22 06 50	18 40 08	21 11 30	25 09 25	9 19 39	18 30 24	28 41 15	16 26 32	29 54 02	8 16 56
28 Th	27 22 37	1 ♋ 17 28	8 ♋ 18 28	5 22 24	22 22 16	19 18 43	21 31 20	25 11 04	9 20 59	18 26 03	28 46 46	16 27 47	29 55 21	8 19 14
29 F	28 23 31	15 24 02	22 33 40	6 55 26	22 39 51	19 57 23	21 51 10	25 13 10	9 22 12	18 21 43	28 52 25	16 29 10	29 56 46	8 21 38
30 Sa	29 24 25	29 47 17	7 ♌ 04 13	8 28 20	22 59 25	20 36 02	22 10 53	25 15 37	9 23 12	18 17 19	28 58 04	16 30 34	29 58 11	8 24 00

LONGITUDE — December 2002

Day	☉	0 hr ☽	Noon ☽	☿	♀	♂	⚵	⚳	♃	♄	⚷	♅	♆	♇
1 Su	0 ♎ 25 15	14 ♌ 24 02	21 ♌ 46 03	10 ♎ 01 03	23 ♌ 20 51	21 ♌ 14 36	22 ♌ 30 26	25 ♑ 18 19	9 ♊ 23 54	18 ♈ 12 46	29 ♎ 03 39	16 ♐ 31 55	29 ♏ 59 32	8 ♎ 26 17
2 M	1 25 60	29 09 25	6 ♍ 33 27	11 33 34	23 44 03	21 53 05	22 49 48	25 21 19	9 24 18	18 08 05	29 09 10	16 33 14	0 ♐ 00 49	8 28 29
3 Tu	2 26 45	13 ♍ 57 06	21 19 37	13 05 57	24 09 02	22 31 32	23 09 03	25 24 38	9 24 30	18 03 20	29 14 42	16 34 34	0 02 06	8 30 39
4 W	3 27 38	28 39 59	5 ♎ 57 22	14 38 20	24 35 52	23 10 06	23 28 19	25 28 25	9 24 35	17 58 38	29 20 22	16 36 03	0 03 31	8 32 56
5 Th	4 28 44	13 ♎ 11 07	20 20 08	16 10 48	25 04 35	23 48 53	23 47 43	25 32 46	9 24 41	17 54 07	29 26 16	16 37 47	0 05 10	8 35 25
6 F	5 30 09	27 24 31	4 ♏ 22 50	17 43 25	25 35 12	24 27 56	24 07 18	25 37 45	9 24 52	17 49 50	29 32 28	16 39 52	0 07 08	8 38 12
7 Sa	6 31 50	11 ♏ 15 58	18 02 16	19 16 07	26 07 39	25 07 17	24 27 03	25 43 22	9 25 08	17 45 48	29 38 58	16 42 15	0 09 24	8 41 14
8 Su	7 33 43	24 43 20	1 ♐ 17 24	20 48 49	26 41 46	25 46 47	24 46 53	25 49 30	9 25 22	17 41 55	29 45 41	16 44 51	0 11 52	8 44 28
9 M	8 35 36	7 ♐ 46 31	14 09 07	22 21 15	27 17 20	26 26 18	25 06 38	25 55 58	9 25 24	17 38 00	29 52 24	16 47 30	0 14 21	8 47 41
10 Tu	9 37 18	20 27 13	26 39 50	23 53 13	27 54 05	27 05 37	25 26 04	26 02 34	9 25 02	17 33 52	29 58 57	16 49 60	0 16 40	8 50 42
11 W	10 38 36	2 ♑ 48 32	8 ♑ 53 12	25 24 25	28 31 46	27 44 32	25 45 00	26 09 07	9 24 04	17 29 18	0 ♏ 05 07	16 52 08	0 18 36	8 53 20
12 Th	11 39 24	14 54 33	20 53 34	26 54 42	29 10 14	28 22 57	26 03 19	26 15 28	9 22 23	17 24 12	0 10 48	16 53 48	0 20 03	8 55 26
13 F	12 39 40	26 49 54	2 ♒ 45 39	28 23 56	29 49 23	29 00 49	26 20 59	26 21 36	9 19 59	17 18 33	0 15 57	16 54 58	0 20 58	8 56 59
14 Sa	13 39 30	8 ♒ 39 28	14 34 19	29 52 06	0 ♍ 29 17	29 38 14	26 38 07	26 27 36	9 16 55	17 12 26	0 20 40	16 55 44	0 21 28	8 58 06
15 Su	14 39 06	20 28 07	26 24 14	1 ♏ 19 19	1 10 06	0 ♍ 15 26	26 54 53	26 33 42	9 13 27	17 06 05	0 25 10	16 56 19	0 21 46	8 58 58
16 M	15 38 47	2 ♓ 20 24	8 ♓ 19 44	2 45 42	1 52 05	0 52 41	27 11 37	26 40 10	9 09 50	16 59 48	0 29 45	16 56 60	0 22 09	8 59 54
17 Tu	16 38 52	14 20 20	20 24 30	4 11 27	2 35 32	1 30 21	27 28 39	26 47 21	9 06 25	16 53 54	0 34 45	16 58 07	0 22 57	9 01 14
18 W	17 39 41	26 31 18	2 ♈ 41 29	5 36 39	3 20 43	2 08 44	27 46 16	26 55 32	9 03 32	16 48 42	0 40 29	16 59 59	0 24 29	9 03 16
19 Th	18 41 26	8 ♈ 55 42	15 12 43	7 01 19	4 07 50	2 48 04	28 04 43	27 04 58	9 01 24	16 44 27	0 47 09	17 02 50	0 26 58	9 06 14
20 F	19 44 13	21 35 02	27 59 16	8 25 14	4 56 55	3 28 25	28 24 04	27 15 44	9 00 07	16 41 15	0 54 52	17 06 46	0 30 31	9 10 14
21 Sa	20 47 58	4 ♉ 29 46	11 ♉ 01 12	9 48 01	5 47 52	4 09 43	28 44 15	27 27 43	8 59 34	16 38 59	1 03 32	17 11 39	0 35 01	9 15 09
22 Su	21 52 22	17 39 26	24 17 45	11 08 60	6 40 20	4 51 41	29 04 57	27 40 38	8 59 29	16 37 22	1 12 52	17 17 15	0 40 12	9 20 43
23 M	22 56 59	1 ♊ 02 51	7 ♊ 47 32	12 27 19	7 33 52	5 33 52	29 25 46	27 54 04	8 59 26	16 35 60	1 22 25	17 23 05	0 45 36	9 26 30
24 Tu	24 01 19	14 38 24	21 28 50	13 41 57	8 27 55	6 15 44	29 46 08	28 07 28	8 58 54	16 34 19	1 31 40	17 28 40	0 50 44	9 31 58
25 W	25 04 51	28 24 19	5 ♋ 19 50	14 51 51	9 21 56	6 56 50	0 ♍ 05 35	28 20 20	8 57 23	16 31 52	1 40 08	17 33 29	0 55 04	9 36 37
26 Th	26 07 16	12 ♋ 18 58	19 18 57	15 56 04	10 15 34	7 36 46	0 23 46	28 32 20	8 54 32	16 28 18	1 47 27	17 37 11	0 58 17	9 40 08
27 F	27 08 27	26 20 59	3 ♌ 24 47	16 53 46	11 08 41	8 15 29	0 40 34	28 43 22	8 50 17	16 23 31	1 53 33	17 39 41	1 00 17	9 42 23
28 Sa	28 08 36	10 ♌ 29 13	17 36 03	17 44 25	12 01 28	8 53 10	0 56 12	28 53 38	8 44 49	16 17 43	1 58 36	17 41 12	1 01 16	9 43 36
29 Su	29 08 13	24 42 31	1 ♍ 51 22	18 27 40	12 54 22	9 30 18	1 11 10	29 03 37	8 38 37	16 11 25	2 03 07	17 42 11	1 01 43	9 44 15
30 M	0 ♏ 07 58	8 ♍ 59 20	16 08 52	19 03 17	13 48 01	10 07 34	1 26 06	29 13 58	8 32 23	16 05 15	2 07 46	17 43 20	1 02 18	9 45 02
31 Tu	1 08 33	23 17 30	0 ♎ 25 57	19 31 04	14 43 07	10 45 40	1 41 44	29 25 25	8 26 49	15 59 58	2 13 14	17 45 21	1 03 44	9 46 37

Notes

January 2003 LONGITUDE

Day	☉	0 hr ☽	Noon ☽	☿	♀	♂	⚵	⚳	♃	♄	⚷	♅	♆	♇
1 W	2 ♏ 10 33	7 ♎ 33 54	14 ♎ 39 10	19 ♏ 50 42	15 ♍ 40 13	11 ♍ 25 11	1 ♍ 58 38	29 ♑ 38 32	8 ♊ 22 30	15 ♈ 56 08	2 ♏ 20 07	17 ♐ 48 50	1 ♐ 06 37	9 ♎ 49 37
2 Th	3 14 19	21 44 36	28 44 29	20 01 42	16 39 38	12 06 27	2 17 09	29 53 39	8 19 46	15 54 05	2 28 46	17 54 05	1 11 15	9 54 21
3 F	4 19 49	5 ♏ 45 12	12 ♏ 37 37	20 03 18	17 41 21	12 49 27	2 37 15	0 ♒ 10 46	8 18 38	15 53 50	2 39 08	18 01 07	1 17 39	10 00 49
4 Sa	5 26 44	19 31 24	26 14 44	19 54 40	18 44 58	13 33 52	2 58 36	0 29 30	8 18 44	15 55 02	2 50 55	18 09 34	1 25 28	10 08 40
5 Su	6 34 24	2 ♐ 59 38	9 ♐ 32 57	19 34 56	19 49 52	14 19 03	3 20 34	0 49 16	8 19 28	15 57 03	3 03 28	18 18 51	1 34 04	10 17 17
6 M	7 42 06	16 07 41	22 30 51	19 03 29	20 55 16	15 04 15	3 42 24	1 09 16	8 20 04	15 59 08	3 16 01	18 28 09	1 42 41	10 25 54
7 Tu	8 49 01	28 54 55	5 ♑ 08 37	18 20 07	22 00 21	15 48 41	4 03 18	1 28 44	8 19 46	16 00 31	3 27 48	18 36 44	1 50 34	10 33 44
8 W	9 54 33	11 ♑ 22 27	17 28 06	17 25 17	23 04 31	16 31 44	4 22 40	1 47 03	8 17 57	16 00 35	3 38 12	18 43 58	1 57 05	10 40 10
9 Th	10 58 21	23 33 04	29 32 37	16 20 14	24 07 23	17 13 03	4 40 08	2 03 51	8 14 16	15 58 58	3 46 51	18 49 30	2 01 52	10 44 52
10 F	12 00 22	5 ♒ 30 51	11 ♒ 26 39	15 06 57	25 08 53	17 52 36	4 55 40	2 19 06	8 08 41	15 55 38	3 53 44	18 53 17	2 04 54	10 47 46
11 Sa	13 00 55	17 20 56	23 15 33	13 48 05	26 09 20	18 30 41	5 09 35	2 33 07	8 01 31	15 50 56	3 59 08	18 55 38	2 06 29	10 49 13
12 Su	14 00 36	29 09 06	5 ♓ 05 10	12 26 46	27 09 19	19 07 54	5 22 27	2 46 28	7 53 22	15 45 25	4 03 40	18 57 10	2 07 13	10 49 46
13 M	15 00 11	11 ♓ 01 22	17 01 25	11 06 20	28 09 36	19 45 03	5 35 04	2 59 57	7 45 02	15 39 54	4 08 06	18 58 38	2 07 52	10 50 13
14 Tu	16 00 32	23 03 33	29 09 52	9 50 00	29 11 00	20 22 58	5 48 17	3 14 24	7 37 21	15 35 13	4 13 18	19 00 53	2 09 19	10 51 26
15 W	17 02 25	5 ♈ 20 49	11 ♈ 35 16	8 40 35	0 ♎ 14 18	21 02 24	6 02 50	3 30 34	7 31 06	15 32 08	4 20 00	19 04 42	2 12 18	10 54 09
16 Th	18 06 21	17 57 10	24 21 03	7 40 16	1 20 01	21 43 55	6 19 18	3 49 01	7 26 49	15 31 13	4 28 46	19 10 37	2 17 22	10 58 56
17 F	19 12 34	0 ♉ 55 03	7 ♉ 28 56	6 50 28	2 28 20	22 27 44	6 37 52	4 09 57	7 24 44	15 32 39	4 39 49	19 18 51	2 24 43	11 05 59
18 Sa	20 20 51	14 14 57	20 58 32	6 11 46	3 39 04	23 13 37	6 58 19	4 33 08	7 24 38	15 36 15	4 52 54	19 29 10	2 34 10	11 15 05
19 Su	21 30 35	27 55 17	4 ♊ 47 27	5 43 56	4 51 34	24 00 58	7 20 03	4 57 59	7 25 55	15 41 23	5 07 27	19 40 59	2 45 05	11 25 38
20 M	22 40 52	11 ♊ 52 30	18 51 27	5 26 07	6 04 55	24 48 52	7 42 07	5 23 33	7 27 40	15 47 09	5 22 31	19 53 22	2 56 33	11 36 43
21 Tu	23 50 36	26 01 41	3 ♋ 05 13	5 17 03	7 18 01	25 36 13	8 03 29	5 48 46	7 28 49	15 52 29	5 37 02	20 05 14	3 07 30	11 47 14
22 W	24 58 48	10 ♋ 17 23	17 23 16	5 15 22	8 29 53	26 22 04	8 23 07	6 12 39	7 28 22	15 56 22	5 50 00	20 15 37	3 16 55	11 56 13
23 Th	26 04 48	24 34 33	1 ♌ 40 51	5 19 56	9 39 50	27 05 43	8 40 21	6 34 29	7 25 39	15 58 09	6 00 45	20 23 48	3 24 09	12 02 59
24 F	27 08 25	8 ♌ 49 21	15 54 35	5 29 60	10 47 39	27 46 59	8 54 60	6 54 08	7 20 30	15 57 38	6 09 06	20 29 38	3 29 01	12 07 21
25 Sa	28 10 01	22 59 29	0 ♍ 02 44	5 45 21	11 53 43	28 26 14	9 07 26	7 11 55	7 13 17	15 55 12	6 15 25	20 33 28	3 31 52	12 09 40
26 Su	29 10 26	7 ♍ 04 13	14 04 60	6 06 15	12 58 51	29 04 19	9 18 29	7 28 43	7 04 51	15 51 41	6 20 32	20 36 09	3 33 33	12 10 48
27 M	0 ♐ 10 51	21 03 49	28 01 49	6 33 17	14 04 14	29 42 24	9 29 19	7 45 40	6 56 23	15 48 16	6 25 37	20 38 51	3 35 14	12 11 55
28 Tu	1 12 27	4 ♎ 58 54	11 ♎ 53 47	7 07 06	15 11 01	0 ♎ 21 40	9 41 07	8 03 59	6 49 04	15 46 08	6 31 52	20 42 46	3 38 07	12 14 12
29 W	2 16 13	18 49 43	25 40 56	7 48 13	16 20 13	1 03 08	9 54 54	8 24 39	6 43 55	15 46 18	6 40 17	20 48 53	3 43 12	12 18 39
30 Th	3 22 46	2 ♏ 35 38	9 ♏ 22 24	8 36 44	17 32 24	1 47 22	10 11 15	8 48 15	6 41 31	15 49 21	6 51 28	20 57 48	3 51 05	12 25 52
31 F	4 32 09	16 14 59	22 56 16	9 32 17	18 47 39	2 34 27	10 30 12	9 14 51	6 41 57	15 55 21	7 05 26	21 09 35	4 01 45	12 35 53

February 2003 LONGITUDE

Day	☉	0 hr ☽	Noon ☽	☿	♀	♂	⚵	⚳	♃	♄	⚷	♅	♆	♇
1 Sa	5 ♐ 43 53	29 ♏ 45 13	6 ♐ 19 58	10 ♏ 34 02	20 ♎ 05 26	3 ♎ 23 53	10 ♍ 51 17	9 ♒ 43 58	6 ♊ 44 45	16 ♈ 03 49	7 ♏ 21 46	21 ♐ 23 44	4 ♐ 14 51	12 ♎ 48 16
2 Su	6 57 04	13 ♐ 03 22	19 30 42	11 40 42	21 24 53	4 14 47	11 13 37	10 14 42	6 49 01	16 13 51	7 39 31	21 39 23	4 29 24	13 02 05
3 M	8 10 32	26 06 43	2 ♑ 26 12	12 50 51	22 44 49	5 05 59	11 36 00	10 45 53	6 53 35	16 24 17	7 57 33	21 55 20	4 44 15	13 16 11
4 Tu	9 23 07	8 ♑ 53 28	15 05 11	14 02 59	24 04 03	5 56 18	11 57 17	11 16 21	6 57 17	16 33 58	8 14 40	22 10 26	4 58 14	13 29 23
5 W	10 33 48	21 23 07	27 27 51	15 15 54	25 21 35	6 44 44	12 16 26	11 45 04	6 59 07	16 41 53	8 29 52	22 23 40	5 10 20	13 40 40
6 Th	11 41 57	3 ♒ 36 52	9 ♒ 35 59	16 28 42	26 36 44	7 30 38	12 32 49	12 11 24	6 58 28	16 47 23	8 42 31	22 34 23	5 19 54	13 49 25
7 F	12 47 21	15 37 34	21 32 57	17 41 02	27 49 21	8 13 49	12 46 15	12 35 10	6 55 08	16 50 17	8 52 25	22 42 25	5 26 47	13 55 27
8 Sa	13 50 20	27 29 32	3 ♓ 23 34	18 52 60	28 59 43	8 54 35	12 57 01	12 56 39	6 49 25	16 50 52	8 59 52	22 48 02	5 31 14	13 59 01
9 Su	14 51 35	9 ♓ 18 23	15 13 40	20 05 10	0 ♏ 08 31	9 33 39	13 05 49	13 16 34	6 42 03	16 49 53	9 05 35	22 51 58	5 33 59	14 00 53
10 M	15 52 08	21 10 28	27 09 48	21 18 26	1 16 47	10 12 01	13 13 41	13 35 55	6 34 02	16 48 19	9 10 35	22 55 14	5 36 03	14 02 01
11 Tu	16 53 08	3 ♈ 12 30	9 ♈ 18 39	22 33 50	2 25 39	10 50 51	13 21 45	13 55 52	6 26 33	16 47 20	9 15 60	22 58 57	5 38 35	14 03 36
12 W	17 55 38	15 30 59	21 46 27	23 52 19	3 36 12	11 31 13	13 31 06	14 17 29	6 20 39	16 48 01	9 22 55	23 04 14	5 42 40	14 06 42
13 Th	19 00 30	28 11 33	4 ♉ 38 19	25 14 39	4 49 15	12 13 57	13 42 33	14 41 36	6 17 12	16 51 10	9 32 10	23 11 54	5 49 06	14 12 09
14 F	20 08 05	11 ♉ 18 13	17 57 29	26 41 09	6 05 12	12 59 26	13 56 30	15 08 35	6 16 34	16 57 12	9 44 08	23 22 19	5 58 18	14 20 20
15 Sa	21 18 17	24 52 44	1 ♊ 44 37	28 11 35	7 23 53	13 47 32	14 12 47	15 38 19	6 18 38	17 05 58	9 58 41	23 35 22	6 10 06	14 31 07
16 Su	22 30 23	8 ♊ 54 00	15 57 21	29 45 13	8 44 38	14 37 34	14 30 44	16 10 05	6 22 43	17 16 47	10 15 07	23 50 22	6 23 51	14 43 48
17 M	23 43 17	23 17 55	0 ♋ 30 16	1 ♐ 20 53	10 06 19	15 28 24	14 49 13	16 42 47	6 27 42	17 28 32	10 32 19	24 06 10	6 38 23	14 57 15
18 Tu	24 55 37	7 ♋ 57 42	15 15 40	2 57 12	11 27 36	16 18 42	15 06 53	17 15 03	6 32 14	17 39 52	10 48 56	24 21 26	6 52 24	15 10 10
19 W	26 06 09	22 45 03	0 ♌ 04 50	4 32 53	12 47 12	17 07 12	15 22 29	17 45 39	6 35 05	17 49 31	11 03 44	24 34 56	7 04 37	15 21 16
20 Th	27 14 01	7 ♌ 31 32	14 49 36	6 07 01	14 04 16	17 53 03	15 35 08	18 13 43	6 35 23	17 56 39	11 15 50	24 45 47	7 14 11	15 29 41
21 F	28 18 56	22 10 09	29 23 42	7 39 19	15 18 32	18 35 59	15 44 35	18 38 57	6 32 51	18 00 58	11 24 57	24 53 43	7 20 49	15 35 09
22 Sa	29 21 19	6 ♍ 36 14	13 ♍ 43 34	9 10 10	16 30 22	19 16 22	15 51 12	19 01 46	6 27 55	18 02 52	11 31 30	24 59 07	7 24 55	15 38 03
23 Su	0 ♑ 22 06	20 47 49	27 48 10	10 40 30	17 40 44	19 55 11	15 55 57	19 23 07	6 21 31	18 03 19	11 36 26	25 02 57	7 27 26	15 39 22
24 M	1 22 38	4 ♎ 45 07	11 ♎ 38 30	12 11 37	18 50 57	20 33 44	16 00 09	19 44 19	6 14 59	18 03 39	11 41 04	25 06 32	7 29 42	15 40 25
25 Tu	2 24 14	18 29 46	25 16 34	13 44 53	20 02 23	21 13 23	16 05 09	20 06 44	6 09 41	18 05 11	11 46 45	25 11 13	7 33 03	15 42 32
26 W	3 28 04	2 ♏ 03 46	8 ♏ 44 31	15 21 26	21 16 09	21 55 15	16 12 05	20 31 29	6 06 45	18 09 06	11 54 37	25 18 09	7 38 39	15 46 52
27 Th	4 34 49	15 28 49	22 03 54	17 01 55	22 32 55	22 40 03	16 21 38	20 59 16	6 06 53	18 16 03	12 05 22	25 28 01	7 47 10	15 54 05
28 F	5 44 34	28 45 42	5 ♐ 15 17	18 46 29	23 52 49	23 27 52	16 33 54	21 30 10	6 10 11	18 26 09	12 19 06	25 40 54	7 58 42	16 04 20

Notes

LONGITUDE — March 2003

Day	☉	0 hr ☽	Noon ☽	☿	♀	♂	⚵	⚳	♃	♄	⚷	♅	♆	♇
1 Sa	6 ♑ 56 52	11 ♐ 54 09	18 ♐ 18 13	20 ♐ 34 39	25 ♏ 15 22	24 ♎ 18 14	16 ♍ 48 25	22 ♒ 03 45	6 ♊ 16 12	18 ♈ 38 57	12 ♏ 35 21	25 ♐ 56 22	8 ♐ 12 48	16 ♎ 17 06
2 Su	8 10 47	24 53 07	1 ♑ 11 29	22 25 29	26 39 38	25 10 14	17 04 15	22 39 03	6 23 59	18 53 30	12 53 11	26 13 27	8 28 32	16 31 30
3 M	9 25 08	7 ♑ 41 04	13 53 38	24 17 48	28 04 25	26 02 39	17 20 13	23 14 53	6 32 23	19 08 36	13 11 24	26 30 59	8 44 42	16 46 18
4 Tu	10 38 38	20 16 38	26 23 30	26 10 22	29 28 28	26 54 15	17 35 02	23 49 60	6 40 07	19 23 01	13 28 45	26 47 42	9 00 02	17 00 16
5 W	11 50 13	2 ♒ 39 06	8 ♒ 40 45	28 02 07	0 ♐ 50 42	27 43 56	17 47 39	24 23 19	6 46 07	19 35 40	13 44 09	27 02 31	9 13 28	17 12 19
6 Th	12 59 08	14 48 54	20 46 14	29 52 18	2 10 23	28 30 58	17 57 18	24 54 05	6 49 38	19 45 47	13 56 52	27 14 42	9 24 16	17 21 42
7 F	14 05 07	26 47 48	2 ♓ 42 13	1 ♑ 40 40	3 27 12	29 15 04	18 03 43	25 22 01	6 50 25	19 53 07	14 06 37	27 23 58	9 32 08	17 28 09
8 Sa	15 08 21	8 ♓ 39 01	14 32 22	3 27 24	4 41 22	29 56 25	18 07 03	25 47 18	6 48 38	19 57 50	14 13 34	27 30 29	9 37 16	17 31 50
9 Su	16 09 26	20 27 06	26 21 40	5 13 08	5 53 28	0 ♏ 35 38	18 07 57	26 10 33	6 44 54	20 00 33	14 18 20	27 34 54	9 40 16	17 33 23
10 M	17 09 18	2 ♈ 17 41	8 ♈ 16 02	6 58 50	7 04 28	1 13 40	18 07 21	26 32 42	6 40 10	20 02 13	14 21 53	27 38 07	9 42 05	17 33 43
11 Tu	18 09 05	14 17 08	20 22 01	8 45 36	8 15 28	1 51 37	18 06 21	26 54 52	6 35 33	20 03 56	14 25 18	27 41 16	9 43 49	17 33 59
12 W	19 09 52	26 32 03	2 ♉ 46 10	10 34 33	9 27 32	2 30 34	18 06 03	27 18 09	6 32 08	20 06 47	14 29 41	27 45 26	9 46 34	17 35 14
13 Th	20 12 31	9 ♉ 08 40	15 34 30	12 26 34	10 41 35	3 11 24	18 07 18	27 43 24	6 30 47	20 11 39	14 35 55	27 51 30	9 51 13	17 38 21
14 F	21 17 32	22 12 07	28 51 32	14 22 09	11 58 04	3 54 36	18 10 37	28 11 06	6 32 02	20 19 01	14 44 28	27 59 56	9 58 14	17 43 51
15 Sa	22 24 55	5 ♊ 45 42	12 ♊ 39 32	16 21 17	13 17 01	4 40 11	18 15 60	28 41 17	6 35 51	20 28 54	14 55 21	28 10 45	10 07 37	17 51 42
16 Su	23 34 07	19 49 56	26 57 41	18 23 26	14 37 52	5 27 36	18 22 53	29 13 23	6 41 42	20 40 44	15 08 01	28 23 25	10 18 51	18 01 23
17 M	24 44 10	4 ♋ 22 03	11 ♋ 41 36	20 27 38	15 59 39	6 15 53	18 30 20	29 46 26	6 48 37	20 53 35	15 21 31	28 36 58	10 30 58	18 11 56
18 Tu	25 53 53	19 15 51	26 43 38	22 32 40	17 21 11	7 03 49	18 37 08	0 ♓ 19 15	6 55 25	21 06 13	15 34 38	28 50 10	10 42 45	18 22 08
19 W	27 02 06	4 ♌ 22 25	11 ♌ 53 50	24 37 20	18 41 18	7 50 17	18 42 07	0 50 38	7 00 56	21 17 29	15 46 13	29 01 54	10 53 02	18 30 50
20 Th	28 07 59	19 31 31	27 01 46	26 40 46	19 59 09	8 34 24	18 44 27	1 19 47	7 04 19	21 26 33	15 55 25	29 11 17	11 00 59	18 37 12
21 F	29 11 12	4 ♍ 33 26	11 ♍ 58 19	28 42 35	21 14 26	9 15 52	18 43 50	1 46 23	7 05 16	21 33 06	16 01 55	29 18 03	11 06 18	18 40 54
22 Sa	0 ♒ 12 03	19 20 34	26 37 02	0 ♒ 43 01	22 27 25	9 54 58	18 40 31	2 10 41	7 04 04	21 37 23	16 06 00	29 22 26	11 09 15	18 42 14
23 Su	1 11 18	3 ♎ 48 19	10 ♎ 54 41	2 42 44	23 38 52	10 32 28	18 35 18	2 33 28	7 01 29	21 40 14	16 08 27	29 25 14	11 10 36	18 41 58
24 M	2 10 04	17 55 01	24 50 49	4 42 45	24 49 54	11 09 28	18 29 17	2 55 51	6 58 37	21 42 42	16 10 21	29 27 33	11 11 28	18 41 11
25 Tu	3 09 29	1 ♏ 41 24	8 ♏ 27 03	6 44 03	26 01 40	11 47 06	18 23 36	3 18 58	6 56 37	21 45 56	16 12 52	29 30 31	11 12 60	18 41 04
26 W	4 10 30	15 09 32	21 45 57	8 47 26	27 15 06	12 26 21	18 19 14	3 43 46	6 56 26	21 50 55	16 16 56	29 35 06	11 16 08	18 42 33
27 Th	5 13 43	28 21 59	4 ♐ 50 18	10 53 19	28 30 47	13 07 47	18 16 45	4 10 51	6 58 41	21 58 13	16 23 09	29 41 52	11 21 28	18 46 13
28 F	6 19 15	11 ♐ 21 08	17 42 27	13 01 35	29 48 52	13 51 31	18 16 17	4 40 20	7 03 28	22 07 58	16 31 39	29 50 59	11 29 08	18 52 12
29 Sa	7 26 46	24 08 46	0 ♑ 24 00	15 11 39	1 ♑ 08 60	14 37 14	18 17 30	5 11 53	7 10 27	22 19 49	16 42 05	0 ♑ 02 04	11 38 47	19 00 11
30 Su	8 35 35	6 ♑ 45 59	12 55 55	17 22 32	2 30 29	15 24 13	18 19 43	5 44 48	7 18 58	22 33 06	16 53 45	0 14 28	11 49 43	19 09 26
31 M	9 44 46	19 13 19	25 18 35	19 33 01	3 52 24	16 11 34	18 22 02	6 18 10	7 28 04	22 46 52	17 05 45	0 27 14	12 01 03	19 19 04

LONGITUDE — April 2003

Day	☉	0 hr ☽	Noon ☽	☿	♀	♂	⚵	⚳	♃	♄	⚷	♅	♆	♇
1 Tu	10 ♒ 53 22	1 ♒ 31 04	7 ♒ 32 14	21 ♒ 41 47	5 ♑ 13 48	16 ♏ 58 20	18 ♍ 23 28	6 ♓ 51 02	7 ♊ 36 49	23 ♈ 00 11	17 ♏ 17 07	0 ♑ 39 25	12 ♐ 11 48	19 ♎ 28 08
2 W	12 00 33	13 39 34	19 37 18	23 47 40	6 33 51	17 43 39	18 23 14	7 22 35	7 44 22	23 12 13	17 27 02	0 50 12	12 21 08	19 35 46
3 Th	13 05 45	25 39 37	1 ♓ 34 45	25 49 42	7 51 57	18 26 58	18 20 43	7 52 11	7 50 09	23 22 22	17 34 54	0 58 60	12 28 29	19 41 25
4 F	14 08 40	7 ♓ 32 43	13 26 18	27 47 13	9 07 52	19 07 60	18 15 40	8 19 37	7 53 54	23 30 23	17 40 28	1 05 31	12 33 35	19 44 48
5 Sa	15 09 25	19 21 14	25 14 41	29 39 55	10 21 38	19 46 49	18 08 11	8 44 56	7 55 42	23 36 20	17 43 48	1 09 53	12 36 30	19 46 00
6 Su	16 08 23	1 ♈ 08 34	7 ♈ 03 36	1 ♓ 27 49	11 33 42	20 23 51	17 58 41	9 08 33	7 55 56	23 40 38	17 45 18	1 12 27	12 37 39	19 45 26
7 M	17 06 12	12 58 58	18 57 39	3 11 13	12 44 41	20 59 44	17 47 47	9 31 06	7 55 16	23 43 55	17 45 37	1 13 54	12 37 40	19 43 44
8 Tu	18 03 40	24 57 27	1 ♉ 02 05	4 50 32	13 55 21	21 35 13	17 36 17	9 53 22	7 54 27	23 46 57	17 45 33	1 14 59	12 37 20	19 41 41
9 W	19 01 33	7 ♉ 09 32	13 22 34	6 26 14	15 06 31	22 11 08	17 25 00	10 16 08	7 54 18	23 50 33	17 45 51	1 16 31	12 37 26	19 40 03
10 Th	20 00 32	19 40 44	26 04 33	7 58 41	16 18 49	22 48 06	17 14 35	10 40 04	7 55 28	23 55 21	17 47 11	1 19 07	12 38 38	19 39 32
11 F	21 00 60	2 ♊ 36 08	9 ♊ 12 48	9 28 02	17 32 41	23 26 32	17 05 26	11 05 33	7 58 20	24 01 45	17 49 59	1 23 14	12 41 19	19 40 30
12 Sa	22 03 02	15 59 38	22 50 31	10 54 06	18 48 10	24 06 31	16 57 40	11 32 41	8 03 01	24 09 51	17 54 18	1 28 55	12 45 36	19 43 03
13 Su	23 06 22	29 53 12	6 ♋ 58 34	12 16 24	20 04 59	24 47 47	16 50 59	12 01 10	8 09 12	24 19 21	17 59 52	1 35 53	12 51 10	19 46 54
14 M	24 10 23	14 ♋ 16 07	21 34 49	13 34 10	21 22 34	25 29 43	16 44 49	12 30 26	8 16 18	24 29 40	18 06 05	1 43 34	12 57 27	19 51 28
15 Tu	25 14 22	29 04 29	6 ♌ 33 46	14 46 30	22 40 10	26 11 34	16 38 26	12 59 42	8 23 34	24 40 03	18 12 13	1 51 12	13 03 41	19 55 59
16 W	26 17 33	14 ♌ 11 17	21 46 57	15 52 29	23 57 01	26 52 36	16 31 04	13 28 15	8 30 16	24 49 45	18 17 29	1 58 01	13 09 08	19 59 42
17 Th	27 19 21	29 27 05	7 ♍ 04 08	16 51 26	25 12 32	27 32 14	16 22 10	13 55 28	8 35 47	24 58 10	18 21 20	2 03 28	13 13 12	20 02 03
18 F	28 19 31	14 ♍ 41 29	22 14 54	17 42 60	26 26 29	28 10 11	16 11 29	14 21 07	8 39 53	25 05 04	18 23 30	2 07 17	13 15 38	20 02 47
19 Sa	29 18 11	29 44 53	7 ♎ 10 25	18 27 12	27 38 57	28 46 35	15 59 08	14 45 19	8 42 41	25 10 33	18 24 06	2 09 34	13 16 33	20 01 59
20 Su	0 ♓ 15 44	14 ♎ 29 47	21 44 28	19 04 24	28 50 23	29 21 51	15 45 33	15 08 28	8 44 34	25 15 01	18 23 33	2 10 45	13 16 22	20 00 06
21 M	1 12 48	28 51 34	5 ♏ 53 52	19 35 12	0 ♒ 01 22	29 56 34	15 31 21	15 31 11	8 46 11	25 19 07	18 22 27	2 11 26	13 15 42	19 57 43
22 Tu	2 10 03	12 ♏ 48 30	19 38 07	20 00 12	1 12 35	0 ♐ 31 26	15 17 13	15 54 08	8 48 11	25 23 29	18 21 29	2 12 17	13 15 12	19 55 32
23 W	3 08 01	26 21 04	2 ♐ 58 41	20 19 60	2 24 34	1 06 57	15 03 41	16 17 52	8 51 06	25 28 41	18 21 10	2 13 50	13 15 25	19 54 04
24 Th	4 07 03	9 ♐ 31 19	15 58 14	20 34 57	3 37 39	1 43 30	14 51 08	16 42 43	8 55 17	25 35 02	18 21 53	2 16 27	13 16 42	19 53 39
25 F	5 07 15	22 22 06	28 39 52	20 45 14	4 51 57	2 21 07	14 39 39	17 08 46	9 00 49	25 42 37	18 23 41	2 20 12	13 19 08	19 54 25
26 Sa	6 08 26	4 ♑ 56 28	11 ♑ 06 45	20 50 49	6 07 17	2 59 41	14 29 06	17 35 52	9 07 33	25 51 19	18 26 26	2 24 57	13 22 33	19 56 10
27 Su	7 10 17	17 17 21	23 21 45	20 51 31	7 23 18	3 38 51	14 19 08	18 03 40	9 15 07	26 00 45	18 29 46	2 30 20	13 26 38	19 58 35
28 M	8 12 21	29 27 26	5 ♒ 27 23	20 47 06	8 39 35	4 18 08	14 09 20	18 31 44	9 23 06	26 10 29	18 33 17	2 35 54	13 30 54	20 01 13
29 Tu	9 14 09	11 ♒ 29 03	17 25 49	20 37 24	9 55 40	4 57 07	13 59 16	18 59 36	9 31 02	26 20 04	18 36 29	2 41 13	13 34 56	20 03 36
30 W	10 15 20	23 24 18	29 19 02	20 22 21	11 11 09	5 35 23	13 48 32	19 26 52	9 38 31	26 29 06	18 38 59	2 45 53	13 38 20	20 05 21

Notes

May 2003

LONGITUDE

Day	☉	0 hr ☽	Noon ☽	☿	♀	♂	⚵	⚳	♃	♄	⚷	♅	♆	♇
1 Th	11 ♓ 15 37	5 ♓ 15 10	11 ♓ 08 56	20 ♓ 02 04	12 ♒ 25 46	6 ♐ 12 40	13 ♍ 36 54	19 ♓ 53 18	9 ♊ 45 18	26 ♈ 37 19	18 ♏ 40 33	2 ♑ 49 39	13 ♐ 40 49	20 ♎ 06 13
2 F	12 14 53	17 03 39	22 57 33	19 36 55	13 39 25	6 48 53	13 24 16	20 18 46	9 51 15	26 44 37	18 41 03	2 52 23	13 42 17	20 06 04
3 Sa	13 13 11	28 51 60	4 ♈ 47 08	19 07 28	14 52 09	7 24 02	13 10 42	20 43 19	9 56 27	26 51 03	18 40 32	2 54 08	13 42 48	20 04 59
4 Su	14 10 43	10 ♈ 42 42	16 40 22	18 34 26	16 04 09	7 58 20	12 56 23	21 07 08	10 01 02	26 56 48	18 39 12	2 55 07	13 42 32	20 03 07
5 M	15 07 45	22 38 41	28 40 18	17 58 43	17 15 41	8 32 03	12 41 36	21 30 30	10 05 19	27 02 07	18 37 19	2 55 34	13 41 46	20 00 47
6 Tu	16 04 36	4 ♉ 43 13	10 ♉ 50 27	17 21 16	18 27 05	9 05 29	12 26 43	21 53 44	10 09 36	27 07 21	18 35 11	2 55 49	13 40 49	19 58 15
7 W	17 01 33	16 59 60	23 14 36	16 43 03	19 38 37	9 38 56	12 12 00	22 17 07	10 14 11	27 12 46	18 33 08	2 56 11	13 39 58	19 55 51
8 Th	17 58 52	29 32 48	5 ♊ 56 37	16 04 57	20 50 33	10 12 39	11 57 44	22 40 53	10 19 17	27 18 37	18 31 23	2 56 52	13 39 28	19 53 49
9 F	18 56 38	12 ♊ 25 24	19 00 07	15 27 47	22 02 59	10 46 44	11 44 02	23 05 10	10 25 03	27 25 01	18 30 03	2 58 01	13 39 26	19 52 15
10 Sa	19 54 54	25 41 03	2 ♋ 28 00	14 52 10	23 15 56	11 21 12	11 30 56	23 29 58	10 31 27	27 31 59	18 29 09	2 59 37	13 39 53	19 51 11
11 Su	20 53 31	9 ♋ 22 01	16 21 52	14 18 35	24 29 18	11 55 56	11 18 18	23 55 11	10 38 25	27 39 23	18 28 34	3 01 35	13 40 41	19 50 30
12 M	21 52 18	23 28 58	0 ♌ 41 23	13 47 25	25 42 52	12 30 44	11 05 60	24 20 36	10 45 43	27 47 03	18 28 07	3 03 42	13 41 41	19 50 00
13 Tu	22 51 04	8 ♌ 00 24	15 23 47	13 18 58	26 56 27	13 05 24	10 53 48	24 46 02	10 53 09	27 54 45	18 27 35	3 05 46	13 42 37	19 49 30
14 W	23 49 37	22 52 17	0 ♍ 23 40	12 53 29	28 09 51	13 39 45	10 41 33	25 11 17	11 00 33	28 02 19	18 26 48	3 07 37	13 43 22	19 48 47
15 Th	24 47 52	7 ♍ 57 60	15 33 21	12 31 16	29 22 60	14 13 40	10 29 10	25 36 17	11 07 48	28 09 39	18 25 40	3 09 09	13 43 47	19 47 47
16 F	25 45 49	23 09 03	0 ♎ 43 41	12 12 37	0 ♓ 35 52	14 47 10	10 16 38	26 00 59	11 14 55	28 16 44	18 24 11	3 10 20	13 43 54	19 46 29
17 Sa	26 43 31	8 ♎ 16 06	15 45 25	11 57 51	1 48 32	15 20 18	10 04 03	26 25 30	11 21 56	28 23 40	18 22 25	3 11 16	13 43 46	19 44 57
18 Su	27 41 06	23 10 19	0 ♏ 30 24	11 47 17	3 01 07	15 53 11	9 51 33	26 49 55	11 29 01	28 30 32	18 20 28	3 12 04	13 43 30	19 43 19
19 M	28 38 42	7 ♏ 44 35	14 52 43	11 41 10	4 13 44	16 25 55	9 39 14	27 14 22	11 36 14	28 37 28	18 18 29	3 12 50	13 43 14	19 41 41
20 Tu	29 36 21	21 54 12	28 49 02	11 39 39	5 26 28	16 58 35	9 27 12	27 38 54	11 43 40	28 44 31	18 16 31	3 13 38	13 43 01	19 40 08
21 W	0 ♈ 34 05	5 ♐ 37 07	12 ♐ 18 32	11 42 47	6 39 17	17 31 10	9 15 27	28 03 32	11 51 19	28 51 42	18 14 34	3 14 29	13 42 52	19 38 40
22 Th	1 31 50	18 53 35	25 22 30	11 50 31	7 52 10	18 03 36	9 03 57	28 28 13	11 59 08	28 58 57	18 12 35	3 15 20	13 42 43	19 37 13
23 F	2 29 31	1 ♑ 45 42	8 ♑ 03 40	12 02 43	9 05 00	18 35 49	8 52 36	28 52 51	12 07 02	29 06 12	18 10 30	3 16 05	13 42 29	19 35 43
24 Sa	3 27 04	14 16 45	20 25 44	12 19 16	10 17 44	19 07 41	8 41 21	29 17 21	12 14 55	29 13 21	18 08 12	3 16 38	13 42 06	19 34 04
25 Su	4 24 23	26 30 42	2 ♒ 32 49	12 40 01	11 30 16	19 39 11	8 30 08	29 41 40	12 22 43	29 20 20	18 05 39	3 16 58	13 41 29	19 32 13
26 M	5 21 30	8 ♒ 31 47	14 29 08	13 04 54	12 42 38	20 10 16	8 18 58	0 ♈ 05 47	12 30 28	29 27 10	18 02 50	3 17 03	13 40 38	19 30 09
27 Tu	6 18 29	20 24 12	26 18 44	13 33 52	13 54 52	20 41 02	8 07 56	0 29 47	12 38 11	29 33 54	17 59 50	3 16 57	13 39 38	19 27 58
28 W	7 15 27	2 ♓ 11 54	8 ♓ 05 23	14 06 56	15 07 08	21 11 34	7 57 09	0 53 47	12 46 02	29 40 40	17 56 47	3 16 49	13 38 36	19 25 46
29 Th	8 12 33	13 58 26	19 52 24	14 44 11	16 19 34	21 42 03	7 46 47	1 17 57	12 54 10	29 47 37	17 53 49	3 16 47	13 37 43	19 23 44
30 F	9 09 58	25 46 58	1 ♈ 42 44	15 25 40	17 32 20	22 12 38	7 37 01	1 42 26	13 02 44	29 54 56	17 51 07	3 17 03	13 37 07	19 22 01
31 Sa	10 07 50	7 ♈ 40 10	13 38 54	16 11 23	18 45 35	22 43 26	7 27 60	2 07 24	13 11 53	0 ♉ 02 45	17 48 51	3 17 43	13 36 57	19 20 46

June 2003

LONGITUDE

Day	☉	0 hr ☽	Noon ☽	☿	♀	♂	⚵	⚳	♃	♄	⚷	♅	♆	♇
1 Su	11 ♈ 06 14	19 ♈ 40 20	25 ♈ 43 02	17 ♓ 01 21	19 ♓ 59 23	23 ♐ 14 33	7 ♍ 19 48	2 ♈ 32 53	13 ♊ 21 41	0 ♉ 11 07	17 ♏ 47 02	3 ♑ 18 53	13 ♐ 37 18	19 ♎ 20 02
2 M	12 05 07	1 ♉ 49 25	7 ♉ 56 59	17 55 24	21 13 42	23 45 55	7 12 24	2 58 53	13 32 06	0 20 01	17 45 42	3 20 30	13 38 08	19 19 49
3 Tu	13 04 21	14 09 06	20 22 29	18 53 19	22 28 24	24 17 24	7 05 40	3 25 15	13 42 60	0 29 20	17 44 40	3 22 28	13 39 18	19 19 59
4 W	14 03 44	26 40 59	3 ♊ 01 05	19 54 49	23 43 16	24 48 47	6 59 23	3 51 46	13 54 09	0 38 49	17 43 45	3 24 31	13 40 36	19 20 17
5 Th	15 02 56	9 ♊ 26 38	15 54 23	20 59 29	24 57 59	25 19 46	6 53 16	4 18 07	14 05 16	0 48 11	17 42 37	3 26 23	13 41 44	19 20 27
6 F	16 01 42	22 27 37	29 03 54	22 06 59	26 12 18	25 50 02	6 47 00	4 44 03	14 16 03	0 57 07	17 41 01	3 27 46	13 42 23	19 20 10
7 Sa	16 59 46	5 ♋ 45 26	12 ♋ 31 04	23 17 00	27 25 56	26 19 21	6 40 24	5 09 17	14 26 15	1 05 25	17 38 41	3 28 26	13 42 21	19 19 13
8 Su	17 57 03	19 21 28	26 16 56	24 29 24	28 38 49	26 47 37	6 33 20	5 33 45	14 35 48	1 12 58	17 35 33	3 28 17	13 41 31	19 17 30
9 M	18 53 38	3 ♌ 16 32	10 ♌ 21 49	25 44 12	29 51 02	27 14 55	6 25 54	5 57 32	14 44 45	1 19 51	17 31 41	3 27 24	13 39 59	19 15 06
10 Tu	19 49 47	17 30 35	24 44 57	27 01 39	1 ♈ 02 51	27 41 31	6 18 22	6 20 53	14 53 24	1 26 20	17 27 21	3 26 04	13 37 60	19 12 18
11 W	20 45 55	2 ♍ 02 05	9 ♍ 23 52	28 22 05	2 14 40	28 07 48	6 11 09	6 44 13	15 02 07	1 32 50	17 22 59	3 24 40	13 35 59	19 09 29
12 Th	21 42 30	16 47 43	24 14 19	29 45 59	3 26 58	28 34 14	6 04 44	7 08 01	15 11 24	1 39 48	17 19 01	3 23 41	13 34 25	19 07 08
13 F	22 39 56	1 ♎ 42 12	9 ♎ 10 09	1 ♈ 13 42	4 40 08	29 01 14	5 59 30	7 32 40	15 21 39	1 47 40	17 15 54	3 23 33	13 33 41	19 05 40
14 Sa	23 38 29	16 38 34	24 03 56	2 45 28	5 54 27	29 29 02	5 55 43	7 58 25	15 33 06	1 56 39	17 13 52	3 24 28	13 34 03	19 05 19
15 Su	24 38 09	1 ♏ 28 54	8 ♏ 47 48	4 21 18	7 09 55	29 57 37	5 53 23	8 25 19	15 45 46	2 06 47	17 12 56	3 26 29	13 35 32	19 06 06
16 M	25 38 43	16 05 28	23 14 37	6 00 54	8 26 18	0 ♑ 26 46	5 52 16	8 53 05	15 59 26	2 17 50	17 12 51	3 29 21	13 37 53	19 07 48
17 Tu	26 39 43	0 ♐ 21 42	7 ♐ 18 52	7 43 50	9 43 09	0 56 01	5 51 56	9 21 17	16 13 37	2 29 21	17 13 12	3 32 37	13 40 39	19 09 57
18 W	27 40 38	14 13 12	20 57 20	9 29 31	10 59 55	1 24 48	5 51 51	9 49 24	16 27 49	2 40 47	17 13 25	3 35 45	13 43 19	19 12 01
19 Th	28 40 56	27 37 58	4 ♑ 09 13	11 17 23	12 16 05	1 52 36	5 51 27	10 16 53	16 41 27	2 51 35	17 12 59	3 38 13	13 45 20	19 13 28
20 F	29 40 11	10 ♑ 36 25	16 55 57	13 06 59	13 31 15	2 18 58	5 50 21	10 43 18	16 54 09	3 01 23	17 11 29	3 39 37	13 46 18	19 13 53
21 Sa	0 ♉ 38 12	23 11 01	29 20 39	14 58 03	14 45 11	2 43 42	5 48 21	11 08 29	17 05 42	3 09 56	17 08 44	3 39 44	13 46 00	19 13 05
22 Su	1 35 02	5 ♒ 25 45	11 ♒ 27 45	16 50 34	15 57 58	3 06 50	5 45 29	11 32 28	17 16 08	3 17 19	17 04 46	3 38 37	13 44 30	19 11 07
23 M	2 30 58	17 25 33	23 22 22	18 44 44	17 09 52	3 28 40	5 42 04	11 55 32	17 25 46	3 23 49	16 59 53	3 36 34	13 42 06	19 08 15
24 Tu	3 26 30	29 15 48	5 ♓ 09 53	20 40 55	18 21 24	3 49 39	5 38 34	12 18 12	17 35 03	3 29 55	16 54 34	3 34 04	13 39 15	19 05 00
25 W	4 22 13	11 ♓ 01 57	16 55 37	22 39 35	19 33 07	4 10 22	5 35 34	12 41 01	17 44 36	3 36 11	16 49 25	3 31 42	13 36 35	19 01 57
26 Th	5 18 44	22 49 08	28 44 28	24 41 09	20 45 39	4 31 25	5 33 41	13 04 37	17 55 02	3 43 16	16 45 03	3 30 06	13 34 40	18 59 41
27 F	6 16 34	4 ♈ 41 53	10 ♈ 40 38	26 45 59	21 59 31	4 53 19	5 33 27	13 29 30	18 06 50	3 51 39	16 41 59	3 29 46	13 34 04	18 58 46
28 Sa	7 16 02	16 43 53	22 47 27	28 54 11	23 15 04	5 16 23	5 35 11	13 56 01	18 20 22	4 01 42	16 40 33	3 31 02	13 35 05	18 59 30
29 Su	8 17 16	28 57 49	5 ♉ 07 12	1 ♉ 05 35	24 32 21	5 40 41	5 38 59	14 24 16	18 35 43	4 13 29	16 40 50	3 34 01	13 37 50	19 01 60
30 M	9 20 01	11 ♉ 25 18	17 41 10	3 19 45	25 51 13	6 06 02	5 44 39	14 54 02	18 52 40	4 26 48	16 42 40	3 38 29	13 42 07	19 06 03

Notes

LONGITUDE — July 2003

Day	☉	0 hr ☽	Noon ☽	☿	♀	♂	⚴	⚳	♃	♄	⚷	♅	♆	♇
1 Tu	10 ♉ 23 51	24 ♉ 06 58	0 ♊ 29 35	5 ♉ 35 55	27 ♈ 11 10	6 ♑ 31 56	5 ♍ 51 42	15 ♈ 24 50	19 ♊ 10 45	4 ♉ 41 11	16 ♏ 45 32	3 ♑ 43 59	13 ♐ 47 26	19 ♌ 11 10
2 W	11 28 03	7 ♊ 02 33	13 31 57	7 53 06	28 31 30	6 57 40	5 59 26	15 55 60	19 29 16	4 55 56	16 48 47	3 49 49	13 53 06	19 16 41
3 Th	12 31 49	20 11 16	26 47 20	10 10 13	29 51 25	7 22 27	6 07 04	16 26 42	19 47 26	5 10 16	16 51 36	3 55 12	13 58 20	19 21 48
4 F	13 34 26	3 ♋ 32 04	10 ♋ 14 39	12 26 15	1 ♉ 10 12	7 45 31	6 13 50	16 56 13	20 04 30	5 23 25	16 53 15	3 59 22	14 02 24	19 25 46
5 Sa	14 35 20	17 04 06	23 53 01	14 40 23	2 27 19	8 06 20	6 19 14	17 24 01	20 19 55	5 34 52	16 53 12	4 01 48	14 04 45	19 28 03
6 Su	15 34 22	0 ♌ 46 53	7 ♌ 41 60	16 52 10	3 42 33	8 24 42	6 23 02	17 49 54	20 33 31	5 44 25	16 51 17	4 02 19	14 05 11	19 28 28
7 M	16 31 44	14 40 19	21 41 27	19 01 36	4 56 09	8 40 49	6 25 30	18 14 06	20 45 32	5 52 19	16 47 42	4 01 08	14 03 58	19 27 15
8 Tu	17 28 03	28 44 35	5 ♍ 51 20	21 09 05	6 08 43	8 55 19	6 27 13	18 37 14	20 56 33	5 59 09	16 43 04	3 58 53	14 01 41	19 25 00
9 W	18 24 13	12 ♍ 59 35	20 11 10	23 15 19	7 21 10	9 09 04	6 29 05	19 00 11	21 07 28	6 05 49	16 38 18	3 56 26	13 59 15	19 22 37
10 Th	19 21 12	27 24 28	4 ♎ 39 30	25 21 05	8 34 26	9 23 00	6 32 03	19 23 55	21 19 15	6 13 17	16 34 21	3 54 46	13 57 36	19 21 05
11 F	20 19 50	11 ♎ 56 58	19 13 25	27 27 07	9 49 22	9 37 59	6 36 58	19 49 16	21 32 45	6 22 23	16 32 04	3 54 42	13 57 36	19 21 12
12 Sa	21 20 38	26 33 11	3 ♏ 48 23	29 33 47	11 06 29	9 54 29	6 44 20	20 16 44	21 48 27	6 33 38	16 31 56	3 56 46	13 59 44	19 23 31
13 Su	22 23 39	11 ♏ 07 38	18 18 34	1 ♊ 41 05	12 25 51	10 12 33	6 54 11	20 46 24	22 06 24	6 47 05	16 34 02	4 01 02	14 04 04	19 28 03
14 M	23 28 29	25 33 52	2 ♐ 37 35	3 48 31	13 47 02	10 31 46	7 06 08	21 17 50	22 26 14	7 02 20	16 37 58	4 07 03	14 10 13	19 34 26
15 Tu	24 34 22	9 ♐ 45 25	16 39 28	5 55 16	15 09 17	10 51 21	7 19 25	21 50 17	22 47 09	7 18 36	16 42 58	4 14 06	14 17 24	19 41 52
16 W	25 40 20	23 36 48	0 ♑ 19 39	8 00 20	16 31 38	11 10 19	7 33 02	22 22 47	23 08 11	7 34 55	16 48 02	4 21 11	14 24 38	19 49 24
17 Th	26 45 25	7 ♑ 04 30	13 35 37	10 02 43	17 53 06	11 27 42	7 46 02	22 54 20	23 28 22	7 50 19	16 52 14	4 27 20	14 30 59	19 56 03
18 F	27 48 52	20 07 14	26 27 09	12 01 39	19 12 57	11 42 43	7 57 39	23 24 13	23 46 57	8 04 03	16 54 49	4 31 48	14 35 39	20 01 06
19 Sa	28 50 15	2 ♒ 46 06	8 ♒ 56 12	13 56 42	20 30 46	11 54 56	8 07 28	23 51 59	24 03 30	8 15 42	16 55 21	4 34 11	14 38 15	20 04 05
20 Su	29 49 35	15 04 12	21 06 32	15 47 51	21 46 32	12 04 20	8 15 29	24 17 39	24 18 02	8 25 15	16 53 49	4 34 27	14 38 47	20 05 02
21 M	0 ♊ 47 16	27 06 17	3 ♓ 03 16	17 35 32	23 00 38	12 11 18	8 22 05	24 41 35	24 30 55	8 33 06	16 50 39	4 33 02	14 37 37	20 04 19
22 Tu	1 43 59	8 ♓ 58 03	14 52 21	19 20 26	24 13 48	12 16 33	8 27 58	25 04 32	24 42 53	8 39 58	16 46 32	4 30 36	14 35 30	20 02 40
23 W	2 40 41	20 45 44	26 40 03	21 03 28	25 26 57	12 20 59	8 34 04	25 27 24	24 54 51	8 46 45	16 42 25	4 28 06	14 33 19	20 00 60
24 Th	3 38 18	2 ♈ 35 37	8 ♈ 32 27	22 45 38	26 41 01	12 25 33	8 41 20	25 51 07	25 07 45	8 54 25	16 39 14	4 26 30	14 32 02	20 00 16
25 F	4 37 41	14 33 27	20 35 03	24 27 44	27 56 52	12 31 04	8 50 36	26 16 33	25 22 27	9 03 48	16 37 49	4 26 36	14 32 30	20 01 18
26 Sa	5 39 24	26 44 08	2 ♉ 52 20	26 10 22	29 15 04	12 38 07	9 02 26	26 44 15	25 39 29	9 15 29	16 38 46	4 28 60	14 35 16	20 04 41
27 Su	6 43 39	9 ♉ 11 16	15 27 21	27 53 44	0 ♊ 35 47	12 46 52	9 17 01	27 14 25	25 59 05	9 29 39	16 42 15	4 33 53	14 40 34	20 10 37
28 M	7 50 11	21 56 52	28 21 30	29 37 34	1 58 49	12 57 06	9 34 07	27 46 49	26 20 59	9 46 03	16 48 04	4 41 02	14 48 08	20 18 50
29 Tu	8 58 20	5 ♊ 01 14	11 ♊ 34 23	1 ♋ 21 13	3 23 28	13 08 09	9 53 04	28 20 46	26 44 31	10 04 02	16 55 31	4 49 45	14 57 17	20 28 42
30 W	10 07 07	18 22 60	25 04 01	3 03 41	4 48 45	13 18 59	10 12 51	28 55 16	27 08 42	10 22 34	17 03 36	4 59 04	15 07 04	20 39 12
31 Th	11 15 22	1 ♋ 59 27	8 ♋ 47 13	4 43 47	6 13 30	13 28 30	10 32 20	29 29 11	27 32 22	10 40 33	17 11 12	5 07 49	15 16 17	20 49 11

LONGITUDE — August 2003

Day	☉	0 hr ☽	Noon ☽	☿	♀	♂	⚴	⚳	♃	♄	⚷	♅	♆	♇
1 F	12 ♊ 22 01	15 ♋ 47 06	22 ♋ 40 15	6 ♋ 20 26	7 ♊ 36 40	13 ♑ 35 36	10 ♍ 50 26	0 ♉ 01 26	27 ♊ 54 26	10 ♉ 56 52	17 ♏ 17 14	5 ♑ 14 55	15 ♐ 23 54	20 ♌ 57 34
2 Sa	13 26 18	29 42 26	6 ♌ 39 37	7 52 52	8 57 28	13 39 31	11 06 23	0 31 15	28 14 09	11 10 46	17 20 55	5 19 38	15 29 08	21 03 37
3 Su	14 27 57	13 ♌ 42 33	20 42 36	9 20 45	10 15 38	13 40 01	11 19 53	0 58 21	28 31 14	11 21 58	17 21 60	5 21 40	15 31 43	21 07 02
4 M	15 27 14	27 45 36	4 ♍ 47 42	10 44 21	11 31 27	13 37 23	11 31 15	1 23 02	28 45 59	11 30 46	17 20 46	5 21 19	15 31 55	21 08 07
5 Tu	16 24 59	11 ♍ 50 53	18 54 26	12 04 28	12 45 44	13 32 26	11 41 17	1 46 06	28 59 12	11 37 59	17 18 01	5 19 24	15 30 35	21 07 41
6 W	17 22 22	25 58 29	3 ♎ 03 02	13 22 13	13 59 40	13 26 23	11 51 08	2 08 44	29 12 04	11 44 46	17 14 58	5 17 06	15 28 53	21 06 54
7 Th	18 20 39	10 ♎ 08 41	17 13 38	14 38 48	15 14 30	13 20 29	12 02 06	2 32 12	29 25 50	11 52 24	17 12 50	5 15 40	15 28 04	21 07 02
8 F	19 20 57	24 21 15	1 ♏ 25 40	15 55 17	16 31 20	13 15 51	12 15 16	2 57 35	29 41 37	12 01 59	17 12 45	5 16 13	15 29 14	21 09 11
9 Sa	20 23 55	8 ♏ 34 48	15 37 20	17 12 15	17 50 51	13 13 10	12 31 16	3 25 34	0 ♋ 00 04	12 14 10	17 15 23	5 19 24	15 33 05	21 14 02
10 Su	21 29 40	22 46 30	29 45 22	18 29 45	19 13 10	13 12 36	12 50 16	3 56 16	0 21 18	12 29 06	17 20 51	5 25 21	15 39 42	21 21 41
11 M	22 37 47	6 ♐ 52 14	13 ♐ 45 28	19 47 15	20 37 49	13 13 41	13 11 47	4 29 14	0 44 54	12 46 18	17 28 41	5 33 37	15 48 39	21 31 41
12 Tu	23 47 19	20 47 09	27 32 53	21 03 45	22 03 55	13 15 33	13 34 55	5 03 33	1 09 55	13 04 52	17 38 01	5 43 18	15 59 02	21 43 09
13 W	24 57 08	4 ♑ 26 32	11 ♑ 03 20	22 17 58	23 30 16	13 17 02	13 58 29	5 38 02	1 35 11	13 23 38	17 47 38	5 53 12	16 09 39	21 54 53
14 Th	26 06 01	17 46 39	24 13 48	23 28 36	24 55 42	13 16 58	14 21 17	6 11 31	1 59 32	13 41 25	17 56 22	6 02 10	16 19 21	22 05 42
15 F	27 13 02	0 ♒ 45 28	7 ♒ 03 01	24 34 35	26 19 15	13 14 26	14 42 23	6 43 02	2 21 59	13 57 14	18 03 16	6 09 13	16 27 09	22 14 39
16 Sa	28 17 34	13 22 58	19 31 49	25 35 09	27 40 20	13 08 51	15 01 09	7 11 58	2 41 57	14 10 30	18 07 44	6 13 45	16 32 28	22 21 09
17 Su	29 19 32	25 41 10	1 ♓ 42 53	26 30 04	28 58 50	13 00 09	15 17 31	7 38 14	2 59 19	14 21 07	18 09 39	6 15 41	16 35 10	22 25 04
18 M	0 ♋ 19 16	7 ♓ 43 52	13 40 37	27 19 31	0 ♋ 15 05	12 48 43	15 31 48	8 02 10	3 14 27	14 29 25	18 09 23	6 15 22	16 35 39	22 26 45
19 Tu	1 17 31	19 36 20	25 30 35	28 04 03	1 29 51	12 35 20	15 44 45	8 24 32	3 28 05	14 36 09	18 07 41	6 13 32	16 34 37	22 26 59
20 W	2 15 18	1 ♈ 24 39	7 ♈ 19 09	28 44 30	2 44 09	12 21 02	15 57 22	8 46 18	3 41 12	14 42 20	18 05 32	6 11 11	16 33 06	22 26 44
21 Th	3 13 42	13 15 25	19 12 54	29 21 43	3 59 02	12 06 57	16 10 45	9 08 35	3 54 56	14 49 03	18 04 02	6 09 26	16 32 11	22 27 06
22 F	4 13 43	25 15 04	1 ♉ 18 09	29 56 30	5 15 32	11 54 07	16 25 53	9 32 22	4 10 14	14 57 17	18 04 11	6 09 15	16 32 51	22 29 05
23 Sa	5 16 03	7 ♉ 29 27	13 40 26	0 ♌ 29 19	6 34 21	11 43 18	16 43 29	9 58 22	4 27 50	15 07 45	18 06 43	6 11 22	16 35 50	22 33 24
24 Su	6 21 02	20 03 13	26 23 52	1 00 16	7 55 48	11 34 52	17 03 52	10 26 53	4 48 04	15 20 47	18 11 56	6 16 07	16 41 27	22 40 23
25 M	7 28 30	2 ♊ 59 23	9 ♊ 30 45	1 28 53	9 19 43	11 28 41	17 26 51	10 57 46	5 10 44	15 36 12	18 19 39	6 23 18	16 49 31	22 49 50
26 Tu	8 37 45	16 18 56	23 01 07	1 54 16	10 45 25	11 24 08	17 51 47	11 30 21	5 35 11	15 53 19	18 29 14	6 32 16	16 59 23	23 01 05
27 W	9 47 47	0 ♋ 00 32	6 ♋ 52 39	2 15 07	11 52 21	11 20 13	18 17 35	12 03 33	6 00 21	16 11 06	18 39 37	6 41 57	17 09 60	23 13 06
28 Th	10 57 20	14 00 43	21 00 60	2 29 57	13 37 50	11 15 46	18 43 03	12 36 10	6 25 01	16 28 19	18 49 34	6 51 09	17 20 07	23 24 40
29 F	12 05 14	28 14 25	5 ♌ 20 27	2 37 22	15 02 09	11 09 39	19 07 01	13 07 01	6 48 00	16 43 48	18 57 55	6 58 42	17 28 35	23 34 35
30 Sa	13 10 39	12 ♌ 35 48	19 44 59	2 36 21	16 23 58	11 01 06	19 28 36	13 35 15	7 08 29	16 56 43	19 03 50	7 03 44	17 34 34	23 42 02
31 Su	14 13 17	26 59 24	4 ♍ 09 17	2 26 25	17 42 59	10 49 50	19 47 32	14 00 34	7 26 08	17 06 43	19 07 01	7 05 58	17 37 45	23 46 42

Notes

September 2003

LONGITUDE

Day	☉	0 hr ☽	Noon ☽	☿	♀	♂	⚵	⚳	♃	♄	⚷	♅	♆	♇
1 M	15♋ 13 24	11♍ 20 50	18♍ 29 32	2♌ 07 47	18♋ 59 28	10♑ 36 12	20♍ 04 03	14♉ 23 15	7♋ 41 14	17♉ 14 08	19♏ 07 44	7♑ 05 39	17♐ 38 24	23♎ 48 51
2 Tu	16 11 49	25 37 27	2♎ 43 39	1 41 15	20 14 14	10 21 03	20 19 01	14 44 06	7 54 36	17 19 45	19 06 49	7 03 39	17 37 21	23 49 20
3 W	17 09 44	9♎ 48 08	16 51 08	1 08 07	21 28 30	10 05 38	20 33 35	15 04 20	8 07 26	17 24 46	19 05 26	7 01 07	17 35 48	23 49 18
4 Th	18 08 25	23 52 55	0♏ 52 19	0 29 51	22 43 30	9 51 15	20 49 01	15 25 11	8 20 59	17 30 26	19 04 52	6 59 20	17 35 00	23 50 04
5 F	19 08 57	7♏ 52 12	14 47 44	29♋ 47 56	24 00 21	9 39 03	21 06 25	15 47 44	8 36 20	17 37 52	19 06 13	6 59 23	17 36 03	23 52 40
6 Sa	20 11 59	21 46 04	28 37 22	29 03 34	25 19 41	9 29 42	21 26 27	16 12 40	8 54 10	17 47 42	19 10 07	7 01 56	17 39 36	23 57 48
7 Su	21 17 40	5♐ 33 50	12♐ 20 19	28 17 33	26 41 38	9 23 24	21 49 13	16 40 07	9 14 36	18 00 05	19 16 43	7 07 08	17 45 48	24 05 35
8 M	22 25 35	19 13 50	25 54 46	27 30 25	28 05 49	9 19 46	22 14 19	17 09 39	9 37 13	18 14 35	19 25 37	7 14 32	17 54 13	24 15 36
9 Tu	23 34 54	2♑ 43 40	9♑ 18 12	26 42 19	29 31 22	9 17 59	22 40 55	17 40 26	10 01 11	18 30 23	19 35 57	7 23 20	18 04 01	24 27 02
10 W	24 44 31	16 00 37	22 28 03	25 53 25	0♌ 57 13	9 16 60	23 07 55	18 11 22	10 25 25	18 46 22	19 46 38	7 32 26	18 14 08	24 38 46
11 Th	25 53 21	29 02 16	5♒ 22 11	25 03 54	2 22 15	9 15 45	23 34 14	18 41 22	10 48 48	19 01 28	19 56 36	7 40 43	18 23 27	24 49 43
12 F	27 00 29	11♒ 47 06	17 59 31	24 14 14	3 45 33	9 13 20	23 58 55	19 09 30	11 10 26	19 14 45	20 04 53	7 47 17	18 31 03	24 58 58
13 Sa	28 05 19	24 14 51	0♓ 20 22	23 25 15	5 06 32	9 09 11	24 21 23	19 35 10	11 29 42	19 25 36	20 10 56	7 51 32	18 36 20	25 05 55
14 Su	29 07 40	6♓ 26 48	12 26 34	22 38 07	6 25 01	9 03 09	24 41 28	19 58 13	11 46 26	19 33 52	20 14 33	7 53 18	18 39 08	25 10 23
15 M	0♌ 07 47	18 25 44	24 21 25	21 54 21	7 41 15	8 55 31	24 59 24	20 18 50	12 00 52	19 39 46	20 15 58	7 52 49	18 39 41	25 12 37
16 Tu	1 06 15	0♈ 15 49	6♈ 09 30	21 15 43	8 55 48	8 46 51	25 15 46	20 37 39	12 13 36	19 43 55	20 15 47	7 50 41	18 38 35	25 13 12
17 W	2 03 56	12 02 14	17 56 20	20 44 02	10 09 32	8 38 04	25 31 24	20 55 30	12 25 28	19 47 08	20 14 52	7 47 44	18 36 40	25 12 59
18 Th	3 01 45	23 50 54	29 48 03	20 21 02	11 23 23	8 30 06	25 47 16	21 13 18	12 37 24	19 50 23	20 14 07	7 44 55	18 34 54	25 12 55
19 F	4 00 38	5♉ 48 02	11♉ 50 55	20 08 12	12 38 15	8 23 52	26 04 15	21 31 59	12 50 20	19 54 33	20 14 29	7 43 08	18 34 10	25 13 54
20 Sa	5 01 15	17 59 39	24 10 50	20 06 38	13 54 50	8 20 06	26 23 04	21 52 14	13 04 56	20 00 20	20 16 38	7 43 05	18 35 10	25 16 37
21 Su	6 03 58	0♊ 31 07	6♊ 52 50	20 16 52	15 13 31	8 19 09	26 44 02	22 14 23	13 21 35	20 08 06	20 20 56	7 45 08	18 38 16	25 21 26
22 M	7 08 46	13 26 33	20 00 24	20 38 50	16 34 13	8 21 00	27 07 09	22 38 25	13 40 12	20 17 48	20 27 20	7 49 15	18 43 25	25 28 19
23 Tu	8 15 09	26 48 17	3♋ 34 57	21 11 57	17 56 29	8 25 12	27 31 55	23 03 51	14 00 21	20 28 57	20 35 23	7 54 56	18 50 08	25 36 47
24 W	9 22 19	10♋ 36 20	17 35 20	21 55 04	19 19 30	8 30 56	27 57 33	23 29 51	14 21 13	20 40 46	20 44 16	8 01 24	18 57 39	25 46 02
25 Th	10 29 17	24 48 08	1♌ 57 47	22 46 46	20 42 18	8 37 13	28 23 01	23 55 28	14 41 48	20 52 15	20 52 59	8 07 39	19 04 57	25 55 04
26 F	11 35 05	9♌ 18 44	16 36 13	23 45 35	22 03 54	8 43 07	28 47 24	24 19 42	15 01 07	21 02 26	21 00 34	8 12 44	19 11 04	26 02 56
27 Sa	12 38 59	24 01 21	1♍ 23 07	24 50 11	23 23 34	8 47 53	29 09 57	24 41 50	15 18 29	21 10 35	21 06 20	8 15 56	19 15 18	26 08 55
28 Su	13 40 41	8♍ 48 26	16 10 47	25 59 37	24 41 01	8 51 15	29 30 22	25 01 35	15 33 35	21 16 25	21 09 56	8 16 56	19 17 19	26 12 42
29 M	14 40 23	23 32 55	0♎ 52 33	27 13 23	25 56 25	8 53 23	29 48 49	25 19 05	15 46 34	21 20 05	21 11 34	8 15 54	19 17 19	26 14 27
30 Tu	15 38 39	8♎ 09 08	15 23 31	28 31 23	27 10 22	8 54 52	0♎ 05 54	25 34 57	15 58 04	21 22 13	21 11 50	8 13 28	19 15 54	26 14 48

October 2003

LONGITUDE

Day	☉	0 hr ☽	Noon ☽	☿	♀	♂	⚵	⚳	♃	♄	⚷	♅	♆	♇
1 W	16♌ 36 22	22♎ 33 22	29♎ 40 53	29♋ 53 50	28♌ 23 46	8♑ 56 36	0♎ 22 31	25♉ 50 04	16♋ 08 56	21♉ 23 40	21♏ 11 37	8♑ 10 29	19♐ 13 57	26♎ 14 36
2 Th	17 34 31	6♏ 43 46	13♏ 43 38	1♌ 21 01	29 37 32	8 59 31	0 39 36	26 05 22	16 20 08	21 25 25	21 11 52	8 07 56	19 12 24	26 14 49
3 F	18 33 52	20 39 54	27 31 57	2 53 07	0♍ 52 30	9 04 25	0 57 58	26 21 41	16 32 29	21 28 14	21 13 23	8 06 37	19 12 05	26 16 15
4 Sa	19 34 57	4♐ 22 09	11♐ 06 34	4 30 03	2 09 09	9 11 48	1 18 06	26 39 30	16 46 28	21 32 39	21 16 40	8 07 01	19 13 29	26 19 25
5 Su	20 37 52	17 51 07	24 28 16	6 11 23	3 27 36	9 21 45	1 40 07	26 58 54	17 02 12	21 38 47	21 21 50	8 09 15	19 16 44	26 24 24
6 M	21 42 21	1♑ 07 15	7♑ 37 29	7 56 22	4 47 35	9 33 60	2 03 45	27 19 39	17 19 24	21 46 19	21 28 37	8 13 04	19 21 31	26 30 57
7 Tu	22 47 49	14 10 42	20 34 21	9 44 00	6 08 32	9 47 57	2 28 26	27 41 08	17 37 31	21 54 43	21 36 26	8 17 52	19 27 19	26 38 30
8 W	23 53 33	27 01 23	3♒ 18 45	11 33 11	7 29 43	10 02 54	2 53 25	28 02 40	17 55 48	22 03 15	21 44 34	8 22 58	19 33 23	26 46 18
9 Th	24 58 50	9♒ 39 09	15 50 34	13 22 50	8 50 24	10 18 04	3 17 59	28 23 29	18 13 31	22 11 11	21 52 17	8 27 35	19 38 58	26 53 39
10 F	26 03 01	22 04 06	28 09 60	15 12 04	10 09 59	10 32 50	3 41 30	28 42 58	18 30 05	22 17 53	21 58 58	8 31 09	19 43 29	26 59 54
11 Sa	27 05 44	4♓ 16 47	10♓ 17 49	17 00 13	11 28 02	10 46 48	4 03 35	29 00 43	18 45 03	22 22 59	22 04 12	8 33 14	19 46 31	27 04 40
12 Su	28 06 49	16 18 30	22 15 35	18 46 57	12 44 26	10 59 47	4 24 05	29 16 35	18 58 18	22 26 18	22 07 52	8 33 41	19 47 55	27 07 48
13 M	29 06 24	28 11 21	4♈ 05 43	20 32 12	13 59 18	11 11 55	4 43 07	29 30 41	19 09 56	22 27 58	22 10 03	8 32 39	19 47 48	27 09 25
14 Tu	0♍ 04 49	9♈ 58 20	15 51 33	22 16 10	15 12 57	11 23 31	5 01 00	29 43 21	19 20 19	22 28 20	22 11 07	8 30 27	19 46 32	27 09 52
15 W	1 02 35	21 43 14	27 37 12	23 59 14	16 25 55	11 35 04	5 18 16	29 55 04	19 29 55	22 27 53	22 11 34	8 27 36	19 44 35	27 09 38
16 Th	2 00 14	3♉ 30 32	9♉ 27 26	25 41 52	17 38 44	11 47 07	5 35 28	0♊ 06 24	19 39 19	22 27 11	22 11 57	8 24 39	19 42 32	27 09 18
17 F	2 58 20	15 25 15	21 27 25	27 24 33	18 51 59	12 00 14	5 53 08	0 17 55	19 49 03	22 26 47	22 12 48	8 22 10	19 40 56	27 09 24
18 Sa	3 57 20	27 32 34	3♊ 42 27	29 07 39	20 06 04	12 14 48	6 11 43	0 30 01	19 59 33	22 27 08	22 14 36	8 20 34	19 40 12	27 10 22
19 Su	4 57 27	9♊ 57 37	16 17 32	0♍ 51 22	21 21 15	12 31 04	6 31 28	0 42 57	20 11 05	22 28 28	22 17 33	8 20 06	19 40 37	27 12 27
20 M	5 58 44	22 44 56	29 16 55	2 35 41	22 37 33	12 49 04	6 52 24	0 56 45	20 23 38	22 30 47	22 21 42	8 20 48	19 42 10	27 15 41
21 Tu	7 00 57	5♋ 58 03	12♋ 43 27	4 20 23	23 54 46	13 08 33	7 14 17	1 11 11	20 37 02	22 33 55	22 26 49	8 22 27	19 44 39	27 19 51
22 W	8 03 43	19 38 51	26 38 03	6 05 02	25 12 29	13 29 07	7 36 45	1 25 51	20 50 51	22 37 26	22 32 31	8 24 40	19 47 42	27 24 33
23 Th	9 06 32	3♌ 47 00	10♌ 59 08	7 49 08	26 30 13	13 50 16	7 59 17	1 40 15	21 04 36	22 40 51	22 38 18	8 26 55	19 50 46	27 29 17
24 F	10 08 54	18 19 35	25 42 24	9 32 11	27 47 28	14 11 30	8 21 24	1 53 54	21 17 47	22 43 41	22 43 41	8 28 45	19 53 24	27 33 33
25 Sa	11 10 28	3♍ 11 03	10♍ 41 02	11 13 51	29 03 52	14 32 26	8 42 44	2 06 25	21 30 02	22 45 33	22 48 18	8 29 48	19 55 14	27 37 01
26 Su	12 11 04	18 13 45	25 46 33	12 53 56	0♎ 19 17	14 52 54	9 03 07	2 17 38	21 41 11	22 46 18	22 51 58	8 29 53	19 56 05	27 39 29
27 M	13 10 45	3♎ 18 52	10♎ 49 59	14 32 32	1 33 45	15 12 57	9 22 36	2 27 37	21 51 19	22 46 01	22 54 46	8 29 04	19 56 03	27 41 03
28 Tu	14 09 47	18 17 49	25 43 12	16 09 56	2 47 32	15 32 51	9 41 29	2 36 37	22 00 41	22 44 56	22 56 58	8 27 38	19 55 21	27 41 57
29 W	15 08 34	3♏ 03 20	10♏ 19 54	17 46 29	4 01 02	15 52 57	10 00 07	2 45 01	22 09 40	22 43 26	22 58 56	8 25 57	19 54 24	27 42 35
30 Th	16 07 27	17 30 14	24 36 08	19 22 37	5 14 36	16 13 38	10 18 53	2 53 12	22 18 38	22 41 55	23 01 04	8 24 25	19 53 35	27 43 20
31 F	17 06 46	1♐ 35 41	8♐ 30 10	20 58 39	6 28 34	16 35 12	10 38 05	3 01 28	22 27 54	22 40 41	23 03 39	8 23 19	19 53 11	27 44 29

Notes

LONGITUDE — November 2003

Day	☉	0 hr ☽	Noon ☽	☿	♀	♂	⚷	⚴	♃	♄	⚵	♅	♆	♇
1 Sa	18 ♍ 06 40	15 ♐ 18 52	22 ♐ 02 08	22 ♍ 34 46	7 ♎ 43 06	16 ♑ 57 46	10 ♎ 57 54	3 ♊ 09 58	22 ♋ 37 37	22 ♉ 39 54	23 ♏ 06 52	8 ♑ 22 50	19 ♐ 53 23	27 ♎ 46 14
2 Su	19 07 10	28 40 31	5 ♑ 13 23	24 10 59	8 58 11	17 21 22	11 18 21	3 18 44	22 47 49	22 39 35	23 10 43	8 22 58	19 54 12	27 48 34
3 M	20 08 09	11 ♑ 42 23	18 06 03	25 47 11	10 13 43	17 45 52	11 39 16	3 27 36	22 58 22	22 39 36	23 15 04	8 23 37	19 55 29	27 51 22
4 Tu	21 09 23	24 26 46	0 ♒ 42 34	27 23 12	11 29 29	18 11 01	12 00 29	3 36 24	23 09 03	22 39 45	23 19 45	8 24 32	19 57 03	27 54 26
5 W	22 10 41	6 ♒ 56 07	13 05 23	28 58 50	12 45 16	18 36 36	12 21 46	3 44 52	23 19 40	22 39 49	23 24 30	8 25 33	19 58 40	27 57 32
6 Th	23 11 50	19 12 53	25 16 52	0 ♎ 33 53	14 00 53	19 02 26	12 42 55	3 52 50	23 29 59	22 39 36	23 29 08	8 26 26	20 00 09	28 00 57
7 F	24 12 43	1 ♓ 19 23	7 ♓ 19 15	2 08 16	15 16 11	19 28 21	13 03 49	4 00 10	23 39 55	22 38 59	23 33 33	8 27 04	20 01 23	28 03 10
8 Sa	25 13 19	13 17 51	19 14 39	3 41 56	16 31 10	19 54 19	13 24 26	4 06 49	23 49 24	22 37 56	23 37 42	8 27 26	20 02 19	28 05 32
9 Su	26 13 38	25 10 24	1 ♈ 05 10	5 14 58	17 45 51	20 20 22	13 44 47	4 12 49	23 58 29	22 36 29	23 41 36	8 27 33	20 02 59	28 07 37
10 M	27 13 47	6 ♈ 59 12	12 52 59	6 47 27	19 00 19	20 46 34	14 04 59	4 18 16	24 07 15	22 34 44	23 45 22	8 27 31	20 03 30	28 09 32
11 Tu	28 13 54	18 46 31	24 40 28	8 19 31	20 14 33	21 13 03	14 25 08	4 23 16	24 15 50	22 32 47	23 49 08	8 27 28	20 03 58	28 11 23
12 W	29 14 04	0 ♉ 34 51	6 ♉ 30 17	9 51 18	21 29 09	21 39 54	14 45 22	4 27 57	24 24 20	22 30 47	23 52 58	8 27 31	20 04 30	28 13 17
13 Th	0 ♎ 14 23	12 26 57	18 25 22	11 22 53	22 43 40	22 07 12	15 05 44	4 32 21	24 32 49	22 28 46	23 56 59	8 27 42	20 05 10	28 15 18
14 F	1 14 52	24 25 58	0 ♊ 29 03	12 54 15	23 58 19	22 34 56	15 26 16	4 36 30	24 41 19	22 26 47	24 01 10	8 28 05	20 06 00	28 17 28
15 Sa	2 15 26	6 ♊ 35 20	12 44 58	14 25 25	25 13 03	23 03 05	15 46 54	4 40 21	24 49 46	22 24 47	24 05 29	8 28 35	20 06 57	28 19 44
16 Su	3 16 03	18 58 46	25 16 55	15 56 15	26 27 46	23 31 31	16 07 34	4 43 48	24 58 05	22 22 39	24 09 51	8 29 07	20 07 55	28 21 59
17 M	4 16 33	1 ♋ 40 05	8 ♋ 08 40	17 26 38	27 42 21	24 00 08	16 28 08	4 46 44	25 06 08	22 20 18	24 14 08	8 29 35	20 08 47	28 24 08
18 Tu	5 16 52	14 42 56	21 23 36	18 56 28	28 56 42	24 28 49	16 48 30	4 49 02	25 13 51	22 17 38	24 18 15	8 29 53	20 09 28	28 26 04
19 W	6 16 57	28 10 20	5 ♌ 04 11	20 25 43	0 ♏ 10 47	24 57 32	17 08 39	4 50 41	25 21 10	22 14 36	24 22 10	8 29 58	20 09 56	28 27 45
20 Th	7 16 52	12 ♌ 04 08	19 11 22	21 54 24	1 24 41	25 26 20	17 28 37	4 51 44	25 28 09	22 11 16	24 25 56	8 29 54	20 10 13	28 29 16
21 F	8 16 46	26 24 19	3 ♍ 43 56	23 22 40	2 38 31	25 55 21	17 48 34	4 52 20	25 34 58	22 07 47	24 29 42	8 29 51	20 10 30	28 30 44
22 Sa	9 16 51	11 ♍ 08 23	18 37 57	24 50 41	3 52 31	26 24 50	18 08 43	4 52 40	25 41 48	22 04 23	24 33 41	8 30 01	20 10 58	28 32 22
23 Su	10 17 23	26 11 02	3 ♎ 46 48	26 18 39	5 06 55	26 54 58	18 29 17	4 53 00	25 48 54	22 01 18	24 38 06	8 30 37	20 11 52	28 34 26
24 M	11 18 30	11 ♎ 24 22	19 01 37	27 46 42	6 21 53	27 25 55	18 50 27	4 53 30	25 56 25	21 58 41	24 43 09	8 30 51	20 13 23	28 37 04
25 Tu	12 20 15	26 38 46	4 ♏ 12 29	29 14 49	7 37 27	27 57 46	19 12 15	4 54 11	26 04 26	21 56 35	24 48 52	8 33 46	20 15 32	28 40 20
26 W	13 22 33	11 ♏ 44 16	19 09 56	0 ♏ 42 50	8 53 32	28 30 21	19 34 35	4 54 57	26 12 48	21 55 08	24 55 08	8 36 14	20 18 14	28 44 07
27 Th	14 25 07	26 32 04	3 ♐ 46 19	2 10 23	10 09 51	29 03 27	19 57 11	4 55 34	26 21 17	21 53 25	25 01 42	8 39 00	20 21 13	28 48 10
28 F	15 27 36	10 ♐ 55 46	17 56 39	3 37 04	11 26 04	29 36 41	20 19 44	4 55 41	26 29 32	21 51 45	25 08 13	8 41 44	20 24 09	28 52 08
29 Sa	16 29 41	24 51 52	1 ♑ 38 52	5 02 23	12 41 51	0 ♒ 09 42	20 41 50	4 54 55	26 37 11	21 49 34	25 14 21	8 44 05	20 26 40	28 55 40
30 Su	17 31 03	8 ♑ 19 43	14 53 31	6 25 57	13 56 53	0 42 14	21 03 16	4 53 02	26 43 58	21 46 34	25 19 48	8 45 46	20 28 31	28 58 50

LONGITUDE — December 2003

Day	☉	0 hr ☽	Noon ☽	☿	♀	♂	⚷	⚴	♃	♄	⚵	♅	♆	♇
1 M	18 ♎ 31 37	21 ♑ 21 00	27 ♑ 43 07	7 ♏ 47 29	15 ♏ 11 05	1 ♒ 14 08	21 ♎ 23 51	4 ♊ 49 53	26 ♋ 49 47	21 ♉ 42 40	25 ♏ 24 27	8 ♑ 46 40	20 ♐ 29 33	29 ♎ 00 31
2 Tu	19 31 25	3 ♒ 59 05	10 ♒ 11 28	9 06 52	16 24 30	1 45 28	21 43 42	4 45 32	26 54 40	21 37 55	25 28 23	8 46 51	20 29 50	29 01 45
3 W	20 30 42	16 18 14	22 24 07	10 24 07	17 37 22	2 16 27	22 03 00	4 40 14	26 58 51	21 32 34	25 31 48	8 46 32	20 29 37	29 02 27
4 Th	21 29 50	28 23 08	4 ♓ 22 29	11 39 21	18 50 03	2 47 29	22 22 10	4 34 22	27 02 43	21 26 58	25 35 06	8 46 07	20 29 16	29 03 00
5 F	22 29 16	10 ♓ 18 25	16 14 14	12 52 46	20 02 60	3 18 58	22 41 37	4 28 21	27 06 43	21 21 35	25 38 43	8 46 01	20 29 13	29 03 50
6 Sa	23 29 27	22 08 16	28 02 18	14 04 27	21 16 40	3 51 22	23 01 49	4 22 39	27 11 17	21 16 52	25 43 07	8 46 43	20 29 57	29 05 05
7 Su	24 30 45	3 ♈ 56 24	9 ♈ 50 05	15 14 25	22 27 23	4 25 03	23 08 23	4 17 39	27 16 47	21 13 11	25 48 38	8 48 34	20 31 48	29 08 06
8 M	25 33 24	15 45 48	21 40 20	16 22 27	23 47 30	5 00 14	23 45 47	4 13 34	27 23 28	21 09 40	25 55 32	8 51 47	20 35 01	29 12 07
9 Tu	26 37 27	27 38 49	3 ♉ 35 15	17 28 05	25 04 55	5 36 57	24 09 49	4 10 27	27 31 22	21 09 40	26 03 50	8 56 26	20 39 38	29 17 31
10 W	27 42 42	9 ♉ 37 17	15 36 29	18 30 36	26 23 32	6 15 01	24 35 03	4 08 07	27 40 17	21 09 42	26 13 22	9 02 19	20 45 28	29 24 06
11 Th	28 48 47	21 42 33	25 45 24	19 28 59	27 42 56	6 54 03	25 01 06	4 06 13	27 49 51	21 10 30	26 23 44	9 09 04	20 52 09	29 31 31
12 F	29 55 09	3 ♊ 55 49	10 ♊ 03 14	20 21 60	29 02 35	7 33 31	25 27 26	4 04 10	27 59 30	21 11 30	26 34 24	9 16 08	20 59 07	29 39 11
13 Sa	1 ♏ 01 11	16 18 21	22 31 21	21 08 14	0 ♐ 21 52	8 12 46	25 53 24	4 01 23	28 08 39	21 12 06	26 44 45	9 22 53	21 05 46	29 46 31
14 Su	2 06 17	28 51 40	5 ♋ 11 24	21 46 16	1 40 11	8 51 13	26 18 26	3 57 15	28 16 40	21 11 42	26 54 10	9 28 44	21 11 29	29 52 53
15 M	3 10 01	11 ♋ 37 43	18 05 31	22 14 49	2 57 06	9 28 24	26 42 04	3 51 21	28 23 06	21 09 51	27 02 13	9 33 14	21 15 50	29 57 52
16 Tu	4 12 10	24 38 57	1 ♌ 09 09	22 32 46	4 12 24	10 04 08	27 04 07	3 43 29	28 27 48	21 06 22	27 08 43	9 36 12	21 18 38	0 ♏ 01 16
17 W	5 12 54	7 ♌ 58 10	14 45 56	22 39 26	5 26 14	10 38 34	27 24 44	3 33 49	28 30 52	21 01 25	27 13 48	9 37 46	21 20 00	0 03 13
18 Th	6 12 42	21 38 04	28 31 43	22 34 31	6 39 06	11 12 07	27 44 22	3 22 50	28 32 48	20 55 27	27 17 56	9 38 25	21 20 27	0 04 12
19 F	7 12 17	5 ♍ 40 41	12 ♍ 51 19	22 18 07	7 51 43	11 45 42	28 03 48	3 11 17	28 34 19	20 49 14	27 21 53	9 38 53	21 20 41	0 04 58
20 Sa	8 12 32	20 06 32	27 27 39	21 50 43	9 04 58	12 19 58	28 23 52	3 00 01	28 36 19	20 43 37	27 26 30	9 40 03	21 21 36	0 06 23
21 Su	9 14 13	4 ♎ 53 47	12 ♎ 23 03	21 13 04	10 19 37	12 55 48	28 45 20	2 49 51	28 39 32	20 39 24	27 32 33	9 42 40	21 23 57	0 09 12
22 M	10 17 51	19 37 23	27 31 23	20 26 05	11 36 11	13 33 42	29 08 45	2 41 19	28 44 31	20 37 05	27 40 34	9 47 17	21 28 16	0 13 58
23 Tu	11 23 32	5 ♏ 10 16	12 ♏ 43 56	19 30 44	12 54 46	14 13 45	29 34 12	2 34 31	28 51 22	20 36 47	27 50 39	9 53 58	21 34 39	0 20 46
24 W	12 30 54	20 21 52	27 50 28	18 28 08	14 15 00	14 55 36	0 ♏ 01 19	2 29 05	28 59 42	20 38 09	28 02 25	10 02 23	21 42 44	0 29 14
25 Th	13 42 15	5 ♐ 01 12	12 ♐ 41 20	17 19 29	15 36 08	15 38 29	0 29 22	2 24 19	29 09 46	20 40 25	28 15 08	11 46 43	21 51 46	0 38 38
26 F	14 47 30	20 01 12	27 07 35	16 06 14	16 57 28	16 21 08	0 57 22	2 19 16	29 19 16	20 42 39	28 27 51	10 21 10	22 00 48	0 48 01
27 Sa	15 54 50	4 ♑ 13 04	11 ♑ 05 05	14 50 08	18 17 20	17 03 05	1 24 24	2 12 60	29 25 21	20 43 54	28 39 37	10 29 40	22 08 54	0 56 25
28 Su	17 00 31	17 54 19	24 31 52	13 33 14	19 35 44	17 44 01	1 49 45	2 04 51	29 31 13	20 43 30	28 49 45	10 36 32	22 15 21	1 03 10
29 M	18 04 13	1 ♒ 05 06	7 ♒ 29 29	12 17 50	20 52 08	18 22 51	2 13 07	1 54 29	29 34 55	20 41 06	28 57 55	10 41 28	22 19 51	1 07 55
30 Tu	19 06 03	13 48 17	20 01 12	11 06 21	22 06 37	18 59 45	2 34 32	1 42 03	29 36 30	20 36 49	29 04 12	10 44 33	22 22 30	1 10 47
31 W	20 06 30	26 08 40	2 ♓ 12 44	10 01 09	23 19 40	19 35 22	2 54 39	1 28 03	29 36 37	20 31 10	29 08 08	10 46 18	22 23 46	1 12 16

Notes

January 2004 LONGITUDE

Day	☉	0 hr ☽	Noon ☽	☿	♀	♂	⚵	⚳	♃	♄	⚷	♅	♆	♇
1 Th	21 ♏ 06 21	8 ♓ 12 05	14 ♓ 09 58	9 ♏ 04 23	24 ♐ 32 06	20 ♒ 10 28	3 ♏ 14 07	1 ♊ 13 17	29 ♋ 35 54	20 ♉ 24 54	29 ♏ 13 28	10 ♑ 47 29	22 ♐ 24 29	1 ♏ 13 09
2 F	22 06 32	20 04 47	25 59 05	8 17 51	25 44 49	20 45 59	3 33 53	0 58 41	29 35 19	20 18 59	29 18 09	10 49 03	22 25 32	1 14 21
3 Sa	23 07 57	1 ♈ 52 46	7 ♈ 45 50	7 42 52	26 58 45	21 22 50	3 54 53	0 45 12	29 35 47	20 14 20	29 24 05	10 51 54	22 27 51	1 16 47
4 Su	24 11 23	13 41 22	19 35 17	7 20 12	28 14 38	22 01 45	4 17 52	0 33 36	29 38 04	20 11 40	29 32 02	10 56 47	22 32 11	1 21 13
5 M	25 17 16	25 34 60	1 ♉ 31 24	7 10 05	29 32 56	22 43 13	4 43 17	0 24 22	29 42 38	20 11 30	29 42 27	11 04 09	22 39 00	1 28 06
6 Tu	26 25 43	7 ♉ 36 51	13 37 01	7 12 08	0 ♑ 53 44	23 27 18	5 11 13	0 17 35	29 49 33	20 13 53	29 55 25	11 14 07	22 48 23	1 37 32
7 W	27 36 24	19 48 57	25 53 43	7 25 26	2 16 45	24 13 42	5 41 24	0 12 60	29 58 31	20 18 33	0 ♐ 10 39	11 26 22	23 00 02	1 49 11
8 Th	28 48 39	2 ♊ 12 07	8 ♊ 21 60	7 48 38	3 41 16	25 01 44	6 13 06	0 09 55	0 ♌ 08 52	20 24 47	0 27 26	11 40 13	23 13 16	2 02 24
9 F	0 ♐ 01 30	14 46 16	21 01 33	8 20 04	5 06 20	25 50 25	6 45 22	0 07 23	0 19 37	20 31 38	0 44 49	11 54 41	23 27 06	2 16 12
10 Sa	1 13 50	27 30 47	3 ♋ 51 35	8 57 57	6 30 50	26 38 40	7 17 06	0 04 21	0 29 40	20 38 01	1 01 41	12 08 41	23 40 27	2 29 28
11 Su	2 24 36	10 ♋ 24 53	16 51 24	9 40 34	7 53 45	27 25 25	7 47 15	29 ♉ 59 45	0 37 58	20 42 51	1 17 01	12 21 09	23 52 14	2 41 10
12 M	3 33 03	23 28 12	0 ♌ 00 43	10 26 31	9 14 15	28 09 53	8 15 02	29 52 50	0 43 44	20 45 24	1 29 59	12 31 19	24 01 43	2 50 31
13 Tu	4 38 48	6 ♌ 41 04	13 20 06	11 14 51	10 32 01	28 51 43	8 40 06	29 43 16	0 46 38	20 45 17	1 40 17	12 38 49	24 08 30	2 57 09
14 W	5 42 01	20 04 44	26 50 56	12 05 15	11 47 12	29 31 06	9 02 36	29 31 14	0 46 49	20 42 40	1 48 02	12 43 50	24 12 47	3 01 16
15 Th	6 43 26	3 ♍ 41 15	10 ♍ 35 15	12 57 55	13 00 32	0 ♓ 08 43	9 23 16	29 17 27	0 44 59	20 38 17	1 53 59	12 47 03	24 15 16	3 03 32
16 F	7 44 08	17 32 57	24 35 13	13 53 34	14 13 05	0 45 41	9 43 11	29 03 04	0 42 16	20 33 15	1 59 13	12 49 36	24 17 04	3 05 06
17 Sa	8 45 27	1 ♎ 41 48	8 ♎ 52 11	14 53 07	15 26 11	1 23 18	10 03 39	28 49 24	0 39 57	20 28 51	2 05 03	12 52 47	24 19 27	3 07 14
18 Su	9 48 34	16 08 20	23 25 50	15 57 27	16 41 02	2 02 47	10 25 55	28 37 41	0 39 16	20 26 19	2 12 41	12 57 48	24 23 41	3 11 10
19 M	10 54 20	0 ♏ 50 50	8 ♏ 13 19	17 07 07	17 58 30	2 44 59	10 50 47	28 28 45	0 41 04	20 26 29	2 22 58	13 05 30	24 30 34	3 17 45
20 Tu	12 03 01	15 44 43	23 08 56	18 22 07	19 18 48	3 30 10	11 18 32	28 22 56	0 45 36	20 29 38	2 36 09	13 16 08	24 40 23	3 27 13
21 W	13 14 14	0 ♐ 42 40	8 ♐ 04 37	19 41 50	20 41 35	4 17 55	11 48 47	28 19 48	0 52 28	20 35 22	2 51 52	13 29 21	24 52 45	3 39 13
22 Th	14 27 00	15 35 33	22 51 05	21 05 06	22 05 52	5 07 17	12 20 33	28 18 28	1 00 44	20 42 43	3 09 09	13 44 09	25 06 41	3 52 46
23 F	15 40 04	0 ♑ 13 59	7 ♑ 19 30	22 30 29	23 30 22	5 57 00	12 52 34	28 17 38	1 09 07	20 50 26	3 26 42	13 59 16	25 20 55	4 06 35
24 Sa	16 52 05	14 29 59	21 23 04	23 56 29	24 53 47	6 45 44	13 23 30	28 16 01	1 16 18	20 57 11	3 43 13	14 13 22	25 34 09	4 19 21
25 Su	18 02 00	28 18 21	4 ♒ 57 58	25 21 56	26 15 02	7 32 26	13 52 19	28 12 34	1 21 14	21 01 56	3 57 39	14 25 26	25 45 18	4 30 02
26 M	19 09 16	11 ♒ 37 10	18 03 40	26 46 09	27 33 33	8 16 32	14 18 26	28 06 45	1 23 20	21 04 05	4 09 24	14 34 52	25 53 48	4 38 02
27 Tu	20 13 51	24 27 42	0 ♓ 42 33	28 09 01	28 49 19	8 57 59	14 41 50	27 58 32	1 22 36	21 03 39	4 18 29	14 41 39	25 59 38	4 43 21
28 W	21 16 15	6 ♓ 53 48	12 59 12	29 30 56	0 ♒ 02 51	9 37 20	15 03 01	27 48 27	1 19 33	21 01 08	4 25 23	14 46 18	26 03 20	4 46 30
29 Th	22 17 24	19 01 03	24 59 39	0 ♐ 52 46	1 15 04	10 15 28	15 22 54	27 37 26	1 15 06	20 57 27	4 31 01	14 49 44	26 05 47	4 48 23
30 F	23 18 25	0 ♈ 56 01	6 ♈ 50 39	2 15 36	2 27 04	10 53 32	15 42 38	27 26 39	1 10 23	20 53 45	4 36 33	14 53 04	26 08 09	4 50 08
31 Sa	24 20 30	12 45 30	18 38 56	3 40 30	3 40 03	11 32 42	16 03 22	27 17 15	1 06 35	20 51 11	4 43 07	14 57 30	26 11 35	4 52 56

February 2004 LONGITUDE

Day	☉	0 hr ☽	Noon ☽	☿	♀	♂	⚵	⚳	♃	♄	⚷	♅	♆	♇
1 Su	25 ♐ 24 36	24 ♈ 35 57	0 ♉ 30 45	5 ♐ 08 28	4 ♒ 54 60	12 ♓ 13 56	16 ♏ 26 06	27 ♉ 10 14	1 ♌ 04 40	20 ♉ 50 45	4 ♐ 51 42	15 ♑ 03 60	26 ♐ 17 04	4 ♏ 57 45
2 M	26 31 24	6 ♉ 33 00	12 31 24	6 40 04	6 12 33	12 57 55	16 51 29	27 06 17	1 05 19	20 53 06	5 02 59	15 13 13	26 25 11	5 05 16
3 Tu	27 41 05	18 41 05	24 44 49	8 15 30	7 32 54	13 44 50	17 19 43	27 05 37	1 08 44	20 58 27	5 17 10	15 25 22	26 36 21	5 15 40
4 W	28 53 23	1 ♊ 03 09	7 ♊ 13 25	9 54 27	8 55 47	14 34 24	17 50 31	27 07 56	1 14 37	21 06 32	5 33 56	15 40 10	26 50 05	5 28 41
5 Th	0 ♑ 07 32	13 40 33	19 57 59	11 36 09	10 20 26	15 25 52	18 23 07	27 12 30	1 22 15	21 16 33	5 52 33	15 56 51	27 05 42	5 43 32
6 F	1 22 26	26 33 09	2 ♋ 57 48	13 19 28	11 45 45	16 18 07	18 56 26	27 18 13	1 30 30	21 27 26	6 11 55	16 14 18	27 22 04	5 59 08
7 Sa	2 36 49	9 ♋ 39 30	16 10 57	15 03 06	13 10 26	17 09 53	19 29 10	27 23 49	1 38 07	21 37 54	6 30 44	16 31 16	27 37 56	6 14 12
8 Su	3 49 27	22 57 24	29 34 55	16 45 51	14 33 17	17 59 57	20 00 06	27 28 05	1 43 53	21 46 44	6 47 49	16 46 31	27 52 04	6 27 31
9 M	4 59 24	6 ♌ 24 25	13 ♌ 07 14	18 26 47	15 53 22	18 47 22	20 28 19	27 30 06	1 46 52	21 53 01	7 02 12	16 59 08	28 03 34	6 38 09
10 Tu	6 06 17	19 58 35	26 46 02	20 05 28	17 10 16	19 31 45	20 53 24	27 29 27	1 46 38	21 56 18	7 13 30	17 08 41	28 11 58	6 45 41
11 W	7 10 12	3 ♍ 38 51	10 ♍ 30 31	21 42 03	18 24 06	20 13 13	21 15 28	27 26 18	1 43 23	21 56 46	7 21 50	17 15 19	28 17 27	6 50 16
12 Th	8 11 56	17 25 16	24 21 01	23 17 16	19 35 39	20 52 30	21 35 17	27 21 22	1 37 49	21 55 09	7 27 56	17 19 46	28 20 45	6 52 39
13 F	9 12 37	1 ♎ 18 48	8 ♎ 18 37	24 52 19	20 46 02	21 30 48	21 54 00	27 15 50	1 31 07	21 52 36	7 32 60	17 23 13	28 23 01	6 53 58
14 Sa	10 13 39	15 20 49	22 24 36	26 28 34	21 56 40	22 09 29	22 13 00	27 11 05	1 24 41	21 50 31	7 38 23	17 27 02	28 25 38	6 55 38
15 Su	11 16 19	29 32 16	6 ♏ 39 35	28 07 18	23 08 49	22 49 49	22 33 34	27 08 25	1 19 47	21 50 11	7 45 23	17 32 30	28 29 54	6 58 54
16 M	12 21 31	13 ♏ 52 54	21 02 42	29 49 27	24 23 22	23 32 43	22 56 36	27 08 43	1 17 21	21 52 30	7 54 53	17 40 31	28 36 43	7 04 42
17 Tu	13 29 34	28 20 34	5 ♐ 31 03	1 ♑ 35 22	25 40 41	24 18 31	23 22 26	27 12 21	1 17 42	21 57 48	8 07 14	17 51 25	28 46 24	7 13 21
18 W	14 40 10	12 ♐ 50 60	19 59 41	3 24 43	27 00 25	25 06 54	23 50 44	27 18 58	1 20 31	22 05 46	8 22 07	18 04 54	28 58 38	7 24 32
19 Th	15 52 25	27 18 08	4 ♑ 22 13	5 16 38	28 21 41	25 56 58	24 20 37	27 27 42	1 24 56	22 15 30	8 38 38	18 20 03	29 12 32	7 37 22
20 F	17 05 05	11 ♑ 35 05	18 31 49	7 09 55	29 43 14	26 47 30	24 50 52	27 37 19	1 29 42	22 25 48	8 55 32	18 35 39	29 26 53	7 50 36
21 Sa	18 16 52	25 35 18	2 ♒ 22 30	9 03 16	1 ♓ 03 48	27 37 12	25 20 09	27 46 31	1 33 34	22 35 21	9 11 34	18 50 24	29 40 22	8 02 58
22 Su	19 26 42	9 ♒ 13 45	15 50 07	10 55 38	2 22 16	28 24 58	25 47 26	27 54 14	1 35 26	22 43 05	9 25 37	19 03 13	29 51 54	8 13 22
23 M	20 33 55	22 27 42	28 52 59	12 46 22	3 37 60	29 10 11	26 12 01	27 59 48	1 34 39	22 48 21	9 37 02	19 13 27	0 ♑ 00 51	8 21 09
24 Tu	21 38 23	5 ♓ 17 00	11 ♓ 31 57	14 35 20	4 50 49	29 52 39	26 33 47	28 03 04	1 31 05	22 50 59	9 45 41	19 20 57	0 07 04	8 26 10
25 W	22 40 26	17 43 57	23 50 07	16 22 53	6 01 06	0 ♈ 32 46	26 53 03	28 04 24	1 25 06	22 51 21	9 51 54	19 26 05	0 10 53	8 28 47
26 Th	23 40 50	29 52 44	5 ♈ 52 18	18 09 49	7 09 35	1 11 16	27 10 37	28 04 33	1 17 27	22 50 12	9 56 27	19 29 35	0 13 04	8 29 45
27 F	24 40 36	11 ♈ 48 56	17 44 26	19 57 07	8 17 17	1 49 10	27 27 27	28 04 31	1 09 08	22 48 34	10 00 21	19 32 28	0 14 38	8 30 05
28 Sa	25 40 47	23 38 49	29 32 59	21 45 52	9 25 14	2 27 31	27 44 39	28 05 23	1 01 16	22 47 29	10 04 40	19 35 49	0 16 38	8 30 50
29 Su	26 42 21	5 ♉ 28 49	11 ♉ 24 22	23 37 02	10 34 25	3 07 18	28 03 09	28 08 04	0 54 47	22 47 57	10 10 20	19 40 34	0 20 03	8 32 57

Notes

LONGITUDE

March 2004

Day	☉	0 hr ☽	Noon ☽	☿	♀	♂	⚵	⚳	♃	♄	⚷	♅	♆	♇
1 M	27 ♑ 45 58	17 ♉ 25 01	23 ♉ 24 32	25 ♑ 31 16	11 ♓ 45 30	3 ♈ 49 10	28 ♏ 23 38	28 ♉ 13 17	0 ♌ 50 22	22 ♉ 50 36	10 ♐ 18 03	19 ♑ 47 25	0 ♑ 25 33	8 ♏ 37 09
2 Tu	28 51 57	29 32 42	5 ♊ 38 26	27 28 52	12 58 46	4 33 26	28 46 23	28 21 19	0 48 20	22 55 46	10 28 07	19 56 39	0 33 25	8 43 43
3 W	0 ♒ 00 09	11 ♊ 56 01	18 09 43	29 29 40	14 14 04	5 19 57	29 11 17	28 32 00	0 48 33	23 03 18	10 40 22	20 08 07	0 43 31	8 52 29
4 Th	1 09 60	24 37 36	1 ♋ 00 25	1 ♒ 33 03	15 30 50	6 08 08	29 37 44	28 44 47	0 50 25	23 12 37	10 54 15	20 21 15	0 55 17	9 02 54
5 F	2 20 35	7 ♋ 38 28	14 10 45	3 38 05	16 48 09	6 57 07	0 ♐ 04 51	28 58 45	0 53 05	23 22 49	11 08 51	20 35 10	1 07 49	9 14 03
6 Sa	3 30 52	20 57 55	27 39 18	5 43 39	18 04 58	7 45 48	0 31 34	29 12 50	0 55 29	23 32 51	11 23 08	20 48 48	1 20 03	9 24 54
7 Su	4 39 47	4 ♌ 33 45	11 ♌ 23 08	7 48 37	19 20 14	8 33 10	0 56 51	29 26 01	0 56 34	23 41 41	11 36 02	21 01 05	1 30 57	9 34 24
8 M	5 46 34	18 22 43	25 18 30	9 52 07	20 33 09	9 18 26	1 19 53	29 37 28	0 55 33	23 48 31	11 46 46	21 11 16	1 39 43	9 41 45
9 Tu	6 50 49	2 ♍ 21 05	9 ♍ 21 27	11 53 36	21 43 18	10 01 10	1 40 17	29 46 47	0 52 03	23 52 57	11 54 55	21 18 55	1 45 58	9 46 34
10 W	7 52 36	16 25 19	23 28 33	13 53 02	22 50 47	10 41 28	1 58 08	29 54 04	0 46 09	23 55 04	12 00 36	21 24 07	1 49 45	9 48 54
11 Th	8 52 29	0 ♎ 32 37	7 ♎ 37 15	15 50 46	23 56 08	11 19 54	2 13 58	29 59 52	0 38 24	23 55 25	12 04 21	21 27 26	1 51 39	9 49 20
12 F	9 51 22	14 41 10	21 46 05	17 47 32	25 00 16	11 57 22	2 28 42	0 ♊ 05 04	0 29 44	23 54 55	12 07 04	21 29 47	1 52 34	9 48 47
13 Sa	10 50 20	28 49 58	5 ♏ 54 23	19 44 09	26 04 13	12 34 56	2 43 24	0 10 45	0 21 13	23 54 37	12 09 50	21 32 13	1 53 34	9 48 17
14 Su	11 50 21	12 ♏ 58 31	20 01 47	21 41 20	27 09 00	13 13 36	2 59 03	0 17 54	0 13 50	23 55 32	12 13 37	21 35 43	1 55 38	9 48 51
15 M	12 52 09	27 06 13	4 ♐ 07 39	23 39 27	28 15 18	13 54 03	3 16 22	0 27 12	0 08 19	23 58 21	12 19 09	21 41 00	1 59 29	9 51 10
16 Tu	13 55 58	11 ♐ 11 56	18 10 41	25 38 27	29 23 22	14 36 33	3 35 35	0 38 55	0 04 54	24 03 20	12 26 41	21 48 20	2 05 22	9 55 31
17 W	15 01 37	25 13 36	2 ♑ 08 35	27 37 44	0 ♈ 33 00	15 20 55	3 56 31	0 52 52	0 03 25	24 10 18	12 35 60	21 57 31	2 13 05	10 01 42
18 Th	16 08 30	9 ♑ 08 22	15 58 17	29 36 18	1 43 36	16 06 33	4 18 33	1 08 25	0 03 16	24 18 37	12 46 31	22 07 55	2 22 02	10 09 06
19 F	17 15 45	22 52 47	29 36 22	1 ♓ 32 51	2 54 16	16 52 34	4 40 50	1 24 42	0 03 35	24 27 27	12 57 22	22 18 43	2 31 22	10 16 51
20 Sa	18 22 27	6 ♒ 23 25	12 ♒ 59 33	3 26 03	4 04 07	17 38 05	5 02 27	1 40 51	0 03 29	24 35 54	13 07 39	22 28 60	2 40 11	10 24 05
21 Su	19 27 52	19 37 27	26 05 24	5 14 41	5 12 22	18 22 20	5 22 39	1 56 04	0 02 12	24 43 11	13 16 35	22 37 59	2 47 42	10 30 00
22 M	20 31 29	2 ♓ 33 10	8 ♓ 52 44	6 57 45	6 18 31	19 04 48	5 40 54	2 09 50	29 ♋ 59 14	24 48 49	13 23 42	22 45 10	2 53 26	10 34 08
23 Tu	21 33 07	15 10 19	21 21 55	8 34 41	7 22 22	19 45 20	5 57 04	2 22 01	29 54 27	24 52 37	13 28 49	22 50 25	2 57 12	10 36 17
24 W	22 32 57	27 30 11	3 ♈ 34 48	10 05 12	8 24 05	20 24 06	6 11 18	2 32 45	29 47 59	24 54 45	13 32 06	22 53 52	2 59 10	10 36 38
25 Th	23 31 26	9 ♈ 35 30	15 34 40	11 29 21	9 24 07	21 01 33	6 24 02	2 42 29	29 40 19	24 55 41	13 33 59	22 55 59	2 59 48	10 35 38
26 F	24 29 10	21 30 09	27 25 51	12 47 21	10 23 02	21 38 16	6 35 54	2 51 49	29 32 03	24 56 01	13 35 06	22 57 22	2 59 43	10 33 54
27 Sa	25 26 51	3 ♉ 18 57	9 ♉ 13 27	13 59 34	11 21 33	22 14 59	6 47 35	3 01 28	29 23 54	24 56 26	13 36 08	22 58 43	2 59 35	10 32 07
28 Su	26 25 08	15 07 11	21 02 58	15 06 19	12 20 16	22 52 19	6 59 42	3 12 02	29 16 29	24 57 36	13 37 44	23 00 40	3 00 03	10 30 56
29 M	27 24 28	27 00 22	2 ♊ 59 57	16 07 49	13 19 39	23 30 45	7 12 45	3 24 01	29 10 18	24 59 58	13 40 22	23 03 42	3 01 36	10 30 49
30 Tu	28 25 08	9 ♊ 03 46	15 09 37	17 04 05	14 19 58	24 10 32	7 26 58	3 37 39	29 05 36	25 03 49	13 44 17	23 08 04	3 04 29	10 32 02
31 W	29 27 07	21 22 10	27 36 28	17 54 55	15 21 10	24 51 40	7 42 22	3 52 55	29 02 23	25 09 06	13 49 29	23 13 46	3 08 42	10 34 34

LONGITUDE

April 2004

Day	☉	0 hr ☽	Noon ☽	☿	♀	♂	⚵	⚳	♃	♄	⚷	♅	♆	♇
1 Th	0 ♓ 30 08	3 ♋ 59 29	10 ♋ 23 57	18 ♓ 39 53	16 ♈ 22 57	25 ♈ 33 51	7 ♐ 58 38	4 ♊ 09 33	29 ♋ 00 23	25 ♉ 15 34	13 ♐ 55 41	23 ♑ 20 31	3 ♑ 13 58	10 ♏ 38 09
2 F	1 33 42	16 58 23	23 34 05	19 18 23	17 24 50	26 16 38	8 15 19	4 27 04	28 59 06	25 22 44	14 02 25	23 27 49	3 19 47	10 42 17
3 Sa	2 37 15	0 ♌ 19 58	7 ♌ 07 08	19 49 47	18 26 13	26 59 24	8 31 48	4 44 51	28 57 59	25 29 60	14 09 04	23 35 07	3 25 35	10 46 23
4 Su	3 40 10	14 03 38	21 01 29	20 13 30	19 26 29	27 41 34	8 47 31	5 02 19	28 56 25	25 36 47	14 15 04	23 41 48	3 30 47	10 49 53
5 M	4 42 01	28 06 54	5 ♍ 13 45	20 29 05	20 25 11	28 22 42	9 01 59	5 19 01	28 53 57	25 42 37	14 19 58	23 47 24	3 34 55	10 52 19
6 Tu	5 42 33	12 ♍ 25 44	19 39 07	20 36 25	21 22 01	29 02 33	9 14 58	5 34 42	28 50 22	25 47 17	14 23 30	23 51 43	3 37 44	10 53 26
7 W	6 41 47	26 54 57	4 ♎ 11 59	20 35 41	22 17 01	29 41 06	9 26 29	5 49 22	28 45 40	25 50 47	14 25 42	23 54 43	3 39 16	10 53 15
8 Th	7 39 60	11 ♎ 28 59	18 46 43	20 27 25	23 10 25	0 ♉ 18 40	9 36 48	6 03 18	28 40 07	25 53 23	14 26 51	23 56 43	3 39 47	10 52 03
9 F	8 37 38	26 02 28	3 ♏ 18 15	20 12 21	24 02 39	0 55 41	9 46 21	6 16 55	28 34 12	25 55 32	14 27 22	23 58 07	3 39 43	10 50 16
10 Sa	9 35 13	10 ♏ 30 53	17 42 34	19 51 25	24 54 13	1 32 39	9 55 40	6 30 46	28 28 24	25 57 45	14 27 46	23 59 29	3 39 36	10 48 26
11 Su	10 33 12	24 50 44	1 ♐ 56 50	19 25 34	25 45 34	2 10 03	10 05 11	6 45 18	28 23 11	26 00 30	14 28 33	24 01 14	3 39 53	10 47 00
12 M	11 31 54	8 ♐ 59 38	15 59 12	18 55 40	26 36 58	2 48 12	10 15 14	7 00 48	28 18 54	26 04 05	14 29 59	24 03 42	3 40 53	10 46 17
13 Tu	12 31 26	22 56 02	29 48 36	18 22 28	27 28 31	3 27 11	10 25 54	7 17 23	28 15 38	26 08 37	14 32 12	24 06 60	3 42 43	10 46 24
14 W	13 31 41	6 ♑ 39 03	13 ♑ 24 26	17 46 34	28 20 05	4 06 55	10 37 06	7 34 58	28 13 16	26 13 59	14 35 06	24 11 00	3 45 16	10 47 14
15 Th	14 32 24	20 08 11	26 46 24	17 08 28	29 11 24	4 47 07	10 48 32	7 53 15	28 11 35	26 19 56	14 38 24	24 15 28	3 48 16	10 48 31
16 F	15 33 15	3 ♒ 23 10	9 ♒ 54 19	16 28 37	0 ♉ 02 04	5 27 29	10 59 54	8 11 55	28 10 13	26 26 08	14 41 47	24 20 04	3 51 24	10 49 56
17 Sa	16 33 52	16 23 56	22 48 12	15 47 30	0 51 45	6 07 40	11 10 49	8 30 37	28 08 51	26 32 15	14 44 55	24 24 26	3 54 19	10 51 08
18 Su	17 34 01	29 10 37	5 ♓ 28 17	15 05 40	1 40 08	6 47 23	11 21 04	8 49 06	28 07 12	26 37 60	14 47 31	24 28 19	3 56 46	10 51 52
19 M	18 33 33	11 ♓ 43 41	17 55 09	14 23 47	2 27 02	7 26 30	11 30 27	9 07 11	28 05 09	26 43 14	14 49 27	24 31 35	3 58 35	10 51 59
20 Tu	19 32 26	24 04 00	0 ♈ 09 52	13 42 33	3 12 25	8 05 00	11 38 58	9 24 52	28 02 39	26 47 57	14 50 41	24 34 11	3 59 46	10 51 27
21 W	20 30 45	6 ♈ 12 58	12 14 02	13 02 47	3 56 19	8 42 58	11 46 42	9 42 13	27 59 48	26 52 13	14 51 19	24 36 13	4 00 22	10 50 21
22 Th	21 28 39	18 12 30	24 09 54	12 25 16	4 38 51	9 20 32	11 53 48	9 59 25	27 56 46	26 56 12	14 51 29	24 37 51	4 00 35	10 48 52
23 F	22 26 22	0 ♉ 05 10	6 ♉ 00 17	11 50 46	5 20 11	9 57 56	12 00 28	10 16 37	27 53 44	27 00 05	14 51 25	24 39 16	4 00 35	10 47 11
24 Sa	23 24 03	11 54 05	17 48 36	11 19 55	6 00 28	10 35 21	12 06 52	10 34 02	27 50 55	27 04 04	14 51 17	24 40 40	4 00 34	10 45 29
25 Su	24 21 51	23 42 54	29 38 44	10 53 17	6 39 48	11 12 54	12 13 10	10 51 48	27 48 25	27 08 17	14 51 13	24 42 11	4 00 41	10 43 55
26 M	25 19 52	5 ♊ 35 39	11 ♊ 34 58	10 31 14	7 18 12	11 50 40	12 19 25	11 09 59	27 46 21	27 12 50	14 51 19	24 43 53	4 00 60	10 42 33
27 Tu	26 18 05	17 36 43	23 41 46	10 13 60	7 55 39	12 28 41	12 25 38	11 28 36	27 44 43	27 17 41	14 51 35	24 45 48	4 01 31	10 41 25
28 W	27 16 26	29 50 34	6 ♋ 03 36	10 01 41	8 32 01	13 06 52	12 31 45	11 47 34	27 43 27	27 22 48	14 51 57	24 47 52	4 02 12	10 40 26
29 Th	28 14 52	12 ♋ 21 32	18 44 37	9 54 17	9 07 11	13 45 08	12 37 40	12 06 48	27 42 26	27 28 05	14 52 20	24 49 58	4 02 56	10 39 31
30 F	29 13 14	25 13 30	1 ♌ 48 19	9 51 45	9 40 58	14 23 22	12 43 17	12 26 12	27 41 37	27 33 26	14 52 37	24 52 01	4 03 37	10 38 34

Notes

May 2004 LONGITUDE

Day	☉	0 hr ☽	Noon ☽	☿	♀	♂	⚵	⚳	♃	♄	⚷	♅	♆	♇
1 Sa	0 ♈ 11 29	8 ♌ 29 28	15 ♌ 17 03	9 ♓ 53 59	10 ♉ 13 16	15 ♉ 01 30	12 ♐ 48 32	12 ♊ 45 40	27 ♋ 40 53	27 ♉ 38 46	14 ♐ 52 45	24 ♑ 53 56	4 ♑ 04 11	10 ♏ 37 30
2 Su	1 09 36	22 11 02	29 11 27	10 00 56	10 44 01	15 39 32	12 53 23	13 05 13	27 40 14	27 44 04	14 52 41	24 55 43	4 04 37	10 36 19
3 M	2 07 38	6 ♍ 17 52	13 ♍ 30 06	10 12 33	11 13 11	16 17 30	12 57 53	13 24 52	27 39 44	27 49 24	14 52 31	24 57 24	4 04 59	10 35 04
4 Tu	3 05 41	20 47 22	28 09 08	10 28 51	11 40 50	16 55 29	13 02 08	13 44 43	27 39 26	27 54 50	14 52 18	24 59 06	4 05 20	10 33 50
5 W	4 03 51	5 ♎ 34 33	13 ♎ 02 31	10 49 49	12 07 00	17 33 38	13 06 13	14 04 52	27 39 29	28 00 29	14 52 09	25 00 53	4 05 49	10 32 43
6 Th	5 02 14	20 32 24	28 02 31	11 15 24	12 31 43	18 11 59	13 10 14	14 25 25	27 39 57	28 06 26	14 52 10	25 02 53	4 06 30	10 31 50
7 F	6 00 50	5 ♏ 32 40	13 ♏ 00 44	11 45 27	12 54 57	18 50 34	13 14 11	14 46 21	27 40 50	28 12 42	14 52 21	25 05 04	4 07 24	10 31 09
8 Sa	6 59 34	20 27 03	27 49 20	12 19 47	13 16 32	19 29 20	13 17 59	15 07 36	27 42 04	28 19 12	14 52 37	25 07 23	4 08 25	10 30 38
9 Su	7 58 18	5 ♐ 08 20	12 ♐ 21 58	12 58 04	13 36 18	20 08 05	13 21 29	15 29 01	27 43 30	28 25 47	14 52 50	25 09 40	4 09 26	10 30 06
10 M	8 56 50	19 31 07	26 34 23	13 39 60	13 53 58	20 46 40	13 24 29	15 50 24	27 44 57	28 32 16	14 52 48	25 11 44	4 10 14	10 29 23
11 Tu	9 54 60	3 ♑ 32 21	10 ♑ 24 34	14 25 14	14 09 19	21 24 53	13 26 48	16 11 35	27 46 13	28 38 27	14 52 20	25 13 24	4 10 40	10 28 18
12 W	10 52 40	17 11 02	23 52 27	15 13 33	14 22 11	22 02 38	13 28 21	16 32 26	27 47 12	28 44 14	14 51 20	25 14 34	4 10 35	10 26 44
13 Th	11 49 53	0 ♒ 28 01	6 ♒ 59 26	16 04 48	14 32 30	22 39 55	13 29 05	16 52 58	27 47 55	28 49 37	14 49 48	25 15 13	4 10 01	10 24 41
14 F	12 46 43	13 25 16	19 47 54	16 59 01	14 40 21	23 16 52	13 29 10	17 13 18	27 48 28	28 54 44	14 47 51	25 15 30	4 09 05	10 22 17
15 Sa	13 43 26	26 05 28	2 ♓ 20 38	17 56 16	14 45 54	23 53 42	13 28 47	17 33 40	27 49 05	28 59 47	14 45 43	25 15 37	4 08 00	10 19 45
16 Su	14 40 17	8 ♓ 31 33	14 40 32	18 56 46	14 49 22	24 30 41	13 28 14	17 54 19	27 50 03	29 05 05	14 43 40	25 15 51	4 07 04	10 17 23
17 M	15 37 36	20 46 21	26 50 22	20 00 43	14 51 02	25 08 08	13 27 48	18 15 34	27 51 40	29 10 53	14 42 02	25 16 31	4 06 34	10 15 28
18 Tu	16 35 36	2 ♈ 52 29	8 ♈ 52 37	21 08 15	14 51 04	25 46 18	13 27 45	18 37 40	27 54 10	29 17 29	14 41 02	25 17 52	4 06 44	10 14 15
19 W	17 34 27	14 52 16	20 49 33	22 19 28	14 49 38	26 25 20	13 28 14	19 00 46	27 57 44	29 24 60	14 40 50	25 20 02	4 07 46	10 13 53
20 Th	18 34 11	26 47 44	2 ♉ 43 10	23 34 20	14 46 41	27 05 16	13 29 15	19 24 54	28 02 22	29 33 28	14 41 28	25 23 03	4 09 39	10 14 25
21 F	19 34 40	8 ♉ 40 47	14 35 24	24 52 38	14 42 06	27 45 58	13 30 42	19 49 55	28 07 56	29 42 46	14 42 49	25 26 47	4 12 17	10 15 43
22 Sa	20 35 38	20 33 18	26 28 17	26 14 05	14 35 36	28 27 10	13 32 19	20 15 33	28 14 12	29 52 37	14 44 35	25 30 60	4 15 23	10 17 30
23 Su	21 36 43	2 ♊ 27 20	8 ♊ 24 01	27 38 14	14 26 49	29 08 30	13 33 42	20 41 27	28 20 46	0 ♊ 02 40	14 46 26	25 35 18	4 18 36	10 19 25
24 M	22 37 30	14 25 15	20 25 12	29 04 38	14 15 20	29 49 32	13 34 28	21 07 11	28 27 13	0 12 29	14 47 56	25 39 16	4 21 30	10 21 03
25 Tu	23 37 34	26 29 52	2 ♋ 34 52	0 ♈ 32 52	14 00 47	0 ♊ 29 54	13 34 12	21 32 20	28 33 10	0 21 40	14 48 41	25 42 30	4 23 42	10 21 59
26 W	24 36 38	8 ♋ 44 32	14 56 30	2 02 36	13 42 54	1 09 16	13 32 35	21 56 38	28 38 18	0 29 55	14 48 23	25 44 43	4 24 52	10 21 55
27 Th	25 34 35	21 13 03	27 33 59	3 33 41	13 21 39	1 47 31	13 29 32	22 19 55	28 42 29	0 37 06	14 46 55	25 45 47	4 24 55	10 20 45
28 F	26 31 30	3 ♌ 59 30	10 ♌ 31 20	5 06 14	12 57 11	2 24 46	13 25 07	22 42 19	28 45 51	0 43 21	14 44 23	25 45 48	4 23 56	10 18 35
29 Sa	27 27 44	17 07 56	23 52 15	6 40 32	12 29 56	3 01 21	13 19 41	23 04 09	28 48 42	0 48 57	14 41 07	25 45 06	4 22 15	10 15 44
30 Su	28 23 46	0 ♍ 41 44	7 ♍ 39 28	8 17 05	12 00 32	3 37 45	13 13 43	23 25 55	28 51 32	0 54 26	14 37 38	25 44 11	4 20 22	10 12 42
31 M	29 20 13	14 42 55	21 54 00	9 56 29	11 29 41	4 14 34	13 07 51	23 48 12	28 54 58	1 00 24	14 34 30	25 43 39	4 18 53	10 10 06

June 2004 LONGITUDE

Day	☉	0 hr ☽	Noon ☽	☿	♀	♂	⚵	⚳	♃	♄	⚷	♅	♆	♇
1 Tu	0 ♉ 17 39	29 ♍ 11 17	6 ♎ 34 19	11 ♈ 39 18	10 ♉ 58 08	4 ♊ 52 23	13 ♐ 02 37	24 ♊ 11 35	28 ♋ 59 33	1 ♊ 07 24	14 ♐ 32 19	25 ♑ 44 04	4 ♑ 18 22	10 ♏ 08 29
2 W	1 16 26	14 ♎ 03 40	21 35 47	13 25 54	10 26 26	5 31 34	12 58 26	24 36 27	29 05 40	1 15 48	14 31 27	25 45 49	4 19 12	10 08 15
3 Th	2 16 40	29 13 43	6 ♏ 50 40	15 16 21	9 54 52	6 12 13	12 55 22	25 02 52	29 13 25	1 25 44	14 31 60	25 48 59	4 21 29	10 09 29
4 F	3 18 08	14 ♏ 32 12	22 08 57	17 10 25	9 23 24	6 54 06	12 53 11	25 30 38	29 22 34	1 36 56	14 33 43	25 53 22	4 24 59	10 11 57
5 Sa	4 20 18	29 48 23	7 ♐ 19 50	19 07 32	8 51 45	7 36 41	12 51 22	25 59 11	29 32 33	1 48 53	14 36 06	25 58 23	4 29 09	10 15 07
6 Su	5 22 26	14 ♐ 51 42	22 13 35	21 06 56	8 19 24	8 19 15	12 49 12	26 27 48	29 42 41	2 00 51	14 38 24	26 03 20	4 33 16	10 18 16
7 M	6 23 49	29 33 31	6 ♑ 42 58	23 07 51	7 45 54	9 01 05	12 45 58	26 55 47	29 52 14	2 12 07	14 39 55	26 07 31	4 36 38	10 20 42
8 Tu	7 23 56	13 ♑ 48 19	20 44 01	25 09 41	7 10 56	9 41 39	12 41 07	27 22 35	0 ♌ 00 39	2 22 09	14 40 06	26 10 23	4 38 41	10 21 50
9 W	8 22 31	27 33 60	4 ♒ 16 02	27 12 05	6 34 31	10 20 41	12 34 25	27 47 57	0 07 42	2 30 42	14 38 44	26 11 41	4 39 13	10 21 28
10 Th	9 19 42	10 ♒ 51 25	17 20 57	29 15 02	5 56 59	10 58 19	12 25 59	28 12 00	0 13 30	2 37 52	14 35 54	26 11 32	4 38 18	10 19 41
11 F	10 15 53	23 43 42	0 ♓ 02 31	1 ♉ 18 51	5 19 01	11 34 58	12 16 14	28 35 09	0 18 27	2 44 06	14 32 02	26 10 21	4 36 23	10 16 56
12 Sa	11 11 44	6 ♓ 15 16	12 25 28	3 23 59	4 41 30	12 11 18	12 05 51	28 58 04	0 23 13	2 50 01	14 27 47	26 08 47	4 34 06	10 13 51
13 Su	12 08 01	18 31 04	24 34 44	5 31 02	4 05 24	12 48 03	11 55 35	29 21 29	0 28 33	2 56 25	14 23 55	26 07 37	4 32 14	10 11 11
14 M	13 05 26	0 ♈ 35 59	6 ♈ 35 04	7 40 30	3 31 40	13 25 57	11 46 09	29 46 08	0 35 11	3 03 59	14 21 10	26 07 33	4 31 29	10 09 42
15 Tu	14 04 35	12 34 21	18 30 35	9 52 42	3 01 02	14 05 35	11 38 09	0 ♋ 12 36	0 43 41	3 13 18	14 20 06	26 09 10	4 32 26	10 09 56
16 W	15 05 45	24 29 47	0 ♉ 24 33	12 07 42	2 34 01	14 47 16	11 31 53	0 41 10	0 54 21	3 24 41	14 21 01	26 12 46	4 35 25	10 12 12
17 Th	16 08 59	6 ♉ 24 59	12 19 29	14 25 15	2 10 46	15 30 60	11 27 23	1 11 53	1 07 13	3 38 09	14 23 57	26 18 23	4 40 25	10 16 32
18 F	17 13 57	18 21 54	24 17 07	16 44 45	1 51 09	16 16 28	11 24 22	1 44 25	1 21 57	3 53 24	14 28 36	26 25 42	4 47 08	10 22 38
19 Sa	18 20 03	0 ♊ 21 50	6 ♊ 18 38	19 05 20	1 34 40	17 03 06	11 22 13	2 18 10	1 37 59	4 09 49	14 34 21	26 34 07	4 54 59	10 29 53
20 Su	19 26 31	12 25 44	18 24 58	21 25 57	1 20 38	17 50 06	11 20 10	2 52 22	1 54 30	4 26 37	14 40 26	26 42 51	5 03 11	10 37 30
21 M	20 32 28	24 34 28	0 ♋ 37 07	23 45 27	1 08 17	18 36 35	11 17 22	3 26 07	2 10 38	4 42 56	14 45 58	26 51 03	5 10 50	10 44 37
22 Tu	21 37 06	6 ♋ 49 15	12 56 27	26 02 48	0 56 53	19 21 45	11 12 60	3 58 37	2 25 35	4 57 56	14 50 09	26 57 52	5 17 09	10 50 25
23 W	22 39 48	19 11 53	25 25 01	28 17 10	0 45 52	20 05 00	11 06 29	4 29 17	2 38 45	5 11 04	14 52 23	27 02 44	5 21 33	10 54 19
24 Th	23 40 20	1 ♌ 44 57	8 ♌ 05 35	0 ♊ 28 07	0 35 01	20 46 05	10 57 35	4 57 50	2 49 52	5 22 02	14 52 26	27 05 23	5 23 44	10 56 04
25 F	24 38 49	14 31 51	21 01 40	2 35 37	0 24 31	21 25 08	10 46 26	5 24 26	2 59 04	5 30 59	14 50 24	27 05 58	5 23 53	10 55 47
26 Sa	25 35 50	27 36 31	4 ♍ 17 13	4 40 03	0 14 56	22 02 43	10 33 36	5 49 37	3 06 55	5 38 29	14 46 53	27 05 01	5 22 32	10 54 03
27 Su	26 32 14	11 ♍ 03 05	17 56 00	6 42 13	0 07 08	22 39 42	10 19 60	6 14 15	3 14 17	5 45 23	14 42 43	27 03 27	5 20 34	10 51 43
28 M	27 29 04	24 54 59	2 ♎ 00 48	8 43 00	0 02 09	23 17 07	10 06 39	6 39 24	3 22 13	5 52 45	14 38 59	27 02 15	5 19 00	10 49 50
29 Tu	28 27 18	9 ♎ 14 03	16 32 19	10 43 22	0 00 56	23 55 57	9 54 33	7 06 01	3 31 40	6 01 33	14 36 38	27 02 27	5 18 51	10 49 23
30 W	29 27 41	23 59 24	1 ♏ 28 13	12 43 55	0 04 11	24 36 55	9 44 26	7 34 49	3 43 22	6 12 29	14 36 24	27 04 43	5 20 49	10 51 05

Notes

LONGITUDE — July 2004

Day	☉	0 hr ☽	Noon ☽	☿	♀	♂	⚴	⚳	♃	♄	⚷	♅	♆	♇
1 Th	0 ♊ 30 26	9 ♏ 06 38	16 ♏ 42 28	14 ♊ 44 53	0 ♉ 12 07	25 ♊ 20 15	9 ♐ 36 33	8 ♋ 06 04	3 ♌ 57 34	6 ♊ 25 48	14 ♐ 38 31	27 ♑ 09 20	5 ♑ 25 08	10 ♏ 55 10
2 F	1 35 14	24 27 41	2 ♐ 05 42	16 45 54	0 24 23	26 05 40	9 30 36	8 39 26	4 13 55	6 41 12	14 42 41	27 15 59	5 31 30	11 01 20
3 Sa	2 41 20	9 ♐ 51 40	17 26 24	18 46 11	0 40 08	26 52 21	9 25 49	9 14 08	4 31 41	6 57 53	14 48 07	27 23 51	5 39 08	11 08 48
4 Su	3 47 37	25 06 36	2 ♑ 32 57	20 44 37	0 58 15	27 39 14	9 21 06	9 49 04	4 49 43	7 14 46	14 53 43	27 31 52	5 46 55	11 16 27
5 M	4 52 58	10 ♑ 01 43	17 15 48	22 40 04	1 17 33	28 25 11	9 15 22	10 23 08	5 06 56	7 30 43	14 58 22	27 38 55	5 53 46	11 23 12
6 Tu	5 56 31	24 29 11	1 ♒ 28 49	24 31 40	1 37 07	29 09 21	9 07 45	10 55 27	5 22 27	7 44 52	15 01 12	27 44 08	5 58 48	11 28 09
7 W	6 57 51	8 ♒ 25 06	15 09 49	26 18 59	1 56 26	29 51 16	8 57 50	11 25 35	5 35 50	7 56 48	15 01 47	27 47 04	6 01 34	11 30 53
8 Th	7 57 01	21 49 20	28 20 04	28 02 06	2 15 32	0 ♋ 31 02	8 45 43	11 53 37	5 47 10	8 06 34	15 00 12	27 47 48	6 02 11	11 31 29
9 F	8 54 36	4 ♓ 44 52	11 ♓ 03 30	29 41 33	2 34 54	1 09 12	8 31 57	12 20 05	5 56 59	8 14 43	14 56 60	27 46 53	6 01 09	11 30 29
10 Sa	9 51 29	17 16 37	23 25 33	1 ♋ 18 14	2 55 23	1 46 40	8 17 26	12 45 54	6 06 12	8 22 10	14 53 05	27 45 13	5 59 25	11 28 48
11 Su	10 48 42	29 30 35	5 ♈ 32 21	2 53 12	3 17 57	2 24 28	8 03 16	13 12 06	6 15 50	8 29 58	14 49 29	27 43 52	5 57 59	11 27 28
12 M	11 47 18	11 ♈ 32 51	17 29 57	4 27 28	3 43 33	3 03 38	7 50 27	13 39 42	6 26 56	8 39 07	14 47 15	27 43 49	5 57 55	11 27 30
13 Tu	12 48 04	23 29 07	29 23 47	6 01 49	4 12 58	3 44 59	7 39 49	14 09 32	6 40 18	8 50 26	14 47 11	27 45 55	5 59 60	11 29 44
14 W	13 51 30	5 ♉ 24 08	11 ♉ 18 16	7 36 43	4 46 35	4 28 59	7 31 53	14 42 03	6 56 24	9 04 24	14 49 46	27 50 37	6 04 42	11 34 38
15 Th	14 57 38	17 21 36	23 16 43	9 12 13	5 24 26	5 15 42	7 26 41	15 17 19	7 15 18	9 21 04	14 55 03	27 57 59	6 12 07	11 42 15
16 F	16 06 07	29 23 59	5 ♊ 21 14	10 47 54	6 06 03	6 04 45	7 23 54	15 54 58	7 36 37	9 40 03	15 02 40	28 07 39	6 21 50	11 52 14
17 Sa	17 16 11	11 ♊ 32 41	17 32 54	12 22 59	6 50 39	6 55 22	7 22 45	16 34 13	7 59 35	10 00 36	15 11 52	28 18 51	6 33 07	12 03 48
18 Su	18 26 47	23 48 11	29 51 59	13 56 24	7 37 07	7 46 33	7 22 14	17 14 04	8 23 11	10 21 41	15 21 36	28 30 33	6 44 56	12 15 55
19 M	19 36 48	6 ♋ 10 31	12 ♋ 18 25	15 26 58	8 24 18	8 37 07	7 21 14	17 53 21	8 46 17	10 42 10	15 30 45	28 41 38	6 56 08	12 27 28
20 Tu	20 45 10	18 39 37	24 52 08	16 53 34	9 11 03	9 26 03	7 18 41	18 31 01	9 07 47	11 00 58	15 38 15	28 51 00	7 05 40	12 37 23
21 W	21 51 05	1 ♌ 15 50	7 ♌ 33 39	18 15 22	9 56 33	10 12 32	7 13 50	19 06 16	9 26 56	11 17 18	15 43 18	28 57 54	7 12 45	12 44 52
22 Th	22 54 12	14 00 15	20 24 15	19 31 55	10 40 24	10 56 12	7 06 19	19 38 45	9 43 20	11 30 49	15 45 33	29 01 57	7 17 00	12 49 33
23 F	23 54 38	26 54 54	3 ♍ 26 13	20 43 17	11 22 40	11 37 12	6 56 17	20 08 35	9 57 09	11 41 39	15 45 09	29 03 18	7 18 34	12 51 35
24 Sa	24 53 02	10 ♍ 02 46	16 42 39	21 50 02	12 03 58	12 16 10	6 44 23	20 36 25	10 08 59	11 50 25	15 42 43	29 02 34	7 18 05	12 51 37
25 Su	25 50 27	23 27 24	0 ♎ 17 05	22 53 05	12 45 18	12 54 07	6 31 41	21 03 17	10 19 54	11 58 10	15 39 17	29 00 48	7 16 36	12 50 39
26 M	26 48 06	7 ♎ 12 21	14 12 40	23 53 36	13 27 51	13 32 20	6 19 24	21 30 25	10 31 08	12 06 08	15 36 07	28 59 15	7 15 20	12 49 57
27 Tu	27 47 12	21 20 10	28 31 13	24 52 40	14 12 48	14 11 58	6 08 47	21 59 01	10 43 51	12 15 30	15 34 25	28 59 06	7 15 30	12 50 43
28 W	28 48 37	5 ♏ 51 24	13 ♏ 12 08	25 51 01	15 00 59	14 53 56	6 00 41	22 29 58	10 58 58	12 27 11	15 35 02	29 01 14	7 17 58	12 53 48
29 Th	29 52 42	20 43 38	28 11 36	26 48 54	15 52 44	15 38 34	5 55 29	23 03 37	11 16 49	12 41 30	15 38 20	29 06 01	7 23 06	12 59 35
30 F	0 ♋ 59 12	5 ♐ 50 58	13 ♐ 22 21	27 45 53	16 47 43	16 25 36	5 52 56	23 39 41	11 37 07	12 58 12	15 44 04	29 13 09	7 30 38	13 07 48
31 Sa	2 07 15	21 04 23	28 34 26	28 40 59	17 45 07	17 14 12	5 52 11	24 17 20	11 59 03	13 16 25	15 51 23	29 21 50	7 39 42	13 17 35

LONGITUDE — August 2004

Day	☉	0 hr ☽	Noon ☽	☿	♀	♂	⚴	⚳	♃	♄	⚷	♅	♆	♇
1 Su	3 ♋ 15 41	6 ♑ 13 01	13 ♑ 36 53	29 ♋ 32 50	18 ♉ 43 39	18 ♋ 03 09	5 ♐ 52 04	24 ♋ 55 22	12 ♌ 21 24	13 ♊ 34 59	15 ♐ 59 04	29 ♑ 30 50	7 ♑ 49 08	13 ♏ 27 45
2 M	4 23 13	21 06 10	28 19 42	0 ♌ 19 60	19 42 04	18 51 13	5 51 18	25 32 31	12 42 54	13 52 36	16 05 53	29 38 54	7 57 39	13 37 02
3 Tu	5 28 51	5 ♒ 35 10	12 ♒ 35 38	1 01 17	20 39 19	19 37 21	5 48 53	26 07 47	13 02 33	14 08 16	16 10 48	29 45 01	8 04 14	13 44 25
4 W	6 31 60	19 34 46	26 21 01	1 35 56	21 34 47	20 20 60	5 44 16	26 40 34	13 19 45	14 21 25	16 13 15	29 48 37	8 08 19	13 49 20
5 Th	7 32 39	3 ♓ 03 25	9 ♓ 35 48	2 03 45	22 28 26	21 02 09	5 37 26	27 10 53	13 34 30	14 32 02	16 13 13	29 49 41	8 09 54	13 51 46
6 F	8 31 20	16 02 56	22 22 55	2 25 02	23 20 46	21 41 19	5 28 54	27 39 13	13 47 19	14 40 37	16 11 14	29 48 44	8 09 29	13 52 14
7 Sa	9 28 56	28 37 35	4 ♈ 47 22	2 40 30	24 12 39	22 19 23	5 19 35	28 06 28	13 59 05	14 48 04	16 08 10	29 46 39	8 07 57	13 51 36
8 Su	10 26 32	10 ♈ 53 05	16 55 16	2 51 01	25 05 07	22 57 26	5 10 33	28 33 44	14 10 53	14 55 27	16 05 07	29 44 31	8 06 24	13 50 59
9 M	11 25 13	22 55 47	28 53 02	2 57 31	25 59 16	23 36 34	5 02 55	29 02 05	14 23 48	15 03 53	16 03 10	29 43 27	8 05 55	13 51 28
10 Tu	12 25 53	4 ♉ 51 53	10 ♉ 46 46	3 00 45	26 55 58	24 17 40	4 57 35	29 32 25	14 38 44	15 14 14	16 03 13	29 44 19	8 07 23	13 53 56
11 W	13 29 05	16 46 57	22 41 46	3 01 06	27 55 44	25 01 18	4 55 06	0 ♌ 05 17	14 56 14	15 27 04	16 05 49	29 47 40	8 11 23	13 58 57
12 Th	14 34 56	28 45 34	4 ♊ 42 16	2 58 39	28 58 41	25 47 35	4 55 35	0 40 49	15 16 26	15 42 30	16 11 06	29 53 39	8 18 01	14 06 37
13 F	15 43 08	10 ♊ 51 04	16 51 10	2 52 60	0 ♊ 04 29	26 36 11	4 58 45	1 18 42	15 38 59	16 00 13	16 18 45	0 ♒ 01 56	8 26 58	14 16 38
14 Sa	16 52 57	23 05 33	29 10 07	2 43 28	1 12 22	27 26 24	5 03 52	1 58 11	16 03 11	16 19 29	16 28 02	0 11 48	8 37 31	14 28 17
15 Su	18 03 22	5 ♋ 29 56	11 ♋ 39 37	2 29 08	2 21 20	28 17 12	5 09 56	2 38 16	16 28 01	16 39 18	16 37 57	0 22 14	8 48 39	14 40 32
16 M	19 13 16	18 04 13	24 19 20	2 09 05	3 30 13	29 07 29	5 15 48	3 17 50	16 52 20	16 58 31	16 47 22	0 32 06	8 59 15	14 52 16
17 Tu	20 21 35	0 ♌ 47 50	7 ♌ 08 29	1 42 34	4 37 58	29 56 10	5 20 28	3 55 49	17 15 07	17 16 07	16 55 14	0 40 22	9 08 15	15 02 27
18 W	21 27 33	13 40 08	20 06 20	1 09 12	5 43 47	0 ♌ 42 29	5 23 06	4 31 27	17 35 33	17 31 16	17 00 46	0 46 15	9 14 53	15 10 16
19 Th	22 30 45	26 40 47	3 ♍ 12 36	0 29 08	6 47 15	1 26 03	5 23 22	5 04 19	17 53 16	17 43 38	17 03 36	0 49 21	9 18 46	15 15 21
20 F	23 31 20	9 ♍ 50 08	16 27 51	29 ♋ 43 10	7 48 30	2 06 58	5 21 21	5 34 34	18 08 23	17 53 18	17 03 50	0 49 47	9 19 59	15 17 49
21 Sa	24 29 53	23 09 24	29 53 25	28 52 39	8 48 05	2 45 51	5 17 39	6 02 45	18 21 28	18 00 50	17 02 03	0 48 09	9 19 10	15 18 15
22 Su	25 27 20	6 ♎ 40 26	13 ♎ 31 18	27 59 29	9 46 57	3 23 37	5 13 13	6 29 51	18 33 28	18 07 14	16 59 13	0 45 25	9 17 15	15 17 37
23 M	26 24 51	20 25 26	27 23 33	27 05 46	10 46 14	4 01 28	5 09 13	6 57 01	18 45 34	18 13 38	16 56 29	0 42 43	9 15 23	15 17 03
24 Tu	27 23 32	4 ♏ 26 11	11 ♏ 31 36	26 13 41	11 47 03	4 40 27	5 06 46	7 25 20	18 58 51	18 21 08	16 54 58	0 41 10	9 14 41	15 17 40
25 W	28 24 12	18 43 16	25 55 20	25 25 10	12 50 12	5 21 26	5 06 39	7 55 38	19 14 08	18 30 32	16 55 28	0 41 34	9 15 57	15 20 17
26 Th	29 27 12	3 ♐ 15 18	10 ♐ 32 26	24 41 39	13 56 01	6 04 44	5 09 14	8 28 16	19 31 46	18 42 13	16 58 21	0 44 18	9 19 33	15 25 15
27 F	0 ♌ 32 21	17 58 24	25 18 02	24 04 01	15 04 17	6 50 10	5 14 19	9 03 01	19 51 33	18 55 57	17 03 24	0 49 08	9 25 17	15 32 22
28 Sa	1 38 55	2 ♑ 46 19	10 ♑ 05 06	23 32 35	16 14 19	7 37 01	5 21 12	9 39 12	20 12 46	19 11 03	17 09 55	0 55 22	9 32 26	15 40 55
29 Su	2 45 55	17 31 06	24 45 21	23 07 16	17 25 04	8 24 17	5 28 51	10 15 46	20 34 24	19 26 30	17 16 54	1 02 01	9 39 60	15 49 54
30 M	3 52 15	2 ♒ 04 23	9 ♒ 10 43	22 47 48	18 35 27	9 10 52	5 36 12	10 51 40	20 55 23	19 41 11	17 23 15	1 07 58	9 46 53	15 58 13
31 Tu	4 57 00	16 18 49	23 14 40	22 33 57	19 44 32	9 55 52	5 42 19	11 25 59	21 14 48	19 54 13	17 28 04	1 12 19	9 52 11	16 04 58

Notes

September 2004

LONGITUDE

Day	☉	0 hr ☽	Noon ☽	☿	♀	♂	⚵	⚳	♃	♄	⚷	♅	♆	♇
1 W	5 ♌ 59 39	0 ♓ 09 15	6 ♓ 53 11	22 ♋ 25 44	20 ♊ 51 48	10 ♌ 38 44	5 ♐ 46 41	11 ♌ 58 09	21 ♌ 32 05	20 ♊ 05 03	17 ♐ 30 49	1 ♒ 14 32	9 ♑ 55 21	16 ♏ 09 36
2 Th	7 00 05	13 33 20	20 05 05	22 23 29	21 57 07	11 19 22	5 49 10	12 28 05	21 47 09	20 13 35	17 31 22	1 14 31	9 56 17	16 12 02
3 F	7 58 38	26 31 27	2 ♈ 51 52	22 27 48	23 00 49	11 58 08	5 50 07	12 56 08	22 00 20	20 20 09	17 30 05	1 12 35	9 55 20	16 12 35
4 Sa	8 55 58	9 ♈ 06 23	15 17 06	22 39 31	24 03 34	12 35 39	5 50 12	13 22 56	22 12 18	20 25 25	17 27 37	1 09 25	9 53 09	16 11 55
5 Su	9 52 56	21 22 35	27 25 47	22 59 30	25 06 12	13 12 48	5 50 16	13 49 21	22 23 54	20 30 13	17 24 50	1 05 52	9 50 36	16 10 54
6 M	10 50 27	3 ♉ 25 28	9 ♉ 23 39	23 28 34	26 09 35	13 50 27	5 51 11	14 16 16	22 36 01	20 35 27	17 22 36	1 02 49	9 48 33	16 10 24
7 Tu	11 49 14	15 20 50	21 16 33	24 07 19	27 14 29	14 29 23	5 53 44	14 44 26	22 49 23	20 41 52	17 21 41	1 01 01	9 47 46	16 11 11
8 W	12 49 48	27 14 19	3 ♊ 10 05	24 55 57	28 21 24	15 10 05	5 58 23	15 14 21	23 04 32	20 49 59	17 22 36	1 00 59	9 48 46	16 13 45
9 Th	13 52 20	9 ♊ 11 01	15 09 08	25 54 20	29 30 30	15 52 44	6 05 21	15 46 14	23 21 38	20 59 57	17 25 31	1 02 54	9 51 43	16 18 18
10 F	14 56 41	21 15 11	27 17 37	27 01 52	0 ♋ 41 37	16 37 10	6 14 27	16 19 52	23 40 32	21 11 38	17 30 16	1 06 36	9 56 27	16 24 38
11 Sa	16 02 20	3 ♋ 30 04	9 ♋ 38 20	28 17 35	1 54 14	17 22 54	6 25 11	16 54 47	24 00 42	21 24 31	17 36 22	1 11 35	10 02 28	16 32 17
12 Su	17 08 34	15 57 45	22 12 53	29 40 15	3 07 39	18 09 12	6 36 49	17 30 15	24 21 26	21 37 53	17 43 06	1 17 08	10 09 04	16 40 30
13 M	18 14 33	28 39 14	5 ♌ 01 45	1 ♌ 08 28	4 20 60	18 55 15	6 48 32	18 05 27	24 41 55	21 50 54	17 49 37	1 22 25	10 15 25	16 48 29
14 Tu	19 19 32	11 ♌ 34 30	18 04 25	2 40 53	5 33 31	19 40 16	6 59 33	18 39 36	25 01 21	22 02 47	17 55 10	1 26 41	10 20 44	16 55 27
15 W	20 22 53	24 42 46	1 ♍ 19 41	4 16 20	6 44 37	20 23 39	7 09 17	19 12 06	25 19 10	22 12 58	17 59 08	1 29 18	10 24 26	17 00 49
16 Th	21 24 19	8 ♍ 02 47	14 46 04	5 53 56	7 53 58	21 05 06	7 17 24	19 42 40	25 35 01	22 21 07	18 01 14	1 29 60	10 26 12	17 04 15
17 F	22 23 54	21 33 15	28 22 07	7 33 09	9 01 38	21 44 41	7 23 59	20 11 19	25 49 00	22 27 18	18 01 31	1 28 49	10 26 06	17 05 49
18 Sa	23 22 00	5 ♎ 13 01	12 ♎ 06 45	9 13 50	10 07 59	22 22 46	7 29 24	20 38 28	26 01 29	22 31 55	18 00 22	1 26 10	10 24 31	17 05 56
19 Su	24 19 17	19 01 19	25 59 14	10 56 09	11 13 41	23 00 02	7 34 18	21 04 46	26 13 07	22 35 35	17 58 27	1 22 40	10 22 07	17 05 13
20 M	25 16 32	2 ♏ 57 37	9 ♏ 59 09	12 40 23	12 19 31	23 37 15	7 39 28	21 30 59	26 24 41	22 39 07	17 56 32	1 19 08	10 19 40	17 04 29
21 Tu	26 14 28	17 01 30	24 06 00	14 26 50	13 26 11	24 15 09	7 45 38	21 57 53	26 36 56	22 43 14	17 55 22	1 16 18	10 17 55	17 04 26
22 W	27 13 38	1 ♐ 12 10	8 ♐ 18 49	16 15 42	14 34 15	24 54 16	7 53 20	22 25 58	26 50 22	22 48 29	17 55 29	1 14 41	10 17 24	17 05 37
23 Th	28 14 16	15 28 03	22 35 43	18 06 49	15 43 57	25 34 51	8 02 48	22 55 29	27 05 15	22 55 05	17 57 06	1 14 32	10 18 20	17 08 17
24 F	29 16 15	29 46 35	6 ♑ 53 45	19 59 48	16 55 08	26 16 46	8 13 53	23 26 18	27 21 27	23 02 55	18 00 07	1 15 44	10 20 38	17 12 18
25 Sa	0 ♍ 19 10	14 ♑ 04 07	21 08 55	21 53 58	18 07 23	26 59 36	8 26 12	23 58 01	27 38 33	23 11 34	18 04 07	1 17 51	10 23 50	17 17 14
26 Su	1 22 24	28 16 11	5 ♒ 16 35	23 48 30	19 20 06	27 42 45	8 39 06	24 30 01	27 55 56	23 20 26	18 08 29	1 20 18	10 27 22	17 22 30
27 M	2 25 19	12 ♒ 18 04	19 12 04	25 42 33	20 32 39	28 25 34	8 51 58	25 01 40	28 12 58	23 28 51	18 12 35	1 22 25	10 30 35	17 27 27
28 Tu	3 27 23	26 05 25	2 ♓ 51 23	27 35 28	21 44 29	29 07 31	9 04 16	25 32 25	28 29 07	23 36 19	18 15 52	1 23 41	10 32 56	17 31 32
29 W	4 28 16	9 ♓ 34 52	16 11 43	29 26 46	22 55 16	29 48 17	9 15 38	26 01 57	28 44 02	23 42 29	18 18 01	1 23 46	10 34 07	17 34 27
30 Th	5 27 53	22 44 31	29 11 53	1 ♍ 16 18	24 04 56	0 ♍ 27 47	9 26 01	26 30 10	28 57 39	23 47 15	18 18 58	1 22 35	10 34 01	17 36 06

October 2004

LONGITUDE

Day	☉	0 hr ☽	Noon ☽	☿	♀	♂	⚵	⚳	♃	♄	⚷	♅	♆	♇
1 F	6 ♍ 26 25	5 ♈ 34 07	11 ♈ 52 19	3 ♍ 04 05	25 ♋ 13 36	1 ♍ 06 09	9 ♐ 35 32	26 ♌ 57 15	29 ♌ 10 08	23 ♊ 50 48	18 ♐ 18 50	1 ♒ 20 18	10 ♑ 32 49	17 ♏ 36 39
2 Sa	7 24 10	18 05 01	24 15 02	4 50 27	26 21 37	1 43 44	9 44 32	27 23 30	29 21 47	23 53 27	18 17 58	1 17 14	10 30 50	17 36 24
3 Su	8 21 34	0 ♉ 19 52	6 ♉ 23 15	6 35 44	27 29 26	2 20 58	9 53 27	27 49 22	29 33 03	23 55 38	18 16 49	1 13 49	10 28 30	17 35 49
4 M	9 19 06	12 22 27	18 21 08	8 20 23	28 37 27	2 58 19	10 02 44	28 15 18	29 44 23	23 57 48	18 15 48	1 10 32	10 26 16	17 35 20
5 Tu	10 17 08	24 17 12	0 ♊ 13 25	10 04 45	29 46 06	3 36 09	10 12 45	28 41 41	29 56 10	24 00 21	18 15 21	1 07 44	10 24 33	17 35 22
6 W	11 15 57	6 ♊ 08 55	12 05 03	11 49 06	0 ♌ 55 38	4 14 44	10 23 47	29 08 47	0 ♍ 08 40	24 03 32	18 15 42	1 05 43	10 23 35	17 36 09
7 Th	12 15 38	18 02 30	24 00 56	13 33 31	2 06 09	4 54 11	10 35 56	29 36 43	0 22 00	24 07 28	18 16 58	1 04 34	10 23 30	17 37 48
8 F	13 16 09	0 ♋ 02 39	6 ♋ 05 40	15 17 57	3 17 35	5 34 27	10 49 08	0 ♍ 05 25	0 36 06	24 12 05	18 19 06	1 04 15	10 24 14	17 40 17
9 Sa	14 17 17	12 13 37	18 23 17	17 02 12	4 29 44	6 15 20	11 03 11	0 34 41	0 50 46	24 17 11	18 21 54	1 04 32	10 25 34	17 43 21
10 Su	15 18 44	24 39 02	0 ♌ 56 60	18 45 57	5 42 18	6 56 30	11 17 47	1 04 13	1 05 41	24 22 29	18 25 03	1 05 09	10 27 14	17 46 45
11 M	16 20 10	7 ♌ 21 38	13 49 01	20 28 55	6 54 57	7 37 40	11 32 35	1 33 41	1 20 32	24 27 37	18 28 13	1 05 45	10 28 52	17 50 07
12 Tu	17 21 18	20 23 02	27 00 18	22 10 48	8 07 22	8 18 29	11 47 18	2 02 47	1 35 01	24 32 19	18 31 07	1 06 03	10 30 11	17 53 10
13 W	18 21 54	3 ♍ 43 37	10 ♍ 30 29	23 51 23	9 19 22	8 58 47	12 01 43	2 31 18	1 48 55	24 36 21	18 33 33	1 05 50	10 30 59	17 55 41
14 Th	19 21 55	17 22 23	24 17 53	25 30 38	10 30 50	9 38 28	12 15 45	2 59 10	2 02 09	24 39 39	18 35 25	1 05 01	10 31 11	17 57 36
15 F	20 21 22	1 ♎ 17 07	8 ♎ 19 40	27 08 36	11 41 50	10 17 36	12 29 27	3 26 25	2 14 46	24 42 15	18 36 46	1 03 39	10 30 49	17 58 57
16 Sa	21 20 25	15 24 31	22 32 06	28 45 28	12 52 31	10 56 19	12 42 57	3 53 13	2 26 56	24 44 20	18 37 46	1 01 55	10 30 04	17 59 55
17 Su	22 19 18	29 40 40	6 ♏ 51 04	0 ♎ 21 27	14 03 07	11 34 51	12 56 30	4 19 47	2 38 52	24 46 06	18 38 39	0 59 60	10 29 08	18 00 41
18 M	23 18 14	14 ♏ 01 23	21 12 27	1 56 49	15 13 49	12 13 26	13 10 17	4 46 20	2 50 46	24 47 47	18 39 36	0 58 09	10 28 16	18 01 30
19 Tu	24 17 22	28 22 38	5 ♐ 32 28	3 31 43	16 24 49	12 52 12	13 24 30	5 13 02	3 02 50	24 49 32	18 40 49	0 56 31	10 27 36	18 02 31
20 W	25 16 48	12 ♐ 40 52	19 47 55	5 06 16	17 36 11	13 31 15	13 39 11	5 39 58	3 15 06	24 51 26	18 42 22	0 55 12	10 27 13	18 03 49
21 Th	26 16 30	26 53 08	3 ♑ 56 12	6 40 28	18 47 53	14 10 35	13 54 21	6 07 07	3 27 35	24 53 28	18 44 13	0 54 09	10 27 07	18 05 23
22 F	27 16 22	10 ♑ 57 07	17 55 20	8 14 14	19 59 50	14 50 04	14 09 53	6 34 23	3 40 11	24 55 33	18 46 18	0 53 19	10 27 12	18 07 08
23 Sa	28 16 18	24 51 04	1 ♒ 43 45	9 47 28	21 11 55	15 29 37	14 25 41	7 01 39	3 52 46	24 57 34	18 48 29	0 52 33	10 27 22	18 08 56
24 Su	29 16 12	8 ♒ 33 38	15 20 18	11 20 04	22 24 02	16 09 08	14 41 37	7 28 50	4 05 15	24 59 24	18 50 41	0 51 46	10 27 29	18 10 42
25 M	0 ♎ 16 01	22 03 49	28 44 03	12 52 01	23 36 08	16 48 34	14 57 40	7 55 51	4 17 35	25 01 01	18 52 50	0 50 55	10 27 32	18 12 22
26 Tu	1 15 46	5 ♓ 20 53	11 ♓ 54 23	14 23 19	24 48 15	17 27 55	15 13 49	8 22 45	4 29 47	25 02 26	18 54 58	0 50 01	10 27 31	18 13 59
27 W	2 15 32	18 24 23	24 50 59	15 54 05	26 00 26	18 07 17	15 30 10	8 49 37	4 41 55	25 03 44	18 57 10	0 49 10	10 27 31	18 15 36
28 Th	3 15 27	1 ♈ 14 09	7 ♈ 33 52	17 24 25	27 12 48	18 46 46	15 46 50	9 16 32	4 54 07	25 05 01	18 59 31	0 48 27	10 27 39	18 17 20
29 F	4 15 35	13 50 28	20 03 35	18 54 25	28 25 28	19 26 30	16 03 53	9 43 37	5 06 28	25 06 23	19 02 09	0 47 59	10 28 02	18 19 17
30 Sa	5 16 01	26 14 06	2 ♉ 21 12	20 24 10	29 38 30	20 06 31	16 21 25	10 10 56	5 19 02	25 07 56	19 05 07	0 47 50	10 28 43	18 21 32
31 Su	6 16 47	8 ♉ 26 24	14 28 25	21 53 39	0 ♍ 51 54	20 46 51	16 39 25	10 38 30	5 31 50	25 09 38	19 08 26	0 48 01	10 29 42	18 24 06

Notes

LONGITUDE — November 2004

Day	☉	0 hr ☽	Noon ☽	☿	♀	♂	⚵	⚳	♃	♄	⚷	♅	♆	♇
1 M	7 ♎ 17 46	20 ♉ 29 20	26 ♉ 27 34	23 ♎ 22 48	2 ♍ 05 36	21 ♍ 27 24	16 ♐ 57 50	11 ♍ 06 14	5 ♍ 44 47	25 ♊ 11 26	19 ♐ 12 01	0 ♒ 48 27	10 ♑ 30 56	18 ♏ 26 52
2 Tu	8 18 52	2 ♊ 25 31	8 ♊ 21 33	24 51 27	3 19 26	22 08 03	17 16 29	11 33 59	5 57 46	25 13 11	19 15 44	0 49 00	10 32 16	18 29 44
3 W	9 19 52	14 18 08	20 13 55	26 19 25	4 33 14	22 48 37	17 35 13	12 01 35	6 10 33	25 14 42	19 19 24	0 49 29	10 33 31	18 32 30
4 Th	10 20 36	26 10 58	2 ♋ 08 39	27 46 27	5 46 48	23 28 53	17 53 49	12 28 49	6 22 58	25 15 47	19 22 48	0 49 42	10 34 28	18 34 58
5 F	11 20 53	8 ♋ 08 16	14 10 09	29 12 23	6 59 58	24 08 43	18 12 08	12 55 33	6 34 52	25 16 18	19 25 49	0 49 29	10 34 60	18 36 59
6 Sa	12 20 40	20 14 35	26 22 59	0 ♏ 37 06	8 12 40	24 48 02	18 30 05	13 21 41	6 46 09	25 16 09	19 28 21	0 48 47	10 35 01	18 38 28
7 Su	13 19 59	2 ♌ 34 35	8 ♌ 51 43	2 00 37	9 24 57	25 26 53	18 47 43	13 47 17	6 56 54	25 15 24	19 30 27	0 47 38	10 34 34	18 39 29
8 M	14 19 02	15 12 44	21 40 28	3 23 02	10 36 60	26 05 27	19 05 14	14 12 32	7 07 15	25 14 13	19 32 17	0 46 13	10 33 51	18 40 12
9 Tu	15 18 04	28 12 48	4 ♍ 52 28	4 44 36	11 49 04	26 44 00	19 22 52	14 37 42	7 17 31	25 12 53	19 34 10	0 44 50	10 33 07	18 40 55
10 W	16 17 28	11 ♍ 37 25	18 29 31	6 05 34	13 01 32	27 22 55	19 41 01	15 03 08	7 28 02	25 11 46	19 36 26	0 43 48	10 32 45	18 41 57
11 Th	17 17 33	25 27 26	2 ♎ 31 24	7 26 11	14 14 44	28 02 30	19 59 60	15 29 10	7 39 09	25 11 11	19 39 25	0 43 30	10 33 05	18 43 41
12 F	18 18 34	9 ♎ 41 23	16 55 29	8 46 36	15 28 54	28 43 03	20 20 03	15 56 04	7 51 07	25 11 25	19 43 22	0 44 09	10 34 21	18 46 20
13 Sa	19 20 37	24 15 17	1 ♏ 36 40	10 06 46	16 44 06	29 24 35	20 41 15	16 23 54	8 03 59	25 12 30	19 48 22	0 45 50	10 36 38	18 49 58
14 Su	20 23 30	9 ♏ 02 50	16 27 51	11 26 23	18 00 12	0 ♎ 06 59	21 03 27	16 52 31	8 17 37	25 14 19	19 54 15	0 48 25	10 39 48	18 54 28
15 M	21 26 54	23 56 07	1 ♐ 20 47	12 44 56	19 16 50	0 49 54	21 26 18	17 21 33	8 31 39	25 16 30	20 00 41	0 51 31	10 43 28	18 59 27
16 Tu	22 30 19	8 ♐ 46 48	16 07 27	14 01 43	20 33 30	1 32 49	21 49 17	17 50 30	8 45 35	25 18 33	20 07 08	0 54 39	10 47 08	19 04 26
17 W	23 33 12	23 27 21	0 ♑ 41 06	15 15 59	21 49 41	2 15 13	22 11 53	18 18 51	8 58 54	25 19 56	20 13 07	0 57 17	10 50 19	19 08 54
18 Th	24 35 09	7 ♑ 52 05	14 57 06	16 27 04	23 04 57	2 56 41	22 33 41	18 46 12	9 11 12	25 20 16	20 18 12	0 59 02	10 52 34	19 12 25
19 F	25 35 58	21 57 39	28 53 07	17 34 28	24 19 08	3 37 02	22 54 29	19 12 20	9 22 15	25 19 21	20 22 11	0 59 41	10 53 42	19 14 48
20 Sa	26 35 45	5 ♒ 43 00	12 ♒ 28 59	18 37 57	25 32 18	4 16 21	23 14 23	19 37 20	9 32 10	25 17 15	20 25 10	0 59 19	10 53 48	19 16 08
21 Su	27 34 50	19 08 55	25 46 02	19 37 28	26 44 47	4 54 58	23 33 42	20 01 34	9 41 17	25 14 20	20 27 29	0 58 17	10 53 13	19 16 45
22 M	28 33 46	2 ♓ 17 22	8 ♓ 46 33	20 33 06	27 57 08	5 33 26	23 52 59	20 25 32	9 50 08	25 11 07	20 29 40	0 57 07	10 52 30	19 17 12
23 Tu	29 33 09	15 10 55	21 33 11	21 24 59	29 09 59	6 12 22	24 12 51	20 49 53	9 59 20	25 08 14	20 32 21	0 56 27	10 52 14	19 18 07
24 W	0 ♏ 33 35	27 52 08	4 ♈ 08 25	22 13 10	0 ♎ 23 54	6 52 22	24 33 53	21 15 12	10 09 29	25 06 17	20 36 07	0 56 52	10 53 03	19 20 04
25 Th	1 35 32	10 ♈ 23 17	16 34 24	22 57 27	1 39 21	7 33 53	24 56 33	21 41 57	10 21 01	25 05 43	20 41 24	0 58 49	10 55 22	19 23 31
26 F	2 39 13	22 46 10	28 52 47	23 37 24	2 56 34	8 17 09	25 21 04	22 10 20	10 34 12	25 06 45	20 48 28	1 02 33	10 59 27	19 28 41
27 Sa	3 44 36	5 ♉ 02 05	11 ♉ 04 51	24 12 14	4 15 30	9 02 07	25 47 24	22 40 20	10 48 57	25 09 22	20 57 16	1 07 60	11 05 14	19 35 33
28 Su	4 51 23	17 11 59	23 11 33	24 40 51	5 35 52	9 48 29	26 15 15	23 11 38	11 04 60	25 13 16	21 07 29	1 14 53	11 12 26	19 43 48
29 M	5 59 03	29 16 41	5 ♊ 13 51	25 01 57	6 57 07	10 35 45	26 44 05	23 43 43	11 21 48	25 17 54	21 18 36	1 22 40	11 20 30	19 52 54
30 Tu	7 06 54	11 ♊ 17 13	17 12 58	25 13 59	8 18 34	11 23 12	27 13 13	24 15 53	11 38 39	25 22 37	21 29 56	1 30 40	11 28 46	20 02 11

LONGITUDE — December 2004

Day	☉	0 hr ☽	Noon ☽	☿	♀	♂	⚵	⚳	♃	♄	⚷	♅	♆	♇
1 W	8 ♏ 14 12	23 ♊ 14 58	29 ♊ 10 36	25 ♏ 15 31	9 ♎ 39 30	12 ♎ 10 07	27 ♐ 41 54	24 ♍ 47 24	11 ♍ 54 51	25 ♊ 26 39	21 ♐ 40 44	1 ♒ 38 08	11 ♑ 36 30	20 ♏ 10 55
2 Th	9 20 18	5 ♋ 12 02	11 ♋ 09 10	25 05 13	10 59 15	12 55 50	28 09 30	25 17 38	12 09 44	25 29 22	21 50 21	1 44 27	11 43 03	20 18 25
3 F	10 24 45	17 11 21	23 11 55	24 42 11	12 17 21	13 39 55	28 35 32	25 46 07	12 22 49	25 30 18	21 58 21	1 49 08	11 47 56	20 24 15
4 Sa	11 27 23	29 16 45	5 ♌ 22 56	24 06 06	13 33 39	14 22 11	28 59 51	26 12 39	12 33 58	25 29 18	22 04 32	1 52 01	11 51 01	20 28 15
5 Su	12 28 21	11 ♌ 32 53	17 47 02	23 17 22	14 48 18	15 02 48	29 22 38	26 37 27	12 43 20	25 26 32	22 09 06	1 53 16	11 52 27	20 30 34
6 M	13 28 12	24 04 60	0 ♍ 29 28	22 17 11	16 01 50	15 42 18	29 44 22	27 00 60	12 51 26	25 22 31	22 12 32	1 53 26	11 52 45	20 31 45
7 Tu	14 27 42	6 ♍ 58 28	13 35 20	21 07 33	17 15 02	16 21 27	0 ♑ 05 52	27 24 05	12 59 03	25 18 02	22 15 39	1 53 16	11 52 43	20 32 34
8 W	15 27 45	20 18 06	27 08 51	19 51 12	18 28 48	17 01 11	0 28 01	27 47 39	13 07 06	25 14 01	22 19 21	1 53 42	11 53 15	20 33 55
9 Th	16 29 15	4 ♎ 07 19	11 ♎ 12 23	18 31 14	19 44 02	17 42 22	0 51 43	28 12 32	13 16 28	25 11 19	22 24 30	1 55 35	11 55 14	20 36 42
10 F	17 32 50	18 26 57	25 45 24	17 10 57	21 01 20	18 25 38	1 17 35	28 39 22	13 27 46	25 10 35	22 31 45	1 59 35	11 59 18	20 41 33
11 Sa	18 38 42	3 ♏ 14 30	10 ♏ 43 42	15 53 22	22 20 56	19 11 13	1 45 50	29 08 23	13 41 13	25 12 03	22 41 19	2 05 55	12 05 40	20 48 40
12 Su	19 46 34	18 23 35	25 59 18	14 40 58	23 42 33	19 58 48	2 16 12	29 39 18	13 56 32	25 15 24	22 52 53	2 14 16	12 14 03	20 57 46
13 M	20 55 40	3 ♐ 44 24	11 ♐ 21 22	13 35 32	25 05 25	20 47 38	2 47 53	0 ♎ 11 21	14 12 57	25 19 54	23 05 44	2 23 54	12 23 41	21 08 06
14 Tu	22 04 57	19 05 10	26 38 01	12 38 05	26 28 28	21 36 40	3 19 51	0 43 27	14 29 25	25 24 30	23 18 46	2 33 44	12 33 31	21 18 36
15 W	23 13 19	4 ♑ 14 17	11 ♑ 38 25	11 49 06	27 50 35	22 24 48	3 50 60	1 14 31	14 44 49	25 28 04	23 30 54	2 42 41	12 42 26	21 28 10
16 Th	24 19 52	19 02 25	26 14 44	11 08 45	29 10 56	23 11 08	4 20 26	1 43 40	14 58 17	25 29 46	23 41 16	2 49 53	12 49 33	21 35 55
17 F	25 24 12	3 ♒ 23 46	10 ♒ 22 51	10 37 10	0 ♏ 29 04	23 55 17	4 47 45	2 10 29	15 09 23	25 29 09	23 49 25	2 54 53	12 54 29	21 41 26
18 Sa	26 26 26	17 16 25	24 02 21	10 14 31	1 45 06	24 37 21	5 13 04	2 35 05	15 18 15	25 26 22	23 55 30	2 57 50	12 57 20	21 44 51
19 Su	27 27 11	0 ♓ 41 44	7 ♓ 15 38	10 01 11	2 59 40	25 17 56	5 36 58	2 58 05	15 25 30	25 22 01	24 00 07	2 59 20	12 58 42	21 46 46
20 M	28 27 23	13 43 17	20 06 56	9 57 36	4 13 42	25 58 01	6 00 27	3 20 26	15 32 04	25 17 03	24 04 13	3 00 20	12 59 33	21 48 08
21 Tu	29 28 09	26 25 51	2 ♈ 41 12	10 04 13	5 28 19	26 38 42	6 24 35	3 43 13	15 39 03	25 12 36	24 08 54	3 01 56	13 00 60	21 50 04
22 W	0 ♐ 30 32	8 ♈ 54 24	15 03 22	10 21 17	6 44 32	27 20 60	6 50 24	4 07 29	15 47 31	25 09 40	24 15 13	3 05 11	13 04 03	21 53 36
23 Th	1 35 18	21 13 26	27 17 41	10 48 50	8 03 10	28 05 43	7 18 43	4 34 02	15 58 12	25 09 04	24 23 56	3 10 51	13 09 32	21 59 30
24 F	2 42 52	3 ♉ 26 35	9 ♉ 27 29	11 26 28	9 24 36	28 53 16	7 49 56	5 03 16	16 11 34	25 11 13	24 35 29	3 19 22	13 17 49	22 08 13
25 Sa	3 53 14	15 36 23	21 34 60	12 13 25	10 48 51	29 43 37	8 24 01	5 35 09	16 27 35	25 16 05	24 49 50	3 30 43	13 28 55	22 19 42
26 Su	5 05 56	27 44 22	3 ♊ 41 30	13 08 32	12 15 26	0 ♏ 36 20	9 00 31	6 09 15	16 45 46	25 23 14	25 06 33	3 44 26	13 42 22	22 33 30
27 M	6 20 08	9 ♊ 51 14	15 47 34	14 10 19	13 43 32	1 30 36	9 38 36	6 44 43	17 05 18	25 31 50	25 24 46	3 59 41	13 57 20	22 48 48
28 Tu	7 34 46	21 57 14	27 53 23	15 17 09	15 12 04	2 25 19	10 17 14	7 20 30	17 25 08	25 40 49	25 43 27	4 15 25	14 12 45	23 04 32
29 W	8 48 42	4 ♋ 02 32	9 ♋ 59 17	16 27 20	16 39 56	3 19 21	10 55 14	7 55 27	17 44 06	25 49 03	26 01 26	4 30 29	14 27 29	23 19 33
30 Th	10 00 54	16 07 45	22 06 06	17 39 23	18 06 02	4 11 40	11 31 34	8 28 30	18 01 10	25 55 29	26 17 41	4 43 50	14 40 29	23 32 48
31 F	11 10 36	28 14 16	4 ♌ 15 32	18 52 07	19 29 40	5 01 31	12 05 29	8 58 55	18 15 35	25 59 22	26 31 27	4 54 43	14 51 00	23 43 32

Notes

January 2005 — LONGITUDE

Day	☉	0 hr ☽	Noon ☽	☿	♀	♂	⚵	⚳	♃	♄	⚷	♅	♆	♇
1 Sa	12 ♐ 17 26	10 ♌ 24 33	16 ♌ 30 24	20 ♏ 04 49	20 ♏ 50 27	5 ♏ 48 32	12 ♑ 36 38	9 ♎ 26 21	18 ♍ 26 59	26 ♊ 00 22	26 ♐ 42 23	5 ♒ 02 47	14 ♑ 58 41	23 ♏ 51 25
2 Su	13 21 35	22 42 16	28 54 43	21 17 19	22 08 32	6 32 53	13 05 11	9 50 57	18 35 32	25 58 38	26 50 37	5 08 11	15 03 41	23 56 35
3 M	14 23 41	5 ♍ 12 12	11 ♍ 33 28	22 29 60	23 24 34	7 15 13	13 31 44	10 13 19	18 41 51	25 54 47	26 56 49	5 11 34	15 06 37	23 59 41
4 Tu	15 24 44	17 59 54	24 32 16	23 43 37	24 39 35	7 56 32	13 57 20	10 34 32	18 46 59	25 49 53	27 01 59	5 13 56	15 08 33	24 01 43
5 W	16 26 01	1 ♎ 11 06	7 ♎ 56 34	24 59 15	25 54 50	8 38 06	14 23 15	10 55 48	18 52 10	25 45 11	27 07 23	5 16 35	15 10 43	24 03 59
6 Th	17 28 46	14 50 44	21 50 39	26 17 56	27 11 33	9 21 10	14 50 42	11 18 24	18 58 40	25 41 54	27 14 15	5 20 43	15 14 22	24 07 41
7 F	18 33 57	29 01 54	6 ♏ 16 21	27 40 29	28 30 42	10 06 41	15 20 40	11 43 15	19 07 24	25 41 02	27 23 33	5 27 18	15 20 27	24 13 49
8 Sa	19 41 59	13 ♏ 44 29	21 11 54	29 07 11	29 52 43	10 55 05	15 53 34	12 10 49	19 18 50	25 43 01	27 35 44	5 36 47	15 29 24	24 22 47
9 Su	20 52 40	28 54 09	6 ♐ 31 04	0 ♐ 37 43	1 ♐ 17 23	11 46 10	16 29 11	12 40 52	19 32 45	25 47 37	27 50 34	5 48 58	15 41 02	24 34 23
10 M	22 05 08	14 ♐ 22 11	22 03 27	2 11 07	2 43 51	12 39 04	17 06 41	13 12 33	19 48 17	25 53 59	28 07 12	6 02 57	15 54 27	24 47 45
11 Tu	23 18 05	29 56 25	7 ♑ 35 60	3 45 59	4 10 48	13 32 28	17 44 43	13 44 31	20 04 07	26 00 50	28 24 18	6 17 27	16 08 21	25 01 35
12 W	24 30 04	15 ♑ 23 20	22 55 28	5 20 49	5 36 47	14 24 56	18 21 53	14 15 23	20 18 50	26 06 43	28 40 27	6 31 01	16 21 20	25 14 28
13 Th	25 39 55	0 ♒ 30 48	7 ♒ 51 01	6 54 23	7 00 40	15 15 20	18 57 01	14 43 58	20 31 15	26 10 29	28 54 30	6 42 31	16 32 11	25 25 12
14 F	26 47 01	15 10 10	22 15 56	8 25 59	8 21 47	16 02 59	19 29 27	15 09 36	20 40 44	26 11 29	29 05 47	6 51 16	16 40 19	25 33 10
15 Sa	27 51 21	29 17 20	6 ♓ 07 57	9 55 38	9 40 10	16 47 56	19 59 13	15 32 20	20 47 18	26 09 45	29 14 21	6 57 20	16 45 42	25 38 23
16 Su	28 53 36	12 ♓ 52 23	19 28 43	11 23 53	10 56 28	17 30 48	20 26 58	15 52 47	20 51 36	26 05 56	29 20 48	7 01 20	16 49 01	25 41 29
17 M	29 54 48	25 58 41	2 ♈ 22 35	12 51 50	12 11 44	18 12 42	20 53 46	16 12 02	20 54 43	26 01 07	29 26 15	7 04 20	16 51 19	25 43 33
18 Tu	0 ♑ 56 15	8 ♈ 41 30	14 55 18	14 20 42	13 27 16	18 54 53	21 20 54	16 31 22	20 57 54	25 56 34	29 31 57	7 07 38	16 53 54	25 45 52
19 W	1 59 11	21 06 50	27 13 01	15 51 41	14 44 17	19 38 34	21 49 34	16 51 59	21 02 23	25 53 30	29 39 08	7 12 26	16 57 58	25 49 39
20 Th	3 04 31	3 ♉ 20 34	9 ♉ 21 28	17 25 45	16 03 44	20 24 43	22 20 44	17 14 51	21 09 07	25 52 54	29 48 45	7 19 42	17 04 28	25 55 50
21 F	4 12 49	15 27 46	21 25 25	19 03 25	17 26 08	21 13 51	22 54 57	17 40 29	21 18 39	25 55 17	0 ♑ 01 19	7 29 57	17 13 57	26 04 58
22 Sa	5 24 06	27 32 20	3 ♊ 28 24	20 44 42	18 51 33	22 06 01	23 32 13	18 08 56	21 30 59	26 00 41	0 16 53	7 43 14	17 26 27	26 17 06
23 Su	6 37 54	9 ♊ 36 58	15 32 43	22 29 08	20 19 30	23 00 46	24 12 05	18 39 43	21 45 41	26 08 39	0 34 59	7 59 04	17 41 29	26 31 44
24 M	7 53 22	21 43 10	27 39 33	24 15 52	21 49 08	23 57 13	24 53 42	19 11 58	22 01 52	26 18 19	0 54 45	8 16 37	17 58 12	26 48 02
25 Tu	9 09 21	3 ♋ 51 32	9 ♋ 49 14	26 03 45	23 19 17	24 54 13	25 35 54	19 44 32	22 18 24	26 28 33	1 15 02	8 34 43	18 15 27	27 04 50
26 W	10 24 37	16 02 07	22 01 43	27 51 34	24 48 44	25 50 33	26 17 28	20 16 12	22 34 02	26 38 06	1 34 37	8 52 07	18 32 00	27 20 55
27 Th	11 38 03	28 14 57	4 ♌ 17 01	29 38 12	26 16 22	26 45 05	26 57 16	20 45 50	22 47 40	26 45 53	1 52 22	9 07 44	18 46 45	27 35 09
28 F	12 48 49	10 ♌ 30 23	16 35 39	1 ♑ 22 48	27 41 21	27 37 00	27 34 28	21 12 35	22 58 28	26 51 02	2 07 26	9 20 43	18 58 50	27 46 43
29 Sa	13 56 31	22 49 38	28 59 05	3 05 01	29 03 15	28 25 53	28 08 41	21 36 04	23 05 60	26 53 10	2 19 27	9 30 40	19 07 52	27 55 12
30 Su	15 01 13	5 ♍ 14 54	11 ♍ 29 52	4 44 55	0 ♑ 22 12	29 11 50	28 39 58	21 56 21	23 10 23	26 52 22	2 28 28	9 37 39	19 13 55	28 00 41
31 M	16 03 32	17 49 34	24 11 39	6 23 06	1 38 46	29 55 25	29 08 56	22 14 01	23 12 11	26 49 15	2 35 05	9 42 16	19 17 36	28 03 46

February 2005 — LONGITUDE

Day	☉	0 hr ☽	Noon ☽	☿	♀	♂	⚵	⚳	♃	♄	⚷	♅	♆	♇
1 Tu	17 ♑ 04 26	0 ♎ 37 59	7 ♎ 08 59	8 ♑ 00 36	2 ♑ 53 55	0 ♐ 37 39	29 ♑ 36 34	22 ♎ 30 03	23 ♍ 12 24	26 ♊ 44 46	2 ♑ 40 18	9 ♒ 45 31	19 ♑ 19 54	28 ♏ 05 25
2 W	18 05 09	13 44 59	20 26 42	9 38 37	4 08 55	1 19 44	0 ♒ 04 05	22 45 41	23 12 16	26 40 10	2 45 19	9 48 37	19 22 01	28 06 53
3 Th	19 06 56	27 15 16	4 ♏ 09 09	11 18 26	5 24 58	2 02 54	0 32 44	23 02 09	23 12 60	26 36 41	2 51 24	9 52 47	19 25 13	28 09 24
4 F	20 10 45	11 ♏ 12 24	18 19 05	13 01 02	6 43 05	2 48 10	1 03 29	23 20 25	23 15 35	26 35 19	2 59 31	9 59 02	19 30 25	28 13 56
5 Sa	21 17 07	25 37 36	2 ♐ 56 30	14 46 58	8 03 46	3 36 02	1 36 52	23 41 01	23 20 34	26 36 35	3 10 11	10 07 52	19 38 15	28 21 02
6 Su	22 25 58	10 ♐ 28 48	17 57 42	16 36 09	9 26 56	4 26 25	2 12 48	24 03 50	23 27 51	26 40 23	3 23 18	10 19 13	19 48 33	28 30 34
7 M	23 36 34	25 40 02	3 ♑ 15 03	18 27 53	10 51 53	5 18 36	2 50 33	24 28 11	23 36 42	26 46 02	3 38 12	10 32 20	20 00 38	28 41 52
8 Tu	24 47 47	11 ♑ 01 42	18 37 44	20 21 02	12 17 27	6 11 26	3 28 59	24 52 54	23 46 00	26 52 23	3 53 42	10 46 07	20 13 20	28 53 47
9 W	25 58 19	26 21 58	3 ♒ 53 33	22 14 19	13 42 20	7 03 38	4 06 49	25 16 41	23 54 27	26 58 07	4 08 30	10 59 14	20 25 22	29 04 59
10 Th	27 07 01	11 ♒ 28 58	18 51 15	24 06 36	15 05 25	7 54 03	4 42 53	25 38 23	24 00 53	27 02 08	4 21 28	11 10 33	20 35 36	29 14 22
11 F	28 13 13	26 12 58	3 ♓ 22 31	25 57 14	16 26 01	8 41 60	5 16 31	25 57 20	24 04 40	27 03 44	4 31 56	11 19 24	20 43 20	29 21 14
12 Sa	29 16 47	10 ♓ 27 50	17 22 57	27 46 04	17 44 00	9 27 23	5 47 36	26 13 24	24 05 39	27 02 49	4 39 47	11 25 40	20 48 29	29 25 29
13 Su	0 ♒ 18 11	24 11 29	0 ♈ 52 08	29 33 34	18 59 50	10 10 38	6 16 35	26 27 03	24 04 19	26 59 49	4 45 27	11 29 48	20 51 28	29 27 33
14 M	1 18 15	7 ♈ 25 21	13 52 43	1 ♒ 20 34	20 14 21	10 52 37	6 44 19	26 39 06	24 01 29	26 55 36	4 49 47	11 32 38	20 53 09	29 28 17
15 Tu	2 18 04	20 13 21	26 29 28	3 08 08	21 28 38	11 34 24	7 11 53	26 50 38	23 58 14	26 51 14	4 53 52	11 35 15	20 54 36	29 28 46
16 W	3 18 41	2 ♉ 40 52	8 ♉ 48 08	4 57 18	22 43 44	12 17 02	7 40 18	27 02 43	23 55 38	26 47 47	4 58 45	11 38 42	20 56 52	29 30 03
17 Th	4 20 57	14 53 40	20 54 40	6 48 54	24 00 30	13 01 22	8 10 27	27 16 10	23 54 33	26 46 06	5 05 17	11 43 50	21 00 49	29 32 60
18 F	5 25 24	26 57 23	2 ♊ 54 32	8 43 24	25 19 29	13 47 56	8 42 52	27 31 32	23 55 29	26 46 42	5 14 00	11 51 12	21 06 59	29 38 07
19 Sa	6 32 08	8 ♊ 56 51	14 52 20	10 40 52	26 40 46	14 36 51	9 17 38	27 48 55	23 58 33	26 49 43	5 24 60	12 00 53	21 15 26	29 45 31
20 Su	7 40 52	20 55 58	26 51 38	12 40 55	28 04 03	15 27 49	9 54 28	28 08 01	24 03 29	26 54 51	5 37 59	12 12 35	21 25 55	29 54 55
21 M	8 50 56	2 ♋ 57 37	8 ♋ 54 56	14 42 50	29 28 43	16 20 11	10 32 44	28 28 11	24 09 36	27 01 27	5 52 19	12 25 40	21 37 46	0 ♐ 05 40
22 Tu	10 01 30	15 03 40	21 03 44	16 45 38	0 ♒ 53 53	17 13 05	11 11 32	28 48 32	24 16 04	27 08 38	6 07 07	12 39 16	21 50 07	0 16 54
23 W	11 11 36	27 15 12	3 ♌ 18 48	18 48 14	2 18 36	18 05 35	11 49 57	29 08 09	24 21 56	27 15 30	6 21 28	12 52 27	22 02 01	0 27 40
24 Th	12 20 22	9 ♌ 32 47	15 40 26	20 49 36	3 42 01	18 56 48	12 27 07	29 26 07	24 26 19	27 21 09	6 34 27	13 04 19	22 12 37	0 37 06
25 F	13 27 09	21 56 45	28 08 54	22 48 54	5 03 27	19 46 05	13 02 21	29 41 48	24 28 35	27 24 56	6 45 27	13 14 13	22 21 14	0 44 33
26 Sa	14 31 36	4 ♍ 27 38	10 ♍ 44 42	24 45 32	6 22 35	20 33 06	13 35 20	29 54 52	24 28 23	27 26 31	6 54 07	13 21 49	22 27 33	0 49 40
27 Su	15 33 46	17 06 20	23 28 52	26 39 18	7 39 27	21 17 53	14 06 06	0 ♏ 05 19	24 25 46	27 25 56	7 00 29	13 27 11	22 31 36	0 52 29
28 M	16 34 03	29 54 26	6 ♎ 23 08	28 30 16	8 54 27	22 00 49	14 35 02	0 13 35	24 21 08	27 23 35	7 04 57	13 30 40	22 33 46	0 53 25

Notes

LONGITUDE — March 2005

Day	☉	0 hr ☽	Noon ☽	☿	♀	♂	⚷	⚴	♃	♄	⚸	♅	♆	♇
1 Tu	17♒33 08	12♎54 05	19♎29 48	0♓18 47	10♒08 15	22♐42 37	15♒02 51	0♏20 19	24♍15 09	27♊20 10	7♑08 12	13♒32 59	22♑34 45	0♐53 09
2 W	18 31 53	26 07 56	2♏51 35	2 05 21	11 21 45	23 24 08	15 30 23	0 26 23	24 08 44	27 16 33	7 11 06	13 34 59	22 35 25	0 52 32
3 Th	19 31 11	9♏38 38	16 30 60	3 50 23	12 35 49	24 06 15	15 58 32	0 32 41	24 02 43	27 13 36	7 14 31	13 37 33	22 36 38	0 52 28
4 F	20 31 44	23 28 18	0♐29 44	5 34 08	13 51 08	24 49 39	16 28 01	0 39 53	23 57 50	27 12 02	7 19 11	13 41 24	22 39 07	0 53 38
5 Sa	21 33 55	7♐37 43	14 47 53	7 16 30	15 08 07	25 34 45	16 59 11	0 48 24	23 54 28	27 12 14	7 25 28	13 46 54	22 43 15	0 56 26
6 Su	22 37 45	22 05 42	29 23 15	8 56 56	16 26 45	26 21 32	17 32 03	0 58 12	23 52 37	27 14 11	7 33 21	13 54 03	22 49 02	1 00 52
7 M	23 42 47	6♑48 36	14♑11 05	10 34 29	17 46 37	27 09 35	18 06 12	1 08 51	23 51 52	27 17 30	7 42 27	14 02 27	22 56 02	1 06 31
8 Tu	24 48 19	21 40 18	29 04 18	12 07 53	19 07 01	27 58 11	18 40 55	1 19 41	23 51 31	27 21 27	7 52 01	14 11 22	23 03 34	1 12 39
9 W	25 53 33	6♒32 50	13♒54 26	13 35 48	20 27 06	28 45 31	19 15 23	1 29 50	23 50 46	27 25 14	8 01 16	14 19 60	23 10 47	1 18 29
10 Th	26 57 45	21 17 34	28 32 54	14 56 56	21 46 11	29 33 52	19 48 53	1 38 36	23 48 52	27 28 06	8 09 28	14 27 37	23 16 59	1 23 16
11 F	28 00 26	5♓46 34	12♓52 26	16 10 19	23 03 45	0♑19 45	20 20 56	1 45 30	23 45 22	27 29 36	8 16 07	14 33 44	23 21 41	1 26 32
12 Sa	29 01 27	19 53 49	26 48 08	17 15 19	24 19 41	1 04 01	20 51 23	1 50 22	23 40 07	27 29 35	8 21 05	14 38 12	23 24 45	1 28 09
13 Su	0♓00 59	3♈35 56	10♈17 48	18 11 44	25 34 10	1 46 52	21 20 26	1 53 25	23 33 19	27 28 15	8 24 34	14 41 14	23 26 20	1 28 17
14 M	0 59 30	16 52 12	23 16 18	18 59 37	26 47 39	2 28 41	21 48 31	1 55 04	23 25 26	27 26 01	8 27 01	14 43 16	23 26 56	1 27 24
15 Tu	1 57 35	29 44 16	6♉03 02	19 39 14	28 00 43	3 10 14	22 16 15	1 55 56	23 17 02	27 23 31	8 29 01	14 44 54	23 27 06	1 26 05
16 W	2 55 50	12♉15 29	18 25 09	20 10 58	29 13 57	3 51 57	22 44 12	1 56 36	23 08 44	27 21 19	8 31 10	14 46 42	23 27 28	1 24 56
17 Th	3 54 46	24 30 16	0♊33 03	20 35 09	0♓27 54	4 34 24	23 12 54	1 57 34	23 01 03	27 19 57	8 33 58	14 49 13	23 28 30	1 24 28
18 F	4 54 41	6♊33 30	12 31 46	20 52 01	1 42 52	5 17 53	23 42 39	1 59 11	22 54 20	27 19 43	8 37 44	14 52 45	23 30 34	1 24 60
19 Sa	5 55 43	18 30 04	24 26 14	21 01 42	2 58 57	6 02 32	24 13 35	2 01 32	22 48 39	27 20 45	8 42 37	14 57 24	23 33 46	1 26 39
20 Su	6 57 44	0♋24 35	6♋20 52	21 04 12	4 16 03	6 48 15	24 45 35	2 04 31	22 43 56	27 22 55	8 48 27	15 03 05	23 37 58	1 29 17
21 M	8 00 28	12 21 08	18 19 32	20 59 27	5 33 53	7 34 42	25 18 21	2 07 49	22 39 53	27 25 57	8 54 59	15 09 29	23 42 53	1 32 38
22 Tu	9 03 29	24 23 08	0♌25 21	20 47 23	6 52 01	8 21 31	25 51 28	2 11 03	22 36 05	27 29 25	9 01 47	15 16 12	23 48 06	1 36 17
23 W	10 06 22	6♌33 22	12 40 42	20 28 02	8 10 02	9 08 14	26 24 30	2 13 46	22 32 07	27 32 53	9 08 25	15 22 47	23 53 12	1 39 42
24 Th	11 08 42	18 53 51	25 07 14	20 01 36	9 27 31	9 54 27	26 57 03	2 15 34	22 27 34	27 35 57	9 14 29	15 28 50	23 57 46	1 42 46
25 F	12 10 11	1♍25 57	7♍45 57	19 28 19	10 44 11	10 39 55	27 28 50	2 16 09	22 22 10	27 38 19	9 19 41	15 34 04	24 01 29	1 44 53
26 Sa	13 10 41	14 10 28	20 37 18	18 49 21	11 59 53	11 24 23	27 59 41	2 15 22	22 15 46	27 39 52	9 23 53	15 38 20	24 04 15	1 46 02
27 Su	14 10 15	27 07 43	3♎41 19	18 05 10	13 14 39	12 07 59	28 29 39	2 13 16	22 08 24	27 40 35	9 27 06	15 41 40	24 06 05	1 46 13
28 M	15 09 02	10♎17 40	16 57 49	17 17 05	14 28 40	12 50 51	28 58 55	2 10 01	22 00 16	27 40 41	9 29 30	15 44 14	24 07 08	1 45 39
29 Tu	16 07 19	23 40 07	0♏26 28	16 26 27	15 42 12	13 33 05	29 27 44	2 05 54	21 51 38	27 40 27	9 31 24	15 46 19	24 07 43	1 44 35
30 W	17 05 28	7♏14 40	14 06 50	15 34 36	16 55 37	14 15 38	29 56 28	2 01 15	21 42 51	27 40 12	9 33 07	15 48 16	24 08 09	1 43 22
31 Th	18 03 47	21 00 48	27 58 19	14 42 56	18 09 12	14 58 10	0♓25 25	1 56 23	21 34 14	27 40 14	9 34 58	15 50 24	24 08 45	1 42 18

LONGITUDE — April 2005

Day	☉	0 hr ☽	Noon ☽	☿	♀	♂	⚷	⚴	♃	♄	⚸	♅	♆	♇
1 F	19♓02 28	4♐57 46	12♐00 01	13♓52 37	19♓23 10	15♑41 08	0♓54 48	1♏51 32	21♍26 00	27♊40 48	9♑37 09	15♒52 54	24♑09 44	1♐41 37
2 Sa	20 01 38	19 04 20	26 10 31	13 04 41	20 37 39	16 24 37	1 24 43	1 46 46	21 18 16	27 41 59	9 39 47	15 55 53	24 11 12	1 41 25
3 Su	21 01 14	3♑18 42	10♑27 41	12 19 56	21 52 33	17 08 34	1 55 07	1 42 04	21 10 59	27 43 43	9 42 48	15 59 18	24 13 05	1 41 38
4 M	22 01 06	17 38 16	24 48 33	11 38 54	23 07 46	17 52 50	2 25 50	1 37 17	21 03 60	27 45 53	9 46 04	16 03 00	24 15 16	1 42 07
5 Tu	23 01 03	1♒59 39	9♒09 11	11 01 60	24 23 08	18 37 13	2 56 42	1 32 12	20 57 07	27 48 15	9 49 22	16 06 47	24 17 31	1 42 41
6 W	24 00 52	16 18 44	23 25 45	10 29 31	25 38 14	19 21 31	3 27 29	1 26 38	20 50 09	27 50 38	9 52 30	16 10 27	24 19 39	1 43 07
7 Th	25 00 26	0♓31 08	7♓33 16	10 01 42	26 53 11	20 05 35	3 58 04	1 20 27	20 42 59	27 52 54	9 55 21	16 13 51	24 21 32	1 43 18
8 F	25 59 41	14 32 29	21 27 47	9 38 45	28 07 50	20 49 24	4 28 24	1 13 37	20 35 53	27 55 01	9 57 51	16 16 58	24 23 07	1 43 10
9 Sa	26 58 41	28 19 03	5♈05 56	9 20 54	29 22 15	32 59	4 58 31	1 06 11	20 27 55	27 55 29	10 00 04	16 19 49	24 24 26	1 42 47
10 Su	27 57 31	11♈48 06	18 25 36	9 08 17	0♈36 30	22 16 25	5 28 31	0 58 15	20 20 11	27 58 56	10 02 04	16 22 29	24 25 35	1 42 14
11 M	28 56 17	24 58 09	1♉26 01	9 01 05	1 50 42	22 59 51	5 58 31	0 49 56	20 12 28	28 00 58	10 03 58	16 25 07	24 26 41	1 41 37
12 Tu	29 55 05	7♉49 07	14 08 41	8 59 05	3 04 58	23 43 21	6 28 36	0 41 20	20 04 51	28 03 10	10 05 53	16 27 47	24 27 50	1 41 03
13 W	0♈53 57	20 22 14	26 32 43	9 02 53	4 19 19	24 26 57	6 58 49	0 32 30	19 57 24	28 05 30	10 07 50	16 30 33	24 29 04	1 40 34
14 Th	1 52 54	2♊39 50	8♊43 44	9 11 43	5 33 45	25 10 40	7 29 09	0 23 26	19 50 06	28 08 12	10 09 48	16 33 22	24 30 21	1 40 09
15 F	2 51 49	14 45 13	20 44 58	9 25 34	6 48 11	25 54 24	7 59 31	0 14 04	19 42 53	28 10 57	10 11 44	16 36 10	24 31 39	1 39 43
16 Sa	3 50 38	26 42 18	2♋39 05	9 44 09	8 02 31	26 38 03	8 29 50	0 04 19	19 35 39	28 13 43	10 13 31	16 38 52	24 32 50	1 39 12
17 Su	4 49 14	8♋35 26	14 32 04	10 07 11	9 16 39	27 21 32	8 59 59	29♎54 05	19 28 18	28 16 25	10 15 03	16 41 22	24 33 48	1 38 27
18 M	5 47 32	20 29 11	26 27 60	10 34 25	10 30 32	28 04 46	9 29 54	29 43 18	19 20 47	28 18 57	10 16 16	16 43 45	24 34 30	1 37 27
19 Tu	6 45 34	2♌28 08	8♌31 18	11 05 39	11 44 08	28 47 45	9 59 35	29 31 60	19 13 06	28 21 21	10 17 10	16 45 30	24 34 56	1 36 09
20 W	7 43 23	14 36 38	20 46 06	11 40 46	12 57 32	29 30 33	10 29 06	29 20 15	19 05 18	28 23 40	10 17 49	16 47 13	24 35 08	1 34 39
21 Th	8 41 07	26 58 33	3♍15 53	12 19 44	14 10 52	0♒13 19	10 58 36	29 08 12	18 57 34	28 26 02	10 18 21	16 48 51	24 35 17	1 33 06
22 F	9 38 59	9♍36 25	16 03 16	13 02 34	15 24 21	0 56 14	11 28 17	28 56 03	18 50 05	28 28 39	10 18 58	16 50 37	24 35 33	1 31 40
23 Sa	10 37 10	22 33 59	29 09 43	13 49 18	16 38 10	1 39 31	11 58 19	28 44 02	18 43 03	28 31 44	10 19 52	16 52 42	24 36 09	1 30 34
24 Su	11 35 51	5♎50 24	12♎35 24	14 39 56	17 52 30	2 23 19	12 28 55	28 32 20	18 36 39	28 35 26	10 21 14	16 55 17	24 37 14	1 29 58
25 M	12 35 07	19 25 36	26 18 59	15 34 26	19 07 26	3 07 43	13 00 08	28 21 02	18 30 57	28 39 51	10 23 08	16 58 27	24 38 55	1 29 57
26 Tu	13 34 54	3♏17 28	10♏17 47	16 32 35	20 22 54	3 52 42	13 31 55	28 10 05	18 26 28	28 44 54	10 25 31	17 02 07	24 41 07	1 30 29
27 W	14 35 03	17 22 41	24 29 05	17 34 04	21 38 43	4 38 02	14 04 06	27 59 20	18 21 23	28 50 26	10 28 13	17 06 08	24 43 40	1 31 21
28 Th	15 35 15	1♐37 05	8♐45 27	18 38 30	22 54 36	5 23 27	14 36 23	27 48 30	18 17 03	28 56 07	10 30 55	17 10 12	24 46 16	1 32 16
29 F	16 35 09	15 56 09	23 05 28	19 45 24	24 10 12	6 08 35	15 08 24	27 37 14	18 12 33	29 01 38	10 33 16	17 13 57	24 48 33	1 32 54
30 Sa	17 34 26	0♑15 34	7♑24 02	20 54 21	25 25 12	6 53 08	15 39 50	27 25 15	18 07 35	29 06 39	10 34 57	17 17 04	24 50 13	1 32 55

Notes

May 2005

LONGITUDE

Day	☉	0 hr ☽	Noon ☽	☿	♀	♂	⚶	⚳	♃	♄	⚷	♅	♆	♇
1 Su	18 ♈ 32 54	14 ♑ 31 44	21 ♑ 37 54	22 ♓ 05 04	26 ♈ 39 23	7 ♒ 36 53	16 ♓ 10 30	27 ♌ 12 21	18 ♍ 01 58	29 ♊ 10 57	10 ♑ 35 47	17 ♒ 19 22	24 ♑ 51 04	1 ♐ 32 07
2 M	19 30 33	28 41 55	5 ♒ 44 40	23 17 28	27 52 46	8 19 49	16 40 23	26 58 32	17 55 40	29 14 34	10 35 44	17 20 49	24 51 06	1 30 30
3 Tu	20 27 35	12 ♒ 44 13	19 42 44	24 31 40	29 05 32	9 02 08	17 09 41	26 44 02	17 48 54	29 17 39	10 35 01	17 21 38	24 50 29	1 28 16
4 W	21 24 21	26 37 29	3 ♓ 31 07	25 47 59	0 ♉ 18 04	9 44 13	17 38 46	26 29 13	17 42 03	29 20 36	10 33 60	17 22 11	24 49 37	1 25 47
5 Th	22 21 20	10 ♓ 20 56	17 09 07	27 06 48	1 30 48	10 26 32	18 08 06	26 14 35	17 35 35	29 23 52	10 33 08	17 22 56	24 48 57	1 23 30
6 F	23 19 01	23 53 56	0 ♈ 36 07	28 28 35	2 44 15	11 09 31	18 38 09	26 00 38	17 29 58	29 27 57	10 32 55	17 24 21	24 48 58	1 21 55
7 Sa	24 17 45	7 ♈ 15 47	13 51 30	29 53 37	3 58 45	11 53 35	19 09 17	25 47 43	17 25 35	29 33 11	10 33 43	17 26 49	24 50 02	1 21 24
8 Su	25 17 44	20 25 45	26 54 38	1 ♈ 22 06	5 14 31	12 38 54	19 41 43	25 36 05	17 22 37	29 39 46	10 35 42	17 30 30	24 52 20	1 22 08
9 M	26 18 56	3 ♉ 23 09	9 ♉ 44 59	2 53 56	6 31 31	13 25 26	20 15 23	25 25 42	17 21 03	29 47 41	10 38 52	17 35 24	24 55 52	1 24 05
10 Tu	27 21 06	16 07 29	22 22 25	4 28 53	7 49 30	14 12 56	20 50 04	25 16 20	17 20 38	29 56 41	10 42 57	17 41 15	25 00 21	1 27 01
11 W	28 23 48	28 38 46	4 ♊ 47 18	6 06 28	9 08 01	15 00 59	21 25 19	25 07 34	17 20 56	0 ♋ 06 19	10 47 32	17 47 37	25 05 22	1 30 30
12 Th	29 26 30	10 ♊ 57 40	17 00 44	7 46 09	10 26 32	15 49 01	22 00 35	24 58 53	17 21 25	0 16 02	10 52 03	17 53 58	25 10 21	1 33 58
13 F	0 ♉ 28 37	23 05 43	29 04 39	9 27 22	11 44 29	16 36 28	22 35 19	24 49 44	17 21 32	0 25 18	10 55 57	17 59 43	25 14 47	1 36 53
14 Sa	1 29 42	5 ♋ 05 20	11 ♋ 01 54	11 09 37	13 01 25	17 22 54	23 09 02	24 39 40	17 20 47	0 33 38	10 58 46	18 04 25	25 18 10	1 38 46
15 Su	2 29 26	16 59 53	22 56 08	12 52 37	14 17 00	18 07 58	23 41 27	24 28 23	17 18 53	0 40 43	11 00 12	18 07 45	25 20 11	1 39 19
16 M	3 27 46	28 53 34	4 ♌ 51 49	14 36 18	15 31 11	18 51 38	24 12 28	24 15 50	17 15 47	0 46 29	11 00 10	18 09 40	25 20 48	1 38 28
17 Tu	4 24 52	10 ♌ 51 15	16 53 54	16 20 52	16 44 10	19 34 04	24 42 19	24 02 14	17 11 39	0 51 08	10 58 53	18 10 20	25 20 12	1 36 25
18 W	5 21 12	22 58 12	29 07 39	18 06 44	17 56 23	20 15 44	25 11 25	23 48 02	17 06 56	0 55 07	10 56 47	18 10 13	25 18 49	1 33 36
19 Th	6 17 22	5 ♍ 19 46	11 ♍ 38 13	19 54 31	19 08 26	20 57 14	25 40 23	23 33 52	17 02 16	0 59 02	10 54 28	18 09 55	25 17 15	1 30 38
20 F	7 14 03	18 00 50	24 30 05	21 44 54	20 21 00	21 39 14	26 09 53	23 20 26	16 58 19	1 03 33	10 52 37	18 10 07	25 16 12	1 28 11
21 Sa	8 11 53	1 ♎ 05 21	7 ♎ 46 31	23 38 31	21 34 45	22 22 23	26 40 35	23 08 22	16 55 43	1 09 20	10 51 53	18 11 28	25 16 18	1 26 55
22 Su	9 11 20	14 35 33	21 28 50	25 35 48	22 50 06	23 07 08	27 12 54	22 58 08	16 54 55	1 16 48	10 52 43	18 14 23	25 18 01	1 27 15
23 M	10 12 33	28 31 27	5 ♏ 35 55	27 36 51	24 07 13	23 53 37	27 47 01	22 49 54	16 56 05	1 26 07	10 55 16	18 19 03	25 21 28	1 29 23
24 Tu	11 15 19	12 ♏ 50 24	20 03 57	29 41 26	25 25 54	24 41 40	28 22 43	22 43 29	16 59 01	1 37 05	10 59 20	18 25 14	25 26 29	1 33 04
25 W	12 19 06	27 27 04	4 ♐ 46 35	1 ♉ 48 57	26 45 36	25 30 42	28 59 26	22 38 20	17 03 09	1 49 09	11 04 22	18 32 25	25 32 29	1 37 46
26 Th	13 23 06	12 ♐ 14 06	19 35 54	3 58 30	28 05 30	26 19 56	29 36 24	22 33 39	17 07 41	2 01 30	11 09 33	18 39 47	25 38 41	1 42 42
27 F	14 26 25	27 03 09	4 ♑ 23 32	6 09 07	29 24 44	27 08 27	0 ♈ 12 41	22 28 35	17 11 44	2 13 15	11 14 00	18 46 26	25 44 12	1 46 57
28 Sa	15 28 19	11 ♑ 46 21	19 02 11	8 19 56	0 ♊ 42 34	27 55 33	0 47 36	22 22 23	17 14 35	2 23 41	11 17 01	18 51 39	25 48 17	1 49 48
29 Su	16 28 25	26 17 25	3 ♒ 26 30	10 30 24	1 58 35	28 40 48	1 20 42	22 14 41	17 15 49	2 32 22	11 18 09	18 55 02	25 50 33	1 50 51
30 M	17 26 44	10 ♒ 32 28	17 33 36	12 40 21	3 12 48	29 24 13	1 52 02	22 05 29	17 15 26	2 39 19	11 17 26	18 56 34	25 50 60	1 50 06
31 Tu	18 23 41	24 30 02	1 ♓ 22 54	14 50 03	4 25 41	0 ♓ 06 15	2 22 01	21 55 15	17 13 55	2 45 01	11 15 20	18 56 44	25 50 05	1 48 01

June 2005

LONGITUDE

Day	☉	0 hr ☽	Noon ☽	☿	♀	♂	⚶	⚳	♃	♄	⚷	♅	♆	♇
1 W	19 ♉ 20 06	8 ♓ 10 37	14 ♓ 55 31	17 ♉ 00 03	5 ♊ 37 60	0 ♓ 47 42	2 ♈ 51 28	21 ♌ 44 47	17 ♍ 12 02	2 ♋ 50 13	11 ♑ 12 37	18 ♒ 56 19	25 ♑ 48 36	1 ♐ 45 23
2 Th	20 16 53	21 35 57	28 13 30	19 11 03	6 50 42	1 29 29	3 21 18	21 35 01	17 10 43	2 55 53	11 10 14	18 56 15	25 47 29	1 43 09
3 F	21 14 59	4 ♈ 48 15	11 ♈ 19 09	21 23 42	8 04 42	2 12 31	3 52 27	21 26 54	17 10 55	3 02 54	11 09 07	18 57 26	25 47 39	1 42 12
4 Sa	22 15 04	17 49 35	24 14 27	23 38 26	9 20 41	2 57 30	4 25 35	21 21 08	17 13 17	3 11 59	11 09 55	19 00 35	25 49 47	1 43 16
5 Su	23 17 30	0 ♉ 41 27	7 ♉ 00 45	25 55 20	10 39 02	3 44 47	5 01 05	21 18 04	17 18 12	3 23 29	11 13 02	19 06 03	25 54 15	1 46 41
6 M	24 22 15	13 24 41	19 38 44	28 14 05	11 59 41	4 34 19	5 38 54	21 17 40	17 25 38	3 37 22	11 18 25	19 13 47	26 01 01	1 52 26
7 Tu	25 28 53	25 59 28	2 ♊ 08 34	0 ♊ 33 58	13 22 13	5 25 41	6 18 36	21 19 31	17 35 09	3 53 11	11 25 38	19 23 23	26 09 39	2 00 04
8 W	26 36 39	8 ♊ 25 41	14 30 14	2 54 01	14 45 52	6 18 07	6 59 26	21 22 52	17 45 59	4 10 12	11 33 57	19 34 04	26 19 24	2 08 50
9 Th	27 44 36	20 43 16	26 43 50	5 13 03	16 09 43	7 10 42	7 40 28	21 26 48	17 57 12	4 27 29	11 42 24	19 44 55	26 29 20	2 17 49
10 F	28 51 48	2 ♋ 52 33	8 ♋ 50 02	7 29 54	17 32 48	8 02 27	8 20 44	21 30 20	18 07 51	4 44 03	11 50 03	19 54 58	26 38 30	2 26 03
11 Sa	29 57 23	14 54 38	20 50 17	9 43 33	18 54 17	8 52 33	8 59 24	21 32 40	18 17 06	4 59 05	11 56 03	20 03 23	26 46 02	2 32 41
12 Su	1 ♊ 00 49	26 51 41	2 ♌ 47 10	11 53 17	20 13 35	9 40 24	9 35 55	21 33 14	18 24 23	5 12 01	11 59 51	20 09 36	26 51 23	2 37 11
13 M	2 01 53	8 ♌ 47 00	14 44 18	13 58 45	21 30 32	10 25 51	10 10 03	21 31 49	18 29 30	5 22 39	12 01 16	20 13 25	26 54 23	2 39 20
14 Tu	3 00 49	20 44 59	26 46 26	16 00 06	22 45 20	11 09 05	10 42 04	21 28 40	18 32 40	5 31 12	12 00 29	20 15 05	26 55 13	2 39 21
15 W	3 58 13	2 ♍ 50 59	8 ♍ 59 05	17 57 49	23 58 36	11 50 43	11 12 32	21 24 23	18 34 29	5 38 16	11 58 09	20 15 10	26 54 31	2 37 52
16 Th	4 54 58	15 10 57	21 28 15	19 52 44	25 11 13	12 31 38	11 42 22	21 19 51	18 35 52	5 44 45	11 55 08	20 14 35	26 53 09	2 35 45
17 F	5 52 07	27 50 56	4 ♎ 19 46	21 45 49	26 24 13	13 12 53	12 12 35	21 16 06	18 37 49	5 51 41	11 52 28	20 14 21	26 52 10	2 34 02
18 Sa	6 50 39	10 ♎ 56 22	17 38 33	23 38 02	27 38 35	13 55 25	12 44 10	21 14 08	18 41 20	6 00 02	11 51 09	20 15 28	26 52 33	2 33 44
19 Su	7 51 18	24 31 12	1 ♏ 27 37	25 30 06	28 55 04	14 40 01	13 17 53	21 14 42	18 47 10	6 10 34	11 51 55	20 18 41	26 55 03	2 35 33
20 M	8 54 24	8 ♏ 36 55	15 47 06	27 22 17	0 ♋ 13 59	15 26 58	13 54 01	21 18 05	18 55 37	6 23 35	11 55 06	20 24 18	26 59 59	2 39 50
21 Tu	9 59 44	23 11 38	0 ♐ 33 35	29 14 23	1 35 09	16 16 05	14 32 24	21 24 07	19 06 30	6 38 54	12 00 30	20 32 07	27 07 08	2 46 23
22 W	11 06 37	8 ♐ 09 46	15 39 49	1 ♋ 05 41	2 57 48	17 06 39	15 12 17	21 32 03	19 19 05	6 55 47	12 07 23	20 41 26	27 15 48	2 54 28
23 Th	12 13 55	23 22 18	0 ♑ 55 43	2 55 04	4 20 53	17 57 33	15 52 36	21 40 49	19 32 17	7 13 08	12 14 39	20 51 08	27 24 53	3 02 60
24 F	13 20 26	8 ♑ 38 12	16 09 52	4 41 18	5 43 10	18 47 35	16 32 06	21 49 11	19 44 51	7 29 44	12 21 07	21 00 00	27 33 09	3 10 45
25 Sa	14 25 08	23 46 24	1 ♒ 11 47	6 23 20	7 03 37	19 35 41	17 09 47	21 56 07	19 55 47	7 44 33	12 25 43	21 07 02	27 39 36	3 16 42
26 Su	15 27 26	8 ♒ 37 46	15 53 34	8 00 34	8 21 39	20 21 17	17 45 01	22 01 00	20 04 28	7 56 60	12 27 52	21 11 35	27 43 36	3 20 15
27 M	16 27 19	23 06 29	0 ♓ 10 57	9 32 59	9 37 14	21 04 21	18 17 49	22 03 51	20 10 54	8 07 03	12 27 34	21 13 41	27 45 10	3 21 23
28 Tu	17 25 21	7 ♓ 10 20	14 03 05	11 01 08	10 50 56	21 45 27	18 48 44	22 05 14	20 15 38	8 15 17	12 25 23	21 13 53	27 44 52	3 20 40
29 W	18 22 30	20 50 09	27 31 52	12 25 57	12 03 46	22 25 34	19 18 45	22 06 06	20 19 40	8 22 40	12 22 17	21 13 11	27 43 40	3 19 07
30 Th	19 20 00	4 ♈ 08 50	10 ♈ 40 49	13 48 37	13 16 54	23 05 53	19 49 04	22 07 41	20 24 11	8 30 25	12 19 29	21 12 45	27 42 47	3 17 53

Notes

LONGITUDE

July 2005

Day	☉	0 hr ☽	Noon ☽	☿	♀	♂	⚵	⚳	♃	♄	⚷	♅	♆	♇
1 F	20 ♊ 18 59	17 ♈ 10 16	23 ♈ 34 03	15 ♋ 10 15	14 ♋ 31 30	23 ♓ 47 34	20 ♈ 20 50	22 ♎ 11 06	20 ♍ 30 21	8 ♋ 39 40	12 ♑ 18 08	21 ♒ 13 45	27 ♑ 43 21	3 ♐ 18 09
2 Sa	21 20 19	29 58 24	6 ♉ 15 26	16 31 41	15 48 26	24 31 28	20 54 56	22 17 15	20 39 01	8 51 18	12 19 07	21 17 05	27 46 15	3 20 47
3 Su	22 24 30	12 ♉ 36 32	18 48 06	17 53 20	17 08 11	25 18 05	21 31 49	22 26 35	20 50 41	9 05 48	12 22 54	21 23 11	27 51 58	3 26 15
4 M	23 31 29	25 07 04	1 ♊ 14 10	19 15 07	18 30 43	26 07 21	22 11 29	22 39 06	21 05 19	9 23 07	12 29 27	21 32 03	28 00 29	3 34 33
5 Tu	24 40 47	7 ♊ 31 24	13 34 47	20 36 30	19 55 33	26 58 48	22 53 25	22 54 17	21 22 25	9 42 46	12 38 18	21 43 12	28 11 17	3 45 10
6 W	25 51 31	19 50 04	25 50 22	21 56 30	21 21 48	27 51 32	23 36 45	23 11 15	21 41 06	10 03 53	12 48 33	21 55 44	28 23 30	3 57 15
7 Th	27 02 36	2 ♋ 03 12	8 ♋ 00 59	23 13 57	22 48 21	28 44 28	24 20 23	23 28 55	22 00 16	10 25 21	12 59 07	22 08 34	28 36 02	4 09 40
8 F	28 12 52	14 10 48	20 06 46	24 27 37	24 14 05	29 36 26	25 03 10	23 46 08	22 18 47	10 46 01	13 08 51	22 20 33	28 47 45	4 21 18
9 Sa	29 21 19	26 13 22	2 ♌ 08 25	25 36 23	25 37 57	0 ♈ 26 25	25 44 04	24 01 51	22 35 38	11 04 53	13 16 45	22 30 40	28 57 37	4 31 07
10 Su	0 ♋ 27 15	8 ♌ 12 08	14 07 29	26 39 27	26 59 17	1 13 43	26 22 25	24 15 24	22 50 06	11 21 15	13 22 06	22 38 13	29 04 57	4 38 26
11 M	1 30 22	20 09 27	26 06 42	27 36 24	28 17 47	1 58 04	26 57 54	24 26 29	23 01 54	11 34 49	13 24 38	22 42 55	29 09 28	4 42 57
12 Tu	2 30 51	2 ♍ 08 51	8 ♍ 09 57	28 27 17	29 33 37	2 39 35	27 30 42	24 35 16	23 11 12	11 45 46	13 24 30	22 44 56	29 11 19	4 44 51
13 W	3 29 18	14 15 02	20 22 15	29 12 35	0 ♌ 47 23	3 18 55	28 01 26	24 42 20	23 18 37	11 54 41	13 22 20	22 44 53	29 11 07	4 44 44
14 Th	4 26 41	26 33 35	2 ♎ 49 24	29 53 06	2 00 02	3 57 00	28 31 01	24 48 40	23 25 06	12 02 33	13 19 04	22 43 43	29 09 50	4 43 34
15 F	5 24 07	9 ♎ 10 38	15 37 31	0 ♌ 29 51	3 12 43	4 34 58	29 00 36	24 55 21	23 31 46	12 10 28	13 15 50	22 42 34	29 08 35	4 42 28
16 Sa	6 22 42	22 12 08	28 52 13	1 03 46	4 26 32	5 13 55	29 31 18	25 03 32	23 39 45	12 19 33	13 13 46	22 42 33	29 08 30	4 42 32
17 Su	7 23 21	5 ♏ 42 57	12 ♏ 37 43	1 35 34	5 42 22	5 54 43	0 ♉ 03 59	25 14 04	23 49 53	12 30 41	13 13 44	22 44 31	29 10 25	4 44 40
18 M	8 26 28	19 45 55	26 55 36	2 05 34	7 00 38	6 37 49	0 39 05	25 27 23	24 02 39	12 44 19	13 16 10	22 48 56	29 14 49	4 49 19
19 Tu	9 31 57	4 ♐ 20 37	11 ♐ 43 51	2 33 29	8 21 14	7 23 06	1 16 30	25 43 22	24 17 54	13 00 19	13 20 57	22 55 41	29 21 34	4 56 20
20 W	10 39 07	19 22 40	26 56 12	2 58 30	9 43 29	8 09 52	1 55 32	26 01 20	24 34 58	13 17 59	13 27 25	23 04 04	29 29 59	5 05 03
21 Th	11 46 52	4 ♑ 43 38	12 ♑ 22 38	3 19 22	11 06 15	8 57 00	2 35 04	26 20 09	24 52 43	13 36 14	13 34 27	23 12 59	29 38 58	5 14 21
22 F	12 53 56	20 12 02	27 50 47	3 34 42	12 28 18	9 43 15	3 13 51	26 38 34	25 09 54	13 53 48	13 40 47	23 21 11	29 47 14	5 22 59
23 Sa	13 59 12	5 ♒ 35 19	13 ♒ 08 20	3 43 19	13 48 31	10 27 30	3 50 46	26 55 29	25 25 25	14 09 33	13 45 19	23 27 32	29 53 41	5 29 50
24 Su	15 02 01	20 42 17	28 05 13	3 44 30	15 06 14	11 09 04	4 25 09	27 10 12	25 38 35	14 22 50	13 47 23	23 31 24	29 57 40	5 34 14
25 M	16 02 19	5 ♓ 24 59	12 ♓ 35 09	3 38 09	16 21 23	11 47 52	4 56 56	27 22 40	25 49 21	14 33 35	13 46 55	23 32 40	29 59 06	5 36 08
26 Tu	17 00 36	19 39 27	26 35 55	3 24 47	17 34 28	12 24 26	5 26 36	27 33 22	25 58 11	14 42 18	13 44 25	23 31 53	29 58 29	5 36 01
27 W	17 57 48	3 ♈ 25 30	10 ♈ 08 41	3 05 27	18 46 25	12 59 40	5 55 06	27 43 15	26 06 03	14 49 56	13 40 50	23 29 59	29 56 47	5 34 49
28 Th	18 55 05	16 45 40	23 16 58	2 41 27	19 58 25	13 34 44	6 23 36	27 53 28	26 14 06	14 57 37	13 37 20	23 28 06	29 55 08	5 33 43
29 F	19 53 34	29 44 08	6 ♉ 05 24	2 14 07	21 11 33	14 10 45	6 53 12	28 05 08	26 23 28	15 06 29	13 35 01	23 27 23	29 54 39	5 33 49
30 Sa	20 54 07	12 ♉ 25 34	18 38 47	1 44 39	22 26 43	14 48 34	7 24 47	28 19 07	26 34 59	15 17 24	13 34 46	23 28 41	29 56 14	5 36 00
31 Su	21 57 14	24 54 24	1 ♊ 01 27	1 13 55	23 44 22	15 28 39	7 58 49	28 35 53	26 49 10	15 30 50	13 37 03	23 32 30	0 ♒ 00 20	5 40 45

LONGITUDE

August 2005

Day	☉	0 hr ☽	Noon ☽	☿	♀	♂	⚵	⚳	♃	♄	⚷	♅	♆	♇
1 M	23 ♋ 02 55	7 ♊ 14 18	13 ♊ 16 48	0 ♌ 42 24	25 ♌ 04 33	16 ♈ 11 02	8 ♉ 35 18	28 ♎ 55 28	27 ♍ 05 60	15 ♋ 46 50	13 ♑ 41 55	23 ♒ 38 50	0 ♒ 06 59	5 ♐ 48 04
2 Tu	24 10 44	19 27 56	25 27 15	0 10 17	26 26 49	16 55 16	9 13 49	29 17 25	27 25 04	16 04 56	13 48 55	23 47 15	0 15 45	5 57 32
3 W	25 19 54	1 ♋ 37 06	7 ♋ 34 17	29 ♋ 37 25	27 50 22	17 40 34	9 53 35	29 40 57	27 45 35	16 24 21	13 57 16	23 56 59	0 25 51	6 08 21
4 Th	26 29 25	13 42 48	19 38 44	29 03 33	29 14 14	18 25 55	10 33 35	0 ♏ 05 04	28 06 32	16 44 06	14 05 58	24 07 01	0 36 17	6 19 33
5 F	27 38 16	25 45 41	1 ♌ 41 08	28 28 27	0 ♍ 37 22	19 10 17	11 12 48	0 28 44	28 26 54	17 03 09	14 13 59	24 16 20	0 46 01	6 30 04
6 Sa	28 45 30	7 ♌ 46 22	13 42 06	27 52 02	1 58 50	19 52 44	11 50 17	0 51 00	28 45 46	17 20 33	14 20 25	24 24 01	0 54 07	6 38 59
7 Su	29 50 30	19 45 49	25 42 47	27 14 31	3 17 60	20 32 37	12 25 25	1 11 15	29 02 27	17 35 41	14 24 36	24 29 24	0 59 58	6 45 40
8 M	0 ♌ 52 57	1 ♍ 45 42	7 ♍ 45 03	26 36 29	4 34 33	21 09 38	12 57 52	1 29 09	29 16 42	17 48 14	14 26 15	24 32 12	1 03 15	6 49 50
9 Tu	1 52 58	13 48 35	19 51 46	25 58 54	5 48 38	21 43 53	13 27 46	1 44 51	29 28 35	17 58 20	14 25 29	24 32 32	1 04 05	6 51 34
10 W	2 51 02	25 58 02	2 ♎ 06 49	25 23 04	7 00 42	22 15 52	13 55 35	1 58 48	29 38 37	18 06 27	14 22 47	24 30 54	1 02 58	6 51 22
11 Th	3 47 57	8 ♎ 18 29	14 34 51	24 50 32	8 11 33	22 46 21	14 22 08	2 11 48	29 47 35	18 13 23	14 18 57	24 28 04	1 00 41	6 50 02
12 F	4 44 42	20 54 58	27 21 04	24 22 55	9 22 10	23 16 18	14 48 22	2 24 49	29 56 26	18 20 05	14 14 57	24 25 01	0 58 12	6 48 32
13 Sa	5 42 12	3 ♏ 52 41	10 ♏ 30 29	24 01 47	10 33 28	23 46 39	15 15 14	2 38 48	0 ♎ 06 08	18 27 32	14 11 44	24 22 42	0 56 28	6 47 48
14 Su	6 41 15	17 16 12	24 07 16	23 48 25	11 46 16	24 18 12	15 43 30	2 54 31	0 17 28	18 36 29	14 10 04	24 21 54	0 56 17	6 48 39
15 M	7 42 16	1 ♐ 08 41	8 ♐ 13 41	23 43 41	13 00 58	24 51 21	16 13 36	3 12 24	0 30 50	18 47 21	14 10 24	24 23 02	0 58 03	6 51 28
16 Tu	8 45 14	15 30 48	22 49 04	23 47 52	14 17 32	25 26 04	16 45 30	3 32 24	0 46 13	19 00 08	14 12 42	24 26 05	1 01 45	6 56 15
17 W	9 49 39	0 ♑ 19 57	7 ♑ 49 11	24 00 42	15 35 29	26 01 51	17 18 42	3 54 02	1 03 08	19 14 20	14 16 28	24 30 33	1 06 53	7 02 29
18 Th	10 54 40	15 29 51	23 06 06	24 21 32	16 53 58	26 37 51	17 52 21	4 16 26	1 20 43	19 29 05	14 20 51	24 35 35	1 12 36	7 09 20
19 F	11 59 18	0 ♒ 50 56	8 ♒ 29 07	24 49 27	18 11 59	27 13 02	18 25 27	4 38 37	1 37 57	19 43 23	14 24 52	24 40 11	1 17 55	7 15 48
20 Sa	13 02 38	16 11 49	23 46 30	25 23 33	19 28 37	27 46 32	18 57 06	4 59 39	1 53 59	19 56 21	14 27 36	24 43 28	1 21 56	7 20 59
21 Su	14 04 06	1 ♓ 21 16	8 ♓ 47 38	26 03 13	20 43 19	28 17 44	19 26 43	5 18 60	2 08 11	20 07 24	14 28 30	24 44 51	1 24 03	7 24 19
22 M	15 03 34	16 10 07	23 24 41	26 48 14	21 55 56	28 46 30	19 54 10	5 36 29	2 20 27	20 16 24	14 27 24	24 44 11	1 24 10	7 25 38
23 Tu	16 01 20	0 ♈ 32 32	7 ♈ 33 27	27 38 43	23 06 47	29 13 08	20 19 44	5 52 27	2 31 04	20 23 38	14 24 38	24 41 48	1 22 34	7 25 17
24 W	16 58 05	14 26 14	21 13 11	28 35 08	24 16 30	29 38 15	20 44 06	6 07 30	2 40 43	20 29 47	14 20 51	24 38 21	1 19 54	7 23 54
25 Th	17 54 37	27 52 06	4 ♉ 25 56	29 38 03	25 25 56	0 ♉ 02 43	21 08 04	6 22 31	2 50 12	20 35 40	14 16 53	24 34 40	1 17 02	7 22 18
26 F	18 51 47	10 ♉ 53 05	17 15 28	0 ♌ 47 58	26 35 55	0 27 18	21 32 28	6 38 17	3 00 22	20 42 07	14 13 34	24 31 33	1 14 45	7 21 20
27 Sa	19 50 14	23 33 24	29 46 22	2 05 12	27 47 06	0 52 41	21 57 57	6 55 29	3 11 51	20 49 47	14 11 32	24 29 42	1 13 45	7 21 40
28 Su	20 50 21	5 ♊ 57 37	12 ♊ 03 21	3 29 45	28 59 52	1 19 13	22 24 54	7 14 28	3 25 04	20 59 03	14 11 13	24 29 29	1 14 24	7 23 39
29 M	21 52 12	18 10 07	24 10 42	5 01 15	0 ♎ 14 16	1 46 58	22 53 22	7 35 20	3 40 02	21 09 58	14 12 38	24 30 57	1 16 45	7 27 23
30 Tu	22 55 32	0 ♋ 14 44	6 ♋ 12 04	6 38 59	1 30 04	2 15 39	23 23 06	7 57 48	3 56 32	21 22 19	14 15 33	24 33 52	1 20 34	7 32 35
31 W	23 59 50	12 14 39	18 10 21	8 21 58	2 46 44	2 44 45	23 53 35	8 21 22	4 14 02	21 35 33	14 19 28	24 37 44	1 25 20	7 38 46

Notes

September 2005 LONGITUDE

Day	☉	0 hr ☽	Noon ☽	☿	♀	♂	⚵	⚳	♃	♄	⚷	♅	♆	♇
1 Th	25 ♌ 04 28	24 ♋ 12 18	0 ♌ 07 44	10 ♌ 09 04	4 ♎ 03 39	3 ♉ 13 38	24 ♉ 24 10	8 ♏ 45 23	4 ♎ 31 55	21 ♋ 49 03	14 ♑ 23 44	24 ♒ 41 53	1 ♒ 30 26	7 ♐ 45 17
2 F	26 08 45	6 ♌ 09 38	12 05 56	11 59 08	5 20 07	3 41 35	24 54 11	9 09 10	4 49 28	22 02 08	14 27 40	24 45 40	1 35 09	7 51 26
3 Sa	27 12 04	18 08 12	24 06 17	13 51 03	6 35 33	4 08 01	25 23 00	9 32 08	5 06 07	22 14 10	14 30 41	24 48 28	1 38 54	7 56 39
4 Su	28 14 01	0 ♍ 09 23	6 ♍ 10 07	15 43 56	7 49 30	4 32 28	25 50 13	9 53 50	5 21 25	22 24 46	14 32 22	24 49 51	1 41 15	8 00 29
5 M	29 14 23	12 14 41	18 18 56	17 37 08	9 01 47	4 54 44	26 15 36	10 14 04	5 35 10	22 33 43	14 32 29	24 49 39	1 42 02	8 02 45
6 Tu	0 ♍ 13 14	24 25 56	0 ♎ 34 38	19 30 18	10 12 27	5 14 51	26 39 14	10 32 54	5 47 27	22 41 04	14 31 07	24 47 53	1 41 16	8 03 30
7 W	1 10 51	6 ♎ 45 19	12 59 33	21 23 19	11 21 47	5 33 08	27 01 22	10 50 37	5 58 31	22 47 07	14 28 33	24 44 53	1 39 16	8 03 01
8 Th	2 07 42	19 15 35	25 36 34	23 16 20	12 30 15	5 50 00	27 22 30	11 07 41	6 08 52	22 52 19	14 25 16	24 41 06	1 36 30	8 01 47
9 F	3 04 23	1 ♏ 59 49	8 ♏ 28 53	25 09 35	13 38 26	6 06 03	27 43 11	11 24 40	6 19 03	22 57 16	14 21 49	24 37 07	1 33 32	8 00 23
10 Sa	4 01 25	15 01 13	21 39 41	27 03 23	14 46 54	6 21 48	28 03 58	11 42 08	6 29 39	23 02 30	14 18 48	24 33 29	1 30 56	7 59 21
11 Su	4 59 17	28 22 47	5 ♐ 11 42	28 57 55	15 56 04	6 37 42	28 25 19	12 00 32	6 41 06	23 08 29	14 16 38	24 30 39	1 29 09	7 59 09
12 M	5 58 14	12 ♐ 06 39	19 06 33	0 ♍ 53 16	17 06 12	6 53 60	28 47 27	12 20 06	6 53 38	23 15 28	14 15 34	24 28 53	1 28 27	8 00 01
13 Tu	6 58 14	26 13 30	3 ♑ 24 06	2 49 15	18 17 18	7 10 40	29 10 23	12 40 50	7 07 16	23 23 26	14 15 37	24 28 10	1 28 48	8 01 59
14 W	7 59 04	10 ♑ 41 59	18 01 52	4 45 28	19 29 06	7 27 27	29 33 52	13 02 29	7 21 45	23 32 08	14 16 32	24 28 16	1 29 58	8 04 46
15 Th	9 00 17	25 28 15	2 ♒ 54 48	6 41 24	20 41 11	7 43 55	29 57 26	13 24 38	7 36 39	23 41 09	14 17 53	24 28 44	1 31 31	8 07 57
16 F	10 01 25	10 ♒ 26 01	17 55 36	8 36 26	21 53 02	7 59 33	0 ♊ 20 37	13 46 45	7 51 28	23 49 59	14 19 10	24 29 06	1 32 58	8 11 02
17 Sa	11 02 00	25 27 11	2 ♓ 55 31	10 30 05	23 04 14	8 13 54	0 42 57	14 08 26	8 05 46	23 58 11	14 19 57	24 28 54	1 33 52	8 13 35
18 Su	12 01 46	10 ♓ 22 52	17 45 45	12 22 01	24 14 29	8 26 40	1 04 09	14 29 22	8 19 15	24 05 29	14 19 56	24 27 53	1 33 56	8 15 18
19 M	13 00 38	25 04 48	2 ♈ 18 39	14 12 06	25 23 43	8 37 46	1 24 08	14 49 29	8 31 52	24 11 47	14 19 05	24 25 56	1 33 07	8 16 08
20 Tu	13 58 45	9 ♈ 26 28	16 28 48	16 00 26	26 32 02	8 47 18	1 43 02	15 08 55	8 43 43	24 17 13	14 17 29	24 23 13	1 31 30	8 16 13
21 W	14 56 22	23 23 49	0 ♉ 13 24	17 47 17	27 39 45	8 55 33	2 01 06	15 27 56	8 55 05	24 22 05	14 15 27	24 19 60	1 29 24	8 15 47
22 Th	15 53 50	6 ♉ 55 20	13 32 08	19 32 60	28 47 10	9 02 49	2 18 41	15 46 52	9 06 18	24 26 41	14 13 17	24 16 37	1 27 08	8 15 13
23 F	16 51 29	20 01 48	26 26 45	21 17 52	29 54 38	9 09 26	2 36 05	16 06 04	9 17 43	24 31 22	14 11 20	24 13 23	1 25 03	8 14 49
24 Sa	17 49 34	2 ♊ 45 42	9 ♊ 00 27	23 02 10	1 ♏ 02 24	9 15 37	2 53 34	16 25 45	9 29 33	24 36 23	14 09 51	24 10 35	1 23 22	8 14 50
25 Su	18 48 12	15 10 41	21 17 16	24 46 01	2 10 34	9 21 29	3 11 13	16 46 03	9 41 57	24 41 51	14 08 58	24 08 19	1 22 14	8 15 24
26 M	19 47 23	27 20 57	3 ♋ 21 35	26 29 27	3 19 08	9 27 02	3 29 04	17 06 58	9 54 54	24 47 45	14 08 39	24 06 35	1 21 38	8 16 32
27 Tu	20 47 02	9 ♋ 20 53	15 17 50	28 12 21	4 28 02	9 32 09	3 46 58	17 28 25	10 08 18	24 54 01	14 08 50	24 05 18	1 21 29	8 18 06
28 W	21 46 58	21 14 47	27 10 11	29 54 34	5 37 03	9 36 39	4 04 46	17 50 12	10 21 58	25 00 26	14 09 20	24 04 17	1 21 37	8 19 57
29 Th	22 46 58	3 ♌ 06 38	9 ♌ 02 26	1 ♎ 35 56	6 45 60	9 40 19	4 22 15	18 12 07	10 35 44	25 06 51	14 09 57	24 03 20	1 21 49	8 21 52
30 F	23 46 54	15 00 01	20 57 54	3 16 16	7 54 42	9 42 59	4 39 14	18 34 01	10 49 23	25 13 03	14 10 31	24 02 17	1 21 54	8 23 42

October 2005 LONGITUDE

Day	☉	0 hr ☽	Noon ☽	☿	♀	♂	⚵	⚳	♃	♄	⚷	♅	♆	♇
1 Sa	24 ♍ 46 36	26 ♌ 58 03	2 ♍ 59 23	4 ♎ 55 30	9 ♏ 03 02	9 ♉ 44 30	4 ♊ 55 36	18 ♏ 55 45	11 ♎ 02 50	25 ♋ 18 56	14 ♑ 10 54	24 ♒ 01 02	1 ♒ 21 47	8 ♐ 25 18
2 Su	25 46 03	9 ♍ 03 18	15 09 13	6 33 34	10 10 58	9 44 50	5 11 17	19 17 17	11 16 01	25 24 26	14 11 04	23 59 30	1 21 24	8 26 39
3 M	26 45 17	21 17 52	27 29 10	8 10 33	11 18 29	9 44 00	5 26 18	19 38 39	11 28 57	25 29 37	14 11 03	23 57 44	1 20 47	8 27 46
4 Tu	27 44 21	3 ♎ 43 22	10 ♎ 00 39	9 46 30	12 25 42	9 42 06	5 40 45	19 59 55	11 41 44	25 34 31	14 10 55	23 55 49	1 20 00	8 28 44
5 W	28 43 23	16 20 59	22 44 41	11 21 36	13 32 42	9 39 13	5 54 43	20 21 12	11 54 29	25 39 17	14 10 48	23 53 52	1 19 11	8 29 39
6 Th	29 42 30	29 11 37	5 ♏ 42 00	12 55 55	14 39 36	9 35 28	6 08 17	20 42 36	12 07 17	25 43 59	14 10 46	23 51 59	1 18 26	8 30 38
7 F	0 ♎ 41 44	12 ♏ 15 51	18 53 09	14 29 34	15 46 27	9 30 55	6 21 33	21 04 11	12 20 12	25 48 43	14 10 56	23 50 14	1 17 49	8 31 45
8 Sa	1 41 06	25 34 06	2 ♐ 18 27	16 02 32	16 53 15	9 25 34	6 34 29	21 25 57	12 33 14	25 53 28	14 11 16	23 48 37	1 17 20	8 33 01
9 Su	2 40 33	9 ♐ 06 30	15 57 56	17 34 48	17 59 57	9 19 23	6 47 02	21 47 51	12 46 21	25 58 11	14 11 43	23 47 05	1 16 56	8 34 20
10 M	3 39 58	22 52 57	29 51 17	19 06 15	19 06 25	9 12 16	6 59 05	22 09 46	12 59 25	26 02 46	14 12 12	23 45 32	1 16 30	8 35 38
11 Tu	4 39 15	6 ♑ 52 51	13 ♑ 57 35	20 36 46	20 12 33	9 04 07	7 10 31	22 31 36	13 12 20	26 07 05	14 12 35	23 43 51	1 15 56	8 36 48
12 W	5 38 20	21 04 57	28 15 11	22 06 19	21 18 16	8 54 52	7 21 15	22 53 16	13 25 02	26 11 05	14 12 48	23 41 58	1 15 10	8 37 45
13 Th	6 37 12	5 ♒ 27 07	12 ♒ 41 22	23 34 53	22 23 35	8 44 33	7 31 18	23 14 46	13 37 31	26 14 46	14 12 51	23 39 53	1 14 11	8 38 30
14 F	7 35 58	19 56 14	27 12 27	25 02 33	23 28 34	8 33 15	7 40 44	23 36 12	13 49 52	26 18 13	14 12 51	23 37 43	1 13 07	8 39 09
15 Sa	8 34 49	4 ♓ 28 07	11 ♓ 43 46	26 29 30	24 33 24	8 21 11	7 49 45	23 57 46	14 02 17	26 21 38	14 12 58	23 35 38	1 12 07	8 39 52
16 Su	9 33 57	18 57 46	26 10 06	27 55 58	25 38 17	8 08 36	7 58 33	24 19 39	14 14 59	26 25 13	14 13 26	23 33 50	1 11 25	8 40 52
17 M	10 33 36	3 ♈ 19 51	10 ♈ 26 07	29 22 05	26 43 27	7 55 41	8 07 19	24 42 04	14 28 08	26 29 11	14 14 26	23 32 34	1 11 13	8 42 22
18 Tu	11 33 51	17 29 11	24 27 04	0 ♏ 48 00	27 48 59	7 42 36	8 16 11	25 05 09	14 41 54	26 33 39	14 16 05	23 31 55	1 11 38	8 44 29
19 W	12 34 45	1 ♉ 21 25	8 ♉ 09 17	2 13 41	28 54 53	7 29 22	8 25 08	25 28 53	14 56 16	26 38 37	14 18 25	23 31 54	1 12 41	8 47 14
20 Th	13 36 09	14 53 33	21 30 33	3 38 59	0 ♐ 01 03	7 15 54	8 34 03	25 53 10	15 11 07	26 43 57	14 21 17	23 32 24	1 14 14	8 50 28
21 F	14 37 50	28 04 07	4 ♊ 30 19	5 03 36	1 07 12	7 01 58	8 42 41	26 17 44	15 26 12	26 49 26	14 24 28	23 33 11	1 16 04	8 53 58
22 Sa	15 39 27	10 ♊ 53 21	17 09 36	6 27 11	2 13 03	6 47 18	8 50 42	26 42 17	15 41 12	26 54 44	14 27 38	23 33 55	1 17 50	8 57 24
23 Su	16 40 43	23 22 57	29 30 47	7 49 22	3 18 15	6 31 36	8 57 48	27 06 29	15 55 48	26 59 33	14 30 28	23 34 18	1 19 14	9 00 28
24 M	17 41 21	5 ♋ 35 58	11 ♋ 37 20	9 09 49	4 22 31	6 14 38	9 03 40	27 30 05	16 09 44	27 03 35	14 32 42	23 34 03	1 20 00	9 02 53
25 Tu	18 41 12	17 36 21	23 33 32	10 28 18	5 25 43	5 56 19	9 08 11	27 52 56	16 22 51	27 06 42	14 34 12	23 33 02	1 19 60	9 04 31
26 W	19 40 17	29 28 45	5 ♌ 24 10	11 44 45	6 27 51	5 36 40	9 11 20	28 15 01	16 35 10	27 08 55	14 34 57	23 31 15	1 19 12	9 05 22
27 Th	20 38 46	11 ♌ 18 12	17 14 14	12 59 13	7 29 03	5 15 54	9 13 18	28 36 32	16 46 50	27 10 24	14 35 09	23 28 53	1 17 49	9 05 36
28 F	21 36 59	23 09 46	29 08 43	14 11 55	8 29 41	4 54 25	9 14 24	28 57 48	16 58 12	27 11 28	14 35 07	23 26 15	1 16 09	9 05 33
29 Sa	22 35 21	5 ♍ 08 20	11 ♍ 12 14	15 23 09	9 30 07	4 32 40	9 15 03	29 19 14	17 09 40	27 12 34	14 35 15	23 23 47	1 14 39	9 05 38
30 Su	23 34 19	17 18 15	23 28 45	16 33 12	10 30 50	4 11 09	9 15 42	29 41 18	17 21 43	27 14 07	14 36 03	23 21 56	1 13 45	9 06 19
31 M	24 34 19	29 43 02	6 ♎ 01 21	17 42 18	11 32 12	3 50 21	9 16 47	0 ♐ 04 24	17 34 44	27 16 34	14 37 54	23 21 07	1 13 52	9 08 01

Notes

LONGITUDE — November 2005

Day	☉	0 hr ☽	Noon ☽	☿	♀	♂	⚵	⚳	♃	♄	⚷	♅	♆	♇
1 Tu	25♎ 35 37	12♎ 25 06	18♎ 51 53	18♏ 50 32	12♐ 34 31	3♉ 30 35	9♊ 18 33	0♐ 28 49	17♎ 49 01	27♋ 20 10	14♑ 41 04	23♒ 21 37	1♒ 15 17	9♐ 11 00
2 W	26 38 17	25 25 32	2♏ 00 49	19 57 42	13 37 50	3 11 59	9 21 05	0 54 37	18 04 37	27 24 59	14 45 39	23 23 30	1 18 04	9 15 21
3 Th	27 42 08	8♏ 43 57	15 27 14	21 03 23	14 41 57	2 54 26	9 24 12	1 21 38	18 21 22	27 30 53	14 51 28	23 26 36	1 22 04	9 20 52
4 F	28 46 46	22 18 38	29 08 53	22 06 51	15 46 26	2 37 34	9 27 30	1 49 26	18 38 51	27 37 24	14 58 06	23 30 29	1 26 50	9 27 10
5 Sa	29 51 34	6♐ 06 46	13♐ 02 40	23 07 09	16 50 42	2 20 50	9 30 22	2 17 27	18 56 28	27 43 59	15 04 57	23 34 35	1 31 47	9 33 38
6 Su	0♏ 55 54	20 04 57	27 05 01	24 03 14	17 54 02	2 03 38	9 32 10	2 44 59	19 13 33	27 49 56	15 11 21	23 38 13	1 36 15	9 39 36
7 M	1 59 09	4♑ 09 39	11♑ 12 29	24 54 04	18 55 52	1 45 26	9 32 19	3 11 28	19 29 32	27 54 40	15 16 44	23 40 48	1 39 40	9 44 30
8 Tu	3 00 59	18 17 49	25 22 11	25 38 47	19 55 48	1 25 57	9 30 27	3 36 32	19 44 02	27 57 52	15 20 43	23 41 59	1 41 40	9 47 58
9 W	4 01 22	2♒ 27 04	9♒ 31 58	26 16 51	20 53 49	1 05 12	9 26 33	4 00 11	19 57 03	27 59 28	15 23 18	23 41 44	1 42 14	9 49 59
10 Th	5 00 39	16 35 48	23 40 24	26 47 58	21 50 13	0 43 34	9 20 59	4 22 44	20 08 55	27 59 50	15 24 49	23 40 25	1 41 42	9 50 53
11 F	5 59 27	0♓ 43 01	7♓ 46 27	27 12 08	22 45 38	0 21 45	9 14 23	4 44 49	20 20 15	27 59 36	15 25 54	23 38 39	1 40 42	9 51 18
12 Sa	6 58 35	14 47 47	21 49 09	27 29 28	23 40 51	0 00 34	9 07 33	5 07 15	20 31 52	27 59 33	15 27 21	23 37 15	1 40 03	9 52 03
13 Su	7 58 51	28 48 59	5♈ 47 10	27 40 03	24 36 37	29♈ 40 53	9 01 18	5 30 50	20 44 34	28 00 30	15 29 58	23 36 60	1 40 31	9 53 55
14 M	9 00 51	12♈ 44 54	19 38 36	27 43 47	25 33 33	29 23 20	8 56 15	5 56 09	20 58 57	28 03 03	15 34 21	23 38 30	1 42 45	9 57 31
15 Tu	10 04 54	26 33 11	3♉ 20 60	27 40 18	26 31 56	29 08 18	8 52 43	6 23 32	21 15 20	28 07 31	15 40 51	23 42 06	1 47 03	10 03 09
16 W	11 10 57	10♉ 10 59	16 51 38	27 28 57	27 31 41	28 55 43	8 50 40	6 52 55	21 33 39	28 13 51	15 49 21	23 47 42	1 53 20	10 10 46
17 Th	12 18 34	23 35 27	0♊ 07 57	27 08 53	28 32 20	28 45 12	8 49 39	7 23 52	21 53 28	28 21 36	15 59 27	23 54 54	2 01 12	10 19 57
18 F	13 27 02	6♊ 44 07	13 07 59	26 39 12	29 33 11	28 36 06	8 48 59	7 55 41	22 14 06	28 30 04	16 10 27	24 02 58	2 09 55	10 29 58
19 Sa	14 35 30	19 35 30	25 50 52	25 59 11	0♑ 33 19	28 27 34	8 47 51	8 27 29	22 34 39	28 38 23	16 21 28	24 11 04	2 18 38	10 39 58
20 Su	15 43 07	2♋ 09 20	8♋ 17 01	25 08 31	1 31 54	28 18 47	8 45 23	8 58 28	22 54 18	28 45 44	16 31 40	24 18 21	2 26 32	10 49 06
21 M	16 49 13	14 26 52	20 28 16	24 07 32	2 28 11	28 09 06	8 40 56	9 27 55	23 12 22	28 51 24	16 40 23	24 24 08	2 32 54	10 56 43
22 Tu	17 53 24	26 30 48	2♌ 27 50	22 57 23	3 21 47	27 58 09	8 34 07	9 55 26	23 28 26	28 55 01	16 47 12	24 28 00	2 37 21	11 02 23
23 W	18 55 37	8♌ 25 07	14 20 06	21 40 03	4 12 36	27 45 55	8 24 55	10 21 00	23 42 29	28 56 32	16 52 05	24 29 57	2 39 50	11 06 04
24 Th	19 56 13	20 14 55	26 10 23	20 18 18	5 00 58	27 32 46	8 13 41	10 44 57	23 54 51	28 56 17	16 55 23	24 30 17	2 40 43	11 08 07
25 F	20 55 50	2♍ 06 02	8♍ 04 38	18 55 30	5 47 28	27 19 21	8 01 05	11 07 55	24 06 09	28 54 55	16 57 43	24 29 40	2 40 37	11 09 11
26 Sa	21 55 21	14 04 37	20 08 58	17 35 14	6 32 58	27 06 34	7 48 01	11 30 46	24 17 17	28 53 18	16 59 59	24 28 59	2 40 25	11 10 07
27 Su	22 55 42	26 16 43	2♎ 29 10	16 21 05	7 18 21	26 55 22	7 35 27	11 54 28	24 29 11	28 52 23	17 03 06	24 29 09	2 41 04	11 11 53
28 M	23 57 45	8♎ 47 42	15 10 08	15 16 10	8 04 27	26 46 38	7 24 16	12 19 51	24 42 42	28 53 02	17 07 57	24 31 03	2 43 25	11 15 20
29 Tu	25 02 05	21 41 38	28 15 16	14 22 51	8 51 50	26 40 59	7 15 05	12 47 32	24 58 27	28 55 50	17 15 07	24 35 16	2 48 04	11 21 03
30 W	26 08 56	5♏ 00 42	11♏ 45 48	13 42 37	9 40 40	26 38 37	7 08 08	13 17 42	25 16 37	29 01 01	17 24 49	24 42 00	2 55 13	11 29 15

LONGITUDE — December 2005

Day	☉	0 hr ☽	Noon ☽	☿	♀	♂	⚵	⚳	♃	♄	⚷	♅	♆	♇
1 Th	27♏ 18 00	18♏ 44 38	25♏ 40 25	13♏ 15 54	10♑ 30 37	26♈ 39 17	7♊ 03 10	13♐ 50 07	25♎ 36 57	29♋ 08 17	17♑ 36 47	24♒ 51 01	3♒ 04 37	11♐ 39 41
2 F	28 28 35	2♐ 50 36	9♐ 55 11	13 02 14	11 20 55	26 42 15	6 59 31	14 24 01	25 58 43	29 16 55	17 50 16	25 01 33	3 15 32	11 51 36
3 Sa	29 39 36	17 13 19	24 23 58	13 00 21	12 10 28	26 46 29	6 56 06	14 58 22	26 20 49	29 25 51	18 04 14	25 12 33	3 26 53	12 03 56
4 Su	0♐ 49 50	1♑ 45 52	8♑ 59 28	13 08 38	12 58 00	26 50 45	6 51 47	15 31 56	26 42 06	29 33 54	18 17 27	25 22 50	3 37 30	12 15 30
5 M	1 58 17	16 20 55	23 34 26	13 25 20	13 42 26	26 54 03	6 45 33	16 03 43	27 01 30	29 40 02	18 28 54	25 31 20	3 46 19	12 25 16
6 Tu	3 04 17	0♒ 51 60	8♒ 02 54	13 49 02	14 23 05	26 55 44	6 36 47	16 33 03	27 18 24	29 43 36	18 37 56	25 37 27	3 52 42	12 32 34
7 W	4 07 47	15 14 24	22 21 01	14 18 49	14 59 49	26 55 43	6 25 27	16 59 53	27 32 42	29 44 32	18 44 30	25 41 05	3 56 37	12 37 22
8 Th	5 09 18	29 25 42	6♓ 27 09	14 54 20	15 33 06	26 54 32	6 12 07	17 24 43	27 44 58	29 43 22	18 49 07	25 42 47	3 58 33	12 40 10
9 F	6 09 50	13♓ 25 29	20 21 31	15 35 47	16 03 53	26 53 11	5 57 48	17 48 35	27 56 09	29 41 07	18 52 48	25 43 32	3 59 32	12 41 59
10 Sa	7 10 39	27 14 44	4♈ 05 29	16 23 35	16 33 20	26 52 53	5 43 47	18 12 43	28 07 33	29 39 01	18 56 46	25 44 35	4 00 48	12 44 04
11 Su	8 12 57	10♈ 55 00	17 40 40	17 18 16	17 02 38	26 54 53	5 31 19	18 38 21	28 20 21	29 38 18	19 02 16	25 47 11	4 03 35	12 47 38
12 M	9 17 42	24 27 38	1♉ 08 18	18 20 07	17 32 41	27 00 07	5 21 24	19 06 26	28 35 32	29 39 55	19 10 15	25 52 17	4 08 50	12 53 40
13 Tu	10 25 26	7♉ 53 10	14 28 41	19 29 04	18 03 54	27 09 04	5 14 33	19 37 29	28 53 36	29 44 24	19 21 14	26 00 22	4 17 04	13 02 38
14 W	11 36 05	21 11 10	27 41 11	20 44 33	18 36 12	27 21 42	5 10 46	20 11 27	29 14 31	29 51 41	19 35 10	26 11 26	4 28 15	13 14 32
15 Th	12 49 07	4♊ 20 18	10♊ 44 22	22 05 33	19 08 59	27 37 27	5 09 31	20 47 47	29 37 44	0♌ 01 15	19 51 30	26 24 54	4 41 49	13 28 48
16 F	14 03 33	17 18 44	23 36 30	23 30 42	19 41 11	27 55 20	5 09 51	21 25 31	0♏ 02 15	0 12 06	20 09 16	26 39 49	4 56 48	13 44 27
17 Sa	15 18 12	0♋ 04 40	6♋ 16 02	24 58 27	20 11 34	28 14 09	5 10 37	22 03 28	0 26 54	0 23 04	20 27 16	26 54 59	5 12 02	14 00 19
18 Su	16 31 52	12 36 54	18 42 11	26 27 17	20 38 51	28 32 41	5 10 37	22 40 25	0 50 29	0 32 56	20 44 19	27 09 12	5 26 16	14 15 10
19 M	17 43 32	24 55 19	0♌ 55 21	27 55 57	21 01 59	28 49 55	5 08 52	23 15 21	1 11 58	0 40 42	20 59 23	27 21 27	5 38 32	14 28 02
20 Tu	18 52 34	7♌ 01 12	12 57 22	29 23 33	21 20 16	29 05 10	5 04 45	23 47 39	1 30 43	0 45 43	21 11 49	27 31 05	5 48 10	14 38 13
21 W	19 58 45	18 57 22	24 51 31	0♐ 49 43	21 33 25	29 18 16	4 58 06	24 17 06	1 46 33	0 47 48	21 21 27	27 37 55	5 54 58	14 45 34
22 Th	21 02 25	0♍ 48 04	6♍ 42 29	2 14 35	21 41 44	29 29 29	4 49 14	24 43 60	1 59 44	0 47 15	21 28 34	27 42 16	5 59 16	14 50 22
23 F	22 04 17	12 38 46	18 36 04	3 38 43	21 45 52	29 39 32	4 38 55	25 09 06	2 11 02	0 44 48	21 33 55	27 44 51	6 01 46	14 53 22
24 Sa	23 05 25	24 35 50	0♎ 38 47	5 03 04	21 46 50	29 49 29	4 28 12	25 33 26	2 21 30	0 41 30	21 38 32	27 46 43	6 03 32	14 55 36
25 Su	24 06 59	6♎ 46 04	12 57 27	6 28 44	21 45 49	0♉ 00 30	4 18 20	25 58 13	2 32 18	0 38 34	21 43 37	27 49 04	6 05 46	14 58 16
26 M	25 10 09	19 16 03	25 38 23	7 56 44	21 43 54	0 13 43	4 10 26	26 24 34	2 44 36	0 37 07	21 50 19	27 53 02	6 09 36	15 02 31
27 Tu	26 15 45	2♏ 11 27	8♏ 46 43	9 27 53	21 41 56	0 29 58	4 05 23	26 53 21	2 59 14	0 38 02	21 59 28	27 59 29	6 15 54	15 09 11
28 W	27 24 13	15 36 11	22 25 22	11 02 30	21 40 19	0 49 40	4 03 37	27 24 58	3 16 37	0 41 42	22 11 29	28 08 49	6 25 03	15 18 42
29 Th	28 35 19	29 31 28	6♐ 34 19	12 40 21	21 38 52	1 12 35	4 04 57	27 59 14	3 36 33	0 47 56	22 26 11	28 20 51	6 36 52	15 30 51
30 F	29 48 19	13♐ 55 14	21 09 55	14 20 38	21 36 50	1 37 58	4 08 38	28 35 22	3 58 15	0 55 59	22 42 47	28 34 48	6 50 36	15 44 52
31 Sa	1♑ 01 59	28 41 50	6♑ 05 03	16 02 04	21 33 01	2 04 34	4 13 28	29 12 09	4 20 32	1 04 37	23 00 04	28 49 27	7 05 00	15 59 33

Notes

January 2006 — LONGITUDE

Day	☉	0 hr ☽	Noon ☽	☿	♀	♂	⚷	♄	♃	♄	⚸	♅	♆	♇
1 Su	2 ♑ 14 54	13 ♑ 42 40	21 ♑ 10 05	17 ♐ 43 13	21 ♑ 26 03	2 ♉ 30 58	4 ♊ 18 02	29 ♐ 48 11	4 ♏ 41 57	1 ♌ 12 25	23 ♑ 16 37	29 ♒ 03 23	7 ♒ 18 41	16 ♐ 13 28
2 M	3 25 48	28 47 33	6 ♒ 14 32	19 22 49	21 14 44	2 55 54	4 21 05	0 ♑ 22 11	5 01 15	1 18 09	23 31 11	29 15 21	7 30 21	16 25 22
3 Tu	4 33 53	13 ♒ 46 36	21 09 02	21 00 02	20 58 21	3 18 32	4 21 51	0 53 22	5 17 37	1 20 59	23 42 57	29 24 33	7 39 14	16 34 27
4 W	5 39 00	28 31 57	5 ♓ 46 53	22 34 43	20 36 52	3 38 44	4 20 09	1 21 34	5 30 56	1 20 48	23 51 46	29 30 49	7 45 10	16 40 33
5 Th	6 41 41	12 ♓ 58 54	20 04 41	24 07 23	20 10 55	3 56 60	4 16 34	1 47 19	5 41 42	1 18 08	23 58 11	29 34 42	7 48 42	16 44 13
6 F	7 43 01	27 05 51	4 ♈ 02 04	25 39 07	19 41 45	4 14 24	4 12 10	2 11 43	5 51 00	1 14 03	24 03 16	29 37 16	7 50 53	16 46 31
7 Sa	8 44 20	10 ♈ 53 49	17 40 54	27 11 15	19 10 51	4 32 16	4 08 18	2 36 06	6 00 12	1 09 55	24 08 22	29 39 52	7 53 06	16 48 49
8 Su	9 46 60	24 25 15	1 ♉ 04 07	28 45 08	18 39 46	4 51 57	4 06 19	3 01 48	6 10 37	1 07 04	24 14 49	29 43 51	7 56 40	16 52 27
9 M	10 52 02	7 ♉ 43 09	14 14 50	0 ♑ 21 49	18 09 45	5 14 28	4 07 16	3 29 52	6 23 18	1 06 33	24 23 40	29 50 15	8 02 38	16 58 26
10 Tu	12 00 01	20 50 07	27 15 33	2 01 53	17 41 34	5 40 22	4 11 42	4 00 51	6 38 50	1 08 55	24 35 29	29 59 39	8 11 34	17 07 23
11 W	13 10 56	3 ♊ 47 56	10 ♊ 07 48	3 45 20	17 15 29	6 09 38	4 19 38	4 34 47	6 57 11	1 14 12	24 50 16	0 ♓ 12 01	8 23 28	17 19 15
12 Th	14 24 16	16 37 19	22 52 21	5 31 38	16 51 11	6 41 44	4 30 31	5 11 07	7 17 50	1 21 52	25 07 28	0 26 51	8 37 48	17 33 32
13 F	15 39 03	29 18 10	5 ♋ 28 10	7 19 51	16 27 60	7 15 43	4 43 25	5 48 53	7 39 49	1 30 57	25 26 09	0 43 10	8 53 36	17 49 16
14 Sa	16 54 07	11 ♋ 49 50	17 55 18	9 08 49	16 04 60	7 50 21	4 57 09	6 26 55	8 01 58	1 40 16	25 45 08	0 59 49	9 09 43	18 05 12
15 Su	18 08 15	24 11 39	0 ♌ 12 54	10 57 21	15 41 15	8 24 28	5 10 29	7 04 01	8 23 04	1 48 38	26 03 12	1 15 34	9 24 54	18 20 20
16 M	19 20 27	6 ♌ 23 22	12 21 01	12 44 26	15 15 59	8 56 60	5 22 25	7 39 08	8 42 06	1 55 02	26 19 19	1 29 25	9 38 10	18 33 26
17 Tu	20 29 59	18 25 39	24 20 38	14 29 23	14 48 45	9 27 15	5 32 15	8 11 36	8 58 22	1 58 45	26 32 49	1 40 39	9 48 48	18 43 53
18 W	21 36 37	0 ♍ 20 19	6 ♍ 13 58	16 11 57	14 19 34	9 54 58	5 39 42	8 41 08	9 11 35	1 59 32	26 43 25	1 49 00	9 56 33	18 51 25
19 Th	22 40 33	12 10 26	18 04 31	17 52 11	13 48 49	10 20 19	5 44 58	9 07 56	9 21 59	1 57 35	26 51 18	1 54 42	10 01 36	18 56 14
20 F	23 42 22	24 00 22	29 57 02	19 31 12	13 17 22	10 43 54	5 48 41	9 32 36	9 30 08	1 53 31	26 57 06	1 58 19	10 04 34	18 58 56
21 Sa	24 43 01	5 ♎ 55 31	11 ♎ 57 16	21 09 28	12 46 19	11 06 39	5 51 43	9 56 05	9 36 59	1 48 15	27 01 45	2 00 47	10 06 22	19 00 27
22 Su	25 43 34	18 02 03	24 11 32	22 48 14	12 16 57	11 29 38	5 55 13	10 19 27	9 43 37	1 42 54	27 06 18	2 03 13	10 08 06	19 01 51
23 M	26 45 07	0 ♏ 26 24	6 ♏ 46 17	24 28 35	11 50 30	11 53 56	6 00 12	10 43 48	9 51 06	1 38 31	27 11 51	2 06 40	10 10 50	19 04 15
24 Tu	27 48 32	13 14 40	19 47 20	26 11 25	11 27 59	12 20 24	6 07 34	11 09 58	10 00 19	1 35 60	27 19 17	2 12 01	10 15 26	19 08 29
25 W	28 54 16	26 31 47	3 ♐ 18 56	27 57 27	11 09 58	12 49 31	6 17 46	11 38 27	10 11 43	1 35 48	27 29 02	2 19 43	10 22 24	19 15 03
26 Th	0 ♒ 02 18	10 ♐ 20 39	17 22 51	29 45 55	10 56 33	13 21 14	6 30 47	12 09 13	10 25 17	1 37 55	27 41 07	2 29 46	10 31 40	19 23 54
27 F	1 12 06	24 41 08	1 ♑ 37 02	1 ♒ 37 02	10 47 14	13 55 00	6 46 02	12 41 42	10 40 28	1 41 46	27 54 56	2 41 36	10 42 43	19 34 30
28 Sa	2 22 38	9 ♑ 29 29	16 57 14	3 29 33	10 41 06	14 29 49	7 02 33	13 14 55	10 56 16	1 46 24	28 09 31	2 54 13	10 54 32	19 45 50
29 Su	3 32 45	24 38 18	2 ♒ 13 10	5 22 15	10 36 59	15 04 29	7 19 07	13 47 41	11 11 29	1 50 37	28 23 41	3 06 26	11 05 55	19 56 44
30 M	4 41 18	9 ♒ 57 16	17 34 02	7 14 03	10 33 47	15 37 53	7 34 37	14 18 52	11 25 01	1 53 17	28 36 18	3 17 09	11 15 47	20 06 04
31 Tu	5 47 33	25 15 01	2 ♓ 48 24	9 04 09	10 30 47	16 09 15	7 48 17	14 47 43	11 36 06	1 53 40	28 46 37	3 25 35	11 23 21	20 13 05

February 2006 — LONGITUDE

Day	☉	0 hr ☽	Noon ☽	☿	♀	♂	⚷	♄	♃	♄	⚸	♅	♆	♇
1 W	6 ♒ 51 15	10 ♓ 21 07	17 ♓ 46 42	10 ♒ 52 19	10 ♑ 27 43	16 ♉ 38 21	7 ♊ 59 53	15 ♑ 13 60	11 ♏ 44 29	1 ♌ 51 33	28 ♑ 54 24	3 ♓ 31 30	11 ♒ 28 24	20 ♐ 17 33
2 Th	7 52 45	25 07 46	2 ♈ 22 35	12 38 51	10 24 57	17 05 31	8 09 46	15 38 04	11 50 33	1 47 16	28 59 59	3 35 17	11 31 17	20 19 49
3 F	8 52 52	9 ♈ 30 37	16 33 14	14 22 12	10 23 15	17 31 34	8 18 44	16 00 43	11 55 06	1 41 38	29 04 13	3 37 43	11 32 48	20 20 42
4 Sa	9 52 39	23 28 35	0 ♉ 18 56	16 10 21	10 23 39	17 57 33	8 27 50	16 23 02	11 59 10	1 35 42	29 08 07	3 39 51	11 34 00	20 21 16
5 Su	10 53 10	7 ♉ 03 05	13 42 00	17 57 19	10 27 10	18 24 30	8 38 06	16 46 02	12 03 49	1 30 33	29 12 45	3 42 46	11 35 58	20 22 32
6 M	11 55 15	20 16 58	26 45 50	19 46 10	10 34 36	18 53 16	8 50 23	17 10 36	12 09 55	1 27 01	29 18 59	3 47 11	11 39 30	20 25 23
7 Tu	12 59 23	3 ♊ 13 35	9 ♊ 33 58	21 37 18	10 46 23	19 24 19	9 05 09	17 37 10	12 17 54	1 25 35	29 27 15	3 53 54	11 45 08	20 30 17
8 W	14 05 36	15 56 09	22 09 35	23 30 36	11 02 31	19 57 41	9 22 26	18 05 49	12 27 51	1 26 18	29 37 38	4 02 38	11 52 53	20 37 16
9 Th	15 13 34	28 27 18	4 ♋ 35 09	25 25 34	11 22 35	20 33 02	9 41 53	18 36 11	12 39 23	1 28 49	29 49 46	4 13 09	12 02 23	20 46 00
10 F	16 22 36	10 ♋ 48 59	16 52 24	27 21 22	11 45 52	21 09 41	10 02 49	19 07 37	12 51 52	1 32 28	0 ♒ 02 59	4 24 48	12 13 00	20 55 49
11 Sa	17 31 54	23 02 35	29 02 30	29 16 57	12 11 28	21 46 47	10 24 25	19 39 16	13 04 27	1 36 26	0 16 28	4 36 44	12 23 53	21 05 52
12 Su	18 40 36	5 ♌ 09 02	11 ♌ 06 18	1 ♓ 11 12	12 38 30	22 23 31	10 45 49	20 10 17	13 16 18	1 39 52	0 29 21	4 48 06	12 34 12	21 15 20
13 M	19 47 60	17 09 16	23 04 39	3 03 06	13 06 09	22 59 08	11 06 16	20 39 58	13 26 40	1 42 03	0 40 56	4 58 12	12 43 13	21 23 29
14 Tu	20 53 33	29 04 21	4 ♍ 58 42	4 51 47	15 33 53	23 33 07	11 25 18	21 07 48	13 35 05	1 42 30	0 50 41	5 06 31	12 50 26	21 29 48
15 W	21 57 06	10 ♍ 55 51	16 50 12	6 36 39	16 01 23	24 05 16	11 42 29	21 33 33	13 41 18	1 40 58	0 58 15	5 12 49	12 55 38	21 34 05
16 Th	22 58 41	22 46 20	28 41 40	8 17 21	16 28 43	24 35 41	11 58 26	21 57 21	13 45 26	1 37 34	1 04 12	5 17 13	12 58 55	21 36 25
17 F	23 58 42	4 ♎ 37 57	10 ♎ 36 23	9 53 45	16 56 10	25 04 42	12 12 60	22 19 32	13 47 50	1 32 41	1 08 25	5 20 05	13 00 38	21 37 11
18 Sa	24 57 44	16 35 25	22 38 31	11 25 54	17 25 54	25 32 54	12 26 55	22 40 41	13 49 04	1 26 52	1 11 38	5 21 59	13 01 23	21 36 56
19 Su	25 56 27	28 42 57	4 ♏ 52 48	12 53 36	17 53 36	26 00 59	12 40 52	23 01 30	13 50 53	1 20 50	1 14 32	5 23 36	13 01 50	21 36 23
20 M	26 55 34	11 ♏ 05 29	17 24 17	14 17 50	18 24 52	26 29 38	12 55 34	23 22 40	13 50 53	1 15 17	1 17 50	5 25 39	13 02 42	21 36 13
21 Tu	27 55 39	23 47 60	0 ♐ 17 54	15 37 37	18 58 32	26 59 25	13 11 32	23 44 46	13 52 42	1 10 46	1 22 06	5 28 42	13 04 33	21 37 01
22 W	28 57 03	6 ♐ 55 01	13 37 49	16 52 56	19 34 56	27 30 41	13 29 10	24 08 08	13 55 41	1 07 39	1 27 40	5 33 05	13 07 44	21 39 07
23 Th	29 59 49	20 29 52	27 26 38	18 03 12	20 13 29	28 03 29	13 48 27	24 32 49	13 59 51	1 05 59	1 34 36	5 38 51	13 12 17	21 42 34
24 F	1 ♓ 03 40	4 ♑ 33 55	11 ♑ 44 38	19 07 29	20 55 29	28 37 32	14 09 09	24 58 33	14 04 57	1 05 31	1 42 37	5 45 45	13 17 56	21 47 06
25 Sa	2 08 05	19 05 54	26 29 02	20 04 41	21 38 45	29 12 19	14 30 44	25 24 49	14 10 28	1 05 42	1 51 11	5 53 14	13 24 11	21 52 25
26 Su	3 12 26	4 ♒ 01 18	11 ♒ 33 47	20 53 34	20 23 07	29 47 12	14 52 33	25 50 58	14 15 45	1 05 54	1 59 40	6 00 41	13 30 21	21 57 14
27 M	4 16 03	19 12 38	26 50 00	21 33 02	0 ♒ 21 30	15 13 56	26 16 20	14 20 08	1 05 29	2 07 26	6 07 26	13 35 50	22 01 31
28 Tu	5 18 30	4 ♓ 30 05	12 ♓ 07 14	22 02 16	21 52 38	0 54 49	15 34 26	26 40 30	14 23 12	1 04 01	2 14 02	6 13 02	13 40 09	22 04 39

Notes

LONGITUDE

March 2006

Day	☉	0 hr ☽	Noon ☽	☿	♀	♂	⚵	⚳	♃	♄	⚷	♅	♆	♇
1 W	6 ♓ 19 37	19 ♓ 43 10	27 ♓ 15 03	22 ♓ 20 47	22 ♑ 37 03	1 ♊ 26 56	15 ♊ 53 54	27 ♑ 03 17	14 ♏ 24 45	1 ♌ 01 18	2 ♒ 19 17	6 ♓ 17 20	13 ♒ 43 09	22 ♐ 06 26
2 Th	7 19 31	4 ♈ 42 20	12 ♈ 04 50	22 28 35	23 21 16	1 57 60	16 12 26	27 24 48	14 24 57	0 57 29	2 23 18	6 20 27	13 44 57	22 06 60
3 F	8 18 34	19 20 21	26 30 42	22 26 04	24 05 36	2 28 22	16 30 24	27 45 26	14 24 08	0 52 56	2 26 28	6 22 45	13 45 56	22 06 43
4 Sa	9 17 16	3 ♉ 32 58	10 ♉ 29 55	22 13 53	24 50 31	2 58 32	16 48 17	28 05 40	14 22 49	0 48 10	2 29 18	6 24 44	13 46 35	22 06 06
5 Su	10 16 08	17 18 50	24 02 24	21 52 54	25 36 30	3 29 01	17 06 37	28 26 01	14 21 30	0 43 41	2 32 17	6 26 55	13 47 25	22 05 38
6 M	11 15 33	0 ♊ 38 57	7 ♊ 10 09	21 24 03	26 23 54	4 00 11	17 25 46	28 46 53	14 20 35	0 39 52	2 35 49	6 29 41	13 48 50	22 05 44
7 Tu	12 15 45	13 35 53	19 56 19	20 48 18	27 12 56	4 32 18	17 45 57	29 08 28	14 20 18	0 36 57	2 40 08	6 33 15	13 51 02	22 06 37
8 W	13 16 45	26 13 04	2 ♋ 24 39	20 06 34	28 03 34	5 05 20	18 07 11	29 30 50	14 20 41	0 34 59	2 45 15	6 37 40	13 54 05	22 08 18
9 Th	14 18 26	8 ♋ 34 13	14 38 56	19 19 48	28 55 38	5 39 11	18 29 20	29 53 48	14 21 34	0 33 47	2 51 01	6 42 47	13 57 48	22 10 40
10 F	15 20 29	20 43 02	26 42 46	18 28 55	29 48 51	6 13 33	18 52 08	0 ♒ 17 06	14 22 42	0 33 08	2 57 10	6 48 19	14 01 56	22 13 25
11 Sa	16 22 38	2 ♌ 42 53	8 ♌ 39 21	17 34 55	0 ♒ 42 52	6 48 08	19 15 14	0 40 27	14 23 45	0 32 40	3 03 24	6 53 57	14 06 10	22 16 15
12 Su	17 24 33	14 36 47	20 31 30	16 38 49	1 37 22	7 22 37	19 38 20	1 03 30	14 24 25	0 32 07	3 09 24	6 59 23	14 10 12	22 18 52
13 M	18 26 00	26 27 26	2 ♍ 21 42	15 41 43	2 32 04	7 56 46	20 01 13	1 26 03	14 24 29	0 31 14	3 14 56	7 04 24	14 13 47	22 21 01
14 Tu	19 26 51	8 ♍ 17 13	14 12 10	14 44 48	3 26 50	8 30 26	20 23 42	1 47 56	14 23 48	0 29 53	3 19 51	7 08 50	14 16 46	22 22 35
15 W	20 27 05	20 08 20	26 05 02	13 49 12	4 21 35	9 03 35	20 45 46	2 09 08	14 22 20	0 28 02	3 24 07	7 12 39	14 19 09	22 23 30
16 Th	21 26 45	2 ♎ 02 55	8 ♎ 02 23	12 56 03	5 16 23	9 36 18	21 07 30	2 29 43	14 20 10	0 25 46	3 27 49	7 15 57	14 20 60	22 23 52
17 F	22 26 01	14 03 10	20 06 26	12 06 27	6 11 21	10 08 43	21 29 01	2 49 49	14 17 26	0 23 13	3 31 06	7 18 51	14 22 27	22 23 50
18 Sa	23 25 03	26 11 23	2 ♏ 19 36	11 21 18	7 06 40	10 41 01	21 50 30	3 09 38	14 14 19	0 20 34	3 34 08	7 21 33	14 23 41	22 23 34
19 Su	24 24 02	8 ♏ 30 06	14 44 31	10 41 23	8 02 29	11 13 23	22 12 09	3 29 20	14 11 01	0 18 01	3 37 07	7 24 13	14 24 53	22 23 15
20 M	25 23 08	21 01 59	27 23 56	10 07 15	8 58 55	11 45 57	22 34 04	3 49 04	14 07 40	0 15 42	3 40 10	7 27 01	14 26 11	22 23 02
21 Tu	26 22 24	3 ♐ 49 50	10 ♐ 20 41	9 39 16	9 56 02	12 18 48	22 56 22	4 08 55	14 04 20	0 13 41	3 43 23	7 29 59	14 27 41	22 22 59
22 W	27 21 50	16 56 20	23 37 18	9 17 36	10 53 48	12 51 56	23 19 00	4 28 51	14 01 03	0 11 58	3 46 45	7 33 10	14 29 21	22 23 07
23 Th	28 21 23	0 ♑ 23 43	7 ♑ 15 43	9 02 12	11 52 10	13 25 17	23 41 57	4 48 50	13 57 43	0 10 31	3 50 13	7 36 28	14 31 09	22 23 21
24 F	29 20 58	14 13 26	21 16 43	8 52 56	12 50 59	13 58 45	24 05 04	5 08 45	13 54 15	0 09 12	3 53 40	7 39 47	14 32 58	22 23 36
25 Sa	0 ♈ 20 27	28 25 30	5 ♒ 39 28	8 49 36	13 50 10	14 32 14	24 28 17	5 28 30	13 50 34	0 07 57	3 57 00	7 43 03	14 34 43	22 23 46
26 Su	1 19 49	12 ♒ 58 08	20 21 04	8 51 58	14 49 38	15 05 42	24 51 33	5 48 03	13 46 37	0 06 43	4 00 12	7 46 12	14 36 21	22 23 47
27 M	2 19 04	27 47 20	5 ♓ 16 23	8 59 52	15 49 24	15 39 09	25 14 52	6 07 24	13 42 26	0 05 30	4 03 16	7 49 15	14 37 53	22 23 43
28 Tu	3 18 18	12 ♓ 46 58	20 18 19	9 13 09	16 49 33	16 12 41	25 38 20	6 26 39	13 38 05	0 04 24	4 06 17	7 52 18	14 39 23	22 23 36
29 W	4 17 38	27 49 12	5 ♈ 18 34	9 31 41	17 50 09	16 46 25	26 02 03	6 45 55	13 33 41	0 03 33	4 09 23	7 55 27	14 41 00	22 23 36
30 Th	5 17 11	12 ♈ 45 32	20 08 41	9 55 20	18 51 21	17 20 27	26 26 08	7 05 18	13 29 23	0 03 03	4 12 40	7 58 50	14 42 51	22 23 48
31 F	6 16 59	27 27 53	4 ♉ 41 21	10 23 55	19 53 09	17 54 51	26 50 39	7 24 52	13 25 14	0 02 57	4 16 11	8 02 30	14 44 58	22 24 17

LONGITUDE

April 2006

Day	☉	0 hr ☽	Noon ☽	☿	♀	♂	⚵	⚳	♃	♄	⚷	♅	♆	♇
1 Sa	7 ♈ 17 02	11 ♉ 49 47	18 ♉ 51 09	10 ♓ 57 09	20 ♒ 55 33	18 ♊ 29 36	27 ♊ 15 34	7 ♒ 44 35	13 ♏ 21 12	0 ♌ 03 15	4 ♒ 19 56	8 ♓ 06 25	14 ♒ 47 20	22 ♐ 24 60
2 Su	8 17 12	25 46 57	2 ♊ 35 09	11 34 42	21 58 24	19 04 33	27 40 45	8 04 20	13 17 10	0 03 49	4 23 46	8 10 28	14 49 50	22 25 50
3 M	9 17 18	9 ♊ 17 38	15 52 44	12 16 08	23 01 30	19 39 33	28 06 01	8 23 55	13 12 58	0 04 27	4 27 31	8 14 28	14 52 16	22 26 37
4 Tu	10 17 07	22 22 19	28 45 24	13 01 01	24 04 39	20 14 20	28 31 08	8 43 08	13 08 22	0 04 58	4 30 58	8 18 12	14 54 27	22 27 07
5 W	11 16 28	5 ♋ 03 21	11 ♋ 16 09	13 49 00	25 07 38	20 48 46	28 55 57	9 01 47	13 03 13	0 05 09	4 33 56	8 21 29	14 56 10	22 27 10
6 Th	12 15 15	17 24 19	23 28 58	14 39 47	26 10 21	21 22 43	29 20 19	9 19 47	12 57 23	0 04 56	4 36 19	8 24 13	14 57 20	22 26 39
7 F	13 13 28	29 29 37	5 ♌ 28 26	15 33 10	27 12 48	21 56 12	29 44 16	9 37 07	12 50 54	0 04 17	4 38 06	8 26 23	14 57 57	22 25 35
8 Sa	14 11 15	11 ♌ 24 01	17 19 17	16 29 10	28 15 05	22 29 19	0 ♋ 07 55	9 53 55	12 43 53	0 03 21	4 39 26	8 28 09	14 58 08	22 24 04
9 Su	15 08 49	23 12 15	29 06 09	17 27 49	29 17 27	23 02 18	0 31 28	10 10 24	12 36 34	0 02 21	4 40 31	8 29 42	14 58 07	22 22 22
10 M	16 06 28	4 ♍ 58 51	10 ♍ 53 19	18 29 18	0 ♓ 20 09	23 35 28	0 55 14	10 26 51	12 29 14	0 01 35	4 41 40	8 31 20	14 58 12	22 20 44
11 Tu	17 04 31	16 47 54	22 44 36	19 33 49	1 23 32	24 09 07	1 19 32	10 43 37	12 22 15	0 01 21	4 43 11	8 33 24	14 58 41	22 19 32
12 W	18 03 17	28 42 53	4 ♎ 43 12	20 41 33	2 27 52	24 43 33	1 44 39	11 00 58	12 15 52	0 01 59	4 45 23	8 36 10	14 59 53	22 19 01
13 Th	19 02 55	10 ♎ 46 36	16 51 38	21 52 35	3 33 20	25 18 57	2 10 46	11 19 06	12 10 18	0 03 38	4 48 26	8 39 50	15 01 58	22 19 24
14 F	20 03 31	23 01 09	29 11 41	23 06 54	4 39 60	25 55 22	2 37 56	11 38 04	12 05 36	0 06 23	4 52 25	8 44 27	15 05 01	22 20 44
15 Sa	21 04 57	5 ♏ 27 56	11 ♏ 44 34	24 24 17	5 47 44	26 32 42	3 06 04	11 57 45	12 01 42	0 10 06	4 57 13	8 49 55	15 08 55	22 22 55
16 Su	22 06 58	18 07 44	24 30 54	25 44 25	6 56 17	27 10 42	3 34 53	12 17 54	11 58 17	0 14 33	5 02 32	8 55 58	15 13 23	22 25 41
17 M	23 09 09	1 ♐ 00 57	7 ♐ 30 56	27 06 49	8 05 12	27 48 55	4 03 57	12 38 04	11 54 58	0 19 17	5 07 60	9 02 10	15 18 01	22 28 36
18 Tu	24 10 60	14 07 38	20 44 42	28 30 56	9 14 01	28 26 53	4 32 48	12 57 48	11 51 17	0 23 50	5 13 05	9 08 03	15 22 19	22 31 12
19 W	25 12 04	27 27 50	4 ♑ 12 11	29 56 16	10 22 16	29 04 08	5 00 58	13 16 36	11 46 44	0 27 45	5 17 22	9 13 08	15 25 51	22 33 01
20 Th	26 12 01	11 ♑ 01 36	17 53 21	1 ♈ 22 26	11 29 36	29 40 21	5 28 07	13 34 10	11 41 02	0 30 40	5 20 29	9 17 07	15 28 16	22 33 43
21 F	27 10 46	24 48 60	1 ♒ 48 08	2 49 19	12 35 55	0 ♋ 15 25	5 54 09	13 50 23	11 34 05	0 32 31	5 22 22	9 19 53	15 29 27	22 33 13
22 Sa	28 08 28	8 ♒ 50 00	15 56 09	4 17 02	13 41 23	0 49 30	6 19 14	14 05 25	11 26 02	0 33 27	5 23 10	9 21 36	15 29 37	22 31 40
23 Su	29 05 35	23 04 08	0 ♓ 16 28	5 46 02	14 46 26	1 23 04	6 43 48	14 19 42	11 17 21	0 33 56	5 23 19	9 22 42	15 29 10	22 29 31
24 M	0 ♉ 02 43	7 ♓ 30 01	14 47 03	7 16 53	15 51 41	1 56 44	7 08 30	14 33 52	11 08 40	0 34 34	5 23 28	9 23 50	15 28 45	22 27 23
25 Tu	1 00 34	22 05 01	29 24 33	8 50 16	16 57 49	2 31 10	7 33 58	14 48 35	11 00 39	0 36 02	5 24 16	9 25 40	15 29 01	22 25 58
26 W	1 59 39	6 ♈ 44 58	14 ♈ 04 10	10 26 44	18 05 23	3 06 55	8 00 48	15 04 25	10 53 52	0 38 53	5 26 17	9 28 45	15 30 33	22 25 48
27 Th	3 00 20	21 24 17	28 39 58	12 06 35	19 14 40	3 44 19	8 29 17	15 21 39	10 48 39	0 43 27	5 29 50	9 33 24	15 33 39	22 27 13
28 F	4 02 34	5 ♉ 56 32	13 ♉ 05 31	13 49 48	20 25 42	4 23 20	8 59 24	15 40 18	10 44 59	0 49 42	5 34 55	9 39 36	15 38 19	22 30 12
29 Sa	5 06 01	20 15 13	27 14 49	15 36 03	21 38 05	5 03 39	9 30 50	16 00 00	10 42 31	0 57 18	5 41 10	9 47 01	15 44 11	22 34 24
30 Su	6 10 04	4 ♊ 14 45	11 ♊ 03 10	17 24 42	22 51 13	5 44 37	10 02 56	16 20 09	10 40 40	1 05 39	5 47 60	9 55 01	15 50 40	22 39 13

Notes

May 2006

LONGITUDE

Day	☉	0 hr ☽	Noon ☽	☿	♀	♂	⚵	⚳	♃	♄	⚷	♅	♆	♇
1 M	7 ♉ 13 59	17 ♊ 51 16	24 ♊ 27 43	19 ♈ 15 03	24 ♓ 04 23	6 ♋ 25 32	10 ♋ 34 59	16 ♒ 40 00	10 ♏ 38 42	1 ♌ 13 59	5 ♒ 54 38	10 ♓ 02 53	15 ♒ 57 01	22 ♐ 43 54
2 Tu	8 17 04	1 ♋ 03 04	7 ♋ 27 49	21 06 23	25 16 51	7 05 40	11 06 17	16 58 50	10 35 53	1 21 36	6 00 24	10 09 55	16 02 31	22 47 45
3 W	9 18 45	13 50 36	20 04 51	22 58 10	26 28 04	7 44 29	11 36 16	17 16 08	10 31 44	1 27 59	6 04 45	10 15 33	16 06 38	22 50 14
4 Th	10 18 48	26 16 21	2 ♌ 21 56	24 50 08	27 37 47	8 21 43	12 04 41	17 31 36	10 25 57	1 32 50	6 07 25	10 19 32	16 09 07	22 51 04
5 F	11 17 15	8 ♌ 24 20	14 23 33	26 42 21	28 46 03	8 57 26	12 31 34	17 45 19	10 18 36	1 36 14	6 08 27	10 21 55	16 09 60	22 50 19
6 Sa	12 14 28	20 19 38	26 15 01	28 35 09	29 53 13	9 31 58	12 57 18	17 57 36	10 10 03	1 38 31	6 08 13	10 23 03	16 09 39	22 48 21
7 Su	13 11 04	2 ♍ 07 57	8 ♍ 02 03	0 ♉ 29 10	0 ♈ 59 53	10 05 55	13 22 28	18 09 05	10 00 55	1 40 18	6 07 19	10 23 33	16 08 40	22 45 46
8 M	14 07 45	13 55 07	19 50 25	2 25 05	2 06 48	10 40 03	13 47 48	18 20 30	9 51 57	1 42 19	6 06 28	10 24 09	16 07 47	22 43 17
9 Tu	15 05 19	25 46 43	1 ♎ 45 27	4 23 40	3 14 42	11 15 06	14 14 04	18 32 35	9 43 53	1 45 19	6 06 27	10 25 37	16 07 46	22 41 41
10 W	16 04 23	7 ♎ 47 44	13 51 47	6 25 30	4 24 14	11 51 43	14 41 55	18 45 59	9 37 23	1 49 57	6 07 55	10 28 34	16 09 16	22 41 37
11 Th	17 05 24	20 02 08	26 12 58	8 30 59	5 35 50	12 30 21	15 11 45	19 01 09	9 32 54	1 56 39	6 11 16	10 33 27	16 12 43	22 43 29
12 F	18 08 29	2 ♏ 32 42	8 ♏ 51 13	10 40 08	6 49 37	13 11 04	15 43 43	19 18 10	9 30 31	2 05 32	6 16 39	10 40 23	16 18 12	22 47 26
13 Sa	19 13 22	15 20 45	21 47 18	12 52 39	8 05 20	13 53 41	16 17 33	19 36 48	9 30 02	2 16 20	6 23 48	10 49 07	16 25 30	22 53 12
14 Su	20 19 30	28 26 06	5 ♐ 00 31	15 07 48	9 22 24	14 37 34	16 52 40	19 56 27	9 30 51	2 28 30	6 32 08	10 59 05	16 34 02	23 00 12
15 M	21 26 01	11 ♐ 47 18	18 28 55	17 24 38	10 39 58	15 21 54	17 28 13	20 16 18	9 32 09	2 41 10	6 40 50	11 09 24	16 42 57	23 07 36
16 Tu	22 31 59	25 21 54	2 ♑ 09 46	19 42 01	11 57 06	16 05 43	18 03 17	20 35 22	9 32 57	2 53 23	6 48 55	11 19 09	16 51 18	23 14 28
17 W	23 36 31	9 ♑ 07 03	16 00 05	21 58 53	13 12 53	16 48 09	18 36 56	20 52 47	9 32 24	3 04 16	6 55 31	11 27 27	16 58 11	23 19 53
18 Th	24 38 60	23 00 01	29 57 14	24 14 25	14 26 44	17 28 36	19 08 36	21 07 55	9 29 54	3 13 12	7 00 01	11 33 40	17 03 02	23 23 16
19 F	25 39 16	6 ♒ 58 41	13 ♒ 59 15	26 28 13	15 38 28	18 06 51	19 38 05	21 20 37	9 25 15	3 20 02	7 02 15	11 37 39	17 05 39	23 24 25
20 Sa	26 37 37	21 01 49	28 05 03	28 40 18	16 48 23	18 43 15	20 05 41	21 31 09	9 18 47	3 25 03	7 02 31	11 39 41	17 06 20	23 23 40
21 Su	27 34 49	5 ♓ 08 53	12 ♓ 14 14	0 ♊ 51 10	17 57 14	19 18 32	20 32 11	21 40 18	9 11 16	3 29 01	7 01 35	11 40 33	17 05 50	23 21 46
22 M	28 31 54	19 19 45	26 26 31	3 01 36	19 06 04	19 53 46	20 58 37	21 49 05	9 03 45	3 32 58	7 00 30	11 41 16	17 05 14	23 19 46
23 Tu	29 30 00	3 ♈ 34 03	10 ♈ 41 16	5 12 26	20 16 00	20 30 03	21 26 05	21 58 39	8 57 20	3 38 01	7 00 21	11 42 58	17 05 37	23 18 46
24 W	0 ♊ 30 02	17 50 33	24 56 48	7 24 18	21 27 58	21 08 18	21 55 32	22 09 53	8 52 58	3 45 07	7 02 06	11 46 35	17 07 55	23 19 43
25 Th	1 32 34	2 ♉ 06 46	9 ♉ 10 14	9 37 31	22 42 30	21 49 06	22 27 30	22 23 21	8 51 12	3 54 47	7 06 17	11 52 39	17 12 42	23 23 09
26 F	2 37 36	16 18 55	23 17 29	11 51 50	23 59 37	22 32 27	23 02 01	22 39 05	8 52 04	4 07 05	7 12 56	12 01 13	17 19 58	23 29 06
27 Sa	3 44 41	0 ♊ 22 16	7 ♊ 13 52	14 06 34	25 18 52	23 17 54	23 38 37	22 56 35	8 55 07	4 21 30	7 21 35	12 11 47	17 29 17	23 37 06
28 Su	4 52 56	14 11 55	20 54 48	16 20 38	26 39 22	24 04 33	24 16 24	23 14 60	8 59 26	4 37 11	7 31 20	12 23 30	17 39 44	23 46 17
29 M	6 01 14	27 43 35	4 ♋ 16 40	18 32 46	27 59 60	24 51 18	24 54 18	23 33 12	9 03 59	4 53 02	7 41 07	12 35 15	17 50 15	23 55 32
30 Tu	7 08 33	10 ♋ 54 25	17 17 25	20 41 44	29 19 42	25 37 07	25 31 13	23 50 08	9 07 39	5 07 58	7 49 51	12 45 58	17 59 45	24 03 47
31 W	8 13 59	23 43 27	29 56 59	22 46 33	0 ♉ 37 37	26 21 05	26 06 18	24 04 55	9 09 35	5 21 07	7 56 39	12 54 47	18 07 22	24 10 12

June 2006

LONGITUDE

Day	☉	0 hr ☽	Noon ☽	☿	♀	♂	⚵	⚳	♃	♄	⚷	♅	♆	♇
1 Th	9 ♊ 17 04	6 ♌ 11 47	12 ♌ 17 10	24 ♊ 46 38	1 ♉ 53 16	27 ♋ 02 46	26 ♋ 39 04	24 ♒ 17 05	9 ♏ 09 20	5 ♌ 32 02	8 ♒ 01 05	13 ♓ 01 14	18 ♒ 12 37	24 ♐ 14 15
2 F	10 17 46	18 22 23	24 21 36	26 41 51	3 06 36	27 42 06	27 09 29	24 26 35	9 06 50	5 40 38	8 03 04	13 05 16	18 15 29	24 15 56
3 Sa	11 16 28	0 ♍ 19 49	6 ♍ 15 14	28 32 32	4 18 00	28 19 29	27 37 56	24 33 48	9 02 30	5 47 20	8 03 01	13 07 16	18 16 20	24 15 39
4 Su	12 13 56	12 09 45	18 04 00	0 ♋ 19 22	5 28 15	28 55 40	28 05 10	24 39 30	8 57 05	5 52 53	8 01 41	13 08 01	18 15 57	24 14 07
5 M	13 11 09	23 58 28	29 54 18	2 03 19	6 38 18	29 31 38	28 32 09	24 44 39	8 51 33	5 58 15	8 00 03	13 08 28	18 15 17	24 12 21
6 Tu	14 09 07	5 ♎ 52 28	11 ♎ 52 29	3 45 21	7 49 12	0 ♌ 08 24	28 59 57	24 50 17	8 46 58	6 04 29	7 59 09	13 09 41	18 15 23	24 11 22
7 W	15 08 48	17 57 48	24 04 24	5 26 23	9 01 52	0 46 55	29 29 27	24 57 18	8 44 15	6 12 29	7 59 54	13 12 32	18 17 09	24 12 06
8 Th	16 10 48	0 ♏ 19 41	6 ♏ 34 50	7 07 01	10 16 55	1 27 48	0 ♌ 01 19	25 06 22	8 44 00	6 22 55	8 02 56	13 17 42	18 21 15	24 15 10
9 F	17 15 21	13 01 58	19 26 58	8 47 27	11 34 37	2 11 17	0 35 45	25 17 41	8 46 30	6 35 58	8 08 29	13 25 24	18 27 54	24 20 48
10 Sa	18 22 15	26 06 40	2 ♐ 42 02	10 27 26	12 54 42	2 57 07	1 12 33	25 31 01	8 51 30	6 51 26	8 16 19	13 35 23	18 36 51	24 28 47
11 Su	19 30 46	9 ♐ 33 40	16 19 02	12 06 14	14 16 28	3 44 38	1 50 58	25 45 40	8 58 17	7 08 36	8 25 44	13 46 58	18 47 25	24 38 24
12 M	20 39 51	23 20 43	0 ♑ 14 48	13 42 47	15 38 54	4 32 45	2 29 59	26 00 35	9 05 48	7 26 25	8 35 41	13 59 06	18 58 33	24 48 36
13 Tu	21 48 20	7 ♑ 23 41	14 24 30	15 15 50	17 00 45	5 20 16	3 08 23	26 14 33	9 12 53	7 43 40	8 44 57	14 10 33	19 09 02	24 58 11
14 W	22 55 04	21 37 16	28 42 31	16 44 15	18 20 56	6 06 05	3 45 04	26 26 28	9 18 24	7 59 15	8 52 27	14 20 15	19 17 46	25 06 03
15 Th	23 59 18	5 ♒ 56 01	13 ♒ 03 21	18 07 13	19 38 40	6 49 26	4 19 15	26 35 33	9 21 34	8 12 25	8 57 24	14 27 23	19 23 59	25 11 25
16 F	25 00 48	20 15 11	27 22 39	19 24 27	20 53 44	7 30 05	4 50 42	26 41 34	9 22 11	8 22 53	8 59 33	14 31 46	19 27 26	25 14 03
17 Sa	25 59 55	4 ♓ 31 28	11 ♓ 37 39	20 36 15	22 06 28	8 08 23	5 19 48	26 44 52	9 20 36	8 31 03	8 59 18	14 33 43	19 28 30	25 14 19
18 Su	26 57 34	18 43 13	25 47 15	21 43 27	23 17 47	8 45 14	5 47 24	26 46 20	9 17 42	8 37 48	8 57 30	14 34 09	19 28 03	25 13 06
19 M	27 54 57	2 ♈ 50 07	9 ♈ 51 31	22 47 12	24 28 54	9 21 51	6 14 45	26 47 13	9 14 43	8 44 20	8 55 24	14 34 16	19 27 19	25 11 38
20 Tu	28 53 21	16 52 37	23 51 04	23 48 43	25 41 05	9 59 31	6 43 08	26 48 46	9 12 56	8 51 57	8 54 17	14 35 22	19 27 36	25 11 12
21 W	29 53 52	0 ♉ 51 08	7 ♉ 46 13	24 48 58	26 55 25	10 39 19	7 13 37	26 52 03	9 13 25	9 01 43	8 55 12	14 38 32	19 29 57	25 12 52
22 Th	0 ♋ 57 06	14 45 22	21 36 28	25 48 31	28 12 32	11 21 52	7 46 49	26 57 44	9 16 49	9 14 17	8 58 49	14 44 22	19 34 60	25 17 17
23 F	2 03 08	28 34 01	5 ♊ 20 15	26 47 19	29 32 29	12 07 15	8 22 49	27 05 51	9 23 12	9 29 41	9 05 11	14 52 58	19 42 50	25 24 29
24 Sa	3 11 29	12 ♊ 14 43	18 55 02	27 44 46	0 ♊ 54 48	12 54 58	9 01 08	27 15 56	9 32 03	9 47 26	9 13 48	15 03 50	19 52 57	25 34 01
25 Su	4 21 12	25 44 26	2 ♋ 17 48	28 39 51	2 18 32	13 44 05	9 40 49	27 27 01	9 42 28	10 06 38	9 23 45	15 16 01	20 04 24	25 44 55
26 M	5 31 07	9 ♋ 00 03	15 25 44	29 31 15	3 42 30	14 33 26	10 20 42	27 37 58	9 53 16	10 26 04	9 33 52	15 28 21	20 16 03	25 56 02
27 Tu	6 40 03	21 59 06	28 16 48	0 ♌ 17 41	5 05 33	15 21 49	10 59 37	27 47 34	10 03 16	10 44 34	9 42 58	15 39 41	20 26 42	26 06 11
28 W	7 47 02	4 ♌ 40 19	10 ♌ 50 19	0 58 03	6 26 42	16 08 18	11 36 34	27 54 53	10 11 31	11 01 10	9 50 04	15 49 01	20 35 23	26 14 24
29 Th	8 51 30	17 03 60	23 07 14	1 31 41	7 45 22	16 52 17	12 10 59	27 59 18	10 17 25	11 15 18	9 54 37	15 55 47	20 41 31	26 20 06
30 F	9 53 17	29 12 10	5 ♍ 10 08	1 58 18	9 01 23	17 33 37	12 42 44	28 00 43	10 20 50	11 26 48	9 56 27	15 59 50	20 44 58	26 23 08

Notes

LONGITUDE — July 2006

Day	☉	0 hr ☽	Noon ☽	☿	♀	♂	⚵	⚳	♃	♄	⚷	♅	♆	♇
1 Sa	10♋52 43	11♍08 25	17♍03 08	2♌18 08	10♊15 07	18♌12 38	13♌12 08	27♒59 24	10♏22 05	11♌35 59	9♒55 54	16♓01 29	20♒46 03	26♐23 50
2 Su	11 50 30	22 57 40	28 51 31	2 31 47	11 27 14	18 50 01	13 39 52	27 56 07	10 21 53	11 43 34	9 53 40	16 01 27	20 45 27	26 22 54
3 M	12 47 36	4♎45 49	10♎41 26	2 40 09	12 38 43	19 26 45	14 06 55	27 51 47	10 21 11	11 50 31	9 50 43	16 00 42	20 44 10	26 21 18
4 Tu	13 45 05	16 39 15	22 39 24	2 44 14	13 50 38	20 03 53	14 34 20	27 47 29	10 21 02	11 57 53	9 48 07	16 00 17	20 43 14	26 20 06
5 W	14 43 54	28 44 25	4♏51 44	2 44 60	15 03 55	20 42 24	15 03 05	27 44 11	10 22 25	12 06 38	9 46 50	16 01 10	20 43 38	26 20 15
6 Th	15 44 48	11♏07 15	17 24 06	2 43 10	16 19 20	21 23 00	15 33 54	27 42 36	10 26 04	12 17 29	9 47 35	16 04 04	20 46 05	26 22 29
7 F	16 48 05	23 52 33	0♐20 47	2 39 07	17 37 11	22 06 02	16 07 07	27 43 05	10 32 17	12 30 46	9 50 42	16 09 21	20 50 56	26 27 08
8 Sa	17 53 38	7♐03 29	13 44 05	2 32 49	18 57 19	22 51 20	16 42 33	27 45 29	10 40 57	12 46 21	9 56 03	16 16 49	20 57 60	26 34 03
9 Su	19 00 49	20 40 54	27 33 48	2 23 49	20 19 09	23 38 18	17 19 37	27 49 11	10 51 26	13 03 36	10 03 00	16 25 54	21 06 41	26 42 37
10 M	20 08 39	4♑43 06	11♑47 00	2 11 21	21 41 40	24 25 56	17 57 20	27 53 13	11 02 45	13 21 32	10 10 35	16 35 35	21 16 01	26 51 51
11 Tu	21 15 60	19 05 43	26 18 11	1 54 33	23 03 45	25 13 06	18 34 32	27 56 24	11 13 45	13 38 59	10 17 39	16 44 44	21 24 50	27 00 36
12 W	22 21 46	3♒42 20	11♒00 08	1 32 41	24 24 17	25 58 43	19 10 09	27 57 41	11 23 21	13 54 54	10 23 06	16 52 16	21 32 03	27 07 47
13 Th	23 25 12	18 25 30	25 45 05	1 05 26	25 42 31	26 42 01	19 43 24	27 56 19	11 30 47	14 08 30	10 26 12	16 57 25	21 36 55	27 12 39
14 F	24 26 03	3♓07 57	10♓26 03	0 33 03	26 58 13	27 22 45	20 14 03	27 52 02	11 35 48	14 19 33	10 26 40	16 59 56	21 39 10	27 14 57
15 Sa	25 24 38	17 43 46	24 57 50	29♋56 22	28 11 40	28 01 14	20 42 24	27 45 09	11 38 44	14 28 19	10 24 51	17 00 07	21 39 08	27 14 58
16 Su	26 21 45	2♈09 06	9♈17 27	29 16 49	29 23 42	28 38 15	21 09 15	27 36 29	11 40 21	14 35 39	10 21 31	16 58 47	21 37 35	27 13 32
17 M	27 18 29	16 22 06	23 23 54	28 36 10	0♋35 23	29 14 55	21 35 43	27 27 07	11 41 45	14 42 37	10 17 47	16 57 02	21 35 39	27 11 44
18 Tu	28 16 01	0♉22 36	7♉17 37	27 56 14	1 47 53	29 52 23	22 02 56	27 18 14	11 44 06	14 50 23	10 14 49	16 56 01	21 34 28	27 10 42
19 W	29 15 16	14 11 15	20 59 35	27 18 41	3 02 08	0♍31 35	22 31 51	27 10 47	11 48 21	14 59 53	10 13 32	16 56 40	21 34 60	27 11 26
20 Th	0♌16 49	27 48 56	4♊30 47	26 44 47	4 18 44	1 13 06	23 03 02	27 05 19	11 55 03	15 11 41	10 14 32	16 59 34	21 37 47	27 14 27
21 F	1 20 44	11♊16 06	17 51 38	26 15 18	5 37 43	1 57 00	23 36 33	27 01 56	12 04 17	15 25 51	10 17 52	17 04 47	21 42 55	27 19 50
22 Sa	2 26 36	24 32 36	1♋01 52	25 50 29	6 58 42	2 42 53	24 12 00	27 00 15	12 15 39	15 42 00	10 23 08	17 11 54	21 49 60	27 27 12
23 Su	3 33 41	7♋37 45	14 00 42	25 30 12	8 20 54	3 29 58	24 48 38	26 59 29	12 28 21	15 59 21	10 29 35	17 20 11	21 58 14	27 35 46
24 M	4 40 59	20 30 29	26 47 08	25 14 02	9 43 21	4 17 18	25 25 26	26 58 40	12 41 27	16 16 55	10 36 13	17 28 37	22 06 41	27 44 34
25 Tu	5 47 31	3♌09 53	9♌20 22	25 01 32	11 05 05	5 03 53	26 01 28	26 56 52	12 53 57	16 33 45	10 42 06	17 36 16	22 14 21	27 52 37
26 W	6 52 29	15 35 31	21 40 14	24 52 20	12 25 16	5 48 55	26 35 54	26 53 14	13 05 02	16 49 00	10 46 23	17 42 18	22 20 26	27 59 07
27 Th	7 55 22	27 47 51	3♍47 34	24 46 17	13 43 24	6 31 53	27 08 13	26 47 18	13 14 11	17 02 10	10 48 34	17 46 11	22 24 24	28 03 31
28 F	8 55 60	9♍48 27	15 44 19	24 43 34	14 59 18	7 12 37	27 38 14	26 38 54	13 21 14	17 13 05	10 48 28	17 47 47	22 26 06	28 05 42
29 Sa	9 54 34	21 40 02	27 33 37	24 44 36	16 13 11	7 51 17	28 06 10	26 28 14	13 26 23	17 21 56	10 46 19	17 47 16	22 25 43	28 05 49
30 Su	10 51 35	3♎26 26	9♎19 43	24 50 08	17 25 32	8 28 26	28 32 31	26 15 49	13 30 09	17 29 15	10 42 36	17 45 10	22 23 46	28 04 24
31 M	11 47 46	15 12 29	21 07 43	25 01 01	18 37 05	9 04 46	28 58 00	26 02 24	13 33 14	17 35 44	10 38 03	17 42 11	22 20 58	28 02 11

LONGITUDE — August 2006

Day	☉	0 hr ☽	Noon ☽	☿	♀	♂	⚵	⚳	♃	♄	⚷	♅	♆	♇
1 Tu	12♌43 58	27♎03 40	3♏03 21	25♋18 10	19♋48 40	9♍41 08	29♌23 28	25♒48 49	13♏36 28	17♌42 12	10♒33 30	17♓39 11	22♒18 10	27♐59 59
2 W	13 40 57	9♏05 49	15 12 33	25 42 27	21 01 05	10 18 18	29 49 42	25 35 53	13 40 39	17 49 28	10 29 44	17 36 56	22 16 08	27 58 35
3 Th	14 39 21	21 24 43	27 40 59	26 14 29	22 14 55	10 56 53	0♍17 17	25 24 12	13 46 22	17 58 08	10 27 21	17 36 02	22 15 30	27 58 36
4 F	15 39 28	4♐05 33	10♐33 32	26 54 36	23 30 30	11 37 12	0 46 33	25 14 06	13 53 58	18 08 31	10 26 43	17 36 49	22 16 34	28 00 21
5 Sa	16 41 16	17 12 21	23 53 35	27 42 41	24 47 49	12 19 14	1 17 30	25 05 36	14 03 25	18 20 36	10 27 45	17 39 16	22 19 19	28 03 49
6 Su	17 44 24	0♑47 22	7♑42 23	28 38 18	26 06 28	13 02 36	1 49 42	24 58 17	14 14 18	18 33 58	10 30 07	17 42 59	22 23 21	28 08 36
7 M	18 48 09	14 50 25	21 58 31	29 40 41	27 25 47	13 46 36	2 22 30	24 51 32	14 25 58	18 47 57	10 33 06	17 47 18	22 28 01	28 14 03
8 Tu	19 51 44	29 18 33	6♒37 37	0♌48 52	28 44 56	14 30 26	2 55 05	24 44 30	14 37 35	19 01 45	10 35 54	17 51 23	22 32 29	28 19 19
9 W	20 54 19	14♒06 05	21 32 45	2 01 54	0♌03 08	15 13 18	3 26 39	24 36 26	14 48 21	19 14 33	10 37 44	17 54 27	22 35 57	28 23 36
10 Th	21 55 22	29 05 13	6♓35 18	3 19 03	1 19 48	15 54 37	3 56 37	24 26 45	14 57 42	19 25 46	10 37 60	17 55 55	22 37 51	28 26 22
11 F	22 54 38	14♓07 11	21 36 19	4 39 51	2 34 44	16 34 11	4 24 45	24 15 14	15 05 24	19 35 12	10 36 29	17 55 34	22 37 57	28 27 21
12 Sa	23 52 18	29 03 36	6♈27 57	6 04 15	3 48 04	17 12 08	4 51 14	24 02 05	15 11 37	19 43 00	10 33 22	17 53 34	22 36 25	28 26 44
13 Su	24 48 53	13♈47 44	21 04 22	7 32 28	5 00 19	17 49 01	5 16 35	23 47 49	15 16 51	19 49 41	10 29 10	17 50 26	22 33 47	28 25 02
14 M	25 45 04	28 15 01	5♉22 11	9 04 55	6 12 14	18 25 31	5 41 30	23 33 10	15 21 50	19 55 57	10 24 34	17 46 53	22 30 44	28 22 57
15 Tu	26 41 39	12♉23 13	19 20 10	10 42 01	7 24 31	19 02 24	6 06 45	23 18 53	15 27 19	20 02 34	10 20 21	17 43 39	22 28 03	28 21 15
16 W	27 39 13	26 11 55	2♊58 44	12 24 01	8 37 50	19 40 17	6 32 56	23 05 37	15 33 54	20 10 09	10 17 07	17 41 22	22 26 20	28 20 33
17 Th	28 38 09	9♊41 56	16 19 14	14 10 54	9 52 31	20 19 32	7 00 26	22 53 45	15 41 57	20 19 03	10 15 15	17 40 24	22 25 58	28 21 13
18 F	29 38 29	22 54 44	29 23 23	16 02 18	11 08 39	21 00 13	7 29 17	22 43 20	15 51 33	20 29 20	10 14 49	17 40 49	22 26 59	28 23 19
19 Sa	0♍40 02	5♋51 54	12♋12 55	17 57 35	12 25 58	21 42 05	7 59 17	22 34 09	16 02 26	20 40 47	10 15 33	17 42 22	22 29 10	28 26 35
20 Su	1 42 18	18 34 58	24 49 16	19 55 54	13 44 02	22 24 42	8 29 57	22 25 47	16 14 10	20 52 55	10 17 03	17 44 37	22 32 04	28 30 37
21 M	2 44 46	1♌05 15	7♌13 45	21 56 15	15 02 19	23 07 31	9 00 45	22 17 42	16 26 11	21 05 12	10 18 43	17 47 01	22 35 08	28 34 49
22 Tu	3 46 51	13 23 56	19 27 28	23 57 42	16 20 13	23 49 57	9 31 07	22 09 19	16 37 56	21 17 04	10 20 01	17 48 60	22 37 48	28 38 39
23 W	4 48 06	25 32 15	1♍31 40	25 59 24	17 37 19	24 31 34	10 00 36	22 00 14	16 48 58	21 28 04	10 20 31	17 50 06	22 39 38	28 41 40
24 Th	5 48 14	7♍31 38	13 27 49	28 00 44	18 53 18	25 12 04	10 28 55	21 50 09	16 58 59	21 37 54	10 19 53	17 50 04	22 40 19	28 43 34
25 F	6 47 09	19 23 49	25 17 50	0♍01 17	20 08 05	25 51 22	10 55 58	21 38 60	17 07 53	21 46 29	10 18 04	17 48 46	22 39 47	28 44 16
26 Sa	7 44 58	1♎11 07	7♎04 12	2 00 51	21 21 46	26 29 34	11 21 50	21 26 53	17 15 47	21 53 55	10 15 09	17 46 20	22 38 07	28 43 51
27 Su	8 41 55	12 56 23	18 50 00	3 59 27	22 34 37	27 06 55	11 46 48	21 14 05	17 22 56	22 00 27	10 11 23	17 42 60	22 35 35	28 42 36
28 M	9 38 24	24 43 04	0♏38 58	5 57 13	23 46 59	27 43 47	12 11 13	21 00 59	17 29 41	22 06 27	10 07 10	17 39 09	22 32 33	28 40 52
29 Tu	10 34 48	6♏35 10	12 35 19	7 54 24	24 59 17	28 20 36	12 35 30	20 47 59	17 36 28	22 12 20	10 02 53	17 35 13	22 29 26	28 39 04
30 W	11 31 30	18 37 06	24 43 40	9 51 12	26 11 55	28 57 44	13 00 02	20 35 31	17 43 39	22 18 29	9 58 56	17 31 33	22 26 38	28 37 35
31 Th	12 28 50	0♐53 33	7♐08 44	11 47 49	27 25 10	29 35 28	13 25 08	20 23 51	17 51 32	22 25 12	9 55 37	17 28 28	22 24 25	28 36 44

Notes

September 2006 LONGITUDE

Day	☉	0 hr ☽	Noon ☽	☿	♀	♂	⚵	⚳	♃	♄	⚷	♅	♆	♇
1 F	13 ♍ 26 55	13 ♐ 29 05	19 ♐ 55 00	13 ♍ 44 16	28 ♌ 39 11	0 ♎ 13 59	13 ♍ 50 55	20 ♒ 13 11	18 ♏ 00 17	22 ♌ 32 37	9 ♒ 53 05	17 ♓ 26 07	22 ♒ 22 57	28 ♐ 36 38
2 Sa	14 25 45	26 27 46	3 ♑ 06 13	15 40 28	29 53 58	0 53 16	14 17 24	20 03 29	18 09 52	22 40 45	9 51 20	17 24 30	22 22 14	28 37 19
3 Su	15 25 10	9 ♑ 52 44	16 44 49	17 36 12	1 ♍ 09 21	1 33 09	14 44 25	19 54 38	18 20 09	22 49 25	9 50 12	17 23 27	22 22 05	28 38 36
4 M	16 24 55	23 45 29	0 ♒ 51 20	19 31 09	2 25 04	2 13 21	15 11 42	19 46 20	18 30 49	22 58 21	9 49 24	17 22 41	22 22 16	28 40 12
5 Tu	17 24 40	8 ♒ 05 19	15 23 45	21 24 57	3 40 47	2 53 34	15 38 54	19 38 18	18 41 35	23 07 14	9 48 38	17 21 54	22 22 26	28 41 49
6 W	18 24 08	22 48 54	0 ♓ 17 21	23 17 17	4 56 14	3 33 30	16 05 46	19 30 14	18 52 08	23 15 47	9 47 36	17 20 48	22 22 18	28 43 09
7 Th	19 23 07	7 ♓ 50 14	15 24 50	25 07 57	6 11 12	4 12 58	16 32 05	19 21 58	19 02 18	23 23 47	9 46 07	17 19 13	22 21 41	28 44 00
8 F	20 21 35	23 01 04	0 ♈ 37 12	26 56 54	7 25 38	4 51 54	16 57 48	19 13 26	19 11 60	23 31 12	9 44 08	17 17 03	22 20 31	28 44 20
9 Sa	21 19 36	8 ♈ 12 03	15 44 57	28 44 13	8 39 38	5 30 24	17 23 00	19 04 44	19 21 19	23 38 06	9 41 43	17 14 26	22 18 54	28 44 14
10 Su	22 17 20	23 14 03	0 ♉ 39 31	0 ♎ 30 04	9 53 22	6 08 37	17 47 52	18 56 02	19 30 27	23 44 40	9 39 03	17 11 30	22 16 59	28 43 51
11 M	23 15 01	7 ♉ 59 24	15 14 20	2 14 41	11 07 02	6 46 48	18 12 35	18 47 34	19 39 35	23 51 06	9 36 21	17 08 29	22 15 01	28 43 25
12 Tu	24 12 50	22 22 43	29 25 21	3 58 16	12 20 50	7 25 06	18 37 22	18 39 31	19 48 55	23 57 36	9 33 47	17 05 35	22 13 08	28 43 06
13 W	25 10 53	6 ♊ 21 13	13 ♊ 11 01	5 40 55	13 34 52	8 03 38	19 02 19	18 31 59	19 58 33	24 04 16	9 31 30	17 02 53	22 11 30	28 43 01
14 Th	26 09 12	19 54 25	26 31 52	7 22 43	14 49 10	8 42 27	19 27 27	18 25 02	20 08 30	24 11 07	9 29 30	17 00 25	22 10 06	28 43 12
15 F	27 07 44	3 ♋ 03 38	9 ♋ 29 55	9 03 36	16 03 41	9 21 29	19 52 44	18 18 36	20 18 44	24 18 07	9 27 44	16 58 09	22 08 55	28 43 37
16 Sa	28 06 24	15 51 23	22 08 07	10 43 30	17 18 19	10 00 38	20 18 02	18 12 35	20 29 09	24 25 09	9 26 07	16 55 58	22 07 50	28 44 08
17 Su	29 05 04	28 20 52	4 ♌ 29 48	12 22 20	18 32 57	10 39 48	20 43 18	18 06 54	20 39 38	24 32 08	9 24 32	16 53 47	22 06 45	28 44 39
18 M	0 ♎ 03 41	10 ♌ 35 33	16 38 26	14 00 02	19 47 31	11 18 55	21 08 24	18 01 29	20 50 07	24 38 58	9 22 55	16 51 31	22 05 35	28 45 07
19 Tu	1 02 13	22 38 50	28 37 17	15 36 36	21 02 00	11 57 57	21 33 21	17 56 17	21 00 34	24 45 38	9 21 15	16 49 09	22 04 20	28 45 30
20 W	2 00 42	4 ♍ 33 57	10 ♍ 29 27	17 12 04	22 16 26	12 36 56	21 58 10	17 51 22	21 11 02	24 52 11	9 19 33	16 46 42	22 03 01	28 45 50
21 Th	2 59 13	16 23 51	22 17 43	18 46 32	23 30 54	13 15 58	22 22 57	17 46 49	21 21 35	24 58 41	9 17 56	16 44 17	22 01 44	28 46 12
22 F	3 57 54	28 11 12	4 ♎ 04 37	20 20 09	24 45 30	13 55 09	22 47 48	17 42 45	21 32 20	25 05 15	9 16 29	16 41 60	22 00 35	28 46 44
23 Sa	4 56 50	9 ♎ 58 27	15 52 34	21 53 00	26 00 21	14 34 36	23 12 49	17 39 15	21 43 24	25 12 00	9 15 20	16 39 57	21 59 41	28 47 30
24 Su	5 56 05	21 47 55	27 43 50	23 25 11	27 15 31	15 14 23	23 38 05	17 36 26	21 54 50	25 18 59	9 14 32	16 38 13	21 59 07	28 48 36
25 M	6 55 41	3 ♏ 41 53	9 ♏ 40 46	24 56 43	28 31 01	15 54 30	24 03 37	17 34 17	22 06 40	25 26 14	9 14 07	16 36 49	21 58 52	28 50 03
26 Tu	7 55 33	15 42 40	21 45 50	26 27 30	29 46 47	16 34 54	24 29 20	17 32 44	22 18 48	25 33 40	9 13 60	16 35 40	21 58 53	28 51 46
27 W	8 55 33	27 52 48	4 ♐ 01 41	27 57 26	1 ♎ 02 40	17 15 26	24 55 05	17 31 39	22 31 07	25 41 08	9 14 02	16 34 38	21 59 02	28 53 36
28 Th	9 55 29	10 ♐ 15 02	16 31 10	29 26 16	2 18 28	17 55 54	25 20 41	17 30 50	22 43 25	25 48 27	9 14 03	16 33 31	21 59 06	28 55 23
29 F	10 55 07	22 52 17	29 17 18	0 ♏ 53 50	3 33 59	18 36 05	25 45 55	17 30 05	22 55 29	25 55 24	9 13 49	16 32 08	21 58 54	28 56 52
30 Sa	11 54 19	5 ♑ 47 37	12 ♑ 23 03	2 19 54	4 49 02	19 15 51	26 10 38	17 29 13	23 07 08	26 01 49	9 13 11	16 30 17	21 58 14	28 57 55

October 2006 LONGITUDE

Day	☉	0 hr ☽	Noon ☽	☿	♀	♂	⚵	⚳	♃	♄	⚷	♅	♆	♇
1 Su	12 ♎ 52 59	19 ♑ 03 54	25 ♑ 51 01	3 ♏ 44 24	6 ♎ 03 32	19 ♎ 55 05	26 ♍ 34 43	17 ♒ 28 09	23 ♏ 18 18	26 ♌ 07 36	9 ♒ 12 03	16 ♓ 27 54	21 ♒ 57 02	28 ♐ 58 27
2 M	13 51 11	2 ♒ 43 29	9 ♒ 42 59	5 07 22	7 17 34	20 33 51	26 58 15	17 26 58	23 29 02	26 12 51	9 10 30	16 25 03	21 55 22	28 58 30
3 Tu	14 49 07	16 47 35	23 59 17	6 28 58	8 31 20	21 12 22	27 21 27	17 25 50	23 39 33	26 17 44	9 08 43	16 21 56	21 53 27	28 58 18
4 W	15 47 07	1 ♓ 15 37	8 ♓ 38 12	7 49 30	9 45 08	21 50 56	27 44 36	17 25 06	23 50 09	26 22 34	9 07 01	16 18 52	21 51 34	28 58 09
5 Th	16 45 32	16 04 40	23 35 31	9 09 17	10 59 21	22 29 57	28 08 06	17 25 07	24 01 14	26 27 46	9 05 49	16 16 14	21 50 08	28 58 26
6 F	17 44 44	1 ♈ 09 12	8 ♈ 44 28	10 28 37	12 14 19	23 09 45	28 32 17	17 26 14	24 13 06	26 33 37	9 05 24	16 14 22	21 49 27	28 59 29
7 Sa	18 44 54	16 21 15	23 56 18	11 47 37	13 30 15	23 50 31	28 57 20	17 28 38	24 25 59	26 40 21	9 05 60	16 13 28	21 49 45	29 01 30
8 Su	19 46 02	1 ♉ 31 23	9 ♉ 01 26	13 06 15	14 47 08	24 32 15	29 23 15	17 32 19	24 39 51	26 47 57	9 07 36	16 13 31	21 50 60	29 04 29
9 M	20 47 54	16 29 59	23 50 49	14 24 12	16 04 44	25 14 44	29 49 50	17 37 03	24 54 29	26 56 11	9 09 58	16 14 19	21 52 59	29 08 12
10 Tu	21 50 07	1 ♊ 08 47	8 ♊ 17 22	15 40 58	17 22 40	25 57 34	0 ♎ 16 39	17 42 27	25 09 29	27 04 40	9 12 43	16 15 27	21 55 19	29 12 15
11 W	22 52 12	15 21 54	22 16 38	16 55 57	18 40 25	26 40 16	0 43 13	17 47 60	25 24 22	27 12 53	9 15 21	16 16 26	21 57 29	29 16 08
12 Th	23 53 39	29 06 24	5 ♋ 47 06	18 08 36	19 57 33	27 22 21	1 09 05	17 53 14	25 38 39	27 20 23	9 17 25	16 16 48	21 59 02	29 19 25
13 F	24 54 10	12 ♋ 22 12	18 49 48	19 18 26	21 13 43	28 03 29	1 33 54	17 57 50	25 52 00	27 26 49	9 18 33	16 16 13	21 59 38	29 21 44
14 Sa	25 53 37	25 11 30	1 ♌ 27 46	20 25 10	22 28 48	28 43 34	1 57 32	18 01 40	26 04 19	27 32 05	9 18 40	16 14 34	21 59 10	29 22 59
15 Su	26 52 07	7 ♌ 38 11	13 45 17	21 28 44	23 42 54	29 22 41	2 20 07	18 04 50	26 15 40	27 36 17	9 17 51	16 11 57	21 57 43	29 23 15
16 M	27 49 58	19 47 04	25 47 23	22 29 16	24 56 20	0 ♏ 01 11	2 41 58	18 07 39	26 26 25	27 39 44	9 16 26	16 08 43	21 55 39	29 22 53
17 Tu	28 47 41	1 ♍ 43 22	7 ♍ 39 14	23 27 02	26 09 37	0 39 32	3 03 33	18 10 38	26 37 02	27 42 55	9 14 54	16 05 19	21 53 25	29 22 22
18 W	29 45 50	13 32 15	19 25 49	24 22 21	27 23 17	1 18 19	3 25 28	18 14 19	26 48 04	27 46 25	9 13 50	16 02 21	21 51 37	29 22 15
19 Th	0 ♏ 44 56	25 18 27	1 ♎ 11 36	25 15 29	28 37 55	1 58 04	3 48 14	18 19 16	27 00 06	27 50 46	9 13 46	16 00 21	21 50 46	29 23 06
20 F	1 45 28	7 ♎ 06 04	13 00 24	26 06 34	29 53 56	2 39 16	4 12 19	18 25 55	27 13 34	27 56 25	9 15 10	15 59 47	21 51 21	29 25 22
21 Sa	2 47 41	18 58 22	24 55 11	26 55 28	1 ♏ 11 37	3 22 08	4 37 58	18 34 31	27 28 43	28 03 38	9 18 16	16 00 54	21 53 36	29 29 18
22 Su	3 51 35	0 ♏ 57 49	6 ♏ 58 08	27 41 50	2 30 57	4 06 42	5 05 13	18 45 06	27 45 34	28 12 26	9 23 06	16 03 42	21 57 32	29 34 55
23 M	4 56 55	13 06 05	19 10 41	28 24 58	3 51 43	4 52 42	5 33 46	18 57 24	28 03 52	28 22 32	9 29 25	16 07 57	22 02 55	29 41 58
24 Tu	6 03 12	25 24 11	1 ♐ 33 43	29 03 53	5 13 24	5 39 40	6 03 10	19 10 55	28 23 07	28 33 29	9 36 42	16 13 10	22 09 14	29 49 57
25 W	7 09 44	7 ♐ 52 42	14 07 46	29 37 23	6 35 19	6 26 54	6 32 43	19 24 58	28 42 38	28 44 34	9 44 18	16 18 39	22 15 50	29 58 12
26 Th	8 15 48	20 32 04	26 53 20	0 ♐ 04 10	7 56 44	7 13 40	7 01 40	19 38 47	29 01 40	28 55 02	9 51 26	16 23 39	22 21 56	0 ♑ 05 56
27 F	9 20 40	3 ♑ 22 56	9 ♑ 51 05	0 22 55	9 16 57	7 59 15	7 29 20	19 51 42	29 19 32	29 04 13	9 57 27	16 27 29	22 26 52	0 12 30
28 Sa	10 23 53	16 26 18	23 02 09	0 32 35	10 35 28	8 43 11	7 55 13	20 03 13	29 35 45	29 11 37	10 01 50	16 29 41	22 30 08	0 17 24
29 Su	11 25 16	29 43 39	6 ♒ 28 04	0 32 25	11 52 09	9 25 20	8 19 10	20 13 11	29 50 08	29 17 05	10 04 26	16 30 04	22 31 35	0 20 28
30 M	12 25 05	13 ♒ 16 54	20 10 34	0 22 05	13 07 14	10 05 54	8 41 26	20 21 49	0 ♐ 02 58	29 20 51	10 05 30	16 28 54	22 31 29	0 21 58
31 Tu	13 23 56	27 07 54	4 ♓ 11 11	0 01 43	14 21 20	10 45 31	9 02 38	20 29 45	0 14 50	29 23 32	10 05 39	16 26 48	22 30 25	0 22 29

Notes

LONGITUDE — November 2006

Day	☉	0 hr ☽	Noon ☽	☿	♀	♂	⚷	♁	♃	♄	⚸	♅	♆	♇
1 W	14♏22 42	11♓17 59	18♓30 35	29♏31 51	15♏35 20	11♏25 04	9♎23 37	20♒37 50	0♐26 37	29♌26 00	10♒05 46	16♓24 37	22♒29 16	0♑22 55
2 Th	15 22 21	25 47 03	3♈07 43	28 53 20	16 50 11	12 05 30	9 45 22	20 47 03	0 39 16	29 29 15	10 06 48	16 23 20	22 29 00	0 24 14
3 F	16 23 43	10♈32 53	17 59 13	28 07 06	18 06 43	13 47 40	10 08 43	20 58 13	0 53 39	29 34 05	10 09 35	16 23 47	22 30 28	0 27 15
4 Sa	17 27 17	25 30 38	2♉59 11	27 14 08	19 25 27	13 32 04	10 34 10	21 11 50	1 10 14	29 41 00	10 14 37	16 26 29	22 34 09	0 32 28
5 Su	18 33 06	10♉32 58	17 59 30	26 15 20	20 46 24	14 18 43	11 01 44	21 27 56	1 29 04	29 50 03	10 21 56	16 31 26	22 40 05	0 39 56
6 M	19 40 43	25 30 52	2♊51 04	25 11 35	22 09 07	15 07 10	11 30 58	21 46 02	1 49 40	0♍00 45	10 31 05	16 38 11	22 47 49	0 49 10
7 Tu	20 49 16	10♊15 02	17 25 11	24 03 48	23 32 45	15 56 35	12 01 01	22 05 19	2 11 13	0 12 17	10 41 12	16 45 54	22 56 29	0 59 21
8 W	21 57 45	24 37 31	1♋35 02	22 53 07	24 56 17	16 45 56	12 30 53	22 24 44	2 32 41	0 23 36	10 51 17	16 53 34	23 05 05	1 09 27
9 Th	23 05 11	8♋32 52	15 16 35	21 41 01	26 18 45	17 34 15	12 59 33	22 43 19	2 53 05	0 33 43	11 00 21	17 00 11	23 12 38	1 18 28
10 F	24 10 49	21 58 47	28 28 56	20 29 18	27 39 23	18 20 47	13 26 18	23 00 19	3 11 41	0 41 56	11 07 40	17 05 02	23 18 24	1 25 41
11 Sa	25 14 21	4♌55 58	11♌13 53	19 20 11	28 57 54	19 05 13	13 50 49	23 15 25	3 28 09	0 47 54	11 12 54	17 07 48	23 22 03	1 30 47
12 Su	26 15 54	17 27 40	23 35 28	18 16 01	0♐14 24	19 47 41	14 13 13	23 28 44	3 42 37	0 51 46	11 16 11	17 08 35	23 23 44	1 33 54
13 M	27 15 60	29 38 52	5♍39 07	17 19 16	1 29 26	20 28 43	14 34 02	23 40 48	3 55 38	0 54 01	11 18 02	17 07 57	23 23 57	1 35 32
14 Tu	28 15 28	11♍35 40	17 31 04	16 32 11	2 43 48	21 09 08	14 54 05	23 52 27	4 07 59	0 55 32	11 19 18	17 06 42	23 23 34	1 36 32
15 W	29 15 19	23 24 28	29 17 42	15 56 40	3 58 31	21 49 56	15 14 22	24 04 39	4 20 42	0 57 16	11 20 59	17 05 51	23 23 32	1 37 53
16 Th	0♐16 31	5♎11 32	11♎05 05	15 34 14	5 14 34	22 32 06	15 35 51	24 18 24	4 34 45	1 00 13	11 24 02	17 06 21	23 24 52	1 40 34
17 F	1 19 51	17 02 28	22 58 25	15 25 25	6 32 44	23 16 25	15 59 20	24 34 30	4 50 55	1 05 11	11 29 15	17 09 02	23 28 20	1 45 23
18 Sa	2 25 50	29 01 51	5♏02 04	15 30 39	7 53 30	24 03 23	16 25 20	24 53 24	5 09 42	1 12 38	11 37 09	17 14 22	23 34 27	1 52 50
19 Su	3 34 31	11♏13 01	17 18 42	15 49 20	9 16 58	24 53 06	16 53 53	25 15 13	5 31 11	1 22 41	11 47 48	17 22 26	23 43 17	2 02 59
20 M	4 45 34	23 37 53	29 49 46	16 20 21	10 42 46	25 45 10	17 24 40	25 39 34	5 54 59	1 34 56	12 00 50	17 32 52	23 54 29	2 15 28
21 Tu	5 58 11	6♐16 56	12♐35 20	17 02 05	12 10 07	26 38 51	17 56 52	26 05 41	6 20 22	1 48 39	12 15 29	17 44 57	24 07 17	2 29 31
22 W	7 11 19	19 09 29	25 34 18	17 52 34	13 37 57	27 33 03	18 29 26	26 32 30	6 46 13	2 02 43	12 30 40	17 57 33	24 20 35	2 44 05
23 Th	8 23 46	2♑14 01	8♑44 56	18 49 42	15 05 05	28 26 35	19 01 11	26 58 47	7 11 21	2 15 59	12 45 13	18 09 29	24 33 13	2 57 57
24 F	9 34 26	15 28 45	22 05 23	19 51 32	16 30 25	29 30 59	19 30 59	27 23 39	7 34 42	2 27 20	12 58 00	18 19 40	24 44 04	3 10 00
25 Sa	10 42 32	28 52 10	5♒34 14	20 56 30	17 53 10	0♐07 36	19 58 05	27 45 47	7 55 28	2 35 59	13 08 17	18 27 19	24 52 22	3 19 30
26 Su	11 47 48	12♒23 31	19 10 56	22 03 37	19 13 03	0 54 02	20 22 12	28 05 26	8 13 22	2 41 41	13 15 45	18 32 11	24 57 52	3 26 10
27 M	12 50 32	26 03 03	2♓55 55	23 12 29	20 30 24	1 37 57	20 43 39	28 22 43	8 28 43	2 44 42	13 20 44	18 34 32	25 00 50	3 30 17
28 Tu	13 51 36	9♓51 53	16 50 23	24 23 24	21 46 02	2 20 12	21 03 15	28 38 29	8 42 22	2 45 56	13 24 04	18 35 14	25 02 08	3 32 43
29 W	14 52 11	23 51 35	0♈55 46	25 37 02	23 02 02	3 01 12	21 22 15	28 53 57	8 55 32	2 46 34	13 26 59	18 35 32	25 02 60	3 34 41
30 Th	15 53 41	8♈03 24	15 12 53	26 54 18	24 17 15	3 44 47	21 41 59	29 10 29	9 09 34	2 47 58	13 30 50	18 36 45	25 04 46	3 37 32

LONGITUDE — December 2006

Day	☉	0 hr ☽	Noon ☽	☿	♀	♂	⚷	♁	♃	♄	⚸	♅	♆	♇
1 F	16♐57 15	22♈27 25	29♈41 05	28♏15 60	25♐35 21	4♐29 38	22♎03 39	29♒29 15	9♐25 39	2♍51 19	13♒36 48	18♓40 05	25♒08 38	3♑42 28
2 Sa	18 03 39	7♉01 44	14♉17 36	29 42 31	26 56 16	5 17 21	22 27 60	29 51 01	9 44 33	2 57 23	13 45 37	18 46 17	25 15 21	3 50 13
3 Su	19 13 02	21 42 06	28 57 23	1♐13 43	28 20 08	6 08 03	22 55 09	0♓15 53	10 06 23	3 06 17	13 57 28	18 55 29	25 25 02	4 00 56
4 M	20 24 52	6♊22 07	13♊33 29	2 48 49	29 46 26	7 01 15	23 24 36	0 43 23	10 30 39	3 17 31	14 11 48	19 07 11	25 37 13	4 14 06
5 Tu	21 38 08	20 54 04	27 58 14	4 26 36	1♑14 11	7 55 55	23 55 25	1 12 27	10 56 19	3 30 04	14 27 36	19 20 11	25 50 50	4 28 42
6 W	22 51 33	5♋10 17	12♋04 33	6 05 33	2 42 02	8 50 45	24 26 03	1 41 49	11 22 06	3 42 37	14 43 35	19 33 42	26 04 37	4 43 26
7 Th	24 03 50	19 04 30	25 47 07	7 44 13	4 08 43	9 44 28	24 55 26	2 10 10	11 46 42	3 53 54	14 58 26	19 45 56	26 17 16	4 57 00
8 F	25 13 56	2♌32 52	9♌03 19	9 21 32	5 33 14	10 36 03	25 22 30	2 36 30	12 09 06	4 02 53	15 11 10	19 56 02	26 27 45	5 08 24
9 Sa	26 21 21	15 34 21	21 53 16	10 56 47	6 55 01	11 24 57	25 46 41	3 00 16	12 28 46	4 09 03	15 21 13	20 03 29	26 35 34	5 17 06
10 Su	27 26 05	28 10 42	4♍19 36	12 29 52	8 14 06	12 11 12	26 08 01	3 21 28	12 45 42	4 12 23	15 28 37	20 08 15	26 40 41	5 23 05
11 M	28 28 37	10♍25 53	16 27 02	14 01 14	9 30 59	12 55 17	26 26 58	3 40 37	12 59 25	4 13 25	15 33 51	20 10 53	26 43 38	5 26 52
12 Tu	29 29 54	22 25 32	28 22 15	15 31 44	10 46 34	13 39 08	26 44 29	3 58 38	13 12 49	4 13 02	15 37 51	20 12 16	26 45 19	5 29 22
13 W	0♑31 02	4♎20 16	10♎09 50	17 02 27	12 02 01	14 20 52	27 01 41	4 16 38	13 27 02	4 12 24	15 41 44	20 13 33	26 46 54	5 31 43
14 Th	1 33 13	16 04 35	21 58 45	18 34 31	13 19 15	15 04 40	27 19 43	4 35 48	13 41 15	4 12 41	15 46 41	20 15 55	26 49 30	5 35 06
15 F	2 37 26	27 57 20	3♏56 35	20 07 20	14 36 58	15 48 57	27 39 37	4 54 13	13 57 28	4 14 52	15 52 28	20 20 26	26 54 10	5 40 30
16 Sa	3 44 21	10♏00 12	16 02 52	21 46 15	15 58 08	16 39 09	28 02 02	5 21 17	14 16 21	4 19 38	16 03 27	20 27 30	27 01 33	5 48 35
17 Su	4 54 11	22 17 42	28 27 33	23 26 40	17 22 12	17 30 42	28 27 10	5 48 28	14 38 05	4 27 11	16 16 08	20 37 37	27 11 52	5 59 35
18 M	6 06 37	4♐52 48	11♐10 60	25 09 56	18 48 51	18 24 53	28 54 42	6 18 23	15 02 23	4 37 12	16 31 27	20 50 22	27 24 47	6 13 16
19 Tu	7 17 46	17 46 42	24 13 39	26 55 12	20 17 18	19 20 54	29 23 51	6 50 13	15 28 04	4 48 55	16 48 35	21 04 57	27 39 31	6 28 32
20 W	8 35 45	0♑58 42	7♑34 09	28 41 18	21 46 22	20 17 35	29 53 26	7 22 48	15 55 04	5 01 09	17 06 24	21 20 13	27 54 54	6 44 32
21 Th	9 49 58	14 26 36	21 09 34	0♑26 56	23 14 46	21 13 38	0♏22 10	7 54 51	16 20 60	5 12 36	17 23 34	21 34 51	28 09 39	6 59 51
22 F	11 02 17	28 07 01	4♒55 14	2 10 52	24 41 15	22 07 50	0 48 48	8 25 07	16 45 33	5 22 03	17 38 53	21 47 38	28 22 31	7 13 17
23 Sa	12 11 51	11♒56 33	18 50 04	3 52 15	26 04 58	22 59 19	1 12 28	8 52 44	17 05 14	5 28 37	17 51 42	21 57 42	28 32 38	7 23 57
24 Su	13 18 19	25 50 60	2♓48 05	5 30 44	27 25 34	23 47 44	1 32 50	9 17 22	17 24 13	5 31 59	18 00 58	22 04 42	28 39 41	7 31 30
25 M	14 21 58	9♓48 55	16 48 14	7 06 36	28 43 21	24 33 22	1 50 11	9 39 19	17 39 24	5 32 26	18 07 41	22 08 56	28 43 56	7 36 14
26 Tu	15 23 39	23 48 57	0♈49 51	8 40 44	29 59 09	25 17 04	2 05 22	9 59 23	17 52 34	5 30 48	18 12 29	22 11 15	28 46 14	7 38 59
27 W	16 24 36	7♈51 12	14 53 17	10 14 23	1♒14 13	26 00 05	2 19 37	10 18 51	18 04 58	5 28 21	18 16 34	22 12 53	28 47 50	7 41 01
28 Th	17 26 12	21 56 20	28 59 16	11 48 55	2 29 55	26 43 48	2 34 17	10 39 05	18 17 57	5 26 27	18 21 15	22 15 12	28 50 06	7 43 41
29 F	18 29 39	6♉04 52	13♉08 15	13 25 34	3 47 27	27 29 23	2 50 36	11 01 15	18 32 44	5 26 17	18 27 59	22 19 24	28 54 14	7 48 11
30 Sa	19 35 41	20 16 27	27 19 23	15 05 05	5 07 34	28 17 37	3 09 17	11 26 07	18 50 04	5 28 37	18 37 15	22 26 15	29 00 59	7 55 18
31 Su	20 44 31	4♊29 11	11♊30 24	16 47 41	6 30 28	29 08 41	3 30 33	11 53 53	19 10 08	5 33 39	18 49 20	22 35 56	29 10 33	8 05 10

Notes

January 2007 — LONGITUDE

Day	☉	0 hr ☽	Noon ☽	☿	♀	♂	⚵	⚳	♃	♄	⚷	♅	♆	♇
1 M	21 ♑ 55 42	18 ♊ 40 00	25 ♊ 37 31	18 ♑ 32 56	7 ♒ 55 43	0 ♑ 02 08	3 ♏ 53 57	12 ♓ 24 06	19 ♐ 32 30	5 ♍ 40 57	19 ♒ 03 48	22 ♓ 48 01	29 ♒ 22 29	8 ♑ 17 24
2 Tu	23 08 18	2 ♋ 43 59	9 ♋ 35 55	20 19 56	9 22 22	0 57 03	4 18 33	12 55 51	19 56 14	5 49 34	19 19 43	23 01 33	29 35 52	8 31 03
3 W	24 21 09	16 36 04	23 20 35	22 07 31	10 49 15	1 52 15	4 43 09	13 27 55	20 20 09	5 58 20	19 35 54	23 15 22	29 49 30	8 44 56
4 Th	25 33 01	0 ♌ 11 33	6 ♌ 47 13	23 54 28	12 15 09	2 46 31	5 06 33	13 59 07	20 43 02	6 06 02	19 51 08	23 28 16	0 ♓ 02 10	8 57 49
5 F	26 42 56	13 26 57	19 53 06	25 39 50	13 39 05	3 38 53	5 27 46	14 28 27	21 03 55	6 11 42	20 04 26	23 39 14	0 12 55	9 08 45
6 Sa	27 50 18	26 20 42	2 ♍ 37 25	27 23 03	15 00 28	4 28 45	5 46 12	14 55 21	21 22 11	6 14 45	20 15 13	23 47 43	0 21 09	9 17 09
7 Su	28 55 02	8 ♍ 53 18	15 01 29	29 04 00	16 19 11	5 16 00	6 01 46	15 19 41	21 37 46	6 15 03	20 23 22	23 53 35	0 26 45	9 22 53
8 M	29 57 28	21 07 16	27 08 30	0 ♒ 43 04	17 35 36	6 01 00	6 14 46	15 41 48	21 50 58	6 12 58	20 29 15	23 57 11	0 30 03	9 26 18
9 Tu	0 ♒ 58 19	3 ♎ 06 45	9 ♎ 03 10	2 20 58	18 50 25	6 44 27	6 25 56	16 02 25	22 02 30	6 09 13	20 33 33	23 59 14	0 31 47	9 28 07
10 W	1 58 31	14 57 09	20 51 14	3 58 38	20 04 34	7 27 19	6 36 12	16 22 29	22 13 21	6 04 44	20 37 14	24 00 41	0 32 54	9 29 17
11 Th	2 59 06	26 44 35	2 ♏ 39 00	5 37 07	21 19 06	8 10 35	6 46 36	16 43 00	22 24 29	6 00 33	20 41 19	24 02 33	0 34 24	9 30 48
12 F	4 00 58	8 ♏ 35 22	14 32 53	7 17 19	22 34 54	8 55 11	6 58 01	17 04 54	22 36 51	5 57 35	20 46 42	24 05 44	0 37 12	9 33 37
13 Sa	5 04 47	20 35 37	26 38 49	8 59 55	23 52 38	9 41 47	7 11 08	17 28 50	22 51 06	5 56 30	20 54 03	24 10 55	0 41 59	9 38 22
14 Su	6 10 50	2 ♐ 50 41	9 ♐ 01 53	10 45 11	25 12 36	10 30 40	7 26 13	17 55 05	23 07 31	5 57 35	21 03 40	24 18 22	0 49 00	9 45 20
15 M	7 19 01	15 24 50	21 45 48	12 32 59	26 34 41	11 21 42	7 43 08	18 23 32	23 25 58	6 00 42	21 15 24	24 27 58	0 58 10	9 54 25
16 Tu	8 28 44	28 20 43	4 ♑ 52 33	14 22 44	27 58 18	12 14 20	8 01 21	18 53 37	23 45 55	6 05 19	21 28 43	24 39 10	1 08 54	10 05 02
17 W	9 39 09	11 ♑ 39 11	18 22 00	16 13 34	29 22 35	13 07 42	8 19 58	19 24 27	24 06 27	6 10 33	21 42 44	24 51 05	1 20 19	10 16 20
18 Th	10 49 13	25 19 01	2 ♒ 12 01	18 04 23	0 ♓ 46 32	14 00 46	8 37 58	19 55 02	24 26 35	6 15 23	21 56 25	25 02 42	1 31 26	10 27 17
19 F	11 57 57	9 ♒ 17 08	16 18 35	19 54 12	2 09 08	14 52 33	8 54 21	20 24 22	24 45 19	6 18 50	22 08 48	25 13 02	1 41 14	10 36 53
20 Sa	13 04 38	23 28 58	0 ♓ 36 30	21 42 13	3 29 40	15 42 20	9 08 24	20 51 44	25 01 54	6 20 11	22 19 08	25 21 20	1 48 59	10 44 26
21 Su	14 08 55	7 ♓ 49 17	15 00 14	23 28 02	4 47 48	16 29 46	9 19 47	21 16 47	25 16 03	6 19 06	22 27 06	25 27 19	1 54 23	10 49 35
22 M	15 10 60	22 12 56	29 24 47	25 11 44	6 03 43	17 15 02	9 28 40	21 39 41	25 27 53	6 15 45	22 32 53	25 31 06	1 57 35	10 52 31
23 Tu	16 11 26	6 ♈ 35 38	13 ♈ 46 16	26 53 48	7 18 00	17 58 43	9 35 38	22 01 03	25 38 01	6 10 44	22 37 03	25 33 19	1 59 11	10 53 49
24 W	17 11 09	20 54 21	28 02 14	28 35 01	8 31 33	18 41 44	9 41 34	22 21 46	25 47 21	6 04 58	22 40 30	25 34 50	2 00 04	10 54 23
25 Th	18 11 08	5 ♉ 07 16	12 ♉ 11 24	0 ♓ 16 13	9 45 20	19 25 04	9 47 29	22 42 49	25 56 52	5 59 25	22 44 15	25 36 40	2 01 14	10 55 12
26 F	19 12 13	19 13 29	26 13 15	1 58 04	11 00 15	20 09 34	9 54 14	23 05 04	26 07 26	5 54 58	22 49 08	25 39 40	2 03 34	10 57 09
27 Sa	20 14 59	3 ♊ 12 28	10 ♊ 07 29	3 40 56	12 16 49	20 55 47	10 02 21	23 29 04	26 19 36	5 52 10	22 55 42	25 44 23	2 07 35	11 00 47
28 Su	21 19 35	17 03 36	23 53 30	5 24 40	13 35 13	21 43 54	10 11 60	23 54 58	26 33 30	5 51 11	23 04 08	25 50 58	2 13 28	11 06 13
29 M	22 25 44	0 ♋ 45 53	7 ♋ 30 15	7 08 43	14 55 09	22 33 37	10 22 54	24 22 30	26 48 54	5 51 44	23 14 08	25 59 10	2 20 55	11 13 13
30 Tu	23 32 51	14 17 52	20 56 13	8 52 10	16 16 03	23 24 21	10 34 28	24 51 04	27 05 10	5 53 14	23 25 07	26 08 22	2 29 22	11 21 12
31 W	24 40 11	27 37 48	4 ♌ 09 38	10 33 51	17 37 08	24 15 22	10 45 56	25 19 55	27 21 34	5 54 56	23 36 20	26 17 49	2 38 03	11 29 22

February 2007 — LONGITUDE

Day	☉	0 hr ☽	Noon ☽	☿	♀	♂	⚵	⚳	♃	♄	⚷	♅	♆	♇
1 Th	25 ♒ 46 57	10 ♌ 43 57	17 ♌ 08 53	12 ♓ 12 32	18 ♓ 57 40	25 ♑ 05 52	10 ♏ 56 32	25 ♓ 48 17	27 ♐ 37 19	5 ♍ 56 04	23 ♒ 47 00	26 ♓ 26 45	2 ♓ 46 11	11 ♑ 36 59
2 F	26 52 32	23 35 01	29 52 55	13 47 04	20 16 59	25 55 14	11 05 38	26 15 31	27 51 48	5 55 60	23 56 30	26 34 33	2 53 10	11 43 24
3 Sa	27 56 31	6 ♍ 10 29	12 ♍ 21 33	15 16 30	21 34 43	26 43 04	11 12 49	26 41 15	28 04 37	5 54 21	24 04 26	26 40 47	2 58 35	11 48 14
4 Su	28 58 49	18 30 50	24 35 40	16 40 05	22 50 44	27 29 15	11 17 59	27 05 20	28 15 38	5 50 59	24 10 40	26 45 22	3 02 19	11 51 22
5 M	29 59 35	0 ♎ 37 41	6 ♎ 37 20	17 57 18	24 05 12	28 13 58	11 21 18	27 27 57	28 25 01	5 46 06	24 15 23	26 48 28	3 04 32	11 52 57
6 Tu	0 ♓ 59 11	12 33 44	18 29 42	19 07 49	25 18 30	28 57 34	11 23 07	27 49 29	28 33 10	5 40 03	24 18 57	26 50 26	3 05 37	11 53 23
7 W	1 58 10	24 22 41	0 ♏ 16 50	20 11 24	26 31 09	29 40 36	11 23 59	28 10 27	28 40 35	5 33 22	24 21 54	26 51 48	3 06 05	11 53 10
8 Th	2 57 05	6 ♏ 09 01	12 03 30	21 07 51	27 43 44	0 ♒ 23 37	11 24 28	28 31 25	28 47 50	5 26 39	24 24 49	26 53 10	3 06 32	11 52 54
9 F	3 56 29	17 57 42	23 54 56	21 56 57	28 56 47	1 07 11	11 25 05	28 52 55	28 55 29	5 20 26	24 28 13	26 55 02	3 07 27	11 53 06
10 Sa	4 56 47	29 54 02	5 ♐ 56 30	22 38 22	0 ♈ 10 43	1 51 41	11 26 14	29 15 22	29 03 55	5 15 06	24 32 30	26 57 50	3 09 17	11 54 11
11 Su	5 58 10	12 ♐ 03 10	18 13 19	23 11 39	1 25 42	2 37 19	11 28 09	29 38 58	29 13 20	5 10 53	24 37 53	27 01 45	3 12 14	11 56 21
12 M	7 00 37	24 29 55	0 ♑ 49 58	23 36 13	2 41 46	3 24 06	11 30 47	0 ♈ 03 43	29 23 44	5 07 45	24 44 21	27 06 47	3 16 16	11 59 35
13 Tu	8 03 55	7 ♑ 18 16	13 49 56	23 51 24	3 58 39	4 11 46	11 33 56	0 29 21	29 34 51	5 05 30	24 51 40	27 12 41	3 21 10	12 03 39
14 W	9 07 40	20 30 55	27 15 12	23 56 31	5 15 58	4 59 56	11 37 10	0 55 30	29 46 20	5 03 43	24 59 26	27 19 05	3 26 32	12 08 10
15 Th	10 11 23	4 ♒ 08 56	11 ♒ 05 51	23 51 03	6 33 14	5 48 06	11 40 01	1 21 40	29 57 39	5 01 55	25 07 11	27 25 28	3 31 53	12 12 38
16 F	11 14 36	18 11 18	25 19 40	23 34 43	7 49 59	6 35 51	11 42 01	1 47 23	0 ♑ 08 22	4 59 40	25 14 26	27 31 24	3 36 44	12 16 36
17 Sa	12 16 58	2 ♓ 34 45	9 ♓ 52 17	23 07 35	9 05 53	7 22 47	11 42 50	2 12 19	0 18 08	4 56 36	25 20 50	27 36 31	3 40 47	12 19 43
18 Su	13 18 21	17 14 01	24 37 27	22 30 13	10 20 46	8 08 47	11 42 18	2 36 19	0 26 48	4 52 36	25 26 16	27 40 40	3 43 51	12 21 51
19 M	14 18 47	2 ♈ 02 21	9 ♈ 27 56	21 43 40	11 34 42	8 53 55	11 40 28	2 59 26	0 34 25	4 47 42	25 30 45	27 43 56	3 45 60	12 23 02
20 Tu	15 18 32	16 52 26	24 16 28	20 49 24	12 47 55	9 38 23	11 37 37	3 21 55	0 41 14	4 42 09	25 34 33	27 46 32	3 47 28	12 23 31
21 W	16 17 56	1 ♉ 37 22	8 ♉ 56 38	19 49 13	14 00 47	10 22 34	11 34 03	3 44 06	0 47 35	4 36 19	25 38 01	27 48 49	3 48 37	12 23 39
22 Th	17 17 21	16 11 30	23 23 35	18 45 05	15 13 39	11 06 50	11 30 11	4 06 23	0 53 52	4 30 34	25 41 31	27 51 11	3 49 49	12 23 49
23 F	18 17 05	0 ♊ 30 47	7 ♊ 34 12	17 38 58	16 26 49	11 51 29	11 26 17	4 29 02	1 00 20	4 25 12	25 45 21	27 53 54	3 51 22	12 24 18
24 Sa	19 17 18	14 32 52	21 27 01	16 32 43	17 40 26	12 36 40	11 22 32	4 52 13	1 07 11	4 20 23	25 49 40	27 57 07	3 53 24	12 25 16
25 Su	20 18 00	28 16 53	5 ♋ 01 49	15 27 58	18 54 32	13 22 23	11 18 55	5 15 56	1 14 25	4 16 07	25 54 29	28 00 53	3 55 58	12 26 44
26 M	21 19 05	11 ♋ 43 02	18 19 13	14 26 05	20 08 60	14 08 33	11 15 21	5 40 06	1 21 54	4 12 18	25 59 40	28 05 03	3 58 55	12 28 34
27 Tu	22 20 20	24 52 15	1 ♌ 20 25	13 28 10	21 23 36	14 54 56	11 11 37	6 04 29	1 29 27	4 08 45	26 05 03	28 09 27	4 02 04	12 30 35
28 W	23 21 34	7 ♌ 45 49	14 06 45	12 35 04	22 38 10	15 41 22	11 07 32	6 28 54	1 36 51	4 05 14	26 10 24	28 13 51	4 05 14	12 32 35

Notes

LONGITUDE — March 2007

Day	☉	0 hr ☽	Noon ☽	☿	♀	♂	⚷	♆?	♃	♄	⚸	♅	♆	♇
1 Th	24 ♓ 22 36	20 ♌ 25 12	26 ♌ 39 44	11 ♓ 47 30	23 ♈ 52 31	16 ♒ 27 39	11 ♏ 02 56	6 ♈ 53 10	1 ♑ 43 56	4 ♍ 01 37	26 ♒ 15 34	28 ♓ 18 05	4 ♓ 08 13	12 ♑ 34 23
2 F	25 23 20	2 ♍ 51 54	9 ♍ 00 49	11 05 57	25 06 33	17 13 42	10 57 41	7 17 12	1 50 37	3 57 47	26 20 27	28 22 04	4 10 55	12 35 54
3 Sa	26 23 46	15 07 29	21 11 35	10 30 49	26 20 14	17 59 30	10 51 49	7 40 58	1 56 52	3 53 43	26 25 01	28 25 46	4 13 20	12 37 06
4 Su	27 23 57	27 13 36	3 ♎ 13 41	10 02 23	27 33 39	18 45 05	10 45 22	8 04 31	2 02 44	3 49 29	26 29 20	28 29 15	4 15 31	12 38 02
5 M	28 23 58	9 ♎ 12 02	15 09 03	9 40 49	28 46 53	19 30 35	10 38 26	8 27 58	2 08 19	3 45 11	26 33 30	28 32 36	4 17 34	12 38 50
6 Tu	29 23 57	21 04 49	26 59 50	9 26 09	0 ♉ 00 03	20 16 06	10 31 08	8 51 26	2 13 44	3 40 56	26 37 37	28 35 57	4 19 35	12 39 35
7 W	0 ♈ 23 59	2 ♏ 54 19	8 ♏ 48 37	9 18 20	1 13 14	21 01 43	10 23 35	9 14 59	2 19 05	3 36 49	26 41 47	28 39 22	4 21 40	12 40 23
8 Th	1 24 08	14 43 14	20 38 21	9 17 11	2 26 29	21 47 29	10 15 49	9 38 41	2 24 24	3 32 54	26 46 03	28 42 56	4 23 53	12 41 17
9 F	2 24 21	26 34 46	2 ♐ 32 27	9 22 24	3 39 48	22 33 24	10 07 50	10 02 31	2 29 40	3 29 10	26 50 24	28 46 37	4 26 12	12 42 16
10 Sa	3 24 36	8 ♐ 32 27	14 34 41	9 33 38	4 53 07	23 19 23	9 59 33	10 26 24	2 34 49	3 25 33	26 54 46	28 50 20	4 28 33	12 43 16
11 Su	4 24 46	20 40 12	26 49 07	9 50 26	6 06 18	24 05 20	9 50 54	10 50 15	2 39 44	3 21 56	26 59 02	28 53 59	4 30 49	12 44 10
12 M	5 24 43	3 ♑ 02 13	9 ♑ 19 57	10 12 21	7 19 14	24 51 07	9 41 43	11 13 55	2 44 18	3 18 13	27 03 05	28 57 27	4 32 53	12 44 52
13 Tu	6 24 21	15 42 38	22 11 12	10 38 60	8 31 51	25 36 39	9 31 58	11 37 19	2 48 26	3 14 18	27 06 49	29 00 38	4 34 40	12 45 15
14 W	7 23 41	28 45 19	5 ♒ 46 21	11 10 01	9 44 06	26 21 54	9 21 37	12 00 27	2 52 06	3 10 09	27 10 14	29 03 32	4 36 09	12 45 19
15 Th	8 22 46	12 ♒ 13 16	19 07 42	11 45 12	10 56 05	27 06 58	9 10 45	12 23 22	2 55 23	3 05 53	27 13 26	29 06 12	4 37 23	12 45 08
16 F	9 21 47	26 08 05	3 ♓ 15 50	12 24 26	12 07 57	27 52 00	8 59 32	12 46 14	2 58 27	3 01 38	27 16 27	29 08 49	4 38 34	12 44 52
17 Sa	10 20 57	10 ♓ 29 14	17 48 57	13 07 41	13 19 56	28 37 15	8 48 13	13 09 19	3 01 31	2 57 39	27 19 40	29 11 37	4 39 55	12 44 46
18 Su	11 20 31	25 13 33	2 ♈ 42 31	13 54 57	14 32 16	29 22 55	8 37 03	13 32 49	3 04 51	2 54 11	27 23 16	29 14 50	4 41 40	12 45 03
19 M	12 20 39	10 ♈ 15 07	17 49 22	14 46 11	15 45 09	0 ♓ 09 13	8 26 14	13 56 55	3 08 36	2 51 24	27 26 29	29 18 39	4 44 01	12 45 54
20 Tu	13 21 24	25 25 37	3 ♉ 00 28	15 41 14	16 58 38	0 56 11	8 15 48	14 21 41	3 12 49	2 49 21	27 32 12	29 23 06	4 46 59	12 47 23
21 W	14 22 40	10 ♉ 35 26	18 06 08	16 39 47	18 12 34	1 43 43	8 05 40	14 47 00	3 17 25	2 47 57	27 37 29	29 28 05	4 50 29	12 49 22
22 Th	15 24 10	25 35 05	2 ♊ 57 35	17 41 25	19 26 43	2 31 31	7 55 35	15 12 36	3 22 06	2 46 54	27 42 59	29 33 21	4 54 15	12 51 36
23 F	16 25 33	10 ♊ 16 37	17 28 01	18 45 36	20 40 42	3 19 16	7 45 11	15 38 06	3 26 32	2 45 52	27 48 22	29 38 30	4 57 54	12 53 45
24 Sa	17 26 27	24 34 36	1 ♋ 33 25	19 51 50	21 54 09	4 06 34	7 34 08	16 03 10	3 30 19	2 44 28	27 53 15	29 43 12	5 01 05	12 55 21
25 Su	18 26 34	8 ♋ 26 26	15 12 28	20 59 43	23 06 48	4 53 08	7 22 09	16 27 29	3 33 12	2 42 27	27 57 21	29 47 09	5 03 31	12 56 14
26 M	19 25 49	21 52 08	28 08 22	22 08 59	24 18 31	5 38 52	7 09 07	16 50 57	3 35 03	2 39 39	28 00 34	29 50 14	5 05 05	12 56 13
27 Tu	20 24 14	4 ♌ 53 40	11 ♌ 17 05	23 19 29	25 29 22	6 23 51	6 55 09	17 13 38	3 35 56	2 36 11	28 02 57	29 52 32	5 05 51	12 55 24
28 W	21 22 06	17 34 21	23 48 54	24 31 15	26 39 37	7 08 18	6 40 29	17 35 48	3 36 07	2 32 18	28 04 46	29 54 18	5 06 05	12 54 02
29 Th	22 19 49	29 58 07	6 ♍ 05 39	25 45 55	27 49 39	7 52 39	6 25 33	17 57 51	3 35 60	2 28 23	28 06 25	29 55 56	5 06 09	12 52 30
30 F	23 17 49	12 ♍ 09 02	18 11 16	27 02 13	28 59 57	8 37 21	6 10 49	18 20 13	3 36 02	2 24 55	28 08 21	29 57 53	5 06 33	12 51 17
31 Sa	24 16 34	24 10 56	0 ♎ 09 24	28 21 09	0 ♊ 10 56	9 22 50	5 56 44	18 43 21	3 36 39	2 22 19	28 11 01	0 ♈ 00 35	5 07 42	12 50 49

LONGITUDE — April 2007

Day	☉	0 hr ☽	Noon ☽	☿	♀	♂	⚷	♆?	♃	♄	⚸	♅	♆	♇
1 Su	25 ♈ 16 25	6 ♎ 07 09	12 ♎ 03 13	29 ♓ 43 00	1 ♊ 22 57	10 ♓ 09 27	5 ♏ 43 40	19 ♈ 07 37	3 ♑ 38 14	2 ♍ 20 57	28 ♒ 14 46	0 ♈ 04 25	5 ♓ 09 57	12 ♑ 51 27
2 M	26 17 33	18 00 30	23 55 20	1 ♈ 07 56	2 36 13	10 57 25	5 31 50	19 33 12	3 40 57	2 21 01	28 19 48	0 09 33	5 13 31	12 53 22
3 Tu	27 19 60	29 53 13	5 ♏ 47 51	2 35 53	3 50 43	11 46 15	5 21 15	20 00 07	3 44 49	2 22 31	28 26 06	0 16 00	5 18 24	12 56 36
4 W	28 23 32	11 ♏ 47 09	17 42 32	4 06 39	5 06 15	12 37 09	5 11 43	20 28 09	3 49 37	2 25 14	28 33 30	0 23 34	5 24 23	13 00 56
5 Th	29 27 47	23 43 49	29 40 58	5 39 46	6 22 26	13 28 20	5 02 51	20 56 54	3 54 59	2 28 49	28 41 34	0 31 51	5 31 04	13 05 57
6 F	0 ♉ 32 11	5 ♐ 44 46	11 ♐ 44 17	7 14 41	7 38 42	14 19 43	4 54 08	21 25 51	4 00 20	2 32 41	28 49 46	0 40 18	5 37 56	13 11 09
7 Sa	1 36 09	17 51 41	23 55 52	8 50 47	8 54 29	15 10 42	4 44 59	21 54 22	4 05 07	2 36 15	28 57 31	0 48 20	5 44 22	13 15 54
8 Su	2 39 08	0 ♑ 06 41	6 ♑ 16 31	10 27 30	10 09 12	16 00 44	4 34 51	22 21 55	4 08 44	2 38 57	29 04 15	0 55 22	5 49 49	13 19 40
9 M	3 40 43	12 32 24	18 49 33	12 04 25	11 22 27	16 49 24	4 23 20	22 48 06	4 10 48	2 40 24	29 09 34	1 01 01	5 53 52	13 22 02
10 Tu	4 40 44	25 12 07	1 ♒ 38 20	13 41 21	12 34 05	17 36 32	4 10 19	23 12 44	4 11 09	2 40 26	29 13 18	1 05 08	5 56 22	13 22 51
11 W	5 39 21	8 ♒ 09 27	14 46 28	15 18 29	13 44 14	18 22 18	3 55 58	23 35 58	4 09 57	2 39 11	29 15 36	1 07 50	5 57 27	13 22 15
12 Th	6 37 01	21 28 13	28 17 25	16 56 11	14 53 20	19 07 08	3 40 38	23 58 16	4 07 37	2 37 07	29 16 54	1 09 35	5 57 35	13 20 41
13 F	7 34 25	5 ♓ 11 38	12 ♓ 13 50	18 34 31	16 02 07	19 51 45	3 25 09	24 20 19	4 04 52	2 34 55	29 17 55	1 10 44	5 57 28	13 18 52
14 Sa	8 32 11	19 21 39	26 36 37	20 16 24	17 11 22	20 36 55	3 10 19	24 42 55	4 02 30	2 33 24	29 19 27	1 13 06	5 57 53	13 17 34
15 Su	9 31 35	3 ♈ 57 54	11 ♈ 24 02	22 00 27	18 21 49	21 23 24	2 56 52	25 06 48	4 01 15	2 33 19	29 22 14	1 16 25	5 59 35	13 17 34
16 M	10 32 35	18 56 57	26 31 09	23 47 53	19 33 57	22 11 41	2 45 18	25 32 29	4 01 38	2 35 08	29 26 46	1 21 31	6 03 04	13 19 21
17 Tu	11 35 28	4 ♉ 11 57	11 ♉ 49 45	25 38 48	20 47 54	23 01 52	2 35 46	26 00 04	4 03 45	2 38 58	29 33 09	1 28 31	6 08 26	13 23 00
18 W	12 39 54	19 33 09	27 09 45	27 32 52	22 03 19	23 53 38	2 27 55	26 29 11	4 07 15	2 44 30	29 41 03	1 37 03	6 15 21	13 28 12
19 Th	13 45 09	4 ♊ 49 16	12 ♊ 18 38	29 29 24	23 19 28	24 46 15	2 21 04	26 59 10	4 11 26	2 50 60	29 49 45	1 46 25	6 23 06	13 34 15
20 F	14 50 20	19 49 30	27 07 52	1 ♉ 27 28	24 35 27	25 38 48	2 14 18	27 29 03	4 15 23	2 57 33	29 58 20	1 55 42	6 30 46	13 40 12
21 Sa	15 54 32	4 ♋ 29 25	11 ♋ 29 59	3 26 13	25 50 24	26 30 25	2 06 45	27 57 59	4 18 30	3 03 17	0 ♓ 05 55	2 04 01	6 37 28	13 45 12
22 Su	17 56 18	18 31 25	25 21 31	5 24 57	27 03 34	17 20 44	1 57 47	28 25 18	4 19 17	3 07 31	0 11 51	2 10 43	6 42 32	13 48 34
23 M	17 57 45	2 ♌ 06 31	8 ♌ 42 26	7 23 25	28 14 46	28 08 31	1 47 07	28 50 42	4 18 18	3 09 60	0 15 51	2 15 30	6 45 43	13 50 02
24 Tu	18 56 39	15 12 12	21 35 29	9 21 44	29 24 05	28 54 54	1 34 55	29 14 21	4 15 25	2 10 51	0 18 03	2 18 32	6 47 08	13 49 44
25 W	19 54 18	27 52 26	4 ♍ 05 11	11 20 24	0 ♋ 32 04	29 40 13	1 21 42	29 36 47	4 11 09	3 10 37	0 18 60	2 20 20	6 47 18	13 48 15
26 Th	20 51 30	10 ♍ 12 26	16 17 08	13 20 10	1 39 30	0 ♈ 24 47	1 08 17	29 58 45	4 06 18	3 10 04	0 19 27	2 21 40	6 47 02	13 46 15
27 F	21 49 09	22 17 59	28 17 00	15 21 52	2 47 15	1 09 58	0 55 34	0 ♉ 21 00	4 01 45	3 10 06	0 20 19	2 23 28	6 47 13	13 44 44
28 Sa	22 48 04	4 ♎ 14 38	10 ♎ 10 13	17 26 18	3 56 11	1 56 28	0 44 24	0 44 53	3 58 22	3 11 33	0 22 26	2 26 32	6 48 41	13 44 31
29 Su	23 48 57	16 07 24	22 01 28	19 34 03	5 06 57	2 44 56	0 35 27	1 10 32	3 56 48	3 15 06	0 26 29	2 31 33	6 52 06	13 46 15
30 M	24 52 09	28 00 20	3 ♏ 54 30	21 45 20	6 19 55	3 35 44	0 29 06	1 38 31	3 57 26	3 21 07	0 32 49	2 38 54	6 57 50	13 50 18

Notes

May 2007 LONGITUDE

Day	☉	0 hr ☽	Noon ☽	☿	♀	♂	⚵	⚳	♃	♄	⚷	♅	♆	♇
1 Tu	25 ♉ 57 42	9 ♏ 56 30	15 ♏ 52 02	24 ♉ 00 05	7 ♋ 35 05	4 ♈ 28 54	0 ♏ 25 22	2 ♉ 08 51	4 ♑ 00 16	3 ♍ 29 36	0 ♓ 41 27	2 ♈ 48 35	7 ♓ 05 55	13 ♑ 56 43
2 W	27 05 13	21 57 56	27 55 48	26 17 45	8 52 07	5 24 03	0 23 56	2 41 09	4 04 58	3 40 12	0 52 03	3 00 14	7 15 59	14 05 07
3 Th	28 14 03	4 ♐ 05 47	10 ♐ 06 45	28 37 30	10 10 19	6 20 32	0 24 05	3 14 45	4 10 51	3 52 15	1 03 54	3 13 11	7 27 21	14 14 49
4 F	29 23 16	16 20 34	22 25 16	0 ♊ 58 11	11 28 46	7 17 25	0 24 56	3 48 44	4 16 60	4 04 49	1 16 07	3 26 32	7 39 06	14 24 55
5 Sa	0 ♊ 31 53	28 42 32	4 ♑ 51 37	3 18 33	12 46 28	8 13 41	0 25 29	4 22 06	4 22 24	4 16 54	1 27 40	3 39 15	7 50 14	14 34 25
6 Su	1 38 57	11 ♑ 12 07	17 26 19	5 37 27	14 02 28	9 08 26	0 24 48	4 53 54	4 26 10	4 27 34	1 37 39	3 50 24	7 59 49	14 42 22
7 M	2 43 47	23 50 10	0 ♒ 10 26	7 53 54	15 16 06	10 00 57	0 22 12	5 23 29	4 27 34	4 36 09	1 45 21	3 59 20	8 07 10	14 48 05
8 Tu	3 46 06	6 ♒ 38 24	13 05 52	10 07 19	16 27 04	10 50 58	0 17 25	5 50 31	4 26 20	4 42 19	1 50 30	4 05 43	8 11 60	14 51 18
9 W	4 46 05	19 39 20	26 15 18	12 17 35	17 35 31	11 38 37	0 10 37	6 15 12	4 22 39	4 46 17	1 53 15	4 09 45	8 14 28	14 52 09
10 Th	5 44 21	2 ♓ 56 14	9 ♓ 41 58	14 25 03	18 42 06	12 24 35	0 02 26	6 38 10	4 17 09	4 48 40	1 54 16	4 12 03	8 15 13	14 51 19
11 F	6 41 56	16 32 35	23 29 07	16 30 27	19 47 49	13 09 50	29 ♎ 53 54	7 00 24	4 10 51	4 50 28	1 54 32	4 13 38	8 15 16	14 49 46
12 Sa	7 39 59	0 ♈ 31 21	7 ♈ 39 06	18 34 40	20 53 51	13 55 34	29 46 11	7 23 06	4 04 55	4 52 52	1 55 14	4 15 41	8 15 47	14 48 43
13 Su	8 39 38	14 53 60	22 12 21	20 38 35	22 01 17	14 42 54	29 40 24	7 47 22	4 00 28	4 56 59	1 57 28	4 19 19	8 17 53	14 49 15
14 M	9 41 38	29 39 26	7 ♉ 06 25	22 42 44	23 10 55	15 32 35	29 37 20	8 13 59	3 58 18	5 03 35	2 02 02	4 25 17	8 22 20	14 52 09
15 Tu	10 46 16	14 ♉ 43 16	22 15 29	24 47 09	24 22 59	16 24 52	29 37 14	8 43 12	3 58 39	5 12 56	2 09 10	4 33 51	8 29 23	14 57 40
16 W	11 53 09	29 57 39	7 ♊ 30 32	26 51 19	25 37 07	17 19 24	29 39 44	9 14 38	4 01 10	5 24 39	2 18 31	4 44 39	8 38 41	15 05 26
17 Th	13 01 23	15 ♊ 12 13	22 40 43	28 54 10	26 52 24	18 15 16	29 43 57	9 47 23	4 04 58	5 37 50	2 29 10	4 56 47	8 49 20	15 14 34
18 F	14 09 45	0 ♋ 15 46	7 ♋ 35 15	0 ♋ 54 22	28 07 37	19 11 17	29 48 41	10 20 16	4 08 49	5 51 17	2 39 54	5 09 03	9 00 06	15 23 51
19 Sa	15 17 03	14 58 21	22 05 25	2 50 34	29 21 33	20 06 12	29 52 42	10 52 02	4 11 31	6 03 46	2 49 32	5 20 12	9 09 47	15 32 03
20 Su	16 22 19	29 12 58	6 ♌ 05 47	4 41 46	0 ♌ 33 15	20 59 05	29 55 03	11 21 46	4 12 09	6 14 22	2 57 06	5 29 20	9 17 27	15 38 15
21 M	17 25 07	12 ♌ 56 20	19 34 42	6 27 24	1 42 14	21 49 28	29 55 18	11 48 59	4 10 13	6 22 35	3 02 08	5 35 57	9 22 37	15 41 58
22 Tu	18 25 30	26 08 50	2 ♍ 33 50	8 07 30	2 48 36	22 37 27	29 53 31	12 13 46	4 05 50	6 28 32	3 04 44	5 40 09	9 25 22	15 43 17
23 W	19 24 03	8 ♍ 53 45	15 07 24	9 42 35	3 52 54	23 23 35	29 50 16	12 36 42	3 59 35	6 32 46	3 05 27	5 42 30	9 26 18	15 42 48
24 Th	20 21 43	21 16 18	27 21 08	11 13 33	4 56 03	24 08 48	29 46 30	12 58 42	3 52 24	6 36 14	3 05 15	5 43 57	9 26 20	15 41 26
25 F	21 19 35	3 ♎ 22 46	9 ♎ 21 26	12 41 26	5 59 09	24 54 13	29 43 18	13 20 53	3 45 22	6 40 01	3 05 12	5 45 35	9 26 33	15 40 17
26 Sa	22 18 44	15 19 32	21 14 41	14 07 16	7 03 16	25 40 54	29 41 44	13 44 17	3 39 34	6 45 11	3 06 23	5 48 27	9 28 02	15 40 24
27 Su	23 19 59	27 12 39	3 ♏ 06 40	15 31 52	8 09 13	26 29 40	29 42 40	14 09 47	3 35 51	6 52 34	3 09 39	5 53 26	9 31 38	15 42 39
28 M	24 23 52	9 ♏ 07 15	15 02 13	16 55 40	9 17 31	27 21 03	29 46 34	14 37 52	3 34 45	7 02 42	3 15 29	6 01 00	9 37 51	15 47 32
29 Tu	25 30 27	21 07 21	27 04 56	18 18 44	10 28 13	28 15 06	29 53 32	15 08 37	3 36 19	7 15 39	3 23 60	6 11 16	9 46 45	15 55 08
30 W	26 39 22	3 ♐ 15 41	9 ♐ 17 07	19 40 36	11 40 56	29 11 28	0 ♏ 03 11	15 41 39	3 40 11	7 31 01	3 34 46	6 23 49	9 57 58	16 05 04
31 Th	27 49 50	15 33 44	21 39 49	21 00 28	12 54 54	0 ♉ 09 22	0 14 45	16 16 11	3 45 36	7 48 03	3 47 04	6 37 54	10 10 43	16 16 34

June 2007 LONGITUDE

Day	☉	0 hr ☽	Noon ☽	☿	♀	♂	⚵	⚳	♃	♄	⚷	♅	♆	♇
1 F	29 ♊ 00 48	28 ♐ 01 53	4 ♑ 13 04	22 ♋ 17 13	14 ♌ 09 03	1 ♉ 07 45	0 ♏ 27 10	16 ♉ 51 11	3 ♑ 51 30	8 ♍ 05 41	3 ♓ 59 49	6 ♈ 52 28	10 ♓ 23 58	16 ♑ 28 35
2 Sa	0 ♋ 11 06	10 ♑ 39 44	16 56 14	23 29 36	15 22 12	2 05 26	0 39 17	17 25 29	3 56 44	8 22 46	4 11 52	7 06 20	10 36 33	16 39 56
3 Su	1 19 41	23 26 34	29 48 30	24 36 29	16 33 16	3 01 22	0 49 60	17 58 00	4 00 14	8 38 13	4 22 07	7 18 27	10 47 23	16 49 34
4 M	2 25 44	6 ♒ 21 49	12 ♒ 49 20	25 37 01	17 41 27	3 54 44	0 58 32	18 27 56	4 01 12	8 51 13	4 29 49	7 28 00	10 55 40	16 56 40
5 Tu	3 28 54	19 25 29	25 58 54	26 30 44	18 46 23	4 45 12	1 04 31	18 54 56	3 59 18	9 01 27	4 34 34	7 34 38	11 01 03	17 00 54
6 W	4 29 22	2 ♓ 38 28	9 ♓ 18 15	27 17 44	19 48 14	5 32 54	1 08 08	19 19 10	3 54 41	9 09 04	4 36 34	7 38 32	11 03 43	17 02 26
7 Th	5 27 48	16 02 31	22 49 22	27 58 36	20 47 38	6 18 32	1 10 02	19 41 19	3 48 03	9 14 43	4 36 28	7 40 21	11 04 19	17 01 56
8 F	6 25 15	29 40 03	6 ♈ 34 36	28 34 19	21 45 40	7 03 10	1 11 18	20 02 25	3 40 28	9 19 30	4 35 22	7 41 10	11 03 56	17 00 28
9 Sa	7 23 01	13 ♈ 33 32	20 36 10	29 06 05	22 43 35	7 48 04	1 13 12	20 23 46	3 33 12	9 24 40	4 34 30	7 42 15	11 03 50	16 59 18
10 Su	8 22 16	27 44 39	4 ♉ 55 07	29 34 59	23 42 33	8 34 23	1 16 54	20 46 32	3 27 27	9 31 25	4 35 05	7 44 46	11 05 11	16 59 37
11 M	9 23 51	12 ♉ 13 21	19 30 30	0 ♌ 01 48	24 43 25	9 23 00	1 23 15	21 11 34	3 24 04	9 40 35	4 37 56	7 49 35	11 08 52	17 02 17
12 Tu	10 28 04	26 57 05	4 ♊ 18 39	0 26 47	25 46 27	10 14 13	1 32 34	21 39 10	3 23 21	9 52 28	4 43 23	7 57 01	11 15 09	17 07 35
13 W	11 34 38	11 ♊ 50 27	19 13 08	0 49 34	26 51 20	11 07 42	1 44 32	22 09 02	3 25 01	10 06 46	4 51 06	8 06 44	11 23 46	17 15 14
14 Th	12 42 39	26 45 36	4 ♋ 05 28	1 09 17	27 57 12	12 02 37	1 58 16	22 40 18	3 28 12	10 22 37	5 00 15	8 17 53	11 33 49	17 24 21
15 F	13 50 58	11 ♋ 33 23	18 46 29	1 24 43	29 02 50	12 57 45	2 12 36	23 11 46	3 31 43	10 38 49	5 09 38	8 29 16	11 44 08	17 33 46
16 Sa	14 58 19	26 04 56	3 ♌ 07 60	1 34 41	0 ♍ 06 59	13 51 53	2 26 18	23 42 13	3 34 20	10 54 10	5 18 00	8 39 40	11 53 28	17 42 14
17 Su	16 03 44	10 ♌ 13 15	17 04 09	1 38 15	1 08 38	14 44 01	2 38 21	24 10 38	3 35 05	11 07 39	5 24 24	8 48 05	12 00 52	17 48 46
18 M	17 06 40	23 54 14	0 ♍ 32 12	1 34 58	2 07 14	15 33 36	2 48 13	24 36 30	3 33 25	11 18 43	5 28 16	8 53 59	12 05 45	17 52 49
19 Tu	18 07 05	7 ♍ 06 58	13 32 30	1 24 58	3 02 44	16 20 38	2 55 53	24 59 47	3 29 19	11 27 22	5 29 34	8 57 20	12 08 06	17 54 23
20 W	19 05 27	19 53 26	26 08 01	1 08 54	3 55 34	17 05 34	3 01 48	25 20 56	3 23 15	11 34 03	5 28 48	8 58 36	12 08 24	17 53 55
21 Th	20 02 37	2 ♎ 17 47	8 ♎ 23 34	0 47 52	4 46 32	17 49 13	3 06 47	25 40 47	3 16 04	11 39 35	5 26 45	8 58 37	12 07 28	17 52 15
22 F	20 59 34	14 25 36	20 25 07	0 23 12	5 36 39	18 32 36	3 11 51	26 00 21	3 08 46	11 44 60	5 24 29	8 58 24	12 06 19	17 50 23
23 Sa	21 57 21	26 23 02	2 ♏ 18 57	29 ♋ 56 16	6 26 53	19 16 46	3 18 02	26 20 39	3 02 23	11 51 18	5 22 59	8 58 58	12 05 59	17 49 21
24 Su	22 56 48	8 ♏ 16 17	14 11 12	29 28 21	7 18 04	20 02 32	3 26 10	26 42 32	2 57 47	11 59 22	5 23 07	9 01 10	12 07 18	17 50 01
25 M	23 58 28	20 11 00	26 07 21	29 00 29	8 10 43	20 50 27	3 36 47	27 06 33	2 55 29	12 09 42	5 25 26	9 05 33	12 10 49	17 52 55
26 Tu	25 02 30	2 ♐ 11 60	8 ♐ 11 49	28 33 19	9 04 57	21 40 40	3 50 02	27 32 50	2 55 40	12 22 28	5 30 04	9 12 15	12 16 40	17 58 10
27 W	26 08 37	14 22 54	20 27 50	28 07 09	10 00 27	22 32 54	4 05 39	28 01 07	2 58 02	12 37 23	5 36 44	9 20 59	12 24 36	18 05 32
28 Th	27 16 10	26 46 07	2 ♑ 57 17	27 41 55	10 56 33	23 26 30	4 22 57	28 30 44	3 01 57	12 53 48	5 44 49	9 31 08	12 33 57	18 14 21
29 F	28 24 15	9 ♑ 22 44	15 40 46	27 17 19	11 52 18	24 20 34	4 41 01	29 00 46	3 06 31	13 10 49	5 53 22	9 41 46	12 43 48	18 23 42
30 Sa	29 31 49	22 12 41	28 37 42	26 52 55	12 46 38	25 14 04	4 58 51	29 30 12	3 10 42	13 27 23	6 01 23	9 51 51	12 53 08	18 32 33

Notes

LONGITUDE

July 2007

Day	☉	0 hr ☽	Noon ☽	☿	♀	♂	⚵	⚳	♃	♄	⚷	♅	♆	♇
1 Su	0 ♌ 37 57	5 ♒ 15 04	11 ♒ 46 49	26 ♋ 28 23	13 ♍ 38 35	26 ♉ 06 02	5 ♏ 15 29	29 ♉ 58 05	3 ♑ 13 33	13 ♍ 42 33	6 ♓ 07 55	10 ♈ 00 26	13 ♓ 00 60	18 ♑ 39 58
2 M	1 41 55	18 28 31	25 06 28	26 03 36	14 27 22	26 55 46	5 30 11	0 ♊ 23 42	3 14 21	13 55 37	6 12 14	10 06 49	13 06 41	18 45 14
3 Tu	2 43 24	1 ♓ 51 36	8 ♓ 35 12	25 38 47	15 12 40	27 42 56	5 42 38	0 46 43	3 12 48	14 06 15	6 14 02	10 10 40	13 09 51	18 48 01
4 W	3 42 31	15 23 20	22 12 04	25 14 34	15 54 32	28 27 39	5 52 58	1 07 15	3 09 01	14 14 35	6 13 25	10 12 06	13 10 38	18 48 27
5 Th	4 39 50	29 03 20	5 ♈ 56 49	24 51 58	16 33 31	29 10 30	6 01 43	1 25 52	3 03 34	14 21 09	6 10 58	10 11 42	13 09 36	18 47 05
6 F	5 36 15	12 ♈ 51 49	19 49 50	24 32 17	17 10 26	29 52 20	6 09 46	1 43 27	2 57 19	14 26 51	6 07 33	10 10 20	13 07 37	18 44 49
7 Sa	6 32 47	26 49 22	3 ♉ 51 40	24 16 57	17 46 18	0 ♊ 34 13	6 18 11	2 01 02	2 51 20	14 32 44	6 04 13	10 09 02	13 05 45	18 42 41
8 Su	7 30 26	10 ♉ 56 23	18 02 29	24 07 12	18 22 03	1 17 07	6 27 55	2 19 36	2 46 36	14 39 45	6 01 57	10 08 48	13 04 57	18 41 40
9 M	8 29 53	25 12 25	2 ♊ 21 26	24 04 01	18 58 19	2 01 43	6 39 39	2 39 50	2 43 48	14 48 37	6 01 27	10 10 18	13 05 56	18 42 27
10 Tu	9 31 23	9 ♊ 35 42	16 46 10	24 07 50	19 35 20	2 48 17	6 53 40	3 01 59	2 43 12	14 59 35	6 02 57	10 13 49	13 08 56	18 45 17
11 W	10 34 44	24 02 46	1 ♋ 12 39	24 18 35	20 12 49	3 36 35	7 09 43	3 25 50	2 44 35	15 12 25	6 06 16	10 19 07	13 13 46	18 49 59
12 Th	11 39 16	8 ♋ 28 39	15 35 29	24 35 45	20 50 05	4 25 59	7 27 10	3 50 44	2 47 18	15 26 29	6 10 43	10 25 34	13 19 45	18 55 52
13 F	12 44 06	22 47 24	29 48 36	24 58 31	21 26 09	5 15 35	7 45 07	4 15 48	2 50 29	15 40 54	6 15 27	10 32 16	13 26 01	19 02 04
14 Sa	13 48 19	6 ♌ 53 02	13 ♌ 46 18	25 25 59	22 00 04	6 04 26	8 02 39	4 40 06	2 53 10	15 54 43	6 19 30	10 38 16	13 31 38	19 07 38
15 Su	14 51 07	20 40 29	27 24 10	25 57 24	22 30 60	6 51 47	8 18 57	5 02 50	2 54 37	16 07 09	6 22 07	10 42 50	13 35 49	19 11 49
16 M	15 52 03	4 ♍ 06 22	10 ♍ 39 39	26 32 20	22 58 25	7 37 09	8 33 35	5 23 33	2 54 21	16 17 46	6 22 49	10 45 29	13 38 07	19 14 08
17 Tu	16 51 02	17 09 26	23 32 24	27 10 38	23 22 10	8 20 28	8 46 28	5 42 10	2 52 18	16 26 27	6 21 33	10 46 07	13 38 26	19 14 31
18 W	17 48 20	29 50 33	6 ♎ 04 07	27 52 35	23 42 28	9 01 59	8 57 50	5 58 57	2 48 44	16 33 30	6 18 34	10 45 02	13 37 03	19 13 14
19 Th	18 44 29	12 ♎ 12 26	18 18 10	28 38 39	23 59 47	9 42 15	9 08 16	6 14 26	2 44 12	16 39 26	6 14 26	10 42 46	13 34 31	19 10 49
20 F	19 40 13	24 19 12	0 ♏ 19 10	29 29 31	24 14 48	10 21 59	9 18 26	6 29 19	2 39 23	16 44 58	6 09 50	10 40 02	13 31 32	19 07 59
21 Sa	20 36 15	6 ♏ 15 53	12 12 26	0 ♌ 25 49	24 28 08	11 01 54	9 29 05	6 44 22	2 35 03	16 50 50	6 05 30	10 37 32	13 28 49	19 05 27
22 Su	21 33 13	18 07 53	24 03 31	1 28 09	24 40 24	11 42 38	9 40 51	7 00 10	2 31 50	16 57 39	6 02 04	10 35 56	13 27 02	19 03 53
23 M	22 31 33	0 ♐ 00 40	5 ♐ 57 50	2 36 52	24 51 58	12 24 37	9 54 08	7 17 10	2 30 08	17 05 53	5 59 60	10 35 40	13 26 36	19 03 42
24 Tu	23 31 25	11 59 16	18 00 20	3 52 01	25 02 55	13 08 01	10 09 08	7 35 32	2 30 09	17 15 39	5 59 26	10 36 53	13 27 40	19 05 03
25 W	24 32 42	24 08 07	0 ♑ 15 07	5 13 24	25 13 06	13 52 43	10 25 43	7 55 09	2 31 45	17 26 53	6 00 16	10 39 28	13 30 09	19 07 50
26 Th	25 35 01	6 ♑ 30 44	12 45 17	6 40 32	25 22 05	14 38 20	10 43 29	8 15 38	2 34 34	17 39 09	6 02 07	10 43 02	13 33 38	19 11 40
27 F	26 37 48	19 09 32	25 32 43	8 12 41	25 29 15	15 24 18	11 01 53	8 36 24	2 38 01	17 51 56	6 04 24	10 47 03	13 37 35	19 15 60
28 Sa	27 40 25	2 ♒ 05 43	8 ♒ 37 60	9 49 03	25 33 54	16 09 58	11 20 15	8 56 48	2 41 28	18 04 32	6 06 30	10 50 49	13 41 20	19 20 09
29 Su	28 42 15	15 19 17	22 00 27	11 28 52	25 35 25	16 54 43	11 37 59	9 16 14	2 44 18	18 16 22	6 07 47	10 53 46	13 44 17	19 23 32
30 M	29 42 49	28 49 02	5 ♓ 38 17	13 11 27	25 33 17	17 38 05	11 54 36	9 34 13	2 46 03	18 26 58	6 07 48	10 55 25	13 45 57	19 25 40
31 Tu	0 ♍ 41 55	12 ♓ 32 53	19 28 56	14 56 20	25 27 17	18 19 51	12 09 54	9 50 32	2 46 31	18 36 06	6 06 20	10 55 32	13 46 08	19 26 20

LONGITUDE

August 2007

Day	☉	0 hr ☽	Noon ☽	☿	♀	♂	⚵	⚳	♃	♄	⚷	♅	♆	♇
1 W	1 ♍ 39 37	26 ♓ 28 10	3 ♈ 29 28	16 ♌ 43 20	25 ♍ 17 29	19 ♊ 00 05	12 ♏ 23 55	10 ♊ 05 15	2 ♑ 45 43	18 ♍ 43 50	6 ♓ 03 26	10 ♈ 54 13	13 ♓ 44 52	19 ♑ 25 37
2 Th	2 36 14	10 ♈ 32 01	17 36 56	18 32 28	25 04 11	19 39 05	12 36 59	10 18 40	2 44 01	18 50 29	5 59 25	10 51 45	13 42 31	19 23 48
3 F	3 32 17	24 41 42	1 ♉ 48 40	20 23 56	24 47 57	20 17 22	12 49 37	10 31 18	2 41 54	18 56 35	5 54 49	10 48 39	13 39 33	19 21 26
4 Sa	4 28 21	8 ♉ 54 45	16 02 20	22 18 00	24 29 23	20 55 32	13 02 24	10 43 45	2 39 59	19 02 42	5 50 13	10 45 33	13 36 36	19 19 06
5 Su	5 24 59	23 08 57	0 ♊ 15 56	24 14 51	24 09 06	21 34 07	13 15 52	10 56 33	2 38 47	19 09 23	5 46 10	10 42 57	13 34 11	19 17 20
6 M	6 22 34	7 ♊ 22 18	14 27 34	26 14 30	23 47 32	22 13 29	13 30 23	11 10 04	2 38 42	19 16 60	5 43 01	10 41 14	13 32 41	19 16 30
7 Tu	7 21 13	21 32 43	28 35 10	28 16 42	23 24 52	22 53 45	13 46 06	11 24 25	2 39 51	19 25 41	5 40 56	10 40 32	13 32 13	19 16 45
8 W	8 20 48	5 ♋ 37 54	12 ♋ 36 29	0 ♍ 20 59	23 01 06	23 34 49	14 02 52	11 39 28	2 42 05	19 35 18	5 39 46	10 40 44	13 32 41	19 17 56
9 Th	9 21 00	19 35 24	26 29 00	2 26 40	22 36 01	24 16 20	14 20 22	11 54 54	2 45 07	19 45 31	5 39 12	10 41 30	13 33 44	19 19 45
10 F	10 21 24	3 ♌ 22 34	10 ♌ 10 09	4 32 60	22 09 18	24 57 52	14 38 09	12 10 17	2 48 30	19 55 55	5 38 48	10 42 23	13 34 56	19 21 44
11 Sa	11 21 31	16 56 55	23 37 33	6 39 14	21 40 40	25 38 58	14 55 48	12 25 09	2 51 47	20 06 03	5 38 08	10 42 58	13 35 51	19 23 29
12 Su	12 21 03	0 ♍ 16 23	6 ♍ 49 24	8 44 46	21 09 56	26 19 17	15 12 57	12 39 10	2 54 37	20 15 35	5 36 50	10 42 54	13 36 09	19 24 37
13 M	13 19 46	13 19 34	19 44 40	10 49 09	20 37 05	26 58 38	15 29 23	12 52 08	2 56 49	20 24 17	5 34 44	10 41 59	13 35 37	19 24 58
14 Tu	14 17 38	26 06 04	2 ♎ 23 21	12 52 09	20 02 17	27 36 58	15 45 06	13 04 00	2 58 20	20 32 08	5 31 47	10 40 10	13 34 14	19 24 29
15 W	15 14 48	8 ♎ 36 28	14 46 33	14 53 42	19 25 51	28 14 25	16 00 12	13 14 54	2 59 19	20 39 16	5 28 07	10 37 37	13 32 07	19 23 17
16 Th	16 11 29	20 52 24	26 56 20	16 53 53	18 48 15	28 51 12	16 14 55	13 25 03	2 59 58	20 45 54	5 23 57	10 34 31	13 29 30	19 21 37
17 F	17 07 58	2 ♏ 56 30	8 ♏ 55 44	18 52 51	18 09 59	29 27 35	16 29 31	13 34 44	3 00 35	20 52 19	5 19 35	10 31 11	13 26 39	19 19 46
18 Sa	18 04 31	14 52 09	20 48 30	20 50 46	17 31 34	0 ♋ 03 52	16 44 18	13 44 13	3 01 27	20 58 48	5 15 18	10 27 53	13 23 52	19 17 59
19 Su	19 01 22	26 43 20	2 ♐ 38 54	22 47 48	16 53 28	0 40 16	16 59 28	13 53 44	3 02 46	21 05 33	5 11 18	10 24 51	13 21 22	19 16 31
20 M	19 58 39	8 ♐ 34 29	14 31 31	24 44 02	16 16 03	1 16 56	17 15 11	14 03 24	3 04 41	21 12 44	5 07 45	10 22 12	13 19 17	19 15 30
21 Tu	20 56 25	20 30 11	26 31 02	26 39 25	15 39 36	1 53 52	17 31 27	14 13 16	3 07 14	21 20 23	5 04 41	10 20 00	13 17 40	19 14 58
22 W	21 54 35	2 ♑ 35 03	8 ♑ 41 59	28 33 54	15 04 17	2 31 01	17 48 13	14 23 16	3 10 21	21 28 24	5 02 01	10 18 10	13 16 27	19 14 51
23 Th	22 53 02	14 53 24	21 08 29	0 ♎ 27 19	14 30 11	3 08 16	18 05 21	14 33 16	3 13 55	21 36 42	4 59 39	10 16 35	13 15 30	19 15 02
24 F	23 51 37	27 29 04	3 ♒ 53 59	2 19 28	13 57 21	3 45 26	18 22 41	14 43 05	3 17 45	21 45 06	4 57 24	10 15 05	13 14 39	19 15 20
25 Sa	24 50 08	10 ♒ 24 60	17 00 54	4 10 13	13 25 49	4 22 22	18 40 03	14 52 34	3 21 41	21 53 25	4 55 07	10 13 30	13 13 45	19 15 36
26 Su	25 48 31	23 42 59	0 ♓ 30 14	5 59 27	12 55 41	4 58 56	18 57 20	15 01 35	3 25 38	22 01 33	4 52 40	10 11 44	13 12 40	19 15 44
27 M	26 46 41	7 ♓ 23 18	14 21 22	7 47 06	12 27 02	5 35 05	19 14 29	15 10 06	3 29 31	22 09 28	4 50 02	10 09 43	13 11 23	19 15 39
28 Tu	27 44 40	21 24 27	28 31 53	9 33 14	12 00 03	6 10 51	19 31 33	15 18 08	3 33 22	22 17 10	4 47 14	10 07 29	13 09 53	19 15 25
29 W	28 42 34	5 ♈ 43 08	12 ♈ 57 38	11 17 56	11 34 58	6 46 19	19 48 34	15 25 44	3 37 16	22 24 45	4 44 20	10 05 07	13 08 18	19 15 05
30 Th	29 40 29	20 14 33	27 33 13	13 01 19	11 11 60	7 21 34	20 05 40	15 33 02	3 41 19	22 32 18	4 41 27	10 02 44	13 06 41	19 14 45
31 F	0 ♎ 38 29	4 ♉ 52 47	12 ♉ 12 28	14 43 28	10 51 18	7 56 41	20 22 56	15 40 06	3 45 36	22 39 54	4 38 40	10 00 24	13 05 09	19 14 32

Notes

September 2007

LONGITUDE

Day	☉	0 hr ☽	Noon ☽	☿	♀	♂	⚵	⚳	♃	♄	⚷	♅	♆	♇
1 Sa	1 ♎ 36 37	19 ♉ 31 38	26 ♉ 49 21	16 ♎ 24 28	10 ♍ 32 60	8 ♋ 31 43	20 ♏ 40 23	15 ♊ 46 58	3 ♑ 50 09	22 ♍ 47 36	4 ♓ 36 01	9 ♈ 58 09	13 ♓ 03 44	19 ♑ 14 26
2 Su	2 34 51	4 ♊ 05 17	11 ♊ 18 32	18 04 16	10 17 07	9 06 36	20 57 58	15 53 35	3 54 56	22 55 21	4 33 29	9 55 57	13 02 23	19 14 26
3 M	3 33 05	18 28 57	25 35 53	19 42 48	10 03 36	9 41 15	21 15 38	15 59 52	3 59 51	23 03 04	4 30 57	9 53 44	13 01 02	19 14 27
4 Tu	4 31 13	2 ♋ 39 12	9 ♋ 38 42	21 19 59	9 52 22	10 15 34	21 33 15	16 05 42	4 04 48	23 10 38	4 28 19	9 51 23	12 59 33	19 14 21
5 W	5 29 10	16 34 02	23 25 36	22 55 44	9 43 21	10 49 26	21 50 44	16 10 58	4 09 41	23 17 58	4 25 30	9 48 47	12 57 52	19 14 04
6 Th	6 26 53	0 ♌ 12 42	6 ♌ 56 18	24 30 01	9 36 29	11 22 49	22 08 02	16 15 40	4 14 28	23 25 01	4 22 28	9 45 56	12 55 56	19 13 33
7 F	7 24 26	13 35 21	20 11 17	26 02 54	9 31 50	11 55 46	22 25 12	16 19 49	4 19 13	23 31 51	4 19 16	9 42 52	12 53 48	19 12 51
8 Sa	8 21 57	26 42 48	3 ♍ 11 29	27 34 31	9 29 30	12 28 25	22 42 23	16 23 34	4 24 02	23 38 36	4 16 03	9 39 44	12 51 37	19 12 08
9 Su	9 19 36	9 ♍ 36 06	15 58 03	29 05 04	9 29 38	13 00 57	22 59 46	16 27 06	4 29 09	23 45 27	4 12 59	9 36 43	12 49 35	19 11 33
10 M	10 17 38	22 16 31	28 32 14	0 ♏ 34 46	9 32 25	13 33 35	23 17 34	16 30 37	4 34 44	23 52 36	4 10 18	9 34 01	12 47 52	19 11 20
11 Tu	11 16 11	4 ♎ 45 16	10 ♎ 55 20	2 03 46	9 37 59	14 06 28	23 35 56	16 34 17	4 40 59	24 00 15	4 08 10	9 31 50	12 46 42	19 11 40
12 W	12 15 24	17 03 39	23 08 43	3 32 12	9 46 23	14 39 43	23 55 01	16 38 14	4 48 00	24 08 29	4 06 42	9 30 16	12 46 09	19 12 38
13 Th	13 15 17	29 13 02	5 ♏ 13 53	5 00 03	9 57 36	15 13 21	24 14 47	16 42 28	4 55 49	24 17 20	4 05 55	9 29 21	12 46 16	19 14 17
14 F	14 15 43	11 ♏ 14 59	17 12 37	6 27 12	10 11 27	15 47 15	24 35 09	16 46 51	5 04 18	24 26 42	4 05 43	9 28 57	12 46 55	19 16 29
15 Sa	15 16 29	23 11 24	29 07 04	7 53 24	10 27 41	16 21 11	24 55 55	16 51 12	5 13 14	24 36 20	4 05 52	9 28 53	12 47 54	19 19 02
16 Su	16 17 18	5 ♐ 04 37	10 ♐ 59 49	9 18 21	10 45 56	16 54 53	25 16 45	16 55 12	5 22 21	24 45 58	4 06 06	9 28 50	12 48 56	19 21 37
17 M	17 17 51	16 57 28	22 53 60	10 41 41	11 05 49	17 27 60	25 37 21	16 58 32	5 31 18	24 55 16	4 06 04	9 28 29	12 49 40	19 23 57
18 Tu	18 17 48	28 53 21	4 ♑ 53 13	12 03 04	11 26 60	18 00 14	25 57 25	17 00 54	5 39 47	25 03 56	4 05 29	9 27 32	12 49 50	19 25 42
19 W	19 16 59	10 ♑ 56 11	17 01 36	13 22 15	11 49 11	18 31 22	26 16 44	17 02 05	5 47 36	25 11 45	4 04 09	9 25 47	12 49 12	19 26 40
20 Th	20 15 20	23 10 22	29 23 35	14 39 08	12 12 17	19 01 22	26 35 15	17 02 02	5 54 41	25 18 41	4 02 01	9 23 11	12 47 43	19 26 48
21 F	21 12 58	5 ♒ 40 30	12 ♒ 03 39	15 53 45	12 36 21	19 30 19	26 53 04	17 00 51	6 01 10	25 24 50	3 59 11	9 19 51	12 45 31	19 26 14
22 Sa	22 10 11	18 31 03	25 05 58	17 06 21	13 01 37	19 58 32	27 10 31	16 58 52	6 07 21	25 30 31	3 55 58	9 16 05	12 42 54	19 25 15
23 Su	23 07 25	1 ♓ 45 51	8 ♓ 33 46	18 17 17	13 28 30	20 26 26	27 28 01	16 56 29	6 13 39	25 36 09	3 52 47	9 12 19	12 40 18	19 24 18
24 M	24 05 10	15 27 26	22 28 41	19 26 57	13 57 24	20 54 32	27 46 03	16 54 14	6 20 35	25 42 14	3 50 10	9 09 04	12 38 12	19 23 51
25 Tu	25 03 53	29 36 19	6 ♈ 49 59	20 35 43	14 28 45	21 23 15	28 05 05	16 52 32	6 28 35	25 49 13	3 48 32	9 06 45	12 37 04	19 24 23
26 W	26 03 53	14 ♈ 10 17	21 34 05	21 43 44	15 02 47	21 52 53	28 25 25	16 51 41	6 37 56	25 57 25	3 48 13	9 05 42	12 37 12	19 26 11
27 Th	27 05 11	29 04 10	6 ♉ 34 32	22 50 56	15 39 29	22 23 28	28 47 04	16 51 44	6 48 42	26 06 51	3 49 13	9 05 57	12 38 38	19 29 18
28 F	28 07 33	14 ♉ 10 03	21 42 31	23 56 53	16 18 34	22 54 46	29 09 49	16 52 27	7 00 38	26 17 16	3 51 19	9 07 14	12 41 08	19 33 28
29 Sa	29 10 29	29 18 20	6 ♊ 48 14	25 00 58	16 59 30	23 26 15	29 33 09	16 53 18	7 13 13	26 28 11	3 54 00	9 09 05	12 44 11	19 38 13
30 Su	0 ♏ 13 21	14 ♊ 19 10	21 42 22	26 02 18	17 41 34	23 57 17	29 56 25	16 53 39	7 25 49	26 38 57	3 56 39	9 10 50	12 47 09	19 42 52

October 2007

LONGITUDE

Day	☉	0 hr ☽	Noon ☽	☿	♀	♂	⚵	⚳	♃	♄	⚷	♅	♆	♇
1 M	1 ♏ 15 30	29 ♊ 04 09	6 ♋ 17 35	27 ♏ 00 04	18 ♍ 24 05	24 ♋ 27 13	0 ♐ 18 59	16 ♊ 52 53	7 ♑ 37 47	26 ♍ 48 55	3 ♓ 58 36	9 ♈ 11 52	12 ♓ 49 23	19 ♑ 46 48
2 Tu	2 16 29	13 ♋ 27 23	20 29 21	27 53 32	19 06 34	24 55 34	0 40 22	16 50 30	7 48 39	26 57 37	3 59 24	9 11 41	12 50 26	19 49 34
3 W	3 16 06	27 25 56	4 ♌ 16 02	28 42 16	19 48 45	25 22 09	1 00 25	16 46 21	7 58 15	27 04 53	3 58 52	9 10 08	12 50 07	19 50 57
4 Th	4 14 30	10 ♌ 59 42	17 38 31	29 26 08	20 30 47	25 47 07	1 19 16	16 40 34	8 06 42	27 10 52	3 57 09	9 07 22	12 48 34	19 51 07
5 F	5 12 09	24 10 39	0 ♍ 39 24	0 ♐ 05 14	21 13 03	26 10 53	1 37 22	16 33 36	8 14 30	27 15 60	3 54 42	9 03 49	12 46 16	19 50 31
6 Sa	6 09 42	7 ♍ 02 04	13 22 16	0 39 53	21 56 11	26 34 07	1 55 23	16 26 07	8 22 16	27 20 56	3 52 10	9 00 10	12 43 51	19 49 49
7 Su	7 07 53	19 37 47	25 50 60	1 10 26	22 40 52	26 57 33	2 14 02	16 18 52	8 30 44	27 26 26	3 50 18	8 57 08	12 42 03	19 49 45
8 M	8 07 23	2 ♎ 01 33	8 ♎ 09 13	1 37 07	23 27 45	27 21 50	2 33 59	16 12 30	8 40 35	27 33 08	3 49 47	8 55 23	12 41 34	19 50 58
9 Tu	9 08 41	14 16 38	20 20 00	1 59 59	24 17 17	27 47 27	2 55 45	16 07 32	8 52 19	27 41 34	3 51 05	8 55 27	12 42 52	19 53 60
10 W	10 12 01	26 25 40	2 ♏ 25 46	2 18 48	25 09 41	28 14 38	3 19 34	16 04 13	9 06 11	27 51 57	3 54 28	8 57 32	12 46 13	19 59 03
11 Th	11 17 20	8 ♏ 30 34	14 28 16	2 33 00	26 04 50	28 43 19	3 45 22	16 02 28	9 22 04	28 04 12	3 59 51	9 01 36	12 51 31	20 06 05
12 F	12 24 14	20 32 37	26 28 44	2 41 45	27 02 21	29 13 07	4 12 45	16 01 55	9 39 38	28 17 58	4 06 51	9 07 15	12 58 25	20 14 42
13 Sa	13 32 06	2 ♐ 32 50	8 ♐ 28 11	2 43 55	28 01 33	29 43 22	4 41 06	16 01 58	9 58 13	28 32 36	4 14 52	9 13 51	13 06 16	20 24 16
14 Su	14 40 08	14 32 06	20 27 39	2 38 18	29 01 37	0 ♌ 13 17	5 09 37	16 01 47	10 17 03	28 47 18	4 23 04	9 20 37	13 14 17	20 33 60
15 M	15 47 30	26 31 39	2 ♑ 28 36	2 23 44	0 ♎ 01 42	0 42 01	5 37 29	16 00 35	10 35 17	29 01 15	4 30 38	9 26 44	13 21 38	20 43 04
16 Tu	16 53 27	8 ♑ 33 14	14 33 03	1 59 15	1 01 03	1 08 49	6 03 55	15 57 37	10 52 10	29 13 42	4 36 51	9 31 26	13 27 35	20 50 43
17 W	17 57 30	20 39 29	26 43 56	1 24 19	1 59 06	1 33 11	6 28 28	15 52 23	11 07 13	29 24 09	4 41 11	9 34 14	13 31 37	20 56 28
18 Th	18 59 29	2 ♒ 53 53	9 ♒ 05 01	0 38 60	2 55 43	1 54 57	6 50 57	15 44 45	11 20 16	29 32 27	4 43 29	9 34 58	13 33 36	21 00 08
19 F	19 59 38	15 20 51	21 40 50	29 ♏ 43 59	3 51 04	2 14 19	7 11 34	15 34 57	11 31 33	29 38 48	4 43 59	9 33 52	13 33 44	21 01 58
20 Sa	20 58 32	28 05 23	4 ♓ 36 26	28 40 41	4 45 46	2 31 53	7 30 58	15 23 34	11 41 38	29 43 50	4 43 17	9 31 32	13 32 38	21 02 33
21 Su	21 57 05	11 ♓ 12 40	17 56 39	27 31 13	5 40 39	2 48 32	7 50 00	15 11 33	11 51 27	29 48 24	4 42 16	9 28 52	13 31 11	21 02 47
22 M	22 56 18	24 47 11	1 ♈ 45 21	26 18 07	6 36 45	3 05 17	8 09 42	14 59 52	12 01 58	29 53 32	4 41 58	9 26 52	13 30 24	21 03 41
23 Tu	23 57 06	8 ♈ 51 51	16 04 19	25 04 13	7 34 57	3 23 02	8 30 59	14 49 31	12 14 10	0 ♎ 00 11	4 43 18	9 26 28	13 31 13	21 06 11
24 W	25 00 10	23 26 49	0 ♉ 52 08	23 52 17	8 35 54	3 42 25	8 54 31	14 41 07	12 28 39	0 08 58	4 46 54	9 28 20	13 34 17	21 10 55
25 Th	26 05 38	8 ♉ 28 30	16 03 29	22 44 46	9 39 46	4 03 38	9 20 27	14 34 52	12 45 37	0 20 05	4 52 59	9 32 37	13 39 46	21 18 04
26 F	27 13 11	23 49 19	1 ♊ 29 10	21 43 34	10 46 09	4 26 16	9 48 27	14 30 25	13 04 41	0 33 09	5 01 09	9 38 59	13 47 19	21 27 16
27 Sa	28 21 55	9 ♊ 18 17	16 57 20	20 49 55	11 54 12	4 49 28	10 17 38	14 26 55	13 25 01	0 47 19	5 10 33	9 46 33	13 56 05	21 37 40
28 Su	29 30 43	24 42 48	2 ♋ 15 28	20 04 33	13 02 45	5 12 05	10 46 52	14 23 15	13 45 27	1 01 26	5 20 03	9 54 11	14 04 54	21 48 07
29 M	0 ♐ 38 28	9 ♋ 51 01	17 12 49	19 27 45	14 10 39	5 32 58	11 15 00	14 18 17	14 04 51	1 14 22	5 28 31	10 00 46	14 12 39	21 57 30
30 Tu	1 44 16	24 33 55	1 ♌ 42 04	18 59 45	15 17 03	5 51 14	11 41 13	14 11 11	14 22 23	1 25 16	5 35 05	10 05 26	14 18 28	22 04 56
31 W	2 47 47	8 ♌ 46 29	15 40 02	18 40 46	16 21 32	6 06 31	12 05 06	14 01 34	14 37 39	1 33 46	5 39 24	10 07 48	14 21 59	22 10 03

Notes

LONGITUDE — November 2007

Day	☉	0 hr ☽	Noon ☽	☿	♀	♂	⚵	⚳	♃	♄	⚷	♅	♆	♇
1 Th	3 ♐ 49 11	22 ♌ 27 47	29 ♌ 07 15	18 ♏ 31 13	17 ♎ 24 17	6 ♌ 18 58	12 ♐ 26 51	13 ♊ 49 40	14 ♑ 50 51	1 ♎ 40 02	5 ♓ 41 37	10 ♈ 08 04	14 ♓ 23 23	22 ♑ 13 03
2 F	4 49 09	5 ♍ 40 10	12 ♍ 07 08	18 31 36	18 25 57	6 29 15	12 47 09	13 36 09	15 02 39	1 44 45	5 42 27	10 06 54	14 23 21	22 14 36
3 Sa	5 48 41	18 28 07	24 44 44	18 42 32	19 27 33	6 38 23	13 07 00	13 22 02	15 14 03	1 48 55	5 42 52	10 05 19	14 22 54	22 15 43
4 Su	6 48 56	0 ♎ 57 10	7 ♎ 05 44	19 04 31	20 30 12	6 47 27	13 27 33	13 08 30	15 26 12	1 53 40	5 44 02	10 04 26	14 23 08	22 17 31
5 M	7 50 56	13 12 60	19 15 45	19 37 49	21 34 56	6 57 32	13 49 49	12 56 35	15 40 09	2 00 04	5 46 59	10 05 20	14 25 08	22 21 04
6 Tu	8 55 29	25 20 42	1 ♏ 19 34	20 22 23	22 42 32	7 09 22	14 14 37	12 47 07	15 56 40	2 08 54	5 52 31	10 08 48	14 29 41	22 27 09
7 W	10 02 58	7 ♏ 24 25	13 21 01	21 17 43	23 53 23	7 23 22	14 42 20	12 40 29	16 16 10	2 20 33	6 01 01	10 15 13	14 37 10	22 36 10
8 Th	11 13 21	19 27 08	25 22 44	22 22 54	25 07 25	7 39 27	15 12 55	12 36 41	16 38 36	2 34 59	6 12 27	10 24 32	14 47 33	22 48 03
9 F	12 26 06	1 ♐ 30 41	7 ♐ 26 13	23 36 34	26 24 06	7 57 06	15 45 51	12 35 11	17 03 25	2 51 39	6 26 17	10 36 15	15 00 18	23 02 19
10 Sa	13 40 21	13 35 57	19 32 10	24 57 02	27 42 34	8 15 25	16 20 15	12 35 09	17 29 46	3 09 42	6 41 39	10 49 28	15 14 33	23 18 02
11 Su	14 54 56	25 43 13	1 ♑ 40 44	26 22 28	29 01 39	8 33 16	16 54 58	12 35 27	17 56 30	3 27 59	6 57 24	11 03 03	15 29 10	23 34 07
12 M	16 08 42	7 ♑ 52 34	13 52 05	27 50 60	0 ♏ 20 09	8 49 26	17 28 50	12 34 54	18 22 26	3 45 18	7 12 21	11 15 49	15 42 57	23 49 21
13 Tu	17 20 33	20 04 22	26 06 44	29 20 59	1 36 60	9 02 51	18 00 47	12 32 28	18 46 29	4 00 37	7 25 26	11 26 43	15 54 49	24 02 40
14 W	18 29 44	2 ♒ 19 43	8 ♒ 26 03	0 ♐ 51 09	2 51 26	9 12 45	18 30 02	12 27 24	19 07 55	4 13 08	7 35 54	11 34 58	16 04 03	24 13 19
15 Th	19 35 58	14 40 43	20 52 29	2 20 44	4 03 09	9 18 51	18 56 18	12 19 26	19 26 25	4 22 35	7 43 27	11 40 17	16 10 20	24 21 00
16 F	20 39 27	27 10 40	3 ♓ 29 38	3 49 35	5 12 21	9 21 19	19 19 48	12 08 47	19 42 12	4 29 10	7 48 17	11 42 53	16 13 53	24 25 56
17 Sa	21 40 54	9 ♓ 53 56	16 22 04	5 18 03	6 19 45	9 20 54	19 41 15	11 56 12	19 55 58	4 33 36	7 51 08	11 43 29	16 15 24	24 28 50
18 Su	22 41 26	22 55 35	29 34 53	6 46 57	7 26 27	9 18 41	20 01 45	11 42 47	20 08 51	4 36 60	7 53 06	11 43 11	16 16 01	24 30 48
19 M	23 42 20	6 ♈ 20 47	13 ♈ 12 53	8 17 21	8 33 44	9 15 58	20 22 36	11 29 52	20 22 08	4 40 39	7 55 29	11 43 17	16 17 01	24 33 08
20 Tu	24 44 51	20 13 45	27 19 31	9 50 16	9 42 50	9 13 59	20 45 02	11 18 42	20 37 04	4 45 48	7 59 31	11 45 02	16 19 39	24 37 05
21 W	25 49 53	4 ♉ 36 34	11 ♉ 55 39	11 26 26	10 54 39	9 13 39	21 09 57	11 10 12	20 54 32	4 53 20	8 06 07	11 49 20	16 24 48	24 43 32
22 Th	26 57 47	19 28 02	26 58 21	13 06 02	12 09 33	9 15 17	21 37 43	11 04 43	21 14 53	5 03 38	8 15 36	11 56 31	16 32 50	24 52 51
23 F	28 08 14	4 ♊ 42 47	12 ♊ 20 28	14 48 39	13 27 10	9 18 36	22 07 59	11 01 58	21 37 49	5 16 21	8 27 41	12 06 17	16 43 26	25 04 42
24 Sa	29 20 17	20 11 19	27 51 02	16 33 12	14 46 36	9 22 37	22 39 51	11 01 01	22 02 22	5 30 33	8 41 25	12 17 42	16 55 39	25 18 10
25 Su	0 ♑ 32 38	5 ♋ 41 15	13 ♋ 17 08	18 18 18	16 06 30	9 26 03	23 11 58	11 00 32	22 27 13	5 44 55	8 55 28	12 29 25	17 08 09	25 31 54
26 M	1 43 53	20 59 35	28 26 18	20 02 30	17 25 28	9 27 31	23 42 57	10 59 11	22 50 60	5 58 04	9 08 27	12 40 04	17 19 35	25 44 32
27 Tu	2 52 57	5 ♌ 55 15	13 ♌ 08 56	21 44 39	18 42 27	9 25 55	24 11 43	10 55 53	23 12 37	6 08 54	9 19 18	12 48 34	17 28 50	25 54 58
28 W	3 59 18	20 20 51	27 19 31	23 24 10	19 56 51	9 20 42	24 37 44	10 50 04	23 31 31	6 16 54	9 27 27	12 54 23	17 35 23	26 02 40
29 Th	5 03 01	4 ♍ 13 29	10 ♍ 56 57	25 01 05	21 08 47	9 11 60	25 01 04	10 41 53	23 47 48	6 22 07	9 33 00	12 57 34	17 39 17	26 07 43
30 F	6 04 45	17 34 11	24 03 40	26 36 04	22 18 54	9 00 27	25 22 24	10 31 58	24 02 07	6 25 15	9 36 37	12 58 49	17 41 14	26 10 48

LONGITUDE — December 2007

Day	☉	0 hr ☽	Noon ☽	☿	♀	♂	⚵	⚳	♃	♄	⚷	♅	♆	♇
1 Sa	7 ♑ 05 36	0 ♎ 26 56	6 ♎ 44 31	28 ♐ 10 07	23 ♏ 28 16	8 ♌ 47 09	25 ♐ 42 47	10 ♊ 21 25	24 ♑ 15 32	6 ♎ 27 20	9 ♓ 39 21	12 ♈ 59 12	17 ♓ 42 17	26 ♑ 12 56
2 Su	8 06 46	12 57 27	19 05 41	29 44 30	24 38 06	8 33 21	26 03 27	10 11 29	24 29 18	6 29 38	9 42 27	12 59 56	17 43 40	26 15 25
3 M	9 09 27	25 12 04	1 ♏ 13 34	1 ♑ 20 22	25 49 35	8 20 15	26 25 36	10 03 21	24 44 35	6 33 18	9 47 05	13 02 12	17 46 35	26 19 23
4 Tu	10 14 34	7 ♏ 16 54	13 14 10	2 58 38	27 03 38	8 08 46	26 50 08	9 57 57	25 02 18	6 39 16	9 54 11	13 06 56	17 51 55	26 25 45
5 W	11 22 36	19 17 17	25 12 29	4 39 47	28 20 43	7 59 26	27 17 33	9 55 46	25 22 56	6 48 02	10 04 14	13 14 37	18 00 12	26 35 03
6 Th	12 33 33	1 ♐ 17 23	7 ♐ 12 20	6 23 50	29 40 52	7 52 17	27 47 50	9 56 50	25 46 30	6 59 35	10 17 14	13 25 15	18 11 24	26 47 15
7 F	13 46 58	13 20 10	19 16 14	8 10 18	1 ♐ 03 35	7 46 51	28 20 32	10 00 40	26 12 32	7 13 27	10 32 44	13 38 22	18 25 04	27 01 53
8 Sa	15 01 56	25 27 18	1 ♑ 25 30	9 58 20	2 27 59	7 42 18	28 54 46	10 06 25	26 40 08	7 28 46	10 49 49	13 53 04	18 40 19	27 18 04
9 Su	16 17 20	7 ♑ 39 29	13 40 30	11 46 46	3 52 55	7 37 30	29 29 22	10 12 56	27 08 09	7 44 22	11 07 21	14 08 14	18 55 60	27 34 40
10 M	17 31 56	19 56 44	26 01 04	13 34 25	5 17 09	7 31 17	0 ♑ 03 07	10 18 60	27 35 23	7 59 03	11 24 07	14 22 39	19 10 53	27 50 28
11 Tu	18 44 37	2 ♒ 18 54	8 ♒ 26 56	15 20 11	6 39 36	7 22 36	0 34 56	10 23 31	28 00 43	8 11 42	11 39 02	14 35 11	19 23 54	28 04 21
12 W	19 54 38	14 46 00	20 58 15	17 03 18	7 59 29	7 10 41	1 04 02	10 25 44	28 23 23	8 21 33	11 51 18	14 45 05	19 34 14	28 15 32
13 Th	21 01 37	27 18 48	3 ♓ 35 57	18 43 26	9 16 25	6 55 14	1 30 03	10 25 18	28 43 01	8 28 15	12 00 34	14 51 60	19 41 34	28 23 42
14 F	22 05 45	9 ♓ 58 58	16 21 59	20 20 46	10 30 36	6 36 28	1 53 10	10 22 22	28 59 47	8 31 57	12 06 60	14 56 05	19 46 03	28 28 59
15 Sa	23 07 39	22 49 14	29 19 21	21 55 57	11 42 40	6 15 05	2 14 01	10 17 37	29 14 20	8 33 19	12 11 15	14 57 59	19 48 20	28 32 03
16 Su	24 08 21	5 ♈ 53 10	12 ♈ 31 46	23 30 02	12 53 38	5 52 08	2 33 37	10 12 03	29 27 42	8 33 23	12 14 21	14 58 44	19 49 26	28 33 54
17 M	25 09 05	19 14 47	26 03 11	25 04 16	14 04 42	5 28 54	2 53 13	10 06 54	29 41 06	8 33 20	12 17 30	14 59 33	19 50 35	28 35 47
18 Tu	26 11 00	2 ♉ 57 44	9 ♉ 56 51	26 39 49	15 17 05	5 06 36	3 13 58	10 03 21	29 55 42	8 34 23	12 21 54	15 01 37	19 52 58	28 38 52
19 W	27 15 01	17 04 24	24 14 23	28 17 36	16 31 38	4 46 11	3 36 45	10 02 17	0 ♒ 12 23	8 37 23	12 28 25	15 05 48	19 57 26	28 44 01
20 Th	28 21 31	1 ♊ 34 54	8 ♊ 54 40	29 58 00	17 48 45	4 28 04	4 01 58	10 04 06	0 31 33	8 42 46	12 37 27	15 12 31	20 04 25	28 51 39
21 F	29 30 18	16 26 11	23 53 15	1 ♒ 40 52	19 08 14	4 12 07	4 29 26	10 08 35	0 52 60	8 50 18	12 48 48	15 21 33	20 13 42	29 01 34
22 Sa	0 ♒ 40 35	1 ♋ 31 47	9 ♋ 02 17	3 25 26	20 29 19	3 57 38	4 58 22	10 14 59	1 15 58	8 59 15	13 01 42	15 32 09	20 24 31	29 12 59
23 Su	1 51 18	16 42 22	24 11 35	5 10 36	21 50 54	3 43 32	5 27 39	10 22 12	1 39 18	9 08 29	13 15 03	15 43 12	20 35 46	29 24 48
24 M	3 01 12	1 ♌ 47 08	9 ♌ 10 18	6 55 10	23 11 46	3 28 39	5 56 05	10 29 01	2 01 53	9 16 48	13 27 38	15 53 29	20 46 14	29 35 49
25 Tu	4 09 18	16 35 50	23 48 53	8 38 10	24 30 55	3 12 03	6 22 41	10 34 26	2 22 39	9 23 12	13 38 26	16 02 01	20 54 55	29 45 02
26 W	5 15 03	1 ♍ 00 25	8 ♍ 00 43	10 19 01	25 47 46	2 53 13	6 46 51	10 37 53	2 41 02	9 27 08	13 46 55	16 08 14	21 01 15	29 51 53
27 Th	6 18 23	14 56 19	21 42 44	11 57 40	27 02 17	2 32 07	7 08 34	10 39 18	2 57 00	9 28 31	13 53 00	16 12 04	21 05 12	29 56 18
28 F	7 19 45	28 22 27	4 ♎ 55 17	13 34 34	28 14 54	2 09 16	7 28 14	10 39 08	3 10 59	9 27 49	13 57 09	16 13 58	21 07 11	29 58 44
29 Sa	8 19 55	11 ♎ 20 51	17 41 30	15 10 30	29 26 24	1 45 29	7 46 40	10 38 11	3 23 46	9 25 49	14 00 08	16 14 43	21 07 60	29 59 58
30 Su	9 19 54	23 55 40	0 ♏ 06 16	16 46 27	0 ♑ 37 46	1 21 49	8 04 50	10 37 26	3 36 21	9 23 30	14 02 57	16 15 19	21 08 37	0 ♒ 00 59
31 M	10 20 39	6 ♏ 12 20	12 15 21	18 23 21	1 49 57	0 59 15	8 23 43	10 37 49	3 49 40	9 21 50	14 06 33	16 16 42	21 10 02	0 02 46

Notes

January 2008

LONGITUDE

Day	☉	0 hr ☽	Noon ☽	☿	♀	♂	⚵	⚳	♃	♄	⚷	♅	♆	♇
1 Tu	11 ♒ 22 56	18 ♏ 16 40	24 ♏ 14 42	20 ♒ 01 59	3 ♑ 03 45	0 ♌ 38 37	8 ♑ 44 04	10 ♊ 40 09	4 ♒ 04 31	9 ♎ 21 36	14 ♓ 11 44	16 ♈ 19 40	21 ♓ 12 59	0 ♒ 06 04
2 W	12 27 14	0 ♐ 14 20	6 ♐ 09 54	21 42 47	4 19 37	0 20 27	9 06 23	10 44 52	4 21 22	9 23 16	14 18 56	16 24 42	21 17 59	0 11 23
3 Th	13 33 39	12 10 20	18 05 42	23 25 49	5 37 40	0 04 51	9 30 46	10 52 06	4 40 20	9 26 56	14 28 18	16 31 53	21 25 07	0 18 49
4 F	14 41 55	24 08 47	0 ♑ 05 54	25 10 45	6 57 37	29 ♋ 51 37	9 56 54	11 01 34	5 01 06	9 32 20	14 39 31	16 40 57	21 34 06	0 28 04
5 Sa	15 51 25	6 ♑ 12 48	12 13 11	26 56 57	8 18 52	29 40 11	10 24 14	11 12 38	5 23 07	9 38 53	14 52 00	16 51 18	21 44 21	0 38 33
6 Su	17 01 21	18 24 25	24 29 14	28 43 31	9 40 35	29 29 46	10 51 55	11 24 32	5 45 32	9 45 44	15 04 57	17 02 07	21 55 03	0 49 27
7 M	18 10 51	0 ♒ 44 52	6 ♒ 54 49	0 ♓ 29 30	11 01 55	29 19 31	11 19 06	11 36 22	6 07 29	9 52 03	15 17 29	17 12 32	22 05 19	0 59 54
8 Tu	19 19 05	13 14 35	19 30 04	2 13 59	12 22 04	29 08 40	11 44 58	11 47 20	6 28 11	9 57 01	15 28 48	17 21 44	22 14 21	1 09 06
9 W	20 25 30	25 53 38	2 ♓ 14 49	3 56 16	13 40 25	28 56 41	12 08 56	11 56 50	6 47 02	10 00 04	15 38 18	17 29 10	22 21 35	1 16 28
10 Th	21 29 49	8 ♓ 41 59	15 08 53	5 35 55	14 56 44	28 43 17	12 30 45	12 04 37	7 03 45	10 00 54	15 45 44	17 34 32	22 26 44	1 21 43
11 F	22 32 06	21 39 46	28 12 27	7 12 49	16 11 03	28 28 36	12 50 27	12 10 44	7 18 25	9 59 37	15 51 10	17 37 54	22 29 53	1 24 56
12 Sa	23 32 45	4 ♈ 47 33	11 ♈ 26 08	8 47 10	17 23 48	28 13 03	13 08 28	12 15 37	7 31 28	9 56 37	15 55 00	17 39 43	22 31 25	1 26 31
13 Su	24 32 28	18 06 20	24 51 04	10 19 22	18 35 39	27 57 19	13 25 28	12 19 54	7 43 32	9 52 35	15 57 55	17 40 37	22 32 03	1 27 10
14 M	25 32 02	1 ♉ 37 26	8 ♉ 28 38	11 49 57	19 47 25	27 42 13	13 42 15	12 24 25	7 55 26	9 48 20	16 00 43	17 41 25	22 32 32	1 27 39
15 Tu	26 32 13	15 22 11	22 19 60	13 19 19	20 59 50	27 28 33	13 59 36	12 29 54	8 07 57	9 44 36	16 04 10	17 42 54	22 33 41	1 28 46
16 W	27 33 35	29 21 21	6 ♊ 25 36	14 47 38	22 13 29	27 16 53	14 18 03	12 36 56	8 21 38	9 41 59	16 08 51	17 45 37	22 36 03	1 31 04
17 Th	28 36 26	13 ♊ 34 35	20 44 32	16 14 44	23 28 40	27 07 30	14 37 55	12 45 48	8 36 45	9 40 46	16 15 01	17 49 50	22 39 54	1 34 50
18 F	29 40 39	27 59 58	5 ♋ 14 07	17 39 58	24 45 16	27 00 19	14 59 05	12 56 23	8 53 14	9 40 51	16 22 35	17 55 29	22 45 09	1 39 59
19 Sa	0 ♓ 45 48	12 ♋ 33 40	19 49 46	19 02 21	26 02 51	26 54 55	15 21 07	13 08 15	9 10 39	9 41 48	16 31 08	18 02 08	22 51 23	1 46 04
20 Su	1 51 17	27 10 12	4 ♌ 25 21	20 20 35	27 20 49	26 50 39	15 43 24	13 20 47	9 28 21	9 42 60	16 40 02	18 09 09	22 57 57	1 52 28
21 M	2 56 25	11 ♌ 42 57	18 54 02	21 33 15	28 38 27	26 46 52	16 05 16	13 33 18	9 45 40	9 43 46	16 48 36	18 15 51	23 04 11	1 58 31
22 Tu	4 00 37	26 05 06	3 ♍ 09 11	22 39 02	29 55 13	26 42 58	16 26 07	13 45 12	10 02 03	9 43 33	16 56 16	18 21 40	23 09 32	2 03 38
23 W	5 03 32	10 ♍ 10 43	17 05 27	23 36 44	1 ♒ 10 45	26 38 38	16 45 36	13 56 10	10 17 07	9 41 59	17 02 40	18 26 15	23 13 37	2 07 28
24 Th	6 05 07	23 55 30	0 ♎ 39 29	24 25 26	2 24 59	26 33 45	17 03 41	14 06 06	10 30 48	9 38 60	17 07 46	18 29 33	23 16 22	2 09 57
25 F	7 05 32	7 ♎ 17 16	13 50 04	25 04 29	3 38 06	26 28 32	17 20 30	14 15 11	10 43 18	9 34 47	17 11 42	18 31 42	23 17 59	2 11 16
26 Sa	8 05 09	20 16 02	26 38 07	25 33 24	4 50 27	26 23 19	17 36 27	14 23 48	10 54 59	9 29 44	17 14 53	18 33 07	23 18 50	2 11 47
27 Su	9 04 28	2 ♏ 53 38	9 ♏ 06 18	25 51 56	6 02 32	26 18 36	17 51 59	14 32 23	11 06 18	9 24 17	17 17 45	18 34 16	23 19 22	2 11 59
28 M	10 03 55	15 13 23	21 18 27	25 59 55	7 14 48	26 14 49	18 07 35	14 41 26	11 17 45	9 18 56	17 20 48	18 35 35	23 20 05	2 12 19
29 Tu	11 03 54	27 19 33	3 ♐ 19 13	25 57 18	8 27 38	26 12 21	18 23 37	14 51 19	11 29 41	9 14 03	17 24 23	18 37 29	23 21 21	2 13 11
30 W	12 04 40	9 ♐ 16 53	15 13 31	25 44 07	9 41 17	26 11 27	18 40 21	15 02 15	11 42 21	9 09 53	17 28 46	18 40 12	23 23 24	2 14 48
31 Th	13 06 17	21 10 13	27 06 15	25 20 30	10 55 49	26 12 10	18 57 49	15 14 20	11 55 49	9 06 31	17 34 01	18 43 47	23 26 19	2 17 16

February 2008

LONGITUDE

Day	☉	0 hr ☽	Noon ☽	☿	♀	♂	⚵	⚳	♃	♄	⚷	♅	♆	♇
1 F	14 ♓ 08 38	3 ♑ 04 17	9 ♑ 02 02	24 ♓ 46 48	12 ♒ 11 08	26 ♋ 14 23	19 ♑ 15 56	15 ♊ 27 27	12 ♒ 09 60	9 ♎ 03 50	17 ♓ 40 01	18 ♈ 48 10	23 ♓ 30 00	2 ♒ 20 28
2 Sa	15 11 29	15 03 23	21 04 57	24 03 33	13 26 59	26 17 53	19 34 28	15 41 22	12 24 39	9 01 37	17 46 33	18 53 06	23 34 13	2 24 10
3 Su	16 14 33	27 11 17	3 ♒ 18 26	23 11 37	14 43 04	26 22 20	19 53 06	15 55 46	12 39 27	8 59 34	17 53 18	18 58 16	23 38 39	2 28 04
4 M	17 17 30	9 ♒ 30 60	15 45 07	22 12 10	15 59 05	26 27 24	20 11 31	16 10 19	12 54 06	8 57 21	17 59 57	19 03 21	23 42 59	2 31 50
5 Tu	18 20 03	22 04 45	28 26 43	21 06 42	17 14 43	26 32 48	20 29 26	16 24 46	13 08 19	8 54 42	18 06 13	19 08 05	23 46 56	2 35 12
6 W	19 22 01	4 ♓ 53 52	11 ♓ 24 00	19 57 01	18 29 50	26 38 22	20 46 40	16 38 54	13 21 54	8 51 27	18 11 55	19 12 17	23 50 20	2 37 60
7 Th	20 23 22	17 58 42	24 36 51	18 45 06	19 44 20	26 43 59	21 03 09	16 52 40	13 34 49	8 47 32	18 17 00	19 15 54	23 53 07	2 40 09
8 F	21 24 08	1 ♈ 18 45	8 ♈ 04 17	17 33 03	20 58 17	26 49 45	21 18 58	17 06 09	13 47 07	8 43 01	18 21 32	19 18 58	23 55 21	2 41 43
9 Sa	22 24 28	14 52 44	21 44 42	16 22 55	22 11 52	26 55 48	21 34 16	17 19 28	13 58 57	8 38 03	18 25 41	19 21 40	23 57 12	2 42 53
10 Su	23 24 37	28 38 50	5 ♉ 36 03	15 16 33	23 25 16	27 02 18	21 49 15	17 32 50	14 10 32	8 32 52	18 29 37	19 24 12	23 58 52	2 43 49
11 M	24 24 44	12 ♉ 34 50	19 36 03	14 15 32	24 38 41	27 09 29	22 04 06	17 46 28	14 22 03	8 27 40	18 33 34	19 26 46	24 00 30	2 44 46
12 Tu	25 24 60	26 38 21	3 ♊ 42 20	13 21 05	25 52 17	27 17 27	22 18 59	18 00 29	14 33 41	8 22 35	18 37 41	19 29 31	24 02 21	2 45 50
13 W	26 25 27	10 ♊ 47 01	17 52 34	12 34 03	27 06 07	27 26 16	22 33 58	18 14 57	14 45 27	8 17 42	18 41 60	19 32 31	24 04 24	2 47 06
14 Th	27 26 05	24 58 27	2 ♋ 04 26	11 54 51	28 20 09	27 35 53	22 48 59	18 29 51	14 57 21	8 12 59	18 46 31	19 35 43	24 06 39	2 48 33
15 F	28 26 47	9 ♋ 10 17	16 15 33	11 23 39	29 34 18	27 46 13	23 03 59	18 45 04	15 09 17	8 08 21	18 51 08	19 39 03	24 09 01	2 50 05
16 Sa	29 27 28	23 20 06	0 ♌ 23 29	11 00 21	0 ♓ 48 28	27 57 07	23 18 51	19 00 31	15 21 08	8 03 42	18 55 44	19 42 24	24 11 23	2 51 36
17 Su	0 ♈ 28 02	7 ♌ 25 27	14 25 41	10 44 45	2 02 34	28 08 30	23 33 29	19 16 05	15 32 50	7 58 57	19 00 15	19 45 42	24 13 40	2 52 59
18 M	1 28 28	21 23 46	28 19 34	10 36 34	3 16 33	28 20 20	23 47 51	19 31 45	15 44 21	7 54 04	19 04 38	19 48 53	24 15 49	2 54 15
19 Tu	2 28 49	5 ♍ 12 31	12 ♍ 02 37	10 35 31	4 30 29	28 32 38	24 02 01	19 47 33	15 55 43	7 49 06	19 08 57	19 52 01	24 17 55	2 55 26
20 W	3 29 10	18 49 19	25 32 37	10 41 20	5 44 28	28 45 31	24 16 04	20 03 36	16 07 03	7 44 10	19 13 18	19 55 13	24 20 03	2 56 37
21 Th	4 29 40	2 ♎ 12 12	8 ♎ 47 50	10 53 44	6 58 37	28 59 04	24 30 08	20 20 01	16 18 28	7 39 23	19 17 47	19 58 36	24 22 21	2 57 57
22 F	5 30 24	15 19 45	21 47 16	11 12 24	8 13 04	29 13 23	24 44 18	20 36 54	16 30 04	7 34 52	19 22 32	20 02 15	24 24 55	2 59 31
23 Sa	6 31 27	28 11 22	4 ♏ 30 48	11 36 58	9 27 50	29 28 32	24 58 39	20 54 18	16 41 55	7 30 41	19 27 37	20 06 15	24 27 48	3 01 24
24 Su	7 32 47	10 ♏ 47 20	16 59 14	12 07 03	10 42 56	29 44 28	25 13 09	21 12 11	16 53 59	7 26 48	19 32 58	20 10 35	24 30 60	3 03 33
25 M	8 34 18	23 08 53	29 14 17	12 42 08	11 58 15	0 ♌ 01 04	25 27 41	21 30 29	17 06 10	7 23 07	19 38 31	20 15 07	24 34 23	3 05 53
26 Tu	9 35 49	5 ♐ 18 09	11 ♐ 18 33	13 21 41	13 13 35	0 18 10	25 42 05	21 48 58	17 18 17	7 19 29	19 44 04	20 19 41	24 37 48	3 08 13
27 W	10 37 06	17 18 07	23 15 22	14 05 11	14 28 45	0 35 31	25 56 07	22 07 27	17 30 08	7 15 39	19 49 25	20 24 04	24 41 00	3 10 20
28 Th	11 37 59	29 12 26	5 ♑ 08 41	14 52 05	15 43 31	0 52 54	26 09 35	22 25 43	17 41 29	7 11 25	19 54 21	20 28 05	24 43 49	3 12 02
29 F	12 38 18	11 ♑ 05 22	17 02 56	15 41 59	16 57 46	1 10 11	26 22 20	22 43 37	17 52 12	7 06 41	19 58 43	20 31 33	24 46 05	3 13 09

Notes

LONGITUDE — March 2008

Day	☉	0 hr ☽	Noon ☽	☿	♀	♂	⚳	⚴	♃	♄	⚷	♅	♆	♇
1 Sa	13 ♈ 38 00	23 ♑ 01 31	29 ♑ 02 47	16 ♓ 34 35	18 ♓ 11 25	1 ♌ 27 18	26 ♑ 34 18	23 ♊ 01 05	18 ♒ 02 14	7 ♎ 01 21	20 ♓ 02 28	20 ♈ 34 26	24 ♓ 47 44	3 ♒ 13 39
2 Su	14 37 10	5 ♒ 05 42	11 ♒ 12 56	17 29 43	19 24 33	1 44 18	26 45 35	23 18 13	18 11 39	6 55 31	20 05 42	20 36 48	24 48 52	3 13 36
3 M	15 35 59	17 22 37	23 37 54	18 27 23	20 37 24	2 01 24	26 56 22	23 35 12	18 20 39	6 49 25	20 08 35	20 38 53	24 49 41	3 13 14
4 Tu	16 34 48	29 56 31	6 ♓ 21 30	19 27 42	21 50 15	2 18 54	27 06 59	23 52 22	18 29 34	6 43 20	20 11 28	20 40 58	24 50 31	3 12 49
5 W	17 33 57	12 ♓ 50 48	19 26 32	20 30 53	23 03 29	2 37 10	27 17 46	24 10 03	18 38 45	6 37 39	20 14 41	20 43 26	24 51 41	3 12 46
6 Th	18 33 48	26 07 32	2 ♈ 54 17	21 37 07	24 17 26	2 56 31	27 29 04	24 28 37	18 48 33	6 32 42	20 18 36	20 46 37	24 53 34	3 13 23
7 F	19 34 34	9 ♈ 47 04	16 44 10	22 46 30	25 32 20	3 17 13	27 41 08	24 48 19	18 59 12	6 28 45	20 23 27	20 50 46	24 56 24	3 14 57
8 Sa	20 36 21	23 47 39	0 ♉ 53 31	23 58 59	26 48 17	3 39 18	27 54 03	25 09 11	19 10 46	6 25 53	20 29 18	20 55 58	25 00 16	3 17 31
9 Su	21 38 60	8 ♉ 05 32	15 17 44	25 14 19	28 05 07	4 02 37	28 07 38	25 31 06	19 23 08	6 23 56	20 36 01	21 02 02	25 05 00	3 20 57
10 M	22 42 08	22 35 12	29 50 49	26 32 04	29 22 29	4 26 50	28 21 33	25 53 41	19 35 54	6 22 33	20 43 14	21 08 38	25 10 16	3 24 52
11 Tu	23 45 16	7 ♊ 10 12	14 ♊ 26 12	27 51 37	0 ♈ 39 52	4 51 24	28 35 16	26 16 27	19 48 35	6 21 14	20 50 27	21 15 17	25 15 31	3 28 47
12 W	24 47 50	21 44 00	28 57 39	29 12 21	1 56 44	5 15 46	28 48 16	26 38 50	20 00 38	6 19 26	20 57 07	21 21 24	25 20 16	3 32 10
13 Th	25 49 25	6 ♋ 10 59	13 ♋ 20 08	0 ♈ 33 45	3 12 38	5 39 30	29 00 04	27 00 23	20 11 37	6 16 44	21 02 48	21 26 33	25 24 01	3 34 32
14 F	26 49 46	20 27 01	27 30 17	1 55 34	4 27 21	6 02 21	29 10 29	27 20 53	20 21 17	6 12 53	21 07 15	21 30 30	25 26 34	3 35 42
15 Sa	27 48 58	4 ♌ 29 43	11 ♌ 26 24	3 17 47	5 40 55	6 24 23	29 19 32	27 40 24	20 29 42	6 07 58	21 10 32	21 33 20	25 27 59	3 35 42
16 Su	28 47 20	18 18 19	25 08 13	4 40 42	6 53 43	6 45 56	29 27 35	27 59 15	20 37 13	6 02 19	21 13 01	21 35 23	25 28 36	3 34 53
17 M	29 45 26	1 ♍ 53 10	8 ♍ 36 25	6 04 51	8 06 16	7 07 32	29 35 10	28 18 01	20 44 22	5 56 29	21 15 14	21 37 11	25 28 58	3 33 49
18 Tu	0 ♉ 43 55	15 15 16	21 52 08	7 30 51	9 19 14	7 29 50	29 42 57	28 37 19	20 51 50	5 51 08	21 17 50	21 39 25	25 29 44	3 33 08
19 W	1 43 25	28 25 45	4 ♎ 56 28	8 59 17	10 33 15	7 53 26	29 51 32	28 57 46	21 00 12	5 46 53	21 21 26	21 42 40	25 31 32	3 33 27
20 Th	2 44 22	11 ♎ 25 34	17 50 20	10 30 35	11 48 45	8 18 48	0 ♒ 01 23	29 19 51	21 09 57	5 44 12	21 26 29	21 47 25	25 34 48	3 35 14
21 F	3 47 00	24 15 16	0 ♏ 34 15	12 04 59	13 05 59	8 46 09	0 12 43	29 43 46	21 21 17	5 43 18	21 33 14	21 53 53	25 39 47	3 38 43
22 Sa	4 51 17	6 ♏ 55 08	13 08 31	13 42 24	14 24 52	9 15 25	0 25 28	0 ♋ 09 28	21 34 09	5 44 07	21 41 37	22 01 60	25 46 24	3 43 50
23 Su	5 56 50	19 25 15	25 33 20	15 22 29	15 45 04	9 46 15	0 39 17	0 36 36	21 48 12	5 46 20	21 51 16	22 11 26	25 54 20	3 50 14
24 M	7 03 07	1 ♐ 45 48	7 ♐ 49 09	17 04 40	17 06 01	10 18 05	0 53 36	1 04 36	22 02 53	5 49 22	22 01 38	22 21 36	26 02 60	3 57 22
25 Tu	8 09 26	13 57 21	19 56 52	18 48 14	18 27 02	10 50 12	1 07 44	1 32 46	22 17 29	5 52 32	22 12 01	22 31 50	26 11 42	4 04 31
26 W	9 15 03	26 01 07	1 ♑ 58 02	20 32 30	19 47 23	11 21 53	1 20 57	2 00 23	22 31 17	5 55 07	22 21 42	22 41 23	26 19 43	4 10 58
27 Th	10 19 22	7 ♑ 59 10	13 55 07	22 16 49	21 06 27	11 52 31	1 32 37	2 26 49	22 43 40	5 56 29	22 30 04	22 49 39	26 26 26	4 16 07
28 F	11 21 57	19 54 32	25 51 27	24 00 48	22 23 50	12 21 42	1 42 21	2 51 41	22 54 13	5 56 15	22 36 43	22 56 13	26 31 27	4 19 33
29 Sa	12 22 44	1 ♒ 51 09	7 ♒ 51 18	25 44 22	23 39 26	12 49 18	1 50 01	3 14 52	23 02 51	5 54 18	22 41 31	23 00 58	26 34 39	4 21 10
30 Su	13 21 55	13 53 53	19 59 41	27 27 43	24 53 27	13 15 33	1 55 50	3 36 35	23 09 46	5 50 52	22 44 43	23 04 10	26 36 16	4 21 11
31 M	14 20 03	26 08 08	2 ♓ 22 04	29 11 26	26 06 27	13 40 59	2 00 22	3 57 22	23 15 30	5 46 29	22 46 51	23 06 18	26 36 50	4 20 08

LONGITUDE — April 2008

Day	☉	0 hr ☽	Noon ☽	☿	♀	♂	⚳	⚴	♃	♄	⚷	♅	♆	♇
1 Tu	15 ♉ 17 53	8 ♓ 39 32	15 ♓ 03 53	0 ♉ 56 16	27 ♈ 19 10	14 ♌ 06 20	2 ♒ 04 20	4 ♋ 17 60	23 ♒ 20 50	5 ♎ 41 55	22 ♓ 48 39	23 ♈ 08 10	26 ♓ 37 07	4 ♒ 18 47
2 W	16 16 17	21 33 24	28 10 01	2 43 06	28 32 29	14 32 31	2 08 38	4 39 19	23 26 36	5 38 03	22 51 01	23 10 36	26 37 58	4 18 01
3 Th	17 16 04	4 ♈ 53 52	11 ♈ 43 51	4 32 45	29 47 12	15 00 17	2 14 03	5 02 08	23 33 38	5 35 39	22 54 45	23 14 27	26 40 13	4 18 37
4 F	18 17 48	18 43 11	25 46 29	6 25 48	1 ♉ 03 55	15 30 14	2 21 10	5 27 02	23 42 30	5 35 21	23 00 25	23 20 15	26 44 25	4 21 10
5 Sa	19 21 40	3 ♉ 00 47	10 ♉ 15 59	8 22 27	2 22 47	16 02 33	2 30 10	5 54 12	23 53 23	5 37 18	23 08 13	23 28 13	26 50 46	4 25 52
6 Su	20 27 25	17 42 48	25 06 58	10 22 27	3 43 33	16 36 58	2 40 46	6 23 22	24 06 01	5 41 15	23 17 52	23 38 04	26 58 60	4 32 26
7 M	21 34 20	2 ♊ 42 02	10 ♊ 11 07	12 25 03	5 05 30	17 12 45	2 52 16	6 53 49	24 19 41	5 46 28	23 28 39	23 49 05	27 08 24	4 40 10
8 Tu	22 41 24	17 48 57	25 18 15	14 29 16	6 27 39	17 48 54	3 03 39	7 24 33	24 33 23	5 51 59	23 39 35	24 00 17	27 17 58	4 48 04
9 W	23 47 33	2 ♋ 53 08	10 ♋ 18 13	16 34 00	7 48 54	18 24 21	3 13 52	7 54 29	24 46 03	5 56 43	23 49 36	24 10 35	27 26 38	4 55 03
10 Th	24 51 57	17 45 15	25 02 36	18 38 23	9 08 25	18 58 14	3 22 02	8 22 46	24 56 49	5 59 50	23 57 49	24 19 08	27 33 33	5 00 16
11 F	25 54 08	2 ♌ 18 28	9 ♌ 25 53	20 41 58	10 25 46	19 30 08	3 27 45	8 48 59	25 05 16	6 00 52	24 03 50	24 25 30	27 38 17	5 03 19
12 Sa	26 54 14	16 29 10	23 25 48	22 44 45	11 41 02	20 00 08	3 31 04	9 13 12	25 11 29	5 59 57	24 07 44	24 29 47	27 40 55	5 04 15
13 Su	27 52 48	0 ♍ 16 51	7 ♍ 02 57	24 47 17	12 54 49	20 28 48	3 32 37	9 36 02	25 16 03	5 57 38	24 10 06	24 32 33	27 42 02	5 03 41
14 M	28 50 47	13 43 19	20 19 49	26 50 24	14 08 02	20 57 04	3 33 17	9 58 23	25 19 55	5 54 52	24 11 52	24 34 46	27 42 35	5 02 32
15 Tu	29 49 16	26 51 46	3 ♎ 19 58	28 55 04	15 21 47	21 26 01	3 34 10	10 21 20	25 24 08	5 52 45	24 14 07	24 37 29	27 43 39	5 01 54
16 W	0 ♊ 49 15	9 ♎ 45 50	16 07 05	1 ♊ 02 11	16 37 04	21 56 39	3 36 17	10 45 54	25 29 43	5 52 16	24 17 50	24 41 42	27 46 13	5 02 46
17 Th	1 51 30	22 28 54	28 44 23	3 12 20	17 54 38	22 29 44	3 40 22	11 12 50	25 37 26	5 54 10	24 23 49	24 48 12	27 51 04	5 05 54
18 F	2 56 23	5 ♏ 03 36	11 ♏ 14 17	5 25 41	19 14 52	23 05 37	3 46 48	11 42 31	25 47 39	5 58 51	24 32 24	24 57 21	27 58 33	5 11 40
19 Sa	4 03 50	17 31 41	23 38 17	7 41 59	20 37 41	23 44 14	3 55 31	12 14 51	26 00 17	6 06 14	24 43 31	25 09 04	28 08 36	5 20 01
20 Su	5 13 21	29 54 02	5 ♐ 57 08	10 00 28	22 02 36	24 25 05	4 06 00	12 49 22	26 14 52	6 15 50	24 56 42	25 22 52	28 20 44	5 30 26
21 M	6 24 07	12 ♐ 10 55	18 11 02	12 20 05	23 28 48	25 07 21	4 17 27	13 25 15	26 30 33	6 26 49	25 11 07	25 37 55	28 34 07	5 42 07
22 Tu	7 35 07	24 22 23	0 ♑ 20 08	14 39 29	24 55 14	25 50 00	4 28 49	14 01 26	26 46 18	6 38 08	25 25 43	25 53 12	28 47 43	5 54 01
23 W	8 45 15	6 ♑ 28 39	12 24 51	16 57 19	26 20 51	26 31 57	4 39 02	14 36 51	27 01 03	6 48 45	25 39 26	26 07 37	29 00 29	6 05 04
24 Th	9 53 37	18 30 34	24 26 19	19 12 19	27 44 42	27 12 16	4 47 09	15 10 35	27 13 52	6 57 43	25 51 20	26 20 16	29 11 27	6 14 20
25 F	10 59 33	0 ♒ 29 53	6 ♒ 26 40	21 23 31	29 06 09	27 50 19	4 52 32	15 41 59	27 24 06	7 04 23	26 00 47	26 30 29	29 19 59	6 21 10
26 Sa	12 02 49	12 29 30	18 29 09	23 30 23	0 ♊ 24 57	28 25 50	4 54 57	16 10 49	27 31 32	7 08 31	26 07 32	26 38 01	29 25 52	6 25 21
27 Su	13 03 37	24 33 29	0 ♓ 38 11	25 32 49	1 41 19	28 59 03	4 54 36	16 37 16	27 36 20	7 10 20	26 11 48	26 43 06	29 29 17	6 27 04
28 M	14 02 37	6 ♓ 46 59	12 59 10	27 31 10	2 55 53	29 30 35	4 52 08	17 01 59	27 39 10	7 10 27	26 14 13	26 46 22	29 30 52	6 26 58
29 Tu	15 00 46	19 15 52	25 38 01	29 26 07	4 09 38	0 ♍ 01 25	4 48 30	17 25 57	27 40 60	7 09 52	26 15 45	26 48 46	29 31 37	6 26 01
30 W	15 59 13	2 ♈ 06 13	8 ♈ 40 38	1 ♋ 18 36	5 23 43	0 32 41	4 44 51	17 50 18	27 42 58	7 09 43	26 17 33	26 51 29	29 32 39	6 25 23

Notes

May 2008

LONGITUDE

Day	☉	0 hr ☽	Noon ☽	☿	♀	♂	⚵	⚳	♃	♄	⚷	♅	♆	♇
1 Th	16 ♊ 59 05	15 ♈ 23 31	22 ♈ 11 58	3 ♋ 09 29	6 ♊ 39 13	1 ♍ 05 31	4 ♒ 42 18	18 ♋ 16 08	27 ♒ 46 11	7 ♎ 11 06	26 ♓ 20 43	26 ♈ 55 35	29 ♓ 35 06	6 ♒ 26 08
2 F	18 01 11	29 11 42	6 ♉ 14 57	4 59 26	7 56 59	1 40 43	4 41 42	18 44 18	27 51 30	7 14 52	26 26 06	27 01 56	29 39 47	6 29 09
3 Sa	19 05 55	13 ♉ 31 58	20 49 18	6 48 37	9 17 23	2 18 40	4 43 23	19 15 10	27 59 15	7 21 22	26 34 04	27 10 52	29 47 04	6 34 46
4 Su	20 13 01	28 21 48	5 ♊ 50 45	8 36 42	10 40 12	2 59 08	4 47 09	19 48 30	28 09 13	7 30 24	26 44 22	27 22 12	29 56 45	6 42 47
5 M	21 21 42	13 ♊ 34 33	21 10 52	10 22 44	12 04 36	3 41 19	4 52 11	20 23 29	28 20 37	7 41 09	26 56 14	27 35 06	0 ♈ 07 60	6 52 23
6 Tu	22 30 46	28 59 50	6 ♋ 38 07	12 05 25	13 29 25	4 24 00	4 57 18	20 58 56	28 32 14	7 52 24	27 08 25	27 48 22	0 19 37	7 02 21
7 W	23 38 54	14 ♋ 25 16	21 59 53	13 43 19	14 53 18	5 05 53	5 01 10	21 33 30	28 42 44	8 02 51	27 19 38	28 00 41	0 30 17	7 11 23
8 Th	24 44 59	29 38 48	7 ♌ 04 54	15 15 18	16 15 10	5 45 51	5 02 43	22 06 08	28 51 02	8 11 23	27 28 47	28 10 57	0 38 55	7 18 24
9 F	25 48 26	14 ♌ 30 51	21 45 10	16 40 40	17 34 26	6 23 19	5 01 20	22 36 12	28 56 34	8 17 27	27 35 17	28 18 35	0 44 55	7 22 47
10 Sa	26 49 19	28 55 47	5 ♍ 56 47	17 59 24	18 51 08	6 58 20	4 57 05	23 03 46	28 59 21	8 21 03	27 39 09	28 23 38	0 48 20	7 24 35
11 Su	27 48 14	12 ♍ 51 59	19 39 40	19 12 05	20 05 54	7 31 30	4 50 35	23 29 27	29 00 01	8 22 50	27 41 02	28 26 43	0 49 48	7 24 27
12 M	28 46 14	26 21 08	2 ♎ 56 38	20 19 41	21 19 47	8 03 54	4 42 55	23 54 18	28 59 37	8 23 52	27 41 58	28 28 53	0 50 22	7 23 25
13 Tu	29 44 35	9 ♎ 27 04	15 52 06	21 23 22	22 34 01	8 36 44	4 35 17	24 19 33	28 59 23	8 25 20	27 43 12	28 31 22	0 51 14	7 22 43
14 W	0 ♋ 44 23	22 14 35	28 31 07	22 24 14	23 49 44	9 11 10	4 28 51	24 46 20	29 00 28	8 28 26	27 45 53	28 35 19	0 53 35	7 23 31
15 Th	1 46 33	4 ♏ 48 27	10 ♏ 58 24	23 23 04	25 07 50	9 48 03	4 24 31	25 15 33	29 03 44	8 33 60	27 50 52	28 41 36	0 58 17	7 26 39
16 F	2 51 30	17 12 51	23 17 53	24 20 17	26 28 45	10 27 51	4 22 42	25 47 38	29 09 39	8 42 29	27 58 37	28 50 41	1 05 46	7 32 36
17 Sa	3 59 13	29 30 55	5 ♐ 32 24	25 15 45	27 52 26	11 10 30	4 23 23	26 22 31	29 18 09	8 53 52	28 09 04	29 02 29	1 15 60	7 41 18
18 Su	5 09 10	11 ♐ 44 44	17 43 45	26 08 55	29 18 23	11 55 31	4 26 03	26 59 43	29 28 45	9 07 37	28 21 45	29 16 32	1 28 28	7 52 16
19 M	6 20 30	23 55 25	29 52 47	26 58 50	0 ♋ 45 44	12 42 00	4 29 51	27 38 22	29 40 33	9 22 52	28 35 45	29 31 55	1 42 18	8 04 36
20 Tu	7 32 07	6 ♑ 03 28	11 ♑ 59 52	27 44 21	2 13 23	13 28 52	4 33 41	28 17 21	29 52 28	9 38 32	28 49 60	29 47 35	1 56 25	8 17 14
21 W	8 42 52	18 09 05	24 05 12	28 24 18	3 40 12	14 14 59	4 36 26	28 55 33	0 ♓ 03 23	9 53 27	29 03 21	0 ♉ 02 23	2 09 40	8 29 01
22 Th	9 51 47	0 ♒ 12 42	6 ♒ 09 21	28 57 39	5 05 11	14 59 21	4 37 06	29 31 56	0 12 17	10 06 40	29 14 48	0 15 18	2 21 03	8 38 57
23 F	10 58 09	12 15 20	18 13 33	29 23 41	6 27 38	15 41 16	4 34 59	0 ♌ 05 51	0 18 28	10 17 26	29 23 40	0 25 39	2 29 52	8 46 21
24 Sa	12 01 40	24 18 55	0 ♓ 20 04	29 42 05	7 47 15	16 20 26	4 29 48	0 36 57	0 21 39	10 25 28	29 29 39	0 33 07	2 35 50	8 50 53
25 Su	13 02 29	6 ♓ 26 30	12 32 17	29 53 04	9 04 12	16 56 59	4 21 43	1 05 26	0 21 59	10 30 57	29 32 53	0 37 53	2 39 06	8 52 45
26 M	14 01 13	18 42 14	24 54 39	29 57 15	10 19 04	17 31 33	4 11 20	1 31 52	0 20 04	10 34 26	29 33 58	0 40 32	2 40 15	8 52 31
27 Tu	14 58 47	1 ♈ 11 12	7 ♈ 32 27	29 55 40	11 32 47	18 05 02	3 59 35	1 57 11	0 16 49	10 36 53	29 33 52	0 41 59	2 40 13	8 51 08
28 W	15 56 20	13 58 56	20 31 16	29 49 35	12 46 29	18 38 34	3 47 37	2 22 31	0 13 22	10 39 24	29 33 40	0 43 22	2 40 08	8 49 42
29 Th	16 54 56	27 10 55	3 ♉ 56 13	29 40 16	14 01 17	19 13 16	3 36 32	2 48 58	0 10 50	10 43 06	29 34 29	0 45 48	2 41 07	8 49 21
30 F	17 55 30	10 ♉ 51 32	17 50 59	29 28 49	15 18 02	19 50 01	3 27 14	3 17 25	0 10 06	10 48 52	29 37 12	0 50 09	2 44 01	8 50 57
31 Sa	18 58 27	25 03 02	2 ♊ 16 39	29 15 56	16 37 11	20 29 13	3 20 09	3 48 18	0 11 35	10 57 07	29 42 16	0 56 51	2 49 18	8 54 56

June 2008

LONGITUDE

Day	☉	0 hr ☽	Noon ☽	☿	♀	♂	⚵	⚳	♃	♄	⚷	♅	♆	♇
1 Su	20 ♋ 03 40	9 ♊ 44 31	17 ♊ 10 38	29 ♋ 01 50	17 ♋ 58 37	21 ♍ 10 47	3 ♒ 15 11	4 ♌ 21 29	0 ♓ 15 11	11 ♎ 07 45	29 ♓ 49 33	1 ♉ 05 47	2 ♈ 56 49	9 ♒ 01 11
2 M	21 10 28	24 51 05	2 ♋ 26 14	28 46 12	19 21 39	21 54 00	3 11 40	4 56 18	0 20 13	11 20 05	29 58 21	1 16 16	3 05 55	9 09 02
3 Tu	22 17 45	10 ♋ 13 54	17 53 06	28 28 22	20 45 12	22 37 49	3 08 31	5 31 39	0 25 36	11 33 00	0 ♈ 07 36	1 27 14	3 15 29	9 17 22
4 W	23 24 19	25 41 19	3 ♌ 18 54	28 07 35	22 08 01	23 20 59	3 04 31	6 06 19	0 30 06	11 45 19	0 16 05	1 37 25	3 24 18	9 24 59
5 Th	24 29 06	11 ♌ 00 56	18 31 31	27 43 17	23 29 05	24 02 27	2 58 39	6 39 15	0 32 41	11 55 57	0 22 44	1 45 48	3 31 19	9 30 50
6 F	25 31 29	26 01 54	3 ♍ 21 21	27 15 25	24 47 45	24 41 36	2 50 17	7 09 49	0 32 44	12 04 17	0 26 57	1 51 45	3 35 56	9 34 17
7 Sa	26 31 25	10 ♍ 36 44	17 42 37	26 44 29	26 03 59	25 18 23	2 39 24	7 37 59	0 30 11	12 10 17	0 28 39	1 55 14	3 38 05	9 35 18
8 Su	27 29 23	24 41 55	1 ♎ 33 32	26 11 32	27 18 16	25 53 18	2 26 29	8 04 14	0 25 33	12 14 26	0 28 22	1 56 43	3 38 15	9 34 21
9 M	28 26 17	8 ♎ 17 42	14 55 41	25 38 03	28 31 33	26 27 12	2 12 27	8 29 26	0 19 43	12 17 36	0 26 57	1 57 05	3 37 20	9 32 21
10 Tu	29 23 09	21 26 57	27 52 55	25 05 39	29 44 45	27 01 11	1 58 22	8 54 40	0 13 45	12 20 52	0 25 29	1 57 25	3 36 23	9 30 20
11 W	0 ♌ 21 02	4 ♏ 14 10	10 ♏ 30 10	24 35 53	0 ♌ 59 00	27 36 14	1 45 16	9 20 56	0 08 39	12 25 14	0 24 58	1 58 43	3 36 25	9 29 20
12 Th	1 20 43	16 44 22	22 52 38	24 10 04	2 15 03	28 13 09	1 33 56	9 49 02	0 05 14	12 31 30	0 26 12	2 01 47	3 38 15	9 30 08
13 F	2 22 36	29 02 25	5 ♐ 05 04	23 49 05	3 33 20	28 52 22	1 24 49	10 19 23	0 03 55	12 40 04	0 29 36	2 07 01	3 42 16	9 33 10
14 Sa	3 26 43	11 ♐ 12 27	17 11 24	23 33 23	4 53 51	29 33 53	1 17 57	10 51 59	0 04 43	12 50 59	0 35 12	2 14 28	3 48 30	9 38 27
15 Su	4 32 41	23 17 47	29 14 37	23 22 57	6 16 14	0 ♎ 17 19	1 12 58	11 26 29	0 07 16	13 03 50	0 42 36	2 23 43	3 56 34	9 45 35
16 M	5 39 48	5 ♑ 20 45	11 ♑ 16 47	23 17 25	7 39 48	1 01 59	1 09 10	12 02 10	0 10 51	13 17 56	0 51 06	2 34 06	4 05 47	9 53 53
17 Tu	6 47 13	17 22 58	23 19 14	23 16 12	9 03 39	1 46 60	1 05 41	12 38 09	0 14 38	13 32 25	0 59 51	2 44 44	4 15 16	10 02 29
18 W	7 53 60	29 25 29	5 ♒ 22 50	23 18 36	10 26 53	2 31 27	1 01 39	13 13 33	0 17 41	13 46 21	1 07 56	2 54 42	4 24 06	10 10 27
19 Th	8 59 21	11 ♒ 29 08	17 28 22	23 23 59	11 48 42	3 14 32	0 56 15	13 47 33	0 19 12	13 58 57	1 14 32	3 03 11	4 31 29	10 17 00
20 F	10 02 42	23 34 55	29 36 48	23 31 54	13 08 31	3 55 42	0 48 56	14 19 34	0 18 37	14 09 38	1 19 05	3 09 39	4 36 51	10 21 34
21 Sa	11 03 48	5 ♓ 44 13	11 ♓ 49 42	23 42 12	14 26 06	4 34 39	0 39 26	14 49 21	0 15 42	14 18 09	1 21 20	3 13 48	4 39 56	10 23 53
22 Su	12 02 44	17 59 05	24 09 17	23 55 02	15 41 31	5 11 31	0 27 53	15 16 59	0 10 31	14 24 35	1 21 22	3 15 45	4 40 50	10 24 02
23 M	12 59 57	0 ♈ 22 20	6 ♈ 38 38	24 10 51	16 55 13	5 46 42	0 14 43	15 42 55	0 03 32	14 29 21	1 19 37	3 15 56	4 39 59	10 22 28
24 Tu	13 56 07	12 57 30	19 21 26	24 30 21	18 07 53	6 20 55	0 00 39	16 07 50	29 ♒ 55 25	14 33 11	1 16 48	3 15 02	4 38 05	10 19 52
25 W	14 52 06	25 48 35	2 ♉ 21 47	24 54 21	19 20 22	6 54 60	29 ♑ 46 30	16 32 34	29 47 03	14 36 53	1 13 44	3 13 53	4 35 57	10 17 05
26 Th	15 48 44	8 ♉ 59 38	15 43 36	25 23 41	20 33 31	7 29 47	29 33 09	16 57 59	29 39 14	14 41 19	1 11 15	3 13 21	4 34 27	10 14 56
27 F	16 46 41	22 34 06	29 29 51	25 58 57	21 47 58	8 05 56	29 21 16	17 24 43	29 32 41	14 47 08	1 10 03	3 14 05	4 34 14	10 14 07
28 Sa	17 46 19	6 ♊ 34 03	13 ♊ 41 47	26 40 28	23 04 07	8 43 50	29 11 14	17 53 08	29 27 44	14 54 42	1 10 28	3 16 26	4 35 41	10 14 59
29 Su	18 47 35	20 59 17	28 18 00	27 28 09	24 21 54	9 23 25	29 03 00	18 23 13	29 24 21	15 03 58	1 12 29	3 20 23	4 38 44	10 17 30
30 M	19 50 03	5 ♋ 46 40	13 ♋ 13 58	28 21 29	25 40 54	10 04 16	28 56 10	18 54 30	29 22 08	15 14 31	1 15 38	3 25 30	4 42 58	10 21 13

Notes

LONGITUDE

July 2008

Day	☉	0 hr ☽	Noon ☽	☿	♀	♂	⚵	⚳	♃	♄	⚷	♅	♆	♇
1 Tu	20 ♌ 53 00	20 ♋ 49 57	28 ♋ 22 06	29 ♋ 19 41	27 ♌ 00 22	10 ♎ 45 39	28 ♑ 50 00	19 ♌ 26 17	29 ♒ 20 20	15 ♎ 25 36	1 ♈ 19 14	3 ♉ 31 01	4 ♈ 47 39	10 ♒ 25 25
2 W	21 55 35	6 ♌ 00 18	13 ♌ 32 39	0 ♌ 21 52	28 19 28	11 26 43	28 43 41	19 57 42	29 18 07	15 36 23	1 22 24	3 36 08	4 51 56	10 29 15
3 Th	22 57 04	21 07 31	28 35 16	1 27 13	29 37 29	12 06 44	28 36 28	20 28 01	29 14 46	15 46 08	1 24 25	3 40 06	4 55 06	10 31 59
4 F	23 56 58	6 ♍ 01 47	13 ♍ 20 48	2 35 13	0 ♍ 53 55	12 45 14	28 27 55	20 56 47	29 09 48	15 54 23	1 24 50	3 42 26	4 56 40	10 33 09
5 Sa	24 55 12	20 35 15	27 42 35	3 45 42	2 08 40	13 22 07	28 17 56	21 23 52	29 03 08	16 01 01	1 23 31	3 43 04	4 56 32	10 32 40
6 Su	25 52 00	4 ♎ 42 60	11 ♎ 37 08	4 58 53	3 22 01	13 57 38	28 06 46	21 49 33	28 55 02	16 06 17	1 20 44	3 42 13	4 54 57	10 30 45
7 M	26 47 55	18 23 15	25 04 03	6 15 14	4 34 28	14 32 18	27 54 58	22 14 20	28 46 01	16 10 44	1 17 02	3 40 26	4 52 28	10 27 58
8 Tu	27 43 35	1 ♏ 36 58	8 ♏ 05 23	7 35 21	5 46 41	15 06 48	27 43 12	22 38 54	28 36 46	16 15 00	1 13 03	3 38 22	4 49 43	10 24 58
9 W	28 39 41	14 27 04	20 44 46	8 59 49	6 59 19	15 41 45	27 32 07	23 03 53	28 27 55	16 19 45	1 09 26	3 36 40	4 47 22	10 22 22
10 Th	29 36 41	26 57 40	3 ♐ 06 44	10 29 04	8 12 53	16 17 41	27 22 14	23 29 47	28 19 59	16 25 28	1 06 43	3 35 51	4 45 56	10 20 43
11 F	0 ♍ 34 55	9 ♐ 13 20	15 15 59	12 03 20	9 27 39	16 54 53	27 13 52	23 56 55	28 13 18	16 32 29	1 05 10	3 36 12	4 45 41	10 20 18
12 Sa	1 34 25	21 18 35	27 17 03	13 42 35	10 43 42	17 33 25	27 07 03	24 25 20	28 07 53	16 40 49	1 04 52	3 37 47	4 46 41	10 21 10
13 Su	2 34 60	3 ♑ 17 35	9 ♑ 13 55	15 26 29	12 00 49	18 13 04	27 01 36	24 54 49	28 03 34	16 50 16	1 05 36	3 40 24	4 48 45	10 23 08
14 M	3 36 17	15 13 57	21 09 57	17 14 34	13 18 39	18 53 28	26 57 10	25 25 00	27 59 59	17 00 30	1 07 00	3 43 40	4 51 30	10 25 48
15 Tu	4 37 48	27 10 41	3 ♒ 07 54	19 06 11	14 36 43	19 34 10	26 53 16	25 55 26	27 56 40	17 11 01	1 08 36	3 47 08	4 54 28	10 28 43
16 W	5 39 04	9 ♒ 10 15	15 09 57	21 00 41	15 54 30	20 14 38	26 49 25	26 25 35	27 53 06	17 21 18	1 09 55	3 50 17	4 57 09	10 31 23
17 Th	6 39 38	21 14 37	27 17 47	22 57 24	17 11 36	20 54 27	26 45 10	26 55 03	27 48 53	17 30 57	1 10 29	3 52 42	4 59 07	10 33 22
18 F	7 39 12	3 ♓ 25 22	9 ♓ 32 51	24 55 48	18 27 42	21 33 19	26 40 15	27 23 31	27 43 43	17 39 40	1 10 02	3 54 04	5 00 05	10 34 23
19 Sa	8 37 39	15 43 58	21 56 26	26 55 32	19 42 40	22 11 07	26 34 32	27 50 51	27 37 28	17 47 17	1 08 26	3 54 16	4 59 53	10 34 16
20 Su	9 35 03	28 11 47	4 ♈ 29 52	28 56 20	20 56 34	22 47 53	26 28 03	28 17 07	27 30 12	17 53 53	1 05 43	3 53 21	4 58 37	10 33 06
21 M	10 31 36	10 ♈ 50 18	17 14 38	0 ♍ 58 09	22 09 37	23 23 51	26 21 03	28 42 31	27 22 08	17 59 41	1 02 08	3 51 32	4 56 28	10 31 06
22 Tu	11 27 39	23 41 07	0 ♉ 12 21	3 00 58	23 22 09	23 59 22	26 13 53	29 07 25	27 13 37	18 05 00	0 58 01	3 49 10	4 53 48	10 28 36
23 W	12 23 35	6 ♉ 45 57	13 24 44	5 04 54	24 34 35	24 34 48	26 06 55	29 32 12	27 05 04	18 10 16	0 53 45	3 46 39	4 50 60	10 26 00
24 Th	13 19 49	20 06 26	26 53 19	7 09 58	25 47 16	25 10 33	26 00 33	29 57 14	26 56 50	18 15 50	0 49 43	3 44 21	4 48 26	10 23 41
25 F	14 16 35	3 ♊ 43 51	10 ♊ 39 08	9 16 10	27 00 30	25 46 54	25 55 04	0 ♍ 22 49	26 49 14	18 21 59	0 46 13	3 42 33	4 46 25	10 21 56
26 Sa	15 14 04	17 38 46	24 42 19	11 23 18	28 14 24	26 23 59	25 50 35	0 49 04	26 42 23	18 28 51	0 43 21	3 41 23	4 45 03	10 20 52
27 Su	16 12 12	1 ♋ 50 33	9 ♋ 01 35	13 31 03	29 28 58	27 01 45	25 47 06	1 15 57	26 36 16	18 36 24	0 41 07	3 40 49	4 44 19	10 20 28
28 M	17 10 48	16 17 04	23 34 01	15 38 60	0 ♎ 43 58	27 40 01	25 44 25	1 43 17	26 30 42	18 44 27	0 39 20	3 40 40	4 44 02	10 20 33
29 Tu	18 09 35	0 ♌ 54 28	8 ♌ 14 54	17 46 36	1 59 10	28 18 32	25 42 14	2 10 48	26 25 25	18 52 43	0 37 42	3 40 40	4 43 55	10 20 49
30 W	19 08 17	15 37 16	22 58 09	19 53 22	3 14 14	28 56 58	25 40 18	2 38 11	26 20 07	19 00 54	0 35 55	3 40 30	4 43 40	10 20 59
31 Th	20 06 39	0 ♍ 18 57	7 ♍ 36 54	21 58 55	4 28 58	29 35 07	25 38 21	3 05 13	26 14 34	19 08 47	0 33 48	3 39 57	4 43 03	10 20 50

LONGITUDE

August 2008

Day	☉	0 hr ☽	Noon ☽	☿	♀	♂	⚵	⚳	♃	♄	⚷	♅	♆	♇
1 F	21 ♍ 04 34	14 ♍ 52 40	22 ♍ 04 29	24 ♍ 02 56	5 ♎ 43 14	0 ♏ 12 51	25 ♑ 36 18	3 ♍ 31 46	26 ♒ 08 40	19 ♎ 16 14	0 ♈ 31 11	3 ♉ 38 54	4 ♈ 41 58	10 ♒ 20 15
2 Sa	22 02 02	29 12 11	6 ♎ 15 11	26 05 19	6 57 01	0 50 10	25 34 07	3 57 51	26 02 25	19 23 15	0 28 06	3 37 20	4 40 25	10 19 12
3 Su	22 59 09	13 ♎ 12 41	20 05 01	28 06 05	8 10 27	1 27 10	25 31 55	4 23 33	25 55 56	19 29 56	0 24 38	3 35 23	4 38 30	10 17 50
4 M	23 56 05	26 51 09	3 ♏ 32 01	0 ♎ 05 17	9 23 41	2 04 02	25 29 53	4 49 03	25 49 23	19 36 28	0 20 58	3 33 12	4 36 22	10 16 17
5 Tu	24 52 60	10 ♏ 06 36	16 36 09	2 03 04	10 36 53	2 40 55	25 28 09	5 14 30	25 42 55	19 42 60	0 17 17	3 30 58	4 34 12	10 14 43
6 W	25 50 02	22 59 53	29 19 02	3 59 29	11 50 11	3 17 57	25 26 53	5 40 03	25 36 42	19 49 40	0 13 40	3 28 47	4 32 08	10 13 18
7 Th	26 47 15	5 ♐ 33 17	11 ♐ 43 37	5 54 35	13 03 40	3 55 12	25 26 07	6 05 45	25 30 48	19 56 32	0 10 14	3 26 45	4 30 15	10 12 04
8 F	27 44 40	17 50 10	23 53 40	7 48 21	14 17 18	4 32 41	25 25 53	6 31 37	25 25 12	20 03 36	0 06 59	3 24 51	4 28 31	10 11 02
9 Sa	28 42 12	29 54 35	5 ♑ 53 27	9 40 42	15 31 03	5 10 20	25 26 05	6 57 35	25 19 53	20 10 49	0 03 50	3 23 03	4 26 54	10 10 09
10 Su	29 39 47	11 ♑ 50 53	17 47 24	11 31 34	16 44 49	5 48 03	25 26 40	7 23 34	25 14 43	20 18 06	0 00 43	3 21 14	4 25 19	10 09 19
11 M	0 ♎ 37 20	23 43 33	29 39 55	13 20 51	17 58 31	6 25 46	25 27 32	7 49 28	25 09 40	20 25 20	29 ♓ 57 32	3 19 21	4 23 40	10 08 27
12 Tu	1 34 46	5 ♒ 36 52	11 ♒ 35 09	15 08 31	19 12 07	7 03 25	25 28 37	8 15 15	25 04 39	20 32 29	29 54 15	3 17 19	4 21 55	10 07 30
13 W	2 32 07	17 34 51	23 36 53	16 54 33	20 25 35	7 41 01	25 29 55	8 40 54	24 59 40	20 39 33	29 50 52	3 15 08	4 20 02	10 06 27
14 Th	3 29 26	29 41 03	5 ♓ 48 18	18 39 02	21 38 59	8 18 35	25 31 29	9 06 27	24 54 48	20 46 35	29 47 25	3 12 52	4 18 06	10 05 23
15 F	4 26 47	11 ♓ 58 22	18 12 00	20 22 04	22 52 25	8 56 14	25 33 24	9 32 02	24 50 07	20 53 40	29 44 00	3 10 37	4 16 12	10 04 22
16 Sa	5 24 20	24 29 02	0 ♈ 49 48	22 03 47	24 06 00	9 34 06	25 35 49	9 57 46	24 45 45	21 00 56	29 40 46	3 08 29	4 14 27	10 03 33
17 Su	6 22 10	7 ♈ 14 26	13 42 40	23 44 18	25 19 51	10 12 18	25 38 49	10 23 44	24 41 50	21 08 29	29 37 48	3 06 37	4 12 59	10 03 02
18 M	7 20 22	20 15 10	26 50 50	25 23 44	26 34 02	10 50 53	25 42 29	10 50 02	24 38 26	21 16 24	29 35 12	3 05 03	4 11 52	10 02 53
19 Tu	8 18 55	3 ♉ 30 58	10 ♉ 13 45	27 02 03	27 48 33	11 29 50	25 46 48	11 16 39	24 35 32	21 24 40	29 32 56	3 03 48	4 11 05	10 03 05
20 W	9 17 44	17 00 56	23 50 12	28 39 11	29 03 17	12 09 05	25 51 40	11 43 28	24 33 02	21 33 12	29 30 55	3 02 46	4 10 32	10 03 33
21 Th	10 16 38	0 ♊ 43 35	7 ♊ 38 35	0 ♏ 14 56	0 ♏ 18 04	12 48 27	25 56 54	12 10 19	24 30 46	21 41 47	29 28 58	3 01 46	4 10 02	10 04 06
22 F	11 15 23	14 37 05	21 36 56	1 49 06	1 32 41	13 27 40	26 02 15	12 36 58	24 28 29	21 50 13	29 26 51	3 00 33	4 09 22	10 04 30
23 Sa	12 13 45	28 39 24	5 ♋ 43 08	3 21 26	2 46 52	14 06 32	26 07 30	13 03 12	24 25 59	21 58 15	29 24 21	2 58 56	4 08 18	10 04 32
24 Su	13 11 36	12 ♋ 48 26	19 55 01	4 51 48	4 00 30	14 44 55	26 12 30	13 28 51	24 23 07	22 05 44	29 21 19	2 56 43	4 06 41	10 04 02
25 M	14 08 54	27 02 01	4 ♌ 10 16	6 20 11	5 13 34	15 22 46	26 17 15	13 53 54	24 19 51	22 12 41	29 17 44	2 53 56	4 04 30	10 03 00
26 Tu	15 05 49	11 ♌ 17 51	18 26 26	7 46 42	6 26 12	16 00 15	26 21 51	14 18 30	24 16 21	22 19 12	29 13 44	2 50 42	4 01 54	10 01 34
27 W	16 02 37	25 33 28	2 ♍ 40 50	9 11 37	7 38 41	16 37 39	26 26 36	14 42 55	24 12 52	22 25 35	29 09 37	2 47 18	3 59 10	10 00 01
28 Th	16 59 39	9 ♍ 46 02	16 50 29	10 35 17	8 51 22	17 15 18	26 31 52	15 07 31	24 09 48	22 32 18	29 05 44	2 44 05	3 56 39	9 58 42
29 F	17 57 18	23 52 27	0 ♎ 52 11	11 58 03	10 04 37	17 53 36	26 38 00	15 32 40	24 07 30	22 39 24	29 02 28	2 41 27	3 54 43	9 58 01
30 Sa	18 55 51	7 ♎ 49 27	14 42 46	13 20 09	11 18 45	18 32 49	26 45 18	15 58 40	24 06 16	22 47 28	29 00 05	2 39 41	3 53 40	9 58 13
31 Su	19 55 26	21 33 51	28 19 18	14 41 42	12 33 52	19 13 05	26 53 53	16 25 38	24 06 14	22 56 34	28 58 44	2 38 53	3 53 38	9 59 28

Notes

September 2008 — LONGITUDE

Day	☉	0 hr ☽	Noon ☽	☿	♀	♂	⚵	⚳	♃	♄	⚷	♅	♆	♇
1 M	20 ♎ 55 60	5 ♏ 02 55	11 ♏ 39 32	16 ♏ 02 36	13 ♏ 49 56	19 ♏ 54 22	27 ♑ 03 42	16 ♍ 53 31	24 ♒ 07 19	23 ♎ 06 36	28 ♓ 58 22	2 ♉ 39 03	3 ♈ 54 34	10 ♒ 01 42
2 Tu	21 57 17	18 14 44	24 42 07	17 22 34	15 06 42	20 36 24	27 14 30	17 22 04	24 09 19	23 17 21	28 58 44	2 39 53	3 56 13	10 04 39
3 W	22 58 55	1 ♐ 08 27	7 ♐ 26 51	18 41 08	16 23 46	21 18 48	27 25 53	17 50 54	24 11 49	23 28 25	28 59 27	2 41 02	3 58 11	10 07 58
4 Th	24 00 26	13 44 24	19 54 43	19 57 46	17 40 40	22 01 06	27 37 23	18 19 33	24 14 22	23 39 20	29 00 03	2 42 02	4 00 01	10 11 09
5 F	25 01 22	26 04 14	2 ♑ 07 53	21 11 57	18 56 57	22 42 51	27 48 34	18 47 33	24 16 30	23 49 39	29 00 04	2 42 25	4 01 16	10 13 47
6 Sa	26 01 22	8 ♑ 10 42	14 09 36	22 23 15	20 12 17	23 23 42	27 59 03	19 14 33	24 17 53	23 59 00	28 59 11	2 41 50	4 01 34	10 15 29
7 Su	27 00 15	20 07 35	26 03 55	23 31 23	21 26 27	24 03 28	28 08 40	19 40 23	24 18 19	24 07 14	28 57 11	2 40 07	4 00 45	10 16 04
8 M	27 58 04	1 ♒ 59 25	7 ♒ 55 34	24 36 16	22 39 30	24 42 11	28 17 26	20 05 05	24 17 51	24 14 21	28 54 08	2 37 18	3 58 51	10 15 36
9 Tu	28 55 03	13 51 15	19 49 39	25 38 01	23 51 41	25 20 05	28 25 35	20 28 52	24 16 43	24 20 36	28 50 15	2 33 36	3 56 06	10 14 18
10 W	29 51 39	25 48 22	1 ♓ 51 22	26 36 57	25 03 26	25 57 37	28 33 35	20 52 11	24 15 20	24 26 25	28 45 59	2 29 29	3 52 57	10 12 36
11 Th	0 ♏ 48 23	7 ♓ 55 55	14 05 39	27 33 28	26 15 17	26 35 19	28 41 56	21 15 35	24 14 17	24 32 22	28 41 54	2 25 30	3 49 56	10 11 04
12 F	1 45 52	20 18 33	26 36 45	28 27 58	27 27 51	27 13 47	28 51 15	21 39 38	24 14 08	24 39 01	28 38 33	2 22 13	3 47 39	10 10 16
13 Sa	2 44 35	3 ♈ 00 00	9 ♈ 27 51	29 20 46	28 41 36	27 53 31	29 02 01	22 04 52	24 15 24	24 46 52	28 36 28	2 20 09	3 46 36	10 10 44
14 Su	3 44 53	16 02 37	22 40 36	0 ♐ 11 59	29 56 52	28 34 51	29 14 34	22 31 36	24 18 23	24 56 15	28 35 58	2 19 38	3 47 06	10 12 46
15 M	4 46 48	29 27 03	6 ♉ 14 49	1 01 28	1 ♐ 13 44	29 17 50	29 28 57	22 59 52	24 23 10	25 07 14	28 37 06	2 20 43	3 49 14	10 16 25
16 Tu	5 50 06	13 ♉ 11 56	20 08 21	1 48 42	2 31 56	0 ♐ 02 13	29 44 55	23 29 27	24 29 30	25 19 33	28 39 39	2 23 09	3 52 44	10 21 28
17 W	6 54 16	27 14 04	4 ♊ 17 16	2 32 53	3 50 56	0 47 28	0 ♒ 01 56	23 59 48	24 36 50	25 32 40	28 43 03	2 26 24	3 57 04	10 27 22
18 Th	7 58 33	11 ♊ 28 43	18 36 22	3 12 58	5 10 01	1 32 52	0 19 15	24 30 11	24 44 26	25 45 52	28 46 35	2 29 45	4 01 31	10 33 23
19 F	9 02 10	25 50 22	3 ♋ 00 02	3 47 53	6 28 23	2 17 37	0 36 06	24 59 49	24 51 32	25 58 21	28 49 28	2 32 25	4 05 16	10 38 44
20 Sa	10 04 29	10 ♋ 13 33	17 23 01	4 16 36	7 45 23	3 01 04	0 51 49	25 28 03	24 57 28	26 09 27	28 51 03	2 33 43	4 07 43	10 42 46
21 Su	11 05 07	24 33 41	1 ♌ 41 13	4 38 26	9 00 40	3 42 53	1 06 02	25 54 31	25 01 53	26 18 51	28 50 59	2 33 20	4 08 28	10 45 07
22 M	12 04 09	8 ♌ 47 36	15 51 58	4 53 03	10 14 17	4 23 05	1 18 50	26 19 17	25 04 50	26 26 35	28 49 19	2 31 19	4 07 35	10 45 52
23 Tu	13 02 01	22 53 34	29 54 01	5 00 30	11 26 42	5 02 09	1 30 38	26 42 47	25 06 46	26 33 05	28 46 29	2 28 06	4 05 32	10 45 26
24 W	13 59 29	6 ♍ 51 03	13 ♍ 47 11	5 01 11	12 38 39	5 40 51	1 42 13	27 05 48	25 08 28	26 39 09	28 43 17	2 24 28	4 03 04	10 44 37
25 Th	14 57 29	20 40 13	27 31 43	4 55 39	13 51 06	6 20 05	1 54 29	27 29 13	25 10 49	26 45 40	28 40 37	2 21 19	4 01 07	10 44 18
26 F	15 56 52	4 ♎ 21 20	11 ♎ 07 53	4 44 27	15 04 52	7 00 43	2 08 19	27 53 57	25 14 43	26 53 31	28 39 22	2 19 33	4 00 32	10 45 23
27 Sa	16 58 18	17 54 20	24 35 27	4 27 57	16 20 39	7 43 25	2 24 22	28 20 36	25 20 48	27 03 21	28 40 10	2 19 47	4 01 60	10 48 30
28 Su	18 02 03	1 ♏ 18 30	7 ♏ 53 40	4 06 16	17 38 42	8 28 28	2 42 54	28 49 30	25 29 22	27 15 27	28 43 20	2 22 21	4 05 46	10 53 56
29 M	19 08 01	14 32 38	21 01 16	3 39 15	18 58 54	9 15 45	3 03 48	29 20 29	25 40 17	27 29 42	28 48 43	2 27 05	4 11 44	11 01 35
30 Tu	20 15 42	27 35 10	3 ♐ 56 53	3 06 29	20 20 46	10 04 45	3 26 34	29 53 04	25 53 03	27 45 36	28 55 49	2 33 31	4 19 24	11 10 56

October 2008 — LONGITUDE

Day	☉	0 hr ☽	Noon ☽	☿	♀	♂	⚵	⚳	♃	♄	⚷	♅	♆	♇
1 W	21 ♏ 24 16	10 ♐ 24 39	16 ♐ 39 23	2 ♐ 27 29	21 ♐ 43 29	10 ♐ 54 41	3 ♒ 50 24	0 ♎ 26 28	26 ♒ 06 52	28 ♎ 02 20	29 ♓ 03 52	2 ♉ 40 50	4 ♈ 27 58	11 ♒ 21 11
2 Th	22 32 48	23 00 12	29 08 18	1 41 54	23 06 07	11 44 36	4 14 21	0 59 42	26 20 47	28 18 57	29 11 53	2 48 06	4 36 29	11 31 23
3 F	23 40 23	5 ♑ 21 53	11 ♑ 24 13	0 49 37	24 27 44	12 33 34	4 37 29	1 31 52	26 33 53	28 34 34	29 18 58	2 54 24	4 44 02	11 40 38
4 Sa	24 46 15	17 30 55	23 28 52	29 ♏ 51 01	25 47 35	13 20 51	4 59 04	2 02 13	26 45 25	28 48 24	29 24 23	2 58 58	4 49 53	11 48 11
5 Su	25 49 59	29 29 54	5 ♒ 25 19	28 47 05	27 05 16	14 06 02	5 18 40	2 30 19	26 54 58	29 00 03	29 27 42	3 01 24	4 53 35	11 53 35
6 M	26 51 33	11 ♒ 22 40	17 17 46	27 39 25	28 20 43	14 49 03	5 36 14	2 56 09	27 02 29	29 09 27	29 28 52	3 01 40	4 55 07	11 56 50
7 Tu	27 51 18	23 14 11	29 11 28	26 30 11	29 34 19	15 30 18	5 52 09	3 20 03	27 08 20	29 16 59	29 28 15	3 00 06	4 54 51	11 58 16
8 W	28 49 56	5 ♓ 10 15	11 ♓ 12 21	25 22 02	0 ♑ 46 45	16 10 27	6 07 05	3 42 43	27 13 12	29 23 20	29 26 34	2 57 25	4 53 27	11 58 35
9 Th	29 48 24	17 17 05	23 26 38	24 17 49	1 58 56	16 50 26	6 21 58	4 05 05	27 18 02	29 29 26	29 24 43	2 54 33	4 51 53	11 58 43
10 F	0 ♐ 47 41	29 40 51	6 ♈ 00 14	23 20 21	3 11 54	17 31 17	6 37 50	4 28 10	27 23 49	29 36 17	29 23 44	2 52 31	4 51 08	11 59 41
11 Sa	1 48 43	12 ♈ 27 01	18 58 07	22 32 12	4 26 33	18 13 53	6 55 34	4 52 52	27 31 28	29 44 49	29 24 32	2 52 13	4 52 07	12 02 23
12 Su	2 52 06	25 39 36	2 ♉ 23 30	21 55 18	5 43 30	18 58 52	7 15 47	5 19 48	27 41 37	29 55 38	29 27 42	2 54 16	4 55 28	12 07 26
13 M	3 58 02	9 ♉ 20 26	16 17 06	21 30 55	7 02 57	19 46 26	7 38 40	5 49 09	27 54 27	0 ♏ 08 55	29 33 28	2 58 51	5 01 22	12 15 03
14 Tu	5 06 12	23 28 29	0 ♊ 36 34	21 19 23	8 24 35	20 36 14	8 03 56	6 20 37	28 09 38	0 24 22	29 41 30	3 05 41	5 09 30	12 24 53
15 W	6 15 49	7 ♊ 59 35	15 16 23	21 20 16	9 47 35	21 27 31	8 30 44	6 53 23	28 26 22	0 41 11	29 50 59	3 13 57	5 19 04	12 36 09
16 Th	7 25 44	22 46 40	0 ♋ 08 33	21 32 29	11 10 50	22 19 06	8 57 59	7 26 20	28 43 33	0 58 13	0 ♈ 00 49	3 22 31	5 28 56	12 47 44
17 F	8 34 44	7 ♋ 40 54	15 03 46	21 54 35	12 33 06	23 09 48	9 24 25	7 58 14	28 59 55	1 14 15	0 09 46	3 30 10	5 37 53	12 58 23
18 Sa	9 41 48	22 33 10	29 53 13	22 25 05	13 53 22	23 58 35	9 49 01	8 28 02	29 14 27	1 28 16	0 16 47	3 35 52	5 44 53	13 07 05
19 Su	10 46 21	7 ♌ 15 40	14 ♌ 29 59	23 02 50	15 11 05	24 44 53	10 11 14	8 55 12	29 26 37	1 39 41	0 21 21	3 39 04	5 49 23	13 13 16
20 M	11 48 27	21 43 08	28 49 53	23 47 08	16 26 16	25 28 44	10 31 05	9 19 46	29 36 25	1 48 34	0 23 28	3 39 47	5 51 24	13 16 59
21 Tu	12 48 44	5 ♍ 53 08	12 ♍ 51 37	24 37 48	17 39 34	26 10 47	10 49 13	9 42 21	29 44 30	1 55 31	0 23 47	3 38 41	5 51 36	13 18 52
22 W	13 48 14	19 45 47	26 36 08	25 35 06	18 52 02	26 52 05	11 06 42	10 04 01	29 51 57	2 01 38	0 23 23	3 36 50	5 51 02	13 19 58
23 Th	14 48 17	3 ♎ 22 56	10 ♎ 05 46	26 39 29	20 04 59	27 33 56	11 24 49	10 26 04	0 ♓ 00 01	2 08 11	0 23 31	3 35 29	5 50 59	13 21 36
24 F	15 50 03	16 47 07	23 23 13	27 51 20	21 19 35	28 17 32	11 44 45	10 49 41	0 09 55	2 16 21	0 25 25	3 35 52	5 52 39	13 24 56
25 Sa	16 54 27	0 ♏ 00 49	6 ♏ 30 52	29 10 49	22 36 46	29 03 47	12 07 26	11 15 46	0 22 34	2 27 05	0 29 60	3 38 54	5 56 58	13 30 54
26 Su	18 01 56	13 05 44	19 30 15	0 ♐ 37 40	23 56 58	29 53 08	12 33 16	11 44 46	0 38 23	2 40 47	0 37 40	3 45 00	6 04 20	13 39 56
27 M	19 12 22	26 02 39	2 ♐ 21 53	2 11 06	25 20 03	0 ♑ 45 27	13 02 10	12 16 34	0 57 16	2 57 21	0 48 19	3 54 04	6 14 40	13 51 55
28 Tu	20 25 09	8 ♐ 51 22	15 05 26	3 49 57	26 45 24	1 40 08	13 33 30	12 50 32	1 18 35	3 16 10	1 01 21	4 05 28	6 27 20	14 06 13
29 W	21 39 14	21 31 05	27 40 03	5 32 40	28 12 02	2 36 10	14 06 16	13 25 40	1 41 20	3 36 12	1 15 44	4 18 13	6 41 20	14 21 51
30 Th	22 53 27	4 ♑ 00 47	10 ♑ 04 55	7 17 36	29 38 42	3 32 20	14 39 13	14 00 44	2 04 18	3 56 16	1 30 16	4 31 05	6 55 27	14 37 34
31 F	24 06 34	16 19 52	22 19 39	9 03 08	1 ♒ 04 13	4 27 26	15 11 11	14 34 32	2 26 16	4 15 08	1 43 44	4 42 51	7 08 28	14 52 12

Notes

LONGITUDE — November 2008

Day	☉	0 hr ☽	Noon ☽	☿	♀	♂	⚵	⚳	♃	♄	⚷	♅	♆	♇
1 Sa	25 ♐ 17 35	28 ♑ 28 33	4 ♒ 24 54	10 ♐ 47 57	2 ♒ 27 35	5 ♑ 20 28	15 ♒ 41 08	15 ♎ 06 04	2 ♓ 46 14	4 ♏ 31 49	1 ♈ 55 09	4 ♉ 52 33	7 ♈ 19 23	15 ♒ 04 44
2 Su	26 25 52	10 ♒ 28 14	16 22 30	12 31 07	3 48 08	6 10 47	16 08 27	15 34 42	3 03 34	4 45 40	2 03 53	4 59 31	7 27 35	15 14 31
3 M	27 31 16	22 21 40	28 15 40	14 12 13	5 05 45	6 58 14	16 32 58	16 00 16	3 18 07	4 56 32	2 09 45	5 03 37	7 32 54	15 21 25
4 Tu	28 34 05	4 ♓ 13 00	10 ♓ 08 55	15 51 22	6 20 42	7 43 09	16 54 60	16 23 05	3 30 11	5 04 44	2 13 05	5 05 10	7 35 39	15 25 44
5 W	29 35 06	16 07 35	22 07 57	17 29 08	7 33 47	8 26 15	17 15 18	16 43 53	3 40 32	5 11 01	2 14 38	5 04 55	7 36 36	15 28 13
6 Th	0 ♑ 35 20	28 11 39	4 ♈ 19 13	19 06 27	8 46 02	9 08 38	17 34 55	17 03 45	3 50 13	5 16 27	2 15 28	5 03 55	7 36 47	15 29 57
7 F	1 36 01	10 ♈ 31 53	16 49 22	20 44 22	9 58 40	9 51 29	17 55 04	17 23 53	4 00 26	5 22 13	2 16 47	5 03 23	7 37 25	15 32 07
8 Sa	2 38 16	23 14 46	29 44 37	22 23 55	11 12 46	10 35 56	18 16 52	17 45 23	4 12 18	5 29 27	2 19 42	5 04 26	7 39 38	15 35 51
9 Su	3 42 55	6 ♉ 25 47	13 ♉ 09 50	24 05 52	12 29 12	11 22 47	18 41 09	18 09 05	4 26 39	5 38 59	2 25 03	5 07 53	7 44 15	15 41 58
10 M	4 50 18	20 08 26	27 07 24	25 50 29	13 48 18	12 12 25	19 08 14	18 35 20	4 43 50	5 51 10	2 33 11	5 14 07	7 51 36	15 50 49
11 Tu	6 00 11	4 ♊ 23 15	11 ♊ 36 23	27 37 29	15 09 51	13 04 35	19 37 56	19 03 54	5 03 36	6 05 45	2 43 52	5 22 53	8 01 30	16 02 10
12 W	7 11 47	19 07 03	26 31 51	29 26 01	16 33 01	13 58 30	20 09 24	19 33 58	5 25 10	6 21 56	2 56 18	5 33 22	8 13 06	16 15 14
13 Th	8 23 53	4 ♋ 12 46	11 ♋ 45 08	1 ♑ 14 50	17 56 35	14 52 54	20 41 25	20 04 19	5 47 18	6 38 30	3 09 15	5 44 21	8 25 11	16 28 46
14 F	9 35 05	19 30 11	27 04 59	3 02 33	19 19 11	15 46 28	21 12 38	20 33 35	6 08 38	6 54 05	3 21 21	5 54 29	8 36 24	16 41 24
15 Sa	10 44 14	4 ♌ 47 43	12 ♌ 19 42	4 47 59	20 39 39	16 38 00	21 41 52	21 00 34	6 27 59	7 07 30	3 31 27	6 02 35	8 45 34	16 51 59
16 Su	11 50 39	19 54 32	27 19 18	6 30 26	21 57 18	17 26 50	22 08 26	21 24 37	6 44 41	7 18 05	3 38 50	6 07 59	8 52 01	16 59 50
17 M	12 54 19	4 ♍ 42 26	11 ♍ 57 01	8 09 52	23 12 07	18 12 56	22 32 19	21 45 42	6 58 42	7 25 48	3 43 30	6 10 38	8 55 42	17 04 54
18 Tu	13 55 50	19 06 53	26 09 52	9 46 55	24 24 42	18 56 54	22 54 07	22 04 23	7 10 38	7 31 15	3 46 03	6 11 09	8 57 15	17 07 49
19 W	14 56 18	3 ♎ 06 53	9 ♎ 58 12	11 22 38	25 36 07	19 39 50	23 14 54	22 21 47	7 21 35	7 35 31	3 47 34	6 10 37	8 57 44	17 09 39
20 Th	15 56 60	16 44 07	23 24 39	12 58 21	26 47 42	20 23 02	23 36 00	22 39 11	7 32 50	7 39 55	3 49 21	6 10 22	8 58 28	17 11 42
21 F	16 59 11	0 ♏ 01 52	6 ♏ 32 59	14 35 19	28 00 40	21 07 45	23 58 39	22 57 51	7 45 38	7 45 42	3 52 40	6 11 36	9 00 41	17 15 14
22 Sa	18 03 47	13 03 55	19 27 06	16 14 29	29 15 58	21 54 55	24 23 47	23 18 40	8 00 55	7 53 46	3 58 25	6 15 17	9 05 20	17 21 11
23 Su	19 11 17	25 53 41	2 ♐ 10 19	17 56 19	0 ♓ 34 04	22 44 60	24 51 52	23 42 09	8 19 10	8 04 37	4 07 06	6 21 53	9 12 52	17 29 60
24 M	20 21 35	8 ♐ 33 47	14 45 03	19 40 46	1 54 53	23 37 55	25 22 49	24 08 11	8 40 17	8 18 10	4 18 38	6 31 20	9 23 14	17 41 37
25 Tu	21 34 09	21 05 50	27 12 37	21 27 17	3 17 52	24 33 08	25 56 06	24 36 14	9 03 44	8 33 51	4 32 28	6 43 03	9 35 51	17 55 29
26 W	22 48 02	3 ♑ 30 33	9 ♑ 33 31	23 14 57	4 42 03	25 29 40	26 30 44	25 05 19	9 28 33	8 50 43	4 47 37	6 56 06	9 49 48	18 10 38
27 Th	24 02 04	15 48 03	21 47 45	25 02 37	6 06 19	26 26 25	27 05 36	25 34 19	9 53 35	9 07 39	5 02 59	7 09 20	10 03 55	18 25 57
28 F	25 15 07	27 58 18	3 ♒ 55 17	26 49 10	7 29 29	27 22 12	27 39 32	26 02 04	10 17 43	9 23 29	5 17 25	7 21 38	10 17 04	18 40 17
29 Sa	26 26 14	10 ♒ 01 28	15 56 27	28 33 40	8 50 37	28 16 05	28 11 36	26 27 37	10 39 58	9 37 15	5 29 56	7 32 01	10 28 17	18 52 39
30 Su	27 34 47	21 58 29	27 52 25	0 ♒ 15 28	10 09 05	29 07 25	28 41 09	26 50 19	10 59 42	9 48 20	5 39 54	7 39 52	10 36 56	19 02 27

LONGITUDE — December 2008

Day	☉	0 hr ☽	Noon ☽	☿	♀	♂	⚵	⚳	♃	♄	⚷	♅	♆	♇
1 M	28 ♑ 40 31	3 ♓ 51 12	9 ♓ 45 23	1 ♒ 54 24	11 ♓ 24 38	29 ♑ 55 60	29 ♒ 07 57	27 ♎ 09 57	11 ♓ 16 42	9 ♏ 56 30	5 ♈ 47 08	7 ♉ 44 57	10 ♈ 42 49	19 ♒ 09 27
2 Tu	29 43 42	15 42 37	21 38 43	3 30 40	12 37 30	0 ♒ 42 01	29 32 15	27 26 43	11 31 11	10 01 59	5 51 49	7 47 29	10 46 08	19 13 51
3 W	0 ♒ 44 53	27 36 52	3 ♈ 36 57	5 04 55	13 48 17	1 26 07	29 54 38	27 41 15	11 43 46	10 05 23	5 54 34	7 48 05	10 47 29	19 16 17
4 Th	1 45 01	9 ♈ 39 08	15 45 33	6 38 03	14 57 54	2 09 11	0 ♓ 15 60	27 54 26	11 55 20	10 07 36	5 56 18	7 47 40	10 47 48	19 17 39
5 F	2 45 08	21 55 16	28 10 31	8 11 08	16 07 22	2 52 16	0 37 24	28 07 19	12 06 56	10 09 41	5 58 02	7 47 15	10 48 06	19 18 59
6 Sa	3 46 14	4 ♉ 31 20	10 ♉ 57 57	9 45 11	17 17 41	3 36 21	0 59 51	28 20 53	12 19 35	10 12 38	6 00 49	7 47 52	10 49 25	19 21 18
7 Su	4 49 06	17 33 01	24 13 07	11 20 60	18 29 40	4 22 16	1 24 08	28 35 56	12 34 04	10 17 15	6 05 24	7 50 18	10 52 31	19 25 23
8 M	5 54 09	1 ♊ 04 41	7 ♊ 59 40	12 58 59	19 43 42	5 10 24	1 50 39	28 52 53	12 50 48	10 23 57	6 12 13	7 54 58	10 57 49	19 31 39
9 Tu	7 01 18	15 08 29	22 18 31	14 39 05	20 59 43	6 00 41	2 19 19	29 11 37	13 09 40	10 32 37	6 21 10	8 01 45	11 05 15	19 40 01
10 W	8 09 59	29 43 22	7 ♋ 06 59	16 20 43	22 17 06	6 52 31	2 49 34	29 31 35	13 30 08	10 42 42	6 31 41	8 10 07	11 14 13	19 49 54
11 Th	9 19 15	14 ♋ 44 32	22 18 24	18 02 56	23 34 56	7 44 58	3 20 28	29 51 49	13 51 14	10 53 16	6 42 50	8 19 06	11 23 47	20 00 21
12 F	10 28 00	0 ♌ 03 25	7 ♌ 42 42	19 44 38	24 52 06	8 36 57	3 50 53	0 ♏ 11 13	14 11 51	11 03 11	6 53 29	8 27 36	11 32 51	20 10 18
13 Sa	11 35 15	15 28 52	23 07 58	21 24 50	26 07 37	9 27 28	4 19 51	0 28 48	14 31 01	11 11 29	7 02 41	8 34 39	11 40 26	20 18 43
14 Su	12 40 22	0 ♍ 49 01	8 ♍ 22 33	23 02 53	27 20 51	10 15 53	4 46 45	0 43 56	14 48 07	11 17 33	7 09 47	8 39 36	11 45 55	20 25 01
15 M	13 43 15	15 53 26	23 17 05	24 38 39	28 31 41	11 02 06	5 11 26	0 56 28	15 03 00	11 21 14	7 14 40	8 42 20	11 49 09	20 29 03
16 Tu	14 44 15	0 ♎ 34 40	7 ♎ 45 46	26 12 29	29 40 29	11 46 28	5 34 18	1 06 49	15 16 04	11 22 56	7 17 43	8 43 14	11 50 32	20 31 12
17 W	15 44 09	14 48 58	21 46 28	27 45 06	0 ♈ 48 00	12 29 46	5 56 06	1 15 42	15 28 03	11 23 24	7 19 42	8 43 04	11 50 49	20 32 14
18 Th	16 43 53	28 35 54	5 ♏ 20 07	29 17 27	1 55 12	13 12 58	6 17 47	1 24 05	15 39 56	11 23 36	7 21 33	8 42 47	11 50 58	20 33 07
19 F	17 44 25	11 ♏ 57 33	18 29 41	0 ♓ 50 23	3 02 60	13 56 57	6 40 18	1 32 53	15 52 38	11 24 27	7 24 12	8 43 19	11 51 54	20 34 45
20 Sa	18 46 25	24 57 20	1 ♐ 19 08	2 24 33	4 12 07	14 42 29	7 04 21	1 42 48	16 06 51	11 26 40	7 28 23	8 45 21	11 54 20	20 37 51
21 Su	19 50 18	7 ♐ 39 15	13 52 37	4 00 16	5 22 55	15 29 55	7 30 18	1 54 15	16 22 59	11 30 38	7 34 27	8 49 19	11 58 39	20 42 49
22 M	20 56 04	20 07 08	26 13 56	5 37 27	6 35 24	16 19 16	7 58 11	2 07 11	16 41 01	11 36 21	7 42 27	8 55 12	12 04 52	20 49 40
23 Tu	22 03 22	2 ♑ 24 16	8 ♑ 26 12	7 15 38	7 49 15	17 10 11	8 27 38	2 21 18	17 00 39	11 43 29	7 52 00	9 02 39	12 12 38	20 58 02
24 W	23 11 36	14 33 19	20 31 48	8 54 05	9 03 49	18 02 05	8 58 04	2 35 57	17 21 14	11 51 26	8 02 31	9 11 04	12 21 21	21 07 19
25 Th	24 20 01	26 36 17	2 ♒ 32 31	10 31 55	10 18 22	18 54 12	9 28 44	2 50 25	17 42 02	11 59 28	8 13 16	9 19 43	12 30 16	21 16 47
26 F	25 27 53	8 ♒ 34 42	14 29 40	12 08 10	11 32 10	19 45 48	9 58 53	3 03 57	18 02 20	12 06 48	8 23 29	9 27 51	12 38 39	21 25 41
27 Sa	26 34 34	20 29 53	26 24 30	13 42 02	12 44 34	20 36 16	10 27 53	3 15 54	18 21 29	12 12 51	8 32 33	9 34 50	12 45 52	21 33 23
28 Su	27 39 39	2 ♓ 23 10	8 ♓ 18 18	15 12 47	13 55 09	21 25 10	10 55 20	3 25 51	18 39 03	12 17 11	8 40 03	9 40 16	12 51 30	21 39 29
29 M	28 42 58	14 16 12	20 12 49	16 39 60	15 03 44	22 12 20	11 21 04	3 33 39	18 54 54	12 19 38	8 45 49	9 43 59	12 55 23	21 43 49
30 Tu	29 44 37	26 11 06	2 ♈ 10 21	18 03 24	16 10 26	22 57 54	11 45 11	3 39 23	19 09 07	12 20 18	8 49 57	9 46 05	12 57 38	21 46 29
31 W	0 ♓ 44 57	8 ♈ 10 36	14 13 52	19 22 57	17 15 34	23 42 11	12 08 01	3 43 25	19 22 04	12 19 33	8 52 49	9 46 54	12 58 35	21 47 50

Notes

January 2009

LONGITUDE

Day	☉	0 hr ☽	Noon ☽	☿	♀	♂	⚵	⚳	♃	♄	⚷	♅	♆	♇
1 Th	1 ♓ 44 30	20 ♈ 18 06	26 ♈ 26 59	20 ♓ 38 42	18 ♈ 19 40	24 ♒ 25 43	12 ♓ 30 07	3 ♏ 46 14	19 ♓ 34 15	12 ♏ 17 54	8 ♈ 54 55	9 ♉ 46 59	12 ♈ 58 46	21 ♒ 48 23
2 F	2 43 52	2 ♉ 37 32	8 ♉ 53 52	21 50 43	19 23 19	25 09 07	12 52 04	3 48 28	19 46 17	12 15 58	8 56 53	9 46 56	12 58 48	21 48 44
3 Sa	3 43 38	15 13 13	21 38 53	22 58 59	20 27 06	25 52 58	13 14 28	3 50 42	19 58 45	12 14 18	8 59 16	9 47 20	12 59 15	21 49 30
4 Su	4 44 16	28 09 23	4 ♊ 46 12	24 03 18	21 31 29	26 37 43	13 37 46	3 53 23	20 12 07	12 13 25	9 02 34	9 48 38	13 00 35	21 51 07
5 M	5 46 00	11 ♊ 29 44	18 19 05	25 03 09	22 36 42	27 23 38	14 02 14	3 56 46	20 26 38	12 13 32	9 07 01	9 51 07	13 03 04	21 53 52
6 Tu	6 48 52	25 16 43	2 ♋ 19 16	25 57 45	23 42 43	28 10 43	14 27 51	4 00 51	20 42 17	12 14 40	9 12 37	9 54 45	13 06 41	21 57 43
7 W	7 52 34	9 ♋ 30 51	16 46 06	26 45 57	24 49 17	28 58 41	14 54 21	4 05 22	20 58 49	12 16 32	9 19 05	9 59 16	13 11 10	22 02 24
8 Th	8 56 39	24 10 01	1 ♌ 36 03	27 26 23	25 55 56	29 47 05	15 21 18	4 09 51	21 15 47	12 18 42	9 25 59	10 04 15	13 16 05	22 07 30
9 F	10 00 37	9 ♌ 09 07	16 42 34	27 57 39	27 02 07	0 ♓ 35 24	15 48 09	4 13 47	21 32 38	12 20 38	9 32 48	10 09 08	13 20 53	22 12 27
10 Sa	11 03 58	24 20 19	1 ♍ 56 41	28 18 24	28 07 21	1 23 10	16 14 26	4 16 41	21 48 54	12 21 51	9 39 02	10 13 28	13 25 06	22 16 47
11 Su	12 06 25	9 ♍ 33 57	17 08 13	28 27 32	29 11 18	2 10 03	16 39 50	4 18 14	22 04 17	12 22 04	9 44 23	10 16 55	13 28 25	22 20 12
12 M	13 07 52	24 39 58	2 ♎ 07 26	28 24 22	0 ♉ 13 55	2 55 60	17 04 18	4 18 22	22 18 42	12 21 10	9 48 46	10 19 26	13 30 47	22 22 38
13 Tu	14 08 27	9 ♎ 29 30	16 46 27	28 08 38	1 15 18	3 41 08	17 27 56	4 17 13	22 32 17	12 19 20	9 52 20	10 21 08	13 32 18	22 24 12
14 W	15 08 30	23 56 06	1 ♏ 00 11	27 40 34	2 15 44	4 25 46	17 51 04	4 15 05	22 45 21	12 16 50	9 55 22	10 22 20	13 33 18	22 25 12
15 Th	16 08 23	7 ♏ 56 11	14 46 29	27 00 50	3 15 36	5 10 16	18 14 03	4 12 21	22 58 15	12 14 04	9 58 16	10 23 24	13 34 08	22 26 02
16 F	17 08 26	21 28 56	28 05 50	26 10 31	4 15 13	5 54 59	18 37 14	4 09 20	23 11 20	12 11 23	10 01 21	10 24 41	13 35 10	22 27 01
17 Sa	18 08 54	4 ♐ 35 49	11 ♐ 00 33	25 11 03	5 14 51	6 40 11	19 00 54	4 06 18	23 24 52	12 09 01	10 04 54	10 26 26	13 36 38	22 28 26
18 Su	19 09 55	17 19 49	23 34 14	24 04 12	6 14 34	7 25 57	19 25 08	4 03 23	23 38 58	12 07 05	10 09 01	10 28 46	13 38 40	22 30 23
19 M	20 11 28	29 44 45	5 ♑ 51 00	22 51 57	7 14 22	8 12 18	19 49 55	4 00 33	23 53 36	12 05 36	10 13 41	10 31 40	13 41 15	22 32 51
20 Tu	21 13 24	11 ♑ 54 51	17 55 08	21 36 26	8 14 05	8 59 05	20 15 08	3 57 40	24 08 38	12 04 24	10 18 46	10 35 00	13 44 15	22 35 42
21 W	22 15 33	23 54 17	29 50 42	20 19 53	9 13 31	9 46 06	20 40 35	3 54 33	24 23 54	12 03 19	10 24 04	10 38 35	13 47 28	22 38 44
22 Th	23 17 41	5 ♒ 46 60	11 ♒ 41 28	19 04 25	10 12 27	10 33 11	21 06 04	3 51 00	24 39 10	12 02 08	10 29 24	10 42 13	13 50 42	22 41 46
23 F	24 19 39	17 36 32	23 30 44	17 52 02	11 10 41	11 20 07	21 31 25	3 46 52	24 54 17	12 00 41	10 34 35	10 45 42	13 53 46	22 44 38
24 Sa	25 21 20	29 26 01	5 ♓ 21 24	16 44 32	12 08 06	12 06 49	21 56 31	3 42 01	25 09 06	11 58 53	10 39 30	10 48 58	13 56 35	22 47 12
25 Su	26 22 43	11 ♓ 18 10	17 15 55	15 43 21	13 04 39	12 53 16	22 21 20	3 36 26	25 23 39	11 56 41	10 44 09	10 51 57	13 59 08	22 49 27
26 M	27 23 50	23 15 19	29 16 25	14 49 39	14 00 21	13 39 30	22 45 56	3 30 12	25 37 58	11 54 09	10 48 34	10 54 44	14 01 26	22 51 27
27 Tu	28 24 48	5 ♈ 19 28	11 ♈ 24 46	14 04 15	14 55 18	14 25 37	23 10 25	3 23 23	25 52 07	11 51 22	10 52 50	10 57 24	14 03 35	22 53 17
28 W	29 25 42	17 32 24	23 42 43	13 27 38	15 49 34	15 11 44	23 34 52	3 16 08	26 06 14	11 48 28	10 57 06	11 00 04	14 05 44	22 55 04
29 Th	0 ♈ 26 40	29 55 50	6 ♉ 11 56	13 00 00	16 43 15	15 57 57	23 59 25	3 08 32	26 20 25	11 45 33	11 01 26	11 02 51	14 07 57	22 56 54
30 F	1 27 45	12 ♉ 31 22	18 54 06	12 41 16	17 36 22	16 44 20	24 24 07	3 00 40	26 34 43	11 42 40	11 05 55	11 05 46	14 10 18	22 58 50
31 Sa	2 28 55	25 20 41	1 ♊ 50 52	12 31 07	18 28 52	17 30 51	24 48 56	2 52 32	26 49 08	11 39 49	11 10 31	11 08 50	14 12 46	23 00 53

February 2009

LONGITUDE

Day	☉	0 hr ☽	Noon ☽	☿	♀	♂	⚵	⚳	♃	♄	⚷	♅	♆	♇
1 Su	3 ♈ 30 06	8 ♊ 25 23	15 ♊ 03 52	12 ♓ 29 03	19 ♉ 20 40	18 ♓ 17 26	25 ♓ 13 49	2 ♏ 44 03	27 ♓ 03 35	11 ♏ 36 55	11 ♈ 15 09	11 ♉ 11 59	14 ♈ 15 18	23 ♒ 02 56
2 M	4 31 11	21 46 59	28 34 28	12 34 29	20 11 35	19 03 58	25 38 38	2 35 07	27 17 56	11 33 51	11 19 44	11 15 04	14 17 44	23 04 53
3 Tu	5 32 03	5 ♋ 26 37	12 ♋ 23 30	12 46 46	21 01 30	19 50 19	26 03 15	2 25 37	27 32 04	11 30 30	11 24 06	11 17 58	14 19 59	23 06 37
4 W	6 32 35	19 24 45	26 30 53	13 05 18	21 50 17	20 36 25	26 27 35	2 15 29	27 45 54	11 26 48	11 28 11	11 20 37	14 21 57	23 08 03
5 Th	7 32 50	3 ♌ 40 46	10 ♌ 55 15	13 29 35	22 37 54	21 22 15	26 51 40	2 04 43	27 59 27	11 22 44	11 32 00	11 23 01	14 23 38	23 09 11
6 F	8 32 54	18 12 33	25 33 35	13 59 15	23 24 26	22 07 57	27 15 36	1 53 28	28 12 48	11 18 25	11 35 39	11 25 16	14 25 10	23 10 07
7 Sa	9 32 58	2 ♍ 56 15	10 ♍ 21 09	14 34 01	24 10 03	22 53 44	27 39 34	1 41 56	28 26 11	11 14 05	11 39 21	11 27 35	14 26 45	23 11 05
8 Su	10 33 18	17 46 18	25 11 37	15 13 42	24 54 58	23 39 48	28 03 51	1 30 23	28 39 51	11 09 58	11 43 20	11 30 13	14 28 36	23 12 18
9 M	11 34 08	2 ♎ 35 51	9 ♎ 57 50	15 58 10	25 39 22	24 26 26	28 28 39	1 19 04	28 54 00	11 06 18	11 47 51	11 33 24	14 30 60	23 14 02
10 Tu	12 35 37	17 17 32	24 32 34	16 47 11	26 23 22	25 13 45	28 54 07	1 08 07	29 08 48	11 03 13	11 53 00	11 37 15	14 34 03	23 16 23
11 W	13 37 43	1 ♏ 44 24	8 ♏ 49 32	17 40 24	27 06 54	26 01 44	29 20 15	0 57 33	29 24 14	11 00 44	11 58 50	11 41 48	14 37 45	23 19 23
12 Th	14 40 19	15 50 52	22 44 10	18 37 25	27 49 48	26 50 16	29 46 54	0 47 15	29 40 09	10 58 41	12 05 09	11 46 51	14 41 58	23 22 51
13 F	15 43 07	29 33 22	6 ♐ 14 03	19 37 39	28 31 44	27 39 02	0 ♈ 13 48	0 36 56	29 56 16	10 56 48	12 11 42	11 52 10	14 46 24	23 26 32
14 Sa	16 45 46	12 ♐ 50 30	19 18 52	20 40 31	29 12 17	28 27 43	0 40 33	0 26 15	0 ♈ 12 14	10 54 45	12 18 07	11 57 22	14 50 43	23 30 04
15 Su	17 47 55	25 43 02	2 ♑ 00 16	21 45 27	29 51 05	29 15 56	1 06 51	0 14 54	0 27 42	10 52 08	12 24 03	12 02 07	14 54 33	23 33 05
16 M	18 49 18	8 ♑ 13 25	14 21 23	22 52 01	0 ♊ 27 47	0 ♈ 03 25	1 32 24	0 02 35	0 42 23	10 48 44	12 29 14	12 06 07	14 57 38	23 35 20
17 Tu	19 49 47	20 25 28	26 26 25	23 59 53	1 02 13	0 50 03	1 57 04	29 ♎ 49 13	0 56 09	10 44 23	12 33 31	12 09 16	14 59 49	23 36 40
18 W	20 49 25	2 ♒ 23 51	8 ♒ 20 13	25 08 58	1 34 23	1 35 52	2 20 54	29 34 52	1 09 03	10 39 09	12 36 58	12 11 36	15 01 11	23 37 09
19 Th	21 48 24	14 13 40	20 07 53	26 19 21	2 04 25	2 21 04	2 44 07	29 19 44	1 21 18	10 33 15	12 39 46	12 13 19	15 01 55	23 36 59
20 F	22 47 06	26 00 07	1 ♓ 54 31	27 31 16	2 32 40	3 06 03	3 07 05	29 04 14	1 33 16	10 27 03	12 42 20	12 14 48	15 02 24	23 36 32
21 Sa	23 45 60	7 ♓ 48 13	13 44 53	28 45 06	2 59 31	3 51 16	3 30 15	28 48 51	1 45 25	10 21 01	12 45 05	12 16 31	15 03 05	23 36 16
22 Su	24 45 33	19 42 29	25 43 12	0 ♈ 01 13	3 25 22	4 37 10	3 54 06	28 34 03	1 58 12	10 15 38	12 48 31	12 18 55	15 04 26	23 36 39
23 M	25 46 10	1 ♈ 46 40	7 ♈ 52 51	1 19 57	3 50 34	5 24 11	4 19 03	28 20 17	2 12 02	10 11 17	12 53 01	12 22 26	15 06 53	23 38 06
24 Tu	26 48 06	14 03 41	20 16 17	2 41 29	4 15 20	6 12 34	4 45 20	28 07 49	2 27 11	10 08 16	12 58 51	12 27 18	15 10 40	23 40 53
25 W	27 51 25	26 35 18	2 ♉ 54 55	4 05 49	4 39 39	7 02 21	5 13 02	27 56 43	2 43 42	10 06 37	13 06 05	12 33 35	15 15 51	23 45 02
26 Th	28 55 55	9 ♉ 22 16	15 49 03	5 32 42	5 03 15	7 53 23	5 41 56	27 46 50	3 01 22	10 06 08	13 14 30	12 41 06	15 22 15	23 50 22
27 F	0 ♉ 01 10	22 24 19	28 58 06	7 01 40	5 25 39	8 45 12	6 11 36	27 37 45	3 19 48	10 06 25	13 23 42	12 49 24	15 29 25	23 56 27
28 Sa	1 06 34	5 ♊ 40 23	12 ♊ 20 48	8 32 04	5 46 10	9 37 12	6 41 27	27 28 53	3 38 21	10 06 51	13 33 04	12 57 54	15 36 45	24 02 41

Notes

LONGITUDE

March 2009

Day	☉	0 hr ☽	Noon ☽	☿	♀	♂	⚵	⚳	♃	♄	⚷	♅	♆	♇
1 Su	2 ♉ 11 26	19 ♊ 08 57	25 ♊ 55 29	10 ♈ 03 13	6 ♊ 04 04	10 ♈ 28 44	7 ♈ 10 48	27 ♎ 19 34	3 ♈ 56 22	10 ♏ 06 47	13 ♈ 41 54	13 ♉ 05 54	15 ♈ 43 36	24 ♒ 08 24
2 M	3 15 10	2 ♋ 48 25	9 ♋ 40 33	11 34 27	6 18 40	11 19 09	7 39 02	27 09 13	4 13 13	10 05 35	13 49 38	13 12 49	15 49 19	24 12 59
3 Tu	4 17 23	16 37 20	23 34 35	13 05 22	6 29 33	12 08 06	8 05 46	26 57 29	4 28 32	10 02 52	13 55 51	13 18 15	15 53 33	24 16 03
4 W	5 17 60	0 ♌ 34 41	7 ♌ 36 34	14 35 54	6 36 33	12 55 30	8 30 55	26 44 17	4 42 15	9 58 35	14 00 29	13 22 07	15 56 12	24 17 31
5 Th	6 17 19	14 39 45	21 45 39	16 06 18	6 39 55	13 41 38	8 54 49	26 29 58	4 54 39	9 53 02	14 03 50	13 24 44	15 57 35	24 17 42
6 F	7 15 57	28 51 52	6 ♍ 00 59	17 37 13	6 40 15	14 27 09	9 18 03	26 15 09	5 06 21	9 46 50	14 06 31	13 26 44	15 58 19	24 17 13
7 Sa	8 14 45	13 ♍ 10 02	20 21 08	19 09 28	6 38 19	15 12 51	9 41 28	26 00 41	5 18 11	9 40 48	14 09 23	13 28 54	15 59 13	24 16 53
8 Su	9 14 32	27 32 24	4 ♎ 43 47	20 43 51	6 34 55	15 59 34	10 05 53	25 47 25	5 30 59	9 35 48	14 13 14	13 32 06	16 01 08	24 17 32
9 M	10 15 57	11 ♎ 55 59	19 05 29	22 21 04	6 30 41	16 47 59	10 31 58	25 36 02	5 45 24	9 32 29	14 18 45	13 36 60	16 04 44	24 19 51
10 Tu	11 19 23	26 16 38	3 ♏ 21 48	24 01 27	6 25 58	17 38 26	11 00 04	25 26 53	6 01 48	9 31 12	14 26 16	13 43 55	16 10 20	24 24 10
11 W	12 24 44	10 ♏ 29 21	17 27 46	25 44 57	6 20 42	18 30 52	11 30 08	25 19 56	6 20 06	9 31 53	14 35 44	13 52 49	16 17 54	24 30 25
12 Th	13 31 36	24 28 59	1 ♐ 18 34	27 31 07	6 14 27	19 24 49	12 01 42	25 14 46	6 39 53	9 34 06	14 46 42	14 03 14	16 26 58	24 38 10
13 F	14 39 12	8 ♐ 10 57	14 50 20	29 19 14	6 06 30	20 19 34	12 34 02	25 10 37	7 00 22	9 37 06	14 58 25	14 14 25	16 36 49	24 46 39
14 Sa	15 46 40	21 32 01	28 00 41	1 ♉ 08 25	5 56 01	21 14 12	13 06 15	25 06 37	7 20 41	9 40 01	15 09 60	14 25 31	16 46 32	24 55 00
15 Su	16 53 08	4 ♑ 30 47	10 ♑ 49 07	2 57 50	5 42 12	22 07 53	13 37 29	25 01 58	7 39 59	9 41 59	15 20 36	14 35 39	16 55 16	25 02 22
16 M	17 57 59	17 07 46	23 16 58	4 46 50	5 24 29	22 59 58	14 07 05	24 55 59	7 57 35	9 42 22	15 29 33	14 44 10	17 02 24	25 08 06
17 Tu	19 00 50	29 25 23	5 ♒ 27 18	6 35 06	5 02 37	23 50 06	14 34 43	24 48 21	8 13 11	9 40 48	15 36 31	14 50 44	17 07 32	25 11 50
18 W	20 01 45	11 ♒ 27 37	17 24 32	8 22 40	4 36 45	24 38 18	15 00 25	24 39 07	8 26 48	9 37 21	15 41 33	14 55 22	17 10 45	25 13 37
19 Th	21 01 06	23 19 37	29 14 07	10 09 57	4 07 26	25 24 60	15 24 35	24 28 43	8 38 49	9 32 24	15 45 01	14 58 30	17 12 26	25 13 52
20 F	21 59 37	5 ♓ 07 17	11 ♓ 02 01	11 57 39	3 35 30	26 10 52	15 47 53	24 17 49	8 49 56	9 26 39	15 47 39	15 00 47	17 13 17	25 13 15
21 Sa	22 58 09	16 56 48	22 54 23	13 46 40	3 02 00	26 56 48	16 11 14	24 07 20	9 01 03	9 20 60	15 50 17	15 03 08	17 14 10	25 12 39
22 Su	23 57 38	28 54 13	4 ♈ 57 01	15 37 55	2 28 03	27 43 41	16 35 32	23 58 10	9 13 03	9 16 20	15 53 52	15 06 27	17 15 60	25 12 60
23 M	24 58 50	11 ♈ 04 53	17 14 56	17 32 11	1 54 37	28 32 20	17 01 33	23 51 08	9 26 43	9 13 28	15 59 10	15 11 30	17 19 34	25 15 04
24 Tu	26 02 17	23 33 08	29 51 54	19 29 60	1 22 29	29 23 15	17 29 50	23 46 46	9 42 36	9 12 56	16 06 43	15 18 50	17 25 24	25 19 23
25 W	27 08 08	6 ♉ 21 43	12 ♉ 49 59	21 31 29	0 51 60	0 ♉ 16 36	18 00 30	23 45 12	10 00 50	9 14 51	16 16 39	15 28 35	17 33 38	25 26 06
26 Th	28 16 05	19 31 33	26 09 19	23 36 20	0 23 06	1 12 05	18 33 17	23 46 11	10 21 07	9 18 57	16 28 42	15 40 28	17 43 59	25 34 55
27 F	29 25 26	3 ♊ 01 32	9 ♊ 48 03	25 43 49	29 ♉ 55 21	2 08 58	19 07 28	23 48 59	10 42 44	9 24 31	16 42 07	15 53 46	17 55 45	25 45 08
28 Sa	0 ♊ 35 08	16 48 44	23 42 32	27 52 51	29 27 58	3 06 15	19 42 01	23 52 36	11 04 41	9 30 33	16 55 55	16 07 27	18 07 54	25 55 43
29 Su	1 44 05	0 ♋ 48 53	7 ♋ 48 04	0 ♊ 02 17	29 00 03	4 02 48	20 15 48	23 55 54	11 25 48	9 35 53	17 08 56	16 20 24	18 19 17	26 05 32
30 M	2 51 15	14 57 05	21 59 42	2 10 60	28 30 51	4 57 35	20 47 49	23 57 52	11 45 05	9 39 32	17 20 11	16 31 36	18 28 55	26 13 34
31 Tu	3 55 59	29 08 49	6 ♌ 13 05	4 18 16	27 59 57	5 49 58	21 17 24	23 57 52	12 01 54	9 40 50	17 28 59	16 40 23	18 36 07	26 19 11

LONGITUDE

April 2009

Day	☉	0 hr ☽	Noon ☽	☿	♀	♂	⚵	⚳	♃	♄	⚷	♅	♆	♇
1 W	4 ♊ 58 09	13 ♌ 20 34	20 ♌ 25 06	6 ♊ 23 50	27 ♉ 27 27	6 ♉ 39 49	21 ♈ 44 25	23 ♎ 55 46	12 ♈ 16 05	9 ♏ 39 41	17 ♈ 35 14	16 ♉ 46 38	18 ♈ 40 48	26 ♒ 22 15
2 Th	5 58 13	27 30 15	4 ♍ 34 07	8 28 02	26 54 02	7 27 35	22 09 20	23 52 02	12 28 07	9 36 31	17 39 21	16 50 48	18 43 22	26 23 13
3 F	6 57 06	11 ♍ 37 09	18 39 46	10 31 37	26 20 48	8 14 11	22 33 04	23 47 35	12 38 54	9 32 16	17 42 18	16 53 49	18 44 46	26 22 59
4 Sa	7 55 59	25 41 25	2 ♎ 42 23	12 35 36	25 49 11	9 00 50	22 56 49	23 43 37	12 49 39	9 28 08	17 45 15	16 56 51	18 46 12	26 22 48
5 Su	8 56 07	9 ♎ 43 25	16 42 15	14 40 58	25 20 35	9 48 44	23 21 48	23 41 21	13 01 34	9 25 20	17 49 26	17 01 10	18 48 53	26 23 50
6 M	9 58 27	23 43 04	0 ♏ 39 00	16 48 26	24 56 06	10 38 53	23 48 60	23 41 46	13 15 39	9 24 51	17 55 49	17 07 42	18 53 48	26 27 06
7 Tu	11 03 32	7 ♏ 39 13	14 31 14	18 58 17	24 36 25	11 31 47	24 18 56	23 45 24	13 32 24	9 27 14	18 04 57	17 17 01	19 01 28	26 33 07
8 W	12 11 21	21 29 39	28 16 25	21 10 10	24 21 39	12 27 26	24 51 35	23 52 14	13 51 49	9 32 26	18 16 47	17 29 03	19 11 53	26 41 52
9 Th	13 21 20	5 ♐ 11 08	11 ♐ 51 21	23 23 12	24 11 20	13 25 16	25 26 24	24 01 42	14 13 20	9 39 54	18 30 47	17 43 18	19 24 28	26 52 47
10 F	14 32 31	18 40 08	25 12 40	25 36 06	24 04 35	14 24 20	26 02 26	24 12 50	14 35 60	9 48 42	18 45 60	17 58 46	19 38 17	27 04 56
11 Sa	15 43 46	1 ♑ 53 25	8 ♑ 17 34	27 47 20	24 00 18	15 23 28	26 38 29	24 24 29	14 58 38	9 57 40	19 01 14	18 14 17	19 52 09	27 17 07
12 Su	16 53 54	14 48 46	21 04 29	29 55 23	23 57 23	16 21 31	27 13 26	24 35 28	15 20 06	10 05 37	19 15 21	18 28 43	20 04 55	27 28 12
13 M	18 02 01	27 25 28	3 ♒ 33 23	1 ♋ 58 60	23 54 56	17 17 32	27 46 20	24 44 54	15 39 27	10 11 40	19 27 25	18 41 08	20 15 39	27 37 15
14 Tu	19 07 33	9 ♒ 44 36	15 45 59	3 57 16	23 52 24	18 11 01	28 16 39	24 52 12	15 56 09	10 15 14	19 36 54	18 50 59	20 23 50	27 43 44
15 W	20 10 27	21 48 56	27 45 41	5 49 48	23 49 43	19 01 50	28 44 18	24 57 18	16 10 06	10 16 16	19 43 43	18 58 12	20 29 21	27 47 34
16 Th	21 11 03	3 ♓ 42 51	9 ♓ 37 15	7 36 41	23 47 15	19 50 24	29 09 39	25 00 34	16 21 43	10 15 09	19 48 14	19 03 09	20 32 36	27 49 07
17 F	22 10 10	15 31 53	21 26 33	9 18 24	23 45 44	20 37 28	29 33 28	25 02 47	16 31 44	10 12 38	19 51 13	19 06 36	20 34 22	27 49 10
18 Sa	23 08 49	27 22 23	3 ♈ 20 04	10 55 45	23 46 11	21 24 05	29 56 48	25 04 59	16 41 12	10 09 45	19 53 44	19 09 35	20 35 39	27 48 45
19 Su	24 08 07	9 ♈ 20 57	15 24 23	12 29 37	23 49 39	22 11 20	0 ♉ 20 45	25 08 15	16 51 12	10 07 39	19 56 51	19 13 13	20 37 35	27 48 58
20 M	25 09 03	21 33 60	27 45 41	14 00 49	23 57 07	23 00 15	0 46 20	25 13 36	17 02 47	10 07 18	20 01 36	19 18 30	20 41 10	27 50 51
21 Tu	26 12 22	4 ♉ 07 03	10 ♉ 29 03	15 29 55	24 09 14	23 51 33	1 14 15	25 21 46	17 16 38	10 09 27	20 08 42	19 26 10	20 47 07	27 55 06
22 W	27 18 21	17 04 11	23 37 50	16 57 02	24 26 15	24 45 30	1 44 49	25 33 01	17 33 03	10 14 22	20 18 26	19 36 30	20 55 44	28 01 60
23 Th	28 26 44	0 ♊ 27 23	7 ♊ 13 02	18 21 48	24 47 50	25 41 52	2 17 45	25 47 07	17 51 47	10 21 50	20 30 34	19 49 15	21 06 46	28 11 19
24 F	29 36 48	14 16 03	21 12 56	19 43 21	25 13 11	26 39 55	2 52 19	26 03 18	18 12 05	10 31 06	20 44 20	20 03 40	21 19 28	28 22 19
25 Sa	0 ♋ 47 24	28 26 55	5 ♋ 33 04	21 00 27	25 41 06	27 38 29	3 27 24	26 20 26	18 32 49	10 41 00	20 58 37	20 18 37	21 32 42	28 33 50
26 Su	1 57 13	12 ♋ 54 16	20 06 51	22 11 44	26 10 14	28 36 18	4 01 40	26 37 14	18 52 42	10 50 17	21 12 06	20 32 48	21 45 11	28 44 36
27 M	3 05 07	27 30 56	4 ♌ 46 38	23 15 55	26 39 21	29 32 11	4 33 59	26 52 30	19 10 32	10 57 45	21 23 38	20 45 04	21 55 43	28 53 27
28 Tu	4 10 20	12 ♌ 09 31	19 25 08	24 12 11	27 07 36	0 ♊ 25 23	5 03 34	27 05 30	19 25 35	11 02 40	21 32 27	20 54 39	22 03 34	28 59 36
29 W	5 12 40	26 43 40	3 ♍ 56 33	25 00 18	27 34 47	1 15 42	5 30 14	27 16 02	19 37 39	11 04 50	21 38 23	21 01 21	22 08 34	29 02 53
30 Th	6 12 36	11 ♍ 08 58	18 17 20	25 40 40	28 01 16	2 03 36	5 54 28	27 24 33	19 47 12	11 04 44	21 41 53	21 05 39	22 11 08	29 03 46

Notes

May 2009 LONGITUDE

Day	☉	0 hr ☽	Noon ☽	☿	♀	♂	⚵	⚳	♃	♄	⚷	♅	♆	♇
1 F	7 ♋ 11 05	25 ♍ 23 16	2 ♎ 26 11	26 ♋ 14 13	28 ♉ 27 58	2 ♊ 50 05	6 ♉ 17 14	27 ♎ 32 02	19 ♈ 55 14	11 ♏ 03 19	21 ♈ 43 55	21 ♉ 08 32	22 ♈ 12 17	29 ♒ 03 14
2 Sa	8 09 25	9 ♎ 26 19	16 23 28	26 42 12	28 56 07	3 36 24	6 39 47	27 39 45	20 02 59	11 01 54	21 45 46	21 11 15	22 13 17	29 02 32
3 Su	9 08 53	23 19 02	0 ♏ 10 30	27 05 53	29 26 56	4 23 50	7 03 26	27 48 58	20 11 45	11 01 43	21 48 43	21 15 05	22 15 24	29 02 59
4 M	10 10 28	7 ♏ 02 39	13 48 37	27 26 19	0 ♊ 01 23	5 13 24	7 29 10	28 00 43	20 22 33	11 03 49	21 53 48	21 21 04	22 19 40	29 05 34
5 Tu	11 14 46	20 38 02	27 18 33	27 44 06	0 39 59	6 05 40	7 57 33	28 15 32	20 35 56	11 08 45	22 01 32	21 29 44	22 26 37	29 10 52
6 W	12 21 46	4 ♐ 05 13	10 ♐ 40 10	27 59 17	1 22 39	7 00 38	8 28 36	28 33 25	20 51 54	11 16 31	22 11 57	21 41 07	22 36 17	29 18 52
7 Th	13 30 56	17 23 22	23 52 27	28 11 29	2 08 50	7 57 46	9 01 47	28 53 50	21 09 55	11 26 36	22 24 31	21 54 40	22 48 08	29 29 03
8 F	14 41 22	0 ♑ 30 54	6 ♑ 53 48	28 19 54	2 57 33	8 56 09	9 36 09	29 15 51	21 29 05	11 38 04	22 38 18	22 09 28	23 01 13	29 40 29
9 Sa	15 51 54	13 26 02	19 42 31	28 23 37	3 47 37	9 54 38	10 10 35	29 38 20	21 48 14	11 49 46	22 52 10	22 24 22	23 14 25	29 52 03
10 Su	17 01 26	26 07 20	2 ♒ 17 25	28 21 45	4 37 51	10 52 05	10 43 57	0 ♏ 00 09	22 06 15	12 00 35	23 04 59	22 38 15	23 26 35	0 ♓ 02 36
11 M	18 09 01	8 ♒ 34 06	14 38 17	28 13 41	5 27 18	11 47 36	11 15 18	0 20 21	22 22 11	12 09 36	23 15 50	22 50 11	23 36 49	0 11 13
12 Tu	19 14 05	20 46 56	26 46 05	27 59 11	6 15 19	12 40 34	11 44 05	0 38 22	22 35 29	12 16 13	23 24 08	22 59 35	23 44 32	0 17 19
13 W	20 16 29	2 ♓ 47 44	8 ♓ 43 17	27 38 32	7 01 44	13 30 51	12 10 08	0 54 02	22 45 58	12 20 17	23 29 43	23 06 17	23 49 33	0 20 44
14 Th	21 16 29	14 39 50	20 33 38	27 12 28	7 46 45	14 18 43	12 33 42	1 07 37	22 53 55	12 22 05	23 32 51	23 10 35	23 52 10	0 21 46
15 F	22 14 44	26 27 48	2 ♈ 22 07	26 42 08	8 30 59	15 04 49	12 55 27	1 19 46	22 59 58	12 22 15	23 34 12	23 13 07	23 53 01	0 21 02
16 Sa	23 12 08	8 ♈ 17 12	14 14 34	26 09 02	9 15 20	15 50 03	13 16 17	1 31 23	23 05 03	12 21 42	23 34 41	23 14 48	23 53 01	0 19 28
17 Su	24 09 43	20 14 13	26 17 18	25 34 44	10 00 45	16 35 27	13 37 13	1 43 29	23 10 09	12 21 27	23 35 17	23 16 37	23 53 11	0 18 05
18 M	25 08 26	2 ♉ 25 10	8 ♉ 36 38	25 00 50	10 48 10	17 21 58	13 59 12	1 57 00	23 16 15	12 22 29	23 36 59	23 19 35	23 54 28	0 17 50
19 Tu	26 09 02	14 56 03	21 18 19	24 28 39	11 38 17	18 10 19	14 22 59	2 12 42	23 24 05	12 25 29	23 40 31	23 24 23	23 57 37	0 19 27
20 W	27 11 51	27 51 46	4 ♊ 26 41	23 59 11	12 31 25	19 00 52	14 48 53	2 30 54	23 33 59	12 30 51	23 46 14	23 31 23	24 02 58	0 23 17
21 Th	28 16 47	11 ♊ 15 33	18 04 06	23 32 53	13 27 26	19 53 31	15 16 50	2 51 31	23 45 50	12 38 27	23 54 01	23 40 28	24 10 26	0 29 15
22 F	29 23 15	25 08 11	2 ♋ 10 05	23 09 45	14 25 44	20 47 40	15 46 13	3 13 57	23 59 05	12 47 42	24 03 18	23 51 06	24 19 25	0 36 45
23 Sa	0 ♌ 30 20	9 ♋ 27 30	16 41 05	22 49 23	15 25 21	21 42 25	16 16 08	3 37 16	24 12 47	12 57 42	24 13 09	24 02 18	24 29 00	0 44 52
24 Su	1 36 55	24 08 21	1 ♌ 30 35	22 31 08	16 25 08	22 36 38	16 45 26	4 00 21	24 25 50	13 07 20	24 22 27	24 12 59	24 38 04	0 52 29
25 M	2 41 59	9 ♌ 03 04	16 29 58	22 14 24	17 24 04	23 29 17	17 13 08	4 22 12	24 37 13	13 15 33	24 30 12	24 22 07	24 45 36	0 58 34
26 Tu	3 44 49	24 02 44	1 ♍ 29 57	21 58 51	18 21 23	24 19 41	17 38 30	4 42 05	24 46 12	13 21 40	24 35 40	24 29 01	24 50 54	1 02 27
27 W	4 45 14	8 ♍ 58 35	16 22 12	21 44 36	19 16 54	25 07 38	18 01 20	4 59 48	24 52 36	13 25 29	24 38 40	24 33 28	24 53 46	1 03 54
28 Th	5 43 32	23 43 32	1 ♎ 00 33	21 32 13	20 10 53	25 53 27	18 21 58	5 15 40	24 56 45	13 27 20	24 39 32	24 35 47	24 54 31	1 03 16
29 F	6 40 31	8 ♎ 12 54	15 21 26	21 22 41	21 04 07	26 37 55	18 41 10	5 30 29	24 59 25	13 27 59	24 39 02	24 36 46	24 53 56	1 01 19
30 Sa	7 37 11	22 24 31	29 23 48	21 17 10	21 57 35	27 22 02	18 59 57	5 45 13	25 01 36	13 28 27	24 38 11	24 37 24	24 53 01	0 59 03
31 Su	8 34 35	6 ♏ 18 17	13 ♏ 08 20	21 16 46	22 52 18	28 06 50	19 19 20	6 00 56	25 04 21	13 29 45	24 38 01	24 38 45	24 52 49	0 57 32

June 2009 LONGITUDE

Day	☉	0 hr ☽	Noon ☽	☿	♀	♂	⚵	⚳	♃	♄	⚷	♅	♆	♇
1 M	9 ♌ 33 30	19 ♏ 55 21	26 ♏ 36 42	21 ♋ 22 24	23 ♊ 49 04	28 ♊ 53 08	19 ♉ 40 09	6 ♏ 18 25	25 ♈ 08 28	13 ♏ 32 42	24 ♈ 39 20	24 ♉ 41 36	24 ♈ 54 09	0 ♓ 57 33
2 Tu	10 34 24	3 ♐ 17 23	9 ♐ 50 46	21 34 32	24 48 18	29 41 24	20 02 50	6 38 07	25 14 25	13 37 46	24 42 37	24 46 25	24 57 27	0 59 33
3 W	11 37 19	16 25 56	22 52 09	21 53 10	25 50 02	0 ♋ 31 38	20 27 24	7 00 04	25 22 13	13 44 58	24 47 51	24 53 13	25 02 45	1 03 35
4 Th	12 41 53	29 22 10	5 ♑ 41 55	22 17 55	26 53 52	1 23 28	20 53 30	7 23 52	25 31 29	13 53 55	24 54 41	25 01 38	25 09 40	1 09 15
5 F	13 47 23	12 ♑ 06 44	18 20 37	22 48 03	27 59 07	2 16 13	21 20 25	7 48 51	25 41 32	14 03 57	25 02 25	25 10 58	25 17 32	1 15 54
6 Sa	14 53 02	24 39 59	0 ♒ 48 30	23 22 41	29 04 55	3 09 04	21 47 21	8 14 11	25 51 33	14 14 14	25 10 15	25 20 25	25 25 31	1 22 40
7 Su	15 57 59	7 ♒ 02 07	13 05 51	24 00 54	0 ♋ 10 27	4 01 11	22 13 26	8 39 02	26 00 42	14 23 55	25 17 21	25 29 08	25 32 48	1 28 46
8 M	17 01 33	19 13 37	25 13 13	24 41 59	1 15 01	4 51 54	22 38 02	9 02 43	26 08 18	14 32 21	25 23 02	25 36 28	25 38 41	1 33 29
9 Tu	18 03 19	1 ♓ 15 28	7 ♓ 11 47	25 25 21	2 18 10	5 40 45	23 00 40	9 24 47	26 13 55	14 39 05	25 26 51	25 41 56	25 42 45	1 36 24
10 W	19 03 08	13 09 21	19 03 32	26 10 49	3 19 45	6 27 36	23 21 12	9 45 06	26 17 24	14 43 58	25 28 40	25 45 25	25 44 50	1 37 22
11 Th	20 01 09	24 57 51	0 ♈ 51 21	26 58 26	4 19 53	7 12 37	23 39 47	10 03 48	26 18 54	14 47 10	25 28 38	25 47 04	25 45 06	1 36 33
12 F	20 57 46	6 ♈ 44 27	12 39 01	27 48 31	5 18 59	7 56 11	23 56 49	10 21 19	26 18 50	14 49 04	25 27 10	25 47 18	25 43 57	1 34 20
13 Sa	21 53 36	18 33 25	24 31 08	28 41 36	6 17 39	8 38 55	24 12 55	10 38 13	26 17 48	14 50 18	25 24 51	25 46 42	25 41 60	1 31 20
14 Su	22 49 21	0 ♉ 29 42	6 ♉ 32 52	29 38 18	7 16 33	9 21 31	24 28 45	10 55 12	26 16 29	14 51 31	25 22 24	25 45 58	25 39 55	1 28 14
15 M	23 45 39	12 38 38	18 49 38	0 ♌ 39 12	8 16 20	10 04 37	24 44 58	11 12 55	26 15 33	14 53 25	25 20 27	25 45 45	25 38 23	1 25 42
16 Tu	24 43 03	25 05 33	1 ♊ 26 44	1 44 45	9 17 31	10 48 45	25 02 07	11 31 55	26 15 31	14 56 30	25 19 33	25 46 35	25 37 55	1 24 16
17 W	25 41 50	7 ♊ 55 18	14 28 43	2 55 13	10 20 23	11 34 14	25 20 27	11 52 27	26 16 40	15 01 03	25 19 58	25 48 46	25 38 49	1 24 13
18 Th	26 41 59	21 11 41	27 58 45	4 10 30	11 24 54	12 21 01	25 39 59	12 14 32	26 19 01	15 07 05	25 21 42	25 52 16	25 41 03	1 25 33
19 F	27 43 12	4 ♋ 56 48	11 ♋ 57 55	5 30 16	12 30 47	13 08 49	26 00 24	12 37 51	26 22 14	15 14 17	25 24 28	25 56 48	25 44 20	1 27 56
20 Sa	28 44 57	19 10 16	26 24 33	6 53 56	13 37 26	13 57 04	26 21 09	13 01 51	26 25 48	15 22 05	25 27 41	26 01 49	25 48 07	1 30 51
21 Su	29 46 33	3 ♌ 48 55	11 ♌ 13 58	8 20 48	14 44 13	14 45 08	26 41 33	13 25 52	26 29 01	15 29 51	25 30 43	26 06 38	25 51 44	1 33 37
22 M	0 ♍ 47 22	18 46 38	26 18 45	9 50 10	15 50 28	15 32 21	27 00 58	13 49 15	26 31 16	15 36 55	25 32 55	26 10 38	25 54 32	1 35 37
23 Tu	1 46 57	3 ♍ 55 01	11 ♍ 29 37	11 21 35	16 55 44	16 18 16	27 18 58	14 11 34	26 32 07	15 42 51	25 33 51	26 13 22	25 56 06	1 36 24
24 W	2 45 09	19 04 35	26 36 55	12 54 51	17 59 51	17 02 45	27 35 21	14 32 39	26 31 23	15 47 29	25 33 19	26 14 39	25 56 15	1 35 47
25 Th	3 42 07	4 ♎ 06 13	11 ♎ 32 08	14 30 03	19 02 57	17 45 55	27 50 17	14 52 38	26 29 13	15 50 59	25 31 31	26 14 40	25 55 08	1 33 57
26 F	4 38 14	18 52 29	26 08 54	16 07 35	20 05 26	18 28 12	28 04 11	15 11 56	26 26 03	15 53 44	25 28 50	26 13 48	25 53 09	1 31 17
27 Sa	5 34 04	3 ♏ 18 24	10 ♏ 23 31	17 47 56	21 07 51	19 10 08	28 17 34	15 31 06	26 22 24	15 56 17	25 25 49	26 12 36	25 50 53	1 28 20
28 Su	6 30 10	17 21 32	24 14 43	19 31 36	22 10 45	19 52 15	28 30 59	15 50 40	26 18 51	15 59 11	25 23 01	26 11 38	25 48 51	1 25 40
29 M	7 26 57	1 ♐ 01 36	7 ♐ 43 12	21 18 56	23 14 33	20 35 01	28 44 53	16 11 04	26 15 48	16 02 53	25 20 52	26 11 20	25 47 30	1 23 42
30 Tu	8 24 41	14 19 52	20 50 51	23 10 05	24 19 30	21 18 39	28 59 29	16 32 32	26 13 31	16 07 35	25 19 36	26 11 54	25 47 04	1 22 41

Notes

LONGITUDE — July 2009

Day	☉	0 hr ☽	Noon ☽	☿	♀	♂	⚵	⚳	♃	♄	⚷	♅	♆	♇
1 W	9 ♍ 23 21	27 ♐ 18 30	3 ♑ 40 12	25 ♌ 04 56	25 ♋ 25 35	22 ♋ 03 10	29 ♉ 14 48	16 ♏ 55 05	26 ♈ 12 01	16 ♏ 13 20	25 ♈ 19 15	26 ♉ 13 23	25 ♈ 47 33	1 ♓ 22 38
2 Th	10 22 48	10 ♑ 00 03	16 13 56	27 03 12	26 32 39	22 48 23	29 30 38	17 18 32	26 11 05	16 19 56	25 19 37	26 15 36	25 48 47	1 23 21
3 F	11 22 41	22 27 08	28 34 37	29 04 22	27 40 20	23 33 59	29 46 41	17 42 33	26 10 27	16 27 04	25 20 24	26 18 13	25 50 27	1 24 31
4 Sa	12 22 38	4 ♒ 42 10	10 ♒ 44 36	1 ♍ 07 53	28 48 17	24 19 35	0 ♊ 02 33	18 06 45	26 09 42	16 34 21	25 21 12	26 20 51	25 52 10	1 25 46
5 Su	13 22 19	16 47 28	22 46 04	3 13 10	29 56 08	25 04 51	0 17 53	18 30 48	26 08 30	16 41 25	25 21 41	26 23 10	25 53 35	1 26 46
6 M	14 21 26	28 45 07	4 ♓ 41 02	5 19 43	1 ♌ 03 35	25 49 28	0 32 23	18 54 24	26 06 33	16 48 01	25 21 33	26 24 52	25 54 25	1 27 11
7 Tu	15 19 50	10 ♓ 37 13	16 31 31	7 27 05	2 10 30	26 33 18	0 45 54	19 17 24	26 03 44	16 53 58	25 20 39	26 25 49	25 54 30	1 26 54
8 W	16 17 28	22 25 54	28 19 43	9 34 58	3 16 49	27 16 18	0 58 23	19 39 44	25 59 58	16 59 13	25 18 57	26 25 57	25 53 48	1 25 52
9 Th	17 14 26	4 ♈ 13 30	10 ♈ 08 01	11 43 08	4 22 38	27 58 34	1 09 55	20 01 31	25 55 22	17 03 53	25 16 32	26 25 21	25 52 25	1 24 11
10 F	18 10 55	16 02 38	21 59 10	13 51 30	5 28 07	28 40 16	1 20 40	20 22 55	25 50 07	17 08 07	25 13 35	26 24 14	25 50 31	1 21 60
11 Sa	19 07 08	27 56 17	3 ♉ 56 20	15 59 58	6 33 30	29 21 37	1 30 52	20 44 09	25 44 26	17 12 10	25 10 19	26 22 47	25 48 19	1 19 33
12 Su	20 03 20	9 ♉ 57 45	16 02 60	18 08 31	7 39 01	0 ♌ 02 52	1 40 44	21 05 27	25 38 33	17 16 15	25 06 59	26 21 16	25 46 05	1 17 06
13 M	20 59 43	22 10 41	28 22 56	20 17 03	8 44 51	0 44 14	1 50 30	21 27 02	25 32 42	17 20 35	25 03 48	26 19 53	25 43 60	1 14 50
14 Tu	21 56 25	4 ♊ 38 53	11 ♊ 00 01	22 25 27	9 51 09	1 25 50	2 00 16	21 49 03	25 27 01	17 25 18	25 00 53	26 18 46	25 42 13	1 12 54
15 W	22 53 30	17 26 08	23 57 54	24 33 34	10 57 58	2 07 44	2 10 05	22 11 31	25 21 32	17 30 27	24 58 17	26 17 59	25 40 46	1 11 20
16 Th	23 50 55	0 ♋ 35 45	7 ♋ 19 37	26 41 07	12 05 15	2 49 52	2 19 54	22 34 24	25 16 14	17 35 59	24 55 59	26 17 27	25 39 38	1 10 07
17 F	24 48 34	14 10 15	21 07 01	28 47 49	13 12 53	3 32 09	2 29 36	22 57 36	25 10 59	17 41 48	24 53 51	26 17 06	25 38 41	1 09 07
18 Sa	25 46 17	28 10 42	5 ♌ 20 14	0 ♎ 53 24	14 20 43	4 14 25	2 39 03	23 20 57	25 05 41	17 47 44	24 51 45	26 16 46	25 37 47	1 08 11
19 Su	26 43 57	12 ♌ 36 08	19 57 07	2 57 35	15 28 38	4 56 32	2 48 06	23 44 21	25 00 10	17 53 41	24 49 34	26 16 20	25 36 49	1 07 13
20 M	27 41 30	27 23 08	4 ♍ 52 53	5 00 11	16 36 32	5 38 27	2 56 40	24 07 41	24 54 22	17 59 34	24 47 12	26 15 43	25 35 41	1 06 08
21 Tu	28 38 54	12 ♍ 25 45	20 00 27	7 01 07	17 44 24	6 20 07	3 04 44	24 30 58	24 48 18	18 05 21	24 44 39	26 14 54	25 34 23	1 04 54
22 W	29 36 13	27 35 55	5 ♎ 10 59	9 00 23	18 52 18	7 01 37	3 12 21	24 54 14	24 42 01	18 11 06	24 41 58	26 13 57	25 32 59	1 03 36
23 Th	0 ♎ 33 32	12 ♎ 44 27	20 15 12	10 58 00	20 00 19	7 43 01	3 19 36	25 17 36	24 35 35	18 16 54	24 39 16	26 12 57	25 31 33	1 02 18
24 F	1 30 56	27 42 19	5 ♏ 04 42	12 54 02	21 08 32	8 24 26	3 26 34	25 41 07	24 29 08	18 22 51	24 36 36	26 11 59	25 30 11	1 01 06
25 Sa	2 28 29	12 ♏ 21 55	19 32 58	14 48 31	22 16 59	9 05 52	3 33 18	26 04 50	24 22 41	18 28 58	24 34 02	26 11 05	25 28 55	1 00 02
26 Su	3 26 07	26 37 57	3 ♐ 36 01	16 41 22	23 25 39	9 47 18	3 39 44	26 28 44	24 16 13	18 35 14	24 31 32	26 10 15	25 27 44	0 59 05
27 M	4 23 46	10 ♐ 27 42	17 12 27	18 32 32	24 34 25	10 28 40	3 45 48	26 52 43	24 09 40	18 41 34	24 29 01	26 09 23	25 26 33	0 58 10
28 Tu	5 21 19	23 50 56	0 ♑ 23 02	20 21 53	25 43 12	11 09 51	3 51 23	27 16 40	24 02 54	18 47 51	24 26 22	26 08 21	25 25 15	0 57 09
29 W	6 18 39	6 ♑ 49 17	13 10 11	22 09 18	26 51 51	11 50 42	3 56 21	27 40 28	23 55 49	18 53 58	24 23 28	26 07 04	25 23 43	0 55 56
30 Th	7 15 41	19 25 49	25 37 22	23 54 43	28 00 19	12 31 10	4 00 38	28 04 02	23 48 20	18 59 49	24 20 14	26 05 26	25 21 51	0 54 26
31 F	8 12 26	1 ♒ 44 21	7 ♒ 48 36	25 38 08	29 08 35	13 11 14	4 04 12	28 27 22	23 40 28	19 05 25	24 16 41	26 03 28	25 19 41	0 52 39

LONGITUDE — August 2009

Day	☉	0 hr ☽	Noon ☽	☿	♀	♂	⚵	⚳	♃	♄	⚷	♅	♆	♇
1 Sa	9 ♎ 08 57	13 ♒ 49 05	19 ♒ 48 03	27 ♎ 19 39	0 ♍ 16 44	13 ♌ 50 60	4 ♊ 07 09	28 ♏ 50 32	23 ♈ 32 18	19 ♏ 10 50	24 ♈ 12 53	26 ♉ 01 13	25 ♈ 17 16	0 ♓ 50 39
2 Su	10 05 25	25 44 09	1 ♓ 39 46	28 59 24	1 24 54	14 30 35	4 09 36	29 13 42	23 23 58	19 16 14	24 08 60	25 58 51	25 14 46	0 48 35
3 M	11 01 60	7 ♓ 33 32	13 27 30	0 ♏ 37 36	2 33 18	15 10 13	4 11 46	29 37 03	23 15 42	19 21 47	24 05 12	25 56 34	25 12 22	0 46 41
4 Tu	11 58 57	19 20 46	25 14 38	2 14 30	3 42 09	15 50 05	4 13 53	0 ♐ 00 49	23 07 42	19 27 44	24 01 45	25 54 36	25 10 19	0 45 08
5 W	12 56 27	1 ♈ 09 00	7 ♈ 04 04	3 50 16	4 51 39	16 30 25	4 16 06	0 25 12	23 00 12	19 34 17	23 58 48	25 53 08	25 08 48	0 44 09
6 Th	13 54 38	13 00 55	18 58 19	5 25 04	6 01 55	17 11 20	4 18 34	0 50 18	22 53 18	19 41 32	23 56 32	25 52 18	25 07 56	0 43 51
7 F	14 53 32	24 58 44	0 ♉ 59 32	6 58 53	7 12 58	17 52 51	4 21 18	1 16 09	22 47 04	19 49 31	23 54 56	25 52 07	25 07 46	0 44 17
8 Sa	15 53 04	7 ♉ 04 25	13 09 34	8 31 39	8 24 45	18 34 53	4 24 13	1 42 41	22 41 23	19 58 10	23 53 56	25 52 31	25 08 11	0 45 20
9 Su	16 52 60	19 19 41	25 30 10	10 03 09	9 37 00	19 17 13	4 27 05	2 09 40	22 36 04	20 07 14	23 53 19	25 53 16	25 09 00	0 46 48
10 M	17 53 02	1 ♊ 46 11	8 ♊ 03 00	11 33 01	10 49 27	19 59 33	4 29 35	2 36 47	22 30 47	20 16 26	23 52 45	25 54 03	25 09 53	0 48 22
11 Tu	18 52 48	14 25 37	20 49 50	13 00 55	12 01 42	20 41 29	4 31 22	3 03 41	22 25 11	20 25 23	23 51 55	25 54 32	25 10 29	0 49 41
12 W	19 51 59	27 19 46	3 ♋ 52 29	14 26 28	13 13 26	21 22 43	4 32 05	3 30 01	22 18 58	20 33 45	23 50 27	25 54 22	25 10 28	0 50 24
13 Th	20 50 20	10 ♋ 30 33	17 12 44	15 49 24	14 24 24	22 02 60	4 31 29	3 55 33	22 11 52	20 41 18	23 48 07	25 53 18	25 09 34	0 50 17
14 F	21 47 46	23 59 47	0 ♌ 52 11	17 09 38	15 34 33	22 42 16	4 29 31	4 20 13	22 03 50	20 47 57	23 44 52	25 51 16	25 07 46	0 49 16
15 Sa	22 44 29	7 ♌ 48 53	14 51 46	18 27 17	16 44 01	23 20 40	4 26 19	4 44 10	21 55 01	20 53 54	23 40 50	25 48 27	25 05 11	0 47 31
16 Su	23 40 48	21 58 26	29 11 21	19 42 38	17 53 11	23 58 34	4 22 16	5 07 46	21 45 49	20 59 28	23 36 24	25 45 12	25 02 11	0 45 23
17 M	24 37 16	6 ♍ 27 33	13 ♍ 49 03	20 56 11	19 02 32	24 36 28	4 17 52	5 31 32	21 36 44	21 05 10	23 32 05	25 42 02	24 59 18	0 43 22
18 Tu	25 34 24	21 13 23	28 40 57	22 08 23	20 12 38	25 14 55	4 13 39	5 56 01	21 28 18	21 11 33	23 28 25	25 39 29	24 57 05	0 42 03
19 W	26 32 40	6 ♎ 10 48	13 ♎ 40 55	23 19 37	21 23 55	25 54 22	4 10 05	6 21 38	21 21 00	21 19 05	23 25 51	25 38 00	24 55 57	0 41 51
20 Th	27 32 17	21 10 38	28 41 10	24 30 03	22 36 38	26 35 03	4 07 23	6 48 39	21 15 04	21 27 59	23 24 37	25 37 50	24 56 09	0 43 02
21 F	28 33 13	6 ♏ 10 24	13 ♏ 33 06	25 39 31	23 50 42	27 16 54	4 05 32	7 16 59	21 10 27	21 38 11	23 24 41	25 38 55	24 57 39	0 45 30
22 Sa	29 35 06	20 55 31	28 08 42	26 47 35	25 05 47	27 59 35	4 04 09	7 46 19	21 06 48	21 49 21	23 25 41	25 40 55	25 00 04	0 48 57
23 Su	0 ♏ 37 23	5 ♐ 20 32	12 ♐ 21 38	27 53 35	26 21 20	28 42 32	4 02 42	8 16 04	21 03 34	22 00 55	23 27 05	25 43 16	25 02 53	0 52 47
24 M	1 39 25	19 20 18	26 08 01	28 56 43	27 36 41	29 25 06	4 00 32	8 45 35	21 00 07	22 12 15	23 28 13	25 45 19	25 05 25	0 56 24
25 Tu	2 40 36	2 ♑ 52 18	9 ♑ 26 39	29 56 17	28 51 16	0 ♍ 06 42	3 57 05	9 14 18	20 55 52	22 22 45	23 28 30	25 46 30	25 07 07	0 59 10
26 W	3 40 34	15 56 44	22 18 48	0 ♐ 51 42	0 ♎ 04 39	0 46 56	3 51 55	9 41 47	20 50 26	22 32 00	23 27 32	25 46 23	25 07 33	1 00 43
27 Th	4 39 08	28 36 02	4 ♒ 47 39	1 42 41	1 16 43	1 25 39	3 44 56	10 07 55	20 43 39	22 39 53	23 25 11	25 44 52	25 06 35	1 00 53
28 F	5 36 29	10 ♒ 54 18	16 57 45	2 29 11	2 27 37	2 02 60	3 36 17	10 32 50	20 35 42	22 46 33	23 21 36	25 42 04	25 04 22	0 59 50
29 Sa	6 33 00	22 56 37	28 54 22	3 11 24	3 37 45	2 39 24	3 26 22	10 56 57	20 26 59	22 52 23	23 17 11	25 38 24	25 01 20	0 57 59
30 Su	7 29 19	4 ♓ 48 32	10 ♓ 43 04	3 49 43	4 47 43	3 15 26	3 15 48	11 20 52	20 18 06	22 57 59	23 12 33	25 34 29	24 58 03	0 55 54
31 M	8 26 04	16 35 36	22 29 12	4 24 35	5 58 11	3 51 47	3 05 16	11 45 15	20 09 44	23 04 03	23 08 22	25 30 58	24 55 13	0 54 17

Notes

September 2009 — LONGITUDE

Day	☉	0 hr ☽	Noon ☽	☿	♀	♂	⚵	⚳	♃	♄	⚷	♅	♆	♇
1 Tu	9 ♏ 23 56	28 ♓ 22 58	4 ♈ 17 41	4 ♐ 56 24	7 ♎ 09 49	4 ♍ 29 06	2 ♊ 55 25	12 ♐ 10 45	20 ♈ 02 33	23 ♏ 11 13	23 ♈ 05 17	25 ♉ 28 32	24 ♈ 53 28	0 ♓ 53 47
2 W	10 23 25	10 ♈ 15 03	16 12 37	5 25 23	8 23 07	5 07 54	2 46 46	12 37 52	19 57 04	23 19 59	23 03 48	25 27 40	24 53 19	0 54 54
3 Th	11 24 49	22 15 27	28 17 13	5 51 34	9 38 23	5 48 28	2 39 39	13 06 55	19 53 34	23 30 39	23 04 15	25 28 41	24 55 04	0 57 57
4 F	12 28 07	4 ♉ 26 41	10 ♉ 33 38	6 14 40	10 55 36	6 30 49	2 34 03	13 37 53	19 52 03	23 43 14	23 06 36	25 31 34	24 58 43	1 02 54
5 Sa	13 33 02	16 50 13	23 02 60	6 34 03	12 14 29	7 14 36	2 29 41	14 10 29	19 52 14	23 57 24	23 10 33	25 36 01	25 03 57	1 09 28
6 Su	14 38 59	29 26 36	5 ♊ 45 33	6 48 52	13 34 26	7 59 17	2 25 58	14 44 05	19 53 32	24 12 35	23 15 32	25 41 26	25 10 12	1 17 03
7 M	15 45 09	12 ♊ 15 37	18 40 52	6 58 01	14 54 39	8 44 02	2 22 07	15 17 56	19 55 09	24 27 58	23 20 44	25 47 04	25 16 39	1 24 53
8 Tu	16 50 42	25 16 38	1 ♋ 48 17	7 00 24	16 14 18	9 28 00	2 17 18	15 51 09	19 56 15	24 42 43	23 25 19	25 52 01	25 22 28	1 32 05
9 W	17 54 52	8 ♋ 29 02	15 07 08	6 54 60	17 32 35	10 10 26	2 10 46	16 22 59	19 56 02	24 56 03	23 28 30	25 55 33	25 26 52	1 37 53
10 Th	18 57 08	21 52 27	28 37 08	6 41 08	18 49 02	10 50 48	2 02 00	16 52 54	19 54 02	25 07 28	23 29 47	25 57 08	25 29 22	1 41 47
11 F	19 57 22	5 ♌ 27 05	12 ♌ 18 33	6 18 36	20 03 29	11 28 59	1 50 55	17 20 48	19 50 06	25 16 49	23 29 02	25 56 39	25 29 48	1 43 40
12 Sa	20 55 55	19 13 37	26 11 59	5 47 43	21 16 16	12 05 18	1 37 50	17 47 00	19 44 35	25 24 28	23 26 35	25 54 26	25 28 32	1 43 51
13 Su	21 53 29	3 ♍ 12 59	10 ♍ 18 11	5 09 21	22 28 08	12 40 29	1 23 31	18 12 14	19 38 13	25 31 06	23 23 11	25 51 13	25 26 16	1 43 03
14 M	22 51 06	17 25 47	24 37 15	4 24 47	23 40 03	13 15 32	1 08 59	18 37 29	19 31 59	25 37 45	23 19 48	25 47 59	25 24 02	1 42 18
15 Tu	23 49 49	1 ♎ 51 39	9 ♎ 08 06	3 35 33	24 53 06	13 51 30	0 55 18	19 03 49	19 26 58	25 45 28	23 17 31	25 45 48	25 22 51	1 42 38
16 W	24 50 29	16 28 28	23 47 48	2 43 12	26 08 10	14 29 15	0 43 23	19 32 07	19 24 03	25 55 06	23 17 12	25 45 34	25 23 38	1 44 55
17 Th	25 53 37	1 ♏ 12 06	8 ♏ 31 23	1 49 04	27 25 42	15 09 17	0 33 43	20 02 51	19 23 42	26 07 10	23 19 21	25 47 44	25 26 51	1 49 40
18 F	26 59 09	15 56 21	23 12 10	0 54 14	28 45 40	15 51 33	0 26 17	20 36 00	19 25 54	26 21 37	23 23 55	25 52 18	25 32 28	1 56 49
19 Sa	28 06 34	0 ♐ 33 44	7 ♐ 42 38	29 ♏ 59 25	0 ♏ 07 33	16 35 31	0 20 36	21 11 01	19 30 07	26 37 54	23 30 22	25 58 42	25 39 57	2 05 51
20 Su	29 14 56	14 56 40	21 55 45	29 05 08	1 30 25	17 20 15	0 15 43	21 46 58	19 35 24	26 55 07	23 37 46	26 06 01	25 48 22	2 15 50
21 M	0 ♐ 23 09	28 58 40	5 ♑ 46 01	28 11 49	2 53 09	18 04 38	0 10 35	22 22 46	19 40 41	27 12 08	23 45 02	26 13 09	25 56 36	2 25 40
22 Tu	1 30 10	12 ♑ 35 29	19 10 22	27 20 01	4 14 43	18 47 39	0 04 11	22 57 21	19 44 55	27 27 55	23 51 07	26 19 04	26 03 39	2 34 18
23 W	2 35 15	25 45 29	2 ♒ 08 21	26 30 34	5 34 22	19 28 32	29 ♉ 55 48	23 29 59	19 47 22	27 41 44	23 55 17	26 23 01	26 08 45	2 41 00
24 Th	3 38 03	8 ♒ 29 44	14 41 60	25 44 35	6 51 47	20 06 58	29 45 06	24 00 20	19 47 42	27 53 14	23 57 12	26 24 41	26 11 34	2 45 26
25 F	4 38 43	20 51 35	26 55 19	25 03 33	8 07 04	20 43 04	29 32 16	24 28 32	19 46 02	28 02 34	23 56 59	26 24 11	26 12 15	2 47 44
26 Sa	5 37 48	2 ♓ 55 59	8 ♓ 53 44	24 29 08	9 20 48	21 17 23	29 17 51	24 55 09	19 42 57	28 10 17	23 55 12	26 22 04	26 11 19	2 48 26
27 Su	6 36 09	14 49 01	20 43 29	24 03 05	10 33 50	21 50 47	29 02 45	25 21 01	19 39 17	28 17 13	23 52 42	26 19 13	26 09 40	2 48 25
28 M	7 34 48	26 37 06	2 ♈ 31 00	23 47 02	11 47 12	22 24 18	28 48 01	25 47 09	19 36 05	28 24 25	23 50 32	26 16 39	26 08 19	2 48 43
29 Tu	8 34 45	8 ♈ 26 37	14 22 29	23 42 25	13 01 52	22 58 54	28 34 39	26 14 35	19 34 20	28 32 53	23 49 41	26 15 21	26 08 15	2 50 18
30 W	9 36 49	20 23 20	26 23 24	23 50 10	14 18 41	23 35 26	28 23 31	26 44 07	19 34 52	28 43 25	23 50 58	26 16 10	26 10 18	2 54 00

October 2009 — LONGITUDE

Day	☉	0 hr ☽	Noon ☽	☿	♀	♂	⚵	⚳	♃	♄	⚷	♅	♆	♇
1 Th	10 ♐ 41 30	2 ♉ 31 59	8 ♉ 38 03	24 ♏ 10 44	15 ♏ 38 08	24 ♍ 14 22	28 ♉ 15 07	27 ♐ 16 15	19 ♈ 38 11	28 ♏ 56 31	23 ♈ 54 53	26 ♉ 19 34	26 ♈ 14 57	3 ♓ 00 20
2 F	11 48 52	14 55 60	21 09 19	24 43 55	17 00 18	24 55 47	28 09 33	27 51 02	19 44 20	29 12 15	24 01 31	26 25 39	26 22 17	3 09 20
3 Sa	12 58 32	27 37 12	3 ♊ 58 26	25 28 54	18 24 46	25 39 18	28 06 27	28 28 07	19 52 58	29 30 15	24 10 28	26 34 00	26 31 55	3 20 39
4 Su	14 09 43	10 ♊ 35 46	17 04 55	26 24 21	19 50 46	26 24 06	28 05 02	29 06 40	20 03 15	29 49 42	24 20 56	26 43 51	26 43 02	3 33 27
5 M	15 21 17	23 50 20	0 ♋ 26 52	27 28 31	21 17 11	27 09 06	28 04 13	29 45 36	20 14 06	0 ♐ 09 30	24 31 49	26 54 04	26 54 33	3 46 39
6 Tu	16 32 02	7 ♋ 18 24	14 01 23	28 39 30	22 42 48	27 53 03	28 02 48	0 ♑ 23 42	20 24 18	0 28 26	24 41 55	27 03 28	27 05 15	3 59 03
7 W	17 40 55	20 56 54	27 45 15	29 55 29	24 06 33	28 34 54	27 59 45	0 59 53	20 32 46	0 45 25	24 50 09	27 10 58	27 14 03	4 09 33
8 Th	18 47 11	4 ♌ 42 57	11 ♌ 35 37	1 ♐ 14 59	25 27 42	29 13 55	27 54 20	1 33 26	20 38 48	0 59 45	24 55 48	27 15 51	27 20 15	4 17 26
9 F	19 50 40	18 34 21	25 30 31	2 37 06	26 46 05	29 49 55	27 46 24	2 04 10	20 42 12	1 11 13	24 58 40	27 17 54	27 23 38	4 22 31
10 Sa	20 51 45	2 ♍ 30 01	9 ♍ 29 10	4 01 31	28 02 04	0 ♎ 23 16	27 36 22	2 32 28	20 43 21	1 20 14	24 59 10	27 17 34	27 24 36	4 25 12
11 Su	21 51 22	16 29 59	23 31 49	5 28 29	29 16 36	0 54 56	27 25 10	2 59 17	20 43 13	1 27 43	24 58 13	27 15 44	27 24 07	4 26 25
12 M	22 50 49	0 ♎ 34 56	7 ♎ 39 09	6 58 40	0 ♐ 30 57	1 26 09	27 14 07	3 25 52	20 43 03	1 34 58	24 57 06	27 13 42	27 23 25	4 27 25
13 Tu	23 51 24	14 45 34	21 51 38	8 32 51	1 46 28	1 58 17	27 04 33	3 53 35	20 44 12	1 43 17	24 57 09	27 12 49	27 23 53	4 29 35
14 W	24 54 15	29 01 45	6 ♏ 08 44	10 11 37	3 04 15	2 32 26	26 57 36	4 23 32	20 47 47	1 53 49	24 59 30	27 14 11	27 26 36	4 34 00
15 Th	26 00 02	13 ♏ 21 56	20 28 16	11 55 12	4 24 58	3 09 14	26 53 57	4 56 22	20 54 27	2 07 12	25 04 47	27 18 27	27 32 13	4 41 20
16 F	27 08 46	27 42 45	4 ♐ 46 21	13 43 12	5 48 37	3 48 43	26 53 37	5 32 07	21 04 14	2 23 28	25 13 03	27 25 40	27 40 47	4 51 36
17 Sa	28 19 50	11 ♐ 59 13	18 57 42	15 34 42	7 14 38	4 30 17	26 56 03	6 10 11	21 16 32	2 42 01	25 23 41	27 35 14	27 51 42	5 04 13
18 Su	29 32 13	26 05 31	2 ♑ 56 34	17 28 20	8 41 57	5 12 53	27 00 12	6 49 31	21 30 17	3 01 47	25 35 39	27 46 05	28 03 55	5 18 08
19 M	0 ♑ 44 36	9 ♑ 55 56	16 37 44	19 22 33	10 09 17	5 55 13	27 04 47	7 28 50	21 44 13	3 21 30	25 47 38	27 56 56	28 16 07	5 32 02
20 Tu	1 55 44	23 25 56	29 57 26	21 15 55	11 35 21	6 36 02	27 08 33	8 06 51	21 57 04	3 39 54	25 58 25	28 06 32	28 27 05	5 44 41
21 W	3 04 39	6 ♒ 32 56	12 ♒ 54 02	23 07 16	12 59 14	7 14 21	27 10 34	8 42 38	22 07 53	3 56 01	26 07 01	28 13 55	28 35 50	5 55 08
22 Th	4 10 53	19 16 43	25 28 14	24 55 58	14 20 24	7 49 41	27 10 20	9 15 41	22 16 10	4 09 22	26 12 56	28 18 37	28 41 53	6 02 52
23 F	5 14 25	1 ♓ 39 19	7 ♓ 42 50	26 41 54	15 38 53	8 22 03	27 07 53	9 46 01	22 21 56	4 19 58	26 16 13	28 20 38	28 45 16	6 07 55
24 Sa	6 15 46	13 44 44	19 42 27	28 25 29	16 55 11	8 51 57	27 03 44	10 14 08	22 25 41	4 28 19	26 17 20	28 20 28	28 46 27	6 10 47
25 Su	7 15 49	25 38 27	1 ♈ 32 53	0 ♑ 07 31	18 10 12	9 20 15	26 58 47	10 40 55	22 28 18	4 35 18	26 17 12	28 19 01	28 46 21	6 12 21
26 M	8 15 41	7 ♈ 26 46	13 20 44	1 49 02	19 25 01	9 48 04	26 54 06	11 07 28	22 30 54	4 42 00	26 16 55	28 17 22	28 46 04	6 13 43
27 Tu	9 16 29	19 16 25	25 12 40	3 31 07	20 40 45	10 16 30	26 50 52	11 34 55	22 34 35	4 49 34	26 17 35	28 16 40	28 46 42	6 16 01
28 W	10 19 09	1 ♉ 13 51	7 ♉ 15 02	5 14 40	21 58 23	10 46 31	26 49 60	12 04 13	22 40 20	4 58 58	26 20 10	28 17 51	28 49 14	6 20 12
29 Th	11 24 21	13 24 52	19 33 17	7 00 19	23 18 32	11 18 45	26 52 09	12 36 01	22 48 46	5 10 47	26 25 19	28 21 35	28 54 18	6 26 54
30 F	12 32 16	25 54 01	2 ♊ 11 29	8 48 14	24 41 23	11 53 22	26 57 32	13 10 28	23 00 04	5 25 15	26 33 13	28 28 01	29 02 05	6 36 19
31 Sa	13 42 34	8 ♊ 44 16	15 11 51	10 38 04	26 06 38	12 30 04	27 05 48	13 47 17	23 13 55	5 42 02	26 43 32	28 36 52	29 12 15	6 48 06

Notes

LONGITUDE — November 2009

Day	☉	0 hr ☽	Noon ☽	☿	♀	♂	⚵	⚳	♃	♄	⚷	♅	♆	♇
1 Su	14 ♑ 54 29	21 ♊ 56 33	28 ♊ 34 28	12 ♑ 29 03	27 ♐ 33 30	13 ♎ 08 03	27 ♉ 16 11	14 ♑ 25 40	23 ♈ 29 33	6 ♐ 00 22	26 ♈ 55 31	28 ♉ 47 20	29 ♈ 24 03	7 ♓ 01 31
2 M	16 06 55	5 ♋ 29 44	12 ♋ 17 17	14 20 03	29 00 51	13 46 12	27 27 34	15 04 31	23 45 50	6 19 06	27 08 01	28 58 19	29 36 21	7 15 25
3 Tu	17 18 35	19 20 45	26 16 24	16 09 51	0 ♑ 27 28	14 23 15	27 38 43	15 42 35	24 01 32	6 37 01	27 19 49	29 08 34	29 47 55	7 28 34
4 W	18 28 24	3 ♌ 25 03	10 ♌ 26 41	17 57 18	1 52 12	14 58 06	27 48 30	16 18 45	24 15 32	6 52 59	27 29 47	29 16 58	29 57 36	7 39 51
5 Th	19 35 35	17 37 30	24 42 48	19 41 41	3 14 18	15 29 58	27 56 09	16 52 14	24 27 02	7 06 14	27 37 09	29 22 44	0 ♉ 04 41	7 48 29
6 F	20 39 54	1 ♍ 53 16	9 ♍ 00 04	21 22 46	4 33 32	15 58 37	28 01 27	17 22 49	24 35 50	7 16 33	27 41 42	29 25 40	0 08 53	7 54 16
7 Sa	21 41 45	16 08 36	23 15 11	23 00 55	5 50 17	16 24 24	28 04 45	17 50 52	24 42 18	7 24 17	27 43 47	29 26 07	0 10 37	7 57 32
8 Su	22 41 59	0 ♎ 21 13	7 ♎ 26 25	24 37 04	7 05 25	16 48 13	28 06 57	18 17 16	24 47 18	7 30 19	27 44 18	29 24 58	0 10 45	7 59 12
9 M	23 41 51	14 30 16	21 33 24	26 12 25	8 20 09	17 11 15	28 09 15	18 43 14	24 52 05	7 35 54	27 44 28	29 23 28	0 10 30	8 00 28
10 Tu	24 42 36	28 35 48	5 ♏ 36 27	27 48 16	9 35 47	17 34 47	28 12 57	19 10 03	24 57 53	7 42 16	27 45 33	29 22 51	0 11 08	8 02 38
11 W	25 45 18	12 ♏ 38 07	19 35 56	29 25 42	10 53 20	17 59 51	28 19 04	19 38 46	25 05 46	7 50 29	27 48 37	29 24 12	0 13 44	8 06 43
12 Th	26 50 34	26 37 05	3 ♐ 31 33	1 ♒ 05 21	12 13 27	18 27 05	28 28 15	20 10 00	25 16 23	8 01 11	27 54 17	29 28 08	0 18 53	8 13 21
13 F	27 58 28	10 ♐ 31 35	17 21 57	2 47 17	13 36 10	18 56 31	28 40 33	20 43 49	25 29 45	8 14 24	28 02 37	29 34 43	0 26 40	8 22 37
14 Sa	29 08 30	24 19 30	1 ♑ 04 45	4 31 02	15 01 01	19 27 39	28 55 27	21 19 42	25 45 23	8 29 40	28 13 06	29 43 26	0 36 36	8 33 59
15 Su	0 ♒ 19 44	7 ♑ 57 50	14 36 53	6 15 41	16 27 04	19 59 33	29 12 04	21 56 46	26 02 23	8 46 03	28 24 50	29 53 23	0 47 44	8 46 34
16 M	1 31 04	21 23 17	27 55 07	8 00 09	17 53 12	20 31 07	29 29 15	22 33 52	26 19 37	9 02 26	28 36 42	0 ♊ 03 27	0 58 59	8 59 14
17 Tu	2 41 24	4 ♒ 32 54	10 ♒ 56 52	9 43 20	19 18 19	21 01 13	29 45 54	23 09 54	26 35 59	9 17 43	28 47 35	0 12 31	1 09 13	9 10 53
18 W	3 49 50	17 24 43	23 40 40	11 24 21	20 41 31	21 28 58	0 ♊ 01 08	23 44 01	26 50 36	9 31 01	28 56 38	0 19 44	1 17 35	9 20 38
19 Th	4 55 53	29 58 14	6 ♓ 06 36	13 02 45	22 02 20	21 53 51	0 14 27	24 15 40	27 02 57	9 41 49	29 03 19	0 24 35	1 23 34	9 27 60
20 F	5 59 28	12 ♓ 14 31	18 16 21	14 38 26	23 20 40	22 15 48	0 25 46	24 44 49	27 12 59	9 50 04	29 07 35	0 26 60	1 27 05	9 32 53
21 Sa	7 00 55	24 16 20	0 ♈ 13 14	16 11 46	24 36 51	22 35 08	0 35 25	25 11 47	27 21 01	9 56 05	29 09 44	0 27 17	1 28 29	9 35 38
22 Su	8 00 53	6 ♈ 07 46	12 01 48	17 43 24	25 51 33	22 52 30	0 44 03	25 37 14	27 27 43	10 00 32	29 10 28	0 26 09	1 28 26	9 36 54
23 M	9 00 16	17 54 01	23 47 35	19 14 12	27 05 38	23 08 46	0 52 31	26 02 02	27 33 57	10 04 18	29 10 39	0 24 26	1 27 47	9 37 33
24 Tu	9 59 57	29 40 56	5 ♉ 36 41	20 45 08	28 20 02	23 24 51	1 01 47	26 27 06	27 40 39	10 08 17	29 11 11	0 23 04	1 27 29	9 38 32
25 W	11 00 49	11 ♉ 34 42	17 35 18	22 17 00	29 35 35	23 41 34	1 12 38	26 53 16	27 48 37	10 13 19	29 12 55	0 22 53	1 28 21	9 40 40
26 Th	12 03 25	23 41 15	29 49 20	23 50 24	0 ♒ 52 52	23 59 31	1 25 40	27 21 09	27 58 29	10 20 01	29 16 27	0 24 30	1 30 59	9 44 33
27 F	13 08 01	6 ♊ 05 55	12 ♊ 23 45	25 25 35	2 12 09	24 18 56	1 41 08	27 50 58	28 10 28	10 28 37	29 22 01	0 28 08	1 35 37	9 50 25
28 Sa	14 14 29	18 52 54	25 22 14	27 02 23	3 33 17	24 39 40	1 58 53	28 22 37	28 24 28	10 38 60	29 29 30	0 33 41	1 42 09	9 58 10
29 Su	15 22 19	2 ♋ 04 47	8 ♋ 46 30	28 40 17	4 55 46	25 01 12	2 18 25	28 55 33	28 39 56	10 50 37	29 38 22	0 40 37	1 50 03	10 07 15
30 M	16 30 42	15 42 04	22 36 02	0 ♓ 18 28	6 18 47	25 22 44	2 38 55	29 29 01	28 56 05	11 02 43	29 47 50	0 48 08	1 58 32	10 16 54

LONGITUDE — December 2009

Day	☉	0 hr ☽	Noon ☽	☿	♀	♂	⚵	⚳	♃	♄	⚷	♅	♆	♇
1 Tu	17 ♒ 38 43	29 ♋ 42 57	6 ♌ 47 51	1 ♓ 55 59	7 ♒ 41 27	25 ♎ 43 20	2 ♊ 59 28	0 ♒ 02 03	29 ♈ 11 59	11 ♐ 14 20	29 ♈ 56 59	0 ♊ 55 20	2 ♉ 06 39	10 ♓ 26 11
2 W	18 45 32	14 ♌ 03 23	21 16 49	3 31 55	9 02 53	26 02 08	3 19 11	0 33 49	29 26 48	11 24 39	0 ♉ 04 58	1 01 21	2 13 35	10 34 14
3 Th	19 50 31	28 37 31	5 ♍ 56 17	5 05 38	10 22 28	26 18 30	3 37 29	1 03 42	29 39 55	11 33 02	0 11 09	1 05 34	2 18 42	10 40 27
4 F	20 53 27	13 ♍ 18 31	20 39 09	6 36 51	11 40 01	26 32 13	3 54 06	1 31 29	29 51 05	11 39 16	0 15 19	1 07 46	2 21 46	10 44 37
5 Sa	21 54 33	27 59 42	5 ♎ 18 56	8 05 41	12 55 42	26 43 28	4 09 16	1 57 23	0 ♉ 00 32	11 43 33	0 17 42	1 08 10	2 23 02	10 46 56
6 Su	22 54 24	12 ♎ 35 24	19 50 36	9 32 40	14 10 07	26 52 49	4 23 33	2 21 57	0 08 50	11 46 28	0 18 51	1 07 21	2 23 02	10 47 60
7 M	23 53 48	27 01 33	4 ♏ 10 53	10 58 29	15 24 05	27 01 04	4 37 45	2 46 01	0 16 49	11 48 50	0 19 36	1 06 06	2 22 37	10 48 36
8 Tu	24 53 38	11 ♏ 15 45	18 18 10	12 23 52	16 38 27	27 09 05	4 52 44	3 10 27	0 25 18	11 51 31	0 20 47	1 05 19	2 22 37	10 49 36
9 W	25 54 34	25 16 56	2 ♐ 12 02	13 49 25	17 53 56	27 17 32	5 09 11	3 35 56	0 35 01	11 55 12	0 23 08	1 05 40	2 23 45	10 51 42
10 Th	26 57 03	9 ♐ 04 57	15 52 42	15 15 21	19 10 55	27 26 49	5 27 32	4 02 53	0 46 23	12 00 18	0 27 02	1 07 36	2 26 25	10 55 20
11 F	28 01 07	22 39 56	29 20 33	16 41 32	20 29 30	27 36 60	5 47 48	4 31 22	0 59 26	12 06 53	0 32 34	1 11 08	2 30 42	11 00 33
12 Sa	29 06 29	6 ♑ 02 03	12 ♑ 35 47	18 07 28	21 49 22	27 47 46	6 09 44	5 01 05	1 13 54	12 14 40	0 39 27	1 16 01	2 36 17	11 07 03
13 Su	0 ♓ 12 37	19 11 16	25 38 21	19 32 20	23 09 59	27 58 35	6 32 46	5 31 30	1 29 13	12 23 06	0 47 07	1 21 43	2 42 40	11 14 19
14 M	1 18 53	2 ♒ 07 23	8 ♒ 28 01	20 55 10	24 30 43	28 08 46	6 56 15	6 01 59	1 44 46	12 31 32	0 54 57	1 27 33	2 49 10	11 21 41
15 Tu	2 24 37	14 50 12	21 04 39	22 14 60	25 50 55	28 17 41	7 19 32	6 31 53	1 59 54	12 39 20	1 02 17	1 32 54	2 55 10	11 28 31
16 W	3 29 19	27 19 45	3 ♓ 28 20	23 30 53	27 10 04	28 24 50	7 42 08	7 00 41	2 14 06	12 45 60	1 08 38	1 37 16	3 00 09	11 34 19
17 Th	4 32 42	9 ♓ 36 30	15 39 47	24 42 04	28 27 53	28 29 53	8 03 43	7 28 05	2 27 05	12 51 14	1 13 42	1 40 21	3 03 50	11 38 47
18 F	5 34 41	21 41 37	27 40 25	25 47 57	29 44 19	28 32 46	8 24 15	7 54 03	2 38 46	12 54 58	1 17 25	1 42 05	3 06 08	11 41 51
19 Sa	6 35 26	3 ♈ 37 02	9 ♈ 32 29	26 48 04	0 ♓ 59 30	28 33 39	8 43 50	8 18 42	2 49 20	12 57 21	1 19 55	1 42 37	3 07 13	11 43 41
20 Su	7 35 17	15 25 31	21 19 04	27 42 05	2 13 46	28 32 50	9 02 51	8 42 23	2 59 04	12 58 43	1 21 34	1 42 17	3 07 26	11 44 37
21 M	8 34 40	27 10 36	3 ♉ 04 03	28 29 40	3 27 33	28 30 45	9 21 41	9 05 33	3 08 27	12 59 31	1 22 47	1 41 32	3 07 11	11 45 03
22 Tu	9 34 03	8 ♉ 56 29	14 51 55	29 10 29	4 41 20	28 27 52	9 40 49	9 28 38	3 17 55	13 00 12	1 24 03	1 40 50	3 06 57	11 45 30
23 W	10 33 50	20 47 52	26 47 36	29 44 04	5 55 31	28 24 36	10 00 40	9 52 04	3 27 54	13 01 12	1 25 45	1 40 35	3 07 10	11 46 21
24 Th	11 34 20	2 ♊ 49 46	8 ♊ 56 12	0 ♈ 09 49	7 10 25	28 21 15	10 21 32	10 16 09	3 38 42	13 02 48	1 28 13	1 41 06	3 08 07	11 47 55
25 F	12 35 42	15 07 08	21 22 40	0 26 58	8 26 10	28 17 56	10 43 32	10 41 02	3 50 26	13 05 09	1 31 34	1 42 30	3 09 56	11 50 20
26 Sa	13 37 52	27 44 37	4 ♋ 11 23	0 34 39	9 42 44	28 14 37	11 06 37	11 06 39	4 03 05	13 08 12	1 35 47	1 44 47	3 12 36	11 53 33
27 Su	14 40 39	10 ♋ 46 05	17 25 43	0 31 53	10 59 53	28 11 06	11 30 36	11 32 49	4 16 26	13 11 46	1 40 39	1 47 43	3 15 54	11 57 23
28 M	15 43 43	24 14 06	1 ♌ 07 23	0 17 51	12 17 21	28 07 03	11 55 09	11 59 13	4 30 11	13 15 31	1 45 50	1 50 59	3 19 31	12 01 31
29 Tu	16 46 44	8 ♌ 09 22	15 15 60	29 ♓ 51 53	13 34 44	28 02 09	12 19 55	12 25 30	4 43 57	13 19 06	1 51 01	1 54 15	3 23 05	12 05 35
30 W	17 49 23	22 30 17	29 48 35	29 13 49	14 51 46	27 56 02	12 44 34	12 51 20	4 57 26	13 22 13	1 55 52	1 57 12	3 26 19	12 09 17
31 Th	18 51 27	7 ♍ 12 39	14 ♍ 39 40	28 23 58	16 08 12	27 48 32	13 08 54	13 16 31	5 10 25	13 24 39	2 00 10	1 59 36	3 29 00	12 12 24

Notes

January 2010 — LONGITUDE

Day	☉	0 hr ☽	Noon ☽	☿	♀	♂	⚵	⚳	♃	♄	⚷	♅	♆	♇
1 F	19♓52 53	22♍09 55	29♍41 41	27♓23 23	17♓24 00	27♎39 34	13♊32 51	13♒41 00	5♉22 52	13♐26 20	2♉03 53	2♊01 25	3♉31 04	12♓14 52
2 Sa	20 53 47	7♎13 54	14♎45 57	26 13 46	18 39 15	27 29 15	13 56 30	14 04 52	5 34 51	13 27 21	2 07 05	2 02 45	3 32 36	12 16 48
3 Su	21 54 20	22 15 53	29 43 55	24 57 21	19 54 10	27 17 47	14 20 03	14 28 19	5 46 34	13 27 56	2 09 58	2 03 46	3 33 49	12 18 22
4 M	22 54 46	7♏07 50	14♏28 18	23 36 51	21 08 57	27 05 23	14 43 44	14 51 34	5 58 14	13 28 17	2 12 46	2 04 43	3 34 56	12 19 49
5 Tu	23 55 18	21 43 25	28 53 54	22 15 05	22 23 51	26 52 17	15 07 45	15 14 52	6 10 06	13 28 38	2 15 43	2 05 49	3 36 11	12 21 22
6 W	24 56 05	5♐58 30	12♐57 46	20 54 50	23 38 58	26 38 37	15 32 14	15 38 18	6 22 16	13 29 06	2 18 56	2 07 11	3 37 41	12 23 08
7 Th	25 57 07	19 51 11	26 39 02	19 38 35	24 54 21	26 24 26	15 57 12	16 01 56	6 34 47	13 29 44	2 22 26	2 08 52	3 39 27	12 25 10
8 F	26 58 22	3♑21 28	9♑58 29	18 28 23	26 09 56	26 09 41	16 22 36	16 25 41	6 47 34	13 30 27	2 26 10	2 10 47	3 41 27	12 27 23
9 Sa	27 59 42	16 30 40	22 57 57	17 25 49	27 25 36	25 54 17	16 48 19	16 49 27	7 00 31	13 31 09	2 30 02	2 12 51	3 43 34	12 29 42
10 Su	29 01 01	29 21 01	5♒39 52	16 31 59	28 41 15	25 38 07	17 14 14	17 13 06	7 13 30	13 31 42	2 33 54	2 14 56	3 45 40	12 31 59
11 M	0♈02 14	11♒55 06	18 06 54	15 47 31	29 56 48	25 21 08	17 40 16	17 36 34	7 26 28	13 32 03	2 37 42	2 16 57	3 47 41	12 34 08
12 Tu	1 03 19	24 15 37	0♓21 42	15 12 46	1♈12 13	25 03 19	18 06 23	17 59 49	7 39 23	13 32 10	2 41 23	2 18 53	3 49 36	12 36 10
13 W	2 04 19	6♓25 12	12 26 43	14 47 46	2 27 32	24 44 46	18 32 37	18 22 54	7 52 16	13 32 05	2 45 02	2 20 47	3 51 26	12 38 06
14 Th	3 05 19	18 26 15	24 24 19	14 32 22	3 42 53	24 25 36	18 59 05	18 45 55	8 05 14	13 31 55	2 48 43	2 22 44	3 53 19	12 40 03
15 F	4 06 28	0♈21 02	6♈16 39	14 26 15	4 58 21	24 05 57	19 25 54	19 08 59	8 18 25	13 31 47	2 52 35	2 24 53	3 55 21	12 42 08
16 Sa	5 07 51	12 11 40	18 05 50	14 28 59	6 14 05	23 45 60	19 53 10	19 32 12	8 31 55	13 31 47	2 56 43	2 27 19	3 57 40	12 44 27
17 Su	6 09 34	24 00 15	29 54 02	14 40 01	7 30 07	23 25 49	20 20 57	19 55 40	8 45 47	13 32 01	3 01 12	2 30 07	4 00 19	12 47 05
18 M	7 11 36	5♉48 59	11♉43 35	14 58 45	8 46 29	23 05 28	20 49 15	20 19 21	9 00 04	13 32 27	3 06 03	2 33 17	4 03 19	12 50 02
19 Tu	8 13 52	17 40 16	23 37 05	15 24 27	10 03 06	22 44 54	21 17 59	20 43 12	9 14 38	13 33 03	3 11 10	2 36 45	4 06 35	12 53 13
20 W	9 16 13	29 36 50	5♊37 28	15 56 20	11 19 47	22 24 00	21 47 00	21 07 02	9 29 22	13 33 37	3 16 23	2 40 20	4 09 56	12 56 29
21 Th	10 18 25	11♊41 47	17 48 02	16 33 39	12 36 21	22 02 36	22 16 04	21 30 38	9 44 01	13 33 57	3 21 31	2 43 50	4 13 12	12 59 37
22 F	11 20 16	23 58 36	0♋12 25	17 15 38	13 52 33	21 40 30	22 44 58	21 53 47	9 58 22	13 33 50	3 26 19	2 47 01	4 16 07	13 02 23
23 Sa	12 21 34	6♋31 03	12 54 26	18 01 37	15 08 13	21 17 34	23 13 31	22 16 19	10 12 15	13 33 05	3 30 36	2 49 43	4 18 31	13 04 37
24 Su	13 22 15	19 22 60	25 57 50	18 51 06	16 23 16	20 53 48	23 41 38	22 38 08	10 25 35	13 31 38	3 34 19	2 51 52	4 20 20	13 06 14
25 M	14 22 23	2♌38 04	9♌25 47	19 43 44	17 37 46	20 29 16	24 09 22	22 59 18	10 38 25	13 29 32	3 37 30	2 53 30	4 21 38	13 07 17
26 Tu	15 22 10	16 19 03	23 20 21	20 39 24	18 51 56	20 04 16	24 36 56	23 20 02	10 50 58	13 26 60	3 40 23	2 54 50	4 22 36	13 08 00
27 W	16 21 56	0♍27 13	7♍41 45	21 38 07	20 06 06	19 39 09	25 04 41	23 40 40	11 03 35	13 24 23	3 43 17	2 56 13	4 23 36	13 08 43
28 Th	17 22 07	15 01 33	22 27 34	22 39 60	21 20 40	19 14 23	25 32 59	24 01 36	11 16 39	13 22 04	3 46 38	2 58 04	4 25 01	13 09 50
29 F	18 23 03	29 58 13	7♎32 30	23 45 10	22 36 00	18 50 22	26 02 14	24 23 13	11 30 32	13 20 26	3 50 46	3 00 43	4 27 14	13 11 42
30 Sa	19 24 59	15♎10 20	22 48 27	24 53 38	23 52 20	18 27 22	26 32 37	24 45 42	11 45 28	13 19 42	3 55 54	3 04 24	4 30 27	13 14 34
31 Su	20 27 53	0♏28 35	8♏05 24	26 05 13	25 09 39	18 05 27	27 04 10	25 09 05	12 01 27	13 19 53	4 02 04	3 09 07	4 34 41	13 18 25

February 2010 — LONGITUDE

Day	☉	0 hr ☽	Noon ☽	☿	♀	♂	⚵	⚳	♃	♄	⚷	♅	♆	♇
1 M	21♈31 34	15♏42 27	23♏12 59	27♓19 31	26♈27 44	17♎44 24	27♊36 37	25♒33 07	12♉18 14	13♐20 44	4♉09 01	3♊14 38	4♉39 42	13♓23 01
2 Tu	22 35 34	0♐41 54	8♐02 05	28 35 56	27 46 09	17 23 51	28 09 34	25 57 22	12 35 24	13 21 49	4 16 20	3 20 32	4 45 04	13 27 56
3 W	23 39 21	15 18 55	22 26 05	29 53 49	29 04 22	17 03 19	28 42 27	26 21 18	12 52 25	13 22 38	4 23 27	3 26 17	4 50 15	13 32 39
4 Th	24 42 26	29 28 28	6♑21 31	1♈12 33	0♉21 53	16 42 18	29 14 47	26 44 25	13 08 45	13 22 38	4 29 53	3 31 20	4 54 44	13 36 39
5 F	25 44 27	13♑08 43	19 47 55	2 31 40	1 38 19	16 20 32	29 46 11	27 06 21	13 24 05	13 21 29	4 35 16	3 35 23	4 58 11	13 39 34
6 Sa	26 45 16	26 20 38	2♒47 16	3 50 58	2 53 34	15 57 54	0♋16 32	27 26 59	13 38 15	13 19 04	4 39 29	3 38 16	5 00 26	13 41 18
7 Su	27 45 01	9♒07 16	15 23 14	5 10 31	4 07 47	15 34 36	0 45 59	27 46 26	13 51 25	13 15 31	4 42 40	3 40 09	5 01 40	13 41 57
8 M	28 44 06	21 32 58	27 40 26	6 30 37	5 21 18	15 11 02	1 14 54	28 05 05	14 03 57	13 11 12	4 45 11	3 41 23	5 02 14	13 41 56
9 Tu	29 43 03	3♓42 40	9♓43 51	7 51 45	6 34 42	14 47 48	1 43 48	28 23 29	14 16 23	13 06 41	4 47 36	3 42 31	5 02 41	13 41 46
10 W	0♉42 27	15 41 19	21 38 15	9 14 29	7 48 34	14 25 32	2 13 20	28 42 13	14 29 19	13 02 33	4 50 29	3 44 11	5 03 38	13 42 03
11 Th	1 42 55	27 33 29	3♈27 58	10 39 22	9 03 29	14 04 51	2 44 03	29 01 53	14 43 22	12 59 25	4 54 28	3 46 56	5 05 38	13 43 24
12 F	2 44 52	9♈23 04	15 16 39	12 06 47	10 19 54	13 46 14	3 16 23	29 22 55	14 58 56	12 57 41	4 59 57	3 51 13	5 09 10	13 46 14
13 Sa	3 48 33	21 13 15	27 07 10	13 36 59	11 38 04	13 29 58	3 50 36	29 45 34	15 16 17	12 57 38	5 07 11	3 57 16	5 14 27	13 50 48
14 Su	4 53 57	3♉06 23	9♉01 41	15 09 54	12 57 57	13 16 02	4 26 40	0♓09 47	15 35 24	12 59 14	5 16 10	4 05 06	5 21 29	13 57 04
15 M	6 00 46	15 04 11	21 01 44	16 45 13	14 19 15	13 04 12	5 04 17	0 35 18	15 55 58	13 02 12	5 26 35	4 14 23	5 29 55	14 04 46
16 Tu	7 08 28	27 07 49	3♊08 28	18 22 25	15 41 27	12 53 56	5 42 55	1 01 35	16 17 27	13 05 60	5 37 55	4 24 36	5 39 18	14 13 21
17 W	8 16 21	9♊18 16	15 22 52	20 00 45	17 03 50	12 44 33	6 21 51	1 27 53	16 39 10	13 09 54	5 49 26	4 35 02	5 48 52	14 22 06
18 Th	9 23 37	21 36 32	27 46 06	21 39 27	18 25 38	12 35 19	7 00 20	1 53 28	17 00 19	13 13 10	6 00 23	4 44 55	5 57 52	14 30 16
19 F	10 29 36	4♋04 01	10♋19 43	23 17 48	19 46 08	12 25 31	7 37 38	2 17 37	17 20 12	13 15 05	6 10 03	4 53 33	6 05 35	14 37 07
20 Sa	11 33 47	16 42 40	23 05 52	24 55 20	21 04 51	12 14 43	8 13 16	2 39 51	17 38 21	13 15 10	6 17 58	5 00 26	6 11 33	14 42 12
21 Su	12 36 01	29 35 07	6♌07 17	26 31 53	22 21 37	12 02 45	8 47 04	2 59 58	17 54 34	13 13 16	6 23 57	5 05 25	6 15 35	14 45 19
22 M	13 36 30	12♌44 32	19 27 06	28 07 41	23 36 40	11 49 51	9 19 16	3 18 14	18 09 06	13 09 35	6 28 13	5 08 43	6 17 55	14 46 43
23 Tu	14 35 52	26 14 17	3♍08 25	29 43 19	24 50 36	11 36 37	9 50 28	3 35 13	18 22 33	13 04 45	6 31 23	5 10 56	6 19 08	14 46 60
24 W	15 34 59	10♍07 18	17 13 32	1♉19 41	26 04 17	11 23 58	10 21 31	3 51 49	18 35 46	12 59 37	6 34 19	5 12 57	6 20 08	14 47 01
25 Th	16 34 49	24 25 12	1♎43 03	2 57 47	27 18 42	11 12 50	10 53 25	4 08 59	18 49 45	12 55 11	6 37 60	5 15 43	6 21 53	14 47 46
26 F	17 36 15	9♎07 15	16 34 55	4 38 29	28 34 44	11 04 08	11 27 01	4 27 37	19 05 22	12 52 19	6 43 18	5 20 09	6 25 16	14 50 08
27 Sa	18 39 50	24 09 39	1♏43 50	6 22 22	29 52 55	10 58 25	12 02 54	4 48 14	19 23 10	12 51 34	6 50 46	5 26 46	6 30 48	14 54 38
28 Su	19 45 38	9♏25 12	17 01 23	8 09 30	1♊13 19	10 55 43	12 41 05	5 10 55	19 43 13	12 53 01	7 00 29	5 35 38	6 38 36	15 01 22

Notes

Day	☉	0 hr ☽	Noon ☽	☿	♀	♂	⚵	⚳	♃	♄	⚷	♅	♆	♇
1 M	20 ♉ 53 12	24 ♏ 43 58	2 ♐ 16 56	9 ♉ 59 28	2 ♊ 35 30	10 ♎ 55 37	13 ♋ 21 10	5 ♓ 35 14	20 ♉ 05 04	12 ♐ 56 14	7 ♉ 11 59	5 ♊ 46 20	6 ♉ 48 11	15 ♓ 09 52
2 Tu	22 01 42	9 ♐ 54 42	17 19 31	11 51 25	3 58 37	10 57 16	14 02 17	6 00 19	20 27 53	13 00 20	7 24 25	5 57 60	6 58 43	15 19 18
3 W	23 10 04	24 46 54	1 ♑ 59 42	13 44 18	5 21 37	10 59 35	14 43 22	6 25 05	20 50 34	13 04 17	7 36 45	6 09 33	7 09 09	15 28 36
4 Th	24 17 16	9 ♑ 12 35	16 11 05	15 37 08	6 43 27	11 01 33	15 23 23	6 48 32	21 12 08	13 07 03	7 47 55	6 19 60	7 18 25	15 36 44
5 F	25 22 36	23 07 18	29 50 52	17 29 10	8 03 24	11 02 26	16 01 37	7 09 55	21 31 50	13 07 54	7 57 13	6 28 35	7 25 50	15 42 58
6 Sa	26 25 43	6 ♒ 30 15	12 ♒ 59 43	19 20 08	9 21 09	11 01 55	16 37 44	7 28 56	21 49 21	13 06 34	8 04 20	6 35 01	7 31 04	15 47 01
7 Su	27 26 49	19 23 48	25 40 58	21 10 11	10 36 54	11 00 10	17 11 57	7 45 45	22 04 53	13 03 11	8 09 26	6 39 27	7 34 17	15 49 03
8 M	28 26 30	1 ♓ 52 32	7 ♓ 59 50	22 59 56	11 51 13	10 57 47	17 44 49	8 00 58	22 18 59	12 58 21	8 13 07	6 42 30	7 36 06	15 49 38
9 Tu	29 25 38	14 02 18	20 02 22	24 50 16	13 05 01	10 55 39	18 17 15	8 15 27	22 32 35	12 52 59	8 16 16	6 45 03	7 37 24	15 49 41
10 W	0 ♊ 25 15	25 59 27	1 ♈ 54 56	26 42 12	14 19 17	10 54 45	18 50 15	8 30 13	22 46 40	12 48 05	8 19 54	6 48 06	7 39 11	15 50 13
11 Th	1 26 18	7 ♈ 50 08	13 43 27	28 36 41	15 34 60	10 56 05	19 24 47	8 46 15	23 02 12	12 44 38	8 24 60	6 52 38	7 42 26	15 52 11
12 F	2 29 34	19 39 50	25 33 06	0 ♊ 34 26	16 52 55	11 00 22	20 01 37	9 04 17	23 19 58	12 43 23	8 32 18	6 59 24	7 47 54	15 56 21
13 Sa	3 35 28	1 ♉ 33 02	7 ♉ 27 60	2 35 53	18 13 29	11 08 02	20 41 10	9 24 45	23 40 23	12 44 46	8 42 14	7 08 50	7 56 01	16 03 09
14 Su	4 44 00	13 33 01	19 31 00	4 40 59	19 36 42	11 19 06	21 23 27	9 47 40	24 03 27	12 48 48	8 54 50	7 20 57	8 06 48	16 12 36
15 M	5 54 47	25 41 50	1 ♊ 43 47	6 49 15	21 02 09	11 33 08	22 08 03	10 12 37	24 28 46	12 55 05	9 09 40	7 35 20	8 19 50	16 24 17
16 Tu	7 06 59	8 ♊ 00 23	14 06 54	8 59 50	22 29 02	11 49 19	22 54 11	10 38 48	24 55 32	13 02 49	9 25 57	7 51 11	8 34 19	16 37 24
17 W	8 19 34	20 28 41	26 40 08	11 11 33	23 56 19	12 06 36	23 40 46	11 05 09	25 22 41	13 10 57	9 42 37	8 07 26	8 49 11	16 50 53
18 Th	9 31 22	3 ♋ 06 14	9 ♋ 22 54	13 23 08	25 22 48	12 23 49	24 26 40	11 30 31	25 49 04	13 18 19	9 58 30	8 22 56	9 03 18	17 03 36
19 F	10 41 20	15 52 33	22 14 44	15 33 23	26 47 28	12 39 53	25 10 48	11 53 49	26 13 37	13 23 52	10 12 34	8 36 38	9 15 36	17 14 28
20 Sa	11 48 42	28 47 32	5 ♌ 15 41	17 41 23	28 09 33	12 54 03	25 52 26	12 14 19	26 35 36	13 26 52	10 24 02	8 47 47	9 25 19	17 22 46
21 Su	12 53 13	11 ♌ 51 56	18 26 42	19 46 39	29 28 45	13 06 01	26 31 16	12 31 44	26 54 43	13 27 02	10 32 39	8 56 06	9 32 12	17 28 12
22 M	13 55 06	25 07 24	1 ♍ 49 38	21 49 10	0 ♋ 45 22	13 16 03	27 07 35	12 46 19	27 11 13	13 24 37	10 38 40	9 01 50	9 36 29	17 31 01
23 Tu	14 55 09	8 ♍ 36 26	15 27 01	23 49 28	2 00 08	13 24 52	27 42 08	12 58 50	27 25 54	13 20 23	10 42 50	9 05 46	9 38 56	17 32 00
24 W	15 54 30	22 21 53	29 21 29	25 48 24	3 14 13	13 33 39	28 16 04	13 10 26	27 39 54	13 15 32	10 46 20	9 09 02	9 40 44	17 32 19
25 Th	16 54 28	6 ♎ 26 12	13 ♎ 34 57	27 46 55	4 28 55	13 43 41	28 50 42	13 22 26	27 54 32	13 11 19	10 50 27	9 12 57	9 43 09	17 33 14
26 F	17 56 15	20 50 24	28 07 31	29 45 51	5 45 25	13 56 07	29 27 12	13 35 59	28 10 57	13 08 58	10 56 23	9 18 42	9 47 24	17 35 58
27 Sa	19 00 36	5 ♏ 33 09	12 ♏ 56 42	1 ♋ 45 36	7 04 30	14 11 43	0 ♌ 06 21	13 51 54	28 29 58	13 09 14	11 04 53	9 27 04	9 54 15	17 41 17
28 Su	20 07 43	20 30 07	27 56 54	3 45 56	8 26 22	14 30 42	0 48 21	14 10 20	28 51 46	13 12 20	11 16 10	9 38 14	10 03 53	17 49 23
29 M	21 17 10	5 ♐ 33 55	12 ♐ 59 48	5 46 02	9 50 34	14 52 34	1 32 45	14 30 52	29 15 53	13 17 49	11 29 47	9 51 46	10 15 52	17 59 49
30 Tu	22 27 58	20 35 03	27 55 34	7 44 28	11 16 06	15 16 20	2 18 33	14 52 29	29 41 20	13 24 41	11 44 45	10 06 39	10 29 12	18 11 35
31 W	23 38 49	5 ♑ 23 27	12 ♑ 34 36	9 39 33	12 41 42	15 40 43	3 04 28	15 13 55	0 ♊ 06 51	13 31 41	11 59 46	10 21 38	10 42 37	18 23 25

Day	☉	0 hr ☽	Noon ☽	☿	♀	♂	⚵	⚳	♃	♄	⚷	♅	♆	♇
1 Th	24 ♊ 48 28	19 ♑ 50 21	26 ♑ 49 16	11 ♋ 29 38	14 ♋ 06 05	16 ♎ 04 26	3 ♌ 49 16	15 ♓ 33 53	0 ♊ 31 09	13 ♐ 37 32	12 ♉ 13 35	10 ♊ 35 26	10 ♉ 54 50	18 ♓ 34 03
2 F	25 55 57	3 ♒ 49 44	10 ♒ 34 60	13 13 23	15 28 19	16 26 30	4 31 56	15 51 25	0 53 17	13 41 16	12 25 13	10 47 05	11 04 54	18 42 31
3 Sa	27 00 47	17 19 02	23 50 41	14 49 57	16 47 53	16 46 26	5 12 01	16 06 02	1 12 45	13 42 24	12 34 12	10 56 06	11 12 19	18 48 20
4 Su	28 03 02	0 ♓ 19 03	6 ♓ 38 18	16 19 06	18 04 52	17 04 17	5 49 35	16 17 48	1 29 37	13 41 02	12 40 36	11 02 33	11 17 10	18 51 34
5 M	29 03 18	12 53 15	19 02 11	17 41 07	19 19 51	17 20 37	6 25 12	16 27 18	1 44 29	13 37 43	12 44 59	11 07 01	11 20 01	18 52 48
6 Tu	0 ♋ 02 30	25 07 02	1 ♈ 08 12	18 56 42	20 33 47	17 36 24	6 59 50	16 35 27	1 58 17	13 33 25	12 48 18	11 10 28	11 21 50	18 52 59
7 W	1 01 47	7 ♈ 06 47	13 02 57	20 06 44	21 47 47	17 52 43	7 34 35	16 43 24	2 12 08	13 29 16	12 51 42	11 13 60	11 23 43	18 53 14
8 Th	2 02 15	18 59 08	24 53 04	21 12 08	23 02 58	18 10 42	8 10 35	16 52 15	2 27 10	13 26 22	12 56 16	11 18 44	11 26 49	18 54 40
9 F	3 04 49	0 ♉ 50 26	6 ♉ 44 38	22 13 40	24 20 15	18 31 14	8 48 43	17 02 54	2 44 16	13 25 38	13 02 55	11 25 35	11 32 00	18 58 12
10 Sa	4 10 02	12 46 08	18 42 51	23 11 42	25 40 10	18 54 52	9 29 34	17 15 54	3 03 60	13 27 38	13 12 13	11 35 06	11 39 51	19 04 23
11 Su	5 17 60	24 50 35	0 ♊ 51 36	24 06 16	27 02 50	19 21 41	10 13 12	17 31 21	3 26 27	13 32 28	13 24 14	11 47 22	11 50 27	19 13 19
12 M	6 28 20	7 ♊ 06 44	13 13 21	24 56 52	28 27 53	19 51 19	10 59 16	17 48 52	3 51 16	13 39 44	13 38 37	12 02 02	12 03 25	19 24 37
13 Tu	7 40 14	19 36 07	25 49 05	25 42 39	29 54 29	20 22 56	11 46 56	18 07 39	4 17 37	13 48 40	13 54 34	12 18 16	12 17 58	19 37 29
14 W	8 52 36	2 ♋ 18 54	8 ♋ 38 28	26 22 29	1 ♌ 21 32	20 55 26	12 35 07	18 26 35	4 44 24	13 58 08	14 10 57	12 34 59	12 32 59	19 50 49
15 Th	10 04 12	15 14 08	21 40 11	26 55 10	2 47 50	21 27 35	13 22 36	18 44 27	5 10 25	14 06 57	14 26 35	12 50 58	12 47 15	20 03 24
16 F	11 13 57	28 20 19	4 ♌ 52 27	27 19 38	4 12 15	21 58 16	14 08 15	19 00 08	5 34 31	14 13 58	14 40 19	13 05 05	12 59 40	20 14 06
17 Sa	12 21 00	11 ♌ 35 47	18 13 32	27 35 10	5 33 60	22 26 40	14 51 16	19 12 50	5 55 56	14 18 25	14 51 22	13 16 32	13 09 24	20 22 08
18 Su	13 25 04	24 59 20	1 ♍ 42 21	27 41 36	6 52 45	22 52 28	15 31 21	19 22 13	6 14 19	14 19 58	14 59 25	13 25 01	13 16 09	20 27 11
19 M	14 26 23	8 ♍ 30 35	15 18 43	27 39 21	8 08 43	23 15 54	16 08 42	19 28 31	6 29 55	14 18 52	15 04 41	13 30 44	13 20 09	20 29 29
20 Tu	15 25 40	22 10 05	29 03 22	27 29 26	9 22 41	23 37 40	16 44 05	19 32 29	6 43 28	14 15 51	15 07 56	13 34 28	13 22 08	20 29 46
21 W	16 24 05	5 ♎ 59 07	12 ♎ 57 41	27 13 18	10 35 45	23 58 56	17 18 38	19 35 14	6 56 07	14 12 03	15 10 17	13 37 20	13 23 16	20 29 11
22 Th	17 22 53	19 59 10	27 02 59	26 52 37	11 49 12	24 20 57	17 53 36	19 38 04	7 09 07	14 08 45	15 13 01	13 40 35	13 24 47	20 28 59
23 F	18 23 13	4 ♏ 11 08	11 ♏ 19 45	26 29 01	13 04 11	24 44 51	18 30 10	19 42 06	7 23 38	14 07 06	15 17 16	13 45 24	13 27 51	20 30 20
24 Sa	19 25 53	18 34 35	25 46 51	26 03 46	14 21 29	25 11 24	19 09 04	19 48 08	7 40 25	14 07 52	15 23 50	13 52 33	13 33 14	20 34 01
25 Su	20 31 04	3 ♐ 07 03	10 ♐ 21 03	25 37 41	15 41 18	25 40 50	19 50 33	19 56 22	7 59 42	14 11 18	15 32 54	14 02 14	13 41 10	20 40 14
26 M	21 38 25	17 43 54	24 56 56	25 11 03	17 03 17	26 12 45	20 34 14	20 06 26	8 21 07	14 16 59	15 44 08	14 14 06	13 51 16	20 48 38
27 Tu	22 47 05	2 ♑ 18 39	9 ♑ 27 39	24 43 42	18 26 32	26 46 17	21 19 14	20 17 28	8 43 48	14 24 06	15 56 39	14 27 16	14 02 40	20 58 20
28 W	23 55 54	16 43 57	23 45 53	24 15 10	19 49 57	27 20 17	22 04 27	20 28 19	9 06 36	14 31 29	16 09 18	14 40 36	14 14 15	21 08 12
29 Th	25 03 44	0 ♒ 52 51	7 ♒ 45 16	23 45 03	21 12 22	27 53 36	22 48 41	20 37 50	9 28 22	14 37 59	16 20 57	14 52 57	14 24 50	21 17 04
30 F	26 09 39	14 39 56	21 21 18	23 13 09	22 32 50	28 25 17	23 31 03	20 45 06	9 48 10	14 42 41	16 30 39	15 03 24	14 33 30	21 24 03

Notes

May 2010 — LONGITUDE

Day	☉	0 hr ☽	Noon ☽	☿	♀	♂	⚵	⚳	♃	♄	⚷	♅	♆	♇
1 Sa	27♋ 13 09	28♒ 02 11	4♓ 32 05	22♋ 39 39	23♌ 50 53	28♎ 54 52	24♌ 11 01	20♓ 49 35	10♊ 05 30	14♐ 45 04	16♉ 37 55	15♊ 11 25	14♉ 39 45	21♓ 28 36
2 Su	28 14 12	10♓ 59 14	17 18 15	22 05 11	25 06 28	29 22 15	24 48 33	20 51 17	10 20 19	14 45 07	16 42 42	15 16 59	14 43 32	21 30 41
3 M	29 13 12	23 33 08	29 42 43	21 30 46	26 19 58	29 47 52	25 24 03	20 50 34	10 33 02	14 43 14	16 45 24	15 20 30	14 45 17	21 30 44
4 Tu	0♌ 10 53	5♈ 47 52	11♈ 50 05	20 57 43	27 32 09	0♏ 12 28	25 58 17	20 48 12	10 44 24	14 40 09	16 46 47	15 22 42	14 45 42	21 29 29
5 W	1 08 14	17 48 42	23 46 00	20 27 27	28 43 58	0 36 58	26 32 09	20 45 07	10 55 20	14 36 50	16 47 46	15 24 33	14 45 46	21 27 52
6 Th	2 06 10	29 41 39	5♉ 36 39	20 01 21	29 56 21	1 02 19	27 06 39	20 42 17	11 06 49	14 34 12	16 49 19	15 26 58	14 46 25	21 26 50
7 F	3 05 31	11♉ 32 47	17 28 09	19 40 35	1♍ 10 08	1 29 21	27 42 35	20 40 30	11 19 38	14 33 07	16 52 15	15 30 48	14 48 29	21 27 14
8 Sa	4 06 49	23 27 53	29 26 05	19 25 58	2 25 51	1 58 36	28 20 29	20 40 19	11 34 21	14 34 06	16 57 06	15 36 36	14 52 30	21 29 35
9 Su	5 10 16	5♊ 31 58	11♊ 35 13	19 17 54	3 43 41	2 30 14	29 00 33	20 41 55	11 51 09	14 37 20	17 04 04	15 44 31	14 58 38	21 34 04
10 M	6 15 38	17 49 01	23 59 04	19 16 17	5 03 25	3 04 01	29 42 32	20 45 06	12 09 47	14 42 37	17 12 55	15 54 20	15 06 42	21 40 28
11 Tu	7 22 20	0♋ 21 42	6♋ 39 45	19 20 38	6 24 28	3 39 24	0♍ 25 53	20 49 15	12 29 41	14 49 21	17 23 04	16 05 29	15 16 05	21 48 13
12 W	8 29 32	13 11 18	19 37 56	19 30 10	7 45 59	4 15 30	1 09 44	20 53 34	12 50 01	14 56 41	17 33 41	16 17 07	15 25 57	21 56 27
13 Th	9 36 17	26 17 39	2♌ 52 47	19 43 55	9 07 02	4 51 23	1 53 08	20 57 04	13 09 49	15 03 42	17 43 49	16 28 18	15 35 21	22 04 14
14 F	10 41 40	9♌ 39 25	16 22 23	20 00 58	10 26 42	5 26 10	2 35 12	20 58 53	13 28 12	15 09 29	17 52 34	16 38 06	15 43 24	22 10 40
15 Sa	11 45 04	23 14 21	0♍ 04 01	20 20 35	11 44 21	5 59 10	3 15 17	20 58 22	13 44 30	15 13 23	17 59 17	16 45 54	15 49 27	22 15 07
16 Su	12 46 11	6♍ 59 49	13 54 53	20 42 26	12 59 41	6 30 06	3 53 06	20 55 14	13 58 26	15 15 08	18 03 41	16 51 25	15 53 12	22 17 17
17 M	13 45 10	20 53 16	27 52 24	21 06 32	14 12 52	6 59 08	4 28 47	20 49 38	14 10 10	15 14 53	18 05 54	16 54 47	15 54 49	22 17 19
18 Tu	14 42 33	4♎ 52 40	11♎ 54 40	21 33 19	15 24 26	7 26 48	5 02 53	20 42 08	14 20 14	15 13 09	18 06 31	16 56 32	15 54 50	22 15 45
19 W	15 39 10	18 56 34	26 00 29	22 03 31	16 35 12	7 53 54	5 36 13	20 33 32	14 29 26	15 10 47	18 06 19	16 57 31	15 54 05	22 13 26
20 Th	16 35 57	3♏ 04 04	10♏ 09 05	22 37 55	17 46 06	8 21 22	6 09 44	20 24 48	14 38 43	15 08 43	18 06 15	16 58 39	15 53 29	22 11 18
21 F	17 33 44	17 14 25	24 19 44	23 17 15	18 57 58	8 50 03	6 44 15	20 16 46	14 48 56	15 07 46	18 07 09	17 00 47	15 53 52	22 10 10
22 Sa	18 33 04	1♐ 26 32	8♐ 31 15	24 01 57	20 11 21	9 20 29	7 20 19	20 09 60	15 00 36	15 08 30	18 09 35	17 04 26	15 55 49	22 10 35
23 Su	19 34 07	15 38 39	22 41 38	24 52 03	21 26 26	9 52 50	7 58 07	20 04 39	15 13 55	15 11 05	18 13 42	17 09 49	15 59 28	22 12 45
24 M	20 36 39	29 48 08	6♑ 47 58	25 47 13	22 42 57	10 26 51	8 37 25	20 00 31	15 28 37	15 15 17	18 19 16	17 16 39	16 04 37	22 16 24
25 Tu	21 40 06	13♑ 51 28	20 46 35	26 46 46	24 00 22	11 01 59	9 17 37	19 57 00	15 44 09	15 20 31	18 25 42	17 24 24	16 10 39	22 20 58
26 W	22 43 43	27 44 44	4♒ 33 33	27 49 50	25 17 53	11 37 28	9 57 59	19 53 24	15 59 45	15 26 02	18 32 16	17 32 17	16 16 51	22 25 42
27 Th	23 46 45	11♒ 24 09	18 05 20	28 55 36	26 34 48	12 12 32	10 37 45	19 48 57	16 14 40	15 31 06	18 38 13	17 39 34	16 22 27	22 29 52
28 F	24 48 35	24 46 36	1♓ 19 16	0♌ 03 21	27 50 27	12 46 35	11 16 19	19 43 02	16 28 16	15 35 05	18 42 55	17 45 37	16 26 50	22 32 49
29 Sa	25 48 51	7♓ 50 14	14 14 05	1 12 39	29 04 30	13 19 14	11 53 19	19 35 19	16 40 13	15 37 37	18 46 01	17 50 06	16 29 39	22 34 14
30 Su	26 47 29	20 34 42	26 50 02	2 23 21	0♎ 16 53	13 50 25	12 28 41	19 25 43	16 50 26	15 38 39	18 47 27	17 52 55	16 30 48	22 34 00
31 M	27 44 42	3♈ 01 09	9♈ 08 56	3 35 37	1 27 47	14 20 21	13 02 37	19 14 28	16 59 07	15 38 22	18 47 25	17 54 17	16 30 32	22 32 21

June 2010 — LONGITUDE

Day	☉	0 hr ☽	Noon ☽	☿	♀	♂	⚵	⚳	♃	♄	⚷	♅	♆	♇
1 Tu	28♌ 40 55	15♈ 12 10	21♈ 13 52	4♌ 49 47	2♎ 37 38	14♏ 49 26	13♍ 35 32	19♓ 01 60	17♊ 06 41	15♐ 37 13	18♉ 46 20	17♊ 54 38	16♉ 29 14	22♓ 29 43
2 W	29 36 41	27 11 30	3♉ 09 01	6 06 23	3 47 00	15 18 15	14 07 59	18 48 52	17 13 41	15 35 43	18 44 45	17 54 30	16 27 29	22 26 37
3 Th	0♍ 32 34	9♉ 03 40	14 59 11	7 25 56	4 56 26	15 47 20	14 40 33	18 35 39	17 20 42	15 34 28	18 43 15	17 54 28	16 25 50	22 23 39
4 F	1 29 06	20 53 41	26 49 37	8 48 55	6 06 27	16 17 12	15 13 45	18 22 53	17 28 14	15 33 59	18 42 21	17 55 02	16 24 48	22 21 19
5 Sa	2 26 38	2♊ 46 44	8♊ 45 31	10 15 40	7 17 25	16 48 14	15 47 55	18 10 56	17 36 39	15 34 35	18 42 23	17 56 34	16 24 44	22 19 59
6 Su	3 25 18	14 47 50	20 51 49	11 46 18	8 29 28	17 20 33	16 23 13	17 59 57	17 46 05	15 36 28	18 43 31	17 59 13	16 25 48	22 19 48
7 M	4 25 03	27 01 32	3♋ 12 51	13 20 43	9 42 32	17 54 06	16 59 35	17 49 53	17 56 27	15 39 31	18 45 41	18 02 54	16 27 56	22 20 41
8 Tu	5 25 36	9♋ 31 39	15 52 01	14 58 39	10 56 21	18 28 35	17 36 43	17 40 29	18 07 30	15 43 30	18 48 35	18 07 21	16 30 50	22 22 22
9 W	6 26 31	22 20 56	28 51 32	16 39 39	12 10 29	19 03 35	18 14 13	17 31 19	18 18 47	15 47 57	18 51 49	18 12 08	16 34 05	22 24 26
10 Th	7 27 20	5♌ 30 52	12♌ 12 08	18 23 12	13 24 26	19 38 37	18 51 34	17 21 55	18 29 50	15 52 24	18 54 54	18 16 47	16 37 12	22 26 23
11 F	8 27 34	19 01 28	25 52 59	20 08 50	14 37 45	20 13 13	19 28 20	17 11 51	18 40 10	15 56 24	18 57 20	18 20 48	16 39 43	22 27 45
12 Sa	9 26 53	2♍ 51 11	9♍ 51 44	21 56 11	15 50 05	20 47 03	20 04 10	17 00 46	18 49 27	15 59 36	18 58 50	18 23 54	16 41 18	22 28 13
13 Su	10 25 09	16 57 01	24 04 40	23 45 05	17 01 19	21 19 58	20 38 55	16 48 34	18 57 33	16 01 51	18 59 13	18 25 54	16 41 49	22 27 38
14 M	11 22 26	1♎ 14 55	8♎ 27 17	25 35 33	18 11 29	21 52 02	21 12 39	16 35 19	19 04 31	16 03 14	18 58 34	18 26 52	16 41 20	22 26 04
15 Tu	12 18 58	15 40 14	22 54 45	27 27 47	19 20 51	22 23 29	21 45 38	16 21 17	19 10 37	16 03 59	18 57 08	18 27 04	16 40 05	22 23 46
16 W	13 15 09	0♏ 08 15	7♏ 22 28	29 22 06	20 29 47	22 54 43	22 18 13	16 06 52	19 16 12	16 04 28	18 55 17	18 26 52	16 38 27	22 21 07
17 Th	14 11 21	14 34 37	21 46 27	1♍ 18 49	21 38 41	23 26 06	22 50 49	15 52 29	19 21 40	16 05 07	18 53 26	18 26 40	16 36 50	22 18 30
18 F	15 07 56	28 55 43	6♐ 03 31	3 18 08	22 47 52	23 58 00	23 23 46	15 38 28	19 27 23	16 06 15	18 51 54	18 26 48	16 35 35	22 16 16
19 Sa	16 05 05	13♐ 08 41	20 11 14	5 20 09	23 57 34	24 30 37	23 57 16	15 25 03	19 33 32	16 08 04	18 50 55	18 27 29	16 34 53	22 14 38
20 Su	17 02 52	27 11 22	4♑ 07 53	7 24 44	25 07 48	25 03 57	24 31 22	15 12 16	19 40 08	16 10 37	18 50 29	18 28 45	16 34 47	22 13 36
21 M	18 01 08	11♑ 02 12	17 52 11	9 31 35	26 18 26	25 37 55	25 05 55	15 00 03	19 47 06	16 13 46	18 50 31	18 30 29	16 35 10	22 13 06
22 Tu	18 59 40	24 40 05	1♒ 23 13	11 40 15	27 29 17	26 12 16	25 40 43	14 48 09	19 54 11	16 17 18	18 50 47	18 32 27	16 35 49	22 12 52
23 W	19 58 14	8♒ 04 12	14 40 20	13 50 16	28 40 03	26 46 46	26 15 31	14 36 22	20 01 08	16 20 58	18 51 01	18 34 24	16 36 27	22 12 40
24 Th	20 56 36	21 14 05	27 43 11	16 01 09	29 50 32	27 21 10	26 50 05	14 24 27	20 07 44	16 24 32	18 51 01	18 36 06	16 36 53	22 12 17
25 F	21 54 37	4♓ 09 35	10♓ 31 45	18 12 28	1♏ 00 33	27 55 20	27 24 16	14 12 17	20 13 49	16 27 50	18 50 36	18 37 25	16 36 56	22 11 32
26 Sa	22 52 13	16 50 55	23 06 26	20 23 52	2 10 05	28 29 12	27 57 59	13 59 49	20 19 20	16 30 50	18 49 44	18 38 17	16 36 33	22 10 24
27 Su	23 49 26	29 18 49	5♈ 28 10	22 35 07	3 19 07	29 02 47	28 31 18	13 47 06	20 24 18	16 33 33	18 48 27	18 38 44	16 35 46	22 08 53
28 M	24 46 23	11♈ 34 28	17 38 27	24 46 02	4 27 47	29 36 12	29 04 18	13 34 14	20 28 49	16 36 05	18 46 49	18 38 51	16 34 41	22 07 05
29 Tu	25 43 11	23 39 43	29 39 23	26 56 28	5 36 12	0♐ 09 35	29 37 06	13 21 21	20 33 02	16 38 34	18 44 60	18 38 46	16 33 25	22 05 09
30 W	26 39 57	5♉ 36 57	11♉ 33 39	29 06 19	6 44 29	0 43 02	0♎ 09 51	13 08 37	20 37 03	16 41 07	18 43 06	18 38 38	16 32 07	22 03 12

Notes

LONGITUDE — July 2010

Day	☉	0 hr ☽	Noon ☽	☿	♀	♂	‡	⚳	♃	♄	⚷	♅	♆	♇
1 Th	27 ♍ 36 49	17 ♉ 29 08	23 ♉ 24 30	1 ♎ 15 25	7 ♏ 52 45	1 ♐ 16 41	0 ♎ 42 39	12 ♓ 56 08	20 ♊ 40 58	16 ♐ 43 51	18 ♉ 41 15	18 ♊ 38 32	16 ♉ 30 53	22 ♓ 01 21
2 F	28 33 50	29 19 43	5 ♊ 15 40	3 23 39	9 01 02	1 50 33	1 15 32	12 43 58	20 44 52	16 46 48	18 39 29	18 38 31	16 29 45	21 59 37
3 Sa	29 30 57	11 ♊ 12 36	17 11 14	5 30 47	10 09 19	2 24 39	1 48 30	12 32 06	20 48 41	16 49 58	18 37 47	18 38 34	16 28 42	21 58 02
4 Su	0 ♎ 28 09	23 12 01	29 15 32	7 36 37	11 17 34	2 58 55	2 21 30	12 20 31	20 52 24	16 53 17	18 36 05	18 38 39	16 27 43	21 56 30
5 M	1 25 20	5 ♋ 22 19	11 ♋ 32 58	9 40 56	12 25 40	3 33 15	2 54 25	12 09 07	20 55 56	16 56 41	18 34 20	18 38 40	16 26 40	21 54 58
6 Tu	2 22 26	17 47 51	24 07 42	11 43 32	13 33 34	4 07 36	3 27 13	11 57 52	20 59 10	17 00 04	18 32 27	18 38 32	16 25 31	21 53 21
7 W	3 19 24	0 ♌ 32 35	7 ♌ 03 23	13 44 19	14 41 12	4 41 54	3 59 49	11 46 42	21 02 05	17 03 24	18 30 22	18 38 13	16 24 12	21 51 35
8 Th	4 16 14	13 39 44	20 22 38	15 43 12	15 48 35	5 16 10	4 32 15	11 35 39	21 04 41	17 06 41	18 28 06	18 37 43	16 22 44	21 49 42
9 F	5 13 02	27 11 21	4 ♍ 06 41	17 40 14	16 55 48	5 50 30	5 04 35	11 24 48	21 07 04	17 10 01	18 25 45	18 37 08	16 21 11	21 47 47
10 Sa	6 09 56	11 ♍ 07 41	18 14 45	19 35 30	18 02 59	6 25 00	5 36 58	11 14 19	21 09 20	17 13 31	18 23 27	18 36 35	16 19 43	21 45 58
11 Su	7 07 04	25 26 56	2 ♎ 43 51	21 29 07	19 10 15	6 59 50	6 09 33	11 04 21	21 11 39	17 17 20	18 21 20	18 36 14	16 18 27	21 44 24
12 M	8 04 34	10 ♎ 04 55	17 28 47	23 21 12	20 17 46	7 35 08	6 42 26	10 55 02	21 14 09	17 21 36	18 19 32	18 36 11	16 17 32	21 43 11
13 Tu	9 02 29	24 55 25	2 ♏ 22 31	25 11 48	21 25 32	8 10 56	7 15 41	10 46 24	21 16 51	17 26 21	18 18 06	18 36 30	16 17 00	21 42 24
14 W	10 00 44	9 ♏ 50 46	17 17 09	27 00 49	22 33 30	8 47 10	7 49 13	10 38 26	21 19 43	17 31 32	18 16 59	18 37 07	16 16 48	21 41 59
15 Th	10 59 11	24 42 57	2 ♐ 04 56	28 48 06	23 41 30	9 23 40	8 22 53	10 30 57	21 22 33	17 36 58	18 15 59	18 37 52	16 16 45	21 41 44
16 F	11 57 33	9 ♐ 24 41	16 39 20	0 ♏ 33 24	24 49 17	10 00 10	8 56 26	10 23 42	21 25 08	17 42 25	18 14 52	18 38 29	16 16 36	21 41 26
17 Sa	12 55 35	23 50 19	0 ♑ 55 42	2 16 28	25 56 33	10 36 27	9 29 35	10 16 26	21 27 11	17 47 36	18 13 23	18 38 44	16 16 06	21 40 48
18 Su	13 53 06	7 ♑ 56 19	14 51 32	3 57 05	27 03 09	11 12 16	10 02 09	10 08 59	21 28 31	17 52 20	18 11 20	18 38 24	16 15 03	21 39 40
19 M	14 49 59	21 41 14	28 26 15	5 35 10	28 08 57	11 47 33	10 34 03	10 01 14	21 29 02	17 56 31	18 08 38	18 37 25	16 13 22	21 37 55
20 Tu	15 46 20	5 ♒ 05 27	11 ♒ 40 52	7 10 48	29 14 01	12 22 23	11 05 21	9 53 16	21 28 48	18 00 14	18 05 20	18 35 49	16 11 07	21 35 38
21 W	16 42 20	18 10 34	24 37 21	8 44 11	0 ♐ 18 34	12 56 56	11 36 15	9 45 18	21 28 02	18 03 41	18 01 40	18 33 50	16 08 30	21 33 01
22 Th	17 38 19	0 ♓ 58 56	7 ♓ 18 11	10 15 38	1 22 55	13 31 33	12 07 04	9 37 39	21 27 03	18 07 10	17 57 55	18 31 47	16 05 50	21 30 23
23 F	18 34 38	13 33 09	19 46 01	11 45 28	2 27 24	14 06 35	12 38 09	9 30 41	21 26 11	18 11 04	17 54 29	18 30 01	16 03 30	21 28 06
24 Sa	19 31 38	25 55 48	2 ♈ 03 20	13 14 03	3 32 22	14 42 22	13 09 52	9 24 44	21 25 48	18 15 42	17 51 41	18 28 53	16 01 48	21 26 31
25 Su	20 29 35	8 ♈ 09 13	14 12 24	14 41 37	4 38 04	15 19 09	13 42 27	9 20 04	21 26 10	18 21 20	17 49 47	18 28 37	16 01 02	21 25 52
26 M	21 28 35	20 15 27	26 15 11	16 08 15	5 44 37	15 57 05	14 16 02	9 16 49	21 27 23	18 28 06	17 48 54	18 29 23	16 01 18	21 26 17
27 Tu	22 28 37	2 ♉ 16 16	8 ♉ 13 30	17 33 54	6 51 59	16 36 07	14 50 35	9 14 56	21 29 25	18 35 56	17 49 00	18 31 07	16 02 34	21 27 45
28 W	23 29 29	14 13 22	20 09 05	18 58 19	7 59 58	17 16 02	15 25 53	9 14 13	21 32 04	18 44 40	17 49 54	18 33 37	16 04 38	21 30 02
29 Th	24 30 49	26 08 26	2 ♊ 03 46	20 21 07	9 08 11	17 56 30	16 01 35	9 14 19	21 34 59	18 53 55	17 51 13	18 36 32	16 07 09	21 32 48
30 F	25 32 10	8 ♊ 03 24	13 59 41	21 41 48	10 16 11	18 37 03	16 37 15	9 14 48	21 37 43	19 03 14	17 52 32	18 39 26	16 09 40	21 35 36
31 Sa	26 33 05	20 00 34	25 59 24	22 59 51	11 23 30	19 17 13	17 12 23	9 15 10	21 39 48	19 12 10	17 53 20	18 41 48	16 11 42	21 37 57

LONGITUDE — August 2010

Day	☉	0 hr ☽	Noon ☽	☿	♀	♂	‡	⚳	♃	♄	⚷	♅	♆	♇
1 Su	27 ♎ 33 08	2 ♋ 02 48	8 ♋ 05 58	24 ♏ 14 46	12 ♐ 29 42	19 ♐ 56 34	17 ♎ 46 35	9 ♓ 15 00	21 ♊ 40 47	19 ♐ 20 16	17 ♉ 53 15	18 ♊ 43 15	16 ♉ 12 50	21 ♓ 39 25
2 M	28 32 01	14 13 31	20 23 01	25 26 12	13 34 30	20 34 51	18 19 34	9 14 03	21 40 24	19 27 16	17 51 57	18 43 30	16 12 47	21 39 45
3 Tu	29 29 42	26 36 44	2 ♌ 54 39	26 34 02	14 37 49	21 11 58	18 51 15	9 12 13	21 38 37	19 33 05	17 49 25	18 42 28	16 11 30	21 38 53
4 W	0 ♏ 26 21	9 ♌ 16 47	15 45 11	27 38 20	15 39 51	21 48 07	19 21 49	9 09 42	21 35 34	19 37 56	17 45 48	18 40 21	16 09 09	21 36 58
5 Th	1 22 24	22 18 04	28 58 41	28 39 26	16 40 59	22 23 43	19 51 42	9 06 55	21 31 42	19 42 12	17 41 32	18 37 34	16 06 10	21 34 27
6 F	2 18 26	5 ♍ 44 26	12 ♍ 38 24	29 37 49	17 41 51	22 59 22	20 21 30	9 04 27	21 27 36	19 46 29	17 37 13	18 34 42	16 03 08	21 31 55
7 Sa	3 15 07	19 38 22	26 45 52	0 ♐ 34 02	18 43 04	23 35 44	20 51 52	9 02 60	21 23 57	19 51 29	17 33 31	18 32 26	16 00 44	21 30 03
8 Su	4 13 03	4 ♎ 00 12	11 ♎ 20 06	1 28 33	19 45 14	24 13 24	21 23 24	9 03 07	21 21 20	19 57 45	17 31 01	18 31 21	15 59 33	21 29 25
9 M	5 12 35	18 47 17	26 16 57	2 21 35	20 48 42	24 52 44	21 56 27	9 05 11	21 20 07	20 05 39	17 30 05	18 31 49	15 59 56	21 30 23
10 Tu	6 13 45	3 ♏ 53 39	11 ♏ 29 02	3 12 60	21 53 29	25 33 46	22 31 03	9 09 13	21 20 20	20 15 14	17 30 45	18 33 52	16 01 56	21 33 00
11 W	7 16 12	19 10 18	26 46 26	4 02 17	22 59 14	26 16 08	23 06 52	9 14 53	21 21 37	20 26 08	17 32 41	18 37 08	16 05 11	21 36 55
12 Th	8 19 16	4 ♐ 26 29	11 ♐ 58 16	4 48 36	24 05 17	26 59 12	23 43 13	9 21 31	21 23 20	20 37 42	17 35 12	18 40 59	16 09 03	21 41 27
13 F	9 22 10	19 31 27	26 54 32	5 30 57	25 10 49	27 42 08	24 19 18	9 28 18	21 24 40	20 49 06	17 37 31	18 44 35	16 12 42	21 45 49
14 Sa	10 24 07	4 ♑ 16 19	11 ♑ 27 37	6 08 22	26 15 02	28 24 11	24 54 21	9 34 29	21 24 51	20 59 36	17 38 51	18 47 12	16 15 23	21 49 14
15 Su	11 24 35	18 35 13	25 33 18	6 40 05	27 17 25	29 04 49	25 27 51	9 39 30	21 23 23	21 08 39	17 38 41	18 48 17	16 16 35	21 51 11
16 M	12 23 24	2 ♒ 25 49	9 ♒ 10 36	7 05 43	28 17 46	29 43 51	25 59 36	9 43 13	21 20 04	21 16 06	17 36 50	18 47 40	16 16 06	21 51 30
17 Tu	13 20 47	15 48 47	22 21 18	7 25 17	29 16 18	0 ♑ 21 30	26 29 51	9 45 49	21 15 08	21 22 08	17 33 33	18 45 34	16 14 10	21 50 23
18 W	14 17 17	28 47 06	5 ♓ 09 01	7 39 04	0 ♑ 13 32	0 58 20	26 59 08	9 47 51	21 09 08	21 27 19	17 29 21	18 42 33	16 11 20	21 48 24
19 Th	15 13 41	11 ♓ 25 02	17 38 19	7 47 37	1 10 15	1 35 07	27 28 12	9 50 06	21 02 50	21 32 25	17 25 02	18 39 22	16 08 22	21 46 19
20 F	16 10 47	23 47 24	29 54 02	7 51 34	2 07 14	2 12 40	27 57 55	9 53 23	20 57 05	21 38 15	17 21 24	18 36 50	16 06 06	21 44 57
21 Sa	17 09 21	5 ♈ 58 50	12 ♈ 00 37	7 51 26	3 05 15	2 51 44	28 28 59	9 58 26	20 52 37	21 45 35	17 19 12	18 35 44	16 05 17	21 45 03
22 Su	18 09 56	18 03 23	24 01 53	7 47 37	4 04 48	3 32 51	29 01 59	10 05 47	20 49 58	21 54 56	17 18 60	18 36 35	16 06 27	21 47 10
23 M	19 12 45	0 ♉ 04 18	6 ♉ 00 50	7 40 13	5 06 07	4 16 16	29 37 08	10 15 42	20 49 24	22 06 33	17 21 01	18 39 38	16 09 51	21 51 32
24 Tu	20 17 44	12 03 57	17 59 35	7 29 05	6 09 05	5 01 54	0 ♏ 14 20	10 28 03	20 50 49	22 20 21	17 25 11	18 44 48	16 15 22	21 58 04
25 W	21 24 27	24 03 58	29 59 34	7 13 46	7 13 17	5 49 18	0 53 11	10 42 26	20 53 48	22 35 53	17 31 03	18 51 38	16 22 36	22 06 20
26 Th	22 32 12	6 ♊ 05 21	12 ♊ 01 45	6 53 42	8 17 58	6 37 46	1 32 58	10 58 08	20 57 38	22 52 28	17 37 56	18 59 27	16 30 51	22 15 38
27 F	23 40 05	18 08 52	24 06 55	6 28 11	9 22 16	7 26 27	2 12 48	11 14 16	21 01 28	23 09 14	17 44 57	19 07 22	16 39 14	22 25 06
28 Sa	24 47 14	0 ♋ 15 23	6 ♋ 16 06	5 56 37	10 25 14	8 14 25	2 51 47	11 29 55	21 04 23	23 25 14	17 51 11	19 14 29	16 46 50	22 33 48
29 Su	25 52 49	12 26 12	18 30 48	5 18 41	11 26 04	9 00 52	3 29 06	11 44 17	21 05 35	23 39 41	17 55 51	19 19 59	16 52 50	22 40 56
30 M	26 56 17	24 43 22	0 ♌ 53 19	4 34 27	12 24 10	9 45 16	4 04 13	11 56 49	21 04 31	23 52 01	17 58 23	19 23 19	16 56 43	22 45 58
31 Tu	27 57 29	7 ♌ 09 48	13 26 52	3 44 31	13 19 22	10 27 25	4 36 57	12 07 20	21 01 01	24 02 06	17 58 37	19 24 20	16 58 18	22 48 43

Notes

September 2010 — LONGITUDE

Day	☉	0 hr ☽	Noon ☽	☿	♀	♂	⚵	⚳	♃	♄	⚷	♅	♆	♇
1 W	28 ♏ 56 40	19 ♌ 49 20	26 ♌ 15 26	2 ♐ 50 02	14 ♑ 11 54	11 ♑ 07 36	5 ♏ 07 33	12 ♓ 16 05	20 ♊ 55 21	24 ♐ 10 09	17 ♉ 56 49	19 ♊ 23 17	16 ♉ 57 50	22 ♓ 49 27
2 Th	29 54 29	2 ♍ 46 30	9 ♍ 23 31	1 52 43	15 02 25	11 46 28	5 36 42	12 23 44	20 48 11	24 16 51	17 53 38	19 20 49	16 55 60	22 48 49
3 F	0 ♐ 51 56	16 05 58	22 55 31	0 54 43	15 51 51	12 24 59	6 05 21	12 31 16	20 40 30	24 23 11	17 50 04	19 17 55	16 53 45	22 47 49
4 Sa	1 50 06	29 51 46	6 ♎ 54 47	29 ♏ 58 22	16 41 17	13 04 17	6 34 37	12 39 46	20 33 24	24 30 13	17 47 12	19 15 42	16 52 12	22 47 32
5 Su	2 50 00	14 ♎ 06 17	21 22 35	29 05 55	17 31 42	13 45 21	7 05 30	12 50 14	20 27 54	24 38 59	17 46 03	19 15 09	16 52 22	22 48 58
6 M	3 52 18	28 49 04	6 ♏ 16 55	28 19 19	18 23 45	14 28 51	7 38 41	13 03 22	20 24 41	24 50 09	17 47 18	19 16 57	16 54 54	22 52 48
7 Tu	4 57 09	13 ♏ 55 57	21 31 54	27 39 54	19 17 33	15 14 56	8 14 17	13 19 16	20 23 53	25 03 51	17 51 04	19 21 16	16 59 58	22 59 11
8 W	6 04 06	29 18 49	6 ♐ 57 57	27 08 22	20 12 37	16 03 11	8 51 53	13 37 31	20 25 04	25 19 39	17 56 56	19 27 38	17 07 07	23 07 41
9 Th	7 12 13	14 ♐ 46 24	22 23 05	26 44 43	21 07 60	16 52 38	9 30 33	13 57 10	20 27 20	25 36 37	18 03 58	19 35 07	17 15 24	23 17 20
10 F	8 20 17	0 ♑ 06 12	7 ♑ 35 03	26 28 37	22 02 25	17 42 05	10 09 02	14 17 00	20 29 26	25 53 32	18 10 56	19 42 31	17 23 38	23 26 57
11 Sa	9 27 07	15 06 50	22 23 44	26 19 33	22 54 41	18 30 21	10 46 11	14 35 51	20 30 13	26 09 13	18 16 41	19 48 40	17 30 38	23 35 20
12 Su	10 31 53	29 40 01	6 ♒ 42 34	26 17 10	23 43 55	19 16 35	11 21 09	14 52 50	20 28 51	26 22 48	18 20 21	19 52 41	17 35 32	23 41 39
13 M	11 34 15	13 ♒ 41 35	20 29 11	26 21 27	24 29 43	20 00 27	11 53 36	15 07 39	20 24 59	26 33 59	18 21 37	19 54 16	17 38 01	23 45 33
14 Tu	12 34 25	27 11 19	3 ♓ 44 50	26 32 48	25 12 18	20 42 11	12 23 45	15 20 30	20 18 53	26 42 59	18 20 42	19 53 38	17 38 18	23 47 18
15 W	13 33 08	10 ♓ 12 12	16 33 28	26 51 57	25 52 18	21 22 29	12 52 19	15 32 06	20 11 14	26 50 30	18 18 20	19 51 30	17 37 07	23 47 34
16 Th	14 31 25	22 49 15	29 00 37	27 19 47	26 30 45	22 02 24	13 20 21	15 43 28	20 03 06	26 57 35	18 15 31	19 48 54	17 35 29	23 47 25
17 F	15 30 23	5 ♈ 08 25	11 ♈ 12 22	27 57 11	27 08 42	22 43 04	13 48 56	15 55 45	19 55 36	27 05 21	18 13 25	19 46 58	17 34 32	23 47 58
18 Sa	16 31 06	17 15 43	23 14 41	28 44 49	27 47 08	23 25 29	14 19 09	16 09 58	19 49 47	27 14 49	18 13 03	19 46 44	17 35 19	23 50 15
19 Su	17 34 18	29 16 37	5 ♉ 12 44	29 43 00	28 26 48	24 10 27	14 51 45	16 26 53	19 46 25	27 26 47	18 15 11	19 48 59	17 38 35	23 55 03
20 M	18 40 22	11 ♉ 15 36	17 10 40	0 ♐ 51 35	29 07 60	24 58 20	15 27 05	16 46 52	19 45 53	27 41 36	18 20 12	19 54 03	17 44 42	24 02 42
21 Tu	19 49 14	23 16 00	29 11 26	2 09 55	29 50 36	25 49 01	16 05 05	17 09 49	19 48 07	27 59 11	18 28 00	20 01 52	17 53 36	24 13 09
22 W	21 00 22	5 ♊ 19 56	11 ♊ 16 47	3 36 49	0 ♒ 34 01	26 42 02	16 45 14	17 35 13	19 52 34	28 19 01	18 38 05	20 11 56	18 04 46	24 25 52
23 Th	22 12 52	17 28 28	23 27 31	5 10 48	1 17 19	27 36 27	17 26 38	18 02 11	19 58 23	28 40 12	18 49 33	20 23 21	18 17 17	24 39 57
24 F	23 25 38	29 41 57	5 ♋ 43 46	6 50 05	1 59 21	28 31 10	18 08 10	18 29 35	20 04 26	29 01 37	19 01 17	20 34 60	18 30 03	24 54 18
25 Sa	24 37 31	12 ♋ 00 18	18 05 27	8 32 52	2 38 51	29 25 01	18 48 40	18 56 16	20 09 35	29 22 07	19 12 07	20 45 42	18 41 55	25 07 45
26 Su	25 47 27	24 23 38	0 ♌ 32 44	10 17 31	3 14 45	0 ♒ 16 58	19 27 06	19 21 11	20 12 46	29 40 39	19 21 02	20 54 27	18 51 49	25 19 16
27 M	26 54 44	6 ♌ 52 33	13 06 24	12 02 43	3 46 17	1 06 18	20 02 46	19 43 37	20 13 19	29 56 31	19 27 18	21 00 31	18 59 04	25 28 08
28 Tu	27 59 07	19 28 33	25 48 15	13 47 42	4 13 08	1 52 45	20 35 22	20 03 18	20 10 57	0 ♑ 09 25	19 30 40	21 03 39	19 03 23	25 34 05
29 W	29 00 50	2 ♍ 14 13	8 ♍ 41 08	15 32 11	4 35 28	2 36 36	21 05 12	20 20 29	20 05 56	0 19 39	19 31 23	21 04 06	19 05 03	25 37 22
30 Th	0 ♑ 00 40	15 13 07	21 48 47	17 16 30	4 54 00	3 18 34	21 32 59	20 35 56	19 59 02	0 27 57	19 30 12	21 02 37	19 04 47	25 38 45

October 2010 — LONGITUDE

Day	☉	0 hr ☽	Noon ☽	☿	♀	♂	⚵	⚳	♃	♄	⚷	♅	♆	♇
1 F	0 ♑ 59 42	28 ♍ 29 27	5 ♎ 15 22	19 ♐ 01 21	5 ♒ 09 48	3 ♒ 59 48	21 ♏ 59 50	20 ♓ 50 44	19 ♊ 51 21	0 ♑ 35 25	19 ♉ 28 15	21 ♊ 00 19	19 ♉ 03 44	25 ♓ 39 20
2 Sa	1 59 15	12 ♎ 07 24	19 04 42	20 47 41	5 24 04	4 41 33	22 27 04	21 06 12	19 44 13	0 43 21	19 26 49	20 58 30	19 03 10	25 40 26
3 Su	3 00 31	26 10 07	3 ♏ 19 13	22 36 23	5 37 58	5 25 03	22 55 51	21 23 31	19 38 48	0 52 57	19 27 05	20 58 21	19 04 17	25 43 13
4 M	4 04 18	10 ♏ 38 42	17 58 46	24 28 03	5 52 17	6 11 07	23 27 01	21 43 31	19 35 58	1 05 04	19 29 55	21 00 43	19 07 56	25 48 32
5 Tu	5 10 54	25 31 01	2 ♐ 59 43	26 22 41	6 07 12	7 00 02	24 00 52	22 06 28	19 35 58	1 19 56	19 35 33	21 05 52	19 14 23	25 56 39
6 W	6 19 55	10 ♐ 41 13	18 14 41	28 19 44	6 22 17	7 51 23	24 36 58	22 31 58	19 38 26	1 37 10	19 43 37	21 13 24	19 23 13	26 07 10
7 Th	7 30 22	25 59 57	3 ♑ 33 12	0 ♑ 18 04	6 36 31	8 44 12	25 14 21	22 59 03	19 42 23	1 55 48	19 53 08	21 22 21	19 33 29	26 19 07
8 F	8 40 56	11 ♑ 15 42	18 43 32	2 16 13	6 48 32	9 37 11	25 51 43	23 26 23	19 46 31	2 14 31	20 02 47	21 31 25	19 43 53	26 31 12
9 Sa	9 50 19	26 16 58	3 ♒ 34 49	4 12 49	6 56 60	10 29 01	26 27 45	23 52 40	19 49 33	2 32 00	20 11 16	21 39 16	19 53 04	26 42 05
10 Su	10 57 31	10 ♒ 54 19	17 59 05	6 06 44	7 00 52	11 18 42	27 01 27	24 16 54	19 50 27	2 47 16	20 17 36	21 44 56	20 00 05	26 50 47
11 M	12 02 04	25 01 54	1 ♓ 52 11	7 57 28	6 59 38	12 05 45	27 32 20	24 38 37	19 48 48	2 59 50	20 21 17	21 47 55	20 04 26	26 56 50
12 Tu	13 04 05	8 ♓ 37 52	15 13 51	9 45 05	6 53 26	12 50 20	28 00 33	24 57 56	19 44 41	3 09 50	20 22 29	21 48 22	20 06 15	27 00 21
13 W	14 04 14	21 43 55	28 06 60	11 30 12	6 42 55	13 33 04	28 26 44	25 15 31	19 38 49	3 17 54	20 21 49	21 46 57	20 06 12	27 01 59
14 Th	15 03 31	4 ♈ 24 16	10 ♈ 36 38	13 13 48	6 29 06	14 14 58	28 51 55	25 32 21	19 32 10	3 25 05	20 20 19	21 44 39	20 05 17	27 02 47
15 F	16 03 06	16 44 43	22 48 56	14 57 01	6 13 10	14 57 13	29 17 14	25 49 36	19 25 55	3 32 31	20 19 09	21 42 39	20 04 40	27 03 52
16 Sa	17 04 04	28 51 33	4 ♉ 50 16	16 40 57	5 56 15	15 40 53	29 43 47	26 08 22	19 21 10	3 41 17	20 19 24	21 42 01	20 05 26	27 06 19
17 Su	18 07 15	10 ♉ 50 52	16 46 38	18 26 24	5 39 13	16 26 48	0 ♐ 12 24	26 29 27	19 18 44	3 52 13	20 21 53	21 43 37	20 08 24	27 11 00
18 M	19 13 05	22 48 05	28 43 08	20 13 50	5 22 37	17 15 24	0 43 30	26 53 19	19 19 05	4 05 46	20 27 02	21 47 51	20 14 03	27 18 20
19 Tu	20 21 34	4 ♊ 47 30	10 ♊ 43 46	22 03 13	5 06 31	18 06 41	1 17 06	27 19 56	19 22 11	4 21 54	20 34 53	21 54 43	20 22 20	27 28 19
20 W	21 32 14	16 52 17	22 51 12	23 54 07	4 50 35	19 00 12	1 52 43	27 48 51	19 27 36	4 40 11	20 44 56	22 03 47	20 32 48	27 40 29
21 Th	22 44 17	29 04 18	5 ♋ 06 56	25 45 44	4 34 09	19 55 07	2 29 33	28 19 14	19 34 31	4 59 47	20 56 23	22 14 13	20 44 39	27 54 01
22 F	23 56 38	11 ♋ 24 24	17 31 25	27 37 00	4 16 17	20 50 22	3 06 31	28 50 02	19 41 52	5 19 38	21 08 11	22 24 58	20 56 48	28 07 51
23 Sa	25 08 11	23 52 38	0 ♌ 04 24	29 26 50	3 56 03	21 44 51	3 42 31	29 20 07	19 48 32	5 38 37	21 19 11	22 34 54	21 08 09	28 20 53
24 Su	26 17 57	6 ♌ 28 39	12 45 21	1 ♒ 14 16	3 32 41	22 37 34	4 16 34	29 48 32	19 53 34	5 55 46	21 28 26	22 43 02	21 17 43	28 32 07
25 M	27 25 14	19 12 05	25 33 53	2 58 37	3 05 41	23 27 51	4 47 57	0 ♈ 14 33	19 56 14	6 10 22	21 35 14	22 48 42	21 24 47	28 40 53
26 Tu	28 29 46	2 ♍ 03 05	8 ♍ 30 16	4 39 37	2 35 00	24 15 25	5 16 25	0 37 55	19 56 18	6 22 10	21 39 19	22 51 36	21 29 07	28 46 53
27 W	29 31 46	15 02 28	21 35 30	6 17 31	2 01 06	25 00 28	5 42 10	0 58 49	19 53 58	6 31 22	21 40 52	22 51 58	21 30 54	28 50 19
28 Th	0 ♒ 31 52	28 11 56	4 ♎ 51 29	7 52 58	1 24 51	25 43 39	6 05 51	1 17 56	19 49 53	6 38 36	21 40 34	22 50 27	21 30 47	28 51 52
29 F	1 31 04	11 ♎ 33 53	18 20 44	9 26 59	0 47 30	26 25 57	6 28 26	1 36 12	19 45 01	6 44 52	21 39 22	22 48 00	21 29 46	28 52 29
30 Sa	2 30 29	25 10 60	2 ♏ 05 50	11 00 42	0 10 25	27 08 31	6 51 04	1 54 48	19 40 33	6 51 17	21 38 26	22 45 48	21 28 58	28 53 20
31 Su	3 31 12	9 ♏ 05 33	16 08 40	12 35 12	29 ♑ 34 57	27 52 24	7 14 48	2 14 45	19 37 30	6 58 55	21 38 48	22 44 52	21 29 27	28 55 27

Notes

LONGITUDE November 2010

Day	☉	0 hr ☽	Noon ☽	☿	♀	♂	⚵	⚳	♃	♄	⚷	♅	♆	♇
1 M	4 ♒ 33 58	23 ♏ 18 35	0 ♐ 29 34	14 ♒ 11 15	29 ♑ 02 04	28 ♒ 38 22	7 ♐ 40 23	2 ♈ 36 50	19 ♊ 36 39	7 ♑ 08 32	21 ♉ 41 15	22 ♊ 45 59	21 ♉ 31 59	28 ♓ 59 36
2 Tu	5 39 02	7 ♐ 49 04	15 06 32	15 49 08	28 32 17	29 26 40	8 08 05	3 01 18	19 38 17	7 20 24	21 46 02	22 49 25	21 36 49	29 06 04
3 W	6 46 09	22 33 23	29 54 48	17 28 37	28 05 34	0 ♓ 17 03	8 37 39	3 27 54	19 42 07	7 34 14	21 52 53	22 54 55	21 43 42	29 14 33
4 Th	7 54 34	7 ♑ 25 14	14 ♑ 47 09	19 08 55	27 41 22	1 08 45	9 08 18	3 55 52	19 47 23	7 49 17	22 01 04	23 01 41	21 51 53	29 24 20
5 F	9 03 13	22 16 22	29 34 51	20 49 02	27 18 49	2 00 43	9 39 00	4 24 09	19 53 05	8 04 30	22 09 31	23 08 44	22 00 18	29 34 20
6 Sa	10 11 03	6 ♒ 57 50	14 ♒ 09 08	22 27 52	26 57 03	2 51 54	10 08 41	4 51 41	19 58 07	8 18 50	22 17 10	23 14 57	22 07 54	29 43 31
7 Su	11 17 12	21 21 34	28 22 41	24 04 35	26 35 21	3 41 26	10 36 29	5 17 36	20 01 38	8 31 24	22 23 10	23 19 29	22 13 49	29 50 60
8 M	12 21 11	5 ♓ 21 40	12 ♓ 10 45	25 38 43	26 13 25	4 28 51	11 01 55	5 41 27	20 03 10	8 41 45	22 27 03	23 21 53	22 17 35	29 56 19
9 Tu	13 23 01	18 55 06	25 31 37	27 10 16	25 51 21	5 14 08	11 24 60	6 03 12	20 02 43	8 49 52	22 28 49	23 22 09	22 19 12	29 59 29
10 W	14 23 06	2 ♈ 01 47	8 ♈ 26 20	28 39 38	25 29 42	5 57 43	11 46 07	6 23 17	20 00 43	8 56 10	22 28 52	23 20 40	22 19 05	0 ♈ 00 54
11 Th	15 22 09	14 44 09	20 58 14	0 ♓ 07 30	25 09 14	6 40 18	12 06 01	6 42 25	19 57 51	9 01 22	22 27 56	23 18 12	22 17 57	0 01 17
12 F	16 21 02	27 06 24	3 ♉ 12 08	1 34 45	24 50 55	7 22 44	12 25 32	7 01 26	19 54 60	9 06 20	22 26 51	23 15 33	22 16 38	0 01 29
13 Sa	17 20 35	9 ♉ 13 47	15 13 37	3 02 10	24 35 38	8 05 52	12 45 30	7 21 11	19 52 59	9 11 52	22 26 29	23 13 36	22 16 00	0 02 20
14 Su	18 21 27	21 11 56	27 08 26	4 30 25	24 24 05	8 50 23	13 06 36	7 42 20	19 52 30	9 18 41	22 27 29	23 13 01	22 16 44	0 04 32
15 M	19 24 05	3 ♊ 06 24	9 ♊ 02 03	5 59 53	24 16 43	9 36 40	13 29 13	8 05 17	19 53 56	9 27 09	22 30 16	23 14 10	22 19 12	0 08 28
16 Tu	20 28 30	15 02 09	20 59 15	7 30 34	24 13 36	10 24 48	13 53 27	8 30 07	19 57 22	9 37 21	22 34 54	23 17 11	22 23 29	0 14 12
17 W	21 34 30	27 03 23	3 ♋ 03 56	9 02 13	24 14 31	11 14 32	14 19 01	8 56 35	20 02 33	9 49 04	22 41 08	23 21 46	22 29 21	0 21 31
18 Th	22 41 33	9 ♋ 13 23	15 18 58	10 34 13	24 18 54	12 05 21	14 45 25	9 24 08	20 08 58	10 01 44	22 48 27	23 27 26	22 36 17	0 29 51
19 F	23 48 57	21 34 24	27 46 09	12 05 50	24 26 04	12 56 33	15 11 56	9 52 07	20 15 55	10 14 40	22 56 10	23 33 28	22 43 34	0 38 33
20 Sa	24 55 57	4 ♌ 07 43	10 ♌ 26 15	13 36 13	24 35 13	13 47 23	15 37 51	10 19 45	20 22 39	10 27 08	23 03 31	23 39 08	22 50 29	0 46 50
21 Su	26 01 53	16 53 41	23 19 13	15 04 37	24 45 40	14 37 12	16 02 27	10 46 22	20 28 31	10 38 28	23 09 51	23 43 45	22 56 20	0 54 03
22 M	27 06 17	29 52 02	6 ♍ 24 23	16 30 27	24 56 53	15 25 30	16 25 18	11 11 31	20 33 01	10 48 10	23 14 40	23 46 52	23 00 39	0 59 44
23 Tu	28 08 56	13 ♍ 02 02	19 40 45	17 53 23	25 08 37	16 12 06	16 46 11	11 34 58	20 35 58	10 56 03	23 17 48	23 48 16	23 03 15	1 03 40
24 W	29 09 58	26 22 51	3 ♎ 07 24	19 13 22	25 20 57	16 57 06	17 05 11	11 56 50	20 37 28	11 02 13	23 19 20	23 48 04	23 04 13	1 05 58
25 Th	0 ♓ 09 46	9 ♎ 53 46	16 43 34	20 30 37	25 34 11	17 40 53	17 22 43	12 17 31	20 37 54	11 07 03	23 19 40	23 46 38	23 03 58	1 07 00
26 F	1 08 55	23 34 16	0 ♏ 28 50	21 45 32	25 48 51	18 24 04	17 39 21	12 37 36	20 37 52	11 11 10	23 19 23	23 44 36	23 03 05	1 07 24
27 Sa	2 08 06	7 ♏ 24 04	14 22 56	22 58 32	26 05 36	19 07 18	17 55 46	12 57 46	20 38 03	11 15 13	23 19 09	23 42 36	23 02 13	1 07 48
28 Su	3 07 56	21 22 52	28 25 32	24 09 58	26 24 57	19 51 14	18 12 35	13 18 37	20 39 04	11 19 49	23 19 38	23 41 18	23 02 02	1 08 52
29 M	4 08 52	5 ♐ 30 01	12 ♐ 35 47	25 19 58	26 47 18	20 36 17	18 30 14	13 40 37	20 41 20	11 25 26	23 21 13	23 41 06	23 02 56	1 10 59
30 Tu	5 11 02	19 44 08	26 51 59	26 28 18	27 12 44	21 22 36	18 48 52	14 03 53	20 45 02	11 32 12	23 24 05	23 42 10	23 05 06	1 14 21

LONGITUDE December 2010

Day	☉	0 hr ☽	Noon ☽	☿	♀	♂	⚵	⚳	♃	♄	⚷	♅	♆	♇
1 W	6 ♓ 14 19	4 ♑ 02 49	11 ♑ 11 17	27 ♓ 34 26	27 ♑ 41 02	22 ♓ 10 04	19 ♐ 08 20	14 ♈ 28 19	20 ♊ 50 01	11 ♑ 39 58	23 ♉ 28 06	23 ♊ 44 22	23 ♉ 08 22	1 ♈ 18 49
2 Th	7 18 19	18 22 34	25 29 49	28 37 29	28 11 45	22 58 16	19 28 16	14 53 30	20 55 54	11 48 22	23 32 51	23 47 19	23 12 22	1 23 59
3 F	8 22 30	2 ♒ 38 59	9 ♒ 42 52	29 36 25	28 44 18	23 46 42	19 48 07	15 18 55	21 02 09	11 56 52	23 37 51	23 50 30	23 16 34	1 29 20
4 Sa	9 26 21	16 47 13	23 45 35	0 ♈ 30 03	29 18 06	24 34 50	20 07 21	15 44 02	21 08 14	12 04 56	23 42 32	23 53 21	23 20 27	1 34 20
5 Su	10 29 27	0 ♓ 42 37	7 ♓ 33 31	1 17 20	29 52 40	25 22 15	20 25 34	16 08 26	21 13 45	12 12 09	23 46 30	23 55 30	23 23 34	1 38 34
6 M	11 31 34	14 21 19	21 03 22	1 57 17	0 ♒ 27 41	26 08 42	20 42 30	16 31 53	21 18 27	12 18 17	23 49 31	23 56 41	23 25 44	1 41 48
7 Tu	12 32 40	27 40 49	4 ♈ 13 16	2 29 04	1 03 07	26 54 12	20 58 10	16 54 23	21 22 20	12 23 19	23 51 35	23 56 54	23 26 54	1 44 02
8 W	13 32 57	10 ♈ 40 13	17 03 05	2 52 03	1 39 04	27 38 53	21 12 43	17 16 05	21 25 33	12 27 26	23 52 51	23 56 19	23 27 16	1 45 26
9 Th	14 32 41	23 20 10	29 34 11	3 05 38	2 15 47	28 23 05	21 26 27	17 37 18	21 28 26	12 30 55	23 53 37	23 55 15	23 27 06	1 46 18
10 F	15 32 15	5 ♉ 42 49	11 ♉ 49 18	3 09 21	2 53 35	29 07 08	21 39 42	17 58 22	21 31 18	12 34 08	23 54 15	23 54 02	23 26 47	1 46 58
11 Sa	16 31 57	17 51 24	23 52 10	3 02 46	3 32 43	29 51 22	21 52 50	18 19 38	21 34 30	12 37 25	23 55 05	23 53 01	23 26 38	1 47 47
12 Su	17 32 05	29 49 59	5 ♊ 47 11	2 45 31	4 13 26	0 ♈ 36 03	22 06 04	18 41 21	21 38 17	12 41 01	23 56 22	23 52 26	23 26 55	1 49 01
13 M	18 32 45	11 ♊ 43 08	17 39 05	2 17 21	4 55 48	1 21 20	22 19 34	19 03 39	21 42 48	12 45 04	23 58 14	23 52 28	23 27 46	1 50 48
14 Tu	19 33 60	23 35 34	29 32 41	1 38 12	5 39 49	2 07 13	22 33 20	19 26 33	21 48 04	12 49 36	24 00 44	23 53 06	23 29 13	1 53 09
15 W	20 35 43	5 ♋ 31 59	11 ♋ 32 38	0 48 22	6 25 21	2 53 36	22 47 16	19 49 58	21 53 58	12 54 31	24 03 44	23 54 15	23 31 09	1 55 58
16 Th	21 37 43	17 36 50	23 43 08	29 ♓ 48 31	7 12 10	3 40 20	23 01 12	20 13 43	22 00 21	12 59 38	24 07 05	23 55 44	23 33 24	1 59 05
17 F	22 39 49	29 54 02	6 ♌ 07 49	28 39 53	8 00 01	4 27 11	23 14 55	20 37 36	22 06 59	13 04 45	24 10 33	23 57 22	23 35 46	2 02 17
18 Sa	23 41 49	12 ♌ 26 49	18 49 25	27 24 13	8 48 42	5 13 58	23 28 13	21 01 24	22 13 41	13 09 40	24 13 58	23 58 56	23 38 03	2 05 22
19 Su	24 43 35	25 17 28	1 ♍ 49 39	26 03 49	9 38 02	6 00 33	23 40 57	21 25 00	22 20 19	13 14 15	24 17 11	24 00 18	23 40 07	2 08 13
20 M	25 45 02	8 ♍ 27 05	15 08 55	24 41 19	10 27 55	6 46 52	23 53 05	21 48 20	22 26 49	13 18 26	24 20 09	24 01 25	23 41 55	2 10 46
21 Tu	26 46 14	21 55 30	28 46 21	23 19 34	11 18 21	7 32 57	24 04 36	22 11 26	22 33 13	13 22 15	24 22 53	24 02 18	23 43 27	2 13 03
22 W	27 47 15	5 ♎ 41 11	12 ♎ 39 44	22 01 20	12 09 25	8 18 54	24 15 38	22 34 23	22 39 36	13 25 48	24 25 28	24 03 04	23 44 50	2 15 08
23 Th	28 48 13	19 41 21	26 45 48	20 49 07	13 01 11	9 04 50	24 26 17	22 57 19	22 46 05	13 29 12	24 28 03	24 03 49	23 46 11	2 17 11
24 F	29 49 15	3 ♏ 52 20	11 ♏ 00 35	19 44 57	13 53 45	9 50 51	24 36 38	23 20 20	22 52 47	13 32 34	24 30 44	24 04 39	23 47 37	2 19 16
25 Sa	0 ♈ 50 23	18 09 56	25 19 49	18 50 17	14 47 08	10 37 02	24 46 46	23 43 29	22 59 45	13 35 55	24 33 33	24 05 39	23 49 10	2 21 28
26 Su	1 51 38	2 ♐ 29 53	9 ♐ 39 26	18 05 59	15 41 17	11 23 20	24 56 39	24 06 46	23 06 58	13 39 17	24 36 31	24 06 48	23 50 51	2 23 45
27 M	2 52 53	16 48 18	23 55 52	17 32 20	16 36 07	12 09 41	25 06 12	24 30 05	23 14 22	13 42 34	24 39 32	24 07 60	23 52 34	2 26 02
28 Tu	3 54 03	1 ♑ 01 57	8 ♑ 06 14	17 09 15	17 31 29	12 55 59	25 15 17	24 53 20	23 21 49	13 45 38	24 42 29	24 09 09	23 54 11	2 28 14
29 W	4 55 01	15 08 19	22 08 22	16 56 18	18 27 14	13 42 06	25 23 49	25 16 24	23 29 13	13 48 25	24 45 16	24 10 08	23 55 38	2 30 13
30 Th	5 55 44	29 05 37	6 ♒ 00 45	16 52 57	19 23 20	14 28 01	25 31 43	25 39 15	23 36 30	13 50 50	24 47 51	24 10 54	23 56 51	2 31 56
31 F	6 56 15	12 ♒ 52 35	19 42 16	16 58 35	20 19 46	15 13 45	25 39 04	26 01 55	23 43 44	13 52 56	24 50 15	24 11 31	23 57 52	2 33 26

Notes

January 2011 LONGITUDE

Day	☉	0 hr ☽	Noon ☽	☿	♀	♂	⚵	⚳	♃	♄	⚷	♅	♆	♇
1 Sa	7 ♈ 56 41	26 ♒ 28 20	3 ♓ 12 08	17 ♓ 12 36	21 ♒ 16 40	15 ♈ 59 27	25 ♐ 45 57	26 ♈ 24 32	23 ♊ 51 03	13 ♑ 54 52	24 ♉ 52 37	24 ♊ 12 06	23 ♉ 58 50	2 ♈ 34 52
2 Su	8 57 15	9 ♓ 52 13	16 29 43	17 34 28	22 14 12	16 45 18	25 52 35	26 47 17	23 58 38	13 56 48	24 55 08	24 12 51	23 59 57	2 36 25
3 M	9 58 10	23 03 41	29 34 33	18 03 40	23 12 35	17 31 33	25 59 11	27 10 25	24 06 43	13 59 00	24 58 03	24 13 60	24 01 26	2 38 18
4 Tu	10 59 37	6 ♈ 02 19	12 ♈ 26 23	18 39 43	24 11 59	18 18 22	26 05 57	27 34 07	24 15 28	14 01 38	25 01 32	24 15 44	24 03 29	2 40 44
5 W	12 01 44	18 47 59	25 05 16	19 22 03	25 12 29	19 05 52	26 12 58	27 58 29	24 25 02	14 04 49	25 05 43	24 18 10	24 06 12	2 43 48
6 Th	13 04 29	1 ♉ 20 51	7 ♉ 31 42	20 10 06	26 14 06	19 54 04	26 20 16	28 23 32	24 35 24	14 08 33	25 10 35	24 21 18	24 09 36	2 47 31
7 F	14 07 46	13 41 40	19 46 44	21 03 10	27 16 39	20 42 49	26 27 41	28 49 08	24 46 25	14 12 42	25 16 01	24 25 01	24 13 33	2 51 46
8 Sa	15 11 20	25 51 42	1 ♊ 52 06	22 00 32	28 19 54	21 31 54	26 35 00	29 15 03	24 57 52	14 17 03	25 21 46	24 29 03	24 17 48	2 56 17
9 Su	16 14 51	7 ♊ 53 01	13 50 11	23 01 27	29 23 31	22 20 58	26 41 53	29 40 56	25 09 25	14 21 15	25 27 32	24 33 06	24 22 03	3 00 46
10 M	17 17 59	19 48 22	25 44 07	24 05 11	0 ♓ 27 08	23 09 41	26 47 59	0 ♉ 06 27	25 20 44	14 24 58	25 32 56	24 36 49	24 25 55	3 04 52
11 Tu	18 20 26	1 ♋ 41 13	7 ♋ 37 39	25 11 05	1 30 27	23 57 45	26 52 60	0 31 19	25 31 29	14 27 54	25 37 42	24 39 55	24 29 08	3 08 17
12 W	19 22 01	13 35 42	19 35 06	26 18 41	2 33 14	24 44 59	26 56 44	0 55 19	25 41 31	14 29 51	25 41 38	24 42 10	24 31 31	3 10 49
13 Th	20 22 40	25 36 26	1 ♌ 41 13	27 27 41	3 35 28	25 31 21	26 59 09	1 18 26	25 50 45	14 30 49	25 44 41	24 43 34	24 32 60	3 12 26
14 F	21 22 35	7 ♌ 48 23	14 00 53	28 37 60	4 37 18	26 16 59	27 00 25	1 40 50	25 59 23	14 30 55	25 47 02	24 44 16	24 33 45	3 13 18
15 Sa	22 22 03	20 16 27	26 38 48	29 49 46	5 39 01	27 02 14	27 00 51	2 02 49	26 07 44	14 30 30	25 48 59	24 44 36	24 34 07	3 13 45
16 Su	23 21 34	3 ♍ 05 09	9 ♍ 38 60	1 ♈ 03 17	6 41 07	27 47 33	27 00 54	2 24 51	26 16 14	14 30 01	25 51 01	24 45 01	24 34 33	3 14 14
17 M	24 21 38	16 17 57	23 04 12	2 18 54	7 44 04	28 33 28	27 01 06	2 47 28	26 25 25	14 29 59	25 53 38	24 46 02	24 35 33	3 15 16
18 Tu	25 22 43	29 56 41	6 ♎ 55 16	3 36 57	8 48 20	29 20 26	27 01 54	3 11 07	26 35 45	14 30 53	25 57 19	24 48 07	24 37 35	3 17 19
19 W	26 25 06	14 ♎ 00 56	21 10 36	4 57 38	9 54 13	0 ♉ 08 44	27 03 36	3 36 05	26 47 31	14 32 59	26 02 20	24 51 34	24 40 58	3 20 40
20 Th	27 28 51	28 27 38	5 ♏ 45 55	6 20 53	11 01 44	0 58 26	27 06 14	4 02 26	27 00 46	14 36 21	26 08 45	24 56 26	24 45 44	3 25 23
21 F	28 33 42	13 ♏ 11 05	20 34 34	7 46 22	12 10 38	1 49 16	27 09 33	4 29 55	27 15 14	14 40 44	26 16 18	25 02 26	24 51 38	3 31 12
22 Sa	29 39 09	28 03 34	5 ♐ 28 15	9 13 30	13 20 25	2 40 44	27 13 03	4 58 00	27 30 26	14 45 37	26 24 29	25 09 06	24 58 09	3 37 37
23 Su	0 ♉ 44 31	12 ♐ 56 25	20 18 26	10 41 33	14 30 22	3 32 09	27 16 03	5 26 01	27 45 40	14 50 19	26 32 37	25 15 43	25 04 36	3 43 57
24 M	1 49 07	27 41 27	4 ♑ 57 36	12 09 46	15 39 47	4 22 50	27 17 50	5 53 17	28 00 14	14 54 08	26 40 01	25 21 37	25 10 18	3 49 30
25 Tu	2 52 25	12 ♑ 12 13	19 20 18	13 37 36	16 48 10	5 12 15	27 17 55	6 19 16	28 13 38	14 56 34	26 46 09	25 26 16	25 14 44	3 53 45
26 W	3 54 13	26 24 39	3 ♒ 23 33	15 04 46	17 55 16	6 00 11	27 16 03	6 43 44	28 25 38	14 57 24	26 50 48	25 29 28	25 17 41	3 56 29
27 Th	4 54 39	10 ♒ 17 11	17 06 46	16 31 24	19 01 14	6 46 47	27 12 23	7 06 52	28 36 22	14 56 45	26 54 07	25 31 20	25 19 16	3 57 50
28 F	5 54 11	23 50 23	0 ♓ 31 09	17 57 58	20 06 32	7 32 32	27 07 25	7 29 07	28 46 20	14 55 07	26 56 34	25 32 21	25 20 00	3 58 18
29 Sa	6 53 33	7 ♓ 06 12	13 39 01	19 25 07	21 11 52	8 18 08	27 01 50	7 51 12	28 56 14	14 53 13	26 58 52	25 33 14	25 20 35	3 58 35
30 Su	7 53 32	20 07 16	26 33 07	20 53 41	22 18 01	9 04 23	26 56 27	8 13 55	29 06 51	14 51 50	27 01 50	25 34 48	25 21 48	3 59 29
31 M	8 54 52	2 ♈ 56 13	9 ♈ 16 01	22 24 21	23 25 43	9 52 01	26 52 01	8 37 60	29 18 57	14 51 43	27 06 10	25 37 46	25 24 23	4 01 45

February 2011 LONGITUDE

Day	☉	0 hr ☽	Noon ☽	☿	♀	♂	⚵	⚳	♃	♄	⚷	♅	♆	♇
1 Tu	9 ♉ 58 06	15 ♈ 35 21	21 ♈ 49 49	23 ♈ 57 40	24 ♓ 35 31	10 ♉ 41 34	26 ♐ 49 02	9 ♉ 03 58	29 ♊ 33 02	14 ♑ 53 24	27 ♉ 12 26	25 ♊ 42 40	25 ♉ 28 53	4 ♈ 05 53
2 W	11 03 26	28 06 18	4 ♉ 16 03	25 33 51	25 47 36	11 33 16	26 47 46	9 32 05	29 49 20	14 57 06	27 20 50	25 49 43	25 35 32	4 12 08
3 Th	12 10 48	10 ♉ 30 04	16 35 35	27 12 48	27 01 53	12 27 01	26 48 06	10 02 13	0 ♋ 07 46	15 02 43	27 31 17	25 58 51	25 44 13	4 20 23
4 F	13 19 43	22 47 13	28 49 01	28 54 04	28 17 55	13 22 21	26 49 36	10 33 55	0 27 52	15 09 50	27 43 20	26 09 35	25 54 29	4 30 13
5 Sa	14 29 31	4 ♊ 58 07	10 ♊ 56 49	0 ♉ 36 59	29 34 60	14 18 36	26 51 35	11 06 31	0 48 57	15 17 43	27 56 17	26 21 16	26 05 40	4 40 55
6 Su	15 39 20	17 03 16	22 59 45	2 20 40	0 ♈ 52 16	15 14 54	26 53 11	11 39 09	1 10 09	15 25 33	28 09 18	26 33 00	26 16 54	4 51 39
7 M	16 48 18	29 03 41	4 ♋ 59 07	4 04 17	2 08 51	16 10 23	26 53 34	12 10 56	1 30 37	15 32 27	28 21 29	26 43 57	26 27 18	5 01 31
8 Tu	17 55 40	11 ♋ 01 10	16 57 05	5 47 06	3 24 00	17 04 19	26 51 58	12 41 09	1 49 36	15 37 41	28 32 07	26 53 21	26 36 08	5 09 49
9 W	19 00 58	22 58 28	28 56 45	7 28 39	4 37 15	17 56 12	26 47 57	13 09 18	2 06 36	15 40 45	28 40 43	27 00 44	26 42 56	5 16 02
10 Th	20 04 05	4 ♌ 59 24	11 ♌ 02 16	9 08 49	5 48 28	18 45 56	26 41 22	13 35 17	2 21 32	15 41 34	28 47 09	27 05 59	26 47 34	5 20 05
11 F	21 05 17	17 08 47	23 18 37	10 47 53	6 57 55	19 33 47	26 32 32	13 59 21	2 34 38	15 40 24	28 51 43	27 09 23	26 50 20	5 22 12
12 Sa	22 05 13	29 32 07	5 ♍ 51 25	12 26 32	8 06 14	20 20 23	26 22 04	14 22 10	2 46 34	15 37 53	28 55 02	27 11 33	26 51 50	5 23 04
13 Su	23 04 46	12 ♍ 15 14	18 46 19	14 05 39	9 14 20	21 06 39	26 10 55	14 44 37	2 58 14	15 34 55	28 58 01	27 13 24	26 53 00	5 23 34
14 M	24 04 59	25 23 35	2 ♎ 08 15	15 46 18	10 23 14	21 53 36	26 00 05	15 07 44	3 10 39	15 32 32	29 01 41	27 15 57	26 54 52	5 24 43
15 Tu	25 06 47	9 ♎ 01 19	16 00 30	17 29 26	11 33 52	22 42 11	25 50 32	15 32 27	3 24 45	15 31 41	29 06 58	27 20 09	26 58 20	5 27 28
16 W	26 10 49	23 10 21	0 ♏ 23 39	19 15 42	12 46 52	23 33 01	25 42 54	15 59 25	3 41 11	15 32 60	29 14 31	27 26 39	27 04 04	5 32 27
17 Th	27 17 16	7 ♏ 49 14	15 14 34	21 05 17	14 02 26	24 26 18	25 37 24	16 28 48	4 00 08	15 36 40	29 24 31	27 35 36	27 12 15	5 39 52
18 F	28 25 48	22 52 37	0 ♐ 26 15	22 57 53	15 20 12	25 21 42	25 33 42	17 00 16	4 21 14	15 42 20	29 36 38	27 46 41	27 22 32	5 49 21
19 Sa	29 35 33	8 ♐ 11 26	15 48 19	24 52 38	16 39 19	26 18 20	25 30 56	17 32 58	4 43 39	15 49 09	29 49 59	27 59 02	27 34 04	6 00 04
20 Su	0 ♊ 45 22	23 34 06	1 ♑ 08 45	26 48 23	17 58 38	27 15 04	25 27 58	18 05 44	5 06 13	15 55 59	0 ♊ 03 25	28 11 29	27 45 41	6 10 50
21 M	1 54 04	8 ♑ 48 37	16 16 06	28 43 58	19 16 57	28 10 42	25 23 38	18 37 23	5 27 45	16 01 37	0 15 46	28 22 52	27 56 12	6 20 30
22 Tu	3 00 44	23 44 47	1 ♒ 01 29	0 ♊ 38 28	20 33 22	29 04 20	25 17 02	19 06 60	5 47 20	16 05 10	0 26 06	28 32 16	28 04 43	6 28 07
23 W	4 04 58	8 ♒ 15 48	15 19 49	2 31 28	21 47 27	29 55 33	25 07 46	19 34 11	6 04 34	16 06 13	0 34 01	28 39 17	28 10 49	6 33 18
24 Th	5 06 55	22 18 50	29 09 47	4 23 08	22 59 22	0 ♊ 44 31	24 55 60	19 59 05	6 19 36	16 04 55	0 39 41	28 44 03	28 14 40	6 36 13
25 F	6 07 19	5 ♓ 54 30	12 ♓ 33 15	6 14 08	24 09 50	1 31 56	24 42 28	20 22 25	6 33 08	16 01 59	0 43 48	28 47 18	28 16 57	6 37 33
26 Sa	7 07 11	19 05 59	25 34 06	8 05 29	25 19 54	2 18 51	24 28 13	20 45 14	6 46 14	15 58 29	0 47 25	28 50 04	28 18 45	6 38 22
27 Su	8 07 44	1 ♈ 57 49	8 ♈ 17 09	9 58 22	26 30 44	3 06 28	24 14 28	21 08 43	7 00 04	15 55 36	0 51 43	28 53 32	28 21 14	6 39 51
28 M	9 10 02	14 34 49	20 47 14	11 53 48	27 43 25	3 55 52	24 02 20	21 33 58	7 15 45	15 54 25	0 57 48	28 58 49	28 25 30	6 43 06

Notes

LONGITUDE — March 2011

Day	☉	0 hr ☽	Noon ☽	☿	♀	♂	⚵	⚳	♃	♄	⚷	♅	♆	♇
1 Tu	10 ♊ 14 55	27 ♈ 01 26	3 ♉ 08 35	13 ♊ 52 31	28 ♈ 58 47	4 ♊ 47 51	23 ♐ 52 38	22 ♉ 01 46	7 ♋ 34 04	15 ♑ 55 45	1 ♊ 06 28	29 ♊ 06 42	28 ♉ 32 22	6 ♈ 48 55
2 W	11 22 43	9 ♉ 21 12	15 24 26	15 54 48	0 ♉ 17 11	5 42 48	23 45 44	22 32 30	7 55 24	15 59 58	1 18 06	29 17 34	28 42 10	6 57 39
3 Th	12 33 22	21 36 33	27 36 54	18 00 27	1 38 30	6 40 36	23 41 34	23 06 04	8 19 39	16 06 58	1 32 34	29 31 19	28 54 50	7 09 14
4 F	13 46 16	3 ♊ 48 51	9 ♊ 47 06	20 08 45	3 02 11	7 40 41	23 39 35	23 41 54	8 46 13	16 16 12	1 49 20	29 47 22	29 09 48	7 23 05
5 Sa	15 00 31	15 58 38	21 55 25	22 18 37	4 27 18	8 42 07	23 38 52	24 19 03	9 14 12	16 26 43	2 07 26	0 ♋ 04 47	29 26 06	7 38 16
6 Su	16 14 56	28 06 00	4 ♋ 01 57	24 28 42	5 52 40	9 43 45	23 38 16	24 56 23	9 42 26	16 37 22	2 25 45	0 22 26	29 42 37	7 53 37
7 M	17 28 21	10 ♋ 11 03	16 06 54	26 37 37	7 17 08	10 44 24	23 36 38	25 32 42	10 09 44	16 46 59	2 43 04	0 39 07	29 58 08	8 07 58
8 Tu	18 39 43	22 14 21	28 11 05	28 44 02	8 39 38	11 43 02	23 32 58	26 06 58	10 35 03	16 54 32	2 58 22	0 53 48	0 ♊ 11 39	8 20 18
9 W	19 48 21	4 ♌ 17 20	10 ♌ 16 16	0 ♋ 46 59	9 59 30	12 38 57	23 26 34	26 38 30	10 57 43	16 59 18	3 10 57	1 05 47	0 22 27	8 29 53
10 Th	20 54 00	16 22 34	22 25 24	2 45 51	11 16 27	13 31 53	23 17 11	27 07 02	11 17 27	17 01 04	3 20 34	1 14 50	0 30 17	8 36 29
11 F	21 56 55	28 33 52	4 ♍ 42 37	4 40 33	12 30 45	14 22 07	23 05 07	27 32 49	11 34 31	17 00 04	3 27 28	1 21 11	0 35 24	8 40 22
12 Sa	22 57 47	10 ♍ 56 09	17 13 09	6 31 22	13 43 07	15 10 20	22 51 05	27 56 35	11 49 38	16 57 01	3 32 21	1 25 32	0 38 31	8 42 13
13 Su	23 57 43	23 35 11	0 ♎ 02 47	8 18 55	14 54 36	15 57 36	22 36 11	28 19 22	12 03 51	16 53 00	3 36 18	1 28 59	0 40 42	8 43 07
14 M	24 57 56	6 ♎ 36 55	13 17 19	10 04 00	16 06 28	16 45 12	22 21 40	28 42 27	12 18 25	16 49 15	3 40 33	1 32 46	0 43 12	8 44 18
15 Tu	25 59 37	20 06 40	27 01 30	11 47 20	17 19 53	17 34 17	22 08 44	29 06 59	12 34 32	16 46 59	3 46 18	1 38 04	0 47 12	8 46 59
16 W	27 03 40	4 ♏ 08 04	11 ♏ 17 48	13 29 16	18 35 45	18 25 44	21 58 17	29 33 52	12 53 04	16 47 02	3 54 25	1 45 46	0 53 35	8 52 02
17 Th	28 10 24	18 41 44	26 05 18	15 09 40	19 54 23	19 19 54	21 50 41	0 ♊ 03 27	13 14 22	16 49 48	4 05 16	1 56 12	1 02 41	8 59 47
18 F	29 19 34	3 ♐ 44 17	11 ♐ 18 43	16 47 47	21 15 31	20 16 31	21 45 39	0 35 26	13 38 08	16 54 58	4 18 32	2 09 06	1 14 14	9 09 57
19 Sa	0 ♋ 30 17	19 07 56	26 48 28	18 22 16	22 38 17	21 14 41	21 42 21	1 08 57	14 03 31	17 01 40	4 33 22	2 23 35	1 27 20	9 21 41
20 Su	1 41 15	4 ♑ 41 14	12 ♑ 21 60	19 51 22	24 01 23	22 13 08	21 39 29	1 42 43	14 29 12	17 08 38	4 48 28	2 38 22	1 40 44	9 33 40
21 M	2 51 08	20 10 54	27 45 60	21 13 22	25 23 28	23 10 30	21 35 44	2 15 23	14 53 51	17 14 31	5 02 30	2 52 04	1 53 03	9 44 34
22 Tu	3 58 50	5 ♒ 24 29	12 ♒ 49 04	22 26 46	26 43 27	24 05 41	21 30 01	2 45 50	15 16 23	17 18 12	5 14 20	3 03 38	2 03 12	9 53 17
23 W	5 03 48	20 12 34	27 23 35	23 30 42	28 00 46	24 58 10	21 21 47	3 13 32	15 36 13	17 19 09	5 23 28	3 12 30	2 10 38	9 59 16
24 Th	6 06 07	4 ♓ 30 04	11 ♓ 26 18	24 24 59	29 15 30	25 47 60	21 11 08	3 38 34	15 53 27	17 17 28	5 29 56	3 18 45	2 15 26	10 02 36
25 F	7 06 28	18 16 07	24 57 60	25 10 03	0 ♊ 28 20	26 35 52	20 58 45	4 01 36	16 08 46	17 13 48	5 34 27	3 23 03	2 18 16	10 03 58
26 Sa	8 05 56	1 ♈ 33 15	8 ♈ 02 18	25 46 49	1 40 21	27 22 51	20 45 45	4 23 43	16 23 14	17 09 15	5 38 04	3 26 29	2 20 14	10 04 26
27 Su	9 05 44	14 26 06	20 44 27	26 16 23	2 52 46	28 10 11	20 33 22	4 46 10	16 38 05	17 05 03	5 42 02	3 30 18	2 22 33	10 05 15
28 M	10 07 03	27 00 14	3 ♉ 10 11	26 39 51	4 06 45	28 59 02	20 22 46	5 10 05	16 54 29	17 02 22	5 47 30	3 35 38	2 26 23	10 07 34
29 Tu	11 10 44	9 ♉ 21 08	15 24 57	26 58 07	5 23 11	29 50 16	20 14 51	5 36 20	17 13 17	17 02 05	5 55 21	3 43 23	2 32 36	10 12 15
30 W	12 17 14	21 33 39	27 33 19	27 11 42	6 42 29	0 ♋ 44 18	20 10 03	6 05 23	17 34 57	17 04 37	6 06 01	3 53 58	2 41 39	10 19 45
31 Th	13 26 29	3 ♊ 41 31	9 ♊ 38 41	27 20 42	8 04 36	1 41 07	20 08 20	6 37 09	17 59 25	17 09 56	6 19 26	4 07 19	2 53 27	10 30 01

LONGITUDE — April 2011

Day	☉	0 hr ☽	Noon ☽	☿	♀	♂	⚵	⚳	♃	♄	⚷	♅	♆	♇
1 F	14 ♋ 37 59	15 ♊ 47 22	21 ♊ 43 21	27 ♋ 24 51	9 ♊ 29 01	2 ♋ 40 10	20 ♐ 09 10	7 ♊ 11 07	18 ♋ 26 10	17 ♑ 17 30	6 ♊ 35 05	4 ♋ 22 57	3 ♊ 07 31	10 ♈ 42 30
2 Sa	15 50 49	27 52 44	3 ♋ 48 30	27 23 36	10 54 50	3 40 33	20 11 41	7 46 24	18 54 17	17 26 26	6 52 05	4 39 56	3 22 56	10 56 21
3 Su	17 03 52	9 ♋ 58 21	15 54 41	27 16 16	12 20 56	4 41 10	20 14 47	8 21 53	19 22 40	17 35 38	7 09 19	4 57 11	3 38 35	11 10 24
4 M	18 16 00	22 04 32	28 02 05	27 02 13	13 46 09	5 40 52	20 17 19	8 56 24	19 50 09	17 43 56	7 25 36	5 13 31	3 53 19	11 23 33
5 Tu	19 26 12	4 ♌ 11 35	10 ♌ 11 03	26 41 04	15 09 30	6 38 38	20 18 17	9 28 56	20 15 44	17 50 20	7 39 58	5 27 56	4 06 08	11 34 45
6 W	20 33 46	16 20 16	22 22 30	26 12 51	16 30 16	7 33 45	20 16 59	9 58 49	20 38 43	17 54 08	7 51 41	5 39 45	4 16 19	11 43 19
7 Th	21 38 24	28 32 06	4 ♍ 38 12	25 38 03	17 48 10	8 25 58	20 13 09	10 25 43	20 58 49	17 55 03	8 00 29	5 48 40	4 23 36	11 48 58
8 F	22 40 18	10 ♍ 49 38	17 01 01	24 57 43	19 03 23	9 15 26	20 06 57	10 49 51	21 16 12	17 53 16	8 06 32	5 54 52	4 28 10	11 51 53
9 Sa	23 40 04	23 16 27	29 34 50	24 13 19	20 16 31	10 02 47	19 59 02	11 11 49	21 31 30	17 49 25	8 10 28	5 58 58	4 30 36	11 52 41
10 Su	24 38 39	5 ♎ 57 03	12 ♎ 24 19	23 26 44	21 28 32	10 48 56	19 50 20	11 32 34	21 45 39	17 44 27	8 13 13	6 01 55	4 31 52	11 52 19
11 M	25 37 11	18 56 22	25 34 24	22 39 59	22 40 33	11 35 03	19 41 59	11 53 14	21 59 47	17 39 28	8 15 55	6 04 50	4 33 07	11 51 53
12 Tu	26 36 45	2 ♏ 19 10	9 ♏ 09 33	21 55 01	23 53 40	12 22 12	19 35 05	12 14 53	22 14 58	17 35 35	8 19 39	6 08 48	4 35 24	11 52 30
13 W	27 38 11	16 09 07	23 12 43	21 13 30	25 08 41	13 11 13	19 30 27	12 38 22	22 32 03	17 33 37	8 25 14	6 14 40	4 39 33	11 54 60
14 Th	28 41 52	0 ♐ 27 46	7 ♐ 44 14	20 36 34	26 26 02	14 02 29	19 28 29	13 04 03	22 51 25	17 33 58	8 33 05	6 22 48	4 45 59	11 59 45
15 F	29 47 39	15 13 32	22 40 55	20 04 43	27 45 31	14 55 51	19 29 02	13 31 47	23 12 55	17 36 29	8 43 01	6 33 03	4 54 31	12 06 36
16 Sa	0 ♌ 54 51	0 ♑ 21 00	7 ♑ 55 44	19 37 51	29 06 27	15 50 37	19 31 25	14 00 53	23 35 50	17 40 29	8 54 22	6 44 44	5 04 29	12 14 52
17 Su	2 02 25	15 41 14	23 18 25	19 15 25	0 ♋ 27 50	16 45 45	19 34 34	14 30 18	23 59 09	17 44 54	9 06 04	6 56 48	5 14 49	12 23 31
18 M	3 09 12	1 ♒ 02 53	8 ♒ 37 02	18 56 38	1 48 28	17 40 06	19 37 22	14 58 54	24 21 42	17 48 37	9 16 59	7 08 06	5 24 23	12 31 23
19 Tu	4 14 16	16 14 09	23 40 16	18 40 51	3 07 26	18 32 43	19 38 50	15 25 43	24 42 33	17 50 40	9 26 10	7 17 42	5 32 14	12 37 32
20 W	5 17 03	1 ♓ 05 02	8 ♓ 19 19	18 27 43	4 24 11	19 23 04	19 38 27	15 50 11	25 01 08	17 50 31	9 33 03	7 25 02	5 37 48	12 41 24
21 Th	6 17 32	15 28 45	22 29 09	18 17 20	5 38 40	20 11 05	19 36 10	16 12 18	25 17 26	17 48 08	9 37 38	7 30 04	5 41 05	12 42 58
22 F	7 16 09	29 22 25	6 ♈ 08 27	18 10 13	6 51 20	20 57 15	19 32 27	16 32 30	25 31 52	17 43 58	9 40 20	7 33 15	5 42 30	12 42 41
23 Sa	8 13 44	12 ♈ 46 37	19 19 07	18 07 10	8 03 01	21 42 20	19 28 04	16 51 35	25 45 17	17 38 48	9 41 58	7 35 24	5 42 52	12 41 20
24 Su	9 11 13	25 44 29	2 ♉ 05 11	18 09 06	9 14 38	22 27 20	19 24 01	17 10 31	25 58 36	17 33 38	9 43 29	7 37 28	5 43 09	12 39 54
25 M	10 09 32	8 ♉ 20 41	14 31 49	18 16 50	10 27 07	23 13 08	19 21 11	17 30 12	26 12 45	17 29 22	9 45 49	7 40 21	5 44 15	12 39 17
26 Tu	11 09 23	20 40 30	26 44 27	18 30 59	11 41 12	24 00 29	19 20 19	17 51 22	26 28 28	17 26 43	9 49 41	7 44 48	5 46 54	12 40 14
27 W	12 11 12	2 ♊ 49 06	8 ♊ 48 11	18 51 50	12 57 17	24 49 45	19 21 47	18 14 24	26 46 07	17 26 06	9 55 28	7 51 11	5 51 29	12 43 06
28 Th	13 14 59	14 51 04	20 47 25	19 19 14	14 15 22	25 40 59	19 25 39	18 39 20	27 05 45	17 27 33	10 03 13	7 59 34	5 58 04	12 47 58
29 F	14 20 25	26 50 11	2 ♋ 45 38	19 52 43	15 35 08	26 33 51	19 31 33	19 05 51	27 27 02	17 30 43	10 12 35	8 09 35	6 06 16	12 54 28
30 Sa	15 26 53	8 ♋ 49 21	14 45 24	20 31 30	16 55 59	27 27 44	19 38 53	19 33 19	27 49 21	17 35 01	10 22 58	8 20 39	6 15 31	13 02 00

Notes

May 2011 LONGITUDE

Day	☉	0 hr ☽	Noon ☽	☿	♀	♂	⚵	⚳	♃	♄	⚷	♅	♆	♇
1 Su	16 ♌ 33 37	20 ♋ 50 38	26 ♋ 48 27	21 ♋ 14 38	18 ♋ 17 08	28 ♋ 21 52	19 ♐ 46 52	20 ♊ 00 57	28 ♋ 11 55	17 ♑ 39 39	10 ♊ 33 35	8 ♋ 31 58	6 ♊ 25 02	13 ♈ 09 48
2 M	17 39 47	2 ♌ 55 26	8 ♌ 55 58	22 01 08	19 37 45	29 15 24	19 54 41	20 27 57	28 33 55	17 43 49	10 43 36	8 42 43	6 33 58	13 17 02
3 Tu	18 44 39	15 04 46	21 08 44	22 50 09	20 57 08	0 ♌ 07 39	20 01 37	20 53 35	28 54 38	17 46 48	10 52 20	8 52 12	6 41 37	13 22 59
4 W	19 47 45	27 19 32	3 ♍ 27 34	23 40 59	22 14 45	0 58 05	20 07 09	21 17 21	29 13 33	17 48 04	10 59 14	8 59 53	6 47 28	13 27 08
5 Th	20 48 49	9 ♍ 40 47	15 53 32	24 33 18	23 30 23	1 46 29	20 11 03	21 38 60	29 30 27	17 47 26	11 04 07	9 05 33	6 51 19	13 29 17
6 F	21 47 58	22 09 57	28 28 11	25 27 02	24 44 09	2 32 57	20 13 25	21 58 39	29 45 25	17 44 58	11 07 03	9 09 18	6 53 14	13 29 31
7 Sa	22 45 36	4 ♎ 49 00	11 ♎ 13 38	26 22 28	25 56 25	3 17 52	20 14 38	22 16 41	29 58 52	17 41 05	11 08 26	9 11 32	6 53 38	13 28 14
8 Su	23 42 19	17 40 28	24 12 29	27 20 05	27 07 50	4 01 51	20 15 20	22 33 43	0 ♌ 11 24	17 36 25	11 08 53	9 12 51	6 53 08	13 26 03
9 M	24 38 52	0 ♏ 47 08	7 ♏ 27 38	28 20 32	28 19 06	4 45 40	20 16 14	22 50 30	0 23 45	17 31 40	11 09 09	9 14 00	6 52 27	13 23 42
10 Tu	25 35 58	14 11 48	21 01 40	29 24 24	29 30 58	5 29 59	20 18 03	23 07 44	0 36 38	17 27 34	11 09 56	9 15 42	6 52 19	13 21 53
11 W	26 34 09	27 56 38	4 ♐ 56 21	0 ♌ 32 10	0 ♌ 43 57	6 15 23	20 21 19	23 25 57	0 50 35	17 24 41	11 11 48	9 18 29	6 53 16	13 21 11
12 Th	27 33 42	12 ♐ 02 32	19 11 51	1 44 00	1 58 19	7 02 08	20 26 19	23 45 26	1 05 54	17 23 15	11 14 59	9 22 38	6 55 35	13 21 51
13 F	28 34 32	26 28 28	3 ♑ 46 07	2 59 46	3 14 02	7 50 08	20 32 57	24 06 06	1 22 29	17 23 13	11 19 26	9 28 04	6 59 11	13 23 49
14 Sa	29 36 16	11 ♑ 10 58	18 34 35	4 19 01	4 30 40	8 39 01	20 40 51	24 27 35	1 39 57	17 24 13	11 24 46	9 34 23	7 03 41	13 26 41
15 Su	0 ♍ 38 18	26 04 09	3 ♒ 30 21	5 41 05	5 47 40	9 28 11	20 49 24	24 49 15	1 57 42	17 25 37	11 30 23	9 41 01	7 08 30	13 29 52
16 M	1 39 60	11 ♒ 00 13	18 25 01	7 05 16	7 04 20	10 16 59	20 57 56	25 10 28	2 15 05	17 26 47	11 35 37	9 47 18	7 12 57	13 32 42
17 Tu	2 40 47	25 50 33	3 ♓ 09 56	8 30 57	8 20 08	11 04 50	21 05 53	25 30 40	2 31 32	17 27 09	11 39 55	9 52 39	7 16 29	13 34 37
18 W	3 40 18	10 ♓ 27 00	17 37 33	9 57 47	9 34 43	11 51 25	21 12 55	25 49 30	2 46 43	17 26 22	11 42 55	9 56 44	7 18 45	13 35 18
19 Th	4 38 31	24 43 10	1 ♈ 42 30	11 25 40	10 48 01	12 36 40	21 18 58	26 06 54	3 00 33	17 24 24	11 44 35	9 59 31	7 19 42	13 34 40
20 F	5 35 38	8 ♈ 35 04	15 22 01	12 54 46	12 00 15	13 20 46	21 24 13	26 23 04	3 13 15	17 21 25	11 45 07	10 01 09	7 19 32	13 32 56
21 Sa	6 32 02	22 01 22	28 35 56	14 25 29	13 11 48	14 04 08	21 29 04	26 38 24	3 25 12	17 17 51	11 44 53	10 02 04	7 18 39	13 30 29
22 Su	7 28 12	5 ♉ 03 03	11 ♉ 26 10	15 58 15	14 23 08	14 47 14	21 33 60	26 53 22	3 36 53	17 14 08	11 44 24	10 02 44	7 17 31	13 27 48
23 M	8 24 36	17 42 51	23 56 10	17 33 33	15 34 45	15 30 32	21 39 28	27 08 26	3 48 46	17 10 47	11 44 06	10 03 38	7 16 36	13 25 21
24 Tu	9 21 37	0 ♊ 04 41	6 ♊ 10 15	19 11 44	16 47 00	16 14 24	21 45 50	27 23 59	4 01 13	17 08 08	11 44 22	10 05 06	7 16 17	13 23 31
25 W	10 19 27	12 12 59	18 13 05	20 53 02	18 00 06	16 59 04	21 53 19	27 40 13	4 14 26	17 06 26	11 45 25	10 07 22	7 16 46	13 22 29
26 Th	11 18 09	24 12 22	0 ♋ 09 18	22 37 27	19 14 05	17 44 33	22 01 57	27 57 09	4 28 29	17 05 41	11 47 17	10 10 29	7 18 05	13 22 19
27 F	12 17 34	6 ♋ 07 16	12 03 13	24 24 52	20 28 50	18 30 44	22 11 36	28 14 40	4 43 12	17 05 47	11 49 50	10 14 17	7 20 07	13 22 53
28 Sa	13 17 27	18 01 44	23 58 42	26 15 00	21 44 04	19 17 20	22 21 59	28 32 31	4 58 21	17 06 28	11 52 49	10 18 33	7 22 37	13 23 54
29 Su	14 17 29	29 59 17	5 ♌ 58 59	28 07 32	22 59 28	20 04 03	22 32 48	28 50 21	5 13 36	17 07 23	11 55 54	10 22 55	7 25 13	13 25 04
30 M	15 17 19	12 ♌ 02 53	18 06 44	0 ♍ 02 07	24 14 43	20 50 32	22 43 42	29 07 50	5 28 36	17 08 15	11 58 45	10 27 05	7 27 38	13 26 03
31 Tu	16 16 42	24 14 56	0 ♍ 24 02	1 58 26	25 29 31	21 36 31	22 54 24	29 24 42	5 43 05	17 08 45	12 01 05	10 30 46	7 29 34	13 26 35

June 2011 LONGITUDE

Day	☉	0 hr ☽	Noon ☽	☿	♀	♂	⚵	⚳	♃	♄	⚷	♅	♆	♇
1 W	17 ♍ 15 27	6 ♍ 37 15	12 ♍ 52 21	3 ♍ 56 17	26 ♌ 43 43	22 ♌ 21 49	23 ♐ 04 45	29 ♊ 40 47	5 ♌ 56 53	17 ♑ 08 45	12 ♊ 02 45	10 ♋ 33 47	7 ♊ 30 51	13 ♈ 26 28
2 Th	18 13 30	19 11 10	25 32 44	5 55 33	27 57 15	23 06 24	23 14 39	29 55 60	6 09 57	17 08 09	12 03 41	10 36 05	7 31 25	13 25 39
3 F	19 10 55	1 ♎ 57 33	8 ♎ 25 51	7 56 13	29 10 11	23 50 19	23 24 11	0 ♋ 10 25	6 22 19	17 07 03	12 03 57	10 37 44	7 31 21	13 24 13
4 Sa	20 07 53	14 57 00	21 32 06	9 58 23	0 ♍ 22 40	24 33 43	23 33 31	0 24 13	6 34 10	17 05 36	12 03 42	10 38 53	7 30 47	13 22 20
5 Su	21 04 35	28 09 49	4 ♏ 51 40	12 02 07	1 34 56	25 16 49	23 42 50	0 37 35	6 45 43	17 04 01	12 03 10	10 39 45	7 29 58	13 20 11
6 M	22 01 16	11 ♏ 36 04	18 24 31	14 07 32	2 47 12	25 59 52	23 52 23	0 50 45	6 57 10	17 02 31	12 02 34	10 40 35	7 29 07	13 18 02
7 Tu	22 58 06	25 15 36	2 ♐ 10 25	16 14 38	3 59 39	26 43 02	24 02 20	1 03 54	7 08 43	17 01 18	12 02 04	10 41 33	7 28 23	13 16 02
8 W	23 55 11	9 ♐ 07 55	16 08 38	18 23 21	5 12 23	27 26 24	24 12 47	1 17 08	7 20 29	17 00 28	12 01 48	10 42 44	7 27 55	13 14 18
9 Th	24 52 33	23 12 00	0 ♑ 17 53	20 33 27	6 25 25	28 10 01	24 23 44	1 30 27	7 32 26	17 00 01	12 01 46	10 44 10	7 27 42	13 12 51
10 F	25 50 06	7 ♑ 26 09	14 36 05	22 44 39	7 38 40	28 53 47	24 35 07	1 43 47	7 44 32	16 59 53	12 01 53	10 45 47	7 27 41	13 11 36
11 Sa	26 47 45	21 47 47	29 00 13	24 56 33	8 52 03	29 37 35	24 46 49	1 57 01	7 56 39	16 59 58	12 02 03	10 47 27	7 27 43	13 10 27
12 Su	27 45 22	6 ♒ 13 28	13 ♒ 26 26	27 08 48	10 05 24	0 ♍ 21 19	24 58 42	2 10 02	8 08 40	17 00 07	12 02 08	10 49 03	7 27 43	13 09 16
13 M	28 42 51	20 38 58	27 50 09	29 21 02	11 18 41	1 04 54	25 10 41	2 22 44	8 20 30	17 00 16	12 02 04	10 50 31	7 27 34	13 07 59
14 Tu	29 40 14	4 ♓ 59 35	12 ♓ 06 34	1 ♎ 32 56	12 31 51	1 48 18	25 22 45	2 35 07	8 32 08	17 00 25	12 01 50	10 51 49	7 27 18	13 06 35
15 W	0 ♎ 37 31	19 10 35	26 11 07	3 44 18	13 44 58	2 31 35	25 34 57	2 47 12	8 43 37	17 00 36	12 01 28	10 53 01	7 26 55	13 05 06
16 Th	1 34 49	3 ♈ 07 43	9 ♈ 59 57	5 54 58	14 58 07	3 14 49	25 47 21	2 59 06	8 55 01	17 00 54	12 01 04	10 54 11	7 26 31	13 03 37
17 F	2 32 12	16 47 39	23 30 21	8 04 46	16 11 23	3 58 06	26 00 03	3 10 53	9 06 26	17 01 24	12 00 43	10 55 24	7 26 12	13 02 15
18 Sa	3 29 46	0 ♉ 08 21	6 ♉ 41 02	10 13 34	17 24 51	4 41 31	26 13 06	3 22 36	9 17 56	17 02 11	12 00 28	10 56 45	7 26 02	13 01 03
19 Su	4 27 29	13 09 12	19 32 04	12 21 10	18 38 30	5 25 02	26 26 31	3 34 16	9 29 32	17 03 14	12 00 21	10 58 14	7 26 00	13 00 01
20 M	5 25 20	25 50 55	2 ♊ 04 53	14 27 21	19 52 17	6 08 37	26 40 13	3 45 50	9 41 08	17 04 31	12 00 18	10 59 48	7 26 04	12 59 06
21 Tu	6 23 10	8 ♊ 15 31	14 22 03	16 31 50	21 06 05	6 52 09	26 54 07	3 57 09	9 52 39	17 05 53	12 00 11	11 01 18	7 26 06	12 58 10
22 W	7 20 52	20 25 60	26 26 58	18 34 24	22 19 46	7 35 29	27 08 02	4 08 06	10 03 56	17 07 13	11 59 53	11 02 38	7 25 58	12 57 07
23 Th	8 18 17	2 ♋ 26 06	8 ♋ 23 39	20 34 46	23 33 11	8 18 29	27 21 50	4 18 31	10 14 50	17 08 23	11 59 15	11 03 38	7 25 31	12 55 46
24 F	9 15 20	14 20 07	20 16 31	22 32 47	24 46 15	9 01 03	27 35 27	4 28 19	10 25 15	17 09 16	11 58 10	11 04 12	7 24 41	12 54 02
25 Sa	10 11 58	26 12 37	2 ♌ 10 11	24 28 23	25 58 56	9 43 09	27 48 49	4 37 28	10 35 11	17 09 51	11 56 39	11 04 20	7 23 24	12 51 55
26 Su	11 08 16	8 ♌ 08 14	14 09 09	26 21 34	27 11 18	10 24 52	28 02 01	4 46 02	10 44 40	17 10 12	11 54 44	11 04 05	7 21 46	12 49 27
27 M	12 04 25	20 11 25	26 17 41	28 12 28	28 23 31	11 06 22	28 15 13	4 54 10	10 53 53	17 10 29	11 52 36	11 03 37	7 19 56	12 46 50
28 Tu	13 00 37	2 ♍ 26 14	8 ♍ 39 30	0 ♏ 01 18	29 35 49	11 47 52	28 28 38	5 02 06	11 03 03	17 10 56	11 50 29	11 03 11	7 18 09	12 44 17
29 W	13 57 10	14 56 02	21 17 30	1 48 19	0 ♎ 48 28	12 29 38	28 42 32	5 10 06	11 12 27	17 11 49	11 48 39	11 03 01	7 16 40	12 42 03
30 Th	14 54 16	27 43 15	4 ♎ 13 35	3 33 46	2 01 43	13 11 55	28 57 10	5 18 25	11 22 18	17 13 23	11 47 20	11 03 23	7 15 44	12 40 24

Notes

LONGITUDE

July 2011

Day	☉	0 hr ☽	Noon ☽	☿	♀	♂	⚶	⚳	♃	♄	⚷	♅	♆	♇
1 F	15 ♎ 52 08	10 ♎ 49 03	17 ♎ 28 21	5 ♏ 17 47	3 ♎ 15 43	13 ♍ 54 53	29 ♐ 12 41	5 ♋ 27 11	11 ♌ 32 47	17 ♑ 15 47	11 ♊ 46 42	11 ♋ 04 27	7 ♊ 15 31	12 ♈ 39 30
2 Sa	16 50 46	24 13 21	1 ♏ 01 03	7 00 24	4 30 31	14 38 34	29 29 08	5 36 28	11 43 56	17 19 03	11 46 48	11 06 15	7 16 02	12 39 23
3 Su	17 50 03	7 ♏ 54 37	14 49 37	8 41 31	5 45 60	15 22 51	29 46 23	5 46 07	11 55 38	17 23 05	11 47 30	11 08 39	7 17 12	12 39 55
4 M	18 49 43	21 50 09	28 50 56	10 20 49	7 01 52	16 07 27	0 ♑ 04 09	5 55 52	12 07 35	17 27 35	11 48 32	11 11 23	7 18 43	12 40 50
5 Tu	19 49 22	5 ♐ 56 22	13 ♐ 01 11	11 57 54	8 17 44	16 51 58	0 22 03	6 05 18	12 19 24	17 32 10	11 49 30	11 14 03	7 20 12	12 41 45
6 W	20 48 34	20 09 19	27 16 22	13 32 22	9 33 11	17 35 59	0 39 38	6 14 01	12 30 40	17 36 25	11 49 59	11 16 15	7 21 13	12 42 14
7 Th	21 46 60	4 ♑ 25 07	11 ♑ 32 45	15 03 50	10 47 52	18 19 10	0 56 35	6 21 40	12 41 01	17 39 59	11 49 38	11 17 36	7 21 26	12 41 57
8 F	22 44 27	18 40 24	25 47 13	16 32 06	12 01 36	19 01 19	1 12 42	6 28 03	12 50 17	17 42 41	11 48 17	11 17 58	7 20 39	12 40 42
9 Sa	23 41 01	2 ♒ 52 32	9 ♒ 57 22	17 57 12	13 14 27	19 42 31	1 28 03	6 33 14	12 58 32	17 44 34	11 45 59	11 17 22	7 18 58	12 38 34
10 Su	24 36 57	16 59 34	24 01 26	19 19 24	14 26 42	20 23 01	1 42 54	6 37 29	13 06 02	17 45 56	11 43 01	11 16 06	7 16 37	12 35 48
11 M	25 32 44	1 ♓ 00 04	7 ♓ 58 05	20 39 07	15 38 49	21 03 19	1 57 43	6 41 17	13 13 15	17 47 14	11 39 51	11 14 39	7 14 07	12 32 55
12 Tu	26 28 55	14 52 50	21 46 09	21 56 53	16 51 21	21 43 57	2 13 03	6 45 11	13 20 44	17 49 02	11 37 02	11 13 32	7 11 58	12 30 25
13 W	27 26 00	28 36 41	5 ♈ 24 26	23 13 08	18 04 48	22 25 25	2 29 24	6 49 40	13 28 60	17 51 49	11 35 05	11 13 17	7 10 43	12 28 51
14 Th	28 24 23	12 ♈ 10 16	18 51 38	24 28 12	19 19 33	23 08 07	2 47 09	6 55 07	13 38 24	17 55 59	11 34 22	11 14 16	7 10 44	12 28 34
15 F	29 24 11	25 32 09	2 ♉ 06 28	25 42 10	20 35 44	23 52 10	3 06 27	7 01 40	13 49 05	18 01 39	11 35 02	11 16 38	7 12 08	12 29 43
16 Sa	0 ♏ 25 18	8 ♉ 40 58	15 07 46	26 54 52	21 53 16	24 37 29	3 27 10	7 09 13	14 00 58	18 08 44	11 36 58	11 20 16	7 14 51	12 32 12
17 Su	1 27 25	21 35 38	27 54 50	28 05 52	23 11 48	25 23 42	3 48 58	7 17 24	14 13 40	18 16 53	11 39 50	11 24 49	7 18 30	12 35 39
18 M	2 29 59	4 ♊ 15 41	10 ♊ 27 39	29 14 34	24 30 48	26 10 19	4 11 20	7 25 43	14 26 42	18 25 33	11 43 07	11 29 47	7 22 36	12 39 35
19 Tu	3 32 24	16 41 29	22 47 04	0 ♐ 20 15	25 49 39	26 56 42	4 33 38	7 33 33	14 39 25	18 34 10	11 46 11	11 34 32	7 26 31	12 43 21
20 W	4 34 05	28 54 23	4 ♋ 54 55	1 22 13	27 07 47	27 42 17	4 55 17	7 40 17	14 51 14	18 42 06	11 48 29	11 38 30	7 29 39	12 46 24
21 Th	5 34 33	10 ♋ 56 48	16 54 03	2 19 55	28 24 43	28 26 35	5 15 50	7 45 27	15 01 41	18 48 54	11 49 30	11 41 11	7 31 33	12 48 13
22 F	6 33 34	22 52 11	28 48 14	3 12 57	29 40 12	29 09 22	5 34 60	7 48 50	15 10 32	18 54 19	11 49 02	11 42 22	7 31 58	12 48 36
23 Sa	7 31 09	4 ♌ 44 52	10 ♌ 42 03	4 01 13	0 ♏ 54 15	29 50 37	5 52 49	7 50 24	15 17 46	18 58 23	11 47 04	11 42 03	7 30 55	12 47 33
24 Su	8 27 35	16 39 52	22 40 39	4 44 51	2 07 10	0 ♎ 30 40	6 09 35	7 50 28	15 23 42	19 01 22	11 43 54	11 40 32	7 28 42	12 45 20
25 M	9 23 25	28 42 40	4 ♍ 49 28	5 24 15	3 19 29	1 10 01	6 25 49	7 49 33	15 28 51	19 03 48	11 40 04	11 38 20	7 25 49	12 42 32
26 Tu	10 19 19	10 ♍ 58 44	17 13 48	5 59 57	4 31 53	1 49 22	6 42 12	7 48 21	15 33 55	19 06 22	11 36 17	11 36 10	7 22 60	12 39 47
27 W	11 16 01	23 33 06	29 58 18	6 32 29	5 45 06	2 29 27	6 59 28	7 47 35	15 39 36	19 09 50	11 33 14	11 34 44	7 20 57	12 37 52
28 Th	12 14 11	6 ♎ 29 51	13 ♎ 06 22	7 02 21	6 59 45	3 10 53	7 18 16	7 47 53	15 46 34	19 14 47	11 31 36	11 34 41	7 20 19	12 37 22
29 F	13 14 11	19 51 23	26 39 35	7 29 45	8 16 16	3 54 06	7 38 58	7 49 40	15 55 11	19 21 39	11 31 45	11 36 26	7 21 30	12 38 44
30 Sa	14 16 06	3 ♏ 37 58	10 ♏ 37 08	7 54 36	9 34 42	4 39 08	8 01 40	7 52 59	16 05 34	19 30 31	11 33 46	11 40 02	7 24 34	12 42 01
31 Su	15 19 37	17 47 18	24 55 38	8 16 23	10 54 45	5 25 42	8 26 03	7 57 32	16 17 21	19 41 01	11 37 21	11 45 10	7 29 13	12 46 55

LONGITUDE

August 2011

Day	☉	0 hr ☽	Noon ☽	☿	♀	♂	⚶	⚳	♃	♄	⚷	♅	♆	♇
1 M	16 ♏ 24 04	2 ♐ 14 36	9 ♐ 29 21	8 ♐ 34 17	12 ♏ 15 43	6 ♎ 13 07	8 ♑ 51 25	8 ♋ 02 38	16 ♌ 29 53	19 ♑ 52 32	11 ♊ 41 49	11 ♋ 51 11	7 ♊ 34 46	12 ♈ 52 44
2 Tu	17 28 32	16 53 07	24 10 57	8 47 16	13 36 44	7 00 29	9 16 54	8 07 24	16 42 17	20 04 08	11 46 17	11 57 11	7 40 19	12 58 36
3 W	18 32 08	1 ♑ 35 11	8 ♑ 52 44	8 54 14	14 56 51	7 46 53	9 41 33	8 10 53	16 53 36	20 14 55	11 49 49	12 02 13	7 44 57	13 03 34
4 Th	19 34 06	16 13 31	23 27 52	8 54 24	16 15 22	8 31 35	10 04 39	8 12 24	17 03 07	20 24 08	11 51 41	12 05 36	7 47 57	13 06 56
5 F	20 34 07	0 ♒ 42 19	7 ♒ 51 22	8 47 19	17 31 56	9 14 15	10 25 51	8 11 34	17 10 29	20 31 27	11 51 34	12 06 58	7 48 58	13 08 21
6 Sa	21 32 17	14 57 56	22 00 27	8 33 07	18 46 39	9 54 59	10 45 17	8 08 32	17 15 50	20 36 59	11 49 34	12 06 26	7 48 07	13 07 57
7 Su	22 29 12	28 58 55	5 ♓ 54 27	8 12 24	20 00 07	10 34 23	11 03 31	8 03 52	17 19 45	20 41 20	11 46 17	12 04 36	7 46 00	13 06 17
8 M	23 25 45	12 ♓ 45 33	19 34 12	7 46 12	21 13 13	11 13 20	11 21 27	7 58 28	17 23 05	20 45 22	11 42 36	12 02 20	7 43 29	13 04 16
9 Tu	24 22 56	26 19 13	3 ♈ 01 20	7 15 42	22 26 58	11 52 51	11 40 04	7 53 21	17 26 54	20 50 05	11 39 31	12 00 40	7 41 36	13 02 54
10 W	25 21 42	9 ♈ 41 35	16 17 33	6 42 08	23 42 18	12 33 52	12 00 19	7 49 26	17 32 04	20 56 27	11 37 59	12 00 31	7 41 16	13 03 07
11 Th	26 22 42	22 54 02	29 24 10	6 06 34	24 59 51	13 17 01	12 22 51	7 47 23	17 39 17	21 05 05	11 38 38	12 02 33	7 43 08	13 05 34
12 F	27 26 12	5 ♉ 57 22	12 ♉ 21 47	5 29 45	26 19 55	14 02 36	12 47 56	7 47 28	17 48 49	21 16 16	11 41 46	12 07 02	7 47 29	13 10 31
13 Sa	28 32 03	18 51 39	25 10 24	4 52 11	27 42 19	14 50 26	13 15 25	7 49 32	18 00 29	21 29 51	11 47 13	12 13 48	7 54 09	13 17 50
14 Su	29 39 42	1 ♊ 36 25	7 ♊ 49 35	4 13 59	29 06 31	15 39 59	13 44 43	7 53 03	18 13 44	21 45 16	11 54 25	12 22 19	8 02 36	13 26 57
15 M	0 ♐ 48 17	14 11 00	20 18 47	3 35 10	0 ♐ 31 39	16 30 23	14 15 02	7 57 08	18 27 44	22 01 41	12 02 32	12 31 43	8 11 58	13 37 01
16 Tu	1 56 50	26 34 58	2 ♋ 37 52	2 55 37	1 56 44	17 20 39	14 45 19	8 00 49	18 41 29	22 18 05	12 10 34	12 41 01	8 21 15	13 47 02
17 W	3 04 21	8 ♋ 48 30	14 47 22	2 15 20	3 20 48	18 09 48	15 14 37	8 03 07	18 53 59	22 33 30	12 17 32	12 49 13	8 29 29	13 56 01
18 Th	4 10 03	20 52 43	26 48 52	1 34 29	4 43 02	18 57 03	15 42 09	8 03 15	19 04 27	22 47 08	12 22 39	12 55 33	8 35 53	14 03 12
19 F	5 13 28	2 ♌ 49 58	8 ♌ 45 05	0 53 37	6 02 58	19 41 55	16 07 25	8 00 45	19 12 25	22 58 31	12 25 27	12 59 33	8 39 58	14 08 05
20 Sa	6 14 31	14 43 46	20 39 57	0 13 39	7 20 32	20 24 19	16 30 21	7 55 33	19 17 49	23 07 34	12 25 51	13 01 07	8 41 39	14 10 37
21 Su	7 13 34	26 38 50	2 ♍ 38 28	29 ♏ 35 50	8 36 05	21 04 37	16 51 18	7 47 59	19 20 58	23 14 38	12 24 13	13 00 37	8 41 18	14 11 08
22 M	8 11 19	8 ♍ 40 47	14 46 29	29 01 46	9 50 19	21 43 32	17 10 59	7 38 48	19 22 37	23 20 26	12 21 15	12 58 45	8 39 38	14 10 21
23 Tu	9 08 45	20 55 49	27 10 11	28 33 11	11 04 14	22 22 02	17 30 23	7 28 58	19 23 43	23 25 57	12 17 55	12 56 31	8 37 37	14 09 15
24 W	10 06 56	3 ♎ 30 09	9 ♎ 55 35	28 11 49	12 18 53	23 01 11	17 50 33	7 19 34	19 25 20	23 32 15	12 15 19	12 54 59	8 36 19	14 08 54
25 Th	11 06 50	16 29 22	23 07 45	27 59 13	13 35 15	23 41 57	18 12 28	7 11 35	19 28 28	23 40 17	12 14 25	12 55 06	8 36 43	14 10 16
26 F	12 09 09	29 57 29	6 ♏ 49 49	27 56 27	14 54 00	24 25 01	18 36 48	7 05 41	19 33 45	23 50 45	12 15 52	12 57 34	8 39 29	14 14 02
27 Sa	13 14 03	13 ♏ 56 05	21 02 04	28 04 05	16 15 20	25 10 35	19 03 46	7 02 05	19 41 25	24 03 50	12 19 54	13 02 35	8 44 50	14 20 24
28 Su	14 21 12	28 23 30	5 ♐ 41 17	28 21 59	17 38 55	25 58 18	19 32 59	7 00 27	19 51 06	24 19 11	12 26 10	13 09 47	8 52 24	14 29 02
29 M	15 29 45	13 ♐ 14 23	20 40 38	28 49 24	19 03 52	26 47 19	20 03 38	6 59 56	20 01 58	24 35 58	12 33 47	13 18 19	9 01 20	14 39 02
30 Tu	16 38 30	28 20 13	5 ♑ 50 26	29 25 08	20 28 60	27 36 24	20 34 28	6 59 20	20 12 46	24 52 57	12 41 35	13 26 60	9 10 27	14 49 14
31 W	17 46 09	13 ♑ 30 27	20 59 48	0 ♐ 07 52	21 53 02	28 24 19	21 04 16	6 57 25	20 22 17	25 08 52	12 48 16	13 34 33	9 18 27	14 58 22

Notes

September 2011

LONGITUDE

Day	☉	0 hr ☽	Noon ☽	☿	♀	♂	⚶	⚳	♃	♄	⚷	♅	♆	♇
1 Th	18 ♐ 51 44	28 ♑ 34 33	5 ♒ 58 41	0 ♐ 56 27	23 ♐ 14 58	29 ♎ 10 02	21 ♑ 31 59	6 ♋ 53 10	20 ♌ 29 29	25 ♑ 22 44	12 ♊ 52 52	13 ♋ 39 58	9 ♊ 24 21	15 ♈ 05 25
2 F	19 54 43	13 ♒ 23 51	20 39 34	1 50 09	24 34 18	29 53 05	21 57 08	6 46 07	20 33 52	25 34 02	12 54 51	13 42 45	9 27 39	15 09 53
3 Sa	20 55 14	27 52 45	4 ♓ 58 17	2 48 48	25 51 10	0 ♏ 33 33	22 19 50	6 36 23	20 35 34	25 42 54	12 54 22	13 43 01	9 28 29	15 11 54
4 Su	21 54 01	11 ♓ 59 08	18 54 01	3 52 47	27 06 16	1 12 10	22 40 48	6 24 42	20 35 18	25 50 02	12 52 07	13 41 30	9 27 32	15 12 10
5 M	22 52 10	25 43 42	2 ♈ 28 26	5 02 46	28 20 42	1 50 04	23 01 09	6 12 11	20 34 10	25 56 33	12 49 14	13 39 19	9 25 57	15 11 49
6 Tu	23 50 56	9 ♈ 09 04	15 44 44	6 19 36	29 35 46	2 28 28	23 22 09	6 00 08	20 33 27	26 03 42	12 46 57	13 37 42	9 24 58	15 12 05
7 W	24 51 29	22 18 42	28 46 34	7 43 56	0 ♑ 52 35	3 08 33	23 44 55	5 49 41	20 34 17	26 12 39	12 46 27	13 37 49	9 25 45	15 14 09
8 Th	25 54 38	5 ♉ 15 56	11 ♉ 37 14	9 16 04	2 11 59	3 51 08	24 10 19	5 41 42	20 37 29	26 24 13	12 48 32	13 40 30	9 29 07	15 18 49
9 F	27 00 44	18 03 31	24 19 15	10 55 49	3 34 19	4 36 35	24 38 40	5 36 31	20 43 26	26 38 45	12 53 33	13 46 06	9 35 26	15 26 26
10 Sa	28 09 39	0 ♊ 43 09	6 ♊ 54 06	12 42 30	4 59 26	5 24 42	25 09 49	5 34 01	20 51 57	26 56 06	13 01 23	13 54 27	9 44 32	15 36 52
11 Su	29 20 43	13 15 38	19 22 20	14 34 55	6 26 42	6 14 53	25 43 08	5 33 33	21 02 24	27 15 37	13 11 21	14 04 56	9 55 46	15 49 28
12 M	0 ♑ 32 59	25 41 00	1 ♋ 43 54	16 31 35	7 55 08	7 06 09	26 17 39	5 34 11	21 13 50	27 36 19	13 22 30	14 16 33	10 08 11	16 03 15
13 Tu	1 45 16	7 ♋ 59 00	13 58 34	18 30 49	9 23 33	7 57 20	26 52 11	5 34 45	21 25 03	27 57 03	13 33 40	14 28 09	10 20 36	16 17 03
14 W	2 56 26	20 09 29	26 06 21	20 31 00	10 50 51	8 47 17	27 25 36	5 34 07	21 34 56	28 16 41	13 43 43	14 38 35	10 31 53	16 29 45
15 Th	4 05 33	2 ♌ 12 54	8 ♌ 07 59	22 30 47	12 16 04	9 35 04	27 56 57	5 31 22	21 42 32	28 34 14	13 51 42	14 46 56	10 41 06	16 40 23
16 F	5 12 01	14 10 38	20 05 13	24 29 08	13 38 36	10 20 05	28 25 39	5 25 54	21 47 15	28 49 09	13 57 01	14 52 35	10 47 39	16 48 22
17 Sa	6 15 40	26 05 18	2 ♍ 01 03	26 25 33	14 58 17	11 02 10	28 51 32	5 17 36	21 48 57	29 01 15	13 59 31	14 55 22	10 51 21	16 53 32
18 Su	7 16 49	8 ♍ 00 43	13 59 40	28 20 01	16 15 27	11 41 38	29 14 53	5 06 45	21 47 54	29 10 49	13 59 30	14 55 36	10 52 32	16 56 11
19 M	8 16 10	20 01 53	26 06 25	0 ♑ 12 59	17 30 47	12 19 11	29 36 27	4 54 06	21 44 51	29 18 36	13 57 41	14 54 00	10 51 54	16 57 03
20 Tu	9 14 45	2 ♎ 14 40	8 ♎ 27 22	2 05 13	18 45 20	12 55 51	29 57 14	4 40 42	21 40 48	29 25 36	13 55 05	14 51 36	10 50 30	16 57 08
21 W	10 13 44	14 45 26	21 08 52	3 57 42	20 00 14	13 32 47	0 ♒ 18 23	4 27 41	21 36 56	29 32 59	13 52 52	14 49 32	10 49 27	16 57 36
22 Th	11 14 11	27 40 20	4 ♏ 16 47	5 51 20	21 16 36	14 11 04	0 41 00	4 16 12	21 34 19	29 41 50	13 52 08	14 48 54	10 49 51	16 59 33
23 F	12 16 55	11 ♏ 04 26	17 55 31	7 46 47	22 35 11	14 51 29	1 05 53	4 07 01	21 33 46	29 52 56	13 53 39	14 50 31	10 52 31	17 03 45
24 Sa	13 22 15	25 00 46	2 ♐ 06 55	9 44 15	23 56 22	15 34 24	1 33 21	4 00 30	21 35 36	0 ♒ 06 38	13 57 47	14 54 41	10 57 47	17 10 34
25 Su	14 29 56	9 ♐ 29 11	16 49 14	11 43 25	25 19 52	16 19 32	2 03 09	3 56 25	21 39 34	0 22 40	14 04 16	15 01 10	11 05 22	17 19 43
26 M	15 39 10	24 25 38	1 ♑ 56 35	13 43 23	26 44 52	17 06 05	2 34 28	3 53 58	21 44 53	0 40 14	14 12 17	15 09 10	11 14 29	17 30 25
27 Tu	16 48 44	9 ♑ 42 04	17 19 17	15 42 55	28 10 12	17 52 51	3 06 08	3 51 58	21 50 21	0 58 08	14 20 39	15 17 29	11 23 56	17 41 27
28 W	17 57 22	25 07 20	2 ♒ 45 18	17 40 40	29 34 33	18 38 32	3 36 49	3 49 08	21 54 40	1 15 04	14 28 05	15 24 48	11 32 26	17 51 33
29 Th	19 03 59	10 ♒ 29 13	18 02 27	19 35 31	0 ♒ 56 51	19 22 04	4 05 28	3 44 26	21 56 46	1 29 58	14 33 29	15 30 05	11 38 53	17 59 37
30 F	20 07 59	25 36 37	3 ♓ 00 43	21 26 55	2 16 31	20 02 52	4 31 31	3 37 16	21 56 05	1 42 15	14 36 19	15 32 44	11 42 44	18 05 05

October 2011

LONGITUDE

Day	☉	0 hr ☽	Noon ☽	☿	♀	♂	⚶	⚳	♃	♄	⚷	♅	♆	♇
1 Sa	21 ♑ 09 26	10 ♓ 21 33	17 ♓ 33 43	23 ♑ 14 52	3 ♒ 33 37	20 ♏ 40 60	4 ♒ 54 59	3 ♋ 27 43	21 ♌ 52 40	1 ♒ 51 58	14 ♊ 36 35	15 ♋ 32 48	11 ♊ 44 01	18 ♈ 08 00
2 Su	22 08 59	24 39 54	1 ♈ 38 59	25 00 00	4 48 45	21 17 05	5 16 31	3 16 26	21 47 10	1 59 45	14 34 58	15 30 56	11 43 24	18 09 01
3 M	23 07 39	8 ♈ 31 11	15 17 27	26 43 22	6 02 60	21 52 09	5 37 09	3 04 28	21 40 36	2 06 38	14 32 29	15 28 10	11 41 53	18 09 09
4 Tu	24 06 38	21 57 38	28 32 16	28 26 11	7 17 32	22 27 25	5 58 05	2 53 01	21 34 12	2 13 50	14 30 20	15 25 43	11 40 41	18 09 36
5 W	25 07 03	5 ♉ 03 01	11 ♉ 27 43	0 ♒ 09 33	8 33 28	23 03 58	6 20 26	2 43 13	21 29 03	2 22 26	14 29 37	15 24 39	11 40 55	18 11 29
6 Th	26 09 42	17 51 38	24 08 11	1 54 17	9 51 35	23 42 37	6 44 59	2 35 52	21 25 59	2 33 14	14 31 09	15 25 49	11 43 22	18 15 36
7 F	27 14 56	0 ♊ 27 25	6 ♊ 37 34	3 40 45	11 12 16	24 23 44	7 12 06	2 31 20	21 25 21	2 46 37	14 35 17	15 29 32	11 48 24	18 22 18
8 Sa	28 22 39	12 53 36	18 58 50	5 28 52	12 35 24	25 07 11	7 41 41	2 29 31	21 27 02	3 02 27	14 41 56	15 35 43	11 55 55	18 31 30
9 Su	29 32 18	25 12 31	1 ♋ 14 02	7 18 06	14 00 27	25 52 27	8 13 10	2 29 53	21 30 31	3 20 12	14 50 31	15 43 50	12 05 22	18 42 37
10 M	0 ♒ 43 02	7 ♋ 25 34	13 24 21	9 07 37	15 26 33	26 38 39	8 45 43	2 31 36	21 34 56	3 39 00	15 00 12	15 53 00	12 15 53	18 54 50
11 Tu	1 53 51	19 33 36	25 30 25	10 56 26	16 52 41	27 24 47	9 18 18	2 33 38	21 39 17	3 57 51	15 09 59	16 02 14	12 26 29	19 07 06
12 W	3 03 44	1 ♌ 37 07	7 ♌ 32 43	12 43 33	18 17 51	28 09 51	9 49 55	2 35 01	21 42 35	4 15 44	15 18 51	16 10 31	12 36 08	19 18 27
13 Th	4 11 51	13 36 46	19 31 55	14 28 09	19 41 13	28 52 60	10 19 45	2 34 55	21 43 58	4 31 50	15 25 58	16 17 01	12 44 01	19 28 01
14 F	5 17 40	25 33 37	1 ♍ 29 16	16 09 42	21 02 15	29 33 42	10 47 15	2 32 48	21 42 56	4 45 35	15 30 47	16 21 11	12 49 36	19 35 18
15 Sa	6 20 60	7 ♍ 29 31	13 26 52	17 48 04	22 20 46	0 ♐ 11 47	11 12 13	2 28 29	21 39 18	4 56 50	15 33 09	16 22 52	12 52 41	19 40 05
16 Su	7 22 04	19 27 13	25 27 47	19 23 27	23 36 58	0 47 27	11 34 54	2 22 12	21 33 16	5 05 45	15 33 16	16 22 16	12 53 30	19 42 35
17 M	8 21 25	1 ♎ 30 28	7 ♎ 36 05	20 56 26	24 51 26	1 21 14	11 55 49	2 14 29	21 25 24	5 12 56	15 31 40	16 19 56	12 52 35	19 43 22
18 Tu	9 19 52	13 43 54	19 56 39	22 27 50	26 04 57	1 53 58	12 15 48	2 06 11	21 16 32	5 19 10	15 29 11	16 16 41	12 50 46	19 43 14
19 W	10 18 21	26 12 43	2 ♏ 34 51	23 58 36	27 18 29	2 26 35	12 35 46	1 58 13	21 07 37	5 25 24	15 26 46	16 13 27	12 48 58	19 43 09
20 Th	11 17 47	9 ♏ 02 18	15 35 57	25 29 39	28 32 54	2 59 59	12 56 39	1 51 31	20 59 31	5 32 32	15 25 18	16 11 09	12 48 07	19 43 59
21 F	12 18 51	22 17 29	29 04 25	27 01 40	29 48 56	3 34 50	13 19 07	1 46 45	20 52 59	5 41 15	15 25 29	16 10 28	12 48 53	19 46 26
22 Sa	13 21 53	6 ♐ 01 45	13 ♐ 02 55	28 34 59	1 ♓ 06 53	4 11 31	13 43 30	1 44 17	20 48 19	5 51 53	15 27 39	16 11 44	12 51 36	19 50 51
23 Su	14 26 47	20 16 19	27 31 22	0 ♓ 09 32	2 26 40	4 49 52	14 09 43	1 44 00	20 45 26	6 04 20	15 31 42	16 14 51	12 56 11	19 57 07
24 M	15 32 59	4 ♑ 59 11	12 ♑ 26 11	1 44 43	3 47 43	5 29 23	14 37 11	1 45 22	20 43 48	6 18 04	15 37 04	16 19 16	13 02 05	20 04 42
25 Tu	16 39 39	20 04 44	27 40 01	3 19 42	5 09 12	6 09 10	15 05 04	1 47 31	20 42 33	6 32 11	15 42 55	16 24 08	13 08 25	20 12 43
26 W	17 45 47	5 ♒ 23 58	13 ♒ 02 37	4 53 29	6 30 07	6 48 16	15 32 23	1 49 29	20 40 43	6 45 45	15 48 17	16 28 29	13 14 14	20 20 12
27 Th	18 50 34	20 45 47	28 22 18	6 25 13	7 49 39	7 25 49	15 58 18	1 50 25	20 37 29	6 57 54	15 52 18	16 31 27	13 18 41	20 26 19
28 F	19 53 29	5 ♓ 58 49	13 ♓ 28 10	7 54 23	9 07 16	8 01 21	16 22 19	1 49 51	20 32 20	7 08 08	15 54 29	16 32 34	13 21 16	20 30 35
29 Sa	20 54 29	20 53 28	28 11 49	9 20 55	10 22 57	8 34 47	16 44 22	1 47 43	20 25 15	7 16 25	15 54 46	16 31 46	13 21 57	20 32 55
30 Su	21 53 57	5 ♈ 23 13	12 ♈ 28 20	10 45 07	11 37 04	9 06 30	17 04 50	1 44 24	20 16 36	7 23 06	15 53 33	16 29 26	13 21 05	20 33 42
31 M	22 52 32	19 25 06	26 16 19	12 07 39	12 50 16	9 37 10	17 24 22	1 40 33	20 07 04	7 28 52	15 51 30	16 26 13	13 19 22	20 33 38

Notes

LONGITUDE — November 2011

Day	☉	0 hr ☽	Noon ☽	☿	♀	♂	⚵	⚳	♃	♄	⚷	♅	♆	♇
1 Tu	23 ♒ 51 04	2 ♉ 59 15	9 ♉ 37 10	13 ♓ 29 17	14 ♓ 03 23	10 ♐ 07 36	17 ♒ 43 49	1 ♋ 36 60	19 ♌ 57 28	7 ♒ 34 32	15 ♊ 49 25	16 ♋ 22 58	13 ♊ 17 35	20 ♈ 33 29
2 W	24 50 18	16 08 08	22 34 11	14 50 43	15 17 10	10 38 33	18 03 56	1 34 31	19 48 34	7 40 52	15 48 04	16 20 26	13 16 31	20 34 03
3 Th	25 50 49	28 55 28	5 ♊ 11 35	16 12 26	16 32 12	11 10 36	18 25 16	1 33 39	19 40 57	7 48 25	15 48 02	16 19 10	13 16 45	20 35 54
4 F	26 52 53	11 ♊ 25 31	17 33 48	17 34 40	17 48 45	11 44 02	18 48 07	1 34 42	19 34 54	7 57 29	15 49 36	16 19 29	13 18 32	20 39 18
5 Sa	27 56 30	23 42 25	29 44 55	18 57 18	19 06 49	12 18 49	19 12 27	1 37 38	19 30 24	8 08 02	15 52 44	16 21 21	13 21 51	20 44 14
6 Su	29 01 20	5 ♋ 49 55	11 ♋ 48 29	20 19 54	20 26 04	12 54 38	19 37 58	1 42 09	19 27 09	8 19 45	15 57 07	16 24 27	13 26 25	20 50 23
7 M	0 ♓ 06 53	17 51 06	23 47 22	21 41 51	21 46 01	13 30 59	20 04 09	1 47 43	19 24 40	8 32 08	16 02 16	16 28 17	13 31 43	20 57 16
8 Tu	1 12 34	29 48 30	5 ♌ 43 50	23 02 24	23 06 03	14 07 16	20 30 25	1 53 46	19 22 20	8 44 36	16 07 34	16 32 15	13 37 08	21 04 15
9 W	2 17 48	11 ♌ 44 09	17 39 42	24 20 48	24 25 35	14 42 53	20 56 09	1 59 42	19 19 34	8 56 32	16 12 27	16 35 46	13 42 06	21 10 47
10 Th	3 22 04	23 39 45	29 36 30	25 36 22	25 44 08	15 17 22	21 20 53	2 05 01	19 15 54	9 07 28	16 16 24	16 38 20	13 46 07	21 16 21
11 F	4 25 04	5 ♍ 36 53	11 ♍ 35 42	26 48 35	27 01 23	15 50 22	21 44 19	2 09 24	19 11 01	9 17 04	16 19 07	16 39 40	13 48 53	21 20 39
12 Sa	5 26 42	17 37 12	23 38 58	27 57 05	28 17 14	16 21 48	22 06 18	2 12 45	19 04 50	9 25 15	16 20 30	16 39 38	13 50 17	21 23 35
13 Su	6 27 05	29 42 37	5 ♎ 48 19	29 01 41	29 31 48	16 51 46	22 26 59	2 15 10	18 57 27	9 32 07	16 20 40	16 38 21	13 50 26	21 25 15
14 M	7 26 30	11 ♎ 55 27	18 06 12	0 ♈ 02 21	0 ♈ 45 21	17 20 34	22 46 39	2 16 57	18 49 10	9 37 57	16 19 54	16 36 08	13 49 37	21 25 56
15 Tu	8 25 23	24 18 26	0 ♏ 35 31	0 59 08	1 58 21	17 48 36	23 05 43	2 18 32	18 40 25	9 43 10	16 18 37	16 33 23	13 48 17	21 26 05
16 W	9 24 13	6 ♏ 54 40	13 19 29	1 52 07	3 11 15	18 16 22	23 24 39	2 20 22	18 31 41	9 48 17	16 17 19	16 30 36	13 46 53	21 26 10
17 Th	10 23 26	19 47 27	26 21 25	2 41 14	4 24 30	18 44 18	23 43 56	2 22 56	18 23 25	9 53 43	16 16 27	16 28 13	13 45 54	21 26 38
18 F	11 23 23	2 ♐ 59 53	9 ♐ 44 14	3 26 18	5 38 27	19 12 44	24 03 53	2 26 31	18 15 59	9 59 49	16 16 20	16 26 34	13 45 38	21 27 49
19 Sa	12 24 14	16 34 27	23 30 02	4 06 52	6 53 15	19 41 49	24 24 38	2 31 19	18 09 31	10 06 43	16 17 08	16 25 50	13 46 16	21 29 52
20 Su	13 25 54	0 ♑ 32 26	7 ♑ 39 18	4 42 15	8 08 52	20 11 30	24 46 11	2 37 16	18 03 59	10 14 24	16 18 48	16 25 57	13 47 44	21 32 46
21 M	14 28 12	14 53 13	22 10 24	5 11 31	9 25 03	20 41 33	25 08 15	2 44 08	17 59 10	10 22 37	16 21 07	16 26 42	13 49 49	21 36 15
22 Tu	15 30 44	29 33 55	6 ♒ 59 14	5 33 32	10 41 27	21 11 36	25 30 31	2 51 33	17 54 43	10 31 01	16 23 42	16 27 43	13 52 10	21 39 58
23 W	16 33 09	14 ♒ 29 10	21 59 13	5 47 10	11 57 42	21 41 17	25 52 35	2 59 10	17 50 14	10 39 12	16 26 12	16 28 37	13 54 23	21 43 34
24 Th	17 35 07	29 31 25	7 ♓ 02 03	5 51 20	13 13 28	22 10 16	26 14 09	3 06 37	17 45 27	10 46 53	16 28 18	16 29 06	13 56 11	21 46 42
25 F	18 36 29	14 ♓ 31 57	21 58 43	5 45 09	14 28 35	22 38 23	26 35 02	3 13 47	17 40 10	10 53 53	16 29 49	16 29 00	13 57 22	21 49 14
26 Sa	19 37 14	29 22 02	6 ♈ 40 56	5 27 59	15 43 04	23 05 37	26 55 14	3 20 37	17 34 25	11 00 12	16 30 46	16 28 18	13 57 57	21 51 08
27 Su	20 37 30	13 ♈ 54 13	21 02 14	4 59 34	16 57 02	23 32 06	27 14 53	3 27 16	17 28 18	11 05 57	16 31 16	16 27 10	13 58 04	21 52 32
28 M	21 37 30	28 03 19	4 ♉ 58 40	4 19 57	18 10 43	23 58 04	27 34 12	3 33 57	17 22 05	11 11 23	16 31 32	16 25 47	13 57 57	21 53 41
29 Tu	22 37 29	11 ♉ 46 38	18 28 51	3 29 35	19 24 20	24 23 44	27 53 26	3 40 54	17 15 59	11 16 43	16 31 50	16 24 25	13 57 48	21 54 49
30 W	23 37 38	25 03 60	1 ♊ 33 39	2 29 20	20 38 06	24 49 18	28 12 46	3 48 19	17 10 13	11 22 09	16 32 21	16 23 15	13 57 51	21 56 06

LONGITUDE — December 2011

Day	☉	0 hr ☽	Noon ☽	☿	♀	♂	⚵	⚳	♃	♄	⚷	♅	♆	♇
1 Th	24 ♓ 38 03	7 ♊ 57 09	14 ♊ 15 41	1 ♈ 20 31	21 ♈ 52 07	25 ♐ 14 52	28 ♒ 32 18	3 ♋ 56 18	17 ♌ 04 53	11 ♒ 27 47	16 ♊ 33 10	16 ♋ 22 24	13 ♊ 58 12	21 ♈ 57 40
2 F	25 38 46	20 29 16	26 38 37	0 04 52	23 06 23	25 40 26	28 52 04	4 04 51	16 59 60	11 33 38	16 34 20	16 21 52	13 58 51	21 59 31
3 Sa	26 39 43	2 ♋ 44 20	8 ♋ 46 45	28 ♓ 44 32	24 20 51	26 05 57	29 11 59	4 13 54	16 55 30	11 39 39	16 35 46	16 21 36	13 59 45	22 01 36
4 Su	27 40 47	14 46 46	20 44 32	27 22 02	25 35 24	26 31 18	29 31 58	4 23 21	16 51 18	11 45 43	16 37 22	16 21 30	14 00 48	22 03 48
5 M	28 41 51	26 41 00	2 ♌ 36 20	26 00 02	26 49 56	26 56 22	29 51 52	4 33 04	16 47 16	11 51 42	16 39 00	16 21 26	14 01 51	22 05 60
6 Tu	29 42 50	8 ♌ 31 18	14 26 13	24 41 13	28 04 21	27 21 02	0 ♓ 11 36	4 42 59	16 43 20	11 57 31	16 40 36	16 21 19	14 02 51	22 08 07
7 W	0 ♈ 43 42	20 21 35	26 17 52	23 28 06	29 18 36	27 45 17	0 31 10	4 53 01	16 39 27	12 03 10	16 42 08	16 21 07	14 03 44	22 10 06
8 Th	1 44 28	2 ♍ 15 18	8 ♍ 14 27	22 22 51	0 ♉ 32 44	28 09 08	0 50 33	5 03 15	16 35 39	12 08 38	16 43 36	16 20 51	14 04 33	22 11 60
9 F	2 45 15	14 15 22	20 18 37	21 27 11	1 46 51	28 32 40	1 09 52	5 13 43	16 32 02	12 14 01	16 45 07	16 20 38	14 05 23	22 13 53
10 Sa	3 46 08	26 24 11	2 ♎ 32 25	20 42 18	3 01 01	28 55 59	1 29 12	5 24 32	16 28 42	12 19 26	16 46 47	16 20 34	14 06 21	22 15 53
11 Su	4 47 15	8 ♎ 43 34	14 57 27	20 08 50	4 15 24	29 19 13	1 48 42	5 35 51	16 25 48	12 25 01	16 48 44	16 20 46	14 07 34	22 18 07
12 M	5 48 41	21 14 49	27 34 51	19 46 58	5 30 03	29 42 25	2 08 26	5 47 43	16 23 23	12 30 49	16 51 01	16 21 19	14 09 07	22 20 39
13 Tu	6 50 26	3 ♏ 58 50	10 ♏ 25 20	19 36 27	6 44 60	0 ♑ 05 36	2 28 24	6 00 08	16 21 28	12 36 51	16 53 40	16 22 14	14 10 60	22 23 30
14 W	7 52 26	16 56 10	23 29 24	19 36 42	8 00 09	0 28 40	2 48 32	6 13 02	16 19 59	12 43 04	16 56 36	16 23 25	14 13 08	22 26 35
15 Th	8 54 31	0 ♐ 07 08	6 ♐ 47 19	19 46 50	9 15 21	0 51 28	3 08 40	6 26 15	16 18 47	12 49 16	16 59 39	16 24 43	14 15 22	22 29 44
16 F	9 56 28	13 31 56	20 19 12	20 05 51	10 30 22	1 13 45	3 28 35	6 39 33	16 17 38	12 55 15	17 02 37	16 25 56	14 17 30	22 32 45
17 Sa	10 58 04	27 10 34	4 ♑ 04 57	20 32 43	11 45 00	1 35 19	3 48 03	6 52 43	16 16 18	13 00 47	17 05 15	16 26 49	14 19 16	22 35 25
18 Su	11 59 09	11 ♑ 02 51	18 04 08	21 06 26	12 59 05	1 55 59	4 06 55	7 05 36	16 14 40	13 05 43	17 07 25	16 27 14	14 20 33	22 37 33
19 M	12 59 41	25 08 09	2 ♒ 15 46	21 46 10	14 12 35	2 15 42	4 25 08	7 18 09	16 12 40	13 10 01	17 09 04	16 27 08	14 21 18	22 39 07
20 Tu	13 59 47	9 ♒ 25 10	16 38 00	22 31 19	15 25 37	2 34 35	4 42 50	7 30 29	16 10 25	13 13 47	17 10 19	16 26 38	14 21 37	22 40 14
21 W	14 59 43	23 51 40	1 ♓ 07 60	23 21 29	16 38 26	2 52 53	5 00 16	7 42 52	16 08 13	13 17 19	17 11 26	16 26 01	14 21 48	22 41 12
22 Th	15 59 52	8 ♓ 24 15	15 41 43	24 16 25	17 51 26	3 10 59	5 17 49	7 55 40	16 06 24	13 20 57	17 12 48	16 25 39	14 22 12	22 42 21
23 F	17 00 36	22 58 20	0 ♈ 14 09	25 15 57	19 04 60	3 29 15	5 35 52	8 09 16	16 05 24	13 25 05	17 14 48	16 25 54	14 23 12	22 44 06
24 Sa	18 02 14	7 ♈ 28 29	14 39 39	26 19 55	20 19 25	3 47 58	5 54 43	8 23 58	16 05 29	13 30 02	17 17 45	16 27 06	14 25 08	22 46 44
25 Su	19 04 55	21 48 56	28 52 40	27 28 02	21 34 50	4 07 17	6 14 31	8 39 55	16 06 49	13 35 56	17 21 46	16 29 23	14 28 08	22 50 24
26 M	20 08 33	5 ♉ 54 18	12 ♉ 48 23	28 39 52	22 51 11	4 27 08	6 35 12	8 57 03	16 09 20	13 42 43	17 26 48	16 32 42	14 32 07	22 55 03
27 Tu	21 12 54	19 40 16	26 23 20	29 54 47	24 08 12	4 47 13	6 56 29	9 15 05	16 12 45	13 50 07	17 32 34	16 36 45	14 36 49	23 00 23
28 W	22 17 31	3 ♊ 04 10	9 ♊ 35 50	1 ♈ 12 06	25 25 27	5 07 07	7 17 56	9 33 35	16 16 38	13 57 42	17 38 39	16 41 07	14 41 49	23 05 59
29 Th	23 21 54	16 05 10	22 25 57	2 31 05	26 42 26	5 26 18	7 39 03	9 52 03	16 20 30	14 04 57	17 44 33	16 45 18	14 46 36	23 11 21
30 F	24 25 35	28 44 16	4 ♋ 55 28	3 51 01	27 58 41	5 44 19	7 59 23	10 10 00	16 23 53	14 11 26	17 49 48	16 48 50	14 50 44	23 16 01
31 Sa	25 28 14	11 ♋ 04 04	17 07 36	5 11 24	29 13 51	6 00 48	8 18 34	10 27 07	16 26 26	14 16 47	17 54 03	16 51 23	14 53 50	23 19 39

Notes

January 2012 — LONGITUDE

Day	☉	0 hr ☽	Noon ☽	☿	♀	♂	⚵	⚳	♃	♄	⚷	♅	♆	♇
1 Su	26♈29 41	23♋08 26	29♋06 35	6♈31 56	0♊27 47	6♑15 36	8♓36 28	10♋43 14	16♌28 01	14♒20 51	17♊57 09	16♋52 48	14♊55 46	23♈22 06
2 M	27 30 02	5♌02 09	10♌57 22	7 52 32	1 40 34	6 28 48	8 53 10	10 58 26	16 28 41	14 23 44	17 59 12	16 53 09	14 56 38	23 23 26
3 Tu	28 29 35	16 50 29	22 45 18	9 13 25	2 52 31	6 40 40	9 08 58	11 13 01	16 28 46	14 25 44	18 00 29	16 52 46	14 56 44	23 23 59
4 W	29 28 49	28 38 56	4♍35 45	10 34 58	4 04 06	6 51 43	9 24 20	11 27 28	16 28 45	14 27 20	18 01 31	16 52 06	14 56 32	23 24 13
5 Th	0♉28 20	10♍32 47	16 33 47	11 57 40	5 15 55	7 02 30	9 39 53	11 42 22	16 29 13	14 29 06	18 02 51	16 51 47	14 56 38	23 24 43
6 F	1 28 42	22 36 49	28 43 50	13 22 04	6 28 34	7 13 36	9 56 11	11 58 18	16 30 45	14 31 40	18 05 06	16 52 22	14 57 38	23 26 05
7 Sa	2 30 27	4♎55 00	11♎09 24	14 48 35	7 42 31	7 25 31	10 13 45	12 15 46	16 33 51	14 35 30	18 08 45	16 54 23	15 00 01	23 28 49
8 Su	3 33 51	17 30 07	23 52 43	16 17 28	8 58 05	7 38 31	10 32 52	12 35 05	16 38 49	14 40 55	18 14 06	16 58 06	15 04 06	23 33 13
9 M	4 38 57	0♏23 32	6♏54 34	17 48 43	10 15 18	7 52 39	10 53 35	12 56 15	16 45 41	14 47 56	18 21 12	17 03 34	15 09 54	23 39 18
10 Tu	5 45 28	13 35 08	20 14 15	19 22 02	11 33 53	8 07 37	11 15 35	13 19 01	16 54 11	14 56 16	18 29 46	17 10 31	15 17 09	23 46 49
11 W	6 52 52	27 03 22	3♐49 41	20 56 48	12 53 16	8 22 51	11 38 21	13 42 48	17 03 44	15 05 24	18 39 14	17 18 22	15 25 17	23 55 11
12 Th	8 00 21	10♐45 32	17 37 48	22 32 16	14 12 43	8 37 35	12 01 06	14 06 51	17 13 36	15 14 32	18 48 50	17 26 23	15 33 33	24 03 40
13 F	9 07 08	24 38 14	1♑35 07	24 07 35	15 31 24	8 50 58	12 23 01	14 30 20	17 22 56	15 22 51	18 57 46	17 33 44	15 41 07	24 11 25
14 Sa	10 12 31	8♑38 03	15 38 14	25 42 02	16 48 37	9 02 19	12 43 24	14 52 34	17 31 04	15 29 40	19 05 19	17 39 43	15 47 18	24 17 46
15 Su	11 16 04	22 42 03	29 44 25	27 15 13	18 03 57	9 11 11	13 01 51	15 13 07	17 37 34	15 34 34	19 11 06	17 43 56	15 51 41	24 22 17
16 M	12 17 48	6♒48 09	13♒51 48	28 47 07	19 17 24	9 17 34	13 18 20	15 32 01	17 42 26	15 37 34	19 15 05	17 46 22	15 54 17	24 24 59
17 Tu	13 18 10	20 55 06	27 59 21	0♉18 11	20 29 25	9 21 54	13 33 20	15 49 41	17 46 07	15 39 05	19 17 44	17 47 29	15 55 31	24 26 18
18 W	14 17 56	5♓02 20	12♓06 31	1 49 12	21 40 48	9 24 58	13 47 36	16 06 54	17 49 25	15 39 54	19 19 50	17 48 03	15 56 11	24 27 01
19 Th	15 18 06	19 09 26	26 12 43	3 21 09	22 52 30	9 27 43	14 02 07	16 24 39	17 53 17	15 41 02	19 22 21	17 49 04	15 57 15	24 28 07
20 F	16 19 37	3♈15 34	10♈16 50	4 54 60	24 05 29	9 31 07	14 17 51	16 43 53	17 58 41	15 43 24	19 26 15	17 51 28	15 59 42	24 30 34
21 Sa	17 23 12	17 19 05	24 16 55	6 31 28	25 20 29	9 35 52	14 35 32	17 05 21	18 06 22	15 47 45	19 32 16	17 56 00	16 04 15	24 35 05
22 Su	18 29 12	1♉17 21	8♉10 08	8 10 55	26 37 50	9 42 18	14 55 28	17 29 21	18 16 37	15 54 25	19 40 43	18 02 59	16 11 14	24 41 60
23 M	19 37 28	15 06 57	21 53 01	9 53 13	27 57 23	9 50 17	15 17 33	17 55 46	18 29 21	16 03 16	19 51 29	18 12 18	16 20 30	24 51 12
24 Tu	20 47 27	28 44 06	5♊22 04	11 37 50	29 18 36	9 59 15	15 41 13	18 24 03	18 43 59	16 13 44	20 04 01	18 23 23	16 31 32	25 02 06
25 W	21 58 15	12♊05 24	18 34 23	13 23 53	0♋40 34	10 08 17	16 05 33	18 53 17	18 59 39	16 24 57	20 17 24	18 35 21	16 43 24	25 13 51
26 Th	23 08 52	25 08 22	1♋28 11	15 10 21	2 02 16	10 16 23	16 29 34	19 22 28	19 15 18	16 35 52	20 30 38	18 47 11	16 55 07	25 25 24
27 F	24 18 19	7♋52 02	14 03 14	16 56 18	3 22 44	10 22 34	16 52 16	19 50 37	19 29 58	16 45 32	20 42 45	18 57 54	17 05 41	25 35 46
28 Sa	25 25 52	20 17 06	26 20 56	18 40 59	4 41 13	10 26 04	17 12 54	20 16 60	19 42 54	16 53 12	20 52 59	19 06 45	17 14 23	25 44 15
29 Su	26 31 07	2♌26 01	8♌24 20	20 24 02	5 57 20	10 26 32	17 31 06	20 41 13	19 53 44	16 58 29	21 00 58	19 13 22	17 20 48	25 50 26
30 M	27 34 06	14 22 46	20 17 51	22 05 31	7 11 08	10 23 58	17 46 55	21 03 18	20 02 30	17 01 26	21 06 44	19 17 48	17 25 01	25 54 22
31 Tu	28 35 18	26 12 32	2♍06 59	23 45 54	8 23 02	10 18 51	18 00 46	21 23 44	20 09 39	17 02 30	21 10 45	19 20 29	17 27 27	25 56 31

February 2012 — LONGITUDE

Day	☉	0 hr ☽	Noon ☽	☿	♀	♂	⚵	⚳	♃	♄	⚷	♅	♆	♇
1 W	29♉35 28	8♍01 22	13♍57 53	25♉25 59	9♋33 51	10♑11 57	18♓13 27	21♋43 16	20♌15 58	17♒02 28	21♊13 47	19♋22 13	17♊28 54	25♈57 39
2 Th	0♊35 37	19 55 41	25 56 57	27 06 46	10 44 33	10 04 15	18 25 57	22 02 54	20 22 26	17 02 19	21 16 50	19 23 58	17 30 21	25 58 45
3 F	1 36 46	2♎01 49	8♎10 19	28 49 16	11 56 10	9 56 46	18 39 18	22 23 38	20 30 04	17 03 04	21 20 54	19 26 46	17 32 50	26 00 51
4 Sa	2 39 47	14 25 25	20 43 13	0♊34 25	13 09 33	9 50 25	18 54 22	22 46 24	20 39 46	17 05 37	21 26 54	19 31 30	17 37 13	26 04 50
5 Su	3 45 16	27 10 55	3♏39 27	2 22 46	14 25 19	9 45 45	19 11 44	23 11 43	20 52 05	17 10 33	21 35 24	19 38 45	17 44 06	26 11 17
6 M	4 53 21	10♏20 55	17 00 45	4 14 28	15 43 36	9 42 56	19 31 32	23 39 47	21 07 12	17 18 00	21 46 32	19 48 40	17 53 37	26 20 21
7 Tu	6 03 41	23 55 41	0♐46 22	6 09 12	17 04 02	9 41 37	19 53 26	24 10 12	21 24 43	17 27 38	21 59 57	20 00 53	18 05 24	26 31 40
8 W	7 15 27	7♐52 58	14 52 57	8 06 06	18 25 48	9 40 59	20 16 35	24 42 11	21 43 50	17 38 36	22 14 51	20 14 36	18 18 40	26 44 25
9 Th	8 27 31	22 08 04	29 14 59	10 04 02	19 47 44	9 39 53	20 39 51	25 14 32	22 03 25	17 49 46	22 30 03	20 28 38	18 32 13	26 57 27
10 F	9 38 36	6♑34 38	13♑45 33	12 01 43	21 08 36	9 37 04	21 01 59	25 46 03	22 22 10	17 59 52	22 44 20	20 41 45	18 44 51	27 09 31
11 Sa	10 47 39	21 05 42	28 17 41	13 58 04	22 27 19	9 31 30	21 21 53	26 15 37	22 39 04	18 07 52	22 56 35	20 52 53	18 55 27	27 19 32
12 Su	11 54 02	5♒34 55	12♒45 28	15 52 24	23 43 16	9 22 32	21 38 57	26 42 38	22 53 26	18 13 06	23 06 13	21 01 24	19 03 25	27 26 54
13 M	12 57 43	19 57 35	27 04 54	17 44 38	24 56 23	9 10 10	21 53 07	27 07 04	23 05 16	18 15 33	23 13 10	21 07 15	19 08 42	27 31 33
14 Tu	13 59 16	4♓11 06	11♓14 12	19 35 18	26 07 16	8 54 60	22 04 59	27 29 28	23 15 08	18 15 47	23 18 02	21 11 03	19 11 53	27 34 05
15 W	14 59 48	18 14 54	25 13 23	21 25 23	27 17 00	8 38 06	22 15 36	27 50 55	23 24 06	18 14 54	23 21 52	21 13 50	19 14 03	27 35 35
16 Th	16 00 36	2♈09 44	9♈03 37	23 16 07	28 26 53	8 20 50	22 26 18	28 12 46	23 33 30	18 14 12	23 26 01	21 16 57	19 16 31	27 37 20
17 F	17 02 58	15 57 00	22 46 21	25 08 38	29 38 13	8 04 31	22 38 23	28 36 16	23 44 37	18 14 60	23 31 46	21 21 41	19 20 35	27 40 40
18 Sa	18 07 53	29 37 47	6♉22 33	27 03 48	0♌51 58	7 50 08	22 52 48	29 02 26	23 58 26	18 18 15	23 40 05	21 29 00	19 27 13	27 46 32
19 Su	19 15 50	13♉12 20	19 52 13	29 01 55	2 08 37	7 38 12	23 10 03	29 31 43	24 15 26	18 24 28	23 51 28	21 39 25	19 36 54	27 55 27
20 M	20 26 43	26 39 51	3♊14 19	1♋02 39	3 28 05	7 28 41	23 30 02	0♌04 03	24 35 31	18 33 32	24 05 48	21 52 48	19 49 32	28 07 18
21 Tu	21 39 53	9♊58 30	16 26 54	3 05 06	4 49 41	7 20 56	23 52 05	0 38 46	24 58 02	18 44 49	24 22 28	22 08 32	20 04 29	28 21 25
22 W	22 54 17	23 05 59	29 27 45	5 07 56	6 12 23	7 13 55	24 15 10	1 14 47	25 21 55	18 57 14	24 40 22	22 25 31	20 20 41	28 36 47
23 Th	24 08 38	5♋59 59	12♋14 51	7 09 33	7 34 53	7 06 27	24 37 59	1 50 53	25 45 54	19 09 33	24 58 16	22 42 32	20 36 53	28 52 05
24 F	25 21 43	18 38 58	24 47 05	9 08 19	8 55 59	6 57 18	24 59 18	2 25 47	26 08 46	19 20 31	25 14 55	22 58 19	20 51 49	29 06 08
25 Sa	26 32 33	1♌02 31	7♌04 37	11 02 52	10 14 40	6 45 33	25 18 10	2 58 33	26 29 31	19 29 10	25 29 21	23 11 54	21 04 33	29 17 56
26 Su	27 40 34	13 11 48	19 09 09	12 52 08	11 30 23	6 30 39	25 33 60	3 28 35	26 47 35	19 34 56	25 40 59	23 22 42	21 14 28	29 26 55
27 M	28 45 40	25 09 33	1♍03 59	14 35 32	12 43 01	6 12 35	25 46 41	3 55 48	27 02 53	19 37 43	25 49 44	23 30 39	21 21 31	29 33 00
28 Tu	29 48 15	7♍00 03	12 53 47	16 12 55	13 52 59	5 51 46	25 56 39	4 20 36	27 15 49	19 37 56	25 56 01	23 36 09	21 26 04	29 36 35
29 W	0♋49 08	18 48 46	24 44 24	17 44 32	15 01 05	5 29 05	26 04 41	4 43 47	27 27 12	19 36 24	26 00 37	23 39 59	21 28 58	29 38 28

Notes

LONGITUDE

March 2012

Day	☉	0 hr ☽	Noon ☽	☿	♀	♂	⚵	⚳	♃	♄	⚷	♅	♆	♇
1 Th	1 ♋ 49 24	0 ♎ 42 04	6 ♎ 42 23	19 ♋ 10 52	16 ♌ 08 24	5 ♑ 05 38	26 ♓ 11 52	5 ♌ 06 27	27 ♌ 38 05	19 ♒ 34 10	26 ♊ 04 38	23 ♋ 43 16	21 ♊ 31 16	29 ♈ 39 44
2 F	2 50 14	12 46 43	18 54 30	20 32 30	17 16 04	4 42 39	26 19 23	5 29 46	27 49 40	19 32 27	26 09 14	23 47 09	21 34 09	29 41 34
3 Sa	3 52 41	25 09 17	1 ♏ 27 06	21 49 54	18 25 11	4 21 14	26 28 18	5 54 47	28 03 00	19 32 18	26 15 28	23 52 42	21 38 41	29 45 01
4 Su	4 57 30	7 ♏ 55 29	14 25 27	23 03 16	19 36 28	4 02 12	26 39 20	6 22 17	28 18 51	19 34 28	26 24 07	24 00 40	21 45 37	29 50 52
5 M	6 04 59	21 09 26	27 52 50	24 12 20	20 50 14	3 45 52	26 52 49	6 52 31	28 37 29	19 39 14	26 35 27	24 11 22	21 55 15	29 59 23
6 Tu	7 14 53	4 ♐ 52 53	11 ♐ 49 47	25 16 20	22 06 11	3 32 01	27 08 27	7 25 15	28 58 40	19 46 22	26 49 14	24 24 30	22 07 18	0 ♉ 10 18
7 W	8 26 23	19 04 31	26 13 37	26 14 02	23 23 32	3 19 55	27 25 27	7 59 40	29 21 34	19 55 03	27 04 38	24 39 18	22 20 60	0 22 51
8 Th	9 38 18	3 ♑ 39 48	10 ♑ 58 20	27 03 54	24 41 05	3 08 25	27 42 37	8 34 36	29 45 01	20 04 07	27 20 29	24 54 34	22 35 08	0 35 49
9 F	10 49 20	18 31 17	25 55 25	27 44 18	25 57 30	2 56 13	27 58 39	9 08 42	0 ♍ 07 42	20 12 14	27 35 27	25 08 59	22 48 24	0 47 53
10 Sa	11 58 18	3 ♒ 29 48	10 ♒ 55 14	28 13 54	27 11 38	2 42 13	28 12 21	9 40 50	0 28 26	20 18 14	27 48 23	25 21 22	22 59 38	0 57 54
11 Su	13 04 31	18 26 04	25 48 46	28 31 54	28 22 46	2 25 44	28 23 03	10 10 17	0 46 31	20 21 26	27 58 34	25 31 03	23 08 08	1 05 10
12 M	14 07 52	3 ♓ 12 19	10 ♓ 29 07	28 38 14	29 30 47	2 06 44	28 30 36	10 36 57	1 01 52	20 21 43	28 05 55	25 37 54	23 13 47	1 09 34
13 Tu	15 08 54	17 43 22	24 52 20	28 33 37	0 ♍ 36 14	1 45 47	28 35 35	11 01 22	1 15 01	20 19 39	28 10 58	25 42 29	23 17 08	1 11 39
14 W	16 08 40	1 ♈ 56 57	8 ♈ 57 15	28 19 24	1 40 09	1 23 58	28 39 02	11 24 36	1 26 60	20 16 16	28 14 45	25 45 49	23 19 14	1 12 27
15 Th	17 08 27	15 53 12	22 44 54	27 57 19	2 43 49	1 02 37	28 42 13	11 47 55	1 39 06	20 12 51	28 18 34	25 49 13	23 21 22	1 13 17
16 F	18 09 31	29 33 47	6 ♉ 17 27	27 29 12	3 48 28	0 43 02	28 46 23	12 12 34	1 52 35	20 10 40	28 23 41	25 53 55	23 24 47	1 15 23
17 Sa	19 12 49	13 ♉ 00 58	19 37 23	26 56 47	4 55 04	0 26 11	28 52 31	12 39 32	2 08 25	20 10 40	28 31 02	26 00 54	23 30 28	1 19 43
18 Su	20 18 50	26 16 47	2 ♊ 46 42	26 21 24	6 04 07	0 12 37	29 01 05	13 09 18	2 27 05	20 13 22	28 41 07	26 10 38	23 38 53	1 26 47
19 M	21 27 31	9 ♊ 22 35	15 46 32	25 44 00	7 15 30	0 02 18	29 12 02	13 41 47	2 48 30	20 18 42	28 53 53	26 23 04	23 49 59	1 36 30
20 Tu	22 38 19	22 18 48	28 37 09	25 05 06	8 28 41	29 ♐ 54 42	29 24 48	14 16 27	3 12 08	20 26 05	29 08 46	26 37 38	24 03 11	1 48 19
21 W	23 50 15	5 ♋ 05 09	11 ♋ 18 09	24 24 53	9 42 42	29 48 53	29 38 26	14 52 20	3 37 01	20 34 36	29 24 48	26 53 23	24 17 34	2 01 18
22 Th	25 02 13	17 40 56	23 48 47	23 43 23	10 56 25	29 43 47	29 51 48	15 28 19	4 02 01	20 43 07	29 40 53	27 09 13	24 32 00	2 14 18
23 F	26 13 06	0 ♌ 05 31	6 ♌ 08 33	23 00 40	12 08 42	29 38 18	0 ♈ 03 47	16 03 17	4 26 03	20 50 32	29 55 53	27 23 59	24 45 22	2 26 14
24 Sa	27 22 00	12 18 47	18 17 36	22 16 54	13 18 38	29 31 32	0 13 30	16 36 20	4 48 12	20 55 56	0 ♋ 08 55	27 36 48	24 56 46	2 36 10
25 Su	28 28 22	24 21 30	0 ♍ 17 02	21 32 35	14 25 39	29 22 58	0 20 23	17 06 53	5 07 54	20 58 47	0 19 25	27 47 06	25 05 38	2 43 34
26 M	29 32 01	6 ♍ 15 36	12 09 11	20 48 26	15 29 36	29 12 28	0 24 15	17 34 49	5 24 60	20 58 54	0 27 14	27 54 45	25 11 49	2 48 17
27 Tu	0 ♌ 33 14	18 04 15	23 57 37	20 05 32	16 30 43	29 00 18	0 25 25	18 00 23	5 39 45	20 56 35	0 32 37	28 00 00	25 15 36	2 50 33
28 W	1 32 39	29 51 44	5 ♎ 47 02	19 25 09	17 29 36	28 47 07	0 24 28	18 24 13	5 52 48	20 52 28	0 36 13	28 03 29	25 17 35	2 51 02
29 Th	2 31 08	11 ♎ 43 22	17 43 02	18 48 41	18 27 09	28 33 48	0 22 18	18 47 10	6 05 01	20 47 24	0 38 54	28 06 04	25 18 39	2 50 35
30 F	3 29 40	23 45 06	29 51 45	18 17 31	19 24 18	28 21 22	0 19 54	19 10 15	6 17 23	20 42 23	0 41 38	28 08 45	25 19 49	2 50 12
31 Sa	4 29 12	6 ♏ 03 09	12 ♏ 19 24	17 52 50	20 21 59	28 10 43	0 18 11	19 34 23	6 30 49	20 38 21	0 45 23	28 12 26	25 21 58	2 50 49

LONGITUDE

April 2012

Day	☉	0 hr ☽	Noon ☽	☿	♀	♂	⚵	⚳	♃	♄	⚷	♅	♆	♇
1 Su	5 ♌ 30 25	18 ♏ 43 23	25 ♏ 11 37	17 ♋ 35 31	21 ♍ 20 53	28 ♐ 02 35	0 ♈ 17 52	20 ♌ 00 16	6 ♍ 46 03	20 ♒ 36 01	0 ♋ 50 50	28 ♋ 17 52	25 ♊ 25 50	2 ♉ 53 08
2 M	6 33 40	1 ♐ 50 40	8 ♐ 32 42	17 25 57	22 21 19	27 57 19	0 19 17	20 28 15	7 03 23	20 35 43	0 58 18	28 25 21	25 31 45	2 57 29
3 Tu	7 38 51	15 28 05	22 24 46	17 24 02	23 23 10	27 54 47	0 22 20	20 58 12	7 22 44	20 37 21	1 07 43	28 34 47	25 39 37	3 03 45
4 W	8 45 24	29 36 08	6 ♑ 46 56	17 29 09	24 25 51	27 54 28	0 26 29	21 29 36	7 43 34	20 40 23	1 18 32	28 45 38	25 48 53	3 11 26
5 Th	9 52 28	14 ♑ 12 05	21 34 50	17 40 18	25 28 29	27 55 29	0 30 50	22 01 34	8 04 58	20 43 55	1 29 50	28 57 02	25 58 39	3 19 36
6 F	10 58 60	29 09 49	6 ♒ 40 53	17 56 17	26 30 02	27 56 47	0 34 21	22 33 04	8 25 56	20 46 57	1 40 38	29 07 55	26 07 56	3 27 16
7 Sa	12 04 06	14 ♒ 20 29	21 55 08	18 15 60	27 29 32	27 57 28	0 36 09	23 03 10	8 45 32	20 48 32	1 49 59	29 17 24	26 15 46	3 33 29
8 Su	13 07 08	29 33 47	7 ♓ 07 01	18 38 39	28 26 21	27 56 53	0 35 35	23 31 16	9 03 09	20 48 05	1 57 17	29 24 50	26 21 34	3 37 39
9 M	14 07 58	14 ♓ 39 44	22 07 08	19 03 52	29 20 20	27 54 55	0 32 31	23 57 13	9 18 39	20 45 27	2 02 23	29 30 06	26 25 10	3 39 37
10 Tu	15 06 56	29 30 21	6 ♈ 48 36	19 31 46	0 ♎ 11 46	27 51 52	0 27 17	24 21 21	9 32 21	20 40 58	2 05 37	29 33 31	26 26 55	3 39 43
11 W	16 04 46	14 ♈ 00 27	21 07 40	20 02 52	1 01 22	27 48 28	0 20 36	24 44 23	9 44 58	20 35 21	2 07 41	29 35 48	26 27 31	3 38 40
12 Th	17 02 22	28 07 50	5 ♉ 03 25	20 37 52	1 50 02	27 45 37	0 13 24	25 07 14	9 57 25	20 29 31	2 09 31	29 37 53	26 27 54	3 37 23
13 F	18 00 37	11 ♉ 52 43	18 37 02	21 17 28	2 38 36	27 44 12	0 06 34	25 30 47	10 10 36	20 24 22	2 12 00	29 40 38	26 28 57	3 36 45
14 Sa	19 00 15	25 16 55	1 ♊ 50 58	22 02 10	3 27 47	27 44 56	0 00 48	25 55 45	10 25 12	20 20 36	2 15 51	29 44 46	26 31 21	3 37 30
15 Su	20 01 36	8 ♊ 22 57	14 48 01	22 52 10	4 17 53	27 48 09	29 ♓ 56 29	26 22 29	10 41 37	20 18 36	2 21 25	29 50 39	26 35 31	3 39 58
16 M	21 04 41	21 13 27	27 30 53	23 47 16	5 08 54	27 53 51	29 53 36	26 50 60	10 59 49	20 18 21	2 28 43	29 58 16	26 41 24	3 44 10
17 Tu	22 09 09	3 ♋ 50 45	10 ♋ 01 48	24 46 59	6 00 25	28 01 42	29 51 49	27 20 56	11 19 27	20 19 30	2 37 23	0 ♌ 07 17	26 48 40	3 49 44
18 W	23 14 25	16 16 42	22 22 30	25 50 34	6 51 51	28 11 04	29 50 33	27 51 42	11 39 56	20 21 30	2 46 49	0 17 07	26 56 44	3 56 07
19 Th	24 19 45	28 32 45	4 ♌ 34 16	26 57 09	7 42 25	28 21 15	29 49 06	28 22 35	12 00 34	20 23 36	2 56 20	0 27 02	27 04 53	4 02 33
20 F	25 24 28	10 ♌ 40 05	16 38 12	28 05 56	8 31 24	28 31 31	29 46 44	28 52 53	12 20 37	20 25 07	3 05 12	0 36 20	27 12 24	4 08 22
21 Sa	26 27 58	22 39 53	28 35 28	29 16 13	9 18 10	28 41 19	29 42 55	29 22 01	12 39 32	20 25 28	3 12 52	0 44 26	27 18 44	4 12 59
22 Su	27 29 54	4 ♍ 33 31	10 ♍ 27 30	0 ♌ 27 31	10 02 19	28 50 14	29 37 16	29 49 37	12 56 56	20 24 18	3 18 56	0 50 60	27 23 29	4 16 02
23 M	28 30 09	16 22 50	22 16 19	1 39 38	10 43 42	28 58 11	29 29 41	0 ♍ 15 34	13 12 42	20 21 29	3 23 19	0 55 53	27 26 34	4 17 24
24 Tu	29 28 51	28 10 16	4 ♎ 04 35	2 52 37	11 22 23	29 05 15	29 20 18	0 40 01	13 26 58	20 17 11	3 26 09	0 59 13	27 28 06	4 17 13
25 W	0 ♍ 26 21	9 ♎ 58 57	15 55 40	4 06 43	11 58 42	29 11 47	29 09 29	1 03 17	13 40 05	20 11 43	3 27 45	1 01 22	27 28 26	4 15 50
26 Th	1 23 08	21 52 40	27 53 39	5 22 24	12 33 05	29 18 17	28 57 44	1 25 54	13 52 33	20 05 37	3 28 39	1 02 50	27 28 04	4 13 45
27 F	2 19 48	3 ♏ 55 49	10 ♏ 03 08	6 40 10	13 06 03	29 25 19	28 45 38	1 48 25	14 04 57	19 59 27	3 29 23	1 04 10	27 27 34	4 11 33
28 Sa	3 16 51	16 13 09	22 28 59	8 00 29	13 38 05	29 33 22	28 33 44	2 11 22	14 17 47	19 53 44	3 30 32	1 05 56	27 27 29	4 09 45
29 Su	4 14 44	28 49 28	5 ♐ 15 57	9 23 45	14 09 34	29 42 53	28 22 27	2 35 10	14 31 30	19 48 55	3 32 29	1 08 31	27 28 14	4 08 46
30 M	5 13 39	11 ♐ 49 08	18 28 07	10 50 08	14 40 38	29 54 04	28 12 01	3 00 03	14 46 17	19 45 12	3 35 27	1 12 09	27 30 01	4 08 51

Notes

May 2012

LONGITUDE

Day	☉	0 hr ☽	Noon ☽	☿	♀	♂	⚵	⚳	♃	♄	⚷	♅	♆	♇
1 Tu	6 ♍ 13 35	25 ♐ 15 33	2 ♑ 08 13	12 ♌ 19 35	15 ♎ 11 14	0 ♑ 06 51	28 ♓ 02 24	3 ♍ 25 59	15 ♍ 02 09	19 ♒ 42 34	3 ♋ 39 26	1 ♌ 16 49	27 ♊ 32 50	4 ♉ 09 56
2 W	7 14 18	9 ♑ 10 25	16 16 60	13 51 49	15 41 03	0 21 01	27 53 24	3 52 43	15 18 50	19 40 47	3 44 11	1 22 15	27 36 25	4 11 49
3 Th	8 15 21	23 33 05	0 ♒ 52 27	15 26 25	16 09 36	0 36 06	27 44 34	4 19 50	15 35 54	19 39 25	3 49 15	1 28 03	27 40 21	4 14 03
4 F	9 16 16	8 ♒ 20 05	15 49 36	17 02 50	16 36 18	0 51 36	27 35 25	4 46 50	15 52 52	19 37 58	3 54 09	1 33 43	27 44 08	4 16 08
5 Sa	10 16 34	23 24 58	1 ♓ 00 41	18 40 38	17 00 41	1 07 04	27 25 32	5 13 16	16 09 15	19 36 00	3 58 27	1 38 46	27 47 20	4 17 37
6 Su	11 15 58	8 ♓ 39 02	16 16 06	20 19 31	17 22 22	1 22 09	27 14 35	5 38 48	16 24 47	19 33 13	4 01 49	1 42 56	27 49 37	4 18 12
7 M	12 14 24	23 52 21	1 ♈ 25 52	21 59 22	17 41 12	1 36 47	27 02 32	6 03 24	16 39 22	19 29 30	4 04 10	1 46 06	27 50 55	4 17 48
8 Tu	13 11 57	8 ♈ 55 27	16 21 06	23 40 20	17 57 15	1 51 05	26 49 29	6 27 09	16 53 08	19 25 01	4 05 39	1 48 25	27 51 21	4 16 33
9 W	14 08 58	23 40 34	0 ♉ 55 13	25 22 42	18 10 47	2 05 20	26 35 46	6 50 22	17 06 21	19 20 03	4 06 33	1 50 11	27 51 13	4 14 45
10 Th	15 05 47	8 ♉ 02 28	15 04 22	27 06 51	18 22 06	2 19 53	26 21 46	7 13 25	17 19 25	19 14 59	4 07 14	1 51 45	27 50 54	4 12 45
11 F	16 02 47	21 58 42	28 47 25	28 53 09	18 31 29	2 35 06	26 07 49	7 36 39	17 32 41	19 10 09	4 08 04	1 53 28	27 50 45	4 10 56
12 Sa	17 00 12	5 ♊ 29 12	12 ♊ 05 20	0 ♍ 41 51	18 39 10	2 51 12	25 54 13	8 00 19	17 46 24	19 05 49	4 09 17	1 55 37	27 50 60	4 09 31
13 Su	17 58 09	18 35 40	25 00 30	2 33 03	18 45 11	3 08 19	25 41 04	8 24 33	18 00 40	19 02 07	4 11 01	1 58 17	27 51 47	4 08 39
14 M	18 56 38	1 ♋ 20 55	7 ♋ 36 10	4 26 44	18 49 30	3 26 25	25 28 23	8 49 19	18 15 28	18 59 01	4 13 14	2 01 28	27 53 05	4 08 18
15 Tu	19 55 30	13 48 20	19 55 53	6 22 46	18 51 54	3 45 22	25 16 02	9 14 30	18 30 42	18 56 23	4 15 49	2 05 02	27 54 45	4 08 20
16 W	20 54 34	26 01 28	2 ♌ 03 08	8 20 55	18 52 11	4 04 56	25 03 50	9 39 52	18 46 07	18 54 01	4 18 33	2 08 47	27 56 37	4 08 34
17 Th	21 53 36	8 ♌ 03 44	14 01 16	10 20 56	18 50 05	4 24 55	24 51 35	10 05 13	19 01 32	18 51 44	4 21 14	2 12 29	27 58 26	4 08 45
18 F	22 52 26	19 58 20	25 53 16	12 22 37	18 45 25	4 45 08	24 39 06	10 30 23	19 16 46	18 49 20	4 23 40	2 15 58	28 00 02	4 08 45
19 Sa	23 50 57	1 ♍ 48 10	7 ♍ 41 54	14 25 46	18 38 02	5 05 27	24 26 18	10 55 14	19 31 42	18 46 42	4 25 46	2 19 08	28 01 18	4 08 26
20 Su	24 49 06	13 35 53	19 29 39	16 30 17	18 27 54	5 25 49	24 13 10	11 19 45	19 46 17	18 43 48	4 27 28	2 21 55	28 02 13	4 07 45
21 M	25 46 57	25 23 57	1 ♎ 18 53	18 36 06	18 15 03	5 46 17	23 59 43	11 43 57	20 00 34	18 40 41	4 28 49	2 24 23	28 02 48	4 06 45
22 Tu	26 44 33	7 ♎ 14 43	13 11 56	20 43 10	17 59 36	6 06 55	23 46 05	12 07 55	20 14 37	18 37 26	4 29 55	2 26 36	28 03 08	4 05 31
23 W	27 42 03	19 10 31	25 11 10	22 51 27	17 41 41	6 27 49	23 32 23	12 31 47	20 28 34	18 34 09	4 30 51	2 28 41	28 03 21	4 04 11
24 Th	28 39 32	1 ♏ 13 48	7 ♏ 19 06	25 00 54	17 21 28	6 49 06	23 18 45	12 55 39	20 42 32	18 30 59	4 31 45	2 30 45	28 03 32	4 02 50
25 F	29 37 05	13 27 08	19 38 25	27 11 22	16 59 05	7 10 49	23 05 14	13 19 35	20 56 33	18 27 58	4 32 41	2 32 51	28 03 47	4 01 34
26 Sa	0 ♎ 34 43	25 53 14	2 ♐ 11 55	29 22 40	16 34 39	7 33 00	22 51 55	13 43 37	21 10 40	18 25 09	4 33 40	2 35 03	28 04 07	4 00 23
27 Su	1 32 24	8 ♐ 34 56	15 02 27	1 ♎ 34 30	16 08 12	7 55 36	22 38 44	14 07 41	21 24 51	18 22 29	4 34 40	2 37 16	28 04 29	3 59 15
28 M	2 30 03	21 34 60	28 12 43	3 46 32	15 39 48	8 18 31	22 25 38	14 31 45	21 38 60	18 19 54	4 35 37	2 39 26	28 04 48	3 58 06
29 Tu	3 27 35	4 ♑ 55 54	11 ♑ 44 50	5 58 24	15 09 29	8 41 39	22 12 32	14 55 40	21 53 02	18 17 17	4 36 24	2 41 29	28 04 60	3 56 49
30 W	4 24 55	18 39 23	25 39 59	8 09 45	14 37 20	9 04 56	21 59 22	15 19 24	22 06 51	18 14 36	4 36 57	2 43 18	28 04 59	3 55 21
31 Th	5 22 02	2 ♒ 45 59	9 ♒ 57 54	10 20 17	14 03 31	9 28 20	21 46 09	15 42 56	22 20 29	18 11 48	4 37 15	2 44 54	28 04 45	3 53 41

June 2012

LONGITUDE

Day	☉	0 hr ☽	Noon ☽	☿	♀	♂	⚵	⚳	♃	♄	⚷	♅	♆	♇
1 F	6 ♎ 18 60	17 ♒ 14 30	24 ♒ 36 17	12 ♎ 29 49	13 ♎ 28 16	9 ♑ 51 55	21 ♓ 32 56	16 ♍ 06 18	22 ♍ 33 57	18 ♒ 08 58	4 ♋ 37 22	2 ♌ 46 19	28 ♊ 04 21	3 ♉ 51 53
2 Sa	7 15 58	2 ♓ 01 36	9 ♓ 30 38	14 38 14	12 51 58	10 15 49	21 19 52	16 29 40	22 47 25	18 06 13	4 37 27	2 47 43	28 03 56	3 50 04
3 Su	8 13 06	17 01 39	24 34 16	16 45 29	12 15 00	10 40 11	21 07 10	16 53 12	23 01 03	18 03 46	4 37 40	2 49 17	28 03 41	3 48 26
4 M	9 10 36	2 ♈ 07 08	9 ♈ 39 01	18 51 32	11 37 48	11 05 13	20 54 60	17 17 06	23 15 01	18 01 47	4 38 12	2 51 10	28 03 47	3 47 10
5 Tu	10 08 33	17 09 24	24 36 10	20 56 18	11 00 42	11 31 00	20 43 29	17 41 26	23 29 27	18 00 22	4 39 10	2 53 30	28 04 19	3 46 22
6 W	11 06 59	1 ♉ 59 55	9 ♉ 17 45	22 59 38	10 23 57	11 57 33	20 32 37	18 06 14	23 44 20	17 59 31	4 40 33	2 56 16	28 05 18	3 46 01
7 Th	12 05 45	16 31 22	23 37 30	25 01 18	9 47 42	12 24 43	20 22 19	18 31 22	23 59 33	17 59 07	4 42 13	2 59 20	28 06 36	3 46 01
8 F	13 04 38	0 ♊ 38 39	7 ♊ 31 35	27 00 56	9 11 56	12 52 16	20 12 20	18 56 35	24 14 52	17 58 56	4 43 59	3 02 30	28 08 01	3 46 09
9 Sa	14 03 22	14 19 07	20 58 38	28 58 10	8 36 39	13 19 56	20 02 25	19 21 39	24 29 60	17 58 42	4 45 31	3 05 29	28 09 14	3 46 06
10 Su	15 01 39	27 32 38	3 ♋ 59 34	0 ♏ 52 40	8 01 47	13 47 26	19 52 18	19 46 15	24 44 40	17 58 08	4 46 35	3 07 59	28 10 00	3 45 38
11 M	15 59 19	10 ♋ 21 04	16 37 01	2 44 11	7 27 21	14 14 34	19 41 47	20 10 12	24 58 41	17 57 02	4 46 58	3 09 50	28 10 07	3 44 31
12 Tu	16 56 17	22 47 49	28 54 49	4 32 35	6 53 29	14 41 15	19 30 48	20 33 25	25 11 58	17 55 20	4 46 36	3 10 55	28 09 30	3 42 42
13 W	17 52 36	4 ♌ 57 12	10 ♌ 57 32	6 17 55	6 20 28	15 07 33	19 19 26	20 55 59	25 24 36	17 53 06	4 45 32	3 11 21	28 08 13	3 40 15
14 Th	18 48 30	16 53 58	22 49 56	8 00 22	5 48 40	15 33 40	19 07 54	21 18 06	25 36 46	17 50 33	4 44 00	3 11 19	28 06 30	3 37 22
15 F	19 44 17	28 43 01	4 ♍ 36 46	9 40 15	5 18 33	15 59 56	18 56 31	21 40 06	25 48 48	17 48 00	4 42 19	3 11 08	28 04 38	3 34 22
16 Sa	20 40 21	10 ♍ 28 57	16 22 28	11 17 54	4 50 38	16 26 43	18 45 42	22 02 20	26 01 04	17 45 50	4 40 51	3 11 12	28 03 02	3 31 39
17 Su	21 37 04	22 15 57	28 10 58	12 53 42	4 25 25	16 54 23	18 35 48	22 25 11	26 13 58	17 44 25	4 39 60	3 11 52	28 02 03	3 29 35
18 M	22 34 44	4 ♎ 07 38	10 ♎ 05 33	14 27 55	4 03 18	17 23 14	18 27 08	22 48 58	26 27 46	17 44 03	4 40 02	3 13 27	28 01 60	3 28 28
19 Tu	23 33 32	16 06 52	22 08 51	16 00 43	3 44 32	17 53 26	18 19 53	23 13 50	26 42 39	17 44 55	4 41 09	3 16 06	28 03 03	3 28 29
20 W	24 33 27	28 15 51	4 ♏ 22 48	17 32 05	3 29 10	18 24 60	18 14 03	23 39 49	26 58 38	17 47 01	4 43 20	3 19 52	28 05 12	3 29 37
21 Th	25 34 18	10 ♏ 36 06	16 48 44	19 01 47	3 17 05	18 57 43	18 09 28	24 06 41	27 15 31	17 50 10	4 46 24	3 24 30	28 08 15	3 31 42
22 F	26 35 42	23 08 35	29 27 28	20 29 27	3 07 56	19 31 12	18 05 45	24 34 05	27 32 54	17 53 58	4 49 59	3 29 41	28 11 51	3 34 20
23 Sa	27 37 10	5 ♐ 53 53	12 ♐ 19 32	21 54 31	3 01 13	20 04 59	18 02 24	25 01 30	27 50 19	17 57 57	4 53 35	3 34 52	28 15 29	3 37 02
24 Su	28 38 08	18 52 27	25 25 19	23 16 23	2 56 24	20 38 28	17 58 52	25 28 24	28 07 12	18 01 32	4 56 38	3 39 31	28 18 36	3 39 14
25 M	29 38 08	2 ♑ 04 42	8 ♑ 45 14	24 34 33	2 52 60	21 11 12	17 54 41	25 54 18	28 23 04	18 04 16	4 58 41	3 43 10	28 20 44	3 40 29
26 Tu	0 ♏ 36 52	15 31 13	22 19 47	25 48 39	2 50 41	21 42 52	17 49 33	26 18 52	28 37 36	18 05 49	4 59 23	3 45 30	28 21 34	3 40 28
27 W	1 34 16	29 12 39	6 ♒ 09 29	26 58 34	2 49 25	22 13 24	17 43 26	26 42 06	28 50 47	18 06 10	4 58 44	3 46 28	28 21 03	3 39 07
28 Th	2 30 36	13 ♒ 09 33	20 14 30	28 04 31	2 49 24	22 43 06	17 36 34	27 04 13	29 02 51	18 05 35	4 56 59	3 46 21	28 19 28	3 36 44
29 F	3 26 26	27 21 56	4 ♓ 34 22	29 06 56	2 51 09	23 12 27	17 29 32	27 25 48	29 14 21	18 04 34	4 54 40	3 45 40	28 17 21	3 33 50
30 Sa	4 22 26	11 ♓ 48 52	19 07 22	0 ♐ 06 26	2 55 19	23 42 11	17 22 60	27 47 30	29 25 59	18 03 50	4 52 29	3 45 07	28 15 23	3 31 08

Notes

LONGITUDE — July 2012

Day	☉	0 hr ☽	Noon ☽	☿	♀	♂	⚵	⚳	♃	♄	⚷	♅	♆	♇
1 Su	5 ♏ 19 20	26 ♓ 27 49	3 ♈ 50 10	1 ♐ 03 39	3 ♎ 02 34	24 ♑ 12 59	17 ♓ 17 41	28 ♍ 10 04	29 ♍ 38 28	18 ♒ 04 07	4 ♋ 51 09	3 ♌ 45 26	28 ♊ 14 17	3 ♉ 29 19
2 M	6 17 41	11 ♈ 14 30	18 37 39	1 59 03	3 13 25	24 45 26	17 14 09	28 34 02	29 52 21	18 05 57	4 51 13	3 47 09	28 14 37	3 28 58
3 Tu	7 17 46	26 02 50	3 ♉ 23 18	2 52 46	3 28 06	25 19 47	17 12 41	28 59 41	0 ♎ 07 53	18 09 37	4 52 58	3 50 33	28 16 40	3 30 21
4 W	8 19 29	10 ♉ 45 36	17 59 50	3 44 36	3 46 26	25 55 55	17 13 09	29 26 55	0 24 60	18 14 60	4 56 17	3 55 32	28 20 18	3 33 22
5 Th	9 22 22	25 15 26	2 ♊ 20 20	4 33 60	4 07 55	26 33 25	17 15 09	29 55 17	0 43 13	18 21 40	5 00 45	4 01 39	28 25 06	3 37 34
6 F	10 25 45	9 ♊ 25 52	16 19 14	5 20 07	4 31 50	27 11 34	17 17 57	0 ♎ 24 05	1 01 53	18 28 56	5 05 39	4 08 13	28 30 22	3 42 15
7 Sa	11 28 51	23 12 18	29 53 07	6 02 04	4 57 17	27 49 36	17 20 47	0 52 32	1 20 11	18 35 59	5 10 12	4 14 26	28 35 19	3 46 39
8 Su	12 30 56	6 ♋ 32 33	13 ♋ 00 57	6 38 59	5 23 32	28 26 46	17 22 56	1 19 56	1 37 24	18 42 08	5 13 41	4 19 36	28 39 13	3 50 03
9 M	13 31 31	19 26 53	25 43 58	7 10 13	5 50 00	29 02 36	17 23 54	1 45 45	1 53 02	18 46 52	5 15 36	4 23 11	28 41 35	3 51 56
10 Tu	14 30 24	1 ♌ 57 44	8 ♌ 05 21	7 35 28	6 16 27	29 36 53	17 23 29	2 09 48	2 06 53	18 49 59	5 15 47	4 25 02	28 42 13	3 52 07
11 W	15 27 44	14 09 13	20 09 42	7 54 45	6 42 57	0 ♒ 09 46	17 21 51	2 32 15	2 19 08	18 51 39	5 14 21	4 25 17	28 41 17	3 50 46
12 Th	16 24 00	26 06 35	2 ♍ 02 27	8 08 25	7 09 56	0 41 44	17 19 27	2 53 34	2 30 13	18 52 20	5 11 47	4 24 23	28 39 15	3 48 20
13 F	17 19 53	7 ♍ 55 38	13 49 29	8 17 03	7 38 01	1 13 28	17 16 59	3 14 24	2 40 49	18 52 43	5 08 47	4 23 03	28 36 47	3 45 30
14 Sa	18 16 10	19 42 18	25 36 35	8 21 20	8 07 56	1 45 44	17 15 14	3 35 35	2 51 45	18 53 36	5 06 08	4 22 04	28 34 41	3 43 05
15 Su	19 13 37	1 ♎ 32 10	7 ♎ 29 08	8 22 00	8 40 24	2 19 20	17 14 58	3 57 53	3 03 47	18 55 44	5 04 36	4 22 12	28 33 45	3 41 50
16 M	20 12 53	13 30 10	19 31 40	8 19 38	9 16 00	2 54 53	17 16 50	4 21 54	3 17 31	18 59 46	5 04 49	4 24 05	28 34 34	3 42 24
17 Tu	21 14 18	25 40 11	1 ♏ 47 41	8 14 36	9 55 02	3 32 44	17 21 10	4 48 00	3 33 20	19 06 02	5 07 09	4 28 04	28 37 32	3 45 07
18 W	22 17 54	8 ♏ 04 53	14 19 19	8 06 57	10 37 27	4 12 54	17 27 58	5 16 12	3 51 13	19 14 34	5 11 35	4 34 09	28 42 37	3 50 01
19 Th	23 23 17	20 45 33	27 07 24	7 56 27	11 22 51	4 54 60	17 36 54	5 46 07	4 10 49	19 24 59	5 17 46	4 41 60	28 49 29	3 56 42
20 F	24 29 47	3 ♐ 42 10	10 ♐ 11 22	7 42 34	12 10 30	5 38 20	17 47 14	6 17 04	4 31 25	19 36 36	5 25 01	4 50 54	28 57 26	4 04 31
21 Sa	25 36 29	16 53 31	23 29 41	7 24 38	12 59 25	6 22 01	17 58 04	6 48 07	4 52 07	19 48 29	5 32 24	4 59 55	29 05 33	4 12 31
22 Su	26 42 21	0 ♑ 17 40	7 ♑ 00 10	7 01 56	13 48 33	7 05 00	18 08 23	7 18 16	5 11 55	19 59 38	5 38 56	5 08 05	29 12 49	4 19 42
23 M	27 46 33	13 52 27	20 40 34	6 34 03	14 37 02	7 46 27	18 17 21	7 46 40	5 29 57	20 09 12	5 43 44	5 14 31	29 18 23	4 25 14
24 Tu	28 48 33	27 35 57	4 ♒ 29 05	6 00 54	15 24 16	8 25 50	18 24 24	8 12 47	5 45 40	20 16 39	5 46 17	5 18 41	29 21 43	4 28 33
25 W	29 48 16	11 ♒ 26 55	18 24 34	5 22 59	16 10 10	9 03 03	18 29 27	8 36 31	5 59 00	20 21 53	5 46 31	5 20 31	29 22 45	4 29 36
26 Th	0 ♐ 46 07	25 24 52	2 ♓ 26 40	4 41 20	16 55 06	9 38 32	18 32 57	8 58 19	6 10 23	20 25 22	5 44 50	5 20 26	29 21 54	4 28 48
27 F	1 42 58	9 ♓ 29 55	16 35 27	3 57 31	17 39 53	10 13 09	18 35 45	9 19 02	6 20 39	20 27 55	5 42 07	5 19 19	29 20 02	4 27 00
28 Sa	2 39 56	23 42 15	0 ♈ 50 52	3 13 24	18 25 38	10 48 01	18 38 56	9 39 45	6 30 56	20 30 40	5 39 28	5 18 15	29 18 15	4 25 20
29 Su	3 38 09	8 ♈ 01 30	15 12 06	2 30 53	19 13 26	11 24 13	18 43 39	10 01 38	6 42 21	20 34 44	5 38 01	5 18 22	29 17 41	4 24 55
30 M	4 38 29	22 26 06	29 37 02	1 51 38	20 04 08	12 02 41	18 50 47	10 25 33	6 55 48	20 41 00	5 38 39	5 20 34	29 19 14	4 26 38
31 Tu	5 41 25	6 ♉ 52 53	14 ♉ 01 55	1 16 55	20 58 10	12 43 50	19 00 46	10 51 57	7 11 42	20 49 56	5 41 50	5 25 18	29 23 20	4 30 57

LONGITUDE — August 2012

Day	☉	0 hr ☽	Noon ☽	☿	♀	♂	⚵	⚳	♃	♄	⚷	♅	♆	♇
1 W	6 ♐ 46 50	21 ♉ 17 06	28 ♉ 21 41	0 ♐ 47 25	21 ♎ 55 26	13 ♒ 27 36	19 ♓ 13 32	11 ♎ 20 46	7 ♎ 30 00	21 ♒ 01 27	5 ♋ 47 28	5 ♌ 32 28	29 ♊ 29 54	4 ♉ 37 46
2 Th	7 54 10	5 ♊ 33 00	12 ♊ 30 34	0 23 16	22 55 19	14 13 24	19 28 28	11 51 22	7 50 06	21 14 56	5 54 58	5 41 29	29 38 22	4 46 29
3 F	9 02 27	19 34 39	26 23 04	0 04 11	23 56 48	15 00 14	19 44 36	12 22 49	8 10 60	21 29 25	6 03 22	5 51 23	29 47 44	4 56 09
4 Sa	10 10 32	3 ♋ 17 00	9 ♋ 54 54	29 ♏ 49 38	24 58 45	15 46 58	20 00 48	12 53 57	8 31 36	21 43 47	6 11 32	6 01 03	29 56 53	5 05 38
5 Su	11 17 22	16 36 43	23 03 40	29 39 08	26 00 04	16 32 34	20 15 60	13 23 45	8 50 49	21 56 59	6 18 23	6 09 23	0 ♋ 04 45	5 13 52
6 M	12 22 11	29 32 39	5 ♌ 49 12	29 32 20	26 59 58	17 16 15	20 29 26	13 51 23	9 07 53	22 08 12	6 23 11	6 15 39	0 10 35	5 20 05
7 Tu	13 24 37	12 ♌ 05 59	18 13 31	29 29 17	27 58 04	17 57 39	20 40 43	14 16 32	9 22 25	22 17 06	6 25 33	6 19 28	0 13 59	5 23 55
8 W	14 24 46	24 19 54	0 ♍ 20 26	29 30 22	28 54 26	18 36 51	20 49 58	14 39 16	9 34 33	22 23 46	6 25 35	6 20 55	0 15 04	5 25 27
9 Th	15 23 09	6 ♍ 19 13	12 15 11	29 36 22	29 49 35	19 14 23	20 57 41	15 00 06	9 44 46	22 28 44	6 23 48	6 20 33	0 14 21	5 25 14
10 F	16 20 38	18 09 48	24 03 54	29 48 18	0 ♏ 44 21	19 51 07	21 04 44	15 19 55	9 53 57	22 32 51	6 21 04	6 19 14	0 12 43	5 24 06
11 Sa	17 18 15	29 58 07	5 ♎ 53 04	0 ♐ 07 18	1 39 44	20 28 04	21 12 08	15 39 44	10 03 07	22 37 09	6 18 25	6 17 58	0 11 10	5 23 06
12 Su	18 17 01	11 ♎ 50 38	17 49 04	0 34 27	2 36 46	21 06 17	21 20 57	16 00 35	10 13 18	22 42 41	6 16 54	6 17 48	0 10 46	5 23 16
13 M	19 17 50	23 53 20	29 57 36	1 10 38	3 36 19	21 46 38	21 32 01	16 23 20	10 25 23	22 50 17	6 17 22	6 19 37	0 12 21	5 25 28
14 Tu	20 21 13	6 ♏ 11 17	12 ♏ 23 17	1 56 18	4 38 52	22 29 38	21 45 52	16 48 31	10 39 52	23 00 31	6 20 22	6 23 56	0 16 29	5 30 14
15 W	21 27 16	18 48 04	25 09 07	2 51 30	5 44 32	23 15 24	22 02 37	17 16 13	10 56 53	23 13 28	6 25 59	6 30 51	0 23 16	5 37 40
16 Th	22 35 36	1 ♐ 45 34	8 ♐ 16 12	3 55 40	6 52 53	24 03 32	22 21 51	17 46 04	11 16 02	23 28 45	6 33 51	6 39 60	0 32 17	5 47 23
17 F	23 45 23	15 03 39	21 43 37	5 07 50	8 03 05	24 53 13	22 42 46	18 17 13	11 36 27	23 45 31	6 43 07	6 50 32	0 42 44	5 58 33
18 Sa	24 55 29	28 40 15	5 ♑ 28 30	6 26 36	9 13 59	25 43 17	23 04 11	18 48 31	11 57 02	24 02 39	6 52 40	7 01 18	0 53 27	6 10 01
19 Su	26 04 38	12 ♑ 31 44	19 26 41	7 50 30	10 24 20	26 32 31	23 24 53	19 18 45	12 16 32	24 18 55	7 01 15	7 11 06	1 03 13	6 20 34
20 M	27 11 47	26 33 38	3 ♒ 33 21	9 18 10	11 33 03	27 19 50	23 43 47	19 46 49	12 33 52	24 33 12	7 07 47	7 18 49	1 10 58	6 29 07
21 Tu	28 16 16	10 ♒ 41 24	17 44 01	10 48 36	12 39 27	28 04 33	24 00 13	20 12 04	12 48 22	24 44 52	7 11 37	7 23 49	1 16 00	6 34 59
22 W	29 17 57	24 51 21	1 ♓ 55 18	12 21 20	13 43 23	28 46 35	24 14 04	20 34 22	12 59 55	24 53 48	7 12 38	7 25 58	1 18 14	6 38 05
23 Th	0 ♑ 17 21	9 ♓ 01 03	16 05 14	13 56 27	14 45 23	29 26 24	24 25 49	20 54 13	13 09 00	25 00 29	7 11 19	7 25 47	1 18 09	6 38 53
24 F	1 15 26	23 09 30	0 ♈ 13 12	15 34 31	15 46 23	0 ♓ 05 00	24 36 28	21 12 37	13 16 38	25 05 54	7 08 41	7 24 14	1 16 45	6 38 24
25 Sa	2 13 31	7 ♈ 16 42	14 19 29	17 16 24	16 47 42	0 43 40	24 47 17	21 30 49	13 24 05	25 11 21	7 06 00	7 22 37	1 15 18	6 37 54
26 Su	3 12 51	21 23 05	28 24 29	19 02 54	17 50 35	1 23 41	24 59 34	21 50 08	13 32 37	25 18 07	7 04 34	7 22 13	1 15 07	6 38 40
27 M	4 14 28	5 ♉ 28 40	12 ♉ 28 02	20 54 36	18 56 03	2 06 03	25 14 18	22 11 33	13 43 16	25 27 11	7 05 22	7 24 02	1 17 10	6 41 43
28 Tu	5 18 53	19 32 31	26 28 52	22 51 33	20 04 36	2 51 18	25 32 00	22 35 36	13 56 32	25 39 06	7 08 57	7 28 36	1 22 00	6 47 35
29 W	6 26 02	3 ♊ 32 26	10 ♊ 24 27	24 53 16	21 16 11	3 39 21	25 52 38	23 02 13	14 12 22	25 53 47	7 15 15	7 35 51	1 29 34	6 56 11
30 Th	7 35 19	17 25 03	24 11 16	26 58 42	22 30 09	4 29 37	26 15 33	23 30 47	14 30 09	26 10 38	7 23 39	7 45 11	1 39 14	7 06 54
31 F	8 45 42	1 ♋ 06 24	7 ♋ 45 23	29 06 26	23 45 31	5 21 03	26 39 45	24 00 16	14 48 52	26 28 37	7 33 08	7 55 34	1 49 58	7 18 45

Notes

September 2012

LONGITUDE

Day	☉	0 hr ☽	Noon ☽	☿	♀	♂	⚵	⚳	♃	♄	⚷	♅	♆	♇
1 Sa	9 ♑ 55 59	14 ♋ 32 35	21 ♋ 03 16	1 ♑ 14 56	25 ♏ 01 02	6 ♓ 12 28	27 ♓ 04 01	24 ♎ 29 29	15 ♎ 07 17	26 ♒ 46 33	7 ♋ 42 30	8 ♌ 05 47	2 ♋ 00 36	7 ♉ 30 29
2 Su	11 05 02	27 40 35	4 ♌ 02 30	3 22 42	26 15 34	7 02 42	27 27 12	24 57 15	15 24 18	27 03 15	7 50 35	8 14 44	2 09 58	7 40 59
3 M	12 11 58	10 ♌ 28 54	16 42 14	5 28 34	27 28 14	7 50 54	27 48 25	25 22 43	15 38 60	27 17 53	7 56 33	8 21 30	2 17 11	7 49 22
4 Tu	13 16 19	22 57 49	29 03 29	7 31 51	28 38 34	8 36 35	28 07 14	25 45 25	15 50 55	27 29 57	7 59 54	8 25 38	2 21 49	7 55 11
5 W	14 18 07	5 ♍ 09 28	11 ♍ 09 00	9 32 18	29 46 33	9 19 46	28 23 36	26 05 20	16 00 05	27 39 28	8 00 39	8 27 08	2 23 51	7 58 25
6 Th	15 17 46	17 07 41	23 03 09	11 30 12	0 ♐ 52 38	10 00 53	28 38 00	26 22 55	16 06 55	27 46 53	7 59 15	8 26 28	2 23 43	7 59 31
7 F	16 16 06	28 57 36	4 ♎ 51 26	13 26 11	1 57 37	10 40 44	28 51 13	26 38 58	16 12 14	27 52 60	7 56 31	8 24 24	2 22 15	7 59 18
8 Sa	17 14 08	10 ♎ 45 13	16 40 06	15 21 08	3 02 30	11 20 21	29 04 16	26 54 29	16 17 01	27 58 48	7 53 26	8 21 59	2 20 26	7 58 45
9 Su	18 12 54	22 37 02	28 35 42	17 16 01	4 08 19	12 00 46	29 18 12	27 10 32	16 22 21	28 05 23	7 51 04	8 20 15	2 19 21	7 58 57
10 M	19 13 20	4 ♏ 39 24	10 ♏ 44 32	19 11 40	5 15 60	12 42 54	29 33 55	27 28 01	16 29 08	28 13 38	7 50 21	8 20 08	2 19 53	8 00 48
11 Tu	20 16 02	16 58 08	23 12 04	21 08 37	6 26 09	13 27 23	29 52 04	27 47 33	16 37 60	28 24 10	7 51 53	8 22 14	2 22 42	8 04 56
12 W	21 21 14	29 37 55	6 ♐ 02 28	23 07 03	7 38 59	14 14 24	0 ♈ 12 49	28 09 20	16 49 07	28 37 13	7 55 54	8 26 46	2 27 57	8 11 33
13 Th	22 28 37	12 ♐ 41 44	19 17 56	25 06 38	8 54 11	15 03 42	0 35 54	28 33 06	17 02 14	28 52 28	8 02 05	8 33 27	2 35 24	8 20 21
14 F	23 37 29	26 10 27	2 ♑ 58 20	27 06 37	10 11 03	15 54 31	1 00 34	28 58 05	17 16 36	29 09 12	8 09 43	8 41 33	2 44 17	8 30 38
15 Sa	24 46 46	10 ♑ 02 32	17 01 03	29 05 57	11 28 29	16 45 49	1 25 48	29 23 15	17 31 11	29 26 22	8 17 46	8 50 02	2 53 34	8 41 20
16 Su	25 55 19	24 14 09	1 ♒ 21 10	1 ♒ 03 26	12 45 21	17 36 26	1 50 24	29 47 25	17 44 48	29 42 48	8 25 03	8 57 43	3 02 06	8 51 16
17 M	27 02 04	8 ♒ 39 36	15 52 18	2 58 03	14 00 36	18 25 20	2 13 21	0 ♏ 09 33	17 56 24	29 57 27	8 30 32	9 03 34	3 08 49	8 59 26
18 Tu	28 06 22	23 12 22	0 ♓ 27 36	4 49 09	15 13 33	19 11 50	2 33 57	0 28 59	18 05 21	0 ♓ 09 40	8 33 34	9 06 55	3 13 04	9 05 08
19 W	29 08 04	7 ♓ 46 06	15 00 59	6 36 34	16 24 03	19 55 49	2 52 06	0 45 35	18 11 29	0 19 18	8 34 00	9 07 39	3 14 43	9 08 15
20 Th	0 ♒ 07 36	22 15 40	29 27 54	8 20 45	17 32 32	20 37 40	3 08 10	0 59 44	18 15 13	0 26 46	8 32 15	9 06 10	3 14 11	9 09 12
21 F	1 05 50	6 ♈ 37 43	13 ♈ 45 42	10 02 36	18 39 52	21 18 17	3 23 04	1 12 20	18 17 26	0 32 57	8 29 12	9 03 20	3 12 20	9 08 51
22 Sa	2 03 53	20 50 34	27 53 27	11 43 14	19 47 11	21 58 48	3 37 54	1 24 29	18 19 16	0 38 58	8 25 59	9 00 18	3 10 17	9 08 19
23 Su	3 02 54	4 ♉ 53 54	11 ♉ 51 18	13 23 49	20 55 35	22 40 19	3 53 48	1 37 20	18 21 49	0 45 56	8 23 42	8 58 12	3 09 12	9 08 46
24 M	4 03 45	18 47 59	25 39 47	15 05 15	22 05 58	23 23 43	4 11 39	1 51 45	18 25 60	0 54 45	8 23 16	8 57 53	3 09 56	9 11 02
25 Tu	5 06 53	2 ♊ 33 06	9 ♊ 19 13	16 47 59	23 18 46	24 09 29	4 31 53	2 08 10	18 32 15	1 05 52	8 25 08	8 59 50	3 12 57	9 15 36
26 W	6 12 17	16 09 02	22 49 20	18 32 01	24 33 59	24 57 34	4 54 30	2 26 35	18 40 32	1 19 14	8 29 15	9 04 01	3 18 13	9 22 26
27 Th	7 19 28	29 34 56	6 ♋ 09 07	20 16 52	25 51 05	25 47 28	5 18 58	2 46 29	18 50 21	1 34 23	8 35 08	9 09 55	3 25 15	9 31 02
28 F	8 27 35	12 ♋ 49 24	19 17 10	22 01 45	27 09 16	26 38 22	5 44 29	3 07 02	19 00 54	1 50 29	8 41 59	9 16 45	3 33 13	9 40 35
29 Sa	9 35 41	25 50 50	2 ♌ 11 56	23 45 41	28 27 34	27 29 18	6 10 05	3 27 17	19 11 13	2 06 33	8 48 49	9 23 32	3 41 09	9 50 07
30 Su	10 42 50	8 ♌ 37 53	14 52 16	25 27 47	29 45 02	28 19 20	6 34 50	3 46 17	19 20 21	2 21 41	8 54 42	9 29 20	3 48 08	9 58 42

October 2012

LONGITUDE

Day	☉	0 hr ☽	Noon ☽	☿	♀	♂	⚵	⚳	♃	♄	⚷	♅	♆	♇
1 M	11 ♒ 48 20	21 ♌ 09 53	27 ♌ 17 48	27 ♒ 07 19	1 ♑ 00 58	29 ♓ 07 46	6 ♈ 58 01	4 ♏ 03 19	19 ♎ 27 35	2 ♓ 35 08	8 ♋ 58 55	9 ♌ 33 27	3 ♋ 53 26	10 ♉ 05 38
2 Tu	12 51 46	3 ♍ 27 09	9 ♍ 29 18	28 43 53	2 14 56	29 54 10	7 19 12	4 17 58	19 32 30	2 46 30	9 01 05	9 35 27	3 56 40	10 10 29
3 W	13 53 03	15 31 13	21 28 43	0 ♓ 17 27	3 26 53	0 ♈ 38 29	7 38 20	4 30 11	19 35 04	2 55 45	9 01 06	9 35 18	3 57 44	10 13 11
4 Th	14 52 30	27 24 51	3 ♎ 19 16	1 48 17	4 37 06	1 21 01	7 55 43	4 40 13	19 35 33	3 03 07	8 59 17	9 33 15	3 56 57	10 14 03
5 F	15 50 40	9 ♎ 11 55	15 05 14	3 16 58	5 46 08	2 02 17	8 11 53	4 48 38	19 34 30	3 09 12	8 56 11	9 29 54	3 54 53	10 13 37
6 Sa	16 48 17	20 57 17	26 51 45	4 44 13	6 54 43	2 43 04	8 27 35	4 56 11	19 32 41	3 14 42	8 52 32	9 25 58	3 52 14	10 12 37
7 Su	17 46 09	2 ♏ 46 24	8 ♏ 44 31	6 10 50	8 03 39	3 24 08	8 43 36	5 03 38	19 30 51	3 20 27	8 49 08	9 22 15	3 49 49	10 11 53
8 M	18 44 58	14 45 03	20 49 25	7 37 32	9 13 38	4 06 12	9 00 39	5 11 42	19 29 45	3 27 08	8 46 42	9 19 28	3 48 22	10 12 05
9 Tu	19 45 17	26 58 56	3 ♐ 12 05	9 04 48	10 25 12	4 49 48	9 19 16	5 20 55	19 29 53	3 35 17	8 45 45	9 18 08	3 48 23	10 13 46
10 W	20 47 18	9 ♐ 33 13	15 57 22	10 32 53	11 38 35	5 35 10	9 39 40	5 31 29	19 31 30	3 45 08	8 46 31	9 18 29	3 50 05	10 17 09
11 Th	21 50 56	22 31 58	29 08 46	12 01 37	12 53 38	6 22 10	10 01 44	5 43 17	19 34 29	3 56 34	8 48 54	9 20 25	3 53 23	10 22 08
12 F	22 55 43	5 ♑ 57 38	12 ♑ 47 49	13 30 32	14 09 57	7 10 23	10 25 01	5 55 54	19 38 22	4 09 08	8 52 27	9 23 29	3 57 51	10 28 16
13 Sa	24 00 59	19 50 27	26 53 36	14 58 57	15 26 49	7 59 07	10 48 52	6 08 37	19 42 30	4 22 09	8 56 30	9 27 00	4 02 46	10 34 53
14 Su	25 05 57	4 ♒ 08 08	11 ♒ 22 29	16 25 60	16 43 27	8 47 35	11 12 28	6 20 40	19 46 06	4 34 50	9 00 14	9 30 12	4 07 22	10 41 11
15 M	26 09 52	18 45 50	26 08 26	17 50 56	17 59 08	9 35 04	11 35 06	6 31 18	19 48 25	4 46 29	9 02 57	9 32 20	4 10 56	10 46 26
16 Tu	27 12 17	3 ♓ 36 37	11 ♓ 03 38	19 13 12	19 13 22	10 21 05	11 56 17	6 40 02	19 48 59	4 56 34	9 04 10	9 32 57	4 12 59	10 50 10
17 W	28 13 02	18 32 29	25 59 47	20 32 36	20 26 01	11 05 28	12 15 52	6 46 44	19 47 40	5 04 59	9 03 45	9 31 52	4 13 22	10 52 15
18 Th	29 12 20	3 ♈ 25 30	10 ♈ 49 20	21 49 16	21 37 18	11 48 28	12 34 04	6 51 36	19 44 40	5 11 56	9 01 54	9 29 21	4 12 18	10 52 52
19 F	0 ♓ 10 44	18 09 01	25 26 24	23 03 38	22 47 44	12 30 35	12 51 25	6 55 10	19 40 32	5 17 56	8 59 09	9 25 53	4 10 18	10 52 34
20 Sa	1 08 52	2 ♉ 38 15	9 ♉ 47 14	24 16 16	23 57 59	13 12 31	13 08 35	6 58 06	19 35 56	5 23 41	8 56 11	9 22 11	4 08 05	10 52 02
21 Su	2 07 28	16 50 29	23 50 05	25 27 44	25 08 45	13 54 56	13 26 16	7 01 05	19 31 32	5 29 50	8 53 40	9 18 55	4 06 18	10 51 57
22 M	3 07 01	0 ♊ 44 44	7 ♊ 34 47	26 38 26	26 20 33	14 38 21	13 44 57	7 04 38	19 27 54	5 36 56	8 52 09	9 16 36	4 05 29	10 52 49
23 Tu	4 07 48	14 21 14	21 02 07	27 48 27	27 33 39	15 23 03	14 04 57	7 09 02	19 25 17	5 45 15	8 51 54	9 15 31	4 05 54	10 54 56
24 W	5 09 49	27 40 55	4 ♋ 13 19	28 57 36	28 48 03	16 09 01	14 26 13	7 14 14	19 23 41	5 54 45	8 52 54	9 15 39	4 07 33	10 58 16
25 Th	6 12 47	10 ♋ 44 58	17 09 43	0 ♈ 05 25	0 ♒ 03 28	16 55 59	14 48 30	7 20 01	19 22 49	6 05 12	8 54 53	9 16 45	4 10 09	11 02 33
26 F	7 16 17	23 34 37	29 52 31	1 11 15	1 19 28	17 43 31	15 11 22	7 25 54	19 22 16	6 16 08	8 57 24	9 18 22	4 13 18	11 07 22
27 Sa	8 19 49	6 ♌ 10 57	12 ♌ 22 46	2 14 18	2 35 34	18 31 08	15 34 19	7 31 24	19 21 33	6 27 04	8 59 60	9 20 02	4 16 28	11 12 13
28 Su	9 22 55	18 35 03	24 41 32	3 13 50	3 51 17	19 18 21	15 56 53	7 36 04	19 20 11	6 37 33	9 02 11	9 21 15	4 19 13	11 16 38
29 M	10 25 15	0 ♍ 48 02	6 ♍ 49 55	4 09 09	5 06 18	20 04 50	16 18 44	7 39 32	19 17 51	6 47 14	9 03 37	9 21 42	4 21 12	11 20 16
30 Tu	11 26 37	12 51 15	18 49 22	4 59 42	6 20 24	20 50 23	16 39 39	7 41 37	19 14 21	6 55 54	9 04 07	9 21 11	4 22 13	11 22 56
31 W	12 27 01	24 46 22	0 ♎ 41 41	5 45 00	7 33 34	21 35 00	16 59 39	7 42 18	19 09 40	7 03 34	9 03 40	9 19 41	4 22 15	11 24 38

Notes

LONGITUDE — November 2012

Day	☉	0 hr ☽	Noon ☽	☿	♀	♂	⚵	⚳	♃	♄	⚷	♅	♆	♇
1 Th	13 ♓ 26 34	6 ♎ 35 34	12 ♎ 29 16	6 ♈ 24 44	8 ♒ 45 57	22 ♈ 18 49	17 ♈ 18 50	7 ♏ 41 42	19 ♎ 03 57	7 ♓ 10 20	9 ♋ 02 24	9 ♌ 17 20	4 ♋ 21 27	11 ♉ 25 28
2 F	14 25 32	18 21 35	24 15 04	6 58 38	9 57 47	23 02 04	17 37 29	7 40 05	18 57 26	7 16 29	9 00 34	9 14 25	4 20 04	11 25 43
3 Sa	15 24 14	0 ♏ 07 40	6 ♏ 02 37	7 26 27	11 09 25	23 45 05	17 55 54	7 37 46	18 50 28	7 22 20	8 58 29	9 11 13	4 18 24	11 25 41
4 Su	16 22 59	11 57 39	17 55 59	7 47 53	12 21 08	24 28 12	18 14 24	7 35 03	18 43 21	7 28 11	8 56 29	9 08 04	4 16 48	11 25 41
5 M	17 22 04	23 55 45	29 59 37	8 02 33	13 33 13	25 11 41	18 33 17	7 32 14	18 36 24	7 34 19	8 54 50	9 05 15	4 15 32	11 26 02
6 Tu	18 21 40	6 ♐ 06 31	12 ♐ 18 08	8 09 59	14 45 52	25 55 42	18 52 42	7 29 30	18 29 46	7 40 56	8 53 44	9 02 58	4 14 46	11 26 52
7 W	19 21 52	18 34 28	24 56 04	8 09 36	15 59 09	26 40 21	19 12 45	7 26 54	18 23 33	7 48 05	8 53 14	9 01 15	4 14 36	11 28 18
8 Th	20 22 35	1 ♑ 23 52	7 ♑ 57 22	8 00 43	17 12 59	27 25 33	19 33 22	7 24 23	18 17 40	7 55 43	8 53 18	9 00 05	4 14 58	11 30 14
9 F	21 23 40	14 38 13	21 25 02	7 42 38	18 27 14	28 11 10	19 54 23	7 21 48	18 12 00	8 03 40	8 53 46	8 59 17	4 15 42	11 32 33
10 Sa	22 24 56	28 19 42	5 ♒ 20 20	7 14 47	19 41 41	28 56 59	20 15 36	7 18 56	18 06 20	8 11 44	8 54 25	8 58 40	4 16 36	11 35 00
11 Su	23 26 08	12 ♒ 28 34	19 42 21	6 36 48	20 56 07	29 42 46	20 36 47	7 15 34	18 00 27	8 19 43	8 55 03	8 57 60	4 17 27	11 37 24
12 M	24 27 09	27 02 38	4 ♓ 27 30	5 48 40	22 10 22	0 ♉ 28 23	20 57 48	7 11 33	17 54 12	8 27 26	8 55 30	8 57 07	4 18 06	11 39 35
13 Tu	25 27 52	11 ♓ 56 60	19 29 30	4 50 53	23 24 22	1 13 46	21 18 34	7 06 50	17 47 31	8 34 49	8 55 42	8 55 60	4 18 28	11 41 29
14 W	26 28 21	27 04 16	4 ♈ 39 59	3 44 29	24 38 09	1 58 56	21 39 08	7 01 26	17 40 28	8 41 55	8 55 41	8 54 38	4 18 37	11 43 08
15 Th	27 28 41	12 ♈ 15 23	19 49 32	2 31 01	25 51 49	2 43 59	21 59 35	6 55 27	17 33 07	8 48 48	8 55 34	8 53 08	4 18 37	11 44 38
16 F	28 29 00	27 20 59	4 ♉ 49 04	1 12 37	27 05 30	3 29 03	22 20 02	6 49 01	17 25 38	8 55 38	8 55 28	8 51 38	4 18 36	11 46 07
17 Sa	29 29 25	12 ♉ 12 36	19 31 05	29 ♓ 51 43	28 19 17	4 14 15	22 40 36	6 42 16	17 18 06	9 02 30	8 55 29	8 50 15	4 18 41	11 47 41
18 Su	0 ♈ 29 56	26 43 51	3 ♊ 50 31	28 30 59	29 33 13	4 59 36	23 01 20	6 35 13	17 10 35	9 09 27	8 55 40	8 48 60	4 18 55	11 49 22
19 M	1 30 33	10 ♊ 50 55	17 44 51	27 13 03	0 ♓ 47 17	5 45 05	23 22 11	6 27 52	17 03 03	9 16 26	8 55 59	8 47 52	4 19 15	11 51 08
20 Tu	2 31 11	24 32 29	1 ♋ 13 54	26 00 26	2 01 22	6 30 36	23 43 04	6 20 07	16 55 26	9 23 23	8 56 20	8 46 46	4 19 36	11 52 55
21 W	3 31 42	7 ♋ 49 19	14 19 13	24 55 14	3 15 23	7 16 03	24 03 53	6 11 52	16 47 37	9 30 10	8 56 38	8 45 36	4 19 52	11 54 36
22 Th	4 32 03	20 43 40	27 03 35	23 59 10	4 29 14	8 01 21	24 24 32	6 03 03	16 39 31	9 36 43	8 56 47	8 44 16	4 19 58	11 56 05
23 F	5 32 10	3 ♌ 18 40	9 ♌ 30 21	23 13 31	5 42 54	8 46 28	24 45 00	5 53 38	16 31 08	9 43 01	8 56 46	8 42 44	4 19 52	11 57 21
24 Sa	6 32 08	15 37 53	21 43 04	22 39 04	6 56 25	9 31 27	25 05 20	5 43 41	16 22 30	9 49 05	8 56 37	8 41 05	4 19 36	11 58 28
25 Su	7 32 03	27 44 53	3 ♍ 45 13	22 16 13	8 09 55	10 16 26	25 25 39	5 33 20	16 13 45	9 55 04	8 56 28	8 39 24	4 19 19	11 59 32
26 M	8 32 06	9 ♍ 43 03	15 40 02	22 05 01	9 23 34	11 01 34	25 46 07	5 22 45	16 05 04	10 01 07	8 56 29	8 37 53	4 19 11	12 00 43
27 Tu	9 32 29	21 35 29	27 30 22	22 05 12	10 37 34	11 47 04	26 06 56	5 12 09	15 56 40	10 07 26	8 56 53	8 36 43	4 19 24	12 02 14
28 W	10 33 23	3 ♎ 24 50	9 ♎ 18 49	22 16 18	11 52 06	12 33 06	26 28 17	5 01 43	15 48 43	10 14 13	8 57 49	8 36 06	4 20 08	12 04 16
29 Th	11 34 54	15 13 30	21 07 38	22 37 37	13 07 17	13 19 48	26 50 18	4 51 36	15 41 21	10 21 34	8 59 26	8 36 08	4 21 31	12 06 55
30 F	12 37 05	27 03 37	2 ♏ 58 56	23 08 19	14 23 08	14 07 11	27 12 58	4 41 48	15 34 36	10 29 31	9 01 44	8 36 52	4 23 34	12 10 13

LONGITUDE — December 2012

Day	☉	0 hr ☽	Noon ☽	☿	♀	♂	⚵	⚳	♃	♄	⚷	♅	♆	♇
1 Sa	13 ♈ 39 50	8 ♏ 57 11	14 ♏ 54 46	23 ♓ 47 25	15 ♓ 39 35	14 ♉ 55 09	27 ♈ 36 14	4 ♏ 32 16	15 ♎ 28 23	10 ♓ 37 58	9 ♋ 04 38	8 ♌ 38 11	4 ♋ 26 11	12 ♉ 14 05
2 Su	14 42 56	20 56 15	26 57 19	24 33 53	16 56 24	15 43 31	27 59 53	4 22 48	15 22 29	10 46 43	9 07 57	8 39 53	4 29 11	12 18 18
3 M	15 46 07	3 ♐ 02 60	9 ♐ 08 56	25 26 35	18 13 18	16 31 59	28 23 37	4 13 07	15 16 39	10 55 28	9 11 22	8 41 41	4 32 16	12 22 35
4 Tu	16 49 02	15 19 56	21 32 17	26 24 25	19 29 56	17 20 12	28 47 05	4 02 53	15 10 31	11 03 53	9 14 32	8 43 15	4 35 06	12 26 35
5 W	17 51 21	27 49 53	4 ♑ 10 19	27 26 24	20 45 60	18 07 50	29 09 59	3 51 47	15 03 46	11 11 38	9 17 09	8 44 15	4 37 20	12 29 58
6 Th	18 52 51	10 ♑ 36 00	17 06 11	28 31 41	22 01 15	18 54 41	29 32 04	3 39 38	14 56 13	11 18 30	9 18 59	8 44 27	4 38 46	12 32 33
7 F	19 53 28	23 41 32	0 ♒ 23 01	29 39 40	23 15 38	19 40 41	29 53 17	3 26 22	14 47 46	11 24 26	9 19 59	8 43 49	4 39 20	12 34 14
8 Sa	20 53 22	7 ♒ 09 32	14 03 25	0 ♈ 50 00	24 29 18	20 25 59	0 ♉ 13 48	3 12 09	14 38 37	11 29 33	9 20 17	8 42 28	4 39 11	12 35 10
9 Su	21 52 53	21 02 15	28 08 54	2 02 40	25 42 36	21 10 56	0 33 56	2 57 21	14 29 06	11 34 14	9 20 15	8 40 47	4 38 40	12 35 44
10 M	22 52 32	5 ♓ 20 24	12 ♓ 39 06	3 17 45	26 56 02	21 56 01	0 54 13	2 42 29	14 19 43	11 38 58	9 20 22	8 39 15	4 38 18	12 36 25
11 Tu	23 52 51	20 02 26	27 31 05	4 35 31	28 10 08	22 41 49	1 15 10	2 28 08	14 11 03	11 44 17	9 21 12	8 38 26	4 38 36	12 37 45
12 W	24 54 18	5 ♈ 03 56	12 ♈ 39 05	5 56 08	29 25 23	23 28 46	1 37 17	2 14 46	14 03 33	11 50 41	9 23 12	8 38 46	4 40 04	12 40 13
13 Th	25 57 07	20 17 34	27 54 36	7 19 37	0 ♈ 42 01	24 17 07	2 00 46	2 02 38	13 57 28	11 58 23	9 26 38	8 40 32	4 42 55	12 44 03
14 F	27 01 15	5 ♉ 33 45	13 ♉ 07 34	8 45 43	1 59 59	25 06 49	2 25 35	1 51 43	13 52 46	12 07 20	9 31 24	8 43 38	4 47 06	12 49 12
15 Sa	28 06 21	20 41 59	28 07 50	10 13 54	3 18 53	25 57 29	2 51 22	1 41 39	13 49 04	12 17 09	9 37 10	8 47 45	4 52 16	12 55 18
16 Su	29 11 48	5 ♊ 32 37	12 ♊ 46 49	11 43 24	4 38 10	26 48 32	3 17 32	1 31 53	13 45 48	12 27 16	9 43 20	8 52 15	4 57 48	13 01 45
17 M	0 ♉ 16 55	19 58 18	26 58 38	13 13 26	5 57 07	27 39 17	3 43 22	1 21 43	13 42 17	12 36 59	9 49 14	8 56 28	5 03 01	13 07 52
18 Tu	1 21 05	3 ♋ 54 49	10 ♋ 40 40	14 43 16	7 15 09	28 29 08	4 08 17	1 10 36	13 37 55	12 45 42	9 54 13	8 59 47	5 07 20	13 13 03
19 W	2 23 56	17 21 13	23 53 16	16 12 26	8 31 51	29 17 40	4 31 52	0 58 08	13 32 18	12 52 60	9 57 55	9 01 49	5 10 20	13 16 54
20 Th	3 25 20	0 ♌ 19 17	6 ♌ 39 10	17 40 45	9 47 07	0 ♊ 04 47	4 54 01	0 44 13	13 25 20	12 58 47	10 00 14	9 02 28	5 11 55	13 19 18
21 F	4 25 30	12 52 50	19 02 44	19 08 21	11 01 10	0 50 42	5 14 58	0 29 06	13 17 15	13 03 17	10 01 21	9 01 55	5 12 17	13 20 28
22 Sa	5 24 54	25 06 51	1 ♍ 09 11	20 35 41	12 14 28	1 35 53	5 35 10	0 13 17	13 08 31	13 06 57	10 01 46	9 00 40	5 11 56	13 20 54
23 Su	6 24 13	7 ♍ 06 52	13 04 03	22 03 21	13 27 40	2 20 60	5 55 16	29 ♎ 57 26	12 59 48	13 10 28	10 02 08	8 59 22	5 11 31	13 21 13
24 M	7 24 10	18 58 21	24 52 36	23 32 03	14 41 31	3 06 46	6 16 01	29 42 17	12 51 50	13 14 31	10 03 10	8 58 45	5 11 45	13 22 10
25 Tu	8 25 24	0 ♎ 46 16	6 ♎ 39 34	25 02 25	15 56 40	3 53 51	6 38 04	29 28 31	12 45 17	13 19 48	10 05 33	8 59 27	5 13 17	13 24 25
26 W	9 28 25	12 34 55	18 28 52	26 34 56	17 13 37	4 42 44	7 01 55	29 16 39	12 40 39	13 26 48	10 09 45	9 02 01	5 16 39	13 28 27
27 Th	10 33 29	24 27 37	0 ♏ 23 33	28 09 49	18 32 37	5 33 42	7 27 49	29 06 58	12 38 11	13 35 45	10 16 03	9 06 39	5 22 04	13 34 31
28 F	11 40 33	6 ♏ 26 48	12 25 43	29 47 02	19 53 37	6 26 40	7 55 43	28 59 25	12 37 52	13 46 38	10 24 23	9 13 20	5 29 30	13 42 35
29 Sa	12 49 14	18 33 58	24 36 37	1 ♉ 26 12	21 16 15	7 21 18	8 25 16	28 53 40	12 39 18	13 59 04	10 34 23	9 21 42	5 38 36	13 52 16
30 Su	13 58 55	0 ♐ 49 55	6 ♐ 56 55	3 06 41	22 39 53	8 16 56	8 55 47	28 49 04	12 41 53	14 12 25	10 45 25	9 31 06	5 48 42	14 02 57
31 M	15 08 45	13 15 00	19 26 55	4 47 38	24 03 41	9 12 45	9 26 29	28 44 49	12 44 45	14 25 51	10 56 39	9 40 42	5 58 59	14 13 47

Notes

January 2013 LONGITUDE

Day	☉	0 hr ☽	Noon ☽	☿	♀	♂	⚵	⚳	♃	♄	⚷	♅	♆	♇
1 Tu	16 ♉ 17 51	25 ♐ 49 29	2 ♑ 06 57	6 ♉ 28 11	25 ♈ 26 45	10 ♊ 07 50	9 ♉ 56 26	28 ♎ 40 02	12 ♎ 47 03	14 ♓ 38 27	11 ♋ 07 11	9 ♌ 49 36	6 ♋ 08 33	14 ♉ 23 52
2 W	17 25 25	8 ♑ 33 54	14 57 40	8 07 32	26 48 18	11 01 25	10 24 52	28 33 57	12 47 59	14 49 27	11 16 13	9 57 02	6 16 36	14 32 25
3 Th	18 30 56	21 29 18	28 00 18	9 45 10	28 07 48	11 52 58	10 51 14	28 26 03	12 47 00	14 58 19	11 23 15	10 02 27	6 22 38	14 38 55
4 F	19 34 15	4 ♒ 37 29	11 ♒ 16 45	11 20 57	29 25 07	12 42 21	11 15 26	28 16 12	12 44 00	15 04 54	11 28 08	10 05 43	6 26 29	14 43 13
5 Sa	20 35 42	18 00 50	24 49 24	12 55 12	0 ♉ 40 33	13 29 52	11 37 44	28 04 44	12 39 17	15 09 31	11 31 10	10 07 10	6 28 28	14 45 37
6 Su	21 36 00	1 ♓ 42 03	8 ♓ 40 40	14 28 42	1 54 52	14 16 15	11 58 54	27 52 24	12 33 36	15 12 55	11 33 06	10 07 30	6 29 21	14 46 53
7 M	22 36 12	15 43 27	22 52 17	16 02 27	3 09 04	15 02 34	12 19 58	27 40 15	12 27 59	15 16 08	11 34 58	10 07 47	6 30 08	14 48 02
8 Tu	23 37 25	0 ♈ 06 05	7 ♈ 24 24	17 37 38	4 24 17	15 49 54	12 42 02	27 29 25	12 23 34	15 20 16	11 37 53	10 09 08	6 31 57	14 50 12
9 W	24 40 36	14 48 49	22 14 38	19 15 11	5 41 29	16 39 13	13 06 04	27 20 52	12 21 17	15 26 17	11 42 48	10 12 29	6 35 46	14 54 19
10 Th	25 46 17	29 47 36	7 ♉ 17 39	20 55 40	7 01 12	17 31 04	13 32 37	27 15 10	12 21 43	15 34 43	11 50 17	10 18 25	6 42 06	15 00 57
11 F	26 54 30	14 ♉ 55 19	22 25 19	22 39 07	8 23 26	18 25 27	14 01 41	27 12 19	12 24 50	15 45 36	12 00 18	10 26 54	6 50 59	15 10 06
12 Sa	28 04 39	0 ♊ 02 29	7 ♊ 27 42	24 24 58	9 47 38	19 21 48	14 32 41	27 11 46	12 30 06	15 58 20	12 12 19	10 37 23	7 01 51	15 21 11
13 Su	29 15 44	14 58 47	22 14 52	26 12 13	11 12 46	20 19 06	15 04 38	27 12 31	12 36 31	16 11 56	12 25 19	10 48 51	7 13 40	15 33 12
14 M	0 ♊ 26 34	29 34 48	6 ♋ 38 33	27 59 43	12 37 39	21 16 10	15 36 19	27 13 23	12 42 51	16 25 11	12 38 06	11 00 07	7 25 15	15 44 58
15 Tu	1 36 01	13 ♋ 43 43	20 33 26	29 46 20	14 01 10	22 11 53	16 06 37	27 13 16	12 48 02	16 36 59	12 49 34	11 10 05	7 35 29	15 55 22
16 W	2 43 20	27 22 09	3 ♌ 57 37	1 ♊ 31 20	15 22 33	23 05 28	16 34 48	27 11 25	12 51 17	16 46 34	12 58 55	11 17 57	7 43 37	16 03 37
17 Th	3 48 12	10 ♌ 30 06	16 52 26	3 14 26	16 41 31	23 56 38	17 00 32	27 07 31	12 52 19	16 53 38	13 05 53	11 23 26	7 49 21	16 09 27
18 F	4 50 52	23 10 30	29 21 44	4 55 50	17 58 16	24 45 37	17 24 02	27 01 48	12 51 20	16 58 23	13 10 40	11 26 45	7 52 53	16 13 03
19 Sa	5 51 58	5 ♍ 28 22	11 ♍ 31 02	6 36 15	19 13 29	25 33 03	17 45 60	26 54 57	12 49 00	17 01 31	13 13 57	11 28 35	7 54 53	16 15 06
20 Su	6 52 29	17 29 53	23 26 44	8 16 38	20 28 07	26 19 55	18 07 23	26 47 57	12 46 19	17 03 59	13 16 41	11 29 53	7 56 21	16 16 35
21 M	7 53 30	29 21 41	5 ♎ 15 28	9 58 05	21 43 17	27 07 19	18 29 16	26 41 52	12 44 22	17 06 53	13 19 59	11 31 46	7 58 21	16 18 34
22 Tu	8 56 05	11 ♎ 10 12	17 03 26	11 41 38	23 00 01	27 56 18	18 52 42	26 37 47	12 44 10	17 11 15	13 24 53	11 35 15	8 01 56	16 22 07
23 W	10 01 01	23 01 11	28 56 06	13 28 06	24 19 06	28 47 38	19 18 30	26 36 28	12 46 33	17 17 53	13 32 11	11 41 09	8 07 54	16 28 01
24 Th	11 08 44	4 ♏ 59 17	10 ♏ 57 41	15 17 53	25 41 01	29 41 47	19 47 04	26 38 23	12 51 57	17 27 15	13 42 18	11 49 53	8 16 41	16 36 44
25 F	12 19 15	17 07 54	23 11 07	17 10 59	27 05 43	0 ♋ 38 45	20 18 26	26 43 31	13 00 21	17 39 18	13 55 16	12 01 29	8 28 18	16 48 13
26 Sa	13 32 05	29 28 58	5 ♐ 37 51	19 06 53	28 32 45	1 38 02	20 52 07	26 51 25	13 11 18	17 53 36	14 10 35	12 15 27	8 42 15	17 02 02
27 Su	14 46 22	12 ♐ 03 04	18 18 00	21 04 42	0 ♊ 01 15	2 38 47	21 27 14	27 01 12	13 23 55	18 09 16	14 27 24	12 30 55	8 57 41	17 17 18
28 M	16 00 56	24 49 37	1 ♑ 10 36	23 03 12	1 30 03	3 39 51	22 02 39	27 11 43	13 37 02	18 25 08	14 44 32	12 46 44	9 13 27	17 32 51
29 Tu	17 14 34	7 ♑ 47 16	14 14 07	25 01 06	2 57 56	4 39 59	22 37 07	27 21 44	13 49 27	18 39 59	15 00 47	13 01 40	9 28 17	17 47 29
30 W	18 26 10	20 54 28	27 26 55	26 57 13	4 23 47	5 38 06	23 09 31	27 30 09	14 00 02	18 52 43	15 15 01	13 14 36	9 41 07	18 00 03
31 Th	19 34 58	4 ♒ 10 00	10 ♒ 47 54	28 50 43	5 46 51	6 33 25	23 39 08	27 36 13	14 08 03	19 02 34	15 26 30	13 24 49	9 51 11	18 09 51

February 2013 LONGITUDE

Day	☉	0 hr ☽	Noon ☽	☿	♀	♂	⚵	⚳	♃	♄	⚷	♅	♆	♇
1 F	20 ♊ 40 45	17 ♒ 33 26	24 ♒ 16 51	0 ♋ 41 14	7 ♊ 06 55	7 ♋ 25 45	24 ♉ 05 43	27 ♎ 39 41	14 ♎ 13 15	19 ♓ 09 18	15 ♋ 35 00	13 ♌ 32 03	9 ♋ 58 15	18 ♉ 16 37
2 Sa	21 43 53	1 ♓ 05 22	7 ♓ 54 35	2 28 59	8 24 20	8 15 25	24 29 37	27 40 57	14 16 01	19 13 18	15 40 53	13 36 41	10 02 41	18 20 43
3 Su	22 45 15	14 47 21	21 42 46	4 14 41	9 40 01	9 03 20	24 51 45	27 40 52	14 17 14	19 15 26	15 45 01	13 39 36	10 05 23	18 23 04
4 M	23 46 08	28 41 25	5 ♈ 43 18	5 59 26	10 55 12	9 50 47	25 13 23	27 40 45	14 18 11	19 17 00	15 48 43	13 42 05	10 07 37	18 24 55
5 Tu	24 47 54	12 ♈ 49 22	19 57 35	7 44 20	12 11 19	10 39 08	25 35 54	27 41 57	14 20 16	19 19 23	15 53 21	13 45 31	10 10 46	18 27 40
6 W	25 51 47	27 11 45	4 ♉ 25 26	9 30 20	13 29 32	11 29 36	26 00 30	27 45 42	14 24 39	19 23 47	16 00 07	13 51 06	10 16 03	18 32 31
7 Th	26 58 31	11 ♉ 47 08	19 04 26	11 17 49	14 50 38	12 22 55	26 27 56	27 52 44	14 32 06	19 30 56	16 09 45	13 59 35	10 24 12	18 40 12
8 F	28 08 12	26 31 26	3 ♊ 49 34	13 06 32	16 14 40	13 19 12	26 58 18	28 03 08	14 42 44	19 40 57	16 22 23	14 11 04	10 35 20	18 50 51
9 Sa	29 20 15	11 ♊ 18 06	18 33 35	14 55 27	17 41 07	14 17 52	27 31 01	28 16 22	14 55 57	19 53 15	16 37 25	14 24 59	10 48 52	19 03 52
10 Su	0 ♋ 33 36	25 58 57	3 ♋ 08 10	16 43 01	19 08 51	15 17 50	28 05 01	28 31 18	15 10 40	20 06 46	16 53 47	14 40 14	11 03 43	19 18 11
11 M	1 46 52	10 ♋ 25 32	17 25 19	18 27 19	20 36 32	16 17 44	28 38 55	28 46 35	15 25 32	20 20 07	17 10 06	14 55 28	11 18 30	19 32 25
12 Tu	2 58 45	24 30 42	1 ♌ 18 53	20 06 28	22 02 50	17 16 15	29 11 25	29 00 56	15 39 15	20 32 00	17 25 05	15 09 23	11 31 57	19 45 16
13 W	4 08 17	8 ♌ 09 44	14 45 26	21 38 50	23 26 49	18 12 26	29 41 33	29 13 20	15 50 49	20 41 27	17 37 44	15 20 59	11 43 04	19 55 47
14 Th	5 14 59	21 20 59	27 44 31	23 03 18	24 47 58	19 05 48	0 ♊ 08 50	29 23 21	15 59 47	20 48 00	17 47 36	15 29 49	11 51 23	20 03 27
15 F	6 18 56	4 ♍ 05 46	10 ♍ 18 29	24 19 16	26 06 25	19 56 26	0 33 22	29 31 02	16 06 14	20 51 44	17 54 46	15 35 58	11 57 00	20 08 25
16 Sa	7 20 46	16 27 47	22 31 48	25 26 36	27 22 44	20 44 58	0 55 45	29 37 01	16 10 46	20 53 15	17 59 51	15 40 03	12 00 31	20 11 14
17 Su	8 21 26	28 32 31	4 ♎ 30 23	26 25 35	28 37 56	21 32 20	1 16 57	29 42 14	16 14 22	20 53 33	18 03 48	15 43 02	12 02 54	20 12 54
18 M	9 22 06	10 ♎ 26 21	16 20 53	27 16 42	29 53 07	22 19 42	1 38 07	29 47 52	16 18 10	20 53 44	18 07 46	15 46 03	12 05 18	20 14 34
19 Tu	10 23 52	22 16 03	28 10 00	28 00 27	1 ♋ 09 26	23 08 11	2 00 23	29 55 01	16 23 17	20 54 59	18 12 53	15 50 14	12 08 51	20 17 22
20 W	11 27 40	4 ♏ 08 01	10 ♏ 04 02	28 37 11	2 27 49	23 58 43	2 24 40	0 ♏ 04 35	16 30 40	20 58 10	18 20 05	15 56 31	12 14 28	20 22 11
21 Th	12 34 03	16 07 55	22 08 19	29 07 02	3 48 48	24 51 51	2 51 30	0 17 09	16 40 50	21 03 53	18 29 54	16 05 26	12 22 41	20 29 37
22 F	13 43 08	28 20 17	4 ♐ 26 55	29 29 45	5 12 30	25 47 40	3 21 01	0 32 48	16 53 55	21 12 13	18 42 27	16 17 06	12 33 38	20 39 44
23 Sa	14 54 31	10 ♐ 48 10	17 02 19	29 44 48	6 38 30	26 45 48	3 52 48	0 51 07	17 09 30	21 22 46	18 57 19	16 31 08	12 46 55	20 52 09
24 Su	16 07 23	23 33 01	29 55 19	29 51 22	8 06 01	27 45 26	4 26 03	1 11 19	17 26 47	21 34 44	19 13 43	16 46 41	13 01 43	21 06 04
25 M	17 20 37	6 ♑ 34 38	13 ♑ 05 04	29 48 33	9 33 56	28 45 26	4 59 39	1 32 16	17 44 38	21 47 00	19 30 31	17 02 40	13 16 54	21 20 22
26 Tu	18 33 01	19 51 27	26 29 24	29 35 34	11 01 00	29 44 35	5 32 22	1 52 44	18 01 51	21 58 21	19 46 29	17 17 51	13 31 17	21 33 49
27 W	19 43 27	3 ♒ 20 54	10 ♒ 05 19	29 11 57	12 26 09	0 ♌ 41 48	6 03 06	2 11 37	18 17 18	22 07 41	20 00 33	17 31 09	13 43 44	21 45 19
28 Th	20 51 13	17 00 03	23 49 44	28 37 50	13 48 38	1 36 20	6 31 07	2 28 10	18 30 17	22 14 14	20 11 57	17 41 48	13 53 31	21 54 08

Notes

LONGITUDE

March 2013

Day	☉	0 hr ☽	Noon ☽	☿	♀	♂	⚵	⚳	♃	♄	⚷	♅	♆	♇
1 F	21♋56 01	0♓46 12	7♓40 00	27♋54 01	15♋08 11	2♌27 55	6♊56 10	2♏42 07	18♎40 29	22♓17 47	20♋20 26	17♌49 32	14♋00 23	22♉00 00
2 Sa	22 58 11	14 37 29	21 34 31	27 02 05	16 25 06	3 16 52	7 18 31	2 53 47	18 48 15	22 18 36	20 26 17	17 54 41	14 04 37	22 03 14
3 Su	23 58 30	28 33 04	5♈32 42	26 04 14	17 40 12	4 03 58	7 39 00	3 03 58	18 54 22	22 17 31	20 30 20	17 58 03	14 07 03	22 04 38
4 M	24 58 10	12♈33 00	19 34 51	25 03 04	18 54 39	4 50 25	7 58 47	3 13 48	19 00 01	22 15 41	20 33 44	18 00 47	14 08 50	22 05 21
5 Tu	25 58 25	26 37 49	3♉41 33	24 01 22	20 09 42	5 37 26	8 19 06	3 24 34	19 06 26	22 14 22	20 37 45	18 04 09	14 11 13	22 06 39
6 W	27 00 21	10♉47 52	17 52 54	23 01 39	21 26 27	6 26 08	8 41 04	3 37 21	19 14 42	22 14 40	20 43 28	18 09 14	14 15 18	22 09 39
7 Th	28 04 38	25 02 31	2♊07 56	22 05 58	22 45 34	7 17 12	9 05 20	3 52 49	19 25 32	22 17 14	20 51 33	18 16 43	14 21 45	22 14 59
8 F	29 11 24	9♊19 47	16 24 07	21 15 40	24 07 12	8 10 45	9 32 03	4 11 05	19 39 01	22 22 14	21 02 09	18 26 44	14 30 43	22 22 49
9 Sa	0♌20 13	23 36 02	0♋37 23	20 31 22	25 30 53	9 06 20	10 00 46	4 31 44	19 54 44	22 29 12	21 14 48	18 38 50	14 41 45	22 32 41
10 Su	1 30 12	7♋46 26	14 42 37	19 53 03	26 55 45	10 03 06	10 30 35	4 53 52	20 11 48	22 37 16	21 28 39	18 52 09	14 53 59	22 43 43
11 M	2 40 13	21 45 32	28 34 32	19 20 15	28 20 41	10 59 53	11 00 25	5 16 21	20 29 05	22 45 19	21 42 34	19 05 33	15 06 15	22 54 48
12 Tu	3 49 11	5♌28 21	12♌08 32	18 52 22	29 44 34	11 55 38	11 29 08	5 38 05	20 45 30	22 52 15	21 55 26	19 17 56	15 17 30	23 04 50
13 W	4 56 14	18 51 06	25 21 34	18 28 51	1♌06 34	12 49 27	11 55 53	5 58 13	21 00 10	22 57 12	22 06 25	19 28 26	15 26 52	23 12 57
14 Th	6 00 54	1♍51 56	8♍12 37	18 09 24	2 26 11	13 40 53	12 20 12	6 16 16	21 12 38	22 59 43	22 15 02	19 36 36	15 33 51	23 18 41
15 F	7 03 09	14 31 04	20 42 42	17 54 03	3 43 25	14 29 54	12 42 02	6 32 12	21 22 52	22 59 46	22 21 16	19 42 24	15 38 27	23 22 00
16 Sa	8 03 22	26 50 45	2♎54 47	17 43 07	4 58 38	15 16 54	13 01 48	6 46 25	21 31 15	22 57 43	22 25 29	19 46 13	15 41 03	23 23 18
17 Su	9 02 15	8♎54 53	14 53 19	17 37 09	6 12 32	16 02 33	13 20 11	6 59 35	21 38 28	22 54 18	22 28 23	19 48 45	15 42 20	23 23 17
18 M	10 00 40	20 48 32	26 43 44	17 36 51	7 25 59	16 47 44	13 38 03	7 12 35	21 45 23	22 50 22	22 30 51	19 50 51	15 43 11	23 22 48
19 Tu	10 59 31	2♏37 29	8♏32 02	17 42 52	8 39 54	17 33 22	13 56 18	7 26 18	21 52 55	22 46 49	22 33 46	19 53 27	15 44 29	23 22 45
20 W	11 59 35	14 27 43	20 24 17	17 55 43	9 55 02	18 20 12	14 15 41	7 41 30	22 01 50	22 44 26	22 37 55	19 57 17	15 47 01	23 23 55
21 Th	13 01 21	26 25 01	2♐26 09	18 15 39	11 11 54	19 08 44	14 36 44	7 58 41	22 12 37	22 43 43	22 43 48	20 02 52	15 51 17	23 26 49
22 F	14 05 01	8♐34 34	14 42 32	18 42 32	12 30 41	19 59 10	14 59 37	8 18 03	22 25 28	22 44 51	22 51 36	20 10 24	15 57 29	23 31 36
23 Sa	15 10 23	21 00 31	27 17 11	19 15 56	13 51 11	20 51 18	15 24 08	8 39 22	22 40 11	22 47 39	23 01 07	20 19 40	16 05 23	23 38 07
24 Su	16 16 56	3♑45 47	10♑12 22	19 55 02	15 12 54	21 44 36	15 49 47	9 02 09	22 56 14	22 51 35	23 11 50	20 30 10	16 14 31	23 45 48
25 M	17 23 54	16 51 39	23 28 37	20 38 50	16 35 02	22 38 20	16 15 46	9 25 36	23 12 52	22 55 55	23 22 59	20 41 07	16 24 04	23 53 55
26 Tu	18 30 26	0♒17 48	7♒04 44	21 26 14	17 56 46	23 31 37	16 41 16	9 48 52	23 29 13	22 59 46	23 33 43	20 51 41	16 33 12	24 01 36
27 W	19 35 44	14 02 12	20 57 56	22 16 11	19 17 17	24 23 40	17 05 27	10 11 10	23 44 30	23 02 21	23 43 14	21 01 03	16 41 09	24 08 04
28 Th	20 39 15	28 01 34	5♓04 13	23 07 56	20 36 01	25 13 55	17 27 47	10 31 55	23 58 08	23 03 07	23 50 58	21 08 39	16 47 18	24 12 44
29 F	21 40 45	12♓11 43	19 19 05	24 01 03	21 52 47	26 02 09	17 48 02	10 50 53	24 09 55	23 01 50	23 56 43	21 14 17	16 51 28	24 15 25
30 Sa	22 40 26	26 28 21	3♈38 09	24 55 31	23 07 42	26 48 32	18 06 21	11 08 16	24 19 60	22 58 41	24 00 38	21 18 07	16 53 49	24 16 15
31 Su	23 38 46	10♈47 29	17 57 41	25 51 40	24 21 19	27 33 36	18 23 17	11 24 33	24 28 54	22 54 10	24 03 13	21 20 39	16 54 51	24 15 45

LONGITUDE

April 2013

Day	☉	0 hr ☽	Noon ☽	☿	♀	♂	⚵	⚳	♃	♄	⚷	♅	♆	♇
1 M	24♌36 32	25♈05 59	2♉14 55	26♋50 06	25♌34 23	28♌18 03	18♊39 32	11♏40 29	24♎37 21	22♓49 02	24♋05 15	21♌22 38	16♋55 19	24♉14 40
2 Tu	25 34 31	9♉21 32	16 27 57	27 51 28	26 47 40	29 02 44	18 55 55	11 56 52	24 46 11	22 44 06	24 07 30	21 24 52	16 56 01	24 13 49
3 W	26 33 26	23 32 31	0♊35 31	28 56 21	28 01 54	29 48 19	19 13 09	12 14 23	24 56 03	22 40 04	24 10 40	21 28 03	16 57 39	24 13 53
4 Th	27 33 42	7♊37 39	14 36 30	0♌05 03	29 17 30	0♍35 14	19 31 37	12 33 29	25 07 25	22 37 21	24 15 12	21 32 36	17 00 38	24 15 18
5 F	28 35 24	21 35 39	28 29 43	1 17 33	0♍34 33	1 23 36	19 51 27	12 54 14	25 20 22	22 36 03	24 21 10	21 38 38	17 05 05	24 18 10
6 Sa	29 38 18	5♋24 60	12♋13 38	2 33 30	1 52 49	2 13 08	20 12 22	13 16 23	25 34 38	22 35 55	24 28 21	21 45 53	17 10 44	24 22 13
7 Su	0♍41 54	19 03 54	25 46 28	3 52 19	3 11 47	3 03 21	20 33 53	13 39 27	25 49 43	22 36 28	24 36 13	21 53 51	17 17 05	24 26 58
8 M	1 45 34	2♌30 27	9♌06 20	5 13 19	4 30 51	3 53 38	20 55 22	14 02 48	26 05 01	22 37 04	24 44 09	22 01 55	17 23 31	24 31 47
9 Tu	2 48 42	15 42 52	22 11 36	6 35 48	5 49 23	4 43 21	21 16 12	14 25 49	26 19 54	22 37 06	24 51 33	22 09 28	17 29 25	24 36 04
10 W	3 50 49	28 39 51	5♍01 15	7 59 13	7 06 54	5 32 03	21 35 55	14 48 00	26 33 53	22 36 07	24 57 56	22 16 01	17 34 19	24 39 19
11 Th	4 51 38	11♍20 54	17 35 05	9 23 16	8 23 09	6 19 26	21 54 14	15 09 06	26 46 42	22 33 50	25 03 02	22 21 18	17 37 56	24 41 17
12 F	5 51 07	23 46 27	29 53 58	10 47 52	9 38 05	7 05 28	22 11 06	15 29 05	26 58 19	22 30 12	25 06 47	22 25 16	17 40 13	24 41 56
13 Sa	6 49 26	5♎57 60	11♎59 51	12 13 08	10 51 53	7 50 20	22 26 42	15 48 05	27 08 54	22 25 25	25 09 24	22 28 07	17 41 22	24 41 25
14 Su	7 46 56	17 58 05	23 55 41	13 39 22	12 04 52	8 34 22	22 41 21	16 06 28	27 18 46	22 19 48	25 11 10	22 30 10	17 41 42	24 40 05
15 M	8 44 02	29 50 08	5♏45 15	15 06 59	13 17 28	9 17 59	22 55 30	16 24 38	27 28 22	22 13 47	25 12 34	22 31 50	17 41 39	24 38 21
16 Tu	9 41 11	11♏38 18	17 33 01	16 36 24	14 30 07	10 01 38	23 09 33	16 43 02	27 38 08	22 07 50	25 13 59	22 33 34	17 41 38	24 36 40
17 W	10 38 44	23 27 14	29 23 49	18 07 57	15 43 12	10 45 41	23 23 55	17 02 03	27 48 26	22 02 17	25 15 50	22 35 44	17 42 04	24 35 24
18 Th	11 36 58	5♐21 50	11♐22 41	19 41 55	16 56 59	11 30 23	23 38 50	17 21 54	27 59 31	21 57 26	25 18 21	22 38 37	17 43 11	24 34 50
19 F	12 35 59	17 26 59	23 34 30	21 18 22	18 11 33	12 15 52	23 54 24	17 42 44	28 11 29	21 53 23	25 21 38	22 42 17	17 45 05	24 35 02
20 Sa	13 35 42	29 47 19	6♑03 39	22 57 15	19 26 51	13 02 02	24 10 33	18 04 26	28 24 18	21 50 03	25 25 39	22 46 41	17 47 42	24 35 57
21 Su	14 35 56	12♑26 49	18 53 48	24 38 21	20 42 41	13 48 42	24 27 04	18 26 50	28 37 43	21 47 15	25 30 10	22 51 38	17 50 51	24 37 24
22 M	15 36 23	25 28 32	2♒07 20	26 21 23	21 58 44	14 35 35	24 43 41	18 49 37	28 51 28	21 44 41	25 34 54	22 56 48	17 54 13	24 39 04
23 Tu	16 36 43	8♒54 06	15 45 04	28 06 00	23 14 42	15 22 19	25 00 02	19 12 27	29 05 13	21 42 01	25 39 30	23 01 53	17 57 29	24 40 37
24 W	17 36 39	22 43 25	29 45 54	29 51 57	24 30 16	16 08 38	25 15 51	19 35 03	29 18 39	21 38 59	25 43 43	23 06 34	18 00 21	24 41 46
25 Th	18 36 00	6♓54 28	14♓06 42	1♍39 03	25 45 15	16 54 21	25 30 56	19 57 13	29 31 37	21 35 23	25 47 19	23 10 42	18 02 39	24 42 21
26 F	19 34 43	21 23 13	28 42 33	3 27 14	26 59 38	17 39 25	25 45 14	20 18 55	29 44 02	21 31 10	25 50 17	23 14 11	18 04 18	24 42 17
27 Sa	20 32 51	6♈04 01	13♈27 08	5 16 36	28 13 27	18 23 53	25 58 48	20 40 12	29 55 59	21 26 25	25 52 40	23 17 08	18 05 24	24 41 40
28 Su	21 30 38	20 50 16	28 13 39	7 07 20	29 26 54	19 07 58	26 11 51	21 01 15	0♏07 39	21 21 19	25 54 40	23 19 43	18 06 07	24 40 39
29 M	22 28 14	5♉35 14	12♉55 36	8 59 40	0♎40 12	19 51 52	26 24 34	21 22 18	0 19 15	21 16 05	25 56 30	23 22 08	18 06 41	24 39 30
30 Tu	23 25 55	20 12 48	27 27 28	10 53 47	1 53 34	20 35 48	26 37 11	21 43 32	0 31 00	21 10 56	25 58 22	23 24 38	18 07 18	24 38 24

Notes

May 2013 — LONGITUDE

Day	☉	0 hr ☽	Noon ☽	☿	♀	♂	⚵	⚳	♃	♄	⚷	♅	♆	♇
1 W	24 ♍ 23 46	4 ♊ 38 10	11 ♊ 45 16	12 ♍ 49 50	3 ♎ 07 08	21 ♍ 19 53	26 ♊ 49 48	22 ♏ 05 07	0 ♏ 43 01	21 ♓ 05 60	26 ♋ 00 24	23 ♌ 27 18	18 ♋ 08 06	24 ♉ 37 28
2 Th	25 21 52	18 48 02	25 46 31	14 47 50	4 20 57	22 04 12	27 02 29	22 27 04	0 55 22	21 01 20	26 02 39	23 30 14	18 09 08	24 36 47
3 F	26 20 09	2 ♋ 40 38	9 ♋ 30 09	16 47 43	5 34 58	22 48 40	27 15 11	22 49 22	1 07 59	20 56 54	26 05 05	23 33 21	18 10 21	24 36 17
4 Sa	27 18 32	16 15 28	22 56 12	18 49 20	6 49 05	23 33 13	27 27 47	23 11 53	1 20 46	20 52 36	26 07 35	23 36 33	18 11 39	24 35 53
5 Su	28 16 54	29 32 58	6 ♌ 05 26	20 52 32	8 03 11	24 17 43	27 40 11	23 34 30	1 33 37	20 48 18	26 10 03	23 39 45	18 12 57	24 35 28
6 M	29 15 10	12 ♌ 34 09	18 59 02	22 57 08	9 17 12	25 02 05	27 52 17	23 57 10	1 46 27	20 43 57	26 12 23	23 42 50	18 14 07	24 34 55
7 Tu	0 ♎ 13 17	25 20 24	1 ♍ 38 26	25 03 02	10 31 05	25 46 18	28 04 03	24 19 49	1 59 13	20 39 31	26 14 33	23 45 47	18 15 09	24 34 15
8 W	1 11 18	7 ♍ 53 15	14 05 11	27 10 07	11 44 52	26 30 22	28 15 30	24 42 30	2 11 57	20 35 00	26 16 36	23 48 38	18 16 04	24 33 28
9 Th	2 09 17	20 14 17	26 20 53	29 18 20	12 58 37	27 14 22	28 26 43	25 05 16	2 24 43	20 30 30	26 18 35	23 51 26	18 16 57	24 32 39
10 F	3 07 20	2 ♎ 25 09	8 ♎ 27 15	1 ♎ 27 37	14 12 27	27 58 26	28 37 48	25 28 14	2 37 39	20 26 08	26 20 37	23 54 18	18 17 53	24 31 54
11 Sa	4 05 33	14 27 38	20 26 08	3 37 52	15 26 27	28 42 37	28 48 50	25 51 29	2 50 48	20 21 59	26 22 48	23 57 20	18 18 59	24 31 18
12 Su	5 03 59	26 23 41	2 ♏ 19 39	5 48 55	16 40 41	29 27 00	28 59 52	26 15 05	3 04 15	20 18 06	26 25 10	24 00 36	18 20 19	24 30 57
13 M	6 02 38	8 ♏ 15 31	14 10 11	8 00 32	17 55 09	0 ♎ 11 35	29 10 55	26 39 02	3 17 59	20 14 31	26 27 45	24 04 04	18 21 51	24 30 49
14 Tu	7 01 27	20 05 40	26 00 33	10 12 24	19 09 47	0 56 18	29 21 54	27 03 15	3 31 57	20 11 09	26 30 28	24 07 42	18 23 32	24 30 50
15 W	8 00 16	1 ♐ 57 07	7 ♐ 53 56	12 24 04	20 24 26	1 40 60	29 32 41	27 27 37	3 46 01	20 07 51	26 33 10	24 11 21	18 25 14	24 30 53
16 Th	8 58 57	13 53 15	19 55 53	14 35 07	21 38 57	2 25 31	29 43 04	27 51 56	3 59 59	20 04 29	26 35 42	24 14 51	18 26 47	24 30 46
17 F	9 57 18	25 57 49	2 ♑ 04 27	16 45 05	22 53 09	3 09 41	29 52 55	28 16 03	4 13 41	20 00 51	26 37 52	24 18 00	18 28 00	24 30 21
18 Sa	10 55 11	8 ♑ 14 57	14 29 41	18 53 32	24 06 53	3 53 21	0 ♋ 02 03	28 39 48	4 26 59	19 56 49	26 39 34	24 20 42	18 28 45	24 29 28
19 Su	11 52 33	20 48 51	27 13 44	21 00 10	25 20 06	4 36 29	0 10 26	29 03 09	4 39 50	19 52 21	26 40 43	24 22 52	18 28 58	24 28 04
20 M	12 49 27	3 ♒ 43 33	10 ♒ 20 23	23 04 47	26 32 53	5 19 08	0 18 07	29 26 10	4 52 18	19 47 31	26 41 23	24 24 35	18 28 44	24 26 13
21 Tu	13 46 06	17 02 27	23 52 16	25 07 20	27 45 23	6 01 30	0 25 18	29 49 01	5 04 33	19 42 28	26 41 46	24 26 01	18 28 14	24 24 06
22 W	14 42 45	0 ♓ 47 43	7 ♓ 50 48	27 07 54	28 57 55	6 43 50	0 32 14	0 ♐ 11 59	5 16 52	19 37 31	26 42 08	24 27 28	18 27 44	24 22 00
23 Th	15 39 44	14 59 36	22 15 02	29 06 38	0 ♏ 10 48	7 26 28	0 39 15	0 35 23	5 29 35	19 32 59	26 42 48	24 29 14	18 27 33	24 20 15
24 F	16 37 22	29 35 53	7 ♈ 01 24	1 ♏ 03 39	1 24 18	8 09 43	0 46 38	0 59 31	5 42 58	19 29 10	26 44 05	24 31 37	18 28 00	24 19 08
25 Sa	17 35 48	14 ♈ 31 31	22 03 35	2 59 01	2 38 38	8 53 45	0 54 34	1 24 34	5 57 14	19 26 14	26 46 08	24 34 49	18 29 16	24 18 50
26 Su	18 35 03	29 38 55	7 ♉ 13 05	4 52 37	3 53 46	9 38 33	1 03 03	1 50 31	6 12 21	19 24 12	26 48 59	24 38 48	18 31 19	24 19 21
27 M	19 34 55	14 ♉ 48 48	22 20 21	6 44 10	5 09 31	10 23 57	1 11 51	2 17 11	6 28 08	19 22 51	26 52 24	24 43 24	18 33 58	24 20 29
28 Tu	20 35 01	29 51 29	7 ♊ 16 11	8 33 13	6 25 31	11 09 32	1 20 38	2 44 10	6 44 11	19 21 50	26 56 01	24 48 12	18 36 51	24 21 51
29 W	21 34 55	14 ♊ 38 32	21 53 10	10 19 15	7 41 18	11 54 53	1 28 54	3 11 02	7 00 05	19 20 40	26 59 24	24 52 47	18 39 30	24 22 60
30 Th	22 34 11	29 03 42	6 ♋ 06 24	12 01 49	8 56 27	12 39 34	1 36 14	3 37 21	7 15 22	19 18 57	27 02 05	24 56 42	18 41 30	24 23 31
31 F	23 32 30	13 ♋ 03 39	19 53 49	13 40 33	10 10 39	13 23 16	1 42 20	4 02 49	7 29 46	19 16 23	27 03 49	24 59 40	18 42 33	24 23 05

June 2013 — LONGITUDE

Day	☉	0 hr ☽	Noon ☽	☿	♀	♂	⚵	⚳	♃	♄	⚷	♅	♆	♇
1 Sa	24 ♎ 29 49	26 ♋ 37 41	3 ♌ 15 50	15 ♏ 15 22	11 ♏ 23 51	14 ♎ 05 55	1 ♋ 47 07	4 ♐ 27 21	7 ♏ 43 10	19 ♓ 12 53	27 ♋ 04 29	25 ♌ 01 35	18 ♋ 42 33	24 ♉ 21 38
2 Su	25 26 16	9 ♌ 47 21	16 14 41	16 46 21	12 36 10	14 47 40	1 50 43	4 51 05	7 55 45	19 08 36	27 04 14	25 02 37	18 41 41	24 19 19
3 M	26 22 11	22 35 39	28 53 47	18 13 50	13 47 58	15 28 51	1 53 29	5 14 23	8 07 50	19 03 52	27 03 26	25 03 06	18 40 16	24 16 29
4 Tu	27 18 05	5 ♍ 06 23	11 ♍ 17 01	19 38 18	14 59 44	16 09 59	1 55 54	5 37 45	8 19 56	18 59 13	27 02 33	25 03 32	18 38 48	24 13 37
5 W	28 14 30	17 23 29	23 28 18	21 00 13	16 12 01	16 51 34	1 58 30	6 01 42	8 32 34	18 55 09	27 02 09	25 04 27	18 37 50	24 11 16
6 Th	29 11 54	29 30 44	5 ♎ 31 13	22 20 04	17 25 17	17 34 07	2 01 47	6 26 43	8 46 13	18 52 10	27 02 42	25 06 20	18 37 50	24 09 54
7 F	0 ♏ 10 40	11 ♎ 31 23	17 28 52	23 38 08	18 39 54	18 17 59	2 06 05	6 53 09	9 01 15	18 50 38	27 04 33	25 09 33	18 39 10	24 09 53
8 Sa	1 10 56	23 28 08	29 23 45	24 54 32	19 56 01	19 03 19	2 11 33	7 21 11	9 17 49	18 50 42	27 07 52	25 14 14	18 41 60	24 11 23
9 Su	2 12 38	5 ♏ 23 07	11 ♏ 17 53	26 09 09	21 13 34	19 50 03	2 18 07	7 50 43	9 35 51	18 52 18	27 12 35	25 20 19	18 46 14	24 14 18
10 M	3 15 28	17 18 02	23 12 55	27 21 37	22 32 15	20 37 51	2 25 28	8 21 27	9 55 01	18 55 06	27 18 22	25 27 31	18 51 35	24 18 22
11 Tu	4 18 55	29 14 20	5 ♐ 10 22	28 31 21	23 51 33	21 26 15	2 33 06	8 52 53	10 14 51	18 58 39	27 24 45	25 35 18	18 57 32	24 23 03
12 W	5 22 22	11 ♐ 13 29	17 11 48	29 37 40	25 10 50	22 14 37	2 40 24	9 24 23	10 34 42	19 02 17	27 31 06	25 43 04	19 03 29	24 27 45
13 Th	6 25 11	23 17 13	29 19 10	0 ♐ 39 51	26 29 29	23 02 18	2 46 42	9 55 18	10 53 56	19 05 23	27 36 45	25 50 10	19 08 45	24 31 48
14 F	7 26 47	5 ♑ 27 46	11 ♑ 34 54	1 37 13	27 46 54	23 48 44	2 51 26	10 25 05	11 11 58	19 07 22	27 41 09	25 56 01	19 12 48	24 34 38
15 Sa	8 26 49	17 47 59	24 02 03	2 29 20	29 02 44	24 33 33	2 54 14	10 53 22	11 28 26	19 07 53	27 43 56	26 00 16	19 15 16	24 35 55
16 Su	9 25 11	0 ♒ 21 22	6 ♒ 44 16	3 16 01	0 ♐ 16 55	25 16 40	2 55 02	11 20 03	11 43 16	19 06 50	27 45 01	26 02 50	19 16 03	24 35 32
17 M	10 22 08	13 11 58	19 45 33	3 57 24	1 29 41	25 58 20	2 54 04	11 45 23	11 56 43	19 04 30	27 44 40	26 03 57	19 15 24	24 33 46
18 Tu	11 18 14	26 23 56	3 ♓ 09 49	4 33 56	2 41 34	26 39 06	2 51 53	12 09 55	12 09 19	19 01 23	27 43 23	26 04 11	19 13 53	24 31 07
19 W	12 14 14	10 ♓ 01 01	17 00 12	5 06 17	3 53 21	27 19 43	2 49 14	12 34 26	12 21 50	18 58 17	27 41 59	26 04 17	19 12 15	24 28 24
20 Th	13 10 59	24 05 36	1 ♈ 18 06	5 35 11	5 05 52	28 01 03	2 46 58	12 59 44	13 35 04	18 56 02	27 41 17	26 05 06	19 11 20	24 26 25
21 F	14 09 11	8 ♈ 37 50	16 02 19	6 01 15	6 19 49	28 43 48	2 45 48	13 26 33	13 49 48	18 55 21	27 41 60	26 07 21	19 11 52	24 25 55
22 Sa	15 09 18	23 34 42	1 ♉ 08 16	6 24 50	7 35 41	29 28 25	2 46 10	13 55 20	14 06 27	18 56 40	27 44 34	26 11 27	19 14 17	24 27 19
23 Su	16 11 20	8 ♉ 49 37	16 27 54	6 45 52	8 53 26	0 ♏ 14 55	2 48 05	14 26 06	13 25 01	19 00 01	27 49 01	26 17 27	19 18 36	24 30 38
24 M	17 14 51	24 12 54	1 ♊ 50 37	7 03 52	10 12 40	1 02 51	2 51 07	14 58 24	13 45 05	19 04 57	27 54 54	26 24 54	19 24 23	24 35 27
25 Tu	18 19 05	9 ♊ 33 01	17 04 50	7 17 60	11 32 35	1 51 27	2 54 29	15 31 27	14 05 51	19 10 41	28 01 27	26 33 01	19 30 51	24 40 59
26 W	19 23 04	24 38 44	2 ♋ 00 12	7 27 17	12 52 15	2 39 45	2 57 13	16 04 18	14 26 21	19 16 17	28 07 41	26 40 50	19 37 02	24 46 15
27 Th	20 25 55	9 ♋ 20 56	16 29 07	7 30 51	14 10 45	3 26 53	2 58 26	16 36 04	14 45 43	19 20 50	28 12 45	26 47 29	19 42 04	24 50 23
28 F	21 27 02	23 33 60	0 ♌ 27 39	7 28 10	15 27 29	4 12 13	2 57 32	17 06 08	15 03 21	19 23 44	28 16 01	26 52 20	19 45 20	24 52 48
29 Sa	22 26 14	7 ♌ 16 03	13 55 27	7 19 07	16 42 17	4 55 35	2 54 20	17 34 19	15 19 03	19 24 49	28 17 19	26 55 14	19 46 39	24 53 16
30 Su	23 23 45	20 28 30	26 55 02	7 04 06	17 55 23	5 37 14	2 49 04	18 00 52	15 33 03	19 24 20	28 16 53	26 56 24	19 46 15	24 52 04

Notes

LONGITUDE — July 2013

Day	☉	0 hr ☽	Noon ☽	☿	♀	♂	⚵	⚳	♃	♄	⚷	♅	♆	♇
1 M	24 ♏ 20 14	3 ♍ 15 08	9 ♍ 30 51	6 ♐ 43 56	19 ♐ 07 25	6 ♏ 17 46	2 ♋ 42 22	18 ♐ 26 24	15 ♏ 45 59	19 ♓ 22 52	28 ♋ 15 20	26 ♌ 56 28	19 ♋ 44 47	24 ♉ 49 49
2 Tu	25 16 30	15 41 05	21 48 18	6 19 44	20 19 14	6 58 04	2 35 06	18 51 48	15 58 43	19 21 20	28 13 33	26 56 18	19 43 05	24 47 22
3 W	26 13 32	27 51 58	3 ♎ 53 02	5 52 46	21 31 46	7 39 03	2 28 11	19 17 58	16 12 10	19 20 37	28 12 27	26 56 49	19 42 06	24 45 40
4 Th	27 12 09	9 ♎ 53 14	15 50 17	5 24 14	22 45 52	8 21 35	2 22 29	19 45 45	16 27 12	19 21 36	28 12 53	26 58 53	19 42 41	24 45 33
5 F	28 12 58	21 49 39	27 44 34	4 55 12	24 02 08	9 06 15	2 18 37	20 15 47	16 44 25	19 24 52	28 15 27	27 03 06	19 45 25	24 47 38
6 Sa	29 16 16	3 ♏ 45 05	9 ♏ 39 25	4 26 26	25 20 52	9 53 22	2 16 52	20 48 19	17 04 05	19 30 43	28 20 28	27 09 44	19 50 37	24 52 11
7 Su	0 ♐ 21 56	15 42 21	21 37 17	3 58 24	26 41 57	10 42 48	2 17 07	21 23 17	17 26 06	19 39 03	28 27 48	27 18 42	19 58 10	24 59 08
8 M	1 29 31	27 43 15	3 ♐ 39 45	3 31 13	28 04 54	11 34 04	2 18 55	22 00 10	17 50 00	19 49 23	28 36 58	27 29 32	20 07 36	25 07 59
9 Tu	2 38 13	9 ♐ 48 18	15 47 39	3 04 43	29 28 57	12 26 25	2 21 28	22 38 12	18 14 60	20 00 55	28 47 13	27 41 25	20 18 06	25 17 56
10 W	3 47 02	21 59 31	28 01 25	2 38 34	0 ♑ 53 05	13 18 50	2 23 48	23 16 23	18 40 05	20 12 41	28 57 31	27 53 22	20 28 43	25 28 02
11 Th	4 54 57	4 ♑ 15 48	10 ♑ 21 31	2 12 23	2 16 18	14 10 17	2 24 53	23 53 42	19 04 15	20 23 38	29 06 53	28 04 23	20 38 24	25 37 13
12 F	6 01 04	16 38 21	22 48 47	1 45 56	3 37 41	14 59 54	2 23 51	24 29 16	19 26 35	20 32 54	29 14 24	28 13 33	20 46 15	25 44 37
13 Sa	7 04 49	29 08 30	5 ♒ 24 48	1 19 15	4 56 39	15 47 05	2 20 06	25 02 27	19 46 31	20 39 52	29 19 29	28 20 17	20 51 42	25 49 39
14 Su	8 05 59	11 ♒ 48 29	18 12 01	0 52 45	6 13 02	16 31 39	2 13 28	25 33 07	20 03 51	20 44 23	29 21 57	28 24 24	20 54 34	25 52 07
15 M	9 04 54	24 41 26	1 ♓ 13 45	0 27 18	7 27 07	17 13 54	2 04 17	26 01 33	20 18 53	20 46 44	29 22 07	28 26 13	20 55 09	25 52 20
16 Tu	10 02 19	7 ♓ 51 14	14 33 52	0 04 09	8 39 39	17 54 35	1 53 17	26 28 30	20 32 24	20 47 40	29 20 44	28 26 28	20 54 12	25 51 02
17 W	10 59 17	21 21 54	28 16 09	29 ♏ 44 49	9 51 43	18 34 47	1 41 32	26 55 02	20 45 25	20 48 15	29 18 51	28 26 13	20 52 46	25 49 19
18 Th	11 56 59	5 ♈ 16 55	12 ♈ 23 23	29 30 52	11 04 28	19 15 39	1 30 15	27 22 19	20 59 08	20 49 41	29 17 39	28 26 40	20 52 04	25 48 20
19 F	12 56 28	19 38 05	26 56 17	29 23 41	12 18 59	19 58 15	1 20 29	27 51 25	21 14 36	20 52 59	29 18 11	28 28 51	20 53 07	25 49 08
20 Sa	13 58 24	4 ♉ 24 27	11 ♉ 52 29	29 24 12	13 35 54	20 43 16	1 12 55	28 22 59	21 32 29	20 58 50	29 21 08	28 33 26	20 56 36	25 52 25
21 Su	15 02 55	19 31 30	27 05 54	29 32 47	14 55 22	21 30 48	1 07 40	28 57 09	21 52 55	21 07 21	29 26 37	28 40 32	21 02 38	25 58 16
22 M	16 09 32	4 ♊ 51 04	12 ♊ 27 02	29 49 05	16 16 52	22 20 22	1 04 16	29 33 25	22 15 22	21 18 03	29 34 08	28 49 41	21 10 43	26 06 13
23 Tu	17 17 15	20 12 14	27 44 26	0 ♐ 12 16	17 39 26	23 10 59	1 01 44	0 ♑ 10 49	22 38 54	21 29 57	29 42 42	28 59 52	21 19 54	26 15 16
24 W	18 24 51	5 ♋ 23 09	12 ♋ 46 37	0 41 10	19 01 50	24 01 25	0 58 52	0 48 06	23 02 15	21 41 49	29 51 07	29 09 53	21 28 55	26 24 13
25 Th	19 31 09	20 13 15	27 24 17	1 14 40	20 22 53	24 50 31	0 54 29	1 24 06	23 24 16	21 52 28	29 58 10	29 18 33	21 36 37	26 31 52
26 F	20 35 19	4 ♌ 35 06	11 ♌ 31 40	1 51 57	21 41 46	25 37 24	0 47 47	1 57 59	23 44 05	22 01 03	0 ♌ 03 02	29 25 01	21 42 09	26 37 22
27 Sa	21 37 02	18 25 11	25 06 57	2 32 41	22 58 07	26 21 46	0 38 25	2 29 24	24 01 22	22 07 16	0 05 23	29 28 58	21 45 11	26 40 25
28 Su	22 36 30	1 ♍ 43 47	8 ♍ 11 49	3 17 01	24 12 11	27 03 50	0 26 38	2 58 35	24 16 22	22 11 19	0 05 26	29 30 36	21 45 57	26 41 13
29 M	23 34 25	14 34 13	20 50 28	4 05 38	25 24 39	27 44 17	0 13 08	3 26 13	24 29 44	22 13 53	0 03 53	29 30 37	21 45 07	26 40 28
30 Tu	24 31 48	27 01 44	3 ♎ 08 40	4 59 28	26 36 32	28 24 08	29 ♊ 58 57	3 53 20	24 42 31	22 16 01	0 01 44	29 30 03	21 43 44	26 39 11
31 W	25 29 46	9 ♎ 12 30	15 12 46	5 59 32	27 48 56	29 04 30	29 45 14	4 21 02	24 55 49	22 18 47	0 00 07	29 29 60	21 42 53	26 38 29

LONGITUDE — August 2013

Day	☉	0 hr ☽	Noon ☽	☿	♀	♂	⚵	⚳	♃	♄	⚷	♅	♆	♇
1 Th	26 ♐ 29 22	21 ♎ 12 52	27 ♎ 09 02	7 ♐ 06 46	29 ♑ 02 55	29 ♏ 46 26	29 ♊ 33 00	4 ♑ 50 21	25 ♏ 10 41	22 ♓ 23 16	0 ♌ 00 05	29 ♌ 31 30	21 ♋ 43 38	26 ♉ 39 24
2 F	27 31 21	3 ♏ 08 37	9 ♏ 03 01	8 21 50	0 ♒ 19 14	0 ♐ 30 43	29 23 05	5 22 04	25 27 52	22 30 13	0 02 23	29 35 20	21 46 45	26 42 43
3 Sa	28 36 08	15 04 38	20 59 15	9 44 57	1 38 17	1 17 42	29 15 51	5 56 35	25 47 46	22 40 02	0 07 25	29 41 54	21 52 37	26 48 49
4 Su	29 43 38	27 04 38	3 ♐ 01 04	11 15 54	3 00 00	2 07 20	29 11 17	6 33 48	26 10 18	22 52 38	0 15 08	29 51 07	22 01 10	26 57 37
5 M	0 ♑ 53 19	9 ♐ 11 04	15 10 29	12 53 57	4 23 51	2 59 06	29 08 51	7 13 13	26 34 58	23 07 31	0 24 59	0 ♍ 02 28	22 11 54	27 08 38
6 Tu	2 04 20	21 25 13	27 28 24	14 38 01	5 48 58	3 52 08	29 07 43	7 53 57	27 00 53	23 23 47	0 36 06	0 15 05	22 23 54	27 20 59
7 W	3 15 33	3 ♑ 47 23	9 ♑ 54 52	16 26 43	7 14 13	4 45 17	29 06 46	8 34 53	27 26 55	23 40 19	0 47 23	0 27 50	22 36 05	27 33 31
8 Th	4 25 48	16 17 21	22 29 29	18 18 35	8 38 27	5 37 25	29 04 50	9 14 51	27 51 55	23 55 57	0 57 38	0 39 32	22 47 16	27 45 05
9 F	5 34 03	28 54 45	5 ♒ 11 50	20 12 19	10 00 37	6 27 29	29 00 57	9 52 49	28 14 50	24 09 41	1 05 52	0 49 13	22 56 26	27 54 40
10 Sa	6 39 38	11 ♒ 39 33	18 02 00	22 06 53	11 20 04	7 14 49	28 54 25	10 28 06	28 35 00	24 20 48	1 11 22	0 56 09	23 02 54	28 01 35
11 Su	7 42 20	24 32 29	1 ♓ 00 55	24 01 42	12 36 33	7 59 12	28 45 03	11 00 30	28 52 12	24 29 06	1 13 56	1 00 08	23 06 27	28 05 36
12 M	8 42 25	7 ♓ 35 10	14 10 27	25 56 41	13 50 22	8 40 54	28 33 10	11 30 17	29 06 43	24 34 53	1 13 53	1 01 27	23 07 22	28 07 03
13 Tu	9 40 42	20 50 11	27 33 17	27 52 13	15 02 19	9 20 44	28 19 33	11 58 15	29 19 20	24 38 54	1 11 57	1 00 55	23 06 27	28 06 40
14 W	10 38 17	4 ♈ 20 38	11 ♈ 12 30	29 49 03	16 13 29	9 59 48	28 05 21	12 25 31	29 31 10	24 42 19	1 09 18	0 59 37	23 04 49	28 05 36
15 Th	11 36 25	18 09 32	25 10 48	1 ♑ 48 02	17 25 09	10 39 22	27 51 49	12 53 20	29 43 29	24 46 20	1 07 10	0 58 49	23 03 43	28 05 06
16 F	12 36 14	2 ♉ 18 57	9 ♉ 29 32	3 49 55	18 38 25	11 20 32	27 40 06	13 22 49	29 57 22	24 52 06	1 06 40	0 59 39	23 04 16	28 06 17
17 Sa	13 38 27	16 48 59	24 07 46	5 55 03	19 54 01	12 04 03	27 30 57	13 54 41	0 ♐ 13 35	25 00 21	1 08 33	1 02 49	23 07 12	28 09 53
18 Su	14 43 15	1 ♊ 36 57	9 ♊ 01 34	8 03 20	21 12 08	12 50 04	27 24 32	14 29 08	0 32 17	25 11 14	1 12 58	1 08 31	23 12 42	28 16 04
19 M	15 50 12	16 37 02	24 03 52	10 13 58	22 32 19	13 38 11	27 20 27	15 05 42	0 53 02	25 24 19	1 19 29	1 16 18	23 20 19	28 24 23
20 Tu	16 58 21	1 ♋ 40 40	9 ♋ 05 26	12 25 47	23 53 37	14 27 26	27 17 46	15 43 28	1 14 53	25 38 41	1 27 11	1 25 14	23 29 07	28 33 56
21 W	18 06 31	16 37 54	23 56 12	14 37 20	25 14 51	15 16 37	27 15 18	16 21 14	1 36 40	25 53 06	1 34 51	1 34 07	23 37 54	28 43 29
22 Th	19 13 31	1 ♌ 19 03	8 ♌ 27 15	16 47 13	26 34 49	16 04 33	27 11 52	16 57 48	1 57 09	26 06 25	1 41 19	1 41 46	23 45 28	28 51 52
23 F	20 18 27	15 36 32	22 32 12	18 54 23	27 52 40	16 50 22	27 06 36	17 32 18	2 15 29	26 17 43	1 45 40	1 47 18	23 50 58	28 58 11
24 Sa	21 20 55	29 25 49	6 ♍ 08 01	20 58 17	29 07 57	17 33 39	26 59 06	18 04 18	2 31 14	26 26 36	1 47 32	1 50 18	23 53 58	29 02 03
25 Su	22 21 02	12 ♍ 45 50	19 14 58	22 58 54	0 ♓ 20 48	18 14 30	26 49 30	18 33 56	2 44 32	26 33 11	1 46 60	1 50 54	23 54 36	29 03 33
26 M	23 19 23	25 38 32	1 ♎ 56 03	24 56 43	1 31 47	18 53 31	26 38 24	19 01 46	2 55 57	26 38 02	1 44 39	1 49 39	23 53 25	29 03 17
27 Tu	24 16 52	8 ♎ 08 06	14 16 09	26 52 32	2 41 48	19 31 34	26 26 41	19 28 42	3 06 22	26 42 03	1 41 24	1 47 28	23 51 20	29 02 08
28 W	25 14 30	20 20 05	26 21 11	28 47 22	3 51 54	20 09 43	26 15 24	19 55 46	3 16 49	26 46 17	1 38 15	1 45 23	23 49 23	29 01 08
29 Th	26 13 17	2 ♏ 20 37	8 ♏ 17 25	0 ♒ 42 08	5 03 03	20 48 56	26 05 34	20 23 57	3 28 18	26 51 43	1 36 14	1 44 23	23 48 33	29 01 18
30 F	27 13 59	14 15 45	20 10 50	2 37 35	6 16 01	21 29 59	25 57 57	20 54 02	3 41 35	26 59 05	1 36 05	1 45 14	23 49 36	29 03 22
31 Sa	28 17 02	26 10 57	2 ♐ 06 39	4 34 07	7 31 14	22 13 18	25 52 59	21 26 25	3 57 05	27 08 51	1 38 15	1 48 22	23 52 58	29 07 46

Notes

September 2013 LONGITUDE

Day	☉	0 hr ☽	Noon ☽	☿	♀	♂	⚵	⚳	♃	♄	⚷	♅	♆	♇
1 Su	29 ♑ 22 26	8 ♐ 10 46	14 ♐ 09 06	6 ♒ 31 45	8 ♓ 48 44	22 ♐ 58 54	25 ♊ 50 42	22 ♑ 01 08	4 ♐ 14 49	27 ♓ 21 01	1 ♌ 42 45	1 ♍ 53 48	23 ♋ 58 40	29 ♉ 14 32
2 M	0 ♒ 29 49	20 18 38	26 21 10	8 30 05	10 08 05	23 46 24	25 50 43	22 37 47	4 34 24	27 35 11	1 49 10	2 01 09	24 06 19	29 23 16
3 Tu	1 38 25	2 ♑ 36 45	8 ♑ 44 38	10 28 22	11 28 35	24 35 03	25 52 18	23 15 38	4 55 04	27 50 38	1 56 48	2 09 40	24 15 10	29 33 14
4 W	2 47 18	15 06 11	21 20 04	12 25 41	12 49 15	25 23 53	25 54 31	23 53 44	5 15 53	28 06 23	2 04 40	2 18 24	24 24 16	29 43 28
5 Th	3 55 27	27 47 01	4 ♒ 07 08	14 20 60	14 09 05	26 11 55	25 56 20	24 31 03	5 35 50	28 21 26	2 11 46	2 26 20	24 32 36	29 52 57
6 F	5 01 58	10 ♒ 38 40	17 04 58	16 13 27	15 27 11	26 58 14	25 56 54	25 06 42	5 54 01	28 34 54	2 17 13	2 32 35	24 39 17	0 ♊ 00 49
7 Sa	6 06 14	23 40 18	0 ♓ 12 33	18 02 27	16 42 57	27 42 14	25 55 35	25 40 05	6 09 50	28 46 09	2 20 24	2 36 32	24 43 42	0 06 27
8 Su	7 08 04	6 ♓ 51 13	13 29 10	19 47 47	17 56 09	28 23 42	25 52 12	26 10 59	6 23 03	28 54 59	2 21 07	2 37 60	24 45 39	0 09 37
9 M	8 07 39	20 11 12	26 54 42	21 29 42	19 07 01	29 02 51	25 46 59	26 39 37	6 33 54	29 01 38	2 19 35	2 37 10	24 45 22	0 10 34
10 Tu	9 05 39	3 ♈ 40 39	10 ♈ 29 42	23 08 51	20 16 11	29 40 20	25 40 33	27 06 37	6 43 01	29 06 43	2 16 25	2 34 42	24 43 27	0 09 55
11 W	10 02 58	17 20 31	24 15 11	24 46 09	21 24 33	0 ♑ 17 04	25 33 49	27 32 53	6 51 19	29 11 09	2 12 34	2 31 29	24 40 50	0 08 36
12 Th	11 00 36	1 ♉ 11 56	8 ♉ 12 14	26 22 37	22 33 07	0 54 01	25 27 48	27 59 27	6 59 47	29 15 56	2 09 01	2 28 33	24 38 31	0 07 36
13 F	11 59 27	15 15 42	22 21 20	27 59 11	23 42 48	1 32 08	25 23 24	28 27 11	7 09 20	29 21 58	2 06 40	2 26 48	24 37 25	0 07 49
14 Sa	13 00 06	29 31 36	6 ♊ 41 44	29 36 27	24 54 10	2 11 58	25 21 13	28 56 43	7 20 33	29 29 51	2 06 07	2 26 48	24 38 07	0 09 51
15 Su	14 02 45	13 ♊ 57 47	21 10 54	1 ♓ 14 35	26 07 24	2 53 42	25 21 25	29 28 10	7 33 35	29 39 44	2 07 31	2 28 44	24 40 46	0 13 52
16 M	15 07 03	28 30 32	5 ♋ 44 23	2 53 16	27 22 09	3 37 01	25 23 40	0 ♒ 01 14	7 48 09	29 51 19	2 10 35	2 32 18	24 45 04	0 19 33
17 Tu	16 12 20	13 ♋ 04 21	20 16 09	4 31 51	28 37 46	4 21 15	25 27 19	0 35 15	8 03 32	0 ♈ 03 54	2 14 37	2 36 48	24 50 20	0 26 13
18 W	17 17 43	27 32 39	4 ♌ 39 25	6 09 26	29 53 22	5 05 30	25 31 28	1 09 20	8 18 53	0 16 37	2 18 44	2 41 21	24 55 41	0 32 60
19 Th	18 22 20	11 ♌ 48 41	18 47 44	7 45 10	1 ♈ 08 03	5 48 54	25 35 15	1 42 36	8 33 18	0 28 35	2 22 05	2 45 05	25 00 16	0 39 00
20 F	19 25 31	25 46 41	2 ♍ 35 59	9 18 21	2 21 10	6 30 47	25 37 59	2 14 22	8 46 07	0 39 08	2 23 58	2 47 20	25 03 23	0 43 34
21 Sa	20 26 54	9 ♍ 22 42	16 01 09	10 48 38	3 32 20	7 10 47	25 39 19	2 44 18	8 56 58	0 47 54	2 24 03	2 47 45	25 04 40	0 46 20
22 Su	21 26 30	22 35 01	29 02 31	12 16 01	4 41 34	7 48 54	25 39 16	3 12 23	9 05 52	0 54 54	2 22 19	2 46 19	25 04 10	0 47 18
23 M	22 24 39	5 ♎ 24 13	11 ♎ 41 33	13 40 49	5 49 13	8 25 30	25 38 09	3 38 59	9 13 09	1 00 27	2 19 08	2 43 24	25 02 11	0 46 49
24 Tu	23 21 55	17 52 50	24 01 29	15 03 36	6 55 51	9 01 08	25 36 33	4 04 38	9 19 23	1 05 09	2 15 04	2 39 34	24 59 19	0 45 28
25 W	24 19 01	0 ♏ 04 51	6 ♏ 06 50	16 25 01	8 02 08	9 36 30	25 35 10	4 30 04	9 25 16	1 09 41	2 10 48	2 35 30	24 56 15	0 43 55
26 Th	25 16 37	12 05 09	18 02 49	17 45 44	9 08 47	10 12 16	25 34 41	4 55 56	9 31 29	1 14 43	2 07 02	2 31 54	24 53 40	0 42 52
27 F	26 15 16	23 59 03	29 54 52	19 06 15	10 16 19	10 49 00	25 35 37	5 22 48	9 38 33	1 20 48	2 04 17	2 29 17	24 52 07	0 42 52
28 Sa	27 15 18	5 ♐ 51 51	11 ♐ 48 18	20 26 53	11 25 05	11 27 02	25 38 21	5 51 00	9 46 50	1 28 17	2 02 56	2 28 02	24 51 56	0 44 14
29 Su	28 16 48	17 48 32	23 47 56	21 47 39	12 35 09	12 06 27	25 42 55	6 20 36	9 56 25	1 37 15	2 03 02	2 28 12	24 53 12	0 47 05
30 M	29 19 35	29 53 26	5 ♑ 57 50	23 08 18	13 46 20	12 47 03	25 49 09	6 51 26	10 07 05	1 47 30	2 04 24	2 29 36	24 55 43	0 51 11

October 2013 LONGITUDE

Day	☉	0 hr ☽	Noon ☽	☿	♀	♂	⚵	⚳	♃	♄	⚷	♅	♆	♇
1 Tu	0 ♓ 23 15	12 ♑ 10 02	18 ♑ 21 06	24 ♓ 28 21	14 ♈ 58 14	13 ♑ 28 26	25 ♊ 56 39	7 ♒ 23 04	10 ♐ 18 26	1 ♈ 58 38	2 ♌ 06 39	2 ♍ 31 50	24 ♋ 59 06	0 ♊ 56 10
2 W	1 27 13	24 40 53	0 ♒ 59 46	25 47 10	16 10 16	14 10 02	26 04 50	7 54 57	10 29 55	2 10 04	2 09 11	2 34 21	25 02 47	1 01 27
3 Th	2 30 54	7 ♒ 27 25	13 54 43	27 04 04	17 21 50	14 51 15	26 13 06	8 26 29	10 40 54	2 21 13	2 11 26	2 36 32	25 06 10	1 06 26
4 F	3 33 45	20 29 60	27 05 43	28 18 24	18 32 24	15 31 33	26 20 55	8 57 08	10 50 53	2 31 33	2 12 52	2 37 51	25 08 42	1 10 36
5 Sa	4 35 26	3 ♓ 48 00	10 ♓ 31 36	29 29 41	19 41 36	16 10 35	26 27 55	9 26 32	10 59 29	2 40 41	2 13 06	2 37 57	25 10 02	1 13 34
6 Su	5 35 46	17 19 59	24 10 30	0 ♈ 37 38	20 49 17	16 48 11	26 33 59	9 54 33	11 06 34	2 48 31	2 12 01	2 36 42	25 10 02	1 15 13
7 M	6 34 54	1 ♈ 03 58	8 ♈ 00 11	1 42 14	21 55 35	17 24 29	26 39 12	10 21 17	11 12 15	2 55 07	2 09 44	2 34 12	25 08 50	1 15 39
8 Tu	7 33 10	14 57 46	21 58 20	2 43 38	23 00 48	17 59 49	26 43 54	10 47 04	11 16 52	3 00 52	2 06 34	2 30 48	25 06 44	1 15 12
9 W	8 31 02	28 59 10	6 ♉ 02 47	3 42 07	24 05 26	18 34 40	26 48 35	11 12 24	11 20 53	3 06 12	2 03 01	2 26 60	25 04 14	1 14 22
10 Th	9 29 01	13 ♉ 06 08	20 11 35	4 37 59	25 09 58	19 09 32	26 53 45	11 37 48	11 24 50	3 11 41	1 59 37	2 23 17	25 01 51	1 13 39
11 F	10 27 35	27 16 45	4 ♊ 22 54	5 31 24	26 14 52	19 44 54	26 59 51	12 03 42	11 29 09	3 17 43	1 56 47	2 20 07	25 00 03	1 13 31
12 Sa	11 26 59	11 ♊ 29 03	18 34 50	6 22 23	27 20 24	20 20 60	27 07 07	12 30 22	11 34 07	3 24 36	1 54 48	2 17 46	24 59 04	1 14 13
13 Su	12 27 16	25 40 56	2 ♋ 45 15	7 10 41	28 26 35	20 57 54	27 15 39	12 57 52	11 39 46	3 32 22	1 53 43	2 16 17	24 58 59	1 15 48
14 M	13 28 18	9 ♋ 50 00	16 51 39	7 55 46	29 33 17	21 35 27	27 25 16	13 26 02	11 45 58	3 40 52	1 53 24	2 15 32	24 59 38	1 18 08
15 Tu	14 29 46	23 53 29	0 ♌ 51 10	8 36 57	0 ♉ 40 10	22 13 21	27 35 39	13 54 35	11 52 24	3 49 49	1 53 32	2 15 12	25 00 43	1 20 54
16 W	15 31 18	7 ♌ 48 26	14 40 51	9 13 28	1 46 53	22 51 13	27 46 26	14 23 07	11 58 41	3 58 49	1 53 44	2 14 55	25 01 52	1 23 45
17 Th	16 32 34	21 31 55	28 17 51	9 44 29	2 53 04	23 28 43	27 57 16	14 51 18	12 04 30	4 07 32	1 53 42	2 14 20	25 02 45	1 26 18
18 F	17 33 19	5 ♍ 01 23	11 ♍ 39 51	10 09 17	3 58 28	24 05 37	28 07 55	15 18 54	12 09 36	4 15 44	1 53 09	2 13 14	25 03 06	1 28 21
19 Sa	18 33 27	18 14 55	24 45 20	10 27 14	5 02 60	24 41 48	28 18 17	15 45 49	12 13 52	4 23 18	1 52 00	2 11 30	25 02 51	1 29 47
20 Su	19 33 01	1 ♎ 11 35	7 ♎ 33 47	10 37 49	6 06 39	25 17 19	28 28 22	16 12 05	12 17 20	4 30 17	1 50 17	2 09 10	25 02 00	1 30 38
21 M	20 32 08	13 51 28	20 05 49	10 40 38	7 09 35	25 52 17	28 38 20	16 37 49	12 20 08	4 36 48	1 48 08	2 06 22	25 00 42	1 31 02
22 Tu	21 31 00	26 15 45	2 ♏ 23 08	10 35 20	8 11 59	26 26 54	28 48 20	17 03 14	12 22 29	4 43 04	1 45 46	2 03 19	24 59 10	1 31 11
23 W	22 29 51	8 ♏ 26 39	14 28 24	10 21 38	9 14 03	27 01 24	28 58 38	17 28 32	12 24 35	4 49 17	1 43 23	2 00 13	24 57 35	1 31 18
24 Th	23 28 51	20 27 13	26 25 03	9 59 19	10 15 57	27 35 56	29 09 22	17 53 55	12 26 37	4 55 38	1 41 09	1 57 16	24 56 10	1 31 33
25 F	24 28 07	2 ♐ 21 11	8 ♐ 17 09	9 28 14	11 17 49	28 10 39	29 20 40	18 19 28	12 28 42	5 02 14	1 39 13	1 54 34	24 55 00	1 32 04
26 Sa	25 27 42	14 12 46	20 09 07	8 48 20	12 19 39	28 45 34	29 32 33	18 45 15	12 30 52	5 09 07	1 37 36	1 52 09	24 54 08	1 32 54
27 Su	26 27 33	26 06 31	2 ♑ 05 34	7 59 47	13 21 24	29 20 39	29 44 60	19 11 13	12 33 04	5 16 15	1 36 16	1 49 60	24 53 33	1 33 59
28 M	27 27 35	8 ♑ 07 01	14 11 07	7 02 59	14 23 00	29 55 48	29 57 55	19 37 17	12 35 14	5 23 32	1 35 09	1 48 01	24 53 08	1 35 14
29 Tu	28 27 42	20 18 45	26 30 04	5 58 44	15 24 19	0 ♒ 30 55	0 ♋ 11 10	20 03 19	12 37 14	5 30 52	1 34 06	1 46 06	24 52 47	1 36 34
30 W	29 27 47	2 ♒ 45 50	9 ♒ 06 13	4 48 14	16 25 14	1 05 54	0 24 41	20 29 15	12 38 58	5 38 09	1 33 03	1 44 08	24 52 25	1 37 51
31 Th	0 ♈ 27 47	15 31 40	22 02 26	3 33 09	17 25 41	1 40 42	0 38 22	20 54 60	12 40 24	5 45 20	1 31 56	1 42 06	24 51 57	1 39 03

Notes

LONGITUDE — November 2013

Day	☉	0 hr ☽	Noon ☽	☿	♀	♂	⚵	⚳	♃	♄	⚷	♅	♆	♇
1 F	1 ♈ 27 44	28 ♒ 38 36	5 ♓ 20 25	2 ♈ 15 34	18 ♉ 25 40	2 ♒ 15 19	0 ♋ 52 16	21 ♒ 20 35	12 ♐ 41 33	5 ♈ 52 26	1 ♌ 30 47	1 ♍ 39 59	24 ♋ 51 25	1 ♊ 40 11
2 Sa	2 27 41	12 ♓ 07 37	19 00 17	0 57 52	19 25 15	2 49 50	1 06 27	21 46 06	12 42 27	5 59 29	1 29 39	1 37 52	24 50 54	1 41 19
3 Su	3 27 44	25 57 58	3 ♈ 00 21	29 ♓ 42 38	20 24 33	3 24 21	1 20 59	22 11 37	12 43 15	6 06 39	1 28 40	1 35 52	24 50 30	1 42 33
4 M	4 28 02	10 ♈ 07 04	17 17 12	28 32 20	21 23 37	3 58 58	1 36 01	22 37 16	12 44 03	6 13 60	1 27 55	1 34 05	24 50 19	1 44 00
5 Tu	5 28 37	24 30 40	1 ♉ 45 55	27 29 16	22 22 32	4 33 47	1 51 37	23 03 08	12 44 54	6 21 37	1 27 30	1 32 36	24 50 27	1 45 45
6 W	6 29 29	9 ♉ 03 15	16 20 36	26 35 15	23 21 17	5 08 46	2 07 44	23 29 10	12 45 49	6 29 30	1 27 23	1 31 25	24 50 51	1 47 47
7 Th	7 30 31	23 38 42	0 ♊ 55 13	25 51 34	24 19 42	5 43 48	2 24 17	23 55 17	12 46 41	6 37 31	1 27 29	1 30 24	24 51 27	1 49 59
8 F	8 31 33	8 ♊ 11 07	15 24 15	25 18 60	25 17 37	6 18 43	2 41 04	24 21 18	12 47 19	6 45 31	1 27 36	1 29 24	24 52 02	1 52 10
9 Sa	9 32 21	22 35 29	29 43 20	24 57 47	26 14 48	6 53 19	2 57 53	24 46 60	12 47 29	6 53 15	1 27 32	1 28 10	24 52 25	1 54 09
10 Su	10 32 46	6 ♋ 48 08	13 ♋ 49 27	24 47 48	27 11 01	7 27 23	3 14 32	25 12 11	12 47 03	7 00 34	1 27 06	1 26 34	24 52 24	1 55 43
11 M	11 32 41	20 46 50	27 41 01	24 48 41	28 06 11	8 00 51	3 30 56	25 36 47	12 45 53	7 07 21	1 26 12	1 24 28	24 51 55	1 56 47
12 Tu	12 32 09	4 ♌ 30 41	11 ♌ 17 35	24 59 56	29 00 20	8 33 46	3 47 08	26 00 51	12 44 04	7 13 41	1 24 54	1 21 57	24 50 59	1 57 25
13 W	13 31 22	17 59 43	24 39 29	25 21 00	29 53 35	9 06 18	4 03 17	26 24 33	12 41 45	7 19 42	1 23 22	1 19 11	24 49 49	1 57 47
14 Th	14 30 36	1 ♍ 14 38	7 ♍ 47 34	25 51 20	0 ♊ 46 14	9 38 45	4 19 41	26 48 09	12 39 14	7 25 43	1 21 53	1 16 26	24 48 40	1 58 10
15 F	15 30 11	14 16 22	20 42 47	26 30 22	1 38 34	10 11 25	4 36 39	27 12 01	12 36 51	7 32 03	1 20 47	1 14 04	24 47 53	1 58 54
16 Sa	16 30 26	27 05 53	3 ♎ 26 08	27 17 32	2 30 54	10 44 39	4 54 31	27 36 26	12 34 55	7 39 01	1 20 24	1 12 23	24 47 47	2 00 19
17 Su	17 31 36	9 ♎ 44 07	15 58 31	28 12 12	3 23 25	11 18 41	5 13 30	28 01 40	12 33 40	7 46 52	1 20 58	1 11 38	24 48 36	2 02 38
18 M	18 33 47	22 11 52	28 20 53	29 13 41	4 16 13	11 53 36	5 33 43	28 27 48	12 33 13	7 55 41	1 22 34	1 11 55	24 50 26	2 05 57
19 Tu	19 36 56	4 ♏ 30 02	10 ♏ 34 13	0 ♈ 21 08	5 09 12	12 29 21	5 55 06	28 54 47	12 33 30	8 05 26	1 25 10	1 13 10	24 53 15	2 10 14
20 W	20 40 49	16 39 37	22 39 47	1 33 40	6 02 08	13 05 43	6 17 25	29 22 23	12 34 18	8 15 52	1 28 32	1 15 10	24 56 48	2 15 14
21 Th	21 45 05	28 42 01	4 ♐ 39 15	2 50 19	6 54 37	13 42 21	6 40 19	29 50 15	12 35 16	8 26 39	1 32 18	1 17 34	25 00 45	2 20 37
22 F	22 49 17	10 ♐ 39 07	16 34 47	4 10 05	7 46 10	14 18 47	7 03 21	0 ♓ 17 56	12 35 57	8 37 19	1 36 03	1 19 55	25 04 38	2 25 56
23 Sa	23 52 58	22 33 23	28 29 14	5 32 04	8 36 19	14 54 34	7 26 04	0 44 59	12 35 54	8 47 26	1 39 19	1 21 46	25 08 01	2 30 44
24 Su	24 55 45	4 ♑ 28 03	10 ♑ 26 04	6 55 27	9 24 38	15 29 19	7 48 05	1 11 01	12 34 43	8 56 36	1 41 43	1 22 45	25 10 31	2 34 36
25 M	25 57 24	16 26 59	22 29 24	8 19 39	10 10 51	16 02 48	8 09 08	1 35 47	12 32 12	9 04 35	1 43 01	1 22 36	25 11 52	2 37 21
26 Tu	26 57 55	28 34 42	4 ♒ 43 52	9 44 19	10 54 55	16 34 60	8 29 14	1 59 16	12 28 19	9 11 23	1 43 11	1 21 19	25 12 06	2 38 56
27 W	27 57 29	10 ♒ 56 08	17 14 23	11 09 27	11 37 01	17 06 08	8 48 35	2 21 42	12 23 17	9 17 11	1 42 28	1 19 08	25 11 23	2 39 34
28 Th	28 56 34	23 36 18	0 ♓ 05 42	12 35 13	12 17 32	17 36 37	9 07 37	2 43 30	12 17 33	9 22 27	1 41 17	1 16 29	25 10 12	2 39 42
29 F	29 55 46	6 ♓ 39 44	13 21 52	14 02 04	12 57 02	18 07 05	9 26 57	3 05 17	12 11 43	9 27 47	1 40 15	1 13 57	25 09 08	2 39 57
30 Sa	0 ♉ 55 43	20 09 52	27 05 28	15 30 27	13 36 07	18 38 10	9 47 13	3 27 42	12 06 26	9 33 49	1 40 00	1 12 12	25 08 50	2 40 56

LONGITUDE — December 2013

Day	☉	0 hr ☽	Noon ☽	☿	♀	♂	⚵	⚳	♃	♄	⚷	♅	♆	♇
1 Su	1 ♉ 56 59	4 ♈ 08 10	11 ♈ 16 47	17 ♈ 00 49	14 ♊ 15 19	19 ♒ 10 25	10 ♋ 08 59	3 ♓ 51 17	12 ♐ 02 17	9 ♈ 41 07	1 ♌ 41 07	1 ♍ 11 48	25 ♋ 09 52	2 ♊ 43 15
2 M	2 59 55	18 33 24	25 53 12	18 33 23	14 54 54	19 44 10	10 32 35	4 16 24	11 59 35	9 50 02	1 43 55	1 13 05	25 12 35	2 47 12
3 Tu	4 04 31	3 ♉ 21 09	10 ♉ 48 53	20 08 04	15 34 51	20 19 27	10 58 01	4 43 03	11 58 22	10 00 34	1 48 26	1 16 04	25 16 58	2 52 49
4 W	5 10 24	18 23 59	25 55 19	21 44 24	16 14 42	20 55 52	11 24 55	5 10 50	11 58 15	10 12 21	1 54 17	1 20 22	25 22 39	2 59 44
5 Th	6 16 55	3 ♊ 32 16	11 ♊ 02 27	23 21 39	16 53 46	21 32 46	11 52 37	5 39 07	11 58 34	10 24 41	2 00 47	1 25 19	25 28 59	3 07 15
6 F	7 23 12	18 35 45	26 00 26	24 58 56	17 31 06	22 09 17	12 20 16	6 07 02	11 58 30	10 36 46	2 07 06	1 30 05	25 35 07	3 14 33
7 Sa	8 28 28	3 ♋ 25 22	10 ♋ 41 11	26 35 25	18 05 53	22 44 38	12 47 04	6 33 47	11 57 14	10 47 46	2 12 27	1 33 53	25 40 14	3 20 50
8 Su	9 32 10	17 54 29	24 59 26	28 10 30	18 37 29	23 18 15	13 12 28	6 58 50	11 54 14	10 57 10	2 16 17	1 36 08	25 43 49	3 25 33
9 M	10 34 08	1 ♌ 59 40	8 ♌ 53 06	29 43 59	19 05 40	23 49 60	13 36 18	7 21 60	11 49 21	11 04 46	2 18 25	1 36 42	25 45 42	3 28 32
10 Tu	11 34 37	15 40 25	22 22 47	1 ♉ 16 08	19 30 39	24 20 06	13 58 48	7 43 32	11 42 49	11 10 51	2 19 08	1 35 49	25 46 06	3 30 02
11 W	12 34 13	28 58 36	5 ♍ 30 59	2 47 30	19 52 56	24 49 11	14 20 36	8 04 03	11 35 15	11 16 00	2 18 60	1 34 06	25 45 40	3 30 39
12 Th	13 33 47	11 ♍ 57 29	18 21 20	4 18 57	20 13 18	25 18 03	14 42 31	8 24 23	11 27 31	11 21 04	2 18 53	1 32 23	25 45 12	3 31 14
13 F	14 34 12	24 40 55	0 ♎ 57 45	5 51 21	20 32 35	25 47 37	15 05 27	8 45 24	11 20 28	11 26 56	2 19 39	1 31 34	25 45 37	3 32 40
14 Sa	15 36 16	7 ♎ 12 38	13 23 48	7 25 29	20 51 30	26 18 40	15 30 10	9 07 55	11 14 56	11 34 23	2 22 07	1 32 25	25 47 41	3 35 45
15 Su	16 40 30	19 35 48	25 42 28	9 01 54	21 10 32	26 51 43	15 57 13	9 32 27	11 11 27	11 43 57	2 26 48	1 35 30	25 51 57	3 41 00
16 M	17 47 08	1 ♏ 52 50	7 ♏ 55 53	10 40 49	21 29 49	27 27 00	16 26 48	9 59 14	11 10 13	11 55 52	2 33 55	1 41 01	25 58 39	3 48 39
17 Tu	18 56 00	14 05 16	20 05 28	12 22 06	21 49 09	28 04 21	16 58 47	10 28 05	11 11 06	12 09 58	2 43 19	1 48 49	26 07 35	3 58 32
18 W	20 06 36	26 14 01	2 ♐ 12 00	14 05 13	22 07 57	28 43 16	17 32 38	10 58 30	11 13 35	12 25 44	2 54 29	1 58 23	26 18 17	4 10 08
19 Th	21 18 08	8 ♐ 19 36	14 16 03	15 49 25	22 25 24	29 22 56	18 07 34	11 29 41	11 16 54	12 42 23	3 06 39	2 08 55	26 29 57	4 22 41
20 F	22 29 41	20 22 31	26 18 16	17 33 45	22 40 29	0 ♓ 02 26	18 42 39	12 00 43	11 20 07	12 58 58	3 18 51	2 19 31	26 41 38	4 35 14
21 Sa	23 40 16	2 ♑ 23 35	8 ♑ 19 44	19 17 18	22 52 12	0 40 47	19 16 55	12 30 36	11 22 16	13 14 33	3 30 08	2 29 12	26 52 22	4 46 49
22 Su	24 49 06	14 24 20	20 22 17	20 59 15	22 59 43	1 17 11	19 49 34	12 58 34	11 22 33	13 28 18	3 39 42	2 37 09	27 01 22	4 56 38
23 M	25 55 39	26 27 14	2 ♒ 28 46	22 39 07	23 02 30	1 51 07	20 20 04	13 24 04	11 20 27	13 39 43	3 47 02	2 42 52	27 08 07	5 04 10
24 Tu	26 59 49	8 ♒ 35 52	14 43 02	24 16 46	23 00 23	2 22 28	20 48 18	13 46 59	11 15 52	13 48 40	3 51 60	2 46 14	27 12 29	5 09 18
25 W	28 01 53	20 54 50	27 09 57	25 52 34	22 53 40	2 51 31	21 14 35	14 07 38	11 09 07	13 55 28	3 54 55	2 47 33	27 14 46	5 12 20
26 Th	29 02 35	3 ♓ 29 31	9 ♓ 54 58	27 27 14	22 43 06	3 19 01	21 39 38	14 26 44	11 00 56	14 00 50	3 56 32	2 47 33	27 15 44	5 14 01
27 F	0 ♊ 02 58	16 25 40	23 03 38	29 01 48	22 29 42	3 45 57	22 04 29	14 45 18	10 52 20	14 05 49	3 57 50	2 47 15	27 16 22	5 15 21
28 Sa	1 04 08	29 48 34	6 ♈ 40 42	0 ♊ 37 27	22 14 39	4 13 29	22 30 17	15 04 29	10 44 28	14 11 31	3 59 59	2 47 48	27 17 49	5 17 28
29 Su	2 07 09	13 ♈ 42 06	20 49 02	2 15 12	21 59 01	4 42 38	22 58 02	15 25 18	10 38 23	14 18 59	4 04 01	2 50 14	27 21 08	5 21 26
30 M	3 12 40	28 07 30	5 ♉ 28 21	3 55 45	21 43 33	5 14 05	23 28 25	15 48 26	10 34 45	14 28 54	4 10 36	2 55 14	27 26 59	5 27 54
31 Tu	4 20 52	13 ♉ 02 17	20 34 22	5 39 17	21 28 28	5 47 59	24 01 37	16 14 01	10 33 45	14 41 26	4 19 53	3 02 56	27 35 31	5 37 02

Notes

January 2014 — LONGITUDE

Day	☉	0 hr ☽	Noon ☽	☿	♀	♂	⚵	⚳	♃	♄	⚷	♅	♆	♇
1 W	5 ♊ 31 16	28 ♉ 19 43	5 ♊ 58 35	7 ♊ 25 20	21 ♊ 13 24	6 ♓ 23 50	24 ♋ 37 08	16 ♓ 41 37	10 ♐ 34 55	14 ♈ 56 05	4 ♌ 31 25	3 ♍ 12 53	27 ♋ 46 17	5 ♊ 48 22
2 Th	6 42 52	13 ♊ 49 11	21 29 11	9 12 54	20 57 27	7 00 40	25 13 59	17 10 12	10 37 15	15 11 52	4 44 12	3 24 05	27 58 16	6 00 53
3 F	7 54 21	29 17 52	6 ♋ 53 11	11 00 43	20 39 28	7 37 10	25 50 52	17 38 28	10 39 28	15 27 30	4 56 56	3 35 15	28 10 11	6 13 19
4 Sa	9 04 29	14 ♋ 33 09	21 58 49	12 47 31	20 18 20	8 12 04	26 26 31	18 05 10	10 40 18	15 41 41	5 08 20	3 45 06	28 20 45	6 24 23
5 Su	10 12 20	29 24 60	6 ♌ 37 44	14 32 23	19 53 19	8 44 27	27 00 01	18 29 22	10 38 52	15 53 32	5 17 31	3 52 43	28 29 05	6 33 10
6 M	11 17 34	13 ♌ 47 25	20 45 47	16 14 57	19 24 14	9 13 57	27 31 00	18 50 44	10 34 48	16 02 42	5 24 07	3 57 46	28 34 48	6 39 20
7 Tu	12 20 26	27 38 41	4 ♍ 22 53	17 55 32	18 51 35	9 40 52	27 59 46	19 09 32	10 28 24	16 09 27	5 28 25	4 00 31	28 38 13	6 43 09
8 W	13 21 46	11 ♍ 00 40	17 32 05	19 34 54	18 16 25	10 05 59	28 27 08	19 26 34	10 20 29	16 14 35	5 31 13	4 01 47	28 40 06	6 45 26
9 Th	14 22 42	23 57 38	0 ♎ 18 16	21 14 12	17 40 06	10 30 28	28 54 13	19 42 60	10 12 12	16 19 16	5 33 41	4 02 43	28 41 38	6 47 20
10 F	15 24 29	6 ♎ 35 01	12 47 08	22 54 38	17 04 08	10 55 32	29 22 16	20 00 02	10 04 47	16 24 44	5 37 02	4 04 34	28 44 03	6 50 04
11 Sa	16 28 13	18 58 26	25 04 13	24 37 17	16 29 53	11 22 17	29 52 24	20 18 48	9 59 22	16 32 05	5 42 23	4 08 24	28 48 26	6 54 46
12 Su	17 34 40	1 ♏ 12 55	7 ♏ 14 18	26 22 53	15 58 22	11 51 29	0 ♌ 25 22	20 40 03	9 56 43	16 42 05	5 50 31	4 15 02	28 55 35	7 02 11
13 M	18 44 12	13 22 30	19 21 04	28 11 43	15 30 12	12 23 29	1 01 31	21 04 08	9 57 11	16 55 05	6 01 45	4 24 47	29 05 49	7 12 41
14 Tu	19 56 37	25 30 02	1 ♐ 27 01	0 ♋ 03 35	15 05 29	12 58 07	1 40 42	21 30 53	10 00 37	17 10 56	6 15 56	4 37 29	29 18 60	7 26 05
15 W	21 11 20	7 ♐ 37 10	13 33 28	1 57 45	14 43 51	13 34 44	2 22 16	21 59 40	10 06 23	17 28 59	6 32 27	4 52 32	29 34 29	7 41 46
16 Th	22 27 20	19 44 37	25 40 56	3 53 08	14 24 32	14 12 21	3 05 15	22 29 30	10 13 31	17 48 15	6 50 18	5 08 56	29 51 17	7 58 44
17 F	23 43 25	1 ♑ 52 30	7 ♑ 49 25	5 48 25	14 06 34	14 49 46	3 48 27	22 59 10	10 20 49	18 07 33	7 08 18	5 25 28	0 ♌ 08 12	8 15 48
18 Sa	24 58 23	14 00 48	19 58 60	7 42 15	13 48 58	15 25 45	4 30 37	23 27 27	10 27 04	18 25 39	7 25 12	5 40 56	0 24 02	8 31 45
19 Su	26 11 11	26 09 51	2 ♒ 10 09	9 33 24	13 30 51	15 59 15	5 10 44	23 53 18	10 31 14	18 41 30	7 39 59	5 54 18	0 37 43	8 45 31
20 M	27 21 07	8 ♒ 20 46	14 24 17	11 20 59	13 11 42	16 29 34	5 48 06	24 16 02	10 32 37	18 54 25	7 51 56	6 04 50	0 48 33	8 56 26
21 Tu	28 27 57	20 35 44	26 43 56	13 04 30	12 51 27	16 56 27	6 22 28	24 35 22	10 30 60	19 04 09	8 00 49	6 12 19	0 56 18	9 04 14
22 W	29 31 58	2 ♓ 58 08	9 ♓ 12 50	14 43 57	12 30 31	17 20 11	6 54 08	24 51 38	10 26 40	19 10 60	8 06 56	6 17 03	1 01 17	9 09 13
23 Th	0 ♋ 33 57	15 32 31	21 55 48	16 19 49	12 09 48	17 41 33	7 23 52	25 05 35	10 20 25	19 15 44	8 11 04	6 19 48	1 04 15	9 12 10
24 F	1 35 03	28 24 14	4 ♈ 58 13	17 52 50	11 50 31	18 01 39	7 52 50	25 18 21	10 13 22	19 19 30	8 14 20	6 21 43	1 06 21	9 14 14
25 Sa	2 36 34	11 ♈ 38 49	18 25 25	19 23 53	11 34 04	18 21 50	8 22 19	25 31 16	10 06 52	19 23 37	8 18 04	6 24 06	1 08 54	9 16 43
26 Su	3 39 44	25 21 02	2 ♉ 21 32	20 53 41	11 21 42	18 43 17	8 53 33	25 45 31	10 02 09	19 29 18	8 23 30	6 28 12	1 13 08	9 20 50
27 M	4 45 25	9 ♉ 33 48	16 48 18	22 22 33	11 14 21	19 06 52	9 27 25	26 01 60	10 00 04	19 37 25	8 31 29	6 34 51	1 19 54	9 27 29
28 Tu	5 53 56	24 16 51	1 ♊ 44 29	23 50 10	11 12 20	19 32 54	10 04 13	26 20 60	10 00 56	19 48 17	8 42 20	6 44 24	1 29 31	9 36 57
29 W	7 04 54	9 ♊ 25 51	17 01 54	25 15 29	11 15 16	20 00 59	10 43 35	26 42 09	10 04 25	20 01 32	8 55 40	6 56 27	1 41 37	9 48 52
30 Th	8 17 21	24 52 08	2 ♋ 32 12	26 36 47	11 22 10	20 30 08	11 24 31	27 04 27	10 09 30	20 16 10	9 10 31	7 10 01	1 55 12	10 02 16
31 F	9 29 53	10 ♋ 23 42	18 01 56	27 51 56	11 31 40	20 58 58	12 05 40	27 26 33	10 14 51	20 30 50	9 25 31	7 23 45	2 08 56	10 15 46

February 2014 — LONGITUDE

Day	☉	0 hr ☽	Noon ☽	☿	♀	♂	⚵	⚳	♃	♄	⚷	♅	♆	♇
1 Sa	10 ♋ 41 09	25 ♋ 47 23	3 ♌ 18 06	28 ♋ 58 43	11 ♊ 42 19	21 ♓ 26 07	12 ♌ 45 38	27 ♓ 47 04	10 ♐ 19 04	20 ♈ 44 09	9 ♌ 39 16	7 ♍ 36 16	2 ♌ 21 25	10 ♊ 27 59
2 Su	11 50 05	10 ♌ 51 19	18 10 09	29 55 17	11 53 03	21 50 30	13 23 23	28 04 55	10 21 07	20 55 03	9 50 44	7 46 30	2 31 35	10 37 52
3 M	12 56 11	25 27 09	2 ♍ 31 32	0 ♌ 40 22	12 03 19	22 11 37	13 58 24	28 19 37	10 20 31	21 03 02	9 59 25	7 53 58	2 38 57	10 44 56
4 Tu	13 59 36	9 ♍ 30 53	16 20 08	1 13 22	12 13 13	22 29 37	14 30 52	28 31 19	10 17 25	21 08 17	10 05 28	7 58 50	2 43 41	10 49 20
5 W	15 01 04	23 02 40	29 37 36	1 34 24	12 23 27	22 45 14	15 01 29	28 40 45	10 12 33	21 11 31	10 09 37	8 01 48	2 46 31	10 51 48
6 Th	16 01 42	6 ♎ 05 49	12 ♎ 28 16	1 44 02	12 35 03	22 59 33	15 31 22	28 49 00	10 07 01	21 13 50	10 12 58	8 03 59	2 48 31	10 53 25
7 F	17 02 43	18 45 34	24 57 54	1 43 13	12 49 12	23 13 47	16 01 44	28 57 19	10 02 04	21 16 28	10 16 45	8 06 37	2 50 57	10 55 26
8 Sa	18 05 15	1 ♏ 07 53	7 ♏ 12 39	1 32 58	13 06 57	23 29 03	16 33 43	29 06 48	9 58 49	21 20 31	10 22 05	8 10 49	2 54 56	10 58 58
9 Su	19 10 07	13 18 39	19 18 16	1 14 17	13 29 05	23 46 11	17 08 09	29 18 17	9 58 05	21 26 51	10 29 48	8 17 25	3 01 16	11 04 50
10 M	20 17 42	25 23 01	1 ♐ 19 40	0 48 03	13 55 54	24 05 32	17 45 24	29 32 08	10 00 17	21 35 50	10 40 17	8 26 48	3 10 22	11 13 27
11 Tu	21 27 55	7 ♐ 25 05	13 20 35	0 14 58	14 27 16	24 27 02	18 25 24	29 48 18	10 05 19	21 47 22	10 53 26	8 38 53	3 22 08	11 24 42
12 W	22 40 15	19 27 44	25 23 32	29 ♋ 35 37	15 02 36	24 50 07	19 07 36	0 ♈ 06 12	10 12 40	22 00 57	11 08 45	8 53 08	3 36 03	11 38 04
13 Th	23 53 49	1 ♑ 32 48	7 ♑ 29 57	28 50 29	15 40 56	25 13 54	19 51 08	0 24 58	10 21 26	22 15 40	11 25 19	9 08 40	3 51 12	11 52 39
14 F	25 07 30	13 41 09	19 40 26	28 00 07	16 21 08	25 37 17	20 34 53	0 43 31	10 30 32	22 30 27	11 42 04	9 24 23	4 06 32	12 07 23
15 Sa	26 20 12	25 53 07	1 ♒ 55 07	27 05 10	17 02 01	25 59 09	21 17 46	1 00 43	10 38 52	22 44 11	11 57 52	9 39 11	4 20 54	12 21 08
16 Su	27 30 59	8 ♒ 08 52	14 14 06	26 06 33	17 42 33	26 18 30	21 58 49	1 15 37	10 45 29	22 55 54	12 11 46	9 52 06	4 33 22	12 32 58
17 M	28 39 09	20 28 47	26 37 51	25 05 25	18 22 03	26 34 42	22 37 21	1 27 33	10 49 42	23 04 56	12 23 07	10 02 28	4 43 16	12 42 12
18 Tu	29 44 30	2 ♓ 53 55	9 ♓ 12 06	24 03 16	19 00 12	26 47 29	23 13 10	1 36 17	10 51 18	23 11 04	12 31 40	10 10 04	4 50 22	12 48 36
19 W	0 ♌ 47 14	15 26 09	21 45 28	23 01 49	19 37 09	26 57 03	23 46 26	1 41 60	10 50 29	23 14 30	12 37 37	10 15 06	4 54 52	12 52 23
20 Th	1 47 57	28 08 19	4 ♈ 34 34	22 03 01	20 13 30	27 04 01	24 17 49	1 45 20	10 47 54	23 15 52	12 41 37	10 18 11	4 57 23	12 54 10
21 F	2 47 39	11 ♈ 04 04	17 38 42	21 08 51	20 50 06	27 09 19	24 48 15	1 47 15	10 44 28	23 16 06	12 44 36	10 20 16	4 58 54	12 54 54
22 Sa	3 47 23	24 17 24	1 ♉ 01 51	20 21 12	21 28 03	27 14 02	25 18 50	1 48 49	10 41 19	23 16 19	12 47 40	10 22 28	5 00 29	12 55 42
23 Su	4 48 14	7 ♉ 52 06	14 47 29	19 41 39	22 08 18	27 19 13	25 50 36	1 51 06	10 39 29	23 17 32	12 51 52	10 25 49	5 03 12	12 57 36
24 M	5 50 57	21 50 50	28 57 30	19 11 15	22 51 36	27 25 36	26 24 21	1 54 51	10 39 45	23 20 34	12 57 58	10 31 06	5 07 48	13 01 23
25 Tu	6 55 52	6 ♊ 14 10	13 ♊ 31 23	18 50 26	23 38 13	27 33 31	27 00 22	2 00 23	10 42 25	23 25 42	13 06 18	10 38 36	5 14 38	13 07 20
26 W	8 02 45	20 59 43	28 25 22	18 38 57	24 27 53	27 42 44	27 38 27	2 07 30	10 47 17	23 32 44	13 16 38	10 48 08	5 23 27	13 15 17
27 Th	9 10 54	6 ♋ 01 49	13 ♋ 32 20	18 35 57	25 19 51	27 52 32	28 17 54	2 15 29	10 53 38	23 40 57	13 28 15	10 58 60	5 33 34	13 24 29
28 F	10 19 19	21 11 45	28 42 36	18 40 09	26 13 03	28 01 53	28 57 42	2 23 19	11 00 28	23 49 21	13 40 10	11 10 09	5 43 58	13 33 57

Notes

LONGITUDE

March 2014

Day	☉	0 hr ☽	Noon ☽	☿	♀	♂	⚵	⚳	♃	♄	⚷	♅	♆	♇
1 Sa	11 ♌ 26 53	6 ♌ 19 06	13 ♌ 45 26	18 ♋ 50 10	27 ♊ 06 23	28 ♓ 09 42	29 ♌ 36 45	2 ♈ 29 55	11 ♐ 06 41	23 ♈ 56 50	13 ♌ 51 16	11 ♍ 20 31	5 ♌ 53 33	13 ♊ 42 35
2 Su	12 32 45	21 13 28	28 30 58	19 04 47	27 58 55	28 15 06	0 ♍ 14 11	2 34 25	11 11 26	24 02 32	14 00 42	11 29 15	6 01 27	13 49 31
3 M	13 36 27	5 ♍ 46 18	12 ♍ 51 53	19 23 12	28 50 09	28 17 37	0 49 33	2 36 20	11 14 15	24 05 60	14 07 60	11 35 51	6 07 13	13 54 16
4 Tu	14 37 58	19 52 10	26 44 15	19 45 01	29 40 04	28 17 14	1 22 50	2 35 41	11 15 06	24 07 13	14 13 09	11 40 20	6 10 50	13 56 52
5 W	15 37 45	3 ♎ 29 06	10 ♎ 07 32	20 10 20	0 ♋ 29 03	28 14 24	1 54 28	2 32 54	11 14 28	24 06 37	14 16 35	11 43 07	6 12 44	13 57 44
6 Th	16 36 32	16 38 10	23 03 59	20 39 34	1 17 50	28 09 50	2 25 12	2 28 43	11 13 04	24 04 58	14 19 04	11 44 58	6 13 40	13 57 36
7 F	17 35 12	29 22 46	5 ♏ 37 49	21 13 13	2 07 14	28 04 25	2 55 53	2 24 02	11 11 46	24 03 07	14 21 27	11 46 45	6 14 31	13 57 21
8 Sa	18 34 33	11 ♏ 47 39	17 54 14	21 51 50	2 58 05	27 58 59	3 27 23	2 19 39	11 11 23	24 01 54	14 24 34	11 49 17	6 16 04	13 57 49
9 Su	19 35 14	23 58 11	29 58 44	22 35 44	3 50 57	27 54 08	4 00 17	2 16 13	11 12 35	24 01 56	14 29 03	11 53 11	6 18 60	13 59 37
10 M	20 37 35	5 ♐ 59 37	11 ♐ 56 35	23 25 02	4 46 11	27 50 13	4 34 58	2 14 05	11 15 41	24 03 36	14 35 14	11 58 50	6 23 38	14 03 06
11 Tu	21 41 39	17 56 45	23 52 24	24 19 29	5 43 46	27 47 17	5 11 26	2 13 16	11 20 43	24 06 53	14 43 08	12 06 13	6 29 59	14 08 17
12 W	22 47 07	29 53 42	5 ♑ 49 58	25 18 34	6 43 24	27 45 01	5 49 23	2 13 29	11 27 23	24 11 31	14 52 29	12 15 04	6 37 47	14 14 53
13 Th	23 53 27	11 ♑ 53 40	17 52 12	26 21 34	7 44 31	27 42 53	6 28 19	2 14 12	11 35 09	24 16 57	15 02 44	12 24 50	6 46 28	14 22 22
14 F	24 59 58	23 59 04	0 ♒ 01 07	27 27 36	8 46 25	27 40 13	7 07 31	2 14 44	11 43 20	24 22 31	15 13 12	12 34 51	6 55 22	14 30 03
15 Sa	26 05 59	6 ♒ 11 32	12 18 03	28 35 48	9 48 22	27 36 18	7 46 17	2 14 24	11 51 14	24 27 31	15 23 11	12 44 24	7 03 47	14 37 13
16 Su	27 10 53	18 32 10	24 43 44	29 45 24	10 49 46	27 30 33	8 24 02	2 12 36	11 58 14	24 31 20	15 32 04	12 52 52	7 11 06	14 43 17
17 M	28 14 14	1 ♓ 01 38	7 ♓ 18 40	0 ♌ 55 51	11 50 09	27 22 32	9 00 19	2 08 53	12 03 56	24 33 32	15 39 25	12 59 50	7 16 55	14 47 48
18 Tu	29 15 53	13 40 29	20 03 15	2 06 51	12 49 20	27 12 06	9 34 58	2 03 08	12 08 07	24 33 58	15 45 06	13 05 09	7 21 02	14 50 37
19 W	0 ♍ 15 55	26 29 23	2 ♈ 58 08	3 18 25	13 47 26	26 59 21	10 08 07	1 55 25	12 10 56	24 32 43	15 49 12	13 08 53	7 23 33	14 51 50
20 Th	1 14 43	9 ♈ 29 10	16 04 13	4 30 47	14 44 45	26 44 40	10 40 05	1 46 08	12 12 43	24 30 11	15 52 04	13 11 26	7 24 52	14 51 48
21 F	2 12 48	22 41 02	29 22 42	5 44 24	15 41 50	26 28 35	11 11 27	1 35 48	12 13 60	24 26 52	15 54 14	13 13 18	7 25 29	14 51 04
22 Sa	3 10 49	6 ♉ 06 16	12 ♉ 54 55	6 59 50	16 39 17	26 11 46	11 42 47	1 25 04	12 15 25	24 23 24	15 56 21	13 15 08	7 26 02	14 50 15
23 Su	4 09 19	19 46 07	26 41 57	8 17 35	17 37 40	25 54 46	12 14 43	1 14 31	12 17 32	24 20 22	15 58 58	13 17 30	7 27 06	14 49 56
24 M	5 08 44	3 ♊ 41 17	10 ♊ 44 10	9 38 01	18 37 22	25 38 04	12 47 38	1 04 35	12 20 47	24 18 12	16 02 31	13 20 49	7 29 05	14 50 31
25 Tu	6 09 15	17 51 25	25 00 41	11 01 15	19 38 35	25 21 50	13 21 43	0 55 27	12 25 21	24 17 03	16 07 11	13 25 15	7 32 12	14 52 13
26 W	7 10 45	2 ♋ 14 44	9 ♋ 29 01	12 27 07	20 41 10	25 05 60	13 56 53	0 47 02	12 31 06	24 16 51	16 12 51	13 30 44	7 36 18	14 54 53
27 Th	8 12 55	16 47 46	24 04 53	13 55 17	21 44 48	24 50 15	14 32 47	0 38 59	12 37 43	24 17 15	16 19 11	13 36 54	7 41 06	14 58 14
28 F	9 15 16	1 ♌ 25 20	8 ♌ 42 29	15 25 12	22 48 57	24 34 09	15 08 56	0 30 51	12 44 43	24 17 45	16 25 43	13 43 16	7 46 04	15 01 44
29 Sa	10 17 16	16 01 09	23 15 13	16 56 21	23 53 08	24 17 12	15 44 50	0 22 09	12 51 36	24 17 53	16 31 55	13 49 21	7 50 43	15 04 55
30 Su	11 18 33	0 ♍ 28 31	7 ♍ 36 27	18 28 17	24 56 54	23 59 03	16 20 04	0 12 29	12 57 56	24 17 13	16 37 24	13 54 44	7 54 40	15 07 22
31 M	12 18 52	14 41 20	21 40 36	20 00 48	26 00 04	23 39 31	16 54 25	0 01 39	13 03 32	24 15 33	16 41 56	13 59 12	7 57 40	15 08 52

LONGITUDE

April 2014

Day	☉	0 hr ☽	Noon ☽	☿	♀	♂	⚵	⚳	♃	♄	⚷	♅	♆	♇
1 Tu	13 ♍ 18 13	28 ♍ 34 55	5 ♎ 23 48	21 ♌ 33 51	27 ♋ 02 34	23 ♓ 18 36	17 ♍ 27 54	29 ♓ 49 38	13 ♐ 08 22	24 ♈ 12 52	16 ♌ 45 31	14 ♍ 02 43	7 ♌ 59 43	15 ♊ 09 23
2 W	14 16 46	12 ♎ 06 28	18 44 13	23 07 35	28 04 34	22 56 32	18 00 38	29 36 39	13 12 36	24 09 20	16 48 19	14 05 28	8 00 59	15 09 07
3 Th	15 14 49	25 15 16	1 ♏ 42 04	24 42 18	29 06 22	22 33 39	18 32 57	29 22 59	13 16 31	24 05 15	16 50 37	14 07 46	8 01 45	15 08 21
4 F	16 12 41	8 ♏ 02 26	14 19 16	26 18 20	0 ♌ 08 18	22 10 18	19 05 10	29 08 60	13 20 29	24 00 57	16 52 45	14 09 55	8 02 22	15 07 25
5 Sa	17 10 41	20 30 36	26 39 05	27 56 00	1 10 38	21 46 52	19 37 36	28 55 01	13 24 46	23 56 46	16 55 03	14 12 15	8 03 09	15 06 37
6 Su	18 09 03	2 ♐ 43 25	8 ♐ 45 34	29 35 31	2 13 37	21 23 37	20 10 28	28 41 16	13 29 37	23 52 54	16 57 43	14 14 58	8 04 18	15 06 12
7 M	19 07 53	14 45 13	20 43 17	1 ♍ 17 01	3 17 21	21 00 41	20 43 54	28 27 55	13 35 09	23 49 28	17 00 52	14 18 12	8 05 57	15 06 15
8 Tu	20 07 12	26 40 32	2 ♑ 36 52	3 00 29	4 21 48	20 38 07	21 17 51	28 14 56	13 41 20	23 46 29	17 04 30	14 21 56	8 08 05	15 06 47
9 W	21 06 52	8 ♑ 33 56	14 30 49	4 45 50	5 26 53	20 15 52	21 52 16	28 02 15	13 48 05	23 43 49	17 08 31	14 26 04	8 10 36	15 07 41
10 Th	22 06 44	20 29 45	26 29 18	6 32 54	6 32 24	19 53 47	22 26 56	27 49 43	13 55 12	23 41 20	17 12 44	14 30 26	8 13 20	15 08 48
11 F	23 06 36	2 ♒ 31 55	8 ♒ 36 00	8 21 30	7 38 10	19 31 44	23 01 40	27 37 09	14 02 31	23 38 48	17 16 57	14 34 49	8 16 04	15 09 54
12 Sa	24 06 18	14 43 49	20 53 58	10 11 29	8 44 01	19 09 36	23 36 19	27 24 24	14 09 51	23 36 06	17 21 01	14 39 04	8 18 40	15 10 51
13 Su	25 05 44	27 08 12	3 ♓ 25 30	12 02 45	9 49 49	18 47 19	24 10 46	27 11 22	14 17 05	23 33 05	17 24 49	14 43 05	8 20 60	15 11 32
14 M	26 04 51	9 ♓ 46 59	16 12 05	13 55 15	10 55 32	18 24 53	24 44 59	26 58 03	14 24 12	23 29 44	17 28 18	14 46 49	8 23 02	15 11 55
15 Tu	27 03 42	22 41 16	29 14 19	15 49 03	12 01 11	18 02 22	25 18 59	26 44 29	14 31 12	23 26 06	17 31 31	14 50 17	8 24 48	15 12 01
16 W	28 02 21	5 ♈ 51 14	12 ♈ 31 59	17 44 13	13 06 52	17 39 54	25 52 51	26 30 46	14 38 12	23 22 14	17 34 33	14 53 36	8 26 23	15 11 56
17 Th	29 00 55	19 16 17	26 04 05	19 40 51	14 12 41	17 17 38	26 26 43	26 17 03	14 45 18	23 18 17	17 37 30	14 56 51	8 27 54	15 11 47
18 F	29 59 31	2 ♉ 55 02	9 ♉ 48 58	21 39 02	15 18 43	16 55 43	27 00 40	26 03 25	14 52 34	23 14 19	17 40 28	15 00 09	8 29 27	15 11 38
19 Sa	0 ♎ 58 11	16 45 36	23 44 33	23 38 47	16 25 01	16 34 14	27 34 45	25 49 56	15 00 05	23 10 24	17 43 30	15 03 32	8 31 04	15 11 34
20 Su	1 56 54	0 ♊ 45 42	7 ♊ 48 29	25 40 04	17 31 34	16 13 11	28 08 57	25 36 38	15 07 48	23 06 31	17 46 36	15 06 59	8 32 45	15 11 33
21 M	2 55 36	14 52 52	21 58 15	27 42 44	18 38 17	15 52 33	28 43 11	25 23 26	15 15 40	23 02 36	17 49 39	15 10 26	8 34 24	15 11 31
22 Tu	3 54 11	29 04 32	6 ♋ 11 19	29 46 37	19 45 03	15 32 16	29 17 22	25 10 14	15 23 35	22 58 33	17 52 35	15 13 47	8 35 57	15 11 21
23 W	4 52 33	13 ♋ 18 11	20 25 07	1 ♎ 51 32	20 51 47	15 12 17	29 51 23	24 56 59	15 31 25	22 54 16	17 55 17	15 16 55	8 37 16	15 10 58
24 Th	5 50 39	27 31 17	4 ♌ 37 05	3 57 19	21 58 24	14 52 34	0 ♎ 25 12	24 43 38	15 39 10	22 49 42	17 57 43	15 19 49	8 38 20	15 10 19
25 F	6 48 31	11 ♌ 41 16	18 44 36	6 03 51	23 04 59	14 33 12	0 58 50	24 30 15	15 46 50	22 44 54	17 59 55	15 22 30	8 39 11	15 09 26
26 Sa	7 46 18	25 45 32	2 ♍ 44 59	8 11 08	24 11 36	14 14 20	1 32 27	24 16 58	15 54 32	22 39 59	18 02 00	15 25 05	8 39 55	15 08 27
27 Su	8 44 10	9 ♍ 41 27	16 35 39	10 19 07	25 18 28	13 56 11	2 06 11	24 03 60	16 02 30	22 35 10	18 04 10	15 27 46	8 40 45	15 07 34
28 M	9 42 19	23 26 31	0 ♎ 14 10	12 27 49	26 25 47	13 38 60	2 40 17	23 51 32	16 10 53	22 30 37	18 06 37	15 30 46	8 41 52	15 06 57
29 Tu	10 40 56	6 ♎ 58 25	13 38 30	14 37 09	27 33 42	13 22 58	3 14 54	23 39 48	16 19 54	22 26 33	18 09 31	15 34 14	8 43 27	15 06 49
30 W	11 40 06	20 15 24	26 47 15	16 46 57	28 42 19	13 08 12	3 50 07	23 28 53	16 29 36	22 23 02	18 12 57	15 38 16	8 45 36	15 07 14

Notes

May 2014 — LONGITUDE

Day	☉	0 hr ☽	Noon ☽	☿	♀	♂	⚵	⚳	♃	♄	⚷	♅	♆	♇
1 Th	12 ♎ 39 49	3 ♏ 16 20	9 ♏ 39 48	18 ♎ 56 55	29 ♌ 51 37	12 ♓ 54 43	4 ♎ 25 56	23 ♓ 18 47	16 ♐ 40 00	22 ♈ 20 04	18 ♌ 16 56	15 ♍ 42 51	8 ♌ 48 17	15 ♊ 08 12
2 F	13 39 56	16 01 02	22 16 28	21 06 36	1 ♍ 01 27	12 42 24	5 02 13	23 09 23	16 50 57	22 17 30	18 21 18	15 47 51	8 51 22	15 09 34
3 Sa	14 40 13	28 30 14	4 ♐ 38 30	23 15 29	2 11 35	12 31 01	5 38 42	23 00 27	17 02 11	22 15 07	18 25 48	15 53 01	8 54 37	15 11 05
4 Su	15 40 21	10 ♐ 45 38	16 48 07	25 22 57	3 21 42	12 20 17	6 15 07	22 51 41	17 13 26	22 12 36	18 30 11	15 58 04	8 57 44	15 12 29
5 M	16 40 03	22 49 54	28 48 22	27 28 24	4 31 31	12 09 54	6 51 08	22 42 49	17 24 23	22 09 40	18 34 06	16 02 40	9 00 25	15 13 26
6 Tu	17 39 03	4 ♑ 46 30	10 ♑ 43 02	29 31 20	5 40 47	11 59 40	7 26 31	22 33 36	17 34 48	22 06 05	18 37 19	16 06 37	9 02 25	15 13 43
7 W	18 37 15	16 39 33	22 36 25	1 ♏ 31 19	6 49 20	11 49 25	8 01 09	22 23 54	17 44 31	22 01 41	18 39 42	16 09 44	9 03 36	15 13 11
8 Th	19 34 38	28 33 40	4 ♒ 33 14	3 28 09	7 57 13	11 39 12	8 35 01	22 13 46	17 53 33	21 56 30	18 41 16	16 12 04	9 03 59	15 11 51
9 F	20 31 23	10 ♒ 33 45	16 38 19	5 21 48	9 04 35	11 29 10	9 08 18	22 03 21	18 02 06	21 50 43	18 42 12	16 13 47	9 03 43	15 09 53
10 Sa	21 27 49	22 44 39	28 56 20	7 12 23	10 11 45	11 19 40	9 41 19	21 53 00	18 10 28	21 44 39	18 42 47	16 15 10	9 03 09	15 07 36
11 Su	22 24 21	5 ♓ 10 52	11 ♓ 31 28	9 00 09	11 19 08	11 11 05	10 14 29	21 43 08	18 19 03	21 38 43	18 43 28	16 16 41	9 02 41	15 05 26
12 M	23 21 26	17 56 10	24 26 55	10 45 25	12 27 10	11 03 53	10 48 14	21 34 11	18 28 18	21 33 21	18 44 40	16 18 43	9 02 45	15 03 49
13 Tu	24 19 26	1 ♈ 03 06	7 ♈ 44 33	12 28 25	13 36 15	10 58 27	11 22 58	21 26 33	18 38 36	21 28 57	18 46 47	16 21 42	9 03 45	15 03 07
14 W	25 18 36	14 32 34	21 24 25	14 09 19	14 46 35	10 54 59	11 58 53	21 20 27	18 50 10	21 25 43	18 50 02	16 25 50	9 05 54	15 03 34
15 Th	26 18 56	28 23 32	5 ♉ 24 35	15 48 03	15 58 13	10 53 31	12 36 02	21 15 56	19 03 02	21 23 43	18 54 26	16 31 08	9 09 13	15 05 13
16 F	27 20 13	12 ♉ 32 57	19 41 10	17 24 19	17 10 54	10 53 49	13 14 10	21 12 46	19 16 58	21 22 42	18 59 46	16 37 23	9 13 28	15 07 48
17 Sa	28 22 00	26 55 58	4 ♊ 08 43	18 57 35	18 24 10	10 55 25	13 52 51	21 10 29	19 31 30	21 22 12	19 05 34	16 44 08	9 18 13	15 10 53
18 Su	29 23 41	11 ♊ 26 34	18 41 01	20 27 13	19 37 27	10 57 43	14 31 27	21 08 31	19 46 02	21 21 39	19 11 14	16 50 46	9 22 51	15 13 52
19 M	0 ♏ 24 40	25 58 29	3 ♋ 11 56	21 52 33	20 50 07	11 00 07	15 09 24	21 06 14	19 59 59	21 20 26	19 16 11	16 56 42	9 26 47	15 16 09
20 Tu	1 24 29	10 ♋ 26 04	17 36 18	23 13 05	22 01 43	11 02 08	15 46 13	21 03 13	20 12 52	21 18 05	19 19 56	17 01 27	9 29 32	15 17 15
21 W	2 22 56	24 45 01	1 ♌ 50 28	24 28 33	23 12 02	11 03 34	16 21 42	20 59 13	20 24 29	21 14 25	19 22 17	17 04 49	9 30 54	15 16 60
22 Th	3 20 09	8 ♌ 52 39	15 52 24	25 39 02	24 21 12	11 04 32	16 55 58	20 54 23	20 34 57	21 09 32	19 23 21	17 06 56	9 30 60	15 15 29
23 F	4 16 32	22 47 50	29 41 30	26 44 54	25 29 38	11 05 26	17 29 27	20 49 10	20 44 42	21 03 53	19 23 35	17 08 13	9 30 17	15 13 09
24 Sa	5 12 46	6 ♍ 30 37	13 ♍ 18 05	27 46 45	26 37 59	11 06 57	18 02 48	20 44 11	20 54 23	20 58 07	19 23 37	17 09 19	9 29 23	15 10 39
25 Su	6 09 35	20 01 37	26 42 57	28 45 15	27 46 60	11 09 48	18 36 45	20 40 11	21 04 44	20 52 58	19 24 11	17 10 59	9 29 02	15 08 43
26 M	7 07 37	3 ♎ 21 37	9 ♎ 56 51	29 40 60	28 57 19	11 14 37	19 11 58	20 37 51	21 16 25	20 49 07	19 25 57	17 13 52	9 29 54	15 08 01
27 Tu	8 07 21	16 31 09	23 00 17	0 ♐ 34 23	0 ♎ 09 24	11 21 52	19 48 54	20 37 37	21 29 52	20 47 00	19 29 23	17 18 26	9 32 28	15 09 01
28 W	9 08 57	29 30 21	5 ♏ 53 22	1 25 30	1 23 26	11 31 43	20 27 43	20 39 41	21 45 17	20 46 49	19 34 38	17 24 50	9 36 52	15 11 52
29 Th	10 12 15	12 ♏ 19 03	18 35 58	2 14 07	2 39 15	11 43 60	21 08 17	20 43 52	22 02 31	20 48 23	19 41 35	17 32 57	9 42 58	15 16 27
30 F	11 16 50	24 56 55	1 ♐ 07 56	2 59 43	3 56 25	11 58 15	21 50 09	20 49 44	22 21 05	20 51 18	19 49 45	17 42 18	9 50 20	15 22 17
31 Sa	12 22 00	7 ♐ 23 47	13 29 23	3 41 34	5 14 14	12 13 48	22 32 37	20 56 37	22 40 20	20 54 52	19 58 29	17 52 14	9 58 16	15 28 43

June 2014 — LONGITUDE

Day	☉	0 hr ☽	Noon ☽	☿	♀	♂	⚵	⚳	♃	♄	⚷	♅	♆	♇
1 Su	13 ♏ 26 59	19 ♐ 40 01	25 ♐ 41 01	4 ♐ 18 48	6 ♎ 31 57	12 ♓ 29 52	23 ♎ 14 56	21 ♓ 03 45	22 ♐ 59 30	20 ♈ 58 19	20 ♌ 07 00	18 ♍ 01 58	10 ♌ 06 01	15 ♊ 34 58
2 M	14 31 03	1 ♑ 46 42	7 ♑ 44 20	4 50 36	7 48 48	12 45 40	23 56 21	21 10 21	23 17 48	21 00 54	20 14 33	18 10 46	10 12 49	15 40 17
3 Tu	15 33 34	13 45 55	19 41 48	5 16 20	9 04 11	13 00 37	24 36 15	21 15 50	23 34 40	21 02 01	20 20 32	18 17 60	10 18 04	15 44 05
4 W	16 34 14	25 40 45	1 ♒ 36 53	5 35 37	10 17 47	13 14 21	25 14 19	21 19 52	23 49 44	21 01 21	20 24 38	18 23 22	10 21 27	15 46 01
5 Th	17 33 02	7 ♒ 35 20	13 33 59	5 48 27	11 29 35	13 26 52	25 50 32	21 22 26	24 03 02	20 58 54	20 26 50	18 26 50	10 22 57	15 46 06
6 F	18 30 18	19 34 39	25 38 17	5 55 08	12 39 55	13 38 29	26 25 14	21 23 54	24 14 52	20 54 60	20 27 27	18 28 46	10 22 54	15 44 39
7 Sa	19 26 40	1 ♓ 44 17	7 ♓ 55 23	5 56 21	13 49 25	13 49 49	26 59 04	21 24 51	24 25 53	20 50 16	20 27 09	18 29 47	10 21 57	15 42 18
8 Su	20 22 57	14 10 01	20 30 56	5 52 60	14 58 55	14 01 42	27 32 50	21 26 07	24 36 54	20 45 32	20 26 44	18 30 41	10 20 55	15 39 53
9 M	21 20 03	26 57 14	3 ♈ 29 54	5 46 02	16 09 17	14 14 58	28 07 25	21 28 35	24 48 48	20 41 41	20 27 05	18 32 23	10 20 39	15 38 17
10 Tu	22 18 43	10 ♈ 10 16	16 55 54	5 36 24	17 21 16	14 30 23	28 43 36	21 33 01	25 02 19	20 39 29	20 28 58	18 35 37	10 21 57	15 38 15
11 W	23 19 26	23 51 34	0 ♉ 50 21	5 24 46	18 35 23	14 48 25	29 21 51	21 39 53	25 17 59	20 39 25	20 32 52	18 40 54	10 25 18	15 40 17
12 Th	24 22 19	8 ♉ 00 56	15 11 44	5 11 29	19 51 43	15 09 11	0 ♏ 02 15	21 49 17	25 35 51	20 41 36	20 38 53	18 48 18	10 30 47	15 44 28
13 F	25 26 58	22 34 60	29 55 15	4 56 28	21 09 54	15 32 15	0 44 28	22 00 51	25 55 34	20 45 38	20 46 39	18 57 28	10 38 01	15 50 26
14 Sa	26 32 38	7 ♊ 27 15	14 ♊ 53 13	4 39 19	22 29 08	15 56 51	1 27 40	22 13 46	26 16 20	20 50 45	20 55 22	19 07 36	10 46 14	15 57 24
15 Su	27 38 16	22 28 46	29 56 05	4 19 23	23 48 24	16 21 57	2 10 52	22 27 01	26 37 08	20 55 55	21 04 00	19 17 40	10 54 24	16 04 20
16 M	28 42 49	7 ♋ 29 43	14 ♋ 54 06	3 56 07	25 06 38	16 46 29	2 52 59	22 39 32	26 56 55	21 00 05	21 11 31	19 26 37	11 01 29	16 10 11
17 Tu	29 45 30	22 21 03	29 38 60	3 29 12	26 23 04	17 09 38	3 33 14	22 50 33	27 14 53	21 02 28	21 17 07	19 33 40	11 06 39	16 14 11
18 W	0 ♐ 45 59	6 ♌ 55 59	14 ♌ 05 12	2 58 51	27 37 21	17 31 04	4 11 16	22 59 41	27 30 41	21 02 42	21 20 28	19 38 29	11 09 35	16 15 57
19 Th	1 44 26	21 10 44	28 10 09	2 25 48	28 49 38	17 50 56	4 47 17	23 07 09	27 44 29	21 01 00	21 21 43	19 41 13	11 10 28	16 15 41
20 F	2 41 31	5 ♍ 04 26	11 ♍ 54 03	1 51 19	0 ♏ 00 38	18 09 56	5 21 56	23 13 34	27 56 59	20 58 01	21 21 34	19 42 33	11 09 58	16 14 04
21 Sa	3 38 15	18 38 29	25 19 00	1 16 59	1 11 18	18 29 01	5 56 13	23 19 58	28 09 11	20 54 46	21 21 01	19 43 29	11 09 05	16 12 04
22 Su	4 35 44	1 ♎ 55 35	8 ♎ 28 03	0 44 28	2 22 47	18 49 19	6 31 14	23 27 27	28 22 09	20 52 20	21 21 09	19 45 08	11 08 54	16 10 50
23 M	5 34 58	14 58 53	21 24 24	0 15 22	3 36 03	19 11 48	7 08 00	23 37 00	28 36 55	20 51 45	21 22 59	19 48 29	11 10 27	16 11 20
24 Tu	6 36 38	27 51 13	4 ♏ 10 46	29 ♏ 50 52	4 51 48	19 37 10	7 47 12	23 49 19	28 54 10	20 53 40	21 27 12	19 54 15	11 14 25	16 14 16
25 W	7 41 01	10 ♏ 34 45	16 49 04	29 31 47	6 10 19	20 05 42	8 29 07	24 04 40	29 14 10	20 58 25	21 34 06	20 02 40	11 21 04	16 19 56
26 Th	8 47 57	23 10 40	29 20 20	29 18 20	7 31 25	20 37 10	9 13 33	24 22 52	29 36 44	21 05 46	21 43 28	20 13 36	11 30 14	16 28 07
27 F	9 56 48	5 ♐ 39 26	11 ♐ 44 54	29 10 21	8 54 29	21 10 59	9 59 53	24 43 18	0 ♑ 01 16	21 15 09	21 54 43	20 26 24	11 41 18	16 38 14
28 Sa	11 06 39	18 01 01	24 02 43	29 07 14	10 18 35	21 46 13	10 47 13	25 05 02	0 26 50	21 25 37	22 06 55	20 40 10	11 53 20	16 49 21
29 Su	12 16 25	0 ♑ 15 17	6 ♑ 13 49	29 08 12	11 42 40	22 21 46	11 34 28	25 26 59	0 52 22	21 36 05	22 18 59	20 53 48	12 05 15	17 00 22
30 M	13 25 02	12 22 27	18 18 39	29 12 27	13 05 38	22 56 34	12 20 32	25 48 05	1 16 46	21 45 30	22 29 51	21 06 15	12 16 01	17 10 16

Notes

LONGITUDE — July 2014

Day	☉	0 hr ☽	Noon ☽	☿	♀	♂	⚵	⚳	♃	♄	⚷	♅	♆	♇
1 Tu	14 ♐ 31 39	24 ♑ 23 30	0 ♒ 18 34	29 ♏ 19 19	14 ♏ 26 38	23 ♓ 29 45	13 ♏ 04 36	26 ♓ 07 29	1 ♑ 39 12	21 ♈ 53 01	22 ♌ 38 40	21 ♍ 16 39	12 ♌ 24 44	17 ♊ 18 09
2 W	15 35 44	6 ♒ 20 29	12 15 58	29 28 25	15 45 09	24 00 47	13 46 06	26 24 38	1 59 08	21 58 06	22 44 54	21 24 29	12 30 55	17 23 31
3 Th	16 37 11	18 16 36	24 14 27	29 39 47	17 01 05	24 29 33	14 24 58	26 39 26	2 16 28	22 00 38	22 48 28	21 29 39	12 34 26	17 26 15
4 F	17 36 22	0 ♓ 16 16	6 ♓ 18 46	29 53 49	18 14 47	24 56 24	15 01 32	26 52 15	2 31 33	22 00 60	22 49 42	21 32 29	12 35 39	17 26 42
5 Sa	18 34 00	12 24 56	18 34 34	0 ♐ 11 20	19 26 59	25 22 05	15 36 33	27 03 47	2 45 08	21 59 55	22 49 21	21 33 45	12 35 18	17 25 38
6 Su	19 31 08	24 48 41	1 ♈ 08 02	0 33 23	20 38 43	25 47 36	16 11 02	27 15 06	2 58 13	21 58 25	22 48 26	21 34 27	12 34 26	17 24 04
7 M	20 28 53	7 ♈ 33 42	14 05 09	1 01 04	21 51 06	26 14 04	16 46 06	27 27 16	3 11 56	21 57 38	22 48 05	21 35 43	12 34 08	17 23 06
8 Tu	21 28 16	20 45 33	27 30 55	1 35 25	23 05 10	26 42 30	17 22 47	27 41 21	3 27 19	21 58 35	22 49 20	21 38 35	12 35 28	17 23 47
9 W	22 29 59	4 ♉ 28 11	11 ♉ 28 21	2 17 06	24 21 37	26 13 36	18 01 47	27 58 01	3 45 03	22 01 58	22 52 52	21 43 45	12 39 06	17 26 49
10 Th	23 34 15	18 42 52	25 57 16	3 06 17	25 40 39	27 47 35	18 43 18	28 17 29	4 05 22	22 08 01	22 58 54	21 51 25	12 45 16	17 32 24
11 F	24 40 43	3 ♊ 27 17	10 ♊ 53 36	4 02 34	27 01 56	28 24 04	19 26 60	28 39 24	4 27 53	22 16 20	23 07 05	22 01 14	12 53 37	17 40 11
12 Sa	25 48 30	18 35 04	26 09 19	5 05 01	28 24 34	29 02 09	20 11 59	29 02 52	4 51 43	22 26 04	23 16 32	22 12 18	13 03 14	17 49 17
13 Su	26 56 23	3 ♋ 56 18	11 ♋ 33 18	6 12 22	29 47 20	29 40 39	20 57 01	29 26 39	5 15 41	22 35 60	23 26 01	22 23 26	13 12 56	17 58 29
14 M	28 03 07	19 19 06	26 53 22	7 23 18	1 ♐ 08 59	0 ♈ 18 16	21 40 52	29 49 31	5 38 29	22 44 51	23 34 18	22 33 21	13 21 26	18 06 32
15 Tu	29 07 42	4 ♌ 31 47	11 ♌ 58 32	8 36 47	2 28 32	0 54 01	22 22 33	0 ♈ 10 27	5 59 09	22 51 40	23 40 23	22 41 05	13 27 47	18 12 27
16 W	0 ♑ 09 43	19 24 59	26 40 54	9 52 16	3 45 32	1 27 29	23 01 36	0 29 02	6 17 15	22 55 59	23 43 50	22 46 10	13 31 30	18 15 46
17 Th	1 09 18	3 ♍ 53 01	10 ♍ 56 25	11 09 52	5 00 08	1 58 47	23 38 12	0 45 24	6 32 55	22 57 58	23 44 48	22 48 46	13 32 46	18 16 40
18 F	2 07 12	17 54 03	24 44 45	12 30 14	6 13 05	2 28 39	24 13 03	1 00 16	6 46 53	22 58 20	23 44 01	22 49 37	13 32 19	18 15 51
19 Sa	3 04 29	1 ♎ 29 27	8 ♎ 08 21	13 54 21	7 25 28	2 58 11	24 47 15	1 14 45	7 00 15	22 58 11	23 42 34	22 49 49	13 31 13	18 14 27
20 Su	4 02 26	14 42 34	21 11 12	15 23 21	8 38 31	3 28 37	25 22 03	1 30 04	7 14 15	22 58 46	23 41 43	22 50 35	13 30 44	18 13 41
21 M	5 02 06	27 37 45	3 ♏ 57 51	16 58 14	9 53 21	4 01 03	25 58 32	1 47 19	7 29 59	23 01 11	23 42 32	22 53 02	13 31 57	18 14 39
22 Tu	6 04 18	10 ♏ 19 15	16 32 32	18 39 37	11 10 43	4 36 15	26 37 29	2 07 18	7 48 14	23 06 12	23 45 49	22 57 56	13 35 39	18 18 08
23 W	7 09 21	22 50 43	28 58 40	20 27 41	12 30 58	5 14 32	27 19 14	2 30 18	8 09 19	23 14 09	23 51 53	23 05 38	13 42 10	18 24 28
24 Th	8 17 04	5 ♐ 14 50	11 ♐ 18 39	22 22 03	13 53 56	5 55 45	28 03 37	2 56 11	8 33 04	23 24 52	24 00 35	23 15 57	13 51 20	18 33 29
25 F	9 26 51	17 33 13	23 33 50	24 21 54	15 18 58	6 39 16	28 49 59	3 24 17	8 58 51	23 37 43	24 11 17	23 28 16	14 02 31	18 44 33
26 Sa	10 37 44	29 46 41	5 ♑ 44 52	26 26 01	16 45 08	7 24 06	29 37 24	3 53 41	9 25 44	23 51 46	24 23 01	23 41 36	14 14 46	18 56 42
27 Su	11 48 35	11 ♑ 55 33	17 51 57	28 33 00	18 11 18	8 09 09	0 ♐ 24 43	4 23 13	9 52 34	24 05 51	24 34 40	23 54 52	14 26 57	19 08 50
28 M	12 58 18	24 00 44	29 55 23	0 ♑ 41 28	19 36 22	8 53 17	1 10 51	4 51 48	10 18 15	24 18 55	24 45 08	24 06 55	14 37 59	19 19 50
29 Tu	14 05 58	6 ♒ 00 46	11 ♒ 55 54	2 50 11	20 59 24	9 35 36	1 54 52	5 18 30	10 41 53	24 29 60	24 53 30	24 16 53	14 46 56	19 28 47
30 W	15 11 01	17 59 01	23 55 08	4 58 13	22 19 51	10 15 31	2 36 13	5 42 45	11 02 52	24 38 33	24 59 12	24 24 09	14 53 14	19 35 07
31 Th	16 13 17	29 57 09	5 ♓ 55 43	7 05 06	23 37 32	10 52 52	3 14 42	6 04 23	11 21 03	24 44 25	25 02 04	24 28 36	14 56 43	19 38 41

LONGITUDE — August 2014

Day	☉	0 hr ☽	Noon ☽	☿	♀	♂	⚵	⚳	♃	♄	⚷	♅	♆	♇
1 F	17 ♑ 13 04	11 ♓ 58 35	18 ♓ 01 29	9 ♑ 10 46	24 ♐ 52 46	11 ♈ 27 57	3 ♐ 50 39	6 ♈ 23 42	11 ♑ 36 44	24 ♈ 47 53	25 ♌ 02 24	24 ♍ 30 30	14 ♌ 57 42	19 ♊ 39 46
2 Sa	18 11 03	24 07 55	0 ♈ 17 17	11 15 33	26 06 14	12 01 27	4 24 44	6 41 23	11 50 36	24 49 39	25 00 54	24 30 32	14 56 51	19 39 03
3 Su	19 08 13	6 ♈ 30 32	12 48 44	13 20 08	27 18 55	12 34 20	4 57 56	6 58 24	12 03 38	24 50 40	24 58 31	24 29 43	14 55 10	19 37 32
4 M	20 05 41	19 12 16	25 41 40	15 25 18	28 31 54	13 07 43	5 31 21	7 15 52	12 16 55	24 52 04	24 56 23	24 29 06	14 53 45	19 36 18
5 Tu	21 04 26	2 ♉ 18 45	9 ♉ 01 22	17 31 46	29 46 13	13 42 35	6 05 60	7 34 47	12 31 29	24 54 51	24 55 30	24 29 45	14 53 36	19 36 23
6 W	22 05 15	15 54 30	22 51 40	19 40 02	1 ♑ 02 37	14 19 42	6 42 38	7 55 53	12 48 05	24 59 47	24 56 38	24 32 23	14 55 28	19 38 31
7 Th	23 08 23	0 ♊ 01 53	7 ♊ 13 42	21 50 10	2 21 22	14 59 21	7 21 31	8 19 28	13 06 59	25 07 07	25 00 03	24 37 18	14 59 39	19 42 60
8 F	24 13 37	14 40 06	22 05 02	24 01 41	3 42 13	15 41 15	8 02 25	8 45 16	13 27 55	25 16 37	25 05 30	24 44 14	15 05 54	19 49 33
9 Sa	25 20 10	29 44 25	7 ♋ 19 06	26 13 41	5 04 26	16 24 39	8 44 33	9 12 31	13 50 10	25 27 31	25 12 14	24 52 27	15 13 26	19 57 27
10 Su	26 26 57	15 ♋ 06 11	22 45 44	28 24 55	6 26 54	17 08 28	9 26 51	9 40 09	14 12 36	25 38 44	25 19 09	25 00 49	15 21 10	20 05 34
11 M	27 32 48	0 ♌ 33 56	8 ♌ 12 41	0 ♒ 34 06	7 48 27	17 51 31	10 08 07	10 06 58	14 34 04	25 49 05	25 25 05	25 08 12	15 27 57	20 12 46
12 Tu	28 36 48	15 55 21	23 27 51	2 40 13	9 08 10	18 32 53	10 47 27	10 32 02	14 53 38	25 57 39	25 29 06	25 13 39	15 32 51	20 18 05
13 W	29 38 26	0 ♍ 59 35	8 ♍ 21 34	4 42 42	10 25 33	19 12 03	11 24 21	10 54 53	15 10 49	26 03 57	25 30 44	25 16 41	15 35 21	20 21 04
14 Th	0 ♒ 37 49	15 38 58	22 47 49	6 41 34	11 40 41	19 49 06	11 58 53	11 15 34	15 25 40	26 08 02	25 30 02	25 17 24	15 35 33	20 21 47
15 F	1 35 29	29 49 44	6 ♎ 44 34	8 37 21	12 54 08	20 24 38	12 31 37	11 34 40	15 38 47	26 10 30	25 27 36	25 16 20	15 34 02	20 20 48
16 Sa	2 32 24	13 ♎ 31 46	20 13 04	10 30 56	14 06 50	20 59 31	13 03 30	11 53 06	15 51 05	26 12 15	25 24 20	25 14 26	15 31 42	20 19 01
17 Su	3 29 34	26 47 36	3 ♏ 16 47	12 23 22	15 19 49	21 34 51	13 35 32	12 11 54	16 03 35	26 14 20	25 21 17	25 12 44	15 29 36	20 17 31
18 M	4 27 59	9 ♏ 41 19	16 00 17	14 15 36	16 34 03	22 11 34	14 08 43	12 32 04	16 17 17	26 17 44	25 19 26	25 12 13	15 28 43	20 17 16
19 Tu	5 28 20	22 17 34	28 28 25	16 08 19	17 50 14	22 50 21	14 43 44	12 54 15	16 32 51	26 23 07	25 19 28	25 13 33	15 29 43	20 18 55
20 W	6 30 56	4 ♐ 40 48	10 ♐ 45 32	18 01 51	19 08 41	23 31 32	15 20 53	13 18 46	16 50 37	26 30 48	25 21 41	25 17 04	15 32 57	20 22 49
21 Th	7 35 40	16 54 51	22 55 16	19 56 05	20 29 17	24 15 01	16 00 04	13 45 33	17 10 28	26 40 43	25 26 01	25 22 40	15 38 17	20 28 53
22 F	8 42 06	29 02 42	5 ♑ 00 18	21 50 35	21 51 35	25 00 19	16 40 50	14 14 06	17 31 57	26 52 22	25 31 59	25 29 53	15 45 16	20 36 36
23 Sa	9 49 28	11 ♑ 06 29	17 02 31	23 44 37	23 14 50	25 46 42	17 22 25	14 43 41	17 54 18	27 05 00	25 38 50	25 37 58	15 53 10	20 45 16
24 Su	10 56 53	23 07 42	29 03 10	25 37 18	24 38 08	26 33 16	18 03 56	15 13 25	18 16 39	27 17 46	25 45 42	25 46 02	16 01 05	20 53 59
25 M	12 03 28	5 ♒ 07 23	11 ♒ 03 10	27 27 46	26 00 38	27 19 10	18 44 31	15 42 25	18 38 06	27 29 46	25 51 42	25 53 13	16 08 09	21 01 53
26 Tu	13 08 31	17 06 32	23 03 27	29 15 20	27 21 36	28 03 39	19 23 27	16 09 57	18 57 57	27 40 17	25 56 07	25 58 48	16 13 39	21 08 14
27 W	14 11 33	29 06 22	5 ♓ 05 18	0 ♓ 59 32	28 40 34	28 46 15	20 00 14	16 35 34	19 15 43	27 48 50	25 58 30	26 02 18	16 17 07	21 12 34
28 Th	15 12 26	11 ♓ 08 34	17 10 37	2 40 13	29 57 23	29 26 50	20 34 45	16 59 06	19 31 16	27 55 18	25 58 40	26 03 36	16 18 23	21 14 45
29 F	16 11 21	23 15 35	29 22 00	4 17 37	1 ♒ 12 14	0 ♉ 05 35	21 07 10	17 20 45	19 44 47	27 59 51	25 56 50	26 02 51	16 17 40	21 14 57
30 Sa	17 08 47	5 ♈ 30 36	11 ♈ 42 56	5 52 12	2 25 37	0 42 58	21 37 60	17 41 01	19 56 45	28 02 59	25 53 29	26 00 35	16 15 27	21 13 42
31 Su	18 05 27	17 57 31	24 17 30	7 24 43	3 38 15	1 19 44	22 07 56	18 00 36	20 07 54	28 05 25	25 49 21	25 57 29	16 12 27	21 11 41

Notes

September 2014 — LONGITUDE

Day	☉	0 hr ☽	Noon ☽	☿	♀	♂	⚵	⚳	♃	♄	⚷	♅	♆	♇
1 M	19♒02 10	0♉40 40	7♉10 08	8♓55 57	4♒50 56	1♉56 40	22♐37 47	18♈20 18	20♑19 01	28♈07 57	25♌45 14	25♍54 22	16♌09 28	21♊09 43
2 Tu	19 59 41	13 44 26	20 25 04	10 26 41	6 04 26	2 34 32	23 08 19	18 40 52	20 30 51	28 11 21	25 41 53	25 52 01	16 07 16	21 08 33
3 W	20 58 34	27 12 36	4♊05 38	11 57 28	7 19 19	3 13 52	23 40 05	19 02 53	20 43 60	28 16 10	25 39 52	25 50 58	16 06 25	21 08 46
4 Th	21 59 04	11♊07 30	18 13 23	13 28 33	8 35 48	3 54 57	24 13 20	19 26 36	20 58 41	28 22 39	25 39 27	25 51 29	16 07 10	21 10 36
5 F	23 01 04	25 29 19	2♋47 13	14 59 48	9 53 48	4 37 38	24 47 56	19 51 52	21 14 47	28 30 41	25 40 30	25 53 26	16 09 23	21 13 55
6 Sa	24 04 04	10♋15 14	17 42 55	16 30 42	11 12 49	5 21 27	25 23 25	20 18 12	21 31 49	28 39 47	25 42 32	25 56 21	16 12 36	21 18 16
7 Su	25 07 23	25 19 16	2♌53 00	18 00 33	12 32 08	6 05 40	25 59 04	20 44 55	21 49 04	28 49 13	25 44 50	25 59 30	16 16 05	21 22 54
8 M	26 10 13	10♌32 39	18 07 44	19 28 32	13 50 58	6 49 30	26 34 05	21 11 12	22 05 46	28 58 14	25 46 38	26 02 08	16 19 05	21 27 05
9 Tu	27 11 56	25 45 03	3♍16 28	20 53 59	15 08 42	7 32 21	27 07 51	21 36 26	22 21 15	29 06 11	25 47 17	26 03 35	16 20 56	21 30 08
10 W	28 12 10	10♍46 16	18 09 33	22 16 31	16 24 58	8 13 48	27 39 60	22 00 15	22 35 11	29 12 41	25 46 26	26 03 31	16 21 18	21 31 43
11 Th	29 10 55	25 27 54	2♎39 46	23 36 04	17 39 44	8 53 52	28 10 30	22 22 37	22 47 32	29 17 45	25 44 04	26 01 53	16 20 09	21 31 48
12 F	0♓08 29	9♎44 23	16 43 02	24 52 54	18 53 19	9 32 50	28 39 39	22 43 51	22 58 37	29 21 40	25 40 30	25 59 01	16 17 47	21 30 42
13 Sa	1 05 24	23 33 22	0♏18 23	26 07 28	20 06 14	10 11 15	29 07 60	23 04 29	23 08 56	29 24 58	25 36 14	25 55 26	16 14 44	21 28 56
14 Su	2 02 17	6♏55 17	13 27 25	27 20 21	21 19 07	10 49 44	29 36 09	23 25 07	23 19 07	29 28 15	25 31 54	25 51 45	16 11 38	21 27 08
15 M	2 59 42	19 52 37	26 13 25	28 32 03	22 32 32	11 28 50	0♑04 40	23 46 21	23 29 45	29 32 07	25 28 05	25 48 34	16 09 02	21 25 52
16 Tu	3 58 05	2♐29 10	8♐40 37	29 42 54	23 46 55	12 08 59	0 33 59	24 08 35	23 41 14	29 36 59	25 25 13	25 46 17	16 07 23	21 25 34
17 W	4 57 39	14 49 16	20 53 34	0♈53 01	25 02 28	12 50 25	1 04 18	24 32 01	23 53 48	29 43 03	25 23 29	25 45 07	16 06 53	21 26 25
18 Th	5 58 21	26 57 17	2♑56 37	2 02 16	26 19 10	13 33 04	1 35 36	24 56 40	24 07 25	29 50 19	25 22 53	25 45 02	16 07 31	21 28 26
19 F	6 59 60	8♑57 17	14 53 42	3 10 19	27 36 47	14 16 45	2 07 38	25 22 16	24 21 50	29 58 31	25 23 11	25 45 50	16 09 02	21 31 21
20 Sa	8 02 11	20 52 54	26 48 11	4 16 37	28 54 56	15 01 03	2 40 02	25 48 27	24 36 42	0♉07 18	25 24 01	25 47 08	16 11 06	21 34 49
21 Su	9 04 28	2♒47 09	8♒42 53	5 20 37	0♓13 10	15 45 33	3 12 22	26 14 46	24 51 33	0 16 13	25 24 56	25 48 28	16 13 14	21 38 23
22 M	10 06 25	14 42 37	20 40 05	6 21 41	1 31 05	16 29 48	3 44 10	26 40 48	25 05 58	0 24 50	25 25 29	25 49 26	16 15 01	21 41 37
23 Tu	11 07 42	26 41 23	2♓41 39	7 19 17	2 48 18	17 13 28	4 15 07	27 06 11	25 19 36	0 32 48	25 25 21	25 49 40	16 16 06	21 44 11
24 W	12 08 06	8♓45 18	14 49 15	8 12 59	4 04 38	17 56 20	4 44 59	27 30 44	25 32 14	0 39 54	25 24 20	25 48 58	16 16 18	21 45 51
25 Th	13 07 34	20 56 00	27 04 25	9 02 31	5 20 01	18 38 20	5 13 44	27 54 22	25 43 49	0 46 06	25 22 21	25 47 17	16 15 32	21 46 35
26 F	14 06 11	3♈15 09	9♈28 47	9 47 42	6 34 33	19 19 35	5 41 26	28 17 11	25 54 27	0 51 29	25 19 31	25 44 44	16 13 54	21 46 28
27 Sa	15 04 12	15 44 29	22 04 07	10 28 29	7 48 27	20 00 18	6 08 20	28 39 27	26 04 21	0 56 17	25 16 04	25 41 31	16 11 40	21 45 45
28 Su	16 01 55	28 25 52	4♉52 19	11 04 52	9 02 04	20 40 49	6 34 43	29 01 26	26 13 50	1 00 48	25 12 18	25 37 58	16 09 07	21 44 44
29 M	16 59 40	11♉21 20	17 55 27	11 36 48	10 15 41	21 21 25	7 00 57	29 23 28	26 23 14	1 05 23	25 08 34	25 34 24	16 06 35	21 43 45
30 Tu	17 57 43	24 32 50	1♊15 25	12 04 13	11 29 36	22 02 25	7 27 16	29 45 51	26 32 49	1 10 18	25 05 09	25 31 06	16 04 20	21 43 04

October 2014 — LONGITUDE

Day	☉	0 hr ☽	Noon ☽	☿	♀	♂	⚵	⚳	♃	♄	⚷	♅	♆	♇
1 W	18♓56 16	8♊02 04	14♊53 42	12♈26 53	12♓44 00	22♉43 60	7♑53 53	0♉08 45	26♑42 46	1♉15 44	25♌02 12	25♍28 16	16♌02 35	21♊42 53
2 Th	19 55 22	21 50 04	28 50 55	12 44 26	13 58 56	23 26 11	8 20 50	0 32 14	26 53 09	1 21 44	24 59 49	25 25 57	16 01 22	21 43 15
3 F	20 54 56	5♋56 46	13♋06 19	12 56 21	15 14 20	24 08 55	8 48 02	0 56 12	27 03 53	1 28 14	24 57 54	25 24 04	16 00 37	21 44 06
4 Sa	21 54 48	20 20 35	27 37 30	13 02 02	16 30 01	24 52 01	9 15 20	1 20 30	27 14 47	1 35 03	24 56 16	25 22 27	16 00 10	21 45 14
5 Su	22 54 45	4♌58 09	12♌20 10	13 00 48	17 45 46	25 35 16	9 42 29	1 44 53	27 25 39	1 41 58	24 54 44	25 20 53	15 59 46	21 46 28
6 M	23 54 35	19 44 19	27 08 20	12 52 06	19 01 23	26 18 29	10 09 18	2 09 12	27 36 16	1 48 47	24 53 05	25 19 10	15 59 16	21 47 35
7 Tu	24 54 12	4♍32 29	11♍54 57	12 35 25	20 16 47	27 01 32	10 35 41	2 33 18	27 46 32	1 55 24	24 51 12	25 17 12	15 58 32	21 48 29
8 W	25 53 34	19 15 26	26 32 43	12 10 30	21 31 54	27 44 23	11 01 34	2 57 10	27 56 25	2 01 47	24 49 05	25 14 57	15 57 32	21 49 07
9 Th	26 52 45	3♎46 09	10♎55 08	11 37 16	22 46 48	28 27 07	11 27 02	3 20 52	28 05 58	2 07 59	24 46 46	25 12 28	15 56 20	21 49 34
10 F	27 51 50	17 58 53	24 57 16	10 55 54	24 01 37	29 09 50	11 52 10	3 44 29	28 15 18	2 14 06	24 44 22	25 09 53	15 55 03	21 49 55
11 Sa	28 50 58	1♏49 38	8♏36 10	10 06 45	25 16 27	29 52 37	12 17 06	4 08 09	28 24 31	2 20 16	24 42 01	25 07 18	15 53 47	21 50 19
12 Su	29 50 13	15 16 32	21 51 00	9 10 30	26 31 23	0♊35 36	12 41 54	4 31 57	28 33 43	2 26 34	24 39 46	25 04 48	15 52 38	21 50 49
13 M	0♈49 37	28 19 42	4♐42 51	8 08 00	27 46 26	1 18 46	13 06 36	4 55 54	28 42 55	2 33 01	24 37 40	25 02 25	15 51 36	21 51 28
14 Tu	1 49 08	11♐00 57	17 14 15	7 00 26	29 01 34	2 02 06	13 31 08	5 19 58	28 52 04	2 39 34	24 35 41	25 00 06	15 50 40	21 52 12
15 W	2 48 39	23 23 24	29 28 47	5 49 12	0♈16 42	2 45 31	13 55 26	5 44 03	29 01 05	2 46 08	24 33 43	24 57 47	15 49 45	21 52 58
16 Th	3 48 06	5♑30 60	11♑30 42	4 36 02	1 31 44	3 28 53	14 19 23	6 08 04	29 09 52	2 52 37	24 31 40	24 55 21	15 48 44	21 53 37
17 F	4 47 22	17 28 11	23 24 31	3 22 51	2 46 35	4 12 09	14 42 53	6 31 55	29 18 20	2 58 57	24 29 27	24 52 43	15 47 32	21 54 07
18 Sa	5 46 26	29 19 34	5♒14 51	2 11 44	4 01 11	4 55 15	15 05 54	6 55 33	29 26 25	3 05 03	24 27 02	24 49 51	15 46 07	21 54 23
19 Su	6 45 20	11♒09 44	17 06 06	1 04 51	5 15 36	5 38 13	15 28 28	7 19 01	29 34 11	3 10 59	24 24 26	24 46 47	15 44 31	21 54 28
20 M	7 44 10	23 02 56	29 02 17	0 04 15	6 29 55	6 21 11	15 50 41	7 42 26	29 41 43	3 16 51	24 21 48	24 43 37	15 42 51	21 54 29
21 Tu	8 43 06	5♓03 00	11♓06 56	29♓11 52	7 44 19	7 04 18	16 12 42	8 05 56	29 49 11	3 22 49	24 19 15	24 40 32	15 41 16	21 54 36
22 W	9 42 20	17 13 10	23 22 54	28 29 15	8 59 00	7 47 46	16 34 44	8 29 45	29 56 48	3 29 05	24 17 02	24 37 45	15 39 59	21 55 01
23 Th	10 42 03	29 35 51	5♈52 15	27 57 37	10 14 09	8 31 46	16 56 57	8 54 03	0♒04 44	3 35 50	24 15 18	24 35 25	15 39 12	21 55 54
24 F	11 42 24	12♈12 44	18 36 13	27 37 43	11 29 54	9 16 26	17 19 29	9 18 59	0 13 07	3 43 12	24 14 13	24 33 42	15 39 01	21 57 25
25 Sa	12 43 24	25 04 32	1♉35 14	27 29 49	12 46 16	10 01 49	17 42 23	9 44 34	0 22 00	3 51 13	24 13 48	24 32 37	15 39 29	21 59 35
26 Su	13 44 58	8♉11 12	14 48 55	27 33 44	14 03 11	10 47 48	18 05 31	10 10 43	0 31 16	3 59 47	24 13 57	24 32 04	15 40 31	22 02 18
27 M	14 46 51	21 32 01	28 16 20	27 48 52	15 20 25	11 34 10	18 28 41	10 37 11	0 40 42	4 08 41	24 14 27	24 31 51	15 41 53	22 05 21
28 Tu	15 48 45	5♊05 46	11♊56 08	28 14 19	16 37 37	12 20 35	18 51 31	11 03 40	0 49 59	4 17 35	24 14 59	24 31 38	15 43 15	22 08 24
29 W	16 50 18	18 50 55	25 46 43	28 49 01	17 54 27	13 06 42	19 13 42	11 29 48	0 58 44	4 26 08	24 15 11	24 31 04	15 44 17	22 11 06
30 Th	17 51 12	2♋45 55	9♋46 28	29 31 50	19 10 36	13 52 12	19 34 54	11 55 16	1 06 39	4 34 01	24 14 45	24 29 50	15 44 39	22 13 09
31 F	18 51 16	16 49 12	23 53 44	0♈21 44	20 25 55	14 36 56	19 54 56	12 19 56	1 13 35	4 41 04	24 13 31	24 27 46	15 44 13	22 14 23

Notes

LONGITUDE

November 2014

Day	☉	0 hr ☽	Noon ☽	☿	♀	♂	⚵	⚳	♃	♄	⚷	♅	♆	♇
1 Sa	19 ♈ 50 33	0 ♌ 59 13	8 ♌ 06 49	1 ♈ 17 55	21 ♈ 40 25	15 ♊ 20 55	20 ♑ 13 52	12 ♉ 43 47	1 ♒ 19 34	4 ♉ 47 20	24 ♌ 11 32	24 ♍ 24 55	15 ♌ 42 59	22 ♊ 14 49
2 Su	20 49 18	15 14 16	22 23 46	2 19 46	22 54 22	16 04 24	20 31 55	13 07 07	1 24 50	4 53 04	24 09 02	24 21 32	15 41 15	22 14 44
3 M	21 47 58	29 32 16	6 ♍ 42 11	3 26 57	24 08 12	16 47 50	20 49 32	13 30 21	1 29 49	4 58 41	24 06 28	24 18 04	15 39 24	22 14 32
4 Tu	22 47 02	13 ♍ 50 37	20 59 08	4 39 14	25 22 25	17 31 43	21 07 13	13 53 59	1 35 03	5 04 42	24 04 20	24 14 59	15 37 59	22 14 46
5 W	23 47 00	28 06 03	5 ♎ 11 06	5 56 25	26 37 31	18 16 32	21 25 28	14 18 31	1 40 60	5 11 37	24 03 08	24 12 50	15 37 28	22 15 53
6 Th	24 48 14	12 ♎ 14 43	19 14 12	7 18 15	27 53 50	19 02 39	21 44 35	14 44 18	1 48 01	5 19 46	24 03 13	24 11 55	15 38 12	22 18 16
7 F	25 50 50	26 12 36	3 ♏ 04 36	8 44 20	29 11 31	19 50 10	22 04 44	15 11 27	1 56 14	5 29 17	24 04 42	24 12 23	15 40 20	22 22 01
8 Sa	26 54 41	9 ♏ 55 54	16 38 55	10 14 04	0 ♉ 30 25	20 38 58	22 25 45	15 39 49	2 05 30	5 40 01	24 07 26	24 14 06	15 43 42	22 26 60
9 Su	27 59 24	23 21 35	29 54 48	11 46 39	1 50 09	21 28 39	22 47 15	16 09 04	2 15 27	5 51 36	24 11 05	24 16 41	15 47 57	22 32 51
10 M	29 04 27	6 ♐ 27 48	12 ♐ 51 07	13 21 11	3 10 13	22 18 43	23 08 43	16 38 37	2 25 32	6 03 31	24 15 04	24 19 36	15 52 31	22 39 01
11 Tu	0 ♉ 09 13	19 14 10	25 28 16	14 56 47	4 29 57	23 08 31	23 29 30	17 07 53	2 35 09	6 15 07	24 18 49	24 22 14	15 56 50	22 44 55
12 W	1 13 10	1 ♑ 41 49	7 ♑ 48 01	16 32 35	5 48 51	23 57 31	23 49 03	17 36 18	2 43 44	6 25 51	24 21 45	24 24 02	16 00 18	22 49 58
13 Th	2 15 52	13 53 17	19 53 28	18 07 60	7 06 28	24 45 18	24 06 57	18 03 28	2 50 53	6 35 20	24 23 27	24 24 36	16 02 32	22 53 46
14 F	3 17 09	25 52 21	1 ♒ 48 46	19 42 39	8 22 39	25 31 42	24 23 03	18 29 12	2 56 25	6 43 23	24 23 47	24 23 45	16 03 21	22 56 08
15 Sa	4 17 08	7 ♒ 43 46	13 38 52	21 16 29	9 37 30	26 16 49	24 37 24	18 53 37	3 00 26	6 50 05	24 22 50	24 21 37	16 02 52	22 57 12
16 Su	5 16 10	19 32 52	25 29 13	22 49 45	10 51 23	27 01 02	24 50 24	19 17 04	3 03 19	6 55 49	24 20 57	24 18 32	16 01 27	22 57 19
17 M	6 14 51	1 ♓ 25 20	7 ♓ 25 24	24 22 54	12 04 53	27 44 54	25 02 36	19 40 08	3 05 38	7 01 11	24 18 45	24 15 06	15 59 40	22 57 04
18 Tu	7 13 52	13 26 42	19 32 44	25 56 33	13 18 41	28 29 08	25 14 43	20 03 32	3 08 05	7 06 50	24 16 54	24 12 00	15 58 14	22 57 08
19 W	8 13 56	25 42 02	1 ♈ 55 56	27 31 20	14 33 31	29 14 26	25 27 25	20 27 57	3 11 22	7 13 31	24 16 08	24 09 58	15 57 51	22 58 15
20 Th	9 15 38	8 ♈ 15 26	14 38 33	29 07 47	15 49 57	0 ♋ 01 23	25 41 19	20 53 59	3 16 04	7 21 47	24 17 02	24 09 35	15 59 06	23 00 59
21 F	10 19 17	21 09 36	27 42 34	0 ♉ 46 11	17 08 20	0 50 19	25 56 43	21 21 58	3 22 31	7 31 60	24 19 54	24 11 09	16 02 20	23 05 40
22 Sa	11 24 54	4 ♉ 25 27	11 ♉ 08 07	2 26 30	18 28 39	1 41 15	26 13 37	21 51 53	3 30 44	7 44 09	24 24 47	24 14 43	16 07 31	23 12 19
23 Su	12 32 07	18 01 54	24 53 19	4 08 20	19 50 32	2 33 48	26 31 40	22 23 24	3 40 20	7 57 52	24 31 18	24 19 54	16 14 20	23 20 33
24 M	13 40 14	1 ♊ 55 57	8 ♊ 54 27	5 50 58	21 13 18	3 27 17	26 50 09	22 55 47	3 50 38	8 12 27	24 38 45	24 25 60	16 22 03	23 29 42
25 Tu	14 48 21	16 03 08	23 06 36	7 33 28	22 36 02	4 20 46	27 08 08	23 28 08	4 00 42	8 26 59	24 46 13	24 32 06	16 29 46	23 38 49
26 W	15 55 30	0 ♋ 18 09	7 ♋ 24 21	9 14 55	23 57 48	5 13 20	27 24 42	23 59 32	4 09 37	8 40 33	24 52 46	24 37 16	16 36 32	23 46 59
27 Th	17 00 57	14 35 52	21 42 46	10 54 32	25 17 51	6 04 14	27 39 06	24 29 12	4 16 38	8 52 24	24 57 41	24 40 47	16 41 38	23 53 28
28 F	18 04 21	28 52 03	5 ♌ 58 03	12 31 58	26 35 49	6 53 05	27 50 56	24 56 48	4 21 23	9 02 09	25 00 33	24 42 15	16 44 42	23 57 52
29 Sa	19 05 48	13 ♌ 03 52	20 07 53	14 07 20	27 51 50	7 40 01	28 00 22	25 22 27	4 23 59	9 09 56	25 01 32	24 41 49	16 45 50	24 00 21
30 Su	20 05 55	27 09 58	4 ♍ 11 21	15 41 15	29 06 28	8 25 38	28 07 56	25 46 44	4 25 01	9 16 20	25 01 13	24 40 03	16 45 38	24 01 28

LONGITUDE

December 2014

Day	☉	0 hr ☽	Noon ☽	☿	♀	♂	⚵	⚳	♃	♄	⚷	♅	♆	♇
1 M	21 ♉ 05 36	11 ♍ 10 09	18 ♍ 08 29	17 ♉ 14 38	0 ♊ 20 41	9 ♋ 10 50	28 ♑ 14 36	26 ♉ 10 35	4 ♒ 25 27	9 ♉ 22 18	25 ♌ 00 31	24 ♍ 37 55	16 ♌ 45 02	24 ♊ 02 11
2 Tu	22 05 58	25 04 42	1 ♎ 59 38	18 48 36	1 35 32	9 56 45	28 21 27	26 35 05	4 26 20	9 28 54	25 00 32	24 36 28	16 45 08	24 03 34
3 W	23 07 59	8 ♎ 53 52	15 44 53	20 24 09	2 52 03	10 44 20	28 29 27	27 01 13	4 28 40	9 37 08	25 02 15	24 36 43	16 46 55	24 06 37
4 Th	24 12 23	22 37 15	29 23 40	22 01 59	4 10 54	11 34 18	28 39 18	27 29 43	4 33 10	9 47 42	25 06 23	24 39 23	16 51 05	24 12 01
5 F	25 19 25	6 ♏ 13 37	12 ♏ 54 32	23 42 25	5 32 23	12 26 56	28 51 17	28 00 50	4 40 06	10 00 53	25 13 12	24 44 42	16 57 54	24 20 05
6 Sa	26 28 53	19 40 57	26 15 26	25 25 14	6 56 16	13 22 00	29 05 11	28 34 22	4 49 16	10 16 27	25 22 29	24 52 30	17 07 11	24 30 34
7 Su	27 40 09	2 ♐ 56 46	9 ♐ 24 04	27 09 49	8 21 57	14 18 53	29 20 21	29 09 40	5 00 00	10 33 47	25 33 37	25 02 07	17 18 16	24 42 50
8 M	28 52 15	15 58 46	22 18 25	28 55 14	9 48 26	15 16 38	29 35 49	29 45 47	5 11 22	10 51 55	25 45 37	25 12 37	17 30 13	24 55 57
9 Tu	0 ♊ 04 07	28 45 13	4 ♑ 57 21	0 ♊ 40 25	11 14 40	16 14 08	29 50 31	0 ♊ 21 38	5 22 17	11 09 46	25 57 25	25 22 54	17 41 56	25 08 50
10 W	1 14 44	11 ♑ 15 35	17 20 52	2 24 21	12 39 37	17 10 24	0 ♒ 03 25	0 56 11	5 31 43	11 26 19	26 08 00	25 31 57	17 52 25	25 20 26
11 Th	2 23 18	23 30 46	29 30 28	4 06 17	14 02 31	18 04 37	0 13 43	1 28 41	5 38 54	11 40 47	26 16 35	25 38 59	18 00 51	25 29 59
12 F	3 29 25	5 ♒ 33 10	11 ♒ 29 06	5 45 49	15 22 57	18 56 25	0 21 02	1 58 43	5 43 26	11 52 46	26 22 45	25 43 37	18 06 53	25 37 06
13 Sa	4 33 08	17 26 41	23 21 05	7 23 00	16 40 57	19 45 49	0 25 23	2 26 19	5 45 20	12 02 17	26 26 33	25 45 53	18 10 30	25 41 47
14 Su	5 34 55	29 16 27	5 ♓ 11 53	8 58 20	17 57 01	20 33 17	0 27 15	2 51 57	5 45 05	12 09 50	26 28 28	25 46 14	18 12 13	25 44 32
15 M	6 35 36	11 ♓ 08 30	17 07 42	10 32 40	19 11 57	21 19 39	0 27 27	3 16 28	5 43 32	12 16 14	26 29 18	25 45 31	18 12 50	25 46 11
16 Tu	7 36 14	23 09 24	29 15 05	12 07 02	20 26 49	22 05 60	0 27 03	3 40 54	5 41 42	12 22 33	26 30 08	25 44 48	18 13 26	25 47 47
17 W	8 37 56	5 ♈ 25 38	11 ♈ 40 21	13 42 36	21 42 44	22 53 24	0 27 09	4 06 21	5 40 44	12 29 52	26 32 05	25 45 11	18 15 06	25 50 25
18 Th	9 41 39	18 03 03	24 28 53	15 20 17	23 00 39	23 42 50	0 28 43	4 33 49	5 41 34	12 39 09	26 36 04	25 47 36	18 18 48	25 55 05
19 F	10 48 00	1 ♉ 06 06	7 ♉ 44 22	17 00 45	24 21 12	24 34 55	0 32 21	5 03 52	5 44 50	12 51 02	26 42 45	25 52 43	18 25 10	26 02 23
20 Sa	11 57 08	14 37 04	21 28 04	18 44 06	25 44 30	25 29 47	0 38 11	5 36 41	5 50 40	13 05 38	26 52 14	26 00 38	18 34 19	26 12 26
21 Su	13 08 36	28 35 28	5 ♊ 38 11	20 29 56	27 10 08	26 26 59	0 45 49	6 11 48	5 58 38	13 22 33	27 04 07	26 10 56	18 45 50	26 24 50
22 M	14 21 29	12 ♊ 57 42	20 09 48	22 17 18	28 37 09	27 25 37	0 54 18	6 48 18	6 07 49	13 40 48	27 17 26	26 22 41	18 58 47	26 38 39
23 Tu	15 34 29	27 37 16	4 ♋ 55 26	24 04 54	0 ♋ 04 17	28 24 23	1 02 22	7 24 54	6 16 55	13 59 08	27 30 56	26 34 37	19 11 52	26 52 35
24 W	16 46 17	12 ♋ 25 49	19 46 10	25 51 25	1 30 12	29 21 57	1 08 41	8 00 16	6 24 36	14 16 13	27 43 16	26 45 22	19 23 47	27 05 18
25 Th	17 55 47	27 14 32	4 ♌ 33 20	27 35 43	2 53 49	0 ♌ 17 14	1 12 09	8 33 18	6 29 49	14 30 58	27 53 21	26 53 53	19 33 25	27 15 44
26 F	19 02 26	11 ♌ 55 44	19 10 03	29 17 14	4 14 34	1 09 41	1 12 16	9 03 29	6 31 60	14 42 49	28 00 39	26 59 37	19 40 15	27 23 19
27 Sa	20 06 22	26 24 07	3 ♍ 32 02	0 ♋ 56 03	5 32 35	1 59 24	1 09 06	9 30 54	6 31 16	14 51 54	28 05 15	27 02 39	19 44 22	27 28 11
28 Su	21 08 18	10 ♍ 37 09	17 37 48	2 32 51	6 48 36	2 47 08	1 03 27	9 56 17	6 28 21	14 58 56	28 07 55	27 03 45	19 46 32	27 31 03
29 M	22 09 26	24 34 45	1 ♎ 28 06	4 08 47	8 03 48	3 34 05	0 56 29	10 20 52	6 24 27	15 05 08	28 09 51	27 04 07	19 47 55	27 33 07
30 Tu	23 11 09	8 ♎ 18 32	15 05 03	5 45 10	9 19 34	4 21 38	0 49 36	10 45 60	6 20 58	15 11 52	28 12 24	27 05 06	19 49 55	27 35 47
31 W	24 14 43	21 50 48	28 31 05	7 23 09	10 37 11	5 11 01	0 44 04	11 12 57	6 19 10	15 20 24	28 16 51	27 08 00	19 53 47	27 40 18

Notes

January 2015 — LONGITUDE

Day	☉	0 hr ☽	Noon ☽	☿	♀	♂	⚳	⚴	♃	♄	⚷	♅	♆	♇
1 Th	25 ♊ 21 02	5 ♏ 13 40	11 ♏ 48 16	9 ♋ 03 34	11 ♋ 57 32	6 ♌ 03 11	0 ♒ 40 49	11 ♊ 42 37	6 ♒ 19 56	15 ♉ 31 38	28 ♌ 24 06	27 ♍ 13 42	20 ♌ 00 27	27 ♊ 47 34
2 F	26 30 29	18 28 28	24 57 41	10 46 40	13 21 01	6 58 28	0 40 13	12 15 24	6 23 41	15 45 57	28 34 32	27 22 35	20 10 16	27 57 59
3 Sa	27 42 52	1 ♐ 35 29	7 ♐ 59 23	12 32 06	14 47 25	7 56 41	0 42 05	12 51 05	6 30 11	16 03 10	28 47 57	27 34 28	20 23 03	28 11 20
4 Su	28 57 28	14 34 03	20 52 31	14 18 58	16 16 01	8 57 08	0 45 43	13 28 57	6 38 44	16 22 31	29 03 38	27 48 36	20 38 04	28 26 53
5 M	0 ♋ 13 10	27 22 49	3 ♑ 35 45	16 05 57	17 45 43	9 58 41	0 50 01	14 07 54	6 48 14	16 42 57	29 20 28	28 03 54	20 54 14	28 43 33
6 Tu	1 28 43	10 ♑ 00 22	16 07 49	17 51 34	19 15 16	11 00 05	0 53 44	14 46 39	6 57 26	17 03 10	29 37 11	28 19 06	21 10 15	29 00 04
7 W	2 42 54	22 25 43	28 28 04	19 34 18	20 43 25	12 00 07	0 55 40	15 24 01	7 05 06	17 21 57	29 52 36	28 32 59	21 24 57	29 15 13
8 Th	3 54 46	4 ♒ 38 51	10 ♒ 36 52	21 12 51	22 09 15	12 57 49	0 54 52	15 59 01	7 10 17	17 38 22	0 ♍ 05 43	28 44 36	21 37 20	29 28 02
9 F	5 03 45	16 41 01	22 35 59	22 46 18	23 32 10	13 52 38	0 50 48	16 31 06	7 12 27	17 51 50	0 15 60	28 53 23	21 46 52	29 37 58
10 Sa	6 09 46	28 34 56	4 ♓ 28 35	24 14 06	24 52 07	14 44 30	0 43 23	17 00 11	7 11 30	18 02 17	0 23 22	28 59 15	21 53 27	29 44 56
11 Su	7 13 14	10 ♓ 24 42	16 19 13	25 36 10	26 09 30	15 33 48	0 33 04	17 26 41	7 07 51	18 10 07	0 28 13	29 02 36	21 57 31	29 49 21
12 M	8 14 57	22 15 41	28 13 35	26 52 44	27 25 09	16 21 21	0 20 40	17 51 24	7 02 20	18 16 09	0 31 22	29 04 17	21 59 52	29 52 02
13 Tu	9 16 03	4 ♈ 14 10	10 ♈ 18 11	28 04 15	28 40 08	17 08 17	0 07 18	18 15 27	6 56 02	18 21 29	0 33 56	29 05 22	22 01 36	29 54 04
14 W	10 17 41	16 26 51	22 39 48	29 11 13	29 55 40	17 55 45	29 ♑ 54 12	18 40 01	6 50 11	18 27 19	0 37 06	29 07 04	22 03 55	29 56 39
15 Th	11 20 59	29 00 21	5 ♉ 24 47	0 ♌ 13 56	1 ♌ 12 50	18 44 52	29 42 27	19 06 11	6 45 50	18 34 44	0 41 57	29 10 28	22 07 54	0 ♋ 00 53
16 F	12 26 42	12 ♉ 00 22	18 38 20	1 12 21	2 32 24	19 36 25	29 32 52	19 34 44	6 43 47	18 44 31	0 49 16	29 16 20	22 14 20	0 07 32
17 Sa	13 35 07	25 30 50	2 ♊ 23 25	2 05 52	3 54 41	20 30 39	29 25 44	20 05 57	6 44 20	18 56 55	0 59 19	29 24 58	22 23 29	0 16 53
18 Su	14 45 56	9 ♊ 33 00	16 39 55	2 53 19	5 19 20	21 27 17	29 20 47	20 39 32	6 47 10	19 11 40	1 11 49	29 36 02	22 35 04	0 28 38
19 M	15 58 18	24 04 39	1 ♋ 23 59	3 32 59	6 45 32	22 25 27	29 17 11	21 14 37	6 51 27	19 27 54	1 25 55	29 48 43	22 48 13	0 41 56
20 Tu	17 10 58	8 ♋ 59 50	16 28 02	4 02 50	8 12 01	23 23 56	29 13 43	21 49 57	6 55 57	19 44 23	1 40 21	0 ♎ 01 45	23 01 43	0 55 32
21 W	18 22 34	24 09 29	1 ♌ 41 50	4 20 48	9 37 26	24 21 22	29 09 03	22 24 12	6 59 18	19 59 44	1 53 47	0 13 48	23 14 10	1 08 05
22 Th	19 32 00	9 ♌ 22 43	16 54 12	4 25 17	11 00 41	25 16 36	29 02 05	22 56 14	7 00 23	20 12 51	2 05 05	0 23 43	23 24 29	1 18 27
23 F	20 38 37	24 29 01	1 ♍ 55 05	4 15 22	12 21 06	26 09 02	28 52 14	23 25 25	6 58 35	20 23 06	2 13 37	0 30 53	23 32 01	1 26 01
24 Sa	21 42 27	9 ♍ 19 55	16 37 18	3 51 10	13 38 43	26 58 41	28 39 30	23 51 46	6 53 56	20 30 29	2 19 25	0 35 19	23 36 47	1 30 48
25 Su	22 44 08	23 50 13	0 ♎ 57 06	3 13 43	14 54 10	27 46 10	28 24 35	24 15 56	6 47 04	20 35 40	2 23 06	0 37 40	23 39 27	1 33 26
26 M	23 44 45	7 ♎ 58 05	14 53 58	2 24 57	16 08 34	28 32 37	28 08 36	24 39 00	6 39 06	20 39 44	2 25 48	0 39 02	23 41 05	1 35 01
27 Tu	24 45 36	21 44 21	28 29 44	1 27 23	17 23 10	29 19 16	27 52 51	25 02 16	6 31 19	20 43 58	2 28 45	0 40 41	23 42 59	1 36 50
28 W	25 47 51	5 ♏ 11 32	11 ♏ 47 31	0 23 48	18 39 11	0 ♍ 07 20	27 38 33	25 26 53	6 24 53	20 49 33	2 33 10	0 43 48	23 46 19	1 40 04
29 Th	26 52 21	18 22 48	24 50 38	29 ♋ 16 58	19 57 26	0 57 39	27 26 33	25 53 43	6 20 41	20 57 19	2 39 53	0 49 14	23 51 56	1 45 33
30 F	27 59 30	1 ♐ 21 05	7 ♐ 42 01	28 09 25	21 18 18	1 50 36	27 17 15	26 23 08	6 19 05	21 07 40	2 49 17	0 57 21	24 00 13	1 53 41
31 Sa	29 09 08	14 08 38	20 23 44	27 03 12	22 41 40	2 46 02	27 10 34	26 55 02	6 19 58	21 20 27	3 01 14	1 08 03	24 11 03	2 04 20

February 2015 — LONGITUDE

Day	☉	0 hr ☽	Noon ☽	☿	♀	♂	⚳	⚴	♃	♄	⚷	♅	♆	♇
1 Su	0 ♌ 20 40	26 ♐ 46 53	2 ♑ 56 58	25 ♋ 59 55	24 ♌ 06 55	3 ♍ 43 23	27 ♑ 05 55	27 ♊ 28 46	6 ♒ 22 44	21 ♉ 35 05	3 ♍ 15 08	1 ♎ 20 42	24 ♌ 23 48	2 ♋ 16 53
2 M	1 33 12	9 ♑ 16 26	15 22 08	25 00 36	25 33 08	4 41 42	27 02 23	28 03 27	6 26 28	21 50 37	3 30 03	1 34 24	24 37 35	2 30 25
3 Tu	2 45 38	21 37 26	27 39 16	24 05 54	26 59 16	5 39 56	26 58 56	28 38 01	6 30 07	22 06 01	3 44 56	1 48 04	24 51 18	2 43 52
4 W	3 56 58	3 ♒ 49 53	9 ♒ 48 24	23 16 11	28 24 16	6 37 03	26 54 33	29 11 25	6 32 40	22 20 14	3 58 46	2 00 42	25 03 56	2 56 13
5 Th	5 06 21	15 54 06	21 50 00	22 31 41	29 47 19	7 32 13	26 48 27	29 42 50	6 33 16	22 32 27	4 10 41	2 11 26	25 14 40	3 06 38
6 F	6 13 18	27 51 05	3 ♓ 45 18	21 52 34	1 ♍ 07 55	8 24 56	26 40 07	0 ♋ 11 45	6 31 27	22 42 10	4 20 13	2 19 48	25 22 60	3 14 37
7 Sa	7 17 41	9 ♓ 42 43	15 36 30	21 19 07	2 25 56	9 15 05	26 29 29	0 38 04	6 27 05	22 49 14	4 27 13	2 25 39	25 28 47	3 20 02
8 Su	8 19 46	21 31 58	27 26 56	20 51 44	3 41 38	10 02 56	26 16 47	1 02 01	6 20 26	22 53 56	4 31 57	2 29 16	25 32 17	3 23 09
9 M	9 20 09	3 ♈ 22 51	9 ♈ 20 59	20 30 57	4 55 36	10 49 03	26 02 40	1 24 12	6 12 05	22 56 51	4 35 01	2 31 13	25 34 07	3 24 33
10 Tu	10 19 38	15 20 19	21 23 54	20 17 22	6 08 40	11 34 17	25 47 57	1 45 28	6 02 55	22 58 49	4 37 15	2 32 21	25 35 05	3 25 05
11 W	11 19 11	27 29 59	3 ♉ 41 30	20 11 34	7 21 47	12 19 33	25 33 37	2 06 44	5 53 49	23 00 47	4 39 34	2 33 35	25 36 09	3 25 40
12 Th	12 19 41	9 ♉ 57 44	16 19 40	20 14 03	8 35 49	13 05 45	25 20 32	2 28 52	5 45 43	23 03 35	4 42 52	2 35 49	25 38 10	3 27 11
13 F	13 21 46	22 49 06	29 23 42	20 25 02	9 51 26	13 53 33	25 09 24	2 52 32	5 39 16	23 07 56	4 47 48	2 39 42	25 41 49	3 30 19
14 Sa	14 25 45	6 ♊ 08 38	12 ♊ 57 31	20 44 21	11 08 56	14 43 15	25 00 32	3 18 04	5 34 47	23 14 06	4 54 40	2 45 33	25 47 23	3 35 20
15 Su	15 31 33	19 58 59	27 02 43	21 11 27	12 28 13	15 34 43	24 53 50	3 45 20	5 32 09	23 22 00	5 03 23	2 53 14	25 54 47	3 42 10
16 M	16 38 36	4 ♋ 20 04	11 ♋ 37 44	21 45 20	13 48 45	16 27 28	24 48 48	4 13 48	5 30 51	23 31 05	5 13 24	3 02 15	26 03 29	3 50 15
17 Tu	17 46 05	19 08 22	26 37 22	22 24 44	15 09 41	17 20 36	24 44 34	4 42 37	5 30 04	23 40 31	5 23 52	3 11 45	26 12 37	3 58 46
18 W	18 53 01	4 ♌ 16 54	11 ♌ 53 03	23 08 18	16 30 03	18 13 12	24 40 13	5 10 50	5 28 48	23 49 21	5 33 49	3 20 45	26 21 14	4 06 44
19 Th	19 58 34	19 35 52	27 13 59	23 54 49	17 49 01	19 04 25	24 34 54	5 37 37	5 26 16	23 56 42	5 42 26	3 28 26	26 28 30	4 13 19
20 F	21 02 12	4 ♍ 54 12	12 ♍ 28 60	24 43 26	19 06 04	19 53 42	24 28 08	6 02 25	5 21 55	24 02 06	5 49 11	3 34 15	26 33 53	4 18 01
21 Sa	22 03 52	20 01 30	27 28 25	25 33 45	20 21 07	20 41 00	24 19 50	6 25 10	5 15 41	24 05 26	5 53 59	3 38 10	26 37 20	4 20 43
22 Su	23 03 53	4 ♎ 49 39	12 ♎ 05 28	26 25 49	21 34 31	21 26 40	24 10 21	6 46 14	5 07 56	24 07 03	5 57 12	3 40 29	26 39 10	4 21 48
23 M	24 02 57	19 13 41	26 16 47	27 20 05	22 46 55	22 11 22	24 00 22	7 06 16	4 59 21	24 07 39	5 59 30	3 41 55	26 40 04	4 21 56
24 Tu	25 01 52	3 ♏ 11 52	10 ♏ 01 58	28 17 08	23 59 11	22 55 55	23 50 44	7 26 05	4 50 45	24 08 03	6 01 41	3 43 16	26 40 52	4 21 56
25 W	26 01 25	16 44 59	23 22 51	29 17 32	25 12 02	23 41 05	23 42 13	7 46 29	4 42 55	24 09 00	6 04 32	3 45 18	26 42 19	4 22 34
26 Th	27 02 09	29 55 29	6 ♐ 22 30	0 ♌ 21 39	26 26 05	24 27 26	23 35 22	8 08 00	4 36 25	24 11 05	6 08 38	3 48 36	26 45 00	4 24 25
27 F	28 04 22	12 ♐ 46 37	19 04 28	1 29 37	27 41 34	25 15 16	23 30 29	8 30 56	4 31 31	24 14 34	6 14 15	3 53 25	26 49 12	4 27 44
28 Sa	29 08 00	25 21 47	1 ♑ 32 14	2 41 13	28 58 27	26 04 30	23 27 31	8 55 13	4 28 12	24 19 25	6 21 19	3 59 43	26 54 51	4 32 29

Notes

LONGITUDE

March 2015

Day	☉	0 hr ☽	Noon ☽	☿	♀	♂	⚵	⚳	♃	♄	⚷	♅	♆	♇
1 Su	0 ♍ 12 45	7 ♑ 44 07	13 ♑ 48 49	3 ♌ 56 01	0 ♎ 16 25	26 ♍ 54 51	23 ♑ 26 09	9 ♋ 20 33	4 ♒ 26 08	24 ♉ 25 18	6 ♍ 29 32	4 ♎ 07 12	27 ♌ 01 38	4 ♋ 38 22
2 M	1 18 06	19 56 20	25 56 45	5 13 23	1 34 58	27 45 47	23 25 53	9 46 23	4 24 49	24 31 43	6 38 23	4 15 19	27 09 03	4 44 50
3 Tu	2 23 26	2 ♒ 00 40	7 ♒ 58 02	6 32 37	2 53 29	28 36 42	23 26 07	10 12 10	4 23 40	24 38 04	6 47 16	4 23 30	27 16 30	4 51 19
4 W	3 28 13	13 58 57	19 54 24	7 53 04	4 11 25	29 27 03	23 26 16	10 37 18	4 22 07	24 43 47	6 55 38	4 31 11	27 23 24	4 57 15
5 Th	4 31 59	25 52 54	1 ♓ 47 24	9 14 12	5 28 18	0 ♎ 16 23	23 25 55	11 01 21	4 19 43	24 48 26	7 03 01	4 37 54	27 29 20	5 02 11
6 F	5 34 28	7 ♓ 44 11	13 38 41	10 35 40	6 43 52	1 04 24	23 24 46	11 24 03	4 16 12	24 51 42	7 09 09	4 43 23	27 34 00	5 05 49
7 Sa	6 35 36	19 34 40	25 30 13	11 57 21	7 58 03	1 51 04	23 22 45	11 45 17	4 11 30	24 53 33	7 13 57	4 47 34	27 37 20	5 08 06
8 Su	7 35 29	1 ♈ 26 36	7 ♈ 24 22	13 19 18	9 10 58	2 36 29	23 19 59	12 05 13	4 05 44	24 54 06	7 17 33	4 50 34	27 39 28	5 09 10
9 M	8 34 27	13 22 42	19 24 03	14 41 47	10 22 56	3 20 57	23 16 47	12 24 08	3 59 13	24 53 39	7 20 14	4 52 41	27 40 41	5 09 18
10 Tu	9 32 52	25 26 12	1 ♉ 32 41	16 05 09	11 34 19	4 04 53	23 13 32	12 42 25	3 52 20	24 52 35	7 22 26	4 54 19	27 41 24	5 08 54
11 W	10 31 12	7 ♉ 40 47	13 54 10	17 29 49	12 45 34	4 48 42	23 10 40	13 00 32	3 45 33	24 51 21	7 24 34	4 55 54	27 42 03	5 08 25
12 Th	11 29 52	20 10 26	26 32 33	18 56 11	13 57 07	5 32 50	23 08 37	13 18 53	3 39 17	24 50 23	7 27 02	4 57 52	27 43 02	5 08 15
13 F	12 29 09	2 ♊ 59 08	9 ♊ 31 48	20 24 29	15 09 15	6 17 34	23 07 39	13 37 45	3 33 49	24 49 57	7 30 09	5 00 29	27 44 40	5 08 42
14 Sa	13 29 12	16 10 31	22 55 12	21 54 52	16 22 07	7 03 04	23 07 56	13 57 17	3 29 18	24 50 13	7 34 04	5 03 55	27 47 05	5 09 56
15 Su	14 29 58	29 47 14	6 ♋ 44 50	23 27 17	17 35 40	7 49 16	23 09 24	14 17 27	3 25 43	24 51 07	7 38 43	5 08 07	27 50 14	5 11 52
16 M	15 31 15	13 ♋ 50 23	21 00 46	25 01 31	18 49 41	8 35 58	23 11 51	14 38 02	3 22 50	24 52 28	7 43 55	5 12 53	27 53 56	5 14 20
17 Tu	16 32 44	28 18 50	5 ♌ 40 38	26 37 13	20 03 52	9 22 51	23 14 58	14 58 42	3 20 20	24 53 57	7 49 20	5 17 53	27 57 51	5 16 59
18 W	17 34 04	13 ♌ 08 47	20 39 14	28 14 03	21 17 52	10 09 34	23 18 24	15 19 07	3 17 54	24 55 12	7 54 37	5 22 47	28 01 37	5 19 30
19 Th	18 34 58	28 13 45	5 ♍ 48 49	29 51 44	22 31 23	10 55 51	23 21 51	15 38 59	3 15 14	24 55 57	7 59 29	5 27 17	28 04 59	5 21 35
20 F	19 35 16	13 ♍ 25 06	21 00 05	1 ♍ 30 06	23 44 16	11 41 30	23 25 09	15 58 09	3 12 11	24 56 02	8 03 47	5 31 14	28 07 46	5 23 04
21 Sa	20 34 58	28 33 17	6 ♎ 03 25	3 09 09	24 56 30	12 26 33	23 28 18	16 16 36	3 08 44	24 55 26	8 07 30	5 34 38	28 09 59	5 23 56
22 Su	21 34 10	13 ♎ 29 09	20 50 23	4 49 01	26 08 13	13 11 06	23 31 25	16 34 28	3 05 01	24 54 18	8 10 45	5 37 35	28 11 43	5 24 20
23 M	22 33 06	28 05 21	5 ♏ 14 47	6 29 55	27 19 36	13 55 21	23 34 42	16 51 56	3 01 14	24 52 49	8 13 45	5 40 18	28 13 12	5 24 28
24 Tu	23 31 58	12 ♏ 16 60	19 13 09	8 12 03	28 30 53	14 39 32	23 38 22	17 09 13	2 57 37	24 51 12	8 16 43	5 43 00	28 14 39	5 24 32
25 W	24 30 55	26 01 58	2 ♐ 44 38	9 55 37	29 42 13	15 23 49	23 42 34	17 26 30	2 54 19	24 49 38	8 19 48	5 45 51	28 16 13	5 24 42
26 Th	25 30 05	9 ♐ 20 32	15 50 33	11 40 43	0 ♏ 53 42	16 08 16	23 47 23	17 43 51	2 51 26	24 48 11	8 23 06	5 48 56	28 18 00	5 25 05
27 F	26 29 26	22 14 45	28 33 42	13 27 22	2 05 19	16 52 54	23 52 49	18 01 17	2 48 58	24 46 53	8 26 37	5 52 16	28 20 01	5 25 40
28 Sa	27 28 54	4 ♑ 47 56	10 ♑ 57 47	15 15 30	3 17 01	17 37 39	23 58 48	18 18 43	2 46 51	24 45 39	8 30 16	5 55 45	28 22 10	5 26 22
29 Su	28 28 23	17 04 01	23 06 53	17 05 02	4 28 41	18 22 24	24 05 12	18 36 03	2 44 58	24 44 22	8 33 59	5 59 19	28 24 21	5 27 07
30 M	29 27 48	29 07 10	5 ♒ 05 10	18 55 52	5 40 13	19 07 04	24 11 56	18 53 11	2 43 15	24 42 57	8 37 37	6 02 50	28 26 29	5 27 46
31 Tu	0 ♎ 27 03	11 ♒ 01 29	16 56 36	20 47 57	6 51 33	19 51 35	24 18 55	19 10 02	2 41 36	24 41 20	8 41 09	6 06 15	28 28 30	5 28 18

LONGITUDE

April 2015

Day	☉	0 hr ☽	Noon ☽	☿	♀	♂	⚵	⚳	♃	♄	⚷	♅	♆	♇
1 W	1 ♎ 26 10	22 ♒ 50 49	28 ♒ 44 49	22 ♍ 41 16	8 ♏ 02 40	20 ♎ 35 55	24 ♑ 26 08	19 ♋ 26 37	2 ♒ 40 02	24 ♉ 39 31	8 ♍ 44 32	6 ♎ 09 33	28 ♌ 30 22	5 ♋ 28 41
2 Th	2 25 10	4 ♓ 38 39	10 ♓ 33 04	24 35 52	9 13 38	21 20 08	24 33 38	19 42 57	2 38 35	24 37 31	8 47 49	6 12 47	28 32 10	5 28 57
3 F	3 24 09	16 28 02	22 24 12	26 31 49	10 24 30	22 04 20	24 41 29	19 59 08	2 37 20	24 35 28	8 51 07	6 16 03	28 33 58	5 29 14
4 Sa	4 23 15	28 21 39	4 ♈ 20 42	28 29 15	11 35 25	22 48 36	24 49 49	20 15 18	2 36 25	24 33 27	8 54 32	6 19 27	28 35 52	5 29 36
5 Su	5 22 33	10 ♈ 21 46	16 24 40	0 ♎ 28 13	12 46 29	23 33 05	24 58 43	20 31 31	2 35 57	24 31 36	8 58 11	6 23 06	28 38 01	5 30 12
6 M	6 22 08	22 30 22	28 38 01	2 28 44	13 57 46	24 17 49	25 08 16	20 47 53	2 35 58	24 29 59	9 02 07	6 27 04	28 40 27	5 31 05
7 Tu	7 21 60	4 ♉ 49 12	11 ♉ 02 26	4 30 47	15 09 14	25 02 49	25 18 26	21 04 22	2 36 29	24 28 34	9 06 20	6 31 20	28 43 11	5 32 14
8 W	8 22 02	17 19 52	23 39 34	6 34 10	16 20 50	25 47 60	25 29 08	21 20 54	2 37 25	24 27 18	9 10 45	6 35 49	28 46 07	5 33 34
9 Th	9 22 07	0 ♊ 03 58	6 ♊ 31 01	8 38 39	17 32 24	26 33 11	25 40 12	21 37 18	2 38 35	24 26 00	9 15 12	6 40 22	28 49 05	5 34 57
10 F	10 22 01	13 03 01	19 38 17	10 43 54	18 43 41	27 18 10	25 51 25	21 53 22	2 39 48	24 24 28	9 19 29	6 44 46	28 51 53	5 36 08
11 Sa	11 21 31	26 18 32	3 ♋ 02 46	12 49 33	19 54 31	28 02 44	26 02 34	22 08 52	2 40 50	24 22 29	9 23 23	6 48 48	28 54 18	5 36 56
12 Su	12 20 29	9 ♋ 51 46	16 45 29	14 55 18	21 04 43	28 46 44	26 13 29	22 23 39	2 41 33	24 19 54	9 26 43	6 52 19	28 56 10	5 37 11
13 M	13 18 51	23 43 31	0 ♌ 46 46	17 00 54	22 14 15	29 30 08	26 24 07	22 37 41	2 41 52	24 16 41	9 29 29	6 55 15	28 57 28	5 36 50
14 Tu	14 16 44	7 ♌ 53 22	15 05 54	19 06 15	23 23 13	0 ♏ 13 02	26 34 36	22 51 04	2 41 57	24 12 56	9 31 46	6 57 45	28 58 17	5 36 01
15 W	15 14 24	22 20 57	29 40 37	21 11 20	24 31 53	0 55 42	26 45 09	23 04 03	2 42 00	24 08 55	9 33 50	7 00 02	28 58 54	5 34 58
16 Th	16 12 13	7 ♍ 02 13	14 ♍ 26 57	23 16 15	25 40 35	1 38 28	26 56 08	23 16 59	2 42 25	24 04 59	9 36 02	7 02 29	28 59 38	5 34 03
17 F	17 10 31	21 52 37	29 19 10	25 21 03	26 49 43	2 21 44	27 07 56	23 30 14	2 43 33	24 01 30	9 38 44	7 05 28	29 00 54	5 33 38
18 Sa	18 09 38	6 ♎ 45 39	14 ♎ 10 15	27 25 45	27 59 33	3 05 47	27 20 49	23 44 07	2 45 41	23 58 47	9 42 14	7 09 16	29 02 58	5 34 02
19 Su	19 09 40	21 33 49	28 52 41	29 30 07	29 10 15	3 50 45	27 34 56	23 58 44	2 48 59	23 56 57	9 46 41	7 14 02	29 05 59	5 35 21
20 M	20 10 34	6 ♏ 09 39	13 ♏ 19 28	1 ♏ 33 46	0 ♐ 21 42	4 36 33	27 50 11	24 14 01	2 53 22	23 55 58	9 51 59	7 19 40	29 09 52	5 37 33
21 Tu	21 12 04	20 26 41	27 25 03	3 36 04	1 33 38	5 22 56	28 06 18	24 29 42	2 58 32	23 55 31	9 57 53	7 25 56	29 14 20	5 40 19
22 W	22 13 43	4 ♐ 20 16	11 ♐ 05 60	5 36 19	2 45 39	6 09 27	28 22 52	24 45 21	3 04 05	23 55 11	10 03 56	7 32 22	29 18 59	5 43 16
23 Th	23 15 02	17 48 07	24 21 09	7 33 42	3 57 14	6 55 38	28 39 22	25 00 29	3 09 31	23 54 31	10 09 40	7 38 31	29 23 19	5 45 54
24 F	24 15 37	0 ♑ 50 12	7 ♑ 11 28	9 27 32	5 07 57	7 41 03	28 55 24	25 14 41	3 14 26	23 53 04	10 14 40	7 43 56	29 26 55	5 47 47
25 Sa	25 15 10	13 28 31	19 39 42	11 17 14	6 17 32	8 25 25	29 10 39	25 27 37	3 18 31	23 50 34	10 18 37	7 48 20	29 29 29	5 48 38
26 Su	26 13 34	25 46 38	1 ♒ 49 53	13 02 29	7 25 53	9 08 38	29 25 01	25 39 14	3 21 40	23 46 54	10 21 26	7 51 38	29 30 56	5 48 22
27 M	27 10 59	7 ♒ 49 06	13 46 51	14 43 13	8 33 06	9 50 50	29 38 39	25 49 38	3 24 02	23 42 13	10 23 16	7 53 56	29 31 23	5 47 06
28 Tu	28 07 43	19 41 08	25 35 48	16 19 34	9 39 31	10 32 21	29 51 50	25 59 09	3 25 56	23 36 50	10 24 24	7 55 36	29 31 10	5 45 09
29 W	29 04 15	1 ♓ 28 03	7 ♓ 21 60	17 51 52	10 45 37	11 13 38	0 ♒ 05 04	26 08 15	3 27 50	23 31 14	10 25 21	7 57 05	29 30 46	5 43 01
30 Th	0 ♏ 01 08	13 15 00	19 10 22	19 20 31	11 51 56	11 55 15	0 18 54	26 17 29	3 30 17	23 25 58	10 26 39	7 58 56	29 30 43	5 41 15

Notes

May 2015 — LONGITUDE

Day	☉	0 hr ☽	Noon ☽	☿	♀	♂	⚵	⚳	♃	♄	⚷	♅	♆	♇
1 F	0 ♏ 58 54	25 ♓ 06 41	1 ♈ 05 20	20 ♏ 45 56	12 ♐ 59 00	12 ♏ 37 44	0 ♒ 33 49	26 ♋ 27 22	3 ♒ 33 48	23 ♉ 21 33	10 ♍ 28 48	8 ♎ 01 40	29 ♌ 31 33	5 ♋ 40 21
2 Sa	1 57 57	7 ♈ 07 02	13 10 28	22 08 25	14 07 13	13 21 30	0 50 16	26 38 19	3 38 49	23 18 25	10 32 15	8 05 43	29 33 41	5 40 45
3 Su	2 58 32	19 19 07	25 28 26	23 28 06	15 16 49	14 06 45	1 08 27	26 50 33	3 45 33	23 16 48	10 37 13	8 11 19	29 37 20	5 42 41
4 M	4 00 37	1 ♉ 44 55	8 ♉ 00 51	24 44 55	16 27 47	14 53 30	1 28 21	27 04 05	3 53 60	23 16 40	10 43 41	8 18 25	29 42 31	5 46 07
5 Tu	5 03 56	14 25 26	20 48 18	25 58 29	17 39 49	15 41 28	1 49 42	27 18 35	4 03 51	23 17 46	10 51 23	8 26 46	29 48 55	5 50 48
6 W	6 07 58	27 20 37	3 ♊ 50 28	27 08 13	18 52 26	16 30 07	2 11 58	27 33 34	4 14 37	23 19 34	10 59 46	8 35 51	29 56 02	5 56 11
7 Th	7 12 03	10 ♊ 29 43	17 06 20	28 13 22	20 04 54	17 18 47	2 34 28	27 48 20	4 25 35	23 21 23	11 08 11	8 44 58	0 ♍ 03 11	6 01 36
8 F	8 15 25	23 51 33	0 ♋ 34 37	29 13 08	21 16 31	18 06 44	2 56 28	28 02 09	4 36 02	23 22 29	11 15 52	8 53 23	0 09 38	6 06 20
9 Sa	9 17 28	7 ♋ 24 49	14 13 60	0 ♐ 06 51	22 26 38	18 53 20	3 17 20	28 14 23	4 45 21	23 22 16	11 22 14	9 00 29	0 14 45	6 09 44
10 Su	10 17 50	21 08 28	28 03 26	0 54 04	23 34 53	19 38 13	3 36 42	28 24 39	4 53 09	23 20 21	11 26 53	9 05 54	0 18 10	6 11 26
11 M	11 16 29	5 ♌ 01 50	12 ♌ 02 13	1 34 43	24 41 15	20 21 22	3 54 33	28 32 57	4 59 25	23 16 43	11 29 48	9 09 37	0 19 53	6 11 25
12 Tu	12 13 49	19 04 32	26 09 54	2 09 08	25 46 06	21 03 10	4 11 14	28 39 39	5 04 32	23 11 45	11 31 23	9 11 60	0 20 15	6 10 05
13 W	13 10 32	3 ♍ 16 17	10 ♍ 25 54	2 37 59	26 50 09	21 44 19	4 27 28	28 45 27	5 09 11	23 06 10	11 32 18	9 13 45	0 19 59	6 08 07
14 Th	14 07 31	17 36 17	24 48 58	3 02 08	27 54 17	22 25 43	4 44 10	28 51 15	5 14 17	23 00 50	11 33 29	9 15 47	0 19 60	6 06 25
15 F	15 05 39	2 ♎ 02 49	9 ♎ 16 50	3 22 28	28 59 22	23 08 16	5 02 11	28 57 54	5 20 43	22 56 41	11 35 48	9 18 58	0 21 09	6 05 53
16 Sa	16 05 38	16 32 47	23 45 50	3 39 39	0 ♑ 06 05	23 52 36	5 22 12	29 06 07	5 29 09	22 54 22	11 39 56	9 23 59	0 24 08	6 07 10
17 Su	17 07 45	1 ♏ 01 40	8 ♏ 11 05	3 54 00	1 14 43	24 39 04	5 44 32	29 16 10	5 39 52	22 54 11	11 46 10	9 31 08	0 29 15	6 10 36
18 M	18 11 51	15 23 54	22 26 55	4 05 28	2 25 08	25 27 29	6 09 00	29 27 55	5 52 45	22 56 00	11 54 23	9 40 16	0 36 20	6 16 01
19 Tu	19 17 24	29 33 33	6 ♐ 27 48	4 13 34	3 36 46	26 17 20	6 35 05	29 40 49	6 07 15	22 59 17	12 04 00	9 50 50	0 44 52	6 22 52
20 W	20 23 32	13 ♐ 25 20	20 09 08	4 17 36	4 48 46	27 07 45	7 01 55	29 54 00	6 22 29	23 03 10	12 14 12	10 02 00	0 53 59	6 30 19
21 Th	21 29 19	26 55 24	3 ♑ 27 60	4 16 46	6 00 10	27 57 47	7 28 33	0 ♌ 06 33	6 37 32	23 06 44	12 24 01	10 12 49	1 02 44	6 37 25
22 F	22 33 53	10 ♑ 01 52	16 23 31	4 10 27	7 10 07	28 46 35	7 54 07	0 17 33	6 51 32	23 09 05	12 32 36	10 22 24	1 10 15	6 43 18
23 Sa	23 36 38	22 45 05	28 56 53	3 58 17	8 17 58	29 33 31	8 18 00	0 26 26	7 03 51	23 09 38	12 39 20	10 30 09	1 15 57	6 47 22
24 Su	24 37 18	5 ♒ 07 24	11 ♒ 11 10	3 40 23	9 23 30	0 ♐ 18 22	8 39 58	0 32 56	7 14 15	23 08 09	12 43 58	10 35 50	1 19 34	6 49 21
25 M	25 36 02	17 12 52	23 10 54	3 17 15	10 26 49	1 01 16	9 00 09	0 37 12	7 22 53	23 04 46	12 46 40	10 39 35	1 21 15	6 49 25
26 Tu	26 33 22	29 06 43	5 ♓ 01 35	2 49 50	11 28 27	1 42 45	9 19 04	0 39 45	7 30 15	23 00 00	12 47 55	10 41 55	1 21 31	6 48 05
27 W	27 30 05	10 ♓ 54 57	16 49 18	2 19 23	12 29 10	2 23 33	9 37 29	0 41 20	7 37 09	22 54 38	12 48 31	10 43 37	1 21 09	6 46 08
28 Th	28 27 03	22 43 45	28 40 10	1 47 19	13 29 51	3 04 38	9 56 19	0 42 54	7 44 28	22 49 35	12 49 22	10 45 35	1 21 03	6 44 27
29 F	29 25 13	4 ♈ 39 07	10 ♈ 39 58	1 15 06	14 31 23	3 46 51	10 16 26	0 45 18	7 53 06	22 45 45	12 51 22	10 48 43	1 22 07	6 43 57
30 Sa	0 ♐ 25 16	16 46 21	22 53 39	0 44 02	15 34 30	4 30 56	10 38 36	0 49 17	8 03 46	22 43 51	12 55 14	10 53 44	1 25 04	6 45 21
31 Su	1 27 38	29 09 38	5 ♉ 24 55	0 15 05	16 39 36	5 17 19	11 03 12	0 55 15	8 16 54	22 44 18	13 01 23	11 01 04	1 30 19	6 49 04

June 2015 — LONGITUDE

Day	☉	0 hr ☽	Noon ☽	☿	♀	♂	⚵	⚳	♃	♄	⚷	♅	♆	♇
1 M	2 ♐ 32 22	11 ♉ 51 46	18 ♉ 15 53	29 ♏ 48 54	17 ♑ 46 41	6 ♐ 06 01	11 ♒ 30 16	1 ♌ 03 15	8 ♒ 32 30	22 ♉ 47 09	13 ♍ 09 52	11 ♎ 10 43	1 ♍ 37 55	6 ♋ 55 08
2 Tu	3 39 02	24 53 44	1 ♊ 26 52	29 25 40	18 55 22	6 56 39	11 59 24	1 12 52	8 50 12	22 51 59	13 20 16	11 22 19	1 47 27	7 03 10
3 W	4 46 53	8 ♊ 14 45	14 56 23	29 05 07	20 04 52	7 48 26	12 29 50	1 23 19	9 09 13	22 58 02	13 31 49	11 35 05	1 58 09	7 12 22
4 Th	5 54 53	21 52 25	28 41 25	28 46 46	21 14 06	8 40 20	13 00 30	1 33 34	9 28 29	23 04 16	13 43 27	11 47 58	2 08 59	7 21 43
5 F	7 01 55	5 ♋ 43 08	12 ♋ 37 58	28 29 59	22 21 58	9 31 14	13 30 19	1 42 31	9 46 55	23 09 35	13 54 06	11 59 52	2 18 49	7 30 05
6 Sa	8 07 02	19 42 48	26 41 50	28 14 14	23 27 32	10 20 12	13 58 20	1 49 14	10 03 34	23 13 03	14 02 48	12 09 50	2 26 44	7 36 33
7 Su	9 09 43	3 ♌ 47 38	10 ♌ 49 21	27 59 23	24 30 12	11 06 41	14 23 60	1 53 08	10 17 53	23 14 05	14 09 01	12 17 20	2 32 11	7 40 34
8 M	10 09 54	17 54 45	24 57 58	27 45 41	25 29 57	11 50 39	14 47 16	1 54 11	10 29 49	23 12 41	14 12 42	12 22 18	2 35 07	7 42 05
9 Tu	11 08 07	2 ♍ 02 27	9 ♍ 06 22	27 33 57	26 27 16	12 32 36	15 08 39	1 52 55	10 39 55	23 09 22	14 14 22	12 25 17	2 36 03	7 41 38
10 W	12 05 20	16 10 14	23 14 14	27 25 20	27 23 07	13 13 32	15 29 09	1 50 19	10 49 06	23 05 05	14 14 59	12 27 14	2 35 58	7 40 10
11 Th	13 02 47	0 ♎ 18 09	7 ♎ 21 44	27 21 16	28 18 42	13 54 39	15 49 56	1 47 34	10 58 38	23 01 04	14 15 47	12 29 23	2 36 05	7 38 55
12 F	14 01 38	14 26 20	21 28 48	27 23 01	29 15 11	14 37 09	16 12 14	1 45 52	11 09 41	22 58 32	14 17 57	12 32 54	2 37 35	7 39 05
13 Sa	15 02 49	28 34 10	5 ♏ 34 30	27 31 38	0 ♒ 13 29	15 21 56	16 36 57	1 46 09	11 23 10	22 58 22	14 22 24	12 38 44	2 41 24	7 41 34
14 Su	16 06 46	12 ♏ 39 53	19 36 43	27 47 33	1 14 01	16 09 28	17 04 32	1 48 51	11 39 31	23 01 02	14 29 35	12 47 17	2 47 57	7 46 50
15 M	17 13 21	26 40 27	3 ♐ 32 09	28 10 42	2 16 38	16 59 36	17 34 49	1 53 51	11 58 37	23 06 23	14 39 21	12 58 27	2 57 07	7 54 43
16 Tu	18 21 56	10 ♐ 31 54	17 16 49	28 40 23	3 20 38	17 51 41	18 07 10	2 00 28	12 19 48	23 13 47	14 51 03	13 11 34	3 08 15	8 04 35
17 W	19 31 27	24 10 01	0 ♑ 46 46	29 15 33	4 25 00	18 44 40	18 40 33	2 07 41	12 42 01	23 22 11	15 03 40	13 25 36	3 20 18	8 15 23
18 Th	20 40 43	7 ♑ 31 03	13 58 48	29 54 58	5 28 30	19 37 24	19 13 47	2 14 19	13 04 06	23 30 25	15 15 59	13 39 22	3 32 04	8 25 57
19 F	21 48 38	20 32 33	26 51 09	0 ♐ 37 28	6 29 59	20 28 43	19 45 43	2 19 15	13 24 56	23 37 21	15 26 54	13 51 44	3 42 29	8 35 10
20 Sa	22 54 22	3 ♒ 13 48	9 ♒ 23 52	1 22 10	7 28 37	21 17 50	20 15 33	2 21 40	13 43 40	23 42 10	15 35 35	14 01 53	3 50 41	8 42 11
21 Su	23 57 31	15 36 00	21 38 52	2 08 35	8 23 58	22 04 20	20 42 52	2 21 10	13 59 55	23 44 29	15 41 39	14 09 25	3 56 16	8 46 38
22 M	24 58 08	27 42 11	3 ♓ 39 46	2 56 45	9 16 04	22 48 17	21 07 44	2 17 50	14 13 44	23 44 20	15 45 09	14 14 24	3 59 19	8 48 34
23 Tu	25 56 45	9 ♓ 36 55	15 31 33	3 47 04	10 05 24	23 30 11	21 30 41	2 12 09	14 25 39	23 42 16	15 46 36	14 17 20	4 00 21	8 48 29
24 W	26 54 13	21 25 55	27 20 14	4 40 21	10 52 48	24 10 54	21 52 32	2 05 00	14 36 29	23 39 06	15 46 51	14 19 06	4 00 12	8 47 15
25 Th	27 51 35	3 ♈ 15 33	9 ♈ 12 18	5 37 34	11 39 17	24 51 29	22 14 21	1 57 26	14 47 19	23 35 55	15 46 56	14 20 43	3 59 55	8 45 55
26 F	28 49 53	15 12 22	21 14 13	6 39 44	12 25 51	25 32 59	22 37 11	1 50 31	14 59 11	23 33 46	15 47 57	14 23 15	4 00 34	8 45 33
27 Sa	29 50 03	27 22 32	3 ♉ 31 58	7 47 41	13 13 24	26 16 19	23 01 56	1 45 09	15 12 59	23 33 33	15 50 46	14 27 36	4 03 04	8 47 02
28 Su	0 ♑ 52 39	9 ♉ 51 21	16 10 22	9 01 55	14 02 28	27 02 02	23 29 10	1 41 55	15 29 18	23 35 50	15 55 58	14 34 21	4 07 57	8 50 57
29 M	1 57 47	22 42 39	29 12 34	10 22 33	14 53 07	27 50 16	23 59 00	1 40 56	15 48 15	23 40 45	16 03 40	14 43 36	4 15 22	8 57 25
30 Tu	3 05 07	5 ♊ 58 18	12 ♊ 39 33	11 49 08	15 44 57	28 40 39	24 31 05	1 41 51	16 09 26	23 47 56	16 13 30	14 54 60	4 24 57	9 06 04

Notes

LONGITUDE

July 2015

Day	☉	0 hr ☽	Noon ☽	☿	♀	♂	⚵	⚳	♃	♄	⚷	♅	♆	♇
1 W	4 ♑ 13 48	19 ♊ 37 49	26 ♊ 29 48	13 ♐ 20 48	16 ♒ 37 06	29 ♐ 32 22	25 ♒ 04 35	1 ♌ 43 51	16 ♒ 32 05	23 ♉ 56 32	16 ♍ 24 39	15 ♎ 07 43	4 ♍ 35 51	9 ♋ 16 05
2 Th	5 22 43	3 ♋ 38 21	10 ♋ 39 27	14 56 24	17 28 25	0 ♑ 24 16	25 38 21	1 45 48	16 55 01	24 05 28	16 35 59	15 20 37	4 46 58	9 26 19
3 F	6 30 39	17 54 58	25 02 44	16 34 38	18 17 38	1 15 09	26 11 12	1 46 31	17 17 02	24 13 29	16 46 17	15 32 30	4 57 05	9 35 35
4 Sa	7 36 33	2 ♌ 21 30	9 ♌ 33 04	18 14 27	19 03 40	2 03 58	26 42 03	1 44 56	17 37 06	24 19 33	16 54 30	15 42 18	5 05 08	9 42 49
5 Su	8 39 49	16 51 32	24 04 06	19 55 09	19 45 51	2 50 06	27 10 19	1 40 27	17 54 35	24 23 04	17 00 01	15 49 25	5 10 30	9 47 24
6 M	9 40 23	1 ♍ 19 36	8 ♍ 30 48	21 36 36	20 24 05	3 33 30	27 35 55	1 33 01	18 09 25	24 23 57	17 02 47	15 53 47	5 13 09	9 49 17
7 Tu	10 38 48	15 41 51	22 50 01	23 19 16	20 58 51	4 14 42	27 59 24	1 23 11	18 22 10	24 22 45	17 03 20	15 55 57	5 13 37	9 49 00
8 W	11 36 03	29 56 20	7 ♎ 00 29	25 04 03	21 31 08	4 54 43	28 21 45	1 11 58	18 33 48	24 20 28	17 02 40	15 56 54	5 12 53	9 47 34
9 Th	12 33 24	14 ♎ 02 36	21 02 18	26 52 06	22 02 07	5 34 46	28 44 15	1 00 38	18 45 36	24 18 22	17 02 02	15 57 53	5 12 12	9 46 13
10 F	13 32 04	28 01 10	4 ♏ 56 14	28 44 28	22 32 58	6 16 06	29 08 05	0 50 23	18 58 45	24 17 39	17 02 40	16 00 08	5 12 48	9 46 10
11 Sa	14 32 58	11 ♏ 52 37	18 42 54	0 ♑ 41 55	23 04 33	6 59 37	29 34 11	0 42 11	19 14 12	24 19 15	17 05 28	16 04 34	5 15 37	9 48 21
12 Su	15 36 33	25 37 04	2 ♐ 22 19	2 44 43	23 37 17	7 45 47	0 ♓ 03 01	0 36 28	19 32 22	24 23 37	17 10 53	16 11 37	5 21 04	9 53 13
13 M	16 42 42	9 ♐ 13 47	15 53 30	4 52 32	24 10 58	8 34 29	0 34 26	0 33 09	19 53 10	24 30 38	17 18 50	16 21 12	5 29 04	10 00 40
14 Tu	17 50 49	22 41 07	29 14 43	7 04 29	24 44 57	9 25 06	1 07 51	0 31 37	20 15 58	24 39 41	17 28 41	16 32 40	5 38 59	10 10 03
15 W	18 59 55	5 ♑ 56 54	12 ♑ 23 49	9 19 19	25 18 10	10 16 38	1 42 16	0 30 55	20 39 48	24 49 49	17 39 27	16 45 04	5 49 51	10 20 25
16 Th	20 08 51	18 58 53	25 18 43	11 35 39	25 49 28	11 07 59	2 16 33	0 29 56	21 03 31	24 59 51	17 49 60	16 57 16	6 00 32	10 30 37
17 F	21 16 33	1 ♒ 45 25	7 ♒ 58 07	13 52 03	26 17 40	11 58 04	2 49 38	0 27 35	21 26 02	25 08 45	17 59 15	17 08 10	6 09 56	10 39 36
18 Sa	22 22 12	14 15 47	20 21 49	16 07 25	26 41 55	12 46 02	3 20 42	0 23 04	21 46 33	25 15 41	18 06 25	17 16 57	6 17 16	10 46 31
19 Su	23 25 21	26 30 44	2 ♓ 31 03	18 20 59	27 01 42	13 31 29	3 49 17	0 15 58	22 04 36	25 20 12	18 11 01	17 23 12	6 22 04	10 50 57
20 M	24 25 59	8 ♓ 32 24	14 28 29	20 32 27	27 16 56	14 14 22	4 15 23	0 06 17	22 20 11	25 22 18	18 13 03	17 26 52	6 24 20	10 52 52
21 Tu	25 24 30	20 24 24	26 18 11	22 41 53	27 27 58	14 55 06	4 39 23	29 ♋ 54 24	22 33 42	25 22 22	18 12 56	17 28 23	6 24 27	10 52 40
22 W	26 21 38	2 ♈ 11 31	8 ♈ 05 19	24 49 46	27 35 27	15 34 24	5 02 01	29 41 05	22 45 51	25 21 08	18 11 21	17 28 26	6 23 09	10 51 04
23 Th	27 18 17	13 59 26	19 55 48	26 56 45	27 40 16	16 13 11	5 24 12	29 27 15	22 57 34	25 19 31	18 09 15	17 27 58	6 21 21	10 49 01
24 F	28 15 27	25 54 20	1 ♉ 55 58	29 03 35	27 43 21	16 52 25	5 46 54	29 13 54	23 09 49	25 18 30	18 07 36	17 27 57	6 20 01	10 47 28
25 Sa	29 13 58	8 ♉ 02 26	14 11 57	1 ♒ 10 56	27 45 28	17 32 59	6 10 59	29 01 54	23 23 28	25 18 55	18 07 16	17 29 14	6 20 01	10 47 17
26 Su	0 ♒ 14 26	20 29 30	26 49 17	3 19 13	27 47 13	18 15 27	6 37 02	28 51 50	23 39 05	25 21 23	18 08 49	17 32 25	6 21 56	10 49 03
27 M	1 17 02	3 ♊ 20 15	9 ♊ 52 08	5 28 29	27 48 44	19 00 02	7 05 14	28 43 57	23 56 53	25 26 05	18 12 29	17 37 41	6 25 59	10 52 58
28 Tu	2 21 34	16 37 42	23 22 40	7 38 23	27 49 46	19 46 29	7 35 22	28 38 00	24 16 38	25 32 47	18 17 60	17 44 49	6 31 55	10 58 48
29 W	3 27 22	0 ♋ 22 39	7 ♋ 20 33	9 48 11	27 49 40	20 34 09	8 06 47	28 33 22	24 37 40	25 40 50	18 24 44	17 53 09	6 39 05	11 05 54
30 Th	4 33 30	14 33 14	21 42 35	11 56 53	27 47 30	21 22 08	8 38 33	28 29 08	24 59 04	25 49 20	18 31 46	18 01 47	6 46 34	11 13 22
31 F	5 38 57	29 04 50	6 ♌ 22 57	14 03 22	27 42 14	22 09 22	9 09 38	28 24 16	25 19 47	25 57 12	18 38 02	18 09 39	6 53 20	11 20 07

LONGITUDE

August 2015

Day	☉	0 hr ☽	Noon ☽	☿	♀	♂	⚵	⚳	♃	♄	⚷	♅	♆	♇
1 Sa	6 ♒ 42 48	13 ♌ 50 39	21 ♌ 13 57	16 ♒ 06 42	27 ♒ 32 59	22 ♑ 54 58	9 ♓ 39 07	28 ♋ 17 54	25 ♒ 38 57	26 ♉ 03 34	18 ♍ 42 41	18 ♎ 15 52	6 ♍ 58 28	11 ♋ 25 17
2 Su	7 44 31	28 42 41	6 ♍ 07 13	18 06 18	27 19 15	23 38 22	10 06 28	28 09 27	25 55 57	26 07 52	18 45 06	18 19 53	7 01 25	11 28 18
3 M	8 43 59	13 ♍ 33 02	20 55 10	20 02 04	27 01 00	24 19 29	10 31 34	27 58 52	26 10 45	26 10 01	18 45 14	18 21 35	7 02 06	11 29 05
4 Tu	9 41 36	28 15 10	5 ♎ 31 60	21 54 22	26 38 41	24 58 43	10 54 50	27 46 33	26 23 42	26 10 24	18 43 28	18 21 23	7 00 54	11 28 01
5 W	10 38 11	12 ♎ 44 33	19 54 11	23 44 01	26 13 12	25 36 51	11 17 03	27 33 18	26 35 37	26 09 48	18 40 36	18 20 03	6 58 37	11 25 53
6 Th	11 34 41	26 58 51	4 ♏ 00 20	25 31 58	25 45 38	26 14 51	11 39 11	27 20 07	26 47 28	26 09 12	18 37 35	18 18 35	6 56 14	11 23 41
7 F	12 32 04	10 ♏ 57 32	17 50 38	27 19 12	25 17 03	26 53 41	12 02 11	27 07 57	27 00 12	26 09 34	18 35 25	18 17 56	6 54 41	11 22 21
8 Sa	13 31 04	24 41 07	1 ♐ 26 05	29 06 26	24 48 18	27 34 05	12 26 48	26 57 33	27 14 32	26 11 37	18 34 47	18 18 50	6 54 42	11 22 38
9 Su	14 32 01	8 ♐ 10 35	14 47 53	0 ♓ 54 02	24 19 56	28 16 23	12 53 22	26 49 17	27 30 50	26 15 42	18 36 03	18 21 37	6 56 39	11 24 52
10 M	15 34 52	21 26 51	27 57 01	2 41 57	23 52 02	29 00 32	13 21 49	26 43 04	27 49 02	26 21 46	18 39 09	18 26 13	7 00 28	11 28 59
11 Tu	16 39 10	4 ♑ 30 30	10 ♑ 53 58	4 29 45	23 24 21	29 46 06	13 51 42	26 38 31	28 08 41	26 29 21	18 43 40	18 32 13	7 05 41	11 34 34
12 W	17 44 14	17 21 42	23 38 53	6 16 46	22 56 24	0 ♒ 32 21	14 22 21	26 34 56	28 29 05	26 37 46	18 48 53	18 38 54	7 11 38	11 40 53
13 Th	18 49 15	0 ♒ 00 28	6 ♒ 11 45	8 02 10	22 27 35	1 18 31	14 52 56	26 31 30	28 49 26	26 46 13	18 53 59	18 45 28	7 17 30	11 47 10
14 F	19 53 27	12 26 49	18 32 39	9 45 13	21 57 21	2 03 49	15 22 42	26 27 28	29 08 58	26 53 55	18 58 14	18 51 09	7 22 32	11 52 37
15 Sa	20 56 14	24 41 09	0 ♓ 42 11	11 25 18	21 25 20	2 47 38	15 51 02	26 22 16	29 27 04	27 00 18	19 01 01	18 55 21	7 26 06	11 56 40
16 Su	21 57 16	6 ♓ 44 29	12 41 35	13 02 06	20 51 27	3 29 40	16 17 36	26 15 34	29 43 26	27 04 60	19 01 60	18 57 45	7 27 54	11 58 58
17 M	22 56 30	18 38 40	24 32 59	14 35 35	20 15 52	4 09 52	16 42 22	26 07 19	29 57 59	27 07 58	19 01 08	18 58 17	7 27 52	11 59 28
18 Tu	23 54 11	0 ♈ 26 25	6 ♈ 19 27	16 05 57	19 39 04	4 48 26	17 05 33	25 57 46	0 ♓ 10 58	27 09 28	18 58 39	18 57 11	7 26 15	11 58 25
19 W	24 50 45	12 11 21	18 04 57	17 33 39	19 01 44	5 25 51	17 27 37	25 47 22	0 22 49	27 09 55	18 55 02	18 54 55	7 23 30	11 56 15
20 Th	25 46 49	23 57 53	29 54 08	18 59 17	18 24 41	6 02 42	17 49 10	25 36 45	0 34 10	27 09 57	18 50 51	18 52 05	7 20 12	11 53 35
21 F	26 43 00	5 ♉ 51 01	11 ♉ 52 16	20 23 28	17 48 48	6 39 39	18 10 50	25 26 33	0 45 38	27 10 11	18 46 46	18 49 19	7 17 01	11 51 03
22 Sa	27 39 55	17 56 03	24 04 45	21 46 47	17 14 50	7 17 16	18 33 11	25 17 22	0 57 48	27 11 13	18 43 21	18 47 13	7 14 32	11 49 14
23 Su	28 37 58	0 ♊ 18 19	6 ♊ 36 51	23 09 35	16 43 26	7 55 58	18 56 40	25 09 37	1 11 05	27 13 28	18 41 02	18 46 11	7 13 09	11 48 34
24 M	29 37 20	13 02 39	19 33 06	24 32 03	16 14 55	8 35 56	19 21 27	25 03 29	1 25 41	27 17 06	18 40 00	18 46 25	7 13 04	11 49 13
25 Tu	0 ♓ 37 56	26 12 52	2 ♋ 56 45	25 54 03	15 49 23	9 17 04	19 47 27	24 58 53	1 41 29	27 22 02	18 40 09	18 47 49	7 14 11	11 51 06
26 W	1 39 24	9 ♋ 51 13	16 49 04	27 15 10	15 26 36	9 59 03	20 14 18	24 55 29	1 58 09	27 27 55	18 41 08	18 50 01	7 16 10	11 53 52
27 Th	2 41 14	23 57 40	1 ♌ 08 48	28 34 50	15 06 11	10 41 19	20 41 28	24 52 44	2 15 08	27 34 13	18 42 26	18 52 32	7 18 28	11 56 59
28 F	3 42 48	8 ♌ 29 32	15 51 51	29 52 24	14 47 39	11 23 18	21 08 23	24 50 04	2 31 51	27 40 20	18 43 27	18 54 43	7 20 29	11 59 52
29 Sa	4 43 36	23 21 23	0 ♍ 51 26	1 ♈ 07 15	14 30 31	12 04 27	21 34 29	24 46 55	2 47 46	27 45 45	18 43 38	18 56 04	7 21 42	12 01 57
30 Su	5 43 17	8 ♍ 25 29	15 58 57	2 18 58	14 14 34	12 44 25	21 59 26	24 42 59	3 02 32	27 50 06	18 42 40	18 56 14	7 21 46	12 02 56
31 M	6 41 45	23 32 52	1 ♎ 05 08	3 27 23	13 59 44	13 23 08	22 23 09	24 38 10	3 16 04	27 53 19	18 40 28	18 55 09	7 20 37	12 02 42

Notes

September 2015 — LONGITUDE

Day	☉	0 hr ☽	Noon ☽	☿	♀	♂	⚵	⚳	♃	♄	⚷	♅	♆	♇
1 Tu	7 ♓ 39 14	8 ♎ 34 39	16 ♎ 01 32	4 ♈ 32 35	13 ♒ 46 16	14 ♒ 00 48	22 ♓ 45 50	24 ♋ 32 40	3 ♓ 28 34	27 ♉ 55 35	18 ♍ 37 12	18 ♎ 52 59	7 ♍ 18 25	12 ♋ 01 28
2 W	8 36 05	23 23 17	0 ♏ 41 35	5 34 52	13 34 35	14 37 47	23 07 52	24 26 52	3 40 25	27 57 18	18 33 18	18 50 08	7 15 36	11 59 37
3 Th	9 32 50	7 ♏ 53 25	15 01 05	6 34 36	13 25 12	15 14 37	23 29 46	24 21 17	3 52 06	27 58 57	18 29 14	18 47 07	7 12 37	11 57 38
4 F	10 29 57	22 02 03	28 58 13	7 32 07	13 18 33	15 51 44	23 51 59	24 16 23	4 04 07	28 01 01	18 25 29	18 44 22	7 09 58	11 56 01
5 Sa	11 27 45	5 ♐ 48 18	12 ♐ 33 05	8 27 36	13 14 59	16 29 30	24 14 51	24 12 31	4 16 47	28 03 50	18 22 23	18 42 16	7 07 59	11 55 06
6 Su	12 26 25	19 12 54	25 47 03	9 21 02	13 14 38	17 08 04	24 38 33	24 09 49	4 30 16	28 07 34	18 20 07	18 40 57	7 06 50	11 55 01
7 M	13 25 54	2 ♑ 17 35	8 ♑ 42 16	10 12 12	13 17 25	17 47 23	25 03 01	24 08 16	4 44 32	28 12 10	18 18 37	18 40 24	7 06 27	11 55 45
8 Tu	14 26 00	15 04 35	21 21 08	11 00 41	13 23 06	18 27 17	25 28 04	24 07 40	4 59 21	28 17 26	18 17 41	18 40 23	7 06 41	11 57 06
9 W	15 26 25	27 36 17	3 ♒ 46 03	11 45 59	13 31 20	19 07 25	25 53 24	24 07 42	5 14 27	28 23 05	18 17 03	18 40 38	7 07 11	11 58 46
10 Th	16 26 50	9 ♒ 55 00	15 59 16	12 27 29	13 41 45	19 47 30	26 18 42	24 08 05	5 29 30	28 28 46	18 16 23	18 40 49	7 07 40	12 00 26
11 F	17 26 58	22 02 60	28 02 54	13 04 40	13 54 00	20 27 15	26 43 39	24 08 30	5 44 13	28 34 13	18 15 23	18 40 39	7 07 51	12 01 48
12 Sa	18 26 38	4 ♓ 02 20	9 ♓ 59 00	13 37 03	14 07 51	21 06 27	27 08 06	24 08 46	5 58 24	28 39 15	18 13 53	18 39 57	7 07 30	12 02 41
13 Su	19 25 43	15 55 08	21 49 36	14 04 14	14 23 08	21 45 01	27 31 55	24 08 47	6 11 58	28 43 45	18 11 46	18 38 37	7 06 35	12 02 60
14 M	20 24 15	27 43 30	3 ♈ 36 53	14 25 54	14 39 51	22 22 60	27 55 10	24 08 36	6 24 56	28 47 46	18 09 05	18 36 40	7 05 05	12 02 46
15 Tu	21 22 22	9 ♈ 29 48	15 23 16	14 41 50	14 58 00	23 00 29	28 17 56	24 08 19	6 37 25	28 51 23	18 05 57	18 34 15	7 03 08	12 02 06
16 W	22 20 13	21 16 37	27 11 31	14 51 52	15 17 45	23 37 39	28 40 24	24 08 06	6 49 36	28 54 48	18 02 32	18 31 30	7 00 55	12 01 10
17 Th	23 17 59	3 ♉ 06 56	9 ♉ 04 46	14 55 51	15 39 11	24 14 41	29 02 45	24 08 09	7 01 38	28 58 11	17 59 00	18 28 38	6 58 35	12 00 11
18 F	24 15 51	15 04 01	21 06 32	14 53 35	16 02 26	24 51 45	29 25 09	24 08 36	7 13 43	29 01 43	17 55 33	18 25 48	6 56 21	11 59 16
19 Sa	25 13 56	27 11 34	3 ♊ 20 37	14 44 54	16 27 33	25 28 59	29 47 42	24 09 36	7 25 57	29 05 31	17 52 18	18 23 08	6 54 17	11 58 35
20 Su	26 12 16	9 ♊ 33 25	15 50 60	14 29 35	16 54 32	26 06 25	0 ♈ 10 29	24 11 10	7 38 23	29 09 36	17 49 16	18 20 41	6 52 29	11 58 09
21 M	27 10 51	22 13 30	28 41 31	14 07 26	17 23 17	26 44 01	0 33 27	24 13 18	7 50 60	29 13 59	17 46 28	18 18 24	6 50 53	11 57 57
22 Tu	28 09 34	5 ♋ 15 27	11 ♋ 55 33	13 38 15	17 53 41	27 21 44	0 56 31	24 15 54	8 03 42	29 18 33	17 43 48	18 16 14	6 49 26	11 57 55
23 W	29 08 21	18 42 13	25 35 28	13 02 00	18 25 35	27 59 26	1 19 36	24 18 53	8 16 24	29 23 14	17 41 10	18 14 04	6 48 02	11 57 56
24 Th	0 ♈ 07 06	2 ♌ 35 28	9 ♌ 42 04	12 18 48	18 58 51	28 37 04	1 42 36	24 22 08	8 29 01	29 27 55	17 38 30	18 11 50	6 46 34	11 57 56
25 F	1 05 47	16 54 58	24 13 54	11 29 00	19 33 23	29 14 33	2 05 29	24 25 38	8 41 30	29 32 34	17 35 45	18 09 29	6 45 02	11 57 52
26 Sa	2 04 26	1 ♍ 38 04	9 ♍ 06 59	10 33 17	20 09 10	29 51 58	2 28 17	24 29 23	8 53 52	29 37 14	17 32 57	18 07 03	6 43 27	11 57 45
27 Su	3 03 08	16 39 27	24 14 39	9 32 37	20 46 16	0 ♓ 29 22	2 51 05	24 33 30	9 06 13	29 41 59	17 30 11	18 04 37	6 41 54	11 57 42
28 M	4 02 00	1 ♎ 51 20	9 ♎ 28 14	8 28 15	21 24 43	1 06 52	3 13 60	24 38 04	9 18 40	29 46 56	17 27 34	18 02 19	6 40 30	11 57 48
29 Tu	5 01 09	17 04 24	24 38 08	7 21 40	22 04 36	1 44 36	3 37 07	24 43 12	9 31 19	29 52 12	17 25 12	18 00 14	6 39 21	11 58 10
30 W	6 00 35	2 ♏ 09 05	9 ♏ 35 13	6 14 28	22 45 54	2 22 33	4 00 29	24 48 54	9 44 11	29 57 47	17 23 08	17 58 24	6 38 29	11 58 50

October 2015 — LONGITUDE

Day	☉	0 hr ☽	Noon ☽	☿	♀	♂	⚵	⚳	♃	♄	⚷	♅	♆	♇
1 Th	7 ♈ 00 16	16 ♏ 56 56	24 ♏ 12 04	5 ♈ 08 19	23 ♒ 28 31	3 ♓ 00 42	4 ♈ 24 02	24 ♋ 55 09	9 ♓ 57 14	0 ♊ 03 39	17 ♍ 21 17	17 ♎ 56 46	6 ♍ 37 51	11 ♋ 59 45
2 F	8 00 05	1 ♐ 21 41	8 ♐ 23 49	4 04 53	24 12 17	3 38 55	4 47 39	25 01 47	10 10 19	0 09 39	17 19 33	17 55 12	6 37 19	12 00 47
3 Sa	8 59 48	15 19 50	22 08 20	3 05 43	24 56 58	4 16 59	5 11 07	25 08 37	10 23 14	0 15 36	17 17 43	17 53 31	6 36 41	12 01 43
4 Su	9 59 16	28 50 32	5 ♑ 25 54	2 12 19	25 42 20	4 54 42	5 34 15	25 15 26	10 35 48	0 21 19	17 15 36	17 51 30	6 35 46	12 02 22
5 M	10 58 18	11 ♑ 55 06	18 18 42	1 25 59	26 28 11	5 31 57	5 56 54	25 22 07	10 47 51	0 26 37	17 13 02	17 49 02	6 34 24	12 02 36
6 Tu	11 56 52	24 36 30	0 ♒ 50 09	0 47 56	27 14 27	6 08 40	6 19 01	25 28 35	10 59 21	0 31 29	17 10 00	17 46 02	6 32 33	12 02 22
7 W	12 55 02	6 ♒ 58 36	13 04 23	0 19 08	28 01 10	6 44 55	6 40 40	25 34 54	11 10 21	0 35 58	17 06 33	17 42 36	6 30 17	12 01 42
8 Th	13 52 58	19 05 43	25 05 41	0 00 26	28 48 27	7 20 52	7 02 01	25 41 15	11 21 02	0 40 14	17 02 52	17 38 53	6 27 46	12 00 48
9 F	14 50 57	1 ♓ 02 12	6 ♓ 58 18	29 ♓ 52 26	29 36 33	7 56 48	7 23 20	25 47 53	11 31 40	0 44 34	16 59 12	17 35 11	6 25 16	11 59 56
10 Sa	15 49 16	12 52 09	18 46 06	29 55 31	0 ♓ 25 46	8 33 00	7 44 57	25 55 08	11 42 33	0 49 15	16 55 53	17 31 46	6 23 07	11 59 25
11 Su	16 48 14	24 39 12	0 ♈ 32 31	0 ♈ 09 47	1 16 20	9 09 48	8 07 08	26 03 16	11 53 59	0 54 37	16 53 12	17 28 59	6 21 35	11 59 33
12 M	17 48 06	6 ♈ 26 31	12 20 29	0 35 06	2 08 30	9 47 25	8 30 08	26 12 32	12 06 13	1 00 53	16 51 25	17 27 02	6 20 56	12 00 33
13 Tu	18 48 57	18 16 40	24 12 25	1 11 03	3 02 20	10 25 59	8 54 04	26 23 04	12 19 22	1 08 11	16 50 38	17 26 04	6 21 17	12 02 33
14 W	19 50 48	0 ♉ 11 50	6 ♉ 10 20	1 56 56	3 57 48	11 05 28	9 18 55	26 34 49	12 33 24	1 16 29	16 50 49	17 26 02	6 22 37	12 05 32
15 Th	20 53 27	12 13 45	18 15 59	2 51 49	4 54 41	11 45 41	9 44 30	26 47 35	12 48 07	1 25 36	16 51 49	17 26 47	6 24 43	12 09 19
16 F	21 56 32	24 24 02	0 ♊ 30 58	3 54 34	5 52 38	12 26 17	10 10 27	27 01 03	13 03 12	1 35 11	16 53 16	17 27 57	6 27 16	12 13 33
17 Sa	22 59 38	6 ♊ 44 14	12 56 57	5 03 57	6 51 09	13 06 50	10 36 21	27 14 46	13 18 12	1 44 47	16 54 43	17 29 06	6 29 50	12 17 47
18 Su	24 02 17	19 16 05	25 35 46	6 18 43	7 49 47	13 46 51	11 01 43	27 28 14	13 32 37	1 53 57	16 55 44	17 29 45	6 31 55	12 21 33
19 M	25 04 02	2 ♋ 01 35	8 ♋ 29 31	7 37 41	8 48 04	14 25 56	11 26 08	27 41 04	13 46 04	2 02 15	16 55 52	17 29 31	6 33 08	12 24 27
20 Tu	26 04 40	15 03 03	21 40 28	8 59 54	9 45 45	15 03 50	11 49 21	27 52 59	13 58 18	2 09 26	16 54 53	17 28 08	6 33 12	12 26 12
21 W	27 04 09	28 22 54	5 ♌ 10 54	10 24 42	10 42 48	15 40 31	12 11 21	28 03 58	14 09 16	2 15 29	16 52 46	17 25 34	6 32 08	12 26 49
22 Th	28 02 44	12 ♌ 03 24	19 02 40	11 51 44	11 39 26	16 16 15	12 32 23	28 14 17	14 19 14	2 20 40	16 49 46	17 22 06	6 30 10	12 26 33
23 F	29 00 56	26 06 06	3 ♍ 16 35	13 20 59	12 36 09	16 51 32	12 52 56	28 24 24	14 28 42	2 25 27	16 46 23	17 18 13	6 27 48	12 25 52
24 Sa	29 59 22	10 ♍ 31 05	17 51 44	14 52 38	13 33 36	17 27 01	13 13 41	28 34 59	14 38 19	2 30 31	16 43 16	17 14 34	6 25 42	12 25 27
25 Su	0 ♉ 58 45	25 16 19	2 ♎ 44 51	16 26 55	14 32 24	18 03 21	13 35 17	28 46 43	14 48 46	2 36 31	16 41 06	17 11 50	6 24 31	12 25 58
26 M	1 59 34	10 ♎ 17 06	17 50 01	18 04 02	15 33 06	18 41 04	13 58 14	29 00 04	15 00 32	2 43 58	16 40 23	17 10 31	6 24 46	12 27 55
27 Tu	3 02 03	25 26 11	2 ♏ 53 06	19 43 52	16 35 53	19 20 25	14 22 48	29 15 18	15 13 52	2 53 06	16 41 21	17 10 53	6 26 43	12 31 32
28 W	4 06 06	10 ♏ 34 20	18 02 28	21 26 04	17 40 38	20 01 15	14 48 50	29 32 17	15 28 38	3 03 48	16 43 53	17 12 46	6 30 12	12 36 43
29 Th	5 11 14	25 31 48	2 ♐ 50 54	23 09 54	18 46 51	20 43 06	15 15 52	29 50 31	15 44 22	3 15 34	16 47 31	17 15 44	6 34 46	12 42 58
30 F	6 16 44	10 ♐ 09 48	17 16 42	24 54 31	19 53 49	21 25 16	15 43 11	0 ♌ 09 19	16 00 22	3 27 44	16 51 33	17 19 02	6 39 42	12 49 35
31 Sa	7 21 50	24 21 54	1 ♑ 14 52	26 38 56	21 00 45	22 06 57	16 10 01	0 27 53	16 15 49	3 39 28	16 55 10	17 21 55	6 44 13	12 55 47

Notes

LONGITUDE — November 2015

Day	☉	0 hr ☽	Noon ☽	☿	♀	♂	⚵	⚳	♃	♄	⚷	♅	♆	♇
1 Su	8 ♉ 25 50	8 ♑ 04 41	14 ♑ 43 27	28 ♈ 22 22	22 ♓ 06 56	22 ♓ 47 28	16 ♈ 35 39	0 ♌ 45 32	16 ♓ 30 03	3 ♊ 50 07	16 ♍ 57 42	17 ♎ 23 42	6 ♍ 47 39	13 ♋ 00 53
2 M	9 28 19	21 17 52	27 43 24	0 ♉ 04 16	23 11 57	23 26 25	16 59 42	1 01 49	16 42 38	3 59 14	16 58 44	17 23 57	6 49 33	13 04 27
3 Tu	10 29 11	4 ♒ 03 45	10 ♒ 17 52	1 44 27	24 15 40	24 03 40	17 22 01	1 16 40	16 53 29	4 06 45	16 58 10	17 22 33	6 49 50	13 06 23
4 W	11 28 41	16 26 32	22 31 35	3 23 07	25 18 20	24 39 29	17 42 54	1 30 19	17 02 49	4 12 52	16 56 15	17 19 47	6 48 44	13 06 57
5 Th	12 27 21	28 31 36	4 ♓ 30 09	5 00 44	26 20 29	25 14 26	18 02 52	1 43 19	17 11 13	4 18 11	16 53 31	17 16 11	6 46 49	13 06 41
6 F	13 25 58	10 ♓ 24 51	16 19 27	6 38 01	27 22 51	25 49 13	18 22 39	1 56 24	17 19 24	4 23 24	16 50 44	17 12 30	6 44 50	13 06 21
7 Sa	14 25 18	22 12 07	28 05 09	8 15 44	28 26 15	26 24 41	18 43 06	2 10 22	17 28 11	4 29 21	16 48 42	17 09 33	6 43 34	13 06 44
8 Su	15 26 07	3 ♈ 58 47	9 ♈ 52 19	9 54 37	29 31 24	27 01 33	19 04 56	2 25 59	17 38 19	4 36 47	16 48 10	17 08 04	6 43 48	13 08 35
9 M	16 28 59	15 49 24	21 45 12	11 35 12	0 ♈ 38 52	27 40 24	19 28 42	2 43 48	17 50 21	4 46 15	16 49 41	17 08 37	6 46 04	13 12 29
10 Tu	17 34 08	27 47 32	3 ♉ 46 58	13 17 45	1 48 53	28 21 28	19 54 40	3 04 03	18 04 32	4 57 60	16 53 32	17 11 28	6 50 38	13 18 39
11 W	18 41 31	9 ♉ 55 38	15 59 39	15 02 10	3 01 22	29 04 42	20 22 46	3 26 41	18 20 48	5 11 57	16 59 37	17 16 32	6 57 25	13 27 03
12 Th	19 50 40	22 15 01	28 24 15	16 48 00	4 15 52	29 49 38	20 52 33	3 51 15	18 38 43	5 27 41	17 07 30	17 23 22	7 05 59	13 37 13
13 F	21 00 50	4 ♊ 46 02	11 ♊ 00 51	18 34 32	5 31 37	0 ♈ 35 31	21 23 15	4 16 58	18 57 30	5 44 26	17 16 26	17 31 14	7 15 35	13 48 24
14 Sa	22 11 05	17 28 23	23 48 59	20 20 46	6 47 40	1 21 24	21 53 56	4 42 55	19 16 13	6 01 14	17 25 28	17 39 11	7 25 15	13 59 39
15 Su	23 20 23	0 ♋ 21 26	6 ♋ 48 01	22 05 46	8 03 01	2 06 18	22 23 35	5 08 04	19 33 51	6 17 06	17 33 36	17 46 12	7 33 60	14 09 58
16 M	24 27 55	13 24 45	19 57 34	23 48 40	9 16 48	2 49 21	22 51 22	5 31 35	19 49 35	6 31 10	17 39 59	17 51 27	7 40 59	14 18 30
17 Tu	25 33 09	26 38 23	3 ♌ 17 50	25 28 57	10 28 29	3 30 01	23 16 44	5 52 57	20 02 51	6 42 57	17 44 05	17 54 24	7 45 40	14 24 44
18 W	26 36 01	10 ♌ 03 10	16 49 46	27 06 36	11 38 01	4 08 17	23 39 39	6 12 05	20 13 37	6 52 21	17 45 52	17 55 01	7 48 00	14 28 37
19 Th	27 36 57	23 40 35	0 ♍ 34 52	28 42 03	12 45 49	4 44 33	24 00 33	6 29 26	20 22 19	6 59 49	17 45 46	17 53 43	7 48 26	14 30 34
20 F	28 36 51	7 ♍ 32 30	14 34 47	0 ♊ 16 11	13 52 46	5 19 42	24 20 18	6 45 52	20 29 50	7 06 13	17 44 39	17 51 23	7 47 50	14 31 28
21 Sa	29 36 52	21 40 29	28 50 34	1 50 12	15 00 01	5 54 55	24 40 04	7 02 33	20 37 19	7 12 44	17 43 41	17 49 11	7 47 22	14 32 29
22 Su	0 ♊ 38 09	6 ♎ 04 59	13 ♎ 21 54	3 25 16	16 08 45	6 31 21	25 01 01	7 20 39	20 45 55	7 20 31	17 44 02	17 48 17	7 48 11	14 34 47
23 M	1 41 41	20 44 28	28 06 12	5 02 21	17 19 53	7 09 56	25 24 05	7 41 06	20 56 37	7 30 32	17 46 39	17 49 39	7 51 15	14 39 19
24 Tu	2 47 55	5 ♏ 34 52	12 ♏ 58 22	6 41 58	18 33 54	7 51 11	25 49 47	8 04 24	21 09 52	7 43 15	17 52 02	17 53 44	7 57 03	14 46 34
25 W	3 56 46	20 29 33	27 51 01	8 24 01	19 50 42	8 34 59	26 17 58	8 30 25	21 25 35	7 58 33	18 00 03	18 00 27	8 05 28	14 56 25
26 Th	5 07 34	5 ♐ 20 04	12 ♐ 35 30	10 07 50	21 09 37	9 20 40	26 48 00	8 58 30	21 43 05	8 15 47	18 10 02	18 09 08	8 15 51	15 08 13
27 F	6 19 14	19 57 30	27 03 22	11 52 23	22 29 34	10 07 08	27 18 48	9 27 34	22 01 17	8 33 52	18 20 56	18 18 42	8 27 07	15 20 53
28 Sa	7 30 32	4 ♑ 14 02	11 ♑ 07 50	13 36 26	23 49 18	10 53 11	27 49 07	9 56 23	22 18 59	8 51 34	18 31 31	18 27 55	8 38 01	15 33 11
29 Su	8 40 22	18 04 12	24 44 47	15 18 53	25 07 43	11 37 42	28 17 51	10 23 50	22 35 02	9 07 46	18 40 38	18 35 41	8 47 28	15 43 60
30 M	9 47 57	1 ♒ 25 36	7 ♒ 53 09	16 58 59	26 24 02	12 19 54	28 44 14	10 49 09	22 48 40	9 21 43	18 47 34	18 41 14	8 54 41	15 52 34

LONGITUDE — December 2015

Day	☉	0 hr ☽	Noon ☽	☿	♀	♂	⚵	⚳	♃	♄	⚷	♅	♆	♇
1 Tu	10 ♊ 53 02	14 ♒ 18 54	20 ♒ 34 43	18 ♊ 36 27	27 ♈ 37 59	12 ♈ 59 31	29 ♈ 07 59	11 ♌ 12 04	22 ♓ 59 38	9 ♊ 33 07	18 ♍ 52 00	18 ♎ 44 17	8 ♍ 59 24	15 ♋ 58 37
2 W	11 55 49	26 47 23	2 ♓ 53 32	20 11 33	28 49 46	13 36 47	29 29 20	11 32 48	23 08 08	9 42 13	18 54 12	18 45 05	9 01 50	16 02 23
3 Th	12 57 02	8 ♓ 56 09	14 55 13	21 44 58	0 ♉ 00 06	14 12 22	29 48 58	11 52 02	23 14 53	9 49 42	18 54 50	18 44 18	9 02 42	16 04 32
4 F	13 57 38	20 51 32	26 46 17	23 17 41	1 09 58	14 47 18	0 ♉ 07 53	12 10 47	23 20 51	9 56 33	18 54 54	18 42 57	9 02 58	16 06 06
5 Sa	14 58 46	2 ♈ 40 13	8 ♈ 33 29	24 50 51	2 20 29	15 22 41	0 27 13	12 30 09	23 27 11	10 03 55	18 55 33	18 42 09	9 03 47	16 08 11
6 Su	16 01 32	14 28 50	20 23 11	26 25 33	3 32 44	15 59 37	0 48 01	12 51 14	23 34 57	10 12 52	18 57 50	18 42 59	9 06 14	16 11 52
7 M	17 06 43	26 23 16	2 ♉ 21 02	28 02 34	4 47 32	16 38 55	1 11 10	13 14 52	23 44 60	10 24 14	19 02 36	18 46 18	9 11 08	16 18 00
8 Tu	18 14 49	8 ♉ 28 23	14 31 26	29 42 23	6 05 20	17 21 02	1 37 04	13 41 29	23 57 45	10 38 28	19 10 18	18 52 32	9 18 56	16 27 01
9 W	19 25 47	20 47 38	26 57 16	1 ♋ 24 56	7 26 08	18 05 57	2 05 44	14 11 05	24 13 12	10 55 33	19 20 55	19 01 40	9 29 39	16 38 55
10 Th	20 39 07	3 ♊ 22 51	9 ♊ 39 47	3 09 42	8 49 23	18 53 09	2 36 37	14 43 07	24 30 50	11 14 57	19 33 56	19 13 12	9 42 43	16 53 10
11 F	21 53 51	16 14 12	22 38 35	4 55 40	10 14 09	19 41 42	3 08 47	15 16 40	24 49 42	11 35 45	19 48 23	19 26 10	9 57 13	17 08 49
12 Sa	23 08 45	29 20 28	5 ♋ 51 54	6 41 35	11 39 10	20 30 19	3 40 59	15 50 28	25 08 33	11 56 40	20 03 03	19 39 20	10 11 55	17 24 38
13 Su	24 22 32	12 ♋ 39 20	19 17 05	8 26 05	13 03 10	21 17 45	4 11 56	16 23 14	25 26 05	12 16 27	20 16 39	19 51 25	10 25 30	17 39 19
14 M	25 34 04	26 08 08	2 ♌ 51 18	10 08 01	14 25 00	22 02 52	4 40 30	16 53 51	25 41 12	12 33 57	20 28 02	20 01 17	10 36 51	17 51 45
15 Tu	26 42 39	9 ♌ 44 25	16 32 13	11 46 34	15 43 59	22 44 57	5 05 60	17 21 37	25 53 12	12 48 29	20 36 31	20 08 15	10 45 17	18 01 15
16 W	27 48 10	23 26 35	0 ♍ 18 28	13 21 33	16 59 60	23 23 54	5 28 17	17 46 24	26 01 57	12 59 55	20 41 59	20 12 12	10 50 41	18 07 41
17 Th	28 51 07	7 ♍ 14 10	14 09 52	14 53 21	18 13 31	24 00 12	5 47 53	18 08 42	26 07 57	13 08 46	20 44 56	20 13 37	10 53 32	18 11 33
18 F	29 52 32	21 07 47	28 07 15	16 22 53	19 25 36	24 34 54	6 05 48	18 29 33	26 12 14	13 16 02	20 46 23	20 13 32	10 54 52	18 13 53
19 Sa	0 ♋ 53 45	5 ♎ 08 44	12 ♎ 11 52	17 51 19	20 37 34	25 09 21	6 23 25	18 50 19	26 16 09	13 23 06	20 47 42	20 13 19	10 56 03	18 16 02
20 Su	1 56 11	19 18 07	26 24 37	19 19 53	21 50 50	25 44 56	6 42 05	19 12 22	26 21 05	13 31 21	20 50 17	20 14 21	10 58 28	18 19 24
21 M	3 00 58	3 ♏ 36 10	10 ♏ 45 06	20 49 29	23 06 31	26 22 46	7 02 58	19 36 50	26 28 11	13 41 54	20 55 15	20 17 47	11 03 14	18 25 06
22 Tu	4 08 40	18 01 19	25 11 06	22 20 29	24 25 13	27 03 28	7 26 38	20 04 19	26 38 02	13 55 22	21 03 12	20 24 11	11 10 59	18 33 45
23 W	5 19 17	2 ♐ 30 00	9 ♐ 38 20	23 52 34	25 46 54	27 47 01	7 53 04	20 34 47	26 50 37	14 11 42	21 14 06	20 33 33	11 21 39	18 45 18
24 Th	6 32 08	16 56 41	24 00 52	25 24 42	27 10 53	28 32 43	8 21 36	21 07 34	27 05 14	14 30 15	21 27 17	20 45 11	11 34 35	18 59 05
25 F	7 46 04	1 ♑ 14 45	8 ♑ 12 01	26 55 22	28 36 03	29 19 26	8 51 05	21 41 32	27 20 46	14 49 51	21 41 37	20 57 58	11 48 38	19 13 58
26 Sa	8 59 48	15 17 32	22 05 36	28 22 48	0 ♊ 01 04	0 ♉ 05 51	9 20 11	22 15 21	27 35 53	15 09 11	21 55 46	21 10 34	12 02 29	19 28 38
27 Su	10 12 02	28 59 36	5 ♒ 37 02	29 45 14	1 24 40	0 50 43	9 47 40	22 47 45	27 49 20	15 27 01	22 08 29	21 21 45	12 14 53	19 41 49
28 M	11 21 54	12 ♒ 17 40	18 44 01	1 ♌ 01 10	2 45 57	1 33 07	10 12 36	23 17 50	28 00 13	15 42 26	22 18 52	21 30 35	12 24 55	19 52 37
29 Tu	12 28 57	25 10 55	1 ♓ 26 47	2 09 31	4 04 30	2 12 38	10 34 35	23 45 12	28 08 06	15 54 59	22 26 28	21 36 39	12 32 10	20 00 36
30 W	13 33 19	7 ♓ 41 06	13 47 55	3 09 41	5 20 24	2 49 21	10 53 42	24 09 55	28 13 05	16 04 49	22 31 26	21 40 04	12 36 45	20 05 53
31 Th	14 35 34	19 52 04	25 51 55	4 01 27	6 34 16	3 23 54	11 10 33	24 32 36	28 15 46	16 12 29	22 34 20	21 41 26	12 39 14	20 09 04

Notes

January 2016 LONGITUDE

Day	☉	0 hr ☽	Noon ☽	☿	♀	♂	⚵	⚳	♃	♄	⚷	♅	♆	♇
1 F	15♋36 39	1♈49 11	7♈44 37	4♌44 55	7♊47 01	3♉57 11	11♉26 04	24♌54 11	28♓17 05	16♊18 57	22♍36 06	21♎41 40	12♍40 35	20♋11 04
2 Sa	16 37 41	13 38 46	19 32 33	5 20 18	8 59 47	4 30 20	11 41 23	25 15 47	28 18 10	16 25 20	22 37 53	21 41 54	12 41 55	20 13 02
3 Su	17 39 48	25 27 30	1♉22 26	5 47 47	10 13 41	5 04 28	11 57 35	25 38 32	28 20 07	16 32 44	22 40 46	21 43 16	12 44 20	20 16 04
4 M	18 43 53	7♉21 52	13 20 37	6 07 26	11 29 37	5 40 29	12 15 37	26 03 19	28 23 51	16 42 05	22 45 41	21 46 39	12 48 45	20 21 04
5 Tu	19 50 32	19 27 39	25 32 35	6 18 58	12 48 08	6 18 58	12 36 00	26 30 42	28 29 57	16 53 56	22 53 11	21 52 37	12 55 45	20 28 37
6 W	20 59 48	1♊49 28	8♊02 30	6 21 51	14 09 21	6 59 59	12 58 52	27 00 48	28 38 29	17 08 22	23 03 22	22 01 18	13 05 24	20 38 48
7 Th	22 11 20	14 30 27	20 52 49	6 15 15	15 32 52	7 43 10	13 23 48	27 33 13	28 49 04	17 25 01	23 15 51	22 12 16	13 17 20	20 51 14
8 F	23 24 17	27 31 52	4♋04 03	5 58 12	16 57 51	8 27 41	13 49 59	28 07 07	29 00 53	17 43 03	23 29 48	22 24 43	13 30 42	21 05 06
9 Sa	24 37 32	10♋53 06	17 34 43	5 29 50	18 23 10	9 12 22	14 16 16	28 41 21	29 12 47	18 01 19	23 44 05	22 37 30	13 44 24	21 19 14
10 Su	25 49 50	24 31 46	1♌21 39	4 49 40	19 47 36	9 56 02	14 41 26	29 14 44	29 23 35	18 18 36	23 57 29	22 49 24	13 57 11	21 32 27
11 M	27 00 09	8♌24 10	15 20 34	3 57 51	21 10 05	10 37 37	15 04 26	29 46 11	29 32 11	18 33 51	24 08 56	22 59 22	14 08 00	21 43 40
12 Tu	28 07 47	22 25 56	29 26 51	2 55 22	22 29 56	11 16 24	15 24 33	0♍14 59	29 37 54	18 46 23	24 17 45	23 06 42	14 16 10	21 52 13
13 W	29 12 33	6♍32 56	13♍36 27	1 44 10	23 46 58	11 52 14	15 41 38	0 41 01	29 40 35	18 56 00	24 23 46	23 11 15	14 21 31	21 57 54
14 Th	0♌14 53	20 41 51	27 46 23	0 27 02	25 01 36	12 25 32	15 56 05	1 04 40	29 40 39	19 03 09	24 27 23	23 13 25	14 24 26	22 01 09
15 F	1 15 39	4♎50 38	11♎55 03	29♋07 21	26 14 43	12 57 10	16 08 47	1 26 49	29 38 58	19 08 41	24 29 30	23 14 04	14 25 50	22 02 51
16 Sa	2 16 01	18 58 22	26 01 57	27 48 47	27 27 29	13 28 18	16 20 54	1 48 37	29 36 42	19 13 47	24 31 17	23 14 24	14 26 53	22 04 09
17 Su	3 17 12	3♏04 58	10♏07 12	26 34 47	28 41 06	14 00 09	16 33 38	2 11 18	29 35 05	19 19 39	24 33 55	23 15 36	14 28 46	22 06 17
18 M	4 20 09	17 10 26	24 10 50	25 28 15	29 56 33	14 33 41	16 47 57	2 35 50	29 35 03	19 27 15	24 38 22	23 18 39	14 32 28	22 10 12
19 Tu	5 25 25	1♐14 17	8♐12 12	24 31 15	1♋14 21	15 09 25	17 04 23	3 02 43	29 37 09	19 37 07	24 45 12	23 24 03	14 38 30	22 16 25
20 W	6 33 00	15 15 04	22 09 35	23 44 51	2 34 30	15 47 21	17 22 56	3 31 58	29 41 24	19 49 16	24 54 23	23 31 50	14 46 54	22 24 58
21 Th	7 42 23	29 10 19	6♑00 15	23 09 16	3 56 30	16 26 60	17 43 05	4 03 06	29 47 17	20 03 09	25 05 26	23 41 30	14 57 07	22 35 20
22 F	8 52 43	12♑56 41	19 40 44	22 43 54	5 19 29	17 07 28	18 03 57	4 35 12	29 53 55	20 17 57	25 17 28	23 52 09	15 08 19	22 46 38
23 Sa	10 02 56	26 30 33	3♒07 30	22 27 46	6 42 24	17 47 44	18 24 32	5 07 17	0♈00 18	20 32 35	25 29 27	24 02 46	15 19 27	22 57 50
24 Su	11 12 04	9♒48 40	16 17 38	22 19 39	8 04 17	18 26 48	18 43 48	5 38 19	0 05 25	20 46 06	25 40 24	24 12 21	15 29 31	23 07 58
25 M	12 19 23	22 48 44	29 09 21	22 18 26	9 24 23	19 03 55	19 01 02	6 07 34	0 08 32	20 57 44	25 49 35	24 20 11	15 37 48	23 16 16
26 Tu	13 24 28	5♓29 56	11♓42 26	22 23 14	10 42 18	19 38 42	19 15 50	6 34 40	0 09 16	21 07 05	25 56 34	24 25 50	15 43 53	23 22 21
27 W	14 27 20	17 53 03	23 58 19	22 33 31	11 58 01	20 11 08	19 28 10	6 59 34	0 07 36	21 14 09	26 01 22	24 29 19	15 47 46	23 26 13
28 Th	15 28 19	0♈00 29	5♈59 57	22 49 03	13 11 54	20 41 35	19 38 24	7 22 39	0 03 54	21 19 18	26 04 21	24 30 60	15 49 49	23 28 12
29 F	16 28 04	11 56 02	17 51 39	23 09 55	14 24 35	21 10 39	19 47 10	7 44 32	29♓58 47	21 23 09	26 06 08	24 31 29	15 50 38	23 28 56
30 Sa	17 27 21	23 44 31	29 38 34	23 36 20	15 36 51	21 39 07	19 55 15	8 06 01	29 53 03	21 26 29	26 07 30	24 31 34	15 51 02	23 29 14
31 Su	18 27 00	5♉31 30	11♉26 31	24 08 36	16 49 30	22 07 50	20 03 28	8 27 54	29 47 32	21 30 08	26 09 17	24 32 05	15 51 49	23 29 53

February 2016 LONGITUDE

Day	☉	0 hr ☽	Noon ☽	☿	♀	♂	⚵	⚳	♃	♄	⚷	♅	♆	♇
1 M	19♌27 44	17♉22 48	23♉21 24	24♋46 57	18♋03 16	22♉37 28	20♉12 29	8♍50 54	29♓42 55	21♊34 47	26♍12 10	24♎33 42	15♍53 42	23♋31 36
2 Tu	20 29 59	29 24 09	5♊28 55	25 31 24	19 18 36	23 08 31	20 22 49	9 15 29	29 39 42	21 40 55	26 16 38	24 36 56	15 57 09	23 34 52
3 W	21 33 58	11♊40 45	17 54 01	26 21 42	20 35 42	23 41 07	20 34 37	9 41 49	29 38 02	21 48 42	26 22 52	24 41 56	16 02 21	23 39 50
4 Th	22 39 30	24 16 56	0♋40 34	27 17 20	21 54 22	24 15 08	20 47 43	10 09 46	29 37 47	21 57 59	26 30 41	24 48 33	16 09 07	23 46 22
5 F	23 46 06	7♋15 38	13 50 51	28 17 29	23 14 08	24 50 04	21 01 39	10 38 49	29 38 28	22 08 17	26 39 37	24 56 17	16 16 60	23 53 58
6 Sa	24 53 04	20 38 08	27 25 11	29 21 09	24 34 19	25 25 14	21 15 41	11 08 17	29 39 22	22 18 54	26 48 59	25 04 28	16 25 16	24 01 57
7 Su	25 59 39	4♌23 41	11♌21 49	0♌27 18	25 54 08	25 59 49	21 29 04	11 37 24	29 39 44	22 29 03	26 57 58	25 12 18	16 33 10	24 09 32
8 M	27 05 06	18 29 32	25 36 57	1 34 58	27 12 51	26 33 08	21 41 04	12 05 26	29 38 52	22 38 01	27 05 54	25 19 04	16 39 59	24 15 60
9 Tu	28 08 58	2♍51 09	10♍05 14	2 43 29	28 30 01	27 04 43	21 51 13	12 31 56	29 36 17	22 45 21	27 12 16	25 24 19	16 45 15	24 20 53
10 W	29 11 06	17 22 51	24 40 29	3 52 30	29 45 29	27 34 22	21 59 22	12 56 43	29 31 50	22 50 53	27 16 57	25 27 53	16 48 48	24 24 01
11 Th	0♍11 40	1♎58 34	9♎16 40	5 02 03	0♌59 25	28 02 19	22 05 42	13 20 01	29 25 44	22 54 48	27 20 08	25 29 58	16 50 50	24 25 38
12 F	1 11 12	16 32 44	23 48 33	6 12 29	2 12 21	28 29 02	22 10 43	13 42 18	29 18 28	22 57 37	27 22 18	25 31 03	16 51 51	24 26 11
13 Sa	2 10 21	1♏00 52	8♏12 18	7 24 20	3 24 56	28 55 13	22 15 06	14 04 15	29 10 43	22 59 60	27 24 09	25 31 50	16 52 31	24 26 23
14 Su	3 09 47	15 19 46	22 25 25	8 38 11	4 37 50	29 21 31	22 19 29	14 26 32	29 03 10	23 02 37	27 26 20	25 32 59	16 53 31	24 26 52
15 M	4 10 04	29 27 30	6♐26 34	9 54 29	5 51 37	29 48 29	22 24 28	14 49 43	28 56 22	23 06 01	27 29 25	25 35 02	16 55 24	24 28 13
16 Tu	5 11 29	13♐23 01	20 15 10	11 13 26	7 06 35	0♊16 24	22 30 17	15 14 04	28 50 38	23 10 31	27 33 41	25 38 17	16 58 27	24 30 43
17 W	6 14 03	27 05 48	3♑50 57	12 34 57	8 22 43	0 45 17	22 36 59	15 39 36	28 45 57	23 16 05	27 39 08	25 42 44	17 02 41	24 34 22
18 Th	7 17 30	10♑35 32	17 13 47	13 58 44	9 39 47	1 14 53	22 44 18	16 06 05	28 42 04	23 22 30	27 45 31	25 48 09	17 07 51	24 38 55
19 F	8 21 24	23 51 60	0♒23 26	15 24 17	10 57 20	1 44 44	22 51 47	16 33 03	28 38 36	23 29 18	27 52 25	25 54 05	17 13 30	24 43 56
20 Sa	9 25 17	6♒54 55	13 19 43	16 51 05	12 14 54	2 14 22	22 58 57	17 00 02	28 35 01	23 36 02	27 59 19	26 00 03	17 19 09	24 48 56
21 Su	10 28 41	19 44 11	26 02 30	18 18 38	13 32 01	2 43 20	23 05 22	17 26 34	28 30 53	23 42 12	28 05 47	26 05 36	17 24 21	24 53 27
22 M	11 31 16	2♓19 51	8♓32 02	19 46 32	14 48 20	3 11 15	23 10 39	17 52 19	28 25 53	23 47 30	28 11 29	26 10 23	17 28 46	24 57 09
23 Tu	12 32 51	14 42 29	20 48 59	21 14 10	16 03 43	3 37 59	23 14 40	18 17 07	28 19 50	23 51 45	28 16 13	26 14 14	17 32 14	24 59 53
24 W	13 33 28	26 53 10	2♈54 44	22 42 52	17 18 08	4 03 31	23 17 23	18 40 59	28 12 45	23 54 57	28 20 01	26 17 11	17 34 44	25 01 38
25 Th	14 33 15	8♈53 38	14 51 18	24 11 24	18 31 46	4 27 60	23 18 59	19 04 02	28 04 48	23 57 16	28 23 02	26 19 20	17 36 27	25 02 33
26 F	15 32 27	20 46 23	26 41 29	25 40 28	19 44 51	4 51 40	23 19 43	19 26 33	27 56 14	23 58 57	28 25 30	26 20 59	17 37 36	25 02 55
27 Sa	16 31 24	2♉34 33	8♉28 44	27 10 21	20 57 43	5 14 51	23 19 52	19 48 51	27 47 23	24 00 17	28 27 46	26 22 26	17 38 32	25 03 01
28 Su	17 30 24	14 21 54	20 17 06	28 41 23	22 10 39	5 37 50	23 19 46	20 11 13	27 38 31	24 01 37	28 30 05	26 23 59	17 39 32	25 03 10
29 M	18 29 41	26 12 38	2♊11 01	0♍13 47	23 23 55	6 00 51	23 19 38	20 33 54	27 29 56	24 03 10	28 32 45	26 25 52	17 40 50	25 03 36

Notes

LONGITUDE — March 2016

Day	☉	0 hr ☽	Noon ☽	☿	♀	♂	⚵	⚳	♃	♄	⚷	♅	♆	♇
1 Tu	19 ♍ 29 24	8 ♊ 11 22	14 ♊ 15 14	1 ♍ 47 42	24 ♌ 37 39	6 ♊ 24 04	23 ♉ 19 38	20 ♍ 57 03	27 ♓ 21 46	24 ♊ 05 05	28 ♍ 35 52	26 ♎ 28 15	17 ♍ 42 37	25 ♋ 04 29
2 W	20 29 36	20 22 45	26 34 27	3 23 10	25 51 53	6 47 29	23 19 47	21 20 43	27 14 04	24 07 24	28 39 31	26 31 09	17 44 54	25 05 51
3 Th	21 30 13	2 ♋ 51 20	9 ♋ 13 01	5 00 09	27 06 34	7 11 02	23 20 02	21 44 49	27 06 46	24 10 04	28 43 36	26 34 32	17 47 38	25 07 37
4 F	22 31 05	15 41 09	22 14 38	6 38 28	28 21 32	7 34 34	23 20 13	22 09 12	26 59 43	24 12 56	28 47 59	26 38 13	17 50 38	25 09 39
5 Sa	23 32 02	28 55 19	5 ♌ 41 45	8 17 57	29 36 35	7 57 53	23 20 09	22 33 41	26 52 44	24 15 47	28 52 27	26 42 01	17 53 43	25 11 45
6 Su	24 32 51	12 ♌ 35 30	19 35 04	9 58 26	0 ♍ 51 34	8 20 48	23 19 39	22 58 04	26 45 39	24 18 27	28 56 50	26 45 46	17 56 44	25 13 45
7 M	25 33 26	26 41 25	3 ♍ 53 08	11 39 48	2 06 20	8 43 10	23 18 35	23 22 15	26 38 20	24 20 49	29 01 01	26 49 19	17 59 31	25 15 30
8 Tu	26 33 44	11 ♍ 10 25	18 32 02	13 22 01	3 20 50	9 04 56	23 16 55	23 46 10	26 30 46	24 22 49	29 04 57	26 52 38	18 02 02	25 16 58
9 W	27 33 47	25 57 28	3 ♎ 25 37	15 05 08	4 35 07	9 26 08	23 14 40	24 09 51	26 22 59	24 24 30	29 08 40	26 55 46	18 04 21	25 18 12
10 Th	28 33 41	10 ♎ 55 28	18 26 04	16 49 15	5 49 18	9 46 53	23 11 57	24 33 25	26 15 05	24 25 58	29 12 15	26 58 48	18 06 31	25 19 17
11 F	29 33 33	25 56 12	3 ♏ 24 58	18 34 31	7 03 27	10 07 15	23 08 54	24 56 59	26 07 11	24 27 20	29 15 51	27 01 50	18 08 42	25 20 20
12 Sa	0 ♎ 33 28	10 ♏ 51 20	18 14 26	20 21 00	8 17 41	10 27 20	23 05 33	25 20 37	25 59 23	24 28 41	29 19 31	27 04 59	18 10 57	25 21 26
13 Su	1 33 26	25 33 39	2 ♐ 48 11	22 08 46	9 32 01	10 47 08	23 01 58	25 44 20	25 51 43	24 30 02	29 23 17	27 08 15	18 13 17	25 22 37
14 M	2 33 25	9 ♐ 57 49	17 01 58	23 57 45	10 46 23	11 06 37	22 58 05	26 08 05	25 44 07	24 31 20	29 27 06	27 11 35	18 15 40	25 23 48
15 Tu	3 33 18	24 00 41	0 ♑ 53 45	25 47 51	12 00 42	11 25 39	22 53 48	26 31 47	25 36 30	24 32 28	29 30 51	27 14 53	18 17 59	25 24 55
16 W	4 32 59	7 ♑ 41 14	14 23 25	27 38 59	13 14 51	11 44 07	22 48 60	26 55 17	25 28 45	24 33 21	29 34 27	27 18 02	18 20 07	25 25 51
17 Th	5 32 24	21 00 07	27 32 14	29 31 04	14 28 44	12 01 56	22 43 37	27 18 33	25 20 49	24 33 53	29 37 47	27 20 58	18 22 01	25 26 30
18 F	6 31 30	3 ♒ 59 11	10 ♒ 22 25	1 ♎ 24 04	15 42 22	12 19 06	22 37 38	27 41 32	25 12 41	24 34 03	29 40 52	27 23 39	18 23 39	25 26 52
19 Sa	7 30 24	16 40 56	22 56 35	3 18 03	16 55 49	12 35 39	22 31 08	28 04 19	25 04 24	24 33 57	29 43 46	27 26 10	18 25 05	25 27 02
20 Su	8 29 13	29 08 10	5 ♓ 17 32	5 13 09	18 09 13	12 51 43	22 24 16	28 27 04	24 56 10	24 33 42	29 46 36	27 28 40	18 26 28	25 27 07
21 M	9 28 09	11 ♓ 23 37	17 27 57	7 09 30	19 22 46	13 07 31	22 17 13	28 49 56	24 48 08	24 33 31	29 49 36	27 31 19	18 27 60	25 27 20
22 Tu	10 27 25	23 29 54	29 30 17	9 07 18	20 36 40	13 23 14	22 10 11	29 13 09	24 40 33	24 33 36	29 52 57	27 34 22	18 29 53	25 27 53
23 W	11 27 11	5 ♈ 29 21	11 ♈ 26 48	11 06 39	21 51 07	13 39 01	22 03 23	29 36 54	24 33 34	24 34 06	29 56 50	27 37 57	18 32 18	25 28 57
24 Th	12 27 34	17 24 06	23 19 38	13 07 34	23 06 12	13 54 59	21 56 53	0 ♎ 01 16	24 27 19	24 35 10	0 ♎ 01 20	27 42 12	18 35 20	25 30 38
25 F	13 28 33	29 16 08	5 ♉ 10 47	15 09 58	24 21 55	14 11 06	21 50 43	0 26 15	24 21 47	24 36 45	0 06 29	27 47 06	18 39 00	25 32 55
26 Sa	14 30 02	11 ♉ 07 29	17 02 22	17 13 36	25 38 10	14 27 16	21 44 46	0 51 46	24 16 53	24 38 47	0 12 09	27 52 32	18 43 12	25 35 43
27 Su	15 31 48	23 00 15	28 56 40	19 18 07	26 54 43	14 43 14	21 38 49	1 17 33	24 12 23	24 41 02	0 18 07	27 58 18	18 47 41	25 38 47
28 M	16 33 32	4 ♊ 56 49	10 ♊ 56 18	21 23 01	28 11 17	14 58 41	21 32 34	1 43 20	24 07 59	24 43 10	0 24 04	28 04 04	18 52 10	25 41 50
29 Tu	17 34 54	16 59 59	23 04 13	23 27 46	29 27 30	15 13 17	21 25 41	2 08 45	24 03 21	24 44 53	0 29 40	28 09 31	18 56 17	25 44 31
30 W	18 35 36	29 12 58	5 ♋ 23 51	25 31 50	0 ♎ 43 04	15 26 42	21 17 51	2 33 30	23 58 11	24 45 51	0 34 38	28 14 20	18 59 46	25 46 31
31 Th	19 35 26	11 ♋ 39 23	17 58 54	27 34 45	1 57 47	15 38 43	21 08 53	2 57 24	23 52 17	24 45 53	0 38 43	28 18 19	19 02 23	25 47 40

LONGITUDE — April 2016

Day	☉	0 hr ☽	Noon ☽	☿	♀	♂	⚵	⚳	♃	♄	⚷	♅	♆	♇
1 F	20 ♎ 34 20	24 ♋ 23 10	0 ♌ 53 15	29 ♎ 36 08	3 ♎ 11 37	15 ♊ 49 16	20 ♉ 58 45	3 ♎ 20 22	23 ♓ 45 36	24 ♊ 44 55	0 ♎ 41 54	28 ♎ 21 25	19 ♍ 04 05	25 ♋ 47 53
2 Sa	21 32 29	7 ♌ 28 12	14 10 28	1 ♏ 35 52	4 24 43	15 58 31	20 47 36	3 42 35	23 38 19	24 43 07	0 44 20	28 23 47	19 05 02	25 47 20
3 Su	22 30 12	20 57 50	27 53 21	3 33 55	5 37 24	16 06 47	20 35 47	4 04 23	23 30 46	24 40 50	0 46 22	28 25 46	19 05 35	25 46 21
4 M	23 27 59	4 ♍ 54 16	12 ♍ 03 08	5 30 25	6 50 11	16 14 32	20 23 49	4 26 15	23 23 25	24 38 32	0 48 28	28 27 50	19 06 13	25 45 27
5 Tu	24 26 21	19 17 38	26 38 43	7 25 30	8 03 35	16 22 18	20 12 12	4 48 42	23 16 50	24 36 46	0 51 10	28 30 32	19 07 26	25 45 08
6 W	25 25 45	4 ♎ 05 21	11 ♎ 36 02	9 19 15	9 18 02	16 30 29	20 01 24	5 12 11	23 11 27	24 35 58	0 54 55	28 34 18	19 09 42	25 45 50
7 Th	26 26 26	19 11 43	26 48 01	11 11 32	10 33 47	16 39 21	19 51 40	5 36 57	23 07 30	24 36 22	0 59 57	28 39 23	19 13 16	25 47 50
8 F	27 28 20	4 ♏ 28 12	12 ♏ 05 10	13 01 56	11 50 47	16 48 50	19 42 59	6 02 56	23 04 58	24 37 56	1 06 14	28 45 43	19 18 04	25 51 03
9 Sa	28 31 07	19 44 23	27 16 57	14 49 46	13 08 41	16 58 33	19 34 59	6 29 48	23 03 28	24 40 19	1 13 23	28 52 58	19 23 45	25 55 08
10 Su	29 34 11	4 ♐ 49 44	12 ♐ 13 28	16 34 08	14 26 55	17 07 57	19 27 07	6 56 58	23 02 29	24 42 56	1 20 52	29 00 32	19 29 46	25 59 32
11 M	0 ♏ 36 54	19 35 17	26 46 59	18 14 03	15 44 48	17 16 21	19 18 44	7 23 46	23 01 18	24 45 09	1 27 59	29 07 47	19 35 25	26 03 35
12 Tu	1 38 39	3 ♑ 54 51	10 ♑ 52 54	19 48 41	17 01 45	17 23 09	19 09 14	7 49 37	22 59 21	24 46 20	1 34 10	29 14 07	19 40 08	26 06 40
13 W	2 39 04	17 45 35	24 29 49	21 17 24	18 17 24	17 27 57	18 58 16	8 14 07	22 56 16	24 46 08	1 39 01	29 19 09	19 43 32	26 08 26
14 Th	3 38 03	1 ♒ 07 40	7 ♒ 39 04	22 39 54	19 31 39	17 30 41	18 45 46	8 37 12	22 51 58	24 44 27	1 42 28	29 22 48	19 45 31	26 08 47
15 F	4 35 52	14 03 42	20 23 57	23 56 14	20 44 44	17 31 33	18 31 57	8 59 06	22 46 40	24 41 33	1 44 44	29 25 17	19 46 20	26 07 57
16 Sa	5 32 58	26 37 47	2 ♓ 48 57	25 06 43	21 57 10	17 31 03	18 17 21	9 20 18	22 40 53	24 37 53	1 46 20	29 27 07	19 46 29	26 06 26
17 Su	6 30 02	8 ♓ 54 47	14 59 00	26 11 53	23 09 34	17 29 49	18 02 37	9 41 27	22 35 15	24 34 08	1 47 53	29 28 56	19 46 35	26 04 52
18 M	7 27 45	20 59 38	26 58 57	27 12 17	24 22 39	17 28 33	17 48 28	10 03 15	22 30 29	24 30 59	1 50 06	29 31 26	19 47 22	26 03 58
19 Tu	8 26 44	2 ♈ 56 55	8 ♈ 53 09	28 08 25	25 37 02	17 27 51	17 35 30	10 26 18	22 27 10	24 29 03	1 53 35	29 35 14	19 49 25	26 04 20
20 W	9 27 26	14 50 34	20 45 16	29 00 39	26 53 08	17 28 09	17 24 12	10 51 04	22 25 47	24 28 47	1 58 47	29 40 46	19 53 12	26 06 25
21 Th	10 30 02	26 43 45	2 ♉ 38 10	29 49 07	28 11 11	17 29 39	17 14 45	11 17 43	22 26 30	24 30 22	2 05 54	29 48 13	19 58 53	26 10 25
22 F	11 34 26	8 ♉ 38 46	14 33 58	0 ♐ 33 37	29 31 03	17 32 13	17 07 05	11 46 09	22 29 14	24 33 42	2 14 49	29 57 30	20 06 23	26 16 12
23 Sa	12 40 15	20 37 16	26 34 09	1 13 45	0 ♏ 52 21	17 35 29	17 00 48	12 15 60	22 33 35	24 38 24	2 25 09	0 ♏ 08 14	20 15 18	26 23 25
24 Su	13 46 51	2 ♊ 40 23	8 ♊ 39 48	1 48 52	2 14 28	17 38 49	16 55 17	12 46 37	22 38 55	24 43 50	2 36 16	0 19 46	20 25 01	26 31 25
25 M	14 53 28	14 49 01	20 51 52	2 18 11	3 36 37	17 41 24	16 49 47	13 17 13	22 44 29	24 49 14	2 47 24	0 31 20	20 34 44	26 39 26
26 Tu	15 59 16	27 04 13	3 ♋ 11 30	2 40 57	4 57 59	17 42 28	16 43 30	13 46 60	22 49 26	24 53 47	2 57 43	0 42 07	20 43 40	26 46 38
27 W	17 03 34	9 ♋ 27 23	15 40 18	2 56 29	6 17 51	17 41 17	16 35 44	14 15 15	22 53 06	24 56 47	3 06 32	0 51 24	20 51 05	26 52 20
28 Th	18 05 54	22 00 35	28 20 34	3 04 29	7 35 48	17 37 23	16 26 02	14 41 31	22 55 00	24 57 46	3 13 22	0 58 44	20 56 33	26 56 04
29 F	19 06 11	4 ♌ 46 38	11 ♌ 15 13	3 04 58	8 51 41	17 30 42	16 14 19	15 05 41	22 55 03	24 56 38	3 18 08	1 04 01	20 59 56	26 57 44
30 Sa	20 04 41	17 48 58	24 27 44	2 58 26	10 05 50	17 21 31	16 00 53	15 28 05	22 53 32	24 53 42	3 21 08	1 07 34	21 01 34	26 57 38

Notes

May 2016 LONGITUDE

Day	☉	0 hr ☽	Noon ☽	☿	♀	♂	⚵	⚳	♃	♄	⚷	♅	♆	♇
1 Su	21 ♏ 02 07	1 ♍ 11 19	8 ♍ 01 39	2 ♐ 45 50	11 ♏ 18 55	17 ♊ 10 31	15 ♉ 46 27	15 ♌ 49 21	22 ♓ 51 09	24 ♊ 49 38	3 ♌ 23 01	1 ♏ 10 01	21 ♍ 02 07	26 ♋ 56 26
2 M	21 59 23	14 57 08	21 59 48	2 28 23	12 31 53	16 58 38	15 31 57	16 10 27	22 48 49	24 45 22	3 24 46	1 12 21	21 02 30	26 55 05
3 Tu	22 57 32	29 08 37	6 ♎ 23 28	2 07 30	13 45 44	16 46 56	15 18 25	16 32 23	22 47 34	24 41 56	3 27 22	1 15 33	21 03 46	26 54 37
4 W	23 57 26	13 ♎ 45 42	21 11 17	1 44 29	15 01 20	16 36 16	15 06 45	16 56 02	22 48 16	24 40 13	3 31 42	1 20 31	21 06 46	26 55 53
5 Th	24 59 35	28 45 13	6 ♏ 18 32	1 20 18	16 19 13	16 27 10	14 57 27	17 21 54	22 51 25	24 40 42	3 38 16	1 27 44	21 12 01	26 59 24
6 F	26 03 58	14 ♏ 00 25	21 37 04	0 55 29	17 39 23	16 19 39	14 50 32	17 49 59	22 57 03	24 43 25	3 47 05	1 37 13	21 19 32	27 05 09
7 Sa	27 10 06	29 21 29	6 ♐ 56 15	0 30 06	19 01 17	16 13 13	14 45 29	18 19 46	23 04 37	24 47 48	3 57 36	1 48 26	21 28 45	27 12 39
8 Su	28 16 59	14 ♐ 36 57	22 04 40	0 03 50	20 23 58	16 06 57	14 41 23	18 50 17	23 13 10	24 52 57	4 08 53	2 00 26	21 38 45	27 20 55
9 M	29 23 33	29 35 44	6 ♑ 52 14	29 ♏ 36 09	21 46 20	15 59 44	14 37 07	19 20 25	23 21 35	24 57 44	4 19 49	2 12 06	21 48 24	27 28 50
10 Tu	0 ♐ 28 44	14 ♑ 09 10	21 11 46	29 06 44	23 07 22	15 50 36	14 31 40	19 49 09	23 28 51	25 01 07	4 29 23	2 22 25	21 56 42	27 35 24
11 W	1 31 53	28 12 09	4 ♒ 59 55	28 35 31	24 26 23	15 38 53	14 24 22	20 15 48	23 34 18	25 02 26	4 36 53	2 30 42	22 02 57	27 39 55
12 Th	2 32 46	11 ♒ 43 21	18 16 52	28 02 55	25 43 09	15 24 24	14 15 02	20 40 10	23 37 42	25 01 29	4 42 08	2 36 44	22 06 56	27 42 11
13 F	3 31 41	24 44 48	1 ♓ 05 41	27 29 51	26 57 58	15 07 29	14 03 57	21 02 31	23 39 20	24 58 33	4 45 23	2 40 48	22 08 58	27 42 30
14 Sa	4 29 20	7 ♓ 20 50	13 31 22	26 57 33	28 11 32	14 48 51	13 51 49	21 23 33	23 39 55	24 54 19	4 47 21	2 43 36	22 09 42	27 41 32
15 Su	5 26 39	19 37 09	25 39 54	26 27 28	29 24 48	14 29 28	13 39 36	21 44 13	23 40 23	24 49 45	4 48 59	2 46 05	22 10 08	27 40 15
16 M	6 24 41	1 ♈ 39 55	7 ♈ 37 27	26 01 07	0 ♐ 38 48	14 10 26	13 28 20	22 05 33	23 41 45	24 45 53	4 51 19	2 49 17	22 11 15	27 39 40
17 Tu	7 24 20	13 35 09	19 29 50	25 39 49	1 54 27	13 52 42	13 18 57	22 28 29	23 44 59	24 43 38	4 55 15	2 54 08	22 14 01	27 40 44
18 W	8 26 19	25 28 06	1 ♉ 22 00	25 24 33	3 12 25	13 36 59	13 12 08	22 53 40	23 50 43	24 43 42	5 01 30	3 01 17	22 19 05	27 44 07
19 Th	9 30 54	7 ♉ 23 03	13 17 54	25 15 55	4 33 03	13 23 37	13 08 13	23 21 25	23 59 17	24 46 22	5 10 20	3 11 03	22 26 46	27 50 07
20 F	10 38 01	19 23 08	25 20 15	25 14 01	5 56 13	13 12 33	13 07 06	23 51 39	24 10 34	24 51 33	5 21 41	3 23 21	22 36 58	27 58 39
21 Sa	11 47 09	1 ♊ 30 18	7 ♊ 30 38	25 18 30	7 21 24	13 03 19	13 08 16	24 23 50	24 24 04	24 58 44	5 35 01	3 37 40	22 49 11	28 09 11
22 Su	12 57 27	13 45 27	19 49 40	25 28 37	8 47 46	12 55 05	13 10 53	24 57 07	24 38 55	25 07 04	5 49 29	3 53 07	23 02 32	28 20 53
23 M	14 07 50	26 08 45	2 ♋ 17 21	25 43 21	10 14 15	12 46 52	13 13 53	25 30 27	24 54 04	25 15 30	6 04 02	4 08 41	23 15 59	28 32 40
24 Tu	15 17 12	8 ♋ 40 01	14 53 24	26 01 38	11 39 45	12 37 34	13 16 09	26 02 42	25 08 23	25 22 55	6 17 33	4 23 13	23 28 24	28 43 27
25 W	16 24 37	21 19 08	27 37 46	26 22 30	13 03 17	12 26 18	13 16 46	26 32 56	25 20 56	25 28 22	6 29 03	4 35 46	23 38 51	28 52 16
26 Th	17 29 26	4 ♌ 06 29	10 ♌ 31 02	26 45 15	14 24 15	12 12 26	13 15 05	27 00 29	25 31 04	25 31 13	6 37 56	4 45 43	23 46 40	28 58 29
27 F	18 31 28	17 03 18	23 34 37	27 09 40	15 42 26	11 55 53	13 10 55	27 25 12	25 38 37	25 31 17	6 44 01	4 52 53	23 51 42	29 01 54
28 Sa	19 31 04	0 ♍ 11 44	6 ♍ 50 52	27 36 00	16 58 13	11 37 00	13 04 39	27 47 24	25 43 55	25 28 55	6 47 38	4 57 36	23 54 18	29 02 54
29 Su	20 29 03	13 34 43	20 22 42	28 05 01	18 12 24	11 16 40	12 57 04	28 07 56	25 47 47	25 24 57	6 49 36	5 00 41	23 55 15	29 02 16
30 M	21 26 35	27 15 28	4 ♎ 13 10	28 37 43	19 26 08	10 56 05	12 49 21	28 27 54	25 51 22	25 20 31	6 51 04	5 03 17	23 55 44	29 01 11
31 Tu	22 24 55	11 ♎ 16 41	18 24 23	29 15 19	20 40 41	10 36 32	12 42 44	28 48 37	25 55 56	25 16 53	6 53 19	5 06 41	23 56 59	29 00 52

June 2016 LONGITUDE

Day	☉	0 hr ☽	Noon ☽	☿	♀	♂	⚵	⚳	♃	♄	⚷	♅	♆	♇
1 W	23 ♐ 25 09	25 ♎ 39 38	2 ♏ 56 41	29 ♏ 58 46	21 ♐ 57 08	10 ♊ 19 10	12 ♉ 38 22	29 ♌ 11 08	26 ♓ 02 34	25 ♊ 15 09	6 ♌ 57 24	5 ♏ 11 57	24 ♍ 00 07	29 ♋ 02 28
2 Th	24 27 57	10 ♏ 23 05	17 47 34	0 ♐ 48 40	23 16 11	10 04 44	12 36 53	29 36 08	26 11 57	25 16 00	7 04 03	5 19 46	24 05 49	29 06 38
3 F	25 33 25	25 22 36	2 ♐ 51 16	1 44 60	24 37 54	9 53 20	12 38 24	0 ♏ 03 44	26 24 11	25 19 32	7 13 19	5 30 15	24 14 09	29 13 27
4 Sa	26 41 01	10 ♐ 30 35	17 59 09	2 47 07	26 01 46	9 44 29	12 42 23	0 33 21	26 38 42	25 25 13	7 24 40	5 42 49	24 24 36	29 22 23
5 Su	27 49 41	25 37 07	3 ♑ 00 54	3 53 54	27 26 43	9 37 10	12 47 47	1 03 58	26 54 28	25 31 59	7 37 03	5 56 27	24 36 06	29 32 24
6 M	28 58 09	10 ♑ 31 40	17 46 26	5 03 59	28 51 27	9 30 11	12 53 19	1 34 18	27 10 13	25 38 34	7 49 13	6 09 52	24 47 24	29 42 13
7 Tu	0 ♑ 05 13	25 05 03	2 ♒ 07 40	6 16 05	0 ♑ 14 52	9 22 20	12 57 47	2 03 08	27 24 44	25 43 46	7 59 56	6 21 51	24 57 15	29 50 38
8 W	1 10 01	9 ♒ 10 53	15 59 45	7 29 15	1 35 59	9 12 48	13 00 21	2 29 36	27 37 09	25 46 44	8 08 21	6 31 33	25 04 50	29 56 46
9 Th	2 12 13	22 46 25	29 21 25	8 43 07	2 54 31	9 01 17	13 00 38	2 53 23	27 47 08	25 47 08	8 14 08	6 38 38	25 09 48	0 ♌ 00 19
10 F	3 12 01	5 ♓ 52 18	12 ♓ 14 36	9 57 49	4 10 40	8 48 02	12 58 54	3 14 40	27 54 54	25 45 09	8 17 29	6 43 18	25 12 21	0 01 28
11 Sa	4 10 07	18 31 59	24 43 34	11 13 60	5 25 07	8 33 44	12 55 47	3 34 09	28 01 07	25 41 31	8 19 05	6 46 15	25 13 11	0 00 55
12 Su	5 07 29	0 ♈ 50 45	6 ♈ 54 08	12 32 36	6 38 52	8 19 25	12 52 18	3 52 48	28 06 46	25 37 11	8 19 56	6 48 26	25 13 17	29 ♋ 59 38
13 M	6 05 15	12 54 51	18 52 42	13 54 42	7 53 02	8 06 14	12 49 33	4 11 46	28 12 59	25 33 17	8 21 09	6 51 00	25 13 45	29 58 46
14 Tu	7 04 26	24 50 40	0 ♉ 45 40	15 21 17	9 08 37	7 55 12	12 48 35	4 32 02	28 20 46	25 30 50	8 23 44	6 54 58	25 15 37	29 59 18
15 W	8 05 48	6 ♉ 44 15	12 38 50	16 53 06	10 26 25	7 47 07	12 50 08	4 54 23	28 30 54	25 30 37	8 28 29	7 01 06	25 19 40	0 ♌ 02 03
16 Th	9 09 47	18 40 43	24 37 01	18 30 33	11 46 48	7 42 24	12 54 37	5 19 13	28 43 47	25 33 03	8 35 47	7 09 48	25 26 17	0 07 23
17 F	10 16 17	0 ♊ 44 06	6 ♊ 43 50	20 13 32	13 09 46	7 41 01	13 01 60	5 46 29	28 59 22	25 38 04	8 45 35	7 21 01	25 35 26	0 15 16
18 Sa	11 24 52	12 57 06	19 01 34	22 01 33	14 34 47	7 42 31	13 11 47	6 15 43	29 17 10	25 45 11	8 57 25	7 34 16	25 46 37	0 25 12
19 Su	12 34 40	25 21 14	1 ♋ 31 10	23 53 43	16 01 03	7 46 02	13 23 06	6 46 02	29 36 20	25 53 34	9 10 25	7 48 43	25 59 00	0 36 22
20 M	13 44 37	7 ♋ 56 44	14 12 33	25 48 57	17 27 28	7 50 30	13 34 55	7 16 23	29 55 47	26 02 08	9 23 31	8 03 17	26 11 31	0 47 41
21 Tu	14 53 35	20 43 05	27 04 49	27 46 04	18 52 55	7 54 50	13 46 04	7 45 38	0 ♈ 14 24	26 09 47	9 35 37	8 16 50	26 23 02	0 58 01
22 W	16 00 37	3 ♌ 39 18	10 ♌ 06 51	29 44 03	20 16 25	7 58 02	13 55 36	8 12 49	0 31 12	26 15 32	9 45 42	8 28 24	26 32 34	1 06 24
23 Th	17 05 03	16 44 28	23 17 41	1 ♑ 42 10	21 37 20	7 59 28	14 02 52	8 37 16	0 45 32	26 18 43	9 53 09	8 37 20	26 39 30	1 12 12
24 F	18 06 42	29 58 09	6 ♍ 37 01	3 40 10	22 55 29	7 58 56	14 07 40	8 58 48	0 57 14	26 19 11	9 57 46	8 43 27	26 43 36	1 15 12
25 Sa	19 05 53	13 ♍ 20 42	20 05 21	5 38 15	24 11 10	7 56 47	14 10 19	9 17 43	1 06 35	26 17 13	9 59 53	8 47 04	26 45 13	1 15 44
26 Su	20 03 23	26 53 16	3 ♎ 43 60	7 37 04	25 25 10	7 53 46	14 11 35	9 34 49	1 14 23	26 13 38	10 00 14	8 48 57	26 45 07	1 14 34
27 M	21 00 17	10 ♎ 37 34	17 34 40	9 37 32	26 38 35	7 50 59	14 12 34	9 51 11	1 21 42	26 09 29	9 59 57	8 50 12	26 44 24	1 12 49
28 Tu	21 57 47	24 35 18	1 ♏ 38 52	11 40 40	27 52 36	7 49 38	14 14 28	10 07 59	1 29 45	26 05 59	10 00 13	8 51 59	26 44 14	1 11 38
29 W	22 56 55	8 ♏ 47 27	15 57 02	13 47 19	29 08 14	7 50 44	14 18 17	10 26 16	1 39 32	26 04 10	10 02 03	8 55 22	26 45 40	1 12 05
30 Th	23 58 20	23 13 25	0 ♐ 27 47	15 47 52	0 ♒ 26 10	7 54 56	14 24 41	10 46 40	1 51 44	26 04 42	10 06 07	9 00 59	26 49 21	1 14 49

Notes

LONGITUDE — July 2016

Day	☉	0 hr ☽	Noon ☽	☿	♀	♂	⚵	⚳	♃	♄	⚷	♅	♆	♇
1 F	25 ♑ 02 09	7 ♐ 50 25	15 ♐ 07 28	18 ♑ 12 11	1 ♒ 46 30	8 ♊ 02 22	14 ♉ 33 47	11 ♏ 09 19	2 ♈ 06 26	26 ♊ 07 40	10 ♎ 12 31	9 ♏ 08 58	26 ♍ 55 25	1 ♌ 19 56
2 Sa	26 07 54	22 33 19	29 50 05	20 29 32	3 08 47	8 12 34	14 45 08	11 33 45	2 23 12	26 12 39	10 20 49	9 18 50	27 03 23	1 26 60
3 Su	27 14 43	7 ♑ 15 04	14 ♑ 28 11	22 48 46	4 32 07	8 24 38	14 57 49	11 59 04	2 41 08	26 18 44	10 30 06	9 29 42	27 12 22	1 35 06
4 M	28 21 28	21 47 43	28 53 52	25 08 26	5 55 22	8 37 26	15 10 44	12 24 08	2 59 07	26 24 48	10 39 16	9 40 28	27 21 15	1 43 09
5 Tu	29 27 03	6 ♒ 03 50	13 ♒ 00 20	27 27 12	7 17 29	8 49 55	15 22 47	12 47 54	3 16 03	26 29 48	10 47 15	9 50 02	27 28 58	1 50 02
6 W	0 ♒ 30 42	19 57 42	26 42 49	29 43 57	8 37 40	9 01 14	15 33 10	13 09 32	3 31 09	26 32 55	10 53 13	9 57 36	27 34 42	1 54 58
7 Th	1 32 01	3 ♓ 26 06	9 ♓ 59 20	1 ♒ 58 04	9 55 31	9 11 01	15 41 31	13 28 40	3 44 02	26 33 46	10 56 48	10 02 48	27 38 05	1 57 35
8 F	2 31 06	16 28 37	22 50 31	4 09 22	11 11 07	9 19 21	15 47 55	13 45 24	3 54 48	26 32 27	10 58 06	10 05 43	27 39 12	1 57 57
9 Sa	3 28 27	29 07 21	5 ♈ 19 20	6 18 09	12 24 60	9 26 44	15 52 52	14 00 12	4 03 55	26 29 29	10 57 37	10 06 51	27 38 33	1 56 36
10 Su	4 24 51	11 ♈ 26 17	17 30 24	8 24 59	13 37 55	9 33 55	15 57 07	14 13 52	4 12 12	26 25 37	10 56 08	10 06 59	27 36 56	1 54 17
11 M	5 21 13	23 30 38	29 29 19	10 30 37	14 50 49	9 41 49	16 01 37	14 27 20	4 20 33	26 21 48	10 54 34	10 07 03	27 35 14	1 51 57
12 Tu	6 18 25	5 ♉ 26 14	11 ♉ 22 04	12 35 47	16 04 33	9 51 18	16 07 14	14 41 26	4 29 50	26 18 55	10 53 47	10 07 54	27 34 22	1 50 27
13 W	7 17 10	17 18 59	23 14 32	14 41 03	17 19 49	10 03 02	16 14 39	14 56 53	4 40 46	26 17 38	10 54 30	10 10 15	27 35 01	1 50 31
14 Th	8 17 51	29 14 19	5 ♊ 11 59	16 46 43	18 37 02	10 17 27	16 24 16	15 14 05	4 53 44	26 18 22	10 57 06	10 14 30	27 37 35	1 52 30
15 F	9 20 31	11 ♊ 16 59	17 18 53	18 52 46	19 56 13	10 34 32	16 36 08	15 33 04	5 08 47	26 21 10	11 01 38	10 20 40	27 42 06	1 56 29
16 Sa	10 24 52	23 30 40	29 38 29	20 58 47	21 17 05	10 53 58	16 49 55	15 53 31	5 25 35	26 25 42	11 07 47	10 28 28	27 48 15	2 02 08
17 Su	11 30 15	5 ♋ 57 54	12 ♋ 12 50	23 04 08	22 38 59	11 15 07	17 04 59	16 14 49	5 43 32	26 31 22	11 14 56	10 37 15	27 55 26	2 08 51
18 M	12 35 53	18 39 59	25 02 40	25 07 58	24 01 06	11 37 10	17 20 32	16 36 08	6 01 47	26 37 21	11 22 16	10 46 14	28 02 49	2 15 47
19 Tu	13 40 52	1 ♌ 37 03	8 ♌ 07 33	27 09 23	25 22 36	11 59 13	17 35 41	16 56 36	6 19 30	26 42 46	11 28 55	10 54 31	28 09 32	2 22 05
20 W	14 44 29	14 48 13	21 26 09	29 07 38	26 42 42	12 20 31	17 49 41	17 15 28	6 35 55	26 46 53	11 34 07	11 01 22	28 14 50	2 27 01
21 Th	15 46 11	28 11 59	4 ♍ 56 34	1 ♓ 02 10	28 00 53	12 40 32	18 02 01	17 32 12	6 50 30	26 49 11	11 37 21	11 06 15	28 18 13	2 30 02
22 F	16 45 50	11 ♍ 46 31	18 36 50	2 52 51	29 17 00	12 59 05	18 12 31	17 46 39	7 03 06	26 49 29	11 38 29	11 09 01	28 19 29	2 30 59
23 Sa	17 43 38	25 30 09	2 ♎ 25 13	4 39 53	0 ♓ 31 15	13 16 23	18 21 22	17 59 00	7 13 55	26 48 00	11 37 42	11 09 53	28 18 53	2 30 05
24 Su	18 40 08	9 ♎ 21 34	16 20 31	6 23 50	1 44 12	13 32 57	18 29 09	18 09 50	7 23 31	26 45 19	11 35 34	11 09 23	28 16 56	2 27 53
25 M	19 36 08	23 19 51	0 ♏ 21 57	8 05 29	2 56 38	13 49 35	18 36 38	18 19 54	7 32 41	26 42 11	11 32 51	11 08 19	28 14 27	2 25 11
26 Tu	20 32 28	7 ♏ 24 23	14 28 56	9 45 42	4 09 23	14 07 06	18 44 40	18 30 03	7 42 14	26 39 27	11 30 25	11 07 31	28 12 16	2 22 48
27 W	21 29 52	21 34 29	28 40 41	11 25 11	5 23 11	14 26 14	18 53 57	18 41 01	7 52 55	26 37 52	11 28 60	11 07 44	28 11 07	2 21 28
28 Th	22 28 47	5 ♐ 48 54	12 ♐ 55 44	13 04 26	6 38 29	14 47 25	19 04 58	18 53 14	8 05 11	26 37 53	11 29 02	11 09 23	28 11 26	2 21 40
29 F	23 29 19	20 05 32	27 11 39	14 43 30	7 55 23	15 10 44	19 17 47	19 06 48	8 19 07	26 39 34	11 30 36	11 12 35	28 13 19	2 23 27
30 Sa	24 31 09	4 ♑ 21 15	11 ♑ 24 59	16 22 08	9 13 35	15 35 53	19 32 07	19 21 25	8 34 25	26 42 39	11 33 26	11 17 02	28 16 30	2 26 33
31 Su	25 33 44	18 32 00	25 31 28	17 59 43	10 32 30	16 02 18	19 47 23	19 36 30	8 50 32	26 46 33	11 36 57	11 22 10	28 20 23	2 30 24

LONGITUDE — August 2016

Day	☉	0 hr ☽	Noon ☽	☿	♀	♂	⚵	⚳	♃	♄	⚷	♅	♆	♇
1 M	26 ♒ 36 22	2 ♒ 33 18	9 ♒ 26 39	19 ♓ 35 33	11 ♓ 51 26	16 ♊ 29 14	20 ♉ 02 52	19 ♏ 51 20	9 ♈ 06 43	26 ♊ 50 34	11 ♎ 40 26	11 ♏ 27 15	28 ♍ 24 15	2 ♌ 34 16
2 Tu	27 38 20	16 20 50	23 06 27	21 08 57	13 09 43	16 56 01	20 17 53	20 05 14	9 22 19	26 53 60	11 43 12	11 31 38	28 27 26	2 37 28
3 W	28 39 07	29 51 06	6 ♓ 27 53	22 39 21	14 26 47	17 22 06	20 31 55	20 17 40	9 36 47	26 56 20	11 44 45	11 34 46	28 29 25	2 39 30
4 Th	29 38 28	13 ♓ 01 56	19 29 26	24 06 28	15 42 24	17 47 13	20 44 41	20 28 23	9 49 52	26 57 18	11 44 47	11 36 23	28 29 55	2 40 06
5 F	0 ♓ 36 23	25 52 46	2 ♈ 11 13	25 30 19	16 56 34	18 11 22	20 56 12	20 37 22	10 01 35	26 56 56	11 43 21	11 36 32	28 28 57	2 39 16
6 Sa	1 33 08	8 ♈ 24 41	14 34 59	26 51 06	18 09 32	18 34 48	21 06 44	20 44 54	10 12 10	26 55 28	11 40 41	11 35 26	28 26 47	2 37 15
7 Su	2 29 09	20 40 13	26 43 48	28 09 13	19 21 46	18 57 57	21 16 43	20 51 23	10 22 04	26 53 21	11 37 14	11 33 32	28 23 52	2 34 31
8 M	3 24 57	2 ♉ 43 01	8 ♉ 41 47	29 25 09	20 33 46	19 21 20	21 26 39	20 57 23	10 31 49	26 51 07	11 33 32	11 31 23	28 20 43	2 31 35
9 Tu	4 21 04	14 37 32	20 33 41	0 ♈ 39 23	21 46 03	19 45 27	21 37 03	21 03 22	10 41 55	26 49 16	11 30 04	11 29 28	28 17 50	2 28 57
10 W	5 17 54	26 28 42	2 ♊ 24 36	1 52 14	22 59 03	20 10 42	21 48 21	21 09 46	10 52 47	26 48 13	11 27 17	11 28 13	28 15 38	2 27 02
11 Th	6 15 43	8 ♊ 21 32	14 19 36	3 03 55	24 12 59	20 37 21	22 00 47	21 16 50	11 04 40	26 48 14	11 25 26	11 27 52	28 14 24	2 26 06
12 F	7 14 34	20 20 54	26 23 27	4 14 24	25 27 56	21 05 25	22 14 25	21 24 37	11 17 37	26 49 22	11 24 34	11 28 30	28 14 10	2 26 13
13 Sa	8 14 20	2 ♋ 31 13	8 ♋ 40 22	5 23 29	26 43 47	21 34 46	22 29 06	21 32 60	11 31 32	26 51 29	11 24 34	11 29 59	28 14 48	2 27 14
14 Su	9 14 42	14 56 14	21 13 41	6 30 46	28 00 12	22 05 07	22 44 34	21 41 39	11 46 05	26 54 18	11 25 07	11 32 01	28 16 02	2 28 52
15 M	10 15 17	27 38 45	4 ♌ 05 43	7 35 45	29 16 49	22 36 04	23 00 23	21 50 12	12 00 54	26 57 24	11 25 50	11 34 12	28 17 27	2 30 43
16 Tu	11 15 40	10 ♌ 40 27	17 17 29	8 37 54	0 ♈ 33 12	23 07 09	23 16 09	21 58 13	12 15 32	27 00 24	11 26 18	11 36 07	28 18 38	2 32 22
17 W	12 15 30	24 01 42	0 ♍ 48 37	9 36 44	1 49 01	23 38 02	23 31 30	22 05 21	12 29 39	27 02 55	11 26 10	11 37 25	28 19 15	2 33 29
18 Th	13 14 33	7 ♍ 41 31	14 37 22	10 31 52	3 04 00	24 08 29	23 46 12	22 11 20	12 43 01	27 04 43	11 25 12	11 37 52	28 19 02	2 33 47
19 F	14 12 45	21 37 36	28 40 47	11 23 04	4 18 07	24 38 24	24 00 11	22 16 08	12 55 33	27 05 44	11 23 20	11 37 24	28 17 56	2 33 15
20 Sa	15 10 12	5 ♎ 46 37	12 ♎ 55 06	12 10 18	5 31 27	25 07 53	24 13 33	22 19 50	13 07 22	27 06 05	11 20 40	11 36 07	28 16 04	2 31 58
21 Su	16 07 08	20 04 35	27 16 06	12 53 37	6 44 14	25 37 11	24 26 32	22 22 40	13 18 42	27 06 01	11 17 26	11 34 15	28 13 39	2 30 10
22 M	17 03 55	4 ♏ 27 16	11 ♏ 39 35	13 33 07	7 56 49	26 06 37	24 39 28	22 24 58	13 29 52	27 05 49	11 13 59	11 32 09	28 11 02	2 28 12
23 Tu	18 00 49	18 50 37	26 01 43	14 08 55	9 09 31	26 36 28	24 52 39	22 27 01	13 41 11	27 05 50	11 10 37	11 30 07	28 08 31	2 26 21
24 W	18 58 06	3 ♐ 11 02	10 ♐ 19 17	14 41 02	10 22 32	27 07 01	25 06 20	22 29 05	13 52 54	27 06 18	11 07 34	11 28 23	28 06 20	2 24 53
25 Th	19 55 54	17 25 31	24 29 37	15 09 22	11 36 02	27 38 20	25 20 39	22 31 17	14 05 08	27 07 21	11 04 59	11 27 05	28 04 38	2 23 54
26 F	20 54 11	1 ♑ 31 38	8 ♑ 30 38	15 33 37	12 49 59	28 10 26	25 35 33	22 33 34	14 17 51	27 08 56	11 02 49	11 26 12	28 03 22	2 23 24
27 Sa	21 52 49	15 27 30	22 20 41	15 53 24	14 04 16	28 43 10	25 50 55	22 35 51	14 30 57	27 10 57	11 00 58	11 25 36	28 02 27	2 23 16
28 Su	22 51 38	29 11 36	5 ♒ 58 27	16 08 17	15 18 41	29 16 21	26 06 34	22 37 54	14 44 14	27 13 13	10 59 15	11 25 07	28 01 40	2 23 18
29 M	23 50 27	12 ♒ 42 48	19 22 57	16 17 48	16 33 03	29 49 48	26 22 19	22 39 33	14 57 31	27 15 32	10 57 28	11 24 32	28 00 50	2 23 19
30 Tu	24 49 05	26 00 15	2 ♓ 33 26	16 21 33	17 47 13	0 ♋ 23 20	26 38 01	22 40 40	15 10 39	27 17 45	10 55 28	11 23 44	27 59 48	2 23 10
31 W	25 47 31	9 ♓ 03 27	15 29 34	16 19 14	19 01 07	0 56 55	26 53 35	22 41 08	15 23 33	27 19 49	10 53 13	11 22 39	27 58 32	2 22 47

Notes

September 2016

LONGITUDE

Day	☉	0 hr ☽	Noon ☽	☿	♀	♂	⚵	⚳	♃	♄	⚷	♅	♆	♇
1 Th	26 ♓ 45 43	21 ♓ 52 17	28 ♓ 11 25	16 ♈ 10 39	20 ♈ 14 47	1 ♋ 30 32	27 ♉ 09 02	22 ♏ 41 00	15 ♈ 36 14	27 ♊ 21 43	10 ♎ 50 41	11 ♏ 21 16	27 ♍ 57 00	2 ♌ 22 11
2 F	27 43 47	4 ♈ 27 08	10 ♈ 39 39	15 55 43	21 28 15	2 04 16	27 24 27	22 40 20	15 48 47	27 23 33	10 47 59	11 19 41	27 55 18	2 21 26
3 Sa	28 41 48	16 48 57	22 55 29	15 34 25	22 41 38	2 38 11	27 39 55	22 39 13	16 01 18	27 25 25	10 45 11	11 17 59	27 53 32	2 20 39
4 Su	29 39 52	28 59 18	5 ♉ 00 49	15 06 53	23 55 03	3 12 25	27 55 32	22 37 45	16 13 52	27 27 24	10 42 25	11 16 17	27 51 48	2 19 55
5 M	0 ♈ 38 05	11 ♉ 00 20	16 58 09	14 33 15	25 08 33	3 47 01	28 11 23	22 36 01	16 26 35	27 29 35	10 39 44	11 14 39	27 50 10	2 19 19
6 Tu	1 36 26	22 54 51	28 50 36	13 53 46	26 22 09	4 21 58	28 27 27	22 34 02	16 39 25	27 31 58	10 37 09	11 13 05	27 48 39	2 18 52
7 W	2 34 53	4 ♊ 46 13	10 ♊ 41 47	13 08 47	27 35 49	4 57 16	28 43 44	22 31 45	16 52 22	27 34 32	10 34 38	11 11 35	27 47 14	2 18 31
8 Th	3 33 21	16 38 15	22 35 46	12 18 45	28 49 28	5 32 48	29 00 06	22 29 05	17 05 20	27 37 11	10 32 07	11 10 01	27 45 47	2 18 11
9 F	4 31 43	28 35 11	4 ♋ 36 53	11 24 18	0 ♉ 02 59	6 08 27	29 16 29	22 25 56	17 18 11	27 39 48	10 29 28	11 08 19	27 44 14	2 17 45
10 Sa	5 29 55	10 ♋ 41 26	16 49 37	10 26 14	1 16 15	6 44 07	29 32 45	22 22 11	17 30 52	27 42 17	10 26 36	11 06 22	27 42 29	2 17 09
11 Su	6 27 52	23 01 28	29 18 17	9 25 38	2 29 16	7 19 45	29 48 51	22 17 49	17 43 17	27 44 36	10 23 27	11 04 07	27 40 27	2 16 18
12 M	7 25 36	5 ♌ 39 31	12 ♌ 06 49	8 23 44	3 42 00	7 55 22	0 ♊ 04 50	22 12 49	17 55 30	27 46 46	10 20 04	11 01 36	27 38 12	2 15 15
13 Tu	8 23 14	18 39 07	25 18 13	7 22 01	4 54 36	8 31 04	0 20 47	22 07 20	18 07 35	27 48 53	10 16 33	10 58 54	27 35 49	2 14 05
14 W	9 20 56	2 ♍ 02 44	8 ♍ 54 09	6 22 06	6 07 13	9 07 02	0 36 52	22 01 31	18 19 44	27 51 08	10 13 04	10 56 14	27 33 30	2 12 60
15 Th	10 18 55	15 51 10	22 54 27	5 25 39	7 20 05	9 43 28	0 53 20	21 55 35	18 32 09	27 53 44	10 09 51	10 53 48	27 31 26	2 12 11
16 F	11 17 24	0 ♎ 03 09	7 ♎ 16 41	4 34 17	8 33 23	10 20 34	1 10 21	21 49 46	18 45 03	27 56 53	10 07 06	10 51 48	27 29 51	2 11 53
17 Sa	12 16 31	14 35 02	21 56 10	3 49 26	9 47 16	10 58 27	1 28 03	21 44 10	18 58 34	28 00 43	10 04 57	10 50 22	27 28 51	2 12 12
18 Su	13 16 15	29 21 01	6 ♏ 46 15	3 12 16	11 01 44	11 37 08	1 46 27	21 38 49	19 12 41	28 05 14	10 03 24	10 49 29	27 28 29	2 13 08
19 M	14 16 28	14 ♏ 13 42	21 39 09	2 43 37	12 16 38	12 16 27	2 05 24	21 33 34	19 27 15	28 10 16	10 02 17	10 49 03	27 28 33	2 14 33
20 Tu	15 16 53	29 05 05	6 ♐ 27 03	2 23 59	13 31 41	12 56 08	2 24 36	21 28 07	19 42 00	28 15 33	10 01 21	10 48 44	27 28 48	2 16 10
21 W	16 17 10	13 ♐ 47 43	21 03 11	2 13 35	14 46 32	13 35 49	2 43 42	21 22 07	19 56 34	28 20 45	10 00 14	10 48 13	27 28 53	2 17 37
22 Th	17 16 57	28 15 40	5 ♑ 22 36	2 12 25	16 00 50	14 15 09	3 02 23	21 15 16	20 10 38	28 25 29	9 58 36	10 47 09	27 28 27	2 18 35
23 F	18 16 01	12 ♑ 25 08	19 22 27	2 20 24	17 14 22	14 53 55	3 20 23	21 07 19	20 23 56	28 29 33	9 56 13	10 45 19	27 27 16	2 18 49
24 Sa	19 14 18	26 14 24	3 ♒ 01 59	2 37 24	18 27 05	15 32 03	3 37 40	20 58 13	20 36 26	28 32 54	9 53 02	10 42 38	27 25 17	2 18 16
25 Su	20 11 58	9 ♒ 43 41	16 21 60	3 03 23	19 39 06	16 09 41	3 54 22	20 48 07	20 48 16	28 35 39	9 49 11	10 39 16	27 22 39	2 17 05
26 M	21 09 19	22 54 28	29 24 21	3 38 16	20 50 46	16 47 09	4 10 48	20 37 20	20 59 45	28 38 07	9 44 60	10 35 31	27 19 40	2 15 34
27 Tu	22 06 46	5 ♓ 48 58	12 ♓ 11 25	4 22 01	22 02 29	17 24 52	4 27 24	20 26 20	21 11 18	28 40 45	9 40 54	10 31 50	27 16 48	2 14 10
28 W	23 04 49	18 29 41	24 45 42	5 14 32	23 14 45	18 03 19	4 44 38	20 15 33	21 23 25	28 44 00	9 37 22	10 28 41	27 14 29	2 13 20
29 Th	24 03 52	0 ♈ 58 58	7 ♈ 09 28	6 15 36	24 27 57	18 42 53	5 02 54	20 05 27	21 36 30	28 48 18	9 34 49	10 26 29	27 13 09	2 13 31
30 F	25 04 12	13 18 53	19 24 41	7 24 49	25 42 23	19 23 51	5 22 30	19 56 18	21 50 49	28 53 56	9 33 31	10 25 30	27 13 04	2 14 58

October 2016

LONGITUDE

Day	☉	0 hr ☽	Noon ☽	☿	♀	♂	⚵	⚳	♃	♄	⚷	♅	♆	♇
1 Sa	26 ♈ 05 54	25 ♈ 31 08	1 ♉ 33 01	8 ♈ 41 34	26 ♉ 58 09	20 ♋ 06 20	5 ♊ 43 31	19 ♏ 48 12	22 ♈ 06 28	29 ♊ 00 58	9 ♎ 33 35	10 ♏ 25 51	27 ♍ 14 21	2 ♌ 17 47
2 Su	27 08 52	7 ♉ 37 08	13 35 52	10 05 02	28 15 06	20 50 12	6 05 50	19 41 04	22 23 20	29 09 18	9 34 54	10 27 25	27 16 53	2 21 51
3 M	28 12 46	19 38 09	25 34 37	11 34 13	29 32 57	21 35 08	6 29 08	19 34 35	22 41 07	29 18 37	9 37 08	10 29 52	27 20 20	2 26 52
4 Tu	29 17 07	1 ♊ 35 35	7 ♊ 30 52	13 07 58	0 ♊ 51 13	22 20 37	6 52 56	19 28 16	22 59 18	29 28 26	9 39 48	10 32 43	27 24 13	2 32 19
5 W	0 ♉ 21 20	13 31 05	19 26 29	14 45 06	2 09 17	23 06 07	7 16 39	19 21 33	23 17 19	29 38 09	9 42 21	10 35 25	27 27 58	2 37 40
6 Th	1 24 53	25 26 52	1 ♋ 23 57	16 24 27	3 26 37	23 51 02	7 39 42	19 13 53	23 34 36	29 47 14	9 44 12	10 37 22	27 31 01	2 42 18
7 F	2 27 15	7 ♋ 25 45	13 26 25	18 05 04	4 42 44	24 34 53	8 01 38	19 04 49	23 50 41	29 55 11	9 44 52	10 38 08	27 32 54	2 45 47
8 Sa	3 28 12	19 31 21	25 37 41	19 46 11	5 57 22	25 17 26	8 22 11	18 54 06	24 05 18	0 ♋ 01 45	9 44 07	10 37 26	27 33 21	2 47 51
9 Su	4 27 43	1 ♌ 47 57	8 ♌ 02 12	21 27 24	7 10 32	25 58 39	8 41 20	18 41 44	24 18 26	0 06 55	9 41 55	10 35 16	27 32 21	2 48 29
10 M	5 26 06	14 20 21	20 44 44	23 08 39	8 22 30	26 38 51	8 59 23	18 28 02	24 30 23	0 11 00	9 38 36	10 31 55	27 30 13	2 47 58
11 Tu	6 23 55	27 13 27	3 ♍ 49 58	24 50 11	9 33 50	27 18 33	9 16 53	18 13 34	24 41 43	0 14 32	9 34 41	10 27 58	27 27 30	2 46 54
12 W	7 21 52	10 ♍ 31 44	17 21 49	26 32 26	10 45 15	27 58 30	9 34 34	17 59 04	24 53 09	0 18 15	9 30 55	10 24 08	27 24 55	2 45 57
13 Th	8 20 43	24 18 24	1 ♎ 22 31	28 15 57	11 57 31	28 39 26	9 53 11	17 45 18	25 05 26	0 22 54	9 28 04	10 21 10	27 23 14	2 45 55
14 F	9 21 08	8 ♎ 34 26	15 51 45	0 ♉ 01 11	13 11 16	29 22 01	10 13 23	17 32 57	25 19 13	0 29 08	9 26 46	10 19 43	27 23 06	2 47 27
15 Sa	10 23 26	23 17 45	0 ♏ 45 54	1 48 19	14 26 53	0 ♌ 06 35	10 35 30	17 22 22	25 34 51	0 37 18	9 27 22	10 20 08	27 24 51	2 50 52
16 Su	11 27 37	8 ♏ 22 44	15 57 46	3 37 11	15 44 17	0 53 05	10 59 31	17 13 31	25 52 17	0 47 21	9 29 49	10 22 23	27 28 28	2 56 09
17 M	12 33 11	23 40 27	1 ♐ 17 21	5 27 12	17 03 01	1 41 04	11 24 57	17 05 57	26 11 04	0 58 50	9 33 40	10 25 60	27 33 28	3 02 49
18 Tu	13 39 21	8 ♐ 59 49	16 33 18	7 17 30	18 22 18	2 29 43	11 51 00	16 58 53	26 30 23	1 10 57	9 38 08	10 30 11	27 39 04	3 10 05
19 W	14 45 12	24 09 31	1 ♑ 34 57	9 07 04	19 41 11	3 18 06	12 16 44	16 51 25	26 49 18	1 22 44	9 42 15	10 33 60	27 44 18	3 17 01
20 Th	15 49 50	9 ♑ 00 02	16 14 05	10 54 58	20 58 48	4 05 22	12 41 17	16 42 40	27 06 58	1 33 21	9 45 10	10 36 35	27 48 21	3 22 44
21 F	16 52 45	23 24 57	0 ♒ 25 56	12 40 39	22 14 37	4 50 57	13 04 07	16 32 08	27 22 49	1 42 15	9 46 21	10 37 24	27 50 38	3 26 43
22 Sa	17 53 47	7 ♒ 21 33	14 09 15	14 23 57	23 28 31	5 34 44	13 25 06	16 19 42	27 36 44	1 49 18	9 45 40	10 36 19	27 51 03	3 28 49
23 Su	18 53 17	20 50 21	27 25 42	16 05 09	24 40 48	6 17 03	13 44 33	16 05 42	27 49 03	1 54 50	9 43 27	10 33 40	27 49 55	3 29 23
24 M	19 51 57	3 ♓ 54 20	10 ♓ 18 57	17 44 58	25 52 11	6 58 35	14 03 11	15 50 51	28 00 27	1 59 32	9 40 23	10 30 09	27 47 56	3 29 05
25 Tu	20 50 42	16 37 51	22 53 40	19 24 17	27 03 35	7 40 15	14 21 53	15 36 05	28 11 52	2 04 20	9 37 25	10 26 40	27 46 01	3 28 52
26 W	21 50 28	29 05 45	5 ♈ 14 43	21 04 04	28 15 56	8 23 01	14 41 39	15 22 23	28 24 14	2 10 11	9 35 28	10 24 13	27 45 08	3 29 40
27 Th	22 52 06	11 ♈ 22 41	17 26 33	22 45 08	29 30 06	9 07 43	15 03 17	15 10 35	28 38 23	2 17 54	9 35 24	10 23 35	27 46 06	3 32 19
28 F	23 56 10	23 32 35	29 32 51	24 28 05	0 ♋ 46 37	9 54 53	15 27 20	15 01 16	28 54 53	2 28 04	9 37 45	10 25 22	27 49 29	3 37 24
29 Sa	25 02 50	5 ♉ 38 29	11 ♉ 36 20	26 13 06	2 05 41	10 44 43	15 54 01	14 54 38	29 13 56	2 40 51	9 42 44	10 29 43	27 55 28	3 45 04
30 Su	26 11 55	17 42 25	23 38 47	27 59 58	3 27 05	11 37 01	16 23 07	14 50 30	29 35 18	2 56 04	9 50 08	10 36 29	28 03 52	3 55 09
31 M	27 22 49	29 45 36	5 ♊ 41 17	29 48 09	4 50 15	12 31 12	16 54 03	14 48 19	29 58 26	3 13 07	9 59 22	10 45 03	28 14 05	4 07 04

Notes

LONGITUDE — November 2016

Day	☉	0 hr ☽	Noon ☽	☿	♀	♂	⚵	⚳	♃	♄	⚷	♅	♆	♇
1 Tu	28 ♉ 34 41	11 ♊ 48 41	17 ♊ 44 22	1 ♊ 36 47	6 ♋ 14 19	13 ♌ 26 24	17 ♊ 25 57	14 ♏ 47 12	0 ♉ 22 26	3 ♋ 31 08	10 ♎ 09 35	10 ♏ 54 34	28 ♍ 25 16	4 ♌ 19 55
2 W	29 46 28	23 52 05	29 48 36	3 24 51	7 38 14	14 21 34	17 57 47	14 46 09	0 46 17	3 49 06	10 19 44	11 03 59	28 36 23	4 32 42
3 Th	0 ♊ 57 09	5 ♋ 56 28	11 ♋ 54 48	5 11 20	9 00 59	15 15 42	18 28 31	14 44 10	1 08 57	4 05 58	10 28 48	11 12 18	28 46 23	4 44 23
4 F	2 05 53	18 03 05	24 04 30	6 55 24	10 21 42	16 07 54	18 57 19	14 40 23	1 29 36	4 20 54	10 35 56	11 18 38	28 54 26	4 54 06
5 Sa	3 12 08	0 ♌ 14 06	6 ♌ 20 11	8 36 33	11 39 52	16 57 41	19 23 37	14 34 18	1 47 40	4 33 21	10 40 36	11 22 30	29 00 01	5 01 20
6 Su	4 15 48	12 32 46	18 45 25	10 14 42	12 55 24	17 44 56	19 47 22	14 25 51	2 03 05	4 43 15	10 42 43	11 23 47	29 03 01	5 05 60
7 M	5 17 17	25 03 24	1 ♍ 24 44	11 50 15	14 08 39	18 30 03	20 08 56	14 15 25	2 16 15	4 50 59	10 42 40	11 22 52	29 03 51	5 08 28
8 Tu	6 17 24	7 ♍ 51 05	14 23 16	13 24 02	15 20 28	19 13 49	20 29 07	14 03 50	2 27 56	4 57 20	10 41 16	11 20 35	29 03 18	5 09 34
9 W	7 17 14	21 01 13	27 46 12	14 57 10	16 31 56	19 57 22	20 49 03	13 52 13	2 39 17	5 03 26	10 39 38	11 18 01	29 02 30	5 10 24
10 Th	8 18 00	4 ♎ 38 38	11 ♎ 37 44	16 30 52	17 44 16	20 41 53	21 09 54	13 41 47	2 51 28	5 10 29	10 38 57	11 16 24	29 02 39	5 12 10
11 F	9 20 45	18 46 31	25 59 58	18 06 13	18 58 30	21 28 25	21 32 45	13 33 35	3 05 34	5 19 31	10 40 16	11 16 46	29 04 46	5 15 54
12 Sa	10 26 08	3 ♏ 25 13	10 ♏ 51 38	19 43 50	20 15 17	22 17 36	21 58 14	13 28 17	3 22 12	5 31 11	10 44 16	11 19 45	29 09 33	5 22 17
13 Su	11 34 14	18 31 09	26 07 18	21 23 51	21 34 41	23 09 32	22 26 25	13 25 58	3 41 27	5 45 35	10 50 59	11 25 28	29 17 02	5 31 22
14 M	12 44 28	3 ♐ 56 24	11 ♐ 37 23	23 05 42	22 56 09	24 03 39	22 56 45	13 26 05	4 02 46	6 02 07	10 59 53	11 33 19	29 26 41	5 42 36
15 Tu	13 55 47	19 29 29	27 09 24	24 48 18	24 18 36	24 58 52	23 28 09	13 27 34	4 25 03	6 19 45	11 09 52	11 42 16	29 37 24	5 54 54
16 W	15 06 51	4 ♑ 57 11	12 ♑ 30 14	26 30 20	25 40 43	25 53 50	23 59 18	13 29 05	4 47 00	6 37 07	11 19 39	11 50 57	29 47 53	6 06 57
17 Th	16 16 26	20 07 08	27 28 42	28 10 34	27 01 15	26 47 21	24 28 57	13 29 25	5 07 21	6 52 59	11 27 56	11 58 09	29 56 52	6 17 30
18 F	17 23 39	4 ♒ 50 04	11 ♒ 57 20	29 48 09	28 19 21	27 38 31	24 56 15	13 27 42	5 25 16	7 06 30	11 33 55	12 02 60	0 ♎ 03 31	6 25 41
19 Sa	18 28 15	19 01 04	25 53 06	1 ♋ 22 47	29 34 43	28 27 06	25 20 54	13 23 41	5 40 27	7 17 24	11 37 17	12 05 14	0 07 33	6 31 15
20 Su	19 30 34	2 ♓ 39 27	9 ♓ 16 55	2 54 49	0 ♌ 47 43	29 13 24	25 43 16	13 17 42	5 53 15	7 26 01	11 38 25	12 05 11	0 09 18	6 34 31
21 M	20 31 28	15 48 00	22 12 39	4 25 05	1 59 12	29 58 18	26 04 12	13 10 37	6 04 31	7 33 11	11 38 08	12 03 43	0 09 38	6 36 21
22 Tu	21 32 05	28 31 44	4 ♈ 45 52	5 54 43	3 10 18	0 ♍ 42 57	26 24 51	13 03 36	6 15 24	7 40 05	11 37 36	12 01 59	0 09 42	6 37 54
23 W	22 33 41	10 ♈ 56 39	17 02 48	7 24 56	4 22 17	1 28 35	26 46 27	12 57 54	6 27 09	7 47 57	11 38 04	12 01 14	0 10 44	6 40 26
24 Th	23 37 19	23 08 51	29 09 26	8 56 48	5 36 13	2 16 17	27 10 06	12 54 35	6 40 51	7 57 51	11 40 37	12 02 33	0 13 50	6 44 60
25 F	24 43 47	5 ♉ 13 48	11 ♉ 10 57	10 31 02	6 52 51	3 06 49	27 36 32	12 54 26	6 57 15	8 10 34	11 46 01	12 06 41	0 19 45	6 52 22
26 Sa	25 53 21	17 15 54	23 11 24	12 07 52	8 12 31	4 00 28	28 06 05	12 57 46	7 16 39	8 26 23	11 54 33	12 13 56	0 28 48	7 02 51
27 Su	27 05 50	29 18 20	5 ♊ 13 34	13 47 04	9 34 58	4 57 04	28 38 32	13 04 22	7 38 51	8 45 07	12 06 02	12 24 08	0 40 46	7 16 14
28 M	28 20 34	11 ♊ 23 01	17 18 59	15 27 53	10 59 35	5 55 55	29 13 13	13 13 35	8 03 12	9 06 05	12 19 48	12 36 35	0 54 60	7 31 52
29 Tu	29 36 32	23 30 47	29 28 14	17 09 13	12 25 18	6 55 60	29 49 06	13 24 23	8 28 39	9 28 15	12 34 49	12 50 17	1 10 28	7 48 43
30 W	0 ♋ 52 28	5 ♋ 41 47	11 ♋ 41 19	18 49 43	13 50 54	7 56 05	0 ♋ 24 58	13 35 32	8 53 58	9 50 24	12 49 52	13 03 59	1 25 55	8 05 33

LONGITUDE — December 2016

Day	☉	0 hr ☽	Noon ☽	☿	♀	♂	⚵	⚳	♃	♄	⚷	♅	♆	♇
1 Th	2 ♋ 07 09	17 ♋ 55 55	23 ♋ 58 02	20 ♋ 28 03	15 ♌ 15 07	8 ♍ 54 56	0 ♋ 59 33	13 ♏ 45 49	9 ♉ 17 55	10 ♋ 11 18	13 ♎ 03 41	13 ♏ 16 27	1 ♎ 40 09	8 ♌ 21 08
2 F	3 19 33	0 ♌ 13 14	6 ♌ 18 38	22 03 00	16 36 56	9 51 30	1 31 51	13 54 11	9 39 28	10 29 54	13 15 15	13 26 39	1 52 05	8 34 25
3 Sa	4 28 59	12 34 33	18 44 07	23 33 47	17 55 41	10 45 07	2 01 10	13 59 58	9 57 57	10 45 31	13 23 54	13 33 56	2 01 06	8 44 44
4 Su	5 35 17	25 01 38	1 ♍ 16 35	25 00 01	19 11 11	11 35 37	2 27 20	14 03 01	10 13 11	10 58 01	13 29 28	13 38 06	2 06 60	8 51 56
5 M	6 38 50	7 ♍ 37 26	13 59 18	26 21 50	20 23 47	12 23 22	2 50 44	14 03 41	10 25 33	11 07 44	13 32 19	13 39 32	2 10 09	8 56 23
6 Tu	7 40 27	20 25 59	26 56 30	27 39 51	21 34 21	13 09 13	3 12 13	14 02 49	10 35 52	11 15 32	13 33 18	13 39 06	2 11 25	8 58 54
7 W	8 41 22	3 ♎ 32 01	10 ♎ 12 59	28 54 58	22 44 04	13 54 22	3 32 57	14 01 37	10 45 22	11 22 36	13 33 36	13 37 58	2 11 59	9 00 43
8 Th	9 42 53	17 00 20	23 53 14	0 ♌ 08 07	23 54 15	14 40 07	3 54 17	14 01 24	10 55 21	11 30 17	13 34 33	13 37 29	2 13 10	9 03 08
9 F	10 46 11	0 ♏ 54 48	8 ♏ 00 26	1 20 07	25 06 04	15 27 39	4 17 23	14 03 21	11 06 59	11 39 43	13 37 19	13 38 49	2 16 10	9 07 20
10 Sa	11 52 03	15 17 15	22 35 12	2 31 18	26 20 19	16 17 46	4 43 02	14 08 15	11 21 05	11 51 43	13 42 43	13 42 45	2 21 46	9 14 06
11 Su	13 00 40	0 ♐ 06 19	7 ♐ 34 35	3 41 18	27 37 10	17 10 38	5 11 25	14 16 17	11 37 48	12 06 27	13 50 54	13 49 28	2 30 08	9 23 38
12 M	14 11 34	15 16 40	22 51 35	4 49 06	28 56 09	18 05 48	5 42 05	14 26 58	11 56 41	12 23 28	14 01 26	13 58 31	2 40 48	9 35 27
13 Tu	15 23 43	0 ♑ 39 10	8 ♑ 15 42	5 52 59	0 ♍ 16 13	19 02 12	6 13 58	14 39 18	12 16 42	12 41 44	14 13 15	14 08 51	2 52 45	9 48 32
14 W	16 35 48	16 02 03	23 34 39	6 50 55	1 36 04	19 58 32	6 45 46	14 51 55	12 36 31	12 59 54	14 25 02	14 19 09	3 04 39	10 01 32
15 Th	17 46 31	1 ♒ 13 02	8 ♒ 36 41	7 40 47	2 54 21	20 53 30	7 16 10	15 03 31	12 54 50	13 16 40	14 35 29	14 28 07	3 15 11	10 13 09
16 F	18 54 54	16 01 42	23 12 41	8 20 48	4 10 08	21 46 07	7 44 14	15 13 09	13 10 41	13 31 06	14 43 40	14 34 47	3 23 25	10 22 26
17 Sa	20 00 33	0 ♓ 21 07	7 ♓ 17 30	8 49 41	5 23 02	22 36 01	8 09 32	15 20 26	13 23 40	13 42 47	14 49 09	14 38 46	3 28 57	10 29 01
18 Su	21 03 42	14 08 31	20 50 07	9 06 45	6 33 14	23 23 23	8 32 18	15 25 33	13 34 01	13 51 57	14 52 10	14 40 16	3 31 59	10 33 04
19 M	22 05 04	27 24 56	3 ♈ 52 52	9 11 52	7 41 26	24 08 58	8 53 15	15 29 14	13 42 26	13 59 17	14 53 26	14 40 01	3 33 15	10 35 19
20 Tu	23 05 41	10 ♈ 14 12	16 30 29	9 05 22	8 48 44	24 53 48	9 13 27	15 32 32	13 49 58	14 05 52	14 54 00	14 39 04	3 33 47	10 36 50
21 W	24 06 44	22 41 49	28 48 57	8 47 50	9 56 15	25 39 04	9 34 02	15 36 37	13 57 48	14 12 51	14 55 03	14 38 35	3 34 47	10 38 46
22 Th	25 09 16	4 ♉ 53 57	10 ♉ 54 35	8 20 02	11 05 03	26 25 48	9 56 05	15 42 32	14 06 58	14 21 18	14 57 37	14 39 37	3 37 17	10 42 12
23 F	26 14 05	16 56 37	22 53 18	7 42 50	12 15 55	27 14 48	10 20 22	15 51 03	14 18 16	14 31 59	15 02 30	14 42 58	3 42 04	10 47 53
24 Sa	27 21 30	28 55 11	4 ♊ 50 12	6 57 06	13 29 12	28 06 25	10 47 15	16 02 33	14 32 02	14 45 16	15 10 02	14 48 59	3 49 30	10 56 11
25 Su	28 31 28	10 ♊ 53 57	16 49 15	6 03 50	14 44 47	29 00 33	11 16 38	16 16 54	14 48 12	15 01 04	15 20 09	14 57 34	3 59 28	11 07 01
26 M	29 43 25	22 56 06	28 53 12	5 04 04	16 02 09	29 56 41	11 47 59	16 33 36	15 06 12	15 18 50	15 32 19	15 08 12	4 11 28	11 19 51
27 Tu	0 ♌ 56 31	5 ♋ 03 36	11 ♋ 03 38	3 59 03	17 20 25	0 ♎ 53 57	12 20 26	16 51 46	15 25 12	15 37 42	15 45 40	15 19 60	4 24 38	11 33 49
28 W	2 09 41	17 17 27	23 21 11	2 50 11	18 38 31	1 51 17	12 52 56	17 10 21	15 44 07	15 56 37	15 59 08	15 31 56	4 37 53	11 47 51
29 Th	3 21 51	29 37 57	5 ♌ 45 52	1 39 08	19 55 23	2 47 37	13 24 25	17 28 15	16 01 54	16 14 31	16 11 38	15 42 54	4 50 10	12 00 53
30 F	4 32 06	12 ♌ 05 04	18 17 28	0 27 40	21 10 05	3 42 01	13 53 57	17 44 35	16 17 37	16 30 29	16 22 17	15 52 01	5 00 34	12 12 01
31 Sa	5 39 51	24 38 48	0 ♍ 55 60	29 ♋ 17 45	22 22 02	4 33 55	14 20 56	17 58 43	16 30 41	16 43 55	16 30 29	15 58 41	5 08 30	12 20 39

Notes

January 2017

LONGITUDE

Day	☉	0 hr ☽	Noon ☽	☿	♀	♂	⚵	⚳	♃	♄	⚷	♅	♆	♇
1 Su	6 ♌ 44 55	7 ♍ 19 37	13 ♍ 42 02	28 ♋ 11 21	23 ♍ 31 00	5 ♎ 23 08	14 ♋ 45 13	18 ♏ 10 30	16 ♉ 40 54	16 ♋ 54 38	16 ♎ 36 02	16 ♏ 02 42	5 ♎ 13 45	12 ♌ 26 35
2 M	7 47 33	20 08 44	26 36 58	27 10 29	24 37 17	6 09 54	15 07 02	18 20 10	16 48 32	17 02 54	16 39 12	16 04 20	5 16 36	12 30 06
3 Tu	8 48 24	3 ♎ 08 07	9 ♎ 42 60	26 17 00	25 41 30	6 54 53	15 27 03	18 28 22	16 54 16	17 09 22	16 40 39	16 04 16	5 17 43	12 31 51
4 W	9 48 26	16 20 26	23 02 55	25 32 37	26 44 36	7 39 03	15 46 12	18 36 05	16 59 01	17 14 59	16 41 20	16 03 26	5 18 03	12 32 47
5 Th	10 48 43	29 48 39	6 ♏ 39 37	24 58 40	27 47 37	8 23 27	16 05 34	18 44 20	17 03 51	17 20 49	16 42 19	16 02 53	5 18 39	12 33 57
6 F	11 50 10	13 ♏ 35 21	20 35 20	24 36 06	28 51 31	9 09 02	16 26 06	18 54 05	17 09 43	17 27 49	16 44 32	16 03 35	5 20 27	12 36 19
7 Sa	12 53 27	27 41 60	4 ♐ 50 53	24 25 13	29 56 55	9 56 26	16 48 25	19 05 57	17 17 16	17 36 37	16 48 38	16 06 11	5 24 08	12 40 31
8 Su	13 58 47	12 ♐ 08 03	19 24 44	24 25 45	1 ♎ 04 00	10 45 52	17 12 45	19 20 10	17 26 42	17 47 26	16 54 49	16 10 52	5 29 53	12 46 46
9 M	15 05 50	26 50 26	4 ♑ 12 37	24 36 48	2 12 29	11 37 01	17 38 47	19 36 25	17 37 43	17 59 58	17 02 48	16 17 22	5 37 24	12 54 45
10 Tu	16 13 56	11 ♑ 43 20	19 07 41	24 56 59	3 21 38	12 29 12	18 05 49	19 53 59	17 49 37	18 13 29	17 11 52	16 24 56	5 45 59	13 03 47
11 W	17 22 07	26 38 41	4 ♒ 01 12	25 24 42	4 30 29	13 21 28	18 32 55	20 11 56	18 01 27	18 27 05	17 21 05	16 32 40	5 54 42	13 12 55
12 Th	18 29 26	11 ♒ 27 27	18 44 03	25 58 19	5 38 04	14 12 51	18 59 06	20 29 18	18 12 15	18 39 47	17 29 28	16 39 35	6 02 34	13 21 11
13 F	19 35 10	26 01 00	3 ♓ 08 17	26 36 28	6 43 40	15 02 37	19 23 40	20 45 20	18 21 19	18 50 51	17 36 20	16 44 58	6 08 53	13 27 52
14 Sa	20 38 56	10 ♓ 12 38	17 08 16	27 18 10	7 46 52	15 50 26	19 46 14	20 59 41	18 28 15	18 59 56	17 41 16	16 48 27	6 13 16	13 32 35
15 Su	21 40 48	23 58 22	0 ♈ 41 18	28 02 56	8 47 44	16 36 18	20 06 50	21 12 24	18 33 06	19 07 04	17 44 21	16 50 04	6 15 45	13 35 24
16 M	22 41 09	7 ♈ 17 09	13 47 36	28 50 39	9 46 38	17 20 39	20 25 53	21 23 51	18 36 17	19 12 39	17 45 58	16 50 15	6 16 46	13 36 42
17 Tu	23 40 38	20 10 36	26 29 43	29 41 32	10 44 13	18 04 08	20 44 02	21 34 43	18 38 26	19 17 21	17 46 46	16 49 37	6 16 57	13 37 09
18 W	24 40 02	2 ♉ 42 11	8 ♉ 51 53	0 ♌ 35 55	11 41 13	18 47 30	21 02 03	21 45 44	18 40 19	19 21 54	17 47 31	16 48 56	6 17 04	13 37 30
19 Th	25 40 02	14 56 39	20 59 14	1 34 11	12 38 19	19 31 28	21 20 38	21 57 37	18 42 38	19 27 02	17 48 56	16 48 56	6 17 49	13 38 27
20 F	26 41 12	26 59 17	2 ♊ 57 14	2 36 32	13 36 05	20 16 35	21 40 19	22 10 54	18 45 57	19 33 17	17 51 33	16 50 08	6 19 45	13 40 35
21 Sa	27 43 50	8 ♊ 55 21	14 51 08	3 42 59	14 34 47	21 03 09	22 01 26	22 25 55	18 50 34	19 40 58	17 55 41	16 52 52	6 23 11	13 44 10
22 Su	28 47 57	20 49 48	26 45 45	4 53 20	15 34 25	21 51 10	22 23 58	22 42 39	18 56 29	19 50 05	18 01 21	16 57 09	6 28 08	13 49 14
23 M	29 53 17	2 ♋ 46 53	8 ♋ 45 06	6 07 05	16 34 42	22 40 25	22 47 41	23 00 50	19 03 28	20 00 23	18 08 17	17 02 42	6 34 20	13 55 32
24 Tu	0 ♍ 59 24	14 50 10	20 52 20	7 23 35	17 35 09	23 30 24	23 12 07	23 20 02	19 11 01	20 11 24	18 16 01	17 09 04	6 41 19	14 02 35
25 W	2 05 40	27 02 16	3 ♌ 09 44	8 42 04	18 35 09	24 20 33	23 36 40	23 39 38	19 18 34	20 22 33	18 23 58	17 15 40	6 48 29	14 09 49
26 Th	3 11 30	9 ♌ 25 01	15 38 40	10 01 48	19 34 05	25 10 15	24 00 43	23 59 02	19 25 31	20 33 13	18 31 32	17 21 53	6 55 16	14 16 36
27 F	4 16 22	21 59 28	28 19 45	11 22 07	20 31 25	25 58 59	24 23 46	24 17 42	19 31 20	20 42 54	18 38 11	17 27 13	7 01 07	14 22 27
28 Sa	5 19 57	4 ♍ 46 00	11 ♍ 13 01	12 42 35	21 26 45	26 46 24	24 45 28	24 35 19	19 35 40	20 51 14	18 43 36	17 31 19	7 05 42	14 27 00
29 Su	6 22 08	17 44 33	24 18 09	14 02 58	22 19 59	27 32 25	25 05 42	24 51 44	19 38 26	20 58 07	18 47 39	17 34 04	7 08 55	14 30 09
30 M	7 23 01	0 ♎ 54 50	7 ♎ 34 40	15 23 20	23 11 11	28 17 07	25 24 36	25 07 06	19 39 45	21 03 41	18 50 28	17 35 35	7 10 52	14 32 01
31 Tu	8 22 57	14 16 29	21 02 10	16 43 56	24 00 40	29 00 52	25 42 30	25 21 44	19 39 56	21 08 16	18 52 23	17 36 14	7 11 55	14 32 57

February 2017

LONGITUDE

Day	☉	0 hr ☽	Noon ☽	☿	♀	♂	⚵	⚳	♃	♄	⚷	♅	♆	♇
1 W	9 ♍ 22 25	27 ♎ 49 11	4 ♏ 40 21	18 ♌ 05 11	24 ♎ 48 53	29 ♎ 44 08	25 ♋ 59 52	25 ♏ 36 07	19 ♉ 39 29	21 ♋ 12 19	18 ♎ 53 53	17 ♏ 36 27	7 ♎ 12 31	14 ♌ 33 24
2 Th	10 21 53	11 ♏ 32 42	18 28 58	19 27 32	25 36 17	0 ♏ 27 25	26 17 12	25 50 44	19 38 52	21 16 21	18 55 27	17 36 47	7 13 10	14 33 53
3 F	11 21 50	25 26 42	2 ♐ 27 37	20 51 22	26 23 17	1 11 09	26 34 56	26 06 02	19 38 34	21 20 49	18 57 32	17 37 38	7 14 20	14 34 51
4 Sa	12 22 32	9 ♐ 30 29	16 35 25	22 16 57	27 10 08	1 55 38	26 53 23	26 22 18	19 38 51	21 25 60	19 00 26	17 39 18	7 16 17	14 36 35
5 Su	13 24 03	23 42 42	0 ♑ 50 42	23 44 19	27 56 51	2 40 55	27 12 35	26 39 36	19 39 48	21 31 57	19 04 12	17 41 52	7 19 06	14 39 08
6 M	14 26 16	8 ♑ 01 08	15 10 48	25 13 18	28 43 18	3 26 53	27 32 25	26 57 47	19 41 15	21 38 34	19 08 42	17 45 11	7 22 38	14 42 24
7 Tu	15 28 52	22 22 29	29 32 02	26 43 36	29 29 07	4 13 15	27 52 36	27 16 35	19 42 57	21 45 32	19 13 39	17 48 58	7 26 36	14 46 03
8 W	16 31 30	6 ♒ 42 38	13 ♒ 49 55	28 14 50	0 ♏ 13 54	4 59 38	28 12 45	27 35 37	19 44 31	21 52 29	19 18 42	17 52 51	7 30 38	14 49 46
9 Th	17 33 51	20 56 50	27 59 36	29 46 40	0 57 17	5 45 41	28 32 32	27 54 32	19 45 37	21 59 06	19 23 30	17 56 30	7 34 25	14 53 11
10 F	18 35 39	5 ♓ 00 23	11 ♓ 56 31	1 ♍ 18 50	1 38 58	6 31 12	28 51 43	28 13 06	19 46 00	22 05 08	19 27 48	17 59 40	7 37 41	14 56 04
11 Sa	19 36 48	18 49 08	25 36 56	2 51 15	2 18 50	7 16 04	29 10 12	28 31 14	19 45 36	22 10 29	19 31 30	18 02 16	7 40 21	14 58 20
12 Su	20 37 23	2 ♈ 20 02	8 ♈ 58 25	4 23 56	2 56 51	8 00 20	29 28 02	28 48 57	19 44 26	22 15 11	19 34 40	18 04 21	7 42 27	14 59 60
13 M	21 37 30	15 31 24	22 00 01	5 57 04	3 33 08	8 44 07	29 45 20	29 06 23	19 42 39	22 19 23	19 37 26	18 06 02	7 44 08	15 01 13
14 Tu	22 37 22	28 23 07	4 ♉ 42 21	7 30 49	4 07 49	9 27 39	0 ♌ 02 19	29 23 46	19 40 27	22 23 18	19 39 59	18 07 31	7 45 37	15 02 12
15 W	23 37 12	10 ♉ 56 29	17 07 21	9 05 25	4 41 04	10 11 08	0 19 11	29 41 17	19 38 02	22 27 07	19 42 33	18 09 02	7 47 04	15 03 09
16 Th	24 37 09	23 13 60	29 18 05	10 41 01	5 12 59	10 54 42	0 36 05	29 59 06	19 35 35	22 30 60	19 45 16	18 10 44	7 48 40	15 04 13
17 F	25 37 18	5 ♊ 19 05	11 ♊ 18 21	12 17 44	5 43 37	11 38 28	0 53 07	0 ♐ 17 17	19 33 10	22 35 01	19 48 13	18 12 41	7 50 30	15 05 29
18 Sa	26 37 41	17 15 52	23 12 31	13 55 34	6 12 54	12 22 27	1 10 17	0 35 51	19 30 48	22 39 13	19 51 27	18 14 55	7 52 35	15 06 58
19 Su	27 38 12	29 08 46	5 ♋ 05 11	15 34 30	6 40 44	13 06 33	1 27 31	0 54 44	19 28 25	22 43 31	19 54 52	18 17 21	7 54 51	15 08 37
20 M	28 38 47	11 ♋ 02 26	17 00 57	17 14 25	7 06 57	13 50 43	1 44 44	1 13 51	19 25 57	22 47 48	19 58 23	18 19 55	7 57 12	15 10 20
21 Tu	29 39 20	23 01 25	29 04 15	18 55 15	7 31 23	14 34 49	2 01 49	1 33 05	19 23 16	22 52 00	20 01 53	18 22 29	7 59 32	15 11 60
22 W	0 ♎ 39 45	5 ♌ 09 59	11 ♌ 19 08	20 36 55	7 53 54	15 18 46	2 18 42	1 52 22	19 20 18	22 56 01	20 05 19	18 24 60	8 01 46	15 13 33
23 Th	1 40 01	17 31 54	23 48 56	22 19 26	8 14 24	16 02 35	2 35 20	2 11 39	19 17 02	22 59 50	20 08 38	18 27 25	8 03 54	15 14 57
24 F	2 40 12	0 ♍ 10 09	6 ♍ 36 11	24 02 50	8 32 54	16 46 16	2 51 47	2 30 60	19 13 31	23 03 29	20 11 54	18 29 48	8 05 56	15 16 15
25 Sa	3 40 21	13 06 44	19 42 14	25 47 14	8 49 24	17 29 56	3 08 07	2 50 29	19 09 50	23 07 04	20 15 11	18 32 14	8 08 00	15 17 33
26 Su	4 40 38	26 22 23	3 ♎ 07 09	27 32 47	9 03 58	18 13 43	3 24 30	3 10 16	19 06 08	23 10 43	20 18 38	18 34 50	8 10 13	15 18 59
27 M	5 41 09	9 ♎ 56 28	16 49 37	29 19 37	9 16 41	18 57 44	3 41 00	3 30 25	19 02 31	23 14 33	20 22 22	18 37 44	8 12 42	15 20 39
28 Tu	6 41 59	23 46 59	0 ♏ 47 03	1 ♎ 07 47	9 27 31	19 42 02	3 57 43	3 51 02	18 59 04	23 18 38	20 26 26	18 41 00	8 15 31	15 22 38

Notes

LONGITUDE

March 2017

Day	☉	0 hr ☽	Noon ☽	☿	♀	♂	⚵	⚳	♃	♄	⚷	♅	♆	♇
1 W	7 ♎ 43 04	7 ♏ 50 44	14 ♏ 55 50	2 ♎ 57 16	9 ♏ 36 24	20 ♏ 26 36	4 ♌ 14 37	4 ♐ 12 05	18 ♉ 55 44	23 ♋ 22 55	20 ♎ 30 49	18 ♏ 44 37	8 ♎ 18 39	15 ♌ 24 53
2 Th	8 44 18	22 03 43	29 11 48	4 47 57	9 43 08	21 11 18	4 31 33	4 33 25	18 52 26	23 27 19	20 35 24	18 48 25	8 21 56	15 27 18
3 F	9 45 29	6 ♐ 21 36	13 ♐ 30 39	6 39 37	9 47 29	21 55 56	4 48 20	4 54 51	18 48 56	23 31 35	20 39 57	18 52 14	8 25 12	15 29 40
4 Sa	10 46 22	20 40 13	27 48 27	8 32 02	9 49 08	22 40 16	5 04 43	5 16 08	18 45 01	23 35 30	20 44 15	18 55 49	8 28 13	15 31 45
5 Su	11 46 44	4 ♑ 55 57	12 ♑ 01 55	10 24 58	9 47 52	23 24 06	5 20 30	5 37 04	18 40 29	23 38 52	20 48 06	18 58 57	8 30 45	15 33 20
6 M	12 46 30	19 05 60	26 08 35	12 18 17	9 43 32	24 07 18	5 35 35	5 57 32	18 35 13	23 41 35	20 51 23	19 01 33	8 32 43	15 34 19
7 Tu	13 45 43	3 ♒ 08 19	10 ♒ 06 42	14 11 60	9 36 10	24 49 57	5 49 59	6 17 35	18 29 17	23 43 40	20 54 08	19 03 39	8 34 10	15 34 46
8 W	14 44 34	17 01 34	23 55 06	16 06 15	9 25 56	25 32 13	6 03 55	6 37 24	18 22 52	23 45 20	20 56 34	19 05 26	8 35 16	15 34 51
9 Th	15 43 21	0 ♓ 44 49	7 ♓ 32 56	18 01 17	9 13 09	26 14 25	6 17 41	6 57 18	18 16 17	23 46 54	20 58 60	19 07 14	8 36 21	15 34 53
10 F	16 42 27	14 17 20	20 59 33	19 57 23	8 58 13	26 56 55	6 31 39	7 17 39	18 09 55	23 48 43	21 01 46	19 09 24	8 37 47	15 35 15
11 Sa	17 42 12	27 38 29	4 ♈ 14 19	21 54 46	8 41 29	27 40 04	6 46 10	7 38 48	18 04 06	23 51 07	21 05 14	19 12 17	8 39 54	15 36 17
12 Su	18 42 52	10 ♈ 47 36	17 16 42	23 53 35	8 23 16	28 24 07	7 01 27	8 00 59	17 59 05	23 54 23	21 09 38	19 16 08	8 42 57	15 38 13
13 M	19 44 32	23 44 10	0 ♉ 06 20	25 53 44	8 03 43	29 09 09	7 17 38	8 24 17	17 54 59	23 58 35	21 15 05	19 21 02	8 47 01	15 41 10
14 Tu	20 47 06	6 ♉ 27 51	12 43 12	27 54 58	7 42 50	29 55 05	7 34 36	8 48 38	17 51 42	24 03 38	21 21 28	19 26 54	8 52 02	15 45 02
15 W	21 50 21	18 58 46	25 07 47	29 56 48	7 20 29	0 ♐ 41 41	7 52 06	9 13 46	17 48 58	24 09 17	21 28 33	19 33 29	8 57 44	15 49 34
16 Th	22 53 51	1 ♊ 17 41	7 ♊ 21 13	1 ♏ 58 35	6 56 23	1 28 32	8 09 44	9 39 17	17 46 26	24 15 08	21 35 56	19 40 23	9 03 44	15 54 23
17 F	23 57 10	13 26 03	19 25 22	3 59 33	6 30 13	2 15 10	8 27 02	10 04 43	17 43 37	24 20 44	21 43 08	19 47 09	9 09 33	15 58 59
18 Sa	24 59 49	25 26 10	1 ♋ 22 57	5 58 56	6 01 42	3 01 08	8 43 32	10 29 38	17 40 03	24 25 36	21 49 43	19 53 18	9 14 44	16 02 57
19 Su	26 01 27	7 ♋ 21 11	13 17 26	7 56 01	5 30 38	3 46 04	8 58 53	10 53 38	17 35 24	24 29 23	21 55 19	19 58 28	9 18 56	16 05 54
20 M	27 01 53	19 15 02	25 12 58	9 50 13	4 57 02	4 29 47	9 12 53	11 16 33	17 29 28	24 31 54	21 59 44	20 02 29	9 21 56	16 07 38
21 Tu	28 01 07	1 ♌ 12 17	7 ♌ 14 19	11 41 08	4 21 08	5 12 18	9 25 32	11 38 23	17 22 17	24 33 09	22 02 58	20 05 22	9 23 46	16 08 10
22 W	28 59 26	13 18 02	19 26 33	13 28 35	3 43 25	5 53 52	9 37 07	11 59 23	17 14 05	24 33 24	22 05 19	20 07 21	9 24 41	16 07 47
23 Th	29 57 15	25 37 27	1 ♍ 54 41	15 12 36	3 04 35	6 34 57	9 48 03	12 20 02	17 05 22	24 33 06	22 07 12	20 08 54	9 25 08	16 06 56
24 F	0 ♏ 55 12	8 ♍ 15 28	14 43 19	16 53 20	2 25 28	7 16 09	9 58 57	12 40 54	16 56 42	24 32 52	22 09 13	20 10 38	9 25 44	16 06 11
25 Sa	1 53 54	21 16 12	27 55 54	18 30 57	1 46 57	7 58 04	10 10 26	13 02 38	16 48 44	24 33 17	22 12 01	20 13 08	9 27 06	16 06 11
26 Su	2 53 51	4 ♎ 42 16	11 ♎ 34 13	20 05 35	1 09 48	8 41 15	10 23 02	13 25 44	16 42 00	24 34 55	22 16 06	20 16 58	9 29 45	16 07 28
27 M	3 55 24	18 34 13	25 37 40	21 37 07	0 34 36	9 26 01	10 37 03	13 50 32	16 36 49	24 38 04	22 21 48	20 22 25	9 34 00	16 10 20
28 Tu	4 58 33	2 ♏ 49 59	10 ♏ 03 00	23 05 11	0 01 35	10 12 21	10 52 29	14 17 02	16 33 11	24 42 45	22 29 06	20 29 30	9 39 52	16 14 47
29 W	6 02 55	17 24 47	24 44 23	24 29 06	29 ♎ 30 39	10 59 56	11 08 59	14 44 52	16 30 47	24 48 35	22 37 41	20 37 53	9 46 60	16 20 29
30 Th	7 07 53	2 ♐ 11 33	9 ♐ 34 03	25 47 53	29 01 21	11 48 05	11 25 55	15 13 24	16 28 56	24 54 57	22 46 52	20 46 53	9 54 44	16 26 47
31 F	8 12 37	17 01 59	24 23 33	27 00 27	28 33 06	12 36 00	11 42 26	15 41 48	16 26 52	25 01 02	22 55 51	20 55 43	10 02 16	16 32 52

LONGITUDE

April 2017

Day	☉	0 hr ☽	Noon ☽	☿	♀	♂	⚵	⚳	♃	♄	⚷	♅	♆	♇
1 Sa	9 ♏ 16 21	1 ♑ 47 50	9 ♑ 05 06	28 ♏ 05 46	28 ♎ 05 18	13 ♐ 22 55	11 ♌ 57 46	16 ♐ 09 19	16 ♉ 23 46	25 ♋ 06 03	23 ♎ 03 51	21 ♏ 03 35	10 ♎ 08 49	16 ♌ 37 57
2 Su	10 18 30	16 22 12	23 32 43	29 03 04	27 37 36	14 08 14	12 11 22	16 35 21	16 19 07	25 09 25	23 10 18	21 09 56	10 13 49	16 41 27
3 M	11 18 53	0 ♒ 40 30	7 ♒ 42 51	29 51 58	27 09 56	14 51 47	12 22 60	16 59 43	16 12 42	25 10 58	23 14 60	21 14 33	10 17 04	16 43 12
4 Tu	12 17 43	14 40 36	21 34 19	0 ♐ 32 35	26 42 42	15 33 47	12 32 54	17 22 38	16 04 45	25 10 54	23 18 11	21 17 40	10 18 47	16 43 25
5 W	13 15 36	28 22 34	5 ♓ 07 54	1 05 23	26 16 37	16 14 49	12 41 40	17 44 42	15 55 51	25 09 49	23 20 26	21 19 52	10 19 34	16 42 41
6 Th	14 13 21	11 ♓ 47 58	18 25 34	1 31 10	25 52 36	16 55 43	12 50 06	18 06 43	15 46 52	25 08 32	23 22 34	21 21 59	10 20 15	16 41 49
7 F	15 11 51	24 59 07	1 ♈ 29 47	1 50 48	25 31 39	17 37 22	12 59 07	18 29 36	15 38 40	25 07 58	23 25 29	21 24 54	10 21 43	16 41 44
8 Sa	16 11 54	7 ♈ 58 22	14 22 52	2 05 07	25 14 36	18 20 33	13 09 28	18 54 07	15 32 02	25 08 52	23 29 58	21 29 25	10 24 44	16 43 11
9 Su	17 14 00	20 47 43	27 06 40	2 14 45	25 02 04	19 05 47	13 21 41	19 20 47	15 27 30	25 11 46	23 36 31	21 36 01	10 29 50	16 46 42
10 M	18 18 22	3 ♉ 28 29	9 ♉ 42 21	2 20 00	24 54 14	19 53 16	13 35 57	19 49 48	15 25 16	25 16 52	23 45 21	21 44 54	10 37 12	16 52 29
11 Tu	19 24 47	16 01 23	22 10 33	2 20 57	24 50 57	20 42 47	13 52 03	20 20 57	15 25 08	25 23 56	23 56 14	21 55 53	10 46 38	17 00 19
12 W	20 32 42	28 26 37	4 ♊ 31 28	2 17 21	24 51 41	21 33 48	14 09 27	20 53 42	15 26 34	25 32 28	24 08 40	22 08 25	10 57 36	17 09 40
13 Th	21 41 22	10 ♊ 44 14	16 45 20	2 08 46	24 55 39	22 25 33	14 27 22	21 27 16	15 28 47	25 41 40	24 21 50	22 21 44	11 09 19	17 19 46
14 F	22 49 51	22 54 32	28 52 38	1 54 47	25 01 55	23 17 06	14 44 53	22 00 44	15 30 53	25 50 38	24 34 49	22 34 52	11 20 51	17 29 40
15 Sa	23 57 15	4 ♋ 58 18	10 ♋ 54 32	1 34 60	25 09 33	24 07 35	15 01 06	22 33 13	15 31 59	25 58 26	24 46 45	22 46 58	11 31 20	17 38 30
16 Su	25 02 52	16 57 15	22 53 05	1 09 19	25 17 49	24 56 14	15 15 17	23 03 58	15 31 20	26 04 23	24 56 53	22 57 19	11 40 01	17 45 33
17 M	26 06 15	28 54 06	4 ♌ 51 22	0 37 59	25 26 14	25 42 40	15 27 02	23 32 35	15 28 34	26 08 03	25 04 49	23 05 28	11 46 30	17 50 22
18 Tu	27 07 24	10 ♌ 52 39	16 53 33	0 01 41	25 34 43	26 26 50	15 36 16	23 59 02	15 23 36	26 09 24	25 10 30	23 11 23	11 50 44	17 52 56
19 W	28 06 38	22 57 46	29 04 42	29 ♏ 21 33	25 43 35	27 09 06	15 43 22	24 23 39	15 16 50	26 08 47	25 14 17	23 15 26	11 53 05	17 53 36
20 Th	29 04 42	5 ♍ 15 04	11 ♍ 30 33	28 39 05	25 53 29	27 50 10	15 49 02	24 47 10	15 08 58	26 06 55	25 16 54	23 18 20	11 54 15	17 53 06
21 F	0 ♐ 02 33	17 50 30	24 16 55	27 56 02	26 05 18	28 30 60	15 54 14	25 10 32	15 00 58	26 04 46	25 19 17	23 21 02	11 55 12	17 52 21
22 Sa	1 01 12	0 ♎ 49 43	7 ♎ 29 04	27 14 12	26 20 02	29 12 38	15 59 59	25 34 47	14 53 53	26 03 22	25 22 30	23 24 34	11 56 59	17 52 26
23 Su	2 01 35	14 17 17	21 10 44	26 35 16	26 38 31	29 55 60	16 07 12	26 00 50	14 48 38	26 03 38	25 27 26	23 29 52	12 00 30	17 54 14
24 M	3 04 18	28 15 34	5 ♏ 23 07	26 00 30	27 01 17	0 ♑ 41 40	16 16 29	26 29 17	14 45 49	26 06 10	25 34 42	23 37 30	12 06 20	17 58 22
25 Tu	4 09 27	12 ♏ 43 54	20 03 57	25 30 39	27 28 22	1 29 46	16 27 56	27 00 14	14 45 33	26 11 03	25 44 23	23 47 36	12 14 36	18 04 55
26 W	5 16 35	27 37 50	5 ♐ 07 08	25 05 50	27 59 16	2 19 50	16 41 06	27 33 15	14 47 23	26 17 53	25 56 05	23 59 42	12 24 53	18 13 28
27 Th	6 24 47	12 ♐ 49 13	20 23 10	24 45 36	28 32 59	3 10 58	16 55 04	28 07 23	14 50 25	26 25 43	26 08 50	24 12 53	12 36 13	18 23 05
28 F	7 32 51	28 07 13	5 ♑ 40 37	24 29 10	29 08 16	4 01 57	17 08 38	28 41 28	14 53 26	26 33 21	26 21 27	24 25 58	12 47 26	18 32 34
29 Sa	8 39 36	13 ♑ 20 16	20 48 13	24 15 39	29 43 52	4 51 37	17 20 35	29 14 18	14 55 16	26 39 37	26 32 45	24 37 45	12 57 20	18 40 44
30 Su	9 44 11	28 18 12	5 ♒ 36 54	24 04 27	0 ♏ 18 51	5 39 05	17 30 05	29 45 01	14 55 04	26 43 40	26 41 52	24 47 23	13 05 04	18 46 44

Notes

May 2017 — LONGITUDE

Day	☉	0 hr ☽	Noon ☽	☿	♀	♂	⚵	⚳	♃	♄	⚷	♅	♆	♇
1 M	10 ♐ 46 14	12 ♒ 53 50	20 ♒ 01 04	23 ♏ 55 24	0 ♏ 52 51	6 ♑ 24 03	17 ♌ 36 48	0 ♑ 13 17	14 ♉ 52 30	26 ♋ 45 08	26 ♎ 48 28	24 ♏ 54 31	13 ♎ 10 17	18 ♌ 50 13
2 Tu	11 46 02	27 03 47	3 ♓ 58 50	23 48 52	1 26 04	7 06 44	17 40 58	0 39 22	14 47 50	26 44 18	26 52 50	24 59 25	13 13 16	18 51 27
3 W	12 44 22	10 ♓ 48 03	17 31 24	23 45 42	1 59 12	7 47 57	17 43 24	1 04 03	14 41 51	26 41 58	26 55 43	25 02 53	13 14 47	18 51 14
4 Th	13 42 20	24 09 10	0 ♈ 42 06	23 46 60	2 33 21	8 28 48	17 45 10	1 28 26	14 35 39	26 39 12	26 58 15	25 05 59	13 15 56	18 50 39
5 F	14 41 08	7 ♈ 11 05	13 35 13	23 53 55	3 09 37	9 10 28	17 47 28	1 53 42	14 30 27	26 37 14	27 01 35	25 09 57	13 17 55	18 50 53
6 Sa	15 41 47	19 58 07	26 15 05	24 07 26	3 49 01	9 53 59	17 51 20	2 20 54	14 27 15	26 37 04	27 06 48	25 15 47	13 21 47	18 52 60
7 Su	16 45 01	2 ♉ 34 12	8 ♉ 45 29	24 28 11	4 32 13	10 40 04	17 57 30	2 50 43	14 26 49	26 39 26	27 14 34	25 24 13	13 28 13	18 57 41
8 M	17 51 06	15 02 27	21 09 16	24 56 18	5 19 24	11 28 58	18 06 11	3 23 27	14 29 22	26 44 36	27 25 11	25 35 30	13 37 30	19 05 13
9 Tu	18 59 47	27 24 55	3 ♊ 28 12	25 31 27	6 10 21	12 20 30	18 17 12	3 58 51	14 34 44	26 52 21	27 38 25	25 49 26	13 49 24	19 15 23
10 W	20 10 28	9 ♊ 42 42	15 43 10	26 12 51	7 04 22	13 13 60	18 29 54	4 36 18	14 42 14	27 02 02	27 53 37	26 05 21	14 03 17	19 27 32
11 Th	21 22 10	21 56 12	27 54 28	26 59 25	8 00 25	14 08 30	18 43 17	5 14 49	14 50 55	27 12 41	28 09 49	26 22 17	14 18 11	19 40 42
12 F	22 33 44	4 ♋ 05 30	10 ♋ 02 10	27 49 52	8 57 22	15 02 52	18 56 15	5 53 15	14 59 40	27 23 10	28 25 54	26 39 07	14 32 57	19 53 44
13 Sa	23 44 06	16 10 47	22 06 39	28 42 57	9 54 03	15 56 00	19 07 40	6 30 31	15 07 22	27 32 24	28 40 44	26 54 44	14 46 30	20 05 33
14 Su	24 52 19	28 12 49	4 ♌ 08 54	29 37 37	10 49 32	16 46 59	19 16 39	7 05 42	15 13 06	27 39 27	28 53 25	27 08 13	14 57 55	20 15 14
15 M	25 57 50	10 ♌ 13 15	16 10 56	0 ♐ 33 11	11 43 12	17 35 16	19 22 36	7 38 14	15 16 19	27 43 45	29 03 23	27 18 60	15 06 37	20 22 13
16 Tu	27 00 32	22 14 55	28 15 55	1 29 24	12 34 54	18 20 41	19 25 24	8 07 59	15 16 53	27 45 11	29 10 31	27 26 58	15 12 29	20 26 21
17 W	28 00 45	4 ♍ 21 46	10 ♍ 28 12	2 26 29	13 24 56	19 03 37	19 25 23	8 35 18	15 15 09	27 44 06	29 15 08	27 32 26	15 15 52	20 28 01
18 Th	28 59 14	16 38 54	22 53 05	3 25 05	14 14 02	19 44 49	19 23 19	9 00 55	15 11 52	27 41 14	29 18 01	27 36 11	15 17 30	20 27 57
19 F	29 57 03	29 12 06	5 ♎ 36 28	4 26 10	15 03 14	20 25 20	19 20 15	9 25 55	15 08 06	27 37 41	29 20 12	27 39 17	15 18 28	20 27 12
20 Sa	0 ♑ 55 24	12 ♎ 07 23	18 44 11	5 30 48	15 53 41	21 06 21	19 17 23	9 51 29	15 05 03	27 34 36	29 22 53	27 42 53	15 19 56	20 26 59
21 Su	1 55 21	25 30 06	2 ♏ 21 03	6 40 01	16 46 26	21 48 58	19 15 47	10 18 42	15 03 46	27 33 06	29 27 09	27 48 05	15 22 60	20 28 21
22 M	2 57 38	9 ♏ 23 59	16 29 45	7 54 27	17 42 13	22 33 54	19 16 12	10 48 17	15 05 02	27 33 54	29 33 44	27 55 37	15 28 24	20 32 04
23 Tu	4 02 31	23 49 55	1 ♐ 09 42	9 14 16	18 41 13	23 21 24	19 18 52	11 20 29	15 09 04	27 37 15	29 42 52	28 05 44	15 36 22	20 38 22
24 W	5 09 36	8 ♐ 44 60	16 16 08	10 39 03	19 43 03	24 11 06	19 23 23	11 54 56	15 15 29	27 42 46	29 54 11	28 18 03	15 46 31	20 46 51
25 Th	6 17 57	24 02 06	1 ♑ 40 12	12 07 49	20 46 45	25 02 03	19 28 52	12 30 42	15 23 23	27 49 32	0 ♏ 06 46	28 31 38	15 57 56	20 56 37
26 F	7 26 20	9 ♑ 30 27	17 09 56	13 39 14	21 51 03	25 53 01	19 34 03	13 06 31	15 31 30	27 56 18	0 19 19	28 45 13	16 09 22	21 06 23
27 Sa	8 33 27	24 57 25	2 ♒ 32 32	15 12 01	22 54 38	26 42 42	19 37 38	13 41 06	15 38 32	28 01 46	0 30 36	28 57 33	16 19 31	21 14 54
28 Su	9 38 19	10 ♒ 10 52	17 36 47	16 45 10	23 56 32	27 30 08	19 38 39	14 13 29	15 43 33	28 04 59	0 39 37	29 07 38	16 27 25	21 21 11
29 M	10 40 32	25 01 25	2 ♓ 14 53	18 18 12	24 56 17	28 14 54	19 36 43	14 43 15	15 46 06	28 05 32	0 45 56	29 15 03	16 32 39	21 24 48
30 Tu	11 40 18	9 ♓ 23 41	16 23 16	19 51 19	25 54 05	28 57 12	19 31 59	15 10 35	15 46 23	28 03 36	0 49 47	29 19 60	16 35 25	21 25 58
31 W	12 38 20	23 16 21	0 ♈ 02 09	21 25 15	26 50 38	29 37 45	19 25 14	15 36 14	15 45 09	27 59 56	0 51 53	29 23 13	16 36 28	21 25 25

June 2017 — LONGITUDE

Day	☉	0 hr ☽	Noon ☽	☿	♀	♂	⚵	⚳	♃	♄	⚷	♅	♆	♇
1 Th	13 ♑ 35 44	6 ♈ 41 21	13 ♈ 14 36	23 ♐ 01 03	27 ♏ 47 02	0 ♒ 17 40	19 ♌ 17 33	16 ♑ 01 17	15 ♉ 43 30	27 ♋ 55 38	0 ♏ 53 20	29 ♏ 25 48	16 ♎ 36 51	21 ♌ 24 14
2 F	14 33 41	19 42 42	26 05 14	24 39 55	28 44 26	0 58 08	19 10 07	16 26 56	15 42 36	27 51 52	0 55 18	29 28 56	16 37 47	21 23 36
3 Sa	15 33 15	2 ♉ 25 18	8 ♉ 39 14	26 22 53	29 43 53	1 40 11	19 03 59	16 54 12	15 43 30	27 49 43	0 58 51	29 33 40	16 40 20	21 24 35
4 Su	16 35 09	14 54 06	21 01 28	28 10 41	0 ♐ 46 06	2 24 34	18 59 54	17 23 51	15 46 57	27 49 53	1 04 43	29 40 43	16 45 11	21 27 54
5 M	17 39 42	27 13 22	3 ♊ 16 00	0 ♑ 03 35	1 51 22	3 11 34	18 58 10	17 56 09	15 53 14	27 52 42	1 13 11	29 50 24	16 52 40	21 33 52
6 Tu	18 46 42	9 ♊ 26 27	15 25 53	2 01 23	2 59 30	4 01 00	18 58 36	18 30 56	16 02 11	27 57 57	1 24 05	0 ♐ 02 31	17 02 36	21 42 17
7 W	19 55 34	21 35 39	27 33 05	4 03 30	4 09 53	4 52 18	19 00 38	19 07 38	16 13 12	28 05 05	1 36 49	0 16 30	17 14 23	21 52 35
8 Th	21 05 25	3 ♋ 42 23	9 ♋ 38 47	6 08 59	5 21 38	5 44 34	19 03 22	19 45 19	16 25 23	28 13 12	1 50 31	0 31 27	17 27 08	22 03 51
9 F	22 15 12	15 47 23	21 43 33	8 16 44	6 33 40	6 36 45	19 05 45	20 22 57	16 37 41	28 21 14	2 04 05	0 46 18	17 39 48	22 15 03
10 Sa	23 23 53	27 51 11	3 ♌ 47 50	10 25 39	7 44 57	7 27 48	19 06 46	20 59 31	16 49 05	28 28 11	2 16 32	1 00 02	17 51 20	22 25 09
11 Su	24 30 36	9 ♌ 54 23	15 52 19	12 34 48	8 54 38	8 16 54	19 05 34	21 34 08	16 58 44	28 33 10	2 26 59	1 11 47	18 00 54	22 33 17
12 M	25 34 50	21 58 08	27 58 20	14 43 32	10 02 08	9 03 28	19 01 38	22 06 17	17 06 04	28 35 39	2 34 54	1 21 01	18 07 57	22 38 56
13 Tu	26 36 26	4 ♍ 04 22	10 ♍ 08 04	16 51 35	11 07 20	9 47 23	18 54 48	22 35 48	17 10 57	28 35 31	2 40 08	1 27 35	18 12 21	22 41 56
14 W	27 35 39	16 15 59	22 24 43	18 59 03	12 10 27	10 28 54	18 45 20	23 02 58	17 13 39	28 32 60	2 42 57	1 31 45	18 14 20	22 42 33
15 Th	28 33 07	28 36 50	4 ♎ 52 27	21 06 23	13 12 08	11 08 40	18 33 55	23 28 24	17 14 47	28 28 45	2 43 59	1 34 09	18 14 33	22 41 25
16 F	29 29 47	11 ♎ 11 36	17 36 05	23 14 18	14 13 17	11 47 35	18 21 26	23 53 01	17 15 17	28 23 40	2 44 09	1 35 42	18 13 56	22 39 27
17 Sa	0 ♒ 26 38	24 05 19	0 ♏ 40 39	25 23 35	15 14 54	12 26 41	18 08 57	24 17 51	17 16 11	28 18 49	2 44 29	1 37 25	18 13 29	22 37 42
18 Su	1 24 40	7 ♏ 22 48	14 10 38	27 34 57	16 17 58	13 06 55	17 57 25	24 43 51	17 18 25	28 15 08	2 45 55	1 40 16	18 14 11	22 37 06
19 M	2 24 33	21 07 44	28 09 01	29 48 49	17 23 09	13 49 00	17 47 33	25 11 43	17 22 42	28 13 20	2 49 11	1 44 57	18 16 42	22 38 21
20 Tu	3 26 33	5 ♐ 21 46	12 ♐ 36 17	2 ♒ 05 11	18 30 43	14 33 11	17 39 36	25 41 43	17 29 16	28 13 39	2 54 30	1 51 42	18 21 19	22 41 42
21 W	4 30 26	20 03 27	27 29 25	4 23 31	19 40 23	15 19 13	17 33 22	26 13 35	17 37 54	28 15 51	3 01 39	2 00 18	18 27 46	22 46 56
22 Th	5 35 29	5 ♑ 07 42	12 ♑ 41 40	6 42 49	20 51 28	16 06 24	17 28 07	26 46 38	17 47 52	28 19 15	3 09 56	2 10 03	18 35 23	22 53 20
23 F	6 40 42	20 25 53	28 03 05	9 01 51	22 02 56	16 53 43	17 22 54	27 19 51	17 58 11	28 22 50	3 18 20	2 19 54	18 43 07	22 59 53
24 Sa	7 45 02	5 ♒ 46 58	13 ♒ 22 01	11 19 17	23 13 44	17 40 09	17 16 38	27 52 11	18 07 48	28 25 33	3 25 47	2 28 51	18 49 57	23 05 33
25 Su	8 47 39	20 59 24	28 27 15	13 34 04	24 23 02	18 24 49	17 08 32	28 22 48	18 15 52	28 26 35	3 31 28	2 36 02	18 55 01	23 09 29
26 M	9 48 07	5 ♓ 53 11	13 ♓ 09 57	15 45 35	25 30 25	19 07 21	16 58 11	28 51 16	18 21 59	28 25 30	3 34 59	2 41 03	18 57 57	23 11 18
27 Tu	10 46 32	20 21 24	27 24 49	17 53 43	26 35 55	19 47 47	16 45 41	29 17 41	18 26 12	28 22 23	3 36 23	2 43 58	18 58 46	23 11 02
28 W	11 43 23	4 ♈ 20 51	11 ♈ 10 15	19 58 48	27 40 04	20 26 39	16 31 32	29 42 33	18 29 02	28 17 45	3 36 10	2 45 17	18 58 01	23 09 13
29 Th	12 39 28	17 51 40	24 27 40	22 01 32	28 43 40	21 04 44	16 16 33	0 ♒ 06 39	18 31 17	28 12 23	3 35 10	2 45 48	18 56 29	23 06 38
30 F	13 35 42	0 ♉ 56 32	7 ♉ 20 41	24 02 42	29 47 35	21 42 56	16 01 39	0 30 54	18 33 51	28 07 13	3 34 15	2 46 26	18 55 04	23 04 12

Notes

LONGITUDE

July 2017

Day	☉	0 hr ☽	Noon ☽	☿	♀	♂	✵	⚳	♃	♄	⚷	♅	♆	♇
1 Sa	14♒ 32 54	13♉ 39 37	19♉ 53 56	26♒ 03 02	0♑ 52 39	22♒ 22 05	15♌ 47 41	0♒ 56 06	18♉ 37 33	28♋ 03 02	3♏ 34 15	2♐ 47 60	18♎ 54 35	23♌ 02 44
2 Su	15 31 39	26 05 43	2♊ 12 25	28 03 03	1 59 27	23 02 45	15 35 14	1 22 50	18 42 58	28 00 27	3 35 45	2 51 04	18 55 38	23 02 49
3 M	16 32 12	8♊ 19 31	14 20 49	0♓ 02 58	3 08 15	23 45 14	15 24 35	1 51 24	18 50 23	27 59 43	3 39 01	2 55 55	18 58 28	23 04 43
4 Tu	17 34 30	20 25 16	26 23 08	2 02 40	4 18 57	24 29 26	15 15 40	2 21 42	18 59 41	28 00 47	3 43 59	3 02 28	19 03 02	23 08 21
5 W	18 38 10	2♋ 26 27	8♋ 22 38	4 01 45	5 31 12	25 14 58	15 08 07	2 53 22	19 10 31	28 03 15	3 50 16	3 10 20	19 08 55	23 13 22
6 Th	19 42 35	14 25 47	20 21 45	5 59 36	6 44 22	26 01 14	15 01 21	3 25 46	19 22 16	28 06 31	3 57 15	3 18 55	19 15 32	23 19 07
7 F	20 47 03	26 25 19	2♌ 22 14	7 55 28	7 57 43	26 47 31	14 54 39	3 58 11	19 34 12	28 09 52	4 04 13	3 27 29	19 22 10	23 24 55
8 Sa	21 50 49	8♌ 26 36	14 25 26	9 48 38	9 10 34	27 33 05	14 47 19	4 29 55	19 45 37	28 12 35	4 10 28	3 35 20	19 28 05	23 30 02
9 Su	22 53 20	20 30 53	26 32 28	11 38 32	10 22 17	28 17 23	14 38 47	5 00 23	19 55 54	28 14 05	4 15 23	3 41 53	19 32 42	23 33 53
10 M	23 54 12	2♍ 39 23	8♍ 44 30	13 24 47	11 32 32	29 00 01	14 28 41	5 29 11	20 04 43	28 13 60	4 18 37	3 46 44	19 35 39	23 36 05
11 Tu	24 53 19	14 53 36	21 03 03	15 07 14	12 41 09	29 40 52	14 16 54	5 56 13	20 11 55	28 12 12	4 20 02	3 49 47	19 36 49	23 36 32
12 W	25 50 51	27 15 21	3♎ 30 06	16 46 05	13 48 20	0♓ 20 05	14 03 36	6 21 38	20 17 39	28 08 51	4 19 48	3 51 11	19 36 21	23 35 23
13 Th	26 47 10	9♎ 47 02	16 08 09	18 21 43	14 54 27	0 58 06	13 49 14	6 45 50	20 22 21	28 04 22	4 18 19	3 51 20	19 34 40	23 33 02
14 F	27 42 54	22 31 25	29 00 08	19 54 42	16 00 06	1 35 28	13 34 22	7 09 24	20 26 34	27 59 19	4 16 09	3 50 49	19 32 20	23 30 04
15 Sa	28 38 39	5♏ 31 38	12♏ 09 09	21 25 41	17 05 55	2 12 50	13 19 40	7 32 59	20 30 57	27 54 21	4 13 58	3 50 17	19 29 60	23 27 07
16 Su	29 35 03	18 50 39	25 38 01	22 55 16	18 12 29	2 50 49	13 05 44	7 57 11	20 36 07	27 50 04	4 12 22	3 50 20	19 28 16	23 24 49
17 M	0♓ 32 31	2♐ 30 49	9♐ 28 40	24 23 51	19 20 16	3 29 51	12 53 02	8 22 26	20 42 29	27 46 55	4 11 47	3 51 24	19 27 34	23 23 35
18 Tu	1 31 14	16 33 14	23 41 26	25 51 36	20 29 24	4 10 07	12 41 44	8 48 54	20 50 14	27 45 05	4 12 23	3 53 40	19 28 05	23 23 35
19 W	2 31 05	0♑ 57 02	8♑ 14 26	27 18 23	21 39 48	4 51 28	12 31 45	9 16 28	20 59 14	27 44 25	4 14 03	3 56 59	19 29 41	23 24 43
20 Th	3 31 41	15 38 58	23 03 15	28 43 45	22 51 03	5 33 32	12 22 42	9 44 45	21 09 07	27 44 34	4 16 24	4 01 00	19 32 00	23 26 35
21 F	4 32 29	0♒ 33 16	8♒ 01 03	0♈ 07 08	24 02 36	6 15 46	12 14 02	10 13 11	21 19 19	27 44 57	4 18 53	4 05 09	19 34 29	23 28 38
22 Sa	5 32 53	15 32 11	22 59 24	1 27 55	25 13 52	6 57 36	12 05 12	10 41 13	21 29 15	27 45 01	4 20 56	4 08 51	19 36 32	23 30 17
23 Su	6 32 26	0♓ 26 58	7♓ 49 26	2 45 34	26 24 24	7 38 32	11 55 44	11 08 21	21 38 27	27 44 17	4 22 03	4 11 38	19 37 42	23 31 06
24 M	7 30 54	15 09 14	22 23 19	3 59 48	27 33 56	8 18 22	11 45 24	11 34 22	21 46 41	27 42 32	4 22 02	4 13 17	19 37 44	23 30 48
25 Tu	8 28 17	29 32 11	6♈ 35 16	5 10 33	28 42 29	8 57 04	11 34 14	11 59 16	21 53 57	27 39 46	4 20 52	4 13 46	19 36 39	23 29 26
26 W	9 24 48	13♈ 31 25	20 22 06	6 17 57	29 50 16	9 34 53	11 22 28	12 23 16	22 00 29	27 36 12	4 18 47	4 13 21	19 34 41	23 27 12
27 Th	10 20 50	27 05 07	3♉ 43 12	7 22 19	0♒ 57 40	10 12 12	11 10 29	12 46 45	22 06 39	27 32 13	4 16 10	4 12 23	19 32 12	23 24 29
28 F	11 16 49	10♉ 13 52	16 40 10	8 23 59	2 05 07	10 49 26	10 58 43	13 10 09	22 12 53	27 28 15	4 13 26	4 11 19	19 29 38	23 21 43
29 Sa	12 13 07	23 00 04	29 16 06	9 23 14	3 12 60	11 26 58	10 47 34	13 33 50	22 19 34	27 24 42	4 10 60	4 10 31	19 27 22	23 19 16
30 Su	13 10 02	5♊ 27 17	11♊ 35 02	10 20 12	4 21 34	12 05 06	10 37 19	13 58 06	22 26 57	27 21 49	4 09 06	4 10 16	19 25 40	23 17 27
31 M	14 07 41	17 39 44	23 41 24	11 14 56	5 30 58	12 43 55	10 28 05	14 23 03	22 35 12	27 19 45	4 07 53	4 10 42	19 24 41	23 16 21

LONGITUDE

August 2017

Day	☉	0 hr ☽	Noon ☽	☿	♀	♂	✵	⚳	♃	♄	⚷	♅	♆	♇
1 Tu	15♓ 06 03	29♊ 41 50	5♋ 39 39	12♈ 07 13	6♒ 41 10	13♓ 23 25	10♌ 19 52	14♒ 48 39	22♉ 44 15	27♋ 18 27	4♏ 07 18	4♐ 11 46	19♎ 24 22	23♌ 15 58
2 W	16 04 56	11♋ 37 52	17 33 60	12 56 47	7 51 59	14 03 25	10 12 29	15 14 46	22 53 57	27 17 46	4 07 13	4 13 19	19 24 34	23 16 07
3 Th	17 04 08	23 31 49	29 28 12	13 43 13	9 03 12	14 43 43	10 05 44	15 41 09	23 04 03	27 17 28	4 07 23	4 15 06	19 25 02	23 16 35
4 F	18 03 22	5♌ 27 12	11♌ 25 34	14 26 06	10 14 33	15 24 00	9 59 19	16 07 30	23 14 18	27 17 17	4 07 32	4 16 52	19 25 30	23 17 04
5 Sa	19 02 24	17 27 03	23 28 49	15 04 60	11 25 45	16 04 04	9 53 02	16 33 37	23 24 26	27 16 57	4 07 25	4 18 22	19 25 44	23 17 21
6 Su	20 01 02	29 33 55	5♍ 40 13	15 39 32	12 36 40	16 43 42	9 46 40	16 59 17	23 34 16	27 16 18	4 06 51	4 19 25	19 25 33	23 17 15
7 M	20 59 11	11♍ 49 49	18 01 31	16 09 27	13 47 10	17 22 49	9 40 09	17 24 25	23 43 43	27 15 15	4 05 45	4 19 55	19 24 50	23 16 40
8 Tu	21 56 52	24 16 21	0♎ 34 03	16 34 31	14 57 18	18 01 27	9 33 30	17 49 02	23 52 47	27 13 48	4 04 08	4 19 53	19 23 38	23 15 37
9 W	22 54 11	6♎ 54 44	13 18 52	16 54 40	16 07 07	18 39 40	9 26 48	18 13 13	24 01 34	27 12 02	4 02 04	4 19 24	19 22 01	23 14 10
10 Th	23 51 15	19 45 53	26 16 44	17 09 49	17 16 47	19 17 37	9 20 12	18 37 08	24 10 13	27 10 07	3 59 43	4 18 38	19 20 08	23 12 30
11 F	24 48 17	2♏ 50 28	9♏ 28 12	17 19 56	18 26 28	19 55 29	9 13 53	19 00 55	24 18 53	27 08 13	3 57 15	4 17 43	19 18 09	23 10 46
12 Sa	25 45 23	16 08 57	22 53 39	17 24 59	19 36 18	20 33 24	9 07 59	19 24 43	24 27 42	27 06 28	3 54 49	4 16 50	19 16 13	23 09 07
13 Su	26 42 40	29 41 31	6♐ 33 09	17 24 54	20 46 23	21 11 27	9 02 35	19 48 38	24 36 47	27 04 57	3 52 29	4 16 03	19 14 26	23 07 37
14 M	27 40 08	13♐ 28 02	20 26 21	17 19 32	21 56 44	21 49 40	8 57 44	20 12 41	24 46 08	27 03 43	3 50 17	4 15 23	19 12 48	23 06 19
15 Tu	28 37 46	27 27 50	4♑ 32 19	17 08 46	23 07 18	22 27 60	8 53 22	20 36 49	24 55 42	27 02 41	3 48 11	4 14 48	19 11 16	23 05 10
16 W	29 35 28	11♑ 39 35	18 49 15	16 52 28	24 18 01	23 06 22	8 49 25	21 00 57	25 05 25	27 01 48	3 46 06	4 14 13	19 09 47	23 04 05
17 Th	0♈ 33 09	26 00 59	3♒ 14 22	16 30 33	25 28 45	23 44 40	8 45 48	21 25 00	25 15 11	27 00 58	3 43 56	4 13 32	19 08 14	23 02 58
18 F	1 30 46	10♒ 28 47	17 43 53	16 03 03	26 39 30	24 22 53	8 42 27	21 48 55	25 24 58	27 00 08	3 41 38	4 12 43	19 06 35	23 01 46
19 Sa	2 28 20	24 58 46	2♓ 13 10	15 30 11	27 50 14	25 00 60	8 39 23	22 12 42	25 34 45	26 59 19	3 39 14	4 11 47	19 04 50	23 00 31
20 Su	3 25 55	9♓ 26 01	16 37 03	14 52 18	29 01 04	25 39 06	8 36 42	22 36 25	25 44 37	26 58 36	3 36 47	4 10 47	19 03 04	22 59 17
21 M	4 23 37	23 45 21	0♈ 50 29	14 09 58	0♓ 12 04	26 17 18	8 34 29	23 00 12	25 54 41	26 58 04	3 34 25	4 09 51	19 01 25	22 58 10
22 Tu	5 21 35	7♈ 51 55	14 48 56	13 23 49	1 23 24	26 55 43	8 32 53	23 24 10	26 05 04	26 57 52	3 32 15	4 09 05	18 59 58	22 57 19
23 W	6 19 53	21 41 22	28 29 02	12 34 38	2 35 06	27 34 25	8 31 57	23 48 23	26 15 50	26 58 05	3 30 21	4 08 36	18 58 49	22 56 47
24 Th	7 18 31	5♉ 11 57	11♉ 48 50	11 43 12	3 47 11	28 13 26	8 31 42	24 12 51	26 27 01	26 58 42	3 28 45	4 08 22	18 57 59	22 56 35
25 F	8 17 24	18 21 27	24 47 55	10 50 24	4 59 36	28 52 40	8 32 05	24 37 30	26 38 30	26 59 39	3 27 21	4 08 20	18 57 22	22 56 39
26 Sa	9 16 24	1♊ 10 30	7♊ 27 20	9 57 04	6 12 10	29 31 59	8 32 54	25 02 11	26 50 10	27 00 47	3 26 01	4 08 21	18 56 50	22 56 49
27 Su	10 15 18	13 40 50	19 49 26	9 04 08	7 24 42	0♈ 11 10	8 33 58	25 26 41	27 01 48	27 01 55	3 24 32	4 08 12	18 56 11	22 56 54
28 M	11 13 54	25 55 16	1♋ 57 32	8 12 31	8 36 59	0 50 02	8 35 06	25 50 49	27 13 11	27 02 48	3 22 43	4 07 42	18 55 13	22 56 41
29 Tu	12 12 03	7♋ 57 35	13 55 39	7 23 13	9 48 52	1 28 24	8 36 07	26 14 25	27 24 11	27 03 20	3 20 24	4 06 40	18 53 45	22 56 01
30 W	13 09 41	19 52 07	25 48 19	6 37 15	11 00 16	2 06 12	8 36 56	26 37 23	27 34 42	27 03 24	3 17 31	4 05 02	18 51 44	22 54 49
31 Th	14 06 48	1♌ 43 34	7♌ 40 13	5 55 44	12 11 14	2 43 29	8 37 36	26 59 47	27 44 46	27 03 02	3 14 05	4 02 51	18 49 13	22 53 07

Notes

September 2017 — LONGITUDE

Day	☉	0 hr ☽	Noon ☽	☿	♀	♂	⚵	⚳	♃	♄	⚷	♅	♆	♇
1 F	15 ♈ 03 36	13 ♌ 36 42	19 ♌ 36 02	5 ♈ 19 45	13 ♓ 21 54	3 ♈ 20 23	8 ♌ 38 16	27 ♒ 21 45	27 ♉ 54 33	27 ♋ 02 25	3 ♏ 10 16	4 ♐ 00 16	18 ♎ 46 19	22 ♌ 51 06
2 Sa	16 00 18	25 36 08	1 ♍ 40 10	4 50 25	14 32 32	3 57 11	8 39 11	27 43 33	28 04 18	27 01 48	3 06 20	3 57 33	18 43 18	22 48 60
3 Su	16 57 15	7 ♍ 46 04	13 56 29	4 28 43	15 43 28	4 34 11	8 40 40	28 05 30	28 14 20	27 01 29	3 02 36	3 54 59	18 40 31	22 47 07
4 M	17 54 46	20 09 60	26 28 05	4 15 35	16 55 00	5 11 42	8 43 02	28 27 55	28 24 59	27 01 48	2 59 23	3 52 56	18 38 15	22 45 49
5 Tu	18 53 06	2 ♎ 50 30	9 ♎ 16 59	4 11 40	18 07 25	5 50 02	8 46 34	28 51 04	28 36 30	27 03 02	2 56 58	3 51 38	18 36 49	22 45 21
6 W	19 52 27	15 48 57	22 24 02	4 17 23	19 20 52	6 29 19	8 51 23	29 15 07	28 49 03	27 05 19	2 55 30	3 51 17	18 36 20	22 45 52
7 Th	20 52 46	29 05 26	5 ♏ 48 44	4 32 53	20 35 21	7 09 32	8 57 31	29 40 03	29 02 36	27 08 39	2 54 57	3 51 50	18 36 48	22 47 22
8 F	21 53 51	12 ♏ 38 41	19 29 19	4 57 58	21 50 38	7 50 30	9 04 43	0 ♓ 05 39	29 16 59	27 12 49	2 55 09	3 53 05	18 38 00	22 49 38
9 Sa	22 55 20	26 26 21	3 ♐ 22 60	5 32 07	23 06 21	8 31 49	9 12 36	0 31 31	29 31 46	27 17 26	2 55 41	3 54 39	18 39 35	22 52 17
10 Su	23 56 43	10 ♐ 25 12	17 26 23	6 14 39	24 22 01	9 13 00	9 20 43	0 57 12	29 46 30	27 22 02	2 56 05	3 56 04	18 41 02	22 54 50
11 M	24 57 32	24 31 44	1 ♑ 35 55	7 04 45	25 37 08	9 53 34	9 28 31	1 22 11	0 ♊ 00 40	27 26 07	2 55 52	3 56 50	18 41 52	22 56 47
12 Tu	25 57 22	8 ♑ 42 31	15 48 16	8 01 40	26 51 20	10 33 07	9 35 40	1 46 06	0 13 54	27 29 17	2 54 38	3 56 34	18 41 42	22 57 47
13 W	26 56 05	22 54 38	0 ♒ 00 43	9 04 47	28 04 25	11 11 31	9 41 57	2 08 45	0 26 02	27 31 22	2 52 14	3 55 05	18 40 23	22 57 38
14 Th	27 53 47	7 ♒ 05 50	14 11 11	10 13 42	29 16 32	11 48 51	9 47 32	2 30 17	0 37 10	27 32 31	2 48 47	3 52 32	18 38 02	22 56 28
15 F	28 50 53	21 14 25	28 18 04	11 28 14	0 ♈ 28 04	12 25 32	9 52 47	2 51 05	0 47 43	27 33 07	2 44 40	3 49 18	18 35 01	22 54 41
16 Sa	29 47 56	5 ♓ 19 04	12 ♓ 20 03	12 48 25	1 39 36	13 02 09	9 58 16	3 11 43	0 58 15	27 33 44	2 40 29	3 45 58	18 31 58	22 52 51
17 Su	0 ♉ 45 38	19 18 28	26 15 45	14 14 17	2 51 48	13 39 22	10 04 40	3 32 52	1 09 26	27 35 03	2 36 54	3 43 12	18 29 30	22 51 39
18 M	1 44 33	3 ♈ 11 05	10 ♈ 03 31	15 45 51	4 05 14	14 17 45	10 12 34	3 55 06	1 21 51	27 37 38	2 34 29	3 41 36	18 28 14	22 51 40
19 Tu	2 45 04	16 54 59	23 41 24	17 22 54	5 20 19	14 57 42	10 22 20	4 18 49	1 35 54	27 41 53	2 33 39	3 41 32	18 28 33	22 53 17
20 W	3 47 18	0 ♉ 27 60	7 ♉ 07 20	19 04 59	6 37 07	15 39 20	10 34 06	4 44 07	1 51 41	27 47 55	2 34 31	3 43 07	18 30 33	22 56 37
21 Th	4 51 03	13 47 52	20 19 20	20 51 20	7 55 29	16 22 26	10 47 39	5 10 47	2 08 59	27 55 31	2 36 50	3 46 09	18 34 03	23 01 27
22 F	5 55 50	26 52 45	3 ♊ 15 59	22 40 60	9 14 53	17 06 33	11 02 29	5 38 22	2 27 20	28 04 12	2 40 11	3 50 09	18 38 34	23 07 19
23 Sa	7 00 59	9 ♊ 41 31	15 56 41	24 32 50	10 34 42	17 50 59	11 17 57	6 06 11	2 46 05	28 13 20	2 43 52	3 54 29	18 43 25	23 13 34
24 Su	8 05 47	22 14 05	28 21 56	26 25 44	11 54 10	18 35 01	11 33 20	6 33 31	3 04 29	28 22 10	2 47 10	3 58 24	18 47 55	23 19 27
25 M	9 09 34	4 ♋ 31 34	10 ♋ 33 26	28 18 38	13 12 39	19 18 01	11 47 57	6 59 41	3 21 52	28 30 02	2 49 26	4 01 14	18 51 22	23 24 19
26 Tu	10 11 52	16 36 24	22 34 04	0 ♉ 10 46	14 29 41	19 59 30	12 01 20	7 24 14	3 37 48	28 36 29	2 50 11	4 02 33	18 53 19	23 27 42
27 W	11 12 29	28 32 10	4 ♌ 27 48	2 01 39	15 45 03	20 39 15	12 13 18	7 46 58	3 52 03	28 41 19	2 49 15	4 02 08	18 53 35	23 29 25
28 Th	12 11 33	10 ♌ 23 28	16 19 29	3 51 09	16 58 53	21 17 25	12 23 56	8 07 59	4 04 45	28 44 39	2 46 44	4 00 06	18 52 16	23 29 34
29 F	13 09 29	22 15 39	28 14 35	5 39 31	18 11 36	21 54 25	12 33 41	8 27 44	4 16 20	28 46 54	2 43 03	3 56 53	18 49 48	23 28 35
30 Sa	14 06 56	4 ♍ 14 27	10 ♍ 18 50	7 27 13	19 23 52	22 30 54	12 43 12	8 46 51	4 27 27	28 48 44	2 38 53	3 53 08	18 46 51	23 27 08

October 2017 — LONGITUDE

Day	☉	0 hr ☽	Noon ☽	☿	♀	♂	⚵	⚳	♃	♄	⚷	♅	♆	♇
1 Su	15 ♉ 04 43	16 ♍ 25 39	22 ♍ 37 48	9 ♉ 14 55	20 ♈ 36 28	23 ♈ 07 41	12 ♌ 53 16	9 ♓ 06 09	4 ♊ 38 53	28 ♋ 50 56	2 ♏ 35 02	3 ♐ 49 40	18 ♎ 44 13	23 ♌ 25 60
2 M	16 03 37	28 54 30	5 ♎ 16 21	11 03 18	21 50 13	23 45 33	13 04 41	9 26 25	4 51 27	28 54 20	2 32 17	3 47 17	18 42 41	23 25 59
3 Tu	17 04 17	11 ♎ 45 13	18 04 12	12 52 55	23 05 46	24 25 09	13 18 06	9 48 18	5 05 47	28 59 32	2 31 18	3 46 37	18 42 55	23 27 45
4 W	18 07 05	25 00 23	1 ♏ 44 41	14 44 04	24 23 27	25 06 50	13 33 52	10 12 09	5 22 15	29 06 56	2 32 25	3 48 02	18 45 16	23 31 38
5 Th	19 12 00	8 ♏ 40 23	15 35 34	16 36 40	25 43 16	25 50 37	13 51 58	10 37 57	5 40 50	29 16 29	2 35 38	3 51 31	18 49 42	23 37 39
6 F	20 18 36	22 43 06	29 47 32	18 30 14	27 04 46	26 36 01	14 11 57	11 05 16	6 01 04	29 27 46	2 40 31	3 56 37	18 55 48	23 45 19
7 Sa	21 26 04	7 ♐ 03 58	14 ♐ 15 05	20 23 56	28 27 10	27 22 16	14 33 01	11 33 17	6 22 11	29 39 58	2 46 16	4 02 34	19 02 46	23 53 52
8 Su	22 33 24	21 36 32	28 51 14	22 16 45	29 49 27	28 08 21	14 54 10	12 00 60	6 43 10	29 52 04	2 51 51	4 08 19	19 09 35	24 02 17
9 M	23 39 37	6 ♑ 13 29	13 ♑ 28 36	24 07 40	1 ♉ 10 36	28 53 16	15 14 22	12 27 24	7 03 00	0 ♌ 03 06	2 56 18	4 12 54	19 15 16	24 09 33
10 Tu	24 43 57	20 47 54	28 00 42	25 55 55	2 29 54	29 36 16	15 32 54	12 51 46	7 20 57	0 12 17	2 58 52	4 15 33	19 19 02	24 14 57
11 W	25 46 06	5 ♒ 14 21	12 ♒ 22 49	27 41 13	3 47 01	0 ♉ 17 03	15 49 26	13 13 44	7 36 41	0 19 19	2 59 13	4 15 59	19 20 37	24 18 08
12 Th	26 46 17	19 29 28	26 32 27	29 23 47	5 02 10	0 55 49	16 04 12	13 33 34	7 50 27	0 24 26	2 57 36	4 14 23	19 20 12	24 19 22
13 F	27 45 13	3 ♓ 32 01	10 ♓ 29 04	1 ♊ 04 19	6 16 04	1 33 17	16 17 53	13 51 57	8 02 56	0 28 19	2 54 42	4 11 29	19 18 31	24 19 19
14 Sa	28 43 55	17 22 24	24 13 32	2 43 52	7 29 45	2 10 29	16 31 32	14 09 54	8 15 11	0 32 01	2 51 34	4 08 19	19 16 36	24 19 03
15 Su	29 43 32	1 ♈ 01 56	7 ♈ 47 23	4 23 35	8 44 21	2 48 34	16 46 17	14 28 35	8 28 19	0 36 41	2 49 21	4 06 02	19 15 35	24 19 41
16 M	0 ♊ 45 05	14 32 06	21 12 03	6 04 31	10 00 53	3 28 32	17 03 08	14 48 59	8 43 22	0 43 18	2 49 02	4 05 37	19 16 28	24 22 14
17 Tu	1 49 14	27 53 52	4 ♉ 28 21	7 47 20	11 20 01	4 11 04	17 22 46	15 11 47	9 00 59	0 52 33	2 51 20	4 07 47	19 19 57	24 27 23
18 W	2 56 12	11 ♉ 07 27	17 36 20	9 32 17	12 41 58	4 56 23	17 45 24	15 37 11	9 21 25	1 04 40	2 56 26	4 12 43	19 26 14	24 35 20
19 Th	4 05 43	24 12 12	0 ♊ 35 13	11 19 06	14 06 28	5 44 12	18 10 45	16 04 56	9 44 21	1 19 21	3 04 04	4 20 09	19 35 04	24 45 50
20 F	5 17 03	7 ♊ 06 54	13 23 51	13 07 04	15 32 47	6 33 49	18 38 06	16 34 17	10 09 06	1 35 54	3 13 32	4 29 23	19 45 42	24 58 10
21 Sa	6 29 12	19 50 11	26 01 02	14 55 13	16 59 55	7 24 12	19 06 25	17 04 14	10 34 38	1 53 18	3 23 49	4 39 24	19 57 09	25 11 17
22 Su	7 41 01	2 ♋ 21 03	8 ♋ 26 08	16 42 25	18 26 44	8 14 12	19 34 35	17 33 38	10 59 49	2 10 24	3 33 46	4 49 03	20 08 15	25 24 05
23 M	8 51 27	14 39 18	20 39 26	18 27 37	19 52 09	9 02 48	20 01 32	18 01 26	11 23 35	2 26 09	3 42 20	4 57 17	20 17 59	25 35 29
24 Tu	9 59 42	26 45 59	2 ♌ 42 25	20 10 03	21 15 23	9 49 10	20 26 28	18 26 49	11 45 09	2 39 45	3 48 43	5 03 19	20 25 30	25 44 43
25 W	11 05 22	8 ♌ 43 29	14 37 58	21 49 18	22 36 01	10 32 55	20 48 58	18 49 24	12 04 06	2 50 47	3 52 31	5 06 44	20 30 27	25 51 21
26 Th	12 08 28	20 35 34	26 30 17	23 25 27	23 54 06	11 14 05	21 09 04	19 09 11	12 20 28	2 59 19	3 53 47	5 07 34	20 32 50	25 55 26
27 F	13 09 32	2 ♍ 27 14	8 ♍ 24 41	24 58 60	25 10 09	11 53 10	21 27 17	19 26 42	12 34 46	3 05 50	3 53 01	5 06 21	20 33 11	25 57 28
28 Sa	14 09 25	14 24 30	20 27 23	26 30 49	26 25 01	12 31 03	21 44 29	19 42 48	12 47 51	3 11 13	3 51 05	5 03 55	20 32 21	25 58 19
29 Su	15 09 12	26 33 52	2 ♎ 44 55	28 02 01	27 39 47	13 08 48	22 01 44	19 58 35	13 00 49	3 16 31	3 49 04	5 01 23	20 31 25	25 59 05
30 M	16 10 03	9 ♎ 01 53	15 23 37	29 33 43	28 55 35	13 47 34	22 20 11	20 15 09	13 14 48	3 22 55	3 48 06	4 59 53	20 31 33	26 00 54
31 Tu	17 12 54	21 54 22	28 28 49	1 ♋ 06 56	0 ♊ 13 25	14 28 19	22 40 49	20 33 31	13 30 47	3 31 21	3 49 11	5 00 23	20 33 41	26 04 44

Notes

LONGITUDE

November 2017

Day	☉	0 hr ☽	Noon ☽	☿	♀	♂	⚵	⚳	♃	♄	⚷	♅	♆	♇
1 W	18 ♊ 18 24	5 ♏ 15 36	12 ♏ 03 56	2 ♋ 42 14	1 ♊ 33 52	15 ♉ 11 40	23 ♌ 04 12	20 ♓ 54 15	13 ♊ 49 21	3 ♌ 42 27	3 ♏ 52 54	5 ♐ 03 30	20 ♎ 38 28	26 ♌ 11 12
2 Th	19 26 37	19 07 27	26 09 34	4 19 45	2 57 03	15 57 43	23 30 28	21 17 27	14 10 37	3 56 19	3 59 22	5 09 20	20 45 59	26 20 24
3 F	20 37 05	3 ♐ 28 30	10 ♐ 42 50	5 58 58	4 22 29	16 45 59	23 59 07	21 42 39	14 34 06	4 12 27	4 08 06	5 17 24	20 55 45	26 31 51
4 Sa	21 48 49	18 13 50	25 37 15	7 38 55	5 49 10	17 35 29	24 29 10	22 08 52	14 58 49	4 29 52	4 18 07	5 26 43	21 06 47	26 44 33
5 Su	23 00 31	3 ♑ 15 13	10 ♑ 43 27	9 18 15	7 15 48	18 24 55	24 59 19	22 34 46	15 23 27	4 47 17	4 28 06	5 35 59	21 17 46	26 57 13
6 M	24 10 52	18 22 29	25 50 48	10 55 39	8 41 05	19 12 59	25 28 15	22 59 02	15 46 41	5 03 21	4 36 46	5 43 54	21 27 25	27 08 31
7 Tu	25 18 52	3 ♒ 25 17	10 ♒ 49 21	12 30 06	10 04 01	19 58 39	25 54 57	23 20 41	16 07 32	5 17 06	4 43 05	5 49 26	21 34 42	27 17 28
8 W	26 24 04	18 14 58	25 31 32	14 01 07	11 24 08	20 41 29	26 18 59	23 39 15	16 25 33	5 28 04	4 46 37	5 52 10	21 39 12	27 23 38
9 Th	27 26 43	2 ♓ 45 56	9 ♓ 53 06	15 28 53	12 41 40	21 21 43	26 40 34	23 54 58	16 40 56	5 36 29	4 47 36	5 52 19	21 41 08	27 27 12
10 F	28 27 36	16 55 53	23 53 04	16 54 11	13 57 27	22 00 11	27 00 32	24 08 38	16 54 32	5 43 11	4 46 51	5 50 43	21 41 19	27 29 02
11 Sa	29 27 59	0 ♈ 45 23	7 ♈ 32 56	18 18 11	15 12 43	22 38 05	27 20 06	24 21 29	17 07 34	5 49 22	4 45 36	5 48 35	21 40 59	27 30 20
12 Su	0 ♋ 29 12	14 16 52	20 55 43	19 42 09	16 28 48	23 16 48	27 40 37	24 34 53	17 21 23	5 56 24	4 45 13	5 47 17	21 41 29	27 32 28
13 M	1 32 28	27 33 31	4 ♉ 04 49	21 07 15	17 46 55	23 57 31	28 03 18	24 49 60	17 37 12	6 05 30	4 46 53	5 48 00	21 44 02	27 36 37
14 Tu	2 38 35	10 ♉ 38 27	17 03 15	22 34 10	19 07 52	24 41 03	28 28 56	25 07 39	17 55 48	6 17 27	4 51 25	5 51 35	21 49 26	27 43 38
15 W	3 47 50	23 33 58	29 53 09	24 03 05	20 31 56	25 27 41	28 57 50	25 28 08	18 17 30	6 32 34	4 59 06	5 58 17	21 57 59	27 53 46
16 Th	4 59 57	6 ♊ 21 24	12 ♊ 35 33	25 33 36	21 58 52	26 17 09	29 29 43	25 51 09	18 42 00	6 50 33	5 09 41	6 07 52	22 09 24	28 06 47
17 F	6 14 10	19 01 03	25 10 33	27 04 48	23 27 53	27 08 42	0 ♍ 03 48	26 15 56	19 08 34	7 10 39	5 22 24	6 19 32	22 22 55	28 21 53
18 Sa	7 29 22	1 ♋ 32 31	7 ♋ 37 39	28 35 24	24 57 53	28 01 11	0 38 59	26 41 23	19 36 03	7 31 45	5 36 07	6 32 12	22 37 25	28 37 57
19 Su	8 44 18	13 55 07	19 56 15	0 ♌ 03 56	26 27 35	28 53 23	1 14 01	27 06 14	20 03 12	7 52 35	5 49 36	6 44 36	22 51 41	28 53 46
20 M	9 57 47	26 08 27	2 ♌ 06 07	1 29 00	27 55 50	29 44 05	1 47 43	27 29 18	20 28 52	8 11 59	6 01 39	6 55 33	23 04 29	29 08 07
21 Tu	11 08 54	8 ♌ 12 51	14 07 54	2 49 24	29 21 42	0 ♊ 32 24	2 19 08	27 49 38	20 52 06	8 29 02	6 11 22	7 04 09	23 14 56	29 20 06
22 W	12 17 07	20 09 41	26 03 23	4 04 19	0 ♋ 44 39	1 17 48	2 47 47	28 06 45	21 12 23	8 43 12	6 18 13	7 09 51	23 22 31	29 29 12
23 Th	13 22 24	2 ♍ 01 39	7 ♍ 55 41	5 13 19	2 04 40	2 00 13	3 13 35	28 20 34	21 29 40	8 54 27	6 22 10	7 12 39	23 27 10	29 35 21
24 F	14 25 11	13 52 45	19 49 13	6 16 27	3 22 09	2 40 06	3 36 60	28 31 32	21 44 23	9 03 11	6 23 38	7 12 56	23 29 19	29 38 60
25 Sa	15 26 15	25 48 12	1 ♎ 49 32	7 14 05	4 37 56	3 18 16	3 58 49	28 40 27	21 57 22	9 10 15	6 23 27	7 11 33	23 29 47	29 40 57
26 Su	16 26 44	7 ♎ 54 04	14 02 56	8 06 45	5 53 06	3 55 49	4 20 08	28 48 24	22 09 41	9 16 43	6 22 42	7 09 34	23 29 41	29 42 19
27 M	17 27 47	20 16 55	26 36 00	8 55 04	7 08 50	4 33 54	4 42 08	28 56 33	22 22 30	9 23 46	6 22 34	7 08 12	23 30 10	29 44 14
28 Tu	18 30 27	3 ♏ 03 06	9 ♏ 34 53	9 39 26	8 26 10	5 13 35	5 05 51	29 05 58	22 36 53	9 32 27	6 24 05	7 08 27	23 32 16	29 47 47
29 W	19 35 27	16 18 01	23 04 20	10 19 51	9 45 50	5 55 34	5 31 60	29 17 20	22 53 33	9 43 29	6 27 58	7 11 04	23 36 44	29 53 40
30 Th	20 43 01	0 ♐ 05 05	7 ♐ 06 42	10 55 46	11 08 03	6 40 06	6 00 48	29 30 53	23 12 42	9 57 05	6 34 27	7 16 16	23 43 47	0 ♍ 02 07

LONGITUDE

December 2017

Day	☉	0 hr ☽	Noon ☽	☿	♀	♂	⚵	⚳	♃	♄	⚷	♅	♆	♇
1 F	21 ♋ 52 48	14 ♐ 24 47	21 ♐ 40 56	11 ♌ 26 02	12 ♋ 32 28	7 ♊ 26 50	6 ♍ 31 55	29 ♓ 46 17	23 ♊ 34 01	10 ♌ 12 54	6 ♏ 43 12	7 ♐ 23 42	23 ♎ 53 04	0 ♍ 12 47
2 Sa	23 03 56	29 13 49	6 ♑ 41 54	11 48 58	13 58 14	8 14 52	7 04 29	0 ♈ 02 38	23 56 37	10 30 05	6 53 20	7 32 30	24 03 43	0 24 49
3 Su	24 15 12	14 ♑ 24 54	22 00 40	12 02 32	15 24 07	9 03 02	7 37 17	0 18 45	24 19 17	10 47 24	7 03 38	7 41 29	24 14 31	0 36 58
4 M	25 25 20	29 47 35	7 ♒ 25 38	12 04 43	16 48 51	9 50 03	8 09 02	0 33 20	24 40 46	11 03 36	7 12 51	7 49 21	24 24 13	0 47 60
5 Tu	26 33 21	15 ♒ 09 53	22 44 44	11 53 55	18 11 27	10 34 55	8 38 45	0 45 23	25 00 02	11 17 40	7 19 59	7 55 06	24 31 47	0 56 53
6 W	27 38 43	0 ♓ 20 37	7 ♓ 47 35	11 29 14	19 31 24	11 17 06	9 05 54	0 54 23	25 16 36	11 29 05	7 24 30	7 58 14	24 36 44	1 03 08
7 Th	28 41 33	15 11 14	22 27 08	10 50 44	20 48 49	11 56 45	9 30 38	1 00 27	25 30 33	11 37 59	7 26 31	7 58 52	24 39 10	1 06 51
8 F	29 42 33	29 36 54	6 ♈ 40 11	9 59 25	22 04 23	12 34 31	9 53 35	1 04 15	25 42 36	11 45 02	7 26 45	7 57 41	24 39 47	1 08 43
9 Sa	0 ♌ 42 46	13 ♈ 36 21	20 26 57	8 57 11	23 19 08	13 11 29	10 15 51	1 06 51	25 53 47	11 51 18	7 26 13	7 55 45	24 39 37	1 09 48
10 Su	1 43 24	27 11 10	3 ♉ 49 59	7 46 38	24 34 17	13 48 50	10 38 36	1 09 26	26 05 17	11 57 57	7 26 08	7 54 14	24 39 53	1 11 17
11 M	2 45 30	10 ♉ 24 34	16 53 07	6 30 45	25 50 54	14 27 38	11 02 54	1 13 04	26 18 11	12 06 05	7 27 33	7 54 13	24 41 37	1 14 14
12 Tu	3 49 48	23 20 27	29 40 24	5 12 41	27 09 43	15 08 36	11 29 30	1 18 27	26 33 13	12 16 25	7 31 14	7 56 27	24 45 36	1 19 24
13 W	4 56 37	6 ♊ 02 28	12 ♊ 15 29	3 55 25	28 31 01	15 52 03	11 58 40	1 25 55	26 50 40	12 29 15	7 37 26	8 01 12	24 52 05	1 27 03
14 Th	6 05 45	18 33 41	24 41 13	2 41 37	29 54 37	16 37 49	12 30 15	1 35 17	27 10 22	12 44 24	7 46 01	8 08 19	25 00 55	1 37 02
15 F	7 16 37	0 ♋ 56 16	6 ♋ 59 30	1 33 23	1 ♌ 19 57	17 25 16	13 03 39	1 45 55	27 31 42	13 01 16	7 56 22	8 17 11	25 11 30	1 48 44
16 Sa	8 28 20	13 11 36	19 11 30	0 32 17	2 46 08	18 13 33	13 37 58	1 56 58	27 53 49	13 18 60	8 07 36	8 26 56	25 22 57	2 01 17
17 Su	9 39 54	25 20 30	1 ♌ 17 50	29 ♋ 39 15	4 12 09	19 01 40	14 12 14	2 07 26	28 15 42	13 36 34	8 18 45	8 36 35	25 34 17	2 13 41
18 M	10 50 23	7 ♌ 23 33	13 19 02	28 54 47	5 37 04	19 48 40	14 45 29	2 16 22	28 36 24	13 53 02	8 28 50	8 45 11	25 44 32	2 25 00
19 Tu	11 59 01	19 21 26	25 15 51	28 19 01	7 00 08	20 33 49	15 16 58	2 23 01	28 55 11	14 07 39	8 37 08	8 51 59	25 52 58	2 34 29
20 W	13 05 23	1 ♍ 15 19	7 ♍ 09 36	27 51 54	8 20 54	21 16 39	15 46 15	2 26 56	29 11 36	14 19 59	8 43 11	8 56 31	25 59 09	2 41 40
21 Th	14 09 21	13 07 07	19 02 28	27 33 20	9 39 18	21 57 05	16 13 14	2 28 02	29 25 33	14 29 56	8 46 55	8 58 44	26 02 59	2 46 29
22 F	15 11 14	24 59 38	0 ♎ 57 33	27 23 15	10 55 35	22 35 24	16 38 12	2 26 36	29 37 18	14 37 46	8 48 36	8 58 54	26 04 44	2 49 12
23 Sa	16 11 35	6 ♎ 56 38	12 58 56	27 21 42	12 10 20	23 12 10	17 01 43	2 23 11	29 47 27	14 44 05	8 48 48	8 57 34	26 04 59	2 50 24
24 Su	17 11 11	19 02 42	25 11 30	27 28 46	13 24 19	23 48 10	17 24 34	2 18 36	29 56 46	14 49 39	8 48 18	8 55 33	26 04 31	2 50 51
25 M	18 10 54	1 ♏ 23 00	7 ♏ 40 36	27 44 33	14 38 26	24 24 17	17 47 37	2 13 42	0 ♋ 06 07	14 55 19	8 47 58	8 53 42	26 04 12	2 51 26
26 Tu	19 11 32	14 02 56	20 31 35	28 09 04	15 53 27	25 01 17	18 11 39	2 09 16	0 16 17	15 01 54	8 48 36	8 52 48	26 04 49	2 52 56
27 W	20 13 39	27 07 30	3 ♐ 49 09	28 42 08	17 09 57	25 39 46	18 37 15	2 05 54	0 27 52	15 09 57	8 50 47	8 53 27	26 06 57	2 55 55
28 Th	21 17 29	10 ♐ 40 32	17 36 27	29 23 14	18 28 10	26 19 57	19 04 39	2 03 49	0 41 04	15 19 43	8 54 44	8 55 52	26 10 51	3 00 38
29 F	22 22 54	24 43 56	1 ♑ 54 15	0 ♌ 11 34	19 47 57	27 01 41	19 33 42	2 02 54	0 55 45	15 31 04	9 00 18	8 59 54	26 16 21	3 06 56
30 Sa	23 29 22	9 ♑ 16 41	16 40 00	1 05 58	21 08 48	27 44 28	20 03 53	2 02 37	1 11 24	15 43 27	9 06 59	9 05 03	26 22 55	3 14 17
31 Su	24 36 07	24 14 23	1 ♒ 47 37	2 05 07	22 29 54	28 27 31	20 34 25	2 02 11	1 27 14	15 56 06	9 14 00	9 10 32	26 29 49	3 21 56

Notes

January 2018 — LONGITUDE

Day	☉	0 hr ☽	Noon ☽	☿	♀	♂	⚵	⚳	♃	♄	⚷	♅	♆	♇
1 M	25 ♌ 42 18	9 ♒ 29 14	17 ♒ 07 50	3 ♌ 07 39	23 ♌ 50 28	29 ♊ 10 00	21 ♍ 04 28	2 ♈ 00 47	1 ♋ 42 25	16 ♌ 08 11	9 ♏ 20 31	9 ♐ 15 30	26 ♎ 36 10	3 ♍ 29 01
2 Tu	26 47 14	24 50 55	2 ♓ 29 30	4 12 27	25 09 46	29 51 13	21 33 20	1 57 43	1 56 15	16 19 00	9 25 49	9 19 17	26 41 18	3 34 51
3 W	27 50 31	10 ♓ 08 13	17 41 31	5 18 43	26 27 24	0 ♋ 30 46	22 00 38	1 52 36	2 08 20	16 28 10	9 29 31	9 21 27	26 44 49	3 39 03
4 Th	28 52 09	25 10 57	2 ♈ 34 38	6 26 06	27 43 23	1 08 39	22 26 20	1 45 26	2 18 40	16 35 39	9 31 37	9 22 01	26 46 42	3 41 35
5 F	29 52 28	9 ♈ 51 31	17 02 43	7 34 38	28 58 04	1 45 12	22 50 47	1 36 33	2 27 35	16 41 48	9 32 27	9 21 20	26 47 18	3 42 48
6 Sa	0 ♍ 52 04	24 05 34	1 ♉ 03 00	8 44 39	0 ♍ 12 01	2 21 01	23 14 36	1 26 33	2 35 40	16 47 13	9 32 37	9 19 58	26 47 13	3 43 19
7 Su	1 51 39	7 ♉ 51 58	14 35 44	9 56 35	1 25 56	2 56 47	23 38 27	1 16 09	2 43 37	16 52 35	9 32 47	9 18 38	26 47 07	3 43 47
8 M	2 51 49	21 12 05	27 43 16	11 10 54	2 40 27	3 33 09	24 02 58	1 05 58	2 52 04	16 58 33	9 33 37	9 17 56	26 47 39	3 44 52
9 Tu	3 53 02	4 ♊ 08 53	10 ♊ 29 12	12 27 50	3 56 00	4 10 32	24 28 36	0 56 28	3 01 27	17 05 31	9 35 32	9 18 21	26 49 14	3 46 59
10 W	4 55 30	16 46 10	22 57 38	13 47 28	5 12 48	4 49 08	24 55 32	0 47 51	3 11 57	17 13 43	9 38 44	9 20 03	26 52 06	3 50 20
11 Th	5 59 08	29 07 55	5 ♋ 12 33	15 09 34	6 30 46	5 28 54	25 23 42	0 40 03	3 23 32	17 23 03	9 43 10	9 22 58	26 56 10	3 54 53
12 F	7 03 40	11 ♋ 17 54	17 17 38	16 33 45	7 49 38	6 09 33	25 52 50	0 32 49	3 35 53	17 33 16	9 48 32	9 26 51	27 01 09	4 00 19
13 Sa	8 08 39	23 19 25	29 15 58	17 59 29	9 08 57	6 50 38	26 22 30	0 25 43	3 48 35	17 43 56	9 54 25	9 31 14	27 06 38	4 06 12
14 Su	9 13 38	5 ♌ 15 20	11 ♌ 10 11	19 26 14	10 28 16	7 31 41	26 52 12	0 18 18	4 01 09	17 54 33	10 00 20	9 35 40	27 12 07	4 12 05
15 M	10 18 08	17 08 02	23 02 26	20 53 27	11 47 06	8 12 15	27 21 31	0 10 07	4 13 08	18 04 41	10 05 50	9 39 41	27 17 10	4 17 30
16 Tu	11 21 50	28 59 36	4 ♍ 54 37	22 20 45	13 05 08	8 51 60	27 50 05	0 00 50	4 24 11	18 13 59	10 10 34	9 42 57	27 21 27	4 22 06
17 W	12 24 32	10 ♍ 51 54	16 48 32	23 47 53	14 22 10	9 30 43	28 17 44	29 ♓ 50 18	4 34 08	18 22 15	10 14 21	9 45 17	27 24 45	4 25 43
18 Th	13 26 13	22 46 52	28 46 01	25 14 46	15 38 10	10 08 24	28 44 25	29 38 30	4 42 56	18 29 29	10 17 10	9 46 39	27 27 03	4 28 19
19 F	14 26 59	4 ♎ 46 29	10 ♎ 49 10	26 41 32	16 53 17	10 45 11	29 10 16	29 25 33	4 50 43	18 35 48	10 19 09	9 47 11	27 28 30	4 30 01
20 Sa	15 27 07	16 53 05	23 00 25	28 08 23	18 07 45	11 21 18	29 35 32	29 11 46	4 57 45	18 41 27	10 20 32	9 47 08	27 29 20	4 31 05
21 Su	16 26 56	29 09 17	5 ♏ 22 32	29 35 36	19 21 54	11 57 05	0 ♎ 00 33	28 57 27	5 04 20	18 46 45	10 21 38	9 46 49	27 29 53	4 31 50
22 M	17 26 44	11 ♏ 38 01	17 58 35	1 ♍ 03 32	20 36 04	12 32 51	0 25 38	28 42 57	5 10 47	18 52 01	10 22 48	9 46 34	27 30 28	4 32 35
23 Tu	18 26 49	24 22 24	0 ♐ 51 45	2 32 24	21 50 30	13 08 53	0 51 04	28 28 35	5 17 25	18 57 33	10 24 18	9 46 40	27 31 21	4 33 37
24 W	19 27 22	7 ♐ 25 32	14 05 02	4 02 24	23 05 24	13 45 21	1 17 01	28 14 31	5 24 22	19 03 31	10 26 19	9 47 17	27 32 45	4 35 08
25 Th	20 28 24	20 50 03	27 40 44	5 33 35	24 20 49	14 22 19	1 43 33	28 00 51	5 31 42	19 09 58	10 28 53	9 48 28	27 34 40	4 37 09
26 F	21 29 52	4 ♑ 37 42	11 ♑ 39 59	7 05 50	25 36 39	14 59 42	2 10 34	27 47 29	5 39 21	19 16 49	10 31 56	9 50 09	27 37 03	4 39 36
27 Sa	22 31 35	18 48 43	26 02 07	8 39 01	26 52 44	15 37 19	2 37 54	27 34 18	5 47 07	19 23 54	10 35 17	9 52 08	27 39 44	4 42 19
28 Su	23 33 20	3 ♒ 21 20	10 ♒ 44 11	10 12 54	28 08 53	16 14 59	3 05 20	27 21 05	5 54 48	19 30 59	10 38 44	9 54 14	27 42 29	4 45 05
29 M	24 34 56	18 11 25	25 40 50	11 47 18	29 24 53	16 52 29	3 32 42	27 07 41	6 02 13	19 37 55	10 42 06	9 56 16	27 45 07	4 47 42
30 Tu	25 36 16	3 ♓ 12 33	10 ♓ 44 39	13 22 08	0 ♎ 40 37	17 29 42	3 59 52	26 53 59	6 09 14	19 44 33	10 45 14	9 58 05	27 47 32	4 50 04
31 W	26 37 20	18 16 35	25 46 55	14 57 22	1 56 05	18 06 38	4 26 48	26 39 59	6 15 51	19 50 52	10 48 10	9 59 42	27 49 42	4 52 10

February 2018 — LONGITUDE

Day	☉	0 hr ☽	Noon ☽	☿	♀	♂	⚵	⚳	♃	♄	⚷	♅	♆	♇
1 Th	27 ♍ 38 11	3 ♈ 14 40	10 ♈ 38 55	16 ♍ 33 06	3 ♎ 11 20	18 ♋ 43 21	4 ♎ 53 36	26 ♓ 25 47	6 ♋ 22 07	19 ♌ 56 57	10 ♏ 50 55	10 ♐ 01 10	27 ♎ 51 41	4 ♍ 54 03
2 F	28 38 56	17 58 35	25 13 08	18 09 27	4 26 30	19 19 58	5 20 22	26 11 30	6 28 09	20 02 54	10 53 38	10 02 35	27 53 36	4 55 51
3 Sa	29 39 42	2 ♉ 21 45	9 ♉ 24 09	19 46 32	5 41 41	19 56 34	5 47 12	25 57 17	6 34 04	20 08 50	10 56 24	10 04 05	27 55 34	4 57 40
4 Su	0 ♎ 40 33	16 20 00	23 09 07	21 24 26	6 56 58	20 33 15	6 14 11	25 43 13	6 39 56	20 14 50	10 59 18	10 05 44	27 57 39	4 59 35
5 M	1 41 29	29 51 41	6 ♊ 27 35	23 03 11	8 12 20	21 09 60	6 41 20	25 29 18	6 45 44	20 20 52	11 02 21	10 07 32	27 59 51	5 01 35
6 Tu	2 42 27	12 ♊ 57 24	19 21 09	24 42 44	9 27 44	21 46 46	7 08 33	25 15 30	6 51 26	20 26 54	11 05 28	10 09 25	28 02 07	5 03 36
7 W	3 43 21	25 39 33	1 ♋ 52 54	26 22 59	10 43 03	22 23 26	7 35 45	25 01 45	6 56 55	20 32 49	11 08 33	10 11 18	28 04 19	5 05 33
8 Th	4 44 02	8 ♋ 01 45	14 06 50	28 03 50	11 58 11	22 59 53	8 02 49	24 47 56	7 02 03	20 38 30	11 11 29	10 13 02	28 06 22	5 07 19
9 F	5 44 27	20 08 18	26 07 26	29 45 13	13 13 03	23 36 02	8 29 40	24 33 59	7 06 45	20 43 52	11 14 11	10 14 33	28 08 10	5 08 48
10 Sa	6 44 35	2 ♌ 03 50	7 ♌ 59 18	1 ♎ 27 09	14 27 37	24 11 53	8 56 16	24 19 55	7 11 02	20 48 54	11 16 38	10 15 50	28 09 41	5 09 59
11 Su	7 44 28	13 52 56	19 46 55	3 09 40	15 41 57	24 47 28	9 22 42	24 05 48	7 14 55	20 53 40	11 18 53	10 16 56	28 11 01	5 10 57
12 M	8 44 15	25 39 59	1 ♍ 34 26	4 52 56	16 56 12	25 22 56	9 49 06	23 51 47	7 18 33	20 58 17	11 21 06	10 18 00	28 12 16	5 11 49
13 Tu	9 44 08	7 ♍ 28 56	13 25 30	6 37 10	18 10 33	25 58 28	10 15 39	23 38 06	7 22 08	21 02 58	11 23 27	10 19 14	28 13 39	5 12 46
14 W	10 44 19	19 23 12	25 23 15	8 22 35	19 25 13	26 34 19	10 42 35	23 24 58	7 25 54	21 07 55	11 26 10	10 20 51	28 15 22	5 14 03
15 Th	11 45 02	1 ♎ 25 33	7 ♎ 30 10	10 09 22	20 40 25	27 10 38	11 10 05	23 12 37	7 30 01	21 13 21	11 29 26	10 23 02	28 17 39	5 15 52
16 F	12 46 23	13 38 08	19 48 08	11 57 40	21 56 15	27 47 35	11 38 17	23 01 11	7 34 37	21 19 23	11 33 24	10 25 56	28 20 36	5 18 19
17 Sa	13 48 24	26 02 29	2 ♏ 18 27	13 47 30	23 12 46	28 25 11	12 07 13	22 50 42	7 39 45	21 26 02	11 38 05	10 29 33	28 24 15	5 21 26
18 Su	14 50 58	8 ♏ 39 34	15 01 55	15 38 42	24 29 50	29 03 18	12 36 45	22 41 06	7 45 17	21 33 12	11 43 21	10 33 48	28 28 29	5 25 07
19 M	15 53 51	21 29 55	27 58 59	17 31 02	25 47 13	29 41 43	13 06 40	22 32 07	7 50 58	21 40 39	11 48 59	10 38 25	28 33 03	5 29 07
20 Tu	16 56 41	4 ♐ 33 50	11 ♐ 09 52	19 24 07	27 04 35	0 ♌ 20 04	13 36 35	22 23 26	7 56 28	21 48 00	11 54 37	10 43 03	28 37 37	5 33 06
21 W	17 59 06	17 51 27	24 34 43	21 17 31	28 21 31	0 57 59	14 06 10	22 14 41	8 01 24	21 54 55	11 59 54	10 47 21	28 41 49	5 36 40
22 Th	19 00 46	1 ♑ 22 53	8 ♑ 13 32	23 10 50	29 37 44	1 35 07	14 35 03	22 05 33	8 05 26	22 01 02	12 04 28	10 50 57	28 45 17	5 39 29
23 F	20 01 29	15 08 12	22 06 14	25 03 48	0 ♏ 52 60	2 11 18	15 03 04	21 55 51	8 08 22	22 06 10	12 08 09	10 53 42	28 47 51	5 41 23
24 Sa	21 01 17	29 07 17	6 ♒ 12 23	26 56 21	2 07 21	2 46 32	15 30 12	21 45 37	8 10 14	22 10 20	12 10 57	10 55 34	28 49 32	5 42 21
25 Su	22 00 24	13 ♒ 19 32	20 30 54	28 48 35	3 21 01	3 21 04	15 56 43	21 35 06	8 11 16	22 13 46	12 13 07	10 56 50	28 50 34	5 42 40
26 M	22 59 16	27 43 29	4 ♓ 59 43	0 ♏ 40 48	4 34 28	3 55 20	16 23 03	21 24 44	8 11 54	22 16 56	12 15 05	10 57 55	28 51 23	5 42 44
27 Tu	23 58 26	12 ♓ 16 30	19 35 28	2 33 23	5 48 13	4 29 53	16 49 46	21 15 06	8 12 42	22 20 22	12 17 25	10 59 23	28 52 33	5 43 08
28 W	24 58 27	26 54 34	4 ♈ 13 31	4 26 39	7 02 50	5 05 16	17 17 23	21 06 44	8 14 11	22 24 36	12 20 38	11 01 45	28 54 36	5 44 23

Notes

LONGITUDE — March 2018

Day	☉	0 hr ☽	Noon ☽	☿	♀	♂	⚵	⚳	♃	♄	⚷	♅	♆	♇
1 Th	25 ♎ 59 42	11 ♈ 32 19	18 ♈ 48 08	6 ♏ 20 45	8 ♏ 18 40	5 ♌ 41 51	17 ♎ 46 17	21 ♓ 00 00	8 ♋ 16 45	22 ♌ 30 01	12 ♏ 25 08	11 ♐ 05 24	28 ♎ 57 55	5 ♍ 46 52
2 F	27 02 19	26 03 37	3 ♉ 13 11	8 15 32	9 35 53	6 19 47	18 16 36	20 55 05	8 20 32	22 36 45	12 31 02	11 10 30	29 02 37	5 50 44
3 Sa	28 06 09	10 ♉ 22 14	17 22 49	10 10 32	10 54 20	6 58 55	18 48 12	20 51 49	8 25 22	22 44 40	12 38 12	11 16 52	29 08 35	5 55 49
4 Su	29 10 49	24 22 40	1 ♊ 12 23	12 04 58	12 13 37	7 38 50	19 20 42	20 49 49	8 30 53	22 53 22	12 46 13	11 24 08	29 15 23	6 01 44
5 M	0 ♏ 15 43	8 ♊ 01 02	14 38 58	13 57 52	13 33 07	8 18 58	19 53 28	20 48 29	8 36 28	23 02 14	12 54 32	11 31 41	29 22 28	6 07 54
6 Tu	1 20 12	21 15 23	27 41 38	15 48 09	14 52 14	8 58 40	20 25 54	20 47 12	8 41 29	23 10 39	13 02 28	11 38 53	29 29 09	6 13 40
7 W	2 23 43	4 ♋ 05 51	10 ♋ 21 27	17 34 46	16 10 22	9 37 21	20 57 24	20 45 23	8 45 22	23 18 02	13 09 28	11 45 10	29 34 54	6 18 27
8 Th	3 25 52	16 34 29	22 41 11	19 16 50	17 27 09	10 14 37	21 27 35	20 42 39	8 47 44	23 24 01	13 15 08	11 50 08	29 39 19	6 21 52
9 F	4 26 32	28 44 54	4 ♌ 44 54	20 53 41	18 42 27	10 50 23	21 56 20	20 38 54	8 48 26	23 28 26	13 19 20	11 53 41	29 42 16	6 23 49
10 Sa	5 25 52	10 ♌ 41 50	16 37 37	22 24 57	19 56 25	11 24 46	22 23 49	20 34 16	8 47 39	23 31 29	13 22 16	11 55 57	29 43 54	6 24 25
11 Su	6 24 17	22 30 45	28 24 53	23 50 32	21 09 28	11 58 11	22 50 26	20 29 11	8 45 48	23 33 33	13 24 18	11 57 22	29 44 39	6 24 08
12 M	7 22 25	4 ♍ 17 21	10 ♍ 12 21	25 10 31	22 22 15	12 31 17	23 16 49	20 24 16	8 43 29	23 35 17	13 26 05	11 58 32	29 45 09	6 23 33
13 Tu	8 20 57	16 07 18	22 05 26	26 25 05	23 35 26	13 04 44	23 43 39	20 20 14	8 41 26	23 37 22	13 28 19	12 00 10	29 46 04	6 23 22
14 W	9 20 36	28 05 42	4 ♎ 08 58	27 34 29	24 49 43	13 39 15	24 11 39	20 17 46	8 40 19	23 40 29	13 31 40	12 02 58	29 48 07	6 24 18
15 Th	10 21 52	10 ♎ 16 52	16 26 50	28 38 48	26 05 39	14 15 20	24 41 20	20 17 24	8 40 40	23 45 11	13 36 42	12 07 27	29 51 49	6 26 52
16 F	11 25 05	22 43 58	29 01 38	29 37 56	27 23 31	14 53 19	25 12 60	20 19 26	8 42 48	23 51 46	13 43 42	12 13 55	29 57 29	6 31 23
17 Sa	12 30 12	5 ♏ 28 44	11 ♏ 54 36	0 ♐ 31 31	28 43 17	15 33 09	25 46 37	20 23 50	8 46 41	24 00 11	13 52 38	12 22 21	0 ♏ 05 05	6 37 48
18 Su	13 36 50	18 31 27	25 05 21	1 18 55	0 ♐ 04 35	16 14 27	26 21 49	20 30 15	8 51 57	24 10 05	14 03 08	12 32 22	0 14 14	6 45 45
19 M	14 44 19	1 ♐ 50 53	8 ♐ 32 14	1 59 13	1 26 44	16 56 32	26 57 54	20 37 57	8 57 53	24 20 45	14 14 30	12 43 16	0 24 15	6 54 33
20 Tu	15 51 45	15 24 43	22 12 31	2 31 24	2 48 50	17 38 31	27 33 60	20 46 05	9 03 38	24 31 20	14 25 51	12 54 11	0 34 15	7 03 18
21 W	16 58 13	29 09 56	6 ♑ 03 01	2 54 29	4 09 59	18 19 29	28 09 11	20 53 44	9 08 16	24 40 53	14 36 17	13 04 11	0 43 18	7 11 07
22 Th	18 02 58	13 ♑ 03 28	20 00 41	3 07 46	5 29 25	18 58 41	28 42 43	21 00 07	9 11 02	24 48 41	14 45 02	13 12 32	0 50 41	7 17 12
23 F	19 05 36	27 02 41	4 ♒ 03 03	3 10 59	6 46 45	19 35 42	29 14 10	21 04 52	9 11 34	24 54 18	14 51 42	13 18 50	0 55 58	7 21 12
24 Sa	20 06 11	11 ♒ 05 47	18 08 33	3 04 24	8 02 01	20 10 37	29 43 38	21 08 00	9 09 53	24 57 48	14 56 21	13 23 07	0 59 13	7 23 09
25 Su	21 05 15	25 11 51	2 ♓ 16 22	2 48 53	9 15 46	20 43 56	0 ♏ 11 37	21 10 05	9 06 32	24 59 44	14 59 30	13 25 56	1 00 59	7 23 35
26 M	22 03 40	9 ♓ 20 32	16 26 10	2 25 48	10 28 54	21 16 34	0 39 01	21 11 58	9 02 25	25 00 58	15 02 03	13 28 11	1 02 09	7 23 23
27 Tu	23 02 32	23 31 32	0 ♈ 37 26	1 56 48	11 42 27	21 49 35	1 06 55	21 14 45	8 58 37	25 02 36	15 05 04	13 30 55	1 03 46	7 23 39
28 W	24 02 50	7 ♈ 44 01	14 49 01	1 23 33	12 57 28	22 23 59	1 36 19	21 19 26	8 56 07	25 05 37	15 09 35	13 35 10	1 06 52	7 25 22
29 Th	25 05 20	21 56 11	28 58 41	0 47 36	14 14 41	23 00 30	2 07 58	21 26 45	8 55 41	25 10 46	15 16 18	13 41 38	1 12 11	7 29 17
30 F	26 10 20	6 ♉ 04 58	13 ♉ 03 06	0 10 06	15 34 22	23 39 27	2 42 08	21 36 58	8 57 36	25 18 21	15 25 33	13 50 39	1 20 01	7 35 42
31 Sa	27 17 36	20 06 21	26 58 09	29 ♏ 31 50	16 56 21	24 20 36	3 18 39	21 49 55	9 01 41	25 28 09	15 37 06	14 02 01	1 30 09	7 44 24

LONGITUDE — April 2018

Day	☉	0 hr ☽	Noon ☽	☿	♀	♂	⚵	⚳	♃	♄	⚷	♅	♆	♇
1 Su	28 ♏ 26 31	3 ♊ 55 49	10 ♊ 39 32	28 ♏ 53 06	18 ♐ 19 58	25 ♌ 03 20	3 ♏ 56 51	22 ♓ 04 55	9 ♋ 07 16	25 ♌ 39 32	15 ♏ 50 19	14 ♐ 15 03	1 ♏ 41 56	7 ♍ 54 45
2 M	29 36 07	17 29 10	24 03 37	28 13 59	19 44 16	25 46 39	4 35 46	22 21 01	9 13 24	25 51 32	16 04 15	14 28 49	1 54 26	8 05 47
3 Tu	0 ♐ 45 19	0 ♋ 43 15	7 ♋ 07 56	27 34 24	21 08 09	26 29 30	5 14 21	22 37 08	9 19 01	26 03 04	16 17 48	14 42 14	2 06 33	8 16 25
4 W	1 53 09	13 36 33	19 51 49	26 54 21	22 30 41	27 10 53	5 51 36	22 52 17	9 23 08	26 13 11	16 29 60	14 54 19	2 17 19	8 25 42
5 Th	2 58 54	26 09 25	2 ♌ 16 22	26 13 59	23 51 08	27 50 07	6 26 49	23 05 45	9 25 03	26 21 09	16 40 08	15 04 22	2 26 02	8 32 54
6 F	4 02 16	8 ♌ 24 07	14 24 30	25 33 51	25 09 11	28 26 52	6 59 42	23 17 15	9 24 28	26 26 40	16 47 55	15 12 04	2 32 22	8 37 43
7 Sa	5 03 23	20 24 32	26 20 36	24 54 45	26 24 59	29 01 15	7 30 21	23 26 52	9 21 30	26 29 51	16 53 27	15 17 33	2 36 28	8 40 16
8 Su	6 02 47	2 ♍ 15 52	8 ♍ 10 12	24 17 51	27 39 03	29 33 49	7 59 20	23 35 09	9 16 42	26 31 15	16 57 17	15 21 22	2 38 51	8 41 07
9 M	7 01 18	14 04 13	19 59 29	23 44 28	28 52 15	0 ♍ 05 24	8 27 28	23 42 57	9 10 55	26 31 42	17 00 15	15 24 20	2 40 23	8 41 05
10 Tu	7 59 59	25 56 00	1 ♎ 54 56	23 16 01	0 ♑ 05 35	0 37 01	8 55 49	23 51 17	9 05 10	26 32 15	17 03 23	15 27 29	2 42 04	8 41 12
11 W	8 59 50	7 ♎ 57 36	14 02 42	22 53 48	1 20 05	1 09 42	9 25 21	24 01 09	9 00 29	26 33 54	17 07 43	15 31 51	2 44 57	8 42 29
12 Th	10 01 42	20 14 42	26 28 07	22 38 49	2 36 36	1 44 16	9 56 57	24 13 25	8 57 43	26 37 29	17 14 04	15 38 16	2 49 51	8 45 48
13 F	11 06 05	2 ♏ 51 52	9 ♏ 15 09	22 31 42	3 55 38	2 21 14	10 31 07	24 28 34	8 57 22	26 43 32	17 22 58	15 47 15	2 57 17	8 51 38
14 Sa	12 13 03	15 51 53	22 25 50	22 32 31	5 17 15	3 00 40	11 07 54	24 46 39	8 59 31	26 52 05	17 34 27	15 58 50	3 07 19	9 00 02
15 Su	13 22 09	29 15 27	5 ♐ 59 55	22 40 47	6 40 59	3 42 05	11 46 51	25 07 14	9 03 41	27 02 43	17 48 04	16 12 35	3 19 30	9 10 35
16 M	14 32 29	13 ♐ 00 52	19 54 45	22 55 33	8 05 57	4 24 37	12 27 04	25 29 24	9 09 01	27 14 30	18 02 57	16 27 37	3 32 55	9 22 22
17 Tu	15 42 53	27 04 19	4 ♑ 05 38	23 15 29	9 30 58	5 07 03	13 07 23	25 51 58	9 14 20	27 26 17	18 17 53	16 42 44	3 46 25	9 34 13
18 W	16 52 06	11 ♑ 20 18	18 26 36	23 39 14	10 54 48	5 48 10	13 46 33	26 13 42	9 18 23	27 36 49	18 31 40	16 56 42	3 58 44	9 44 52
19 Th	17 59 06	25 42 45	2 ♒ 51 26	24 05 36	12 16 25	6 26 56	14 23 33	26 33 35	9 20 09	27 45 05	18 43 15	17 08 30	4 08 52	9 53 20
20 F	19 03 21	10 ♒ 06 02	17 14 47	24 33 51	13 35 16	7 02 48	14 57 50	26 51 02	9 19 07	27 50 32	18 52 05	17 17 35	4 16 16	9 59 03
21 Sa	20 04 54	24 25 52	1 ♓ 32 59	25 03 53	14 51 24	7 35 48	15 29 26	27 06 07	9 15 18	27 53 13	18 58 14	17 23 59	4 20 58	10 02 04
22 Su	21 04 23	8 ♓ 39 46	15 44 10	25 36 08	16 05 29	8 06 35	15 59 02	27 19 28	9 09 23	27 53 46	19 02 19	17 28 22	4 23 37	10 03 02
23 M	22 02 54	22 47 01	29 48 09	26 11 32	17 18 35	8 36 16	16 27 41	27 32 11	9 02 27	27 53 18	19 05 28	17 31 49	4 25 20	10 03 02
24 Tu	23 01 47	6 ♈ 47 59	13 ♈ 45 39	26 51 13	18 32 02	9 06 08	16 56 45	27 45 34	8 55 50	27 53 08	19 08 59	17 35 40	4 27 24	10 03 24
25 W	24 02 14	20 43 31	27 37 30	27 36 15	19 47 03	9 37 25	17 27 25	28 00 50	8 50 45	27 54 29	19 14 05	17 41 07	4 31 04	10 05 22
26 Th	25 05 11	4 ♉ 34 04	11 ♉ 24 02	28 27 21	21 04 33	10 11 01	18 00 36	28 18 54	8 48 07	27 58 15	19 21 41	17 49 05	4 37 14	10 09 49
27 F	26 10 59	18 19 13	25 04 33	29 24 46	22 24 53	10 47 19	18 36 42	28 40 08	8 48 19	28 04 50	19 32 09	17 59 57	4 46 17	10 17 08
28 Sa	27 19 29	1 ♊ 57 27	8 ♊ 37 21	0 ♐ 28 09	23 47 54	11 26 06	19 15 29	29 04 20	8 51 11	28 14 02	19 45 18	18 13 31	4 58 00	10 27 08
29 Su	28 29 56	15 26 22	21 59 57	1 36 39	25 12 52	12 06 41	19 56 17	29 30 47	8 55 58	28 25 08	20 00 26	18 29 05	5 11 43	10 39 06
30 M	29 41 18	28 43 09	5 ♋ 09 38	2 49 06	26 38 43	12 47 58	20 38 01	29 58 26	9 01 39	28 37 05	20 16 28	18 45 35	5 26 19	10 51 59

Notes

May 2018 — LONGITUDE

Day	☉	0 hr ☽	Noon ☽	☿	♀	♂	⚵	⚳	♃	♄	⚷	♅	♆	♇
1 Tu	0 ♑ 52 21	11 ♋ 45 12	18 ♋ 04 10	4 ♐ 04 09	28 ♑ 04 15	13 ♍ 28 45	21 ♏ 19 29	0 ♈ 26 03	9 ♋ 07 01	28 ♌ 48 39	20 ♏ 32 11	19 ♐ 01 47	5 ♏ 40 38	11 ♍ 04 33
2 W	2 01 59	24 30 46	0 ♌ 42 18	5 20 35	29 28 20	14 07 53	21 59 32	0 52 30	9 10 56	28 58 44	20 46 29	19 16 35	5 53 32	11 15 42
3 Th	3 09 20	6 ♌ 59 28	13 04 13	6 37 27	0 ♒ 50 07	14 44 32	22 37 20	1 16 56	9 12 34	29 06 28	20 58 30	19 29 07	6 04 08	11 24 34
4 F	4 13 58	19 12 29	25 11 42	7 54 13	2 09 10	15 18 14	23 12 26	1 38 56	9 11 28	29 11 26	21 07 48	19 38 58	6 12 02	11 30 43
5 Sa	5 15 56	1 ♍ 12 38	7 ♍ 08 08	9 10 51	3 25 31	15 49 02	23 44 53	1 58 30	9 07 42	29 13 39	21 14 25	19 46 09	6 17 15	11 34 11
6 Su	6 15 41	13 04 14	18 58 14	10 27 44	4 39 39	16 17 23	24 15 09	2 16 08	9 01 44	29 13 36	21 18 49	19 51 08	6 20 16	11 35 27
7 M	7 14 04	24 52 44	0 ♎ 47 47	11 45 40	5 52 23	16 44 07	24 44 05	2 32 38	8 54 24	29 12 06	21 21 50	19 54 46	6 21 55	11 35 21
8 Tu	8 12 09	6 ♎ 44 24	12 43 14	13 05 37	7 04 47	17 10 17	25 12 42	2 49 03	8 46 47	29 10 14	21 24 32	19 58 06	6 23 15	11 34 55
9 W	9 10 60	18 45 48	24 51 08	14 28 39	8 17 56	17 36 57	25 42 07	3 06 30	8 39 56	29 09 05	21 28 00	20 02 13	6 25 20	11 35 15
10 Th	10 11 34	1 ♏ 03 16	7 ♏ 17 40	15 55 40	9 32 47	18 05 04	26 13 16	3 25 54	8 34 51	29 09 35	21 33 11	20 08 04	6 29 09	11 37 19
11 F	11 14 29	13 42 21	20 07 54	17 27 15	10 49 57	18 35 14	26 46 46	3 47 53	8 32 07	29 12 21	21 40 41	20 16 15	6 35 18	11 41 43
12 Sa	12 19 55	26 47 04	3 ♐ 25 08	19 03 32	12 09 36	19 07 37	27 22 48	4 12 36	8 31 56	29 17 35	21 50 41	20 26 58	6 43 57	11 48 37
13 Su	13 27 29	10 ♐ 19 16	17 10 09	20 44 09	13 31 23	19 41 52	28 00 60	4 39 42	8 33 57	29 24 54	22 02 49	20 39 51	6 54 45	11 57 40
14 M	14 36 24	24 18 09	1 ♑ 20 54	22 28 16	14 54 28	20 17 07	28 40 32	5 08 21	8 37 20	29 33 29	22 16 16	20 54 03	7 06 53	12 08 03
15 Tu	15 45 29	8 ♑ 40 00	15 52 23	24 14 42	16 17 42	20 52 14	29 20 16	5 37 24	8 40 57	29 42 12	22 29 54	21 08 27	7 19 11	12 18 37
16 W	16 53 31	23 18 33	0 ♒ 37 17	26 02 13	17 39 52	21 25 58	29 58 57	6 05 37	8 43 35	29 49 48	22 42 27	21 21 48	7 30 25	12 28 07
17 Th	17 59 28	8 ♒ 05 53	15 27 13	27 49 47	18 59 54	21 57 17	0 ♐ 35 34	6 31 57	8 44 10	29 55 15	22 52 54	21 33 04	7 39 34	12 35 32
18 F	19 02 45	22 53 53	0 ♓ 14 08	29 36 48	20 17 14	22 25 36	1 09 31	6 55 50	8 42 10	29 57 59	23 00 40	21 41 41	7 46 03	12 40 17
19 Sa	20 03 22	7 ♓ 35 30	14 51 43	1 ♑ 23 18	21 31 53	22 50 53	1 40 48	7 17 16	8 37 35	29 58 00	23 05 46	21 47 38	7 49 51	12 42 22
20 Su	21 01 54	22 05 51	29 15 59	3 09 51	22 44 25	23 13 45	2 10 02	7 36 49	8 30 59	29 55 54	23 08 45	21 51 30	7 51 34	12 42 22
21 M	21 59 22	6 ♈ 22 23	13 ♈ 25 24	4 57 29	23 55 52	23 35 11	2 38 12	7 55 31	8 23 26	29 52 41	23 10 41	21 54 20	7 52 14	12 41 19
22 Tu	22 56 59	20 24 38	27 20 17	6 47 23	25 07 26	23 56 25	3 06 33	8 14 34	8 16 07	29 49 35	23 12 45	21 57 19	7 53 03	12 40 25
23 W	23 55 54	4 ♉ 13 30	11 ♉ 01 57	8 40 42	26 20 15	24 18 33	3 36 11	8 35 06	8 10 11	29 47 43	23 16 05	22 01 35	7 55 09	12 40 49
24 Th	24 56 56	17 50 19	24 31 58	10 38 14	27 35 09	24 42 25	4 07 56	8 57 56	8 06 28	29 47 56	23 21 31	22 07 59	7 59 21	12 43 20
25 F	26 00 26	1 ♊ 16 15	7 ♊ 51 30	12 40 18	28 52 29	25 08 22	4 42 10	9 23 26	8 05 20	29 50 34	23 29 25	22 16 51	8 06 01	12 48 20
26 Sa	27 06 16	14 31 52	21 00 59	14 46 44	0 ♓ 12 05	25 36 13	5 18 44	9 51 26	8 06 37	29 55 30	23 39 36	22 28 02	8 15 00	12 55 39
27 Su	28 13 48	27 37 01	4 ♋ 00 07	16 56 53	1 33 23	26 05 23	5 57 01	10 21 20	8 09 44	0 ♍ 02 06	23 51 30	22 40 57	8 25 42	13 04 41
28 M	29 22 10	10 ♋ 31 01	16 48 09	19 09 44	2 55 26	26 34 55	6 36 07	10 52 13	8 13 47	0 09 28	24 04 12	22 54 40	8 37 13	13 14 32
29 Tu	0 ♒ 30 19	23 12 57	29 24 15	21 24 13	4 17 14	27 03 49	7 15 00	11 23 04	8 17 44	0 16 36	24 16 39	23 08 10	8 48 30	13 24 10
30 W	1 37 17	5 ♌ 42 11	11 ♌ 47 57	23 39 12	5 37 49	27 31 04	7 52 43	11 52 53	8 20 38	0 22 30	24 27 54	23 20 29	8 58 35	13 32 37
31 Th	2 42 20	17 58 42	23 59 34	25 53 51	6 56 25	27 55 56	8 28 29	12 20 58	8 21 43	0 26 26	24 37 11	23 30 53	9 06 44	13 39 09

June 2018 — LONGITUDE

Day	☉	0 hr ☽	Noon ☽	☿	♀	♂	⚵	⚳	♃	♄	⚷	♅	♆	♇
1 F	3 ♒ 45 03	0 ♍ 03 31	6 ♍ 00 25	28 ♑ 07 34	8 ♓ 12 38	28 ♍ 17 59	9 ♐ 01 56	12 ♈ 46 51	8 ♋ 20 36	0 ♍ 28 00	24 ♏ 44 08	23 ♐ 38 55	9 ♏ 12 33	13 ♍ 43 21
2 Sa	4 45 24	11 58 43	17 53 03	0 ♒ 20 07	9 26 26	28 37 11	9 32 60	13 10 33	8 17 15	0 27 10	24 48 41	23 44 36	9 15 58	13 45 11
3 Su	5 43 43	23 47 36	29 41 08	2 31 39	10 38 09	28 53 50	10 02 01	13 32 21	8 11 59	0 24 16	24 51 09	23 48 13	9 17 21	13 44 58
4 M	6 40 38	5 ♎ 34 32	11 ♎ 29 25	4 42 31	11 48 25	29 08 33	10 29 38	13 52 55	8 05 28	0 19 55	24 52 12	23 50 25	9 17 18	13 43 21
5 Tu	7 36 59	17 24 45	23 23 23	6 53 19	12 58 02	29 22 10	10 56 39	14 13 02	7 58 30	0 14 58	24 52 38	23 52 02	9 16 40	13 41 09
6 W	8 33 38	29 24 04	5 ♏ 29 01	9 04 40	14 07 54	29 35 32	11 23 58	14 33 36	7 51 58	0 10 16	24 53 21	23 53 56	9 16 19	13 39 15
7 Th	9 31 23	11 ♏ 38 26	17 52 16	11 17 04	15 18 49	29 49 25	11 52 21	14 55 25	7 46 41	0 06 39	24 55 07	23 56 55	9 17 02	13 38 26
8 F	10 30 47	24 13 27	0 ♐ 38 30	13 30 49	16 31 19	0 ♎ 04 24	12 22 22	15 19 01	7 43 12	0 04 39	24 58 30	24 01 32	9 19 23	13 39 17
9 Sa	11 32 04	7 ♐ 13 47	13 51 51	15 45 51	17 45 39	0 20 39	12 54 15	15 44 38	7 41 44	0 04 30	25 03 44	24 08 00	9 23 36	13 41 60
10 Su	12 35 03	20 42 27	27 34 28	18 01 45	19 01 36	0 37 60	13 27 49	16 12 05	7 42 07	0 06 01	25 10 37	24 16 09	9 29 30	13 46 24
11 M	13 39 10	4 ♑ 40 10	11 ♑ 45 49	20 17 42	20 18 37	0 55 52	14 02 28	16 40 48	7 43 48	0 08 38	25 18 36	24 25 25	9 36 30	13 51 56
12 Tu	14 43 36	19 04 45	26 22 15	22 32 39	21 35 53	1 13 24	14 37 25	17 09 57	7 45 56	0 11 32	25 26 51	24 34 58	9 43 47	13 57 45
13 W	15 47 25	3 ♒ 51 02	11 ♒ 17 14	24 45 30	22 52 28	1 29 40	15 11 43	17 38 37	7 47 37	0 13 48	25 34 27	24 43 52	9 50 25	14 02 58
14 Th	16 49 49	18 51 18	26 22 00	26 55 18	24 07 34	1 43 54	15 44 35	18 05 60	7 48 03	0 14 38	25 40 36	24 51 21	9 55 38	14 06 46
15 F	17 50 20	3 ♓ 56 25	11 ♓ 27 05	29 01 24	25 20 43	1 55 34	16 15 32	18 31 37	7 46 46	0 13 34	25 44 49	24 56 54	9 58 57	14 08 41
16 Sa	18 48 54	18 57 20	26 23 45	1 ♓ 03 38	26 31 50	2 04 37	16 44 30	18 55 25	7 43 42	0 10 32	25 47 03	25 00 30	10 00 17	14 08 38
17 Su	19 45 53	3 ♈ 46 26	11 ♈ 05 21	3 02 17	27 41 18	2 11 25	17 11 51	19 17 45	7 39 14	0 05 55	25 47 41	25 02 30	10 00 02	14 07 01
18 M	20 41 59	18 18 28	25 27 49	4 57 57	28 49 49	2 16 39	17 38 17	19 39 19	7 34 03	0 00 24	25 47 22	25 03 35	9 58 52	14 04 31
19 Tu	21 38 02	2 ♉ 30 43	9 ♉ 29 35	6 51 25	29 58 11	2 21 08	18 04 38	20 00 56	7 28 59	29 ♌ 54 49	25 46 58	25 04 34	9 57 37	14 01 57
20 W	22 34 47	16 22 39	23 11 02	8 43 24	1 ♈ 07 11	2 25 39	18 31 40	20 23 23	7 24 49	29 49 57	25 47 15	25 06 16	9 57 05	14 00 06
21 Th	23 32 50	29 55 11	6 ♊ 33 43	10 34 27	2 17 23	2 30 45	18 59 56	20 47 15	7 22 07	29 46 22	25 48 47	25 09 13	9 57 48	13 59 33
22 F	24 32 26	13 ♊ 10 01	19 39 39	12 24 47	3 29 02	2 36 41	19 29 44	21 12 45	7 21 09	29 44 19	25 51 48	25 13 42	10 00 03	14 00 32
23 Sa	25 33 29	26 09 03	2 ♋ 30 52	14 14 18	4 42 04	2 43 22	20 00 56	21 39 50	7 21 49	29 43 45	25 56 16	25 19 36	10 03 44	14 02 59
24 Su	26 35 38	8 ♋ 54 06	15 09 07	16 02 38	5 56 06	2 50 25	20 33 12	22 08 06	7 23 46	29 44 16	26 01 47	25 26 35	10 08 30	14 06 32
25 M	27 38 20	21 26 37	27 35 50	17 49 14	7 10 35	2 57 18	21 05 59	22 37 01	7 26 27	29 45 20	26 07 47	25 34 05	10 13 48	14 10 38
26 Tu	28 40 57	3 ♌ 47 53	9 ♌ 52 10	19 33 25	8 24 52	3 03 21	21 38 37	23 05 57	7 29 13	29 46 20	26 13 41	25 41 27	10 18 58	14 14 39
27 W	29 42 54	15 59 03	21 59 14	21 14 38	9 38 24	3 08 01	22 10 33	23 34 19	7 31 30	29 46 39	26 18 51	25 48 08	10 23 28	14 17 59
28 Th	0 ♓ 43 44	28 01 21	3 ♍ 58 19	22 52 25	10 50 42	3 10 48	22 41 18	24 01 39	7 32 52	29 45 53	26 22 52	25 53 40	10 26 49	14 20 13
29 F	1 43 12	9 ♍ 56 20	15 51 04	24 26 29	12 01 31	3 11 29	23 10 39	24 27 43	7 33 02	29 43 44	26 25 28	25 57 47	10 28 46	14 21 05
30 Sa	2 41 17	21 45 59	27 39 38	25 56 48	13 10 51	3 10 02	23 38 33	24 52 29	7 31 59	29 40 13	26 26 38	26 00 29	10 29 18	14 20 33

Notes

LONGITUDE July 2018

Day	☉	0 hr ☽	Noon ☽	☿	♀	♂	⚶	⚵	♃	♄	⚷	♅	♆	♇
1 Su	3 ♓ 38 09	3 ♎ 32 55	9 ♎ 26 52	27 ♓ 23 32	14 ♈ 18 50	3 ♎ 06 36	24 ♐ 05 10	25 ♈ 16 07	7 ♋ 29 55	29 ♌ 35 29	26 ♏ 26 32	26 ♐ 01 56	10 ♏ 28 36	14 ♍ 18 47
2 M	4 34 08	15 20 21	21 16 13	28 46 58	15 25 50	3 01 32	24 30 51	25 38 56	7 27 08	29 29 53	26 25 30	26 02 27	10 26 59	14 16 09
3 Tu	5 29 43	27 12 07	3 ♏ 11 48	0 ♈ 07 33	16 32 17	2 55 18	24 56 03	26 01 26	7 24 07	29 23 52	26 23 59	26 02 31	10 24 55	14 13 05
4 W	6 25 20	9 ♏ 12 34	15 18 07	1 25 43	17 38 39	2 48 22	25 21 14	26 24 03	7 21 20	29 17 56	26 22 29	26 02 35	10 22 52	14 10 03
5 Th	7 21 26	21 26 21	27 39 58	2 41 50	18 45 23	2 41 10	25 46 50	26 47 14	7 19 12	29 12 29	26 21 24	26 03 05	10 21 16	14 07 31
6 F	8 18 21	3 ♐ 58 09	10 ♐ 21 59	3 56 11	19 52 47	2 34 02	26 13 09	27 11 16	7 18 02	29 07 50	26 21 03	26 04 20	10 20 26	14 05 45
7 Sa	9 16 10	16 52 17	23 28 12	5 08 50	21 00 58	2 27 05	26 40 18	27 36 19	7 17 59	29 04 08	26 21 35	26 06 28	10 20 29	14 04 55
8 Su	10 14 51	0 ♑ 12 10	7 ♑ 01 27	6 19 39	22 09 52	2 20 17	27 08 15	28 02 16	7 18 57	29 01 18	26 22 54	26 09 24	10 21 21	14 04 55
9 M	11 14 09	13 59 41	21 02 42	7 28 17	23 19 14	2 13 22	27 36 42	28 28 55	7 20 43	28 59 05	26 24 46	26 12 53	10 22 48	14 05 32
10 Tu	12 13 40	28 14 37	5 ♒ 30 28	8 34 19	24 28 41	2 06 00	28 05 19	28 55 51	7 22 52	28 57 07	26 26 49	26 16 34	10 24 26	14 06 21
11 W	13 13 01	12 ♒ 54 05	20 20 28	9 37 14	25 37 49	1 57 47	28 33 39	29 22 40	7 25 02	28 55 01	26 28 37	26 20 00	10 25 52	14 06 60
12 Th	14 11 50	27 52 26	5 ♓ 25 46	10 36 35	26 46 17	1 48 24	29 01 22	29 49 01	7 26 51	28 52 24	26 29 51	26 22 52	10 26 43	14 07 06
13 F	15 09 55	13 ♓ 01 44	20 37 28	11 32 03	27 53 51	1 37 41	29 28 16	0 ♉ 14 43	7 28 06	28 49 05	26 30 17	26 24 57	10 26 50	14 06 29
14 Sa	16 07 16	28 12 40	5 ♈ 46 02	12 23 31	29 00 31	1 25 36	29 54 19	0 39 43	7 28 48	28 45 02	26 29 55	26 26 14	10 26 09	14 05 06
15 Su	17 03 59	13 ♈ 16 01	20 42 41	13 10 58	0 ♉ 06 25	1 12 23	0 ♑ 19 40	1 04 11	7 29 03	28 40 25	26 28 53	26 26 51	10 24 49	14 03 07
16 M	18 00 22	28 03 50	5 ♉ 20 33	13 54 34	1 11 48	0 58 17	0 44 35	1 28 21	7 29 08	28 35 30	26 27 27	26 27 05	10 23 08	14 00 47
17 Tu	18 56 43	12 ♉ 30 31	19 35 15	14 34 27	2 16 59	0 43 40	1 09 20	1 52 32	7 29 22	28 30 35	26 25 55	26 27 13	10 21 21	13 58 24
18 W	19 53 16	26 32 56	3 ♊ 24 58	15 10 44	3 22 11	0 28 49	1 34 12	2 16 60	7 29 58	28 25 54	26 24 32	26 27 31	10 19 46	13 56 14
19 Th	20 50 11	10 ♊ 10 22	16 50 01	15 43 25	4 27 34	0 13 55	1 59 20	2 41 52	7 31 08	28 21 38	26 23 29	26 28 07	10 18 30	13 54 26
20 F	21 47 30	23 23 55	29 52 15	16 12 23	5 33 12	29 ♍ 59 04	2 24 47	3 07 13	7 32 52	28 17 50	26 22 47	26 29 06	10 17 38	13 53 03
21 Sa	22 45 11	6 ♋ 15 54	12 ♋ 34 27	16 37 25	6 38 58	29 44 14	2 50 28	3 32 58	7 35 09	28 14 25	26 22 23	26 30 23	10 17 06	13 52 01
22 Su	23 43 06	18 49 23	24 59 51	16 58 14	7 44 47	29 29 20	3 16 16	3 58 59	7 37 49	28 11 17	26 22 09	26 31 49	10 16 45	13 51 12
23 M	24 41 04	1 ♌ 07 38	7 ♌ 11 46	17 14 31	8 50 27	29 14 14	3 42 01	4 25 08	7 40 43	28 08 16	26 21 56	26 33 17	10 16 26	13 50 28
24 Tu	25 38 58	13 13 58	19 13 25	17 26 01	9 55 50	28 58 52	4 07 34	4 51 15	7 43 43	28 05 13	26 21 36	26 34 38	10 16 01	13 49 40
25 W	26 36 43	25 11 33	1 ♍ 07 48	17 32 28	11 00 51	28 43 10	4 32 51	5 17 15	7 46 44	28 02 04	26 21 02	26 35 45	10 15 25	13 48 41
26 Th	27 34 17	7 ♍ 03 15	12 57 42	17 33 47	12 05 26	28 27 08	4 57 49	5 43 07	7 49 43	27 58 46	26 20 14	26 36 38	10 14 35	13 47 32
27 F	28 31 41	18 51 47	24 45 38	17 29 53	13 09 39	28 10 52	5 22 30	6 08 51	7 52 42	27 55 22	26 19 13	26 37 18	10 13 34	13 46 13
28 Sa	29 28 60	0 ♎ 39 37	6 ♎ 34 03	17 20 50	14 13 32	27 54 28	5 46 58	6 34 32	7 55 46	27 51 56	26 18 03	26 37 49	10 12 26	13 44 49
29 Su	0 ♈ 26 20	12 29 10	18 25 18	17 06 44	15 17 12	27 38 04	6 11 18	7 00 17	7 58 60	27 48 34	26 16 51	26 38 18	10 11 17	13 43 25
30 M	1 23 46	24 22 49	0 ♏ 21 51	16 47 44	16 20 42	27 21 48	6 35 36	7 26 09	8 02 29	27 45 20	26 15 41	26 38 49	10 10 11	13 42 07
31 Tu	2 21 21	6 ♏ 23 01	12 26 13	16 24 01	17 24 06	27 05 47	6 59 54	7 52 13	8 06 16	27 42 19	26 14 36	26 39 24	10 09 13	13 40 58

LONGITUDE August 2018

Day	☉	0 hr ☽	Noon ☽	☿	♀	♂	⚶	⚵	♃	♄	⚷	♅	♆	♇
1 W	3 ♈ 19 04	18 ♏ 32 22	24 ♏ 41 07	15 ♈ 55 47	18 ♉ 27 23	26 ♍ 50 01	7 ♑ 24 12	8 ♉ 18 27	8 ♋ 10 21	27 ♌ 39 29	26 ♏ 13 37	26 ♐ 40 05	10 ♏ 08 20	13 ♍ 39 57
2 Th	4 16 53	0 ♐ 53 38	7 ♐ 09 27	15 23 18	19 30 28	26 34 30	7 48 25	8 44 47	8 14 40	27 36 48	26 12 38	26 40 47	10 07 31	13 39 01
3 F	5 14 40	13 29 44	19 54 09	14 46 50	20 33 15	26 19 10	8 12 27	9 11 08	8 19 06	27 34 08	26 11 35	26 41 23	10 06 37	13 38 02
4 Sa	6 12 19	26 23 38	2 ♑ 58 07	14 06 44	21 35 36	26 03 55	8 36 09	9 37 21	8 23 32	27 31 22	26 10 18	26 41 46	10 05 32	13 36 54
5 Su	7 09 41	9 ♑ 38 01	16 23 47	13 23 29	22 37 24	25 48 43	8 59 26	10 03 20	8 27 50	27 28 24	26 08 42	26 41 49	10 04 09	13 35 31
6 M	8 06 46	23 15 04	0 ♒ 12 47	12 37 42	23 38 35	25 33 32	9 22 15	10 29 02	8 31 59	27 25 11	26 06 44	26 41 30	10 02 26	13 33 48
7 Tu	9 03 36	7 ♒ 15 50	14 25 23	11 50 12	24 39 13	25 18 29	9 44 37	10 54 31	8 36 01	27 21 46	26 04 27	26 40 52	10 00 25	13 31 50
8 W	10 00 19	21 39 43	28 59 56	11 01 57	25 39 26	25 03 45	10 06 43	11 19 54	8 40 06	27 18 19	26 02 00	26 40 04	9 58 16	13 29 46
9 Th	10 57 11	6 ♓ 23 59	13 ♓ 52 27	10 14 03	26 39 27	24 49 36	10 28 45	11 45 28	8 44 26	27 15 03	25 59 38	26 39 19	9 56 13	13 27 50
10 F	11 54 27	21 23 29	28 56 39	9 27 39	27 39 31	24 36 21	10 50 59	12 11 25	8 49 19	27 12 14	25 57 36	26 38 54	9 54 31	13 26 16
11 Sa	12 52 18	6 ♈ 30 50	14 ♈ 04 21	8 43 52	28 39 51	24 24 13	11 13 36	12 37 60	8 54 55	27 10 05	25 56 05	26 39 00	9 53 22	13 25 18
12 Su	13 50 51	21 37 15	29 06 33	8 03 39	29 40 31	24 13 22	11 36 43	13 05 17	9 01 21	27 08 40	25 55 13	26 39 44	9 52 53	13 25 01
13 M	14 50 01	6 ♉ 33 42	13 ♉ 54 40	7 27 48	0 ♊ 41 26	24 03 44	12 00 15	13 33 12	9 08 32	27 07 58	25 54 54	26 41 01	9 52 59	13 25 22
14 Tu	15 49 35	21 12 10	28 21 44	6 56 53	1 42 22	23 55 09	12 23 59	14 01 33	9 16 15	27 07 43	25 54 56	26 42 39	9 53 28	13 26 07
15 W	16 49 14	5 ♊ 26 49	12 ♊ 23 11	6 31 16	2 42 60	23 47 19	12 47 35	14 29 60	9 24 11	27 07 38	25 55 00	26 44 17	9 53 59	13 26 56
16 Th	17 48 36	19 14 26	25 57 11	6 11 13	3 42 56	23 39 53	13 10 41	14 58 10	9 31 58	27 07 19	25 54 44	26 45 34	9 54 12	13 27 29
17 F	18 47 22	2 ♋ 34 24	9 ♋ 04 14	5 56 57	4 41 50	23 32 33	13 32 58	15 25 45	9 39 17	27 06 29	25 53 48	26 46 12	9 53 46	13 27 26
18 Sa	19 45 20	15 28 25	21 46 51	5 48 42	5 39 31	23 25 10	13 54 13	15 52 33	9 45 55	27 04 56	25 52 02	26 45 58	9 52 32	13 26 35
19 Su	20 42 29	27 59 45	4 ♌ 08 49	5 46 48	6 35 56	23 17 43	14 14 26	16 18 33	9 51 52	27 02 37	25 49 23	26 44 51	9 50 26	13 24 55
20 M	21 38 59	10 ♌ 12 47	16 14 42	5 51 38	7 31 13	23 10 22	14 33 45	16 43 54	9 57 17	26 59 44	25 46 01	26 42 60	9 47 39	13 22 35
21 Tu	22 35 07	22 12 19	28 09 23	6 03 41	8 25 39	23 03 25	14 52 28	17 08 54	10 02 27	26 56 33	25 42 15	26 40 44	9 44 28	13 19 54
22 W	23 31 18	4 ♍ 03 16	9 ♍ 57 38	6 23 26	9 19 39	22 57 18	15 10 60	17 33 58	10 07 47	26 53 30	25 38 29	26 38 27	9 41 19	13 17 16
23 Th	24 28 00	15 50 17	21 43 54	6 51 21	10 13 37	22 52 28	15 29 47	17 59 32	10 13 45	26 51 01	25 35 11	26 36 36	9 38 39	13 15 09
24 F	25 25 36	27 37 33	3 ♎ 32 04	7 27 45	11 07 58	22 49 20	15 49 13	18 26 01	10 20 44	26 49 31	25 32 43	26 35 36	9 36 51	13 13 56
25 Sa	26 24 26	9 ♎ 28 33	15 25 23	8 12 51	12 02 58	22 48 13	16 09 37	18 53 44	10 29 03	26 49 18	25 31 26	26 35 45	9 36 15	13 13 56
26 Su	27 24 36	21 26 06	27 26 23	9 06 34	12 58 45	22 49 14	16 31 05	19 22 47	10 38 49	26 50 31	25 31 27	26 37 11	9 36 58	13 15 17
27 M	28 26 04	3 ♏ 32 17	9 ♏ 36 55	10 08 36	13 55 13	22 52 19	16 53 34	19 53 07	10 49 59	26 53 05	25 32 41	26 39 50	9 38 55	13 17 55
28 Tu	29 28 31	15 48 32	21 58 15	11 18 23	14 52 04	22 57 12	17 16 46	20 24 28	11 02 14	26 56 43	25 34 52	26 43 24	9 41 51	13 21 33
29 W	0 ♉ 31 31	28 15 49	4 ♐ 31 16	12 35 06	15 48 48	23 03 25	17 40 13	20 56 20	11 15 08	27 00 57	25 37 32	26 47 26	9 45 17	13 25 43
30 Th	1 34 28	10 ♐ 54 47	17 16 35	13 57 47	16 44 49	23 10 21	18 03 18	21 28 09	11 28 05	27 05 12	25 40 06	26 51 21	9 48 38	13 29 49
31 F	2 36 45	23 46 05	0 ♑ 14 52	15 25 24	17 39 30	23 17 24	18 25 26	21 59 18	11 40 27	27 08 52	25 41 58	26 54 32	9 51 17	13 33 15

Notes

September 2018

LONGITUDE

Day	☉	0 hr ☽	Noon ☽	☿	♀	♂	⚵	⚳	♃	♄	⚷	♅	♆	♇
1 Sa	3 ♉ 37 53	6 ♑ 50 29	13 ♑ 26 56	16 ♈ 56 59	18 ♊ 32 19	23 ♍ 24 04	18 ♑ 46 06	22 ♉ 29 16	11 ♋ 51 46	27 ♌ 11 25	25 ♏ 42 36	26 ♐ 56 29	9 ♏ 52 45	13 ♍ 35 32
2 Su	4 37 34	20 09 04	26 53 49	18 31 47	19 22 56	23 30 04	19 04 59	22 57 48	12 01 43	27 12 37	25 41 44	26 56 55	9 52 44	13 36 21
3 M	5 35 50	3 ♒ 43 06	10 ♒ 36 41	20 09 18	20 11 22	23 35 24	19 22 08	23 24 53	12 10 20	27 12 26	25 39 24	26 55 51	9 51 15	13 35 44
4 Tu	6 33 02	17 33 52	24 36 29	21 49 24	20 57 57	23 40 26	19 37 52	23 50 54	12 17 59	27 11 16	25 35 56	26 53 38	9 48 40	13 34 03
5 W	7 29 48	1 ♓ 42 07	8 ♓ 53 24	23 32 13	21 43 18	23 45 47	19 52 50	24 16 28	12 25 17	27 09 44	25 32 00	26 50 56	9 45 38	13 31 56
6 Th	8 26 58	16 07 34	23 26 18	25 18 04	22 28 11	23 52 17	20 07 50	24 42 25	12 33 03	27 08 38	25 28 24	26 48 32	9 42 56	13 30 11
7 F	9 25 18	0 ♈ 48 07	8 ♈ 12 08	27 07 17	23 13 21	24 00 42	20 23 39	25 09 31	12 42 04	27 08 48	25 25 56	26 47 14	9 41 23	13 29 37
8 Sa	10 25 24	15 39 30	23 05 40	28 59 59	23 59 22	24 11 36	20 40 52	25 38 22	12 52 56	27 10 46	25 25 09	26 47 37	9 41 34	13 30 48
9 Su	11 27 28	0 ♉ 35 17	7 ♉ 59 47	0 ♉ 56 01	24 46 26	24 25 13	20 59 41	26 09 11	13 05 52	27 14 48	25 26 20	26 49 55	9 43 42	13 33 57
10 M	12 31 20	15 27 29	22 46 18	2 54 48	25 34 18	24 41 21	21 19 55	26 41 47	13 20 40	27 20 42	25 29 14	26 53 57	9 47 35	13 38 54
11 Tu	13 36 25	0 ♊ 07 38	7 ♊ 17 15	4 55 25	26 22 20	24 59 25	21 40 58	27 15 34	13 36 45	27 27 52	25 33 19	26 59 06	9 52 40	13 45 03
12 W	14 41 52	14 28 16	21 26 05	6 56 44	27 09 42	25 18 34	22 02 01	27 49 43	13 53 17	27 35 29	25 37 44	27 04 35	9 58 05	13 51 34
13 Th	15 46 48	28 23 57	5 ♋ 08 41	8 57 38	27 55 26	25 37 53	22 22 09	28 23 19	14 09 23	27 42 38	25 41 35	27 09 28	10 02 58	13 57 34
14 F	16 50 27	11 ♋ 51 59	18 23 36	10 57 06	28 38 43	25 56 36	22 40 35	28 55 38	14 24 16	27 48 36	25 44 07	27 13 00	10 06 32	14 02 18
15 Sa	17 52 21	24 52 27	1 ♌ 12 03	12 54 30	29 19 04	26 14 14	22 56 53	29 26 10	14 37 29	27 52 52	25 44 52	27 14 44	10 08 20	14 05 16
16 Su	18 52 24	7 ♌ 27 51	13 37 18	14 49 34	29 56 18	26 30 41	23 10 54	29 54 51	14 48 55	27 55 22	25 43 44	27 14 33	10 08 16	14 06 24
17 M	19 50 53	19 42 32	25 44 13	16 42 29	0 ♋ 30 41	26 46 13	23 22 57	0 ♊ 21 57	14 58 52	27 56 22	25 41 00	27 12 45	10 06 37	14 05 58
18 Tu	20 48 25	1 ♍ 41 58	7 ♍ 38 29	18 33 43	1 02 45	27 01 25	23 33 37	0 48 04	15 07 55	27 56 30	25 37 17	27 09 55	10 03 59	14 04 34
19 W	21 45 48	13 32 12	19 26 10	20 24 02	1 33 16	27 17 05	23 43 42	1 14 01	15 16 54	27 56 32	25 33 23	27 06 53	10 01 11	14 03 02
20 Th	22 43 55	25 19 19	1 ♎ 13 12	22 14 14	2 03 03	27 34 05	23 54 04	1 40 41	15 26 41	27 57 22	25 30 11	27 04 31	9 59 05	14 02 13
21 F	23 43 34	7 ♎ 08 56	13 04 57	24 05 04	2 32 51	27 53 12	24 05 32	2 08 51	15 38 03	27 59 49	25 28 29	27 03 39	9 58 31	14 02 57
22 Sa	24 45 21	19 05 53	25 05 52	25 57 06	3 03 13	28 15 01	24 18 40	2 39 09	15 51 38	28 04 28	25 28 54	27 04 50	10 00 04	14 05 49
23 Su	25 49 33	1 ♏ 13 55	7 ♏ 19 17	27 50 36	3 34 21	28 39 48	24 33 45	3 11 49	16 07 40	28 11 36	25 31 41	27 08 22	10 03 60	14 11 05
24 M	26 56 04	13 35 30	19 47 10	29 45 26	4 06 05	29 07 26	24 50 41	3 46 46	16 26 04	28 21 05	25 36 45	27 14 10	10 10 13	14 18 40
25 Tu	28 04 23	26 11 45	2 ♐ 30 10	1 ♊ 41 07	4 37 53	29 37 25	25 08 57	4 23 30	16 46 21	28 32 28	25 43 36	27 21 43	10 18 14	14 28 04
26 W	29 13 43	9 ♐ 02 32	15 27 43	3 36 48	5 08 53	0 ♎ 08 54	25 27 43	5 01 13	17 07 40	28 44 54	25 51 26	27 30 12	10 27 14	14 38 27
27 Th	0 ♊ 23 01	22 06 42	28 38 23	5 31 31	5 37 58	0 40 52	25 45 58	5 38 53	17 29 02	28 57 23	25 59 12	27 38 36	10 36 11	14 48 49
28 F	1 31 16	5 ♑ 22 33	12 ♑ 00 19	7 24 11	6 04 02	1 12 14	26 02 39	6 15 26	17 49 22	29 08 51	26 05 52	27 45 52	10 44 02	14 58 07
29 Sa	2 37 34	18 48 21	25 31 46	9 13 57	6 26 11	1 42 09	26 16 53	6 50 01	18 07 48	29 18 26	26 10 35	27 51 09	10 49 56	15 05 27
30 Su	3 41 26	2 ♒ 22 48	9 ♒ 11 33	11 00 22	6 43 50	2 10 05	26 28 10	7 22 09	18 23 52	29 25 39	26 12 50	27 53 56	10 53 23	15 10 22

October 2018

LONGITUDE

Day	☉	0 hr ☽	Noon ☽	☿	♀	♂	⚵	⚳	♃	♄	⚷	♅	♆	♇
1 M	4 ♊ 42 54	16 ♒ 05 23	22 ♒ 59 19	12 ♊ 43 26	6 ♋ 56 58	2 ♎ 36 03	26 ♑ 36 31	7 ♊ 51 49	18 ♋ 37 32	29 ♌ 30 30	26 ♏ 12 38	27 ♐ 54 14	10 ♏ 54 23	15 ♍ 12 51
2 Tu	5 42 28	29 56 24	6 ♓ 55 29	14 23 42	7 06 03	3 00 35	26 42 26	8 19 34	18 49 23	29 33 31	26 10 31	27 52 36	10 53 29	15 13 27
3 W	6 41 09	13 ♓ 56 44	21 00 51	16 02 11	7 12 01	3 24 38	26 46 54	8 46 22	19 00 21	29 35 42	26 07 29	27 50 00	10 51 40	15 13 08
4 Th	7 40 09	28 07 15	5 ♈ 15 56	17 40 07	7 16 02	3 49 26	26 51 09	9 13 28	19 11 41	29 38 15	26 04 44	27 47 40	10 50 09	15 13 08
5 F	8 40 41	12 ♈ 27 58	19 40 13	19 18 44	7 19 17	4 16 10	26 56 23	9 42 04	19 24 35	29 42 23	26 03 30	27 46 49	10 50 08	15 14 40
6 Sa	9 43 40	26 57 27	4 ♉ 11 31	20 58 56	7 22 37	4 45 45	27 03 29	10 13 03	19 39 58	29 49 01	26 04 41	27 48 20	10 52 33	15 18 37
7 Su	10 49 29	11 ♉ 32 13	18 45 36	22 41 11	7 26 25	5 18 35	27 12 53	10 46 51	19 58 14	29 58 34	26 08 42	27 52 40	10 57 47	15 25 26
8 M	11 57 59	26 06 47	3 ♊ 16 31	24 25 16	7 30 29	5 54 28	27 24 22	11 23 17	20 19 11	0 ♍ 10 49	26 15 21	27 59 36	11 05 41	15 34 53
9 Tu	13 08 23	10 ♊ 34 22	17 37 23	26 10 29	7 34 01	6 32 38	27 37 12	12 01 34	20 42 05	0 25 02	26 23 54	28 08 23	11 15 27	15 46 15
10 W	14 19 33	24 47 54	1 ♋ 41 36	27 55 41	7 35 54	7 11 58	27 50 15	12 40 36	21 05 48	0 40 04	26 33 12	28 17 54	11 26 00	15 58 24
11 Th	15 30 15	8 ♋ 41 18	15 23 57	29 39 39	7 34 53	7 51 10	28 02 14	13 19 06	21 29 04	0 54 42	26 42 01	28 26 54	11 36 03	16 10 04
12 F	16 39 22	22 10 30	28 41 26	1 ♋ 21 16	7 29 51	8 29 08	28 12 04	13 55 59	21 50 47	1 07 47	26 49 14	28 34 16	11 44 31	16 20 08
13 Sa	17 46 09	5 ♌ 14 00	11 ♌ 33 40	2 59 47	7 20 06	9 05 07	28 19 00	14 30 30	22 10 11	1 18 36	26 54 06	28 39 15	11 50 37	16 27 52
14 Su	18 50 19	17 52 55	24 02 41	4 34 58	7 05 25	9 38 49	28 22 46	15 02 21	22 27 00	1 26 51	26 56 22	28 41 35	11 54 07	16 32 60
15 M	19 52 08	0 ♍ 10 36	6 ♍ 12 32	6 07 02	6 46 06	10 10 30	28 23 36	15 31 49	22 41 31	1 32 49	26 56 16	28 41 32	11 55 15	16 35 46
16 Tu	20 52 18	12 12 09	18 08 46	7 36 43	6 22 56	10 40 50	28 22 13	15 59 35	22 54 23	1 37 10	26 54 30	28 39 46	11 54 43	16 36 53
17 W	21 51 47	24 03 44	29 57 47	9 04 58	5 57 01	11 10 49	28 19 36	16 26 38	23 06 36	1 40 54	26 52 04	28 37 19	11 53 31	16 37 20
18 Th	22 51 44	5 ♎ 52 01	11 ♎ 46 17	10 32 54	5 29 35	11 41 32	28 16 52	16 54 06	23 19 19	1 45 09	26 50 05	28 35 16	11 52 45	16 38 15
19 F	23 53 12	17 43 34	23 40 42	12 01 36	5 01 52	12 14 04	28 15 07	17 23 02	23 33 34	1 50 58	26 49 37	28 34 43	11 53 31	16 40 40
20 Sa	24 57 00	29 44 23	5 ♏ 46 45	13 31 51	4 34 49	12 49 13	28 15 09	17 54 17	23 50 11	1 59 11	26 51 30	28 36 29	11 56 37	16 45 26
21 Su	26 03 36	11 ♏ 59 25	18 08 53	15 04 05	4 09 05	13 27 25	28 17 25	18 28 15	24 09 36	2 10 13	26 56 10	28 40 59	12 02 29	16 52 60
22 M	27 12 56	24 32 07	0 ♐ 50 00	16 38 13	3 44 49	14 08 37	28 21 53	19 04 56	24 31 47	2 24 03	27 03 34	28 48 12	12 11 06	17 03 17
23 Tu	28 24 30	7 ♐ 24 13	13 51 06	18 13 42	3 21 41	14 52 17	28 28 02	19 43 47	24 56 12	2 40 09	27 13 11	28 57 36	12 21 56	17 15 48
24 W	29 37 19	20 35 33	27 11 16	19 49 32	2 58 60	15 37 27	28 34 54	20 23 50	25 21 54	2 57 33	27 24 04	29 08 14	12 34 01	17 29 34
25 Th	0 ♋ 50 10	4 ♑ 04 11	10 ♑ 47 51	21 24 26	2 35 45	16 22 54	28 41 18	21 03 53	25 47 38	3 15 02	27 34 60	29 18 52	12 46 08	17 43 23
26 F	2 01 48	17 46 49	24 37 02	22 57 07	2 10 56	17 07 20	28 45 57	21 42 39	26 12 10	3 31 20	27 44 42	29 28 15	12 57 01	17 55 57
27 Sa	3 11 10	1 ♒ 39 27	8 ♒ 34 35	24 26 26	1 43 45	17 49 44	28 47 49	22 19 06	26 34 27	3 45 24	27 52 08	29 35 21	13 05 38	18 06 16
28 Su	4 17 41	15 38 13	22 36 42	25 51 42	1 13 52	18 29 28	28 46 20	22 52 38	26 53 51	3 56 39	27 56 42	29 39 32	13 11 22	18 13 42
29 M	5 21 17	29 40 05	6 ♓ 40 39	27 12 51	0 41 30	19 06 30	28 41 27	23 23 13	27 10 23	4 05 03	27 58 23	29 40 48	13 14 13	18 18 14
30 Tu	6 22 37	13 ♓ 43 17	20 45 04	28 30 19	0 07 30	19 41 27	28 33 49	23 51 27	27 24 37	4 11 11	27 57 47	29 39 45	13 14 45	18 20 28
31 W	7 22 43	27 47 23	4 ♈ 49 52	29 45 05	29 ♊ 33 10	20 15 23	28 24 29	24 18 24	27 37 39	4 16 08	27 55 57	29 37 27	13 14 04	18 21 29

Notes

LONGITUDE — November 2018

Day	☉	0 hr ☽	Noon ☽	☿	♀	♂	⚵	⚳	♃	♄	⚷	♅	♆	♇
1 Th	8 ♋ 22 58	11 ♈ 52 47	18 ♈ 55 37	0 ♌ 58 22	29 ♊ 00 06	20 ♎ 49 38	28 ♑ 14 50	24 ♊ 45 27	27 ♋ 50 49	4 ♍ 21 15	27 ♏ 54 16	29 ♐ 35 15	13 ♏ 13 31	18 ♍ 22 38
2 F	9 24 40	26 00 08	3 ♉ 02 54	2 11 18	28 29 48	21 25 31	28 06 13	25 13 53	28 05 26	4 27 52	27 54 03	29 34 29	13 14 25	18 25 13
3 Sa	10 28 50	10 ♉ 09 28	17 11 27	3 24 43	28 03 29	22 04 03	27 59 39	25 44 43	28 22 31	4 36 58	27 56 17	29 36 10	13 17 46	18 30 16
4 Su	11 35 56	24 19 37	1 ♊ 19 39	4 38 52	27 41 48	22 45 41	27 55 37	26 18 26	28 42 32	4 49 03	28 01 29	29 40 45	13 24 04	18 38 14
5 M	12 45 49	8 ♊ 27 53	15 24 24	5 53 22	27 24 44	23 30 17	27 53 59	26 54 53	29 05 19	5 03 56	28 09 27	29 48 06	13 33 08	18 48 59
6 Tu	13 57 46	22 30 13	29 21 23	7 07 10	27 11 42	24 17 06	27 54 03	27 33 18	29 30 10	5 20 55	28 19 30	29 57 29	13 44 15	19 01 47
7 W	15 10 37	6 ♋ 21 49	13 ♋ 05 50	8 18 51	27 01 41	25 05 01	27 54 43	28 12 36	29 55 56	5 38 50	28 30 28	0 ♑ 07 46	13 56 17	19 15 30
8 Th	16 23 07	19 57 59	26 33 28	9 26 46	26 53 30	25 52 43	27 54 43	28 51 28	0 ♌ 21 20	5 56 26	28 41 06	0 17 40	14 07 58	19 28 51
9 F	17 34 05	3 ♌ 15 01	9 ♌ 41 11	10 29 19	26 46 03	26 39 03	27 52 54	29 28 44	0 45 12	6 12 32	28 50 12	0 26 02	14 18 07	19 40 40
10 Sa	18 42 41	16 10 57	22 27 48	11 25 13	26 38 35	27 23 11	27 48 28	0 ♋ 03 35	1 06 42	6 26 19	28 56 59	0 32 02	14 25 55	19 50 07
11 Su	19 48 34	28 45 48	4 ♍ 54 09	12 13 35	26 30 46	28 04 43	27 41 05	0 35 39	1 25 28	6 37 23	29 01 02	0 35 17	14 30 59	19 56 50
12 M	20 51 50	11 ♍ 01 41	17 03 01	12 53 58	26 22 45	28 43 48	27 30 54	1 05 03	1 41 37	6 45 53	29 02 30	0 35 56	14 33 27	20 00 57
13 Tu	21 53 03	23 02 27	28 58 51	13 26 18	26 15 09	29 20 59	27 18 30	1 32 20	1 55 44	6 52 22	29 01 58	0 34 32	14 33 54	20 03 02
14 W	22 53 08	4 ♎ 53 21	10 ♎ 47 16	13 50 50	26 08 50	29 57 09	27 04 49	1 58 26	2 08 41	6 57 45	29 00 18	0 31 59	14 33 12	20 03 58
15 Th	23 53 08	16 40 31	22 34 38	14 07 54	26 04 52	0 ♏ 33 23	26 50 56	2 24 22	2 21 34	7 03 05	28 58 35	0 29 21	14 32 26	20 04 49
16 F	24 54 06	28 30 26	4 ♏ 27 33	14 17 48	26 04 17	1 10 42	26 37 55	2 51 13	2 35 24	7 09 25	28 57 51	0 27 42	14 32 39	20 06 38
17 Sa	25 56 54	10 ♏ 29 29	16 32 15	14 20 41	26 07 56	1 49 57	26 26 41	3 19 49	2 51 02	7 17 36	28 58 59	0 27 51	14 34 41	20 10 16
18 Su	27 02 01	22 43 25	28 54 15	14 16 23	26 16 16	2 31 40	26 17 44	3 50 42	3 09 01	7 28 08	29 02 28	0 30 21	14 39 05	20 16 15
19 M	28 09 34	5 ♐ 16 53	11 ♐ 37 39	14 04 26	26 29 20	3 15 54	26 11 13	4 23 56	3 29 23	7 41 08	29 08 24	0 35 17	14 45 54	20 24 39
20 Tu	29 19 08	18 12 55	24 44 48	13 44 02	26 46 43	4 02 17	26 06 44	4 59 08	3 51 47	7 56 11	29 16 23	0 42 14	14 54 46	20 35 05
21 W	0 ♌ 29 57	1 ♑ 32 37	8 ♑ 15 50	13 14 16	27 07 35	4 50 01	26 03 34	5 35 31	4 15 25	8 12 30	29 25 39	0 50 27	15 04 53	20 46 46
22 Th	1 40 57	15 14 53	22 08 36	12 34 18	27 30 48	5 38 01	26 00 38	6 12 01	4 39 13	8 29 02	29 35 08	0 58 51	15 15 12	20 58 37
23 F	2 51 01	29 16 26	6 ♒ 18 55	11 43 41	27 55 12	6 25 11	25 56 52	6 47 30	5 02 04	8 44 38	29 43 42	1 06 19	15 24 35	21 09 32
24 Sa	3 59 11	13 ♒ 32 23	20 41 06	10 42 37	28 19 46	7 10 32	25 51 20	7 21 01	5 22 59	8 58 22	29 50 24	1 11 53	15 32 04	21 18 33
25 Su	5 04 53	27 56 55	5 ♓ 09 02	9 32 13	28 43 52	7 53 30	25 43 28	7 52 01	5 41 26	9 09 40	29 54 39	1 15 00	15 37 07	21 25 06
26 M	6 08 03	12 ♓ 24 17	19 37 06	8 14 35	29 07 22	8 34 01	25 33 15	8 20 23	5 57 19	9 18 26	29 56 25	1 15 36	15 39 38	21 29 07
27 Tu	7 09 09	26 49 46	4 ♈ 01 01	6 52 44	29 30 41	9 12 32	25 21 10	8 46 38	6 11 07	9 25 10	29 56 08	1 14 08	15 40 06	21 31 03
28 W	8 09 04	11 ♈ 10 02	18 18 09	5 30 18	29 54 37	9 49 57	25 08 06	9 11 36	6 23 41	9 30 42	29 54 41	1 11 29	15 39 22	21 31 48
29 Th	9 08 52	25 23 21	2 ♉ 27 20	4 11 08	0 ♋ 20 12	10 27 20	24 55 10	9 36 23	6 36 09	9 36 10	29 53 10	1 08 44	15 38 33	21 32 26
30 F	10 09 40	9 ♉ 29 04	16 28 27	2 58 50	0 48 27	11 05 46	24 43 30	10 02 05	6 49 33	9 42 37	29 52 39	1 06 59	15 38 44	21 34 03

LONGITUDE — December 2018

Day	☉	0 hr ☽	Noon ☽	☿	♀	♂	⚵	⚳	♃	♄	⚷	♅	♆	♇
1 Sa	11 ♌ 12 15	23 ♉ 27 10	0 ♊ 21 39	1 ♌ 56 23	1 ♋ 20 07	11 ♏ 46 04	24 ♑ 33 54	10 ♋ 29 30	7 ♌ 04 44	9 ♍ 50 53	29 ♏ 53 58	1 ♑ 07 02	15 ♏ 40 43	21 ♍ 37 27
2 Su	12 17 02	7 ♊ 17 33	14 06 55	1 05 48	1 55 32	12 28 38	24 26 49	10 59 02	7 22 04	10 01 21	29 57 30	1 09 17	15 44 53	21 43 02
3 M	13 23 54	20 59 38	27 43 34	0 28 07	2 34 32	13 13 22	24 22 09	11 30 35	7 41 29	10 13 56	0 ♐ 03 10	1 13 40	15 51 11	21 50 43
4 Tu	14 32 22	4 ♋ 32 12	11 ♋ 10 17	0 03 22	3 16 34	13 59 45	24 19 26	12 03 37	8 02 26	10 28 06	0 10 26	1 19 38	15 59 04	21 59 58
5 W	15 41 34	17 53 33	24 25 16	29 ♋ 50 51	4 00 45	14 46 57	24 17 51	12 37 20	8 24 07	10 43 03	0 18 30	1 26 22	16 07 43	22 09 58
6 Th	16 50 36	1 ♌ 01 45	7 ♌ 33 42	29 49 22	4 46 03	15 34 02	24 16 28	13 10 48	8 45 35	10 57 48	0 26 25	1 32 56	16 16 12	22 19 47
7 F	17 58 35	13 55 11	20 13 08	29 57 31	5 31 36	16 20 08	24 14 28	13 43 07	9 05 59	11 11 32	0 33 20	1 38 29	16 23 39	22 28 33
8 Sa	19 04 52	26 32 55	2 ♍ 43 58	0 ♌ 13 57	6 16 42	17 04 36	24 11 13	14 13 41	9 24 39	11 23 36	0 38 35	1 42 23	16 29 26	22 35 39
9 Su	20 09 10	8 ♍ 55 03	14 59 45	0 37 33	7 00 57	17 47 08	24 06 24	14 42 09	9 41 18	11 33 40	0 41 53	1 44 17	16 33 14	22 40 43
10 M	21 11 28	21 02 56	27 02 17	1 07 28	7 44 22	18 27 44	24 00 04	15 08 33	9 55 55	11 41 45	0 43 14	1 44 14	16 35 04	22 43 49
11 Tu	22 12 06	2 ♎ 59 09	8 ♎ 54 39	1 43 12	8 27 13	19 06 45	23 52 35	15 33 13	10 08 51	11 48 12	0 42 58	1 42 34	16 35 15	22 45 15
12 W	23 11 40	14 47 26	20 40 57	2 24 29	9 10 01	19 44 44	23 44 29	15 56 43	10 20 40	11 53 35	0 41 40	1 39 50	16 34 23	22 45 36
13 Th	24 10 50	26 32 26	2 ♏ 26 11	3 11 15	9 53 27	20 22 23	23 36 31	16 19 45	10 32 04	11 58 35	0 40 01	1 36 45	16 33 09	22 45 35
14 F	25 10 19	8 ♏ 19 25	14 15 52	4 03 33	10 38 11	21 00 24	23 29 23	16 43 02	10 43 46	12 03 56	0 38 45	1 34 02	16 32 17	22 45 53
15 Sa	26 10 45	20 14 01	26 15 44	5 01 20	11 24 47	21 39 25	23 23 43	17 07 09	10 56 22	12 10 14	0 38 28	1 32 18	16 32 22	22 47 08
16 Su	27 12 32	2 ♐ 21 47	8 ♐ 31 20	6 04 26	12 13 38	22 19 50	23 19 56	17 32 33	11 10 17	12 17 53	0 39 34	1 31 56	16 33 49	22 49 43
17 M	28 15 47	14 47 52	21 07 33	7 12 31	13 04 50	23 01 46	23 18 10	17 59 20	11 25 38	12 27 01	0 42 11	1 33 05	16 36 46	22 53 48
18 Tu	29 20 21	27 36 31	4 ♑ 08 09	8 24 57	13 58 10	23 45 03	23 18 15	18 27 20	11 42 16	12 37 29	0 46 11	1 35 35	16 41 03	22 59 11
19 W	0 ♍ 25 48	10 ♑ 50 35	17 35 12	9 40 57	14 53 12	24 29 16	23 19 47	18 56 09	11 59 45	12 48 50	0 51 06	1 39 02	16 46 16	23 05 28
20 Th	1 31 32	24 31 04	1 ♒ 28 41	10 59 33	15 49 18	25 13 49	23 22 08	19 25 10	12 17 29	13 00 29	0 56 22	1 42 48	16 51 47	23 12 03
21 F	2 36 54	8 ♒ 36 41	15 46 03	12 19 49	16 45 46	25 58 01	23 24 41	19 53 43	12 34 49	13 11 47	1 01 18	1 46 13	16 56 58	23 18 15
22 Sa	3 41 19	23 03 47	0 ♓ 22 27	13 40 55	17 42 01	26 41 19	23 26 50	20 21 14	12 51 09	13 22 08	1 05 20	1 48 45	17 01 13	23 23 31
23 Su	4 44 26	7 ♓ 46 34	15 11 07	15 02 18	18 37 40	27 23 21	23 28 13	20 47 21	13 06 09	13 31 11	1 08 07	1 50 01	17 04 11	23 27 29
24 M	5 46 10	22 37 47	0 ♈ 04 18	16 23 40	19 32 35	28 04 01	23 28 47	21 12 00	13 19 43	13 38 52	1 09 34	1 49 57	17 05 48	23 30 04
25 Tu	6 46 45	7 ♈ 29 48	14 54 28	17 45 06	20 26 60	28 43 33	23 28 44	21 35 23	13 32 05	13 45 22	1 09 54	1 48 45	17 06 17	23 31 29
26 W	7 46 36	22 15 40	29 35 14	19 06 53	21 21 18	29 22 23	23 28 31	21 57 58	13 43 40	13 51 10	1 09 33	1 46 52	17 06 03	23 32 11
27 Th	8 46 16	6 ♉ 49 52	14 ♉ 01 60	20 29 28	22 16 02	0 ♐ 01 05	23 28 40	22 20 16	13 55 03	13 56 47	1 09 04	1 44 51	17 05 41	23 32 42
28 F	9 46 19	21 08 44	28 12 02	21 53 17	23 11 42	0 40 10	23 29 44	22 42 49	14 06 44	14 02 46	1 08 60	1 43 15	17 05 42	23 33 35
29 Sa	10 47 06	5 ♊ 10 20	12 ♊ 04 19	23 18 37	24 08 40	1 20 01	23 32 04	23 06 01	14 19 06	14 09 29	1 09 43	1 42 26	17 06 28	23 35 12
30 Su	11 48 48	18 54 11	25 38 57	24 45 35	25 07 05	2 00 49	23 35 53	23 30 03	14 32 21	14 17 07	1 11 24	1 42 34	17 08 12	23 37 45
31 M	12 51 23	2 ♋ 20 42	8 ♋ 56 47	26 14 04	26 06 53	2 42 30	23 41 06	23 54 50	14 46 26	14 25 38	1 14 00	1 43 38	17 10 49	23 41 10

Notes

January 2019

LONGITUDE

Day	☉	0 hr ☽	Noon ☽	☿	♀	♂	⚵	⚳	♃	♄	⚷	♅	♆	♇
1 Tu	13 ♍ 54 37	15 ♋ 30 51	21 ♋ 58 59	27 ♌ 43 48	27 ♋ 07 48	3 ♐ 24 52	23 ♑ 47 30	24 ♋ 20 10	15 ♌ 01 05	14 ♍ 34 47	1 ♐ 17 18	1 ♑ 45 23	17 ♏ 14 06	23 ♍ 45 14
2 W	14 58 08	28 25 47	4 ♌ 46 46	29 14 24	28 09 30	4 07 33	23 54 44	24 45 41	15 15 59	14 44 13	1 20 56	1 47 28	17 17 42	23 49 35
3 Th	16 01 35	11 ♌ 06 43	17 21 19	0 ♍ 45 27	29 11 35	4 50 12	24 02 26	25 11 02	15 30 46	14 53 35	1 24 33	1 49 33	17 21 16	23 53 52
4 F	17 04 39	23 34 52	29 43 48	2 16 37	0 ♌ 13 43	5 32 29	24 10 17	25 35 53	15 45 07	15 02 34	1 27 49	1 51 17	17 24 28	23 57 47
5 Sa	18 07 08	5 ♍ 51 29	11 ♍ 55 29	3 47 40	1 15 41	6 14 13	24 18 04	26 00 02	15 58 49	15 10 57	1 30 34	1 52 29	17 27 07	24 01 06
6 Su	19 08 57	17 57 56	23 57 46	5 18 31	2 17 24	6 55 17	24 25 42	26 23 24	16 11 47	15 18 40	1 32 42	1 53 04	17 29 08	24 03 45
7 M	20 10 08	29 55 52	5 ♎ 52 27	6 49 12	3 18 52	7 35 46	24 33 14	26 46 03	16 24 05	15 25 46	1 34 15	1 53 05	17 30 32	24 05 47
8 Tu	21 10 50	11 ♎ 47 18	17 41 42	8 19 51	4 20 14	8 15 48	24 40 48	27 08 05	16 35 50	15 32 22	1 35 22	1 52 40	17 31 29	24 07 20
9 W	22 11 14	23 34 41	29 28 11	9 50 40	5 21 41	8 55 33	24 48 34	27 29 43	16 47 15	15 38 40	1 36 15	1 52 01	17 32 11	24 08 36
10 Th	23 11 34	5 ♏ 20 57	11 ♏ 15 07	11 21 50	6 23 24	9 35 15	24 56 46	27 51 10	16 58 31	15 44 53	1 37 06	1 51 20	17 32 50	24 09 48
11 F	24 11 59	17 09 32	23 06 11	12 53 32	7 25 33	10 15 04	25 05 33	28 12 35	17 09 49	15 51 12	1 38 06	1 50 49	17 33 36	24 11 04
12 Sa	25 12 36	29 04 19	5 ♐ 05 30	14 25 55	8 28 15	10 55 06	25 15 02	28 34 06	17 21 17	15 57 42	1 39 22	1 50 34	17 34 37	24 12 35
13 Su	26 13 28	11 ♐ 09 31	17 17 27	15 58 59	9 31 31	11 35 25	25 25 14	28 55 45	17 32 56	16 04 28	1 40 56	1 50 37	17 35 55	24 14 20
14 M	27 14 33	23 29 32	29 46 27	17 32 45	10 35 18	12 15 58	25 36 08	29 17 29	17 44 43	16 11 26	1 42 46	1 50 56	17 37 27	24 16 19
15 Tu	28 15 44	6 ♑ 08 43	12 ♑ 36 41	19 07 06	11 39 30	12 56 39	25 47 37	29 39 13	17 56 34	16 18 30	1 44 46	1 51 26	17 39 09	24 18 25
16 W	29 16 56	19 10 57	25 51 39	20 41 58	12 44 01	13 37 21	25 59 33	0 ♌ 00 50	18 08 22	16 25 34	1 46 50	1 52 00	17 40 52	24 20 32
17 Th	0 ♎ 18 02	2 ♒ 39 10	9 ♒ 33 35	22 17 14	13 48 44	14 17 59	26 11 52	0 22 15	18 20 01	16 32 33	1 48 52	1 52 33	17 42 33	24 22 34
18 F	1 19 01	16 34 48	23 42 50	23 52 55	14 53 36	14 58 31	26 24 30	0 43 26	18 31 30	16 39 25	1 50 50	1 53 03	17 44 09	24 24 30
19 Sa	2 19 55	0 ♓ 57 04	8 ♓ 17 20	25 29 03	15 58 40	15 38 59	26 37 29	1 04 23	18 42 49	16 46 10	1 52 47	1 53 31	17 45 42	24 26 21
20 Su	3 20 50	15 42 35	23 12 15	27 05 44	17 03 60	16 19 29	26 50 55	1 25 14	18 54 05	16 52 56	1 54 48	1 54 04	17 47 17	24 28 13
21 M	4 21 53	0 ♈ 45 12	8 ♈ 20 16	28 43 08	18 09 44	17 00 08	27 04 54	1 46 06	19 05 26	16 59 50	1 57 00	1 54 49	17 49 04	24 30 14
22 Tu	5 23 12	15 56 32	23 32 14	0 ♎ 21 22	19 15 59	17 41 03	27 19 33	2 07 06	19 16 58	17 06 59	1 59 31	1 55 53	17 51 07	24 32 31
23 W	6 24 48	1 ♉ 07 01	8 ♉ 38 35	2 00 29	20 22 45	18 22 15	27 34 54	2 28 14	19 28 43	17 14 24	2 02 23	1 57 18	17 53 30	24 35 06
24 Th	7 26 38	16 07 18	23 30 38	3 40 27	21 29 60	19 03 43	27 50 52	2 49 29	19 40 38	17 22 03	2 05 31	1 59 00	17 56 08	24 37 55
25 F	8 28 33	0 ♊ 49 37	8 ♊ 01 50	5 21 07	22 37 33	19 45 16	28 07 18	3 10 40	19 52 33	17 29 45	2 08 48	2 00 52	17 58 53	24 40 48
26 Sa	9 30 20	15 08 37	22 08 12	7 02 17	23 45 11	20 26 42	28 23 59	3 31 34	20 04 15	17 37 18	2 11 59	2 02 38	18 01 32	24 43 34
27 Su	10 31 45	29 01 44	5 ♋ 48 25	8 43 45	24 52 41	21 07 46	28 40 41	3 51 59	20 15 32	17 44 29	2 14 52	2 04 07	18 03 52	24 45 59
28 M	11 32 40	12 ♋ 28 50	19 03 23	10 25 21	25 59 52	21 48 21	28 57 13	4 11 43	20 26 13	17 51 08	2 17 17	2 05 09	18 05 42	24 47 53
29 Tu	12 33 01	25 31 44	1 ♌ 55 32	12 07 04	27 06 41	22 28 22	29 13 34	4 30 45	20 36 15	17 57 11	2 19 11	2 05 40	18 06 60	24 49 13
30 W	13 32 52	8 ♌ 13 31	14 28 18	13 48 57	28 13 12	23 07 55	29 29 47	4 49 08	20 45 43	18 02 45	2 20 39	2 05 46	18 07 51	24 50 04
31 Th	14 32 27	20 37 54	26 45 29	15 31 15	29 19 38	23 47 12	29 46 04	5 07 06	20 54 50	18 08 01	2 21 53	2 05 39	18 08 27	24 50 39

February 2019

LONGITUDE

Day	☉	0 hr ☽	Noon ☽	☿	♀	♂	⚵	⚳	♃	♄	⚷	♅	♆	♇
1 F	15 ♎ 32 04	2 ♍ 48 48	8 ♍ 50 54	17 ♎ 14 14	0 ♍ 26 16	24 ♐ 26 32	0 ♒ 02 44	5 ♌ 24 56	21 ♌ 03 53	18 ♍ 13 17	2 ♐ 23 12	2 ♑ 05 37	18 ♏ 09 06	24 ♍ 51 15
2 Sa	16 32 03	14 49 55	20 48 07	18 58 15	1 33 27	25 06 14	0 20 06	5 42 59	21 13 14	18 18 54	2 24 56	2 06 01	18 10 10	24 52 14
3 Su	17 32 43	26 44 38	2 ♎ 40 16	20 43 35	2 41 30	25 46 38	0 38 29	6 01 33	21 23 10	18 25 11	2 27 24	2 07 10	18 11 57	24 53 55
4 M	18 34 19	8 ♎ 35 47	14 30 03	22 30 28	3 50 38	26 27 59	0 58 07	6 20 53	21 33 57	18 32 22	2 30 51	2 09 19	18 14 41	24 56 32
5 Tu	19 36 57	20 25 47	26 19 43	24 18 59	5 00 58	27 10 24	1 19 08	6 41 06	21 45 42	18 40 35	2 35 24	2 12 35	18 18 30	25 00 11
6 W	20 40 34	2 ♏ 16 39	8 ♏ 11 15	26 09 02	6 12 27	27 53 48	1 41 26	7 02 08	21 58 21	18 49 46	2 40 59	2 16 53	18 23 20	25 04 50
7 Th	21 44 58	14 10 09	20 06 27	28 00 20	7 24 51	28 38 00	2 04 50	7 23 46	22 11 40	18 59 42	2 47 24	2 22 02	18 28 59	25 10 16
8 F	22 49 45	26 07 60	2 ♐ 07 07	29 52 26	8 37 48	29 22 36	2 28 56	7 45 38	22 25 18	19 09 60	2 54 15	2 27 39	18 35 03	25 16 06
9 Sa	23 54 27	8 ♐ 12 03	14 15 17	1 ♏ 44 47	9 50 49	0 ♑ 07 09	2 53 15	8 07 15	22 38 47	19 20 12	3 01 06	2 33 15	18 41 06	25 21 53
10 Su	24 58 35	20 24 30	26 33 20	3 36 45	11 03 25	0 51 08	3 17 17	8 28 08	22 51 35	19 29 49	3 07 25	2 38 21	18 46 36	25 27 05
11 M	26 01 44	2 ♑ 47 60	9 ♑ 04 06	5 27 47	12 15 09	1 34 09	3 40 37	8 47 50	23 03 19	19 38 25	3 12 47	2 42 31	18 51 08	25 31 18
12 Tu	27 03 36	15 25 40	21 50 49	7 17 27	13 25 46	2 15 54	4 02 58	9 06 05	23 13 41	19 45 44	3 16 57	2 45 30	18 54 27	25 34 16
13 W	28 04 12	28 21 04	4 ♒ 56 58	9 05 32	14 35 14	2 56 24	4 24 19	9 22 53	23 22 41	19 51 45	3 19 54	2 47 17	18 56 31	25 35 58
14 Th	29 03 46	11 ♒ 37 44	18 25 50	10 52 03	15 43 49	3 35 53	4 44 55	9 38 29	23 30 35	19 56 43	3 21 52	2 48 06	18 57 36	25 36 40
15 F	0 ♏ 02 49	25 18 50	2 ♓ 19 58	12 37 14	16 51 60	4 14 52	5 05 16	9 53 23	23 37 51	20 01 09	3 23 23	2 48 28	18 58 13	25 36 51
16 Sa	1 02 01	9 ♓ 26 16	16 40 18	14 21 26	18 00 28	4 54 01	5 26 01	10 08 15	23 45 12	20 05 43	3 25 06	2 49 04	18 59 01	25 37 11
17 Su	2 02 03	23 59 49	1 ♈ 25 17	16 04 58	19 09 55	5 34 01	5 47 53	10 23 46	23 53 17	20 11 06	3 27 43	2 50 35	19 00 42	25 38 24
18 M	3 03 31	8 ♈ 56 23	16 30 21	17 47 59	20 20 54	6 15 27	6 11 24	10 40 31	24 02 41	20 17 52	3 31 47	2 53 34	19 03 50	25 41 01
19 Tu	4 06 39	24 09 38	1 ♉ 47 45	19 30 19	21 33 41	6 58 34	6 36 50	10 58 44	24 13 40	20 26 17	3 37 35	2 58 18	19 08 40	25 45 20
20 W	5 11 21	9 ♉ 30 16	17 07 22	21 11 20	22 48 10	7 43 16	7 04 04	11 18 19	24 26 07	20 36 15	3 45 01	3 04 40	19 15 07	25 51 13
21 Th	6 17 09	24 47 20	2 ♊ 18 13	22 49 59	24 03 51	8 29 04	7 32 38	11 38 48	24 39 33	20 47 16	3 53 35	3 12 12	19 22 41	25 58 13
22 F	7 23 17	9 ♊ 50 00	17 10 19	24 24 58	25 19 59	9 15 13	8 01 45	11 59 26	24 53 14	20 58 37	4 02 33	3 20 09	19 30 38	26 05 34
23 Sa	8 28 57	24 29 24	1 ♋ 36 14	25 54 49	26 35 46	10 00 53	8 30 37	12 19 21	25 06 19	21 09 26	4 11 04	3 27 40	19 38 08	26 12 26
24 Su	9 33 24	8 ♋ 39 50	15 31 57	27 18 11	27 50 26	10 45 22	8 58 29	12 37 51	25 18 05	21 19 02	4 18 26	3 34 03	19 44 28	26 18 06
25 M	10 36 13	22 19 11	28 56 50	28 33 58	29 03 35	11 28 13	9 24 55	12 54 29	25 28 06	21 26 56	4 24 11	3 38 50	19 49 10	26 22 07
26 Tu	11 37 18	5 ♌ 28 29	11 ♌ 53 05	29 41 28	0 ♎ 15 05	12 09 20	9 49 50	13 09 10	25 36 16	21 33 04	4 28 16	3 41 58	19 52 11	26 24 25
27 W	12 36 58	18 11 14	24 24 51	0 ♐ 40 22	1 25 17	12 49 03	10 13 31	13 22 12	25 42 54	21 37 45	4 30 57	3 43 44	19 53 48	26 25 18
28 Th	13 35 48	0 ♍ 32 26	6 ♍ 37 29	1 30 42	2 34 44	13 27 57	10 36 35	13 34 10	25 48 36	21 41 34	4 32 52	3 44 44	19 54 37	26 25 22

Notes

LONGITUDE — March 2019

Day	☉	0 hr ☽	Noon ☽	☿	♀	♂	⚵	⚳	♃	♄	⚷	♅	♆	♇
1 F	14♏ 34 36	12♍ 37 44	18♍ 36 42	2♐ 12 46	3♎ 44 16	14♑ 06 49	10♒ 59 49	13♌ 45 53	25♌ 54 08	21♍ 45 19	4♐ 34 47	3♑ 45 46	19♏ 55 26	26♍ 25 24
2 Sa	15 34 13	24 32 52	0♎ 28 02	2 46 58	4 54 41	14 46 31	11 24 02	13 58 09	26 00 22	21 49 50	4 37 34	3 47 41	19 57 05	26 26 15
3 Su	16 35 23	6♎ 23 03	12 16 29	3 13 41	6 06 45	15 27 47	11 50 00	14 11 44	26 08 02	21 55 52	4 41 56	3 51 12	20 00 19	26 28 39
4 M	17 38 38	18 12 46	24 06 10	3 33 15	7 20 60	16 11 08	12 18 14	14 27 09	26 17 39	22 03 57	4 48 25	3 56 51	20 05 40	26 33 09
5 Tu	18 44 12	0♏ 05 29	6♏ 00 13	3 45 48	8 37 38	16 56 49	12 48 58	14 44 38	26 29 28	22 14 18	4 57 16	4 04 53	20 13 21	26 39 57
6 W	19 51 55	12 03 39	18 00 46	3 51 13	9 56 31	17 44 40	13 22 02	15 04 02	26 43 19	22 26 46	5 08 19	4 15 09	20 23 14	26 48 56
7 Th	21 01 20	24 08 44	0♐ 09 03	3 49 14	11 17 11	18 34 14	13 56 59	15 24 52	26 58 45	22 40 54	5 21 06	4 27 10	20 34 50	26 59 37
8 F	22 11 40	6♐ 21 29	12 25 39	3 39 28	12 38 51	19 24 43	14 33 00	15 46 21	27 14 57	22 55 53	5 34 51	4 40 10	20 47 23	27 11 13
9 Sa	23 21 57	18 42 13	24 50 49	3 21 30	14 00 33	20 15 11	15 09 09	16 07 31	27 30 60	23 10 48	5 48 35	4 53 10	20 59 56	27 22 47
10 Su	24 31 13	1♑ 11 09	7♑ 24 51	2 55 06	15 21 18	21 04 38	15 44 27	16 27 25	27 45 53	23 24 39	6 01 21	5 05 13	21 11 28	27 33 20
11 M	25 38 37	13 48 52	20 08 31	2 20 18	16 40 16	21 52 14	16 18 03	16 45 11	27 58 47	23 36 36	6 12 17	5 15 28	21 21 12	27 42 03
12 Tu	26 43 38	26 36 36	3♒ 03 13	1 37 39	17 56 57	22 37 29	16 49 26	17 00 18	28 09 12	23 46 09	6 20 54	5 23 25	21 28 34	27 48 23
13 W	27 46 12	9♒ 36 26	16 11 12	0 48 15	19 11 16	23 20 18	17 18 31	17 12 42	28 17 01	23 53 11	6 27 06	5 28 59	21 33 32	27 52 17
14 Th	28 46 44	22 51 10	29 35 19	29♏ 53 43	20 23 36	24 01 04	17 45 43	17 22 46	28 22 40	23 58 09	6 31 18	5 32 33	21 36 28	27 54 08
15 F	29 46 01	6♓ 24 03	13♓ 18 37	28 56 12	21 34 47	24 40 39	18 11 50	17 31 20	28 26 58	24 01 50	6 34 19	5 34 57	21 38 13	27 54 47
16 Sa	0♐ 45 12	20 18 04	27 23 37	27 58 06	22 45 56	25 20 07	18 38 00	17 39 31	28 31 01	24 05 23	6 37 16	5 37 19	21 39 53	27 55 20
17 Su	1 45 27	4♈ 35 05	11♈ 51 13	27 01 49	23 58 14	26 00 40	19 05 22	17 48 28	28 36 01	24 09 57	6 41 19	5 40 48	21 42 39	27 56 57
18 M	2 47 43	19 14 44	26 39 52	26 09 28	25 12 38	26 43 15	19 34 54	17 59 09	28 42 54	24 16 29	6 47 26	5 46 23	21 47 29	28 00 36
19 Tu	3 52 33	4♉ 13 36	11♉ 44 42	25 22 37	26 29 39	27 28 24	20 07 07	18 12 06	28 52 11	24 25 32	6 56 08	5 54 34	21 54 53	28 06 49
20 W	4 59 52	19 24 56	26 57 44	24 42 06	27 49 14	28 16 04	20 41 57	18 27 16	29 03 51	24 37 02	7 07 23	6 05 18	22 04 48	28 15 33
21 Th	6 09 03	4♊ 39 08	12♊ 08 41	24 08 00	29 10 46	29 05 36	21 18 47	18 43 58	29 17 14	24 50 22	7 20 31	6 17 58	22 16 38	28 26 08
22 F	7 19 01	19 45 13	27 06 46	23 39 51	0♏ 33 10	29 55 56	21 56 33	19 01 11	29 31 17	25 04 26	7 34 30	6 31 29	22 29 17	28 37 32
23 Sa	8 28 34	4♋ 32 50	11♋ 42 38	23 16 49	1 55 13	0♒ 45 51	22 33 60	19 17 39	29 44 46	25 18 01	7 48 04	6 44 37	22 41 31	28 48 31
24 Su	9 36 35	18 54 06	25 49 53	22 58 06	3 15 47	1 34 15	23 10 01	19 32 15	29 56 33	25 30 01	8 00 08	6 56 16	22 52 14	28 57 57
25 M	10 42 20	2♌ 44 36	9♌ 25 45	22 43 06	4 34 08	2 20 23	23 43 53	19 44 16	0♍ 05 55	25 39 41	8 09 57	7 05 42	23 00 43	29 05 08
26 Tu	11 45 34	16 03 38	22 30 58	22 31 40	5 50 03	3 04 00	24 15 22	19 53 27	0 12 38	25 46 48	8 17 18	7 12 41	23 06 42	29 09 48
27 W	12 46 36	28 53 40	5♍ 09 01	22 24 02	7 03 50	3 45 27	24 44 45	20 00 06	0 16 60	25 51 39	8 22 29	7 17 30	23 10 30	29 12 16
28 Th	13 46 10	11♍ 19 28	17 25 16	22 20 52	8 16 13	4 25 26	25 12 47	20 04 58	0 19 45	25 54 59	8 26 13	7 20 55	23 12 52	29 13 16
29 F	14 45 18	23 27 06	29 26 04	22 23 01	9 28 14	5 04 60	25 40 29	20 09 03	0 21 55	25 57 50	8 29 33	7 23 56	23 14 49	29 13 51
30 Sa	15 45 08	5♎ 23 10	11♎ 18 02	22 31 25	10 40 59	5 45 15	26 08 58	20 13 29	0 24 37	26 01 18	8 33 35	7 27 41	23 17 28	29 15 06
31 Su	16 46 39	17 14 04	23 07 24	22 46 53	11 55 29	6 27 13	26 39 15	20 19 16	0 28 51	26 06 24	8 39 20	7 33 11	23 21 51	29 18 04

LONGITUDE — April 2019

Day	☉	0 hr ☽	Noon ☽	☿	♀	♂	⚵	⚳	♃	♄	⚷	♅	♆	♇
1 M	17♐ 50 37	29♎ 05 32	4♏ 59 34	23♏ 09 56	13♏ 12 30	7♒ 11 38	27♒ 12 05	20♌ 27 09	0♍ 35 23	26♍ 13 54	8♐ 47 35	7♑ 41 11	23♏ 28 41	29♍ 23 29
2 Tu	18 57 24	11♏ 02 13	16 58 48	23 40 40	14 32 23	7 58 53	27 47 50	20 37 30	0 44 35	26 24 09	8 58 39	7 52 02	23 38 21	29 31 43
3 W	20 06 53	23 07 30	29 08 02	24 18 45	15 55 02	8 48 51	28 26 23	20 50 12	0 56 19	26 37 03	9 12 27	8 05 38	23 50 45	29 42 39
4 Th	21 18 31	5♐ 23 24	11♐ 28 49	25 03 23	17 19 52	9 40 59	29 07 11	21 04 42	1 10 03	26 52 02	9 28 25	8 21 26	24 05 18	29 55 44
5 F	22 31 22	17 50 38	24 01 29	25 53 25	18 45 58	10 34 19	29 49 16	21 20 03	1 24 50	27 08 09	9 45 37	8 38 29	24 21 05	0♎ 10 01
6 Sa	23 44 13	0♑ 28 54	6♑ 45 22	26 47 25	20 12 09	11 27 42	0♓ 31 29	21 35 04	1 39 30	27 24 15	10 02 51	8 55 36	24 36 55	0 24 21
7 Su	24 55 54	13 17 16	19 39 22	27 43 59	21 37 12	12 19 55	1 12 36	21 48 33	1 52 49	27 39 06	10 18 57	9 11 35	24 51 34	0 37 29
8 M	26 05 21	26 14 41	2♒ 42 23	28 41 54	23 00 05	13 09 55	1 51 34	21 59 27	2 03 45	27 51 40	10 32 50	9 25 23	25 04 02	0 48 25
9 Tu	27 11 56	9♒ 20 29	15 53 53	29 40 18	24 20 08	13 57 03	2 27 46	22 07 07	2 11 40	28 01 18	10 43 52	9 36 21	25 13 38	0 56 28
10 W	28 15 30	22 34 49	29 14 11	0♐ 38 53	25 37 13	14 41 12	3 01 02	22 11 25	2 16 25	28 07 52	10 51 54	9 44 21	25 20 14	1 01 31
11 Th	29 16 29	5♓ 58 47	12♓ 44 37	1 37 57	26 51 47	15 22 46	3 31 48	22 12 46	2 18 26	28 11 47	10 57 23	9 49 50	25 24 17	1 03 60
12 F	0♑ 15 49	19 34 22	26 27 16	2 38 15	28 04 45	16 02 42	4 01 00	22 12 07	2 18 39	28 13 60	11 01 15	9 53 41	25 26 42	1 04 50
13 Sa	1 14 44	3♈ 23 57	10♈ 24 20	3 40 55	29 17 21	16 42 15	4 29 53	22 10 43	2 18 18	28 15 45	11 04 43	9 57 11	25 28 44	1 05 16
14 Su	2 14 34	17 29 32	24 37 24	4 47 09	0♐ 30 56	17 22 44	4 59 45	22 09 52	2 18 43	28 18 21	11 09 08	10 01 39	25 31 42	1 06 38
15 M	3 16 26	1♉ 51 52	9♉ 06 26	5 57 56	1 46 35	18 05 14	5 31 43	22 10 41	2 21 01	28 22 55	11 15 35	10 08 11	25 36 42	1 10 01
16 Tu	4 20 56	16 29 30	23 48 56	7 13 49	3 04 56	18 50 24	6 06 24	22 13 48	2 25 49	28 30 05	11 24 42	10 17 23	25 44 22	1 16 03
17 W	5 28 07	1♊ 18 17	8♊ 39 42	8 34 43	4 25 59	19 38 15	6 43 50	22 19 14	2 33 07	28 39 50	11 36 30	10 29 19	25 54 44	1 24 46
18 Th	6 37 21	16 11 22	23 31 08	9 59 57	5 49 10	20 28 10	7 23 23	22 26 22	2 42 21	28 51 36	11 50 23	10 43 20	26 07 10	1 35 33
19 F	7 47 34	1♋ 00 11	8♋ 14 21	11 28 22	7 13 23	21 19 05	8 03 59	22 34 08	2 52 24	29 04 17	12 05 16	10 58 23	26 20 35	1 47 20
20 Sa	8 57 29	15 35 43	22 40 50	12 58 38	8 37 20	22 09 43	8 44 21	22 41 15	3 02 01	29 16 37	12 19 52	11 13 10	26 33 44	1 58 49
21 Su	10 05 56	29 50 18	6♌ 43 52	14 29 29	9 59 52	22 58 52	9 23 18	22 46 32	3 09 59	29 27 24	12 32 60	11 26 30	26 45 25	2 08 49
22 M	11 12 03	13♌ 38 43	20 19 32	16 00 02	11 20 07	23 45 43	9 59 59	22 49 08	3 15 29	29 35 47	12 43 48	11 37 33	26 54 47	2 16 29
23 Tu	12 15 30	26 58 54	3♍ 27 04	17 29 55	12 37 44	24 29 54	10 34 04	22 48 43	3 18 10	29 41 26	12 51 58	11 45 56	27 01 29	2 21 30
24 W	13 16 28	9♍ 51 48	16 08 30	18 59 16	13 52 56	25 11 36	11 05 42	22 45 29	3 18 13	29 44 32	12 57 38	11 51 53	27 05 42	2 24 01
25 Th	14 15 37	22 20 54	28 28 08	20 28 42	15 06 19	25 51 29	11 35 34	22 40 03	3 16 16	29 45 44	13 01 29	11 56 02	27 08 06	2 24 43
26 F	15 13 52	4♎ 31 23	10♎ 31 37	21 59 10	16 18 53	26 30 30	12 04 37	22 33 25	3 13 18	29 45 59	13 04 28	11 59 20	27 09 38	2 24 32
27 Sa	16 12 21	16 29 27	22 25 23	23 31 43	17 31 42	27 09 44	12 33 55	22 26 39	3 10 23	29 46 22	13 07 39	12 02 52	27 11 23	2 24 33
28 Su	17 12 04	28 21 33	4♏ 15 54	25 07 22	18 45 48	27 50 12	13 04 31	22 20 47	3 08 34	29 47 55	13 12 06	12 07 40	27 14 22	2 25 49
29 M	18 13 49	10♏ 13 52	16 09 12	26 46 55	20 01 58	28 32 44	13 37 11	22 16 38	3 08 39	29 51 27	13 18 34	12 14 31	27 19 24	2 29 06
30 Tu	19 18 02	22 11 48	28 10 23	28 30 47	21 20 39	29 17 44	14 12 23	22 14 37	3 11 02	29 57 22	13 27 30	12 23 51	27 26 54	2 34 52

Notes

May 2019 — LONGITUDE

Day	☉	0 hr ☽	Noon ☽	☿	♀	♂	⚶	⚳	♃	♄	⚷	♅	♆	♇
1 W	20 ♑ 24 43	4 ♐ 19 43	10 ♐ 23 25	0 ♑ 18 57	22 ♐ 41 49	0 ♓ 05 12	14 ♓ 50 04	22 ♌ 14 45	3 ♍ 15 44	0 ♎ 05 40	13 ♐ 38 54	12 ♑ 35 41	27 ♏ 36 51	2 ♎ 43 05
2 Th	21 33 24	16 40 38	22 50 47	2 10 59	24 05 02	0 54 40	15 29 49	22 16 34	3 22 18	0 15 54	13 52 18	12 49 32	27 48 49	2 53 18
3 F	22 43 16	29 16 07	5 ♑ 33 30	4 06 02	25 29 28	1 45 21	16 10 47	22 19 17	3 29 55	0 27 15	14 06 53	13 04 35	28 01 58	3 04 42
4 Sa	23 53 15	12 ♑ 06 24	18 31 14	6 03 04	26 54 03	2 36 08	16 51 55	22 21 49	3 37 30	0 38 39	14 21 34	13 19 46	28 15 14	3 16 13
5 Su	25 02 15	25 10 31	1 ♒ 42 31	8 00 57	28 17 40	3 25 57	17 32 06	22 23 04	3 43 58	0 48 59	14 35 16	13 33 59	28 27 30	3 26 44
6 M	26 09 17	8 ♒ 26 46	15 05 17	9 58 46	29 39 23	4 13 49	18 10 22	22 22 05	3 48 20	0 57 17	14 47 01	13 46 16	28 37 50	3 35 18
7 Tu	27 13 45	21 53 07	28 37 23	11 55 52	0 ♑ 58 33	4 59 08	18 46 08	22 18 17	3 50 01	1 02 58	14 56 12	13 56 00	28 45 35	3 41 18
8 W	28 15 30	5 ♓ 27 52	12 ♓ 17 05	13 52 08	2 15 03	5 41 44	19 19 10	22 11 31	3 48 51	1 05 51	15 02 39	14 03 03	28 50 38	3 44 35
9 Th	29 14 53	19 09 53	26 03 29	15 47 54	3 29 13	6 21 59	19 49 55	22 02 09	3 45 13	1 06 19	15 06 44	14 07 44	28 53 19	3 45 30
10 F	0 ♒ 12 42	2 ♈ 58 54	9 ♈ 56 27	17 43 56	4 41 51	7 00 41	20 19 07	21 50 58	3 39 53	1 05 09	15 09 16	14 10 53	28 54 26	3 44 51
11 Sa	1 10 01	16 55 13	23 56 27	19 41 19	5 54 02	7 38 53	20 47 52	21 39 05	3 33 57	1 03 25	15 11 17	14 13 33	28 55 04	3 43 43
12 Su	2 07 58	0 ♉ 59 23	8 ♉ 03 56	21 41 07	7 06 52	8 17 43	21 17 17	21 27 38	3 28 31	1 02 15	15 13 56	14 16 52	28 56 19	3 43 13
13 M	3 07 28	15 11 30	22 18 42	23 44 13	8 21 18	8 58 08	21 48 17	21 17 32	3 24 33	1 02 34	15 18 08	14 21 45	28 59 08	3 44 16
14 Tu	4 09 04	29 30 34	6 ♊ 39 18	25 51 07	9 37 52	9 40 40	22 21 25	21 09 22	3 22 35	1 04 56	15 24 26	14 28 45	29 04 03	3 47 26
15 W	5 12 49	13 ♊ 54 04	21 02 37	28 01 46	10 56 37	10 25 20	22 56 44	21 03 11	3 22 39	1 09 23	15 32 51	14 37 55	29 11 07	3 52 45
16 Th	6 18 14	28 17 52	5 ♋ 24 02	0 ♒ 15 36	12 17 04	11 11 42	23 33 45	20 58 30	3 24 18	1 15 27	15 42 58	14 48 46	29 19 51	3 59 44
17 F	7 24 31	12 ♋ 36 33	19 37 54	2 31 40	13 38 25	11 58 55	24 11 38	20 54 32	3 26 43	1 22 18	15 53 54	15 00 29	29 29 27	4 07 34
18 Sa	8 30 38	26 44 16	3 ♌ 38 28	4 48 47	14 59 38	12 45 59	24 49 24	20 50 17	3 28 52	1 28 56	16 04 41	15 12 04	29 38 52	4 15 16
19 Su	9 35 40	10 ♌ 35 38	17 20 52	7 05 52	16 19 48	13 31 58	25 26 06	20 44 49	3 29 51	1 34 24	16 14 21	15 22 33	29 47 12	4 21 51
20 M	10 38 54	24 06 39	0 ♍ 41 50	9 21 59	17 38 13	14 16 10	26 01 01	20 37 27	3 28 57	1 38 02	16 22 14	15 31 15	29 53 45	4 26 39
21 Tu	11 40 02	7 ♍ 15 15	13 40 11	11 36 36	18 54 32	14 58 15	26 33 51	20 27 53	3 25 51	1 39 28	16 27 58	15 37 50	29 58 10	4 29 20
22 W	12 39 06	20 01 33	26 16 53	13 49 32	20 08 50	15 38 17	27 04 39	20 16 10	3 20 36	1 38 47	16 31 38	15 42 23	0 ♐ 00 31	4 29 58
23 Th	13 36 31	2 ♎ 27 37	8 ♎ 34 43	16 00 54	21 21 32	16 16 40	27 33 48	20 02 44	3 13 38	1 36 23	16 33 38	15 45 16	0 01 12	4 28 56
24 F	14 32 58	14 37 11	20 37 58	18 11 07	22 33 16	16 54 05	28 02 00	19 48 16	3 05 37	1 32 57	16 34 38	15 47 11	0 00 55	4 26 56
25 Sa	15 29 14	26 35 04	2 ♏ 31 51	20 20 42	23 44 51	17 31 19	28 30 02	19 33 34	2 57 21	1 29 16	16 35 26	15 48 55	0 00 25	4 24 44
26 Su	16 26 05	8 ♏ 26 46	14 22 01	22 30 07	24 57 02	18 09 08	28 58 39	19 19 26	2 49 35	1 26 05	16 36 46	15 51 13	0 00 29	4 23 06
27 M	17 24 08	20 17 56	26 14 14	24 39 44	26 10 28	18 48 10	29 28 30	19 06 30	2 42 58	1 24 04	16 39 19	15 54 43	0 01 45	4 22 41
28 Tu	18 23 47	2 ♐ 14 03	8 ♐ 13 50	26 49 42	27 25 31	19 27 48	29 59 57	18 55 09	2 37 53	1 23 34	16 43 25	15 59 49	0 04 36	4 23 51
29 W	19 25 07	14 19 58	20 25 28	28 59 51	28 42 16	20 11 06	0 ♈ 33 05	18 45 30	2 34 25	1 24 41	16 49 10	16 06 35	0 09 07	4 26 41
30 Th	20 27 52	26 39 43	2 ♑ 52 45	1 ♓ 09 44	0 ♒ 00 29	20 54 50	1 07 39	18 37 18	2 32 19	1 27 10	16 56 20	16 14 46	0 15 02	4 30 57
31 F	21 31 33	9 ♑ 16 11	15 38 01	3 18 39	1 19 38	21 39 30	1 43 10	18 30 05	2 31 07	1 30 30	17 04 23	16 23 53	0 21 52	4 36 07

June 2019 — LONGITUDE

Day	☉	0 hr ☽	Noon ☽	☿	♀	♂	⚶	⚳	♃	♄	⚷	♅	♆	♇
1 Sa	22 ♒ 35 28	22 ♑ 10 55	28 ♑ 42 12	5 ♓ 25 45	2 ♒ 39 03	22 ♓ 24 24	2 ♈ 18 54	18 ♌ 23 10	2 ♍ 30 06	1 ♎ 34 01	17 ♐ 12 38	16 ♑ 33 12	0 ♐ 28 55	4 ♎ 41 31
2 Su	23 38 52	5 ♒ 24 06	12 ♒ 04 45	7 30 09	3 57 59	23 08 47	2 54 09	18 15 48	2 28 32	1 36 58	17 20 21	16 42 00	0 35 26	4 46 24
3 M	24 41 06	18 54 33	25 43 47	9 31 06	5 15 46	23 52 01	3 28 14	18 07 23	2 25 46	1 38 41	17 26 53	16 49 38	0 40 46	4 50 08
4 Tu	25 41 45	2 ♓ 39 58	9 ♓ 36 26	11 28 05	6 31 60	24 33 39	4 00 44	17 57 28	2 21 24	1 38 46	17 31 47	16 55 40	0 44 30	4 52 15
5 W	26 40 41	16 37 20	23 39 19	13 20 52	7 46 31	25 13 34	4 31 30	17 45 58	2 15 17	1 37 04	17 34 56	16 59 58	0 46 30	4 52 39
6 Th	27 38 05	0 ♈ 43 20	7 ♈ 49 01	15 09 38	8 59 33	25 51 58	5 00 47	17 33 06	2 07 38	1 33 48	17 36 32	17 02 44	0 46 57	4 51 31
7 F	28 34 27	14 54 49	22 02 27	16 54 47	10 11 34	26 29 20	5 29 01	17 19 20	1 58 57	1 29 26	17 37 05	17 04 27	0 46 22	4 49 21
8 Sa	29 30 25	29 09 03	6 ♉ 17 07	18 36 57	11 23 14	27 06 19	5 56 52	17 05 22	1 49 53	1 24 39	17 37 12	17 05 46	0 45 22	4 46 48
9 Su	0 ♓ 26 42	13 ♉ 23 46	20 30 59	20 16 48	12 35 13	27 43 36	6 25 01	16 51 53	1 41 06	1 20 07	17 37 36	17 07 22	0 44 39	4 44 33
10 M	1 23 49	27 37 05	4 ♊ 42 21	21 54 50	13 48 04	28 21 44	6 54 01	16 39 26	1 33 11	1 16 22	17 38 48	17 09 48	0 44 46	4 43 09
11 Tu	2 22 05	11 ♊ 47 12	18 49 32	23 31 21	15 02 06	29 01 02	7 24 10	16 28 21	1 26 27	1 13 45	17 41 08	17 13 23	0 46 02	4 42 54
12 W	3 21 32	25 52 10	2 ♋ 50 38	25 06 22	16 17 20	29 41 31	7 55 30	16 18 41	1 20 54	1 12 16	17 44 37	17 18 08	0 48 27	4 43 49
13 Th	4 21 55	9 ♋ 49 50	16 43 27	26 39 34	17 33 32	0 ♈ 22 55	8 27 45	16 10 09	1 16 19	1 11 40	17 48 59	17 23 47	0 51 47	4 45 40
14 F	5 22 46	23 37 48	0 ♌ 25 35	28 10 30	18 50 13	1 04 47	9 00 29	16 02 21	1 12 14	1 11 30	17 53 48	17 29 54	0 55 34	4 48 00
15 Sa	6 23 34	7 ♌ 13 37	13 54 41	29 38 38	20 06 53	1 46 37	9 33 10	15 54 45	1 08 08	1 11 16	17 58 32	17 35 57	0 59 17	4 50 17
16 Su	7 23 50	20 35 08	27 08 49	1 ♈ 03 25	21 23 03	2 27 55	10 05 19	15 46 54	1 03 32	1 10 27	18 02 43	17 41 27	1 02 28	4 52 02
17 M	8 23 14	3 ♍ 40 47	10 ♍ 06 44	2 24 29	22 38 22	3 08 21	10 36 34	15 38 25	0 58 07	1 08 43	18 05 58	17 46 03	1 04 44	4 52 54
18 Tu	9 21 36	16 29 53	22 48 07	3 41 36	23 52 39	3 47 43	11 06 46	15 29 10	0 51 41	1 05 54	18 08 08	17 49 35	1 05 57	4 52 43
19 W	10 18 55	29 02 44	5 ♎ 13 45	4 54 46	25 05 57	4 26 04	11 35 57	15 19 12	0 44 17	1 02 02	18 09 15	17 52 04	1 06 06	4 51 31
20 Th	11 15 26	11 ♎ 20 44	17 25 28	6 04 07	26 18 25	5 03 35	12 04 16	15 08 40	0 36 06	0 57 18	18 09 29	17 53 42	1 05 25	4 49 28
21 F	12 11 24	23 26 16	29 26 05	7 09 51	27 30 24	5 40 34	12 32 03	14 57 55	0 27 27	0 51 59	18 09 08	17 54 45	1 04 09	4 46 53
22 Sa	13 07 11	5 ♏ 22 38	11 ♏ 19 15	8 12 17	28 42 12	6 17 22	12 59 39	14 47 17	0 18 40	0 46 28	18 08 34	17 55 37	1 02 42	4 44 07
23 Su	14 03 08	17 13 45	23 09 13	9 11 40	29 54 12	6 54 20	13 27 23	14 37 08	0 10 07	0 41 05	18 08 07	17 56 35	1 01 22	4 41 30
24 M	14 59 31	29 04 04	5 ♐ 00 35	10 08 10	1 ♓ 06 38	7 31 42	13 55 31	14 27 43	0 02 04	0 36 05	18 08 03	17 57 58	1 00 26	4 39 18
25 Tu	15 56 29	10 ♐ 58 14	16 58 09	11 01 53	2 19 41	8 09 40	14 24 14	14 19 12	29 ♌ 54 40	0 31 38	18 08 31	17 59 53	1 00 04	4 37 41
26 W	16 54 04	23 00 59	29 06 35	11 52 42	3 33 22	8 48 14	14 53 33	14 11 39	29 47 58	0 27 47	18 09 33	18 02 24	1 00 17	4 36 40
27 Th	17 52 11	5 ♑ 16 45	11 ♑ 30 12	12 40 27	4 47 35	9 27 19	15 23 22	14 04 57	29 41 52	0 24 25	18 11 03	18 05 24	1 00 59	4 36 11
28 F	18 50 38	17 49 31	24 12 37	13 24 50	6 02 10	10 06 45	15 53 30	13 58 56	29 36 11	0 21 22	18 12 52	18 08 42	1 02 00	4 36 01
29 Sa	19 49 12	0 ♒ 42 25	7 ♒ 16 27	14 05 29	7 16 53	10 46 17	16 23 44	13 53 22	29 30 43	0 18 24	18 14 43	18 12 04	1 03 06	4 35 58
30 Su	20 47 38	13 57 25	20 42 56	14 42 03	8 31 29	11 25 40	16 53 48	13 48 01	29 25 12	0 15 17	18 16 23	18 15 16	1 04 02	4 35 46

Notes

LONGITUDE July 2019

Day	☉	0 hr ☽	Noon ☽	☿	♀	♂	⚵	⚳	♃	♄	⚷	♅	♆	♇
1 M	21 ♓ 45 45	27 ♒ 35 01	4 ♓ 31 40	15 ♈ 14 14	9 ♓ 45 47	12 ♈ 04 45	17 ♈ 23 32	13 ♌ 42 43	29 ♌ 19 28	0 ♎ 11 51	18 ♐ 17 42	18 ♑ 18 07	1 ♐ 04 37	4 ♎ 35 15
2 Tu	22 43 28	11 ♓ 33 56	18 40 24	15 41 50	10 59 42	12 43 25	17 52 52	13 37 23	29 13 27	0 07 59	18 18 33	18 20 31	1 04 47	4 34 19
3 W	23 40 48	25 51 06	3 ♈ 05 11	16 04 43	12 13 14	13 21 41	18 21 46	13 32 00	29 07 08	0 03 42	18 18 58	18 22 30	1 04 31	4 32 60
4 Th	24 37 50	10 ♈ 21 51	17 40 43	16 22 53	13 26 30	13 59 39	18 50 21	13 26 42	29 00 39	29 ♍ 59 07	18 19 02	18 24 08	1 03 55	4 31 22
5 F	25 34 42	25 00 25	2 ♉ 20 53	16 36 23	14 39 37	14 37 27	19 18 45	13 21 37	28 54 07	29 54 22	18 18 54	18 25 34	1 03 08	4 29 35
6 Sa	26 31 33	9 ♉ 40 36	16 59 35	16 45 15	15 52 45	15 15 15	19 47 07	13 16 53	28 47 42	29 49 36	18 18 42	18 26 58	1 02 19	4 27 47
7 Su	27 28 31	24 16 31	1 ♊ 31 21	16 49 33	17 05 59	15 53 08	20 15 33	13 12 37	28 41 30	29 44 55	18 18 32	18 28 24	1 01 34	4 26 05
8 M	28 25 35	8 ♊ 43 11	15 51 51	16 49 17	18 19 22	16 31 08	20 44 06	13 08 52	28 35 34	29 40 22	18 18 28	18 29 56	1 00 55	4 24 30
9 Tu	29 22 46	22 56 54	29 58 09	16 44 23	19 32 52	17 09 14	21 12 43	13 05 35	28 29 52	29 35 55	18 18 26	18 31 32	1 00 20	4 23 02
10 W	0 ♈ 19 58	6 ♋ 55 24	13 ♋ 48 34	16 34 51	20 46 24	17 47 21	21 41 19	13 02 42	28 24 19	29 31 29	18 18 23	18 33 06	0 59 45	4 21 34
11 Th	1 17 07	20 37 35	27 22 34	16 20 41	21 59 54	18 25 24	22 09 51	13 00 08	28 18 51	29 27 00	18 18 13	18 34 34	0 59 05	4 20 03
12 F	2 14 08	4 ♌ 03 22	10 ♌ 40 24	16 01 56	23 13 17	19 03 20	22 38 14	12 57 50	28 13 25	29 22 25	18 17 53	18 35 53	0 58 16	4 18 26
13 Sa	3 11 03	17 13 19	23 42 49	15 38 51	24 26 35	19 41 09	23 06 28	12 55 47	28 08 01	29 17 43	18 17 24	18 37 02	0 57 19	4 16 41
14 Su	4 07 55	0 ♍ 08 25	6 ♍ 30 56	15 11 45	25 39 51	20 18 54	23 34 38	12 54 03	28 02 42	29 12 58	18 16 48	18 38 06	0 56 16	4 14 53
15 M	5 04 50	12 49 53	19 06 00	14 41 04	26 53 11	20 56 42	24 02 49	12 52 44	27 57 35	29 08 18	18 16 12	18 39 10	0 55 16	4 13 08
16 Tu	6 01 56	25 19 03	1 ♎ 29 24	14 07 22	28 06 43	21 34 41	24 31 09	12 51 58	27 52 49	29 03 49	18 15 44	18 40 22	0 54 24	4 11 34
17 W	6 59 21	7 ♎ 37 20	13 42 38	13 31 15	29 20 34	22 12 58	24 59 46	12 51 53	27 48 30	28 59 40	18 15 31	18 41 50	0 53 50	4 10 19
18 Th	7 57 10	19 46 18	25 47 22	12 53 20	0 ♈ 34 50	22 51 38	25 28 44	12 52 33	27 44 44	28 55 54	18 15 39	18 43 38	0 53 36	4 09 27
19 F	8 55 22	1 ♏ 47 40	7 ♏ 45 32	12 14 16	1 49 30	23 30 42	25 58 04	12 53 58	27 41 31	28 52 33	18 16 07	18 45 48	0 53 45	4 08 59
20 Sa	9 53 55	13 43 31	19 39 22	11 34 37	3 04 31	24 10 04	26 27 41	12 56 04	27 38 46	28 49 33	18 16 51	18 48 13	0 54 11	4 08 50
21 Su	10 52 37	25 36 13	1 ♐ 31 33	10 54 56	4 19 43	24 49 36	26 57 26	12 58 40	27 36 21	28 46 44	18 17 42	18 50 45	0 54 45	4 08 51
22 M	11 51 18	7 ♐ 28 38	13 25 08	10 15 45	5 34 52	25 29 05	27 27 06	13 01 36	27 34 03	28 43 53	18 18 26	18 53 12	0 55 15	4 08 49
23 Tu	12 49 42	19 24 04	25 23 40	9 37 32	6 49 47	26 08 17	27 56 28	13 04 36	27 31 39	28 40 48	18 18 51	18 55 19	0 55 26	4 08 31
24 W	13 47 38	1 ♑ 26 15	7 ♑ 31 03	9 00 49	8 04 13	26 47 00	28 25 19	13 07 27	27 28 55	28 37 15	18 18 44	18 56 54	0 55 07	4 07 43
25 Th	14 44 59	13 39 19	19 51 30	8 26 09	9 18 04	27 25 07	28 53 31	13 10 03	27 25 45	28 33 07	18 17 57	18 57 49	0 54 09	4 06 20
26 F	15 41 43	26 07 36	2 ♒ 29 16	7 54 12	10 31 19	28 02 36	29 21 05	13 12 23	27 22 08	28 28 24	18 16 30	18 58 05	0 52 33	4 04 19
27 Sa	16 37 59	8 ♒ 55 20	15 28 20	7 25 42	11 44 06	28 39 36	29 48 07	13 14 34	27 18 13	28 23 14	18 14 31	18 57 48	0 50 26	4 01 50
28 Su	17 34 03	22 06 14	28 51 51	7 01 27	12 56 42	29 16 24	0 ♉ 14 55	13 16 53	27 14 15	28 17 53	18 12 16	18 57 16	0 48 05	3 59 09
29 M	18 30 17	5 ♓ 42 54	12 ♓ 41 36	6 42 18	14 09 28	29 53 21	0 41 50	13 19 41	27 10 38	28 12 45	18 10 08	18 56 50	0 45 51	3 56 37
30 Tu	19 27 05	19 46 07	26 57 17	6 29 03	15 22 48	0 ♉ 30 50	1 09 15	13 23 23	27 07 43	28 08 11	18 08 29	18 56 54	0 44 09	3 54 38
31 W	20 24 46	4 ♈ 14 18	11 ♈ 35 58	6 22 22	16 37 01	1 09 12	1 37 31	13 28 16	27 05 52	28 04 32	18 07 39	18 57 47	0 43 17	3 53 32

LONGITUDE August 2019

Day	☉	0 hr ☽	Noon ☽	☿	♀	♂	⚵	⚳	♃	♄	⚷	♅	♆	♇
1 Th	21 ♈ 23 28	19 ♈ 03 02	26 ♈ 31 58	6 ♈ 22 41	17 ♈ 52 16	1 ♉ 48 35	2 ♉ 06 46	13 ♌ 34 31	27 ♌ 05 12	28 ♍ 01 57	18 ♐ 07 48	18 ♑ 59 38	0 ♐ 43 26	3 ♎ 53 27
2 F	22 23 10	4 ♉ 05 16	11 ♉ 37 17	6 30 07	19 08 30	2 28 56	2 36 56	13 42 02	27 05 42	28 00 23	18 08 52	19 02 23	0 44 30	3 54 21
3 Sa	23 23 31	19 12 03	26 42 35	6 44 34	20 25 25	3 09 56	3 07 44	13 50 33	27 07 02	27 59 31	18 10 32	19 05 46	0 46 13	3 55 55
4 Su	24 24 05	4 ♊ 13 51	11 ♊ 38 39	7 05 39	21 42 31	3 51 08	3 38 41	13 59 34	27 08 44	27 58 54	18 12 20	19 09 16	0 48 06	3 57 41
5 M	25 24 18	19 02 03	26 17 50	7 32 53	22 59 18	4 31 59	4 09 15	14 08 33	27 10 16	27 57 59	18 13 45	19 12 23	0 49 36	3 59 06
6 Tu	26 23 43	3 ♋ 30 12	10 ♋ 34 55	8 05 49	24 15 16	5 11 60	4 38 57	14 17 02	27 11 10	27 56 18	18 14 18	19 14 37	0 50 16	3 59 43
7 W	27 22 02	17 34 34	24 27 27	8 44 10	25 30 08	5 50 55	5 07 31	14 24 43	27 11 09	27 53 34	18 13 42	19 15 42	0 49 48	3 59 14
8 Th	28 19 14	1 ♌ 14 10	7 ♌ 55 31	9 27 50	26 43 54	6 28 42	5 34 55	14 31 34	27 10 12	27 49 46	18 11 55	19 15 37	0 48 12	3 57 38
9 F	29 15 33	14 30 15	21 01 05	10 16 59	27 56 48	7 05 37	6 01 23	14 37 50	27 08 32	27 45 09	18 09 13	19 14 35	0 45 41	3 55 10
10 Sa	0 ♉ 11 28	27 25 34	3 ♍ 47 19	11 11 58	29 09 16	7 42 05	6 27 23	14 43 59	27 06 39	27 40 10	18 06 03	19 13 05	0 42 44	3 52 17
11 Su	1 07 33	10 ♍ 03 39	16 17 52	12 13 14	0 ♉ 21 55	8 18 43	6 53 30	14 50 34	27 05 05	27 35 24	18 02 59	19 11 41	0 39 54	3 49 34
12 M	2 04 24	22 28 11	28 36 24	13 21 10	1 35 20	8 56 06	7 20 20	14 58 11	27 04 27	27 31 26	18 00 37	19 10 59	0 37 49	3 47 37
13 Tu	3 02 31	4 ♎ 42 40	10 ♎ 46 14	14 36 07	2 50 01	9 34 45	7 48 22	15 07 20	27 05 16	27 28 48	17 59 29	19 11 29	0 36 58	3 46 56
14 W	4 02 14	16 50 03	22 50 08	15 58 08	4 06 17	10 14 58	8 17 57	15 18 21	27 07 51	27 27 50	17 59 52	19 13 32	0 37 40	3 47 51
15 Th	5 03 39	28 52 41	4 ♏ 50 19	17 27 04	5 24 15	10 56 53	8 49 11	15 31 19	27 12 18	27 28 36	18 01 54	19 17 11	0 40 03	3 50 27
16 F	6 06 35	10 ♏ 52 24	16 48 30	19 02 27	6 43 45	11 40 18	9 21 52	15 46 04	27 18 26	27 30 57	18 05 25	19 22 19	0 43 55	3 54 36
17 Sa	7 10 40	22 50 36	28 46 04	20 43 31	8 04 22	12 24 51	9 55 38	16 02 12	27 25 52	27 34 29	18 09 59	19 28 31	0 48 53	3 59 51
18 Su	8 15 17	4 ♐ 48 33	10 ♐ 44 23	22 29 21	9 25 31	13 09 54	10 29 53	16 19 06	27 33 60	27 38 36	18 15 03	19 35 10	0 54 21	4 05 39
19 M	9 19 44	16 47 35	22 44 56	24 18 49	10 46 30	13 54 47	11 03 54	16 36 05	27 42 08	27 42 37	18 19 53	19 41 36	0 59 37	4 11 17
20 Tu	10 23 21	28 49 26	4 ♑ 49 40	26 10 52	12 06 38	14 38 48	11 36 60	16 52 28	27 49 35	27 45 50	18 23 48	19 47 06	1 03 60	4 16 03
21 W	11 25 34	10 ♑ 56 24	17 01 10	28 04 28	13 25 21	15 21 24	12 08 38	17 07 39	27 55 46	27 47 43	18 26 16	19 51 08	1 06 56	4 19 25
22 Th	12 26 03	23 11 35	29 22 43	29 58 55	14 42 20	16 02 15	12 38 29	17 21 21	28 00 24	27 47 55	18 26 56	19 53 21	1 08 07	4 21 03
23 F	13 24 49	5 ♒ 38 46	11 ♒ 58 20	1 ♉ 53 46	15 57 35	16 41 22	13 06 32	17 33 32	28 03 28	27 46 26	18 25 50	19 53 47	1 07 32	4 20 57
24 Sa	14 22 12	18 22 25	24 52 25	3 48 58	17 11 26	17 19 05	13 33 08	17 44 34	28 05 18	27 43 39	18 23 17	19 52 46	1 05 32	4 19 29
25 Su	15 18 52	1 ♓ 27 10	8 ♓ 09 25	5 44 45	18 24 34	17 56 04	13 58 57	17 55 06	28 06 34	27 40 12	18 19 57	19 50 57	1 02 47	4 17 16
26 M	16 15 41	14 57 15	21 53 01	7 41 38	19 37 49	18 33 09	14 24 50	18 05 58	28 08 07	27 36 56	18 16 41	19 49 12	1 00 07	4 15 11
27 Tu	17 13 31	28 55 38	6 ♈ 05 11	9 40 10	20 52 05	19 11 15	14 51 41	18 18 04	28 10 51	27 34 45	18 14 24	19 48 24	0 58 27	4 14 07
28 W	18 13 07	13 ♈ 22 58	20 45 12	11 40 46	22 08 06	19 51 06	15 20 13	18 32 08	28 15 30	27 34 24	18 13 49	19 49 17	0 58 31	4 14 49
29 Th	19 14 52	28 16 38	5 ♉ 48 49	13 43 33	23 26 15	20 33 05	15 50 49	18 48 33	28 22 27	27 36 15	18 15 20	19 52 14	1 00 41	4 17 40
30 F	20 18 42	13 ♉ 30 17	21 08 08	15 48 12	24 46 27	21 17 07	16 23 26	19 07 15	28 31 37	27 40 14	18 18 51	19 57 12	1 04 54	4 22 34
31 Sa	21 24 01	28 54 09	6 ♊ 32 21	17 53 58	26 08 09	22 02 37	16 57 28	19 27 38	28 42 26	27 45 47	18 23 49	20 03 35	1 10 34	4 28 58

Notes

September 2019 — LONGITUDE

Day	☉	0 hr ☽	Noon ☽	☿	♀	♂	⚵	⚳	♃	♄	⚷	♅	♆	♇
1 Su	22 ♉ 29 55	14 ♊ 16 30	21 ♊ 49 36	19 ♉ 59 43	27 ♉ 30 24	22 ♉ 48 42	17 ♉ 32 01	19 ♌ 48 47	28 ♌ 53 59	27 ♍ 51 59	18 ♐ 29 19	20 ♑ 10 29	1 ♐ 16 48	4 ♎ 35 57
2 M	23 35 21	29 25 40	6 ♋ 49 01	22 04 16	28 52 10	23 34 17	18 06 00	20 09 39	29 05 12	27 57 46	18 34 17	20 16 49	1 22 31	4 42 27
3 Tu	24 39 23	14 ♋ 12 08	21 22 36	24 06 35	0 ♊ 12 31	24 18 27	18 38 31	20 29 19	29 15 10	28 02 13	18 37 48	20 21 42	1 26 48	4 47 33
4 W	25 41 27	28 29 58	5 ♌ 26 10	26 06 01	1 30 54	25 00 38	19 09 01	20 47 11	29 23 19	28 04 47	18 39 19	20 24 33	1 29 06	4 50 42
5 Th	26 41 28	12 ♌ 17 06	18 59 13	28 02 24	2 47 13	25 40 46	19 37 23	21 03 12	29 29 34	28 05 22	18 38 44	20 25 18	1 29 20	4 51 47
6 F	27 39 50	25 34 54	2 ♍ 04 13	29 56 03	4 01 51	26 19 13	20 04 01	21 17 44	29 34 18	28 04 23	18 36 28	20 24 19	1 27 53	4 51 14
7 Sa	28 37 19	8 ♍ 27 07	14 45 35	1 ♊ 47 44	5 15 35	26 56 46	20 29 42	21 31 34	29 38 18	28 02 34	18 33 15	20 22 22	1 25 31	4 49 47
8 Su	29 34 53	20 58 49	27 08 42	3 38 21	6 29 24	27 34 24	20 55 24	21 45 38	29 42 32	28 00 55	18 30 05	20 20 27	1 23 13	4 48 26
9 M	0 ♊ 33 33	3 ♎ 15 33	9 ♎ 19 05	5 28 55	7 44 17	28 13 06	21 22 06	22 00 58	29 47 59	28 00 25	18 27 57	20 19 34	1 21 58	4 48 10
10 Tu	1 34 09	15 22 33	21 21 48	7 20 15	9 01 04	28 53 43	21 50 39	22 18 24	29 55 30	28 01 56	18 27 43	20 20 32	1 22 39	4 49 51
11 W	2 37 14	27 24 21	3 ♏ 21 02	9 12 55	10 20 20	29 36 49	22 21 38	22 38 29	0 ♍ 05 39	28 06 01	18 29 56	20 23 57	1 25 47	4 54 00
12 Th	3 42 60	9 ♏ 24 26	15 19 58	11 07 06	11 42 15	0 ♊ 22 34	22 55 12	23 01 23	0 18 36	28 12 50	18 34 47	20 29 57	1 31 34	5 00 51
13 F	4 51 12	21 25 13	27 20 44	13 02 33	13 06 36	1 10 44	23 31 08	23 26 52	0 34 08	28 22 09	18 42 02	20 38 20	1 39 46	5 10 07
14 Sa	6 01 15	3 ♐ 28 12	9 ♐ 24 32	14 58 43	14 32 44	2 00 44	24 08 48	23 54 21	0 51 37	28 33 23	18 51 04	20 48 28	1 49 46	5 21 13
15 Su	7 12 13	15 34 06	21 31 58	16 54 39	15 59 47	2 51 38	24 47 20	24 22 53	1 10 09	28 45 36	19 00 59	20 59 29	2 00 41	5 33 15
16 M	8 23 03	27 43 16	3 ♑ 43 23	18 49 21	17 26 41	3 42 22	25 25 38	24 51 26	1 28 40	28 57 46	19 10 43	21 10 16	2 11 25	5 45 08
17 Tu	9 32 42	9 ♑ 56 05	15 59 15	20 41 45	18 52 21	4 31 55	26 02 39	25 18 55	1 46 07	29 08 47	19 19 13	21 19 49	2 20 57	5 55 50
18 W	10 40 18	22 13 23	28 20 37	22 31 01	20 15 57	5 19 23	26 37 32	25 44 29	2 01 38	29 17 50	19 25 38	21 27 14	2 28 23	6 04 28
19 Th	11 45 19	4 ♒ 36 49	10 ♒ 49 25	24 16 38	21 36 57	6 04 15	27 09 46	26 07 36	2 14 41	29 24 22	19 29 25	21 32 00	2 33 14	6 10 32
20 F	12 47 42	17 09 03	23 28 33	25 58 34	22 55 17	6 46 27	27 39 15	26 28 12	2 25 13	29 28 19	19 30 32	21 34 04	2 35 24	6 13 56
21 Sa	13 47 52	29 53 43	6 ♓ 21 55	27 37 14	24 11 21	7 26 25	28 06 25	26 46 42	2 33 38	29 30 07	19 29 22	21 33 50	2 35 19	6 15 07
22 Su	14 46 40	12 ♓ 55 18	19 34 00	29 13 32	25 26 03	8 05 00	28 32 09	27 03 58	2 40 47	29 30 37	19 26 49	21 32 10	2 33 51	6 14 56
23 M	15 45 17	26 18 29	3 ♈ 09 15	0 ♋ 48 36	26 40 30	8 43 22	28 57 34	27 21 08	2 47 51	29 30 58	19 24 01	21 30 14	2 32 09	6 14 32
24 Tu	16 44 55	10 ♈ 07 21	17 11 07	2 23 43	27 55 57	9 22 44	29 23 55	27 39 27	2 56 03	29 32 25	19 22 12	21 29 16	2 31 27	6 15 09
25 W	17 46 38	24 24 20	1 ♉ 40 53	3 59 55	29 13 28	10 04 10	29 52 16	27 59 58	3 06 27	29 36 01	19 22 26	21 30 18	2 32 48	6 17 51
26 Th	18 51 03	9 ♉ 08 54	16 36 32	5 37 51	0 ♋ 33 39	10 48 17	0 ♊ 23 13	28 23 17	3 19 38	29 42 23	19 25 19	21 33 58	2 36 50	6 23 15
27 F	19 58 11	24 16 47	1 ♊ 52 03	7 17 32	1 56 30	11 35 05	0 56 47	28 49 26	3 35 39	29 51 31	19 30 53	21 40 17	2 43 33	6 31 20
28 Sa	21 07 24	9 ♊ 39 41	17 17 40	8 58 19	3 21 25	12 23 56	1 32 19	29 17 45	3 53 50	0 ♎ 02 47	19 38 30	21 48 37	2 52 19	6 41 30
29 Su	22 17 33	25 06 10	2 ♋ 41 16	10 39 05	4 47 14	13 13 44	2 08 43	29 47 08	4 13 03	0 15 05	19 47 01	21 57 50	3 02 01	6 52 37
30 M	23 27 19	10 ♋ 23 42	17 50 37	12 18 29	6 12 38	14 03 06	2 44 36	0 ♍ 16 14	4 31 60	0 27 02	19 55 07	22 06 35	3 11 17	7 03 20

October 2019 — LONGITUDE

Day	☉	0 hr ☽	Noon ☽	☿	♀	♂	⚵	⚳	♃	♄	⚷	♅	♆	♇
1 Tu	24 ♊ 35 28	25 ♋ 20 60	2 ♌ 35 41	13 ♋ 55 18	7 ♋ 36 24	14 ♊ 50 50	3 ♊ 18 47	0 ♍ 43 48	4 ♍ 49 25	0 ♎ 37 27	20 ♐ 01 35	22 ♑ 13 40	3 ♐ 18 56	7 ♎ 12 25
2 W	25 41 12	9 ♌ 50 00	16 50 10	15 28 44	8 57 43	15 36 09	3 50 28	1 09 04	5 04 32	0 45 31	20 05 36	22 18 17	3 24 09	7 19 07
3 Th	26 44 19	23 46 51	0 ♍ 32 00	16 58 32	10 16 22	16 18 49	4 19 25	1 31 49	5 17 07	0 51 02	20 06 59	22 20 13	3 26 44	7 23 10
4 F	27 45 11	7 ♍ 11 43	13 42 48	18 25 04	11 32 45	16 59 14	4 46 01	1 52 25	5 27 33	0 54 22	20 06 05	22 19 52	3 27 03	7 24 59
5 Sa	28 44 40	20 07 54	26 26 51	19 49 11	12 47 43	17 38 14	5 11 08	2 11 43	5 36 41	0 56 23	20 03 47	22 18 03	3 25 58	7 25 25
6 Su	29 43 54	2 ♎ 40 43	8 ♎ 49 58	21 11 58	14 02 24	18 16 58	5 35 54	2 30 51	5 45 40	0 58 13	20 01 12	22 15 56	3 24 37	7 25 35
7 M	0 ♋ 44 03	14 56 22	20 58 34	22 34 35	15 17 58	18 56 37	6 01 29	2 51 00	5 55 40	1 01 02	19 59 32	22 14 42	3 24 10	7 26 41
8 Tu	1 46 09	27 01 07	2 ♏ 58 46	23 58 00	16 35 28	19 38 12	6 28 56	3 13 12	6 07 42	1 05 52	19 59 49	22 15 22	3 25 41	7 29 45
9 W	2 50 55	9 ♏ 00 35	14 55 58	25 22 53	17 55 36	20 22 26	6 58 55	3 38 09	6 22 29	1 13 26	20 02 43	22 18 39	3 29 50	7 35 27
10 Th	3 58 37	20 59 24	26 54 26	26 49 25	19 18 37	21 09 34	7 31 44	4 06 05	6 40 17	1 23 59	20 08 33	22 24 48	3 36 53	7 44 06
11 F	5 09 01	3 ♐ 00 60	8 ♐ 57 11	28 17 21	20 44 19	21 59 24	8 07 09	4 36 50	7 00 52	1 37 19	20 17 03	22 33 37	3 46 39	7 55 26
12 Sa	6 21 28	15 07 31	21 05 56	29 45 55	22 12 02	22 51 16	8 44 31	5 09 42	7 23 35	1 52 45	20 27 37	22 44 26	3 58 27	8 08 50
13 Su	7 34 60	27 19 59	3 ♑ 21 26	1 ♌ 14 03	23 40 47	23 44 11	9 22 51	5 43 43	7 47 27	2 09 20	20 39 13	22 56 16	4 11 19	8 23 18
14 M	8 48 25	9 ♑ 38 37	15 43 36	2 40 28	25 09 23	24 36 59	10 00 57	6 17 41	8 11 17	2 25 51	20 50 42	23 07 57	4 24 03	8 37 39
15 Tu	10 00 34	22 03 13	28 12 06	4 03 53	26 36 41	25 28 30	10 37 40	6 50 27	8 33 56	2 41 09	21 00 54	23 18 19	4 35 30	8 50 44
16 W	11 10 29	4 ♒ 33 34	10 ♒ 46 48	5 23 11	28 01 43	26 17 46	11 12 03	7 21 04	8 54 24	2 54 17	21 08 50	23 26 23	4 44 42	9 01 34
17 Th	12 17 34	17 10 01	23 28 09	6 37 38	29 23 53	27 04 11	11 43 29	7 48 55	9 12 07	3 04 39	21 13 57	23 31 36	4 51 04	9 09 35
18 F	13 21 44	29 53 40	6 ♓ 17 33	7 46 57	0 ♌ 43 05	27 47 39	12 11 52	8 13 53	9 26 58	3 12 08	21 16 07	23 33 49	4 54 29	9 14 39
19 Sa	14 23 21	12 ♓ 46 43	19 17 23	8 51 19	1 59 43	28 28 34	12 37 36	8 36 24	9 39 21	3 17 08	21 15 43	23 33 28	4 55 21	9 17 10
20 Su	15 23 18	25 52 16	2 ♈ 30 59	9 51 21	3 14 38	29 07 47	13 01 32	8 57 17	9 50 08	3 20 31	21 13 39	23 31 23	4 54 32	9 18 01
21 M	16 22 46	9 ♈ 14 00	16 01 60	10 47 60	4 29 01	29 46 30	13 24 51	9 17 44	10 00 28	3 23 27	21 11 04	23 28 46	4 53 12	9 18 22
22 Tu	17 22 59	22 55 33	29 53 45	11 42 11	5 44 08	0 ♋ 25 57	13 48 49	9 39 00	10 11 38	3 27 12	21 09 14	23 26 52	4 52 37	9 19 27
23 W	18 25 04	6 ♉ 59 33	14 ♉ 08 11	12 34 42	7 01 04	1 07 15	14 14 30	10 02 11	10 24 43	3 32 51	21 09 15	23 26 46	4 53 53	9 22 24
24 Th	19 29 40	21 26 38	28 44 49	13 25 51	8 20 30	1 51 03	14 42 36	10 27 57	10 40 23	3 41 05	21 11 48	23 29 10	4 57 40	9 27 52
25 F	20 36 54	6 ♊ 14 27	13 ♊ 39 57	14 15 17	9 42 30	2 37 28	15 13 11	10 56 23	10 58 43	3 51 59	21 16 56	23 34 09	5 04 03	9 35 57
26 Sa	21 46 13	21 17 17	28 46 29	15 02 01	11 06 33	3 25 56	15 45 44	11 26 57	11 19 12	4 05 01	21 24 10	23 41 10	5 12 31	9 46 06
27 Su	22 56 34	6 ♋ 26 22	13 ♋ 54 43	15 44 32	12 31 38	4 15 27	16 19 12	11 58 38	11 40 47	4 19 09	21 32 26	23 49 12	5 22 01	9 57 18
28 M	24 06 43	21 31 07	28 53 54	16 21 00	13 56 27	5 04 43	16 52 19	12 30 08	12 02 12	4 33 07	21 40 29	23 56 59	5 31 18	10 08 16
29 Tu	25 15 27	6 ♌ 21 07	13 ♌ 34 14	16 49 40	15 19 50	5 52 34	17 23 54	13 00 17	12 22 17	4 45 43	21 47 08	24 03 19	5 39 10	10 17 50
30 W	26 21 57	20 47 54	27 48 32	17 09 05	16 40 56	6 38 10	17 53 07	13 28 14	12 40 09	4 56 08	21 51 33	24 07 23	5 44 47	10 25 09
31 Th	27 25 53	4 ♍ 46 18	11 ♍ 33 10	17 18 18	17 59 26	7 21 11	18 19 38	13 53 41	12 55 32	5 04 03	21 53 24	24 08 52	5 47 50	10 29 55

Notes

LONGITUDE

November 2019

Day	☉	0 hr ☽	Noon ☽	☿	♀	♂	⚵	⚳	♃	♄	⚷	♅	♆	♇
1 F	28♋ 27 29	18♍ 14 44	24♍ 48 02	17♌ 16 57	19♌ 15 35	8♋ 01 53	18♊ 43 41	14♍ 16 51	13♍ 08 38	5♎ 09 41	21♐ 52 56	24♑ 07 60	5♐ 48 34	10♎ 32 21
2 Sa	29 27 27	1♎ 14 53	7♎ 35 55	17 05 09	20 30 03	8 40 54	19 05 59	14 38 25	13 20 09	5 13 43	21 50 49	24 05 27	5 47 40	10 33 08
3 Su	0♌ 26 44	13 50 47	20 01 39	16 43 25	21 43 49	9 19 15	19 27 28	14 59 22	13 31 02	5 17 09	21 48 04	24 02 13	5 46 05	10 33 15
4 M	1 26 25	26 07 55	2♏ 11 05	16 12 29	22 57 56	9 57 59	19 49 12	15 20 45	13 42 22	5 21 00	21 45 42	23 59 22	5 44 54	10 33 45
5 Tu	2 27 26	8♏ 12 19	14 10 26	15 33 11	24 13 22	10 38 03	20 12 09	15 43 31	13 55 05	5 26 15	21 44 41	23 57 49	5 45 03	10 35 36
6 W	3 30 28	20 09 55	26 05 33	14 46 26	25 30 47	11 20 07	20 36 60	16 08 20	14 09 53	5 33 35	21 45 43	23 58 17	5 47 14	10 39 28
7 Th	4 35 51	2♐ 06 03	8♐ 01 33	13 53 04	26 50 31	12 04 32	21 04 02	16 35 33	14 27 03	5 43 18	21 49 06	24 01 05	5 51 45	10 45 41
8 F	5 43 28	14 05 09	20 02 30	12 54 01	28 12 27	12 51 10	21 33 10	17 05 02	14 46 31	5 55 17	21 54 44	24 06 05	5 58 32	10 54 08
9 Sa	6 52 51	26 10 31	2♑ 11 18	11 50 15	29 36 05	13 39 33	22 03 56	17 36 19	15 07 46	6 09 05	22 02 08	24 12 50	6 07 03	11 04 20
10 Su	8 03 11	8♑ 24 21	14 29 43	10 42 52	1♍ 00 40	14 28 53	22 35 31	18 08 36	15 30 02	6 23 54	22 10 32	24 20 33	6 16 33	11 15 30
11 M	9 13 33	20 47 46	26 58 27	9 33 12	2 25 14	15 18 15	23 06 58	18 40 56	15 52 22	6 38 46	22 18 57	24 28 15	6 26 05	11 26 42
12 Tu	10 22 58	3♒ 21 03	9♒ 37 23	8 22 49	3 48 50	16 06 40	23 37 21	19 12 22	16 13 47	6 52 45	22 26 27	24 35 01	6 34 40	11 36 57
13 W	11 30 40	16 03 57	22 26 02	7 13 32	5 10 41	16 53 21	24 05 52	19 42 07	16 33 32	7 05 03	22 32 16	24 40 03	6 41 33	11 45 29
14 Th	12 36 09	28 56 03	5♓ 23 48	6 07 21	6 30 16	17 37 48	24 32 01	20 09 40	16 51 05	7 15 10	22 35 51	24 42 51	6 46 12	11 51 47
15 F	13 39 17	11♓ 57 05	18 30 27	5 06 21	7 47 28	18 19 54	24 55 39	20 34 54	17 06 19	7 22 58	22 37 07	24 43 17	6 48 31	11 55 44
16 Sa	14 40 22	25 07 17	1♈ 46 18	4 12 36	9 02 34	18 59 56	25 17 06	20 58 06	17 19 32	7 28 45	22 36 21	24 41 40	6 48 47	11 57 37
17 Su	15 40 02	8♈ 27 25	15 12 18	3 28 01	10 16 14	19 38 33	25 36 57	21 19 55	17 31 21	7 33 10	22 34 10	24 38 36	6 47 37	11 58 05
18 M	16 39 09	21 58 50	28 49 51	2 54 18	11 29 18	20 16 36	25 56 07	21 41 13	17 42 39	7 37 03	22 31 28	24 34 60	6 45 55	11 58 00
19 Tu	17 38 40	5♉ 43 01	12♉ 40 22	2 32 39	12 42 45	20 55 04	26 15 32	22 02 56	17 54 23	7 41 23	22 29 11	24 31 47	6 44 38	11 58 19
20 W	18 39 24	19 41 04	26 44 40	2 23 49	13 57 22	21 34 43	26 35 59	22 25 53	18 07 22	7 46 58	22 28 08	24 29 46	6 44 34	11 59 50
21 Th	19 41 52	3♊ 53 06	11♊ 02 21	2 27 52	15 13 41	22 16 06	26 58 01	22 50 36	18 22 06	7 54 18	22 28 50	24 29 29	6 46 13	12 03 05
22 F	20 46 10	18 17 38	25 31 08	2 44 17	16 31 48	22 59 19	27 21 42	23 17 10	18 38 41	8 03 30	22 31 23	24 31 02	6 49 43	12 08 09
23 Sa	21 51 58	2♋ 51 10	10♋ 06 46	3 11 54	17 51 22	23 44 00	27 46 43	23 45 14	18 56 46	8 14 14	22 35 27	24 34 04	6 54 43	12 14 42
24 Su	22 58 35	17 28 20	24 43 11	3 49 11	19 11 44	24 29 31	28 12 24	24 14 09	19 15 43	8 25 48	22 40 22	24 37 55	7 00 32	12 22 04
25 M	24 05 10	2♌ 02 22	9♌ 13 18	4 34 25	20 32 02	25 14 60	28 37 52	24 43 05	19 34 39	8 37 24	22 45 17	24 41 45	7 06 21	12 29 25
26 Tu	25 10 57	16 26 11	23 30 11	5 25 53	21 51 29	25 59 39	29 02 22	25 11 12	19 52 48	8 48 12	22 49 24	24 44 46	7 11 21	12 35 57
27 W	26 15 18	0♍ 33 24	7♍ 28 04	6 22 11	23 09 30	26 42 53	29 25 16	25 37 55	20 09 33	8 57 37	22 52 08	24 46 23	7 14 56	12 41 03
28 Th	27 17 58	14 19 20	21 03 10	7 22 16	24 25 47	27 24 26	29 46 18	26 02 59	20 24 38	9 05 22	22 53 13	24 46 19	7 16 52	12 44 28
29 F	28 19 01	27 41 37	4♎ 14 09	8 25 30	25 40 25	28 04 22	0♋ 05 33	26 26 27	20 38 07	9 11 33	22 52 43	24 44 38	7 17 11	12 46 16
30 Sa	29 18 49	10♎ 40 10	17 01 54	9 31 36	26 53 46	28 43 03	0 23 23	26 48 41	20 50 23	9 16 31	22 50 60	24 41 44	7 16 16	12 46 49

LONGITUDE

December 2019

Day	☉	0 hr ☽	Noon ☽	☿	♀	♂	⚵	⚳	♃	♄	⚷	♅	♆	♇
1 Su	0♍ 17 56	23♎ 16 59	29♎ 29 14	10♌ 40 35	28♍ 06 24	29♋ 21 03	0♋ 40 21	27♍ 10 15	21♍ 01 59	9♎ 20 49	22♐ 48 37	24♑ 38 09	7♐ 14 41	12♎ 46 41
2 M	1 16 59	5♏ 35 38	11♏ 40 17	11 52 35	29 18 57	29 58 59	0 57 05	27 31 47	21 13 32	9 25 06	22 46 14	24 34 31	7 13 03	12 46 30
3 Tu	2 16 33	17 40 42	23 40 00	13 07 44	0♎ 31 59	0♌ 37 27	1 14 09	27 53 51	21 25 38	9 29 56	22 44 24	24 31 26	7 11 58	12 46 50
4 W	3 17 06	29 37 14	5♐ 33 39	14 26 07	1 45 58	1 16 53	1 32 01	28 16 55	21 38 43	9 35 46	22 43 34	24 29 21	7 11 53	12 48 09
5 Th	4 18 51	11♐ 30 25	17 26 24	15 47 38	3 01 07	1 57 32	1 50 54	28 41 12	21 53 01	9 42 50	22 43 60	24 28 29	7 13 00	12 50 40
6 F	5 21 48	23 25 07	29 23 02	17 12 00	4 17 25	2 39 23	2 10 48	29 06 42	22 08 33	9 51 08	22 45 39	24 28 51	7 15 21	12 54 23
7 Sa	6 25 43	5♑ 25 45	11♑ 27 42	18 38 46	5 34 41	3 22 13	2 31 29	29 33 12	22 25 04	10 00 27	22 48 20	24 30 12	7 18 42	12 59 05
8 Su	7 30 14	17 35 57	23 43 43	20 07 20	6 52 30	4 05 39	2 52 36	0♎ 00 19	22 42 12	10 10 23	22 51 39	24 32 11	7 22 40	13 04 24
9 M	8 34 53	29 58 37	6♒ 13 30	21 37 03	8 10 25	4 49 14	3 13 38	0 27 34	22 59 28	10 20 28	22 55 08	24 34 19	7 26 47	13 09 49
10 Tu	9 39 11	12♒ 35 37	18 58 26	23 07 18	9 27 57	5 32 27	3 34 08	0 54 30	23 16 24	10 30 14	22 58 19	24 36 08	7 30 34	13 14 54
11 W	10 42 44	25 27 56	1♓ 58 55	24 37 34	10 44 42	6 14 57	3 53 41	1 20 41	23 32 36	10 39 17	23 00 48	24 37 14	7 33 38	13 19 15
12 Th	11 45 19	8♓ 35 32	15 14 26	26 07 31	12 00 26	6 56 29	4 12 05	1 45 55	23 47 51	10 47 23	23 02 20	24 37 23	7 35 44	13 22 37
13 F	12 46 52	21 57 37	28 43 43	27 36 60	13 15 07	7 36 60	4 29 14	2 10 08	24 02 04	10 54 29	23 02 54	24 36 32	7 36 51	13 24 58
14 Sa	13 47 32	5♈ 32 44	12♈ 25 01	29 06 04	14 28 52	8 16 37	4 45 19	2 33 28	24 15 24	11 00 42	23 02 36	24 34 49	7 37 05	13 26 26
15 Su	14 47 36	19 19 00	26 16 18	0♍ 34 57	15 41 59	8 55 40	5 00 34	2 56 13	24 28 09	11 06 21	23 01 45	24 32 32	7 36 44	13 27 17
16 M	15 47 26	3♉ 14 25	10♉ 15 30	2 03 59	16 54 49	9 34 28	5 15 23	3 18 44	24 40 39	11 11 47	23 00 42	24 30 02	7 36 10	13 27 54
17 Tu	16 47 23	17 16 56	24 20 37	3 33 29	18 07 45	10 13 25	5 30 07	3 41 23	24 53 18	11 17 21	22 59 50	24 27 42	7 35 45	13 28 39
18 W	17 47 46	1♊ 24 31	8♊ 29 43	5 03 41	19 21 03	10 52 48	5 45 03	4 04 28	25 06 22	11 23 22	22 59 25	24 25 50	7 35 46	13 29 48
19 Th	18 48 43	15 35 10	22 40 50	6 34 45	20 34 54	11 32 45	6 00 21	4 28 08	25 19 60	11 29 58	22 59 37	24 24 33	7 36 23	13 31 32
20 F	19 50 14	29 46 44	6♋ 51 47	8 06 37	21 49 16	12 13 17	6 15 58	4 52 22	25 34 12	11 37 09	23 00 25	24 23 51	7 37 34	13 33 50
21 Sa	20 52 11	13♋ 56 55	21 00 10	9 39 09	23 04 01	12 54 14	6 31 48	5 17 01	25 48 49	11 44 46	23 01 40	24 23 38	7 39 13	13 36 33
22 Su	21 54 19	28 03 04	5♌ 03 14	11 12 07	24 18 56	13 35 25	6 47 36	5 41 53	26 03 38	11 52 36	23 03 11	24 23 38	7 41 04	13 39 27
23 M	22 56 26	12♌ 02 22	18 58 07	12 45 17	25 33 46	14 16 33	7 03 08	6 06 44	26 18 25	12 00 25	23 04 42	24 23 38	7 42 55	13 42 20
24 Tu	23 58 19	25 51 55	2♍ 41 56	14 18 27	26 48 22	14 57 30	7 18 13	6 31 22	26 32 59	12 08 02	23 06 03	24 23 28	7 44 34	13 45 00
25 W	24 59 55	9♍ 29 03	16 12 08	15 51 33	28 02 37	15 38 09	7 32 46	6 55 42	26 47 15	12 15 22	23 07 09	24 23 02	7 45 57	13 47 22
26 Th	26 01 13	22 51 33	29 26 49	17 24 35	29 16 31	16 18 31	7 46 47	7 19 45	27 01 13	12 22 25	23 07 59	24 22 21	7 47 03	13 49 26
27 F	27 02 17	5♎ 57 55	12♎ 24 57	18 57 38	0♏ 30 11	16 58 41	8 00 20	7 43 35	27 14 59	12 29 15	23 08 40	24 21 29	7 47 58	13 51 17
28 Sa	28 03 16	18 47 39	25 06 29	20 30 50	1 43 42	17 38 47	8 13 34	8 07 20	27 28 36	12 36 01	23 09 18	24 20 35	7 48 49	13 53 03
29 Su	29 04 17	1♏ 21 16	7♏ 32 30	22 04 19	2 57 13	18 18 54	8 26 34	8 31 07	27 42 17	12 42 50	23 10 00	24 19 45	7 49 43	13 54 51
30 M	0♎ 05 24	13 40 16	19 45 01	23 38 11	4 10 47	18 59 10	8 39 26	8 55 01	27 56 03	12 49 46	23 10 53	24 19 04	7 50 45	13 56 46
31 Tu	1 06 39	25 47 08	1♐ 46 57	25 12 27	5 24 27	19 39 34	8 52 11	9 19 02	28 09 58	12 56 51	23 11 56	24 18 34	7 51 57	13 58 48

Notes

January 2020 LONGITUDE

Day	☉	0 hr ☽	Noon ☽	☿	♀	♂	⚵	⚳	♃	♄	⚷	♅	♆	♇
1 W	2 ♎ 07 58	7 ♐ 45 08	13 ♐ 41 55	26 ♍ 47 06	6 ♏ 38 09	20 ♌ 20 04	9 ♋ 04 46	9 ♎ 43 10	28 ♍ 23 57	13 ♎ 04 01	23 ♐ 13 07	24 ♑ 18 12	7 ♐ 53 16	14 ♎ 00 56
2 Th	3 09 17	19 38 09	25 34 05	28 22 03	7 51 48	21 00 35	9 17 05	10 07 17	28 37 55	13 11 12	23 14 21	24 17 53	7 54 36	14 03 04
3 F	4 10 29	1 ♑ 30 30	7 ♑ 27 57	29 57 12	9 05 17	21 40 60	9 29 02	10 31 17	28 51 46	13 18 17	23 15 31	24 17 29	7 55 51	14 05 05
4 Sa	5 11 27	13 26 50	19 28 09	1 ♎ 32 29	10 18 30	22 21 12	9 40 30	10 55 05	29 05 23	13 25 09	23 16 31	24 16 56	7 56 54	14 06 53
5 Su	6 12 08	25 31 48	1 ♒ 39 17	3 07 50	11 31 23	23 01 10	9 51 25	11 18 36	29 18 43	13 31 45	23 17 18	24 16 09	7 57 43	14 08 25
6 M	7 12 35	7 ♒ 49 54	14 05 34	4 43 19	12 43 59	23 40 54	10 01 51	11 41 52	29 31 48	13 38 08	23 17 53	24 15 11	7 58 19	14 09 43
7 Tu	8 12 54	20 25 08	26 50 35	6 19 03	13 56 24	24 20 32	10 11 52	12 05 02	29 44 45	13 44 23	23 18 24	24 14 08	7 58 50	14 10 54
8 W	9 13 16	3 ♓ 20 36	9 ♓ 56 51	7 55 14	15 08 49	25 00 15	10 21 41	12 28 15	29 57 44	13 50 42	23 19 02	24 13 12	7 59 25	14 12 08
9 Th	10 13 55	16 38 09	23 25 25	9 32 08	16 21 27	25 40 17	10 31 30	12 51 45	0 ♎ 11 00	13 57 19	23 19 60	24 12 37	8 00 20	14 13 40
10 F	11 15 04	0 ♈ 17 60	7 ♈ 15 34	11 09 57	17 34 33	26 20 49	10 41 32	13 15 44	0 24 45	14 04 26	23 21 30	24 12 34	8 01 46	14 15 41
11 Sa	12 16 50	14 18 24	21 24 40	12 48 50	18 48 12	27 02 01	10 51 56	13 40 22	0 39 07	14 12 12	23 23 42	24 13 13	8 03 52	14 18 21
12 Su	13 19 15	28 35 44	5 ♉ 48 18	14 28 49	20 02 27	27 43 53	11 02 40	14 05 38	0 54 06	14 20 36	23 26 35	24 14 33	8 06 38	14 21 39
13 M	14 22 09	13 ♉ 04 45	20 20 43	16 09 45	21 17 07	28 26 15	11 13 37	14 31 23	1 09 34	14 29 32	23 30 01	24 16 26	8 09 55	14 25 27
14 Tu	15 25 16	27 39 15	4 ♊ 55 36	17 51 20	22 31 56	29 08 52	11 24 28	14 57 21	1 25 13	14 38 35	23 33 42	24 18 35	8 13 26	14 29 27
15 W	16 28 12	12 ♊ 12 56	19 26 56	19 33 14	23 46 31	29 51 20	11 34 51	15 23 08	1 40 41	14 47 31	23 37 16	24 20 37	8 16 48	14 33 18
16 Th	17 30 35	26 40 13	3 ♋ 49 44	21 15 03	25 00 29	0 ♍ 33 17	11 44 24	15 48 23	1 55 35	14 55 55	23 40 20	24 22 09	8 19 40	14 36 36
17 F	18 32 11	10 ♋ 56 54	18 00 28	22 56 31	26 13 36	1 14 27	11 52 50	16 12 49	2 09 39	15 03 31	23 42 39	24 22 57	8 21 46	14 39 05
18 Sa	19 32 53	25 00 20	1 ♌ 57 12	24 37 33	27 25 45	1 54 45	12 00 05	16 36 22	2 22 49	15 10 13	23 44 08	24 22 54	8 22 59	14 40 42
19 Su	20 32 51	8 ♌ 49 27	15 39 22	26 18 16	28 37 06	2 34 20	12 06 16	16 59 10	2 35 13	15 16 11	23 44 56	24 22 11	8 23 30	14 41 34
20 M	21 32 25	22 24 18	29 07 23	27 58 59	29 47 59	3 13 33	12 11 43	17 21 33	2 47 11	15 21 44	23 45 22	24 21 07	8 23 39	14 42 02
21 Tu	22 32 02	5 ♍ 45 40	12 ♍ 22 10	29 40 08	0 ♐ 58 52	3 52 52	12 16 56	17 44 01	2 59 12	15 27 22	23 45 55	24 20 10	8 23 53	14 42 35
22 W	23 32 16	18 54 36	25 24 47	1 ♏ 22 13	2 10 16	4 32 47	12 22 25	18 07 03	3 11 47	15 33 34	23 47 07	24 19 53	8 24 45	14 43 43
23 Th	24 33 31	1 ♎ 52 05	8 ♎ 16 12	3 05 36	3 22 39	5 13 47	12 28 37	18 31 08	3 25 23	15 40 49	23 49 25	24 20 41	8 26 41	14 45 54
24 F	25 36 07	14 38 53	20 57 08	4 50 30	4 36 18	5 56 08	12 35 50	18 56 33	3 40 18	15 49 25	23 53 06	24 22 54	8 29 60	14 49 26
25 Sa	26 40 08	27 15 31	3 ♏ 28 09	6 36 56	5 51 17	6 39 57	12 44 08	19 23 23	3 56 37	15 59 26	23 58 16	24 26 36	8 34 45	14 54 23
26 Su	27 45 26	9 ♏ 42 22	15 49 45	8 24 38	7 07 29	7 25 04	12 53 23	19 51 29	4 14 11	16 10 43	24 04 46	24 31 38	8 40 50	15 00 37
27 M	28 51 37	21 59 53	28 02 38	10 13 05	8 24 30	8 11 07	13 03 12	20 20 29	4 32 37	16 22 54	24 12 13	24 37 38	8 47 50	15 07 45
28 Tu	29 58 10	4 ♐ 08 53	10 ♐ 07 52	12 01 34	9 41 48	8 57 33	13 13 02	20 49 50	4 51 23	16 35 26	24 20 04	24 44 03	8 55 14	15 15 16
29 W	1 ♏ 04 27	16 10 42	22 07 09	13 49 18	10 58 45	9 43 46	13 22 16	21 18 55	5 09 51	16 47 43	24 27 44	24 50 17	9 02 24	15 22 31
30 Th	2 09 52	28 07 22	4 ♑ 02 54	15 35 25	12 14 46	10 29 09	13 30 18	21 47 08	5 27 27	16 59 08	24 34 35	24 55 43	9 08 45	15 28 55
31 F	3 13 58	10 ♑ 01 49	15 58 21	17 19 13	13 29 23	11 13 14	13 36 41	22 14 02	5 43 41	17 09 13	24 40 11	24 59 54	9 13 49	15 34 01

February 2020 LONGITUDE

Day	☉	0 hr ☽	Noon ☽	☿	♀	♂	⚵	⚳	♃	♄	⚷	♅	♆	♇
1 Sa	4 ♏ 16 29	21 ♑ 57 50	27 ♑ 57 36	19 ♏ 00 07	14 ♐ 42 20	11 ♍ 55 48	13 ♋ 41 09	22 ♎ 39 22	5 ♎ 58 20	17 ♎ 17 44	24 ♐ 44 16	25 ♑ 02 36	9 ♐ 17 21	15 ♎ 37 33
2 Su	5 17 30	3 ♒ 59 58	10 ♒ 05 22	20 37 48	15 53 40	12 36 53	13 43 45	23 03 09	6 11 26	17 24 44	24 46 53	25 03 50	9 19 25	15 39 34
3 M	6 17 18	16 13 26	22 26 54	22 12 11	17 03 44	13 16 48	13 44 50	23 25 46	6 23 18	17 30 33	24 48 22	25 03 57	9 20 19	15 40 25
4 Tu	7 16 31	28 43 38	5 ♓ 07 28	23 43 23	18 13 06	13 56 11	13 44 57	23 47 46	6 34 33	17 35 45	24 49 19	25 03 32	9 20 39	15 40 41
5 W	8 15 53	11 ♓ 35 46	18 11 51	25 11 37	19 22 32	14 35 44	13 44 53	24 09 55	6 45 56	17 41 07	24 50 28	25 03 21	9 21 11	15 41 06
6 Th	9 16 11	24 54 03	1 ♈ 43 34	26 37 04	20 32 47	15 16 16	13 45 24	24 32 60	6 58 12	17 47 24	24 52 37	25 04 10	9 22 42	15 42 29
7 F	10 18 04	8 ♈ 40 58	15 43 58	27 59 46	21 44 31	15 58 26	13 47 09	24 57 39	7 12 01	17 55 15	24 56 24	25 06 38	9 25 49	15 45 26
8 Sa	11 21 53	22 56 22	0 ♉ 11 34	29 19 21	22 58 05	16 42 34	13 50 28	25 24 14	7 27 45	18 05 02	25 02 11	25 11 06	9 30 55	15 50 20
9 Su	12 27 36	7 ♉ 36 53	15 01 31	0 ♐ 35 04	24 13 26	17 28 38	13 55 21	25 52 42	7 45 20	18 16 43	25 09 55	25 17 33	9 37 57	15 57 10
10 M	13 34 45	22 35 50	0 ♊ 05 51	1 45 43	25 30 07	18 16 12	14 01 18	26 22 36	8 04 19	18 29 50	25 19 08	25 25 30	9 46 28	16 05 25
11 Tu	14 42 32	7 ♊ 43 54	15 14 36	2 49 44	26 47 18	19 04 25	14 07 32	26 53 08	8 23 54	18 43 34	25 29 03	25 34 09	9 55 38	16 14 20
12 W	15 49 58	22 50 38	0 ♋ 17 25	3 45 24	28 04 01	19 52 20	14 13 02	27 23 17	8 43 05	18 56 56	25 38 39	25 42 30	10 04 30	16 22 53
13 Th	16 56 08	7 ♋ 46 14	15 05 20	4 31 06	29 19 21	20 39 02	14 16 55	27 52 10	9 00 58	19 09 01	25 47 03	25 49 40	10 12 07	16 30 11
14 F	18 00 25	22 23 13	29 32 11	5 05 37	0 ♑ 32 41	21 23 53	14 18 34	28 19 09	9 16 55	19 19 13	25 53 37	25 55 01	10 17 54	16 35 36
15 Sa	19 02 40	6 ♌ 37 14	13 ♌ 35 00	5 28 16	1 43 51	22 06 44	14 17 48	28 44 06	9 30 48	19 27 22	25 58 12	25 58 24	10 21 40	16 38 60
16 Su	20 03 13	20 27 07	27 13 51	5 39 01	2 53 10	22 47 55	14 14 58	29 07 18	9 42 55	19 33 46	26 01 07	26 00 08	10 23 46	16 40 41
17 M	21 02 47	3 ♍ 54 20	10 ♍ 30 57	5 38 23	4 01 23	23 28 09	14 10 46	29 29 31	9 53 60	19 39 11	26 03 06	26 00 56	10 24 54	16 41 24
18 Tu	22 02 20	17 01 59	23 29 49	5 27 21	5 09 27	24 08 25	14 06 12	29 51 42	10 05 01	19 44 35	26 05 07	26 01 49	10 26 04	16 42 06
19 W	23 02 54	29 53 50	6 ♎ 14 22	5 07 10	6 18 23	24 49 45	14 02 17	0 ♏ 14 53	10 17 00	19 50 58	26 08 12	26 03 46	10 28 17	16 43 50
20 Th	24 05 22	12 ♎ 33 40	18 48 13	4 39 13	7 29 05	25 32 59	13 59 54	0 39 57	10 30 50	19 59 13	26 13 13	26 07 40	10 32 25	16 47 27
21 F	25 10 17	25 04 37	1 ♏ 14 17	4 04 48	8 42 05	26 18 44	13 59 37	1 07 26	10 47 04	20 09 54	26 20 45	26 14 06	10 39 02	16 53 32
22 Sa	26 17 50	7 ♏ 28 56	13 34 35	3 25 07	9 57 34	27 07 09	14 01 36	1 37 33	11 05 52	20 23 13	26 30 58	26 23 14	10 48 20	17 02 16
23 Su	27 27 46	19 47 59	25 50 17	2 41 08	11 15 17	27 57 60	14 05 37	2 10 02	11 27 01	20 38 53	26 43 37	26 34 48	11 00 02	17 13 23
24 M	28 39 27	2 ♐ 02 24	8 ♐ 01 55	1 53 39	12 34 35	28 50 37	14 11 01	2 44 14	11 49 51	20 56 17	26 58 04	26 48 12	11 13 32	17 26 15
25 Tu	29 51 57	14 12 22	20 09 42	1 03 19	13 54 33	29 44 06	14 16 54	3 19 14	12 13 27	21 14 28	27 13 22	27 02 29	11 27 52	17 39 57
26 W	1 ♐ 04 12	26 18 06	2 ♑ 14 00	0 10 42	15 14 06	0 ♎ 37 23	14 22 12	3 53 58	12 36 44	21 32 24	27 28 29	27 16 35	11 41 60	17 53 25
27 Th	2 15 10	8 ♑ 20 11	14 15 40	29 ♏ 16 22	16 32 12	1 29 26	14 25 53	4 27 24	12 58 42	21 49 02	27 42 23	27 29 29	11 54 53	18 05 37
28 F	3 24 02	20 20 00	26 16 26	28 21 05	17 48 01	2 19 25	14 27 08	4 58 43	13 18 30	22 03 33	27 54 13	27 40 21	12 05 42	18 15 43
29 Sa	4 30 19	2 ♒ 19 59	8 ♒ 19 05	27 25 45	19 01 04	3 06 51	14 25 28	5 27 26	13 35 39	22 15 27	28 03 31	27 48 41	12 13 59	18 23 15

Notes

LONGITUDE — March 2020

Day	☉	0 hr ☽	Noon ☽	☿	♀	♂	⚵	⚳	♃	♄	⚷	♅	♆	♇
1 Su	5 ♐ 33 58	14 ♒ 23 43	20 ♒ 27 36	26 ♏ 31 35	20 ♑ 11 18	3 ♎ 51 43	14 ♋ 20 51	5 ♏ 53 29	13 ♎ 50 08	22 ♎ 24 42	28 ♐ 10 14	27 ♑ 54 29	12 ♐ 19 39	18 ♎ 28 09
2 M	6 35 24	26 35 58	2 ♓ 46 57	25 40 01	21 19 08	4 34 24	14 13 43	6 17 19	14 02 20	22 31 43	28 14 48	27 58 07	12 23 10	18 30 52
3 Tu	7 35 27	9 ♓ 02 19	15 22 55	24 52 41	22 25 23	5 15 45	14 04 53	6 39 43	14 13 04	22 37 20	28 18 02	28 00 27	12 25 19	18 32 12
4 W	8 35 12	21 48 51	28 21 25	24 11 15	23 31 06	5 56 50	13 55 27	7 01 49	14 23 28	22 42 37	28 21 00	28 02 32	12 27 12	18 33 15
5 Th	9 35 49	5 ♈ 01 15	11 ♈ 47 43	23 37 18	24 37 30	6 38 51	13 46 36	7 24 45	14 34 39	22 48 45	28 24 54	28 05 35	12 29 59	18 35 11
6 F	10 38 19	18 44 02	25 45 26	23 12 02	25 45 33	7 22 48	13 39 21	7 49 34	14 47 41	22 56 45	28 30 44	28 10 34	12 34 43	18 39 01
7 Sa	11 43 21	2 ♉ 59 15	10 ♉ 15 12	22 56 11	26 55 54	8 09 19	13 34 22	8 16 52	15 03 10	23 07 16	28 39 08	28 18 10	12 41 60	18 45 23
8 Su	12 51 00	17 45 25	25 13 48	22 49 46	28 08 38	8 58 30	13 31 43	8 46 46	15 21 12	23 20 21	28 50 13	28 28 26	12 51 56	18 54 23
9 M	14 00 45	2 ♊ 56 49	10 ♊ 33 41	22 52 07	29 23 13	9 49 50	13 30 54	9 18 44	15 41 16	23 35 31	29 03 26	28 40 52	13 03 59	19 05 30
10 Tu	15 11 32	18 23 42	26 03 41	23 01 58	0 ♒ 38 36	10 42 15	13 30 52	9 51 43	16 02 18	23 51 42	29 17 44	28 54 25	13 17 08	19 17 40
11 W	16 22 04	3 ♋ 53 38	11 ♋ 30 51	23 17 46	1 53 28	11 34 28	13 30 20	10 24 25	16 23 00	24 07 36	29 31 49	29 07 46	13 30 02	19 29 34
12 Th	17 31 05	19 13 47	26 42 59	23 37 56	3 06 32	12 25 12	13 28 03	10 55 33	16 42 07	24 21 56	29 44 26	29 19 40	13 41 28	19 39 58
13 F	18 37 42	4 ♌ 13 25	11 ♌ 30 49	24 01 19	4 16 55	13 13 34	13 23 07	11 24 16	16 58 44	24 33 51	29 54 41	29 29 13	13 50 31	19 47 58
14 Sa	19 41 37	18 45 35	25 49 13	24 27 17	5 24 20	13 59 18	13 15 17	11 50 14	17 12 36	24 43 01	0 ♑ 02 16	29 36 08	13 56 54	19 53 17
15 Su	20 43 11	2 ♍ 47 34	9 ♍ 37 11	24 55 52	6 29 06	14 42 43	13 04 52	12 13 49	17 24 00	24 49 48	0 07 33	29 40 45	14 00 57	19 56 15
16 M	21 43 15	16 20 26	22 57 03	25 27 37	7 32 04	15 24 40	12 52 46	12 35 52	17 33 51	24 55 03	0 11 22	29 43 55	14 03 32	19 57 43
17 Tu	22 43 01	29 27 50	5 ♎ 53 14	26 03 28	8 34 25	16 06 21	12 40 09	12 57 34	17 43 17	24 59 57	0 14 54	29 46 51	14 05 49	19 58 53
18 W	23 43 43	12 ♎ 14 48	18 31 04	26 44 21	9 37 23	16 49 01	12 28 18	13 20 09	17 53 34	25 05 45	0 19 25	29 50 47	14 09 05	20 00 59
19 Th	24 46 27	24 46 39	0 ♏ 55 53	27 31 07	10 42 03	17 33 45	12 18 19	13 44 44	18 05 48	25 13 32	0 26 00	29 56 47	14 14 24	20 05 08
20 F	25 51 56	7 ♏ 08 12	13 12 19	28 24 16	11 49 08	18 21 16	12 10 56	14 12 01	18 20 42	25 24 02	0 35 22	0 ♒ 05 36	14 22 30	20 12 01
21 Sa	27 00 25	19 23 21	25 23 53	29 23 49	12 58 53	19 11 50	12 06 25	14 42 16	18 38 30	25 37 30	0 47 47	0 17 29	14 33 37	20 21 56
22 Su	28 11 40	1 ♐ 34 47	7 ♐ 32 59	0 ♐ 29 19	14 11 01	20 05 11	12 04 32	15 15 14	18 58 58	25 53 41	1 02 59	0 32 11	14 47 32	20 34 36
23 M	29 24 58	13 44 07	19 40 53	1 39 54	15 24 50	21 00 39	12 04 36	15 50 12	19 21 24	26 11 52	1 20 17	0 48 59	15 03 31	20 49 20
24 Tu	0 ♑ 39 17	25 52 02	1 ♑ 48 05	2 54 19	16 39 16	21 57 09	12 05 35	16 26 07	19 44 45	26 31 02	1 38 37	1 06 52	15 20 32	21 05 05
25 W	1 53 25	7 ♑ 58 41	13 54 40	4 11 15	17 53 07	22 53 29	12 06 17	17 01 49	20 07 48	26 49 58	1 56 48	1 24 36	15 37 24	21 20 39
26 Th	3 06 09	20 04 12	26 00 49	5 29 21	19 05 11	23 48 29	12 05 33	17 36 04	20 29 24	27 07 28	2 13 38	1 41 01	15 52 54	21 34 51
27 F	4 16 34	2 ♒ 09 05	8 ♒ 07 13	6 47 33	20 14 29	24 41 12	12 02 26	18 07 57	20 48 33	27 22 36	2 28 10	1 55 10	16 06 06	21 46 43
28 Sa	5 24 03	14 14 40	20 15 30	8 05 09	21 20 24	25 31 01	11 56 21	18 36 51	21 04 41	27 34 46	2 39 49	2 06 26	16 16 24	21 55 40
29 Su	6 28 30	26 23 22	2 ♓ 28 26	9 21 54	22 22 50	26 17 50	11 47 13	19 02 40	21 17 40	27 43 51	2 48 28	2 14 44	16 23 42	22 01 35
30 M	7 30 17	8 ♓ 38 47	14 49 56	10 38 07	23 22 07	27 02 01	11 35 25	19 25 45	21 27 53	27 50 13	2 54 28	2 20 24	16 28 20	22 04 51
31 Tu	8 30 12	21 05 36	27 24 60	11 54 31	24 19 02	27 44 23	11 21 46	19 46 55	21 36 09	27 54 41	2 58 39	2 24 17	16 31 10	22 06 16

LONGITUDE — April 2020

Day	☉	0 hr ☽	Noon ☽	☿	♀	♂	⚵	⚳	♃	♄	⚷	♅	♆	♇
1 W	9 ♑ 29 23	3 ♈ 49 19	10 ♈ 19 10	13 ♐ 12 09	25 ♒ 14 43	28 ♎ 26 03	11 ♋ 07 24	20 ♏ 07 19	21 ♎ 43 35	27 ♎ 58 23	3 ♑ 02 09	2 ♒ 27 29	16 ♐ 33 16	22 ♎ 06 57
2 Th	10 29 04	16 55 33	23 37 54	14 32 12	26 10 21	29 08 16	10 53 35	20 28 09	21 51 24	28 02 32	3 06 10	2 31 15	16 35 54	22 08 09
3 F	11 30 21	0 ♉ 29 17	7 ♉ 25 38	15 55 41	27 07 02	29 52 07	10 41 26	20 50 31	22 00 43	28 08 14	3 11 49	2 36 39	16 40 10	22 10 58
4 Sa	12 33 59	14 33 44	21 44 28	17 23 19	28 05 28	0 ♏ 38 20	10 31 41	21 15 10	22 12 16	28 16 14	3 19 50	2 44 27	16 46 48	22 16 07
5 Su	13 40 09	29 09 11	6 ♊ 33 10	18 55 16	29 05 51	1 27 09	10 24 34	21 42 18	22 26 15	28 26 44	3 30 26	2 54 51	16 55 59	22 23 50
6 M	14 48 26	14 ♊ 12 02	21 46 16	20 31 03	0 ♓ 07 43	2 18 06	10 19 40	22 11 30	22 42 14	28 39 18	3 43 10	3 07 25	17 07 19	22 33 41
7 Tu	15 57 53	29 34 24	7 ♋ 14 11	22 09 41	1 10 06	3 10 17	10 16 03	22 41 47	22 59 17	28 52 59	3 57 07	3 21 13	17 19 51	22 44 41
8 W	17 07 14	15 ♋ 05 02	22 44 37	23 49 55	2 11 43	4 02 23	10 12 27	23 11 55	23 16 07	29 06 31	4 10 59	3 34 57	17 32 18	22 55 37
9 Th	18 15 15	0 ♌ 31 01	8 ♌ 04 41	25 30 27	3 11 17	4 53 11	10 07 39	23 40 38	23 31 29	29 18 40	4 23 32	3 47 24	17 43 26	23 05 12
10 F	19 21 00	15 40 23	23 03 25	27 10 21	4 07 52	5 41 45	10 00 43	24 07 01	23 44 29	29 28 29	4 33 50	3 57 37	17 52 19	23 12 32
11 Sa	20 24 07	0 ♍ 24 10	7 ♍ 33 36	28 49 14	5 01 02	6 27 43	9 51 18	24 30 41	23 54 42	29 35 36	4 41 31	4 05 14	17 58 34	23 17 13
12 Su	21 24 48	14 37 32	21 32 12	0 ♑ 27 18	5 50 60	7 11 16	9 39 38	24 51 50	24 02 21	29 40 14	4 46 48	4 10 28	18 02 24	23 19 28
13 M	22 23 47	28 19 45	5 ♎ 00 04	2 05 17	6 38 27	7 53 09	9 26 26	25 11 13	24 08 12	29 43 07	4 50 23	4 14 03	18 04 33	23 20 02
14 Tu	23 22 07	11 ♎ 33 17	18 00 45	3 44 14	7 24 24	8 34 24	9 12 47	25 29 51	24 13 15	29 45 17	4 53 20	4 17 00	18 06 04	23 19 57
15 W	24 20 56	24 22 38	0 ♏ 39 22	5 25 17	8 09 58	9 16 11	8 59 49	25 48 54	24 18 39	29 47 52	4 56 48	4 20 30	18 08 05	23 20 20
16 Th	25 21 16	6 ♏ 53 14	13 01 36	7 09 28	8 56 08	9 59 28	8 48 35	26 09 21	24 25 26	29 51 54	5 01 47	4 25 31	18 11 36	23 22 14
17 F	26 23 47	19 10 30	25 12 49	8 57 28	9 43 33	10 44 59	8 39 46	26 31 55	24 34 16	29 58 04	5 08 58	4 32 47	18 17 21	23 26 20
18 Sa	27 28 49	1 ♐ 19 16	7 ♐ 17 38	10 49 35	10 32 29	11 32 60	8 33 40	26 56 53	24 45 28	0 ♏ 06 40	5 18 40	4 42 34	18 25 35	23 32 56
19 Su	28 36 09	13 23 27	19 19 40	12 45 40	11 22 43	12 23 22	8 30 10	27 24 05	24 58 51	0 17 32	5 30 42	4 54 44	18 36 10	23 41 51
20 M	29 45 17	25 25 53	1 ♑ 21 24	14 45 11	12 13 40	13 15 31	8 28 41	27 52 58	25 13 52	0 30 06	5 44 31	5 08 41	18 48 31	23 52 32
21 Tu	0 ♒ 55 18	7 ♑ 28 28	13 24 25	16 47 16	13 04 25	14 08 35	8 28 23	28 22 39	25 29 38	0 43 30	5 59 15	5 23 35	19 01 48	24 04 08
22 W	2 05 14	19 32 19	25 29 34	18 50 54	13 53 56	15 01 34	8 28 16	28 52 08	25 45 11	0 56 45	6 13 54	5 38 26	19 14 59	24 15 38
23 Th	3 14 05	1 ♒ 38 05	7 ♒ 37 22	20 55 07	14 41 10	15 53 29	8 27 21	29 20 26	25 59 29	1 08 51	6 27 29	5 52 13	19 27 06	24 26 03
24 F	4 21 01	13 46 23	19 48 23	22 59 05	15 25 16	16 43 31	8 24 50	29 46 44	26 11 45	1 18 59	6 39 10	6 04 08	19 37 19	24 34 34
25 Sa	5 25 33	25 58 05	2 ♓ 03 34	25 02 18	16 05 39	17 31 08	8 20 13	0 ♐ 10 30	26 21 27	1 26 38	6 48 27	6 13 40	19 45 08	24 40 41
26 Su	6 27 31	8 ♓ 14 41	14 24 36	27 04 35	16 42 09	18 16 13	8 13 22	0 31 37	26 28 28	1 31 41	6 55 11	6 20 41	19 50 25	24 44 14
27 M	7 27 13	20 38 28	26 53 60	29 06 12	17 14 59	18 59 02	8 04 33	0 50 21	26 33 03	1 34 23	6 59 40	6 25 27	19 53 26	24 45 31
28 Tu	8 25 16	3 ♈ 12 33	9 ♈ 35 07	1 ♒ 07 42	17 44 42	19 40 11	7 54 25	1 07 19	26 35 49	1 35 21	7 02 30	6 28 36	19 54 47	24 45 09
29 W	9 22 30	16 00 45	22 31 57	3 09 54	18 12 07	20 20 34	7 43 50	1 23 22	26 37 40	1 35 28	7 04 32	6 30 60	19 55 22	24 43 60
30 Th	10 19 56	29 07 11	5 ♉ 48 32	5 13 43	18 38 08	21 01 08	7 33 46	1 39 29	26 39 32	1 35 42	7 06 46	6 33 36	19 56 08	24 43 01

Notes

May 2020 — LONGITUDE

Day	☉	0 hr ☽	Noon ☽	☿	♀	♂	⚵	⚳	♃	♄	⚷	♅	♆	♇
1 F	11 ♒ 18 24	12 ♉ 35 42	19 ♉ 28 25	7 ♒ 19 53	19 ♓ 03 34	21 ♏ 42 45	7 ♋ 25 06	1 ♐ 56 32	26 ♌ 42 18	1 ♏ 36 55	7 ♑ 10 03	6 ♒ 37 16	19 ♐ 57 58	24 ♌ 43 06
2 Sa	12 18 32	26 29 00	3 ♊ 33 37	9 28 56	19 28 59	22 26 03	7 18 27	2 15 08	26 46 35	1 39 44	7 15 00	6 42 38	20 01 28	24 44 51
3 Su	13 20 32	10 ♊ 47 52	18 03 48	11 40 53	19 54 30	23 11 12	7 14 01	2 35 28	26 52 35	1 44 21	7 21 50	6 49 54	20 06 50	24 48 27
4 M	14 24 08	25 30 12	2 ♋ 55 29	13 55 19	20 19 49	23 57 59	7 11 34	2 57 18	27 00 02	1 50 31	7 30 17	6 58 48	20 13 49	24 53 41
5 Tu	15 28 41	10 ♋ 30 43	18 01 59	16 11 24	20 44 12	24 45 43	7 10 26	3 19 57	27 08 17	1 57 34	7 39 41	7 08 41	20 21 46	24 59 52
6 W	16 33 19	25 41 08	3 ♌ 13 53	18 28 00	21 06 43	25 33 31	7 09 43	3 42 32	27 16 28	2 04 37	7 49 09	7 18 39	20 29 47	25 06 08
7 Th	17 37 06	10 ♌ 51 17	18 20 39	20 43 58	21 26 23	26 20 30	7 08 32	4 04 10	27 23 38	2 10 46	7 57 47	7 27 48	20 36 59	25 11 33
8 F	18 39 22	25 50 49	3 ♍ 12 18	22 58 20	21 42 28	27 05 56	7 06 11	4 24 06	27 29 07	2 15 18	8 04 53	7 35 27	20 42 38	25 15 26
9 Sa	19 39 44	10 ♍ 30 53	17 41 09	25 10 29	21 54 33	27 49 28	7 02 20	4 42 02	27 32 34	2 17 54	8 10 06	7 41 14	20 46 24	25 17 27
10 Su	20 38 18	24 45 34	1 ♎ 42 40	27 20 12	22 02 39	28 31 12	6 57 01	4 58 00	27 34 02	2 18 37	8 13 30	7 45 13	20 48 22	25 17 38
11 M	21 35 29	8 ♎ 32 10	15 15 38	29 27 36	22 07 10	29 11 33	6 50 42	5 12 27	27 33 57	2 17 52	8 15 31	7 47 50	20 48 57	25 16 27
12 Tu	22 31 58	21 51 04	28 21 39	1 ♓ 33 04	22 08 41	29 51 09	6 44 02	5 26 01	27 32 59	2 16 19	8 16 48	7 49 45	20 48 48	25 14 32
13 W	23 28 27	4 ♏ 44 56	11 ♏ 04 12	3 37 06	22 07 56	0 ♐ 30 46	6 37 45	5 39 28	27 31 53	2 14 44	8 18 06	7 51 43	20 48 41	25 12 39
14 Th	24 25 40	17 17 54	23 27 57	5 40 05	22 05 34	1 11 05	6 32 34	5 53 28	27 31 20	2 13 47	8 20 06	7 54 23	20 49 16	25 11 28
15 F	25 24 06	29 34 48	5 ♐ 37 56	7 42 19	22 02 03	1 52 35	6 28 57	6 08 30	27 31 49	2 13 59	8 23 18	7 58 17	20 51 04	25 11 29
16 Sa	26 23 58	11 ♐ 40 31	17 39 04	9 43 48	21 57 35	2 35 30	6 27 09	6 24 50	27 33 35	2 15 32	8 27 57	8 03 38	20 54 18	25 12 57
17 Su	27 25 15	23 39 36	29 35 44	11 44 18	21 52 08	3 19 47	6 27 08	6 42 23	27 36 35	2 18 25	8 33 59	8 10 25	20 58 55	25 15 49
18 M	28 27 38	5 ♑ 35 59	11 ♑ 31 39	13 43 23	21 45 23	4 05 09	6 28 35	7 00 53	27 40 31	2 22 20	8 41 06	8 18 17	21 04 39	25 19 47
19 Tu	29 30 38	17 32 57	23 29 48	15 40 25	21 36 52	4 51 07	6 31 01	7 19 49	27 44 54	2 26 48	8 48 49	8 26 48	21 10 59	25 24 22
20 W	0 ♓ 33 40	29 33 04	5 ♒ 32 27	17 34 41	21 26 02	5 37 04	6 33 51	7 38 36	27 49 09	2 31 13	8 56 34	8 35 20	21 17 21	25 28 59
21 Th	1 36 10	11 ♒ 38 18	17 41 17	19 25 33	21 12 21	6 22 26	6 36 32	7 56 40	27 52 42	2 35 01	9 03 46	8 43 21	21 23 10	25 33 03
22 F	2 37 40	23 50 09	29 57 32	21 12 26	20 55 23	7 06 46	6 38 33	8 13 33	27 55 04	2 37 45	9 09 56	8 50 22	21 27 58	25 36 06
23 Sa	3 37 52	6 ♓ 09 51	12 ♓ 22 15	22 55 00	20 34 55	7 49 45	6 39 39	8 28 56	27 55 58	2 39 06	9 14 47	8 56 05	21 31 27	25 37 51
24 Su	4 36 40	18 38 29	24 56 27	24 33 06	20 10 57	8 31 17	6 39 43	8 42 44	27 55 19	2 38 59	9 18 13	9 00 24	21 33 33	25 38 13
25 M	5 34 13	1 ♈ 17 17	7 ♈ 41 19	26 06 50	19 43 44	9 11 32	6 38 54	8 55 05	27 53 15	2 37 33	9 20 24	9 03 29	21 34 23	25 37 20
26 Tu	6 30 51	14 07 35	20 38 13	27 36 29	19 13 43	9 50 49	6 37 31	9 06 19	27 50 05	2 35 08	9 21 38	9 05 39	21 34 17	25 35 31
27 W	7 27 01	27 10 57	3 ♉ 48 47	29 02 27	18 41 30	10 29 35	6 36 03	9 16 54	27 46 19	2 32 11	9 22 24	9 07 22	21 33 43	25 33 15
28 Th	8 23 13	10 ♉ 29 01	17 14 34	0 ♈ 25 13	18 07 44	11 08 20	6 34 57	9 27 18	27 42 24	2 29 12	9 23 10	9 09 06	21 33 11	25 31 00
29 F	9 19 53	24 03 14	0 ♊ 56 51	1 45 10	17 33 03	11 47 29	6 34 40	9 37 57	27 38 48	2 26 36	9 24 23	9 11 18	21 33 05	25 29 13
30 Sa	10 17 18	7 ♊ 54 25	14 56 06	3 02 33	16 57 54	12 27 20	6 35 30	9 49 10	27 35 48	2 24 42	9 26 20	9 14 16	21 33 45	25 28 12
31 Su	11 15 34	22 02 23	29 11 32	4 17 24	16 22 36	13 07 59	6 37 32	10 01 00	27 33 29	2 23 34	9 29 07	9 18 04	21 35 15	25 28 01

June 2020 — LONGITUDE

Day	☉	0 hr ☽	Noon ☽	☿	♀	♂	⚵	⚳	♃	♄	⚷	♅	♆	♇
1 M	12 ♓ 14 33	6 ♋ 25 27	13 ♋ 40 43	5 ♈ 29 33	15 ♓ 47 16	13 ♐ 49 17	6 ♋ 40 37	10 ♐ 13 21	27 ♌ 31 45	2 ♏ 23 06	9 ♑ 32 36	9 ♒ 22 36	21 ♐ 37 27	25 ♌ 28 34
2 Tu	13 13 57	21 00 13	28 19 25	6 38 39	15 11 49	14 30 58	6 44 29	10 25 54	27 30 17	2 22 60	9 36 30	9 27 33	21 40 05	25 29 33
3 W	14 13 26	5 ♌ 41 33	13 ♌ 01 48	7 44 15	14 36 09	15 12 38	6 48 44	10 38 18	27 28 43	2 22 53	9 40 25	9 32 34	21 42 45	25 30 35
4 Th	15 12 35	20 23 06	27 41 07	8 45 56	14 00 07	15 53 56	6 53 00	10 50 09	27 26 42	2 22 24	9 44 01	9 37 15	21 45 07	25 31 18
5 F	16 11 10	4 ♍ 57 57	12 ♍ 10 29	9 43 21	13 23 42	16 34 35	6 57 02	11 01 12	27 23 57	2 21 17	9 47 00	9 41 22	21 46 52	25 31 27
6 Sa	17 09 04	19 19 41	26 23 56	10 36 18	12 47 03	17 14 28	7 00 41	11 11 19	27 20 21	2 19 24	9 49 17	9 44 47	21 47 56	25 30 54
7 Su	18 06 19	3 ♎ 23 06	10 ♎ 17 05	11 24 46	12 10 27	17 53 38	7 03 59	11 20 33	27 15 58	2 16 48	9 50 52	9 47 31	21 48 19	25 29 42
8 M	19 03 04	17 04 52	23 47 34	12 08 47	11 34 16	18 32 12	7 07 07	11 29 02	27 10 55	2 13 38	9 51 56	9 49 46	21 48 11	25 27 60
9 Tu	19 59 33	0 ♏ 23 40	6 ♏ 55 02	12 48 30	10 58 57	19 10 26	7 10 17	11 36 60	27 05 28	2 10 08	9 52 42	9 51 43	21 47 47	25 26 01
10 W	20 56 01	13 20 05	19 40 54	13 24 05	10 24 58	19 48 33	7 13 44	11 44 41	26 59 51	2 06 33	9 53 25	9 53 38	21 47 19	25 24 01
11 Th	21 52 39	25 56 15	2 ♐ 07 58	13 55 37	9 52 40	20 26 44	7 17 39	11 52 16	26 54 15	2 03 04	9 54 15	9 55 43	21 47 00	25 22 10
12 F	22 49 34	8 ♐ 15 25	14 19 57	14 23 08	9 22 22	21 05 05	7 22 09	11 59 53	26 48 48	1 59 48	9 55 20	9 58 03	21 46 58	25 20 36
13 Sa	23 46 48	20 21 37	26 21 08	14 46 36	8 54 14	21 43 40	7 27 15	12 07 32	26 43 31	1 56 47	9 56 43	10 00 41	21 47 12	25 19 20
14 Su	24 44 19	2 ♑ 19 11	8 ♑ 15 58	15 05 54	8 28 21	22 22 24	7 32 54	12 15 11	26 38 22	1 53 58	9 58 18	10 03 33	21 47 41	25 18 20
15 M	25 41 59	14 12 35	20 08 52	15 20 51	8 04 43	23 01 10	7 38 60	12 22 43	26 33 14	1 51 15	10 00 02	10 06 35	21 48 19	25 17 30
16 Tu	26 39 42	26 06 08	2 ♒ 04 02	15 31 18	7 43 19	23 39 52	7 45 25	12 30 01	26 28 02	1 48 31	10 01 45	10 09 37	21 48 58	25 16 41
17 W	27 37 21	8 ♒ 03 51	14 05 16	15 37 09	7 24 07	24 18 22	7 52 03	12 36 57	26 22 37	1 45 40	10 03 22	10 12 34	21 49 31	25 15 48
18 Th	28 34 52	20 09 18	26 15 50	15 38 18	7 07 07	24 56 36	7 58 49	12 43 28	26 16 57	1 42 36	10 04 49	10 15 21	21 49 54	25 14 47
19 F	29 32 15	2 ♓ 25 30	8 ♓ 38 21	15 34 50	6 52 19	25 34 34	8 05 43	12 49 32	26 11 01	1 39 21	10 06 04	10 17 58	21 50 08	25 13 36
20 Sa	0 ♈ 29 32	14 54 43	21 14 44	15 26 52	6 39 49	26 12 17	8 12 47	12 55 13	26 04 52	1 35 56	10 07 11	10 20 28	21 50 14	25 12 20
21 Su	1 26 48	27 38 31	4 ♈ 06 06	15 14 37	6 29 41	26 49 51	8 20 06	13 00 35	25 58 35	1 32 27	10 08 15	10 22 56	21 50 18	25 11 02
22 M	2 24 09	10 ♈ 37 36	17 12 47	14 58 20	6 22 03	27 27 21	8 27 45	13 05 43	25 52 16	1 29 00	10 09 21	10 25 26	21 50 25	25 09 49
23 Tu	3 21 39	23 51 55	0 ♉ 34 22	14 38 21	6 16 56	28 04 50	8 35 48	13 10 42	25 46 01	1 25 39	10 10 33	10 28 04	21 50 39	25 08 44
24 W	4 19 19	7 ♉ 20 40	14 09 48	14 14 58	6 14 22	28 42 21	8 44 17	13 15 32	25 39 49	1 22 25	10 11 53	10 30 50	21 51 03	25 07 49
25 Th	5 17 06	21 02 31	27 57 32	13 48 30	6 14 15	29 19 48	8 53 08	13 20 10	25 33 39	1 19 15	10 13 18	10 33 42	21 51 31	25 07 02
26 F	6 14 53	4 ♊ 55 40	11 ♊ 55 36	13 19 12	6 16 26	29 57 06	9 02 14	13 24 30	25 27 23	1 16 02	10 14 40	10 36 32	21 51 59	25 06 14
27 Sa	7 12 31	18 58 02	26 01 52	12 47 25	6 20 44	0 ♑ 34 05	9 11 24	13 28 21	25 20 53	1 12 38	10 15 50	10 39 12	21 52 16	25 05 17
28 Su	8 09 51	3 ♋ 07 22	10 ♋ 13 59	12 13 29	6 26 58	1 10 36	9 20 32	13 31 35	25 14 00	1 08 53	10 16 40	10 41 31	21 52 13	25 04 02
29 M	9 06 48	17 21 18	24 29 29	11 37 54	6 34 58	1 46 33	9 29 30	13 34 07	25 06 40	1 04 43	10 17 05	10 43 26	21 51 46	25 02 24
30 Tu	10 03 22	1 ♌ 37 19	8 ♌ 45 42	11 01 15	6 44 43	2 21 58	9 38 20	13 35 57	24 58 54	1 00 09	10 17 04	10 44 57	21 50 56	25 00 24

Notes

LONGITUDE

July 2020

Day	☉	0 hr ☽	Noon ☽	☿	♀	♂	⚶	⚳	♃	♄	⚷	♅	♆	♇
1 W	10♈59 43	15♌52 45	22♌59 49	10♈24 16	6♓56 18	2♑56 57	9♋47 09	13♐37 13	24♎50 49	0♏55 18	10♑16 47	10♒46 12	21♐49 49	24♎58 09
2 Th	11 56 02	0♍04 44	7♍08 50	9 47 49	7 09 53	3 31 45	9 56 10	13 38 08	24 42 39	0 50 24	10 16 26	10 47 24	21 48 41	24 55 53
3 F	12 52 37	14 10 13	21 09 40	9 12 47	7 25 40	4 06 36	10 05 40	13 38 59	24 34 41	0 45 43	10 16 17	10 48 49	21 47 45	24 53 53
4 Sa	13 49 43	28 06 07	4♎59 20	8 40 01	7 43 51	4 41 46	10 15 53	13 39 60	24 27 11	0 41 31	10 16 37	10 50 42	21 47 20	24 52 23
5 Su	14 47 31	11♎49 32	18 35 10	8 10 17	8 04 34	5 17 25	10 27 00	13 41 22	24 20 19	0 37 59	10 17 35	10 53 16	21 47 34	24 51 35
6 M	15 46 04	25 18 00	1♏55 07	7 44 11	8 27 50	5 53 38	10 39 05	13 43 09	24 14 10	0 35 11	10 19 16	10 56 32	21 48 32	24 51 32
7 Tu	16 45 18	8♏29 50	14 58 01	7 22 07	8 53 28	6 30 17	10 52 02	13 45 15	24 08 38	0 33 00	10 21 34	11 00 26	21 50 08	24 52 09
8 W	17 44 58	21 24 15	27 43 41	7 04 17	9 21 12	7 07 09	11 05 37	13 47 26	24 03 31	0 31 15	10 24 16	11 04 44	21 52 09	24 53 12
9 Th	18 44 46	4♐01 36	10♐13 03	6 50 46	9 50 39	7 43 55	11 19 30	13 49 24	23 58 28	0 29 35	10 27 01	11 09 07	21 54 15	24 54 22
10 F	19 44 19	16 23 19	22 28 06	6 41 30	10 21 24	8 20 11	11 33 20	13 50 45	23 53 09	0 27 38	10 29 28	11 13 12	21 56 04	24 55 17
11 Sa	20 43 17	28 31 55	4♑31 45	6 36 27	10 53 02	8 55 36	11 46 46	13 51 09	23 47 13	0 25 04	10 31 16	11 16 39	21 57 16	24 55 36
12 Su	21 41 25	10♑30 48	16 27 46	6 35 35	11 25 16	9 29 56	11 59 32	13 50 22	23 40 25	0 21 38	10 32 11	11 19 13	21 57 36	24 55 04
13 M	22 38 37	22 24 08	28 20 31	6 38 57	11 57 56	10 03 05	12 11 33	13 48 16	23 32 41	0 17 16	10 32 07	11 20 49	21 56 58	24 53 37
14 Tu	23 34 59	4♒16 38	10♒14 48	6 46 48	12 31 04	10 35 05	12 22 54	13 44 58	23 24 05	0 12 01	10 31 09	11 21 30	21 55 27	24 51 18
15 W	24 30 46	16 13 17	22 15 34	6 59 28	13 04 53	11 06 14	12 33 49	13 40 43	23 14 53	0 06 09	10 29 32	11 21 34	21 53 18	24 48 23
16 Th	25 26 22	28 19 06	4♓27 39	7 17 25	13 39 45	11 36 54	12 44 44	13 35 55	23 05 31	0 00 06	10 27 40	11 21 23	21 50 57	24 45 18
17 F	26 22 17	10♓38 43	16 55 23	7 41 10	14 16 04	12 07 34	12 56 07	13 31 04	22 56 27	29♎54 20	10 26 04	11 21 28	21 48 52	24 42 30
18 Sa	27 18 59	23 16 05	29 42 13	8 11 12	14 54 19	12 38 43	13 08 27	13 26 38	22 48 10	29 49 20	10 25 11	11 22 17	21 47 32	24 40 29
19 Su	28 16 52	6♈13 58	12♈50 14	8 47 54	15 34 48	13 10 43	13 22 07	13 23 00	22 41 06	29 45 30	10 25 25	11 24 13	21 47 21	24 39 38
20 M	29 16 08	19 33 34	26 19 53	9 31 25	16 17 43	13 43 46	13 37 19	13 20 23	22 35 24	29 43 02	10 26 58	11 27 29	21 48 30	24 40 10
21 Tu	0♉16 43	3♉14 14	10♉09 42	10 21 40	17 02 56	14 17 48	13 53 60	13 18 44	22 31 04	29 41 53	10 29 47	11 32 01	21 50 56	24 42 01
22 W	1 18 17	17 13 25	24 16 21	11 18 17	17 50 06	14 52 29	14 11 49	13 17 42	22 27 45	29 41 43	10 33 32	11 37 29	21 54 19	24 44 50
23 Th	2 20 18	1♊26 53	8♊35 01	12 20 37	18 38 37	15 27 15	14 30 13	13 16 46	22 24 55	29 41 59	10 37 40	11 43 20	21 58 07	24 48 07
24 F	3 22 05	15 49 16	23 00 05	13 27 55	19 27 47	16 01 25	14 48 32	13 15 14	22 21 53	29 42 01	10 41 30	11 48 54	22 01 39	24 51 08
25 Sa	4 22 59	0♋14 55	7♋26 01	14 39 28	20 16 55	16 34 20	15 06 06	13 12 28	22 18 01	29 41 10	10 44 24	11 53 31	22 04 16	24 53 17
26 Su	5 22 32	14 38 41	21 48 02	15 54 41	21 05 32	17 05 33	15 22 28	13 08 01	22 12 52	29 38 59	10 45 54	11 56 45	22 05 30	24 54 04
27 M	6 20 36	28 56 37	6♌02 42	17 13 20	21 53 27	17 34 53	15 37 29	13 01 44	22 06 17	29 35 18	10 45 51	11 58 26	22 05 13	24 53 23
28 Tu	7 17 23	13♌06 11	20 08 00	18 35 29	22 40 51	18 02 33	15 51 22	12 53 51	21 58 29	29 30 22	10 44 28	11 58 47	22 03 37	24 51 25
29 W	8 13 26	27 06 10	4♍03 10	20 01 33	23 28 16	18 29 06	16 04 38	12 44 54	21 50 02	29 24 42	10 42 18	11 58 21	22 01 16	24 48 43
30 Th	9 09 31	10♍56 20	17 48 11	21 32 01	24 16 24	18 55 15	16 18 03	12 35 38	21 41 40	29 19 04	10 40 05	11 57 53	21 58 54	24 46 02
31 F	10 06 23	24 36 52	1♎23 18	23 07 34	25 06 02	19 21 48	16 32 24	12 26 51	21 34 11	29 14 15	10 38 37	11 58 09	21 57 18	24 44 09

LONGITUDE

August 2020

Day	☉	0 hr ☽	Noon ☽	☿	♀	♂	⚶	⚳	♃	♄	⚷	♅	♆	♇
1 Sa	11♉04 45	8♎07 55	14♎48 40	24♈48 37	25♓57 49	19♑49 24	16♋48 21	12♐19 14	21♎28 15	29♎10 56	10♑38 34	11♒59 51	21♐57 09	24♎43 45
2 Su	12 05 01	21 29 19	28 04 02	26 35 19	26 52 09	20 18 29	17 06 20	12 13 12	21 24 20	29 09 32	10 40 23	12 03 24	21 58 52	24 45 15
3 M	13 07 18	4♏40 28	11♏08 47	28 27 30	27 49 06	20 49 06	17 26 25	12 08 53	21 22 29	29 10 10	10 44 08	12 08 53	22 02 34	24 48 46
4 Tu	14 11 19	17 40 26	24 02 07	0♉24 34	28 48 24	21 21 02	17 48 22	12 06 00	21 22 29	29 12 33	10 49 35	12 16 04	22 07 58	24 54 01
5 W	15 16 33	0♐28 16	6♐43 19	2 25 39	29 49 28	21 53 40	18 11 38	12 04 01	21 23 47	29 16 10	10 56 10	12 24 23	22 14 32	25 00 28
6 Th	16 22 13	13 03 21	19 12 06	4 29 38	0♈51 33	22 26 16	18 35 26	12 02 12	21 25 37	29 20 13	11 03 07	12 33 04	22 21 31	25 07 21
7 F	17 27 30	25 25 46	1♑28 58	6 35 19	1 53 46	22 57 59	18 58 57	11 59 42	21 27 09	29 23 55	11 09 38	12 41 18	22 28 04	25 13 50
8 Sa	18 31 39	7♑36 29	13 35 23	8 41 34	2 55 21	23 28 02	19 21 26	11 55 46	21 27 39	29 26 29	11 14 55	12 48 19	22 33 25	25 19 10
9 Su	19 34 05	19 37 39	25 33 54	10 47 28	3 55 45	23 55 51	19 42 18	11 49 53	21 26 33	29 27 22	11 18 27	12 53 34	22 37 03	25 22 48
10 M	20 34 35	1♒32 31	7♒28 10	12 52 25	4 54 40	24 21 11	20 01 18	11 41 46	21 23 36	29 26 20	11 19 58	12 56 48	22 38 41	25 24 28
11 Tu	21 33 14	13 25 27	19 22 50	14 56 11	5 52 13	24 44 06	20 18 34	11 31 34	21 18 56	29 23 28	11 19 34	12 58 07	22 38 25	25 24 17
12 W	22 30 29	25 21 41	1♓23 18	16 58 54	6 48 48	25 05 03	20 34 31	11 19 44	21 12 58	29 19 14	11 17 43	12 57 58	22 36 44	25 22 42
13 Th	23 27 05	7♓27 01	13 35 27	19 01 00	7 45 10	25 24 45	20 49 53	11 06 60	21 06 28	29 14 22	11 15 08	12 57 05	22 34 21	25 20 26
14 F	24 23 55	19 47 24	26 05 02	21 03 08	8 42 11	25 44 05	21 05 34	10 54 16	21 00 19	29 09 45	11 12 43	12 56 21	22 32 09	25 18 24
15 Sa	25 21 53	2♈28 23	8♈57 13	23 05 59	9 40 44	26 03 57	21 22 29	10 42 28	20 55 26	29 06 19	11 11 22	12 56 42	22 31 03	25 17 30
16 Su	26 21 45	15 34 23	22 15 44	25 10 05	10 41 34	26 25 03	21 41 21	10 32 21	20 52 33	29 04 47	11 11 51	12 58 51	22 31 47	25 18 28
17 M	27 23 54	29 07 58	6♉02 07	27 15 43	11 45 04	26 47 48	22 02 36	10 24 21	20 52 06	29 05 35	11 14 33	13 03 13	22 34 47	25 21 44
18 Tu	28 28 19	13♉09 06	20 15 07	29 22 40	12 51 12	27 12 11	22 26 12	10 18 26	20 54 04	29 08 41	11 19 28	13 09 48	22 40 01	25 27 16
19 W	29 34 31	27 34 43	4♊50 17	1♊30 22	13 59 26	27 37 39	22 51 39	10 14 08	20 57 55	29 13 36	11 26 05	13 18 04	22 46 59	25 34 33
20 Th	0♊41 34	12♊18 41	19 40 24	3 37 47	15 08 53	28 03 17	23 18 01	10 10 33	21 02 47	29 19 25	11 33 30	13 27 07	22 54 46	25 42 42
21 F	1 48 21	27 12 40	4♋36 29	5 43 44	16 18 23	28 27 58	23 44 12	10 06 34	21 07 31	29 24 60	11 40 36	13 35 50	23 02 15	25 50 34
22 Sa	2 53 47	12♋07 27	19 29 23	7 47 05	17 26 52	28 50 35	24 09 06	10 01 07	21 11 03	29 29 17	11 46 17	13 43 08	23 08 21	25 57 05
23 Su	3 57 07	26 54 34	4♌11 19	9 47 02	18 33 33	29 10 24	24 31 58	9 53 27	21 12 38	29 31 30	11 49 48	13 48 16	23 12 19	26 01 30
24 M	4 58 06	11♌27 40	18 37 00	11 43 20	19 38 11	29 27 07	24 52 33	9 43 22	21 12 02	29 31 25	11 50 55	13 50 58	23 13 54	26 03 34
25 Tu	5 57 03	25 43 13	2♍44 03	13 36 15	20 41 04	29 41 05	25 11 10	9 31 10	21 09 32	29 29 21	11 49 56	13 51 34	23 13 25	26 03 36
26 W	6 54 46	9♍40 21	16 32 33	15 26 36	21 43 01	29 53 04	25 28 38	9 17 40	21 05 58	29 26 07	11 47 41	13 50 53	23 11 40	26 02 24
27 Th	7 52 22	23 20 16	0♎04 20	17 15 29	22 45 08	0♒04 10	25 46 01	9 04 01	21 02 27	29 22 48	11 45 15	13 49 60	23 09 46	26 01 05
28 F	8 51 00	6♎45 20	13 22 04	19 04 05	23 48 34	0 15 33	26 04 31	8 51 23	21 00 08	29 20 36	11 43 49	13 50 05	23 08 53	26 00 48
29 Sa	9 51 41	19 58 10	26 28 23	20 53 23	24 54 17	0 28 11	26 25 07	8 40 46	21 00 00	29 20 29	11 44 21	13 52 09	23 10 01	26 02 34
30 Su	10 55 02	3♏00 58	9♏25 21	22 44 02	26 02 57	0 42 42	26 48 26	8 32 49	21 02 43	29 23 05	11 47 31	13 56 49	23 13 47	26 06 60
31 M	12 01 13	15 55 09	22 14 08	24 36 13	27 14 42	0 59 14	27 14 39	8 27 42	21 08 25	29 28 35	11 53 27	14 04 14	23 20 21	26 14 16

Notes

September 2020

LONGITUDE

Day	☉	0 hr ☽	Noon ☽	☿	♀	♂	⚵	⚳	♃	♄	⚷	♅	♆	♇
1 Tu	13 ♊ 09 55	28 ♏ 41 14	4 ♐ 55 08	26 ♊ 29 38	28 ♈ 29 12	1 ♒ 17 28	27 ♋ 43 25	8 ♐ 25 08	21 ♎ 16 47	29 ♎ 36 38	12 ♑ 01 51	14 ♒ 14 06	23 ♐ 29 24	26 ♎ 24 02
2 W	14 20 24	11 ♐ 18 60	17 28 03	28 23 32	29 45 43	1 36 39	28 14 01	8 24 22	21 27 06	29 46 32	12 11 58	14 25 40	23 40 12	26 35 35
3 Th	15 31 38	23 47 55	29 52 24	0 ♋ 16 56	1 ♉ 03 14	1 55 44	28 45 25	8 24 24	21 38 20	29 57 14	12 22 48	14 37 56	23 51 43	26 47 53
4 F	16 42 30	6 ♑ 07 31	12 ♑ 07 56	2 08 42	2 20 35	2 13 36	29 16 29	8 24 07	21 49 20	0 ♏ 07 37	12 33 11	14 49 44	24 02 50	26 59 48
5 Sa	17 51 56	18 17 53	24 15 03	3 57 49	3 36 44	2 29 09	29 46 10	8 22 29	21 59 05	0 16 38	12 42 06	15 00 02	24 12 29	27 10 17
6 Su	18 59 09	0 ♒ 20 04	6 ♒ 15 11	5 43 29	4 50 53	2 41 37	0 ♌ 13 40	8 18 42	22 06 47	0 23 29	12 48 44	15 08 03	24 19 52	27 18 33
7 M	20 03 43	12 16 16	18 10 59	7 25 19	6 02 35	2 50 33	0 38 34	8 12 23	22 11 59	0 27 44	12 52 40	15 13 21	24 24 36	27 24 10
8 Tu	21 05 42	24 09 59	0 ♓ 06 20	9 03 20	7 11 54	2 55 58	1 00 54	8 03 33	22 14 45	0 29 27	12 53 57	15 15 58	24 26 41	27 27 10
9 W	22 05 33	6 ♓ 05 57	12 06 19	10 38 02	8 19 16	2 58 22	1 21 08	7 52 43	22 15 32	0 29 05	12 53 03	15 16 22	24 26 36	27 28 02
10 Th	23 04 08	18 09 55	24 16 53	12 10 16	9 25 33	2 58 34	1 40 08	7 40 45	22 15 13	0 27 31	12 50 49	15 15 26	24 25 13	27 27 37
11 F	24 02 32	0 ♈ 28 12	6 ♈ 44 26	13 41 08	10 31 51	2 57 41	1 58 60	7 28 45	22 14 53	0 25 50	12 48 22	15 14 15	24 23 37	27 27 02
12 Sa	25 01 55	13 07 14	19 35 12	15 11 48	11 39 18	2 56 51	2 18 51	7 17 53	22 15 41	0 25 10	12 46 50	15 13 57	24 22 58	27 27 24
13 Su	26 03 16	26 12 44	2 ♉ 54 23	16 43 13	12 48 53	2 57 03	2 40 42	7 09 08	22 18 37	0 26 31	12 47 12	15 15 33	24 24 14	27 29 43
14 M	27 07 12	9 ♉ 48 47	16 45 06	18 16 02	14 01 13	2 58 55	3 05 09	7 03 09	22 24 16	0 30 31	12 50 06	15 19 39	24 28 04	27 34 37
15 Tu	28 13 47	23 56 48	1 ♊ 07 24	19 50 17	15 16 22	3 02 31	3 32 18	7 00 01	22 32 45	0 37 14	12 55 37	15 26 20	24 34 31	27 42 10
16 W	29 22 32	8 ♊ 34 41	15 57 29	21 25 29	16 33 51	3 07 22	4 01 37	6 59 15	22 43 34	0 46 11	13 03 15	15 35 07	24 43 06	27 51 53
17 Th	0 ♋ 32 26	23 36 23	1 ♋ 07 37	23 00 34	17 52 37	3 12 27	4 32 07	6 59 50	22 55 40	0 56 20	13 11 58	15 44 57	24 52 47	28 02 43
18 F	1 42 10	8 ♋ 52 24	16 27 07	24 34 12	19 11 21	3 16 29	5 02 28	7 00 28	23 07 46	1 06 22	13 20 28	15 54 33	25 02 17	28 13 24
19 Sa	2 50 25	24 11 13	1 ♌ 44 08	26 05 05	20 28 47	3 18 10	5 31 22	6 59 53	23 18 35	1 15 01	13 27 28	16 02 38	25 10 18	28 22 36
20 Su	3 56 18	9 ♌ 21 33	16 47 58	27 32 13	21 43 58	3 16 37	5 57 55	6 57 09	23 27 10	1 21 20	13 32 03	16 08 15	25 15 54	28 29 25
21 M	4 59 27	24 14 17	1 ♍ 30 53	28 55 13	22 56 33	3 11 29	6 21 45	6 51 57	23 33 10	1 24 60	13 33 51	16 11 04	25 18 44	28 33 30
22 Tu	6 00 09	8 ♍ 43 51	15 48 53	0 ♌ 14 21	24 06 50	3 03 06	6 43 10	6 44 35	23 36 55	1 26 18	13 33 11	16 11 23	25 19 07	28 35 08
23 W	6 59 18	22 48 21	29 41 29	1 30 24	25 15 42	2 52 22	7 03 03	6 35 55	23 39 15	1 26 06	13 30 54	16 10 04	25 17 55	28 35 13
24 Th	7 58 05	6 ♎ 28 56	13 ♎ 10 54	2 44 31	26 24 20	2 40 31	7 22 35	6 27 11	23 41 24	1 25 37	13 28 15	16 08 20	25 16 20	28 34 57
25 F	8 57 47	19 48 41	26 20 49	3 57 53	27 34 01	2 28 50	7 43 03	6 19 39	23 44 38	1 26 07	13 26 28	16 07 28	25 15 39	28 35 36
26 Sa	9 59 30	2 ♏ 51 30	9 ♏ 15 20	5 11 29	28 45 50	2 18 26	8 05 32	6 14 25	23 50 01	1 28 41	13 26 40	16 08 31	25 16 58	28 38 14
27 Su	11 03 54	15 41 09	21 58 11	6 25 55	0 ♊ 00 28	2 10 02	8 30 44	6 12 10	23 58 15	1 34 02	13 29 31	16 12 13	25 20 56	28 43 35
28 M	12 11 13	28 20 45	4 ♐ 32 16	7 41 16	1 18 07	2 03 54	8 58 50	6 13 08	24 09 33	1 42 21	13 35 15	16 18 46	25 27 48	28 51 50
29 Tu	13 21 07	10 ♐ 52 26	16 59 26	8 57 05	2 38 29	1 59 43	9 29 33	6 16 60	24 23 36	1 53 20	13 43 32	16 27 50	25 37 15	29 02 40
30 W	14 32 52	23 17 19	29 20 35	10 12 27	4 00 50	1 56 48	10 02 08	6 23 01	24 39 40	2 06 13	13 53 39	16 38 41	25 48 31	29 15 21

October 2020

LONGITUDE

Day	☉	0 hr ☽	Noon ☽	☿	♀	♂	⚵	⚳	♃	♄	⚷	♅	♆	♇
1 Th	15 ♋ 45 26	5 ♑ 35 49	11 ♑ 35 58	11 ♌ 26 11	5 ♊ 24 05	1 ♒ 54 09	10 ♌ 35 32	6 ♐ 30 10	24 ♎ 56 41	2 ♏ 20 00	14 ♑ 04 32	16 ♒ 50 18	26 ♐ 00 34	29 ♎ 28 51
2 F	16 57 40	17 47 59	23 45 35	12 36 54	6 47 08	1 50 38	11 08 35	6 37 18	25 13 30	2 33 31	14 15 04	17 01 31	26 12 17	29 42 00
3 Sa	18 08 30	29 53 55	5 ♒ 49 38	13 43 20	8 08 52	1 45 13	11 40 15	6 43 20	25 29 05	2 45 41	14 24 09	17 11 16	26 22 33	29 53 45
4 Su	19 17 05	11 ♒ 54 13	17 48 56	14 44 25	9 28 28	1 37 08	12 09 41	6 47 27	25 42 33	2 55 40	14 30 58	17 18 42	26 30 35	0 ♏ 03 15
5 M	20 22 59	23 50 21	29 45 16	15 39 22	10 45 29	1 25 57	12 36 24	6 49 12	25 53 29	3 03 02	14 35 04	17 23 23	26 35 53	0 10 03
6 Tu	21 26 09	5 ♓ 44 51	11 ♓ 41 31	16 27 54	11 59 51	1 11 41	13 00 24	6 48 33	26 01 49	3 07 44	14 36 24	17 25 17	26 38 26	0 14 07
7 W	22 26 59	17 41 25	23 41 46	17 10 02	13 11 60	0 54 47	13 22 04	6 45 53	26 07 57	3 10 10	14 35 23	17 24 47	26 38 38	0 15 51
8 Th	23 26 16	29 44 51	5 ♈ 51 09	17 46 12	14 22 41	0 36 03	13 42 10	6 41 60	26 12 41	3 11 06	14 32 46	17 22 41	26 37 16	0 16 01
9 F	24 25 01	12 ♈ 00 48	18 15 29	18 16 59	15 32 54	0 16 34	14 01 44	6 37 54	26 17 00	3 11 34	14 29 36	17 19 58	26 35 20	0 15 38
10 Sa	25 24 19	24 35 19	1 ♉ 00 52	18 43 04	16 43 47	29 ♑ 57 28	14 21 51	6 34 40	26 22 01	3 12 38	14 26 57	17 17 45	26 33 55	0 15 48
11 Su	26 25 09	7 ♉ 34 12	14 12 50	19 04 57	17 56 16	29 39 47	14 43 28	6 33 19	26 28 42	3 15 18	14 25 48	17 16 60	26 34 02	0 17 29
12 M	27 28 10	21 02 16	27 55 30	19 22 47	19 11 01	29 24 12	15 07 17	6 34 29	26 37 41	3 20 13	14 26 49	17 18 22	26 36 19	0 21 21
13 Tu	28 33 34	5 ♊ 02 14	12 ♊ 10 25	19 36 16	20 28 13	29 10 60	15 33 27	6 38 20	26 49 11	3 27 34	14 30 11	17 22 04	26 40 56	0 27 35
14 W	29 40 59	19 33 41	26 55 37	19 44 33	21 47 30	28 59 50	16 01 38	6 44 33	27 02 50	3 36 60	14 35 33	17 27 43	26 47 34	0 35 50
15 Th	0 ♌ 49 34	4 ♋ 32 27	12 ♋ 05 03	19 46 17	23 08 02	28 49 57	16 30 58	6 52 16	27 17 46	3 47 39	14 42 03	17 34 29	26 55 21	0 45 14
16 F	1 58 11	19 50 24	27 29 00	19 39 56	24 28 40	28 40 14	17 00 20	7 00 22	27 32 53	3 58 25	14 48 35	17 41 14	27 03 09	0 54 40
17 Sa	3 05 40	5 ♌ 16 28	12 ♌ 55 29	19 23 59	25 48 15	28 29 36	17 28 33	7 07 40	27 46 60	4 08 07	14 53 58	17 46 48	27 09 48	1 02 58
18 Su	4 11 09	20 38 29	28 12 24	18 57 22	27 05 53	28 17 12	17 54 45	7 13 17	27 59 13	4 15 51	14 57 20	17 50 19	27 14 27	1 09 15
19 M	5 14 13	5 ♍ 45 27	13 ♍ 09 49	18 19 41	28 21 11	28 02 42	18 18 32	7 16 51	28 09 11	4 21 16	14 58 16	17 51 23	27 16 41	1 13 08
20 Tu	6 15 04	20 29 24	27 41 20	17 31 20	29 34 19	27 46 20	18 40 05	7 18 31	28 17 02	4 24 31	14 56 59	17 50 11	27 16 40	1 14 47
21 W	7 14 21	4 ♎ 46 07	11 ♎ 44 26	16 33 34	0 ♋ 45 57	27 28 47	19 00 03	7 18 57	28 23 26	4 26 16	14 54 07	17 47 22	27 15 05	1 14 52
22 Th	8 13 01	18 34 56	25 19 53	15 28 14	1 57 02	27 11 05	19 19 24	7 19 07	28 29 22	4 27 28	14 50 39	17 43 55	27 12 53	1 14 21
23 F	9 12 09	1 ♏ 57 57	8 ♏ 30 44	14 17 41	3 08 39	26 54 19	19 39 11	7 20 05	28 35 53	4 29 12	14 47 37	17 40 52	27 11 09	1 14 18
24 Sa	10 12 39	14 58 48	21 21 11	13 04 30	4 21 40	26 39 25	20 00 20	7 22 44	28 43 53	4 32 22	14 45 58	17 39 10	27 10 46	1 15 36
25 Su	11 15 06	27 41 45	3 ♐ 55 40	11 51 16	5 36 43	26 27 02	20 23 25	7 27 40	28 53 58	4 37 34	14 46 16	17 39 23	27 12 21	1 18 52
26 M	12 19 44	10 ♐ 10 53	16 18 15	10 40 24	6 54 00	26 17 24	20 48 40	7 35 07	29 06 21	4 44 59	14 48 44	17 41 44	27 16 06	1 24 19
27 Tu	13 26 21	22 29 45	28 32 17	9 34 02	8 13 19	26 10 22	21 15 53	7 44 51	29 20 49	4 54 28	14 53 12	17 46 02	27 21 49	1 31 44
28 W	14 34 24	4 ♑ 41 07	10 ♑ 40 15	8 33 55	9 34 08	26 05 23	21 44 31	7 56 21	29 36 51	5 05 26	14 59 05	17 51 45	27 28 59	1 40 36
29 Th	15 43 08	16 46 58	22 43 54	7 41 22	10 55 41	26 01 45	22 13 49	8 08 50	29 53 40	5 17 09	15 05 40	17 58 06	27 36 50	1 50 08
30 F	16 51 41	28 48 44	4 ♒ 44 27	6 57 18	12 17 06	25 58 36	22 42 54	8 21 28	0 ♏ 10 25	5 28 45	15 12 04	18 04 14	27 44 30	1 59 30
31 Sa	17 59 16	10 ♒ 47 30	16 42 51	6 22 19	13 37 36	25 55 10	23 11 00	8 33 25	0 26 18	5 39 26	15 17 30	18 09 23	27 51 11	2 07 53

Notes

LONGITUDE

November 2020

Day	☉	0 hr ☽	Noon ☽	☿	♀	♂	⚵	⚳	♃	♄	⚷	♅	♆	♇
1 Su	19 ♌ 05 16	22 ♒ 44 20	28 ♒ 40 09	5 ♌ 56 42	14 ♋ 56 33	25 ♑ 50 51	23 ♌ 37 29	8 ♐ 44 05	0 ♏ 40 42	5 ♏ 48 36	15 ♑ 21 20	18 ♒ 12 54	27 ♐ 56 16	2 ♏ 14 41
2 M	20 09 18	4 ♓ 40 34	10 ♓ 37 46	5 40 36	16 13 35	25 45 18	24 01 60	8 53 06	0 53 15	5 55 51	15 23 14	18 14 26	27 59 24	2 19 31
3 Tu	21 11 21	16 38 03	22 37 44	5 34 05	17 28 41	25 38 28	24 24 28	9 00 25	1 03 54	6 01 10	15 23 07	18 13 56	28 00 32	2 22 21
4 W	22 11 38	28 39 19	4 ♈ 42 48	5 37 08	18 42 04	25 30 38	24 45 10	9 06 16	1 12 55	6 04 47	15 21 16	18 11 40	27 59 55	2 23 26
5 Th	23 10 41	10 ♈ 47 41	16 56 33	5 49 47	19 54 14	25 22 19	25 04 37	9 11 10	1 20 46	6 07 13	15 18 11	18 08 07	27 58 03	2 23 16
6 F	24 09 11	23 07 06	29 23 09	6 12 00	21 05 54	25 14 12	25 23 27	9 15 47	1 28 10	6 09 08	15 14 32	18 03 60	27 55 38	2 22 32
7 Sa	25 07 52	5 ♉ 42 00	12 ♉ 07 10	6 43 45	22 17 47	25 07 01	25 42 28	9 20 53	1 35 51	6 11 18	15 11 05	18 00 02	27 53 23	2 21 59
8 Su	26 07 25	18 36 53	25 13 00	7 24 47	23 30 34	25 01 28	26 02 17	9 27 06	1 44 29	6 14 22	15 08 30	17 56 53	27 51 60	2 22 17
9 M	27 08 17	1 ♊ 55 47	8 ♊ 44 20	8 14 43	24 44 42	24 58 00	26 23 24	9 34 55	1 54 31	6 18 49	15 07 15	17 55 03	27 51 56	2 23 54
10 Tu	28 10 38	15 41 30	22 43 13	9 12 51	26 00 21	24 56 49	26 45 59	9 44 31	2 06 09	6 24 48	15 07 29	17 54 41	27 53 21	2 27 00
11 W	29 14 20	29 54 49	7 ♋ 09 19	10 18 09	27 17 22	24 57 43	27 09 51	9 55 42	2 19 12	6 32 10	15 09 04	17 55 37	27 56 06	2 31 26
12 Th	0 ♍ 18 52	14 ♋ 33 46	21 59 12	11 29 24	28 35 16	25 00 15	27 34 32	10 07 59	2 33 10	6 40 26	15 11 30	17 57 23	27 59 42	2 36 42
13 F	1 23 36	29 33 15	7 ♌ 06 17	12 45 14	29 53 22	25 03 45	27 59 22	10 20 44	2 47 26	6 48 56	15 14 08	17 59 18	28 03 29	2 42 09
14 Sa	2 27 49	14 ♌ 45 14	22 21 18	14 04 19	1 ♌ 10 59	25 07 31	28 23 40	10 33 14	3 01 15	6 56 58	15 16 17	18 00 43	28 06 46	2 47 05
15 Su	3 30 58	29 59 41	7 ♍ 33 43	15 25 33	2 27 34	25 10 60	28 46 51	10 44 56	3 14 07	7 03 60	15 17 23	18 01 03	28 08 59	2 50 58
16 M	4 32 48	15 ♍ 06 15	22 33 29	16 48 10	3 42 51	25 13 55	29 08 41	10 55 34	3 25 44	7 09 45	15 17 10	18 00 03	28 09 53	2 53 30
17 Tu	5 33 19	29 55 52	7 ♎ 12 34	18 11 45	4 56 51	25 16 19	29 29 11	11 05 09	3 36 08	7 14 15	15 15 41	17 57 44	28 09 30	2 54 45
18 W	6 32 52	14 ♎ 22 02	21 25 52	19 36 16	6 09 54	25 18 30	29 48 40	11 14 00	3 45 39	7 17 50	15 13 14	17 54 26	28 08 08	2 55 00
19 Th	7 31 56	28 21 22	5 ♏ 11 30	21 01 53	7 22 29	25 20 56	0 ♍ 07 37	11 22 37	3 54 45	7 20 58	15 10 19	17 50 38	28 06 18	2 54 47
20 F	8 31 02	11 ♏ 53 22	18 30 11	22 28 51	8 35 08	25 24 10	0 26 35	11 31 32	4 03 59	7 24 12	15 07 28	17 46 53	28 04 31	2 54 36
21 Sa	9 30 39	24 59 48	1 ♐ 24 37	23 57 25	9 48 19	25 28 39	0 46 02	11 41 12	4 13 48	7 27 60	15 05 10	17 43 39	28 03 15	2 54 57
22 Su	10 31 05	7 ♐ 43 56	13 58 38	25 27 41	11 02 21	25 34 41	1 06 16	11 51 56	4 24 33	7 32 41	15 03 44	17 41 15	28 02 51	2 56 07
23 M	11 32 29	20 09 48	26 16 30	26 59 37	12 17 21	25 42 23	1 27 25	12 03 51	4 36 19	7 38 21	15 03 15	17 39 48	28 03 23	2 58 14
24 Tu	12 34 44	2 ♑ 21 37	8 ♑ 22 31	28 32 59	13 33 14	25 51 38	1 49 24	12 16 52	4 49 01	7 44 57	15 03 41	17 39 13	28 04 49	3 01 13
25 W	13 37 37	14 23 30	20 20 40	0 ♍ 07 25	14 49 46	26 02 12	2 11 57	12 30 44	5 02 26	7 52 13	15 04 46	17 39 16	28 06 53	3 04 51
26 Th	14 40 48	26 19 10	2 ♒ 14 28	1 42 32	16 06 37	26 13 45	2 34 47	12 45 08	5 16 14	7 59 50	15 06 12	17 39 38	28 09 17	3 08 47
27 F	15 43 58	8 ♒ 11 53	14 06 56	3 17 52	17 23 28	26 25 54	2 57 33	12 59 43	5 30 04	8 07 28	15 07 37	17 39 58	28 11 39	3 12 40
28 Sa	16 46 46	20 04 27	26 00 36	4 53 04	18 39 59	26 38 22	3 19 55	13 14 11	5 43 38	8 14 49	15 08 44	17 39 58	28 13 41	3 16 14
29 Su	17 49 02	1 ♓ 59 16	7 ♓ 57 39	6 27 53	19 55 58	26 50 54	3 41 42	13 28 18	5 56 43	8 21 38	15 09 19	17 39 26	28 15 12	3 19 14
30 M	18 50 38	13 58 23	19 59 58	8 02 08	21 11 18	27 03 24	4 02 47	13 41 59	6 09 13	8 27 52	15 09 17	17 38 15	28 16 04	3 21 35

LONGITUDE

December 2020

Day	☉	0 hr ☽	Noon ☽	☿	♀	♂	⚵	⚳	♃	♄	⚷	♅	♆	♇
1 Tu	19 ♍ 51 37	26 ♓ 03 39	2 ♈ 09 16	9 ♍ 35 51	22 ♌ 26 03	27 ♑ 15 53	4 ♍ 23 11	13 ♐ 55 14	6 ♏ 21 09	8 ♏ 33 30	15 ♑ 08 40	17 ♒ 36 27	28 ♐ 16 20	3 ♏ 23 19
2 W	20 52 06	8 ♈ 16 51	14 27 16	11 09 06	23 40 17	27 28 26	4 43 03	14 08 12	6 32 39	8 38 41	15 07 34	17 34 10	28 16 06	3 24 32
3 Th	21 52 17	20 39 43	26 55 44	12 42 05	24 54 14	27 41 15	5 02 33	14 21 02	6 43 55	8 43 35	15 06 12	17 31 35	28 15 34	3 25 27
4 F	22 52 21	3 ♉ 14 06	9 ♉ 36 35	14 14 58	26 08 06	27 54 32	5 21 55	14 33 59	6 55 08	8 48 26	15 04 46	17 28 54	28 14 57	3 26 16
5 Sa	23 52 31	16 01 56	22 31 48	15 47 58	27 22 04	28 08 27	5 41 19	14 47 13	7 06 31	8 53 25	15 03 27	17 26 20	28 14 28	3 27 10
6 Su	24 52 55	29 05 11	5 ♊ 43 18	17 21 12	28 36 17	28 23 09	6 00 55	15 00 52	7 18 11	8 58 39	15 02 25	17 24 01	28 14 12	3 28 18
7 M	25 53 36	12 ♊ 25 37	19 12 45	18 54 43	29 50 47	28 38 38	6 20 43	15 14 59	7 30 11	9 04 13	15 01 41	17 21 60	28 14 15	3 29 43
8 Tu	26 54 32	26 04 35	3 ♋ 01 10	20 28 29	1 ♍ 05 33	28 54 53	6 40 44	15 29 31	7 42 29	9 10 04	15 01 14	17 20 14	28 14 33	3 31 22
9 W	27 55 37	10 ♋ 02 36	17 08 30	22 02 25	2 20 28	29 11 47	7 00 50	15 44 24	7 54 60	9 16 05	15 00 58	17 18 38	28 15 00	3 33 10
10 Th	28 56 44	24 18 55	1 ♌ 33 14	23 36 24	3 35 25	29 29 12	7 20 55	15 59 29	8 07 36	9 22 11	15 00 46	17 17 05	28 15 31	3 35 00
11 F	29 57 47	8 ♌ 51 10	16 12 03	25 10 21	4 50 19	29 47 03	7 40 53	16 14 41	8 20 11	9 28 15	15 00 32	17 15 30	28 15 59	3 36 46
12 Sa	0 ♎ 58 46	23 35 09	0 ♍ 59 48	26 44 15	6 05 08	0 ♒ 05 17	8 00 42	16 29 58	8 32 45	9 34 15	15 00 16	17 13 51	28 16 23	3 38 27
13 Su	1 59 41	8 ♍ 24 58	15 49 54	28 18 09	7 19 56	0 23 57	8 20 26	16 45 23	8 45 19	9 40 16	14 59 60	17 12 11	28 16 45	3 40 06
14 M	3 00 41	23 13 31	0 ♎ 34 59	29 52 12	8 34 47	0 43 07	8 40 10	17 01 03	8 58 00	9 46 22	14 59 50	17 10 36	28 17 13	3 41 48
15 Tu	4 01 51	7 ♎ 53 26	15 07 51	1 ♎ 26 30	9 49 49	1 02 56	9 00 01	17 17 03	9 10 55	9 52 41	14 59 53	17 09 14	28 17 53	3 43 41
16 W	5 03 18	22 17 58	29 22 28	3 01 11	11 05 08	1 23 27	9 20 06	17 33 30	9 24 10	9 59 18	15 00 15	17 08 10	28 18 50	3 45 51
17 Th	6 05 02	6 ♏ 21 53	13 ♏ 14 37	4 36 15	12 20 45	1 44 42	9 40 24	17 50 25	9 37 46	10 06 16	15 00 58	17 07 26	28 20 06	3 48 18
18 F	7 06 60	20 02 01	26 42 17	6 11 41	13 36 36	2 06 35	10 00 53	18 07 43	9 51 38	10 13 29	15 01 57	17 06 57	28 21 38	3 50 60
19 Sa	8 09 02	3 ♐ 17 20	9 ♐ 45 29	7 47 20	14 52 32	2 28 57	10 21 23	18 25 15	10 05 38	10 20 48	15 03 03	17 06 35	28 23 15	3 53 45
20 Su	9 10 56	16 08 49	22 26 05	9 23 01	16 08 21	2 51 36	10 41 42	18 42 49	10 19 33	10 28 02	15 04 05	17 06 08	28 24 47	3 56 24
21 M	10 12 31	28 39 02	4 ♑ 47 15	10 58 33	17 23 50	3 14 18	11 01 38	19 00 13	10 33 12	10 34 58	15 04 49	17 05 23	28 26 01	3 58 44
22 Tu	11 13 36	10 ♑ 51 45	16 53 08	12 33 47	18 38 51	3 36 55	11 21 01	19 17 17	10 46 24	10 41 27	15 05 09	17 04 12	28 26 47	4 00 35
23 W	12 14 10	22 51 25	28 48 20	14 08 41	19 53 20	3 59 20	11 39 48	19 33 58	10 59 07	10 47 26	15 04 58	17 02 31	28 27 03	4 01 54
24 Th	13 14 14	4 ♒ 42 53	10 ♒ 37 43	15 43 19	21 07 20	4 21 39	11 58 03	19 50 20	11 11 24	10 52 58	15 04 22	17 00 23	28 26 51	4 02 44
25 F	14 13 59	16 31 02	22 26 04	17 17 53	22 21 02	4 43 59	12 15 55	20 06 31	11 23 25	10 58 13	15 03 30	16 57 60	28 26 22	4 03 16
26 Sa	15 13 42	28 20 33	4 ♓ 17 49	18 52 37	23 34 42	5 06 37	12 33 41	20 22 48	11 35 26	11 03 28	15 02 39	16 55 36	28 25 53	4 03 46
27 Su	16 13 41	10 ♓ 15 43	16 16 56	20 27 54	24 48 39	5 29 53	12 51 41	20 39 32	11 47 47	11 09 01	15 02 08	16 53 32	28 25 43	4 04 33
28 M	17 14 18	22 20 09	28 26 42	22 04 03	26 03 14	5 54 04	13 10 13	20 57 00	12 00 47	11 15 13	15 02 17	16 52 08	28 26 11	4 05 57
29 Tu	18 15 47	4 ♈ 36 39	10 ♈ 49 31	23 41 19	27 18 42	6 19 26	13 29 35	21 15 30	12 14 42	11 22 19	15 03 21	16 51 39	28 27 33	4 08 15
30 W	19 18 17	17 07 08	23 26 53	25 19 52	28 35 11	6 46 07	13 49 53	21 35 08	12 29 41	11 30 28	15 05 30	16 52 14	28 29 58	4 11 33
31 Th	20 21 47	29 52 31	6 ♉ 19 21	26 59 39	29 52 40	7 14 06	14 11 07	21 55 55	12 45 42	11 39 38	15 08 41	16 53 52	28 33 25	4 15 52

Notes

January 2021 — LONGITUDE

Day	☉	0 hr ☽	Noon ☽	☿	♀	♂	⚵	⚳	♃	♄	⚷	♅	♆	♇
1 F	21 ♎ 26 03	12 ♉ 52 50	19 ♉ 26 38	28 ♎ 40 28	1 ♎ 10 56	7 ♒ 43 09	14 ♍ 33 03	22 ♐ 17 35	13 ♏ 02 31	11 ♏ 49 36	15 ♑ 12 42	16 ♒ 56 19	28 ♐ 37 40	4 ♏ 20 57
2 Sa	22 30 43	26 07 19	2 ♊ 47 45	0 ♏ 21 53	2 29 36	8 12 51	14 55 18	22 39 47	13 19 46	11 59 59	15 17 09	16 59 12	28 42 20	4 26 26
3 Su	23 35 16	9 ♊ 34 43	16 21 17	2 03 24	3 48 10	8 42 43	15 17 23	23 02 00	13 36 57	12 10 16	15 21 33	17 02 01	28 46 54	4 31 49
4 M	24 39 12	23 13 31	0 ♋ 05 43	3 44 28	5 06 07	9 12 14	15 38 46	23 23 43	13 53 32	12 19 57	15 25 22	17 04 15	28 50 53	4 36 34
5 Tu	25 42 05	7 ♋ 02 16	13 59 33	5 24 38	6 23 02	9 40 58	15 59 01	23 44 31	14 09 06	12 28 38	15 28 12	17 05 30	28 53 52	4 40 17
6 W	26 43 45	20 59 42	28 01 32	7 03 39	7 38 43	10 08 43	16 17 58	24 04 12	14 23 29	12 36 05	15 29 51	17 05 34	28 55 37	4 42 46
7 Th	27 44 15	5 ♌ 04 46	12 ♌ 10 30	8 41 32	8 53 16	10 35 34	16 35 42	24 22 51	14 36 44	12 42 25	15 30 24	17 04 32	28 56 16	4 44 06
8 F	28 44 01	19 16 27	26 25 11	10 18 38	10 07 04	11 01 54	16 52 35	24 40 53	14 49 16	12 48 00	15 30 15	17 02 48	28 56 11	4 44 41
9 Sa	29 43 38	3 ♍ 33 26	10 ♍ 43 56	11 55 26	11 20 43	11 28 20	17 09 16	24 58 52	15 01 41	12 53 28	15 29 60	17 00 58	28 55 59	4 45 08
10 Su	0 ♏ 43 49	17 53 44	25 04 18	13 32 33	12 34 57	11 55 35	17 26 25	25 17 33	15 14 42	12 59 31	15 30 22	16 59 46	28 56 23	4 46 09
11 M	1 45 13	2 ♎ 14 25	9 ♎ 22 60	15 10 29	13 50 25	12 24 16	17 44 43	25 37 35	15 28 58	13 06 49	15 32 01	16 59 50	28 58 02	4 48 23
12 Tu	2 48 17	16 31 37	23 35 52	16 49 31	15 07 32	12 54 51	18 04 35	25 59 22	15 44 55	13 15 47	15 35 22	17 01 37	29 01 23	4 52 17
13 W	3 53 08	0 ♏ 40 46	7 ♏ 38 22	18 29 35	16 26 27	13 27 26	18 26 09	26 23 03	16 02 40	13 26 33	15 40 34	17 05 14	29 06 32	4 57 59
14 Th	4 59 31	14 37 08	21 26 07	20 10 13	17 46 55	14 01 47	18 49 10	26 48 24	16 22 00	13 38 52	15 47 21	17 10 27	29 13 15	5 05 13
15 F	6 06 55	28 16 32	4 ♐ 55 35	21 50 36	19 08 24	14 37 21	19 13 07	27 14 52	16 42 22	13 52 14	15 55 13	17 16 44	29 21 02	5 13 28
16 Sa	7 14 35	11 ♐ 35 57	18 04 32	23 29 41	20 30 09	15 13 25	19 37 16	27 41 43	17 03 03	14 05 53	16 03 25	17 23 22	29 29 07	5 22 00
17 Su	8 21 44	24 34 01	0 ♑ 52 29	25 06 19	21 51 25	15 49 11	20 00 49	28 08 10	17 23 14	14 19 02	16 11 09	17 29 32	29 36 43	5 30 03
18 M	9 27 42	7 ♑ 11 07	13 20 36	26 39 24	23 11 29	16 23 56	20 23 04	28 33 32	17 42 15	14 31 01	16 17 45	17 34 35	29 43 10	5 36 53
19 Tu	10 31 59	19 29 25	25 31 40	28 07 58	24 29 55	16 57 14	20 43 35	28 57 20	17 59 38	14 41 21	16 22 45	17 38 02	29 47 59	5 42 05
20 W	11 34 29	1 ♒ 32 33	7 ♒ 29 48	29 31 21	25 46 33	17 28 56	21 02 12	29 19 28	18 15 15	14 49 55	16 26 00	17 39 45	29 51 03	5 45 30
21 Th	12 35 23	13 25 20	19 20 07	0 ♐ 49 08	27 01 35	17 59 13	21 19 08	29 40 05	18 29 17	14 56 53	16 27 44	17 39 56	29 52 33	5 47 19
22 F	13 35 11	25 13 23	1 ♓ 08 18	2 01 08	28 15 33	18 28 35	21 34 53	29 59 43	18 42 15	15 02 47	16 28 25	17 39 05	29 52 59	5 48 03
23 Sa	14 34 36	7 ♓ 02 40	13 00 19	3 07 20	29 29 09	18 57 46	21 50 11	0 ♑ 19 06	18 54 52	15 08 20	16 28 47	17 37 56	29 53 06	5 48 26
24 Su	15 34 30	18 59 08	25 01 54	4 07 48	0 ♏ 43 15	19 27 36	22 05 51	0 39 02	19 07 59	15 14 21	16 29 42	17 37 20	29 53 43	5 49 18
25 M	16 35 41	1 ♈ 08 12	7 ♈ 18 09	5 02 30	1 58 37	19 58 52	22 22 42	1 00 21	19 22 24	15 21 40	16 31 57	17 38 04	29 55 39	5 51 27
26 Tu	17 38 45	13 34 23	19 53 03	5 51 12	3 15 55	20 32 12	22 41 21	1 23 40	19 38 44	15 30 55	16 36 09	17 40 46	29 59 32	5 55 30
27 W	18 44 03	26 20 47	2 ♉ 49 02	6 33 26	4 35 27	21 07 56	23 02 09	1 49 19	19 57 20	15 42 24	16 42 39	17 45 46	0 ♑ 05 41	6 01 49
28 Th	19 51 32	9 ♉ 28 42	16 06 39	7 08 19	5 57 10	21 45 60	23 25 00	2 17 14	20 18 07	15 56 04	16 51 22	17 53 01	0 14 02	6 10 18
29 F	21 00 43	22 57 29	29 44 25	7 34 41	7 20 37	22 25 55	23 49 29	2 46 57	20 40 36	16 11 27	17 01 52	18 02 02	0 24 08	6 20 30
30 Sa	22 10 48	6 ♊ 44 30	13 ♊ 38 59	7 51 11	8 44 57	23 06 52	24 14 43	3 17 39	21 04 01	16 27 44	17 13 18	18 12 00	0 35 09	6 31 36
31 Su	23 20 42	20 45 33	27 45 40	7 56 22	10 09 09	23 47 49	24 39 42	3 48 17	21 27 16	16 43 52	17 24 38	18 21 53	0 46 03	6 42 32

February 2021 — LONGITUDE

Day	☉	0 hr ☽	Noon ☽	☿	♀	♂	⚵	⚳	♃	♄	⚷	♅	♆	♇
1 M	24 ♏ 29 25	4 ♋ 55 37	11 ♋ 59 13	7 ♐ 49 06	11 ♏ 32 10	24 ♒ 27 42	25 ♍ 03 23	4 ♑ 17 48	21 ♏ 49 21	16 ♏ 58 48	17 ♑ 34 49	18 ♒ 30 38	0 ♑ 55 47	6 ♏ 52 18
2 Tu	25 36 08	19 09 40	26 14 48	7 28 45	12 53 11	25 05 43	25 24 57	4 45 24	22 09 26	17 11 44	17 43 03	18 37 26	1 03 32	7 00 03
3 W	26 40 28	3 ♌ 23 34	10 ♌ 28 41	6 55 27	14 11 50	25 41 29	25 44 01	5 10 42	22 27 09	17 22 18	17 48 58	18 41 55	1 08 57	7 05 25
4 Th	27 42 34	17 34 36	24 38 36	6 10 12	15 28 16	26 15 10	26 00 44	5 33 51	22 42 39	17 30 38	17 52 42	18 44 15	1 12 10	7 08 35
5 F	28 43 08	1 ♍ 41 31	8 ♍ 43 46	5 14 56	16 43 11	26 47 26	26 15 48	5 55 34	22 56 37	17 37 26	17 54 57	18 45 06	1 13 53	7 10 12
6 Sa	29 43 13	15 44 16	22 44 21	4 12 14	17 57 38	27 19 21	26 30 16	6 16 53	23 10 06	17 43 46	17 56 46	18 45 33	1 15 09	7 11 21
7 Su	0 ♐ 44 03	29 43 16	6 ♎ 40 50	3 05 07	19 12 49	27 52 08	26 45 20	6 39 00	23 24 20	17 50 49	17 59 23	18 46 47	1 17 11	7 13 14
8 M	1 46 42	13 ♎ 38 49	20 33 19	1 56 36	20 29 51	28 26 53	27 02 07	7 03 03	23 40 24	17 59 43	18 03 53	18 49 55	1 21 04	7 16 58
9 Tu	2 51 57	27 30 27	4 ♏ 21 02	0 49 27	21 49 30	29 04 21	27 21 22	7 29 45	23 59 04	18 11 12	18 11 01	18 55 43	1 27 35	7 23 17
10 W	4 00 02	11 ♏ 16 37	18 02 12	29 ♏ 45 54	23 11 59	29 44 47	27 43 19	7 59 23	24 20 35	18 25 31	18 21 03	19 04 25	1 36 59	7 32 28
11 Th	5 10 41	24 54 46	1 ♐ 34 10	28 47 27	24 37 04	0 ♓ 27 54	28 07 43	8 31 40	24 44 40	18 42 24	18 33 42	19 15 45	1 48 59	7 44 12
12 F	6 23 07	8 ♐ 21 47	14 53 55	27 54 55	26 03 56	1 12 55	28 33 45	9 05 49	25 10 32	19 01 05	18 48 12	19 28 57	2 02 48	7 57 44
13 Sa	7 36 15	21 34 34	27 58 42	27 08 30	27 31 31	1 58 46	29 00 22	9 40 44	25 37 07	19 20 27	19 03 26	19 42 54	2 17 21	8 11 59
14 Su	8 48 53	4 ♑ 30 44	10 ♑ 46 43	26 28 01	28 58 38	2 44 15	29 26 21	10 15 15	26 03 12	19 39 20	19 18 15	19 56 27	2 31 27	8 25 45
15 M	9 59 57	17 09 11	23 19 17	25 53 04	0 ♐ 24 10	3 28 15	29 50 38	10 48 16	26 27 43	19 56 38	19 31 32	20 08 28	2 44 00	8 37 56
16 Tu	11 08 38	29 30 28	5 ♒ 32 15	25 23 21	1 47 22	4 10 02	0 ♎ 12 24	11 18 60	26 49 52	20 11 35	19 42 31	20 18 13	2 54 14	8 47 47
17 W	12 14 38	11 ♒ 36 48	17 33 48	24 58 42	3 07 54	4 49 13	0 31 21	11 47 06	27 09 20	20 23 50	19 50 52	20 25 20	3 01 49	8 54 57
18 Th	13 18 04	23 32 04	29 26 28	24 39 16	4 25 52	5 25 57	0 47 35	12 12 44	27 26 14	20 33 31	19 56 42	20 29 58	3 06 52	8 59 33
19 F	14 19 31	5 ♓ 21 26	11 ♓ 15 48	24 25 30	5 41 53	6 00 49	1 01 41	12 36 27	27 41 09	20 41 13	20 00 37	20 32 42	3 09 58	9 02 12
20 Sa	15 19 55	17 11 04	23 08 08	24 18 05	6 56 51	6 34 43	1 14 36	12 59 11	27 55 01	20 47 52	20 03 32	20 34 26	3 12 04	9 03 48
21 Su	16 20 22	29 07 35	5 ♈ 10 08	24 17 49	8 11 54	7 08 48	1 27 25	13 22 04	28 08 56	20 54 33	20 06 34	20 36 18	3 14 15	9 05 28
22 M	17 21 59	11 ♈ 17 38	17 28 17	24 25 26	9 28 08	7 44 09	1 41 16	13 46 11	28 24 02	21 02 26	20 10 49	20 39 25	3 17 39	9 08 19
23 Tu	18 25 42	23 47 10	0 ♉ 08 09	24 41 28	10 46 29	8 21 42	1 57 04	14 12 28	28 41 13	21 12 23	20 17 14	20 44 42	3 23 11	9 13 16
24 W	19 32 03	6 ♉ 40 54	13 13 44	25 06 05	12 07 30	9 01 59	2 15 21	14 41 28	29 01 03	21 24 59	20 26 20	20 52 42	3 31 24	9 20 53
25 Th	20 41 06	20 01 31	26 46 48	25 38 54	13 31 13	9 45 04	2 36 09	15 13 13	29 23 33	21 40 16	20 38 11	21 03 28	3 42 20	9 31 12
26 F	21 52 20	3 ♊ 49 07	10 ♊ 46 16	26 19 03	14 57 08	10 30 25	2 58 60	15 47 14	29 48 15	21 57 44	20 52 16	21 16 29	3 55 30	9 43 43
27 Sa	23 04 46	18 00 54	25 08 03	27 05 12	16 24 17	11 17 04	3 22 53	16 22 32	0 ♐ 14 09	22 16 24	21 07 38	21 30 47	4 09 55	9 57 28
28 Su	24 17 09	2 ♋ 31 18	9 ♋ 45 33	27 55 42	17 51 23	12 03 45	3 46 32	16 57 49	0 39 58	22 34 59	21 22 57	21 45 05	4 24 17	10 11 08

Notes

LONGITUDE — March 2021

Day	☉	0 hr ☽	Noon ☽	☿	♀	♂	⚵	⚳	♃	♄	⚷	♅	♆	♇
1 M	25 ♐ 28 08	17 ♋ 12 48	24 ♋ 30 36	28 ♏ 48 56	19 ♐ 17 07	12 ♓ 49 07	4 ♎ 08 39	17 ♑ 31 47	1 ♐ 04 23	22 ♏ 52 11	21 ♑ 36 57	21 ♒ 58 04	4 ♑ 37 19	10 ♏ 23 26
2 Tu	26 36 43	1 ♌ 57 12	9 ♌ 14 59	29 43 35	20 40 28	13 32 11	4 28 10	18 03 25	1 26 24	23 06 57	21 48 36	22 08 42	4 47 58	10 33 20
3 W	27 42 23	16 37 05	23 51 50	0 ♐ 38 52	22 00 55	14 12 25	4 44 36	18 32 12	1 45 28	23 18 48	21 57 22	22 16 30	4 55 44	10 40 20
4 Th	28 45 18	1 ♍ 07 01	8 ♍ 16 40	1 34 41	23 18 38	14 49 58	4 58 06	18 58 17	2 01 47	23 27 52	22 03 26	22 21 37	5 00 47	10 44 35
5 F	29 46 14	15 24 06	22 27 31	2 31 36	24 34 22	15 25 37	5 09 26	19 22 26	2 16 05	23 34 56	22 07 33	22 24 48	5 03 52	10 46 51
6 Sa	0 ♑ 46 22	29 27 43	6 ♎ 24 36	3 30 36	25 49 21	16 00 34	5 19 47	19 45 52	2 29 34	23 41 12	22 10 56	22 27 15	5 06 12	10 48 20
7 Su	1 47 06	13 ♎ 18 57	20 09 30	4 32 52	27 04 55	16 36 10	5 30 32	20 09 57	2 43 38	23 48 02	22 14 57	22 30 22	5 09 09	10 50 24
8 M	2 49 40	26 59 34	3 ♏ 44 12	5 39 30	28 22 21	17 13 42	5 42 56	20 35 55	2 59 31	23 56 41	22 20 50	22 35 22	5 13 58	10 54 19
9 Tu	3 54 56	10 ♏ 31 15	17 10 17	6 51 11	29 42 29	17 54 00	5 57 49	21 04 38	3 18 04	24 07 60	22 29 28	22 43 08	5 21 30	11 00 56
10 W	5 03 12	23 54 53	0 ♐ 28 27	8 08 08	1 ♑ 05 39	18 37 24	6 15 31	21 36 25	3 39 36	24 22 19	22 41 09	22 53 59	5 32 05	11 10 34
11 Th	6 14 13	7 ♐ 10 21	13 38 24	9 29 57	2 31 34	19 23 37	6 35 46	22 11 01	4 03 52	24 39 21	22 55 37	23 07 38	5 45 25	11 22 58
12 F	7 27 13	20 16 39	26 38 56	10 55 44	3 59 29	20 11 54	6 57 46	22 47 38	4 30 04	24 58 20	23 12 06	23 23 19	6 00 47	11 37 19
13 Sa	8 41 03	3 ♑ 12 10	9 ♑ 28 27	12 24 18	5 28 16	21 01 05	7 20 25	23 25 09	4 57 06	25 18 09	23 29 29	23 39 55	6 17 00	11 52 32
14 Su	9 54 28	15 55 16	22 05 30	13 54 17	6 56 39	21 49 57	7 42 27	24 02 19	5 23 41	25 37 31	23 46 29	23 56 10	6 32 51	12 07 21
15 M	11 06 19	28 24 51	4 ♒ 29 21	15 24 27	8 23 29	22 37 20	8 02 42	24 37 58	5 48 41	25 55 18	24 01 58	24 10 55	6 47 10	12 20 36
16 Tu	12 15 45	10 ♒ 40 52	16 40 22	16 53 54	9 47 54	23 22 21	8 20 18	25 11 15	6 11 13	26 10 38	24 15 04	24 23 18	6 59 05	12 31 26
17 W	13 22 18	22 44 35	28 40 18	18 22 07	11 09 28	24 04 34	8 34 49	25 41 42	6 30 51	26 23 05	24 25 20	24 32 52	7 08 09	12 39 24
18 Th	14 25 60	4 ♓ 38 44	10 ♓ 32 23	19 49 05	12 28 12	24 44 01	8 46 16	26 09 22	6 47 37	26 32 39	24 32 48	24 39 40	7 14 24	12 44 32
19 F	15 27 20	16 27 26	22 21 10	21 15 14	13 44 36	25 21 11	8 55 07	26 34 43	7 01 59	26 39 49	24 37 57	24 44 09	7 18 20	12 47 19
20 Sa	16 27 08	28 16 00	4 ♈ 12 17	22 41 23	14 59 29	25 56 54	9 02 14	26 58 36	7 14 48	26 45 28	24 41 37	24 47 12	7 20 46	12 48 35
21 Su	17 26 30	10 ♈ 10 36	16 12 08	24 08 33	16 13 56	26 32 14	9 08 40	27 22 05	7 27 08	26 50 37	24 44 52	24 49 50	7 22 46	12 49 25
22 M	18 26 30	22 17 47	28 27 20	25 37 51	17 29 03	27 08 17	9 15 32	27 46 16	7 40 04	26 56 23	24 48 49	24 53 12	7 25 28	12 50 54
23 Tu	19 28 07	4 ♉ 43 59	11 ♉ 04 09	27 10 11	18 45 47	27 46 01	9 23 46	28 12 07	7 54 36	27 03 45	24 54 24	24 58 13	7 29 47	12 53 60
24 W	20 31 57	17 34 49	24 07 42	28 46 11	20 04 47	28 26 03	9 33 60	28 40 15	8 11 19	27 13 20	25 02 17	25 05 33	7 36 23	12 59 21
25 Th	21 38 13	0 ♊ 54 19	7 ♊ 41 14	0 ♑ 26 00	21 26 13	29 08 34	9 46 24	29 10 50	8 30 25	27 25 17	25 12 36	25 15 22	7 45 26	13 07 07
26 F	22 46 31	14 44 10	21 45 12	2 09 18	22 49 42	29 53 12	10 00 37	29 43 31	8 51 31	27 39 15	25 25 01	25 27 16	7 56 33	13 16 57
27 Sa	23 56 03	29 03 00	6 ♋ 16 43	3 55 12	24 14 27	0 ♈ 39 07	10 15 49	0 ♒ 17 29	9 13 49	27 54 26	25 38 42	25 40 28	8 08 55	13 28 01
28 Su	25 05 40	13 ♋ 46 03	21 09 32	5 42 36	25 39 17	1 25 11	10 30 51	0 51 34	9 36 09	28 09 39	25 52 30	25 53 49	8 21 24	13 39 11
29 M	26 14 10	28 45 35	6 ♌ 14 41	7 30 18	27 03 02	2 10 12	10 44 32	1 24 35	9 57 21	28 23 44	26 05 13	26 06 06	8 32 48	13 49 15
30 Tu	27 20 35	13 ♌ 51 59	21 22 01	9 17 19	28 24 42	2 53 12	10 55 51	1 55 34	10 16 24	28 35 41	26 15 53	26 16 22	8 42 08	13 57 13
31 W	28 24 24	28 55 25	6 ♍ 22 00	11 03 09	29 43 48	3 33 39	11 04 20	2 23 59	10 32 48	28 45 01	26 23 59	26 24 05	8 48 54	14 02 36

LONGITUDE — April 2021

Day	☉	0 hr ☽	Noon ☽	☿	♀	♂	⚵	⚳	♃	♄	⚷	♅	♆	♇
1 Th	29 ♑ 25 42	13 ♍ 47 34	21 ♍ 07 13	12 ♑ 47 52	1 ♒ 00 23	4 ♈ 11 38	11 ♎ 10 00	2 ♒ 49 55	10 ♐ 46 38	28 ♏ 51 46	26 ♑ 29 35	26 ♒ 29 19	8 ♑ 53 09	14 ♏ 05 28
2 F	0 ♒ 25 04	28 22 43	5 ♎ 33 16	14 32 06	2 15 03	4 47 45	11 13 30	3 13 58	10 58 29	28 56 34	26 33 18	26 32 41	8 55 30	14 06 24
3 Sa	1 23 32	12 ♎ 38 09	19 38 38	16 16 52	3 28 50	5 23 00	11 15 48	3 37 09	11 09 22	29 00 24	26 36 08	26 35 12	8 56 58	14 06 26
4 Su	2 22 14	26 33 39	3 ♏ 24 08	18 03 20	4 42 52	5 58 34	11 18 05	4 00 36	11 20 27	29 04 27	26 39 14	26 37 60	8 58 41	14 06 43
5 M	3 22 15	10 ♏ 10 45	16 51 54	19 52 32	5 58 14	6 35 29	11 21 23	4 25 24	11 32 46	29 09 45	26 43 40	26 42 09	9 01 44	14 08 18
6 Tu	4 24 17	23 31 42	0 ♐ 04 29	21 45 16	7 15 37	7 14 29	11 26 25	4 52 15	11 47 03	29 17 02	26 50 08	26 48 22	9 06 49	14 11 55
7 W	5 28 39	6 ♐ 38 47	13 04 13	23 41 47	8 35 21	7 55 52	11 33 30	5 21 28	12 03 35	29 26 35	26 58 58	26 56 58	9 14 15	14 17 51
8 Th	6 35 09	19 33 50	25 52 49	25 41 56	9 57 15	8 39 27	11 42 27	5 52 51	12 22 13	29 38 14	27 09 58	27 07 45	9 23 50	14 25 56
9 F	7 43 14	2 ♑ 17 58	8 ♑ 31 15	27 45 07	11 20 43	9 24 39	11 52 39	6 25 50	12 42 21	29 51 24	27 22 33	27 20 09	9 35 00	14 35 35
10 Sa	8 51 60	14 51 45	20 59 57	29 50 30	12 44 54	10 10 36	12 03 17	6 59 33	13 03 06	0 ♐ 05 14	27 35 51	27 33 17	9 46 54	14 45 56
11 Su	10 00 30	27 15 25	3 ♒ 19 03	1 ♒ 57 05	14 08 50	10 56 21	12 13 21	7 33 02	13 23 32	0 18 45	27 48 55	27 46 13	9 58 32	14 56 01
12 M	11 07 52	9 ♒ 29 08	15 28 48	4 03 58	15 31 38	11 41 01	12 21 59	8 05 24	13 42 45	0 31 04	28 00 52	27 58 03	10 09 03	15 04 58
13 Tu	12 13 24	21 33 27	27 29 54	6 10 27	16 52 37	12 23 54	12 28 29	8 35 59	14 00 04	0 41 30	28 10 60	28 08 05	10 17 45	15 12 06
14 W	13 16 43	3 ♓ 29 37	9 ♓ 23 49	8 16 06	18 11 25	13 04 38	12 32 29	9 04 22	14 15 06	0 49 41	28 18 57	28 15 58	10 24 16	15 17 01
15 Th	14 17 48	15 19 41	21 12 56	10 20 49	19 27 59	13 43 11	12 33 57	9 30 33	14 27 50	0 55 35	28 24 41	28 21 39	10 28 33	15 19 42
16 F	15 16 57	27 06 43	3 ♈ 00 40	12 24 51	20 42 38	14 19 51	12 33 11	9 54 50	14 38 33	0 59 30	28 28 31	28 25 27	10 30 56	15 20 27
17 Sa	16 14 44	8 ♈ 54 45	14 51 21	14 28 39	21 55 56	14 55 12	12 30 45	10 17 46	14 47 50	1 01 59	28 30 59	28 27 56	10 31 57	15 19 51
18 Su	17 11 54	20 48 36	26 50 06	16 32 52	23 08 38	15 29 60	12 27 25	10 40 08	14 56 26	1 03 49	28 32 52	28 29 50	10 32 23	15 18 38
19 M	18 09 15	2 ♉ 53 41	9 ♉ 02 32	18 38 08	24 21 31	16 05 02	12 23 57	11 02 41	15 05 08	1 05 47	28 34 58	28 31 58	10 33 00	15 17 37
20 Tu	19 07 29	15 15 37	21 34 16	20 45 01	25 35 19	16 40 60	12 21 06	11 26 10	15 14 39	1 08 35	28 37 58	28 35 02	10 34 32	15 17 29
21 W	20 07 07	27 59 45	4 ♊ 30 26	22 53 47	26 50 32	17 18 25	12 19 20	11 51 04	15 25 29	1 12 44	28 42 23	28 39 33	10 37 29	15 18 46
22 Th	21 08 21	11 ♊ 10 31	17 54 55	25 04 25	28 07 21	17 57 29	12 18 52	12 17 36	15 37 49	1 18 25	28 48 25	28 45 41	10 42 03	15 21 39
23 F	22 10 60	24 50 43	1 ♋ 49 37	27 16 30	29 25 37	18 38 02	12 19 32	12 45 34	15 51 30	1 25 29	28 55 53	28 53 18	10 48 03	15 25 58
24 Sa	23 14 35	9 ♋ 00 49	16 13 40	29 29 17	0 ♓ 44 50	19 19 33	12 20 50	13 14 30	16 06 03	1 33 26	29 04 19	29 01 53	10 54 60	15 31 13
25 Su	24 18 24	23 38 12	1 ♌ 02 54	1 ♓ 41 44	2 04 16	20 01 21	12 22 04	13 43 41	16 20 44	1 41 33	29 12 59	29 10 44	11 02 11	15 36 42
26 M	25 21 39	8 ♌ 37 08	16 10 04	3 52 46	3 23 10	20 42 38	12 22 26	14 12 19	16 34 46	1 49 03	29 21 06	29 19 04	11 08 50	15 41 38
27 Tu	26 23 42	23 49 05	1 ♍ 25 33	6 01 26	4 40 53	21 22 45	12 21 18	14 39 46	16 47 30	1 55 17	29 28 02	29 26 13	11 14 17	15 45 21
28 W	27 24 09	9 ♍ 04 02	16 38 60	8 07 01	5 56 60	22 01 19	12 18 17	15 05 38	16 58 33	1 59 52	29 33 23	29 31 49	11 18 08	15 47 29
29 Th	28 22 60	24 11 60	1 ♎ 40 53	10 09 13	7 11 31	22 38 19	12 13 21	15 29 55	17 07 53	2 02 47	29 37 07	29 35 50	11 20 24	15 48 01
30 F	29 20 34	9 ♎ 04 39	16 23 59	12 08 03	8 24 46	23 14 05	12 06 50	15 52 56	17 15 51	2 04 20	29 39 35	29 38 36	11 21 23	15 47 15

Notes

May 2021 — LONGITUDE

Day	☉	0 hr ☽	Noon ☽	☿	♀	♂	⚵	⚳	♃	♄	⚷	♅	♆	♇
1 Sa	0 ♓ 17 25	23 ♎ 36 16	0 ♏ 43 56	14 ♓ 03 49	9 ♓ 37 19	23 ♈ 49 10	11 ♎ 59 18	16 ♒ 15 14	17 ♐ 22 59	2 ♐ 05 07	29 ♑ 41 21	29 ♒ 40 39	11 ♑ 21 39	15 ♏ 45 46
2 Su	1 14 13	7 ♏ 43 60	14 39 13	15 56 57	10 49 49	24 24 15	11 51 26	16 37 30	17 29 58	2 05 47	29 43 03	29 42 42	11 21 52	15 44 15
3 M	2 11 35	21 27 28	28 10 33	17 47 49	12 02 54	24 59 55	11 43 49	17 00 20	17 37 25	2 06 57	29 45 20	29 45 21	11 22 40	15 43 17
4 Tu	3 09 57	4 ♐ 48 06	11 ♐ 20 02	19 36 39	13 16 59	25 36 38	11 36 55	17 24 11	17 45 44	2 09 02	29 48 36	29 49 00	11 24 27	15 43 18
5 W	4 09 29	17 48 20	24 10 34	21 23 28	14 32 15	26 14 34	11 30 53	17 49 12	17 55 07	2 12 14	29 53 03	29 53 51	11 27 25	15 44 30
6 Th	5 10 07	0 ♑ 31 03	6 ♑ 45 08	23 08 03	15 48 37	26 53 38	11 25 40	18 15 19	18 05 30	2 16 27	29 58 35	29 59 50	11 31 28	15 46 47
7 F	6 11 33	12 59 06	19 06 36	24 49 58	17 05 48	27 33 32	11 20 59	18 42 15	18 16 33	2 21 24	0 ♒ 04 56	0 ♓ 06 38	11 36 20	15 49 52
8 Sa	7 13 22	25 15 07	1 ♒ 17 28	26 28 41	18 23 22	28 13 51	11 16 23	19 09 34	18 27 52	2 26 39	0 11 39	0 13 49	11 41 34	15 53 20
9 Su	8 15 06	7 ♒ 21 25	13 19 55	28 03 39	19 40 51	28 54 07	11 11 25	19 36 47	18 38 58	2 31 44	0 18 16	0 20 56	11 46 42	15 56 42
10 M	9 16 18	19 20 07	25 15 55	29 34 20	20 57 48	29 33 54	11 05 40	20 03 29	18 49 26	2 36 14	0 24 22	0 27 33	11 51 19	15 59 32
11 Tu	10 16 39	1 ♓ 13 08	7 ♓ 07 18	1 ♈ 00 21	22 13 56	0 ♉ 12 53	10 58 48	20 29 20	18 58 56	2 39 49	0 29 37	0 33 21	11 55 06	16 01 31
12 W	11 16 00	13 02 26	18 56 03	2 21 30	23 29 04	0 50 54	10 50 41	20 54 11	19 07 18	2 42 19	0 33 52	0 38 09	11 57 52	16 02 31
13 Th	12 14 21	24 50 10	0 ♈ 44 20	3 37 40	24 43 12	1 27 57	10 41 18	21 18 01	19 14 31	2 43 44	0 37 05	0 41 58	11 59 37	16 02 29
14 F	13 11 49	6 ♈ 38 46	12 34 44	4 48 58	25 56 28	2 04 09	10 30 48	21 40 59	19 20 45	2 44 12	0 39 26	0 44 56	12 00 30	16 01 35
15 Sa	14 08 40	18 31 04	24 30 14	5 55 36	27 09 07	2 39 47	10 19 28	22 03 20	19 26 15	2 43 60	0 41 10	0 47 18	12 00 47	16 00 04
16 Su	15 05 14	0 ♉ 30 19	6 ♉ 34 19	6 57 47	28 21 29	3 15 10	10 07 36	22 25 23	19 31 19	2 43 25	0 42 36	0 49 23	12 00 45	15 58 16
17 M	16 01 49	12 40 09	18 50 46	7 55 49	29 33 53	3 50 36	9 55 32	22 47 27	19 36 16	2 42 48	0 44 02	0 51 30	12 00 44	15 56 29
18 Tu	16 58 41	25 04 28	1 ♊ 23 35	8 49 53	0 ♈ 46 35	4 26 22	9 43 34	23 09 49	19 41 23	2 42 23	0 45 46	0 53 56	12 01 01	15 54 59
19 W	17 56 01	7 ♊ 47 12	14 16 39	9 40 06	1 59 45	5 02 38	9 31 52	23 32 38	19 46 50	2 42 23	0 47 58	0 56 50	12 01 46	15 53 58
20 Th	18 53 52	20 51 58	27 33 18	10 26 26	3 13 26	5 39 28	9 20 29	23 55 58	19 52 41	2 42 49	0 50 40	1 00 17	12 03 02	15 53 28
21 F	19 52 10	4 ♋ 21 35	11 ♋ 15 48	11 08 46	4 27 35	6 16 46	9 09 22	24 19 44	19 58 49	2 43 38	0 53 48	1 04 11	12 04 45	15 53 24
22 Sa	20 50 44	18 17 28	25 24 42	11 46 51	5 41 60	6 54 23	8 58 21	24 43 46	20 05 06	2 44 39	0 57 13	1 08 23	12 06 43	15 53 37
23 Su	21 49 22	2 ♌ 39 05	9 ♌ 58 15	12 20 24	6 56 29	7 32 05	8 47 13	25 07 50	20 11 18	2 45 38	1 00 39	1 12 38	12 08 45	15 53 53
24 M	22 47 50	17 23 24	24 52 06	12 49 09	8 10 48	8 09 40	8 35 47	25 31 45	20 17 12	2 46 25	1 03 56	1 16 44	12 10 37	15 54 00
25 Tu	23 46 00	2 ♍ 24 48	9 ♍ 59 21	13 12 56	9 24 50	8 46 59	8 23 55	25 55 21	20 22 39	2 46 49	1 06 55	1 20 34	12 12 11	15 53 50
26 W	24 43 50	17 35 22	25 11 13	13 31 40	10 38 32	9 23 59	8 11 33	26 18 35	20 27 37	2 46 48	1 09 32	1 24 03	12 13 24	15 53 18
27 Th	25 41 22	2 ♎ 45 53	10 ♎ 18 17	13 45 23	11 51 56	10 00 43	7 58 46	26 41 31	20 32 09	2 46 24	1 11 50	1 27 14	12 14 19	15 52 29
28 F	26 38 43	17 47 05	25 11 46	13 54 12	13 05 08	10 37 18	7 45 41	27 04 15	20 36 20	2 45 45	1 13 56	1 30 14	12 15 02	15 51 28
29 Sa	27 36 01	2 ♏ 31 02	9 ♏ 44 46	13 58 18	14 18 17	11 13 51	7 32 26	27 26 53	20 40 18	2 44 58	1 15 57	1 33 11	12 15 40	15 50 24
30 Su	28 33 21	16 52 01	23 52 52	13 57 50	15 31 29	11 50 28	7 19 07	27 49 34	20 44 10	2 44 08	1 17 59	1 36 11	12 16 21	15 49 21
31 M	29 30 47	0 ♐ 46 54	7 ♐ 34 17	13 52 59	16 44 46	12 27 12	7 05 48	28 12 17	20 47 57	2 43 19	1 20 06	1 39 15	12 17 05	15 48 24

June 2021 — LONGITUDE

Day	☉	0 hr ☽	Noon ☽	☿	♀	♂	⚵	⚳	♃	♄	⚷	♅	♆	♇
1 Tu	0 ♈ 28 17	14 ♐ 15 04	20 ♐ 49 29	13 ♈ 43 51	17 ♈ 58 07	13 ♉ 04 02	6 ♎ 52 28	28 ♒ 35 04	20 ♐ 51 38	2 ♐ 42 29	1 ♒ 22 14	1 ♓ 42 24	12 ♑ 17 53	15 ♏ 47 30
2 W	1 25 47	27 17 54	3 ♑ 40 42	13 30 36	19 11 27	13 40 53	6 39 04	28 57 48	20 55 10	2 41 34	1 24 21	1 45 31	12 18 40	15 46 36
3 Th	2 23 11	9 ♑ 58 16	16 11 14	13 13 21	20 24 42	14 17 40	6 25 32	29 20 25	20 58 26	2 40 29	1 26 22	1 48 33	12 19 20	15 45 36
4 F	3 20 26	22 19 50	28 25 01	12 52 22	21 37 47	14 54 20	6 11 46	29 42 51	21 01 22	2 39 09	1 28 10	1 51 25	12 19 49	15 44 25
5 Sa	4 17 30	4 ♒ 26 42	10 ♒ 26 10	12 27 57	22 50 41	15 30 49	5 57 48	0 ♓ 05 03	21 03 57	2 37 33	1 29 46	1 54 05	12 20 06	15 43 03
6 Su	5 14 24	16 23 00	22 18 45	12 00 32	24 03 25	16 07 11	5 43 39	0 27 04	21 06 11	2 35 43	1 31 10	1 56 35	12 20 13	15 41 31
7 M	6 11 14	28 12 44	4 ♓ 06 33	11 30 40	25 16 04	16 43 30	5 29 25	0 48 59	21 08 12	2 33 44	1 32 29	1 59 00	12 20 14	15 39 54
8 Tu	7 08 09	9 ♓ 59 31	15 52 60	10 58 59	26 28 48	17 19 55	5 15 17	1 10 56	21 10 06	2 31 44	1 33 50	2 01 29	12 20 18	15 38 22
9 W	8 05 18	21 46 36	27 41 08	10 26 11	27 41 45	17 56 35	5 01 23	1 33 05	21 12 05	2 29 54	1 35 23	2 04 11	12 20 36	15 37 03
10 Th	9 02 49	3 ♈ 36 48	9 ♈ 33 37	9 52 56	28 55 05	18 33 40	4 47 55	1 55 34	21 14 15	2 28 22	1 37 17	2 07 15	12 21 14	15 36 07
11 F	10 00 49	15 32 34	21 32 43	9 19 55	0 ♉ 08 52	19 11 15	4 34 57	2 18 28	21 16 42	2 27 13	1 39 38	2 10 47	12 22 20	15 35 38
12 Sa	10 59 18	27 35 60	3 ♉ 40 28	8 47 44	1 23 09	19 49 20	4 22 31	2 41 50	21 19 29	2 26 29	1 42 25	2 14 47	12 23 54	15 35 38
13 Su	11 58 10	9 ♉ 48 58	15 58 43	8 16 51	2 37 48	20 27 50	4 10 34	3 05 32	21 22 28	2 26 04	1 45 34	2 19 09	12 25 50	15 36 02
14 M	12 57 15	22 13 14	28 29 15	7 47 38	3 52 40	21 06 34	3 58 55	3 29 25	21 25 29	2 25 47	1 48 55	2 23 44	12 27 58	15 36 38
15 Tu	13 56 18	4 ♊ 50 31	11 ♊ 13 51	7 20 21	5 07 28	21 45 18	3 47 19	3 53 11	21 28 17	2 25 23	1 52 10	2 28 15	12 30 02	15 37 11
16 W	14 54 60	17 42 36	24 14 15	6 55 13	6 21 56	22 23 42	3 35 29	4 16 36	21 30 34	2 24 35	1 55 03	2 32 25	12 31 45	15 37 24
17 Th	15 53 07	0 ♋ 51 14	7 ♋ 32 09	6 32 25	7 35 48	23 01 34	3 23 12	4 39 22	21 32 06	2 23 07	1 57 20	2 35 59	12 32 51	15 37 02
18 F	16 50 31	14 18 06	21 08 59	6 12 13	8 48 56	23 38 43	3 10 19	5 01 22	21 32 43	2 20 52	1 58 50	2 38 48	12 33 13	15 35 56
19 Sa	17 47 12	28 04 26	5 ♌ 05 35	5 54 57	10 01 21	24 15 10	2 56 53	5 22 36	21 32 27	2 17 50	1 59 36	2 40 54	12 32 51	15 34 07
20 Su	18 43 22	12 ♌ 10 42	19 21 44	5 41 08	11 13 14	24 51 09	2 43 05	5 43 17	21 31 29	2 14 13	1 59 49	2 42 28	12 31 57	15 31 48
21 M	19 39 22	26 36 03	3 ♍ 55 41	5 31 21	12 24 57	25 26 58	2 29 17	6 03 44	21 30 10	2 10 22	1 59 50	2 43 51	12 30 52	15 29 18
22 Tu	20 35 39	11 ♍ 17 53	18 43 50	5 26 15	13 36 55	26 03 06	2 15 56	6 24 25	21 28 58	2 06 44	2 00 06	2 45 29	12 30 03	15 27 05
23 W	21 32 39	26 11 32	3 ♎ 40 32	5 26 25	14 49 35	26 39 57	2 03 29	6 45 44	21 28 17	2 03 44	2 01 02	2 47 48	12 29 54	15 25 35
24 Th	22 30 39	11 ♎ 10 25	18 38 34	5 32 14	16 03 14	27 17 51	1 52 14	7 08 01	21 28 26	2 01 41	2 02 56	2 51 07	12 30 45	15 25 05
25 F	23 29 46	26 06 40	3 ♏ 29 52	5 43 55	17 17 59	27 56 52	1 42 18	7 31 22	21 29 30	2 00 41	2 05 54	2 55 31	12 32 41	15 25 41
26 Sa	24 29 51	10 ♏ 52 03	18 06 39	6 01 20	18 33 41	28 36 52	1 33 33	7 55 36	21 31 21	2 00 35	2 09 48	3 00 51	12 35 33	15 27 15
27 Su	25 30 32	25 19 18	2 ♐ 22 31	6 24 08	19 49 58	29 17 28	1 25 36	8 20 22	21 33 37	2 00 60	2 14 14	3 06 45	12 38 60	15 29 25
28 M	26 31 18	9 ♐ 22 57	16 13 14	6 51 48	21 06 18	29 58 11	1 17 58	8 45 09	21 35 46	2 01 26	2 18 43	3 12 42	12 42 30	15 31 39
29 Tu	27 31 38	22 59 60	29 37 04	7 23 47	22 22 11	0 ♊ 38 28	1 10 06	9 09 24	21 37 17	2 01 22	2 22 43	3 18 10	12 45 31	15 33 25
30 W	28 31 04	6 ♑ 09 60	12 ♑ 34 38	7 59 37	23 37 08	1 17 53	1 01 36	9 32 42	21 37 44	2 00 19	2 25 45	3 22 43	12 47 37	15 34 18

Notes

LONGITUDE — July 2021

Day	☉	0 hr ☽	Noon ☽	☿	♀	♂	⚵	⚳	♃	♄	⚷	♅	♆	♇
1 Th	29 ♈ 29 20	18 ♑ 54 42	25 ♑ 08 31	8 ♈ 38 57	24 ♉ 50 54	1 ♊ 56 08	0 ♎ 52 10	9 ♓ 54 46	21 ♐ 36 49	1 ♐ 58 03	2 ♒ 27 35	3 ♓ 26 04	12 ♑ 48 31	15 ♏ 34 00
2 F	0 ♉ 26 25	1 ♒ 17 35	7 ♒ 22 42	9 21 43	26 03 28	2 33 13	0 41 49	10 15 33	21 34 31	1 54 32	2 28 11	3 28 11	12 48 12	15 32 31
3 Sa	1 22 32	13 23 17	19 22 07	10 08 06	27 15 01	3 09 20	0 30 44	10 35 17	21 31 03	1 49 58	2 27 45	3 29 17	12 46 52	15 30 02
4 Su	2 18 05	25 17 04	1 ♓ 12 03	10 58 25	28 25 59	3 44 55	0 19 22	10 54 23	21 26 51	1 44 47	2 26 42	3 29 48	12 44 56	15 26 59
5 M	3 13 39	7 ♓ 04 22	12 57 52	11 53 12	29 36 56	4 20 30	0 08 16	11 13 23	21 22 27	1 39 32	2 25 36	3 30 16	12 42 59	15 23 56
6 Tu	4 09 48	18 50 24	24 44 34	12 52 60	0 ♊ 48 28	4 56 43	29 ♍ 58 03	11 32 54	21 18 28	1 34 50	2 25 03	3 31 18	12 41 36	15 21 28
7 W	5 07 07	0 ♈ 39 53	6 ♈ 36 34	13 58 16	2 01 06	5 34 05	29 49 17	11 53 29	21 15 27	1 31 13	2 25 36	3 33 26	12 41 20	15 20 09
8 Th	6 05 59	12 36 45	18 37 29	15 09 22	3 15 16	6 13 01	29 42 21	12 15 32	21 13 48	1 29 06	2 27 38	3 37 04	12 42 34	15 20 22
9 F	7 06 34	24 44 03	0 ♉ 49 59	16 26 25	4 31 07	6 53 41	29 37 25	12 39 11	21 13 41	1 28 38	2 31 20	3 42 23	12 45 30	15 22 18
10 Sa	8 08 45	7 ♉ 03 47	13 15 42	17 49 15	5 48 34	7 35 59	29 34 25	13 04 22	21 14 59	1 29 44	2 36 36	3 49 17	12 50 00	15 25 50
11 Su	9 12 11	19 36 60	25 55 21	19 17 24	7 07 12	8 19 31	29 32 58	13 30 41	21 17 21	1 32 01	2 43 02	3 57 21	12 55 43	15 30 36
12 M	10 16 14	2 ♊ 23 49	8 ♊ 48 50	20 50 12	8 26 25	9 03 41	29 32 26	13 57 31	21 20 09	1 34 51	2 50 02	4 06 00	13 02 00	15 35 58
13 Tu	11 20 08	15 23 50	21 55 32	22 26 49	9 45 28	9 47 43	29 32 04	14 24 07	21 22 39	1 37 31	2 56 50	4 14 28	13 08 07	15 41 12
14 W	12 23 07	28 36 18	5 ♋ 14 39	24 06 22	11 03 34	10 30 51	29 31 07	14 49 41	21 24 03	1 39 13	3 02 41	4 21 58	13 13 17	15 45 30
15 Th	13 24 35	12 ♋ 00 33	18 45 32	25 48 10	12 20 07	11 12 29	29 28 59	15 13 39	21 23 46	1 39 21	3 06 56	4 27 55	13 16 54	15 48 17
16 F	14 24 13	25 36 13	2 ♌ 27 49	27 31 45	13 34 48	11 52 18	29 25 20	15 35 40	21 21 29	1 37 37	3 09 19	4 31 58	13 18 40	15 49 14
17 Sa	15 22 06	9 ♌ 23 21	16 21 31	29 17 04	14 47 41	12 30 23	29 20 16	15 55 49	21 17 17	1 34 05	3 09 53	4 34 14	13 18 38	15 48 26
18 Su	16 18 43	23 22 16	0 ♍ 26 47	1 ♉ 04 24	15 59 16	13 07 11	29 14 15	16 14 35	21 11 39	1 29 15	3 09 08	4 35 11	13 17 18	15 46 21
19 M	17 14 51	7 ♍ 33 10	14 43 27	2 54 23	17 10 19	13 43 32	29 08 06	16 32 47	21 05 23	1 23 54	3 07 51	4 35 37	13 15 28	15 43 48
20 Tu	18 11 27	21 55 36	29 10 30	4 47 43	18 21 50	14 20 23	29 02 45	16 51 20	20 59 27	1 19 00	3 06 60	4 36 28	13 14 05	15 41 43
21 W	19 09 27	6 ♎ 27 47	13 ♎ 45 25	6 45 04	19 34 40	14 58 36	28 59 08	17 11 09	20 54 44	1 15 27	3 07 28	4 38 39	13 14 02	15 41 01
22 Th	20 09 27	21 06 14	28 24 03	8 46 46	20 49 28	15 38 52	28 57 50	17 32 52	20 51 53	1 13 53	3 09 53	4 42 49	13 15 58	15 42 20
23 F	21 11 42	5 ♏ 45 46	13 ♏ 00 39	10 52 44	22 06 28	16 21 21	28 59 07	17 56 41	20 51 07	1 14 31	3 14 29	4 49 09	13 20 07	15 45 52
24 Sa	22 15 56	20 19 49	27 28 35	13 02 26	23 25 24	17 05 51	29 02 43	18 22 22	20 52 12	1 17 06	3 21 00	4 57 25	13 26 12	15 51 23
25 Su	23 21 29	4 ♐ 41 28	11 ♐ 41 17	15 14 50	24 45 37	17 51 41	29 07 58	18 49 16	20 54 28	1 20 60	3 28 48	5 06 57	13 33 35	15 58 14
26 M	24 27 28	18 44 29	25 33 21	17 28 44	26 06 11	18 37 55	29 13 58	19 16 26	20 56 60	1 25 16	3 36 57	5 16 51	13 41 20	16 05 29
27 Tu	25 32 52	2 ♑ 24 22	9 ♑ 01 17	19 42 47	27 26 08	19 23 36	29 19 42	19 42 53	20 58 49	1 28 56	3 44 27	5 26 07	13 48 29	16 12 09
28 W	26 36 51	15 38 53	22 04 00	21 55 52	28 44 38	20 07 53	29 24 22	20 07 48	20 59 05	1 31 10	3 50 30	5 33 54	13 54 11	16 17 24
29 Th	27 38 54	28 28 17	4 ♒ 42 41	24 07 08	0 ♋ 01 07	20 50 13	29 27 24	20 30 38	20 57 17	1 31 26	3 54 31	5 39 42	13 57 53	16 20 41
30 F	28 38 53	10 ♒ 55 01	17 00 34	26 16 10	1 15 29	21 30 29	29 28 41	20 51 14	20 53 16	1 29 36	3 56 24	5 43 21	13 59 29	16 21 54
31 Sa	29 37 03	23 03 20	29 02 22	28 23 01	2 27 59	22 08 56	29 28 28	21 09 53	20 47 19	1 25 56	3 56 25	5 45 08	13 59 14	16 21 18

LONGITUDE — August 2021

Day	☉	0 hr ☽	Noon ☽	☿	♀	♂	⚵	⚳	♃	♄	⚷	♅	♆	♇
1 Su	0 ♊ 34 03	4 ♓ 58 43	10 ♓ 53 50	0 ♊ 28 04	3 ♋ 39 15	22 ♊ 46 14	29 ♍ 27 25	21 ♓ 27 12	20 ♐ 40 04	1 ♐ 21 05	3 ♒ 55 11	5 ♓ 45 40	13 ♑ 57 46	16 ♏ 19 30
2 M	1 30 45	16 47 16	22 41 10	2 32 01	4 50 09	23 23 13	29 26 21	21 44 03	20 32 24	1 15 53	3 53 35	5 45 50	13 55 57	16 17 24
3 Tu	2 28 05	28 35 19	4 ♈ 30 33	4 35 38	6 01 38	24 00 51	29 26 15	22 01 23	20 25 15	1 11 19	3 52 33	5 46 34	13 54 43	16 15 55
4 W	3 26 57	10 ♈ 28 48	16 27 44	6 39 40	7 14 36	24 40 01	29 27 60	22 20 06	20 19 31	1 08 16	3 52 59	5 48 47	13 54 59	16 15 57
5 Th	4 28 01	22 32 54	28 37 32	8 44 42	8 29 41	25 21 23	29 32 15	22 40 50	20 15 53	1 07 24	3 55 33	5 53 07	13 57 25	16 18 12
6 F	5 31 36	4 ♉ 51 42	11 ♉ 03 30	10 50 57	9 47 15	26 05 16	29 39 21	23 03 56	20 14 40	1 09 03	4 00 34	5 59 55	14 02 20	16 22 56
7 Sa	6 37 37	17 27 46	23 47 37	12 58 15	11 07 10	26 51 36	29 49 10	23 29 16	20 15 46	1 13 06	4 07 57	6 09 03	14 09 37	16 30 06
8 Su	7 45 31	0 ♊ 22 02	6 ♊ 50 13	15 05 60	12 28 54	27 39 48	0 ♎ 01 11	23 56 20	20 18 41	1 19 03	4 17 09	6 20 02	14 18 45	16 39 08
9 M	8 54 24	13 33 48	20 09 56	17 13 17	13 51 34	28 29 00	0 14 30	24 24 12	20 22 29	1 25 58	4 27 16	6 31 55	14 28 50	16 49 10
10 Tu	10 03 09	27 00 57	3 ♋ 44 11	19 18 56	15 14 03	29 18 05	0 27 59	24 51 45	20 26 06	1 32 46	4 37 12	6 43 36	14 38 46	16 59 03
11 W	11 10 39	10 ♋ 40 28	17 29 38	21 21 50	16 35 12	0 ♋ 05 54	0 40 31	25 17 53	20 28 22	1 38 18	4 45 48	6 53 59	14 47 23	17 07 41
12 Th	12 16 01	24 29 05	1 ♌ 22 57	23 21 05	17 54 08	0 51 35	0 51 13	25 41 40	20 28 27	1 41 42	4 52 12	7 02 08	14 53 50	17 14 10
13 F	13 18 46	8 ♌ 23 54	15 21 24	25 16 12	19 10 24	1 34 40	0 59 36	26 02 40	20 25 51	1 42 30	4 55 56	7 07 37	14 57 38	17 18 02
14 Sa	14 18 60	22 22 60	29 23 18	27 07 17	20 24 04	2 15 14	1 05 45	26 20 58	20 20 40	1 40 48	4 57 06	7 10 31	14 58 53	17 19 23
15 Su	15 17 21	6 ♍ 25 31	13 ♍ 28 04	28 54 60	21 35 48	2 53 56	1 10 20	26 37 11	20 13 35	1 37 14	4 56 19	7 11 29	14 58 14	17 18 51
16 M	16 14 54	20 31 28	27 35 50	0 ♋ 40 25	22 46 39	3 31 50	1 14 23	26 52 24	20 05 39	1 32 52	4 54 40	7 11 35	14 56 44	17 17 31
17 Tu	17 12 55	4 ♎ 41 16	11 ♎ 46 54	2 24 49	23 57 53	4 10 12	1 19 12	27 07 54	19 58 08	1 28 59	4 53 26	7 12 04	14 55 40	17 16 39
18 W	18 12 35	18 54 52	26 00 57	4 09 24	25 10 42	4 50 13	1 25 57	27 24 51	19 52 16	1 26 47	4 53 47	7 14 09	14 56 13	17 17 26
19 Th	19 14 46	3 ♏ 11 16	10 ♏ 16 29	5 55 03	26 25 57	5 32 45	1 35 29	27 44 05	19 48 51	1 27 06	4 56 36	7 18 40	14 59 15	17 20 43
20 F	20 19 46	17 27 53	24 30 27	7 42 04	27 43 57	6 18 07	1 48 07	28 05 58	19 48 16	1 30 16	5 02 10	7 25 56	15 05 05	17 26 50
21 Sa	21 27 21	1 ♐ 40 45	8 ♐ 38 33	9 30 13	29 04 25	7 06 04	2 03 35	28 30 11	19 50 13	1 36 02	5 10 15	7 35 43	15 13 26	17 35 31
22 Su	22 36 44	15 44 47	22 35 44	11 18 45	0 ♌ 26 37	7 55 48	2 21 07	28 55 59	19 53 58	1 43 37	5 20 04	7 47 14	15 23 34	17 45 59
23 M	23 46 47	29 34 48	6 ♑ 17 06	13 06 33	1 49 24	8 46 13	2 39 36	29 22 15	19 58 23	1 51 53	5 30 31	7 59 21	15 34 19	17 57 09
24 Tu	24 56 19	13 ♑ 06 19	19 38 51	14 52 23	3 11 34	9 36 06	2 57 47	29 47 45	20 02 16	1 59 40	5 40 21	8 10 51	15 44 31	18 07 45
25 W	26 04 14	26 16 25	2 ♒ 38 55	16 35 13	4 32 02	10 24 23	3 14 38	0 ♈ 11 25	20 04 32	2 05 51	5 48 32	8 20 41	15 53 04	18 16 45
26 Th	27 09 50	9 ♒ 04 16	15 17 17	18 14 19	5 50 05	11 10 20	3 29 23	0 32 32	20 04 30	2 09 44	5 54 19	8 28 07	15 59 16	18 23 25
27 F	28 12 50	21 31 08	27 36 03	19 49 24	7 05 27	11 53 41	3 41 48	0 50 47	20 01 51	2 11 03	5 57 26	8 32 52	16 02 49	18 27 29
28 Sa	29 13 27	3 ♓ 40 18	9 ♓ 39 04	21 20 40	8 18 20	12 34 39	3 52 03	1 06 25	19 56 51	2 09 60	5 58 06	8 35 09	16 03 56	18 29 09
29 Su	0 ♋ 12 20	15 36 35	21 31 38	22 48 46	9 29 22	13 13 52	4 00 48	1 20 03	19 50 07	2 07 14	5 56 58	8 35 38	16 03 17	18 29 04
30 M	1 10 24	27 25 54	3 ♈ 19 54	24 14 37	10 39 31	13 52 17	4 08 59	1 32 38	19 42 36	2 03 42	5 54 58	8 35 13	16 01 47	18 28 10
31 Tu	2 08 46	9 ♈ 14 46	15 10 30	25 39 18	11 49 51	14 30 59	4 17 42	1 45 15	19 35 25	2 00 29	5 53 12	8 35 01	16 00 32	18 27 33

Notes

September 2021 LONGITUDE

Day	☉	0 hr ☽	Noon ☽	☿	♀	♂	⚵	⚳	♃	♄	⚷	♅	♆	♇
1 W	3 ♋ 08 29	21 ♈ 09 45	27 ♈ 09 53	27 ♋ 03 50	13 ♌ 01 26	15 ♋ 11 02	4 ♎ 27 58	1 ♈ 58 56	19 ♐ 29 37	1 ♐ 58 38	5 ♒ 52 42	8 ♓ 36 06	16 ♑ 00 36	18 ♏ 28 16
2 Th	4 10 23	3 ♉ 16 57	9 ♉ 23 54	28 29 01	14 15 06	15 53 15	4 40 38	2 14 31	19 26 01	1 59 00	5 54 20	8 39 15	16 02 47	18 31 10
3 F	5 14 54	15 41 27	21 57 12	29 55 16	15 31 17	16 38 06	4 56 10	2 32 28	19 25 06	2 02 02	5 58 31	8 44 58	16 07 35	18 36 40
4 Sa	6 22 02	28 26 53	4 ♊ 52 46	1 ♌ 22 32	16 49 58	17 25 33	5 14 31	2 52 45	19 26 50	2 07 43	6 05 15	8 53 14	16 14 56	18 44 47
5 Su	7 31 16	11 ♊ 34 60	18 11 29	2 50 15	18 10 39	18 15 06	5 35 11	3 14 51	19 30 44	2 15 32	6 14 02	9 03 30	16 24 22	18 54 59
6 M	8 41 39	25 05 20	1 ♋ 51 57	4 17 25	19 32 24	19 05 48	5 57 13	3 37 49	19 35 51	2 24 32	6 23 54	9 14 51	16 34 54	19 06 20
7 Tu	9 51 59	8 ♋ 55 16	15 50 39	5 42 45	20 53 58	19 56 27	6 19 24	4 00 26	19 40 59	2 33 33	6 33 40	9 26 04	16 45 22	19 17 38
8 W	11 01 03	23 00 28	0 ♌ 02 31	7 04 57	22 14 10	20 45 50	6 40 32	4 21 30	19 44 55	2 41 19	6 42 06	9 35 56	16 54 31	19 27 39
9 Th	12 07 51	7 ♌ 15 31	14 21 50	8 22 57	23 31 59	21 32 56	6 59 36	4 39 59	19 46 40	2 46 52	6 48 13	9 43 28	17 01 22	19 35 23
10 F	13 11 52	21 35 03	28 43 13	9 36 08	24 46 54	22 17 16	7 16 05	4 55 23	19 45 43	2 49 41	6 51 29	9 48 09	17 05 24	19 40 21
11 Sa	14 13 10	5 ♍ 54 30	13 ♍ 02 33	10 44 28	25 58 60	22 58 53	7 30 03	5 07 47	19 42 09	2 49 51	6 52 01	9 50 03	17 06 42	19 42 36
12 Su	15 12 25	20 10 51	27 17 22	11 48 27	27 08 55	23 38 26	7 42 10	5 17 49	19 36 37	2 48 01	6 50 25	9 49 49	17 05 55	19 42 47
13 M	16 10 42	4 ♎ 22 38	11 ♎ 26 45	12 49 04	28 17 45	24 17 02	7 53 31	5 26 34	19 30 14	2 45 16	6 47 49	9 48 33	17 04 09	19 42 01
14 Tu	17 09 18	18 29 38	25 30 52	13 47 26	29 26 47	24 55 57	8 05 22	5 35 20	19 24 16	2 42 53	6 45 30	9 47 32	17 02 40	19 41 33
15 W	18 09 25	2 ♏ 32 11	9 ♏ 30 12	14 44 34	0 ♍ 37 12	25 36 22	8 18 55	5 45 17	19 19 55	2 42 05	6 44 38	9 47 57	17 02 40	19 42 37
16 Th	19 11 53	16 30 28	23 24 53	15 41 07	1 49 50	26 19 10	8 35 01	5 57 16	19 18 03	2 43 42	6 46 05	9 50 40	17 05 00	19 46 02
17 F	20 17 03	0 ♐ 23 56	7 ♐ 14 08	16 37 13	3 05 03	27 04 39	8 53 59	6 11 37	19 18 59	2 48 04	6 50 11	9 56 01	17 10 01	19 52 08
18 Sa	21 24 41	14 11 01	20 56 10	17 32 23	4 22 35	27 52 35	9 15 36	6 28 07	19 22 31	2 54 57	6 56 43	10 03 45	17 17 27	20 00 43
19 Su	22 34 04	27 49 14	4 ♑ 28 20	18 25 39	5 41 43	28 42 17	9 39 07	6 46 01	19 27 54	3 03 39	7 04 56	10 13 10	17 26 37	20 11 02
20 M	23 44 10	11 ♑ 15 34	17 47 44	19 15 41	7 01 25	29 32 41	10 03 32	7 04 16	19 34 08	3 13 06	7 13 49	10 23 13	17 36 28	20 22 03
21 Tu	24 53 49	24 27 10	0 ♒ 51 42	20 01 03	8 20 33	0 ♌ 22 39	10 27 40	7 21 45	19 40 03	3 22 12	7 22 14	10 32 45	17 45 52	20 32 38
22 W	26 02 02	7 ♒ 21 52	13 38 34	20 40 23	9 38 04	1 11 10	10 50 31	7 37 26	19 44 38	3 29 53	7 29 09	10 40 47	17 53 46	20 41 46
23 Th	27 08 04	19 58 47	26 07 59	21 12 38	10 53 16	1 57 30	11 11 21	7 50 35	19 47 12	3 35 28	7 33 51	10 46 34	17 59 29	20 48 43
24 F	28 11 37	2 ♓ 18 34	8 ♓ 21 11	21 37 04	12 05 50	2 41 21	11 29 51	8 00 53	19 47 23	3 38 37	7 36 01	10 49 47	18 02 41	20 53 11
25 Sa	29 12 48	14 23 27	20 20 59	21 53 25	13 15 51	3 22 49	11 46 07	8 08 26	19 45 20	3 39 27	7 35 45	10 50 33	18 03 28	20 55 15
26 Su	0 ♌ 12 05	26 17 09	2 ♈ 11 33	22 01 47	14 23 49	4 02 24	12 00 39	8 13 43	19 41 32	3 38 27	7 33 33	10 49 22	18 02 21	20 55 26
27 M	1 10 17	8 ♈ 04 36	13 58 12	22 02 34	15 30 31	4 40 52	12 14 14	8 17 32	19 36 47	3 36 24	7 30 13	10 47 00	18 00 06	20 54 30
28 Tu	2 08 19	19 51 32	25 46 56	21 56 19	16 36 54	5 19 11	12 27 48	8 20 48	19 32 00	3 34 16	7 26 42	10 44 25	17 57 40	20 53 25
29 W	3 07 09	1 ♉ 44 10	7 ♉ 44 04	21 43 40	17 43 55	5 58 18	12 42 19	8 24 29	19 28 10	3 32 60	7 23 55	10 42 34	17 55 60	20 53 07
30 Th	4 07 35	13 48 40	19 55 42	21 25 06	18 52 20	6 38 59	12 58 32	8 29 21	19 26 04	3 33 21	7 22 41	10 42 13	17 55 53	20 54 23

October 2021 LONGITUDE

Day	☉	0 hr ☽	Noon ☽	☿	♀	♂	⚵	⚳	♃	♄	⚷	♅	♆	♇
1 F	5 ♌ 10 04	26 ♉ 10 42	2 ♊ 27 15	21 ♌ 00 57	20 ♍ 02 38	7 ♌ 21 45	13 ♎ 16 58	8 ♈ 35 53	19 ♐ 26 10	3 ♐ 35 51	7 ♒ 23 29	10 ♓ 43 51	17 ♑ 57 49	20 ♏ 57 43
2 Sa	6 14 43	8 ♊ 54 55	15 22 51	20 31 16	21 14 55	8 06 39	13 37 41	8 44 11	19 28 35	3 40 33	7 26 23	10 47 35	18 01 53	21 03 12
3 Su	7 21 11	22 04 20	28 44 43	19 55 50	22 28 50	8 53 23	14 00 21	8 53 54	19 32 58	3 47 09	7 31 05	10 53 04	18 07 45	21 10 30
4 M	8 28 46	5 ♋ 39 54	12 ♋ 32 46	19 14 18	23 43 39	9 41 13	14 24 15	9 04 18	19 38 37	3 54 54	7 36 51	10 59 36	18 14 41	21 18 54
5 Tu	9 36 29	19 40 06	26 44 16	18 26 18	24 58 26	10 29 10	14 48 25	9 14 26	19 44 33	4 02 52	7 42 43	11 06 11	18 21 44	21 27 25
6 W	10 43 19	4 ♌ 00 57	11 ♌ 14 06	17 31 45	26 12 08	11 16 16	15 11 51	9 23 16	19 49 47	4 10 01	7 47 40	11 11 50	18 27 54	21 35 04
7 Th	11 48 27	18 36 29	25 55 24	16 30 58	27 23 56	12 01 38	15 33 41	9 29 59	19 53 27	4 15 31	7 50 53	11 15 43	18 32 19	21 40 60
8 F	12 51 25	3 ♍ 19 34	10 ♍ 40 40	15 24 59	28 33 20	12 44 50	15 53 28	9 34 07	19 55 07	4 18 55	7 51 54	11 17 22	18 34 33	21 44 45
9 Sa	13 52 11	18 03 03	25 22 58	14 15 31	29 40 21	13 25 51	16 11 12	9 35 38	19 54 46	4 20 12	7 50 42	11 16 46	18 34 36	21 46 19
10 Su	14 51 15	2 ♎ 40 56	9 ♎ 56 52	13 04 57	0 ♎ 45 26	14 05 10	16 27 20	9 35 02	19 52 53	4 19 52	7 47 47	11 14 24	18 32 55	21 46 11
11 M	15 49 26	17 08 54	24 18 58	11 56 05	1 49 24	14 43 36	16 42 42	9 33 08	19 50 16	4 18 42	7 43 57	11 11 06	18 30 19	21 45 09
12 Tu	16 47 41	1 ♏ 24 31	8 ♏ 27 37	10 51 50	2 53 13	15 22 06	16 58 16	9 30 53	19 47 55	4 17 40	7 40 10	11 07 49	18 27 48	21 44 12
13 W	17 46 55	15 26 53	22 22 37	9 54 57	3 57 46	16 01 35	17 14 55	9 29 11	19 46 42	4 17 42	7 37 21	11 05 27	18 26 14	21 44 14
14 Th	18 47 45	29 16 05	6 ♐ 04 27	9 07 39	5 03 41	16 42 41	17 33 17	9 28 41	19 47 16	4 19 25	7 36 07	11 04 39	18 26 17	21 45 52
15 F	19 50 28	12 ♐ 52 30	19 33 45	8 31 31	6 11 12	17 25 39	17 53 39	9 29 38	19 49 53	4 23 04	7 36 44	11 05 40	18 28 11	21 49 22
16 Sa	20 54 53	26 16 29	2 ♑ 50 53	8 07 20	7 20 11	18 10 21	18 15 50	9 31 53	19 54 23	4 28 31	7 39 04	11 08 21	18 31 48	21 54 36
17 Su	22 00 33	9 ♑ 28 06	15 55 52	7 55 16	8 30 07	18 56 17	18 39 21	9 34 56	20 00 18	4 35 16	7 42 37	11 12 14	18 36 38	22 01 04
18 M	23 06 46	22 27 04	28 48 25	7 54 50	9 40 19	19 42 45	19 03 31	9 38 07	20 06 56	4 42 38	7 46 41	11 16 35	18 41 60	22 08 04
19 Tu	24 12 45	5 ♒ 13 02	11 ♒ 28 10	8 05 15	10 50 00	20 29 00	19 27 33	9 40 38	20 13 30	4 49 51	7 50 31	11 20 41	18 47 08	22 14 50
20 W	25 17 49	17 45 46	23 54 60	8 25 30	11 58 29	21 14 21	19 50 46	9 41 50	20 19 19	4 56 13	7 53 26	11 23 48	18 51 20	22 20 42
21 Th	26 21 29	0 ♓ 05 29	6 ♓ 09 19	8 54 37	13 05 15	21 58 18	20 12 42	9 41 12	20 23 55	5 01 14	7 54 55	11 25 29	18 54 08	22 25 09
22 F	27 23 32	12 13 05	18 12 18	9 31 39	14 10 03	22 40 36	20 33 04	9 38 30	20 27 02	5 04 42	7 54 46	11 25 29	18 55 17	22 27 58
23 Sa	28 23 58	24 10 19	0 ♈ 06 01	10 15 54	15 12 56	23 21 19	20 51 56	9 33 47	20 28 44	5 06 38	7 52 59	11 23 49	18 54 49	22 29 11
24 Su	29 23 04	5 ♈ 59 51	11 53 30	11 06 48	16 14 09	24 00 42	21 09 33	9 27 19	20 29 16	5 07 18	7 49 53	11 20 48	18 53 01	22 29 03
25 M	0 ♍ 21 19	17 45 13	23 38 35	12 03 58	17 14 09	24 39 14	21 26 24	9 19 34	20 29 06	5 07 10	7 45 54	11 16 52	18 50 21	22 28 04
26 Tu	1 19 17	29 30 43	5 ♉ 25 54	13 07 10	18 13 30	25 17 29	21 43 03	9 11 07	20 28 48	5 06 49	7 41 37	11 12 35	18 47 23	22 26 47
27 W	2 17 31	11 ♉ 21 14	17 20 33	14 16 09	19 12 46	25 55 60	22 00 03	9 02 32	20 28 57	5 06 48	7 37 36	11 08 32	18 44 40	22 25 46
28 Th	3 16 32	23 21 58	29 27 51	15 30 40	20 12 26	26 35 17	22 17 54	8 54 18	20 30 02	5 07 37	7 34 20	11 05 13	18 42 43	22 25 31
29 F	4 16 38	5 ♊ 38 09	11 ♊ 53 03	16 50 21	21 12 47	27 15 41	22 36 55	8 46 45	20 32 22	5 09 36	7 32 10	11 02 57	18 41 52	22 26 21
30 Sa	5 17 56	18 14 38	24 40 44	18 14 42	22 13 56	27 57 16	22 57 13	8 39 60	20 36 04	5 12 50	7 31 10	11 01 50	18 42 11	22 28 23
31 Su	6 20 18	1 ♋ 15 28	7 ♋ 54 26	19 43 01	23 15 43	28 39 54	23 18 39	8 33 54	20 40 58	5 17 11	7 31 14	11 01 44	18 43 33	22 31 27

Notes

LONGITUDE — November 2021

Day	☉	0 hr ☽	Noon ☽	☿	♀	♂	⚵	⚳	♃	♄	⚷	♅	♆	♇
1 M	7 ♍ 23 22	14 ♋ 43 15	21 ♋ 35 56	21 ♌ 14 27	24 ♎ 17 47	29 ♌ 23 16	23 ♎ 40 52	8 ♈ 28 08	20 ♐ 46 45	5 ♐ 22 18	7 ♒ 32 00	11 ♓ 02 18	18 ♑ 45 37	22 ♏ 35 14
2 Tu	8 26 39	28 38 39	5 ♌ 44 44	22 48 05	25 19 38	0 ♍ 06 51	24 03 23	8 22 12	20 52 55	5 27 43	7 32 59	11 03 03	18 47 55	22 39 14
3 W	9 29 40	12 ♌ 59 53	20 17 42	24 23 03	26 20 43	0 50 08	24 25 41	8 15 36	20 58 57	5 32 54	7 33 41	11 03 29	18 49 54	22 42 55
4 Th	10 31 57	27 42 31	5 ♍ 09 06	25 58 35	27 20 38	1 32 43	24 47 20	8 07 55	21 04 26	5 37 26	7 33 40	11 03 09	18 51 10	22 45 54
5 F	11 33 16	12 ♍ 39 47	20 11 08	27 34 10	28 19 04	2 14 21	25 08 06	7 58 55	21 09 06	5 41 04	7 32 40	11 01 50	18 51 28	22 47 55
6 Sa	12 33 36	27 43 21	5 ♎ 15 01	29 09 33	29 16 02	2 54 60	25 27 57	7 48 36	21 12 58	5 43 47	7 30 43	10 59 30	18 50 47	22 48 56
7 Su	13 33 10	12 ♎ 44 33	20 12 17	0 ♍ 44 45	0 ♏ 11 41	3 34 53	25 47 06	7 37 10	21 16 12	5 45 47	7 27 59	10 56 22	18 49 20	22 49 11
8 M	14 32 18	27 35 34	4 ♏ 55 53	2 19 57	1 06 22	4 14 20	26 05 53	7 24 59	21 19 11	5 47 25	7 24 50	10 52 47	18 47 27	22 49 00
9 Tu	15 31 25	12 ♏ 10 23	19 20 56	3 55 25	2 00 27	4 53 48	26 24 44	7 12 28	21 22 18	5 49 07	7 21 40	10 49 09	18 45 33	22 48 48
10 W	16 30 51	26 25 14	3 ♐ 24 49	5 31 23	2 54 16	5 33 35	26 43 58	6 59 60	21 25 54	5 51 12	7 18 52	10 45 50	18 43 60	22 48 56
11 Th	17 30 51	10 ♐ 18 28	17 06 54	7 07 59	3 48 02	6 13 57	27 03 50	6 47 48	21 30 14	5 53 55	7 16 37	10 43 03	18 43 00	22 49 38
12 F	18 31 29	23 50 12	0 ♑ 28 01	8 45 13	4 41 46	6 54 57	27 24 23	6 35 58	21 35 20	5 57 20	7 15 01	10 40 53	18 42 38	22 50 57
13 Sa	19 32 39	7 ♑ 01 41	13 29 55	10 22 56	5 35 23	7 36 30	27 45 33	6 24 24	21 41 09	6 01 21	7 13 59	10 39 14	18 42 49	22 52 49
14 Su	20 34 10	19 54 56	26 14 48	12 00 54	6 28 40	8 18 25	28 07 09	6 12 58	21 47 28	6 05 47	7 13 18	10 37 56	18 43 22	22 55 03
15 M	21 35 49	2 ♒ 32 12	8 ♒ 44 59	13 38 50	7 21 20	9 00 28	28 28 55	6 01 25	21 54 04	6 10 25	7 12 47	10 36 45	18 44 04	22 57 24
16 Tu	22 37 23	14 55 50	21 02 47	15 16 32	8 13 11	9 42 27	28 50 40	5 49 34	22 00 44	6 15 01	7 12 12	10 35 28	18 44 40	22 59 40
17 W	23 38 42	27 08 06	3 ♓ 10 20	16 53 47	9 03 59	10 24 13	29 12 14	5 37 17	22 07 18	6 19 26	7 11 23	10 33 56	18 45 02	23 01 41
18 Th	24 39 42	9 ♓ 11 08	15 09 42	18 30 31	9 53 41	11 05 40	29 33 33	5 24 29	22 13 42	6 23 37	7 10 16	10 32 04	18 45 06	23 03 24
19 F	25 40 25	21 07 00	27 02 55	20 06 44	10 42 13	11 46 51	29 54 37	5 11 13	22 19 57	6 27 33	7 08 53	10 29 53	18 44 53	23 04 49
20 Sa	26 40 54	2 ♈ 57 49	8 ♈ 52 04	21 42 31	11 29 39	12 27 48	0 ♏ 15 31	4 57 34	22 26 08	6 31 19	7 07 17	10 27 29	18 44 27	23 06 00
21 Su	27 41 17	14 45 44	20 39 27	23 17 58	12 16 05	13 08 40	0 36 23	4 43 40	22 32 20	6 35 03	7 05 37	10 24 58	18 43 54	23 07 05
22 M	28 41 41	26 33 09	2 ♉ 27 34	24 53 14	13 01 34	13 49 35	0 57 18	4 29 39	22 38 42	6 38 51	7 03 59	10 22 27	18 43 24	23 08 11
23 Tu	29 42 11	8 ♉ 22 45	14 19 19	26 28 23	13 46 10	14 30 36	1 18 23	4 15 38	22 45 19	6 42 49	7 02 28	10 20 03	18 43 00	23 09 24
24 W	0 ♎ 42 51	20 17 34	26 17 54	28 03 30	14 29 55	15 11 48	1 39 40	4 01 40	22 52 13	6 46 59	7 01 09	10 17 48	18 42 46	23 10 45
25 Th	1 43 39	2 ♊ 20 57	8 ♊ 26 56	29 38 33	15 12 43	15 53 08	2 01 09	3 47 46	22 59 24	6 51 21	6 59 58	10 15 40	18 42 41	23 12 14
26 F	2 44 31	14 36 38	20 50 13	1 ♎ 13 29	15 54 28	16 34 33	2 22 43	3 33 51	23 06 45	6 55 50	6 58 52	10 13 35	18 42 39	23 13 47
27 Sa	3 45 19	27 08 28	3 ♋ 31 41	2 48 12	16 35 01	17 15 55	2 44 17	3 19 49	23 14 12	7 00 18	6 57 45	10 11 27	18 42 35	23 15 16
28 Su	4 45 57	10 ♋ 00 20	16 35 00	4 22 36	17 14 12	17 57 09	3 05 44	3 05 36	23 21 36	7 04 40	6 56 29	10 09 09	18 42 21	23 16 35
29 M	5 46 23	23 15 38	0 ♌ 03 12	5 56 39	17 51 55	18 38 10	3 27 01	2 51 09	23 28 55	7 08 51	6 55 01	10 06 37	18 41 55	23 17 40
30 Tu	6 46 36	6 ♌ 56 55	13 57 60	7 30 23	18 28 09	19 18 60	3 48 08	2 36 30	23 36 09	7 12 53	6 53 22	10 03 54	18 41 17	23 18 33

LONGITUDE — December 2021

Day	☉	0 hr ☽	Noon ☽	☿	♀	♂	⚵	⚳	♃	♄	⚷	♅	♆	♇
1 W	7 ♎ 46 43	21 ♌ 05 04	28 ♌ 19 15	9 ♎ 03 54	19 ♏ 02 56	19 ♍ 59 45	4 ♏ 09 12	2 ♈ 21 46	23 ♐ 43 25	7 ♐ 16 53	6 ♒ 51 40	10 ♓ 01 05	18 ♑ 40 34	23 ♏ 19 20
2 Th	8 46 57	5 ♍ 38 47	13 ♍ 04 16	10 37 27	19 36 26	20 40 37	4 30 25	2 07 11	23 50 55	7 21 02	6 50 05	9 58 22	18 39 58	23 20 14
3 F	9 47 31	20 33 59	28 07 34	12 11 16	20 08 50	21 21 51	4 52 01	1 53 00	23 58 54	7 25 35	6 48 53	9 56 00	18 39 43	23 21 27
4 Sa	10 48 37	5 ♎ 43 48	13 ♎ 21 05	13 45 34	20 40 15	22 03 38	5 14 12	1 39 26	24 07 31	7 30 43	6 48 15	9 54 11	18 40 01	23 23 13
5 Su	11 50 22	20 59 11	28 35 10	15 20 27	21 10 44	22 46 05	5 37 03	1 26 36	24 16 55	7 36 32	6 48 17	9 53 01	18 40 59	23 25 36
6 M	12 52 41	6 ♏ 10 04	13 ♏ 39 56	16 55 54	21 40 10	23 29 07	6 00 32	1 14 28	24 27 00	7 42 59	6 48 56	9 52 27	18 42 32	23 28 35
7 Tu	13 55 23	21 06 57	28 26 45	18 31 43	22 08 17	24 12 33	6 24 27	1 02 50	24 37 36	7 49 52	6 49 60	9 52 16	18 44 29	23 31 57
8 W	14 58 08	5 ♐ 42 16	12 ♐ 49 25	20 07 35	22 34 41	24 56 05	6 48 27	0 51 25	24 48 23	7 56 52	6 51 09	9 52 10	18 46 31	23 35 22
9 Th	16 00 35	19 51 13	26 44 36	21 43 10	22 58 58	25 39 19	7 12 12	0 39 52	24 58 59	8 03 37	6 52 03	9 51 46	18 48 15	23 38 30
10 F	17 02 24	3 ♑ 31 58	10 ♑ 11 47	23 18 09	23 20 44	26 21 58	7 35 23	0 27 53	25 09 05	8 09 48	6 52 23	9 50 48	18 49 25	23 41 00
11 Sa	18 03 26	16 45 17	23 12 43	24 52 22	23 39 44	27 03 50	7 57 48	0 15 19	25 18 31	8 15 14	6 51 57	9 49 02	18 49 47	23 42 44
12 Su	19 03 40	29 33 51	5 ♒ 50 42	26 25 50	23 55 54	27 44 56	8 19 28	0 02 08	25 27 15	8 19 55	6 50 46	9 46 31	18 49 23	23 43 39
13 M	20 03 15	12 ♒ 01 37	18 09 57	27 58 41	24 09 20	28 25 26	8 40 33	29 ♓ 48 34	25 35 29	8 24 02	6 48 60	9 43 23	18 48 23	23 43 57
14 Tu	21 02 34	24 13 07	0 ♓ 15 02	29 31 18	24 20 19	29 05 40	9 01 22	29 34 57	25 43 32	8 27 54	6 46 58	9 39 59	18 47 07	23 43 58
15 W	22 02 00	6 ♓ 12 57	12 10 28	1 ♏ 04 05	24 29 13	29 46 04	9 22 22	29 21 44	25 51 51	8 31 58	6 45 08	9 36 45	18 46 01	23 44 07
16 Th	23 02 02	18 05 28	24 00 22	2 37 28	24 36 26	0 ♎ 27 06	9 44 01	29 09 22	26 00 51	8 36 40	6 43 57	9 34 09	18 45 31	23 44 52
17 F	24 03 04	29 54 32	5 ♈ 48 20	4 11 53	24 42 18	1 09 09	10 06 41	28 58 17	26 10 59	8 42 25	6 43 48	9 32 35	18 46 04	23 46 38
18 Sa	25 05 24	11 ♈ 43 20	17 37 19	5 47 34	24 47 05	1 52 31	10 30 41	28 48 46	26 22 30	8 49 30	6 44 58	9 32 19	18 47 54	23 49 41
19 Su	26 09 07	23 34 28	29 29 43	7 24 37	24 50 49	2 37 18	10 56 07	28 40 56	26 35 31	8 58 01	6 47 36	9 33 29	18 51 10	23 54 08
20 M	27 14 07	5 ♉ 29 53	11 ♉ 27 20	9 02 53	24 53 23	3 23 25	11 22 53	28 34 43	26 49 56	9 07 53	6 51 33	9 35 59	18 55 45	23 59 53
21 Tu	28 20 06	17 31 07	23 31 39	10 42 00	24 54 26	4 10 33	11 50 39	28 29 47	27 05 26	9 18 45	6 56 32	9 39 29	19 01 20	24 06 36
22 W	29 26 34	29 39 26	5 ♊ 43 57	12 21 27	24 53 27	4 58 11	12 18 57	28 25 40	27 21 31	9 30 10	7 02 03	9 43 30	19 07 26	24 13 49
23 Th	0 ♏ 32 55	11 ♊ 56 06	18 05 39	14 00 32	24 49 51	5 45 44	12 47 09	28 21 46	27 37 35	9 41 30	7 07 29	9 47 26	19 13 25	24 20 55
24 F	1 38 32	24 22 37	0 ♋ 38 20	15 38 34	24 42 59	6 32 34	13 14 39	28 17 28	27 52 60	9 52 08	7 12 13	9 50 40	19 18 42	24 27 16
25 Sa	2 42 53	7 ♋ 00 52	13 24 05	17 14 56	24 32 24	7 18 11	13 40 56	28 12 16	28 07 16	10 01 33	7 15 45	9 52 41	19 22 45	24 32 22
26 Su	3 45 43	19 53 17	26 25 24	18 49 13	24 17 49	8 02 17	14 05 42	28 05 53	28 20 05	10 09 28	7 17 48	9 53 11	19 25 17	24 35 56
27 M	4 47 01	3 ♌ 02 41	9 ♌ 45 05	20 21 19	23 59 19	8 44 54	14 28 59	27 58 20	28 31 29	10 15 53	7 18 22	9 52 12	19 26 19	24 37 59
28 Tu	5 47 09	16 32 03	23 25 48	21 51 24	23 37 21	9 26 23	14 51 08	27 49 60	28 41 48	10 21 12	7 17 48	9 50 06	19 26 13	24 38 52
29 W	6 46 47	0 ♍ 23 56	7 ♍ 29 32	23 19 56	23 12 37	10 07 24	15 12 48	27 41 32	28 51 42	10 26 02	7 16 48	9 47 32	19 25 37	24 39 14
30 Th	7 46 44	14 39 44	21 56 41	24 47 31	22 46 06	10 48 46	15 34 50	27 33 46	29 02 02	10 31 14	7 16 09	9 45 19	19 25 23	24 39 57
31 F	8 47 51	29 18 42	6 ♎ 45 16	26 14 44	22 18 45	11 31 20	15 58 03	27 27 34	29 13 37	10 37 38	7 16 44	9 44 19	19 26 21	24 41 49

Notes

January 2022

LONGITUDE

Day	☉	0 hr ☽	Noon ☽	☿	♀	♂	⚵	⚳	♃	♄	⚷	♅	♆	♇
1 Sa	9 ♏ 50 47	14 ♎ 17 18	21 ♎ 50 21	27 ♏ 41 52	21 ♏ 51 20	12 ♎ 15 44	16 ♏ 23 06	27 ♓ 23 34	29 ♐ 27 05	10 ♐ 45 52	7 ♒ 19 09	9 ♓ 45 10	19 ♑ 29 07	24 ♏ 45 29
2 Su	10 55 45	29 28 51	7 ♏ 04 01	29 08 49	21 24 18	13 02 13	16 50 14	27 22 01	29 42 42	10 56 12	7 23 41	9 48 07	19 33 59	24 51 13
3 M	12 02 36	14 ♏ 44 03	22 16 20	0 ♐ 34 58	20 57 36	13 50 37	17 19 16	27 22 44	0 ♑ 00 16	11 08 26	7 30 08	9 52 58	19 40 45	24 58 49
4 Tu	13 10 40	29 52 12	7 ♐ 16 46	1 59 12	20 30 50	14 40 16	17 49 34	27 25 06	0 19 09	11 21 56	7 37 52	9 59 06	19 48 46	25 07 39
5 W	14 19 04	14 ♐ 43 10	21 56 09	3 20 03	20 03 18	15 30 18	18 20 14	27 28 13	0 38 28	11 35 48	7 45 59	10 05 38	19 57 09	25 16 50
6 Th	15 26 50	29 08 57	6 ♑ 07 59	4 35 55	19 34 16	16 19 43	18 50 17	27 31 07	0 57 14	11 49 04	7 53 31	10 11 33	20 04 56	25 25 23
7 F	16 33 09	13 ♑ 04 49	19 49 10	5 45 18	19 03 09	17 07 44	19 18 55	27 32 59	1 14 37	12 00 55	7 59 40	10 16 06	20 11 18	25 32 29
8 Sa	17 37 32	26 29 33	2 ♒ 59 52	6 46 57	18 29 43	17 53 53	19 45 40	27 33 21	1 30 11	12 10 54	8 03 57	10 18 46	20 15 46	25 37 41
9 Su	18 39 57	9 ♒ 25 01	15 42 59	7 40 00	17 54 13	18 38 05	20 10 28	27 32 11	1 43 53	12 18 57	8 06 20	10 19 33	20 18 19	25 40 55
10 M	19 40 47	21 55 19	28 03 16	8 23 57	17 17 16	19 20 45	20 33 44	27 29 50	1 56 03	12 25 26	8 07 10	10 18 47	20 19 19	25 42 35
11 Tu	20 40 43	4 ♓ 05 59	10 ♓ 06 31	8 58 36	16 39 48	20 02 34	20 56 07	27 27 02	2 07 26	12 31 05	8 07 11	10 17 11	20 19 27	25 43 21
12 W	21 40 40	16 03 09	21 58 54	9 23 56	16 03 00	20 44 26	21 18 33	27 24 39	2 18 53	12 36 45	8 07 16	10 15 39	20 19 38	25 44 09
13 Th	22 41 33	27 52 58	3 ♈ 46 23	9 40 05	15 28 02	21 27 18	21 41 57	27 23 38	2 31 22	12 43 25	8 08 21	10 15 07	20 20 48	25 45 54
14 F	23 44 12	9 ♈ 41 01	15 34 16	9 47 07	14 55 58	22 11 57	22 07 09	27 24 49	2 45 42	12 51 52	8 11 15	10 16 25	20 23 45	25 49 25
15 Sa	24 49 10	21 32 02	27 26 56	9 45 03	14 27 35	22 59 00	22 34 42	27 28 44	3 02 27	13 02 42	8 16 33	10 20 06	20 29 05	25 55 17
16 Su	25 56 43	3 ♉ 29 40	9 ♉ 27 36	9 33 50	14 03 18	23 48 39	23 04 51	27 35 39	3 21 50	13 16 07	8 24 28	10 26 25	20 37 01	26 03 43
17 M	27 06 39	15 36 19	21 38 19	9 13 18	13 43 10	24 40 45	23 37 26	27 45 21	3 43 41	13 31 58	8 34 51	10 35 11	20 47 22	26 14 33
18 Tu	28 18 25	27 53 18	3 ♊ 59 60	8 43 18	13 26 45	25 34 42	24 11 51	27 57 18	4 07 26	13 49 39	8 47 06	10 45 51	20 59 36	26 27 13
19 W	29 31 07	10 ♊ 20 51	16 32 39	8 03 48	13 13 20	26 29 40	24 47 15	28 10 37	4 32 12	14 08 20	9 00 21	10 57 31	21 12 48	26 40 51
20 Th	0 ♐ 43 42	22 58 36	29 15 43	7 15 03	13 01 59	27 24 33	25 22 33	28 24 12	4 56 55	14 26 55	9 13 33	11 09 07	21 25 54	26 54 21
21 F	1 55 05	5 ♋ 45 55	12 ♋ 08 35	6 17 39	12 51 41	28 18 16	25 56 40	28 36 59	5 20 30	14 44 19	9 25 35	11 19 34	21 37 50	27 06 40
22 Sa	3 04 21	18 42 23	25 10 57	5 12 47	12 41 40	29 09 56	26 28 43	28 48 04	5 42 03	14 59 38	9 35 35	11 27 59	21 47 43	27 16 53
23 Su	4 10 60	1 ♌ 48 15	8 ♌ 23 13	4 02 11	12 31 27	29 59 01	26 58 09	28 56 55	6 01 02	15 12 21	9 43 01	11 33 50	21 54 59	27 24 28
24 M	5 15 00	15 04 37	21 46 41	2 48 12	12 21 04	0 ♏ 45 30	27 24 58	29 03 31	6 17 26	15 22 27	9 47 51	11 37 05	21 59 39	27 29 25
25 Tu	6 16 52	28 33 27	5 ♍ 23 24	1 33 37	12 11 03	1 29 53	27 49 39	29 08 22	6 31 46	15 30 25	9 50 35	11 38 16	22 02 12	27 32 14
26 W	7 17 34	12 ♍ 17 15	19 15 42	0 21 29	12 02 23	2 13 10	28 13 13	29 12 27	6 44 60	15 37 16	9 52 14	11 38 21	22 03 37	27 33 54
27 Th	8 18 23	26 18 21	3 ♎ 25 31	29 ♏ 14 48	11 56 21	2 56 36	28 36 54	29 17 01	6 58 24	15 44 14	9 54 02	11 38 36	22 05 11	27 35 40
28 F	9 20 33	10 ♎ 38 05	17 53 22	28 16 16	11 54 10	3 41 26	29 01 58	29 23 20	7 13 13	15 52 35	9 57 15	11 40 17	22 08 09	27 38 49
29 Sa	10 25 07	25 15 44	2 ♏ 37 26	27 27 52	11 56 51	4 28 42	29 29 27	29 32 24	7 30 29	16 03 20	10 02 55	11 44 24	22 13 31	27 44 21
30 Su	11 32 32	10 ♏ 07 49	17 33 03	26 50 45	12 04 51	5 18 54	29 59 49	29 44 44	7 50 41	16 16 58	10 11 30	11 51 28	22 21 48	27 52 45
31 M	12 42 41	25 07 51	2 ♐ 32 45	26 25 04	12 17 58	6 11 51	0 ♐ 32 55	0 ♈ 00 09	8 13 40	16 33 21	10 22 52	12 01 19	22 32 50	28 03 53

February 2022

LONGITUDE

Day	☉	0 hr ☽	Noon ☽	☿	♀	♂	⚵	⚳	♃	♄	⚷	♅	♆	♇
1 Tu	13 ♐ 54 47	10 ♐ 07 01	17 ♐ 27 15	26 ♏ 10 07	12 ♏ 35 23	7 ♏ 06 48	1 ♐ 07 59	0 ♈ 17 54	8 ♑ 38 39	16 ♐ 51 42	10 ♒ 36 14	12 ♓ 13 10	22 ♑ 45 51	28 ♏ 16 58
2 W	15 07 37	24 55 31	2 ♑ 07 04	26 04 31	12 55 50	8 02 33	1 43 50	0 36 46	9 04 27	17 10 50	10 50 24	12 25 51	22 59 39	28 30 49
3 Th	16 19 52	9 ♑ 24 24	16 24 12	26 06 39	13 17 57	8 57 46	2 19 07	0 55 24	9 29 43	17 29 23	11 04 03	12 38 01	23 12 54	28 44 05
4 F	17 30 22	23 27 02	0 ♒ 13 26	26 14 54	13 40 28	9 51 16	2 52 39	1 12 39	9 53 17	17 46 11	11 15 60	12 48 29	23 24 26	28 55 36
5 Sa	18 38 20	7 ♒ 00 06	13 32 53	26 28 04	14 02 36	10 42 18	3 23 42	1 27 44	10 14 24	18 00 30	11 25 29	12 56 30	23 33 29	29 04 36
6 Su	19 43 34	20 03 37	26 23 50	26 45 26	14 24 03	11 30 39	3 52 02	1 40 27	10 32 50	18 12 06	11 32 18	13 01 52	23 39 50	29 10 54
7 M	20 46 25	2 ♓ 40 31	8 ♓ 50 07	27 06 50	14 45 07	12 16 41	4 17 60	1 51 08	10 48 56	18 21 20	11 36 47	13 04 55	23 43 51	29 14 48
8 Tu	21 47 40	14 55 49	20 57 21	27 32 33	15 06 31	13 01 10	4 42 23	2 00 34	11 03 30	18 28 60	11 39 45	13 06 26	23 46 18	29 17 08
9 W	22 48 24	26 55 50	2 ♈ 52 02	28 03 14	15 29 17	13 45 11	5 06 18	2 09 50	11 17 37	18 36 10	11 42 15	13 07 32	23 48 17	29 18 58
10 Th	23 49 48	8 ♈ 47 19	14 41 01	28 39 34	15 54 31	14 29 56	5 30 53	2 20 06	11 32 27	18 44 01	11 45 29	13 09 22	23 50 59	29 21 29
11 F	24 52 55	20 36 53	26 30 43	29 22 14	16 23 14	15 16 28	5 57 14	2 32 26	11 49 03	18 53 37	11 50 31	13 12 59	23 55 26	29 25 44
12 Sa	25 58 33	2 ♉ 30 29	8 ♉ 26 48	0 ♐ 11 37	16 56 08	16 05 33	6 26 06	2 47 37	12 08 13	19 05 44	11 58 06	13 19 12	24 02 26	29 32 30
13 Su	27 07 03	14 32 57	20 33 41	1 07 43	17 33 32	16 57 34	6 57 51	3 05 59	12 30 19	19 20 44	12 08 37	13 28 21	24 12 21	29 42 10
14 M	28 18 18	26 47 48	2 ♊ 54 22	2 10 08	18 15 15	17 52 23	7 32 22	3 27 25	12 55 12	19 38 30	12 21 56	13 40 20	24 25 03	29 54 34
15 Tu	29 31 41	9 ♊ 16 59	15 30 13	3 17 57	19 00 38	18 49 25	8 09 03	3 51 19	13 22 17	19 58 25	12 37 28	13 54 31	24 39 56	0 ♐ 09 09
16 W	0 ♑ 46 13	22 00 55	28 21 09	4 29 55	19 48 37	19 47 39	8 46 55	4 16 41	13 50 34	20 19 31	12 54 12	14 09 56	24 56 00	0 24 52
17 Th	2 00 41	4 ♋ 58 44	11 ♋ 25 45	5 44 36	20 37 56	20 45 51	9 24 42	4 42 16	14 18 49	20 40 32	13 10 55	14 25 21	25 12 02	0 40 32
18 F	3 13 48	18 08 35	24 41 53	7 00 30	21 27 15	21 42 47	10 01 11	5 06 49	14 45 47	21 00 14	13 26 21	14 39 29	25 26 46	0 54 52
19 Sa	4 24 33	1 ♌ 28 19	8 ♌ 07 14	8 16 25	22 15 30	22 37 23	10 35 17	5 29 18	15 10 25	21 17 33	13 39 27	14 51 20	25 39 10	1 06 50
20 Su	5 32 18	14 55 60	21 39 55	9 31 35	23 01 60	23 29 03	11 06 25	5 49 05	15 32 05	21 31 54	13 49 37	15 00 14	25 48 35	1 15 49
21 M	6 37 00	28 30 26	5 ♍ 18 59	10 45 45	23 46 38	24 17 43	11 34 30	6 06 05	15 50 44	21 43 11	13 56 47	15 06 10	25 54 60	1 21 45
22 Tu	7 39 10	12 ♍ 11 31	19 04 34	11 59 21	24 29 54	25 03 55	12 00 04	6 20 51	16 06 54	21 51 56	14 01 28	15 09 37	25 58 54	1 25 10
23 W	8 39 49	26 00 07	2 ♎ 57 42	13 13 17	25 12 46	25 48 39	12 24 08	6 34 23	16 21 35	21 59 12	14 04 42	15 11 38	26 01 20	1 27 04
24 Th	9 40 18	9 ♎ 57 40	16 59 49	14 28 46	25 56 30	26 33 15	12 48 02	6 48 00	16 36 08	22 06 16	14 07 48	15 13 33	26 03 37	1 28 48
25 F	10 41 56	24 05 28	1 ♏ 11 58	15 47 04	26 42 25	27 19 05	13 13 06	7 03 04	16 51 53	22 14 30	14 12 06	15 16 41	26 07 05	1 31 41
26 Sa	11 45 48	8 ♏ 23 52	15 33 51	17 09 10	27 31 33	28 07 11	13 40 24	7 20 38	17 09 53	22 24 58	14 18 41	15 22 06	26 12 50	1 36 49
27 Su	12 52 27	22 51 22	0 ♐ 03 17	18 35 33	28 24 24	28 58 08	14 10 30	7 41 15	17 30 43	22 38 14	14 28 07	15 30 24	26 21 23	1 44 45
28 M	14 01 49	7 ♐ 24 22	14 35 52	20 06 06	29 20 52	29 51 50	14 43 19	8 04 51	17 54 17	22 54 11	14 40 18	15 41 27	26 32 41	1 55 23

Notes

LONGITUDE — March 2022

Day	☉	0 hr ☽	Noon ☽	☿	♀	♂	⚶	⚳	♃	♄	⚷	♅	♆	♇
1 Tu	15 ♑ 13 11	21 ♐ 57 10	29 ♐ 05 22	21 ♐ 40 02	0 ♐ 20 11	0 ♐ 47 36	15 ♐ 18 09	8 ♈ 30 43	18 ♑ 19 53	23 ♐ 12 09	14 ♒ 54 32	15 ♓ 54 35	26 ♑ 46 01	2 ♐ 08 02
2 W	16 25 25	6 ♑ 22 46	13 ♑ 24 40	23 16 13	1 21 14	1 44 17	15 53 52	8 57 42	18 46 24	23 30 60	15 09 42	16 08 40	27 00 16	2 21 34
3 Th	17 37 14	20 34 01	27 27 03	24 53 16	2 22 38	2 40 36	16 29 09	9 24 32	19 12 31	23 49 24	15 24 29	16 22 23	27 14 07	2 34 41
4 F	18 47 26	4 ♒ 24 57	11 ♒ 07 21	26 30 00	3 23 12	3 35 22	17 02 50	9 50 00	19 37 04	24 06 13	15 37 43	16 34 34	27 26 23	2 46 12
5 Sa	19 55 12	17 51 44	24 22 47	28 05 34	4 22 05	4 27 45	17 34 07	10 13 18	19 59 13	24 20 35	15 48 34	16 44 24	27 36 17	2 55 18
6 Su	21 00 14	0 ♓ 53 07	7 ♓ 13 10	29 39 37	5 18 55	5 17 26	18 02 38	10 34 06	20 18 38	24 32 12	15 56 44	16 51 33	27 43 27	3 01 40
7 M	22 02 41	13 30 31	19 40 49	1 ♑ 12 20	6 13 53	6 04 37	18 28 36	10 52 35	20 35 32	24 41 16	16 02 22	16 56 12	27 48 05	3 05 29
8 Tu	23 03 13	25 47 27	1 ♈ 49 60	2 44 20	7 07 35	6 49 56	18 52 39	11 09 23	20 50 32	24 48 24	16 06 09	16 59 01	27 50 51	3 07 23
9 W	24 02 46	7 ♈ 49 05	13 46 18	4 16 34	8 00 57	7 34 20	19 15 44	11 25 26	21 04 35	24 54 33	16 08 60	17 00 55	27 52 40	3 08 18
10 Th	25 02 24	19 41 29	25 36 03	5 50 04	8 55 01	8 18 52	19 38 54	11 41 48	21 18 45	25 00 47	16 11 59	17 02 58	27 54 36	3 09 20
11 F	26 03 07	1 ♉ 31 05	7 ♉ 25 44	7 25 52	9 50 46	9 04 32	20 03 10	11 59 30	21 34 01	25 08 07	16 16 06	17 06 11	27 57 39	3 11 28
12 Sa	27 05 43	13 24 06	19 21 27	9 04 44	10 48 59	9 52 09	20 29 18	12 19 18	21 51 12	25 17 18	16 22 09	17 11 20	28 02 37	3 15 29
13 Su	28 10 36	25 26 07	1 ♊ 28 33	10 47 06	11 50 03	10 42 07	20 57 45	12 41 37	22 10 43	25 28 47	16 30 33	17 18 52	28 09 56	3 21 48
14 M	29 17 48	7 ♊ 41 40	13 51 08	12 32 59	12 53 57	11 34 26	21 28 30	13 06 28	22 32 33	25 42 34	16 41 18	17 28 46	28 19 34	3 30 27
15 Tu	0 ♒ 26 52	20 13 57	26 31 50	14 21 57	14 00 16	12 28 41	22 01 07	13 33 25	22 56 16	25 58 13	16 53 58	17 40 37	28 31 07	3 40 59
16 W	1 37 00	3 ♋ 04 36	9 ♋ 31 35	16 13 13	15 08 09	13 24 04	22 34 49	14 01 38	23 21 06	26 14 56	17 07 46	17 53 36	28 43 46	3 52 36
17 Th	2 47 12	16 13 37	22 49 39	18 05 47	16 16 34	14 19 34	23 08 35	14 30 08	23 45 60	26 31 41	17 21 40	18 06 43	28 56 31	4 04 16
18 F	3 56 23	29 39 28	6 ♌ 23 48	19 58 36	17 24 28	15 14 06	23 41 20	14 57 50	24 09 55	26 47 26	17 34 36	18 18 53	29 08 18	4 14 57
19 Sa	5 03 41	13 ♌ 19 27	20 10 47	21 50 46	18 30 56	16 06 48	24 12 11	15 23 50	24 31 57	27 01 16	17 45 41	18 29 14	29 18 12	4 23 45
20 Su	6 08 32	27 10 15	4 ♍ 06 60	23 41 46	19 35 24	16 57 07	24 40 35	15 47 35	24 51 33	27 12 38	17 54 22	18 37 11	29 25 41	4 30 07
21 M	7 10 50	11 ♍ 08 32	18 09 03	25 31 30	20 37 44	17 44 56	25 06 26	16 08 60	25 08 37	27 21 27	18 00 32	18 42 40	29 30 40	4 33 56
22 Tu	8 10 59	25 11 29	2 ♎ 14 20	27 20 23	21 38 21	18 30 39	25 30 08	16 28 27	25 23 33	27 28 06	18 04 37	18 46 03	29 33 31	4 35 37
23 W	9 09 48	9 ♎ 17 10	16 21 14	29 09 14	22 38 01	19 15 04	25 52 28	16 46 44	25 37 08	27 33 23	18 07 22	18 48 09	29 35 03	4 35 57
24 Th	10 08 16	23 24 31	0 ♏ 28 56	0 ♒ 59 04	23 37 44	19 59 13	26 14 27	17 04 53	25 50 25	27 38 18	18 09 50	18 49 58	29 36 16	4 35 57
25 F	11 07 28	7 ♏ 33 00	14 37 07	2 50 55	24 38 33	20 44 07	26 37 09	17 23 56	26 04 24	27 43 56	18 13 03	18 52 34	29 38 14	4 36 41
26 Sa	12 08 12	21 42 07	28 45 15	4 45 39	25 41 15	21 30 37	27 01 23	17 44 43	26 19 57	27 51 04	18 17 50	18 56 47	29 41 46	4 38 57
27 Su	13 10 56	5 ♐ 50 53	12 ♐ 52 10	6 43 40	26 46 18	22 19 08	27 27 34	18 07 39	26 37 29	28 00 10	18 24 39	19 03 01	29 47 18	4 43 13
28 M	14 15 36	19 57 24	26 55 44	8 44 55	27 53 37	23 09 38	27 55 42	18 32 43	26 56 57	28 11 11	18 33 26	19 11 16	29 54 48	4 49 25
29 Tu	15 21 44	3 ♑ 58 51	10 ♑ 52 52	10 48 56	29 02 44	24 01 40	28 25 17	18 59 26	27 17 54	28 23 39	18 43 44	19 21 02	0 ♒ 03 48	4 57 06
30 W	16 28 34	17 51 40	24 39 55	12 54 52	0 ♑ 12 52	24 54 26	28 55 32	19 27 00	27 39 33	28 36 46	18 54 45	19 31 33	0 13 31	5 05 29
31 Th	17 35 10	1 ♒ 32 03	8 ♒ 13 10	15 01 47	1 23 04	25 47 01	29 25 32	19 54 32	28 00 58	28 49 39	19 05 36	19 41 54	0 23 02	5 13 39

LONGITUDE — April 2022

Day	☉	0 hr ☽	Noon ☽	☿	♀	♂	⚶	⚳	♃	♄	⚷	♅	♆	♇
1 F	18 ♒ 40 43	14 ♒ 56 37	21 ♒ 29 36	17 ♒ 08 47	2 ♑ 32 31	26 ♐ 38 35	29 ♐ 54 28	20 ♈ 21 10	28 ♑ 21 20	29 ♐ 01 27	19 ♒ 15 24	19 ♓ 51 15	0 ♒ 31 31	5 ♐ 20 46
2 Sa	19 44 37	28 02 59	4 ♓ 27 22	19 15 10	3 40 35	27 28 32	0 ♑ 21 43	20 46 19	28 40 02	29 11 33	19 23 35	19 59 00	0 38 21	5 26 13
3 Su	20 46 33	10 ♓ 50 12	17 06 06	21 20 34	4 46 58	28 16 35	0 46 60	21 09 41	28 56 47	29 19 41	19 29 51	20 04 52	0 43 16	5 29 44
4 M	21 46 36	23 18 55	29 27 06	23 24 54	5 51 45	29 02 47	1 10 22	21 31 20	29 11 39	29 25 54	19 34 16	20 08 53	0 46 20	5 31 22
5 Tu	22 45 07	5 ♈ 31 20	11 ♈ 33 10	25 28 23	6 55 16	29 47 30	1 32 11	21 51 37	29 24 59	29 30 33	19 37 11	20 11 26	0 47 53	5 31 28
6 W	23 42 41	17 30 58	23 28 16	27 31 26	7 58 05	0 ♑ 31 18	1 53 02	22 11 06	29 37 21	29 34 14	19 39 12	20 13 06	0 48 31	5 30 39
7 Th	24 39 59	29 22 21	5 ♉ 17 18	29 34 30	9 00 53	1 14 53	2 13 35	22 30 29	29 49 27	29 37 37	19 40 58	20 14 33	0 48 54	5 29 33
8 F	25 37 41	11 ♉ 10 40	17 05 41	1 ♓ 38 02	10 04 19	1 58 54	2 34 31	22 50 26	0 ♒ 01 57	29 41 22	19 43 10	20 16 27	0 49 42	5 28 52
9 Sa	26 36 20	23 01 22	28 58 58	3 42 18	11 08 56	2 43 55	2 56 21	23 11 28	0 15 23	29 46 02	19 46 20	20 19 21	0 51 28	5 29 09
10 Su	27 36 15	4 ♊ 59 49	11 ♊ 02 31	5 47 21	12 15 04	3 30 14	3 19 27	23 33 56	0 30 05	29 51 56	19 50 50	20 23 35	0 54 33	5 30 42
11 M	28 37 31	17 11 00	23 21 04	7 52 57	13 22 47	4 17 58	3 43 52	23 57 54	0 46 08	29 59 10	19 56 42	20 29 14	0 59 00	5 33 37
12 Tu	29 39 57	29 39 09	5 ♋ 58 30	9 58 34	14 31 53	5 06 53	4 09 26	24 23 11	1 03 20	0 ♑ 07 32	20 03 46	20 36 05	1 04 39	5 37 43
13 W	0 ♓ 43 07	12 ♋ 27 23	18 57 21	12 03 26	15 41 55	5 56 35	4 35 41	24 49 21	1 21 16	0 16 36	20 11 35	20 43 44	1 11 03	5 42 33
14 Th	1 46 28	25 37 28	2 ♌ 18 37	14 06 39	16 52 21	6 46 30	5 02 05	25 15 50	1 39 21	0 25 48	20 19 37	20 51 37	1 17 38	5 47 34
15 F	2 49 23	9 ♌ 09 28	16 01 29	16 07 14	18 02 34	7 36 02	5 28 01	25 42 02	1 56 60	0 34 32	20 27 15	20 59 06	1 23 49	5 52 10
16 Sa	3 51 21	23 01 46	0 ♍ 03 23	18 04 22	19 12 02	8 24 39	5 52 58	26 07 25	2 13 41	0 42 18	20 33 57	21 05 42	1 29 05	5 55 49
17 Su	4 52 03	7 ♍ 11 06	14 20 16	19 57 22	20 20 25	9 12 02	6 16 37	26 31 40	2 29 04	0 48 44	20 39 25	21 11 04	1 33 05	5 58 12
18 M	5 51 24	21 32 58	28 47 04	21 45 53	21 27 39	9 58 07	6 38 53	26 54 42	2 43 05	0 53 48	20 43 33	21 15 08	1 35 45	5 59 15
19 Tu	6 49 36	6 ♎ 02 11	13 ♎ 18 26	23 29 49	22 33 55	10 43 04	6 59 56	27 16 43	2 55 56	0 57 39	20 46 33	21 18 06	1 37 17	5 59 09
20 W	7 47 02	20 33 35	27 49 18	25 09 19	23 39 37	11 27 17	7 20 11	27 38 05	3 07 59	1 00 42	20 48 49	21 20 20	1 38 04	5 58 17
21 Th	8 44 14	5 ♏ 02 31	12 ♏ 15 28	26 44 41	24 45 14	12 11 18	7 40 09	27 59 21	3 19 46	1 03 27	20 50 51	21 22 22	1 38 38	5 57 11
22 F	9 41 41	19 25 16	26 33 43	28 16 12	25 51 16	12 55 35	8 00 18	28 20 59	3 31 47	1 06 25	20 53 09	21 24 41	1 39 26	5 56 19
23 Sa	10 39 47	3 ♐ 39 02	10 ♐ 41 49	29 44 05	26 58 07	13 40 32	8 21 03	28 43 22	3 44 24	1 09 57	20 56 06	21 27 41	1 40 54	5 56 06
24 Su	11 38 42	17 41 55	24 38 19	1 ♈ 08 22	28 05 57	14 26 21	8 42 33	29 06 43	3 57 48	1 14 17	20 59 53	21 31 33	1 43 12	5 56 43
25 M	12 38 25	1 ♑ 32 38	8 ♑ 22 16	2 28 55	29 14 44	15 12 58	9 04 48	29 30 58	4 11 58	1 19 21	21 04 29	21 36 15	1 46 18	5 58 07
26 Tu	13 38 43	15 10 19	21 53 00	3 45 22	0 ♒ 24 15	16 00 12	9 27 35	29 55 55	4 26 41	1 24 56	21 09 41	21 41 34	1 50 00	6 00 06
27 W	14 39 17	28 34 21	5 ♒ 10 03	4 57 19	1 34 10	16 47 43	9 50 33	0 ♉ 21 15	4 41 37	1 30 44	21 15 09	21 47 10	1 53 58	6 02 21
28 Th	15 39 45	11 ♒ 44 20	18 13 03	6 04 18	2 44 08	17 35 09	10 13 22	0 46 36	4 56 25	1 36 23	21 20 31	21 52 43	1 57 50	6 04 29
29 F	16 39 49	24 40 02	1 ♓ 01 55	7 05 57	3 53 51	18 22 12	10 35 42	1 11 40	5 10 47	1 41 34	21 25 30	21 57 53	2 01 19	6 06 14
30 Sa	17 39 17	7 ♓ 21 37	13 36 56	8 01 58	5 03 05	19 08 40	10 57 22	1 36 14	5 24 29	1 46 06	21 29 54	22 02 30	2 04 12	6 07 23

Notes

May 2022 LONGITUDE

Day	☉	0 hr ☽	Noon ☽	☿	♀	♂	⚵	⚳	♃	♄	⚷	♅	♆	♇
1 Su	18 ♓ 38 04	19 ♓ 49 37	25 ♓ 58 49	8 ♈ 52 13	6 ♒ 11 47	19 ♑ 54 29	11 ♑ 18 18	2 ♉ 00 15	5 ♒ 37 29	1 ♑ 49 54	21 ♒ 33 38	22 ♓ 06 28	2 ♒ 06 25	6 ♐ 07 51
2 M	19 36 14	2 ♈ 05 08	8 ♈ 08 56	9 36 42	7 19 59	20 39 41	11 38 31	2 23 44	5 49 49	1 53 02	21 36 45	22 09 50	2 08 01	6 07 42
3 Tu	20 33 55	14 09 51	20 09 14	10 15 30	8 27 50	21 24 24	11 58 12	2 46 51	6 01 37	1 55 36	21 39 23	22 12 46	2 09 09	6 07 04
4 W	21 31 19	26 06 05	2 ♉ 02 21	10 48 46	9 35 31	22 08 52	12 17 30	3 09 48	6 13 05	1 57 50	21 41 45	22 15 26	2 09 59	6 06 09
5 Th	22 28 38	7 ♉ 56 48	13 51 32	11 16 40	10 43 14	22 53 15	12 36 39	3 32 45	6 24 25	1 59 56	21 44 02	22 18 02	2 10 46	6 05 09
6 F	23 26 01	19 45 28	25 40 33	11 39 23	11 51 09	23 37 44	12 55 49	3 55 54	6 35 47	2 02 03	21 46 25	22 20 46	2 11 37	6 04 14
7 Sa	24 23 37	1 ♊ 36 05	7 ♊ 33 35	11 57 00	12 59 24	24 22 26	13 15 05	4 19 21	6 47 19	2 04 19	21 49 01	22 23 44	2 12 42	6 03 31
8 Su	25 21 27	13 32 55	19 35 06	12 09 36	14 07 59	25 07 23	13 34 31	4 43 09	6 59 01	2 06 46	21 51 50	22 26 58	2 14 00	6 03 03
9 M	26 19 29	25 40 28	1 ♋ 49 35	12 17 13	15 16 54	25 52 32	13 54 04	5 07 14	7 10 52	2 09 20	21 54 53	22 30 26	2 15 31	6 02 47
10 Tu	27 17 38	8 ♋ 03 09	14 21 23	12 19 50	16 26 01	26 37 49	14 13 38	5 31 32	7 22 47	2 11 59	21 58 02	22 34 02	2 17 10	6 02 38
11 W	28 15 47	20 45 04	27 14 16	12 17 30	17 35 16	27 23 07	14 33 08	5 55 57	7 34 39	2 14 34	22 01 12	22 37 40	2 18 49	6 02 30
12 Th	29 13 51	3 ♌ 49 36	10 ♌ 31 03	12 10 18	18 44 33	28 08 20	14 52 27	6 20 22	7 46 23	2 17 00	22 04 18	22 41 15	2 20 24	6 02 17
13 F	0 ♈ 11 48	17 18 55	24 13 09	11 58 23	19 53 48	28 53 27	15 11 33	6 44 45	7 57 55	2 19 15	22 07 16	22 44 44	2 21 51	6 01 57
14 Sa	1 09 38	1 ♍ 13 34	8 ♍ 20 00	11 42 05	21 03 02	29 38 26	15 30 26	7 09 06	8 09 16	2 21 19	22 10 07	22 48 06	2 23 11	6 01 29
15 Su	2 07 24	15 31 54	22 48 50	11 21 47	22 12 20	0 ♒ 23 23	15 49 10	7 33 30	8 20 31	2 23 16	22 12 55	22 51 28	2 24 28	6 00 59
16 M	3 05 15	0 ♎ 10 00	7 ♎ 34 35	10 57 58	23 21 47	1 08 24	16 07 51	7 58 03	8 31 46	2 25 12	22 15 46	22 54 54	2 25 49	6 00 33
17 Tu	4 03 14	15 01 47	22 30 17	10 31 11	24 31 29	1 53 33	16 26 35	8 22 49	8 43 05	2 27 14	22 18 46	22 58 30	2 27 19	6 00 15
18 W	5 01 25	29 59 38	7 ♏ 27 59	10 01 58	25 41 28	2 38 55	16 45 24	8 47 53	8 54 31	2 29 23	22 21 57	23 02 19	2 28 60	6 00 09
19 Th	5 59 47	14 ♏ 55 22	22 19 41	9 30 50	26 51 43	3 24 26	17 04 16	9 13 11	9 06 04	2 31 38	22 25 18	23 06 19	2 30 51	6 00 12
20 F	6 58 11	29 41 24	6 ♐ 58 31	8 58 13	28 02 07	4 10 00	17 23 04	9 38 37	9 17 35	2 33 51	22 28 42	23 10 22	2 32 45	6 00 19
21 Sa	7 56 30	14 ♐ 11 42	21 19 25	8 24 33	29 12 30	4 55 27	17 41 39	10 04 01	9 28 54	2 35 53	22 31 58	23 14 20	2 34 32	6 00 19
22 Su	8 54 30	28 22 15	5 ♑ 19 28	7 50 16	0 ♓ 22 40	5 40 36	17 59 48	10 29 13	9 39 51	2 37 34	22 34 56	23 18 01	2 36 00	6 00 01
23 M	9 52 06	12 ♑ 11 14	18 57 47	7 15 50	1 32 30	6 25 19	18 17 24	10 54 03	9 50 18	2 38 44	22 37 28	23 21 17	2 37 04	5 59 17
24 Tu	10 49 15	25 38 38	2 ♒ 15 04	6 41 48	2 41 58	7 09 34	18 34 24	11 18 31	10 00 12	2 39 22	22 39 31	23 24 06	2 37 38	5 58 06
25 W	11 45 60	8 ♒ 45 53	15 13 10	6 08 49	3 51 06	7 53 24	18 50 53	11 42 39	10 09 37	2 39 32	22 41 10	23 26 32	2 37 49	5 56 30
26 Th	12 42 33	21 35 14	27 54 33	5 37 34	5 00 07	8 36 60	19 07 01	12 06 39	10 18 44	2 39 25	22 42 36	23 28 45	2 37 47	5 54 42
27 F	13 39 08	4 ♓ 09 20	10 ♓ 21 56	5 08 49	6 09 15	9 20 38	19 23 02	12 30 46	10 27 48	2 39 15	22 44 03	23 31 02	2 37 46	5 52 56
28 Sa	14 36 04	16 30 55	22 37 57	4 43 18	7 18 47	10 04 34	19 39 15	12 55 17	10 37 07	2 39 21	22 45 49	23 33 39	2 38 05	5 51 30
29 Su	15 33 35	28 42 32	4 ♈ 45 04	4 21 38	8 28 60	10 49 05	19 55 54	13 20 27	10 46 55	2 39 58	22 48 10	23 36 52	2 38 59	5 50 39
30 M	16 31 53	10 ♈ 46 28	16 45 32	4 04 21	9 40 03	11 34 20	20 13 10	13 46 29	10 57 25	2 41 16	22 51 16	23 40 51	2 40 39	5 50 34
31 Tu	17 31 02	22 44 48	28 41 21	3 51 48	10 52 01	12 20 25	20 31 08	14 13 25	11 08 39	2 43 21	22 55 12	23 45 42	2 43 09	5 51 21

June 2022 LONGITUDE

Day	☉	0 hr ☽	Noon ☽	☿	♀	♂	⚵	⚳	♃	♄	⚷	♅	♆	♇
1 W	18 ♈ 30 57	4 ♉ 39 25	10 ♉ 34 29	3 ♈ 44 07	12 ♓ 04 50	13 ♒ 07 15	20 ♑ 49 43	14 ♉ 41 12	11 ♒ 20 34	2 ♑ 46 07	22 ♒ 59 54	23 ♓ 51 19	2 ♒ 46 25	5 ♐ 52 53
2 Th	19 31 27	16 32 11	22 26 54	3 41 15	13 18 16	13 54 37	21 08 42	15 09 36	11 32 57	2 49 23	23 05 08	23 57 31	2 50 14	5 54 59
3 F	20 32 10	28 25 08	4 ♊ 20 47	3 43 01	14 32 02	14 42 12	21 27 45	15 38 19	11 45 28	2 52 48	23 10 36	24 03 56	2 54 17	5 57 20
4 Sa	21 32 45	10 ♊ 20 33	16 18 39	3 49 04	15 45 41	15 29 35	21 46 28	16 06 56	11 57 43	2 55 59	23 15 52	24 10 13	2 58 10	5 59 31
5 Su	22 32 46	22 21 09	28 23 26	3 59 04	16 58 51	16 16 23	22 04 27	16 35 03	12 09 18	2 58 31	23 20 34	24 15 55	3 01 28	6 01 08
6 M	23 31 53	4 ♋ 30 12	10 ♋ 38 35	4 12 42	18 11 12	17 02 15	22 21 23	17 02 21	12 19 53	3 00 06	23 24 22	24 20 45	3 03 53	6 01 52
7 Tu	24 29 57	16 51 25	23 07 56	4 29 46	19 22 32	17 47 02	22 37 04	17 28 38	12 29 18	3 00 33	23 27 04	24 24 31	3 05 13	6 01 33
8 W	25 26 59	29 28 53	5 ♌ 55 32	4 50 15	20 32 54	18 30 44	22 51 31	17 53 56	12 37 35	2 59 52	23 28 43	24 27 14	3 05 30	6 00 11
9 Th	26 23 13	12 ♌ 26 47	19 05 20	5 14 20	21 42 32	19 13 36	23 04 59	18 18 30	12 44 56	2 58 19	23 29 33	24 29 09	3 04 58	5 58 01
10 F	27 19 05	25 48 52	2 ♍ 40 35	5 42 25	22 51 53	19 56 05	23 17 55	18 42 47	12 51 50	2 56 20	23 29 60	24 30 43	3 04 04	5 55 30
11 Sa	28 15 10	9 ♍ 37 49	16 43 03	6 14 58	24 01 29	20 38 44	23 30 51	19 07 18	12 58 49	2 54 28	23 30 37	24 32 29	3 03 22	5 53 11
12 Su	29 12 02	23 54 23	1 ♎ 12 20	6 52 30	25 11 56	21 22 07	23 44 21	19 32 40	13 06 27	2 53 19	23 32 01	24 35 01	3 03 26	5 51 39
13 M	0 ♉ 10 08	8 ♎ 36 39	16 05 01	7 35 22	26 23 41	22 06 41	23 58 54	19 59 19	13 15 12	2 53 19	23 34 36	24 38 47	3 04 43	5 51 21
14 Tu	1 09 40	23 39 31	1 ♏ 14 37	8 23 42	27 36 54	22 52 38	24 14 39	20 27 26	13 25 15	2 54 39	23 38 35	24 43 58	3 07 24	5 52 28
15 W	2 10 30	8 ♏ 54 51	16 31 54	9 17 17	28 51 30	23 39 51	24 31 30	20 56 54	13 36 29	2 57 13	23 43 51	24 50 26	3 11 23	5 54 53
16 Th	3 12 13	24 12 25	1 ♐ 46 17	10 15 36	0 ♈ 07 02	24 27 54	24 48 60	21 27 18	13 48 28	3 00 35	23 49 57	24 57 46	3 16 13	5 58 11
17 F	4 14 10	9 ♐ 21 25	16 47 28	11 17 58	1 22 50	25 16 07	25 06 30	21 57 58	14 00 32	3 04 05	23 56 15	25 05 19	3 21 15	6 01 42
18 Sa	5 15 37	24 12 24	1 ♑ 27 11	12 23 33	2 38 12	26 03 47	25 23 15	22 28 11	14 11 59	3 07 00	24 02 01	25 12 21	3 25 46	6 04 42
19 Su	6 15 58	8 ♑ 38 36	15 40 11	13 31 42	3 52 31	26 50 18	25 38 41	22 57 20	14 22 10	3 08 45	24 06 38	25 18 15	3 29 10	6 06 37
20 M	7 14 52	22 36 34	29 24 30	14 42 02	5 05 27	27 35 18	25 52 25	23 25 04	14 30 47	3 08 57	24 09 47	25 22 42	3 31 05	6 07 03
21 Tu	8 12 19	6 ♒ 06 02	12 ♒ 41 05	15 54 27	6 16 57	28 18 47	26 04 26	23 51 24	14 37 47	3 07 36	24 11 25	25 25 39	3 31 31	6 06 02
22 W	9 08 39	19 09 17	25 32 58	17 09 14	7 27 23	29 01 03	26 15 03	24 16 37	14 43 30	3 05 02	24 11 53	25 27 27	3 30 48	6 03 52
23 Th	10 04 25	1 ♓ 50 12	8 ♓ 04 28	18 26 56	8 37 19	29 42 42	26 24 52	24 41 20	14 48 31	3 01 50	24 11 45	25 28 41	3 29 29	6 01 08
24 F	11 00 22	14 13 30	20 20 24	19 48 15	9 47 27	0 ♓ 24 28	26 34 34	25 06 14	14 53 33	2 58 43	24 11 45	25 30 03	3 28 19	5 58 35
25 Sa	11 57 14	26 23 60	2 ♈ 25 30	21 13 52	10 58 34	1 07 03	26 44 56	25 32 06	14 59 21	2 56 26	24 12 37	25 32 19	3 28 03	5 56 56
26 Su	12 55 38	8 ♈ 26 08	14 23 60	22 44 22	12 11 15	1 51 07	26 56 32	25 59 32	15 06 32	2 55 36	24 14 59	25 36 05	3 29 17	5 56 48
27 M	13 55 59	20 23 42	26 19 23	24 20 08	13 25 55	2 37 02	27 09 48	26 28 57	15 15 30	2 56 37	24 19 15	25 41 46	3 32 26	5 58 37
28 Tu	14 58 23	2 ♉ 19 37	8 ♉ 14 22	26 01 13	14 42 41	3 24 55	27 24 49	27 00 26	15 26 21	2 59 37	24 25 31	25 49 29	3 37 36	6 02 28
29 W	16 02 38	14 16 02	20 10 51	27 47 22	16 01 21	4 14 34	27 41 24	27 33 48	15 38 53	3 04 23	24 33 35	25 59 00	3 44 35	6 08 09
30 Th	17 08 14	26 14 26	2 ♊ 10 14	29 38 02	17 21 24	5 05 29	27 59 02	28 08 33	15 52 37	3 10 24	24 42 58	26 09 51	3 52 54	6 15 12

Notes

LONGITUDE

July 2022

Day	☉	0 hr ☽	Noon ☽	☿	♀	♂	⚵	⚳	♃	♄	⚷	♅	♆	♇
1 F	18 ♉ 14 28	8 ♊ 15 51	14 ♊ 13 30	1 ♉ 32 26	18 ♈ 42 07	5 ♓ 56 56	28 ♑ 16 59	28 ♉ 43 57	16 ♒ 06 48	3 ♑ 16 59	24 ♒ 52 55	26 ♓ 21 17	4 ♒ 01 49	6 ♐ 22 51
2 Sa	19 20 28	20 21 13	26 21 41	3 29 36	20 02 38	6 48 05	28 34 24	29 19 09	16 20 36	3 23 15	25 02 36	26 32 29	4 10 28	6 30 17
3 Su	20 25 25	2 ♋ 31 41	8 ♋ 36 05	5 28 36	21 22 09	7 38 04	28 50 26	29 53 19	16 33 10	3 28 23	25 11 11	26 42 34	4 18 02	6 36 39
4 M	21 28 38	14 48 56	20 58 36	7 28 39	22 39 59	8 26 15	29 04 26	0 ♊ 25 47	16 43 51	3 31 43	25 17 59	26 50 55	4 23 51	6 41 17
5 Tu	22 29 45	27 15 24	3 ♌ 31 55	9 29 12	23 55 45	9 12 14	29 16 00	0 56 11	16 52 15	3 32 53	25 22 39	26 57 07	4 27 33	6 43 49
6 W	23 28 47	9 ♌ 54 19	16 19 25	11 30 05	25 09 28	9 56 01	29 25 09	1 24 30	16 58 24	3 31 53	25 25 10	27 01 12	4 29 07	6 44 15
7 Th	24 26 08	22 49 39	29 25 07	13 31 31	26 21 33	10 38 02	29 32 18	1 51 11	17 02 41	3 29 07	25 25 58	27 03 35	4 28 59	6 43 00
8 F	25 22 34	6 ♍ 05 38	12 ♍ 53 03	15 34 00	27 32 46	11 19 03	29 38 12	2 16 58	17 05 54	3 25 23	25 25 49	27 05 00	4 27 54	6 40 51
9 Sa	26 19 06	19 46 11	26 46 34	17 38 18	28 44 06	12 00 03	29 43 50	2 42 51	17 09 01	3 21 40	25 25 42	27 06 29	4 26 53	6 38 46
10 Su	27 16 43	3 ♎ 53 57	11 ♎ 07 22	19 45 09	29 56 34	12 42 02	29 50 13	3 09 51	17 13 03	3 18 59	25 26 37	27 09 01	4 26 57	6 37 48
11 M	28 16 15	18 29 14	25 54 21	21 55 03	1 ♉ 11 00	13 25 51	29 58 10	3 38 48	17 18 49	3 18 08	25 29 25	27 13 26	4 28 53	6 38 44
12 Tu	29 18 08	3 ♏ 29 01	11 ♏ 02 56	24 08 08	2 27 48	14 11 53	0 ♒ 08 05	4 10 05	17 26 45	3 19 33	25 34 30	27 20 09	4 33 08	6 41 60
13 W	0 ♊ 22 13	18 46 33	26 24 49	26 23 58	3 46 52	15 00 01	0 19 52	4 43 36	17 36 42	3 23 08	25 41 44	27 29 02	4 39 33	6 47 28
14 Th	1 27 54	4 ♐ 11 45	11 ♐ 48 60	28 41 38	5 07 32	15 49 39	0 32 51	5 18 43	17 48 03	3 28 13	25 50 31	27 39 28	4 47 32	6 54 31
15 F	2 34 09	19 32 42	27 03 30	0 ♊ 59 51	6 28 49	16 39 43	0 46 02	5 54 25	17 59 47	3 33 48	25 59 48	27 50 26	4 56 03	7 02 09
16 Sa	3 39 51	4 ♑ 37 49	11 ♑ 57 42	3 17 11	7 49 35	17 29 07	0 58 17	6 29 34	18 10 47	3 38 46	26 08 28	28 00 47	5 03 59	7 09 12
17 Su	4 44 01	19 17 54	26 23 60	5 32 27	9 08 51	18 16 52	1 08 35	7 03 12	18 20 02	3 42 07	26 15 33	28 09 33	5 10 20	7 14 42
18 M	5 46 03	3 ♒ 27 28	10 ♒ 18 39	7 44 49	10 26 02	19 02 21	1 16 23	7 34 42	18 26 58	3 43 17	26 20 27	28 16 08	5 14 31	7 18 05
19 Tu	6 45 53	17 05 02	23 41 44	9 54 00	11 41 01	19 45 30	1 21 33	8 04 00	18 31 28	3 42 10	26 23 04	28 20 28	5 16 27	7 19 14
20 W	7 43 54	0 ♓ 12 29	6 ♓ 36 14	12 00 16	12 54 14	20 26 43	1 24 30	8 31 30	18 33 59	3 39 11	26 23 48	28 22 56	5 16 32	7 18 33
21 Th	8 40 55	12 54 06	19 07 09	14 04 16	14 06 28	21 06 47	1 26 01	8 57 59	18 35 16	3 35 07	26 23 29	28 24 20	5 15 35	7 16 52
22 F	9 37 57	25 15 33	1 ♈ 20 24	16 06 54	15 18 45	21 46 43	1 27 09	9 24 29	18 36 22	3 30 60	26 23 07	28 25 42	5 14 36	7 15 11
23 Sa	10 36 03	7 ♈ 22 55	13 22 04	18 09 08	16 32 08	22 27 34	1 28 54	9 52 04	18 38 20	3 27 53	26 23 45	28 28 05	5 14 38	7 14 33
24 Su	11 36 06	19 21 60	25 17 44	20 11 47	17 47 30	23 10 15	1 32 12	10 21 35	18 42 03	3 26 40	26 26 16	28 32 21	5 16 35	7 15 53
25 M	12 38 43	1 ♉ 17 51	7 ♉ 12 11	22 15 23	19 05 27	23 55 19	1 37 36	10 53 40	18 48 06	3 27 57	26 31 17	28 39 08	5 21 04	7 19 44
26 Tu	13 44 05	13 14 29	19 09 02	24 20 07	20 26 11	24 42 59	1 45 20	11 28 30	18 56 42	3 31 56	26 38 60	28 48 36	5 28 15	7 26 21
27 W	14 51 58	25 14 42	1 ♊ 10 43	26 25 42	21 49 27	25 33 01	1 55 08	12 05 50	19 07 36	3 38 22	26 49 09	29 00 31	5 37 54	7 35 28
28 Th	16 01 43	7 ♊ 20 14	13 18 39	28 31 28	23 14 37	26 24 45	2 06 22	12 45 02	19 20 10	3 46 37	27 01 06	29 14 16	5 49 24	7 46 26
29 F	17 12 23	19 31 50	25 33 20	0 ♋ 36 28	24 40 43	27 17 15	2 18 04	13 25 09	19 33 26	3 55 43	27 13 55	29 28 51	6 01 45	7 58 18
30 Sa	18 22 51	1 ♋ 49 40	7 ♋ 54 49	2 39 34	26 06 38	28 09 21	2 29 07	14 05 03	19 46 16	4 04 34	27 26 27	29 43 10	6 13 52	8 09 58
31 Su	19 31 59	14 13 44	20 23 05	4 39 40	27 31 15	28 59 59	2 38 24	14 43 37	19 57 35	4 12 04	27 37 36	29 56 07	6 24 38	8 20 18

LONGITUDE

August 2022

Day	☉	0 hr ☽	Noon ☽	☿	♀	♂	⚵	⚳	♃	♄	⚷	♅	♆	♇
1 M	20 ♊ 38 55	26 ♋ 44 19	2 ♌ 58 33	6 ♋ 35 52	28 ♉ 53 42	29 ♓ 48 14	2 ♒ 45 01	15 ♊ 19 59	20 ♒ 06 29	4 ♑ 17 18	27 ♒ 46 29	0 ♈ 06 47	6 ♒ 33 08	8 ♐ 28 25
2 Tu	21 43 06	9 ♌ 22 21	15 42 23	8 27 40	0 ♊ 13 26	0 ♈ 33 34	2 48 28	15 53 36	20 12 26	4 19 46	27 52 34	0 14 41	6 38 53	8 33 49
3 W	22 44 32	22 09 43	28 36 41	10 15 01	1 30 25	1 15 58	2 48 43	16 24 26	20 15 25	4 19 25	27 55 50	0 19 44	6 41 49	8 36 25
4 Th	23 43 40	5 ♍ 09 18	11 ♍ 44 32	11 58 26	2 45 08	1 55 54	2 46 13	16 52 58	20 15 53	4 16 45	27 56 44	0 22 26	6 42 26	8 36 44
5 F	24 41 25	18 24 43	25 09 34	13 38 48	3 58 30	2 34 16	2 41 53	17 20 07	20 14 47	4 12 39	27 56 11	0 23 42	6 41 37	8 35 40
6 Sa	25 38 59	1 ♎ 59 47	8 ♎ 55 22	15 17 21	5 11 42	3 12 16	2 36 56	17 47 03	20 13 16	4 08 20	27 55 24	0 24 43	6 40 35	8 34 24
7 Su	26 37 36	15 57 43	23 04 33	16 55 19	6 25 59	3 51 08	2 32 36	18 15 03	20 12 37	4 05 03	27 55 36	0 26 44	6 40 35	8 34 12
8 M	27 38 18	0 ♏ 20 05	7 ♏ 37 37	18 33 44	7 42 22	4 31 54	2 29 54	18 45 06	20 13 49	4 03 49	27 57 50	0 30 46	6 42 37	8 36 04
9 Tu	28 41 37	15 05 42	22 32 02	20 13 08	9 01 24	5 15 06	2 29 24	19 17 47	20 17 28	4 05 12	28 02 37	0 37 22	6 47 15	8 40 34
10 W	29 47 32	0 ♐ 09 57	7 ♐ 41 40	21 53 29	10 23 02	6 00 41	2 31 03	19 53 01	20 23 29	4 09 07	28 09 56	0 46 29	6 54 25	8 47 38
11 Th	0 ♋ 55 22	15 24 42	22 57 13	23 34 06	11 46 37	6 48 01	2 34 11	20 30 10	20 31 12	4 14 56	28 19 06	0 57 28	7 03 29	8 56 38
12 F	2 04 00	0 ♑ 39 19	8 ♑ 07 35	25 13 52	13 11 02	7 35 56	2 37 42	21 08 05	20 39 32	4 21 32	28 29 01	1 09 11	7 13 19	9 06 25
13 Sa	3 12 10	15 42 31	23 01 53	26 51 30	14 34 60	8 23 11	2 40 19	21 45 32	20 47 11	4 27 39	28 38 23	1 20 21	7 22 38	9 15 44
14 Su	4 18 43	0 ♒ 24 24	7 ♒ 31 28	28 25 49	15 57 22	9 08 36	2 40 53	22 21 20	20 53 00	4 32 07	28 46 05	1 29 51	7 30 17	9 23 25
15 M	5 22 55	14 38 10	21 31 06	29 56 03	17 17 23	9 51 26	2 38 40	22 54 45	20 56 16	4 34 12	28 51 21	1 36 54	7 35 33	9 28 44
16 Tu	6 24 34	28 20 48	4 ♓ 59 24	1 ♌ 22 00	18 34 53	10 31 31	2 33 30	23 25 35	20 56 46	4 33 42	28 53 59	1 41 21	7 38 13	9 31 30
17 W	7 24 01	11 ♓ 32 57	17 58 17	2 43 59	19 50 11	11 09 09	2 25 42	23 54 12	20 54 51	4 30 60	28 54 22	1 43 30	7 38 38	9 32 03
18 Th	8 22 03	24 18 04	0 ♈ 32 08	4 02 43	21 04 06	11 45 10	2 16 06	24 21 23	20 51 20	4 26 52	28 53 16	1 44 11	7 37 37	9 31 11
19 F	9 19 45	6 ♈ 41 29	12 46 47	5 19 15	22 17 41	12 20 35	2 05 46	24 48 11	20 47 15	4 22 22	28 51 45	1 44 27	7 36 12	9 29 57
20 Sa	10 18 14	18 49 26	24 48 38	6 34 38	23 32 03	12 56 32	1 55 49	25 15 44	20 43 45	4 18 38	28 50 57	1 45 25	7 35 32	9 29 30
21 Su	11 18 28	0 ♉ 48 13	6 ♉ 43 55	7 49 46	24 48 12	13 33 59	1 47 14	25 45 00	20 41 49	4 16 39	28 51 50	1 48 04	7 36 34	9 30 47
22 M	12 21 09	12 43 40	18 38 15	9 05 18	26 06 48	14 13 38	1 40 44	26 16 41	20 42 06	4 17 05	28 55 04	1 53 04	7 39 60	9 34 30
23 Tu	13 26 32	24 40 39	0 ♊ 36 12	10 21 23	27 28 06	14 55 44	1 36 34	26 51 02	20 44 54	4 20 13	29 00 58	2 00 42	7 46 05	9 40 55
24 W	14 34 26	6 ♊ 42 56	12 41 05	11 37 46	28 51 57	15 40 05	1 34 36	27 27 53	20 50 03	4 25 52	29 09 19	2 10 47	7 54 40	9 49 51
25 Th	15 44 16	18 52 59	24 54 57	12 53 43	0 ♋ 17 44	16 26 04	1 34 13	28 06 36	20 56 54	4 33 26	29 19 30	2 22 43	8 05 08	10 00 42
26 F	16 55 03	1 ♋ 12 03	7 ♋ 18 39	14 08 10	1 44 28	17 12 46	1 34 28	28 46 15	21 04 32	4 41 58	29 30 36	2 35 32	8 16 31	10 12 29
27 Sa	18 05 42	13 40 27	19 52 06	15 19 54	3 11 05	17 59 01	1 34 17	29 25 43	21 11 50	4 50 21	29 41 28	2 48 07	8 27 42	10 24 08
28 Su	19 15 05	26 17 48	2 ♌ 34 42	16 27 39	4 36 27	18 43 44	1 32 33	0 ♋ 03 53	21 17 42	4 57 29	29 51 02	2 59 23	8 37 36	10 34 31
29 M	20 22 19	9 ♌ 03 32	15 25 49	17 30 22	5 59 39	19 26 00	1 28 24	0 39 51	21 21 14	5 02 28	29 58 22	3 08 24	8 45 19	10 42 43
30 Tu	21 26 51	21 57 21	28 25 07	18 27 20	7 20 11	20 05 17	1 21 18	1 13 06	21 21 54	5 04 46	0 ♓ 02 57	3 14 40	8 50 17	10 48 15
31 W	22 28 38	4 ♍ 59 31	11 ♍ 33 06	19 18 17	8 37 58	20 41 32	1 11 14	1 43 33	21 19 39	5 04 20	0 04 43	3 18 06	8 52 29	10 51 00

Notes

September 2022

LONGITUDE

Day	☉	0 hr ☽	Noon ☽	☿	♀	♂	⚵	⚳	♃	♄	⚷	♅	♆	♇
1 Th	23 ♋ 28 06	18 ♍ 11 10	24 ♍ 51 03	20 ♌ 03 29	9 ♋ 53 26	21 ♈ 15 08	0 ♒ 58 37	2 ♋ 11 39	21 ♒ 14 55	5 ♑ 01 35	0 ♓ 04 07	3 ♈ 19 09	8 ♒ 52 19	10 ♐ 51 27
2 F	24 26 06	1 ♎ 34 15	8 ♎ 21 04	20 43 32	11 07 27	21 46 59	0 44 21	2 38 14	21 08 33	4 57 23	0 01 59	3 18 39	8 50 40	10 50 25
3 Sa	25 23 45	15 11 09	22 05 31	21 19 18	12 21 07	22 18 10	0 29 33	3 04 25	21 01 42	4 52 52	29 ♒ 59 27	3 17 44	8 48 37	10 49 02
4 Su	26 22 13	29 04 08	6 ♏ 06 22	21 51 42	13 35 36	22 49 50	0 15 25	3 31 23	20 55 30	4 49 11	29 57 40	3 17 34	8 47 22	10 48 28
5 M	27 22 27	13 ♏ 14 33	20 24 20	22 21 25	14 51 51	23 22 57	0 02 54	4 00 04	20 50 55	4 47 17	29 57 35	3 19 05	8 47 50	10 49 40
6 Tu	28 24 59	27 41 54	4 ♐ 58 05	22 48 40	16 10 25	23 58 03	29 ♑ 52 35	4 31 01	20 48 30	4 47 43	29 59 46	3 22 50	8 50 35	10 53 10
7 W	29 29 48	12 ♐ 23 18	19 43 36	23 13 10	17 31 17	24 35 07	29 44 27	5 04 12	20 48 14	4 50 28	0 ♓ 04 10	3 28 48	8 55 36	10 58 57
8 Th	0 ♌ 36 23	27 13 11	4 ♑ 34 24	23 34 03	18 53 54	25 13 35	29 38 00	5 39 06	20 49 36	4 54 60	0 10 17	3 36 27	9 02 20	11 06 30
9 F	1 43 46	12 ♑ 03 49	19 22 11	23 50 03	20 17 20	25 52 32	29 32 18	6 14 46	20 51 39	5 00 22	0 17 09	3 44 50	9 09 50	11 14 50
10 Sa	2 50 51	26 46 30	3 ♒ 58 15	23 59 47	21 40 28	26 30 49	29 26 15	6 50 04	20 53 15	5 05 27	0 23 39	3 52 51	9 17 00	11 22 52
11 Su	3 56 38	11 ♒ 12 57	18 14 59	24 01 56	23 02 17	27 07 26	29 18 51	7 24 00	20 53 25	5 09 16	0 28 47	3 59 28	9 22 50	11 29 35
12 M	5 00 24	25 16 47	2 ♓ 07 06	23 55 36	24 22 05	27 41 40	29 09 27	7 55 53	20 51 28	5 11 05	0 31 51	4 03 60	9 26 37	11 34 18
13 Tu	6 01 54	8 ♓ 54 21	15 32 12	23 40 19	25 39 38	28 13 15	28 57 48	8 25 27	20 47 08	5 10 41	0 32 35	4 06 11	9 28 06	11 36 44
14 W	7 01 21	22 04 57	28 30 45	23 16 11	26 55 07	28 42 24	28 44 07	8 52 53	20 40 38	5 08 15	0 31 13	4 06 15	9 27 30	11 37 06
15 Th	7 59 19	4 ♈ 50 32	11 ♈ 05 39	22 43 49	28 09 07	29 09 41	28 29 01	9 18 48	20 32 34	5 04 23	0 28 19	4 04 45	9 25 23	11 35 59
16 F	8 56 39	17 15 01	23 21 29	22 04 09	29 22 28	29 35 55	28 13 20	9 44 00	20 23 44	4 59 54	0 24 43	4 02 32	9 22 35	11 34 13
17 Sa	9 54 15	29 23 36	5 ♉ 23 49	21 18 24	0 ♌ 36 04	0 ♉ 01 59	27 58 00	10 09 24	20 15 04	4 55 42	0 21 19	4 00 29	9 20 01	11 32 41
18 Su	10 52 56	11 ♉ 22 02	17 18 35	20 27 54	1 50 46	0 28 43	27 43 53	10 35 50	20 07 24	4 52 38	0 18 57	3 59 27	9 18 30	11 32 15
19 M	11 53 19	23 16 04	29 11 30	19 33 57	3 07 09	0 56 43	27 31 35	11 03 53	20 01 20	4 51 18	0 18 13	4 00 02	9 18 39	11 33 30
20 Tu	12 55 41	5 ♊ 11 02	11 ♊ 07 44	18 37 46	4 25 30	1 26 15	27 21 25	11 33 53	19 57 11	4 52 00	0 19 26	4 02 32	9 20 45	11 36 44
21 W	13 59 59	17 11 30	23 11 31	17 40 26	5 45 47	1 57 17	27 13 22	12 05 43	19 54 54	4 54 40	0 22 31	4 06 53	9 24 45	11 41 53
22 Th	15 05 49	29 21 01	5 ♋ 26 03	16 42 52	7 07 35	2 29 21	27 07 02	12 39 01	19 54 04	4 58 54	0 27 04	4 12 41	9 30 14	11 48 33
23 F	16 12 30	11 ♋ 42 03	17 53 20	15 45 55	8 30 14	3 01 49	27 01 45	13 13 07	19 54 01	5 04 02	0 32 26	4 19 15	9 36 33	11 56 04
24 Sa	17 19 13	24 15 59	0 ♌ 34 13	14 50 21	9 52 53	3 33 50	26 56 45	13 47 10	19 53 58	5 09 14	0 37 46	4 25 47	9 42 52	12 03 36
25 Su	18 25 08	7 ♌ 03 09	13 28 33	13 56 60	11 14 45	4 04 33	26 51 11	14 20 21	19 53 03	5 13 42	0 42 16	4 31 27	9 48 22	12 10 20
26 M	19 29 36	20 03 07	26 35 29	13 06 46	12 35 08	4 33 18	26 44 26	14 51 59	19 50 38	5 16 44	0 45 15	4 35 34	9 52 22	12 15 36
27 Tu	20 32 09	3 ♍ 14 54	9 ♍ 53 46	12 20 45	13 53 36	4 59 39	26 36 04	15 21 40	19 46 18	5 17 56	0 46 18	4 37 43	9 54 27	12 18 58
28 W	21 32 46	16 37 23	23 22 08	11 40 11	15 10 06	5 23 31	26 26 03	15 49 18	19 39 58	5 17 14	0 45 21	4 37 51	9 54 32	12 20 22
29 Th	22 31 41	0 ♎ 09 35	6 ♎ 59 35	11 06 28	16 24 55	5 45 11	26 14 40	16 15 12	19 31 57	5 14 55	0 42 40	4 36 13	9 52 56	12 20 06
30 F	23 29 31	13 50 54	20 45 37	10 41 03	17 38 37	6 05 13	26 02 32	16 39 55	19 22 49	5 11 33	0 38 52	4 33 26	9 50 13	12 18 43

October 2022

LONGITUDE

Day	☉	0 hr ☽	Noon ☽	☿	♀	♂	⚵	⚳	♃	♄	⚷	♅	♆	♇
1 Sa	24 ♌ 27 01	27 ♎ 41 01	4 ♏ 39 58	10 ♌ 25 16	18 ♌ 51 59	6 ♉ 24 22	25 ♑ 50 25	17 ♋ 04 14	19 ♒ 13 21	5 ♑ 07 55	0 ♓ 34 41	4 ♈ 30 15	9 ♒ 47 08	12 ♐ 17 01
2 Su	25 24 58	11 ♏ 39 48	18 42 29	10 20 15	20 05 47	6 43 25	25 39 08	17 28 56	19 04 21	5 04 48	0 30 56	4 27 27	9 44 30	12 15 46
3 M	26 24 01	25 46 50	2 ♐ 52 37	10 26 43	21 20 40	7 03 00	25 29 18	17 54 39	18 56 27	5 02 50	0 28 14	4 25 41	9 42 56	12 15 37
4 Tu	27 24 31	10 ♐ 01 03	17 08 57	10 44 53	22 36 59	7 23 28	25 21 19	18 21 44	18 50 00	5 02 23	0 26 58	4 25 18	9 42 48	12 16 54
5 W	28 26 28	24 20 17	1 ♑ 28 54	11 14 26	23 54 45	7 44 48	25 15 11	18 50 11	18 45 02	5 03 27	0 27 06	4 26 19	9 44 07	12 19 39
6 Th	29 29 33	8 ♑ 41 11	15 48 41	11 54 33	25 13 38	8 06 40	25 10 35	19 19 42	18 41 14	5 05 43	0 28 21	4 28 24	9 46 32	12 23 32
7 F	0 ♍ 33 12	22 59 20	0 ♒ 03 35	12 44 05	26 33 03	8 28 29	25 06 57	19 49 41	18 38 01	5 08 36	0 30 07	4 30 59	9 49 29	12 27 58
8 Sa	1 36 45	7 ♒ 09 43	14 08 30	13 41 41	27 52 21	8 49 35	25 03 39	20 19 30	18 34 44	5 11 27	0 31 46	4 33 24	9 52 20	12 32 18
9 Su	2 39 35	21 07 25	27 58 46	14 46 02	29 10 56	9 09 21	25 00 05	20 48 31	18 30 47	5 13 41	0 32 41	4 35 03	9 54 27	12 35 56
10 M	3 41 19	4 ♓ 48 18	11 ♓ 30 47	15 55 55	0 ♍ 28 23	9 27 22	24 55 49	21 16 20	18 25 46	5 14 50	0 32 27	4 35 31	9 55 27	12 38 26
11 Tu	4 41 45	18 09 37	24 42 27	17 10 27	1 44 32	9 43 25	24 50 43	21 42 46	18 19 31	5 14 46	0 30 53	4 34 38	9 55 08	12 39 39
12 W	5 40 59	1 ♈ 10 18	7 ♈ 33 28	18 28 56	2 59 27	9 57 35	24 44 50	22 07 54	18 12 06	5 13 33	0 28 05	4 32 29	9 53 35	12 39 39
13 Th	6 39 17	13 50 58	20 05 12	19 50 59	4 13 25	10 10 09	24 38 29	22 32 01	18 03 49	5 11 29	0 24 20	4 29 20	9 51 05	12 38 43
14 F	7 37 06	26 13 50	2 ♉ 20 27	21 16 21	5 26 51	10 21 30	24 32 04	22 55 32	17 55 06	5 08 58	0 20 03	4 25 38	9 48 04	12 37 17
15 Sa	8 34 52	8 ♉ 22 15	14 23 05	22 44 54	6 40 15	10 32 06	24 26 06	23 18 55	17 46 25	5 06 29	0 15 43	4 21 49	9 45 00	12 35 48
16 Su	9 33 03	20 20 30	26 17 42	24 16 31	7 54 01	10 42 23	24 20 59	23 42 37	17 38 12	5 04 28	0 11 44	4 18 21	9 42 19	12 34 43
17 M	10 31 57	2 ♊ 13 19	8 ♊ 09 13	25 51 03	9 08 29	10 52 37	24 17 03	24 06 56	17 30 47	5 03 14	0 08 28	4 15 33	9 40 20	12 34 21
18 Tu	11 31 44	14 05 37	20 02 38	27 28 13	10 23 50	11 02 60	24 14 28	24 32 01	17 24 20	5 02 57	0 06 03	4 13 35	9 39 13	12 34 51
19 W	12 32 24	26 02 11	2 ♋ 02 41	29 07 39	11 40 01	11 13 29	24 13 14	24 57 54	17 18 52	5 03 36	0 04 30	4 12 25	9 38 59	12 36 14
20 Th	13 33 48	8 ♋ 07 30	14 13 36	0 ♍ 48 51	12 56 54	11 23 53	24 13 11	25 24 23	17 14 12	5 05 03	0 03 38	4 11 55	9 39 26	12 38 20
21 F	14 35 37	20 25 24	26 38 57	2 31 15	14 14 12	11 33 55	24 14 04	25 51 12	17 10 04	5 06 60	0 03 11	4 11 48	9 40 18	12 40 51
22 Sa	15 37 33	2 ♌ 58 59	9 ♌ 21 19	4 14 18	15 31 35	11 43 15	24 15 30	26 17 60	17 06 08	5 09 06	0 02 49	4 11 44	9 41 15	12 43 28
23 Su	16 39 15	15 50 20	22 22 11	5 57 27	16 48 42	11 51 31	24 17 11	26 44 27	17 02 04	5 11 03	0 02 11	4 11 22	9 41 58	12 45 51
24 M	17 40 28	29 00 19	5 ♍ 41 46	7 40 18	18 05 19	11 58 28	24 18 52	27 10 20	16 57 39	5 12 36	0 01 04	4 10 28	9 42 11	12 47 44
25 Tu	18 41 04	12 ♍ 28 36	19 18 59	9 22 34	19 21 17	12 03 57	24 20 25	27 35 28	16 52 44	5 13 35	29 ♒ 59 20	4 08 55	9 41 47	12 49 01
26 W	19 41 04	26 13 34	3 ♎ 11 38	11 04 09	20 36 38	12 07 58	24 21 50	27 59 53	16 47 20	5 14 03	29 56 58	4 06 42	9 40 46	12 49 40
27 Th	20 40 35	10 ♎ 12 32	17 16 30	12 45 05	21 51 28	12 10 39	24 23 15	28 23 43	16 41 34	5 14 05	29 54 06	4 03 57	9 39 15	12 49 51
28 F	21 39 49	24 22 02	1 ♏ 29 54	14 25 29	23 06 01	12 12 10	24 24 53	28 47 08	16 35 40	5 13 56	29 50 58	4 00 54	9 37 28	12 49 45
29 Sa	22 39 01	8 ♏ 38 12	15 47 54	16 05 33	24 20 30	12 12 47	24 26 56	29 10 25	16 29 53	5 13 49	29 47 47	3 57 45	9 35 37	12 49 37
30 Su	23 38 23	22 57 12	0 ♐ 06 51	17 45 25	25 35 07	12 12 40	24 29 38	29 33 44	16 24 23	5 13 56	29 44 45	3 54 44	9 33 57	12 49 39
31 M	24 38 01	7 ♐ 15 29	14 23 26	19 25 11	26 49 59	12 11 57	24 33 05	29 57 13	16 19 19	5 14 24	29 42 00	3 51 58	9 32 33	12 49 57

Notes

LONGITUDE — November 2022

Day	☉	0 hr ☽	Noon ☽	☿	♀	♂	⚵	⚳	♃	♄	⚷	♅	♆	♇
1 Tu	25 ♍ 37 58	21 ♐ 29 58	28 ♐ 34 55	21 ♍ 04 51	28 ♍ 05 08	12 ♉ 10 38	24 ♑ 37 17	0 ♌ 20 52	16 ♒ 14 42	5 ♑ 15 14	29 ♒ 39 33	3 ♈ 49 27	9 ♒ 31 27	12 ♐ 50 34
2 W	26 38 08	5 ♑ 38 07	12 ♑ 39 03	22 44 19	29 20 29	12 08 39	24 42 12	0 44 39	16 10 28	5 16 24	29 37 20	3 47 07	9 30 35	12 51 24
3 Th	27 38 25	19 37 54	26 34 01	24 23 28	0 ♎ 35 56	12 05 53	24 47 41	1 08 24	16 06 30	5 17 44	29 35 14	3 44 53	9 29 49	12 52 21
4 F	28 38 42	3 ♒ 27 40	10 ♒ 18 18	26 02 11	1 51 21	12 02 13	24 53 37	1 32 02	16 02 42	5 19 09	29 33 08	3 42 37	9 29 04	12 53 19
5 Sa	29 38 54	17 06 04	23 50 39	27 40 22	3 06 41	11 57 35	24 59 56	1 55 28	15 58 59	5 20 34	29 30 58	3 40 14	9 28 14	12 54 12
6 Su	0 ♎ 39 01	0 ♓ 32 01	7 ♓ 10 04	29 18 03	4 21 54	11 51 57	25 06 37	2 18 41	15 55 20	5 21 58	29 28 43	3 37 45	9 27 19	12 54 60
7 M	1 39 07	13 44 40	20 15 51	0 ♎ 55 16	5 37 04	11 45 22	25 13 42	2 41 45	15 51 49	5 23 25	29 26 26	3 35 11	9 26 23	12 55 46
8 Tu	2 39 17	26 43 30	3 ♈ 07 39	2 32 07	6 52 16	11 37 58	25 21 18	3 04 45	15 48 33	5 25 01	29 24 14	3 32 41	9 25 31	12 56 36
9 W	3 39 38	9 ♈ 28 26	15 45 38	4 08 47	8 07 39	11 29 51	25 29 30	3 27 48	15 45 37	5 26 52	29 22 13	3 30 19	9 24 50	12 57 38
10 Th	4 40 16	21 59 52	28 10 31	5 45 18	9 23 16	11 21 06	25 38 25	3 50 59	15 43 09	5 29 04	29 20 30	3 28 13	9 24 25	12 58 56
11 F	5 41 12	4 ♉ 18 48	10 ♉ 23 39	7 21 45	10 39 10	11 11 46	25 48 02	4 14 20	15 41 08	5 31 38	29 19 05	3 26 23	9 24 19	13 00 32
12 Sa	6 42 24	16 26 55	22 27 07	8 58 06	11 55 19	11 01 48	25 58 21	4 37 48	15 39 34	5 34 32	29 17 56	3 24 47	9 24 29	13 02 23
13 Su	7 43 46	28 26 33	4 ♊ 23 37	10 34 15	13 11 35	10 51 06	26 09 13	5 01 17	15 38 18	5 37 40	29 16 56	3 23 19	9 24 48	13 04 24
14 M	8 45 05	10 ♊ 20 43	16 16 27	12 10 03	14 27 48	10 39 31	26 20 28	5 24 35	15 37 12	5 40 50	29 15 56	3 21 48	9 25 05	13 06 23
15 Tu	9 46 12	22 12 60	28 09 29	13 45 18	15 43 47	10 26 51	26 31 53	5 47 31	15 36 03	5 43 51	29 14 43	3 20 02	9 25 10	13 08 08
16 W	10 46 56	4 ♋ 07 30	10 ♋ 07 01	15 19 52	16 59 20	10 12 58	26 43 20	6 09 55	15 34 41	5 46 33	29 13 08	3 17 51	9 24 51	13 09 30
17 Th	11 47 10	16 08 43	22 13 37	16 53 40	18 14 23	9 57 46	26 54 39	6 31 39	15 33 00	5 48 49	29 11 03	3 15 10	9 24 03	13 10 22
18 F	12 46 55	28 21 20	4 ♌ 33 54	18 26 41	19 28 55	9 41 17	27 05 53	6 52 45	15 31 00	5 50 40	29 08 30	3 11 58	9 22 45	13 10 45
19 Sa	13 46 19	10 ♌ 49 58	17 12 15	19 59 07	20 43 04	9 23 39	27 17 08	7 13 19	15 28 50	5 52 13	29 05 36	3 08 23	9 21 06	13 10 46
20 Su	14 45 36	23 38 44	0 ♍ 12 19	21 31 11	21 57 05	9 05 10	27 28 39	7 33 37	15 26 43	5 53 44	29 02 37	3 04 41	9 19 21	13 10 40
21 M	15 45 06	6 ♍ 50 51	13 36 36	23 03 15	23 11 18	8 46 11	27 40 45	7 53 58	15 25 01	5 55 32	28 59 51	3 01 11	9 17 49	13 10 47
22 Tu	16 45 11	20 27 57	27 25 48	24 35 40	24 26 03	8 27 05	27 53 49	8 14 43	15 24 04	5 57 58	28 57 41	2 58 14	9 16 53	13 11 28
23 W	17 46 07	4 ♎ 29 38	11 ♎ 38 24	26 08 45	25 41 39	8 08 12	28 08 05	8 36 10	15 24 09	6 01 21	28 56 24	2 56 09	9 16 48	13 13 01
24 Th	18 48 03	18 53 05	26 10 26	27 42 38	26 58 14	7 49 42	28 23 44	8 58 26	15 25 26	6 05 47	28 56 08	2 55 03	9 17 44	13 15 34
25 F	19 50 56	3 ♏ 33 04	10 ♏ 55 42	29 17 16	28 15 44	7 31 35	28 40 40	9 21 28	15 27 50	6 11 13	28 56 50	2 54 53	9 19 36	13 19 03
26 Sa	20 54 28	18 22 23	25 46 31	0 ♏ 52 22	29 33 51	7 13 35	28 58 36	9 44 58	15 31 04	6 17 23	28 58 12	2 55 21	9 22 09	13 23 11
27 Su	21 58 11	3 ♐ 12 58	10 ♐ 34 50	2 27 29	0 ♏ 52 09	6 55 19	29 17 05	10 08 30	15 34 42	6 23 49	28 59 48	2 56 01	9 24 54	13 27 31
28 M	23 01 34	17 56 58	25 13 24	4 02 05	2 10 05	6 36 16	29 35 35	10 31 30	15 38 10	6 29 59	29 01 05	2 56 21	9 27 19	13 31 30
29 Tu	24 04 08	2 ♑ 28 01	9 ♑ 36 45	5 35 42	3 27 11	6 16 03	29 53 36	10 53 31	15 41 02	6 35 24	29 01 35	2 55 53	9 28 57	13 34 42
30 W	25 05 37	16 41 49	23 41 37	7 08 01	4 43 12	5 54 24	0 ♒ 10 52	11 14 15	15 42 60	6 39 48	29 01 03	2 54 20	9 29 31	13 36 49

LONGITUDE — December 2022

Day	☉	0 hr ☽	Noon ☽	☿	♀	♂	⚵	⚳	♃	♄	⚷	♅	♆	♇
1 Th	26 ♎ 05 59	0 ♒ 36 22	7 ♒ 26 57	8 ♏ 39 01	5 ♏ 58 04	5 ♉ 31 22	0 ♒ 27 22	11 ♌ 33 42	15 ♒ 44 02	6 ♑ 43 10	28 ♒ 59 25	2 ♈ 51 40	9 ♒ 28 60	13 ♐ 37 49
2 F	27 05 30	14 11 42	20 53 24	10 08 55	7 12 03	5 07 15	0 43 19	11 52 06	15 44 24	6 45 45	28 56 58	2 48 10	9 27 37	13 37 58
3 Sa	28 04 38	27 29 14	4 ♓ 02 49	11 38 12	8 25 39	4 42 34	0 59 13	12 09 56	15 44 35	6 48 01	28 54 11	2 44 17	9 25 54	13 37 45
4 Su	29 03 59	10 ♓ 31 13	16 57 35	13 07 25	9 39 28	4 17 60	1 15 39	12 27 48	15 45 11	6 50 35	28 51 39	2 40 39	9 24 25	13 37 46
5 M	0 ♏ 04 12	23 20 03	29 40 06	14 37 10	10 54 06	3 54 11	1 33 15	12 46 19	15 46 50	6 54 04	28 50 01	2 37 53	9 23 49	13 38 38
6 Tu	1 05 47	5 ♈ 58 00	12 ♈ 12 31	16 07 54	12 10 05	3 31 43	1 52 31	13 06 00	15 50 01	6 58 59	28 49 47	2 36 29	9 24 36	13 40 52
7 W	2 09 03	18 26 53	24 36 30	17 39 52	13 27 45	3 10 57	2 13 46	13 27 10	15 55 05	7 05 39	28 51 15	2 36 47	9 27 04	13 44 48
8 Th	3 14 03	0 ♉ 48 00	6 ♉ 53 19	19 13 05	14 47 07	2 51 59	2 37 03	13 49 52	16 02 04	7 14 07	28 54 31	2 38 50	9 31 19	13 50 28
9 F	4 20 35	13 02 19	19 03 55	20 47 12	16 08 01	2 34 41	3 02 10	14 13 54	16 10 46	7 24 11	28 59 21	2 42 26	9 37 06	13 57 40
10 Sa	5 28 12	25 10 35	1 ♊ 09 10	22 21 42	17 29 57	2 18 36	3 28 37	14 38 47	16 20 43	7 35 23	29 05 17	2 47 07	9 43 59	14 05 57
11 Su	6 36 14	7 ♊ 13 39	13 10 07	23 55 47	18 52 18	2 03 10	3 55 47	15 03 52	16 31 16	7 47 04	29 11 41	2 52 15	9 51 19	14 14 39
12 M	7 43 58	19 12 43	25 08 15	25 28 34	20 14 20	1 47 40	4 22 55	15 28 25	16 41 42	7 58 30	29 17 49	2 57 06	9 58 22	14 23 04
13 Tu	8 50 43	1 ♋ 09 37	7 ♋ 05 44	26 59 12	21 35 21	1 31 29	4 49 19	15 51 46	16 51 18	8 09 00	29 23 00	3 00 57	10 04 25	14 30 28
14 W	9 55 55	13 06 59	19 05 30	28 26 56	22 54 49	1 14 07	5 14 28	16 13 20	16 59 33	8 18 02	29 26 41	3 03 18	10 08 58	14 36 20
15 Th	10 59 19	25 08 22	1 ♌ 11 24	29 51 14	24 12 27	0 55 19	5 38 03	16 32 52	17 06 10	8 25 19	29 28 35	3 03 51	10 11 44	14 40 24
16 F	12 00 57	7 ♌ 18 11	13 28 05	1 ♐ 11 54	25 28 19	0 35 12	6 00 09	16 50 24	17 11 12	8 30 53	29 28 47	3 02 41	10 12 45	14 42 43
17 Sa	13 01 15	19 41 33	26 00 43	2 29 00	26 42 49	0 14 12	6 21 08	17 06 20	17 15 03	8 35 10	29 27 39	3 00 10	10 12 26	14 43 40
18 Su	14 00 53	2 ♍ 23 57	8 ♍ 54 37	3 42 52	27 56 38	29 ♈ 53 03	6 41 44	17 21 22	17 18 26	8 38 51	29 25 56	2 57 02	10 11 29	14 43 58
19 M	15 00 46	15 30 33	22 14 31	4 53 57	29 10 41	29 32 41	7 02 49	17 36 24	17 22 13	8 42 50	29 24 28	2 54 09	10 10 48	14 44 31
20 Tu	16 01 47	29 05 30	6 ♎ 03 44	6 02 39	0 ♐ 25 52	29 14 02	7 25 18	17 52 19	17 27 18	8 48 01	29 24 12	2 52 26	10 11 17	14 46 12
21 W	17 04 42	13 ♎ 10 52	20 23 03	7 09 10	1 42 54	28 57 54	7 49 54	18 09 51	17 34 27	8 55 07	29 25 52	2 52 38	10 13 40	14 49 46
22 Th	18 09 52	27 45 39	5 ♏ 09 54	8 13 13	3 02 12	28 44 39	8 16 60	18 29 23	17 44 02	9 04 33	29 29 49	2 55 08	10 18 20	14 55 36
23 F	19 17 11	12 ♏ 45 09	20 17 54	9 14 01	4 23 38	28 34 15	8 46 30	18 50 48	17 55 56	9 16 12	29 35 60	2 59 49	10 25 11	15 03 36
24 Sa	20 26 04	28 00 55	5 ♐ 37 20	10 10 11	5 46 37	28 26 07	9 17 48	19 13 32	18 09 35	9 29 28	29 43 46	3 06 06	10 33 38	15 13 10
25 Su	21 35 33	13 ♐ 21 53	20 56 35	10 59 54	7 10 10	28 19 17	9 49 55	19 36 33	18 23 58	9 43 22	29 52 11	3 12 60	10 42 40	15 23 19
26 M	22 44 28	28 36 15	6 ♑ 04 14	11 41 09	8 33 10	28 12 40	10 21 43	19 58 46	18 37 59	9 56 47	0 ♓ 00 06	3 19 23	10 51 12	15 32 55
27 Tu	23 51 51	13 ♑ 33 35	20 51 06	12 12 01	9 54 37	28 05 17	10 52 12	20 19 09	18 50 38	10 08 43	0 06 32	3 24 17	10 58 14	15 41 00
28 W	24 57 05	28 06 36	5 ♒ 11 33	12 31 02	11 13 54	27 56 33	11 20 47	20 37 08	19 01 18	10 18 35	0 10 53	3 27 05	11 03 09	15 46 57
29 Th	26 00 07	12 ♒ 11 49	19 03 40	12 37 16	12 30 59	27 46 24	11 47 22	20 52 37	19 09 56	10 26 16	0 13 04	3 27 43	11 05 53	15 50 42
30 F	27 01 22	25 49 17	2 ♓ 28 46	12 30 30	13 46 16	27 35 17	12 12 24	21 06 02	19 16 57	10 32 15	0 13 32	3 26 37	11 06 53	15 52 41
31 Sa	28 01 42	9 ♓ 01 46	15 30 21	12 11 06	15 00 37	27 24 04	12 36 44	21 18 14	19 23 13	10 37 23	0 13 09	3 24 39	11 06 60	15 53 45

Notes

January 2023

LONGITUDE

Day	☉	0 hr ☽	Noon ☽	☿	♀	♂	⚵	⚳	♃	♄	⚷	♅	♆	♇
1 Su	29 ♏ 02 12	21 ♓ 53 31	28 ♓ 13 05	11 ♐ 39 59	16 ♐ 15 07	27 ♈ 13 51	13 ♒ 01 27	21 ♌ 30 19	19 ♒ 29 48	10 ♑ 42 43	0 ♓ 12 58	3 ♈ 22 54	11 ♒ 07 18	15 ♐ 55 00
2 M	0 ♐ 03 56	4 ♈ 29 26	10 ♈ 41 52	10 58 28	17 30 52	27 05 41	13 27 36	21 43 21	19 37 48	10 49 22	0 14 06	3 22 26	11 08 54	15 57 30
3 Tu	1 07 50	16 54 08	23 01 09	10 08 09	18 48 45	27 00 30	13 56 07	21 58 13	19 48 06	10 58 12	0 17 27	3 24 10	11 12 40	16 02 10
4 W	2 14 25	29 11 28	5 ♉ 14 30	9 10 49	20 09 20	26 58 52	14 27 33	22 15 30	20 01 16	11 09 48	0 23 33	3 28 40	11 19 11	16 09 33
5 Th	3 23 52	11 ♉ 24 18	17 24 29	8 08 20	21 32 44	27 00 53	15 02 01	22 35 18	20 17 26	11 24 18	0 32 33	3 36 03	11 28 34	16 19 47
6 F	4 35 50	23 34 25	29 32 37	7 02 32	22 58 40	27 06 15	15 39 12	22 57 19	20 36 17	11 41 23	0 44 08	3 46 01	11 40 31	16 32 33
7 Sa	5 49 37	5 ♊ 42 44	11 ♊ 39 37	5 55 13	24 26 24	27 14 15	16 18 25	23 20 51	20 57 07	12 00 20	0 57 36	3 57 51	11 54 19	16 47 08
8 Su	7 04 14	17 49 33	23 45 45	4 47 60	25 54 56	27 23 54	16 58 38	23 44 51	21 18 54	12 20 09	1 11 56	4 10 34	12 08 59	17 02 34
9 M	8 18 31	29 55 01	5 ♋ 51 14	3 42 18	27 23 09	27 34 01	17 38 43	24 08 13	21 40 31	12 39 42	1 26 01	4 23 01	12 23 21	17 17 40
10 Tu	9 31 24	11 ♋ 59 32	17 56 41	2 39 24	28 49 57	27 43 32	18 17 34	24 29 50	22 00 52	12 57 53	1 38 44	4 34 06	12 36 20	17 31 23
11 W	10 41 60	24 04 13	0 ♌ 03 31	1 40 25	0 ♑ 14 26	27 51 33	18 54 19	24 48 49	22 19 05	13 13 50	1 49 13	4 42 57	12 47 05	17 42 48
12 Th	11 49 49	6 ♌ 11 09	12 14 11	0 46 23	1 36 08	27 57 35	19 28 29	25 04 41	22 34 39	13 27 02	1 56 59	4 49 04	12 55 04	17 51 28
13 F	12 54 50	18 23 40	24 32 20	29 ♏ 58 22	2 55 01	28 01 34	19 59 60	25 17 23	22 47 33	13 37 29	2 02 00	4 52 27	13 00 17	17 57 19
14 Sa	13 57 30	0 ♍ 46 13	7 ♍ 02 44	29 17 29	4 11 33	28 03 59	20 29 21	25 27 24	22 58 16	13 45 38	2 04 44	4 53 32	13 03 11	18 00 50
15 Su	14 58 45	13 24 12	19 50 55	28 44 54	5 26 39	28 05 44	20 57 27	25 35 36	23 07 41	13 52 23	2 06 05	4 53 14	13 04 42	18 02 55
16 M	15 59 45	26 23 28	3 ♎ 02 34	28 21 46	6 41 29	28 07 59	21 25 29	25 43 13	23 16 59	13 58 57	2 07 15	4 52 46	13 05 60	18 04 47
17 Tu	17 01 47	9 ♎ 49 29	16 42 40	28 09 02	7 57 21	28 12 01	21 54 43	25 51 29	23 27 28	14 06 35	2 09 31	4 53 23	13 08 21	18 07 40
18 W	18 05 57	23 46 18	0 ♏ 54 17	28 07 22	9 15 18	28 18 53	22 26 14	26 01 29	23 40 11	14 16 23	2 13 56	4 56 09	13 12 52	18 12 41
19 Th	19 12 51	8 ♏ 15 17	15 37 15	28 16 51	10 36 01	28 29 14	23 00 40	26 13 52	23 55 48	14 28 58	2 21 11	5 01 46	13 20 10	18 20 28
20 F	20 22 34	23 13 57	0 ♐ 47 14	28 36 55	11 59 30	28 43 05	23 38 04	26 28 39	24 14 20	14 44 23	2 31 16	5 10 12	13 30 17	18 31 02
21 Sa	21 34 25	8 ♐ 35 21	16 15 27	29 06 19	13 25 07	28 59 47	24 17 46	26 45 11	24 35 09	15 01 59	2 43 34	5 20 52	13 42 36	18 43 46
22 Su	22 47 14	24 08 32	1 ♑ 49 38	29 43 14	14 51 42	29 18 09	24 58 36	27 02 19	24 57 04	15 20 36	2 56 53	5 32 33	13 55 54	18 57 28
23 M	23 59 35	9 ♑ 40 14	17 16 18	0 ♐ 25 41	16 17 49	29 36 45	25 39 09	27 18 35	25 18 40	15 38 48	3 09 49	5 43 51	14 08 48	19 10 44
24 Tu	25 10 12	24 57 25	2 ♒ 23 23	1 11 47	17 42 11	29 54 16	26 18 06	27 32 43	25 38 38	15 55 18	3 21 03	5 53 28	14 19 58	19 22 15
25 W	26 18 11	9 ♒ 49 51	17 02 18	2 00 13	19 03 54	0 ♉ 09 50	26 54 35	27 43 50	25 56 07	16 09 13	3 29 44	6 00 32	14 28 34	19 31 10
26 Th	27 23 21	24 11 29	1 ♓ 08 58	2 50 15	20 22 48	0 23 13	27 28 25	27 51 43	26 10 54	16 20 20	3 35 39	6 04 50	14 34 23	19 37 15
27 F	28 26 06	8 ♓ 00 46	14 43 33	3 41 56	21 39 16	0 34 51	27 59 59	27 56 49	26 23 24	16 29 06	3 39 14	6 06 48	14 37 50	19 40 58
28 Sa	29 27 25	21 19 50	27 49 24	4 35 49	22 54 17	0 45 38	28 30 16	28 00 03	26 34 36	16 36 28	3 41 26	6 07 24	14 39 53	19 43 15
29 Su	0 ♑ 28 30	4 ♈ 13 15	10 ♈ 31 44	5 32 49	24 09 05	0 56 50	29 00 29	28 02 40	26 45 42	16 43 39	3 43 29	6 07 51	14 41 45	19 45 19
30 M	1 30 39	16 46 48	22 56 37	6 33 53	25 24 55	1 09 41	29 31 54	28 05 57	26 57 58	16 51 56	3 46 39	6 09 25	14 44 43	19 48 28
31 Tu	2 34 55	29 06 22	5 ♉ 09 54	7 39 49	26 42 51	1 25 14	0 ♓ 05 35	28 10 56	27 12 30	17 02 23	3 52 00	6 13 12	14 49 51	19 53 44

February 2023

LONGITUDE

Day	☉	0 hr ☽	Noon ☽	☿	♀	♂	⚵	⚳	♃	♄	⚷	♅	♆	♇
1 W	3 ♑ 41 60	11 ♉ 17 17	17 ♉ 16 39	8 ♐ 51 04	28 ♑ 03 36	1 ♉ 44 10	0 ♓ 42 14	28 ♌ 18 19	27 ♒ 29 57	17 ♑ 15 40	4 ♓ 00 14	6 ♈ 19 51	14 ♒ 57 49	20 ♐ 01 50
2 Th	4 52 06	23 23 51	29 20 50	10 07 39	29 27 21	2 06 40	1 22 03	28 28 19	27 50 33	17 32 01	4 11 33	6 29 36	15 08 52	20 12 59
3 F	6 04 55	5 ♊ 29 08	11 ♊ 25 06	11 29 05	0 ♒ 53 49	2 32 27	2 04 44	28 40 38	28 13 59	17 51 08	4 25 39	6 42 09	15 22 41	20 26 51
4 Sa	7 19 44	17 34 58	23 31 00	12 54 27	2 22 15	3 00 45	2 49 32	28 54 31	28 39 32	18 12 16	4 41 48	6 56 45	15 38 31	20 42 44
5 Su	8 35 28	29 42 16	5 ♋ 39 06	14 22 33	3 51 36	3 30 29	3 35 23	29 08 54	29 06 06	18 34 22	4 58 56	7 12 21	15 55 19	20 59 32
6 M	9 50 54	11 ♋ 51 12	17 49 27	15 52 02	5 20 38	4 00 26	4 21 05	29 22 35	29 32 30	18 56 11	5 15 50	7 27 44	16 11 52	21 16 04
7 Tu	11 04 52	24 01 48	0 ♌ 02 03	17 21 38	6 48 11	4 29 25	5 05 27	29 34 22	29 57 31	19 16 34	5 31 20	7 41 42	16 26 58	21 31 08
8 W	12 16 25	6 ♌ 14 20	12 17 16	18 50 18	8 13 17	4 56 27	5 47 32	29 43 19	0 ♓ 20 15	19 34 35	5 44 28	7 53 20	16 39 42	21 43 47
9 Th	13 24 59	18 29 43	24 36 17	20 17 22	9 35 24	5 20 59	6 26 45	29 48 52	0 40 06	19 49 38	5 54 41	8 02 03	16 49 30	21 53 29
10 F	14 30 30	0 ♍ 49 54	7 ♍ 01 21	21 42 42	10 54 26	5 42 55	7 03 03	29 50 57	0 56 59	20 01 39	6 01 54	8 07 47	16 56 16	22 00 07
11 Sa	15 33 22	13 17 58	19 35 52	23 06 38	12 10 49	6 02 39	7 36 49	29 49 56	1 11 20	20 11 02	6 06 31	8 10 56	17 00 25	22 04 06
12 Su	16 34 26	25 58 02	2 ♎ 24 12	24 29 59	13 25 22	6 21 01	8 08 54	29 46 43	1 23 59	20 18 39	6 09 23	8 12 21	17 02 48	22 06 19
13 M	17 34 51	8 ♎ 54 58	15 31 17	25 53 52	14 39 16	6 39 11	8 40 29	29 42 27	1 36 06	20 25 40	6 11 41	8 13 12	17 04 35	22 07 53
14 Tu	18 35 54	22 13 44	29 01 54	27 19 28	15 53 45	6 58 24	9 12 48	29 38 22	1 48 55	20 33 19	6 14 39	8 14 44	17 07 01	22 10 05
15 W	19 38 39	5 ♏ 58 35	12 ♏ 59 40	28 47 52	17 09 56	7 19 44	9 46 57	29 35 35	2 03 33	20 42 41	6 19 23	8 18 03	17 11 12	22 13 60
16 Th	20 43 49	20 11 52	27 25 53	0 ♑ 19 44	18 28 31	7 43 53	10 23 38	29 34 49	2 20 42	20 54 30	6 26 35	8 23 51	17 17 50	22 20 20
17 F	21 51 33	4 ♐ 53 01	12 ♐ 18 26	1 55 12	19 49 38	8 10 60	11 02 59	29 36 11	2 40 29	21 08 53	6 36 24	8 32 16	17 27 03	22 29 14
18 Sa	23 01 20	19 57 39	27 31 12	3 33 46	21 12 47	8 40 33	11 44 31	29 39 13	3 02 26	21 25 22	6 48 20	8 42 50	17 38 22	22 40 12
19 Su	24 12 11	5 ♑ 17 26	12 ♑ 54 25	5 14 22	22 36 59	9 11 34	12 27 13	29 42 55	3 25 32	21 42 55	7 01 23	8 54 31	17 50 46	22 52 14
20 M	25 22 47	20 41 09	28 16 03	6 55 45	24 00 55	9 42 43	13 09 49	29 45 59	3 48 30	22 00 15	7 14 15	9 06 02	18 02 59	23 04 02
21 Tu	26 31 57	5 ♒ 56 32	13 ♒ 24 04	8 36 41	25 23 23	10 12 48	13 51 04	29 47 14	4 10 07	22 16 10	7 25 44	9 16 11	18 13 47	23 14 25
22 W	27 38 47	20 52 38	28 08 39	10 16 16	26 43 31	10 40 55	14 30 07	29 45 48	4 29 29	22 29 47	7 34 57	9 24 05	18 22 18	23 22 28
23 Th	28 42 59	5 ♓ 21 39	12 ♓ 23 43	11 54 13	28 00 59	11 06 45	15 06 38	29 41 21	4 46 19	22 40 46	7 41 35	9 29 25	18 28 13	23 27 54
24 F	29 44 48	19 19 51	26 07 15	13 30 47	29 16 03	11 30 34	15 40 54	29 34 10	5 00 52	22 49 24	7 45 54	9 32 27	18 31 48	23 30 58
25 Sa	0 ♒ 44 57	2 ♈ 47 17	9 ♈ 20 44	15 06 41	0 ♓ 29 26	11 53 04	16 13 37	29 24 60	5 13 50	22 56 24	7 48 37	9 33 54	18 33 45	23 32 24
26 Su	1 44 28	15 46 58	22 08 12	16 42 58	1 42 10	12 15 16	16 45 48	29 14 52	5 26 16	23 02 47	7 50 46	9 34 48	18 35 07	23 33 12
27 M	2 44 27	28 23 48	4 ♉ 35 04	18 20 43	2 55 20	12 38 14	17 18 33	29 04 52	5 39 15	23 09 39	7 53 25	9 36 13	18 36 59	23 34 28
28 Tu	3 45 48	10 ♉ 43 24	16 47 15	20 00 54	4 09 51	13 02 56	17 52 48	28 55 57	5 53 42	23 17 55	7 57 32	9 39 07	18 40 17	23 37 09

Notes

LONGITUDE

March 2023

Day	☉	0 hr ☽	Noon ☽	☿	♀	♂	⚵	⚳	♃	♄	⚷	♅	♆	♇
1 W	4 ♒ 49 13	22 ♉ 51 28	28 ♉ 50 21	21 ♑ 44 10	5 ♓ 26 24	13 ♉ 29 59	18 ♓ 29 12	28 ♌ 48 47	6 ♓ 10 17	23 ♑ 28 15	8 ♓ 03 44	9 ♈ 44 07	18 ♒ 45 39	23 ♐ 41 53
2 Th	5 54 54	4 ♊ 53 06	10 ♊ 49 17	23 30 46	6 45 12	13 59 37	19 07 60	28 43 37	6 29 14	23 40 53	8 12 18	9 51 30	18 53 22	23 48 55
3 F	7 02 44	16 52 30	22 47 56	25 20 34	8 06 06	14 31 41	19 49 02	28 40 19	6 50 25	23 55 40	8 23 02	10 01 05	19 03 14	23 58 06
4 Sa	8 12 08	28 52 53	4 ♋ 49 09	27 13 03	9 28 34	15 05 38	20 31 45	28 38 20	7 13 16	24 12 04	8 35 26	10 12 20	19 14 44	24 08 53
5 Su	9 22 21	10 ♋ 56 25	16 54 45	29 07 25	10 51 48	15 40 40	21 15 22	28 36 54	7 36 58	24 29 16	8 48 40	10 24 27	19 27 04	24 20 29
6 M	10 32 24	23 04 27	29 05 45	1 ♒ 02 45	12 14 51	16 15 49	21 58 56	28 35 06	8 00 37	24 46 19	9 01 49	10 36 30	19 39 18	24 31 56
7 Tu	11 41 25	5 ♌ 17 44	11 ♌ 22 38	2 58 10	13 36 49	16 50 12	22 41 32	28 32 01	8 23 18	25 02 21	9 13 59	10 47 34	19 50 31	24 42 21
8 W	12 48 38	17 36 44	23 45 45	4 52 55	14 56 58	17 23 03	23 22 27	28 26 57	8 44 16	25 16 36	9 24 24	10 56 55	19 59 58	24 50 60
9 Th	13 53 36	0 ♍ 01 59	6 ♍ 15 35	6 46 34	16 14 50	17 53 55	24 01 14	28 19 26	9 03 03	25 28 37	9 32 37	11 04 05	20 07 13	24 57 24
10 F	14 56 15	12 34 22	18 53 07	8 39 01	17 30 20	18 22 42	24 37 45	28 09 25	9 19 35	25 38 18	9 38 33	11 08 60	20 12 10	25 01 29
11 Sa	15 56 49	25 15 22	1 ♎ 39 60	10 30 34	18 43 44	18 49 39	25 12 18	27 57 10	9 34 07	25 45 55	9 42 29	11 11 55	20 15 05	25 03 31
12 Su	16 55 56	8 ♎ 07 07	14 38 32	12 21 48	19 55 37	19 15 24	25 45 29	27 43 18	9 47 15	25 52 05	9 44 59	11 13 26	20 16 34	25 04 04
13 M	17 54 23	21 12 18	27 51 31	14 13 31	21 06 49	19 40 43	26 18 05	27 28 39	9 59 48	25 57 35	9 46 53	11 14 21	20 17 25	25 03 60
14 Tu	18 53 05	4 ♏ 33 50	11 ♏ 21 47	16 06 35	22 18 12	20 06 30	26 51 00	27 14 07	10 12 39	26 03 20	9 49 04	11 15 35	20 18 32	25 04 09
15 W	19 52 47	18 14 16	25 11 36	18 01 46	23 30 34	20 33 32	27 25 02	27 00 30	10 26 35	26 10 06	9 52 18	11 17 54	20 20 42	25 05 20
16 Th	20 54 02	2 ♐ 15 09	9 ♐ 21 53	19 59 32	24 44 26	21 02 19	28 00 41	26 48 21	10 42 06	26 18 24	9 57 08	11 21 49	20 24 26	25 08 04
17 F	21 56 57	16 36 13	23 51 27	21 59 60	25 59 56	21 33 01	28 38 06	26 37 48	10 59 22	26 28 22	10 03 40	11 27 28	20 29 52	25 12 28
18 Sa	23 01 17	1 ♑ 14 50	8 ♑ 36 32	24 02 47	27 16 48	22 05 19	29 16 59	26 28 37	11 18 06	26 39 44	10 11 39	11 34 35	20 36 44	25 18 16
19 Su	24 06 23	16 05 45	23 30 46	26 07 13	28 34 23	22 38 38	29 56 45	26 20 11	11 37 40	26 51 53	10 20 28	11 42 33	20 44 25	25 24 52
20 M	25 11 29	1 ♒ 01 27	8 ♒ 25 55	28 12 22	29 51 56	23 12 08	0 ♈ 36 34	26 11 45	11 57 17	27 04 01	10 29 18	11 50 34	20 52 06	25 31 28
21 Tu	26 15 46	15 53 11	23 12 60	0 ♓ 17 20	1 ♈ 08 37	23 45 02	1 15 40	26 02 31	12 16 09	27 15 20	10 37 23	11 57 50	20 59 01	25 37 16
22 W	27 18 40	0 ♓ 32 21	7 ♓ 43 52	2 21 22	2 23 53	24 16 46	1 53 28	25 51 56	12 33 41	27 25 16	10 44 08	12 03 48	21 04 35	25 41 41
23 Th	28 19 55	14 51 51	21 52 25	4 24 01	3 37 27	24 47 03	2 29 41	25 39 46	12 49 38	27 33 33	10 49 16	12 08 10	21 08 32	25 44 27
24 F	29 19 36	28 47 02	5 ♈ 35 14	6 25 08	4 49 24	25 15 58	3 04 25	25 26 07	13 04 04	27 40 15	10 52 52	12 11 02	21 10 56	25 45 40
25 Sa	0 ♓ 18 05	12 ♈ 16 05	18 51 43	8 24 51	6 00 06	25 43 53	3 38 02	25 11 21	13 17 22	27 45 45	10 55 19	12 12 47	21 12 09	25 45 42
26 Su	1 15 55	25 19 43	1 ♉ 43 40	10 23 26	7 10 06	26 11 21	4 11 04	24 56 04	13 30 04	27 50 36	10 57 10	12 13 56	21 12 47	25 45 05
27 M	2 13 43	8 ♉ 00 42	14 14 33	12 21 11	8 20 01	26 38 58	4 44 10	24 40 53	13 42 48	27 55 26	10 59 03	12 15 08	21 13 24	25 44 28
28 Tu	3 12 03	20 23 04	26 28 55	14 18 19	9 30 25	27 07 18	5 17 52	24 26 24	13 56 07	28 00 46	11 01 29	12 16 56	21 14 35	25 44 23
29 W	4 11 18	2 ♊ 31 33	8 ♊ 31 45	16 14 51	10 41 41	27 36 45	5 52 33	24 12 60	14 10 24	28 07 01	11 04 54	12 19 42	21 16 43	25 45 13
30 Th	5 11 39	14 31 04	20 27 60	18 10 34	11 53 60	28 07 28	6 28 25	24 00 53	14 25 50	28 14 22	11 09 27	12 23 39	21 19 59	25 47 11
31 F	6 13 04	26 26 18	2 ♋ 22 16	20 05 03	13 07 19	28 39 26	7 05 25	23 50 03	14 42 24	28 22 47	11 15 06	12 28 44	21 24 21	25 50 13

LONGITUDE

April 2023

Day	☉	0 hr ☽	Noon ☽	☿	♀	♂	⚵	⚳	♃	♄	⚷	♅	♆	♇
1 Sa	7 ♓ 15 19	8 ♋ 21 31	14 ♋ 18 34	21 ♓ 57 40	14 ♈ 21 24	29 ♉ 12 23	7 ♈ 43 19	23 ♌ 40 16	14 ♓ 59 49	28 ♑ 31 60	11 ♓ 21 38	12 ♈ 34 42	21 ♒ 29 34	25 ♐ 54 06
2 Su	8 17 60	20 20 21	26 20 17	23 47 36	15 35 51	29 45 57	8 21 43	23 31 09	15 17 44	28 41 39	11 28 38	12 41 10	21 35 15	25 58 25
3 M	9 20 41	2 ♌ 25 46	8 ♌ 30 03	25 34 02	16 50 15	0 ♊ 19 41	9 00 11	23 22 18	15 35 42	28 51 17	11 35 41	12 47 42	21 40 58	26 02 45
4 Tu	10 22 56	14 40 04	20 49 47	27 16 10	18 04 09	0 53 09	9 38 18	23 13 17	15 53 17	29 00 29	11 42 20	12 53 52	21 46 17	26 06 40
5 W	11 24 25	27 04 54	3 ♍ 20 46	28 53 18	19 17 12	1 25 60	10 15 42	23 03 46	16 10 09	29 08 54	11 48 16	12 59 19	21 50 51	26 09 50
6 Th	12 24 57	9 ♍ 41 20	16 03 44	0 ♈ 24 57	20 29 14	1 58 03	10 52 13	22 53 35	16 26 05	29 16 20	11 53 16	13 03 52	21 54 30	26 12 02
7 F	13 24 29	22 29 59	28 59 03	1 50 46	21 40 12	2 29 15	11 27 47	22 42 43	16 41 04	29 22 46	11 57 18	13 07 29	21 57 10	26 13 15
8 Sa	14 23 10	5 ♎ 31 08	12 ♎ 06 49	3 10 37	22 50 13	2 59 44	12 02 34	22 31 18	16 55 13	29 28 19	12 00 31	13 10 18	21 58 59	26 13 37
9 Su	15 21 14	18 44 51	25 26 59	4 24 32	23 59 34	3 29 45	12 36 47	22 19 36	17 08 49	29 33 13	12 03 09	13 12 33	22 00 14	26 13 22
10 M	16 19 01	2 ♏ 11 06	8 ♏ 59 26	5 32 38	25 08 32	3 59 39	13 10 47	22 07 58	17 22 09	29 37 50	12 05 32	13 14 35	22 01 13	26 12 51
11 Tu	17 16 52	15 49 42	22 43 56	6 35 04	26 17 30	4 29 44	13 44 54	21 56 43	17 35 35	29 42 29	12 07 60	13 16 44	22 02 17	26 12 24
12 W	18 15 02	29 40 15	6 ♐ 39 57	7 31 58	27 26 41	5 00 16	14 19 23	21 46 09	17 49 22	29 47 25	12 10 49	13 19 14	22 03 40	26 12 16
13 Th	19 13 41	13 ♐ 41 56	20 46 27	8 23 20	28 36 15	5 31 25	14 54 23	21 36 25	18 03 38	29 52 47	12 14 08	13 22 16	22 05 33	26 12 36
14 F	20 12 47	27 53 21	5 ♑ 01 43	9 09 06	29 46 13	6 03 10	15 29 55	21 27 32	18 18 25	29 58 36	12 17 56	13 25 49	22 07 55	26 13 25
15 Sa	21 12 16	12 ♑ 12 13	19 23 04	9 49 03	0 ♉ 56 27	6 35 25	16 05 52	21 19 23	18 33 35	0 ♒ 04 45	12 22 08	13 29 46	22 10 40	26 14 35
16 Su	22 11 54	26 35 23	3 ♒ 46 54	10 22 56	2 06 45	7 07 57	16 42 01	21 11 47	18 48 56	0 11 02	12 26 30	13 33 56	22 13 35	26 15 55
17 M	23 11 30	10 ♒ 58 49	18 08 51	10 50 32	3 16 54	7 40 34	17 18 09	21 04 33	19 04 15	0 17 13	12 30 51	13 38 05	22 16 28	26 17 12
18 Tu	24 10 52	25 17 55	2 ♓ 24 08	11 11 41	4 26 45	8 13 05	17 54 08	20 57 29	19 19 22	0 23 10	12 34 59	13 42 04	22 19 09	26 18 16
19 W	25 09 55	9 ♓ 27 58	16 28 07	11 26 19	5 36 10	8 45 25	18 29 50	20 50 32	19 34 12	0 28 45	12 38 51	13 45 46	22 21 32	26 19 01
20 Th	26 08 40	23 24 37	0 ♈ 16 50	11 34 33	6 45 12	9 17 35	19 05 17	20 43 41	19 48 45	0 33 60	12 42 25	13 49 14	22 23 37	26 19 28
21 F	27 07 11	7 ♈ 04 28	13 47 27	11 36 34	7 53 53	9 49 38	19 40 33	20 37 03	20 03 05	0 38 59	12 45 47	13 52 30	22 25 29	26 19 41
22 Sa	28 05 35	20 25 21	26 58 29	11 32 42	9 02 21	10 21 41	20 15 44	20 30 44	20 17 19	0 43 49	12 49 03	13 55 42	22 27 16	26 19 47
23 Su	29 03 58	3 ♉ 26 32	9 ♉ 49 57	11 23 15	10 10 42	10 53 52	20 50 58	20 24 50	20 31 34	0 48 36	12 52 20	13 58 55	22 29 02	26 19 54
24 M	0 ♈ 02 25	16 08 43	22 23 14	11 08 37	11 19 00	11 26 13	21 26 18	20 19 27	20 45 54	0 53 24	12 55 42	14 02 16	22 30 54	26 20 04
25 Tu	1 00 57	28 33 50	4 ♊ 40 50	10 49 11	12 27 16	11 58 46	22 01 45	20 14 36	21 00 19	0 58 15	12 59 09	14 05 43	22 32 50	26 20 19
26 W	1 59 30	10 ♊ 44 51	16 46 09	10 25 19	13 35 26	12 31 27	22 37 16	20 10 13	21 14 47	1 03 06	13 02 40	14 09 15	22 34 50	26 20 36
27 Th	2 58 00	22 45 30	28 43 14	9 57 27	14 43 25	13 04 13	23 12 46	20 06 14	21 29 12	1 07 51	13 06 08	14 12 47	22 36 47	26 20 51
28 F	3 56 21	4 ♋ 40 00	10 ♋ 36 27	9 26 01	15 51 07	13 36 55	23 48 09	20 02 32	21 43 29	1 12 24	13 09 28	14 16 11	22 38 35	26 20 56
29 Sa	4 54 27	16 32 54	22 30 22	8 51 33	16 58 27	14 09 30	24 23 20	19 59 04	21 57 33	1 16 41	13 12 35	14 19 23	22 40 10	26 20 47
30 Su	5 52 17	28 28 43	4 ♌ 29 27	8 14 40	18 05 22	14 41 55	24 58 17	19 55 46	22 11 20	1 20 38	13 15 27	14 22 22	22 41 30	26 20 22

Notes

May 2023

LONGITUDE

Day	☉	0 hr ☽	Noon ☽	☿	♀	♂	⚵	⚳	♃	♄	⚷	♅	♆	♇
1 M	6 ♈ 49 53	10 ♌ 31 55	16 ♌ 37 56	7 ♈ 36 06	19 ♉ 11 55	15 ♊ 14 13	25 ♈ 33 02	19 ♌ 52 42	22 ♓ 24 55	1 ♒ 24 20	13 ♓ 18 05	14 ♈ 25 10	22 ♒ 42 36	26 ♐ 19 44
2 Tu	7 47 22	22 46 31	28 59 33	6 56 39	20 18 12	15 46 29	26 07 42	19 49 58	22 38 22	1 27 51	13 20 38	14 27 52	22 43 36	26 18 58
3 W	8 44 53	5 ♍ 15 55	11 ♍ 37 14	6 17 12	21 24 22	16 18 54	26 42 26	19 47 43	22 51 53	1 31 23	13 23 13	14 30 39	22 44 39	26 18 16
4 Th	9 42 39	18 02 37	24 32 58	5 38 37	22 30 38	16 51 40	27 17 27	19 46 09	23 05 38	1 35 06	13 26 04	14 33 43	22 45 57	26 17 48
5 F	10 40 50	1 ♎ 07 58	7 ♎ 47 30	5 01 45	23 37 09	17 24 57	27 52 55	19 45 27	23 19 49	1 39 11	13 29 21	14 37 14	22 47 40	26 17 45
6 Sa	11 39 33	14 32 03	21 20 14	4 27 20	24 44 01	17 58 51	28 28 56	19 45 44	23 34 31	1 43 45	13 33 10	14 41 18	22 49 56	26 18 15
7 Su	12 38 47	28 13 32	5 ♏ 09 16	3 55 54	25 51 16	18 33 23	29 05 30	19 46 58	23 49 45	1 48 48	13 37 32	14 45 57	22 52 44	26 19 16
8 M	13 38 27	12 ♏ 09 49	19 11 32	3 27 52	26 58 44	19 08 25	29 42 31	19 49 04	24 05 24	1 54 12	13 42 18	14 51 02	22 55 57	26 20 42
9 Tu	14 38 16	26 17 20	3 ♐ 23 10	3 03 24	28 06 11	19 43 42	0 ♉ 19 43	19 51 44	24 21 11	1 59 43	13 47 14	14 56 18	22 59 20	26 22 17
10 W	15 37 56	10 ♐ 31 58	17 39 59	2 42 32	29 13 17	20 18 54	0 56 46	19 54 41	24 36 49	2 04 60	13 52 01	15 01 24	23 02 33	26 23 42
11 Th	16 37 06	24 49 36	1 ♑ 57 60	2 25 15	0 ♊ 19 43	20 53 43	1 33 21	19 57 34	24 51 56	2 09 44	13 56 18	15 06 05	23 05 17	26 24 38
12 F	17 35 33	9 ♑ 06 28	16 13 43	2 11 31	1 25 12	21 27 53	2 09 13	20 00 08	25 06 19	2 13 41	13 59 51	15 10 02	23 07 16	26 24 50
13 Sa	18 33 11	23 19 35	0 ♒ 24 25	2 01 27	2 29 41	22 01 19	2 44 18	20 02 19	25 19 53	2 16 46	14 02 36	15 13 12	23 08 27	26 24 13
14 Su	19 30 08	7 ♒ 26 41	14 28 06	1 55 15	3 33 16	22 34 10	3 18 42	20 04 13	25 32 45	2 19 06	14 04 39	15 15 43	23 08 57	26 22 54
15 M	20 26 42	21 26 11	28 23 23	1 53 17	4 36 16	23 06 42	3 52 44	20 06 09	25 45 12	2 20 58	14 06 19	15 17 51	23 09 03	26 21 12
16 Tu	21 23 19	5 ♓ 16 55	12 ♓ 09 10	1 56 00	5 39 04	23 39 22	4 26 50	20 08 32	25 57 40	2 22 50	14 08 01	15 20 02	23 09 12	26 19 32
17 W	22 20 27	18 57 57	25 44 33	2 03 52	6 42 10	24 12 38	5 01 27	20 11 51	26 10 39	2 25 08	14 10 14	15 22 46	23 09 51	26 18 23
18 Th	23 18 29	2 ♈ 28 18	9 ♈ 08 37	2 17 12	7 45 58	24 46 53	5 36 60	20 16 28	26 24 31	2 28 17	14 13 21	15 26 26	23 11 25	26 18 09
19 F	24 17 42	15 46 57	22 20 25	2 36 13	8 50 40	25 22 24	6 13 44	20 22 40	26 39 32	2 32 32	14 17 38	15 31 17	23 14 09	26 19 04
20 Sa	25 18 08	28 52 57	5 ♉ 19 12	3 00 51	9 56 21	25 59 13	6 51 41	20 30 28	26 55 44	2 37 57	14 23 08	15 37 22	23 18 05	26 21 13
21 Su	26 19 37	11 ♉ 45 31	18 04 30	3 30 51	11 02 50	26 37 09	7 30 42	20 39 43	27 12 58	2 44 19	14 29 40	15 44 31	23 23 04	26 24 24
22 M	27 21 46	24 24 20	0 ♊ 36 22	4 05 42	12 09 42	27 15 51	8 10 23	20 50 01	27 30 51	2 51 19	14 36 52	15 52 21	23 28 43	26 28 15
23 Tu	28 24 05	6 ♊ 49 48	12 55 39	4 44 49	13 16 29	27 54 47	8 50 16	21 00 53	27 48 52	2 58 24	14 44 14	16 00 22	23 34 32	26 32 16
24 W	29 26 01	19 03 05	25 03 58	5 27 30	14 22 35	28 33 26	9 29 45	21 11 44	28 06 28	3 05 02	14 51 12	16 08 01	23 39 58	26 35 54
25 Th	0 ♉ 27 04	1 ♋ 06 20	7 ♋ 03 52	6 13 10	15 27 31	29 11 16	10 08 23	21 22 05	28 23 10	3 10 43	14 57 17	16 14 48	23 44 31	26 38 40
26 F	1 26 53	13 02 38	18 58 48	7 01 20	16 30 55	29 47 56	10 45 46	21 31 34	28 38 36	3 15 07	15 02 08	16 20 22	23 47 50	26 40 11
27 Sa	2 25 20	24 55 56	0 ♌ 52 58	7 51 44	17 32 38	0 ♋ 23 19	11 21 48	21 40 03	28 52 38	3 18 03	15 05 35	16 24 34	23 49 45	26 40 20
28 Su	3 22 31	6 ♌ 50 54	12 51 11	8 44 25	18 32 45	0 57 30	11 56 33	21 47 37	29 05 22	3 19 39	15 07 46	16 27 31	23 50 25	26 39 13
29 M	4 18 47	18 52 42	24 58 40	9 39 36	19 31 37	1 30 51	12 30 25	21 54 39	29 17 09	3 20 17	15 09 02	16 29 35	23 50 10	26 37 11
30 Tu	5 14 42	1 ♍ 06 42	7 ♍ 20 36	10 37 45	20 29 47	2 03 55	13 03 55	22 01 39	29 28 33	3 20 29	15 09 56	16 31 17	23 49 33	26 34 49
31 W	6 10 56	13 37 57	20 01 46	11 39 28	21 27 53	2 37 21	13 37 43	22 09 19	29 40 13	3 20 55	15 11 07	16 33 19	23 49 13	26 32 44

June 2023

LONGITUDE

Day	☉	0 hr ☽	Noon ☽	☿	♀	♂	⚵	⚳	♃	♄	⚷	♅	♆	♇
1 Th	7 ♉ 08 06	26 ♍ 30 47	3 ♎ 05 55	12 ♈ 45 18	22 ♊ 26 34	3 ♋ 11 49	14 ♉ 12 28	22 ♌ 18 15	29 ♓ 52 47	3 ♒ 22 13	15 ♓ 13 14	16 ♈ 36 17	23 ♒ 49 50	26 ♐ 31 36
2 F	8 06 44	9 ♎ 48 09	16 35 12	13 55 42	23 26 18	3 47 48	14 48 41	22 28 59	0 ♈ 06 47	3 24 55	15 16 48	16 40 44	23 51 55	26 31 56
3 Sa	9 07 05	23 30 59	0 ♏ 29 31	15 10 51	24 27 22	4 25 34	15 26 36	22 41 46	0 22 27	3 29 15	15 22 04	16 46 54	23 55 42	26 33 59
4 Su	10 09 04	7 ♏ 37 48	14 46 14	16 30 38	25 29 39	5 05 02	16 06 10	22 56 30	0 39 42	3 35 09	15 28 58	16 54 43	24 01 06	26 37 40
5 M	11 12 17	22 04 27	29 20 10	17 54 34	26 32 43	5 45 47	16 46 56	23 12 46	0 58 08	3 42 10	15 37 03	17 03 44	24 07 43	26 42 33
6 Tu	12 15 58	6 ♐ 44 35	14 ♐ 04 14	19 21 54	27 35 49	6 27 05	17 28 10	23 29 49	1 16 59	3 49 37	15 45 35	17 13 15	24 14 47	26 47 56
7 W	13 19 19	21 30 25	28 50 24	20 51 44	28 38 06	7 08 05	18 09 02	23 46 49	1 35 26	3 56 36	15 53 45	17 22 24	24 21 30	26 52 56
8 Th	14 21 30	6 ♑ 14 05	13 ♑ 31 08	22 23 15	29 38 45	7 47 59	18 48 44	24 02 57	1 52 40	4 02 21	16 00 44	17 30 23	24 27 01	26 56 47
9 F	15 21 60	20 48 49	28 00 25	23 55 54	0 ♋ 37 12	8 26 15	19 26 44	24 17 41	2 08 09	4 06 20	16 05 60	17 36 41	24 30 51	26 58 56
10 Sa	16 20 40	5 ♒ 09 56	12 ♒ 14 30	25 29 31	1 33 20	9 02 45	20 02 54	24 30 53	2 21 45	4 08 24	16 09 24	17 41 08	24 32 49	26 59 15
11 Su	17 17 50	19 15 02	26 11 53	27 04 23	2 27 25	9 37 47	20 37 31	24 42 51	2 33 47	4 08 51	16 11 16	17 44 04	24 33 16	26 58 02
12 M	18 14 09	3 ♓ 03 49	9 ♓ 52 58	28 41 11	3 20 06	10 12 02	21 11 17	24 54 14	2 44 53	4 08 23	16 12 15	17 46 09	24 32 50	26 55 58
13 Tu	19 10 32	16 37 26	23 19 18	0 ♉ 20 45	4 12 17	10 46 25	21 45 05	25 05 58	2 55 59	4 07 53	16 13 16	17 48 16	24 32 26	26 53 57
14 W	20 07 54	29 57 45	6 ♈ 32 54	2 04 02	5 04 52	11 21 49	22 19 51	25 18 56	3 08 00	4 08 17	16 15 14	17 51 22	24 33 01	26 52 55
15 Th	21 07 03	13 ♈ 06 41	19 35 38	3 51 47	5 58 37	11 59 04	22 56 22	25 33 57	3 21 44	4 10 21	16 18 56	17 56 13	24 35 20	26 53 38
16 F	22 08 26	26 05 43	2 ♉ 28 53	5 44 24	6 53 59	12 38 36	23 35 07	25 51 28	3 37 37	4 14 35	16 24 51	18 03 19	24 39 53	26 56 36
17 Sa	23 12 10	8 ♉ 55 40	15 13 19	7 41 59	7 51 03	13 20 32	24 16 11	26 11 36	3 55 47	4 21 04	16 33 05	18 12 44	24 46 45	27 01 54
18 Su	24 17 57	21 36 45	27 49 06	9 44 08	8 49 28	14 04 34	24 59 15	26 34 01	4 15 54	4 29 30	16 43 18	18 24 10	24 55 38	27 09 14
19 M	25 25 06	4 ♊ 08 46	10 ♊ 16 07	11 50 07	9 48 34	14 50 03	25 43 42	26 58 04	4 37 21	4 39 14	16 54 54	18 36 59	25 05 53	27 17 57
20 Tu	26 32 47	16 31 30	22 34 19	13 58 58	10 47 27	15 36 05	26 28 37	27 22 52	4 59 13	4 49 24	17 06 57	18 50 18	25 16 37	27 27 10
21 W	27 40 00	28 45 04	4 ♋ 44 06	16 09 36	11 45 07	16 21 43	27 13 04	27 47 27	5 20 33	4 59 00	17 18 31	19 03 08	25 26 53	27 35 55
22 Th	28 45 53	10 ♋ 50 17	16 46 42	18 20 58	12 40 39	17 06 05	27 56 09	28 10 57	5 40 28	5 07 12	17 28 43	19 14 37	25 35 47	27 43 20
23 F	29 49 47	22 48 59	28 44 18	20 32 14	13 33 23	17 48 30	28 37 13	28 32 41	5 58 19	5 13 18	17 36 53	19 24 06	25 42 40	27 48 45
24 Sa	0 ♊ 51 23	4 ♌ 44 06	10 ♌ 40 14	22 42 54	14 22 57	18 28 40	29 15 58	28 52 21	6 13 46	5 17 02	17 42 44	19 31 16	25 47 14	27 51 53
25 Su	1 50 46	16 39 44	22 38 55	24 52 50	15 09 25	19 06 40	29 52 28	29 10 01	6 26 56	5 18 27	17 46 19	19 36 12	25 49 34	27 52 47
26 M	2 48 25	28 40 59	4 ♍ 45 42	27 02 15	15 53 14	19 43 00	0 ♊ 27 12	29 26 12	6 38 17	5 18 04	17 48 08	19 39 23	25 50 09	27 51 58
27 Tu	3 45 09	10 ♍ 53 40	17 06 28	29 11 41	16 35 09	20 18 28	1 00 59	29 41 39	6 48 37	5 16 40	17 49 00	19 41 37	25 49 48	27 50 12
28 W	4 41 58	23 23 52	29 47 13	1 ♊ 21 51	17 16 09	20 54 02	1 34 48	29 57 24	6 58 56	5 15 15	17 49 54	19 43 55	25 49 29	27 48 31
29 Th	5 39 51	6 ♎ 17 20	12 ♎ 53 16	3 33 30	17 57 11	21 30 45	2 09 41	0 ♍ 14 26	7 10 15	5 14 50	17 51 50	19 47 16	25 50 13	27 47 55
30 F	6 39 39	19 38 39	26 28 28	5 47 09	18 39 03	22 09 25	2 46 26	0 33 35	7 23 22	5 16 14	17 55 39	19 52 30	25 52 52	27 49 14

Notes

LONGITUDE — July 2023

Day	☉	0 hr ☽	Noon ☽	☿	♀	♂	⚵	⚳	♃	♄	⚷	♅	♆	♇
1 Sa	7 ♊ 41 51	3 ♏ 30 20	10 ♏ 34 08	8 ♊ 03 01	19 ♋ 22 09	22 ♋ 50 31	3 ♊ 25 32	0 ♍ 55 18	7 ♈ 38 47	5 ♒ 19 57	18 ♓ 01 48	20 ♈ 00 06	25 ♒ 57 51	27 ♐ 52 55
2 Su	8 46 24	17 51 52	25 08 17	10 20 47	20 06 27	23 34 01	4 06 57	1 19 35	7 56 27	5 25 56	18 10 17	20 10 03	26 05 11	27 58 58
3 M	9 52 46	2 ♐ 39 11	10 ♐ 05 15	12 39 42	20 51 21	24 19 22	4 50 09	1 45 53	8 15 51	5 33 38	18 20 31	20 21 46	26 14 18	28 06 49
4 Tu	10 59 58	17 44 37	25 16 03	14 58 32	21 35 48	25 05 36	5 34 09	2 13 11	8 35 57	5 42 05	18 31 33	20 34 18	26 24 13	28 15 30
5 W	12 06 48	2 ♑ 57 57	10 ♑ 29 47	17 15 53	22 18 34	25 51 31	6 17 43	2 40 17	8 55 36	5 50 04	18 42 10	20 46 25	26 33 44	28 23 48
6 Th	13 12 09	18 08 10	25 35 39	19 30 29	22 58 29	26 35 58	6 59 46	3 06 05	9 13 38	5 56 29	18 51 14	20 57 01	26 41 44	28 30 36
7 F	14 15 15	3 ♒ 05 24	10 ♒ 24 48	21 41 25	23 34 44	27 18 12	7 39 31	3 29 47	9 29 17	6 00 32	18 57 60	21 05 19	26 47 27	28 35 09
8 Sa	15 15 52	17 42 37	24 51 36	23 48 20	24 07 02	27 58 00	8 16 44	3 51 11	9 42 22	6 02 02	19 02 14	21 11 07	26 50 39	28 37 12
9 Su	16 14 24	1 ♓ 56 18	8 ♓ 53 60	25 51 32	24 35 43	28 35 45	8 51 49	4 10 39	9 53 13	6 01 20	19 04 20	21 14 47	26 51 43	28 37 09
10 M	17 11 43	15 46 11	22 32 51	27 51 47	25 01 36	29 12 18	9 25 37	4 29 03	10 02 44	5 59 19	19 05 08	21 17 11	26 51 31	28 35 52
11 Tu	18 08 57	29 14 23	5 ♈ 51 04	29 50 11	25 25 47	29 48 49	9 59 17	4 47 32	10 12 02	5 57 08	19 05 48	21 19 27	26 51 13	28 34 29
12 W	19 07 17	12 ♈ 24 23	18 52 27	1 ♋ 47 53	25 49 23	0 ♌ 26 29	10 34 01	5 07 16	10 22 19	5 55 58	19 07 32	21 22 47	26 51 59	28 34 13
13 Th	20 07 45	25 19 58	1 ♉ 40 50	3 45 51	26 13 21	1 06 17	11 10 48	5 29 16	10 34 35	5 56 49	19 11 19	21 28 12	26 54 49	28 36 02
14 F	21 10 57	8 ♉ 04 32	14 19 28	5 44 42	26 38 15	1 48 52	11 50 16	5 54 10	10 49 27	6 00 19	19 17 46	21 36 18	27 00 21	28 40 35
15 Sa	22 17 01	20 40 39	26 50 39	7 44 32	27 04 10	2 34 21	12 32 34	6 22 04	11 07 04	6 06 36	19 27 03	21 47 14	27 08 44	28 47 60
16 Su	23 25 37	3 ♊ 09 51	9 ♊ 15 43	9 45 02	27 30 41	3 22 25	13 17 19	6 52 39	11 27 04	6 15 19	19 38 48	22 00 39	27 19 36	28 57 56
17 M	24 35 60	15 32 50	21 35 08	11 45 24	27 56 60	4 12 16	14 03 48	7 25 08	11 48 42	6 25 44	19 52 16	22 15 47	27 32 13	29 09 38
18 Tu	25 47 06	27 49 42	3 ♋ 48 59	13 44 37	28 21 58	5 02 53	14 50 56	7 58 29	12 10 55	6 36 46	20 06 23	22 31 36	27 45 30	29 22 02
19 W	26 57 45	10 ♋ 00 22	15 57 16	15 41 31	28 44 25	5 53 06	15 37 34	8 31 32	12 32 34	6 47 17	20 20 01	22 46 55	27 58 19	29 33 60
20 Th	28 06 54	22 05 07	28 00 25	17 35 02	29 03 12	6 41 50	16 22 38	9 03 12	12 52 33	6 56 13	20 32 04	23 00 42	28 09 35	29 44 27
21 F	29 13 44	4 ♌ 04 53	9 ♌ 59 44	19 24 21	29 17 26	7 28 17	17 05 19	9 32 41	13 10 04	7 02 44	20 41 45	23 12 06	28 18 29	29 52 34
22 Sa	0 ♋ 17 48	16 01 41	21 57 34	21 09 02	29 26 40	8 12 01	17 45 12	9 59 31	13 24 41	7 06 26	20 48 37	23 20 42	28 24 37	29 57 55
23 Su	1 19 09	27 58 42	3 ♍ 57 29	22 49 08	29 30 52	8 53 03	18 22 16	10 23 46	13 36 25	7 07 18	20 52 41	23 26 31	28 27 58	0 ♑ 00 32
24 M	2 18 14	10 ♍ 00 19	16 04 13	24 25 05	29 30 28	9 31 52	18 57 02	10 45 52	13 45 45	7 05 51	20 54 27	23 30 02	28 29 02	0 00 54
25 Tu	3 15 55	22 11 58	28 23 25	25 57 45	29 26 17	10 09 18	19 30 19	11 06 42	13 53 32	7 02 55	20 54 46	23 32 06	28 28 40	29 ♐ 59 51
26 W	4 13 18	4 ♎ 39 41	11 ♎ 01 14	27 28 14	29 19 25	10 46 28	20 03 14	11 27 20	14 00 51	6 59 36	20 54 42	23 33 48	28 27 57	29 58 29
27 Th	5 11 30	17 29 39	24 03 39	28 57 38	29 10 58	11 24 30	20 36 55	11 48 54	14 08 51	6 57 03	20 55 25	23 36 18	28 28 02	29 57 58
28 F	6 11 31	0 ♏ 47 18	7 ♏ 35 34	0 ♌ 26 54	29 01 54	12 04 22	21 12 21	12 12 24	14 18 30	6 56 14	20 57 52	23 40 33	28 29 54	29 59 14
29 Sa	7 13 57	14 36 25	21 39 42	1 56 39	28 52 52	12 46 41	21 50 07	12 38 25	14 30 25	6 57 46	21 02 42	23 47 09	28 34 08	0 ♑ 02 55
30 Su	8 18 52	28 57 56	6 ♐ 15 33	3 26 54	28 43 56	13 31 31	22 30 19	13 07 02	14 44 38	7 01 43	21 09 56	23 56 12	28 40 49	0 09 05
31 M	9 25 47	13 ♐ 49 04	21 18 31	4 57 07	28 34 40	14 18 22	23 12 25	13 37 44	15 00 41	7 07 35	21 19 06	24 07 10	28 49 28	0 17 14

LONGITUDE — August 2023

Day	☉	0 hr ☽	Noon ☽	☿	♀	♂	⚵	⚳	♃	♄	⚷	♅	♆	♇
1 Tu	10 ♋ 33 41	29 ♐ 02 54	6 ♑ 39 55	6 ♌ 26 17	28 ♋ 24 07	15 ♌ 06 14	23 ♊ 55 27	14 ♍ 09 31	15 ♈ 17 34	7 ♒ 14 22	21 ♓ 29 12	24 ♈ 19 05	28 ♒ 59 04	0 ♑ 26 23
2 W	11 41 20	14 ♑ 28 59	22 08 08	7 53 04	28 11 06	15 53 52	24 38 09	14 41 08	15 34 01	7 20 50	21 38 59	24 30 41	29 08 22	0 35 15
3 Th	12 47 31	29 54 59	7 ♒ 30 36	9 16 15	27 54 32	16 40 04	25 19 18	15 11 24	15 48 50	7 25 46	21 47 15	24 40 46	29 16 10	0 42 39
4 F	13 51 25	15 ♒ 09 01	22 36 15	10 34 54	27 33 41	17 24 00	25 58 06	15 39 27	16 01 11	7 28 20	21 53 09	24 48 29	29 21 38	0 47 45
5 Sa	14 52 43	0 ♓ 01 48	7 ♓ 17 18	11 48 40	27 08 23	18 05 22	26 34 13	16 04 59	16 10 46	7 28 15	21 56 23	24 53 33	29 24 28	0 50 16
6 Su	15 51 46	14 27 51	21 30 02	12 57 48	26 39 07	18 44 30	27 07 60	16 28 21	16 17 54	7 25 50	21 57 17	24 56 18	29 25 00	0 50 29
7 M	16 49 23	28 25 37	5 ♈ 14 26	14 03 01	26 06 52	19 22 13	27 40 16	16 50 21	16 23 24	7 21 55	21 56 41	24 57 32	29 24 03	0 49 16
8 Tu	17 46 41	11 ♈ 56 43	18 33 12	15 05 23	25 32 57	19 59 38	28 12 07	17 12 08	16 28 25	7 17 38	21 55 43	24 58 24	29 22 45	0 47 44
9 W	18 44 51	25 04 46	1 ♉ 30 35	16 05 55	24 58 45	20 37 57	28 44 46	17 34 50	16 34 06	7 14 08	21 55 31	25 00 03	29 22 16	0 47 02
10 Th	19 44 52	7 ♉ 54 15	14 11 18	17 05 31	24 25 26	21 18 07	29 19 10	17 59 28	16 41 26	7 12 25	21 57 06	25 03 29	29 23 35	0 48 11
11 F	20 47 22	20 29 38	26 39 48	18 04 40	23 53 51	22 00 48	29 55 58	18 26 39	16 51 03	7 13 07	22 01 06	25 09 19	29 27 20	0 51 47
12 Sa	21 52 31	2 ♊ 54 44	8 ♊ 59 42	19 03 23	23 24 26	22 46 09	0 ♋ 35 19	18 56 33	17 03 07	7 16 25	22 07 41	25 17 44	29 33 42	0 58 03
13 Su	23 00 01	15 12 30	21 13 38	20 01 14	22 57 05	23 33 53	1 16 56	19 28 53	17 17 21	7 22 01	22 16 32	25 28 27	29 42 22	1 06 38
14 M	24 09 12	27 24 51	3 ♋ 23 17	20 57 22	22 31 22	24 23 18	2 00 08	20 02 56	17 33 02	7 29 14	22 26 60	25 40 45	29 52 40	1 16 54
15 Tu	25 19 04	9 ♋ 32 56	15 29 34	21 50 36	22 06 34	25 13 27	2 43 57	20 37 46	17 49 14	7 37 06	22 38 05	25 53 41	0 ♓ 03 37	1 27 51
16 W	26 28 36	21 37 26	27 32 60	22 39 43	21 41 52	26 03 16	3 27 20	21 12 19	18 04 53	7 44 34	22 48 46	26 06 12	0 14 12	1 38 26
17 Th	27 36 48	3 ♌ 38 50	9 ♌ 34 07	23 23 30	21 16 28	26 51 47	4 09 16	21 45 36	18 18 59	7 50 40	22 58 03	26 17 19	0 23 23	1 47 41
18 F	28 42 55	15 37 58	21 33 50	24 00 59	20 49 52	27 38 13	4 49 02	22 16 51	18 30 48	7 54 37	23 05 09	26 26 16	0 30 27	1 54 51
19 Sa	29 46 30	27 36 15	3 ♍ 33 48	24 31 31	20 21 51	28 22 09	5 26 11	22 45 38	18 39 53	7 56 01	23 09 41	26 32 38	0 34 58	1 59 28
20 Su	0 ♌ 47 33	9 ♍ 35 60	15 36 36	24 54 50	19 52 35	29 03 35	6 00 42	23 11 57	18 46 14	7 54 50	23 11 37	26 36 24	0 36 54	2 01 34
21 M	1 46 27	21 40 30	27 45 53	25 11 05	19 22 38	29 42 53	6 32 58	23 36 10	18 50 12	7 51 28	23 11 20	26 37 56	0 36 38	2 01 29
22 Tu	2 43 54	3 ♎ 54 02	10 ♎ 06 10	25 20 44	18 52 53	0 ♍ 20 45	7 03 41	23 58 59	18 52 32	7 46 37	23 09 32	26 37 57	0 34 54	1 59 58
23 W	3 40 51	16 21 37	22 42 39	25 24 28	18 24 24	0 58 08	7 33 47	24 21 21	18 54 07	7 41 14	23 07 09	26 37 23	0 32 36	1 57 55
24 Th	4 38 15	29 08 33	5 ♏ 40 40	25 23 06	17 58 18	1 35 60	8 04 16	24 44 14	18 55 59	7 36 17	23 05 10	26 37 14	0 30 45	1 56 21
25 F	5 37 00	12 ♏ 19 56	19 04 56	25 17 18	17 35 36	2 15 14	8 36 00	25 08 31	18 58 58	7 32 39	23 04 29	26 38 20	0 30 12	1 56 07
26 Sa	6 37 40	25 59 40	2 ♐ 58 41	25 07 30	17 16 55	2 56 24	9 09 32	25 34 45	19 03 39	7 30 54	23 05 38	26 41 17	0 31 31	1 57 47
27 Su	7 40 21	10 ♐ 09 36	17 22 35	24 53 44	17 02 31	3 39 37	9 45 00	26 03 04	19 10 10	7 31 10	23 08 45	26 46 12	0 34 51	2 01 30
28 M	8 44 45	24 48 31	2 ♑ 13 50	24 35 39	16 52 04	4 24 33	10 22 04	26 33 07	19 18 09	7 33 06	23 13 31	26 52 44	0 39 50	2 06 54
29 Tu	9 50 05	9 ♑ 51 34	17 25 52	24 12 35	16 44 55	5 10 26	10 59 58	27 04 09	19 26 51	7 35 58	23 19 09	27 00 08	0 45 43	2 13 13
30 W	10 55 21	25 10 17	2 ♒ 48 49	23 43 45	16 40 04	5 56 18	11 37 42	27 35 10	19 35 17	7 38 45	23 24 40	27 07 25	0 51 31	2 19 30
31 Th	11 59 37	10 ♒ 33 43	18 11 00	23 08 30	16 36 35	6 41 09	12 14 19	28 05 13	19 42 29	7 40 30	23 29 06	27 13 36	0 56 15	2 24 45

Notes

September 2023

LONGITUDE

Day	☉	0 hr ☽	Noon ☽	☿	♀	♂	⚵	⚳	♃	♄	⚷	♅	♆	♇
1 F	13 ♌ 02 08	25 ♒ 50 10	3 ♓ 20 60	22 ♌ 26 34	16 ♋ 33 45	7 ♍ 24 17	12 ♋ 49 05	28 ♍ 33 32	19 ♈ 47 42	7 ♒ 40 29	23 ♓ 31 44	27 ♈ 17 58	0 ♓ 59 13	2 ♑ 28 15
2 Sa	14 02 36	10 ♓ 49 23	18 09 38	21 38 18	16 31 17	8 05 22	13 21 41	28 59 51	19 50 39	7 38 25	23 32 15	27 20 12	1 00 05	2 29 41
3 Su	15 01 12	25 24 05	2 ♈ 31 14	20 44 40	16 29 18	8 44 37	13 52 18	29 24 20	19 51 30	7 34 28	23 30 49	27 20 29	0 59 03	2 29 15
4 M	15 58 30	9 ♈ 30 36	16 23 44	19 47 11	16 28 22	9 22 34	14 21 30	29 47 31	19 50 49	7 29 11	23 28 01	27 19 24	0 56 40	2 27 30
5 Tu	16 55 18	23 08 39	29 48 13	18 47 43	16 29 15	10 00 02	14 50 05	0 ♎ 10 15	19 49 25	7 23 24	23 24 40	27 17 43	0 53 45	2 25 14
6 W	17 52 29	6 ♉ 20 29	12 ♉ 47 51	17 48 22	16 32 47	10 37 54	15 18 56	0 33 23	19 48 09	7 17 59	23 21 37	27 16 21	0 51 11	2 23 21
7 Th	18 50 48	19 09 56	25 27 01	16 51 09	16 39 40	11 16 54	15 48 47	0 57 40	19 47 46	7 13 41	23 19 37	27 16 01	0 49 41	2 22 34
8 F	19 50 43	1 ♊ 41 27	7 ♊ 50 23	15 57 52	16 50 20	11 57 31	16 20 08	1 23 35	19 48 47	7 10 59	23 19 10	27 17 13	0 49 45	2 23 24
9 Sa	20 52 26	13 59 28	20 02 21	15 10 00	17 04 55	12 39 57	16 53 08	1 51 18	19 51 20	7 10 05	23 20 27	27 20 07	0 51 35	2 25 60
10 Su	21 55 47	26 07 60	2 ♋ 06 46	14 28 38	17 23 11	13 24 02	17 27 39	2 20 41	19 55 18	7 10 48	23 23 17	27 24 35	0 54 60	2 30 13
11 M	23 00 19	8 ♋ 10 20	14 06 42	13 54 27	17 44 38	14 09 18	18 03 14	2 51 16	20 00 12	7 12 42	23 27 15	27 30 08	0 59 34	2 35 37
12 Tu	24 05 25	20 09 08	26 04 31	13 27 51	18 08 36	14 55 09	18 39 15	3 22 26	20 05 27	7 15 10	23 31 43	27 36 11	1 04 39	2 41 35
13 W	25 10 23	2 ♌ 06 25	8 ♌ 01 59	13 08 57	18 34 17	15 40 53	19 15 00	3 53 28	20 10 19	7 17 30	23 35 59	27 42 00	1 09 34	2 47 23
14 Th	26 14 33	14 03 47	20 00 32	12 57 46	19 01 00	16 25 50	19 49 50	4 23 45	20 14 09	7 19 04	23 39 24	27 46 58	1 13 40	2 52 24
15 F	27 17 26	26 02 38	2 ♍ 01 27	12 54 18	19 28 11	17 09 31	20 23 15	4 52 45	20 16 29	7 19 20	23 41 28	27 50 33	1 16 25	2 56 07
16 Sa	28 18 44	8 ♍ 04 27	14 06 11	12 58 33	19 55 29	17 51 38	20 54 57	5 20 11	20 16 60	7 18 03	23 41 53	27 52 29	1 17 35	2 58 15
17 Su	29 18 26	20 10 55	26 16 32	13 10 37	20 22 49	18 32 10	21 24 55	5 46 02	20 15 41	7 15 11	23 40 40	27 52 44	1 17 06	2 58 46
18 M	0 ♍ 16 45	2 ♎ 24 14	8 ♎ 34 48	13 30 41	20 50 21	19 11 20	21 53 23	6 10 30	20 12 46	7 10 57	23 37 60	27 51 31	1 15 13	2 57 54
19 Tu	1 14 07	14 47 03	21 03 48	13 59 01	21 18 27	19 49 33	22 20 45	6 34 03	20 08 40	7 05 46	23 34 19	27 49 17	1 12 20	2 56 05
20 W	2 11 05	27 22 31	3 ♏ 46 50	14 35 51	21 47 37	20 27 24	22 47 36	6 57 12	20 03 57	7 00 14	23 30 12	27 46 35	1 09 02	2 53 52
21 Th	3 08 15	10 ♏ 14 01	16 47 21	15 21 22	22 18 24	21 05 27	23 14 30	7 20 34	19 59 12	6 54 55	23 26 13	27 43 60	1 05 54	2 51 50
22 F	4 06 07	23 24 53	0 ♐ 08 31	16 15 36	22 51 15	21 44 14	23 41 58	7 44 38	19 54 57	6 50 20	23 22 54	27 42 02	1 03 27	2 50 31
23 Sa	5 05 02	6 ♐ 57 53	13 52 42	17 18 18	23 26 28	22 24 05	24 10 21	8 09 46	19 51 31	6 46 49	23 20 34	27 41 04	1 02 01	2 50 14
24 Su	6 05 04	20 54 31	28 00 39	18 28 56	24 04 04	23 05 04	24 39 44	8 36 02	19 49 01	6 44 29	23 19 20	27 41 08	1 01 41	2 51 04
25 M	7 06 05	5 ♑ 14 26	12 ♑ 30 60	19 46 42	24 43 52	23 47 02	25 09 55	9 03 17	19 47 15	6 43 08	23 18 60	27 42 06	1 02 17	2 52 53
26 Tu	8 07 39	19 54 51	27 19 43	21 10 33	25 25 25	24 29 35	25 40 34	9 31 06	19 45 52	6 42 23	23 19 12	27 43 34	1 03 26	2 55 16
27 W	9 09 19	4 ♒ 50 23	12 ♒ 20 13	22 39 20	26 08 10	25 12 14	26 11 08	9 58 60	19 44 20	6 41 46	23 19 26	27 45 03	1 04 39	2 57 43
28 Th	10 10 34	19 53 24	27 24 01	24 11 55	26 51 37	25 54 29	26 41 09	10 26 29	19 42 12	6 40 46	23 19 13	27 46 03	1 05 25	2 59 45
29 F	11 11 02	4 ♓ 54 58	12 ♓ 21 55	25 47 20	27 35 22	26 35 59	27 10 15	10 53 12	19 39 05	6 39 02	23 18 11	27 46 12	1 05 24	3 01 01
30 Sa	12 10 36	19 46 08	27 05 24	27 24 51	28 19 12	27 16 35	27 38 17	11 19 00	19 34 50	6 36 26	23 16 10	27 45 21	1 04 26	3 01 22

October 2023

LONGITUDE

Day	☉	0 hr ☽	Noon ☽	☿	♀	♂	⚵	⚳	♃	♄	⚷	♅	♆	♇
1 Su	13 ♍ 09 18	4 ♈ 19 22	11 ♈ 27 53	29 ♌ 04 01	29 ♋ 03 09	27 ♍ 56 19	28 ♋ 05 18	11 ♎ 43 56	19 ♈ 29 32	6 ♒ 32 59	23 ♓ 13 16	27 ♈ 43 35	1 ♓ 02 34	3 ♑ 00 50
2 M	14 07 22	18 29 23	25 25 22	0 ♍ 44 35	29 47 26	28 35 28	28 31 33	12 08 15	19 23 24	6 28 58	23 09 41	27 41 06	1 00 04	2 59 41
3 Tu	15 05 10	2 ♉ 13 35	8 ♉ 56 29	2 26 27	0 ♌ 32 21	29 14 20	28 57 23	12 32 17	19 16 48	6 24 43	23 05 47	27 38 17	0 57 15	2 58 15
4 W	16 03 03	15 31 51	22 02 15	4 09 37	1 18 12	29 53 18	29 23 07	12 56 23	19 10 04	6 20 35	23 01 55	27 35 27	0 54 29	2 56 52
5 Th	17 01 18	28 26 03	4 ♊ 45 21	5 54 01	2 05 17	0 ♎ 32 39	29 49 04	13 20 50	19 03 31	6 16 51	22 58 22	27 32 56	0 52 04	2 55 52
6 F	18 00 06	10 ♊ 59 28	17 09 34	7 39 34	2 53 42	1 12 33	0 ♌ 15 25	13 45 50	18 57 19	6 13 43	22 55 20	27 30 52	0 50 10	2 55 23
7 Sa	18 59 30	23 16 06	29 19 12	9 26 03	3 43 30	1 53 04	0 42 11	14 11 25	18 51 32	6 11 14	22 52 50	27 29 20	0 48 50	2 55 30
8 Su	19 59 26	5 ♋ 20 21	11 ♋ 18 41	11 13 11	4 34 34	2 34 07	1 09 19	14 37 31	18 46 05	6 09 18	22 50 50	27 28 15	0 48 00	2 56 08
9 M	20 59 43	17 16 31	23 12 18	13 00 39	5 26 43	3 15 32	1 36 39	15 03 57	18 40 49	6 07 47	22 49 09	27 27 27	0 47 30	2 57 07
10 Tu	22 00 09	29 08 43	5 ♌ 03 56	14 48 06	6 19 42	3 57 08	2 03 58	15 30 33	18 35 32	6 06 28	22 47 34	27 26 45	0 47 09	2 58 15
11 W	23 00 34	11 ♌ 00 38	16 57 04	16 35 12	7 13 19	4 38 42	2 31 04	15 57 05	18 30 03	6 05 10	22 45 56	27 25 56	0 46 43	2 59 20
12 Th	24 00 47	22 55 33	28 54 40	18 21 43	8 07 24	5 20 05	2 57 49	16 23 25	18 24 12	6 03 44	22 44 04	27 24 51	0 46 05	3 00 13
13 F	25 00 43	4 ♍ 56 11	10 ♍ 59 13	20 07 30	9 01 49	6 01 14	3 24 08	16 49 29	18 17 55	6 02 05	22 41 53	27 23 27	0 45 09	3 00 50
14 Sa	26 00 24	17 04 49	23 12 41	21 52 28	9 56 33	6 42 07	3 49 60	17 15 15	18 11 13	6 00 13	22 39 25	27 21 42	0 43 56	3 01 11
15 Su	26 59 53	29 23 16	5 ♎ 36 41	23 36 40	10 51 40	7 22 48	4 15 29	17 40 48	18 04 10	5 58 12	22 36 42	27 19 41	0 42 30	3 01 18
16 M	27 59 15	11 ♎ 52 57	18 12 26	25 20 10	11 47 14	8 03 25	4 40 41	18 06 15	17 56 52	5 56 09	22 33 52	27 17 30	0 40 57	3 01 20
17 Tu	28 58 39	24 34 58	1 ♏ 00 56	27 03 03	12 43 21	8 44 04	5 05 44	18 31 41	17 49 27	5 54 11	22 31 01	27 15 17	0 39 23	3 01 23
18 W	29 58 09	7 ♏ 30 12	14 02 59	28 45 23	13 40 05	9 24 50	5 30 43	18 57 14	17 42 01	5 52 23	22 28 15	27 13 06	0 37 56	3 01 31
19 Th	0 ♎ 57 47	20 39 19	27 19 12	0 ♎ 27 13	14 37 27	10 05 46	5 55 39	19 22 54	17 34 36	5 50 48	22 25 36	27 11 01	0 36 36	3 01 49
20 F	1 57 32	4 ♐ 02 50	10 ♐ 50 00	2 08 30	15 35 25	10 46 50	6 20 32	19 48 39	17 27 10	5 49 23	22 23 03	27 08 59	0 35 22	3 02 13
21 Sa	2 57 19	17 40 59	24 35 30	3 49 09	16 33 53	11 27 56	6 45 15	20 14 26	17 19 40	5 48 04	22 20 31	27 06 55	0 34 10	3 02 38
22 Su	3 57 01	1 ♑ 33 38	8 ♑ 35 16	5 29 05	17 32 43	12 08 58	7 09 41	20 40 06	17 11 58	5 46 45	22 17 52	27 04 43	0 32 52	3 02 59
23 M	4 56 32	15 40 02	22 48 07	7 08 12	18 31 49	12 49 52	7 33 47	21 05 35	17 04 00	5 45 19	22 15 02	27 02 18	0 31 22	3 03 09
24 Tu	5 55 51	29 58 35	7 ♒ 11 53	8 46 28	19 31 07	13 30 33	7 57 28	21 30 50	16 55 44	5 43 44	22 11 59	26 59 37	0 29 40	3 03 07
25 W	6 55 01	14 ♒ 26 34	21 43 15	10 23 59	20 30 42	14 11 07	8 20 50	21 55 55	16 47 14	5 42 06	22 08 45	26 56 44	0 27 49	3 02 55
26 Th	7 54 11	29 00 08	6 ♓ 17 46	12 00 54	21 30 40	14 51 42	8 43 59	22 20 59	16 38 39	5 40 31	22 05 31	26 53 49	0 25 57	3 02 44
27 F	8 53 33	13 ♓ 34 23	20 50 09	13 37 27	22 31 14	15 32 31	9 07 10	22 46 15	16 30 12	5 39 13	22 02 29	26 51 02	0 24 17	3 02 45
28 Sa	9 53 20	28 03 47	5 ♈ 14 42	15 13 50	23 32 36	16 13 46	9 30 34	23 11 54	16 22 06	5 38 24	21 59 51	26 48 38	0 23 01	3 03 11
29 Su	10 53 42	12 ♈ 22 40	19 26 05	16 50 16	24 34 54	16 55 36	9 54 20	23 38 06	16 14 30	5 38 14	21 57 47	26 46 46	0 22 20	3 04 12
30 M	11 54 42	26 25 60	3 ♉ 19 49	18 26 47	25 38 11	17 38 06	10 18 33	24 04 54	16 07 29	5 38 47	21 56 20	26 45 28	0 22 16	3 05 50
31 Tu	12 56 15	10 ♉ 09 55	16 52 53	20 03 20	26 42 22	18 21 10	10 43 06	24 32 15	16 00 58	5 39 56	21 55 26	26 44 41	0 22 45	3 08 01

Notes

LONGITUDE — November 2023

Day	☉	0 hr ☽	Noon ☽	☿	♀	♂	⚵	⚳	♃	♄	⚷	♅	♆	♇
1 W	13♎ 58 10	23♉ 32 10	0♊ 03 56	21♎ 39 45	27♌ 47 14	19♎ 04 36	11♌ 07 48	24♎ 59 55	15♈ 54 45	5♒ 41 32	21♓ 54 52	26♈ 44 13	0♓ 23 35	3♑ 10 33
2 Th	15 00 08	6♊ 32 13	12 53 19	23 15 45	28 52 30	19 48 07	11 32 22	25 27 37	15 48 33	5 43 15	21 54 22	26 43 45	0 24 28	3 13 09
3 F	16 01 51	19 11 12	25 22 54	24 51 01	29 57 47	20 31 24	11 56 27	25 55 02	15 42 04	5 44 47	21 53 35	26 42 59	0 25 05	3 15 29
4 Sa	17 03 01	1♋ 31 40	7♋ 35 48	26 25 17	1♍ 02 50	21 14 09	12 19 46	26 21 52	15 34 59	5 45 50	21 52 15	26 41 38	0 25 08	3 17 15
5 Su	18 03 27	13 37 17	19 36 04	27 58 21	2 07 25	21 56 10	12 42 07	26 47 56	15 27 09	5 46 12	21 50 10	26 39 29	0 24 27	3 18 17
6 M	19 03 05	25 32 32	1♌ 28 20	29 30 13	3 11 30	22 37 25	13 03 28	27 13 11	15 18 30	5 45 52	21 47 17	26 36 30	0 22 58	3 18 31
7 Tu	20 02 03	7♌ 22 21	13 17 36	1♏ 00 59	4 15 10	23 18 01	13 23 54	27 37 44	15 09 10	5 44 55	21 43 44	26 32 49	0 20 48	3 18 04
8 W	21 00 38	19 11 50	25 08 53	2 30 56	5 18 43	23 58 14	13 43 44	28 01 51	14 59 26	5 43 40	21 39 46	26 28 41	0 18 14	3 17 14
9 Th	21 59 13	1♍ 05 59	7♍ 06 58	4 00 30	6 22 30	24 38 29	14 03 19	28 25 56	14 49 42	5 42 28	21 35 49	26 24 31	0 15 40	3 16 23
10 F	22 58 15	13 09 22	19 16 06	5 30 07	7 26 59	25 19 12	14 23 08	28 50 27	14 40 26	5 41 49	21 32 19	26 20 47	0 13 33	3 15 59
11 Sa	23 58 10	25 25 51	1♎ 39 42	7 00 13	8 32 36	26 00 50	14 43 37	29 15 49	14 32 05	5 42 07	21 29 43	26 17 53	0 12 20	3 16 29
12 Su	24 59 19	7♎ 58 17	14 20 10	8 31 07	9 39 39	26 43 43	15 05 03	29 42 23	14 24 58	5 43 42	21 28 20	26 16 11	0 12 19	3 18 11
13 M	26 01 50	20 48 20	27 18 33	10 02 60	10 48 17	27 27 58	15 27 38	0♏ 10 16	14 19 15	5 46 45	21 28 19	26 15 49	0 13 41	3 21 15
14 Tu	27 05 37	3♏ 56 15	10♏ 34 34	11 35 44	11 58 25	28 13 32	15 51 15	0 39 25	14 14 51	5 51 08	21 29 35	26 16 43	0 16 19	3 25 36
15 W	28 10 21	17 20 58	24 06 38	13 08 58	13 09 42	29 00 04	16 15 33	1 09 28	14 11 27	5 56 34	21 31 49	26 18 31	0 19 55	3 30 54
16 Th	29 15 30	1♐ 00 16	7♐ 52 11	14 42 11	14 21 35	29 47 02	16 40 02	1 39 54	14 08 30	6 02 28	21 34 28	26 20 42	0 23 55	3 36 36
17 F	0♏ 20 24	14 51 09	21 48 01	16 14 39	15 33 25	0♏ 33 47	17 04 00	2 10 03	14 05 22	6 08 12	21 36 53	26 22 38	0 27 41	3 42 03
18 Sa	1 24 25	28 50 22	5♑ 50 53	17 45 44	16 44 34	1 19 38	17 26 51	2 39 17	14 01 25	6 13 08	21 38 26	26 23 39	0 30 34	3 46 38
19 Su	2 27 05	12♑ 54 55	19 57 53	19 14 56	17 54 33	2 04 13	17 48 06	3 07 10	13 56 13	6 16 49	21 38 40	26 23 19	0 32 08	3 49 53
20 M	3 28 17	27 02 20	4♒ 06 45	20 42 03	19 03 14	2 47 20	18 07 37	3 33 31	13 49 37	6 19 06	21 37 26	26 21 30	0 32 14	3 51 39
21 Tu	4 28 11	11♒ 10 55	18 15 55	22 07 13	20 10 49	3 29 12	18 25 35	3 58 33	13 41 48	6 20 11	21 34 56	26 18 22	0 31 03	3 52 08
22 W	5 27 21	25 19 29	2♓ 24 15	23 30 55	21 17 49	4 10 21	18 42 33	4 22 49	13 33 21	6 20 36	21 31 43	26 14 29	0 29 08	3 51 53
23 Th	6 26 32	9♓ 27 07	16 30 42	24 53 49	22 25 01	4 51 32	18 59 16	4 47 04	13 25 01	6 21 06	21 28 32	26 10 37	0 27 15	3 51 39
24 F	7 26 33	23 32 41	0♈ 33 58	26 16 39	23 33 12	5 33 36	19 16 34	5 12 07	13 17 37	6 22 32	21 26 13	26 07 34	0 26 14	3 52 15
25 Sa	8 28 07	7♈ 34 30	14 32 06	27 39 60	24 43 06	6 17 14	19 35 08	5 38 41	13 11 52	6 25 36	21 25 29	26 06 04	0 26 46	3 54 25
26 Su	9 31 40	21 30 10	28 22 33	29 04 10	25 55 08	7 02 53	19 55 24	6 07 12	13 08 13	6 30 43	21 26 44	26 06 33	0 29 17	3 58 34
27 M	10 37 17	5♉ 16 41	12♉ 02 21	0♐ 29 03	27 09 23	7 50 37	20 17 28	6 37 44	13 06 45	6 37 59	21 30 05	26 09 04	0 33 53	4 04 46
28 Tu	11 44 38	18 50 50	25 28 32	1 54 11	28 25 31	8 40 08	20 40 59	7 09 59	13 07 08	6 47 04	21 35 12	26 13 20	0 40 14	4 12 44
29 W	12 53 07	2♊ 09 41	8♊ 38 38	3 18 43	29 42 55	9 30 47	21 05 21	7 43 19	13 08 46	6 57 20	21 41 28	26 18 43	0 47 44	4 21 48
30 Th	14 01 54	15 11 07	21 31 08	4 41 33	1♎ 00 46	10 21 47	21 29 43	8 16 54	13 10 50	7 07 60	21 48 03	26 24 23	0 55 32	4 31 11

LONGITUDE — December 2023

Day	☉	0 hr ☽	Noon ☽	☿	♀	♂	⚵	⚳	♃	♄	⚷	♅	♆	♇
1 F	15♏ 10 07	27♊ 54 16	4♋ 05 53	6♐ 01 34	2♎ 18 09	11♏ 12 13	21♌ 53 13	8♏ 49 53	13♈ 12 27	7♒ 18 09	21♓ 54 05	26♈ 29 29	1♓ 02 46	4♑ 39 60
2 Sa	16 16 60	10♋ 19 46	16 24 08	7 17 38	3 34 21	12 01 22	22 15 05	9 21 30	13 12 53	7 27 03	21 58 50	26 33 15	1 08 42	4 47 28
3 Su	17 22 03	22 29 45	28 28 38	8 28 53	4 48 51	12 48 43	22 34 49	9 51 14	13 11 37	7 34 11	22 01 46	26 35 11	1 12 48	4 53 07
4 M	18 25 06	4♌ 27 48	10♌ 23 24	9 34 43	6 01 27	13 34 05	22 52 15	10 18 56	13 08 29	7 39 24	22 02 43	26 35 07	1 14 55	4 56 45
5 Tu	19 26 23	16 18 41	22 13 29	10 34 51	7 12 24	14 17 42	23 07 35	10 44 48	13 03 44	7 42 55	22 01 56	26 33 16	1 15 16	4 58 37
6 W	20 26 25	28 08 02	4♍ 04 41	11 29 15	8 22 14	15 00 08	23 21 22	11 09 24	12 57 53	7 45 16	21 59 56	26 30 12	1 14 24	4 59 15
7 Th	21 26 04	10♍ 01 58	16 03 06	12 18 08	9 31 45	15 42 10	23 34 25	11 33 33	12 51 47	7 47 16	21 57 34	26 26 43	1 13 08	4 59 28
8 F	22 26 13	22 06 39	28 14 45	13 01 42	10 41 54	16 24 46	23 47 40	11 58 10	12 46 22	7 49 53	21 55 44	26 23 45	1 12 25	5 00 12
9 Sa	23 27 48	4♎ 27 46	10♎ 44 54	13 40 08	11 53 34	17 08 49	24 02 01	12 24 11	12 42 33	7 53 59	21 55 23	26 22 14	1 13 08	5 02 22
10 Su	24 31 32	17 09 56	23 37 38	14 13 16	13 07 29	17 55 02	24 18 10	12 52 17	12 41 01	8 00 17	21 57 11	26 22 51	1 15 60	5 06 40
11 M	25 37 44	0♏ 16 08	6♏ 55 05	14 40 38	14 23 58	18 43 45	24 36 27	13 22 49	12 42 09	8 09 09	22 01 31	26 25 58	1 21 22	5 13 27
12 Tu	26 46 19	13 47 10	20 37 02	15 01 15	15 42 55	19 34 54	24 56 47	13 55 41	12 45 49	8 20 29	22 08 15	26 31 29	1 29 08	5 22 38
13 W	27 56 43	27 41 18	4♐ 40 43	15 13 42	17 03 46	20 27 54	25 18 35	14 30 20	12 51 30	8 33 41	22 16 51	26 38 49	1 38 44	5 33 37
14 Th	29 07 57	11♐ 54 19	19 01 00	15 16 17	18 25 33	21 21 46	25 40 52	15 05 46	12 58 11	8 47 48	22 26 19	26 47 01	1 49 11	5 45 26
15 F	0♐ 18 51	26 20 07	3♑ 31 11	15 07 15	19 47 05	22 15 19	26 02 28	15 40 49	13 04 43	9 01 39	22 35 30	26 54 53	1 59 20	5 56 56
16 Sa	1 28 17	10♑ 51 40	18 04 07	14 45 10	21 07 13	23 07 27	26 22 15	16 14 22	13 09 59	9 14 07	22 43 15	27 01 19	2 08 02	6 06 58
17 Su	2 35 26	25 22 18	2♒ 33 29	14 09 14	22 25 09	23 57 20	26 39 24	16 45 35	13 13 09	9 24 22	22 48 46	27 05 29	2 14 29	6 14 43
18 M	3 40 00	9♒ 46 46	16 54 45	13 19 42	23 40 36	24 44 41	26 53 36	17 14 11	13 13 56	9 32 08	22 51 46	27 07 07	2 18 23	6 19 55
19 Tu	4 42 19	24 01 52	1♓ 05 28	12 17 54	24 53 52	25 29 49	27 05 12	17 40 29	13 12 40	9 37 42	22 52 33	27 06 31	2 20 04	6 22 51
20 W	5 43 13	8♓ 06 30	15 05 15	11 06 14	26 05 47	26 13 35	27 15 01	18 05 20	13 10 11	9 41 57	22 51 58	27 04 32	2 20 21	6 24 24
21 Th	6 43 54	22 01 08	28 54 60	9 47 60	27 17 34	26 57 09	27 24 14	18 29 55	13 07 41	9 46 02	22 51 13	27 02 22	2 20 27	6 25 43
22 F	7 45 38	5♈ 47 06	12♈ 36 11	8 26 59	28 30 29	27 41 49	27 34 08	18 55 30	13 06 26	9 51 15	22 51 34	27 01 17	2 21 38	6 28 07
23 Sa	8 49 30	19 25 41	26 10 03	7 07 01	29 45 36	28 28 41	27 45 48	19 23 12	13 07 31	9 58 41	22 54 07	27 02 22	2 24 59	6 32 39
24 Su	9 56 12	2♉ 57 36	9♉ 37 03	5 51 34	1♏ 03 38	29 18 24	27 59 55	19 53 40	13 11 39	10 09 02	22 59 33	27 06 20	2 31 12	6 40 02
25 M	11 05 55	16 22 31	22 56 39	4 43 25	2 24 44	0♐ 11 11	28 16 40	20 27 07	13 18 60	10 22 27	23 08 03	27 13 20	2 40 27	6 50 26
26 Tu	12 18 15	29 39 10	6♊ 07 27	3 44 26	3 48 31	1 06 37	28 35 38	21 03 07	13 29 09	10 38 33	23 19 12	27 22 60	2 52 21	7 03 27
27 W	13 32 22	12♊ 45 36	19 07 31	2 55 32	5 14 09	2 03 52	28 55 60	21 40 52	13 41 18	10 56 31	23 32 12	27 34 28	3 06 03	7 18 16
28 Th	14 47 07	25 39 45	1♋ 54 60	2 16 49	6 40 30	3 01 49	29 16 36	22 19 12	13 54 18	11 15 11	23 45 53	27 46 37	3 20 26	7 33 44
29 F	16 01 17	8♋ 19 58	14 28 40	1 47 47	8 06 18	3 59 12	29 36 13	22 56 54	14 06 54	11 33 20	23 59 02	27 58 13	3 34 15	7 48 36
30 Sa	17 13 46	20 45 37	26 48 22	1 27 39	9 30 30	4 54 57	29 53 43	23 32 52	14 18 01	11 49 51	24 10 32	28 08 10	3 46 25	8 01 48
31 Su	18 23 46	2♌ 57 25	8♌ 55 24	1 15 33	10 52 16	5 48 15	0♍ 08 21	24 06 18	14 26 52	12 03 57	24 19 37	28 15 41	3 56 07	8 12 31

Notes

January 2024

LONGITUDE

Day	☉	0 hr ☽	Noon ☽	☿	♀	♂	⚵	⚳	♃	♄	⚷	♅	♆	♇
1 M	19 ♐ 30 56	14 ♌ 57 38	20 ♌ 52 31	1 ♐ 10 45	12 ♏ 11 15	6 ♐ 38 47	0 ♍ 19 44	24 ♏ 36 51	14 ♈ 33 05	12 ♒ 15 18	24 ♓ 25 55	28 ♈ 20 24	4 ♓ 03 02	8 ♑ 20 25
2 Tu	20 35 26	26 49 60	2 ♍ 43 57	1 12 52	13 27 37	7 26 39	0 27 60	25 04 39	14 36 49	12 24 01	24 29 35	28 22 29	4 07 17	8 25 38
3 W	21 37 50	8 ♍ 39 37	14 35 10	1 21 50	14 41 57	8 12 29	0 33 45	25 30 20	14 38 40	12 30 43	24 31 13	28 22 31	4 09 29	8 28 46
4 Th	22 39 06	20 32 38	26 32 30	1 37 54	15 55 12	8 57 14	0 37 57	25 54 49	14 39 36	12 36 21	24 31 47	28 21 27	4 10 34	8 30 46
5 F	23 40 25	2 ♎ 35 45	8 ♎ 42 44	2 01 31	17 08 33	9 42 03	0 41 45	26 19 17	14 40 47	12 42 05	24 32 25	28 20 29	4 11 44	8 32 49
6 Sa	24 42 58	14 55 41	21 12 28	2 33 09	18 23 09	10 28 08	0 46 21	26 44 55	14 43 22	12 49 05	24 34 21	28 20 46	4 14 08	8 36 06
7 Su	25 47 41	27 38 34	4 ♏ 07 21	3 13 05	19 40 00	11 16 28	0 52 41	27 12 41	14 48 22	12 58 21	24 38 30	28 23 18	4 18 46	8 41 34
8 M	26 55 11	10 ♏ 49 04	17 31 18	4 01 16	20 59 40	12 07 35	1 01 21	27 43 10	14 56 19	13 10 26	24 45 29	28 28 38	4 26 11	8 49 48
9 Tu	28 05 28	24 29 35	1 ♐ 25 34	4 57 09	22 22 09	13 01 32	1 12 21	28 16 22	15 07 16	13 25 22	24 55 19	28 36 48	4 36 26	9 00 50
10 W	29 17 57	8 ♐ 39 26	15 48 03	5 59 38	23 46 54	13 57 45	1 25 08	28 51 44	15 20 38	13 42 34	25 07 24	28 47 14	4 48 55	9 14 05
11 Th	0 ♑ 31 35	23 14 32	0 ♑ 33 08	7 07 11	25 12 49	14 55 08	1 38 35	29 28 10	15 35 21	14 00 58	25 20 41	28 58 51	5 02 34	9 28 29
12 F	1 44 58	8 ♑ 07 33	15 32 16	8 17 60	26 38 32	15 52 20	1 51 21	0 ♐ 04 18	15 50 01	14 19 11	25 33 47	29 10 17	5 16 00	9 42 38
13 Sa	2 56 44	23 09 00	0 ♒ 35 22	9 30 21	28 02 41	16 47 58	2 02 04	0 38 46	16 03 18	14 35 52	25 45 20	29 20 10	5 27 53	9 55 12
14 Su	4 05 55	8 ♒ 08 57	15 32 42	10 42 55	29 24 17	17 41 02	2 09 44	1 10 35	16 14 11	14 49 60	25 54 21	29 27 30	5 37 11	10 05 10
15 M	5 12 05	22 58 49	0 ♓ 16 32	11 55 00	0 ♐ 42 54	18 31 10	2 13 57	1 39 20	16 22 16	15 01 11	26 00 25	29 31 54	5 43 32	10 12 09
16 Tu	6 15 32	7 ♓ 32 42	14 42 15	13 06 40	1 58 52	19 18 37	2 15 01	2 05 19	16 27 50	15 09 44	26 03 51	29 33 39	5 47 12	10 16 26
17 W	7 17 11	21 47 50	28 48 19	14 18 34	3 13 03	20 04 18	2 13 49	2 29 26	16 31 49	15 16 31	26 05 31	29 33 38	5 49 06	10 18 55
18 Th	8 18 17	5 ♈ 44 16	12 ♈ 35 46	15 31 48	4 26 44	20 49 31	2 11 38	2 52 57	16 35 28	15 22 50	26 06 43	29 33 09	5 50 31	10 20 52
19 F	9 20 14	19 23 52	26 07 03	16 47 36	5 41 19	21 35 37	2 09 53	3 17 15	16 40 10	15 30 04	26 08 51	29 33 36	5 52 48	10 23 42
20 Sa	10 24 13	2 ♉ 49 21	9 ♉ 25 10	18 06 59	6 57 58	22 23 48	2 09 42	3 43 32	16 47 06	15 39 23	26 13 03	29 36 07	5 57 10	10 28 34
21 Su	11 30 59	16 03 22	22 32 42	19 30 35	8 17 27	23 14 49	2 11 52	4 12 32	16 57 01	15 51 33	26 20 07	29 41 30	6 04 21	10 36 13
22 M	12 40 45	29 07 49	5 ♊ 31 23	20 58 30	9 39 58	24 08 53	2 16 36	4 44 29	17 10 08	16 06 46	26 30 15	29 49 57	6 14 35	10 46 54
23 Tu	13 53 09	12 ♊ 03 38	18 21 54	22 30 18	11 05 09	25 05 39	2 23 33	5 19 00	17 26 06	16 24 41	26 43 05	0 ♉ 01 06	6 27 30	11 00 13
24 W	15 07 23	24 50 50	1 ♋ 04 03	24 05 04	12 32 13	26 04 17	2 31 52	5 55 17	17 44 05	16 44 28	26 57 48	0 14 09	6 42 16	11 15 23
25 Th	16 22 18	7 ♋ 28 45	13 37 07	25 41 36	14 00 01	27 03 40	2 40 28	6 32 12	18 02 57	17 05 01	27 13 17	0 27 57	6 57 46	11 31 16
26 F	17 36 42	19 56 33	26 00 18	27 18 38	15 27 19	28 02 35	2 48 07	7 08 32	18 21 30	17 25 06	27 28 18	0 41 18	7 12 48	11 46 38
27 Sa	18 49 29	2 ♌ 13 43	8 ♌ 13 20	28 55 00	16 53 02	28 59 55	2 53 42	7 43 09	18 38 36	17 43 36	27 41 45	0 53 05	7 26 14	12 00 22
28 Su	19 59 48	14 20 31	20 16 46	0 ♑ 29 51	18 16 21	29 54 51	2 56 25	8 15 16	18 53 27	17 59 42	27 52 49	1 02 30	7 37 15	12 11 41
29 M	21 07 16	26 18 18	2 ♍ 12 24	2 02 44	19 36 50	0 ♑ 46 58	2 55 51	8 44 27	19 05 38	18 12 60	28 01 05	1 09 06	7 45 27	12 20 08
30 Tu	22 11 55	8 ♍ 09 42	14 03 16	3 33 39	20 54 32	1 36 19	2 52 03	9 10 45	19 15 10	18 23 31	28 06 36	1 12 57	7 50 52	12 25 47
31 W	23 14 13	19 58 41	25 53 45	5 03 03	22 09 55	2 23 22	2 45 30	9 34 37	19 22 32	18 31 44	28 09 49	1 14 31	7 53 58	12 29 05

February 2024

LONGITUDE

Day	☉	0 hr ☽	Noon ☽	☿	♀	♂	⚵	⚳	♃	♄	⚷	♅	♆	♇
1 Th	24 ♑ 14 60	1 ♎ 50 19	7 ♎ 49 16	6 ♑ 31 45	23 ♐ 23 49	3 ♑ 08 57	2 ♍ 37 02	9 ♐ 56 54	19 ♈ 28 35	18 ♒ 38 29	28 ♓ 11 35	1 ♉ 14 39	7 ♓ 55 36	12 ♑ 30 52
2 F	25 15 19	13 50 33	19 56 01	8 00 48	24 37 17	3 54 07	2 27 41	10 18 38	19 34 20	18 44 49	28 12 56	1 14 22	7 56 47	12 32 13
3 Sa	26 16 15	26 05 49	2 ♏ 20 30	9 31 16	25 51 25	4 39 57	2 18 35	10 40 56	19 40 54	18 51 49	28 14 59	1 14 47	7 58 39	12 34 11
4 Su	27 18 47	8 ♏ 42 25	15 08 51	11 04 06	27 07 10	5 27 26	2 10 42	11 04 44	19 49 14	19 00 27	28 18 40	1 16 51	8 02 07	12 37 45
5 M	28 23 31	21 45 51	28 26 03	12 39 56	28 25 09	6 17 09	2 04 38	11 30 39	19 59 57	19 11 20	28 24 37	1 21 12	8 07 50	12 43 32
6 Tu	29 30 37	5 ♐ 19 54	12 ♐ 14 60	14 18 54	29 45 32	7 09 18	2 00 34	11 58 51	20 13 11	19 24 37	28 32 60	1 27 58	8 15 57	12 51 41
7 W	0 ♒ 39 42	19 25 48	26 35 32	16 00 38	1 ♑ 07 55	8 03 28	1 58 07	12 28 58	20 28 36	19 39 56	28 43 25	1 36 47	8 26 06	13 01 49
8 Th	1 49 56	4 ♑ 01 22	11 ♑ 23 47	17 44 19	2 31 29	8 58 49	1 56 29	13 00 07	20 45 19	19 56 26	28 55 02	1 46 49	8 37 24	13 13 07
9 F	3 00 09	19 00 43	26 32 14	19 28 46	3 55 04	9 54 13	1 54 30	13 31 12	21 02 13	20 12 57	29 06 42	1 56 55	8 48 45	13 24 24
10 Sa	4 09 11	4 ♒ 14 46	11 ♒ 50 30	21 12 52	5 17 31	10 48 29	1 51 02	14 01 00	21 18 06	20 28 21	29 17 16	2 05 55	8 58 57	13 34 32
11 Su	5 16 07	19 32 33	27 07 13	22 55 41	6 37 53	11 40 43	1 45 10	14 28 38	21 32 03	20 41 42	29 25 47	2 12 53	9 07 06	13 42 34
12 M	6 20 32	4 ♓ 43 13	12 ♓ 12 03	24 36 47	7 55 46	12 30 28	1 36 29	14 53 39	21 43 40	20 52 33	29 31 51	2 17 24	9 12 46	13 48 06
13 Tu	7 22 34	19 37 53	26 57 19	26 16 22	9 11 17	13 17 53	1 25 09	15 16 12	21 53 03	21 01 04	29 35 35	2 19 36	9 16 06	13 51 16
14 W	8 22 52	4 ♈ 10 51	11 ♈ 18 51	27 55 04	10 25 07	14 03 37	1 11 50	15 36 57	22 00 54	21 07 55	29 37 41	2 20 10	9 17 44	13 52 43
15 Th	9 22 26	18 19 44	25 15 40	29 33 55	11 38 15	14 48 00	0 57 33	15 56 52	22 08 11	21 14 04	29 39 06	2 20 05	9 18 41	13 53 27
16 F	10 22 21	2 ♉ 04 59	8 ♉ 49 18	1 ♒ 13 60	12 51 45	15 34 08	0 43 24	16 17 03	22 15 58	21 20 36	29 40 56	2 20 25	9 20 02	13 54 32
17 Sa	11 23 34	15 28 50	22 02 39	2 56 16	14 06 36	16 20 56	0 30 19	16 38 26	22 25 14	21 28 29	29 44 07	2 22 08	9 22 43	13 56 57
18 Su	12 26 41	28 34 21	4 ♊ 59 08	4 41 23	15 23 23	17 09 42	0 18 58	17 01 38	22 36 34	21 38 19	29 49 17	2 25 50	9 27 21	14 01 17
19 M	13 31 55	11 ♊ 24 41	17 41 56	6 29 32	16 42 19	18 00 39	0 09 33	17 26 52	22 50 10	21 50 18	29 56 38	2 31 43	9 34 08	14 07 45
20 Tu	14 39 03	24 02 34	0 ♋ 13 38	8 20 32	18 03 10	18 53 32	0 01 53	17 53 55	23 05 50	22 04 13	0 ♈ 05 57	2 39 36	9 42 53	14 16 08
21 W	15 47 31	6 ♋ 30 03	12 36 07	10 13 48	19 25 24	19 47 48	29 ♌ 55 24	18 22 11	23 22 60	22 19 31	0 16 39	2 48 53	9 52 59	14 25 51
22 Th	16 56 31	18 48 37	24 50 38	12 08 36	20 48 13	20 42 40	29 49 21	18 50 55	23 40 51	22 35 23	0 27 58	2 58 47	10 03 41	14 36 08
23 F	18 05 13	0 ♌ 59 14	6 ♌ 58 03	14 04 03	22 10 44	21 37 16	29 42 52	19 19 14	23 58 34	22 50 60	0 39 02	3 08 27	10 14 07	14 46 08
24 Sa	19 12 49	13 02 46	18 59 08	15 59 24	23 32 13	22 30 50	29 35 12	19 46 21	24 15 20	23 05 32	0 49 04	3 17 07	10 23 29	14 55 02
25 Su	20 18 45	25 00 09	0 ♍ 54 53	17 54 02	24 52 03	23 22 47	29 25 47	20 11 42	24 30 34	23 18 27	0 57 30	3 24 10	10 31 14	15 02 17
26 M	21 22 42	6 ♍ 52 47	12 46 51	19 47 39	26 09 55	24 12 47	29 14 19	20 34 58	24 43 58	23 29 23	1 03 59	3 29 19	10 37 01	15 07 34
27 Tu	22 24 39	18 42 41	24 37 17	21 40 13	27 25 49	25 00 50	29 00 49	20 56 07	24 55 30	23 38 22	1 08 32	3 32 31	10 40 51	15 10 51
28 W	23 24 52	0 ♎ 32 38	6 ♎ 29 14	23 31 59	28 40 02	25 47 12	28 45 33	21 15 25	25 05 28	23 45 39	1 11 25	3 34 05	10 42 59	15 12 25
29 Th	24 23 52	12 26 15	18 26 37	25 23 26	29 53 04	26 32 25	28 29 05	21 33 25	25 14 21	23 51 44	1 13 09	3 34 31	10 43 57	15 12 47

Notes

LONGITUDE — March 2024

Day	☉	0 hr ☽	Noon ☽	☿	♀	♂	⚷	♃	♄	⚸	♅	♆	♇
1 F	25♒22 20	24♎27 52	0♏34 02	27♒15 11	1♒05 35	27♑17 07	28♌12 04	21♐50 45	25♈22 50	23♒57 19	1♈14 23	3♉34 28	10♓44 24	15♑12 37
2 Sa	26 20 58	6♏42 21	12 56 33	29 07 54	2 18 17	28 02 02	27 55 15	22 08 07	25 31 37	24 03 04	1 15 49	3 34 39	10 45 02	15 12 36
3 Su	27 20 22	19 14 49	25 39 14	1♓02 06	3 31 48	28 47 47	27 39 15	22 26 09	25 41 19	24 09 38	1 18 06	3 35 41	10 46 30	15 13 23
4 M	28 20 59	2♐10 03	8♐46 43	2 58 08	4 46 34	29 34 47	27 24 32	22 45 17	25 52 22	24 17 26	1 21 40	3 38 01	10 49 13	15 15 24
5 Tu	29 22 59	15 31 60	22 22 22	4 56 02	6 02 44	0♒23 12	27 11 17	23 05 40	26 04 55	24 26 39	1 26 39	3 41 47	10 53 20	15 18 48
6 W	0♓26 12	29 22 58	6♑27 31	6 55 31	7 20 09	1 12 53	26 59 20	23 27 08	26 18 50	24 37 05	1 32 54	3 46 50	10 58 42	15 23 25
7 Th	1 30 12	13♑42 51	21 00 43	8 55 58	8 38 22	2 03 23	26 48 17	23 49 15	26 33 38	24 48 19	1 39 59	3 52 44	11 04 53	15 28 49
8 F	2 34 21	28 28 33	5♒57 18	10 56 32	9 56 46	2 54 05	26 37 32	24 11 23	26 48 44	24 59 44	1 47 16	3 58 52	11 11 15	15 34 23
9 Sa	3 37 59	13♒33 45	21 09 30	12 56 19	11 14 41	3 44 19	26 26 25	24 32 53	27 03 27	25 10 39	1 54 06	4 04 34	11 17 09	15 39 42
10 Su	4 40 36	28 49 33	6♓27 21	14 54 33	12 31 36	4 33 33	26 14 27	24 53 13	27 17 15	25 20 34	1 59 57	4 09 17	11 22 02	15 43 29
11 M	5 41 53	14♓05 33	21 40 15	16 50 36	13 47 13	5 21 30	26 01 23	25 12 05	27 29 52	25 29 10	2 04 31	4 12 46	11 25 39	15 46 13
12 Tu	6 41 52	29 11 42	6♈38 44	18 44 09	15 01 34	6 08 12	25 47 09	25 29 31	27 41 18	25 36 29	2 07 51	4 15 02	11 27 59	15 47 40
13 W	7 40 50	13♈59 42	21 15 43	20 35 07	16 14 56	6 53 56	25 32 11	25 45 49	27 51 51	25 42 50	2 10 14	4 16 21	11 29 22	15 48 07
14 Th	8 39 17	28 24 02	5♉27 09	22 23 31	17 27 48	7 39 11	25 16 55	26 01 26	28 02 00	25 48 39	2 12 09	4 17 13	11 30 15	15 48 02
15 F	9 37 42	12♉22 10	19 11 53	24 09 31	18 40 41	8 24 27	25 01 54	26 16 53	28 12 16	25 54 29	2 14 05	4 18 09	11 31 09	15 47 58
16 Sa	10 36 34	25 54 10	2♊31 05	25 53 01	19 54 02	9 10 12	24 47 36	26 32 38	28 23 05	26 00 46	2 16 31	4 19 35	11 32 31	15 48 21
17 Su	11 36 09	9♊01 56	15 27 24	27 33 51	21 08 08	9 56 44	24 34 18	26 48 58	28 34 44	26 07 48	2 19 44	4 21 49	11 34 39	15 49 28
18 M	12 36 34	21 48 31	28 04 19	29 11 39	22 23 06	10 44 07	24 22 08	27 05 59	28 47 21	26 15 40	2 23 50	4 24 57	11 37 39	15 51 25
19 Tu	13 37 43	4♋17 29	10♋25 32	0♈45 50	23 38 49	11 32 17	24 11 01	27 23 34	29 00 48	26 24 17	2 28 43	4 28 54	11 41 25	15 54 07
20 W	14 39 22	16 32 27	22 34 38	2 15 43	24 55 05	12 20 59	24 00 43	27 41 31	29 14 53	26 33 26	2 34 09	4 33 25	11 45 44	15 57 21
21 Th	15 41 12	28 36 49	4♌34 53	3 40 33	26 11 34	13 09 56	23 50 57	27 59 30	29 29 16	26 42 46	2 39 50	4 38 12	11 50 16	16 00 46
22 F	16 42 55	10♌33 41	16 29 12	4 59 36	27 27 57	13 58 47	23 41 23	28 17 11	29 43 38	26 52 00	2 45 26	4 42 56	11 54 43	16 04 05
23 Sa	17 44 14	22 25 47	28 20 07	6 12 14	28 43 58	14 47 17	23 31 47	28 34 19	29 57 42	27 00 51	2 50 41	4 47 20	11 58 48	16 07 01
24 Su	18 44 58	4♍15 36	10♍09 57	7 17 55	29 59 26	15 35 14	23 21 58	28 50 43	0♉11 19	27 09 08	2 55 25	4 51 14	12 02 20	16 09 23
25 M	19 45 04	16 05 22	22 00 48	8 16 17	1♓14 18	16 22 35	23 11 52	29 06 18	0 24 23	27 16 46	2 59 32	4 54 33	12 05 15	16 11 06
26 Tu	20 44 34	27 57 16	3♎54 51	9 07 08	2 28 35	17 09 22	23 01 32	29 21 06	0 36 57	27 23 49	3 03 06	4 57 20	12 07 36	16 12 14
27 W	21 43 34	9♎53 31	15 54 17	9 50 22	3 42 25	17 55 43	22 51 06	29 35 15	0 49 09	27 30 23	3 06 14	4 59 42	12 09 30	16 12 54
28 Th	22 42 17	21 56 26	28 01 33	10 26 02	4 55 58	18 41 47	22 40 45	29 48 55	1 01 08	27 36 39	3 09 06	5 01 50	12 11 08	16 13 16
29 F	23 40 53	4♏08 35	10♏17 19	10 54 13	6 09 26	19 27 46	22 30 40	0♑02 17	1 13 06	27 42 48	3 11 54	5 03 55	12 12 40	16 13 31
30 Sa	24 39 32	16 32 41	22 50 23	11 15 02	7 22 59	20 13 50	22 21 02	0 15 31	1 25 13	27 49 00	3 14 47	5 06 06	12 14 17	16 13 50
31 Su	25 38 20	29 11 40	5♐37 47	11 28 36	8 36 43	21 00 06	22 11 58	0 28 43	1 37 35	27 55 22	3 17 52	5 08 31	12 16 05	16 14 19

LONGITUDE — April 2024

Day	☉	0 hr ☽	Noon ☽	☿	♀	♂	⚷	♃	♄	⚸	♅	♆	♇
1 M	26♓37 21	12♐08 25	18♐44 19	11♈35 04	9♓50 41	21♒46 35	22♌03 30	0♑41 55	1♉50 14	28♒01 55	3♈21 11	5♉11 11	12♓18 05	16♑15 00
2 Tu	27 36 30	25 25 32	2♑12 21	11 34 32	11 04 49	22 33 16	21 55 36	0 55 05	2 03 07	28 08 37	3 24 42	5 14 03	12 20 17	16 15 50
3 W	28 35 44	9♑04 58	16 03 18	11 27 09	12 19 03	23 20 02	21 48 10	1 08 06	2 16 11	28 15 23	3 28 18	5 17 04	12 22 34	16 16 45
4 Th	29 34 56	23 07 28	0♒17 08	11 13 10	13 33 17	24 06 47	21 41 08	1 20 53	2 29 17	28 22 07	3 31 55	5 20 05	12 24 51	16 17 38
5 F	0♈34 02	7♒32 05	14 51 51	10 52 55	14 47 25	24 53 28	21 34 23	1 33 20	2 42 22	28 28 43	3 35 27	5 23 04	12 27 02	16 18 24
6 Sa	1 32 60	22 15 44	29 43 11	10 26 54	16 01 27	25 40 02	21 27 57	1 45 28	2 55 24	28 35 11	3 38 53	5 25 58	12 29 06	16 19 03
7 Su	2 31 53	7♓13 04	14♓44 41	9 55 45	17 15 27	26 26 33	21 21 52	1 57 17	3 08 27	28 41 35	3 42 18	5 28 51	12 31 08	16 19 38
8 M	3 30 49	22 16 44	29 48 16	9 20 16	18 29 30	27 13 08	21 16 15	2 08 56	3 21 37	28 47 59	3 45 46	5 31 50	12 33 13	16 20 16
9 Tu	4 29 54	7♈18 13	14♈45 18	8 41 18	19 43 26	27 59 53	21 11 13	2 20 30	3 35 01	28 54 32	3 49 25	5 35 02	12 35 29	16 21 02
10 W	5 29 12	22 09 01	29 27 44	7 59 57	20 58 12	28 46 54	21 06 51	2 32 05	3 48 44	29 01 19	3 53 20	5 38 30	12 37 60	16 22 03
11 Th	6 28 45	6♉41 45	13♉49 11	7 16 30	22 12 57	29 34 10	21 03 09	2 43 41	4 02 46	29 08 19	3 57 32	5 42 17	12 40 46	16 23 19
12 F	7 28 28	20 51 07	27 45 36	6 32 18	23 27 52	0♓21 37	21 00 03	2 55 12	4 17 02	29 15 29	4 01 55	5 46 16	12 43 44	16 24 45
13 Sa	8 28 10	4♊34 17	11♊15 27	5 47 53	24 42 50	1 09 05	20 57 23	3 06 29	4 31 24	29 22 37	4 06 21	5 50 20	12 46 43	16 26 12
14 Su	9 27 41	17 50 53	24 19 24	5 03 54	25 57 37	1 56 23	20 54 58	3 17 21	4 45 38	29 29 33	4 10 37	5 54 14	12 49 31	16 27 27
15 M	10 26 49	0♋42 31	6♋59 54	4 20 58	27 12 03	2 43 19	20 52 35	3 27 35	4 59 33	29 36 06	4 14 31	5 57 49	12 51 58	16 28 20
16 Tu	11 25 25	13 12 20	19 20 34	3 39 40	28 25 59	3 29 45	20 50 08	3 37 03	5 13 02	29 42 06	4 17 56	6 00 57	12 53 56	16 28 42
17 W	12 23 29	25 24 27	1♌25 46	3 00 39	29 39 24	4 15 40	20 47 33	3 45 44	5 26 03	29 47 32	4 20 51	6 03 34	12 55 21	16 28 31
18 Th	13 21 35	7♌23 27	13 20 10	2 24 34	0♈52 22	5 01 07	20 44 55	3 53 41	5 38 39	29 52 29	4 23 18	6 05 47	12 56 20	16 27 53
19 F	14 18 22	19 14 06	25 08 24	1 52 05	2 05 04	5 46 18	20 42 25	4 01 07	5 51 02	29 57 08	4 25 30	6 07 45	12 57 02	16 26 58
20 Sa	15 15 39	1♍00 58	6♍54 52	1 23 52	3 17 46	6 31 29	20 40 20	4 08 15	6 03 28	0♓01 45	4 27 43	6 09 45	12 57 45	16 26 02
21 Su	16 13 13	12 48 15	18 43 30	1 00 32	4 30 48	7 16 58	20 38 56	4 15 26	6 16 16	0 06 38	4 30 15	6 12 06	12 58 46	16 25 24
22 M	17 11 22	24 39 38	0♎37 43	0 42 35	5 44 26	8 03 20	20 38 33	4 22 56	6 29 42	0 12 04	4 33 23	6 15 05	13 00 23	16 25 22
23 Tu	18 10 20	6♎38 10	12 40 17	0 30 23	6 58 54	8 49 57	20 39 22	4 30 58	6 44 01	0 18 14	4 37 21	6 18 55	13 02 50	16 26 08
24 W	19 10 12	18 46 13	24 53 18	0 24 07	8 14 18	9 37 48	20 41 30	4 39 39	6 59 18	0 25 24	4 42 15	6 23 43	13 06 12	16 27 49
25 Th	20 10 57	1♏05 30	7♏18 16	0 23 47	9 30 37	10 26 31	20 44 55	4 48 55	7 15 31	0 33 22	4 48 03	6 29 25	13 10 28	16 30 23
26 F	21 12 22	13 37 09	19 56 09	0 29 07	10 47 36	11 15 54	20 49 22	4 58 34	7 32 27	0 41 57	4 54 32	6 35 50	13 15 23	16 33 43
27 Sa	22 14 05	26 21 49	2♐47 31	0 39 41	12 04 54	12 05 36	20 54 32	5 08 15	7 49 44	0 50 49	5 01 19	6 42 36	13 20 38	16 37 08
28 Su	23 15 39	9♐19 55	15 52 40	0 54 58	13 22 05	12 55 09	20 59 55	5 17 29	8 06 56	0 59 30	5 07 59	6 49 15	13 25 44	16 40 31
29 M	24 16 37	22 31 43	29 11 50	1 14 21	14 38 41	13 44 06	21 05 04	5 25 48	8 23 34	1 07 32	5 14 03	6 55 19	13 30 14	16 43 17
30 Tu	25 16 35	5♑57 28	12♑45 16	1 37 19	15 54 19	14 32 04	21 09 47	5 32 50	8 39 15	1 14 32	5 19 08	7 00 26	13 33 46	16 45 04

Notes

May 2024

LONGITUDE

Day	☉	0 hr ☽	Noon ☽	☿	♀	♂	⚵	⚳	♃	♄	⚷	♅	♆	♇
1 W	26 ♈ 15 23	19 ♑ 37 31	26 ♑ 33 07	2 ♈ 03 34	17 ♈ 08 47	15 ♓ 18 52	21 ♌ 13 21	5 ♑ 38 24	8 ♉ 53 49	1 ♓ 20 20	5 ♈ 23 04	7 ♉ 04 26	13 ♓ 36 07	16 ♑ 45 40
2 Th	27 13 05	3 ♒ 32 04	10 ♒ 35 20	2 32 59	18 22 11	16 04 34	21 16 21	5 42 33	9 07 19	1 24 59	5 25 54	7 07 21	13 37 22	16 45 10
3 F	28 10 02	17 40 59	24 51 19	3 05 46	19 34 50	16 49 30	21 18 57	5 45 38	9 20 07	1 28 50	5 27 59	7 09 33	13 37 53	16 43 55
4 Sa	29 06 46	2 ♓ 03 20	9 ♓ 19 30	3 42 18	20 47 19	17 34 14	21 21 43	5 48 12	9 32 45	1 32 27	5 29 53	7 11 34	13 38 11	16 42 27
5 Su	0 ♉ 03 58	16 36 56	23 56 57	4 23 06	22 00 16	18 19 25	21 25 17	5 50 53	9 45 53	1 36 28	5 32 14	7 14 05	13 38 57	16 41 26
6 M	1 02 14	1 ♈ 18 03	8 ♈ 39 13	5 08 37	23 14 18	19 05 39	21 30 16	5 54 19	10 00 06	1 41 31	5 35 39	7 17 41	13 40 46	16 41 28
7 Tu	2 01 57	16 01 23	23 20 29	5 59 07	24 29 48	19 53 20	21 37 04	5 58 54	10 15 50	1 47 58	5 40 33	7 22 46	13 44 04	16 42 58
8 W	3 03 15	0 ♉ 40 28	7 ♉ 54 06	6 54 34	25 46 54	20 42 36	21 45 46	6 04 43	10 33 10	1 55 56	5 47 01	7 29 28	13 48 56	16 46 02
9 Th	4 05 52	15 08 25	22 13 35	7 54 36	27 05 21	21 33 10	21 56 09	6 11 32	10 51 52	2 05 12	5 54 49	7 37 31	13 55 08	16 50 26
10 F	5 09 18	29 18 60	6 ♊ 13 23	8 58 35	28 24 38	22 24 33	22 07 40	6 18 51	11 11 26	2 15 14	6 03 26	7 46 25	14 02 09	16 55 39
11 Sa	6 12 51	13 ♊ 07 26	19 49 49	10 05 42	29 44 03	23 16 03	22 19 39	6 25 56	11 31 08	2 25 20	6 12 11	7 55 28	14 09 17	17 00 59
12 Su	7 15 47	26 31 05	3 ♋ 01 20	11 15 08	1 ♉ 02 53	24 06 55	22 31 20	6 32 05	11 50 15	2 34 46	6 20 19	8 03 56	14 15 49	17 05 42
13 M	8 17 31	9 ♋ 29 35	15 48 34	12 26 13	2 20 32	24 56 35	22 42 09	6 36 42	12 08 13	2 42 58	6 27 16	8 11 13	14 21 09	17 09 13
14 Tu	9 17 42	22 04 44	28 14 04	13 38 30	3 36 38	25 44 40	22 51 43	6 39 26	12 24 39	2 49 33	6 32 39	8 16 59	14 24 55	17 11 11
15 W	10 16 17	4 ♌ 20 03	10 ♌ 21 52	14 51 52	4 51 10	26 31 09	23 00 01	6 40 13	12 39 31	2 54 29	6 36 27	8 21 10	14 27 06	17 11 33
16 Th	11 13 31	16 20 16	22 17 03	16 06 30	6 04 22	27 16 17	23 07 16	6 39 20	12 53 04	2 58 02	6 38 54	8 24 03	14 27 56	17 10 34
17 F	12 09 55	28 10 54	4 ♍ 05 14	17 22 53	7 16 46	28 00 34	23 13 60	6 37 17	13 05 50	3 00 42	6 40 32	8 26 08	14 27 58	17 08 47
18 Sa	13 06 13	9 ♍ 57 47	15 52 09	18 41 39	8 29 04	28 44 44	23 20 54	6 34 47	13 18 29	3 03 12	6 42 03	8 28 07	14 27 52	17 06 52
19 Su	14 03 08	21 46 34	27 43 17	20 03 32	9 42 01	29 29 30	23 28 44	6 32 34	13 31 48	3 06 17	6 44 12	8 30 45	14 28 24	17 05 35
20 M	15 01 22	3 ♎ 42 26	9 ♎ 43 30	21 29 10	10 56 18	0 ♈ 15 35	23 38 10	6 31 20	13 46 27	3 10 36	6 47 39	8 34 43	14 30 15	17 05 36
21 Tu	16 01 25	15 49 42	21 56 44	22 59 00	12 12 25	1 03 27	23 49 41	6 31 33	14 02 56	3 16 41	6 52 55	8 40 31	14 33 54	17 07 26
22 W	17 03 29	28 11 34	4 ♏ 25 41	24 33 16	13 30 34	1 53 19	24 03 30	6 33 28	14 21 28	3 24 45	7 00 12	8 48 22	14 39 34	17 11 18
23 Th	18 07 28	10 ♏ 49 55	17 11 43	26 11 48	14 50 40	2 45 05	24 19 31	6 36 57	14 41 55	3 34 39	7 09 23	8 58 08	14 47 09	17 17 04
24 F	19 12 53	23 45 12	0 ♐ 14 45	27 54 09	16 12 12	3 38 17	24 37 13	6 41 32	15 03 50	3 45 55	7 20 01	9 09 22	14 56 10	17 24 17
25 Sa	20 19 00	6 ♐ 56 34	13 33 29	29 39 31	17 34 27	4 32 08	24 55 53	6 46 28	15 26 27	3 57 50	7 31 19	9 21 18	15 05 52	17 32 11
26 Su	21 24 54	20 22 08	27 05 42	1 ♉ 27 00	18 56 30	5 25 44	25 14 34	6 50 50	15 48 51	4 09 27	7 42 23	9 33 02	15 15 20	17 39 51
27 M	22 29 39	3 ♑ 59 26	10 ♑ 48 45	3 15 41	20 17 25	6 18 11	25 32 22	6 53 42	16 10 07	4 19 52	7 52 18	9 43 38	15 23 40	17 46 22
28 Tu	23 32 34	17 45 57	24 40 08	5 04 51	21 36 31	7 08 46	25 48 34	6 54 24	16 29 34	4 28 21	8 00 22	9 52 23	15 30 08	17 51 03
29 W	24 33 18	1 ♒ 39 38	8 ♒ 37 55	6 54 09	22 53 27	7 57 08	26 02 50	6 52 34	16 46 49	4 34 36	8 06 13	9 58 58	15 34 24	17 53 32
30 Th	25 31 60	15 39 10	22 40 56	8 43 43	24 08 21	8 43 25	26 15 17	6 48 20	17 02 02	4 38 44	8 10 01	10 03 31	15 36 37	17 53 58
31 F	26 29 15	29 43 57	6 ♓ 48 39	10 34 08	25 21 49	9 28 14	26 26 32	6 42 20	17 15 48	4 41 20	8 12 21	10 06 38	15 37 22	17 52 57

June 2024

LONGITUDE

Day	☉	0 hr ☽	Noon ☽	☿	♀	♂	⚵	⚳	♃	♄	⚷	♅	♆	♇
1 Sa	27 ♉ 26 00	13 ♓ 53 50	21 ♓ 00 51	12 ♉ 26 19	26 ♉ 34 49	10 ♈ 12 32	26 ♌ 37 30	6 ♑ 35 30	17 ♉ 29 05	4 ♓ 43 23	8 ♈ 14 11	10 ♉ 09 15	15 ♓ 37 37	17 ♑ 51 25
2 Su	28 23 23	28 08 35	5 ♈ 16 60	14 21 21	27 48 27	10 57 24	26 49 19	6 28 57	17 42 59	4 45 58	8 16 36	10 12 29	15 38 29	17 50 31
3 M	29 22 24	12 ♈ 27 10	19 35 39	16 20 12	29 03 42	11 43 51	27 02 59	6 23 41	17 58 30	4 50 06	8 20 38	10 17 21	15 40 56	17 51 13
4 Tu	0 ♊ 23 44	26 47 23	3 ♉ 54 07	18 23 30	0 ♊ 21 18	12 32 36	27 19 12	6 20 25	18 16 20	4 56 28	8 26 58	10 24 33	15 45 42	17 54 14
5 W	1 27 36	11 ♉ 05 35	18 08 23	20 31 22	1 41 29	13 23 50	27 38 09	6 19 22	18 36 42	5 05 18	8 35 48	10 34 16	15 52 60	17 59 47
6 Th	2 33 42	25 16 59	2 ♊ 13 33	22 43 23	3 03 52	14 17 16	27 59 33	6 20 14	18 59 17	5 16 17	8 46 51	10 46 13	16 02 30	18 07 34
7 F	3 41 16	9 ♊ 16 21	16 04 38	24 58 41	4 27 45	15 12 08	28 22 38	6 22 16	19 23 20	5 28 40	8 59 21	10 59 39	16 13 27	18 16 48
8 Sa	4 49 17	22 58 47	29 37 21	27 16 04	5 52 05	16 07 24	28 46 21	6 24 26	19 47 49	5 41 24	9 12 16	11 13 31	16 24 50	18 26 28
9 Su	5 56 39	6 ♋ 20 42	12 ♋ 48 53	29 34 16	7 15 47	17 01 57	29 09 37	6 25 39	20 11 38	5 53 24	9 24 30	11 26 43	16 35 33	18 35 29
10 M	7 02 24	19 20 18	25 38 23	1 ♊ 52 08	8 37 53	17 54 52	29 31 29	6 24 59	20 33 51	6 03 43	9 35 07	11 38 20	16 44 38	18 42 54
11 Tu	8 05 57	1 ♌ 57 57	8 ♌ 07 01	4 08 48	9 57 48	18 45 32	29 51 20	6 21 49	20 53 50	6 11 45	9 43 29	11 47 43	16 51 31	18 48 05
12 W	9 07 07	14 16 01	20 17 50	6 23 53	11 15 19	19 33 46	0 ♍ 08 59	6 15 60	21 11 24	6 17 19	9 49 27	11 54 44	16 55 59	18 50 54
13 Th	10 06 09	26 18 33	2 ♍ 15 24	8 37 21	12 30 45	20 19 49	0 24 42	6 07 48	21 26 51	6 20 41	9 53 16	11 59 36	16 58 18	18 51 34
14 F	11 03 42	8 ♍ 10 57	14 05 24	10 49 35	13 44 42	21 04 22	0 39 08	5 57 52	21 40 48	6 22 29	9 55 35	12 02 60	16 59 08	18 50 46
15 Sa	12 00 43	19 59 22	25 54 07	13 01 13	14 58 07	21 48 18	0 53 11	5 47 08	21 54 10	6 23 38	9 57 19	12 05 50	16 59 24	18 49 24
16 Su	12 58 11	1 ♎ 50 13	7 ♎ 47 57	15 13 01	16 12 01	22 32 39	1 07 52	5 36 38	22 07 60	6 25 11	9 59 29	12 09 07	17 00 07	18 48 31
17 M	13 57 05	13 49 45	19 52 56	17 25 41	17 27 21	23 18 24	1 24 10	5 27 20	22 23 14	6 28 05	10 03 04	12 13 51	17 02 14	18 49 03
18 Tu	14 58 10	26 03 29	2 ♏ 14 14	19 39 41	18 44 53	24 06 16	1 42 48	5 20 00	22 40 37	6 33 04	10 08 47	12 20 44	17 06 31	18 51 45
19 W	16 01 47	8 ♏ 35 45	14 55 36	21 55 11	20 04 57	24 56 36	2 04 09	5 14 60	23 00 30	6 40 30	10 17 00	12 30 08	17 13 19	18 56 59
20 Th	17 07 51	21 29 13	27 59 02	24 11 53	21 27 28	25 49 21	2 28 05	5 12 14	23 22 50	6 50 18	10 27 39	12 41 59	17 22 32	19 04 39
21 F	18 15 48	4 ♐ 44 36	11 ♐ 24 22	26 29 03	22 51 55	26 43 57	2 54 05	5 11 12	23 47 01	7 01 54	10 40 09	12 55 42	17 33 38	19 14 14
22 Sa	19 24 44	18 20 32	25 09 23	28 45 35	24 17 19	27 39 26	3 21 12	5 10 56	24 12 07	7 14 23	10 53 34	13 10 22	17 45 40	19 24 45
23 Su	20 33 26	2 ♑ 13 42	9 ♑ 10 02	1 ♋ 00 12	25 42 30	28 34 40	3 48 15	5 10 17	24 36 59	7 26 33	11 06 45	13 24 49	17 57 28	19 35 03
24 M	21 40 47	16 19 27	23 21 11	3 11 36	27 06 20	29 28 27	4 14 03	5 08 06	25 00 27	7 37 15	11 18 31	13 37 52	18 07 52	19 43 58
25 Tu	22 45 51	0 ♒ 32 38	7 ♒ 37 35	5 18 50	28 27 54	0 ♉ 19 54	4 37 44	5 03 30	25 21 35	7 45 35	11 27 57	13 48 36	18 15 58	19 50 36
26 W	23 48 12	14 48 31	21 54 42	7 21 23	29 46 45	1 08 35	4 58 50	4 56 03	25 39 58	7 51 06	11 34 39	13 56 37	18 21 19	19 54 31
27 Th	24 48 00	29 03 31	6 ♓ 09 26	9 19 21	1 ♋ 03 03	1 54 39	5 17 31	4 45 55	25 55 45	7 53 59	11 38 44	14 02 03	18 24 05	19 55 52
28 F	25 45 58	13 ♓ 15 35	20 20 16	11 13 26	2 17 31	2 38 49	5 34 30	4 33 51	26 09 40	7 54 55	11 40 57	14 05 37	18 24 59	19 55 21
29 Sa	26 43 13	27 24 07	4 ♈ 26 57	13 04 42	3 31 17	3 22 11	5 50 53	4 20 57	26 22 48	7 55 02	11 42 24	14 08 27	18 25 08	19 54 08
30 Su	27 41 04	11 ♈ 29 19	18 29 54	14 54 28	4 45 38	4 06 05	6 07 59	4 08 33	26 36 29	7 55 38	11 44 23	14 11 50	18 25 50	19 53 28

Notes

LONGITUDE — July 2024

Day	☉	0 hr ☽	Noon ☽	☿	♀	♂	⚵	⚳	♃	♄	⚷	♅	♆	♇
1 M	28 ♊ 40 40	25 ♈ 31 36	2 ♉ 29 30	16 ♋ 43 52	6 ♋ 01 45	4 ♉ 51 40	6 ♍ 26 58	3 ♑ 57 50	26 ♉ 51 52	7 ♓ 57 54	11 ♈ 48 05	14 ♉ 16 56	18 ♓ 28 16	19 ♑ 54 34
2 Tu	29 42 51	9 ♉ 30 48	16 25 21	18 33 44	7 20 26	5 39 44	6 48 39	3 49 38	27 09 47	8 02 39	11 54 18	14 24 36	18 33 14	19 58 13
3 W	0 ♋ 47 52	23 25 42	0 ♊ 15 58	20 24 18	8 41 58	6 30 35	7 13 17	3 44 14	27 30 28	8 10 07	12 03 19	14 35 03	18 41 01	20 04 42
4 Th	1 55 26	7 ♊ 13 60	13 58 48	22 15 16	10 06 02	7 23 53	7 40 34	3 41 20	27 53 38	8 20 02	12 14 48	14 48 01	18 51 18	20 13 42
5 F	3 04 43	20 52 29	27 30 38	24 05 51	11 31 50	8 18 50	8 09 41	3 40 08	28 18 29	8 31 34	12 27 59	15 02 41	19 03 16	20 24 26
6 Sa	4 14 37	4 ♋ 17 44	10 ♋ 48 13	25 54 53	12 58 14	9 14 20	8 39 32	3 39 34	28 43 52	8 43 37	12 41 43	15 17 55	19 15 49	20 35 46
7 Su	5 23 55	17 26 42	23 48 58	27 41 11	14 24 03	10 09 08	9 08 54	3 38 24	29 08 36	8 54 59	12 54 48	15 32 31	19 27 45	20 46 29
8 M	6 31 34	0 ♌ 17 30	6 ♌ 31 34	29 23 41	15 48 13	11 02 12	9 36 43	3 35 36	29 31 37	9 04 35	13 06 11	15 45 26	19 37 59	20 55 32
9 Tu	7 36 49	12 49 48	18 56 21	1 ♌ 01 37	17 09 59	11 52 49	10 02 15	3 30 29	29 52 11	9 11 42	13 15 08	15 55 56	19 45 48	21 02 12
10 W	8 39 25	25 04 58	1 ♍ 05 20	2 34 41	18 29 05	12 40 41	10 25 14	3 22 45	0 ♊ 10 02	9 16 03	13 21 22	16 03 44	19 50 55	21 06 12
11 Th	9 39 32	7 ♍ 06 08	13 02 10	4 03 04	19 45 42	13 25 58	10 45 49	3 12 36	0 25 19	9 17 49	13 25 03	16 09 00	19 53 32	21 07 42
12 F	10 37 45	18 57 51	24 51 50	5 27 18	21 00 26	14 09 17	11 04 37	3 00 39	0 38 39	9 17 36	13 26 49	16 12 21	19 54 13	21 07 18
13 Sa	11 34 59	0 ♎ 45 46	6 ♎ 40 17	6 48 17	22 14 11	14 51 32	11 22 32	2 47 49	0 50 56	9 16 19	13 27 32	16 14 41	19 53 53	21 05 55
14 Su	12 32 17	12 36 10	18 33 57	8 06 60	23 27 59	15 33 46	11 40 36	2 35 09	1 03 12	9 14 59	13 28 16	16 17 03	19 53 35	21 04 36
15 M	13 30 40	24 35 33	0 ♏ 39 19	9 24 26	24 42 52	16 17 00	11 59 51	2 23 43	1 16 30	9 14 39	13 30 01	16 20 27	19 54 20	21 04 21
16 Tu	14 30 57	6 ♏ 50 05	13 02 18	10 41 21	25 59 39	17 02 03	12 21 06	2 14 19	1 31 37	9 16 08	13 33 38	16 25 43	19 56 58	21 06 00
17 W	15 33 37	19 24 60	25 47 43	11 58 09	27 18 48	17 49 23	12 44 47	2 07 26	1 49 02	9 19 52	13 39 34	16 33 19	20 01 55	21 10 01
18 Th	16 38 39	2 ♐ 24 03	8 ♐ 58 37	13 14 45	28 40 19	18 38 60	13 10 57	2 03 05	2 08 44	9 25 54	13 47 49	16 43 15	20 09 14	21 16 25
19 F	17 45 36	15 49 00	22 35 46	14 30 38	0 ♌ 03 44	19 30 26	13 39 05	2 00 49	2 30 16	9 33 44	13 57 55	16 55 02	20 18 24	21 24 42
20 Sa	18 53 33	29 39 07	6 ♑ 37 17	15 44 48	1 28 10	20 22 48	14 08 19	1 59 45	2 52 45	9 42 30	14 08 59	17 07 49	20 28 34	21 34 00
21 Su	20 01 25	13 ♑ 51 06	20 58 45	16 56 03	2 52 29	21 14 58	14 37 32	1 58 47	3 15 02	9 51 04	14 19 53	17 20 26	20 38 35	21 43 12
22 M	21 08 02	28 19 27	5 ♒ 33 41	18 03 07	4 15 33	22 05 48	15 05 35	1 56 46	3 35 60	9 58 18	14 29 30	17 31 46	20 47 20	21 51 08
23 Tu	22 12 31	12 ♒ 57 12	20 14 43	19 04 59	5 36 29	22 54 24	15 31 33	1 52 49	3 54 43	10 03 17	14 36 54	17 40 54	20 53 54	21 56 56
24 W	23 14 26	27 37 15	4 ♓ 54 47	20 01 07	6 54 48	23 40 19	15 55 01	1 46 31	4 10 47	10 05 36	14 41 39	17 47 25	20 57 51	22 00 08
25 Th	24 13 52	12 ♓ 13 24	19 28 12	20 51 29	8 10 40	24 23 40	16 16 04	1 37 58	4 24 17	10 05 21	14 43 54	17 51 25	20 59 18	22 00 52
26 F	25 11 31	26 41 12	3 ♈ 51 22	21 36 34	9 24 42	25 05 07	16 35 23	1 27 51	4 35 53	10 03 12	14 44 15	17 53 33	20 58 53	21 59 46
27 Sa	26 08 23	10 ♈ 58 17	18 02 42	22 17 17	10 37 56	25 45 41	16 53 59	1 17 12	4 46 35	10 00 10	14 43 46	17 54 51	20 57 40	21 57 53
28 Su	27 05 38	25 03 57	2 ♉ 02 09	22 54 37	11 51 33	26 26 31	17 13 02	1 07 11	4 57 35	9 57 25	14 43 37	17 56 29	20 56 47	21 56 23
29 M	28 04 21	8 ♉ 58 34	15 50 30	23 29 28	13 06 37	27 08 43	17 33 36	0 58 53	5 09 57	9 56 03	14 44 50	17 59 31	20 57 19	21 56 20
30 Tu	29 05 15	22 42 50	29 28 35	24 02 22	14 23 50	27 52 59	17 56 23	0 53 02	5 24 22	9 56 45	14 48 11	18 04 40	20 59 60	21 58 27
31 W	0 ♌ 08 35	6 ♊ 17 13	12 ♊ 56 51	24 33 25	15 43 29	28 39 33	18 21 40	0 49 53	5 41 07	9 59 47	14 53 53	18 12 11	21 05 03	22 02 58

LONGITUDE — August 2024

Day	☉	0 hr ☽	Noon ☽	☿	♀	♂	⚵	⚳	♃	♄	⚷	♅	♆	♇
1 Th	1 ♌ 14 06	19 ♊ 41 31	26 ♊ 14 59	25 ♌ 02 09	17 ♌ 05 17	29 ♉ 28 12	18 ♍ 49 10	0 ♑ 49 12	5 ♊ 59 55	10 ♓ 04 54	15 ♈ 01 42	18 ♉ 21 49	21 ♓ 12 15	22 ♑ 09 40
2 F	2 21 07	2 ♋ 54 55	9 ♋ 22 06	25 27 44	18 28 34	0 ♊ 18 13	19 18 14	0 50 18	6 20 08	10 11 26	15 10 57	18 32 54	21 20 54	22 17 51
3 Sa	3 28 42	15 56 12	22 16 56	25 49 03	19 52 25	1 08 42	19 47 55	0 52 17	6 40 47	10 18 27	15 20 42	18 44 30	21 30 06	22 26 36
4 Su	4 35 51	28 44 06	4 ♌ 58 21	26 04 56	21 15 48	1 58 37	20 17 13	0 54 07	7 00 54	10 24 56	15 29 56	18 55 35	21 38 48	22 34 54
5 M	5 41 40	11 ♌ 17 47	17 25 48	26 14 19	22 37 49	2 47 05	20 45 13	0 54 56	7 19 32	10 29 59	15 37 46	19 05 17	21 46 07	22 41 51
6 Tu	6 45 30	23 37 15	29 39 37	26 16 29	23 57 50	3 33 26	21 11 16	0 54 05	7 36 05	10 32 58	15 43 34	19 12 56	21 51 25	22 46 49
7 W	7 47 04	5 ♍ 43 36	11 ♍ 41 20	26 11 02	25 15 35	4 17 25	21 35 07	0 51 17	7 50 15	10 33 36	15 47 01	19 18 15	21 54 25	22 49 30
8 Th	8 46 27	17 39 09	23 33 42	25 58 03	26 31 07	4 59 05	21 56 49	0 46 38	8 02 06	10 31 59	15 48 14	19 21 20	21 55 12	22 50 01
9 F	9 44 05	29 27 25	5 ♎ 20 37	25 37 58	27 44 53	5 38 52	22 16 49	0 40 33	8 12 05	10 28 31	15 47 38	19 22 36	21 54 11	22 48 45
10 Sa	10 40 39	11 ♎ 12 57	17 06 60	25 11 35	28 57 34	6 17 27	22 35 46	0 33 44	8 20 52	10 23 54	15 45 53	19 22 43	21 52 04	22 46 25
11 Su	11 36 57	23 01 07	28 58 27	24 39 54	0 ♍ 09 57	6 55 40	22 54 31	0 27 00	8 29 16	10 18 58	15 43 49	19 22 32	21 49 39	22 43 50
12 M	12 33 50	4 ♏ 57 42	11 ♏ 00 55	24 04 01	1 22 54	7 34 19	23 13 52	0 21 11	8 38 07	10 14 32	15 42 16	19 22 52	21 47 46	22 41 48
13 Tu	13 31 59	17 08 36	23 20 17	23 25 02	2 37 06	8 14 07	23 34 32	0 16 58	8 48 06	10 11 17	15 41 55	19 24 24	21 47 07	22 41 03
14 W	14 31 50	29 39 18	6 ♐ 01 46	22 43 53	3 52 57	8 55 28	23 56 55	0 14 47	8 59 38	10 09 39	15 43 12	19 27 33	21 48 08	22 41 58
15 Th	15 33 28	12 ♐ 34 21	19 09 25	22 01 17	5 10 34	9 38 29	24 21 07	0 14 44	9 12 50	10 09 44	15 46 11	19 32 26	21 50 53	22 44 41
16 F	16 36 36	25 56 41	2 ♑ 45 19	21 17 40	6 29 40	10 22 52	24 46 51	0 16 32	9 27 23	10 11 15	15 50 38	19 38 45	21 55 07	22 48 54
17 Sa	17 40 38	9 ♑ 47 08	16 49 09	20 33 17	7 49 38	11 08 01	25 13 30	0 19 35	9 42 43	10 13 37	15 55 54	19 45 55	22 00 12	22 54 00
18 Su	18 44 46	24 03 50	1 ♒ 17 42	19 48 15	9 09 40	11 53 07	25 40 18	0 23 03	9 57 60	10 16 00	16 01 12	19 53 06	22 05 21	22 59 12
19 M	19 48 10	8 ♒ 42 12	16 05 04	19 02 43	10 28 56	12 37 21	26 06 22	0 26 08	10 12 23	10 17 35	16 05 42	19 59 28	22 09 43	23 03 39
20 Tu	20 50 09	23 35 18	1 ♓ 03 19	18 17 02	11 46 45	13 20 02	26 31 02	0 28 08	10 25 13	10 17 41	16 08 42	20 04 22	22 12 37	23 06 41
21 W	21 50 21	8 ♓ 34 46	16 03 41	17 31 52	13 02 46	14 00 47	26 53 57	0 28 41	10 36 07	10 15 55	16 09 52	20 07 24	22 13 43	23 07 55
22 Th	22 48 48	23 32 11	0 ♈ 57 58	16 48 17	14 16 60	14 39 39	27 15 08	0 27 49	10 45 07	10 12 22	16 09 13	20 08 37	22 13 01	23 07 24
23 F	23 45 56	8 ♈ 20 15	15 39 41	16 07 40	15 29 52	15 17 03	27 34 60	0 25 58	10 52 37	10 07 24	16 07 09	20 08 26	22 10 57	23 05 33
24 Sa	24 42 25	22 53 43	0 ♉ 04 37	15 31 34	16 42 02	15 53 38	27 54 13	0 23 47	10 59 20	10 01 44	16 04 22	20 07 31	22 08 11	23 03 02
25 Su	25 39 02	7 ♉ 09 32	14 10 47	15 01 35	17 54 19	16 30 11	28 13 35	0 22 04	11 05 59	9 56 08	16 01 39	20 06 39	22 05 30	23 00 37
26 M	26 36 28	21 06 38	27 58 01	14 39 05	19 07 22	17 07 25	28 33 48	0 21 30	11 13 19	9 51 18	15 59 40	20 06 32	22 03 36	22 59 02
27 Tu	27 35 13	4 ♊ 45 23	11 ♊ 27 15	14 25 07	20 21 42	17 45 47	28 55 19	0 22 34	11 21 47	9 47 42	15 58 56	20 07 38	22 02 57	22 58 45
28 W	28 35 26	18 06 54	24 39 59	14 20 19	21 37 29	18 25 29	29 18 19	0 25 25	11 31 33	9 45 31	15 59 36	20 10 09	22 03 45	22 59 55
29 Th	29 36 60	1 ♋ 12 34	7 ♋ 37 44	14 24 50	22 54 33	19 06 20	29 42 39	0 29 57	11 42 28	9 44 37	16 01 31	20 13 54	22 05 50	23 02 24
30 F	0 ♍ 39 30	14 03 45	20 21 52	14 38 30	24 12 30	19 47 57	0 ♎ 07 56	0 35 43	11 54 10	9 44 37	16 04 18	20 18 31	22 08 48	23 05 49
31 Sa	1 42 23	26 41 37	2 ♌ 53 32	15 00 52	25 30 49	20 29 47	0 33 36	0 42 12	12 06 04	9 44 56	16 07 24	20 23 27	22 12 07	23 09 37

Notes

September 2024 — LONGITUDE

Day	☉	0 hr ☽	Noon ☽	☿	♀	♂	⚶	⚳	♃	♄	⚷	♅	♆	♇
1 Su	2 ♍ 45 04	9 ♌ 07 15	15 ♌ 13 43	15 ♌ 31 20	26 ♍ 48 54	21 ♊ 11 16	0 ♎ 59 05	0 ♑ 48 49	12 ♊ 17 35	9 ♓ 45 00	16 ♈ 10 14	20 ♉ 28 05	22 ♓ 15 12	23 ♑ 13 12
2 M	3 47 02	21 21 39	27 23 28	16 09 18	28 06 13	21 51 50	1 23 51	0 55 01	12 28 13	9 44 19	16 12 17	20 31 57	22 17 32	23 16 03
3 Tu	4 47 56	3 ♍ 26 01	9 ♍ 24 00	16 54 14	29 22 26	22 31 10	1 47 32	1 00 28	12 37 35	9 42 32	16 13 12	20 34 39	22 18 44	23 17 50
4 W	5 47 36	15 21 56	21 17 03	17 45 43	0 ♎ 37 22	23 09 05	2 09 60	1 04 60	12 45 32	9 39 27	16 12 48	20 36 02	22 18 40	23 18 22
5 Th	6 46 03	27 11 26	3 ♎ 04 50	18 43 26	1 51 04	23 45 37	2 31 15	1 08 38	12 52 06	9 35 08	16 11 08	20 36 08	22 17 22	23 17 42
6 F	7 43 32	8 ♎ 57 10	14 50 16	19 47 13	3 03 44	24 20 59	2 51 31	1 11 35	12 57 30	9 29 48	16 08 26	20 35 11	22 15 03	23 16 02
7 Sa	8 40 23	20 42 26	26 36 53	20 57 00	4 15 44	24 55 33	3 11 10	1 14 14	13 02 05	9 23 49	16 05 01	20 33 31	22 12 04	23 13 44
8 Su	9 37 01	2 ♏ 31 06	8 ♏ 28 49	22 12 43	5 27 29	25 29 42	3 30 35	1 16 57	13 06 16	9 17 36	16 01 21	20 31 34	22 08 50	23 11 13
9 M	10 33 52	14 27 32	20 30 40	23 34 14	6 39 24	26 03 53	3 50 13	1 20 11	13 10 27	9 11 33	15 57 49	20 29 45	22 05 46	23 08 55
10 Tu	11 31 15	26 36 25	2 ♐ 47 12	25 01 22	7 51 49	26 38 25	4 10 23	1 24 16	13 15 00	9 06 01	15 54 45	20 28 24	22 03 13	23 07 08
11 W	12 29 24	9 ♐ 02 28	15 23 08	26 33 46	9 04 57	27 13 31	4 31 18	1 29 23	13 20 07	9 01 14	15 52 24	20 27 44	22 01 23	23 06 08
12 Th	13 28 21	21 50 06	28 22 38	28 10 56	10 18 51	27 49 14	4 53 02	1 35 37	13 25 51	8 57 15	15 50 48	20 27 48	22 00 21	23 05 55
13 F	14 28 00	5 ♑ 02 56	11 ♑ 48 47	29 52 13	11 33 23	28 25 28	5 15 26	1 42 49	13 32 05	8 53 56	15 49 51	20 28 30	21 59 58	23 06 24
14 Sa	15 28 06	18 43 14	25 42 58	1 ♍ 36 48	12 48 20	29 01 56	5 38 17	1 50 45	13 38 34	8 51 03	15 49 16	20 29 33	21 59 60	23 07 20
15 Su	16 28 18	2 ♒ 51 16	10 ♒ 04 17	3 23 54	14 03 21	29 38 19	6 01 14	1 59 04	13 44 57	8 48 16	15 48 45	20 30 39	22 00 07	23 08 22
16 M	17 28 19	17 24 49	24 49 07	5 12 42	15 18 07	0 ♋ 14 18	6 23 59	2 07 27	13 50 57	8 45 17	15 47 58	20 31 28	21 59 60	23 09 12
17 Tu	18 27 53	2 ♓ 18 57	9 ♓ 51 11	7 02 33	16 32 24	0 49 38	6 46 15	2 15 40	13 56 17	8 41 50	15 46 41	20 31 46	21 59 24	23 09 35
18 W	19 26 53	17 26 16	25 02 03	8 52 57	17 46 03	1 24 13	7 07 58	2 23 35	14 00 51	8 37 50	15 44 47	20 31 26	21 58 13	23 09 24
19 Th	20 25 22	2 ♈ 37 45	10 ♈ 12 19	10 43 36	18 59 09	1 58 03	7 29 08	2 31 14	14 04 42	8 33 17	15 42 18	20 30 30	21 56 28	23 08 41
20 F	21 23 29	17 44 04	25 12 57	12 34 20	20 11 50	2 31 18	7 49 54	2 38 45	14 07 57	8 28 23	15 39 24	20 29 06	21 54 20	23 07 36
21 Sa	22 21 28	2 ♉ 36 53	9 ♉ 56 30	14 25 08	21 24 18	3 04 11	8 10 31	2 46 23	14 10 51	8 23 19	15 36 17	20 27 29	21 52 00	23 06 21
22 Su	23 19 30	17 09 53	24 17 54	16 15 60	22 36 48	3 36 55	8 31 10	2 54 20	14 13 35	8 18 19	15 33 11	20 25 52	21 49 43	23 05 10
23 M	24 17 46	1 ♊ 19 13	8 ♊ 14 38	18 06 53	23 49 27	4 09 38	8 52 01	3 02 44	14 16 20	8 13 32	15 30 14	20 24 22	21 47 36	23 04 12
24 Tu	25 16 19	15 03 32	21 46 27	19 57 42	25 02 22	4 42 25	9 13 09	3 11 40	14 19 09	8 09 03	15 27 31	20 23 06	21 45 45	23 03 30
25 W	26 15 09	28 23 27	4 ♋ 54 46	21 48 18	26 15 29	5 15 14	9 34 30	3 21 05	14 22 01	8 04 50	15 25 01	20 22 00	21 44 09	23 03 04
26 Th	27 14 10	11 ♋ 20 58	17 42 07	23 38 30	27 28 44	5 47 59	9 56 01	3 30 56	14 24 49	8 00 48	15 22 39	20 21 00	21 42 40	23 02 48
27 F	28 13 15	23 59 01	0 ♌ 11 39	25 28 06	28 41 59	6 20 33	10 17 35	3 41 04	14 27 28	7 56 50	15 20 17	20 20 00	21 41 15	23 02 36
28 Sa	29 12 18	6 ♌ 20 51	12 26 42	27 16 56	29 55 10	6 52 51	10 39 05	3 51 23	14 29 52	7 52 51	15 17 50	20 18 53	21 39 45	23 02 21
29 Su	0 ♎ 11 16	18 29 50	24 30 32	29 04 55	1 ♏ 08 13	7 24 48	11 00 28	4 01 51	14 31 57	7 48 49	15 15 15	20 17 37	21 38 09	23 02 02
30 M	1 10 10	0 ♍ 29 09	6 ♍ 26 11	0 ♎ 52 01	2 21 09	7 56 26	11 21 45	4 12 28	14 33 44	7 44 42	15 12 33	20 16 11	21 36 26	23 01 37

October 2024 — LONGITUDE

Day	☉	0 hr ☽	Noon ☽	☿	♀	♂	⚶	⚳	♃	♄	⚷	♅	♆	♇
1 Tu	2 ♎ 09 04	12 ♍ 21 47	18 ♍ 16 29	2 ♎ 38 15	3 ♏ 33 60	8 ♋ 27 47	11 ♎ 42 60	4 ♑ 23 17	14 ♊ 35 16	7 ♓ 40 36	15 ♈ 09 46	20 ♉ 14 40	21 ♓ 34 41	23 ♑ 01 11
2 W	3 08 02	24 10 25	0 ♎ 03 59	4 23 44	4 46 54	8 58 57	12 04 18	4 34 24	14 36 39	7 36 36	15 07 02	20 13 10	21 32 60	23 00 50
3 Th	4 07 13	5 ♎ 57 32	11 51 06	6 08 32	5 59 56	9 30 03	12 25 46	4 45 55	14 38 01	7 32 50	15 04 28	20 11 47	21 31 29	23 00 40
4 F	5 06 41	17 45 27	23 40 08	7 52 47	7 13 12	10 01 10	12 47 29	4 57 56	14 39 26	7 29 23	15 02 07	20 10 37	21 30 14	23 00 48
5 Sa	6 06 29	29 36 27	5 ♏ 33 24	9 36 29	8 26 45	10 32 20	13 09 30	5 10 28	14 40 57	7 26 17	15 00 04	20 09 42	21 29 17	23 01 15
6 Su	7 06 34	11 ♏ 32 52	17 33 22	11 19 38	9 40 33	11 03 31	13 31 47	5 23 31	14 42 31	7 23 30	14 58 17	20 09 00	21 28 36	23 01 59
7 M	8 06 50	23 37 14	29 42 42	13 02 07	10 54 28	11 34 35	13 54 13	5 36 56	14 44 03	7 20 57	14 56 37	20 08 26	21 28 06	23 02 54
8 Tu	9 07 07	5 ♐ 52 17	12 ♐ 04 18	14 43 47	12 08 20	12 05 23	14 16 38	5 50 33	14 45 21	7 18 26	14 54 56	20 07 48	21 27 34	23 03 50
9 W	10 07 12	18 21 01	24 41 14	16 24 26	13 21 58	12 35 42	14 38 48	6 04 11	14 46 13	7 15 46	14 53 01	20 06 54	21 26 50	23 04 34
10 Th	11 06 54	1 ♑ 06 36	7 ♑ 36 41	18 03 55	14 35 09	13 05 20	15 00 34	6 17 36	14 46 29	7 12 45	14 50 42	20 05 33	21 25 42	23 04 55
11 F	12 06 07	14 12 10	20 53 36	19 42 07	15 47 47	13 34 10	15 21 48	6 30 43	14 46 01	7 09 17	14 47 50	20 03 38	21 24 03	23 04 46
12 Sa	13 04 50	27 40 29	4 ♒ 34 18	21 19 04	16 59 52	14 02 12	15 42 30	6 43 31	14 44 50	7 05 22	14 44 27	20 01 10	21 21 53	23 04 07
13 Su	14 03 12	11 ♒ 33 26	18 39 53	22 54 55	18 11 32	14 29 35	16 02 49	6 56 09	14 43 04	7 01 10	14 40 41	19 58 18	21 19 22	23 03 08
14 M	15 01 30	25 51 20	3 ♓ 09 39	24 29 58	19 23 06	14 56 36	16 23 01	7 08 53	14 41 01	6 56 56	14 36 49	19 55 17	21 16 45	23 02 05
15 Tu	16 00 06	10 ♓ 32 21	18 00 26	26 04 36	20 34 53	15 23 34	16 43 29	7 22 06	14 39 01	6 53 02	14 33 13	19 52 31	21 14 26	23 01 19
16 W	16 59 20	25 31 59	3 ♈ 06 26	27 39 12	21 47 15	15 50 53	17 04 33	7 36 07	14 37 26	6 49 51	14 30 15	19 50 19	21 12 44	23 01 12
17 Th	17 59 29	10 ♈ 43 06	18 19 29	29 14 00	23 00 28	16 18 46	17 26 29	7 51 11	14 36 32	6 47 36	14 28 09	19 48 59	21 11 56	23 01 59
18 F	19 00 37	25 56 35	3 ♉ 30 00	0 ♏ 49 07	24 14 36	16 47 17	17 49 22	8 07 25	14 36 23	6 46 24	14 26 60	19 48 33	21 12 06	23 03 44
19 Sa	20 02 35	11 ♉ 02 34	18 28 25	2 24 25	25 29 30	17 16 18	18 13 01	8 24 37	14 36 49	6 46 04	14 26 39	19 48 53	21 13 05	23 06 20
20 Su	21 05 03	25 51 54	3 ♊ 06 34	3 59 34	26 44 50	17 45 28	18 37 08	8 42 29	14 37 32	6 46 18	14 26 47	19 49 39	21 14 32	23 09 25
21 M	22 07 33	10 ♊ 17 32	17 18 47	5 34 07	28 00 08	18 14 17	19 01 13	9 00 30	14 38 02	6 46 36	14 26 54	19 50 23	21 16 00	23 12 31
22 Tu	23 09 35	24 15 17	1 ♋ 02 21	7 07 34	29 14 54	18 42 17	19 24 47	9 18 13	14 37 50	6 46 29	14 26 32	19 50 36	21 16 60	23 15 09
23 W	24 10 46	7 ♋ 43 55	14 17 19	8 39 33	0 ♐ 28 45	19 09 04	19 47 28	9 35 13	14 36 34	6 45 35	14 25 18	19 49 54	21 17 08	23 16 56
24 Th	25 10 55	20 44 46	27 05 58	10 09 51	1 41 30	19 34 24	20 09 03	9 51 19	14 34 01	6 43 41	14 22 59	19 48 06	21 16 11	23 17 39
25 F	26 10 02	3 ♌ 21 09	9 ♌ 32 13	11 38 32	2 53 09	19 58 20	20 29 33	10 06 32	14 30 13	6 40 50	14 19 38	19 45 13	21 14 13	23 17 21
26 Sa	27 08 24	15 37 35	21 40 48	13 05 49	4 03 59	20 21 06	20 49 15	10 21 08	14 25 25	6 37 16	14 15 29	19 41 30	21 11 28	23 16 17
27 Su	28 06 27	27 39 10	3 ♍ 36 53	14 32 08	5 14 26	20 43 09	21 08 34	10 35 31	14 20 05	6 33 26	14 11 00	19 37 25	21 08 23	23 14 53
28 M	29 04 44	9 ♍ 31 05	15 25 32	15 58 03	6 25 02	21 04 60	21 28 03	10 50 17	14 14 44	6 29 54	14 06 44	19 33 30	21 05 31	23 13 43
29 Tu	0 ♏ 03 48	21 18 14	27 11 22	17 24 07	7 36 22	21 27 13	21 48 17	11 05 58	14 09 59	6 27 14	14 03 14	19 30 19	21 03 26	23 13 20
30 W	1 04 10	3 ♎ 04 54	8 ♎ 58 25	18 50 46	8 48 55	21 50 18	22 09 44	11 23 04	14 06 17	6 25 54	14 01 00	19 28 23	21 02 38	23 14 14
31 Th	2 06 08	14 54 38	20 49 56	20 18 20	10 03 00	22 14 33	22 32 45	11 41 54	14 03 59	6 26 15	14 00 23	19 27 60	21 03 26	23 16 45

Notes

LONGITUDE — November 2024

Day	☉	0 hr ☽	Noon ☽	☿	♀	♂	⚵	⚳	♃	♄	⚷	♅	♆	♇
1 F	3 ♏ 09 49	26 ♎ 50 11	2 ♏ 48 21	21 ♏ 46 52	11 ♐ 18 45	22 ♋ 40 04	22 ♎ 57 26	12 ♑ 02 34	14 ♊ 03 11	6 ♓ 28 23	14 ♈ 01 27	19 ♉ 29 16	21 ♓ 05 56	23 ♑ 20 58
2 Sa	4 15 04	8 ♏ 53 28	14 55 23	23 16 11	12 35 58	23 06 41	23 23 36	12 24 55	14 03 43	6 32 08	14 04 04	19 32 04	21 09 59	23 26 44
3 Su	5 21 27	21 05 43	27 12 05	24 45 48	13 54 16	23 33 58	23 50 51	12 48 31	14 05 12	6 37 06	14 07 49	19 35 57	21 15 10	23 33 38
4 M	6 28 21	3 ♐ 27 42	9 ♐ 39 12	26 15 03	15 12 60	24 01 18	24 18 33	13 12 45	14 06 59	6 42 39	14 12 04	19 40 18	21 20 52	23 41 03
5 Tu	7 35 01	15 59 60	22 17 17	27 43 07	16 31 26	24 27 55	24 45 59	13 36 53	14 08 21	6 48 02	14 16 06	19 44 22	21 26 20	23 48 15
6 W	8 40 43	28 43 15	5 ♑ 07 05	29 09 11	17 48 50	24 53 05	25 12 23	14 00 10	14 08 34	6 52 33	14 19 10	19 47 27	21 30 51	23 54 29
7 Th	9 44 54	11 ♑ 38 30	18 09 46	0 ♐ 32 36	19 04 38	25 16 14	25 37 12	14 22 02	14 07 03	6 55 37	14 20 42	19 48 58	21 33 49	23 59 11
8 F	10 47 16	24 47 14	1 ♒ 26 53	1 52 57	20 18 32	25 37 05	26 00 09	14 42 12	14 03 33	6 56 57	14 20 25	19 48 38	21 34 60	24 02 05
9 Sa	11 47 55	8 ♒ 11 28	15 00 23	3 10 13	21 30 39	25 55 41	26 21 19	15 00 45	13 58 09	6 56 38	14 18 26	19 46 34	21 34 27	24 03 16
10 Su	12 47 20	21 53 20	28 52 09	4 24 44	22 41 27	26 12 32	26 41 11	15 18 11	13 51 21	6 55 10	14 15 13	19 43 13	21 32 41	24 03 14
11 M	13 46 19	5 ♓ 54 40	13 ♓ 03 27	5 37 07	23 51 45	26 28 26	27 00 35	15 35 18	13 43 56	6 53 22	14 11 35	19 39 24	21 30 29	24 02 45
12 Tu	14 45 50	20 16 10	27 34 07	6 48 08	25 02 29	26 44 19	27 20 26	15 53 02	13 36 53	6 52 10	14 08 28	19 36 06	21 28 49	24 02 49
13 W	15 46 48	4 ♈ 56 35	12 ♈ 21 46	7 58 28	26 14 34	27 01 05	27 41 39	16 12 18	13 31 06	6 52 29	14 06 49	19 34 12	21 28 35	24 04 19
14 Th	16 49 50	19 52 07	27 21 24	9 08 29	27 28 39	27 19 23	28 04 54	16 33 46	13 27 15	6 54 58	14 07 15	19 34 21	21 30 27	24 07 53
15 F	17 55 09	4 ♉ 56 10	12 ♉ 25 28	10 18 07	28 44 56	27 39 24	28 30 22	16 57 36	13 25 32	6 59 49	14 09 59	19 36 46	21 34 37	24 13 46
16 Sa	19 02 29	19 59 59	27 24 48	11 26 43	0 ♑ 03 08	28 00 51	28 57 47	17 23 32	13 25 41	7 06 45	14 14 44	19 41 10	21 40 47	24 21 39
17 Su	20 11 06	4 ♊ 53 54	12 ♊ 10 02	12 33 10	1 22 31	28 22 59	29 26 24	17 50 51	13 26 57	7 15 03	14 20 46	19 46 49	21 48 15	24 30 48
18 M	21 20 01	19 28 58	26 33 13	13 36 02	2 42 05	28 44 47	29 55 14	18 18 32	13 28 22	7 23 43	14 27 06	19 52 43	21 55 60	24 40 15
19 Tu	22 28 10	3 ♋ 38 23	10 ♋ 28 57	14 33 47	4 00 49	29 05 14	0 ♏ 23 16	18 45 33	13 28 54	7 31 43	14 32 42	19 57 52	22 03 00	24 48 58
20 W	23 34 45	17 18 29	23 55 01	15 25 01	5 17 53	29 23 28	0 49 38	19 11 05	13 27 43	7 38 13	14 36 44	20 01 24	22 08 26	24 56 05
21 Th	24 39 17	0 ♌ 28 46	6 ♌ 52 12	16 08 39	6 32 47	29 38 59	1 13 53	19 34 39	13 24 20	7 42 44	14 38 43	20 02 51	22 11 49	25 01 08
22 F	25 41 44	13 11 34	19 23 46	16 43 58	7 45 29	29 51 46	1 35 58	19 56 11	13 18 45	7 45 15	14 38 38	20 02 12	22 13 07	25 04 07
23 Sa	26 42 29	25 31 22	1 ♍ 34 45	17 10 38	8 56 25	0 ♌ 02 11	1 56 17	20 16 08	13 11 21	7 46 09	14 36 53	19 59 51	22 12 44	25 05 24
24 Su	27 42 19	7 ♍ 33 55	13 31 11	17 28 38	10 06 18	0 10 59	2 15 35	20 35 13	13 02 55	7 46 12	14 34 12	19 56 32	22 11 26	25 05 45
25 M	28 42 11	19 25 36	25 19 29	17 38 08	11 16 06	0 19 07	2 34 51	20 54 25	12 54 25	7 46 22	14 31 34	19 53 14	22 10 10	25 06 07
26 Tu	29 43 05	1 ♎ 12 49	7 ♎ 05 50	17 39 23	12 26 51	0 27 35	2 55 05	21 14 44	12 46 50	7 47 39	14 29 60	19 50 57	22 09 56	25 07 32
27 W	0 ♐ 45 54	13 01 24	18 55 52	17 32 33	13 39 23	0 37 13	3 17 08	21 37 02	12 41 05	7 50 56	14 30 22	19 50 35	22 11 38	25 10 52
28 Th	1 51 15	24 56 21	0 ♏ 54 08	17 17 38	14 54 21	0 48 40	3 41 38	22 01 55	12 37 46	7 56 49	14 33 16	19 52 43	22 15 52	25 16 43
29 F	2 59 21	7 ♏ 01 27	13 03 59	16 54 32	16 11 56	1 02 06	4 08 49	22 29 39	12 37 07	8 05 32	14 38 57	19 57 36	22 22 52	25 25 19
30 Sa	4 09 59	19 19 06	25 27 20	16 22 56	17 31 57	1 17 20	4 38 26	22 59 59	12 38 55	8 16 52	14 47 11	20 04 60	22 32 24	25 36 28

LONGITUDE — December 2024

Day	☉	0 hr ☽	Noon ☽	☿	♀	♂	⚵	⚳	♃	♄	⚷	♅	♆	♇
1 Su	5 ♐ 22 30	1 ♐ 50 19	8 ♐ 04 45	15 ♐ 42 32	18 ♑ 53 44	1 ♌ 33 41	5 ♏ 09 53	23 ♑ 32 17	12 ♊ 42 34	8 ♓ 30 11	14 ♈ 57 21	20 ♉ 14 18	22 ♓ 43 52	25 ♑ 49 30
2 M	6 35 57	14 34 54	20 55 36	14 53 10	20 16 19	1 50 10	5 42 09	24 05 33	12 47 04	8 44 30	15 08 27	20 24 30	22 56 14	26 03 27
3 Tu	7 49 07	27 31 40	3 ♑ 58 27	13 55 00	21 38 29	2 05 36	6 14 04	24 38 38	12 51 14	8 58 37	15 19 18	20 34 25	23 08 22	26 17 08
4 W	9 00 51	10 ♑ 39 02	17 11 38	12 48 46	22 59 06	2 18 48	6 44 28	25 10 21	12 53 56	9 11 24	15 28 46	20 42 55	23 19 04	26 29 23
5 Th	10 10 14	23 55 31	0 ♒ 33 42	11 35 54	24 17 15	2 28 52	7 12 26	25 39 47	12 54 15	9 21 56	15 35 54	20 49 04	23 27 27	26 39 18
6 F	11 16 48	7 ♒ 20 18	14 04 01	10 18 37	25 32 26	2 35 18	7 37 30	26 06 28	12 51 44	9 29 43	15 40 16	20 52 25	23 33 02	26 46 24
7 Sa	12 20 38	20 53 28	27 42 53	8 59 48	26 44 44	2 38 12	7 59 45	26 30 29	12 46 27	9 34 52	15 41 56	20 53 02	23 35 54	26 50 46
8 Su	13 22 24	4 ♓ 36 04	11 ♓ 31 28	7 42 53	27 54 50	2 38 12	8 19 51	26 52 30	12 39 06	9 38 02	15 41 34	20 51 35	23 36 43	26 53 05
9 M	14 23 12	18 29 47	25 31 23	6 31 24	29 03 49	2 36 25	8 38 54	27 13 38	12 30 46	9 40 19	15 40 17	20 49 12	23 36 37	26 54 26
10 Tu	15 24 23	2 ♈ 36 16	9 ♈ 43 55	5 28 42	0 ♒ 13 03	2 34 11	8 58 15	27 35 12	12 22 50	9 43 05	15 39 25	20 47 12	23 36 54	26 56 11
11 W	16 27 15	16 56 14	24 09 09	4 37 32	1 23 46	2 32 48	9 19 11	27 58 30	12 16 35	9 47 37	15 40 16	20 46 54	23 38 54	26 59 37
12 Th	17 32 43	1 ♉ 28 38	8 ♉ 45 09	3 59 45	2 36 57	2 33 11	9 42 38	28 24 29	12 12 57	9 54 51	15 43 46	20 49 13	23 43 32	27 05 40
13 F	18 41 11	16 10 01	23 27 33	3 36 09	3 52 57	2 35 44	10 08 60	28 53 31	12 12 20	10 05 09	15 50 19	20 54 33	23 51 10	27 14 43
14 Sa	19 52 22	0 ♊ 54 32	8 ♊ 09 46	3 26 27	5 11 30	2 40 09	10 37 59	29 25 19	12 14 28	10 18 16	15 59 37	21 02 37	24 01 34	27 26 30
15 Su	21 05 24	15 34 32	22 43 55	3 29 26	6 31 43	2 45 35	11 08 44	29 59 03	12 18 30	10 33 19	16 10 49	21 12 34	24 13 50	27 40 08
16 M	22 19 03	0 ♋ 01 47	7 ♋ 02 11	3 43 18	7 52 22	2 50 47	11 40 01	0 ♒ 33 26	12 23 10	10 49 04	16 22 40	21 23 08	24 26 44	27 54 24
17 Tu	23 31 59	14 09 03	20 58 10	4 06 00	9 12 07	2 54 24	12 10 28	1 07 09	12 27 10	11 04 10	16 33 51	21 33 01	24 38 57	28 07 56
18 W	24 43 03	27 51 12	4 ♌ 27 58	4 35 35	10 29 48	2 55 19	12 38 58	1 39 04	12 29 21	11 17 30	16 43 12	21 41 02	24 49 19	28 19 37
19 Th	25 51 33	11 ♌ 05 58	17 30 32	5 10 31	11 44 42	2 52 48	13 04 47	2 08 27	12 29 01	11 28 20	16 50 02	21 46 30	24 57 07	28 28 43
20 F	26 57 16	23 54 02	0 ♍ 07 36	5 49 48	12 56 37	2 46 40	13 27 43	2 35 07	12 25 58	11 36 29	16 54 07	21 49 14	25 02 11	28 35 04
21 Sa	28 00 34	6 ♍ 18 36	12 23 11	6 33 03	14 05 55	2 37 17	13 48 09	2 59 25	12 20 34	11 42 17	16 55 50	21 49 33	25 04 51	28 38 59
22 Su	29 02 16	18 24 47	24 22 53	7 20 20	15 13 23	2 25 27	14 06 51	3 22 08	12 13 37	11 46 33	16 55 59	21 48 17	25 05 56	28 41 18
23 M	0 ♑ 03 26	0 ♎ 18 51	6 ♎ 13 16	8 12 05	16 20 06	2 12 17	14 24 55	3 44 23	12 06 13	11 50 22	16 55 39	21 46 31	25 06 30	28 43 05
24 Tu	1 05 15	12 07 37	18 01 11	9 08 55	17 27 14	1 58 57	14 43 32	4 07 20	11 59 34	11 54 55	16 56 00	21 45 25	25 07 45	28 45 31
25 W	2 08 49	23 57 46	29 53 11	10 11 23	18 35 53	1 46 34	15 03 46	4 32 04	11 54 45	12 01 17	16 58 09	21 46 06	25 10 46	28 49 42
26 Th	3 14 54	5 ♏ 55 24	11 ♏ 55 05	11 19 49	19 46 49	1 35 56	15 26 26	4 59 23	11 52 33	12 10 15	17 02 53	21 49 20	25 16 20	28 56 26
27 F	4 23 54	18 05 31	24 11 26	12 34 11	21 00 25	1 27 28	15 51 54	5 29 39	11 53 22	12 22 13	17 10 33	21 55 31	25 24 50	29 06 04
28 Sa	5 35 40	0 ♐ 31 40	6 ♐ 45 15	13 54 00	22 16 31	1 21 02	16 20 01	6 02 43	11 57 04	12 37 02	17 21 03	22 04 29	25 36 08	29 18 28
29 Su	6 49 34	13 15 43	19 37 42	15 18 18	23 34 29	1 16 00	16 50 09	6 37 58	12 03 00	12 54 02	17 33 44	22 15 37	25 49 35	29 32 60
30 M	8 04 32	26 17 43	2 ♑ 48 07	16 45 46	24 53 16	1 11 23	17 21 14	7 14 20	12 10 09	13 12 13	17 47 32	22 27 52	26 04 09	29 48 37
31 Tu	9 19 18	9 ♑ 36 07	16 14 18	18 14 53	26 11 33	1 05 54	17 51 60	7 50 32	12 17 12	13 30 15	18 01 11	22 39 57	26 18 31	0 ♒ 04 02

Notes

January 2025

LONGITUDE

Day	☉	0 hr ☽	Noon ☽	☿	♀	♂	⚵	⚳	♃	♄	⚷	♅	♆	♇
1 W	10 ♑ 32 34	23 ♑ 08 04	29 ♑ 52 55	19 ♐ 44 09	27 ♒ 28 04	0 ♌ 58 19	18 ♏ 21 09	8 ♒ 25 18	12 ♊ 22 54	13 ♓ 46 53	18 ♈ 13 23	22 ♉ 50 35	26 ♓ 31 26	0 ♒ 17 58
2 Th	11 43 19	6 ♒ 50 11	13 ♒ 40 20	21 12 23	28 41 45	0 47 38	18 47 41	8 57 35	12 26 14	14 01 04	18 23 08	22 58 44	26 41 53	0 29 23
3 F	12 51 01	20 39 10	27 33 20	22 38 52	29 52 05	0 33 21	19 11 02	9 26 51	12 26 39	14 12 17	18 29 53	23 03 52	26 49 17	0 37 46
4 Sa	13 55 42	4 ♓ 32 35	11 ♓ 29 40	24 03 33	0 ♓ 59 05	0 15 33	19 31 15	9 53 10	12 24 13	14 20 34	18 33 41	23 06 03	26 53 44	0 43 09
5 Su	14 58 01	18 29 07	25 28 26	25 26 57	2 03 24	29 ♋ 54 56	19 48 59	10 17 09	12 19 35	14 26 35	18 35 11	23 05 56	26 55 51	0 46 11
6 M	15 59 07	2 ♈ 28 39	9 ♈ 29 49	26 50 07	3 06 08	29 32 41	20 05 23	10 39 58	12 13 53	14 31 26	18 35 31	23 04 37	26 56 46	0 47 60
7 Tu	17 00 20	16 31 52	23 34 36	28 14 18	4 08 38	29 10 09	20 21 46	11 02 56	12 08 28	14 36 30	18 36 02	23 03 29	26 57 51	0 49 57
8 W	18 02 57	0 ♉ 39 29	7 ♉ 43 25	29 40 45	5 12 11	28 48 43	20 39 27	11 27 22	12 04 38	14 43 03	18 38 02	23 03 49	27 00 23	0 53 19
9 Th	19 07 57	14 51 33	21 55 56	1 ♑ 10 20	6 17 42	28 29 22	20 59 22	11 54 12	12 03 21	14 52 03	18 42 27	23 06 34	27 05 19	0 59 04
10 F	20 15 43	29 06 46	6 ♊ 10 21	2 43 26	7 25 37	28 12 33	21 21 57	12 23 51	12 05 01	15 03 55	18 49 43	23 12 09	27 13 05	1 07 37
11 Sa	21 26 02	13 ♊ 22 08	20 23 10	4 19 47	8 35 41	27 58 07	21 46 57	12 56 07	12 09 26	15 18 25	18 59 36	23 20 22	27 23 26	1 18 45
12 Su	22 38 10	27 33 11	4 ♋ 29 35	5 58 36	9 47 07	27 45 19	22 13 38	13 30 13	12 15 51	15 34 48	19 11 21	23 30 25	27 35 38	1 31 41
13 M	23 50 59	11 ♋ 34 34	18 24 15	7 38 43	10 58 47	27 33 05	22 40 52	14 05 01	12 23 06	15 51 55	19 23 51	23 41 13	27 48 32	1 45 18
14 Tu	25 03 13	25 21 01	2 ♌ 02 13	9 18 54	12 09 26	27 20 14	23 07 23	14 39 19	12 29 60	16 08 33	19 35 50	23 51 30	28 00 55	1 58 22
15 W	26 13 49	8 ♌ 48 13	15 19 51	10 58 01	13 17 57	27 05 43	23 32 08	15 11 59	12 35 26	16 23 37	19 46 14	24 00 11	28 11 41	2 09 48
16 Th	27 22 01	21 53 40	28 15 28	12 35 19	14 23 36	26 48 51	23 54 21	15 42 18	12 38 40	16 36 21	19 54 18	24 06 33	28 20 06	2 18 51
17 F	28 27 33	4 ♍ 36 58	10 ♍ 49 30	14 10 33	15 26 05	26 29 23	24 13 45	16 09 59	12 39 26	16 46 30	19 59 46	24 10 18	28 25 53	2 25 14
18 Sa	29 30 38	16 59 52	23 04 28	15 43 53	16 25 33	26 07 35	24 30 33	16 35 15	12 37 55	16 54 15	20 02 49	24 11 38	28 29 14	2 29 10
19 Su	0 ♒ 31 50	29 05 57	5 ♎ 04 34	17 15 55	17 22 38	25 44 06	24 45 19	16 58 40	12 34 45	17 00 12	20 04 04	24 11 10	28 30 46	2 31 15
20 M	1 32 04	11 ♎ 00 14	16 55 14	18 47 33	18 18 10	25 19 50	24 58 59	17 21 08	12 30 47	17 05 15	20 04 25	24 09 47	28 31 20	2 32 22
21 Tu	2 32 20	22 48 37	28 42 38	20 19 47	19 13 09	24 55 53	25 12 31	17 43 41	12 27 05	17 10 23	20 04 50	24 08 29	28 31 59	2 33 31
22 W	3 33 37	4 ♏ 37 25	10 ♏ 33 11	21 53 37	20 08 32	24 33 14	25 26 54	18 07 15	12 24 34	17 16 36	20 06 20	24 08 15	28 33 41	2 35 40
23 Th	4 36 39	16 32 49	22 33 00	23 29 47	21 05 04	24 12 42	25 42 53	18 32 37	12 24 02	17 24 38	20 09 39	24 09 50	28 37 10	2 39 36
24 F	5 41 52	28 40 31	4 ♐ 47 33	25 08 45	22 03 08	23 54 44	26 00 54	19 00 12	12 25 53	17 34 56	20 15 12	24 13 40	28 42 52	2 45 43
25 Sa	6 49 17	11 ♐ 05 11	17 21 03	26 50 32	23 02 43	23 39 25	26 20 57	19 30 00	12 30 09	17 47 29	20 23 01	24 19 46	28 50 48	2 54 03
26 Su	7 58 28	23 50 06	0 ♑ 16 11	28 34 43	24 03 23	23 26 20	26 42 36	20 01 37	12 36 24	18 01 52	20 32 41	24 27 42	29 00 33	3 04 10
27 M	9 08 41	6 ♑ 56 50	13 33 40	0 ♒ 20 32	25 04 21	23 14 47	27 05 07	20 34 17	12 43 52	18 17 20	20 43 24	24 36 42	29 11 21	3 15 18
28 Tu	10 18 54	20 25 02	27 12 16	2 07 02	26 04 34	23 03 48	27 27 28	21 06 58	12 51 35	18 32 53	20 54 13	24 45 47	29 22 12	3 26 27
29 W	11 28 06	4 ♒ 12 29	11 ♒ 08 49	3 53 11	27 03 01	22 52 24	27 48 39	21 38 42	12 58 30	18 47 29	21 04 05	24 53 56	29 32 05	3 36 37
30 Th	12 35 29	18 15 22	25 18 46	5 38 11	27 58 49	22 39 46	28 07 49	22 08 36	13 03 48	19 00 19	21 12 10	25 00 19	29 40 10	3 44 57
31 F	13 40 31	2 ♓ 28 55	9 ♓ 36 57	7 21 34	28 51 26	22 25 28	28 24 29	22 36 13	13 07 00	19 10 53	21 17 60	25 04 26	29 45 58	3 50 58

February 2025

LONGITUDE

Day	☉	0 hr ☽	Noon ☽	☿	♀	♂	⚵	⚳	♃	♄	⚷	♅	♆	♇
1 Sa	14 ♒ 43 14	16 ♓ 48 10	23 ♓ 58 22	9 ♒ 03 19	29 ♓ 40 51	22 ♋ 09 30	28 ♏ 38 38	23 ♒ 01 31	13 ♊ 08 05	19 ♓ 19 11	21 ♈ 21 33	25 ♉ 06 17	29 ♓ 49 28	3 ♒ 54 40
2 Su	15 44 02	1 ♈ 08 44	8 ♈ 18 56	10 43 54	0 ♈ 27 28	21 52 21	28 50 43	23 24 58	13 07 30	19 25 38	21 23 17	25 06 19	29 51 06	3 56 29
3 M	16 43 45	15 27 19	22 35 50	12 24 08	1 12 01	21 34 50	29 01 32	23 47 20	13 06 03	19 31 04	21 23 59	25 05 20	29 51 42	3 57 13
4 Tu	17 43 21	29 41 47	6 ♉ 47 27	14 05 00	1 55 29	21 17 57	29 12 03	24 09 37	13 04 42	19 36 27	21 24 39	25 04 18	29 52 14	3 57 51
5 W	18 43 45	13 ♉ 50 58	20 53 01	15 47 28	2 38 43	21 02 39	29 23 12	24 32 46	13 04 24	19 42 43	21 26 11	25 04 10	29 53 37	3 59 19
6 Th	19 45 40	27 54 10	4 ♊ 52 06	17 32 13	3 22 23	20 49 38	29 35 40	24 57 25	13 05 50	19 50 33	21 29 18	25 05 37	29 56 33	4 02 19
7 F	20 49 23	11 ♊ 50 44	18 44 05	19 19 33	4 06 44	20 39 13	29 49 46	25 23 55	13 09 18	20 00 15	21 34 17	25 08 56	0 ♈ 01 20	4 07 07
8 Sa	21 54 47	25 39 37	2 ♋ 27 54	21 09 21	4 51 37	20 31 17	0 ♐ 05 22	25 52 08	13 14 41	20 11 42	21 41 02	25 14 02	0 07 51	4 13 38
9 Su	23 01 24	9 ♋ 19 18	16 01 55	23 01 09	5 36 29	20 25 22	0 21 58	26 21 35	13 21 30	20 24 25	21 49 03	25 20 24	0 15 37	4 21 22
10 M	24 08 30	22 47 51	29 24 10	24 54 13	6 20 34	20 20 45	0 38 53	26 51 33	13 29 02	20 37 41	21 57 38	25 27 20	0 23 54	4 29 37
11 Tu	25 15 18	6 ♌ 03 15	12 ♌ 32 44	26 47 45	7 03 03	20 16 39	0 55 17	27 21 15	13 36 29	20 50 42	22 05 59	25 34 03	0 31 57	4 37 34
12 W	26 21 06	19 03 47	25 26 05	28 41 02	7 43 10	20 12 22	1 10 30	27 49 58	13 43 10	21 02 47	22 13 24	25 39 51	0 39 02	4 44 33
13 Th	27 25 25	1 ♍ 48 27	8 ♍ 03 32	0 ♓ 33 32	8 20 23	20 07 27	1 24 03	28 17 14	13 48 35	21 13 27	22 19 24	25 44 15	0 44 41	4 50 03
14 F	28 28 04	14 17 12	20 25 31	2 25 02	8 54 27	20 01 38	1 35 41	28 42 50	13 52 32	21 22 29	22 23 46	25 47 02	0 48 41	4 53 53
15 Sa	29 29 04	26 31 10	2 ♎ 33 34	4 15 31	9 25 21	19 55 02	1 45 29	29 06 50	13 55 05	21 29 56	22 26 35	25 48 15	0 51 07	4 56 07
16 Su	0 ♓ 28 47	8 ♎ 32 38	14 30 28	6 05 15	9 53 22	19 47 56	1 53 47	29 29 32	13 56 33	21 36 08	22 28 10	25 48 15	0 52 16	4 57 02
17 M	1 27 40	20 24 58	26 19 57	7 54 36	10 18 54	19 40 50	2 01 02	29 51 27	13 57 24	21 41 34	22 28 59	25 47 30	0 52 38	4 57 09
18 Tu	2 26 19	2 ♏ 12 22	8 ♏ 06 34	9 44 04	10 42 30	19 34 17	2 07 49	0 ♓ 13 08	13 58 14	21 46 48	22 29 36	25 46 35	0 52 48	4 57 02
19 W	3 25 16	13 59 42	19 55 27	11 34 02	11 04 38	19 28 51	2 14 40	0 35 08	13 59 35	21 52 24	22 30 36	25 46 03	0 53 18	4 57 14
20 Th	4 24 59	25 52 08	1 ♐ 51 54	13 24 49	11 25 43	19 24 58	2 22 05	0 57 56	14 01 54	21 58 48	22 32 26	25 46 20	0 54 36	4 58 13
21 F	5 25 44	7 ♐ 54 55	14 01 11	15 16 29	11 45 56	19 22 56	2 30 17	1 21 47	14 05 28	22 06 17	22 35 21	25 47 45	0 56 60	5 00 14
22 Sa	6 27 36	20 13 01	26 28 06	17 08 53	12 05 20	19 22 48	2 39 22	1 46 45	14 10 22	22 14 55	22 39 26	25 50 20	1 00 31	5 03 22
23 Su	7 30 24	2 ♑ 50 45	9 ♑ 16 36	19 01 36	12 23 39	19 24 22	2 49 10	2 12 40	14 16 25	22 24 33	22 44 32	25 53 57	1 05 02	5 07 28
24 M	8 33 48	15 51 22	22 29 18	20 53 56	12 40 29	19 27 19	2 59 18	2 39 12	14 23 15	22 34 49	22 50 16	25 58 13	1 10 10	5 12 09
25 Tu	9 37 20	29 16 40	6 ♒ 07 07	22 45 06	12 55 19	19 31 09	3 09 20	3 05 53	14 30 27	22 45 15	22 56 12	26 02 42	1 15 28	5 16 59
26 W	10 40 31	13 ♒ 06 31	20 08 53	24 34 14	13 07 37	19 35 24	3 18 46	3 32 14	14 37 29	22 55 23	23 01 50	26 06 54	1 20 27	5 21 29
27 Th	11 42 57	27 18 43	4 ♓ 31 13	26 20 29	13 16 56	19 39 40	3 27 12	3 57 50	14 43 59	23 04 49	23 06 48	26 10 25	1 24 44	5 25 14
28 F	12 44 25	11 ♓ 48 57	19 08 48	28 03 09	13 22 58	19 43 41	3 34 25	4 22 30	14 49 44	23 13 18	23 10 50	26 13 03	1 28 05	5 28 02

Notes

LONGITUDE

March 2025

Day	☉	0 hr ☽	Noon ☽	☿	♀	♂	⚵	⚳	♃	♄	⚷	♅	♆	♇
1 Sa	13 ♓ 44 53	26 ♓ 31 15	3 ♈ 54 59	29 ♓ 41 41	13 ♈ 25 40	19 ♋ 47 28	3 ♐ 40 23	4 ♓ 46 10	14 ♊ 54 41	23 ♓ 20 51	23 ♈ 13 57	26 ♉ 14 47	1 ♈ 30 29	5 ♒ 29 51
2 Su	14 44 32	11 ♈ 18 43	18 42 41	1 ♈ 15 45	13 25 09	19 51 09	3 45 17	5 09 03	14 59 03	23 27 38	23 16 19	26 15 46	1 32 07	5 30 52
3 M	15 43 43	26 04 26	3 ♉ 25 16	2 45 06	13 21 44	19 55 04	3 49 27	5 31 28	15 03 07	23 33 59	23 18 15	26 16 21	1 33 18	5 31 25
4 Tu	16 42 46	10 ♉ 42 21	17 57 20	4 09 31	13 15 44	19 59 34	3 53 15	5 53 46	15 07 17	23 40 15	23 20 09	26 16 54	1 34 25	5 31 53
5 W	17 42 03	25 07 49	2 ♊ 15 07	5 28 45	13 07 29	20 04 59	3 56 60	6 16 19	15 11 52	23 46 47	23 22 19	26 17 45	1 35 47	5 32 34
6 Th	18 41 46	9 ♊ 17 47	16 16 25	6 42 29	12 57 10	20 11 32	4 00 56	6 39 19	15 17 06	23 53 48	23 24 60	26 19 07	1 37 38	5 33 42
7 F	19 41 59	23 10 44	0 ♋ 00 24	7 50 12	12 44 53	20 19 14	4 05 07	7 02 50	15 23 02	24 01 22	23 28 14	26 21 04	1 40 02	5 35 22
8 Sa	20 42 38	6 ♋ 46 18	13 27 14	8 51 20	12 30 34	20 28 02	4 09 27	7 26 48	15 29 36	24 09 24	23 31 59	26 23 32	1 42 55	5 37 29
9 Su	21 43 32	20 04 56	26 37 41	9 45 16	12 14 04	20 37 44	4 13 47	7 51 02	15 36 38	24 17 44	23 36 02	26 26 20	1 46 05	5 39 53
10 M	22 44 30	3 ♌ 07 37	9 ♌ 32 52	10 31 23	11 55 14	20 48 06	4 17 54	8 15 19	15 43 54	24 26 09	23 40 12	26 29 16	1 49 21	5 42 20
11 Tu	23 45 19	15 55 32	22 13 60	11 09 09	11 33 57	20 58 57	4 21 36	8 39 29	15 51 13	24 34 27	23 44 17	26 32 08	1 52 31	5 44 39
12 W	24 45 51	28 30 01	4 ♍ 42 25	11 38 12	11 10 11	21 10 07	4 24 45	9 03 23	15 58 27	24 42 32	23 48 09	26 34 48	1 55 27	5 46 43
13 Th	25 46 04	10 ♍ 52 27	16 59 33	11 58 19	10 43 58	21 21 33	4 27 18	9 26 58	16 05 33	24 50 19	23 51 45	26 37 14	1 58 05	5 48 28
14 F	26 45 60	23 04 22	29 06 53	12 09 29	10 15 30	21 33 16	4 29 17	9 50 15	16 12 32	24 57 50	23 55 06	26 39 26	2 00 28	5 49 57
15 Sa	27 45 42	5 ♎ 07 23	11 ♎ 06 12	12 11 51	9 44 60	21 45 20	4 30 45	10 13 20	16 19 30	25 05 11	23 58 19	26 41 30	2 02 41	5 51 13
16 Su	28 45 20	17 03 25	22 59 33	12 05 41	9 12 45	21 57 52	4 31 51	10 36 20	16 26 33	25 12 28	24 01 29	26 43 33	2 04 49	5 52 25
17 M	29 44 57	28 54 41	4 ♏ 49 20	11 51 26	8 39 03	22 10 56	4 32 40	10 59 21	16 33 47	25 19 47	24 04 42	26 45 41	2 07 01	5 53 37
18 Tu	0 ♈ 44 40	10 ♏ 43 47	16 38 24	11 29 36	8 04 10	22 24 37	4 33 16	11 22 27	16 41 16	25 27 12	24 08 04	26 47 57	2 09 20	5 54 55
19 W	1 44 29	22 33 45	28 30 01	11 00 47	7 28 21	22 38 54	4 33 40	11 45 38	16 49 02	25 34 45	24 11 34	26 50 24	2 11 45	5 56 20
20 Th	2 44 20	4 ♐ 28 03	10 ♐ 27 53	10 25 40	6 51 48	22 53 45	4 33 50	12 08 53	16 57 01	25 42 22	24 15 10	26 52 58	2 14 16	5 57 48
21 F	3 44 09	16 30 30	22 35 60	9 45 01	6 14 39	23 09 04	4 33 39	12 32 04	17 05 07	25 49 57	24 18 47	26 55 34	2 16 46	5 59 13
22 Sa	4 43 49	28 45 14	4 ♑ 58 35	8 59 39	5 37 02	23 24 41	4 32 60	12 55 06	17 13 15	25 57 25	24 22 16	26 58 04	2 19 09	6 00 30
23 Su	5 43 13	11 ♑ 16 30	17 39 47	8 10 32	4 59 07	23 40 32	4 31 47	13 17 53	17 21 16	26 04 38	24 25 33	27 00 22	2 21 17	6 01 31
24 M	6 42 19	24 08 20	0 ♒ 43 22	7 18 43	4 21 07	23 56 33	4 29 58	13 40 20	17 29 09	26 11 34	24 28 35	27 02 26	2 23 09	6 02 15
25 Tu	7 41 09	7 ♒ 24 10	14 12 14	6 25 20	3 43 17	24 12 45	4 27 34	14 02 31	17 36 55	26 18 14	24 31 22	27 04 18	2 24 47	6 02 42
26 W	8 39 50	21 06 16	28 07 44	5 31 39	3 06 02	24 29 15	4 24 43	14 24 33	17 44 43	26 24 47	24 34 04	27 06 05	2 26 17	6 03 02
27 Th	9 38 34	5 ♓ 15 03	12 ♓ 29 10	4 38 56	2 29 46	24 46 15	4 21 37	14 46 38	17 52 43	26 31 25	24 36 52	27 08 00	2 27 53	6 03 25
28 F	10 37 37	19 48 34	27 13 12	3 48 24	1 54 58	25 03 60	4 18 30	15 09 00	18 01 11	26 38 21	24 40 01	27 10 17	2 29 48	6 04 06
29 Sa	11 37 09	4 ♈ 42 04	12 ♈ 13 48	3 01 08	1 22 02	25 22 40	4 15 35	15 31 52	18 10 18	26 45 48	24 43 42	27 13 07	2 32 15	6 05 18
30 Su	12 37 17	19 48 17	27 22 43	2 18 01	0 51 15	25 42 21	4 12 57	15 55 19	18 20 11	26 53 52	24 48 01	27 16 37	2 35 19	6 07 06
31 M	13 37 58	4 ♉ 58 07	12 ♉ 30 32	1 39 38	0 22 44	26 02 59	4 10 34	16 19 18	18 30 45	27 02 29	24 52 56	27 20 44	2 38 58	6 09 27

LONGITUDE

April 2025

Day	☉	0 hr ☽	Noon ☽	☿	♀	♂	⚵	⚳	♃	♄	⚷	♅	♆	♇
1 Tu	14 ♈ 38 59	20 ♉ 02 01	27 ♉ 28 03	1 ♈ 06 17	29 ♓ 56 27	26 ♋ 24 23	4 ♐ 08 13	16 ♓ 43 36	18 ♊ 41 49	27 ♓ 11 27	24 ♈ 58 13	27 ♉ 25 15	2 ♈ 42 58	6 ♒ 12 10
2 W	15 40 01	4 ♊ 51 22	12 ♊ 07 38	0 38 03	29 32 12	26 46 11	4 05 36	17 07 55	18 53 03	27 20 27	25 03 35	27 29 51	2 47 02	6 14 53
3 Th	16 40 41	19 19 40	26 24 07	0 14 50	29 09 44	27 08 01	4 02 19	17 31 53	19 04 05	27 29 07	25 08 38	27 34 10	2 50 46	6 17 16
4 F	17 40 42	3 ♋ 23 09	10 ♋ 15 01	29 ♓ 56 30	28 48 51	27 29 34	3 58 04	17 55 09	19 14 36	27 37 08	25 13 03	27 37 54	2 53 52	6 19 00
5 Sa	18 39 52	17 00 44	23 40 22	29 42 56	28 29 27	27 50 39	3 52 42	18 17 34	19 24 26	27 44 18	25 16 41	27 40 50	2 56 09	6 19 54
6 Su	19 38 12	0 ♌ 13 34	6 ♌ 42 07	29 34 09	28 11 36	28 11 15	3 46 12	18 39 09	19 33 34	27 50 40	25 19 31	27 43 01	2 57 38	6 19 59
7 M	20 35 53	13 04 21	19 23 22	29 30 17	27 55 32	28 31 34	3 38 47	19 00 04	19 42 12	27 56 23	25 21 45	27 44 36	2 58 30	6 19 25
8 Tu	21 33 16	25 36 42	1 ♍ 47 56	29 31 35	27 41 39	28 51 56	3 30 46	19 20 39	19 50 40	28 01 48	25 23 43	27 45 58	2 59 06	6 18 35
9 W	22 30 47	7 ♍ 54 31	13 59 41	29 38 19	27 30 23	29 12 46	3 22 37	19 41 23	19 59 25	28 07 23	25 25 52	27 47 31	2 59 51	6 17 52
10 Th	23 28 53	20 01 37	26 02 18	29 50 47	27 22 11	29 34 32	3 14 45	20 02 40	20 08 54	28 13 32	25 28 38	27 49 43	3 01 13	6 17 46
11 F	24 27 57	2 ♎ 01 27	7 ♎ 59 01	0 ♈ 09 09	27 17 27	29 57 34	3 07 36	20 24 53	20 19 28	28 20 40	25 32 25	27 52 57	3 03 34	6 18 38
12 Sa	25 28 14	13 56 56	19 52 34	0 33 30	27 16 24	0 ♌ 22 09	3 01 23	20 48 19	20 31 23	28 29 01	25 37 26	27 57 28	3 07 10	6 20 43
13 Su	26 29 49	25 50 26	1 ♏ 45 13	1 03 40	27 19 04	0 48 19	2 56 11	21 13 01	20 44 44	28 38 39	25 43 47	28 03 19	3 12 05	6 24 06
14 M	27 32 33	7 ♏ 43 55	13 38 50	1 39 21	27 25 18	1 15 57	2 51 52	21 38 50	20 59 21	28 49 27	25 51 19	28 10 23	3 18 10	6 28 39
15 Tu	28 36 07	19 39 01	25 35 04	2 19 59	27 34 43	1 44 43	2 48 08	22 05 28	21 14 56	29 01 04	25 59 43	28 18 20	3 25 06	6 34 02
16 W	29 40 01	1 ♐ 37 17	7 ♐ 35 33	3 04 54	27 46 48	2 14 06	2 44 28	22 32 25	21 30 59	29 13 01	26 08 30	28 26 41	3 32 24	6 39 46
17 Th	0 ♉ 43 42	13 40 24	19 42 09	3 53 21	28 00 53	2 43 32	2 40 20	22 59 06	21 46 55	29 24 45	26 17 04	28 34 51	3 39 29	6 45 16
18 F	1 46 35	25 50 24	1 ♑ 57 04	4 44 35	28 16 23	3 12 28	2 35 08	23 24 57	22 02 10	29 35 40	26 24 52	28 42 16	3 45 47	6 49 59
19 Sa	2 48 12	8 ♑ 09 49	14 23 04	5 37 58	28 32 46	3 40 24	2 28 27	23 49 31	22 16 17	29 45 19	26 31 26	28 48 29	3 50 51	6 53 26
20 Su	3 48 20	20 41 49	27 03 26	6 33 07	28 49 43	4 07 06	2 20 02	24 12 33	22 29 01	29 53 27	26 36 32	28 53 15	3 54 26	6 55 23
21 M	4 47 01	3 ♒ 30 01	10 ♒ 01 48	7 29 54	29 07 13	4 32 37	2 09 55	24 34 06	22 40 24	0 ♈ 00 07	26 40 12	28 56 37	3 56 34	6 55 53
22 Tu	5 44 34	16 38 19	23 21 52	8 28 32	29 25 32	4 57 16	1 58 27	24 54 29	22 50 47	0 05 39	26 42 46	28 58 54	3 57 36	6 55 16
23 W	6 41 37	0 ♓ 10 18	7 ♓ 06 45	9 29 30	29 45 14	5 21 40	1 46 16	25 14 19	23 00 46	0 10 40	26 44 51	29 00 43	3 58 08	6 54 08
24 Th	7 38 56	14 08 37	21 18 11	10 33 28	0 ♈ 06 59	5 46 34	1 34 08	25 34 22	23 11 06	0 15 55	26 47 12	29 02 51	3 58 57	6 53 16
25 F	8 37 16	28 33 54	5 ♈ 55 36	11 41 05	0 31 31	6 12 45	1 22 49	25 55 24	23 22 35	0 22 11	26 50 37	29 06 03	4 00 47	6 53 25
26 Sa	9 37 13	13 ♈ 24 03	20 55 22	12 52 51	0 59 20	6 40 47	1 12 56	26 18 00	23 35 47	0 30 03	26 55 39	29 10 54	4 04 15	6 55 12
27 Su	10 39 01	28 33 30	6 ♉ 10 29	14 08 55	1 30 37	7 10 54	1 04 43	26 42 25	23 50 56	0 39 44	27 02 34	29 17 39	4 09 35	6 58 49
28 M	11 42 30	13 ♉ 53 34	21 31 11	15 29 02	2 05 08	7 42 57	0 57 60	27 08 27	24 07 52	0 51 05	27 11 10	29 26 08	4 16 36	7 04 07
29 Tu	12 47 05	29 13 19	6 ♊ 46 15	16 52 32	2 42 14	8 16 18	0 52 13	27 35 32	24 25 59	1 03 30	27 20 53	29 35 44	4 24 44	7 10 31
30 W	13 51 53	14 ♊ 21 31	21 45 06	18 18 31	3 21 01	8 50 08	0 46 31	28 02 48	24 44 27	1 16 08	27 30 51	29 45 37	4 33 06	7 17 09

Notes

May 2025 LONGITUDE

Day	☉	0 hr ☽	Noon ☽	☿	♀	♂	⚵	⚳	♃	♄	⚷	♅	♆	♇
1 Th	14♉56 01	29♊08 31	6♋19 26	19♈46 02	4♈00 30	9♌23 30	0♐40 00	28♓29 21	25♊02 20	1♈28 04	27♈40 10	29♉54 53	4♈40 49	7♒23 06
2 F	15 58 44	13♋27 45	20 24 19	21 14 17	4 39 54	9 55 41	0 31 57	28 54 26	25 18 54	1 38 34	27 48 05	0♊02 46	4 47 07	7 27 39
3 Sa	16 59 37	27 16 17	3♌58 26	22 42 49	5 18 45	10 26 15	0 21 58	29 17 38	25 33 44	1 47 13	27 54 12	0 08 51	4 51 36	7 30 23
4 Su	17 58 41	10♌34 37	17 03 28	24 11 36	5 57 01	10 55 13	0 10 03	29 38 58	25 46 51	1 54 01	27 58 30	0 13 11	4 54 17	7 31 17
5 M	18 56 19	23 25 52	29 43 20	25 41 02	6 35 03	11 22 58	29♏56 37	29 58 49	25 58 38	1 59 23	28 01 24	0 16 07	4 55 33	7 30 47
6 Tu	19 53 15	5♍54 47	12♍03 10	27 11 48	7 13 31	11 50 12	29 42 23	0♈17 54	26 09 47	2 04 00	28 03 36	0 18 23	4 56 07	7 29 34
7 W	20 50 19	18 06 55	24 08 37	28 44 44	7 53 14	12 17 46	29 28 14	0 37 04	26 21 11	2 08 44	28 05 58	0 20 50	4 56 50	7 28 29
8 Th	21 48 24	0♎07 53	6♎05 09	0♉20 42	8 35 02	12 46 34	29 15 03	0 57 11	26 33 40	2 14 28	28 09 21	0 24 20	4 58 35	7 28 26
9 F	22 48 14	12 02 48	17 57 40	2 00 25	9 19 35	13 17 17	29 03 33	1 19 00	26 47 60	2 21 54	28 14 30	0 29 37	5 02 05	7 30 08
10 Sa	23 50 17	23 56 02	29 50 10	3 44 22	10 07 20	13 50 25	28 54 14	1 42 57	27 04 37	2 31 31	28 21 52	0 37 09	5 07 48	7 34 03
11 Su	24 54 40	5♏50 55	11♏45 42	5 32 39	10 58 23	14 26 03	28 47 14	2 09 12	27 23 40	2 43 27	28 31 36	0 47 03	5 15 52	7 40 18
12 M	26 01 10	17 49 48	23 46 18	7 25 04	11 52 28	15 03 60	28 42 19	2 37 29	27 44 54	2 57 28	28 43 26	0 59 06	5 26 03	7 48 40
13 Tu	27 09 13	29 54 07	5♐53 10	9 21 02	12 48 57	15 43 39	28 38 57	3 07 14	28 07 45	3 12 58	28 56 50	1 12 44	5 37 46	7 58 34
14 W	28 17 58	12♐04 37	18 06 55	11 19 44	13 46 60	16 24 11	28 36 18	3 37 37	28 31 23	3 29 09	29 10 55	1 27 05	5 50 12	8 09 11
15 Th	29 26 26	24 21 43	0♑27 56	13 20 09	14 45 35	17 04 36	28 33 23	4 07 38	28 54 49	3 45 00	29 24 45	1 41 12	6 02 21	8 19 31
16 F	0♊33 41	6♑45 48	12 56 43	15 21 21	15 43 43	17 43 57	28 29 16	4 36 22	29 17 05	3 59 35	29 37 20	1 54 06	6 13 17	8 28 36
17 Sa	1 38 55	19 17 45	25 34 18	17 22 33	16 40 36	18 21 28	28 23 11	5 03 00	29 37 25	4 12 08	29 47 56	2 05 02	6 22 12	8 35 42
18 Su	2 41 44	1♒59 05	8♒22 25	19 23 18	17 35 47	18 56 43	28 14 44	5 27 08	29 55 23	4 22 11	29 56 05	2 13 31	6 28 41	8 40 21
19 M	3 42 08	14 52 14	21 23 40	21 23 35	18 29 14	19 29 42	28 03 54	5 48 45	0♋10 59	4 29 46	0♉01 49	2 19 38	6 32 44	8 42 35
20 Tu	4 40 35	28 00 23	4♓41 19	23 23 50	19 21 25	20 00 53	27 51 13	6 08 21	0 24 43	4 35 22	0 05 37	2 23 50	6 34 51	8 42 52
21 W	5 37 59	11♓27 09	18 18 50	25 24 54	20 13 11	20 31 10	27 37 33	6 26 47	0 37 27	4 39 52	0 08 20	2 26 59	6 35 54	8 42 04
22 Th	6 35 27	25 15 57	2♈19 06	27 27 49	21 05 39	21 01 40	27 24 04	6 45 12	0 50 18	4 44 22	0 11 07	2 30 14	6 37 00	8 41 21
23 F	7 34 08	9♈29 01	16 43 31	29 33 39	21 59 56	21 33 33	27 11 54	7 04 44	1 04 26	4 50 02	0 15 07	2 34 42	6 39 19	8 41 51
24 Sa	8 34 58	24 06 22	1♉30 47	1♊43 12	22 56 55	22 07 42	27 01 59	7 26 19	1 20 46	4 57 47	0 21 14	2 41 19	6 43 46	8 44 27
25 Su	9 38 21	9♉04 53	16 36 19	3 56 45	23 57 01	22 44 34	26 54 46	7 50 21	1 39 43	5 08 02	0 29 55	2 50 32	6 50 46	8 49 38
26 M	10 44 10	24 17 52	1♊52 03	6 14 00	25 00 04	23 23 60	26 50 07	8 16 42	2 01 08	5 20 40	0 40 60	3 02 10	7 00 11	8 57 14
27 Tu	11 51 41	9♊35 36	17 07 29	8 34 02	26 05 19	24 05 16	26 47 19	8 44 39	2 24 17	5 34 55	0 53 46	3 15 31	7 11 17	9 06 30
28 W	12 59 45	24 46 45	2♋11 21	10 55 30	27 11 38	24 47 14	26 45 15	9 13 03	2 48 04	5 49 41	1 07 06	3 29 26	7 22 56	9 16 20
29 Th	14 07 09	9♋40 31	16 53 48	13 16 56	28 17 45	25 28 40	26 42 42	9 40 40	3 11 14	6 03 42	1 19 44	3 42 42	7 33 54	9 25 30
30 F	15 12 49	24 08 28	1♌07 56	15 36 60	29 22 36	26 08 31	26 38 36	10 06 27	3 32 42	6 15 57	1 30 38	3 54 15	7 43 08	9 32 56
31 Sa	16 16 08	8♌05 49	14 50 38	17 54 49	0♉25 32	26 46 08	26 32 21	10 29 46	3 51 52	6 25 46	1 39 10	4 03 27	7 50 00	9 37 60

June 2025 LONGITUDE

Day	☉	0 hr ☽	Noon ☽	☿	♀	♂	⚵	⚳	♃	♄	⚷	♅	♆	♇
1 Su	17♊16 58	21♌31 37	28♌02 26	20♊09 60	1♉26 26	27♌21 26	26♏23 50	10♈50 30	4♋08 37	6♈33 04	1♉45 13	4♊10 12	7♈54 24	9♒40 36
2 M	18 15 47	4♍28 08	10♍46 39	22 22 42	2 25 43	27 54 49	26 13 32	11 09 05	4 23 23	6 38 16	1 49 14	4 14 56	7 56 45	9 41 10
3 Tu	19 13 24	16 59 59	23 08 33	24 33 30	3 24 12	28 27 08	26 02 15	11 26 21	4 36 59	6 42 13	1 52 02	4 18 28	7 57 54	9 40 32
4 W	20 10 53	29 13 08	5♎14 23	26 43 12	4 22 57	28 59 27	25 51 04	11 43 21	4 50 30	6 45 57	1 54 41	4 21 53	7 58 54	9 39 45
5 Th	21 09 18	11♎13 58	17 10 33	28 52 38	5 23 02	29 32 50	25 41 04	12 01 12	5 04 60	6 50 35	1 58 16	4 26 15	8 00 51	9 39 56
6 F	22 09 37	23 08 38	29 03 02	1♋02 31	6 25 22	0♍08 13	25 33 14	12 20 47	5 21 26	6 57 02	2 03 43	4 32 31	8 04 40	9 41 59
7 Sa	23 12 27	5♏02 35	10♏56 56	3 13 18	7 30 34	0 46 14	25 28 09	12 42 46	5 40 24	7 05 56	2 11 40	4 41 18	8 10 59	9 46 33
8 Su	24 17 60	17 00 09	22 56 16	5 25 02	8 38 50	1 27 06	25 26 04	13 07 21	6 02 08	7 17 29	2 22 19	4 52 49	8 20 01	9 53 51
9 M	25 26 02	29 04 29	5♐03 43	7 37 19	9 49 57	2 10 34	25 26 45	13 34 17	6 26 24	7 31 28	2 35 27	5 06 50	8 31 31	10 03 38
10 Tu	26 35 56	11♐17 27	17 20 46	9 49 23	11 03 13	2 55 59	25 29 33	14 02 55	6 52 32	7 47 12	2 50 24	5 22 41	8 44 52	10 15 15
11 W	27 46 41	23 39 47	29 47 47	12 00 11	12 17 41	3 42 23	25 33 30	14 32 17	7 19 35	8 03 45	3 06 12	5 39 24	8 59 03	10 27 43
12 Th	28 57 11	6♑11 25	12♑24 25	14 08 30	13 32 12	4 28 38	25 37 29	15 01 15	7 46 22	8 19 57	3 21 42	5 55 51	9 12 58	10 39 56
13 F	0♋06 18	18 51 47	25 09 59	16 13 08	14 45 37	5 13 35	25 40 21	15 28 40	8 11 48	8 34 41	3 35 47	6 10 55	9 25 28	10 50 45
14 Sa	1 13 07	1♒40 23	8♒04 01	18 13 08	15 57 02	5 56 22	25 41 14	15 53 39	8 34 58	8 47 03	3 47 34	6 23 41	9 35 39	10 59 16
15 Su	2 17 08	14 37 12	21 06 37	20 07 59	17 05 56	6 36 26	25 39 36	16 15 40	8 55 21	8 56 32	3 56 30	6 33 39	9 43 01	11 04 58
16 M	3 18 21	27 43 01	4♓18 45	21 57 37	18 12 17	7 13 48	25 35 28	16 34 43	9 12 56	9 03 08	4 02 36	6 40 47	9 47 33	11 07 51
17 Tu	4 17 15	10♓59 32	17 42 20	23 42 31	19 16 35	7 48 57	25 29 19	16 51 18	9 28 14	9 07 19	4 06 22	6 45 35	9 49 45	11 08 25
18 W	5 14 48	24 29 13	1♈19 53	25 23 38	20 19 47	8 22 50	25 22 08	17 06 21	9 42 11	9 10 04	4 08 43	6 49 02	9 50 34	11 07 36
19 Th	6 12 12	8♈14 50	15 13 56	27 02 10	21 23 05	8 56 40	25 15 06	17 21 04	9 56 00	9 12 35	4 10 54	6 52 19	9 51 12	11 06 39
20 F	7 10 42	22 18 34	29 26 14	28 39 20	22 27 44	9 31 42	25 09 29	17 36 44	10 10 56	9 16 07	4 14 09	6 56 41	9 52 55	11 06 46
21 Sa	8 11 18	6♉41 16	13♉56 42	0♌16 08	23 34 41	10 08 56	25 06 16	17 54 18	10 27 57	9 21 38	4 19 26	7 03 08	9 56 42	11 08 58
22 Su	9 14 31	21 21 20	28 42 41	1 53 02	24 44 29	10 48 51	25 05 59	18 14 17	10 47 36	9 29 41	4 27 18	7 12 10	10 03 04	11 13 46
23 M	10 20 14	6♊14 21	13♊38 33	3 29 56	25 56 59	11 31 22	25 08 32	18 36 36	11 09 46	9 40 09	4 37 38	7 23 41	10 11 54	11 21 04
24 Tu	11 27 47	21 13 02	28 36 12	5 06 08	27 11 32	12 15 48	25 13 14	19 00 32	11 33 45	9 52 20	4 49 45	7 37 01	10 22 32	11 30 10
25 W	12 36 02	6♋08 15	13♋26 11	6 40 28	28 26 59	13 01 02	25 18 58	19 24 60	11 58 25	10 05 08	5 02 32	7 51 01	10 33 51	11 39 59
26 Th	13 43 44	20 50 29	27 59 26	8 11 40	29 42 05	13 45 49	25 24 29	19 48 43	12 22 35	10 17 19	5 14 44	8 04 29	10 44 35	11 49 14
27 F	14 49 48	5♌11 37	12♌08 54	9 38 35	0♊55 43	14 29 02	25 28 41	20 10 35	12 45 05	10 27 44	5 25 15	8 16 16	10 53 39	11 56 50
28 Sa	15 53 30	19 06 12	25 50 29	11 00 26	2 07 11	15 09 60	25 30 52	20 29 53	13 05 14	10 35 43	5 33 22	8 25 40	11 00 20	12 02 03
29 Su	16 54 38	2♍32 05	9♍03 22	12 17 00	3 16 17	15 48 29	25 30 50	20 46 26	13 22 50	10 41 03	5 38 53	8 32 30	11 04 26	12 04 44
30 M	17 53 33	15 30 12	21 49 38	13 28 32	4 23 20	16 24 49	25 28 53	21 00 33	13 38 12	10 44 03	5 42 08	8 37 04	11 06 17	12 05 09

Notes

LONGITUDE — July 2025

Day	☉	0 hr ☽	Noon ☽	☿	♀	♂	⚵	⚳	♃	♄	⚷	♅	♆	♇
1 Tu	18♋50 58	28♍04 02	4♎13 35	14♌35 41	5♊29 02	16♍59 45	25♏25 47	21♈12 57	13♋52 03	10♈45 27	5♉43 50	8♊40 08	11♈06 36	12♒04 05
2 W	19 47 52	10♎18 46	16 20 52	15 39 22	6 34 25	17 34 15	25 22 30	21 24 37	14 05 24	10 46 16	5 44 59	8 42 39	11 06 22	12 02 29
3 Th	20 45 18	22 20 26	28 17 44	16 40 33	7 40 29	18 09 21	25 20 05	21 36 36	14 19 16	10 47 30	5 46 37	8 45 41	11 06 39	12 01 25
4 F	21 44 11	4♏15 18	10♏10 25	17 40 03	8 48 11	18 46 01	25 19 28	21 49 50	14 34 35	10 50 07	5 49 41	8 50 09	11 08 23	12 01 49
5 Sa	22 45 12	16 09 12	22 04 37	18 38 26	9 58 09	19 24 52	25 21 18	22 04 58	14 52 01	10 54 45	5 54 49	8 56 43	11 12 11	12 04 19
6 Su	23 48 36	28 07 14	4♐05 08	19 35 51	11 10 40	20 06 11	25 25 50	22 22 15	15 11 50	11 01 40	6 02 18	9 05 38	11 18 21	12 09 12
7 M	24 54 15	10♐13 25	16 15 34	20 32 03	12 25 34	20 49 49	25 32 57	22 41 32	15 33 52	11 10 44	6 11 58	9 16 46	11 26 44	12 16 19
8 Tu	26 01 35	22 30 31	28 38 13	21 26 22	13 42 20	21 35 14	25 42 06	23 02 18	15 57 36	11 21 25	6 23 18	9 29 35	11 36 47	12 25 08
9 W	27 09 47	5♑00 03	11♑14 07	22 17 48	15 00 06	22 21 34	25 52 25	23 23 40	16 22 09	11 32 50	6 35 26	9 43 13	11 47 39	12 34 48
10 Th	28 17 50	17 42 21	24 03 06	23 05 13	16 17 50	23 07 49	26 02 53	23 44 38	16 46 32	11 43 60	6 47 21	9 56 39	11 58 20	12 44 17
11 F	29 24 42	0♒36 51	7♒04 13	23 47 27	17 34 33	23 52 59	26 12 30	24 04 10	17 09 44	11 53 54	6 58 03	10 08 53	12 07 49	12 52 36
12 Sa	0♌29 36	13 42 27	20 16 04	24 23 35	18 49 26	24 36 14	26 20 28	24 21 30	17 30 56	12 01 43	7 06 44	10 19 07	12 15 17	12 58 56
13 Su	1 32 04	26 57 54	3♓37 21	24 52 60	20 01 60	25 17 06	26 26 18	24 36 06	17 49 40	12 06 59	7 12 55	10 26 52	12 20 17	13 02 49
14 M	2 32 03	10♓22 18	17 07 09	25 15 30	21 12 13	25 55 34	26 29 57	24 47 59	18 05 54	12 09 41	7 16 34	10 32 06	12 22 46	13 04 12
15 Tu	3 29 59	23 55 19	0♈45 19	25 31 25	22 20 31	26 32 03	26 31 52	24 57 32	18 20 03	12 10 12	7 18 06	10 35 14	12 23 09	13 03 32
16 W	4 26 40	7♈37 17	14 32 18	25 41 25	23 27 40	27 07 20	26 32 49	25 05 33	18 32 54	12 09 22	7 18 19	10 37 04	12 22 15	13 01 36
17 Th	5 23 07	21 28 60	28 28 54	25 46 24	24 34 43	27 42 27	26 33 50	25 13 04	18 45 29	12 08 11	7 18 15	10 38 38	12 21 04	12 59 24
18 F	6 20 22	5♉31 11	12♉35 43	25 47 22	25 42 40	28 18 25	26 35 56	25 21 04	18 58 50	12 07 42	7 18 55	10 40 56	12 20 39	12 58 00
19 Sa	7 19 14	19 43 58	26 52 27	25 45 03	26 52 22	28 56 05	26 39 57	25 30 25	19 13 46	12 08 43	7 21 08	10 44 49	12 21 48	12 58 12
20 Su	8 20 10	4♊06 08	11♊17 19	25 39 54	28 04 13	29 35 51	26 46 18	25 41 31	19 30 42	12 11 40	7 25 20	10 50 42	12 24 58	13 00 26
21 M	9 23 05	18 34 48	25 46 45	25 31 54	29 18 10	0♎17 40	26 54 56	25 54 18	19 49 36	12 16 30	7 31 29	10 58 32	12 30 05	13 04 39
22 Tu	10 27 29	3♋05 16	10♋15 30	25 20 38	0♋33 41	1 01 02	27 05 20	26 08 16	20 09 56	12 22 43	7 39 02	11 07 48	12 36 38	13 10 20
23 W	11 32 31	17 31 33	24 37 18	25 05 24	1 49 57	1 45 06	27 16 39	26 22 34	20 30 51	12 29 27	7 47 10	11 17 39	12 43 47	13 16 39
24 Th	12 37 14	1♌47 12	8♌45 51	24 45 29	3 05 60	2 28 54	27 27 56	26 36 13	20 51 24	12 35 45	7 54 54	11 27 07	12 50 34	13 22 37
25 F	13 40 45	15 46 18	22 35 46	24 20 19	4 20 56	3 11 34	27 38 18	26 48 22	21 10 43	12 40 44	8 01 23	11 35 21	12 56 07	13 27 24
26 Sa	14 42 31	29 24 31	6♍03 33	23 49 42	5 34 12	3 52 32	27 47 09	26 58 26	21 28 13	12 43 52	8 06 03	11 41 45	12 59 52	13 30 23
27 Su	15 42 16	12♍39 37	19 07 55	23 13 54	6 45 34	4 31 33	27 54 18	27 06 11	21 43 41	12 44 53	8 08 38	11 46 07	13 01 35	13 31 22
28 M	16 40 12	25 31 35	1♎49 45	22 33 38	7 55 12	5 08 49	27 59 54	27 11 47	21 57 16	12 43 58	8 09 21	11 48 36	13 01 26	13 30 32
29 Tu	17 36 48	8♎02 31	14 11 54	21 50 01	9 03 35	5 44 47	28 04 24	27 15 43	22 09 27	12 41 36	8 08 39	11 49 42	12 59 54	13 28 20
30 W	18 32 43	20 16 07	26 18 38	21 04 26	10 11 23	6 20 09	28 08 31	27 18 39	22 20 55	12 38 29	8 07 14	11 50 05	12 57 39	13 25 28
31 Th	19 28 44	2♏17 10	8♏15 06	20 18 23	11 19 22	6 55 40	28 12 59	27 21 20	22 32 25	12 35 20	8 05 50	11 50 30	12 55 28	13 22 41

LONGITUDE — August 2025

Day	☉	0 hr ☽	Noon ☽	☿	♀	♂	⚵	⚳	♃	♄	⚷	♅	♆	♇
1 F	20♌25 32	14♏11 03	20♏06 51	19♌33 23	12♋28 12	7♎32 01	28♏18 29	27♈24 28	22♋44 39	12♈32 52	8♉05 09	11♊51 38	12♈54 02	13♒20 41
2 Sa	21 23 38	26 03 14	1♐59 26	18 50 44	13 38 26	8 09 43	28 25 32	27 28 34	22 58 07	12 31 36	8 05 42	11 54 01	12 53 51	13 19 57
3 Su	22 23 17	7♐58 58	13 57 57	18 11 32	14 50 18	8 49 02	28 34 23	27 33 52	23 13 06	12 31 46	8 07 45	11 57 55	12 55 11	13 20 47
4 M	23 24 27	20 02 54	26 06 49	17 36 33	16 03 46	9 29 55	28 45 00	27 40 21	23 29 32	12 33 23	8 11 16	12 03 16	12 58 01	13 23 08
5 Tu	24 26 50	2♑18 50	8♑29 27	17 06 13	17 18 32	10 12 04	28 57 05	27 47 42	23 47 07	12 36 05	8 15 55	12 09 47	13 02 01	13 26 42
6 W	25 29 55	14 49 33	21 08 09	16 40 45	18 34 04	10 54 58	29 10 05	27 55 22	24 05 19	12 39 23	8 21 12	12 16 55	13 06 40	13 30 56
7 Th	26 33 01	27 36 42	4♒03 59	16 20 07	19 49 43	11 37 57	29 23 21	28 02 44	24 23 30	12 42 37	8 26 27	12 24 03	13 11 18	13 35 12
8 F	27 35 31	10♒40 42	17 16 45	16 04 14	21 04 50	12 20 21	29 36 14	28 09 07	24 40 59	12 45 08	8 31 01	12 30 29	13 15 17	13 38 50
9 Sa	28 36 52	24 00 52	0♓45 09	15 53 05	22 18 52	13 01 40	29 48 11	28 13 59	24 57 16	12 46 25	8 34 22	12 35 43	13 18 05	13 41 19
10 Su	29 36 45	7♓35 34	14 27 05	15 46 43	23 31 31	13 41 34	29 58 54	28 17 01	25 12 00	12 46 07	8 36 11	12 39 26	13 19 23	13 42 20
11 M	0♍35 09	21 22 34	28 19 58	15 45 28	24 42 45	14 20 01	0♐08 19	28 18 11	25 25 10	12 44 13	8 36 26	12 41 35	13 19 08	13 41 51
12 Tu	1 32 17	5♈19 20	12♈21 08	15 49 47	25 52 47	14 57 15	0 16 43	28 17 44	25 37 01	12 40 58	8 35 21	12 42 24	13 17 36	13 40 05
13 W	2 28 39	19 23 23	26 28 09	16 00 21	27 02 07	15 33 45	0 24 31	28 16 07	25 47 59	12 36 50	8 33 26	12 42 23	13 15 14	13 37 32
14 Th	3 24 49	3♉32 27	10♉38 50	16 17 51	28 11 20	16 10 06	0 32 21	28 13 55	25 58 41	12 32 24	8 31 14	12 42 06	13 12 38	13 34 47
15 F	4 21 24	17 45 32	24 51 21	16 42 55	29 21 01	16 46 54	0 40 47	28 11 45	26 09 42	12 28 17	8 29 23	12 42 10	13 10 23	13 32 25
16 Sa	5 18 51	1♊57 45	9♊03 53	17 15 60	0♌31 37	17 24 36	0 50 16	28 10 03	26 21 30	12 24 55	8 28 19	12 43 00	13 08 58	13 30 55
17 Su	6 17 23	16 10 07	23 14 29	17 57 16	1 43 23	18 03 26	1 01 02	28 09 03	26 34 18	12 22 32	8 28 15	12 44 52	13 08 34	13 30 28
18 M	7 16 58	0♋19 25	7♋20 52	18 46 34	2 56 15	18 43 22	1 13 03	28 08 43	26 48 03	12 21 07	8 29 10	12 47 42	13 09 12	13 31 04
19 Tu	8 17 20	14 23 01	21 20 21	19 43 28	4 09 57	19 24 07	1 26 01	28 08 45	27 02 29	12 20 22	8 30 47	12 51 15	13 10 33	13 32 26
20 W	9 18 03	28 18 06	5♌10 04	20 47 20	5 24 04	20 05 15	1 39 32	28 08 45	27 17 11	12 19 53	8 32 41	12 55 04	13 12 12	13 34 09
21 Th	10 18 40	12♌01 44	18 47 12	21 57 29	6 38 07	20 46 20	1 53 07	28 08 15	27 31 40	12 19 11	8 34 23	12 58 42	13 13 42	13 35 44
22 F	11 18 46	25 31 19	2♍09 21	23 13 13	7 51 43	21 26 55	2 06 21	28 06 50	27 45 32	12 17 52	8 35 30	13 01 44	13 14 39	13 36 47
23 Sa	12 18 04	8♍44 53	15 14 55	24 33 56	9 04 34	22 06 47	2 18 60	28 04 15	27 58 32	12 15 41	8 35 46	13 03 55	13 14 45	13 37 02
24 Su	13 16 30	21 41 25	28 03 17	25 59 11	10 16 36	22 45 47	2 30 56	28 00 23	28 10 32	12 12 32	8 35 05	13 05 09	13 13 57	13 36 24
25 M	14 14 07	4♎20 56	10♎35 02	27 28 39	11 27 53	23 24 03	2 42 14	27 55 20	28 21 38	12 08 30	8 33 31	13 05 30	13 12 17	13 34 58
26 Tu	15 11 09	16 44 39	22 51 49	29 02 08	12 38 37	24 01 45	2 53 07	27 49 18	28 32 03	12 03 47	8 31 17	13 05 12	13 10 00	13 32 55
27 W	16 07 53	28 54 47	4♏56 21	0♍39 27	13 49 06	24 39 11	3 03 51	27 42 35	28 42 02	11 58 40	8 28 40	13 04 30	13 07 22	13 30 34
28 Th	17 04 35	10♏54 30	16 52 10	2 20 27	14 59 37	25 16 38	3 14 44	27 35 28	28 51 54	11 53 28	8 25 59	13 03 43	13 04 40	13 28 11
29 F	18 01 33	22 47 37	28 43 25	4 04 55	16 10 26	25 54 23	3 26 02	27 28 14	29 01 55	11 48 27	8 23 28	13 03 07	13 02 12	13 26 03
30 Sa	18 58 56	4♐38 29	10♐34 38	5 52 35	17 21 43	26 32 37	3 37 55	27 21 03	29 12 15	11 43 46	8 21 20	13 02 52	13 00 07	13 24 21
31 Su	19 56 50	16 31 42	22 30 31	7 43 02	18 33 34	27 11 23	3 50 28	27 14 01	29 22 60	11 39 32	8 19 37	13 03 03	12 58 30	13 23 08

Notes

September 2025 — LONGITUDE

Day	☉	0 hr ☽	Noon ☽	☿	♀	♂	⚵	⚳	♃	♄	⚷	♅	♆	♇
1 M	20 ♍ 55 12	28 ♐ 31 53	4 ♑ 35 42	9 ♍ 35 51	19 ♌ 45 57	27 ♎ 50 40	4 ♐ 03 39	27 ♈ 07 05	29 ♋ 34 06	11 ♈ 35 42	8 ♉ 18 20	13 ♊ 03 38	12 ♈ 57 19	13 ♒ 22 24
2 Tu	21 53 56	10 ♑ 43 30	16 54 29	11 30 27	20 58 43	28 30 21	4 17 21	27 00 09	29 45 26	11 32 10	8 17 20	13 04 31	12 56 28	13 22 02
3 W	22 52 52	23 10 36	29 30 35	13 26 19	22 11 44	29 10 16	4 31 23	26 53 04	29 56 52	11 28 45	8 16 27	13 05 31	12 55 47	13 21 51
4 Th	23 51 49	5 ♒ 56 28	12 ♒ 26 50	15 22 55	23 24 49	29 50 14	4 45 34	26 45 38	0 ♌ 08 11	11 25 17	8 15 32	13 06 27	12 55 04	13 21 40
5 F	24 50 37	19 03 23	25 44 49	17 19 48	24 37 48	0 ♏ 30 07	4 59 46	26 37 44	0 19 16	11 21 38	8 14 24	13 07 11	12 54 11	13 21 21
6 Sa	25 49 13	2 ♓ 32 14	9 ♓ 24 36	19 16 36	25 50 37	1 09 48	5 13 53	26 29 17	0 29 60	11 17 41	8 12 60	13 07 37	12 53 03	13 20 49
7 Su	26 47 36	16 22 18	23 24 34	21 13 04	27 03 16	1 49 19	5 27 55	26 20 16	0 40 23	11 13 28	8 11 18	13 07 46	12 51 40	13 20 03
8 M	27 45 49	0 ♈ 31 07	7 ♈ 41 23	23 09 05	28 15 47	2 28 42	5 41 55	26 10 46	0 50 29	11 09 02	8 09 23	13 07 40	12 50 04	13 19 07
9 Tu	28 43 59	14 54 38	22 10 19	25 04 34	29 28 18	3 08 04	5 55 59	26 00 53	1 00 25	11 04 28	8 07 21	13 07 27	12 48 24	13 18 08
10 W	29 42 12	29 27 33	6 ♉ 45 42	26 59 28	0 ♍ 40 54	3 47 31	6 10 14	25 50 44	1 10 15	10 59 55	8 05 18	13 07 12	12 46 44	13 17 11
11 Th	0 ♎ 40 33	14 ♉ 03 59	21 21 39	28 53 46	1 53 39	4 27 06	6 24 43	25 40 23	1 20 04	10 55 24	8 03 17	13 06 58	12 45 08	13 16 21
12 F	1 39 01	28 38 10	5 ♊ 52 43	0 ♎ 47 21	3 06 33	5 06 51	6 39 27	25 29 52	1 29 52	10 50 58	8 01 19	13 06 47	12 43 38	13 15 37
13 Sa	2 37 32	13 ♊ 05 02	20 14 25	2 40 05	4 19 34	5 46 42	6 54 20	25 19 06	1 39 36	10 46 32	7 59 21	13 06 35	12 42 08	13 14 56
14 Su	3 36 02	27 20 43	4 ♋ 23 31	4 31 50	5 32 33	6 26 32	7 09 19	25 08 00	1 49 08	10 42 00	7 57 17	13 06 15	12 40 34	13 14 12
15 M	4 34 23	11 ♋ 22 38	18 18 07	6 22 27	6 45 27	7 06 16	7 24 15	24 56 30	1 58 24	10 37 17	7 55 00	13 05 42	12 38 49	13 13 19
16 Tu	5 32 32	25 09 28	1 ♌ 57 21	8 11 49	7 58 10	7 45 49	7 39 06	24 44 31	2 07 18	10 32 19	7 52 27	13 04 52	12 36 50	13 12 14
17 W	6 30 30	8 ♌ 40 53	15 21 15	9 59 58	9 10 44	8 25 13	7 53 52	24 32 05	2 15 53	10 27 07	7 49 39	13 03 46	12 34 37	13 10 56
18 Th	7 28 23	21 57 16	28 30 22	11 46 58	10 23 13	9 04 34	8 08 39	24 19 20	2 24 12	10 21 47	7 46 41	13 02 29	12 32 17	13 09 33
19 F	8 26 20	4 ♍ 59 20	11 ♍ 25 33	13 32 59	11 35 49	9 44 00	8 23 36	24 06 24	2 32 27	10 16 29	7 43 44	13 01 12	12 29 58	13 08 13
20 Sa	9 24 34	17 48 03	24 07 47	15 18 12	12 48 43	10 23 45	8 38 56	23 53 32	2 40 49	10 11 25	7 40 59	13 00 05	12 27 54	13 07 10
21 Su	10 23 15	0 ♎ 24 27	6 ♎ 38 08	17 02 51	14 02 06	11 04 00	8 54 49	23 40 55	2 49 30	10 06 47	7 38 38	12 59 22	12 26 16	13 06 33
22 M	11 22 33	12 49 36	18 57 48	18 47 03	15 16 06	11 44 53	9 11 25	23 28 43	2 58 37	10 02 42	7 36 50	12 59 11	12 25 11	13 06 33
23 Tu	12 22 30	25 04 42	1 ♏ 08 05	20 30 53	16 30 47	12 26 27	9 28 45	23 16 59	3 08 14	9 59 16	7 35 37	12 59 33	12 24 44	13 07 11
24 W	13 23 02	7 ♏ 11 10	13 10 38	22 14 18	17 46 05	13 08 38	9 46 47	23 05 41	3 18 17	9 56 23	7 34 56	13 00 26	12 24 51	13 08 24
25 Th	14 23 59	19 10 42	25 07 23	23 57 07	19 01 48	13 51 16	10 05 19	22 54 39	3 28 35	9 53 54	7 34 37	13 01 40	12 25 20	13 10 01
26 F	15 25 05	1 ♐ 05 28	7 ♐ 00 47	25 39 08	20 17 43	14 34 06	10 24 05	22 43 38	3 38 52	9 51 32	7 34 24	13 02 58	12 25 57	13 11 48
27 Sa	16 26 02	12 58 08	18 53 49	27 20 01	21 33 28	15 16 47	10 42 47	22 32 20	3 48 49	9 49 00	7 33 58	13 04 01	12 26 22	13 13 25
28 Su	17 26 30	24 51 57	0 ♑ 49 56	28 59 29	22 48 47	15 59 02	11 01 06	22 20 27	3 58 08	9 45 59	7 32 60	13 04 32	12 26 18	13 14 33
29 M	18 26 16	6 ♑ 50 43	12 53 10	0 ♏ 37 18	24 03 24	16 40 36	11 18 48	22 07 46	4 06 35	9 42 15	7 31 16	13 04 15	12 25 29	13 14 58
30 Tu	19 25 12	18 58 42	25 07 54	2 13 24	25 17 12	17 21 23	11 35 45	21 54 12	4 14 03	9 37 41	7 28 41	13 03 05	12 23 50	13 14 34

October 2025 — LONGITUDE

Day	☉	0 hr ☽	Noon ☽	☿	♀	♂	⚵	⚳	♃	♄	⚷	♅	♆	♇
1 W	20 ♎ 23 23	1 ♒ 20 32	7 ♒ 38 42	3 ♏ 47 51	26 ♍ 30 17	18 ♏ 01 26	11 ♐ 52 02	21 ♈ 39 49	4 ♌ 20 34	9 ♈ 32 21	7 ♉ 25 17	13 ♊ 01 05	12 ♈ 21 23	13 ♒ 13 24
2 Th	21 21 02	14 00 48	20 29 58	5 20 53	27 42 51	18 41 00	12 07 52	21 24 52	4 26 24	9 26 29	7 21 18	12 58 29	12 18 24	13 11 43
3 F	22 18 33	27 03 43	3 ♓ 45 23	6 52 56	28 55 18	19 20 28	12 23 39	21 09 45	4 31 55	9 20 29	7 17 09	12 55 41	12 15 16	13 09 53
4 Sa	23 16 25	10 ♓ 32 27	17 27 21	8 24 27	0 ♎ 08 07	20 00 18	12 39 51	20 54 58	4 37 37	9 14 50	7 13 18	12 53 09	12 12 26	13 08 25
5 Su	24 15 07	24 28 24	1 ♈ 36 10	9 55 56	1 21 46	20 40 60	12 56 57	20 40 60	4 43 57	9 10 01	7 10 13	12 51 22	12 10 25	13 07 45
6 M	25 14 59	8 ♈ 50 35	16 09 32	11 27 46	2 36 36	21 22 54	13 15 17	20 28 13	4 51 17	9 06 23	7 08 17	12 50 41	12 09 33	13 08 16
7 Tu	26 16 10	23 35 03	1 ♉ 02 10	13 00 04	3 52 46	22 06 08	13 35 01	20 16 48	4 59 45	9 04 04	7 07 36	12 51 15	12 09 58	13 10 06
8 W	27 18 33	8 ♉ 35 04	16 06 15	14 32 43	5 10 08	22 50 36	13 55 60	20 06 35	5 09 13	9 02 56	7 08 04	12 52 55	12 11 33	13 13 06
9 Th	28 21 41	23 41 40	1 ♊ 12 20	16 05 16	6 28 17	23 35 50	14 17 48	19 57 12	5 19 16	9 02 34	7 09 15	12 55 17	12 13 53	13 16 51
10 F	29 24 59	8 ♊ 45 06	16 10 54	17 37 09	7 46 35	24 21 16	14 39 49	19 48 02	5 29 16	9 02 23	7 10 33	12 57 44	12 16 20	13 20 46
11 Sa	0 ♏ 27 47	23 36 21	0 ♋ 53 46	19 07 40	9 04 24	25 06 14	15 01 24	19 38 26	5 38 35	9 01 42	7 11 18	12 59 36	12 18 16	13 24 11
12 Su	1 29 33	8 ♋ 08 30	15 15 19	20 36 17	10 21 12	25 50 12	15 22 01	19 27 54	5 46 40	8 59 60	7 10 59	13 00 22	12 19 08	13 26 32
13 M	2 29 59	22 17 27	29 12 45	22 02 40	11 36 40	26 32 50	15 41 21	19 16 09	5 53 13	8 56 59	7 09 17	12 59 43	12 18 39	13 27 34
14 Tu	3 29 07	6 ♌ 02 01	12 ♌ 45 59	23 26 51	12 50 50	27 14 13	15 59 26	19 03 12	5 58 16	8 52 40	7 06 14	12 57 41	12 16 50	13 27 17
15 W	4 27 19	19 23 20	25 56 55	24 49 09	14 04 03	27 54 41	16 16 37	18 49 27	6 02 10	8 47 27	7 02 12	12 54 39	12 14 04	13 26 02
16 Th	5 25 10	2 ♍ 24 09	8 ♍ 48 42	26 10 08	15 16 57	28 34 49	16 33 31	18 35 30	6 05 31	8 41 53	6 57 47	12 51 11	12 10 55	13 24 27
17 F	6 23 24	15 08 00	21 25 02	27 30 28	16 30 12	29 15 22	16 50 51	18 22 05	6 09 03	8 36 44	6 53 42	12 48 02	12 08 07	13 23 13
18 Sa	7 22 43	27 38 35	3 ♎ 49 30	28 50 50	17 44 34	29 57 02	17 09 19	18 09 55	6 13 27	8 32 41	6 50 41	12 45 54	12 06 24	13 23 05
19 Su	8 23 42	9 ♎ 59 14	16 05 18	0 ♐ 11 44	19 00 34	0 ♐ 40 23	17 29 30	17 59 37	6 19 19	8 30 20	6 49 17	12 45 21	12 06 19	13 24 36
20 M	9 26 41	22 12 41	28 14 57	1 33 27	20 18 35	1 25 46	17 51 44	17 51 30	6 26 57	8 30 01	6 49 51	12 46 44	12 08 13	13 28 06
21 Tu	10 31 42	4 ♏ 20 58	10 ♏ 20 17	2 55 54	21 38 38	2 13 12	18 16 02	17 45 38	6 36 25	8 31 46	6 52 25	12 50 06	12 12 08	13 33 38
22 W	11 38 28	16 25 30	22 22 40	4 18 45	23 00 25	3 02 26	18 42 08	17 41 45	6 47 26	8 35 18	6 56 42	12 55 08	12 17 47	13 40 55
23 Th	12 46 26	28 27 16	4 ♐ 23 03	5 41 19	24 23 25	3 52 53	19 09 30	17 39 18	6 59 25	8 40 04	7 02 10	13 01 19	12 24 37	13 49 24
24 F	13 54 51	10 ♐ 27 07	16 22 26	7 02 44	25 46 51	4 43 49	19 37 20	17 37 33	7 11 39	8 45 20	7 08 04	13 07 53	12 31 54	13 58 20
25 Sa	15 02 53	22 26 08	28 22 06	8 22 01	27 09 54	5 34 23	20 04 50	17 35 39	7 23 16	8 50 15	7 13 32	13 13 59	12 38 46	14 06 52
26 Su	16 09 43	4 ♑ 25 53	10 ♑ 23 52	9 38 12	28 31 45	6 23 48	20 31 12	17 32 51	7 33 30	8 54 02	7 17 48	13 18 52	12 44 27	14 14 13
27 M	17 14 47	16 28 41	22 30 23	10 50 32	29 51 50	7 11 29	20 55 49	17 28 33	7 41 45	8 56 06	7 20 17	13 21 55	12 48 20	14 19 47
28 Tu	18 17 48	28 37 47	4 ♒ 45 11	11 58 29	1 ♏ 09 51	7 57 08	21 18 26	17 22 29	7 47 43	8 56 10	7 20 41	13 22 51	12 50 10	14 23 19
29 W	19 18 51	10 ♒ 57 23	17 12 41	13 01 55	2 25 54	8 40 51	21 39 07	17 14 45	7 51 30	8 54 18	7 19 06	13 21 45	12 50 02	14 24 52
30 Th	20 18 24	23 32 24	29 57 52	14 01 01	3 40 28	9 23 07	21 58 22	17 05 49	7 53 35	8 51 01	7 16 01	13 19 08	12 48 24	14 24 56
31 F	21 17 17	6 ♓ 28 08	13 ♓ 05 51	14 56 18	4 54 20	10 04 44	22 16 58	16 56 31	7 54 46	8 47 07	7 12 15	13 15 47	12 46 05	14 24 19

Notes

LONGITUDE — November 2025

Day	☉	0 hr ☽	Noon ☽	☿	♀	♂	⚷	♃	♄	⚸	♅	♆	♇
1 Sa	22 ♏ 16 28	19 ♓ 49 32	26 ♓ 41 06	15 ♐ 48 23	6 ♏ 08 31	10 ♐ 46 41	22 ♐ 35 54	16 ♈ 47 50	7 ♌ 56 03	8 ♈ 43 34	7 ♉ 08 46	13 ♊ 12 41	12 ♈ 44 04	14 ♒ 24 01
2 Su	23 16 56	3 ♈ 40 22	10 ♈ 46 26	16 37 52	7 23 59	11 29 57	22 56 11	16 40 47	7 58 24	8 41 23	7 06 35	13 10 50	12 43 21	14 25 01
3 M	24 19 29	18 02 05	25 21 54	17 25 03	8 41 31	12 15 20	23 18 33	16 36 07	8 02 36	8 41 20	7 06 27	13 11 00	12 44 41	14 28 05
4 Tu	25 24 28	2 ♉ 52 42	10 ♉ 23 50	18 09 50	10 01 28	13 03 10	23 43 24	16 34 12	8 09 01	8 43 46	7 08 44	13 13 33	12 48 27	14 33 34
5 W	26 31 42	18 06 16	25 44 32	18 51 28	11 23 40	13 53 18	24 10 32	16 34 53	8 17 27	8 48 32	7 13 16	13 18 19	12 54 29	14 41 19
6 Th	27 40 30	3 ♊ 33 01	11 ♊ 12 60	19 28 41	12 47 25	14 45 01	24 39 14	16 37 27	8 27 14	8 54 54	7 19 22	13 24 36	13 02 03	14 50 38
7 F	28 49 46	19 00 45	26 36 41	19 59 45	14 11 39	15 37 14	25 08 28	16 40 50	8 37 16	9 01 50	7 25 55	13 31 18	13 10 06	15 00 25
8 Sa	29 58 22	4 ♋ 17 01	11 ♋ 43 52	20 22 50	15 35 11	16 28 48	25 37 02	16 43 53	8 46 23	9 08 08	7 31 47	13 37 17	13 17 28	15 09 31
9 Su	1 ♐ 05 16	19 11 26	26 25 43	20 36 16	16 57 01	17 18 43	26 03 56	16 45 34	8 53 36	9 12 49	7 35 57	13 41 32	13 23 08	15 16 55
10 M	2 09 56	3 ♌ 37 20	10 ♌ 37 19	20 38 47	18 16 36	18 06 24	26 28 37	16 45 22	8 58 19	9 15 19	7 37 53	13 43 29	13 26 34	15 22 05
11 Tu	3 12 21	17 32 09	24 17 49	20 29 47	19 33 54	18 51 52	26 51 04	16 43 15	9 00 34	9 15 37	7 37 32	13 43 08	13 27 43	15 24 58
12 W	4 13 01	0 ♍ 57 02	7 ♍ 29 33	20 09 15	20 49 28	19 35 37	27 11 48	16 39 44	9 00 50	9 14 15	7 35 27	13 41 01	13 27 08	15 26 07
13 Th	5 12 52	13 55 42	20 17 02	19 37 47	22 04 12	20 18 36	27 31 44	16 35 45	9 00 04	9 12 09	7 32 33	13 38 02	13 25 44	15 26 27
14 F	6 13 02	26 33 21	2 ♎ 45 43	18 56 04	23 17 12	21 01 54	27 52 00	16 32 26	8 59 22	9 10 25	7 29 57	13 35 19	13 24 38	15 27 05
15 Sa	7 14 38	8 ♎ 55 37	15 01 16	18 06 28	24 35 40	21 46 40	28 13 43	16 30 54	8 59 51	9 10 11	7 28 46	13 33 59	13 24 58	15 29 09
16 Su	8 18 33	21 07 47	27 08 43	17 09 33	25 54 25	22 33 47	28 37 46	16 32 02	9 02 27	9 12 20	7 29 55	13 34 56	13 27 37	15 33 31
17 M	9 25 20	3 ♏ 14 17	9 ♏ 12 13	16 07 20	27 16 02	23 23 48	29 04 33	16 36 25	9 07 41	9 17 27	7 33 57	13 38 44	13 33 09	15 40 46
18 Tu	10 35 07	15 18 27	21 14 44	15 01 34	28 40 36	24 16 50	29 34 40	16 44 07	9 15 40	9 25 37	7 40 58	13 45 28	13 41 39	15 50 60
19 W	11 47 29	27 22 26	3 ♐ 18 06	13 53 57	0 ♐ 07 46	25 12 30	0 ♑ 07 14	16 54 48	9 26 01	9 36 28	7 50 36	13 54 48	13 52 46	16 03 50
20 Th	13 01 42	9 ♐ 27 24	15 23 13	12 46 13	1 36 46	26 10 02	0 41 39	17 07 40	9 37 60	9 49 14	8 02 05	14 05 55	14 05 44	16 18 30
21 F	14 16 41	21 33 44	27 30 20	11 39 58	3 08 22	27 08 22	1 16 52	17 21 40	9 50 31	10 02 50	8 14 19	14 17 47	14 19 27	16 33 56
22 Sa	15 31 13	3 ♑ 41 31	9 ♑ 39 35	10 36 40	4 35 48	28 06 18	1 51 39	17 35 34	10 02 22	10 16 05	8 26 09	14 29 11	14 32 45	16 48 55
23 Su	16 44 11	15 50 59	21 51 19	9 37 44	6 03 30	29 02 41	2 24 52	17 48 16	10 12 25	10 27 51	8 36 25	14 38 60	14 44 29	17 02 21
24 M	17 54 41	28 02 59	4 ♒ 06 38	8 44 23	7 28 44	29 56 39	2 55 39	17 58 52	10 19 48	10 37 14	8 44 14	14 46 19	14 53 46	17 13 18
25 Tu	19 02 16	10 ♒ 19 18	16 27 39	7 57 50	8 51 01	0 ♑ 47 42	3 23 31	18 06 54	10 24 02	10 43 47	8 49 09	14 50 42	15 00 08	17 21 21
26 W	20 06 56	22 42 55	28 57 40	7 19 15	10 10 23	1 35 54	3 48 30	18 12 23	10 25 09	10 47 31	8 51 11	14 52 10	15 03 36	17 26 29
27 Th	21 09 15	5 ♓ 17 56	11 ♓ 41 04	6 49 46	11 27 24	2 21 48	4 11 10	18 15 52	10 23 43	10 48 60	8 50 53	14 51 16	15 04 45	17 29 17
28 F	22 10 13	18 09 23	24 42 57	6 30 32	12 43 03	3 06 21	4 32 28	18 18 21	10 20 42	10 49 12	8 49 16	14 48 60	15 04 33	17 30 44
29 Sa	23 11 05	1 ♈ 22 36	8 ♈ 08 32	6 22 33	15 58 34	3 50 51	4 53 41	18 21 04	10 17 23	10 49 24	8 47 33	14 46 37	15 04 16	17 32 05
30 Su	24 13 07	15 02 29	22 02 05	6 26 37	15 15 17	4 36 34	5 16 07	18 25 20	10 15 04	10 50 52	8 47 04	14 45 25	15 05 11	17 34 50

LONGITUDE — December 2025

Day	☉	0 hr ☽	Noon ☽	☿	♀	♂	⚷	♃	♄	⚸	♅	♆	♇
1 M	25 ♐ 17 25	29 ♈ 12 13	6 ♉ 25 44	6 ♐ 43 04	16 ♐ 34 13	5 ♑ 24 34	5 ♑ 40 48	18 ♈ 32 12	10 ♌ 14 47	10 ♈ 54 41	8 ♉ 48 52	14 ♊ 46 28	15 ♈ 08 22	17 ♒ 39 25
2 Tu	26 24 32	13 ♉ 52 08	21 18 16	7 11 39	17 55 58	6 15 26	6 08 19	18 42 13	10 17 07	11 01 25	8 53 30	14 50 20	15 14 23	17 47 03
3 W	27 34 23	28 58 39	6 ♊ 34 12	7 51 26	19 20 27	7 09 04	6 38 35	18 55 19	10 22 01	11 10 58	9 00 54	14 56 56	15 23 10	17 57 25
4 Th	28 46 15	14 ♊ 23 47	22 03 55	8 40 47	20 46 56	8 04 45	7 10 53	19 10 45	10 28 43	11 22 38	9 10 21	15 05 32	15 33 58	18 09 48
5 F	29 58 55	29 55 59	7 ♋ 34 53	9 37 40	22 14 11	9 01 15	7 43 59	19 27 19	10 36 01	11 35 10	9 20 37	15 14 55	15 45 35	18 22 59
6 Sa	1 ♑ 10 57	15 ♋ 22 05	22 53 37	10 39 51	23 42 09	9 57 10	8 16 27	19 43 35	10 42 30	11 47 11	9 30 18	15 23 41	15 56 36	18 35 32
7 Su	2 21 07	0 ♌ 29 46	7 ♌ 50 01	11 45 24	25 05 34	10 51 16	8 47 05	19 58 18	10 46 56	11 57 25	9 38 09	15 30 36	16 05 46	18 46 15
8 M	3 28 41	15 09 54	22 15 42	12 52 45	26 41 08	11 42 46	9 15 06	20 10 43	10 48 31	12 05 07	9 43 24	15 34 53	16 12 19	18 54 20
9 Tu	4 33 28	29 17 42	6 ♍ 08 09	14 01 36	27 47 02	12 31 33	9 40 21	20 20 41	10 47 15	12 10 09	9 45 55	15 36 24	16 08 08	18 59 39
10 W	5 35 59	12 ♍ 52 40	19 28 27	15 11 28	28 41 15	13 18 05	10 03 20	20 28 41	10 43 28	12 12 59	9 46 12	15 35 39	16 17 41	19 02 41
11 Th	6 37 11	25 57 45	2 ♎ 20 39	16 23 01	0 ♑ 19 49	14 03 20	10 24 59	20 35 40	10 38 11	12 14 35	9 45 11	15 33 34	16 17 55	19 04 25
12 F	7 38 17	8 ♎ 38 05	14 50 30	17 37 03	1 35 25	14 48 30	10 46 33	20 42 51	10 32 38	12 16 10	9 44 06	15 31 23	16 18 05	19 06 02
13 Sa	8 40 30	20 59 51	27 04 23	18 54 28	2 52 09	15 34 50	11 09 14	20 51 28	10 28 02	12 18 59	9 44 10	15 30 21	16 19 23	19 08 47
14 Su	9 44 53	3 ♏ 09 17	9 ♏ 08 28	20 16 00	4 11 01	16 23 23	11 34 05	21 02 32	10 25 26	12 24 02	9 46 27	15 31 28	16 22 52	19 13 42
15 M	10 52 05	15 12 00	21 08 07	21 42 02	5 32 42	17 14 46	12 01 46	21 16 43	10 25 28	12 31 60	9 51 34	15 35 25	16 29 11	19 21 25
16 Tu	12 02 17	27 12 36	3 ♐ 07 35	23 12 32	6 57 19	18 09 10	12 32 25	21 34 11	10 28 22	12 43 02	9 59 43	15 42 22	16 38 30	19 32 09
17 W	13 15 09	9 ♐ 14 24	15 09 47	24 46 59	8 24 40	19 06 18	13 05 46	21 54 37	10 33 46	12 56 50	10 10 35	15 51 60	16 50 32	19 45 32
18 Th	14 29 56	21 19 29	27 17 15	26 24 28	9 54 28	20 05 22	13 41 01	22 17 15	10 40 56	13 12 39	10 23 24	16 03 33	17 04 29	20 00 51
19 F	15 45 32	3 ♑ 28 53	9 ♑ 28 06	28 03 45	11 23 56	21 05 18	14 17 05	22 40 60	10 48 48	13 29 23	10 37 06	16 15 58	17 19 17	20 16 60
20 Sa	17 00 45	15 42 48	21 44 52	29 43 30	12 53 34	22 04 52	14 52 47	23 04 38	10 56 08	13 45 48	10 50 27	16 28 00	17 33 44	20 32 42
21 Su	18 14 25	28 01 06	4 ♒ 06 30	1 ♑ 22 27	14 21 39	23 02 56	15 26 55	23 26 60	11 01 47	14 00 47	11 02 17	16 38 30	17 46 39	20 46 59
22 M	19 25 36	10 ♒ 23 48	16 33 01	2 59 37	15 47 15	23 58 34	15 58 35	23 47 10	11 04 52	14 13 23	11 11 42	16 46 34	17 57 07	20 58 44
23 Tu	20 33 50	22 51 27	29 05 08	4 34 24	17 09 52	24 51 16	16 27 17	24 04 38	11 04 50	14 23 06	11 18 11	16 51 41	18 04 39	21 07 31
24 W	21 39 03	5 ♓ 25 29	11 ♓ 44 34	6 06 45	18 29 29	25 41 01	16 52 59	24 19 13	11 01 43	14 29 54	11 21 44	16 54 39	18 09 13	21 13 19
25 Th	22 41 45	18 08 23	24 34 06	7 36 08	19 46 35	26 28 16	17 16 11	24 31 53	10 55 58	14 34 18	11 22 49	16 53 29	18 11 17	21 16 37
26 F	23 42 51	1 ♈ 03 08	7 ♈ 37 24	9 06 15	21 02 04	27 13 58	17 37 45	24 43 02	10 48 31	14 37 11	11 22 20	16 51 34	18 11 47	21 18 18
27 Sa	24 43 30	14 15 17	20 58 35	10 35 24	22 17 06	27 59 16	17 58 54	24 54 00	10 40 33	11 39 43	11 21 29	16 49 34	18 11 53	21 19 34
28 Su	25 44 56	27 47 26	4 ♉ 41 28	12 05 45	23 32 54	28 45 23	18 20 49	25 06 02	10 33 17	14 43 08	11 21 27	16 47 44	18 12 47	21 21 38
29 M	26 48 10	11 ♉ 43 15	18 48 35	13 33 01	24 50 31	29 33 21	18 44 33	25 20 06	10 27 44	14 48 27	11 23 18	16 48 04	18 15 32	21 25 30
30 Tu	27 53 48	26 03 58	3 ♊ 20 07	15 13 36	26 10 31	0 ♒ 23 44	19 10 40	25 36 49	10 24 31	14 56 16	11 27 35	16 50 50	18 20 42	21 31 47
31 W	29 01 50	10 ♊ 47 58	18 13 01	16 51 40	27 32 56	1 16 35	19 39 12	25 56 12	10 23 38	15 06 34	11 34 20	16 56 04	18 28 19	21 40 29

Notes

January 2026

LONGITUDE

Day	☉	0 hr ☽	Noon ☽	☿	♀	♂	⚵	⚳	♃	♄	⚷	♅	♆	♇
1 Th	0 ♒ 11 44	25 ♊ 50 06	3 ♋ 20 41	18 ♑ 31 57	28 ♑ 57 11	2 ♒ 11 20	20 ♑ 09 35	26 ♈ 17 40	10 ♌ 24 34	15 ♈ 18 50	11 ♉ 43 00	17 ♊ 03 10	18 ♈ 37 49	21 ♒ 51 03
2 F	1 22 27	11 ♋ 01 57	18 33 31	20 13 25	0 ♒ 22 16	3 06 56	20 40 48	26 40 13	10 26 16	15 32 01	11 52 34	17 11 09	18 48 12	22 02 28
3 Sa	2 32 48	26 12 56	3 ♌ 40 30	21 54 52	1 46 59	4 02 13	21 11 38	27 02 37	10 27 33	15 44 55	12 01 48	17 18 48	18 58 13	22 13 31
4 Su	3 41 39	11 ♌ 12 02	18 31 04	23 35 12	3 10 12	4 56 03	21 40 59	27 23 45	10 27 19	15 56 25	12 09 37	17 25 01	19 06 48	22 23 05
5 M	4 48 17	25 49 58	2 ♍ 57 06	25 13 39	4 31 11	5 47 41	22 08 05	27 42 54	10 24 49	16 05 47	12 15 15	17 29 02	19 13 11	22 30 26
6 Tu	5 52 28	10 ♍ 00 31	16 53 54	26 50 01	5 49 43	6 36 54	22 32 44	27 59 48	10 19 49	16 12 46	12 18 28	17 30 38	19 17 08	22 35 19
7 W	6 54 26	23 41 05	0 ♎ 20 28	28 24 35	7 06 02	7 23 58	22 55 10	28 14 44	10 12 36	16 17 39	12 19 34	17 30 05	19 18 55	22 38 01
8 Th	7 54 56	6 ♎ 52 31	13 18 53	29 58 02	8 20 52	8 09 34	23 16 07	28 28 23	10 03 52	16 21 08	12 19 13	17 28 05	19 19 15	22 39 15
9 F	8 54 52	19 38 11	25 53 24	1 ♒ 31 21	9 35 09	8 54 40	23 36 29	28 41 42	9 54 34	16 24 09	12 18 23	17 25 34	19 19 03	22 39 55
10 Sa	9 55 14	2 ♏ 03 08	8 ♏ 09 33	3 05 30	10 49 52	9 40 14	23 57 18	28 55 40	9 45 43	16 27 41	12 18 02	17 23 33	19 19 19	22 41 02
11 Su	10 56 55	14 13 04	20 13 15	4 41 25	12 05 53	10 27 09	24 19 24	29 11 08	9 38 10	16 32 37	12 19 03	17 22 52	19 20 56	22 43 28
12 M	12 00 30	26 13 45	2 ♐ 10 16	6 19 39	13 23 47	11 15 60	24 43 23	29 28 43	9 32 31	16 39 31	12 22 01	17 24 08	19 24 29	22 47 48
13 Tu	13 06 12	8 ♐ 10 25	14 05 37	8 00 29	14 43 50	12 07 00	25 09 29	29 48 37	9 29 01	16 48 38	12 27 10	17 27 35	19 30 11	22 54 16
14 W	14 13 53	20 07 30	26 03 26	9 43 45	16 05 50	13 00 02	25 37 33	0 ♉ 10 42	9 27 30	16 59 48	12 34 21	17 33 03	19 37 53	23 02 43
15 Th	15 23 01	2 ♑ 08 26	8 ♑ 06 50	11 28 60	17 29 19	13 54 34	26 07 04	0 34 27	9 27 29	17 12 32	12 43 04	17 40 02	19 47 06	23 12 39
16 F	16 32 53	14 15 41	20 17 48	13 15 28	18 53 30	14 49 51	26 37 17	0 59 07	9 28 13	17 26 04	12 52 33	17 47 48	19 57 03	23 23 18
17 Sa	17 42 36	26 30 44	2 ♒ 37 28	15 02 18	20 17 33	15 45 01	27 07 21	1 23 49	9 28 51	17 39 32	13 01 58	17 55 27	20 06 54	23 33 48
18 Su	18 51 19	8 ♒ 54 20	15 06 12	16 48 41	21 40 36	16 39 14	27 36 24	1 47 44	9 28 33	17 52 05	13 10 26	18 02 11	20 15 47	23 43 20
19 M	19 58 23	21 26 44	27 44 03	18 33 57	23 01 59	17 31 50	28 03 46	2 10 10	9 26 38	18 03 04	13 17 18	18 07 18	20 23 03	23 51 12
20 Tu	21 03 23	4 ♓ 08 03	10 ♓ 30 56	20 17 44	24 21 19	18 22 25	28 29 05	2 30 44	9 22 44	18 12 04	13 22 11	18 10 26	20 28 18	23 57 02
21 W	22 06 17	16 58 28	23 03 21	21 59 59	25 38 34	19 10 56	28 52 17	2 49 23	9 16 49	18 19 04	13 25 02	18 11 31	20 31 30	24 00 46
22 Th	23 07 22	29 58 35	6 ♈ 33 04	23 40 60	26 53 60	19 57 41	29 13 39	3 06 25	9 09 10	18 24 20	13 26 08	18 10 51	20 32 55	24 02 43
23 F	24 07 14	13 ♈ 09 27	19 50 09	25 21 23	28 08 13	20 43 15	29 33 48	3 22 25	9 00 23	18 28 28	13 26 06	18 09 03	20 33 10	24 03 28
24 Sa	25 06 39	26 32 30	3 ♉ 19 50	27 01 54	29 21 59	21 28 25	29 53 28	3 38 09	8 51 14	18 32 14	13 25 40	18 06 51	20 32 59	24 03 46
25 Su	26 06 24	10 ♉ 09 21	17 03 38	28 43 21	0 ♓ 36 06	22 13 57	0 ♒ 13 28	3 54 23	8 42 33	18 36 26	13 25 39	18 05 03	20 33 12	24 04 25
26 M	27 07 10	24 01 12	1 ♊ 02 30	0 ♓ 26 23	1 51 13	23 00 32	0 34 28	4 11 49	8 34 58	18 41 43	13 26 42	18 04 20	20 34 28	24 06 06
27 Tu	28 09 19	8 ♊ 08 22	15 16 16	2 11 22	3 07 44	23 48 34	0 56 51	4 30 49	8 28 53	18 48 29	13 29 13	18 05 05	20 37 11	24 09 12
28 W	29 12 54	22 29 41	29 42 60	3 58 20	4 25 42	24 38 04	1 20 39	4 51 25	8 24 23	18 56 46	13 33 15	18 07 21	20 41 22	24 13 45
29 Th	0 ♓ 17 37	7 ♋ 02 05	14 ♋ 18 47	5 46 56	5 44 49	25 28 44	1 45 34	5 13 20	8 21 07	19 06 16	13 38 29	18 10 48	20 46 44	24 19 26
30 F	1 22 54	21 40 34	28 57 55	7 36 34	7 04 29	26 20 01	2 11 01	5 35 58	8 18 33	19 16 25	13 44 21	18 14 54	20 52 42	24 25 43
31 Sa	2 28 04	6 ♌ 18 41	13 ♌ 33 29	9 26 30	8 24 02	27 11 13	2 36 21	5 58 39	8 16 00	19 26 31	13 50 10	18 18 57	20 58 35	24 31 53

February 2026

LONGITUDE

Day	☉	0 hr ☽	Noon ☽	☿	♀	♂	⚵	⚳	♃	♄	⚷	♅	♆	♇
1 Su	3 ♓ 32 29	20 ♌ 49 19	27 ♌ 58 22	11 ♓ 16 01	9 ♓ 42 51	28 ♒ 01 42	3 ♒ 00 55	6 ♉ 20 44	8 ♌ 12 51	19 ♈ 35 57	13 ♉ 55 18	18 ♊ 22 19	21 ♈ 03 47	24 ♒ 37 19
2 M	4 35 43	5 ♍ 05 49	12 ♍ 06 21	13 04 37	11 00 30	28 51 03	3 24 16	6 41 48	8 08 39	19 44 17	13 59 19	18 24 34	21 07 49	24 41 35
3 Tu	5 37 35	19 02 53	25 53 00	14 52 01	12 16 47	29 39 05	3 46 15	7 01 40	8 03 15	19 51 21	14 02 03	18 25 32	21 10 33	24 44 31
4 W	6 38 12	2 ♎ 37 18	9 ♎ 16 05	16 38 10	13 31 49	0 ♓ 25 53	4 06 57	7 20 26	7 56 44	19 57 13	14 03 35	18 25 19	21 12 04	24 46 11
5 Th	7 37 53	15 48 04	22 15 38	18 23 15	14 45 55	1 11 48	4 26 42	7 38 24	7 49 25	20 02 13	14 04 15	18 24 14	21 12 41	24 46 56
6 F	8 37 04	28 36 18	4 ♏ 53 37	20 07 31	15 59 31	1 57 15	4 45 55	7 56 02	7 41 47	20 06 48	14 04 29	18 22 43	21 12 50	24 47 12
7 Sa	9 36 14	11 ♏ 04 47	17 13 28	21 51 14	17 13 07	2 42 43	5 05 06	8 13 47	7 34 18	20 11 26	14 04 46	18 21 16	21 13 01	24 47 28
8 Su	10 35 49	23 17 24	29 19 31	23 34 33	18 27 09	3 28 39	5 24 40	8 32 06	7 27 23	20 16 34	14 05 32	18 20 18	21 13 40	24 48 10
9 M	11 36 07	5 ♐ 18 46	11 ♐ 16 39	25 17 27	19 41 53	4 15 19	5 44 55	8 51 16	7 21 21	20 22 28	14 07 04	18 20 06	21 15 03	24 49 34
10 Tu	12 37 15	17 13 43	23 09 46	26 59 45	20 57 27	5 02 51	6 05 58	9 11 25	7 16 19	20 29 17	14 09 30	18 20 49	21 17 18	24 51 49
11 W	13 39 11	29 07 01	5 ♑ 03 36	28 40 58	22 13 49	5 51 13	6 27 47	9 32 29	7 12 16	20 36 57	14 12 48	18 22 24	21 20 23	24 54 52
12 Th	14 41 42	11 ♑ 03 08	17 02 26	0 ♈ 20 29	23 30 48	6 40 12	6 50 10	9 54 18	7 08 59	20 45 17	14 16 45	18 24 39	21 24 07	24 58 32
13 F	15 44 32	23 06 00	29 09 57	1 57 29	24 48 05	7 29 33	7 12 50	10 16 33	7 06 12	20 53 59	14 21 05	18 27 16	21 28 11	25 02 31
14 Sa	16 47 21	5 ♒ 18 57	11 ♒ 29 04	3 31 06	26 05 21	8 18 54	7 35 26	10 38 55	7 03 35	21 02 45	14 25 27	18 29 57	21 32 17	25 06 30
15 Su	17 49 50	17 44 32	24 01 53	5 00 27	27 22 19	9 07 58	7 57 42	11 01 06	7 00 51	21 11 15	14 29 34	18 32 24	21 36 05	25 10 10
16 M	18 51 48	0 ♓ 24 27	6 ♓ 49 38	6 24 39	28 38 45	9 56 32	8 19 23	11 22 54	6 57 46	21 19 18	14 33 13	18 34 22	21 39 24	25 13 18
17 Tu	19 53 08	13 19 32	19 52 39	7 42 56	29 54 33	10 44 30	8 40 24	11 44 10	6 54 15	21 26 46	14 36 18	18 35 48	21 42 08	25 15 49
18 W	20 53 50	26 29 46	3 ♈ 10 27	8 54 38	1 ♈ 09 45	11 31 53	9 00 46	12 04 58	6 50 20	21 33 41	14 38 50	18 36 40	21 44 17	25 17 44
19 Th	21 54 03	9 ♈ 54 21	16 41 54	9 59 12	2 24 27	12 18 49	9 20 36	12 25 24	6 46 07	21 40 10	14 40 56	18 37 08	21 45 59	25 19 11
20 F	22 53 58	23 31 56	0 ♉ 25 22	10 56 08	3 38 53	13 05 29	9 40 06	12 45 40	6 41 49	21 46 26	14 42 49	18 37 23	21 47 25	25 20 21
21 Sa	23 53 48	7 ♉ 20 42	14 18 56	11 45 01	4 53 13	13 52 06	9 59 29	13 05 59	6 37 39	21 52 41	14 44 40	18 37 38	21 48 50	25 21 26
22 Su	24 53 43	21 18 36	28 20 30	12 25 27	6 07 39	14 38 50	10 18 55	13 26 30	6 33 48	21 59 05	14 46 41	18 38 03	21 50 22	25 22 37
23 M	25 53 49	5 ♊ 23 30	12 ♊ 27 56	12 57 00	7 22 17	15 25 47	10 38 30	13 47 20	6 30 20	22 05 44	14 48 57	18 38 43	21 52 08	25 24 01
24 Tu	26 54 07	19 33 09	26 39 02	13 19 19	8 37 06	16 12 57	10 58 14	14 08 29	6 27 18	22 12 38	14 51 29	18 39 41	21 54 08	25 25 37
25 W	27 54 31	3 ♋ 45 17	10 ♋ 51 29	13 32 02	9 52 04	17 00 18	11 18 03	14 29 53	6 24 36	22 19 43	14 54 12	18 40 50	21 56 18	25 27 22
26 Th	28 54 57	17 57 30	25 02 48	13 34 56	11 07 03	17 47 41	11 37 50	14 51 25	6 22 08	22 26 54	14 57 00	18 42 05	21 58 32	25 29 08
27 F	29 55 18	2 ♌ 07 14	9 ♌ 10 20	13 27 59	12 21 57	18 35 01	11 57 30	15 12 59	6 19 49	22 34 03	14 59 47	18 43 21	22 00 43	25 30 51
28 Sa	0 ♈ 55 30	16 11 45	23 11 14	13 11 22	13 36 43	19 22 14	12 16 60	15 34 32	6 17 36	22 41 07	15 02 31	18 44 33	22 02 49	25 32 27

Notes

LONGITUDE — March 2026

Day	☉	0 hr ☽	Noon ☽	☿	♀	♂	⚵	⚳	♃	♄	⚷	♅	♆	♇
1 Su	1 ♈ 55 35	0 ♍ 08 15	7 ♍ 02 42	12 ♈ 45 35	14 ♈ 51 23	20 ♓ 09 23	12 ♒ 36 19	15 ♉ 56 04	6 ♌ 15 29	22 ♈ 48 08	15 ♉ 05 11	18 ♊ 45 42	22 ♈ 04 50	25 ♒ 33 56
2 M	2 55 38	13 53 59	20 42 05	12 11 21	16 06 01	20 56 31	12 55 34	16 17 41	6 13 33	22 55 10	15 07 52	18 46 55	22 06 52	25 35 24
3 Tu	3 55 46	27 26 32	4 ♎ 07 11	11 29 41	17 20 43	21 43 46	13 14 50	16 39 30	6 11 55	23 02 21	15 10 42	18 48 16	22 09 00	25 36 57
4 W	4 56 05	10 ♎ 44 01	17 16 30	10 46 46	18 35 38	22 31 14	13 34 15	17 01 37	6 10 43	23 09 46	15 13 48	18 49 54	22 11 23	25 38 43
5 Th	5 56 41	23 45 18	0 ♏ 09 25	9 48 55	19 50 50	23 19 01	13 53 54	17 24 06	6 10 01	23 17 31	15 17 14	18 51 54	22 14 05	25 40 47
6 F	6 57 34	6 ♏ 30 13	12 46 15	8 52 28	21 06 19	24 07 06	14 13 47	17 46 60	6 09 49	23 25 37	15 21 00	18 54 15	22 17 06	25 43 08
7 Sa	7 58 40	18 59 34	25 08 21	7 53 47	22 22 01	24 55 26	14 33 49	18 10 12	6 10 03	23 33 58	15 25 03	18 56 53	22 20 22	25 45 42
8 Su	8 59 50	1 ♐ 15 07	7 ♐ 17 59	6 54 08	23 37 47	25 43 50	14 53 51	18 33 34	6 10 35	23 42 26	15 29 13	18 59 40	22 23 44	25 48 21
9 M	10 00 51	13 19 33	19 18 13	5 54 46	24 53 25	26 32 08	15 13 41	18 56 54	6 11 12	23 50 48	15 33 18	19 02 22	22 26 60	25 50 52
10 Tu	11 01 31	25 16 16	1 ♑ 12 49	4 56 44	26 08 42	27 20 07	15 33 06	19 19 58	6 11 41	23 58 52	15 37 06	19 04 48	22 29 57	25 53 03
11 W	12 01 41	7 ♑ 09 22	13 06 02	4 01 04	27 23 28	28 07 36	15 51 57	19 42 38	6 11 53	24 06 28	15 40 26	19 06 48	22 32 25	25 54 44
12 Th	13 01 15	19 03 19	25 02 29	3 08 41	28 37 39	28 54 31	16 10 08	20 04 48	6 11 43	24 13 31	15 43 14	19 08 16	22 34 19	25 55 49
13 F	14 00 15	1 ♒ 02 54	7 ♒ 06 54	2 20 28	29 51 16	29 40 53	16 27 41	20 26 30	6 11 11	24 20 03	15 45 30	19 09 15	22 35 42	25 56 20
14 Sa	14 58 50	13 12 53	19 23 51	1 37 13	1 ♉ 04 28	0 ♈ 26 51	16 44 45	20 47 53	6 10 29	24 26 12	15 47 26	19 09 54	22 36 42	25 56 28
15 Su	15 57 18	25 37 41	1 ♓ 57 29	0 59 41	2 17 33	1 12 44	17 01 37	21 09 13	6 09 53	24 32 16	15 49 17	19 10 29	22 37 36	25 56 28
16 M	16 55 58	8 ♓ 21 05	14 51 01	0 28 31	3 30 50	1 58 50	17 18 38	21 30 52	6 09 42	24 38 36	15 51 24	19 11 21	22 38 44	25 56 42
17 Tu	17 55 12	21 25 46	28 06 26	0 04 16	4 44 42	2 45 30	17 36 07	21 53 10	6 10 19	24 45 31	15 54 08	19 12 51	22 40 29	25 57 29
18 W	18 55 16	4 ♈ 52 49	11 ♈ 44 02	29 ♓ 47 13	5 59 24	3 33 03	17 54 23	22 16 24	6 11 59	24 53 20	15 57 45	19 15 16	22 43 06	25 59 08
19 Th	19 56 19	18 41 30	25 42 07	29 37 30	7 15 05	4 21 36	18 13 32	22 40 43	6 14 52	25 02 09	16 02 25	19 18 45	22 46 43	26 01 47
20 F	20 58 17	2 ♉ 49 04	9 ♉ 57 07	29 34 53	8 31 41	5 11 04	18 33 32	23 06 01	6 18 54	25 11 56	16 08 02	19 23 12	22 51 18	26 05 20
21 Sa	22 00 53	17 10 54	24 23 47	29 38 57	9 48 55	6 01 12	18 54 04	23 32 03	6 23 46	25 22 23	16 14 21	19 28 22	22 56 33	26 09 32
22 Su	23 03 39	1 ♊ 41 11	8 ♊ 56 00	29 48 60	11 06 20	6 51 31	19 14 43	23 58 22	6 29 03	25 33 03	16 20 54	19 33 47	23 02 00	26 13 56
23 M	24 06 04	16 13 36	23 27 35	0 ♈ 04 15	12 23 24	7 41 30	19 34 55	24 24 24	6 34 12	25 43 24	16 27 09	19 38 56	23 07 08	26 17 59
24 Tu	25 07 39	0 ♋ 42 19	7 ♋ 53 09	0 23 58	13 39 38	8 30 40	19 54 12	24 49 41	6 38 44	25 52 58	16 32 37	19 43 19	23 11 28	26 21 13
25 W	26 08 04	15 02 40	22 08 39	0 47 33	14 54 42	9 18 42	20 12 14	25 13 54	6 42 20	26 01 24	16 36 58	19 46 37	23 14 42	26 23 18
26 Th	27 07 18	29 11 35	6 ♌ 11 44	1 14 43	16 08 35	10 05 33	20 28 59	25 37 00	6 44 58	26 08 40	16 40 12	19 48 47	23 16 45	26 24 13
27 F	28 05 34	13 ♌ 07 37	20 01 27	1 45 26	17 21 31	10 51 28	20 44 42	25 59 15	6 46 51	26 15 02	16 42 31	19 50 05	23 17 53	26 24 10
28 Sa	29 03 21	26 50 30	3 ♍ 37 57	2 19 56	18 33 58	11 36 55	20 59 51	26 21 05	6 48 29	26 20 57	16 44 24	19 50 59	23 18 35	26 23 40
29 Su	0 ♉ 01 17	10 ♍ 20 50	17 01 59	2 58 36	19 46 33	12 22 32	21 15 02	26 43 09	6 50 29	26 27 02	16 46 30	19 52 06	23 19 28	26 23 20
30 M	0 59 59	23 39 28	0 ♎ 14 28	3 41 50	20 59 56	13 08 56	21 30 55	27 06 05	6 53 28	26 33 56	16 49 25	19 54 04	23 21 09	26 23 47
31 Tu	2 00 00	6 ♎ 47 11	13 16 07	4 29 57	22 14 36	13 56 39	21 47 60	27 30 24	6 57 58	26 42 11	16 53 41	19 57 24	23 24 10	26 25 32

LONGITUDE — April 2026

Day	☉	0 hr ☽	Noon ☽	☿	♀	♂	⚵	⚳	♃	♄	⚷	♅	♆	♇
1 W	3 ♉ 01 37	19 ♎ 44 28	26 ♎ 07 25	5 ♈ 23 04	23 ♉ 30 53	14 ♈ 45 60	22 ♒ 06 35	27 ♉ 56 24	7 ♌ 04 17	26 ♈ 52 03	16 ♉ 59 36	20 ♊ 02 25	23 ♈ 28 50	26 ♒ 28 55
2 Th	4 04 53	2 ♏ 31 30	8 ♏ 48 33	6 21 01	24 48 48	15 37 00	22 26 43	28 24 07	7 12 27	27 03 36	17 07 13	20 09 08	23 35 10	26 33 57
3 F	5 09 33	15 08 14	21 19 36	7 23 25	26 08 07	16 29 25	22 48 08	28 53 19	7 22 13	27 16 34	17 16 17	20 17 20	23 42 56	26 40 24
4 Sa	6 15 08	27 34 43	3 ♐ 40 49	8 29 36	27 28 21	17 22 45	23 10 22	29 23 30	7 33 07	27 30 29	17 26 18	20 26 31	23 51 38	26 47 46
5 Su	7 20 59	9 ♐ 51 18	15 52 53	9 38 47	28 48 50	18 16 22	23 32 44	29 54 00	7 44 28	27 44 40	17 36 37	20 36 01	24 00 38	26 55 24
6 M	8 26 22	21 58 56	27 57 06	10 50 07	0 ♊ 08 52	19 09 31	23 54 32	0 ♊ 24 08	7 55 34	27 58 25	17 46 32	20 45 07	24 09 11	27 02 34
7 Tu	9 30 39	3 ♑ 59 23	9 ♑ 55 39	12 02 50	1 27 46	20 01 35	24 15 06	0 53 13	8 05 45	28 11 05	17 55 22	20 53 11	24 16 40	27 08 39
8 W	10 33 21	15 55 21	21 51 34	13 16 22	2 45 06	20 52 04	24 33 58	1 20 48	8 14 32	28 22 11	18 02 39	20 59 43	24 22 35	27 13 09
9 Th	11 34 16	27 50 31	3 ♒ 48 51	14 30 24	4 00 38	21 40 46	24 50 55	1 46 39	8 21 44	28 31 31	18 08 12	21 04 32	24 26 44	27 15 53
10 F	12 33 31	9 ♒ 49 27	15 52 17	15 44 57	5 14 30	22 27 49	25 06 04	2 10 55	8 27 28	28 39 12	18 12 07	21 07 45	24 29 15	27 16 56
11 Sa	13 31 31	21 57 24	28 07 12	17 00 25	6 27 07	23 13 37	25 19 51	2 33 59	8 32 09	28 45 39	18 14 50	21 09 47	24 30 33	27 16 46
12 Su	14 28 59	4 ♓ 19 59	10 ♓ 39 08	18 17 23	7 39 10	23 58 52	25 32 56	2 56 35	8 36 27	28 51 34	18 17 01	21 11 19	24 31 18	27 16 02
13 M	15 26 44	17 02 41	23 33 14	19 36 37	8 51 31	24 44 25	25 46 11	3 19 31	8 41 14	28 57 47	18 19 32	21 13 11	24 32 22	27 15 36
14 Tu	16 25 35	0 ♈ 10 08	6 ♈ 53 32	20 58 55	10 04 57	25 31 04	26 00 23	3 43 38	8 47 19	29 05 06	18 23 11	21 16 14	24 34 34	27 16 17
15 W	17 26 13	13 45 26	20 42 08	22 24 54	11 20 09	26 19 29	26 16 12	4 09 35	8 55 20	29 14 13	18 28 39	21 21 06	24 38 33	27 18 43
16 Th	18 28 56	27 49 13	4 ♉ 58 24	23 54 50	12 37 26	27 10 00	26 33 58	4 37 41	9 05 38	29 25 25	18 36 14	21 28 07	24 44 39	27 23 16
17 F	19 33 39	12 ♉ 19 03	19 38 28	25 28 35	13 56 43	28 02 30	26 53 34	5 07 49	9 18 07	29 38 38	18 45 49	21 37 11	24 52 45	27 29 48
18 Sa	20 39 47	27 09 11	4 ♊ 35 17	27 05 34	15 17 24	28 56 26	27 14 27	5 39 27	9 32 11	29 53 16	18 56 53	21 47 44	25 02 18	27 37 46
19 Su	21 46 27	12 ♊ 11 07	19 39 32	28 44 50	16 38 36	29 50 52	27 35 41	6 11 40	9 46 58	0 ♉ 08 26	19 08 30	21 58 51	25 12 23	27 46 16
20 M	22 52 34	27 14 54	4 ♋ 41 09	0 ♉ 25 21	17 59 15	0 ♉ 44 46	27 56 13	6 43 23	10 01 22	0 23 03	19 19 36	22 09 29	25 21 58	27 54 13
21 Tu	23 57 12	12 ♋ 10 50	19 31 03	2 06 08	19 18 25	1 37 11	28 15 07	7 13 42	10 14 29	0 36 13	19 29 15	22 18 42	25 30 04	28 00 42
22 W	24 59 46	26 51 10	4 ♌ 02 39	3 46 36	20 35 30	2 27 32	28 31 46	7 41 60	10 25 42	0 47 18	19 36 52	22 25 54	25 36 08	28 05 08
23 Th	26 00 09	11 ♌ 11 03	18 12 26	5 26 38	21 50 24	3 15 43	28 46 06	8 08 11	10 34 55	0 56 14	19 42 21	22 30 60	25 40 03	28 07 24
24 F	26 58 48	25 08 47	1 ♍ 59 50	7 06 40	23 03 32	4 02 08	28 58 30	8 32 40	10 42 33	1 03 25	19 46 07	22 34 23	25 42 14	28 07 55
25 Sa	27 56 31	8 ♍ 45 12	15 26 33	8 47 31	24 15 45	4 47 37	29 09 49	8 56 17	10 49 26	1 09 41	19 48 59	22 36 55	25 43 30	28 07 31
26 Su	28 54 21	22 02 53	28 35 38	10 30 14	25 28 03	5 33 13	29 21 03	9 20 05	10 56 35	1 16 03	19 51 59	22 39 36	25 44 55	28 07 14
27 M	29 53 20	5 ♎ 05 11	11 ♎ 30 34	12 15 52	26 41 30	6 19 59	29 33 17	9 45 05	11 05 05	1 23 35	19 56 11	22 43 30	25 47 30	28 08 08
28 Tu	0 ♊ 54 21	17 55 24	24 14 35	14 05 17	27 56 58	7 08 45	29 47 21	10 12 09	11 15 44	1 33 08	20 02 25	22 49 29	25 52 08	28 11 02
29 W	1 57 53	0 ♏ 36 16	6 ♏ 50 12	15 59 00	29 14 56	8 00 02	0 ♓ 03 45	10 41 48	11 29 05	1 45 13	20 11 13	22 58 01	25 59 18	28 16 29
30 Th	3 04 01	13 09 40	19 19 06	17 57 06	0 ♋ 35 29	8 53 54	0 22 33	11 14 06	11 45 11	1 59 53	20 22 37	23 09 13	26 09 05	28 24 32

Notes

May 2026 | **LONGITUDE**

Day	☉	0 hr ☽	Noon ☽	☿	♀	♂	⚵	⚳	♃	♄	⚷	♅	♆	♇
1 F	4 ♊ 12 25	25 ♏ 36 39	1 ♐ 42 07	19 ♉ 59 13	1 ♋ 58 16	9 ♉ 50 02	0 ♓ 43 25	11 ♊ 48 42	12 ♌ 03 42	2 ♉ 16 48	20 ♉ 36 19	23 ♊ 22 43	26 ♈ 21 08	28 ♒ 34 51
2 Sa	5 22 21	7 ♐ 57 32	13 59 34	22 04 40	3 22 35	10 47 41	1 05 38	12 24 53	12 23 55	2 35 15	20 51 34	23 37 48	26 34 44	28 46 42
3 Su	6 32 51	20 12 22	26 11 29	24 12 27	4 47 26	11 45 54	1 28 12	13 01 41	12 44 49	2 54 15	21 07 24	23 53 29	26 48 54	28 59 07
4 M	7 42 51	2 ♑ 21 15	8 ♑ 18 11	26 21 29	6 11 46	12 43 35	1 50 03	13 38 01	13 05 23	3 12 44	21 22 45	24 08 43	27 02 36	29 11 02
5 Tu	8 51 23	14 24 46	20 20 32	28 30 47	7 34 36	13 39 48	2 10 13	14 12 55	13 24 37	3 29 44	21 36 39	24 22 31	27 14 48	29 21 28
6 W	9 57 41	26 24 24	2 ♒ 20 22	0 ♊ 39 33	8 55 12	14 33 45	2 27 56	14 45 38	13 41 45	3 44 29	21 48 19	24 34 07	27 24 48	29 29 41
7 Th	11 01 23	8 ♒ 22 41	14 20 36	2 47 22	10 13 10	15 25 06	2 42 50	15 15 47	13 56 26	3 56 38	21 57 25	24 43 10	27 32 12	29 35 18
8 F	12 02 34	20 23 21	26 25 18	4 54 14	11 28 34	16 13 54	2 54 58	15 43 27	14 08 43	4 06 13	22 03 59	24 49 43	27 37 05	29 38 23
9 Sa	13 01 42	2 ♓ 31 15	8 ♓ 39 36	7 00 35	12 41 56	17 00 39	3 04 50	16 09 07	14 19 06	4 13 45	22 08 32	24 54 16	27 39 56	29 39 25
10 Su	13 59 41	14 52 04	21 09 21	9 07 09	13 54 05	17 46 13	3 13 18	16 33 39	14 28 27	4 20 05	22 11 55	24 57 41	27 41 37	29 39 18
11 M	14 57 36	27 31 56	4 ♈ 00 34	11 14 54	15 06 09	18 31 41	3 21 27	16 58 09	14 37 52	4 26 20	22 15 14	25 01 04	27 43 14	29 39 06
12 Tu	15 56 34	10 ♈ 36 40	17 18 40	13 24 50	16 19 15	19 18 12	3 30 24	17 23 45	14 48 27	4 33 37	22 19 38	25 05 32	27 45 54	29 39 57
13 W	16 57 33	24 10 54	1 ♉ 07 29	15 37 40	17 34 19	20 06 41	3 41 06	17 51 22	15 01 10	4 42 52	22 26 01	25 12 02	27 50 35	29 42 48
14 Th	18 01 03	8 ♉ 17 00	15 28 06	17 53 44	18 51 54	20 57 40	3 54 05	18 21 33	15 16 33	4 54 37	22 34 57	25 21 06	27 57 47	29 48 10
15 F	19 07 04	22 54 01	0 ♊ 17 53	20 12 50	20 11 57	21 51 09	4 09 18	18 54 16	15 34 33	5 08 51	22 46 23	25 32 42	28 07 29	29 56 03
16 Sa	20 14 58	7 ♊ 56 57	15 30 03	22 34 02	21 33 52	22 46 30	4 26 10	19 28 56	15 54 35	5 24 57	22 59 44	25 46 13	28 19 06	0 ♓ 05 49
17 Su	21 23 42	23 16 50	0 ♋ 54 13	24 56 01	22 56 35	23 42 38	4 43 34	20 04 25	16 15 32	5 41 50	23 13 54	26 00 35	28 31 32	0 16 24
18 M	22 31 56	8 ♋ 42 02	16 18 06	27 17 11	24 18 46	24 38 16	5 00 12	20 39 27	16 36 08	5 58 11	23 27 34	26 14 29	28 43 27	0 26 30
19 Tu	23 38 29	24 00 15	1 ♌ 29 49	29 36 04	25 39 14	25 32 10	5 14 53	21 12 50	16 55 09	6 12 49	23 39 33	26 26 44	28 53 42	0 34 54
20 W	24 42 34	9 ♌ 00 53	16 20 04	1 ♋ 51 36	26 57 12	26 23 35	5 26 49	21 43 45	17 11 48	6 24 57	23 49 05	26 36 32	29 01 29	0 40 50
21 Th	25 43 60	23 36 47	0 ♍ 43 22	4 03 20	28 12 28	27 12 19	5 35 49	22 12 04	17 25 56	6 34 25	23 55 57	26 43 43	29 06 36	0 44 07
22 F	26 43 13	7 ♍ 44 50	14 38 14	6 11 27	29 25 30	27 58 48	5 42 19	22 38 12	17 37 58	6 41 37	24 00 37	26 48 44	29 09 31	0 45 11
23 Sa	27 41 09	21 25 29	28 06 25	8 16 38	0 ♌ 37 13	28 43 60	5 47 15	23 03 04	17 48 50	6 47 31	24 03 60	26 52 27	29 11 09	0 44 58
24 Su	28 38 59	4 ♎ 41 48	11 ♎ 11 43	10 19 51	1 48 48	29 29 04	5 51 48	23 27 52	17 59 43	6 53 16	24 07 18	26 56 07	29 12 42	0 44 40
25 M	29 37 57	17 38 08	23 58 54	12 22 09	3 01 27	0 ♊ 15 13	5 57 11	23 53 48	18 11 49	7 00 07	24 11 42	27 00 56	29 15 21	0 45 29
26 Tu	0 ♋ 38 60	0 ♏ 19 14	6 ♏ 32 42	14 24 20	4 16 09	1 03 26	6 04 21	24 21 52	18 26 07	7 09 00	24 18 12	27 07 52	29 20 06	0 48 23
27 W	1 42 44	12 49 20	18 57 14	16 26 51	5 33 31	1 54 19	6 13 55	24 52 38	18 43 13	7 20 33	24 27 23	27 17 31	29 27 32	0 53 59
28 Th	2 49 18	25 11 52	1 ♐ 15 34	18 29 43	6 53 39	2 47 59	6 25 59	25 26 15	19 03 14	7 34 53	24 39 23	27 29 60	29 37 47	1 02 24
29 F	3 58 20	7 ♐ 29 06	13 29 45	20 32 28	8 16 11	3 44 05	6 40 12	26 02 20	19 25 48	7 51 37	24 53 50	27 44 57	29 50 29	1 13 17
30 Sa	5 09 03	19 42 23	25 40 50	22 34 17	9 40 22	4 41 50	6 55 48	26 40 08	19 50 10	8 10 00	25 09 59	28 01 37	0 ♉ 04 53	1 25 50
31 Su	6 20 25	1 ♑ 52 18	7 ♑ 49 15	24 34 03	11 05 09	5 40 13	7 11 45	27 18 36	20 15 16	8 29 00	25 26 46	28 18 58	0 19 55	1 39 04

June 2026 | **LONGITUDE**

Day	☉	0 hr ☽	Noon ☽	☿	♀	♂	⚵	⚳	♃	♄	⚷	♅	♆	♇
1 M	7 ♋ 31 19	13 ♑ 59 06	19 ♑ 55 13	26 ♋ 30 35	12 ♌ 29 25	6 ♊ 38 05	7 ♓ 26 53	27 ♊ 56 37	20 ♌ 39 60	8 ♉ 47 28	25 ♉ 43 04	28 ♊ 35 51	0 ♉ 34 29	1 ♓ 51 48
2 Tu	8 40 41	26 03 04	1 ♒ 59 06	28 22 47	13 52 05	7 34 23	7 40 09	28 33 06	21 03 16	9 04 21	25 57 49	28 51 12	0 47 29	2 02 59
3 W	9 47 42	8 ♒ 05 01	14 01 59	0 ♌ 09 49	15 12 20	8 28 17	7 50 44	29 07 15	21 24 17	9 18 49	26 10 12	29 04 13	0 58 08	2 11 49
4 Th	10 51 57	20 06 38	26 05 47	1 51 13	16 29 46	9 19 23	7 58 12	29 38 37	21 42 36	9 30 28	26 19 48	29 14 27	1 05 59	2 17 52
5 F	11 53 25	2 ♓ 10 39	8 ♓ 13 37	3 26 57	17 44 22	10 07 40	8 02 34	0 ♋ 07 14	21 58 14	9 39 16	26 26 36	29 21 56	1 11 03	2 21 09
6 Sa	12 52 34	14 20 56	20 29 40	4 57 27	18 56 35	10 53 35	8 04 16	0 33 33	22 11 37	9 45 42	26 31 04	29 27 06	1 13 47	2 22 05
7 Su	13 50 15	26 42 22	2 ♈ 59 04	6 23 32	20 07 15	11 37 59	8 04 08	0 58 22	22 23 36	9 50 36	26 34 02	29 30 47	1 15 01	2 21 33
8 M	14 47 31	9 ♈ 20 30	15 47 29	7 46 13	21 17 27	12 21 56	8 03 14	1 22 48	22 35 15	9 55 01	26 36 34	29 34 04	1 15 49	2 20 35
9 Tu	15 45 31	22 21 01	29 00 23	9 06 38	22 28 18	13 06 34	8 02 43	1 47 57	22 47 42	10 00 06	26 39 48	29 38 05	1 17 21	2 20 20
10 W	16 45 14	5 ♉ 48 54	12 ♉ 42 12	10 25 42	23 40 48	13 52 52	8 03 32	2 14 49	23 01 56	10 06 49	26 44 43	29 43 47	1 20 33	2 21 47
11 Th	17 47 15	19 47 24	26 55 11	11 43 57	24 55 32	14 41 24	8 06 18	2 43 58	23 18 32	10 15 46	26 51 55	29 51 48	1 26 02	2 25 31
12 F	18 51 38	4 ♊ 16 58	11 ♊ 38 16	13 01 26	26 12 34	15 32 17	8 11 04	3 15 30	23 37 34	10 27 02	27 01 28	0 ♋ 02 11	1 33 52	2 31 38
13 Sa	19 57 54	19 14 17	26 46 19	14 17 35	27 31 25	16 24 59	8 17 22	3 48 55	23 58 33	10 40 06	27 12 51	0 14 27	1 43 34	2 39 36
14 Su	21 05 04	4 ♋ 31 57	12 ♋ 10 16	15 31 21	28 51 05	17 18 32	8 24 11	4 23 14	24 20 30	10 53 60	27 25 07	0 27 37	1 54 08	2 48 28
15 M	22 11 56	19 59 11	27 38 15	16 41 27	0 ♍ 10 22	18 11 44	8 30 20	4 57 13	24 42 12	11 07 30	27 37 03	0 40 27	2 04 23	2 57 00
16 Tu	23 17 19	5 ♌ 23 35	12 ♌ 57 46	17 46 39	1 28 06	19 03 25	8 34 39	5 29 45	25 02 31	11 19 29	27 47 29	0 51 49	2 13 08	3 04 05
17 W	24 20 28	20 33 28	27 58 03	18 46 05	2 43 31	19 52 48	8 36 22	6 00 01	25 20 38	11 29 08	27 55 38	1 00 57	2 19 38	3 08 53
18 Th	25 21 07	5 ♍ 19 53	12 ♍ 31 45	19 39 23	3 56 21	20 39 37	8 35 12	6 27 47	25 36 18	11 36 13	28 01 16	1 07 34	2 23 36	3 11 12
19 F	26 19 35	19 37 48	26 35 35	20 26 47	5 06 55	21 24 13	8 31 31	6 53 22	25 49 52	11 41 03	28 04 42	1 11 59	2 25 22	3 11 19
20 Sa	27 16 39	3 ♎ 26 05	10 ♎ 09 56	21 08 57	6 15 59	22 07 22	8 26 03	7 17 32	26 02 04	11 44 24	28 06 41	1 15 01	2 25 43	3 10 02
21 Su	28 13 21	16 46 42	23 17 54	21 46 49	7 24 37	22 50 06	8 19 53	7 41 20	26 13 59	11 47 19	28 08 17	1 17 40	2 25 41	3 08 23
22 M	29 10 45	29 43 37	6 ♏ 04 03	22 21 21	8 33 51	23 33 28	8 14 03	8 05 50	26 26 38	11 50 52	28 10 33	1 21 01	2 26 20	3 07 26
23 Tu	0 ♌ 09 44	12 ♏ 21 39	18 33 28	22 53 19	9 44 34	24 18 24	8 09 27	8 31 54	26 40 57	11 55 55	28 14 23	1 25 56	2 28 33	3 08 03
24 W	1 10 53	24 45 42	0 ♐ 51 02	23 23 11	10 57 21	25 05 24	8 06 40	9 00 07	26 57 27	12 03 03	28 20 20	1 33 00	2 32 54	3 10 50
25 Th	2 14 20	7 ♐ 00 06	13 00 54	23 50 59	12 12 19	25 54 40	8 05 49	9 30 37	27 16 19	12 12 23	28 28 33	1 42 22	2 39 31	3 15 54
26 F	3 19 48	19 08 20	25 06 16	24 16 22	13 29 14	26 45 55	8 06 40	10 03 08	27 37 15	12 23 42	28 38 46	1 53 44	2 48 09	3 23 00
27 Sa	4 26 43	1 ♑ 12 59	7 ♑ 09 25	24 38 40	14 47 27	27 38 32	8 08 36	10 37 04	27 59 40	12 36 21	28 50 23	2 06 32	2 58 12	3 31 31
28 Su	5 34 13	13 15 50	19 11 51	24 56 58	16 06 09	28 31 41	8 10 47	11 11 35	28 22 43	12 49 30	29 02 32	2 19 54	3 08 48	3 40 38
29 M	6 41 23	25 17 60	1 ♒ 14 31	25 10 19	17 24 24	29 24 27	8 12 17	11 45 44	28 45 28	13 02 14	29 14 20	2 32 55	3 19 03	3 49 23
30 Tu	7 47 21	7 ♒ 20 22	13 18 11	25 17 52	18 41 20	0 ♋ 15 57	8 12 15	12 18 40	29 07 03	13 13 41	29 24 53	2 44 43	3 28 04	3 56 57

Notes

LONGITUDE — July 2026

Day	☉	0 hr ☽	Noon ☽	☿	♀	♂	⚵	⚳	♃	♄	⚷	♅	♆	♇
1 W	8 ♌ 51 28	19 ♒ 23 51	25 ♒ 23 45	25 ♌ 18 58	19 ♍ 56 17	1 ♋ 05 32	8 ♓ 10 02	12 ♋ 49 44	29 ♌ 26 49	13 ♉ 23 11	29 ♉ 33 32	2 ♋ 54 39	3 ♉ 35 12	4 ♓ 02 38
2 Th	9 53 21	1 ♓ 29 43	7 ♓ 32 37	25 13 20	21 08 53	1 52 50	8 05 16	13 18 32	29 44 24	13 30 21	29 39 54	3 02 19	3 40 04	4 06 05
3 F	10 53 00	13 39 53	19 46 54	25 01 05	22 19 07	2 37 50	7 57 56	13 45 04	29 59 46	13 35 12	29 43 60	3 07 43	3 42 40	4 07 17
4 Sa	11 50 44	25 56 60	2 ♈ 09 29	24 42 42	23 27 17	3 20 50	7 48 21	14 09 40	0 ♍ 13 14	13 38 01	29 46 07	3 11 10	3 43 19	4 06 32
5 Su	12 47 10	8 ♈ 24 31	14 44 03	24 19 04	24 34 01	4 02 29	7 37 10	14 32 55	0 25 26	13 39 27	29 46 54	3 13 18	3 42 37	4 04 30
6 M	13 43 07	21 06 30	27 34 47	23 51 18	25 40 09	4 43 36	7 25 12	14 55 41	0 37 11	13 40 19	29 47 09	3 14 55	3 41 26	4 01 57
7 Tu	14 39 28	4 ♉ 07 13	10 ♉ 45 54	23 20 37	26 46 31	5 25 01	7 13 19	15 18 47	0 49 21	13 41 28	29 47 44	3 16 54	3 40 35	3 59 48
8 W	15 36 57	17 30 36	24 21 02	22 48 12	27 53 53	6 07 31	7 02 17	15 43 00	1 02 40	13 43 38	29 49 24	3 19 59	3 40 50	3 58 45
9 Th	16 36 04	1 ♊ 19 31	8 ♊ 22 18	22 15 03	29 02 43	6 51 34	6 52 36	16 08 48	1 17 38	13 47 21	29 52 39	3 24 39	3 42 41	3 59 20
10 F	17 36 55	15 34 48	22 49 30	21 41 49	0 ♎ 13 08	7 37 17	6 44 21	16 36 18	1 34 20	13 52 40	29 57 34	3 31 01	3 46 13	4 01 37
11 Sa	18 39 10	0 ♋ 14 35	7 ♋ 39 21	21 08 45	1 24 49	8 24 20	6 37 16	17 05 10	1 52 29	13 59 19	0 ♊ 03 50	3 38 46	3 51 08	4 05 18
12 Su	19 42 12	15 13 45	22 45 16	20 35 52	2 37 06	9 12 05	6 30 42	17 34 46	2 11 24	14 06 36	0 10 50	3 47 15	3 56 46	4 09 45
13 M	20 45 09	0 ♌ 24 14	7 ♌ 58 03	20 02 58	3 49 08	9 59 41	6 23 48	18 04 14	2 30 16	14 13 43	0 17 41	3 55 36	4 02 18	4 14 05
14 Tu	21 47 13	15 35 59	23 07 11	19 29 55	5 00 07	10 46 19	6 15 47	18 32 46	2 48 15	14 19 50	0 23 35	4 03 02	4 06 53	4 17 32
15 W	22 47 48	0 ♍ 38 37	8 ♍ 02 37	18 56 48	6 09 28	11 31 24	6 06 05	18 59 48	3 04 46	14 24 22	0 27 58	4 08 58	4 09 58	4 19 30
16 Th	23 46 40	15 23 13	22 36 28	18 24 01	7 16 55	12 14 42	5 54 27	19 25 04	3 19 35	14 27 05	0 30 34	4 13 08	4 11 19	4 19 44
17 F	24 43 59	29 43 30	6 ♎ 43 54	17 52 21	8 22 37	12 56 21	5 41 05	19 48 43	3 32 50	14 28 08	0 31 34	4 15 42	4 11 03	4 18 24
18 Sa	25 40 11	13 ♎ 36 29	20 23 22	17 22 50	9 27 02	13 36 50	5 26 26	20 11 13	3 45 00	14 27 58	0 31 23	4 17 07	4 09 39	4 15 57
19 Su	26 35 56	27 02 07	3 ♏ 36 02	16 56 39	10 30 48	14 16 46	5 11 10	20 33 13	3 56 43	14 27 15	0 30 42	4 18 03	4 07 45	4 13 02
20 M	27 31 55	10 ♏ 02 39	16 25 02	16 34 58	11 34 36	14 56 52	4 55 59	20 55 24	4 08 40	14 26 39	0 30 12	4 19 10	4 06 02	4 10 20
21 Tu	28 28 41	22 41 51	28 54 39	16 18 46	12 38 60	15 37 42	4 41 28	21 18 20	4 21 26	14 26 44	0 30 26	4 21 03	4 05 07	4 08 27
22 W	29 26 40	5 ♐ 04 09	11 ♐ 09 33	16 08 47	13 44 23	16 19 38	4 28 03	21 42 25	4 35 23	14 27 55	0 31 48	4 24 05	4 05 20	4 07 44
23 Th	0 ♍ 25 57	17 14 05	23 14 18	16 05 28	14 50 52	17 02 50	4 15 50	22 07 46	4 50 40	14 30 19	0 34 27	4 28 24	4 06 51	4 08 21
24 F	1 26 27	29 15 56	5 ♑ 13 03	16 08 56	15 58 19	17 47 09	4 04 44	22 34 15	5 07 09	14 33 49	0 38 14	4 33 53	4 09 32	4 10 09
25 Sa	2 27 50	11 ♑ 13 26	17 09 21	16 19 01	17 06 26	18 32 16	3 54 26	23 01 35	5 24 30	14 38 04	0 42 50	4 40 11	4 13 03	4 12 49
26 Su	3 29 36	23 09 46	29 06 05	16 35 24	18 14 42	19 17 42	3 44 30	23 29 15	5 42 16	14 42 38	0 47 46	4 46 51	4 16 56	4 15 53
27 M	4 31 17	5 ♒ 07 29	11 ♒ 05 33	16 57 40	19 22 38	20 02 57	3 34 24	23 56 45	5 59 55	14 46 58	0 52 33	4 53 22	4 20 40	4 18 50
28 Tu	5 32 22	17 08 41	23 09 35	17 25 24	20 29 43	20 47 33	3 23 41	24 23 36	6 16 58	14 50 37	0 56 41	4 59 15	4 23 48	4 21 12
29 W	6 32 32	29 15 04	5 ♓ 19 41	17 58 15	21 35 36	21 31 07	3 12 01	24 49 28	6 33 04	14 53 12	0 59 49	5 04 09	4 25 56	4 22 37
30 Th	7 31 33	11 ♓ 28 08	17 37 15	18 36 02	22 40 06	22 13 29	2 59 13	25 14 07	6 48 01	14 54 33	1 01 45	5 07 51	4 26 54	4 22 53
31 F	8 29 26	23 49 22	0 ♈ 03 39	19 18 41	23 43 10	22 54 37	2 45 17	25 37 35	7 01 50	14 54 39	1 02 29	5 10 22	4 26 42	4 22 00

LONGITUDE — August 2026

Day	☉	0 hr ☽	Noon ☽	☿	♀	♂	⚵	⚳	♃	♄	⚷	♅	♆	♇
1 Sa	9 ♍ 26 22	6 ♈ 20 19	12 ♈ 40 29	20 ♌ 06 21	24 ♎ 44 60	23 ♋ 34 42	2 ♓ 30 25	26 ♋ 00 00	7 ♍ 14 40	14 ♉ 53 40	1 ♊ 02 11	5 ♋ 11 52	4 ♉ 25 29	4 ♓ 20 09
2 Su	10 22 39	19 02 44	25 29 30	20 59 15	25 45 53	24 14 03	2 14 56	26 21 43	7 26 50	14 51 56	1 01 10	5 12 40	4 23 35	4 17 38
3 M	11 18 41	1 ♉ 58 30	8 ♉ 32 39	21 57 43	26 46 14	24 53 04	1 59 16	26 43 06	7 38 43	14 49 49	0 59 50	5 13 10	4 21 23	4 14 52
4 Tu	12 14 53	15 09 33	21 51 49	23 01 60	27 46 26	25 32 10	1 43 50	27 04 34	7 50 46	14 47 45	0 58 36	5 13 45	4 19 18	4 12 14
5 W	13 11 34	28 37 38	5 ♊ 28 34	24 12 18	28 46 48	26 11 40	1 28 59	27 26 28	8 03 16	14 46 04	0 57 47	5 14 47	4 17 41	4 10 06
6 Th	14 08 58	12 ♊ 23 51	19 23 37	25 28 41	29 47 34	26 51 46	1 14 55	27 48 58	8 16 27	14 44 57	0 57 36	5 16 27	4 16 42	4 08 38
7 F	15 07 06	26 28 19	3 ♋ 36 29	26 50 57	0 ♏ 48 42	27 32 31	1 01 41	28 12 07	8 30 19	14 44 27	0 58 03	5 18 47	4 16 24	4 07 53
8 Sa	16 05 49	10 ♋ 49 38	18 04 57	28 18 45	1 50 05	28 13 44	0 49 10	28 35 46	8 44 45	14 44 24	0 59 02	5 21 38	4 16 39	4 07 43
9 Su	17 04 51	25 24 37	2 ♌ 44 58	29 51 35	2 51 27	28 55 11	0 37 07	28 59 39	8 59 28	14 44 34	1 00 15	5 24 44	4 17 10	4 07 50
10 M	18 03 53	10 ♌ 08 17	17 30 46	1 ♍ 28 50	3 52 27	29 36 33	0 25 13	29 23 27	9 14 09	14 44 36	1 01 24	5 27 47	4 17 38	4 07 58
11 Tu	19 02 39	24 54 13	2 ♍ 15 23	3 09 55	4 52 48	0 ♌ 17 32	0 13 14	29 46 54	9 28 32	14 44 16	1 02 12	5 30 29	4 17 47	4 07 48
12 W	20 00 58	9 ♍ 35 18	16 51 40	4 54 20	5 52 19	0 57 59	0 00 58	0 ♌ 09 47	9 42 26	14 43 21	1 02 29	5 32 41	4 17 27	4 07 10
13 Th	20 58 48	24 04 38	1 ♎ 13 07	6 41 40	6 50 56	1 37 49	29 ♒ 48 25	0 32 06	9 55 48	14 41 49	1 02 12	5 34 18	4 16 34	4 06 02
14 F	21 56 12	8 ♎ 16 30	15 14 47	8 31 36	7 48 43	2 17 09	29 35 40	0 53 53	10 08 42	14 39 45	1 01 24	5 35 27	4 15 13	4 04 28
15 Sa	22 53 20	22 06 55	28 53 45	10 23 54	8 45 49	2 56 06	29 22 52	1 15 18	10 21 18	14 37 18	1 00 17	5 36 15	4 13 34	4 02 37
16 Su	23 50 23	5 ♏ 34 03	12 ♏ 09 09	12 18 22	9 42 23	3 34 52	29 10 13	1 36 33	10 33 46	14 34 39	0 59 00	5 36 55	4 11 47	4 00 41
17 M	24 47 30	18 38 00	25 02 01	14 14 44	10 38 35	4 13 37	28 57 55	1 57 47	10 46 17	14 31 59	0 57 44	5 37 35	4 10 02	3 58 49
18 Tu	25 44 50	1 ♐ 20 34	7 ♐ 34 51	16 12 45	11 34 30	4 52 28	28 46 05	2 19 06	10 58 57	14 29 23	0 56 35	5 38 23	4 08 27	3 57 08
19 W	26 42 22	13 44 46	19 51 11	18 12 04	12 30 09	5 31 26	28 34 44	2 40 32	11 11 48	14 26 54	0 55 36	5 39 20	4 07 02	3 55 40
20 Th	27 40 06	25 54 27	1 ♑ 55 09	20 12 18	13 25 29	6 10 29	28 23 52	3 02 03	11 24 47	14 24 30	0 54 43	5 40 25	4 05 46	3 54 23
21 F	28 37 56	7 ♑ 53 55	13 51 10	22 13 04	14 20 24	6 49 32	28 13 24	3 23 35	11 37 50	14 22 06	0 53 53	5 41 32	4 04 35	3 53 13
22 Sa	29 35 47	19 47 37	25 43 40	24 13 58	15 14 47	7 28 30	28 03 15	3 45 01	11 50 51	14 19 36	0 52 59	5 42 36	4 03 22	3 52 02
23 Su	0 ♎ 33 35	1 ♒ 39 55	7 ♒ 36 52	26 14 40	16 08 32	8 07 19	27 53 22	4 06 17	12 03 46	14 16 56	0 51 58	5 43 32	4 02 03	3 50 48
24 M	1 31 17	13 34 54	19 34 40	28 14 55	17 01 37	8 45 55	27 43 42	4 27 21	12 16 31	14 14 05	0 50 47	5 44 18	4 00 36	3 49 28
25 Tu	2 28 54	25 36 15	1 ♓ 40 26	0 ♎ 14 33	17 54 01	9 24 21	27 34 17	4 48 13	12 29 10	14 11 02	0 49 27	5 44 56	3 59 02	3 48 03
26 W	3 26 32	7 ♓ 47 06	13 56 59	2 13 28	18 45 47	10 02 41	27 25 13	5 08 59	12 41 45	14 07 54	0 48 03	5 45 30	3 57 26	3 46 37
27 Th	4 24 17	20 09 56	26 26 25	4 11 39	19 37 01	10 41 01	27 16 35	5 29 44	12 54 23	14 04 46	0 46 41	5 46 06	3 55 54	3 45 18
28 F	5 22 15	2 ♈ 46 28	9 ♈ 10 05	6 09 07	20 27 49	11 19 28	27 08 32	5 50 36	13 07 12	14 01 45	0 45 29	5 46 51	3 54 34	3 44 12
29 Sa	6 20 33	15 37 41	22 08 35	8 05 52	21 18 13	11 58 08	27 01 09	6 11 40	13 20 16	13 58 58	0 44 32	5 47 52	3 53 30	3 43 25
30 Su	7 19 11	28 43 47	5 ♉ 21 52	10 01 51	22 08 15	12 37 02	26 54 28	6 32 57	13 33 38	13 56 25	0 43 51	5 49 08	3 52 44	3 42 58
31 M	8 18 08	12 ♉ 04 19	18 49 10	11 56 59	22 57 49	13 16 07	26 48 27	6 54 23	13 47 13	13 54 03	0 43 24	5 50 38	3 52 14	3 42 48

Notes

September 2026

LONGITUDE

Day	☉	0 hr ☽	Noon ☽	☿	♀	♂	⚶	⚳	♃	♄	⚷	♅	♆	♇
1 Tu	9 ♎ 17 13	25 ♉ 38 16	2 ♊ 29 20	13 ♎ 51 04	23 ♏ 46 46	13 ♌ 55 14	26 ♒ 42 55	7 ♌ 15 51	14 ♍ 00 53	13 ♉ 51 45	0 ♊ 43 00	5 ♋ 52 12	3 ♉ 51 50	3 ♓ 42 46
2 W	10 16 16	9 ♊ 24 13	16 20 48	15 43 52	24 34 50	14 34 12	26 37 42	7 37 07	14 14 25	13 49 16	0 42 29	5 53 37	3 51 20	3 42 41
3 Th	11 15 02	23 20 31	0 ♋ 21 50	17 35 09	25 21 48	15 12 45	26 32 35	7 57 59	14 27 37	13 46 26	0 41 37	5 54 42	3 50 30	3 42 17
4 F	12 13 20	7 ♋ 25 21	14 30 29	19 24 45	26 07 27	15 50 44	26 27 22	8 18 14	14 40 17	13 43 01	0 40 13	5 55 14	3 49 11	3 41 26
5 Sa	13 11 07	21 36 46	28 44 39	21 12 34	26 51 40	16 28 04	26 21 59	8 37 49	14 52 20	13 38 59	0 38 13	5 55 09	3 47 17	3 40 03
6 Su	14 08 28	5 ♌ 52 37	13 ♌ 01 59	22 58 42	27 34 31	17 04 49	26 16 33	8 56 48	15 03 52	13 34 24	0 35 41	5 54 33	3 44 54	3 38 12
7 M	15 05 35	20 10 26	27 19 47	24 43 24	28 16 10	17 41 14	26 11 16	9 15 24	15 15 06	13 29 30	0 32 51	5 53 38	3 42 15	3 36 06
8 Tu	16 02 48	4 ♍ 27 25	11 ♍ 34 56	26 26 58	28 56 55	18 17 38	26 06 27	9 33 58	15 26 22	13 24 37	0 30 03	5 52 45	3 39 39	3 34 06
9 W	17 00 31	18 40 16	25 44 03	28 09 49	29 37 07	18 54 22	26 02 31	9 52 51	15 38 01	13 20 06	0 27 39	5 52 15	3 37 30	3 32 35
10 Th	17 59 01	2 ♎ 45 26	9 ♎ 43 33	29 52 17	0 ♐ 17 01	19 31 47	25 59 45	10 12 22	15 50 22	13 16 18	0 25 59	5 52 28	3 36 05	3 31 50
11 F	18 58 30	16 39 19	23 30 03	1 ♏ 34 33	0 56 47	20 10 03	25 58 22	10 32 43	16 03 38	13 13 24	0 25 13	5 53 36	3 35 38	3 32 04
12 Sa	19 58 59	0 ♏ 18 41	7 ♏ 00 43	3 16 40	1 36 23	20 49 11	25 58 22	10 53 53	16 17 49	13 11 25	0 25 23	5 55 38	3 36 08	3 33 18
13 Su	21 00 17	13 40 59	20 13 35	4 58 28	2 15 35	21 29 01	25 59 34	11 15 43	16 32 44	13 10 10	0 26 19	5 58 25	3 37 25	3 35 20
14 M	22 02 04	26 44 46	3 ♐ 07 55	6 39 37	2 53 60	22 09 11	26 01 38	11 37 51	16 48 02	13 09 19	0 27 38	6 01 36	3 39 08	3 37 50
15 Tu	23 03 53	9 ♐ 29 52	15 44 10	8 19 42	3 31 08	22 49 16	26 04 08	11 59 52	17 03 17	13 08 25	0 28 56	6 04 44	3 40 52	3 40 22
16 W	24 05 17	21 57 24	28 04 07	9 58 15	4 06 28	23 28 47	26 06 36	12 21 16	17 18 01	13 07 02	0 29 45	6 07 22	3 42 08	3 42 29
17 Th	25 05 51	4 ♑ 09 45	10 ♑ 10 39	11 34 55	4 39 33	24 07 22	26 08 38	12 41 41	17 31 51	13 04 45	0 29 41	6 09 06	3 42 33	3 43 46
18 F	26 05 23	16 10 23	22 07 35	13 09 27	5 10 07	24 44 45	26 09 60	13 00 52	17 44 32	13 01 21	0 28 29	6 09 42	3 41 53	3 43 60
19 Sa	27 03 49	28 03 39	3 ♒ 59 29	14 41 49	5 38 03	25 20 54	26 10 39	13 18 47	17 56 02	12 56 47	0 26 09	6 09 09	3 40 05	3 43 08
20 Su	28 01 19	9 ♒ 54 28	15 51 23	16 12 12	6 03 27	25 56 01	26 10 46	13 35 36	18 06 31	12 51 15	0 22 49	6 07 35	3 37 20	3 41 20
21 M	28 58 18	21 48 05	27 48 28	17 40 60	6 26 39	26 30 27	26 10 44	13 51 41	18 16 21	12 45 06	0 18 54	6 05 24	3 34 01	3 39 00
22 Tu	29 55 14	3 ♓ 49 44	9 ♓ 55 49	19 08 42	6 48 07	27 04 43	26 11 02	14 07 33	18 26 05	12 38 52	0 14 53	6 03 07	3 30 39	3 36 38
23 W	0 ♏ 52 44	16 04 17	22 17 57	20 35 54	7 08 21	27 39 24	26 12 16	14 23 47	18 36 15	12 33 07	0 11 22	6 01 19	3 27 47	3 34 49
24 Th	1 51 20	28 35 50	4 ♈ 58 30	22 03 06	7 27 50	28 15 02	26 14 58	14 40 54	18 47 25	12 28 25	0 08 53	6 00 31	3 25 60	3 34 05
25 F	2 51 24	11 ♈ 27 18	17 59 43	23 30 43	7 46 52	28 52 00	26 19 30	14 59 19	18 59 57	12 25 08	0 07 48	6 01 07	3 25 39	3 34 50
26 Sa	3 53 06	24 40 01	1 ♉ 22 14	24 58 52	8 05 35	29 30 29	26 26 02	15 19 09	19 14 01	12 23 27	0 08 19	6 03 17	3 26 55	3 37 13
27 Su	4 56 19	8 ♉ 13 30	15 04 44	26 27 24	8 23 46	0 ♍ 10 18	26 34 26	15 40 17	19 29 29	12 23 12	0 10 16	6 06 52	3 29 39	3 41 05
28 M	6 00 36	22 05 24	29 04 09	27 55 50	8 40 56	0 51 03	26 44 15	16 02 17	19 45 54	12 23 58	0 13 13	6 11 27	3 33 25	3 46 01
29 Tu	7 05 16	6 ♊ 11 43	13 ♊ 15 59	29 23 30	8 56 20	1 32 02	26 54 47	16 24 26	20 02 36	12 25 04	0 16 31	6 16 19	3 37 32	3 51 19
30 W	8 09 32	20 27 29	27 34 58	0 ♐ 49 34	9 09 10	2 12 29	27 05 18	16 45 60	20 18 47	12 25 44	0 19 21	6 20 44	3 41 14	3 56 14

October 2026

LONGITUDE

Day	☉	0 hr ☽	Noon ☽	☿	♀	♂	⚶	⚳	♃	♄	⚷	♅	♆	♇
1 Th	9 ♏ 12 43	4 ♋ 47 25	11 ♋ 55 55	2 ♐ 13 15	9 ♐ 18 37	2 ♍ 51 40	27 ♒ 15 02	17 ♌ 06 13	20 ♍ 33 44	12 ♉ 25 15	0 ♊ 21 01	6 ♋ 23 57	3 ♉ 43 47	4 ♓ 00 02
2 F	10 14 19	19 06 49	26 14 31	3 34 03	9 24 13	3 29 07	27 23 32	17 24 38	20 47 00	12 23 09	0 21 03	6 25 30	3 44 44	4 02 14
3 Sa	11 14 14	3 ♌ 22 08	10 ♌ 27 40	4 51 48	9 25 48	4 04 44	27 30 40	17 41 07	20 58 27	12 19 19	0 19 20	6 25 17	3 43 58	4 02 45
4 Su	12 12 47	17 31 12	24 33 39	6 06 44	9 23 38	4 38 49	27 36 47	17 56 00	21 08 25	12 14 04	0 16 12	6 23 37	3 41 48	4 01 53
5 M	13 10 38	1 ♍ 33 05	8 ♍ 31 54	7 19 26	9 18 23	5 12 02	27 42 30	18 09 57	21 17 33	12 08 05	0 12 18	6 21 10	3 38 54	4 00 19
6 Tu	14 08 40	15 27 38	22 22 24	8 30 42	9 10 55	5 45 16	27 48 45	18 23 50	21 26 44	12 02 15	0 08 31	6 18 49	3 36 09	3 58 55
7 W	15 07 48	29 14 57	6 ♎ 05 16	9 41 21	9 02 06	6 19 26	27 56 25	18 38 33	21 36 54	11 57 29	0 05 48	6 17 30	3 34 28	3 58 36
8 Th	16 08 47	12 ♎ 54 54	19 40 11	10 51 59	8 52 43	6 55 16	28 06 14	18 54 52	21 48 46	11 54 32	0 04 52	6 17 56	3 34 36	4 00 08
9 F	17 12 03	26 26 43	3 ♏ 06 19	12 02 54	8 43 12	7 33 13	28 18 39	19 13 12	22 02 47	11 53 50	0 06 10	6 20 34	3 36 59	4 03 55
10 Sa	18 17 37	9 ♏ 49 04	16 22 16	13 13 59	8 33 36	8 13 18	28 33 41	19 33 35	22 18 58	11 55 25	0 09 42	6 25 25	3 41 39	4 10 01
11 Su	19 25 06	23 00 11	29 26 24	14 24 38	8 23 34	8 55 07	28 50 57	19 55 36	22 36 55	11 58 54	0 15 07	6 32 07	3 48 12	4 18 01
12 M	20 33 47	5 ♐ 58 19	12 ♐ 17 15	15 33 58	8 12 26	9 37 58	29 09 43	20 18 34	22 55 57	12 03 34	0 21 42	6 39 57	3 55 56	4 27 13
13 Tu	21 42 45	18 42 08	24 53 55	16 40 48	7 59 22	10 20 55	29 29 04	20 41 32	23 15 08	12 08 30	0 28 30	6 47 59	4 03 56	4 36 42
14 W	22 51 03	1 ♑ 11 13	7 ♑ 16 30	17 43 57	7 43 29	11 03 01	29 48 03	21 03 33	23 33 30	12 12 46	0 34 37	6 55 17	4 11 15	4 45 30
15 Th	23 57 51	13 26 19	19 26 18	18 42 18	7 24 06	11 43 27	0 ♓ 05 51	21 23 49	23 50 15	12 15 32	0 39 11	7 01 01	4 17 03	4 52 49
16 F	25 02 38	25 29 32	1 ♒ 25 55	19 34 58	7 00 48	12 21 40	0 21 54	21 41 45	24 04 49	12 16 16	0 41 41	7 04 39	4 20 48	4 58 06
17 Sa	26 05 13	7 ♒ 24 20	13 19 14	20 21 25	6 33 32	12 57 30	0 36 03	21 57 12	24 17 03	12 14 49	0 41 57	7 06 01	4 22 20	5 01 11
18 Su	27 05 49	19 15 20	25 11 10	21 01 31	6 02 43	13 31 11	0 48 30	22 10 24	24 27 09	12 11 23	0 40 13	7 05 20	4 21 52	5 02 17
19 M	28 05 03	1 ♓ 08 07	7 ♓ 07 32	21 35 23	5 29 09	14 03 19	0 59 52	22 21 55	24 35 45	12 06 35	0 37 04	7 03 14	4 20 02	5 02 02
20 Tu	29 03 47	13 08 52	19 14 30	22 03 26	4 53 54	14 34 45	1 11 01	22 32 39	24 43 43	12 01 18	0 33 24	7 00 33	4 17 41	5 01 16
21 W	0 ♐ 03 02	25 23 50	1 ♈ 38 12	22 26 09	4 18 10	15 06 30	1 22 56	22 43 35	24 52 01	11 56 32	0 30 12	6 58 19	4 15 49	5 01 01
22 Th	1 03 45	7 ♈ 58 49	14 24 02	22 43 57	3 43 10	15 39 32	1 36 36	22 55 41	25 01 39	11 53 15	0 28 27	6 57 30	4 15 25	5 02 14
23 F	2 06 40	20 58 29	27 35 59	22 57 00	3 09 53	16 14 35	1 52 44	23 09 40	25 13 21	11 52 12	0 28 52	6 58 48	4 17 13	5 05 39
24 Sa	3 12 08	4 ♉ 25 36	11 ♉ 15 48	23 05 06	2 38 53	16 51 59	2 11 41	23 25 54	25 27 26	11 53 43	0 31 49	7 02 37	4 21 33	5 11 37
25 Su	4 20 02	18 20 19	25 22 28	23 07 31	2 10 19	17 31 36	2 33 18	23 44 14	25 43 47	11 57 40	0 37 09	7 08 47	4 28 17	5 20 01
26 M	5 29 42	2 ♊ 39 46	9 ♊ 51 46	23 03 10	1 43 46	18 12 48	2 56 56	24 04 00	26 01 46	12 03 25	0 44 14	7 16 39	4 36 47	5 30 10
27 Tu	6 40 06	17 18 08	24 36 47	22 50 34	1 18 28	18 54 31	3 21 33	24 24 11	26 20 18	12 09 55	0 52 02	7 25 12	4 46 01	5 41 04
28 W	7 50 00	2 ♋ 07 22	9 ♋ 28 48	22 28 15	0 53 25	19 35 32	3 45 55	24 43 31	26 38 11	12 15 56	0 59 18	7 33 11	4 54 43	5 51 27
29 Th	8 58 17	16 58 32	24 18 53	21 55 02	0 27 43	20 14 42	4 08 53	25 00 53	26 54 16	12 20 22	1 04 55	7 39 28	5 01 47	6 00 12
30 F	10 04 11	1 ♌ 43 24	8 ♌ 59 28	21 10 27	0 00 50	20 51 16	4 29 42	25 15 31	27 07 49	12 22 26	1 08 07	7 43 19	5 06 28	6 06 34
31 Sa	11 07 30	16 15 51	23 25 24	20 14 52	29 ♏ 32 48	21 25 03	4 48 11	25 27 13	27 18 36	12 21 57	1 08 43	7 44 31	5 08 33	6 10 22

Notes

LONGITUDE — November 2026

Day	☉	0 hr ☽	Noon ☽	☿	♀	♂	⚵	⚳	♃	♄	⚷	♅	♆	♇
1 Su	12 ♐ 08 41	0 ♍ 32 25	7 ♍ 34 23	19 ♐ 09 44	29 ♏ 04 12	21 ♍ 56 27	5 ♓ 04 44	25 ♌ 36 25	27 ♍ 27 05	12 ♉ 19 22	1 ♊ 07 10	7 ♋ 43 32	5 ♉ 08 28	6 ♓ 11 60
2 M	13 08 40	14 32 22	21 26 31	17 57 24	28 36 11	22 26 25	5 20 19	25 44 03	27 34 11	12 15 36	1 04 22	7 41 16	5 07 11	6 12 26
3 Tu	14 08 42	28 16 52	5 ♎ 03 38	16 40 59	28 10 07	22 56 12	5 36 09	25 51 21	27 41 09	12 11 55	1 01 36	7 38 59	5 05 56	6 12 54
4 W	15 10 03	11 ♎ 48 11	18 28 13	15 23 55	27 47 25	23 27 03	5 53 32	25 59 36	27 49 15	12 09 35	1 00 09	7 37 59	5 05 59	6 14 40
5 Th	16 13 46	25 08 44	1 ♏ 42 41	14 09 40	27 29 15	24 00 03	6 13 30	26 09 50	27 59 34	12 09 40	1 01 02	7 39 17	5 08 24	6 18 49
6 F	17 20 29	8 ♏ 20 20	14 48 41	13 01 22	27 16 18	24 35 47	6 36 41	26 22 40	28 12 40	12 12 47	1 04 54	7 43 31	5 13 48	6 25 58
7 Sa	18 30 17	21 23 54	27 46 53	12 01 28	27 08 45	25 14 20	7 03 08	26 38 12	28 28 41	12 19 02	1 11 50	7 50 47	5 22 16	6 36 10
8 Su	19 42 42	4 ♐ 19 22	10 ♐ 37 01	11 11 41	27 06 11	25 55 16	7 32 26	26 55 57	28 47 08	12 27 56	1 21 22	8 00 37	5 33 21	6 48 60
9 M	20 56 50	17 05 52	23 18 11	10 32 49	27 07 45	26 37 39	8 03 39	27 15 02	29 07 07	12 38 37	1 32 37	8 12 07	5 46 09	7 03 32
10 Tu	22 11 31	29 42 15	5 ♑ 49 20	10 05 01	27 12 16	27 20 19	8 35 36	27 34 15	29 27 27	12 49 53	1 44 24	8 24 07	5 59 29	7 18 37
11 W	23 25 29	12 ♑ 07 34	18 09 46	9 47 50	27 18 32	28 02 01	9 07 04	27 52 21	29 46 54	13 00 31	1 55 29	8 35 22	6 12 07	7 33 00
12 Th	24 37 39	24 21 36	0 ♒ 19 40	9 40 29	27 25 25	28 41 39	9 36 55	28 08 15	0 ♎ 04 21	13 09 24	2 04 44	8 44 46	6 22 57	7 45 35
13 F	25 47 14	6 ♒ 25 17	12 20 24	9 42 10	27 32 10	29 18 25	10 04 23	28 21 10	0 19 03	13 15 46	2 11 26	8 51 33	6 31 12	7 55 34
14 Sa	26 53 55	18 20 54	24 14 42	9 52 10	27 38 23	29 52 01	10 29 09	28 30 45	0 30 39	13 19 17	2 15 12	8 55 23	6 36 33	8 02 40
15 Su	27 57 51	0 ♓ 12 07	6 ♓ 06 42	10 10 01	27 44 15	0 ♎ 22 35	10 51 21	28 37 11	0 39 18	13 20 07	2 16 15	8 56 26	6 39 09	8 07 01
16 M	28 59 40	12 03 56	18 01 45	10 35 34	27 50 18	0 50 45	11 11 37	28 41 04	0 45 39	13 18 54	2 15 10	8 55 20	6 39 38	8 09 14
17 Tu	0 ♑ 00 20	24 02 22	0 ♈ 06 06	11 08 57	27 57 31	1 17 28	11 30 56	28 43 23	0 50 40	13 16 36	2 12 56	8 53 03	6 38 59	8 10 20
18 W	1 01 02	6 ♈ 14 03	12 26 29	11 50 26	28 07 01	1 43 57	11 50 28	28 45 19	0 55 32	13 14 25	2 10 46	8 50 46	6 38 23	8 11 27
19 Th	2 02 57	18 45 40	25 09 25	12 40 19	28 19 55	2 11 21	12 11 23	28 48 03	1 01 25	13 13 31	2 09 49	8 49 41	6 38 60	8 13 48
20 F	3 07 01	1 ♉ 43 12	8 ♉ 20 23	13 38 42	28 37 08	2 40 37	12 34 39	28 52 31	1 09 16	13 14 52	2 11 02	8 50 43	6 41 47	8 18 19
21 Sa	4 13 48	15 11 03	22 02 55	14 45 20	28 59 08	3 12 16	13 00 48	28 59 15	1 19 37	13 18 59	2 14 58	8 54 26	6 47 17	8 25 32
22 Su	5 23 15	29 11 04	6 ♊ 17 31	15 59 27	29 25 49	3 46 18	13 29 48	29 08 14	1 32 28	13 25 52	2 21 36	9 00 48	6 55 28	8 35 26
23 M	6 34 46	13 ♊ 41 38	21 00 56	17 19 47	29 56 33	4 22 04	14 01 01	29 18 50	1 47 10	13 34 52	2 30 18	9 09 12	7 05 43	8 47 24
24 Tu	7 47 14	28 37 18	6 ♋ 06 01	18 44 39	0 ♐ 30 08	4 58 28	14 33 21	29 29 57	2 02 37	13 44 55	2 39 57	9 18 31	7 16 55	9 00 19
25 W	8 59 17	13 ♋ 49 07	21 22 31	20 12 10	1 05 09	5 34 09	15 05 27	29 40 14	2 17 28	13 54 37	2 49 13	9 27 25	7 27 44	9 12 49
26 Th	10 09 40	29 05 59	6 ♌ 38 51	21 40 37	1 40 16	6 07 47	15 36 01	29 48 22	2 30 25	14 02 43	2 56 49	9 34 36	7 36 52	9 23 38
27 F	11 17 27	14 ♌ 16 42	21 44 17	23 08 41	2 14 32	6 38 31	16 04 09	29 53 29	2 40 35	14 08 19	3 01 50	9 39 10	7 43 25	9 31 53
28 Sa	12 22 23	29 12 01	6 ♍ 30 46	24 35 47	2 47 36	7 06 02	16 29 36	29 55 18	2 47 42	14 11 08	3 04 01	9 40 52	7 47 08	9 37 15
29 Su	13 24 51	13 ♍ 45 58	20 53 52	26 01 60	3 19 49	7 30 43	16 52 43	29 54 12	2 52 07	14 11 33	3 03 45	9 40 05	7 48 23	9 40 10
30 M	14 25 48	27 56 14	4 ♎ 52 41	27 28 01	3 52 02	7 53 32	17 14 29	29 51 08	2 54 49	14 10 33	3 01 59	9 37 44	7 48 07	9 41 34

LONGITUDE — December 2026

Day	☉	0 hr ☽	Noon ☽	☿	♀	♂	⚵	⚳	♃	♄	⚷	♅	♆	♇
1 Tu	15 ♑ 26 30	11 ♎ 43 29	18 ♎ 29 00	28 ♐ 54 55	4 ♐ 25 30	8 ♎ 15 43	17 ♓ 36 08	29 ♌ 47 22	2 ♎ 57 03	14 ♉ 09 22	2 ♊ 59 59	9 ♋ 35 08	7 ♉ 47 37	9 ♓ 42 42
2 W	16 28 15	25 10 25	1 ♏ 46 09	0 ♑ 23 49	5 01 26	8 38 34	17 58 59	29 44 12	3 00 08	14 09 19	2 59 03	9 33 34	7 48 10	9 44 54
3 Th	17 32 09	8 ♏ 20 34	14 47 56	1 55 38	5 40 53	9 03 10	18 24 08	29 42 44	3 05 08	14 11 30	3 00 16	9 34 07	7 50 53	9 49 14
4 F	18 38 50	21 17 27	27 37 48	3 30 54	6 24 26	9 30 10	18 52 13	29 43 37	3 12 43	14 16 33	3 04 19	9 37 27	7 56 24	9 56 21
5 Sa	19 48 26	4 ♐ 03 50	10 ♐ 18 22	5 09 38	7 12 10	9 59 41	19 23 22	29 46 58	3 23 00	14 24 37	3 11 18	9 43 42	8 04 50	10 06 24
6 Su	21 00 33	16 41 34	22 51 12	6 51 20	8 03 37	10 31 18	19 57 09	29 52 24	3 35 35	14 35 17	3 20 49	9 52 26	8 15 48	10 18 57
7 M	22 14 21	29 11 30	5 ♑ 16 55	8 35 06	8 57 55	11 04 09	20 32 46	29 59 04	3 49 38	14 47 42	3 32 02	10 02 50	8 28 27	10 33 11
8 Tu	23 28 43	11 ♑ 33 50	17 35 34	10 19 45	9 53 54	11 37 10	21 09 06	0 ♍ 05 53	4 04 02	15 00 47	3 43 51	10 13 49	8 41 42	10 47 59
9 W	24 42 28	23 48 25	29 46 57	12 04 04	10 50 20	12 09 08	21 44 57	0 11 40	4 17 37	15 13 21	3 55 06	10 24 11	8 54 21	11 02 11
10 Th	25 54 34	5 ♒ 55 14	11 ♒ 51 11	13 46 57	11 46 10	12 38 59	22 19 18	0 15 23	4 29 20	15 24 22	4 04 44	10 32 53	9 05 22	11 14 44
11 F	27 04 15	17 54 52	23 49 06	15 27 37	12 40 34	13 05 59	22 51 22	0 16 16	4 38 26	15 33 04	4 11 58	10 39 11	9 13 60	11 24 53
12 Sa	28 11 09	29 48 48	5 ♓ 42 29	17 05 41	13 33 08	13 29 45	23 20 47	0 13 58	4 44 32	15 39 04	4 16 28	10 42 42	9 19 51	11 32 14
13 Su	29 15 21	11 ♓ 39 38	17 34 20	18 41 11	14 23 53	13 50 19	23 47 38	0 08 34	4 47 42	15 42 27	4 18 17	10 43 30	9 23 02	11 36 54
14 M	0 ♒ 17 18	23 31 10	29 28 48	20 14 37	15 13 19	14 08 11	24 12 22	0 00 33	4 48 26	15 43 43	4 17 55	10 42 05	9 23 59	11 39 20
15 Tu	1 17 51	5 ♈ 28 16	11 ♈ 31 07	21 46 45	16 02 10	14 24 10	24 35 50	29 ♌ 50 45	4 47 33	15 43 40	4 16 11	10 39 16	9 23 34	11 40 21
16 W	2 17 59	17 36 37	23 47 12	23 18 38	16 51 27	14 39 15	24 59 03	29 40 12	4 46 05	15 43 19	4 14 05	10 36 04	9 22 47	11 41 00
17 Th	3 18 47	0 ♉ 02 21	6 ♉ 23 13	24 51 18	17 42 09	14 54 30	25 23 02	29 29 56	4 45 03	15 43 44	4 12 42	10 33 33	9 22 40	11 42 18
18 F	4 21 08	12 51 26	19 24 58	26 25 39	18 35 10	15 10 47	25 48 41	29 20 52	4 45 21	15 45 46	4 12 53	10 32 34	9 24 07	11 45 10
19 Sa	5 25 33	26 08 56	2 ♊ 56 55	28 02 14	19 31 00	15 28 38	26 16 34	29 13 34	4 47 33	15 50 01	4 15 13	10 33 42	9 27 42	11 50 07
20 Su	6 32 10	9 ♊ 58 02	17 01 13	29 41 08	20 29 44	15 48 09	26 46 46	29 08 08	4 51 43	15 56 33	4 19 47	10 37 03	9 33 29	11 57 17
21 M	7 40 34	24 19 09	1 ♋ 36 47	1 ♒ 21 59	21 30 56	16 08 55	27 18 52	29 04 10	4 57 29	16 04 59	4 26 11	10 42 12	9 41 06	12 06 14
22 Tu	8 49 55	9 ♋ 09 05	16 38 39	3 03 58	22 33 44	16 30 05	27 52 02	29 00 52	5 04 00	16 14 27	4 33 35	10 48 19	9 49 41	12 16 08
23 W	9 59 08	24 20 49	1 ♌ 58 05	4 45 59	23 37 02	16 50 34	28 25 12	28 57 09	5 10 12	16 23 54	4 40 54	10 54 20	9 58 10	12 25 56
24 Th	11 07 10	9 ♌ 44 10	17 23 47	6 27 01	24 39 46	17 09 19	28 57 18	28 51 58	5 15 00	16 32 16	4 47 05	10 59 11	10 05 30	12 34 32
25 F	12 13 15	25 07 24	2 ♍ 43 46	8 06 17	25 41 08	17 25 30	29 27 34	28 44 34	5 17 39	16 38 46	4 51 21	11 02 06	10 10 53	12 41 12
26 Sa	13 17 02	10 ♍ 19 19	17 47 37	9 43 30	26 40 47	17 38 49	29 55 39	28 34 37	5 17 48	16 43 05	4 53 22	11 02 45	10 14 01	12 45 34
27 Su	14 18 44	25 11 07	2 ♎ 27 60	11 18 52	27 38 53	17 49 27	0 ♈ 21 46	28 22 22	5 15 41	16 45 25	4 53 22	11 01 21	10 15 06	12 47 53
28 M	15 19 01	9 ♎ 37 33	16 41 16	12 53 03	28 36 06	17 58 02	0 46 34	28 08 28	5 11 56	16 46 25	4 51 59	10 58 32	10 14 47	12 48 45
29 Tu	16 18 47	23 36 51	0 ♏ 27 10	14 26 59	29 33 18	18 05 28	1 10 58	27 53 50	5 07 29	16 47 00	4 50 07	10 55 14	10 13 58	12 49 07
30 W	17 18 60	7 ♏ 10 06	13 47 51	16 01 39	0 ♑ 31 26	18 12 43	1 35 56	27 39 29	5 03 17	16 48 08	4 48 46	10 52 24	10 13 38	12 49 57
31 Th	18 20 28	20 20 12	26 46 54	17 37 53	1 31 18	18 20 34	2 02 16	27 26 12	5 00 09	16 50 38	4 48 43	10 50 52	10 14 35	12 52 02

Notes

January 2027 LONGITUDE

Day	☉	0 hr ☽	Noon ☽	☿	♀	♂	⚵	⚳	♃	♄	⚷	♅	♆	♇
1 F	19♒23 44	3♐10 53	9♐28 22	19♒16 13	2♑33 24	18♎29 32	2♈30 30	27♌14 33	4♎58 37	16♉54 60	4♊50 30	10♋51 09	10♉17 21	12♓55 54
2 Sa	20 28 55	15 45 59	21 56 07	20 56 47	3 37 51	18 39 44	3 00 45	27 04 41	4 58 48	17 01 23	4 54 16	10 53 22	10 22 03	13 01 42
3 Su	21 35 47	28 08 55	4♑13 24	22 39 22	4 44 24	18 50 56	3 32 48	26 56 24	5 00 30	17 09 33	4 59 46	10 57 19	10 28 29	13 09 12
4 M	22 43 48	10♑22 30	16 22 50	24 23 29	5 52 32	19 02 36	4 06 08	26 49 10	5 03 10	17 18 59	5 06 29	11 02 28	10 36 06	13 17 52
5 Tu	23 52 17	22 28 52	28 26 17	26 08 24	7 01 29	19 14 00	4 40 01	26 42 18	5 06 07	17 28 58	5 13 42	11 08 06	10 44 12	13 26 59
6 W	25 00 27	4♒29 39	10♒25 13	27 53 22	8 10 30	19 24 22	5 13 41	26 35 04	5 08 35	17 38 44	5 20 39	11 13 27	10 52 01	13 35 47
7 Th	26 07 37	16 26 12	22 20 49	29 37 43	9 18 53	19 33 01	5 46 29	26 26 48	5 09 53	17 47 37	5 26 41	11 17 51	10 58 52	13 43 37
8 F	27 13 18	28 19 48	4♓14 21	1♓20 58	10 26 08	19 39 26	6 17 53	26 17 02	5 09 31	17 55 06	5 31 16	11 20 48	11 04 16	13 49 57
9 Sa	28 17 13	10♓11 57	16 07 22	3 02 50	11 31 58	19 43 22	6 47 39	26 05 30	5 07 15	18 00 56	5 34 10	11 22 03	11 07 57	13 54 34
10 Su	29 19 25	22 04 38	28 01 60	4 43 20	12 36 23	19 44 48	7 15 47	25 52 17	5 03 05	18 05 08	5 35 24	11 21 37	11 09 56	13 57 27
11 M	0♓20 08	4♈00 23	10♈01 01	6 22 44	13 39 40	19 44 01	7 42 34	25 37 38	4 57 18	18 07 59	5 35 14	11 19 46	11 10 30	13 58 53
12 Tu	1 19 52	16 02 26	22 07 54	8 01 29	14 42 15	19 41 29	8 08 27	25 22 03	4 50 23	18 09 56	5 34 08	11 16 58	11 10 06	13 59 19
13 W	2 19 11	28 14 37	4♉26 43	9 40 09	15 44 43	19 37 46	8 34 03	25 06 09	4 42 55	18 11 35	5 32 41	11 13 49	11 09 20	13 59 23
14 Th	3 18 43	10♉41 13	17 01 52	11 19 18	16 47 41	19 33 28	8 59 57	24 50 33	4 35 30	18 13 32	5 31 30	11 10 55	11 08 48	13 59 39
15 F	4 18 57	23 26 39	29 57 48	12 59 24	17 51 39	19 29 07	9 26 40	24 35 48	4 28 41	18 16 18	5 31 07	11 08 47	11 09 02	14 00 38
16 Sa	5 20 13	6♊35 00	13♊18 18	14 40 45	18 56 56	19 25 02	9 54 32	24 22 14	4 22 47	18 20 14	5 31 50	11 07 46	11 10 21	14 02 42
17 Su	6 22 39	20 09 25	27 05 55	16 23 21	20 03 37	19 21 19	10 23 39	24 09 58	4 17 54	18 25 23	5 33 45	11 07 56	11 12 52	14 05 55
18 M	7 26 01	4♋11 24	11♋21 10	18 06 56	21 11 31	19 17 46	10 53 50	23 58 50	4 13 51	18 31 37	5 36 43	11 09 08	11 16 22	14 10 07
19 Tu	8 29 58	18 40 03	26 01 48	19 51 01	22 20 15	19 14 01	11 24 41	23 48 29	4 10 16	18 38 31	5 40 19	11 10 58	11 20 29	14 14 53
20 W	9 33 58	3♌31 33	11♌02 32	21 34 57	23 29 16	19 09 31	11 55 41	23 38 23	4 06 38	18 45 34	5 44 02	11 12 55	11 24 42	14 19 44
21 Th	10 37 31	18 39 09	26 15 16	23 18 05	24 38 05	19 03 48	12 26 21	23 28 04	4 02 26	18 52 16	5 47 22	11 14 28	11 28 30	14 24 09
22 F	11 40 14	3♍53 47	11♍30 06	24 59 49	25 46 17	18 56 27	12 56 16	23 17 09	3 57 19	18 58 14	5 49 56	11 15 14	11 31 30	14 27 44
23 Sa	12 41 57	19 05 19	26 36 51	26 39 48	26 53 44	18 47 19	13 25 17	23 05 30	3 51 05	19 03 18	5 51 34	11 15 05	11 33 33	14 30 20
24 Su	13 42 44	4♎04 07	11♎26 37	28 17 50	28 00 27	18 36 29	13 53 28	22 53 11	3 43 50	19 07 31	5 52 20	11 14 03	11 34 42	14 32 01
25 M	14 42 50	18 42 31	25 53 01	29 53 52	29 06 42	18 24 11	14 21 04	22 40 27	3 35 49	19 11 10	5 52 29	11 12 23	11 35 13	14 33 02
26 Tu	15 42 37	2♏55 38	9♏52 35	1♈27 54	0♒12 51	18 10 47	14 48 27	22 27 42	3 27 24	19 14 34	5 52 23	11 10 29	11 35 27	14 33 44
27 W	16 42 27	16 41 29	23 24 43	2 59 54	1 19 15	17 56 41	15 15 59	22 15 19	3 18 57	19 18 08	5 52 24	11 08 41	11 35 46	14 34 30
28 Th	17 42 38	0♐00 35	6♐30 59	4 29 43	2 26 10	17 42 10	15 43 57	22 03 35	3 10 47	19 22 07	5 52 49	11 07 17	11 36 29	14 35 37
29 F	18 43 19	12 55 17	19 14 29	5 56 59	3 33 48	17 27 25	16 12 31	21 52 42	3 03 03	19 26 43	5 53 50	11 06 28	11 37 44	14 37 15
30 Sa	19 44 34	25 29 06	1♑39 07	7 21 10	4 42 10	17 12 29	16 41 43	21 42 42	2 55 49	19 31 57	5 55 26	11 06 16	11 39 34	14 39 27
31 Su	20 46 15	7♑46 05	13 49 04	8 41 31	5 51 08	16 57 17	17 11 28	21 33 30	2 48 57	19 37 43	5 57 34	11 06 34	11 41 53	14 42 06

February 2027 LONGITUDE

Day	☉	0 hr ☽	Noon ☽	☿	♀	♂	⚵	⚳	♃	♄	⚷	♅	♆	♇
1 M	21♓48 12	19♑50 24	25♑48 30	9♈57 09	7♒00 33	16♎41 40	17♈41 35	21♌24 57	2♎42 19	19♉43 50	6♊00 01	11♋07 12	11♉44 31	14♓45 02
2 Tu	22 50 13	1♒46 02	7♒41 15	11 07 09	8 10 11	16 25 25	18 11 51	21 16 49	2 35 42	19 50 06	6 02 36	11 07 57	11 47 14	14 48 02
3 W	23 52 06	13 36 41	19 30 45	12 10 31	9 19 51	16 08 25	18 42 05	21 08 57	2 28 55	19 56 21	6 05 07	11 08 39	11 49 53	14 50 55
4 Th	24 53 44	25 25 36	1♓20 03	13 06 20	10 29 26	15 50 31	19 12 08	21 01 14	2 21 51	20 02 25	6 07 27	11 09 10	11 52 18	14 53 33
5 F	25 55 03	7♓15 38	13 11 45	13 53 45	11 38 50	15 31 43	19 41 59	20 53 36	2 14 26	20 08 15	6 09 32	11 09 26	11 54 27	14 55 54
6 Sa	26 56 05	19 09 16	25 08 07	14 32 03	12 48 05	15 12 03	20 11 38	20 46 05	2 06 44	20 13 54	6 11 24	11 09 29	11 56 21	14 57 57
7 Su	27 56 53	1♈08 40	7♈11 10	15 00 37	13 57 17	14 51 40	20 41 10	20 38 48	1 58 48	20 19 25	6 13 08	11 09 23	11 58 04	14 59 49
8 M	28 57 36	13 15 44	19 22 45	15 18 60	15 06 31	14 30 41	21 10 41	20 31 50	1 50 46	20 24 55	6 14 49	11 09 17	11 59 45	15 01 36
9 Tu	29 58 20	25 32 17	1♉44 39	15 26 51	16 15 55	14 09 15	21 40 20	20 25 19	1 42 46	20 30 32	6 16 36	11 09 15	12 01 29	15 03 24
10 W	0♈59 09	8♉00 05	14 18 41	15 24 01	17 25 31	13 47 30	22 10 08	20 19 20	1 34 52	20 36 20	6 18 33	11 09 23	12 03 21	15 05 19
11 Th	2 00 04	20 40 55	27 06 39	15 10 29	18 35 22	13 25 28	22 40 09	20 13 54	1 27 05	20 42 19	6 20 39	11 09 43	12 05 21	15 07 21
12 F	3 01 02	3♊36 35	10♊10 24	14 46 29	19 45 23	13 03 09	23 10 18	20 08 59	1 19 23	20 48 26	6 22 54	11 10 09	12 07 28	15 09 26
13 Sa	4 01 57	16 48 49	23 31 35	14 12 25	20 55 28	12 40 29	23 40 30	20 04 27	1 11 40	20 54 35	6 25 09	11 10 38	12 09 33	15 11 30
14 Su	5 02 40	0♋19 09	7♋11 28	13 29 02	22 05 30	12 17 23	24 10 36	20 00 12	1 03 49	21 00 39	6 27 17	11 10 60	12 11 31	15 13 23
15 M	6 03 06	14 08 29	21 10 32	12 37 21	23 15 23	11 53 49	24 40 31	19 56 08	0 55 43	21 06 30	6 29 13	11 11 09	12 13 14	15 15 01
16 Tu	7 03 14	28 16 50	5♌28 06	11 38 45	24 25 04	11 29 46	25 10 12	19 52 13	0 47 22	21 12 08	6 30 55	11 11 05	12 14 42	15 16 21
17 W	8 03 06	12♌42 49	20 01 54	10 34 54	25 34 37	11 05 21	25 39 45	19 48 31	0 38 50	21 17 37	6 32 26	11 10 52	12 15 57	15 17 27
18 Th	9 02 55	27 23 19	4♍47 49	9 27 43	26 44 13	10 40 48	26 09 18	19 45 13	0 30 18	21 23 06	6 33 58	11 10 38	12 17 11	15 18 31
19 F	10 02 53	12♍13 21	19 40 04	8 19 15	27 54 06	10 16 24	26 39 07	19 42 32	0 21 60	21 28 51	6 35 43	11 10 40	12 18 38	15 19 45
20 Sa	11 03 15	27 06 22	4♎31 30	7 11 30	29 04 30	9 52 25	27 09 25	19 40 43	0 14 11	21 35 04	6 37 57	11 11 10	12 20 31	15 21 24
21 Su	12 04 13	11♎54 53	19 14 35	6 06 17	0♓15 35	9 29 04	27 40 24	19 39 57	0 07 02	21 41 57	6 40 50	11 12 20	12 23 03	15 23 39
22 M	13 05 48	26 31 26	3♏42 21	5 05 07	1 27 26	9 06 28	28 12 07	19 40 16	0 00 36	21 49 33	6 44 25	11 14 13	12 26 14	15 26 33
23 Tu	14 07 57	10♏49 36	17 49 14	4 09 09	2 39 55	8 44 34	28 44 27	19 41 35	29♍54 48	21 57 46	6 48 37	11 16 44	12 30 01	15 30 01
24 W	15 10 23	24 44 45	1♐31 48	3 19 08	3 52 49	8 23 08	29 17 10	19 43 40	29 49 24	22 06 22	6 53 11	11 19 37	12 34 08	15 33 47
25 Th	16 12 48	8♐14 30	14 48 50	2 35 27	5 05 47	8 01 55	29 49 57	19 46 10	29 44 04	22 15 00	6 57 48	11 22 33	12 38 17	15 37 33
26 F	17 14 50	21 18 45	27 41 11	1 58 17	6 18 28	7 40 36	0♉22 26	19 48 44	29 38 28	22 23 20	7 02 05	11 25 10	12 42 04	15 40 56
27 Sa	18 16 11	3♑59 17	10♑11 26	1 27 35	7 30 34	7 18 54	0 54 19	19 51 04	29 32 17	22 31 03	7 05 44	11 27 11	12 45 13	15 43 39
28 Su	19 16 39	16 19 26	22 23 26	1 03 16	8 41 53	6 56 42	1 25 25	19 52 58	29 25 22	22 37 59	7 08 36	11 28 25	12 47 32	15 45 30

Notes

LONGITUDE — March 2027

Day	☉	0 hr ☽	Noon ☽	☿	♀	♂	⚵	⚳	♃	♄	⚷	♅	♆	♇
1 M	20 ♈ 16 15	28 ♑ 23 34	4 ♒ 21 47	0 ♈ 45 18	9 ♓ 52 25	6 ♎ 34 00	1 ♉ 55 43	19 ♌ 54 26	29 ♍ 17 40	22 ♉ 44 05	7 ♊ 10 38	11 ♋ 28 50	12 ♉ 48 60	15 ♓ 46 29
2 Tu	21 15 08	10 ♒ 16 40	16 11 33	0 33 41	11 02 19	6 11 02	2 25 22	19 55 37	29 09 23	22 49 32	7 12 01	11 28 36	12 49 47	15 46 46
3 W	22 13 36	22 03 55	27 57 50	0 28 30	12 11 53	5 48 07	2 54 43	19 56 50	29 00 49	22 54 39	7 13 03	11 28 03	12 50 12	15 46 38
4 Th	23 12 05	3 ♓ 50 24	9 ♓ 45 31	0 29 52	13 21 34	5 25 45	3 24 09	19 58 31	28 52 25	22 59 51	7 14 10	11 27 35	12 50 40	15 46 33
5 F	24 11 04	15 40 49	21 39 02	0 37 58	14 31 50	5 04 24	3 54 11	20 01 08	28 44 39	23 05 37	7 15 51	11 27 42	12 51 41	15 46 57
6 Sa	25 10 59	27 39 13	3 ♈ 42 06	0 52 50	15 43 06	4 44 34	4 25 12	20 05 05	28 37 57	23 12 22	7 18 30	11 28 48	12 53 39	15 48 18
7 Su	26 12 07	9 ♈ 48 49	15 57 32	1 14 29	16 55 40	4 26 35	4 57 33	20 10 42	28 32 38	23 20 25	7 22 28	11 31 14	12 56 53	15 50 53
8 M	27 14 37	22 11 54	28 27 12	1 42 40	18 09 41	4 10 35	5 31 20	20 18 07	28 28 50	23 29 54	7 27 50	11 35 05	13 01 31	15 54 51
9 Tu	28 18 22	4 ♉ 49 40	11 ♉ 11 55	2 16 56	19 25 02	3 56 31	6 06 27	20 27 12	28 26 27	23 40 42	7 34 32	11 40 17	13 07 27	16 00 05
10 W	29 23 02	17 42 20	24 11 35	2 56 39	20 41 22	3 44 03	6 42 34	20 37 37	28 25 10	23 52 29	7 42 13	11 46 28	13 14 20	16 06 14
11 Th	0 ♉ 28 04	0 ♊ 49 20	7 ♊ 25 23	3 40 58	21 58 09	3 32 41	7 19 08	20 48 49	28 24 24	24 04 41	7 50 19	11 53 06	13 21 38	16 12 47
12 F	1 32 49	14 09 31	20 52 01	4 28 57	23 14 43	3 21 45	7 55 31	21 00 09	28 23 33	24 16 40	7 58 12	11 59 32	13 28 41	16 19 03
13 Sa	2 36 38	27 41 32	4 ♋ 30 06	5 19 41	24 30 26	3 10 40	8 31 02	21 10 58	28 21 56	24 27 48	8 05 13	12 05 07	13 34 50	16 24 24
14 Su	3 39 03	11 ♋ 24 07	18 18 22	6 12 29	25 44 49	2 58 57	9 05 15	21 20 47	28 19 07	24 37 35	8 10 54	12 09 23	13 39 39	16 28 23
15 M	4 39 52	25 16 19	2 ♌ 15 51	7 06 55	26 57 41	2 46 25	9 37 57	21 29 24	28 14 54	24 45 51	8 15 03	12 12 09	13 42 54	16 30 46
16 Tu	5 39 16	9 ♌ 17 28	16 21 49	8 02 57	28 09 12	2 33 16	10 09 18	21 36 59	28 09 26	24 52 44	8 17 50	12 13 33	13 44 46	16 31 45
17 W	6 37 44	23 27 03	0 ♍ 35 31	9 00 55	29 19 52	2 19 60	10 39 49	21 44 03	28 03 15	24 58 46	8 19 46	12 14 07	13 45 45	16 31 50
18 Th	7 36 02	7 ♍ 44 15	14 55 44	10 01 24	0 ♈ 30 26	2 07 22	11 10 15	21 51 20	27 57 06	25 04 42	8 21 36	12 14 37	13 46 36	16 31 46
19 F	8 35 01	22 07 28	29 20 24	11 05 06	1 41 45	1 56 14	11 41 26	21 59 40	27 51 50	25 11 22	8 24 09	12 15 51	13 48 11	16 32 23
20 Sa	9 35 25	6 ♎ 34 03	13 ♎ 46 18	12 12 38	2 54 33	1 47 20	12 14 07	22 09 47	27 48 11	25 19 30	8 28 12	12 18 35	13 51 13	16 34 26
21 Su	10 37 41	20 59 59	28 09 03	13 24 19	4 09 19	1 41 08	12 48 46	22 22 09	27 46 36	25 29 34	8 34 11	12 23 17	13 56 09	16 38 23
22 M	11 41 56	5 ♏ 20 15	12 ♏ 23 32	14 40 10	5 26 07	1 37 43	13 25 28	22 36 51	27 47 13	25 41 40	8 42 11	12 30 02	14 03 07	16 44 19
23 Tu	12 47 50	19 29 22	26 24 29	15 59 44	6 44 38	1 36 47	14 03 54	22 53 34	27 49 41	25 55 29	8 51 54	12 38 30	14 11 46	16 51 55
24 W	13 54 45	3 ♐ 22 13	10 ♐ 07 22	17 22 19	8 04 14	1 37 40	14 43 26	23 11 39	27 53 22	26 10 21	9 02 42	12 48 04	14 21 28	17 00 32
25 Th	15 01 50	16 54 46	23 29 03	18 46 59	9 24 03	1 39 32	15 23 11	23 30 13	27 57 26	26 25 26	9 13 42	12 57 52	14 31 21	17 09 20
26 F	16 08 12	0 ♑ 04 47	6 ♑ 28 13	20 12 47	10 43 14	1 41 29	16 02 19	23 48 26	28 00 59	26 39 51	9 24 02	13 07 02	14 40 33	17 17 25
27 Sa	17 13 08	12 52 01	19 05 29	21 38 56	12 01 03	1 42 48	16 40 05	24 05 33	28 03 19	26 52 53	9 32 60	13 14 49	14 48 22	17 24 05
28 Su	18 16 11	25 18 13	1 ♒ 23 21	23 04 56	13 17 02	1 43 03	17 16 02	24 21 06	28 03 59	27 04 04	9 40 07	13 20 48	14 54 19	17 28 53
29 M	19 17 16	7 ♒ 26 51	13 25 48	24 30 39	14 31 06	1 42 06	17 50 06	24 35 01	28 02 53	27 13 20	9 45 20	13 24 53	14 58 20	17 31 43
30 Tu	20 16 40	19 22 41	25 17 57	25 56 20	15 43 33	1 40 16	18 22 33	24 47 34	28 00 19	27 20 57	9 48 54	13 27 21	15 00 41	17 32 52
31 W	21 14 59	1 ♓ 11 25	7 ♓ 05 38	27 22 33	16 54 59	1 38 07	18 53 60	24 59 21	27 56 52	27 27 31	9 51 26	13 28 49	15 01 60	17 32 56

LONGITUDE — April 2027

Day	☉	0 hr ☽	Noon ☽	☿	♀	♂	⚵	⚳	♃	♄	⚷	♅	♆	♇
1 Th	22 ♉ 13 03	12 ♓ 59 09	18 ♓ 54 58	28 ♈ 50 05	18 ♈ 06 12	1 ♎ 36 30	19 ♉ 25 15	25 ♌ 11 11	27 ♍ 53 24	27 ♉ 33 53	9 ♊ 53 45	13 ♋ 30 04	15 ♉ 03 04	17 ♓ 32 45
2 F	23 11 45	24 52 00	0 ♈ 51 53	0 ♉ 19 51	19 18 07	1 36 16	19 57 12	25 23 58	27 50 46	27 40 55	9 56 45	13 32 02	15 04 48	17 33 13
3 Sa	24 11 55	6 ♈ 55 36	13 01 41	1 52 37	20 31 33	1 38 17	20 30 43	25 38 32	27 49 50	27 49 27	10 01 16	13 35 33	15 08 02	17 35 10
4 Su	25 14 11	19 14 38	25 28 36	3 29 01	21 47 08	1 43 09	21 06 23	25 55 29	27 51 13	28 00 08	10 07 56	13 41 13	15 13 24	17 39 13
5 M	26 18 49	1 ♉ 52 29	8 ♉ 15 25	5 09 19	23 05 09	1 51 07	21 44 30	26 15 06	27 55 11	28 13 12	10 17 00	13 49 19	15 21 09	17 45 38
6 Tu	27 25 41	14 50 47	21 23 03	6 53 21	24 25 25	2 02 02	22 24 54	26 37 15	28 01 36	28 28 32	10 28 20	13 59 43	15 31 09	17 54 16
7 W	28 34 12	28 09 19	4 ♊ 50 31	8 40 34	25 47 24	2 15 20	23 07 02	27 01 19	28 09 53	28 45 34	10 41 22	14 11 50	15 42 50	18 04 35
8 Th	29 43 26	11 ♊ 46 01	18 35 02	10 30 02	27 10 11	2 30 06	23 49 58	27 26 25	28 19 08	29 03 21	10 55 11	14 24 45	15 55 16	18 15 38
9 F	0 ♊ 52 19	25 37 17	2 ♋ 32 34	12 20 39	28 32 38	2 45 12	24 32 36	27 51 27	28 28 14	29 20 49	11 08 41	14 37 22	16 07 23	18 26 20
10 Sa	1 59 46	9 ♋ 38 46	16 38 29	14 11 22	29 53 42	2 59 34	25 13 52	28 15 18	28 36 08	29 36 52	11 20 47	14 48 37	16 18 05	18 35 36
11 Su	3 04 59	23 46 02	0 ♌ 48 27	16 01 23	1 ♉ 12 35	3 12 23	25 52 59	28 37 13	28 42 02	29 50 44	11 30 42	14 57 42	16 26 35	18 42 39
12 M	4 07 39	7 ♌ 55 26	14 59 06	17 50 24	2 28 59	3 23 21	26 29 37	28 56 51	28 45 37	0 ♊ 02 05	11 38 07	15 04 19	16 32 33	18 47 10
13 Tu	5 08 00	22 04 31	29 08 27	19 38 40	3 43 06	3 32 39	27 04 01	29 14 27	28 47 06	0 11 09	11 43 16	15 08 41	16 36 15	18 49 23
14 W	6 06 48	6 ♍ 12 13	13 ♍ 15 43	21 26 57	4 55 44	3 41 03	27 36 55	29 30 45	28 47 16	0 18 42	11 46 54	15 11 34	16 38 25	18 50 03
15 Th	7 05 10	20 18 25	27 20 60	23 16 23	6 07 58	3 49 40	28 09 28	29 46 52	28 47 14	0 25 51	11 50 09	15 14 04	16 40 11	18 50 18
16 F	8 04 20	4 ♎ 23 23	11 ♎ 24 32	25 08 11	7 21 04	3 59 42	28 42 53	0 ♍ 04 03	28 48 12	0 33 49	11 54 14	15 17 27	16 42 47	18 51 22
17 Sa	9 05 23	18 27 03	25 26 01	27 03 27	8 36 05	4 12 14	29 18 15	0 23 22	28 51 18	0 43 42	12 00 15	15 22 46	16 47 17	18 54 19
18 Su	10 09 01	2 ♏ 28 29	9 ♏ 24 11	29 02 54	9 53 44	4 27 57	29 56 15	0 45 30	28 57 11	0 56 11	12 08 53	15 30 44	16 54 23	18 59 51
19 M	11 15 24	16 25 32	23 16 37	1 ♊ 06 41	11 14 11	4 47 00	0 ♊ 37 05	1 10 38	29 06 03	1 11 27	12 20 18	15 41 31	17 04 16	19 08 09
20 Tu	12 24 10	0 ♐ 15 01	6 ♐ 59 58	3 14 25	12 37 04	5 09 02	1 20 23	1 38 23	29 17 31	1 29 08	12 34 11	15 54 45	17 16 34	19 18 52
21 W	13 34 31	13 53 07	20 30 36	5 25 16	14 01 34	5 33 10	2 05 18	2 07 56	29 30 46	1 48 23	12 49 34	16 09 36	17 30 26	19 31 08
22 Th	14 45 18	27 16 13	3 ♑ 45 15	7 38 04	15 26 34	5 58 18	2 50 43	2 38 09	29 44 41	2 08 07	13 05 30	16 24 57	17 44 47	19 43 51
23 F	15 55 21	10 ♑ 21 28	16 41 43	9 51 36	16 50 52	6 23 15	3 35 28	3 07 52	29 58 04	2 27 07	13 20 43	16 39 38	17 58 25	19 55 51
24 Sa	17 03 40	23 07 31	29 19 19	12 04 49	18 13 29	6 46 60	4 18 33	3 36 04	0 ♎ 09 57	2 44 25	13 34 14	16 52 38	18 10 20	20 06 06
25 Su	18 09 35	5 ♒ 34 45	11 ♒ 39 11	14 16 56	19 33 44	7 08 51	4 59 16	4 02 04	0 19 37	2 59 18	13 45 22	17 03 16	18 19 51	20 13 57
26 M	19 12 52	17 45 23	23 44 08	16 27 37	20 51 22	7 28 34	5 37 25	4 25 39	0 26 50	3 11 33	13 53 53	17 11 19	18 26 44	20 19 10
27 Tu	20 13 44	29 43 18	5 ♓ 38 32	18 36 60	22 06 40	7 46 22	6 13 13	4 47 01	0 31 52	3 21 25	14 00 01	17 17 01	18 31 14	20 21 59
28 W	21 12 51	11 ♓ 33 41	17 27 55	20 45 33	23 20 14	8 02 55	6 47 19	5 06 51	0 35 22	3 29 32	14 04 26	17 21 00	18 33 60	20 23 02
29 Th	22 11 11	23 22 40	29 18 38	22 54 05	24 33 03	8 19 08	7 20 41	5 26 05	0 38 15	3 36 52	14 08 04	17 24 15	18 35 58	20 23 18
30 F	23 09 49	5 ♈ 16 48	11 ♈ 17 14	25 03 27	25 46 12	8 36 08	7 54 24	5 45 49	0 41 39	3 44 30	14 12 01	17 27 50	18 38 15	20 23 52

Notes

May 2027 — LONGITUDE

Day	☉	0 hr ☽	Noon ☽	☿	♀	♂	⚵	⚳	♃	♄	⚷	♅	♆	♇
1 Sa	24 ♊ 09 48	17 ♈ 22 36	23 ♈ 30 05	27 ♊ 14 29	27 ♉ 00 45	8 ♎ 54 56	8 ♊ 29 31	6 ♍ 07 05	0 ♎ 46 35	3 ♊ 53 29	14 ♊ 17 21	17 ♋ 32 49	18 ♉ 41 54	20 ♓ 25 47
2 Su	25 11 57	29 45 54	6 ♉ 02 42	29 27 45	28 17 31	9 16 22	9 06 52	6 30 44	0 53 55	4 04 39	14 24 52	17 40 02	18 47 44	20 29 52
3 M	26 16 43	12 ♉ 31 20	18 59 04	1 ♋ 43 26	29 36 55	9 40 52	9 46 53	6 57 10	1 04 02	4 18 25	14 35 01	17 49 53	18 56 11	20 36 33
4 Tu	27 24 02	25 41 42	2 ♊ 21 08	4 01 08	0 ♊ 58 53	10 08 20	10 29 29	7 26 21	1 16 54	4 34 44	14 47 44	18 02 19	19 07 11	20 45 47
5 W	28 33 18	9 ♊ 17 27	16 08 16	6 20 01	2 22 52	10 38 11	11 14 06	7 57 39	1 31 54	4 53 00	15 02 25	18 16 46	19 20 08	20 56 59
6 Th	29 43 31	23 16 23	0 ♋ 17 12	8 38 44	3 47 49	11 09 24	11 59 42	8 30 06	1 48 04	5 12 13	15 18 03	18 32 12	19 34 03	21 09 07
7 F	0 ♋ 53 25	7 ♋ 33 55	14 42 18	10 55 46	5 12 29	11 40 44	12 45 03	9 02 24	2 04 06	5 31 07	15 33 24	18 47 21	19 47 40	21 20 56
8 Sa	2 01 46	22 03 38	29 16 34	13 09 34	6 35 38	12 10 55	13 28 53	9 33 20	2 18 46	5 48 28	15 47 13	19 01 00	19 59 44	21 31 13
9 Su	3 07 39	6 ♌ 38 25	13 ♌ 52 47	15 18 57	7 56 22	12 39 02	14 10 19	10 01 59	2 31 10	6 03 20	15 58 35	19 12 14	20 09 21	21 39 01
10 M	4 10 40	21 11 47	28 24 49	17 23 19	9 14 16	13 04 40	14 48 56	10 27 56	2 40 54	6 15 21	16 07 07	19 20 38	20 16 07	21 43 58
11 Tu	5 11 04	5 ♍ 38 47	12 ♍ 48 27	19 22 38	10 29 34	13 28 05	15 24 58	10 51 26	2 48 12	6 24 43	16 13 01	19 26 28	20 20 16	21 46 18
12 W	6 09 39	19 56 34	27 01 40	21 17 33	11 43 06	13 50 03	15 59 14	11 13 18	2 53 52	6 32 17	16 17 08	19 30 30	20 22 36	21 46 48
13 Th	7 07 36	4 ♎ 04 16	11 ♎ 04 16	23 09 05	12 56 02	14 11 45	16 32 56	11 34 41	2 59 05	6 39 12	16 20 38	19 33 58	20 24 19	21 46 42
14 F	8 06 14	18 02 22	24 57 09	24 58 23	14 09 40	14 34 30	17 07 21	11 56 55	3 05 11	6 46 48	16 24 50	19 38 09	20 26 43	21 47 16
15 Sa	9 06 41	1 ♏ 51 54	8 ♏ 41 31	26 46 28	15 25 11	14 59 26	17 43 38	12 21 07	3 13 16	6 56 12	16 30 51	19 44 12	20 30 57	21 49 40
16 Su	10 09 41	15 33 43	22 18 10	28 33 58	16 43 16	15 27 15	18 22 31	12 48 03	3 24 05	7 08 08	16 39 27	19 52 49	20 37 45	21 54 37
17 M	11 15 27	29 07 54	5 ♐ 46 59	0 ♌ 21 01	18 04 09	15 58 09	19 04 12	13 17 52	3 37 50	7 22 50	16 50 48	20 04 14	20 47 18	22 02 19
18 Tu	12 23 36	12 ♐ 33 38	19 06 58	2 07 10	19 27 27	16 31 48	19 48 20	13 50 15	3 54 10	7 39 54	17 04 34	20 18 06	20 59 16	22 12 26
19 W	13 33 22	25 49 16	2 ♑ 16 25	3 51 35	20 52 24	17 07 21	20 34 06	14 24 22	4 12 15	7 58 34	17 19 56	20 33 35	21 12 49	22 24 08
20 Th	14 43 39	8 ♑ 52 51	15 13 25	5 33 05	22 17 54	17 43 44	21 20 25	14 59 08	4 31 02	8 17 43	17 35 50	20 49 37	21 26 54	22 36 21
21 F	15 53 16	21 42 31	27 56 22	7 10 29	23 42 47	18 19 46	22 06 09	15 33 24	4 49 20	8 36 12	17 51 04	21 05 01	21 40 19	22 47 56
22 Sa	17 01 15	4 ♒ 17 12	10 ♒ 24 35	8 42 43	25 06 02	18 54 28	22 50 15	16 06 09	5 06 08	8 53 00	18 04 40	21 18 49	21 52 05	22 57 50
23 Su	18 06 52	16 36 55	22 38 35	10 09 03	26 26 58	19 27 05	23 32 01	16 36 41	5 20 44	9 07 25	18 15 54	21 30 16	22 01 30	23 05 23
24 M	19 09 50	28 43 07	4 ♓ 40 18	11 29 08	27 45 16	19 57 20	24 11 11	17 04 41	5 32 50	9 19 10	18 24 29	21 39 05	22 08 15	23 10 17
25 Tu	20 10 18	10 ♓ 38 41	16 33 07	12 43 02	29 01 05	20 25 22	24 47 52	17 30 18	5 42 35	9 28 22	18 30 33	21 45 25	22 12 28	23 12 39
26 W	21 08 47	22 27 49	28 21 38	13 51 15	0 ♋ 14 58	20 51 42	25 22 36	17 54 04	5 50 30	9 35 34	18 34 38	21 49 48	22 14 43	23 13 03
27 Th	22 06 08	4 ♈ 15 49	10 ♈ 11 29	14 54 35	1 27 45	21 17 10	25 56 14	18 16 49	5 57 27	9 41 35	18 37 34	21 53 01	22 15 50	23 12 18
28 F	23 03 21	16 08 42	22 08 53	15 53 56	2 40 25	21 42 46	26 29 46	18 39 34	6 04 24	9 47 27	18 40 22	21 56 11	22 16 48	23 11 24
29 Sa	24 01 27	28 12 51	4 ♉ 20 14	16 50 16	3 53 58	22 09 29	27 04 12	19 03 18	6 12 22	9 54 08	18 44 02	22 00 13	22 18 37	23 11 22
30 Su	25 01 13	10 ♉ 34 24	16 51 31	17 44 18	5 09 14	22 38 09	27 40 20	19 28 50	6 22 09	10 02 28	18 49 22	22 05 56	22 22 06	23 13 01
31 M	26 03 09	23 18 42	29 47 38	18 36 27	6 26 42	23 09 14	28 18 40	19 56 38	6 34 15	10 12 56	18 56 51	22 13 51	22 27 45	23 16 49

June 2027 — LONGITUDE

Day	☉	0 hr ☽	Noon ☽	☿	♀	♂	⚵	⚳	♃	♄	⚷	♅	♆	♇
1 Tu	27 ♋ 07 19	6 ♊ 29 39	13 ♊ 11 44	19 ♌ 26 42	7 ♋ 46 24	23 ♎ 42 47	28 ♊ 59 14	20 ♍ 26 47	6 ♎ 48 42	10 ♊ 25 34	19 ♊ 06 32	22 ♋ 23 59	22 ♉ 35 36	23 ♓ 22 49
2 W	28 13 16	20 08 60	27 04 29	20 14 32	9 07 56	24 18 22	29 41 37	20 58 49	7 05 05	10 39 57	19 17 60	22 35 55	22 45 13	23 30 36
3 Th	29 20 10	4 ♋ 15 45	11 ♋ 23 33	20 59 02	10 30 25	24 55 09	0 ♋ 24 58	21 31 55	7 22 33	10 55 15	19 30 24	22 48 49	22 55 47	23 39 20
4 F	0 ♌ 26 57	18 45 59	26 03 39	21 39 04	11 52 50	25 32 04	1 08 14	22 05 01	7 40 02	11 10 23	19 42 40	23 01 36	23 06 13	23 47 56
5 Sa	1 32 32	3 ♌ 33 04	10 ♌ 57 03	22 13 27	13 14 03	26 07 60	1 50 19	22 37 00	7 56 27	11 24 16	19 53 43	23 13 12	23 15 26	23 55 20
6 Su	2 36 04	18 28 42	25 54 50	22 41 19	14 33 16	26 42 07	2 30 22	23 07 04	8 10 58	11 36 04	20 02 43	23 22 46	23 22 35	24 00 40
7 M	3 37 11	3 ♍ 24 12	10 ♍ 48 29	23 02 14	15 50 04	27 14 03	3 08 02	23 34 49	8 23 11	11 45 23	20 09 17	23 29 55	23 27 19	24 03 35
8 Tu	4 36 02	18 11 58	25 31 07	23 16 17	17 04 37	27 43 56	3 43 25	24 00 23	8 33 15	11 52 23	20 13 32	23 34 49	23 29 45	24 04 13
9 W	5 33 13	2 ♎ 46 35	9 ♎ 58 20	23 24 07	18 17 34	28 12 24	4 17 12	24 24 24	8 41 48	11 57 42	20 16 09	23 38 04	23 30 32	24 03 13
10 Th	6 29 45	17 05 02	24 08 13	23 26 42	19 29 51	28 40 24	4 50 19	24 47 51	8 49 49	12 02 18	20 18 04	23 40 39	23 30 38	24 01 31
11 F	7 26 39	1 ♏ 06 29	8 ♏ 00 48	23 25 10	20 42 33	29 08 60	5 23 50	25 11 47	8 58 19	12 07 14	20 20 21	23 43 38	23 31 05	24 00 13
12 Sa	8 24 51	14 51 37	21 37 21	23 20 30	21 56 35	29 39 06	5 58 40	25 37 07	9 08 16	12 13 24	20 23 55	23 47 56	23 32 51	24 00 12
13 Su	9 24 57	28 21 47	4 ♐ 59 32	23 13 25	23 12 32	0 ♏ 11 18	6 35 25	26 04 26	9 20 13	12 21 26	20 29 22	23 54 07	23 36 29	24 02 05
14 M	10 27 08	11 ♐ 38 25	18 08 51	23 04 18	24 30 35	0 45 47	7 14 15	26 33 55	9 34 22	12 31 29	20 36 52	24 02 24	23 42 11	24 06 02
15 Tu	11 31 08	24 42 34	1 ♑ 06 19	22 53 05	25 50 28	1 22 17	7 54 55	27 05 19	9 50 27	12 43 18	20 46 10	24 12 29	23 49 41	24 11 48
16 W	12 36 22	7 ♑ 34 52	13 52 27	22 39 30	27 11 37	2 00 12	8 36 50	27 38 01	10 07 52	12 56 17	20 56 41	24 23 49	23 58 24	24 18 47
17 Th	13 42 01	20 15 30	26 27 23	22 23 02	28 33 13	2 38 44	9 19 11	28 11 14	10 25 50	13 09 38	21 07 35	24 35 34	24 07 31	24 26 12
18 F	14 47 15	2 ♒ 44 32	8 ♒ 51 10	22 03 16	29 54 25	3 17 01	10 01 06	28 44 06	10 43 28	13 22 29	21 18 02	24 46 53	24 16 12	24 33 10
19 Sa	15 51 17	15 02 10	21 04 08	21 39 51	1 ♌ 14 27	3 54 17	10 41 52	29 15 53	11 00 02	13 34 07	21 27 17	24 57 01	24 23 40	24 38 58
20 Su	16 53 38	27 09 06	3 ♓ 07 08	21 12 47	2 32 48	4 30 02	11 20 55	29 46 01	11 14 59	13 43 57	21 34 48	25 05 27	24 29 25	24 43 01
21 M	17 54 01	9 ♓ 06 44	15 01 53	20 42 19	3 49 13	5 03 60	11 58 00	0 ♎ 14 16	11 28 04	13 51 46	21 40 19	25 11 54	24 33 10	24 45 07
22 Tu	18 52 30	20 57 20	26 50 57	20 09 07	5 03 45	5 36 13	12 33 12	0 40 41	11 39 22	13 57 38	21 43 54	25 16 27	24 35 00	24 45 19
23 W	19 49 26	2 ♈ 44 06	8 ♈ 37 52	19 34 04	6 16 45	6 07 04	13 06 51	1 05 38	11 49 12	14 01 51	21 45 54	25 19 26	24 35 16	24 43 56
24 Th	20 45 22	14 31 09	20 27 03	18 58 20	7 28 47	6 37 04	13 39 29	1 29 39	11 58 08	14 05 01	21 46 52	25 21 24	24 34 30	24 41 34
25 F	21 40 60	26 23 15	2 ♉ 23 32	18 23 12	8 40 31	7 06 55	14 11 49	1 53 25	12 06 50	14 07 47	21 47 28	25 23 03	24 33 23	24 38 51
26 Sa	22 36 60	8 ♉ 25 42	14 32 48	17 49 56	9 52 39	7 37 18	14 44 31	2 17 38	12 15 60	14 10 51	21 48 25	25 25 03	24 32 37	24 36 30
27 Su	23 33 58	20 43 57	27 00 16	17 19 40	11 05 46	8 08 49	15 18 10	2 42 52	12 26 13	14 14 49	21 50 18	25 28 01	24 32 48	24 35 07
28 M	24 32 18	3 ♊ 23 08	9 ♊ 50 52	16 53 18	12 20 15	8 41 50	15 53 10	3 09 31	12 37 52	14 20 02	21 53 29	25 32 18	24 34 17	24 35 03
29 Tu	25 32 04	16 27 32	23 08 24	16 31 25	13 36 12	9 16 26	16 29 36	3 37 40	12 51 02	14 26 37	21 58 04	25 38 00	24 37 11	24 36 25
30 W	26 33 03	29 59 59	6 ♋ 54 50	16 14 13	14 53 23	9 52 24	17 07 14	4 07 06	13 05 30	14 34 21	22 03 50	25 44 55	24 41 17	24 39 00

Notes

LONGITUDE

July 2027

Day	☉	0 hr ☽	Noon ☽	☿	♀	♂	⚵	⚳	♃	♄	⚷	♅	♆	♇
1 Th	27 ♌ 34 47	14 ♋ 01 09	21 ♋ 09 38	16 ♌ 01 35	16 ♌ 11 20	10 ♏ 29 16	17 ♋ 45 36	4 ♎ 37 21	13 ♎ 20 48	14 ♊ 42 44	22 ♊ 10 17	25 ♋ 52 33	24 ♉ 46 05	24 ♓ 42 19
2 F	28 36 37	28 28 57	5 ♌ 49 18	15 53 11	17 29 22	11 06 22	18 24 02	5 07 43	13 36 16	14 51 07	22 16 48	26 00 15	24 50 57	24 45 41
3 Sa	29 37 51	13 ♌ 18 28	20 47 29	15 48 37	18 46 51	11 43 01	19 01 52	5 37 34	13 51 12	14 58 50	22 22 40	26 07 20	24 55 11	24 48 28
4 Su	0 ♍ 37 57	28 22 09	5 ♍ 55 35	15 47 34	20 03 13	12 18 42	19 38 33	6 06 20	14 05 06	15 05 20	22 27 21	26 13 16	24 58 15	24 50 06
5 M	1 36 40	13 ♍ 30 55	21 04 04	15 49 56	21 18 12	12 53 07	20 13 49	6 33 46	14 17 40	15 10 20	22 30 36	26 17 46	24 59 54	24 50 20
6 Tu	2 34 01	28 35 31	6 ♎ 03 59	15 55 54	22 31 50	13 26 18	20 47 42	6 59 54	14 28 56	15 13 54	22 32 27	26 20 54	25 00 09	24 49 12
7 W	3 30 21	13 ♎ 27 51	20 48 09	16 05 52	23 44 28	13 58 38	21 20 33	7 25 03	14 39 16	15 16 22	22 33 14	26 22 59	24 59 22	24 47 02
8 Th	4 26 11	28 02 03	5 ♏ 11 53	16 20 27	24 56 38	14 30 35	21 52 54	7 49 46	14 49 11	15 18 15	22 33 29	26 24 34	24 58 03	24 44 22
9 F	5 22 08	12 ♏ 14 44	19 13 03	16 40 15	26 08 55	15 02 47	22 25 18	8 14 38	14 59 15	15 20 08	22 33 47	26 26 12	24 56 48	24 41 48
10 Sa	6 18 39	26 04 51	2 ♐ 51 37	17 05 47	27 21 48	15 35 42	22 58 17	8 40 08	15 09 59	15 22 31	22 34 38	26 28 25	24 56 07	24 39 48
11 Su	7 16 06	9 ♐ 33 03	16 08 58	17 37 23	28 35 37	16 09 40	23 32 09	9 06 36	15 21 42	15 25 44	22 36 20	26 31 31	24 56 19	24 38 43
12 M	8 14 33	22 41 06	29 07 17	18 15 05	29 50 27	16 44 45	24 07 00	9 34 07	15 34 28	15 29 52	22 39 00	26 35 35	24 57 29	24 38 38
13 Tu	9 13 53	5 ♑ 31 16	11 ♑ 49 06	18 58 45	1 ♍ 06 11	17 20 51	24 42 43	10 02 34	15 48 12	15 34 47	22 42 31	26 40 31	24 59 31	24 39 26
14 W	10 13 49	18 05 60	24 16 51	19 48 03	2 22 32	17 57 41	25 18 59	10 31 39	16 02 34	15 40 12	22 46 34	26 46 01	25 02 06	24 40 48
15 Th	11 13 57	0 ♒ 27 39	6 ♒ 32 50	20 42 33	3 39 06	18 34 50	25 55 26	11 00 59	16 17 13	15 45 45	22 50 47	26 51 42	25 04 52	24 42 24
16 F	12 13 55	12 38 24	18 39 07	21 41 48	4 55 31	19 11 55	26 31 41	11 30 11	16 31 44	15 51 01	22 54 46	26 57 10	25 07 26	24 43 48
17 Sa	13 13 24	24 40 18	0 ♓ 37 41	22 45 25	6 11 27	19 48 38	27 07 24	11 58 56	16 45 49	15 55 41	22 58 12	27 02 07	25 09 28	24 44 41
18 Su	14 12 10	6 ♓ 35 20	12 30 26	23 53 07	7 26 41	20 24 45	27 42 22	12 26 60	16 59 14	15 59 33	23 00 52	27 06 19	25 10 45	24 44 52
19 M	15 10 08	18 25 33	24 19 28	25 04 45	8 41 08	21 00 11	28 16 30	12 54 18	17 11 54	16 02 31	23 02 42	27 09 41	25 11 12	24 44 14
20 Tu	16 07 22	0 ♈ 13 12	6 ♈ 07 05	26 20 17	9 54 51	21 34 59	28 49 52	13 20 54	17 23 52	16 04 38	23 03 43	27 12 15	25 10 52	24 42 51
21 W	17 04 01	12 00 49	17 55 57	27 39 47	11 08 00	22 09 17	29 22 35	13 46 56	17 35 18	16 06 04	23 04 05	27 14 12	25 09 55	24 40 52
22 Th	18 00 18	23 51 16	29 49 07	29 03 22	12 20 48	22 43 21	29 54 54	14 12 38	17 46 24	16 07 01	23 04 02	27 15 45	25 08 33	24 38 31
23 F	18 56 29	5 ♉ 47 51	11 ♉ 50 05	0 ♍ 31 11	13 33 30	23 17 24	0 ♌ 27 04	14 38 15	17 57 26	16 07 45	23 03 49	27 17 09	25 07 03	24 36 02
24 Sa	19 52 48	17 54 13	24 02 38	2 03 19	14 46 20	23 51 42	0 59 18	15 04 02	18 08 39	16 08 31	23 03 40	27 18 38	25 05 38	24 33 41
25 Su	20 49 26	0 ♊ 14 13	6 ♊ 30 46	3 39 47	15 59 29	24 26 24	1 31 49	15 30 09	18 20 11	16 09 29	23 03 46	27 20 23	25 04 29	24 31 37
26 M	21 46 28	12 51 49	19 18 23	5 20 30	17 13 03	25 01 36	2 04 40	15 56 42	18 32 10	16 10 44	23 04 12	27 22 29	25 03 42	24 29 56
27 Tu	22 43 54	25 50 41	2 ♋ 28 54	7 05 14	18 27 01	25 37 17	2 37 51	16 23 39	18 44 34	16 12 16	23 04 58	27 24 56	25 03 16	24 28 38
28 W	23 41 37	9 ♋ 13 49	16 04 50	8 53 39	19 41 18	26 13 22	3 11 17	16 50 55	18 57 18	16 13 59	23 05 57	27 27 38	25 03 05	24 27 38
29 Th	24 39 31	23 02 59	0 ♌ 07 08	10 45 21	20 55 44	26 49 43	3 44 48	17 18 22	19 10 13	16 15 44	23 07 02	27 30 26	25 03 01	24 26 46
30 F	25 37 25	7 ♌ 18 08	14 34 35	12 39 54	22 10 10	27 26 09	4 18 16	17 45 51	19 23 10	16 17 22	23 08 03	27 33 10	25 02 54	24 25 53
31 Sa	26 35 12	21 56 52	29 23 30	14 36 49	23 24 30	28 02 35	4 51 33	18 13 13	19 36 01	16 18 47	23 08 53	27 35 45	25 02 38	24 24 52

LONGITUDE

August 2027

Day	☉	0 hr ☽	Noon ☽	☿	♀	♂	⚵	⚳	♃	♄	⚷	♅	♆	♇
1 Su	27 ♍ 32 49	6 ♍ 54 12	14 ♍ 27 34	16 ♍ 35 46	24 ♍ 38 41	28 ♏ 38 56	5 ♌ 24 36	18 ♎ 40 27	19 ♎ 48 44	16 ♊ 19 54	23 ♊ 09 29	27 ♋ 38 07	25 ♉ 02 09	24 ♓ 23 41
2 M	28 30 18	22 02 46	29 38 30	18 36 23	25 52 43	29 15 14	5 57 27	19 07 33	20 01 19	16 20 46	23 09 53	27 40 17	25 01 29	24 22 20
3 Tu	29 27 43	7 ♎ 13 37	14 ♎ 46 58	20 38 26	27 06 41	29 51 34	6 30 09	19 34 36	20 13 52	16 21 27	23 10 08	27 42 20	25 00 43	24 20 55
4 W	0 ♎ 25 10	22 17 26	29 44 01	22 41 38	28 20 42	0 ♐ 28 01	7 02 49	20 01 41	20 26 28	16 22 02	23 10 21	27 44 21	24 59 56	24 19 31
5 Th	1 22 44	7 ♏ 05 55	14 ♏ 22 15	24 45 44	29 34 49	1 04 40	7 35 31	20 28 54	20 39 11	16 22 37	23 10 37	27 46 26	24 59 13	24 18 13
6 F	2 20 24	21 32 45	28 36 39	26 50 25	0 ♎ 49 03	1 41 32	8 08 15	20 56 15	20 52 03	16 23 12	23 10 55	27 48 34	24 58 34	24 17 02
7 Sa	3 18 08	5 ♐ 34 10	12 ♐ 24 47	28 55 20	2 03 21	2 18 32	8 40 59	21 23 40	21 04 59	16 23 44	23 11 14	27 50 43	24 57 57	24 15 53
8 Su	4 15 50	19 09 01	25 46 38	1 ♎ 00 07	3 17 37	2 55 37	9 13 36	21 51 04	21 17 54	16 24 07	23 11 26	27 52 47	24 57 16	24 14 43
9 M	5 13 24	2 ♑ 18 12	8 ♑ 44 00	3 04 25	4 31 45	3 32 37	9 45 59	22 18 19	21 30 41	16 24 14	23 11 26	27 54 38	24 56 24	24 13 23
10 Tu	6 10 43	15 04 18	21 19 58	5 07 55	5 45 38	4 09 28	10 18 04	22 45 21	21 43 15	16 23 60	23 11 07	27 56 12	24 55 15	24 11 49
11 W	7 07 46	27 30 48	3 ♒ 38 18	7 10 23	6 59 15	4 46 08	10 49 47	23 12 07	21 55 33	16 23 22	23 10 27	27 57 26	24 53 47	24 09 57
12 Th	8 04 35	9 ♒ 41 43	15 43 04	9 11 43	8 12 37	5 22 39	11 21 10	23 38 40	22 07 37	16 22 23	23 09 30	27 58 23	24 52 02	24 07 51
13 F	9 01 16	21 41 11	27 38 18	11 11 54	9 25 53	5 59 07	11 52 22	24 05 05	22 19 35	16 21 10	23 08 21	27 59 08	24 50 08	24 05 38
14 Sa	9 58 02	3 ♓ 33 08	9 ♓ 27 48	13 11 00	10 39 12	6 35 44	12 23 32	24 31 34	22 31 36	16 19 54	23 07 12	27 59 54	24 48 16	24 03 28
15 Su	10 55 04	15 21 14	21 14 59	15 09 09	11 52 47	7 12 41	12 54 52	24 58 20	22 43 54	16 18 46	23 06 15	28 00 52	24 46 36	24 01 33
16 M	11 52 33	27 08 41	3 ♈ 02 54	17 06 29	13 06 50	7 50 11	13 26 35	25 25 34	22 56 40	16 17 59	23 05 41	28 02 15	24 45 23	24 00 06
17 Tu	12 50 41	8 ♈ 58 17	14 54 09	19 03 05	14 21 29	8 28 23	13 58 50	25 53 25	23 10 03	16 17 42	23 05 41	28 04 11	24 44 44	23 59 16
18 W	13 49 29	20 52 24	26 51 01	20 59 01	15 36 50	9 07 21	14 31 39	26 21 57	23 24 07	16 17 60	23 06 17	28 06 44	24 44 44	23 59 06
19 Th	14 48 57	2 ♉ 53 08	8 ♉ 55 29	22 54 11	16 52 49	9 47 01	15 05 02	26 51 07	23 38 49	16 18 48	23 07 28	28 09 52	24 45 20	23 59 34
20 F	15 48 53	15 02 18	21 09 24	24 48 26	18 09 17	10 27 15	15 38 47	27 20 46	23 54 00	16 19 58	23 09 03	28 13 25	24 46 22	24 00 31
21 Sa	16 49 03	27 21 42	3 ♊ 34 37	26 41 28	19 25 57	11 07 45	16 12 38	27 50 38	24 09 23	16 21 13	23 10 46	28 17 06	24 47 34	24 01 39
22 Su	17 49 05	9 ♊ 53 08	16 12 60	28 32 58	20 42 28	11 48 12	16 46 14	28 20 21	24 24 38	16 22 13	23 12 17	28 20 36	24 48 36	24 02 40
23 M	18 48 38	22 38 32	29 06 31	0 ♏ 22 35	21 58 31	12 28 15	17 19 16	28 49 35	24 39 24	16 22 37	23 13 15	28 23 32	24 49 07	24 03 11
24 Tu	19 47 28	5 ♋ 39 59	12 ♋ 17 13	2 10 03	23 13 48	13 07 37	17 51 26	29 18 05	24 53 24	16 22 09	23 13 23	28 25 40	24 48 50	24 02 56
25 W	20 45 25	18 59 34	25 47 01	3 55 16	24 28 13	13 46 11	18 22 37	29 45 41	25 06 30	16 20 42	23 12 35	28 26 51	24 47 38	24 01 49
26 Th	21 42 35	2 ♌ 39 07	9 ♌ 37 21	5 38 18	25 41 49	14 24 01	18 52 52	0 ♏ 12 29	25 18 48	16 18 19	23 10 54	28 27 10	24 45 36	23 59 53
27 F	22 39 14	16 39 45	23 48 41	7 19 28	26 54 54	15 01 24	19 22 29	0 38 45	25 30 35	16 15 17	23 08 38	28 26 53	24 43 01	23 57 26
28 Sa	23 35 50	1 ♍ 01 19	8 ♍ 19 58	8 59 14	28 07 55	15 38 48	19 51 55	1 04 57	25 42 16	16 12 05	23 06 14	28 26 29	24 40 19	23 54 55
29 Su	24 32 55	15 41 50	23 08 03	10 38 09	29 21 24	16 16 45	20 21 42	1 31 37	25 54 25	16 09 14	23 04 14	28 26 29	24 38 03	23 52 52
30 M	25 30 59	0 ♎ 36 59	8 ♎ 07 34	12 16 43	0 ♏ 35 50	16 55 45	20 52 19	1 59 15	26 07 31	16 07 15	23 03 08	28 27 23	24 36 43	23 51 46
31 Tu	26 30 20	15 40 09	23 11 02	13 55 16	1 51 33	17 36 05	21 24 05	2 28 09	26 21 53	16 06 25	23 03 14	28 29 29	24 36 38	23 51 57

Notes

September 2027 — LONGITUDE

Day	☉	0 hr ☽	Noon ☽	☿	♀	♂	⚵	⚳	♃	♄	⚷	♅	♆	♇
1 W	27 ♎ 31 02	0 ♏ 43 02	8 ♏ 09 49	15 ♏ 33 51	3 ♏ 08 35	18 ♐ 17 49	21 ♌ 57 03	2 ♏ 58 22	26 ♎ 37 33	16 ♊ 06 48	23 ♊ 04 36	28 ♋ 32 51	24 ♉ 37 50	23 ♓ 53 28
2 Th	28 32 49	15 36 40	22 55 16	17 12 14	4 26 41	19 00 43	22 30 58	3 29 40	26 54 17	16 08 10	23 06 59	28 37 14	24 40 05	23 56 04
3 F	29 35 12	0 ♐ 12 47	7 ♐ 20 04	18 49 56	5 45 23	19 44 17	23 05 20	4 01 32	27 11 36	16 09 60	23 09 54	28 42 08	24 42 54	23 59 15
4 Sa	0 ♏ 37 33	14 25 07	21 19 13	20 26 20	7 04 02	20 27 53	23 39 32	4 33 22	27 28 51	16 11 42	23 12 42	28 46 57	24 45 39	24 02 24
5 Su	1 39 16	28 10 01	4 ♑ 50 27	22 00 48	8 22 01	21 10 53	24 12 56	5 04 31	27 45 26	16 12 38	23 14 48	28 51 02	24 47 42	24 04 54
6 M	2 39 51	11 ♑ 26 39	17 54 06	23 32 52	9 38 52	21 52 51	24 45 04	5 34 33	28 00 52	16 12 20	23 15 42	28 53 55	24 48 37	24 06 17
7 Tu	3 39 06	24 16 40	0 ♒ 32 44	25 02 19	10 54 21	22 33 31	25 15 42	6 03 12	28 14 55	16 10 35	23 15 11	28 55 23	24 48 08	24 06 18
8 W	4 37 03	6 ♒ 43 38	12 50 28	26 29 09	12 08 32	23 12 57	25 44 53	6 30 33	28 27 38	16 07 26	23 13 18	28 55 29	24 46 19	24 05 02
9 Th	5 34 03	18 52 19	24 52 21	27 53 44	13 21 43	23 51 30	26 12 57	6 56 54	28 39 22	16 03 13	23 10 24	28 54 33	24 43 31	24 02 48
10 F	6 30 38	0 ♓ 48 12	6 ♓ 43 53	29 16 34	14 34 29	24 29 40	26 40 26	7 22 50	28 50 39	15 58 28	23 06 60	28 53 08	24 40 16	24 00 08
11 Sa	7 27 27	12 36 49	18 30 32	0 ♐ 38 16	15 47 28	25 08 09	27 07 59	7 48 58	29 02 08	15 53 51	23 03 46	28 51 52	24 37 12	23 57 42
12 Su	8 25 11	24 23 27	0 ♈ 17 19	1 59 31	17 01 19	25 47 35	27 36 17	8 15 59	29 14 28	15 50 02	23 01 23	28 51 26	24 35 01	23 56 11
13 M	9 24 23	6 ♈ 12 48	12 08 38	3 20 48	18 16 38	26 28 33	28 05 53	8 44 26	29 28 15	15 47 35	23 00 24	28 52 23	24 34 16	23 56 08
14 Tu	10 25 25	18 08 41	24 07 58	4 42 29	19 33 46	27 11 25	28 37 10	9 14 43	29 43 50	15 46 53	23 01 11	28 55 07	24 35 19	23 57 54
15 W	11 28 25	0 ♉ 13 60	6 ♉ 17 51	6 04 35	20 52 50	27 56 17	29 10 12	9 46 54	0 ♏ 01 18	15 48 01	23 03 51	28 59 42	24 38 17	24 01 37
16 Th	12 33 09	12 30 35	18 39 46	7 26 52	22 13 36	28 42 56	29 44 48	10 20 49	0 20 29	15 50 47	23 08 11	29 05 58	24 42 57	24 07 04
17 F	13 39 08	24 59 20	1 ♊ 14 20	8 48 46	23 35 35	29 30 53	0 ♍ 20 27	10 55 55	0 40 51	15 54 41	23 13 41	29 13 22	24 48 50	24 13 46
18 Sa	14 45 38	7 ♊ 40 22	14 01 28	10 09 28	24 58 04	0 ♑ 19 24	0 56 26	11 31 31	1 01 41	15 59 01	23 19 39	29 21 14	24 55 11	24 20 57
19 Su	15 51 48	20 33 19	27 00 42	11 28 04	26 20 12	1 07 38	1 31 54	12 06 46	1 22 08	16 02 55	23 25 12	29 28 40	25 01 10	24 27 49
20 M	16 56 50	3 ♋ 37 43	10 ♋ 11 32	12 43 37	27 41 09	1 54 47	2 06 01	12 40 49	1 41 23	16 05 34	23 29 32	29 34 53	25 05 58	24 33 31
21 Tu	18 00 07	16 53 19	23 33 49	13 55 25	29 00 20	2 40 13	2 38 10	13 13 05	1 58 49	16 06 22	23 32 03	29 39 15	25 08 59	24 37 27
22 W	19 01 22	0 ♌ 20 22	7 ♌ 07 51	15 03 03	0 ♐ 17 27	3 23 41	3 08 06	13 43 16	2 14 10	16 05 02	23 32 28	29 41 30	25 09 55	24 39 21
23 Th	20 00 46	13 59 38	20 54 23	16 06 35	1 32 41	4 05 19	3 35 57	14 11 34	2 27 36	16 01 45	23 30 56	29 41 49	25 08 58	24 39 23
24 F	20 58 53	27 52 15	4 ♍ 54 24	17 06 25	2 46 36	4 45 44	4 02 19	14 38 33	2 39 42	15 57 06	23 28 05	29 40 46	25 06 42	24 38 08
25 Sa	21 56 41	11 ♍ 59 13	19 08 29	18 03 18	4 00 10	5 25 52	4 28 07	15 05 09	2 51 23	15 52 00	23 24 49	29 39 18	25 04 03	24 36 31
26 Su	22 55 11	26 20 42	3 ♎ 36 08	18 58 07	5 14 25	6 06 46	4 54 25	15 32 26	3 03 44	15 47 33	23 22 11	29 38 28	25 02 05	24 35 38
27 M	23 55 24	10 ♎ 55 21	18 15 06	19 51 37	6 30 19	6 49 23	5 22 10	16 01 22	3 17 42	15 44 41	23 21 12	29 39 14	25 01 47	24 36 25
28 Tu	24 57 56	25 39 41	3 ♏ 01 01	20 44 11	7 48 32	7 34 24	5 52 02	16 32 35	3 33 56	15 44 05	23 22 28	29 42 15	25 03 46	24 39 31
29 W	26 02 59	10 ♏ 27 59	17 47 27	21 35 43	9 09 13	8 21 58	6 24 09	17 06 15	3 52 36	15 45 53	23 26 10	29 47 41	25 08 13	24 45 07
30 Th	27 10 08	25 12 49	2 ♐ 26 45	22 25 33	10 31 59	9 11 41	6 58 09	17 42 00	4 13 19	15 49 44	23 31 56	29 55 09	25 14 46	24 52 50

October 2027 — LONGITUDE

Day	☉	0 hr ☽	Noon ☽	☿	♀	♂	⚵	⚳	♃	♄	⚷	♅	♆	♇
1 F	28 ♏ 18 36	9 ♐ 46 06	16 ♐ 51 11	23 ♐ 12 31	11 ♐ 56 02	10 ♑ 02 46	7 ♍ 33 12	18 ♏ 19 00	4 ♏ 35 16	15 ♊ 54 48	23 ♊ 38 56	0 ♌ 03 51	25 ♉ 22 34	25 ♓ 01 50
2 Sa	29 27 18	24 00 30	0 ♑ 54 15	23 55 11	13 20 16	10 54 07	8 08 13	18 56 11	4 57 22	16 00 01	23 46 06	0 12 41	25 30 35	25 11 04
3 Su	0 ♐ 35 07	7 ♑ 50 34	14 31 44	24 32 04	14 43 37	11 44 39	8 42 08	19 32 28	5 18 32	16 04 18	23 52 21	0 20 34	25 37 41	25 19 25
4 M	1 41 13	21 13 32	27 42 05	25 01 55	16 05 11	12 33 29	9 14 04	20 06 57	5 37 54	16 06 48	23 56 48	0 26 39	25 43 03	25 26 02
5 Tu	2 45 05	4 ♒ 09 26	10 ♒ 26 27	25 23 46	17 24 31	13 20 10	9 43 31	20 39 11	5 54 58	16 06 60	23 58 59	0 30 26	25 46 09	25 30 26
6 W	3 46 44	16 40 52	22 48 14	25 37 10	18 41 35	14 04 39	10 10 28	21 09 08	6 09 43	16 04 54	23 58 53	0 31 54	25 47 00	25 32 36
7 Th	4 46 34	28 52 18	4 ♓ 52 26	25 42 05	19 56 48	14 47 22	10 35 20	21 37 13	6 22 36	16 00 57	23 56 55	0 31 30	25 46 01	25 32 57
8 F	5 45 22	10 ♓ 49 32	16 45 06	25 38 50	21 10 58	15 29 07	10 58 55	22 04 15	6 34 22	15 55 54	23 53 53	0 29 59	25 43 60	25 32 17
9 Sa	6 44 09	22 38 58	28 32 43	25 28 02	22 25 05	16 10 52	11 22 12	22 31 11	6 46 02	15 50 47	23 50 45	0 28 22	25 41 55	25 31 34
10 Su	7 43 56	4 ♈ 27 03	10 ♈ 21 35	25 10 19	23 40 09	16 53 40	11 46 12	22 59 05	6 58 37	15 46 37	23 48 36	0 27 41	25 40 48	25 31 52
11 M	8 45 37	16 19 48	22 17 28	24 46 21	24 57 06	17 38 25	12 11 49	23 28 49	7 13 02	15 44 17	23 48 17	0 28 49	25 41 35	25 34 03
12 Tu	9 49 49	28 22 21	4 ♉ 25 06	24 16 38	26 16 32	18 25 44	12 39 40	24 01 02	7 29 52	15 44 26	23 50 27	0 32 24	25 44 51	25 38 46
13 W	10 56 45	10 ♉ 38 35	16 47 54	23 41 27	27 38 40	19 15 49	13 09 57	24 35 56	7 49 22	15 47 17	23 55 18	0 38 38	25 50 51	25 46 13
14 Th	12 06 12	23 10 54	29 27 39	23 00 54	29 03 16	20 08 27	13 42 27	25 13 16	8 11 17	15 52 35	24 02 36	0 47 19	25 59 19	25 56 09
15 F	13 17 29	6 ♊ 00 06	12 ♊ 24 33	22 14 54	0 ♑ 29 39	21 02 57	14 16 28	25 52 23	8 34 56	15 59 41	24 11 42	0 57 44	26 09 36	26 07 55
16 Sa	14 29 33	19 05 24	25 37 17	21 23 23	1 56 49	21 58 18	14 50 58	26 32 15	8 59 17	16 07 32	24 21 33	1 08 54	26 20 39	26 20 29
17 Su	15 41 14	2 ♋ 24 49	9 ♋ 03 24	20 26 25	3 23 33	22 53 17	15 24 46	27 11 39	9 23 10	16 14 57	24 30 57	1 19 35	26 31 18	26 32 39
18 M	16 51 22	15 55 37	22 39 58	19 24 29	4 48 42	23 46 45	15 56 42	27 49 27	9 45 23	16 20 47	24 38 46	1 28 38	26 40 22	26 43 15
19 Tu	17 59 05	29 35 01	6 ♌ 24 12	18 18 36	6 11 23	24 37 50	16 25 52	28 24 46	10 05 05	16 24 10	24 44 06	1 35 11	26 46 59	26 51 26
20 W	19 03 58	13 ♌ 20 48	20 14 02	17 10 29	7 31 13	25 26 08	16 51 53	28 57 12	10 21 53	16 24 42	24 46 35	1 38 51	26 50 46	26 56 47
21 Th	20 06 14	27 11 44	4 ♍ 08 33	16 02 29	8 48 22	26 11 51	17 14 55	29 26 56	10 35 56	16 22 33	24 46 24	1 39 48	26 51 53	26 59 30
22 F	21 06 38	11 ♍ 07 44	18 07 50	14 57 32	10 03 38	26 55 43	17 35 44	29 54 44	10 48 00	16 18 31	24 44 17	1 38 49	26 51 07	27 00 19
23 Sa	22 06 20	25 09 29	2 ♎ 12 40	13 58 45	11 18 09	27 38 56	17 55 30	0 ♐ 21 46	10 59 17	16 13 46	24 41 26	1 37 03	26 49 38	27 00 27
24 Su	23 06 42	9 ♎ 17 55	16 23 50	13 09 11	12 33 18	28 22 52	18 15 35	0 49 25	11 11 07	16 09 39	24 39 13	1 35 53	26 48 48	27 01 15
25 M	24 08 59	23 33 21	0 ♏ 41 12	12 31 24	13 50 20	29 08 44	18 37 12	1 18 54	11 24 46	16 07 26	24 38 53	1 36 34	26 49 52	27 03 56
26 Tu	25 14 02	7 ♏ 54 45	15 03 08	12 07 09	15 10 06	29 57 24	19 01 12	1 51 05	11 41 04	16 07 58	24 41 16	1 39 56	26 53 40	27 09 23
27 W	26 22 07	22 19 16	29 26 09	11 57 12	16 32 51	0 ♒ 49 08	19 27 50	2 26 13	12 00 17	16 11 30	24 46 39	1 46 15	27 00 28	27 17 52
28 Th	27 32 51	6 ♐ 42 12	13 ♐ 45 06	12 01 20	17 58 13	1 43 33	19 56 45	3 03 56	12 22 02	16 17 41	24 54 38	1 55 09	27 09 55	27 28 58
29 F	28 45 18	20 57 33	27 53 55	12 18 25	19 25 16	2 39 44	20 26 59	3 43 19	12 45 23	16 25 35	25 04 20	2 05 42	27 21 04	27 41 48
30 Sa	29 58 13	4 ♑ 59 05	11 ♑ 46 41	12 46 45	20 52 45	3 36 25	20 57 17	4 23 04	13 09 06	16 33 57	25 14 27	2 16 40	27 32 40	27 55 06
31 Su	1 ♑ 10 17	18 41 23	25 18 45	13 24 22	22 19 22	4 32 18	21 26 20	5 01 55	13 31 51	16 41 28	25 23 42	2 26 43	27 43 25	28 07 33

Notes

LONGITUDE — November 2027

Day	☉	0 hr ☽	Noon ☽	☿	♀	♂	⚵	⚳	♃	♄	⚷	♅	♆	♇
1 M	2 ♑ 20 25	2 ♒ 00 50	8 ♒ 27 26	14 ♐ 09 25	23 ♑ 43 60	5 ♒ 26 16	21 ♍ 53 03	5 ♐ 38 46	13 ♏ 52 33	16 ♊ 47 03	25 ♊ 30 59	2 ♌ 34 46	27 ♉ 52 13	28 ♓ 18 03
2 Tu	3 27 56	14 56 13	21 12 28	15 00 23	25 05 59	6 17 40	22 16 43	6 12 55	14 10 32	16 50 02	25 35 39	2 40 08	27 58 24	28 25 57
3 W	4 32 41	27 28 41	3 ♓ 35 55	15 56 15	26 25 10	7 06 20	22 37 13	6 44 14	14 25 37	16 50 16	25 37 31	2 42 41	28 01 48	28 31 04
4 Th	5 35 02	9 ♓ 41 36	15 41 50	16 56 29	27 41 54	7 52 38	22 54 52	7 13 04	14 38 10	16 48 06	25 36 57	2 42 47	28 02 48	28 33 47
5 F	6 35 44	21 40 01	27 35 41	18 01 03	28 56 59	8 37 20	23 10 28	7 40 12	14 48 59	16 44 19	25 34 45	2 41 11	28 02 09	28 34 53
6 Sa	7 35 53	3 ♈ 30 03	9 ♈ 23 53	19 10 13	0 ♒ 11 27	9 21 31	23 25 03	8 06 42	14 59 07	16 40 00	25 31 58	2 38 58	28 00 56	28 35 24
7 Su	8 36 36	15 18 23	21 13 10	20 24 27	1 26 29	10 06 19	23 39 47	8 33 42	15 09 42	16 36 17	25 29 45	2 37 17	28 00 18	28 36 31
8 M	9 38 57	27 11 36	3 ♉ 10 05	21 44 07	2 43 06	10 52 46	23 55 42	9 02 15	15 21 47	16 34 13	25 29 09	2 37 10	28 01 18	28 39 15
9 Tu	10 43 41	9 ♉ 15 50	15 20 26	23 09 25	4 02 03	11 41 38	24 13 32	9 33 07	15 36 08	16 34 34	25 30 56	2 39 23	28 04 40	28 44 22
10 W	11 51 09	21 36 06	27 48 50	24 40 09	5 23 43	12 33 17	24 33 39	10 06 37	15 53 05	16 37 41	25 35 26	2 44 18	28 10 46	28 52 13
11 Th	13 01 11	4 ♊ 15 57	10 ♊ 38 11	26 15 45	6 47 55	13 27 32	24 55 52	10 42 38	16 12 30	16 43 25	25 42 30	2 51 44	28 19 26	29 02 39
12 F	14 13 10	17 17 07	23 49 25	27 55 11	8 14 02	14 23 46	25 19 34	11 20 31	16 33 43	16 51 07	25 51 30	3 01 04	28 30 04	29 15 01
13 Sa	15 26 04	0 ♋ 39 17	7 ♋ 21 22	29 37 06	9 41 02	15 20 57	25 43 42	11 59 14	16 55 43	16 59 46	26 01 25	3 11 16	28 41 36	29 28 19
14 Su	16 38 39	14 20 10	21 10 52	1 ♑ 19 57	11 07 40	16 17 51	26 07 01	12 37 33	17 17 17	17 08 09	26 11 00	3 21 07	28 52 49	29 41 17
15 M	17 49 43	28 15 54	5 ♌ 13 24	3 02 18	12 32 45	17 13 15	26 28 20	13 14 16	17 37 11	17 15 03	26 19 04	3 29 23	29 02 31	29 52 44
16 Tu	18 58 20	12 ♌ 21 43	19 23 54	4 43 01	13 55 22	18 06 15	26 46 42	13 48 28	17 54 30	17 19 33	26 24 42	3 35 11	29 09 47	0 ♈ 01 45
17 W	20 04 05	26 32 54	3 ♍ 37 37	6 21 30	15 15 04	18 56 25	27 01 41	14 19 41	18 08 48	17 21 12	26 27 26	3 38 03	29 14 10	0 07 53
18 Th	21 07 06	10 ♍ 45 29	17 50 59	7 57 44	16 32 00	19 43 53	27 13 26	14 48 07	18 20 15	17 20 12	26 27 27	3 38 09	29 15 49	0 11 18
19 F	22 08 08	24 56 52	2 ♎ 01 52	9 32 20	17 46 54	20 29 23	27 22 39	15 14 26	18 29 33	17 17 14	26 25 28	3 36 13	29 15 28	0 12 42
20 Sa	23 08 17	9 ♎ 05 53	16 09 35	11 06 19	19 00 54	21 14 02	27 30 28	15 39 48	18 37 50	17 13 26	26 22 36	3 33 21	29 14 15	0 13 14
21 Su	24 08 51	23 12 27	0 ♏ 14 22	12 40 54	20 15 16	21 59 08	27 38 10	16 05 30	18 46 23	17 10 06	26 20 10	3 30 53	29 13 27	0 14 10
22 M	25 11 02	7 ♏ 16 51	14 16 38	14 17 12	21 31 13	22 45 52	27 46 55	16 32 42	18 56 23	17 08 26	26 19 19	3 29 58	29 14 16	0 16 43
23 Tu	26 15 37	21 19 08	28 16 17	15 55 57	22 49 32	23 35 03	27 57 32	17 02 14	19 08 39	17 09 14	26 20 54	3 31 26	29 17 29	0 21 40
24 W	27 22 53	5 ♐ 18 27	12 ♐ 12 12	17 37 24	24 10 30	24 26 56	28 10 16	17 34 20	19 23 27	17 12 46	26 25 10	3 35 32	29 23 23	0 29 17
25 Th	28 32 32	19 12 50	26 02 07	19 21 12	25 33 49	25 21 14	28 24 50	18 08 43	19 40 28	17 18 44	26 31 48	3 41 59	29 31 40	0 39 18
26 F	29 43 47	2 ♑ 59 15	9 ♑ 42 51	21 06 33	26 58 41	26 17 09	28 40 25	18 44 37	19 58 55	17 26 21	26 40 03	3 49 60	29 41 33	0 50 54
27 Sa	0 ♒ 55 31	16 34 10	23 10 53	22 52 19	28 24 01	27 13 37	28 55 56	19 20 54	20 17 43	17 34 33	26 48 49	3 58 28	29 51 56	1 02 59
28 Su	2 06 36	29 54 08	6 ♒ 23 03	24 37 21	29 48 40	28 09 27	29 10 13	19 56 26	20 35 43	17 42 10	26 56 56	4 06 17	0 ♊ 01 41	1 14 26
29 M	3 16 04	12 ♒ 56 31	19 17 10	26 20 40	1 ♓ 11 39	29 03 41	29 22 19	20 30 15	20 51 55	17 48 12	27 03 26	4 12 26	0 09 49	1 24 16
30 Tu	4 23 14	25 40 04	1 ♓ 52 36	28 01 37	2 32 20	29 55 40	29 31 32	21 01 41	21 05 41	17 52 03	27 07 41	4 16 16	0 15 40	1 31 48

LONGITUDE — December 2027

Day	☉	0 hr ☽	Noon ☽	☿	♀	♂	⚵	⚳	♃	♄	⚷	♅	♆	♇
1 W	5 ♒ 27 54	8 ♓ 05 10	14 ♓ 10 23	29 ♑ 39 57	3 ♓ 50 27	0 ♓ 45 11	29 ♍ 37 41	21 ♐ 30 30	21 ♏ 16 47	17 ♊ 53 27	27 ♊ 09 26	4 ♌ 17 35	0 ♊ 19 01	1 ♈ 36 50
2 Th	6 30 15	20 13 56	26 13 13	1 ♒ 15 54	5 06 14	1 32 25	29 40 56	21 56 54	21 25 25	17 52 37	27 08 54	4 16 34	0 20 05	1 39 33
3 F	7 30 52	2 ♈ 09 59	8 ♈ 05 16	2 50 01	6 20 15	2 17 57	29 41 53	22 21 28	21 32 09	17 50 08	27 06 39	4 13 49	0 19 26	1 40 33
4 Sa	8 30 34	13 58 12	19 51 46	4 23 10	7 33 19	3 02 35	29 41 20	22 45 02	21 37 49	17 46 50	27 03 31	4 10 07	0 17 52	1 40 38
5 Su	9 30 17	25 44 17	1 ♉ 38 43	5 56 15	8 46 22	3 47 18	29 40 13	23 08 31	21 43 20	17 43 37	27 00 25	4 06 27	0 16 21	1 40 45
6 M	10 30 54	7 ♉ 34 19	13 32 19	7 30 13	10 00 18	4 32 56	29 39 26	23 32 47	21 49 36	17 41 24	26 58 16	4 03 40	0 15 46	1 41 47
7 Tu	11 33 07	19 34 24	25 38 37	9 05 43	11 15 47	5 20 12	29 39 40	23 58 33	21 57 18	17 40 52	26 57 44	4 02 28	0 16 47	1 44 25
8 W	12 37 18	1 ♊ 50 09	8 ♊ 03 02	10 43 11	12 33 12	6 09 28	29 41 18	24 26 12	22 06 48	17 42 24	26 59 12	4 03 14	0 19 48	1 49 01
9 Th	13 43 27	14 26 14	20 49 44	12 22 36	13 52 34	7 00 44	29 44 19	24 55 42	22 18 07	17 45 59	27 02 41	4 05 58	0 24 48	1 55 37
10 F	14 51 11	27 25 53	4 ♋ 01 17	14 03 37	15 13 28	7 53 37	29 48 21	25 26 40	22 30 50	17 51 15	27 07 46	4 10 17	0 31 24	2 03 47
11 Sa	15 59 46	10 ♋ 50 28	17 38 06	15 45 30	16 35 11	8 47 23	29 52 40	25 58 23	22 44 14	17 57 27	27 13 45	4 15 27	0 38 53	2 12 48
12 Su	17 08 18	24 39 11	1 ♌ 38 15	17 27 23	17 56 49	9 41 08	29 56 22	26 29 57	22 57 26	18 03 42	27 19 43	4 20 34	0 46 20	2 21 48
13 M	18 15 54	8 ♌ 48 59	15 57 34	19 08 22	19 17 28	10 33 58	29 58 34	27 00 27	23 09 31	18 09 06	27 24 46	4 24 44	0 52 52	2 29 52
14 Tu	19 21 50	23 14 51	0 ♍ 30 09	20 47 46	20 36 25	11 25 10	29 58 32	27 29 11	23 19 46	18 12 56	27 28 12	4 27 15	0 57 46	2 36 16
15 W	20 25 43	7 ♍ 50 30	15 09 15	22 25 13	21 53 17	12 14 22	29 55 54	27 55 46	23 27 48	18 14 50	27 29 37	4 27 44	1 00 38	2 40 38
16 Th	21 27 38	22 29 22	29 48 18	24 00 47	23 08 08	13 01 36	29 50 45	28 20 15	23 33 40	18 14 50	27 29 06	4 26 14	1 01 33	2 43 01
17 F	22 28 01	7 ♎ 05 33	14 ♎ 21 50	25 34 56	24 21 25	13 47 21	29 43 31	28 43 05	23 37 50	18 13 24	27 27 06	4 23 13	1 00 57	2 43 53
18 Sa	23 27 38	21 34 30	28 46 01	27 08 26	25 33 54	14 32 21	29 34 58	29 05 02	23 41 03	18 11 17	27 24 21	4 19 25	0 59 37	2 43 59
19 Su	24 27 21	5 ♏ 53 15	12 ♏ 58 40	28 42 10	26 46 26	15 17 28	29 25 59	29 26 57	23 44 11	18 09 22	27 21 45	4 15 44	0 58 23	2 44 11
20 M	25 27 57	20 00 16	26 58 55	0 ♓ 16 56	27 59 48	16 03 30	29 17 21	29 49 37	23 48 01	18 08 25	27 20 03	4 12 55	0 58 03	2 45 16
21 Tu	26 29 58	3 ♐ 54 60	10 ♐ 46 40	1 53 17	29 14 33	16 50 58	29 09 37	0 ♑ 13 35	23 53 04	18 08 60	27 19 49	4 11 33	0 59 10	2 47 46
22 W	27 33 35	17 37 23	24 22 07	3 31 23	0 ♈ 30 52	17 40 05	29 02 60	0 39 02	23 59 34	18 11 17	27 21 14	4 11 48	1 01 55	2 51 53
23 Th	28 38 39	1 ♑ 07 24	7 ♑ 45 21	5 11 06	1 48 35	18 30 40	28 57 20	1 05 47	24 07 18	18 15 06	27 24 09	4 13 30	1 06 08	2 57 27
24 F	29 44 42	14 24 53	20 56 11	6 51 57	3 07 14	19 22 16	28 52 10	1 33 23	24 15 50	18 20 01	27 28 04	4 16 11	1 11 21	3 03 60
25 Sa	0 ♓ 51 06	27 29 28	3 ♒ 54 15	8 33 19	4 26 12	20 14 14	28 46 53	2 01 13	24 24 32	18 25 22	27 32 24	4 19 15	1 16 57	3 10 54
26 Su	1 57 12	10 ♒ 20 44	16 39 07	10 14 31	5 44 49	21 05 55	28 40 51	2 28 35	24 32 44	18 30 31	27 36 27	4 22 01	1 22 15	3 17 30
27 M	3 02 24	22 58 25	29 10 37	11 54 57	7 02 31	21 56 45	28 33 30	2 54 57	24 39 52	18 34 54	27 39 41	4 23 56	1 26 42	3 23 13
28 Tu	4 06 21	5 ♓ 22 40	11 ♓ 29 06	13 34 16	8 18 54	22 46 22	28 24 30	3 19 54	24 45 33	18 38 07	27 41 42	4 24 36	1 29 56	3 27 42
29 W	5 08 53	17 34 16	23 35 37	15 12 14	9 33 51	23 34 35	28 13 41	3 43 19	24 49 38	18 40 02	27 42 22	4 23 53	1 31 47	3 30 47
30 Th	6 10 07	29 34 49	5 ♈ 32 03	16 48 57	10 47 25	24 21 31	28 01 12	4 05 16	24 52 13	18 40 45	27 41 46	4 21 53	1 32 20	3 32 32
31 F	7 10 17	11 ♈ 26 43	17 21 11	18 24 36	11 59 55	25 07 27	27 47 19	4 26 03	24 53 34	18 40 31	27 40 10	4 18 53	1 31 53	3 33 16

Notes

January 2028

LONGITUDE

Day	☉	0 hr ☽	Noon ☽	☿	♀	♂	⚵	⚳	♃	♄	⚷	♅	♆	♇
1 Sa	8 ♓ 09 50	23 ♈ 13 15	29 ♈ 06 37	19 ♓ 59 35	13 ♈ 11 43	25 ♓ 52 46	27 ♍ 32 28	4 ♑ 46 02	24 ♏ 54 05	18 ♊ 39 46	27 ♊ 38 00	4 ♌ 15 16	1 ♊ 30 50	3 ♈ 33 23
2 Su	9 09 12	4 ♉ 58 23	10 ♉ 52 39	21 34 15	14 23 19	26 37 56	27 17 10	5 05 43	24 54 16	18 38 58	27 35 44	4 11 31	1 29 39	3 33 21
3 M	10 08 51	16 46 40	22 44 04	23 08 58	15 35 09	27 23 26	27 01 51	5 25 33	24 54 32	18 38 34	27 33 48	4 08 05	1 28 47	3 33 36
4 Tu	11 09 08	28 43 03	4 ♊ 45 59	24 43 59	16 47 34	28 09 34	26 46 55	5 45 51	24 55 15	18 38 53	27 32 33	4 05 19	1 28 35	3 34 29
5 W	12 10 14	10 ♊ 52 33	17 03 27	26 19 22	18 00 45	28 56 34	26 32 34	6 06 49	24 56 36	18 40 09	27 32 11	4 03 25	1 29 14	3 36 13
6 Th	13 12 10	23 19 60	29 41 09	27 54 58	19 14 43	29 44 26	26 18 52	6 28 29	24 58 36	18 42 23	27 32 43	4 02 24	1 30 47	3 38 48
7 F	14 14 48	6 ♋ 09 38	12 ♋ 42 54	29 30 27	20 29 20	0 ♈ 33 01	26 05 40	6 50 42	25 01 07	18 45 25	27 34 01	4 02 07	1 33 03	3 42 05
8 Sa	15 17 51	19 24 38	26 11 13	1 ♈ 05 20	21 44 19	1 22 03	25 52 44	7 13 10	25 03 51	18 48 58	27 35 48	4 02 17	1 35 46	3 45 48
9 Su	16 20 57	3 ♌ 06 34	10 ♌ 06 39	2 38 59	22 59 18	2 11 10	25 39 43	7 35 33	25 06 28	18 52 42	27 37 41	4 02 34	1 38 35	3 49 36
10 M	17 23 47	17 14 53	24 27 26	4 10 46	24 13 56	3 00 02	25 26 19	7 57 29	25 08 38	18 56 16	27 39 22	4 02 37	1 41 10	3 53 07
11 Tu	18 26 04	1 ♍ 46 35	9 ♍ 09 15	5 40 04	25 27 60	3 48 24	25 12 18	8 18 44	25 10 04	18 59 25	27 40 35	4 02 11	1 43 15	3 56 08
12 W	19 27 44	16 36 14	24 05 28	7 06 24	26 41 21	4 36 09	24 57 35	8 39 11	25 10 41	19 02 02	27 41 14	4 01 09	1 44 45	3 58 31
13 Th	20 28 47	1 ♎ 36 21	9 ♎ 07 56	8 29 18	27 54 02	5 23 19	24 42 14	8 58 52	25 10 30	19 04 09	27 41 20	3 59 34	1 45 40	4 00 19
14 F	21 29 24	16 38 32	24 08 05	9 48 25	29 06 14	6 10 04	24 26 26	9 17 57	25 09 42	19 05 57	27 41 03	3 57 36	1 46 11	4 01 41
15 Sa	22 29 49	1 ♏ 34 27	8 ♏ 58 08	11 03 23	0 ♉ 18 09	6 56 39	24 10 26	9 36 39	25 08 30	19 07 40	27 40 39	3 55 28	1 46 32	4 02 51
16 Su	23 30 15	16 17 04	23 31 60	12 13 46	1 30 02	7 43 17	23 54 30	9 55 12	25 07 09	19 09 30	27 40 19	3 53 24	1 46 57	4 04 04
17 M	24 30 53	0 ♐ 41 21	7 ♐ 45 45	13 18 60	2 42 02	8 30 07	23 38 48	10 13 45	25 05 48	19 11 38	27 40 14	3 51 35	1 47 35	4 05 28
18 Tu	25 31 46	14 44 24	21 37 38	14 18 20	3 54 14	9 17 15	23 23 27	10 32 24	25 04 30	19 14 07	27 40 29	3 50 04	1 48 31	4 07 09
19 W	26 32 53	28 25 22	5 ♑ 07 41	15 10 56	5 06 35	10 04 37	23 08 26	10 51 04	25 03 16	19 16 58	27 41 01	3 48 50	1 49 43	4 09 03
20 Th	27 34 09	11 ♑ 44 60	18 17 13	15 55 49	6 18 60	10 52 09	22 53 41	11 09 42	25 01 58	19 20 02	27 41 45	3 47 47	1 51 04	4 11 07
21 F	28 35 25	24 45 01	1 ♒ 08 20	16 31 59	7 31 21	11 39 42	22 39 06	11 28 08	25 00 29	19 23 14	27 42 33	3 46 48	1 52 29	4 13 11
22 Sa	29 36 35	7 ♒ 27 46	13 43 28	16 58 31	8 43 33	12 27 12	22 24 37	11 46 18	24 58 45	19 26 26	27 43 21	3 45 47	1 53 51	4 15 11
23 Su	0 ♈ 37 38	19 55 49	26 05 10	17 14 37	9 55 32	13 14 36	22 10 11	12 04 08	24 56 41	19 29 37	27 44 04	3 44 41	1 55 07	4 17 04
24 M	1 38 34	2 ♓ 11 41	8 ♓ 15 54	17 19 40	11 07 20	14 01 53	21 55 53	12 21 39	24 54 20	19 32 48	27 44 44	3 43 32	1 56 18	4 18 50
25 Tu	2 39 28	14 17 48	20 17 56	17 13 20	12 19 02	14 49 10	21 41 48	12 38 56	24 51 45	19 36 03	27 45 26	3 42 25	1 57 30	4 20 35
26 W	3 40 27	26 16 22	2 ♈ 13 27	16 55 34	13 30 43	15 36 33	21 28 04	12 56 06	24 49 06	19 39 30	27 46 17	3 41 26	1 58 49	4 22 25
27 Th	4 41 37	8 ♈ 09 31	14 04 31	16 26 39	14 42 32	16 24 10	21 14 49	13 13 15	24 46 28	19 43 15	27 47 24	3 40 42	2 00 23	4 24 29
28 F	5 43 05	19 59 19	25 53 15	15 47 12	15 54 33	17 12 05	21 02 11	13 30 29	24 43 57	19 47 24	27 48 53	3 40 20	2 02 16	4 26 50
29 Sa	6 44 52	1 ♉ 47 53	7 ♉ 41 55	14 58 09	17 06 48	18 00 21	20 50 13	13 47 49	24 41 35	19 51 59	27 50 46	3 40 22	2 04 31	4 29 32
30 Su	7 46 55	13 37 35	19 33 02	14 00 47	18 19 14	18 48 54	20 38 51	14 05 13	24 39 19	19 56 56	27 52 59	3 40 43	2 07 05	4 32 31
31 M	8 49 06	25 30 60	1 ♊ 29 25	12 56 37	19 31 43	19 37 36	20 28 00	14 22 31	24 37 02	20 02 08	27 55 24	3 41 16	2 09 49	4 35 38

February 2028

LONGITUDE

Day	☉	0 hr ☽	Noon ☽	☿	♀	♂	⚵	⚳	♃	♄	⚷	♅	♆	♇
1 Tu	9 ♈ 51 13	7 ♊ 31 09	13 ♊ 34 17	11 ♈ 47 23	20 ♉ 44 02	20 ♈ 26 16	20 ♍ 17 29	14 ♑ 39 33	24 ♏ 34 31	20 ♊ 07 23	27 ♊ 57 50	3 ♌ 41 50	2 ♊ 12 33	4 ♈ 38 43
2 W	10 53 03	19 41 25	25 51 12	10 34 58	21 55 59	21 14 40	20 07 04	14 56 04	24 31 34	20 12 27	28 00 02	3 42 10	2 15 02	4 41 32
3 Th	11 54 24	2 ♋ 05 32	8 ♋ 24 00	9 21 21	23 07 20	22 02 36	19 56 35	15 11 52	24 27 58	20 17 08	28 01 51	3 42 06	2 17 04	4 43 52
4 F	12 55 08	14 47 27	21 16 35	8 08 29	24 17 60	22 49 58	19 45 56	15 26 51	24 23 38	20 21 20	28 03 07	3 41 31	2 18 33	4 45 37
5 Sa	13 55 16	27 51 01	4 ♌ 32 29	6 58 15	25 27 57	23 36 45	19 35 08	15 40 60	24 18 33	20 25 02	28 03 53	3 40 23	2 19 29	4 46 48
6 Su	14 54 58	11 ♌ 19 28	18 14 23	5 52 27	26 37 22	24 23 06	19 24 21	15 54 28	24 12 53	20 28 25	28 04 16	3 38 55	2 20 02	4 47 34
7 M	15 54 32	25 14 55	2 ♍ 23 24	4 52 39	27 46 32	25 09 21	19 13 53	16 07 35	24 06 57	20 31 46	28 04 36	3 37 22	2 20 29	4 48 12
8 Tu	16 54 20	9 ♍ 37 24	16 58 23	4 00 14	28 55 49	25 55 52	19 04 08	16 20 41	24 01 07	20 35 28	28 05 15	3 36 08	2 21 13	4 49 06
9 W	17 54 46	24 24 24	1 ♎ 55 17	3 16 11	0 ♊ 05 38	26 43 01	18 55 29	16 34 11	23 55 46	20 39 53	28 06 36	3 35 37	2 22 38	4 50 38
10 Th	18 56 06	9 ♎ 30 19	17 07 09	2 41 10	1 16 13	27 31 06	18 48 13	16 48 20	23 51 13	20 45 19	28 08 56	3 36 04	2 25 00	4 53 06
11 F	19 58 26	24 46 48	2 ♏ 24 41	2 15 23	2 27 41	28 20 12	18 42 27	17 03 14	23 47 31	20 51 52	28 12 20	3 37 37	2 28 25	4 56 35
12 Sa	21 01 38	10 ♏ 03 39	17 37 27	1 58 35	3 39 53	29 10 10	18 38 01	17 18 45	23 44 34	20 59 21	28 16 40	3 40 04	2 32 43	5 00 56
13 Su	22 05 19	25 10 28	2 ♐ 35 39	1 50 12	4 52 26	0 ♉ 00 39	18 34 35	17 34 28	23 41 58	21 07 26	28 21 33	3 43 06	2 37 34	5 05 48
14 M	23 08 59	9 ♐ 58 13	17 11 28	1 49 23	6 04 51	0 51 07	18 31 37	17 49 55	23 39 15	21 15 36	28 26 29	3 46 11	2 42 26	5 10 39
15 Tu	24 12 06	24 20 30	1 ♑ 20 04	1 55 13	7 16 34	1 41 04	18 28 36	18 04 33	23 35 51	21 23 19	28 30 57	3 48 48	2 46 47	5 14 58
16 W	25 14 15	8 ♑ 14 09	14 59 42	2 06 51	8 27 11	2 30 04	18 25 08	18 17 57	23 31 23	21 30 09	28 34 31	3 50 31	2 50 13	5 18 20
17 Th	26 15 15	21 38 57	28 11 24	2 23 38	9 36 30	3 17 54	18 20 59	18 29 53	23 25 38	21 35 55	28 36 59	3 51 09	2 52 32	5 20 32
18 F	27 15 06	4 ♒ 37 09	10 ♒ 58 07	2 45 10	10 44 32	4 04 37	18 16 13	18 40 24	23 18 39	21 40 39	28 38 24	3 50 43	2 53 45	5 21 37
19 Sa	28 14 08	17 12 34	23 24 06	3 11 19	11 51 35	4 50 32	18 11 08	18 49 48	23 10 44	21 44 38	28 39 02	3 49 31	2 54 10	5 21 54
20 Su	29 12 49	29 29 54	5 ♓ 34 10	3 42 09	12 58 08	5 36 06	18 06 12	18 58 35	23 02 23	21 48 23	28 39 24	3 48 04	2 54 17	5 21 50
21 M	0 ♉ 11 46	11 ♓ 34 02	17 33 07	4 17 53	14 04 47	6 21 57	18 02 03	19 07 18	22 54 11	21 52 28	28 40 05	3 46 57	2 54 42	5 22 02
22 Tu	1 11 33	23 29 39	29 25 26	4 58 45	15 12 08	7 08 39	17 59 15	19 16 34	22 46 45	21 57 30	28 41 42	3 46 44	2 56 00	5 23 06
23 W	2 12 41	5 ♈ 20 51	11 ♈ 14 56	5 44 56	16 20 39	7 56 42	17 58 18	19 26 53	22 40 35	22 03 57	28 44 43	3 47 58	2 58 42	5 25 31
24 Th	3 15 28	17 11 03	23 04 46	6 36 25	17 30 39	8 46 26	17 59 31	19 38 32	22 36 01	22 12 10	28 49 27	3 50 55	3 03 05	5 29 36
25 F	4 19 59	29 02 51	4 ♉ 57 19	7 33 02	18 42 13	9 37 54	18 02 58	19 51 36	22 33 05	22 22 11	28 55 60	3 55 40	3 09 14	5 35 26
26 Sa	5 26 01	10 ♉ 58 12	16 54 20	8 34 18	19 55 07	10 30 54	18 08 28	20 05 54	22 31 38	22 33 50	29 04 08	4 02 02	3 16 58	5 42 48
27 Su	6 33 08	22 58 26	28 57 07	9 39 33	21 08 56	11 24 59	18 15 32	20 20 56	22 31 12	22 46 39	29 13 25	4 09 34	3 25 48	5 51 16
28 M	7 40 40	5 ♊ 04 37	11 ♊ 06 44	10 47 57	22 22 57	12 19 31	18 23 31	20 36 05	22 31 08	22 59 58	29 23 11	4 17 35	3 35 07	6 00 09
29 Tu	8 47 52	17 17 49	23 24 20	11 58 33	23 36 28	13 13 43	18 31 41	20 50 34	22 30 41	23 13 02	29 32 42	4 25 22	3 44 08	6 08 44

Notes

LONGITUDE — March 2028

Day	☉	0 hr ☽	Noon ☽	☿	♀	♂	⚳	⚴	♃	♄	⚷	♅	♆	♇
1 W	9 ♉ 54 00	29 ♊ 39 21	5 ♋ 51 26	13 ♈ 10 27	24 ♊ 48 42	14 ♉ 06 51	18 ♍ 39 16	21 ♑ 03 40	22 ♏ 29 09	23 ♊ 25 08	29 ♊ 41 12	4 ♌ 32 09	3 ♊ 52 08	6 ♈ 16 16
2 Th	10 58 30	12 ♋ 11 04	18 30 03	14 22 57	25 59 05	14 58 23	18 45 43	21 14 47	22 25 56	23 35 42	29 48 09	4 37 24	3 58 32	6 22 11
3 F	12 01 04	24 55 27	1 ♌ 22 52	15 35 37	27 07 21	15 47 59	18 50 44	21 23 40	22 20 47	23 44 25	29 53 15	4 40 48	4 03 04	6 26 11
4 Sa	13 01 48	7 ♌ 55 39	14 33 02	16 48 27	28 13 33	16 35 46	18 54 23	21 30 23	22 13 47	23 51 23	29 56 36	4 42 27	4 05 48	6 28 22
5 Su	14 01 10	21 15 10	28 03 52	18 01 47	29 18 09	17 22 12	18 57 09	21 35 23	22 05 24	23 57 05	29 58 38	4 42 49	4 07 13	6 29 13
6 M	14 59 56	4 ♍ 57 17	11 ♍ 58 11	19 16 20	0 ♋ 21 55	18 08 03	18 59 48	21 39 27	21 56 25	24 02 16	0 ♋ 00 09	4 42 41	4 08 05	6 29 29
7 Tu	15 59 05	19 04 22	26 17 29	20 32 57	1 25 49	18 54 17	19 03 17	21 43 33	21 47 49	24 07 55	0 02 07	4 42 59	4 09 22	6 30 08
8 W	16 59 31	3 ♎ 36 46	11 ♎ 00 52	21 52 32	2 30 45	19 41 48	19 08 31	21 48 36	21 40 30	24 14 56	0 05 26	4 44 41	4 11 59	6 32 06
9 Th	18 01 54	18 31 60	26 04 24	23 15 39	3 37 23	20 31 18	19 16 10	21 55 16	21 35 10	24 23 60	0 10 47	4 48 25	4 16 37	6 36 02
10 F	19 06 31	3 ♏ 44 09	11 ♏ 20 43	24 42 32	4 45 58	21 23 02	19 26 28	22 03 48	21 32 04	24 35 22	0 18 25	4 54 28	4 23 30	6 42 13
11 Sa	20 13 06	19 04 10	26 39 49	26 12 52	5 56 14	22 16 44	19 39 11	22 13 56	21 30 57	24 48 46	0 28 05	5 02 33	4 32 24	6 50 23
12 Su	21 20 55	4 ♐ 20 58	11 ♐ 50 29	27 45 53	7 07 28	23 11 40	19 53 34	22 24 57	21 31 06	25 03 30	0 39 04	5 11 57	4 42 34	6 59 47
13 M	22 28 59	19 23 24	26 42 19	29 20 34	8 18 37	24 06 52	20 08 36	22 35 51	21 31 31	25 18 32	0 50 20	5 21 41	4 53 02	7 09 27
14 Tu	23 36 13	4 ♑ 02 09	11 ♑ 07 30	0 ♉ 55 49	9 28 39	25 01 14	20 23 14	22 45 33	21 31 09	25 32 50	1 00 51	5 30 40	5 02 42	7 18 19
15 W	24 41 48	18 11 15	25 01 42	2 30 46	10 36 43	25 53 57	20 36 38	22 53 14	21 29 10	25 45 33	1 09 46	5 38 04	5 10 45	7 25 31
16 Th	25 45 16	1 ♒ 48 26	8 ♒ 24 15	4 04 57	11 42 19	26 44 33	20 48 17	22 58 25	21 25 05	25 56 12	1 16 38	5 43 25	5 16 42	7 30 37
17 F	26 46 37	14 54 52	21 17 31	5 38 21	12 45 29	27 33 02	20 58 14	23 01 06	21 18 58	26 04 49	1 21 26	5 46 44	5 20 35	7 33 36
18 Sa	27 46 19	27 34 22	3 ♓ 46 01	7 11 25	13 46 39	28 19 52	21 06 55	23 01 45	21 11 14	26 11 51	1 24 38	5 48 29	5 22 51	7 34 57
19 Su	28 45 10	9 ♓ 52 20	15 55 35	8 44 58	14 46 36	29 05 51	21 15 09	23 01 11	21 02 43	26 18 05	1 27 03	5 49 27	5 24 18	7 35 28
20 M	29 44 09	21 54 58	27 52 26	10 19 57	15 46 19	29 51 59	21 23 53	23 00 21	20 54 24	26 24 32	1 29 39	5 50 37	5 25 55	7 36 07
21 Tu	0 ♊ 44 16	3 ♈ 48 29	9 ♈ 42 41	11 57 22	16 46 47	0 ♊ 39 13	21 34 07	23 00 16	20 47 17	26 32 11	1 33 27	5 53 00	5 28 41	7 37 54
22 W	1 46 21	15 38 36	21 31 44	13 38 05	17 48 50	1 28 26	21 46 41	23 01 46	20 42 13	26 41 51	1 39 15	5 57 25	5 33 28	7 41 40
23 Th	2 50 56	27 30 07	3 ♉ 24 04	15 22 36	18 52 59	2 20 09	22 02 07	23 05 24	20 39 44	26 54 05	1 47 38	6 04 25	5 40 47	7 47 57
24 F	3 58 11	9 ♉ 26 44	15 22 58	17 11 08	19 59 22	3 14 32	22 20 35	23 11 18	20 39 60	27 09 03	1 58 43	6 14 10	5 50 47	7 56 54
25 Sa	5 07 49	21 30 55	27 30 31	19 03 23	21 07 42	4 11 18	22 41 47	23 19 12	20 42 45	27 26 28	2 12 15	6 26 22	6 03 13	8 08 15
26 Su	6 19 11	3 ♊ 43 59	9 ♊ 47 40	20 58 42	22 17 19	5 09 47	23 05 03	23 28 27	20 47 20	27 45 41	2 27 34	6 40 22	6 17 25	8 21 20
27 M	7 31 17	16 06 17	22 14 32	22 56 07	23 27 13	6 09 01	23 29 25	23 38 04	20 52 46	28 05 42	2 43 41	6 55 11	6 32 23	8 35 10
28 Tu	8 43 00	28 37 34	4 ♋ 50 46	24 54 31	24 36 15	7 07 52	23 53 44	23 46 55	20 57 56	28 25 23	2 59 28	7 09 42	6 46 60	8 48 38
29 W	9 53 14	11 ♋ 17 27	17 35 56	26 52 49	25 43 17	8 05 14	24 16 53	23 53 55	21 01 44	28 43 39	3 13 50	7 22 49	7 00 10	9 00 38
30 Th	11 01 08	24 05 49	0 ♌ 30 04	28 50 10	26 47 28	9 00 14	24 38 02	23 58 12	21 03 19	28 59 38	3 25 54	7 33 39	7 11 02	9 10 17
31 F	12 06 13	7 ♌ 03 17	13 33 59	0 ♊ 46 08	27 48 18	9 52 27	24 56 42	23 59 19	21 02 14	29 12 52	3 35 13	7 41 46	7 19 07	9 17 10

LONGITUDE — April 2028

Day	☉	0 hr ☽	Noon ☽	☿	♀	♂	⚳	⚴	♃	♄	⚷	♅	♆	♇
1 Sa	13 ♊ 08 34	20 ♌ 11 22	26 ♌ 49 24	2 ♊ 40 45	28 ♋ 45 51	10 ♊ 41 55	25 ♍ 12 56	23 ♑ 57 20	20 ♏ 58 33	29 ♊ 23 26	3 ♋ 41 52	7 ♌ 47 13	7 ♊ 24 31	9 ♈ 21 19
2 Su	14 08 46	3 ♍ 32 30	10 ♍ 18 51	4 34 39	29 40 39	11 29 14	25 27 20	23 52 50	20 52 51	29 31 54	3 46 25	7 50 36	7 27 47	9 23 20
3 M	15 07 51	17 09 37	24 05 09	6 28 50	0 ♌ 33 44	12 15 26	25 40 55	23 46 52	20 46 11	29 39 19	3 49 54	7 52 56	7 29 59	9 24 14
4 Tu	16 07 04	1 ♎ 05 34	8 ♎ 10 42	8 24 34	1 26 19	13 01 46	25 54 57	23 40 42	20 39 49	29 46 56	3 53 34	7 55 29	7 32 21	9 25 18
5 W	17 07 40	15 22 07	22 36 31	10 23 06	2 19 39	13 49 29	26 10 40	23 35 35	20 34 59	29 55 59	3 58 41	7 59 30	7 36 08	9 27 46
6 Th	18 10 37	29 58 57	7 ♏ 21 07	12 25 19	3 14 37	14 39 31	26 28 59	23 32 27	20 32 38	0 ♋ 07 25	4 06 11	8 05 56	7 42 17	9 32 34
7 F	19 16 18	14 ♏ 52 52	22 19 60	14 31 37	4 11 37	15 32 18	26 50 20	23 31 44	20 33 12	0 21 39	4 16 29	8 15 10	7 51 13	9 40 08
8 Sa	20 24 30	29 57 26	7 ♐ 25 36	16 41 44	5 10 25	16 27 36	27 14 29	23 33 13	20 36 27	0 38 28	4 29 21	8 27 00	8 02 42	9 50 14
9 Su	21 34 26	15 ♐ 03 36	22 28 15	18 54 48	6 10 09	17 24 37	27 40 36	23 36 06	20 41 34	0 57 02	4 43 59	8 40 37	8 15 56	10 02 04
10 M	22 44 52	0 ♑ 01 01	7 ♑ 17 47	21 09 31	7 09 36	18 22 08	28 07 30	23 39 11	20 47 23	1 16 11	4 59 11	8 54 50	8 29 42	10 14 25
11 Tu	23 54 32	14 40 01	21 45 24	23 24 29	8 07 27	19 18 52	28 33 53	23 41 10	20 52 36	1 34 35	5 13 38	9 08 19	8 42 44	10 25 60
12 W	25 02 20	28 53 12	5 ♒ 45 10	25 38 30	9 02 35	20 13 43	28 58 38	23 40 59	20 56 06	1 51 09	5 26 16	9 20 01	8 53 54	10 35 43
13 Th	26 07 36	12 ♒ 36 35	19 14 35	27 50 44	9 54 17	21 06 02	29 21 07	23 37 59	20 57 15	2 05 15	5 36 25	9 29 14	9 02 34	10 42 55
14 F	27 10 14	25 49 41	2 ♓ 14 30	0 ♋ 00 54	10 42 26	21 55 42	29 41 12	23 32 03	20 55 57	2 16 45	5 43 58	9 35 54	9 08 38	10 47 29
15 Sa	28 10 40	8 ♓ 35 02	14 48 28	2 09 14	11 27 25	22 43 08	29 59 18	23 23 38	20 52 37	2 26 04	5 49 21	9 40 24	9 12 30	10 49 50
16 Su	29 09 44	20 57 26	27 01 55	4 16 18	12 10 01	23 29 12	0 ♎ 16 15	23 13 34	20 48 05	2 34 03	5 53 23	9 43 35	9 15 01	10 50 50
17 M	0 ♋ 08 30	3 ♈ 02 59	9 ♈ 01 12	6 22 57	12 51 18	24 14 57	0 33 09	23 02 58	20 43 28	2 41 47	5 57 10	9 46 33	9 17 16	10 51 32
18 Tu	1 08 07	14 58 17	20 52 59	8 30 01	13 32 21	25 01 33	0 51 07	22 52 57	20 39 52	2 50 24	6 01 51	9 50 25	9 20 23	10 53 05
19 W	2 09 34	26 49 46	2 ♉ 43 35	10 38 11	14 07 25	25 49 57	1 11 08	22 44 32	20 38 17	3 00 52	6 08 23	9 56 11	9 25 21	10 56 29
20 Th	3 13 32	8 ♉ 43 12	14 38 27	12 47 48	14 57 14	26 40 51	1 33 53	22 38 24	20 39 25	3 13 53	6 17 28	10 04 30	9 32 51	11 02 23
21 F	4 20 15	20 43 20	26 41 57	14 58 48	15 41 54	27 34 30	1 59 35	22 34 49	20 43 29	3 29 41	6 29 20	10 15 39	9 43 07	11 11 02
22 Sa	5 29 31	2 ♊ 53 33	8 ♊ 56 60	17 10 37	16 27 50	28 30 39	2 28 02	22 33 34	20 50 18	3 48 03	6 43 46	10 29 22	9 55 56	11 22 14
23 Su	6 40 38	15 15 52	21 25 07	19 22 18	17 14 20	29 28 40	2 58 33	22 33 60	20 59 10	4 08 19	7 00 06	10 45 02	10 10 38	11 35 18
24 M	7 52 37	27 50 57	4 ♋ 06 28	21 32 30	18 00 21	0 ♋ 27 30	3 30 07	22 35 07	21 09 05	4 29 27	7 17 18	11 01 35	10 26 12	11 49 13
25 Tu	9 04 15	10 ♋ 38 20	17 00 10	23 39 44	18 44 35	1 25 59	4 01 33	22 35 44	21 18 52	4 50 17	7 34 13	11 17 52	10 41 27	12 02 48
26 W	10 14 22	23 36 47	0 ♌ 04 43	25 42 36	19 25 52	2 22 57	4 31 39	22 34 42	21 27 21	5 09 38	7 49 38	11 32 41	10 55 12	12 14 53
27 Th	11 22 04	6 ♌ 44 53	13 18 34	27 39 55	20 03 12	3 17 28	4 59 32	22 31 08	21 33 37	5 26 34	8 02 40	11 45 08	11 06 33	12 24 32
28 F	12 26 51	20 01 27	26 40 38	29 30 59	20 36 01	4 09 02	5 24 40	22 24 32	21 37 10	5 40 37	8 12 49	11 54 43	11 14 60	12 31 16
29 Sa	13 28 44	3 ♍ 26 04	10 ♍ 10 37	1 ♌ 15 40	21 04 19	4 57 42	5 47 06	22 14 57	21 38 03	5 51 48	8 20 06	12 01 28	11 20 34	12 35 07
30 Su	14 28 18	16 59 12	23 49 15	2 54 21	21 28 35	5 44 03	6 07 24	22 02 59	21 36 49	6 00 41	8 25 05	12 05 58	11 23 50	12 36 40

Notes

May 2028

LONGITUDE

Day	☉	0 hr ☽	Noon ☽	☿	♀	♂	⚵	⚳	♃	♄	⚷	♅	♆	♇
1 M	15 ♋ 26 34	0 ♎ 42 09	7 ♎ 37 55	4 ♌ 27 55	21 ♌ 49 47	6 ♋ 29 03	6 ♎ 26 34	21 ♑ 49 40	21 ♏ 34 30	6 ♋ 08 18	8 ♋ 28 48	12 ♌ 09 12	11 ♊ 25 49	12 ♈ 36 55
2 Tu	16 24 46	14 36 35	21 38 12	5 57 29	22 09 06	7 13 59	6 45 51	21 36 14	21 32 20	6 15 51	8 32 29	12 12 26	11 27 45	12 37 06
3 W	17 24 07	28 43 51	5 ♏ 51 04	7 24 10	22 27 39	8 00 03	7 06 27	21 23 56	21 31 32	6 24 36	8 37 21	12 16 52	11 30 52	12 38 27
4 Th	18 25 34	13 ♏ 04 08	20 16 06	8 48 48	22 46 21	8 48 10	7 29 18	21 13 43	21 33 02	6 35 26	8 44 20	12 23 26	11 36 04	12 41 53
5 F	19 29 31	27 35 43	4 ♐ 50 44	10 11 44	23 05 32	9 38 48	7 54 50	21 06 02	21 37 16	6 48 48	8 53 50	12 32 34	11 43 48	12 47 51
6 Sa	20 35 49	12 ♐ 14 36	19 30 08	11 32 44	23 24 59	10 31 45	8 22 52	21 00 43	21 44 03	7 04 33	9 05 44	12 44 06	11 53 54	12 56 09
7 Su	21 43 46	26 54 39	4 ♑ 07 33	12 51 01	23 43 56	11 26 20	8 52 42	20 57 05	21 52 42	7 21 57	9 19 17	12 57 20	12 05 39	13 06 07
8 M	22 52 17	11 ♑ 28 23	18 35 22	14 05 27	24 01 16	12 21 27	9 23 15	20 53 40	22 02 08	7 39 56	9 33 26	13 11 10	12 17 59	13 16 39
9 Tu	24 00 12	25 48 12	2 ♒ 46 25	15 14 46	24 15 45	13 15 57	9 53 21	20 50 31	22 11 11	7 57 19	9 46 59	13 24 27	12 29 44	13 26 35
10 W	25 06 29	9 ♒ 47 44	16 35 10	16 17 53	24 26 20	14 08 47	10 21 57	20 45 25	22 18 48	8 13 04	9 58 56	13 36 09	12 39 51	13 34 53
11 Th	26 10 29	23 22 51	29 58 36	17 14 06	24 32 17	14 59 19	10 48 24	20 38 08	22 24 20	8 26 33	10 08 36	13 45 35	12 47 41	13 40 53
12 F	27 12 00	6 ♓ 32 05	12 ♓ 56 20	18 03 09	24 33 24	15 47 20	11 12 30	20 28 28	22 27 36	8 37 33	10 15 48	13 52 35	12 53 02	13 44 24
13 Sa	28 11 19	19 16 38	25 30 32	18 45 15	24 29 55	16 33 07	11 34 31	20 16 43	22 28 51	8 46 20	10 20 48	13 57 25	12 56 11	13 45 43
14 Su	29 09 04	1 ♈ 39 49	7 ♈ 45 16	19 20 59	24 22 29	17 17 19	11 55 07	20 03 32	22 28 45	8 53 34	10 24 15	14 00 43	12 57 46	13 45 28
15 M	0 ♌ 06 10	13 46 35	19 45 56	19 51 14	24 11 59	18 00 49	12 15 10	19 49 51	22 28 12	9 00 08	10 27 03	14 03 24	12 58 42	13 44 33
16 Tu	1 03 35	25 42 45	1 ♉ 38 33	20 16 55	23 59 25	18 44 37	12 35 40	19 36 40	22 28 10	9 07 01	10 30 10	14 06 25	12 59 57	13 43 57
17 W	2 02 11	7 ♉ 34 24	13 29 20	20 38 54	23 45 39	19 29 35	12 57 29	19 24 50	22 29 32	9 15 05	10 34 30	14 10 40	13 02 23	13 44 32
18 Th	3 02 38	19 27 27	25 24 04	20 57 49	23 31 22	20 16 21	13 21 15	19 15 03	22 32 57	9 24 59	10 40 40	14 16 48	13 06 40	13 46 57
19 F	4 05 14	1 ♊ 27 12	7 ♊ 27 46	21 13 59	23 16 56	21 05 13	13 47 16	19 07 36	22 38 42	9 37 01	10 48 58	14 25 05	13 13 05	13 51 30
20 Sa	5 09 52	13 37 56	19 44 23	21 27 22	23 02 18	21 56 07	14 15 27	19 02 25	22 46 41	9 51 05	10 59 20	14 35 27	13 21 32	13 58 05
21 Su	6 16 04	26 02 48	2 ♋ 16 32	21 37 33	22 47 04	22 48 32	14 45 19	18 59 03	22 56 27	10 06 42	11 11 15	14 47 25	13 31 34	14 06 14
22 M	7 23 05	8 ♋ 43 32	15 05 22	21 43 53	22 30 34	23 41 44	15 16 05	18 56 43	23 07 12	10 23 07	11 23 59	15 00 12	13 42 22	14 15 11
23 Tu	8 29 57	21 40 32	28 10 39	21 45 34	22 11 58	24 34 45	15 46 49	18 54 30	23 18 01	10 39 23	11 36 34	15 12 52	13 53 03	14 23 59
24 W	9 35 44	4 ♌ 52 56	11 ♌ 30 59	21 41 54	21 50 29	25 26 40	16 16 35	18 51 30	23 27 58	10 54 33	11 48 05	15 24 30	14 02 38	14 31 42
25 Th	10 39 43	18 18 59	25 04 05	21 32 21	21 25 30	26 16 43	16 44 38	18 46 57	23 36 17	11 07 53	11 57 47	15 34 20	14 10 24	14 37 36
26 F	11 41 27	1 ♍ 56 23	8 ♍ 47 24	21 16 49	20 56 46	27 04 30	17 10 33	18 40 28	23 42 34	11 18 58	12 05 14	15 41 57	14 15 56	14 41 15
27 Sa	12 40 57	15 42 49	22 38 35	20 55 38	20 24 28	27 50 01	17 34 19	18 32 03	23 46 48	11 27 47	12 10 27	15 47 21	14 19 13	14 42 40
28 Su	13 38 37	29 36 23	6 ♎ 35 48	20 29 38	19 49 13	28 33 40	17 56 21	18 22 07	23 49 25	11 34 46	12 13 49	15 50 57	14 20 39	14 42 14
29 M	14 35 11	13 ♎ 35 42	20 37 52	20 00 00	19 11 58	29 16 11	18 17 24	18 11 26	23 51 07	11 40 38	12 16 07	15 53 29	14 21 01	14 40 44
30 Tu	15 31 37	27 39 60	4 ♏ 44 09	19 28 10	18 33 51	29 58 31	18 38 24	18 00 55	23 52 52	11 46 20	12 18 15	15 55 54	14 21 13	14 39 03
31 W	16 28 46	11 ♏ 48 39	18 54 03	18 55 33	17 56 02	0 ♌ 41 33	19 00 12	17 51 29	23 55 33	11 52 45	12 21 07	15 59 01	14 22 08	14 38 07

June 2028

LONGITUDE

Day	☉	0 hr ☽	Noon ☽	☿	♀	♂	⚵	⚳	♃	♄	⚷	♅	♆	♇
1 Th	17 ♌ 27 20	26 ♏ 00 51	3 ♐ 06 39	18 ♌ 23 23	17 ♌ 19 24	1 ♌ 25 58	19 ♎ 23 31	17 ♑ 43 49	23 ♏ 59 50	12 ♋ 00 33	12 ♋ 25 23	16 ♌ 03 38	14 ♊ 24 28	14 ♈ 38 35
2 F	18 27 38	10 ♐ 15 05	17 20 10	17 52 34	16 44 32	2 12 05	19 48 39	17 38 15	24 06 02	12 10 04	12 31 23	16 09 58	14 28 32	14 40 47
3 Sa	19 29 33	24 28 51	1 ♑ 31 48	17 23 34	16 11 33	2 59 47	20 15 30	17 34 40	24 14 02	12 21 11	12 39 01	16 17 58	14 34 12	14 44 37
4 Su	20 32 38	8 ♑ 38 43	15 37 50	16 56 31	15 40 16	3 48 37	20 43 35	17 32 36	24 23 24	12 33 26	12 47 47	16 27 08	14 41 02	14 49 36
5 M	21 36 10	22 40 29	29 34 01	16 31 14	15 10 10	4 37 51	21 12 11	17 31 21	24 33 23	12 46 06	12 56 59	16 36 46	14 48 18	14 55 02
6 Tu	22 39 22	6 ♒ 29 55	13 ♒ 16 15	16 07 29	14 40 43	5 26 42	21 40 32	17 30 08	24 43 12	12 58 24	13 05 51	16 46 04	14 55 13	15 00 06
7 W	23 41 31	20 03 16	26 41 12	15 45 03	14 11 26	6 14 29	22 07 55	17 28 17	24 52 10	13 09 38	13 13 40	16 54 22	15 01 05	15 04 09
8 Th	24 42 12	3 ♓ 17 57	9 ♓ 46 51	15 23 56	13 42 03	7 00 45	22 33 54	17 25 18	24 59 50	13 19 21	13 19 58	17 01 10	15 05 28	15 06 42
9 F	25 41 13	16 12 51	22 32 45	15 04 22	13 12 37	7 45 19	22 58 17	17 21 03	25 05 60	13 27 22	13 24 36	17 06 20	15 08 10	15 07 35
10 Sa	26 38 43	28 48 31	5 ♈ 00 08	14 46 49	12 43 23	8 28 18	23 21 12	17 15 39	25 10 48	13 33 49	13 27 42	17 09 58	15 09 19	15 06 56
11 Su	27 35 03	11 ♈ 07 02	17 11 39	14 31 56	12 14 54	9 10 06	23 43 00	17 09 29	25 14 36	13 39 03	13 29 36	17 12 27	15 09 17	15 05 06
12 M	28 30 44	23 11 47	29 11 10	14 20 31	11 47 48	9 51 12	24 04 15	17 03 03	25 17 57	13 43 37	13 30 50	17 14 18	15 08 36	15 02 38
13 Tu	29 26 24	5 ♉ 07 04	11 ♉ 03 22	14 13 19	11 22 48	10 32 14	24 25 31	16 56 58	25 21 24	13 48 06	13 32 01	17 16 07	15 07 51	15 00 06
14 W	0 ♍ 22 34	16 57 51	22 53 23	14 11 02	11 00 32	11 13 43	24 47 20	16 51 46	25 25 31	13 53 03	13 33 41	17 18 26	15 07 35	14 58 04
15 Th	1 19 40	28 49 16	4 ♊ 46 29	14 14 12	10 41 30	11 56 05	25 10 09	16 47 54	25 30 44	13 58 52	13 36 15	17 21 40	15 08 14	14 56 57
16 F	2 17 55	10 ♊ 46 26	16 47 45	14 23 06	10 25 57	12 39 34	25 34 10	16 45 35	25 37 15	14 05 48	13 39 57	17 26 04	15 10 01	14 56 59
17 Sa	3 17 20	22 54 05	29 01 43	14 37 46	10 13 57	13 24 09	25 59 24	16 44 48	25 45 05	14 13 49	13 44 46	17 31 37	15 12 56	14 58 10
18 Su	4 17 41	5 ♋ 16 17	11 ♋ 32 06	14 57 59	10 05 18	14 09 38	26 25 37	16 45 20	25 53 60	14 22 44	13 50 30	17 38 06	15 16 45	15 00 15
19 M	5 18 34	17 56 11	24 21 34	15 23 20	9 59 35	14 55 36	26 52 25	16 46 49	26 03 36	14 32 08	13 56 43	17 45 07	15 21 05	15 02 52
20 Tu	6 19 30	0 ♌ 55 43	7 ♌ 31 24	15 53 19	9 56 20	15 41 34	27 19 19	16 48 43	26 13 24	14 41 31	14 02 58	17 52 10	15 25 26	15 05 32
21 W	7 20 00	14 15 29	21 01 25	16 27 21	9 55 02	16 27 02	27 45 49	16 50 35	26 22 54	14 50 24	14 08 45	17 58 46	15 29 20	15 07 44
22 Th	8 19 40	27 54 35	4 ♍ 49 55	17 05 02	9 55 16	17 11 38	28 11 32	16 51 59	26 31 43	14 58 24	14 13 39	18 04 32	15 32 21	15 09 05
23 F	9 18 16	11 ♍ 50 44	18 53 53	17 46 03	9 56 47	17 55 07	28 36 14	16 52 44	26 39 36	15 05 16	14 17 28	18 09 13	15 34 18	15 09 22
24 Sa	10 15 48	26 00 28	3 ♎ 09 22	18 30 21	9 59 31	18 37 28	28 59 55	16 52 47	26 46 35	15 11 01	14 20 11	18 12 50	15 35 09	15 08 34
25 Su	11 12 28	10 ♎ 19 39	17 31 54	19 18 02	10 03 37	19 18 55	29 22 46	16 52 22	26 52 49	15 15 50	14 21 59	18 15 34	15 35 06	15 06 54
26 M	12 08 36	24 43 50	1 ♏ 57 05	20 09 26	10 09 25	19 59 47	29 45 08	16 51 49	26 58 41	15 20 04	14 23 14	18 17 47	15 34 31	15 04 41
27 Tu	13 04 39	9 ♏ 08 50	16 20 57	21 04 52	10 17 15	20 40 31	0 ♏ 07 27	16 51 32	27 04 35	15 24 09	14 24 22	18 19 53	15 33 48	15 02 23
28 W	14 00 59	23 30 57	0 ♐ 40 12	22 04 40	10 27 28	21 21 29	0 30 05	16 51 56	27 10 55	15 28 26	14 25 44	18 22 15	15 33 21	15 00 21
29 Th	14 57 52	7 ♐ 47 09	14 52 10	23 09 04	10 40 17	22 02 56	0 53 19	16 53 16	27 17 56	15 33 14	14 27 38	18 25 11	15 33 25	14 58 52
30 F	15 55 24	21 55 02	28 54 50	24 18 05	10 55 44	22 45 01	1 17 15	16 55 37	27 25 44	15 38 37	14 30 08	18 28 44	15 34 08	14 58 02

Notes

LONGITUDE — July 2028

Day	☉	0 hr ☽	Noon ☽	☿	♀	♂	⚵	⚳	♃	♄	⚷	♅	♆	♇
1 Sa	16 ♍ 53 32	5 ♑ 52 41	12 ♑ 46 35	25 ♌ 31 38	11 ♌ 13 42	23 ♌ 27 38	1 ♏ 41 48	16 ♑ 58 57	27 ♏ 34 15	15 ♋ 44 31	14 ♋ 33 12	18 ♌ 32 53	15 ♊ 35 24	14 ♈ 57 47
2 Su	17 52 03	19 38 39	26 26 07	26 49 27	11 33 56	24 10 35	2 06 46	17 03 01	27 43 18	15 50 44	14 36 38	18 37 24	15 37 03	14 57 55
3 M	18 50 42	3 ♒ 11 42	9 ♒ 52 24	28 11 14	11 56 05	24 53 37	2 31 54	17 07 36	27 52 36	15 57 02	14 40 08	18 42 02	15 38 47	14 58 10
4 Tu	19 49 14	16 30 57	23 04 39	29 36 40	12 19 52	25 36 28	2 56 56	17 12 24	28 01 53	16 03 07	14 43 29	18 46 31	15 40 22	14 58 17
5 W	20 47 25	29 35 50	6 ♓ 02 28	1 ♍ 05 30	12 45 01	26 18 56	3 21 40	17 17 13	28 10 59	16 08 48	14 46 27	18 50 39	15 41 36	14 58 04
6 Th	21 45 12	12 ♓ 26 10	18 45 50	2 37 34	13 11 22	27 00 56	3 46 00	17 21 58	28 19 45	16 13 59	14 48 57	18 54 21	15 42 22	14 57 24
7 F	22 42 32	25 02 17	1 ♈ 15 19	4 12 49	13 38 52	27 42 26	4 09 55	17 26 37	28 28 12	16 18 40	14 50 58	18 57 35	15 42 40	14 56 18
8 Sa	23 39 31	7 ♈ 25 05	13 32 08	5 51 14	14 07 32	28 23 32	4 33 31	17 31 15	28 36 25	16 22 54	14 52 36	19 00 26	15 42 35	14 54 50
9 Su	24 36 17	19 36 06	25 38 05	7 32 51	14 37 26	29 04 21	4 56 54	17 35 59	28 44 32	16 26 51	14 53 57	19 03 03	15 42 15	14 53 08
10 M	25 32 59	1 ♉ 37 30	7 ♉ 35 41	9 17 42	15 08 41	29 45 03	5 20 14	17 40 59	28 52 40	16 30 37	14 55 11	19 05 33	15 41 48	14 51 21
11 Tu	26 29 44	13 32 05	19 28 00	11 05 47	15 41 19	0 ♍ 25 44	5 43 38	17 46 22	29 00 57	16 34 22	14 56 24	19 08 05	15 41 23	14 49 36
12 W	27 26 37	25 23 10	1 ♊ 18 41	12 57 00	16 15 25	1 06 29	6 07 11	17 52 11	29 09 29	16 38 10	14 57 43	19 10 43	15 41 03	14 47 59
13 Th	28 23 40	7 ♊ 14 35	13 11 44	14 51 13	16 50 55	1 47 21	6 30 54	17 58 29	29 18 16	16 42 01	14 59 07	19 13 28	15 40 50	14 46 30
14 F	29 20 50	19 10 29	25 11 29	16 48 10	17 27 45	2 28 16	6 54 46	18 05 13	29 27 16	16 45 55	15 00 36	19 16 19	15 40 42	14 45 07
15 Sa	0 ♎ 18 04	1 ♋ 15 15	7 ♋ 22 21	18 47 33	18 05 47	3 09 11	7 18 41	18 12 18	29 36 25	16 49 46	15 02 05	19 19 11	15 40 35	14 43 47
16 Su	1 15 16	13 33 16	19 48 38	20 48 60	18 44 55	3 50 01	7 42 35	18 19 39	29 45 39	16 53 30	15 03 28	19 21 59	15 40 24	14 42 24
17 M	2 12 22	26 08 42	2 ♌ 34 13	22 52 10	19 25 00	4 30 41	8 06 24	18 27 13	29 54 51	16 57 02	15 04 42	19 24 39	15 40 04	14 40 54
18 Tu	3 09 22	9 ♌ 05 06	15 42 10	24 56 44	20 06 01	5 11 10	8 30 06	18 34 57	0 ♐ 04 03	17 00 22	15 05 46	19 27 10	15 39 36	14 39 17
19 W	4 06 17	22 24 59	29 14 18	27 02 25	20 47 56	5 51 32	8 53 44	18 42 54	0 13 15	17 03 31	15 06 41	19 29 34	15 38 60	14 37 34
20 Th	5 03 14	6 ♍ 09 23	13 ♍ 10 41	29 09 01	21 30 49	6 31 51	9 17 25	18 51 10	0 22 34	17 06 36	15 07 35	19 31 57	15 38 23	14 35 52
21 F	6 00 21	20 17 21	27 29 16	1 ♎ 16 21	22 14 47	7 12 16	9 41 15	18 59 53	0 32 08	17 09 45	15 08 34	19 34 27	15 37 54	14 34 19
22 Sa	6 57 46	4 ♎ 45 45	12 ♎ 05 50	3 24 15	22 59 56	7 52 55	10 05 24	19 09 10	0 42 04	17 13 05	15 09 48	19 37 13	15 37 41	14 33 03
23 Su	7 55 34	19 29 16	26 54 11	5 32 30	23 46 17	8 33 52	10 29 55	19 19 06	0 52 29	17 16 42	15 11 21	19 40 19	15 37 47	14 32 09
24 M	8 53 43	4 ♏ 20 56	11 ♏ 46 54	7 40 49	24 33 48	9 15 08	10 54 48	19 29 40	1 03 20	17 20 35	15 13 11	19 43 44	15 38 13	14 31 35
25 Tu	9 52 06	19 13 01	26 36 16	9 48 52	25 22 20	9 56 34	11 19 55	19 40 45	1 14 30	17 24 35	15 15 13	19 47 21	15 38 50	14 31 16
26 W	10 50 32	3 ♐ 58 02	11 ♐ 15 24	11 56 13	26 11 38	10 37 57	11 45 05	19 52 07	1 25 46	17 28 32	15 17 12	19 50 57	15 39 27	14 30 57
27 Th	11 48 44	18 29 46	25 38 58	14 02 25	27 01 27	11 19 04	12 10 01	20 03 31	1 36 54	17 32 09	15 18 55	19 54 18	15 39 49	14 30 25
28 F	12 46 30	2 ♑ 43 55	9 ♑ 43 37	16 07 07	27 51 32	11 59 41	12 34 31	20 14 45	1 47 40	17 35 13	15 20 08	19 57 09	15 39 42	14 29 27
29 Sa	13 43 41	16 38 12	23 28 01	18 10 03	28 41 43	12 39 40	12 58 27	20 25 40	1 57 57	17 37 38	15 20 43	19 59 24	15 38 60	14 27 53
30 Su	14 40 20	0 ♒ 12 13	6 ♒ 52 26	20 11 07	29 32 00	13 19 01	13 21 49	20 36 16	2 07 45	17 39 23	15 20 41	20 01 04	15 37 41	14 25 47
31 M	15 36 35	13 26 58	19 58 20	22 10 24	0 ♍ 22 31	13 57 55	13 44 47	20 46 42	2 17 13	17 40 37	15 20 12	20 02 16	15 35 56	14 23 15

LONGITUDE — August 2028

Day	☉	0 hr ☽	Noon ☽	☿	♀	♂	⚵	⚳	♃	♄	⚷	♅	♆	♇
1 Tu	16 ♎ 32 41	26 ♒ 24 21	2 ♓ 47 51	24 ♎ 08 05	1 ♍ 13 30	14 ♍ 36 37	14 ♏ 07 37	20 ♑ 57 15	2 ♐ 26 37	17 ♋ 41 37	15 ♋ 19 30	20 ♌ 03 17	15 ♊ 34 01	14 ♈ 20 35
2 W	17 29 01	9 ♓ 06 43	15 23 23	26 04 28	2 05 17	15 15 28	14 30 39	21 08 14	2 36 18	17 42 43	15 18 58	20 04 29	15 32 16	14 18 07
3 Th	18 25 54	21 36 28	27 47 18	27 59 52	2 58 11	15 54 48	14 54 14	21 19 60	2 46 35	17 44 16	15 18 54	20 06 10	15 31 02	14 16 12
4 F	19 23 37	3 ♈ 55 52	10 ♈ 01 47	29 54 32	3 52 29	16 34 54	15 18 39	21 32 49	2 57 47	17 46 32	15 19 37	20 08 39	15 30 36	14 15 07
5 Sa	20 22 21	16 06 53	22 08 48	1 ♏ 48 39	4 48 20	17 15 57	15 44 03	21 46 53	3 10 03	17 49 43	15 21 17	20 12 06	15 31 08	14 15 01
6 Su	21 22 07	28 11 20	4 ♉ 10 05	3 42 11	5 45 43	17 57 58	16 10 29	22 02 10	3 23 24	17 53 48	15 23 55	20 16 31	15 32 39	14 15 57
7 M	22 22 47	10 ♉ 10 48	16 07 22	5 35 02	6 44 29	18 40 48	16 37 47	22 18 34	3 37 42	17 58 39	15 27 21	20 21 46	15 35 01	14 17 46
8 Tu	23 24 02	22 06 59	28 02 26	7 26 54	7 44 19	19 24 08	17 05 40	22 35 44	3 52 38	18 03 59	15 31 18	20 27 33	15 37 56	14 20 09
9 W	24 25 27	4 ♊ 01 42	9 ♊ 57 18	9 17 21	8 44 48	20 07 36	17 33 42	22 53 17	4 07 47	18 09 22	15 35 22	20 33 26	15 40 59	14 22 42
10 Th	25 26 36	15 57 10	21 54 27	11 05 57	9 45 26	20 50 41	18 01 25	23 10 45	4 22 42	18 14 21	15 39 04	20 38 60	15 43 41	14 24 56
11 F	26 27 01	27 56 05	3 ♋ 56 49	12 52 16	10 45 47	21 32 59	18 28 24	23 27 40	4 36 56	18 18 28	15 41 58	20 43 45	15 45 37	14 26 27
12 Sa	27 26 24	10 ♋ 01 47	16 07 55	14 35 60	11 45 29	22 14 10	18 54 19	23 43 44	4 50 10	18 21 26	15 43 45	20 47 25	15 46 28	14 26 54
13 Su	28 24 36	22 18 08	28 31 48	16 17 00	12 44 25	22 54 05	19 19 01	23 58 48	5 02 16	18 23 04	15 44 16	20 49 49	15 46 05	14 26 08
14 M	29 21 42	4 ♌ 49 29	11 ♌ 12 47	17 55 24	13 42 38	23 32 50	19 42 37	24 12 56	5 13 18	18 23 30	15 43 36	20 51 04	15 44 33	14 24 17
15 Tu	0 ♏ 18 04	17 40 21	24 15 12	19 31 32	14 40 29	24 10 45	20 05 25	24 26 30	5 23 37	18 23 03	15 42 07	20 51 29	15 42 13	14 21 39
16 W	1 14 12	0 ♍ 54 53	7 ♍ 42 44	21 05 56	15 38 29	24 48 23	20 27 60	24 40 02	5 33 46	18 22 15	15 40 21	20 51 38	15 39 38	14 18 47
17 Th	2 10 47	14 36 16	21 37 44	22 39 16	16 37 16	25 26 22	20 50 59	24 54 10	5 44 22	18 21 46	15 38 55	20 52 09	15 37 25	14 16 21
18 F	3 08 25	28 45 47	6 ♎ 00 18	24 12 09	17 37 26	26 05 19	21 14 59	25 09 30	5 56 04	18 22 12	15 38 28	20 53 39	15 36 13	14 14 57
19 Sa	4 07 33	13 ♎ 22 03	20 47 35	25 45 01	18 39 25	26 45 42	21 40 28	25 26 31	6 09 17	18 23 60	15 39 27	20 56 34	15 36 28	14 15 02
20 Su	5 08 21	28 20 25	5 ♏ 53 29	27 18 02	19 43 23	27 27 39	22 07 33	25 45 20	6 24 11	18 27 19	15 41 59	21 01 05	15 38 19	14 16 45
21 M	6 10 34	13 ♏ 33 02	21 08 59	28 50 58	20 49 04	28 10 56	22 36 03	26 05 44	6 40 33	18 31 56	15 45 53	21 06 57	15 41 33	14 19 54
22 Tu	7 13 39	28 49 43	6 ♐ 23 27	0 ♐ 23 14	21 55 56	28 55 02	23 05 24	26 27 10	6 57 49	18 37 18	15 50 34	21 13 37	15 45 37	14 23 54
23 W	8 16 51	13 ♐ 59 37	21 26 25	1 54 04	23 03 11	29 39 09	23 34 49	26 48 51	7 15 13	18 42 39	15 55 18	21 20 19	15 49 45	14 27 60
24 Th	9 19 21	28 52 58	6 ♑ 09 15	3 22 38	24 10 02	0 ♎ 22 29	24 03 30	27 10 00	7 31 57	18 47 10	15 59 15	21 26 16	15 53 08	14 31 23
25 F	10 20 32	13 ♑ 22 42	20 26 24	4 48 16	25 15 49	1 04 25	24 30 51	27 29 59	7 47 23	18 50 15	16 01 48	21 30 50	15 55 10	14 33 27
26 Sa	11 20 06	27 25 08	4 ♒ 15 38	6 10 40	26 20 16	1 44 40	24 56 32	27 48 29	8 01 13	18 51 35	16 02 40	21 33 42	15 55 32	14 33 54
27 Su	12 18 07	10 ♒ 59 49	17 37 43	7 29 52	27 23 26	2 23 18	25 20 40	28 05 35	8 13 33	18 51 15	16 01 55	21 34 58	15 54 20	14 32 48
28 M	13 15 04	24 08 50	0 ♓ 35 35	8 46 15	28 25 46	3 00 46	25 43 40	28 21 45	8 24 49	18 49 43	16 00 01	21 35 05	15 52 00	14 30 37
29 Tu	14 11 39	6 ♓ 56 01	13 13 24	10 00 30	29 27 58	3 37 46	26 06 16	28 37 40	8 35 44	18 47 40	15 57 40	21 34 45	15 49 15	14 28 02
30 W	15 08 40	19 25 53	25 35 52	11 13 21	0 ♎ 30 52	4 15 09	26 29 17	28 54 10	8 47 06	18 45 57	15 55 41	21 34 48	15 46 55	14 25 54
31 Th	16 06 55	1 ♈ 43 05	7 ♈ 47 29	12 25 32	1 35 14	4 53 41	26 53 29	29 12 01	8 59 44	18 45 20	15 54 52	21 36 00	15 45 46	14 24 60

Notes

September 2028 — LONGITUDE

Day	☉	0 hr ☽	Noon ☽	☿	♀	♂	⚵	⚳	♃	♄	⚷	♅	♆	♇
1 F	17♏ 07 02	13♈ 51 46	19♈ 52 12	13♐ 37 35	2♎ 41 41	5♎ 33 59	27♏ 19 31	29♑ 31 51	9♐ 14 14	18♋ 46 27	15♋ 55 50	21♌ 38 60	15♊ 46 26	14♈ 25 56
2 Sa	18 09 20	25 55 25	1♉ 53 12	14 49 46	3 50 34	6 16 25	27 47 42	29 54 01	9 30 56	18 49 39	15 58 55	21 44 07	15 49 16	14 29 05
3 Su	19 13 53	7♉ 56 34	13 52 50	16 01 60	5 01 53	7 00 59	28 18 04	0♒ 18 30	9 49 52	18 54 56	16 04 09	21 51 23	15 54 17	14 34 26
4 M	20 20 19	19 57 01	25 52 40	17 13 50	6 15 19	7 47 22	28 50 18	0 45 01	10 10 44	19 01 59	16 11 13	22 00 29	16 01 09	14 41 40
5 Tu	21 28 03	1♊ 57 54	7♊ 53 45	18 24 32	7 30 14	8 34 57	29 23 47	1 12 56	10 32 52	19 10 12	16 19 29	22 10 47	16 09 16	14 50 12
6 W	22 36 15	14 00 02	19 56 56	19 33 08	8 45 50	9 22 55	29 57 40	1 41 25	10 55 28	19 18 45	16 28 08	22 21 28	16 17 48	14 59 10
7 Th	23 43 59	26 04 14	2♋ 03 08	20 38 33	10 01 09	10 10 20	0♐ 31 03	2 09 32	11 17 37	19 26 42	16 36 15	22 31 37	16 25 50	15 07 40
8 F	24 50 25	8♋ 11 39	14 13 44	21 39 46	11 15 21	10 56 21	1 03 05	2 36 27	11 38 28	19 33 13	16 42 59	22 40 22	16 32 31	15 14 51
9 Sa	25 54 54	20 24 08	26 30 50	22 35 56	12 27 47	11 40 19	1 33 06	3 01 30	11 57 20	19 37 39	16 47 40	22 47 06	16 37 11	15 20 03
10 Su	26 57 07	2♌ 44 24	8♌ 57 27	23 26 33	13 38 08	12 21 57	2 00 49	3 24 24	12 13 58	19 39 42	16 50 02	22 51 29	16 39 34	15 22 60
11 M	27 57 11	15 11 28	21 37 26	24 11 28	14 46 31	13 01 21	2 26 20	3 45 15	12 28 25	19 39 27	16 50 09	22 53 37	16 39 45	15 23 47
12 Tu	28 55 39	28 03 43	4♍ 35 18	24 50 60	15 53 27	13 39 02	2 50 11	4 04 34	12 41 16	19 37 28	16 48 35	22 54 04	16 38 16	15 22 56
13 W	29 53 23	11♍ 12 03	17 55 44	25 25 43	16 59 49	14 15 53	3 13 15	4 23 14	12 53 22	19 34 37	16 46 13	22 53 42	16 36 01	15 21 20
14 Th	0♐ 51 28	24 45 38	1♎ 42 43	25 56 26	18 06 42	14 52 60	3 36 37	4 42 21	13 05 48	19 31 60	16 44 06	22 53 36	16 34 04	15 20 05
15 F	1 50 59	8♎ 47 44	15 58 34	26 23 53	19 15 08	15 31 26	4 01 20	5 02 57	13 19 39	19 30 39	16 43 20	22 54 50	16 33 29	15 20 14
16 Sa	2 52 42	23 19 11	0♏ 42 42	26 48 32	20 25 57	16 11 60	4 28 14	5 25 52	13 35 42	19 31 24	16 44 42	22 58 12	16 35 06	15 22 35
17 Su	3 57 00	8♏ 17 21	15 50 46	27 10 24	21 39 29	16 55 02	4 57 38	5 51 26	13 54 19	19 34 36	16 48 34	23 04 03	16 39 13	15 27 30
18 M	5 03 38	23 35 35	1♐ 14 28	27 28 51	22 55 29	17 40 18	5 29 19	6 19 25	14 15 14	19 40 00	16 54 41	23 12 09	16 45 39	15 34 45
19 Tu	6 11 49	9♐ 03 35	16 42 24	27 42 47	24 13 10	18 27 01	6 02 28	6 49 01	14 37 41	19 46 50	17 02 16	23 21 42	16 53 34	15 43 31
20 W	7 20 23	24 28 57	2♑ 02 04	27 50 39	25 31 22	19 14 01	6 35 58	7 19 05	15 00 30	19 53 55	17 10 10	23 31 34	17 01 51	15 52 40
21 Th	8 28 06	9♑ 39 29	17 02 08	27 50 56	26 48 51	20 00 05	7 08 33	7 48 23	15 22 28	20 00 02	17 17 09	23 40 30	17 09 14	16 00 58
22 F	9 33 58	24 25 25	1♒ 34 28	27 42 22	28 04 38	20 44 12	7 39 15	8 15 55	15 42 34	20 04 12	17 22 14	23 47 30	17 14 45	16 07 25
23 Sa	10 37 29	8♒ 40 53	15 35 03	27 24 12	29 18 09	21 25 52	8 07 31	8 41 10	16 00 17	20 05 53	17 24 52	23 52 04	17 17 52	16 11 30
24 Su	11 38 40	22 24 13	29 03 49	26 56 24	0♏ 29 29	22 05 06	8 33 24	9 04 09	16 15 39	20 05 08	17 25 07	23 54 14	17 18 38	16 13 14
25 M	12 38 05	5♓ 37 16	12♓ 03 48	26 19 36	1 39 11	22 42 29	8 57 28	9 25 26	16 29 15	20 02 31	17 23 32	23 54 33	17 17 36	16 13 14
26 Tu	13 36 43	18 24 23	24 40 02	25 34 57	2 48 11	23 18 58	9 20 40	9 46 00	16 42 01	19 58 59	17 21 06	23 53 59	17 15 44	16 12 25
27 W	14 35 40	0♈ 51 15	6♈ 58 28	24 44 02	3 57 39	23 55 41	9 44 09	10 06 58	16 55 06	19 55 41	17 18 55	23 53 41	17 14 10	16 11 55
28 Th	15 36 04	13 03 54	19 05 08	23 48 38	5 08 39	24 33 45	10 08 60	10 29 25	17 09 35	19 53 42	17 18 07	23 54 44	17 14 01	16 12 52
29 F	16 38 46	25 08 00	1♉ 05 28	22 50 32	6 22 04	25 14 00	10 36 05	10 54 14	17 26 21	19 53 55	17 19 33	23 58 00	17 16 08	16 16 06
30 Sa	17 44 17	7♉ 08 21	13 03 56	21 51 29	7 38 26	25 56 60	11 05 56	11 21 57	17 45 54	19 56 52	17 23 45	24 04 01	17 21 02	16 22 10

October 2028 — LONGITUDE

Day	☉	0 hr ☽	Noon ☽	☿	♀	♂	⚵	⚳	♃	♄	⚷	♅	♆	♇
1 Su	18♐ 52 42	19♉ 08 37	25♉ 03 51	20♐ 52 59	8♏ 57 47	26♎ 42 47	11♐ 38 37	11♒ 52 36	18♐ 08 19	20♋ 02 36	17♋ 30 47	24♌ 12 51	17♊ 28 48	16♈ 31 07
2 M	20 03 37	1♊ 11 16	7♊ 07 18	19 56 18	10 19 45	27 30 58	12 13 44	12 25 49	18 33 13	20 10 45	17 40 15	24 24 06	17 39 04	16 42 34
3 Tu	21 16 16	13 17 41	19 15 22	19 02 26	11 43 33	28 20 47	12 50 31	13 00 49	18 59 49	20 20 31	17 51 24	24 37 00	17 51 00	16 55 44
4 W	22 29 35	25 28 21	1♋ 28 19	18 12 10	13 08 07	29 11 09	13 27 54	13 36 31	19 27 02	20 30 50	18 03 08	24 50 29	18 03 35	17 09 33
5 Th	23 42 23	7♋ 43 20	13 46 09	17 26 07	14 32 15	0♏ 00 54	14 04 40	14 11 45	19 53 42	20 40 33	18 14 17	25 03 22	18 15 36	17 22 51
6 F	24 53 33	20 02 39	26 08 56	16 44 52	15 54 51	0 48 55	14 39 46	14 45 24	20 18 42	20 48 32	18 23 45	25 14 32	18 25 59	17 34 31
7 Sa	26 02 16	2♌ 26 46	8♌ 37 19	16 09 02	17 15 05	1 34 22	15 12 18	15 16 38	20 41 11	20 53 58	18 30 42	25 23 10	18 33 51	17 43 43
8 Su	27 08 04	14 56 57	21 12 49	15 39 25	18 32 30	2 16 48	15 41 53	15 45 01	21 00 45	20 56 24	18 34 41	25 28 48	18 38 48	17 49 60
9 M	28 11 04	27 35 34	3♍ 58 05	15 16 57	19 47 11	2 56 19	16 08 34	16 10 37	21 17 26	20 55 55	18 35 47	25 31 32	18 40 54	17 53 27
10 Tu	29 11 50	10♍ 25 60	16 56 46	15 02 48	20 59 43	3 33 29	16 32 56	16 34 01	21 31 50	20 53 07	18 34 35	25 31 58	18 40 44	17 54 40
11 W	0♑ 11 22	23 32 29	0♎ 13 08	14 58 16	22 11 07	4 09 19	16 56 01	16 56 14	21 44 59	20 49 01	18 32 07	25 31 05	18 39 18	17 54 39
12 Th	1 10 58	6♎ 59 31	13 51 28	15 04 35	23 22 39	4 45 06	17 19 03	17 18 33	21 58 07	20 44 52	18 29 38	25 30 09	18 37 54	17 54 40
13 F	2 11 52	20 50 56	27 55 02	15 22 47	24 35 33	5 22 04	17 43 20	17 42 12	22 12 32	20 41 57	18 28 25	25 30 28	18 37 47	17 55 60
14 Sa	3 15 06	5♏ 08 57	12♏ 24 56	15 53 23	25 50 51	6 01 14	18 09 50	18 08 12	22 29 12	20 41 15	18 29 27	25 33 01	18 39 58	17 59 38
15 Su	4 21 08	19 52 52	27 19 02	16 36 17	27 09 01	6 43 06	18 39 04	18 37 03	22 48 37	20 43 18	18 33 14	25 38 17	18 44 55	18 06 04
16 M	5 29 49	4♐ 58 17	12♐ 31 18	17 30 37	28 29 54	7 27 29	19 10 52	19 08 34	23 10 38	20 47 54	18 39 36	25 46 06	18 52 28	18 15 07
17 Tu	6 40 20	20 17 00	27 52 09	18 34 47	29 52 42	8 13 35	19 44 26	19 41 58	23 34 26	20 54 17	18 47 47	25 55 42	19 01 52	18 26 02
18 W	7 51 29	5♑ 37 54	13♑ 09 50	19 46 46	1♐ 16 10	9 00 11	20 18 31	20 16 00	23 58 48	21 01 12	18 56 31	26 05 50	19 11 50	18 37 32
19 Th	9 01 52	20 48 56	28 12 35	21 04 23	2 38 57	9 45 55	20 51 46	20 49 19	24 22 21	21 07 18	19 04 27	26 15 08	19 21 03	18 48 18
20 F	10 10 20	5♒ 39 22	12♒ 50 54	22 25 41	3 59 52	10 29 37	21 23 02	21 20 45	24 43 56	21 11 25	19 10 26	26 22 27	19 28 19	18 57 08
21 Sa	11 16 13	20 01 39	26 58 55	23 49 16	5 18 16	11 10 37	21 51 37	21 49 38	25 02 52	21 12 55	19 13 47	26 27 06	19 32 59	19 03 23
22 Su	12 19 27	3♓ 52 18	10♓ 34 53	25 14 21	6 34 03	11 48 49	22 17 27	22 15 53	25 19 06	21 11 40	19 14 26	26 29 01	19 34 58	19 06 58
23 M	13 20 30	17 11 42	23 40 32	26 40 48	7 47 44	12 24 44	22 41 03	22 39 60	25 33 06	21 08 13	19 12 53	26 28 43	19 34 47	19 08 23
24 Tu	14 20 19	0♈ 03 14	6♈ 20 16	28 08 58	9 00 14	12 59 18	23 03 19	23 02 54	25 45 48	21 03 29	19 10 03	26 27 05	19 33 21	19 08 34
25 W	15 20 03	12 32 14	18 39 56	29 39 31	10 12 43	13 33 40	23 25 25	23 25 44	25 58 22	20 58 37	19 07 06	26 25 19	19 31 48	19 08 40
26 Th	16 20 51	24 44 54	0♉ 45 55	1♑ 13 08	11 26 17	14 08 58	23 48 29	23 49 39	26 11 56	20 54 47	19 05 11	26 24 32	19 31 19	19 09 49
27 F	17 23 39	6♉ 47 29	12 44 23	2 50 22	12 41 56	14 46 08	24 13 29	24 15 37	26 27 26	20 52 54	19 05 15	26 25 42	19 32 49	19 12 59
28 Sa	18 29 02	18 45 39	24 40 49	4 31 29	14 00 13	15 25 47	24 40 58	24 44 11	26 45 28	20 53 34	19 07 52	26 29 23	19 36 54	19 18 44
29 Su	19 37 10	0♊ 44 07	6♊ 39 33	6 16 20	15 21 17	16 08 03	25 11 07	25 15 30	27 06 10	20 56 57	19 13 11	26 35 45	19 43 43	19 27 13
30 M	20 47 43	12 46 22	18 43 43	8 04 20	16 44 49	16 52 36	25 43 35	25 49 16	27 29 14	21 02 43	19 20 54	26 44 27	19 52 56	19 38 08
31 Tu	21 59 57	24 54 44	0♋ 55 09	9 54 34	18 10 05	17 38 43	26 17 39	26 24 45	27 53 55	21 10 08	19 30 17	26 54 48	20 03 50	19 50 44

Notes

LONGITUDE

November 2028

Day	☉	0 hr ☽	Noon ☽	☿	♀	♂	⚵	⚳	♃	♄	⚷	♅	♆	♇
1 W	23 ♑ 12 53	7 ♋ 10 21	13 ♋ 14 39	11 ♑ 45 51	19 ♐ 36 06	18 ♏ 25 24	26 ♐ 52 19	27 ♒ 00 56	28 ♐ 19 13	21 ♋ 18 14	19 ♋ 40 20	27 ♌ 05 46	20 ♊ 15 25	20 ♈ 04 01
2 Th	24 25 22	19 33 32	25 42 11	13 36 55	21 01 43	19 11 31	27 26 27	27 36 41	28 44 01	21 25 51	19 49 54	27 16 14	20 26 32	20 16 52
3 F	25 36 22	2 ♌ 04 03	8 ♌ 17 20	15 26 35	22 25 52	19 55 60	27 58 60	28 10 57	29 07 15	21 31 57	19 57 58	27 25 08	20 36 10	20 28 13
4 Sa	26 45 03	14 41 36	20 59 44	17 13 56	23 47 45	20 38 02	28 29 08	28 42 56	29 28 05	21 35 44	20 03 41	27 31 40	20 43 28	20 37 15
5 Su	27 50 59	27 26 12	3 ♍ 49 29	18 58 28	25 06 56	21 17 12	28 56 26	29 12 11	29 46 07	21 36 45	20 06 38	27 35 24	20 48 01	20 43 32
6 M	28 54 14	10 ♍ 18 36	16 47 32	20 40 08	26 23 27	21 53 32	29 20 55	29 38 44	0 ♑ 01 21	21 35 02	20 06 52	27 36 22	20 49 52	20 47 07
7 Tu	29 55 17	23 20 23	29 55 40	22 19 25	27 37 49	22 27 31	29 43 07	0 ♓ 03 06	0 14 19	21 31 07	20 04 53	27 35 05	20 49 30	20 48 30
8 W	0 ♒ 55 01	6 ♎ 33 56	13 ♎ 16 26	23 57 09	28 50 54	23 00 04	0 ♑ 03 53	0 26 10	0 25 54	21 25 53	20 01 33	27 32 25	20 47 49	20 48 34
9 Th	1 54 34	20 02 09	26 52 43	25 34 25	0 ♑ 03 48	23 32 15	0 24 22	0 49 03	0 37 11	21 20 26	19 58 01	27 29 30	20 45 56	20 48 26
10 F	2 55 02	3 ♏ 47 44	10 ♏ 46 58	27 12 19	1 17 41	24 05 14	0 45 40	1 12 52	0 49 20	21 15 55	19 55 23	27 27 27	20 44 57	20 49 13
11 Sa	3 57 20	17 52 33	25 00 26	28 51 45	2 33 24	24 39 54	1 08 41	1 38 30	1 03 13	21 13 13	19 54 34	27 27 10	20 45 48	20 51 50
12 Su	5 01 55	2 ♐ 16 35	9 ♐ 32 09	0 ♒ 33 09	3 51 27	25 16 42	1 33 53	2 06 27	1 19 18	21 12 48	19 56 01	27 29 07	20 48 56	20 56 44
13 M	6 08 44	16 57 18	24 18 29	2 16 28	5 11 45	25 55 34	2 01 12	2 36 36	1 37 31	21 14 37	19 59 41	27 33 14	20 54 17	21 03 50
14 Tu	7 17 10	1 ♑ 49 20	9 ♑ 12 55	4 01 05	6 33 41	26 35 54	2 30 02	3 08 24	1 57 16	21 18 03	20 04 57	27 38 55	21 01 15	21 12 34
15 W	8 26 15	16 44 53	24 06 56	5 46 02	7 56 17	27 16 43	2 59 23	3 40 50	2 17 34	21 22 09	20 10 51	27 45 12	21 08 51	21 21 56
16 Th	9 34 52	1 ♒ 34 47	8 ♒ 51 14	7 30 12	9 18 26	27 56 55	3 28 09	4 12 49	2 37 18	21 25 47	20 16 17	27 50 57	21 15 59	21 30 51
17 F	10 42 02	16 10 08	23 17 27	9 12 39	10 39 10	28 35 31	3 55 23	4 43 21	2 55 31	21 28 00	20 20 16	27 55 14	21 21 41	21 38 18
18 Sa	11 47 08	0 ♓ 23 45	7 ♓ 19 29	10 52 45	11 57 51	29 11 53	4 20 26	5 11 50	3 11 35	21 28 11	20 22 11	27 57 24	21 25 19	21 43 42
19 Su	12 50 01	14 11 13	20 54 13	12 30 21	13 14 20	29 45 52	4 43 08	5 38 05	3 25 19	21 26 09	20 21 52	27 57 18	21 26 44	21 46 53
20 M	13 50 56	27 31 11	4 ♈ 01 37	14 05 45	14 28 53	0 ♐ 17 44	5 03 46	6 02 23	3 36 60	21 22 12	20 19 36	27 55 12	21 26 11	21 48 06
21 Tu	14 50 32	10 ♈ 25 09	16 44 11	15 39 35	15 42 07	0 48 08	5 22 59	6 25 23	3 47 17	21 16 58	20 16 02	27 51 45	21 24 21	21 48 01
22 W	15 49 40	22 56 42	29 06 15	17 12 44	16 54 55	1 17 53	5 41 36	6 47 55	3 57 00	21 11 18	20 11 60	27 47 48	21 22 02	21 47 27
23 Th	16 49 12	5 ♉ 10 47	11 ♉ 13 11	18 46 04	18 08 08	1 47 52	6 00 30	7 10 50	4 07 01	21 06 04	20 08 22	27 44 13	21 20 08	21 47 18
24 F	17 49 52	17 12 59	23 10 47	20 20 22	19 22 30	2 18 50	6 20 26	7 34 55	4 18 06	21 02 01	20 05 53	27 41 44	21 19 23	21 48 18
25 Sa	18 52 12	29 08 53	5 ♊ 04 38	21 56 08	20 38 33	2 51 18	6 41 54	8 00 39	4 30 44	20 59 41	20 05 05	27 40 53	21 20 19	21 50 57
26 Su	19 56 22	11 ♊ 03 43	16 59 47	23 33 36	21 56 27	3 25 26	7 05 06	8 28 14	4 45 07	20 59 14	20 06 08	27 41 52	21 23 05	21 55 28
27 M	21 02 15	23 01 59	29 00 29	25 12 36	23 16 05	4 01 05	7 29 53	8 57 31	5 01 05	21 00 31	20 08 54	27 44 30	21 27 35	22 01 41
28 Tu	22 09 22	5 ♋ 07 16	11 ♋ 09 56	26 52 45	24 36 58	4 37 49	7 55 47	9 28 03	5 18 13	21 03 08	20 12 56	27 48 22	21 33 20	22 09 09
29 W	23 17 05	17 22 11	23 30 21	28 33 22	25 58 28	5 14 59	8 22 10	9 59 10	5 35 51	21 06 23	20 17 35	27 52 48	21 39 42	22 17 13
30 Th	24 24 39	29 48 23	6 ♌ 02 51	0 ♓ 13 44	27 19 50	5 51 48	8 48 16	10 30 09	5 53 13	21 09 32	20 22 05	27 57 04	21 45 55	22 25 09

LONGITUDE

December 2028

Day	☉	0 hr ☽	Noon ☽	☿	♀	♂	⚵	⚳	♃	♄	⚷	♅	♆	♇
1 F	25 ♒ 31 21	12 ♌ 26 34	18 ♌ 47 45	1 ♓ 53 09	28 ♑ 40 21	6 ♐ 27 35	9 ♑ 13 23	11 ♓ 00 15	6 ♑ 09 37	21 ♋ 11 53	20 ♋ 25 45	28 ♌ 00 26	21 ♊ 51 18	22 ♈ 32 13
2 Sa	26 36 38	25 16 47	1 ♍ 44 41	3 31 04	29 59 27	7 01 46	9 36 57	11 28 56	6 24 30	21 12 52	20 28 01	28 02 22	21 55 15	22 37 51
3 Su	27 40 11	8 ♍ 18 35	14 52 55	5 07 11	1 ♒ 16 51	7 34 02	9 58 40	11 55 54	6 37 33	21 12 11	20 28 35	28 02 34	21 57 31	22 41 47
4 M	28 42 01	21 31 18	28 11 40	6 41 31	2 32 32	8 04 23	10 18 31	12 21 08	6 48 45	21 09 51	20 27 26	28 01 01	21 58 04	22 43 60
5 Tu	29 42 26	4 ♎ 54 24	11 ♎ 40 20	8 14 23	3 46 48	8 33 07	10 36 49	12 44 55	6 58 26	21 06 09	20 24 53	27 58 01	21 57 11	22 44 47
6 W	0 ♓ 41 57	18 27 32	25 18 38	9 46 17	5 00 10	9 00 46	10 54 05	13 07 49	7 07 06	21 01 37	20 21 28	27 54 06	21 55 27	22 44 40
7 Th	1 41 14	2 ♏ 10 35	9 ♏ 06 32	11 17 54	6 13 20	9 27 58	11 10 60	13 30 29	7 15 25	20 56 56	20 17 50	27 49 56	21 53 29	22 44 20
8 F	2 40 58	16 03 33	23 03 57	12 49 53	7 26 57	9 55 25	11 28 12	13 53 34	7 24 04	20 52 45	20 14 40	27 46 12	21 51 58	22 44 27
9 Sa	3 41 39	0 ♐ 06 08	7 ♐ 10 28	14 22 45	8 41 31	10 23 36	11 46 13	14 17 36	7 33 32	20 49 35	20 12 29	27 43 24	21 51 25	22 45 30
10 Su	4 43 33	14 17 25	21 24 51	15 56 46	9 57 19	10 52 47	12 05 18	14 42 51	7 44 07	20 47 43	20 11 32	27 41 49	21 52 07	22 47 47
11 M	5 46 39	28 35 29	5 ♑ 44 43	17 31 52	11 14 19	11 22 57	12 25 26	15 09 17	7 55 46	20 47 06	20 11 49	27 41 24	21 54 01	22 51 16
12 Tu	6 50 38	12 ♑ 57 12	20 06 29	19 07 43	12 32 12	11 53 46	12 46 19	15 36 35	8 08 10	20 47 28	20 13 00	27 41 52	21 56 49	22 55 38
13 W	7 55 00	27 18 21	4 ♒ 25 31	20 43 47	13 50 29	12 24 46	13 07 26	16 04 16	8 20 51	20 48 18	20 14 37	27 42 43	22 00 01	23 00 23
14 Th	8 59 13	11 ♒ 33 55	18 36 39	22 19 30	15 08 36	12 55 21	13 28 15	16 31 47	8 33 14	20 49 03	20 16 06	27 43 24	22 03 05	23 04 59
15 F	10 02 48	25 38 50	2 ♓ 34 55	23 54 18	16 26 06	13 25 05	13 48 16	16 58 39	8 44 52	20 49 15	20 16 59	27 43 27	22 05 33	23 08 57
16 Sa	11 05 26	9 ♓ 28 33	16 16 13	25 27 51	17 42 40	13 53 38	14 07 12	17 24 35	8 55 26	20 48 35	20 16 58	27 42 34	22 07 05	23 11 60
17 Su	12 07 02	22 59 43	29 37 50	26 59 57	18 58 11	14 20 55	14 24 56	17 49 27	9 04 51	20 46 60	20 15 57	27 40 38	22 07 36	23 14 00
18 M	13 07 43	6 ♈ 10 35	12 ♈ 38 48	28 30 37	20 12 48	14 47 01	14 41 36	18 13 24	9 13 12	20 44 34	20 14 03	27 37 48	22 07 14	23 15 06
19 Tu	14 07 45	19 01 06	25 19 49	0 ♈ 00 02	21 26 46	15 12 14	14 57 28	18 36 41	9 20 46	20 41 35	20 11 33	27 34 19	22 06 14	23 15 33
20 W	15 07 27	1 ♉ 32 45	7 ♉ 43 03	1 28 22	22 40 25	15 36 52	15 12 51	18 59 39	9 27 54	20 38 23	20 08 46	27 30 31	22 04 57	23 15 42
21 Th	16 07 12	13 48 23	19 51 54	2 55 49	23 54 07	16 01 18	15 28 07	19 22 39	9 34 57	20 35 19	20 06 05	27 26 47	22 03 44	23 15 54
22 F	17 07 17	25 51 45	1 ♊ 50 33	4 22 30	25 08 09	16 25 48	15 43 34	19 45 58	9 42 12	20 32 41	20 03 46	27 23 24	22 02 52	23 16 26
23 Sa	18 07 53	7 ♊ 47 17	13 43 37	5 48 23	26 22 43	16 50 34	15 59 22	20 09 48	9 49 50	20 30 41	20 02 02	27 20 32	22 02 34	23 17 30
24 Su	19 09 03	19 39 39	25 35 55	7 13 14	27 37 51	17 15 38	16 15 34	20 34 11	9 57 55	20 29 21	20 00 55	27 18 17	22 02 52	23 19 10
25 M	20 10 44	1 ♋ 33 37	7 ♋ 32 12	8 36 41	28 53 31	17 40 58	16 32 08	20 59 05	10 06 22	20 28 38	20 00 22	27 16 33	22 03 43	23 21 21
26 Tu	21 12 47	13 33 44	19 36 52	9 58 15	0 ♓ 09 33	18 06 22	16 48 54	21 24 20	10 15 04	20 28 24	20 00 14	27 15 12	22 04 57	23 23 54
27 W	22 14 59	25 44 07	1 ♌ 53 46	11 17 18	1 25 44	18 31 39	17 05 39	21 49 44	10 23 47	20 28 25	20 00 18	27 14 02	22 06 23	23 26 37
28 Th	23 17 08	8 ♌ 08 18	14 26 01	12 33 09	2 41 53	18 56 36	17 22 10	22 15 04	10 32 18	20 28 30	20 00 23	27 12 51	22 07 47	23 29 19
29 F	24 19 04	20 49 00	27 15 48	13 45 06	3 57 50	19 21 03	17 38 19	22 40 10	10 40 29	20 28 28	20 00 18	27 11 28	22 09 01	23 31 48
30 Sa	25 20 42	3 ♍ 47 51	10 ♍ 24 08	14 52 28	5 13 29	19 44 55	17 54 00	23 04 59	10 48 14	20 28 16	19 59 59	27 09 49	22 09 60	23 34 00
31 Su	26 22 03	17 05 17	23 50 45	15 54 34	6 28 51	20 08 10	18 09 12	23 29 29	10 55 32	20 27 52	19 59 25	27 07 54	22 10 42	23 35 55

Notes

January 2029 — LONGITUDE

Day	☉	0 hr ☽	Noon ☽	☿	♀	♂	⚵	⚳	♃	♄	⚷	♅	♆	♇
1 M	27 ♓ 23 11	0 ♎ 40 29	7 ♎ 34 10	16 ♈ 50 43	7 ♓ 44 00	20 ♐ 30 55	18 ♑ 24 01	23 ♓ 53 45	11 ♑ 02 29	20 ♋ 27 21	19 ♋ 58 42	27 ♌ 05 48	22 ♊ 11 13	23 ♈ 37 38
2 Tu	28 24 12	14 31 20	21 31 45	17 40 13	8 59 03	20 53 14	18 38 32	24 17 53	11 09 11	20 26 51	19 57 55	27 03 36	22 11 40	23 39 15
3 W	29 25 13	28 34 44	5 ♏ 40 01	18 22 19	10 14 08	21 15 14	18 52 53	24 42 02	11 15 45	20 26 28	19 57 13	27 01 28	22 12 09	23 40 53
4 Th	0 ♈ 26 21	12 ♏ 46 57	19 55 03	18 56 11	11 29 18	21 37 01	19 07 08	25 06 15	11 22 16	20 26 17	19 56 39	26 59 27	22 12 46	23 42 37
5 F	1 27 35	27 03 54	4 ♐ 12 52	19 20 56	12 44 36	21 58 34	19 21 18	25 30 34	11 28 44	20 26 19	19 56 16	26 57 34	22 13 32	23 44 28
6 Sa	2 28 52	11 ♐ 21 45	18 29 52	19 35 38	13 59 56	22 19 49	19 35 20	25 54 54	11 35 06	20 26 31	19 55 58	26 55 46	22 14 22	23 46 23
7 Su	3 30 06	25 37 05	2 ♑ 42 55	19 39 26	15 15 14	22 40 39	19 49 06	26 19 10	11 41 15	20 26 46	19 55 41	26 53 56	22 15 10	23 48 15
8 M	4 31 09	9 ♑ 47 07	16 49 36	19 31 36	16 30 21	23 00 58	20 02 30	26 43 15	11 47 05	20 26 57	19 55 16	26 51 58	22 15 51	23 49 56
9 Tu	5 31 58	23 49 44	0 ♒ 48 01	19 11 43	17 45 14	23 20 39	20 15 27	27 07 04	11 52 30	20 27 00	19 54 41	26 49 47	22 16 18	23 51 24
10 W	6 32 32	7 ♒ 43 21	14 36 45	18 39 48	18 59 53	23 39 43	20 27 57	27 30 37	11 57 32	20 26 56	19 53 54	26 47 25	22 16 33	23 52 38
11 Th	7 32 58	21 26 46	28 14 41	17 56 19	20 14 24	23 58 16	20 40 07	27 54 01	12 02 16	20 26 50	19 53 03	26 44 56	22 16 42	23 53 43
12 F	8 33 27	4 ♓ 58 59	11 ♓ 40 54	17 02 19	21 28 58	24 16 28	20 52 06	28 17 26	12 06 53	20 26 53	19 52 18	26 42 33	22 16 55	23 54 52
13 Sa	9 34 11	18 19 13	24 54 38	15 59 21	22 43 48	24 34 31	21 04 08	28 41 06	12 11 36	20 27 19	19 51 52	26 40 27	22 17 26	23 56 18
14 Su	10 35 23	1 ♈ 26 44	7 ♈ 55 18	14 49 24	23 59 07	24 52 38	21 16 26	29 05 13	12 16 38	20 28 20	19 51 59	26 38 53	22 18 28	23 58 12
15 M	11 37 13	14 21 04	20 42 39	13 34 48	25 15 03	25 10 56	21 29 07	29 29 55	12 22 07	20 30 06	19 52 46	26 37 58	22 20 08	24 00 44
16 Tu	12 39 41	27 02 07	3 ♉ 16 50	12 17 57	26 31 38	25 29 29	21 42 15	29 55 16	12 28 07	20 32 37	19 54 17	26 37 46	22 22 31	24 03 56
17 W	13 42 44	9 ♉ 30 14	15 38 36	11 01 16	27 48 49	25 48 10	21 55 44	0 ♈ 21 10	12 34 30	20 35 51	19 56 26	26 38 11	22 25 30	24 07 43
18 Th	14 46 09	21 46 25	27 49 21	9 46 56	29 06 22	26 06 46	22 09 22	0 47 25	12 41 07	20 39 34	19 59 02	26 39 01	22 28 54	24 11 53
19 F	15 49 38	3 ♊ 52 24	9 ♊ 51 11	8 36 48	0 ♈ 23 60	26 25 00	22 22 50	1 13 43	12 47 37	20 43 28	20 01 46	26 39 59	22 32 25	24 16 08
20 Sa	16 52 50	15 50 38	21 46 58	7 32 20	1 41 21	26 42 30	22 35 48	1 39 43	12 53 42	20 47 13	20 04 17	26 40 44	22 35 41	24 20 08
21 Su	17 55 27	27 44 20	3 ♋ 40 13	6 34 38	2 58 08	26 58 57	22 47 57	2 05 07	12 59 01	20 50 29	20 06 17	26 40 56	22 38 25	24 23 33
22 M	18 57 13	9 ♋ 37 26	15 35 06	5 44 26	4 14 05	27 14 05	22 59 02	2 29 39	13 03 21	20 53 03	20 07 32	26 40 22	22 40 21	24 26 09
23 Tu	19 58 05	21 34 23	27 36 13	5 02 14	5 29 08	27 27 49	23 08 58	2 53 15	13 06 36	20 54 49	20 07 56	26 38 57	22 41 25	24 27 50
24 W	20 58 06	3 ♌ 40 04	9 ♌ 48 28	4 28 22	6 43 22	27 40 15	23 17 50	3 16 01	13 08 51	20 55 53	20 07 35	26 36 46	22 41 41	24 28 44
25 Th	21 57 34	15 59 29	22 16 40	4 03 06	7 57 03	27 51 36	23 25 54	3 38 11	13 10 24	20 56 31	20 06 44	26 34 05	22 41 27	24 29 04
26 F	22 56 54	28 37 21	5 ♍ 05 12	3 46 37	9 10 37	28 02 20	23 33 35	4 00 13	13 11 38	20 57 08	20 05 50	26 31 20	22 41 08	24 29 18
27 Sa	23 56 35	11 ♍ 37 38	18 17 24	3 39 02	10 24 33	28 12 54	23 41 24	4 22 35	13 13 05	20 58 14	20 05 23	26 29 00	22 41 13	24 29 55
28 Su	24 57 07	25 02 56	1 ♎ 55 02	3 40 21	11 39 21	28 23 47	23 49 49	4 45 46	13 15 12	21 00 19	20 05 50	26 27 36	22 42 12	24 31 23
29 M	25 58 53	8 ♎ 53 55	15 57 37	3 50 24	12 55 23	28 35 21	23 59 13	5 10 10	13 18 23	21 03 44	20 07 36	26 27 28	22 44 26	24 34 06
30 Tu	27 01 60	23 08 42	0 ♏ 22 09	4 08 47	14 12 48	28 47 44	24 09 42	5 35 53	13 22 46	21 08 37	20 10 47	26 28 46	22 48 05	24 38 11
31 W	28 06 20	7 ♏ 42 51	15 03 05	4 34 49	15 31 26	29 00 47	24 21 10	6 02 48	13 28 11	21 14 51	20 15 16	26 31 21	22 52 59	24 43 30

February 2029 — LONGITUDE

Day	☉	0 hr ☽	Noon ☽	☿	♀	♂	⚵	⚳	♃	♄	⚷	♅	♆	♇
1 Th	29 ♈ 11 28	22 ♏ 29 36	29 ♏ 52 56	5 ♈ 07 32	16 ♈ 50 53	29 ♐ 14 02	24 ♑ 33 09	6 ♈ 30 30	13 ♑ 34 15	21 ♋ 21 60	20 ♋ 20 37	26 ♌ 34 48	22 ♊ 58 44	24 ♈ 49 38
2 F	0 ♉ 16 46	7 ♐ 20 47	14 ♐ 43 21	5 45 48	18 10 31	29 26 53	24 45 03	6 58 20	13 40 18	21 29 26	20 26 12	26 38 29	23 04 42	24 55 57
3 Sa	1 21 33	22 08 06	29 26 26	6 28 27	19 29 38	29 38 36	24 56 09	7 25 37	13 45 39	21 36 26	20 31 20	26 41 42	23 10 10	25 01 45
4 Su	2 25 11	6 ♑ 44 25	13 ♑ 55 56	7 14 27	20 47 37	29 48 34	25 05 50	7 51 44	13 49 42	21 42 26	20 35 24	26 43 51	23 14 33	25 06 26
5 M	3 27 22	21 04 43	28 07 50	8 03 04	22 04 09	29 56 27	25 13 47	8 16 21	13 52 07	21 47 05	20 38 04	26 44 36	23 17 29	25 09 39
6 Tu	4 28 04	5 ♒ 06 23	12 ♒ 00 33	8 53 58	23 19 14	0 ♑ 02 13	25 19 59	8 39 28	13 52 53	21 50 22	20 39 21	26 43 57	23 19 01	25 11 25
7 W	5 27 41	18 49 06	25 34 31	9 47 10	24 33 14	0 06 15	25 24 48	9 01 27	13 52 22	21 52 40	20 39 35	26 42 16	23 19 29	25 12 05
8 Th	6 26 50	2 ♓ 14 09	8 ♓ 51 29	10 43 01	25 46 47	0 09 09	25 28 52	9 22 57	13 51 14	21 54 38	20 39 27	26 40 12	23 19 31	25 12 19
9 F	7 26 18	15 23 47	21 53 53	11 42 04	27 00 41	0 11 43	25 32 58	9 44 45	13 50 14	21 57 01	20 39 42	26 38 31	23 19 56	25 12 53
10 Sa	8 26 53	28 20 31	4 ♈ 44 15	12 44 51	28 15 40	0 14 41	25 37 52	10 07 36	13 50 10	22 00 37	20 41 07	26 38 00	23 21 29	25 14 33
11 Su	9 29 09	11 ♈ 06 36	17 24 40	13 51 45	29 32 23	0 18 41	25 44 11	10 32 07	13 51 38	22 06 02	20 44 19	26 39 16	23 24 46	25 17 57
12 M	10 33 29	23 43 46	29 56 44	15 02 58	0 ♉ 51 10	0 24 02	25 52 16	10 58 40	13 54 60	22 13 38	20 49 38	26 42 40	23 30 10	25 23 25
13 Tu	11 39 53	6 ♉ 13 04	12 ♉ 21 26	16 18 19	2 12 02	0 30 44	26 02 06	11 27 14	14 00 14	22 23 24	20 57 06	26 48 12	23 37 40	25 30 57
14 W	12 48 01	18 35 07	24 39 18	17 37 21	3 34 39	0 38 28	26 13 23	11 57 31	14 07 03	22 35 01	21 06 22	26 55 33	23 46 57	25 40 15
15 Th	13 57 16	0 ♊ 50 13	6 ♊ 50 46	18 59 20	4 58 24	0 46 36	26 25 29	12 28 53	14 14 49	22 47 52	21 16 51	27 04 05	23 57 24	25 50 41
16 F	15 06 49	12 58 45	18 56 26	20 23 20	6 22 29	0 54 19	26 37 35	13 00 31	14 22 44	23 01 08	21 27 42	27 13 02	24 08 12	26 01 26
17 Sa	16 15 49	25 01 29	0 ♋ 57 21	21 48 23	7 46 00	1 00 45	26 48 49	13 31 34	14 29 56	23 13 58	21 38 04	27 21 29	24 18 29	26 11 39
18 Su	17 23 27	6 ♋ 59 55	12 55 23	23 13 37	9 08 12	1 05 05	26 58 23	14 01 13	14 35 36	23 25 33	21 47 10	27 28 39	24 27 28	26 20 31
19 M	18 29 10	18 56 30	24 53 20	24 38 22	10 28 28	1 06 46	27 05 44	14 28 54	14 39 11	23 35 19	21 54 24	27 33 59	24 34 34	26 27 29
20 Tu	19 32 42	0 ♌ 54 40	6 ♌ 54 59	26 02 20	11 46 36	1 05 31	27 10 35	14 54 23	14 40 26	23 43 01	21 59 33	27 37 13	24 39 32	26 32 17
21 W	20 34 12	12 58 57	19 05 06	27 25 37	13 02 42	1 01 30	27 13 06	15 17 47	14 39 29	23 48 49	22 02 44	27 38 30	24 42 31	26 35 05
22 Th	21 34 11	25 14 40	1 ♍ 29 09	28 48 40	14 17 18	0 55 13	27 13 47	15 39 38	14 36 53	23 53 12	22 04 29	27 38 22	24 44 02	26 36 23
23 F	22 33 28	7 ♍ 47 36	14 12 50	0 ♉ 12 16	15 31 14	0 47 30	27 13 27	16 00 46	14 33 25	23 56 60	22 05 37	27 37 36	24 44 54	26 37 00
24 Sa	23 33 03	20 43 27	27 21 30	1 37 24	16 45 29	0 39 21	27 13 07	16 22 08	14 30 07	24 01 12	22 07 07	27 37 14	24 46 07	26 37 57
25 Su	24 33 55	4 ♎ 07 02	10 ♎ 59 14	3 04 59	18 01 01	0 31 43	27 13 44	16 44 45	14 27 55	24 06 47	22 09 58	27 38 13	24 48 39	26 40 10
26 M	25 36 48	18 01 16	25 07 50	4 35 45	19 18 36	0 25 22	27 16 04	17 09 21	14 27 37	24 14 31	22 14 56	27 41 19	24 53 16	26 44 27
27 Tu	26 42 04	2 ♏ 26 12	9 ♏ 45 49	6 10 04	20 38 36	0 20 41	27 20 29	17 36 18	14 29 33	24 24 44	22 22 21	27 46 53	25 00 19	26 51 08
28 W	27 49 34	17 18 11	24 47 50	7 47 45	22 00 51	0 17 29	27 26 48	18 05 27	14 33 34	24 37 18	22 32 05	27 54 46	25 09 39	27 00 05

Notes

LONGITUDE

March 2029

Day	☉	0 hr ☽	Noon ☽	☿	♀	♂	⚴	⚳	♃	♄	⚷	♅	♆	♇
1 Th	28 ♉ 58 38	2 ♐ 29 44	10 ♐ 04 55	9 ♉ 28 07	23 ♉ 24 39	0 ♑ 15 06	27 ♑ 34 21	18 ♈ 36 06	14 ♑ 39 00	24 ♋ 51 31	22 ♋ 43 26	28 ♌ 04 17	25 ♊ 20 34	27 ♈ 10 35
2 F	0 ♊ 08 11	17 50 15	25 25 39	11 10 05	24 48 59	0 12 29	27 42 04	19 07 11	14 44 47	25 06 19	22 55 21	28 14 22	25 32 01	27 21 35
3 Sa	1 17 01	3 ♑ 07 51	10 ♑ 38 17	12 52 27	26 12 37	0 08 26	27 48 44	19 37 31	14 49 42	25 20 31	23 06 38	28 23 50	25 42 48	27 31 54
4 Su	2 24 07	18 11 34	25 32 51	14 34 12	27 34 31	0 01 56	27 53 21	20 06 04	14 52 45	25 33 05	23 16 14	28 31 38	25 51 54	27 40 30
5 M	3 28 53	2 ♒ 53 09	10 ♒ 02 42	16 14 43	28 54 06	29 ♐ 52 23	27 55 18	20 32 13	14 53 18	25 43 23	23 23 34	28 37 11	25 58 41	27 46 45
6 Tu	4 31 15	17 08 13	24 05 01	17 53 57	0 ♊ 11 19	29 39 46	27 54 32	20 55 55	14 51 20	25 51 25	23 28 35	28 40 24	26 03 07	27 50 38
7 W	5 31 46	0 ♓ 55 59	7 ♓ 40 24	19 32 28	1 26 41	29 24 36	27 51 34	21 17 43	14 47 22	25 57 40	23 31 47	28 41 51	26 05 44	27 52 40
8 Th	6 31 21	14 18 38	20 51 55	21 11 10	2 41 08	29 07 51	27 47 21	21 38 31	14 42 21	26 03 05	23 34 09	28 42 27	26 07 27	27 53 47
9 F	7 31 12	27 20 07	3 ♈ 43 58	22 51 17	3 55 51	28 50 42	27 43 03	21 59 31	14 37 26	26 08 51	23 36 49	28 43 22	26 09 28	27 55 10
10 Sa	8 32 25	10 ♈ 05 04	16 21 19	24 33 55	5 11 59	28 34 19	27 39 49	22 21 51	14 33 47	26 16 05	23 40 56	28 45 46	26 12 54	27 57 56
11 Su	9 35 57	22 37 59	28 48 18	26 20 02	6 30 26	28 19 39	27 38 33	22 46 25	14 32 19	26 25 43	23 47 25	28 50 32	26 18 41	28 03 01
12 M	10 42 18	5 ♉ 02 38	11 ♉ 08 24	28 10 09	7 51 43	28 07 14	27 39 49	23 13 45	14 33 34	26 38 16	23 56 49	28 58 13	26 27 20	28 10 57
13 Tu	11 51 34	17 21 42	23 24 01	0 ♊ 04 22	9 15 56	27 57 12	27 43 38	23 43 55	14 37 35	26 53 49	24 09 10	29 08 53	26 38 55	28 21 48
14 W	13 03 18	29 36 50	5 ♊ 36 33	2 02 16	10 42 38	27 49 08	27 49 38	24 16 31	14 43 59	27 11 56	24 24 03	29 22 06	26 53 02	28 35 08
15 Th	14 16 42	11 ♊ 48 47	17 46 32	4 03 03	12 11 01	27 42 15	27 56 59	24 50 42	14 51 56	27 31 49	24 40 41	29 37 04	27 08 50	28 50 08
16 F	15 30 41	23 57 43	29 54 06	6 05 38	13 39 60	27 35 31	28 04 35	25 25 24	15 00 21	27 52 21	24 57 57	29 52 42	27 25 16	29 05 44
17 Sa	16 44 03	6 ♋ 03 40	11 ♋ 59 22	8 08 51	15 08 23	27 27 47	28 11 17	25 59 25	15 08 04	28 12 22	25 14 41	0 ♍ 07 48	27 41 07	29 20 45
18 Su	17 55 43	18 07 01	24 02 59	10 11 36	16 35 05	27 17 59	28 15 59	26 31 40	15 13 59	28 30 46	25 29 46	0 21 16	27 55 18	29 34 04
19 M	19 04 52	0 ♌ 08 57	6 ♌ 06 21	12 13 05	17 59 17	27 05 20	28 17 52	27 01 20	15 17 18	28 46 44	25 42 24	0 32 19	28 07 01	29 44 53
20 Tu	20 11 05	12 11 39	18 12 06	14 12 54	19 20 34	26 49 30	28 16 33	27 28 00	15 17 36	28 59 52	25 52 10	0 40 31	28 15 51	29 52 47
21 W	21 14 27	24 18 33	0 ♍ 23 59	16 11 05	20 39 02	26 30 35	28 12 05	27 51 45	15 14 58	29 10 15	25 59 10	0 45 57	28 21 52	29 57 51
22 Th	22 15 32	6 ♍ 34 16	12 46 58	18 08 13	21 55 14	26 09 11	28 05 03	28 13 09	15 09 59	29 18 25	26 03 56	0 49 11	28 25 38	0 ♉ 00 39
23 F	23 15 16	19 04 23	25 26 44	20 05 12	23 10 06	25 46 19	27 56 26	28 33 08	15 03 36	29 25 20	26 07 26	0 51 09	28 28 07	0 02 08
24 Sa	24 14 53	1 ♎ 54 54	8 ♎ 29 14	22 03 13	24 24 52	25 23 12	27 47 24	28 52 54	14 57 01	29 32 12	26 10 52	0 53 05	28 30 30	0 03 29
25 Su	25 15 34	15 11 34	21 59 48	24 03 24	25 40 43	25 01 07	27 39 12	29 13 40	14 51 26	29 40 14	26 15 26	0 56 10	28 34 00	0 05 56
26 M	26 18 19	28 58 47	6 ♏ 01 57	26 06 42	26 58 39	24 41 06	27 32 49	29 36 27	14 47 54	29 50 26	26 22 08	1 01 24	28 39 37	0 10 29
27 Tu	27 23 42	13 ♏ 18 33	20 36 16	28 13 35	28 19 15	24 23 44	27 28 49	0 ♉ 01 46	14 46 55	0 ♌ 03 19	26 31 32	1 09 21	28 47 54	0 17 40
28 W	28 31 39	28 09 10	5 ♐ 39 15	0 ♋ 23 51	29 42 25	24 09 01	27 27 09	0 29 34	14 48 28	0 18 52	26 43 33	1 19 56	28 58 47	0 27 26
29 Th	29 41 29	13 ♐ 24 38	21 03 01	2 36 44	1 ♋ 07 30	23 56 18	27 27 08	0 59 11	14 51 52	0 36 22	26 57 32	1 32 30	29 11 35	0 39 06
30 F	0 ♋ 52 04	28 54 51	6 ♑ 36 02	4 50 53	2 33 20	23 44 29	27 27 38	1 29 26	14 55 58	0 54 41	27 12 17	1 45 53	29 25 10	0 51 31
31 Sa	2 02 01	14 ♑ 27 03	22 05 01	7 04 46	3 58 33	23 32 14	27 27 18	1 58 59	14 59 24	1 12 27	27 26 29	1 58 42	29 38 09	1 03 19

LONGITUDE

April 2029

Day	☉	0 hr ☽	Noon ☽	☿	♀	♂	⚴	⚳	♃	♄	⚷	♅	♆	♇
1 Su	3 ♋ 10 08	29 ♑ 48 13	7 ♒ 17 39	9 ♋ 16 57	5 ♋ 21 57	23 ♐ 18 24	27 ♑ 24 56	2 ♉ 26 36	15 ♑ 00 58	1 ♌ 28 27	27 ♋ 38 54	2 ♍ 09 46	29 ♊ 49 20	1 ♉ 13 18
2 M	4 15 39	14 ♒ 47 36	22 04 39	11 26 25	6 42 47	23 02 15	27 19 45	2 51 32	14 59 55	1 41 56	27 48 47	2 18 19	29 57 57	1 20 41
3 Tu	5 18 27	29 18 20	6 ♓ 21 04	13 32 46	8 00 54	22 43 41	27 11 40	3 13 39	14 56 07	1 52 45	27 55 59	2 24 12	0 ♋ 03 53	1 25 22
4 W	6 19 00	13 ♓ 17 55	20 06 09	15 36 10	9 16 46	22 23 14	27 01 08	3 33 24	14 50 03	2 01 23	28 00 58	2 27 55	0 07 35	1 27 47
5 Th	7 18 16	26 47 38	3 ♈ 22 27	17 37 14	10 31 23	22 01 53	26 49 08	3 51 46	14 42 40	2 08 47	28 04 44	2 30 24	0 10 01	1 28 56
6 F	8 17 27	9 ♈ 51 21	16 14 38	19 36 51	11 45 55	21 40 53	26 36 54	4 09 57	14 35 13	2 16 11	28 08 27	2 32 53	0 12 24	1 30 00
7 Sa	9 17 46	22 34 15	28 48 13	21 35 50	13 01 36	21 21 30	26 25 39	4 29 09	14 28 53	2 24 46	28 13 22	2 36 34	0 15 57	1 32 13
8 Su	10 20 11	5 ♉ 01 49	11 ♉ 08 44	23 34 49	14 19 24	21 04 44	26 16 21	4 50 22	14 24 40	2 35 31	28 20 25	2 42 25	0 21 38	1 36 32
9 M	11 25 19	17 19 04	23 20 57	25 34 01	15 39 56	20 51 12	26 09 38	5 14 10	14 23 09	2 49 03	28 30 14	2 51 03	0 30 02	1 43 34
10 Tu	12 33 16	29 30 02	5 ♊ 28 39	27 33 11	17 03 18	20 41 05	26 05 37	5 40 40	14 24 29	3 05 26	28 42 55	3 02 34	0 41 18	1 53 26
11 W	13 43 40	11 ♊ 37 39	17 34 23	29 31 36	18 29 07	20 34 01	26 03 57	6 09 30	14 28 17	3 24 21	28 58 05	3 16 36	0 55 01	2 05 45
12 Th	14 55 44	23 43 47	29 39 41	1 ♌ 28 11	19 56 37	20 29 15	26 03 51	6 39 53	14 33 46	3 44 59	29 14 58	3 32 22	1 10 26	2 19 44
13 F	16 08 25	5 ♋ 49 21	11 ♋ 45 16	3 21 34	21 24 44	20 25 45	26 04 17	7 10 45	14 39 54	4 06 16	29 32 30	3 48 49	1 26 30	2 34 20
14 Sa	17 20 33	17 54 46	23 51 23	5 10 20	22 52 20	20 22 24	26 04 06	7 40 58	14 45 31	4 27 05	29 49 32	4 04 47	1 42 02	2 48 24
15 Su	18 31 04	0 ♌ 00 20	5 ♌ 58 20	6 53 09	24 18 20	20 18 10	26 02 16	8 09 26	14 49 35	4 46 20	0 ♌ 05 00	4 19 13	1 55 59	3 00 51
16 M	19 39 10	12 06 41	18 06 53	8 29 00	25 41 55	20 12 14	25 57 58	8 35 21	14 51 16	5 03 13	0 18 06	4 31 17	2 07 32	3 10 54
17 Tu	20 44 25	24 15 06	0 ♍ 18 34	9 57 16	27 02 40	20 04 12	25 50 47	8 58 17	14 50 09	5 17 18	0 28 23	4 40 34	2 16 15	3 18 06
18 W	21 46 49	6 ♍ 27 54	12 35 59	11 17 49	28 20 36	19 54 07	25 40 45	9 18 15	14 46 17	5 28 37	0 35 52	4 47 04	2 22 10	3 22 28
19 Th	22 46 52	18 48 24	25 02 46	12 30 56	29 36 11	19 42 27	25 28 22	9 35 44	14 40 06	5 37 36	0 41 02	4 51 18	2 25 45	3 24 29
20 F	23 45 24	1 ♎ 20 56	7 ♎ 43 30	13 37 22	0 ♌ 50 16	19 30 04	25 14 29	9 51 34	14 32 30	5 45 08	0 44 44	4 54 04	2 27 50	3 25 00
21 Sa	24 43 30	14 10 26	20 43 12	14 38 05	2 03 55	19 18 04	25 00 12	10 06 49	14 24 31	5 52 17	0 48 02	4 56 28	2 29 31	3 25 05
22 Su	25 42 16	27 21 59	4 ♏ 06 43	15 34 05	3 18 16	19 07 33	24 46 38	10 22 36	14 17 19	6 00 09	0 52 03	4 59 36	2 31 53	3 25 51
23 M	26 42 39	10 ♏ 59 51	17 57 49	16 26 14	4 34 15	18 59 28	24 34 44	10 39 52	14 11 49	6 09 41	0 57 44	5 04 25	2 35 54	3 28 15
24 Tu	27 45 12	25 06 38	2 ♐ 18 00	17 15 00	5 52 24	18 54 23	24 25 05	10 59 10	14 08 35	6 21 27	1 05 37	5 11 28	2 42 06	3 32 49
25 W	28 49 58	9 ♐ 42 04	17 05 36	18 00 23	7 12 47	18 52 20	24 17 43	11 20 30	14 07 39	6 35 27	1 15 44	5 20 48	2 50 32	3 39 36
26 Th	29 56 25	24 42 16	2 ♑ 14 60	18 41 49	8 34 52	18 52 48	24 12 08	11 43 24	14 08 31	6 51 11	1 27 36	5 31 52	3 00 41	3 48 05
27 F	1 ♌ 03 38	9 ♑ 59 34	17 36 59	19 18 21	9 57 43	18 54 52	24 07 25	12 06 54	14 10 15	7 07 44	1 40 15	5 43 46	3 11 37	3 57 21
28 Sa	2 10 27	25 23 14	2 ♒ 59 56	19 48 51	11 20 12	18 57 21	24 02 27	12 29 52	14 11 43	7 23 56	1 52 33	5 55 20	3 22 11	4 06 13
29 Su	3 15 52	10 ♒ 41 19	18 11 55	20 12 16	12 41 16	18 59 14	23 56 10	12 51 14	14 11 51	7 38 45	2 03 27	6 05 32	3 31 20	4 13 40
30 M	4 19 08	25 42 45	3 ♓ 02 53	20 27 58	14 00 13	18 59 48	23 47 53	13 10 18	14 09 59	7 51 27	2 12 15	6 13 39	3 38 22	4 18 59

Notes

May 2029 LONGITUDE

Day	☉	0 hr ☽	Noon ☽	☿	♀	♂	⚵	⚳	♃	♄	⚷	♅	♆	♇
1 Tu	5 ♌ 20 03	10 ♓ 19 19	17 ♓ 26 12	20 ♌ 35 51	15 ♌ 16 49	18 ♐ 58 49	23 ♑ 37 23	13 ♉ 26 52	14 ♑ 05 53	8 ♌ 01 51	2 ♌ 18 44	6 ♍ 19 28	3 ♋ 43 04	4 ♉ 21 57
2 W	6 18 55	24 26 36	1 ♈ 19 06	20 36 19	16 31 23	18 56 36	23 25 01	13 41 12	13 59 51	8 10 13	2 23 11	6 23 17	3 45 43	4 22 52
3 Th	7 16 27	8 ♈ 03 50	14 42 20	20 30 16	17 44 36	18 53 49	23 11 27	13 54 00	13 52 36	8 17 17	2 26 19	6 25 49	3 47 03	4 22 27
4 F	8 13 34	21 13 17	27 39 12	20 18 52	18 57 26	18 51 25	22 57 40	14 06 13	13 45 04	8 23 58	2 29 03	6 27 58	3 47 58	4 21 36
5 Sa	9 11 14	3 ♉ 59 06	10 ♉ 14 28	20 03 21	20 10 49	18 50 22	22 44 36	14 18 48	13 38 13	8 31 13	2 32 22	6 30 44	3 49 27	4 21 19
6 Su	10 10 16	16 26 21	22 33 30	19 44 52	21 25 33	18 51 26	22 33 06	14 32 33	13 32 52	8 39 51	2 37 04	6 34 53	3 52 18	4 22 23
7 M	11 11 10	28 40 14	4 ♊ 41 30	19 24 20	22 42 10	18 55 09	22 23 41	14 47 58	13 29 31	8 50 22	2 43 38	6 40 57	3 57 01	4 25 18
8 Tu	12 14 05	10 ♊ 45 31	16 43 04	19 02 21	24 00 49	19 01 39	22 16 30	15 05 12	13 28 20	9 02 56	2 52 15	6 49 05	4 03 45	4 30 15
9 W	13 18 49	22 46 12	28 41 57	18 39 12	25 21 17	19 10 43	22 11 21	15 24 03	13 29 06	9 17 20	3 02 41	6 59 04	4 12 19	4 36 59
10 Th	14 24 48	4 ♋ 45 25	10 ♋ 40 58	18 14 56	26 43 01	19 21 48	22 07 42	15 43 58	13 31 18	9 33 01	3 14 25	7 10 22	4 22 09	4 45 00
11 F	15 31 20	16 45 27	22 42 05	17 49 22	28 05 18	19 34 09	22 04 50	16 04 12	13 34 10	9 49 14	3 26 41	7 22 13	4 32 30	4 53 32
12 Sa	16 37 33	28 47 55	4 ♌ 46 38	17 22 18	29 27 16	19 46 57	22 01 55	16 23 56	13 36 54	10 05 11	3 38 40	7 33 50	4 42 34	5 01 46
13 Su	17 42 43	10 ♌ 53 55	16 55 31	16 53 36	0 ♍ 48 12	19 59 23	21 58 13	16 42 22	13 38 44	10 20 05	3 49 36	7 44 25	4 51 35	5 08 56
14 M	18 46 13	23 04 24	29 09 35	16 23 19	2 07 28	20 10 53	21 53 07	16 58 57	13 39 05	10 33 20	3 58 53	7 53 22	4 58 56	5 14 27
15 Tu	19 47 44	5 ♍ 20 26	11 ♍ 29 54	15 51 44	3 24 45	20 21 07	21 46 20	17 13 19	13 37 37	10 44 38	4 06 12	8 00 24	5 04 18	5 17 58
16 W	20 47 15	17 43 26	23 57 57	15 19 27	4 40 04	20 30 03	21 37 50	17 25 28	13 34 19	10 53 56	4 11 33	8 05 28	5 07 42	5 19 30
17 Th	21 45 05	0 ♎ 15 20	6 ♎ 35 51	14 47 20	5 53 41	20 37 58	21 27 57	17 35 42	13 29 31	11 01 34	4 15 12	8 08 52	5 09 23	5 19 20
18 F	22 41 47	12 58 39	19 26 15	14 16 27	7 06 10	20 45 25	21 17 14	17 44 33	13 23 45	11 08 04	4 17 44	8 11 11	5 09 57	5 18 02
19 Sa	23 38 03	25 56 18	2 ♏ 32 09	13 47 58	8 18 14	20 53 07	21 06 24	17 52 46	13 17 44	11 14 10	4 19 52	8 13 07	5 10 06	5 16 18
20 Su	24 34 38	9 ♏ 11 23	15 56 35	13 23 03	9 30 38	21 01 46	20 56 12	18 01 04	13 12 14	11 20 35	4 22 19	8 15 24	5 10 34	5 14 53
21 M	25 32 09	22 46 33	29 41 51	13 02 41	10 43 58	21 12 01	20 47 16	18 10 03	13 07 52	11 27 57	4 25 43	8 18 40	5 11 58	5 14 25
22 Tu	26 31 00	6 ♐ 43 27	13 ♐ 48 59	12 47 30	11 58 38	21 24 12	20 39 58	18 20 08	13 04 60	11 36 39	4 30 27	8 23 17	5 14 42	5 15 17
23 W	27 31 13	21 01 56	28 16 54	12 37 48	13 14 40	21 38 23	20 34 23	18 31 20	13 03 41	11 46 44	4 36 34	8 29 18	5 18 49	5 17 30
24 Th	28 32 31	5 ♑ 39 34	13 ♑ 01 59	12 33 29	14 31 48	21 54 15	20 30 13	18 43 23	13 03 40	11 57 54	4 43 47	8 36 27	5 24 01	5 20 49
25 F	29 34 22	20 31 16	27 58 03	12 34 07	15 49 28	22 11 14	20 26 56	18 55 43	13 04 22	12 09 37	4 51 32	8 44 10	5 29 45	5 24 40
26 Sa	0 ♍ 36 05	5 ♒ 29 43	12 ♒ 56 57	12 39 06	17 07 01	22 28 40	20 23 51	19 07 40	13 05 08	12 21 13	4 59 10	8 51 48	5 35 21	5 28 23
27 Su	1 37 03	20 26 12	27 49 40	12 47 52	18 23 49	22 45 56	20 20 22	19 18 37	13 05 21	12 32 03	5 06 04	8 58 42	5 40 13	5 31 22
28 M	2 36 51	5 ♓ 11 59	12 ♓ 27 51	12 59 60	19 39 27	23 02 33	20 16 03	19 28 07	13 04 35	12 41 43	5 11 46	9 04 27	5 43 54	5 33 09
29 Tu	3 35 19	19 39 39	26 44 59	13 15 17	20 53 43	23 18 22	20 10 43	19 36 00	13 02 39	12 50 02	5 16 08	9 08 54	5 46 13	5 33 36
30 W	4 32 33	3 ♈ 44 04	10 ♈ 37 10	13 33 48	22 06 47	23 33 30	20 04 31	19 42 24	12 59 42	12 57 08	5 19 17	9 12 08	5 47 20	5 32 49
31 Th	5 28 55	17 22 47	24 03 12	13 55 50	23 18 58	23 48 16	19 57 47	19 47 38	12 56 04	13 03 20	5 21 33	9 14 31	5 47 33	5 31 09

June 2029 LONGITUDE

Day	☉	0 hr ☽	Noon ☽	☿	♀	♂	⚵	⚳	♃	♄	⚷	♅	♆	♇
1 F	6 ♍ 24 53	0 ♉ 35 56	7 ♉ 04 16	14 ♌ 21 47	24 ♍ 30 45	24 ♐ 03 09	19 ♑ 50 59	19 ♉ 52 12	12 ♑ 52 14	13 ♌ 09 08	5 ♌ 23 25	9 ♍ 16 32	5 ♋ 47 22	5 ♉ 29 05
2 Sa	7 20 58	13 25 39	19 43 19	14 52 04	25 42 39	24 18 37	19 44 38	19 56 34	12 48 41	13 15 01	5 25 22	9 18 40	5 47 16	5 27 07
3 Su	8 17 34	25 55 28	2 ♊ 04 23	15 26 60	26 55 03	24 35 06	19 39 09	20 01 10	12 45 51	13 21 25	5 27 50	9 21 20	5 47 41	5 25 39
4 M	9 14 58	8 ♊ 09 41	14 12 04	16 06 45	28 08 15	24 52 52	19 34 49	20 06 16	12 44 01	13 28 36	5 31 06	9 24 51	5 48 53	5 24 59
5 Tu	10 13 16	20 12 53	26 11 01	16 51 20	29 22 21	25 11 60	19 31 43	20 11 58	12 43 16	13 36 39	5 35 14	9 29 12	5 50 58	5 25 12
6 W	11 12 23	2 ♋ 09 33	8 ♋ 05 40	17 40 35	0 ♎ 37 15	25 32 24	19 29 47	20 18 11	12 43 31	13 45 30	5 40 11	9 34 26	5 53 50	5 26 13
7 Th	12 12 06	14 03 50	19 59 59	18 34 09	1 52 44	25 53 50	19 28 46	20 24 40	12 44 33	13 54 56	5 45 42	9 40 15	5 57 18	5 27 49
8 F	13 12 04	25 59 24	1 ♌ 57 23	19 31 38	3 08 29	26 15 60	19 28 22	20 31 06	12 46 03	14 04 35	5 51 28	9 46 21	6 00 60	5 29 40
9 Sa	14 11 58	7 ♌ 59 22	14 00 42	20 32 37	4 24 08	26 38 30	19 28 14	20 37 08	12 47 39	14 14 09	5 57 08	9 52 23	6 04 36	5 31 26
10 Su	15 11 28	20 06 18	26 12 12	21 36 43	5 39 24	27 01 03	19 28 03	20 42 27	12 49 04	14 23 17	6 02 24	9 58 01	6 07 48	5 32 48
11 M	16 10 22	2 ♍ 22 14	8 ♍ 33 34	22 43 37	6 54 03	27 23 25	19 27 35	20 46 51	12 50 03	14 31 47	6 07 01	10 03 04	6 10 22	5 33 32
12 Tu	17 08 32	14 48 40	21 06 04	23 53 11	8 07 58	27 45 28	19 26 45	20 50 12	12 50 31	14 39 33	6 10 55	10 07 24	6 12 12	5 33 32
13 W	18 06 01	27 26 47	3 ♎ 50 39	25 05 21	9 21 10	28 07 14	19 25 34	20 52 31	12 50 29	14 46 35	6 14 06	10 11 03	6 13 19	5 32 51
14 Th	19 02 57	10 ♎ 17 25	16 47 58	26 20 14	10 33 49	28 28 51	19 24 10	20 53 57	12 50 05	14 53 01	6 16 42	10 14 08	6 13 52	5 31 35
15 F	19 59 31	23 21 09	29 58 31	27 37 59	11 46 07	28 50 30	19 22 45	20 54 43	12 49 32	14 59 05	6 18 56	10 16 53	6 14 03	5 29 58
16 Sa	20 55 59	6 ♏ 38 27	13 ♏ 22 40	28 58 49	12 58 17	29 12 26	19 21 34	20 55 02	12 49 04	15 05 01	6 21 02	10 19 32	6 14 06	5 28 14
17 Su	21 52 34	20 09 33	27 00 32	0 ♍ 22 54	14 10 33	29 34 51	19 20 50	20 55 07	12 48 54	15 11 02	6 23 14	10 22 18	6 14 15	5 26 37
18 M	22 49 24	3 ♐ 54 22	10 ♐ 51 54	1 50 22	15 23 04	29 57 54	19 20 41	20 55 08	12 49 12	15 17 16	6 25 40	10 25 20	6 14 38	5 25 14
19 Tu	23 46 33	17 52 23	24 55 56	3 21 15	16 35 53	0 ♑ 21 37	19 21 10	20 55 08	12 49 59	15 23 46	6 28 23	10 28 41	6 15 19	5 24 10
20 W	24 43 58	2 ♑ 02 21	9 ♑ 11 02	4 55 28	17 48 57	0 45 57	19 22 16	20 55 03	12 51 14	15 30 31	6 31 21	10 32 17	6 16 15	5 23 21
21 Th	25 41 32	16 22 08	23 34 34	6 32 53	19 02 11	1 10 48	19 23 50	20 54 48	12 52 51	15 37 23	6 34 27	10 36 04	6 17 20	5 22 42
22 F	26 39 08	0 ♒ 48 33	8 ♒ 02 51	8 13 20	20 15 25	1 36 01	19 25 46	20 54 14	12 54 40	15 44 14	6 37 34	10 39 53	6 18 25	5 22 05
23 Sa	27 36 40	15 17 30	22 31 20	9 56 41	21 28 33	2 01 29	19 27 56	20 53 14	12 56 36	15 50 59	6 40 34	10 43 36	6 19 24	5 21 22
24 Su	28 34 03	29 44 09	6 ♓ 54 58	11 42 47	22 41 32	2 27 08	19 30 16	20 51 46	12 58 34	15 57 32	6 43 24	10 47 12	6 20 13	5 20 30
25 M	29 31 19	14 ♓ 03 22	21 08 39	13 31 38	23 54 22	2 52 58	19 32 47	20 49 49	13 00 36	16 03 56	6 46 05	10 50 39	6 20 53	5 19 30
26 Tu	0 ♎ 28 31	28 10 19	5 ♈ 07 54	15 23 11	25 07 07	3 19 03	19 35 32	20 47 28	13 02 45	16 10 13	6 48 40	10 54 02	6 21 29	5 18 26
27 W	1 25 45	12 ♈ 01 01	18 49 17	17 17 26	26 19 53	3 45 28	19 38 38	20 44 48	13 05 07	16 16 29	6 51 15	10 57 27	6 22 05	5 17 23
28 Th	2 23 07	25 32 41	2 ♉ 10 46	19 14 20	27 32 45	4 12 17	19 42 08	20 41 54	13 07 46	16 22 49	6 53 55	11 00 59	6 22 46	5 16 27
29 F	3 20 38	8 ♉ 44 01	15 11 51	21 13 47	28 45 45	4 39 33	19 46 05	20 38 48	13 10 45	16 29 15	6 56 43	11 04 38	6 23 35	5 15 39
30 Sa	4 18 17	21 35 13	27 53 27	23 15 36	29 58 52	5 07 14	19 50 27	20 35 29	13 14 03	16 35 46	6 59 35	11 08 25	6 24 30	5 14 59

Notes

LONGITUDE — July 2029

Day	☉	0 hr ☽	Noon ☽	☿	♀	♂	⚵	⚳	♃	♄	⚷	♅	♆	♇
1 Su	5 ♎ 15 59	4 ♊ 07 50	10 ♊ 17 45	25 ♍ 19 28	1 ♏ 11 59	5 ♑ 35 15	19 ♑ 55 09	20 ♉ 31 51	13 ♑ 17 33	16 ♌ 42 16	7 ♌ 02 29	11 ♍ 12 15	6 ♋ 25 26	5 ♉ 14 20
2 M	6 13 37	16 24 33	22 27 53	27 25 04	2 25 02	6 03 28	20 00 04	20 27 48	13 21 09	16 48 38	7 05 15	11 15 58	6 26 16	5 13 37
3 Tu	7 11 02	28 28 56	4 ♋ 27 45	29 31 59	3 37 50	6 31 44	20 05 03	20 23 12	13 24 43	16 54 45	7 07 47	11 19 29	6 26 51	5 12 40
4 W	8 08 09	10 ♋ 25 05	16 21 40	1 ♎ 39 51	4 50 17	6 59 57	20 09 59	20 17 55	13 28 07	17 00 29	7 09 57	11 22 39	6 27 06	5 11 23
5 Th	9 04 54	22 17 32	28 14 10	3 48 20	6 02 21	7 28 04	20 14 49	20 11 56	13 31 20	17 05 46	7 11 42	11 25 26	6 26 56	5 09 44
6 F	10 01 20	4 ♌ 10 53	10 ♌ 09 49	5 57 10	7 14 04	7 56 06	20 19 35	20 05 15	13 34 22	17 10 40	7 13 05	11 27 51	6 26 25	5 07 43
7 Sa	10 57 32	16 09 40	22 12 57	8 06 10	8 25 31	8 24 10	20 24 25	19 58 01	13 37 20	17 15 17	7 14 11	11 30 03	6 25 38	5 05 29
8 Su	11 53 44	28 18 04	4 ♍ 27 28	10 15 16	9 36 56	8 52 29	20 29 28	19 50 25	13 40 28	17 19 49	7 15 14	11 32 12	6 24 49	5 03 13
9 M	12 50 10	10 ♍ 39 41	16 56 35	12 24 26	10 48 34	9 21 16	20 35 02	19 42 43	13 43 59	17 24 31	7 16 28	11 34 33	6 24 11	5 01 10
10 Tu	13 47 04	23 17 17	29 42 34	14 33 38	12 00 37	9 50 45	20 41 18	19 35 09	13 48 07	17 29 37	7 18 08	11 37 22	6 23 59	4 59 35
11 W	14 44 38	6 ♎ 12 34	12 ♎ 46 36	16 42 50	13 13 19	10 21 09	20 48 30	19 27 55	13 53 05	17 35 19	7 20 24	11 40 49	6 24 26	4 58 39
12 Th	15 42 58	19 26 02	26 08 33	18 51 54	14 26 44	10 52 32	20 56 42	19 21 07	13 58 57	17 41 41	7 23 21	11 44 59	6 25 35	4 58 27
13 F	16 41 59	2 ♏ 56 50	9 ♏ 47 05	21 00 35	15 40 48	11 24 50	21 05 50	19 14 41	14 05 40	17 48 40	7 26 59	11 49 49	6 27 24	4 58 56
14 Sa	17 41 28	16 42 59	23 39 42	23 08 32	16 55 19	11 57 50	21 15 40	19 08 25	14 12 60	17 56 03	7 31 01	11 55 06	6 29 38	4 59 52
15 Su	18 41 05	0 ♐ 41 28	7 ♐ 43 09	25 15 14	18 09 55	12 31 11	21 25 53	19 01 58	14 20 37	18 03 29	7 35 08	12 00 29	6 31 59	5 00 56
16 M	19 40 26	14 48 48	21 53 49	27 20 12	19 24 12	13 04 28	21 36 03	18 54 57	14 28 06	18 10 34	7 38 55	12 05 33	6 34 01	5 01 42
17 Tu	20 39 07	29 01 19	6 ♑ 08 05	29 22 58	20 37 48	13 37 20	21 45 48	18 46 59	14 35 05	18 16 56	7 42 00	12 09 57	6 35 22	5 01 49
18 W	21 36 56	13 ♑ 15 43	20 22 47	1 ♏ 23 13	21 50 29	14 09 31	21 54 53	18 37 52	14 41 19	18 22 19	7 44 09	12 13 26	6 35 47	5 01 03
19 Th	22 33 49	27 29 10	4 ♒ 35 18	3 20 52	23 02 12	14 40 59	22 03 17	18 27 33	14 46 48	18 26 43	7 45 20	12 15 59	6 35 16	4 59 20
20 F	23 29 60	11 ♒ 39 29	18 43 36	5 16 05	24 13 10	15 11 56	22 11 11	18 16 15	14 51 41	18 30 19	7 45 44	12 17 46	6 33 59	4 56 54
21 Sa	24 25 51	25 44 56	2 ♓ 46 03	7 09 15	25 23 46	15 42 46	22 18 59	18 04 22	14 56 24	18 33 31	7 45 46	12 19 12	6 32 22	4 54 09
22 Su	25 21 54	9 ♓ 44 04	16 41 09	9 00 51	26 34 31	16 14 00	22 27 12	17 52 27	15 01 27	18 36 50	7 45 57	12 20 49	6 30 54	4 51 35
23 M	26 18 42	23 35 22	0 ♈ 27 26	10 51 26	27 45 57	16 46 09	22 36 21	17 41 01	15 07 22	18 40 48	7 46 49	12 23 07	6 30 08	4 49 45
24 Tu	27 16 38	7 ♈ 17 16	14 03 18	12 41 23	28 58 30	17 19 38	22 46 52	17 30 31	15 14 34	18 45 50	7 48 46	12 26 32	6 30 29	4 49 03
25 W	28 15 58	20 48 00	27 27 07	14 30 57	0 ♐ 12 22	17 54 40	22 58 56	17 21 09	15 23 16	18 52 09	7 52 02	12 31 17	6 32 10	4 49 42
26 Th	29 16 39	4 ♉ 05 53	10 ♉ 37 24	16 20 07	1 27 33	18 31 14	23 12 34	17 12 56	15 33 27	18 59 44	7 56 36	12 37 21	6 35 10	4 51 43
27 F	0 ♏ 18 26	17 09 27	23 33 05	18 08 37	2 43 46	19 09 04	23 27 29	17 05 36	15 44 51	19 08 19	8 02 11	12 44 29	6 39 13	4 54 49
28 Sa	1 20 51	29 57 52	6 ♊ 13 44	19 55 60	4 00 34	19 47 43	23 43 14	16 58 43	15 57 01	19 17 26	8 08 21	12 52 12	6 43 52	4 58 31
29 Su	2 23 19	12 ♊ 31 05	18 39 53	21 41 41	5 17 21	20 26 34	23 59 12	16 51 41	16 09 20	19 26 31	8 14 30	12 59 55	6 48 31	5 02 16
30 M	3 25 14	24 50 06	0 ♋ 52 58	23 25 05	6 33 33	21 05 03	24 14 47	16 43 55	16 21 14	19 34 56	8 20 02	13 07 02	6 52 35	5 05 27
31 Tu	4 26 06	6 ♋ 56 58	12 55 34	25 05 41	7 48 37	21 42 37	24 29 30	16 34 57	16 32 10	19 42 12	8 24 27	13 13 03	6 55 33	5 07 34

LONGITUDE — August 2029

Day	☉	0 hr ☽	Noon ☽	☿	♀	♂	⚵	⚳	♃	♄	⚷	♅	♆	♇
1 W	5 ♏ 25 36	18 ♋ 54 51	24 ♋ 51 09	26 ♏ 43 11	9 ♐ 02 16	22 ♑ 18 59	24 ♑ 43 01	16 ♉ 24 26	16 ♑ 41 52	19 ♌ 47 59	8 ♌ 27 25	13 ♍ 17 39	6 ♋ 57 05	5 ♉ 08 17
2 Th	6 23 40	0 ♌ 47 48	6 ♌ 44 06	28 17 30	10 14 25	22 54 04	24 55 16	16 12 21	16 50 13	19 52 14	8 28 52	13 20 45	6 57 08	5 07 33
3 F	7 20 29	12 40 42	18 39 26	29 48 51	11 25 16	23 28 04	25 06 26	15 58 53	16 57 26	19 55 08	8 29 01	13 22 34	6 55 55	5 05 34
4 Sa	8 16 32	24 38 55	0 ♍ 42 32	1 ♐ 17 40	12 35 17	24 01 26	25 16 60	15 44 32	17 03 59	19 57 09	8 28 18	13 23 33	6 53 52	5 02 48
5 Su	9 12 27	6 ♍ 47 56	12 58 46	2 44 36	13 45 06	24 34 49	25 27 34	15 29 56	17 10 30	19 58 55	8 27 24	13 24 20	6 51 37	4 59 52
6 M	10 08 57	19 12 60	25 33 04	4 10 19	14 55 26	25 08 56	25 38 53	15 15 50	17 17 42	20 01 09	8 26 59	13 25 39	6 49 55	4 57 30
7 Tu	11 06 43	1 ♎ 58 34	8 ♎ 29 20	5 35 30	16 06 57	25 44 26	25 51 37	15 02 54	17 26 15	20 04 31	8 27 45	13 28 10	6 49 25	4 56 22
8 W	12 06 12	15 07 44	21 49 55	7 00 35	17 20 08	26 21 50	26 06 13	14 51 38	17 36 38	20 09 31	8 30 11	13 32 21	6 50 37	4 56 57
9 Th	13 07 37	28 41 38	5 ♏ 34 57	8 25 45	18 35 11	27 01 18	26 22 54	14 42 15	17 49 02	20 16 20	8 34 28	13 38 24	6 53 41	4 59 27
10 F	14 10 47	12 ♏ 39 02	19 42 12	9 50 45	19 51 54	27 42 38	26 41 28	14 34 34	18 03 16	20 24 46	8 40 25	13 46 08	6 58 26	5 03 41
11 Sa	15 15 07	26 56 14	4 ♐ 06 56	11 14 60	21 09 45	28 25 18	27 01 22	14 28 03	18 18 47	20 34 16	8 47 28	13 55 00	7 04 20	5 09 04
12 Su	16 19 49	11 ♐ 27 25	18 42 39	12 37 36	22 27 52	29 08 28	27 21 45	14 21 53	18 34 44	20 44 00	8 54 49	14 04 10	7 10 32	5 14 49
13 M	17 23 56	26 05 26	3 ♑ 21 58	13 57 35	23 45 21	29 51 11	27 41 43	14 15 09	18 50 13	20 53 03	9 01 30	14 12 41	7 16 08	5 19 58
14 Tu	18 26 41	10 ♑ 43 05	17 57 53	15 14 03	25 01 22	0 ♒ 32 39	28 00 25	14 07 04	19 04 24	21 00 36	9 06 44	14 19 46	7 20 17	5 23 43
15 W	19 27 32	25 14 08	2 ♒ 24 53	16 26 27	26 15 26	1 12 23	28 17 23	13 57 09	19 16 47	21 06 10	9 10 00	14 24 55	7 22 32	5 25 36
16 Th	20 26 28	9 ♒ 34 15	16 39 25	17 34 39	27 27 30	1 50 19	28 32 34	13 45 21	19 27 21	21 09 41	9 11 18	14 28 05	7 22 49	5 25 32
17 F	21 23 55	23 41 14	0 ♓ 40 04	18 38 57	28 38 00	2 26 53	28 46 23	13 32 08	19 36 30	21 11 35	9 11 01	14 29 41	7 21 33	5 23 58
18 Sa	22 20 40	7 ♓ 34 43	14 27 05	19 40 05	29 47 43	3 02 52	28 59 38	13 18 18	19 45 02	21 12 41	9 09 58	14 30 32	7 19 33	5 21 42
19 Su	23 17 42	21 15 35	28 01 39	20 38 53	0 ♑ 57 40	3 39 17	29 13 17	13 04 52	19 53 57	21 13 57	9 09 08	14 31 38	7 17 49	5 19 43
20 M	24 16 01	4 ♈ 45 15	11 ♈ 25 17	21 36 13	2 08 47	4 17 05	29 28 21	12 52 48	20 04 13	21 16 22	9 09 30	14 33 56	7 17 18	5 19 01
21 Tu	25 16 23	18 05 00	24 39 14	22 32 42	3 21 52	4 57 03	29 45 33	12 42 54	20 16 36	21 20 43	9 11 50	14 38 12	7 18 47	5 20 20
22 W	26 19 12	1 ♉ 15 37	7 ♉ 44 05	23 28 36	4 37 19	5 39 35	0 ♒ 05 21	12 35 35	20 31 30	21 27 23	9 16 33	14 44 53	7 22 41	5 24 05
23 Th	27 24 28	14 17 08	20 39 49	24 23 43	5 55 08	6 24 41	0 27 41	12 30 51	20 48 56	21 36 23	9 23 38	14 53 56	7 28 59	5 30 17
24 F	28 31 45	27 09 02	3 ♊ 25 52	25 17 26	7 14 52	7 11 54	0 52 09	12 28 18	21 08 27	21 47 17	9 32 40	15 04 55	7 37 15	5 38 30
25 Sa	29 40 17	9 ♊ 50 28	16 01 32	26 08 47	8 35 45	8 00 29	1 17 58	12 27 09	21 29 17	21 59 18	9 42 52	15 17 06	7 46 44	5 47 57
26 Su	0 ♐ 49 06	22 20 46	28 26 23	26 56 35	9 56 51	8 49 27	1 44 11	12 26 27	21 50 28	22 11 28	9 53 16	15 29 30	7 56 28	5 57 40
27 M	1 57 13	4 ♋ 39 45	10 ♋ 40 39	27 39 36	11 17 07	9 37 49	2 09 46	12 25 13	22 10 60	22 22 47	10 02 53	15 41 07	8 05 25	6 06 39
28 Tu	3 03 45	16 48 12	22 45 31	28 16 42	12 35 43	10 24 41	2 33 53	12 22 36	22 30 00	22 32 24	10 10 49	15 51 04	8 12 45	6 14 03
29 W	4 08 07	28 48 01	4 ♌ 43 20	28 47 03	13 52 02	11 09 30	2 55 55	12 18 00	22 46 54	22 39 42	10 16 31	15 58 47	8 17 52	6 19 16
30 Th	5 10 07	10 ♌ 42 23	16 37 41	29 10 10	15 05 54	11 52 02	3 15 40	12 11 15	23 01 29	22 44 31	10 19 45	16 04 03	8 20 33	6 22 06
31 F	6 09 57	22 35 40	28 33 17	29 25 60	16 17 29	12 32 31	3 33 21	12 02 33	23 13 58	22 47 01	10 20 45	16 07 05	8 21 03	6 22 45

Notes

September 2029

LONGITUDE

Day	☉	0 hr ☽	Noon ☽	☿	♀	♂	⚵	⚳	♃	♄	⚷	♅	♆	♇
1 Sa	7 ♐ 08 15	4 ♍ 33 15	10 ♍ 35 44	29 ♐ 34 52	17 ♑ 27 26	13 ♒ 11 33	3 ♒ 49 34	11 ♉ 52 33	23 ♑ 24 57	22 ♌ 47 51	10 ♌ 20 08	16 ♍ 08 29	8 ♋ 19 56	6 ♉ 21 51
2 Su	8 05 55	16 41 15	22 51 15	29 37 26	18 36 38	13 50 02	4 05 14	11 42 08	23 35 20	22 47 54	10 18 47	16 09 11	8 18 09	6 20 18
3 M	9 04 00	29 05 58	5 ♎ 26 01	29 34 29	19 46 09	14 29 02	4 21 25	11 32 22	23 46 12	22 48 15	10 17 46	16 10 13	8 16 43	6 19 09
4 Tu	10 03 32	11 ♎ 53 18	18 25 31	29 26 51	20 57 01	15 09 35	4 39 07	11 24 19	23 58 33	22 49 53	10 18 06	16 12 37	8 16 42	6 19 26
5 W	11 05 19	25 07 58	1 ♏ 53 44	29 15 08	22 09 59	15 52 27	4 59 07	11 18 45	24 13 11	22 53 37	10 20 36	16 17 10	8 18 52	6 21 56
6 Th	12 09 41	8 ♏ 52 36	15 52 08	28 59 36	23 25 28	16 38 01	5 21 49	11 16 04	24 30 28	22 59 50	10 25 37	16 24 14	8 23 35	6 27 01
7 F	13 16 31	23 06 48	0 ♐ 18 57	28 40 06	24 43 16	17 26 07	5 47 02	11 16 06	24 50 14	23 08 21	10 32 60	16 33 41	8 30 42	6 34 33
8 Sa	14 25 05	7 ♐ 46 46	15 08 48	28 15 60	26 02 43	18 16 03	6 14 04	11 18 10	25 11 48	23 18 28	10 42 02	16 44 47	8 39 32	6 43 48
9 Su	15 34 17	22 45 13	0 ♑ 13 06	27 46 25	27 22 40	19 06 43	6 41 48	11 21 09	25 34 02	23 29 04	10 51 38	16 56 27	8 48 56	6 53 41
10 M	16 42 50	7 ♑ 52 23	15 21 27	27 10 29	28 41 51	19 56 48	7 08 57	11 23 47	25 55 39	23 38 54	11 00 29	17 07 22	8 57 39	7 02 54
11 Tu	17 49 35	22 57 46	0 ♒ 23 30	26 27 37	29 59 07	20 45 12	7 34 23	11 24 55	26 15 31	23 46 48	11 07 28	17 16 26	9 04 31	7 10 19
12 W	18 53 51	7 ♒ 51 60	15 10 46	25 37 52	1 ♒ 13 46	21 31 11	7 57 24	11 23 53	26 32 55	23 52 04	11 11 53	17 22 55	9 08 52	7 15 13
13 Th	19 55 32	22 28 23	29 37 54	24 42 06	2 25 42	22 14 40	8 17 53	11 20 34	26 47 46	23 54 36	11 13 38	17 26 43	9 10 35	7 17 32
14 F	20 55 08	6 ♓ 43 32	13 ♓ 42 53	23 41 59	3 35 26	22 56 10	8 36 22	11 15 30	27 00 36	23 54 57	11 13 15	17 28 24	9 10 11	7 17 47
15 Sa	21 53 40	20 37 11	27 26 29	22 39 48	4 43 58	23 36 41	8 53 51	11 09 41	27 12 23	23 54 05	11 11 43	17 28 55	9 08 42	7 16 57
16 Su	22 52 24	4 ♈ 11 16	10 ♈ 51 20	21 38 14	5 52 34	24 17 28	9 11 35	11 04 24	27 24 24	23 53 18	11 10 18	17 29 34	9 07 22	7 16 19
17 M	23 52 33	17 28 52	24 00 53	20 39 60	7 02 26	24 59 46	9 30 48	11 00 51	27 37 52	23 53 47	11 10 13	17 31 33	9 07 24	7 17 05
18 Tu	24 55 05	0 ♉ 33 18	6 ♉ 58 26	19 47 34	8 14 33	25 44 31	9 52 27	11 00 02	27 53 45	23 56 32	11 12 28	17 35 50	9 09 48	7 20 14
19 W	26 00 33	13 27 24	19 46 39	19 02 54	9 29 27	26 32 16	10 17 05	11 02 27	28 12 35	24 02 04	11 17 33	17 42 58	9 15 05	7 26 18
20 Th	27 08 57	26 13 02	2 ♊ 27 10	18 27 21	10 47 07	27 23 01	10 44 43	11 08 08	28 34 23	24 10 24	11 25 30	17 52 57	9 23 15	7 35 18
21 F	28 19 47	8 ♊ 51 09	15 00 41	18 01 37	12 07 05	28 16 18	11 14 50	11 16 36	28 58 38	24 21 04	11 35 50	18 05 18	9 33 51	7 46 44
22 Sa	29 32 12	21 21 49	27 27 10	17 45 47	13 28 28	29 11 12	11 46 34	11 26 58	29 24 29	24 33 09	11 47 38	18 19 08	9 45 57	7 59 43
23 Su	0 ♑ 45 02	3 ♋ 44 42	9 ♋ 46 15	17 39 28	14 50 06	0 ♓ 06 37	12 18 47	11 38 05	29 50 47	24 45 31	11 59 48	18 33 19	9 58 27	8 13 08
24 M	1 57 07	15 59 27	21 57 44	17 42 02	16 10 50	1 01 20	12 50 17	11 48 47	0 ♒ 16 20	24 57 01	12 11 09	18 46 39	10 10 10	8 25 47
25 Tu	3 07 25	28 06 12	4 ♌ 02 02	17 52 43	17 29 36	1 54 20	13 20 02	11 58 01	0 40 07	25 06 35	12 20 37	18 58 08	10 20 03	8 36 38
26 W	4 15 13	10 ♌ 06 01	16 00 31	18 10 54	18 45 41	2 44 53	13 47 19	12 05 04	1 01 24	25 13 30	12 27 30	19 06 60	10 27 23	8 44 57
27 Th	5 20 10	22 01 02	27 55 46	18 36 10	19 58 45	3 32 40	14 11 48	12 09 37	1 19 52	25 17 28	12 31 29	19 12 57	10 31 51	8 50 26
28 F	6 22 27	3 ♍ 54 44	9 ♍ 51 38	19 08 24	21 08 58	4 17 51	14 33 39	12 11 49	1 35 40	25 18 37	12 32 42	19 16 08	10 33 36	8 53 15
29 Sa	7 22 40	15 51 46	21 53 09	19 47 46	22 16 56	5 01 01	14 53 28	12 12 16	1 49 24	25 17 34	12 31 47	19 17 10	10 33 14	8 53 57
30 Su	8 21 45	27 57 51	4 ♎ 06 16	20 34 41	23 23 35	5 43 06	15 12 11	12 11 54	2 02 00	25 15 14	12 29 40	19 16 59	10 31 42	8 53 31

October 2029

LONGITUDE

Day	☉	0 hr ☽	Noon ☽	☿	♀	♂	⚵	⚳	♃	♄	⚷	♅	♆	♇
1 M	9 ♑ 20 50	10 ♎ 19 18	16 ♎ 37 24	21 ♐ 29 40	24 ♒ 30 02	6 ♓ 25 16	15 ♒ 30 56	12 ♉ 11 53	2 ♒ 14 37	25 ♌ 12 47	12 ♌ 27 28	19 ♍ 16 42	10 ♋ 30 09	8 ♉ 53 05
2 Tu	10 21 05	23 02 29	29 32 44	22 33 12	25 37 27	7 08 38	15 50 52	12 13 20	2 28 24	25 11 22	12 26 21	19 17 30	10 29 41	8 53 48
3 W	11 23 24	6 ♏ 13 05	12 ♏ 57 25	23 45 30	26 46 45	7 54 08	16 12 54	12 17 10	2 44 14	25 11 53	12 27 14	19 20 17	10 31 17	8 56 34
4 Th	12 28 18	19 55 04	26 54 28	25 06 21	27 58 25	8 42 17	16 37 33	12 23 55	3 02 40	25 14 51	12 30 38	19 25 33	10 35 25	9 01 54
5 F	13 35 45	4 ♐ 09 39	11 ♐ 23 40	26 34 59	29 12 25	9 33 01	17 04 46	12 33 31	3 23 38	25 20 14	12 36 29	19 33 16	10 42 02	9 09 45
6 Sa	14 45 05	18 54 26	26 20 49	28 10 05	0 ♓ 28 06	10 25 43	17 33 54	12 45 19	3 46 30	25 27 23	12 44 10	19 42 48	10 50 32	9 19 30
7 Su	15 55 13	4 ♑ 02 54	11 ♑ 37 38	29 49 54	1 44 22	11 19 16	18 03 51	12 58 15	4 10 09	25 35 12	12 52 35	19 53 02	10 59 47	9 30 03
8 M	17 04 51	19 25 00	27 02 51	1 ♑ 32 30	2 59 54	12 12 22	18 33 20	13 10 59	4 33 18	25 42 24	13 00 26	20 02 41	11 08 30	9 40 04
9 Tu	18 12 45	4 ♒ 48 47	12 ♒ 24 10	3 16 09	4 13 30	13 03 49	19 01 06	13 22 19	4 54 43	25 47 45	13 06 30	20 10 32	11 15 29	9 48 22
10 W	19 18 10	20 02 31	27 30 33	4 59 32	5 24 21	13 52 49	19 26 25	13 31 28	5 13 39	25 50 30	13 10 00	20 15 48	11 19 56	9 54 09
11 Th	20 20 54	4 ♓ 56 55	12 ♓ 14 09	6 42 04	6 32 18	14 39 12	19 49 05	13 38 16	5 29 54	25 50 28	13 10 47	20 18 19	11 21 41	9 57 16
12 F	21 21 25	19 26 21	26 31 01	8 23 46	7 37 46	15 23 25	20 09 32	13 43 08	5 43 55	25 48 05	13 09 16	20 18 32	11 21 11	9 58 10
13 Sa	22 20 39	3 ♈ 29 01	10 ♈ 20 50	10 05 15	8 41 41	16 06 24	20 28 44	13 47 02	5 56 38	25 44 19	13 06 25	20 17 23	11 19 22	9 57 46
14 Su	23 19 46	17 06 12	23 46 01	11 47 25	9 45 15	16 49 21	20 47 50	13 51 08	6 09 16	25 40 21	13 03 25	20 16 03	11 17 26	9 57 16
15 M	24 19 59	0 ♉ 21 06	6 ♉ 50 24	13 31 11	10 49 37	17 33 26	21 08 04	13 56 37	6 22 58	25 37 22	13 01 27	20 15 44	11 16 34	9 57 51
16 Tu	25 22 13	13 17 51	19 38 22	15 17 17	11 55 43	18 19 35	21 30 19	14 04 25	6 38 40	25 36 18	13 01 27	20 17 21	11 17 42	10 00 27
17 W	26 26 60	26 00 26	2 ♊ 13 54	17 06 04	13 04 05	19 08 20	21 55 09	14 15 04	6 56 56	25 37 41	13 03 57	20 21 27	11 21 22	10 05 36
18 Th	27 34 23	8 ♊ 32 17	14 40 13	18 57 26	14 14 45	19 59 45	22 22 36	14 28 36	7 17 46	25 41 35	13 09 00	20 28 05	11 27 37	10 13 21
19 F	28 43 58	20 55 54	26 59 34	20 50 52	15 27 18	20 53 24	22 52 15	14 44 37	7 40 48	25 47 34	13 16 13	20 36 50	11 36 02	10 23 18
20 Sa	29 54 59	3 ♋ 12 54	9 ♋ 13 18	22 45 27	16 40 57	21 48 32	23 23 21	15 02 21	8 05 14	25 54 53	13 24 47	20 46 55	11 45 51	10 34 40
21 Su	1 ♒ 06 24	15 24 10	21 22 06	24 40 09	17 54 41	22 44 07	23 54 52	15 20 46	8 30 04	26 02 32	13 33 44	20 57 22	11 56 05	10 46 27
22 M	2 17 13	27 30 12	3 ♌ 26 23	26 33 51	19 07 27	23 39 08	24 25 47	15 38 50	8 54 17	26 09 28	13 42 02	21 07 07	12 05 41	10 57 37
23 Tu	3 26 30	9 ♌ 31 31	15 26 39	28 25 35	20 18 21	24 32 40	24 55 11	15 55 39	9 16 56	26 14 48	13 48 45	21 15 15	12 13 43	11 07 15
24 W	4 33 36	21 28 57	27 23 56	0 ♒ 14 40	21 26 41	25 24 03	25 22 24	16 10 32	9 37 23	26 17 50	13 53 13	21 21 08	12 19 33	11 14 41
25 Th	5 38 12	3 ♍ 24 04	9 ♍ 20 01	2 00 45	22 32 09	26 12 59	25 47 08	16 23 11	9 55 19	26 18 18	13 55 10	21 24 26	12 22 52	11 19 37
26 F	6 40 23	15 19 20	21 17 40	3 43 54	23 34 49	26 59 32	26 09 27	16 33 41	10 10 48	26 16 16	13 54 38	21 25 15	12 23 45	11 22 08
27 Sa	7 40 37	27 18 13	3 ♎ 20 41	5 24 33	24 35 07	27 44 10	26 29 48	16 42 28	10 24 18	26 12 11	13 52 07	21 24 02	12 22 40	11 22 41
28 Su	8 39 38	9 ♎ 25 07	15 33 47	7 03 28	25 33 47	28 27 38	26 48 57	16 50 17	10 36 34	26 06 49	13 48 20	21 21 32	12 20 20	11 22 01
29 M	9 38 22	21 45 11	28 02 18	8 41 33	26 31 44	29 10 50	27 07 48	16 58 03	10 48 30	26 01 04	13 44 13	21 18 39	12 17 42	11 21 03
30 Tu	10 37 44	4 ♏ 23 56	10 ♏ 51 46	10 19 45	27 29 53	29 54 44	27 27 18	17 06 43	11 01 03	25 55 54	13 40 43	21 16 21	12 15 41	11 20 43
31 W	11 38 33	17 26 35	24 07 10	11 58 53	28 29 02	0 ♈ 40 07	27 48 14	17 17 04	11 15 01	25 52 05	13 38 36	21 15 25	12 15 06	11 21 49

Notes

LONGITUDE — November 2029

Day	☉	0 hr ☽	Noon ☽	☿	♀	♂	⚵	⚳	♃	♄	⚷	♅	♆	♇
1 Th	12♒41 18	0♐57 24	7♐52 06	13♒39 25	29♓29 38	1♈27 26	28♒11 06	17♉29 33	11♒30 52	25♌50 08	13♌38 23	21♍16 20	12♋16 26	11♉24 50
2 F	13 46 01	14 58 42	22 07 48	15 21 25	0♈31 42	2 16 47	28 35 55	17 44 15	11 48 40	25 50 04	13 40 06	21 19 08	12 19 42	11 29 49
3 Sa	14 52 17	29 29 56	6♑52 11	17 04 29	1 34 51	3 07 43	29 02 19	18 00 45	12 07 59	25 51 31	13 43 20	21 23 27	12 24 31	11 36 22
4 Su	15 59 22	14♑26 58	21 59 25	18 47 53	2 38 16	3 59 29	29 29 29	18 18 15	12 28 03	25 53 42	13 47 20	21 28 28	12 30 07	11 43 42
5 M	17 06 15	29 42 05	7♒20 15	20 30 38	3 40 57	4 51 06	29 56 28	18 35 48	12 47 54	25 55 37	13 51 07	21 33 15	12 35 32	11 50 50
6 Tu	18 12 01	15♒04 49	22 43 16	22 11 49	4 41 59	5 41 39	0♓22 20	18 52 28	13 06 37	25 56 23	13 53 46	21 36 50	12 39 49	11 56 51
7 W	19 16 02	0♓23 35	7♓56 56	23 50 50	5 40 40	6 30 28	0 46 26	19 07 35	13 23 31	25 55 21	13 54 37	21 38 37	12 42 20	12 01 07
8 Th	20 18 04	15 27 47	22 51 38	25 27 28	6 36 46	7 17 21	1 08 33	19 20 57	13 38 25	25 52 16	13 53 29	21 38 21	12 42 51	12 03 24
9 F	21 18 21	0♈09 30	7♈20 53	27 01 58	7 30 31	8 02 31	1 28 55	19 32 47	13 51 32	25 47 25	13 50 34	21 36 17	12 41 38	12 03 57
10 Sa	22 17 29	14 24 16	21 21 53	28 34 56	8 22 27	8 46 35	1 48 08	19 43 40	14 03 27	25 41 22	13 46 30	21 33 00	12 39 16	12 03 20
11 Su	23 16 16	28 11 02	4♉54 59	0♓07 12	9 13 21	9 30 19	2 06 59	19 54 25	14 14 59	25 34 57	13 42 04	21 29 19	12 36 32	12 02 22
12 M	24 15 31	11♉31 22	18 02 46	1 39 34	10 04 01	10 14 33	2 26 17	20 05 50	14 26 56	25 28 57	13 38 04	21 26 03	12 34 16	12 01 53
13 Tu	25 15 53	24 28 32	0♊49 10	3 12 45	10 55 05	10 59 57	2 46 43	20 18 35	14 39 58	25 24 03	13 35 11	21 23 51	12 33 08	12 02 30
14 W	26 17 46	7♊06 38	13 18 31	4 47 07	11 46 53	11 46 53	3 08 39	20 33 02	14 54 29	25 20 38	13 33 49	21 23 06	12 33 30	12 04 39
15 Th	27 21 14	19 29 50	25 35 00	6 22 47	12 39 29	12 35 27	3 32 10	20 49 17	15 10 33	25 18 48	13 34 01	21 23 55	12 35 28	12 08 24
16 F	28 26 05	1♋41 57	7♋42 21	7 59 32	13 32 39	13 25 26	3 57 03	21 07 06	15 27 57	25 18 19	13 35 36	21 26 03	12 38 49	12 13 32
17 Sa	29 31 51	13 46 17	19 43 35	9 36 55	14 25 52	14 16 21	4 22 50	21 26 02	15 46 14	25 18 45	13 38 06	21 29 03	12 43 06	12 19 35
18 Su	0♓37 57	25 45 30	1♌41 09	11 14 21	15 18 31	15 07 38	4 48 57	21 45 28	16 04 47	25 19 30	13 40 55	21 32 21	12 47 42	12 25 58
19 M	1 43 46	7♌41 44	13 36 56	12 51 13	16 09 57	15 58 40	5 14 46	22 04 49	16 23 01	25 19 57	13 43 27	21 35 19	12 52 02	12 32 04
20 Tu	2 48 46	19 36 46	25 32 32	14 26 60	16 59 36	16 48 55	5 39 45	22 23 31	16 40 23	25 19 35	13 45 10	21 37 25	12 55 33	12 37 21
21 W	3 52 34	1♍32 11	7♍29 26	16 01 18	17 47 03	17 37 58	6 03 32	22 41 11	16 56 30	25 18 00	13 45 40	21 38 16	12 57 52	12 41 26
22 Th	4 54 59	13 29 35	19 29 13	17 33 56	18 32 03	18 25 41	6 25 54	22 57 39	17 11 11	25 15 03	13 44 48	21 37 42	12 58 48	12 44 09
23 F	5 56 03	25 30 51	1♎33 49	19 04 56	19 14 38	19 12 05	6 46 55	23 12 57	17 24 28	25 10 45	13 42 35	21 35 45	12 58 24	12 45 31
24 Sa	6 56 02	7♎38 11	13 45 35	20 34 32	19 54 59	19 57 24	7 06 49	23 27 19	17 36 36	25 05 21	13 39 17	21 32 40	12 56 55	12 45 47
25 Su	7 55 18	19 54 16	26 07 21	22 03 06	20 33 26	20 42 02	7 25 59	23 41 07	17 47 58	24 59 15	13 35 16	21 28 49	12 54 43	12 45 21
26 M	8 54 20	2♏22 11	8♏42 24	23 31 04	21 10 27	21 26 27	7 44 55	23 54 52	17 59 03	24 52 55	13 31 01	21 24 42	12 52 17	12 44 41
27 Tu	9 53 37	15 05 20	21 34 12	24 58 53	21 46 25	22 11 08	8 04 03	24 09 00	18 10 19	24 46 50	13 27 01	21 20 48	12 50 07	12 44 15
28 W	10 53 32	28 07 06	4♐46 02	26 26 55	22 21 41	22 56 28	8 23 48	24 23 55	18 22 09	24 41 24	13 23 38	21 17 28	12 48 34	12 44 27
29 Th	11 54 18	11♐30 27	18 20 33	27 55 19	22 56 27	23 42 41	8 44 23	24 39 51	18 34 47	24 36 50	13 21 08	21 14 58	12 47 53	12 45 30
30 F	12 55 57	25 17 22	2♑19 09	29 24 04	23 30 41	24 29 49	9 05 49	24 56 49	18 48 14	24 33 11	13 19 31	21 13 19	12 48 06	12 47 26

LONGITUDE — December 2029

Day	☉	0 hr ☽	Noon ☽	☿	♀	♂	⚵	⚳	♃	♄	⚷	♅	♆	♇
1 Sa	13♓58 19	9♑28 14	16♑41 15	0♈52 55	24♈04 08	25♈17 40	9♓27 57	25♉14 38	19♒02 20	24♌30 15	13♌18 38	21♍12 21	12♋49 02	12♉50 05
2 Su	15 01 05	24 01 14	1♒23 49	2 21 27	24 36 26	26 05 56	9 50 27	25 33 00	19 16 46	24 27 44	13 18 08	21 11 44	12 50 21	12 53 08
3 M	16 03 51	8♒52 03	16 21 16	3 49 11	25 07 09	26 54 13	10 12 55	25 51 31	19 31 08	24 25 15	13 17 40	21 11 06	12 51 42	12 56 10
4 Tu	17 06 15	23 53 53	1♓25 46	5 15 38	25 35 52	27 42 11	10 35 01	26 09 49	19 45 05	24 22 27	13 16 51	21 10 05	12 52 42	12 58 52
5 W	18 08 05	8♓58 14	16 28 17	6 40 26	26 02 17	28 29 35	10 56 31	26 27 40	19 58 23	24 19 07	13 15 29	21 08 28	12 53 08	13 00 59
6 Th	19 09 16	23 56 01	1♈19 53	8 03 21	26 26 16	29 16 22	11 17 20	26 45 02	20 10 58	24 15 10	13 13 29	21 06 10	12 52 56	13 02 28
7 F	20 09 54	8♈38 55	15 53 01	9 24 15	26 47 50	0♉02 37	11 37 35	27 01 58	20 22 56	24 10 42	13 10 57	21 03 18	12 52 11	13 03 23
8 Sa	21 10 10	23 00 33	0♉02 29	10 43 07	27 07 08	0 48 31	11 57 26	27 18 41	20 34 29	24 05 55	13 08 05	21 00 04	12 51 07	13 03 58
9 Su	22 10 19	6♉57 03	13 45 45	11 59 56	27 24 21	1 34 20	12 17 09	27 35 26	20 45 51	24 01 06	13 05 09	20 56 42	12 49 57	13 04 26
10 M	23 10 35	20 27 08	27 02 46	13 14 35	27 39 36	2 20 17	12 36 58	27 52 25	20 57 15	23 56 25	13 02 20	20 53 26	12 48 54	13 05 01
11 Tu	24 11 05	3♊31 46	9♊55 28	14 26 52	27 52 60	3 06 30	12 56 59	28 09 47	21 08 50	23 52 04	12 59 48	20 50 24	12 48 08	13 05 52
12 W	25 11 53	16 13 37	22 27 07	15 36 23	28 04 30	3 53 01	13 17 17	28 27 34	21 20 39	23 48 03	12 57 36	20 47 40	12 47 41	13 07 01
13 Th	26 12 57	28 36 22	4♋41 49	16 42 39	28 14 00	4 39 50	13 37 49	28 45 45	21 32 39	23 44 22	12 55 42	20 45 10	12 47 31	13 08 26
14 F	27 14 10	10♋44 17	16 43 58	17 45 00	28 21 22	5 26 49	13 58 29	29 04 13	21 44 45	23 40 55	12 53 59	20 42 50	12 47 32	13 10 01
15 Sa	28 15 25	22 41 50	28 37 59	18 42 43	28 26 25	6 13 52	14 19 09	29 22 50	21 56 49	23 37 34	12 52 21	20 40 33	12 47 36	13 11 39
16 Su	29 16 37	4♌33 20	10♌28 04	19 35 00	28 28 59	7 00 51	14 39 44	29 41 31	22 08 44	23 34 14	12 50 42	20 38 11	12 47 39	13 13 14
17 M	0♈17 41	16 22 50	22 18 01	20 21 03	28 28 60	7 47 45	15 00 10	0♊00 12	22 20 28	23 30 50	12 48 57	20 35 42	12 47 35	13 14 42
18 Tu	1 18 38	28 13 58	4♍11 13	21 00 04	28 26 24	8 34 32	15 20 27	0 18 54	22 32 01	23 27 25	12 47 08	20 33 07	12 47 27	13 16 04
19 W	2 19 32	10♍09 51	16 10 29	21 31 12	28 21 15	9 21 18	15 40 40	0 37 39	22 43 26	23 24 01	12 45 19	20 30 29	12 47 17	13 17 23
20 Th	3 20 30	22 13 06	28 18 09	21 53 43	28 13 39	10 08 08	16 00 55	0 56 35	22 54 51	23 20 45	12 43 36	20 27 54	12 47 12	13 18 47
21 F	4 21 40	4♎25 47	10♎36 01	22 06 49	28 03 42	10 55 10	16 21 18	1 15 49	23 06 22	23 17 46	12 42 07	20 25 31	12 47 20	13 20 23
22 Sa	5 23 06	16 49 26	23 05 27	22 09 47	27 51 32	11 42 30	16 41 57	1 35 25	23 18 04	23 15 08	12 40 57	20 23 26	12 47 47	13 22 16
23 Su	6 24 51	29 25 13	5♏47 28	22 01 57	27 37 12	12 30 10	17 02 53	1 55 28	23 30 02	23 12 54	12 40 09	20 21 40	12 48 34	13 24 28
24 M	7 26 53	12♏13 55	18 42 47	21 42 47	27 20 42	13 18 07	17 24 03	2 15 54	23 42 10	23 11 02	12 39 40	20 20 11	12 49 39	13 26 58
25 Tu	8 29 03	25 16 08	1♐51 56	21 11 56	27 01 59	14 06 13	17 45 20	2 36 34	23 54 23	23 09 24	12 39 22	20 18 51	12 50 55	13 29 37
26 W	9 31 11	8♐32 18	15 15 17	20 29 25	26 40 55	14 54 17	18 06 31	2 57 17	24 06 27	23 07 47	12 39 04	20 17 29	12 52 09	13 32 12
27 Th	10 33 01	22 02 41	28 53 04	19 35 41	26 17 22	15 42 04	18 27 23	3 17 49	24 18 08	23 05 59	12 38 32	20 15 50	12 53 08	13 34 32
28 F	11 34 23	5♑47 25	12♑45 13	18 31 46	25 51 17	16 29 24	18 47 44	3 37 59	24 29 16	23 03 48	12 37 34	20 13 44	12 53 39	13 36 23
29 Sa	12 35 12	19 46 17	26 51 09	17 19 18	25 22 42	17 16 11	19 07 29	3 57 41	24 39 45	23 01 09	12 36 05	20 11 05	12 53 39	13 37 41
30 Su	13 35 30	3♒58 25	11♒09 31	16 00 33	24 51 51	18 02 27	19 26 41	4 16 59	24 49 38	22 58 05	12 34 09	20 07 57	12 53 10	13 38 29
31 M	14 35 31	18 22 05	25 37 57	14 38 17	24 19 06	18 48 28	19 45 33	4 36 05	24 59 08	22 54 50	12 31 58	20 04 32	12 52 26	13 39 00

Notes

January 2030 — LONGITUDE

Day	☉	0 hr ☽	Noon ☽	☿	♀	♂	⚵	⚳	♃	♄	⚷	♅	♆	♇
1 Tu	15 ♈ 35 36	2 ♓ 54 20	10 ♓ 12 49	13 ♈ 15 32	23 ♈ 45 01	19 ♉ 34 32	20 ♓ 04 27	4 ♊ 55 20	25 ♒ 08 36	22 ♌ 51 44	12 ♌ 29 55	20 ♍ 01 12	12 ♋ 51 46	13 ♉ 39 36
2 W	16 36 07	17 30 57	24 49 18	11 55 22	23 10 11	20 21 04	20 23 44	5 15 07	25 18 25	22 49 11	12 28 21	19 58 20	12 51 36	13 40 38
3 Th	17 37 26	2 ♈ 06 34	9 ♈ 21 42	10 40 33	22 35 10	21 08 24	20 43 47	5 35 48	25 28 56	22 47 32	12 27 38	19 56 17	12 52 15	13 42 29
4 F	18 39 46	16 35 12	23 44 04	9 33 21	22 00 24	21 56 44	21 04 47	5 57 34	25 40 21	22 46 59	12 27 58	19 55 16	12 53 56	13 45 20
5 Sa	19 43 05	0 ♉ 50 55	7 ♉ 50 54	8 35 20	21 26 10	22 46 06	21 26 45	6 20 27	25 52 42	22 47 33	12 29 23	19 55 18	12 56 39	13 49 13
6 Su	20 47 14	14 48 39	21 37 54	7 47 23	20 52 29	23 36 18	21 49 29	6 44 14	26 05 45	22 49 02	12 31 40	19 56 10	13 00 14	13 53 55
7 M	21 51 47	28 24 48	5 ♊ 02 28	7 09 45	20 19 14	24 26 55	22 12 36	7 08 32	26 19 08	22 51 04	12 34 27	19 57 29	13 04 16	13 59 03
8 Tu	22 56 17	11 ♊ 37 40	18 03 53	6 42 10	19 46 11	25 17 29	22 35 37	7 32 51	26 32 21	22 53 09	12 37 13	19 58 47	13 08 17	14 04 09
9 W	24 00 14	24 27 29	0 ♋ 43 14	6 24 02	19 13 06	26 07 31	22 58 02	7 56 43	26 44 55	22 54 48	12 39 30	19 59 35	13 11 47	14 08 43
10 Th	25 03 14	6 ♋ 56 13	13 03 13	6 14 37	18 39 50	26 56 37	23 19 27	8 19 43	26 56 27	22 55 37	12 40 55	19 59 28	13 14 23	14 12 20
11 F	26 05 04	19 07 19	25 07 43	6 13 10	18 06 23	27 44 33	23 39 40	8 41 39	27 06 43	22 55 23	12 41 13	19 58 13	13 15 51	14 14 49
12 Sa	27 05 44	1 ♌ 05 15	7 ♌ 01 28	6 19 07	17 33 01	28 31 20	23 58 41	9 02 30	27 15 43	22 54 07	12 40 26	19 55 52	13 16 12	14 16 09
13 Su	28 05 28	12 55 11	18 49 45	6 32 02	17 00 08	29 17 12	24 16 43	9 22 30	27 23 42	22 52 02	12 38 48	19 52 37	13 15 40	14 16 34
14 M	29 04 43	24 42 33	0 ♍ 37 56	6 51 40	16 28 24	0 ♊ 02 34	24 34 12	9 42 06	27 31 04	22 49 35	12 36 44	19 48 56	13 14 41	14 16 30
15 Tu	0 ♉ 04 01	6 ♍ 32 48	12 31 15	7 17 58	15 58 31	0 48 01	24 51 43	10 01 51	27 38 25	22 47 19	12 34 48	19 45 21	13 13 48	14 16 32
16 W	1 03 59	18 30 53	24 34 24	7 50 52	15 31 17	1 34 09	25 09 50	10 22 21	27 46 19	22 45 51	12 33 36	19 42 30	13 13 38	14 17 14
17 Th	2 05 10	0 ♎ 41 09	6 ♎ 51 17	8 30 22	15 07 20	2 21 28	25 29 06	10 44 07	27 55 18	22 45 41	12 33 40	19 40 53	13 14 42	14 19 09
18 F	3 07 55	13 06 50	19 24 39	9 16 18	14 47 11	3 10 23	25 49 55	11 07 33	28 05 46	22 47 14	12 35 24	19 40 54	13 17 23	14 22 40
19 Sa	4 12 22	25 49 55	2 ♏ 15 55	10 08 19	14 31 03	4 01 01	26 12 22	11 32 46	28 17 50	22 50 37	12 38 54	19 42 41	13 21 50	14 27 55
20 Su	5 18 22	8 ♏ 50 59	15 25 06	11 05 49	14 18 51	4 53 11	26 36 19	11 59 36	28 31 21	22 55 40	12 44 01	19 46 03	13 27 51	14 34 43
21 M	6 25 28	22 09 07	28 50 46	12 07 57	14 10 11	5 46 27	27 01 18	12 27 36	28 45 49	23 01 55	12 50 17	19 50 34	13 35 00	14 42 37
22 Tu	7 32 56	5 ♐ 42 15	12 ♐ 30 26	13 13 40	14 04 23	6 40 06	27 26 36	12 56 03	29 00 34	23 08 41	12 57 01	19 55 31	13 42 35	14 50 55
23 W	8 39 59	19 27 28	26 20 38	14 21 51	14 00 41	7 33 20	27 51 26	13 24 09	29 14 46	23 15 09	13 03 23	20 00 05	13 49 47	14 58 48
24 Th	9 45 51	3 ♑ 21 32	10 ♑ 19 10	15 31 29	13 58 20	8 25 23	28 15 00	13 51 09	29 27 40	23 20 33	13 08 39	20 03 32	13 55 49	15 05 30
25 F	10 50 00	17 21 34	24 22 13	16 41 47	13 56 46	9 15 43	28 36 49	14 16 29	29 38 44	23 24 21	13 12 15	20 05 19	14 00 12	15 10 31
26 Sa	11 52 17	1 ♒ 25 19	8 ♒ 28 07	17 52 23	13 55 51	10 04 11	28 56 41	14 40 02	29 47 48	23 26 25	13 14 04	20 05 17	14 02 44	15 13 40
27 Su	12 52 58	15 31 23	22 35 36	19 03 23	13 55 48	10 51 03	29 14 53	15 02 02	29 55 10	23 26 59	13 14 21	20 03 43	14 03 43	15 15 14
28 M	13 52 44	29 39 03	6 ♓ 44 01	20 15 17	13 57 15	11 36 60	29 32 06	15 23 12	0 ♓ 01 28	23 26 46	13 13 47	20 01 16	14 03 49	15 15 53
29 Tu	14 52 30	13 ♓ 47 51	20 52 46	21 28 52	14 01 06	12 22 57	29 49 15	15 44 25	0 07 39	23 26 41	13 13 17	19 58 54	14 03 58	15 16 33
30 W	15 53 16	27 57 04	5 ♈ 00 51	22 45 00	14 08 17	13 09 54	0 ♈ 07 20	16 06 43	0 14 42	23 27 43	13 13 51	19 57 34	14 05 09	15 18 14
31 Th	16 55 52	12 ♈ 05 12	19 06 27	24 04 25	14 19 35	13 58 41	0 27 10	16 30 53	0 23 27	23 30 42	13 16 19	19 58 08	14 08 11	15 21 45

February 2030 — LONGITUDE

Day	☉	0 hr ☽	Noon ☽	☿	♀	♂	⚵	⚳	♃	♄	⚷	♅	♆	♇
1 F	18 ♉ 00 46	26 ♈ 09 46	3 ♉ 06 45	25 ♈ 27 31	14 ♈ 35 25	14 ♊ 49 46	0 ♈ 49 15	16 ♊ 57 27	0 ♓ 34 23	23 ♌ 36 07	13 ♌ 21 11	20 ♍ 01 05	14 ♋ 13 36	15 ♉ 27 36
2 Sa	19 08 02	10 ♉ 07 17	16 58 13	26 54 14	14 55 45	15 43 13	1 13 37	17 26 26	0 47 33	23 44 01	13 28 28	20 06 27	14 21 24	15 35 49
3 Su	20 17 14	23 53 47	0 ♊ 36 60	28 24 06	15 20 07	16 38 37	1 39 51	17 57 25	1 02 31	23 53 59	13 37 47	20 13 49	14 31 11	15 45 59
4 M	21 27 35	7 ♊ 25 21	13 59 38	29 56 16	15 47 41	17 35 10	2 07 10	18 29 38	1 18 31	24 05 15	13 48 19	20 22 25	14 42 10	15 57 20
5 Tu	22 38 06	20 38 54	27 03 44	1 ♉ 29 41	16 17 22	18 31 52	2 34 34	19 02 04	1 34 33	24 16 47	13 59 05	20 31 14	14 53 22	16 08 51
6 W	23 47 45	3 ♋ 32 44	9 ♋ 48 21	3 03 18	16 48 05	19 27 44	3 01 02	19 33 42	1 49 36	24 27 36	14 09 05	20 39 17	15 03 45	16 19 32
7 Th	24 55 44	16 06 51	22 14 14	4 36 15	17 18 58	20 21 54	3 25 45	20 03 44	2 02 49	24 36 52	14 17 29	20 45 42	15 12 30	16 28 33
8 F	26 01 30	28 23 04	4 ♌ 23 51	6 07 59	17 49 25	21 13 53	3 48 12	20 31 37	2 13 43	24 44 04	14 23 45	20 50 01	15 19 05	16 35 23
9 Sa	27 04 58	10 ♌ 24 50	16 21 10	7 38 23	18 19 17	22 03 34	4 08 15	20 57 16	2 22 11	24 49 06	14 27 48	20 52 06	15 23 26	16 39 56
10 Su	28 06 28	22 16 58	28 11 21	9 07 45	18 48 49	22 51 16	4 26 16	21 21 00	2 28 32	24 52 17	14 29 58	20 52 16	15 25 51	16 42 32
11 M	29 06 39	4 ♍ 05 14	10 ♍ 00 22	10 36 45	19 18 39	23 37 40	4 42 53	21 43 30	2 33 27	24 54 17	14 30 54	20 51 14	15 27 01	16 43 51
12 Tu	0 ♊ 06 28	15 56 01	21 54 35	12 06 18	19 49 39	24 23 42	4 59 04	22 05 41	2 37 52	24 56 04	14 31 33	20 49 54	15 27 52	16 44 49
13 W	1 06 57	27 55 41	4 ♎ 00 16	13 37 24	20 22 46	25 10 24	5 15 50	22 28 36	2 42 48	24 58 37	14 32 56	20 49 18	15 29 25	16 46 28
14 Th	2 09 01	10 ♎ 10 11	16 23 02	15 11 01	20 58 56	25 58 41	5 34 06	22 53 09	2 49 12	25 02 54	14 35 60	20 50 22	15 32 36	16 49 43
15 F	3 13 23	22 44 27	29 07 15	16 47 50	21 38 44	26 49 15	5 54 34	23 20 04	2 57 45	25 09 36	14 41 26	20 53 49	15 38 08	16 55 18
16 Sa	4 20 20	5 ♏ 41 50	12 ♏ 15 33	18 28 09	22 22 28	27 42 25	6 17 33	23 49 38	3 08 46	25 19 01	14 49 32	20 59 56	15 46 19	17 03 28
17 Su	5 29 41	19 03 36	25 48 13	20 11 47	23 09 53	28 37 60	6 42 51	24 21 39	3 22 02	25 30 59	15 00 08	21 08 32	15 56 57	17 14 05
18 M	6 40 48	2 ♐ 48 34	9 ♐ 43 05	21 58 05	24 00 16	29 35 19	7 09 49	24 55 29	3 36 55	25 44 49	15 12 33	21 18 59	16 09 23	17 26 28
19 Tu	7 52 37	16 53 11	23 55 37	23 46 02	24 52 32	0 ♋ 33 21	7 37 23	25 30 05	3 52 22	25 59 29	15 25 46	21 30 12	16 22 33	17 39 34
20 W	9 03 55	1 ♑ 11 55	8 ♑ 19 41	25 34 23	25 45 25	1 30 50	8 04 20	26 04 12	4 07 08	26 13 44	15 38 31	21 40 58	16 35 15	17 52 09
21 Th	10 13 31	15 38 14	22 48 31	27 21 59	26 37 42	2 26 39	8 29 30	26 36 41	4 20 04	26 26 26	15 49 40	21 50 08	16 46 19	18 03 05
22 F	11 20 39	0 ♒ 05 45	7 ♒ 15 58	29 08 04	27 28 33	3 19 57	8 52 05	27 06 44	4 30 22	26 36 45	15 58 24	21 56 53	16 54 55	18 11 31
23 Sa	12 25 00	14 29 19	21 37 27	0 ♊ 52 22	28 17 38	4 10 30	9 11 48	27 34 04	4 37 46	26 44 26	16 04 27	22 00 57	17 00 49	18 17 13
24 Su	13 26 58	28 45 38	5 ♓ 50 26	2 35 15	29 05 18	4 58 39	9 29 01	27 59 04	4 42 37	26 49 51	16 08 10	22 02 43	17 04 21	18 20 32
25 M	14 27 27	12 ♓ 53 26	19 54 17	4 17 38	29 52 24	5 45 18	9 44 38	28 22 37	4 45 49	26 53 53	16 10 28	22 03 03	17 06 27	18 22 23
26 Tu	15 27 42	26 52 59	3 ♈ 49 43	6 00 49	0 ♉ 40 10	6 31 43	9 59 54	28 45 59	4 48 37	26 57 48	16 12 37	22 03 14	17 08 21	18 24 00
27 W	16 29 03	10 ♈ 45 24	17 37 59	7 46 07	1 29 52	7 19 13	10 16 10	29 10 29	4 52 22	27 02 56	16 15 56	22 04 36	17 11 23	18 26 44
28 Th	17 32 36	24 31 45	1 ♉ 20 05	9 34 41	2 22 37	8 08 55	10 34 31	29 37 15	4 58 11	27 10 23	16 21 32	22 08 15	17 16 41	18 31 41

Notes

LONGITUDE

March 2030

Day	☉	0 hr ☽	Noon ☽	☿	♀	♂	⚵	⚳	♃	♄	⚷	♅	♆	♇
1 F	18 ♊ 39 04	8 ♉ 12 24	14 ♉ 56 11	11 ♊ 27 11	3 ♉ 19 02	9 ♋ 01 31	10 ♈ 55 39	0 ♋ 06 57	5 ♓ 06 44	27 ♌ 20 52	16 ♌ 30 06	22 ♍ 14 52	17 ♋ 24 55	18 ♉ 39 33
2 Sa	19 48 31	21 46 42	28 25 20	13 23 45	4 19 13	9 57 06	11 19 40	0 39 43	5 18 07	27 34 27	16 41 45	22 24 35	17 36 11	18 50 26
3 Su	21 00 32	5 ♊ 12 55	11 ♊ 45 40	15 23 57	5 22 41	10 55 14	11 46 06	1 15 04	5 31 54	27 50 42	16 56 01	22 36 55	17 50 03	19 03 52
4 M	22 14 09	18 28 37	24 54 44	17 26 50	6 28 27	11 54 59	12 14 02	1 52 04	5 47 09	28 08 41	17 11 58	22 50 57	18 05 35	19 18 56
5 Tu	23 28 09	1 ♋ 31 14	7 ♋ 50 15	19 31 11	7 35 18	12 55 07	12 42 14	2 29 31	6 02 38	28 27 11	17 28 23	23 05 28	18 21 32	19 34 25
6 W	24 41 19	14 18 43	20 30 36	21 35 45	8 41 56	13 54 23	13 09 27	3 06 09	6 17 06	28 44 55	17 44 01	23 19 12	18 36 41	19 49 04
7 Th	25 52 31	26 50 10	2 ♌ 55 23	23 39 25	9 47 15	14 51 42	13 34 36	3 40 53	6 29 28	29 00 51	17 57 48	23 31 05	18 49 56	20 01 46
8 F	27 01 04	9 ♌ 06 07	15 05 44	25 41 29	10 50 30	15 46 21	13 56 57	4 13 01	6 39 01	29 14 13	18 08 59	23 40 23	19 00 34	20 11 51
9 Sa	28 06 43	21 08 46	27 04 26	27 41 38	11 51 27	16 38 06	14 16 16	4 42 16	6 45 31	29 24 48	18 17 20	23 46 52	19 08 20	20 19 01
10 Su	29 09 41	3 ♍ 01 52	8 ♍ 55 41	29 40 05	12 50 17	17 27 10	14 32 48	5 08 54	6 49 11	29 32 50	18 23 06	23 50 46	19 13 29	20 23 33
11 M	0 ♋ 10 41	14 50 32	20 44 59	1 ♋ 37 27	13 47 41	18 14 15	14 47 12	5 33 36	6 50 43	29 38 60	18 26 57	23 52 47	19 16 42	20 26 08
12 Tu	1 10 41	26 40 52	2 ♎ 38 40	3 34 39	14 44 38	19 00 20	15 00 29	5 57 22	6 51 08	29 44 18	18 29 54	23 53 54	19 18 59	20 27 44
13 W	2 10 52	8 ♎ 39 32	14 43 30	5 32 46	15 42 16	19 46 36	15 13 48	6 21 20	6 51 34	29 49 53	18 33 06	23 55 16	19 21 29	20 29 32
14 Th	3 12 21	20 53 12	27 06 00	7 32 47	16 41 41	20 34 09	15 28 16	6 46 39	6 53 07	29 56 51	18 37 40	23 58 01	19 25 19	20 32 39
15 F	4 15 58	3 ♏ 27 57	9 ♏ 51 55	9 35 26	17 43 44	21 23 50	15 44 45	7 14 08	6 56 41	0 ♍ 06 06	18 44 27	24 03 01	19 31 21	20 37 55
16 Sa	5 22 12	16 28 35	23 05 18	11 40 58	18 48 51	22 16 08	16 03 41	7 44 17	7 02 43	0 18 03	18 53 55	24 10 42	19 40 02	20 45 49
17 Su	6 30 58	29 57 46	6 ♐ 47 53	13 49 09	19 56 57	23 10 57	16 25 01	8 17 01	7 11 07	0 32 40	19 05 59	24 21 00	19 51 18	20 56 17
18 M	7 41 40	13 ♐ 55 31	20 58 18	15 59 06	21 07 25	24 07 41	16 48 06	8 51 42	7 21 18	0 49 18	19 20 04	24 33 20	20 04 32	21 08 41
19 Tu	8 53 13	28 18 38	5 ♑ 31 60	18 09 30	22 19 10	25 05 16	17 11 55	9 27 17	7 32 12	1 06 53	19 35 04	24 46 35	20 18 40	21 21 58
20 W	10 04 20	13 ♑ 00 58	20 21 35	20 18 45	23 30 54	26 02 25	17 35 07	10 02 28	7 42 30	1 24 09	19 49 42	24 59 30	20 32 24	21 34 49
21 Th	11 13 47	27 54 12	5 ♒ 18 01	22 25 17	24 41 21	26 57 52	17 56 29	10 36 00	7 50 59	1 39 51	20 02 43	25 10 49	20 44 31	21 46 01
22 F	12 20 40	12 ♒ 49 13	20 12 10	24 27 49	25 49 37	27 50 45	18 15 07	11 07 01	7 56 45	1 53 04	20 13 15	25 19 39	20 54 05	21 54 39
23 Sa	13 24 40	27 37 49	4 ♓ 56 29	26 25 38	26 55 22	28 40 44	18 30 42	11 35 10	7 59 28	2 03 30	20 20 57	25 25 40	21 00 49	22 00 25
24 Su	14 26 06	12 ♓ 13 57	19 25 56	28 18 40	27 58 55	29 28 09	18 43 33	12 00 47	7 59 28	2 11 28	20 26 09	25 29 13	21 05 01	22 03 38
25 M	15 25 50	26 34 19	3 ♈ 38 22	0 ♌ 07 21	29 01 07	0 ♌ 13 51	18 54 31	12 24 45	7 57 37	2 17 50	20 29 43	25 31 08	21 07 33	22 05 10
26 Tu	16 25 07	10 ♈ 38 08	17 33 57	1 52 29	0 ♊ 03 11	0 59 04	19 04 50	12 48 16	7 55 10	2 23 49	20 32 53	25 32 40	21 09 39	22 06 14
27 W	17 25 14	24 26 27	1 ♉ 14 22	3 34 55	1 06 25	1 45 07	19 15 48	13 12 38	7 53 23	2 30 44	20 36 56	25 35 07	21 12 38	22 08 09
28 Th	18 27 16	8 ♉ 01 14	14 41 52	5 15 19	2 11 53	2 33 04	19 28 29	13 38 58	7 53 22	2 39 39	20 42 58	25 39 33	21 17 33	22 11 60
29 F	19 31 53	21 24 25	27 58 27	6 53 59	3 20 14	3 23 35	19 43 35	14 07 54	7 55 48	2 51 15	20 51 39	25 46 40	21 25 06	22 18 27
30 Sa	20 39 15	4 ♊ 37 25	11 ♊ 05 21	8 30 39	4 31 37	4 16 50	20 01 12	14 39 36	8 00 49	3 05 41	21 03 07	25 56 34	21 35 25	22 27 38
31 Su	21 48 56	17 40 46	24 02 56	10 04 34	5 45 37	5 12 24	20 20 57	15 13 39	8 08 01	3 22 31	21 16 58	26 08 54	21 48 05	22 39 09

LONGITUDE

April 2030

Day	☉	0 hr ☽	Noon ☽	☿	♀	♂	⚵	⚳	♃	♄	⚷	♅	♆	♇
1 M	23 ♋ 00 08	0 ♋ 34 14	6 ♋ 50 48	11 ♌ 34 37	7 ♊ 01 23	6 ♌ 09 27	20 ♈ 42 01	15 ♋ 49 14	8 ♓ 16 35	3 ♍ 40 57	21 ♌ 32 24	26 ♍ 22 48	22 ♋ 02 18	22 ♉ 52 11
2 Tu	24 11 45	13 17 01	19 28 08	12 59 24	8 17 51	7 06 55	21 03 17	16 25 16	8 25 26	3 59 54	21 48 18	26 37 12	22 16 58	23 05 39
3 W	25 22 40	25 48 19	1 ♌ 54 12	14 17 33	9 33 51	8 03 39	21 23 38	17 00 36	8 33 25	4 18 12	22 03 33	26 50 58	22 30 57	23 18 25
4 Th	26 31 52	8 ♌ 07 40	14 08 47	15 27 51	10 48 24	8 58 40	21 42 05	17 34 15	8 39 35	4 34 54	22 17 09	27 03 07	22 43 16	23 29 30
5 F	27 38 41	20 15 30	26 12 39	16 29 27	12 00 49	9 51 18	21 57 55	18 05 33	8 43 14	4 49 18	22 28 25	27 12 57	22 53 14	23 38 12
6 Sa	28 42 49	2 ♍ 13 17	8 ♍ 07 40	17 21 53	13 10 48	10 41 14	22 10 52	18 34 11	8 44 04	5 01 07	22 37 04	27 20 11	23 00 33	23 44 14
7 Su	29 44 25	14 03 48	19 57 02	18 05 10	14 18 28	11 28 36	22 21 03	19 00 18	8 42 14	5 10 27	22 43 14	27 24 57	23 05 22	23 47 44
8 M	0 ♌ 43 59	25 50 60	1 ♎ 45 06	18 39 45	15 24 19	12 13 56	22 28 59	19 24 25	8 38 15	5 17 51	22 47 26	27 27 45	23 08 11	23 49 14
9 Tu	1 42 20	7 ♎ 39 53	13 37 12	19 06 24	16 29 11	12 58 02	22 35 28	19 47 19	8 32 56	5 24 07	22 50 27	27 29 26	23 09 48	23 49 30
10 W	2 40 25	19 36 15	25 39 22	19 26 03	17 33 60	13 41 52	22 41 28	20 09 59	8 27 14	5 30 11	22 53 17	27 30 55	23 11 12	23 49 32
11 Th	3 39 12	1 ♏ 46 17	7 ♏ 57 52	19 39 44	18 39 44	14 26 22	22 47 56	20 33 22	8 22 07	5 37 03	22 56 51	27 33 10	23 13 20	23 50 17
12 F	4 39 29	14 16 03	20 38 36	19 48 18	19 47 09	15 12 22	22 55 40	20 58 16	8 18 24	5 45 29	23 01 59	27 37 00	23 16 59	23 52 31
13 Sa	5 41 43	27 10 52	3 ♐ 46 27	19 52 24	20 56 44	16 00 18	23 05 07	21 25 09	8 16 32	5 55 57	23 09 07	27 42 52	23 22 38	23 56 45
14 Su	6 45 57	10 ♐ 34 34	17 24 28	19 52 17	22 08 32	16 50 14	23 16 20	21 54 03	8 16 34	6 08 30	23 18 18	27 50 49	23 30 19	24 02 59
15 M	7 51 49	24 28 44	1 ♑ 32 60	19 47 50	23 22 08	17 41 46	23 28 55	22 24 34	8 18 07	6 22 44	23 29 10	28 00 27	23 39 39	24 10 51
16 Tu	8 58 30	8 ♑ 51 58	16 09 08	19 38 38	24 36 45	18 34 06	23 42 06	22 55 56	8 20 24	6 37 53	23 40 54	28 10 59	23 49 50	24 19 33
17 W	10 05 01	23 39 34	1 ♒ 06 38	19 24 05	25 51 23	19 26 16	23 54 51	23 27 09	8 22 25	6 52 56	23 52 32	28 21 25	23 59 53	24 28 06
18 Th	11 10 24	8 ♒ 43 49	16 16 29	19 03 44	27 05 03	20 17 16	24 06 13	23 57 14	8 23 12	7 06 54	24 03 03	28 30 47	24 08 49	24 35 30
19 F	12 13 53	23 55 00	1 ♓ 28 25	18 37 24	28 17 00	21 06 21	24 15 25	24 25 26	8 22 00	7 19 03	24 11 43	28 38 19	24 15 53	24 41 02
20 Sa	13 15 10	9 ♓ 03 06	16 32 36	18 05 25	29 26 55	21 53 13	24 22 09	24 51 27	8 18 31	7 29 03	24 18 14	28 43 43	24 20 45	24 44 21
21 Su	14 14 25	23 59 22	1 ♈ 21 15	17 28 38	0 ♋ 34 58	22 38 02	24 26 35	25 15 25	8 12 55	7 37 04	24 22 45	28 47 09	24 23 37	24 45 39
22 M	15 12 14	8 ♈ 37 36	15 49 26	16 48 23	1 41 45	23 21 23	24 29 19	25 37 58	8 05 47	7 43 44	24 25 52	28 49 12	24 25 04	24 45 31
23 Tu	16 09 29	22 54 30	29 55 10	16 06 18	2 48 07	24 04 09	24 31 11	25 59 56	7 58 01	7 49 52	24 28 27	28 50 44	24 25 58	24 44 49
24 W	17 07 06	6 ♉ 49 21	13 ♉ 38 51	15 24 05	3 55 00	24 47 16	24 33 09	26 22 17	7 50 32	7 56 27	24 31 27	28 52 43	24 27 15	24 44 28
25 Th	18 05 52	20 23 19	27 02 20	14 43 17	5 03 12	25 31 31	24 35 59	26 45 47	7 44 09	8 04 14	24 35 38	28 55 54	24 29 43	24 45 18
26 F	19 06 18	3 ♊ 38 33	10 ♊ 08 13	14 05 08	6 13 11	26 17 24	24 40 12	27 10 57	7 39 20	8 13 43	24 41 30	29 00 48	24 33 50	24 47 47
27 Sa	20 08 31	16 37 30	22 59 04	13 30 26	7 25 06	27 05 03	24 45 53	27 37 53	7 36 15	8 25 02	24 49 12	29 07 32	24 39 46	24 52 02
28 Su	21 12 17	29 22 27	5 ♋ 37 07	12 59 35	8 38 41	27 54 13	24 52 49	28 06 22	7 34 39	8 37 58	24 58 27	29 15 52	24 47 15	24 57 50
29 M	22 17 04	11 ♋ 55 14	18 04 07	12 32 38	9 53 26	28 44 23	25 00 29	28 35 51	7 34 01	8 51 57	25 08 46	29 25 17	24 55 46	25 04 40
30 Tu	23 22 10	24 17 17	0 ♌ 21 21	12 09 22	11 08 37	29 34 51	25 08 11	29 05 40	7 33 40	9 06 19	25 19 27	29 35 05	25 04 37	25 11 49

Notes

May 2030 **LONGITUDE**

Day	☉	0 hr ☽	Noon ☽	☿	♀	♂	⚵	⚳	♃	♄	⚷	♅	♆	♇
1 W	24♌26 53	6♌29 46	12♌29 51	11♌49 28	12♋23 33	0♍24 54	25♈15 10	29♋35 05	7♓32 53	9♍20 20	25♌29 45	29♍44 32	25♋13 06	25♉18 35
2 Th	25 30 34	18 33 42	24 30 40	11 32 39	13 37 33	1 13 54	25 20 49	0♌03 27	7 31 01	9 33 22	25 39 03	29 53 01	25 20 33	25 24 18
3 F	26 32 46	0♍30 22	6♍25 05	11 18 43	14 50 12	2 01 23	25 24 41	0 30 20	7 27 39	9 44 58	25 46 54	0♎00 03	25 26 32	25 28 33
4 Sa	27 33 16	12 21 23	18 14 54	11 07 39	16 01 17	2 47 11	25 26 34	0 55 31	7 22 34	9 54 56	25 53 05	0 05 29	25 30 51	25 31 06
5 Su	28 32 09	24 09 00	0♎02 35	10 59 38	17 10 51	3 31 19	25 26 30	1 19 04	7 15 50	10 03 18	25 57 41	0 09 19	25 33 33	25 32 02
6 M	29 29 42	5♎56 10	11 51 20	10 55 02	18 19 10	4 14 05	25 24 47	1 41 16	7 07 44	10 10 23	26 00 58	0 11 52	25 34 55	25 31 38
7 Tu	0♍26 21	17 46 29	23 45 01	10 54 19	19 26 44	4 55 57	25 21 53	2 02 34	6 58 46	10 16 37	26 03 23	0 13 36	25 35 25	25 30 21
8 W	1 22 41	29 44 15	5♏48 12	10 58 03	20 34 05	5 37 28	25 18 21	2 23 32	6 49 28	10 22 35	26 05 31	0 15 03	25 35 37	25 28 45
9 Th	2 19 16	11♏54 11	18 05 43	11 06 43	21 41 47	6 19 13	25 14 45	2 44 45	6 40 25	10 28 50	26 07 55	0 16 48	25 36 04	25 27 23
10 F	3 16 33	24 21 11	0♐42 32	11 20 44	22 50 18	7 01 39	25 11 33	3 06 39	6 32 05	10 35 50	26 11 04	0 19 19	25 37 15	25 26 45
11 Sa	4 14 51	7♐09 54	13 43 05	11 40 17	23 59 55	7 45 04	25 09 04	3 29 33	6 24 46	10 43 53	26 15 14	0 22 54	25 39 27	25 27 08
12 Su	5 14 14	20 24 14	27 10 46	12 05 19	25 10 44	8 29 33	25 07 20	3 53 30	6 18 34	10 53 03	26 20 31	0 27 36	25 42 44	25 28 35
13 M	6 14 31	4♑06 40	11♑07 14	12 35 32	26 22 32	9 14 54	25 06 11	4 18 21	6 13 16	11 03 09	26 26 43	0 33 15	25 46 56	25 30 56
14 Tu	7 15 18	18 17 35	25 31 36	13 10 26	27 34 57	10 00 45	25 05 15	4 43 41	6 08 32	11 13 49	26 33 27	0 39 28	25 51 39	25 33 49
15 W	8 16 07	2♒54 39	10♒20 07	13 49 23	28 47 30	10 46 36	25 04 01	5 09 02	6 03 51	11 24 31	26 40 14	0 45 46	25 56 25	25 36 43
16 Th	9 16 29	17 52 36	25 26 04	14 31 46	29 59 40	11 31 57	25 02 01	5 33 54	5 58 45	11 34 48	26 46 34	0 51 38	26 00 43	25 39 09
17 F	10 15 60	3♓03 34	10♓40 28	15 17 05	1♌11 06	12 16 28	24 58 53	5 57 54	5 52 51	11 44 17	26 52 05	0 56 42	26 04 11	25 40 46
18 Sa	11 14 31	18 17 59	25 53 23	16 05 02	2 21 38	12 59 56	24 54 25	6 20 53	5 45 59	11 52 47	26 56 37	1 00 49	26 06 39	25 41 22
19 Su	12 12 06	3♈26 04	10♈55 22	16 55 33	3 31 18	13 42 26	24 48 42	6 42 53	5 38 14	12 00 21	27 00 13	1 04 01	26 08 11	25 41 01
20 M	13 08 59	18 19 19	25 38 53	17 48 47	4 40 22	14 24 13	24 41 58	7 04 10	5 29 50	12 07 16	27 03 08	1 06 35	26 09 01	25 39 58
21 Tu	14 05 33	2♉51 28	9♉58 59	18 44 59	5 49 11	15 05 39	24 34 36	7 25 06	5 21 10	12 13 52	27 05 44	1 08 50	26 09 32	25 38 36
22 W	15 02 10	16 58 59	23 53 31	19 44 26	6 58 09	15 47 06	24 26 59	7 46 03	5 12 37	12 20 33	27 08 24	1 11 11	26 10 06	25 37 17
23 Th	15 59 09	0♊40 52	7♊22 36	20 47 21	8 07 34	16 28 54	24 19 25	8 07 20	5 04 30	12 27 37	27 11 26	1 13 57	26 11 02	25 36 19
24 F	16 56 42	13 58 09	20 28 06	21 53 50	9 17 36	17 11 13	24 12 05	8 29 08	4 57 00	12 35 15	27 15 01	1 17 16	26 12 31	25 35 54
25 Sa	17 54 49	26 53 10	3♋12 51	23 03 50	10 28 17	17 54 04	24 05 01	8 51 28	4 50 09	12 43 27	27 19 11	1 21 12	26 14 33	25 36 02
26 Su	18 53 24	9♋29 02	15 40 14	24 17 10	11 39 31	18 37 22	23 58 08	9 14 13	4 43 50	12 52 09	27 23 50	1 25 38	26 17 04	25 36 39
27 M	19 52 17	21 49 08	27 53 40	25 33 37	12 51 06	19 20 55	23 51 13	9 37 13	4 37 54	13 01 09	27 28 45	1 30 23	26 19 51	25 37 32
28 Tu	20 51 13	3♌56 50	9♌56 25	26 52 52	14 02 50	20 04 30	23 44 04	10 00 14	4 32 07	13 10 12	27 33 44	1 35 12	26 22 41	25 38 28
29 W	21 50 00	15 55 19	21 51 32	28 14 42	15 14 28	20 47 54	23 36 29	10 23 04	4 26 16	13 19 08	27 38 34	1 39 55	26 25 22	25 39 15
30 Th	22 48 30	27 47 31	3♍41 46	29 38 54	16 25 52	21 30 59	23 28 19	10 45 32	4 20 13	13 27 45	27 43 06	1 44 21	26 27 44	25 39 43
31 F	23 46 37	9♍36 05	15 29 39	1♍05 23	17 36 59	22 13 39	23 19 29	11 07 36	4 13 54	13 36 01	27 47 16	1 48 26	26 29 44	25 39 49

June 2030 **LONGITUDE**

Day	☉	0 hr ☽	Noon ☽	☿	♀	♂	⚵	⚳	♃	♄	⚷	♅	♆	♇
1 Sa	24♍44 22	21♍23 32	27♍17 34	2♍34 08	18♌47 46	22♍55 55	23♈10 02	11♌29 14	4♓07 19	13♍43 55	27♌51 03	1♎52 11	26♋31 21	25♉39 32
2 Su	25 41 50	3♎12 12	9♎07 51	4 05 11	19 58 20	23 37 52	23 00 00	11 50 32	4 00 33	13 51 32	27 54 32	1 55 39	26 32 40	25 38 57
3 M	26 39 06	15 04 31	21 02 55	5 38 38	21 08 47	24 19 36	22 49 32	12 11 35	3 53 43	13 58 57	27 57 50	1 58 57	26 33 47	25 38 11
4 Tu	27 36 19	27 02 54	3♏05 18	7 14 35	22 19 14	25 01 14	22 38 45	12 32 31	3 46 57	14 06 19	28 01 04	2 02 14	26 34 50	25 37 20
5 W	28 33 33	9♏09 59	15 17 44	8 53 09	23 29 46	25 42 52	22 27 46	12 53 26	3 40 20	14 13 43	28 04 20	2 05 33	26 35 55	25 36 31
6 Th	29 30 53	21 28 35	27 43 08	10 34 21	24 40 27	26 24 34	22 16 38	13 14 24	3 33 57	14 21 13	28 07 41	2 08 59	26 37 04	25 35 47
7 F	0♎28 19	4♐01 38	10♐24 30	12 18 10	25 51 17	27 06 19	22 05 22	13 35 23	3 27 47	14 28 48	28 11 06	2 12 32	26 38 18	25 35 09
8 Sa	1 25 46	16 52 08	23 24 48	14 04 33	27 02 13	27 48 04	21 53 54	13 56 20	3 21 47	14 36 24	28 14 33	2 16 08	26 39 34	25 34 32
9 Su	2 23 10	0♑02 51	6♑46 34	15 53 22	28 13 09	28 29 44	21 42 11	14 17 10	3 15 52	14 43 57	28 17 57	2 19 38	26 40 45	25 33 51
10 M	3 20 25	13 36 00	20 31 32	17 44 30	29 23 59	29 11 14	21 30 08	14 37 49	3 09 57	14 51 21	28 21 11	2 23 07	26 41 48	25 33 01
11 Tu	4 17 29	27 32 46	4♒40 10	19 37 53	0♍34 43	29 52 30	21 17 43	14 58 12	3 04 00	14 58 34	28 24 14	2 26 23	26 42 39	25 32 01
12 W	5 14 24	11♒52 46	19 11 01	21 33 27	1 45 20	0♎33 35	21 04 57	15 18 22	2 58 03	15 05 37	28 27 06	2 29 31	26 43 19	25 30 50
13 Th	6 11 15	26 33 30	4♓00 27	23 31 15	2 55 56	1 14 35	20 51 57	15 38 24	2 52 11	15 12 36	28 29 54	2 32 35	26 43 55	25 29 35
14 F	7 08 12	11♓30 12	19 02 31	25 31 19	4 06 42	1 55 38	20 38 54	15 58 28	2 46 34	15 19 39	28 32 46	2 35 46	26 44 35	25 28 26
15 Sa	8 05 24	26 35 53	4♈09 22	27 33 43	5 17 47	2 36 55	20 25 57	16 18 44	2 41 22	15 26 58	28 35 54	2 39 14	26 45 31	25 27 32
16 Su	9 03 01	11♈42 05	19 12 14	29 38 25	6 29 19	3 18 34	20 13 16	16 39 19	2 36 44	15 34 39	28 39 25	2 43 06	26 46 50	25 27 01
17 M	10 01 05	26 39 54	4♉02 33	1♎45 19	7 41 22	4 00 37	20 00 55	17 00 16	2 32 41	15 42 47	28 43 21	2 47 25	26 48 34	25 26 57
18 Tu	10 59 31	11♉21 19	18 33 11	3 54 08	8 53 50	4 43 01	19 48 48	17 21 31	2 29 11	15 51 15	28 47 38	2 52 07	26 50 40	25 27 15
19 W	11 58 09	25 40 12	2♊39 15	6 04 27	10 06 33	5 25 35	19 36 46	17 42 53	2 26 02	15 59 54	28 52 06	2 57 01	26 52 56	25 27 44
20 Th	12 56 44	9♊32 53	16 18 25	8 15 46	11 19 15	6 08 03	19 24 35	18 04 06	2 22 60	16 08 29	28 56 28	3 01 52	26 55 07	25 28 08
21 F	13 54 60	22 58 17	29 30 44	10 27 35	12 31 41	6 50 09	19 11 59	18 24 54	2 19 47	16 16 42	29 00 30	3 06 23	26 56 57	25 28 12
22 Sa	14 52 43	5♋57 33	12♋18 14	12 39 22	13 43 37	7 31 40	18 58 46	18 45 05	2 16 12	16 24 20	29 03 57	3 10 21	26 58 13	25 27 43
23 Su	15 49 47	18 33 32	24 44 21	14 50 44	14 54 57	8 12 29	18 44 50	19 04 30	2 12 07	16 31 18	29 06 43	3 13 40	26 58 48	25 26 34
24 M	16 46 12	0♌50 13	6♌53 22	17 01 26	16 05 40	8 52 38	18 30 12	19 23 11	2 07 34	16 37 35	29 08 48	3 16 19	26 58 43	25 24 45
25 Tu	17 42 09	12 52 13	18 49 58	19 11 21	17 15 58	9 32 15	18 15 03	19 41 17	2 02 42	16 43 21	29 10 23	3 18 30	26 58 08	25 22 26
26 W	18 37 53	24 44 21	0♍38 54	21 20 29	18 26 05	10 11 38	17 59 40	19 59 05	1 57 48	16 48 52	29 11 43	3 20 28	26 57 18	25 19 54
27 Th	19 33 47	6♍31 16	12 24 38	23 28 58	19 36 25	10 51 07	17 44 25	20 16 56	1 53 14	16 54 31	29 13 10	3 22 34	26 56 36	25 17 31
28 F	20 30 11	18 17 17	24 11 55	25 36 57	20 47 17	11 31 04	17 29 41	20 35 11	1 49 21	17 00 38	29 15 06	3 25 11	26 56 23	25 15 37
29 Sa	21 27 26	0♎06 08	6♎02 14	27 44 34	21 59 03	12 11 50	17 15 48	20 54 11	1 46 28	17 07 33	29 17 50	3 28 38	26 56 58	25 14 33
30 Su	22 25 45	12 00 57	18 00 25	29 51 51	23 11 54	12 53 36	17 03 01	21 14 06	1 44 50	17 15 29	29 21 36	3 33 07	26 58 35	25 14 32

Notes

LONGITUDE — July 2030

Day	☉	0 hr ☽	Noon ☽	☿	♀	♂	⚵	⚳	♃	♄	⚷	♅	♆	♇
1 M	23♎ 25 10	24♎ 04 09	0♏ 08 01	1♏ 58 43	24♍ 25 54	13♎ 36 26	16♈ 51 23	21♌ 35 02	1♓ 44 29	17♍ 24 29	29♌ 26 25	3♎ 38 42	27♋ 01 17	25♉ 15 36
2 Tu	24 25 34	6♏ 17 33	12 26 36	4 04 57	25 40 56	14 20 14	16 40 47	21 56 51	1 45 18	17 34 26	29 32 12	3 45 16	27 04 56	25 17 40
3 W	25 26 40	18 42 23	24 57 18	6 10 07	26 56 41	15 04 40	16 30 57	22 19 13	1 46 59	17 45 02	29 38 38	3 52 30	27 09 15	25 20 23
4 Th	26 27 60	1♐ 19 30	7♐ 40 54	8 13 44	28 12 43	15 49 18	16 21 27	22 41 43	1 49 05	17 55 49	29 45 15	3 59 58	27 13 47	25 23 20
5 F	27 29 02	14 09 35	20 38 02	10 15 11	29 28 29	16 33 35	16 11 44	23 03 47	1 51 05	18 06 16	29 51 33	4 07 07	27 17 58	25 25 59
6 Sa	28 29 16	27 13 16	3♑ 49 21	12 13 56	0♎ 43 30	17 17 02	16 01 21	23 24 57	1 52 27	18 15 52	29 57 00	4 13 28	27 21 21	25 27 49
7 Su	29 28 20	10♑ 31 19	17 15 34	14 09 35	1 57 23	17 59 17	15 49 55	23 44 49	1 52 51	18 24 15	0♍ 01 15	4 18 38	27 23 31	25 28 29
8 M	0♏ 26 07	24 04 38	0♒ 57 27	16 01 58	3 10 01	18 40 12	15 37 19	24 03 16	1 52 08	18 31 18	0 04 10	4 22 29	27 24 22	25 27 50
9 Tu	1 22 44	7♒ 54 03	14 55 32	17 51 15	4 21 32	19 19 55	15 23 44	24 20 26	1 50 28	18 37 09	0 05 53	4 25 10	27 24 03	25 26 03
10 W	2 18 40	21 59 60	29 09 47	19 37 51	5 32 23	19 58 53	15 09 36	24 36 46	1 48 16	18 42 14	0 06 51	4 27 08	27 22 59	25 23 32
11 Th	3 14 31	6♓ 22 02	13♓ 39 02	21 22 24	6 43 12	20 37 45	14 55 34	24 52 54	1 46 11	18 47 12	0 07 43	4 29 01	27 21 49	25 20 56
12 F	4 11 01	20 58 15	28 20 30	23 05 37	7 54 42	21 17 13	14 42 22	25 09 32	1 44 56	18 52 46	0 09 11	4 31 31	27 21 17	25 18 59
13 Sa	5 08 47	5♈ 44 55	13♈ 09 34	24 48 07	9 07 30	21 57 54	14 30 37	25 27 19	1 45 07	18 59 32	0 11 52	4 35 16	27 21 58	25 18 17
14 Su	6 08 11	20 36 22	27 59 56	26 30 17	10 21 60	22 40 12	14 20 43	25 46 35	1 47 09	19 07 54	0 16 09	4 40 39	27 24 16	25 19 13
15 M	7 09 17	5♉ 25 25	12♉ 44 09	28 12 09	11 38 12	23 24 07	14 12 42	26 07 23	1 51 01	19 17 52	0 22 03	4 47 40	27 28 12	25 21 49
16 Tu	8 11 43	20 04 21	27 14 46	29 53 22	12 55 46	24 09 21	14 06 15	26 29 23	1 56 24	19 29 07	0 29 15	4 56 00	27 33 27	25 25 45
17 W	9 14 53	4♊ 25 55	11♊ 25 23	1♐ 33 20	14 14 07	24 55 15	14 00 45	26 51 57	2 02 43	19 41 03	0 37 08	5 05 03	27 39 24	25 30 24
18 Th	10 18 02	18 24 36	25 11 33	3 11 16	15 32 28	25 41 05	13 55 27	27 14 20	2 09 09	19 52 52	0 44 55	5 14 02	27 45 16	25 35 00
19 F	11 20 24	1♋ 57 11	8♋ 31 18	4 46 25	16 50 05	26 26 06	13 49 37	27 35 47	2 14 59	20 03 50	0 51 53	5 22 12	27 50 19	25 38 49
20 Sa	12 21 24	15 02 59	21 25 02	6 18 11	18 06 21	27 09 42	13 42 41	27 55 42	2 19 38	20 13 23	0 57 25	5 28 59	27 53 59	25 41 15
21 Su	13 20 47	27 43 44	3♌ 55 20	7 46 16	19 21 01	27 51 37	13 34 21	28 13 49	2 22 49	20 21 13	1 01 15	5 34 05	27 55 57	25 42 02
22 M	14 18 33	10♌ 03 01	16 06 21	9 10 40	20 34 08	28 31 53	13 24 41	28 30 09	2 24 34	20 27 22	1 03 26	5 37 33	27 56 17	25 41 11
23 Tu	15 15 06	22 05 45	28 03 19	10 31 45	21 46 02	29 10 52	13 14 04	28 45 05	2 25 15	20 32 13	1 04 20	5 39 45	27 55 20	25 39 07
24 W	16 11 03	3♍ 57 36	9♍ 51 58	11 50 04	22 57 21	29 49 12	13 03 07	28 59 14	2 25 31	20 36 23	1 04 33	5 41 18	27 53 45	25 36 24
25 Th	17 07 10	15 44 30	21 38 11	13 06 22	24 08 52	0♏ 27 39	12 52 37	29 13 22	2 26 05	20 40 38	1 04 52	5 42 58	27 52 17	25 33 51
26 F	18 04 14	27 32 09	3♎ 27 27	14 21 23	25 21 22	1 06 60	12 43 22	29 28 15	2 27 47	20 45 45	1 06 05	5 45 34	27 51 43	25 32 13
27 Sa	19 02 56	9♎ 25 41	15 24 36	15 35 44	26 35 31	1 47 55	12 36 02	29 44 35	2 31 17	20 52 25	1 08 51	5 49 44	27 52 44	25 32 13
28 Su	20 03 42	21 29 21	27 33 28	16 49 46	27 51 46	2 30 52	12 31 04	0♍ 02 47	2 36 60	21 01 03	1 13 37	5 55 56	27 55 47	25 34 15
29 M	21 06 39	3♏ 46 14	9♏ 56 41	18 03 34	29 10 13	3 15 57	12 28 37	0 22 58	2 45 04	21 11 49	1 20 31	6 04 16	28 00 58	25 38 28
30 Tu	22 11 35	16 18 08	22 35 34	19 16 48	0♏ 30 40	4 02 56	12 28 26	0 44 55	2 55 16	21 24 26	1 29 18	6 14 32	28 08 04	25 44 38
31 W	23 17 52	29 05 30	5♐ 30 08	20 28 47	1 52 30	4 51 14	12 29 56	1 08 02	3 06 60	21 38 20	1 39 23	6 26 07	28 16 30	25 52 08

LONGITUDE — August 2030

Day	☉	0 hr ☽	Noon ☽	☿	♀	♂	⚵	⚳	♃	♄	⚷	♅	♆	♇
1 Th	24♏ 24 40	12♐ 07 41	18♐ 39 18	21♐ 38 32	3♏ 14 52	5♏ 40 00	12♈ 32 16	1♍ 31 26	3♓ 19 23	21♍ 52 40	1♍ 49 55	6♎ 38 10	28♋ 25 24	26♉ 00 09
2 F	25 30 59	25 23 09	2♑ 01 19	22 44 60	4 36 48	6 28 15	12 34 28	1 54 10	3 31 29	22 06 25	1 59 55	6 49 41	28 33 47	26 07 41
3 Sa	26 35 55	8♑ 50 02	15 34 11	23 47 06	5 57 21	7 15 03	12 35 37	2 15 18	3 42 20	22 18 42	2 08 27	6 59 47	28 40 44	26 13 48
4 Su	27 38 48	22 26 35	29 16 13	24 44 03	7 15 53	7 59 44	12 35 03	2 34 09	3 51 17	22 28 50	2 14 52	7 07 47	28 45 35	26 17 52
5 M	28 39 23	6♒ 11 33	13♒ 06 17	25 35 27	8 32 08	8 42 05	12 32 31	2 50 29	3 58 06	22 36 35	2 18 55	7 13 25	28 48 06	26 19 37
6 Tu	29 37 55	20 04 30	27 04 01	26 21 24	9 46 21	9 22 19	12 28 16	3 04 33	4 03 01	22 42 12	2 20 51	7 16 59	28 48 31	26 19 18
7 W	0♐ 35 08	4♓ 05 33	11♓ 09 34	27 02 27	10 59 16	10 01 11	12 23 03	3 17 04	4 06 46	22 46 23	2 21 24	7 19 09	28 47 35	26 17 39
8 Th	1 32 03	18 15 04	25 23 04	27 39 26	12 11 56	10 39 43	12 17 53	3 29 03	4 10 23	22 50 11	2 21 35	7 20 59	28 46 18	26 15 42
9 F	2 29 49	2♈ 33 01	9♈ 44 05	28 13 20	13 25 28	11 19 03	12 13 55	3 41 40	4 15 00	22 54 45	2 22 33	7 23 38	28 45 51	26 14 37
10 Sa	3 29 28	16 58 15	24 10 51	28 44 56	14 40 53	12 00 11	12 12 10	3 55 55	4 21 38	23 01 04	2 25 19	7 28 06	28 47 12	26 15 22
11 Su	4 31 35	1♉ 28 01	8♉ 39 59	29 14 39	15 58 48	12 43 45	12 13 14	4 12 23	4 30 53	23 09 46	2 30 29	7 34 59	28 50 60	26 18 35
12 M	5 36 17	15 57 50	23 06 32	29 42 24	17 19 20	13 29 51	12 17 14	4 31 13	4 42 52	23 20 58	2 38 10	7 44 24	28 57 21	26 24 23
13 Tu	6 43 09	0♊ 21 51	7♊ 24 30	0♑ 07 30	18 42 02	14 18 04	12 23 44	4 51 56	4 57 09	23 34 13	2 47 57	7 55 55	29 05 48	26 32 20
14 W	7 51 20	14 33 44	21 27 50	0 28 54	20 06 04	15 07 31	12 31 53	5 13 43	5 12 52	23 48 40	2 58 56	8 08 41	29 15 31	26 41 34
15 Th	8 59 41	28 27 41	5♋ 11 25	0 45 19	21 30 18	15 57 07	12 40 33	5 35 25	5 28 54	24 03 11	3 10 03	8 21 35	29 25 22	26 50 59
16 F	10 07 08	11♋ 59 26	18 31 58	0 55 26	22 53 39	16 45 44	12 48 39	5 55 56	5 44 10	24 16 41	3 20 10	8 33 30	29 34 16	26 59 28
17 Sa	11 12 47	25 06 54	1♌ 28 25	0 58 13	24 15 12	17 32 30	12 55 16	6 14 22	5 57 45	24 28 16	3 28 24	8 43 33	29 41 18	27 06 08
18 Su	12 16 08	7♌ 50 25	14 01 60	0 53 02	25 34 27	18 16 53	12 59 55	6 30 14	6 09 09	24 37 26	3 34 15	8 51 14	29 45 59	27 10 28
19 M	13 17 06	20 12 31	26 15 58	0 39 49	26 51 22	18 58 52	13 02 32	6 43 26	6 18 19	24 44 07	3 37 39	8 56 29	29 48 15	27 12 25
20 Tu	14 16 08	2♍ 17 31	8♍ 15 12	0 18 55	28 06 20	19 38 50	13 03 32	6 54 25	6 25 39	24 48 43	3 39 01	8 59 43	29 48 31	27 12 25
21 W	15 13 59	14 11 04	20 05 37	29♐ 51 14	29 20 08	20 17 32	13 03 41	7 03 54	6 31 56	24 52 02	3 39 06	9 01 41	29 47 33	27 11 12
22 Th	16 11 38	25 59 29	1♎ 53 38	29 17 55	0♐ 33 45	20 56 01	13 03 57	7 12 54	6 38 08	24 55 01	3 38 56	9 03 25	29 46 20	27 09 47
23 F	17 10 10	7♎ 49 18	13 45 44	28 40 20	1 48 16	21 35 17	13 05 26	7 22 29	6 45 19	24 58 46	3 39 32	9 05 56	29 45 57	27 09 13
24 Sa	18 10 31	19 46 44	25 47 53	27 59 51	3 04 35	22 16 19	13 09 03	7 33 33	6 54 26	25 04 12	3 41 53	9 10 11	29 47 19	27 10 26
25 Su	19 13 20	1♏ 57 09	8♏ 05 06	27 17 40	4 23 23	22 59 45	13 15 27	7 46 47	7 06 08	25 11 59	3 46 36	9 16 51	29 51 06	27 14 07
26 M	20 18 51	14 24 42	20 40 58	26 34 43	5 44 55	23 45 51	13 24 53	8 02 25	7 20 40	25 22 20	3 53 57	9 26 09	29 57 33	27 20 30
27 Tu	21 26 52	27 11 51	3♐ 37 18	25 51 37	7 08 55	24 34 21	13 37 07	8 20 12	7 37 47	25 35 03	4 03 41	9 37 51	0♌ 06 26	27 29 20
28 W	22 36 39	10♐ 19 14	16 53 55	25 08 37	8 34 43	25 24 34	13 51 27	8 39 26	7 56 47	25 49 26	4 15 07	9 51 16	0 17 03	27 39 57
29 Th	23 47 10	23 45 32	0♑ 28 45	24 25 43	10 01 15	26 15 27	14 06 49	8 59 04	8 16 37	26 04 23	4 27 12	10 05 19	0 28 20	27 51 16
30 F	24 57 09	7♑ 27 48	14 18 16	23 42 48	11 27 16	27 05 45	14 21 59	9 17 51	8 36 03	26 18 43	4 38 40	10 18 48	0 39 03	28 02 03
31 Sa	26 05 28	21 22 01	28 18 02	22 59 55	12 51 37	27 54 19	14 35 48	9 34 38	8 53 55	26 31 14	4 48 23	10 30 31	0 48 03	28 11 09

Notes

September 2030 LONGITUDE

Day	☉	0 hr ☽	Noon ☽	☿	♀	♂	⚵	⚳	♃	♄	⚷	♅	♆	♇
1 Su	27 ♐ 11 17	5 ♒ 23 54	12 ♒ 23 42	22 ♐ 17 23	14 ♐ 13 27	28 ♏ 40 19	14 ♈ 47 23	9 ♍ 48 33	9 ♓ 09 22	26 ♍ 41 06	4 ♍ 55 31	10 ♎ 39 39	0 ♌ 54 29	28 ♉ 17 43
2 M	28 14 15	19 29 41	26 31 43	21 36 03	15 32 27	29 23 24	14 56 28	9 59 17	9 22 05	26 48 01	4 59 43	10 45 53	0 58 03	28 21 27
3 Tu	29 14 40	3 ♓ 36 45	10 ♓ 39 53	20 57 17	16 48 55	0 ♐ 03 53	15 03 17	10 07 08	9 32 22	26 52 15	5 01 18	10 49 30	0 59 01	28 22 37
4 W	0 ♑ 13 22	17 43 50	24 47 18	20 22 53	18 03 41	0 42 36	15 08 42	10 12 56	9 41 02	26 54 39	5 01 05	10 51 20	0 58 14	28 22 04
5 Th	1 11 35	1 ♈ 50 49	8 ♈ 54 08	19 54 56	19 17 56	1 20 45	15 13 55	10 17 52	9 49 18	26 56 25	5 00 17	10 52 35	0 56 55	28 21 01
6 F	2 10 37	15 58 06	23 00 50	19 35 28	20 33 02	1 59 41	15 20 16	10 23 17	9 58 30	26 58 54	5 00 15	10 54 36	0 56 23	28 20 48
7 Sa	3 11 39	0 ♉ 05 54	7 ♉ 07 26	19 26 11	21 50 07	2 40 31	15 28 52	10 30 19	10 09 46	27 03 13	5 02 06	10 58 31	0 57 47	28 22 32
8 Su	4 15 22	14 13 33	21 12 56	19 28 12	23 09 54	3 24 00	15 40 28	10 39 42	10 23 50	27 10 07	5 06 35	11 05 04	1 01 51	28 26 58
9 M	5 21 56	28 19 05	5 ♊ 14 58	19 41 57	24 32 32	4 10 17	15 55 12	10 51 33	10 40 51	27 19 44	5 13 50	11 14 24	1 08 43	28 34 15
10 Tu	6 30 55	12 ♊ 19 13	19 09 59	20 07 04	25 57 36	4 58 54	16 12 37	11 05 28	11 00 21	27 31 37	5 23 25	11 26 03	1 17 58	28 43 56
11 W	7 41 25	26 09 46	2 ♋ 53 47	20 42 39	27 24 09	5 48 59	16 31 49	11 20 29	11 21 28	27 44 53	5 34 25	11 39 09	1 28 40	28 55 06
12 Th	8 52 14	9 ♋ 46 22	16 22 16	21 27 20	28 51 02	6 39 18	16 51 36	11 35 28	11 42 58	27 58 20	5 45 40	11 52 29	1 39 40	29 06 36
13 F	10 02 10	23 05 20	29 32 17	22 19 41	0 ♑ 17 02	7 28 41	17 10 46	11 49 10	12 03 41	28 10 46	5 55 57	12 04 51	1 49 43	29 17 12
14 Sa	11 10 14	6 ♌ 04 20	12 ♌ 22 14	23 18 21	1 41 09	8 16 08	17 28 19	12 00 37	12 22 36	28 21 12	6 04 17	12 15 16	1 57 52	29 25 54
15 Su	12 15 48	18 42 55	24 52 23	24 22 17	3 02 46	9 01 01	17 43 38	12 09 10	12 39 05	28 28 59	6 10 01	12 23 06	2 03 28	29 32 06
16 M	13 18 44	1 ♍ 02 32	7 ♍ 04 53	25 30 50	4 21 44	9 43 12	17 56 33	12 14 41	12 53 01	28 33 59	6 13 03	12 28 13	2 06 23	29 35 39
17 Tu	14 19 20	13 06 28	19 03 37	26 43 46	5 38 23	10 22 59	18 07 23	12 17 28	13 04 41	28 36 31	6 13 39	12 30 55	2 06 56	29 36 52
18 W	15 18 20	24 59 28	0 ♎ 53 45	28 01 13	6 53 24	11 01 05	18 16 51	12 18 14	13 14 49	28 37 17	6 12 33	12 31 55	2 05 49	29 36 26
19 Th	16 16 41	6 ♎ 47 22	12 41 25	29 23 32	8 07 46	11 38 29	18 25 55	12 17 57	13 24 22	28 37 16	6 10 44	12 32 12	2 04 00	29 35 22
20 F	17 15 28	18 36 34	24 33 09	0 ♑ 51 11	9 22 34	12 16 14	18 35 39	12 17 41	13 34 25	28 37 33	6 09 16	12 32 49	2 02 35	29 34 42
21 Sa	18 15 40	0 ♏ 33 34	6 ♏ 35 22	2 24 32	10 38 46	12 55 20	18 47 03	12 18 25	13 45 57	28 39 06	6 09 07	12 34 45	2 02 32	29 35 27
22 Su	19 18 02	12 44 26	18 53 56	4 03 44	11 57 07	13 36 31	19 00 49	12 20 54	13 59 42	28 42 39	6 11 03	12 38 47	2 04 37	29 38 20
23 M	20 22 54	25 14 16	1 ♐ 33 32	5 48 35	13 17 57	14 20 09	19 17 20	12 25 27	14 16 02	28 48 35	6 15 24	12 45 13	2 09 08	29 43 43
24 Tu	21 30 09	8 ♐ 06 44	14 37 05	7 38 24	14 41 10	15 06 05	19 36 26	12 31 59	14 34 47	28 56 44	6 22 03	12 53 57	2 16 00	29 51 28
25 W	22 39 12	21 23 29	28 05 24	9 32 06	16 06 09	15 53 44	19 57 33	12 39 52	14 55 24	29 06 32	6 30 25	13 04 22	2 24 37	0 ♊ 00 59
26 Th	23 49 02	5 ♑ 03 57	11 ♑ 56 48	11 28 17	17 31 56	16 42 07	20 19 42	12 48 09	15 16 52	29 16 59	6 39 29	13 15 31	2 33 60	0 11 18
27 F	24 58 31	19 05 12	26 07 20	13 25 22	18 57 20	17 30 05	20 41 42	12 55 39	15 38 02	29 26 57	6 48 08	13 26 13	2 42 58	0 21 15
28 Sa	26 06 32	3 ♒ 22 20	10 ♒ 31 17	15 21 54	20 21 15	18 16 29	21 02 27	13 01 14	15 57 47	29 35 17	6 55 13	13 35 21	2 50 26	0 29 42
29 Su	27 12 14	17 49 18	25 02 07	17 16 44	21 42 51	19 00 30	21 21 05	13 04 07	16 15 17	29 41 10	6 59 55	13 42 05	2 55 33	0 35 51
30 M	28 15 17	2 ♓ 19 52	9 ♓ 33 40	19 09 17	23 01 47	19 41 49	21 37 18	13 03 56	16 30 11	29 44 16	7 01 54	13 46 06	2 57 59	0 39 20

October 2030 LONGITUDE

Day	☉	0 hr ☽	Noon ☽	☿	♀	♂	⚵	⚳	♃	♄	⚷	♅	♆	♇
1 Tu	29 ♑ 15 55	16 ♓ 48 39	24 ♓ 00 59	20 ♑ 59 32	24 ♑ 18 17	20 ♐ 20 39	21 ♈ 51 17	13 ♍ 00 54	16 ♓ 42 44	29 ♍ 44 48	7 ♍ 01 23	13 ♎ 47 37	2 ♌ 57 58	0 ♊ 40 24
2 W	0 ♒ 14 52	1 ♈ 11 50	8 ♈ 20 57	22 48 03	25 33 05	20 57 43	22 03 48	12 55 48	16 53 39	29 43 32	6 59 07	13 47 22	2 56 14	0 39 47
3 Th	1 13 13	15 27 19	22 32 09	24 35 45	26 47 17	21 34 07	22 15 55	12 49 41	17 04 01	29 41 31	6 56 11	13 46 26	2 53 52	0 38 33
4 F	2 12 09	29 34 26	6 ♉ 34 24	26 23 40	28 02 01	22 11 01	22 28 49	12 43 44	17 14 60	29 39 57	6 53 45	13 45 59	2 52 03	0 37 54
5 Sa	3 12 39	13 ♉ 33 15	20 28 09	28 12 43	29 18 20	22 49 26	22 43 29	12 38 58	17 27 37	29 39 49	6 52 50	13 47 03	2 51 47	0 38 49
6 Su	4 15 22	27 24 02	4 ♊ 13 42	0 ♒ 03 28	0 ♒ 36 51	23 30 00	23 00 33	12 36 01	17 42 30	29 41 46	6 54 04	13 50 14	2 53 42	0 41 57
7 M	5 20 27	11 ♊ 06 35	17 50 47	1 55 57	1 57 42	24 12 52	23 20 10	12 35 02	17 59 47	29 45 57	6 57 35	13 55 42	2 57 57	0 47 26
8 Tu	6 27 33	24 40 02	1 ♋ 18 26	3 49 49	3 20 34	24 57 40	23 41 59	12 35 40	18 19 08	29 52 00	7 03 03	14 03 07	3 04 11	0 54 56
9 W	7 35 55	8 ♋ 02 54	14 35 03	5 44 16	4 44 41	25 43 41	24 05 15	12 37 12	18 39 48	29 59 13	7 09 45	14 11 43	3 11 40	1 03 42
10 Th	8 44 37	21 13 20	27 38 48	7 38 20	6 09 06	26 29 57	24 29 01	12 38 40	19 00 50	0 ♎ 06 37	7 16 41	14 20 34	3 19 27	1 12 47
11 F	9 52 40	4 ♌ 09 34	10 ♌ 28 06	9 31 01	7 32 51	27 15 29	24 52 19	12 39 07	19 21 14	0 13 14	7 22 55	14 28 40	3 26 33	1 21 13
12 Sa	10 59 15	16 50 26	23 02 07	11 21 29	8 55 07	27 59 30	25 14 18	12 37 43	19 40 13	0 18 14	7 27 36	14 35 14	3 32 09	1 28 10
13 Su	12 03 49	29 15 44	5 ♍ 21 02	13 09 12	10 15 21	28 41 25	25 34 28	12 33 56	19 57 14	0 21 06	7 30 14	14 39 42	3 35 43	1 33 07
14 M	13 06 13	11 ♍ 26 28	17 26 20	14 53 59	11 33 23	29 21 05	25 52 35	12 27 37	20 12 05	0 21 40	7 30 36	14 41 53	3 37 05	1 35 52
15 Tu	14 06 36	23 24 57	29 20 47	16 36 02	12 49 23	29 58 41	26 08 53	12 18 56	20 24 58	0 20 05	7 28 55	14 42 00	3 36 24	1 36 36
16 W	15 05 29	5 ♎ 14 41	11 ♎ 08 20	18 15 50	14 03 52	0 ♑ 34 41	26 23 48	12 08 23	20 36 22	0 16 52	7 25 38	14 40 31	3 34 11	1 35 49
17 Th	16 03 33	17 00 15	22 53 53	19 54 06	15 17 30	1 09 48	26 38 05	11 56 41	20 46 58	0 12 42	7 21 29	14 38 08	3 31 07	1 34 13
18 F	17 01 36	28 46 57	4 ♏ 43 02	21 31 40	16 31 06	1 44 50	26 52 30	11 44 38	20 57 36	0 08 23	7 17 16	14 35 39	3 28 01	1 32 36
19 Sa	18 00 25	10 ♏ 40 33	16 41 41	23 09 17	17 45 26	2 20 33	27 07 49	11 33 01	21 09 01	0 04 43	7 13 45	14 33 51	3 25 39	1 31 43
20 Su	19 00 36	22 46 52	28 55 37	24 47 36	19 01 07	2 57 34	27 24 39	11 22 27	21 21 48	0 02 16	7 11 32	14 33 20	3 24 37	1 32 12
21 M	20 02 30	5 ♐ 11 20	11 ♐ 30 05	26 26 58	20 18 29	3 36 11	27 43 19	11 13 16	21 36 19	0 01 25	7 10 58	14 34 25	3 25 16	1 34 23
22 Tu	21 06 05	17 58 30	24 29 10	28 07 23	21 37 31	4 16 26	28 03 51	11 05 30	21 52 34	0 02 08	7 12 02	14 37 08	3 27 35	1 38 15
23 W	22 11 03	1 ♑ 11 30	7 ♑ 55 13	29 48 33	22 57 54	4 57 59	28 25 52	10 58 49	22 10 11	0 04 05	7 14 25	14 41 08	3 31 14	1 43 29
24 Th	23 16 45	14 51 30	21 48 21	1 ♓ 29 51	24 18 59	5 40 10	28 48 47	10 52 36	22 28 34	0 06 39	7 17 29	14 45 47	3 35 37	1 49 26
25 F	24 22 24	28 57 17	6 ♒ 06 06	3 10 31	25 40 01	6 22 15	29 11 47	10 46 05	22 46 56	0 09 04	7 20 27	14 50 18	3 39 55	1 55 21
26 Sa	25 27 15	13 ♒ 25 04	20 43 24	4 49 47	27 00 11	7 03 26	29 34 06	10 38 30	23 04 29	0 10 33	7 22 33	14 53 56	3 43 24	2 00 26
27 Su	26 30 41	28 08 49	5 ♓ 33 14	6 27 06	28 18 56	7 43 07	29 55 08	10 29 17	23 20 39	0 10 30	7 23 11	14 56 05	3 45 26	2 04 06
28 M	27 32 25	13 ♓ 01 03	20 27 34	8 02 11	29 35 58	8 21 03	0 ♉ 14 37	10 18 10	23 35 08	0 08 40	7 22 06	14 56 28	3 45 47	2 06 05
29 Tu	28 32 34	27 53 53	5 ♈ 18 38	9 35 08	0 ♓ 51 23	8 57 18	0 32 39	10 05 16	23 48 03	0 05 08	7 19 23	14 55 11	3 44 31	2 06 28
30 W	29 31 34	12 ♈ 40 16	19 59 59	11 06 25	2 05 37	9 32 19	0 49 39	9 51 01	23 59 49	0 00 20	7 15 27	14 52 40	3 42 04	2 05 42
31 Th	0 ♓ 30 03	27 14 45	4 ♉ 27 07	12 36 41	3 19 20	10 06 44	1 06 16	9 36 06	24 11 06	29 ♍ 54 56	7 10 59	14 49 35	3 39 07	2 04 25

Notes

LONGITUDE — November 2030

Day	☉	0 hr ☽	Noon ☽	☿	♀	♂	⚵	⚳	♃	♄	⚷	♅	♆	♇
1 F	1 ♓ 28 44	11 ♉ 33 54	18 ♉ 37 33	14 ♓ 06 39	4 ♓ 33 13	10 ♑ 41 18	1 ♉ 23 14	9 ♍ 21 14	24 ♓ 22 36	29 ♍ 49 38	7 ♍ 06 42	14 ♎ 46 38	3 ♌ 36 21	2 ♊ 03 21
2 Sa	2 28 15	25 36 05	2 ♊ 30 32	15 36 56	5 47 54	11 16 36	1 41 07	9 07 04	24 34 55	29 45 04	7 03 11	14 44 26	3 34 24	2 03 05
3 Su	3 28 56	9 ♊ 21 02	16 06 25	17 07 55	7 03 45	11 53 01	2 00 20	8 53 58	24 48 27	29 41 35	7 00 49	14 43 21	3 33 37	2 04 02
4 M	4 30 55	22 49 20	29 26 10	18 39 41	8 20 51	12 30 38	2 20 56	8 42 03	25 03 16	29 39 18	6 59 43	14 43 29	3 34 07	2 06 15
5 Tu	5 33 59	6 ♋ 01 56	12 ♋ 30 55	20 12 03	9 39 01	13 09 16	2 42 45	8 31 08	25 19 12	29 38 02	6 59 40	14 44 39	3 35 42	2 09 33
6 W	6 37 45	18 59 52	25 21 43	21 44 37	10 57 52	13 48 31	3 05 24	8 20 52	25 35 50	29 37 22	7 00 18	14 46 27	3 37 59	2 13 34
7 Th	7 41 44	1 ♌ 44 06	7 ♌ 59 32	23 16 52	12 16 54	14 27 54	3 28 21	8 10 44	25 52 41	29 36 50	7 01 07	14 48 24	3 40 28	2 17 48
8 F	8 45 26	14 15 31	20 25 13	24 48 18	13 35 38	15 06 56	3 51 08	8 00 18	26 09 15	29 35 56	7 01 36	14 49 60	3 42 39	2 21 44
9 Sa	9 48 26	26 35 04	2 ♍ 39 42	26 18 30	14 53 38	15 45 11	4 13 20	7 49 08	26 25 08	29 34 16	7 01 23	14 50 50	3 44 09	2 24 59
10 Su	10 50 30	8 ♍ 43 52	14 44 10	27 47 11	16 10 41	16 22 26	4 34 43	7 37 02	26 40 04	29 31 35	7 00 13	14 50 41	3 44 42	2 27 18
11 M	11 51 33	20 43 23	26 40 14	29 14 14	17 26 42	16 58 34	4 55 10	7 23 56	26 53 60	29 27 49	6 57 60	14 49 27	3 44 14	2 28 36
12 Tu	12 51 41	2 ♎ 35 34	8 ♎ 30 02	0 ♈ 39 42	18 41 45	17 33 43	5 14 49	7 09 55	27 06 60	29 23 02	6 54 49	14 47 14	3 42 49	2 28 58
13 W	13 51 06	14 22 53	20 16 19	2 03 45	19 56 05	18 08 04	5 33 51	6 55 15	27 19 18	29 17 30	6 50 56	14 44 15	3 40 43	2 28 38
14 Th	14 50 09	26 08 26	2 ♏ 02 24	3 26 39	21 09 60	18 41 56	5 52 36	6 40 14	27 31 12	29 11 29	6 46 38	14 40 49	3 38 12	2 27 54
15 F	15 49 07	7 ♏ 55 52	13 52 13	4 48 40	22 23 49	19 15 41	6 11 23	6 25 14	27 43 02	29 05 22	6 42 14	14 37 16	3 35 38	2 27 07
16 Sa	16 48 21	19 49 19	25 50 09	6 10 00	23 37 52	19 49 34	6 30 30	6 10 34	27 55 07	28 59 25	6 38 05	14 33 54	3 33 18	2 26 34
17 Su	17 48 03	1 ♐ 53 16	8 ♐ 00 49	7 30 48	24 52 22	20 23 52	6 50 12	5 56 28	28 07 39	28 53 53	6 34 23	14 30 57	3 31 26	2 26 30
18 M	18 48 20	14 12 21	20 28 53	8 51 03	26 07 26	20 58 39	7 10 34	5 43 04	28 20 46	28 48 52	6 31 15	14 28 32	3 30 09	2 27 00
19 Tu	19 49 12	26 51 02	3 ♑ 18 39	10 10 36	27 23 02	21 33 55	7 31 36	5 30 23	28 34 27	28 44 23	6 28 41	14 26 37	3 29 27	2 28 05
20 W	20 50 30	9 ♑ 53 14	16 33 37	11 29 10	28 39 04	22 09 32	7 53 10	5 18 16	28 48 34	28 40 16	6 26 32	14 25 06	3 29 10	2 29 36
21 Th	21 52 03	23 21 47	0 ♒ 15 54	12 46 23	29 55 18	22 45 19	8 15 04	5 06 34	29 02 54	28 36 22	6 24 37	14 23 46	3 29 09	2 31 21
22 F	22 53 37	7 ♒ 17 52	14 25 36	14 01 47	1 ♈ 11 32	23 21 01	8 37 04	4 55 04	29 17 14	28 32 25	6 22 43	14 22 24	3 29 08	2 33 08
23 Sa	23 55 01	21 40 26	29 00 20	15 14 57	2 27 35	23 56 27	8 58 60	4 43 34	29 31 24	28 28 16	6 20 38	14 20 49	3 28 57	2 34 44
24 Su	24 56 08	6 ♓ 25 47	13 ♓ 54 59	16 25 30	3 43 20	24 31 31	9 20 44	4 32 01	29 45 16	28 23 48	6 18 16	14 18 55	3 28 29	2 36 03
25 M	25 56 59	21 27 32	29 02 02	17 33 07	4 58 46	25 06 13	9 42 16	4 20 24	29 58 51	28 19 02	6 15 37	14 16 41	3 27 45	2 37 06
26 Tu	26 57 37	6 ♈ 37 19	14 ♈ 12 23	18 37 28	6 13 59	25 40 38	10 03 42	4 08 49	0 ♈ 12 13	28 14 01	6 12 46	14 14 12	3 26 50	2 37 57
27 W	27 58 11	21 45 47	29 16 45	19 38 18	7 29 06	26 14 52	10 25 08	3 57 24	0 25 29	28 08 54	6 09 51	14 11 36	3 25 50	2 38 43
28 Th	28 58 47	6 ♉ 43 58	14 ♉ 06 53	20 35 13	8 44 14	26 49 03	10 46 42	3 46 18	0 38 47	28 03 49	6 06 59	14 09 01	3 24 53	2 39 32
29 F	29 59 30	21 24 34	28 36 37	21 27 46	9 59 28	27 23 16	11 08 28	3 35 35	0 52 11	27 58 50	6 04 14	14 06 30	3 24 04	2 40 29
30 Sa	1 ♈ 00 20	5 ♊ 42 38	12 ♊ 42 22	22 15 20	11 14 48	27 57 30	11 30 25	3 25 16	1 05 41	27 53 56	6 01 36	14 04 05	3 23 23	2 41 33

LONGITUDE — December 2030

Day	☉	0 hr ☽	Noon ☽	☿	♀	♂	⚵	⚳	♃	♄	⚷	♅	♆	♇
1 Su	2 ♈ 01 12	19 ♊ 35 49	26 ♊ 22 58	22 ♈ 57 10	12 ♈ 30 09	28 ♑ 31 41	11 ♉ 52 31	3 ♍ 15 18	1 ♈ 19 12	27 ♍ 49 05	5 ♍ 59 03	14 ♎ 01 40	3 ♌ 22 45	2 ♊ 42 40
2 M	3 02 00	3 ♋ 04 01	9 ♋ 39 16	23 32 26	13 45 25	29 05 43	12 14 37	3 05 34	1 32 39	27 44 10	5 56 26	13 59 09	3 22 04	2 43 43
3 Tu	4 02 39	16 08 51	22 33 31	24 00 15	15 00 31	29 39 31	12 36 39	2 56 00	1 45 55	27 39 05	5 53 40	13 56 28	3 21 15	2 44 38
4 W	5 03 06	28 53 05	5 ♌ 08 48	24 19 42	16 15 23	0 ♒ 12 59	12 58 33	2 46 33	1 58 58	27 33 48	5 50 43	13 53 32	3 20 14	2 45 20
5 Th	6 03 20	11 ♌ 20 03	17 28 31	24 29 60	17 30 01	0 46 11	13 20 21	2 37 14	2 11 47	27 28 19	5 47 36	13 50 23	3 19 02	2 45 51
6 F	7 03 28	23 33 15	29 36 08	24 30 25	18 44 33	1 19 11	13 42 06	2 28 09	2 24 30	27 22 45	5 44 24	13 47 07	3 17 46	2 46 17
7 Sa	8 03 40	5 ♍ 36 05	11 ♍ 34 53	24 20 23	19 59 07	1 52 10	14 04 00	2 19 29	2 37 15	27 17 15	5 41 16	13 43 53	3 16 34	2 46 47
8 Su	9 04 08	17 31 41	23 27 44	23 59 32	21 13 56	2 25 18	14 26 14	2 11 25	2 50 14	27 12 02	5 38 26	13 40 53	3 15 38	2 47 32
9 M	10 05 02	29 22 49	5 ♎ 17 18	23 27 45	22 29 10	2 58 47	14 48 59	2 04 09	3 03 38	27 07 15	5 36 03	13 38 19	3 15 10	2 48 45
10 Tu	11 06 31	11 ♎ 11 56	17 05 54	22 45 12	23 44 58	3 32 45	15 12 24	1 57 50	3 17 36	27 03 06	5 34 18	13 36 18	3 15 19	2 50 33
11 W	12 08 40	23 01 12	28 55 42	21 52 26	25 01 25	4 07 17	15 36 32	1 52 32	3 32 12	26 59 36	5 33 12	13 34 56	3 16 08	2 53 01
12 Th	13 11 25	4 ♏ 52 38	10 ♏ 48 45	20 50 24	26 18 26	4 42 19	16 01 21	1 48 12	3 47 22	26 56 44	5 32 45	13 34 09	3 17 34	2 56 05
13 F	14 14 36	16 48 18	22 47 11	19 40 28	27 35 53	5 17 42	16 26 40	1 44 41	4 02 56	26 54 21	5 32 46	13 33 48	3 19 28	2 59 36
14 Sa	15 17 58	28 50 19	4 ♐ 53 20	18 24 29	28 53 29	5 53 08	16 52 14	1 41 43	4 18 40	26 52 09	5 32 58	13 33 36	3 21 33	3 03 18
15 Su	16 21 10	11 ♐ 01 09	17 09 48	17 04 36	0 ♉ 10 55	6 28 19	17 17 42	1 38 58	4 34 12	26 49 50	5 33 04	13 33 14	3 23 30	3 06 50
16 M	17 23 53	23 23 34	29 39 32	15 43 14	1 27 50	7 02 55	17 42 45	1 36 07	4 49 13	26 47 03	5 32 41	13 32 21	3 24 58	3 09 54
17 Tu	18 25 50	6 ♑ 00 42	12 ♑ 25 44	14 22 58	2 43 58	7 36 38	18 07 06	1 32 53	5 03 26	26 43 33	5 31 34	13 30 42	3 25 42	3 12 12
18 W	19 26 55	18 55 56	25 31 42	13 06 18	3 59 13	8 09 22	18 30 38	1 29 09	5 16 44	26 39 12	5 29 37	13 28 10	3 25 35	3 13 37
19 Th	20 27 11	2 ♒ 12 34	9 ♒ 00 28	11 55 36	5 13 38	8 41 10	18 53 26	1 24 59	5 29 11	26 34 05	5 26 53	13 24 49	3 24 39	3 14 14
20 F	21 26 54	15 53 24	22 54 12	10 52 57	6 27 30	9 12 20	19 15 45	1 20 41	5 41 04	26 28 28	5 23 38	13 20 55	3 23 13	3 14 19
21 Sa	22 26 34	0 ♓ 00 00	7 ♓ 13 31	10 00 05	7 41 16	9 43 18	19 38 03	1 16 42	5 52 50	26 22 50	5 20 22	13 16 56	3 21 44	3 14 20
22 Su	23 26 41	14 31 56	21 56 42	9 18 16	8 55 30	10 14 37	20 00 54	1 13 35	6 05 02	26 17 44	5 17 36	13 13 25	3 20 45	3 14 50
23 M	24 27 47	29 26 02	6 ♈ 59 08	8 48 19	10 10 41	10 46 48	20 24 47	1 11 50	6 18 10	26 13 39	5 15 51	13 10 53	3 20 45	3 16 18
24 Tu	25 30 12	14 ♈ 36 09	22 13 23	8 30 27	11 27 10	11 20 10	20 50 02	1 11 47	6 32 35	26 10 56	5 15 27	13 09 40	3 22 05	3 19 06
25 W	26 33 59	29 53 26	7 ♉ 29 45	8 24 21	12 45 00	11 54 47	21 16 43	1 13 30	6 48 19	26 09 39	5 16 27	13 09 49	3 24 50	3 23 16
26 Th	27 38 52	15 ♉ 07 26	22 37 49	8 29 08	14 03 56	12 30 23	21 44 35	1 16 44	7 05 07	26 09 33	5 18 38	13 11 05	3 28 42	3 28 33
27 F	28 44 20	0 ♊ 07 50	7 ♊ 27 60	8 43 37	15 23 26	13 06 27	22 13 05	1 20 57	7 22 29	26 10 06	5 21 26	13 12 56	3 33 12	3 34 26
28 Sa	29 49 43	14 46 04	21 53 06	9 06 22	16 42 51	13 42 19	22 41 35	1 25 29	7 39 42	26 10 38	5 24 12	13 14 44	3 37 38	3 40 14
29 Su	0 ♉ 54 21	28 56 28	5 ♋ 49 06	9 35 57	18 01 30	14 17 19	23 09 23	1 29 40	7 56 09	26 10 30	5 26 16	13 15 48	3 41 21	3 45 19
30 M	1 57 45	12 ♋ 36 44	19 15 05	10 11 07	19 18 54	14 50 57	23 36 01	1 33 01	8 11 19	26 09 13	5 27 10	13 15 38	3 43 53	3 49 11
31 Tu	2 59 42	25 47 33	2 ♌ 12 55	10 50 59	20 34 50	15 23 01	24 01 17	1 35 18	8 25 01	26 06 35	5 26 41	13 14 04	3 44 60	3 51 36

Notes

January 2031

LONGITUDE

Day	☉	0 hr ☽	Noon ☽	☿	♀	♂	⚵	⚳	♃	♄	⚷	♅	♆	♇
1 W	4 ♉ 00 19	8 ♌ 31 59	14 ♌ 46 22	11 ♈ 34 58	21 ♉ 49 26	15 ♒ 53 37	24 ♉ 25 15	1 ♍ 36 39	8 ♈ 37 19	26 ♍ 02 41	5 ♍ 24 54	13 ♎ 11 10	3 ♌ 44 48	3 ♊ 52 42
2 Th	4 59 58	20 54 38	27 00 22	12 22 53	23 03 04	16 23 09	24 48 20	1 37 26	8 48 37	25 57 55	5 22 14	13 07 20	3 43 42	3 52 52
3 F	5 59 17	3 ♍ 00 50	9 ♍ 00 20	13 14 47	24 16 20	16 52 13	25 11 09	1 38 16	8 59 33	25 52 54	5 19 17	13 03 12	3 42 17	3 52 42
4 Sa	6 58 58	14 56 07	20 51 39	14 10 55	25 29 58	17 21 31	25 34 24	1 39 52	9 10 49	25 48 22	5 16 46	12 59 27	3 41 17	3 52 55
5 Su	7 59 44	26 45 37	2 ♎ 39 15	15 11 33	26 44 40	17 51 46	25 58 47	1 42 54	9 23 06	25 44 59	5 15 23	12 56 49	3 41 24	3 54 14
6 M	9 02 08	8 ♎ 33 52	14 27 21	16 16 53	28 00 60	18 23 31	26 24 51	1 47 58	9 36 58	25 43 20	5 15 42	12 55 51	3 43 11	3 57 12
7 Tu	10 06 30	20 24 33	26 19 17	17 26 54	29 19 18	18 57 07	26 52 59	1 55 23	9 52 47	25 43 46	5 18 04	12 56 53	3 46 59	4 02 10
8 W	11 12 56	2 ♏ 20 22	8 ♏ 17 28	18 41 23	0 ♊ 39 37	19 32 37	27 23 12	2 05 12	10 10 36	25 46 21	5 22 32	12 59 60	3 52 52	4 09 11
9 Th	12 21 08	14 23 10	20 23 29	19 59 50	2 01 43	20 09 46	27 55 16	2 17 11	10 30 08	25 50 48	5 28 50	13 04 55	4 00 35	4 17 59
10 F	13 30 34	26 33 59	2 ♐ 38 12	21 21 27	3 25 01	20 48 00	28 28 37	2 30 45	10 50 52	25 56 35	5 36 26	13 11 07	4 09 33	4 28 03
11 Sa	14 40 27	8 ♐ 53 22	15 02 06	22 45 16	4 48 46	21 26 33	29 02 28	2 45 08	11 11 59	26 02 56	5 44 33	13 17 47	4 19 00	4 38 34
12 Su	15 49 54	21 21 39	27 35 32	24 10 15	6 12 05	22 04 31	29 35 57	2 59 26	11 32 37	26 08 57	5 52 19	13 24 04	4 28 04	4 48 40
13 M	16 58 05	3 ♑ 59 21	10 ♑ 19 10	25 35 24	7 34 06	22 41 03	0 ♊ 08 14	3 12 49	11 51 56	26 13 48	5 58 51	13 29 07	4 35 54	4 57 30
14 Tu	18 04 22	16 47 27	23 14 08	26 59 58	8 54 13	23 15 32	0 38 39	3 24 38	12 09 17	26 16 51	6 03 33	13 32 17	4 41 52	5 04 27
15 W	19 08 26	29 47 37	6 ♒ 22 16	28 23 32	10 12 06	23 47 39	1 06 55	3 34 36	12 24 22	26 17 48	6 06 07	13 33 17	4 45 39	5 09 12
16 Th	20 10 28	13 ♒ 02 14	19 45 58	29 46 10	11 27 56	24 17 33	1 33 12	3 42 51	12 37 21	26 16 48	6 06 41	13 32 17	4 47 26	5 11 55
17 F	21 11 02	26 34 06	3 ♓ 27 54	1 ♉ 08 22	12 42 17	24 45 50	1 58 04	3 49 58	12 48 48	26 14 28	6 05 52	13 29 51	4 47 48	5 13 11
18 Sa	22 11 05	10 ♓ 25 56	17 30 20	2 31 01	13 56 06	25 13 25	2 22 28	3 56 55	12 59 41	26 11 43	6 04 36	13 26 57	4 47 40	5 13 57
19 Su	23 11 43	24 39 32	1 ♈ 54 15	3 55 10	15 10 30	25 41 25	2 47 31	4 04 46	13 11 05	26 09 40	6 03 59	13 24 41	4 48 10	5 15 18
20 M	24 14 00	9 ♈ 14 51	16 38 26	5 21 49	16 26 31	26 10 53	3 14 15	4 14 36	13 24 04	26 09 23	6 05 04	13 24 06	4 50 21	5 18 19
21 Tu	25 18 38	24 09 01	1 ♉ 38 41	6 51 37	17 44 53	26 42 31	3 43 24	4 27 06	13 39 20	26 11 33	6 08 35	13 25 54	4 54 55	5 23 41
22 W	26 25 50	9 ♉ 16 03	16 47 46	8 24 47	19 05 48	27 16 32	4 15 10	4 42 29	13 57 06	26 16 25	6 14 44	13 30 20	5 02 05	5 31 38
23 Th	27 35 13	24 27 04	1 ♊ 56 05	10 00 54	20 28 55	27 52 33	4 49 11	5 00 23	14 16 60	26 23 35	6 23 09	13 37 00	5 11 30	5 41 47
24 F	28 45 56	9 ♊ 31 37	16 53 15	11 39 05	21 53 20	28 29 43	5 24 34	5 19 56	14 38 10	26 32 13	6 32 58	13 45 03	5 22 17	5 53 18
25 Sa	29 56 49	24 19 30	1 ♋ 29 53	13 18 09	23 17 54	29 06 50	6 00 11	5 39 58	14 59 25	26 41 08	6 43 01	13 53 19	5 33 16	6 04 59
26 Su	1 ♊ 06 41	8 ♋ 42 30	15 39 14	14 56 54	24 41 27	29 42 46	6 34 51	5 59 18	15 19 37	26 49 10	6 52 09	14 00 39	5 43 18	6 15 40
27 M	2 14 38	22 35 40	29 17 55	16 34 27	26 03 04	0 ♓ 16 34	7 07 39	6 17 01	15 37 49	26 55 25	6 59 26	14 06 07	5 51 27	6 24 28
28 Tu	3 20 12	5 ♌ 57 39	12 ♌ 26 02	18 10 18	27 22 17	0 47 47	7 38 07	6 32 38	15 53 33	26 59 24	7 04 24	14 09 14	5 57 15	6 30 53
29 W	4 23 24	18 50 18	25 06 30	19 44 29	28 39 09	1 16 27	8 06 17	6 46 13	16 06 53	27 01 10	7 07 06	14 10 05	6 00 46	6 34 58
30 Th	5 24 47	1 ♍ 17 55	7 ♍ 24 19	21 17 34	29 54 10	1 43 05	8 32 42	6 58 17	16 18 19	27 01 15	7 08 04	14 09 11	6 02 30	6 37 16
31 F	6 25 14	13 26 20	19 25 37	22 50 24	1 ♋ 08 14	2 08 35	8 58 13	7 09 42	16 28 46	27 00 32	7 08 10	14 07 24	6 03 21	6 38 38

February 2031

LONGITUDE

Day	☉	0 hr ☽	Noon ☽	☿	♀	♂	⚵	⚳	♃	♄	⚷	♅	♆	♇
1 Sa	7 ♊ 25 50	25 ♍ 22 04	1 ♎ 17 01	24 ♉ 24 04	2 ♋ 22 27	2 ♓ 33 60	9 ♊ 23 57	7 ♍ 21 32	16 ♈ 39 16	27 ♍ 00 05	7 ♍ 08 30	14 ♎ 05 50	6 ♌ 04 23	6 ♊ 40 10
2 Su	8 27 38	7 ♎ 11 41	13 04 54	25 59 41	3 37 51	3 00 24	9 50 56	7 34 52	16 50 55	27 00 59	7 10 08	14 05 32	6 06 41	6 42 56
3 M	9 31 32	19 01 11	24 54 60	27 38 07	4 55 20	3 28 42	10 20 05	7 50 36	17 04 37	27 04 08	7 13 56	14 07 25	6 11 08	6 47 50
4 Tu	10 38 07	0 ♏ 55 37	6 ♏ 51 60	29 19 58	6 15 30	3 59 27	10 51 59	8 09 17	17 20 54	27 10 05	7 20 31	14 12 03	6 18 19	6 55 26
5 W	11 47 32	12 58 51	18 59 17	1 ♊ 05 24	7 38 28	4 32 48	11 26 45	8 31 04	17 39 57	27 19 01	7 29 60	14 19 35	6 28 23	7 05 52
6 Th	12 59 28	25 13 19	1 ♐ 18 52	2 54 06	9 03 56	5 08 26	12 04 05	8 55 37	18 01 27	27 30 35	7 42 05	14 29 42	6 41 00	7 18 51
7 F	14 13 10	7 ♐ 40 08	13 51 21	4 45 21	10 31 10	5 45 35	12 43 16	9 22 14	18 24 38	27 44 04	7 56 01	14 41 40	6 55 27	7 33 37
8 Sa	15 27 36	20 19 10	26 36 15	6 38 06	11 59 06	6 23 13	13 23 12	9 49 48	18 48 27	27 58 23	8 10 45	14 54 25	7 10 39	7 49 07
9 Su	16 41 30	3 ♑ 09 25	9 ♑ 32 18	8 31 09	13 26 29	7 00 04	14 02 40	10 17 07	19 11 41	28 12 20	8 25 02	15 06 43	7 25 23	8 04 07
10 M	17 53 43	16 09 32	22 38 44	10 23 20	14 52 11	7 34 58	14 40 31	10 42 60	19 33 09	28 24 44	8 37 44	15 17 24	7 38 29	8 17 28
11 Tu	19 03 23	29 18 19	5 ♒ 52 24	12 13 46	16 15 18	8 07 03	15 15 50	11 06 34	19 51 57	28 34 41	8 47 56	15 25 36	7 49 04	8 28 15
12 W	20 10 03	12 ♒ 35 14	19 14 56	14 02 04	17 35 23	8 35 51	15 48 13	11 27 22	20 07 41	28 41 47	8 55 13	15 30 52	7 56 42	8 36 03
13 Th	21 13 51	26 00 43	2 ♓ 46 22	15 48 22	18 52 36	9 01 30	16 17 47	11 45 34	20 20 28	28 46 10	8 59 43	15 33 21	8 01 30	8 41 01
14 F	22 15 31	9 ♓ 36 11	16 28 15	17 33 24	20 07 39	9 24 43	16 45 15	12 01 51	20 31 01	28 48 31	9 02 09	15 33 45	8 04 13	8 43 51
15 Sa	23 16 11	23 23 44	0 ♈ 22 39	19 18 19	21 21 41	9 46 39	17 11 47	12 17 22	20 40 29	28 50 01	9 03 41	15 33 15	8 05 59	8 45 42
16 Su	24 17 14	7 ♈ 25 31	14 31 23	21 04 30	22 36 04	10 08 39	17 38 44	12 33 30	20 50 13	28 52 01	9 05 39	15 33 11	8 08 09	8 47 57
17 M	25 19 58	21 42 43	28 55 00	22 53 16	23 52 07	10 32 00	18 07 25	12 51 32	21 01 33	28 55 49	9 09 23	15 34 52	8 12 03	8 51 53
18 Tu	26 25 18	6 ♉ 14 47	13 ♉ 32 00	24 45 31	25 10 45	10 57 39	18 38 45	13 12 25	21 15 24	29 02 23	9 15 47	15 39 14	8 18 37	8 58 27
19 W	27 33 36	20 58 34	28 18 13	26 41 38	26 32 20	11 25 55	19 13 06	13 36 28	21 32 06	29 12 01	9 25 15	15 46 38	8 28 10	9 07 59
20 Th	28 44 32	5 ♊ 48 15	13 ♊ 06 55	28 41 15	27 56 31	11 56 29	19 50 07	14 03 23	21 51 20	29 24 26	9 37 24	15 56 45	8 40 24	9 20 10
21 F	29 57 10	20 35 51	27 49 46	0 ♋ 43 27	29 22 23	12 28 24	20 28 54	14 32 13	22 12 11	29 38 41	9 51 21	16 08 39	8 54 23	9 34 04
22 Sa	1 ♋ 10 13	5 ♋ 12 32	12 ♋ 18 10	2 46 53	0 ♌ 48 39	13 00 23	21 08 08	15 01 41	22 33 21	29 53 28	10 05 48	16 21 03	9 08 50	9 48 24
23 Su	2 22 20	19 30 14	26 24 52	4 50 09	2 13 56	13 31 04	21 46 29	15 30 25	22 53 28	0 ♎ 07 28	10 19 23	16 32 35	9 22 23	10 01 48
24 M	3 32 22	3 ♌ 22 59	10 ♌ 05 07	6 52 07	3 37 09	13 59 19	22 22 49	15 57 19	23 11 26	0 19 31	10 30 59	16 42 08	9 33 55	10 13 10
25 Tu	4 39 42	16 47 48	23 17 16	8 52 02	4 57 37	14 24 29	22 56 29	16 21 42	23 26 34	0 29 00	10 39 57	16 49 03	9 42 48	10 21 50
26 W	5 44 13	29 44 51	6 ♍ 02 37	10 49 44	6 15 16	14 46 28	23 27 23	16 43 29	23 38 48	0 35 49	10 46 11	16 53 15	9 48 54	10 27 43
27 Th	6 46 22	12 ♍ 17 01	18 24 57	12 45 32	7 30 31	15 05 41	23 55 59	17 03 06	23 48 34	0 40 24	10 50 09	16 55 10	9 52 42	10 31 15
28 F	7 47 01	24 29 12	0 ♎ 29 42	14 40 11	8 44 14	15 23 00	24 23 07	17 21 26	23 56 44	0 43 36	10 52 41	16 55 39	9 55 02	10 33 18

Notes

LONGITUDE — March 2031

Day	☉	0 hr ☽	Noon ☽	☿	♀	♂	⚷	♃	♄	⚸	♅	♆	♇
1 Sa	8♋47 16	6♎27 31	12♎23 21	16♋34 37	9♌57 31	15♓39 31	24♊49 54	17♍39 33	24♈04 23	0♎46 33	10♍54 54	16♎55 51	9♌57 01	10♊34 59
2 Su	9 48 16	18 18 40	24 12 36	18 29 48	11 11 32	15 56 23	25 17 29	17 58 38	24 12 41	0 50 23	10 57 58	16 56 52	9 59 49	10 37 26
3 M	10 51 02	0♏09 12	6♏03 56	20 26 31	12 27 17	16 14 36	25 46 53	18 19 39	24 22 39	0 56 07	11 02 52	16 59 45	10 04 25	10 41 40
4 Tu	11 56 14	12 05 03	18 03 02	22 25 12	13 45 27	16 34 49	26 18 46	18 43 19	24 34 57	1 04 25	11 10 17	17 05 09	10 11 31	10 48 21
5 W	13 04 08	24 11 11	0♐14 24	24 25 47	15 06 16	16 57 17	26 53 24	19 09 52	24 49 50	1 15 33	11 20 29	17 13 20	10 21 21	10 57 45
6 Th	14 14 30	6♐31 09	12 41 08	26 27 43	16 29 32	17 21 47	27 30 33	19 39 04	25 07 04	1 29 17	11 33 15	17 24 04	10 33 42	11 09 39
7 F	15 26 40	19 06 59	25 24 38	28 29 57	17 54 33	17 47 37	28 09 33	20 10 15	25 25 60	1 44 56	11 47 52	17 36 42	10 47 54	11 23 22
8 Sa	16 39 36	1♑59 10	8♑24 44	0♌31 02	19 20 19	18 13 45	28 49 21	20 42 22	25 45 35	2 01 30	12 03 20	17 50 10	11 02 55	11 37 52
9 Su	17 52 06	15 06 41	21 39 51	2 29 18	20 45 36	18 38 58	29 28 46	21 14 14	26 04 37	2 17 45	12 18 27	18 03 18	11 17 33	11 51 57
10 M	19 03 01	28 27 30	5♒07 27	4 23 10	22 09 16	19 02 07	0♋06 39	21 44 42	26 21 57	2 32 32	12 32 04	18 14 56	11 30 38	12 04 28
11 Tu	20 11 28	11♒58 58	18 44 42	6 11 12	23 30 26	19 22 18	0 42 07	22 12 52	26 36 42	2 44 59	12 43 18	18 24 11	11 41 18	12 14 32
12 W	21 17 01	25 38 34	2♓29 02	7 52 27	24 48 39	19 39 03	1 14 43	22 38 17	26 48 24	2 54 39	12 51 41	18 30 37	11 49 06	12 21 42
13 Th	22 19 45	9♓24 22	16 18 41	9 26 31	26 04 00	19 52 28	1 44 32	23 01 04	26 57 11	3 01 37	12 57 19	18 34 19	11 54 07	12 26 05
14 F	23 20 19	23 15 24	0♈12 58	10 53 31	27 17 09	20 03 10	2 12 14	23 21 50	27 03 40	3 06 33	13 00 52	18 35 55	11 57 01	12 28 18
15 Sa	24 19 46	7♈11 38	14 12 04	12 13 59	28 29 08	20 12 11	2 38 50	23 41 38	27 08 54	3 10 28	13 03 22	18 36 29	11 58 50	12 29 24
16 Su	25 19 20	21 13 38	28 16 40	13 28 42	29 41 12	20 20 45	3 05 37	24 01 43	27 14 07	3 14 37	13 06 03	18 37 14	12 00 48	12 30 38
17 M	26 20 11	5♉21 58	12♉27 10	14 38 24	0♍54 30	20 30 02	3 33 43	24 23 15	27 20 30	3 20 11	13 10 06	18 39 23	12 04 06	12 33 11
18 Tu	27 23 12	19 36 26	26 48 55	15 43 31	2 09 55	20 40 52	4 04 00	24 47 05	27 28 54	3 28 00	13 16 21	18 43 45	12 09 36	12 37 53
19 W	28 28 42	3♊55 30	11♊02 01	16 44 04	3 27 46	20 53 35	4 36 49	25 13 33	27 39 38	3 38 26	13 25 10	18 50 41	12 17 36	12 45 05
20 Th	29 36 26	18 15 56	25 20 33	17 39 29	4 47 50	21 07 56	5 11 55	25 42 26	27 52 30	3 51 13	13 36 18	18 59 57	12 27 54	12 54 33
21 F	0♌45 42	2♋33 01	9♋33 23	18 28 48	6 09 20	21 23 10	5 48 34	26 12 58	28 06 44	4 05 38	13 49 01	19 10 48	12 39 45	13 05 31
22 Sa	1 55 24	16 41 08	23 35 11	19 10 47	7 31 15	21 38 12	6 25 41	26 44 05	28 21 16	4 20 15	14 02 15	19 22 11	12 52 05	13 16 58
23 Su	3 04 25	0♌34 42	7♌20 23	19 44 09	8 52 26	21 51 54	7 02 10	27 14 40	28 34 59	4 35 01	14 14 51	19 32 57	13 03 46	13 27 44
24 M	4 11 47	14 09 11	20 45 12	20 07 57	10 11 55	22 03 19	7 37 02	27 43 45	28 46 54	4 47 53	14 25 53	19 42 10	13 13 50	13 36 51
25 Tu	5 16 53	27 21 46	3♍47 40	20 21 35	11 29 05	22 11 47	8 09 40	28 10 43	28 56 26	4 58 36	14 34 43	19 49 12	13 21 41	13 43 44
26 W	6 19 33	10♍17 48	16 28 00	20 25 01	12 43 45	22 17 10	8 39 55	28 35 23	29 03 22	5 06 59	14 41 11	19 53 53	13 27 08	13 48 11
27 Th	7 20 01	22 40 48	28 49 29	20 18 44	13 56 11	22 19 40	9 07 60	28 58 01	29 07 60	5 13 18	14 45 31	19 56 27	13 30 27	13 50 29
28 F	8 18 55	4♎52 04	10♎53 04	20 03 41	15 06 59	19 55	9 34 32	29 19 12	29 10 54	5 18 09	14 48 21	19 57 32	13 32 12	13 51 12
29 Sa	9 17 04	16 50 20	22 46 55	19 41 09	16 58	18 43	10 00 22	29 39 46	29 12 54	5 22 22	14 50 31	19 57 57	13 33 16	13 51 11
30 Su	10 15 22	28 41 11	4♏35 52	19 12 34	17 27 03	22 16 59	10 26 24	0♎00 38	29 14 56	5 26 51	14 52 54	19 58 36	13 34 31	13 51 21
31 M	11 14 39	10♏30 35	16 25 60	18 39 25	18 38 03	22 15 32	10 53 27	0 22 37	29 17 48	5 32 25	14 56 19	20 00 20	13 36 47	13 52 30

LONGITUDE — April 2031

Day	☉	0 hr ☽	Noon ☽	☿	♀	♂	⚷	♃	♄	⚸	♅	♆	♇
1 Tu	12♌15 31	22♏24 23	28♏23 08	18♌03 03	19♍50 35	22♓14 57	11♋22 06	0♎46 18	29♈22 06	5♎39 40	15♍01 24	20♎03 43	13♌40 41	13♊55 15
2 W	13 18 15	4♐27 60	10♐32 28	17 24 37	21 04 55	22 15 32	11 52 41	1 12 01	29 28 09	5 48 55	15 08 25	20 09 04	13 46 29	13 59 54
3 Th	14 22 48	16 45 56	22 58 08	16 45 25	22 20 59	22 17 13	12 25 05	1 39 39	29 35 51	6 00 04	15 17 18	20 16 18	13 54 08	14 06 22
4 F	15 28 44	29 21 34	5♑42 57	16 04 35	23 38 22	22 19 34	12 58 55	2 08 48	29 44 48	6 12 43	15 27 38	20 25 00	14 03 14	14 14 14
5 Sa	16 35 21	12♑16 48	18 48 08	15 23 47	24 56 22	22 21 53	13 33 29	2 38 46	29 54 17	6 26 09	15 38 44	20 34 29	14 13 01	14 22 48
6 Su	17 41 50	25 31 56	2♒13 14	14 42 41	26 14 09	22 23 19	14 07 56	3 08 42	0♉03 29	6 39 33	15 49 45	20 43 54	14 22 43	14 31 15
7 M	18 47 20	9♒05 44	15 56 10	14 01 23	27 30 53	22 23 04	14 41 26	3 37 47	0 11 33	6 52 03	15 59 50	20 52 25	14 31 28	14 38 43
8 Tu	19 51 12	22 55 32	29 20 06	13 20 06	28 45 54	22 20 27	15 13 20	4 05 22	0 17 51	7 03 02	16 08 21	20 59 21	14 38 37	14 44 35
9 W	20 53 06	6♓57 44	14♓01 29	12 39 18	29 58 51	22 15 07	15 43 17	4 31 05	0 22 01	7 12 09	16 14 57	21 04 26	14 43 50	14 48 28
10 Th	21 53 04	21 08 19	28 15 52	11 59 42	1♎09 47	22 07 07	16 11 19	4 54 58	0 24 05	7 19 23	16 19 40	21 07 37	14 47 05	14 50 26
11 F	22 51 28	5♈23 29	12♈32 22	11 22 19	2 19 04	21 56 51	16 37 50	5 17 24	0 24 27	7 25 11	16 22 53	21 09 20	14 48 54	14 50 51
12 Sa	23 49 00	19 40 03	26 48 48	10 48 19	3 27 49	21 44 58	17 03 31	5 39 05	0 23 47	7 30 12	16 25 17	21 10 15	14 49 49	14 50 24
13 Su	24 46 29	3♉55 36	11♉02 52	10 18 53	4 35 35	21 32 19	17 29 08	6 00 49	0 22 54	7 35 14	16 27 40	21 11 11	14 50 43	14 49 53
14 M	25 44 40	18 08 21	25 13 07	9 55 03	5 44 21	21 19 38	17 55 29	6 23 21	0 22 33	7 41 03	16 30 48	21 12 52	14 52 20	14 50 05
15 Tu	26 44 04	2♊16 57	9♊18 24	9 37 36	6 54 16	21 07 30	18 23 05	6 47 13	0 23 05	7 48 11	16 35 12	21 15 52	14 55 12	14 51 31
16 W	27 44 56	16 20 01	23 17 23	9 26 49	8 05 33	20 56 07	18 50 10	7 12 39	0 25 19	7 56 51	16 41 07	21 20 23	14 59 33	14 54 24
17 Th	28 47 08	0♋15 55	7♋08 27	9 22 38	9 18 03	20 45 22	19 22 35	7 39 30	0 28 30	8 06 56	16 48 24	21 26 17	15 05 15	14 58 37
18 F	29 50 14	14 02 42	20 49 37	9 24 36	10 31 21	20 34 53	19 53 56	8 07 21	0 32 26	8 17 59	16 56 38	21 33 10	15 11 52	15 03 45
19 Sa	0♍53 37	27 38 10	4♌25 41	9 32 04	11 44 50	20 24 02	20 25 36	8 35 37	0 36 30	8 29 26	17 05 13	21 40 34	15 18 49	15 09 10
20 Su	1 56 41	11♌00 11	17 33 38	9 44 16	12 57 53	20 12 25	20 56 56	9 03 38	0 40 05	8 40 37	17 13 30	21 47 22	15 25 27	15 14 16
21 M	2 58 52	24 06 58	0♍32 57	10 00 33	14 09 57	19 58 59	21 27 24	9 30 52	0 42 37	8 50 60	17 20 57	21 53 32	15 31 13	15 18 29
22 Tu	4 59 49	6♍57 31	13 15 57	10 20 25	15 20 39	19 43 55	21 56 40	9 56 58	0 43 46	9 00 14	17 27 12	21 58 32	15 35 47	15 21 24
23 W	5 59 24	19 31 45	25 42 59	10 43 33	16 29 54	19 27 01	22 26 57	10 24 35	0 43 29	9 08 11	17 32 10	22 02 14	15 39 00	15 23 08
24 Th	6 57 45	1♎50 45	7♎55 36	11 09 54	17 37 46	19 08 15	22 51 16	10 45 30	0 41 39	9 14 58	17 35 54	22 04 46	15 41 01	15 23 32
25 F	7 56 38	13 58 25	19 56 51	11 39 36	18 44 34	18 48 06	23 17 01	11 08 20	0 38 47	9 20 52	17 38 45	22 06 24	15 42 05	15 22 59
26 Sa	8 51 59	25 52 34	1♏48 51	12 12 52	19 50 41	18 26 59	23 42 10	11 30 43	0 35 15	9 26 12	17 41 05	22 07 34	15 42 38	15 21 54
27 Su	10 48 44	7♏42 28	13 37 17	12 49 58	20 56 35	18 05 22	24 07 22	11 53 05	0 31 24	9 31 43	17 43 35	22 08 41	15 43 07	15 20 44
28 M	11 45 47	19 30 52	25 26 26	13 31 10	22 02 39	17 43 43	24 32 50	12 15 52	0 27 46	9 37 31	17 45 60	22 10 12	15 43 55	15 19 53
29 Tu	12 43 28	1♐22 57	7♐21 18	14 16 37	23 09 12	17 22 21	24 58 56	12 39 22	0 24 36	9 44 00	17 49 18	22 12 45	15 45 23	15 19 40
30 W	13 41 56	13 22 38	19 26 52	15 06 18	24 16 24	17 01 28	25 50 13	13 03 43	0 22 04	9 51 21	17 53 25	22 16 26	15 47 39	15 20 14

Notes

May 2031 — LONGITUDE

Day	☉	0 hr ☽	Noon ☽	☿	♀	♂	⚵	⚳	♃	♄	⚷	♅	♆	♇
1 Th	12 ♍ 41 11	25 ♐ 35 41	1 ♑ 47 42	16 ♌ 00 05	25 ♎ 24 13	16 ♓ 41 08	25 ♋ 53 30	13 ♎ 28 57	0 ♉ 20 10	9 ♎ 59 33	17 ♍ 58 21	22 ♎ 19 19	15 ♌ 50 42	15 ♊ 21 35
2 F	13 41 01	8 ♑ 05 59	14 27 45	16 57 39	26 32 29	16 21 12	26 21 48	13 54 52	0 18 44	10 08 25	18 03 57	22 23 52	15 54 23	15 23 33
3 Sa	14 41 12	20 56 57	27 29 54	17 58 37	27 40 55	16 01 26	26 50 26	14 21 12	0 17 29	10 17 41	18 09 54	22 28 49	15 58 25	15 25 51
4 Su	15 41 23	4 ♒ 10 47	10 ♒ 55 38	19 02 32	28 49 11	15 41 33	27 19 05	14 47 37	0 16 06	10 27 01	18 15 53	22 33 49	16 02 28	15 28 09
5 M	16 41 14	17 48 08	24 44 39	20 08 58	29 56 58	15 21 17	27 47 25	15 13 47	0 14 16	10 36 05	18 21 35	22 38 33	16 06 13	15 30 09
6 Tu	17 40 33	1 ♓ 47 48	8 ♓ 54 45	21 17 37	1 ♏ 04 01	15 00 25	28 15 13	15 39 30	0 11 44	10 44 40	18 26 46	22 42 48	16 09 26	15 31 35
7 W	18 39 12	16 06 42	23 21 50	22 28 15	2 10 13	14 38 55	28 42 21	16 04 37	0 08 25	10 52 39	18 31 19	22 46 27	16 11 60	15 32 23
8 Th	19 37 13	0 ♈ 39 59	8 ♈ 00 22	23 40 50	3 15 37	14 16 49	29 08 52	16 29 11	0 04 19	11 00 04	18 35 17	22 49 32	16 13 57	15 32 33
9 F	20 34 47	15 21 40	22 43 57	24 55 28	4 20 20	13 54 21	29 34 54	16 53 22	29 ♈ 59 38	11 07 04	18 38 48	22 52 11	16 15 27	15 32 14
10 Sa	21 32 05	0 ♉ 05 14	7 ♉ 26 08	26 12 17	5 24 36	13 31 46	0 ♌ 00 42	17 17 22	29 54 33	11 13 52	18 42 05	22 54 38	16 16 42	15 31 41
11 Su	22 29 23	14 44 32	22 01 11	27 31 30	6 28 39	13 09 20	0 26 28	17 41 24	29 49 19	11 20 42	18 45 23	22 57 07	16 17 56	15 31 06
12 M	23 26 50	29 14 22	6 ♊ 24 37	28 53 12	7 32 39	12 47 17	0 52 23	18 05 41	29 44 07	11 27 45	18 48 51	22 59 48	16 19 21	15 30 41
13 Tu	24 24 32	13 ♊ 30 52	20 33 20	0 ♍ 17 28	8 36 41	12 25 44	1 18 34	18 30 16	29 39 02	11 35 05	18 52 36	23 02 47	16 21 01	15 30 30
14 W	25 22 30	27 31 39	4 ♋ 25 39	1 44 15	9 40 44	12 04 44	1 44 58	18 55 11	29 34 04	11 42 43	18 56 37	23 06 04	16 22 56	15 30 34
15 Th	26 20 37	11 ♋ 15 35	18 01 02	3 13 27	10 44 43	11 44 15	2 11 31	19 20 19	29 29 08	11 50 33	19 00 48	23 09 33	16 25 00	15 30 48
16 F	27 18 46	24 42 34	1 ♌ 19 43	4 44 54	11 48 31	11 24 11	2 38 06	19 45 33	29 24 07	11 58 28	19 05 03	23 13 06	16 27 08	15 31 03
17 Sa	28 16 52	7 ♌ 53 10	14 22 33	6 18 31	12 51 59	11 04 29	3 04 37	20 10 47	29 18 55	12 06 22	19 09 15	23 16 39	16 29 11	15 31 15
18 Su	29 14 51	20 48 25	27 10 38	7 54 11	13 55 05	10 45 08	3 30 59	20 35 57	29 13 29	12 14 10	19 13 20	23 20 06	16 31 07	15 31 18
19 M	0 ♎ 12 41	3 ♍ 29 33	9 ♍ 45 17	9 31 54	14 57 48	10 26 09	3 57 11	21 01 02	29 07 47	12 21 53	19 17 18	23 23 28	16 32 55	15 31 13
20 Tu	1 10 26	15 57 59	22 07 54	11 11 43	16 00 09	10 07 37	4 23 18	21 26 06	29 01 54	12 29 33	19 21 11	23 26 46	16 34 38	15 31 03
21 W	2 08 11	28 15 10	4 ♎ 20 01	12 53 43	17 02 14	9 49 40	4 49 24	21 51 14	28 55 55	12 37 15	19 25 06	23 30 08	16 36 21	15 30 52
22 Th	3 06 03	10 ♎ 22 45	16 23 22	14 38 00	18 04 08	9 32 27	5 15 34	22 16 32	28 49 56	12 45 06	19 29 07	23 33 37	16 38 10	15 30 48
23 F	4 04 05	22 22 33	28 19 56	16 24 39	19 05 55	9 16 03	5 41 55	22 42 03	28 44 02	12 53 09	19 33 20	23 37 20	16 40 11	15 30 54
24 Sa	5 02 20	4 ♏ 16 40	10 ♏ 11 60	18 13 41	20 07 36	9 00 31	6 08 26	23 07 51	28 38 15	13 01 27	19 37 46	23 41 18	16 42 23	15 31 12
25 Su	6 00 45	16 07 33	22 02 15	20 05 03	21 09 09	8 45 53	6 35 06	23 33 52	28 32 33	13 09 57	19 42 24	23 45 28	16 44 46	15 31 41
26 M	6 59 14	27 58 05	3 ♐ 53 48	21 58 38	22 10 26	8 32 01	7 01 50	24 00 01	28 26 50	13 18 34	19 47 06	23 49 45	16 47 14	15 32 13
27 Tu	7 57 39	9 ♐ 51 31	15 50 09	23 54 16	23 11 18	8 18 50	7 28 27	24 26 09	28 20 58	13 27 08	19 51 44	23 53 60	16 49 37	15 32 42
28 W	8 55 49	21 51 34	27 55 11	25 51 46	24 11 35	8 06 11	7 54 48	24 52 05	28 14 48	13 35 29	19 56 08	23 58 01	16 51 45	15 32 55
29 Th	9 53 36	4 ♑ 02 18	10 ♑ 13 03	27 50 55	25 11 06	7 53 54	8 20 44	25 17 40	28 08 09	13 43 28	20 00 09	24 01 42	16 53 29	15 32 44
30 F	10 50 54	16 27 56	22 47 57	29 51 35	26 09 47	7 41 57	8 46 10	25 42 51	28 00 58	13 51 01	20 03 42	24 04 56	16 54 46	15 32 06
31 Sa	11 47 45	29 12 39	5 ♒ 43 50	1 ♎ 53 41	27 07 36	7 30 21	9 11 07	26 07 37	27 53 17	13 58 08	20 06 48	24 07 45	16 55 34	15 30 59

June 2031 — LONGITUDE

Day	☉	0 hr ☽	Noon ☽	☿	♀	♂	⚵	⚳	♃	♄	⚷	♅	♆	♇
1 Su	12 ♎ 44 17	12 ♒ 20 10	19 ♒ 03 55	3 ♎ 57 17	28 ♏ 04 42	7 ♓ 19 14	9 ♌ 35 43	26 ♎ 32 07	27 ♈ 45 13	14 ♎ 04 57	20 ♍ 09 35	24 ♎ 10 16	16 ♌ 56 04	15 ♊ 29 34
2 M	13 40 43	25 53 12	2 ♓ 50 10	6 02 27	29 01 18	7 08 52	10 00 11	26 56 35	27 37 01	14 11 43	20 12 17	24 12 44	16 56 28	15 28 03
3 Tu	14 37 23	9 ♓ 52 51	17 02 36	8 09 21	29 57 40	6 59 33	10 24 51	27 21 18	27 28 59	14 18 42	20 15 12	24 15 27	16 57 05	15 26 45
4 W	15 34 33	24 17 55	1 ♈ 38 46	10 18 07	0 ♐ 54 07	6 51 35	10 49 60	27 46 35	27 21 25	14 26 14	20 18 38	24 18 43	16 58 12	15 25 57
5 Th	16 32 28	9 ♈ 04 35	16 33 31	12 28 44	1 50 49	6 45 10	11 15 50	28 12 39	27 14 33	14 34 31	20 22 49	24 22 44	17 00 03	15 25 54
6 F	17 31 11	24 06 19	1 ♉ 39 16	14 41 03	2 47 50	6 40 23	11 42 26	28 39 33	27 08 27	14 43 37	20 27 47	24 27 34	17 02 41	15 26 38
7 Sa	18 30 35	9 ♉ 14 31	16 46 55	16 54 42	3 45 01	6 37 07	12 09 40	29 07 10	27 02 59	14 53 24	20 33 25	24 33 07	17 05 60	15 28 02
8 Su	19 30 21	24 19 42	1 ♊ 47 06	19 09 06	4 42 03	6 35 03	12 37 13	29 35 12	26 57 52	15 03 34	20 39 25	24 39 03	17 09 40	15 29 48
9 M	20 30 05	9 ♊ 12 55	16 31 42	21 23 34	5 38 31	6 33 46	13 04 41	0 ♏ 03 13	26 52 41	15 13 42	20 45 22	24 44 57	17 13 16	15 31 31
10 Tu	21 29 20	23 47 04	0 ♋ 54 50	23 37 24	6 33 56	6 32 49	13 31 37	0 30 48	26 46 59	15 23 22	20 50 49	24 50 23	17 16 23	15 32 44
11 W	22 27 45	7 ♋ 57 41	14 53 20	25 49 58	7 27 57	6 31 53	13 57 40	0 57 35	26 40 27	15 32 12	20 55 27	24 55 01	17 18 39	15 33 07
12 Th	23 25 13	21 43 00	28 26 36	28 00 51	8 20 24	6 30 47	14 22 41	1 23 25	26 32 56	15 40 04	20 59 04	24 58 41	17 19 56	15 32 30
13 F	24 21 45	5 ♌ 03 41	11 ♌ 36 08	0 ♏ 09 53	9 11 19	6 29 35	14 46 44	1 48 23	26 24 29	15 47 01	21 01 46	25 01 27	17 20 16	15 30 59
14 Sa	25 17 40	18 02 05	24 24 46	2 17 07	10 00 58	6 28 34	15 10 05	2 12 44	26 15 25	15 53 20	21 03 49	25 03 34	17 19 58	15 28 48
15 Su	26 13 24	0 ♍ 41 35	6 ♍ 56 07	4 22 47	10 49 46	6 28 10	15 33 11	2 36 56	26 06 09	15 59 28	21 05 40	25 05 33	17 19 27	15 26 26
16 M	27 09 27	13 05 57	19 13 59	6 27 14	11 38 12	6 28 53	15 56 32	3 01 30	25 57 13	16 05 55	21 07 49	25 07 51	17 19 15	15 24 22
17 Tu	28 06 20	25 18 55	1 ♎ 21 56	8 30 48	12 26 45	6 31 15	16 20 39	3 26 54	25 49 07	16 13 12	21 10 47	25 10 59	17 19 51	15 23 08
18 W	29 04 27	7 ♎ 23 46	13 23 07	10 33 45	13 15 47	6 35 37	16 45 55	3 53 34	25 42 17	16 21 42	21 14 57	25 15 21	17 21 39	15 23 06
19 Th	0 ♏ 04 01	19 23 19	25 20 09	12 36 14	14 05 30	6 42 13	17 12 34	4 21 42	25 36 54	16 31 38	21 20 32	25 21 11	17 24 53	15 24 30
20 F	1 05 02	1 ♏ 19 49	7 ♏ 15 08	14 38 08	14 55 52	6 51 02	17 40 35	4 51 18	25 33 00	16 43 01	21 27 34	25 28 27	17 29 32	15 27 21
21 Sa	2 07 16	13 15 02	19 09 51	16 39 10	15 46 37	7 01 51	18 09 44	5 22 10	25 30 22	16 55 36	21 35 47	25 36 58	17 35 24	15 31 24
22 Su	3 10 18	25 10 31	1 ♐ 05 48	18 38 52	16 37 19	7 14 12	18 39 37	5 53 50	25 28 34	17 08 59	21 44 46	25 46 16	17 42 02	15 36 14
23 M	4 13 32	7 ♐ 07 43	13 04 37	20 36 36	17 27 19	7 27 31	19 09 37	6 25 45	25 27 01	17 22 33	21 53 57	25 55 47	17 48 51	15 41 17
24 Tu	5 16 21	19 08 20	25 08 08	22 31 43	18 15 57	7 41 09	19 39 06	6 57 15	25 25 05	17 35 41	22 02 40	26 04 53	17 55 14	15 45 53
25 W	6 18 09	1 ♑ 14 29	7 ♑ 18 42	24 23 35	19 02 36	7 54 29	20 07 29	7 27 45	25 22 13	17 47 48	22 10 22	26 12 58	18 00 34	15 49 28
26 Th	7 18 30	13 28 53	19 39 15	26 11 47	19 46 48	8 07 05	20 34 20	7 56 50	25 17 57	17 58 27	22 16 35	26 19 36	18 04 26	15 51 35
27 F	8 17 14	25 54 55	2 ♒ 13 22	27 56 07	20 28 19	8 18 46	20 59 29	8 24 19	25 12 08	18 07 27	22 21 09	26 24 37	18 06 40	15 52 05
28 Sa	9 14 29	8 ♒ 36 36	15 05 03	29 36 42	21 07 15	8 29 38	21 23 02	8 50 19	25 04 54	18 14 58	22 24 12	26 28 09	18 07 23	15 51 05
29 Su	10 10 41	21 38 11	28 18 25	1 ♐ 13 59	21 43 60	8 40 09	21 45 28	9 15 18	24 56 42	18 21 24	22 26 11	26 30 38	18 07 02	15 49 02
30 M	11 06 32	5 ♓ 03 44	11 ♓ 57 03	2 48 39	22 19 13	8 50 59	22 07 26	9 39 57	24 48 14	18 27 29	22 27 47	26 32 46	18 06 18	15 46 37

Notes

LONGITUDE

July 2031

Day	☉	0 hr ☽	Noon ☽	☿	♀	♂	⚵	⚳	♃	♄	⚷	♅	♆	♇
1 Tu	12 ♏ 02 51	18 ♓ 56 18	26 ♓ 03 12	4 ♐ 21 30	22 ♐ 53 39	9 ♓ 02 55	22 ♌ 29 46	10 ♏ 05 05	24 ♈ 40 19	18 ♎ 33 60	22 ♍ 29 49	26 ♎ 35 21	18 ♌ 06 01	15 ♊ 44 40
2 W	13 00 24	3 ♈ 17 04	10 ♈ 36 47	5 53 18	23 28 02	9 16 44	22 53 15	10 31 27	24 33 44	18 41 44	22 33 03	26 39 11	18 06 56	15 43 56
3 Th	13 59 43	18 04 17	25 34 32	7 24 33	24 02 52	9 32 56	23 18 23	10 59 37	24 29 00	18 51 12	22 38 02	26 44 46	18 09 37	15 44 58
4 F	15 00 59	3 ♉ 12 47	10 ♉ 49 43	8 55 25	24 38 14	9 51 41	23 45 21	11 29 44	24 26 19	19 02 36	22 44 54	26 52 17	18 14 11	15 47 56
5 Sa	16 03 55	18 33 55	26 12 31	10 25 34	25 13 50	10 12 41	24 13 52	12 01 31	24 25 23	19 15 37	22 53 25	27 01 28	18 20 24	15 52 33
6 Su	17 07 50	3 ♊ 56 40	11 ♊ 31 31	11 54 20	25 48 56	10 35 16	24 43 15	12 34 18	24 25 32	19 29 36	23 02 52	27 11 37	18 27 35	15 58 08
7 M	18 11 50	19 09 26	26 35 39	13 20 44	26 22 33	10 58 29	25 12 36	13 07 10	24 25 53	19 43 37	23 12 22	27 21 50	18 34 48	16 03 48
8 Tu	19 15 00	4 ♋ 02 06	11 ♋ 16 06	14 43 49	26 53 44	11 21 25	25 40 59	13 39 12	24 25 29	19 56 46	23 20 58	27 31 11	18 41 09	16 08 36
9 W	20 16 37	18 27 36	25 27 30	16 02 50	27 21 43	11 43 21	26 07 41	14 09 41	24 23 38	20 08 19	23 27 59	27 38 58	18 45 54	16 11 49
10 Th	21 16 21	2 ♌ 22 40	9 ♌ 08 09	17 17 22	27 46 05	12 03 55	26 32 21	14 38 16	24 20 02	20 17 57	23 33 04	27 44 51	18 48 44	16 13 09
11 F	22 14 18	15 47 30	22 19 33	18 27 29	28 06 55	12 23 15	26 55 07	15 05 05	24 14 45	20 25 45	23 36 19	27 48 55	18 49 46	16 12 41
12 Sa	23 10 59	28 45 01	5 ♍ 05 27	19 33 35	28 24 39	12 41 49	27 16 27	15 30 38	24 08 19	20 32 14	23 38 15	27 51 43	18 49 28	16 10 56
13 Su	24 07 12	11 ♍ 19 54	17 30 56	20 36 25	28 40 01	13 00 26	27 37 10	15 55 42	24 01 32	20 38 12	23 39 39	27 53 60	18 48 40	16 08 41
14 M	25 03 52	23 37 34	29 41 30	21 36 48	28 53 53	13 19 59	27 58 11	16 21 13	23 55 19	20 44 35	23 41 27	27 56 42	18 48 16	16 06 52
15 Tu	26 01 52	5 ♎ 43 29	11 ♎ 42 31	22 35 31	29 07 05	13 41 22	28 20 23	16 48 04	23 50 34	20 52 14	23 44 33	28 00 43	18 49 11	16 06 22
16 W	27 01 54	17 42 37	23 38 40	23 33 09	29 20 15	14 05 16	28 44 27	17 16 56	23 47 59	21 01 52	23 49 36	28 06 45	18 52 04	16 07 53
17 Th	28 04 22	29 39 04	5 ♏ 33 45	24 29 58	29 33 43	14 32 03	29 10 46	17 48 13	23 47 57	21 13 52	23 57 02	28 15 10	18 57 21	16 11 48
18 F	29 09 16	11 ♏ 35 55	17 30 32	25 25 53	29 47 28	15 01 45	29 39 22	18 21 56	23 50 31	21 28 16	24 06 52	28 25 60	19 05 02	16 18 09
19 Sa	0 ♐ 16 16	23 35 15	29 30 50	26 20 24	0 ♑ 01 06	15 33 60	0 ♍ 09 53	18 57 44	23 55 18	21 44 42	24 18 43	28 38 54	19 14 46	16 26 35
20 Su	1 24 39	5 ♐ 38 19	11 ♐ 35 41	27 12 41	0 13 51	16 08 05	0 41 37	19 34 55	24 01 38	22 02 29	24 31 55	28 53 09	19 25 51	16 36 23
21 M	2 33 30	17 45 48	23 45 41	28 01 38	0 24 45	16 43 04	1 13 38	20 12 34	24 08 34	22 20 39	24 45 31	29 07 51	19 37 22	16 46 38
22 Tu	3 41 48	29 58 07	6 ♑ 01 17	28 46 04	0 32 45	17 17 56	1 44 55	20 49 38	24 15 05	22 38 13	24 58 30	29 21 57	19 48 16	16 56 19
23 W	4 48 35	12 ♑ 15 55	18 23 17	29 24 53	0 36 52	17 51 42	2 14 29	21 25 11	24 20 15	22 54 12	25 09 55	29 34 30	19 57 38	17 04 28
24 Th	5 53 09	24 40 25	0 ♒ 53 06	29 57 14	0 36 23	18 23 41	2 41 40	21 58 30	24 23 22	23 07 56	25 19 04	29 44 49	20 04 45	17 10 24
25 F	6 55 12	7 ♒ 13 41	13 33 03	0 ♑ 22 36	0 30 58	18 53 32	3 06 07	22 29 17	24 24 07	23 19 03	25 25 38	29 52 34	20 09 17	17 13 48
26 Sa	7 54 51	19 58 41	26 26 20	0 40 59	0 20 46	19 21 23	3 27 59	22 57 40	24 22 37	23 27 44	25 29 44	29 57 54	20 11 24	17 14 47
27 Su	8 52 42	2 ♓ 59 16	9 ♓ 36 49	0 52 49	0 06 23	19 47 51	3 47 51	23 24 14	24 19 31	23 34 34	25 32 00	0 ♏ 01 24	20 11 41	17 13 58
28 M	9 49 45	16 19 38	23 08 36	0 58 58	29 ♐ 48 50	20 13 52	4 06 42	23 49 58	24 15 44	23 40 30	25 33 23	0 04 03	20 11 07	17 12 20
29 Tu	10 47 08	0 ♈ 03 44	7 ♈ 05 05	1 00 26	29 29 18	20 40 36	4 25 41	24 16 02	24 12 29	23 46 44	25 35 04	0 07 01	20 10 51	17 11 01
30 W	11 45 59	14 14 14	21 28 01	0 58 17	29 08 59	21 09 09	4 45 54	24 43 33	24 10 51	23 54 21	25 38 08	0 11 24	20 11 60	17 11 10
31 Th	12 47 07	28 51 24	6 ♉ 16 18	0 53 16	28 48 46	21 40 20	5 08 12	25 13 19	24 11 40	24 04 10	25 43 25	0 18 02	20 15 24	17 13 35

LONGITUDE

August 2031

Day	☉	0 hr ☽	Noon ☽	☿	♀	♂	⚵	⚳	♃	♄	⚷	♅	♆	♇
1 F	13 ♐ 50 51	13 ♉ 52 07	21 ♉ 25 12	0 ♑ 45 42	28 ♐ 29 05	22 ♓ 14 28	5 ♍ 32 52	25 ♏ 45 40	24 ♈ 15 15	24 ♎ 16 32	25 ♍ 51 15	0 ♏ 27 13	20 ♌ 21 21	17 ♊ 18 35
2 Sa	14 56 54	29 09 29	6 ♊ 46 20	0 35 22	28 09 45	22 51 15	5 59 37	26 20 20	24 21 19	24 31 09	26 01 21	0 38 42	20 29 36	17 25 54
3 Su	16 04 27	14 ♊ 33 15	22 08 32	0 21 33	27 50 06	23 29 52	6 27 38	26 56 27	24 29 03	24 47 10	26 12 51	0 51 37	20 39 17	17 34 41
4 M	17 12 19	29 51 28	7 ♋ 19 53	0 03 17	27 29 05	24 09 05	6 55 43	27 32 51	24 37 15	25 03 26	26 24 36	1 04 48	20 49 14	17 43 46
5 Tu	18 19 15	14 ♋ 52 40	22 09 52	29 ♐ 39 37	27 05 40	24 47 43	7 22 38	28 08 19	24 44 42	25 18 41	26 35 22	1 17 00	20 58 13	17 51 55
6 W	19 24 17	29 27 55	6 ♌ 31 09	29 09 57	26 39 02	25 24 44	7 47 23	28 41 50	24 50 24	25 31 58	26 44 09	1 27 16	21 05 15	17 58 09
7 Th	20 26 55	13 ♌ 32 07	20 20 25	28 34 15	26 08 54	25 59 38	8 09 27	29 12 55	24 53 52	25 42 44	26 50 27	1 35 04	21 09 50	18 01 57
8 F	21 27 11	27 04 09	3 ♍ 38 04	27 53 10	25 35 32	26 32 28	8 28 53	29 41 36	24 55 07	25 51 03	26 54 18	1 40 27	21 11 59	18 03 22
9 Sa	22 25 38	10 ♍ 06 20	16 27 32	27 07 55	24 59 41	27 03 46	8 46 14	0 ♐ 08 26	24 54 44	25 57 28	26 56 16	1 43 57	21 12 17	18 02 57
10 Su	23 23 13	22 43 17	28 54 06	26 20 13	24 22 33	27 34 28	9 02 25	0 34 22	24 53 37	26 02 56	26 57 17	1 46 32	21 11 39	18 01 38
11 M	24 21 02	5 ♎ 00 59	11 ♎ 04 01	25 32 01	23 45 28	28 05 42	9 18 33	1 00 30	24 52 56	26 08 32	26 58 28	1 49 18	21 11 13	18 00 33
12 Tu	25 20 12	17 05 43	23 03 34	24 45 17	23 09 47	28 38 32	9 35 44	1 27 55	24 53 43	26 15 22	27 00 54	1 53 20	21 12 03	18 00 47
13 W	26 21 34	29 03 31	4 ♏ 58 35	24 01 51	22 36 37	29 13 51	9 54 48	1 57 31	24 56 54	26 24 20	27 05 28	1 59 32	21 15 04	18 03 12
14 Th	27 25 41	10 ♏ 59 33	16 53 55	23 23 10	22 06 42	29 52 09	10 16 18	2 29 49	25 02 59	26 35 56	27 12 41	2 08 24	21 20 45	18 08 20
15 F	28 32 36	22 57 53	28 53 15	22 50 14	21 40 21	0 ♈ 33 32	10 40 18	3 04 53	25 12 02	26 50 14	27 22 38	2 20 02	21 29 12	18 16 16
16 Sa	29 41 58	5 ♐ 01 21	10 ♐ 59 01	22 23 32	21 17 25	1 17 37	11 06 25	3 42 21	25 23 42	27 06 54	27 34 57	2 34 02	21 40 03	18 26 38
17 Su	0 ♑ 52 59	17 11 33	23 12 27	22 03 06	20 57 18	2 03 36	11 33 51	4 21 25	25 37 10	27 25 06	27 48 50	2 49 37	21 52 29	18 38 38
18 M	2 04 35	29 29 06	5 ♑ 33 50	21 48 38	20 39 09	2 50 25	12 01 32	5 01 02	25 51 25	27 43 48	28 03 14	3 05 45	22 05 29	18 51 12
19 Tu	3 15 37	11 ♑ 53 57	18 02 56	21 39 34	20 21 57	3 36 53	12 28 18	5 40 01	26 05 13	28 01 48	28 16 57	3 21 13	22 17 50	19 03 10
20 W	4 24 57	24 25 47	0 ♒ 39 24	21 35 23	20 04 46	4 21 54	12 53 02	6 17 16	26 17 31	28 18 02	28 28 55	3 34 57	22 28 27	19 13 26
21 Th	5 31 47	7 ♒ 04 33	13 23 14	21 35 41	19 46 56	5 04 40	13 14 54	6 51 59	26 27 29	28 31 39	28 38 18	3 46 07	22 36 32	19 21 12
22 F	6 35 44	19 50 51	26 15 15	21 40 27	19 28 10	5 44 45	13 33 32	7 23 45	26 34 44	28 42 17	28 44 43	3 54 20	22 41 40	19 26 03
23 Sa	7 36 55	2 ♓ 46 11	9 ♓ 17 09	21 50 03	19 08 42	6 22 19	13 49 02	7 52 42	26 39 22	28 50 02	28 48 17	3 59 43	22 43 60	19 28 08
24 Su	8 35 58	15 53 01	22 31 38	22 05 16	18 49 15	6 57 57	14 02 01	8 19 28	26 42 02	28 55 33	28 49 38	4 02 55	22 44 08	19 28 03
25 M	9 33 54	29 14 34	6 ♈ 01 56	22 27 11	18 30 56	7 32 41	14 13 31	8 45 05	26 43 46	28 59 50	28 49 47	4 04 55	22 43 07	19 26 52
26 Tu	10 31 57	12 ♈ 54 14	19 51 14	22 57 02	18 15 02	8 07 45	14 24 45	9 10 46	26 45 46	29 04 09	28 49 59	4 06 60	22 42 11	19 25 47
27 W	11 31 20	26 54 43	4 ♉ 01 40	23 35 57	18 02 47	8 44 22	14 36 56	9 37 43	26 49 16	29 09 41	28 51 26	4 10 20	22 42 32	19 26 02
28 Th	12 32 57	11 ♉ 17 08	18 33 23	24 24 40	17 55 08	9 23 24	14 50 57	10 06 51	26 55 10	29 17 20	28 55 02	4 15 50	22 45 04	19 28 29
29 F	13 37 10	25 59 57	3 ♊ 23 36	25 23 23	17 52 28	10 05 14	15 07 10	10 38 32	27 03 50	29 27 29	29 01 10	4 23 53	22 50 11	19 33 33
30 Sa	14 43 47	10 ♊ 58 28	18 26 17	26 31 34	17 54 35	10 49 38	15 25 22	11 12 33	27 15 02	29 39 55	29 09 36	4 34 14	22 57 37	19 40 59
31 Su	15 51 59	26 04 51	3 ♋ 32 35	27 48 06	18 00 39	11 35 50	15 44 45	11 48 07	27 27 59	29 53 49	29 19 33	4 46 08	23 06 37	19 50 00

Notes

September 2031 — LONGITUDE

Day	☉	0 hr ☽	Noon ☽	☿	♀	♂	⚵	⚳	♃	♄	⚷	♅	♆	♇
1 M	17 ♑ 00 38	11 ♋ 09 11	18 ♋ 32 13	29 ♐ 11 29	18 ♐ 09 32	12 ♈ 22 38	16 ♍ 04 09	12 ♐ 24 03	27 ♈ 41 32	0 ♏ 08 03	29 ♍ 29 51	4 ♏ 58 24	23 ♌ 16 00	19 ♊ 59 27
2 Tu	18 08 29	26 01 07	3 ♌ 15 18	0 ♑ 40 03	18 19 56	13 08 49	16 22 19	12 59 07	27 54 27	0 21 22	29 39 17	5 09 47	23 24 33	20 08 06
3 W	19 14 31	10 ♌ 31 47	17 34 04	2 12 18	18 30 50	13 53 21	16 38 14	13 32 19	28 05 40	0 32 45	29 46 48	5 19 17	23 31 14	20 14 54
4 Th	20 18 09	24 35 14	1 ♍ 24 01	3 47 11	18 41 35	14 35 39	16 51 17	14 03 03	28 14 39	0 41 36	29 51 49	5 26 18	23 35 27	20 19 17
5 F	21 19 19	8 ♍ 08 58	14 44 10	5 24 07	18 52 04	15 15 38	17 01 25	14 31 14	28 21 18	0 47 51	29 54 17	5 30 47	23 37 09	20 21 11
6 Sa	22 18 27	21 13 53	27 36 34	7 03 02	19 02 42	15 53 46	17 09 04	14 57 20	28 26 04	0 51 57	29 54 38	5 33 09	23 36 47	20 21 03
7 Su	23 16 24	3 ♎ 53 27	10 ♎ 05 33	8 44 15	19 14 14	16 30 52	17 15 02	15 22 10	28 29 47	0 54 44	29 53 43	5 34 15	23 35 11	20 19 43
8 M	24 14 12	16 12 50	22 16 48	10 28 17	19 27 39	17 07 56	17 20 22	15 46 46	28 33 28	0 57 14	29 52 32	5 35 07	23 33 21	20 18 11
9 Tu	25 12 52	28 18 06	4 ♏ 16 33	12 15 40	19 43 56	17 46 03	17 26 05	16 12 09	28 38 10	1 00 28	29 52 08	5 36 46	23 32 21	20 17 31
10 W	26 13 16	10 ♏ 15 22	16 10 56	14 06 50	20 03 52	18 26 02	17 33 03	16 39 13	28 44 45	1 05 18	29 53 23	5 40 04	23 33 02	20 18 34
11 Th	27 15 58	22 10 22	28 05 28	16 01 52	20 27 58	19 08 28	17 41 48	17 08 29	28 53 46	1 12 18	29 56 50	5 45 35	23 35 58	20 21 54
12 F	28 21 07	4 ♐ 07 57	10 ♐ 04 43	18 00 33	20 56 19	19 53 30	17 52 29	17 40 07	29 05 21	1 21 37	0 ♎ 02 38	5 53 28	23 41 18	20 27 40
13 Sa	29 28 26	16 11 55	22 12 05	20 02 14	21 28 35	20 40 50	18 04 51	18 13 51	29 19 14	1 32 58	0 10 32	6 03 26	23 48 45	20 35 35
14 Su	0 ♒ 37 17	28 24 52	4 ♑ 29 42	22 05 58	22 04 02	21 29 51	18 18 12	18 49 01	29 34 47	1 45 43	0 19 52	6 14 51	23 57 41	20 45 01
15 M	1 46 45	10 ♑ 48 12	16 58 31	24 10 34	22 41 44	22 19 36	18 31 40	19 24 43	29 51 05	1 58 56	0 29 43	6 26 48	24 07 10	20 55 03
16 Tu	2 55 48	23 22 20	29 38 33	26 14 45	23 20 34	23 09 05	18 44 11	19 59 56	0 ♉ 07 05	2 11 36	0 39 04	6 38 15	24 16 13	21 04 40
17 W	4 03 28	6 ♒ 06 55	12 ♒ 29 08	28 17 22	23 59 32	23 57 19	18 54 47	20 33 40	0 21 51	2 22 45	0 46 56	6 48 14	24 23 49	21 12 52
18 Th	5 09 02	19 01 18	25 29 23	0 ♒ 17 30	24 37 50	24 43 35	19 02 46	21 05 13	0 34 38	2 31 39	0 52 38	6 56 02	24 29 17	21 18 58
19 F	6 12 08	2 ♓ 04 51	8 ♓ 38 39	2 14 40	25 15 05	25 27 30	19 07 45	21 34 12	0 45 05	2 37 58	0 55 47	7 01 17	24 32 15	21 22 36
20 Sa	7 12 51	15 17 22	21 56 48	4 08 50	25 51 16	26 09 10	19 09 48	22 00 43	0 53 16	2 41 45	0 56 27	7 04 04	24 32 46	21 23 49
21 Su	8 11 40	28 39 16	5 ♈ 24 26	6 00 23	26 26 52	26 49 05	19 09 26	22 25 16	0 59 41	2 43 31	0 55 09	7 04 53	24 31 22	21 23 09
22 M	9 09 27	12 ♈ 11 38	19 02 43	7 50 06	27 02 39	27 28 04	19 07 30	22 48 40	1 05 11	2 44 06	0 52 43	7 04 35	24 28 53	21 21 26
23 Tu	10 07 12	25 55 52	2 ♉ 53 02	9 38 57	27 39 37	28 07 08	19 04 60	23 11 56	1 10 46	2 44 30	0 50 11	7 04 09	24 26 20	21 19 40
24 W	11 05 53	9 ♉ 53 12	16 56 25	11 27 51	28 18 40	28 47 16	19 02 54	23 36 04	1 17 25	2 45 43	0 48 30	7 04 35	24 24 41	21 18 50
25 Th	12 06 14	24 04 05	1 ♊ 12 47	13 17 31	29 00 31	29 29 10	19 01 57	24 01 46	1 25 52	2 48 28	0 48 24	7 06 37	24 24 40	21 19 41
26 F	13 08 36	8 ♊ 27 25	15 40 23	15 08 14	29 45 26	0 ♉ 13 12	19 02 28	24 29 23	1 36 25	2 53 05	0 50 14	7 10 34	24 26 37	21 22 31
27 Sa	14 12 49	23 00 11	0 ♋ 15 24	16 59 53	0 ♑ 33 15	0 59 10	19 04 18	24 58 44	1 48 57	2 59 24	0 53 51	7 16 17	24 30 23	21 27 11
28 Su	15 18 18	7 ♋ 37 23	14 52 05	18 51 51	1 23 20	1 46 32	19 06 54	25 29 17	2 02 52	3 06 53	0 58 40	7 23 12	24 35 23	21 33 09
29 M	16 24 14	22 12 25	29 23 30	20 43 18	2 14 50	2 34 26	19 09 24	26 00 10	2 17 20	3 14 38	1 03 49	7 30 28	24 40 48	21 39 31
30 Tu	17 29 40	6 ♌ 38 08	13 ♌ 42 33	22 33 20	3 06 46	3 21 56	19 10 54	26 30 27	2 31 25	3 21 46	1 08 25	7 37 10	24 45 41	21 45 24

October 2031 — LONGITUDE

Day	☉	0 hr ☽	Noon ☽	☿	♀	♂	⚵	⚳	♃	♄	⚷	♅	♆	♇
1 W	18 ♒ 33 50	20 ♌ 47 55	27 ♌ 43 12	24 ♒ 21 10	3 ♑ 58 19	4 ♉ 08 16	19 ♍ 10 36	26 ♐ 59 22	2 ♉ 44 20	3 ♏ 27 30	1 ♎ 11 40	7 ♏ 42 31	24 ♌ 49 15	21 ♊ 50 01
2 Th	19 36 15	4 ♍ 36 42	11 ♍ 21 16	26 06 20	4 49 00	4 52 56	19 08 02	27 26 25	2 55 36	3 31 20	1 13 06	7 46 01	24 51 03	21 52 52
3 F	20 36 49	18 01 44	24 34 59	27 48 44	5 38 39	5 35 50	19 03 06	27 51 30	3 05 07	3 33 10	1 12 34	7 47 35	24 50 56	21 53 50
4 Sa	21 35 46	1 ♎ 02 36	7 ♎ 24 58	29 28 38	6 27 29	6 17 12	18 56 02	28 14 51	3 13 06	3 33 13	1 10 21	7 47 26	24 49 10	21 53 11
5 Su	22 33 37	13 41 06	19 53 52	1 ♓ 06 33	7 15 59	6 57 33	18 47 22	28 36 59	3 20 05	3 32 02	1 06 57	7 46 07	24 46 16	21 51 25
6 M	23 31 03	26 00 47	2 ♏ 05 46	2 43 12	8 04 48	7 37 34	18 37 47	28 58 35	3 26 45	3 30 17	1 03 03	7 44 16	24 42 55	21 49 14
7 Tu	24 28 47	8 ♏ 06 15	14 05 43	4 19 18	8 54 38	8 17 58	18 28 01	29 20 22	3 33 48	3 28 41	0 59 22	7 42 38	24 39 49	21 47 19
8 W	25 27 25	20 02 48	25 59 12	5 55 30	9 46 04	8 59 21	18 18 41	29 42 56	3 41 51	3 27 51	0 56 32	7 41 50	24 37 35	21 46 19
9 Th	26 27 25	1 ♐ 55 46	7 ♐ 51 36	7 32 14	10 39 30	9 42 10	18 10 14	0 ♑ 06 43	3 51 20	3 28 13	0 54 57	7 42 17	24 36 40	21 46 38
10 F	27 28 54	13 50 17	19 47 57	9 09 41	11 35 05	10 26 33	18 02 50	0 31 53	4 02 25	3 29 56	0 54 47	7 44 09	24 37 13	21 48 27
11 Sa	28 31 48	25 50 56	1 ♑ 52 35	10 47 46	12 32 41	11 12 25	17 56 23	0 58 19	4 14 58	3 32 54	0 55 58	7 47 19	24 39 08	21 51 40
12 Su	29 35 45	8 ♑ 01 31	14 08 57	12 26 09	13 31 54	11 59 24	17 50 33	1 25 39	4 28 40	3 36 46	0 58 06	7 51 27	24 42 04	21 55 54
13 M	0 ♓ 40 12	20 24 54	26 39 29	14 04 17	14 32 12	12 46 58	17 44 50	1 53 23	4 42 57	3 40 60	1 00 41	7 55 60	24 45 28	22 00 39
14 Tu	1 44 33	3 ♒ 02 55	9 ♒ 25 28	15 41 35	15 32 57	13 34 31	17 38 37	2 20 52	4 57 14	3 44 59	1 03 05	8 00 22	24 48 44	22 05 17
15 W	2 48 14	15 56 21	22 27 08	17 17 29	16 33 34	14 21 27	17 31 21	2 47 33	5 10 54	3 48 09	1 04 45	8 03 58	24 51 18	22 09 14
16 Th	3 50 48	29 05 01	5 ♓ 43 45	18 51 32	17 33 33	15 07 21	17 22 38	3 12 58	5 23 33	3 50 03	1 05 13	8 06 22	24 52 44	22 12 04
17 F	4 52 02	12 ♓ 27 54	19 13 50	20 23 33	18 32 42	15 51 59	17 12 14	3 36 55	5 34 56	3 50 28	1 04 17	8 07 21	24 52 47	22 13 32
18 Sa	5 51 57	26 03 23	2 ♈ 55 31	21 53 32	19 31 01	16 35 22	17 00 12	3 59 24	5 45 05	3 49 27	1 01 59	8 06 56	24 51 30	22 13 42
19 Su	6 50 50	9 ♈ 49 35	16 46 44	23 21 46	20 28 44	17 17 46	16 46 52	4 20 42	5 54 16	3 47 14	0 58 35	8 05 24	24 49 09	22 12 50
20 M	7 49 07	23 44 35	0 ♉ 45 33	24 48 42	21 26 19	17 59 39	16 32 40	4 41 16	6 02 57	3 44 18	0 54 31	8 03 11	24 46 12	22 11 21
21 Tu	8 47 20	7 ♉ 46 35	14 50 15	26 14 50	22 24 16	18 41 32	16 18 10	5 01 38	6 11 38	3 41 10	0 50 20	8 00 51	24 43 09	22 09 49
22 W	9 45 60	21 53 50	28 59 09	27 40 39	23 23 03	19 23 55	16 03 54	5 22 17	6 20 50	3 38 20	0 46 32	7 58 51	24 40 31	22 08 43
23 Th	10 45 26	6 ♊ 04 39	13 ♊ 10 36	29 06 30	24 23 02	20 07 08	15 50 13	5 43 33	6 30 53	3 36 08	0 43 27	7 57 33	24 38 39	22 08 23
24 F	11 45 47	20 17 05	27 22 36	0 ♈ 32 29	25 24 19	20 51 20	15 37 18	6 05 36	6 41 56	3 34 44	0 41 15	7 57 06	24 37 41	22 08 58
25 Sa	12 46 58	4 ♋ 28 52	11 ♋ 32 44	1 58 30	26 26 50	21 36 26	15 25 04	6 28 19	6 53 53	3 34 03	0 39 49	7 57 25	24 37 32	22 10 24
26 Su	13 48 44	18 37 15	25 38 07	3 24 15	27 30 16	22 22 09	15 13 19	6 51 28	7 06 29	3 33 48	0 38 55	7 58 13	24 37 57	22 12 24
27 M	14 50 42	2 ♌ 39 06	9 ♌ 35 33	4 49 19	28 34 17	23 08 07	15 01 40	7 14 39	7 19 21	3 33 37	0 38 10	7 59 10	24 38 32	22 14 36
28 Tu	15 52 30	16 31 12	23 21 48	6 13 17	29 38 29	23 53 59	14 49 48	7 37 31	7 32 07	3 33 09	0 37 12	7 59 52	24 38 57	22 16 38
29 W	16 53 51	0 ♍ 10 28	6 ♍ 53 60	7 35 47	0 ♒ 42 33	24 39 25	14 37 26	7 59 46	7 44 29	3 32 06	0 35 44	8 00 02	24 38 54	22 18 13
30 Th	17 54 35	13 34 27	20 10 00	8 56 37	1 46 21	25 24 18	14 24 26	8 21 13	7 56 19	3 30 18	0 33 36	7 59 30	24 38 13	22 19 11
31 F	18 54 42	26 41 32	3 ♎ 08 41	10 15 40	2 49 49	26 08 35	14 10 50	8 41 53	8 07 34	3 27 45	0 30 48	7 58 17	24 36 53	22 19 31

Notes

LONGITUDE

November 2031

Day	☉	0 hr ☽	Noon ☽	☿	♀	♂	⚶	⚳	♃	♄	⚷	♅	♆	♇
1 Sa	19♓54 17	9♎31 13	15♎50 03	11♈32 57	3♒53 05	26♉52 24	13♍56 43	9♑01 51	8♉18 21	3♏24 33	0♎27 25	7♏56 27	24♌35 00	22♊19 19
2 Su	20 53 32	22 04 11	28 15 20	12 48 32	4 56 18	27 35 54	13 42 21	9 21 18	8 28 51	3 20 54	0 23 40	7 54 13	24 32 47	22 18 47
3 M	21 52 41	4♏22 10	10♏26 48	14 02 32	5 59 42	28 19 21	13 27 57	9 40 28	8 39 18	3 17 00	0 19 45	7 51 48	24 30 26	22 18 08
4 Tu	22 51 55	16 27 54	22 27 37	15 14 60	7 03 29	29 02 55	13 13 46	9 59 33	8 49 54	3 13 05	0 15 54	7 49 24	24 28 10	22 17 35
5 W	23 51 25	28 24 56	4♐21 39	16 25 53	8 07 46	29 46 47	12 59 57	10 18 41	9 00 48	3 09 17	0 12 15	7 47 10	24 26 08	22 17 15
6 Th	24 51 13	10♐17 20	16 13 15	17 35 06	9 12 38	0♊30 59	12 46 36	10 37 56	9 12 03	3 05 41	0 08 51	7 45 10	24 24 23	22 17 15
7 F	25 51 19	22 09 34	28 07 00	18 42 23	10 18 03	1 15 31	12 33 44	10 57 18	9 23 40	3 02 15	0 05 44	7 43 24	24 22 56	22 17 32
8 Sa	26 51 39	4♑06 14	10♑07 34	19 47 25	11 23 56	2 00 19	12 21 19	11 16 42	9 35 32	2 58 57	0 02 48	7 41 48	24 21 42	22 18 03
9 Su	27 52 07	16 11 55	22 19 24	20 49 47	12 30 10	2 45 16	12 09 14	11 35 60	9 47 35	2 55 38	29♍59 56	7 40 14	24 20 34	22 18 40
10 M	28 52 34	28 30 54	4♒46 31	21 49 02	13 36 38	3 30 15	11 57 26	11 55 06	9 59 40	2 52 13	29 57 03	7 38 36	24 19 25	22 19 17
11 Tu	29 52 58	11♒06 54	17 32 13	22 44 44	14 43 15	4 15 11	11 45 49	12 13 56	10 11 44	2 48 36	29 54 04	7 36 50	24 18 12	22 19 50
12 W	0♈53 16	24 02 44	0♓38 43	23 36 25	15 49 59	5 00 05	11 34 26	12 32 28	10 23 45	2 44 49	29 50 57	7 34 55	24 16 53	22 20 17
13 Th	1 53 32	7♓20 01	14 06 50	24 23 39	16 56 53	5 44 58	11 23 20	12 50 45	10 35 47	2 40 52	29 47 46	7 32 53	24 15 31	22 20 42
14 F	2 53 52	20 58 47	27 55 45	25 06 01	18 04 03	6 29 56	11 12 38	13 08 52	10 47 54	2 36 53	29 44 38	7 30 51	24 14 12	22 21 11
15 Sa	3 54 22	4♈57 19	12♈02 52	25 43 01	19 11 35	7 15 07	11 02 29	13 26 56	11 00 15	2 32 59	29 41 38	7 28 56	24 13 04	22 21 50
16 Su	4 55 09	19 12 11	26 24 01	26 14 05	20 19 33	8 00 35	10 52 60	13 45 03	11 12 54	2 29 14	29 38 53	7 27 13	24 12 12	22 22 45
17 M	5 56 12	3♉38 33	10♉53 55	26 38 34	21 28 00	8 46 23	10 44 12	14 03 14	11 25 53	2 25 42	29 36 25	7 25 44	24 11 37	22 23 58
18 Tu	6 57 29	18 10 43	25 26 43	26 55 39	22 36 51	9 32 25	10 36 04	14 21 25	11 39 07	2 22 18	29 34 09	7 24 25	24 11 15	22 25 24
19 W	7 58 50	2♊42 50	9♊56 50	27 04 27	23 45 56	10 18 33	10 28 26	14 39 26	11 52 28	2 18 52	29 31 56	7 23 07	24 10 57	22 26 54
20 Th	9 00 02	17 09 39	24 19 32	27 03 59	24 55 03	11 04 34	10 21 06	14 57 04	12 05 42	2 15 13	29 29 33	7 21 37	24 10 31	22 28 16
21 F	10 00 54	1♋27 02	8♋31 18	26 53 25	26 03 58	11 50 15	10 13 55	15 14 08	12 18 39	2 11 09	29 26 50	7 19 43	24 09 45	22 29 18
22 Sa	11 01 17	15 32 10	22 29 56	26 32 04	27 12 35	12 35 30	10 06 45	15 30 29	12 31 09	2 06 32	29 23 38	7 17 19	24 08 31	22 29 52
23 Su	12 01 12	29 23 35	6♌14 28	25 59 36	28 20 53	13 20 18	9 59 35	15 46 06	12 43 13	2 01 22	29 19 57	7 14 23	24 06 48	22 29 57
24 M	13 00 46	13♌00 49	19 44 48	25 16 04	29 28 59	14 04 46	9 52 35	16 01 09	12 54 58	1 55 48	29 15 55	7 11 03	24 04 46	22 29 43
25 Tu	14 00 14	26 24 12	3♍01 25	24 22 03	0♓37 08	14 49 09	9 46 00	16 15 50	13 06 39	1 50 03	29 11 47	7 07 35	24 02 38	22 29 22
26 W	14 59 56	9♍34 21	16 05 01	23 18 42	1 45 39	15 33 46	9 40 10	16 30 30	13 18 36	1 44 28	29 07 52	7 04 18	24 00 44	22 29 16
27 Th	16 00 11	22 32 03	28 56 24	22 07 38	2 54 52	16 18 58	9 35 24	16 45 29	13 31 08	1 39 23	29 04 31	7 01 32	23 59 24	22 29 43
28 F	17 01 16	5♎18 02	11♎36 17	20 50 59	4 05 04	17 05 01	9 32 01	17 01 01	13 44 32	1 35 04	29 02 01	6 59 33	23 58 55	22 31 01
29 Sa	18 03 21	17 52 57	24 05 27	19 31 12	5 16 22	17 52 04	9 30 09	17 17 17	13 58 56	1 31 41	29 00 29	6 58 31	23 59 25	22 33 19
30 Su	19 06 25	0♏17 31	6♏24 41	18 10 56	6 28 48	18 40 07	9 29 48	17 34 16	14 14 22	1 29 15	28 59 57	6 58 26	24 00 56	22 36 36

LONGITUDE

December 2031

Day	☉	0 hr ☽	Noon ☽	☿	♀	♂	⚶	⚳	♃	♄	⚷	♅	♆	♇
1 M	20♈10 18	12♏32 33	18♏35 04	16♈52 48	7♓42 11	19♊29 01	9♍30 50	17♑51 48	14♉30 39	1♏27 35	29♍00 15	6♏59 08	24♌03 16	22♊40 42
2 Tu	21 14 43	24 39 13	0♐38 02	15 39 14	8 56 12	20 18 25	9 32 55	18 09 34	14 47 28	1 26 22	29 01 04	7 00 19	24 06 08	22 45 20
3 W	22 19 13	6♐39 08	12 35 32	14 32 15	10 10 25	21 07 55	9 35 37	18 27 08	15 04 23	1 25 12	29 01 59	7 01 33	24 09 06	22 50 03
4 Th	23 23 20	18 34 36	24 30 10	13 33 25	11 24 23	21 57 03	9 38 30	18 44 02	15 20 58	1 23 36	29 02 31	7 02 22	24 11 42	22 54 24
5 F	24 26 41	0♑28 31	6♑25 11	12 43 47	12 37 40	22 45 25	9 41 09	18 59 51	15 36 46	1 21 11	29 02 17	7 02 21	24 13 31	22 57 58
6 Sa	25 28 56	12 24 35	18 24 31	12 04 03	13 49 58	23 32 42	9 43 16	19 14 17	15 51 30	1 17 39	29 00 59	7 01 14	24 14 16	23 00 27
7 Su	26 30 01	24 27 07	0♒32 39	11 34 30	15 01 12	24 18 48	9 44 45	19 27 14	16 05 05	1 12 54	28 58 31	6 58 54	24 13 52	23 01 46
8 M	27 30 04	6♒40 60	12 54 30	11 15 19	16 11 30	25 03 53	9 45 45	19 38 51	16 17 39	1 07 05	28 55 01	6 55 30	24 12 25	23 02 02
9 Tu	28 29 27	19 11 17	25 34 59	11 06 29	17 21 13	25 48 18	9 46 37	19 49 28	16 29 33	1 00 33	28 50 52	6 51 24	24 10 19	23 01 39
10 W	29 28 43	2♓02 49	8♓38 33	11 07 60	18 30 54	26 32 36	9 47 56	19 59 39	16 41 21	0 53 53	28 46 37	6 47 09	24 08 07	23 01 09
11 Th	0♉28 31	15 19 36	22 08 31	11 19 45	19 41 13	27 17 26	9 50 18	20 10 02	16 53 42	0 47 44	28 42 55	6 43 25	24 06 28	23 01 11
12 F	1 29 27	29 04 03	6♈06 14	11 41 31	20 52 45	28 03 25	9 54 22	20 21 13	17 07 12	0 42 42	28 40 22	6 40 47	24 05 58	23 02 21
13 Sa	2 31 57	13♈16 10	20 30 25	12 12 54	22 05 56	28 50 58	10 00 33	20 33 39	17 22 17	0 39 13	28 39 25	6 39 42	24 07 03	23 05 06
14 Su	3 36 10	27 52 58	5♉16 40	12 53 12	23 20 54	29 40 14	10 08 58	20 47 27	17 39 05	0 37 25	28 40 11	6 40 18	24 09 52	23 09 33
15 M	4 41 50	12♉48 19	20 17 36	13 41 22	24 37 25	0♋30 58	10 19 23	21 02 22	17 57 21	0 37 05	28 42 27	6 42 21	24 14 09	23 15 29
16 Tu	5 48 24	27 53 29	5♊23 48	14 36 06	25 54 54	1 22 35	10 31 14	21 17 49	18 16 32	0 37 39	28 45 39	6 45 16	24 19 22	23 22 18
17 W	6 55 02	12♊58 28	20 25 17	15 35 55	27 12 32	2 14 18	10 43 43	21 33 01	18 35 49	0 38 18	28 48 57	6 48 16	24 24 41	23 29 14
18 Th	8 00 56	27 53 40	5♋13 11	16 39 23	28 29 30	3 05 16	10 55 58	21 47 07	18 54 21	0 38 12	28 51 33	6 50 31	24 29 16	23 35 24
19 F	9 05 25	12♋31 24	19 41 04	17 45 17	29 45 06	3 54 50	11 07 19	21 59 26	19 11 29	0 36 42	28 52 46	6 51 20	24 32 28	23 40 11
20 Sa	10 08 09	26 46 56	3♌45 34	18 52 50	0♈59 04	4 42 39	11 17 28	22 09 41	19 26 54	0 33 30	28 52 17	6 50 25	24 33 58	23 43 15
21 Su	11 09 16	10♌38 37	17 26 10	20 01 43	2 11 27	5 28 51	11 26 30	22 17 55	19 40 42	0 28 40	28 50 13	6 47 52	24 33 52	23 44 41
22 M	12 09 14	24 07 19	0♍44 37	21 12 03	3 22 46	6 13 55	11 34 53	22 24 39	19 53 22	0 22 44	28 47 03	6 44 11	24 32 39	23 45 00
23 Tu	13 08 50	7♍15 45	13 44 04	22 24 17	4 33 47	6 58 36	11 43 25	22 30 39	20 05 40	0 16 27	28 43 34	6 40 07	24 31 06	23 44 58
24 W	14 08 58	20 07 28	26 28 14	23 39 03	5 45 24	7 43 49	11 52 57	22 36 49	20 18 31	0 10 44	28 40 40	6 36 36	24 30 07	23 45 28
25 Th	15 10 28	2♎46 09	9♎00 45	24 56 57	6 58 27	8 30 25	12 04 21	22 43 58	20 32 45	0 06 25	28 39 10	6 34 28	24 30 32	23 47 21
26 F	16 13 60	15 15 06	21 24 41	26 18 25	8 13 35	9 19 02	12 18 15	22 52 46	20 49 00	0 04 10	28 39 45	6 34 21	24 32 60	23 51 17
27 Sa	17 19 53	27 36 53	3♏42 23	27 43 38	9 31 09	10 09 59	12 34 59	23 03 31	21 07 38	0 04 18	28 42 44	6 36 36	24 37 51	23 57 35
28 Su	18 28 06	9♏53 13	15 55 22	29 12 23	10 51 06	11 03 17	12 54 30	23 16 14	21 28 35	0 06 49	28 48 06	6 41 11	24 45 04	24 06 13
29 M	19 38 15	22 05 08	28 04 35	0♉44 09	12 13 02	11 58 30	13 16 24	23 30 28	21 51 29	0 11 19	28 55 27	6 47 43	24 54 16	24 16 48
30 Tu	20 49 38	4♐13 10	10♐10 32	2 18 09	13 36 17	12 54 57	13 39 60	23 45 33	22 15 38	0 17 05	29 04 06	6 55 30	25 04 43	24 28 38
31 W	22 01 21	16 17 44	22 13 48	3 53 21	14 59 54	13 51 44	14 04 21	24 00 33	22 40 06	0 23 14	29 13 07	7 03 37	25 15 32	24 40 49

Notes

January 2032

LONGITUDE

Day	☉	0 hr ☽	Noon ☽	☿	♀	♂	⚵	⚳	♃	♄	⚷	♅	♆	♇
1 Th	23 ♉ 12 26	28 ♐ 19 29	4 ♑ 15 14	5 ♉ 28 42	16 ♈ 22 56	14 ♋ 47 51	14 ♍ 28 29	24 ♑ 14 30	23 ♉ 03 52	0 ♏ 28 47	29 ♍ 21 32	7 ♏ 11 07	25 ♌ 25 44	24 ♊ 52 22
2 F	24 21 60	10 ♑ 19 41	16 16 23	7 03 17	17 44 30	15 42 27	14 51 32	24 26 32	23 26 12	0 32 53	29 28 30	7 17 06	25 34 27	25 02 24
3 Sa	25 29 25	22 20 27	28 19 47	8 36 23	19 03 59	16 34 54	15 12 52	24 35 59	23 46 22	0 34 53	29 33 22	7 20 57	25 41 03	25 10 18
4 Su	26 34 25	4 ♒ 25 01	10 ♒ 28 58	10 07 42	20 21 06	17 24 55	15 32 11	24 42 36	24 04 06	0 34 32	29 35 53	7 22 25	25 45 17	25 15 48
5 M	27 37 11	16 37 40	22 48 29	11 37 21	21 36 01	18 12 42	15 49 39	24 46 33	24 19 36	0 32 00	29 36 12	7 21 39	25 47 17	25 19 04
6 Tu	28 38 17	29 03 36	5 ♓ 23 44	13 05 55	22 49 19	18 58 48	16 05 52	24 48 25	24 33 25	0 27 52	29 34 55	7 19 14	25 47 41	25 20 41
7 W	29 38 40	11 ♓ 48 36	18 20 21	14 34 16	24 01 57	19 44 10	16 21 45	24 49 07	24 46 31	0 23 05	29 32 58	7 16 08	25 47 22	25 21 35
8 Th	0 ♊ 39 26	24 58 18	1 ♈ 43 38	16 03 32	25 15 00	20 29 55	16 38 25	24 49 47	24 59 60	0 18 45	29 31 28	7 13 26	25 47 29	25 22 53
9 F	1 41 42	8 ♈ 37 20	15 37 22	17 34 47	26 29 36	21 17 09	16 56 56	24 51 29	25 14 57	0 15 59	29 31 30	7 12 14	25 49 07	25 25 41
10 Sa	2 46 17	22 48 12	0 ♉ 02 45	19 08 50	27 46 32	22 06 42	17 18 09	24 55 04	25 32 13	0 15 36	29 33 55	7 13 23	25 53 06	25 30 48
11 Su	3 53 32	7 ♉ 30 04	14 57 17	20 46 02	29 06 11	22 58 54	17 42 24	25 00 53	25 52 09	0 17 58	29 39 04	7 17 14	25 59 48	25 38 37
12 M	5 03 12	22 38 03	0 ♊ 14 11	22 26 09	0 ♉ 28 19	23 53 31	18 09 27	25 08 41	26 14 29	0 22 50	29 46 43	7 23 33	26 08 57	25 48 51
13 Tu	6 14 29	8 ♊ 03 01	15 42 53	24 08 20	1 52 05	24 49 44	18 38 27	25 17 39	26 38 26	0 29 24	29 56 01	7 31 29	26 19 45	26 00 43
14 W	7 26 08	23 32 54	1 ♋ 10 37	25 51 23	3 16 15	25 46 20	19 08 12	25 26 33	27 02 44	0 36 27	0 ♎ 05 47	7 39 51	26 30 58	26 12 59
15 Th	8 36 52	8 ♋ 54 45	16 24 55	27 33 59	4 39 32	26 41 59	19 37 21	25 34 06	27 26 06	0 42 38	0 14 40	7 47 19	26 41 18	26 24 19
16 F	9 45 34	23 57 16	1 ♌ 15 52	29 15 04	6 00 51	27 35 37	20 04 50	25 39 11	27 47 27	0 46 55	0 21 38	7 52 48	26 49 39	26 33 40
17 Sa	10 51 42	8 ♌ 32 45	15 37 34	0 ♊ 54 04	7 19 37	28 26 39	20 30 04	25 41 16	28 06 12	0 48 43	0 26 04	7 55 45	26 55 28	26 40 27
18 Su	11 55 18	22 37 43	29 28 19	2 31 04	8 35 53	29 15 10	20 53 07	25 40 23	28 22 25	0 48 05	0 28 04	7 56 14	26 58 48	26 44 44
19 M	12 57 00	6 ♍ 12 40	12 ♍ 49 57	4 06 42	9 50 19	0 ♌ 01 47	21 14 36	25 37 11	28 36 44	0 45 41	0 28 15	7 54 52	27 00 18	26 47 08
20 Tu	13 57 52	19 20 58	25 46 41	5 42 02	11 03 56	0 47 33	21 35 34	25 32 44	28 50 13	0 42 33	0 27 40	7 52 42	27 01 00	26 48 43
21 W	14 59 09	2 ♎ 07 37	8 ♎ 23 55	7 18 19	12 18 00	1 33 43	21 57 14	25 28 16	29 04 04	0 39 55	0 27 34	7 51 00	27 02 09	26 50 44
22 Th	16 01 60	14 38 07	20 47 11	8 56 46	13 33 42	2 21 27	22 20 48	25 24 58	29 19 30	0 38 59	0 29 08	7 50 56	27 04 56	26 54 21
23 F	17 07 21	26 57 43	3 ♏ 01 33	10 38 17	14 51 55	3 11 40	22 47 09	25 23 45	29 37 25	0 40 39	0 33 15	7 53 24	27 10 15	27 00 28
24 Sa	18 15 41	9 ♏ 10 44	15 11 01	12 23 24	16 13 09	4 04 52	23 16 47	25 25 07	29 58 18	0 45 25	0 40 27	7 58 55	27 18 37	27 09 36
25 Su	19 27 01	21 20 22	27 18 25	14 12 08	17 37 26	5 01 03	23 49 42	25 29 04	0 ♊ 22 11	0 53 19	0 50 44	8 07 30	27 30 01	27 21 46
26 M	20 40 53	3 ♐ 28 38	9 ♐ 25 27	16 04 02	19 04 18	5 59 46	24 25 26	25 35 10	0 48 35	1 03 51	1 03 38	8 18 40	27 44 00	27 36 28
27 Tu	21 56 25	15 36 30	21 32 49	17 58 14	20 32 51	7 00 08	25 03 06	25 42 32	1 16 37	1 16 10	1 18 16	8 31 32	27 59 41	27 52 52
28 W	23 12 28	27 44 13	3 ♑ 40 40	19 53 36	22 01 57	8 00 60	25 41 33	25 50 00	1 45 09	1 29 07	1 33 29	8 44 59	28 15 56	28 09 46
29 Th	24 27 47	9 ♑ 51 47	15 48 60	21 48 55	23 30 22	9 01 07	26 19 32	25 56 23	2 12 56	1 41 28	1 48 03	8 57 46	28 31 31	28 25 59
30 F	25 41 17	21 59 24	27 58 08	23 43 05	24 56 59	9 59 24	26 55 56	26 00 33	2 38 52	1 52 06	2 00 52	9 08 46	28 45 17	28 40 23
31 Sa	26 52 06	4 ♒ 07 53	10 ♒ 09 10	25 35 17	26 20 57	10 54 60	27 29 55	26 01 41	3 02 06	2 00 10	2 11 06	9 17 09	28 56 26	28 52 07

February 2032

LONGITUDE

Day	☉	0 hr ☽	Noon ☽	☿	♀	♂	⚵	⚳	♃	♄	⚷	♅	♆	♇
1 Su	27 ♊ 59 50	16 ♒ 19 05	22 ♒ 24 19	27 ♊ 25 06	27 ♉ 41 54	11 ♌ 47 30	28 ♍ 01 04	25 ♑ 59 23	3 ♊ 22 14	2 ♏ 05 18	2 ♎ 18 20	9 ♏ 22 32	29 ♌ 04 33	29 ♊ 00 47
2 M	29 04 37	28 36 02	4 ♓ 46 57	29 12 39	28 59 54	12 37 02	28 29 30	25 53 45	3 39 23	2 07 35	2 22 40	9 24 60	29 09 46	29 06 31
3 Tu	0 ♋ 07 03	11 ♓ 02 60	17 21 37	0 ♋ 58 34	0 ♊ 15 35	13 24 12	28 55 50	25 45 26	3 54 09	2 07 38	2 24 44	9 25 10	29 12 39	29 09 55
4 W	1 08 10	23 45 08	0 ♈ 13 39	2 43 50	1 29 59	14 10 02	29 21 03	25 35 28	4 07 34	2 06 29	2 25 33	9 24 05	29 14 16	29 11 60
5 Th	2 09 13	6 ♈ 48 08	13 28 39	4 29 44	2 44 21	14 55 47	29 46 26	25 25 07	4 20 54	2 05 25	2 26 24	9 22 60	29 15 51	29 14 02
6 F	3 11 29	20 17 15	27 11 24	6 17 31	3 59 58	15 42 45	0 ♎ 13 17	25 15 40	4 35 25	2 05 41	2 28 32	9 23 12	29 18 43	29 17 18
7 Sa	4 15 60	4 ♉ 16 23	11 ♉ 24 50	8 08 12	5 17 52	16 31 56	0 42 34	25 08 10	4 52 08	2 08 19	2 32 60	9 25 42	29 23 52	29 22 50
8 Su	5 23 17	18 46 43	26 08 41	10 02 14	6 38 33	17 23 53	1 14 51	25 03 09	5 11 36	2 13 51	2 40 18	9 31 02	29 31 49	29 31 09
9 M	6 33 13	3 ♊ 45 41	11 ♊ 18 33	11 59 28	8 01 55	18 18 28	1 49 60	25 00 31	5 33 41	2 22 09	2 50 20	9 39 04	29 42 28	29 42 07
10 Tu	7 45 00	19 06 19	26 45 39	13 59 03	9 27 11	19 14 54	2 27 13	24 59 29	5 57 35	2 32 28	3 02 19	9 49 03	29 55 01	29 54 58
11 W	8 57 25	4 ♋ 37 46	12 ♋ 17 51	15 59 39	10 53 05	20 11 56	3 05 15	24 58 50	6 22 04	2 43 31	3 14 59	9 59 43	0 ♍ 08 14	0 ♋ 08 27
12 Th	10 09 01	20 06 58	27 41 55	17 59 45	12 18 12	21 08 10	3 42 42	24 57 11	6 45 43	2 53 54	3 26 56	10 09 39	0 20 42	0 21 09
13 F	11 18 37	5 ♌ 21 12	12 ♌ 45 58	19 58 01	13 41 21	22 02 22	4 18 20	24 53 18	7 07 20	3 02 25	3 36 58	10 17 39	0 31 12	0 31 51
14 Sa	12 25 29	20 10 26	27 21 39	21 53 36	15 01 48	22 53 50	4 51 26	24 46 31	7 26 11	3 08 20	3 44 22	10 22 59	0 39 01	0 39 52
15 Su	13 29 33	4 ♍ 28 51	11 ♍ 25 03	23 46 14	16 19 30	23 42 30	5 21 57	24 36 47	7 42 12	3 11 37	3 49 03	10 25 37	0 44 06	0 45 05
16 M	14 31 22	18 14 57	24 56 23	25 36 15	17 34 58	24 28 54	5 50 23	24 24 39	7 55 56	3 12 47	3 51 34	10 26 04	0 46 59	0 48 05
17 Tu	15 31 56	1 ♎ 30 53	7 ♎ 59 00	27 24 23	18 49 12	25 14 02	6 17 46	24 11 09	8 08 22	3 12 50	3 52 54	10 25 21	0 48 39	0 49 51
18 W	16 32 27	14 21 12	20 38 09	29 11 35	20 03 26	25 59 07	6 45 17	23 57 29	8 20 43	3 12 58	3 54 18	10 24 40	0 50 20	0 51 36
19 Th	17 34 06	26 51 35	2 ♏ 59 53	0 ♌ 58 39	21 18 50	26 45 20	7 14 06	23 44 53	8 34 11	3 14 24	3 56 55	10 25 12	0 53 13	0 54 30
20 F	18 37 50	9 ♏ 07 59	15 10 04	2 46 12	22 36 21	27 33 37	7 45 12	23 34 18	8 49 41	3 18 04	4 01 42	10 27 54	0 58 13	0 59 30
21 Sa	19 44 13	21 15 47	27 13 53	4 34 18	23 56 32	28 24 31	8 19 06	23 26 18	9 07 47	3 24 30	4 09 13	10 33 19	1 05 55	1 07 10
22 Su	20 53 17	3 ♐ 19 24	9 ♐ 15 28	6 22 35	25 19 27	29 18 08	8 55 52	23 20 59	9 28 33	3 33 47	4 19 32	10 41 32	1 16 22	1 17 34
23 M	22 04 41	15 22 07	21 17 42	8 10 08	26 44 44	0 ♍ 14 03	9 35 07	23 17 58	9 51 36	3 45 32	4 32 15	10 52 09	1 29 12	1 30 18
24 Tu	23 17 38	27 26 05	3 ♑ 22 23	9 55 37	28 11 35	1 11 30	10 16 05	23 16 31	10 16 09	3 58 58	4 46 35	11 04 23	1 43 37	1 44 36
25 W	24 31 06	9 ♑ 32 29	15 30 22	11 37 25	29 38 59	2 09 27	10 57 43	23 15 36	10 41 10	4 13 04	5 01 32	11 17 14	1 58 36	1 59 27
26 Th	25 43 57	21 41 48	27 41 55	13 13 46	1 ♋ 05 49	3 06 47	11 38 53	23 14 07	11 05 32	4 26 42	5 15 57	11 29 32	2 13 01	2 13 42
27 F	26 55 10	3 ♒ 54 17	9 ♒ 57 11	14 43 03	2 31 03	4 02 28	12 18 35	23 11 04	11 28 13	4 38 50	5 28 50	11 40 18	2 25 52	2 26 20
28 Sa	28 03 60	16 10 15	22 16 33	16 03 52	3 53 54	4 55 45	12 56 01	23 05 42	11 48 27	4 48 42	5 39 23	11 48 45	2 36 21	2 36 35
29 Su	29 10 02	28 30 37	4 ♓ 41 04	17 15 12	5 14 01	5 46 13	13 30 48	22 57 38	12 05 51	4 55 56	5 47 14	11 54 29	2 44 06	2 44 04

Notes

LONGITUDE — March 2032

Day	☉	0 hr ☽	Noon ☽	☿	♀	♂	⚵	⚳	♃	♄	⚷	♅	♆	♇
1 M	0 ♌ 13 20	10 ♓ 57 03	17 ♓ 12 40	18 ♌ 16 33	6 ♋ 31 24	6 ♍ 33 57	14 ♎ 02 59	22 ♑ 46 57	12 ♊ 20 27	5 ♏ 00 33	5 ♎ 52 26	11 ♏ 57 34	2 ♍ 49 09	2 ♋ 48 50
2 Tu	1 14 23	23 32 12	29 54 16	19 07 52	7 46 35	7 19 24	14 33 04	22 34 09	12 32 45	5 03 04	5 55 27	11 58 29	2 51 60	2 51 21
3 W	2 14 02	6 ♈ 19 34	12 ♈ 49 33	19 49 32	9 00 23	8 03 27	15 01 52	22 20 05	12 43 35	5 04 19	5 57 09	11 58 04	2 53 29	2 52 30
4 Th	3 13 20	19 23 15	26 02 43	20 22 13	10 13 52	8 47 07	15 30 27	22 05 51	12 54 01	5 05 21	5 58 35	11 57 24	2 54 40	2 53 18
5 F	4 13 23	2 ♉ 47 22	9 ♉ 37 37	20 46 42	11 28 08	9 31 32	15 59 54	21 52 33	13 05 07	5 07 15	6 00 50	11 57 32	2 56 38	2 54 51
6 Sa	5 15 02	16 35 13	23 37 03	21 03 42	12 44 02	10 17 32	16 31 06	21 41 03	13 17 47	5 10 55	6 04 47	11 59 23	3 00 15	2 58 03
7 Su	6 18 49	0 ♊ 48 24	8 ♊ 01 37	21 13 40	14 02 05	11 05 39	17 04 32	21 31 54	13 32 30	5 16 50	6 10 55	12 03 26	3 06 03	3 03 22
8 M	7 24 42	15 25 52	22 48 54	21 16 38	15 22 15	11 55 51	17 40 12	21 25 05	13 49 15	5 24 59	6 19 14	12 09 39	3 13 58	3 10 49
9 Tu	8 32 09	0 ♋ 23 14	7 ♋ 53 02	21 12 19	16 44 01	12 47 36	18 17 32	21 20 05	14 07 30	5 34 50	6 29 11	12 17 31	3 23 30	3 19 49
10 W	9 40 13	15 32 48	23 05 06	21 00 11	18 06 26	13 39 58	18 55 37	21 15 59	14 26 18	5 45 26	6 39 51	12 26 06	3 33 42	3 29 28
11 Th	10 47 50	0 ♌ 44 30	8 ♌ 14 23	20 39 42	19 28 26	14 31 52	19 33 22	21 11 43	14 44 35	5 55 43	6 50 08	12 34 18	3 43 30	3 38 41
12 F	11 54 02	15 47 31	23 10 15	20 10 37	20 49 02	15 22 20	20 09 48	21 06 20	15 01 22	6 04 43	6 59 04	12 41 10	3 51 54	3 46 29
13 Sa	12 58 10	0 ♍ 32 13	7 ♍ 44 06	19 33 11	22 07 36	16 10 44	20 44 17	20 59 13	15 16 02	6 11 48	7 06 01	12 46 04	3 58 18	3 52 15
14 Su	14 00 05	14 51 41	21 50 27	18 48 16	23 23 58	16 56 54	21 16 40	20 50 12	15 28 24	6 16 48	7 10 50	12 48 49	4 02 31	3 55 49
15 M	15 00 04	28 42 29	5 ♎ 27 25	17 57 17	24 38 26	17 41 07	21 47 14	20 39 37	15 38 47	6 19 60	7 13 49	12 49 45	4 04 52	3 57 28
16 Tu	15 58 47	12 ♎ 04 32	18 36 13	17 02 06	25 51 40	18 24 04	22 16 38	20 28 07	15 47 48	6 22 04	7 15 35	12 49 29	4 05 59	3 57 52
17 W	16 57 04	25 00 22	1 ♏ 20 20	16 04 48	27 04 31	19 06 35	22 45 43	20 16 35	15 56 21	6 23 51	7 17 02	12 48 54	4 06 43	3 57 51
18 Th	17 55 47	7 ♏ 34 16	13 44 40	15 07 30	28 17 49	19 49 31	23 15 20	20 05 51	16 05 14	6 26 12	7 18 58	12 48 49	4 07 56	3 58 18
19 F	18 55 40	19 51 23	25 54 37	14 12 06	29 32 17	20 33 36	23 46 12	19 56 40	16 15 12	6 29 50	7 22 09	12 49 59	4 10 21	3 59 55
20 Sa	19 57 07	1 ♐ 57 02	7 ♐ 55 33	13 20 09	0 ♌ 48 24	21 19 16	24 18 46	19 49 29	16 26 42	6 35 12	7 26 60	12 52 50	4 14 24	4 03 09
21 Su	21 00 19	13 56 10	19 52 16	12 32 48	2 06 16	22 06 38	24 53 09	19 44 27	16 39 50	6 42 25	7 33 39	12 57 30	4 20 14	4 08 08
22 M	22 05 03	25 53 07	1 ♑ 48 50	11 50 41	3 25 41	22 55 33	25 29 10	19 41 22	16 54 26	6 51 19	7 41 55	13 03 48	4 27 38	4 14 39
23 Tu	23 10 51	7 ♑ 51 20	13 48 27	11 14 05	4 46 13	23 45 30	26 06 20	19 39 46	17 10 01	7 01 24	7 51 20	13 11 15	4 36 09	4 22 16
24 W	24 17 04	19 53 32	25 53 25	10 42 55	6 07 12	24 35 53	26 44 01	19 39 02	17 25 57	7 12 03	8 01 15	13 19 12	4 45 08	4 30 20
25 Th	25 23 00	2 ♒ 01 36	8 ♒ 05 18	10 16 53	7 27 56	25 25 58	27 21 31	19 38 28	17 41 30	7 22 33	8 10 57	13 26 58	4 53 53	4 38 07
26 F	26 28 01	14 16 49	20 25 05	9 55 37	8 47 45	26 15 07	27 58 09	19 37 23	17 56 03	7 32 14	8 19 48	13 33 53	5 01 44	4 44 60
27 Sa	27 31 36	26 40 03	2 ♓ 53 25	9 38 48	10 06 11	27 02 49	28 33 26	19 35 20	18 09 05	7 40 37	8 27 17	13 39 28	5 08 12	4 50 28
28 Su	28 33 30	9 ♓ 12 01	15 30 51	9 26 15	11 22 58	27 48 49	29 07 08	19 32 03	18 20 20	7 47 26	8 33 10	13 43 26	5 13 02	4 54 15
29 M	29 33 43	21 53 28	28 18 06	9 17 56	12 38 05	28 33 08	29 39 13	19 27 32	18 29 49	7 52 42	8 37 26	13 45 49	5 16 13	4 56 23
30 Tu	0 ♍ 32 33	4 ♈ 45 21	11 ♈ 16 11	9 14 03	13 51 51	29 16 02	0 ♏ 09 59	19 22 04	18 37 48	7 56 42	8 40 22	13 46 53	5 18 02	4 57 08
31 W	1 30 28	17 48 57	24 26 25	9 14 56	15 04 43	29 58 00	0 39 54	19 16 09	18 44 47	7 59 53	8 42 27	13 47 07	5 18 59	4 56 58

LONGITUDE — April 2032

Day	☉	0 hr ☽	Noon ☽	☿	♀	♂	⚵	⚳	♃	♄	⚷	♅	♆	♇
1 Th	2 ♍ 28 04	1 ♉ 05 47	7 ♉ 50 22	9 ♌ 21 03	16 ♌ 17 18	0 ♎ 39 40	1 ♏ 09 35	19 ♑ 10 23	18 ♊ 51 21	8 ♏ 02 53	8 ♎ 44 17	13 ♏ 47 06	5 ♍ 19 39	4 ♋ 56 31
2 F	3 25 58	14 37 23	21 29 27	9 32 45	17 30 13	1 21 36	1 39 37	19 05 22	18 58 07	8 06 18	8 46 29	13 47 29	5 20 39	4 56 22
3 Sa	4 24 40	28 24 53	5 ♊ 24 34	9 50 21	18 43 57	2 04 19	2 10 32	19 01 36	19 05 34	8 10 37	8 49 33	13 48 44	5 22 28	4 57 01
4 Su	5 24 26	12 ♊ 28 36	19 35 31	10 13 53	19 58 46	2 48 04	2 42 34	18 59 21	19 13 59	8 16 07	8 53 44	13 51 07	5 25 23	4 58 44
5 M	6 25 16	26 47 25	4 ♋ 00 29	10 43 06	21 14 40	3 32 53	3 15 43	18 58 38	19 23 21	8 22 47	8 59 02	13 54 38	5 29 23	5 01 32
6 Tu	7 26 55	11 ♋ 18 32	18 35 50	11 17 32	22 31 25	4 18 30	3 49 46	18 59 12	19 33 25	8 30 23	9 05 13	13 59 03	5 34 14	5 05 08
7 W	8 28 55	25 57 16	3 ♌ 16 10	11 56 30	23 48 32	5 04 27	4 24 13	19 00 34	19 43 43	8 38 26	9 11 48	14 03 54	5 39 29	5 09 07
8 Th	9 30 46	10 ♌ 37 31	17 54 50	12 39 16	25 05 32	5 50 14	4 58 34	19 02 15	19 53 46	8 46 27	9 18 18	14 08 40	5 44 36	5 12 56
9 F	10 31 60	25 12 22	2 ♍ 24 49	13 25 12	26 21 56	6 35 24	5 32 22	19 03 47	20 03 04	8 53 57	9 24 14	14 12 54	5 49 08	5 16 10
10 Sa	11 32 19	9 ♍ 35 06	16 39 48	14 13 46	27 37 27	7 19 38	6 05 20	19 04 52	20 11 22	9 00 39	9 29 19	14 16 18	5 52 47	5 18 29
11 Su	12 31 38	23 40 09	0 ♎ 34 55	15 04 44	28 51 60	8 02 52	6 37 20	19 05 26	20 18 32	9 06 28	9 33 28	14 18 46	5 55 28	5 19 49
12 M	13 30 05	7 ♎ 23 46	14 07 24	15 58 02	0 ♍ 05 41	8 45 12	7 08 31	19 05 33	20 24 42	9 11 30	9 36 47	14 20 26	5 57 17	5 20 16
13 Tu	14 27 53	20 44 18	27 16 35	16 53 46	1 18 45	9 26 53	7 39 08	19 05 31	20 30 07	9 16 01	9 39 32	14 21 33	5 58 31	5 20 06
14 W	15 25 24	3 ♏ 42 09	10 ♏ 03 47	17 52 09	2 31 34	10 08 16	8 09 30	19 05 39	20 35 08	9 20 21	9 42 03	14 22 27	5 59 30	5 19 40
15 Th	16 22 58	16 19 22	22 31 45	18 53 21	3 44 27	10 49 41	8 39 59	19 06 17	20 40 05	9 24 50	9 44 41	14 23 28	6 00 32	5 19 17
16 F	17 20 50	28 39 19	4 ♐ 44 18	19 57 32	4 57 40	11 31 25	9 10 48	19 07 40	20 45 12	9 29 44	9 47 40	14 24 53	6 01 55	5 19 13
17 Sa	18 19 10	10 ♐ 46 04	16 45 51	21 04 46	6 11 22	12 13 35	9 42 09	19 09 59	20 50 40	9 35 11	9 51 10	14 26 50	6 03 48	5 19 37
18 Su	19 17 60	22 44 06	28 41 01	22 14 57	7 25 36	12 56 15	10 14 03	19 13 14	20 56 31	9 41 15	9 55 14	14 29 22	6 06 13	5 20 33
19 M	20 17 15	4 ♑ 38 00	10 ♑ 34 20	23 27 57	8 40 17	13 39 19	10 46 25	19 17 21	21 02 40	9 47 51	9 59 47	14 32 23	6 09 05	5 21 54
20 Tu	21 16 47	16 32 10	22 30 06	24 43 30	9 55 15	14 22 39	11 19 06	19 22 10	21 08 58	9 54 49	10 04 39	14 35 46	6 12 15	5 23 32
21 W	22 16 23	28 30 39	4 ♒ 32 08	26 01 22	11 10 20	15 06 03	11 51 54	19 27 30	21 15 12	10 01 57	10 09 38	14 39 17	6 15 32	5 25 16
22 Th	23 15 53	10 ♒ 37 01	16 43 42	27 21 18	12 25 19	15 49 20	12 24 38	19 33 09	21 21 12	10 09 04	10 14 34	14 42 46	6 18 43	5 26 53
23 F	24 15 08	22 54 15	29 07 23	28 43 05	13 40 05	16 32 20	12 57 10	19 38 58	21 26 49	10 16 02	10 19 18	14 46 04	6 21 40	5 28 16
24 Sa	25 14 03	5 ♓ 24 35	11 ♓ 45 01	0 ♍ 06 36	14 54 33	17 15 01	13 29 24	19 44 53	21 31 58	10 22 46	10 23 46	14 49 07	6 24 20	5 29 20
25 Su	26 12 39	18 09 29	24 37 37	1 31 50	16 08 44	17 57 21	14 01 21	19 50 53	21 36 41	10 29 16	10 27 57	14 51 55	6 26 43	5 30 05
26 M	27 11 01	1 ♈ 09 37	7 ♈ 45 26	2 58 49	17 22 41	18 39 27	14 33 06	19 57 02	21 41 00	10 35 37	10 31 57	14 54 33	6 28 51	5 30 36
27 Tu	28 09 14	14 24 51	21 07 58	4 27 36	18 36 31	19 21 22	15 04 45	20 03 27	21 45 03	10 41 55	10 35 50	14 57 06	6 30 53	5 30 59
28 W	29 07 26	27 54 21	4 ♉ 44 04	5 58 18	19 50 21	20 03 16	15 36 23	20 10 14	21 48 55	10 48 16	10 39 44	14 59 41	6 32 54	5 31 20
29 Th	0 ♎ 05 40	11 ♉ 36 42	18 32 07	7 30 58	21 04 14	20 45 11	16 08 06	20 17 27	21 52 42	10 54 45	10 43 44	15 02 22	6 34 59	5 31 45
30 F	1 03 59	25 30 04	2 ♊ 30 10	9 05 37	22 18 14	21 27 09	16 39 55	20 25 07	21 56 23	11 01 23	10 47 50	15 05 11	6 37 09	5 32 13

Notes

May 2032 LONGITUDE

Day	☉	0 hr ☽	Noon ☽	☿	♀	♂	⚵	⚳	♃	♄	⚷	♅	♆	♇
1 Sa	2 ♎ 02 20	9 ♊ 32 19	16 ♊ 36 01	10 ♍ 42 11	23 ♍ 32 16	22 ♎ 09 08	17 ♏ 11 47	20 ♑ 33 11	21 ♊ 59 58	11 ♏ 08 08	10 ♎ 51 59	15 ♏ 08 06	6 ♍ 39 21	5 ♋ 32 43
2 Su	3 00 37	23 41 09	0 ♋ 47 18	12 20 35	24 46 16	22 51 02	17 43 37	20 41 34	22 03 19	11 14 53	10 56 08	15 11 00	6 41 31	5 33 10
3 M	3 58 45	7 ♋ 54 10	15 01 34	14 00 42	26 00 08	23 32 46	18 15 19	20 50 09	22 06 22	11 21 33	11 00 08	15 13 48	6 43 32	5 33 27
4 Tu	4 56 39	22 08 51	29 16 12	15 42 29	27 13 47	24 14 15	18 46 49	20 58 52	22 09 02	11 28 04	11 03 57	15 16 26	6 45 20	5 33 30
5 W	5 54 19	6 ♌ 22 32	13 ♌ 28 26	17 25 56	28 27 13	24 55 30	19 18 06	21 07 42	22 11 19	11 34 26	11 07 34	15 18 53	6 46 54	5 33 19
6 Th	6 51 51	20 32 26	27 35 22	19 11 08	29 40 32	25 36 34	19 49 16	21 16 45	22 13 17	11 40 43	11 11 04	15 21 15	6 48 21	5 32 59
7 F	7 49 23	4 ♍ 35 39	11 ♍ 34 03	20 58 14	0 ♎ 53 52	26 17 38	20 20 27	21 26 10	22 15 06	11 47 05	11 14 36	15 23 41	6 49 48	5 32 40
8 Sa	8 47 07	18 29 17	25 21 40	22 47 27	2 07 26	26 58 53	20 51 52	21 36 07	22 16 58	11 53 43	11 18 22	15 26 21	6 51 29	5 32 32
9 Su	9 45 14	2 ♎ 10 37	8 ♎ 55 43	24 38 56	3 21 24	27 40 30	21 23 41	21 46 47	22 19 03	12 00 48	11 22 33	15 29 28	6 53 33	5 32 48
10 M	10 43 52	15 37 24	22 14 17	26 32 50	4 35 53	28 22 37	21 56 01	21 58 18	22 21 28	12 08 27	11 27 16	15 33 09	6 56 07	5 33 34
11 Tu	11 43 01	28 48 03	5 ♏ 16 18	28 29 09	5 50 55	29 05 14	22 28 54	22 10 41	22 24 16	12 16 42	11 32 32	15 37 24	6 59 14	5 34 51
12 W	12 42 36	11 ♏ 41 52	18 01 36	0 ♎ 27 46	7 06 24	29 48 16	23 02 14	22 23 49	22 27 20	12 25 28	11 38 16	15 42 08	7 02 48	5 36 35
13 Th	13 42 26	24 19 11	0 ♐ 31 04	2 28 29	8 22 09	0 ♏ 31 32	23 35 50	22 37 31	22 30 29	12 34 31	11 44 16	15 47 10	7 06 37	5 38 32
14 F	14 42 13	6 ♐ 41 21	12 46 36	4 30 58	9 37 53	1 14 45	24 09 24	22 51 30	22 33 26	12 43 37	11 50 15	15 52 13	7 10 24	5 40 28
15 Sa	15 41 41	18 50 42	24 50 57	6 34 52	10 53 18	1 57 37	24 42 40	23 05 28	22 35 54	12 52 27	11 55 57	15 57 00	7 13 53	5 42 05
16 Su	16 40 34	0 ♑ 50 28	6 ♑ 47 42	8 39 52	12 08 10	2 39 54	25 15 21	23 19 10	22 37 37	13 00 45	12 01 05	16 01 15	7 16 46	5 43 06
17 M	17 38 41	12 44 33	18 41 00	10 45 41	13 22 17	3 21 24	25 47 18	23 32 24	22 38 26	13 08 22	12 05 29	16 04 47	7 18 55	5 43 23
18 Tu	18 36 01	24 37 28	0 ♒ 35 27	12 52 11	14 35 38	4 02 05	26 18 28	23 45 09	22 38 17	13 15 15	12 09 06	16 07 34	7 20 17	5 42 51
19 W	19 32 41	6 ♒ 33 60	12 35 52	14 59 21	15 48 20	4 42 06	26 48 59	23 57 31	22 37 17	13 21 31	12 12 05	16 09 44	7 20 59	5 41 40
20 Th	20 28 56	18 39 01	24 46 58	17 07 15	17 00 38	5 21 41	27 19 05	24 09 45	22 35 44	13 27 25	12 14 41	16 11 33	7 21 17	5 40 04
21 F	21 25 09	0 ♓ 57 12	7 ♓ 13 07	19 16 05	18 12 56	6 01 12	27 49 10	24 22 15	22 33 59	13 33 22	12 17 16	16 13 22	7 21 33	5 38 26
22 Sa	22 21 45	13 32 32	19 57 55	21 26 03	19 25 38	6 41 07	28 19 39	24 35 24	22 32 28	13 39 44	12 20 15	16 15 37	7 22 13	5 37 11
23 Su	23 19 09	26 28 06	3 ♈ 03 46	23 37 19	20 39 08	7 21 47	28 50 55	24 49 37	22 31 33	13 46 58	12 24 03	16 18 42	7 23 40	5 36 44
24 M	24 17 36	9 ♈ 45 29	16 31 31	25 49 53	21 53 44	8 03 31	29 23 15	25 05 09	22 31 33	13 55 18	12 28 55	16 22 53	7 26 12	5 37 20
25 Tu	25 17 14	23 24 32	0 ♉ 20 10	28 03 36	23 09 30	8 46 23	29 56 46	25 22 07	22 32 33	14 04 50	12 34 58	16 28 17	7 29 53	5 39 06
26 W	26 17 53	7 ♉ 23 07	14 26 46	0 ♏ 18 02	24 26 19	9 30 15	0 ♐ 31 18	25 40 22	22 34 25	14 15 27	12 42 04	16 34 44	7 34 36	5 41 54
27 Th	27 19 12	21 37 20	28 46 43	2 32 33	25 43 49	10 14 46	1 06 29	25 59 31	22 36 46	14 26 46	12 49 49	16 41 53	7 39 57	5 45 20
28 F	28 20 38	6 ♊ 01 52	13 ♊ 14 22	4 46 19	27 01 26	10 59 23	1 41 47	26 19 01	22 39 03	14 38 15	12 57 41	16 49 11	7 45 26	5 48 53
29 Sa	29 21 35	20 30 49	27 43 46	6 58 30	28 18 35	11 43 29	2 16 36	26 38 17	22 40 42	14 49 16	13 05 05	16 56 01	7 50 25	5 51 56
30 Su	0 ♏ 21 32	4 ♋ 58 29	12 ♋ 09 35	9 08 20	29 34 45	12 26 34	2 50 25	26 56 47	22 41 10	14 59 20	13 11 29	17 01 54	7 54 24	5 53 59
31 M	1 20 11	19 20 12	26 27 40	11 15 18	0 ♏ 49 38	13 08 20	3 22 55	27 14 13	22 40 10	15 08 08	13 16 35	17 06 30	7 57 04	5 54 44

June 2032 LONGITUDE

Day	☉	0 hr ☽	Noon ☽	☿	♀	♂	⚵	⚳	♃	♄	⚷	♅	♆	♇
1 Tu	2 ♏ 17 33	3 ♌ 32 42	10 ♌ 35 21	13 ♏ 19 13	2 ♏ 03 14	13 ♏ 48 47	3 ♐ 54 07	27 ♑ 30 34	22 ♊ 37 42	15 ♏ 15 40	13 ♎ 20 24	17 ♏ 09 50	7 ♍ 58 27	5 ♋ 54 10
2 W	3 13 57	17 34 14	24 31 25	15 20 13	3 15 54	14 28 15	4 24 21	27 46 11	22 34 06	15 22 16	13 23 15	17 12 14	7 58 50	5 52 37
3 Th	4 09 57	1 ♍ 24 16	8 ♍ 15 41	17 18 45	4 28 11	15 07 17	4 54 11	28 01 37	22 29 56	15 28 31	13 25 41	17 14 16	7 58 49	5 50 40
4 F	5 06 16	15 03 01	21 48 32	19 15 24	5 40 46	15 46 37	5 24 18	28 17 35	22 25 55	15 35 05	13 28 27	17 16 37	7 59 06	5 49 02
5 Sa	6 03 36	28 30 57	5 ♎ 10 30	21 10 46	6 54 23	16 26 56	5 55 26	28 34 46	22 22 44	15 42 42	13 32 12	17 20 01	8 00 23	5 48 22
6 Su	7 02 27	11 ♎ 48 27	18 21 54	23 05 17	8 09 33	17 08 46	6 28 05	28 53 42	22 20 55	15 51 52	13 37 29	17 24 57	8 03 11	5 49 15
7 M	8 03 08	24 55 30	1 ♏ 22 43	24 59 10	9 26 32	17 52 23	7 02 32	29 14 38	22 20 45	16 02 53	13 44 34	17 31 44	8 07 47	5 51 55
8 Tu	9 05 34	7 ♏ 51 48	14 12 41	26 52 20	10 45 17	18 37 45	7 38 44	29 37 33	22 22 11	16 15 40	13 53 25	17 40 18	8 14 07	5 56 21
9 W	10 09 25	20 36 52	26 51 29	28 44 24	12 05 28	19 24 30	8 16 20	0 ♒ 02 04	22 24 52	16 29 54	14 03 41	17 50 18	8 21 52	6 02 11
10 Th	11 14 05	3 ♐ 10 20	9 ♐ 18 60	0 ♐ 34 43	13 26 29	20 12 03	8 54 45	0 27 36	22 28 13	16 44 59	14 14 45	18 01 08	8 30 26	6 08 49
11 F	12 18 49	15 32 17	21 35 41	2 22 32	14 47 35	20 59 38	9 33 12	0 53 24	22 31 30	17 00 09	14 25 52	18 12 04	8 39 02	6 15 31
12 Sa	13 22 52	27 43 32	3 ♑ 42 45	4 07 03	16 08 01	21 46 32	10 10 58	1 18 42	22 33 55	17 14 39	14 36 18	18 22 19	8 46 57	6 21 32
13 Su	14 25 35	9 ♑ 45 49	15 42 22	5 47 38	17 27 07	22 32 03	10 47 23	1 42 51	22 34 52	17 27 50	14 45 24	18 31 16	8 53 30	6 26 11
14 M	15 26 33	21 41 55	27 37 41	7 23 49	18 44 28	23 15 49	11 22 02	2 05 25	22 33 55	17 39 17	14 52 43	18 38 29	8 58 18	6 29 06
15 Tu	16 25 39	3 ♒ 35 41	9 ♒ 32 52	8 55 29	19 59 59	23 57 42	11 54 49	2 26 20	22 30 58	17 48 53	14 58 11	18 43 51	9 01 14	6 30 09
16 W	17 23 08	15 31 50	21 32 51	10 22 51	21 13 53	24 37 56	12 25 57	2 45 46	22 26 15	17 56 53	15 02 01	18 47 37	9 02 31	6 29 33
17 Th	18 19 31	27 35 50	3 ♓ 43 11	11 46 24	22 26 42	25 17 03	12 55 58	3 04 18	22 20 18	18 03 48	15 04 44	18 50 18	9 02 42	6 27 52
18 F	19 15 35	9 ♓ 53 24	16 09 30	13 06 52	23 39 12	25 55 49	13 25 38	3 22 40	22 13 54	18 10 24	15 07 06	18 52 38	9 02 32	6 25 50
19 Sa	20 12 10	22 30 08	28 57 06	14 25 06	24 52 15	26 35 05	13 55 49	3 41 43	22 07 53	18 17 33	15 09 59	18 55 33	9 02 52	6 24 20
20 Su	21 10 05	5 ♈ 30 48	12 ♈ 10 09	15 41 49	26 06 38	27 15 40	14 27 19	4 02 17	22 03 04	18 26 03	15 14 12	18 59 49	9 04 32	6 24 09
21 M	22 09 56	18 58 37	25 50 59	16 57 36	27 22 57	27 58 09	15 00 44	4 24 55	22 00 04	18 36 28	15 20 19	19 06 00	9 08 06	6 25 54
22 Tu	23 11 56	2 ♉ 54 30	9 ♉ 59 18	18 12 34	28 41 25	28 42 46	15 36 15	4 49 51	21 59 04	18 49 03	15 28 33	19 14 21	9 13 48	6 29 47
23 W	24 15 52	17 16 23	24 31 40	19 26 29	0 ♐ 01 51	29 29 18	16 13 42	5 16 52	21 59 54	19 03 34	15 38 43	19 24 39	9 21 25	6 35 35
24 Th	25 21 06	1 ♊ 59 04	9 ♊ 21 38	20 38 36	1 23 34	0 ♐ 17 05	16 52 24	5 45 20	22 01 54	19 19 22	15 50 09	19 36 14	9 30 18	6 42 40
25 F	26 26 40	16 54 43	24 20 31	21 47 54	2 45 37	1 05 11	17 31 25	6 14 16	22 04 07	19 35 31	16 01 53	19 48 09	9 39 30	6 50 05
26 Sa	27 31 31	1 ♋ 53 58	9 ♋ 18 44	22 53 13	4 06 58	1 52 32	18 09 40	6 42 37	22 05 29	19 50 56	16 12 52	19 59 21	9 47 56	6 56 45
27 Su	28 34 45	16 47 34	24 07 35	23 53 35	5 26 42	2 38 15	18 46 17	7 09 28	22 05 08	20 04 43	16 22 12	20 08 56	9 54 44	7 01 47
28 M	29 35 51	1 ♌ 28 00	8 ♌ 40 31	24 48 22	6 44 18	3 21 48	19 20 44	7 34 20	22 02 32	20 16 23	16 29 23	20 16 23	9 59 23	7 04 41
29 Tu	0 ♐ 34 50	15 50 25	22 53 54	25 37 28	7 59 47	4 03 11	19 53 02	7 57 12	21 57 42	20 25 54	16 34 24	20 21 42	10 01 52	7 05 26
30 W	1 32 11	29 52 50	6 ♍ 46 55	26 21 16	9 13 38	4 42 56	20 23 40	8 18 34	21 51 08	20 33 47	16 37 45	20 25 23	10 02 41	7 04 33

Notes

LONGITUDE — July 2032

Day	☉	0 hr ☽	Noon ☽	☿	♀	♂	⚵	⚳	♃	♄	⚷	♅	♆	♇
1 Th	2 ♐ 28 50	13 ♍ 35 49	20 ♍ 20 52	27 ♐ 00 34	10 ♐ 26 47	5 ♐ 21 56	20 ♐ 53 33	8 ♒ 39 20	21 ♊ 43 45	20 ♏ 40 56	16 ♎ 40 22	20 ♏ 28 20	10 ♍ 02 46	7 ♋ 02 55
2 F	3 25 51	27 01 30	3 ♎ 38 21	27 36 19	11 40 18	6 01 16	21 23 47	9 00 36	21 36 39	20 48 26	16 43 18	20 31 39	10 03 11	7 01 39
3 Sa	4 24 18	10 ♎ 12 43	16 42 23	28 09 28	12 55 15	6 42 01	21 55 24	9 23 25	21 30 52	20 57 22	16 47 38	20 36 24	10 05 00	7 01 48
4 Su	5 24 59	23 12 16	29 35 40	28 40 41	14 12 27	7 24 58	22 29 13	9 48 35	21 27 15	21 08 30	16 54 10	20 43 22	10 09 01	7 04 10
5 M	6 28 21	6 ♏ 02 20	12 ♏ 20 11	29 10 16	15 32 19	8 10 33	23 05 40	10 16 32	21 26 13	21 22 18	17 03 19	20 52 59	10 15 41	7 09 11
6 Tu	7 34 20	18 44 14	24 57 05	29 38 05	16 54 48	8 58 45	23 44 43	10 47 14	21 27 44	21 38 42	17 15 05	21 05 14	10 24 56	7 16 49
7 W	8 42 29	1 ♐ 18 31	7 ♐ 26 46	0 ♑ 03 33	18 19 27	9 49 04	24 25 53	11 20 12	21 31 21	21 57 15	17 28 57	21 19 38	10 36 19	7 26 36
8 Th	9 51 58	13 45 06	19 49 08	0 25 43	19 45 26	10 40 41	25 08 20	11 54 36	21 36 13	22 17 05	17 44 06	21 35 20	10 48 59	7 37 41
9 F	11 01 43	26 03 46	2 ♑ 04 05	0 43 29	21 11 41	11 32 33	25 51 02	12 29 22	21 41 18	22 37 12	17 59 29	21 51 17	11 01 54	7 49 03
10 Sa	12 10 41	8 ♑ 14 31	14 11 52	0 55 43	22 37 08	12 23 35	26 32 53	13 03 27	21 45 31	22 56 28	18 14 02	22 06 26	11 13 59	7 59 35
11 Su	13 17 53	20 18 04	26 13 30	1 01 28	24 00 50	13 12 51	27 12 58	13 35 54	21 47 57	23 13 58	18 26 47	22 19 50	11 24 17	8 08 22
12 M	14 22 43	2 ♒ 16 05	8 ♒ 11 03	1 00 05	25 22 10	13 59 42	27 50 37	14 06 03	21 47 57	23 29 04	18 37 07	22 30 49	11 32 10	8 14 45
13 Tu	15 24 56	14 11 26	20 07 48	0 51 27	26 40 52	14 43 54	28 25 36	14 33 42	21 45 18	23 41 32	18 44 47	22 39 11	11 37 25	8 18 31
14 W	16 24 44	26 08 13	2 ♓ 08 09	0 35 52	27 57 09	15 25 40	28 58 08	14 59 01	21 40 12	23 51 32	18 49 60	22 45 06	11 40 12	8 19 51
15 Th	17 22 45	8 ♓ 11 35	14 17 34	0 14 08	29 11 38	16 05 37	29 28 51	15 22 39	21 33 18	23 59 44	18 53 23	22 49 14	11 41 11	8 19 23
16 F	18 19 56	20 27 30	26 42 08	29 ♐ 47 29	0 ♑ 25 18	16 44 42	29 58 41	15 45 32	21 25 31	24 07 04	18 55 53	22 52 30	11 41 17	8 18 04
17 Sa	19 17 22	3 ♈ 02 15	9 ♈ 28 01	29 17 21	1 39 12	17 24 01	0 ♑ 28 44	16 08 46	21 18 00	24 14 38	18 58 35	22 56 00	11 41 37	8 17 01
18 Su	20 16 09	16 01 44	22 40 44	28 45 10	2 54 27	18 04 39	1 00 05	16 33 26	21 11 49	24 23 30	19 02 36	23 00 50	11 43 15	8 17 17
19 M	21 17 06	29 30 37	6 ♉ 24 09	28 12 16	4 11 52	18 47 25	1 33 33	17 00 20	21 07 46	24 34 30	19 08 43	23 07 49	11 47 01	8 19 43
20 Tu	22 20 36	13 ♉ 31 19	20 39 25	27 39 35	5 31 49	19 32 42	2 09 31	17 29 53	21 06 17	24 48 00	19 17 20	23 17 19	11 53 18	8 24 41
21 W	23 26 29	28 02 57	5 ♊ 24 02	27 07 33	6 54 08	20 20 20	2 47 50	18 01 53	21 07 11	25 03 52	19 28 18	23 29 10	12 01 56	8 32 01
22 Th	24 34 03	13 ♊ 00 45	20 31 29	26 36 08	8 18 07	21 09 37	3 27 46	18 35 38	21 09 45	25 21 20	19 40 52	23 42 40	12 12 11	8 41 00
23 F	25 42 08	28 16 09	5 ♋ 51 48	26 04 54	9 42 37	21 59 23	4 08 10	19 09 59	21 12 52	25 39 19	19 53 54	23 56 40	12 22 57	8 50 31
24 Sa	26 49 29	13 ♋ 37 58	21 13 08	25 33 19	11 06 22	22 48 23	4 47 48	19 43 40	21 15 15	25 56 30	20 06 09	24 09 54	12 32 55	8 59 16
25 Su	27 54 59	28 54 19	6 ♌ 23 57	25 01 02	12 28 16	23 35 31	5 25 31	20 15 34	21 15 48	26 11 47	20 16 29	24 21 14	12 40 60	9 06 09
26 M	28 57 59	13 ♌ 54 57	21 15 08	24 28 09	13 47 38	24 20 06	6 00 40	20 45 02	21 13 52	26 24 31	20 24 15	24 30 03	12 46 31	9 10 31
27 Tu	29 58 27	28 32 47	5 ♍ 41 15	23 55 19	15 04 27	25 02 05	6 33 13	21 12 00	21 09 25	26 34 38	20 29 24	24 36 16	12 49 28	9 12 19
28 W	0 ♑ 56 54	12 ♍ 44 37	19 40 37	23 23 48	16 19 15	25 42 03	7 03 43	21 37 02	21 02 59	26 42 43	20 32 29	24 40 27	12 50 21	9 12 06
29 Th	1 54 22	26 30 39	3 ♎ 14 42	22 55 12	17 33 02	26 20 59	7 33 10	22 01 08	20 55 36	26 49 44	20 34 31	24 43 35	12 50 12	9 10 52
30 F	2 52 04	9 ♎ 53 33	16 26 55	22 31 21	18 47 02	27 00 07	8 02 48	22 25 31	20 48 29	26 56 56	20 36 43	24 46 55	12 50 14	9 09 51
31 Sa	3 51 11	22 57 16	29 21 34	22 13 55	20 02 25	27 40 37	8 33 46	22 51 22	20 42 49	27 05 28	20 40 14	24 51 37	12 51 38	9 10 13

LONGITUDE — August 2032

Day	☉	0 hr ☽	Noon ☽	☿	♀	♂	⚵	⚳	♃	♄	⚷	♅	♆	♇
1 Su	4 ♑ 52 38	5 ♏ 46 01	12 ♏ 02 56	22 ♐ 04 14	21 ♑ 20 08	28 ♐ 23 25	9 ♑ 07 00	23 ♒ 19 36	20 ♊ 39 31	27 ♏ 16 17	20 ♎ 46 02	24 ♏ 58 36	12 ♍ 55 18	9 ♋ 12 54
2 M	5 56 53	18 23 34	24 34 35	22 03 11	22 40 38	29 08 59	9 43 00	23 50 43	20 39 06	27 29 50	20 54 34	25 08 22	13 01 45	9 18 22
3 Tu	7 03 58	0 ♐ 52 46	6 ♐ 59 08	22 11 01	24 03 55	29 57 20	10 21 45	24 24 41	20 41 33	27 46 09	21 05 51	25 20 53	13 10 57	9 26 39
4 W	8 13 22	13 15 28	19 18 08	22 27 31	25 29 31	0 ♑ 47 58	11 02 45	25 01 01	20 46 23	28 04 43	21 19 22	25 35 41	13 22 26	9 37 13
5 Th	9 24 13	25 32 37	1 ♑ 32 19	22 51 57	26 56 33	1 40 01	11 45 09	25 38 52	20 52 45	28 24 40	21 34 17	25 51 54	13 35 20	9 49 14
6 F	10 35 26	7 ♑ 44 31	13 41 55	23 23 21	28 23 55	2 32 23	12 27 51	26 17 07	20 59 32	28 44 54	21 49 29	26 08 25	13 48 32	10 01 35
7 Sa	11 45 51	19 51 19	25 47 04	24 00 36	29 50 29	3 23 56	13 09 42	26 54 37	21 05 38	29 04 17	22 03 49	26 24 06	14 00 54	10 13 08
8 Su	12 54 30	1 ♒ 53 25	7 ♒ 48 21	24 42 46	1 ♒ 15 14	4 13 39	13 49 41	27 30 23	21 10 01	29 21 49	22 16 17	26 37 56	14 11 26	10 22 53
9 M	14 00 39	13 51 52	19 47 02	25 29 05	2 37 29	5 00 51	14 27 08	28 03 42	21 11 60	29 36 47	22 26 13	26 49 15	14 19 26	10 30 08
10 Tu	15 04 01	25 48 40	1 ♓ 45 29	26 19 13	3 56 56	5 45 14	15 01 44	28 34 17	21 11 18	29 48 54	22 33 16	26 57 44	14 24 36	10 34 35
11 W	16 04 46	7 ♓ 46 57	13 47 12	27 13 13	5 13 43	6 26 57	15 33 38	29 02 17	21 08 04	29 58 19	22 37 38	27 03 32	14 27 06	10 36 24
12 Th	17 03 26	19 51 02	25 56 48	28 11 31	6 28 24	7 06 33	16 03 24	29 28 15	21 02 52	0 ♐ 05 35	22 39 51	27 07 13	14 27 29	10 36 08
13 F	18 00 58	2 ♈ 06 08	8 ♈ 19 47	29 14 53	7 41 56	7 44 59	16 31 57	29 53 06	20 56 38	0 11 38	22 40 50	27 09 42	14 26 41	10 34 42
14 Sa	18 58 25	14 38 07	21 02 04	0 ♑ 24 10	8 55 21	8 23 18	17 00 22	0 ♓ 17 55	20 50 26	0 17 32	22 41 41	27 12 04	14 25 45	10 33 11
15 Su	19 56 53	27 32 52	4 ♉ 09 22	1 40 14	10 09 45	9 02 35	17 29 44	0 43 47	20 45 22	0 24 22	22 43 28	27 15 23	14 25 48	10 32 40
16 M	20 57 13	10 ♉ 55 31	17 46 17	3 03 42	11 26 00	9 43 42	18 00 53	1 11 33	20 42 17	0 32 59	22 47 03	27 20 31	14 27 40	10 34 00
17 Tu	21 59 52	24 49 28	1 ♊ 55 08	4 34 41	12 44 33	10 27 06	18 34 18	1 41 40	20 41 39	0 43 51	22 52 53	27 27 55	14 31 49	10 37 39
18 W	23 04 47	9 ♊ 15 16	16 34 59	6 12 49	14 05 19	11 12 44	19 09 54	2 14 05	20 43 24	0 56 53	23 00 53	27 37 32	14 38 10	10 43 33
19 Th	24 11 21	24 09 44	1 ♋ 40 53	7 57 07	15 27 42	11 59 58	19 47 05	2 48 10	20 46 55	1 11 29	23 10 28	27 48 44	14 46 08	10 51 06
20 F	25 18 33	9 ♋ 25 41	17 03 55	9 46 11	16 50 42	12 47 49	20 24 50	3 22 55	20 51 12	1 26 39	23 20 36	28 00 30	14 54 41	10 59 15
21 Sa	26 25 12	24 52 33	2 ♌ 32 20	11 38 24	18 13 07	13 35 04	21 01 57	3 57 08	20 55 04	1 41 10	23 30 06	28 11 41	15 02 38	11 06 51
22 Su	27 30 15	10 ♌ 18 02	17 53 44	13 32 17	19 33 53	14 20 40	21 37 24	4 29 47	20 57 28	1 53 59	23 37 55	28 21 11	15 08 56	11 12 50
23 M	28 33 02	25 30 29	2 ♍ 57 16	15 26 46	20 52 21	15 03 58	22 10 29	5 00 10	20 57 43	2 04 26	23 43 23	28 28 21	15 12 55	11 16 31
24 Tu	29 33 26	10 ♍ 20 49	17 35 25	17 21 15	22 08 24	15 44 50	22 41 07	5 28 12	20 55 44	2 12 25	23 46 22	28 33 04	15 14 28	11 17 48
25 W	0 ♒ 31 52	24 43 48	1 ♎ 44 40	19 15 46	23 22 27	16 23 42	23 09 43	5 54 16	20 51 54	2 18 20	23 47 19	28 35 45	15 13 59	11 17 07
26 Th	1 29 11	8 ♎ 37 60	15 25 06	21 10 43	24 35 21	17 01 24	23 37 06	6 19 14	20 47 06	2 23 02	23 47 02	28 37 15	15 12 21	11 15 17
27 F	2 26 26	22 05 00	28 39 26	23 06 46	25 48 08	17 38 59	24 04 20	6 44 09	20 42 21	2 27 33	23 46 37	28 38 36	15 10 35	11 13 22
28 Sa	3 24 39	5 ♏ 08 25	11 ♏ 31 54	25 04 37	27 01 50	18 17 29	24 32 27	7 10 02	20 38 43	2 32 56	23 47 03	28 40 51	15 09 43	11 12 23
29 Su	4 24 38	17 52 41	24 07 14	27 04 44	28 17 17	18 57 44	25 02 15	7 37 42	20 36 60	2 39 59	23 49 11	28 44 48	15 10 35	11 13 10
30 M	5 26 51	0 ♐ 22 19	6 ♐ 29 57	29 07 16	29 34 55	19 40 09	25 34 12	8 07 37	20 37 39	2 49 09	23 53 27	28 50 54	15 13 37	11 16 10
31 Tu	6 31 21	12 41 17	18 43 50	1 ♒ 12 02	0 ♓ 54 47	20 24 48	26 08 20	8 39 48	20 40 44	3 00 29	23 59 53	28 59 12	15 18 53	11 21 24

Notes

September 2032 LONGITUDE

Day	☉	0 hr ☽	Noon ☽	☿	♀	♂	⚵	⚳	♃	♄	⚷	♅	♆	♇
1 W	7 ♒ 37 45	24 ♐ 52 47	0 ♑ 51 49	3 ♒ 18 25	2 ♓ 16 31	21 ♑ 11 18	26 ♑ 44 17	9 ♓ 13 54	20 ♊ 45 52	3 ♐ 13 37	24 ♎ 08 09	29 ♏ 09 20	15 ♍ 25 59	11 ♋ 28 32
2 Th	8 45 22	6 ♑ 59 08	12 55 57	5 25 34	3 39 26	21 58 60	27 21 23	9 49 14	20 52 22	3 27 52	24 17 32	29 20 37	15 34 16	11 36 53
3 F	9 53 21	19 01 56	24 57 35	7 32 27	5 02 39	22 47 00	27 58 45	10 24 56	20 59 23	3 42 21	24 27 12	29 32 11	15 42 52	11 45 33
4 Sa	11 00 46	1 ♒ 02 16	6 ♒ 57 39	9 38 02	6 25 18	23 34 24	28 35 28	11 00 05	21 05 60	3 56 11	24 36 13	29 43 07	15 50 51	11 53 40
5 Su	12 06 51	13 01 05	18 57 01	11 41 24	7 46 32	24 20 25	29 10 44	11 33 53	21 11 25	4 08 32	24 43 47	29 52 38	15 57 26	12 00 25
6 M	13 11 00	24 59 28	0 ♓ 56 48	13 41 54	9 05 49	25 04 27	29 44 00	12 05 45	21 15 05	4 18 52	24 49 20	0 ♐ 00 08	16 02 03	12 05 13
7 Tu	14 12 58	6 ♓ 58 57	12 58 44	15 39 13	10 22 52	25 46 16	0 ♒ 15 00	12 35 28	21 16 44	4 26 53	24 52 38	0 05 24	16 04 26	12 07 50
8 W	15 12 50	19 01 47	25 05 14	17 33 22	11 37 47	26 25 57	0 43 49	13 03 04	21 16 26	4 32 42	24 53 44	0 08 28	16 04 40	12 08 20
9 Th	16 11 01	1 ♈ 10 58	7 ♈ 19 36	19 24 44	12 50 58	27 03 53	1 10 50	13 28 59	21 14 36	4 36 43	24 53 03	0 09 47	16 03 10	12 07 08
10 F	17 08 10	13 30 17	19 45 51	21 13 57	14 03 04	27 40 45	1 36 44	13 53 52	21 11 55	4 39 34	24 51 15	0 09 59	16 00 35	12 04 53
11 Sa	18 05 05	26 04 09	2 ♉ 28 32	23 01 48	15 14 53	28 17 20	2 02 19	14 18 31	21 09 10	4 42 05	24 49 08	0 09 53	15 57 44	12 02 24
12 Su	19 02 34	8 ♉ 57 09	15 32 12	24 49 06	16 27 15	28 54 28	2 28 23	14 43 45	21 07 09	4 45 03	24 47 30	0 10 18	15 55 25	12 00 29
13 M	20 01 18	22 13 31	29 00 47	26 36 30	17 40 48	29 32 46	2 55 35	15 10 12	21 06 33	4 49 09	24 47 01	0 11 51	15 54 17	11 59 48
14 Tu	21 01 37	5 ♊ 56 26	12 ♊ 56 47	28 24 22	18 55 54	0 ♒ 12 39	3 24 18	15 38 16	21 07 42	4 54 43	24 48 04	0 14 57	15 54 43	12 00 42
15 W	22 03 34	20 07 09	27 20 20	0 ♓ 12 43	20 12 35	0 54 06	3 54 32	16 07 56	21 10 39	5 01 47	24 50 37	0 19 34	15 56 44	12 03 13
16 Th	23 06 44	4 ♋ 44 07	12 ♋ 08 31	2 01 12	21 30 26	1 36 45	4 25 55	16 38 50	21 14 60	5 09 58	24 54 20	0 25 21	15 59 56	12 06 57
17 F	24 10 30	19 42 38	27 15 02	3 49 09	22 48 50	2 19 55	4 57 47	17 10 19	21 20 05	5 18 36	24 58 33	0 31 38	16 03 40	12 11 15
18 Sa	25 14 02	4 ♌ 54 50	12 ♌ 30 47	5 35 49	24 06 57	3 02 50	5 29 19	17 41 34	21 25 08	5 26 54	25 02 27	0 37 37	16 07 09	12 15 20
19 Su	26 16 38	20 10 39	27 45 04	7 20 28	25 24 05	3 44 47	5 59 50	18 11 52	21 29 23	5 34 08	25 05 19	0 42 35	16 09 38	12 18 28
20 M	27 17 49	5 ♍ 19 27	12 ♍ 47 29	9 02 40	26 39 45	4 25 15	6 28 49	18 40 44	21 32 24	5 39 49	25 06 41	0 46 03	16 10 40	12 20 10
21 Tu	28 17 26	20 11 47	27 29 32	10 42 15	27 53 48	5 04 07	6 56 09	19 08 01	21 33 60	5 43 48	25 06 24	0 47 53	16 10 06	12 20 17
22 W	29 15 42	4 ♎ 40 44	11 ♎ 45 45	12 19 28	29 06 26	5 41 35	7 22 01	19 33 57	21 34 25	5 46 18	25 04 41	0 48 16	16 08 07	12 19 03
23 Th	0 ♓ 13 06	18 42 39	25 33 58	13 54 49	0 ♈ 18 10	6 18 08	7 46 55	19 58 59	21 34 07	5 47 49	25 01 59	0 47 42	16 05 14	12 16 55
24 F	1 10 15	2 ♏ 16 53	8 ♏ 54 48	15 28 56	1 29 35	6 54 24	8 11 27	20 23 46	21 33 43	5 48 55	24 58 58	0 46 47	16 02 03	12 14 32
25 Sa	2 07 47	15 25 12	21 50 59	17 02 27	2 41 19	7 30 59	8 36 16	20 48 54	21 33 51	5 50 16	24 56 13	0 46 10	15 59 12	12 12 30
26 Su	3 06 11	28 10 58	4 ♐ 26 29	18 35 52	3 53 52	8 08 23	9 01 50	21 14 52	21 35 01	5 52 21	24 54 14	0 46 19	15 57 10	12 11 19
27 M	4 05 45	10 ♐ 38 22	16 45 44	20 09 31	5 07 32	8 46 55	9 28 27	21 41 60	21 37 30	5 55 28	24 53 21	0 47 33	15 56 15	12 11 18
28 Tu	5 06 32	22 51 46	28 53 11	21 43 25	6 22 22	9 26 37	9 56 11	22 10 20	21 41 21	5 59 40	24 53 35	0 49 55	15 56 31	12 12 29
29 W	6 08 23	4 ♑ 55 19	10 ♑ 52 53	23 17 27	7 38 11	10 07 19	10 24 51	22 39 41	21 46 25	6 04 45	24 54 47	0 53 15	15 57 48	12 14 42
30 Th	7 10 55	16 52 48	22 48 21	24 51 14	8 54 40	10 48 40	10 54 07	23 09 43	21 52 20	6 10 25	24 56 35	0 57 11	15 59 43	12 17 36

October 2032 LONGITUDE

Day	☉	0 hr ☽	Noon ☽	☿	♀	♂	⚵	⚳	♃	♄	⚷	♅	♆	♇
1 F	8 ♓ 13 43	28 ♑ 47 21	4 ♒ 42 34	26 ♓ 24 21	10 ♈ 11 20	11 ♒ 30 14	11 ♒ 23 31	23 ♓ 39 59	21 ♊ 58 39	6 ♐ 16 11	24 ♎ 58 33	1 ♐ 01 18	16 ♍ 01 52	12 ♋ 20 45
2 Sa	9 16 19	10 ♒ 41 42	16 37 55	27 56 20	11 27 45	12 11 32	11 52 36	24 10 01	22 04 56	6 21 37	25 00 15	1 05 07	16 03 46	12 23 42
3 Su	10 18 19	22 38 01	28 36 23	29 26 46	12 43 32	12 52 13	12 20 59	24 39 27	22 10 47	6 26 18	25 01 15	1 08 15	16 05 03	12 26 02
4 M	11 19 28	4 ♓ 38 14	10 ♓ 39 42	0 ♈ 55 24	13 58 23	13 31 59	12 48 23	25 07 60	22 15 55	6 29 60	25 01 19	1 10 26	16 05 25	12 27 29
5 Tu	12 19 39	16 44 03	22 49 27	2 22 06	15 12 13	14 10 44	13 14 42	25 35 32	22 20 14	6 32 34	25 00 19	1 11 34	16 04 47	12 27 58
6 W	13 18 54	28 57 10	5 ♈ 07 17	3 46 53	16 25 04	14 48 30	13 39 59	26 02 09	22 23 46	6 34 05	24 58 20	1 11 42	16 03 12	12 27 32
7 Th	14 17 26	11 ♈ 19 22	17 35 01	5 09 56	17 37 09	15 25 31	14 04 25	26 27 60	22 26 45	6 34 44	24 55 32	1 11 01	16 00 51	12 26 21
8 F	15 15 33	23 52 37	0 ♉ 14 41	6 31 31	18 48 44	16 02 04	14 28 19	26 53 24	22 29 27	6 34 49	24 52 14	1 09 49	15 58 02	12 24 45
9 Sa	16 13 34	6 ♉ 39 03	13 08 29	7 51 56	20 00 11	16 38 28	14 51 60	27 18 42	22 32 13	6 34 40	24 48 46	1 08 27	15 55 07	12 23 03
10 Su	17 11 48	19 40 54	26 18 38	9 11 27	21 11 48	17 15 03	15 15 48	27 44 11	22 35 21	6 34 37	24 45 27	1 07 14	15 52 23	12 21 34
11 M	18 10 31	3 ♊ 00 13	9 ♊ 47 03	10 30 16	22 23 50	17 52 04	15 39 56	28 10 07	22 39 06	6 34 52	24 42 32	1 06 23	15 50 05	12 20 33
12 Tu	19 09 47	16 38 34	23 34 59	11 48 24	23 36 21	18 29 35	16 04 31	28 36 35	22 43 34	6 35 33	24 40 06	1 06 01	15 48 20	12 20 05
13 W	20 09 35	0 ♋ 36 35	7 ♋ 42 27	13 05 46	24 49 22	19 07 36	16 29 31	29 03 33	22 48 43	6 36 38	24 38 07	1 06 07	15 47 05	12 20 09
14 Th	21 09 47	14 53 30	22 07 52	14 22 07	26 02 41	19 45 58	16 54 46	29 30 53	22 54 23	6 37 57	24 36 28	1 06 31	15 46 11	12 20 36
15 F	22 10 08	29 26 45	6 ♌ 47 44	15 37 10	27 16 08	20 24 28	17 20 05	29 58 22	23 00 23	6 39 19	24 34 55	1 06 60	15 45 26	12 21 14
16 Sa	23 10 27	14 ♌ 11 50	21 36 35	16 50 34	28 29 28	21 02 52	17 45 13	0 ♈ 25 46	23 06 28	6 40 29	24 33 15	1 07 22	15 44 37	12 21 48
17 Su	24 10 34	29 02 32	6 ♍ 27 31	18 02 02	29 42 32	21 41 01	18 10 02	0 52 55	23 12 29	6 41 18	24 31 18	1 07 26	15 43 34	12 22 10
18 M	25 10 25	13 ♍ 51 30	21 12 56	19 11 22	0 ♉ 55 15	22 18 51	18 34 26	1 19 47	23 18 22	6 41 42	24 29 01	1 07 09	15 42 14	12 22 15
19 Tu	26 10 00	28 31 15	5 ♎ 45 37	20 18 25	2 07 40	22 56 24	18 58 28	1 46 22	23 24 08	6 41 44	24 26 26	1 06 32	15 40 37	12 22 05
20 W	27 09 28	12 ♎ 55 10	19 59 39	21 23 06	3 19 52	23 33 46	19 22 14	2 12 46	23 29 54	6 41 27	24 23 37	1 05 42	15 38 50	12 21 47
21 Th	28 08 54	26 58 15	3 ♏ 51 04	22 25 21	4 31 60	24 11 04	19 45 51	2 39 07	23 35 46	6 41 01	24 20 44	1 04 46	15 36 60	12 21 26
22 F	29 08 26	10 ♏ 37 35	17 18 05	23 24 60	5 44 08	24 48 24	20 09 25	3 05 31	23 41 51	6 40 32	24 17 51	1 03 50	15 35 13	12 21 11
23 Sa	0 ♈ 08 06	23 52 27	0 ♐ 21 00	24 21 51	6 56 21	25 25 51	20 32 59	3 32 01	23 48 12	6 40 02	24 15 04	1 02 57	15 33 34	12 21 04
24 Su	1 07 54	6 ♐ 44 02	13 01 50	25 15 35	8 08 37	26 03 22	20 56 33	3 58 36	23 54 49	6 39 31	24 12 20	1 02 07	15 32 01	12 21 04
25 M	2 07 46	19 14 58	25 23 48	26 05 46	9 20 53	26 40 54	21 20 02	4 25 13	24 01 36	6 38 55	24 09 35	1 01 15	15 30 30	12 21 07
26 Tu	3 07 36	1 ♑ 28 57	7 ♑ 30 58	26 51 57	10 33 03	27 18 22	21 43 20	4 51 46	24 08 29	6 38 09	24 06 45	1 00 16	15 28 56	12 21 07
27 W	4 07 18	13 30 17	19 27 49	27 33 34	11 45 01	27 55 38	22 06 22	5 18 08	24 15 20	6 37 05	24 03 43	0 59 05	15 27 12	12 20 60
28 Th	5 06 49	25 23 34	1 ♒ 18 56	28 10 07	12 56 43	28 32 40	22 29 04	5 44 16	24 22 08	6 35 41	24 00 26	0 57 36	15 25 15	12 20 40
29 F	6 06 08	7 ♒ 13 25	13 08 48	28 41 03	14 08 09	29 09 28	22 51 26	6 10 10	24 28 50	6 33 57	23 56 54	0 55 51	15 23 05	12 20 08
30 Sa	7 05 21	19 04 13	25 01 38	29 05 55	15 19 24	29 46 06	23 13 32	6 35 54	24 35 34	6 31 57	23 53 11	0 53 55	15 20 48	12 19 29
31 Su	8 04 36	0 ♓ 59 57	7 ♓ 01 06	29 24 13	16 30 37	0 ♓ 22 44	23 35 31	7 01 39	24 42 25	6 29 51	23 49 27	0 51 56	15 18 31	12 18 52

Notes

LONGITUDE

November 2032

Day	☉	0 hr ☽	Noon ☽	☿	♀	♂	⚵	⚳	♃	♄	⚷	♅	♆	♇
1 M	9 ♈ 04 04	13 ♓ 04 05	19 ♓ 10 20	29 ♈ 35 33	17 ♉ 41 59	0 ♓ 59 32	23 ♒ 57 34	7 ♈ 27 33	24 ♊ 49 38	6 ♐ 27 50	23 ♎ 45 54	0 ♐ 50 05	15 ♍ 16 26	12 ♋ 18 28
2 Tu	10 03 57	25 19 21	1 ♈ 31 43	29 39 28	18 53 41	1 36 42	24 19 54	7 53 51	24 57 22	6 26 05	23 42 42	0 48 35	15 14 46	12 18 28
3 W	11 04 25	7 ♈ 47 44	14 06 50	29 35 29	20 05 54	2 14 24	24 42 39	8 20 40	25 05 47	6 24 47	23 40 02	0 47 34	15 13 38	12 19 03
4 Th	12 05 31	20 30 24	26 56 31	29 23 08	21 18 41	2 52 42	25 05 53	8 48 05	25 14 58	6 23 59	23 37 57	0 47 08	15 13 09	12 20 17
5 F	13 07 14	3 ♉ 27 41	10 ♉ 00 49	29 01 54	22 31 59	3 31 33	25 29 35	9 16 04	25 24 51	6 23 39	23 36 26	0 47 13	15 13 16	12 22 06
6 Sa	14 09 22	16 39 18	23 19 11	28 31 19	23 45 38	4 10 47	25 53 32	9 44 26	25 35 16	6 23 36	23 35 18	0 47 39	15 13 46	12 24 21
7 Su	15 11 37	0 ♊ 04 22	6 ♊ 50 39	27 51 03	24 59 21	4 50 07	26 17 28	10 12 52	25 45 56	6 23 33	23 34 15	0 48 09	15 14 24	12 26 44
8 M	16 13 40	13 41 46	20 33 58	27 01 02	26 12 45	5 29 10	26 41 01	10 41 03	25 56 29	6 23 09	23 32 57	0 48 22	15 14 49	12 28 53
9 Tu	17 15 09	27 30 10	4 ♋ 27 46	26 01 34	27 25 31	6 07 37	27 03 52	11 08 38	26 06 35	6 22 04	23 31 03	0 47 57	15 14 40	12 30 30
10 W	18 15 51	11 ♋ 28 15	18 30 39	24 53 35	28 37 26	6 45 16	27 25 47	11 35 24	26 16 01	6 20 05	23 28 21	0 46 41	15 13 44	12 31 20
11 Th	19 15 44	25 34 42	2 ♌ 41 06	23 38 37	29 48 26	7 22 02	27 46 42	12 01 17	26 24 43	6 17 09	23 24 47	0 44 33	15 11 58	12 31 20
12 F	20 14 58	9 ♌ 48 01	16 57 23	22 18 52	0 ♊ 58 41	7 58 07	28 06 49	12 26 29	26 32 53	6 13 27	23 20 32	0 41 41	15 09 33	12 30 42
13 Sa	21 13 55	24 06 20	1 ♍ 17 18	20 57 05	2 08 35	8 33 53	28 26 29	12 51 21	26 40 52	6 09 21	23 15 59	0 38 29	15 06 51	12 29 47
14 Su	22 13 05	8 ♍ 27 11	15 37 59	19 36 24	3 18 36	9 09 49	28 46 13	13 16 24	26 49 11	6 05 21	23 11 38	0 35 26	15 04 22	12 29 06
15 M	23 12 59	22 47 23	29 55 54	18 19 55	4 29 15	9 46 27	29 06 31	13 42 07	26 58 18	6 01 57	23 07 59	0 33 04	15 02 37	12 29 09
16 Tu	24 14 01	7 ♎ 03 02	14 ♎ 07 00	17 10 31	5 40 57	10 24 11	29 27 47	14 08 57	27 08 41	5 59 35	23 05 27	0 31 46	15 02 00	12 30 20
17 W	25 16 25	21 09 48	28 07 02	16 10 31	6 53 55	11 03 14	29 50 14	14 37 04	27 20 30	5 58 28	23 04 15	0 31 47	15 02 45	12 32 53
18 Th	26 20 08	5 ♏ 03 24	11 ♏ 52 04	15 21 34	8 08 06	11 43 34	0 ♓ 13 50	15 06 28	27 33 43	5 58 33	23 04 20	0 33 02	15 04 48	12 36 45
19 F	27 24 52	18 40 10	25 19 02	14 44 30	9 23 11	12 24 52	0 38 17	15 36 50	27 48 03	5 59 31	23 05 26	0 35 15	15 07 53	12 41 38
20 Sa	28 30 08	1 ♐ 57 32	8 ♐ 26 10	14 19 29	10 38 42	13 06 40	1 03 05	16 07 40	28 03 00	6 00 55	23 07 01	0 37 57	15 11 29	12 47 03
21 Su	29 35 20	14 54 23	21 13 08	14 06 04	11 54 03	13 48 20	1 27 37	16 38 23	28 17 58	6 02 08	23 08 32	0 40 30	15 15 01	12 52 23
22 M	0 ♉ 39 52	27 31 14	3 ♑ 41 10	14 03 28	13 08 36	14 29 18	1 51 19	17 08 23	28 32 21	6 02 34	23 09 21	0 42 20	15 17 53	12 57 03
23 Tu	1 43 16	9 ♑ 50 04	15 52 54	14 10 43	14 21 56	15 09 06	2 13 42	17 37 11	28 45 40	6 01 45	23 09 01	0 42 58	15 19 36	13 00 36
24 W	2 45 17	21 54 18	27 52 09	14 26 52	15 33 45	15 47 28	2 34 30	18 04 33	28 57 41	5 59 27	23 07 16	0 42 10	15 19 57	13 02 45
25 Th	3 45 55	3 ♒ 48 22	9 ♒ 43 39	14 51 05	16 44 05	16 24 24	2 53 44	18 30 29	29 08 25	5 55 40	23 04 09	0 39 55	15 18 55	13 03 31
26 F	4 45 27	15 37 27	21 32 43	15 22 46	17 53 12	17 00 12	3 11 41	18 55 16	29 18 07	5 50 41	22 59 55	0 36 32	15 16 47	13 03 12
27 Sa	5 44 26	27 27 11	3 ♓ 24 58	16 01 34	19 01 38	17 35 24	3 28 52	19 19 25	29 27 20	5 45 02	22 55 05	0 32 31	15 14 05	13 02 18
28 Su	6 43 30	9 ♓ 23 13	15 25 52	16 47 16	20 10 02	18 10 38	3 45 57	19 43 36	29 36 43	5 39 22	22 50 21	0 28 33	15 11 29	13 01 30
29 M	7 43 23	21 30 50	27 40 24	17 39 48	21 19 08	18 46 38	4 03 38	20 08 32	29 46 59	5 34 26	22 46 26	0 25 21	15 09 42	13 01 31
30 Tu	8 44 43	3 ♈ 54 34	10 ♈ 12 36	18 39 01	22 29 33	19 24 03	4 22 35	20 34 53	29 58 47	5 30 51	22 43 57	0 23 33	15 09 23	13 02 60

LONGITUDE

December 2032

Day	☉	0 hr ☽	Noon ☽	☿	♀	♂	⚵	⚳	♃	♄	⚷	♅	♆	♇
1 W	9 ♉ 47 56	16 ♈ 37 40	23 ♈ 05 09	19 ♈ 44 43	23 ♊ 41 43	20 ♓ 03 19	4 ♓ 43 13	21 ♈ 03 02	0 ♋ 12 32	5 ♐ 29 04	22 ♎ 43 22	0 ♐ 23 36	15 ♍ 10 57	13 ♋ 06 21
2 Th	10 53 10	29 41 50	6 ♉ 18 57	20 56 22	24 55 47	20 44 32	5 05 39	21 33 09	0 28 22	5 29 13	22 44 47	0 25 36	15 14 32	13 11 43
3 F	12 00 10	13 ♉ 06 51	19 53 02	22 13 14	26 11 28	21 27 29	5 29 39	22 04 58	0 46 03	5 31 03	22 47 58	0 29 20	15 19 54	13 18 52
4 Sa	13 08 20	26 50 35	3 ♊ 44 32	23 34 14	27 28 13	22 11 35	5 54 37	22 37 55	1 04 60	5 33 59	22 52 20	0 34 13	15 26 28	13 27 12
5 Su	14 16 51	10 ♊ 49 17	17 49 09	24 58 06	28 45 08	22 55 57	6 19 42	23 11 08	1 24 19	5 37 10	22 57 03	0 39 23	15 33 22	13 35 51
6 M	15 24 43	24 58 09	2 ♋ 01 51	26 23 31	0 ♋ 01 17	23 39 39	6 43 57	23 43 39	1 43 06	5 39 40	23 01 09	0 43 53	15 39 39	13 43 54
7 Tu	16 31 07	9 ♋ 12 10	16 17 42	27 49 21	1 15 49	24 21 51	7 06 31	24 14 39	2 00 29	5 40 37	23 03 47	0 46 53	15 44 29	13 50 29
8 W	17 35 32	23 26 57	0 ♌ 32 38	29 14 48	2 28 12	25 02 01	7 26 52	24 43 36	2 15 56	5 39 31	23 04 27	0 47 52	15 47 21	13 55 05
9 Th	18 37 53	7 ♌ 39 18	14 43 54	0 ♉ 39 34	3 38 22	25 40 05	7 44 57	25 10 25	2 29 24	5 36 18	23 03 04	0 46 46	15 48 10	13 57 38
10 F	19 38 36	21 47 24	28 50 09	2 03 53	4 46 45	26 16 29	8 01 11	25 35 33	2 41 18	5 31 24	23 00 05	0 44 01	15 47 23	13 58 33
11 Sa	20 38 31	5 ♍ 50 41	12 ♍ 51 04	3 28 25	5 54 08	26 52 02	8 16 23	25 59 50	2 52 28	5 25 39	22 56 19	0 40 26	15 45 48	13 58 41
12 Su	21 38 41	19 49 17	26 46 53	4 54 05	7 01 37	27 27 49	8 31 38	26 24 18	3 03 57	5 20 06	22 52 49	0 37 05	15 44 31	13 59 05
13 M	22 40 09	3 ♎ 43 22	10 ♎ 37 39	6 21 50	8 10 14	28 04 52	8 47 57	26 50 01	3 16 49	5 15 49	22 50 41	0 35 01	15 44 33	14 00 49
14 Tu	23 43 47	17 32 39	24 22 52	7 52 24	9 20 49	28 44 02	9 06 13	27 17 50	3 31 54	5 13 39	22 50 42	0 35 06	15 46 47	14 04 42
15 W	24 50 01	1 ♏ 15 56	8 ♏ 01 09	9 26 07	10 33 48	29 25 46	9 26 50	27 48 11	3 49 39	5 14 02	22 53 22	0 37 45	15 51 37	14 11 12
16 Th	25 58 48	14 51 13	21 30 20	11 02 55	11 49 09	0 ♈ 10 02	9 49 47	28 21 02	4 10 01	5 16 57	22 58 37	0 42 58	15 59 02	14 20 16
17 F	27 09 40	28 15 51	4 ♐ 47 54	12 42 14	13 06 21	0 56 19	10 14 34	28 55 53	4 32 30	5 21 53	23 05 57	0 50 13	16 08 33	14 31 25
18 Sa	28 21 43	11 ♐ 27 08	17 51 26	14 23 07	14 24 33	1 43 46	10 40 18	29 31 51	4 56 14	5 27 60	23 14 31	0 58 38	16 19 17	14 43 45
19 Su	29 33 54	24 22 53	0 ♑ 39 16	16 04 31	15 42 40	2 31 18	11 05 55	0 ♉ 07 54	5 20 09	5 34 12	23 23 15	1 07 11	16 30 10	14 56 15
20 M	0 ♊ 45 08	7 ♑ 01 58	13 10 49	17 45 18	16 59 37	3 17 52	11 30 21	0 42 56	5 43 12	5 39 27	23 31 04	1 14 47	16 40 08	15 07 48
21 Tu	1 54 34	19 24 37	25 27 01	19 24 34	18 14 32	4 02 34	11 52 42	1 16 05	6 04 28	5 42 51	23 37 06	1 20 33	16 48 19	15 17 33
22 W	3 01 38	1 ♒ 32 43	7 ♒ 30 16	21 01 45	19 26 50	4 44 53	12 12 27	1 46 49	6 23 26	5 43 52	23 40 49	1 23 57	16 54 09	15 24 56
23 Th	4 06 14	13 29 39	19 24 28	22 36 44	20 36 26	5 24 40	12 29 28	2 14 59	6 39 58	5 42 23	23 42 05	1 24 52	16 57 32	15 29 51
24 F	5 08 41	25 20 09	1 ♓ 14 42	24 09 50	21 43 39	6 02 17	12 44 04	2 40 57	6 54 25	5 38 45	23 41 15	1 23 37	16 58 48	15 32 39
25 Sa	6 09 43	7 ♓ 10 01	13 06 60	25 41 47	22 49 11	6 38 26	12 56 60	3 05 25	7 07 30	5 33 41	23 39 02	1 20 57	16 58 40	15 34 01
26 Su	7 10 20	19 05 42	25 07 51	27 13 35	23 54 02	7 14 08	13 09 14	3 29 24	7 20 12	5 28 11	23 36 27	1 17 52	16 58 09	15 34 59
27 M	8 11 38	1 ♈ 13 46	7 ♈ 23 45	28 46 19	24 59 19	7 50 29	13 21 53	3 54 00	7 33 39	5 23 23	23 34 35	1 15 28	16 58 21	15 36 39
28 Tu	9 14 40	13 40 24	20 00 30	0 ♊ 21 03	26 06 03	8 28 30	13 35 59	4 20 15	7 48 51	5 20 18	23 34 29	1 14 48	17 00 18	15 40 03
29 W	10 20 11	26 30 40	3 ♉ 02 32	1 58 32	27 14 58	9 08 58	13 52 17	4 48 54	8 06 35	5 19 42	23 36 55	1 16 36	17 04 45	15 45 56
30 Th	11 28 29	9 ♉ 47 45	16 32 08	3 39 04	28 26 22	9 52 10	14 11 05	5 20 15	8 27 09	5 21 53	23 42 10	1 21 11	17 12 01	15 54 37
31 F	12 39 20	23 32 22	0 ♊ 28 51	5 22 27	29 40 02	10 37 53	14 32 09	5 54 05	8 50 18	5 26 38	23 50 02	1 28 20	17 21 52	16 05 51

Notes

January 2033

LONGITUDE

Day	☉	0 hr ☽	Noon ☽	☿	♀	♂	⚵	⚳	♃	♄	⚷	♅	♆	♇
1 Sa	13 ♊ 51 58	7 ♊ 42 15	14 ♊ 49 07	7 ♊ 07 55	0 ♌ 55 10	11 ♈ 25 20	14 ♓ 54 43	6 ♉ 29 38	9 ♋ 15 18	5 ♐ 33 11	23 ♎ 59 44	1 ♐ 37 17	17 ♍ 33 32	16 ♋ 18 53
2 Su	15 05 12	22 12 11	29 26 34	8 54 19	2 10 36	12 13 22	15 17 35	7 05 42	9 40 56	5 40 22	24 10 05	1 46 50	17 45 51	16 32 33
3 M	16 17 41	6 ♋ 54 41	14 ♋ 12 58	10 40 17	3 24 56	13 00 36	15 39 25	7 40 57	10 05 53	5 46 49	24 19 45	1 55 40	17 57 26	16 45 28
4 Tu	17 28 13	21 41 11	28 59 42	12 24 39	4 36 59	13 45 50	15 59 00	8 14 10	10 28 54	5 51 21	24 27 31	2 02 33	18 07 07	16 56 27
5 W	18 36 02	6 ♌ 23 43	13 ♌ 39 15	14 06 39	5 45 56	14 28 19	16 15 34	8 44 34	10 49 15	5 53 11	24 32 38	2 06 44	18 14 06	17 04 43
6 Th	19 40 58	20 56 08	28 06 24	15 46 09	6 51 39	15 07 53	16 28 58	9 12 02	11 06 46	5 52 11	24 34 55	2 08 05	18 18 15	17 10 08
7 F	20 43 33	5 ♍ 14 55	12 ♍ 18 39	17 23 41	7 54 39	15 45 03	16 39 42	9 37 05	11 21 58	5 48 53	24 34 56	2 07 05	18 20 06	17 13 13
8 Sa	21 44 50	19 19 05	26 15 56	19 00 21	8 55 56	16 20 54	16 48 51	10 00 45	11 35 56	5 44 20	24 33 43	2 04 50	18 20 42	17 15 02
9 Su	22 46 11	3 ♎ 09 37	9 ♎ 59 50	20 37 29	9 56 52	16 56 46	16 57 44	10 24 23	11 49 59	5 39 53	24 32 37	2 02 39	18 21 23	17 16 55
10 M	23 48 55	16 48 31	23 32 36	22 16 26	10 58 46	17 33 60	17 07 43	10 49 21	12 05 29	5 36 53	24 32 59	2 01 54	18 23 31	17 20 12
11 Tu	24 54 07	0 ♏ 17 52	6 ♏ 56 18	23 58 19	12 02 41	18 13 39	17 19 50	11 16 41	12 23 28	5 36 25	24 35 53	2 03 39	18 28 09	17 25 59
12 W	26 02 22	13 39 09	20 12 13	25 43 43	13 09 12	18 56 19	17 34 42	11 47 00	12 44 33	5 39 02	24 41 54	2 08 29	18 35 53	17 34 50
13 Th	27 13 41	26 52 50	3 ♐ 20 34	27 32 39	14 18 17	19 42 01	17 52 18	12 20 18	13 08 44	5 44 47	24 51 03	2 16 25	18 46 43	17 46 46
14 F	28 27 30	9 ♐ 58 20	16 20 36	29 24 35	15 29 23	20 30 11	18 12 05	12 56 01	13 35 28	5 53 06	25 02 47	2 26 53	19 00 05	18 01 13
15 Sa	29 42 50	22 54 19	29 10 54	1 ♋ 18 31	16 41 29	21 19 50	18 33 04	13 33 10	14 03 45	6 03 01	25 16 06	2 38 54	19 15 02	18 17 12
16 Su	0 ♋ 58 28	5 ♑ 39 09	11 ♑ 49 59	3 13 15	17 53 21	22 09 44	18 54 01	14 10 32	14 32 22	6 13 16	25 29 47	2 51 15	19 30 19	18 33 30
17 M	2 13 08	18 11 33	24 16 47	5 07 30	19 03 42	22 58 38	19 13 38	14 46 50	15 00 02	6 22 38	25 42 34	3 02 40	19 44 40	18 48 51
18 Tu	3 25 46	0 ♒ 30 59	6 ♒ 31 15	7 00 13	20 11 25	23 45 27	19 30 54	15 21 00	15 25 42	6 30 02	25 53 23	3 12 05	19 57 01	19 02 10
19 W	4 35 39	12 38 13	18 34 35	8 50 41	21 15 49	24 29 29	19 45 04	15 52 21	15 48 39	6 34 45	26 01 32	3 18 48	20 06 40	19 12 45
20 Th	5 42 32	24 35 24	0 ♓ 29 28	10 38 38	22 16 37	25 10 29	19 55 54	16 20 36	16 08 38	6 36 34	26 06 45	3 22 34	20 13 22	19 20 23
21 F	6 46 42	6 ♓ 26 12	12 19 59	12 24 18	23 14 02	25 48 43	20 03 39	16 46 02	16 25 55	6 35 43	26 09 19	3 23 38	20 17 22	19 25 16
22 Sa	7 48 49	18 15 35	24 11 30	14 08 20	24 08 44	26 24 51	20 08 60	17 09 19	16 41 10	6 32 54	26 09 54	3 22 41	20 19 22	19 28 08
23 Su	8 49 53	0 ♈ 09 32	6 ♈ 10 17	15 51 44	25 01 44	26 59 54	20 12 57	17 31 28	16 55 25	6 29 09	26 09 32	3 20 46	20 20 22	19 29 58
24 M	9 51 07	12 14 42	18 23 05	17 35 38	25 54 10	27 35 03	20 16 41	17 53 40	17 09 51	6 25 37	26 09 23	3 19 02	20 21 34	19 31 59
25 Tu	10 53 39	24 37 49	0 ♉ 56 31	19 21 05	26 47 09	28 11 27	20 21 21	18 17 04	17 25 35	6 23 28	26 10 36	3 18 38	20 24 05	19 35 18
26 W	11 58 22	7 ♉ 24 59	13 56 18	21 08 55	27 41 34	28 50 00	20 27 51	18 42 33	17 43 33	6 23 36	26 14 05	3 20 28	20 28 51	19 40 49
27 Th	13 05 44	20 40 56	27 26 24	22 59 30	28 37 51	29 31 09	20 36 38	19 10 35	18 04 11	6 26 29	26 20 18	3 25 01	20 36 19	19 48 60
28 F	14 15 40	4 ♊ 28 06	11 ♊ 28 02	24 52 37	29 35 52	0 ♉ 14 49	20 47 36	19 41 05	18 27 24	6 32 01	26 29 09	3 32 10	20 46 22	19 59 46
29 Sa	15 27 30	18 45 43	25 58 57	26 47 28	0 ♍ 34 56	1 00 19	21 00 05	20 13 22	18 52 31	6 39 32	26 39 58	3 41 16	20 58 22	20 12 26
30 Su	16 40 06	3 ♋ 29 29	10 ♋ 53 10	28 42 43	1 33 53	1 46 32	21 12 58	20 46 18	19 18 27	6 47 56	26 51 38	3 51 11	21 11 11	20 25 53
31 M	17 52 07	18 31 37	26 01 34	0 ♌ 36 51	2 31 19	2 32 07	21 24 53	21 18 33	19 43 48	6 55 52	27 02 49	4 00 35	21 23 27	20 38 47

February 2033

LONGITUDE

Day	☉	0 hr ☽	Noon ☽	☿	♀	♂	⚵	⚳	♃	♄	⚷	♅	♆	♇
1 Tu	19 ♋ 02 18	3 ♌ 42 04	11 ♌ 13 22	2 ♌ 28 21	3 ♍ 25 59	3 ♉ 15 50	21 ♓ 34 37	21 ♉ 48 52	20 ♋ 07 22	7 ♐ 02 05	27 ♎ 12 15	4 ♐ 08 14	21 ♍ 33 58	20 ♋ 49 52
2 W	20 09 51	18 50 10	26 18 07	4 16 06	4 16 59	3 56 50	21 41 19	22 16 26	20 28 18	7 05 45	27 19 07	4 13 16	21 41 52	20 58 19
3 Th	21 14 30	3 ♍ 46 40	11 ♍ 07 30	5 59 33	5 04 05	4 34 54	21 44 45	22 40 60	20 46 21	7 06 39	27 23 11	4 15 30	21 46 56	21 03 55
4 F	22 16 42	18 25 07	25 36 27	7 38 44	5 47 37	5 10 28	21 45 22	23 03 00	21 01 59	7 05 14	27 24 53	4 15 21	21 49 36	21 07 05
5 Sa	23 17 25	2 ♎ 42 25	9 ♎ 43 12	9 14 10	6 28 32	5 44 29	21 44 07	23 23 24	21 16 09	7 02 25	27 25 11	4 13 45	21 50 49	21 08 46
6 Su	24 17 51	16 38 20	23 28 42	10 46 36	7 08 01	6 18 12	21 42 13	23 43 25	21 30 04	6 59 29	27 25 18	4 11 58	21 51 49	21 10 13
7 M	25 19 17	0 ♏ 14 44	6 ♏ 55 28	12 16 43	7 47 15	6 52 50	21 40 57	24 04 18	21 44 59	6 57 39	27 26 30	4 11 15	21 53 52	21 12 41
8 Tu	26 22 41	13 34 26	20 06 41	13 44 56	8 27 11	7 29 25	21 41 17	24 27 04	22 01 55	6 57 55	27 29 47	4 12 35	21 57 57	21 17 09
9 W	27 28 38	26 40 21	3 ♐ 05 18	15 11 08	9 08 20	8 08 29	21 43 47	24 52 15	22 21 24	7 00 52	27 35 41	4 16 31	22 04 37	21 24 10
10 Th	28 37 11	9 ♐ 34 49	15 53 32	16 34 41	9 50 41	8 50 04	21 48 30	25 19 54	22 43 29	7 06 31	27 44 15	4 23 07	22 13 56	21 33 49
11 F	29 47 52	22 19 26	28 32 43	17 54 24	10 33 45	9 33 46	21 54 60	25 49 35	23 07 44	7 14 27	27 55 04	4 31 57	22 25 27	21 45 37
12 Sa	0 ♌ 59 52	4 ♑ 54 54	11 ♑ 03 25	19 08 45	11 16 38	10 18 44	22 02 26	26 20 28	23 33 20	7 23 51	28 07 18	4 42 10	22 38 20	21 58 46
13 Su	2 12 10	17 21 23	23 25 38	20 15 56	11 58 15	11 03 55	22 09 48	26 51 31	23 59 13	7 33 39	28 19 54	4 52 45	22 51 34	22 12 14
14 M	3 23 41	29 38 49	5 ♒ 39 17	21 14 13	12 37 29	11 48 17	22 16 02	27 21 39	24 24 21	7 42 49	28 31 49	5 02 38	23 04 04	22 24 57
15 Tu	4 33 32	11 ♒ 47 19	17 44 36	22 02 01	13 13 21	12 30 54	22 20 13	27 49 59	24 47 48	7 50 26	28 42 09	5 10 54	23 14 56	22 35 59
16 W	5 41 05	23 47 33	29 42 30	22 38 09	13 45 11	13 11 09	22 21 43	28 15 53	25 08 58	7 55 53	28 50 15	5 16 57	23 23 33	22 44 45
17 Th	6 46 04	5 ♓ 41 06	11 ♓ 34 50	23 01 54	14 12 40	13 48 47	22 20 18	28 39 06	25 27 35	7 58 54	28 55 53	5 20 30	23 29 39	22 50 59
18 F	7 48 37	17 30 33	23 24 36	23 13 05	14 35 52	14 23 55	22 16 06	28 59 44	25 43 46	7 59 38	28 59 11	5 21 43	23 33 23	22 54 48
19 Sa	8 49 15	29 19 35	5 ♈ 15 48	23 12 03	14 55 13	14 57 03	22 09 37	29 18 18	25 58 02	7 58 33	29 00 38	5 21 04	23 35 13	22 56 41
20 Su	9 48 42	11 ♈ 12 53	17 13 29	22 59 39	15 11 23	15 28 57	22 01 35	29 35 32	26 11 07	7 56 26	29 00 59	5 19 18	23 35 55	22 57 25
21 M	10 47 52	23 15 53	29 23 18	22 37 03	15 25 16	16 00 29	21 52 56	29 52 22	26 23 56	7 54 11	29 01 09	5 17 21	23 36 24	22 57 54
22 Tu	11 47 42	5 ♉ 34 28	11 ♉ 51 13	22 05 43	15 37 41	16 32 36	21 44 35	0 ♊ 09 41	26 37 24	7 52 42	29 02 03	5 16 08	23 37 35	22 59 03
23 W	12 48 55	18 14 23	24 42 53	21 27 10	15 49 19	17 06 01	21 37 17	0 28 15	26 52 15	7 52 45	29 04 25	5 16 22	23 40 11	23 01 36
24 Th	13 51 59	1 ♊ 20 41	8 ♊ 02 52	20 42 53	16 00 35	17 41 12	21 31 28	0 48 29	27 08 57	7 54 47	29 08 43	5 18 31	23 44 41	23 06 00
25 F	14 56 55	14 56 54	21 53 48	19 54 08	16 11 28	18 18 10	21 27 13	1 10 27	27 27 31	7 58 49	29 14 58	5 22 37	23 51 06	23 12 18
26 Sa	16 03 20	29 04 09	6 ♋ 15 31	19 01 56	16 21 30	18 56 32	21 24 07	1 33 44	27 47 33	8 04 29	29 22 47	5 28 17	23 59 02	23 20 05
27 Su	17 10 29	13 ♋ 40 23	21 04 23	18 07 03	16 29 55	19 35 33	21 21 26	1 57 35	28 08 20	8 11 01	29 31 25	5 34 46	24 07 45	23 28 38
28 M	18 17 26	28 40 07	6 ♌ 13 11	17 10 09	16 35 44	20 14 16	21 18 14	2 21 04	28 28 54	8 17 29	29 39 56	5 41 07	24 16 19	23 36 59

Notes

LONGITUDE

March 2033

Day	☉	0 hr ☽	Noon ☽	☿	♀	♂	⚵	⚳	♃	♄	⚷	♅	♆	♇
1 Tu	19 ♌ 23 16	13 ♌ 54 39	21 ♌ 32 01	16 ♌ 11 54	16 ♍ 37 60	20 ♉ 51 47	21 ♓ 13 38	2 ♊ 43 17	28 ♋ 48 21	8 ♐ 22 59	29 ♎ 47 26	5 ♐ 46 27	24 ♍ 23 49	23 ♋ 44 15
2 W	20 27 21	29 13 23	6 ♍ 49 45	15 13 06	16 36 02	21 27 26	21 06 58	3 03 33	29 06 02	8 26 52	29 53 15	5 50 05	24 29 36	23 49 46
3 Th	21 29 25	14 ♍ 25 35	21 56 02	14 14 54	16 29 36	22 00 59	20 58 02	3 21 39	29 21 42	8 28 53	29 57 09	5 51 49	24 33 26	23 53 17
4 F	22 29 40	29 22 07	6 ♎ 42 54	13 18 40	16 18 52	22 32 37	20 47 01	3 37 46	29 35 33	8 29 14	29 59 19	5 51 49	24 35 30	23 55 02
5 Sa	23 28 42	13 ♎ 56 46	21 05 35	12 25 58	16 04 26	23 02 56	20 34 31	3 52 29	29 48 10	8 28 30	0 ♏ 00 22	5 50 40	24 36 23	23 55 33
6 Su	24 27 17	28 06 30	5 ♏ 02 31	11 38 20	15 47 07	23 32 42	20 21 20	4 06 34	0 ♌ 00 21	8 27 29	0 01 03	5 49 10	24 36 52	23 55 40
7 M	25 26 14	11 ♏ 51 05	18 34 39	10 57 10	15 27 45	24 02 44	20 08 17	4 20 51	0 12 52	8 26 58	0 02 11	5 48 08	24 37 47	23 56 10
8 Tu	26 26 12	25 12 17	1 ♐ 44 29	10 23 29	15 07 02	24 33 42	19 56 02	4 35 58	0 26 25	8 27 38	0 04 26	5 48 12	24 39 46	23 57 42
9 W	27 27 35	8 ♐ 12 57	14 35 20	9 57 54	14 45 28	25 05 57	19 44 59	4 52 19	0 41 21	8 29 51	0 08 10	5 49 46	24 43 12	24 00 40
10 Th	28 30 25	20 56 20	27 10 36	9 40 31	14 23 10	25 39 35	19 35 13	5 09 57	0 57 46	8 33 41	0 13 28	5 52 54	24 48 10	24 05 08
11 F	29 34 31	3 ♑ 25 35	9 ♑ 33 21	9 31 05	14 00 04	26 14 21	19 26 30	5 28 38	1 15 24	8 38 55	0 20 06	5 57 22	24 54 26	24 10 52
12 Sa	0 ♍ 39 23	15 43 26	21 46 11	9 28 59	13 35 48	26 49 47	19 18 24	5 47 55	1 33 48	8 45 04	0 27 37	6 02 42	25 01 31	24 17 24
13 Su	1 44 28	27 52 10	3 ♒ 51 13	9 33 27	13 09 59	27 25 18	19 10 22	6 07 12	1 52 25	8 51 35	0 35 24	6 08 20	25 08 52	24 24 09
14 M	2 49 10	9 ♒ 53 44	15 50 12	9 43 38	12 42 11	28 00 20	19 01 47	6 25 55	2 10 37	8 57 51	0 42 54	6 13 40	25 15 52	24 30 33
15 Tu	3 52 60	21 49 48	27 44 41	9 58 46	12 12 07	28 34 22	18 52 12	6 43 32	2 27 56	9 03 24	0 49 37	6 18 13	25 22 03	24 36 05
16 W	4 55 36	3 ♓ 41 60	9 ♓ 36 16	10 18 13	11 39 38	29 07 03	18 41 17	6 59 45	2 43 60	9 07 52	0 55 11	6 21 37	25 27 03	24 40 25
17 Th	5 56 51	15 32 08	21 26 48	10 41 33	11 04 50	29 38 15	18 28 53	7 14 23	2 58 41	9 11 06	0 59 28	6 23 46	25 30 44	24 43 25
18 F	6 56 47	27 22 21	3 ♈ 18 33	11 08 30	10 28 01	0 ♊ 08 00	18 15 06	7 27 30	3 12 03	9 13 11	1 02 32	6 24 41	25 33 10	24 45 07
19 Sa	7 55 41	9 ♈ 15 14	15 14 17	11 39 03	9 49 41	0 36 34	18 00 10	7 39 20	3 24 20	9 14 21	1 04 37	6 24 39	25 34 35	24 45 47
20 Su	8 53 53	21 13 53	27 17 19	12 13 16	9 10 27	1 04 18	17 44 30	7 50 17	3 35 55	9 14 59	1 06 06	6 23 60	25 35 21	24 45 47
21 M	9 51 51	3 ♉ 21 56	9 ♉ 31 29	12 51 22	8 31 02	1 31 39	17 28 32	8 00 45	3 47 13	9 15 30	1 07 25	6 23 12	25 35 56	24 45 33
22 Tu	10 50 01	15 43 22	22 00 54	13 33 29	7 52 06	1 59 02	17 12 42	8 11 10	3 58 41	9 16 20	1 08 60	6 22 39	25 36 44	24 45 31
23 W	11 48 42	28 22 18	4 ♊ 49 43	14 19 46	7 14 16	2 26 47	16 57 24	8 21 53	4 10 39	9 17 51	1 11 11	6 22 44	25 38 06	24 46 02
24 Th	12 48 08	11 ♊ 22 39	18 01 39	15 10 12	6 37 58	2 55 07	16 42 49	8 33 07	4 23 20	9 20 14	1 14 11	6 23 39	25 40 15	24 47 18
25 F	13 48 20	24 47 38	1 ♋ 39 23	16 04 37	6 03 28	3 24 02	16 28 60	8 44 51	4 36 44	9 23 32	1 18 01	6 25 24	25 43 12	24 49 20
26 Sa	14 49 08	8 ♋ 39 06	15 43 59	17 02 39	5 30 51	3 53 23	16 15 49	8 56 57	4 50 43	9 27 33	1 22 32	6 27 50	25 46 48	24 51 60
27 Su	15 50 16	22 56 56	0 ♌ 14 08	18 03 53	4 59 60	4 22 52	16 02 59	9 09 08	5 04 58	9 32 02	1 27 27	6 30 41	25 50 45	24 54 59
28 M	16 51 22	7 ♌ 38 29	15 05 49	19 07 47	4 30 46	4 52 09	15 50 11	9 21 01	5 19 10	9 36 37	1 32 24	6 33 35	25 54 43	24 57 58
29 Tu	17 52 07	22 38 20	0 ♍ 12 14	20 13 55	4 02 60	5 20 53	15 37 06	9 32 17	5 32 58	9 40 59	1 37 05	6 36 12	25 58 21	25 00 36
30 W	18 52 18	7 ♍ 48 37	15 24 33	21 21 56	3 36 37	5 48 51	15 23 32	9 42 44	5 46 10	9 44 56	1 41 15	6 38 21	26 01 29	25 02 41
31 Th	19 51 51	22 59 56	0 ♎ 33 03	22 31 38	3 11 41	6 15 58	15 09 26	9 52 17	5 58 41	9 48 22	1 44 52	6 39 57	26 03 60	25 04 08

LONGITUDE

April 2033

Day	☉	0 hr ☽	Noon ☽	☿	♀	♂	⚵	⚳	♃	♄	⚷	♅	♆	♇
1 F	20 ♍ 50 51	8 ♎ 02 47	15 ♎ 28 38	23 ♌ 43 01	2 ♍ 48 23	6 ♊ 42 20	14 ♓ 54 53	10 ♊ 01 00	6 ♌ 10 36	9 ♐ 51 22	1 ♏ 48 01	6 ♐ 41 04	26 ♍ 06 00	25 ♋ 05 03
2 Sa	21 49 28	22 48 54	0 ♏ 04 03	24 56 11	2 26 59	7 08 07	14 40 07	10 09 05	6 22 07	9 54 09	1 50 51	6 41 55	26 07 40	25 05 36
3 Su	22 47 57	7 ♏ 12 17	14 14 40	26 11 16	2 07 48	7 33 32	14 25 21	10 16 45	6 33 26	9 56 55	1 53 36	6 42 41	26 09 14	25 06 02
4 M	23 46 28	21 09 41	27 58 33	27 28 24	1 51 05	7 58 48	14 10 47	10 24 12	6 44 45	9 59 51	1 56 29	6 43 36	26 10 54	25 06 32
5 Tu	24 45 11	4 ♐ 40 22	11 ♐ 16 10	28 47 38	1 36 58	8 24 00	13 56 36	10 31 32	6 56 13	10 03 07	1 59 37	6 44 47	26 12 46	25 07 13
6 W	25 44 05	17 45 43	24 09 43	0 ♍ 08 58	1 25 33	8 49 12	13 42 48	10 38 48	7 07 51	10 06 43	2 03 02	6 46 15	26 14 53	25 08 08
7 Th	26 43 11	0 ♑ 28 32	6 ♑ 42 32	1 32 17	1 16 47	9 14 20	13 29 23	10 45 58	7 19 36	10 10 37	2 06 42	6 47 59	26 17 13	25 09 14
8 F	27 42 20	12 52 29	18 58 32	2 57 29	1 10 35	9 39 18	13 16 16	10 52 55	7 31 22	10 14 43	2 10 30	6 49 52	26 19 40	25 10 25
9 Sa	28 41 28	25 01 36	1 ♒ 01 49	4 24 24	1 06 48	10 03 60	13 03 20	10 59 32	7 43 04	10 18 56	2 14 20	6 51 49	26 22 06	25 11 35
10 Su	29 40 28	6 ♒ 59 58	12 56 21	5 52 55	1 05 22	10 28 19	12 50 32	11 05 45	7 54 35	10 23 08	2 18 07	6 53 43	26 24 28	25 12 39
11 M	0 ♎ 39 19	18 51 29	24 45 50	7 22 59	1 06 11	10 52 13	12 37 49	11 11 31	8 05 54	10 27 19	2 21 49	6 55 33	26 26 43	25 13 35
12 Tu	1 38 02	0 ♓ 39 41	6 ♓ 33 39	8 54 35	1 09 15	11 15 44	12 25 14	11 16 50	8 17 01	10 31 29	2 25 26	6 57 20	26 28 51	25 14 23
13 W	2 36 42	12 27 48	18 22 45	10 27 48	1 14 36	11 38 54	12 12 52	11 21 47	8 28 01	10 35 42	2 29 03	6 59 07	26 30 58	25 15 07
14 Th	3 35 23	24 18 35	0 ♈ 15 44	12 02 43	1 22 16	12 01 50	12 00 48	11 26 28	8 39 00	10 40 05	2 32 47	7 01 02	26 33 09	25 15 55
15 F	4 34 14	6 ♈ 14 29	12 14 52	13 39 26	1 32 19	12 24 38	11 49 11	11 30 60	8 50 05	10 44 45	2 36 43	7 03 10	26 35 31	25 16 53
16 Sa	5 33 19	18 17 38	24 22 13	15 18 02	1 44 46	12 47 22	11 38 06	11 35 27	9 01 20	10 49 45	2 40 57	7 05 38	26 38 09	25 18 06
17 Su	6 32 40	0 ♉ 29 55	6 ♉ 39 37	16 58 32	1 59 37	13 10 03	11 27 35	11 39 50	9 12 46	10 55 08	2 45 31	7 08 25	26 41 05	25 19 34
18 M	7 32 15	12 53 09	19 08 53	18 40 55	2 16 43	13 32 39	11 17 35	11 44 07	9 24 21	11 00 51	2 50 20	7 11 30	26 44 15	25 21 17
19 Tu	8 31 54	25 29 03	1 ♊ 51 47	20 25 02	2 35 55	13 54 60	11 08 00	11 48 10	9 35 58	11 06 46	2 55 18	7 14 45	26 47 32	25 23 04
20 W	9 31 28	8 ♊ 19 22	14 50 04	22 10 43	2 56 55	14 16 55	10 58 39	11 51 47	9 47 24	11 12 42	3 00 14	7 17 58	26 50 44	25 24 47
21 Th	10 30 44	21 25 48	28 05 23	23 57 46	3 19 29	14 38 11	10 49 19	11 54 45	9 58 28	11 18 26	3 04 54	7 20 57	26 53 40	25 26 11
22 F	11 29 31	4 ♋ 49 56	11 ♋ 39 07	25 46 01	3 43 22	14 58 36	10 39 50	11 56 54	10 08 58	11 23 48	3 09 09	7 23 31	26 56 08	25 27 07
23 Sa	12 27 44	18 32 57	25 32 03	27 35 24	4 08 25	15 18 06	10 30 08	11 58 10	10 18 49	11 28 42	3 12 52	7 25 36	26 58 04	25 27 29
24 Su	13 25 27	2 ♌ 35 18	9 ♌ 44 04	29 25 57	4 34 38	15 36 42	10 20 17	11 58 33	10 28 05	11 33 12	3 16 08	7 27 14	26 59 30	25 27 21
25 M	14 22 51	16 56 15	24 13 33	1 ♎ 17 52	5 02 07	15 54 35	10 10 27	11 58 17	10 36 57	11 37 29	3 19 08	7 28 38	27 00 39	25 26 54
26 Tu	15 20 15	1 ♍ 33 25	8 ♍ 57 13	3 11 29	5 31 08	16 12 04	10 00 59	11 57 40	10 45 44	11 41 52	3 22 11	7 30 05	27 01 49	25 26 27
27 W	16 18 01	16 22 33	23 49 50	5 07 08	6 02 00	16 29 30	9 52 15	11 57 04	10 54 47	11 46 42	3 25 37	7 31 57	27 03 21	25 26 21
28 Th	17 16 28	1 ♎ 17 34	8 ♎ 44 38	7 05 08	6 34 59	16 47 11	9 44 34	11 56 47	11 04 26	11 52 20	3 29 48	7 34 35	27 05 36	25 26 57
29 F	18 15 47	16 11 05	23 33 58	9 05 40	7 10 11	17 05 19	9 38 08	11 57 02	11 14 52	11 58 56	3 34 54	7 38 09	27 08 44	25 28 26
30 Sa	19 15 59	0 ♏ 55 15	8 ♏ 10 18	11 08 40	7 47 35	17 23 53	9 32 57	11 57 49	11 26 05	12 06 31	3 40 55	7 42 40	27 12 46	25 30 47

Notes

May 2033

LONGITUDE

Day	☉	0 hr ☽	Noon ☽	☿	♀	♂	⚶	⚳	♃	♄	⚷	♅	♆	♇
1 Su	20♎ 16 52	15♏ 22 54	22♏ 27 15	13♎ 13 54	8♍ 26 56	17♊ 42 40	9♓ 28 49	11♊ 58 55	11♌ 37 53	12♐ 14 52	3♏ 47 39	7♐ 47 55	27♍ 17 30	25♋ 33 50
2 M	21 18 03	29 28 28	6♐ 20 23	15 20 56	9 07 47	18 01 18	9 25 23	11 59 58	11 49 54	12 23 38	3 54 44	7 53 32	27 22 33	25 37 10
3 Tu	22 19 04	13♐ 08 38	19 47 35	17 29 12	9 49 39	18 19 18	9 22 11	12 00 31	12 01 40	12 32 20	4 01 43	7 59 05	27 27 28	25 40 22
4 W	23 19 30	26 22 29	2♑ 49 03	19 38 09	10 32 03	18 36 15	9 18 47	12 00 08	12 12 44	12 40 32	4 08 09	8 04 05	27 31 49	25 42 59
5 Th	24 18 60	9♑ 11 16	15 26 52	21 47 19	11 14 35	18 51 46	9 14 50	11 58 28	12 22 47	12 47 54	4 13 41	8 08 13	27 35 15	25 44 40
6 F	25 17 24	21 38 01	27 44 39	23 56 24	11 57 05	19 05 41	9 10 11	11 55 22	12 31 38	12 54 16	4 18 10	8 11 20	27 37 37	25 45 16
7 Sa	26 14 46	3♒ 46 57	9♒ 46 57	26 05 14	12 39 33	19 18 05	9 04 54	11 50 53	12 39 21	12 59 42	4 21 39	8 13 29	27 38 57	25 44 50
8 Su	27 11 22	15 43 05	21 38 52	28 13 54	13 22 12	19 29 11	8 59 13	11 45 18	12 46 12	13 04 26	4 24 25	8 14 55	27 39 32	25 43 38
9 M	28 07 38	27 31 41	3♓ 25 38	0♏ 22 34	14 05 27	19 39 25	8 53 36	11 39 01	12 52 36	13 08 56	4 26 52	8 16 03	27 39 48	25 42 06
10 Tu	29 04 03	9♓ 17 57	15 12 17	2 31 30	14 49 45	19 49 16	8 48 31	11 32 35	12 59 04	13 13 41	4 29 32	8 17 26	27 40 15	25 40 44
11 W	0♏ 01 11	21 06 43	27 03 22	4 40 57	15 35 38	19 59 17	8 44 32	11 26 30	13 06 07	13 19 13	4 32 55	8 19 34	27 41 24	25 40 04
12 Th	0 59 27	3♈ 02 10	9♈ 02 46	6 51 05	16 23 29	20 09 53	8 42 06	11 21 15	13 14 13	13 25 59	4 37 30	8 22 55	27 43 44	25 40 33
13 F	1 59 10	15 07 40	21 13 29	9 01 55	17 13 35	20 21 20	8 41 28	11 17 06	13 23 39	13 34 16	4 43 33	8 27 45	27 47 30	25 42 29
14 Sa	3 00 24	27 25 37	3♉ 37 32	11 13 13	18 05 58	20 33 43	8 42 44	11 14 08	13 34 28	13 44 09	4 51 09	8 34 09	27 52 48	25 45 56
15 Su	4 02 57	9♉ 57 26	16 15 59	13 24 31	19 00 25	20 46 50	8 45 42	11 12 09	13 46 29	13 55 26	5 00 05	8 41 56	27 59 26	25 50 42
16 M	5 06 24	22 43 33	29 08 56	15 35 08	19 56 29	21 00 13	8 49 55	11 10 46	13 59 17	14 07 41	5 09 57	8 50 40	28 06 57	25 56 22
17 Tu	6 10 07	5♊ 43 40	12♊ 15 52	17 44 12	20 53 30	21 13 15	8 54 47	11 09 19	14 12 14	14 20 16	5 20 07	8 59 42	28 14 45	26 02 17
18 W	7 13 24	18 56 56	25 35 48	19 50 46	21 50 45	21 25 12	8 59 35	11 07 06	14 24 36	14 32 30	5 29 51	9 08 21	28 22 08	26 07 46
19 Th	8 15 35	2♋ 22 21	9♋ 07 41	21 54 01	22 47 32	21 35 24	9 03 39	11 03 30	14 35 45	14 43 42	5 38 31	9 15 57	28 28 24	26 12 09
20 F	9 16 12	15 59 03	22 50 38	23 53 17	23 43 22	21 43 22	9 06 30	10 58 01	14 45 13	14 53 24	5 45 38	9 22 01	28 33 06	26 14 57
21 Sa	10 15 07	29 46 28	6♌ 44 05	25 48 18	24 38 06	21 48 57	9 08 00	10 50 31	14 52 49	15 01 27	5 51 04	9 26 26	28 36 06	26 16 03
22 Su	11 12 34	13♌ 44 20	20 47 40	27 39 11	25 31 55	21 52 21	9 08 24	10 41 15	14 58 49	15 08 06	5 55 02	9 29 24	28 37 38	26 15 40
23 M	12 09 08	27 52 31	5♍ 00 58	29 26 24	26 25 25	21 54 11	9 08 15	10 30 49	15 03 48	15 13 55	5 58 08	9 31 33	28 38 17	26 14 23
24 Tu	13 05 39	12♍ 10 29	19 23 04	1♐ 10 44	27 19 23	21 55 15	9 08 24	10 20 03	15 08 36	15 19 46	6 01 12	9 33 40	28 38 52	26 13 03
25 W	14 03 01	26 36 51	3♎ 51 57	2 52 59	28 14 42	21 56 27	9 09 46	10 09 52	15 14 05	15 26 31	6 05 08	9 36 41	28 40 19	26 12 34
26 Th	15 01 60	11♎ 08 52	18 24 18	4 33 53	29 12 08	21 58 31	9 13 04	10 01 01	15 21 03	15 34 55	6 10 41	9 41 20	28 43 21	26 13 40
27 F	16 03 01	25 42 17	2♏ 55 19	6 13 48	0♎ 12 04	22 01 54	9 18 45	9 53 58	15 29 54	15 45 26	6 18 18	9 48 05	28 48 26	26 16 49
28 Sa	17 06 05	10♏ 11 31	17 19 14	7 52 43	1 14 30	22 06 37	9 26 50	9 48 44	15 40 40	15 58 04	6 27 58	9 56 55	28 55 34	26 22 00
29 Su	18 10 48	24 30 23	1♐ 30 05	9 30 11	2 19 02	22 12 13	9 36 53	9 44 54	15 52 55	16 12 23	6 39 17	10 07 25	29 04 20	26 28 50
30 M	19 16 24	8♐ 32 58	15 22 34	11 05 24	3 24 52	22 17 58	9 48 10	9 41 43	16 05 54	16 27 39	6 51 30	10 18 51	29 13 59	26 36 32
31 Tu	20 21 58	22 14 37	28 52 56	12 37 24	4 31 03	22 22 57	9 59 44	9 38 19	16 18 42	16 42 56	7 03 41	10 30 16	29 23 35	26 44 11

June 2033

LONGITUDE

Day	☉	0 hr ☽	Noon ☽	☿	♀	♂	⚶	⚳	♃	♄	⚷	♅	♆	♇
1 W	21♏ 26 35	5♑ 32 35	11♑ 59 28	14♐ 05 16	5♎ 36 43	22♊ 26 15	10♓ 10 41	9♊ 33 45	16♌ 30 25	16♐ 57 19	7♏ 14 57	10♐ 40 47	29♍ 32 15	26♋ 50 54
2 Th	22 29 34	18 26 22	24 42 38	15 28 15	6 41 07	22 27 11	10 20 19	9 27 23	16 40 20	17 10 08	7 24 34	10 49 42	29 39 16	26 55 59
3 F	23 30 33	0♒ 57 38	7♒ 04 52	16 45 57	7 43 54	22 25 24	10 28 17	9 18 51	16 48 06	17 20 60	7 32 13	10 56 40	29 44 18	26 59 03
4 Sa	24 29 34	13 09 54	19 10 15	17 58 19	8 45 04	22 20 55	10 34 35	9 08 11	16 53 44	17 29 56	7 37 53	11 01 41	29 47 20	27 00 09
5 Su	25 27 01	25 08 05	1♓ 04 02	19 05 44	9 45 01	22 14 09	10 39 38	8 55 49	16 57 39	17 37 21	7 41 60	11 05 10	29 48 49	26 59 40
6 M	26 23 36	6♓ 57 56	12 52 09	20 08 48	10 44 26	22 05 48	10 44 07	8 42 26	17 00 32	17 43 57	7 45 15	11 07 48	29 49 25	26 58 19
7 Tu	27 20 11	18 45 38	24 40 42	21 08 20	11 44 12	21 56 46	10 48 54	8 28 57	17 03 16	17 50 36	7 48 30	11 10 29	29 50 00	26 56 58
8 W	28 17 40	0♈ 37 15	6♈ 35 38	22 05 09	12 45 11	21 47 56	10 54 54	8 16 15	17 06 45	17 58 12	7 52 40	11 14 06	29 51 30	26 56 31
9 Th	29 16 51	12 38 18	18 42 08	22 59 58	13 48 10	21 40 07	11 02 52	8 05 09	17 11 45	18 07 32	7 58 31	11 19 26	29 54 40	26 57 45
10 F	0♐ 18 14	24 53 23	1♉ 04 21	23 53 13	14 53 40	21 33 51	11 13 21	7 56 11	17 18 48	18 19 07	8 06 35	11 26 60	0♎ 00 03	27 01 12
11 Sa	1 21 59	7♉ 25 47	13 45 01	24 44 58	16 01 50	21 29 17	11 26 28	7 49 32	17 28 03	18 33 07	8 17 00	11 36 57	0 07 47	27 06 60
12 Su	2 27 52	20 17 09	26 45 07	25 34 51	17 12 24	21 26 12	11 41 59	7 44 55	17 39 15	18 49 15	8 29 33	11 49 03	0 17 37	27 14 54
13 M	3 35 12	3♊ 27 27	10♊ 03 57	26 22 08	18 24 43	21 23 57	11 59 13	7 41 44	17 51 44	19 06 53	8 43 32	12 02 38	0 28 54	27 24 16
14 Tu	4 43 02	16 54 58	23 39 11	27 05 46	19 37 47	21 21 35	12 17 14	7 39 01	18 04 33	19 25 04	8 58 02	12 16 44	0 40 40	27 34 07
15 W	5 50 18	0♋ 36 46	7♋ 27 26	27 44 33	20 50 32	21 18 04	12 34 56	7 35 42	18 16 37	19 42 40	9 11 55	12 30 16	0 51 50	27 43 22
16 Th	6 55 57	14 29 10	21 24 50	28 17 24	22 01 57	21 12 22	12 51 17	7 30 47	18 26 54	19 58 43	9 24 12	12 42 13	1 01 24	27 51 01
17 F	7 59 20	28 28 32	5♌ 27 47	28 43 33	23 11 19	21 03 51	13 05 35	7 23 35	18 34 42	20 12 30	9 34 11	12 51 53	1 08 38	27 56 22
18 Sa	9 00 11	12♌ 31 56	19 33 35	29 02 42	24 18 24	20 52 17	13 17 38	7 13 54	18 39 49	20 23 47	9 41 37	12 59 03	1 13 20	27 59 10
19 Su	9 58 51	26 37 30	3♍ 40 41	29 15 08	25 23 31	20 38 02	13 27 43	7 02 02	18 42 33	20 32 54	9 46 51	13 04 02	1 15 49	27 59 46
20 M	10 56 09	10♍ 44 27	17 48 34	29 21 38	26 27 30	20 21 58	13 36 41	6 48 52	18 43 44	20 40 40	9 50 42	13 07 40	1 16 55	27 58 60
21 Tu	11 53 14	24 52 47	1♎ 57 19	29 23 22	27 31 28	20 05 15	13 45 40	6 35 32	18 44 30	20 48 13	9 54 18	13 11 04	1 17 46	27 57 59
22 W	12 51 20	9♎ 02 39	16 06 55	29 21 35	28 36 40	19 49 09	13 55 53	6 23 17	18 46 05	20 56 49	9 58 54	13 15 30	1 19 36	27 57 57
23 Th	13 51 28	23 13 35	0♏ 16 36	29 17 23	29 44 06	19 34 45	14 08 22	6 13 10	18 49 32	21 07 27	10 05 31	13 21 57	1 23 28	27 59 58
24 F	14 54 17	7♏ 24 02	14 24 25	29 11 31	0♏ 54 24	19 22 43	14 23 45	6 05 49	18 55 27	21 20 47	10 14 46	13 31 06	1 29 57	28 04 37
25 Sa	15 59 49	21 31 08	28 27 09	29 04 13	2 07 37	19 13 08	14 42 06	6 01 19	19 03 55	21 36 51	10 26 43	13 42 59	1 39 09	28 11 59
26 Su	17 07 36	5♐ 30 50	12♐ 20 39	28 55 11	3 23 16	19 05 36	15 02 54	5 59 13	19 14 26	21 55 11	10 40 54	13 57 07	1 50 34	28 21 36
27 M	18 16 43	19 18 35	26 00 33	28 43 47	4 40 24	18 59 12	15 25 14	5 58 34	19 26 05	22 14 50	10 56 23	14 12 34	2 03 17	28 32 30
28 Tu	19 25 58	2♑ 50 07	9♑ 23 03	28 29 12	5 57 53	18 52 51	15 47 57	5 58 14	19 37 42	22 34 40	11 11 59	14 28 10	2 16 07	28 43 33
29 W	20 34 14	16 02 16	22 25 41	28 10 38	7 14 31	18 45 25	16 09 52	5 57 05	19 48 07	22 53 30	11 26 34	14 42 46	2 27 56	28 53 35
30 Th	21 40 33	28 53 32	5♒ 07 47	27 47 37	8 29 23	18 36 01	16 30 03	5 54 10	19 56 24	23 10 24	11 39 10	14 55 26	2 37 47	29 01 40

Notes

LONGITUDE

July 2033

Day	☉	0 hr ☽	Noon ☽	☿	♀	♂	⚵	⚳	♃	♄	⚷	♅	♆	♇
1 F	22 ♐ 44 23	11 ♒ 24 25	17 ♒ 30 35	27 ♐ 20 06	9 ♏ 41 55	18 ♊ 24 10	16 ♓ 47 57	5 ♊ 48 58	20 ♌ 02 01	23 ♐ 24 49	11 ♏ 49 16	15 ♐ 05 37	2 ♎ 45 07	29 ♋ 07 16
2 Sa	23 45 39	23 37 23	29 37 12	26 48 33	10 52 03	18 09 49	17 03 29	5 41 25	20 04 53	23 36 40	11 56 45	15 13 14	2 49 51	29 10 16
3 Su	24 44 44	5 ♓ 36 31	11 ♓ 32 13	26 13 57	12 00 09	17 53 25	17 17 02	5 31 55	20 05 22	23 46 20	12 02 02	15 18 40	2 52 23	29 11 05
4 M	25 42 23	17 27 16	23 21 24	25 37 40	13 06 59	17 35 45	17 29 20	5 21 13	20 04 15	23 54 36	12 05 52	15 22 40	2 53 28	29 10 28
5 Tu	26 39 38	29 15 49	5 ♈ 11 07	25 01 19	14 13 33	17 17 53	17 41 25	5 10 21	20 02 32	24 02 26	12 09 15	15 26 15	2 54 06	29 09 24
6 W	27 37 31	11 ♈ 08 44	17 07 56	24 26 38	15 20 54	17 00 55	17 54 21	5 00 23	20 01 16	24 10 56	12 13 15	15 30 28	2 55 21	29 08 60
7 Th	28 37 02	23 12 21	29 17 59	23 55 10	16 30 01	16 45 53	18 09 04	4 52 17	20 01 27	24 21 03	12 18 50	15 36 19	2 58 12	29 10 12
8 F	29 38 51	5 ♉ 32 17	11 ♉ 46 31	23 28 14	17 41 35	16 33 30	18 26 16	4 46 47	20 03 44	24 33 27	12 26 41	15 44 27	3 03 19	29 13 41
9 Sa	0 ♑ 43 14	18 12 54	24 37 20	23 06 39	18 55 52	16 24 04	18 46 13	4 44 07	20 08 26	24 48 27	12 37 04	15 55 09	3 10 59	29 19 44
10 Su	1 49 60	1 ♊ 16 46	7 ♊ 52 11	22 50 44	20 12 39	16 17 26	19 08 42	4 44 07	20 15 18	25 05 47	12 49 48	16 08 13	3 20 60	29 28 09
11 M	2 58 26	14 44 20	21 30 33	22 40 15	21 31 14	16 12 55	19 33 02	4 46 05	20 23 40	25 24 48	13 04 10	16 22 57	3 32 39	29 38 14
12 Tu	4 07 31	28 33 40	5 ♋ 29 31	22 34 34	22 50 36	16 09 32	19 58 10	4 48 59	20 32 29	25 44 27	13 19 07	16 38 18	3 44 54	29 48 56
13 W	5 16 01	12 ♋ 40 45	19 44 11	22 32 51	24 09 30	16 06 06	20 22 53	4 51 36	20 40 32	26 03 30	13 33 27	16 53 04	3 56 33	29 59 02
14 Th	6 22 49	27 00 02	4 ♌ 08 27	22 34 14	25 26 49	16 01 30	20 46 02	4 52 50	20 46 42	26 20 49	13 46 02	17 06 06	4 06 27	0 ♌ 07 25
15 F	7 27 07	11 ♌ 25 25	18 36 07	22 38 13	26 41 46	15 54 59	21 06 51	4 51 52	20 50 11	26 35 38	13 56 04	17 16 38	4 13 49	0 13 17
16 Sa	8 28 40	25 51 21	3 ♍ 01 55	22 44 42	27 54 05	15 46 18	21 25 03	4 48 28	20 50 44	26 47 41	14 03 18	17 24 23	4 18 23	0 16 23
17 Su	9 27 48	10 ♍ 13 36	17 22 14	22 54 11	29 04 05	15 35 51	21 40 58	4 42 58	20 48 41	26 57 17	14 08 04	17 29 41	4 20 30	0 17 03
18 M	10 25 24	24 29 45	1 ♎ 35 17	23 07 38	0 ♐ 12 39	15 24 30	21 55 29	4 36 14	20 44 53	27 05 19	14 11 14	17 33 25	4 21 01	0 16 09
19 Tu	11 22 38	8 ♎ 38 58	15 40 47	23 26 19	1 20 58	15 13 28	22 09 47	4 29 28	20 40 34	27 12 57	14 13 59	17 36 46	4 21 09	0 14 52
20 W	12 20 47	22 41 29	29 39 16	23 51 33	2 30 18	15 04 04	22 25 07	4 23 57	20 36 58	27 21 29	14 17 36	17 40 60	4 22 09	0 14 29
21 Th	13 20 54	6 ♏ 37 49	13 ♏ 31 22	24 24 23	3 41 43	14 57 21	22 42 34	4 20 45	20 35 11	27 31 58	14 23 07	17 47 11	4 25 04	0 16 03
22 F	14 23 38	20 28 07	27 17 06	25 05 27	4 55 50	14 53 59	23 02 45	4 20 29	20 35 49	27 45 01	14 31 12	17 55 56	4 30 33	0 20 12
23 Sa	15 29 04	4 ♐ 11 43	10 ♐ 55 35	25 54 49	6 12 44	14 54 05	23 25 45	4 23 15	20 38 58	28 00 44	14 41 54	18 07 21	4 38 41	0 27 01
24 Su	16 36 44	17 46 58	24 25 00	26 51 58	7 31 58	14 57 12	23 51 06	4 28 36	20 44 11	28 18 38	14 54 47	18 20 58	4 49 01	0 36 04
25 M	17 45 45	1 ♑ 11 31	7 ♑ 42 59	27 55 58	8 52 39	15 02 28	24 17 56	4 35 39	20 50 35	28 37 52	15 08 58	18 35 55	5 00 39	0 46 26
26 Tu	18 55 00	14 22 49	20 47 07	29 05 37	10 13 38	15 08 46	24 45 07	4 43 17	20 57 04	28 57 18	15 23 19	18 51 03	5 12 28	0 57 02
27 W	20 03 21	27 18 41	3 ♒ 35 33	0 ♑ 19 43	11 33 49	15 15 00	25 11 31	4 50 22	21 02 28	29 15 47	15 36 42	19 05 16	5 23 21	1 06 42
28 Th	21 09 53	9 ♒ 57 54	16 07 32	1 37 14	12 52 15	15 20 14	25 36 12	4 55 58	21 05 54	29 32 25	15 48 12	19 17 36	5 32 21	1 14 32
29 F	22 13 60	22 20 33	28 23 44	2 57 28	14 08 22	15 23 54	25 58 36	4 59 32	21 06 47	29 46 36	15 57 13	19 27 31	5 38 54	1 19 56
30 Sa	23 15 33	4 ♓ 28 18	10 ♓ 26 20	4 20 08	15 22 01	15 25 51	26 18 33	5 00 53	21 04 56	29 58 10	16 03 37	19 34 49	5 42 52	1 22 46
31 Su	24 14 49	16 24 18	22 18 59	5 45 22	16 33 27	15 26 21	26 36 19	5 00 18	21 00 40	0 ♑ 07 26	16 07 41	19 39 49	5 44 29	1 23 18

LONGITUDE

August 2033

Day	☉	0 hr ☽	Noon ☽	☿	♀	♂	⚵	⚳	♃	♄	⚷	♅	♆	♇
1 M	25 ♑ 12 26	28 ♓ 12 60	4 ♈ 06 32	7 ♑ 13 38	17 ♐ 43 19	15 ♊ 26 04	26 ♓ 52 32	4 ♊ 58 26	20 ♌ 54 37	0 ♑ 14 60	16 ♏ 10 01	19 ♐ 43 07	5 ♎ 44 25	1 ♌ 22 10
2 Tu	26 09 18	9 ♈ 59 52	15 54 46	8 45 36	18 52 30	15 25 51	27 08 06	4 56 10	20 47 40	0 21 45	16 11 33	19 45 38	5 43 33	1 20 16
3 W	27 06 22	21 50 60	27 49 56	10 22 03	20 01 59	15 26 41	27 23 59	4 54 28	20 40 49	0 28 41	16 13 13	19 48 19	5 42 51	1 18 34
4 Th	28 04 35	3 ♉ 52 41	9 ♉ 58 21	12 03 38	21 12 41	15 29 31	27 41 06	4 54 15	20 34 58	0 36 43	16 15 58	19 52 06	5 43 16	1 17 59
5 F	29 04 38	16 10 56	22 25 48	13 50 44	22 25 18	15 34 59	28 00 09	4 56 13	20 30 50	0 46 32	16 20 29	19 57 41	5 45 27	1 19 14
6 Sa	0 ♒ 06 51	28 50 51	5 ♊ 16 60	15 43 25	23 40 09	15 43 27	28 21 28	5 00 43	20 28 44	0 58 28	16 27 05	20 05 24	5 49 46	1 22 38
7 Su	1 11 08	11 ♊ 56 09	18 34 53	17 41 13	24 57 08	15 54 48	28 44 56	5 07 37	20 28 36	1 12 25	16 35 42	20 15 08	5 56 06	1 28 05
8 M	2 16 58	25 28 28	2 ♋ 20 08	19 43 16	26 15 45	16 08 30	29 10 02	5 16 24	20 29 54	1 27 52	16 45 47	20 26 22	6 03 57	1 35 04
9 Tu	3 23 28	9 ♋ 26 59	16 30 38	21 48 20	27 35 07	16 23 41	29 35 54	5 26 13	20 31 46	1 43 56	16 56 29	20 38 15	6 12 25	1 42 43
10 W	4 29 38	23 48 11	1 ♌ 01 39	23 54 59	28 54 13	16 39 17	0 ♈ 01 30	5 36 01	20 33 11	1 59 36	17 06 46	20 49 43	6 20 30	1 50 00
11 Th	5 34 27	8 ♌ 26 10	15 46 16	26 01 54	0 ♑ 12 02	16 54 18	0 25 51	5 44 48	20 33 11	2 13 53	17 15 38	20 59 49	6 27 12	1 55 56
12 F	6 37 15	23 13 30	0 ♍ 36 29	28 07 58	1 27 53	17 08 03	0 48 13	5 51 53	20 31 02	2 26 03	17 22 23	21 07 49	6 31 49	1 59 49
13 Sa	7 37 44	8 ♍ 02 24	15 24 35	0 ♒ 12 36	2 41 31	17 20 15	1 08 23	5 56 60	20 26 29	2 35 52	17 26 46	21 13 28	6 34 04	2 01 23
14 Su	8 36 10	22 45 58	0 ♎ 04 15	2 15 43	3 53 09	17 31 06	1 26 33	6 00 22	20 19 48	2 43 33	17 28 60	21 17 01	6 34 14	2 00 52
15 M	9 33 14	7 ♎ 19 07	14 31 16	4 17 40	5 03 27	17 41 19	1 43 24	6 02 40	20 11 39	2 49 48	17 29 47	21 19 07	6 32 57	1 58 57
16 Tu	10 29 52	21 38 49	28 43 35	6 19 09	6 13 24	17 51 48	1 59 54	6 04 52	20 02 59	2 55 33	17 30 03	21 20 45	6 31 12	1 56 36
17 W	11 27 05	5 ♏ 43 58	12 ♏ 40 51	8 20 55	7 23 60	18 03 33	2 17 02	6 07 57	19 54 50	3 01 48	17 30 49	21 22 54	6 29 58	1 54 48
18 Th	12 25 43	19 34 42	26 23 43	10 23 36	8 36 04	18 17 26	2 35 39	6 12 46	19 48 01	3 09 24	17 32 55	21 26 24	6 30 06	1 54 24
19 F	13 26 17	3 ♐ 11 45	9 ♐ 53 15	12 27 31	9 50 07	18 33 54	2 56 15	6 19 48	19 43 04	3 18 51	17 36 51	21 31 46	6 32 06	1 55 54
20 Sa	14 28 51	16 35 55	23 10 17	14 32 36	11 06 13	18 53 02	3 18 55	6 29 09	19 40 03	3 30 14	17 42 42	21 39 04	6 36 04	1 59 23
21 Su	15 33 06	29 47 40	6 ♑ 15 15	16 38 24	12 24 03	19 14 31	3 43 19	6 40 28	19 38 40	3 43 12	17 50 09	21 47 60	6 41 38	2 04 32
22 M	16 38 22	12 ♑ 47 03	19 08 11	18 44 11	13 42 58	19 37 41	4 08 48	6 53 07	19 38 16	3 57 08	17 58 32	21 57 53	6 48 12	2 10 42
23 Tu	17 43 53	25 33 52	1 ♒ 48 50	20 49 02	15 02 10	20 01 43	4 34 34	7 06 17	19 38 03	4 11 13	18 07 04	22 07 57	6 54 56	2 17 04
24 W	18 48 49	8 ♒ 07 54	14 17 02	22 52 07	16 20 50	20 25 47	4 59 49	7 19 10	19 37 13	4 24 38	18 14 56	22 17 22	7 01 02	2 22 50
25 Th	19 52 29	20 29 12	26 33 01	24 52 41	17 38 17	20 49 13	5 23 51	7 31 04	19 35 06	4 36 43	18 21 27	22 25 27	7 05 49	2 27 20
26 F	20 54 27	2 ♓ 38 28	8 ♓ 37 41	26 50 16	18 54 05	21 11 33	5 46 13	7 41 33	19 31 15	4 47 01	18 26 11	22 31 46	7 08 52	2 30 06
27 Sa	21 54 34	14 37 09	20 32 49	28 44 42	20 08 05	21 32 39	6 06 48	7 50 29	19 25 32	4 55 22	18 28 58	22 36 11	7 10 00	2 31 02
28 Su	22 52 59	26 27 40	2 ♈ 21 10	0 ♓ 36 08	21 20 26	21 52 37	6 25 45	7 57 59	19 18 08	5 01 58	18 29 59	22 38 51	7 09 24	2 30 14
29 M	23 50 07	8 ♈ 13 22	14 06 26	2 24 57	22 31 33	22 11 52	6 43 26	8 04 28	19 09 25	5 07 10	18 29 37	22 40 08	7 07 28	2 28 08
30 Tu	24 46 32	19 58 26	25 53 07	4 11 44	23 41 58	22 30 57	7 00 26	8 10 30	18 59 59	5 11 34	18 28 27	22 40 39	7 04 45	2 25 18
31 W	25 42 53	1 ♉ 47 46	7 ♉ 46 20	5 57 09	24 52 23	22 50 32	7 17 26	8 16 45	18 50 30	5 15 49	18 27 07	22 41 02	7 01 56	2 22 23

Notes

September 2033 LONGITUDE

Day	⊙	0 hr ☽	Noon ☽	☿	♀	♂	⚵	⚳	♃	♄	⚷	♅	♆	♇
1 Th	26♒39 47	13♉46 39	19♉51 34	7♓41 50	26♑03 24	23♊11 12	7♈35 02	8♊23 49	18♌41 36	5♑20 32	18♏26 17	22♐41 54	6♎59 37	2♌20 02
2 F	27 37 45	26 00 30	2♊14 14	9 26 17	27 15 31	23 33 27	7 53 43	8 32 12	18 33 46	5 26 14	18 26 24	22 43 47	6 58 20	2 18 43
3 Sa	28 37 03	8♊34 27	14 59 15	11 10 47	28 29 01	23 57 31	8 13 47	8 42 09	18 27 18	5 33 10	18 27 46	22 46 54	6 58 19	2 18 44
4 Su	29 37 39	21 32 48	28 10 27	12 55 21	29 43 52	24 23 25	8 35 12	8 53 41	18 22 10	5 41 20	18 30 22	22 51 17	6 59 35	2 20 03
5 M	0♓39 19	4♋58 28	11♋49 56	14 39 44	0♒59 48	24 50 51	8 57 42	9 06 31	18 18 08	5 50 27	18 33 56	22 56 39	7 01 51	2 22 24
6 Tu	1 41 33	18 52 24	25 57 32	16 23 26	2 16 21	25 19 18	9 20 47	9 20 09	18 14 42	6 00 02	18 37 57	23 02 30	7 04 37	2 25 18
7 W	2 43 43	3♌13 00	10♌30 17	18 05 53	3 32 53	25 48 09	9 43 51	9 33 58	18 11 16	6 09 28	18 41 51	23 08 14	7 07 18	2 28 09
8 Th	3 45 15	17 55 58	25 22 30	19 46 30	4 48 49	26 16 49	10 06 20	9 47 23	18 07 15	6 18 10	18 45 01	23 13 16	7 09 19	2 30 20
9 F	4 45 44	2♍54 26	10♍26 14	21 24 51	6 03 44	26 44 51	10 27 46	9 59 58	18 02 13	6 25 43	18 47 02	23 17 10	7 10 12	2 31 28
10 Sa	5 44 59	17 59 57	25 32 31	23 00 48	7 17 27	27 12 03	10 47 59	10 11 31	17 56 00	6 31 55	18 47 44	23 19 44	7 09 49	2 31 20
11 Su	6 43 05	3♎03 35	10♎32 32	24 34 27	8 30 04	27 38 32	11 07 05	10 22 09	17 48 43	6 36 53	18 47 11	23 21 06	7 08 14	2 30 03
12 M	7 40 24	17 57 16	25 19 03	26 06 09	9 41 56	28 04 36	11 25 25	10 32 13	17 40 42	6 40 56	18 45 45	23 21 36	7 05 49	2 27 58
13 Tu	8 37 25	2♏34 51	9♏46 57	27 36 23	10 53 31	28 30 46	11 43 28	10 42 11	17 32 27	6 44 36	18 43 56	23 21 43	7 03 03	2 25 33
14 W	9 34 39	16 52 27	23 53 34	29 05 40	12 05 21	28 57 30	12 01 45	10 52 34	17 24 29	6 48 21	18 42 13	23 21 58	7 00 26	2 23 20
15 Th	10 32 31	0♐48 25	7♐38 15	0♈34 26	13 17 50	29 25 14	12 20 39	11 03 46	17 17 13	6 52 37	18 41 02	23 22 45	6 58 24	2 21 44
16 F	11 31 13	14 22 49	21 01 52	2 02 53	14 31 12	29 54 11	12 40 27	11 16 02	17 10 54	6 57 37	18 40 36	23 24 18	6 57 09	2 20 58
17 Sa	12 30 49	27 36 58	4♑06 13	3 31 03	15 45 29	0♋24 22	13 01 08	11 29 22	17 05 32	7 03 23	18 40 58	23 26 40	6 56 46	2 21 04
18 Su	13 31 10	10♑32 47	16 53 27	4 58 47	17 00 31	0 55 37	13 22 33	11 43 38	17 01 00	7 09 47	18 41 58	23 29 40	6 57 03	2 21 53
19 M	14 31 57	23 12 29	29 25 50	6 25 45	18 16 02	1 27 40	13 44 26	11 58 31	16 57 01	7 16 30	18 43 18	23 33 02	6 57 43	2 23 08
20 Tu	15 32 50	5♒38 16	11♒45 32	7 51 37	19 31 41	2 00 09	14 06 27	12 13 43	16 53 14	7 23 13	18 44 40	23 36 26	6 58 28	2 24 29
21 W	16 33 32	17 52 15	23 54 36	9 16 01	20 47 08	2 32 45	14 28 15	12 28 53	16 49 21	7 29 36	18 45 44	23 39 33	6 58 58	2 25 37
22 Th	17 33 47	29 56 26	5♓54 56	10 38 42	22 02 11	3 05 14	14 49 38	12 43 48	16 45 08	7 35 25	18 46 15	23 42 07	6 58 58	2 26 17
23 F	18 33 27	11♓52 49	17 48 29	11 59 29	23 16 39	3 37 26	15 10 25	12 58 18	16 40 27	7 40 32	18 46 06	23 44 02	6 58 20	2 26 21
24 Sa	19 32 31	23 43 26	29 37 19	13 18 18	24 30 34	4 09 20	15 30 38	13 12 22	16 35 18	7 44 56	18 45 15	23 45 16	6 57 04	2 25 49
25 Su	20 31 05	5♈30 30	11♈23 45	14 35 12	25 43 59	4 41 02	15 50 20	13 26 07	16 29 45	7 48 43	18 43 48	23 45 55	6 55 15	2 24 46
26 M	21 29 18	17 16 31	23 10 24	15 50 15	26 57 04	5 12 41	16 09 42	13 39 41	16 23 59	7 52 01	18 41 56	23 46 08	6 53 03	2 23 22
27 Tu	22 27 22	29 04 20	5♉00 19	17 03 36	28 10 01	5 44 27	16 28 56	13 53 16	16 18 12	7 55 03	18 39 48	23 46 07	6 50 39	2 21 48
28 W	23 25 29	10♉57 12	16 56 58	18 15 20	29 23 02	6 16 32	16 48 11	14 07 04	16 12 36	7 57 60	18 37 38	23 46 03	6 48 16	2 20 16
29 Th	24 23 47	22 58 42	29 04 07	19 25 31	0♓36 15	6 49 05	17 07 38	14 21 12	16 07 19	8 01 00	18 35 34	23 46 06	6 46 01	2 18 54
30 F	25 22 20	5♊12 44	11♊25 49	20 34 07	1 49 45	7 22 09	17 27 22	14 35 46	16 02 27	8 04 10	18 33 40	23 46 20	6 43 60	2 17 49

October 2033 LONGITUDE

Day	⊙	0 hr ☽	Noon ☽	☿	♀	♂	⚵	⚳	♃	♄	⚷	♅	♆	♇
1 Sa	26♓21 11	17♊43 21	24♊06 07	21♈41 01	3♓03 33	7♋55 44	17♈47 21	14♊50 45	15♌57 59	8♑07 28	18♏31 58	23♐46 45	6♎42 13	2♌16 59
2 Su	27 20 13	0♋34 27	7♋08 42	22 45 60	4 17 34	8 29 47	18 07 34	15 06 06	15 53 54	8 10 51	18 30 23	23 47 18	6 40 37	2 16 22
3 M	28 19 23	13 49 23	20 36 32	23 48 48	5 31 42	9 04 11	18 27 53	15 21 43	15 50 04	8 14 14	18 28 50	23 47 53	6 39 06	2 15 51
4 Tu	29 18 33	27 30 32	4♌31 12	24 49 09	6 45 52	9 38 49	18 48 12	15 37 29	15 46 23	8 17 29	18 27 12	23 48 23	6 37 33	2 15 20
5 W	0♈17 40	11♌38 33	18 52 17	25 46 47	7 59 60	10 13 37	19 08 28	15 53 20	15 42 49	8 20 34	18 25 26	23 48 45	6 35 54	2 14 46
6 Th	1 16 43	26 11 53	3♍36 53	26 41 27	9 14 05	10 48 34	19 28 40	16 09 16	15 39 20	8 23 27	18 23 31	23 48 59	6 34 10	2 14 07
7 F	2 15 46	11♍06 19	18 39 25	27 32 57	10 28 10	11 23 43	19 48 51	16 25 20	15 36 01	8 26 12	18 21 31	23 49 07	6 32 23	2 13 28
8 Sa	3 14 55	26 14 58	3♎51 53	28 21 07	11 42 22	11 59 10	20 09 08	16 41 37	15 32 57	8 28 55	18 19 33	23 49 17	6 30 41	2 12 55
9 Su	4 14 18	11♎29 01	19 04 51	29 05 45	12 56 48	12 35 02	20 29 37	16 58 16	15 30 15	8 31 43	18 17 42	23 49 34	6 29 10	2 12 34
10 M	5 13 57	26 38 45	4♏08 48	29 46 32	14 11 31	13 11 21	20 50 22	17 15 19	15 27 60	8 34 40	18 16 03	23 50 03	6 27 53	2 12 30
11 Tu	6 13 52	11♏35 03	18 55 25	0♉23 06	15 26 30	13 48 07	21 11 23	17 32 45	15 26 10	8 37 45	18 14 35	23 50 43	6 26 51	2 12 41
12 W	7 13 58	26 10 39	3♐18 44	0 54 55	16 41 41	14 25 14	21 32 33	17 50 28	15 24 40	8 40 51	18 13 11	23 51 28	6 25 56	2 13 01
13 Th	8 14 04	10♐20 52	17 15 29	1 21 22	17 56 51	15 02 30	21 53 41	18 08 18	15 23 19	8 43 49	18 11 43	23 52 07	6 24 59	2 13 21
14 F	9 13 58	24 03 47	0♑44 58	1 41 45	19 11 50	15 39 45	22 14 37	18 26 03	15 21 56	8 46 27	18 09 58	23 52 29	6 23 48	2 13 28
15 Sa	10 13 30	7♑19 53	13 48 42	1 55 25	20 26 27	16 16 47	22 35 10	18 43 33	15 20 21	8 48 34	18 07 45	23 52 24	6 22 13	2 13 13
16 Su	11 12 35	20 11 31	26 29 36	2 01 44	21 40 37	16 53 32	22 55 15	19 00 42	15 18 28	8 50 06	18 05 01	23 51 46	6 20 09	2 12 30
17 M	12 11 15	2♒42 11	8♒51 31	2 00 14	22 54 21	17 29 60	23 14 52	19 17 31	15 16 20	8 51 02	18 01 46	23 50 37	6 17 37	2 11 21
18 Tu	13 09 36	14 56 03	20 58 41	1 50 32	24 07 47	18 06 19	23 34 10	19 34 09	15 14 03	8 51 33	17 58 08	23 49 04	6 14 45	2 09 53
19 W	14 07 54	26 57 25	2♓55 19	1 32 28	25 21 10	18 42 43	23 53 23	19 50 50	15 11 53	8 51 51	17 54 21	23 47 23	6 11 48	2 08 21
20 Th	15 06 27	8♓50 25	14 45 22	1 05 59	26 34 47	19 19 30	24 12 49	20 07 51	15 10 07	8 52 14	17 50 45	23 45 51	6 09 03	2 07 02
21 F	16 05 32	20 38 50	26 32 22	0 31 13	27 48 56	19 56 58	24 32 47	20 25 30	15 09 03	8 53 02	17 47 36	23 44 46	6 06 49	2 06 16
22 Sa	17 05 25	2♈25 55	8♈19 24	29♈48 28	29 03 53	20 35 23	24 53 31	20 44 04	15 08 58	8 54 29	17 45 11	23 44 24	6 05 21	2 06 17
23 Su	18 06 17	14 14 26	20 09 02	28 58 12	0♈19 48	21 14 54	25 15 12	21 03 41	15 10 02	8 56 45	17 43 40	23 44 55	6 04 50	2 07 17
24 M	19 08 08	26 06 39	2♉03 23	28 01 05	1 36 43	21 55 32	25 37 51	21 24 25	15 12 16	8 59 53	17 43 04	23 46 21	6 05 18	2 09 16
25 Tu	20 10 52	8♉04 28	14 04 18	26 57 58	2 54 30	22 37 11	26 01 21	21 46 06	15 15 32	9 03 45	17 43 17	23 48 34	6 06 36	2 12 07
26 W	21 14 10	20 09 32	26 13 29	25 49 59	4 12 52	23 19 31	26 25 25	22 08 27	15 19 33	9 08 02	17 43 60	23 51 18	6 08 28	2 15 32
27 Th	22 17 39	2♊23 30	8♊32 38	24 38 29	5 31 23	24 02 09	26 49 37	22 31 04	15 23 55	9 12 22	17 44 49	23 54 06	6 10 29	2 19 08
28 F	23 20 50	14 48 05	21 03 37	23 25 06	6 49 36	24 44 36	27 13 29	22 53 29	15 28 10	9 16 14	17 45 17	23 56 32	6 12 11	2 22 25
29 Sa	24 23 16	27 25 20	3♋48 35	22 11 41	8 07 04	25 26 26	27 36 35	23 15 14	15 31 50	9 19 14	17 44 57	23 58 08	6 13 07	2 24 58
30 Su	25 24 38	10♋17 36	16 49 55	21 00 18	9 23 28	26 07 18	27 58 36	23 36 00	15 34 37	9 21 02	17 43 29	23 58 36	6 12 58	2 26 27
31 M	26 24 50	23 27 29	0♌10 08	19 53 06	10 38 42	26 47 06	28 19 25	23 55 42	15 36 25	9 21 31	17 40 48	23 57 49	6 11 39	2 26 46

Notes

LONGITUDE — November 2033

Day	☉	0 hr ☽	Noon ☽	☿	♀	♂	⚵	⚳	♃	♄	⚷	♅	♆	♇
1 Tu	27♈ 24 02	6♌ 57 32	13♌ 51 30	18♈ 52 18	11♈ 52 54	27♋ 25 59	28♈ 39 12	24♊ 14 27	15♌ 37 22	9♑ 20 51	17♏ 37 03	23♐ 55 57	6♎ 09 18	2♌ 26 04
2 W	28 22 37	20 49 52	27 55 30	18 00 01	13 06 30	28 04 22	28 58 21	24 32 42	15 37 53	9 19 26	17 32 39	23 53 25	6 06 20	2 24 47
3 Th	29 21 13	5♍ 05 21	12♍ 22 05	17 18 07	14 20 06	28 42 52	29 17 28	24 51 02	15 38 35	9 17 54	17 28 11	23 50 48	6 03 22	2 23 30
4 F	0♉ 20 30	19 42 60	27 09 04	16 48 07	15 34 23	29 22 07	29 37 15	25 10 07	15 40 09	9 16 55	17 24 23	23 48 49	6 01 04	2 22 54
5 Sa	1 21 04	4♎ 39 12	12♎ 11 33	16 30 57	16 49 56	0♌ 02 45	29 58 17	25 30 34	15 43 10	9 17 04	17 21 48	23 48 02	6 00 02	2 23 35
6 Su	2 23 16	19 47 35	27 22 02	16 26 60	18 07 07	0 45 04	0♉ 20 55	25 52 43	15 47 59	9 18 43	17 20 47	23 48 48	6 00 38	2 25 54
7 M	3 27 06	4♏ 59 25	12♏ 31 10	16 35 55	19 25 55	1 29 07	0 45 08	26 16 34	15 54 36	9 21 51	17 21 22	23 51 08	6 02 51	2 29 51
8 Tu	4 32 13	20 04 43	27 29 08	16 56 45	20 46 00	2 14 30	1 10 37	26 41 46	16 02 39	9 26 08	17 23 11	23 54 40	6 06 20	2 35 04
9 W	5 37 58	4♐ 53 54	12♐ 07 12	17 28 10	22 06 42	3 00 36	1 36 41	27 07 40	16 11 30	9 30 55	17 25 36	23 58 46	6 10 27	2 40 56
10 Th	6 43 35	19 19 18	26 19 04	18 08 29	23 27 15	3 46 38	2 02 35	27 33 30	16 20 23	9 35 24	17 27 48	24 02 39	6 14 24	2 46 39
11 F	7 48 19	3♑ 16 06	10♑ 01 29	18 56 07	24 46 55	4 31 50	2 27 33	27 58 30	16 28 32	9 38 52	17 29 06	24 05 34	6 17 28	2 51 29
12 Sa	8 51 38	16 42 46	23 14 15	19 49 38	26 05 09	5 15 40	2 51 04	28 22 09	16 35 26	9 40 47	17 28 55	24 07 00	6 19 06	2 54 54
13 Su	9 53 19	29 40 38	5♒ 59 44	20 47 56	27 21 44	5 57 57	3 12 54	28 44 13	16 40 51	9 40 55	17 27 04	24 06 44	6 19 06	2 56 41
14 M	10 53 31	12♒ 13 15	18 22 10	21 50 22	28 36 49	6 38 47	3 33 12	29 04 51	16 44 55	9 39 25	17 23 41	24 04 54	6 17 35	2 56 57
15 Tu	11 52 41	24 25 40	0♓ 26 55	22 56 39	29 50 50	7 18 38	3 52 25	29 24 31	16 48 07	9 36 45	17 19 13	24 01 57	6 15 01	2 56 12
16 W	12 51 30	6♓ 23 39	12 19 47	24 06 47	1♉ 04 31	7 58 12	4 11 15	29 43 53	16 51 08	9 33 35	17 14 22	23 58 35	6 12 07	2 55 05
17 Th	13 50 47	18 13 06	24 06 34	25 20 59	2 18 38	8 38 17	4 30 30	0♋ 03 46	16 54 46	9 30 46	17 09 57	23 55 38	6 09 40	2 54 27
18 F	14 51 19	29 59 35	5♈ 52 35	26 39 29	3 33 60	9 19 40	4 50 57	0 24 58	16 59 48	9 29 03	17 06 45	23 53 51	6 08 27	2 55 03
19 Sa	15 53 45	11♈ 47 57	17 42 21	28 02 28	4 51 13	10 02 60	5 13 15	0 48 06	17 06 52	9 29 05	17 05 25	23 53 53	6 09 08	2 57 33
20 Su	16 58 25	23 42 08	29 39 25	29 29 53	6 10 42	10 48 37	5 37 45	1 13 32	17 16 21	9 31 14	17 06 17	23 56 07	6 12 03	3 02 17
21 M	18 05 24	5♉ 44 58	11♉ 46 14	1♉ 01 26	7 32 27	11 36 36	6 04 30	1 41 19	17 28 16	9 35 33	17 09 26	24 00 34	6 17 16	3 09 20
22 Tu	19 14 21	17 58 08	24 04 10	2 36 29	8 56 09	12 26 35	6 33 11	2 11 08	17 42 19	9 41 43	17 14 32	24 06 56	6 24 28	3 18 21
23 W	20 24 36	0♊ 22 23	6♊ 33 38	4 14 06	10 21 10	13 17 56	7 03 07	2 42 18	17 57 50	9 49 04	17 20 55	24 14 34	6 32 58	3 28 40
24 Th	21 35 17	12 57 38	19 14 26	5 53 11	11 46 34	14 09 45	7 33 25	3 13 56	18 13 54	9 56 43	17 27 42	24 22 33	6 41 53	3 39 25
25 F	22 45 22	25 43 28	2♋ 06 03	7 32 32	13 11 23	15 01 01	8 03 05	3 45 02	18 29 32	10 03 38	17 33 52	24 29 53	6 50 14	3 49 35
26 Sa	23 53 55	8♋ 39 29	15 08 10	9 11 03	14 34 39	15 50 48	8 31 12	4 14 40	18 43 48	10 08 55	17 38 31	24 35 39	6 57 03	3 58 14
27 Su	25 00 19	21 45 43	28 20 56	10 47 58	15 55 44	16 38 27	8 57 04	4 42 10	18 56 03	10 11 55	17 40 59	24 39 12	7 01 43	4 04 43
28 M	26 04 17	5♌ 02 53	11♌ 45 15	12 22 56	17 14 24	17 23 44	9 20 29	5 07 18	19 06 01	10 12 24	17 41 01	24 40 17	7 03 58	4 08 47
29 Tu	27 06 06	18 32 29	25 22 38	13 56 06	18 30 54	18 06 53	9 41 42	5 30 19	19 13 59	10 10 36	17 38 53	24 39 09	7 04 05	4 10 43
30 W	28 06 30	2♍ 16 31	9♍ 14 60	15 28 08	19 45 57	18 48 39	10 01 26	5 51 58	19 20 40	10 07 16	17 35 20	24 36 34	7 02 47	4 11 14

LONGITUDE — December 2033

Day	☉	0 hr ☽	Noon ☽	☿	♀	♂	⚵	⚳	♃	♄	⚷	♅	♆	♇
1 Th	29♉ 06 33	16♍ 16 58	23♍ 23 53	17♉ 00 02	21♉ 00 39	19♌ 30 06	10♉ 20 47	6♋ 13 19	19♌ 27 09	10♑ 03 29	17♏ 31 26	24♐ 33 35	7♎ 01 09	4♌ 11 24
2 F	0♊ 07 27	0♎ 34 57	7♎ 49 43	18 32 59	22 16 12	20 12 27	10 40 56	6 35 34	19 34 38	10 00 27	17 28 24	24 31 25	7 00 23	4 12 27
3 Sa	1 10 17	15 09 52	22 30 53	20 07 59	23 33 39	20 56 44	11 02 57	6 59 47	19 44 11	9 59 14	17 27 17	24 31 08	7 01 34	4 15 26
4 Su	2 15 43	29 58 39	7♏ 23 11	21 45 41	24 53 42	21 43 39	11 27 31	7 26 38	19 56 28	10 00 31	17 28 46	24 33 25	7 05 21	4 21 01
5 M	3 23 52	14♏ 55 27	22 19 51	23 26 11	26 16 28	22 33 18	11 54 45	7 56 15	20 11 36	10 04 25	17 32 59	24 38 23	7 11 53	4 29 20
6 Tu	4 34 15	29 52 08	7♐ 12 13	25 08 59	27 41 27	23 25 13	12 24 11	8 28 09	20 29 07	10 10 28	17 39 27	24 45 33	7 20 40	4 39 53
7 W	5 45 56	14♐ 39 26	21 51 17	26 53 07	29 07 43	24 18 26	12 54 50	9 01 22	20 48 03	10 17 42	17 47 12	24 53 57	7 30 45	4 51 45
8 Th	6 57 41	29 08 36	6♑ 09 06	28 37 22	0♊ 34 02	25 11 45	13 25 29	9 34 42	21 07 11	10 24 54	17 55 02	25 02 24	7 40 54	5 03 40
9 F	8 08 19	13♑ 12 53	20 00 15	0♊ 20 32	1 59 13	26 03 56	13 54 58	10 06 56	21 25 19	10 30 53	18 01 44	25 09 41	7 49 58	5 14 29
10 Sa	9 16 55	26 48 29	3♒ 22 21	2 01 42	3 22 21	26 54 07	14 22 21	10 37 10	21 41 32	10 34 45	18 06 25	25 14 54	7 56 60	5 23 16
11 Su	10 23 01	9♒ 54 52	16 16 06	3 40 25	4 42 60	27 41 48	14 47 11	11 04 57	21 55 23	10 36 01	18 08 38	25 17 35	8 01 33	5 29 34
12 M	11 26 41	22 34 21	28 44 46	5 16 45	6 01 11	28 27 05	15 09 31	11 30 19	22 06 56	10 34 46	18 08 25	25 17 48	8 03 42	5 33 26
13 Tu	12 28 29	4♓ 51 28	10♓ 53 31	6 51 15	7 17 29	29 10 29	15 29 55	11 53 51	22 16 43	10 31 33	18 06 20	25 16 07	8 03 59	5 35 26
14 W	13 29 20	16 52 12	22 48 36	8 24 52	8 32 49	29 52 57	15 49 17	12 16 27	22 25 40	10 27 18	18 03 18	25 13 26	8 03 19	5 36 28
15 Th	14 30 19	28 43 13	4♈ 36 48	9 58 43	9 48 18	0♍ 35 34	16 08 45	12 39 14	22 34 53	10 23 06	18 00 27	25 10 53	8 02 49	5 37 40
16 F	15 32 35	10♈ 31 12	16 24 40	11 33 55	11 05 02	1 19 29	16 29 24	13 03 19	22 45 30	10 20 07	17 58 53	25 09 34	8 03 37	5 40 09
17 Sa	16 37 04	22 22 23	28 18 08	13 11 25	12 23 58	2 05 36	16 52 12	13 29 38	22 58 26	10 19 15	17 59 33	25 10 26	8 06 38	5 44 51
18 Su	17 44 21	4♉ 22 01	10♉ 22 05	14 51 51	13 45 41	2 54 32	17 17 45	13 58 48	23 14 17	10 21 07	18 03 03	25 14 06	8 12 29	5 52 21
19 M	18 54 34	16 34 03	22 39 58	16 35 22	15 10 21	3 46 26	17 46 09	14 30 55	23 32 13	10 25 52	18 09 31	25 20 40	8 21 18	6 02 48
20 Tu	20 07 24	29 00 56	5♊ 13 40	18 21 37	16 37 36	4 40 56	18 17 06	15 05 40	23 54 50	10 33 08	18 18 36	25 29 50	8 32 44	6 15 52
21 W	21 21 60	11♊ 43 27	18 03 23	20 09 48	18 06 37	5 37 14	18 49 45	15 42 14	24 18 21	10 42 07	18 29 30	25 40 45	8 45 58	6 30 43
22 Th	22 37 13	24 40 58	1♋ 07 55	21 58 48	19 36 15	6 34 09	19 22 56	16 19 26	24 42 36	10 51 40	18 41 03	25 52 16	8 59 51	6 46 11
23 F	23 51 45	7♋ 51 37	14 25 04	23 47 18	21 05 11	7 30 23	19 55 23	16 55 59	25 06 16	11 00 29	18 51 57	26 03 05	9 13 04	7 00 60
24 Sa	25 04 24	21 12 60	27 52 12	25 34 07	22 32 13	8 24 45	20 25 51	17 30 40	25 28 10	11 07 21	19 00 60	26 12 01	9 24 25	7 13 55
25 Su	26 14 16	4♌ 42 44	11♌ 26 57	27 18 23	23 56 29	9 16 21	20 53 29	18 02 37	25 47 24	11 11 24	19 07 19	26 18 10	9 33 02	7 24 05
26 M	27 21 02	18 19 06	25 07 49	28 59 47	25 17 37	10 04 51	21 17 56	18 31 28	26 03 38	11 12 18	19 10 34	26 21 12	9 38 35	7 31 09
27 Tu	28 24 57	2♍ 01 27	8♍ 54 25	0♋ 38 36	26 35 55	10 50 30	21 39 28	18 57 31	26 17 08	11 10 19	19 11 01	26 21 23	9 41 18	7 35 24
28 W	29 26 52	15 50 16	22 47 27	2 15 41	27 52 13	11 34 11	21 58 57	19 21 36	26 28 46	11 06 19	19 09 32	26 19 35	9 42 05	7 37 40
29 Th	0♋ 28 04	29 46 50	6♎ 48 16	3 52 18	29 07 47	12 17 09	22 17 37	19 44 59	26 39 46	11 01 33	19 07 22	26 17 04	9 42 10	7 39 13
30 F	1 29 57	13♎ 52 32	20 58 03	5 29 54	0♋ 24 02	13 00 48	22 36 55	20 09 05	26 51 34	10 57 28	19 05 56	26 15 15	9 42 58	7 41 29
31 Sa	2 33 48	28 08 07	5♏ 17 04	7 09 45	1 42 14	13 46 25	22 58 05	20 35 10	27 05 25	10 55 18	19 06 31	26 15 23	9 45 46	7 45 43

Notes

January 2034

LONGITUDE

Day	☉	0 hr ☽	Noon ☽	☿	♀	♂	⚵	⚳	♃	♄	⚷	♅	♆	♇
1 Su	3 ♋ 40 24	12 ♏ 32 44	19 ♏ 43 45	8 ♋ 52 38	3 ♋ 03 13	14 ♍ 34 48	23 ♉ 21 56	21 ♋ 04 02	27 ♌ 22 09	10 ♑ 55 53	19 ♏ 09 55	26 ♐ 18 18	9 ♎ 51 22	7 ♌ 52 44
2 M	4 49 60	27 03 30	4 ♐ 14 25	10 38 49	4 27 10	15 26 10	23 48 43	21 35 56	27 41 58	10 59 26	19 16 22	26 24 13	9 59 60	8 02 46
3 Tu	6 02 08	11 ♐ 35 18	18 43 25	12 27 48	5 53 39	16 20 04	24 17 56	22 10 22	28 04 26	11 05 31	19 25 24	26 32 40	10 11 12	8 15 20
4 W	7 15 48	26 01 33	3 ♑ 03 54	14 18 35	7 21 41	17 15 31	24 48 38	22 46 23	28 28 31	11 13 07	19 36 02	26 42 41	10 23 58	8 29 28
5 Th	8 29 43	10 ♑ 15 06	17 09 01	16 09 53	8 49 57	18 11 12	25 19 29	23 22 40	28 52 57	11 20 58	19 46 58	26 52 57	10 37 02	8 43 52
6 F	9 42 34	24 09 39	0 ♒ 53 12	18 00 21	10 17 09	19 05 49	25 49 11	23 57 54	29 16 25	11 27 44	19 56 54	27 02 10	10 49 03	8 57 12
7 Sa	10 53 18	7 ♒ 40 45	14 13 01	19 48 52	11 42 14	19 58 19	26 16 41	24 31 02	29 37 51	11 32 23	20 04 46	27 09 16	10 58 60	9 08 26
8 Su	12 01 18	20 46 31	27 07 39	21 34 50	13 04 35	20 48 04	26 41 22	25 01 27	29 56 39	11 34 18	20 09 57	27 13 40	11 06 15	9 16 57
9 M	13 06 31	3 ♓ 27 41	9 ♓ 38 49	23 18 06	14 24 08	21 35 02	27 03 09	25 29 06	0 ♍ 12 44	11 33 25	20 12 25	27 15 17	11 10 44	9 22 41
10 Tu	14 09 22	15 47 21	21 50 21	24 59 03	15 41 19	22 19 38	27 22 30	25 54 24	0 26 33	11 30 11	20 12 34	27 14 34	11 12 54	9 26 04
11 W	15 10 42	27 50 24	3 ♈ 47 41	26 38 25	16 56 59	23 02 42	27 40 14	26 18 12	0 38 57	11 25 26	20 11 16	27 12 20	11 13 35	9 27 57
12 Th	16 11 37	9 ♈ 42 54	15 37 11	28 17 14	18 12 14	23 45 21	27 57 27	26 41 36	0 50 60	11 20 17	20 09 36	27 09 42	11 13 52	9 29 25
13 F	17 13 14	21 31 29	27 25 33	29 56 29	19 28 11	24 28 41	28 15 17	27 05 43	1 03 50	11 15 50	20 08 42	27 07 49	11 14 54	9 31 37
14 Sa	18 16 34	3 ♉ 22 44	9 ♉ 19 19	1 ♌ 37 01	20 45 50	25 13 44	28 34 43	27 31 33	1 18 28	11 13 08	20 09 35	27 07 39	11 17 41	9 35 32
15 Su	19 22 18	15 22 44	21 24 19	3 19 22	22 05 54	26 01 11	28 56 28	27 59 49	1 35 35	11 12 51	20 12 56	27 09 54	11 22 55	9 41 51
16 M	20 30 41	27 36 31	3 ♊ 45 13	5 03 36	23 28 37	26 51 18	29 20 46	28 30 45	1 55 27	11 15 14	20 19 00	27 14 51	11 30 50	9 50 51
17 Tu	21 41 31	10 ♊ 07 48	16 25 07	6 49 12	24 53 46	27 43 50	29 47 24	29 04 08	2 17 49	11 20 06	20 27 35	27 22 16	11 41 14	10 02 18
18 W	22 54 05	22 58 34	29 25 18	8 35 14	26 20 40	28 38 07	0 ♊ 15 41	29 39 17	2 42 01	11 26 44	20 37 58	27 31 27	11 53 24	10 15 30
19 Th	24 07 22	6 ♋ 08 58	12 ♋ 45 07	10 20 17	27 48 15	29 33 05	0 44 33	0 ♌ 15 08	3 06 60	11 34 06	20 49 07	27 41 23	12 06 19	10 29 25
20 F	25 20 07	19 37 23	26 22 09	12 02 47	29 15 20	0 ♎ 27 33	1 12 48	0 50 30	3 31 32	11 41 00	20 59 51	27 50 49	12 18 46	10 42 50
21 Sa	26 31 13	3 ♌ 20 45	10 ♌ 12 43	13 41 08	0 ♌ 40 46	1 20 21	1 39 18	1 24 13	3 54 30	11 46 18	21 08 59	27 58 39	12 29 36	10 54 37
22 Su	27 39 49	17 15 08	24 12 31	15 13 58	2 03 42	2 10 39	2 03 11	1 55 27	4 15 03	11 49 08	21 15 42	28 04 01	12 37 58	11 03 55
23 M	28 45 33	1 ♍ 16 34	8 ♍ 17 30	16 40 23	3 23 47	2 58 05	2 24 06	2 23 50	4 32 49	11 49 10	21 19 38	28 06 34	12 43 32	11 10 23
24 Tu	29 48 37	15 21 37	22 24 31	17 59 56	4 41 11	3 42 52	2 42 14	2 49 35	4 47 59	11 46 35	21 20 58	28 06 29	12 46 29	11 14 11
25 W	0 ♌ 49 45	29 28 01	6 ♎ 31 40	19 12 38	5 56 40	4 25 42	2 58 20	3 13 23	5 01 18	11 42 08	21 20 28	28 04 31	12 47 31	11 16 04
26 Th	1 50 01	13 ♎ 34 38	20 38 13	20 18 50	7 11 17	5 07 40	3 13 27	3 36 21	5 13 50	11 36 53	21 19 10	28 01 45	12 47 46	11 17 08
27 F	2 50 38	27 41 13	4 ♏ 44 13	21 18 56	8 26 16	5 49 60	3 28 49	3 59 42	5 26 48	11 32 03	21 18 20	27 59 23	12 48 25	11 18 34
28 Sa	3 52 42	11 ♏ 47 49	18 49 44	22 13 12	9 42 42	6 33 46	3 45 32	4 24 30	5 41 17	11 28 45	21 19 01	27 58 31	12 50 33	11 21 28
29 Su	4 56 55	25 54 10	2 ♐ 54 22	23 01 30	11 01 17	7 19 42	4 04 16	4 51 28	5 57 59	11 27 41	21 21 56	27 59 52	12 54 54	11 26 32
30 M	6 03 30	9 ♐ 59 03	16 56 38	23 43 15	12 22 15	8 07 59	4 25 15	5 20 49	6 17 08	11 29 02	21 27 18	28 03 38	13 01 39	11 33 59
31 Tu	7 12 06	24 00 11	0 ♑ 53 56	24 17 21	13 45 14	8 58 17	4 48 09	5 52 12	6 38 23	11 32 31	21 34 48	28 09 28	13 10 29	11 43 30

February 2034

LONGITUDE

Day	☉	0 hr ☽	Noon ☽	☿	♀	♂	⚵	⚳	♃	♄	⚷	♅	♆	♇
1 W	8 ♌ 21 59	7 ♑ 54 14	14 ♑ 42 43	24 ♌ 42 24	15 ♌ 09 30	9 ♎ 49 52	5 ♊ 12 12	6 ♌ 24 53	7 ♍ 00 58	11 ♑ 37 20	21 ♏ 43 39	28 ♐ 16 39	13 ♎ 20 38	11 ♌ 54 18
2 Th	9 32 08	21 37 20	28 19 09	24 56 55	16 34 03	10 41 43	5 36 25	6 57 51	7 23 54	11 42 31	21 52 51	28 24 10	13 31 07	12 05 24
3 F	10 41 32	5 ♒ 05 45	11 ♒ 39 45	24 59 35	17 57 51	11 32 48	5 59 44	7 30 04	7 46 09	11 47 02	22 01 23	28 30 59	13 40 53	12 15 45
4 Sa	11 49 20	18 16 32	24 42 04	24 49 30	19 20 03	12 22 17	6 21 20	8 00 41	8 06 51	11 50 03	22 08 24	28 36 15	13 49 07	12 24 32
5 Su	12 54 60	1 ♓ 08 08	7 ♓ 25 07	24 26 25	20 40 08	13 09 37	6 40 40	8 29 12	8 25 30	11 51 00	22 13 23	28 39 27	13 55 15	12 31 12
6 M	13 58 24	13 40 38	19 49 41	23 50 46	21 57 57	13 54 41	6 57 37	8 55 27	8 41 56	11 49 48	22 16 11	28 40 26	13 59 10	12 35 37
7 Tu	14 59 46	25 55 48	1 ♈ 58 09	23 03 45	23 13 44	14 37 43	7 12 23	9 19 40	8 56 24	11 46 39	22 17 02	28 39 28	14 01 06	12 38 01
8 W	15 59 40	7 ♈ 56 56	13 54 21	22 07 10	24 28 03	15 19 16	7 25 33	9 42 25	9 09 27	11 42 07	22 16 29	28 37 04	14 01 36	12 38 58
9 Th	16 58 50	19 48 32	25 43 12	21 03 20	25 41 39	16 00 05	7 37 50	10 04 27	9 21 50	11 36 57	22 15 18	28 34 00	14 01 25	12 39 12
10 F	17 58 06	1 ♉ 35 56	7 ♉ 30 18	19 54 51	26 55 21	16 40 59	7 50 04	10 26 35	9 34 21	11 31 59	22 14 18	28 31 06	14 01 22	12 39 33
11 Sa	18 58 12	13 24 53	19 21 34	18 44 23	28 09 53	17 22 44	8 03 01	10 49 34	9 47 47	11 27 58	22 14 13	28 29 07	14 02 13	12 40 45
12 Su	19 59 43	25 21 12	1 ♊ 22 47	17 34 28	29 25 51	18 05 53	8 17 13	11 13 58	10 02 41	11 25 27	22 15 39	28 28 35	14 04 32	12 43 23
13 M	21 02 56	7 ♊ 30 17	13 39 13	16 27 15	0 ♍ 43 30	18 50 43	8 32 58	11 40 03	10 19 20	11 24 44	22 18 50	28 29 49	14 08 34	12 47 43
14 Tu	22 07 46	19 56 48	26 15 09	15 24 24	2 02 47	19 37 11	8 50 11	12 07 47	10 37 39	11 25 46	22 23 45	28 32 45	14 14 17	12 53 42
15 W	23 13 53	2 ♋ 44 16	9 ♋ 13 30	14 27 02	3 23 20	20 24 54	9 08 31	12 36 46	10 57 18	11 28 10	22 30 01	28 37 01	14 21 19	13 00 58
16 Th	24 20 37	15 54 37	22 35 26	13 35 46	4 44 32	21 13 14	9 27 18	13 06 23	11 17 37	11 31 18	22 36 60	28 41 59	14 29 01	13 08 52
17 F	25 27 12	29 27 59	6 ♌ 20 05	12 50 45	6 05 35	22 01 27	9 45 48	13 35 52	11 37 51	11 34 25	22 43 55	28 46 52	14 36 37	13 16 39
18 Sa	26 32 54	13 ♌ 22 31	20 24 36	12 11 54	7 25 45	22 48 45	10 03 15	14 04 28	11 57 15	11 36 46	22 50 03	28 50 57	14 43 23	13 23 34
19 Su	27 37 09	27 34 35	4 ♍ 44 26	11 39 02	8 44 28	23 34 37	10 19 05	14 31 36	12 15 14	11 37 46	22 54 49	28 53 38	14 48 45	13 29 03
20 M	28 39 40	11 ♍ 59 08	19 13 58	11 12 05	10 01 28	24 18 44	10 33 00	14 57 01	12 31 33	11 37 10	22 57 56	28 54 40	14 52 25	13 32 49
21 Tu	29 40 31	26 30 30	3 ♎ 47 18	10 51 07	11 16 49	25 01 12	10 45 06	15 20 46	12 46 14	11 35 03	22 59 29	28 54 07	14 54 30	13 34 56
22 W	0 ♍ 40 07	11 ♎ 03 08	18 19 07	10 36 23	12 30 54	25 42 24	10 55 47	15 43 16	12 59 43	11 31 46	22 59 52	28 52 24	14 55 21	13 35 49
23 Th	1 39 03	25 32 18	2 ♏ 45 10	10 28 16	13 44 20	26 22 58	11 05 38	16 05 07	13 12 37	11 27 60	22 59 42	28 50 06	14 55 37	13 36 04
24 F	2 38 03	9 ♏ 54 25	17 02 32	10 27 09	14 57 51	27 03 35	11 15 22	16 27 01	13 25 36	11 24 24	22 59 41	28 47 56	14 55 59	13 36 24
25 Sa	3 37 42	24 07 07	1 ♐ 09 25	10 33 18	16 12 01	27 44 51	11 25 35	16 49 35	13 39 18	11 21 36	23 00 25	28 46 31	14 57 04	13 37 25
26 Su	4 38 25	8 ♐ 08 56	15 04 51	10 46 44	17 27 15	28 27 11	11 36 41	17 13 12	13 54 06	11 19 60	23 02 18	28 46 15	14 59 15	13 39 31
27 M	5 40 17	21 59 03	28 48 19	11 07 09	18 43 40	29 10 41	11 48 46	17 37 59	14 10 07	11 19 42	23 05 27	28 47 13	15 02 40	13 42 48
28 Tu	6 43 10	5 ♑ 36 52	12 ♑ 19 26	11 34 02	20 01 05	29 55 11	12 01 41	18 03 47	14 27 12	11 20 32	23 09 42	28 49 17	15 07 08	13 47 07

Notes

LONGITUDE

March 2034

Day	☉	0 hr ☽	Noon ☽	☿	♀	♂	⚵	⚳	♃	♄	⚷	♅	♆	♇
1 W	7 ♍ 46 40	19 ♑ 01 54	25 ♑ 37 44	12 ♌ 06 37	21 ♍ 19 08	0 ♏ 40 19	12 ♊ 15 02	18 ♌ 30 13	14 ♍ 44 56	11 ♑ 22 09	23 ♏ 14 40	28 ♐ 52 04	15 ♎ 12 17	13 ♌ 52 05
2 Th	8 50 19	2 ♒ 13 39	8 ♒ 42 46	12 44 04	22 37 21	1 25 35	12 28 21	18 56 47	15 02 52	11 24 02	23 19 52	28 55 04	15 17 37	13 57 13
3 F	9 53 38	15 11 42	21 34 12	13 25 35	23 55 13	2 10 32	12 41 08	19 23 00	15 20 30	11 25 44	23 24 50	28 57 50	15 22 41	14 02 02
4 Sa	10 56 13	27 55 52	4 ♓ 11 54	14 10 27	25 12 22	2 54 44	12 53 00	19 48 30	15 37 27	11 26 51	23 29 10	28 59 57	15 27 04	14 06 09
5 Su	11 57 52	10 ♓ 26 20	16 36 16	14 58 10	26 28 35	3 37 60	13 03 44	20 13 03	15 53 29	11 27 09	23 32 38	29 01 12	15 30 33	14 09 19
6 M	12 58 29	22 43 53	28 48 18	15 48 25	27 43 47	4 20 14	13 13 14	20 36 34	16 08 32	11 26 35	23 35 10	29 01 31	15 33 04	14 11 31
7 Tu	13 58 13	4 ♈ 49 58	10 ♈ 49 47	16 41 03	28 58 05	5 01 35	13 21 38	20 59 11	16 22 44	11 25 14	23 36 54	29 01 01	15 34 44	14 12 49
8 W	14 57 16	16 46 46	22 43 12	17 36 05	0 ♎ 11 43	5 42 15	13 29 09	21 21 07	16 36 17	11 23 22	23 38 03	28 59 56	15 35 46	14 13 27
9 Th	15 55 56	28 37 11	4 ♉ 31 46	18 33 38	1 24 58	6 22 32	13 36 05	21 42 40	16 49 30	11 21 16	23 38 54	28 58 33	15 36 28	14 13 45
10 F	16 54 34	10 ♉ 24 46	16 19 22	19 33 48	2 38 10	7 02 45	13 42 44	22 04 09	17 02 40	11 19 15	23 39 47	28 57 12	15 37 09	14 13 59
11 Sa	17 53 24	22 13 38	28 10 20	20 36 44	3 51 36	7 43 11	13 49 23	22 25 50	17 16 06	11 17 34	23 40 58	28 56 08	15 38 06	14 14 28
12 Su	18 52 38	4 ♊ 08 15	10 ♊ 09 20	21 42 27	5 05 25	8 24 02	13 56 13	22 47 55	17 29 57	11 16 27	23 42 38	28 55 34	15 39 30	14 15 21
13 M	19 52 22	16 13 19	22 21 06	22 50 55	6 19 44	9 05 21	14 03 19	23 10 27	17 44 19	11 15 57	23 44 53	28 55 34	15 41 26	14 16 45
14 Tu	20 52 32	28 33 25	4 ♋ 50 11	24 01 58	7 34 30	9 47 07	14 10 37	23 33 26	17 59 10	11 16 02	23 47 39	28 56 05	15 43 51	14 18 36
15 W	21 53 02	11 ♋ 12 52	17 40 34	25 15 22	8 49 35	10 29 13	14 18 01	23 56 43	18 14 21	11 16 36	23 50 50	28 57 01	15 46 38	14 20 48
16 Th	22 53 41	24 15 11	0 ♌ 55 16	26 30 52	10 04 49	11 11 26	14 25 19	24 20 07	18 29 42	11 17 25	23 54 14	28 58 10	15 49 35	14 23 08
17 F	23 54 15	7 ♌ 42 40	14 35 46	27 48 09	11 19 59	11 53 37	14 32 19	24 43 27	18 45 02	11 18 21	23 57 39	28 59 21	15 52 32	14 25 26
18 Sa	24 54 38	21 35 55	28 41 35	29 07 02	12 34 57	12 35 34	14 38 52	25 06 33	19 00 09	11 19 11	24 00 57	29 00 24	15 55 19	14 27 32
19 Su	25 54 43	5 ♍ 53 21	13 ♍ 09 55	0 ♍ 27 20	13 49 38	13 17 14	14 44 52	25 29 20	19 15 01	11 19 54	24 04 02	29 01 15	15 57 50	14 29 22
20 M	26 54 30	20 31 03	27 55 39	1 49 01	15 04 01	13 58 38	14 50 21	25 51 49	19 29 37	11 20 27	24 06 56	29 01 54	16 00 08	14 30 55
21 Tu	27 54 06	5 ♎ 22 53	12 ♎ 51 47	3 12 07	16 18 13	14 39 49	14 55 22	26 14 05	19 44 01	11 20 58	24 09 42	29 02 26	16 02 15	14 32 17
22 W	28 53 36	20 21 11	27 50 15	4 36 42	17 32 19	15 20 55	15 00 03	26 36 13	19 58 22	11 21 31	24 12 27	29 02 57	16 04 20	14 33 35
23 Th	29 53 06	5 ♏ 17 47	12 ♏ 43 00	6 02 50	18 46 26	16 02 01	15 04 29	26 58 21	20 12 44	11 22 14	24 15 18	29 03 35	16 06 28	14 34 54
24 F	0 ♎ 52 40	20 05 03	27 23 10	7 30 33	20 00 36	16 43 12	15 08 44	27 20 32	20 27 10	11 23 09	24 18 18	29 04 21	16 08 42	14 36 17
25 Sa	1 52 17	4 ♐ 36 55	11 ♐ 45 39	8 59 47	21 14 49	17 24 25	15 12 45	27 42 43	20 41 41	11 24 16	24 21 25	29 05 15	16 11 02	14 37 45
26 Su	2 51 50	18 49 19	25 47 31	10 30 27	22 28 59	18 05 36	15 16 28	28 04 51	20 56 09	11 25 29	24 24 35	29 06 12	16 13 21	14 39 11
27 M	3 51 15	2 ♑ 40 19	9 ♑ 27 46	12 02 26	23 43 01	18 46 38	15 19 47	28 26 48	21 10 31	11 26 42	24 27 40	29 07 06	16 15 34	14 40 29
28 Tu	4 50 25	16 09 48	22 47 01	13 35 36	24 56 48	19 27 26	15 22 35	28 48 29	21 24 38	11 27 49	24 30 37	29 07 51	16 17 36	14 41 33
29 W	5 49 19	29 19 01	5 ♒ 46 58	15 09 56	26 10 18	20 07 57	15 24 51	29 09 52	21 38 29	11 28 49	24 33 21	29 08 24	16 19 23	14 42 22
30 Th	6 47 57	12 ♒ 10 04	18 29 57	16 45 27	27 23 34	20 48 14	15 26 36	29 30 59	21 52 07	11 29 42	24 35 56	29 08 47	16 20 58	14 42 58
31 F	7 46 28	24 45 29	0 ♓ 58 31	18 22 17	28 36 41	21 28 22	15 27 56	29 51 56	22 05 37	11 30 36	24 38 27	29 09 08	16 22 28	14 43 26

LONGITUDE

April 2034

Day	☉	0 hr ☽	Noon ☽	☿	♀	♂	⚵	⚳	♃	♄	⚷	♅	♆	♇
1 Sa	8 ♎ 45 01	7 ♓ 07 54	13 ♓ 15 17	20 ♍ 00 34	29 ♎ 49 51	22 ♏ 08 34	15 ♊ 29 03	0 ♍ 12 54	22 ♍ 19 10	11 ♑ 31 41	24 ♏ 41 05	29 ♐ 09 37	16 ♎ 24 03	14 ♌ 43 57
2 Su	9 43 48	19 19 51	25 22 40	21 40 33	1 ♏ 03 15	22 48 60	15 30 07	0 34 04	22 32 58	11 33 10	24 44 03	29 10 25	16 25 54	14 44 45
3 M	10 43 01	1 ♈ 23 39	7 ♈ 22 56	23 22 24	2 17 04	23 29 51	15 31 20	0 55 38	22 47 13	11 35 12	24 47 31	29 11 44	16 28 14	14 45 58
4 Tu	11 42 48	13 21 28	19 18 10	25 06 15	3 31 27	24 11 16	15 32 50	1 17 43	23 02 00	11 37 56	24 51 36	29 13 42	16 31 09	14 47 46
5 W	12 43 10	25 15 16	1 ♉ 10 25	26 52 10	4 46 25	24 53 17	15 34 38	1 40 22	23 17 24	11 41 24	24 56 22	29 16 20	16 34 42	14 50 10
6 Th	13 44 04	7 ♉ 07 03	13 01 45	28 40 05	6 01 54	25 35 49	15 36 41	2 03 30	23 33 20	11 45 32	25 01 43	29 19 35	16 38 49	14 53 06
7 F	14 45 19	18 58 54	24 54 23	0 ♎ 29 50	7 17 44	26 18 42	15 38 47	2 26 57	23 49 36	11 50 09	25 07 30	29 23 15	16 43 18	14 56 24
8 Sa	15 46 38	0 ♊ 53 08	6 ♊ 50 52	2 21 09	8 33 38	27 01 40	15 40 40	2 50 26	24 05 56	11 54 58	25 13 25	29 27 05	16 47 54	14 59 47
9 Su	16 47 43	12 52 28	18 54 06	4 13 44	9 49 16	27 44 23	15 42 00	3 13 37	24 22 02	11 59 41	25 19 09	29 30 45	16 52 18	15 02 56
10 M	17 48 15	24 59 59	1 ♋ 07 24	6 07 15	11 04 21	28 26 33	15 42 29	3 36 12	24 37 34	12 03 59	25 24 25	29 33 56	16 56 09	15 05 32
11 Tu	18 47 58	7 ♋ 19 16	13 34 27	8 01 30	12 18 38	29 07 54	15 41 52	3 57 57	24 52 18	12 07 36	25 28 56	29 36 24	16 59 15	15 07 21
12 W	19 46 48	19 54 13	26 19 09	9 56 21	13 32 00	29 48 22	15 40 04	4 18 45	25 06 07	12 10 27	25 32 37	29 38 03	17 01 29	15 08 16
13 Th	20 44 49	2 ♌ 48 50	9 ♌ 25 20	11 51 53	14 44 33	0 ♐ 28 01	15 37 08	4 38 41	25 19 07	12 12 38	25 35 33	29 38 58	17 02 56	15 08 23
14 F	21 42 18	16 06 49	22 56 13	13 48 22	15 56 33	1 07 07	15 33 21	4 58 01	25 31 33	12 14 23	25 38 00	29 39 24	17 03 51	15 07 57
15 Sa	22 39 40	29 50 56	6 ♍ 53 47	15 46 12	17 08 26	1 46 07	15 29 09	5 17 11	25 43 52	12 16 09	25 40 24	29 39 49	17 04 42	15 07 25
16 Su	23 37 26	14 ♍ 02 15	21 17 58	17 45 52	18 20 42	2 25 31	15 25 03	5 36 42	25 56 34	12 18 27	25 43 16	29 40 42	17 05 58	15 07 17
17 M	24 36 04	28 39 23	6 ♎ 05 59	19 47 46	19 33 50	3 05 47	15 21 31	5 57 02	26 10 07	12 21 45	25 47 04	29 42 31	17 08 08	15 08 02
18 Tu	25 35 54	13 ♎ 37 21	21 11 60	21 52 09	20 48 08	3 47 14	15 18 51	6 18 29	26 24 51	12 26 22	25 52 06	29 45 37	17 11 31	15 09 59
19 W	26 36 58	28 50 31	6 ♏ 27 26	23 59 01	22 03 40	4 29 56	15 17 08	6 41 07	26 40 47	12 32 20	25 58 27	29 50 01	17 16 10	15 13 10
20 Th	27 39 02	14 ♏ 07 20	21 42 03	26 07 58	23 20 12	5 13 39	15 16 07	7 04 42	26 57 43	12 39 27	26 05 51	29 55 30	17 21 51	15 17 23
21 F	28 41 36	29 17 48	6 ♐ 45 33	28 18 25	24 37 14	5 57 52	15 15 19	7 28 43	27 15 09	12 47 11	26 13 50	0 ♑ 01 35	17 28 04	15 22 06
22 Sa	29 44 03	14 ♐ 12 13	21 29 15	0 ♏ 29 33	25 54 07	6 41 57	15 14 05	7 52 33	27 32 25	12 54 55	26 21 44	0 07 36	17 34 11	15 26 41
23 Su	0 ♏ 45 44	28 43 10	5 ♑ 47 15	2 40 34	27 10 15	7 25 18	15 11 48	8 15 34	27 48 55	13 02 02	26 28 57	0 12 56	17 39 35	15 30 33
24 M	1 46 13	12 ♑ 46 29	19 36 52	4 50 47	28 25 09	8 07 26	15 08 02	8 37 19	28 04 11	13 08 03	26 35 00	0 17 09	17 43 47	15 33 12
25 Tu	2 45 18	26 21 09	2 ♒ 58 20	6 59 46	29 38 38	8 48 10	15 02 34	8 57 35	28 18 02	13 12 49	26 39 43	0 20 02	17 46 38	15 34 28
26 W	3 43 07	9 ♒ 28 48	15 54 11	9 07 25	0 ♐ 50 51	9 27 39	14 55 33	9 16 32	28 30 35	13 16 25	26 43 14	0 21 44	17 48 14	15 34 28
27 Th	4 40 04	22 12 56	28 28 25	11 13 49	2 02 11	10 06 14	14 47 24	9 34 33	28 42 15	13 19 17	26 45 56	0 22 38	17 48 60	15 33 38
28 F	5 36 45	4 ♓ 38 04	10 ♓ 45 44	13 19 17	3 13 14	10 44 37	14 38 41	9 52 13	28 53 38	13 21 60	26 48 26	0 23 21	17 49 31	15 32 31
29 Sa	6 33 51	16 49 03	22 50 56	15 24 12	4 24 41	11 23 23	14 30 08	10 10 14	29 05 24	13 25 15	26 51 24	0 24 33	17 50 29	15 31 51
30 Su	7 32 01	28 50 31	4 ♈ 48 28	17 28 53	5 37 10	12 03 14	14 22 21	10 29 15	29 18 11	13 29 41	26 55 29	0 26 54	17 52 32	15 32 14

Notes

May 2034

LONGITUDE

Day	☉	0 hr ☽	Noon ☽	☿	♀	♂	⚵	⚳	♃	♄	⚷	♅	♆	♇
1 M	8 ♏ 31 45	10 ♈ 46 33	16 ♈ 42 11	19 ♏ 33 32	6 ♐ 51 13	12 ♐ 44 38	14 ♊ 15 52	10 ♍ 49 44	29 ♍ 32 31	13 ♑ 35 48	27 ♏ 01 10	0 ♑ 30 52	17 ♎ 56 10	15 ♌ 34 12
2 Tu	9 33 18	22 40 31	28 35 11	21 38 09	8 07 04	13 27 52	14 10 57	11 11 59	29 48 38	13 43 51	27 08 44	0 36 44	18 01 40	15 37 60
3 W	10 36 42	4 ♉ 34 59	10 ♉ 29 46	23 42 25	9 24 43	14 12 56	14 07 37	11 35 59	0 ♎ 06 34	13 53 51	27 18 12	0 44 30	18 09 00	15 43 38
4 Th	11 41 38	16 31 46	22 27 39	25 45 50	10 43 55	14 59 32	14 05 33	12 01 26	0 25 60	14 05 30	27 29 14	0 53 53	18 17 54	15 50 49
5 F	12 47 35	28 32 12	4 ♊ 30 02	27 47 35	12 04 04	15 47 09	14 04 14	12 27 48	0 46 23	14 18 15	27 41 19	1 04 20	18 27 50	15 59 00
6 Sa	13 53 47	10 ♊ 37 16	16 37 57	29 46 46	13 24 28	16 35 02	14 02 56	12 54 21	1 06 59	14 31 23	27 53 43	1 15 06	18 38 02	16 07 28
7 Su	14 59 28	22 48 02	28 52 35	1 ♐ 42 23	14 44 20	17 22 22	14 00 52	13 20 16	1 27 02	14 44 05	28 05 38	1 25 25	18 47 43	16 15 23
8 M	16 03 53	5 ♋ 05 52	11 ♋ 15 28	3 33 33	16 02 53	18 08 27	13 57 16	13 44 49	1 45 45	14 55 37	28 16 19	1 34 31	18 56 10	16 22 03
9 Tu	17 06 29	17 32 41	23 48 44	5 19 36	17 19 36	18 52 43	13 51 39	14 07 28	2 02 36	15 05 27	28 25 13	1 41 51	19 02 48	16 26 54
10 W	18 07 04	0 ♌ 11 10	6 ♌ 35 16	7 00 11	18 34 16	19 34 57	13 43 45	14 27 59	2 17 23	15 13 20	28 32 07	1 47 14	19 07 25	16 29 42
11 Th	19 05 46	13 04 43	19 38 29	8 35 23	19 47 01	20 15 18	13 33 46	14 46 31	2 30 14	15 19 27	28 37 12	1 50 47	19 10 10	16 30 39
12 F	20 03 09	26 17 07	3 ♍ 02 07	10 05 39	20 58 25	20 54 20	13 22 14	15 03 37	2 41 42	15 24 20	28 40 58	1 53 04	19 11 36	16 30 15
13 Sa	21 00 03	9 ♍ 52 08	16 49 27	11 31 47	22 09 19	21 32 53	13 10 01	15 20 08	2 52 38	15 28 50	28 44 18	1 54 55	19 12 33	16 29 23
14 Su	21 57 29	23 52 37	1 ♎ 02 34	12 54 42	23 20 42	22 11 57	12 58 08	15 37 04	3 04 02	15 33 56	28 48 12	1 57 21	19 14 03	16 29 01
15 M	22 56 21	8 ♎ 19 33	15 41 13	14 15 16	24 33 31	22 52 28	12 47 30	15 55 19	3 16 49	15 40 35	28 53 34	2 01 18	19 17 00	16 30 07
16 Tu	23 57 20	23 11 02	0 ♏ 42 00	15 34 06	25 48 23	23 35 05	12 38 47	16 15 34	3 31 38	15 49 26	29 01 03	2 07 23	19 22 03	16 33 18
17 W	25 00 36	8 ♏ 21 39	15 58 01	16 51 18	27 05 31	24 19 58	12 32 10	16 37 57	3 48 40	16 00 39	29 10 52	2 15 48	19 29 24	16 38 46
18 Th	26 05 48	23 42 35	1 ♐ 19 18	18 06 28	28 24 32	25 06 48	12 27 20	17 02 10	4 07 34	16 13 53	29 22 37	2 26 12	19 38 40	16 46 09
19 F	27 12 06	9 ♐ 02 40	16 34 24	19 18 44	29 44 38	25 54 44	12 23 28	17 27 22	4 27 31	16 28 19	29 35 32	2 37 46	19 49 05	16 54 40
20 Sa	28 18 28	24 10 22	1 ♑ 32 23	20 26 57	1 ♑ 04 45	26 42 43	12 19 30	17 52 28	4 47 27	16 42 53	29 48 31	2 49 26	19 59 32	17 03 12
21 Su	29 23 47	8 ♑ 55 47	16 04 47	21 29 60	2 23 47	27 29 40	12 14 24	18 16 26	5 06 17	16 56 30	0 ♐ 00 29	3 00 07	20 08 57	17 10 43
22 M	0 ♐ 27 16	23 12 18	0 ♒ 06 40	22 26 59	3 40 58	28 14 47	12 07 20	18 38 25	5 23 12	17 08 23	0 10 39	3 09 01	20 16 33	17 16 24
23 Tu	1 28 33	6 ♒ 57 11	13 36 54	23 17 29	4 55 53	28 57 42	11 57 57	18 58 04	5 37 50	17 18 08	0 18 38	3 15 46	20 21 57	17 19 52
24 W	2 27 45	20 11 14	26 37 34	24 01 32	6 08 41	29 38 31	11 46 24	19 15 30	5 50 20	17 25 53	0 24 34	3 20 29	20 25 16	17 21 16
25 Th	3 25 26	2 ♓ 57 58	9 ♓ 12 59	24 39 38	7 19 55	0 ♑ 17 50	11 33 16	19 31 17	6 01 14	17 32 12	0 29 00	3 23 43	20 27 04	17 21 08
26 F	4 22 29	15 22 39	21 28 48	25 12 37	8 30 29	0 56 31	11 19 26	19 46 18	6 11 25	17 37 58	0 32 50	3 26 23	20 28 15	17 20 23
27 Sa	5 19 55	27 31 19	3 ♈ 31 09	25 41 26	9 41 23	1 35 34	11 05 55	20 01 33	6 21 55	17 44 12	0 37 04	3 29 28	20 29 50	17 19 60
28 Su	6 18 42	9 ♈ 29 59	15 25 56	26 07 00	10 53 36	2 15 59	10 53 44	20 18 00	6 33 41	17 51 52	0 42 41	3 33 57	20 32 45	17 20 59
29 M	7 19 36	21 24 08	27 18 22	26 30 02	12 07 53	2 58 31	10 43 37	20 36 26	6 47 30	18 01 43	0 50 26	3 40 36	20 37 48	17 24 04
30 Tu	8 23 04	3 ♉ 18 21	9 ♉ 12 41	26 50 57	13 24 39	3 43 36	10 36 02	20 57 16	7 03 46	18 14 12	1 00 45	3 49 51	20 45 24	17 29 43
31 W	9 29 07	15 16 08	21 11 58	27 09 47	14 43 58	4 31 16	10 31 02	21 20 31	7 22 33	18 29 20	1 13 40	4 01 43	20 55 35	17 37 56

June 2034

LONGITUDE

Day	☉	0 hr ☽	Noon ☽	☿	♀	♂	⚵	⚳	♃	♄	⚷	♅	♆	♇
1 Th	10 ♐ 37 22	27 ♉ 19 45	3 ♊ 18 12	27 ♐ 26 11	16 ♑ 05 25	5 ♑ 21 08	10 ♊ 28 14	21 ♍ 45 50	7 ♎ 43 26	18 ♑ 46 45	1 ♐ 28 48	4 ♑ 15 50	21 ♎ 07 58	17 ♌ 48 22
2 F	11 47 05	9 ♊ 30 29	15 32 18	27 39 27	17 28 17	6 12 27	10 26 54	22 12 26	8 05 42	19 05 41	1 45 24	4 31 27	21 21 49	18 00 14
3 Sa	12 57 16	21 48 44	27 54 29	27 48 40	18 51 32	7 04 14	10 26 03	22 39 20	8 28 19	19 25 09	2 02 29	4 47 33	21 36 07	18 12 34
4 Su	14 06 48	4 ♋ 14 29	10 ♋ 24 40	27 52 53	20 14 06	7 55 21	10 24 36	23 05 25	8 50 12	19 44 03	2 18 56	5 03 03	21 49 46	18 24 16
5 M	15 14 41	16 47 41	23 02 47	27 51 14	21 34 56	8 44 50	10 21 32	23 29 41	9 10 20	20 01 20	2 33 44	5 16 56	22 01 45	18 34 17
6 Tu	16 20 09	29 28 40	5 ♌ 49 23	27 43 13	22 53 18	9 31 53	10 16 06	23 51 21	9 27 58	20 16 17	2 46 08	5 28 26	22 11 19	18 41 53
7 W	17 22 54	12 ♌ 18 33	18 45 45	27 28 46	24 08 51	10 16 11	10 08 00	24 10 05	9 42 44	20 28 32	2 55 47	5 37 13	22 18 08	18 46 44
8 Th	18 23 03	25 19 21	1 ♍ 54 06	27 08 23	25 21 46	10 57 54	9 57 24	24 26 04	9 54 49	20 38 16	3 02 51	5 43 26	22 22 21	18 48 59
9 F	19 21 17	8 ♍ 33 57	15 17 27	26 43 06	26 32 41	11 37 41	9 44 58	24 39 55	10 04 52	20 46 08	3 08 00	5 47 46	22 24 38	18 49 18
10 Sa	20 18 39	22 05 44	28 59 02	26 14 24	27 42 39	12 16 36	9 31 45	24 52 43	10 13 56	20 53 10	3 12 17	5 51 15	22 26 02	18 48 45
11 Su	21 16 24	5 ♎ 57 52	13 ♎ 01 34	25 43 60	28 52 55	12 55 52	9 19 01	25 05 41	10 23 15	21 00 38	3 16 55	5 55 08	22 27 47	18 48 32
12 M	22 15 41	20 12 22	27 26 15	25 13 36	0 ♒ 04 39	13 36 41	9 07 57	25 19 59	10 33 60	21 09 41	3 23 06	6 00 34	22 31 04	18 49 52
13 Tu	23 17 22	4 ♏ 49 06	12 ♏ 11 44	24 44 35	1 18 42	14 19 52	8 59 25	25 36 28	10 47 01	21 21 10	3 31 40	6 08 25	22 36 43	18 53 34
14 W	24 21 44	19 44 48	27 13 23	24 17 50	2 35 22	15 05 45	8 53 43	25 55 26	11 02 36	21 35 24	3 42 55	6 18 59	22 45 03	18 59 57
15 Th	25 28 29	4 ♐ 52 52	12 ♐ 23 21	23 53 36	3 54 19	15 53 59	8 50 32	26 16 33	11 20 26	21 52 03	3 56 32	6 31 57	22 55 44	19 08 41
16 F	26 36 42	20 03 53	27 31 30	23 31 33	5 14 39	16 43 41	8 48 59	26 38 55	11 39 36	22 10 12	4 11 36	6 46 23	23 07 52	19 18 53
17 Sa	27 45 09	5 ♑ 07 03	12 ♑ 27 10	23 11 01	6 35 09	17 33 37	8 47 52	27 01 18	11 58 54	22 28 39	4 26 55	7 01 05	23 20 14	19 29 19
18 Su	28 52 36	19 52 12	27 01 07	22 51 18	7 54 33	18 22 32	8 45 56	27 22 27	12 17 03	22 46 07	4 41 12	7 14 48	23 31 33	19 38 43
19 M	29 58 01	4 ♒ 11 37	11 ♒ 07 04	22 31 53	9 11 50	19 09 25	8 42 10	27 41 21	12 33 03	23 01 36	4 53 27	7 26 30	23 40 50	19 46 05
20 Tu	1 ♑ 00 54	18 01 02	24 42 20	22 12 43	10 26 30	19 53 46	8 36 05	27 57 29	12 46 23	23 14 36	5 03 09	7 35 41	23 47 34	19 50 55
21 W	2 01 17	1 ♓ 19 52	7 ♓ 47 44	21 54 16	11 38 33	20 35 36	8 27 43	28 10 53	12 57 05	23 25 08	5 10 21	7 42 23	23 51 47	19 53 14
22 Th	2 59 43	14 10 39	20 26 49	21 37 26	12 48 34	21 15 28	8 17 38	28 22 06	13 05 41	23 33 45	5 15 35	7 47 09	23 54 02	19 53 35
23 F	3 57 06	26 38 07	2 ♈ 44 55	21 23 27	13 57 26	21 54 18	8 06 45	28 32 01	13 13 07	23 41 21	5 19 45	7 50 53	23 55 13	19 52 53
24 Sa	4 54 33	8 ♈ 48 14	14 48 20	21 13 43	15 06 15	22 33 10	7 56 10	28 41 46	13 20 28	23 49 04	5 23 59	7 54 41	23 56 27	19 52 14
25 Su	5 53 08	20 47 26	26 43 30	21 09 29	16 16 06	23 13 10	7 46 58	28 52 24	13 28 49	23 57 56	5 29 19	7 59 39	23 58 47	19 52 42
26 M	6 53 43	2 ♉ 41 52	8 ♉ 36 25	21 11 49	17 27 50	23 55 10	7 40 02	29 04 46	13 39 01	24 08 51	5 36 38	8 06 37	24 03 06	19 55 10
27 Tu	7 56 50	14 36 58	20 32 14	21 21 21	18 41 59	24 39 41	7 35 54	29 19 26	13 51 37	24 22 19	5 46 29	8 16 08	24 09 56	20 00 10
28 W	9 02 35	26 37 07	2 ♊ 34 56	21 38 18	19 58 39	25 26 50	7 34 40	29 36 27	14 06 42	24 38 26	5 58 55	8 28 15	24 19 22	20 07 46
29 Th	10 10 36	8 ♊ 45 26	14 47 14	22 02 21	21 17 28	26 16 14	7 35 59	29 55 29	14 23 54	24 56 52	6 13 37	8 42 41	24 31 04	20 17 39
30 F	11 20 09	21 03 46	27 10 30	22 32 49	22 37 41	27 07 10	7 39 08	0 ♎ 15 48	14 42 30	25 16 51	6 29 50	8 58 39	24 44 16	20 29 03

Notes

LONGITUDE

July 2034

Day	☉	0 hr ☽	Noon ☽	☿	♀	♂	⚴	⚳	♃	♄	⚷	♅	♆	♇
1 Sa	12 ♑ 30 14	3 ♋ 32 48	9 ♋ 45 00	23 ♐ 08 39	23 ♒ 58 18	27 ♑ 58 36	7 ♊ 43 05	0 ♎ 36 21	15 ♎ 01 27	25 ♑ 37 23	6 ♐ 46 33	9 ♑ 15 09	24 ♎ 57 58	20 ♌ 40 57
2 Su	13 39 42	16 12 18	22 30 10	23 48 44	25 18 11	28 49 25	7 46 42	0 56 00	15 19 38	25 57 19	7 02 37	9 31 02	25 11 01	20 52 14
3 M	14 47 31	29 01 30	5 ♌ 25 03	24 31 60	26 36 15	29 38 35	7 48 58	1 13 44	15 36 01	26 15 37	7 17 00	9 45 15	25 22 23	21 01 50
4 Tu	15 52 55	11 ♌ 59 37	18 28 46	25 17 37	27 51 46	0 ♒ 25 17	7 49 07	1 28 44	15 49 48	26 31 31	7 28 56	9 57 03	25 31 19	21 09 00
5 W	16 55 32	25 06 11	1 ♍ 41 01	26 05 13	29 04 22	1 09 13	7 46 47	1 40 41	16 00 38	26 44 39	7 38 04	10 06 04	25 37 25	21 13 23
6 Th	17 55 31	8 ♍ 21 33	15 02 15	26 54 52	0 ♓ 14 11	1 50 30	7 42 07	1 49 42	16 08 41	26 55 09	7 44 31	10 12 27	25 40 52	21 15 07
7 F	18 53 30	21 46 50	28 33 48	27 47 08	1 21 50	2 29 45	7 35 45	1 56 24	16 14 33	27 03 40	7 48 56	10 16 49	25 42 16	21 14 49
8 Sa	19 50 29	5 ♎ 23 52	12 ♎ 17 33	28 43 00	2 28 20	3 08 00	7 28 42	2 01 48	16 19 15	27 11 11	7 52 19	10 20 11	25 42 39	21 13 30
9 Su	20 47 40	19 14 41	26 15 22	29 43 35	3 34 52	3 46 26	7 22 09	2 07 05	16 23 57	27 18 54	7 55 51	10 23 43	25 43 10	21 12 22
10 M	21 46 10	3 ♏ 20 49	10 ♏ 28 20	0 ♑ 49 55	4 42 33	4 26 09	7 17 13	2 13 21	16 29 48	27 27 56	8 00 39	10 28 34	25 44 58	21 12 31
11 Tu	22 46 47	17 42 24	24 55 53	2 02 48	5 52 12	5 07 59	7 14 44	2 21 25	16 37 35	27 39 06	8 07 32	10 35 31	25 48 51	21 14 46
12 W	23 49 51	2 ♐ 17 32	9 ♐ 35 08	3 22 27	7 04 07	5 52 14	7 15 01	2 31 36	16 47 37	27 52 42	8 16 48	10 44 53	25 55 09	21 19 27
13 Th	24 55 06	17 01 48	24 20 45	4 48 33	8 18 02	6 38 39	7 17 47	2 43 38	16 59 39	28 08 29	8 28 13	10 56 25	26 03 35	21 26 17
14 F	26 01 45	1 ♑ 48 30	9 ♑ 05 21	6 20 16	9 33 11	7 26 28	7 22 18	2 56 45	17 12 55	28 25 40	8 40 60	11 09 21	26 13 23	21 34 31
15 Sa	27 08 44	16 29 32	23 40 43	7 56 25	10 48 29	8 14 35	7 27 28	3 09 51	17 26 19	28 43 11	8 54 03	11 22 36	26 23 28	21 43 03
16 Su	28 14 55	0 ♒ 56 45	7 ♒ 59 06	9 35 48	12 02 47	9 01 53	7 32 09	3 21 49	17 38 43	28 59 53	9 06 16	11 35 01	26 32 43	21 50 46
17 M	29 19 22	15 03 20	21 54 39	11 17 22	13 15 10	9 47 27	7 35 26	3 31 42	17 49 12	29 14 47	9 16 42	11 45 41	26 40 11	21 56 44
18 Tu	0 ♒ 21 33	28 44 54	5 ♓ 24 09	13 00 29	14 25 05	10 30 43	7 36 47	3 38 59	17 57 13	29 27 32	9 24 49	11 54 04	26 45 22	22 00 25
19 W	1 21 24	11 ♓ 59 55	18 27 13	14 44 55	15 32 28	11 11 39	7 36 09	3 43 35	18 02 44	29 37 54	9 30 34	12 00 07	26 48 11	22 01 46
20 Th	2 19 19	24 49 33	1 ♈ 06 02	16 30 54	16 37 42	11 50 38	7 33 54	3 45 55	18 06 06	29 46 20	9 34 19	12 04 12	26 49 01	22 01 09
21 F	3 16 00	7 ♈ 17 12	13 24 45	18 18 58	17 41 30	12 28 23	7 30 46	3 46 40	18 08 04	29 53 31	9 36 48	12 07 03	26 48 35	21 59 19
22 Sa	4 12 23	19 27 46	25 28 42	20 09 47	18 44 46	13 05 48	7 27 38	3 46 45	18 09 31	0 ♒ 00 23	9 38 56	12 09 33	26 47 49	21 57 08
23 Su	5 09 23	1 ♉ 26 59	7 ♉ 23 52	22 04 01	19 48 24	13 43 49	7 25 27	3 47 05	18 11 23	0 07 51	9 41 37	12 12 39	26 47 36	21 55 34
24 M	6 07 45	13 20 46	19 16 10	24 02 12	20 53 11	14 23 11	7 24 59	3 48 27	18 14 27	0 16 41	9 45 37	12 17 07	26 48 45	21 55 22
25 Tu	7 08 01	25 14 45	1 ♊ 11 10	26 04 30	21 59 37	15 04 27	7 26 44	3 51 22	18 19 11	0 27 24	9 51 29	12 23 26	26 51 44	21 57 02
26 W	8 10 19	7 ♊ 13 55	13 13 33	28 10 48	23 07 50	15 47 44	7 30 51	3 55 57	18 25 47	0 40 09	9 59 20	12 31 47	26 56 45	22 00 44
27 Th	9 14 29	19 22 19	25 26 59	0 ♒ 20 32	24 17 38	16 32 51	7 37 08	4 02 02	18 34 02	0 54 43	10 08 58	12 41 57	27 03 33	22 06 16
28 F	10 19 55	1 ♋ 42 50	7 ♋ 53 54	2 32 49	25 28 28	17 19 14	7 45 02	4 09 02	18 43 22	1 10 34	10 19 50	12 53 23	27 11 36	22 13 05
29 Sa	11 25 54	14 17 10	20 35 29	4 46 34	26 39 32	18 06 08	7 53 47	4 16 11	18 53 01	1 26 55	10 31 10	13 05 18	27 20 09	22 20 25
30 Su	12 31 31	27 05 51	3 ♌ 31 44	7 00 33	27 49 58	18 52 39	8 02 28	4 22 38	19 02 06	1 42 53	10 42 05	13 16 51	27 28 17	22 27 22
31 M	13 35 57	10 ♌ 08 25	16 41 40	9 13 40	28 58 55	19 37 59	8 10 18	4 27 31	19 09 48	1 57 39	10 51 46	13 27 10	27 35 12	22 33 07

LONGITUDE

August 2034

Day	☉	0 hr ☽	Noon ☽	☿	♀	♂	⚴	⚳	♃	♄	⚷	♅	♆	♇
1 Tu	14 ♒ 38 36	23 ♌ 23 41	0 ♍ 03 45	11 ♒ 25 01	0 ♈ 05 47	20 ♒ 21 30	8 ♊ 16 39	4 ♎ 30 15	19 ♎ 15 31	2 ♒ 10 36	10 ♐ 59 36	13 ♑ 35 40	27 ♎ 40 17	22 ♌ 37 04
2 W	15 39 10	6 ♍ 50 08	13 36 14	13 34 01	1 10 15	21 02 55	8 21 13	4 30 31	19 18 56	2 21 27	11 05 17	13 42 03	27 43 15	22 38 55
3 Th	16 37 45	20 26 15	27 17 35	15 40 33	2 12 24	21 42 19	8 24 05	4 28 26	19 20 08	2 30 15	11 08 54	13 46 25	27 44 10	22 38 45
4 F	17 34 47	4 ♎ 10 52	11 ♎ 06 41	17 44 51	3 12 40	22 20 10	8 25 43	4 24 25	19 19 35	2 37 30	11 10 55	13 49 11	27 43 29	22 37 02
5 Sa	18 31 01	18 03 18	25 02 57	19 47 28	4 11 48	22 57 11	8 26 50	4 19 13	19 18 01	2 43 53	11 12 03	13 51 06	27 41 57	22 34 29
6 Su	19 27 18	2 ♏ 03 07	9 ♏ 06 01	21 49 08	5 10 37	23 34 13	8 28 17	4 13 42	19 16 17	2 50 17	11 13 09	13 53 01	27 40 25	22 31 57
7 M	20 24 26	16 09 58	23 15 27	23 50 30	6 09 56	24 12 05	8 30 53	4 08 38	19 15 10	2 57 30	11 15 02	13 55 45	27 39 41	22 30 16
8 Tu	21 23 00	0 ♐ 22 58	7 ♐ 30 09	25 52 03	7 10 18	24 51 21	8 35 11	4 04 38	19 15 16	3 06 06	11 18 17	13 59 52	27 40 20	22 29 58
9 W	22 23 14	14 40 25	21 48 02	27 53 56	8 11 57	25 32 16	8 41 25	4 01 54	19 16 49	3 16 19	11 23 06	14 05 35	27 42 34	22 31 19
10 Th	23 24 57	28 59 27	6 ♑ 05 52	29 55 57	9 14 41	26 14 38	8 49 26	4 00 18	19 19 37	3 27 59	11 29 20	14 12 45	27 46 15	22 34 08
11 F	24 27 39	13 ♑ 16 06	20 19 21	1 ♓ 57 31	10 18 01	26 57 59	8 58 43	3 59 18	19 23 12	3 40 35	11 36 28	14 20 51	27 50 53	22 37 55
12 Sa	25 30 39	27 25 39	4 ♒ 23 39	3 57 55	11 21 13	27 41 36	9 08 34	3 58 14	19 26 51	3 53 26	11 43 50	14 29 12	27 55 45	22 41 58
13 Su	26 33 13	11 ♒ 23 16	18 14 08	5 56 25	12 23 33	28 24 45	9 18 15	3 56 22	19 29 51	4 05 48	11 50 40	14 37 03	28 00 07	22 45 34
14 M	27 34 44	25 04 44	1 ♓ 47 01	7 52 23	13 24 23	29 06 50	9 27 10	3 53 05	19 31 35	4 17 04	11 56 23	14 43 48	28 03 24	22 48 06
15 Tu	28 34 50	8 ♓ 27 05	14 59 56	9 45 27	14 23 21	29 47 28	9 34 56	3 48 02	19 31 42	4 26 52	12 00 37	14 49 06	28 05 12	22 49 12
16 W	29 33 26	21 28 55	27 52 15	11 35 31	15 20 21	0 ♓ 26 36	9 41 28	3 41 09	19 30 06	4 35 07	12 03 16	14 52 51	28 05 28	22 48 48
17 Th	0 ♓ 30 45	4 ♈ 10 38	10 ♈ 25 06	13 22 49	16 15 33	1 04 24	9 46 57	3 32 36	19 26 58	4 42 01	12 04 32	14 55 14	28 04 23	22 47 04
18 F	1 27 09	16 34 14	22 41 04	15 07 44	17 09 20	1 41 17	9 51 48	3 22 50	19 22 45	4 47 58	12 04 49	14 56 41	28 02 21	22 44 25
19 Sa	2 23 10	28 43 01	4 ♉ 43 59	16 50 49	18 02 12	2 17 45	9 56 32	3 12 20	19 17 55	4 53 29	12 04 38	14 57 41	27 59 53	22 41 23
20 Su	3 19 20	10 ♉ 41 13	16 38 26	18 32 36	18 54 41	2 54 22	10 01 40	3 01 41	19 13 04	4 59 06	12 04 33	14 58 48	27 57 32	22 38 29
21 M	4 16 09	22 33 42	28 29 30	20 13 35	19 47 14	3 31 36	10 07 41	2 51 21	19 08 37	5 05 18	12 05 00	15 00 29	27 55 46	22 36 13
22 Tu	5 13 55	4 ♊ 25 29	10 ♊ 22 18	21 54 06	20 40 08	4 09 45	10 14 55	2 41 40	19 04 56	5 12 24	12 06 20	15 03 05	27 54 54	22 34 52
23 W	6 12 46	16 21 33	22 21 44	23 34 18	21 33 31	4 48 58	10 23 27	2 32 45	19 02 08	5 20 30	12 08 40	15 06 42	27 55 04	22 34 36
24 Th	7 12 36	28 26 28	4 ♋ 32 14	25 14 05	22 27 15	5 29 10	10 33 14	2 24 33	19 00 07	5 29 34	12 11 55	15 11 15	27 56 12	22 35 20
25 F	8 13 12	10 ♋ 44 15	16 57 27	26 53 15	23 21 05	6 10 06	10 44 01	2 16 49	18 58 40	5 39 19	12 15 50	15 16 31	27 58 02	22 36 47
26 Sa	9 14 10	23 18 02	29 40 05	28 31 23	24 14 36	6 51 22	10 55 23	2 09 10	18 57 23	5 49 22	12 20 02	15 22 05	28 00 11	22 38 36
27 Su	10 15 04	6 ♌ 09 55	12 ♌ 41 37	0 ♈ 08 04	25 07 20	7 32 33	11 06 54	2 01 11	18 55 51	5 59 17	12 24 05	15 27 31	28 02 13	22 40 20
28 M	11 15 30	19 20 46	26 02 15	1 42 55	25 58 51	8 13 15	11 18 11	1 52 29	18 53 39	6 08 41	12 27 35	15 32 26	28 03 44	22 41 35
29 Tu	12 15 11	2 ♍ 50 11	9 ♍ 40 51	3 15 38	26 48 52	8 53 10	11 28 56	1 42 46	18 50 30	6 17 15	12 30 14	15 36 31	28 04 27	22 42 04
30 W	13 13 58	16 36 30	23 35 04	4 46 05	27 37 11	9 32 10	11 39 01	1 31 56	18 46 17	6 24 51	12 31 55	15 39 40	28 04 14	22 41 39
31 Th	14 11 56	0 ♎ 36 56	7 ♎ 41 39	6 14 19	28 23 51	10 10 19	11 48 28	1 20 01	18 41 02	6 31 33	12 32 41	15 41 55	28 03 07	22 40 23

Notes

September 2034

LONGITUDE

Day	☉	0 hr ☽	Noon ☽	☿	♀	♂	⚵	⚳	♃	♄	⚷	♅	♆	♇
1 F	15 ♓ 09 16	14 ♎ 48 00	21 ♎ 56 48	7 ♈ 40 31	29 ♈ 09 02	10 ♓ 47 49	11 ♊ 57 30	1 ♎ 07 16	18 ♎ 34 59	6 ♒ 37 34	12 ♐ 32 43	15 ♑ 43 28	28 ♎ 01 20	22 ♌ 38 28
2 Sa	16 06 18	29 05 50	6 ♏ 16 36	9 04 59	29 53 01	11 24 59	12 06 25	0 53 59	18 28 26	6 43 10	12 32 21	15 44 38	27 59 11	22 36 13
3 Su	17 03 21	13 ♏ 26 35	20 37 21	10 28 03	0 ♉ 36 07	12 02 09	12 15 34	0 40 32	18 21 43	6 48 44	12 31 55	15 45 46	27 57 01	22 33 60
4 M	18 00 44	27 46 43	4 ♐ 55 46	11 49 59	1 18 35	12 39 36	12 25 13	0 27 13	18 15 10	6 54 32	12 31 43	15 47 09	27 55 07	22 32 04
5 Tu	18 58 37	12 ♐ 03 08	19 09 05	13 10 55	2 00 33	13 17 32	12 35 35	0 14 13	18 08 55	7 00 45	12 31 55	15 48 57	27 53 39	22 30 37
6 W	19 57 03	26 13 17	3 ♑ 15 01	14 30 52	2 42 03	13 55 59	12 46 40	0 01 35	18 03 03	7 07 26	12 32 33	15 51 13	27 52 41	22 29 42
7 Th	20 55 56	10 ♑ 14 58	17 11 38	15 49 41	3 22 56	14 34 52	12 58 23	29 ♍ 49 15	17 57 27	7 14 28	12 33 33	15 53 52	27 52 06	22 29 12
8 F	21 55 05	24 06 24	0 ♒ 57 18	17 07 09	4 02 59	15 13 58	13 10 33	29 37 02	17 51 57	7 21 42	12 34 43	15 56 42	27 51 45	22 28 57
9 Sa	22 54 17	7 ♒ 46 02	14 30 37	18 22 59	4 41 56	15 53 07	13 22 58	29 24 46	17 46 21	7 28 53	12 35 51	15 59 32	27 51 23	22 28 45
10 Su	23 53 23	21 12 38	27 50 27	19 36 58	5 19 35	16 32 07	13 35 26	29 12 16	17 40 29	7 35 52	12 36 45	16 02 09	27 50 51	22 28 25
11 M	24 52 15	4 ♓ 25 17	10 ♓ 56 01	20 48 52	5 55 46	17 10 51	13 47 51	28 59 26	17 34 13	7 42 32	12 37 20	16 04 29	27 50 03	22 27 50
12 Tu	25 50 51	17 23 25	23 46 59	21 58 37	6 30 25	17 49 19	14 00 11	28 46 16	17 27 34	7 48 51	12 37 34	16 06 28	27 48 56	22 26 59
13 W	26 49 16	0 ♈ 07 01	6 ♈ 23 34	23 06 08	7 03 32	18 27 33	14 12 29	28 32 49	17 20 34	7 54 52	12 37 30	16 08 11	27 47 34	22 25 54
14 Th	27 47 34	12 36 39	18 46 40	24 11 25	7 35 09	19 05 40	14 24 51	28 19 14	17 13 19	8 00 41	12 37 14	16 09 43	27 46 03	22 24 43
15 F	28 45 53	24 53 32	0 ♉ 57 50	25 14 27	8 05 19	19 43 45	14 37 23	28 05 37	17 05 57	8 06 26	12 36 52	16 11 10	27 44 30	22 23 31
16 Sa	29 44 17	6 ♉ 59 36	12 59 21	26 15 10	8 34 06	20 21 54	14 50 11	27 52 04	16 58 33	8 12 10	12 36 31	16 12 39	27 42 59	22 22 25
17 Su	0 ♈ 42 50	18 57 24	24 54 07	27 13 29	9 01 28	21 00 10	15 03 18	27 38 40	16 51 11	8 17 57	12 36 12	16 14 12	27 41 34	22 21 26
18 M	1 41 31	0 ♊ 50 06	6 ♊ 45 37	28 09 11	9 27 20	21 38 33	15 16 41	27 25 25	16 43 50	8 23 47	12 35 56	16 15 48	27 40 15	22 20 35
19 Tu	2 40 16	12 41 26	18 37 48	29 02 00	9 51 36	22 16 59	15 30 18	27 12 15	16 36 27	8 29 34	12 35 38	16 17 24	27 38 57	22 19 47
20 W	3 38 59	24 35 32	0 ♋ 34 59	29 51 38	10 14 05	22 55 21	15 44 03	26 59 06	16 28 56	8 35 14	12 35 13	16 18 53	27 37 34	22 18 56
21 Th	4 37 34	6 ♋ 36 47	12 41 38	0 ♉ 37 44	10 34 38	23 33 34	15 57 48	26 45 52	16 21 11	8 40 40	12 34 34	16 20 09	27 36 01	22 17 57
22 F	5 35 57	18 49 44	25 02 12	1 19 57	10 53 06	24 11 33	16 11 30	26 32 30	16 13 08	8 45 48	12 33 37	16 21 09	27 34 13	22 16 45
23 Sa	6 34 07	1 ♌ 18 43	7 ♌ 40 48	1 57 60	11 09 26	24 49 17	16 25 08	26 19 00	16 04 48	8 50 37	12 32 21	16 21 51	27 32 10	22 15 20
24 Su	7 32 08	14 07 37	20 40 52	2 31 36	11 23 37	25 26 52	16 38 45	26 05 28	15 56 14	8 55 11	12 30 52	16 22 19	27 29 55	22 13 46
25 M	8 30 09	27 19 22	4 ♍ 04 41	3 00 34	11 35 45	26 04 25	16 52 31	25 52 01	15 47 35	8 59 38	12 29 17	16 22 43	27 27 38	22 12 11
26 Tu	9 28 22	10 ♍ 55 31	17 52 50	3 24 45	11 45 58	26 42 09	17 06 37	25 38 55	15 39 05	9 04 12	12 27 48	16 23 14	27 25 30	22 10 47
27 W	10 27 00	24 55 40	2 ♎ 03 56	3 43 57	11 54 25	27 20 16	17 21 16	25 26 21	15 30 56	9 09 04	12 26 38	16 24 06	27 23 45	22 09 48
28 Th	11 26 13	9 ♎ 17 16	16 34 16	3 57 55	12 01 12	27 58 56	17 36 37	25 14 30	15 23 17	9 14 23	12 25 57	16 25 26	27 22 32	22 09 23
29 F	12 26 03	23 55 28	1 ♏ 18 06	4 06 18	12 06 21	28 38 13	17 52 42	25 03 26	15 16 13	9 20 14	12 25 48	16 27 19	27 21 54	22 09 34
30 Sa	13 26 26	8 ♏ 43 38	16 08 12	4 08 36	12 09 42	29 17 59	18 09 28	24 53 04	15 09 39	9 26 30	12 26 06	16 29 39	27 21 45	22 10 17

October 2034

LONGITUDE

Day	☉	0 hr ☽	Noon ☽	☿	♀	♂	⚵	⚳	♃	♄	⚷	♅	♆	♇
1 Su	14 ♈ 27 07	23 ♏ 34 05	0 ♐ 56 53	4 ♉ 04 12	12 ♉ 11 01	29 ♓ 58 03	18 ♊ 26 39	24 ♍ 43 11	15 ♎ 03 20	9 ♒ 32 58	12 ♐ 26 36	16 ♑ 32 13	27 ♎ 21 52	22 ♌ 11 18
2 M	15 27 47	8 ♐ 19 15	15 37 03	3 52 25	12 09 55	0 ♈ 38 05	18 43 56	24 33 28	14 56 57	9 39 17	12 26 59	16 34 40	27 21 56	22 12 17
3 Tu	16 28 06	22 52 39	0 ♑ 03 02	3 32 37	12 06 03	1 17 43	19 00 58	24 23 35	14 50 11	9 45 08	12 26 54	16 36 40	27 21 35	22 12 53
4 W	17 27 46	7 ♑ 09 42	14 11 13	3 04 23	11 59 07	1 56 40	19 17 28	24 13 16	14 42 45	9 50 13	12 26 05	16 37 56	27 20 33	22 12 50
5 Th	18 26 40	21 07 51	27 59 59	2 27 33	11 48 59	2 34 51	19 33 19	24 02 24	14 34 31	9 54 24	12 24 24	16 38 21	27 18 42	22 12 00
6 F	19 24 53	4 ♒ 46 32	11 ♒ 29 28	1 42 20	11 35 44	3 12 17	19 48 35	23 51 04	14 25 35	9 57 46	12 21 56	16 37 59	27 16 07	22 10 28
7 Sa	20 22 39	18 06 37	24 40 60	0 49 23	11 19 39	3 49 16	20 03 30	23 39 31	14 16 11	10 00 35	12 18 55	16 37 04	27 13 03	22 08 28
8 Su	21 20 23	1 ♓ 09 56	7 ♓ 36 38	29 ♈ 49 47	11 01 09	4 26 10	20 18 29	23 28 11	14 06 45	10 03 13	12 15 46	16 36 02	27 09 54	22 06 25
9 M	22 18 32	13 58 44	20 18 40	28 44 58	10 40 46	5 03 29	20 33 60	23 17 31	13 57 44	10 06 09	12 12 56	16 35 20	27 07 07	22 04 46
10 Tu	23 17 32	26 35 15	2 ♈ 49 16	27 36 37	10 18 59	5 41 37	20 50 28	23 07 59	13 49 36	10 09 49	12 10 52	16 35 24	27 05 11	22 03 58
11 W	24 17 45	9 ♈ 01 30	15 10 21	26 26 39	9 56 13	6 20 55	21 08 14	22 59 55	13 42 40	10 14 33	12 09 55	16 36 34	27 04 23	22 04 22
12 Th	25 19 19	21 19 08	27 23 34	25 17 03	9 32 45	7 01 33	21 27 27	22 53 29	13 37 08	10 20 31	12 10 13	16 39 01	27 04 55	22 06 06
13 F	26 22 12	3 ♉ 29 32	9 ♉ 30 15	24 09 44	9 08 39	7 43 29	21 48 06	22 48 40	13 32 56	10 27 40	12 11 45	16 42 41	27 06 43	22 09 09
14 Sa	27 26 08	15 33 55	21 31 44	23 06 30	8 43 47	8 26 27	22 09 53	22 45 12	13 29 50	10 35 45	12 14 16	16 47 19	27 09 33	22 13 15
15 Su	28 30 42	27 33 34	3 ♊ 29 27	22 08 55	8 17 53	9 10 01	22 32 24	22 42 40	13 27 24	10 44 20	12 17 18	16 52 30	27 12 59	22 17 58
16 M	29 35 21	9 ♊ 29 58	15 25 09	21 18 14	7 50 34	9 53 38	22 55 05	22 40 32	13 25 06	10 52 52	12 20 21	16 57 41	27 16 28	22 22 45
17 Tu	0 ♉ 39 29	21 25 08	27 21 07	20 35 26	7 21 27	10 36 43	23 17 21	22 38 12	13 22 21	11 00 46	12 22 47	17 02 16	27 19 24	22 27 02
18 W	1 42 36	3 ♋ 21 43	9 ♋ 20 17	20 01 17	6 50 13	11 18 46	23 38 41	22 35 10	13 18 38	11 07 31	12 24 08	17 05 44	27 21 18	22 30 17
19 Th	2 44 22	15 23 05	21 26 18	19 36 19	6 16 46	11 59 26	23 58 45	22 31 06	13 13 39	11 12 46	12 24 02	17 07 47	27 21 48	22 32 10
20 F	3 44 40	27 33 21	3 ♌ 43 26	19 20 55	5 41 14	12 38 37	24 17 27	22 25 55	13 07 17	11 16 27	12 22 25	17 08 17	27 20 49	22 32 36
21 Sa	4 43 42	9 ♌ 57 14	16 16 29	19 15 29	5 04 02	13 16 32	24 34 58	22 19 49	12 59 44	11 18 44	12 19 27	17 07 26	27 18 34	22 31 47
22 Su	5 41 57	22 39 44	29 10 18	19 20 20	4 25 53	13 53 38	24 51 47	22 13 15	12 51 28	11 20 06	12 15 37	17 05 43	27 15 30	22 30 09
23 M	6 40 06	5 ♍ 45 39	12 ♍ 29 16	19 35 45	3 47 44	14 30 35	25 08 34	22 06 55	12 43 12	11 21 13	12 11 35	17 03 49	27 12 17	22 28 25
24 Tu	7 38 53	19 18 51	26 16 26	20 01 55	3 10 34	15 08 11	25 26 05	22 01 35	12 35 40	11 22 52	12 08 08	17 02 28	27 09 42	22 27 20
25 W	8 39 02	3 ♎ 21 22	10 ♎ 32 41	20 38 50	2 35 21	15 47 07	25 45 02	21 57 56	12 29 36	11 25 43	12 05 58	17 02 24	27 08 27	22 27 35
26 Th	9 40 59	17 52 29	25 15 48	21 26 09	2 02 48	16 27 51	26 05 53	21 56 27	12 25 27	11 30 16	12 05 33	17 04 04	27 08 60	22 29 40
27 F	10 44 53	2 ♏ 48 04	10 ♏ 20 06	22 23 08	1 33 15	17 10 29	26 28 43	21 57 15	12 23 20	11 36 37	12 06 59	17 07 35	27 11 27	22 33 40
28 Sa	11 50 23	18 00 29	25 36 38	23 28 36	1 06 34	17 54 43	26 53 15	21 59 59	12 22 57	11 44 25	12 09 58	17 12 38	27 15 30	22 39 17
29 Su	12 56 48	3 ♐ 19 25	10 ♐ 54 27	24 41 03	0 42 18	18 39 50	27 18 45	22 03 59	12 23 34	11 53 01	12 13 46	17 18 30	27 20 25	22 45 48
30 M	14 03 13	18 33 30	26 02 27	25 58 46	0 19 41	19 24 56	27 44 19	22 08 18	12 24 19	12 01 27	12 17 30	17 24 17	27 25 20	22 52 18
31 Tu	15 08 43	3 ♑ 32 21	10 ♑ 51 18	27 20 08	29 ♈ 57 59	20 09 05	28 09 02	22 12 04	12 24 16	12 08 51	12 20 15	17 29 03	27 29 17	22 57 53

Notes

LONGITUDE — November 2034

Day	☉	0 hr ☽	Noon ☽	☿	♀	♂	⚵	⚳	♃	♄	⚷	♅	♆	♇
1 W	16 ♉ 12 37	18 ♑ 08 12	25 ♑ 14 50	28 ♈ 43 46	29 ♈ 36 40	20 ♈ 51 37	28 ♊ 32 13	22 ♍ 14 33	12 ♎ 22 44	12 ♒ 14 29	12 ♐ 21 19	17 ♑ 32 09	27 ♎ 31 38	23 ♌ 01 52
2 Th	17 14 38	2 ♒ 16 54	9 ♒ 10 24	0 ♉ 08 48	29 15 33	21 32 15	28 53 34	22 15 30	12 19 27	12 18 06	12 20 26	17 33 17	27 32 03	23 03 57
3 F	18 14 56	15 57 43	22 38 35	1 34 53	28 54 56	22 11 09	29 13 16	22 15 05	12 14 35	12 19 52	12 17 46	17 32 36	27 30 45	23 04 19
4 Sa	19 14 07	29 12 41	5 ♓ 42 16	3 02 08	28 35 28	22 48 54	29 31 54	22 13 52	12 08 43	12 20 21	12 13 55	17 30 43	27 28 18	23 03 32
5 Su	20 13 02	12 ♓ 05 39	18 25 45	4 30 59	28 18 05	23 26 22	29 50 20	22 12 43	12 02 44	12 20 26	12 09 43	17 28 29	27 25 34	23 02 30
6 M	21 12 39	24 41 17	0 ♈ 53 48	6 02 05	28 03 48	24 04 31	0 ♋ 09 32	22 12 38	11 57 35	12 21 04	12 06 10	17 26 53	27 23 31	23 02 10
7 Tu	22 13 53	7 ♈ 04 14	13 10 57	7 36 00	27 53 33	24 44 15	0 30 24	22 14 29	11 54 12	12 23 11	12 04 10	17 26 48	27 23 04	23 03 25
8 W	23 17 24	19 18 38	25 21 05	9 13 10	27 48 01	25 26 14	0 53 35	22 18 57	11 53 14	12 27 25	12 04 23	17 28 54	27 24 52	23 06 57
9 Th	24 23 31	1 ♉ 27 44	7 ♉ 27 11	10 53 41	27 47 33	26 10 49	1 19 26	22 26 21	11 55 02	12 34 07	12 07 08	17 33 33	27 29 15	23 13 06
10 F	25 32 10	13 33 51	19 31 16	12 37 18	27 52 02	26 57 54	1 47 53	22 36 37	11 59 31	12 43 12	12 12 22	17 40 38	27 36 10	23 21 46
11 Sa	26 42 53	25 38 22	1 ♊ 34 32	14 23 24	28 01 01	27 47 03	2 18 27	22 49 18	12 06 15	12 54 13	12 19 38	17 49 44	27 45 08	23 32 30
12 Su	27 54 53	7 ♊ 42 01	13 37 39	16 11 03	28 13 40	28 37 27	2 50 21	23 03 36	12 14 25	13 06 23	12 28 07	18 00 02	27 55 23	23 44 31
13 M	29 07 11	19 45 14	25 41 06	17 59 10	28 28 57	29 28 08	3 22 36	23 18 31	12 23 02	13 18 41	12 36 50	18 10 32	28 05 54	23 56 49
14 Tu	0 ♊ 18 42	1 ♋ 48 32	7 ♋ 45 33	19 46 36	28 45 47	0 ♉ 18 01	3 54 07	23 32 59	12 31 03	13 30 05	12 44 45	18 20 13	28 15 39	24 08 22
15 W	1 28 31	13 52 57	19 52 18	21 32 21	29 03 11	1 06 12	4 23 60	23 46 05	12 37 33	13 39 38	12 50 54	18 28 06	28 23 41	24 18 12
16 Th	2 35 58	26 00 22	2 ♌ 03 32	23 15 42	29 20 27	1 51 60	4 51 34	23 57 08	12 41 51	13 46 42	12 54 40	18 33 35	28 29 21	24 25 41
17 F	3 40 49	8 ♌ 13 40	14 22 31	24 56 21	29 37 15	2 35 11	5 16 35	24 05 55	12 43 44	13 51 01	12 55 47	18 36 22	28 32 25	24 30 33
18 Sa	4 43 17	20 36 55	26 53 31	26 34 30	29 53 48	3 15 58	5 39 15	24 12 38	12 43 24	13 52 49	12 54 29	18 36 43	28 33 06	24 33 03
19 Su	5 44 02	3 ♍ 15 05	9 ♍ 41 41	28 10 48	0 ♉ 10 40	3 55 01	6 00 16	24 17 57	12 41 33	13 52 46	12 51 26	18 35 18	28 32 05	24 33 51
20 M	6 44 06	16 13 38	22 52 22	29 46 15	0 28 50	4 33 23	6 20 39	24 22 54	12 39 12	13 51 53	12 47 40	18 33 07	28 30 22	24 33 57
21 Tu	7 44 41	29 37 51	6 ♎ 30 24	1 ♊ 22 02	0 49 27	5 12 15	6 41 35	24 28 40	12 37 32	13 51 24	12 44 22	18 31 24	28 29 10	24 34 35
22 W	8 46 54	13 ♎ 31 52	20 38 60	2 59 16	1 13 35	5 52 44	7 04 13	24 36 23	12 37 42	13 52 25	12 42 42	18 31 15	28 29 36	24 36 52
23 Th	9 51 35	27 57 22	5 ♏ 18 25	4 38 47	1 41 60	6 35 42	7 29 21	24 46 52	12 40 32	13 55 46	12 43 28	18 33 31	28 32 31	24 41 37
24 F	10 59 02	12 ♏ 52 28	20 25 01	6 20 53	2 14 55	7 21 24	7 57 18	25 00 25	12 46 18	14 01 45	12 46 59	18 38 29	28 38 12	24 49 07
25 Sa	12 08 54	28 11 02	5 ♐ 50 47	8 05 14	2 51 57	8 09 31	8 27 42	25 16 40	12 54 40	14 10 02	12 52 53	18 45 49	28 46 19	24 59 04
26 Su	13 20 17	13 ♐ 42 47	21 24 07	9 50 55	3 32 08	8 59 08	8 59 40	25 34 44	13 04 45	14 19 41	13 00 16	18 54 36	28 55 56	25 10 32
27 M	14 31 53	29 14 53	6 ♑ 51 47	11 36 39	4 14 08	9 48 59	9 31 54	25 53 18	13 15 14	14 29 26	13 07 52	19 03 34	29 05 47	25 22 13
28 Tu	15 42 24	14 ♑ 34 13	22 01 26	13 21 09	4 56 33	10 37 43	10 03 04	26 11 04	13 24 48	14 37 57	13 14 21	19 11 22	29 14 33	25 32 49
29 W	16 50 48	29 30 00	6 ♒ 43 55	15 03 23	5 38 18	11 24 19	10 32 09	26 26 58	13 32 27	14 44 13	13 18 41	19 16 59	29 21 12	25 41 18
30 Th	17 56 35	13 ♒ 55 27	20 54 21	16 42 53	6 18 51	12 08 18	10 58 40	26 40 32	13 37 39	14 47 44	13 20 23	19 19 56	29 25 13	25 47 09

LONGITUDE — December 2034

Day	☉	0 hr ☽	Noon ☽	☿	♀	♂	⚵	⚳	♃	♄	⚷	♅	♆	♇
1 F	18 ♊ 59 53	27 ♒ 48 11	4 ♓ 32 09	18 ♊ 19 46	6 ♉ 58 16	12 ♉ 49 47	11 ♋ 22 43	26 ♍ 51 53	13 ♎ 40 33	14 ♒ 48 38	13 ♐ 19 35	19 ♑ 20 21	29 ♎ 26 46	25 ♌ 50 32
2 Sa	20 01 23	11 ♓ 09 46	17 40 06	19 54 46	7 37 11	13 29 27	11 45 01	27 01 42	13 41 50	14 47 37	13 16 58	19 18 54	29 26 31	25 52 07
3 Su	21 02 11	24 04 23	0 ♈ 23 14	21 28 58	8 16 39	14 08 25	12 06 38	27 11 05	13 42 36	14 45 45	13 13 38	19 16 42	29 25 35	25 52 60
4 M	22 03 31	6 ♈ 37 45	12 47 34	23 03 39	8 57 51	14 47 55	12 28 50	27 21 15	13 44 06	14 44 18	13 10 50	19 14 59	29 25 11	25 54 25
5 Tu	23 06 35	18 55 59	24 59 12	24 40 00	9 41 55	15 29 07	12 52 47	27 33 24	13 47 30	14 44 27	13 09 44	19 14 57	29 26 31	25 57 34
6 W	24 12 15	1 ♉ 04 45	7 ♉ 03 37	26 18 56	10 29 41	16 12 55	13 19 22	27 48 25	13 53 42	14 47 04	13 11 14	19 17 28	29 30 28	26 03 19
7 Th	25 20 60	13 08 51	19 05 14	28 00 55	11 21 36	16 59 47	13 49 04	28 06 46	14 03 09	14 52 39	13 15 49	19 23 00	29 37 30	26 12 09
8 F	26 32 48	25 11 49	1 ♊ 07 14	29 45 56	12 17 35	17 49 43	14 21 52	28 28 25	14 15 51	15 01 10	13 23 27	19 31 34	29 47 36	26 24 03
9 Sa	27 47 08	7 ♊ 15 58	13 11 32	1 ♋ 33 31	13 17 05	18 42 09	14 57 13	28 52 51	14 31 16	15 12 06	13 33 36	19 42 37	0 ♏ 00 15	26 38 29
10 Su	29 03 05	19 22 27	25 18 59	3 22 44	14 19 08	19 36 12	15 34 12	29 19 08	14 48 29	15 24 31	13 45 23	19 55 14	0 14 31	26 54 32
11 M	0 ♋ 19 27	1 ♋ 31 36	7 ♋ 29 42	5 12 23	15 22 29	20 30 40	16 11 39	29 46 04	15 06 19	15 37 15	13 57 35	20 08 13	0 29 14	27 11 01
12 Tu	1 34 58	13 43 19	19 43 34	7 01 15	16 25 52	21 24 17	16 48 16	0 ♎ 12 24	15 23 29	15 49 01	14 08 56	20 20 20	0 43 06	27 26 39
13 W	2 48 30	25 57 38	2 ♌ 00 39	8 48 11	17 28 06	22 15 54	17 22 57	0 36 59	15 38 51	15 58 41	14 18 20	20 30 26	0 55 01	27 40 19
14 Th	3 59 14	8 ♌ 15 05	14 21 43	10 32 24	18 28 20	23 04 44	17 54 52	0 59 01	15 51 37	16 05 28	14 24 57	20 37 43	1 04 10	27 51 12
15 F	5 06 50	20 37 08	26 48 32	12 13 32	19 26 12	23 50 25	18 23 40	1 18 08	16 01 26	16 09 00	14 28 26	20 41 49	1 10 11	27 58 57
16 Sa	6 11 28	3 ♍ 06 26	9 ♍ 24 05	13 51 47	20 21 50	24 33 09	18 49 33	1 34 31	16 08 28	16 09 28	14 28 58	20 42 55	1 13 16	28 03 45
17 Su	7 13 49	15 46 47	22 12 26	15 27 49	21 15 55	25 13 35	19 13 10	1 48 51	16 13 24	16 07 33	14 27 15	20 41 44	1 14 05	28 06 17
18 M	8 14 59	28 42 52	5 ♎ 18 22	17 02 43	22 09 29	25 52 50	19 35 38	2 02 12	16 17 21	16 04 22	14 24 22	20 39 20	1 13 45	28 07 38
19 Tu	9 16 16	11 ♎ 59 42	18 46 48	18 37 48	23 03 51	26 32 13	19 58 15	2 15 54	16 21 36	16 01 12	14 21 38	20 37 02	1 13 34	28 09 08
20 W	10 18 56	25 41 48	2 ♏ 41 43	20 14 19	24 00 14	27 12 59	20 22 16	2 31 12	16 27 25	15 59 20	14 20 18	20 36 05	1 14 47	28 12 01
21 Th	11 23 56	9 ♏ 52 05	17 04 59	21 53 10	24 59 35	27 56 05	20 48 40	2 49 03	16 35 45	15 59 42	14 21 21	20 37 28	1 18 22	28 17 15
22 F	12 31 41	24 30 40	1 ♐ 55 16	23 34 47	26 02 16	28 41 57	21 17 51	3 09 51	16 47 01	16 02 45	14 25 11	20 41 36	1 24 44	28 25 16
23 Sa	13 41 58	9 ♐ 33 54	17 07 11	25 18 52	27 08 04	29 30 21	21 49 35	3 33 24	17 01 00	16 08 15	14 31 34	20 48 14	1 33 40	28 35 49
24 Su	14 53 55	24 54 02	2 ♑ 31 24	27 04 33	28 16 07	0 ♊ 20 26	22 23 02	3 58 49	17 16 51	16 15 21	14 39 41	20 56 32	1 44 18	28 48 03
25 M	16 06 18	10 ♑ 20 01	17 55 55	28 50 29	29 25 06	1 10 56	22 56 54	4 24 51	17 33 17	16 22 46	14 48 14	21 05 15	1 55 22	29 00 43
26 Tu	17 17 44	25 39 19	3 ♒ 08 18	0 ♌ 35 15	0 ♊ 33 40	2 00 30	23 29 52	4 50 09	17 48 56	16 29 11	14 55 53	21 12 60	2 05 32	29 12 28
27 W	18 27 07	10 ♒ 40 19	17 57 57	2 17 39	1 40 42	2 48 01	24 00 49	5 13 34	18 02 43	16 33 27	15 01 30	21 18 41	2 13 40	29 22 09
28 Th	19 33 50	25 14 23	2 ♓ 17 57	3 56 59	2 45 32	3 32 53	24 29 06	5 34 31	18 14 01	16 34 60	15 04 31	21 21 42	2 19 10	29 29 12
29 F	20 37 53	9 ♓ 16 57	16 05 32	5 33 06	3 48 10	4 15 05	24 54 45	5 52 59	18 22 48	16 33 48	15 04 53	21 22 02	2 22 02	29 33 35
30 Sa	21 39 49	22 47 35	29 21 48	7 06 25	4 49 09	4 55 11	25 18 19	6 09 31	18 29 39	16 30 25	15 03 11	21 20 15	2 22 49	29 35 52
31 Su	22 40 38	5 ♈ 49 05	12 ♈ 10 39	8 37 44	5 49 26	5 34 09	25 40 46	6 25 06	18 35 32	16 25 50	15 00 24	21 17 20	2 22 29	29 37 02

Notes

January 2035 LONGITUDE

Day	☉	0 hr ☽	Noon ☽	☿	♀	♂	⚵	⚳	♃	♄	⚷	♅	♆	♇
1 M	23 ♋ 41 28	18 ♈ 26 25	24 ♈ 37 39	10 ♌ 07 59	6 ♊ 50 09	6 ♊ 13 09	26 ♋ 03 16	6 ♎ 40 52	18 ♎ 41 36	16 ♒ 21 12	14 ♐ 57 40	21 ♑ 14 26	2 ♏ 22 13	29 ♌ 38 14
2 Tu	24 43 27	0 ♉ 45 32	6 ♉ 49 03	11 38 04	7 52 25	6 53 18	26 26 55	6 57 59	18 48 58	16 17 40	14 56 08	21 12 41	2 23 07	29 40 35
3 W	25 47 28	12 52 34	18 50 58	13 08 34	8 57 06	7 35 30	26 52 39	7 17 17	18 58 33	16 16 06	14 56 42	21 12 57	2 26 06	29 44 59
4 Th	26 54 03	24 53 07	0 ♊ 48 47	14 39 40	10 04 43	8 20 15	27 20 56	7 39 20	19 10 51	16 17 02	14 59 51	21 15 48	2 31 39	29 51 57
5 F	28 03 15	6 ♊ 51 53	12 46 52	16 11 02	11 15 19	9 07 38	27 51 52	8 04 09	19 25 55	16 20 32	15 05 40	21 21 15	2 39 52	0 ♍ 01 33
6 Sa	29 14 40	18 52 24	24 48 22	17 41 50	12 28 28	9 57 15	28 25 03	8 31 22	19 43 23	16 26 13	15 13 46	21 28 56	2 50 20	0 13 23
7 Su	0 ♌ 27 32	0 ♋ 57 02	6 ♋ 55 16	19 10 47	13 43 25	10 48 19	28 59 42	9 00 12	20 02 28	16 33 18	15 23 23	21 38 05	3 02 17	0 26 41
8 M	1 40 52	13 07 08	19 08 30	20 36 18	14 59 08	11 39 51	29 34 49	9 29 39	20 22 08	16 40 48	15 33 29	21 47 41	3 14 43	0 40 27
9 Tu	2 53 32	25 23 12	1 ♌ 28 20	21 56 37	16 14 32	12 30 44	0 ♌ 09 18	9 58 37	20 41 20	16 47 36	15 43 00	21 56 39	3 26 33	0 53 34
10 W	4 04 35	7 ♌ 45 22	13 54 38	23 10 03	17 28 35	13 20 01	0 42 11	10 26 07	20 59 03	16 52 45	15 50 57	22 04 01	3 36 47	1 05 05
11 Th	5 13 16	20 13 38	26 27 24	24 15 05	18 40 35	14 06 57	1 12 44	10 51 25	21 14 34	16 55 31	15 56 37	22 09 02	3 44 43	1 14 16
12 F	6 19 17	2 ♍ 48 26	9 ♍ 07 08	25 10 32	19 50 10	14 51 12	1 40 37	11 14 11	21 27 34	16 55 35	15 59 40	22 11 24	3 49 60	1 20 47
13 Sa	7 22 43	15 30 48	21 55 03	25 55 37	20 57 28	15 32 54	2 05 57	11 34 32	21 38 09	16 53 02	16 00 12	22 11 12	3 52 44	1 24 44
14 Su	8 24 05	28 22 36	4 ♎ 53 14	26 29 59	22 02 58	16 12 33	2 29 14	11 52 59	21 46 49	16 48 26	15 58 45	22 08 58	3 53 28	1 26 39
15 M	9 24 16	11 ♎ 26 29	18 04 30	26 53 36	23 07 32	16 51 01	2 51 21	12 10 24	21 54 27	16 42 37	15 56 10	22 05 34	3 53 03	1 27 23
16 Tu	10 24 17	24 45 31	1 ♏ 31 58	27 06 42	24 12 11	17 29 21	3 13 20	12 27 48	22 02 04	16 36 37	15 53 31	22 02 03	3 52 31	1 27 59
17 W	11 25 09	8 ♏ 22 43	15 18 24	27 09 39	25 17 56	18 08 33	3 36 10	12 46 12	22 10 42	16 31 29	15 51 46	21 59 24	3 52 53	1 29 28
18 Th	12 27 38	22 20 14	29 25 24	27 02 42	26 25 32	18 49 23	4 00 40	13 06 22	22 21 06	16 27 58	15 51 44	21 58 25	3 54 55	1 32 35
19 F	13 32 08	6 ♐ 38 32	13 ♐ 52 32	26 46 04	27 35 24	19 32 15	4 27 11	13 28 42	22 33 40	16 26 28	15 53 47	21 59 29	3 59 00	1 37 44
20 Sa	14 38 32	21 15 40	28 36 41	26 19 45	28 47 22	20 17 02	4 55 37	13 53 03	22 48 15	16 26 52	15 57 48	22 02 28	4 05 02	1 44 48
21 Su	15 46 14	6 ♑ 06 49	13 ♑ 31 52	25 43 43	0 ♋ 00 53	21 03 10	5 25 24	14 18 53	23 04 19	16 28 36	16 03 13	22 06 49	4 12 26	1 53 12
22 M	16 54 23	21 04 37	28 29 48	24 58 01	1 15 04	21 49 45	5 55 38	14 45 17	23 20 58	16 30 47	16 09 10	22 11 38	4 20 20	2 02 04
23 Tu	18 02 00	6 ♒ 00 02	13 ♒ 21 06	24 03 06	2 28 55	22 35 49	6 25 21	15 11 16	23 37 13	16 32 26	16 14 39	22 15 58	4 27 43	2 10 25
24 W	19 08 15	20 43 49	27 56 53	22 59 53	3 41 36	23 20 33	6 53 43	15 36 02	23 52 15	16 32 44	16 18 50	22 18 58	4 33 48	2 17 25
25 Th	20 12 37	5 ♓ 08 08	12 ♓ 10 16	21 49 57	4 52 36	24 03 25	7 20 13	15 59 03	24 05 31	16 31 11	16 21 14	22 20 08	4 38 02	2 22 33
26 F	21 15 00	19 07 39	25 57 13	20 35 29	6 01 49	24 44 19	7 44 45	16 20 13	24 16 57	16 27 40	16 21 43	22 19 21	4 40 20	2 25 44
27 Sa	22 15 42	2 ♈ 40 02	9 ♈ 16 42	19 19 02	7 09 32	25 23 33	8 07 36	16 39 48	24 26 49	16 22 30	16 20 36	22 16 56	4 40 60	2 27 14
28 Su	23 15 18	15 45 48	22 10 23	18 03 25	8 16 19	26 01 42	8 29 21	16 58 25	24 35 43	16 16 14	16 18 27	22 13 26	4 40 35	2 27 39
29 M	24 14 31	28 27 46	4 ♉ 41 53	16 51 20	9 22 55	26 39 30	8 50 46	17 16 47	24 44 22	16 09 38	16 16 00	22 09 37	4 39 51	2 27 42
30 Tu	25 14 08	10 ♉ 50 13	16 56 02	15 45 10	10 30 03	27 17 42	9 12 33	17 35 39	24 53 32	16 03 27	16 14 02	22 06 14	4 39 33	2 28 10
31 W	26 14 44	22 58 17	28 58 14	14 46 52	11 38 22	27 56 55	9 35 22	17 55 38	25 03 49	15 58 17	16 13 08	22 03 53	4 40 17	2 29 38

February 2035 LONGITUDE

Day	☉	0 hr ☽	Noon ☽	☿	♀	♂	⚵	⚳	♃	♄	⚷	♅	♆	♇
1 Th	27 ♌ 16 44	4 ♊ 57 15	10 ♊ 53 50	13 ♌ 57 42	12 ♋ 48 13	28 ♊ 37 32	9 ♌ 59 34	18 ♎ 17 08	25 ♎ 15 36	15 ♒ 54 34	16 ♐ 13 42	22 ♑ 02 58	4 ♏ 42 27	2 ♍ 32 30
2 F	28 20 14	16 52 13	22 47 48	13 18 23	13 59 44	29 19 41	10 25 17	18 40 14	25 29 02	15 52 23	16 15 52	22 03 36	4 46 10	2 36 54
3 Sa	29 25 03	28 47 39	4 ♋ 44 25	12 48 59	15 12 44	0 ♋ 03 11	10 52 20	19 04 48	25 43 54	15 51 35	16 19 26	22 05 38	4 51 15	2 42 38
4 Su	0 ♍ 30 49	10 ♋ 47 23	16 47 11	12 29 09	16 26 48	0 47 38	11 20 20	19 30 24	25 59 50	15 51 45	16 24 01	22 08 38	4 57 19	2 49 19
5 M	1 36 57	22 54 21	28 58 39	12 18 08	17 41 23	1 32 28	11 48 42	19 56 30	26 16 15	15 52 21	16 29 04	22 12 03	5 03 48	2 56 24
6 Tu	2 42 50	5 ♌ 10 42	11 ♌ 20 35	12 15 01	18 55 52	2 17 05	12 16 51	20 22 27	26 32 33	15 52 46	16 33 57	22 15 18	5 10 05	3 03 15
7 W	3 47 56	17 37 47	23 53 54	12 18 49	20 09 41	3 00 55	12 44 12	20 47 44	26 48 10	15 52 27	16 38 08	22 17 48	5 15 38	3 09 19
8 Th	4 51 49	0 ♍ 16 20	6 ♍ 38 57	12 28 42	21 22 26	3 43 34	13 10 21	21 11 55	27 02 42	15 50 59	16 41 12	22 19 09	5 20 00	3 14 12
9 F	5 54 19	13 06 33	19 35 41	12 43 57	22 33 54	4 24 51	13 35 07	21 34 48	27 15 57	15 48 11	16 42 57	22 19 10	5 23 02	3 17 43
10 Sa	6 55 26	26 08 24	2 ♎ 43 53	13 04 09	23 44 08	5 04 47	13 58 32	21 56 27	27 27 57	15 44 06	16 43 27	22 17 54	5 24 46	3 19 53
11 Su	7 55 28	9 ♎ 21 44	16 03 19	13 29 04	24 53 24	5 43 39	14 20 51	22 17 06	27 38 58	15 39 00	16 42 56	22 15 35	5 25 26	3 20 58
12 M	8 54 50	22 46 30	29 33 55	13 58 40	26 02 07	6 21 52	14 42 31	22 37 12	27 49 27	15 33 19	16 41 51	22 12 41	5 25 30	3 21 25
13 Tu	9 54 02	6 ♏ 22 40	13 ♏ 15 40	14 33 02	27 10 48	6 59 57	15 04 02	22 57 14	27 59 52	15 27 33	16 40 42	22 09 41	5 25 27	3 21 43
14 W	10 53 32	20 10 11	27 08 27	15 12 15	28 19 54	7 38 22	15 25 52	23 17 42	28 10 44	15 22 11	16 39 57	22 07 04	5 25 46	3 22 22
15 Th	11 53 42	4 ♐ 08 44	11 ♐ 11 48	15 56 16	29 29 47	8 17 29	15 48 22	23 38 56	28 22 21	15 17 34	16 39 58	22 05 11	5 26 48	3 23 42
16 F	12 54 42	18 17 24	25 24 30	16 44 56	0 ♌ 40 35	8 57 26	16 11 42	24 01 05	28 34 54	15 13 52	16 40 54	22 04 12	5 28 43	3 25 52
17 Sa	13 56 26	2 ♑ 34 21	9 ♑ 44 16	17 37 53	1 52 16	9 38 11	16 35 48	24 24 06	28 48 20	15 11 00	16 42 41	22 04 02	5 31 26	3 28 49
18 Su	14 58 42	16 56 41	24 07 43	18 34 35	3 04 34	10 19 28	17 00 25	24 47 43	29 02 22	15 08 46	16 45 05	22 04 28	5 34 43	3 32 19
19 M	16 01 07	1 ♒ 20 27	8 ♒ 30 29	19 34 26	4 17 09	11 00 57	17 25 12	25 11 37	29 16 41	15 06 48	16 47 45	22 05 09	5 38 13	3 35 60
20 Tu	17 03 21	15 40 53	22 47 32	20 36 53	5 29 39	11 42 16	17 49 48	25 35 25	29 30 55	15 04 44	16 50 19	22 05 42	5 41 36	3 39 30
21 W	18 05 07	29 52 55	6 ♓ 53 51	21 41 25	6 41 47	12 23 09	18 13 57	25 58 51	29 44 47	15 02 19	16 52 31	22 05 52	5 44 33	3 42 34
22 Th	19 06 15	13 ♓ 51 51	20 45 02	22 47 44	7 53 24	13 03 26	18 37 28	26 21 44	29 58 08	14 59 22	16 54 11	22 05 29	5 46 55	3 45 02
23 F	20 06 46	27 33 53	4 ♈ 17 52	23 55 39	9 04 29	13 43 07	19 00 21	26 44 06	0 ♏ 10 56	14 55 53	16 55 19	22 04 33	5 48 43	3 46 53
24 Sa	21 06 45	10 ♈ 56 34	17 30 40	25 05 09	10 15 08	14 22 19	19 22 43	27 06 02	0 23 19	14 52 00	16 56 01	22 03 10	5 50 03	3 48 14
25 Su	22 06 25	23 59 04	0 ♉ 23 18	26 16 17	11 25 34	15 01 12	19 44 45	27 27 43	0 35 28	14 47 54	16 56 29	22 01 32	5 51 06	3 49 17
26 M	23 05 57	6 ♉ 42 03	12 57 11	27 29 09	12 35 59	15 40 00	20 06 41	27 49 23	0 47 36	14 43 47	16 56 56	21 59 52	5 52 04	3 50 13
27 Tu	24 05 33	19 07 33	25 14 56	28 43 51	13 46 32	16 18 54	20 28 39	28 11 12	0 59 52	14 39 50	16 57 32	21 58 20	5 53 10	3 51 15
28 W	25 05 21	1 ♊ 18 38	7 ♊ 20 08	0 ♍ 00 24	14 57 22	16 57 60	20 50 49	28 33 16	1 12 25	14 36 11	16 58 25	21 57 03	5 54 29	3 52 28

Notes

LONGITUDE March 2035

Day	☉	0 hr ☽	Noon ☽	☿	♀	♂	⚵	⚳	♃	♄	⚷	♅	♆	♇
1 Th	26 ♍ 05 21	13 ♊ 19 12	19 ♊ 16 56	1 ♍ 18 46	16 ♌ 08 31	17 ♋ 37 20	21 ♌ 13 11	28 ♎ 55 39	1 ♏ 25 17	14 ♒ 32 52	16 ♐ 59 36	21 ♑ 56 04	5 ♏ 56 04	3 ♍ 53 55
2 F	27 05 33	25 13 36	1 ♋ 09 52	2 38 51	17 19 56	18 16 53	21 35 44	29 18 19	1 38 25	14 29 51	17 01 04	21 55 21	5 57 53	3 55 35
3 Sa	28 05 51	7 ♋ 06 23	13 03 34	4 00 30	18 31 31	18 56 34	21 58 23	29 41 09	1 51 44	14 27 04	17 02 43	21 54 48	5 59 50	3 57 21
4 Su	29 06 08	19 02 10	25 02 31	5 23 34	19 43 12	19 36 15	22 21 00	0 ♏ 04 03	2 05 08	14 24 22	17 04 27	21 54 20	6 01 50	3 59 08
5 M	0 ♎ 06 20	1 ♌ 05 19	7 ♌ 10 56	6 47 55	20 54 51	20 15 51	22 43 31	0 26 56	2 18 30	14 21 42	17 06 10	21 53 51	6 03 47	4 00 50
6 Tu	1 06 22	13 19 47	19 32 25	8 13 28	22 06 25	20 55 20	23 05 53	0 49 46	2 31 49	14 19 01	17 07 51	21 53 17	6 05 37	4 02 24
7 W	2 06 17	25 48 55	2 ♍ 09 52	9 40 11	23 17 57	21 34 43	23 28 06	1 12 32	2 45 05	14 16 20	17 09 29	21 52 41	6 07 23	4 03 52
8 Th	3 06 08	8 ♍ 35 07	15 05 09	11 08 09	24 29 30	22 14 03	23 50 15	1 35 20	2 58 23	14 13 42	17 11 09	21 52 06	6 09 08	4 05 16
9 F	4 06 04	21 39 42	28 18 57	12 37 26	25 41 11	22 53 29	24 12 28	1 58 16	3 11 49	14 11 17	17 12 58	21 51 40	6 10 59	4 06 46
10 Sa	5 06 10	5 ♎ 02 45	11 ♎ 50 41	14 08 09	26 53 07	23 33 06	24 34 50	2 21 28	3 25 31	14 09 10	17 15 04	21 51 30	6 13 05	4 08 28
11 Su	6 06 32	18 42 58	25 38 27	15 40 23	28 05 24	24 13 01	24 57 28	2 45 01	3 39 33	14 07 27	17 17 32	21 51 41	6 15 29	4 10 27
12 M	7 07 11	2 ♏ 37 52	9 ♏ 39 19	17 14 08	29 18 01	24 53 14	25 20 21	3 08 55	3 53 58	14 06 09	17 20 22	21 52 14	6 18 13	4 12 43
13 Tu	8 08 01	16 44 01	23 49 36	18 49 17	0 ♍ 30 55	25 33 40	25 43 26	3 33 05	4 08 38	14 05 11	17 23 30	21 53 04	6 21 12	4 15 13
14 W	9 08 53	0 ♐ 57 30	8 ♐ 05 15	20 25 42	1 43 54	26 14 09	26 06 31	3 57 22	4 23 25	14 04 23	17 26 44	21 54 00	6 24 15	4 17 45
15 Th	10 09 32	15 14 15	22 22 24	22 03 08	2 56 45	26 54 26	26 29 22	4 21 30	4 38 03	14 03 31	17 29 52	21 54 50	6 27 08	4 20 06
16 F	11 09 46	29 30 35	6 ♑ 37 35	23 41 22	4 09 14	27 34 20	26 51 48	4 45 17	4 52 21	14 02 22	17 32 40	21 55 20	6 29 40	4 22 03
17 Sa	12 09 26	13 ♑ 43 25	20 48 01	25 20 17	5 21 14	28 13 41	27 13 38	5 08 35	5 06 09	14 00 47	17 34 59	21 55 21	6 31 40	4 23 27
18 Su	13 08 30	27 50 24	4 ♒ 51 36	26 59 52	6 32 42	28 52 29	27 34 53	5 31 23	5 19 27	13 58 47	17 36 50	21 54 52	6 33 08	4 24 18
19 M	14 07 08	11 ♒ 49 46	18 46 47	28 40 15	7 43 48	29 30 51	27 55 40	5 53 48	5 32 23	13 56 28	17 38 19	21 54 03	6 34 12	4 24 43
20 Tu	15 05 36	25 40 14	2 ♓ 32 21	0 ♎ 21 44	8 54 48	0 ♌ 09 05	28 16 15	6 16 06	5 45 12	13 54 07	17 39 43	21 53 08	6 35 09	4 24 59
21 W	16 04 13	9 ♓ 20 46	16 07 19	2 04 40	10 06 02	0 47 30	28 36 59	6 38 40	5 58 15	13 52 06	17 41 23	21 52 29	6 36 19	4 25 26
22 Th	17 03 23	22 50 26	29 30 48	3 49 25	11 17 51	1 26 28	28 58 14	7 01 49	6 11 54	13 50 45	17 43 40	21 52 27	6 38 03	4 26 26
23 F	18 03 20	6 ♈ 08 17	12 ♈ 41 57	5 36 17	12 30 33	2 06 16	29 20 15	7 25 50	6 26 26	13 50 20	17 46 51	21 53 19	6 40 39	4 28 16
24 Sa	19 04 15	19 13 32	25 40 08	7 25 26	13 44 17	2 47 03	29 43 13	7 50 53	6 41 59	13 51 02	17 51 04	21 55 13	6 44 15	4 31 04
25 Su	20 06 07	2 ♉ 05 33	8 ♉ 25 01	9 16 50	14 59 00	3 28 48	0 ♍ 07 06	8 16 56	6 58 31	13 52 49	17 56 19	21 58 09	6 48 49	4 34 49
26 M	21 08 43	14 44 10	20 56 47	11 10 19	16 14 32	4 11 18	0 31 41	8 43 47	7 15 52	13 55 29	18 02 24	22 01 55	6 54 11	4 39 20
27 Tu	22 11 43	27 09 48	3 ♊ 16 16	13 05 33	17 30 31	4 54 13	0 56 38	9 11 06	7 33 40	13 58 41	18 08 58	22 06 09	6 59 59	4 44 15
28 W	23 14 40	9 ♊ 23 37	15 25 03	15 02 04	18 46 31	5 37 07	1 21 31	9 38 26	7 51 29	14 01 59	18 15 33	22 10 27	7 05 46	4 49 08
29 Th	24 17 08	21 27 37	27 25 33	16 59 26	20 02 04	6 19 31	1 45 51	10 05 19	8 08 51	14 04 56	18 21 44	22 14 19	7 11 06	4 53 33
30 F	25 18 41	3 ♋ 24 40	9 ♋ 20 58	18 57 14	21 16 47	7 01 03	2 09 16	10 31 22	8 25 23	14 07 07	18 27 06	22 17 22	7 15 35	4 57 04
31 Sa	26 19 06	15 18 25	21 15 17	20 55 13	22 30 25	7 41 26	2 31 30	10 56 19	8 40 49	14 08 18	18 31 23	22 19 21	7 18 57	4 59 27

LONGITUDE April 2035

Day	☉	0 hr ☽	Noon ☽	☿	♀	♂	⚵	⚳	♃	♄	⚷	♅	♆	♇
1 Su	27 ♎ 18 20	27 ♋ 13 17	3 ♌ 13 04	22 ♎ 53 17	23 ♍ 42 54	8 ♌ 20 39	2 ♍ 52 29	11 ♏ 20 08	8 ♏ 55 06	14 ♒ 08 26	18 ♐ 34 34	22 ♑ 20 14	7 ♏ 21 09	5 ♍ 00 39
2 M	28 16 32	9 ♌ 14 11	15 19 16	24 51 34	24 54 26	8 58 51	3 12 25	11 42 60	9 08 25	14 07 41	18 36 48	22 20 11	7 22 23	5 00 50
3 Tu	29 14 06	21 26 17	27 39 00	26 50 25	26 05 22	9 36 25	3 31 40	12 05 17	9 21 09	14 06 27	18 38 29	22 19 35	7 23 00	5 00 25
4 W	0 ♏ 11 36	3 ♍ 54 40	10 ♍ 17 03	28 50 19	27 16 17	10 13 55	3 50 48	12 27 32	9 33 51	14 05 16	18 40 10	22 18 58	7 23 35	4 59 55
5 Th	1 09 37	16 43 47	23 17 22	0 ♏ 51 47	28 27 47	10 51 57	4 10 25	12 50 21	9 47 07	14 04 45	18 42 27	22 18 59	7 24 44	4 59 57
6 F	2 08 44	29 56 54	6 ♎ 42 27	2 55 15	29 40 25	11 31 04	4 31 04	13 14 20	10 01 32	14 05 29	18 45 53	22 20 09	7 27 00	5 01 05
7 Sa	3 09 19	13 ♎ 35 30	20 32 47	5 00 59	0 ♎ 54 34	12 11 40	4 53 08	13 39 50	10 17 27	14 07 49	18 50 53	22 22 54	7 30 47	5 03 42
8 Su	4 11 31	27 38 39	4 ♏ 46 19	7 08 56	2 10 22	12 53 52	5 16 46	14 06 59	10 35 01	14 11 54	18 57 34	22 27 19	7 36 12	5 07 56
9 M	5 15 04	12 ♏ 02 51	19 18 24	9 18 41	3 27 35	13 37 26	5 41 42	14 35 33	10 53 60	14 17 30	19 05 41	22 33 11	7 43 01	5 13 33
10 Tu	6 19 27	26 42 07	4 ♐ 02 15	11 29 29	4 45 41	14 21 50	6 07 25	15 04 60	11 13 51	14 24 03	19 14 42	22 39 58	7 50 42	5 19 60
11 W	7 23 54	11 ♐ 28 50	18 49 52	13 40 18	6 03 54	15 06 17	6 33 08	15 34 33	11 33 48	14 30 50	19 23 51	22 46 54	7 58 29	5 26 32
12 Th	8 27 37	26 14 51	3 ♑ 33 20	15 50 05	7 21 25	15 50 01	6 58 05	16 03 26	11 53 04	14 37 01	19 32 22	22 53 12	8 05 35	5 32 20
13 F	9 29 57	10 ♑ 52 54	18 06 02	17 57 51	8 37 36	16 32 22	7 21 34	16 30 59	12 10 59	14 41 58	19 39 34	22 58 11	8 11 19	5 36 47
14 Sa	10 30 33	25 17 31	2 ♒ 23 28	20 02 58	9 52 07	17 12 59	7 43 18	16 56 52	12 27 14	14 45 21	19 45 07	23 01 33	8 15 23	5 39 31
15 Su	11 29 31	9 ♒ 25 38	16 23 32	22 05 11	11 05 02	17 51 58	8 03 19	17 21 08	12 41 52	14 47 13	19 49 06	23 03 20	8 17 50	5 40 37
16 M	12 27 18	23 16 22	0 ♓ 06 08	24 04 35	12 16 48	18 29 46	8 22 05	17 44 17	12 55 21	14 48 03	19 51 58	23 04 02	8 19 08	5 40 33
17 Tu	13 24 38	6 ♓ 50 37	13 32 40	26 01 36	13 28 12	19 07 07	8 40 21	18 07 02	13 08 26	14 48 35	19 54 28	23 04 23	8 20 02	5 40 04
18 W	14 22 26	20 10 14	26 45 14	27 56 47	14 40 05	19 44 56	8 59 00	18 30 16	13 21 59	14 49 43	19 57 29	23 05 15	8 21 25	5 40 02
19 Th	15 21 29	3 ♈ 17 23	9 ♈ 45 59	29 50 36	15 53 16	20 23 60	9 18 52	18 54 50	13 36 51	14 52 15	20 01 51	23 07 29	8 24 06	5 41 17
20 F	16 22 26	16 13 58	22 36 46	1 ♐ 43 24	17 08 24	21 04 57	9 40 32	19 21 19	13 53 38	14 56 48	20 08 10	23 11 40	8 28 42	5 44 26
21 Sa	17 25 34	29 01 23	5 ♉ 18 48	3 35 12	18 25 46	21 48 05	10 04 20	19 50 01	14 12 38	15 03 41	20 16 44	23 18 08	8 35 31	5 49 47
22 Su	18 30 50	11 ♉ 40 21	17 52 42	5 25 39	19 45 18	22 33 20	10 30 10	20 20 54	14 33 48	15 12 50	20 27 30	23 26 48	8 44 29	5 57 16
23 M	19 37 47	24 11 06	0 ♊ 18 42	7 14 08	21 06 35	23 20 16	10 57 38	20 53 31	14 56 40	15 23 49	20 40 01	23 37 14	8 55 12	6 06 28
24 Tu	20 45 45	6 ♊ 33 36	12 36 56	8 59 44	22 28 54	24 08 12	11 26 01	21 27 10	15 20 34	15 35 55	20 53 36	23 48 45	9 06 55	6 16 39
25 W	21 53 50	18 47 59	24 47 42	10 41 24	23 51 23	24 56 14	11 54 26	22 00 59	15 44 36	15 48 16	21 07 22	24 00 27	9 18 47	6 26 59
26 Th	23 01 08	0 ♋ 54 50	6 ♋ 51 56	12 18 03	25 13 07	25 43 27	12 21 59	22 34 02	16 07 53	15 59 59	21 20 24	24 11 27	9 29 54	6 36 31
27 F	24 06 52	12 55 33	18 51 23	13 48 49	26 33 20	26 29 06	12 47 53	23 05 34	16 29 36	16 10 15	21 31 56	24 20 57	9 39 28	6 44 30
28 Sa	25 10 32	24 52 31	0 ♌ 48 49	15 13 01	27 51 31	27 12 38	13 11 36	23 35 02	16 49 16	16 18 34	21 41 27	24 28 27	9 46 59	6 50 25
29 Su	26 11 57	6 ♌ 49 13	12 48 05	16 30 25	29 07 30	27 53 54	13 32 60	24 02 18	17 06 42	16 24 45	21 48 46	24 33 46	9 52 16	6 54 05
30 M	27 11 21	18 50 12	24 53 59	17 41 09	0 ♏ 21 29	28 33 08	13 52 16	24 27 35	17 22 08	16 29 04	21 54 07	24 37 09	9 55 34	6 55 44

Notes

May 2035

LONGITUDE

Day	☉	0 hr ☽	Noon ☽	☿	♀	♂	⚵	⚳	♃	♄	⚷	♅	♆	♇
1 Tu	28♏ 09 20	1♍ 00 52	7♍ 12 05	18♐ 45 42	1♏ 34 06	29♌ 10 54	14♍ 10 01	24♏ 51 28	17♏ 36 10	16♒ 32 04	21♐ 58 06	24♑ 39 10	9♏ 57 28	6♍ 55 58
2 W	29 06 47	13 27 08	19 48 14	19 44 55	2 46 13	29 48 06	14 27 07	25 14 51	17 49 39	16 34 40	22 01 36	24 40 44	9 58 50	6 55 40
3 Th	0♐ 04 43	26 14 51	2♎ 48 01	20 39 42	3 58 51	0♍ 25 44	14 44 36	25 38 44	18 03 38	16 37 51	22 05 38	24 42 50	10 00 42	6 55 51
4 F	1 04 06	9♎ 29 03	16 15 50	21 30 59	5 12 58	1 04 47	15 03 25	26 04 05	18 19 04	16 42 36	22 11 09	24 46 26	10 04 02	6 57 28
5 Sa	2 05 38	23 13 03	0♏ 13 58	22 19 23	6 29 15	1 45 55	15 24 15	26 31 36	18 36 39	16 49 38	22 18 52	24 52 15	10 09 31	7 01 14
6 Su	3 09 35	7♏ 27 30	14 41 37	23 05 09	7 47 60	2 29 26	15 47 24	27 01 35	18 56 40	16 59 11	22 29 03	25 00 34	10 17 27	7 07 26
7 M	4 15 42	22 09 29	29 34 17	23 47 59	9 08 57	3 15 04	16 12 37	27 33 45	19 18 51	17 11 03	22 41 27	25 11 06	10 27 35	7 15 48
8 Tu	5 23 15	7♐ 12 25	14♐ 43 51	24 27 04	10 31 21	4 02 03	16 39 06	28 07 21	19 42 27	17 24 26	22 55 19	25 23 08	10 39 08	7 25 35
9 W	6 31 05	22 26 33	29 59 41	25 01 17	11 54 05	4 49 17	17 05 46	28 41 16	20 06 21	17 38 13	23 09 31	25 35 31	10 50 59	7 35 39
10 Th	7 37 60	7♑ 40 38	15♑ 10 27	25 29 24	13 15 56	5 35 33	17 31 23	29 14 17	20 29 20	17 51 13	23 22 51	25 47 02	11 01 56	7 44 49
11 F	8 42 60	22 43 57	0♒ 06 15	25 50 28	14 35 54	6 19 50	17 54 58	29 45 25	20 50 24	18 02 25	23 34 19	25 56 43	11 11 00	7 52 05
12 Sa	9 45 34	7♒ 28 12	14 40 08	26 03 59	15 53 27	7 01 38	18 15 59	0♐ 14 08	21 09 02	18 11 17	23 43 23	26 04 02	11 17 39	7 56 54
13 Su	10 45 45	21 48 33	28 48 49	26 10 05	17 08 40	7 40 59	18 34 29	0 40 29	21 25 17	18 17 54	23 50 07	26 09 01	11 21 55	7 59 21
14 M	11 44 10	5♓ 43 42	12♓ 32 21	26 09 30	18 22 09	8 18 30	18 51 04	1 05 05	21 39 46	18 22 51	23 55 08	26 12 19	11 24 27	8 00 02
15 Tu	12 41 50	19 15 15	25 53 11	26 03 23	19 34 55	8 55 12	19 06 46	1 28 57	21 53 28	18 27 10	23 59 26	26 14 54	11 26 13	7 59 57
16 W	13 39 54	2♈ 26 31	8♈ 55 11	25 53 09	20 48 07	9 32 16	19 22 45	1 53 15	22 07 36	18 32 00	24 04 11	26 17 58	11 28 26	8 00 18
17 Th	14 39 31	15 21 35	21 42 33	25 40 08	22 02 54	10 10 47	19 40 06	2 19 06	22 23 15	18 38 29	24 10 30	26 22 38	11 32 12	8 02 11
18 F	15 41 29	28 04 24	4♉ 19 07	25 25 30	23 20 04	10 51 35	19 59 41	2 47 19	22 41 15	18 47 26	24 19 14	26 29 43	11 38 20	8 06 26
19 Sa	16 46 15	10♉ 38 12	16 47 55	25 09 60	24 40 03	11 35 07	20 21 54	3 18 21	23 02 02	18 59 17	24 30 47	26 39 39	11 47 15	8 13 28
20 Su	17 53 45	23 05 16	29 10 57	24 54 01	26 02 49	12 21 17	20 46 41	3 52 07	23 25 32	19 13 57	24 45 06	26 52 22	11 58 56	8 23 14
21 M	19 03 28	5♊ 26 54	11♊ 29 17	24 37 30	27 27 49	13 09 36	21 13 32	4 28 07	23 51 14	19 30 57	25 01 40	27 07 22	12 12 50	8 35 14
22 Tu	20 14 32	17 43 36	23 43 16	24 20 05	28 54 13	13 59 11	21 41 33	5 05 29	24 18 17	19 49 24	25 19 37	27 23 45	12 28 05	8 48 34
23 W	21 25 52	29 55 27	5♋ 53 00	24 01 14	0♐ 20 54	14 48 57	22 09 41	5 43 06	24 45 33	20 08 13	25 37 52	27 40 28	12 43 36	9 02 10
24 Th	22 36 20	12♋ 02 33	17 58 42	23 40 23	1 46 45	15 37 45	22 36 46	6 19 53	25 11 57	20 26 15	25 55 16	27 56 21	12 58 16	9 14 54
25 F	23 44 57	24 05 27	0♌ 01 08	23 17 10	3 10 47	16 24 36	23 01 50	6 54 49	25 36 29	20 42 32	26 10 52	28 10 27	13 11 06	9 25 47
26 Sa	24 51 03	6♌ 05 30	12 01 60	22 51 29	4 32 19	17 08 48	23 24 11	7 27 13	25 58 27	20 56 23	26 23 56	28 22 04	13 21 23	9 34 07
27 Su	25 54 21	18 05 11	24 04 08	22 23 39	5 51 05	17 50 07	23 43 32	7 56 49	26 17 35	21 07 31	26 34 14	28 30 55	13 28 52	9 39 39
28 M	26 55 02	0♍ 08 09	6♍ 11 34	21 54 26	7 07 15	18 28 41	24 00 05	8 23 48	26 34 04	21 16 07	26 41 56	28 37 11	13 33 44	9 42 34
29 Tu	27 53 44	12 19 11	18 29 22	21 24 60	8 21 28	19 05 09	24 14 26	8 47 26	26 48 33	21 22 49	26 47 40	28 41 31	13 36 37	9 43 29
30 W	28 51 25	24 43 58	1♎ 03 22	20 56 49	9 34 42	19 40 28	24 27 35	9 12 46	27 01 58	21 28 36	26 52 24	28 44 53	13 38 29	9 43 22
31 Th	29 49 15	7♎ 28 34	13 59 33	20 31 31	10 48 06	20 15 47	24 40 39	9 36 53	27 15 30	21 34 35	26 57 18	28 48 25	13 40 28	9 43 24

June 2035

LONGITUDE

Day	☉	0 hr ☽	Noon ☽	☿	♀	♂	⚵	⚳	♃	♄	⚷	♅	♆	♇
1 F	0♑ 48 21	20♎ 38 42	27♎ 23 17	20♐ 10 36	12♐ 02 47	20♍ 52 15	24♍ 54 47	10♐ 02 15	27♏ 30 15	21♒ 41 56	27♐ 03 29	28♑ 53 15	13♏ 43 44	9♍ 44 41
2 Sa	1 49 35	4♏ 18 54	11♏ 18 13	19 55 20	13 19 39	21 30 42	25 10 51	10 29 46	27 47 07	21 51 30	27 11 49	29 00 17	13 49 07	9 48 06
3 Su	2 53 24	18 31 15	25 45 08	19 46 23	14 39 05	22 11 34	25 29 14	10 59 50	28 06 30	22 03 43	27 22 43	29 09 54	13 57 04	9 54 04
4 M	3 59 36	3♐ 14 25	10♐ 40 58	19 43 51	16 00 57	22 54 40	25 49 47	11 32 17	28 28 13	22 18 23	27 36 01	29 21 57	14 07 24	10 02 25
5 Tu	5 07 27	18 22 56	25 58 24	19 47 10	17 24 29	23 39 15	26 11 45	12 06 21	28 51 33	22 34 47	27 50 59	29 35 40	14 19 22	10 12 24
6 W	6 15 45	3♑ 47 19	11♑ 26 33	19 55 17	18 48 30	24 24 07	26 33 57	12 40 53	29 15 18	22 51 43	28 06 25	29 49 54	14 31 48	10 22 50
7 Th	7 23 14	19 15 31	26 52 44	20 06 60	20 11 42	25 07 59	26 55 04	13 14 34	29 38 09	23 07 53	28 21 02	0♒ 03 19	14 43 22	10 32 25
8 F	8 28 46	4♒ 34 60	12♒ 04 56	20 21 16	21 32 59	25 49 44	27 13 60	13 46 17	29 59 01	23 22 11	28 33 42	0 14 50	14 52 60	10 40 04
9 Sa	9 31 43	19 35 13	26 53 59	20 37 29	22 51 43	26 28 43	27 30 06	14 15 25	0♐ 17 16	23 33 60	28 43 49	0 23 48	15 00 02	10 45 07
10 Su	10 32 05	4♓ 09 13	11♓ 14 40	20 55 37	24 07 53	27 04 57	27 43 22	14 41 57	0 32 53	23 43 17	28 51 20	0 30 13	15 04 29	10 47 35
11 M	11 30 26	18 14 11	25 05 52	21 16 15	25 22 04	27 38 58	27 54 22	15 06 27	0 46 25	23 50 37	28 56 52	0 34 39	15 06 55	10 48 02
12 Tu	12 27 46	1♈ 50 54	8♈ 29 37	21 40 18	26 35 16	28 11 46	28 04 06	15 29 56	0 58 54	23 57 02	29 01 22	0 38 06	15 08 19	10 47 27
13 W	13 25 17	15 02 36	21 29 59	22 08 56	27 48 39	28 44 34	28 13 44	15 53 33	1 11 30	24 03 40	29 06 04	0 41 45	15 09 53	10 47 03
14 Th	14 24 06	27 53 55	4♉ 11 55	22 43 11	29 03 22	29 18 27	28 24 24	16 18 28	1 25 20	24 11 40	29 12 04	0 46 44	15 12 44	10 47 56
15 F	15 25 04	10♉ 29 41	16 40 21	23 23 51	0♑ 20 15	29 54 17	28 36 57	16 45 30	1 41 16	24 21 54	29 20 13	0 53 54	15 17 44	10 50 58
16 Sa	16 28 38	22 54 20	28 59 31	24 11 19	1 39 46	0♎ 32 30	28 51 50	17 15 08	1 59 45	24 34 48	29 30 58	1 03 42	15 25 19	10 56 35
17 Su	17 34 47	5♊ 11 26	11♊ 12 43	25 05 28	3 01 54	1 13 06	29 09 00	17 47 19	2 20 45	24 50 20	29 44 18	1 16 06	15 35 29	11 04 47
18 M	18 43 03	17 23 32	23 22 11	26 05 45	4 26 10	1 55 34	29 28 00	18 21 36	2 43 48	25 08 03	29 59 45	1 30 38	15 47 45	11 15 06
19 Tu	19 52 37	29 32 14	5♋ 29 15	27 11 19	5 51 46	2 39 07	29 48 01	18 57 09	3 08 05	25 27 07	0♑ 16 30	1 46 30	16 01 18	11 26 42
20 W	21 02 29	11♋ 38 23	17 34 36	28 21 02	7 17 40	3 22 43	0♎ 08 01	19 32 58	3 32 36	25 46 32	0 33 32	2 02 41	16 15 07	11 38 35
21 Th	22 11 34	23 42 32	29 38 40	29 33 49	8 42 49	4 05 17	0 26 57	20 07 59	3 56 15	26 05 14	0 49 47	2 18 06	16 28 09	11 49 41
22 F	23 18 57	5♌ 45 11	11♌ 42 01	0♑ 48 39	10 06 17	4 45 53	0 43 51	20 41 15	4 18 08	26 22 16	1 04 19	2 31 50	16 39 27	11 59 03
23 Sa	24 23 59	17 47 20	23 45 47	2 04 50	11 27 25	5 23 52	0 58 05	21 12 08	4 37 35	26 37 00	1 16 29	2 43 13	16 48 22	12 06 04
24 Su	25 26 23	29 50 40	5♍ 51 56	3 22 01	12 45 56	5 58 55	1 09 21	21 40 21	4 54 19	26 49 09	1 25 60	2 51 59	16 54 38	12 10 25
25 M	26 26 16	11♍ 57 50	18 03 25	4 40 19	14 01 58	6 31 11	1 17 47	22 06 01	5 08 28	26 58 49	1 32 59	2 58 14	16 58 22	12 12 15
26 Tu	27 24 10	24 12 31	0♎ 24 12	6 00 11	15 16 02	7 01 10	1 23 54	22 29 39	5 20 33	27 06 34	1 37 59	3 02 32	17 00 06	12 12 05
27 W	28 20 56	6♎ 39 14	12 59 02	7 22 27	16 28 58	7 29 43	1 28 32	22 52 07	5 31 24	27 13 12	1 41 48	3 05 41	17 00 39	12 10 46
28 Th	29 17 34	19 23 06	25 53 07	8 48 03	17 41 48	7 57 48	1 32 41	23 14 24	5 42 01	27 19 44	1 45 29	3 08 43	17 01 03	12 09 17
29 F	0♒ 15 06	2♏ 29 15	9♏ 11 20	10 17 58	18 55 32	8 26 26	1 37 21	23 37 31	5 53 26	27 27 12	1 50 01	3 12 38	17 02 18	12 08 41
30 Sa	1 14 18	16 02 00	22 57 31	11 52 58	20 10 57	8 56 24	1 43 21	24 02 16	6 06 26	27 36 22	1 56 12	3 18 14	17 05 12	12 09 44

Notes

LONGITUDE

July 2035

Day	☉	0 hr ☽	Noon ☽	☿	♀	♂	⚵	⚳	♃	♄	⚷	♅	♆	♇
1 Su	2 ♒ 15 36	0 ♐ 04 00	7 ♐ 13 14	13 ♑ 33 25	21 ♑ 28 30	9 ♎ 28 07	1 ♎ 51 05	24 ♐ 29 05	6 ♐ 21 27	27 ♒ 47 41	2 ♑ 04 28	3 ♒ 25 57	17 ♏ 10 10	12 ♍ 12 52
2 M	3 18 57	14 35 07	21 56 57	15 19 11	22 48 06	10 01 31	2 00 29	24 57 52	6 38 24	28 01 04	2 14 45	3 35 42	17 17 08	12 18 01
3 Tu	4 23 45	29 31 43	7 ♑ 03 19	17 09 38	24 09 11	10 36 00	2 10 59	25 28 05	6 56 43	28 15 57	2 26 28	3 46 53	17 25 33	12 24 37
4 W	5 29 06	14 ♑ 46 23	22 23 24	19 03 46	25 30 49	11 10 38	2 21 37	25 58 46	7 15 27	28 31 23	2 38 41	3 58 38	17 34 28	12 31 44
5 Th	6 33 55	0 ♒ 08 45	7 ♒ 45 52	21 00 22	26 51 55	11 44 20	2 31 21	26 28 51	7 33 34	28 46 19	2 50 20	4 09 50	17 42 49	12 38 18
6 F	7 37 14	15 27 06	22 58 59	22 58 24	28 11 33	12 16 08	2 39 12	26 57 24	7 50 04	28 59 47	3 00 28	4 19 33	17 49 38	12 43 21
7 Sa	8 38 29	0 ♓ 30 31	7 ♓ 52 42	24 57 06	29 29 08	12 45 28	2 44 35	27 23 50	8 04 25	29 11 13	3 08 31	4 27 11	17 54 22	12 46 20
8 Su	9 37 35	15 10 42	22 20 14	26 56 14	0 ♒ 44 34	13 12 12	2 47 26	27 48 03	8 16 29	29 20 32	3 14 22	4 32 41	17 56 54	12 47 08
9 M	10 34 54	29 22 58	6 ♈ 18 35	28 55 58	1 58 15	13 36 44	2 48 06	28 10 25	8 26 40	29 28 05	3 18 24	4 36 23	17 57 38	12 46 09
10 Tu	11 31 10	13 ♈ 06 16	19 48 07	0 ♒ 56 47	3 10 54	13 59 47	2 47 20	28 31 41	8 35 42	29 34 36	3 21 22	4 39 02	17 57 17	12 44 06
11 W	12 27 17	26 22 24	2 ♉ 51 41	2 59 22	4 23 25	14 22 15	2 46 02	28 52 44	8 44 28	29 41 01	3 24 09	4 41 32	17 56 45	12 41 53
12 Th	13 24 09	9 ♉ 15 02	15 33 38	5 04 17	5 36 41	14 44 59	2 45 03	29 14 28	8 53 52	29 48 11	3 27 38	4 44 47	17 56 56	12 40 25
13 F	14 22 26	21 48 47	27 58 51	7 11 58	6 51 23	15 08 41	2 45 06	29 37 34	9 04 34	29 56 47	3 32 31	4 49 26	17 58 31	12 40 20
14 Sa	15 22 31	4 ♊ 08 22	10 ♊ 12 05	9 22 27	8 07 54	15 33 42	2 46 33	0 ♑ 02 24	9 16 58	0 ♓ 07 14	3 39 10	4 55 53	18 01 52	12 42 04
15 Su	16 24 27	16 18 08	22 17 34	11 35 31	9 26 17	16 00 04	2 49 26	0 29 01	9 31 05	0 19 31	3 47 37	5 04 11	18 07 01	12 45 37
16 M	17 27 56	28 21 47	4 ♋ 18 42	13 50 31	10 46 14	16 27 29	2 53 27	0 57 06	9 46 37	0 33 23	3 57 35	5 14 00	18 13 42	12 50 42
17 Tu	18 32 24	10 ♋ 22 12	16 18 08	16 06 39	12 07 10	16 55 23	2 58 03	1 26 06	10 03 01	0 48 14	4 08 30	5 24 48	18 21 19	12 56 45
18 W	19 37 09	22 21 35	28 17 47	18 22 53	13 28 24	17 23 02	3 02 30	1 55 19	10 19 35	1 03 23	4 19 39	5 35 52	18 29 11	13 03 05
19 Th	20 41 26	4 ♌ 21 34	10 ♌ 19 03	20 38 15	14 49 11	17 49 40	3 06 05	2 23 59	10 35 32	1 18 05	4 30 17	5 46 28	18 36 34	13 08 55
20 F	21 44 36	16 23 27	22 23 05	22 51 52	16 08 53	18 14 39	3 08 09	2 51 28	10 50 16	1 31 41	4 39 46	5 55 56	18 42 47	13 13 39
21 Sa	22 46 13	28 28 29	4 ♍ 31 05	25 03 04	17 27 00	18 37 29	3 08 12	3 17 18	11 03 17	1 43 43	4 47 38	6 03 48	18 47 24	13 16 46
22 Su	23 46 03	10 ♍ 38 03	16 44 28	27 11 27	18 43 22	18 57 57	3 06 04	3 41 17	11 14 23	1 53 59	4 53 41	6 09 53	18 50 11	13 18 07
23 M	24 44 11	22 53 59	29 05 09	29 16 58	19 58 01	19 16 08	3 01 49	4 03 28	11 23 39	2 02 32	4 57 58	6 14 14	18 51 14	13 17 43
24 Tu	25 40 56	5 ♎ 18 36	11 ♎ 35 38	1 ♓ 19 48	21 11 19	19 32 19	2 55 45	4 24 11	11 31 23	2 09 43	5 00 50	6 17 11	18 50 52	13 15 57
25 W	26 36 52	17 54 43	24 18 54	3 20 24	22 23 47	19 47 02	2 48 27	4 43 59	11 38 09	2 16 03	5 02 48	6 19 17	18 49 37	13 13 19
26 Th	27 32 36	0 ♏ 45 35	7 ♏ 18 14	5 19 21	23 36 05	20 00 55	2 40 32	5 03 31	11 44 35	2 22 13	5 04 32	6 21 10	18 48 09	13 10 29
27 F	28 28 49	13 54 30	20 36 52	7 17 12	24 48 51	20 14 37	2 32 39	5 23 24	11 51 19	2 28 50	5 06 41	6 23 30	18 47 06	13 08 05
28 Sa	29 26 01	27 24 20	4 ♐ 17 20	9 14 26	26 02 36	20 28 36	2 25 20	5 44 10	11 58 53	2 36 25	5 09 44	6 26 46	18 46 58	13 06 39
29 Su	0 ♓ 24 28	11 ♐ 16 56	18 20 51	11 11 18	27 17 37	20 43 09	2 18 52	6 06 06	12 07 32	2 45 15	5 13 59	6 31 16	18 48 03	13 06 27
30 M	1 24 09	25 32 23	2 ♑ 46 33	13 07 46	28 33 52	20 58 14	2 13 13	6 29 10	12 17 17	2 55 18	5 19 25	6 36 58	18 50 20	13 07 28
31 Tu	2 24 47	10 ♑ 08 27	17 31 00	15 03 31	29 51 04	21 13 31	2 08 05	6 53 03	12 27 48	3 06 17	5 25 43	6 43 33	18 53 29	13 09 24

LONGITUDE

August 2035

Day	☉	0 hr ☽	Noon ☽	☿	♀	♂	⚵	⚳	♃	♄	⚷	♅	♆	♇
1 W	3 ♓ 25 49	25 ♑ 00 18	2 ♒ 28 10	16 ♓ 57 60	1 ♓ 08 39	21 ♎ 28 27	2 ♎ 02 57	7 ♑ 17 15	12 ♐ 38 33	3 ♓ 17 38	5 ♑ 32 21	6 ♒ 50 32	18 ♏ 57 00	13 ♍ 11 42
2 Th	4 26 39	10 ♒ 00 41	17 29 54	18 50 37	2 26 04	21 42 28	1 57 14	7 41 08	12 48 56	3 28 48	5 38 44	6 57 16	19 00 17	13 13 48
3 F	5 26 46	25 00 51	2 ♓ 27 05	20 40 52	3 42 45	21 54 58	1 50 23	8 04 10	12 58 26	3 39 13	5 44 19	7 03 15	19 02 47	13 15 09
4 Sa	6 25 49	9 ♓ 51 52	17 11 04	22 28 23	4 58 22	22 05 39	1 42 06	8 26 02	13 06 41	3 48 32	5 48 46	7 08 07	19 04 10	13 15 25
5 Su	7 23 42	24 25 56	1 ♈ 34 57	24 13 07	6 12 49	22 14 23	1 32 17	8 46 38	13 13 37	3 56 42	5 52 01	7 11 48	19 04 21	13 14 31
6 M	8 20 37	8 ♈ 37 29	15 34 21	25 55 14	7 26 18	22 21 22	1 21 07	9 06 07	13 19 24	4 03 51	5 54 12	7 14 28	19 03 30	13 12 36
7 Tu	9 16 53	22 23 37	29 07 41	27 35 05	8 39 09	22 26 54	1 08 58	9 24 52	13 24 22	4 10 21	5 55 41	7 16 28	19 01 58	13 10 03
8 W	10 12 58	5 ♉ 44 01	12 ♉ 15 41	29 13 08	9 51 48	22 31 27	0 56 17	9 43 17	13 28 58	4 16 39	5 56 54	7 18 13	19 00 12	13 07 16
9 Th	11 09 17	18 40 25	25 00 60	0 ♈ 49 48	11 04 41	22 35 25	0 43 29	10 01 49	13 33 37	4 23 08	5 58 17	7 20 11	18 58 37	13 04 43
10 F	12 06 09	1 ♊ 16 02	7 ♊ 27 22	2 25 25	12 18 07	22 39 09	0 30 57	10 20 48	13 38 40	4 30 10	6 00 10	7 22 39	18 57 33	13 02 43
11 Sa	13 03 46	13 34 55	19 39 08	4 00 12	13 32 18	22 42 48	0 18 50	10 40 23	13 44 16	4 37 56	6 02 43	7 25 50	18 57 12	13 01 26
12 Su	14 02 09	25 41 26	1 ♋ 40 46	5 34 08	14 47 16	22 46 24	0 07 12	11 00 37	13 50 27	4 46 26	6 05 58	7 29 45	18 57 33	13 00 55
13 M	15 01 11	7 ♋ 39 55	13 36 32	7 07 06	16 02 51	22 49 50	29 ♍ 55 55	11 21 22	13 57 06	4 55 33	6 09 48	7 34 15	18 58 30	13 01 02
14 Tu	16 00 37	19 34 25	25 30 21	8 38 53	17 18 51	22 52 50	29 44 47	11 42 23	14 03 59	5 05 03	6 13 58	7 39 08	18 59 50	13 01 32
15 W	17 00 12	1 ♌ 28 35	7 ♌ 25 37	10 09 10	18 34 59	22 55 08	29 33 32	12 03 25	14 10 48	5 14 39	6 18 11	7 44 07	19 01 14	13 02 10
16 Th	17 59 38	13 25 36	19 25 14	11 37 41	19 50 59	22 56 28	29 21 53	12 24 09	14 17 18	5 24 05	6 22 12	7 48 54	19 02 28	13 02 38
17 F	18 58 43	25 28 06	1 ♍ 31 35	13 04 11	21 06 36	22 56 37	29 09 39	12 44 24	14 23 15	5 33 07	6 25 47	7 53 17	19 03 17	13 02 44
18 Sa	19 57 19	7 ♍ 38 18	13 46 35	14 28 31	22 21 44	22 55 26	28 56 43	13 04 01	14 28 30	5 41 38	6 28 48	7 57 07	19 03 33	13 02 20
19 Su	20 55 23	19 57 58	26 11 47	15 50 36	23 36 20	22 52 54	28 43 03	13 22 57	14 33 03	5 49 36	6 31 13	8 00 24	19 03 16	13 01 23
20 M	21 53 01	2 ♎ 28 31	8 ♎ 48 24	17 10 30	24 50 29	22 49 05	28 28 45	13 41 18	14 36 57	5 57 04	6 33 06	8 03 10	19 02 29	12 59 59
21 Tu	22 50 20	15 11 05	21 37 28	18 28 18	26 04 19	22 44 08	28 13 59	13 59 11	14 40 20	6 04 11	6 34 35	8 05 35	19 01 20	12 58 14
22 W	23 47 31	28 06 37	4 ♏ 39 48	19 44 07	27 17 60	22 38 13	27 58 54	14 16 46	14 43 22	6 11 07	6 35 51	8 07 48	18 59 59	12 56 21
23 Th	24 44 44	11 ♏ 15 54	17 56 07	20 58 03	28 31 42	22 31 31	27 43 43	14 34 13	14 46 14	6 18 02	6 37 04	8 09 60	18 58 38	12 54 28
24 F	25 42 07	24 39 30	1 ♐ 26 55	22 10 12	29 45 33	22 24 09	27 28 34	14 51 40	14 49 03	6 25 04	6 38 22	8 12 17	18 57 22	12 52 44
25 Sa	26 39 43	8 ♐ 17 42	15 12 18	23 20 32	0 ♈ 59 36	22 16 13	27 13 32	15 09 10	14 51 52	6 32 16	6 39 47	8 14 44	18 56 17	12 51 11
26 Su	27 37 32	22 10 21	29 11 51	24 28 57	2 13 52	22 07 42	26 58 36	15 26 42	14 54 41	6 39 38	6 41 19	8 17 20	18 55 21	12 49 50
27 M	28 35 29	6 ♑ 16 36	13 ♑ 24 17	25 35 18	3 28 14	21 58 33	26 43 45	15 44 11	14 57 24	6 47 04	6 42 54	8 20 00	18 54 29	12 48 36
28 Tu	29 33 28	20 34 40	27 47 18	26 39 21	4 42 37	21 48 41	26 28 52	16 01 32	14 59 57	6 54 29	6 44 25	8 22 39	18 53 36	12 47 22
29 W	0 ♈ 31 25	5 ♒ 01 44	12 ♒ 17 28	27 40 56	5 56 58	21 38 02	26 13 55	16 18 40	15 02 14	7 01 48	6 45 49	8 25 12	18 52 38	12 46 05
30 Th	1 29 19	19 33 48	26 50 17	28 39 53	7 11 14	21 26 38	25 58 53	16 35 32	15 04 14	7 09 00	6 47 03	8 27 36	18 51 33	12 44 43
31 F	2 27 11	4 ♓ 05 57	11 ♓ 20 27	29 36 07	8 25 27	21 14 32	25 43 51	16 52 11	15 05 60	7 16 07	6 48 10	8 29 55	18 50 22	12 43 19

Notes

September 2035 — LONGITUDE

Day	☉	0 hr ☽	Noon ☽	☿	♀	♂	⚵	⚳	♃	♄	⚷	♅	♆	♇
1 Sa	3 ♈ 25 07	18 ♓ 32 46	25 ♓ 42 28	0 ♉ 29 32	9 ♈ 39 43	21 ♎ 01 51	25 ♍ 28 53	17 ♑ 08 43	15 ♐ 07 35	7 ♓ 23 15	6 ♑ 49 16	8 ♒ 32 15	18 ♏ 49 13	12 ♍ 41 57
2 Su	4 23 14	2 ♈ 48 50	9 ♈ 51 12	1 20 05	10 54 10	20 48 45	25 14 10	17 25 14	15 09 09	7 30 30	6 50 27	8 34 41	18 48 12	12 40 46
3 M	5 21 38	16 49 26	23 42 31	2 07 41	12 08 52	20 35 22	24 59 48	17 41 51	15 10 46	7 37 58	6 51 50	8 37 21	18 47 24	12 39 50
4 Tu	6 20 22	0 ♉ 31 03	7 ♉ 13 40	2 52 08	13 23 52	20 21 46	24 45 51	17 58 34	15 12 28	7 45 42	6 53 26	8 40 16	18 46 53	12 39 13
5 W	7 19 22	13 51 43	20 23 31	3 33 12	14 39 09	20 07 59	24 32 17	18 15 22	15 14 14	7 53 39	6 55 13	8 43 23	18 46 35	12 38 52
6 Th	8 18 32	26 51 03	3 ♊ 12 33	4 10 29	15 54 34	19 53 55	24 19 01	18 32 07	15 15 57	8 01 42	6 57 05	8 46 37	18 46 25	12 38 40
7 F	9 17 42	9 ♊ 30 16	15 42 39	4 43 33	17 09 57	19 39 26	24 05 53	18 48 39	15 17 25	8 09 40	6 58 50	8 49 46	18 46 11	12 38 26
8 Sa	10 16 38	21 51 49	27 56 49	5 11 55	18 25 06	19 24 24	23 52 42	19 04 45	15 18 27	8 17 22	7 00 17	8 52 38	18 45 41	12 37 59
9 Su	11 15 12	3 ♋ 59 11	9 ♋ 58 53	5 35 06	19 39 50	19 08 40	23 39 19	19 20 16	15 18 52	8 24 36	7 01 16	8 55 03	18 44 45	12 37 08
10 M	12 13 16	15 56 35	21 53 16	5 52 41	20 54 04	18 52 11	23 25 39	19 35 03	15 18 34	8 31 17	7 01 39	8 56 54	18 43 17	12 35 47
11 Tu	13 10 51	27 48 36	3 ♌ 44 37	6 04 20	22 07 48	18 35 00	23 11 42	19 49 08	15 17 33	8 37 24	7 01 27	8 58 12	18 41 16	12 33 55
12 W	14 08 02	9 ♌ 40 01	15 37 39	6 09 52	23 21 06	18 17 16	22 57 36	20 02 36	15 15 56	8 43 04	7 00 47	8 59 02	18 38 50	12 31 40
13 Th	15 05 04	21 35 32	27 36 52	6 09 09	24 34 14	17 59 15	22 43 36	20 15 41	15 13 55	8 48 30	6 59 51	8 59 38	18 36 11	12 29 15
14 F	16 02 13	3 ♍ 39 30	9 ♍ 46 20	6 02 13	25 47 27	17 41 17	22 29 58	20 28 38	15 11 47	8 53 59	6 58 56	9 00 18	18 33 37	12 26 56
15 Sa	16 59 49	15 55 40	22 09 26	5 49 07	27 01 07	17 23 45	22 17 05	20 41 49	15 09 54	8 59 51	6 58 23	9 01 20	18 31 27	12 25 03
16 Su	17 58 10	28 26 58	4 ♎ 48 38	5 29 57	28 15 29	17 06 58	22 05 13	20 55 30	15 08 31	9 06 22	6 58 29	9 03 03	18 29 58	12 23 55
17 M	18 57 28	11 ♎ 15 15	17 45 16	5 04 49	29 30 46	16 51 12	21 54 35	21 09 52	15 07 51	9 13 45	6 59 25	9 05 37	18 29 24	12 23 42
18 Tu	19 57 44	24 21 12	0 ♏ 59 26	4 33 45	0 ♉ 47 01	16 36 31	21 45 16	21 24 58	15 07 56	9 22 02	7 01 15	9 09 06	18 29 45	12 24 27
19 W	20 58 52	7 ♏ 44 10	14 30 01	3 56 46	2 04 05	16 22 49	21 37 06	21 40 40	15 08 38	9 31 06	7 03 49	9 13 21	18 30 55	12 26 02
20 Th	22 00 32	21 22 25	28 14 52	3 13 53	3 21 39	16 09 52	21 29 50	21 56 39	15 09 39	9 40 36	7 06 50	9 18 04	18 32 33	12 28 09
21 F	23 02 17	5 ♐ 13 17	12 ♐ 11 03	2 25 10	4 39 18	15 57 14	21 22 59	22 12 26	15 10 32	9 50 07	7 09 50	9 22 47	18 34 14	12 30 20
22 Sa	24 03 38	19 13 38	26 15 19	1 30 50	5 56 29	15 44 27	21 16 04	22 27 33	15 10 45	9 59 07	7 12 19	9 27 01	18 35 28	12 32 06
23 Su	25 04 09	3 ♑ 20 16	10 ♑ 24 32	0 31 27	7 12 49	15 31 09	21 08 41	22 41 33	15 09 55	10 07 12	7 13 51	9 30 19	18 35 48	12 33 00
24 M	26 03 35	17 30 18	24 35 55	29 ♈ 27 58	8 28 02	15 17 07	21 00 35	22 54 11	15 07 46	10 14 06	7 14 12	9 32 27	18 35 00	12 32 48
25 Tu	27 01 56	1 ♒ 41 24	8 ♒ 47 18	28 21 48	9 42 08	15 02 24	20 51 48	23 05 27	15 04 18	10 19 50	7 13 23	9 33 26	18 33 05	12 31 31
26 W	27 59 31	15 51 44	22 56 55	27 14 48	10 55 26	14 47 20	20 42 37	23 15 38	14 59 50	10 24 42	7 11 40	9 33 32	18 30 19	12 29 26
27 Th	28 56 51	29 59 50	7 ♓ 03 16	26 09 10	12 08 27	14 32 29	20 33 35	23 25 17	14 54 53	10 29 12	7 09 36	9 33 19	18 27 16	12 27 05
28 F	29 54 34	14 ♓ 04 17	21 04 51	25 07 14	13 21 50	14 18 32	20 25 21	23 35 01	14 50 06	10 34 00	7 07 49	9 33 24	18 24 33	12 25 06
29 Sa	0 ♉ 53 19	28 03 22	4 ♈ 59 50	24 11 15	14 36 12	14 06 09	20 18 33	23 45 28	14 46 06	10 39 44	7 06 57	9 34 25	18 22 49	12 24 08
30 Su	1 53 34	11 ♈ 55 02	18 46 03	23 23 14	15 52 01	13 55 49	20 13 39	23 57 06	14 43 23	10 46 51	7 07 28	9 36 50	18 22 32	12 24 39

October 2035 — LONGITUDE

Day	☉	0 hr ☽	Noon ☽	☿	♀	♂	⚵	⚳	♃	♄	⚷	♅	♆	♇
1 M	2 ♉ 55 30	25 ♈ 36 50	2 ♉ 21 08	22 ♈ 44 42	17 ♉ 09 31	13 ♎ 47 49	20 ♍ 10 54	24 ♑ 10 07	14 ♐ 42 10	10 ♓ 55 34	7 ♑ 09 36	9 ♒ 40 52	18 ♏ 23 54	12 ♍ 26 51
2 Tu	3 59 04	9 ♉ 06 12	15 42 43	22 16 38	18 28 36	13 42 02	20 10 11	24 24 25	14 42 19	11 05 48	7 13 14	9 46 26	18 26 50	12 30 39
3 W	5 03 50	22 20 48	28 48 55	21 59 27	19 48 51	13 38 09	20 11 08	24 39 37	14 43 30	11 17 08	7 17 59	9 53 08	18 30 56	12 35 39
4 Th	6 09 12	5 ♊ 19 02	11 ♊ 38 38	21 53 06	21 09 41	13 35 33	20 13 07	24 55 06	14 45 04	11 28 59	7 23 14	10 00 21	18 35 37	12 41 15
5 F	7 14 28	18 00 16	24 11 51	21 57 06	22 30 23	13 33 32	20 15 27	25 10 09	14 46 18	11 40 37	7 28 17	10 07 22	18 40 08	12 46 44
6 Sa	8 18 55	0 ♋ 25 08	6 ♋ 29 50	22 10 47	23 50 14	13 31 26	20 17 25	25 24 03	14 46 33	11 51 21	7 32 25	10 13 30	18 43 48	12 51 24
7 Su	9 22 02	12 35 36	18 35 02	22 33 25	25 08 41	13 28 43	20 18 29	25 36 15	14 45 14	12 00 37	7 35 06	10 18 12	18 46 06	12 54 42
8 M	10 23 29	24 34 52	0 ♌ 31 07	23 04 17	26 25 29	13 25 07	20 18 21	25 46 29	14 42 05	12 08 08	7 36 04	10 21 10	18 46 42	12 56 21
9 Tu	11 23 19	6 ♌ 27 15	12 22 41	23 42 54	27 40 37	13 20 38	20 17 04	25 54 44	14 37 08	12 13 55	7 35 18	10 22 25	18 45 39	12 56 23
10 W	12 21 52	18 17 55	24 15 02	24 28 55	28 54 25	13 15 38	20 14 56	26 01 21	14 30 42	12 18 19	7 33 08	10 22 19	18 43 16	12 55 06
11 Th	13 19 42	0 ♍ 12 31	6 ♍ 13 54	25 22 14	0 ♊ 07 29	13 10 42	20 12 34	26 06 55	14 23 22	12 21 54	7 30 12	10 21 25	18 40 09	12 53 07
12 F	14 17 37	12 16 55	18 24 57	26 22 51	1 20 35	13 06 36	20 10 42	26 12 11	14 15 56	12 25 26	7 27 13	10 20 30	18 37 04	12 51 12
13 Sa	15 16 24	24 36 34	0 ♎ 53 23	27 30 47	2 34 32	13 04 09	20 10 11	26 17 59	14 09 12	12 29 45	7 25 02	10 20 22	18 34 50	12 50 09
14 Su	16 16 46	7 ♎ 16 11	13 43 19	28 46 01	3 50 02	13 04 04	20 11 41	26 24 59	14 03 53	12 35 32	7 24 20	10 21 45	18 34 09	12 50 41
15 M	17 19 12	20 18 59	26 57 15	0 ♉ 08 15	5 07 33	13 06 48	20 15 42	26 33 41	14 00 28	12 43 16	7 25 36	10 25 06	18 35 29	12 53 16
16 Tu	18 23 48	3 ♏ 46 17	10 ♏ 35 34	1 36 55	6 27 12	13 12 28	20 22 20	26 44 10	13 59 02	12 53 03	7 28 57	10 30 33	18 38 58	12 58 00
17 W	19 30 16	17 37 00	24 36 10	3 11 05	7 48 42	13 20 46	20 31 17	26 56 10	13 59 20	13 04 36	7 34 05	10 37 47	18 44 17	13 04 38
18 Th	20 37 57	1 ♐ 47 40	8 ♐ 54 34	4 49 30	9 11 22	13 31 01	20 41 52	27 08 57	14 00 41	13 17 14	7 40 19	10 46 07	18 50 46	13 12 26
19 F	21 45 51	16 12 41	23 24 32	6 30 39	10 34 13	13 42 14	20 53 07	27 21 36	14 02 06	13 29 59	7 46 42	10 54 36	18 57 27	13 20 28
20 Sa	22 52 58	0 ♑ 45 14	7 ♑ 58 59	8 13 04	11 56 15	13 53 24	21 03 60	27 33 03	14 02 34	13 41 48	7 52 11	11 02 12	19 03 19	13 27 41
21 Su	23 58 26	15 18 25	22 31 14	9 55 27	13 16 34	14 03 38	21 13 39	27 42 26	14 01 14	13 51 51	7 55 55	11 08 04	19 07 29	13 33 15
22 M	25 01 45	29 46 22	6 ♒ 56 03	11 36 58	14 34 43	14 12 26	21 21 35	27 49 16	13 57 37	13 59 38	7 57 25	11 11 41	19 09 28	13 36 39
23 Tu	26 02 57	14 ♒ 05 04	21 10 10	13 17 21	15 50 42	14 19 49	21 27 49	27 53 35	13 51 44	14 05 09	7 56 42	11 13 05	19 09 18	13 37 55
24 W	27 02 34	28 12 34	5 ♓ 12 23	14 56 52	17 05 04	14 26 20	21 32 53	27 55 53	13 44 09	14 08 59	7 54 19	11 12 49	19 07 32	13 37 36
25 Th	28 01 33	12 ♓ 08 42	19 03 04	16 36 15	18 18 46	14 32 55	21 37 44	27 57 09	13 35 48	14 12 03	7 51 13	11 11 50	19 05 05	13 36 38
26 F	29 01 02	25 54 24	2 ♈ 43 24	18 16 26	19 32 56	14 40 41	21 43 30	27 58 29	13 27 50	14 15 29	7 48 31	11 11 16	19 03 07	13 36 10
27 Sa	0 ♊ 02 08	9 ♈ 31 01	16 14 47	19 58 22	20 48 40	14 50 44	21 51 17	28 00 59	13 21 22	14 20 23	7 47 20	11 12 12	19 02 43	13 37 17
28 Su	1 05 38	22 59 32	29 38 02	21 42 45	22 06 47	15 03 52	22 01 53	28 05 29	13 17 11	14 27 35	7 48 29	11 15 28	19 04 42	13 40 49
29 M	2 11 58	6 ♉ 20 13	12 ♉ 53 14	23 29 52	23 27 40	15 20 29	22 15 42	28 12 22	13 15 44	14 37 27	7 52 21	11 21 27	19 09 28	13 47 09
30 Tu	3 20 59	19 32 27	25 59 38	25 19 30	24 51 13	15 40 28	22 32 37	28 21 30	13 16 53	14 49 54	7 58 51	11 30 04	19 16 55	13 56 11
31 W	4 32 08	2 ♊ 34 56	8 ♊ 55 56	27 11 03	26 16 52	16 03 13	22 52 04	28 32 21	13 20 04	15 04 21	8 07 24	11 40 42	19 26 29	14 07 20

Notes

LONGITUDE — November 2035

Day	☉	0 hr ☽	Noon ☽	☿	♀	♂	⚵	⚳	♃	♄	⚷	♅	♆	♇
1 Th	5 ♊ 44 29	15 ♊ 26 04	21 ♊ 40 41	29 ♉ 03 29	27 ♊ 43 40	16 ♎ 27 48	23 ♍ 13 05	28 ♑ 43 57	13 ♐ 24 22	15 ♓ 19 51	8 ♑ 17 03	11 ♒ 52 27	19 ♏ 37 12	14 ♍ 19 41
2 F	6 56 53	28 04 30	4 ♋ 12 52	0 ♊ 55 39	29 10 29	16 53 03	23 34 34	28 55 10	13 28 40	15 35 17	8 26 41	12 04 11	19 47 58	14 32 04
3 Sa	8 08 13	10 ♋ 29 35	16 32 18	2 46 24	0 ♋ 36 13	17 17 52	23 55 22	29 04 53	13 31 50	15 49 31	8 35 11	12 14 46	19 57 39	14 43 24
4 Su	9 17 36	22 41 50	28 39 59	4 34 48	1 59 57	17 41 20	24 14 36	29 12 13	13 32 59	16 01 40	8 41 39	12 23 19	20 05 21	14 52 47
5 M	10 24 28	4 ♌ 43 09	10 ♌ 38 20	6 20 17	3 21 08	18 02 51	24 31 41	29 16 35	13 31 34	16 11 11	8 45 33	12 29 16	20 10 31	14 59 38
6 Tu	11 28 42	16 36 51	22 31 07	8 02 45	4 39 40	18 22 21	24 46 32	29 17 55	13 27 29	16 17 56	8 46 44	12 32 31	20 13 04	15 03 52
7 W	12 30 41	28 27 35	4 ♍ 23 19	9 42 33	5 55 54	18 40 08	24 59 29	29 16 32	13 21 07	16 22 18	8 45 36	12 33 25	20 13 20	15 05 50
8 Th	13 31 09	10 ♍ 21 03	16 20 56	11 20 25	7 10 35	18 56 58	25 11 17	29 13 13	13 13 12	16 25 01	8 42 54	12 32 45	20 12 04	15 06 18
9 F	14 31 09	22 23 42	28 30 30	12 57 26	8 24 47	19 13 53	25 22 59	29 09 01	13 04 48	16 27 09	8 39 40	12 31 32	20 10 21	15 06 18
10 Sa	15 31 50	4 ♎ 42 10	10 ♎ 58 30	14 34 45	9 39 38	19 31 60	25 35 44	29 05 04	12 57 05	16 29 50	8 37 04	12 30 56	20 09 17	15 06 60
11 Su	16 34 16	17 22 38	23 50 47	16 13 24	10 56 10	19 52 22	25 50 34	29 02 25	12 51 05	16 34 08	8 36 08	12 31 60	20 09 58	15 09 25
12 M	17 39 11	0 ♏ 30 06	7 ♏ 11 37	17 54 11	12 15 10	20 15 43	26 08 13	29 01 50	12 47 34	16 40 47	8 37 39	12 35 28	20 13 07	15 14 21
13 Tu	18 46 52	14 07 26	21 02 48	19 37 22	13 36 55	20 42 19	26 28 60	29 03 37	12 46 51	16 50 04	8 41 52	12 41 39	20 19 02	15 22 03
14 W	19 57 03	28 14 39	5 ♐ 22 56	21 22 43	15 01 07	21 11 54	26 52 36	29 07 28	12 48 37	17 01 44	8 48 32	12 50 15	20 27 27	15 32 14
15 Th	21 08 54	12 ♐ 48 17	20 07 00	23 09 24	16 26 57	21 43 36	27 18 12	29 12 34	12 52 05	17 14 55	8 56 49	13 00 27	20 37 31	15 44 06
16 F	22 21 12	27 41 29	5 ♑ 06 52	24 56 12	17 53 11	22 16 10	27 44 34	29 17 41	12 56 01	17 28 25	9 05 29	13 11 00	20 48 01	15 56 25
17 Sa	23 32 36	12 ♑ 44 52	20 12 24	26 41 48	19 18 29	22 48 16	28 10 20	29 21 30	12 59 03	17 40 53	9 13 12	13 20 35	20 57 37	16 07 49
18 Su	24 41 55	27 48 10	5 ♒ 13 23	28 25 04	20 41 41	23 18 43	28 34 21	29 22 49	13 00 04	17 51 08	9 18 47	13 28 02	21 05 08	16 17 09
19 M	25 48 30	12 ♒ 42 06	20 01 22	0 ♋ 05 19	22 02 06	23 46 51	28 55 56	29 21 00	12 58 22	17 58 31	9 21 35	13 32 40	21 09 54	16 23 45
20 Tu	26 52 20	27 19 58	4 ♓ 30 51	1 42 34	23 19 43	24 12 36	29 15 04	29 16 02	12 53 58	18 02 59	9 21 35	13 34 28	21 11 55	16 27 35
21 W	27 54 03	11 ♓ 38 13	18 39 39	3 17 27	24 35 11	24 36 37	29 32 22	29 08 32	12 47 29	18 05 12	9 19 24	13 34 04	21 11 47	16 29 17
22 Th	28 54 44	25 36 24	2 ♈ 28 22	4 51 06	25 49 36	24 59 59	29 48 57	28 59 37	12 40 02	18 06 16	9 16 10	13 32 36	21 10 38	16 29 59
23 F	29 55 47	9 ♈ 16 14	15 59 26	6 24 54	27 04 19	25 24 05	0 ♎ 06 10	28 50 41	12 32 60	18 07 32	9 13 13	13 31 23	21 09 49	16 31 01
24 Sa	0 ♋ 58 28	22 40 38	29 16 04	8 00 08	28 20 39	25 50 11	0 25 18	28 43 00	12 27 39	18 10 17	9 11 52	13 31 45	21 10 39	16 33 41
25 Su	2 03 46	5 ♉ 52 38	12 ♉ 21 20	9 37 50	29 39 34	26 19 15	0 47 21	28 37 35	12 25 01	18 15 32	9 13 07	13 34 40	21 14 06	16 38 59
26 M	3 12 12	18 54 44	25 17 34	11 18 28	1 ♌ 01 33	26 51 47	1 12 48	28 34 56	12 25 35	18 23 46	9 17 26	13 40 38	21 20 39	16 47 23
27 Tu	4 23 39	1 ♊ 48 26	8 ♊ 05 60	13 01 58	2 26 34	27 27 42	1 41 34	28 34 58	12 29 16	18 34 54	9 24 45	13 49 34	21 30 15	16 58 51
28 W	5 37 33	14 34 12	20 46 51	14 47 45	3 53 57	28 06 23	2 13 02	28 37 06	12 35 28	18 48 19	9 34 28	14 00 52	21 42 17	17 12 43
29 Th	6 52 51	27 11 40	3 ♋ 19 39	16 34 48	5 22 43	28 46 47	2 46 10	28 40 19	12 43 11	19 02 60	9 45 33	14 13 31	21 55 44	17 28 01
30 F	8 08 18	9 ♋ 40 04	15 43 38	18 21 51	6 51 37	29 27 40	3 19 45	28 43 23	12 51 09	19 17 43	9 56 47	14 26 16	22 09 20	17 43 28

LONGITUDE — December 2035

Day	☉	0 hr ☽	Noon ☽	☿	♀	♂	⚵	⚳	♃	♄	⚷	♅	♆	♇
1 Sa	9 ♋ 22 41	21 ♋ 58 43	27 ♋ 58 18	20 ♋ 07 41	8 ♌ 19 24	0 ♏ 07 48	3 ♎ 52 31	28 ♑ 45 06	12 ♐ 58 10	19 ♓ 31 14	10 ♑ 06 55	14 ♒ 37 54	22 ♏ 21 52	17 ♍ 57 52
2 Su	10 34 58	4 ♌ 07 34	10 ♌ 03 53	21 51 15	9 45 03	0 46 07	4 23 26	28 44 25	13 03 12	19 42 30	10 14 55	14 47 21	22 32 19	18 10 09
3 M	11 44 27	16 07 35	22 01 43	23 31 52	11 07 53	1 21 58	4 51 50	28 40 41	13 05 34	19 50 51	10 20 07	14 53 59	22 39 59	18 19 39
4 Tu	12 50 57	28 00 58	3 ♍ 54 29	25 09 19	12 27 41	1 55 06	5 17 30	28 33 43	13 05 04	19 56 05	10 22 19	14 57 34	22 44 40	18 26 11
5 W	13 54 44	9 ♍ 51 17	15 46 09	26 43 50	13 44 44	2 25 47	5 40 41	28 23 47	13 01 59	19 58 28	10 21 46	14 58 22	22 46 38	18 29 60
6 Th	14 56 30	21 43 24	27 41 57	28 16 07	14 59 43	2 54 44	6 02 07	28 11 38	12 57 02	19 58 42	10 19 12	14 57 07	22 46 37	18 31 48
7 F	15 57 16	3 ♎ 43 10	9 ♎ 48 00	29 47 08	16 13 41	3 22 58	6 22 47	27 58 16	12 51 14	19 57 49	10 15 38	14 54 50	22 45 37	18 32 38
8 Sa	16 58 12	15 57 03	22 10 56	1 ♌ 18 02	17 27 48	3 51 37	6 43 53	27 44 55	12 45 45	19 56 59	10 12 14	14 52 40	22 44 48	18 33 38
9 Su	18 00 26	28 31 38	4 ♏ 57 10	2 49 51	18 43 09	4 21 49	7 06 30	27 32 40	12 41 42	19 57 19	10 10 07	14 51 45	22 45 17	18 35 56
10 M	19 04 48	11 ♏ 32 48	18 12 10	4 23 23	20 00 37	4 54 24	7 31 30	27 22 24	12 39 57	19 59 40	10 10 08	14 52 56	22 47 56	18 40 24
11 Tu	20 11 42	25 04 56	1 ♐ 59 23	5 58 58	21 20 35	5 29 46	7 59 16	27 14 34	12 40 56	20 04 27	10 12 43	14 56 38	22 53 09	18 47 25
12 W	21 21 02	9 ♐ 09 48	16 19 15	7 36 22	22 42 56	6 07 46	8 29 41	27 09 01	12 44 28	20 11 31	10 17 42	15 02 42	23 00 48	18 56 51
13 Th	22 32 04	23 45 43	1 ♑ 08 24	9 14 46	24 06 57	6 47 43	9 02 02	27 05 05	12 49 53	20 20 11	10 24 25	15 10 26	23 10 11	19 08 01
14 F	23 43 41	8 ♑ 47 06	16 19 27	10 52 55	25 31 32	7 28 27	9 35 12	27 01 39	12 56 04	20 29 19	10 31 43	15 18 44	23 20 10	19 19 47
15 Sa	24 54 37	24 04 44	1 ♒ 41 47	12 29 22	26 55 22	8 08 42	10 07 52	26 57 27	13 01 43	20 37 38	10 38 20	15 26 18	23 29 29	19 30 51
16 Su	26 03 43	9 ♒ 27 11	17 03 25	14 02 47	28 17 19	8 47 19	10 38 56	26 51 22	13 05 43	20 43 60	10 43 07	15 31 60	23 36 59	19 40 06
17 M	27 10 16	24 42 49	2 ♓ 13 11	15 32 16	29 36 41	9 23 35	11 07 39	26 42 41	13 07 20	20 47 42	10 45 21	15 35 07	23 41 57	19 46 49
18 Tu	28 14 09	9 ♓ 41 57	17 02 38	16 57 26	0 ♍ 53 22	9 57 22	11 33 54	26 31 20	13 06 28	20 48 37	10 44 57	15 35 32	23 44 16	19 50 52
19 W	29 15 52	24 18 14	1 ♈ 27 04	18 18 28	2 07 49	10 29 10	11 58 12	26 17 49	13 03 37	20 47 15	10 42 23	15 33 45	23 44 27	19 52 46
20 Th	0 ♌ 16 23	8 ♈ 29 03	15 25 20	19 36 00	3 21 01	10 59 56	12 21 29	26 03 06	12 59 44	20 44 33	10 38 38	15 30 44	23 43 26	19 53 27
21 F	1 16 51	22 14 53	28 59 08	20 50 49	4 34 08	11 30 51	12 44 56	25 48 22	12 55 59	20 41 42	10 34 51	15 27 38	23 42 24	19 54 07
22 Sa	2 18 26	5 ♉ 38 18	12 ♉ 11 47	22 03 35	5 48 20	12 03 03	13 09 41	25 34 48	12 53 33	20 39 51	10 32 11	15 25 38	23 42 30	19 55 54
23 Su	3 22 01	18 42 56	25 07 13	23 14 41	7 04 28	12 37 24	13 36 37	25 23 18	12 53 17	20 39 53	10 31 33	15 25 35	23 44 37	19 59 41
24 M	4 28 03	1 ♊ 32 26	7 ♊ 49 08	24 23 60	8 23 01	13 14 22	14 06 12	25 14 20	12 55 40	20 42 15	10 33 23	15 27 59	23 49 12	20 05 55
25 Tu	5 36 32	14 09 59	20 20 36	25 30 50	9 43 58	13 53 57	14 38 26	25 07 55	13 00 41	20 46 58	10 37 41	15 32 47	23 56 16	20 14 37
26 W	6 46 60	26 37 58	2 ♋ 43 44	26 33 60	11 06 52	14 35 40	15 12 49	25 03 37	13 07 53	20 53 33	10 43 59	15 39 33	24 05 20	20 25 18
27 Th	7 58 38	8 ♋ 57 56	14 59 50	27 31 54	12 30 53	15 18 44	15 48 34	25 00 37	13 16 27	21 01 12	10 51 30	15 47 29	24 15 36	20 37 10
28 F	9 10 28	21 10 47	27 09 37	28 22 42	13 55 03	16 02 09	16 24 43	24 57 59	13 25 25	21 08 57	10 59 15	15 55 35	24 26 05	20 49 15
29 Sa	10 21 31	3 ♌ 17 03	9 ♌ 13 31	29 04 29	15 18 24	16 44 55	17 00 15	24 54 45	13 33 48	21 15 50	11 06 14	16 02 54	24 35 49	21 00 33
30 Su	11 30 56	15 17 19	21 12 09	29 35 33	16 40 04	17 26 13	17 34 20	24 50 05	13 40 46	21 20 59	11 11 38	16 08 34	24 43 58	21 10 15
31 M	12 38 11	27 12 33	3 ♍ 06 36	29 54 26	17 59 31	18 05 29	18 06 26	24 43 27	13 45 45	21 23 51	11 14 54	16 12 03	24 49 57	21 17 47

Notes

January 2036

LONGITUDE

Day	☉	0 hr ☽	Noon ☽	☿	♀	♂	⚵	⚳	♃	♄	⚷	♅	♆	♇
1 Tu	13 ♌ 43 02	9 ♍ 04 20	14 ♍ 58 44	0 ♍ 00 08	19 ♍ 16 31	18 ♏ 42 30	18 ♎ 36 18	24 ♑ 34 39	13 ♐ 48 33	21 ♓ 24 15	11 ♑ 15 48	16 ♒ 13 08	24 ♏ 53 35	21 ♍ 22 56
2 W	14 45 38	20 55 13	26 51 20	29 ♌ 52 10	20 31 13	19 17 25	19 04 07	24 23 51	13 49 20	21 22 19	11 14 31	16 11 58	24 55 00	21 25 51
3 Th	15 46 28	2 ♎ 48 38	8 ♎ 48 13	29 30 39	21 44 07	19 50 42	19 30 21	24 11 33	13 48 32	21 18 32	11 11 31	16 09 03	24 54 42	21 27 01
4 F	16 46 16	14 48 56	20 54 03	28 56 13	22 55 56	20 23 05	19 55 42	23 58 30	13 46 56	21 13 38	11 07 31	16 05 05	24 53 24	21 27 10
5 Sa	17 45 52	27 01 12	3 ♏ 14 06	28 10 07	24 07 30	20 55 25	20 21 03	23 45 32	13 45 21	21 08 28	11 03 23	16 00 56	24 51 56	21 27 09
6 Su	18 46 08	9 ♏ 30 52	15 53 53	27 14 00	25 19 39	21 28 31	20 47 12	23 33 31	13 44 37	21 03 53	10 59 57	15 57 26	24 51 10	21 27 48
7 M	19 47 42	22 23 13	28 58 31	26 09 54	26 33 05	22 03 03	21 14 51	23 23 08	13 45 25	21 00 32	10 57 54	15 55 16	24 51 45	21 29 47
8 Tu	20 50 56	5 ♐ 42 44	12 ♐ 31 58	25 00 01	27 48 07	22 39 23	21 44 20	23 14 46	13 48 07	20 58 48	10 57 34	15 54 47	24 54 03	21 33 27
9 W	21 55 51	19 32 16	26 36 06	23 46 35	29 04 46	23 17 30	22 15 39	23 08 24	13 52 41	20 58 40	10 58 59	15 55 58	24 58 03	21 38 49
10 Th	23 02 01	3 ♑ 52 08	11 ♑ 09 53	22 31 42	0 ♎ 22 38	23 57 01	22 48 24	23 03 38	13 58 45	20 59 45	11 01 43	15 58 27	25 03 23	21 45 28
11 F	24 08 46	18 39 27	26 08 45	21 17 17	1 41 00	24 37 12	23 21 53	22 59 49	14 05 35	21 01 20	11 05 05	16 01 31	25 09 19	21 52 43
12 Sa	25 15 15	3 ♒ 47 47	11 ♒ 24 39	20 04 58	2 59 03	25 17 14	23 55 16	22 56 05	14 12 22	21 02 36	11 08 15	16 04 20	25 15 01	21 59 43
13 Su	26 20 42	19 07 46	26 47 05	18 56 14	4 15 60	25 56 19	24 27 45	22 51 41	14 18 20	21 02 46	11 10 26	16 06 07	25 19 44	22 05 41
14 M	27 24 36	4 ♓ 28 22	12 ♓ 04 42	17 52 26	5 31 19	26 33 57	24 58 51	22 46 07	14 22 57	21 01 20	11 11 09	16 06 23	25 22 56	22 10 08
15 Tu	28 26 47	19 38 45	27 07 17	16 54 49	6 44 51	27 09 59	25 28 23	22 39 13	14 26 04	20 58 08	11 10 12	16 04 57	25 24 28	22 12 52
16 W	29 27 29	4 ♈ 30 06	11 ♈ 47 17	16 04 36	7 56 51	27 44 37	25 56 34	22 31 14	14 27 54	20 53 24	11 07 50	16 02 03	25 24 33	22 14 09
17 Th	0 ♍ 27 13	18 56 38	26 00 32	15 22 50	9 07 48	28 18 22	26 23 57	22 22 40	14 28 59	20 47 39	11 04 35	15 58 12	25 23 43	22 14 29
18 F	1 26 41	2 ♉ 55 54	9 ♉ 46 02	14 50 23	10 18 24	28 51 57	26 51 12	22 14 14	14 29 59	20 41 35	11 01 07	15 54 06	25 22 39	22 14 33
19 Sa	2 26 31	16 28 15	23 05 18	14 27 50	11 29 19	29 25 59	27 18 58	22 06 34	14 31 34	20 35 51	10 58 05	15 50 24	25 21 60	22 15 01
20 Su	3 27 16	29 35 60	6 ♊ 01 25	14 15 23	12 41 04	0 ♐ 01 01	27 47 48	22 00 14	14 34 16	20 30 59	10 56 02	15 47 38	25 22 17	22 16 24
21 M	4 29 13	12 ♊ 22 36	18 38 16	14 12 52	13 53 55	0 37 21	28 17 57	21 55 31	14 38 22	20 27 17	10 55 16	15 46 05	25 23 49	22 18 60
22 Tu	5 32 24	24 51 55	0 ♋ 59 50	14 19 45	15 07 56	1 14 58	28 49 29	21 52 26	14 43 53	20 24 46	10 55 46	15 45 47	25 26 36	22 22 50
23 W	6 36 34	7 ♋ 07 44	13 09 51	14 35 16	16 22 52	1 53 42	29 22 09	21 50 47	14 50 36	20 23 13	10 57 22	15 46 31	25 30 27	22 27 41
24 Th	7 41 22	19 13 29	25 11 35	14 58 23	17 38 20	2 33 07	29 55 34	21 50 10	14 58 09	20 22 16	10 59 39	15 47 54	25 34 57	22 33 10
25 F	8 46 18	1 ♌ 12 09	7 ♌ 07 45	15 28 03	18 53 52	3 12 46	0 ♏ 29 16	21 50 08	15 06 02	20 21 26	11 02 09	15 49 28	25 39 38	22 38 49
26 Sa	9 50 55	13 06 13	19 00 40	16 03 14	20 08 59	3 52 10	1 02 47	21 50 13	15 13 48	20 20 15	11 04 24	15 50 44	25 44 02	22 44 09
27 Su	10 54 49	24 57 51	0 ♍ 52 16	16 43 00	21 23 19	4 30 56	1 35 44	21 50 01	15 21 03	20 18 21	11 06 02	15 51 19	25 47 46	22 48 48
28 M	11 57 45	6 ♍ 48 59	12 44 23	17 26 39	22 36 36	5 08 50	2 07 51	21 49 18	15 27 32	20 15 28	11 06 46	15 50 60	25 50 35	22 52 30
29 Tu	12 59 39	18 41 32	24 38 52	18 13 37	23 48 44	5 45 46	2 39 04	21 47 58	15 33 11	20 11 33	11 06 34	15 49 40	25 52 24	22 55 10
30 W	14 00 35	0 ♎ 37 30	6 ♎ 37 46	19 03 36	24 59 50	6 21 49	3 09 26	21 46 08	15 38 03	20 06 39	11 05 28	15 47 25	25 53 19	22 56 54
31 Th	15 00 46	12 39 07	18 43 25	19 56 25	26 10 05	6 57 12	3 39 12	21 43 59	15 42 23	20 01 00	11 03 43	15 44 28	25 53 32	22 57 55

February 2036

LONGITUDE

Day	☉	0 hr ☽	Noon ☽	☿	♀	♂	⚵	⚳	♃	♄	⚷	♅	♆	♇
1 F	16 ♍ 00 30	24 ♎ 48 60	0 ♏ 58 36	20 ♌ 52 05	27 ♎ 19 47	7 ♐ 32 13	4 ♏ 08 39	21 ♑ 41 50	15 ♐ 46 28	19 ♓ 54 55	11 ♑ 01 36	15 ♒ 41 07	25 ♏ 53 20	22 ♍ 58 29
2 Sa	17 00 07	7 ♏ 10 03	13 26 21	21 50 36	28 29 16	8 07 11	4 38 07	21 40 01	15 50 37	19 48 44	10 59 27	15 37 42	25 53 05	22 58 58
3 Su	17 59 54	19 45 29	26 10 00	22 52 02	29 38 50	8 42 25	5 07 54	21 38 49	15 55 09	19 42 44	10 57 35	15 34 32	25 53 04	22 59 40
4 M	19 00 06	2 ♐ 38 32	9 ♐ 12 47	23 56 22	0 ♏ 48 42	9 18 07	5 38 13	21 38 28	16 00 17	19 37 09	10 56 13	15 31 48	25 53 30	23 00 47
5 Tu	20 00 48	15 52 14	22 37 27	25 03 30	1 58 57	9 54 23	6 09 09	21 39 03	16 06 06	19 32 06	10 55 26	15 29 38	25 54 29	23 02 25
6 W	21 01 57	29 28 50	6 ♑ 25 50	26 13 12	3 09 33	10 31 12	6 40 41	21 40 32	16 12 35	19 27 32	10 55 13	15 27 59	25 55 59	23 04 32
7 Th	22 03 25	13 ♑ 29 26	20 38 09	27 25 11	4 20 21	11 08 23	7 12 39	21 42 47	16 19 34	19 23 18	10 55 24	15 26 43	25 57 51	23 06 60
8 F	23 05 00	27 53 11	5 ♒ 12 30	28 39 05	5 31 09	11 45 46	7 44 52	21 45 34	16 26 51	19 19 13	10 55 48	15 25 37	25 59 53	23 09 36
9 Sa	24 06 30	12 ♒ 37 02	20 04 33	29 54 37	6 41 45	12 23 07	8 17 06	21 48 42	16 34 14	19 15 05	10 56 13	15 24 30	26 01 54	23 12 08
10 Su	25 07 45	27 35 26	5 ♓ 07 36	1 ♍ 11 29	7 51 58	13 00 17	8 49 14	21 52 01	16 41 34	19 10 45	10 56 29	15 23 12	26 03 43	23 14 28
11 M	26 08 43	12 ♓ 40 46	20 13 15	2 29 34	9 01 46	13 37 14	9 21 12	21 55 28	16 48 48	19 06 10	10 56 33	15 21 40	26 05 17	23 16 31
12 Tu	27 09 26	27 44 13	5 ♈ 12 29	3 48 48	10 11 11	14 13 59	9 53 01	21 59 05	16 55 56	19 01 22	10 56 28	15 19 57	26 06 40	23 18 20
13 W	28 09 59	12 ♈ 36 59	19 56 60	5 09 14	11 20 18	14 50 38	10 24 48	22 02 57	17 03 06	18 56 27	10 56 19	15 18 08	26 07 56	23 20 01
14 Th	29 10 30	27 11 34	4 ♉ 20 17	6 30 55	12 29 14	15 27 18	10 56 39	22 07 11	17 10 25	18 51 33	10 56 13	15 16 21	26 09 13	23 21 42
15 F	0 ♎ 11 05	11 ♉ 22 36	18 18 18	7 53 53	13 38 05	16 04 05	11 28 41	22 11 53	17 17 57	18 46 45	10 56 17	15 14 41	26 10 37	23 23 27
16 Sa	1 11 45	25 07 19	1 ♊ 49 33	9 18 07	14 46 53	16 41 01	12 00 56	22 17 05	17 25 45	18 42 05	10 56 31	15 13 10	26 12 08	23 25 18
17 Su	2 12 28	8 ♊ 25 24	14 54 49	10 43 34	15 55 34	17 18 03	12 33 20	22 22 43	17 33 45	18 37 31	10 56 55	15 11 46	26 13 46	23 27 13
18 M	3 13 09	21 18 30	27 36 36	12 10 05	17 04 03	17 55 06	13 05 48	22 28 43	17 41 54	18 32 59	10 57 21	15 10 23	26 15 24	23 29 07
19 Tu	4 13 40	3 ♋ 49 47	9 ♋ 58 34	13 37 32	18 12 14	18 32 03	13 38 13	22 34 56	17 50 03	18 28 20	10 57 44	15 08 56	26 16 55	23 30 53
20 W	5 13 57	16 03 17	22 05 00	15 05 47	19 19 60	19 08 47	14 10 30	22 41 18	17 58 06	18 23 30	10 57 57	15 07 17	26 18 14	23 32 24
21 Th	6 13 56	28 03 33	4 ♌ 00 29	16 34 49	20 27 17	19 45 18	14 42 36	22 47 44	18 06 02	18 18 26	10 57 58	15 05 24	26 19 19	23 33 39
22 F	7 13 38	9 ♌ 55 09	15 49 32	18 04 36	21 34 09	20 21 35	15 14 32	22 54 18	18 13 52	18 13 10	10 57 50	15 03 20	26 20 10	23 34 39
23 Sa	8 13 12	21 42 32	27 36 24	19 35 16	22 40 41	20 57 47	15 46 25	23 01 05	18 21 42	18 07 49	10 57 37	15 01 10	26 20 55	23 35 31
24 Su	9 12 47	3 ♍ 29 50	9 ♍ 24 55	21 06 58	23 47 03	21 34 03	16 18 26	23 08 15	18 29 42	18 02 34	10 57 32	14 59 06	26 21 44	23 36 25
25 M	10 12 35	15 20 37	21 18 25	22 39 56	24 53 27	22 10 35	16 50 47	23 16 01	18 38 06	17 57 37	10 57 46	14 57 21	26 22 50	23 37 34
26 Tu	11 12 50	27 17 56	3 ♎ 19 39	24 14 21	26 00 07	22 47 38	17 23 41	23 24 35	18 47 05	17 53 11	10 58 32	14 56 06	26 24 25	23 39 11
27 W	12 13 40	9 ♎ 24 12	15 30 46	25 50 24	27 07 10	23 25 18	17 57 16	23 34 07	18 56 49	17 49 26	10 59 60	14 55 30	26 26 38	23 41 23
28 Th	13 15 09	21 41 13	27 53 20	27 28 07	28 14 40	24 03 42	18 31 37	23 44 39	19 07 22	17 46 25	11 02 12	14 55 39	26 29 34	23 44 17
29 F	14 17 14	4 ♏ 10 15	10 ♏ 28 29	29 07 28	29 22 32	24 42 43	19 06 39	23 56 08	19 18 39	17 44 05	11 05 06	14 56 28	26 33 08	23 47 47

Notes

LONGITUDE — March 2036

Day	☉	0 hr ☽	Noon ☽	☿	♀	♂	⚵	⚳	♃	♄	⚷	♅	♆	♇
1 Sa	15♎ 19 42	16♏ 52 09	23♏ 16 55	0♎ 48 16	0♐ 30 36	25♐ 22 12	19♏ 42 12	24♑ 08 21	19♐ 30 29	17♓ 42 14	11♑ 08 30	14♒ 57 46	26♏ 37 08	23♍ 51 41
2 Su	16 22 15	29 47 27	6♐ 19 09	2 30 12	1 38 32	26 01 49	20 17 55	24 21 01	19 42 34	17 40 34	11 12 06	14 59 13	26 41 18	23 55 43
3 M	17 24 32	12♐ 56 33	19 35 32	4 12 56	2 45 57	26 41 12	20 53 29	24 33 44	19 54 31	17 38 44	11 15 30	15 00 29	26 45 13	23 59 29
4 Tu	18 26 10	26 19 47	3♑ 06 22	5 56 08	3 52 29	27 20 01	21 28 30	24 46 10	20 05 58	17 36 21	11 18 23	15 01 12	26 48 34	24 02 38
5 W	19 26 55	9♑ 57 29	16 51 50	7 39 32	4 57 55	27 57 59	22 02 44	24 58 03	20 16 42	17 33 12	11 20 29	15 01 07	26 51 05	24 04 56
6 Th	20 26 44	23 49 47	0♒ 51 48	9 23 06	6 02 08	28 35 04	22 36 07	25 09 18	20 26 37	17 29 13	11 21 44	15 00 10	26 52 42	24 06 18
7 F	21 25 45	7♒ 56 27	15 05 36	11 07 01	7 05 17	29 11 24	23 08 50	25 20 06	20 35 54	17 24 33	11 22 18	14 58 31	26 53 35	24 06 54
8 Sa	22 24 21	22 16 30	29 31 37	12 51 39	8 07 46	29 47 22	23 41 12	25 30 49	20 44 54	17 19 35	11 22 33	14 56 33	26 54 07	24 07 07
9 Su	23 23 02	6♓ 47 47	14♓ 06 59	14 37 32	9 10 04	0♑ 23 29	24 13 47	25 41 56	20 54 09	17 14 50	11 23 00	14 54 46	26 54 47	24 07 27
10 M	24 22 23	21 26 41	28 47 23	16 25 14	10 12 42	1 00 17	24 47 06	25 53 60	21 04 11	17 10 50	11 24 12	14 53 42	26 56 09	24 08 27
11 Tu	25 22 48	6♈ 08 11	13♈ 27 14	18 15 11	11 16 08	1 38 13	25 21 36	26 07 27	21 15 26	17 08 02	11 26 35	14 53 49	26 58 40	24 10 33
12 W	26 24 33	20 46 08	28 00 13	20 07 39	12 20 34	2 17 31	25 57 30	26 22 32	21 28 08	17 06 41	11 30 24	14 55 20	27 02 32	24 14 00
13 Th	27 27 35	5♉ 13 52	12♉ 19 59	22 02 33	13 25 59	2 58 08	26 34 47	26 39 12	21 42 15	17 06 43	11 35 35	14 58 14	27 07 45	24 18 45
14 F	28 31 34	19 25 22	26 21 08	23 59 36	14 32 01	3 39 46	27 13 08	26 57 07	21 57 28	17 07 51	11 41 49	15 02 10	27 13 58	24 24 29
15 Sa	29 36 00	3♊ 15 48	9♊ 59 49	25 58 15	15 38 08	4 21 52	27 51 59	27 15 45	22 13 14	17 09 32	11 48 36	15 06 38	27 20 40	24 30 40
16 Su	0♏ 40 15	16 42 17	23 14 16	27 57 50	16 43 43	5 03 49	28 30 45	27 34 28	22 28 57	17 11 09	11 55 17	15 10 59	27 27 14	24 36 41
17 M	1 43 42	29 44 08	6♋ 04 44	29 57 44	17 48 09	5 45 01	29 08 48	27 52 41	22 43 59	17 12 06	12 01 16	15 14 38	27 33 02	24 41 55
18 Tu	2 45 55	12♋ 22 40	18 33 21	1♏ 57 28	18 50 58	6 25 01	29 45 42	28 09 55	22 57 54	17 11 55	12 06 06	15 17 07	27 37 39	24 45 56
19 W	3 46 40	24 40 57	0♌ 43 48	3 56 44	19 51 56	7 03 36	0♐ 21 13	28 25 58	23 10 29	17 10 24	12 09 33	15 18 14	27 40 51	24 48 30
20 Th	4 46 02	6♌ 43 21	12 40 46	5 55 32	20 51 06	7 40 49	0 55 26	28 40 53	23 21 47	17 07 38	12 11 43	15 18 03	27 42 42	24 49 41
21 F	5 44 20	18 35 07	24 29 39	7 54 06	21 48 49	8 17 02	1 28 41	28 55 01	23 32 10	17 03 55	12 12 55	15 16 53	27 43 32	24 49 50
22 Sa	6 42 09	0♍ 21 55	6♍ 16 05	9 52 53	22 45 35	8 52 47	2 01 30	29 08 54	23 42 08	16 59 51	12 13 43	15 15 18	27 43 55	24 49 29
23 Su	7 40 08	12 09 24	18 05 35	11 52 25	23 42 06	9 28 44	2 34 34	29 23 13	23 52 24	16 56 04	12 14 46	15 13 59	27 44 30	24 49 20
24 M	8 38 59	24 02 55	0♎ 03 12	13 53 13	24 39 01	10 05 37	3 08 36	29 38 39	24 03 39	16 53 18	12 16 47	15 13 36	27 46 00	24 50 04
25 Tu	9 39 18	6♎ 07 02	12 13 09	15 55 40	25 36 56	10 43 59	3 44 10	29 55 48	24 16 29	16 52 07	12 20 21	15 14 47	27 49 01	24 52 16
26 W	10 41 27	18 25 23	24 38 35	17 59 54	26 36 12	11 24 14	4 21 39	0♒ 15 02	24 31 15	16 52 54	12 25 50	15 17 53	27 53 54	24 56 19
27 Th	11 45 32	1♏ 00 17	7♏ 21 16	20 05 46	27 36 53	12 06 27	5 01 08	0 36 26	24 48 03	16 55 45	12 33 20	15 22 60	28 00 45	25 02 19
28 F	12 51 16	13 52 37	20 21 33	22 12 41	28 38 42	12 50 22	5 42 21	0 59 44	25 06 37	17 00 24	12 42 36	15 29 52	28 09 18	25 09 59
29 Sa	13 58 06	27 01 52	3♐ 38 25	24 19 46	29 41 04	13 35 25	6 24 45	1 24 21	25 26 23	17 06 16	12 53 02	15 37 54	28 18 60	25 18 46
30 Su	15 05 12	10♐ 26 19	17 09 44	26 25 50	0♑ 43 08	14 20 46	7 07 29	1 49 29	25 46 32	17 12 33	13 03 50	15 46 18	28 28 60	25 27 49
31 M	16 11 39	24 03 26	0♑ 52 45	28 29 37	1 43 59	15 05 31	7 49 39	2 14 13	26 06 08	17 18 20	13 14 04	15 54 09	28 38 24	25 36 15

LONGITUDE — April 2036

Day	☉	0 hr ☽	Noon ☽	☿	♀	♂	⚵	⚳	♃	♄	⚷	♅	♆	♇
1 Tu	17♏ 16 39	7♑ 50 24	14♑ 44 36	0♐ 29 53	2♑ 42 45	15♑ 48 52	8♐ 30 27	2♒ 37 42	26♐ 24 23	17♓ 22 49	13♑ 22 57	16♒ 00 37	28♏ 46 23	25♍ 43 15
2 W	18 19 39	21 44 42	28 42 51	2 25 44	3 38 54	16 30 15	9 09 19	2 59 25	26 40 45	17 25 26	13 29 55	16 05 12	28 52 25	25 48 16
3 Th	19 20 32	5♒ 44 25	12♒ 45 47	4 16 40	4 32 17	17 09 34	9 46 10	3 19 16	26 55 06	17 26 06	13 34 53	16 07 45	28 56 23	25 51 12
4 F	20 19 41	19 48 31	26 52 26	6 02 37	5 23 14	17 47 11	10 21 20	3 37 35	27 07 49	17 25 09	13 38 10	16 08 39	28 58 40	25 52 24
5 Sa	21 17 51	3♓ 56 31	11♓ 02 23	7 44 01	6 12 29	18 23 51	10 55 35	3 55 07	27 19 39	17 23 23	13 40 35	16 08 40	28 59 60	25 52 38
6 Su	22 16 04	18 08 08	25 15 11	9 21 31	7 01 02	19 00 36	11 29 57	4 12 56	27 31 37	17 21 47	13 43 07	16 08 49	29 01 25	25 52 56
7 M	23 15 21	2♈ 22 42	9♈ 29 48	10 55 52	7 49 53	19 38 28	12 05 29	4 32 01	27 44 46	17 21 26	13 46 50	16 10 08	29 03 58	25 54 20
8 Tu	24 16 35	16 38 37	23 44 11	12 27 36	8 39 53	20 18 19	12 43 01	4 53 16	27 59 57	17 23 10	13 52 34	16 13 29	29 08 29	25 57 41
9 W	25 20 13	0♉ 52 59	7♉ 55 05	13 56 55	9 31 26	21 00 36	13 23 01	5 17 06	28 17 38	17 27 27	14 00 46	16 19 19	29 15 27	26 03 28
10 Th	26 26 14	15 01 48	21 58 20	15 23 33	10 24 30	21 45 17	14 05 28	5 43 31	28 37 46	17 34 14	14 11 27	16 27 37	29 24 50	26 11 37
11 F	27 34 07	29 00 21	5♊ 49 20	16 46 47	11 18 31	22 31 53	14 49 51	6 11 60	28 59 52	17 43 03	14 24 04	16 37 52	29 36 07	26 21 40
12 Sa	28 43 01	12♊ 43 59	19 23 51	18 05 36	12 12 37	23 19 32	15 35 18	6 41 41	29 23 03	17 53 01	14 37 47	16 49 14	29 48 27	26 32 44
13 Su	29 51 53	26 08 52	2♋ 38 48	19 18 47	13 05 42	24 07 11	16 20 47	7 11 31	29 46 18	18 03 06	14 51 33	17 00 38	0♐ 00 47	26 43 47
14 M	0♐ 59 42	9♋ 12 45	15 32 44	20 25 09	13 56 44	24 53 48	17 05 17	7 40 28	0♑ 08 34	18 12 15	15 04 20	17 11 04	0 12 06	26 53 47
15 Tu	2 05 39	21 55 14	28 06 06	21 23 50	14 44 50	25 38 36	17 47 58	8 07 46	0 29 04	18 19 42	15 15 20	17 19 43	0 21 35	27 01 56
16 W	3 09 19	4♌ 17 54	10♌ 21 11	22 14 16	15 29 33	26 21 07	18 28 26	8 32 56	0 47 20	18 24 59	15 24 07	17 26 09	0 28 48	27 07 48
17 Th	4 10 40	16 24 07	22 21 56	22 56 22	16 10 50	27 01 22	19 06 38	8 55 58	1 03 23	18 28 06	15 30 39	17 30 22	0 33 45	27 11 22
18 F	5 10 08	28 18 43	4♍ 13 30	23 30 31	16 49 01	27 39 45	19 42 59	9 17 16	1 17 36	18 29 27	15 35 22	17 32 45	0 36 49	27 13 02
19 Sa	6 08 27	10♍ 07 29	16 01 57	23 57 26	17 24 50	28 17 01	20 18 15	9 37 36	1 30 44	18 29 48	15 38 60	17 34 04	0 38 47	27 13 34
20 Su	7 06 36	21 56 49	27 53 39	24 18 06	17 59 13	28 54 09	20 53 24	9 57 55	1 43 46	18 30 07	15 42 31	17 35 17	0 40 35	27 13 56
21 M	8 05 36	3♎ 53 06	9♎ 54 54	24 33 36	18 33 07	29 32 09	21 29 27	10 19 16	1 57 44	18 31 26	15 46 58	17 37 26	0 43 16	27 15 10
22 Tu	9 06 22	16 02 17	22 11 20	24 44 53	19 07 25	0♒ 11 57	22 07 19	10 42 32	2 13 31	18 34 38	15 53 15	17 41 26	0 47 45	27 18 09
23 W	10 09 31	28 29 21	4♏ 47 26	24 52 43	19 42 40	0 54 10	22 47 37	11 08 21	2 31 46	18 40 21	16 01 59	17 47 53	0 54 38	27 23 32
24 Th	11 15 16	11♏ 17 46	17 45 59	24 57 28	20 19 01	1 39 01	23 30 33	11 36 55	2 52 40	18 48 49	16 13 22	17 57 00	1 04 08	27 31 31
25 F	12 23 19	24 29 02	1♐ 07 39	24 59 04	20 56 10	2 26 12	24 15 51	12 07 57	3 15 56	18 59 43	16 27 08	18 08 31	1 15 59	27 41 48
26 Sa	13 32 57	8♐ 02 29	14 50 50	24 57 04	21 33 16	3 14 58	25 02 47	12 40 42	3 40 50	19 12 19	16 42 32	18 21 40	1 29 25	27 53 40
27 Su	14 43 03	21 55 13	28 51 46	24 50 43	22 09 12	4 04 16	25 50 13	13 14 05	4 06 17	19 25 32	16 58 28	18 35 22	1 43 21	28 06 01
28 M	15 52 23	6♑ 02 37	13♑ 05 12	24 39 11	22 42 39	4 52 50	26 36 57	13 46 52	4 31 02	19 38 08	17 13 42	18 48 23	1 56 33	28 17 37
29 Tu	16 59 52	20 19 02	27 25 15	24 21 48	23 12 28	5 39 33	27 21 51	14 17 56	4 53 58	19 49 01	17 27 08	18 59 37	2 07 54	28 27 22
30 W	18 04 45	4♒ 38 57	11♒ 46 30	23 58 23	23 37 49	6 23 43	28 04 12	14 46 33	5 14 22	19 57 25	17 38 02	19 08 19	2 16 42	28 34 30

Notes

May 2036 LONGITUDE

Day	☉	0 hr ☽	Noon ☽	☿	♀	♂	⚵	⚳	♃	♄	⚷	♅	♆	♇
1 Th	19 ♐ 06 51	18 ♒ 57 49	26 ♒ 04 51	23 ♐ 29 20	23 ♑ 58 31	7 ♒ 05 08	28 ♐ 43 50	15 ♒ 12 32	5 ♑ 32 03	20 ♓ 03 12	17 ♑ 46 14	19 ♒ 14 20	2 ♐ 22 44	28 ♍ 38 53
2 F	20 06 38	3 ♓ 12 39	10 ♓ 17 56	22 55 42	24 14 53	7 44 15	29 21 10	15 36 19	5 47 28	20 06 47	17 52 09	19 18 05	2 26 28	28 40 57
3 Sa	21 05 01	17 22 14	24 25 02	22 19 06	24 27 51	8 22 01	29 57 10	15 58 53	6 01 33	20 09 07	17 56 45	19 20 31	2 28 50	28 41 38
4 Su	22 03 17	1 ♈ 26 33	8 ♈ 26 31	21 41 28	24 38 36	8 59 41	0 ♑ 33 05	16 21 27	6 15 34	20 11 27	18 01 17	19 22 55	2 31 06	28 42 12
5 M	23 02 43	15 26 16	22 23 07	21 04 46	24 48 21	9 38 32	1 10 12	16 45 19	6 30 48	20 15 05	18 07 03	19 26 33	2 34 34	28 43 56
6 Tu	24 04 20	29 21 49	6 ♉ 15 11	20 30 43	24 58 05	10 19 37	1 49 33	17 11 31	6 48 16	20 21 04	18 15 03	19 32 27	2 40 14	28 47 52
7 W	25 08 44	13 ♉ 12 55	20 02 08	20 00 31	25 08 19	11 03 31	2 31 42	17 40 37	7 08 34	20 29 56	18 25 54	19 41 11	2 48 42	28 54 35
8 Th	26 15 54	26 58 08	3 ♊ 42 19	19 34 50	25 19 03	11 50 12	3 16 41	18 12 38	7 31 42	20 41 43	18 39 34	19 52 47	2 59 59	29 04 05
9 F	27 25 20	10 ♊ 35 03	17 13 11	19 13 40	25 29 40	12 39 10	4 03 56	18 47 01	7 57 07	20 55 52	18 55 32	20 06 41	3 13 31	29 15 51
10 Sa	28 36 03	24 00 39	0 ♋ 31 46	18 56 35	25 39 12	13 29 27	4 52 31	19 22 49	8 23 52	21 11 26	19 12 51	20 21 57	3 28 21	29 28 53
11 Su	29 46 52	7 ♋ 11 59	13 35 25	18 42 50	25 46 26	14 19 51	5 41 14	19 58 50	8 50 46	21 27 14	19 30 19	20 37 23	3 43 19	29 42 02
12 M	0 ♑ 56 38	20 06 45	26 22 20	18 31 38	25 50 12	15 09 13	6 28 54	20 33 54	9 16 38	21 42 05	19 46 45	20 51 48	3 57 13	29 54 08
13 Tu	2 04 22	2 ♌ 43 58	8 ♌ 52 09	18 22 21	25 49 31	15 56 35	7 14 36	21 07 04	9 40 31	21 55 03	20 01 13	21 04 16	4 09 07	0 ♎ 04 11
14 W	3 09 31	15 04 14	21 06 03	18 14 39	25 43 50	16 41 23	7 57 43	21 37 46	10 01 51	22 05 32	20 13 09	21 14 12	4 18 26	0 11 40
15 Th	4 11 57	27 09 50	3 ♍ 06 55	18 08 36	25 33 04	17 23 29	8 38 09	22 05 51	10 20 30	22 13 25	20 22 23	21 21 29	4 25 03	0 16 25
16 F	5 12 01	9 ♍ 04 37	14 59 04	18 04 41	25 17 35	18 03 15	9 16 14	22 31 41	10 36 49	22 19 03	20 29 19	21 26 27	4 29 18	0 18 48
17 Sa	6 10 27	20 53 43	26 47 59	18 03 41	24 58 11	18 41 24	9 52 42	22 55 59	10 51 31	22 23 09	20 34 38	21 29 50	4 31 55	0 19 33
18 Su	7 08 15	2 ♎ 43 10	8 ♎ 39 58	18 06 39	24 35 54	19 18 55	10 28 33	23 19 45	11 05 36	22 26 44	20 39 21	21 32 38	4 33 54	0 19 38
19 M	8 06 30	14 39 31	20 41 34	18 14 39	24 11 56	19 56 54	11 04 52	23 44 04	11 20 10	22 30 52	20 44 32	21 35 56	4 36 20	0 20 11
20 Tu	9 06 12	26 49 12	2 ♏ 59 09	18 28 41	23 47 23	20 36 22	11 42 40	24 09 56	11 36 13	22 36 34	20 51 14	21 40 45	4 40 14	0 22 10
21 W	10 08 06	9 ♏ 18 05	15 38 12	18 49 24	23 23 07	21 18 03	12 22 40	24 38 06	11 54 28	22 44 34	21 00 08	21 47 48	4 46 20	0 26 20
22 Th	11 12 30	22 10 45	28 42 42	19 17 04	22 59 36	22 02 16	13 05 11	25 08 53	12 15 15	22 55 11	21 11 35	21 57 25	4 54 56	0 33 00
23 F	12 19 14	5 ♐ 29 55	12 ♐ 14 25	19 51 23	22 36 48	22 48 49	13 50 03	25 42 05	12 38 23	23 08 14	21 25 24	22 09 24	5 05 52	0 42 00
24 Sa	13 27 37	19 15 49	26 12 28	20 31 35	22 14 12	23 37 03	14 36 35	26 17 01	13 03 11	23 23 03	21 40 53	22 23 05	5 18 27	0 52 39
25 Su	14 36 36	3 ♑ 25 55	10 ♑ 33 01	21 16 30	21 50 57	24 25 53	15 23 43	26 52 39	13 28 36	23 38 33	21 56 60	22 37 25	5 31 38	1 03 52
26 M	15 44 56	17 55 03	25 09 49	22 04 46	21 26 01	25 14 06	16 10 13	27 27 44	13 53 23	23 53 31	22 12 30	22 51 09	5 44 10	1 14 27
27 Tu	16 51 31	2 ♒ 36 05	9 ♒ 55 03	22 55 10	20 58 29	26 00 35	16 54 58	28 01 09	14 16 25	24 06 50	22 26 15	23 03 10	5 54 56	1 23 15
28 W	17 55 33	17 21 10	24 40 43	23 46 50	20 27 49	26 44 33	17 37 12	28 32 08	14 36 57	24 17 43	22 37 31	23 12 43	6 03 11	1 29 32
29 Th	18 56 52	2 ♓ 03 04	9 ♓ 20 03	24 39 27	19 54 02	27 25 49	18 16 43	29 00 28	14 54 46	24 25 58	22 46 05	23 19 34	6 08 42	1 33 04
30 F	19 55 51	16 36 15	23 48 22	25 33 17	19 17 48	28 04 45	18 53 54	29 26 33	15 10 14	24 31 60	22 52 19	23 24 08	6 11 53	1 34 16
31 Sa	20 53 22	0 ♈ 57 28	8 ♈ 03 21	26 29 10	18 40 12	28 42 16	19 29 38	29 51 17	15 24 17	24 36 40	22 57 08	23 27 18	6 13 37	1 34 01

June 2036 LONGITUDE

Day	☉	0 hr ☽	Noon ☽	☿	♀	♂	⚵	⚳	♃	♄	⚷	♅	♆	♇
1 Su	21 ♑ 50 37	15 ♈ 05 35	22 ♈ 04 38	27 ♐ 28 09	18 ♑ 02 42	29 ♒ 19 32	20 ♑ 05 06	0 ♓ 15 49	15 ♑ 38 04	24 ♓ 41 10	23 ♑ 01 43	23 ♒ 30 14	6 ♐ 15 04	1 ♎ 33 29
2 M	22 48 47	29 00 57	5 ♉ 53 11	28 31 23	17 26 42	29 57 44	20 41 30	0 41 22	15 52 47	24 46 41	23 07 14	23 34 08	6 17 27	1 33 53
3 Tu	23 48 50	12 ♉ 44 41	19 30 21	29 39 43	16 53 24	0 ♓ 37 50	21 19 47	1 08 52	16 09 23	24 54 10	23 14 39	23 39 58	6 21 43	1 36 08
4 W	24 51 18	26 17 51	2 ♊ 57 13	0 ♑ 53 39	16 23 33	1 20 22	22 00 29	1 38 52	16 28 24	25 04 11	23 24 30	23 48 15	6 28 23	1 40 49
5 Th	25 56 12	9 ♊ 40 59	16 14 15	2 13 07	15 57 24	2 05 21	22 43 38	2 11 23	16 49 52	25 16 43	23 36 49	23 59 01	6 37 29	1 47 55
6 F	27 03 05	22 53 57	29 21 09	3 37 38	15 34 40	2 52 20	23 28 45	2 45 58	17 13 18	25 31 19	23 51 08	24 11 47	6 48 34	1 57 00
7 Sa	28 11 07	5 ♋ 55 56	12 ♋ 17 01	5 06 18	15 14 44	3 40 29	24 15 01	3 21 46	17 37 54	25 47 10	24 06 36	24 25 46	7 00 48	2 07 14
8 Su	29 19 17	18 45 50	25 00 49	6 38 05	14 56 43	4 28 48	25 01 25	3 57 47	18 02 38	26 03 14	24 22 14	24 39 55	7 13 09	2 17 35
9 M	0 ♒ 26 35	1 ♌ 22 43	7 ♌ 31 45	8 11 56	14 39 47	5 16 14	25 46 57	4 32 59	18 26 29	26 18 31	24 36 60	24 53 13	7 24 38	2 27 04
10 Tu	1 32 11	13 46 11	19 49 44	9 46 60	14 23 11	6 01 59	26 30 45	5 06 34	18 48 37	26 32 10	24 50 04	25 04 50	7 34 23	2 34 49
11 W	2 35 32	25 56 49	1 ♍ 55 41	11 22 42	14 06 30	6 45 31	27 12 19	5 37 57	19 08 30	26 43 40	25 00 54	25 14 16	7 41 53	2 40 19
12 Th	3 36 30	7 ♍ 56 18	13 51 45	12 58 52	13 49 41	7 26 39	27 51 29	6 07 01	19 25 59	26 52 51	25 09 21	25 21 19	7 46 59	2 43 25
13 F	4 35 17	19 47 33	25 41 15	14 35 43	13 33 01	8 05 38	28 28 27	6 33 59	19 41 17	26 59 56	25 15 37	25 26 13	7 49 53	2 44 20
14 Sa	5 32 27	1 ♎ 34 39	7 ♎ 28 38	16 13 45	13 17 06	8 43 01	29 03 47	6 59 22	19 54 57	27 05 28	25 20 16	25 29 32	7 51 10	2 43 36
15 Su	6 28 47	13 22 37	19 19 13	17 53 45	13 02 44	9 19 33	29 38 16	7 23 59	20 07 45	27 10 13	25 24 05	25 32 01	7 51 34	2 42 02
16 M	7 25 09	25 17 09	1 ♏ 18 55	19 36 34	12 50 50	9 56 08	0 ♒ 12 46	7 48 42	20 20 34	27 15 06	25 27 56	25 34 35	7 52 00	2 40 28
17 Tu	8 22 24	7 ♏ 24 12	13 33 45	21 23 01	12 42 14	10 33 38	0 48 09	8 14 21	20 34 15	27 20 56	25 32 40	25 38 02	7 53 18	2 39 47
18 W	9 21 11	19 49 37	26 09 23	23 13 40	12 37 36	11 12 39	1 25 02	8 41 36	20 49 27	27 28 22	25 38 56	25 43 03	7 56 06	2 40 37
19 Th	10 21 51	2 ♐ 38 27	9 ♐ 10 30	25 08 50	12 37 14	11 53 34	2 03 46	9 10 46	21 06 30	27 37 44	25 47 04	25 49 58	8 00 46	2 43 19
20 F	11 24 21	15 54 26	22 40 02	27 08 23	12 41 03	12 36 19	2 44 19	9 41 49	21 25 20	27 48 59	25 57 01	25 58 42	8 07 14	2 47 48
21 Sa	12 28 13	29 39 10	6 ♑ 38 32	29 11 45	12 48 35	13 20 27	3 26 12	10 14 17	21 45 31	28 01 41	26 08 20	26 08 51	8 15 03	2 53 40
22 Su	13 32 41	13 ♑ 51 38	21 03 35	1 ♒ 18 05	12 59 01	14 05 12	4 08 41	10 47 25	22 06 17	28 15 03	26 20 14	26 19 36	8 23 27	3 00 06
23 M	14 36 51	28 27 51	5 ♒ 49 50	3 26 18	13 11 23	14 49 39	4 50 50	11 20 18	22 26 43	28 28 10	26 31 50	26 30 04	8 31 31	3 06 14
24 Tu	15 39 51	13 ♒ 21 10	20 49 23	5 35 22	13 24 46	15 32 56	5 31 46	11 52 03	22 45 56	28 40 10	26 42 14	26 39 23	8 38 23	3 11 10
25 W	16 41 03	28 23 01	5 ♓ 53 06	7 44 29	13 38 30	16 14 27	6 10 53	12 22 03	23 03 20	28 50 26	26 50 51	26 46 55	8 43 26	3 14 17
26 Th	17 40 15	13 ♓ 24 24	20 52 02	9 53 13	13 52 18	16 53 58	6 47 59	12 50 07	23 18 42	28 58 46	26 57 27	26 52 28	8 46 28	3 15 24
27 F	18 37 41	28 17 14	5 ♈ 38 51	12 01 33	14 06 22	17 31 44	7 23 18	13 16 27	23 32 16	29 05 24	27 02 16	26 56 16	8 47 43	3 14 45
28 Sa	19 33 58	12 ♈ 55 30	20 08 37	14 09 49	14 21 13	18 08 20	7 57 24	13 41 40	23 44 38	29 10 55	27 05 55	26 58 55	8 47 47	3 12 55
29 Su	20 29 53	27 15 36	4 ♉ 18 52	16 18 34	14 37 37	18 44 37	8 31 09	14 06 35	23 56 37	29 16 09	27 09 12	27 01 13	8 47 29	3 10 43
30 M	21 26 18	11 ♉ 16 13	18 09 17	18 28 20	14 56 21	19 21 23	9 05 20	14 32 02	24 09 03	29 21 55	27 12 57	27 04 02	8 47 38	3 08 59

Notes

LONGITUDE — July 2036

Day	☉	0 hr ☽	Noon ☽	☿	♀	♂	⚵	⚳	♃	♄	⚷	♅	♆	♇
1 Tu	22 ♒ 23 52	24 ♉ 57 43	1 ♊ 40 56	20 ♒ 39 31	15 ♑ 18 00	19 ♓ 59 19	9 ♒ 40 38	14 ♓ 58 41	24 ♑ 22 35	29 ♓ 28 54	27 ♑ 17 50	27 ♒ 08 00	8 ♐ 48 55	3 ♎ 08 25
2 W	23 22 57	8 ♊ 21 25	14 55 34	22 52 12	15 42 55	20 38 47	10 17 27	15 26 54	24 37 37	29 37 27	27 24 15	27 13 31	8 51 42	3 09 21
3 Th	24 23 36	21 29 00	27 55 03	25 06 08	16 11 03	21 19 50	10 55 47	15 56 43	24 54 10	29 47 37	27 32 11	27 20 36	8 56 01	3 11 50
4 F	25 25 32	4 ♋ 22 08	10 ♋ 41 01	27 20 48	16 42 05	22 02 09	11 35 21	16 27 51	25 11 57	29 59 07	27 41 24	27 28 58	9 01 36	3 15 35
5 Sa	26 28 14	17 02 11	23 14 49	29 35 27	17 15 25	22 45 15	12 15 39	16 59 47	25 30 28	0 ♈ 11 25	27 51 21	27 38 07	9 07 55	3 20 05
6 Su	27 31 03	29 30 17	5 ♌ 37 31	1 ♓ 49 14	17 50 24	23 28 30	12 56 03	17 31 53	25 49 03	0 23 54	28 01 25	27 47 23	9 14 20	3 24 43
7 M	28 33 24	11 ♌ 47 28	17 50 03	4 01 22	18 26 19	24 11 15	13 35 55	18 03 31	26 07 05	0 35 57	28 10 57	27 56 10	9 20 14	3 28 50
8 Tu	29 34 44	23 54 46	29 53 33	6 11 09	19 02 38	24 53 00	14 14 44	18 34 12	26 24 05	0 47 01	28 19 28	28 03 57	9 25 06	3 31 56
9 W	0 ♓ 34 44	5 ♍ 53 33	11 ♍ 49 25	8 18 09	19 38 57	25 33 26	14 52 11	19 03 34	26 39 41	0 56 48	28 26 37	28 10 24	9 28 36	3 33 41
10 Th	1 33 19	17 45 36	23 39 38	10 22 10	20 15 08	26 12 26	15 28 09	19 31 32	26 53 47	1 05 10	28 32 18	28 15 25	9 30 38	3 33 59
11 F	2 30 34	29 33 18	5 ♎ 26 49	12 23 11	20 51 14	26 50 07	16 02 45	19 58 12	27 06 31	1 12 16	28 36 38	28 19 06	9 31 19	3 32 56
12 Sa	3 26 48	11 ♎ 19 41	17 14 16	14 21 29	21 27 30	27 26 47	16 36 17	20 23 53	27 18 09	1 18 22	28 39 55	28 21 45	9 30 56	3 30 52
13 Su	4 22 27	23 08 28	29 05 55	16 17 25	22 04 20	28 02 52	17 09 10	20 48 60	27 29 09	1 23 55	28 42 35	28 23 49	9 29 56	3 28 11
14 M	5 18 01	5 ♏ 03 55	11 ♏ 06 18	18 11 28	22 42 11	28 38 51	17 41 55	21 14 03	27 39 58	1 29 24	28 45 06	28 25 46	9 28 48	3 25 23
15 Tu	6 13 57	17 10 41	23 20 12	20 04 03	23 21 27	29 15 13	18 14 59	21 39 29	27 51 06	1 35 17	28 47 58	28 28 06	9 28 00	3 22 57
16 W	7 10 37	29 33 34	5 ♐ 52 26	21 55 33	24 02 29	29 52 20	18 48 44	22 05 41	28 02 54	1 41 55	28 51 31	28 31 08	9 27 54	3 21 13
17 Th	8 08 14	12 ♐ 17 09	18 47 25	23 46 07	24 45 26	0 ♈ 30 23	19 23 22	22 32 50	28 15 34	1 49 31	28 55 58	28 35 07	9 28 42	3 20 25
18 F	9 06 47	25 25 19	2 ♑ 08 34	25 35 46	25 30 16	1 09 22	19 58 53	23 00 57	28 29 06	1 58 05	29 01 19	28 39 60	9 30 24	3 20 31
19 Sa	10 06 05	9 ♑ 00 41	15 57 41	27 24 19	26 16 44	1 49 05	20 35 04	23 29 48	28 43 17	2 07 24	29 07 21	28 45 36	9 32 47	3 21 20
20 Su	11 05 46	23 03 55	0 ♒ 14 20	29 11 24	27 04 27	2 29 11	21 11 35	23 59 04	28 57 46	2 17 07	29 13 43	28 51 35	9 35 30	3 22 31
21 M	12 05 24	7 ♒ 33 14	14 55 20	0 ♈ 56 35	27 52 58	3 09 15	21 47 59	24 28 18	29 12 08	2 26 49	29 19 60	28 57 30	9 38 09	3 23 39
22 Tu	13 04 37	22 24 06	29 54 46	2 39 30	28 41 50	3 48 53	22 23 54	24 57 07	29 25 59	2 36 06	29 25 48	29 02 58	9 40 19	3 24 19
23 W	14 03 07	7 ♓ 29 23	15 ♓ 04 25	4 19 52	29 30 46	4 27 49	22 59 02	25 25 14	29 39 02	2 44 41	29 30 51	29 07 42	9 41 44	3 24 16
24 Th	15 00 49	22 40 13	0 ♈ 14 52	5 57 37	0 ♒ 19 39	5 05 56	23 33 19	25 52 34	29 51 12	2 52 29	29 35 02	29 11 36	9 42 18	3 23 23
25 F	15 57 48	7 ♈ 47 15	15 16 58	7 32 48	1 08 31	5 43 22	24 06 49	26 19 13	0 ♒ 02 35	2 59 35	29 38 28	29 14 48	9 42 08	3 21 47
26 Sa	16 54 20	22 41 57	0 ♉ 03 02	9 05 42	1 57 37	6 20 19	24 39 47	26 45 24	0 13 24	3 06 14	29 41 23	29 17 29	9 41 27	3 19 42
27 Su	17 50 42	7 ♉ 17 47	14 27 42	10 36 35	2 47 13	6 57 08	25 12 32	27 11 26	0 23 59	3 12 45	29 44 06	29 20 01	9 40 34	3 17 27
28 M	18 47 13	21 30 40	28 28 13	12 05 45	3 37 36	7 34 05	25 45 21	27 37 38	0 34 36	3 19 25	29 46 55	29 22 39	9 39 48	3 15 19
29 Tu	19 44 05	5 ♊ 18 59	12 ♊ 04 04	13 33 25	4 28 57	8 11 23	26 18 28	28 04 11	0 45 30	3 26 26	29 50 01	29 25 38	9 39 20	3 13 32
30 W	20 41 24	18 43 07	25 16 31	14 59 38	5 21 21	8 49 08	26 51 57	28 31 12	0 56 45	3 33 55	29 53 31	29 29 02	9 39 16	3 12 11
31 Th	21 39 09	1 ♋ 44 55	8 ♋ 07 57	16 24 21	6 14 45	9 27 19	27 25 47	28 58 38	1 08 19	3 41 50	29 57 24	29 32 50	9 39 36	3 11 14

LONGITUDE — August 2036

Day	☉	0 hr ☽	Noon ☽	☿	♀	♂	⚵	⚳	♃	♄	⚷	♅	♆	♇
1 F	22 ♓ 37 12	14 ♋ 27 04	20 ♋ 41 21	17 ♈ 47 27	7 ♒ 09 01	10 ♈ 05 48	27 ♒ 59 52	29 ♓ 26 24	1 ♒ 20 06	3 ♈ 50 04	0 ♒ 01 31	29 ♒ 36 55	9 ♐ 40 12	3 ♎ 10 35
2 Sa	23 35 24	26 52 42	2 ♌ 59 56	19 08 42	8 03 58	10 44 27	28 34 01	29 54 18	1 31 56	3 58 27	0 05 44	29 41 07	9 40 54	3 10 04
3 Su	24 33 35	9 ♌ 05 01	15 06 49	20 27 55	8 59 26	11 23 04	29 08 04	0 ♈ 22 12	1 43 39	4 06 49	0 09 53	29 45 17	9 41 32	3 09 31
4 M	25 31 38	21 07 06	27 04 59	21 44 56	9 55 15	12 01 33	29 41 55	0 49 58	1 55 08	4 15 03	0 13 50	29 49 16	9 41 60	3 08 49
5 Tu	26 29 29	3 ♍ 01 50	8 ♍ 57 10	22 59 36	10 51 22	12 39 50	0 ♓ 15 29	1 17 32	2 06 18	4 23 05	0 17 31	29 53 01	9 42 13	3 07 54
6 W	27 27 07	14 51 54	20 45 57	24 11 53	11 47 45	13 17 54	0 48 46	1 44 53	2 17 09	4 30 54	0 20 56	29 56 33	9 42 10	3 06 46
7 Th	28 24 37	26 39 48	2 ♎ 33 43	25 21 45	12 44 26	13 55 50	1 21 49	2 12 06	2 27 45	4 38 34	0 24 08	29 59 53	9 41 57	3 05 28
8 F	29 22 05	8 ♎ 27 57	14 22 52	26 29 13	13 41 32	14 33 42	1 54 45	2 39 15	2 38 11	4 46 10	0 27 13	0 ♓ 03 08	9 41 37	3 04 05
9 Sa	0 ♈ 19 34	20 18 43	26 15 49	27 34 18	14 39 05	15 11 37	2 27 37	3 06 27	2 48 33	4 53 49	0 30 17	0 06 24	9 41 17	3 02 45
10 Su	1 17 11	2 ♏ 14 35	8 ♏ 15 09	28 36 58	15 37 10	15 49 39	3 00 32	3 33 45	2 58 54	5 01 34	0 33 24	0 09 44	9 41 01	3 01 30
11 M	2 14 57	14 18 11	20 23 37	29 37 07	16 35 48	16 27 49	3 33 31	4 01 12	3 09 17	5 09 27	0 36 35	0 13 10	9 40 51	3 00 22
12 Tu	3 12 51	26 32 20	2 ♐ 44 08	0 ♉ 34 37	17 34 57	17 06 06	4 06 31	4 28 45	3 19 40	5 17 26	0 39 48	0 16 41	9 40 45	2 59 21
13 W	4 10 46	9 ♐ 00 04	15 19 51	1 29 15	18 34 30	17 44 25	4 39 27	4 56 20	3 29 57	5 25 26	0 42 60	0 20 11	9 40 38	2 58 20
14 Th	5 08 37	21 44 27	28 13 49	2 20 45	19 34 20	18 22 38	5 12 14	5 23 49	3 40 01	5 33 20	0 46 02	0 23 34	9 40 23	2 57 14
15 F	6 06 16	4 ♑ 48 31	11 ♑ 28 52	3 08 50	20 34 19	19 00 40	5 44 43	5 51 06	3 49 46	5 41 01	0 48 48	0 26 42	9 39 53	2 55 54
16 Sa	7 03 40	18 14 51	25 07 11	3 53 16	21 34 23	19 38 26	6 16 50	6 18 06	3 59 07	5 48 25	0 51 13	0 29 32	9 39 04	2 54 17
17 Su	8 00 49	2 ♒ 05 07	9 ♒ 09 43	4 33 52	22 34 31	20 15 56	6 48 36	6 44 50	4 08 05	5 55 32	0 53 18	0 32 03	9 37 57	2 52 24
18 M	8 57 48	16 19 32	23 35 42	5 10 33	23 34 49	20 53 16	7 20 08	7 11 23	4 16 45	6 02 28	0 55 09	0 34 22	9 36 37	2 50 21
19 Tu	9 54 51	0 ♓ 56 18	8 ♓ 22 06	5 43 17	24 35 27	21 30 39	7 51 35	7 37 59	4 25 19	6 09 26	0 56 57	0 36 41	9 35 16	2 48 18
20 W	10 52 10	15 51 10	23 23 27	6 12 05	25 36 41	22 08 19	8 23 14	8 04 50	4 34 02	6 16 39	0 58 58	0 39 14	9 34 10	2 46 32
21 Th	11 50 01	0 ♈ 57 31	8 ♈ 32 07	6 36 56	26 38 42	22 46 28	8 55 17	8 32 11	4 43 07	6 24 21	1 01 25	0 42 13	9 33 31	2 45 15
22 F	12 48 30	16 06 49	23 39 07	6 57 44	27 41 38	23 25 16	9 27 53	9 00 10	4 52 41	6 32 40	1 04 25	0 45 49	9 33 27	2 44 36
23 Sa	13 47 37	1 ♉ 09 51	8 ♉ 35 24	7 14 14	28 45 29	24 04 43	10 01 01	9 28 46	5 02 46	6 41 35	1 07 58	0 49 60	9 33 59	2 44 34
24 Su	14 47 14	15 57 54	23 13 07	7 26 01	29 50 05	24 44 38	10 34 31	9 57 49	5 13 10	6 50 58	1 11 56	0 54 36	9 34 56	2 45 00
25 M	15 47 02	0 ♊ 24 06	7 ♊ 26 37	7 32 33	0 ♓ 55 07	25 24 44	11 08 06	10 27 03	5 23 37	7 00 30	1 15 60	0 59 21	9 36 03	2 45 37
26 Tu	16 46 42	14 24 05	21 12 57	7 33 17	2 00 15	26 04 41	11 41 26	10 56 07	5 33 46	7 09 51	1 19 50	1 03 54	9 36 57	2 46 04
27 W	17 45 52	27 56 17	4 ♋ 31 46	7 27 41	3 05 08	26 44 09	12 14 11	11 24 40	5 43 16	7 18 42	1 23 06	1 07 55	9 37 20	2 46 01
28 Th	18 44 19	11 ♋ 01 30	17 24 51	7 15 22	4 09 33	27 22 53	12 46 06	11 52 29	5 51 54	7 26 47	1 25 33	1 11 09	9 36 56	2 45 14
29 F	19 41 57	23 42 29	29 55 33	6 56 08	5 13 23	28 00 49	13 17 06	12 19 28	5 59 35	7 34 01	1 27 08	1 13 31	9 35 41	2 43 38
30 Sa	20 38 54	6 ♌ 03 13	12 ♌ 08 10	6 30 05	6 16 44	28 38 02	13 47 16	12 45 43	6 06 23	7 40 31	1 27 54	1 15 08	9 33 41	2 41 19
31 Su	21 35 23	18 08 23	24 07 29	5 57 33	7 19 51	29 14 47	14 16 53	13 11 29	6 12 35	7 46 31	1 28 09	1 16 13	9 31 10	2 38 32

Notes

September 2036 — LONGITUDE

Day	☉	0 hr ☽	Noon ☽	☿	♀	♂	⚵	⚳	♃	♄	⚷	♅	♆	♇
1 M	22 ♈ 31 47	0 ♍ 02 50	5 ♍ 58 16	5 ♉ 19 05	8 ♓ 23 06	29 ♈ 51 27	14 ♓ 46 18	13 ♈ 37 09	6 ♒ 18 32	7 ♈ 52 24	1 ♒ 28 13	1 ♓ 17 11	9 ♐ 28 32	2 ♎ 35 39
2 Tu	23 28 33	11 51 18	17 45 03	4 35 28	9 26 54	0 ♉ 28 28	15 15 57	14 03 08	6 24 40	7 58 36	1 28 33	1 18 26	9 26 12	2 33 06
3 W	24 26 05	23 38 05	29 31 54	3 47 36	10 31 42	1 06 16	15 46 16	14 29 53	6 31 25	8 05 32	1 29 34	1 20 25	9 24 36	2 31 20
4 Th	25 24 45	5 ♎ 26 52	11 ♎ 22 14	2 56 28	11 37 49	1 45 10	16 17 35	14 57 43	6 39 08	8 13 32	1 31 37	1 23 26	9 24 05	2 30 40
5 F	26 24 43	17 20 41	23 18 49	2 03 05	12 45 27	2 25 23	16 50 05	15 26 50	6 47 58	8 22 49	1 34 53	1 27 43	9 24 48	2 31 18
6 Sa	27 26 01	29 21 50	5 ♏ 23 43	1 08 26	13 54 34	3 06 54	17 23 47	15 57 13	6 57 57	8 33 21	1 39 22	1 33 15	9 26 48	2 33 13
7 Su	28 28 25	11 ♏ 31 60	17 38 28	0 13 26	15 04 59	3 49 31	17 58 28	16 28 41	7 08 51	8 44 56	1 44 52	1 39 49	9 29 51	2 36 14
8 M	29 31 31	23 52 22	0 ♐ 04 07	29 ♈ 18 55	16 16 17	4 32 50	18 33 43	17 00 49	7 20 17	8 57 10	1 50 59	1 47 01	9 33 33	2 39 56
9 Tu	0 ♉ 34 47	6 ♐ 23 47	12 41 31	28 25 41	17 27 55	5 16 18	19 09 00	17 33 04	7 31 41	9 09 31	1 57 08	1 54 18	9 37 21	2 43 47
10 W	1 37 36	19 07 02	25 31 28	27 34 29	18 39 16	5 59 18	19 43 43	18 04 50	7 42 28	9 21 21	2 02 45	2 01 04	9 40 39	2 47 10
11 Th	2 39 26	2 ♑ 03 01	8 ♑ 34 55	26 46 07	19 49 47	6 41 19	20 17 18	18 35 34	7 52 03	9 32 08	2 07 17	2 06 46	9 42 55	2 49 32
12 F	3 39 54	15 12 56	21 53 05	26 01 30	20 59 06	7 21 56	20 49 22	19 04 53	8 00 05	9 41 29	2 10 20	2 11 02	9 43 45	2 50 31
13 Sa	4 38 55	28 38 14	5 ♒ 27 19	25 21 41	22 07 08	8 01 07	21 19 52	19 32 43	8 06 28	9 49 20	2 11 50	2 13 46	9 43 05	2 50 02
14 Su	5 36 43	12 ♒ 20 26	19 18 56	24 47 56	23 14 05	8 39 03	21 48 60	19 59 17	8 11 26	9 55 53	2 12 01	2 15 13	9 41 08	2 48 18
15 M	6 33 51	26 20 48	3 ♓ 28 39	24 21 39	24 20 31	9 16 19	22 17 19	20 25 08	8 15 32	10 01 43	2 11 25	2 15 55	9 38 28	2 45 54
16 Tu	7 31 04	10 ♓ 39 38	17 56 01	24 04 15	25 27 11	9 53 39	22 45 36	20 51 02	8 19 31	10 07 33	2 10 48	2 16 37	9 35 50	2 43 33
17 W	8 29 12	25 15 39	2 ♈ 38 46	23 56 58	26 34 53	10 31 54	23 14 37	21 17 47	8 24 13	10 14 14	2 10 59	2 18 09	9 34 04	2 42 06
18 Th	9 28 55	10 ♈ 05 23	17 32 23	24 00 46	27 44 18	11 11 42	23 45 05	21 46 05	8 30 17	10 22 26	2 12 39	2 21 12	9 33 49	2 42 13
19 F	10 30 35	25 03 00	2 ♉ 30 09	24 16 06	28 55 47	11 53 27	24 17 21	22 16 15	8 38 05	10 32 30	2 16 09	2 26 06	9 35 27	2 44 15
20 Sa	11 34 08	10 ♉ 00 45	17 23 54	24 42 50	0 ♈ 09 18	12 37 05	24 51 21	22 48 17	8 47 35	10 44 24	2 21 27	2 32 49	9 38 57	2 48 11
21 Su	12 39 09	24 49 52	2 ♊ 05 05	25 20 17	1 24 23	13 22 09	25 26 40	23 21 43	8 58 19	10 57 39	2 28 05	2 40 55	9 43 50	2 53 32
22 M	13 44 49	9 ♊ 22 03	16 26 13	26 07 20	2 40 16	14 07 53	26 02 29	23 55 46	9 09 31	11 11 32	2 35 17	2 49 36	9 49 21	2 59 33
23 Tu	14 50 17	23 30 46	0 ♋ 21 58	27 02 36	3 56 02	14 53 24	26 37 56	24 29 32	9 20 17	11 25 06	2 42 10	2 57 59	9 54 36	3 05 20
24 W	15 54 41	7 ♋ 12 05	13 49 49	28 04 45	5 10 53	15 37 51	27 12 12	25 02 13	9 29 47	11 37 34	2 47 54	3 05 15	9 58 45	3 10 03
25 Th	16 57 28	20 24 60	26 49 57	29 12 35	6 24 12	16 20 40	27 44 40	25 33 13	9 37 27	11 48 19	2 51 54	3 10 49	10 01 14	3 13 09
26 F	17 58 24	3 ♌ 11 10	9 ♌ 24 58	0 ♉ 25 13	7 35 47	17 01 37	28 15 07	26 02 19	9 43 04	11 57 09	2 53 57	3 14 26	10 01 49	3 14 22
27 Sa	18 57 38	15 34 22	21 39 14	1 42 09	8 45 47	17 40 53	28 43 44	26 29 40	9 46 46	12 04 12	2 54 13	3 16 18	10 00 40	3 13 54
28 Su	19 55 42	27 39 46	3 ♍ 38 15	3 03 14	9 54 43	18 18 58	29 11 01	26 55 47	9 49 04	12 10 01	2 53 12	3 16 54	9 58 18	3 12 14
29 M	20 53 21	9 ♍ 33 17	15 28 01	4 28 33	11 03 21	18 56 38	29 37 44	27 21 26	9 50 45	12 15 20	2 51 40	3 17 01	9 55 29	3 10 09
30 Tu	21 51 28	21 21 01	27 14 33	5 58 20	12 12 32	19 34 45	0 ♈ 04 44	27 47 30	9 52 41	12 21 02	2 50 29	3 17 31	9 53 05	3 08 32

October 2036 — LONGITUDE

Day	☉	0 hr ☽	Noon ☽	☿	♀	♂	⚵	⚳	♃	♄	⚷	♅	♆	♇
1 W	22 ♉ 50 53	3 ♎ 08 49	9 ♎ 03 26	7 ♉ 32 50	13 ♈ 23 08	20 ♉ 14 10	0 ♈ 32 53	28 ♈ 14 48	9 ♒ 55 41	12 ♈ 27 57	2 ♒ 50 31	3 ♓ 19 14	9 ♐ 51 57	3 ♎ 08 12
2 Th	23 52 16	15 01 46	20 59 27	9 12 10	14 35 48	20 55 33	1 02 51	28 44 02	10 00 27	12 36 46	2 52 25	3 22 52	9 52 45	3 09 50
3 F	24 56 03	27 04 00	3 ♏ 06 18	10 56 12	15 50 57	21 39 19	1 35 01	29 15 34	10 07 23	12 47 53	2 56 36	3 28 46	9 55 53	3 13 50
4 Sa	26 02 13	9 ♏ 18 27	15 26 27	12 44 31	17 08 35	22 25 28	2 09 25	29 49 27	10 16 28	13 01 18	3 03 04	3 37 00	10 01 23	3 20 14
5 Su	27 10 25	21 46 42	28 01 03	14 36 20	18 28 21	23 13 39	2 45 40	0 ♉ 25 18	10 27 23	13 16 40	3 11 28	3 47 11	10 08 52	3 28 39
6 M	28 19 57	4 ♐ 29 04	10 ♐ 49 59	16 30 34	19 49 31	24 03 08	3 23 04	1 02 24	10 39 22	13 33 16	3 21 05	3 58 36	10 17 38	3 38 22
7 Tu	29 29 49	17 24 52	23 52 14	18 25 55	21 11 06	24 52 57	4 00 38	1 39 47	10 51 29	13 50 07	3 30 56	4 10 16	10 26 42	3 48 26
8 W	0 ♊ 38 57	0 ♑ 32 40	7 ♑ 06 13	20 21 05	22 32 04	25 42 03	4 37 19	2 16 23	11 02 38	14 06 09	3 39 58	4 21 08	10 34 60	3 57 45
9 Th	1 46 26	13 50 56	20 30 19	22 14 51	23 51 26	26 29 28	5 12 07	2 51 14	11 11 53	14 20 25	3 47 13	4 30 14	10 41 35	4 05 24
10 F	2 51 36	27 18 24	4 ♒ 03 24	24 06 25	25 08 34	27 14 33	5 44 26	3 23 42	11 18 35	14 32 16	3 52 03	4 36 56	10 45 49	4 10 42
11 Sa	3 54 16	10 ♒ 54 30	17 45 02	25 55 24	26 23 17	27 57 09	6 14 04	3 53 36	11 22 33	14 41 32	3 54 16	4 41 03	10 47 30	4 13 30
12 Su	4 54 47	24 39 32	1 ♓ 35 40	27 42 03	27 35 55	28 37 35	6 41 21	4 21 17	11 24 08	14 48 32	3 54 14	4 42 55	10 46 60	4 14 08
13 M	5 53 60	8 ♓ 34 26	15 36 11	29 27 05	28 47 20	29 16 42	7 07 08	4 47 35	11 24 10	14 54 09	3 52 47	4 43 24	10 45 09	4 13 28
14 Tu	6 53 05	22 40 20	29 47 29	1 ♊ 11 35	29 58 40	29 55 40	7 32 36	5 13 40	11 23 49	14 59 30	3 51 06	4 43 39	10 43 07	4 12 38
15 W	7 53 16	6 ♈ 57 49	14 ♈ 09 36	2 56 44	1 ♉ 11 11	0 ♊ 35 44	7 58 58	5 40 47	11 24 21	15 05 53	3 50 25	4 44 55	10 42 10	4 12 54
16 Th	8 55 38	21 26 02	28 40 57	4 43 32	2 25 55	1 17 59	8 27 18	6 09 60	11 26 49	15 14 19	3 51 48	4 48 16	10 43 21	4 15 19
17 F	10 00 47	6 ♉ 02 12	13 ♉ 17 55	6 32 34	3 43 31	2 02 59	8 58 13	6 41 55	11 31 49	15 25 25	3 55 52	4 54 19	10 47 16	4 20 31
18 Sa	11 08 45	20 41 18	27 54 50	8 23 49	5 03 58	2 50 48	9 31 44	7 16 33	11 39 24	15 39 14	4 02 38	5 03 04	10 53 57	4 28 31
19 Su	12 18 57	5 ♊ 16 37	12 ♊ 24 41	10 16 42	6 26 43	3 40 51	10 07 17	7 53 22	11 48 59	15 55 11	4 11 32	5 13 59	11 02 51	4 38 45
20 M	13 30 21	19 40 38	26 40 15	12 10 10	7 50 44	4 32 07	10 43 50	8 31 18	11 59 32	16 12 14	4 21 33	5 26 01	11 12 56	4 50 10
21 Tu	14 41 43	3 ♋ 46 25	10 ♋ 35 21	14 02 59	9 14 46	5 23 19	11 20 08	9 09 06	12 09 48	16 29 08	4 31 25	5 37 55	11 22 56	5 01 33
22 W	15 51 49	17 28 48	24 05 51	15 53 54	10 37 36	6 13 16	11 54 58	9 45 34	12 18 35	16 44 40	4 39 57	5 48 29	11 31 39	5 11 40
23 Th	16 59 47	0 ♌ 45 07	7 ♌ 10 17	17 42 04	11 58 20	7 01 04	12 27 26	10 19 49	12 24 60	16 57 58	4 46 14	5 56 49	11 38 12	5 19 38
24 F	18 05 10	13 35 27	19 49 47	19 27 02	13 16 32	7 46 17	12 57 07	10 51 24	12 28 35	17 08 33	4 49 51	6 02 29	11 42 08	5 25 01
25 Sa	19 08 03	26 02 25	2 ♍ 07 46	21 08 54	14 32 17	8 28 59	13 24 04	11 20 24	12 29 28	17 16 33	4 50 52	6 05 34	11 43 32	5 27 54
26 Su	20 08 60	8 ♍ 10 35	14 09 20	22 48 14	15 46 09	9 09 46	13 48 52	11 47 22	12 28 10	17 22 29	4 49 52	6 06 37	11 42 59	5 28 51
27 M	21 08 55	20 05 51	26 00 42	24 25 58	16 59 03	9 49 31	14 12 26	12 13 15	12 25 38	17 27 19	4 47 45	6 06 35	11 41 24	5 28 46
28 Tu	22 08 57	1 ♎ 54 47	7 ♎ 48 33	26 03 14	18 12 06	10 29 22	14 35 52	12 39 08	12 22 58	17 32 07	4 45 39	6 06 34	11 39 53	5 28 47
29 W	23 10 11	13 44 06	19 39 29	27 41 10	19 26 23	11 10 26	15 00 17	13 06 08	12 21 17	17 38 01	4 44 41	6 07 40	11 39 34	5 30 01
30 Th	24 13 32	25 40 03	1 ♏ 39 32	29 20 43	20 42 52	11 53 38	15 26 36	13 35 11	12 21 32	17 45 57	4 45 45	6 10 50	11 41 21	5 33 23
31 F	25 19 37	7 ♏ 47 58	13 53 36	1 ♋ 02 27	22 02 06	12 39 33	15 55 24	14 06 52	12 24 16	17 56 28	4 49 27	6 16 37	11 45 50	5 39 27

Notes

LONGITUDE

November 2036

Day	☉	0 hr ☽	Noon ☽	☿	♀	♂	⚵	⚳	♃	♄	⚷	♅	♆	♇
1 Sa	26 ♊ 28 33	20 ♏ 11 52	26 ♏ 25 12	2 ♋ 46 33	23 ♉ 24 13	13 ♊ 28 18	16 ♈ 26 49	14 ♉ 41 18	12 ♒ 29 37	18 ♈ 09 44	4 ♒ 55 55	6 ♓ 25 11	11 ♐ 53 08	5 ♌ 48 22
2 Su	27 39 56	2 ♐ 54 07	9 ♐ 16 01	4 32 37	24 48 50	14 19 31	17 00 27	15 18 06	12 37 14	18 25 20	5 04 45	6 36 07	12 02 54	5 59 45
3 M	28 52 58	15 55 16	22 25 53	6 19 52	26 15 09	15 12 23	17 35 30	15 56 27	12 46 16	18 42 28	5 15 10	6 48 37	12 14 16	6 12 46
4 Tu	0 ♋ 06 29	29 14 06	5 ♑ 52 51	8 07 10	27 41 58	16 05 44	18 10 46	16 35 11	12 55 34	18 59 58	5 25 58	7 01 30	12 26 06	6 26 16
5 W	1 19 11	12 ♑ 47 53	19 33 39	9 53 13	29 08 01	16 58 16	18 44 60	17 13 01	13 03 52	19 16 32	5 35 53	7 13 31	12 37 07	6 38 57
6 Th	2 29 57	26 33 01	3 ♒ 24 23	11 36 53	0 ♊ 32 10	17 48 52	19 17 01	17 48 48	13 09 59	19 31 02	5 43 46	7 23 29	12 46 10	6 49 41
7 F	3 37 57	10 ♒ 25 47	17 21 15	13 17 25	1 53 35	18 36 42	19 46 02	18 21 44	13 13 09	19 42 40	5 48 49	7 30 37	12 52 26	6 57 40
8 Sa	4 42 59	24 23 04	1 ♓ 21 21	14 54 33	3 12 03	19 21 34	20 11 48	18 51 35	13 13 08	19 51 11	5 50 49	7 34 42	12 55 43	7 02 39
9 Su	5 45 24	8 ♓ 22 51	15 23 04	16 28 42	4 27 57	20 03 49	20 34 42	19 18 44	13 10 18	19 56 58	5 50 07	7 36 05	12 56 22	7 05 02
10 M	6 46 09	22 24 29	29 26 05	18 00 48	5 42 12	20 44 24	20 55 39	19 44 05	13 05 35	20 00 57	5 47 40	7 35 42	12 55 18	7 05 44
11 Tu	7 46 30	6 ♈ 28 17	13 ♈ 30 57	19 32 08	6 56 04	21 24 35	21 15 57	20 08 56	13 00 17	20 04 25	5 44 45	7 34 50	12 53 51	7 06 02
12 W	8 47 51	20 35 01	27 38 23	21 04 04	8 10 58	22 05 45	21 36 57	20 34 39	12 55 46	20 08 44	5 42 45	7 34 53	12 53 22	7 07 19
13 Th	9 51 20	4 ♉ 45 01	11 ♉ 48 30	22 37 48	9 28 01	22 49 05	21 59 49	21 02 25	12 53 13	20 15 05	5 42 49	7 36 60	12 55 00	7 10 44
14 F	10 57 41	18 57 35	26 00 06	24 13 60	10 47 57	23 35 15	22 25 15	21 32 55	12 53 19	20 24 08	5 45 40	7 41 52	12 59 29	7 17 00
15 Sa	12 06 57	3 ♊ 10 24	10 ♊ 10 24	25 52 45	12 10 50	24 24 21	22 53 19	22 06 13	12 56 09	20 35 59	5 51 22	7 49 36	13 06 52	7 26 11
16 Su	13 18 36	17 19 36	24 15 10	27 33 29	13 36 07	25 15 50	23 23 28	22 41 48	13 01 12	20 50 06	5 59 23	7 59 38	13 16 38	7 37 46
17 M	14 31 36	1 ♋ 20 15	8 ♋ 09 22	29 15 11	15 02 46	26 08 41	23 54 42	23 18 37	13 07 27	21 05 26	6 08 42	8 10 56	13 27 45	7 50 42
18 Tu	15 44 42	15 07 09	21 48 06	0 ♌ 56 32	16 29 32	27 01 38	24 25 43	23 55 24	13 13 36	21 20 44	6 18 02	8 22 16	13 38 56	8 03 43
19 W	16 56 38	28 35 52	5 ♌ 07 29	2 36 17	17 55 09	27 53 25	24 55 17	24 30 54	13 18 26	21 34 44	6 26 10	8 32 21	13 48 58	8 15 34
20 Th	18 06 26	11 ♌ 43 28	18 05 24	4 13 25	19 18 39	28 43 04	25 22 23	25 04 09	13 20 59	21 46 29	6 32 05	8 40 14	13 56 51	8 25 18
21 F	19 13 33	24 29 06	0 ♍ 41 48	5 47 19	20 39 28	29 30 02	25 46 31	25 34 36	13 20 41	21 55 24	6 35 17	8 45 22	14 02 03	8 32 20
22 Sa	20 17 56	6 ♍ 54 04	12 58 47	7 17 56	21 57 36	0 ♋ 14 18	26 07 36	26 02 12	13 17 32	22 01 29	6 35 42	8 47 42	14 04 31	8 36 40
23 Su	21 20 02	19 01 37	25 00 13	8 45 37	23 13 27	0 56 17	26 26 06	26 27 23	13 11 57	22 05 09	6 33 47	8 47 41	14 04 42	8 38 42
24 M	22 20 39	0 ♎ 56 35	6 ♎ 51 25	10 11 06	24 27 50	1 36 48	26 42 48	26 50 58	13 04 45	22 07 13	6 30 21	8 46 07	14 03 25	8 39 16
25 Tu	23 20 50	12 44 51	18 38 34	11 35 21	25 41 48	2 16 54	26 58 45	27 13 60	12 57 00	22 08 42	6 26 25	8 44 03	14 01 42	8 39 25
26 W	24 21 40	24 32 52	0 ♏ 28 14	12 59 20	26 56 25	2 57 38	27 15 00	27 37 32	12 49 46	22 10 43	6 23 06	8 42 34	14 00 37	8 40 12
27 Th	25 24 04	6 ♏ 27 08	12 26 53	14 23 52	28 12 37	3 39 58	27 32 31	28 02 31	12 44 00	22 14 11	6 21 19	8 42 36	14 01 08	8 42 34
28 F	26 28 41	18 33 40	24 40 19	15 49 28	29 31 04	4 24 32	27 51 56	28 29 37	12 40 21	22 19 44	6 21 44	8 44 48	14 03 52	8 47 10
29 Sa	27 35 46	0 ♐ 57 34	7 ♐ 13 12	17 16 11	0 ♋ 51 60	5 11 35	28 13 28	28 59 02	12 39 04	22 27 38	6 24 34	8 49 24	14 09 05	8 54 15
30 Su	28 45 05	13 42 29	20 08 36	18 43 35	2 15 10	6 00 52	28 36 54	29 30 33	12 39 55	22 37 38	6 29 36	8 56 10	14 16 31	9 03 33

LONGITUDE

December 2036

Day	☉	0 hr ☽	Noon ☽	☿	♀	♂	⚵	⚳	♃	♄	⚷	♅	♆	♇
1 M	29 ♋ 55 57	26 ♐ 50 19	3 ♑ 27 30	20 ♌ 10 48	3 ♋ 39 54	6 ♋ 51 44	29 ♈ 01 33	0 ♊ 03 29	12 ♒ 42 14	22 ♈ 49 04	6 ♒ 36 10	9 ♓ 04 27	14 ♐ 25 32	9 ♌ 14 26
2 Tu	1 ♌ 07 24	10 ♑ 20 49	17 08 45	21 36 33	5 05 14	7 43 11	29 26 26	0 36 52	12 45 02	23 00 57	6 43 16	9 13 14	14 35 08	9 25 53
3 W	2 18 16	24 11 40	1 ♒ 09 01	22 59 24	6 29 59	8 34 04	29 50 23	1 09 32	12 47 11	23 12 08	6 49 47	9 21 24	14 44 10	9 36 47
4 Th	3 27 33	8 ♒ 18 44	15 23 21	24 17 58	7 53 10	9 23 23	0 ♉ 12 23	1 40 27	12 47 40	23 21 35	6 54 40	9 27 54	14 51 36	9 46 04
5 F	4 34 28	22 36 41	29 45 57	25 31 06	9 13 60	10 10 21	0 31 40	2 08 53	12 45 44	23 28 33	6 57 10	9 32 01	14 56 42	9 53 02
6 Sa	5 38 48	6 ♓ 59 59	14 ♓ 11 14	26 38 06	10 32 15	10 54 45	0 48 00	2 34 35	12 41 08	23 32 48	6 57 04	9 33 28	14 59 13	9 57 24
7 Su	6 40 49	21 23 41	28 34 35	27 38 43	11 48 11	11 36 51	1 01 38	2 57 48	12 34 10	23 34 36	6 54 36	9 32 33	14 59 26	9 59 27
8 M	7 41 15	5 ♈ 44 08	12 ♈ 52 56	28 33 05	13 02 33	12 17 22	1 13 19	3 19 18	12 25 34	23 34 41	6 50 33	9 30 00	14 58 04	9 59 56
9 Tu	8 41 10	19 59 10	27 04 42	29 21 37	14 16 24	12 57 23	1 24 05	3 40 07	12 16 24	23 34 07	6 45 57	9 26 52	14 56 11	9 59 53
10 W	9 41 39	4 ♉ 07 51	11 ♉ 09 27	0 ♍ 04 42	15 30 50	13 38 00	1 35 03	4 01 21	12 07 46	23 34 00	6 41 55	9 24 16	14 54 53	10 00 25
11 Th	10 43 41	18 09 58	25 07 15	0 42 28	16 46 49	14 20 10	1 47 09	4 23 58	12 00 39	23 35 17	6 39 24	9 23 10	14 55 09	10 02 30
12 F	11 47 49	2 ♊ 05 23	8 ♊ 58 04	1 14 40	18 04 54	15 04 28	2 00 57	4 48 31	11 55 36	23 38 33	6 38 58	9 24 06	14 57 31	10 06 41
13 Sa	12 54 08	15 53 36	22 41 18	1 40 30	19 25 10	15 50 57	2 16 32	5 15 06	11 52 43	23 43 52	6 40 43	9 27 11	15 02 06	10 13 04
14 Su	14 02 17	29 33 25	6 ♋ 15 38	1 58 44	20 47 16	16 39 17	2 33 32	5 43 19	11 51 39	23 50 52	6 44 17	9 32 02	15 08 30	10 21 16
15 M	15 11 29	13 ♋ 03 02	19 39 10	2 07 47	22 10 26	17 28 41	2 51 12	6 12 27	11 51 39	23 58 48	6 48 54	9 37 54	15 15 59	10 30 33
16 Tu	16 20 51	26 20 19	2 ♌ 49 46	2 06 02	23 33 45	18 18 16	3 08 35	6 41 33	11 51 47	24 06 46	6 53 40	9 43 53	15 23 38	10 39 59
17 W	17 29 26	9 ♌ 23 12	15 45 33	1 52 04	24 56 18	19 07 06	3 24 46	7 09 43	11 51 11	24 13 50	6 57 41	9 49 04	15 30 33	10 48 39
18 Th	18 36 30	22 10 17	28 25 26	1 24 54	26 17 21	19 54 27	3 39 02	7 36 12	11 49 05	24 19 17	7 00 10	9 52 42	15 35 58	10 55 50
19 F	19 41 38	4 ♍ 41 06	10 ♍ 49 23	0 44 17	27 36 27	20 39 52	3 50 55	8 00 33	11 45 05	24 22 39	7 00 44	9 54 21	15 39 27	11 01 04
20 Sa	20 44 43	16 56 27	22 58 39	29 ♌ 50 45	28 53 31	21 23 16	4 00 20	8 22 40	11 39 03	24 23 51	6 59 15	9 53 56	15 40 56	11 04 16
21 Su	21 45 59	28 58 26	4 ♎ 55 51	28 45 44	0 ♌ 08 46	22 04 52	4 07 30	8 42 49	11 31 16	24 23 08	6 55 59	9 51 40	15 40 37	11 05 41
22 M	22 45 57	10 ♎ 50 21	16 44 44	27 31 28	1 22 43	22 45 12	4 12 55	9 01 27	11 22 13	24 20 59	6 51 25	9 48 04	15 39 01	11 05 47
23 Tu	23 45 16	22 36 34	28 30 01	26 10 50	2 36 02	23 24 54	4 17 16	9 19 17	11 12 36	24 18 04	6 46 14	9 43 49	15 36 49	11 05 16
24 W	24 44 41	4 ♏ 22 10	10 ♏ 17 05	24 47 08	3 49 27	24 04 44	4 21 16	9 37 01	11 03 08	24 15 09	6 41 09	9 39 37	15 34 43	11 04 52
25 Th	25 44 50	16 12 42	22 11 38	23 23 48	5 03 37	24 45 21	4 25 34	9 55 18	10 54 30	24 12 52	6 36 51	9 36 09	15 33 25	11 05 14
26 F	26 46 14	28 13 48	4 ♐ 19 20	22 04 02	6 19 01	25 27 13	4 30 39	10 14 38	10 47 10	24 11 42	6 33 49	9 33 55	15 33 23	11 06 50
27 Sa	27 49 05	10 ♐ 30 49	16 45 22	20 50 36	7 35 54	26 10 35	4 36 45	10 35 14	10 41 23	24 11 53	6 32 17	9 33 07	15 34 50	11 09 56
28 Su	28 53 21	23 08 22	29 33 59	19 45 30	8 54 11	26 55 23	4 43 47	10 57 03	10 37 06	24 13 23	6 32 10	9 33 43	15 37 44	11 14 26
29 M	29 58 40	6 ♑ 09 55	12 ♑ 48 01	18 50 01	10 13 32	27 41 16	4 51 27	11 19 43	10 33 59	24 15 49	6 33 09	9 35 21	15 41 43	11 20 01
30 Tu	1 ♍ 04 29	19 37 17	26 28 19	18 04 43	11 33 23	28 27 42	4 59 08	11 42 42	10 31 28	24 18 39	6 34 40	9 37 29	15 46 14	11 26 08
31 W	2 10 09	3 ♒ 30 11	10 ♒ 33 30	17 29 32	12 53 06	29 14 00	5 06 13	12 05 19	10 28 54	24 21 15	6 36 05	9 39 27	15 50 39	11 32 06

Notes

January 2037 LONGITUDE

Day	☉	0 hr ☽	Noon ☽	☿	♀	♂	⚵	⚳	♃	♄	⚷	♅	♆	♇
1 Th	3 ♍ 15 02	17 ♒ 46 04	24 ♒ 59 45	17 ♌ 04 04	14 ♌ 12 03	29 ♋ 59 35	5 ♉ 12 04	12 ♊ 26 58	10 ♒ 25 41	24 ♈ 22 57	6 ♒ 36 45	9 ♓ 40 39	15 ♐ 54 19	11 ♎ 37 19
2 F	4 18 43	2 ♓ 20 07	9 ♓ 41 13	16 47 41	15 29 48	0 ♌ 43 58	5 16 14	12 47 11	10 21 22	24 23 21	6 36 15	9 40 37	15 56 48	11 41 20
3 Sa	5 20 60	17 05 49	24 30 41	16 39 50	16 46 09	1 26 59	5 18 32	13 05 47	10 15 46	24 22 15	6 34 24	9 39 11	15 57 56	11 43 58
4 Su	6 21 59	1 ♈ 55 51	9 ♈ 20 40	16 40 04	18 01 13	2 08 45	5 19 04	13 22 53	10 09 01	24 19 45	6 31 17	9 36 27	15 57 48	11 45 19
5 M	7 22 04	16 43 05	24 04 25	16 48 05	19 15 22	2 49 38	5 18 12	13 38 51	10 01 28	24 16 15	6 27 18	9 32 48	15 56 47	11 45 46
6 Tu	8 21 45	1 ♉ 21 30	8 ♉ 36 40	17 03 43	20 29 09	3 30 10	5 16 28	13 54 11	9 53 40	24 12 15	6 22 58	9 28 45	15 55 24	11 45 51
7 W	9 21 37	15 46 45	22 53 58	17 26 48	21 43 06	4 10 54	5 14 25	14 09 28	9 46 11	24 08 19	6 18 51	9 24 52	15 54 14	11 46 06
8 Th	10 22 05	29 56 11	6 ♊ 54 36	17 57 06	22 57 40	4 52 17	5 12 30	14 25 07	9 39 27	24 04 54	6 15 24	9 21 36	15 53 43	11 46 60
9 F	11 23 26	13 ♊ 48 42	20 38 06	18 34 14	24 13 07	5 34 34	5 10 59	14 41 24	9 33 44	24 02 17	6 12 52	9 19 12	15 54 06	11 48 46
10 Sa	12 25 42	27 24 14	4 ♋ 04 57	19 17 37	25 29 29	6 17 48	5 09 54	14 58 22	9 29 06	24 00 28	6 11 18	9 17 43	15 55 26	11 51 28
11 Su	13 28 42	10 ♋ 43 23	17 16 00	20 06 31	26 46 36	7 01 49	5 09 03	15 15 49	9 25 21	23 59 19	6 10 32	9 16 59	15 57 33	11 54 55
12 M	14 32 08	23 47 05	0 ♌ 12 17	21 00 08	28 04 08	7 46 17	5 08 09	15 33 26	9 22 11	23 58 29	6 10 13	9 16 41	16 00 07	11 58 49
13 Tu	15 35 37	6 ♌ 36 21	12 54 49	21 57 39	29 21 44	8 30 51	5 06 49	15 50 51	9 19 15	23 57 38	6 10 02	9 16 26	16 02 47	12 02 46
14 W	16 38 48	19 12 13	25 24 38	22 58 18	0 ♍ 39 03	9 15 09	5 04 44	16 07 44	9 16 11	23 56 24	6 09 37	9 15 54	16 05 11	12 06 27
15 Th	17 41 28	1 ♍ 35 47	7 ♍ 42 48	24 01 31	1 55 51	9 58 57	5 01 37	16 23 48	9 12 46	23 54 34	6 08 43	9 14 51	16 07 06	12 09 37
16 F	18 43 27	13 48 15	19 50 35	25 06 51	3 11 59	10 42 08	4 57 23	16 38 57	9 08 52	23 51 59	6 07 14	9 13 09	16 08 24	12 12 08
17 Sa	19 44 47	25 51 05	1 ♎ 49 33	26 14 00	4 27 27	11 24 41	4 52 01	16 53 09	9 04 29	23 48 40	6 05 08	9 10 49	16 09 04	12 14 00
18 Su	20 45 33	7 ♎ 46 06	13 41 41	27 22 52	5 42 23	12 06 44	4 45 38	17 06 33	8 59 45	23 44 43	6 02 34	9 07 57	16 09 14	12 15 21
19 M	21 45 58	19 35 33	25 29 27	28 33 25	6 56 57	12 48 27	4 38 25	17 19 18	8 54 50	23 40 21	5 59 42	9 04 43	16 09 04	12 16 20
20 Tu	22 46 12	1 ♏ 22 12	7 ♏ 15 53	29 45 40	8 11 22	13 30 03	4 30 36	17 31 36	8 49 57	23 35 45	5 56 44	9 01 22	16 08 47	12 17 11
21 W	23 46 29	13 09 18	19 04 30	0 ♍ 59 39	9 25 50	14 11 43	4 22 23	17 43 40	8 45 18	23 31 08	5 53 53	8 58 04	16 08 35	12 18 05
22 Th	24 46 55	25 00 36	0 ♐ 59 18	2 15 22	10 40 28	14 53 36	4 13 54	17 55 36	8 41 01	23 26 37	5 51 17	8 54 59	16 08 37	12 19 11
23 F	25 47 36	7 ♐ 00 13	13 04 36	3 32 45	11 55 21	15 35 46	4 05 13	18 07 30	8 37 12	23 22 18	5 49 00	8 52 09	16 08 55	12 20 32
24 Sa	26 48 30	19 12 33	25 24 53	4 51 42	13 10 29	16 18 12	3 56 22	18 19 20	8 33 48	23 18 08	5 47 01	8 49 35	16 09 30	12 22 08
25 Su	27 49 33	1 ♑ 42 03	8 ♑ 04 29	6 12 03	14 25 46	17 00 50	3 47 14	18 31 01	8 30 46	23 14 06	5 45 16	8 47 12	16 10 17	12 23 55
26 M	28 50 39	14 32 50	21 07 17	7 33 36	15 41 06	17 43 33	3 37 45	18 42 27	8 27 59	23 10 03	5 43 39	8 44 54	16 11 09	12 25 45
27 Tu	29 51 40	27 48 21	4 ♒ 36 09	8 56 12	16 56 23	18 26 16	3 27 50	18 53 31	8 25 21	23 05 53	5 42 03	8 42 35	16 12 01	12 27 33
28 W	0 ♎ 52 35	11 ♒ 30 47	18 32 19	10 19 42	18 11 34	19 08 54	3 17 24	19 04 10	8 22 50	23 01 35	5 40 25	8 40 10	16 12 48	12 29 15
29 Th	1 53 22	25 40 58	2 ♓ 54 52	11 44 05	19 26 39	19 51 28	3 06 30	19 14 23	8 20 24	22 57 07	5 38 46	8 37 42	16 13 32	12 30 52
30 F	2 54 07	10 ♓ 14 57	17 40 14	13 09 24	20 41 42	20 34 03	2 55 12	19 24 15	8 18 09	22 52 35	5 37 09	8 35 13	16 14 16	12 32 27
31 Sa	3 54 57	25 09 37	2 ♈ 42 12	14 35 42	21 56 51	21 16 46	2 43 39	19 33 53	8 16 12	22 48 07	5 35 43	8 32 53	16 15 08	12 34 10

February 2037 LONGITUDE

Day	☉	0 hr ☽	Noon ☽	☿	♀	♂	⚵	⚳	♃	♄	⚷	♅	♆	♇
1 Su	4 ♎ 55 60	10 ♈ 16 57	17 ♈ 52 22	16 ♍ 03 06	23 ♍ 12 14	21 ♌ 59 44	2 ♉ 31 57	19 ♊ 43 24	8 ♒ 14 41	22 ♈ 43 49	5 ♒ 34 34	8 ♓ 30 47	16 ♐ 16 16	12 ♎ 36 06
2 M	5 57 19	25 27 51	3 ♉ 01 19	17 31 38	24 27 54	22 43 02	2 20 14	19 52 53	8 13 40	22 39 46	5 33 47	8 29 01	16 17 44	12 38 19
3 Tu	6 58 54	10 ♉ 32 49	17 59 55	19 01 17	25 43 50	23 26 38	2 08 27	20 02 16	8 13 07	22 35 56	5 33 21	8 27 33	16 19 29	12 40 49
4 W	8 00 37	25 23 21	2 ♊ 40 38	20 31 54	26 59 55	24 10 26	1 56 30	20 11 28	8 12 55	22 32 14	5 33 09	8 26 16	16 21 26	12 43 29
5 Th	9 02 16	9 ♊ 52 60	16 58 23	22 03 18	28 15 57	24 54 13	1 44 13	20 20 15	8 12 53	22 28 27	5 32 58	8 24 57	16 23 22	12 46 06
6 F	10 03 39	23 58 00	0 ♋ 50 41	23 35 13	29 31 43	25 37 46	1 31 22	20 28 24	8 12 46	22 24 21	5 32 36	8 23 25	16 25 03	12 48 27
7 Sa	11 04 33	7 ♋ 37 11	14 17 29	25 07 29	0 ♎ 47 02	26 20 53	1 17 49	20 35 44	8 12 25	22 19 47	5 31 50	8 21 28	16 26 20	12 50 21
8 Su	12 04 54	20 51 32	27 20 33	26 40 01	2 01 47	27 03 30	1 03 28	20 42 09	8 11 44	22 14 39	5 30 37	8 18 60	16 27 05	12 51 43
9 M	13 04 44	3 ♌ 43 33	10 ♌ 02 51	28 12 50	3 16 02	27 45 39	0 48 22	20 47 41	8 10 44	22 08 58	5 28 58	8 16 03	16 27 22	12 52 34
10 Tu	14 04 11	16 16 39	22 27 58	29 46 06	4 29 57	28 27 28	0 32 42	20 52 29	8 09 36	22 02 55	5 27 02	8 12 48	16 27 20	12 53 04
11 W	15 03 34	28 34 36	4 ♍ 39 39	1 ♎ 20 07	5 43 46	29 09 15	0 16 45	20 56 49	8 08 35	21 56 46	5 25 06	8 09 31	16 27 15	12 53 30
12 Th	16 03 10	10 ♍ 41 06	16 41 29	2 55 13	6 57 50	29 51 19	0 00 53	21 01 01	8 08 02	21 50 52	5 23 31	8 06 31	16 27 28	12 54 11
13 F	17 03 21	22 39 35	28 36 43	4 31 44	8 12 30	0 ♍ 33 60	29 ♈ 45 27	21 05 24	8 08 17	21 45 32	5 22 35	8 04 09	16 28 18	12 55 28
14 Sa	18 04 22	4 ♎ 33 03	10 ♎ 28 08	6 09 57	9 28 01	1 17 35	29 30 45	21 10 16	8 09 36	21 41 04	5 22 36	8 02 41	16 30 01	12 57 36
15 Su	19 06 23	16 23 60	22 18 07	7 50 02	10 44 33	2 02 12	29 16 56	21 15 44	8 12 08	21 37 36	5 23 43	8 02 17	16 32 47	13 00 46
16 M	20 09 25	28 14 34	4 ♏ 08 43	9 32 01	12 02 06	2 47 54	29 04 02	21 21 50	8 15 54	21 35 10	5 25 57	8 02 58	16 36 37	13 04 57
17 Tu	21 13 17	10 ♏ 06 35	16 01 48	11 15 46	13 20 31	3 34 29	28 51 56	21 28 24	8 20 45	21 33 36	5 29 07	8 04 33	16 41 21	13 10 01
18 W	22 17 41	22 01 47	27 59 10	13 00 56	14 39 28	4 21 39	28 40 20	21 35 06	8 26 20	21 32 35	5 32 55	8 06 43	16 46 40	13 15 37
19 Th	23 22 10	4 ♐ 02 01	10 ♐ 02 48	14 47 09	15 58 31	5 08 57	28 28 47	21 41 30	8 32 14	21 31 40	5 36 54	8 09 03	16 52 06	13 21 20
20 F	24 26 15	16 09 24	22 15 02	16 33 53	17 17 11	5 55 54	28 16 51	21 47 06	8 37 57	21 30 24	5 40 35	8 11 03	16 57 12	13 26 40
21 Sa	25 29 27	28 26 27	4 ♑ 38 35	18 20 44	18 35 01	6 42 03	28 04 04	21 51 27	8 43 02	21 28 18	5 43 31	8 12 16	17 01 30	13 31 10
22 Su	26 31 29	10 ♑ 56 14	17 16 40	20 07 22	19 51 40	7 27 04	27 50 09	21 54 14	8 47 10	21 25 04	5 45 22	8 12 22	17 04 40	13 34 30
23 M	27 32 14	23 42 15	0 ♒ 12 47	21 53 42	21 07 03	8 10 51	27 35 01	21 55 20	8 50 14	21 20 34	5 46 03	8 11 16	17 06 36	13 36 35
24 Tu	28 31 50	6 ♒ 48 13	13 30 28	23 39 54	22 21 20	8 53 33	27 18 51	21 54 54	8 52 22	21 15 00	5 45 41	8 09 05	17 07 27	13 37 33
25 W	29 30 43	20 17 36	27 12 45	25 26 22	23 34 54	9 35 36	27 02 03	21 53 21	8 54 01	21 08 46	5 44 44	8 06 17	17 07 38	13 37 49
26 Th	0 ♏ 29 30	4 ♓ 13 00	11 ♓ 21 23	27 13 45	24 48 23	10 17 36	26 45 17	21 51 19	8 55 47	21 02 28	5 43 46	8 03 27	17 07 47	13 38 01
27 F	1 28 52	18 35 14	25 55 59	29 02 43	26 02 29	11 00 15	26 29 15	21 49 29	8 58 22	20 56 50	5 43 30	8 01 17	17 08 34	13 38 49
28 Sa	2 29 27	3 ♈ 22 30	10 ♈ 53 18	0 ♏ 53 53	27 17 48	11 44 10	26 14 36	21 48 28	9 02 22	20 52 28	5 44 34	8 00 25	17 10 38	13 40 52

Notes

LONGITUDE — March 2037

Day	☉	0 hr ☽	Noon ☽	☿	♀	♂	⚵	⚳	♃	♄	⚷	♅	♆	♇
1 Su	3 ♏ 31 38	18 ♈ 29 46	26 ♈ 06 50	2 ♏ 47 37	28 ♎ 34 45	12 ♍ 29 45	26 ♈ 01 43	21 ♊ 48 39	9 ♒ 08 11	20 ♈ 49 45	5 ♒ 47 20	8 ♓ 01 13	17 ♐ 14 20	13 ♌ 44 32
2 M	4 35 26	3 ♉ 48 51	11 ♉ 27 16	4 43 56	29 53 20	13 17 00	25 50 39	21 50 03	9 15 51	20 48 43	5 51 49	8 03 44	17 19 43	13 49 51
3 Tu	5 40 31	19 09 16	26 43 41	6 42 25	1 ♏ 13 13	14 05 36	25 41 04	21 52 21	9 24 59	20 49 02	5 57 42	8 07 36	17 26 26	13 56 28
4 W	6 46 14	4 ♊ 19 49	11 ♊ 45 26	8 42 23	2 33 44	14 54 52	25 32 20	21 54 52	9 34 57	20 50 02	6 04 18	8 12 10	17 33 49	14 03 43
5 Th	7 51 45	19 10 37	26 23 51	10 42 57	3 54 04	15 44 00	25 23 38	21 56 48	9 44 56	20 50 55	6 10 48	8 16 37	17 41 03	14 10 48
6 F	8 56 17	3 ♋ 34 31	10 ♋ 33 25	12 43 14	5 13 28	16 32 13	25 14 14	21 57 21	9 54 08	20 50 53	6 16 26	8 20 11	17 47 23	14 16 55
7 Sa	9 59 19	17 27 55	24 12 08	14 42 36	6 31 21	17 18 59	25 03 34	21 55 60	10 02 02	20 49 25	6 20 40	8 22 18	17 52 13	14 21 33
8 Su	11 00 37	0 ♌ 50 35	7 ♌ 21 04	16 40 43	7 47 32	18 04 04	24 51 28	21 52 32	10 08 24	20 46 18	6 23 16	8 22 46	17 55 24	14 24 28
9 M	12 00 23	13 45 07	20 03 42	18 37 35	9 02 11	18 47 39	24 38 06	21 47 07	10 13 25	20 41 42	6 24 24	8 21 46	17 57 04	14 25 51
10 Tu	12 59 05	26 15 55	2 ♍ 24 53	20 33 31	10 15 47	19 30 14	24 24 00	21 40 16	10 17 34	20 36 07	6 24 36	8 19 48	17 57 44	14 26 12
11 W	13 57 29	8 ♍ 28 26	14 30 13	22 29 03	11 29 06	20 12 34	24 09 55	21 32 43	10 21 37	20 30 20	6 24 36	8 17 36	17 58 08	14 26 16
12 Th	14 56 24	20 28 19	26 25 17	24 24 46	12 42 58	20 55 28	23 56 41	21 25 19	10 26 23	20 25 08	6 25 12	8 15 60	17 59 06	14 26 51
13 F	15 56 38	2 ♎ 20 60	8 ♎ 15 15	26 21 08	13 58 08	21 39 44	23 45 06	21 18 51	10 32 38	20 21 20	6 27 13	8 15 47	18 01 25	14 28 46
14 Sa	16 58 46	14 11 08	20 04 30	28 18 26	15 15 22	22 25 57	23 35 47	21 13 56	10 40 60	20 19 32	6 31 15	8 17 34	18 05 42	14 32 37
15 Su	18 03 08	26 02 33	1 ♏ 56 30	0 ♐ 16 39	16 34 36	23 14 28	23 29 04	21 10 54	10 51 47	20 20 04	6 37 37	8 21 41	18 12 16	14 38 43
16 M	19 09 44	7 ♏ 58 01	13 53 44	2 15 22	17 56 12	24 05 15	23 24 59	21 09 44	11 05 00	20 22 55	6 46 19	8 28 06	18 21 06	14 47 04
17 Tu	20 18 12	19 59 22	25 57 43	4 13 48	19 19 41	24 57 57	23 23 08	21 10 06	11 20 16	20 27 45	6 56 59	8 36 28	18 31 51	14 57 17
18 W	21 27 51	2 ♐ 07 35	8 ♐ 09 18	6 10 50	20 44 22	25 51 53	23 22 53	21 11 18	11 36 54	20 33 51	7 08 56	8 46 06	18 43 50	15 08 43
19 Th	22 37 48	14 23 11	20 28 55	8 05 06	22 09 22	26 46 10	23 23 19	21 12 29	11 54 00	20 40 21	7 21 16	8 56 07	18 56 09	15 20 27
20 F	23 47 02	26 46 29	2 ♑ 56 55	9 55 09	23 33 41	27 39 48	23 23 29	21 12 40	12 10 36	20 46 16	7 33 01	9 05 32	19 07 50	15 31 31
21 Sa	24 54 42	9 ♑ 18 03	15 34 00	11 39 38	24 56 26	28 31 55	23 22 30	21 10 57	12 25 48	20 50 42	7 43 18	9 13 27	19 17 58	15 41 01
22 Su	26 00 09	21 58 59	28 21 30	13 17 28	26 16 59	29 21 52	23 19 43	21 06 45	12 38 59	20 53 03	7 51 28	9 19 15	19 25 57	15 48 20
23 M	27 03 09	4 ♒ 51 13	11 ♒ 21 31	14 47 58	27 35 07	0 ♎ 09 24	23 14 56	20 59 49	12 49 53	20 53 04	7 57 17	9 22 41	19 31 32	15 53 13
24 Tu	28 03 56	17 57 28	24 36 51	16 10 58	28 51 02	0 54 47	23 08 22	20 50 24	12 58 45	20 50 58	8 00 59	9 24 00	19 34 56	15 55 54
25 W	29 03 10	1 ♓ 21 03	8 ♓ 10 45	17 26 45	0 ♐ 05 26	1 38 41	23 00 42	20 39 11	13 06 15	20 47 28	8 03 14	9 23 52	19 36 51	15 57 04
26 Th	0 ♐ 01 53	15 05 15	22 06 07	18 36 01	1 19 20	2 22 07	22 52 58	20 27 14	13 13 25	20 43 33	8 05 05	9 23 18	19 38 18	15 57 43
27 F	1 01 15	29 12 36	6 ♈ 24 41	19 39 36	2 33 53	3 06 14	22 46 20	20 15 41	13 21 23	20 40 24	8 07 40	9 23 28	19 40 26	15 59 03
28 Sa	2 02 18	13 ♈ 43 45	21 05 59	20 38 17	3 50 09	3 52 06	22 41 50	20 05 37	13 31 13	20 39 05	8 12 03	9 25 25	19 44 19	16 02 05
29 Su	3 05 44	28 36 34	6 ♉ 06 26	21 32 33	5 08 50	4 40 25	22 40 10	19 57 44	13 43 37	20 40 16	8 18 55	9 29 51	19 50 38	16 07 32
30 M	4 11 43	13 ♉ 45 28	21 19 06	22 22 22	6 30 04	5 31 19	22 41 30	19 52 13	13 58 43	20 44 07	8 28 26	9 36 56	19 59 32	16 15 33
31 Tu	5 19 50	29 01 42	6 ♊ 34 14	23 07 11	7 53 26	6 24 24	22 45 24	19 48 39	14 16 07	20 50 13	8 40 09	9 46 13	20 10 36	16 25 42

LONGITUDE — April 2037

Day	☉	0 hr ☽	Noon ☽	☿	♀	♂	⚵	⚳	♃	♄	⚷	♅	♆	♇
1 W	6 ♐ 29 07	14 ♊ 14 25	21 ♊ 40 50	23 ♐ 45 59	9 ♐ 18 01	7 ♎ 18 43	22 ♈ 50 57	19 ♊ 46 07	14 ♒ 34 51	20 ♈ 57 38	8 ♒ 53 10	9 ♓ 56 46	20 ♐ 22 54	16 ♌ 37 03
2 Th	7 38 25	29 12 37	6 ♋ 28 36	24 17 32	10 42 36	8 13 05	22 56 56	19 43 26	14 53 45	21 05 10	9 06 16	10 07 24	20 35 15	16 48 25
3 F	8 46 32	13 ♋ 47 07	20 49 42	24 40 41	12 06 02	9 06 20	23 02 11	19 39 26	15 11 37	21 11 40	9 18 17	10 16 57	20 46 26	16 58 37
4 Sa	9 52 36	27 51 58	4 ♌ 39 54	24 54 40	13 27 25	9 57 33	23 05 49	19 33 16	15 27 35	21 16 13	9 28 20	10 24 32	20 55 38	17 06 46
5 Su	10 56 12	11 ♌ 25 02	17 58 35	24 59 14	14 46 22	10 46 22	23 07 27	19 24 32	15 41 15	21 18 27	9 36 00	10 29 44	21 02 23	17 12 29
6 M	11 57 29	24 27 38	0 ♍ 48 15	24 54 44	16 02 60	11 32 54	23 07 11	19 13 23	15 52 44	21 18 28	9 41 27	10 32 42	21 06 52	17 15 52
7 Tu	12 57 02	7 ♍ 03 45	13 13 41	24 42 06	17 17 55	12 17 45	23 05 37	19 00 27	16 02 38	21 16 54	9 45 15	10 34 01	21 09 38	17 17 33
8 W	13 55 49	19 19 01	25 20 54	24 22 39	18 32 04	13 01 51	23 03 44	18 46 41	16 11 54	21 14 40	9 48 21	10 34 38	21 11 41	17 18 27
9 Th	14 54 55	1 ♎ 19 55	7 ♎ 16 28	23 58 00	19 46 34	13 46 20	23 02 35	18 33 12	16 21 38	21 12 54	9 51 52	10 35 40	21 14 04	17 19 41
10 F	15 55 24	13 12 55	19 06 45	23 29 46	21 02 27	14 32 13	23 03 16	18 21 05	16 32 53	21 12 38	9 56 50	10 38 09	21 17 53	17 22 19
11 Sa	16 58 07	25 03 58	0 ♏ 57 26	22 59 27	22 20 34	15 20 22	23 06 36	18 11 11	16 46 30	21 14 45	10 04 08	10 42 58	21 23 57	17 27 11
12 Su	18 03 33	6 ♏ 58 04	12 53 10	22 28 14	23 41 26	16 11 17	23 13 05	18 04 03	17 02 59	21 19 42	10 14 14	10 50 34	21 32 47	17 34 47
13 M	19 11 46	18 59 03	24 57 19	21 56 59	25 05 05	17 05 01	23 22 45	17 59 42	17 22 23	21 27 34	10 27 10	11 01 02	21 44 25	17 45 10
14 Tu	20 22 20	1 ♐ 09 22	7 ♐ 11 55	21 26 04	26 31 06	18 01 08	23 35 13	17 57 46	17 44 16	21 37 55	10 42 34	11 13 56	21 58 26	17 57 55
15 W	21 34 27	13 30 13	19 37 44	20 55 32	27 58 40	18 58 49	23 49 38	17 57 28	18 07 50	21 49 57	10 59 35	11 28 28	22 14 02	18 12 13
16 Th	22 46 59	26 01 40	2 ♑ 14 30	20 25 07	29 26 42	19 56 59	24 04 55	17 57 41	18 31 58	22 02 34	11 17 07	11 43 30	22 30 06	18 26 57
17 F	23 58 46	8 ♑ 43 07	15 01 24	19 54 24	0 ♑ 53 57	20 54 24	24 19 49	17 57 14	18 55 27	22 14 32	11 33 57	11 57 52	22 45 25	18 40 56
18 Sa	25 08 39	21 33 39	27 57 27	19 23 06	2 19 21	21 49 58	24 33 16	17 55 02	19 17 11	22 24 46	11 48 59	12 10 25	22 58 54	18 53 02
19 Su	26 15 52	4 ♒ 32 38	11 ♒ 02 06	18 51 07	3 42 05	22 42 54	24 44 26	17 50 19	19 36 22	22 32 27	12 01 26	12 20 23	23 09 44	19 02 28
20 M	27 20 04	17 40 07	24 15 34	18 18 47	5 01 49	23 32 51	24 53 00	17 42 45	19 52 41	22 37 17	12 10 57	12 27 26	23 17 36	19 08 56
21 Tu	28 21 31	0 ♓ 57 05	7 ♓ 39 04	17 46 56	6 18 48	24 20 05	24 59 12	17 32 36	20 06 21	22 39 29	12 17 47	12 31 48	23 22 44	19 12 37
22 W	29 20 57	14 25 28	21 14 40	17 16 47	7 33 48	25 05 19	25 03 47	17 20 38	20 18 09	22 39 50	12 22 41	12 34 15	23 25 53	19 14 19
23 Th	0 ♑ 19 31	28 07 45	5 ♈ 04 45	16 49 54	8 47 56	25 49 44	25 07 54	17 08 01	20 29 11	22 39 27	12 26 48	12 35 54	23 28 12	19 15 10
24 F	1 18 31	12 ♈ 06 20	19 11 24	16 27 55	10 02 32	26 34 37	25 12 51	16 56 05	20 40 48	22 39 40	12 31 27	12 38 06	23 31 00	19 16 28
25 Sa	2 19 11	26 22 37	3 ♉ 35 18	16 12 16	11 18 48	27 21 12	25 19 49	16 46 03	20 54 12	22 41 40	12 37 49	12 42 01	23 35 30	19 19 26
26 Su	3 22 20	10 ♉ 56 05	18 14 57	16 03 54	12 37 33	28 10 16	25 29 38	16 38 44	21 10 10	22 46 17	12 46 44	12 48 30	23 42 29	19 24 53
27 M	4 28 10	25 43 30	3 ♊ 05 59	16 03 12	13 59 02	29 02 05	25 42 32	16 34 24	21 28 58	22 53 45	12 58 26	12 57 46	23 52 12	19 33 03
28 Tu	5 36 20	10 ♊ 38 50	18 01 23	16 09 46	15 22 50	29 56 15	25 58 06	16 32 40	21 50 12	23 03 41	13 12 32	13 09 27	24 04 17	19 43 33
29 W	6 45 54	25 33 44	2 ♋ 52 18	16 22 41	16 48 02	0 ♏ 51 50	26 15 25	16 32 36	22 12 55	23 15 08	13 28 05	13 22 35	24 17 46	19 55 26
30 Th	7 55 36	10 ♋ 18 51	17 29 36	16 40 39	18 13 24	1 47 35	26 33 13	16 32 60	22 35 55	23 26 53	13 43 51	13 35 56	24 31 26	20 07 29

Notes

May 2037 — LONGITUDE

Day	☉	0 hr ☽	Noon ☽	☿	♀	♂	⚳	⚴	♃	♄	⚷	♅	♆	♇
1 F	9 ♑ 04 13	24 ♋ 45 35	1 ♌ 45 27	17 ♐ 02 20	19 ♑ 37 40	2 ♏ 42 16	26 ♈ 50 17	16 ♊ 32 36	22 ♒ 57 54	23 ♈ 37 40	13 ♒ 58 36	13 ♓ 48 17	24 ♐ 44 02	20 ♌ 18 27
2 Sa	10 10 46	8 ♌ 47 27	15 34 40	17 26 39	20 59 53	3 34 54	27 05 35	16 30 27	23 17 56	23 46 31	14 11 20	13 58 37	24 54 34	20 27 20
3 Su	11 14 43	22 21 06	28 55 15	17 52 58	22 19 31	4 24 58	27 18 39	16 26 02	23 35 28	23 52 54	14 21 32	14 06 27	25 02 33	20 33 39
4 M	12 16 06	5 ♍ 26 20	11 ♍ 48 14	18 21 08	23 36 35	5 12 28	27 29 27	16 19 22	23 50 31	23 56 51	14 29 14	14 11 46	25 07 58	20 37 22
5 Tu	13 15 25	18 05 48	24 17 11	18 51 31	24 51 36	5 57 56	27 38 30	16 10 60	24 03 36	23 58 52	14 34 55	14 15 05	25 11 20	20 39 02
6 W	14 13 32	0 ♎ 24 10	6 ♎ 27 21	19 24 52	26 05 25	6 42 13	27 46 41	16 01 47	24 15 35	23 59 49	14 39 28	14 17 17	25 13 31	20 39 31
7 Th	15 11 33	12 27 20	18 24 58	20 02 04	27 19 08	7 26 23	27 55 03	15 52 49	24 27 32	24 00 47	14 43 57	14 19 25	25 15 36	20 39 52
8 F	16 10 30	24 21 44	0 ♏ 16 32	20 44 03	28 33 47	8 11 30	28 04 40	15 45 09	24 40 31	24 02 48	14 49 26	14 22 34	25 18 39	20 41 09
9 Sa	17 11 16	6 ♏ 13 40	12 08 15	21 31 33	29 50 17	8 58 27	28 16 24	15 39 41	24 55 25	24 06 48	14 56 47	14 27 36	25 23 32	20 44 16
10 Su	18 14 26	18 08 48	24 05 33	22 24 59	1 ♒ 09 10	9 47 47	28 30 48	15 36 59	25 12 47	24 13 17	15 06 35	14 35 05	25 30 48	20 49 45
11 M	19 20 06	0 ♐ 11 50	6 ♐ 12 45	23 24 22	2 30 34	10 39 38	28 48 01	15 37 11	25 32 45	24 22 26	15 18 57	14 45 09	25 40 36	20 57 46
12 Tu	20 27 59	12 26 15	18 32 50	24 29 14	3 54 10	11 33 41	29 07 44	15 39 59	25 54 60	24 33 54	15 33 34	14 57 29	25 52 37	21 07 58
13 W	21 37 21	24 54 05	1 ♑ 07 21	25 38 46	5 19 16	12 29 14	29 29 12	15 44 40	26 18 49	24 46 58	15 49 43	15 11 22	26 06 08	21 19 39
14 Th	22 47 12	7 ♑ 36 04	13 56 26	26 51 51	6 44 51	13 25 16	29 51 26	15 50 15	26 43 12	25 00 40	16 06 24	15 25 47	26 20 08	21 31 49
15 F	23 56 25	20 31 42	26 59 08	28 07 17	8 09 49	14 20 39	0 ♉ 13 19	15 55 37	27 07 02	25 13 52	16 22 30	15 39 39	26 33 32	21 43 22
16 Sa	25 03 59	3 ♒ 39 39	10 ♒ 13 43	29 23 57	9 33 09	15 14 24	0 33 49	15 59 44	27 29 17	25 25 32	16 37 00	15 51 55	26 45 17	21 53 15
17 Su	26 09 09	16 58 11	23 38 15	0 ♑ 41 01	10 54 04	16 05 43	0 52 10	16 01 53	27 49 13	25 34 55	16 49 09	16 01 50	26 54 39	22 00 44
18 M	27 11 36	0 ♓ 25 42	7 ♓ 11 08	1 58 06	12 12 17	16 54 20	1 08 05	16 01 44	28 06 31	25 41 43	16 58 38	16 09 07	27 01 18	22 05 30
19 Tu	28 11 31	14 01 09	20 51 25	3 15 18	13 27 58	17 40 24	1 21 43	15 59 28	28 21 25	25 46 07	17 05 38	16 13 55	27 05 25	22 07 44
20 W	29 09 33	27 44 14	4 ♈ 39 00	4 33 15	14 41 46	18 24 34	1 33 43	15 55 45	28 34 22	25 48 44	17 10 47	16 16 53	27 07 41	22 08 05
21 Th	0 ♒ 06 41	11 ♈ 35 20	18 34 25	5 52 51	15 54 40	19 07 50	1 45 04	15 51 34	28 46 34	25 50 36	17 15 05	16 19 02	27 09 03	22 07 32
22 F	1 04 03	25 35 13	2 ♉ 38 22	7 15 13	17 07 50	19 51 20	1 56 54	15 48 03	28 59 05	25 52 50	17 19 40	16 21 28	27 10 40	22 07 14
23 Sa	2 02 42	9 ♉ 44 21	16 51 04	8 41 21	18 22 16	20 36 06	2 10 15	15 46 15	29 12 56	25 56 27	17 25 34	16 25 15	27 13 34	22 08 12
24 Su	3 03 18	24 02 12	1 ♊ 11 33	10 11 55	19 38 40	21 22 49	2 25 49	15 46 50	29 28 49	26 02 10	17 33 29	16 31 03	27 18 27	22 11 08
25 M	4 06 07	8 ♊ 26 49	15 37 12	11 47 06	20 57 15	22 11 43	2 43 47	15 50 02	29 46 57	26 10 12	17 43 38	16 39 05	27 25 32	22 16 15
26 Tu	5 10 49	22 54 24	0 ♋ 03 39	13 26 37	22 17 45	23 02 31	3 03 53	15 55 34	0 ♓ 07 04	26 20 14	17 55 43	16 49 06	27 34 31	22 23 17
27 W	6 16 41	7 ♋ 19 41	14 25 15	15 09 43	23 39 25	23 54 27	3 25 23	16 02 42	0 28 24	26 31 34	18 09 00	17 00 19	27 44 41	22 31 29
28 Th	7 22 46	21 36 30	28 35 47	16 55 26	25 01 18	24 46 35	3 47 18	16 10 27	0 50 00	26 43 13	18 22 32	17 11 48	27 55 03	22 39 52
29 F	8 28 04	5 ♌ 38 50	12 ♌ 29 39	18 42 44	26 22 22	25 37 54	4 08 37	16 17 49	1 10 52	26 54 12	18 35 19	17 22 33	28 04 38	22 47 28
30 Sa	9 31 45	19 21 48	26 02 40	20 30 50	27 41 52	26 27 37	4 28 34	16 24 00	1 30 12	27 03 41	18 46 31	17 31 45	28 12 37	22 53 28
31 Su	10 33 24	2 ♍ 42 25	9 ♍ 12 43	22 19 15	28 59 17	27 15 14	4 46 39	16 28 33	1 47 31	27 11 13	18 55 42	17 38 56	28 18 32	22 57 24

June 2037 — LONGITUDE

Day	☉	0 hr ☽	Noon ☽	☿	♀	♂	⚳	⚴	♃	♄	⚷	♅	♆	♇
1 M	11 ♒ 32 55	15 ♍ 39 51	21 ♍ 59 56	24 ♑ 07 55	0 ♓ 14 35	28 ♏ 00 43	5 ♉ 02 49	16 ♊ 31 22	2 ♓ 02 46	27 ♈ 16 45	19 ♒ 02 48	17 ♓ 44 03	28 ♐ 22 21	22 ♌ 59 13
2 Tu	12 30 38	28 15 30	4 ♎ 26 28	25 57 08	1 28 04	28 44 21	5 17 21	16 32 47	2 16 15	27 20 34	19 08 06	17 47 23	28 24 20	22 59 12
3 W	13 27 09	10 ♎ 32 32	16 36 08	27 47 29	2 40 21	29 26 45	5 30 53	16 33 24	2 28 34	27 23 18	19 12 13	17 49 34	28 25 07	22 57 58
4 Th	14 23 14	22 35 30	28 33 56	29 39 41	3 52 11	0 ♐ 08 40	5 44 09	16 33 59	2 40 31	27 25 41	19 15 56	17 51 21	28 25 27	22 56 18
5 F	15 19 41	4 ♏ 29 43	10 ♏ 25 27	1 ♒ 34 31	5 04 23	0 50 56	5 57 58	16 35 19	2 52 51	27 28 32	19 20 01	17 53 32	28 26 09	22 54 59
6 Sa	16 17 11	16 20 51	22 16 26	3 32 36	6 17 39	1 34 12	6 13 02	16 38 05	3 06 18	27 32 33	19 25 12	17 56 50	28 27 53	22 54 43
7 Su	17 16 14	28 14 29	4 ♐ 12 24	5 34 21	7 32 25	2 18 58	6 29 48	16 42 47	3 21 18	27 38 11	19 31 55	18 01 41	28 31 09	22 55 58
8 M	18 16 59	10 ♐ 15 42	16 18 15	7 39 49	8 48 54	3 05 23	6 48 26	16 49 35	3 38 04	27 45 38	19 40 22	18 08 17	28 36 07	22 58 55
9 Tu	19 19 19	22 28 48	28 37 56	9 48 46	10 06 57	3 53 20	7 08 49	16 58 19	3 56 26	27 54 45	19 50 24	18 16 29	28 42 39	23 03 25
10 W	20 22 46	4 ♑ 57 02	11 ♑ 14 15	12 00 37	11 26 07	4 42 21	7 30 29	17 08 34	4 15 57	28 05 05	20 01 34	18 25 51	28 50 17	23 09 02
11 Th	21 26 42	17 42 26	24 08 37	14 14 31	12 45 44	5 31 47	7 52 48	17 19 39	4 35 59	28 15 59	20 13 14	18 35 44	28 58 23	23 15 07
12 F	22 30 21	0 ♒ 45 42	7 ♒ 21 03	16 29 32	14 05 05	6 20 53	8 14 59	17 30 50	4 55 46	28 26 42	20 24 38	18 45 21	29 06 12	23 20 54
13 Sa	23 33 02	14 06 11	20 50 16	18 44 44	15 23 27	7 08 57	8 36 21	17 41 24	5 14 36	28 36 32	20 35 04	18 54 02	29 13 01	23 25 43
14 Su	24 34 13	27 42 10	4 ♓ 33 54	20 59 22	16 40 17	7 55 28	8 56 23	17 50 50	5 31 58	28 44 58	20 44 00	19 01 15	29 18 20	23 29 00
15 M	25 33 39	11 ♓ 31 03	18 29 01	23 12 55	17 55 23	8 40 10	9 14 49	17 58 53	5 47 38	28 51 44	20 51 13	19 06 46	29 21 53	23 30 33
16 Tu	26 31 27	25 29 56	2 ♈ 32 28	25 25 14	19 08 50	9 23 09	9 31 45	18 05 39	6 01 40	28 56 57	20 56 47	19 10 39	29 23 47	23 30 26
17 W	27 28 00	9 ♈ 35 54	16 41 22	27 36 24	20 21 01	10 04 49	9 47 36	18 11 31	6 14 29	29 01 01	21 01 07	19 13 20	29 24 25	23 29 04
18 Th	28 23 55	23 46 22	0 ♉ 53 18	29 46 47	21 32 33	10 45 48	10 02 57	18 17 05	6 26 41	29 04 32	21 04 50	19 15 24	29 24 25	23 27 03
19 F	29 19 54	7 ♉ 59 11	15 06 19	1 ♓ 56 48	22 44 09	11 26 46	10 18 30	18 23 05	6 38 59	29 08 12	21 08 38	19 17 34	29 24 28	23 25 06
20 Sa	0 ♓ 16 35	22 12 31	29 18 44	4 06 50	23 56 26	12 08 22	10 34 54	18 30 06	6 52 00	29 12 39	21 13 07	19 20 28	29 25 11	23 23 50
21 Su	1 14 22	6 ♊ 24 39	13 ♊ 28 56	6 17 03	25 09 48	12 50 60	10 52 32	18 38 34	7 06 09	29 18 18	21 18 43	19 24 29	29 27 01	23 23 40
22 M	2 13 24	20 33 38	27 34 57	8 27 22	26 24 23	13 34 48	11 11 32	18 48 35	7 21 33	29 25 16	21 25 33	19 29 47	29 30 03	23 24 44
23 Tu	3 13 29	4 ♋ 37 14	11 ♋ 34 30	10 37 26	27 40 02	14 19 35	11 31 44	19 00 00	7 38 02	29 33 23	21 33 28	19 36 10	29 34 09	23 26 51
24 W	4 14 15	18 32 50	25 24 54	12 46 40	28 56 20	15 04 58	11 52 43	19 12 24	7 55 12	29 42 14	21 42 03	19 43 14	29 38 54	23 29 38
25 Th	5 15 10	2 ♌ 17 40	9 ♌ 03 28	14 54 25	0 ♈ 12 45	15 50 24	12 13 58	19 25 15	8 12 32	29 51 19	21 50 46	19 50 29	29 43 46	23 32 32
26 F	6 15 41	15 49 05	22 27 42	17 00 03	1 28 46	16 35 23	12 34 58	19 38 02	8 29 29	0 ♉ 00 06	21 59 07	19 57 21	29 48 15	23 35 04
27 Sa	7 15 25	29 04 59	5 ♍ 35 47	19 03 04	2 43 58	17 19 29	12 55 16	19 50 18	8 45 39	0 08 09	22 06 39	20 03 27	29 51 54	23 36 46
28 Su	8 14 07	12 ♍ 04 04	18 26 52	21 03 07	3 58 06	18 02 27	13 14 39	20 01 50	9 00 48	0 15 14	22 13 08	20 08 32	29 54 30	23 37 26
29 M	9 11 45	24 46 08	1 ♎ 01 09	23 00 07	5 11 08	18 44 15	13 33 04	20 12 34	9 14 54	0 21 18	22 18 33	20 12 33	29 55 59	23 36 60
30 Tu	10 08 26	7 ♎ 12 03	13 20 06	24 54 11	6 23 12	19 25 01	13 50 39	20 22 39	9 27 58	0 26 30	22 22 60	20 15 38	29 56 31	23 35 37

Notes

LONGITUDE

July 2037

Day	☉	0 hr ☽	Noon ☽	☿	♀	♂	⚵	⚳	♃	♄	⚷	♅	♆	♇
1 W	11 ♓ 04 28	19 ♌ 23 54	25 ♌ 26 09	26 ♓ 45 33	7 ♈ 34 36	20 ♐ 05 02	14 ♉ 07 40	20 ♊ 32 21	9 ♓ 40 27	0 ♉ 31 07	22 ♒ 26 47	20 ♓ 18 05	29 ♐ 56 22	23 ♌ 33 33
2 Th	12 00 12	1 ♏ 24 38	7 ♏ 22 44	28 34 34	8 45 40	20 44 38	14 24 29	20 42 01	9 52 37	0 35 29	22 30 15	20 20 14	29 55 53	23 31 11
3 F	12 55 60	13 18 03	19 13 56	0 ♈ 21 34	9 56 46	21 24 12	14 41 28	20 52 01	10 04 51	0 39 59	22 33 46	20 22 27	29 55 26	23 28 51
4 Sa	13 52 11	25 08 28	1 ♐ 04 18	2 06 52	11 08 13	22 04 01	14 58 55	21 02 39	10 17 27	0 44 55	22 37 39	20 25 03	29 55 20	23 26 52
5 Su	14 48 56	7 ♐ 00 33	12 58 39	3 50 40	12 20 13	22 44 18	15 17 03	21 14 07	10 30 38	0 50 29	22 42 05	20 28 14	29 55 47	23 25 28
6 M	15 46 22	18 58 60	25 01 44	5 33 01	13 32 50	23 25 08	15 35 55	21 26 30	10 44 27	0 56 45	22 47 09	20 32 05	29 56 51	23 24 41
7 Tu	16 44 23	1 ♑ 08 25	7 ♑ 17 59	7 13 54	14 46 03	24 06 26	15 55 29	21 39 44	10 58 52	1 03 42	22 52 48	20 36 33	29 58 29	23 24 30
8 W	17 42 52	13 32 58	19 51 19	8 53 08	15 59 39	24 48 04	16 15 34	21 53 39	11 13 43	1 11 07	22 58 52	20 41 26	0 ♑ 00 32	23 24 44
9 Th	18 41 32	26 16 07	2 ♒ 44 44	10 30 27	17 13 26	25 29 45	16 35 56	22 08 01	11 28 44	1 18 48	23 05 06	20 46 32	0 02 45	23 25 09
10 F	19 40 10	9 ♒ 20 15	16 00 00	12 05 38	18 27 07	26 11 15	16 56 20	22 22 33	11 43 42	1 26 29	23 11 16	20 51 35	0 04 53	23 25 29
11 Sa	20 38 31	22 46 29	29 37 23	13 38 25	19 40 31	26 52 20	17 16 32	22 37 03	11 58 22	1 33 56	23 17 07	20 56 21	0 06 42	23 25 33
12 Su	21 36 28	6 ♓ 34 17	13 ♓ 35 26	15 08 40	20 53 27	27 32 52	17 36 25	22 51 23	12 12 37	1 41 02	23 22 33	21 00 41	0 08 05	23 25 10
13 M	22 33 59	20 41 22	27 51 01	16 36 19	22 05 56	28 12 49	17 55 56	23 05 30	12 26 24	1 47 44	23 27 30	21 04 36	0 08 59	23 24 20
14 Tu	23 31 07	5 ♈ 03 53	12 ♈ 19 30	18 01 25	23 17 59	28 52 14	18 15 09	23 19 27	12 39 48	1 54 06	23 32 03	21 08 08	0 09 28	23 23 06
15 W	24 28 01	19 36 39	26 55 19	19 24 05	24 29 46	29 31 16	18 34 12	23 33 23	12 52 56	2 00 17	23 36 20	21 11 26	0 09 41	23 21 38
16 Th	25 24 50	4 ♉ 13 54	11 ♉ 32 35	20 44 27	25 41 26	0 ♑ 10 04	18 53 14	23 47 28	13 05 58	2 06 26	23 40 30	21 14 38	0 09 48	23 20 04
17 F	26 21 44	18 49 50	26 05 47	22 02 35	26 53 08	0 48 47	19 12 25	24 01 50	13 19 02	2 12 41	23 44 42	21 17 55	0 09 56	23 18 32
18 Sa	27 18 46	3 ♊ 19 16	10 ♊ 30 17	23 18 32	28 04 56	1 27 28	19 31 49	24 16 32	13 32 14	2 19 08	23 49 01	21 21 19	0 10 11	23 17 09
19 Su	28 15 57	17 38 08	24 42 40	24 32 15	29 16 50	2 06 09	19 51 25	24 31 36	13 45 33	2 25 46	23 53 27	21 24 52	0 10 33	23 15 54
20 M	29 13 13	1 ♋ 43 35	8 ♋ 40 43	25 43 37	0 ♉ 28 47	2 44 46	20 11 11	24 46 57	13 58 56	2 32 32	23 57 57	21 28 30	0 10 58	23 14 43
21 Tu	0 ♈ 10 30	15 33 60	22 23 21	26 52 27	1 40 42	3 23 12	20 31 01	25 02 30	14 12 17	2 39 20	24 02 24	21 32 08	0 11 22	23 13 32
22 W	1 07 42	29 08 43	5 ♌ 50 17	27 58 37	2 52 30	4 01 24	20 50 50	25 18 11	14 25 33	2 46 06	24 06 45	21 35 41	0 11 39	23 12 15
23 Th	2 04 49	12 ♌ 27 52	19 01 54	29 01 59	4 04 09	4 39 20	21 10 36	25 33 56	14 38 40	2 52 48	24 10 57	21 39 07	0 11 47	23 10 52
24 F	3 01 50	25 32 01	1 ♍ 58 53	0 ♉ 02 29	5 15 39	5 16 60	21 30 21	25 49 47	14 51 40	2 59 28	24 15 02	21 42 28	0 11 49	23 09 23
25 Sa	3 58 52	8 ♍ 22 05	14 42 14	1 00 05	6 27 07	5 54 29	21 50 09	26 05 49	15 04 38	3 06 09	24 19 05	21 45 47	0 11 48	23 07 52
26 Su	4 56 01	20 59 05	27 13 04	1 54 47	7 38 39	6 31 54	22 10 07	26 22 08	15 17 41	3 12 59	24 23 12	21 49 13	0 11 51	23 06 28
27 M	5 53 24	3 ♎ 24 16	9 ♎ 32 41	2 46 35	8 50 21	7 09 22	22 30 23	26 38 52	15 30 55	3 20 04	24 27 30	21 52 52	0 12 07	23 05 18
28 Tu	6 51 08	15 38 58	21 42 33	3 35 26	10 02 21	7 46 59	22 51 01	26 56 06	15 44 28	3 27 32	24 32 06	21 56 50	0 12 41	23 04 26
29 W	7 49 14	27 44 49	3 ♏ 44 28	4 21 14	11 14 40	8 24 46	23 12 05	27 13 52	15 58 20	3 35 23	24 37 02	22 01 09	0 13 34	23 03 56
30 Th	8 47 41	9 ♏ 43 41	15 40 34	5 03 47	12 27 16	9 02 40	23 33 31	27 32 08	16 12 30	3 43 36	24 42 14	22 05 47	0 14 45	23 03 45
31 F	9 46 22	21 37 51	27 33 21	5 42 47	13 40 01	9 40 36	23 55 13	27 50 46	16 26 50	3 52 03	24 47 37	22 10 37	0 16 06	23 03 46

LONGITUDE

August 2037

Day	☉	0 hr ☽	Noon ☽	☿	♀	♂	⚵	⚳	♃	♄	⚷	♅	♆	♇
1 Sa	10 ♈ 45 05	3 ♐ 30 04	9 ♐ 25 48	6 ♉ 17 55	14 ♉ 52 46	10 ♑ 18 21	24 ♉ 17 00	28 ♊ 09 36	16 ♓ 41 09	4 ♉ 00 34	24 ♒ 52 59	22 ♓ 15 28	0 ♑ 17 28	23 ♌ 03 49
2 Su	11 43 38	15 23 30	21 21 21	6 48 45	16 05 16	10 55 42	24 38 39	28 28 25	16 55 15	4 08 56	24 58 07	22 20 07	0 18 36	23 03 40
3 M	12 41 48	27 21 48	3 ♑ 23 53	7 14 55	17 17 19	11 32 26	24 59 57	28 46 59	17 08 55	4 16 55	25 02 49	22 24 21	0 19 18	23 03 06
4 Tu	13 39 27	9 ♑ 29 04	15 37 32	7 36 03	18 28 47	12 08 24	25 20 45	29 05 09	17 21 59	4 24 23	25 06 55	22 28 01	0 19 25	23 01 60
5 W	14 36 30	21 49 37	28 06 38	7 51 55	19 39 36	12 43 33	25 40 59	29 22 52	17 34 24	4 31 16	25 10 22	22 31 04	0 18 54	23 00 17
6 Th	15 33 04	4 ♒ 27 47	10 ♒ 55 22	8 02 26	20 49 51	13 17 56	26 00 45	29 40 13	17 46 16	4 37 39	25 13 15	22 33 35	0 17 50	22 58 02
7 F	16 29 21	17 27 36	24 07 16	8 07 37	21 59 45	13 51 47	26 20 16	29 57 26	17 57 46	4 43 46	25 15 47	22 35 47	0 16 26	22 55 29
8 Sa	17 25 40	0 ♓ 52 09	7 ♓ 44 45	8 07 41	23 09 37	14 25 25	26 39 51	0 ♋ 14 48	18 09 16	4 49 56	25 18 18	22 37 59	0 15 02	22 52 58
9 Su	18 22 25	14 43 01	21 48 24	8 02 50	24 19 50	14 59 12	26 59 53	0 32 43	18 21 06	4 56 31	25 21 11	22 40 34	0 13 59	22 50 50
10 M	19 19 55	28 59 39	6 ♈ 16 24	7 53 21	25 30 45	15 33 28	27 20 42	0 51 32	18 33 38	5 03 53	25 24 44	22 43 53	0 13 39	22 49 27
11 Tu	20 18 25	13 ♈ 38 48	21 04 13	7 39 25	26 42 35	16 08 26	27 42 31	1 11 26	18 47 05	5 12 13	25 29 13	22 48 08	0 14 16	22 49 01
12 W	21 17 54	28 34 30	6 ♉ 04 49	7 21 02	27 55 20	16 44 06	28 05 22	1 32 28	19 01 28	5 21 32	25 34 37	22 53 21	0 15 48	22 49 34
13 Th	22 18 11	13 ♉ 38 36	21 09 24	6 58 06	29 08 48	17 20 16	28 29 00	1 54 23	19 16 33	5 31 39	25 40 44	22 59 18	0 18 05	22 50 53
14 F	23 18 50	28 41 47	6 ♊ 08 42	6 30 23	0 ♊ 22 33	17 56 31	28 53 02	2 16 48	19 31 56	5 42 09	25 47 09	23 05 36	0 20 42	22 52 34
15 Sa	24 19 20	13 ♊ 35 06	20 54 28	5 57 39	1 36 06	18 32 18	29 16 57	2 39 11	19 47 06	5 52 29	25 53 22	23 11 42	0 23 06	22 54 04
16 Su	25 19 11	28 11 14	5 ♋ 20 33	5 19 46	2 48 54	19 07 09	29 40 14	3 01 02	20 01 32	6 02 11	25 58 51	23 17 07	0 24 50	22 54 55
17 M	26 18 03	12 ♋ 25 26	19 23 25	4 36 54	4 00 38	19 40 42	0 ♊ 02 33	3 21 60	20 14 54	6 10 52	26 03 16	23 21 30	0 25 30	22 54 46
18 Tu	27 15 48	26 15 40	3 ♌ 02 11	3 49 34	5 11 11	20 12 48	0 23 45	3 41 57	20 27 05	6 18 27	26 06 30	23 24 44	0 25 01	22 53 29
19 W	28 12 35	9 ♌ 42 16	16 18 02	2 58 39	6 20 41	20 43 38	0 44 01	4 01 02	20 38 13	6 25 03	26 08 43	23 26 58	0 23 32	22 51 13
20 Th	29 08 48	22 47 21	29 13 37	2 05 25	7 29 31	21 13 34	1 03 43	4 19 40	20 48 43	6 31 05	26 10 16	23 28 34	0 21 25	22 48 22
21 F	0 ♉ 04 59	5 ♍ 34 05	11 ♍ 52 16	1 11 21	8 38 14	21 43 08	1 23 24	4 38 21	20 59 05	6 37 05	26 11 43	23 30 06	0 19 13	22 45 28
22 Sa	1 01 44	18 05 58	24 17 34	0 18 04	9 47 26	22 12 55	1 43 39	4 57 41	21 09 56	6 43 37	26 13 40	23 32 10	0 17 33	22 43 07
23 Su	1 59 36	0 ♎ 26 26	6 ♎ 32 47	29 ♈ 27 10	10 57 38	22 43 29	2 05 02	5 18 14	21 21 48	6 51 16	26 16 38	23 35 17	0 16 56	22 41 52
24 M	2 58 58	12 38 30	18 40 47	28 40 08	12 09 15	23 15 11	2 27 55	5 40 22	21 35 05	7 00 23	26 21 01	23 39 51	0 17 46	22 42 06
25 Tu	4 00 00	24 44 37	0 ♏ 43 50	27 58 11	13 22 27	23 48 11	2 52 28	6 04 16	21 49 57	7 11 10	26 27 00	23 46 03	0 20 13	22 43 59
26 W	5 02 39	6 ♏ 46 39	12 43 44	27 22 15	14 37 09	24 22 26	3 18 38	6 29 50	22 06 20	7 23 32	26 34 31	23 53 47	0 24 14	22 47 28
27 Th	6 06 34	18 46 07	24 41 56	26 52 55	15 53 02	24 57 34	3 46 05	6 56 46	22 23 53	7 37 10	26 43 12	24 02 45	0 29 28	22 52 12
28 F	7 11 14	0 ♐ 44 14	6 ♐ 39 44	26 30 30	17 09 33	25 33 04	4 14 16	7 24 31	22 42 05	7 51 30	26 52 33	24 12 24	0 35 23	22 57 39
29 Sa	8 15 59	12 42 18	18 38 36	26 15 01	18 26 02	26 08 13	4 42 31	7 52 25	23 00 15	8 05 54	27 01 54	24 22 05	0 41 20	23 03 10
30 Su	9 20 07	24 41 55	0 ♑ 40 20	26 06 22	19 41 47	26 42 22	5 10 09	8 19 47	23 17 42	8 19 38	27 10 31	24 31 04	0 46 36	23 08 03
31 M	10 23 01	6 ♑ 45 15	12 47 21	26 04 23	20 56 13	27 14 51	5 36 33	8 45 58	23 33 48	8 32 08	27 17 50	24 38 47	0 50 35	23 11 40

Notes

September 2037

LONGITUDE

Day	☉	0 hr ☽	Noon ☽	☿	♀	♂	⚵	⚳	♃	♄	⚷	♅	♆	♇
1 Tu	11 ♉ 24 17	18 ♑ 55 11	25 ♑ 02 48	26 ♈ 08 58	22 ♊ 08 54	27 ♑ 45 16	6 ♊ 01 19	9 ♋ 10 36	23 ♓ 48 11	8 ♉ 42 57	27 ♒ 23 25	24 ♓ 44 47	0 ♑ 52 53	23 ♎ 13 39
2 W	12 23 49	1 ♒ 15 23	7 ♒ 30 33	26 20 14	23 19 44	28 13 30	6 24 19	9 33 33	24 00 42	8 52 01	27 27 10	24 48 60	0 53 23	23 13 51
3 Th	13 21 51	13 50 11	20 15 00	26 38 29	24 28 56	28 39 47	6 45 48	9 55 04	24 11 35	8 59 31	27 29 18	24 51 38	0 52 19	23 12 32
4 F	14 18 55	26 44 20	3 ♓ 20 47	27 04 14	25 37 05	29 04 38	7 06 20	10 15 40	24 21 25	9 06 02	27 30 24	24 53 14	0 50 14	23 10 14
5 Sa	15 15 50	10 ♓ 02 25	16 52 02	27 38 11	26 44 57	29 28 51	7 26 41	10 36 11	24 30 57	9 12 22	27 31 14	24 54 37	0 47 56	23 07 46
6 Su	16 13 29	23 48 03	0 ♈ 51 37	28 20 59	27 53 26	29 53 19	7 47 45	10 57 29	24 41 07	9 19 23	27 32 42	24 56 41	0 46 19	23 06 00
7 M	17 12 41	8 ♈ 02 60	15 19 59	29 13 10	29 03 20	0 ♒ 18 49	8 10 21	11 20 24	24 52 42	9 27 54	27 35 37	25 00 13	0 46 12	23 05 46
8 Tu	18 13 56	22 46 00	0 ♉ 14 21	0 ♉ 14 52	0 ♋ 15 11	0 45 53	8 35 01	11 45 25	25 06 14	9 38 27	27 40 30	25 05 45	0 48 05	23 07 34
9 W	19 17 21	7 ♉ 52 12	15 28 12	1 25 45	1 29 04	1 14 35	9 01 48	12 12 39	25 21 47	9 51 07	27 47 25	25 13 21	0 52 03	23 11 31
10 Th	20 22 31	23 13 03	0 ♊ 51 42	2 44 56	2 44 34	1 44 29	9 30 19	12 41 41	25 38 57	10 05 29	27 56 00	25 22 39	0 57 44	23 17 11
11 F	21 28 37	8 ♊ 37 21	16 13 08	4 11 06	4 00 52	2 14 47	9 59 45	13 11 42	25 56 55	10 20 44	28 05 24	25 32 47	1 04 16	23 23 46
12 Sa	22 34 35	23 53 08	1 ♋ 20 59	5 42 37	5 16 56	2 44 25	10 29 03	13 41 39	26 14 39	10 35 50	28 14 36	25 42 46	1 10 39	23 30 13
13 Su	23 39 28	8 ♋ 49 50	16 05 59	7 17 57	6 31 45	3 12 23	10 57 13	14 10 32	26 31 09	10 49 46	28 22 35	25 51 33	1 15 53	23 35 33
14 M	24 42 31	23 20 01	0 ♌ 22 23	8 55 49	7 44 37	3 37 58	11 23 34	14 37 40	26 45 42	11 01 51	28 28 40	25 58 28	1 19 14	23 39 04
15 Tu	25 43 30	7 ♌ 20 08	14 08 18	10 35 24	8 55 17	4 00 54	11 47 49	15 02 46	26 58 03	11 11 49	28 32 34	26 03 14	1 20 29	23 40 29
16 W	26 42 39	20 50 18	27 25 08	12 16 22	10 03 58	4 21 25	12 10 13	15 26 05	27 08 25	11 19 55	28 34 32	26 06 06	1 19 50	23 40 04
17 Th	27 40 37	3 ♍ 53 23	10 ♍ 16 38	13 58 52	11 11 19	4 40 09	12 31 25	15 48 15	27 17 29	11 26 47	28 35 14	26 07 43	1 17 58	23 38 27
18 F	28 38 21	16 34 04	22 47 51	15 43 20	12 18 17	4 58 02	12 52 21	16 10 14	27 26 11	11 33 21	28 35 35	26 09 02	1 15 49	23 36 35
19 Sa	29 36 51	28 57 41	5 ♎ 04 15	17 30 20	13 25 52	5 16 05	13 14 02	16 33 01	27 35 30	11 40 39	28 36 36	26 11 03	1 14 23	23 35 29
20 Su	0 ♊ 37 02	11 ♎ 09 36	17 11 01	19 20 23	14 34 59	5 35 11	13 37 23	16 57 33	27 46 23	11 49 36	28 39 13	26 14 41	1 14 36	23 36 04
21 M	1 39 36	23 14 30	29 12 35	21 13 47	15 46 18	5 55 60	14 03 05	17 24 28	27 59 28	12 00 51	28 44 05	26 20 36	1 17 08	23 38 60
22 Tu	2 44 50	5 ♏ 16 11	11 ♏ 12 26	23 10 31	17 00 07	6 18 50	14 31 25	17 54 06	28 15 06	12 14 43	28 51 32	26 29 08	1 22 18	23 44 35
23 W	3 52 39	17 17 22	23 12 57	25 10 13	18 16 22	6 43 34	15 02 19	18 26 20	28 33 10	12 31 07	29 01 28	26 40 09	1 29 60	23 52 45
24 Th	5 02 33	29 19 45	5 ♐ 15 36	27 12 08	19 34 31	7 09 43	15 35 16	19 00 42	28 53 09	12 49 32	29 13 22	26 53 12	1 39 43	24 02 59
25 F	6 13 43	11 ♐ 24 17	17 21 07	29 15 16	20 53 44	7 36 25	16 09 26	19 36 21	29 14 16	13 09 10	29 26 25	27 07 25	1 50 40	24 14 28
26 Sa	7 25 07	23 31 21	29 29 53	1 ♊ 18 22	22 13 01	8 02 39	16 43 49	20 12 16	29 35 26	13 28 57	29 39 36	27 21 48	2 01 48	24 26 10
27 Su	8 35 41	5 ♑ 41 18	11 ♑ 42 20	3 20 15	23 31 16	8 27 17	17 17 19	20 47 21	29 55 37	13 47 50	29 51 50	27 35 15	2 12 02	24 37 00
28 M	9 44 26	17 54 51	23 59 19	5 19 51	24 47 31	8 49 24	17 48 59	21 20 39	0 ♈ 13 50	14 04 52	0 ♓ 02 09	27 46 49	2 20 25	24 46 02
29 Tu	10 50 45	0 ♒ 13 23	6 ♒ 22 33	7 16 24	26 01 08	9 08 17	18 18 09	21 51 33	0 29 26	14 19 22	0 09 55	27 55 52	2 26 19	24 52 36
30 W	11 54 22	12 39 19	18 54 43	9 09 36	27 11 52	9 23 43	18 44 37	22 19 46	0 42 12	14 31 07	0 14 52	28 02 08	2 29 28	24 56 28

October 2037

LONGITUDE

Day	☉	0 hr ☽	Noon ☽	☿	♀	♂	⚵	⚳	♃	♄	⚷	♅	♆	♇
1 Th	12 ♊ 55 35	25 ♒ 16 07	1 ♓ 39 32	10 ♊ 59 39	28 ♋ 19 58	9 ♒ 35 56	19 ♊ 08 36	22 ♋ 45 35	0 ♈ 52 22	14 ♉ 40 22	0 ♓ 17 18	28 ♓ 05 54	2 ♑ 30 09	24 ♎ 57 53
2 F	13 55 05	8 ♓ 08 09	14 41 29	12 47 14	29 26 09	9 45 39	19 30 50	23 09 42	1 00 39	14 47 51	0 17 54	28 07 52	2 29 04	24 57 35
3 Sa	14 53 57	21 20 17	28 05 18	14 33 24	0 ♌ 31 29	9 53 54	19 52 25	23 33 13	1 08 08	14 54 37	0 17 46	28 09 08	2 27 19	24 56 38
4 Su	15 53 26	4 ♈ 57 06	11 ♈ 55 07	16 19 21	1 37 13	10 01 56	20 14 33	23 57 22	1 16 03	15 01 56	0 18 08	28 10 54	2 26 08	24 56 17
5 M	16 54 42	19 01 58	26 13 20	18 06 15	2 44 30	10 10 53	20 38 25	24 23 17	1 25 34	15 10 56	0 20 09	28 14 22	2 26 40	24 57 41
6 Tu	17 58 30	3 ♉ 35 44	10 ♉ 59 24	19 54 52	3 54 06	10 21 32	21 04 48	24 51 46	1 37 27	15 22 25	0 24 36	28 20 18	2 29 42	25 01 38
7 W	19 05 07	18 35 41	26 08 52	21 45 27	5 06 17	10 34 06	21 33 56	25 23 04	1 51 58	15 36 37	0 31 45	28 28 56	2 35 30	25 08 22
8 Th	20 14 07	3 ♊ 54 59	11 ♊ 33 15	23 37 35	6 20 36	10 48 11	22 05 24	25 56 46	2 08 41	15 53 07	0 41 10	28 39 53	2 43 38	25 17 28
9 F	21 24 31	19 23 08	27 00 56	25 30 17	7 36 04	11 02 46	22 38 13	26 31 53	2 26 36	16 10 57	0 51 52	28 52 08	2 53 07	25 27 57
10 Sa	22 34 59	4 ♋ 47 31	12 ♋ 19 14	27 22 16	8 51 22	11 16 31	23 11 04	27 07 05	2 44 25	16 28 46	1 02 32	29 04 22	3 02 38	25 38 30
11 Su	23 44 13	19 55 56	27 16 49	29 12 13	10 05 10	11 28 08	23 42 39	27 41 03	3 00 49	16 45 16	1 11 51	29 15 17	3 10 53	25 47 48
12 M	24 51 15	4 ♌ 38 42	11 ♌ 45 43	0 ♋ 59 11	11 16 30	11 36 39	24 11 58	28 12 50	3 14 49	16 59 29	1 18 52	29 23 55	3 16 53	25 54 54
13 Tu	25 55 38	18 50 12	25 42 08	2 42 45	12 24 54	11 41 36	24 38 35	28 41 58	3 25 60	17 10 59	1 23 07	29 29 49	3 20 12	25 59 20
14 W	26 57 33	2 ♍ 29 05	9 ♍ 06 21	4 23 06	13 30 34	11 43 11	25 02 43	29 08 40	3 34 31	17 19 56	1 24 49	29 33 11	3 21 02	26 01 19
15 Th	27 57 45	15 37 34	22 01 46	6 00 60	14 34 13	11 42 07	25 25 03	29 33 39	3 41 08	17 27 05	1 24 40	29 34 44	3 20 06	26 01 34
16 F	28 57 17	28 20 19	4 ♎ 33 44	7 37 32	15 36 53	11 39 28	25 46 42	29 57 58	3 46 54	17 33 29	1 23 46	29 35 32	3 18 29	26 01 08
17 Sa	29 57 22	10 ♎ 43 19	16 48 33	9 13 55	16 39 48	11 36 28	26 08 50	0 ♌ 22 51	3 53 02	17 40 22	1 23 19	29 36 49	3 17 23	26 01 16
18 Su	0 ♋ 59 08	22 52 52	28 52 29	10 51 17	17 44 03	11 34 12	26 32 36	0 49 25	4 00 38	17 48 49	1 24 25	29 39 41	3 17 55	26 03 04
19 M	2 03 23	4 ♏ 54 52	10 ♏ 51 12	12 30 30	18 50 29	11 33 32	26 58 49	1 18 29	4 10 32	17 59 41	1 27 56	29 44 57	3 20 55	26 07 21
20 Tu	3 10 34	16 54 16	22 49 22	14 11 60	19 59 28	11 34 51	27 27 53	1 50 28	4 23 10	18 13 24	1 34 16	29 53 04	3 26 48	26 14 33
21 W	4 20 37	28 54 53	4 ♐ 50 21	15 55 43	21 10 58	11 38 08	27 59 47	2 25 19	4 38 28	18 29 53	1 43 21	0 ♈ 03 58	3 35 32	26 24 37
22 Th	5 33 00	10 ♐ 59 14	16 56 19	17 41 10	22 24 27	11 42 52	28 33 58	3 02 32	4 55 55	18 48 37	1 54 41	0 17 08	3 46 35	26 37 01
23 F	6 46 50	23 08 41	29 08 16	19 27 27	23 38 59	11 48 07	29 09 32	3 41 10	5 14 36	19 08 43	2 07 21	0 31 39	3 59 02	26 50 52
24 Sa	8 00 58	5 ♑ 23 42	11 ♑ 26 21	21 13 26	24 53 25	11 52 47	29 45 21	4 20 07	5 33 23	19 29 00	2 20 13	0 46 23	4 11 46	27 04 60
25 Su	9 14 12	17 44 10	23 50 20	22 57 55	26 06 32	11 55 40	0 ♋ 20 13	4 58 09	5 51 03	19 48 19	2 32 05	1 00 08	4 23 34	27 18 14
26 M	10 25 29	0 ♒ 09 53	6 ♒ 20 00	24 39 51	27 17 17	11 55 43	0 53 03	5 34 14	6 06 34	20 05 34	2 41 54	1 11 50	4 33 22	27 29 30
27 Tu	11 34 04	12 41 02	18 55 40	26 18 30	28 24 53	11 52 12	1 23 08	6 07 37	6 19 10	20 20 01	2 48 54	1 20 45	4 40 27	27 38 03
28 W	12 39 40	25 18 34	1 ♓ 38 31	27 53 35	29 29 04	11 44 52	1 50 10	6 37 60	6 28 34	20 31 23	2 52 49	1 26 35	4 44 31	27 43 37
29 Th	13 42 30	8 ♓ 04 26	14 30 45	29 25 18	0 ♍ 30 00	11 33 56	2 14 23	7 05 37	6 34 59	20 39 53	2 53 52	1 29 35	4 45 48	27 46 25
30 F	14 43 18	21 01 36	27 35 36	0 ♌ 54 22	1 28 25	11 20 08	2 36 29	7 31 11	6 39 09	20 46 15	2 52 47	1 30 27	4 45 00	27 47 10
31 Sa	15 43 09	4 ♈ 13 50	10 ♈ 56 53	2 21 53	2 25 23	11 04 37	2 57 34	7 55 47	6 42 09	20 51 33	2 50 38	1 30 16	4 43 14	27 46 58

Notes

LONGITUDE — November 2037

Day	☉	0 hr ☽	Noon ☽	☿	♀	♂	⚵	⚳	♃	♄	⚷	♅	♆	♇
1 Su	16♋43 18	17♈45 05	24♈38 22	3♌49 04	3♍22 09	10♒48 38	3♋18 54	8♌20 41	6♈45 14	20♉57 04	2♓48 42	1♈30 18	4♑41 44	27♌47 03
2 M	17 44 58	1♉38 42	8♉42 52	5 17 06	4 19 53	10 33 25	3 41 40	8 47 05	6 49 36	21 03 58	2 48 10	1 31 46	4 41 43	27 48 38
3 Tu	18 48 60	15 56 22	23 11 04	6 46 50	5 19 26	10 19 52	4 06 44	9 15 50	6 56 06	21 13 08	2 49 54	1 35 29	4 44 02	27 52 34
4 W	19 55 42	0♊37 05	8♊00 38	8 18 31	6 21 05	10 08 19	4 34 24	9 47 15	7 05 04	21 24 52	2 54 13	1 41 48	4 49 00	27 59 11
5 Th	21 04 46	15 36 27	23 05 44	9 51 47	7 24 30	9 58 30	5 04 21	10 21 00	7 16 09	21 38 50	3 00 47	1 50 23	4 56 19	28 08 09
6 F	22 15 18	0♋46 40	8♋17 20	11 25 44	8 28 47	9 49 35	5 35 42	10 56 13	7 28 29	21 54 11	3 08 44	2 00 22	5 05 04	28 18 34
7 Sa	23 26 05	15 57 24	23 24 33	12 59 04	9 32 41	9 40 21	6 07 14	11 31 40	7 40 51	22 09 39	3 16 50	2 10 29	5 14 02	28 29 14
8 Su	24 35 50	0♌57 39	8♌16 40	14 30 25	10 34 53	9 29 35	6 37 40	12 06 05	7 51 57	22 23 60	3 23 49	2 19 31	5 21 58	28 38 53
9 M	25 43 33	15 37 41	22 45 05	15 58 44	11 34 23	9 16 22	7 05 60	12 38 27	8 00 48	22 36 12	3 28 41	2 26 25	5 27 52	28 46 29
10 Tu	26 48 44	29 50 43	6♍44 31	17 23 22	12 30 38	9 00 12	7 31 43	13 08 17	8 06 53	22 45 45	3 30 56	2 30 42	5 31 12	28 51 33
11 W	27 51 25	13♍33 38	20 13 26	18 44 17	13 23 38	8 41 12	7 54 52	13 35 36	8 10 15	22 52 42	3 30 36	2 32 25	5 32 01	28 54 08
12 Th	28 52 10	26 46 54	3♎13 35	20 01 53	14 13 56	8 19 58	8 16 01	14 00 57	8 11 28	22 57 36	3 28 15	2 32 07	5 30 54	28 54 46
13 F	29 51 53	9♎33 42	15 49 07	21 16 56	15 02 24	7 57 28	8 36 04	14 25 17	8 11 25	23 01 22	3 24 48	2 30 43	5 28 44	28 54 23
14 Sa	0♌51 39	21 59 07	28 05 37	22 30 18	15 50 04	7 34 49	8 56 04	14 49 37	8 11 12	23 05 04	3 21 18	2 29 16	5 26 37	28 54 02
15 Su	1 52 27	4♏09 03	10♏09 16	23 42 49	16 37 55	7 13 06	9 17 04	15 15 01	8 11 48	23 09 43	3 18 48	2 28 48	5 25 32	28 54 45
16 M	2 55 07	16 09 33	22 06 05	24 55 01	17 26 42	6 53 09	9 39 50	15 42 15	8 14 03	23 16 06	3 18 04	2 30 07	5 26 18	28 57 19
17 Tu	4 00 05	28 06 13	4♐01 29	26 07 06	18 16 52	6 35 28	10 04 50	16 11 46	8 18 22	23 24 40	3 19 34	2 33 40	5 29 22	29 02 12
18 W	5 07 24	10♐03 47	15 59 55	27 18 47	19 08 22	6 20 10	10 32 07	16 43 37	8 24 49	23 35 29	3 23 21	2 39 29	5 34 46	29 09 25
19 Th	6 16 41	22 05 56	28 04 40	28 29 19	20 00 49	6 06 54	11 01 16	17 17 25	8 33 00	23 48 09	3 29 01	2 47 12	5 42 08	29 18 37
20 F	7 27 13	4♑15 14	10♑17 53	29 37 37	20 53 28	5 55 01	11 31 37	17 52 28	8 42 15	24 01 58	3 35 54	2 56 06	5 50 46	29 29 05
21 Sa	8 38 07	16 33 11	22 40 37	0♍42 16	21 45 22	5 43 39	12 02 15	18 27 51	8 51 36	24 16 01	3 43 04	3 05 17	5 59 45	29 39 55
22 Su	9 48 23	29 00 20	5♒13 04	1 41 46	22 35 28	5 31 52	12 32 09	19 02 35	9 00 07	24 29 20	3 49 32	3 13 47	6 08 05	29 50 07
23 M	10 57 09	11♒36 41	17 54 54	2 34 42	23 22 52	5 18 52	13 00 29	19 35 49	9 06 55	24 41 02	3 54 27	3 20 41	6 14 56	29 58 49
24 Tu	12 03 48	24 21 55	0♓45 40	3 19 45	24 06 53	5 04 02	13 26 37	20 06 54	9 11 22	24 50 29	3 57 10	3 25 25	6 19 39	0♏05 24
25 W	13 08 05	7♓15 49	13 45 07	3 56 00	24 47 15	4 47 11	13 50 17	20 35 35	9 13 14	24 57 27	3 57 28	3 27 42	6 22 00	0 09 37
26 Th	14 10 08	20 18 36	26 53 33	4 22 49	25 24 01	4 28 30	14 11 38	21 02 01	9 12 38	25 02 04	3 55 28	3 27 41	6 22 07	0 11 36
27 F	15 10 28	3♈31 04	10♈11 55	4 39 55	25 57 40	4 08 32	14 31 12	21 26 43	9 10 07	25 04 51	3 51 43	3 25 53	6 20 32	0 11 53
28 Sa	16 09 55	16 54 35	23 41 43	4 47 20	26 28 59	3 48 08	14 49 47	21 50 31	9 06 29	25 06 37	3 47 00	3 23 07	6 18 02	0 11 16
29 Su	17 09 25	0♉30 53	7♉24 40	4 45 14	26 58 50	3 28 18	15 08 19	22 14 20	9 02 41	25 08 19	3 42 17	3 20 21	6 15 36	0 10 43
30 M	18 09 52	14 21 31	21 22 06	4 33 48	27 28 03	3 09 56	15 27 43	22 39 04	8 59 37	25 10 50	3 38 28	3 18 26	6 14 06	0 11 06

LONGITUDE — December 2037

Day	☉	0 hr ☽	Noon ☽	☿	♀	♂	⚵	⚳	♃	♄	⚷	♅	♆	♇
1 Tu	19♌11 54	28♉27 14	5♊34 18	4♍13 10	27♍57 13	2♒53 44	15♋48 36	23♌05 21	8♈57 54	25♉14 49	3♓36 10	3♈18 03	6♑14 12	0♏13 04
2 W	20 15 47	12♊47 20	19 59 52	3 43 15	28 26 33	2 39 59	16 11 14	23 33 28	8 57 49	25 20 31	3 35 41	3 19 27	6 16 08	0 16 53
3 Th	21 21 20	27 19 11	4♋35 18	3 03 56	28 55 48	2 28 32	16 35 27	24 03 14	8 59 12	25 27 45	3 36 48	3 22 27	6 19 45	0 22 22
4 F	22 27 59	11♋57 60	19 14 60	2 15 05	29 24 21	2 18 51	17 00 39	24 34 04	9 01 28	25 35 58	3 38 59	3 26 28	6 24 28	0 28 58
5 Sa	23 34 56	26 37 17	3♌51 57	1 16 52	29 51 18	2 10 09	17 26 04	25 05 10	9 03 48	25 44 21	3 41 25	3 30 44	6 29 28	0 35 51
6 Su	24 41 18	11♌09 40	18 18 43	0 09 57	0♎15 45	2 01 36	17 50 49	25 35 41	9 05 23	25 52 03	3 43 15	3 34 22	6 33 56	0 42 11
7 M	25 46 26	25 28 02	2♍28 36	28♌55 41	0 36 57	1 52 38	18 14 13	26 04 55	9 05 31	25 58 22	3 43 48	3 36 42	6 37 09	0 47 16
8 Tu	26 49 55	9♍26 39	16 16 44	27 36 07	0 54 26	1 42 36	18 35 52	26 32 28	9 03 48	26 02 55	3 42 40	3 37 20	6 38 44	0 50 43
9 W	27 51 42	23 01 59	29 40 37	26 13 59	1 08 04	1 31 44	18 55 43	26 58 19	9 00 12	26 05 39	3 39 49	3 36 13	6 38 37	0 52 29
10 Th	28 52 04	6♎12 54	12♎40 11	24 52 22	1 18 06	1 20 14	19 14 04	27 22 43	8 54 59	26 06 51	3 35 31	3 33 38	6 37 07	0 52 50
11 F	29 51 32	19 00 35	25 17 30	23 34 27	1 24 56	1 08 39	19 31 24	27 46 11	8 48 40	26 07 01	3 30 18	3 30 05	6 34 43	0 52 17
12 Sa	0♍50 42	1♏28 01	7♏36 15	22 23 12	1 29 11	0 57 35	19 48 21	28 09 21	8 41 54	26 06 47	3 24 46	3 26 13	6 32 04	0 51 28
13 Su	1 50 13	13 39 27	19 41 09	21 21 03	1 31 24	0 47 40	20 05 33	28 32 49	8 35 18	26 06 46	3 19 34	3 22 38	6 29 46	0 51 00
14 M	2 50 34	25 39 48	1♐37 22	20 29 51	1 32 02	0 39 26	20 23 29	28 57 07	8 29 22	26 07 28	3 15 11	3 19 52	6 28 19	0 51 24
15 Tu	3 52 05	7♐34 16	13 30 09	19 50 39	1 31 22	0 33 10	20 42 28	29 22 33	8 24 25	26 09 13	3 11 58	3 18 12	6 28 04	0 52 57
16 W	4 54 49	19 27 50	25 24 28	19 23 49	1 29 26	0 28 58	21 02 34	29 49 10	8 20 32	26 12 05	3 09 57	3 17 44	6 29 03	0 55 45
17 Th	5 58 38	1♑25 06	7♑24 41	19 09 06	1 26 03	0 26 39	21 23 40	0♍16 51	8 17 34	26 15 54	3 09 01	3 18 18	6 31 09	0 59 39
18 F	7 03 11	13 30 00	19 34 28	19 05 44	1 20 54	0 25 54	21 45 23	0 45 15	8 15 11	26 20 20	3 08 49	3 19 34	6 33 60	1 04 18
19 Sa	8 08 01	25 45 43	1♒56 32	19 12 40	1 13 30	0 26 15	22 07 16	1 13 54	8 12 56	26 24 56	3 08 54	3 21 05	6 37 10	1 09 14
20 Su	9 12 39	8♒14 31	14 32 43	19 28 40	1 03 24	0 27 12	22 28 51	1 42 19	8 10 19	26 29 13	3 08 47	3 22 22	6 40 09	1 13 60
21 M	10 16 39	20 57 46	27 23 51	19 52 32	0 50 12	0 28 20	22 49 42	2 10 05	8 06 57	26 32 46	3 08 02	3 22 59	6 42 31	1 18 08
22 Tu	11 19 43	3♓55 55	10♓29 53	20 23 08	0 33 39	0 29 19	23 09 30	2 36 54	8 02 30	26 35 15	3 06 21	3 22 39	6 43 60	1 21 21
23 W	12 21 45	17 08 35	23 49 58	20 59 36	0 13 43	0 30 03	23 28 09	3 02 38	7 56 53	26 36 35	3 03 39	3 21 14	6 44 28	1 23 33
24 Th	13 22 49	0♈34 44	7♈22 44	21 41 15	29♍50 32	0 30 35	23 45 43	3 27 22	7 50 09	26 36 50	2 59 58	3 18 49	6 43 59	1 24 47
25 F	14 23 09	14 12 54	21 06 30	22 27 39	29 24 29	0 31 09	24 02 26	3 51 21	7 42 34	26 36 13	2 55 34	3 15 38	6 42 47	1 25 18
26 Sa	15 23 06	28 01 20	4♉59 27	23 18 31	28 56 02	0 32 05	24 18 38	4 14 55	7 34 29	26 35 07	2 50 48	3 12 03	6 41 14	1 25 26
27 Su	16 23 02	11♉58 16	18 59 50	24 13 40	28 25 42	0 33 46	24 34 43	4 38 26	7 26 16	26 33 53	2 46 02	3 08 26	6 39 42	1 25 35
28 M	17 23 18	26 01 53	3♊05 52	25 12 55	27 53 59	0 36 29	24 50 60	5 02 14	7 18 15	26 32 51	2 41 36	3 05 06	6 38 31	1 26 04
29 Tu	18 24 06	10♊10 21	17 15 45	26 16 03	27 21 18	0 40 27	25 07 40	5 26 32	7 10 40	26 32 13	2 37 43	3 02 16	6 37 53	1 27 04
30 W	19 25 28	24 21 43	1♋27 29	27 22 44	26 47 53	0 45 43	25 24 48	5 51 23	7 03 33	26 32 03	2 34 25	2 59 59	6 37 51	1 28 41
31 Th	20 27 20	8♋33 43	15 38 43	28 32 30	26 13 52	0 52 10	25 42 17	6 16 41	6 56 49	26 32 15	2 31 38	2 58 11	6 38 20	1 30 46

Notes

January 2038 — LONGITUDE

Day	☉	0 hr ☽	Noon ☽	☿	♀	♂	⚵	⚳	♃	♄	⚷	♅	♆	♇
1 F	21 ♍ 29 28	22 ♋ 43 48	29 ♋ 46 42	29 ♌ 44 52	25 ♍ 39 17	0 ♒ 59 35	25 ♋ 59 55	6 ♍ 42 13	6 ♈ 50 16	26 ♉ 32 37	2 ♓ 29 08	2 ♈ 56 37	6 ♑ 39 08	1 ♏ 33 10
2 Sa	22 31 39	6 ♌ 49 01	13 ♌ 48 23	0 ♍ 59 21	25 04 08	1 07 44	26 17 28	7 07 46	6 43 41	26 32 55	2 26 43	2 55 06	6 39 60	1 35 37
3 Su	23 33 41	20 46 16	27 40 37	2 15 30	24 28 28	1 16 24	26 34 43	7 33 07	6 36 52	26 32 56	2 24 10	2 53 24	6 40 44	1 37 54
4 M	24 35 25	4 ♍ 32 29	11 ♍ 20 25	3 32 60	23 52 24	1 25 26	26 51 33	7 58 09	6 29 41	26 32 33	2 21 22	2 51 23	6 41 13	1 39 56
5 Tu	25 36 50	18 04 57	24 45 20	4 51 39	23 16 09	1 34 48	27 07 55	8 22 49	6 22 07	26 31 44	2 18 16	2 49 03	6 41 25	1 41 39
6 W	26 37 59	1 ♎ 21 38	7 ♎ 53 45	6 11 22	22 40 02	1 44 33	27 23 53	8 47 12	6 14 15	26 30 34	2 14 57	2 46 27	6 41 23	1 43 07
7 Th	27 38 60	14 21 26	20 45 03	7 32 08	22 04 25	1 54 48	27 39 34	9 11 24	6 06 10	26 29 08	2 11 32	2 43 42	6 41 15	1 44 28
8 F	28 39 59	27 04 20	3 ♏ 19 47	8 53 58	21 29 40	2 05 38	27 55 05	9 35 32	5 58 02	26 27 34	2 08 08	2 40 55	6 41 07	1 45 48
9 Sa	29 41 02	9 ♏ 31 21	15 39 31	10 16 54	20 56 06	2 17 10	28 10 33	9 59 43	5 49 56	26 25 59	2 04 52	2 38 13	6 41 07	1 47 14
10 Su	0 ♎ 42 13	21 44 34	27 46 51	11 40 51	20 23 58	2 29 24	28 25 59	10 23 59	5 41 57	26 24 25	2 01 45	2 35 38	6 41 16	1 48 48
11 M	1 43 30	3 ♐ 46 57	9 ♐ 45 07	13 05 46	19 53 28	2 42 19	28 41 23	10 48 19	5 34 02	26 22 51	1 58 48	2 33 09	6 41 34	1 50 30
12 Tu	2 44 48	15 42 10	21 38 20	14 31 31	19 24 42	2 55 51	28 56 39	11 12 38	5 26 08	26 21 13	1 55 55	2 30 42	6 41 55	1 52 14
13 W	3 46 00	27 34 24	3 ♑ 30 51	15 57 56	18 57 43	3 09 50	29 11 41	11 36 50	5 18 08	26 19 24	1 53 01	2 28 11	6 42 14	1 53 54
14 Th	4 47 01	9 ♑ 28 13	15 27 19	17 24 51	18 32 32	3 24 10	29 26 23	12 00 47	5 09 56	26 17 18	1 49 58	2 25 28	6 42 24	1 55 24
15 F	5 47 45	21 28 16	27 32 21	18 52 12	18 09 15	3 38 46	29 40 39	12 24 27	5 01 29	26 14 49	1 46 42	2 22 29	6 42 20	1 56 38
16 Sa	6 48 13	3 ♒ 39 09	9 ♒ 50 23	20 19 57	17 47 56	3 53 37	29 54 30	12 47 48	4 52 47	26 11 60	1 43 14	2 19 16	6 42 03	1 57 38
17 Su	7 48 30	16 05 06	22 25 17	21 48 08	17 28 46	4 08 47	0 ♌ 08 01	13 10 55	4 43 55	26 08 54	1 39 39	2 15 52	6 41 37	1 58 28
18 M	8 48 45	28 49 38	5 ♓ 20 03	23 16 56	17 11 59	4 24 26	0 21 21	13 33 60	4 35 04	26 05 41	1 36 07	2 12 28	6 41 13	1 59 18
19 Tu	9 49 13	11 ♓ 55 13	18 36 25	24 46 33	16 57 51	4 40 45	0 34 43	13 57 13	4 26 26	26 02 35	1 32 50	2 09 17	6 41 04	2 00 20
20 W	10 50 05	25 22 47	2 ♈ 14 31	26 17 10	16 46 37	4 57 57	0 48 21	14 20 49	4 18 16	25 59 49	1 30 02	2 06 31	6 41 21	2 01 49
21 Th	11 51 31	9 ♈ 11 34	16 12 41	27 48 59	16 38 30	5 16 12	1 02 23	14 44 58	4 10 43	25 57 33	1 27 54	2 04 22	6 42 17	2 03 54
22 F	12 53 37	23 18 52	0 ♉ 27 24	29 22 03	16 33 31	5 35 32	1 16 55	15 09 42	4 03 52	25 55 51	1 26 28	2 02 53	6 43 54	2 06 39
23 Sa	13 56 16	7 ♉ 40 18	14 53 38	0 ♎ 56 17	16 31 36	5 55 51	1 31 49	15 34 58	3 57 38	25 54 37	1 25 39	2 01 58	6 46 06	2 09 58
24 Su	14 59 13	22 10 15	29 25 30	2 31 26	16 32 30	6 16 55	1 46 52	16 00 29	3 51 46	25 53 37	1 25 14	2 01 24	6 48 40	2 13 37
25 M	16 02 09	6 ♊ 42 36	13 ♊ 57 00	4 07 10	16 35 49	6 38 21	2 01 42	16 25 56	3 45 56	25 52 31	1 24 51	2 00 49	6 51 15	2 17 15
26 Tu	17 04 39	21 11 35	28 22 48	5 43 06	16 41 09	6 59 47	2 15 57	16 50 55	3 39 46	25 50 54	1 24 07	1 59 50	6 53 27	2 20 29
27 W	18 06 26	5 ♋ 32 31	12 ♋ 38 48	7 18 57	16 48 07	7 20 52	2 29 17	17 15 08	3 32 57	25 48 30	1 22 44	1 58 09	6 54 58	2 23 01
28 Th	19 07 20	19 42 07	26 42 24	8 54 34	16 56 31	7 41 28	2 41 33	17 38 24	3 25 20	25 45 08	1 20 33	1 55 37	6 55 39	2 24 40
29 F	20 07 25	3 ♌ 38 37	10 ♌ 32 26	10 30 00	17 06 22	8 01 38	2 52 48	18 00 49	3 16 59	25 40 53	1 17 37	1 52 17	6 55 33	2 25 31
30 Sa	21 06 57	17 21 31	24 08 45	12 05 34	17 17 52	8 21 36	3 03 19	18 22 37	3 08 10	25 35 60	1 14 12	1 48 26	6 54 56	2 25 49
31 Su	22 06 21	0 ♍ 51 11	7 ♍ 31 56	13 41 42	17 31 23	8 41 50	3 13 31	18 44 15	2 59 21	25 30 56	1 10 45	1 44 30	6 54 16	2 26 02

February 2038 — LONGITUDE

Day	☉	0 hr ☽	Noon ☽	☿	♀	♂	⚵	⚳	♃	♄	⚷	♅	♆	♇
1 M	23 ♎ 06 09	14 ♍ 08 22	20 ♍ 42 48	15 ♎ 18 56	17 ♍ 47 22	9 ♒ 02 48	3 ♌ 23 55	19 ♍ 06 14	2 ♈ 51 02	25 ♉ 26 12	1 ♓ 07 47	1 ♈ 40 59	6 ♑ 54 01	2 ♏ 26 39
2 Tu	24 06 50	27 13 54	3 ♎ 45 10	16 57 45	18 06 13	9 25 01	3 34 60	19 29 02	2 43 43	25 22 17	1 05 46	1 38 24	6 54 42	2 28 11
3 W	25 08 45	10 ♎ 08 25	16 30 38	18 38 33	18 28 16	9 48 49	3 47 07	19 53 02	2 37 45	25 19 33	1 05 06	1 37 05	6 56 40	2 30 57
4 Th	26 12 04	22 52 19	29 08 39	20 21 30	18 53 34	10 14 22	4 00 26	20 18 23	2 33 20	25 18 10	1 05 55	1 37 13	7 00 06	2 35 10
5 F	27 16 44	5 ♏ 25 54	11 ♏ 36 34	22 06 33	19 22 02	10 41 34	4 14 54	20 45 00	2 30 22	25 18 04	1 08 09	1 38 44	7 04 55	2 40 43
6 Sa	28 22 25	17 49 26	23 54 55	23 53 24	19 53 15	11 10 09	4 30 11	21 12 37	2 28 36	25 18 58	1 11 31	1 41 19	7 10 48	2 47 20
7 Su	29 28 39	0 ♐ 03 30	6 ♐ 04 34	25 41 35	20 26 43	11 39 35	4 45 48	21 40 43	2 27 31	25 20 21	1 15 31	1 44 30	7 17 18	2 54 31
8 M	0 ♏ 34 50	12 09 11	18 06 54	27 30 31	21 01 43	12 09 16	5 01 10	22 08 43	2 26 31	25 21 39	1 19 34	1 47 41	7 23 47	3 01 40
9 Tu	1 40 20	24 08 14	0 ♑ 04 06	29 19 36	21 37 38	12 38 36	5 15 38	22 35 59	2 25 02	25 22 15	1 23 03	1 50 15	7 29 39	3 08 10
10 W	2 44 39	6 ♑ 03 17	11 59 06	1 ♏ 08 18	22 13 51	13 07 03	5 28 43	23 02 01	2 22 31	25 21 37	1 25 27	1 51 41	7 34 24	3 13 31
11 Th	3 47 28	17 57 48	23 55 43	2 56 18	22 50 00	13 34 18	5 40 05	23 26 29	2 18 39	25 19 28	1 26 26	1 51 40	7 37 42	3 17 23
12 F	4 48 43	29 56 07	5 ♒ 58 29	4 43 34	23 26 00	14 00 16	5 49 39	23 49 21	2 13 25	25 15 43	1 25 58	1 50 10	7 39 29	3 19 43
13 Sa	5 48 39	12 ♒ 03 15	18 12 30	6 30 19	24 02 00	14 25 11	5 57 42	24 10 50	2 07 02	25 10 38	1 24 16	1 47 23	7 39 60	3 20 44
14 Su	6 47 45	24 24 35	0 ♓ 43 07	8 17 02	24 38 29	14 49 33	6 04 41	24 31 26	2 00 00	25 04 42	1 21 52	1 43 51	7 39 45	3 20 59
15 M	7 46 44	7 ♓ 05 29	13 35 24	10 04 23	25 16 06	15 14 05	6 11 21	24 51 52	1 53 03	24 58 39	1 19 28	1 40 16	7 39 27	3 21 07
16 Tu	8 46 23	20 10 40	26 53 27	11 53 08	25 55 33	15 39 32	6 18 26	25 12 54	1 46 56	24 53 14	1 17 49	1 37 24	7 39 52	3 21 57
17 W	9 47 24	3 ♈ 43 24	10 ♈ 39 38	13 43 55	26 37 32	16 06 36	6 26 39	25 35 15	1 42 23	24 49 10	1 17 38	1 35 58	7 41 41	3 24 10
18 Th	10 50 14	17 44 44	24 53 45	15 37 09	27 22 26	16 35 44	6 36 28	25 59 21	1 39 51	24 46 55	1 19 23	1 36 25	7 45 24	3 28 15
19 F	11 55 01	2 ♉ 12 44	9 ♉ 32 27	17 32 52	28 10 22	17 07 03	6 47 59	26 25 20	1 39 27	24 46 36	1 23 11	1 38 53	7 51 07	3 34 17
20 Sa	13 01 25	17 02 13	24 29 10	19 30 39	29 00 57	17 40 14	7 00 54	26 52 53	1 40 53	24 47 55	1 28 43	1 43 02	7 58 30	3 41 58
21 Su	14 08 46	2 ♊ 05 01	9 ♊ 34 49	21 29 41	29 53 27	18 14 35	7 14 30	27 21 19	1 43 27	24 50 10	1 35 18	1 48 12	8 06 53	3 50 37
22 M	15 16 07	17 11 13	24 39 14	23 28 55	0 ♎ 46 55	18 49 09	7 27 51	27 49 40	1 46 13	24 52 24	1 41 59	1 53 25	8 15 19	3 59 17
23 Tu	16 22 31	2 ♋ 10 45	9 ♋ 32 53	25 27 10	1 40 20	19 22 60	7 40 00	28 17 00	1 48 13	24 53 42	1 47 48	1 57 46	8 22 50	4 07 01
24 W	17 27 13	16 55 12	24 08 29	27 23 32	2 32 56	19 55 21	7 50 12	28 42 35	1 48 45	24 53 18	1 52 03	2 00 28	8 28 43	4 13 05
25 Th	18 29 54	1 ♌ 18 58	8 ♌ 21 45	29 17 25	3 24 22	20 25 54	7 58 07	29 06 03	1 47 27	24 50 53	1 54 22	2 01 14	8 32 38	4 17 08
26 F	19 30 42	15 19 35	22 11 31	1 ♐ 08 42	4 14 43	20 54 46	8 03 53	29 27 34	1 44 29	24 46 35	1 54 55	2 00 11	8 34 43	4 19 20
27 Sa	20 30 13	28 57 26	5 ♍ 39 06	2 57 38	5 04 35	21 22 34	8 08 07	29 47 44	1 40 27	24 41 02	1 54 18	1 57 55	8 35 34	4 20 16
28 Su	21 29 23	12 ♍ 14 54	18 47 26	4 44 45	5 54 49	21 50 12	8 11 41	0 ♎ 07 27	1 36 16	24 35 07	1 53 24	1 55 20	8 36 05	4 20 50

Notes

LONGITUDE

March 2038

Day	☉	0 hr ☽	Noon ☽	☿	♀	♂	⚵	⚳	♃	♄	⚷	♅	♆	♇
1 M	22 ♏ 29 10	25 ♍ 15 25	1 ♎ 40 09	6 ♐ 30 42	6 ♎ 46 25	22 ♒ 18 40	8 ♌ 15 39	0 ♎ 27 44	1 ♈ 32 55	24 ♉ 29 51	1 ♓ 53 15	1 ♈ 53 29	8 ♑ 37 18	4 ♏ 22 05
2 Tu	23 30 33	8 ♎ 02 38	14 20 53	8 15 56	7 40 17	22 48 55	8 20 54	0 49 31	1 31 23	24 26 12	1 54 48	1 53 17	8 40 10	4 24 55
3 W	24 34 13	20 39 46	26 52 40	10 00 40	8 37 06	23 21 38	8 28 10	1 13 29	1 32 21	24 24 51	1 58 44	1 55 27	8 45 20	4 30 04
4 Th	25 40 28	3 ♏ 09 17	9 ♏ 17 42	11 44 43	9 37 08	23 57 08	8 37 44	1 39 59	1 36 07	24 26 07	2 05 22	2 00 16	8 53 10	4 37 49
5 F	26 49 12	15 32 43	21 37 20	13 27 24	10 40 17	24 35 19	8 49 31	2 08 52	1 42 36	24 29 55	2 14 35	2 07 39	9 03 31	4 48 04
6 Sa	27 59 55	27 50 51	3 ♐ 52 12	15 07 41	11 46 00	25 15 39	9 02 59	2 39 39	1 51 17	24 35 43	2 25 54	2 17 05	9 15 55	5 00 20
7 Su	29 11 47	10 ♐ 03 55	16 02 34	16 44 09	12 53 26	25 57 18	9 17 19	3 11 29	2 01 20	24 42 42	2 38 28	2 27 45	9 29 30	5 13 45
8 M	0 ♐ 23 45	22 12 02	28 08 40	18 15 12	14 01 32	26 39 15	9 31 28	3 43 21	2 11 43	24 49 50	2 51 15	2 38 36	9 43 14	5 27 18
9 Tu	1 34 47	4 ♑ 15 38	10 ♑ 11 10	19 39 16	15 09 13	27 20 27	9 44 24	4 14 11	2 21 24	24 56 05	3 03 13	2 48 36	9 56 06	5 39 56
10 W	2 43 58	16 15 48	22 11 29	20 54 56	16 15 35	27 59 58	9 55 12	4 43 05	2 29 29	25 00 32	3 13 27	2 56 51	10 07 11	5 50 45
11 Th	3 50 43	28 14 38	4 ♒ 12 05	22 01 07	17 20 00	28 37 13	10 03 16	5 09 27	2 35 20	25 02 36	3 21 21	3 02 44	10 15 52	5 59 09
12 F	4 54 49	10 ♒ 15 20	16 16 32	22 57 13	18 22 16	29 11 60	10 08 25	5 33 06	2 38 48	25 02 06	3 26 44	3 06 05	10 21 58	6 04 56
13 Sa	5 56 33	22 22 19	28 29 34	23 43 07	19 22 38	29 44 34	10 10 53	5 54 17	2 40 07	24 59 16	3 29 51	3 07 08	10 25 45	6 08 22
14 Su	6 56 36	4 ♓ 40 58	10 ♓ 56 44	24 19 14	20 21 45	0 ♓ 15 37	10 11 23	6 13 40	2 39 59	24 54 49	3 31 24	3 06 35	10 27 54	6 10 09
15 M	7 55 58	17 17 15	23 43 60	24 46 21	21 20 38	0 46 08	10 10 54	6 32 18	2 39 23	24 49 46	3 32 23	3 05 26	10 29 26	6 11 16
16 Tu	8 55 48	0 ♈ 17 09	6 ♈ 57 03	25 05 29	22 20 25	1 17 17	10 10 36	6 51 17	2 39 30	24 45 15	3 33 56	3 04 51	10 31 29	6 12 52
17 W	9 57 12	13 45 46	20 40 15	25 17 43	23 22 09	1 50 08	10 11 34	7 11 44	2 41 24	24 42 21	3 37 10	3 05 55	10 35 08	6 16 03
18 Th	11 00 55	27 46 16	4 ♉ 55 37	25 23 52	24 26 38	2 25 28	10 14 33	7 34 25	2 45 52	24 41 51	3 42 51	3 09 24	10 41 11	6 21 36
19 F	12 07 16	12 ♉ 18 42	19 41 33	25 24 27	25 34 08	3 03 34	10 19 52	7 59 37	2 53 12	24 44 04	3 51 15	3 15 36	10 49 54	6 29 47
20 Sa	13 15 55	27 19 08	4 ♊ 52 19	25 19 28	26 44 19	3 44 07	10 27 12	8 27 01	3 03 03	24 48 40	4 02 05	3 24 12	11 00 59	6 40 19
21 Su	14 26 02	12 ♊ 39 27	20 18 08	25 08 28	27 56 19	4 26 16	10 35 41	8 55 46	3 14 35	24 54 48	4 14 29	3 34 20	11 13 34	6 52 18
22 M	15 36 21	28 08 12	5 ♋ 46 40	24 50 50	29 08 53	5 08 45	10 44 04	9 24 37	3 26 34	25 01 13	4 27 11	3 44 46	11 26 24	7 04 31
23 Tu	16 45 35	13 ♋ 32 36	21 05 18	24 25 56	0 ♏ 20 41	5 50 16	10 51 03	9 52 15	3 37 39	25 06 38	4 38 54	3 54 11	11 38 11	7 15 40
24 W	17 52 41	28 40 57	6 ♌ 03 29	23 53 33	1 30 43	6 29 47	10 55 36	10 17 39	3 46 51	25 09 59	4 48 35	4 01 34	11 47 53	7 24 42
25 Th	18 57 08	13 ♌ 24 43	20 34 20	23 14 07	2 38 25	7 06 47	10 57 12	10 40 16	3 53 36	25 10 47	4 55 44	4 06 23	11 54 59	7 31 06
26 F	19 59 04	27 39 33	4 ♍ 35 21	22 28 45	3 43 54	7 41 23	10 55 58	11 00 15	3 58 04	25 09 09	5 00 28	4 08 46	11 59 37	7 34 59
27 Sa	20 59 10	11 ♍ 25 03	18 07 32	21 39 11	4 47 51	8 14 16	10 52 36	11 18 16	4 00 54	25 05 46	5 03 28	4 09 24	12 02 26	7 37 03
28 Su	21 58 31	24 43 52	1 ♎ 14 31	20 47 37	5 51 21	8 46 32	10 48 10	11 35 24	4 03 13	25 01 43	5 05 49	4 09 22	12 04 34	7 38 24
29 M	22 58 24	7 ♎ 40 29	14 01 15	19 56 21	6 55 39	9 19 26	10 43 57	11 52 56	4 06 15	24 58 17	5 08 47	4 09 56	12 07 15	7 40 15
30 Tu	23 59 56	20 20 04	26 32 59	19 07 35	8 01 53	9 54 08	10 41 06	12 11 59	4 11 11	24 56 37	5 13 31	4 12 16	12 11 39	7 43 48
31 W	25 04 01	2 ♏ 47 31	8 ♏ 54 31	18 23 09	9 10 55	10 31 28	10 40 28	12 33 26	4 18 51	24 57 34	5 20 53	4 17 12	12 18 37	7 49 54

LONGITUDE

April 2038

Day	☉	0 hr ☽	Noon ☽	☿	♀	♂	⚵	⚳	♃	♄	⚷	♅	♆	♇
1 Th	26 ♐ 11 02	15 ♏ 06 59	21 ♏ 09 42	17 ♐ 44 20	10 ♏ 23 10	11 ♐ 11 53	10 ♌ 42 29	12 ♎ 57 42	4 ♈ 29 41	25 ♉ 01 34	5 ♓ 31 18	4 ♈ 25 11	12 ♑ 28 34	7 ♏ 58 57
2 F	27 20 57	27 21 28	3 ♐ 21 12	17 11 48	11 38 32	11 55 17	10 47 05	13 24 42	4 43 36	25 08 34	5 44 41	4 36 07	12 41 27	8 10 54
3 Sa	28 33 10	9 ♐ 32 52	15 30 37	16 45 38	12 56 28	12 41 07	10 53 43	13 53 52	5 00 03	25 17 58	6 00 30	4 49 28	12 56 41	8 25 11
4 Su	29 46 47	21 42 06	27 38 36	16 25 25	14 16 00	13 28 27	11 01 25	14 24 16	5 18 06	25 28 52	6 17 48	5 04 16	13 13 20	8 40 51
5 M	1 ♑ 00 36	3 ♑ 49 26	9 ♑ 45 21	16 10 22	15 35 59	14 16 06	11 09 04	14 54 44	5 36 34	25 40 05	6 35 24	5 19 23	13 30 15	8 56 46
6 Tu	2 13 26	15 54 59	21 50 59	15 59 35	16 55 13	15 02 53	11 15 26	15 24 04	5 54 16	25 50 26	6 52 07	5 33 37	13 46 14	9 11 42
7 W	3 24 15	27 59 05	3 ♒ 56 01	15 52 12	18 12 38	15 47 46	11 19 31	15 51 14	6 10 08	25 58 52	7 06 55	5 45 54	14 00 13	9 24 37
8 Th	4 32 19	10 ♒ 02 51	16 01 48	15 47 34	19 27 30	16 29 60	11 20 34	16 15 29	6 23 28	26 04 40	7 19 04	5 55 31	14 11 30	9 34 49
9 F	5 37 21	22 08 21	28 10 46	15 45 27	20 39 34	17 09 18	11 18 19	16 36 33	6 33 59	26 07 34	7 28 17	6 02 13	14 19 47	9 41 59
10 Sa	6 39 34	4 ♓ 18 51	10 ♓ 26 32	15 45 59	21 49 00	17 45 55	11 13 00	16 54 38	6 41 54	26 07 46	7 34 47	6 06 11	14 25 19	9 46 22
11 Su	7 39 38	16 38 47	22 53 50	15 49 45	22 56 29	18 20 28	11 05 17	17 10 25	6 47 51	26 05 57	7 39 14	6 08 05	14 28 44	9 48 37
12 M	8 38 35	29 13 29	5 ♈ 38 09	15 57 40	24 03 03	18 54 01	10 56 12	17 24 54	6 52 53	26 03 07	7 42 39	6 08 58	14 31 04	9 49 46
13 Tu	9 37 37	12 ♈ 08 40	18 45 10	16 10 44	25 09 52	19 27 44	10 46 57	17 39 18	6 58 13	26 00 30	7 46 15	6 10 00	14 33 31	9 50 60
14 W	10 37 53	25 29 46	2 ♉ 19 53	16 29 59	26 18 07	20 02 48	10 38 42	17 54 47	7 04 58	25 59 15	7 51 12	6 12 23	14 37 15	9 53 29
15 Th	11 40 17	9 ♉ 20 52	16 25 31	16 56 04	27 28 41	20 40 05	10 32 21	18 12 13	7 14 03	26 00 16	7 58 21	6 16 58	14 43 09	9 58 08
16 F	12 45 12	23 43 33	1 ♊ 02 15	17 29 13	28 41 56	21 19 59	10 28 18	18 31 59	7 25 50	26 03 55	8 08 08	6 24 11	14 51 37	10 05 18
17 Sa	13 52 26	8 ♊ 35 49	16 06 20	18 09 01	29 57 41	22 02 18	10 26 22	18 53 54	7 40 09	26 10 01	8 20 19	6 33 47	15 02 26	10 14 48
18 Su	15 01 13	23 51 28	1 ♋ 29 43	18 54 30	1 ♐ 15 08	22 46 15	10 25 45	19 17 10	7 56 10	26 17 47	8 34 08	6 45 01	15 14 49	10 25 52
19 M	16 10 21	9 ♋ 20 22	17 00 55	19 44 18	2 33 07	23 30 39	10 25 18	19 40 36	8 12 45	26 26 02	8 48 23	6 56 42	15 27 36	10 37 17
20 Tu	17 18 34	24 50 01	2 ♌ 26 58	20 36 56	3 50 20	24 14 12	10 23 44	20 02 56	8 28 35	26 33 30	9 01 49	7 07 32	15 39 30	10 47 48
21 W	18 24 47	10 ♌ 07 46	17 35 55	21 31 12	5 05 43	24 55 51	10 19 59	20 23 05	8 42 36	26 39 06	9 13 20	7 16 28	15 49 26	10 56 20
22 Th	19 28 27	25 03 17	2 ♍ 18 54	22 26 19	6 18 42	25 35 01	10 13 30	20 40 27	8 54 15	26 42 16	9 22 23	7 22 55	15 56 50	11 02 19
23 F	20 29 34	9 ♍ 30 03	16 31 15	23 22 10	7 29 16	26 11 43	10 04 17	20 55 04	9 03 30	26 42 60	9 28 56	7 26 54	16 01 43	11 05 45
24 Sa	21 28 42	23 25 46	0 ♎ 12 23	24 19 10	8 38 00	26 46 31	9 52 55	21 07 30	9 10 57	26 41 52	9 33 36	7 28 58	16 04 38	11 07 12
25 Su	22 26 48	6 ♎ 51 44	13 24 52	25 18 09	9 45 51	27 20 23	9 40 23	21 18 41	9 17 32	26 39 51	9 37 19	7 30 05	16 06 34	11 07 38
26 M	23 25 02	19 51 45	26 13 17	26 20 08	10 53 58	27 54 26	9 27 48	21 29 47	9 24 25	26 38 05	9 41 14	7 31 25	16 08 38	11 08 12
27 Tu	24 24 28	2 ♏ 30 54	8 ♏ 43 07	27 26 04	12 03 24	28 29 45	9 16 18	21 41 51	9 32 39	26 37 38	9 46 25	7 33 60	16 11 55	11 09 57
28 W	25 25 54	14 54 36	20 59 47	28 36 40	13 14 58	29 07 10	9 06 40	21 55 41	9 43 04	26 39 20	9 53 41	7 38 41	16 17 14	11 13 43
29 Th	26 29 47	27 07 50	3 ♐ 08 09	29 52 18	14 29 07	29 47 07	8 59 23	22 11 45	9 56 05	26 43 36	10 03 29	7 45 53	16 25 02	11 19 56
30 F	27 36 06	9 ♐ 14 46	15 12 05	1 ♑ 12 50	15 45 49	0 ♈ 29 34	8 54 25	22 30 01	10 11 42	26 50 26	10 15 46	7 55 35	16 35 17	11 28 35

Notes

May 2038

LONGITUDE

Day	☉	0 hr ☽	Noon ☽	☿	♀	♂	⚵	⚳	♃	♄	⚷	♅	♆	♇
1 Sa	28 ♑ 44 26	21 ♐ 18 32	27 ♐ 14 24	2 ♑ 37 47	17 ♐ 04 38	1 ♈ 14 05	8 ♌ 51 22	22 ♎ 50 02	10 ♈ 29 28	26 ♉ 59 23	10 ♓ 30 08	8 ♈ 07 22	16 ♑ 47 33	11 ♏ 39 15
2 Su	29 53 58	3 ♑ 21 17	9 ♑ 16 54	4 06 17	18 24 47	1 59 54	8 49 27	23 11 03	10 48 37	27 09 42	10 45 48	8 20 26	17 01 03	11 51 07
3 M	1 ♒ 03 45	15 24 20	21 20 40	5 37 19	19 45 17	2 46 03	8 47 44	23 32 03	11 08 10	27 20 23	11 01 46	8 33 50	17 14 49	12 03 15
4 Tu	2 12 46	27 28 28	3 ♒ 26 17	7 09 49	21 05 08	3 31 30	8 45 10	23 52 02	11 27 06	27 30 26	11 17 02	8 46 32	17 27 51	12 14 36
5 W	3 20 08	9 ♒ 34 17	15 34 17	8 42 52	22 23 27	4 15 22	8 40 56	24 10 07	11 44 32	27 38 57	11 30 44	8 57 39	17 39 15	12 24 19
6 Th	4 25 13	21 42 36	27 45 34	10 15 46	23 39 35	4 57 01	8 34 23	24 25 40	11 59 50	27 45 21	11 42 13	9 06 34	17 48 23	12 31 45
7 F	5 27 46	3 ♓ 54 47	10 ♓ 01 38	11 48 16	24 53 16	5 36 13	8 25 17	24 38 25	12 12 45	27 49 19	11 51 14	9 13 01	17 54 60	12 36 39
8 Sa	6 27 54	16 12 55	22 24 50	13 20 28	26 04 40	6 13 05	8 13 46	24 48 30	12 23 25	27 51 02	11 57 54	9 17 08	17 59 14	12 39 08
9 Su	7 26 09	28 39 60	4 ♈ 58 25	14 52 50	27 14 16	6 48 08	8 00 23	24 56 26	12 32 19	27 50 59	12 02 45	9 19 26	18 01 35	12 39 45
10 M	8 23 17	11 ♈ 19 47	17 46 18	16 26 11	28 22 51	7 22 08	7 45 55	25 02 60	12 40 16	27 49 58	12 06 33	9 20 42	18 02 52	12 39 15
11 Tu	9 20 16	24 16 30	0 ♉ 52 47	18 01 26	29 31 24	7 56 04	7 31 20	25 09 08	12 48 13	27 48 56	12 10 17	9 21 53	18 04 01	12 38 37
12 W	10 18 02	7 ♉ 34 20	14 21 50	19 39 31	0 ♑ 40 48	8 30 50	7 17 35	25 15 47	12 57 05	27 48 49	12 14 51	9 23 56	18 05 57	12 38 46
13 Th	11 17 18	21 16 40	28 16 17	21 21 08	1 51 48	9 07 11	7 05 24	25 23 40	13 07 35	27 50 20	12 20 59	9 27 32	18 09 25	12 40 24
14 F	12 18 25	5 ♊ 25 14	12 ♊ 36 54	23 06 40	3 04 45	9 45 26	6 55 08	25 33 06	13 20 04	27 53 50	12 29 01	9 33 04	18 14 44	12 43 54
15 Sa	13 21 17	19 59 09	27 21 29	24 56 01	4 19 33	10 25 30	6 46 43	25 44 01	13 34 27	27 59 14	12 38 53	9 40 25	18 21 50	12 49 10
16 Su	14 25 23	4 ♋ 54 24	12 ♋ 24 29	26 48 38	5 35 40	11 06 53	6 39 38	25 55 53	13 50 11	28 05 59	12 50 02	9 49 04	18 30 11	12 55 40
17 M	15 29 53	20 03 39	27 37 20	28 43 42	6 52 15	11 48 42	6 33 02	26 07 52	14 06 27	28 13 15	13 01 38	9 58 10	18 38 56	13 02 33
18 Tu	16 33 50	5 ♌ 17 08	12 ♌ 49 29	0 ♒ 40 17	8 08 24	12 30 03	6 26 02	26 18 60	14 22 18	28 20 08	13 12 45	10 06 49	18 47 10	13 08 54
19 W	17 36 27	20 24 11	27 50 23	2 37 35	9 23 18	13 10 07	6 17 49	26 28 30	14 36 56	28 25 47	13 22 35	10 14 10	18 54 04	13 13 55
20 Th	18 37 15	5 ♍ 15 00	12 ♍ 31 06	4 35 05	10 36 28	13 48 26	6 07 56	26 35 54	14 49 53	28 29 46	13 30 39	10 19 47	18 59 10	13 17 06
21 F	19 36 11	19 42 18	26 45 46	6 32 43	11 47 50	14 24 54	5 56 18	26 41 06	15 01 03	28 31 59	13 36 53	10 23 34	19 02 23	13 18 25
22 Sa	20 33 32	3 ♎ 42 04	10 ♎ 31 50	8 30 45	12 57 43	14 59 53	5 43 16	26 44 25	15 10 47	28 32 45	13 41 36	10 25 51	19 04 02	13 18 09
23 Su	21 29 57	17 13 31	23 49 53	10 29 46	14 06 43	15 33 57	5 29 26	26 46 28	15 19 40	28 32 42	13 45 24	10 27 13	19 04 45	13 16 56
24 M	22 26 09	0 ♏ 18 31	6 ♏ 42 46	12 30 26	15 15 34	16 07 52	5 15 34	26 47 59	15 28 27	28 32 33	13 49 03	10 28 26	19 05 15	13 15 29
25 Tu	23 22 52	13 00 44	19 14 48	14 33 23	16 25 02	16 42 21	5 02 24	26 49 42	15 37 51	28 33 02	13 53 15	10 30 14	19 06 16	13 14 33
26 W	24 20 41	25 24 47	1 ♐ 30 54	16 39 06	17 35 40	17 17 59	4 50 32	26 52 11	15 48 28	28 34 45	13 58 35	10 33 11	19 08 24	13 14 43
27 Th	25 19 56	7 ♐ 35 32	13 36 01	18 47 48	18 47 47	17 55 06	4 40 18	26 55 46	16 00 37	28 37 60	14 05 24	10 37 36	19 11 57	13 16 18
28 F	26 20 39	19 37 39	25 34 42	20 59 21	20 01 27	18 33 45	4 31 45	27 00 29	16 14 21	28 42 51	14 13 43	10 43 33	19 16 58	13 19 21
29 Sa	27 22 38	1 ♑ 35 13	7 ♑ 30 53	23 13 22	21 16 26	19 13 42	4 24 41	27 06 08	16 29 25	28 49 04	14 23 20	10 50 48	19 23 15	13 23 38
30 Su	28 25 25	13 31 43	19 27 42	25 29 11	22 32 18	19 54 30	4 18 39	27 12 14	16 45 25	28 56 12	14 33 47	10 58 54	19 30 20	13 28 43
31 M	29 28 27	25 29 53	1 ♒ 27 39	27 45 60	23 48 27	20 35 36	4 13 06	27 18 14	17 01 44	29 03 42	14 44 30	11 07 17	19 37 39	13 34 02

June 2038

LONGITUDE

Day	☉	0 hr ☽	Noon ☽	☿	♀	♂	⚵	⚳	♃	♄	⚷	♅	♆	♇
1 Tu	0 ♓ 31 07	7 ♒ 31 52	13 ♒ 32 32	0 ♓ 02 59	25 ♑ 04 19	21 ♈ 16 23	4 ♌ 07 25	27 ♎ 23 32	17 ♈ 17 47	29 ♉ 10 57	14 ♓ 54 54	11 ♈ 15 22	19 ♑ 44 36	13 ♏ 38 59
2 W	1 32 53	19 39 17	25 43 47	2 19 20	26 19 21	21 56 20	4 01 08	27 27 37	17 33 03	29 17 26	15 04 27	11 22 37	19 50 40	13 43 02
3 Th	2 33 25	1 ♓ 53 29	8 ♓ 02 31	4 34 25	27 33 12	22 35 05	3 53 51	27 30 06	17 47 10	29 22 47	15 12 47	11 28 39	19 55 28	13 45 50
4 F	3 32 33	14 15 41	20 29 52	6 47 48	28 45 41	23 12 29	3 45 27	27 30 50	17 59 57	29 26 50	15 19 44	11 33 19	19 58 53	13 47 13
5 Sa	4 30 20	26 47 10	3 ♈ 07 06	8 59 17	29 56 54	23 48 35	3 35 58	27 29 52	18 11 30	29 29 40	15 25 23	11 36 42	20 00 56	13 47 15
6 Su	5 27 03	9 ♈ 29 24	15 55 42	11 08 52	1 ♒ 07 07	24 23 41	3 25 43	27 27 30	18 22 04	29 31 32	15 29 59	11 39 04	20 01 55	13 46 13
7 M	6 23 08	22 24 06	28 57 28	13 16 44	2 16 44	24 58 10	3 15 08	27 24 09	18 32 06	29 32 53	15 33 59	11 40 50	20 02 16	13 44 32
8 Tu	7 19 05	5 ♉ 33 09	12 ♉ 14 15	15 23 11	3 26 17	25 32 35	3 04 42	27 20 19	18 42 04	29 34 13	15 37 53	11 42 31	20 02 29	13 42 42
9 W	8 15 22	18 58 21	25 47 45	17 28 28	4 36 13	26 07 23	2 54 55	27 16 29	18 52 27	29 36 00	15 42 09	11 44 34	20 03 01	13 41 13
10 Th	9 12 21	2 ♊ 41 03	9 ♊ 39 02	19 32 46	5 46 55	26 42 56	2 46 08	27 13 01	19 03 38	29 38 35	15 47 08	11 47 22	20 04 15	13 40 25
11 F	10 10 12	16 41 43	23 47 59	21 36 06	6 58 32	27 19 23	2 38 32	27 10 04	19 15 46	29 42 10	15 53 01	11 51 05	20 06 21	13 40 28
12 Sa	11 08 52	0 ♋ 59 23	8 ♋ 12 56	23 38 18	8 11 01	27 56 43	2 32 05	27 07 35	19 28 47	29 46 39	15 59 45	11 55 39	20 09 16	13 41 21
13 Su	12 08 07	15 31 22	22 50 17	25 39 00	9 24 08	28 34 39	2 26 31	27 05 21	19 42 28	29 51 50	16 07 04	12 00 50	20 12 45	13 42 47
14 M	13 07 34	0 ♌ 13 03	7 ♌ 34 38	27 37 46	10 37 31	29 12 50	2 21 29	27 02 59	19 56 25	29 57 19	16 14 37	12 06 16	20 16 25	13 44 26
15 Tu	14 06 49	14 58 17	22 19 13	29 34 07	11 50 45	29 50 53	2 16 35	27 00 05	20 10 16	0 ♊ 02 43	16 21 59	12 11 33	20 19 54	13 45 52
16 W	15 05 34	29 39 58	6 ♍ 56 47	1 ♈ 27 42	13 03 32	0 ♉ 28 27	2 11 30	26 56 20	20 23 40	0 07 43	16 28 52	12 16 20	20 22 51	13 46 48
17 Th	16 03 38	14 ♍ 11 05	21 20 37	3 18 17	14 15 41	1 05 22	2 06 02	26 51 34	20 36 26	0 12 06	16 35 05	12 20 28	20 25 06	13 47 00
18 F	17 00 58	28 25 36	5 ♎ 25 24	5 05 49	15 27 09	1 41 36	2 00 11	26 45 44	20 48 33	0 15 53	16 40 35	12 23 56	20 26 37	13 46 30
19 Sa	17 57 44	12 ♎ 19 13	19 07 49	6 50 24	16 38 06	2 17 18	1 54 05	26 38 60	21 00 09	0 19 10	16 45 30	12 26 49	20 27 32	13 45 23
20 Su	18 54 08	25 49 43	2 ♏ 26 39	8 32 15	17 48 43	2 52 39	1 47 57	26 31 33	21 11 27	0 22 11	16 50 05	12 29 23	20 28 04	13 43 54
21 M	19 50 25	8 ♏ 56 56	15 22 42	10 11 37	18 59 18	3 27 57	1 42 01	26 23 40	21 22 42	0 25 11	16 54 33	12 31 51	20 28 28	13 42 18
22 Tu	20 46 50	21 42 28	27 58 17	11 48 42	20 10 02	4 03 24	1 36 33	26 15 35	21 34 07	0 28 23	16 59 09	12 34 28	20 28 59	13 40 47
23 W	21 43 32	4 ♐ 09 14	10 ♐ 16 52	13 23 39	21 21 05	4 39 10	1 31 41	26 07 28	21 45 53	0 31 58	17 04 02	12 37 24	20 29 45	13 39 33
24 Th	22 40 35	16 21 00	22 22 33	14 56 32	22 32 32	5 15 19	1 27 30	25 59 22	21 58 03	0 35 58	17 09 16	12 40 41	20 30 50	13 38 39
25 F	23 37 58	28 22 03	4 ♑ 19 47	16 27 18	23 44 22	5 51 49	1 23 58	25 51 17	22 10 35	0 40 24	17 14 49	12 44 20	20 32 14	13 38 03
26 Sa	24 35 36	10 ♑ 16 50	16 12 60	17 55 50	24 56 28	6 28 36	1 21 00	25 43 08	22 23 24	0 45 08	17 20 37	12 48 13	20 33 51	13 37 40
27 Su	25 33 20	22 09 42	28 06 27	19 22 00	26 08 44	7 05 32	1 18 29	25 34 47	22 36 24	0 50 05	17 26 31	12 52 15	20 35 33	13 37 23
28 M	26 31 03	4 ♒ 04 45	10 ♒ 04 04	20 45 39	27 21 01	7 42 28	1 16 16	25 26 08	22 49 24	0 55 05	17 32 25	12 56 16	20 37 12	13 37 04
29 Tu	27 28 40	16 05 41	22 09 15	22 06 37	28 33 13	8 19 20	1 14 16	25 17 04	23 02 21	1 00 03	17 38 11	13 00 12	20 38 43	13 36 38
30 W	28 26 07	28 15 41	4 ♓ 24 51	23 24 51	29 45 19	8 56 05	1 12 26	25 07 34	23 15 11	1 04 57	17 43 47	13 03 59	20 40 03	13 36 00

Notes

LONGITUDE — July 2038

Day	☉	0 hr ☽	Noon ☽	☿	♀	♂	⚵	⚳	♃	♄	⚷	♅	♆	♇
1 Th	29 ♓ 23 26	10 ♓ 37 17	16 ♓ 53 02	24 ♈ 40 18	0 ♓ 57 18	9 ♉ 32 43	1 ♌ 10 48	24 ♎ 57 39	23 ♈ 27 54	1 ♊ 09 46	17 ♓ 49 14	13 ♈ 07 38	20 ♑ 41 13	13 ♏ 35 14
2 F	0 ♈ 20 40	23 12 21	29 35 17	25 52 59	2 09 15	10 09 18	1 09 24	24 47 23	23 40 36	1 14 36	17 54 36	13 11 14	20 42 17	13 34 21
3 Sa	1 17 55	6 ♈ 01 58	12 ♈ 32 20	27 02 55	3 21 15	10 45 56	1 08 21	24 36 53	23 53 21	1 19 31	17 59 59	13 14 51	20 43 20	13 33 29
4 Su	2 15 16	19 06 31	25 44 12	28 10 08	4 33 23	11 22 42	1 07 44	24 26 15	24 06 14	1 24 36	18 05 27	13 18 34	20 44 27	13 32 41
5 M	3 12 47	2 ♉ 25 42	9 ♉ 10 21	29 14 35	5 45 43	11 59 39	1 07 35	24 15 31	24 19 18	1 29 55	18 11 03	13 22 28	20 45 42	13 32 02
6 Tu	4 10 25	15 58 40	22 49 41	0 ♉ 16 11	6 58 13	12 36 46	1 07 53	24 04 42	24 32 32	1 35 27	18 16 47	13 26 30	20 47 03	13 31 30
7 W	5 08 07	29 44 05	6 ♊ 40 43	1 14 45	8 10 48	13 13 58	1 08 34	23 53 44	24 45 52	1 41 06	18 22 34	13 30 36	20 48 26	13 31 00
8 Th	6 05 45	13 ♊ 40 16	20 41 41	2 10 03	9 23 21	13 51 08	1 09 30	23 42 29	24 59 09	1 46 46	18 28 15	13 34 39	20 49 43	13 30 26
9 F	7 03 09	27 45 20	4 ♋ 50 33	3 01 49	10 35 44	14 28 07	1 10 32	23 30 51	25 12 16	1 52 16	18 33 43	13 38 30	20 50 45	13 29 37
10 Sa	8 00 15	11 ♋ 57 07	19 05 00	3 49 51	11 47 49	15 04 49	1 11 34	23 18 42	25 25 05	1 57 32	18 38 51	13 42 01	20 51 27	13 28 29
11 Su	8 56 59	26 13 16	3 ♌ 22 31	4 33 58	12 59 36	15 41 11	1 12 33	23 06 02	25 37 35	2 02 30	18 43 36	13 45 12	20 51 46	13 26 59
12 M	9 53 27	10 ♌ 31 07	17 40 11	5 14 07	14 11 08	16 17 19	1 13 34	22 52 57	25 49 49	2 07 16	18 48 05	13 48 06	20 51 46	13 25 11
13 Tu	10 49 49	24 47 42	1 ♍ 54 52	5 50 21	15 22 37	16 53 22	1 14 48	22 39 38	26 01 60	2 12 00	18 52 26	13 50 56	20 51 39	13 23 17
14 W	11 46 20	8 ♍ 59 43	16 03 10	6 22 45	16 34 17	17 29 36	1 16 28	22 26 19	26 14 20	2 16 57	18 56 55	13 53 54	20 51 39	13 21 31
15 Th	12 43 16	23 03 47	0 ♎ 01 41	6 51 26	17 46 23	18 06 16	1 18 51	22 13 18	26 27 07	2 22 22	19 01 47	13 57 17	20 52 01	13 20 09
16 F	13 40 49	6 ♎ 56 32	13 47 17	7 16 27	18 59 09	18 43 34	1 22 08	22 00 47	26 40 31	2 28 27	19 07 14	14 01 17	20 52 59	13 19 22
17 Sa	14 39 05	20 35 00	27 17 22	7 37 48	20 12 40	19 21 38	1 26 26	21 48 54	26 54 40	2 35 19	19 13 23	14 05 58	20 54 37	13 19 18
18 Su	15 38 03	3 ♏ 56 57	10 ♏ 30 12	7 55 16	21 26 54	20 00 23	1 31 41	21 37 37	27 09 30	2 42 55	19 20 11	14 11 22	20 56 55	13 19 53
19 M	16 37 31	17 01 04	23 25 08	8 08 34	22 41 40	20 39 41	1 37 44	21 26 46	27 24 52	2 51 05	19 27 29	14 17 16	20 59 41	13 20 59
20 Tu	17 37 13	29 47 14	6 ♐ 02 38	8 17 19	23 56 43	21 19 14	1 44 18	21 16 05	27 40 28	2 59 32	19 34 58	14 23 23	21 02 38	13 22 17
21 W	18 36 48	12 ♐ 16 26	18 24 18	8 21 04	25 11 40	21 58 41	1 51 00	21 05 14	27 55 57	3 07 54	19 42 17	14 29 22	21 05 25	13 23 26
22 Th	19 35 56	24 30 51	0 ♑ 32 48	8 19 25	26 26 11	22 37 42	1 57 31	20 53 53	28 10 59	3 15 51	19 49 07	14 34 53	21 07 43	13 24 07
23 F	20 34 20	6 ♑ 33 37	12 31 37	8 12 06	27 39 60	23 15 60	2 03 34	20 41 46	28 25 17	3 23 07	19 55 10	14 39 38	21 09 13	13 24 02
24 Sa	21 31 51	18 28 42	24 24 60	7 58 58	28 52 57	23 53 26	2 08 59	20 28 46	28 38 42	3 29 32	20 00 19	14 43 30	21 09 49	13 23 02
25 Su	22 28 31	0 ♒ 20 40	6 ♒ 17 37	7 40 08	0 ♈ 05 05	24 30 02	2 13 48	20 14 55	28 51 16	3 35 08	20 04 33	14 46 30	21 09 30	13 21 11
26 M	23 24 31	12 14 27	18 14 24	7 15 56	1 16 35	25 06 00	2 18 14	20 00 25	29 03 10	3 40 08	20 08 05	14 48 49	21 08 29	13 18 38
27 Tu	24 20 14	24 15 04	0 ♓ 20 15	6 46 57	2 27 49	25 41 41	2 22 36	19 45 39	29 14 46	3 44 51	20 11 16	14 50 49	21 07 07	13 15 46
28 W	25 16 06	6 ♓ 27 19	12 39 41	6 13 57	3 39 13	26 17 33	2 27 23	19 31 05	29 26 31	3 49 46	20 14 34	14 52 57	21 05 52	13 13 02
29 Th	26 12 36	18 55 23	25 16 29	5 37 46	4 51 17	26 54 03	2 33 02	19 17 13	29 38 53	3 55 21	20 18 27	14 55 42	21 05 12	13 10 55
30 F	27 10 09	1 ♈ 42 30	8 ♈ 13 16	4 59 18	6 04 25	27 31 38	2 39 58	19 04 27	29 52 18	4 02 01	20 23 20	14 59 28	21 05 32	13 09 49
31 Sa	28 09 01	14 50 30	21 31 13	4 19 22	7 18 54	28 10 33	2 48 28	18 53 06	0 ♉ 07 01	4 10 01	20 29 29	15 04 32	21 07 08	13 10 01

LONGITUDE — August 2038

Day	☉	0 hr ☽	Noon ☽	☿	♀	♂	⚵	⚳	♃	♄	⚷	♅	♆	♇
1 Su	29 ♈ 09 14	28 ♈ 19 32	5 ♉ 09 39	3 ♉ 38 38	8 ♈ 34 44	28 ♉ 50 49	2 ♌ 58 33	18 ♎ 43 12	0 ♉ 23 05	4 ♊ 19 25	20 ♓ 36 56	15 ♈ 10 55	21 ♑ 10 02	13 ♏ 11 32
2 M	0 ♉ 10 34	12 ♉ 07 56	19 06 09	2 57 36	9 51 43	29 32 14	3 09 59	18 34 31	0 40 14	4 29 57	20 45 27	15 18 24	21 14 00	13 14 09
3 Tu	1 12 33	26 12 16	3 ♊ 16 41	2 16 32	11 09 22	0 ♊ 14 19	3 22 18	18 26 37	0 58 01	4 41 09	20 54 33	15 26 30	21 18 35	13 17 24
4 W	2 14 32	10 ♊ 27 52	17 36 12	1 35 39	12 27 03	0 56 25	3 34 50	18 18 52	1 15 48	4 52 24	21 03 36	15 34 35	21 23 06	13 20 38
5 Th	3 15 51	24 49 27	1 ♋ 59 22	0 55 06	13 44 06	1 37 53	3 46 57	18 10 37	1 32 55	5 03 01	21 11 57	15 41 59	21 26 56	13 23 11
6 F	4 15 59	9 ♋ 11 55	16 21 19	0 15 12	14 59 58	2 18 10	3 58 05	18 01 20	1 48 49	5 12 28	21 19 03	15 48 10	21 29 32	13 24 32
7 Sa	5 14 40	23 31 01	0 ♌ 38 16	29 ♈ 36 31	16 14 25	2 57 02	4 07 60	17 50 47	2 03 15	5 20 30	21 24 39	15 52 52	21 30 38	13 24 25
8 Su	6 11 60	7 ♌ 43 48	14 47 44	28 59 57	17 27 31	3 34 33	4 16 45	17 39 04	2 16 18	5 27 11	21 28 50	15 56 11	21 30 19	13 22 56
9 M	7 08 23	21 48 35	28 48 27	28 26 40	18 39 42	4 11 08	4 24 47	17 26 37	2 28 24	5 32 57	21 32 02	15 58 33	21 29 02	13 20 29
10 Tu	8 04 30	5 ♍ 44 41	12 ♍ 39 59	27 58 00	19 51 39	4 47 30	4 32 46	17 14 07	2 40 13	5 38 30	21 34 54	16 00 37	21 27 26	13 17 46
11 W	9 01 10	19 31 58	26 22 19	27 35 22	21 04 10	5 24 25	4 41 30	17 02 22	2 52 33	5 44 36	21 38 15	16 03 11	21 26 20	13 15 34
12 Th	9 59 06	3 ♎ 10 24	9 ♎ 55 22	27 19 58	22 17 57	6 02 36	4 51 41	16 52 07	3 06 07	5 51 58	21 42 49	16 06 59	21 26 27	13 14 36
13 F	10 58 49	16 39 36	23 18 44	27 12 47	23 33 33	6 42 36	5 03 51	16 43 53	3 21 26	6 01 09	21 49 05	16 12 33	21 28 18	13 15 25
14 Sa	12 00 31	29 58 51	6 ♏ 31 38	27 14 22	24 51 10	7 24 36	5 18 12	16 37 53	3 38 44	6 12 20	21 57 18	16 20 04	21 32 06	13 18 13
15 Su	13 04 05	13 ♏ 07 02	19 33 04	27 24 48	26 10 39	8 08 28	5 34 36	16 34 00	3 57 51	6 25 24	22 07 18	16 29 24	21 37 42	13 22 51
16 M	14 09 04	26 02 57	2 ♐ 22 02	27 43 51	27 31 33	8 53 45	5 52 35	16 31 47	4 18 20	6 39 52	22 18 37	16 40 06	21 44 40	13 28 51
17 Tu	15 14 44	8 ♐ 45 41	14 57 57	28 10 54	28 53 11	9 39 46	6 11 26	16 30 31	4 39 29	6 55 03	22 30 35	16 51 27	21 52 16	13 35 33
18 W	16 20 18	21 14 54	27 20 57	28 45 10	0 ♉ 14 42	10 25 39	6 30 21	16 29 24	5 00 29	7 10 07	22 42 22	17 02 39	21 59 42	13 42 06
19 Th	17 24 57	3 ♑ 31 13	9 ♑ 32 08	29 25 51	1 35 20	11 10 40	6 48 32	16 27 40	5 20 31	7 24 16	22 53 09	17 12 54	22 06 11	13 47 44
20 F	18 28 05	15 36 24	21 33 41	0 ♉ 12 14	2 54 26	11 54 08	7 05 21	16 24 40	5 38 59	7 36 54	23 02 20	17 21 34	22 11 04	13 51 48
21 Sa	19 29 19	27 33 21	3 ♒ 28 57	1 03 51	4 11 41	12 35 45	7 20 27	16 20 05	5 55 32	7 47 39	23 09 33	17 28 18	22 14 01	13 53 58
22 Su	20 28 40	9 ♒ 26 07	15 22 18	2 00 31	5 27 02	13 15 28	7 33 49	16 13 53	6 10 08	7 56 30	23 14 48	17 33 06	22 15 00	13 54 13
23 M	21 26 28	21 19 42	27 18 57	3 02 20	6 40 51	13 53 39	7 45 47	16 06 26	6 23 08	8 03 47	23 18 25	17 36 17	22 14 24	13 52 53
24 Tu	22 23 22	3 ♓ 19 46	9 ♓ 24 40	4 09 41	7 53 46	14 30 57	7 57 01	15 58 23	6 35 11	8 10 10	23 21 03	17 38 32	22 12 50	13 50 38
25 W	23 20 14	15 32 19	21 45 20	5 23 06	9 06 39	15 08 12	8 08 20	15 50 35	6 47 08	8 16 30	23 23 33	17 40 40	22 11 09	13 48 19
26 Th	24 17 57	28 03 05	4 ♈ 26 24	6 43 09	10 20 24	15 46 20	8 20 41	15 43 58	6 59 53	8 23 42	23 26 50	17 43 37	22 10 17	13 46 50
27 F	25 17 21	10 ♈ 56 59	17 32 12	8 10 15	11 35 51	16 26 09	8 34 51	15 39 21	7 14 16	8 32 33	23 31 42	17 48 11	22 11 02	13 47 00
28 Sa	26 18 58	24 17 21	1 ♉ 05 10	9 44 30	12 53 30	17 08 11	8 51 23	15 37 15	7 30 49	8 43 37	23 38 42	17 54 55	22 13 57	13 49 22
29 Su	27 22 55	8 ♉ 05 12	15 05 13	11 25 36	14 13 30	17 52 34	9 10 24	15 37 50	7 49 38	8 57 00	23 47 57	18 03 56	22 19 08	13 54 03
30 M	28 28 52	22 18 43	29 29 13	13 12 43	15 35 30	18 38 58	9 31 32	15 40 43	8 10 23	9 12 22	23 59 06	18 14 53	22 26 16	14 00 43
31 Tu	29 36 01	6 ♊ 53 03	14 ♊ 11 07	15 04 35	16 58 43	19 26 34	9 54 01	15 45 08	8 32 17	9 28 56	24 11 22	18 26 59	22 34 32	14 08 33

Notes

September 2038

LONGITUDE

Day	☉	0 hr ☽	Noon ☽	☿	♀	♂	⚵	⚳	♃	♄	⚷	♅	♆	♇
1 W	0 ♊ 43 18	21 ♊ 40 49	29 ♊ 02 43	16 ♉ 59 39	18 ♉ 22 04	20 ♊ 14 19	10 ♌ 16 47	15 ♎ 50 02	8 ♉ 54 15	9 ♊ 45 36	24 ♓ 23 41	18 ♈ 39 09	22 ♑ 42 54	14 ♏ 16 30
2 Th	1 49 35	6 ♋ 33 14	13 ♋ 55 01	18 56 19	19 44 25	21 01 05	10 38 41	15 54 16	9 15 10	10 01 17	24 34 56	18 50 17	22 50 13	14 23 27
3 F	2 53 59	21 21 41	28 39 51	20 53 14	21 04 54	21 45 59	10 58 50	15 56 57	9 34 08	10 15 03	24 44 11	18 59 28	22 55 35	14 28 30
4 Sa	3 56 04	5 ♌ 59 07	13 ♌ 11 04	22 49 32	22 23 03	22 28 33	11 16 46	15 57 38	9 50 42	10 26 29	24 51 01	19 06 16	22 58 34	14 31 12
5 Su	4 55 55	20 21 01	27 25 17	24 44 55	23 38 59	23 08 56	11 32 38	15 56 27	10 05 00	10 35 40	24 55 34	19 10 47	22 59 18	14 31 40
6 M	5 54 13	4 ♍ 25 35	11 ♍ 21 40	26 39 40	24 53 22	23 47 45	11 47 03	15 54 03	10 17 40	10 43 18	24 58 27	19 13 42	22 58 25	14 30 34
7 Tu	6 51 59	18 13 17	25 01 26	28 34 30	26 07 13	24 26 03	12 01 05	15 51 28	10 29 45	10 50 22	25 00 43	19 16 01	22 56 57	14 28 55
8 W	7 50 25	1 ♎ 46 01	8 ♎ 26 50	0 ♊ 30 17	27 21 43	25 05 01	12 15 52	15 49 52	10 42 24	10 58 04	25 03 33	19 18 56	22 56 06	14 27 55
9 Th	8 50 34	15 06 10	21 40 23	2 27 52	28 37 58	25 45 44	12 32 31	15 50 21	10 56 44	11 07 29	25 08 02	19 23 31	22 56 55	14 28 37
10 F	9 53 14	28 15 57	4 ♏ 44 12	4 27 46	29 56 43	26 28 59	12 51 47	15 53 40	11 13 30	11 19 24	25 14 55	19 30 34	23 00 12	14 31 50
11 Sa	10 58 45	11 ♏ 16 51	17 39 34	6 30 10	1 ♊ 18 19	27 15 05	13 14 01	16 00 10	11 33 02	11 34 08	25 24 34	19 40 23	23 06 18	14 37 53
12 Su	12 06 58	24 09 28	0 ♐ 26 53	8 34 45	2 42 37	28 03 52	13 39 03	16 09 42	11 55 11	11 51 31	25 36 48	19 52 51	23 15 01	14 46 36
13 M	13 17 15	6 ♐ 53 38	13 05 54	10 40 45	4 08 59	28 54 45	14 06 15	16 21 38	12 19 20	12 10 58	25 51 01	20 07 19	23 25 46	14 57 23
14 Tu	14 28 40	19 28 40	25 35 58	12 47 08	5 36 28	29 46 46	14 34 41	16 35 01	12 44 32	12 31 30	26 06 16	20 22 50	23 37 35	15 09 17
15 W	15 40 05	1 ♑ 53 54	7 ♑ 56 36	14 52 40	7 03 58	0 ♋ 38 48	15 03 14	16 48 43	13 09 39	12 52 01	26 21 25	20 38 17	23 49 22	15 21 10
16 Th	16 50 25	14 09 06	20 07 53	16 56 13	8 30 21	1 29 45	15 30 46	17 01 39	13 33 35	13 11 23	26 35 21	20 52 35	23 59 59	15 31 56
17 F	17 58 44	26 14 56	2 ♒ 10 52	18 56 49	9 54 44	2 18 41	15 56 24	17 12 54	13 55 26	13 28 44	26 47 12	21 04 48	24 08 33	15 40 41
18 Sa	19 04 31	8 ♒ 13 10	14 07 45	20 53 53	11 16 33	3 05 05	16 19 35	17 21 55	14 14 38	13 43 29	26 56 23	21 14 24	24 14 31	15 46 51
19 Su	20 07 37	20 06 54	26 02 04	22 47 16	12 35 42	3 48 50	16 40 10	17 28 34	14 31 04	13 55 31	27 02 47	21 21 14	24 17 45	15 50 20
20 M	21 08 24	2 ♓ 00 33	7 ♓ 58 34	24 37 18	13 52 30	4 30 15	16 58 31	17 33 12	14 45 06	14 05 11	27 06 45	21 25 41	24 18 36	15 51 29
21 Tu	22 07 36	13 59 33	20 02 60	26 24 43	15 07 43	5 10 05	17 15 22	17 36 33	14 57 26	14 13 14	27 09 02	21 28 28	24 17 49	15 51 01
22 W	23 06 16	26 10 09	2 ♈ 21 43	28 10 34	16 22 23	5 49 24	17 31 46	17 39 41	15 09 09	14 20 42	27 10 39	21 30 38	24 16 27	15 50 00
23 Th	24 05 32	8 ♈ 38 54	15 01 10	29 56 00	17 37 39	6 29 20	17 48 51	17 43 43	15 21 22	14 28 44	27 12 47	21 33 21	24 15 38	15 49 35
24 F	25 06 30	21 31 53	28 07 04	1 ♋ 42 07	18 54 36	7 10 57	18 07 43	17 49 44	15 35 10	14 38 24	27 16 29	21 37 40	24 16 27	15 50 50
25 Sa	26 09 55	4 ♉ 53 57	11 ♉ 43 28	3 29 40	20 13 59	7 55 02	18 29 06	17 58 31	15 51 20	14 50 28	27 22 32	21 44 21	24 19 39	15 54 31
26 Su	27 16 04	18 47 40	25 51 44	5 18 57	21 36 04	8 41 51	18 53 17	18 10 18	16 10 06	15 05 13	27 31 11	21 53 41	24 25 32	16 00 54
27 M	28 24 38	3 ♊ 12 24	10 ♊ 29 39	7 09 41	23 00 34	9 31 05	19 19 58	18 24 48	16 31 12	15 22 20	27 42 09	22 05 21	24 33 48	16 09 41
28 Tu	29 34 45	18 03 40	25 31 01	9 00 60	24 26 36	10 21 53	19 48 16	18 41 09	16 53 44	15 40 57	27 54 33	22 18 29	24 43 33	16 20 01
29 W	0 ♋ 45 11	3 ♋ 13 18	10 ♋ 46 16	10 51 40	25 52 56	11 12 60	20 16 57	18 58 05	17 16 27	15 59 49	28 07 09	22 31 51	24 53 33	16 30 38
30 Th	1 54 33	18 30 31	26 03 54	12 40 23	27 18 12	12 03 04	20 44 40	19 14 15	17 38 02	16 17 35	28 18 35	22 44 06	25 02 28	16 40 11

October 2038

LONGITUDE

Day	☉	0 hr ☽	Noon ☽	☿	♀	♂	⚵	⚳	♃	♄	⚷	♅	♆	♇
1 F	3 ♋ 01 48	3 ♌ 43 50	11 ♌ 12 42	14 ♋ 26 03	28 ♊ 41 19	12 ♋ 51 01	21 ♌ 10 18	19 ♎ 28 35	17 ♉ 57 22	16 ♊ 33 10	28 ♓ 27 46	22 ♈ 54 07	25 ♑ 09 12	16 ♏ 47 36
2 Sa	4 06 19	18 43 17	26 03 46	16 08 06	0 ♋ 01 41	13 36 15	21 33 18	19 40 28	18 13 52	16 45 59	28 34 08	23 01 21	25 13 10	16 52 17
3 Su	5 08 12	3 ♍ 21 55	10 ♍ 31 41	17 46 39	1 19 25	14 18 52	21 53 43	19 49 59	18 27 37	16 56 07	28 37 45	23 05 52	25 14 28	16 54 19
4 M	6 08 09	17 36 31	24 34 42	19 22 23	2 35 11	14 59 33	22 12 16	19 57 51	18 39 20	17 04 15	28 39 18	23 08 22	25 13 46	16 54 24
5 Tu	7 07 16	1 ♎ 27 10	8 ♎ 14 04	20 56 28	3 50 08	15 39 26	22 30 04	20 05 10	18 50 06	17 11 30	28 39 57	23 09 58	25 12 13	16 53 40
6 W	8 06 53	14 56 13	21 32 58	22 30 12	5 05 32	16 19 48	22 48 25	20 13 14	19 01 15	17 19 12	28 40 58	23 11 59	25 11 07	16 53 25
7 Th	9 08 11	28 07 18	4 ♏ 35 19	24 04 47	6 22 37	17 01 52	23 08 31	20 23 14	19 13 57	17 28 31	28 43 33	23 15 36	25 11 39	16 54 49
8 F	10 12 01	11 ♏ 04 10	17 24 54	25 41 06	7 42 12	17 46 29	23 31 12	20 36 03	19 29 05	17 40 19	28 48 34	23 21 40	25 14 41	16 58 46
9 Sa	11 18 46	23 50 03	0 ♐ 04 49	27 19 31	9 04 42	18 34 02	23 56 52	20 52 02	19 47 01	17 54 58	28 56 23	23 30 35	25 20 36	17 05 38
10 Su	12 28 18	6 ♐ 27 17	12 37 07	28 59 55	10 29 58	19 24 23	24 25 23	21 11 03	20 07 37	18 12 21	29 06 54	23 42 12	25 29 16	17 15 16
11 M	13 40 01	18 57 12	25 02 51	0 ♌ 41 41	11 57 23	20 16 54	24 56 07	21 32 28	20 30 16	18 31 51	29 19 27	23 55 55	25 40 04	17 27 04
12 Tu	14 52 56	1 ♑ 20 16	7 ♑ 22 22	2 23 50	13 25 59	21 10 38	25 28 06	21 55 21	20 53 59	18 52 29	29 33 06	24 10 44	25 52 01	17 40 03
13 W	16 05 54	13 36 30	19 35 33	4 05 13	14 54 37	22 04 26	26 00 11	22 18 30	21 17 37	19 13 06	29 46 41	24 25 32	26 03 60	17 53 05
14 Th	17 17 47	25 45 49	1 ♒ 42 26	5 44 42	16 22 09	22 57 10	26 31 15	22 40 49	21 40 03	19 32 34	29 59 05	24 39 10	26 14 51	18 05 02
15 F	18 27 40	7 ♒ 48 35	13 43 33	7 21 20	17 47 38	23 47 54	27 00 20	23 01 21	22 00 20	19 49 57	0 ♈ 09 21	24 50 42	26 23 39	18 14 58
16 Sa	19 34 56	19 45 53	25 40 17	8 54 29	19 10 30	24 36 01	27 26 51	23 19 29	22 17 53	20 04 39	0 16 53	24 59 32	26 29 47	18 22 16
17 Su	20 39 24	1 ♓ 39 55	7 ♓ 35 12	10 23 58	20 30 33	25 21 22	27 50 37	23 35 03	22 32 29	20 16 30	0 21 31	25 05 29	26 33 06	18 26 45
18 M	21 41 21	13 33 60	19 31 60	11 50 00	21 48 02	26 04 11	28 11 54	23 48 17	22 44 25	20 25 43	0 23 30	25 08 49	26 33 50	18 28 42
19 Tu	22 41 25	25 32 39	1 ♈ 35 32	13 13 14	23 03 38	26 45 08	28 31 21	23 59 53	22 54 21	20 33 01	0 23 30	25 10 12	26 32 41	18 28 47
20 W	23 40 36	7 ♈ 41 19	13 51 31	14 34 33	24 18 18	27 25 12	28 49 56	24 10 46	23 03 13	20 39 19	0 22 28	25 10 35	26 30 34	18 27 56
21 Th	24 39 58	20 06 04	26 26 08	15 55 01	25 33 08	28 05 28	29 08 44	24 22 04	23 12 08	20 45 44	0 21 31	25 11 04	26 28 37	18 27 16
22 F	25 40 34	2 ♉ 52 59	9 ♉ 25 19	17 15 38	26 49 11	28 46 59	29 28 49	24 34 48	23 22 09	20 53 19	0 21 41	25 12 42	26 27 51	18 27 50
23 Sa	26 43 12	16 07 27	22 53 56	18 37 05	28 07 14	29 30 32	29 50 58	24 49 45	23 34 02	21 02 50	0 23 46	25 16 16	26 29 05	18 30 25
24 Su	27 48 14	29 53 11	6 ♊ 54 43	19 59 40	29 27 40	0 ♌ 16 29	0 ♍ 15 32	25 07 18	23 48 10	21 14 40	0 28 08	25 22 08	26 32 41	18 35 22
25 M	28 55 29	14 ♊ 11 10	21 27 16	21 23 07	0 ♌ 50 17	1 04 40	0 42 22	25 27 16	24 04 22	21 28 39	0 34 36	25 30 09	26 38 27	18 42 33
26 Tu	0 ♌ 04 16	28 58 51	6 ♋ 27 12	22 46 38	2 14 24	1 54 24	1 10 45	25 48 57	24 21 56	21 44 04	0 42 28	25 39 35	26 45 44	18 51 14
27 W	1 13 30	14 ♋ 09 37	21 46 10	24 09 00	3 38 57	2 44 35	1 39 37	26 11 16	24 39 49	21 59 51	0 50 42	25 49 24	26 53 26	19 00 23
28 Th	2 21 60	29 33 27	7 ♌ 12 52	25 28 53	5 02 43	3 34 03	2 07 46	26 33 02	24 56 47	22 14 49	0 58 03	25 58 22	27 00 21	19 08 46
29 F	3 28 43	14 ♌ 58 22	22 35 00	26 45 05	6 24 42	4 21 45	2 34 11	26 53 13	25 11 49	22 27 55	1 03 32	26 05 29	27 05 28	19 15 23
30 Sa	4 33 05	0 ♍ 12 42	7 ♍ 41 34	27 56 48	7 44 18	5 07 06	2 58 16	27 11 13	25 24 20	22 38 35	1 06 33	26 10 10	27 08 12	19 19 37
31 Su	5 35 03	15 07 05	22 24 38	29 03 48	9 01 29	5 50 05	3 19 59	27 27 01	25 34 18	22 46 46	1 07 04	26 12 22	27 08 31	19 21 29

Notes

LONGITUDE — November 2038

Day	☉	0 hr ☽	Noon ☽	☿	♀	♂	⚵	⚳	♃	♄	⚷	♅	♆	♇
1 M	6 ♌ 35 08	29 ♍ 35 48	6 ♎ 40 10	0 ♍ 06 21	10 ♌ 16 46	6 ♌ 31 11	3 ♍ 39 52	27 ♎ 41 07	25 ♉ 42 14	22 ♊ 52 60	1 ♈ 05 36	26 ♈ 12 36	27 ♑ 06 56	19 ♏ 21 27
2 Tu	7 34 15	13 ♎ 36 49	20 27 42	1 05 02	11 31 02	7 11 20	3 58 48	27 54 24	25 49 02	22 58 09	1 03 04	26 11 47	27 04 22	19 20 27
3 W	8 33 28	27 11 14	3 ♏ 49 28	2 00 36	12 45 23	7 51 36	4 17 51	28 07 58	25 55 46	23 03 20	1 00 30	26 10 58	27 01 51	19 19 33
4 Th	9 33 45	10 ♏ 22 07	16 49 15	2 53 41	14 00 47	8 32 58	4 37 60	28 22 46	26 03 25	23 09 30	0 58 56	26 11 09	27 00 25	19 19 43
5 F	10 35 52	23 13 31	29 31 26	3 44 35	15 17 60	9 16 10	5 00 00	28 39 34	26 12 43	23 17 24	0 59 05	26 13 05	27 00 47	19 21 43
6 Sa	11 40 09	5 ♐ 49 35	12 ♐ 00 09	4 33 13	16 37 21	10 01 34	5 24 13	28 58 43	26 24 02	23 27 24	1 01 19	26 17 07	27 03 18	19 25 53
7 Su	12 46 33	18 13 57	24 18 57	5 18 59	17 58 48	10 49 06	5 50 33	29 20 07	26 37 18	23 39 25	1 05 34	26 23 11	27 07 55	19 32 10
8 M	13 54 38	0 ♑ 29 36	6 ♑ 30 32	6 00 53	19 21 54	11 38 19	6 18 35	29 43 22	26 52 04	23 53 01	1 11 23	26 30 50	27 14 12	19 40 08
9 Tu	15 03 40	12 38 43	18 36 48	6 37 35	20 45 56	12 28 31	6 47 37	0 ♏ 07 43	27 07 38	24 07 29	1 18 05	26 39 22	27 21 25	19 49 04
10 W	16 12 49	24 42 47	0 ♒ 39 04	7 07 34	22 10 03	13 18 51	7 16 46	0 32 20	27 23 07	24 21 59	1 24 47	26 47 56	27 28 44	19 58 06
11 Th	17 21 14	6 ♒ 42 56	12 38 18	7 29 19	23 33 25	14 08 28	7 45 12	0 56 22	27 37 43	24 35 39	1 30 40	26 55 42	27 35 19	20 06 25
12 F	18 28 13	18 40 11	24 35 27	7 41 25	24 55 19	14 56 41	8 12 14	1 19 07	27 50 42	24 47 47	1 35 01	27 01 57	27 40 27	20 13 17
13 Sa	19 33 20	0 ♓ 35 44	6 ♓ 31 45	7 42 44	26 15 19	15 43 01	8 37 23	1 40 07	28 01 37	24 57 57	1 37 24	27 06 13	27 43 41	20 18 16
14 Su	20 36 23	12 31 13	18 29 02	7 32 29	27 33 15	16 27 20	9 00 31	1 59 12	28 10 18	25 05 58	1 37 38	27 08 22	27 44 51	20 21 13
15 M	21 37 33	24 28 58	0 ♈ 29 51	7 10 19	28 49 15	17 09 46	9 21 45	2 16 32	28 16 55	25 11 59	1 35 52	27 08 32	27 44 06	20 22 15
16 Tu	22 37 16	6 ♈ 32 05	12 37 33	6 36 24	0 ♍ 03 47	17 50 46	9 41 33	2 32 32	28 21 53	25 16 27	1 32 34	27 07 10	27 41 53	20 21 51
17 W	23 36 09	18 44 24	24 56 14	5 51 20	1 17 27	18 30 57	10 00 32	2 47 51	28 25 51	25 19 59	1 28 21	27 04 54	27 38 51	20 20 36
18 Th	24 34 58	1 ♉ 10 19	7 ♉ 30 29	4 56 12	2 31 02	19 11 06	10 19 27	3 03 13	28 29 32	25 23 21	1 23 58	27 02 29	27 35 43	20 19 17
19 F	25 34 25	13 54 29	20 24 57	3 52 30	3 45 14	19 51 53	10 39 02	3 19 21	28 33 41	25 27 14	1 20 09	27 00 37	27 33 12	20 18 37
20 Sa	26 35 04	27 01 20	3 ♊ 43 50	2 42 05	5 00 35	20 33 54	10 59 48	3 36 48	28 38 49	25 32 14	1 17 25	26 59 51	27 31 53	20 19 07
21 Su	27 37 12	10 ♊ 34 23	17 30 04	1 27 01	6 17 25	21 17 25	11 22 04	3 55 51	28 45 15	25 38 35	1 16 06	27 00 30	27 32 02	20 21 07
22 M	28 40 47	24 35 27	1 ♋ 44 29	0 09 30	7 35 39	22 02 23	11 45 46	4 16 27	28 52 55	25 46 17	1 16 07	27 02 31	27 33 36	20 24 33
23 Tu	29 45 25	9 ♋ 03 50	16 25 02	28 ♌ 51 43	8 54 55	22 48 25	12 10 32	4 38 14	29 01 27	25 54 55	1 17 07	27 05 30	27 36 14	20 29 02
24 W	0 ♍ 50 29	23 55 48	1 ♌ 26 26	27 35 47	10 14 35	23 34 55	12 35 45	5 00 34	29 10 13	26 03 53	1 18 28	27 08 50	27 39 17	20 33 57
25 Th	1 55 16	9 ♌ 04 25	16 40 21	26 23 40	11 33 58	24 21 10	13 00 42	5 22 44	29 18 31	26 12 28	1 19 28	27 11 50	27 42 03	20 38 36
26 F	2 59 10	24 20 15	1 ♍ 56 28	25 17 12	12 52 26	25 06 32	13 24 44	5 44 07	29 25 42	26 20 02	1 19 30	27 13 51	27 43 56	20 42 21
27 Sa	4 01 46	9 ♍ 32 45	17 04 12	24 17 58	14 09 34	25 50 39	13 47 30	6 04 20	29 31 24	26 26 13	1 18 10	27 14 30	27 44 30	20 44 49
28 Su	5 03 00	24 32 02	1 ♎ 54 23	23 27 27	15 25 20	26 33 24	14 08 54	6 23 17	29 35 32	26 30 55	1 15 24	27 13 44	27 43 43	20 45 55
29 M	6 03 06	9 ♎ 10 18	16 20 34	22 46 50	16 39 56	27 15 03	14 29 11	6 41 13	29 38 20	26 34 22	1 11 25	27 11 44	27 41 48	20 45 53
30 Tu	7 02 30	23 22 46	0 ♏ 19 28	22 17 03	17 53 49	27 56 02	14 48 46	6 58 33	29 40 14	26 37 02	1 06 42	27 08 60	27 39 11	20 45 10

LONGITUDE — December 2038

Day	☉	0 hr ☽	Noon ☽	☿	♀	♂	⚵	⚳	♃	♄	⚷	♅	♆	♇
1 W	8 ♍ 01 46	7 ♏ 07 43	13 ♏ 50 45	21 ♌ 58 38	19 ♍ 07 32	28 ♌ 36 54	15 ♍ 08 12	7 ♏ 15 52	29 ♉ 41 48	26 ♊ 39 26	1 ♈ 01 45	27 ♈ 06 02	27 ♑ 36 26	20 ♏ 44 19
2 Th	9 01 23	20 26 04	26 56 24	21 51 47	20 21 36	29 18 09	15 28 01	7 33 38	29 43 31	26 42 06	0 57 08	27 03 23	27 34 04	20 43 50
3 F	10 01 45	3 ♐ 20 29	9 ♐ 39 47	21 56 18	21 36 24	0 ♍ 00 11	15 48 35	7 52 16	29 45 48	26 45 25	0 53 12	27 01 25	27 32 27	20 44 07
4 Sa	11 03 03	15 54 45	22 05 02	22 11 37	22 52 06	0 43 10	16 10 05	8 11 56	29 48 48	26 49 32	0 50 09	27 00 20	27 31 46	20 45 20
5 Su	12 05 16	28 12 60	4 ♑ 16 28	22 36 53	24 08 42	1 27 07	16 32 31	8 32 37	29 52 31	26 54 29	0 47 58	27 00 06	27 32 02	20 47 29
6 M	13 08 13	10 ♑ 19 23	16 18 07	23 11 03	25 26 01	2 11 49	16 55 40	8 54 08	29 56 46	27 00 03	0 46 27	27 00 32	27 33 01	20 50 22
7 Tu	14 11 35	22 17 44	28 13 41	23 52 56	26 43 45	2 56 58	17 19 15	9 16 10	0 ♊ 01 15	27 05 56	0 45 20	27 01 21	27 34 27	20 53 41
8 W	15 15 01	4 ♒ 11 27	10 ♒ 06 20	24 41 23	28 01 31	3 42 13	17 42 55	9 38 22	0 05 35	27 11 46	0 44 14	27 02 10	27 35 58	20 57 05
9 Th	16 18 12	16 03 29	21 58 44	25 35 18	29 19 02	4 27 15	18 06 19	10 00 24	0 09 28	27 17 15	0 42 50	27 02 41	27 37 14	21 00 15
10 F	17 20 53	27 56 22	3 ♓ 53 11	26 33 44	0 ♎ 36 00	5 11 49	18 29 13	10 22 01	0 12 38	27 22 07	0 40 54	27 02 38	27 38 01	21 02 55
11 Sa	18 22 55	9 ♓ 52 16	15 51 40	27 35 55	1 52 19	5 55 46	18 51 28	10 43 05	0 14 57	27 26 13	0 38 16	27 01 53	27 38 10	21 04 56
12 Su	19 24 18	21 53 07	27 55 60	28 41 16	3 07 58	6 39 05	19 13 04	11 03 35	0 16 25	27 29 33	0 34 57	27 00 25	27 37 41	21 06 19
13 M	20 25 06	4 ♈ 00 45	10 ♈ 07 56	29 49 24	4 23 01	7 21 51	19 34 05	11 23 35	0 17 05	27 32 12	0 31 01	26 58 21	27 36 38	21 07 08
14 Tu	21 25 30	16 59 22	22 29 18	1 ♍ 00 01	5 37 39	8 04 16	19 54 42	11 43 17	0 17 10	27 34 21	0 26 39	26 55 49	27 35 12	21 07 33
15 W	22 25 44	28 43 44	5 ♉ 02 05	2 12 60	6 52 05	8 46 32	20 15 08	12 02 53	0 16 51	27 36 12	0 22 05	26 53 03	27 33 36	21 07 49
16 Th	23 25 60	11 ♉ 23 03	17 48 24	3 28 12	8 06 32	9 28 52	20 35 35	12 22 36	0 16 21	27 37 57	0 17 30	26 50 16	27 32 03	21 08 06
17 F	24 26 26	24 17 02	0 ♊ 50 22	4 45 29	9 21 09	10 11 24	20 56 13	12 42 34	0 15 49	27 39 47	0 13 05	26 47 37	27 30 42	21 08 35
18 Sa	25 27 09	7 ♊ 27 44	14 09 59	6 04 42	10 36 01	10 54 15	21 17 07	13 02 53	0 15 21	27 41 46	0 08 55	26 45 12	27 29 38	21 09 21
19 Su	26 28 08	20 56 54	27 48 46	7 25 39	11 51 08	11 37 24	21 38 16	13 23 33	0 14 57	27 43 53	0 04 59	26 42 59	27 28 51	21 10 23
20 M	27 29 18	4 ♋ 45 38	11 ♋ 47 18	8 48 02	13 06 25	12 20 46	21 59 36	13 44 28	0 14 31	27 46 05	0 01 13	26 40 55	27 28 16	21 11 36
21 Tu	28 30 33	18 53 53	26 04 51	10 11 37	14 21 45	13 04 14	22 20 59	14 05 33	0 13 57	27 48 14	29 ♓ 57 30	26 38 53	27 27 46	21 12 55
22 W	29 31 45	3 ♌ 20 06	10 ♌ 38 57	11 36 08	15 37 03	13 47 42	22 42 20	14 26 39	0 13 07	27 50 14	29 53 43	26 36 46	27 27 16	21 14 11
23 Th	0 ♎ 32 52	18 00 52	25 25 09	13 01 26	16 52 14	14 31 07	23 03 35	14 47 44	0 12 00	27 52 01	29 49 51	26 34 31	27 26 41	21 15 23
24 F	1 33 55	2 ♍ 50 53	10 ♍ 17 19	14 27 25	18 07 20	15 14 29	23 24 45	15 08 50	0 10 36	27 53 37	29 45 53	26 32 09	27 26 04	21 16 31
25 Sa	2 34 58	17 43 18	25 08 04	15 54 07	19 22 25	15 57 54	23 45 54	15 29 60	0 09 01	27 55 06	29 41 55	26 29 45	27 25 28	21 17 40
26 Su	3 36 09	2 ♎ 30 33	9 ♎ 49 47	17 21 33	20 37 37	16 41 29	24 07 11	15 51 22	0 07 21	27 56 37	29 38 06	26 27 28	27 25 02	21 18 58
27 M	4 37 34	17 05 13	24 15 36	18 49 48	21 53 03	17 25 21	24 28 42	16 13 03	0 05 43	27 58 14	29 34 30	26 25 23	27 24 51	21 20 31
28 Tu	5 39 16	1 ♏ 21 09	8 ♏ 20 19	20 18 52	23 08 46	18 09 32	24 50 29	16 35 06	0 04 11	28 00 02	29 31 12	26 23 33	27 24 60	21 22 22
29 W	6 41 13	15 14 06	22 00 47	21 48 40	24 24 42	18 54 01	25 12 31	16 57 27	0 02 41	28 01 59	29 28 09	26 21 57	27 25 25	21 24 29
30 Th	7 43 18	28 42 03	5 ♐ 16 10	23 19 02	25 40 46	19 38 39	25 34 40	17 20 01	0 01 08	28 03 56	29 25 15	26 20 27	27 26 00	21 26 45
31 F	8 45 19	11 ♐ 45 07	18 07 32	24 49 47	26 56 45	20 23 17	25 56 44	17 42 35	29 ♉ 59 20	28 05 44	29 22 17	26 18 52	27 26 34	21 28 58

Notes

January 2039

LONGITUDE

Day	☉	0 hr ☽	Noon ☽	☿	♀	♂	⚵	⚳	♃	♄	⚷	♅	♆	♇
1 Sa	9 ♎ 47 04	24 ♐ 25 17	0 ♑ 37 37	26 ♍ 20 41	28 ♎ 12 27	21 ♍ 07 41	26 ♍ 18 32	18 ♏ 04 57	29 ♉ 57 05	28 ♊ 07 08	29 ♓ 19 05	26 ♈ 17 00	27 ♑ 26 53	21 ♏ 30 56
2 Su	10 48 23	6 ♑ 45 50	12 50 11	27 51 33	29 27 42	21 51 41	26 39 53	18 26 57	29 54 12	28 08 00	29 15 28	26 14 41	27 26 48	21 32 29
3 M	11 49 09	18 51 02	24 49 44	29 22 15	0 ♏ 42 25	22 35 11	27 00 41	18 48 29	29 50 36	28 08 14	29 11 19	26 11 49	27 26 14	21 33 30
4 Tu	12 49 24	0 ♒ 45 36	6 ♒ 41 03	0 ♎ 52 50	1 56 35	23 18 13	27 20 58	19 09 34	29 46 18	28 07 49	29 06 41	26 08 24	27 25 10	21 34 02
5 W	13 49 16	12 34 28	18 28 58	2 23 25	3 10 21	24 00 54	27 40 50	19 30 19	29 41 25	28 06 55	29 01 41	26 04 36	27 23 45	21 34 12
6 Th	14 48 58	24 22 24	0 ♓ 18 05	3 54 14	4 23 58	24 43 29	28 00 32	19 50 59	29 36 14	28 05 46	28 56 35	26 00 38	27 22 14	21 34 13
7 F	15 48 51	6 ♓ 13 50	12 12 34	5 25 36	5 37 44	25 26 17	28 20 24	20 11 52	29 31 01	28 04 40	28 51 39	25 56 49	27 20 55	21 34 26
8 Sa	16 49 13	18 12 40	24 15 58	6 57 53	6 51 59	26 09 37	28 40 45	20 33 19	29 26 09	28 03 57	28 47 16	25 53 30	27 20 08	21 35 10
9 Su	17 50 23	0 ♈ 22 02	6 ♈ 31 03	8 31 20	8 07 00	26 53 47	29 01 52	20 55 37	29 21 53	28 03 56	28 43 42	25 50 58	27 20 10	21 36 42
10 M	18 52 31	12 44 14	18 59 43	10 06 12	9 22 60	27 38 59	29 23 57	21 18 58	29 18 26	28 04 47	28 41 09	25 49 24	27 21 13	21 39 14
11 Tu	19 55 39	25 20 38	1 ♉ 42 59	11 42 29	10 39 59	28 25 14	29 47 01	21 43 22	29 15 50	28 06 32	28 39 38	25 48 50	27 23 20	21 42 47
12 W	20 59 40	8 ♉ 11 42	14 40 59	13 20 06	11 57 49	29 12 24	0 ♎ 10 57	22 08 42	29 13 56	28 09 03	28 39 03	25 49 09	27 26 21	21 47 14
13 Th	22 04 13	21 17 08	27 53 11	14 58 41	13 16 11	0 ♎ 00 09	0 35 24	22 34 37	29 12 25	28 12 00	28 39 01	25 49 59	27 29 56	21 52 14
14 F	23 08 51	4 ♊ 36 01	11 ♊ 18 30	16 37 49	14 34 36	0 48 01	0 59 54	23 00 40	29 10 49	28 14 55	28 39 07	25 50 54	27 33 38	21 57 19
15 Sa	24 13 01	18 07 09	24 55 41	18 16 59	15 52 34	1 35 29	1 23 55	23 26 20	29 08 37	28 17 17	28 38 49	25 51 22	27 36 56	22 01 58
16 Su	25 16 17	1 ♋ 49 16	8 ♋ 43 27	19 55 43	17 09 36	2 22 05	1 47 01	23 51 07	29 05 21	28 18 38	28 37 39	25 50 55	27 39 21	22 05 44
17 M	26 18 22	15 41 16	22 40 39	21 33 47	18 25 26	3 07 31	2 08 54	24 14 46	29 00 44	28 18 41	28 35 19	25 49 17	27 40 36	22 08 18
18 Tu	27 19 13	29 42 12	6 ♌ 46 14	23 11 10	19 40 01	3 51 48	2 29 32	24 37 16	28 54 45	28 17 24	28 31 50	25 46 25	27 40 41	22 09 41
19 W	28 19 08	13 ♌ 51 11	20 59 10	24 48 08	20 53 39	4 35 11	2 49 12	24 58 51	28 47 42	28 15 05	28 27 27	25 42 38	27 39 52	22 10 08
20 Th	29 18 39	28 07 08	5 ♍ 17 56	26 25 16	22 06 53	5 18 13	3 08 27	25 20 06	28 40 07	28 12 17	28 22 44	25 38 27	27 38 41	22 10 12
21 F	0 ♏ 18 28	12 ♍ 28 19	19 40 23	28 03 16	23 20 24	6 01 35	3 27 58	25 41 42	28 32 42	28 09 39	28 18 22	25 34 35	27 37 51	22 10 35
22 Sa	1 19 15	26 52 03	4 ♎ 03 21	29 42 50	24 34 53	6 45 59	3 48 27	26 04 19	28 26 08	28 07 55	28 15 02	25 31 42	27 38 02	22 11 57
23 Su	2 21 34	11 ♎ 14 37	18 22 46	1 ♏ 24 31	25 50 52	7 31 57	4 10 25	26 28 31	28 20 58	28 07 36	28 13 18	25 30 22	27 39 46	22 14 52
24 M	3 25 38	25 31 23	2 ♏ 33 52	3 08 33	27 08 35	8 19 44	4 34 06	26 54 31	28 17 26	28 08 57	28 13 22	25 30 47	27 43 19	22 19 34
25 Tu	4 31 22	9 ♏ 37 18	16 31 50	4 54 51	28 27 57	9 09 12	4 59 26	27 22 13	28 15 27	28 11 52	28 15 10	25 32 53	27 48 34	22 25 56
26 W	5 38 18	23 27 37	0 ♐ 12 28	6 42 60	29 48 32	9 59 56	5 25 57	27 51 11	28 14 36	28 15 55	28 18 16	25 36 14	27 55 05	22 33 32
27 Th	6 45 46	6 ♐ 58 34	13 32 49	8 32 17	1 ♐ 09 37	10 51 16	5 52 58	28 20 44	28 14 10	28 20 24	28 21 57	25 40 08	28 02 10	22 41 41
28 F	7 52 59	20 07 57	26 31 35	10 21 56	2 30 27	11 42 23	6 19 42	28 50 05	28 13 25	28 24 33	28 25 29	25 43 49	28 09 04	22 49 37
29 Sa	8 59 13	2 ♑ 55 24	9 ♑ 09 13	12 11 12	3 50 17	12 32 35	6 45 26	29 18 30	28 11 35	28 27 38	28 28 06	25 46 32	28 15 01	22 56 35
30 Su	10 03 55	15 22 25	21 27 58	13 59 32	5 08 34	13 21 18	7 09 37	29 45 25	28 08 09	28 29 07	28 29 16	25 47 46	28 19 30	23 02 02
31 M	11 06 50	27 32 06	3 ♒ 31 27	15 46 38	6 25 03	14 08 16	7 31 58	0 ♐ 10 37	28 02 51	28 28 44	28 28 44	25 47 15	28 22 15	23 05 44

February 2039

LONGITUDE

Day	☉	0 hr ☽	Noon ☽	☿	♀	♂	⚵	⚳	♃	♄	⚷	♅	♆	♇
1 Tu	12 ♏ 08 03	9 ♒ 28 55	15 ♒ 24 30	17 ♏ 32 33	7 ♐ 39 50	14 ♎ 53 37	7 ♎ 52 37	0 ♐ 34 10	27 ♉ 55 49	28 ♊ 26 34	28 ♓ 26 36	25 ♈ 45 04	28 ♑ 23 21	23 ♏ 07 46
2 W	13 07 58	21 18 13	27 12 38	19 17 40	8 53 18	15 37 43	8 11 56	0 56 28	27 47 25	28 23 03	28 23 15	25 41 37	28 23 13	23 08 32
3 Th	14 07 16	3 ♓ 05 54	9 ♓ 01 47	21 02 35	10 06 08	16 21 14	8 30 35	1 18 11	27 38 20	28 18 50	28 19 22	25 37 36	28 22 30	23 08 42
4 F	15 06 45	14 57 58	20 57 47	22 48 01	11 19 08	17 05 00	8 49 24	1 40 09	27 29 24	28 14 44	28 15 45	25 33 48	28 22 02	23 09 04
5 Sa	16 07 14	27 00 04	3 ♈ 06 01	24 34 43	12 33 07	17 49 50	9 09 11	2 03 09	27 21 26	28 11 34	28 13 15	25 31 03	28 22 37	23 10 28
6 Su	17 09 25	9 ♈ 17 05	15 30 55	26 23 16	13 48 47	18 36 25	9 30 39	2 27 54	27 15 08	28 10 02	28 12 32	25 30 03	28 24 58	23 13 36
7 M	18 13 45	21 52 42	28 15 34	28 13 57	15 06 35	19 25 12	9 54 13	2 54 50	27 10 56	28 10 35	28 14 04	25 31 15	28 29 31	23 18 53
8 Tu	19 20 18	4 ♉ 48 58	11 ♉ 21 20	0 ♐ 06 41	16 26 35	20 16 16	10 19 59	3 24 03	27 08 57	28 13 18	28 17 54	25 34 42	28 36 20	23 26 26
9 W	20 28 45	18 06 05	24 47 38	2 00 56	17 48 28	21 09 17	10 47 36	3 55 11	27 08 51	28 17 51	28 23 44	25 40 06	28 45 06	23 35 54
10 Th	21 38 24	1 ♊ 42 20	8 ♊ 32 00	3 55 46	19 11 31	22 03 33	11 16 23	4 27 34	27 09 55	28 23 32	28 30 51	25 46 45	28 55 07	23 46 35
11 F	22 48 16	15 34 19	22 30 28	5 49 57	20 34 47	22 58 05	11 45 21	5 00 12	27 11 13	28 29 22	28 38 18	25 53 40	29 05 24	23 57 30
12 Sa	23 57 18	29 37 30	6 ♋ 38 13	7 42 04	21 57 11	23 51 51	12 13 26	5 32 03	27 11 40	28 34 20	28 44 60	25 59 47	29 14 54	24 07 37
13 Su	25 04 35	13 ♋ 47 06	20 50 28	9 30 53	23 17 48	24 43 54	12 39 43	6 02 11	27 10 22	28 37 28	28 50 03	26 04 13	29 22 42	24 15 60
14 M	26 09 34	27 58 51	5 ♌ 03 13	11 15 23	24 36 07	25 33 43	13 03 40	6 30 03	27 06 47	28 38 16	28 52 54	26 06 23	29 28 16	24 22 06
15 Tu	27 12 13	12 ♌ 09 39	19 13 50	12 55 05	25 52 03	26 21 15	13 25 14	6 55 37	27 00 52	28 36 40	28 53 30	26 06 16	29 31 32	24 25 53
16 W	28 13 00	26 17 48	3 ♍ 21 01	14 29 57	27 06 07	27 06 59	13 44 54	7 19 22	26 53 07	28 33 09	28 52 21	26 04 22	29 32 59	24 27 50
17 Th	29 12 54	10 ♍ 22 51	17 24 36	16 00 22	28 19 15	27 51 51	14 03 37	7 42 14	26 44 29	28 28 42	28 50 24	26 01 36	29 33 36	24 28 53
18 F	0 ♐ 13 03	24 25 04	1 ♎ 24 57	17 26 54	29 32 38	28 37 03	14 22 33	8 05 25	26 36 10	28 24 27	28 48 49	25 59 09	29 34 31	24 30 14
19 Sa	1 14 39	8 ♎ 24 44	15 22 09	18 50 04	0 ♑ 47 26	29 23 44	14 42 51	8 30 04	26 29 19	28 21 36	28 48 46	25 58 12	29 36 55	24 33 02
20 Su	2 18 35	22 21 28	29 15 37	20 10 06	2 04 32	0 ♏ 12 48	15 05 27	8 57 05	26 24 50	28 21 03	28 51 09	25 59 38	29 41 43	24 38 11
21 M	3 25 18	6 ♏ 13 55	13 ♏ 03 38	21 26 48	3 24 24	1 04 42	15 30 47	9 26 55	26 23 13	28 23 15	28 56 26	26 03 55	29 49 21	24 46 09
22 Tu	4 34 42	19 59 36	26 43 35	22 39 23	4 46 56	1 59 21	15 58 45	9 59 29	26 24 20	28 28 06	29 04 31	26 10 58	29 59 43	24 56 49
23 W	5 46 12	3 ♐ 35 15	10 ♐ 12 13	23 46 36	6 11 32	2 56 07	16 28 45	10 34 09	26 27 36	28 35 00	29 14 47	26 20 09	0 ♒ 12 14	25 09 36
24 Th	6 58 47	16 57 27	23 26 27	24 46 51	7 37 11	3 54 03	16 59 46	11 09 57	26 32 02	28 42 58	29 26 15	26 30 30	0 25 53	25 23 30
25 F	8 11 16	0 ♑ 03 20	6 ♑ 23 53	25 38 26	9 02 44	4 51 56	17 30 39	11 45 41	26 36 27	28 50 49	29 37 45	26 40 49	0 39 30	25 37 19
26 Sa	9 22 31	12 51 08	19 03 27	26 19 45	10 27 00	5 48 38	18 00 15	12 20 14	26 39 44	28 57 25	29 48 07	26 49 58	0 51 56	25 49 56
27 Su	10 31 39	25 20 44	1 ♒ 25 42	26 49 34	11 49 09	6 43 16	18 27 40	12 52 41	26 40 60	29 01 53	29 56 29	26 57 05	1 02 19	26 00 27
28 M	11 38 10	7 ♒ 33 44	13 32 53	27 07 11	13 08 38	7 35 21	18 52 24	13 22 34	26 39 45	29 03 44	0 ♈ 02 22	27 01 39	1 10 08	26 08 23

Notes

LONGITUDE — March 2039

Day	☉	0 hr ☽	Noon ☽	☿	♀	♂	⚵	⚳	♃	♄	⚷	♅	♆	♇
1 Tu	12 ♐ 42 03	19 ♒ 33 28	25 ♒ 28 50	27 ♐ 12 29	14 ♑ 25 28	8 ♏ 24 50	19 ♎ 14 27	13 ♐ 49 50	26 ♉ 35 58	29 ♊ 02 55	0 ♈ 05 43	27 ♈ 03 40	1 ♒ 15 22	26 ♏ 13 42
2 W	13 43 44	1 ♓ 24 41	7 ♓ 18 45	27 06 03	15 40 04	9 12 12	19 34 14	14 14 56	26 30 06	28 59 55	0 06 59	27 03 33	1 18 28	26 16 51
3 Th	14 44 03	13 13 16	19 08 42	26 48 57	16 53 15	9 58 13	19 52 36	14 38 42	26 22 58	28 55 32	0 06 60	27 02 09	1 20 15	26 18 39
4 F	15 44 03	25 05 42	1 ♈ 05 18	26 22 45	18 06 06	10 43 60	20 10 34	15 02 11	26 15 39	28 50 50	0 06 49	27 00 30	1 21 46	26 20 10
5 Sa	16 44 51	7 ♈ 08 41	13 15 07	25 49 15	19 19 43	11 30 38	20 29 18	15 26 30	26 09 17	28 46 56	0 07 33	26 59 45	1 24 09	26 22 30
6 Su	17 47 28	19 28 26	25 44 07	25 10 19	20 35 07	12 19 07	20 49 45	15 52 39	26 04 51	28 44 52	0 10 14	27 00 53	1 28 25	26 26 41
7 M	18 52 34	2 ♉ 10 11	8 ♉ 36 55	24 27 40	21 52 58	13 10 10	21 12 39	16 21 20	26 03 03	28 45 17	0 15 30	27 04 35	1 35 12	26 33 23
8 Tu	20 00 22	15 17 25	21 56 14	23 42 46	23 13 30	14 03 58	21 38 10	16 52 44	26 04 06	28 48 26	0 23 37	27 11 04	1 44 46	26 42 48
9 W	21 10 35	28 51 20	5 ♊ 42 08	22 56 35	24 36 23	15 00 13	22 06 02	17 26 35	26 07 42	28 53 59	0 34 14	27 20 03	1 56 47	26 54 39
10 Th	22 22 22	12 ♊ 50 21	19 51 52	22 09 41	26 00 48	15 58 06	22 35 23	18 02 01	26 13 02	29 01 08	0 46 33	27 30 41	2 10 26	27 08 07
11 F	23 34 33	27 10 09	4 ♋ 19 59	21 22 16	27 25 34	16 56 26	23 05 04	18 37 53	26 18 54	29 08 41	0 59 23	27 41 47	2 24 32	27 21 59
12 Sa	24 45 48	11 ♋ 44 10	18 59 07	20 34 21	28 49 22	17 53 53	23 33 44	19 12 50	26 23 60	29 15 20	1 11 24	27 52 02	2 37 45	27 34 56
13 Su	25 54 58	26 24 38	3 ♌ 41 15	19 46 04	0 ♒ 11 03	18 49 19	24 00 15	19 45 44	26 27 11	29 19 55	1 21 27	28 00 18	2 48 57	27 45 50
14 M	27 01 22	11 ♌ 04 02	18 19 10	18 57 50	1 29 54	19 41 60	24 23 53	20 15 53	26 27 44	29 21 44	1 28 49	28 05 51	2 57 24	27 53 58
15 Tu	28 04 53	25 36 20	2 ♍ 47 37	18 10 33	2 45 50	20 31 52	24 44 34	20 43 10	26 25 35	29 20 43	1 33 26	28 08 37	3 03 02	27 59 15
16 W	29 06 04	9 ♍ 57 46	17 03 44	17 25 33	3 59 23	21 19 27	25 02 50	21 08 08	26 21 17	29 17 23	1 35 50	28 09 08	3 06 23	28 02 13
17 Th	0 ♑ 06 00	24 06 56	1 ♎ 06 57	16 44 33	5 11 38	22 05 49	25 19 45	21 31 52	26 15 53	29 12 49	1 37 06	28 08 28	3 08 31	28 03 56
18 F	1 06 01	8 ♎ 04 16	14 58 19	16 09 21	6 23 54	22 52 18	25 36 38	21 55 41	26 10 45	29 08 22	1 38 32	28 07 57	3 10 46	28 05 45
19 Sa	2 07 26	21 51 11	28 39 32	15 41 35	7 37 31	23 40 14	25 54 50	22 20 55	26 07 10	29 05 20	1 41 29	28 08 54	3 14 28	28 08 59
20 Su	3 11 15	5 ♏ 29 18	12 ♏ 12 12	15 22 26	8 53 30	24 30 37	26 15 20	22 48 35	26 06 12	29 04 45	1 46 57	28 12 22	3 20 37	28 14 38
21 M	4 18 00	18 59 34	25 37 07	15 12 30	10 12 22	25 23 58	26 38 41	23 19 12	26 08 21	29 07 09	1 55 28	28 18 51	3 29 46	28 23 14
22 Tu	5 27 39	2 ♐ 22 01	8 ♐ 54 07	15 11 40	11 34 04	26 20 16	27 04 48	23 52 43	26 13 34	29 12 29	2 06 59	28 28 17	3 41 50	28 34 45
23 W	6 39 34	15 35 42	22 02 01	15 19 13	12 57 59	27 18 52	27 33 05	24 28 30	26 21 15	29 20 07	2 20 53	28 40 05	3 56 13	28 48 32
24 Th	7 52 43	28 38 57	4 ♑ 59 09	15 33 58	14 23 06	28 18 45	28 02 30	25 05 34	26 30 23	29 29 04	2 36 08	28 53 13	4 11 54	29 03 36
25 F	9 05 54	11 ♑ 29 54	17 43 48	15 54 28	15 48 10	29 18 42	28 31 50	25 42 39	26 39 44	29 38 04	2 51 32	29 06 27	4 27 39	29 18 42
26 Sa	10 17 53	24 07 06	0 ♒ 14 49	16 19 18	17 11 60	0 ♐ 17 30	28 59 52	26 18 34	26 48 06	29 45 57	3 05 51	29 18 35	4 42 15	29 32 37
27 Su	11 27 43	6 ♒ 30 00	12 32 05	16 47 13	18 33 36	1 14 11	29 25 38	26 52 20	26 54 31	29 51 44	3 18 07	29 28 39	4 54 45	29 44 24
28 M	12 34 48	18 39 23	24 36 53	17 17 22	19 52 24	2 08 10	29 48 32	27 23 21	26 58 23	29 54 49	3 27 45	29 36 03	5 04 32	29 53 27
29 Tu	13 38 59	0 ♓ 37 29	6 ♓ 31 57	17 49 24	21 08 15	2 59 17	0 ♏ 08 25	27 51 30	26 59 35	29 55 06	3 34 37	29 40 40	5 11 30	29 59 38
30 W	14 40 38	12 27 57	18 21 23	18 23 22	22 21 30	3 47 55	0 25 40	28 17 08	26 58 28	29 52 54	3 39 03	29 42 50	5 15 58	0 ♐ 03 18
31 Th	15 40 29	24 15 45	0 ♈ 10 33	18 59 46	23 32 53	4 34 47	0 40 58	28 40 58	26 55 45	29 48 59	3 41 47	29 43 16	5 18 40	0 05 11

LONGITUDE — April 2039

Day	☉	0 hr ☽	Noon ☽	☿	♀	♂	⚵	⚳	♃	♄	⚷	♅	♆	♇
1 F	16 ♑ 39 31	6 ♈ 06 48	12 ♈ 05 36	19 ♐ 39 23	24 ♒ 43 23	5 ♐ 20 53	0 ♏ 55 21	29 ♐ 03 60	26 ♉ 52 27	29 ♊ 44 19	3 ♈ 43 50	29 ♈ 42 60	5 ♒ 20 37	0 ♐ 06 16
2 Sa	17 38 51	18 07 34	24 13 08	20 23 06	25 54 06	6 07 19	1 09 54	29 27 20	26 49 40	29 40 02	3 46 18	29 43 07	5 22 54	0 07 41
3 Su	18 39 31	0 ♉ 24 35	6 ♉ 39 35	21 11 42	27 06 05	6 55 06	1 25 39	29 52 00	26 48 25	29 37 09	3 50 12	29 44 39	5 26 34	0 10 26
4 M	19 42 14	13 03 48	19 30 35	22 05 46	28 20 03	7 45 00	1 43 20	0 ♑ 18 45	26 49 28	29 36 25	3 56 16	29 48 20	5 32 20	0 15 16
5 Tu	20 47 21	26 09 56	2 ♊ 50 08	23 05 27	29 36 20	8 37 20	2 03 16	0 47 53	26 53 08	29 38 10	4 04 51	29 54 31	5 40 33	0 22 31
6 W	21 54 41	9 ♊ 45 37	16 39 50	24 10 24	0 ♓ 54 45	9 31 55	2 25 18	1 19 15	26 59 14	29 42 13	4 15 45	0 ♉ 03 00	5 51 01	0 31 60
7 Th	23 03 33	23 50 44	0 ♋ 58 12	25 19 47	2 14 38	10 28 06	2 48 44	1 52 11	27 07 06	29 47 55	4 28 19	0 13 07	6 03 05	0 43 02
8 F	24 12 56	8 ♋ 21 56	15 40 23	26 32 26	3 34 56	11 24 48	3 12 31	2 25 36	27 15 41	29 54 11	4 41 29	0 23 50	6 15 41	0 54 36
9 Sa	25 21 36	23 12 46	0 ♌ 38 36	27 47 01	4 54 26	12 20 50	3 35 28	2 58 19	27 23 47	29 59 51	4 54 03	0 33 56	6 27 38	1 05 28
10 Su	26 28 30	8 ♌ 14 28	15 43 16	29 02 20	6 12 04	13 15 07	3 56 28	3 29 15	27 30 20	0 ♋ 03 49	5 04 57	0 42 20	6 37 50	1 14 35
11 M	27 32 55	23 17 23	0 ♍ 44 42	0 ♑ 17 36	7 27 09	14 06 58	4 14 52	3 57 43	27 34 38	0 05 25	5 13 28	0 48 21	6 45 37	1 21 14
12 Tu	28 34 44	8 ♍ 12 44	15 34 47	1 32 34	8 39 30	14 56 14	4 30 29	4 23 34	27 36 32	0 04 29	5 19 29	0 51 50	6 50 48	1 25 16
13 W	29 34 21	22 53 55	0 ♎ 08 02	2 47 35	9 49 35	15 43 21	4 43 45	4 47 14	27 36 28	0 01 27	5 23 24	0 53 14	6 53 51	1 27 08
14 Th	0 ♒ 32 41	7 ♎ 17 08	14 21 55	4 03 27	10 58 15	16 29 11	4 55 33	5 09 35	27 35 19	29 ♊ 57 14	5 26 07	0 53 24	6 55 38	1 27 43
15 F	1 30 51	21 21 14	28 16 20	5 21 15	12 06 39	17 14 53	5 07 00	5 31 46	27 34 13	29 52 56	5 28 46	0 53 29	6 57 16	1 28 08
16 Sa	2 29 58	5 ♏ 07 04	11 ♏ 52 52	6 42 01	13 15 54	18 01 33	5 19 14	5 54 53	27 34 17	29 49 41	5 32 28	0 54 36	6 59 54	1 29 31
17 Su	3 30 53	18 36 30	25 13 47	8 06 35	14 26 51	18 50 04	5 33 06	6 19 48	27 36 22	29 48 21	5 38 04	0 57 37	7 04 22	1 32 42
18 M	4 34 05	1 ♐ 51 40	8 ♐ 21 21	9 35 22	15 39 58	19 40 52	5 49 04	6 46 58	27 40 57	29 49 22	5 46 02	1 02 58	7 11 08	1 38 10
19 Tu	5 39 32	14 54 22	21 17 18	11 08 17	16 55 13	20 33 56	6 07 05	7 16 23	27 48 00	29 52 46	5 56 20	1 10 41	7 20 12	1 45 55
20 W	6 46 48	27 45 47	4 ♑ 02 41	12 44 52	18 12 10	21 28 50	6 26 43	7 47 36	27 57 04	29 58 04	6 08 33	1 20 16	7 31 05	1 55 27
21 Th	7 55 04	10 ♑ 26 27	16 37 53	14 24 18	19 29 60	22 24 45	6 47 11	8 19 48	28 07 22	0 ♋ 04 29	6 21 52	1 30 56	7 43 01	2 06 01
22 F	9 03 25	22 56 33	29 02 60	16 05 38	20 47 47	23 20 46	7 07 31	8 52 04	28 17 58	0 11 05	6 35 20	1 41 47	7 55 03	2 16 39
23 Sa	10 10 53	5 ♒ 16 05	11 ♒ 18 05	17 47 54	22 04 35	24 15 57	7 26 47	9 23 27	28 27 54	0 16 56	6 48 03	1 51 50	8 06 15	2 26 27
24 Su	11 16 45	17 25 25	23 23 36	19 30 19	23 19 37	25 09 30	7 44 14	9 53 11	28 36 26	0 21 16	6 59 13	2 00 20	8 15 51	2 34 37
25 M	12 20 29	29 25 27	5 ♓ 20 42	21 12 25	24 32 25	26 00 58	7 59 21	10 20 47	28 43 04	0 23 36	7 08 22	2 06 49	8 23 23	2 40 40
26 Tu	13 21 57	11 ♓ 17 57	17 11 28	22 54 01	25 42 49	26 50 11	8 12 00	10 46 07	28 47 40	0 23 48	7 15 20	2 11 07	8 28 40	2 44 29
27 W	14 21 22	23 05 40	28 58 60	24 35 21	26 51 01	27 37 21	8 22 23	11 09 21	28 50 24	0 22 03	7 20 20	2 13 26	8 31 56	2 46 14
28 Th	15 19 13	4 ♈ 52 22	10 ♈ 47 23	26 16 53	27 57 29	28 22 57	8 30 58	11 31 00	28 51 47	0 18 51	7 23 52	2 14 16	8 33 39	2 46 26
29 F	16 16 11	16 42 39	22 41 32	27 59 21	29 02 57	29 07 43	8 38 29	11 51 46	28 52 31	0 14 54	7 26 36	2 14 19	8 34 32	2 45 46
30 Sa	17 13 05	28 41 49	4 ♉ 46 58	29 43 32	0 ♈ 08 11	29 52 25	8 45 42	12 12 27	28 53 24	0 11 01	7 29 22	2 14 23	8 35 23	2 45 02

Notes

May 2039

LONGITUDE

Day	☉	0 hr ☽	Noon ☽	☿	♀	♂	⚵	⚳	♃	♄	⚷	♅	♆	♇
1 Su	18 ♒ 10 41	10 ♉ 55 30	17 ♉ 09 24	1 ♒ 30 11	1 ♈ 13 57	0 ♑ 37 49	8 ♏ 53 23	12 ♑ 33 47	28 ♉ 55 10	0 ♋ 07 56	7 ♈ 32 54	2 ♉ 15 13	8 ♒ 36 56	2 ♐ 45 01
2 M	19 09 32	23 29 13	29 54 15	3 19 56	2 20 49	1 24 29	9 02 06	12 56 22	28 58 25	0 06 15	7 37 48	2 17 24	8 39 47	2 46 16
3 Tu	20 09 59	6 ♊ 27 51	13 ♊ 05 58	5 13 03	3 29 05	2 12 45	9 12 10	13 20 30	29 03 28	0 06 16	7 44 21	2 21 15	8 44 15	2 49 06
4 W	21 11 57	19 54 56	26 47 20	7 09 31	4 38 43	3 02 34	9 23 32	13 46 08	29 10 14	0 07 57	7 52 31	2 26 42	8 50 16	2 53 28
5 Th	22 15 03	3 ♋ 51 55	10 ♋ 58 35	9 08 56	5 49 18	3 53 32	9 35 48	14 12 53	29 18 22	0 10 54	8 01 55	2 33 22	8 57 27	2 58 60
6 F	23 18 39	18 17 27	25 36 57	11 10 38	7 00 11	4 44 59	9 48 19	14 40 06	29 27 11	0 14 27	8 11 52	2 40 37	9 05 09	3 05 01
7 Sa	24 21 57	3 ♌ 07 04	10 ♌ 36 24	13 13 49	8 10 35	5 36 10	10 00 18	15 06 59	29 35 54	0 17 51	8 21 37	2 47 39	9 12 35	3 10 45
8 Su	25 24 15	18 13 21	25 48 14	15 17 44	9 19 45	6 26 19	10 11 00	15 32 49	29 43 48	0 20 21	8 30 26	2 53 44	9 19 01	3 15 28
9 M	26 25 02	3 ♍ 26 49	11 ♍ 02 21	17 21 51	10 27 13	7 14 59	10 19 57	15 57 07	29 50 23	0 21 29	8 37 48	2 58 23	9 23 58	3 18 41
10 Tu	27 24 09	18 37 29	26 08 51	19 25 57	11 32 48	8 01 59	10 26 58	16 19 42	29 55 30	0 21 04	8 43 35	3 01 27	9 27 17	3 20 15
11 W	28 21 50	3 ♎ 36 19	10 ♎ 59 39	21 30 11	12 36 43	8 47 33	10 32 17	16 40 49	29 59 22	0 19 20	8 48 00	3 03 08	9 29 10	3 20 22
12 Th	29 18 35	18 16 39	25 29 17	23 34 57	13 39 28	9 32 10	10 36 23	17 00 57	0 ♊ 02 29	0 16 48	8 51 33	3 03 57	9 30 07	3 19 32
13 F	0 ♓ 15 03	2 ♏ 34 32	9 ♏ 35 10	25 40 48	14 41 42	10 16 30	10 39 55	17 20 46	0 05 30	0 14 05	8 54 53	3 04 34	9 30 48	3 18 26
14 Sa	1 11 54	16 28 38	23 17 09	27 48 13	15 44 04	11 01 13	10 43 33	17 40 54	0 09 05	0 11 53	8 58 40	3 05 37	9 31 53	3 17 42
15 Su	2 09 38	29 59 41	6 ♐ 36 47	29 57 34	16 47 05	11 46 48	10 47 47	18 01 53	0 13 44	0 10 42	9 03 23	3 07 37	9 33 52	3 17 51
16 M	3 08 33	13 ♐ 09 40	19 36 35	2 ♓ 08 56	17 51 00	12 33 33	10 52 54	18 23 59	0 19 43	0 10 48	9 09 21	3 10 52	9 37 02	3 19 10
17 Tu	4 08 38	26 01 11	2 ♑ 19 22	4 22 05	18 55 50	13 21 28	10 58 53	18 47 12	0 27 04	0 12 11	9 16 32	3 15 20	9 41 22	3 21 39
18 W	5 09 39	8 ♑ 36 58	14 47 55	6 36 33	20 01 21	14 10 18	11 05 31	19 11 18	0 35 31	0 14 39	9 24 44	3 20 49	9 46 40	3 25 05
19 Th	6 11 14	20 59 35	27 04 44	8 51 41	21 07 07	14 59 41	11 12 24	19 35 54	0 44 42	0 17 47	9 33 32	3 26 54	9 52 31	3 29 03
20 F	7 12 52	3 ♒ 11 19	9 ♒ 11 57	11 06 43	22 12 40	15 49 07	11 19 02	20 00 31	0 54 08	0 21 07	9 42 28	3 33 08	9 58 27	3 33 05
21 Sa	8 14 08	15 14 15	21 11 31	13 20 54	23 17 32	16 38 08	11 24 58	20 24 40	1 03 20	0 24 10	9 51 04	3 39 01	10 03 59	3 36 43
22 Su	9 14 37	27 10 15	3 ♓ 05 14	15 33 37	24 21 19	17 26 22	11 29 49	20 48 00	1 11 56	0 26 35	9 58 57	3 44 12	10 08 46	3 39 35
23 M	10 14 07	9 ♓ 01 14	14 54 58	17 44 21	25 23 48	18 13 36	11 33 22	21 10 17	1 19 43	0 28 08	10 05 54	3 48 27	10 12 34	3 41 27
24 Tu	11 12 34	20 49 14	26 42 50	19 52 46	26 24 54	18 59 46	11 35 33	21 31 27	1 26 37	0 28 46	10 11 52	3 51 43	10 15 20	3 42 16
25 W	12 10 03	2 ♈ 36 37	8 ♈ 31 16	21 58 43	27 24 42	19 44 57	11 36 27	21 51 36	1 32 44	0 28 34	10 16 56	3 54 06	10 17 08	3 42 08
26 Th	13 06 50	14 26 06	20 23 13	24 02 14	28 23 26	20 29 24	11 36 18	22 10 57	1 38 17	0 27 46	10 21 19	3 55 48	10 18 14	3 41 16
27 F	14 03 11	26 20 52	2 ♉ 22 02	26 03 24	29 21 23	21 13 24	11 35 25	22 29 49	1 43 35	0 26 41	10 25 20	3 57 09	10 18 55	3 39 59
28 Sa	14 59 27	8 ♉ 24 33	14 31 32	28 02 25	0 ♉ 18 53	21 57 17	11 34 08	22 48 32	1 48 58	0 25 38	10 29 20	3 58 29	10 19 31	3 38 36
29 Su	15 55 57	20 41 04	26 55 47	29 59 24	1 16 12	22 41 23	11 32 44	23 07 25	1 54 43	0 24 57	10 33 37	4 00 05	10 20 22	3 37 27
30 M	16 52 53	3 ♊ 14 29	9 ♊ 38 52	1 ♈ 54 28	2 13 33	23 25 55	11 31 26	23 26 40	2 01 05	0 24 49	10 38 23	4 02 12	10 21 39	3 36 45
31 Tu	17 50 22	16 08 42	22 44 29	3 47 37	3 11 02	24 10 57	11 30 22	23 46 23	2 08 09	0 25 22	10 43 45	4 04 55	10 23 29	3 36 35

June 2039

LONGITUDE

Day	☉	0 hr ☽	Noon ☽	☿	♀	♂	⚵	⚳	♃	♄	⚷	♅	♆	♇
1 W	18 ♓ 48 22	29 ♊ 26 59	6 ♋ 15 29	5 ♈ 38 43	4 ♉ 08 36	24 ♑ 56 28	11 ♏ 29 28	24 ♑ 06 32	2 ♊ 15 52	0 ♋ 26 34	10 ♈ 49 40	4 ♉ 08 12	10 ♒ 25 51	3 ♐ 36 56
2 Th	19 46 44	13 ♋ 11 28	20 13 12	7 27 36	5 06 04	25 42 20	11 28 37	24 26 59	2 24 07	0 28 15	10 56 00	4 11 54	10 28 34	3 37 38
3 F	20 45 15	27 22 29	4 ♌ 36 55	9 13 57	6 03 13	26 28 20	11 27 34	24 47 30	2 32 40	0 30 12	11 02 32	4 15 49	10 31 27	3 38 30
4 Sa	21 43 41	11 ♌ 58 03	19 23 17	10 57 31	6 59 47	27 14 13	11 26 06	25 07 52	2 41 16	0 32 11	11 09 02	4 19 42	10 34 15	3 39 16
5 Su	22 41 51	26 53 31	4 ♍ 26 21	12 38 04	7 55 35	27 59 48	11 24 01	25 27 52	2 49 45	0 34 02	11 15 18	4 23 22	10 36 47	3 39 46
6 M	23 39 39	12 ♍ 01 47	19 37 55	14 15 29	8 50 30	28 44 59	11 21 14	25 47 25	2 58 01	0 35 39	11 21 15	4 26 43	10 38 57	3 39 54
7 Tu	24 37 07	27 13 58	4 ♎ 48 37	15 49 45	9 44 31	29 29 47	11 17 46	26 06 33	3 06 03	0 37 01	11 26 53	4 29 46	10 40 45	3 39 40
8 W	25 34 18	12 ♎ 20 36	19 49 13	17 20 56	10 37 42	0 ♒ 14 18	11 13 41	26 25 18	3 13 58	0 38 15	11 32 18	4 32 36	10 42 18	3 39 11
9 Th	26 31 23	27 13 04	4 ♏ 31 56	18 49 09	11 30 10	0 58 39	11 09 08	26 43 51	3 21 54	0 39 28	11 37 37	4 35 21	10 43 43	3 38 33
10 F	27 28 28	11 ♏ 44 39	18 51 20	20 14 29	12 22 02	1 42 58	11 04 13	27 02 18	3 29 57	0 40 47	11 42 58	4 38 08	10 45 08	3 37 54
11 Sa	28 25 38	25 51 13	2 ♐ 44 34	21 36 59	13 13 21	2 27 19	10 59 03	27 20 44	3 38 13	0 42 19	11 48 26	4 41 03	10 46 37	3 37 20
12 Su	29 22 54	9 ♐ 31 09	16 11 17	22 56 38	14 04 08	3 11 44	10 53 38	27 39 10	3 46 43	0 44 03	11 54 01	4 44 07	10 48 11	3 36 51
13 M	0 ♈ 20 14	22 45 07	29 13 01	24 13 22	14 54 17	3 56 09	10 47 55	27 57 33	3 55 23	0 45 57	11 59 42	4 47 16	10 49 48	3 36 25
14 Tu	1 17 33	5 ♑ 35 23	11 ♑ 52 42	25 27 02	15 43 43	4 40 31	10 41 49	28 15 48	4 04 09	0 47 56	12 05 22	4 50 26	10 51 23	3 35 57
15 W	2 14 45	18 05 18	24 13 58	26 37 31	16 32 20	5 24 43	10 35 17	28 33 49	4 12 55	0 49 56	12 10 58	4 53 31	10 52 51	3 35 21
16 Th	3 11 48	0 ♒ 18 47	6 ♒ 20 50	27 44 41	17 20 02	6 08 42	10 28 14	28 51 35	4 21 40	0 51 52	12 16 26	4 56 29	10 54 08	3 34 35
17 F	4 08 42	12 19 54	18 17 19	28 48 28	18 06 47	6 52 29	10 20 41	29 09 03	4 30 21	0 53 45	12 21 45	4 59 20	10 55 15	3 33 39
18 Sa	5 05 30	24 12 36	0 ♓ 07 13	29 48 51	18 52 39	7 36 07	10 12 41	29 26 19	4 39 03	0 55 38	12 26 60	5 02 07	10 56 15	3 32 36
19 Su	6 02 19	6 ♓ 00 35	11 54 03	0 ♉ 45 53	19 37 40	8 19 42	10 04 22	29 43 28	4 47 53	0 57 38	12 32 16	5 04 56	10 57 15	3 31 33
20 M	6 59 18	17 47 10	23 40 55	1 39 36	20 21 58	9 03 23	9 55 52	0 ♒ 00 39	4 56 59	0 59 54	12 37 43	5 07 56	10 58 23	3 30 38
21 Tu	7 56 34	29 35 17	5 ♈ 30 36	2 30 03	21 05 41	9 47 18	9 47 20	0 17 60	5 06 29	1 02 34	12 43 29	5 11 17	10 59 49	3 30 01
22 W	8 54 15	11 ♈ 27 30	17 25 29	3 17 15	21 48 51	10 31 35	9 38 54	0 35 37	5 16 30	1 05 45	12 49 40	5 15 03	11 01 37	3 29 47
23 Th	9 52 24	23 26 03	29 27 45	4 01 08	22 31 29	11 16 15	9 30 35	0 53 35	5 27 04	1 09 29	12 56 20	5 19 19	11 03 52	3 30 00
24 F	10 50 57	5 ♉ 32 58	11 ♉ 39 23	4 41 33	23 13 31	12 01 16	9 22 23	1 11 48	5 38 10	1 13 44	13 03 25	5 24 01	11 06 31	3 30 37
25 Sa	11 49 47	17 50 08	24 02 20	5 18 14	23 54 46	12 46 29	9 14 09	1 30 10	5 49 38	1 18 22	13 10 47	5 29 01	11 09 25	3 31 30
26 Su	12 48 40	0 ♊ 19 27	6 ♊ 38 31	5 50 51	24 34 58	13 31 42	9 05 40	1 48 27	6 01 15	1 23 08	13 18 13	5 34 06	11 12 21	3 32 25
27 M	13 47 20	13 02 51	19 29 54	6 19 03	25 13 47	14 16 38	8 56 41	2 06 22	6 12 45	1 27 47	13 25 27	5 38 60	11 15 03	3 33 06
28 Tu	14 45 31	26 02 19	2 ♋ 38 26	6 42 26	25 50 57	15 01 01	8 46 57	2 23 40	6 23 53	1 32 04	13 32 13	5 43 26	11 17 16	3 33 18
29 W	15 43 04	9 ♋ 19 46	16 05 52	7 00 44	26 26 12	15 44 42	8 36 17	2 40 10	6 34 27	1 35 48	13 38 20	5 47 15	11 18 48	3 32 51
30 Th	16 39 55	22 56 51	29 53 30	7 13 49	26 59 28	16 27 36	8 24 39	2 55 49	6 44 24	1 38 55	13 43 46	5 50 24	11 19 37	3 31 40

Notes

LONGITUDE July 2039

Day	☉	0 hr ☽	Noon ☽	☿	♀	♂	⚵	⚳	♃	♄	⚷	♅	♆	♇
1 F	17 ♈ 36 11	6 ♌ 54 32	14 ♌ 01 41	7 ♉ 21 45	27 ♉ 30 49	17 ♒ 09 52	8 ♏ 12 12	3 ♒ 10 45	6 ♊ 53 53	1 ♋ 41 34	13 ♈ 48 39	5 ♉ 52 60	11 ♒ 19 51	3 ♐ 29 55
2 Sa	18 32 11	21 12 38	28 29 24	7 24 47	28 00 28	17 51 47	7 59 13	3 25 14	7 03 10	1 44 02	13 53 14	5 55 20	11 19 46	3 27 53
3 Su	19 28 17	5 ♍ 49 16	13 ♍ 13 44	7 23 16	28 28 48	18 33 45	7 46 07	3 39 42	7 12 40	1 46 42	13 57 57	5 57 48	11 19 48	3 25 56
4 M	20 24 57	20 40 29	28 09 43	7 17 41	28 56 09	19 16 11	7 33 21	3 54 32	7 22 47	1 50 00	14 03 13	6 00 51	11 20 21	3 24 32
5 Tu	21 22 31	5 ♎ 40 17	13 ♎ 10 26	7 08 25	29 22 50	19 59 27	7 21 15	4 10 07	7 33 54	1 54 18	14 09 23	6 04 48	11 21 46	3 24 01
6 W	22 21 09	20 40 56	28 07 49	6 55 46	29 48 58	20 43 43	7 10 00	4 26 35	7 46 09	1 59 44	14 16 36	6 09 50	11 24 14	3 24 33
7 Th	23 20 48	5 ♏ 33 59	12 ♏ 53 36	6 39 49	0 ♊ 14 25	21 28 55	6 59 34	4 43 54	7 59 29	2 06 17	14 24 51	6 15 54	11 27 41	3 26 05
8 F	24 21 10	20 11 28	27 20 33	6 20 30	0 38 51	22 14 45	6 49 40	5 01 45	8 13 37	2 13 37	14 33 47	6 22 41	11 31 49	3 28 19
9 Sa	25 21 48	4 ♐ 26 57	11 ♐ 23 26	5 57 40	1 01 45	23 00 45	6 39 51	5 19 41	8 28 05	2 21 18	14 42 59	6 29 45	11 36 11	3 30 48
10 Su	26 22 10	18 16 25	24 59 31	5 31 07	1 22 32	23 46 25	6 29 35	5 37 10	8 42 21	2 28 47	14 51 55	6 36 33	11 40 16	3 32 60
11 M	27 21 49	1 ♑ 38 25	8 ♑ 08 31	5 00 48	1 40 39	24 31 15	6 18 25	5 53 43	8 55 56	2 35 36	15 00 05	6 42 37	11 43 33	3 34 26
12 Tu	28 20 23	14 33 56	20 52 22	4 26 53	1 55 44	25 14 56	6 06 03	6 09 01	9 08 32	2 41 26	15 07 10	6 47 37	11 45 45	3 34 46
13 W	29 17 47	27 05 51	3 ♒ 14 35	3 49 48	2 07 37	25 57 21	5 52 22	6 22 56	9 20 00	2 46 10	15 13 04	6 51 27	11 46 44	3 33 56
14 Th	0 ♉ 14 09	9 ♒ 18 28	15 19 49	3 10 17	2 16 23	26 38 38	5 37 32	6 35 36	9 30 30	2 49 55	15 17 55	6 54 15	11 46 39	3 32 01
15 F	1 09 51	21 16 51	27 13 15	2 29 20	2 22 20	27 19 08	5 21 54	6 47 23	9 40 23	2 53 04	15 22 03	6 56 22	11 45 50	3 29 25
16 Sa	2 05 22	3 ♓ 06 22	9 ♓ 00 14	1 48 07	2 25 55	27 59 22	5 06 00	6 58 47	9 50 08	2 56 07	15 25 60	6 58 18	11 44 49	3 26 36
17 Su	3 01 18	14 52 20	20 45 50	1 07 55	2 27 42	28 39 55	4 50 27	7 10 23	10 00 22	2 59 38	15 30 20	7 00 39	11 44 11	3 24 12
18 M	3 58 13	26 39 34	2 ♈ 34 41	0 29 59	2 28 10	29 21 20	4 35 48	7 22 44	10 11 38	3 04 12	15 35 37	7 03 59	11 44 28	3 22 44
19 Tu	4 56 33	8 ♈ 32 18	14 30 38	29 ♈ 55 26	2 27 45	0 ♓ 04 04	4 22 31	7 36 18	10 24 22	3 10 15	15 42 19	7 08 43	11 46 09	3 22 41
20 W	5 56 34	20 33 49	26 36 40	29 25 10	2 26 39	0 48 22	4 10 53	7 51 18	10 38 49	3 18 02	15 50 38	7 15 08	11 49 28	3 24 17
21 Th	6 58 14	2 ♉ 46 31	8 ♉ 54 48	28 59 47	2 24 50	1 34 14	4 00 54	8 07 43	10 54 59	3 27 32	16 00 36	7 23 11	11 54 23	3 27 31
22 F	8 01 16	15 11 48	21 26 08	28 39 33	2 22 01	2 21 20	3 52 16	8 25 17	11 12 34	3 38 28	16 11 55	7 32 36	12 00 39	3 32 06
23 Sa	9 05 09	27 50 13	4 ♊ 10 57	28 24 26	2 17 38	3 09 10	3 44 29	8 43 26	11 31 01	3 50 17	16 24 01	7 42 51	12 07 42	3 37 30
24 Su	10 09 09	10 ♊ 41 40	17 08 60	28 14 09	2 10 60	3 57 01	3 36 52	9 01 29	11 49 39	4 02 18	16 36 13	7 53 12	12 14 50	3 43 01
25 M	11 12 30	23 45 42	0 ♋ 19 44	28 08 20	2 01 20	4 44 06	3 28 38	9 18 37	12 07 40	4 13 43	16 47 45	8 02 55	12 21 17	3 47 51
26 Tu	12 14 32	7 ♋ 01 51	13 42 41	28 06 38	1 48 02	5 29 45	3 19 10	9 34 13	12 24 25	4 23 53	16 57 56	8 11 18	12 26 22	3 51 21
27 W	13 14 50	20 29 55	27 17 40	28 08 51	1 30 42	6 13 33	3 08 01	9 47 48	12 39 28	4 32 21	17 06 20	8 17 56	12 29 41	3 53 07
28 Th	14 13 20	4 ♌ 10 04	11 ♌ 04 49	28 15 09	1 09 21	6 55 26	2 55 11	9 59 21	12 52 46	4 39 06	17 12 55	8 22 45	12 31 10	3 53 03
29 F	15 10 22	18 02 47	25 04 30	28 26 01	0 44 24	7 35 44	2 40 59	10 09 10	13 04 38	4 44 25	17 17 60	8 26 07	12 31 09	3 51 30
30 Sa	16 06 39	2 ♍ 08 32	9 ♍ 16 52	28 42 15	0 16 38	8 15 09	2 26 08	10 17 58	13 15 47	4 49 02	17 22 17	8 28 41	12 30 19	3 49 11
31 Su	17 03 04	16 27 16	23 41 18	29 04 49	29 ♉ 47 06	8 54 36	2 11 34	10 26 39	13 27 06	4 53 51	17 26 40	8 31 23	12 29 36	3 46 59

LONGITUDE August 2039

Day	☉	0 hr ☽	Noon ☽	☿	♀	♂	⚵	⚳	♃	♄	⚷	♅	♆	♇
1 M	18 ♉ 00 34	0 ♎ 57 45	8 ♎ 15 50	29 ♈ 34 41	29 ♉ 16 52	9 ♓ 35 00	1 ♏ 58 14	10 ♒ 36 08	13 ♊ 39 32	4 ♋ 59 47	17 ♈ 32 06	8 ♉ 35 10	12 ♒ 29 54	3 ♐ 45 52
2 Tu	18 59 53	15 37 01	22 56 44	0 ♉ 12 35	28 46 50	10 17 06	1 46 53	10 47 10	13 53 49	5 07 36	17 39 18	8 40 44	12 31 60	3 46 32
3 W	20 01 24	0 ♏ 20 15	7 ♏ 38 30	0 58 51	28 17 33	11 01 17	1 37 53	11 00 07	14 10 20	5 17 38	17 48 40	8 48 29	12 36 15	3 49 23
4 Th	21 05 02	15 00 59	22 14 25	1 53 20	27 49 08	11 47 26	1 31 11	11 14 53	14 28 58	5 29 50	18 00 06	8 58 19	12 42 33	3 54 20
5 F	22 10 14	29 31 59	6 ♐ 37 23	2 55 26	27 21 16	12 35 02	1 26 15	11 30 57	14 49 13	5 43 39	18 13 03	9 09 43	12 50 24	4 00 50
6 Sa	23 16 11	13 ♐ 46 18	20 41 13	4 04 11	26 53 18	13 23 14	1 22 16	11 47 28	15 10 13	5 58 15	18 26 42	9 21 49	12 58 55	4 08 03
7 Su	24 21 53	27 38 29	4 ♑ 21 26	5 18 29	26 24 31	14 11 04	1 18 14	12 03 25	15 30 59	6 12 37	18 40 03	9 33 39	13 07 09	4 14 59
8 M	25 26 26	11 ♑ 05 17	17 35 58	6 37 15	25 54 14	14 57 35	1 13 16	12 17 55	15 50 36	6 25 52	18 52 11	9 44 18	13 14 10	4 20 45
9 Tu	26 29 11	24 06 01	0 ♒ 25 11	7 59 39	25 22 03	15 42 11	1 06 45	12 30 18	16 08 27	6 37 22	19 02 28	9 53 07	13 19 21	4 24 42
10 W	27 29 53	6 ♒ 42 22	12 51 39	9 25 13	24 47 57	16 24 34	0 58 25	12 40 19	16 24 15	6 46 50	19 10 38	9 59 51	13 22 25	4 26 34
11 Th	28 28 40	18 58 03	24 59 40	10 53 51	24 12 19	17 04 54	0 48 25	12 48 06	16 38 09	6 54 24	19 16 50	10 04 38	13 23 31	4 26 30
12 F	29 26 04	0 ♓ 58 13	6 ♓ 54 42	12 25 48	23 35 55	17 43 41	0 37 18	12 54 10	16 50 41	7 00 37	19 21 35	10 07 59	13 23 11	4 25 01
13 Sa	0 ♊ 22 53	12 48 50	18 42 52	14 01 33	22 59 46	18 21 45	0 25 52	12 59 19	17 02 37	7 06 17	19 25 42	10 10 44	13 22 12	4 22 56
14 Su	1 20 04	24 36 13	0 ♈ 30 25	15 41 44	22 25 02	18 59 60	0 15 05	13 04 30	17 14 56	7 12 19	19 30 06	10 13 48	13 21 32	4 21 10
15 M	2 18 32	6 ♈ 26 28	12 23 16	17 26 53	21 52 50	19 39 23	0 05 52	13 10 37	17 28 32	7 19 40	19 35 43	10 18 07	13 22 05	4 20 41
16 Tu	3 19 02	18 25 02	24 26 33	19 17 22	21 24 06	20 20 38	29 ♎ 58 59	13 18 26	17 44 09	7 29 04	19 43 18	10 24 25	13 24 37	4 22 12
17 W	4 22 01	0 ♉ 36 22	6 ♉ 44 16	21 13 14	20 59 27	21 04 11	29 54 53	13 28 22	18 02 16	7 40 58	19 53 18	10 33 09	13 29 34	4 26 09
18 Th	5 27 30	13 03 35	19 18 58	23 14 07	20 39 05	21 50 05	29 53 36	13 40 28	18 22 52	7 55 23	20 05 44	10 44 21	13 36 59	4 32 37
19 F	6 35 06	25 48 11	2 ♊ 11 34	25 19 12	20 22 43	22 37 56	29 54 46	13 54 19	18 45 36	8 11 57	20 20 13	10 57 38	13 46 27	4 41 09
20 Sa	7 44 02	8 ♊ 50 08	15 21 25	27 27 19	20 09 42	23 26 56	29 57 36	14 09 08	19 09 39	8 29 51	20 35 58	11 12 12	13 57 11	4 51 00
21 Su	8 53 14	22 07 53	28 46 29	29 36 59	19 59 02	24 16 02	0 ♏ 01 01	14 23 52	19 33 58	8 48 02	20 51 54	11 26 60	14 08 08	5 01 06
22 M	10 01 32	5 ♋ 38 54	12 ♋ 23 51	1 ♊ 46 42	19 49 42	25 04 04	0 03 54	14 37 21	19 57 24	9 05 21	21 06 53	11 40 52	14 18 09	5 10 18
23 Tu	11 07 59	19 20 12	26 10 26	3 55 09	19 40 44	25 50 03	0 05 16	14 48 35	20 18 56	9 20 48	21 19 55	11 52 49	14 26 15	5 17 36
24 W	12 11 54	3 ♌ 08 60	10 ♌ 03 31	6 01 24	19 31 34	26 33 21	0 04 28	14 56 56	20 37 58	9 33 45	21 30 22	12 02 12	14 31 47	5 22 22
25 Th	13 13 13	17 03 18	24 01 19	8 05 02	19 22 07	27 13 50	0 01 25	15 02 19	20 54 23	9 44 07	21 38 08	12 08 56	14 34 38	5 24 30
26 F	14 12 22	1 ♍ 02 09	8 ♍ 03 08	10 06 18	19 12 52	27 51 59	29 ♎ 56 35	15 05 09	21 08 37	9 52 19	21 43 40	12 13 28	14 35 17	5 24 28
27 Sa	15 10 17	15 05 29	22 09 03	12 05 55	19 04 46	28 28 44	29 50 52	15 06 23	21 21 37	9 59 19	21 47 54	12 16 44	14 34 40	5 23 11
28 Su	16 08 14	29 13 46	6 ♎ 19 28	14 04 56	18 59 02	29 05 18	29 45 33	15 07 16	21 34 37	10 06 20	21 52 04	12 19 58	14 34 00	5 21 54
29 M	17 07 26	13 ♎ 27 15	20 34 22	16 04 28	18 56 56	29 42 57	29 41 52	15 09 01	21 48 52	10 14 37	21 57 26	12 24 25	14 34 33	5 21 52
30 Tu	18 08 54	27 45 16	4 ♏ 52 35	18 05 23	18 59 26	0 ♈ 22 40	29 40 49	15 12 40	22 05 23	10 25 11	22 04 59	12 31 04	14 37 19	5 24 05
31 W	19 13 09	12 ♏ 05 39	19 11 26	20 08 08	19 07 03	1 04 60	29 42 56	15 18 43	22 24 40	10 38 33	22 15 15	12 40 29	14 42 50	5 29 05

Notes

September 2039

LONGITUDE

Day	☉	0 hr ☽	Noon ☽	☿	♀	♂	⚵	⚳	♃	♄	⚷	♅	♆	♇
1 Th	20 ♊ 20 10	26 ♏ 24 37	3 ♐ 26 40	22 ♊ 12 35	19 ♉ 19 40	1 ♈ 49 52	29 ♎ 48 10	15 ♒ 27 07	22 ♊ 46 40	10 ♋ 54 39	22 ♈ 28 10	12 ♉ 52 35	14 ♒ 51 02	5 ♐ 36 48
2 F	21 29 17	10 ♐ 37 04	17 33 04	24 18 02	19 36 39	2 36 40	29 55 54	15 37 15	23 10 46	11 12 53	22 43 08	13 06 46	15 01 18	5 46 38
3 Sa	22 39 31	24 37 22	1 ♑ 25 11	26 23 26	19 56 55	3 24 21	0 ♏ 05 05	15 48 06	23 35 57	11 32 12	22 59 06	13 21 58	15 12 36	5 57 32
4 Su	23 49 37	8 ♑ 20 20	14 58 29	28 27 32	20 19 12	4 11 42	0 14 31	15 58 24	24 00 59	11 51 23	23 14 52	13 36 60	15 23 44	6 08 17
5 M	24 58 26	21 42 11	28 09 58	0 ♋ 29 09	20 42 18	4 57 34	0 23 02	16 07 03	24 24 42	12 09 18	23 29 15	13 50 41	15 33 31	6 17 45
6 Tu	26 05 07	4 ♒ 41 09	10 ♒ 58 49	2 27 24	21 05 16	5 41 04	0 29 47	16 13 08	24 46 15	12 25 03	23 41 25	14 02 11	15 41 07	6 25 02
7 W	27 09 14	17 17 43	23 26 21	4 21 53	21 27 39	6 21 47	0 34 20	16 16 16	25 05 11	12 38 14	23 50 55	14 11 03	15 46 05	6 29 44
8 Th	28 10 50	29 34 29	5 ♓ 35 53	6 12 38	21 49 26	6 59 47	0 36 44	16 16 28	25 21 36	12 48 53	23 57 49	14 17 20	15 48 29	6 31 55
9 F	29 10 27	11 ♓ 35 51	17 32 17	8 00 12	22 11 04	7 35 33	0 37 31	16 14 17	25 35 59	12 57 33	24 02 38	14 21 34	15 48 51	6 32 05
10 Sa	0 ♋ 08 58	23 27 27	29 21 33	9 45 27	22 33 23	8 09 58	0 37 33	16 10 35	25 49 13	13 05 05	24 06 14	14 24 38	15 48 02	6 31 07
11 Su	1 07 26	5 ♈ 15 41	11 ♈ 10 14	11 29 28	22 57 23	8 44 07	0 37 54	16 06 26	26 02 22	13 12 33	24 09 42	14 27 35	15 47 07	6 30 05
12 M	2 06 58	17 07 11	23 04 54	13 13 22	23 24 05	9 19 04	0 39 40	16 02 55	26 16 32	13 21 04	24 14 07	14 31 32	15 47 11	6 30 04
13 Tu	3 08 27	29 08 16	5 ♉ 11 41	14 58 05	23 54 23	9 55 45	0 43 45	16 00 58	26 32 38	13 31 31	24 20 24	14 37 22	15 49 11	6 32 01
14 W	4 12 31	11 ♉ 24 25	17 35 41	16 44 15	24 28 47	10 34 44	0 50 46	16 01 12	26 51 15	13 44 32	24 29 09	14 45 42	15 53 41	6 36 31
15 Th	5 19 18	23 59 49	0 ♊ 20 30	18 31 59	25 07 23	11 16 11	1 00 51	16 03 43	27 12 32	14 00 13	24 40 30	14 56 41	16 00 50	6 43 42
16 F	6 28 25	6 ♊ 56 52	13 27 47	20 20 58	25 49 46	11 59 43	1 13 39	16 08 12	27 36 07	14 18 14	24 54 06	15 09 57	16 10 16	6 53 12
17 Sa	7 39 04	20 15 59	26 57 03	22 10 23	26 35 03	12 44 31	1 28 18	16 13 49	28 01 12	14 37 46	25 09 08	15 24 39	16 21 11	7 04 13
18 Su	8 50 06	3 ♋ 55 22	10 ♋ 45 37	23 59 06	27 22 02	13 29 25	1 43 42	16 19 24	28 26 35	14 57 39	25 24 26	15 39 41	16 32 25	7 15 36
19 M	10 00 15	17 51 24	24 49 06	25 45 53	28 09 25	14 13 11	1 58 34	16 23 44	28 51 04	15 16 37	25 38 45	15 53 45	16 42 43	7 26 05
20 Tu	11 08 24	1 ♌ 59 15	9 ♌ 02 11	27 29 38	28 56 02	14 54 40	2 11 48	16 25 42	29 13 30	15 33 36	25 50 58	16 05 46	16 50 59	7 34 34
21 W	12 13 53	16 13 42	23 19 35	29 09 39	29 41 09	15 33 11	2 22 41	16 24 36	29 33 11	15 47 51	26 00 24	16 15 01	16 56 30	7 40 20
22 Th	13 16 31	0 ♍ 30 07	7 ♍ 36 56	0 ♌ 45 48	0 ♊ 24 34	16 08 35	2 31 04	16 20 18	29 49 60	15 59 14	26 06 54	16 21 22	16 59 08	7 43 15
23 F	14 16 46	14 45 10	21 51 24	2 18 32	1 06 41	16 41 19	2 37 25	16 13 15	0 ♋ 04 23	16 08 13	26 10 54	16 25 16	16 59 21	7 43 47
24 Sa	15 15 37	28 57 03	6 ♎ 01 44	3 48 51	1 48 28	17 12 22	2 42 42	16 04 27	0 17 18	16 15 46	26 13 24	16 27 42	16 58 06	7 42 54
25 Su	16 14 18	13 ♎ 05 19	20 07 51	5 17 58	2 31 06	17 42 57	2 48 10	15 55 09	0 30 00	16 23 08	26 15 38	16 29 54	16 56 39	7 41 51
26 M	17 14 07	27 10 12	4 ♏ 10 13	6 47 11	3 15 51	18 14 22	2 55 05	15 46 38	0 43 47	16 31 36	26 18 54	16 33 09	16 56 17	7 41 55
27 Tu	18 16 04	11 ♏ 11 59	18 09 05	8 17 30	4 03 40	18 47 37	3 04 27	15 39 55	0 59 39	16 42 10	26 24 11	16 38 28	16 57 59	7 44 05
28 W	19 20 41	25 10 17	2 ♐ 03 51	9 49 26	4 55 04	19 23 14	3 16 49	15 35 33	1 18 07	16 55 22	26 32 02	16 46 23	17 02 20	7 48 56
29 Th	20 27 57	9 ♐ 03 42	15 52 49	11 22 56	5 49 60	20 01 10	3 32 08	15 33 30	1 39 10	17 11 11	26 42 24	16 56 51	17 09 15	7 56 24
30 F	21 37 16	22 49 44	29 33 19	12 57 24	6 47 50	20 40 52	3 49 50	15 33 13	2 02 14	17 29 02	26 54 44	17 09 19	17 18 12	8 05 56

October 2039

LONGITUDE

Day	☉	0 hr ☽	Noon ☽	☿	♀	♂	⚵	⚳	♃	♄	⚷	♅	♆	♇
1 Sa	22 ♋ 47 42	6 ♑ 25 13	13 ♑ 02 09	14 ♌ 31 52	7 ♊ 47 36	21 ♈ 21 20	4 ♏ 08 57	15 ♒ 33 44	2 ♋ 26 19	17 ♋ 47 56	27 ♈ 08 04	17 ♉ 22 49	17 ♒ 28 13	8 ♐ 16 33
2 Su	23 58 05	19 46 49	26 16 11	16 05 08	8 48 07	22 01 26	4 28 19	15 33 55	2 50 19	18 06 46	27 21 15	17 36 12	17 38 08	8 27 06
3 M	25 07 20	2 ♒ 51 48	9 ♒ 13 06	17 36 05	9 48 15	22 40 04	4 46 50	15 32 41	3 13 06	18 24 25	27 33 10	17 48 22	17 46 51	8 36 31
4 Tu	26 14 35	15 38 34	21 51 52	19 03 48	10 47 07	23 16 21	5 03 40	15 29 11	3 33 49	18 40 02	27 42 59	17 58 27	17 53 33	8 43 55
5 W	27 19 23	28 07 06	4 ♓ 13 04	20 27 47	11 44 15	23 49 50	5 18 19	15 22 58	3 52 01	18 53 09	27 50 13	18 05 60	17 57 44	8 48 51
6 Th	28 21 42	10 ♓ 19 01	16 18 57	21 47 55	12 39 34	24 20 28	5 30 46	15 14 00	4 07 38	19 03 44	27 54 52	18 10 59	17 59 22	8 51 16
7 F	29 21 55	22 17 34	28 13 16	23 04 31	13 33 26	24 48 38	5 41 24	15 02 42	4 21 05	19 12 09	27 57 16	18 13 46	17 58 52	8 51 34
8 Sa	0 ♌ 20 44	4 ♈ 07 18	10 ♈ 01 01	24 18 13	14 26 33	25 15 02	5 50 55	14 49 47	4 33 05	19 19 09	27 58 11	18 15 05	17 56 55	8 50 29
9 Su	1 19 06	15 53 48	21 48 02	25 29 51	15 19 48	25 40 35	6 00 15	14 36 11	4 44 32	19 25 38	27 58 30	18 15 52	17 54 28	8 48 54
10 M	2 17 59	27 43 10	3 ♉ 40 38	26 40 17	16 14 10	26 06 16	6 10 21	14 22 53	4 56 24	19 32 34	27 59 13	18 17 03	17 52 28	8 47 50
11 Tu	3 18 14	9 ♉ 41 40	15 45 03	27 50 15	17 10 28	26 32 56	6 22 06	14 10 47	5 09 35	19 40 50	28 01 11	18 19 33	17 51 49	8 48 07
12 W	4 20 28	21 55 15	28 07 04	29 00 13	18 09 18	27 01 10	6 36 06	14 00 29	5 24 39	19 51 01	28 05 01	18 23 56	17 53 05	8 50 22
13 Th	5 24 55	4 ♊ 28 58	10 ♊ 51 17	0 ♍ 10 13	19 10 51	27 31 11	6 52 34	13 52 13	5 41 51	20 03 22	28 10 57	18 30 27	17 56 32	8 54 49
14 F	6 31 23	17 26 29	24 00 44	1 19 54	20 14 56	28 02 48	7 11 18	13 45 50	6 00 59	20 17 40	28 18 45	18 38 53	18 01 56	9 01 16
15 Sa	7 39 15	0 ♋ 49 36	7 ♋ 36 15	2 28 26	21 20 54	28 35 23	7 31 41	13 40 42	6 21 25	20 33 19	28 27 50	18 48 37	18 08 42	9 09 06
16 Su	8 47 36	14 37 46	21 36 09	3 34 40	22 27 49	29 08 00	7 52 49	13 35 57	6 42 15	20 49 23	28 37 17	18 58 46	18 15 54	9 17 24
17 M	9 55 24	28 48 03	5 ♌ 56 19	4 37 18	23 34 39	29 39 38	8 13 38	13 30 33	7 02 27	21 04 52	28 46 04	19 08 16	18 22 31	9 25 09
18 Tu	11 01 44	13 ♌ 15 18	20 30 40	5 35 05	24 40 26	0 ♉ 09 20	8 33 14	13 23 36	7 21 05	21 18 48	28 53 16	19 16 13	18 27 37	9 31 25
19 W	12 05 57	27 52 58	5 ♍ 12 03	6 27 05	25 44 32	0 36 28	8 50 58	13 14 28	7 37 31	21 30 34	28 58 14	19 21 59	18 30 35	9 35 34
20 Th	13 07 55	12 ♍ 34 03	19 53 29	7 12 44	26 46 47	1 00 51	9 06 40	13 03 01	7 51 36	21 40 01	29 00 48	19 25 24	18 31 14	9 37 27
21 F	14 07 54	27 12 16	4 ♎ 29 06	7 51 57	27 47 28	1 22 48	9 20 39	12 49 35	8 03 38	21 47 27	29 01 18	19 26 45	18 29 54	9 37 21
22 Sa	15 06 40	11 ♎ 42 49	18 54 52	8 24 58	28 47 17	1 43 01	9 33 38	12 34 55	8 14 20	21 53 35	29 00 27	19 26 48	18 27 18	9 36 02
23 Su	16 05 09	26 02 43	3 ♏ 08 37	8 52 16	29 47 12	2 02 28	9 46 34	12 19 57	8 24 39	21 59 22	28 59 12	19 26 29	18 24 22	9 34 25
24 M	17 04 18	10 ♏ 10 34	17 09 40	9 14 16	0 ♋ 48 09	2 22 05	10 00 24	12 05 41	8 35 34	22 05 47	28 58 31	19 26 46	18 22 06	9 33 28
25 Tu	18 04 53	24 06 06	0 ♐ 58 13	9 31 10	1 50 54	2 42 38	10 15 54	11 52 54	8 47 49	22 13 34	28 59 09	19 28 24	18 21 15	9 33 58
26 W	19 07 20	7 ♐ 49 31	14 34 44	9 42 46	2 55 50	3 04 31	10 33 29	11 42 01	9 01 50	22 23 08	29 01 31	19 31 48	18 22 12	9 36 18
27 Th	20 11 37	21 21 03	27 59 34	9 48 31	4 02 57	3 27 42	10 53 06	11 33 03	9 17 35	22 34 30	29 05 37	19 36 58	18 24 59	9 40 29
28 F	21 17 22	4 ♑ 40 40	11 ♑ 12 36	9 47 26	5 11 51	3 51 49	11 14 25	11 25 36	9 34 42	22 47 15	29 11 04	19 43 30	18 29 11	9 46 08
29 Sa	22 23 55	17 47 57	24 13 24	9 38 23	6 21 51	4 16 12	11 36 44	11 19 05	9 52 31	23 00 45	29 17 13	19 50 46	18 34 11	9 52 34
30 Su	23 30 30	0 ♒ 42 20	7 ♒ 01 24	9 20 13	7 32 13	4 40 03	11 59 17	11 12 41	10 10 16	23 14 12	29 23 17	19 57 59	18 39 11	9 59 03
31 M	24 36 24	13 23 16	19 36 08	8 51 56	8 42 09	5 02 37	12 21 21	11 05 43	10 27 13	23 26 54	29 28 31	20 04 25	18 43 27	10 04 49

Notes

LONGITUDE

November 2039

Day	☉	0 hr ☽	Noon ☽	☿	♀	♂	⚵	⚳	♃	♄	⚷	♅	♆	♇
1 Tu	25♌40 60	25♒50 38	1♓57 38	8♍12 59	9♋51 06	5♉23 19	12♏42 19	10♒57 36	10♋42 46	23♋38 14	29♈32 22	20♉09 29	18♒46 24	10♐09 18
2 W	26 43 59	8♓04 55	14 06 43	7 23 22	10 58 42	5 41 49	13 01 52	10 48 00	10 56 36	23 47 53	29 34 29	20 12 51	18 47 44	10 12 10
3 Th	27 45 19	20 07 30	26 05 01	6 23 41	12 04 55	5 58 02	13 19 56	10 36 54	11 08 39	23 55 47	29 34 48	20 14 27	18 47 21	10 13 21
4 F	28 45 10	2♈00 40	7♈55 15	5 15 17	13 09 55	6 12 09	13 36 44	10 24 30	11 19 07	24 02 09	29 33 33	20 14 30	18 45 28	10 13 04
5 Sa	29 43 58	13 47 39	19 40 57	4 00 07	14 14 07	6 24 35	13 52 39	10 11 15	11 28 25	24 07 23	29 31 08	20 13 25	18 42 32	10 11 43
6 Su	0♍42 17	25 32 31	1♉26 32	2 40 43	15 18 03	6 35 53	14 08 16	9 57 41	11 37 07	24 12 03	29 28 06	20 11 45	18 39 03	10 09 53
7 M	1 40 41	7♉19 60	13 17 00	1 19 58	16 22 20	6 46 36	14 24 09	9 44 25	11 45 47	24 16 43	29 25 02	20 10 05	18 35 39	10 08 07
8 Tu	2 39 44	19 15 15	25 17 41	0 00 52	17 27 27	6 57 17	14 40 50	9 32 00	11 54 57	24 21 56	29 22 30	20 08 58	18 32 51	10 06 59
9 W	3 39 47	1♊23 35	7♊33 54	28♌46 23	18 33 50	7 08 17	14 58 43	9 20 50	12 05 02	24 28 06	29 20 51	20 08 47	18 31 04	10 06 52
10 Th	4 41 03	13 50 04	20 10 37	27 39 01	19 41 37	7 19 48	15 17 59	9 11 07	12 16 11	24 35 24	29 20 19	20 09 42	18 30 27	10 07 57
11 F	5 43 28	26 39 09	3♋11 51	26 40 49	20 50 45	7 31 44	15 38 33	9 02 48	12 28 21	24 43 44	29 20 48	20 11 42	18 30 57	10 10 11
12 Sa	6 46 44	9♋54 05	16 40 11	25 53 08	22 00 57	7 43 48	16 00 09	8 55 36	12 41 15	24 52 52	29 22 02	20 14 27	18 32 18	10 13 15
13 Su	7 50 25	23 36 25	0♌36 07	25 16 39	23 11 44	7 55 32	16 22 19	8 49 04	12 54 26	25 02 18	29 23 33	20 17 32	18 34 01	10 16 44
14 M	8 53 58	7♌45 27	14 57 42	24 51 32	24 22 35	8 06 23	16 44 32	8 42 42	13 07 22	25 11 32	29 24 51	20 20 24	18 35 37	10 20 04
15 Tu	9 56 55	22 17 54	29 40 17	24 37 30	25 33 01	8 15 52	17 06 18	8 36 02	13 19 34	25 20 04	29 25 26	20 22 35	18 36 35	10 22 49
16 W	10 58 57	7♍08 02	14♍36 59	24 34 04	26 42 42	8 23 40	17 27 19	8 28 45	13 30 42	25 27 37	29 24 59	20 23 46	18 36 37	10 24 39
17 Th	11 59 58	22 08 10	29 39 26	24 40 40	27 51 31	8 29 38	17 47 28	8 20 45	13 40 41	25 34 02	29 23 25	20 23 50	18 35 37	10 25 27
18 F	13 00 04	7♎09 47	14♎39 01	24 56 45	28 59 36	8 33 55	18 06 52	8 12 10	13 49 39	25 39 29	29 20 51	20 22 56	18 33 42	10 25 21
19 Sa	13 59 36	22 04 45	29 28 09	25 21 49	0♍07 16	8 36 49	18 25 51	8 03 21	13 57 53	25 44 16	29 17 36	20 21 22	18 31 13	10 24 41
20 Su	14 58 57	6♏46 18	14♏01 04	25 55 24	1 14 55	8 38 44	18 44 49	7 54 41	14 05 50	25 48 47	29 14 05	20 19 34	18 28 32	10 23 50
21 M	15 58 31	21 09 48	28 14 16	26 36 59	2 22 56	8 40 03	19 04 09	7 46 34	14 13 51	25 53 25	29 10 41	20 17 53	18 26 04	10 23 12
22 Tu	16 58 35	5♐12 45	12♐06 17	27 25 59	3 31 35	8 41 02	19 24 08	7 39 19	14 22 13	25 58 29	29 07 41	20 16 38	18 24 06	10 23 05
23 W	17 59 17	18 54 29	25 37 20	28 21 42	4 41 01	8 41 49	19 44 54	7 33 02	14 31 06	26 04 05	29 05 14	20 15 57	18 22 45	10 23 36
24 Th	19 00 34	2♑15 46	8♑48 44	29 23 19	5 51 10	8 42 22	20 06 24	7 27 42	14 40 25	26 10 11	29 03 17	20 15 46	18 21 59	10 24 43
25 F	20 02 17	15 18 13	21 42 23	0♍29 60	7 01 55	8 42 29	20 28 29	7 23 10	14 50 03	26 16 38	29 01 41	20 15 58	18 21 40	10 26 16
26 Sa	21 04 12	28 03 53	4♒20 29	1 40 52	8 12 59	8 41 59	20 50 55	7 19 13	14 59 45	26 23 13	29 00 12	20 16 18	18 21 34	10 28 03
27 Su	22 06 07	10♒34 57	16 45 10	2 55 09	9 24 11	8 40 35	21 13 28	7 15 36	15 09 17	26 29 41	28 58 37	20 16 33	18 21 26	10 29 48
28 M	23 07 49	22 53 37	28 58 34	4 12 10	10 35 18	8 38 08	21 35 57	7 12 09	15 18 28	26 35 51	28 56 45	20 16 31	18 21 06	10 31 22
29 Tu	24 09 13	5♓01 56	11♓02 38	5 31 23	11 46 13	8 34 30	21 58 16	7 08 45	15 27 12	26 41 37	28 54 29	20 16 06	18 20 28	10 32 38
30 W	25 10 16	17 01 54	22 59 21	6 52 24	12 56 56	8 29 40	22 20 23	7 05 24	15 35 27	26 46 58	28 51 49	20 15 17	18 19 30	10 33 34

LONGITUDE

December 2039

Day	☉	0 hr ☽	Noon ☽	☿	♀	♂	⚵	⚳	♃	♄	⚷	♅	♆	♇
1 Th	26♍11 04	28♓55 32	4♈50 42	8♍14 59	14♋07 30	8♉23 41	22♏42 22	7♒02 09	15♋43 18	26♋51 57	28♈48 48	20♉14 08	18♒18 16	10♐34 14
2 F	27 11 42	10♈44 56	16 38 51	9 38 56	15 18 01	8 16 40	23 04 18	6 59 07	15 50 49	26 56 41	28 45 32	20 12 46	18 16 53	10 34 45
3 Sa	28 12 18	22 32 23	28 26 15	11 04 09	16 28 37	8 08 45	23 26 21	6 56 25	15 58 10	27 01 16	28 42 10	20 11 17	18 15 27	10 35 14
4 Su	29 12 59	4♉20 25	10♉15 36	12 30 32	17 39 24	8 00 01	23 48 35	6 54 09	16 05 25	27 05 51	28 38 48	20 09 48	18 14 07	10 35 48
5 M	0♎13 48	16 11 60	22 10 05	13 58 00	18 50 25	7 50 33	24 11 06	6 52 24	16 12 40	27 10 28	28 35 29	20 08 24	18 12 55	10 36 31
6 Tu	1 14 46	28 10 22	4♊13 09	15 26 24	20 01 41	7 40 22	24 33 52	6 51 10	16 19 54	27 15 07	28 32 15	20 07 05	18 11 52	10 37 23
7 W	2 15 49	10♊19 11	16 28 40	16 55 32	21 13 08	7 29 24	24 56 51	6 50 24	16 27 03	27 19 46	28 29 02	20 05 47	18 10 54	10 38 20
8 Th	3 16 51	22 42 22	29 00 34	18 25 13	22 24 39	7 17 33	25 19 56	6 49 58	16 34 02	27 24 17	28 25 44	20 04 23	18 09 56	10 39 16
9 F	4 17 46	5♋23 52	11♋52 46	19 55 14	23 36 08	7 04 44	25 43 00	6 49 47	16 40 43	27 28 35	28 22 14	20 02 49	18 08 51	10 40 05
10 Sa	5 18 28	18 27 26	25 08 44	21 25 27	24 47 30	6 50 52	26 05 59	6 49 46	16 47 01	27 32 34	28 18 27	20 00 58	18 07 33	10 40 42
11 Su	6 18 57	1♌56 09	8♌50 52	22 55 46	25 58 43	6 35 57	26 28 52	6 49 53	16 52 57	27 36 13	28 14 23	19 58 49	18 06 02	10 41 05
12 M	7 19 16	15 51 44	22 59 59	24 26 15	27 09 52	6 20 05	26 51 42	6 50 13	16 58 33	27 39 37	28 10 06	19 56 28	18 04 23	10 41 20
13 Tu	8 19 37	0♍13 58	7♍34 34	25 57 00	28 21 07	6 03 27	27 14 40	6 50 56	17 03 60	27 42 56	28 05 48	19 54 04	18 02 46	10 41 36
14 W	9 20 13	15 00 01	22 30 23	27 28 13	29 32 41	5 46 18	27 38 00	6 52 16	17 09 31	27 46 23	28 01 40	19 51 52	18 01 24	10 42 08
15 Th	10 21 16	0♎04 13	7♎40 24	29 00 06	0♍44 47	5 28 52	28 01 55	6 54 26	17 15 20	27 50 12	27 57 57	19 50 04	18 00 31	10 43 07
16 F	11 22 56	15 18 18	22 55 29	0♎32 47	1 57 34	5 11 21	28 26 32	6 57 33	17 21 35	27 54 31	27 54 48	19 48 49	18 00 15	10 44 44
17 Sa	12 25 12	0♏32 28	8♏05 39	2 06 15	3 11 02	4 53 46	28 51 54	7 01 40	17 28 17	27 59 20	27 52 12	19 48 08	18 00 37	10 46 58
18 Su	13 27 56	15 36 46	23 01 32	3 40 20	4 25 01	4 36 01	29 17 49	7 06 35	17 35 16	28 04 31	27 50 02	19 47 52	18 01 28	10 49 40
19 M	14 30 51	0♐22 38	7♐35 46	5 14 46	5 39 14	4 17 50	29 44 02	7 12 03	17 42 16	28 09 46	27 48 00	19 47 44	18 02 31	10 52 34
20 Tu	15 33 34	14 43 59	21 43 45	6 49 11	6 53 21	3 58 54	0♐10 11	7 17 42	17 48 54	28 14 45	27 45 46	19 47 22	18 03 24	10 55 18
21 W	16 35 46	28 37 43	5♑23 46	8 23 15	8 07 00	3 38 56	0 35 55	7 23 10	17 54 51	28 19 06	27 42 58	19 46 26	18 03 48	10 57 32
22 Th	17 37 13	12♑03 33	18 36 40	9 56 44	9 19 58	3 17 43	1 01 01	7 28 14	17 59 52	28 22 36	27 39 23	19 44 43	18 03 28	10 59 01
23 F	18 37 50	25 03 23	1♒25 07	11 29 35	10 32 10	2 55 15	1 25 23	7 32 50	18 03 53	28 25 09	27 34 57	19 42 07	18 02 19	10 59 41
24 Sa	19 37 44	7♒40 41	13 53 00	13 01 53	11 43 42	2 31 40	1 49 09	7 37 03	18 07 00	28 26 55	27 29 47	19 38 47	18 00 30	10 59 40
25 Su	20 37 12	19 59 45	26 04 44	14 33 58	12 54 53	2 07 18	2 12 35	7 41 11	18 09 32	28 28 08	27 24 10	19 34 59	17 58 16	10 59 14
26 M	21 36 39	2♓05 09	8♓04 49	16 06 15	14 06 05	1 42 35	2 36 07	7 45 38	18 11 51	28 29 13	27 18 30	19 31 07	17 56 03	10 58 47
27 Tu	22 36 31	14 01 18	19 57 30	17 39 11	15 17 47	1 18 04	3 00 10	7 50 51	18 14 26	28 30 39	27 13 16	19 27 39	17 54 17	10 58 47
28 W	23 37 16	25 52 13	1♈46 33	19 13 14	16 30 24	0 54 11	3 25 12	7 57 15	18 17 42	28 32 50	27 08 52	19 25 01	17 53 26	10 59 40
29 Th	24 39 12	7♈41 18	13 35 07	20 48 44	17 44 16	0 31 19	3 51 32	8 05 11	18 21 60	28 36 07	27 05 40	19 23 34	17 53 47	11 01 46
30 F	25 42 31	19 31 19	25 25 45	22 25 52	18 59 34	0 09 43	4 19 20	8 14 48	18 27 28	28 40 40	27 03 49	19 23 26	17 55 33	11 05 15
31 Sa	26 47 10	1♉24 25	7♉20 28	24 04 39	20 16 16	29♈49 23	4 48 34	8 26 05	18 34 07	28 46 27	27 03 19	19 24 38	17 58 42	11 10 06

Notes

January 2040 LONGITUDE

Day	☉	0 hr ☽	Noon ☽	☿	♀	♂	⚵	⚳	♃	♄	⚷	♅	♆	♇
1 Su	27♎ 52 55	13♉ 22 18	19♉ 20 52	25♎ 44 49	21♍ 34 06	29♈ 30 08	5♐ 19 01	8♒ 38 47	18♋ 41 41	28♋ 53 14	27♈ 03 54	19♉ 26 54	18♒ 02 58	11♐ 16 04
2 M	28 59 21	25 26 18	1♊ 28 18	27 25 59	22 52 40	29 11 34	5 50 13	8 52 27	18 49 43	29 00 35	27 05 10	19 29 49	18 07 57	11 22 42
3 Tu	0♏ 05 52	7♊ 37 44	13 44 09	29 07 34	24 11 23	28 53 09	6 21 37	9 06 31	18 57 40	29 07 55	27 06 30	19 32 47	18 13 02	11 29 27
4 W	1 11 51	19 58 03	26 10 02	0♏ 48 59	25 29 36	28 34 19	6 52 35	9 20 21	19 04 54	29 14 37	27 07 19	19 35 12	18 17 38	11 35 41
5 Th	2 16 44	2♋ 29 03	8♋ 47 58	2 29 39	26 46 46	28 14 34	7 22 32	9 33 23	19 10 51	29 20 06	27 07 02	19 36 30	18 21 09	11 40 50
6 F	3 20 09	15 13 07	21 40 23	4 09 13	28 02 30	27 53 32	7 51 07	9 45 14	19 15 08	29 24 00	27 05 17	19 36 18	18 23 14	11 44 31
7 Sa	4 21 60	28 13 05	4♌ 50 10	5 47 35	29 16 42	27 31 12	8 18 12	9 55 48	19 17 39	29 26 14	27 01 59	19 34 31	18 23 47	11 46 39
8 Su	5 22 30	11♌ 32 03	18 20 17	7 25 02	0♎ 29 37	27 07 49	8 44 04	10 05 19	19 18 39	29 27 01	26 57 20	19 31 22	18 23 01	11 47 27
9 M	6 22 14	25 12 60	2♍ 13 12	9 02 05	1 41 47	26 44 00	9 09 13	10 14 20	19 18 40	29 26 54	26 51 55	19 27 25	18 21 30	11 47 30
10 Tu	7 21 57	9♍ 18 01	16 30 12	10 39 33	2 53 60	26 20 35	9 34 29	10 23 38	19 18 30	29 26 41	26 46 32	19 23 27	18 20 02	11 47 33
11 W	8 22 33	23 47 26	1♎ 10 26	12 18 17	4 07 06	25 58 27	10 00 42	10 34 05	19 19 00	29 27 13	26 42 01	19 20 20	18 19 27	11 48 28
12 Th	9 24 43	8♎ 38 59	16 10 14	13 59 01	5 21 50	25 38 23	10 28 35	10 46 23	19 20 54	29 29 14	26 39 07	19 18 48	18 20 30	11 51 00
13 F	10 28 54	23 47 13	1♏ 22 45	15 42 09	6 38 36	25 20 50	10 58 34	11 00 57	19 24 37	29 33 09	26 38 14	19 19 15	18 23 35	11 55 33
14 Sa	11 35 03	9♏ 03 39	16 38 36	17 27 38	7 57 23	25 05 49	11 30 37	11 17 46	19 30 07	29 38 56	26 39 22	19 21 40	18 28 41	12 02 06
15 Su	12 42 42	24 17 50	1♐ 47 06	19 14 60	9 17 41	24 52 52	12 04 15	11 36 21	19 36 55	29 46 06	26 42 01	19 25 35	18 35 19	12 10 09
16 M	13 51 00	9♐ 18 58	16 38 07	21 03 21	10 38 41	24 41 14	12 38 39	11 55 51	19 44 11	29 53 50	26 45 22	19 30 09	18 42 39	12 18 53
17 Tu	14 59 00	23 57 50	1♑ 03 48	22 51 43	11 59 25	24 29 56	13 12 49	12 15 19	19 50 59	0♌ 01 10	26 48 28	19 34 25	18 49 44	12 27 20
18 W	16 05 48	8♑ 08 12	14 59 30	24 39 08	13 18 59	24 18 07	13 45 54	12 33 51	19 56 23	0 07 12	26 50 24	19 37 30	18 55 39	12 34 37
19 Th	17 10 48	21 47 21	28 24 07	26 24 57	14 36 48	24 05 13	14 17 16	12 50 50	19 59 49	0 11 20	26 50 35	19 38 47	18 59 49	12 40 07
20 F	18 13 48	4♒ 55 57	11♒ 19 29	28 08 53	15 52 38	23 51 03	14 46 43	13 06 04	20 01 04	0 13 23	26 48 49	19 38 05	19 02 03	12 43 38
21 Sa	19 15 01	17 37 19	23 49 43	29 51 06	17 06 44	23 35 52	15 14 30	13 19 47	20 00 22	0 13 33	26 45 20	19 35 37	19 02 33	12 45 25
22 Su	20 15 05	29 56 30	6♓ 00 17	1♐ 32 03	18 19 43	23 20 17	15 41 13	13 32 35	19 58 20	0 12 28	26 40 44	19 32 01	19 01 56	12 46 03
23 M	21 14 50	11♓ 59 27	17 57 15	3 12 28	19 32 25	23 05 10	16 07 42	13 45 18	19 55 48	0 10 59	26 35 53	19 28 06	19 01 03	12 46 24
24 Tu	22 15 12	23 52 21	29 46 41	4 53 07	20 45 46	22 51 27	16 34 54	13 58 53	19 53 43	0 10 02	26 31 43	19 24 50	19 00 50	12 47 23
25 W	23 17 04	5♈ 41 00	11♈ 34 08	6 34 41	22 00 39	22 40 03	17 03 41	14 14 13	19 52 57	0 10 28	26 29 07	19 23 05	19 02 10	12 49 54
26 Th	24 21 06	17 30 27	23 24 19	8 17 35	23 17 45	22 31 37	17 34 44	14 31 56	19 54 11	0 12 60	26 28 44	19 23 31	19 05 44	12 54 37
27 F	25 27 38	29 24 43	5♉ 20 52	10 01 55	24 37 23	22 26 31	18 08 22	14 52 23	19 57 45	0 17 56	26 30 56	19 26 29	19 11 51	13 01 51
28 Sa	26 36 40	11♉ 26 40	17 26 15	11 47 19	25 59 32	22 24 43	18 44 35	15 15 33	20 03 38	0 25 16	26 35 41	19 31 57	19 20 30	13 11 36
29 Su	27 47 44	23 37 60	29 41 48	13 32 59	27 23 46	22 25 47	19 22 56	15 40 59	20 11 23	0 34 34	26 42 33	19 39 29	19 31 14	13 23 25
30 M	29 00 05	5♊ 59 21	12♊ 07 54	15 17 43	28 49 19	22 28 57	20 02 39	16 07 54	20 20 15	0 45 02	26 50 46	19 48 20	19 43 18	13 36 32
31 Tu	0♐ 12 41	18 30 37	24 44 14	17 00 01	0♏ 15 09	22 33 11	20 42 42	16 35 17	20 29 12	0 55 41	26 59 18	19 57 27	19 55 41	13 49 55

February 2040 LONGITUDE

Day	☉	0 hr ☽	Noon ☽	☿	♀	♂	⚵	⚳	♃	♄	⚷	♅	♆	♇
1 W	1♐ 24 26	1♋ 11 20	7♋ 30 17	18♐ 38 15	1♏ 40 10	22♈ 37 24	21♐ 21 59	17♒ 02 03	20♋ 37 08	1♌ 05 24	27♈ 07 04	20♉ 05 45	20♒ 07 16	14♐ 02 30
2 Th	2 34 23	14 01 07	20 25 47	20 10 50	3 03 24	22 40 37	21 59 33	17 27 12	20 43 06	1 13 12	27 13 06	20 12 16	20 17 04	14 13 16
3 F	3 41 51	27 00 05	3♌ 31 00	21 36 27	4 24 12	22 42 10	22 34 43	17 50 04	20 46 24	1 18 26	27 16 43	20 16 20	20 24 27	14 21 35
4 Sa	4 46 37	10♌ 09 13	16 47 07	22 54 11	5 42 19	22 41 49	23 07 16	18 10 26	20 46 50	1 20 53	27 17 43	20 17 43	20 29 10	14 27 12
5 Su	5 48 60	23 30 22	0♍ 16 06	24 03 35	6 58 05	22 39 53	23 37 30	18 28 37	20 44 44	1 20 51	27 16 24	20 16 45	20 31 34	14 30 28
6 M	6 49 49	7♍ 06 04	14 00 26	25 00 43	8 12 19	22 37 11	24 06 16	18 45 27	20 40 55	1 19 11	27 13 36	20 14 16	20 32 26	14 32 12
7 Tu	7 50 14	20 58 57	28 02 27	25 57 58	9 26 11	22 34 53	24 34 43	19 02 04	20 36 32	1 17 01	27 10 30	20 11 24	20 32 58	14 33 33
8 W	8 51 34	5♎ 11 01	12♎ 23 25	26 43 51	10 40 59	22 34 17	25 04 10	19 19 46	20 32 54	1 15 41	27 08 23	20 09 29	20 34 26	14 35 49
9 Th	9 54 55	19 42 28	27 02 34	27 22 48	11 57 50	22 36 29	25 35 42	19 39 42	20 31 08	1 16 18	27 08 22	20 09 38	20 37 59	14 40 08
10 F	11 01 01	4♏ 30 59	11♏ 56 18	27 54 52	13 17 27	22 42 11	26 10 04	20 02 33	20 31 58	1 19 33	27 11 11	20 12 33	20 44 20	14 47 12
11 Sa	12 09 56	19 31 05	26 58 00	28 19 37	14 39 55	22 51 29	26 47 20	20 28 24	20 35 28	1 25 34	27 16 55	20 18 20	20 53 32	14 57 06
12 Su	13 21 07	4♐ 34 34	11♐ 58 44	28 36 08	16 04 41	23 03 48	27 26 57	20 56 43	20 41 06	1 33 46	27 25 00	20 26 25	21 05 04	15 09 19
13 M	14 33 29	19 31 32	26 48 35	28 43 11	17 30 40	23 18 05	28 07 52	21 26 24	20 47 47	1 43 05	27 34 23	20 35 46	21 17 51	15 22 44
14 Tu	15 45 45	4♑ 12 13	11♑ 18 32	28 39 30	18 56 34	23 32 58	28 48 43	21 56 09	20 54 13	1 52 13	27 43 45	20 45 02	21 30 34	15 36 03
15 W	16 56 37	18 28 44	25 21 59	28 24 08	20 21 06	23 47 13	29 28 17	22 24 42	20 59 09	1 59 54	27 51 49	20 52 58	21 41 57	15 48 01
16 Th	18 05 11	2♒ 16 15	8♒ 55 37	27 56 46	21 43 22	23 59 53	0♑ 05 37	22 51 07	21 01 39	2 05 12	27 57 42	20 58 39	21 51 05	15 57 42
17 F	19 11 02	15 33 27	21 59 31	27 17 53	23 02 58	24 10 32	0 40 20	23 15 00	21 01 20	2 07 45	28 00 58	21 01 40	21 57 34	16 04 42
18 Sa	20 14 20	28 22 13	4♓ 36 36	26 28 49	24 20 01	24 19 21	1 12 35	23 36 31	20 58 21	2 07 40	28 01 48	21 02 13	22 01 33	16 09 11
19 Su	21 15 45	10♓ 46 52	16 51 55	25 31 37	25 35 14	24 26 58	1 43 02	23 56 18	20 53 21	2 05 39	28 00 51	21 00 55	22 03 43	16 11 48
20 M	22 16 16	22 53 18	28 51 42	24 28 53	26 49 34	24 34 21	2 12 40	24 15 22	20 47 22	2 02 41	27 59 07	20 58 47	22 05 02	16 13 33
21 Tu	23 17 03	4♈ 48 10	10♈ 42 45	23 23 28	28 04 13	24 42 40	2 42 39	24 34 52	20 41 34	1 59 56	27 57 46	20 56 60	22 06 41	16 15 36
22 W	24 19 14	16 38 11	22 31 40	22 18 15	29 20 17	24 53 02	3 14 07	24 55 55	20 37 03	1 58 32	27 57 55	20 56 40	22 09 47	16 19 03
23 Th	25 23 41	28 29 34	4♉ 24 23	21 15 47	0♐ 38 39	25 06 18	3 47 56	25 19 25	20 34 44	1 59 21	28 00 27	20 58 40	22 15 13	16 24 49
24 F	26 30 55	10♉ 27 31	16 25 46	20 18 11	1 59 50	25 22 58	4 24 37	25 45 51	20 35 06	2 02 54	28 05 53	21 03 30	22 23 29	16 33 24
25 Sa	27 40 58	22 36 03	28 39 19	19 26 53	3 23 53	25 43 04	5 04 12	26 15 16	20 38 12	2 09 14	28 14 15	21 11 15	22 34 38	16 44 49
26 Su	28 53 25	4♊ 57 39	11♊ 07 02	18 42 36	4 50 20	26 06 09	5 46 16	26 47 13	20 43 37	2 17 54	28 25 08	21 21 26	22 48 14	16 58 39
27 M	0♑ 07 22	17 33 21	23 49 22	18 05 26	6 18 21	26 31 20	6 29 55	27 20 51	20 50 29	2 28 02	28 37 38	21 33 13	23 03 24	17 14 02
28 Tu	1 21 41	0♋ 22 47	6♋ 45 29	17 34 54	7 46 44	26 57 26	7 14 00	27 54 58	20 57 38	2 38 30	28 50 36	21 45 24	23 18 59	17 29 47
29 W	2 35 05	13 24 34	19 53 37	17 10 12	9 14 15	27 23 11	7 57 16	28 28 20	21 03 49	2 48 00	29 02 47	21 56 46	23 33 42	17 44 39

Notes

LONGITUDE

March 2040

Day	☉	0 hr ☽	Noon ☽	☿	♀	♂	⚵	⚳	♃	♄	⚷	♅	♆	♇
1 Th	3 ♑ 46 28	26 ♋ 36 49	3 ♌ 11 42	16 ♐ 50 31	10 ♐ 39 45	27 ♈ 47 26	8 ♑ 38 34	28 ♒ 59 49	21 ♋ 07 53	2 ♌ 55 26	29 ♈ 13 02	22 ♉ 06 09	23 ♒ 46 26	17 ♐ 57 30
2 F	4 55 00	9 ♌ 57 40	16 37 52	16 35 07	12 02 28	28 09 24	9 17 07	29 28 36	21 09 05	3 00 01	29 20 35	22 12 47	23 56 25	18 07 33
3 Sa	6 00 28	23 25 53	0 ♍ 11 03	16 23 44	13 22 08	28 28 48	9 52 40	29 54 27	21 07 09	3 01 28	29 25 09	22 16 24	24 03 20	18 14 32
4 Su	7 03 09	7 ♍ 01 12	13 51 14	16 16 31	14 39 02	28 45 56	10 25 31	0 ♓ 17 39	21 02 23	3 00 06	29 27 04	22 17 18	24 07 33	18 18 46
5 M	8 03 54	20 44 22	27 39 20	16 14 05	15 54 03	29 01 38	10 56 31	0 39 04	20 55 38	2 56 46	29 27 10	22 16 21	24 09 53	18 21 05
6 Tu	9 03 58	4 ♎ 36 50	11 ♎ 36 54	16 17 25	17 08 24	29 17 08	11 26 53	0 59 55	20 48 10	2 52 44	29 26 41	22 14 46	24 11 34	18 22 43
7 W	10 04 42	18 40 11	25 45 16	16 27 32	18 23 26	29 33 46	11 58 00	1 21 34	20 41 20	2 49 19	29 26 59	22 13 56	24 13 58	18 25 03
8 Th	11 07 18	2 ♏ 55 16	10 ♏ 04 47	16 45 19	19 40 22	29 52 44	12 31 03	1 45 13	20 36 20	2 47 44	29 29 16	22 15 01	24 18 16	18 29 15
9 F	12 12 31	17 21 19	24 33 57	17 11 11	20 59 56	0 ♉ 14 48	13 06 49	2 11 36	20 33 56	2 48 46	29 34 17	22 18 48	24 25 16	18 36 06
10 Sa	13 20 31	1 ♐ 55 25	9 ♐ 09 02	17 44 58	22 22 20	0 40 06	13 45 26	2 40 55	20 34 18	2 52 33	29 42 12	22 25 27	24 35 05	18 45 45
11 Su	14 30 49	16 32 26	23 44 08	18 25 51	23 47 03	1 08 08	14 26 23	3 12 39	20 36 57	2 58 38	29 52 32	22 34 28	24 47 15	18 57 43
12 M	15 42 25	1 ♑ 05 24	8 ♑ 12 04	19 12 32	25 13 05	1 37 55	15 08 45	3 45 49	20 40 55	3 05 59	0 ♉ 04 18	22 44 52	25 00 46	19 11 01
13 Tu	16 54 03	15 26 50	22 25 30	20 03 27	26 39 11	2 08 10	15 51 13	4 19 08	20 44 54	3 13 22	0 16 12	22 55 23	25 14 22	19 24 21
14 W	18 04 28	29 29 52	6 ♒ 18 19	20 57 04	28 04 05	2 37 37	16 32 32	4 51 22	20 47 42	3 19 31	0 27 01	23 04 45	25 26 48	19 36 29
15 Th	19 12 42	13 ♒ 09 33	19 46 35	21 52 12	29 26 50	3 05 17	17 11 45	5 21 32	20 48 19	3 23 29	0 35 46	23 12 01	25 37 06	19 46 28
16 F	20 18 14	26 23 34	2 ♓ 49 05	22 48 06	0 ♑ 46 56	3 30 42	17 48 22	5 49 08	20 46 17	3 24 46	0 41 58	23 16 42	25 44 47	19 53 47
17 Sa	21 21 08	9 ♓ 12 16	15 27 12	23 44 34	2 04 24	3 53 50	18 22 23	6 14 12	20 41 38	3 23 24	0 45 37	23 18 47	25 49 51	19 58 28
18 Su	22 21 51	21 38 28	27 44 33	24 41 55	3 19 44	4 15 13	18 54 20	6 37 14	20 34 51	3 19 53	0 47 15	23 18 49	25 52 49	20 01 01
19 M	23 21 16	3 ♈ 46 47	9 ♈ 46 18	25 40 49	4 33 48	4 35 40	19 25 02	6 59 05	20 26 49	3 15 04	0 47 41	23 17 37	25 54 31	20 02 17
20 Tu	24 20 26	15 43 02	21 38 36	26 42 09	5 47 37	4 56 14	19 55 34	7 20 47	20 18 34	3 10 01	0 47 60	23 16 15	25 56 02	20 03 18
21 W	25 20 22	27 33 33	3 ♉ 27 55	27 46 50	7 02 15	5 17 56	20 26 57	7 43 23	20 11 10	3 05 45	0 49 13	23 15 45	25 58 22	20 05 08
22 Th	26 21 57	9 ♉ 24 42	15 20 30	28 55 35	8 18 34	5 41 39	21 00 03	8 07 45	20 05 28	3 03 09	0 52 12	23 16 59	26 02 24	20 08 38
23 F	27 25 44	21 22 15	27 21 59	0 ♑ 08 50	9 37 06	6 07 55	21 35 25	8 34 25	20 02 02	3 02 46	0 57 31	23 20 31	26 08 42	20 14 21
24 Sa	28 31 51	3 ♊ 31 08	9 ♊ 36 53	1 26 37	10 58 01	6 36 51	22 13 13	9 03 33	20 01 02	3 04 46	1 05 18	23 26 29	26 17 23	20 22 27
25 Su	29 40 02	15 55 00	22 08 22	2 48 34	12 21 01	7 08 11	22 53 09	9 34 50	20 02 09	3 08 50	1 15 15	23 34 35	26 28 10	20 32 36
26 M	0 ♒ 49 35	28 36 05	4 ♋ 58 01	4 13 54	13 45 24	7 41 13	23 34 30	10 07 36	20 04 43	3 14 18	1 26 42	23 44 08	26 40 23	20 44 10
27 Tu	1 59 33	11 ♋ 34 59	18 05 46	5 41 35	15 10 14	8 14 58	24 16 21	10 40 53	20 07 48	3 20 13	1 38 41	23 54 12	26 53 03	20 56 09
28 W	3 08 51	24 50 51	1 ♌ 30 04	7 10 30	16 34 27	8 48 23	24 57 38	11 13 37	20 10 19	3 25 31	1 50 09	24 03 42	27 05 08	21 07 30
29 Th	4 16 33	8 ♌ 21 34	15 08 13	8 39 36	17 57 05	9 20 29	25 37 22	11 44 51	20 11 19	3 29 14	2 00 07	24 11 40	27 15 38	21 17 16
30 F	5 21 58	22 04 14	28 56 57	10 08 11	19 17 26	9 50 35	26 14 52	12 13 53	20 10 08	3 30 41	2 07 54	24 17 26	27 23 54	21 24 45
31 Sa	6 24 48	5 ♍ 55 45	12 ♍ 53 04	11 35 56	20 35 16	10 18 25	26 49 53	12 40 27	20 06 29	3 29 37	2 13 15	24 20 44	27 29 38	21 29 41

LONGITUDE

April 2040

Day	☉	0 hr ☽	Noon ☽	☿	♀	♂	⚵	⚳	♃	♄	⚷	♅	♆	♇
1 Su	7 ♒ 25 19	19 ♍ 53 26	26 ♍ 53 56	13 ♑ 03 01	21 ♑ 50 47	10 ♉ 44 12	27 ♑ 22 38	13 ♓ 04 48	20 ♋ 00 37	3 ♌ 26 16	2 ♉ 16 22	24 ♉ 21 46	27 ♒ 33 06	21 ♐ 32 18
2 M	8 24 10	3 ♎ 55 16	10 ♎ 57 51	14 30 04	23 04 40	11 08 35	27 53 47	13 27 33	19 53 11	3 21 16	2 17 56	24 21 14	27 34 55	21 33 16
3 Tu	9 22 17	18 00 07	25 03 56	15 58 02	24 17 50	11 32 31	28 24 16	13 49 41	19 45 08	3 15 36	2 18 54	24 20 03	27 36 03	21 33 31
4 W	10 20 45	2 ♏ 07 28	9 ♏ 11 49	17 27 56	25 31 24	11 57 04	28 55 11	14 12 15	19 37 34	3 10 19	2 20 20	24 19 18	27 37 35	21 34 08
5 Th	11 20 30	16 16 53	23 21 08	19 00 41	26 46 14	12 23 08	29 27 25	14 36 11	19 31 24	3 06 21	2 23 08	24 19 54	27 40 26	21 36 02
6 F	12 22 07	0 ♐ 27 35	7 ♐ 30 53	20 36 52	28 02 59	12 51 21	0 ♒ 01 35	15 02 04	19 27 13	3 04 18	2 27 55	24 22 28	27 45 10	21 39 48
7 Sa	13 25 44	14 37 55	21 39 09	22 16 37	29 21 45	13 21 48	0 37 50	15 30 02	19 25 11	3 04 19	2 34 50	24 27 07	27 51 58	21 45 36
8 Su	14 31 02	28 45 09	5 ♑ 42 54	23 59 36	0 ♒ 42 14	13 54 12	1 15 49	15 59 48	19 24 58	3 06 04	2 43 32	24 33 32	28 00 29	21 53 05
9 M	15 37 20	12 ♑ 45 39	19 38 21	25 45 08	2 03 43	14 27 50	1 54 51	16 30 37	19 25 54	3 08 52	2 53 20	24 41 01	28 10 01	22 01 34
10 Tu	16 43 44	26 35 21	3 ♒ 21 25	27 32 19	3 25 20	15 01 49	2 34 04	17 01 38	19 27 04	3 11 49	3 03 20	24 48 42	28 19 42	22 10 10
11 W	17 49 20	10 ♒ 10 20	16 48 28	29 20 15	4 46 11	15 35 15	3 12 33	17 31 57	19 27 36	3 14 03	3 12 41	24 55 41	28 28 38	22 17 59
12 Th	18 53 28	23 27 34	29 56 59	1 ♒ 08 17	6 05 34	16 07 26	3 49 36	18 00 52	19 26 49	3 14 53	3 20 39	25 01 16	28 36 07	22 24 20
13 F	19 55 42	6 ♓ 25 21	12 ♓ 45 54	2 55 59	7 23 06	16 37 57	4 24 51	18 27 59	19 24 18	3 13 53	3 26 50	25 05 03	28 41 45	22 28 49
14 Sa	20 55 60	19 03 39	25 15 51	4 43 20	8 38 42	17 06 46	4 58 12	18 53 14	19 20 01	3 11 01	3 31 11	25 06 58	28 45 30	22 31 22
15 Su	21 54 37	1 ♈ 24 07	7 ♈ 29 05	6 30 35	9 52 40	17 34 08	5 29 57	19 16 54	19 14 14	3 06 33	3 33 59	25 07 19	28 47 36	22 32 15
16 M	22 52 05	13 29 47	19 29 12	8 18 17	11 05 30	18 00 33	6 00 36	19 39 29	19 07 28	3 01 01	3 35 45	25 06 36	28 48 35	22 32 01
17 Tu	23 49 04	25 24 54	1 ♉ 20 51	10 07 06	12 17 52	18 26 43	6 30 50	20 01 40	19 00 24	2 55 04	3 37 07	25 05 29	28 49 07	22 31 17
18 W	24 46 14	7 ♉ 14 27	13 09 18	11 57 43	13 30 27	18 53 17	7 01 20	20 24 08	18 53 42	2 49 24	3 38 48	25 04 39	28 49 54	22 30 46
19 Th	25 44 13	19 03 52	25 00 05	13 50 45	14 43 51	19 20 51	7 32 41	20 47 28	18 47 60	2 44 37	3 41 24	25 04 42	28 51 30	22 31 04
20 F	26 43 24	0 ♊ 58 32	6 ♊ 58 40	15 46 37	15 58 30	19 49 50	8 05 18	21 12 05	18 43 41	2 41 08	3 45 18	25 06 04	28 54 22	22 32 36
21 Sa	27 43 57	13 03 38	19 10 01	17 45 26	17 14 32	20 20 23	8 39 21	21 38 09	18 40 56	2 39 07	3 50 41	25 08 52	28 58 38	22 35 30
22 Su	28 45 45	25 23 37	1 ♋ 38 19	19 47 07	18 31 52	20 52 23	9 14 43	22 05 34	18 39 38	2 38 27	3 57 27	25 13 02	29 04 11	22 39 41
23 M	29 48 29	8 ♋ 02 02	14 26 37	21 51 15	19 50 07	21 25 29	9 51 04	22 33 57	18 39 26	2 38 47	4 05 13	25 18 12	29 10 42	22 44 47
24 Tu	0 ♓ 51 34	21 01 09	27 36 29	23 57 17	21 08 46	21 59 09	10 27 51	23 02 47	18 39 49	2 39 35	4 13 27	25 23 49	29 17 36	22 50 16
25 W	1 54 26	4 ♌ 21 44	11 ♌ 07 53	26 04 33	22 27 13	22 32 46	11 04 27	23 31 28	18 40 09	2 40 15	4 21 34	25 29 17	29 24 19	22 55 32
26 Th	2 56 30	18 02 54	24 59 02	28 12 24	23 44 53	23 05 46	11 40 19	23 59 25	18 39 54	2 40 13	4 28 59	25 34 03	29 30 17	23 00 01
27 F	3 57 23	2 ♍ 02 08	9 ♍ 06 38	0 ♓ 20 22	25 01 24	23 37 45	12 15 02	24 26 14	18 38 38	2 39 05	4 35 19	25 37 42	29 35 04	23 03 18
28 Sa	4 56 53	16 15 40	23 26 13	2 28 08	26 16 33	24 08 32	12 48 27	24 51 45	18 36 13	2 36 42	4 40 22	25 40 05	29 38 31	23 05 15
29 Su	5 55 08	0 ♎ 38 48	7 ♎ 52 49	4 35 40	27 30 28	24 38 14	13 20 40	25 16 04	18 32 44	2 33 08	4 44 15	25 41 16	29 40 44	23 05 55
30 M	6 52 28	15 06 38	22 21 31	6 43 09	28 43 29	25 07 09	13 51 60	25 39 32	18 28 31	2 28 44	4 47 18	25 41 36	29 42 03	23 05 41

Notes

May 2040

LONGITUDE

Day	☉	0 hr ☽	Noon ☽	☿	♀	♂	⚵	⚳	♃	♄	⚷	♅	♆	♇
1 Tu	7 ♓ 49 21	29 ♎ 34 34	6 ♏ 48 00	8 ♓ 50 53	29 ♒ 56 05	25 ♉ 35 48	14 ♒ 22 57	26 ♓ 02 36	18 ♋ 24 04	2 ♌ 24 00	4 ♉ 50 00	25 ♉ 41 34	29 ♒ 42 57	23 ♐ 04 60
2 W	8 46 19	13 ♏ 58 44	21 08 51	10 59 09	1 ♓ 08 47	26 04 41	14 54 01	26 25 49	18 19 54	2 19 27	4 52 53	25 41 43	29 43 57	23 04 24
3 Th	9 43 49	28 16 05	5 ♐ 21 31	13 08 09	2 22 02	26 34 15	15 25 41	26 49 38	18 16 28	2 15 33	4 56 23	25 42 27	29 45 31	23 04 21
4 F	10 42 08	12 ♐ 24 23	19 24 12	15 17 55	3 36 06	27 04 47	15 58 12	27 14 18	18 14 02	2 12 32	5 00 46	25 44 04	29 47 54	23 05 05
5 Sa	11 41 18	26 21 60	3 ♑ 15 36	17 28 12	4 51 03	27 36 19	16 31 37	27 39 53	18 12 39	2 10 29	5 06 05	25 46 37	29 51 09	23 06 41
6 Su	12 41 10	10 ♑ 07 42	16 54 44	19 38 33	6 06 43	28 08 43	17 05 46	28 06 13	18 12 11	2 09 13	5 12 11	25 49 56	29 55 07	23 08 59
7 M	13 41 25	23 40 33	0 ♒ 20 45	21 48 23	7 22 48	28 41 38	17 40 22	28 33 00	18 12 19	2 08 28	5 18 47	25 53 44	29 59 30	23 11 40
8 Tu	14 41 43	6 ♒ 59 44	13 32 60	23 57 02	8 38 56	29 14 45	18 15 03	28 59 52	18 12 41	2 07 52	5 25 29	25 57 37	0 ♓ 03 57	23 14 24
9 W	15 41 42	20 04 43	26 31 00	26 03 53	9 54 46	29 47 42	18 49 28	29 26 29	18 12 57	2 07 03	5 31 57	26 01 17	0 08 06	23 16 49
10 Th	16 41 08	2 ♓ 55 15	9 ♓ 14 41	28 08 24	11 10 05	0 ♊ 20 14	19 23 22	29 52 35	18 12 52	2 05 48	5 37 57	26 04 28	0 11 42	23 18 40
11 F	17 39 53	15 31 32	21 44 25	0 ♈ 10 13	12 24 43	0 52 13	19 56 37	0 ♈ 18 04	18 12 18	2 03 58	5 43 21	26 07 01	0 14 38	23 19 51
12 Sa	18 37 57	27 54 20	4 ♈ 01 15	2 09 07	13 38 42	1 23 40	20 29 15	0 42 55	18 11 16	2 01 35	5 48 09	26 08 59	0 16 55	23 20 21
13 Su	19 35 28	10 ♈ 05 03	16 06 51	4 05 00	14 52 08	1 54 42	21 01 21	1 07 15	18 09 54	1 58 45	5 52 28	26 10 27	0 18 40	23 20 17
14 M	20 32 36	22 05 45	28 03 38	5 57 54	16 05 13	2 25 29	21 33 08	1 31 16	18 08 22	1 55 39	5 56 30	26 11 38	0 20 03	23 19 52
15 Tu	21 29 35	3 ♉ 59 12	9 ♉ 54 39	7 47 53	17 18 10	2 56 16	22 04 47	1 55 10	18 06 52	1 52 31	6 00 27	26 12 43	0 21 17	23 19 16
16 W	22 26 36	15 48 43	21 43 32	9 34 59	18 31 10	3 27 12	22 36 32	2 19 09	18 05 38	1 49 33	6 04 31	26 13 54	0 22 35	23 18 43
17 Th	23 23 47	27 38 09	3 ♊ 34 22	11 19 17	19 44 22	3 58 27	23 08 29	2 43 22	18 04 48	1 46 53	6 08 50	26 15 21	0 24 04	23 18 22
18 F	24 21 15	9 ♊ 31 46	15 31 35	13 00 44	20 57 50	4 30 05	23 40 45	3 07 53	18 04 25	1 44 35	6 13 29	26 17 08	0 25 50	23 18 15
19 Sa	25 18 57	21 33 60	27 39 43	14 39 16	22 11 35	5 02 05	24 13 18	3 32 41	18 04 30	1 42 39	6 18 27	26 19 13	0 27 52	23 18 24
20 Su	26 16 49	3 ♋ 49 21	10 ♋ 03 10	16 14 45	23 25 31	5 34 24	24 46 04	3 57 44	18 04 58	1 41 02	6 23 41	26 21 34	0 30 05	23 18 43
21 M	27 14 47	16 22 04	22 45 60	17 47 02	24 39 33	6 06 54	25 18 56	4 22 53	18 05 43	1 39 36	6 29 03	26 24 03	0 32 24	23 19 07
22 Tu	28 12 42	29 15 50	5 ♌ 51 25	19 15 57	25 53 34	6 39 30	25 51 49	4 48 02	18 06 38	1 38 16	6 34 28	26 26 34	0 34 41	23 19 29
23 W	29 10 30	12 ♌ 33 20	19 21 24	20 41 22	27 07 29	7 12 05	26 24 38	5 13 07	18 07 39	1 36 56	6 39 50	26 29 02	0 36 52	23 19 44
24 Th	0 ♈ 08 10	26 15 47	3 ♍ 16 15	22 03 13	28 21 18	7 44 40	26 57 20	5 38 07	18 08 44	1 35 36	6 45 08	26 31 26	0 38 56	23 19 51
25 F	1 05 45	10 ♍ 22 30	17 34 09	23 21 31	29 35 02	8 17 15	27 29 59	6 03 03	18 09 56	1 34 17	6 50 24	26 33 48	0 40 55	23 19 53
26 Sa	2 03 19	24 50 33	2 ♎ 11 03	24 36 18	0 ♈ 48 46	8 49 57	28 02 39	6 28 00	18 11 19	1 33 05	6 55 44	26 36 14	0 42 54	23 19 53
27 Su	3 00 59	9 ♎ 34 51	17 00 52	25 47 35	2 02 36	9 22 50	28 35 27	6 53 05	18 12 59	1 32 05	7 01 12	26 38 48	0 44 58	23 19 59
28 M	3 58 48	24 28 29	1 ♏ 56 11	26 55 25	3 16 37	9 55 59	29 08 26	7 18 22	18 15 01	1 31 22	7 06 54	26 41 35	0 47 12	23 20 14
29 Tu	4 56 48	9 ♏ 23 41	16 49 09	27 59 44	4 30 49	10 29 24	29 41 37	7 43 51	18 17 24	1 30 57	7 12 49	26 44 36	0 49 36	23 20 39
30 W	5 54 54	24 12 44	1 ♐ 32 33	29 00 25	5 45 09	11 03 01	0 ♓ 14 56	8 09 27	18 20 05	1 30 44	7 18 54	26 47 46	0 52 07	23 21 09
31 Th	6 52 58	8 ♐ 49 03	16 00 39	29 57 14	6 59 28	11 36 42	0 48 14	8 35 03	18 22 56	1 30 36	7 24 59	26 50 58	0 54 35	23 21 37

June 2040

LONGITUDE

Day	☉	0 hr ☽	Noon ☽	☿	♀	♂	⚵	⚳	♃	♄	⚷	♅	♆	♇
1 F	7 ♈ 50 50	23 ♐ 07 52	0 ♑ 09 43	0 ♉ 49 59	8 ♈ 13 34	12 ♊ 10 18	1 ♓ 21 21	9 ♈ 00 29	18 ♋ 25 45	1 ♌ 30 23	7 ♉ 30 56	26 ♉ 54 00	0 ♓ 56 52	23 ♐ 21 52
2 Sa	8 48 21	7 ♑ 06 27	13 57 60	1 38 24	9 27 21	12 43 38	1 54 10	9 25 35	18 28 25	1 29 57	7 36 35	26 56 45	0 58 47	23 21 46
3 Su	9 45 27	20 44 03	27 25 29	2 22 21	10 40 43	13 16 38	2 26 34	9 50 18	18 30 50	1 29 12	7 41 51	26 59 07	1 00 17	23 21 14
4 M	10 42 10	4 ♒ 01 22	10 ♒ 33 26	3 01 47	11 53 43	13 49 21	2 58 36	10 14 38	18 33 03	1 28 10	7 46 47	27 01 08	1 01 22	23 20 17
5 Tu	11 38 37	17 00 11	23 23 55	3 36 44	13 06 27	14 21 53	3 30 22	10 38 44	18 35 11	1 26 59	7 51 29	27 02 57	1 02 12	23 19 04
6 W	12 35 01	29 42 51	5 ♓ 59 21	4 07 20	14 19 10	14 54 29	4 02 08	11 02 48	18 37 28	1 25 52	7 56 12	27 04 46	1 02 59	23 17 48
7 Th	13 31 39	12 ♓ 11 52	18 22 16	4 33 48	15 32 07	15 27 23	4 34 08	11 27 07	18 40 08	1 25 06	8 01 10	27 06 51	1 03 58	23 16 44
8 F	14 28 47	24 29 42	0 ♈ 35 01	4 56 19	16 45 34	16 00 53	5 06 38	11 51 57	18 43 29	1 24 56	8 06 41	27 09 28	1 05 27	23 16 09
9 Sa	15 26 36	6 ♈ 38 35	12 39 49	5 15 02	17 59 43	16 35 09	5 39 50	12 17 29	18 47 42	1 25 35	8 12 55	27 12 49	1 07 37	23 16 15
10 Su	16 25 13	18 40 35	24 38 40	5 30 00	19 14 41	17 10 19	6 13 52	12 43 51	18 52 53	1 27 08	8 20 01	27 17 01	1 10 34	23 17 08
11 M	17 24 37	0 ♉ 37 34	6 ♉ 33 30	5 41 12	20 30 26	17 46 21	6 48 41	13 11 01	18 59 02	1 29 36	8 27 55	27 22 03	1 14 18	23 18 48
12 Tu	18 24 39	12 31 25	18 26 16	5 48 28	21 46 50	18 23 06	7 24 09	13 38 49	19 05 60	1 32 48	8 36 30	27 27 45	1 18 39	23 21 05
13 W	19 25 01	24 24 04	0 ♊ 19 06	5 51 33	23 03 35	19 00 17	7 59 58	14 06 59	19 13 28	1 36 28	8 45 27	27 33 50	1 23 20	23 23 42
14 Th	20 25 23	6 ♊ 17 46	12 14 27	5 50 10	24 20 20	19 37 32	8 35 46	14 35 08	19 21 05	1 40 13	8 54 26	27 39 56	1 27 60	23 26 17
15 F	21 25 19	18 15 10	24 15 10	5 44 00	25 36 41	20 14 27	9 11 11	15 02 54	19 28 28	1 43 41	9 03 02	27 45 41	1 32 14	23 28 27
16 Sa	22 24 30	0 ♋ 19 24	6 ♋ 24 36	5 32 54	26 52 17	20 50 42	9 45 50	15 29 55	19 35 15	1 46 30	9 10 54	27 50 42	1 35 42	23 29 51
17 Su	23 22 42	12 34 05	18 46 32	5 16 50	28 06 54	21 26 03	10 19 31	15 55 58	19 41 14	1 48 27	9 17 50	27 54 47	1 38 11	23 30 15
18 M	24 19 53	25 03 18	1 ♌ 25 04	4 56 00	29 20 31	22 00 27	10 52 11	16 20 60	19 46 21	1 49 30	9 23 46	27 57 52	1 39 37	23 29 37
19 Tu	25 16 12	7 ♌ 51 17	14 24 17	4 30 54	0 ♉ 33 16	22 34 04	11 23 60	16 45 11	19 50 45	1 49 47	9 28 53	28 00 09	1 40 11	23 28 07
20 W	26 12 01	21 02 05	27 47 49	4 02 15	1 45 33	23 07 17	11 55 19	17 08 52	19 54 50	1 49 42	9 33 31	28 01 57	1 40 15	23 26 07
21 Th	27 07 52	4 ♍ 38 52	11 ♍ 38 07	3 31 00	2 57 51	23 40 35	12 26 40	17 32 36	19 59 06	1 49 44	9 38 13	28 03 50	1 40 19	23 24 07
22 F	28 04 17	18 43 16	25 55 43	2 58 13	4 10 45	24 14 33	12 58 36	17 56 55	20 04 06	1 50 28	9 43 31	28 06 19	1 40 58	23 22 42
23 Sa	29 01 48	3 ♎ 14 30	10 ♎ 38 28	2 24 52	5 24 43	24 49 39	13 31 37	18 22 20	20 10 19	1 52 23	9 49 56	28 09 55	1 42 40	23 22 21
24 Su	0 ♉ 00 40	18 08 45	25 41 06	1 51 50	6 40 04	25 26 12	14 05 59	18 49 06	20 18 04	1 55 47	9 57 43	28 14 55	1 45 43	23 23 21
25 M	1 00 54	3 ♏ 19 04	10 ♏ 55 24	1 19 40	7 56 47	26 04 10	14 41 43	19 17 13	20 27 19	2 00 38	10 06 53	28 21 17	1 50 06	23 25 42
26 Tu	2 02 09	18 35 56	26 11 14	0 48 41	9 14 32	26 43 15	15 18 29	19 46 23	20 37 44	2 06 37	10 17 07	28 28 44	1 55 31	23 29 03
27 W	3 03 53	3 ♐ 48 41	11 ♐ 18 06	0 18 52	10 32 45	27 22 51	15 55 42	20 16 00	20 48 45	2 13 09	10 27 48	28 36 39	2 01 21	23 32 51
28 Th	4 05 21	18 47 17	26 06 50	29 ♈ 50 08	11 50 43	28 02 16	16 32 39	20 45 23	20 59 40	2 19 33	10 38 16	28 44 21	2 06 55	23 36 23
29 F	5 05 57	3 ♑ 23 49	10 ♑ 30 60	29 22 24	13 07 48	28 40 51	17 08 42	21 13 51	21 09 49	2 25 09	10 47 50	28 51 10	2 11 33	23 39 01
30 Sa	6 05 12	17 33 34	24 27 21	28 55 46	14 23 33	29 18 10	17 43 25	21 40 59	21 18 46	2 29 30	10 56 06	28 56 41	2 14 51	23 40 17

Notes

LONGITUDE July 2040

Day	☉	0 hr ☽	Noon ☽	☿	♀	♂	⚵	⚳	♃	♄	⚷	♅	♆	♇
1 Su	7 ♉ 03 00	1 ♒ 15 04	7 ♒ 55 45	28 ♈ 30 37	15 ♉ 37 51	29 ♊ 54 06	18 ♓ 16 39	22 ♈ 06 39	21 ♋ 26 24	2 ♌ 32 30	11 ♉ 02 54	29 ♉ 00 45	2 ♓ 16 39	23 ♐ 40 05
2 M	7 59 34	14 29 38	20 58 25	28 07 36	16 50 54	0 ♋ 28 50	18 48 37	22 31 04	21 32 54	2 34 21	11 08 28	29 03 35	2 17 11	23 38 37
3 Tu	8 55 23	27 20 30	3 ♓ 39 10	27 47 38	18 03 13	1 02 54	19 19 50	22 54 44	21 38 48	2 35 32	11 13 17	29 05 42	2 16 56	23 36 22
4 W	9 51 08	9 ♓ 52 03	16 02 34	27 31 44	19 15 27	1 36 58	19 50 58	23 18 19	21 44 45	2 36 45	11 18 03	29 07 46	2 16 35	23 34 03
5 Th	10 47 34	22 08 59	28 13 18	27 20 56	20 28 23	2 11 45	20 22 45	23 42 34	21 51 31	2 38 45	11 23 30	29 10 31	2 16 54	23 32 24
6 F	11 45 21	4 ♈ 15 45	10 ♈ 15 39	27 16 09	21 42 39	2 47 58	20 55 51	24 08 09	21 59 44	2 42 10	11 30 18	29 14 38	2 18 31	23 32 03
7 Sa	12 44 57	16 16 18	22 13 18	27 18 03	22 58 44	3 26 02	21 30 45	24 35 32	22 09 54	2 47 29	11 38 55	29 20 34	2 21 56	23 33 31
8 Su	13 46 35	28 13 45	4 ♉ 09 08	27 26 59	24 16 51	4 06 13	22 07 39	25 04 56	22 22 12	2 54 56	11 49 33	29 28 33	2 27 20	23 36 59
9 M	14 50 09	10 ♉ 10 26	16 05 16	27 42 58	25 36 53	4 48 22	22 46 27	25 36 15	22 36 33	3 04 24	12 02 07	29 38 28	2 34 38	23 42 22
10 Tu	15 55 14	22 08 01	28 03 13	28 05 41	26 58 26	5 32 06	23 26 44	26 09 04	22 52 33	3 15 28	12 16 12	29 49 55	2 43 25	23 49 15
11 W	17 01 11	4 ♊ 07 39	10 ♊ 04 05	28 34 29	28 20 52	6 16 47	24 07 53	26 42 45	23 09 32	3 27 30	12 31 09	0 ♊ 02 15	2 53 03	23 56 59
12 Th	18 07 12	16 10 18	22 08 56	29 08 37	29 43 21	7 01 34	24 49 02	27 16 27	23 26 41	3 39 40	12 46 10	0 14 40	3 02 43	24 04 46
13 F	19 12 27	28 17 04	4 ♋ 19 00	29 47 13	1 ♊ 05 03	7 45 38	25 29 23	27 49 22	23 43 10	3 51 09	13 00 23	0 26 18	3 11 34	24 11 45
14 Sa	20 16 10	10 ♋ 29 34	16 36 06	0 ♉ 29 33	2 25 15	8 28 15	26 08 12	28 20 46	23 58 15	4 01 13	13 13 06	0 36 25	3 18 53	24 17 13
15 Su	21 17 55	22 50 01	29 02 43	1 15 07	3 43 27	9 08 56	26 44 59	28 50 09	24 11 28	4 09 22	13 23 49	0 44 35	3 24 10	24 20 40
16 M	22 17 34	5 ♌ 21 33	11 ♌ 42 10	2 03 44	4 59 33	9 47 35	27 19 38	29 17 24	24 22 41	4 15 30	13 32 26	0 50 38	3 27 20	24 22 00
17 Tu	23 15 23	18 08 00	24 38 24	2 55 38	6 13 48	10 24 27	27 52 25	29 42 48	24 32 10	4 19 54	13 39 12	0 54 52	3 28 37	24 21 30
18 W	24 12 01	1 ♍ 13 44	7 ♍ 55 38	3 51 25	7 26 53	11 00 11	28 23 60	0 ♉ 07 01	24 40 35	4 23 11	13 44 47	0 57 56	3 28 43	24 19 48
19 Th	25 08 25	14 42 59	21 37 44	4 51 56	8 39 42	11 35 44	28 55 16	0 30 57	24 48 51	4 26 19	13 50 06	1 00 45	3 28 31	24 17 51
20 F	26 05 34	28 39 05	5 ♎ 47 12	5 58 10	9 53 17	12 12 07	29 27 17	0 55 37	24 57 59	4 30 17	13 56 11	1 04 20	3 29 03	24 16 38
21 Sa	27 04 24	13 ♎ 03 24	20 24 10	7 10 53	11 08 32	12 50 12	0 ♈ 00 55	1 21 56	25 08 53	4 35 60	14 03 55	1 09 35	3 31 14	24 17 05
22 Su	28 05 28	27 54 17	5 ♏ 25 23	8 30 36	12 25 60	13 30 35	0 36 44	1 50 28	25 22 07	4 44 01	14 13 52	1 17 05	3 35 36	24 19 45
23 M	29 08 51	13 ♏ 06 23	20 43 53	9 57 16	13 45 46	14 13 18	1 14 49	2 21 16	25 37 45	4 54 25	14 26 06	1 26 52	3 42 14	24 24 42
24 Tu	0 ♊ 14 04	28 30 40	6 ♐ 09 26	11 30 19	15 07 22	14 57 55	1 54 41	2 53 53	25 55 18	5 06 44	14 40 10	1 38 30	3 50 41	24 31 29
25 W	1 20 14	13 ♐ 55 36	21 30 04	13 08 41	16 29 53	15 43 32	2 35 26	3 27 24	26 13 53	5 20 03	14 55 08	1 51 04	4 00 02	24 39 11
26 Th	2 26 13	29 09 08	6 ♑ 34 19	14 51 08	17 52 13	16 29 00	3 15 58	4 00 42	26 32 22	5 33 16	15 09 55	2 03 26	4 09 09	24 46 41
27 F	3 30 59	14 ♑ 00 51	21 13 11	16 36 24	19 13 19	17 13 18	3 55 12	4 32 45	26 49 42	5 45 18	15 23 26	2 14 35	4 17 00	24 52 56
28 Sa	4 33 47	28 23 46	5 ♒ 21 25	18 23 32	20 32 25	17 55 40	4 32 25	5 02 47	27 05 09	5 55 26	15 34 57	2 23 44	4 22 50	24 57 11
29 Su	5 34 22	12 ♒ 14 50	18 57 42	20 12 04	21 49 17	18 35 50	5 07 20	5 30 32	27 18 26	6 03 24	15 44 12	2 30 39	4 26 24	24 59 12
30 M	6 32 58	25 34 47	2 ♓ 04 01	22 01 58	23 04 09	19 14 05	5 40 13	5 56 17	27 29 50	6 09 27	15 51 27	2 35 34	4 27 57	24 59 12
31 Tu	7 30 17	8 ♓ 27 05	14 44 41	23 53 38	24 17 43	19 51 05	6 11 44	6 20 41	27 39 60	6 14 16	15 57 23	2 39 11	4 28 09	24 57 54

LONGITUDE August 2040

Day	☉	0 hr ☽	Noon ☽	☿	♀	♂	⚵	⚳	♃	♄	⚷	♅	♆	♇
1 W	8 ♊ 27 17	20 ♓ 56 58	27 ♓ 05 22	25 ♉ 47 43	25 ♊ 30 57	20 ♋ 27 49	6 ♈ 42 51	6 ♉ 44 44	27 ♋ 49 55	6 ♌ 18 49	16 ♉ 02 57	2 ♊ 42 28	4 ♓ 27 60	24 ♐ 56 15
2 Th	9 25 02	3 ♈ 10 24	9 ♈ 12 04	27 44 58	26 44 55	21 05 19	7 14 39	7 09 29	28 00 40	6 24 10	16 09 14	2 46 28	4 28 32	24 55 20
3 F	10 24 30	15 13 17	21 10 35	29 45 58	28 00 34	21 44 35	7 48 05	7 35 53	28 13 11	6 31 17	16 17 11	2 52 10	4 30 44	24 56 06
4 Sa	11 26 23	27 10 54	3 ♉ 05 53	1 ♊ 51 04	29 18 36	22 26 19	8 23 51	8 04 39	28 28 10	6 40 52	16 27 30	3 00 16	4 35 18	24 59 15
5 Su	12 31 01	9 ♉ 07 33	15 01 57	4 00 16	0 ♋ 39 23	23 10 49	9 02 16	8 36 07	28 45 58	6 53 14	16 40 32	3 11 04	4 42 33	25 05 08
6 M	13 38 18	21 06 23	27 01 34	6 13 06	2 02 47	23 58 01	9 43 16	9 10 11	29 06 29	7 08 19	16 56 10	3 24 31	4 52 25	25 13 38
7 Tu	14 47 42	3 ♊ 09 27	9 ♊ 06 26	8 28 43	3 28 17	24 47 23	10 26 18	9 46 19	29 29 11	7 25 34	17 13 53	3 40 03	5 04 21	25 24 15
8 W	15 58 23	15 17 45	21 17 18	10 45 57	4 55 02	25 38 03	11 10 30	10 23 39	29 53 12	7 44 07	17 32 49	3 56 50	5 17 30	25 36 06
9 Th	17 09 13	27 31 39	3 ♋ 34 22	13 03 23	6 21 55	26 28 55	11 54 46	11 01 06	0 ♌ 17 27	8 02 54	17 51 52	4 13 45	5 30 46	25 48 06
10 F	18 19 06	9 ♋ 51 12	15 57 40	15 19 40	7 47 49	27 18 52	12 37 60	11 37 32	0 40 47	8 20 45	18 09 55	4 29 41	5 43 02	25 59 07
11 Sa	19 27 02	22 16 38	28 27 33	17 33 34	9 11 46	28 06 55	13 19 11	12 11 57	1 02 14	8 36 43	18 25 58	4 43 39	5 53 18	26 08 10
12 Su	20 32 23	4 ♌ 48 45	11 ♌ 05 01	19 44 14	10 33 04	28 52 24	13 57 40	12 43 43	1 21 08	8 50 07	18 39 22	4 54 59	6 00 55	26 14 36
13 M	21 34 54	17 29 17	23 52 01	21 51 17	11 51 33	29 35 07	14 33 14	13 12 37	1 37 17	9 00 45	18 49 55	5 03 29	6 05 40	26 18 12
14 Tu	22 34 55	0 ♍ 20 55	6 ♍ 51 31	23 54 52	13 07 29	0 ♌ 15 22	15 06 12	13 38 56	1 50 58	9 08 54	18 57 54	5 09 26	6 07 52	26 19 17
15 W	23 33 13	13 27 15	20 07 12	25 55 39	14 21 40	0 53 55	15 37 20	14 03 27	2 02 58	9 15 23	19 04 06	5 13 38	6 08 17	26 18 36
16 Th	24 30 53	26 52 21	3 ♎ 42 58	27 54 41	15 35 13	1 31 53	16 07 44	14 27 19	2 14 24	9 21 17	19 09 38	5 17 12	6 08 03	26 17 18
17 F	25 29 13	10 ♎ 39 56	17 42 05	29 53 07	16 49 22	2 10 33	16 38 41	14 51 45	2 26 32	9 27 53	19 15 46	5 21 22	6 08 25	26 16 38
18 Sa	26 29 19	24 52 28	2 ♏ 06 07	1 ♋ 52 02	18 05 17	2 51 01	17 11 18	15 17 53	2 40 29	9 36 17	19 23 38	5 27 17	6 10 30	26 17 44
19 Su	27 31 56	9 ♏ 30 00	16 53 48	3 52 08	19 23 41	3 34 03	17 46 19	15 46 29	2 56 59	9 47 14	19 33 56	5 35 41	6 15 03	26 21 19
20 M	28 37 14	24 29 15	2 ♐ 00 17	5 53 33	20 44 44	4 19 48	18 23 55	16 17 41	3 16 14	10 00 54	19 46 53	5 46 45	6 22 15	26 27 35
21 Tu	29 44 46	9 ♐ 43 12	17 17 13	7 55 50	22 07 58	5 07 48	19 03 36	16 51 03	3 37 43	10 16 49	20 01 59	5 59 59	6 31 37	26 36 03
22 W	0 ♋ 53 33	25 01 49	2 ♑ 33 42	9 57 57	23 32 25	5 57 04	19 44 25	17 25 34	4 00 29	10 34 01	20 18 16	6 14 25	6 42 10	26 45 43
23 Th	2 02 17	10 ♑ 13 31	17 38 13	11 58 39	24 56 47	6 46 20	20 25 04	17 59 58	4 23 15	10 51 12	20 34 27	6 28 47	6 52 37	26 55 21
24 F	3 09 45	25 07 21	2 ♒ 20 49	13 56 41	26 19 51	7 34 22	21 04 19	18 33 02	4 44 46	11 07 08	20 49 17	6 41 50	7 01 46	27 03 41
25 Sa	4 15 03	9 ♒ 35 02	16 34 43	15 51 10	27 40 43	8 20 15	21 41 15	19 03 50	5 04 09	11 20 55	21 01 53	6 52 40	7 08 40	27 09 50
26 Su	5 17 47	23 31 59	0 ♓ 17 04	17 41 44	28 58 58	9 03 37	22 15 29	19 32 00	5 20 59	11 32 09	21 11 51	7 00 54	7 12 57	27 13 23
27 M	6 18 09	6 ♓ 57 28	13 28 35	19 28 33	0 ♌ 14 49	9 44 37	22 47 12	19 57 42	5 35 28	11 41 02	21 19 22	7 06 41	7 14 48	27 14 32
28 Tu	7 16 48	19 54 02	26 12 54	21 12 19	1 28 54	10 23 56	23 17 04	20 21 36	5 48 16	11 48 14	21 25 06	7 10 44	7 14 54	27 13 58
29 W	8 14 46	2 ♈ 26 28	8 ♈ 35 25	22 54 03	2 42 16	11 02 36	23 46 05	20 44 42	6 00 23	11 54 44	21 30 03	7 14 01	7 14 14	27 12 40
30 Th	9 13 10	14 40 47	20 42 27	24 34 55	3 56 02	11 41 43	24 15 23	21 08 10	6 12 57	12 01 41	21 35 22	7 17 42	7 13 56	27 11 47
31 F	10 13 04	26 43 21	2 ♉ 40 23	26 15 59	5 11 15	12 22 22	24 46 01	21 33 01	6 27 02	12 10 10	21 42 07	7 22 50	7 15 05	27 12 22

Notes

September 2040

LONGITUDE

Day	☉	0 hr ☽	Noon ☽	☿	♀	♂	⚵	⚳	♃	♄	⚷	♅	♆	♇
1 Sa	11♋15 17	8 ♉ 40 10	14 ♉ 35 02	27♋58 03	6 ♌ 28 43	13 ♌ 05 21	25 ♈ 18 48	22 ♉ 00 05	6 ♌ 43 27	12 ♌ 20 56	21 ♉ 51 04	7 ♊ 30 12	7 ♓ 18 29	27 ♐ 15 14
2 Su	12 20 12	20 36 28	26 31 20	29 41 34	7 48 52	13 51 04	25 54 07	22 29 46	7 02 34	12 34 26	22 02 39	7 40 14	7 24 31	27 20 48
3 M	13 27 47	2 ♊ 36 21	8 ♊ 32 59	1 ♌ 26 29	9 11 39	14 39 29	26 31 56	23 02 01	7 24 23	12 50 37	22 16 50	7 52 52	7 33 11	27 29 00
4 Tu	14 37 34	14 42 40	20 42 26	3 12 19	10 36 34	15 30 07	27 11 46	23 36 20	7 48 23	13 08 59	22 33 06	8 07 39	7 43 58	27 39 22
5 W	15 48 40	26 57 03	3 ♋ 00 53	4 58 14	12 02 46	16 22 06	27 52 45	24 11 53	8 13 44	13 28 41	22 50 37	8 23 41	7 56 01	27 51 02
6 Th	16 59 60	9 ♋ 20 06	15 28 33	6 43 09	13 29 10	17 14 20	28 33 46	24 47 34	8 39 18	13 48 38	23 08 16	8 39 54	8 08 14	28 02 55
7 F	18 10 25	21 51 38	28 05 02	8 25 53	14 54 36	18 05 42	29 13 42	25 22 13	9 03 59	14 07 40	23 24 56	8 55 09	8 19 30	28 13 53
8 Sa	19 18 56	4 ♌ 31 13	10 ♌ 49 44	10 05 28	16 18 05	18 55 10	29 51 32	25 54 51	9 26 45	14 24 47	23 39 36	9 08 26	8 28 47	28 22 54
9 Su	20 24 52	17 18 30	23 42 19	11 41 13	17 38 56	19 42 06	0 ♉ 26 36	26 24 48	9 46 57	14 39 20	23 51 35	9 19 04	8 35 27	28 29 19
10 M	21 27 59	0 ♍ 13 42	6 ♍ 43 11	13 12 53	18 56 56	20 26 13	0 58 38	26 51 49	10 04 20	14 51 04	24 00 41	9 26 49	8 39 14	28 32 55
11 Tu	22 28 33	13 17 53	19 53 34	14 40 43	20 12 20	21 07 50	1 27 56	27 16 10	10 19 10	15 00 15	24 07 08	9 31 59	8 40 24	28 33 56
12 W	23 27 17	26 32 58	3 ♎ 15 33	16 05 26	21 25 52	21 47 39	1 55 13	27 38 35	10 32 11	15 07 37	24 11 40	9 35 15	8 39 43	28 33 07
13 Th	24 25 16	10 ♎ 01 28	16 51 44	17 28 03	22 38 36	22 26 44	2 21 31	28 00 07	10 44 26	15 14 13	24 15 21	9 37 42	8 38 12	28 31 31
14 F	25 23 40	23 46 03	0 ♏ 44 36	18 49 44	23 51 41	23 06 15	2 48 02	28 21 57	10 57 06	15 21 14	24 19 22	9 40 30	8 37 03	28 30 20
15 Sa	26 23 32	7 ♏ 48 44	14 55 36	20 11 31	25 06 13	23 47 18	3 15 49	28 45 09	11 11 16	15 29 44	24 24 46	9 44 44	8 37 21	28 30 37
16 Su	27 25 37	22 09 58	29 24 22	21 34 04	26 22 54	24 30 33	3 45 35	29 10 25	11 27 37	15 40 26	24 32 17	9 51 06	8 39 47	28 33 05
17 M	28 30 05	6 ♐ 47 51	14 ♐ 07 55	22 57 31	27 41 56	25 16 14	4 17 32	29 37 58	11 46 21	15 53 31	24 42 06	9 59 48	8 44 33	28 37 55
18 Tu	29 36 35	21 37 44	29 00 32	24 21 28	29 02 56	26 03 59	4 51 17	0 ♊ 07 25	12 07 06	16 08 37	24 53 50	10 10 28	8 51 19	28 44 47
19 W	0 ♌ 44 16	6 ♑ 32 25	13 ♑ 54 09	25 44 59	0 ♍ 25 04	26 52 55	5 25 59	0 37 55	12 29 03	16 24 54	25 06 40	10 22 15	8 59 12	28 52 49
20 Th	1 52 02	21 23 02	28 39 43	27 06 54	1 47 14	27 41 59	6 00 33	1 08 23	12 51 04	16 41 15	25 19 29	10 34 04	9 07 08	29 00 55
21 F	2 58 48	6 ♒ 00 37	13 ♒ 08 39	28 26 03	3 08 21	28 30 04	6 33 52	1 37 43	13 12 03	16 56 36	25 31 12	10 44 48	9 13 60	29 07 60
22 Sa	4 03 44	20 17 35	27 14 22	29 41 29	4 27 35	29 16 20	7 05 05	2 05 04	13 31 12	17 10 05	25 40 59	10 53 37	9 18 58	29 13 13
23 Su	5 06 24	4 ♓ 08 56	10 ♓ 53 10	0 ♍ 52 39	5 44 29	0 ♍ 00 21	7 33 48	2 30 01	13 48 04	17 21 17	25 48 23	11 00 06	9 21 38	29 16 10
24 M	6 06 52	17 32 45	24 04 21	1 59 32	6 59 08	0 42 12	8 00 04	2 52 37	14 02 42	17 30 16	25 53 29	11 04 19	9 22 02	29 16 53
25 Tu	7 05 37	0 ♈ 29 58	6 ♈ 50 00	3 02 25	8 12 00	1 22 21	8 24 20	3 13 21	14 15 36	17 37 31	25 56 45	11 06 44	9 20 39	29 15 52
26 W	8 03 25	13 03 54	19 14 11	4 01 56	9 23 53	2 01 34	8 47 24	3 32 60	14 27 32	17 43 48	25 58 59	11 08 09	9 18 17	29 13 54
27 Th	9 01 13	25 19 22	1 ♉ 22 13	4 58 50	10 35 41	2 40 48	9 10 10	3 52 28	14 39 26	17 50 02	26 01 04	11 09 27	9 15 50	29 11 53
28 F	9 59 52	7 ♉ 22 03	13 19 60	5 53 48	11 48 17	3 20 55	9 33 30	4 12 38	14 52 10	17 57 07	26 03 54	11 11 32	9 14 11	29 10 42
29 Sa	11 00 05	19 17 46	25 13 24	6 47 18	13 02 24	4 02 37	9 58 08	4 34 13	15 06 26	18 05 44	26 08 11	11 15 07	9 14 04	29 11 05
30 Su	12 02 17	1 ♊ 12 02	7 ♊ 07 48	7 39 29	14 18 26	4 46 19	10 24 26	4 57 37	15 22 39	18 16 18	26 14 21	11 20 35	9 15 51	29 13 25

October 2040

LONGITUDE

Day	☉	0 hr ☽	Noon ☽	☿	♀	♂	⚵	⚳	♃	♄	⚷	♅	♆	♇
1 M	13 ♌ 06 31	13 ♊ 09 43	19 ♊ 07 48	8 ♍ 30 08	15 ♍ 36 27	5 ♍ 32 04	10 ♉ 52 28	5 ♊ 22 53	15 ♌ 40 52	18 ♌ 28 52	26 ♉ 22 25	11 ♊ 28 01	9 ♓ 19 37	29 ♐ 17 45
2 Tu	14 12 28	25 14 41	1 ♋ 16 55	9 18 38	16 56 07	6 19 34	11 21 55	5 49 42	16 00 46	18 43 07	26 32 05	11 37 05	9 25 04	29 23 48
3 W	15 19 32	7 ♋ 29 46	13 37 33	10 04 02	18 16 51	7 08 12	11 52 10	6 17 28	16 21 46	18 58 28	26 42 46	11 47 11	9 31 34	29 30 57
4 Th	16 26 55	19 56 44	26 10 57	10 45 09	19 37 50	7 57 10	12 22 25	6 45 23	16 43 02	19 14 06	26 53 38	11 57 31	9 38 19	29 38 24
5 F	17 33 45	2 ♌ 36 15	8 ♌ 57 19	11 20 45	20 58 14	8 45 37	12 51 48	7 12 34	17 03 44	19 29 09	27 03 51	12 07 14	9 44 30	29 45 18
6 Sa	18 39 18	15 28 13	21 56 08	11 49 38	22 17 16	9 32 48	13 19 33	7 38 18	17 23 07	19 42 53	27 12 39	12 15 35	9 49 20	29 50 53
7 Su	19 43 02	28 31 53	5 ♍ 06 21	12 10 50	23 34 26	10 18 12	13 45 10	8 02 01	17 40 38	19 54 46	27 19 31	12 22 01	9 52 18	29 54 38
8 M	20 44 45	11 ♍ 46 22	18 26 54	12 23 40	24 49 32	11 01 36	14 08 25	8 23 33	17 56 06	20 04 36	27 24 16	12 26 22	9 53 12	29 56 22
9 Tu	21 44 37	25 10 50	1 ♎ 56 55	12 27 49	26 02 43	11 43 10	14 29 28	8 43 02	18 09 41	20 12 33	27 27 02	12 28 48	9 52 13	29 56 14
10 W	22 43 08	8 ♎ 44 47	15 35 58	12 23 21	27 14 29	12 23 25	14 48 50	9 00 59	18 21 53	20 19 07	27 28 20	12 29 47	9 49 50	29 54 44
11 Th	23 41 01	22 28 07	29 24 03	12 10 32	28 25 35	13 03 04	15 07 12	9 18 08	18 33 25	20 25 01	27 28 54	12 30 04	9 46 47	29 52 36
12 F	24 39 05	6 ♏ 20 55	13 ♏ 21 15	11 49 50	29 36 47	13 42 55	15 25 23	9 35 16	18 45 05	20 31 04	27 29 31	12 30 27	9 43 52	29 50 38
13 Sa	25 38 03	20 23 12	27 27 28	11 21 43	0 ♎ 48 50	14 23 42	15 44 07	9 53 06	18 57 38	20 37 59	27 30 56	12 31 40	9 41 50	29 49 35
14 Su	26 38 25	4 ♐ 34 21	11 ♐ 41 46	10 46 33	2 02 12	15 05 53	16 03 51	10 12 08	19 11 31	20 46 15	27 33 37	12 34 11	9 41 08	29 49 54
15 M	27 40 17	18 52 44	26 02 04	10 04 36	3 17 02	15 49 38	16 24 44	10 32 29	19 26 53	20 56 00	27 37 43	12 38 08	9 41 55	29 51 44
16 Tu	28 43 28	3 ♑ 15 26	10 ♑ 24 57	9 16 00	4 33 07	16 34 42	16 46 33	10 53 56	19 43 30	21 07 01	27 42 59	12 43 20	9 43 58	29 54 51
17 W	29 47 26	17 38 13	24 45 45	8 20 56	5 49 55	17 20 35	17 08 45	11 15 59	20 00 53	21 18 48	27 48 56	12 49 14	9 46 46	29 58 47
18 Th	0 ♍ 51 33	1 ♒ 55 58	8 ♒ 59 08	7 19 44	7 06 48	18 06 39	17 30 43	11 37 58	20 18 21	21 30 40	27 54 55	12 55 11	9 49 41	0 ♑ 02 50
19 F	1 55 09	16 03 18	22 59 52	6 13 10	8 23 05	18 52 12	17 51 45	11 59 13	20 35 16	21 41 59	28 00 15	13 00 33	9 52 03	0 06 22
20 Sa	2 57 44	29 55 22	6 ♓ 43 29	5 02 26	9 38 17	19 36 47	18 11 21	12 19 14	20 51 06	21 52 14	28 04 27	13 04 49	9 53 21	0 08 52
21 Su	3 59 02	13 ♓ 28 32	20 07 02	3 49 15	10 52 08	20 20 05	18 29 14	12 37 44	21 05 36	22 01 08	28 07 14	13 07 42	9 53 20	0 10 04
22 M	4 59 01	26 40 51	3 ♈ 09 21	2 35 49	12 04 37	21 02 07	18 45 24	12 54 43	21 18 45	22 08 42	28 08 37	13 09 12	9 51 58	0 09 58
23 Tu	5 57 57	9 ♈ 32 10	15 51 04	1 24 34	13 15 58	21 43 06	19 00 04	13 10 24	21 30 47	22 15 10	28 08 47	13 09 34	9 49 31	0 08 47
24 W	6 56 14	22 04 03	28 14 27	0 18 06	14 26 34	22 23 27	19 13 37	13 25 12	21 42 05	22 20 54	28 08 11	13 09 10	9 46 21	0 06 56
25 Th	7 54 18	4 ♉ 19 28	10 ♉ 23 01	29 ♌ 18 48	15 36 54	23 03 38	19 26 31	13 39 33	21 53 09	22 26 23	28 07 15	13 08 29	9 42 58	0 04 53
26 F	8 52 40	16 22 25	22 21 10	28 28 45	16 47 27	23 44 06	19 39 14	13 53 57	22 04 25	22 32 06	28 06 28	13 07 59	9 39 49	0 03 06
27 Sa	9 51 40	28 17 30	4 ♊ 13 46	27 49 34	17 58 34	24 25 15	19 52 07	14 08 44	22 16 16	22 38 23	28 06 12	13 08 03	9 37 16	0 01 56
28 Su	10 51 32	10 ♊ 09 39	16 05 50	27 22 18	19 10 29	25 07 17	20 05 24	14 24 09	22 28 56	22 45 30	28 06 41	13 08 54	9 35 33	0 01 39
29 M	11 52 20	22 03 44	28 02 13	27 07 22	20 23 14	25 50 16	20 19 07	14 40 13	22 42 28	22 53 29	28 07 57	13 10 35	9 34 44	0 02 16
30 Tu	12 53 56	4 ♋ 04 21	10 ♋ 07 24	27 04 42	21 36 44	26 34 05	20 33 08	14 56 50	22 56 44	23 02 13	28 09 54	13 12 59	9 34 41	0 03 41
31 W	13 56 05	16 15 37	22 25 10	27 13 45	22 50 42	27 18 29	20 47 13	15 13 45	23 11 28	23 11 25	28 12 17	13 15 50	9 35 10	0 05 39

Notes

LONGITUDE — November 2040

Day	☉	0 hr ☽	Noon ☽	☿	♀	♂	⚵	⚳	♃	♄	⚷	♅	♆	♇
1 Th	14♍ 58 28	28♋ 40 55	4♌ 58 31	27♌ 33 39	24♎ 04 48	28♍ 03 06	21♉ 00 59	15♊ 30 36	23♌ 26 22	23♌ 20 47	28♉ 14 44	13♊ 18 49	9♓ 35 49	0♑ 07 48
2 F	16 00 42	11♌ 22 43	17 49 22	28 03 23	25 18 41	28 47 38	21 14 07	15 47 02	23 41 03	23 29 58	28 16 57	13 21 35	9 36 18	0 09 50
3 Sa	17 02 31	24 22 26	0♍ 58 29	28 41 49	26 32 05	29 31 45	21 26 18	16 02 47	23 55 16	23 38 40	28 18 36	13 23 50	9 36 20	0 11 26
4 Su	18 03 44	7♍ 40 14	14 25 23	29 27 55	27 44 48	0♎ 15 18	21 37 21	16 17 39	24 08 47	23 46 41	28 19 32	13 25 24	9 35 45	0 12 25
5 M	19 04 18	21 15 09	28 08 26	0♍ 20 46	28 56 47	0 58 13	21 47 13	16 31 34	24 21 36	23 54 00	28 19 41	13 26 13	9 34 29	0 12 45
6 Tu	20 04 18	5♎ 05 03	12♎ 05 00	1 19 35	0♏ 08 08	1 40 37	21 55 59	16 44 39	24 33 47	24 00 42	28 19 09	13 26 24	9 32 38	0 12 31
7 W	21 03 56	19 07 01	26 11 49	2 23 44	1 19 01	2 22 40	22 03 49	16 57 04	24 45 31	24 06 57	28 18 08	13 26 08	9 30 24	0 11 55
8 Th	22 03 26	3♏ 17 34	10♏ 25 17	3 32 43	2 29 42	3 04 36	22 10 59	17 09 04	24 57 03	24 13 01	28 16 52	13 25 39	9 28 00	0 11 11
9 F	23 03 02	17 33 05	24 41 52	4 46 02	3 40 23	3 46 40	22 17 41	17 20 51	25 08 36	24 19 07	28 15 34	13 25 10	9 25 41	0 10 33
10 Sa	24 02 52	1♐ 50 05	8♐ 58 17	6 03 15	4 51 14	4 29 01	22 24 05	17 32 35	25 20 20	24 25 24	28 14 24	13 24 52	9 23 36	0 10 10
11 Su	25 03 02	16 05 28	23 11 42	7 23 52	6 02 18	5 11 43	22 30 14	17 44 20	25 32 18	24 31 56	28 13 26	13 24 47	9 21 49	0 10 05
12 M	26 03 27	0♑ 16 35	7♑ 19 42	8 47 20	7 13 33	5 54 42	22 36 05	17 56 02	25 44 29	24 38 40	28 12 38	13 24 55	9 20 18	0 10 18
13 Tu	27 04 03	14 21 09	21 20 14	10 13 09	8 24 53	6 37 53	22 41 32	18 07 36	25 56 44	24 45 31	28 11 53	13 25 07	9 18 55	0 10 40
14 W	28 04 41	28 17 16	5♒ 11 32	11 40 49	9 36 10	7 21 09	22 46 27	18 18 54	26 08 58	24 52 20	28 11 03	13 25 18	9 17 35	0 11 05
15 Th	29 05 16	12♒ 03 16	18 52 00	13 09 54	10 47 17	8 04 23	22 50 44	18 29 49	26 21 04	24 59 02	28 10 04	13 25 20	9 16 11	0 11 27
16 F	0♎ 05 45	25 37 45	2♓ 20 18	14 40 06	11 58 13	8 47 34	22 54 20	18 40 18	26 32 59	25 05 34	28 08 51	13 25 12	9 14 40	0 11 44
17 Sa	1 06 10	8♓ 59 31	15 35 21	16 11 14	13 08 58	9 30 42	22 57 17	18 50 24	26 44 45	25 11 58	28 07 29	13 24 55	9 13 04	0 11 56
18 Su	2 06 36	22 07 37	28 36 23	17 43 09	14 19 38	10 13 53	22 59 40	19 00 11	26 56 28	25 18 19	28 06 00	13 24 35	9 11 30	0 12 11
19 M	3 07 11	5♈ 01 35	11♈ 23 09	19 15 50	15 30 20	10 57 14	23 01 35	19 09 46	27 08 14	25 24 44	28 04 33	13 24 18	9 10 02	0 12 33
20 Tu	4 07 59	17 41 26	23 56 00	20 49 14	16 41 10	11 40 51	23 03 09	19 19 13	27 20 08	25 31 19	28 03 14	13 24 10	9 08 49	0 13 09
21 W	5 09 05	0♉ 07 48	6♉ 15 58	22 23 17	17 52 10	12 24 47	23 04 24	19 28 38	27 32 15	25 38 06	28 02 05	13 24 15	9 07 52	0 14 03
22 Th	6 10 28	12 22 02	18 24 45	23 57 53	19 03 20	13 09 02	23 05 19	19 37 57	27 44 34	25 45 06	28 01 07	13 24 32	9 07 11	0 15 14
23 F	7 12 03	24 26 10	0♊ 24 48	25 32 52	20 14 35	13 53 30	23 05 50	19 47 07	27 56 58	25 52 13	28 00 13	13 24 56	9 06 42	0 16 37
24 Sa	8 13 40	6♊ 22 58	12 19 13	27 08 01	21 25 44	14 38 03	23 05 46	19 55 56	28 09 19	25 59 17	27 59 15	13 25 18	9 06 14	0 18 01
25 Su	9 15 08	18 15 49	24 11 42	28 43 06	22 36 38	15 22 28	23 04 57	20 04 14	28 21 26	26 06 07	27 58 01	13 25 25	9 05 37	0 19 17
26 M	10 16 16	0♋ 08 39	6♋ 06 24	0♎ 17 52	23 47 04	16 06 34	23 03 11	20 11 49	28 33 06	26 12 33	27 56 21	13 25 08	9 04 39	0 20 13
27 Tu	11 16 56	12 05 54	18 07 51	1 52 11	24 56 54	16 50 15	23 00 21	20 18 33	28 44 13	26 18 25	27 54 06	13 24 18	9 03 13	0 20 40
28 W	12 17 05	24 12 13	0♌ 20 43	3 25 57	26 06 06	17 33 27	22 56 25	20 24 23	28 54 43	26 23 42	27 51 15	13 22 53	9 01 16	0 20 38
29 Th	13 16 50	6♌ 32 18	12 49 31	4 59 17	27 14 45	18 16 15	22 51 27	20 29 25	29 04 42	26 28 29	27 47 52	13 20 58	8 58 54	0 20 10
30 F	14 16 22	19 10 32	25 38 17	6 32 20	28 23 03	18 58 53	22 45 41	20 33 49	29 14 22	26 32 58	27 44 10	13 18 46	8 56 18	0 19 30

LONGITUDE — December 2040

Day	☉	0 hr ☽	Noon ☽	☿	♀	♂	⚵	⚳	♃	♄	⚷	♅	♆	♇
1 Sa	15♎ 15 60	2♍ 10 36	8♍ 50 05	8♎ 05 26	29♏ 31 19	19♎ 41 38	22♉ 39 25	20♊ 37 55	29♌ 24 02	26♌ 37 28	27♉ 40 28	13♊ 16 35	8♓ 53 49	0♑ 18 55
2 Su	16 16 04	15 34 52	22 26 27	9 38 55	0♐ 39 53	20 24 52	22 33 01	20 42 04	29 34 03	26 42 19	27 37 07	13 14 47	8 51 46	0 18 48
3 M	17 16 54	29 23 52	6♎ 26 53	11 13 06	1 49 05	21 08 54	22 26 49	20 46 34	29 44 43	26 47 52	27 34 26	13 13 40	8 50 29	0 19 26
4 Tu	18 18 43	13♎ 35 55	20 48 34	12 48 13	2 59 06	21 53 56	22 21 01	20 51 37	29 56 15	26 54 17	27 32 37	13 13 27	8 50 11	0 21 03
5 W	19 21 30	28 06 53	5♏ 26 19	14 24 15	4 09 57	22 39 59	22 15 39	20 57 14	0♍ 08 39	27 01 36	27 31 42	13 14 09	8 50 51	0 23 40
6 Th	20 25 03	12♏ 50 29	20 13 11	16 01 01	5 21 25	23 26 50	22 10 30	21 03 12	0 21 44	27 09 36	27 31 28	13 15 33	8 52 19	0 27 03
7 F	21 28 59	27 39 06	5♐ 01 20	17 38 08	6 33 06	24 14 06	22 05 13	21 09 08	0 35 04	27 17 53	27 31 31	13 17 15	8 54 09	0 30 49
8 Sa	22 32 46	12♐ 24 50	19 43 13	19 15 05	7 44 28	25 01 15	21 59 16	21 14 29	0 48 09	27 25 57	27 31 20	13 18 45	8 55 51	0 34 27
9 Su	23 35 54	27 00 47	4♑ 12 41	20 51 23	8 55 01	25 47 47	21 52 10	21 18 45	1 00 29	27 33 16	27 30 25	13 19 32	8 56 55	0 37 26
10 M	24 37 60	11♑ 21 49	18 25 36	22 26 41	10 04 22	26 33 20	21 43 34	21 21 35	1 11 41	27 39 30	27 28 25	13 19 15	8 56 59	0 39 25
11 Tu	25 38 57	25 24 60	2♒ 19 58	24 00 51	11 12 23	27 17 47	21 33 22	21 22 51	1 21 38	27 44 29	27 25 11	13 17 45	8 55 54	0 40 16
12 W	26 38 55	9♒ 09 30	15 55 44	25 34 05	12 19 15	28 01 16	21 21 44	21 22 41	1 30 29	27 48 24	27 20 54	13 15 13	8 53 52	0 40 08
13 Th	27 38 18	22 36 10	29 14 12	27 06 47	13 25 19	28 44 13	21 09 05	21 21 31	1 38 38	27 51 39	27 15 58	13 12 02	8 51 15	0 39 26
14 F	28 37 41	5♓ 46 47	12♓ 17 23	28 39 34	14 31 12	29 27 12	20 56 02	21 19 55	1 46 41	27 54 49	27 10 57	13 08 48	8 48 40	0 38 45
15 Sa	29 37 42	18 43 35	25 07 35	0♏ 13 04	15 37 30	0♏ 10 51	20 43 13	21 18 31	1 55 15	27 58 31	27 06 30	13 06 09	8 46 43	0 38 43
16 Su	0♏ 38 54	1♈ 28 45	7♈ 46 53	1 47 52	16 44 48	0 55 44	20 31 13	21 17 52	2 04 53	28 03 20	27 03 11	13 04 38	8 45 60	0 39 53
17 M	1 41 42	14 04 06	20 16 59	3 24 23	17 53 28	1 42 15	20 20 29	21 18 22	2 16 01	28 09 39	27 01 25	13 04 40	8 46 53	0 42 39
18 Tu	2 46 15	26 30 58	2♉ 39 09	5 02 48	19 03 39	2 30 34	20 11 09	21 20 12	2 28 46	28 17 38	27 01 19	13 06 24	8 49 32	0 47 12
19 W	3 52 26	8♉ 50 18	14 54 18	6 42 59	20 15 15	3 20 32	20 03 09	21 23 12	2 43 02	28 27 09	27 02 48	13 09 43	8 53 50	0 53 22
20 Th	4 59 52	21 02 48	27 03 13	8 24 34	21 27 51	4 11 48	19 56 07	21 27 02	2 58 26	28 37 50	27 05 28	13 14 14	8 59 25	1 00 49
21 F	6 07 57	3♊ 09 09	9♊ 06 47	10 06 60	22 40 52	5 03 46	19 49 28	21 31 04	3 14 21	28 49 05	27 08 45	13 19 21	9 05 40	1 08 56
22 Sa	7 15 59	15 10 22	21 06 18	11 49 33	23 53 35	5 55 42	19 42 32	21 34 37	3 30 06	29 00 10	27 11 54	13 24 22	9 11 54	1 16 60
23 Su	8 23 15	27 08 02	3♋ 03 38	13 31 30	25 05 15	6 46 55	19 34 35	21 36 56	3 44 57	29 10 24	27 14 14	13 28 34	9 17 21	1 24 18
24 M	9 29 07	9♋ 04 29	15 01 29	15 12 16	26 15 17	7 36 46	19 25 05	21 37 26	3 58 17	29 19 08	27 15 08	13 31 20	9 21 27	1 30 13
25 Tu	10 33 15	21 02 56	27 03 23	16 51 29	27 23 16	8 24 55	19 13 39	21 35 44	4 09 44	29 26 02	27 14 14	13 32 17	9 23 50	1 34 24
26 W	11 35 33	3♌ 07 34	9♌ 13 45	18 29 04	28 29 10	9 11 17	19 00 16	21 31 47	4 19 14	29 31 00	27 11 28	13 31 23	9 24 24	1 36 47
27 Th	12 36 19	15 23 20	21 37 39	20 05 18	29 33 14	9 56 09	18 45 13	21 25 52	4 27 04	29 34 21	27 07 08	13 28 55	9 23 28	1 37 38
28 F	13 36 10	27 55 39	4♍ 20 29	21 40 47	0♑ 36 04	10 40 08	18 29 10	21 18 35	4 33 50	29 36 41	27 01 49	13 25 28	9 21 37	1 37 35
29 Sa	14 35 55	10♍ 49 59	17 27 22	23 16 20	1 38 31	11 24 03	18 12 59	21 10 48	4 40 23	29 38 48	26 56 23	13 21 54	9 19 43	1 37 26
30 Su	15 36 30	24 11 01	1♎ 02 20	24 52 51	2 41 28	12 08 51	17 57 35	21 03 24	4 47 37	29 41 40	26 51 44	13 19 07	9 18 40	1 38 08
31 M	16 38 44	8♎ 01 52	15 07 23	26 31 08	3 45 44	12 55 20	17 43 49	20 57 14	4 56 21	29 46 05	26 48 42	13 17 56	9 19 17	1 40 29

Notes

January 2041

LONGITUDE

Day	☉	0 hr ☽	Noon ☽	☿	♀	♂	⚵	⚳	♃	♄	⚷	♅	♆	♇
1 Tu	17 ♏ 43 07	22 ♎ 22 54	29 ♎ 41 28	28 ♏ 11 38	4 ♑ 51 51	13 ♏ 44 01	17 ♉ 32 15	20 ♊ 52 50	5 ♍ 07 08	29 ♌ 52 33	26 ♉ 47 49	13 ♊ 18 54	9 ♓ 22 06	1 ♑ 45 02
2 W	18 49 46	7 ♏ 11 04	14 ♏ 39 52	29 54 24	5 59 51	14 34 59	17 23 00	20 50 17	5 20 00	0 ♍ 01 11	26 49 09	13 22 04	9 27 12	1 51 50
3 Th	19 58 14	22 19 31	29 54 13	1 ♐ 38 57	7 09 19	15 27 50	17 15 39	20 49 09	5 34 34	0 11 32	26 52 17	13 27 02	9 34 09	2 00 28
4 F	21 07 40	7 ♐ 38 11	15 ♐ 13 35	3 24 20	8 19 23	16 21 41	17 09 23	20 48 37	5 49 58	0 22 46	26 56 22	13 32 57	9 42 06	2 10 06
5 Sa	22 16 57	22 55 27	0 ♑ 26 21	5 09 21	9 28 54	17 15 25	17 03 07	20 47 33	6 05 04	0 33 45	27 00 18	13 38 42	9 49 57	2 19 36
6 Su	23 25 02	8 ♑ 00 12	15 22 18	6 52 49	10 36 49	18 07 60	16 55 49	20 44 55	6 18 49	0 43 25	27 02 60	13 43 12	9 56 37	2 27 54
7 M	24 31 07	22 43 46	29 54 17	8 33 49	11 42 20	18 58 38	16 46 43	20 39 57	6 30 26	0 51 01	27 03 43	13 45 42	10 01 20	2 34 14
8 Tu	25 34 56	7 ♒ 01 07	13 ♒ 58 51	10 11 55	12 45 10	19 47 02	16 35 35	20 32 23	6 39 40	0 56 15	27 02 10	13 45 56	10 03 50	2 38 20
9 W	26 36 45	20 50 53	27 36 04	11 47 10	13 45 32	20 33 30	16 22 42	20 22 29	6 46 44	0 59 24	26 58 38	13 44 09	10 04 22	2 40 27
10 Th	27 37 18	4 ♓ 14 46	10 ♓ 48 33	13 20 05	14 44 10	21 18 44	16 08 49	20 10 60	6 52 24	1 01 11	26 53 49	13 41 05	10 03 41	2 41 19
11 F	28 37 35	17 16 26	23 40 31	14 51 23	15 42 04	22 03 45	15 54 58	19 58 58	6 57 41	1 02 38	26 48 46	13 37 45	10 02 47	2 41 58
12 Sa	29 38 45	0 ♈ 00 30	6 ♈ 16 44	16 21 53	16 40 21	22 49 42	15 42 19	19 47 31	7 03 41	1 04 50	26 44 36	13 35 17	10 02 48	2 43 30
13 Su	0 ♐ 41 46	12 31 37	18 41 45	17 52 12	17 39 57	23 37 32	15 31 50	19 37 39	7 11 23	1 08 49	26 42 17	13 34 39	10 04 43	2 46 54
14 M	1 47 19	24 53 52	0 ♉ 59 23	19 22 35	18 41 33	24 27 57	15 24 15	19 30 03	7 21 29	1 15 15	26 42 32	13 36 35	10 09 13	2 52 53
15 Tu	2 55 43	7 ♉ 10 22	13 12 29	20 52 51	19 45 26	25 21 16	15 19 52	19 25 03	7 34 17	1 24 25	26 45 39	13 41 19	10 16 36	3 01 43
16 W	4 06 47	19 23 13	25 22 49	22 22 17	20 51 25	26 17 18	15 18 33	19 22 30	7 49 36	1 36 10	26 51 27	13 48 45	10 26 42	3 13 15
17 Th	5 19 58	1 ♊ 33 31	7 ♊ 31 18	23 49 40	21 58 53	27 15 28	15 19 43	19 21 49	8 06 52	1 49 56	26 59 23	13 58 16	10 38 57	3 26 54
18 F	6 34 19	13 41 42	19 38 18	25 13 24	23 06 55	28 14 52	15 22 29	19 22 07	8 25 10	2 04 46	27 08 31	14 08 58	10 52 25	3 41 45
19 Sa	7 48 44	25 47 54	1 ♋ 43 58	26 31 38	24 14 22	29 14 23	15 25 45	19 22 18	8 43 22	2 19 36	27 17 45	14 19 45	11 05 60	3 56 42
20 Su	9 02 06	7 ♋ 52 23	13 48 45	27 42 25	25 20 05	0 ♐ 12 54	15 28 24	19 21 16	9 00 23	2 33 16	27 25 58	14 29 28	11 18 34	4 10 37
21 M	10 13 28	19 55 59	25 53 46	28 43 57	26 23 06	1 09 26	15 29 28	19 18 03	9 15 12	2 44 49	27 32 11	14 37 10	11 29 10	4 22 32
22 Tu	11 22 10	2 ♌ 00 27	8 ♌ 01 07	29 34 44	27 22 44	2 03 21	15 28 21	19 12 02	9 27 13	2 53 38	27 35 47	14 42 13	11 37 10	4 31 49
23 W	12 28 01	14 08 44	20 14 07	0 ♑ 13 44	28 18 45	2 54 28	15 24 51	19 03 03	9 36 13	2 59 29	27 36 34	14 44 25	11 42 21	4 38 15
24 Th	13 31 18	26 24 56	2 ♍ 37 11	0 40 24	29 11 27	3 43 04	15 19 16	18 51 25	9 42 31	3 02 42	27 34 50	14 44 05	11 45 01	4 42 10
25 F	14 32 49	8 ♍ 54 14	15 15 41	0 54 50	0 ♒ 01 33	4 29 56	15 12 23	18 37 54	9 46 51	3 04 01	27 31 21	14 41 58	11 45 57	4 44 19
26 Sa	15 33 39	21 42 28	28 15 27	0 57 35	0 50 07	5 16 09	15 05 18	18 23 37	9 50 20	3 04 34	27 27 14	14 39 10	11 46 14	4 45 48
27 Su	16 35 03	4 ♎ 55 25	11 ♎ 41 57	0 49 33	1 38 24	6 02 59	14 59 18	18 09 53	9 54 14	3 05 35	27 23 44	14 36 57	11 47 09	4 47 52
28 M	17 38 12	18 37 56	25 39 11	0 31 51	2 27 32	6 51 36	14 55 34	17 57 52	9 59 43	3 08 16	27 22 02	14 36 31	11 49 51	4 51 42
29 Tu	18 43 56	2 ♏ 52 38	10 ♏ 08 31	0 05 34	3 18 18	7 42 51	14 54 55	17 48 25	10 07 36	3 13 25	27 22 57	14 38 39	11 55 10	4 58 08
30 W	19 52 30	17 38 46	25 07 26	29 ♐ 31 35	4 10 55	8 36 58	14 57 37	17 41 48	10 18 10	3 21 18	27 26 45	14 43 39	12 03 23	5 07 26
31 Th	21 03 30	2 ♐ 51 14	10 ♐ 28 54	28 50 30	5 04 58	9 33 34	15 03 16	17 37 40	10 30 59	3 31 32	27 33 04	14 51 05	12 14 04	5 19 10

February 2041

LONGITUDE

Day	☉	0 hr ☽	Noon ☽	☿	♀	♂	⚵	⚳	♃	♄	⚷	♅	♆	♇
1 F	22 ♐ 15 55	18 ♐ 20 38	26 ♐ 01 57	28 ♐ 02 41	5 ♒ 59 23	10 ♐ 31 38	15 ♉ 10 53	17 ♊ 35 01	10 ♍ 45 04	3 ♍ 43 06	27 ♉ 40 51	14 ♊ 59 59	12 ♓ 26 14	5 ♑ 32 22
2 Sa	23 28 24	3 ♑ 54 24	11 ♑ 33 18	27 08 29	6 52 45	11 29 49	15 19 06	17 32 30	10 59 03	3 54 39	27 48 46	15 08 58	12 38 31	5 45 38
3 Su	24 39 34	19 19 06	26 49 59	26 08 25	7 43 40	12 26 42	15 26 31	17 28 45	11 11 32	4 04 46	27 55 25	15 16 39	12 49 31	5 57 37
4 M	25 48 21	4 ♒ 23 07	11 ♒ 41 51	25 03 34	8 31 01	13 21 16	15 32 07	17 22 45	11 21 29	4 12 26	27 59 47	15 21 59	12 58 12	6 07 14
5 Tu	26 54 18	18 58 37	26 02 54	23 55 32	9 14 17	14 13 03	15 35 25	17 14 04	11 28 26	4 17 11	28 01 24	15 24 32	13 04 07	6 14 04
6 W	27 57 38	3 ♓ 02 14	9 ♓ 51 40	22 46 32	9 53 39	15 02 15	15 36 38	17 02 55	11 32 37	4 19 14	28 00 28	15 24 30	13 07 28	6 18 18
7 Th	28 59 08	16 34 41	23 10 15	21 39 09	10 29 50	15 49 40	15 36 33	16 50 07	11 34 47	4 19 22	27 57 46	15 22 40	13 09 02	6 20 43
8 F	29 59 58	29 39 37	6 ♈ 03 14	20 36 05	11 03 56	16 36 27	15 36 20	16 36 50	11 36 08	4 18 45	27 54 30	15 20 12	13 09 59	6 22 30
9 Sa	1 ♑ 01 24	12 ♈ 22 24	18 36 21	19 39 50	11 37 12	17 23 53	15 37 16	16 24 23	11 37 55	4 18 40	27 51 55	15 18 23	13 11 36	6 24 55
10 Su	2 04 36	24 48 51	0 ♉ 55 30	18 52 26	12 10 42	18 13 09	15 40 30	16 13 55	11 41 19	4 20 16	27 51 12	15 18 23	13 15 03	6 29 08
11 M	3 10 25	7 ♉ 04 29	13 06 02	18 15 19	12 45 15	19 05 04	15 46 52	16 06 20	11 47 10	4 24 24	27 53 10	15 21 03	13 21 10	6 35 59
12 Tu	4 19 14	19 13 55	25 12 15	17 49 11	13 21 09	20 00 01	15 56 44	16 01 59	11 55 51	4 31 27	27 58 14	15 26 44	13 30 21	6 45 52
13 W	5 30 54	1 ♊ 20 35	7 ♊ 17 12	17 33 59	13 58 13	20 57 53	16 09 60	16 00 47	12 07 13	4 41 18	28 06 16	15 35 21	13 42 26	6 58 38
14 Th	6 44 51	13 26 44	19 22 47	17 29 03	14 35 47	21 58 04	16 26 02	16 02 08	12 20 43	4 53 20	28 16 39	15 46 16	13 56 51	7 13 42
15 F	8 00 06	25 33 32	1 ♋ 29 50	17 33 10	15 12 50	22 59 35	16 43 53	16 05 06	12 35 21	5 06 36	28 28 26	15 58 33	14 12 38	7 30 05
16 Sa	9 15 28	7 ♋ 41 21	13 38 35	17 44 51	15 48 07	24 01 17	17 02 20	16 08 30	12 49 56	5 19 55	28 40 26	16 10 60	14 28 35	7 46 38
17 Su	10 29 46	19 50 15	25 49 00	18 02 30	16 20 22	25 01 56	17 20 13	16 11 09	13 03 16	5 32 04	28 51 27	16 22 24	14 43 31	8 02 07
18 M	11 41 56	2 ♌ 00 25	8 ♌ 01 22	18 24 41	16 48 29	26 00 31	17 36 27	16 12 01	13 14 20	5 42 02	29 00 27	16 31 45	14 56 23	8 15 30
19 Tu	12 51 17	14 12 35	20 16 36	18 50 15	17 11 42	26 56 19	17 50 21	16 10 25	13 22 25	5 49 06	29 06 44	16 38 20	15 06 29	8 26 06
20 W	13 57 34	26 28 23	2 ♍ 36 39	19 18 31	17 29 42	27 49 04	18 01 38	16 06 06	13 27 15	5 53 01	29 10 02	16 41 53	15 13 34	8 33 38
21 Th	15 01 01	8 ♍ 50 36	15 04 38	19 49 19	17 42 41	28 39 02	18 10 33	15 59 19	13 29 04	5 54 02	29 10 36	16 42 39	15 17 51	8 38 21
22 F	16 02 19	21 23 05	27 44 41	20 22 58	17 51 17	29 26 55	18 17 48	15 50 47	13 28 37	5 52 50	29 09 08	16 41 21	15 20 04	8 40 58
23 Sa	17 02 34	4 ♎ 10 37	10 ♎ 41 43	21 00 08	17 56 31	0 ♑ 13 45	18 24 26	15 41 34	13 26 55	5 50 30	29 06 42	16 39 01	15 21 16	8 42 32
24 Su	18 02 59	17 18 20	24 00 49	21 41 44	17 59 34	1 00 48	18 31 41	15 32 55	13 25 13	5 48 16	29 04 33	16 36 55	15 22 40	8 44 17
25 M	19 04 43	0 ♏ 50 57	7 ♏ 46 15	22 28 35	18 01 34	1 49 13	18 40 41	15 25 60	13 24 41	5 47 18	29 03 49	16 36 12	15 25 28	8 47 23
26 Tu	20 08 40	14 51 50	22 00 28	23 21 17	18 03 21	2 39 52	18 52 20	15 21 42	13 26 12	5 48 27	29 05 24	16 37 44	15 30 31	8 52 42
27 W	21 15 10	29 21 44	6 ♐ 42 51	24 19 54	18 05 15	3 33 07	19 06 58	15 20 23	13 30 06	5 52 06	29 09 39	16 41 53	15 38 10	9 00 36
28 Th	22 23 57	14 ♐ 17 52	21 48 56	25 23 56	18 06 58	4 28 41	19 24 19	15 21 46	13 36 08	5 57 58	29 16 18	16 48 24	15 48 10	9 10 48

Notes

LONGITUDE — March 2041

Day	☉	0 hr ☽	Noon ☽	☿	♀	♂	⚷	⚴	♃	♄	⚸	♅	♆	♇
1 F	23 ♑ 34 11	29 ♐ 33 26	7 ♑ 10 12	26 ♐ 32 21	18 ♒ 07 40	5 ♑ 25 44	19 ♉ 43 32	15 ♊ 25 03	13 ♍ 43 28	6 ♍ 05 14	29 ♉ 24 31	16 ♊ 56 24	15 ♓ 59 39	9 ♑ 22 29
2 Sa	24 44 40	14 ♑ 58 06	22 35 14	27 43 42	18 06 08	6 23 03	20 03 24	15 29 01	13 50 52	6 12 40	29 33 04	17 04 43	16 11 27	9 34 25
3 Su	25 54 06	0 ♒ 19 40	7 ♒ 51 36	28 56 33	18 01 06	7 19 22	20 22 39	15 32 24	13 57 06	6 19 01	29 40 42	17 12 04	16 22 15	9 45 20
4 M	27 01 28	15 26 17	22 48 16	0 ♑ 09 44	17 51 35	8 13 40	20 40 14	15 34 11	14 01 06	6 23 15	29 46 24	17 17 25	16 31 03	9 54 12
5 Tu	28 06 16	0 ♓ 08 37	7 ♓ 17 27	1 22 34	17 37 07	9 05 25	20 55 37	15 33 50	14 02 23	6 24 51	29 49 38	17 20 16	16 37 19	10 00 32
6 W	29 08 31	14 21 14	21 15 29	2 34 59	17 17 47	9 54 41	21 08 53	15 31 26	14 00 60	6 23 52	29 50 28	17 20 39	16 41 07	10 04 21
7 Th	0 ♒ 08 50	28 02 40	4 ♈ 42 30	3 47 28	16 54 17	10 42 01	21 20 35	15 27 33	14 05 37	6 20 54	29 49 29	17 19 10	16 43 01	10 06 15
8 F	1 08 09	11 ♈ 14 51	17 41 37	5 00 51	16 27 38	11 28 24	21 31 40	15 23 08	14 05 50	6 16 54	29 47 37	17 16 46	16 43 59	10 07 10
9 Sa	2 07 33	24 01 60	0 ♉ 17 47	6 16 08	15 59 04	12 14 54	21 43 13	15 19 17	13 48 16	6 12 56	29 45 57	17 14 31	16 45 06	10 08 12
10 Su	3 08 02	6 ♉ 29 31	12 36 44	7 34 15	15 29 42	13 02 32	21 56 13	15 17 00	13 44 35	6 10 02	29 45 32	17 13 27	16 47 22	10 10 21
11 M	4 10 23	18 43 03	24 44 12	8 55 55	15 00 30	13 52 04	22 11 25	15 17 03	13 42 38	6 08 57	29 47 05	17 14 19	16 51 33	10 14 24
12 Tu	5 14 58	0 ♊ 47 54	6 ♊ 45 18	10 21 24	14 32 00	14 43 52	22 29 14	15 19 49	13 42 48	6 10 05	29 51 00	17 17 30	16 58 01	10 20 42
13 W	6 21 47	12 48 34	18 44 15	11 50 41	14 04 25	15 37 56	22 49 37	15 25 17	13 45 03	6 13 24	29 57 17	17 22 60	17 06 47	10 29 16
14 Th	7 30 24	24 48 33	0 ♋ 44 14	13 23 18	13 37 30	16 33 50	23 12 05	15 33 01	13 49 00	6 18 30	0 ♊ 05 30	17 30 22	17 17 24	10 39 39
15 F	8 40 06	6 ♋ 50 22	12 47 23	14 58 27	13 10 48	17 30 50	23 36 04	15 42 18	13 53 55	6 24 39	0 14 54	17 38 54	17 29 09	10 51 08
16 Sa	9 49 58	18 55 37	24 54 59	16 35 14	12 43 38	18 28 03	24 00 29	15 52 14	13 58 54	6 30 56	0 24 37	17 47 42	17 41 08	11 02 49
17 Su	10 59 05	1 ♌ 05 14	7 ♌ 07 43	18 12 40	12 15 20	19 24 33	24 28 16	16 01 52	14 03 00	6 36 27	0 33 43	17 55 49	17 52 25	11 13 46
18 M	12 06 38	13 19 50	19 25 60	19 49 56	11 45 22	20 19 30	24 47 12	16 10 24	14 05 26	6 40 23	0 41 22	18 02 27	18 02 11	11 23 11
19 Tu	13 12 04	25 39 58	1 ♍ 50 20	21 26 28	11 13 24	21 12 22	25 08 07	16 17 16	14 05 39	6 42 11	0 47 02	18 07 03	18 09 53	11 30 30
20 W	14 15 10	8 ♍ 06 30	14 21 40	23 02 02	10 39 30	22 02 56	25 26 60	16 22 16	14 03 26	6 41 36	0 50 29	18 09 24	18 15 18	11 35 29
21 Th	15 16 04	20 40 50	27 36 45	24 36 45	10 04 02	22 53 08	25 43 58	16 25 30	13 58 54	6 38 50	0 51 53	18 09 37	18 18 34	11 38 19
22 F	16 15 16	3 ♎ 25 01	9 ♎ 52 13	26 11 06	9 27 47	23 38 02	25 59 31	16 27 29	13 52 35	6 34 19	0 51 41	18 08 14	18 20 11	11 39 27
23 Sa	17 13 30	16 21 47	22 56 32	27 45 51	9 00 43	24 23 49	26 14 23	16 28 58	13 45 12	6 28 51	0 50 39	18 05 57	18 20 53	11 39 38
24 Su	18 11 40	29 34 09	6 ♏ 17 33	29 21 51	8 16 51	25 09 33	26 29 27	16 30 47	13 37 40	6 23 16	0 49 40	18 03 41	18 21 34	11 39 46
25 M	19 10 35	13 ♏ 05 06	19 58 02	0 ♒ 59 58	7 44 19	25 56 03	26 45 32	16 33 49	13 33 49	6 18 26	0 49 34	18 02 15	18 23 02	11 40 39
26 Tu	20 10 54	26 56 46	3 ♐ 59 36	2 40 49	7 14 53	26 43 58	27 03 15	16 38 39	13 25 12	6 14 59	0 50 58	18 02 16	18 25 56	11 42 57
27 W	21 12 52	11 ♐ 09 50	18 22 05	4 24 41	6 49 01	27 33 34	27 22 55	16 45 35	13 21 13	6 13 11	0 54 10	18 04 03	18 30 33	11 46 56
28 Th	22 16 23	25 42 40	3 ♑ 02 03	6 11 28	6 26 43	28 24 41	27 44 21	16 54 29	13 18 41	6 12 55	0 59 01	18 07 27	18 36 44	11 52 28
29 F	23 20 56	10 ♑ 30 59	17 56 08	8 00 40	6 07 35	29 16 56	28 07 06	17 04 51	13 17 07	6 13 42	1 05 02	18 11 57	18 44 01	11 59 03
30 Sa	24 25 45	25 27 58	2 ♒ 54 26	9 51 32	5 50 59	0 ♒ 09 26	28 30 21	17 15 54	13 15 46	6 14 44	1 11 27	18 16 50	18 51 37	12 05 55
31 Su	25 30 03	10 ♒ 25 00	17 48 35	11 43 15	5 36 10	1 01 25	28 53 18	17 26 51	13 13 50	6 15 15	1 17 28	18 21 15	18 58 43	12 12 16

LONGITUDE — April 2041

Day	☉	0 hr ☽	Noon ☽	☿	♀	♂	⚷	⚴	♃	♄	⚸	♅	♆	♇
1 M	26 ♒ 33 07	25 ♒ 13 01	2 ♓ 29 43	13 ♒ 35 10	5 ♒ 22 31	1 ♒ 52 13	29 ♉ 15 18	17 ♊ 36 59	13 ♍ 10 37	6 ♍ 14 34	1 ♊ 22 23	18 ♊ 24 33	19 ♓ 04 39	12 ♑ 17 26
2 Tu	27 34 36	9 ♓ 43 57	16 50 34	15 26 55	5 09 42	2 41 26	29 35 55	17 45 56	13 05 46	6 12 17	1 25 50	18 26 20	19 09 02	12 20 60
3 W	28 34 26	23 51 59	0 ♈ 46 31	17 17 43	4 57 43	3 29 01	29 55 08	17 53 39	12 59 14	6 08 23	1 27 47	18 26 34	19 11 50	12 22 57
4 Th	29 32 55	7 ♈ 34 02	14 15 48	19 10 04	4 46 51	4 15 06	0 ♊ 13 13	18 00 25	12 51 18	6 03 08	1 28 29	18 25 32	19 13 18	12 23 34
5 F	0 ♓ 30 33	20 49 50	27 19 18	21 02 17	4 37 37	5 00 41	0 30 41	18 06 44	12 42 30	5 57 04	1 28 29	18 23 45	19 13 59	12 23 21
6 Su	1 27 57	3 ♉ 41 23	9 ♉ 59 53	22 55 42	4 30 37	5 45 54	0 48 08	18 13 10	12 33 27	5 50 48	1 28 23	18 21 49	19 14 29	12 22 52
7 Su	2 25 43	16 12 19	22 21 46	24 46 27	4 26 27	6 31 29	1 06 09	18 20 27	12 24 45	5 44 55	1 28 46	18 20 20	19 15 24	12 22 52
8 M	3 24 18	28 27 07	4 ♊ 29 47	26 48 20	4 25 31	7 17 54	1 25 12	18 28 53	12 16 51	5 39 53	1 30 05	18 19 46	19 17 10	12 23 40
9 Tu	4 23 57	10 ♊ 30 41	16 28 55	28 48 14	4 28 04	8 05 25	1 45 33	18 38 47	12 10 01	5 35 58	1 32 38	18 20 23	19 20 04	12 25 33
10 W	5 24 44	22 27 43	28 23 53	0 ♓ 36 45	4 34 05	8 54 04	2 07 12	18 50 10	12 04 19	5 33 11	1 36 24	18 22 11	19 24 07	12 28 34
11 Th	6 26 26	4 ♋ 22 39	10 ♋ 18 53	2 55 09	4 43 21	9 43 39	2 29 59	19 02 51	11 59 43	5 31 23	1 41 14	18 25 01	19 29 09	12 32 32
12 F	7 28 43	16 19 19	22 17 29	5 01 30	4 55 27	10 33 50	2 53 22	19 16 28	11 55 21	5 30 12	1 46 47	18 28 32	19 34 49	12 37 06
13 Sa	8 31 10	28 20 53	4 ♌ 22 34	7 09 08	5 09 54	11 24 11	3 17 26	19 30 36	11 51 20	5 29 13	1 52 36	18 32 17	19 40 40	12 41 51
14 Su	9 33 18	10 ♌ 29 52	16 36 17	9 17 28	5 26 13	12 14 15	3 41 42	19 44 47	11 47 03	5 27 59	1 58 15	18 35 49	19 46 16	12 46 18
15 M	10 34 47	22 48 09	29 00 11	11 25 60	5 43 56	13 04 30	4 06 34	19 58 59	11 42 06	5 26 07	2 03 21	18 38 47	19 51 14	12 50 06
16 Tu	11 35 20	5 ♍ 17 05	11 ♍ 35 17	13 34 16	6 02 45	13 52 09	4 27 00	20 11 55	11 36 16	5 23 22	2 07 39	18 40 55	19 55 19	12 52 59
17 W	12 34 52	17 57 33	24 22 12	15 42 01	6 22 31	14 39 38	4 48 43	20 24 31	11 29 27	5 19 39	2 11 02	18 42 06	19 58 26	12 54 52
18 Th	13 33 27	0 ♎ 50 04	7 ♎ 21 17	17 49 07	6 43 15	15 26 11	5 09 38	20 36 29	11 21 43	5 15 03	2 13 37	18 42 27	20 00 38	12 55 50
19 F	14 31 20	13 55 03	20 32 49	19 55 31	7 05 06	16 12 01	5 29 59	20 48 04	11 13 19	5 09 46	2 15 35	18 42 09	20 02 09	12 56 04
20 Sa	15 28 48	27 12 43	3 ♏ 56 57	22 01 15	7 28 18	16 57 27	5 50 05	20 59 33	11 04 33	5 04 09	2 17 15	18 41 32	20 03 18	12 55 55
21 Su	16 26 13	10 ♏ 43 13	17 33 46	24 06 23	7 53 10	17 42 50	6 10 17	21 11 17	10 55 46	4 58 31	2 18 59	18 40 57	20 04 25	12 55 43
22 M	17 23 55	24 26 32	1 ♐ 23 04	26 10 53	8 19 55	18 28 27	6 30 53	21 23 34	10 47 17	4 53 11	2 21 04	18 40 41	20 05 48	12 55 46
23 Tu	18 21 59	8 ♐ 22 17	15 24 32	28 14 40	8 48 42	19 14 32	6 52 04	21 36 36	10 39 19	4 48 21	2 23 42	18 40 57	20 07 40	12 56 16
24 W	19 20 36	22 29 28	29 36 34	0 ♈ 17 42	9 19 31	20 01 06	7 13 54	21 50 26	10 31 54	4 44 04	2 26 58	18 41 48	20 10 05	12 57 17
25 Th	20 19 06	6 ♑ 46 15	13 ♑ 55 04	2 18 51	9 52 14	20 48 07	7 36 19	22 05 00	10 25 00	4 40 18	2 30 45	18 43 10	20 12 56	12 58 44
26 F	21 18 57	21 09 48	28 22 27	4 18 23	10 26 36	21 35 07	7 59 07	22 20 06	10 18 25	4 36 50	2 34 55	18 44 52	20 16 05	13 00 26
27 Sa	22 18 17	5 ♒ 36 25	12 ♒ 48 41	6 15 33	11 02 22	22 22 39	8 22 05	22 35 32	11 11 57	4 33 29	2 39 13	18 46 40	20 19 18	13 02 11
28 Su	23 17 28	20 00 56	27 10 44	8 09 51	11 39 15	23 09 46	8 45 02	22 51 03	10 05 24	4 30 01	2 43 27	18 48 24	20 22 22	13 03 46
29 M	24 16 20	4 ♓ 18 50	11 ♓ 23 32	10 00 56	12 17 05	23 56 49	9 07 48	23 06 34	9 58 38	4 26 19	2 47 29	18 49 54	20 25 09	13 05 03
30 Tu	25 14 53	18 25 05	25 22 30	11 48 33	12 55 47	24 43 02	9 30 22	23 22 01	9 51 38	4 22 22	2 51 17	18 51 09	20 27 38	13 05 60

Notes

May 2041

LONGITUDE

Day	☉	0 hr ☽	Noon ☽	☿	♀	♂	⚵	⚳	♃	♄	⚷	♅	♆	♇
1 W	26 ♓ 13 07	2 ♈ 15 36	9 ♈ 04 04	13 ♈ 32 33	13 ♒ 35 20	25 ♒ 29 12	9 ♊ 52 46	23 ♊ 37 27	9 ♍ 44 27	4 ♍ 18 12	2 ♊ 54 55	18 ♊ 52 11	20 ♓ 29 52	13 ♑ 06 40
2 Th	27 11 11	15 47 29	22 26 03	15 12 52	14 15 49	26 15 11	10 15 08	23 52 57	9 37 11	4 13 56	2 58 28	18 53 08	20 31 56	13 07 10
3 F	28 09 12	28 59 19	5 ♉ 27 47	16 49 30	14 57 17	27 01 05	10 37 32	24 08 40	9 29 58	4 09 41	3 02 04	18 54 06	20 33 58	13 07 36
4 Sa	29 07 14	11 ♉ 51 13	18 10 08	18 22 24	15 39 49	27 47 01	11 00 06	24 24 41	9 22 54	4 05 33	3 05 47	18 55 10	20 36 03	13 08 05
5 Su	0 ♈ 05 21	24 24 38	0 ♊ 35 11	19 51 30	16 23 24	28 33 01	11 22 52	24 41 01	9 16 02	4 01 35	3 09 42	18 56 25	20 38 15	13 08 39
6 M	1 03 31	6 ♊ 42 12	12 46 04	21 16 43	17 08 00	29 19 05	11 45 49	24 57 40	9 09 22	3 57 46	3 13 47	18 57 47	20 40 32	13 09 17
7 Tu	2 01 41	18 47 24	24 46 37	22 37 54	17 53 31	0 ♓ 05 07	12 08 52	25 14 34	9 02 49	3 54 02	3 17 57	18 59 15	20 42 51	13 09 55
8 W	2 59 46	0 ♋ 44 20	6 ♋ 41 07	23 54 52	18 39 48	0 51 03	12 31 57	25 31 37	8 56 18	3 50 18	3 22 08	19 00 42	20 45 05	13 10 28
9 Th	3 57 39	12 37 26	18 34 06	25 07 28	19 26 45	1 36 48	12 54 56	25 48 42	8 49 45	3 46 28	3 26 14	19 02 02	20 47 10	13 10 50
10 F	4 55 19	24 31 14	0 ♌ 30 04	26 15 34	20 14 17	2 22 17	13 17 48	26 05 48	8 43 07	3 42 30	3 30 11	19 03 13	20 49 02	13 10 58
11 Sa	5 52 44	6 ♌ 30 14	12 33 19	27 19 08	21 02 22	3 07 32	13 40 32	26 22 53	8 36 23	3 38 24	3 34 00	19 04 15	20 50 41	13 10 53
12 Su	6 49 59	18 38 34	24 47 45	28 18 09	21 51 03	3 52 36	14 03 13	26 40 02	8 29 38	3 34 14	3 37 46	19 05 12	20 52 12	13 10 38
13 M	7 47 14	0 ♍ 59 52	7 ♍ 16 35	29 12 42	22 40 26	4 37 38	14 25 58	26 57 23	8 23 02	3 30 09	3 41 36	19 06 12	20 53 44	13 10 23
14 Tu	8 44 38	13 36 59	20 02 13	0 ♉ 02 54	23 30 42	5 22 49	14 48 59	27 15 07	8 16 44	3 26 19	3 45 41	19 07 27	20 55 25	13 10 17
15 W	9 42 22	26 31 47	3 ♎ 05 56	0 48 52	24 21 58	6 08 19	15 12 25	27 33 23	8 10 56	3 22 56	3 50 11	19 09 05	20 57 28	13 10 31
16 Th	10 40 35	9 ♎ 44 54	16 27 47	1 30 40	25 14 22	6 54 16	15 36 24	27 52 20	8 05 45	3 20 06	3 55 15	19 11 17	21 00 01	13 11 14
17 F	11 39 18	23 15 43	0 ♏ 06 35	2 08 17	26 07 55	7 40 43	16 01 00	28 11 60	8 01 15	3 17 54	4 00 55	19 14 04	21 03 05	13 12 28
18 Sa	12 38 29	7 ♏ 02 22	13 59 56	2 41 37	27 02 31	8 27 36	16 26 08	28 32 19	7 57 22	3 16 14	4 07 07	19 17 21	21 06 37	13 14 08
19 Su	13 37 54	21 01 55	28 04 36	3 10 24	27 57 58	9 14 42	16 51 35	28 53 04	7 53 53	3 14 55	4 13 39	19 20 58	21 10 24	13 16 03
20 M	14 37 17	5 ♐ 10 48	12 ♐ 16 48	3 34 21	28 53 56	10 01 45	17 17 05	29 13 58	7 50 32	3 13 40	4 20 13	19 24 36	21 14 10	13 17 56
21 Tu	15 36 19	19 25 06	26 32 42	3 53 06	29 50 06	10 48 24	17 42 18	29 34 42	7 46 59	3 12 10	4 26 31	19 27 57	21 17 35	13 19 26
22 W	16 34 44	3 ♑ 41 11	10 ♑ 48 48	4 06 25	0 ♓ 46 10	11 34 25	18 06 58	29 55 00	7 42 60	3 10 08	4 32 16	19 30 44	21 20 22	13 20 19
23 Th	17 32 23	17 55 50	25 02 07	4 14 10	1 41 58	12 19 38	18 30 56	0 ♋ 14 43	7 38 24	3 07 26	4 37 19	19 32 48	21 22 25	13 20 26
24 F	18 29 18	2 ♒ 06 32	9 ♒ 10 21	4 16 28	2 37 32	13 04 06	18 54 16	0 33 53	7 33 16	3 04 07	4 41 43	19 34 14	21 23 44	13 19 49
25 Sa	19 25 45	16 11 20	23 11 42	4 13 38	3 33 05	13 48 03	19 17 10	0 52 44	7 27 48	3 00 25	4 45 43	19 35 13	21 24 34	13 18 42
26 Su	20 22 05	0 ♓ 08 43	7 ♓ 04 46	4 06 12	4 28 59	14 31 51	19 40 02	1 11 38	7 22 25	2 56 42	4 49 40	19 36 10	21 25 18	13 17 28
27 M	21 18 45	13 57 23	20 48 15	3 54 47	5 25 39	15 15 58	20 03 18	1 31 04	7 17 33	2 53 27	4 54 02	19 37 30	21 26 22	13 16 34
28 Tu	22 16 12	27 36 04	4 ♈ 20 57	3 40 03	6 23 30	16 00 49	20 27 24	1 51 25	7 13 39	2 51 04	4 59 14	19 39 40	21 28 13	13 16 26
29 W	23 14 43	11 ♈ 03 28	17 41 37	3 22 33	7 22 50	16 46 42	20 52 38	2 13 01	7 10 59	2 49 51	5 05 35	19 42 58	21 31 08	13 17 22
30 Th	24 14 25	24 18 18	0 ♉ 49 09	3 02 45	8 23 44	17 33 44	21 19 08	2 35 58	7 09 42	2 49 57	5 13 10	19 47 31	21 35 15	13 19 28
31 F	25 15 13	7 ♉ 19 29	13 42 48	2 40 56	9 26 07	18 21 50	21 46 47	3 00 09	7 09 42	2 51 14	5 21 56	19 53 13	21 40 27	13 22 39

June 2041

LONGITUDE

Day	☉	0 hr ☽	Noon ☽	☿	♀	♂	⚵	⚳	♃	♄	⚷	♅	♆	♇
1 Sa	26 ♈ 16 48	20 ♉ 06 25	26 ♉ 22 19	2 ♉ 17 13	10 ♓ 29 39	19 ♓ 10 40	22 ♊ 15 16	3 ♋ 25 18	7 ♍ 10 40	2 ♍ 53 26	5 ♊ 31 33	19 ♊ 59 45	21 ♓ 46 27	13 ♑ 26 38
2 Su	27 18 43	2 ♊ 39 05	8 ♊ 48 09	1 51 38	11 33 52	19 59 49	22 44 09	3 50 55	7 12 10	2 56 04	5 41 33	20 06 41	21 52 47	13 30 56
3 M	28 20 26	14 58 23	21 01 41	1 24 09	12 38 13	20 48 43	23 12 54	4 16 30	7 13 40	2 58 37	5 51 26	20 13 29	21 58 55	13 35 02
4 Tu	29 21 26	27 06 09	3 ♋ 05 09	0 54 49	13 42 13	21 36 53	23 40 59	4 41 31	7 14 38	3 00 35	6 00 40	20 19 37	22 04 20	13 38 24
5 W	0 ♉ 21 20	9 ♋ 05 09	15 01 44	0 23 47	14 45 25	22 23 54	24 08 02	5 05 35	7 14 43	3 01 33	6 08 52	20 24 43	22 08 39	13 40 41
6 Th	1 19 55	20 59 05	26 55 26	29 ♈ 51 26	15 47 37	23 09 33	24 33 48	5 28 29	7 13 40	3 01 19	6 15 48	20 28 32	22 11 40	13 41 38
7 F	2 17 13	2 ♌ 52 25	8 ♌ 50 53	29 18 23	16 48 51	23 53 54	24 58 21	5 50 14	7 11 32	2 59 55	6 21 31	20 31 09	22 13 23	13 41 18
8 Sa	3 13 31	14 50 12	20 53 11	28 45 27	17 49 22	24 37 12	25 21 57	6 11 07	7 08 35	2 57 38	6 26 17	20 32 48	22 14 06	13 39 57
9 Su	4 09 18	26 57 44	3 ♍ 07 35	28 13 40	18 49 39	25 19 55	25 45 04	6 31 36	7 05 19	2 54 56	6 30 35	20 33 58	22 14 18	13 38 04
10 M	5 05 10	9 ♍ 20 12	15 39 01	27 44 10	19 50 18	26 02 42	26 08 19	6 52 20	7 02 21	2 52 27	6 35 03	20 35 18	22 14 35	13 36 16
11 Tu	6 01 47	22 02 15	28 31 39	27 18 03	20 51 59	26 46 12	26 32 22	7 13 55	7 00 19	2 50 50	6 40 18	20 37 25	22 15 37	13 35 13
12 W	6 59 41	5 ♎ 07 21	11 ♎ 48 17	26 56 18	21 55 13	27 30 56	26 57 45	7 36 56	6 59 46	2 50 37	6 46 54	20 40 53	22 17 56	13 35 27
13 Th	7 59 14	18 37 17	25 29 45	26 39 38	23 00 21	28 17 16	27 24 49	8 01 43	7 01 03	2 52 09	6 55 12	20 46 02	22 21 53	13 37 19
14 F	9 00 28	2 ♏ 31 35	9 ♏ 34 32	26 28 24	24 07 25	29 05 15	27 53 35	8 28 18	7 04 13	2 55 29	7 05 13	20 52 54	22 27 30	13 40 51
15 Sa	10 03 05	16 47 17	23 58 36	26 22 33	25 16 06	29 54 32	28 23 47	8 56 22	7 08 57	3 00 18	7 16 39	21 01 12	22 34 29	13 45 45
16 Su	11 06 26	1 ♐ 19 05	8 ♐ 35 47	26 21 40	26 25 46	0 ♈ 44 32	28 54 45	9 25 18	7 14 37	3 05 58	7 28 53	21 10 16	22 42 12	13 51 23
17 M	12 09 44	15 59 57	23 18 39	26 25 08	27 35 37	1 34 25	29 25 41	9 54 16	7 20 24	3 11 41	7 41 06	21 19 20	22 49 51	13 56 56
18 Tu	13 12 09	0 ♑ 42 15	7 ♑ 59 39	26 32 14	28 44 48	2 23 23	29 55 47	10 22 29	7 25 30	3 16 37	7 52 29	21 27 32	22 56 36	14 01 36
19 W	14 13 03	15 18 58	22 32 20	26 42 25	29 52 41	3 10 46	0 ♋ 24 23	10 49 17	7 29 16	3 20 09	8 02 22	21 34 16	23 01 49	14 04 44
20 Th	15 12 10	29 44 46	6 ♒ 52 10	26 55 28	0 ♈ 58 59	3 56 19	0 51 13	11 14 23	7 31 26	3 22 00	8 10 30	21 39 15	23 05 14	14 06 03
21 F	16 09 38	13 ♒ 56 23	20 56 49	27 11 33	2 03 51	4 40 09	1 16 26	11 37 57	7 32 09	3 22 19	8 17 02	21 42 37	23 06 59	14 05 43
22 Sa	17 06 01	27 52 44	4 ♓ 45 53	27 31 11	3 07 49	5 22 51	1 40 36	12 00 32	7 31 56	3 21 39	8 22 31	21 44 55	23 07 37	14 04 16
23 Su	18 02 09	11 ♓ 34 19	18 20 23	27 55 13	4 11 43	6 05 14	2 04 31	12 22 57	7 31 40	3 20 49	8 27 45	21 46 60	23 07 59	14 02 32
24 M	18 58 58	25 02 36	1 ♈ 41 59	28 24 32	5 16 28	6 48 14	2 29 08	12 46 08	7 32 15	3 20 46	8 33 42	21 49 47	23 08 59	14 01 28
25 Tu	19 57 17	8 ♈ 19 16	14 52 23	28 59 54	6 22 55	7 32 41	2 55 17	13 10 55	7 34 31	3 22 20	8 41 12	21 54 06	23 11 30	14 01 54
26 W	20 57 43	21 25 41	27 52 53	29 41 53	7 31 39	8 19 10	3 23 34	13 37 55	7 39 05	3 26 07	8 50 49	22 00 34	23 16 05	14 04 25
27 Th	22 00 29	4 ♉ 22 42	10 ♉ 44 10	0 ♉ 30 39	8 42 53	9 07 56	3 54 12	14 07 20	7 46 10	3 32 19	9 02 49	22 09 23	23 22 59	14 09 15
28 F	23 05 24	17 10 30	23 26 23	1 25 56	9 56 26	9 58 48	4 27 00	14 38 60	7 55 35	3 40 48	9 16 59	22 20 23	23 32 01	14 16 14
29 Sa	24 11 57	29 48 50	5 ♊ 59 19	2 27 10	11 11 45	10 51 12	5 01 27	15 12 22	8 06 48	3 50 60	9 32 47	22 33 02	23 42 39	14 24 48
30 Su	25 19 17	12 ♊ 17 19	18 22 45	3 33 27	12 28 03	11 44 22	5 36 43	15 46 37	8 18 60	4 02 06	9 49 26	22 46 31	23 54 04	14 34 10

Notes

LONGITUDE

July 2041

Day	☉	0 hr ☽	Noon ☽	☿	♀	♂	⚵	⚳	♃	♄	⚷	♅	♆	♇
1 M	26 ♉ 26 30	24 ♊ 35 51	0 ♋ 36 52	4 ♉ 43 47	13 ♈ 44 21	12 ♈ 37 19	6 ♋ 11 52	16 ♋ 20 50	8 ♍ 31 14	4 ♍ 13 11	10 ♊ 05 58	22 ♊ 59 53	24 ♓ 05 19	14 ♑ 43 23
2 Tu	27 32 39	6 ♋ 44 59	12 42 36	5 57 13	14 59 44	13 29 09	6 45 58	16 54 04	8 42 36	4 23 18	10 21 28	23 12 13	24 15 30	14 51 31
3 W	28 37 01	18 46 11	24 41 49	7 12 57	16 13 30	14 19 08	7 18 18	17 25 36	8 52 21	4 31 45	10 35 12	23 22 48	24 23 52	14 57 52
4 Th	29 39 11	0 ♌ 42 03	6 ♌ 37 30	8 30 31	17 25 11	15 06 50	7 48 27	17 54 60	9 00 05	4 38 05	10 46 44	23 31 12	24 29 60	15 01 59
5 F	0 ♊ 39 06	12 36 22	18 33 48	9 49 48	18 34 46	15 52 14	8 16 22	18 22 14	9 05 44	4 42 16	10 56 04	23 37 22	24 33 52	15 03 50
6 Sa	1 37 08	24 33 56	0 ♍ 35 46	11 11 09	19 42 36	16 35 40	8 42 24	18 47 40	9 09 40	4 44 41	11 03 31	23 41 40	24 35 49	15 03 48
7 Su	2 33 60	6 ♍ 40 25	12 49 13	12 35 11	20 49 24	17 17 52	9 07 16	19 11 59	9 12 37	4 46 01	11 09 48	23 44 49	24 36 34	15 02 34
8 M	3 30 37	19 01 52	25 20 09	14 02 48	21 56 05	17 59 46	9 31 54	19 36 09	9 15 29	4 47 13	11 15 52	23 47 45	24 37 04	15 01 05
9 Tu	4 28 01	1 ♎ 44 15	8 ♎ 14 16	15 34 57	23 03 41	18 42 22	9 57 20	20 01 09	9 19 18	4 49 17	11 22 44	23 51 29	24 38 19	15 00 22
10 W	5 27 06	14 52 40	21 36 00	17 12 26	24 13 05	19 26 35	10 24 26	20 27 54	9 24 57	4 53 08	11 31 17	23 56 55	24 41 13	15 01 19
11 Th	6 28 27	28 30 28	5 ♏ 27 44	18 55 47	25 24 53	20 13 00	10 53 50	20 57 00	9 33 03	4 59 22	11 42 08	24 04 38	24 46 21	15 04 31
12 F	7 32 14	12 ♏ 38 23	19 48 52	20 45 01	26 39 14	21 01 46	11 25 39	21 28 35	9 43 44	5 08 06	11 55 24	24 14 47	24 53 54	15 10 08
13 Sa	8 38 04	27 13 48	4 ♐ 35 10	22 39 38	27 55 45	21 52 31	11 59 31	22 02 17	9 56 37	5 18 59	12 10 44	24 27 00	25 03 27	15 17 47
14 Su	9 45 06	12 ♐ 10 28	19 38 60	24 38 38	29 13 35	22 44 24	12 34 36	22 37 14	10 10 52	5 31 10	12 27 16	24 40 26	25 14 11	15 26 37
15 M	10 52 11	27 19 15	4 ♑ 50 15	26 40 41	0 ♉ 31 35	23 36 15	13 09 43	23 12 18	10 25 19	5 43 28	12 43 51	24 53 55	25 24 55	15 35 28
16 Tu	11 58 08	12 ♑ 29 25	19 58 07	28 44 24	1 48 34	24 26 54	13 43 42	23 46 17	10 38 47	5 54 45	12 59 19	25 06 17	25 34 30	15 43 11
17 W	13 02 04	27 30 44	4 ♒ 52 60	0 ♊ 48 38	3 03 37	25 15 26	14 15 39	24 18 17	10 50 22	6 04 04	13 12 44	25 16 37	25 42 00	15 48 50
18 Th	14 03 33	12 ♒ 15 08	19 28 08	2 52 43	4 16 20	26 01 26	14 45 08	24 47 53	10 59 39	6 11 01	13 23 41	25 24 30	25 47 01	15 52 01
19 F	15 02 45	26 37 51	3 ♓ 40 11	4 56 31	5 26 52	26 45 05	15 12 20	25 15 16	11 06 47	6 15 46	13 32 22	25 30 06	25 49 43	15 52 54
20 Sa	16 00 24	10 ♓ 37 26	17 28 55	7 00 28	6 35 57	27 27 04	15 37 57	25 41 07	11 12 30	6 19 02	13 39 28	25 34 08	25 50 48	15 52 11
21 Su	16 57 33	24 15 07	0 ♈ 56 30	9 05 19	7 44 38	28 08 30	16 03 05	26 06 32	11 17 52	6 21 54	13 46 05	25 37 41	25 51 22	15 50 58
22 M	17 55 27	7 ♈ 33 51	14 06 19	11 11 58	8 54 09	28 50 34	16 28 56	26 32 43	11 24 06	6 25 34	13 53 24	25 41 58	25 52 37	15 50 27
23 Tu	18 55 09	20 37 14	27 02 06	13 21 10	10 05 34	29 34 22	16 56 35	27 00 46	11 32 17	6 31 08	14 02 32	25 48 03	25 55 39	15 51 44
24 W	19 57 27	3 ♉ 28 38	9 ♉ 47 10	15 33 24	11 19 39	0 ♉ 20 39	17 26 49	27 31 26	11 43 12	6 39 21	14 14 25	25 56 43	26 01 12	15 55 34
25 Th	21 02 38	16 10 46	22 23 58	17 48 39	12 36 44	1 09 45	17 59 55	28 05 03	11 57 07	6 50 32	14 28 48	26 08 16	26 09 37	16 02 17
26 F	22 10 32	28 45 21	4 ♊ 53 58	20 06 29	13 56 36	2 01 28	18 35 43	28 41 24	12 13 53	7 04 31	14 46 04	26 22 31	26 20 42	16 11 40
27 Sa	23 20 31	11 ♊ 13 09	17 17 47	22 26 00	15 18 37	2 55 09	19 13 34	29 19 52	12 32 51	7 20 38	15 05 23	26 38 50	26 33 48	16 23 07
28 Su	24 31 34	23 34 19	29 35 27	24 45 60	16 41 48	3 49 50	19 52 29	29 59 27	12 53 03	7 37 55	15 25 47	26 56 13	26 47 57	16 35 37
29 M	25 42 35	5 ♋ 48 41	11 ♋ 46 53	27 05 07	18 05 01	4 44 23	20 31 20	0 ♌ 39 01	13 13 18	7 55 12	15 46 06	27 13 33	27 01 60	16 48 03
30 Tu	26 52 25	17 56 20	23 52 19	29 22 06	19 27 08	5 37 39	21 09 00	1 17 27	13 32 31	8 11 24	16 05 13	27 29 43	27 14 50	16 59 17
31 W	28 00 10	29 57 54	5 ♌ 52 42	1 ♋ 35 52	20 47 15	6 28 44	21 44 34	1 53 50	13 49 46	8 25 35	16 22 14	27 43 45	27 25 32	17 08 25

LONGITUDE

August 2041

Day	☉	0 hr ☽	Noon ☽	☿	♀	♂	⚵	⚳	♃	♄	⚷	♅	♆	♇
1 Th	29 ♊ 05 15	11 ♌ 55 04	17 ♌ 50 04	3 ♋ 45 44	22 ♉ 04 47	7 ♉ 17 04	22 ♋ 17 27	2 ♌ 27 35	14 ♍ 04 28	8 ♍ 37 10	16 ♊ 36 34	27 ♊ 55 08	27 ♓ 33 32	17 ♑ 14 52
2 F	0 ♋ 07 34	23 50 40	29 47 37	5 51 30	23 19 36	8 02 32	22 47 31	2 58 35	14 16 31	8 46 03	16 48 05	28 03 43	27 38 42	17 18 31
3 Sa	1 07 25	5 ♍ 48 45	11 ♍ 49 47	7 53 24	24 32 04	8 45 27	23 15 09	3 27 11	14 26 15	8 52 33	16 57 09	28 09 51	27 41 23	17 19 42
4 Su	2 05 35	17 54 28	24 02 01	9 52 09	25 42 53	9 26 35	23 41 02	3 54 06	14 34 24	8 57 26	17 04 29	28 14 16	27 42 20	17 19 10
5 M	3 03 05	0 ♎ 13 49	6 ♎ 30 26	11 48 44	26 53 08	10 06 56	24 06 15	4 20 23	14 41 59	9 01 42	17 11 08	28 18 01	27 42 34	17 17 58
6 Tu	4 01 05	12 53 03	19 21 14	13 44 16	28 03 55	10 47 41	24 31 55	4 47 11	14 50 11	9 06 31	17 18 14	28 22 13	27 43 15	17 17 13
7 W	5 00 36	25 58 04	2 ♏ 39 53	15 39 48	29 16 19	11 29 53	24 59 07	5 15 32	15 00 01	9 12 57	17 26 50	28 27 57	27 45 25	17 17 59
8 Th	6 02 25	9 ♏ 33 23	16 30 06	17 36 03	0 ♊ 31 05	12 14 15	25 28 34	5 46 12	15 12 16	9 21 44	17 37 42	28 35 57	27 49 49	17 21 02
9 F	7 06 46	23 41 11	0 ♐ 52 43	19 33 17	1 48 28	13 01 05	26 00 32	6 19 27	15 27 09	9 33 07	17 51 05	28 46 29	27 56 44	17 26 37
10 Sa	8 13 22	8 ♐ 20 12	15 44 47	21 31 12	3 08 09	13 50 02	26 34 43	6 54 56	15 44 23	9 46 47	18 06 40	28 59 14	28 05 50	17 34 24
11 Su	9 21 21	23 25 06	0 ♑ 59 10	23 28 57	4 29 17	14 40 17	27 10 15	7 31 50	16 03 06	10 01 54	18 23 36	29 13 20	28 16 16	17 43 33
12 M	10 29 31	8 ♑ 46 44	16 25 13	25 25 20	5 50 40	15 30 36	27 45 56	8 08 56	16 22 06	10 17 16	18 40 40	29 27 37	28 26 51	17 52 52
13 Tu	11 36 37	24 13 18	1 ♒ 50 33	27 19 06	7 11 03	16 19 45	28 20 31	8 44 58	16 40 07	10 31 35	18 56 38	29 40 46	28 36 18	18 01 05
14 W	12 41 38	9 ♒ 32 35	17 03 22	29 09 17	8 29 24	17 06 42	28 52 59	9 18 56	16 56 09	10 43 54	19 10 28	29 51 50	28 43 36	18 07 12
15 Th	13 44 04	24 34 09	1 ♓ 54 32	0 ♌ 55 22	9 45 15	17 50 59	29 22 51	9 50 20	17 09 42	10 53 40	19 21 41	0 ♋ 00 17	28 48 17	18 10 43
16 F	14 44 04	9 ♓ 11 05	16 18 48	2 37 29	10 58 42	18 32 41	29 50 13	10 19 18	17 20 53	11 01 02	19 30 24	0 06 15	28 50 28	18 11 46
17 Sa	15 42 17	23 20 25	0 ♈ 14 51	4 16 21	12 10 26	19 12 31	0 ♌ 15 46	10 46 30	17 30 22	11 06 40	19 37 17	0 10 24	28 50 48	18 11 00
18 Su	16 39 48	7 ♈ 02 39	13 44 26	5 53 02	13 21 31	19 51 30	0 40 34	11 12 59	17 39 14	11 11 38	19 43 24	0 13 49	28 50 23	18 09 30
19 M	17 37 48	20 20 41	26 51 16	7 28 43	14 33 09	20 30 53	1 05 50	11 39 58	17 48 40	11 17 08	19 49 58	0 17 40	28 50 24	18 08 28
20 Tu	18 37 23	3 ♉ 18 44	9 ♉ 39 55	9 04 30	15 46 24	21 11 42	1 32 37	12 08 32	17 59 46	11 24 14	19 58 03	0 23 04	28 51 55	18 08 60
21 W	19 39 19	16 01 14	22 14 51	10 41 10	17 02 03	21 54 46	2 01 43	12 39 27	18 13 17	11 33 44	20 08 26	0 30 47	28 55 45	18 11 50
22 Th	20 43 56	28 32 08	4 ♊ 39 53	12 19 03	18 20 27	22 40 23	2 33 28	13 13 04	18 29 33	11 45 58	20 21 26	0 41 08	29 02 12	18 17 20
23 F	21 51 05	10 ♊ 54 35	16 57 54	13 57 60	19 41 26	23 28 25	3 07 42	13 49 13	18 48 27	12 00 46	20 36 55	0 53 60	29 11 08	18 25 21
24 Sa	23 00 13	23 10 42	29 10 44	15 37 25	21 04 25	24 18 18	3 43 52	14 27 19	19 09 23	12 17 33	20 54 18	1 08 46	29 21 58	18 35 19
25 Su	24 10 24	5 ♋ 21 47	11 ♋ 19 28	17 16 24	22 28 31	25 09 06	4 21 02	15 06 29	19 31 26	12 35 26	21 12 41	1 24 34	29 33 48	18 46 18
26 M	25 20 35	17 28 31	23 24 36	18 53 51	23 52 39	25 59 47	4 58 09	15 45 39	19 53 34	12 53 22	21 31 01	1 40 19	29 45 34	18 57 16
27 Tu	26 29 43	29 31 21	5 ♌ 26 34	20 28 44	25 15 48	26 49 19	5 34 12	16 23 47	20 14 44	13 10 17	21 48 14	1 54 59	29 56 16	19 07 11
28 W	27 36 58	11 ♌ 30 56	17 26 07	22 00 09	26 37 06	27 36 48	6 08 18	17 00 01	20 34 04	13 25 20	22 03 30	2 07 43	0 ♈ 04 60	19 15 10
29 Th	28 41 47	23 28 27	29 24 37	23 27 32	27 55 60	28 21 43	6 39 55	17 33 48	20 51 01	13 37 58	22 16 16	2 17 57	0 11 14	19 20 42
30 F	29 43 60	5 ♍ 25 56	11 ♍ 24 24	24 50 40	29 12 20	29 03 55	7 08 53	18 04 59	21 05 27	13 48 03	22 26 21	2 25 33	0 14 49	19 23 37
31 Sa	0 ♌ 43 52	17 26 25	23 28 48	26 09 47	0 ♋ 26 23	29 43 38	7 35 28	18 33 49	21 17 36	13 55 49	22 34 03	2 30 46	0 15 60	19 24 10

Notes

September 2041

LONGITUDE

Day	☉	0 hr ☽	Noon ☽	☿	♀	♂	⚵	⚳	♃	♄	⚷	♅	♆	♇
1 Su	1 ♌ 42 00	29 ♍ 33 57	5 ♎ 42 12	27 ♌ 25 25	1 ♋ 38 44	0 ♊ 21 30	8 ♌ 00 16	19 ♌ 00 55	21 ♍ 28 05	14 ♍ 01 52	22 ♊ 39 56	2 ♋ 34 13	0 ♈ 15 24	19 ♑ 22 58
2 M	2 39 18	11 ♎ 53 25	18 09 44	28 38 24	2 50 17	0 58 24	8 24 11	19 27 11	21 37 47	14 07 07	22 44 55	2 36 46	0 13 55	19 20 55
3 Tu	3 36 45	24 30 15	0 ♏ 56 51	29 49 40	4 02 02	1 35 18	8 48 12	19 53 35	21 47 42	14 12 33	22 49 60	2 39 26	0 12 32	19 18 60
4 W	4 35 18	7 ♏ 29 49	14 08 47	1 ♍ 00 04	5 14 55	2 13 11	9 13 16	20 21 05	21 58 47	14 19 07	22 56 06	2 43 08	0 12 11	19 18 10
5 Th	5 35 38	20 56 43	27 49 33	2 10 12	6 29 38	2 52 42	9 40 04	20 50 21	22 11 42	14 27 29	23 03 55	2 48 35	0 13 35	19 19 06
6 F	6 38 03	4 ♐ 53 49	12 ♐ 00 60	3 20 15	7 46 28	3 34 11	10 08 54	21 21 42	22 26 45	14 37 57	23 13 44	2 56 04	0 16 60	19 22 06
7 Sa	7 42 22	19 21 14	26 41 50	4 29 56	9 05 14	4 17 25	10 39 35	21 54 55	22 43 45	14 50 20	23 25 23	3 05 24	0 22 16	19 26 58
8 Su	8 47 56	4 ♑ 15 36	11 ♑ 46 57	5 38 27	10 25 17	5 01 46	11 11 27	22 29 24	23 02 04	15 03 60	23 38 13	3 15 56	0 28 44	19 33 05
9 M	9 53 49	19 29 47	27 07 36	6 44 44	11 45 42	5 46 17	11 43 35	23 04 10	23 20 44	15 17 59	23 51 17	3 26 44	0 35 27	19 39 30
10 Tu	10 58 59	4 ♒ 53 32	12 ♒ 32 27	7 47 36	13 05 25	6 29 57	12 14 57	23 38 12	23 38 43	15 31 17	24 03 33	3 36 45	0 41 24	19 45 11
11 W	12 02 35	20 15 07	27 49 38	8 45 59	14 23 37	7 11 55	12 44 41	24 10 39	23 55 12	15 43 01	24 14 10	3 45 09	0 45 44	19 49 16
12 Th	13 04 10	5 ♓ 23 22	12 ♓ 48 50	9 39 16	15 39 49	7 51 42	13 12 22	24 41 04	24 09 41	15 52 44	24 22 41	3 51 27	0 47 59	19 51 19
13 F	14 03 43	20 09 40	27 22 52	10 27 13	16 54 02	8 29 20	13 37 54	25 09 26	24 22 12	16 00 27	24 29 05	3 55 42	0 48 09	19 51 20
14 Sa	15 01 44	4 ♈ 28 51	11 ♈ 28 15	11 10 03	18 06 44	9 05 15	14 01 51	25 36 14	24 33 11	16 06 37	24 33 51	3 58 18	0 46 42	19 49 45
15 Su	15 58 56	18 19 24	25 04 55	11 48 17	19 18 39	9 40 13	14 24 57	26 02 13	24 43 24	16 11 59	24 37 44	4 00 04	0 44 24	19 47 22
16 M	16 56 15	1 ♉ 42 40	8 ♉ 15 21	12 22 31	20 30 42	10 15 07	14 48 04	26 28 16	24 53 46	16 17 28	24 41 37	4 01 51	0 42 09	19 45 03
17 Tu	17 54 29	14 41 58	21 03 33	12 53 16	21 43 41	10 50 47	15 12 03	26 55 12	25 05 04	16 23 52	24 46 20	4 04 29	0 40 44	19 43 38
18 W	18 54 14	27 21 33	3 ♊ 34 05	13 20 48	22 58 14	11 27 49	15 37 29	27 23 39	25 17 55	16 31 47	24 52 28	4 08 35	0 40 48	19 43 44
19 Th	19 55 48	9 ♊ 45 52	15 51 28	13 45 04	24 14 36	12 06 30	16 04 40	27 53 52	25 32 37	16 41 31	25 00 19	4 14 26	0 42 37	19 45 36
20 F	20 59 08	21 59 03	27 59 41	14 05 38	25 32 45	12 46 46	16 33 32	28 25 49	25 49 06	16 52 60	25 09 50	4 21 57	0 46 08	19 49 13
21 Sa	22 03 51	4 ♋ 04 34	10 ♋ 02 00	14 21 47	26 52 19	13 28 16	17 03 43	28 59 08	26 06 60	17 05 52	25 20 39	4 30 48	0 50 58	19 54 12
22 Su	23 09 22	16 05 14	22 00 58	14 32 33	28 12 42	14 10 24	17 34 38	29 33 14	26 25 43	17 19 33	25 32 10	4 40 23	0 56 33	19 59 57
23 M	24 14 59	28 03 12	3 ♌ 58 27	14 36 51	29 33 12	14 52 26	18 05 35	0 ♍ 07 23	26 44 33	17 33 18	25 43 40	4 49 59	1 02 11	20 05 47
24 Tu	25 19 60	10 ♌ 00 07	15 55 55	14 33 41	0 ♌ 53 06	15 33 43	18 35 51	0 40 54	27 02 48	17 46 28	25 54 28	4 58 55	1 07 09	20 11 00
25 W	26 23 50	21 57 24	27 54 41	14 22 11	2 11 52	16 13 38	19 04 52	1 13 13	27 19 55	17 58 26	26 03 60	5 06 36	1 10 53	20 15 02
26 Th	27 26 08	3 ♍ 56 29	9 ♍ 56 06	14 01 47	3 29 06	16 51 51	19 32 17	1 43 58	27 35 29	18 08 52	26 11 53	5 12 41	1 13 01	20 17 29
27 F	28 26 46	15 59 00	22 01 53	13 32 18	4 44 41	17 28 13	19 57 58	2 13 01	27 49 26	18 17 38	26 18 01	5 17 01	1 13 27	20 18 17
28 Sa	29 25 53	28 07 01	4 ♎ 14 13	12 53 54	5 58 46	18 02 53	20 22 03	2 40 31	28 01 53	18 24 52	26 22 31	5 19 47	1 12 19	20 17 33
29 Su	0 ♍ 23 52	10 ♎ 23 06	16 35 53	12 07 14	7 11 44	18 36 14	20 44 56	3 06 51	28 13 12	18 30 58	26 25 47	5 21 20	1 09 59	20 15 39
30 M	1 21 15	22 50 24	29 10 11	11 13 17	8 24 06	19 08 48	21 07 07	3 32 33	28 23 56	18 36 27	26 28 21	5 22 12	1 07 00	20 13 08

October 2041

LONGITUDE

Day	☉	0 hr ☽	Noon ☽	☿	♀	♂	⚵	⚳	♃	♄	⚷	♅	♆	♇
1 Tu	2 ♍ 18 37	5 ♏ 32 24	12 ♏ 00 42	10 ♍ 13 22	9 ♌ 36 28	19 ♊ 41 10	21 ♌ 29 14	3 ♍ 58 12	28 ♍ 34 40	18 ♍ 41 54	26 ♊ 30 47	5 ♋ 22 59	1 ♈ 03 58	20 ♑ 10 36
2 W	3 16 32	18 32 43	25 10 60	9 09 05	10 49 25	20 13 55	21 51 50	4 24 23	28 45 59	18 47 55	26 33 42	5 24 16	1 01 26	20 08 37
3 Th	4 15 26	1 ♐ 54 35	8 ♐ 44 01	8 02 04	12 03 21	20 47 27	22 15 20	4 51 30	28 58 17	18 54 54	26 37 28	5 26 27	0 59 50	20 07 36
4 F	5 15 29	15 40 16	22 41 25	6 54 03	13 18 27	21 21 57	22 39 55	5 19 45	29 11 45	19 03 01	26 42 18	5 29 43	0 59 21	20 07 43
5 Sa	6 16 37	29 50 23	7 ♑ 02 52	5 46 41	14 34 39	21 57 21	23 05 30	5 49 02	29 26 19	19 12 12	26 48 05	5 33 60	0 59 53	20 08 55
6 Su	7 18 30	14 ♑ 23 15	21 45 28	4 41 28	15 51 36	22 33 17	23 31 45	6 19 02	29 41 38	19 22 08	26 54 32	5 38 57	1 01 08	20 10 51
7 M	8 20 39	29 14 32	6 ♒ 43 35	3 39 50	17 08 50	23 09 19	23 58 11	6 49 16	29 57 14	19 32 18	27 01 08	5 44 05	1 02 36	20 13 02
8 Tu	9 22 33	14 ♒ 17 19	21 49 14	2 43 06	18 25 49	23 44 53	24 24 18	7 19 12	0 ♎ 12 34	19 42 13	27 07 22	5 48 54	1 03 47	20 14 58
9 W	10 23 46	29 22 52	6 ♓ 53 07	1 52 31	19 42 08	24 19 34	24 49 39	7 48 25	0 27 14	19 51 25	27 12 49	5 52 58	1 04 13	20 16 12
10 Th	11 24 03	14 ♓ 21 51	21 46 01	1 09 17	20 57 32	24 53 08	25 13 59	8 16 41	0 40 59	19 59 40	27 17 13	5 56 01	1 03 42	20 16 30
11 F	12 23 25	29 05 48	6 ♈ 20 17	0 34 34	22 12 00	25 25 34	25 37 18	8 43 57	0 53 47	20 06 59	27 20 35	5 58 04	1 02 11	20 15 51
12 Sa	13 22 01	13 ♈ 28 13	20 30 37	0 09 22	23 25 44	25 57 02	25 59 48	9 10 26	1 05 51	20 13 31	27 23 05	5 59 17	0 59 54	20 14 27
13 Su	14 20 13	27 25 19	4 ♉ 14 34	29 ♌ 54 31	24 39 03	26 27 52	26 21 47	9 36 28	1 17 29	20 19 36	27 25 02	5 59 60	0 57 08	20 12 36
14 M	15 18 23	10 ♉ 55 58	17 32 12	29 50 35	25 52 20	26 58 26	26 43 38	10 02 24	1 29 05	20 25 37	27 26 50	6 00 35	0 54 17	20 10 43
15 Tu	16 16 50	24 01 17	0 ♊ 25 36	29 57 48	27 05 54	27 29 05	27 05 41	10 28 35	1 40 57	20 31 53	27 28 48	6 01 23	0 51 40	20 09 05
16 W	17 15 48	6 ♊ 44 03	12 58 11	0 ♍ 16 04	28 19 60	28 00 01	27 28 10	10 55 14	1 53 20	20 38 39	27 31 10	6 02 37	0 49 32	20 07 58
17 Th	18 15 23	19 08 05	25 14 08	0 44 57	29 34 42	28 31 20	27 51 11	11 22 27	2 06 19	20 46 00	27 34 02	6 04 23	0 47 58	20 07 28
18 F	19 15 33	1 ♋ 17 37	7 ♋ 17 52	1 23 45	0 ♍ 49 59	29 03 00	28 14 41	11 50 12	2 19 53	20 53 54	27 37 21	6 06 38	0 46 56	20 07 31
19 Sa	20 16 10	13 17 03	19 13 41	2 11 35	2 05 43	29 34 52	28 38 31	12 18 20	2 33 52	21 02 13	27 40 59	6 09 15	0 46 18	20 07 60
20 Su	21 17 01	25 10 32	1 ♌ 05 39	3 07 26	3 21 40	0 ♋ 06 44	29 02 30	12 46 40	2 48 04	21 10 43	27 44 43	6 12 01	0 45 52	20 08 42
21 M	22 17 53	7 ♌ 01 55	12 57 21	4 10 15	4 37 39	0 38 23	29 26 25	13 14 58	3 02 18	21 19 13	27 48 22	6 14 43	0 45 24	20 09 25
22 Tu	23 18 37	18 54 34	24 51 54	5 19 05	5 53 28	1 09 37	29 50 05	13 43 03	3 16 21	21 27 31	27 51 44	6 17 11	0 44 45	20 09 58
23 W	24 19 04	0 ♍ 51 25	6 ♍ 51 58	6 33 00	7 09 01	1 40 20	0 ♍ 13 23	14 10 50	3 30 07	21 35 31	27 54 42	6 19 17	0 43 48	20 10 15
24 Th	25 19 14	12 54 54	18 59 41	7 51 16	8 24 16	2 10 30	0 36 17	14 38 15	3 43 34	21 43 11	27 57 15	6 21 01	0 42 30	20 10 13
25 F	26 19 08	25 06 60	1 ♎ 16 50	9 13 14	9 39 15	2 40 09	0 58 50	15 05 22	3 56 45	21 50 34	27 59 25	6 22 24	0 40 55	20 09 55
26 Sa	27 18 52	7 ♎ 29 20	13 44 50	10 38 23	10 54 04	3 09 22	1 21 08	15 32 16	4 09 45	21 57 44	28 01 18	6 23 32	0 39 08	20 09 28
27 Su	28 18 35	20 03 12	26 24 53	12 06 18	12 08 51	3 38 17	1 43 17	15 59 05	4 22 42	22 04 50	28 03 01	6 24 34	0 37 16	20 08 57
28 M	29 18 21	2 ♏ 49 42	9 ♏ 18 01	13 36 36	13 23 41	4 07 00	2 05 25	16 25 55	4 35 42	22 11 58	28 04 41	6 25 34	0 35 28	20 08 31
29 Tu	0 ♎ 18 16	15 49 46	22 25 06	15 08 56	14 38 39	4 35 35	2 27 35	16 52 49	4 48 49	22 19 12	28 06 21	6 26 38	0 33 45	20 08 13
30 W	1 18 18	29 04 10	5 ♐ 46 54	16 42 55	15 53 44	5 04 01	2 49 46	17 19 49	5 02 02	22 26 32	28 08 02	6 27 44	0 32 09	20 08 02
31 Th	2 18 25	12 ♐ 33 33	19 23 54	18 18 10	17 08 54	5 32 14	3 11 56	17 46 49	5 15 19	22 33 53	28 09 40	6 28 51	0 30 35	20 07 55

Notes

LONGITUDE

November 2041

Day	☉	0 hr ☽	Noon ☽	☿	♀	♂	⚵	⚳	♃	♄	⚷	♅	♆	♇
1 F	3 ♎ 18 30	26 ♐ 18 09	3 ♑ 16 08	19 ♍ 54 19	18 ♍ 24 01	6 ♋ 00 09	3 ♍ 33 58	18 ♍ 13 44	5 ♎ 28 33	22 ♍ 41 10	28 ♊ 11 09	6 ♋ 29 50	0 ♈ 28 58	20 ♑ 07 47
2 Sa	4 18 27	10 ♑ 17 44	17 22 58	21 31 02	19 38 59	6 27 37	3 55 46	18 40 28	5 41 36	22 48 16	28 12 22	6 30 36	0 27 11	20 07 30
3 Su	5 18 11	24 31 13	1 ♒ 42 47	23 08 04	20 53 45	6 54 37	4 17 15	19 06 56	5 54 27	22 55 08	28 13 16	6 31 05	0 25 11	20 07 01
4 M	6 17 45	8 ♒ 56 27	16 12 46	24 45 15	22 08 20	7 21 08	4 38 28	19 33 11	6 07 05	23 01 47	28 13 52	6 31 19	0 22 58	20 06 22
5 Tu	7 17 15	23 30 01	0 ♓ 48 49	26 22 35	23 22 50	7 47 17	4 59 30	19 59 18	6 19 38	23 08 19	28 14 16	6 31 24	0 20 41	20 05 38
6 W	8 16 52	8 ♓ 07 17	15 25 44	28 00 07	24 37 27	8 13 14	5 20 33	20 25 28	6 32 16	23 14 55	28 14 40	6 31 32	0 18 29	20 05 01
7 Th	9 16 49	22 42 39	29 57 41	29 37 60	25 52 23	8 39 13	5 41 49	20 51 55	6 45 13	23 21 49	28 15 16	6 31 54	0 16 36	20 04 45
8 F	10 17 17	7 ♈ 10 08	14 ♈ 18 45	1 ♎ 16 19	27 07 50	9 05 24	6 03 30	21 18 50	6 58 39	23 29 10	28 16 16	6 32 42	0 15 12	20 04 59
9 Sa	11 18 22	21 24 02	28 23 45	2 55 08	28 23 53	9 31 52	6 25 42	21 46 18	7 12 39	23 37 06	28 17 45	6 34 02	0 14 24	20 05 50
10 Su	12 20 02	5 ♉ 19 43	12 ♉ 08 47	4 34 21	29 40 30	9 58 36	6 48 21	22 14 17	7 27 13	23 45 34	28 19 42	6 35 53	0 14 10	20 07 16
11 M	13 22 09	18 53 60	25 31 39	6 13 47	0 ♎ 57 33	10 25 26	7 11 20	22 42 38	7 42 11	23 54 24	28 21 57	6 38 04	0 14 20	20 09 08
12 Tu	14 24 25	2 ♊ 05 33	8 ♊ 31 57	7 53 09	2 14 45	10 52 04	7 34 22	23 11 06	7 57 16	24 03 21	28 24 15	6 40 20	0 14 40	20 11 10
13 W	15 26 32	14 54 49	21 10 57	9 32 06	3 31 47	11 18 13	7 57 08	23 39 20	8 12 10	24 12 06	28 26 15	6 42 22	0 14 48	20 13 02
14 Th	16 28 12	27 23 49	3 ♋ 31 20	11 10 19	4 48 21	11 43 32	8 19 18	24 07 03	8 26 34	24 20 19	28 27 40	6 43 51	0 14 28	20 14 26
15 F	17 29 11	9 ♋ 35 51	15 36 50	12 47 34	6 04 12	12 07 48	8 40 41	24 34 00	8 40 14	24 27 48	28 28 16	6 44 34	0 13 26	20 15 09
16 Sa	18 29 22	21 35 10	27 31 57	14 23 44	7 19 15	12 30 53	9 01 08	25 00 06	8 53 05	24 34 26	28 27 57	6 44 23	0 11 35	20 15 04
17 Su	19 28 49	3 ♌ 26 33	9 ♌ 21 36	15 58 54	8 33 34	12 52 52	9 20 44	25 25 24	9 05 08	24 40 16	28 26 46	6 43 25	0 08 58	20 14 15
18 M	20 27 47	15 15 08	21 10 50	17 33 17	9 47 21	13 13 57	9 39 43	25 50 07	9 16 39	24 45 33	28 24 57	6 41 50	0 05 51	20 12 56
19 Tu	21 26 36	27 05 59	3 ♍ 04 33	19 07 16	11 00 59	13 34 30	9 58 25	26 14 38	9 27 59	24 50 37	28 22 52	6 40 03	0 02 35	20 11 29
20 W	22 25 43	9 ♍ 03 51	15 07 14	20 41 17	12 14 55	13 54 56	10 17 18	26 39 22	9 39 34	24 55 55	28 20 58	6 38 28	29 ♓ 59 35	20 10 19
21 Th	23 25 34	21 12 54	27 22 39	22 15 48	13 29 33	14 15 42	10 36 48	27 04 47	9 51 51	25 01 55	28 19 40	6 37 32	29 57 19	20 09 53
22 F	24 26 33	3 ♎ 36 23	9 ♎ 53 37	23 51 12	14 45 19	14 37 10	10 57 17	27 31 14	10 05 12	25 08 58	28 19 22	6 37 40	29 56 10	20 10 35
23 Sa	25 28 52	16 16 30	22 41 46	25 27 43	16 02 23	14 59 32	11 18 59	27 58 57	10 19 50	25 17 17	28 20 17	6 39 02	29 56 20	20 12 38
24 Su	26 32 31	29 14 04	5 ♏ 47 25	27 05 23	17 20 47	15 22 48	11 41 52	28 27 57	10 35 46	25 26 53	28 22 25	6 41 40	29 57 51	20 16 00
25 M	27 37 16	12 ♏ 28 41	19 09 37	28 43 56	18 40 15	15 46 43	12 05 44	28 57 57	10 52 45	25 37 30	28 25 31	6 45 19	0 ♈ 00 26	20 20 28
26 Tu	28 42 37	25 58 41	2 ♐ 46 21	0 ♏ 22 56	20 00 20	16 10 48	12 30 04	29 28 30	11 10 17	25 48 41	28 29 07	6 49 30	0 03 38	20 25 34
27 W	29 47 58	9 ♐ 41 35	16 34 51	2 01 46	21 20 23	16 34 24	12 54 16	29 58 57	11 27 46	25 59 47	28 32 35	6 53 36	0 06 49	20 30 39
28 Th	0 ♏ 52 39	23 34 25	0 ♑ 32 07	3 39 48	22 39 45	16 56 52	13 17 39	0 ♎ 28 40	11 44 32	26 10 09	28 35 17	6 56 57	0 09 20	20 35 05
29 F	1 56 07	7 ♑ 34 19	14 35 19	5 16 30	23 57 54	17 17 40	13 39 43	0 57 07	12 00 02	26 19 15	28 36 39	6 59 02	0 10 40	20 38 19
30 Sa	2 58 07	21 38 49	28 42 09	6 51 37	25 14 33	17 36 30	14 00 09	1 24 01	12 14 01	26 26 49	28 36 26	6 59 34	0 10 30	20 40 04

LONGITUDE

December 2041

Day	☉	0 hr ☽	Noon ☽	☿	♀	♂	⚵	⚳	♃	♄	⚷	♅	♆	♇
1 Su	3 ♏ 58 42	5 ♒ 46 06	12 ♒ 50 55	8 ♏ 25 13	26 ♎ 29 47	17 ♋ 53 26	14 ♍ 19 03	1 ♎ 49 25	12 ♎ 26 32	26 ♍ 32 54	28 ♊ 34 41	6 ♋ 58 37	0 ♈ 08 56	20 ♑ 40 26
2 M	4 58 17	19 54 56	27 00 24	9 57 46	27 44 01	18 08 52	14 36 49	2 13 45	12 38 01	26 37 56	28 31 51	6 56 37	0 06 23	20 39 49
3 Tu	5 57 35	4 ♓ 04 21	11 ♓ 09 34	11 29 57	28 57 57	18 23 31	14 54 09	2 37 44	12 49 09	26 42 37	28 28 37	6 54 15	0 03 33	20 38 55
4 W	6 57 25	18 13 14	25 17 05	13 02 37	0 ♏ 12 25	18 38 11	15 11 53	3 02 10	13 00 46	26 47 46	28 25 48	6 52 22	0 01 16	20 38 34
5 Th	7 58 34	2 ♈ 20 00	9 ♈ 21 04	14 36 33	1 28 10	18 53 38	15 30 47	3 27 49	13 13 38	26 54 09	28 24 12	6 51 42	0 00 17	20 39 31
6 F	9 01 34	16 22 16	23 18 56	16 12 18	2 45 46	19 10 24	15 51 23	3 55 16	13 28 19	27 02 20	28 24 21	6 52 51	0 01 11	20 42 21
7 Sa	10 06 38	0 ♉ 16 57	7 ♉ 07 31	17 50 07	4 05 25	19 28 42	16 13 56	4 24 42	13 44 60	27 12 31	28 26 28	6 55 59	0 04 09	20 47 16
8 Su	11 13 37	14 00 32	20 43 29	19 29 47	5 26 58	19 48 20	16 38 13	4 55 58	14 03 31	27 24 31	28 30 23	7 00 58	0 09 02	20 54 05
9 M	12 21 57	27 29 37	4 ♊ 03 51	21 10 49	6 49 52	20 08 46	17 03 43	5 28 30	14 23 21	27 37 50	28 35 34	7 07 15	0 15 17	21 02 17
10 Tu	13 30 54	10 ♊ 41 30	17 06 31	22 52 24	8 13 21	20 29 13	17 29 40	6 01 34	14 43 43	27 51 40	28 41 14	7 14 03	0 22 09	21 11 06
11 W	14 39 33	23 34 39	29 50 38	24 33 41	9 36 33	20 48 47	17 55 11	6 34 15	15 03 45	28 05 08	28 46 31	7 20 31	0 28 44	21 19 37
12 Th	15 47 06	6 ♋ 09 01	12 ♋ 16 55	26 13 49	10 58 38	21 06 38	18 19 26	7 05 45	15 22 36	28 17 26	28 50 36	7 25 49	0 34 14	21 27 03
13 F	16 52 58	18 26 11	24 27 32	27 52 12	12 18 60	21 22 11	18 41 50	7 35 28	15 39 41	28 27 57	28 52 53	7 29 20	0 38 02	21 32 47
14 Sa	17 56 50	0 ♌ 29 13	6 ♌ 26 05	29 28 30	13 37 21	21 35 05	19 02 04	8 03 05	15 54 42	28 36 23	28 53 05	7 30 49	0 39 51	21 36 32
15 Su	18 58 48	12 22 32	18 17 18	1 ♐ 02 48	14 53 49	21 45 27	19 20 14	8 28 44	16 07 46	28 42 52	28 51 17	7 30 19	0 39 47	21 38 24
16 M	19 59 19	24 11 30	0 ♍ 06 49	2 35 31	16 08 48	21 53 43	19 36 47	8 52 50	16 19 18	28 47 48	28 47 56	7 28 19	0 38 17	21 38 49
17 Tu	20 59 07	6 ♍ 02 09	12 00 39	4 07 19	17 23 04	22 00 36	19 52 28	9 16 07	16 30 03	28 51 57	28 43 47	7 25 33	0 36 05	21 38 32
18 W	21 59 08	18 00 41	24 04 57	5 39 05	18 37 31	22 06 60	20 08 11	9 39 32	16 40 56	28 56 13	28 39 45	7 22 55	0 34 05	21 38 28
19 Th	23 00 16	0 ♎ 13 02	6 ♎ 25 19	7 11 40	19 53 06	22 13 50	20 24 51	10 03 58	16 52 52	29 01 32	28 36 46	7 21 22	0 33 15	21 39 32
20 F	24 03 21	12 44 17	19 06 21	8 45 47	21 10 36	22 21 54	20 43 16	10 30 15	17 06 40	29 08 42	28 35 36	7 21 41	0 34 22	21 42 32
21 Sa	25 08 49	25 38 08	2 ♏ 11 01	10 21 48	22 30 30	22 31 40	21 03 55	10 58 50	17 22 47	29 18 12	28 36 47	7 24 21	0 37 54	21 47 58
22 Su	26 16 47	8 ♏ 56 16	15 40 08	11 59 41	23 52 52	22 43 10	21 26 52	11 29 48	17 41 19	29 30 05	28 40 21	7 29 26	0 43 55	21 55 52
23 M	27 26 48	22 38 05	29 32 01	13 38 51	25 17 17	22 56 00	21 51 42	12 02 44	18 01 50	29 43 57	28 45 54	7 36 33	0 52 02	22 05 52
24 Tu	28 38 02	6 ♐ 40 26	13 ♐ 42 36	15 18 18	26 42 55	23 09 19	22 17 34	12 36 47	18 23 29	29 58 58	28 52 36	7 44 49	1 01 24	22 17 05
25 W	29 49 22	20 58 08	28 05 58	16 56 42	28 08 38	23 21 58	22 43 21	13 10 50	18 45 09	0 ♎ 13 59	28 59 20	7 53 08	1 10 52	22 28 24
26 Th	0 ♐ 59 36	5 ♑ 24 40	12 ♑ 35 18	18 32 39	29 33 15	23 32 46	23 07 51	13 43 41	19 05 40	0 27 50	29 04 54	8 00 20	1 19 16	22 38 39
27 F	2 07 47	19 53 21	27 04 07	20 04 53	0 ♐ 55 49	23 40 45	23 30 08	14 14 24	19 24 02	0 39 33	29 08 21	8 05 26	1 25 40	22 46 53
28 Sa	3 13 26	4 ♒ 18 34	11 ♒ 27 16	21 32 35	2 15 49	23 45 26	23 49 40	14 42 28	19 39 48	0 48 39	29 09 12	8 07 56	1 29 32	22 52 34
29 Su	4 16 36	18 36 25	25 41 40	22 55 29	3 33 22	23 46 52	24 06 34	15 07 58	19 53 01	0 55 12	29 07 31	8 07 57	1 30 59	22 55 49
30 M	5 17 59	2 ♓ 45 06	9 ♓ 46 10	24 13 47	4 49 06	23 45 43	24 21 28	15 31 34	20 04 21	0 59 52	29 03 60	8 06 08	1 30 40	22 57 18
31 Tu	6 18 39	16 44 33	23 41 12	25 28 06	6 04 08	23 43 05	24 35 28	15 54 21	20 14 54	1 03 46	28 59 43	8 03 35	1 29 40	22 58 05

Notes

January 2042

LONGITUDE

Day	☉	0 hr ☽	Noon ☽	☿	♀	♂	⚵	⚳	♃	♄	⚷	♅	♆	♇
1 W	7 ♐ 19 54	0 ♈ 35 45	7 ♈ 28 00	26 ♐ 39 08	7 ♐ 19 44	23 ♋ 40 14	24 ♍ 49 51	16 ♎ 17 37	20 ♎ 25 57	1 ♎ 08 09	28 ♊ 55 58	8 ♋ 01 34	1 ♈ 29 17	22 ♑ 59 28
2 Th	8 22 54	14 19 56	21 07 47	27 47 27	8 37 06	23 38 20	25 05 48	16 42 33	20 38 40	1 14 13	28 53 56	8 01 17	1 30 42	23 02 37
3 F	9 28 32	27 57 52	4 ♉ 41 07	28 53 12	9 57 05	23 38 17	25 24 11	17 09 60	20 53 57	1 22 50	28 54 28	8 03 36	1 34 47	23 08 26
4 Sa	10 37 10	11 ♉ 29 25	18 07 38	29 55 59	11 20 04	23 40 25	25 45 22	17 40 21	21 12 08	1 34 22	28 57 59	8 08 53	1 41 54	23 17 16
5 Su	11 48 36	24 53 25	1 ♊ 25 57	0 ♑ 54 46	12 45 52	23 44 34	26 09 09	18 13 23	21 33 03	1 48 38	29 04 15	8 16 57	1 51 51	23 28 56
6 M	13 02 10	8 ♊ 07 50	14 34 03	1 47 58	14 13 46	23 50 00	26 34 50	18 48 26	21 55 60	2 04 55	29 12 37	8 27 07	2 03 58	23 42 43
7 Tu	14 16 47	21 10 22	27 29 46	2 33 38	15 42 43	23 55 42	27 01 23	19 24 26	22 19 54	2 22 11	29 21 59	8 38 18	2 17 10	23 57 35
8 W	15 31 13	3 ♋ 59 00	10 ♋ 11 28	3 09 38	17 11 30	24 00 24	27 27 32	20 00 09	22 43 33	2 39 11	29 31 09	8 49 18	2 30 14	24 12 18
9 Th	16 44 19	16 32 33	22 38 28	3 33 57	18 38 57	24 02 58	27 52 08	20 34 24	23 05 46	2 54 46	29 38 57	8 58 56	2 41 60	24 25 42
10 F	17 55 10	28 51 09	4 ♌ 51 28	3 44 59	20 04 08	24 02 27	28 14 16	21 06 17	23 25 38	3 08 00	29 44 28	9 06 17	2 51 32	24 36 51
11 Sa	19 03 16	10 ♌ 56 28	16 52 41	3 41 41	21 26 33	23 58 23	28 33 24	21 35 17	23 42 39	3 18 24	29 47 12	9 10 51	2 58 21	24 45 16
12 Su	20 08 34	22 51 46	28 45 53	3 23 47	22 46 11	23 50 43	28 49 32	22 01 22	23 56 47	3 25 54	29 47 06	9 12 37	3 02 26	24 50 55
13 M	21 11 32	4 ♍ 41 41	10 ♍ 36 07	2 51 49	24 03 29	23 39 56	29 03 05	22 25 00	24 08 28	3 30 60	29 44 40	9 12 01	3 04 12	24 54 14
14 Tu	22 13 01	16 32 04	22 29 29	2 07 11	25 19 18	23 26 54	29 14 56	22 47 02	24 18 35	3 34 31	29 40 44	9 09 56	3 04 32	24 56 06
15 W	23 14 09	28 29 28	4 ♎ 32 41	1 11 58	26 34 45	23 12 43	29 26 11	23 08 34	24 28 14	3 37 34	29 36 24	9 07 27	3 04 32	24 57 36
16 Th	24 16 06	10 ♎ 40 41	16 52 26	0 08 48	27 51 02	22 58 36	29 38 01	23 30 48	24 38 36	3 41 22	29 32 54	9 05 48	3 05 24	24 59 57
17 F	25 19 56	23 12 08	29 34 52	29 ♐ 00 38	29 09 12	22 45 38	29 51 29	23 54 47	24 50 45	3 46 58	29 31 16	9 06 01	3 08 11	25 04 13
18 Sa	26 26 24	6 ♏ 09 09	12 ♏ 44 38	27 50 23	0 ♑ 29 58	22 34 34	0 ♎ 07 20	24 21 15	25 05 25	3 55 05	29 32 14	9 08 50	3 13 38	25 11 07
19 Su	27 35 41	19 35 04	26 24 08	26 40 40	1 53 35	22 25 38	0 25 46	24 50 25	25 22 48	4 05 56	29 36 03	9 14 29	3 21 57	25 20 51
20 M	28 47 27	3 ♐ 30 33	10 ♐ 32 42	25 33 32	3 19 40	22 18 30	0 46 25	25 21 56	25 42 34	4 19 11	29 42 20	9 22 35	3 32 48	25 33 06
21 Tu	0 ♑ 00 46	17 52 59	25 06 16	24 30 24	4 47 19	22 12 16	1 08 22	25 54 51	26 03 46	4 33 53	29 50 10	9 32 15	3 45 14	25 46 54
22 W	1 14 21	2 ♑ 36 26	9 ♑ 57 31	23 31 59	6 15 13	22 05 40	1 30 19	26 27 53	26 25 07	4 48 46	29 58 16	9 42 10	3 57 58	26 00 60
23 Th	2 26 47	17 32 22	24 57 07	22 38 36	7 41 59	21 57 21	1 50 53	26 59 38	26 45 13	5 02 25	0 ♋ 05 15	9 50 57	4 09 37	26 13 58
24 F	3 36 55	2 ♒ 31 09	9 ♒ 55 14	21 50 22	9 06 27	21 46 10	2 08 52	27 28 57	27 02 55	5 13 40	0 09 57	9 57 26	4 19 01	26 24 40
25 Sa	4 44 06	17 23 43	24 43 27	21 07 31	10 27 59	21 31 33	2 23 40	27 55 11	27 17 33	5 21 54	0 11 43	10 00 59	4 25 31	26 32 26
26 Su	5 48 23	2 ♓ 03 13	9 ♓ 15 58	20 30 37	11 46 36	21 13 32	2 35 17	28 18 21	27 29 11	5 27 08	0 10 37	10 01 38	4 29 10	26 37 20
27 M	6 50 27	16 25 43	23 30 07	20 00 32	13 03 01	20 52 52	2 44 25	28 39 10	27 38 29	5 30 04	0 07 19	10 00 05	4 30 38	26 40 02
28 Tu	7 51 28	0 ♈ 30 12	7 ♈ 25 56	19 38 24	14 18 23	20 30 45	2 52 15	28 58 47	27 46 38	5 31 53	0 03 01	9 57 30	4 31 08	26 41 44
29 W	8 52 49	14 17 50	21 05 18	19 25 19	15 34 06	20 08 37	3 00 08	29 18 36	27 55 00	5 33 56	29 ♊ 59 04	9 55 17	4 32 00	26 43 46
30 Th	9 55 46	27 50 58	4 ♉ 30 57	19 22 12	16 51 26	19 47 47	3 09 22	29 39 52	28 04 53	5 37 32	29 56 47	9 54 41	4 34 33	26 47 28
31 F	11 01 17	11 ♉ 12 08	17 45 29	19 29 29	18 11 19	19 29 14	3 20 52	0 ♏ 03 32	28 17 11	5 43 35	29 57 05	9 56 39	4 39 42	26 53 44

February 2042

LONGITUDE

Day	☉	0 hr ☽	Noon ☽	☿	♀	♂	⚵	⚳	♃	♄	⚷	♅	♆	♇
1 Sa	12 ♑ 09 46	24 ♉ 23 22	0 ♊ 50 46	19 ♐ 47 06	19 ♑ 34 11	19 ♋ 13 25	3 ♎ 35 04	0 ♏ 30 02	28 ♎ 32 21	5 ♎ 52 32	0 ♋ 00 25	10 ♋ 01 37	4 ♈ 47 53	27 ♑ 02 60
2 Su	13 21 04	7 ♊ 25 48	13 47 43	20 14 21	20 59 52	19 00 14	3 51 48	0 59 10	28 50 13	6 04 13	0 06 35	10 09 25	4 58 55	27 15 06
3 M	14 34 30	20 19 34	26 36 13	20 50 01	22 27 42	18 49 03	4 10 24	1 30 18	29 10 06	6 17 57	0 14 58	10 19 23	5 12 10	27 29 23
4 Tu	15 49 03	3 ♋ 04 01	9 ♋ 15 33	21 32 33	23 56 39	18 38 52	4 29 48	2 02 22	29 30 59	6 32 42	0 24 29	10 30 30	5 26 34	27 44 47
5 W	17 03 30	15 38 12	21 44 46	22 20 17	25 25 29	18 28 32	4 48 49	2 34 10	29 51 38	6 47 16	0 33 58	10 41 31	5 40 55	28 00 07
6 Th	18 16 40	28 01 21	4 ♌ 03 18	23 11 34	26 53 04	18 16 56	5 06 16	3 04 32	0 ♏ 10 54	7 00 29	0 42 14	10 51 18	5 54 03	28 14 12
7 F	19 27 38	10 ♌ 13 22	16 11 20	24 05 04	28 18 27	18 03 09	5 21 13	3 32 32	0 27 50	7 11 25	0 48 21	10 58 54	6 05 02	28 26 06
8 Sa	20 35 51	22 15 08	28 10 10	24 59 50	29 41 05	17 46 42	5 33 06	3 57 35	0 41 53	7 19 30	0 51 45	11 03 46	6 13 18	28 35 16
9 Su	21 41 11	4 ♍ 08 52	10 ♍ 02 26	25 55 25	1 ♒ 00 50	17 27 29	5 41 48	4 19 35	0 52 55	7 24 37	0 52 21	11 05 48	6 18 45	28 41 34
10 M	22 43 59	15 58 03	21 52 04	26 51 51	2 18 03	17 05 55	5 47 40	4 38 52	1 01 17	7 27 07	0 50 28	11 05 18	6 21 43	28 45 22
11 Tu	23 44 58	27 47 25	3 ♎ 44 10	27 49 33	3 33 27	16 42 43	5 51 23	4 56 08	1 07 42	7 27 42	0 46 50	11 03 02	6 22 54	28 47 22
12 W	24 45 06	9 ♎ 42 40	15 44 42	28 49 16	4 48 02	16 18 58	5 53 57	5 12 23	1 13 09	7 27 21	0 42 25	10 59 57	6 23 18	28 48 32
13 Th	25 45 30	21 50 08	28 00 10	29 51 52	6 02 52	15 55 46	5 56 28	5 28 42	1 18 43	7 27 12	0 38 20	10 57 10	6 24 01	28 49 60
14 F	26 47 11	4 ♏ 16 14	10 ♏ 36 54	0 ♑ 58 10	7 18 59	15 34 11	5 59 56	5 46 06	1 25 26	7 28 13	0 35 36	10 55 42	6 26 04	28 52 45
15 Sa	27 50 53	17 06 51	23 40 26	2 08 46	8 37 07	15 15 01	6 05 06	6 05 20	1 34 02	7 31 11	0 34 58	10 56 17	6 30 12	28 57 34
16 Su	28 56 57	0 ♐ 26 34	7 ♐ 14 36	3 23 47	9 57 38	14 58 37	6 12 17	6 26 42	1 44 51	7 36 25	0 36 46	10 59 16	6 36 43	29 04 44
17 M	0 ♒ 05 10	14 17 42	21 20 32	4 42 56	11 20 18	14 44 51	6 21 19	6 50 02	1 57 41	7 43 44	0 40 48	11 04 27	6 45 27	29 14 06
18 Tu	1 14 52	28 39 34	5 ♑ 56 00	6 05 24	12 44 27	14 33 03	6 31 29	7 14 38	2 11 51	7 52 26	0 46 24	11 11 09	6 55 43	29 24 57
19 W	2 24 58	13 ♑ 27 50	20 55 01	7 29 59	14 09 00	14 22 13	6 41 44	7 39 25	2 26 17	8 01 28	0 52 29	11 18 18	7 06 27	29 36 15
20 Th	3 34 18	28 34 48	6 ♒ 08 21	8 55 26	15 32 48	14 11 11	6 50 52	8 03 14	2 39 48	8 09 39	0 57 53	11 24 44	7 16 27	29 46 47
21 F	4 41 49	13 ♒ 50 14	21 25 05	10 20 37	16 54 47	13 58 56	6 57 53	8 25 01	2 51 22	8 15 56	1 01 34	11 29 24	7 24 43	29 55 32
22 Sa	5 46 54	29 03 16	6 ♓ 34 24	11 44 51	18 14 21	13 44 54	7 02 07	8 44 08	3 00 21	8 19 43	1 02 55	11 31 41	7 30 35	0 ♒ 01 52
23 Su	6 49 29	14 ♓ 04 14	21 27 35	13 07 60	19 31 25	13 29 03	7 03 31	9 00 33	3 06 42	8 20 55	1 01 51	11 31 32	7 34 02	0 05 45
24 M	7 50 04	28 46 09	5 ♈ 59 06	14 30 30	20 46 29	13 11 52	7 02 35	9 14 43	3 10 53	8 20 02	0 58 53	11 29 25	7 35 31	0 07 38
25 Tu	8 49 30	13 ♈ 05 22	20 06 42	15 53 11	22 00 26	12 54 17	7 00 12	9 27 33	3 13 49	8 17 58	0 54 54	11 26 14	7 35 56	0 08 25
26 W	9 48 55	27 01 14	3 ♉ 50 57	17 17 06	23 14 20	12 37 24	6 57 26	9 40 06	3 16 34	8 15 47	0 50 59	11 23 05	7 36 22	0 09 12
27 Th	10 49 17	10 ♉ 35 12	17 14 09	18 43 14	24 29 13	12 22 14	6 55 19	9 53 24	3 20 08	8 14 30	0 48 08	11 20 57	7 37 50	0 10 58
28 F	11 51 23	23 49 59	0 ♊ 19 26	20 12 19	25 45 50	12 09 34	6 54 36	10 08 11	3 25 18	8 14 53	0 47 08	11 20 37	7 41 05	0 14 30

Notes

LONGITUDE — March 2042

Day	☉	0 hr ☽	Noon ☽	☿	♀	♂	⚵	⚳	♃	♄	⚷	♅	♆	♇
1 Sa	12♒55 34	6♊48 35	13♊09 56	21♑44 40	27♒04 33	11♋59 46	6♌55 38	10♏24 50	3♏32 23	8♌17 17	0♋48 19	11♋22 26	7♈46 29	0♒20 08
2 Su	14 01 45	19 33 44	25 48 20	23 20 12	28 25 16	11 52 46	6 58 21	10 43 14	3 41 21	8 21 38	0 51 38	11 26 19	7 53 57	0 27 48
3 M	15 09 30	2♋07 35	8♋16 37	24 58 28	29 47 33	11 48 08	7 02 17	11 02 57	3 51 43	8 27 28	0 56 36	11 31 49	8 03 02	0 37 04
4 Tu	16 18 04	14 31 42	20 36 10	26 38 42	1♓10 40	11 45 08	7 06 44	11 23 15	4 02 46	8 34 04	1 02 32	11 38 14	8 12 60	0 47 11
5 W	17 26 37	26 47 06	2♌47 49	28 20 04	2 33 46	11 42 55	7 10 50	11 43 17	4 13 39	8 40 35	1 08 33	11 44 41	8 22 60	0 57 18
6 Th	18 34 20	8♌54 35	14 52 19	0♒01 45	3 56 02	11 40 41	7 13 47	12 02 13	4 23 33	8 46 12	1 13 51	11 50 22	8 32 13	1 06 36
7 F	19 40 33	20 55 00	26 50 31	1 43 04	5 16 48	11 37 45	7 14 54	12 19 24	4 31 48	8 50 15	1 17 46	11 54 37	8 40 00	1 14 26
8 Sa	20 44 51	2♍49 33	8♍43 45	3 23 37	6 35 40	11 33 44	7 13 47	12 34 24	4 37 59	8 52 21	1 19 53	11 57 02	8 45 55	1 20 23
9 Su	21 47 08	14 39 60	20 34 01	5 03 17	7 52 30	11 28 30	7 10 19	12 47 06	4 41 59	8 52 21	1 20 06	11 57 29	8 49 52	1 24 19
10 M	22 47 34	26 28 55	2♎24 08	6 42 16	9 07 30	11 22 15	7 04 41	12 57 42	4 43 59	8 50 26	1 18 35	11 56 10	8 52 02	1 26 26
11 Tu	23 46 36	8♎19 40	14 17 45	8 21 01	10 21 06	11 15 24	6 57 20	13 06 36	4 44 26	8 47 04	1 15 47	11 53 30	8 52 50	1 27 10
12 W	24 44 51	20 16 23	26 19 20	10 00 09	11 33 55	11 08 34	6 48 53	13 14 27	4 43 56	8 42 52	1 12 20	11 50 08	8 52 55	1 27 08
13 Th	25 43 02	2♏23 50	8♏33 51	11 40 24	12 46 39	11 02 28	6 40 03	13 21 55	4 43 12	8 38 31	1 08 54	11 46 45	8 52 58	1 27 02
14 F	26 41 47	14 47 09	21 06 29	13 22 25	13 59 58	10 57 45	6 31 29	13 29 41	4 42 54	8 34 42	1 06 11	11 44 01	8 53 39	1 27 33
15 Sa	27 41 38	27 31 20	4♐02 09	15 06 45	15 14 22	10 54 55	6 23 42	13 38 15	4 43 31	8 31 55	1 04 41	11 42 28	8 55 28	1 29 10
16 Su	28 42 50	10♐40 49	17 24 51	16 53 39	16 30 08	10 54 13	6 16 59	13 47 52	4 45 20	8 30 26	1 04 40	11 42 20	8 58 42	1 32 10
17 M	29 45 21	24 18 40	1♑16 52	18 43 06	17 47 13	10 55 37	6 11 15	13 58 28	4 48 18	8 30 13	1 06 04	11 43 34	9 03 17	1 36 29
18 Tu	0♓48 49	8♑25 53	15 37 59	20 34 45	19 05 14	10 58 44	6 06 12	14 09 44	4 52 04	8 30 53	1 08 33	11 45 50	9 08 52	1 41 47
19 W	1 52 40	23 00 38	0♒24 53	22 28 03	20 23 39	11 03 01	6 01 15	14 21 04	4 56 03	8 31 54	1 11 33	11 48 34	9 14 54	1 47 28
20 Th	2 56 14	7♒57 58	15 31 03	24 22 20	21 41 47	11 07 47	5 55 45	14 31 48	4 59 36	8 32 36	1 14 23	11 51 06	9 20 41	1 52 54
21 F	3 58 56	23 09 57	0♓47 19	26 17 00	22 59 03	11 12 26	5 49 06	14 41 21	5 02 07	8 32 22	1 16 29	11 52 50	9 25 39	1 57 28
22 Sa	5 00 22	8♓26 43	16 03 13	28 11 42	24 15 03	11 16 34	5 40 56	14 49 18	5 03 13	8 30 50	1 17 27	11 53 23	9 29 25	2 00 48
23 Su	6 00 27	23 37 56	1♈08 41	0♓06 18	25 29 42	11 20 06	5 31 10	14 55 36	5 02 48	8 27 55	1 17 13	11 52 40	9 31 53	2 02 49
24 M	6 59 24	8♈34 27	15 55 35	2 01 01	26 43 13	11 23 13	5 20 01	15 00 25	5 01 06	8 23 50	1 15 57	11 50 54	9 33 15	2 03 42
25 Tu	7 57 37	23 09 37	0♉18 37	3 56 15	27 56 00	11 26 20	5 07 55	15 04 12	4 58 32	8 18 60	1 14 07	11 48 30	9 33 58	2 03 54
26 W	8 55 39	7♉19 39	14 15 28	5 52 30	29 08 36	11 29 58	4 55 24	15 07 27	4 55 37	8 13 56	1 12 13	11 45 58	9 34 31	2 03 54
27 Th	9 53 58	21 03 34	27 46 21	7 50 11	0♈21 29	11 34 36	4 42 57	15 10 39	4 52 51	8 09 08	1 10 45	11 43 50	9 35 26	2 04 14
28 F	10 52 56	4♊22 33	10♊53 20	9 49 38	1 35 01	11 40 34	4 30 58	15 14 11	4 50 35	8 04 58	1 10 04	11 42 26	9 37 03	2 05 14
29 Sa	11 52 43	17 19 08	23 39 31	11 50 55	2 49 23	11 48 02	4 19 37	15 18 12	4 48 59	8 01 36	1 10 21	11 41 57	9 39 32	2 07 05
30 Su	12 53 18	29 56 38	6♋08 26	13 53 55	4 04 32	11 56 57	4 08 53	15 22 40	4 48 03	7 59 00	1 11 33	11 42 21	9 42 52	2 09 45
31 M	13 54 29	12♋18 34	18 23 39	15 58 20	5 20 17	12 07 07	3 58 35	15 27 24	4 47 34	7 57 00	1 13 31	11 43 26	9 46 52	2 13 02

LONGITUDE — April 2042

Day	☉	0 hr ☽	Noon ☽	☿	♀	♂	⚵	⚳	♃	♄	⚷	♅	♆	♇
1 Tu	14♓55 59	24♋28 19	0♌28 27	18♓03 43	6♈36 21	12♋18 14	3♌48 26	15♏32 07	4♏47 16	7♌55 18	1♋15 55	11♋44 55	9♈51 13	2♒16 40
2 W	15 57 28	6♌29 01	12 25 49	20 09 34	7 52 24	12 29 57	3 38 06	15 36 27	4 46 47	7 53 33	1 18 26	11 46 29	9 55 36	2 20 17
3 Th	16 58 37	18 23 29	24 18 20	22 15 22	9 08 07	12 41 58	3 27 20	15 40 07	4 45 52	7 51 29	1 20 46	11 47 48	9 59 42	2 23 37
4 F	17 59 15	0♍14 12	6♍08 21	24 20 41	10 23 17	12 54 02	3 15 54	15 42 54	4 44 15	7 48 52	1 22 42	11 48 41	10 03 20	2 26 25
5 Sa	18 59 13	12 03 29	17 58 04	26 25 09	11 37 49	13 06 03	3 03 42	15 44 42	4 41 52	7 45 36	1 24 08	11 49 00	10 06 22	2 28 36
6 Su	19 58 33	23 53 32	29 49 36	28 28 27	12 51 42	13 17 59	2 50 45	15 45 29	4 38 42	7 41 40	1 25 03	11 48 46	10 08 47	2 30 09
7 M	20 57 21	5♎46 34	11♎45 11	0♈30 22	14 05 01	13 29 57	2 37 09	15 45 22	4 34 51	7 37 12	1 25 33	11 48 04	10 10 43	2 31 10
8 Tu	21 55 45	17 44 56	23 47 16	2 30 45	15 17 57	13 42 04	2 23 06	15 44 30	4 30 28	7 32 20	1 25 48	11 47 04	10 12 18	2 31 49
9 W	22 53 58	29 51 12	5♏58 30	4 29 25	16 30 41	13 54 32	2 08 46	15 43 05	4 25 47	7 27 16	1 25 59	11 45 59	10 13 44	2 32 18
10 Th	23 52 11	12♏08 07	18 21 49	6 26 13	17 43 24	14 07 31	1 54 24	15 41 18	4 20 57	7 22 12	1 26 18	11 44 57	10 15 12	2 32 47
11 F	24 50 32	24 38 43	1♐00 17	8 20 54	18 56 15	14 21 09	1 40 06	15 39 17	4 16 07	7 17 17	1 26 53	11 44 10	10 16 51	2 33 25
12 Sa	25 49 05	7♐26 03	13 56 59	10 13 11	20 09 17	14 35 30	1 25 58	15 37 06	4 11 22	7 12 33	1 27 48	11 43 39	10 18 44	2 34 15
13 Su	26 47 50	20 33 00	27 14 36	12 02 44	21 22 31	14 50 32	1 12 01	15 34 45	4 06 40	7 08 01	1 29 02	11 43 25	10 20 52	2 35 18
14 M	27 46 42	4♑01 59	10♑55 09	13 49 09	22 35 51	15 06 11	0 58 10	15 32 09	4 01 59	7 03 37	1 30 31	11 43 23	10 23 08	2 36 29
15 Tu	28 45 36	17 54 21	24 59 19	15 32 00	23 49 12	15 22 20	0 44 20	15 29 12	3 57 11	6 59 15	1 32 09	11 43 27	10 25 28	2 37 41
16 W	29 44 25	2♒10 00	9♒25 58	17 10 58	25 02 27	15 38 52	0 30 28	15 25 48	3 52 11	6 54 48	1 33 50	11 43 32	10 27 46	2 38 50
17 Th	0♈43 07	16 46 46	24 11 47	18 45 42	26 15 35	15 55 45	0 16 29	15 21 55	3 46 57	6 50 15	1 35 31	11 43 34	10 29 59	2 39 52
18 F	1 41 43	1♓40 08	9♓11 05	20 16 03	27 28 35	16 12 58	0 02 27	15 17 34	3 41 30	6 45 37	1 37 13	11 43 36	10 32 07	2 40 48
19 Sa	2 40 17	16 43 25	24 16 14	21 41 52	28 41 34	16 30 37	29♍48 27	15 12 50	3 35 54	6 40 58	1 39 02	11 43 41	10 34 16	2 41 43
20 Su	3 38 56	1♈48 20	9♈18 34	23 03 07	29 54 36	16 48 47	29 34 37	15 07 50	3 30 18	6 36 25	1 41 03	11 43 56	10 36 32	2 42 43
21 M	4 37 46	16 46 06	24 09 30	24 19 43	1♉07 50	17 07 34	29 21 03	15 02 39	3 24 47	6 32 05	1 43 23	11 44 27	10 39 01	2 43 56
22 Tu	5 36 50	1♉28 38	8♉41 48	25 31 37	2 21 15	17 27 00	29 07 49	14 57 21	3 19 23	6 28 01	1 46 04	11 45 17	10 41 46	2 45 22
23 W	6 36 04	15 49 38	22 50 20	26 38 38	3 34 51	17 47 02	28 54 52	14 51 54	3 14 05	6 24 09	1 49 04	11 46 23	10 44 44	2 47 00
24 Th	7 35 23	29 45 12	6♊32 32	27 40 33	4 48 30	18 07 32	28 42 08	14 46 10	3 08 45	6 20 23	1 52 15	11 47 39	10 47 48	2 48 43
25 F	8 34 34	13♊13 57	19 48 13	28 37 06	6 02 01	18 28 19	28 29 25	14 39 59	3 03 13	6 16 32	1 55 26	11 48 52	10 50 48	2 50 19
26 Sa	9 33 27	26 16 46	2♋39 08	29 28 01	7 15 13	18 49 11	28 16 33	14 33 11	2 57 19	6 12 26	1 58 28	11 49 53	10 53 31	2 51 38
27 Su	10 31 53	8♋56 14	15 08 30	0♉13 05	8 27 57	19 09 59	28 03 25	14 25 36	2 50 53	6 07 55	2 01 09	11 50 32	10 55 49	2 52 30
28 M	11 29 47	21 16 04	27 20 24	0 52 10	9 40 09	19 30 38	27 49 55	14 17 12	2 43 52	6 02 55	2 03 27	11 50 45	10 57 38	2 52 52
29 Tu	12 27 12	3♌20 44	9♌19 23	1 25 17	10 51 50	19 51 10	27 36 09	14 07 60	2 36 18	5 57 29	2 05 23	11 50 34	10 58 59	2 52 45
30 W	13 24 17	15 14 51	21 10 04	1 52 32	12 03 09	20 11 42	27 22 14	13 58 09	2 28 19	5 51 46	2 07 06	11 50 07	11 00 03	2 52 19

Notes

May 2042 LONGITUDE

Day	☉	0 hr ☽	Noon ☽	☿	♀	♂	⚵	⚳	♃	♄	⚷	♅	♆	♇
1 Th	14 ♈ 21 15	27 ♌ 03 03	2 ♍ 56 52	2 ♉ 14 09	13 ♉ 14 21	20 ♋ 32 29	27 ♍ 08 25	13 ♏ 47 55	2 ♏ 20 11	5 ♎ 45 59	2 ♋ 08 50	11 ♋ 49 40	11 ♈ 01 01	2 ♒ 51 46
2 F	15 18 25	8 ♍ 49 38	14 43 54	2 30 26	14 25 43	20 53 48	26 54 60	13 37 35	2 12 10	5 40 26	2 10 51	11 49 28	11 02 13	2 51 25
3 Sa	16 16 02	20 38 25	26 34 42	2 41 44	15 37 31	21 15 54	26 42 17	13 27 26	2 04 35	5 35 24	2 13 28	11 49 49	11 03 54	2 51 32
4 Su	17 14 22	2 ♎ 32 41	8 ♎ 32 17	2 48 21	16 50 01	21 39 03	26 30 31	13 17 44	1 57 40	5 31 09	2 16 55	11 50 59	11 06 20	2 52 23
5 M	18 13 35	14 35 02	20 39 00	2 50 34	18 03 21	22 03 22	26 19 52	13 08 38	1 51 34	5 27 48	2 21 21	11 53 05	11 09 39	2 54 06
6 Tu	19 13 39	26 47 28	2 ♏ 56 39	2 48 32	19 17 32	22 28 53	26 10 21	13 00 10	1 46 18	5 25 24	2 26 45	11 56 08	11 13 53	2 56 42
7 W	20 14 27	9 ♏ 11 25	15 26 28	2 42 19	20 32 24	22 55 25	26 01 49	12 52 10	1 41 44	5 23 47	2 33 00	11 59 59	11 18 51	3 00 01
8 Th	21 15 41	21 47 51	28 09 20	2 31 53	21 47 41	23 22 41	25 53 58	12 44 22	1 37 33	5 22 38	2 39 47	12 04 21	11 24 15	3 03 46
9 F	22 16 55	4 ♐ 37 26	11 ♐ 05 50	2 17 08	23 02 56	23 50 14	25 46 25	12 36 21	1 33 22	5 21 34	2 46 41	12 08 47	11 29 42	3 07 32
10 Sa	23 17 43	17 40 40	24 16 28	1 57 59	24 17 43	24 17 39	25 38 42	12 27 41	1 28 42	5 20 07	2 53 15	12 12 52	11 34 44	3 10 51
11 Su	24 17 41	0 ♑ 58 06	7 ♑ 41 42	1 34 28	25 31 38	24 44 29	25 30 26	12 17 58	1 23 11	5 17 54	2 59 05	12 16 11	11 38 56	3 13 20
12 M	25 16 33	14 30 15	21 21 58	1 06 48	26 44 25	25 10 30	25 21 21	12 06 57	1 16 33	5 14 38	3 03 55	12 18 28	11 42 03	3 14 43
13 Tu	26 14 18	28 17 37	5 ♒ 17 31	0 35 29	27 56 03	25 35 41	25 11 28	11 54 39	1 08 48	5 10 20	3 07 44	12 19 43	11 44 04	3 14 58
14 W	27 11 10	12 ♒ 20 23	19 28 08	0 01 20	29 06 46	26 00 14	25 00 60	11 41 18	1 00 09	5 05 12	3 10 47	12 20 09	11 45 14	3 14 21
15 Th	28 07 38	26 38 03	3 ♓ 52 41	29 ♈ 25 25	0 ♊ 17 03	26 24 39	24 50 27	11 27 23	0 51 07	4 59 45	3 13 31	12 20 15	11 45 60	3 13 19
16 F	29 04 19	11 ♓ 08 57	18 28 44	28 48 60	1 27 31	26 49 33	24 40 26	11 13 33	0 42 18	4 54 35	3 16 34	12 20 39	11 46 59	3 12 30
17 Sa	0 ♉ 01 51	25 49 51	3 ♈ 12 16	28 13 17	2 38 47	27 15 32	24 31 34	11 00 26	0 34 19	4 50 20	3 20 34	12 21 57	11 48 50	3 12 32
18 Su	1 00 42	10 ♈ 35 50	17 57 41	27 39 24	3 51 20	27 43 05	24 24 22	10 48 32	0 27 42	4 47 28	3 25 58	12 24 38	11 52 01	3 13 52
19 M	2 01 05	25 20 30	2 ♉ 38 18	27 08 08	5 05 23	28 12 26	24 19 02	10 38 03	0 22 37	4 46 13	3 33 01	12 28 56	11 56 45	3 16 44
20 Tu	3 02 53	9 ♉ 56 47	17 07 10	26 39 56	6 20 49	28 43 25	24 15 26	10 28 55	0 18 59	4 46 28	3 41 33	12 34 43	12 02 54	3 21 01
21 W	4 05 40	24 17 48	1 ♊ 18 05	26 14 55	7 37 11	29 15 39	24 13 11	10 20 43	0 16 22	4 47 47	3 51 11	12 41 33	12 10 04	3 26 17
22 Th	5 08 48	8 ♊ 17 58	15 06 24	25 52 55	8 53 52	29 48 27	24 11 38	10 12 48	0 14 09	4 49 33	4 01 16	12 48 48	12 17 35	3 31 54
23 F	6 11 34	21 53 41	28 29 42	25 33 38	10 10 08	0 ♌ 21 07	24 10 03	10 04 30	0 11 37	4 51 01	4 11 04	12 55 46	12 24 44	3 37 09
24 Sa	7 13 20	5 ♋ 03 41	11 ♋ 27 46	25 16 48	11 25 21	0 53 01	24 07 50	9 55 11	0 08 08	4 51 35	4 19 58	13 01 47	12 30 55	3 41 23
25 Su	8 13 39	17 49 01	24 02 32	25 02 17	12 39 05	1 23 41	24 04 31	9 44 26	0 03 16	4 50 48	4 27 31	13 06 27	12 35 40	3 44 11
26 M	9 12 24	0 ♌ 12 35	6 ♌ 17 32	24 50 11	13 51 12	1 52 60	23 59 59	9 32 07	29 ♎ 56 53	4 48 31	4 33 35	13 09 35	12 38 50	3 45 25
27 Tu	10 09 43	12 18 48	18 17 33	24 40 53	15 01 50	2 21 06	23 54 24	9 18 25	29 49 08	4 44 56	4 38 19	13 11 23	12 40 36	3 45 13
28 W	11 06 03	24 12 55	0 ♍ 08 02	24 34 56	16 11 27	2 48 27	23 48 11	9 03 47	29 40 30	4 40 27	4 42 09	13 12 16	12 41 24	3 44 02
29 Th	12 02 04	6 ♍ 00 42	11 54 41	24 33 06	17 20 40	3 15 39	23 41 59	8 48 53	29 31 36	4 35 44	4 45 45	13 12 53	12 41 52	3 42 31
30 F	12 58 28	17 47 51	23 43 04	24 36 09	18 30 14	3 43 27	23 36 33	8 34 27	29 23 11	4 31 30	4 49 50	13 13 57	12 42 45	3 41 23
31 Sa	13 55 58	29 39 42	5 ♎ 38 16	24 44 49	19 40 50	4 12 33	23 32 34	8 21 13	29 15 57	4 28 28	4 55 05	13 16 12	12 44 44	3 41 22

June 2042 LONGITUDE

Day	☉	0 hr ☽	Noon ☽	☿	♀	♂	⚵	⚳	♃	♄	⚷	♅	♆	♇
1 Su	14 ♉ 55 08	11 ♎ 40 51	17 ♎ 44 31	24 ♈ 59 39	20 ♊ 53 02	4 ♌ 43 30	23 ♍ 30 36	8 ♏ 09 44	29 ♎ 10 28	4 ♎ 27 12	5 ♋ 02 05	13 ♋ 20 09	12 ♈ 48 23	3 ♒ 42 59
2 M	15 56 15	23 54 54	0 ♏ 04 58	25 20 55	22 07 09	5 16 37	23 30 57	8 00 21	29 07 02	4 27 59	5 11 08	13 26 08	12 53 60	3 46 35
3 Tu	16 59 21	6 ♏ 24 12	12 41 30	25 48 34	23 23 09	5 51 52	23 33 37	7 53 03	29 05 40	4 30 50	5 22 13	13 34 08	13 01 34	3 52 07
4 W	18 04 02	19 09 47	25 34 37	26 22 11	24 40 42	6 28 54	23 38 14	7 47 30	29 06 00	4 35 23	5 34 59	13 43 48	13 10 46	3 59 16
5 Th	19 09 42	2 ♐ 11 24	8 ♐ 43 37	27 01 00	25 59 08	7 07 04	23 44 10	7 43 05	29 07 24	4 41 00	5 48 48	13 54 29	13 20 54	4 07 21
6 F	20 15 27	15 27 42	22 06 49	27 44 07	27 17 36	7 45 30	23 50 32	7 38 54	29 08 60	4 46 48	6 02 46	14 05 19	13 31 09	4 15 32
7 Sa	21 20 23	28 56 38	5 ♑ 41 57	28 30 29	28 35 10	8 23 18	23 56 25	7 34 06	29 09 53	4 51 53	6 15 59	14 15 23	13 40 33	4 22 53
8 Su	22 23 42	12 ♑ 35 60	19 26 45	29 19 16	29 51 03	8 59 38	24 01 03	7 27 52	29 09 16	4 55 27	6 27 39	14 23 53	13 48 21	4 28 36
9 M	23 24 57	26 23 50	3 ♒ 19 20	0 ♉ 09 52	1 ♋ 04 47	9 34 04	24 03 56	7 19 46	29 06 42	4 57 02	6 37 19	14 30 22	13 54 04	4 32 14
10 Tu	24 24 06	10 ♒ 18 47	17 18 31	1 02 10	2 16 19	10 06 33	24 05 02	7 09 45	29 02 08	4 56 37	6 44 56	14 34 46	13 57 40	4 33 45
11 W	25 21 33	24 20 16	1 ♓ 23 43	1 56 32	3 26 06	10 37 30	24 04 47	6 58 18	28 56 00	4 54 36	6 50 56	14 37 33	13 59 34	4 33 34
12 Th	26 18 11	8 ♓ 28 06	15 34 44	2 53 42	4 34 58	11 07 47	24 04 02	6 46 14	28 49 10	4 51 51	6 56 09	14 39 32	14 00 38	4 32 31
13 F	27 15 02	22 42 11	29 51 12	3 54 42	5 43 58	11 38 27	24 03 51	6 34 39	28 42 40	4 49 26	7 01 40	14 41 48	14 01 54	4 31 42
14 Sa	28 13 11	7 ♈ 01 46	14 ♈ 11 54	5 00 29	6 54 11	12 10 33	24 05 16	6 24 36	28 37 36	4 48 24	7 08 31	14 45 23	14 04 27	4 32 09
15 Su	29 13 25	21 24 53	28 34 24	6 11 49	8 06 25	12 44 54	24 09 07	6 16 56	28 34 47	4 49 34	7 17 32	14 51 07	14 09 05	4 34 41
16 M	0 ♊ 16 10	5 ♉ 48 10	12 ♉ 54 48	7 29 03	9 21 03	13 21 54	24 15 47	6 12 02	28 34 35	4 53 20	7 29 06	14 59 23	14 16 12	4 39 42
17 Tu	1 21 17	20 06 52	27 08 10	8 52 00	10 37 58	14 01 25	24 25 08	6 09 48	28 36 54	4 59 34	7 43 06	15 10 04	14 25 41	4 47 04
18 W	2 28 09	4 ♊ 15 27	11 ♊ 09 05	10 20 01	11 56 32	14 42 50	24 36 34	6 09 37	28 41 07	5 07 40	7 58 54	15 22 33	14 36 54	4 56 10
19 Th	3 35 49	18 08 31	24 52 40	11 52 05	13 15 49	15 25 12	24 49 07	6 10 32	28 46 17	5 16 39	8 15 33	15 35 52	14 48 54	5 06 04
20 F	4 43 10	1 ♋ 41 42	8 ♋ 15 20	13 27 06	14 34 42	16 07 24	25 01 41	6 11 29	28 51 19	5 25 27	8 31 57	15 48 55	15 00 35	5 15 38
21 Sa	5 49 14	14 52 23	21 15 24	15 04 00	15 52 11	16 48 27	25 13 15	6 11 27	28 55 11	5 33 04	8 47 06	16 00 43	15 10 58	5 23 54
22 Su	6 53 16	27 40 07	3 ♌ 53 19	16 42 03	17 07 31	17 27 36	25 23 06	6 09 43	28 57 12	5 38 45	9 00 17	16 10 31	15 19 18	5 30 08
23 M	7 54 57	10 ♌ 06 35	16 11 32	18 20 54	18 20 25	18 04 32	25 30 55	6 05 58	28 57 01	5 42 11	9 11 10	16 18 01	15 25 16	5 33 59
24 Tu	8 54 25	22 15 20	28 14 10	20 00 39	19 30 58	18 39 24	25 36 49	6 00 22	28 54 48	5 43 31	9 19 53	16 23 20	15 28 60	5 35 38
25 W	9 52 12	4 ♍ 11 23	10 ♍ 06 35	21 41 47	20 39 44	19 12 43	25 41 19	5 53 25	28 51 03	5 43 17	9 26 58	16 27 01	15 31 03	5 35 34
26 Th	10 49 09	16 00 41	21 54 56	23 25 06	21 47 33	19 45 19	25 45 18	5 46 00	28 46 39	5 42 18	9 33 15	16 29 54	15 32 14	5 34 40
27 F	11 46 16	27 49 38	3 ♎ 45 38	25 11 32	22 55 24	20 18 13	25 49 43	5 39 06	28 42 35	5 41 37	9 39 45	16 32 58	15 33 35	5 33 55
28 Sa	12 44 33	9 ♎ 44 32	15 44 50	27 02 01	24 04 18	20 52 24	25 55 36	5 33 44	28 39 50	5 42 11	9 47 28	16 37 15	15 36 04	5 34 18
29 Su	13 44 48	21 51 12	27 58 02	28 57 15	25 15 03	21 28 41	26 03 44	5 30 42	28 39 15	5 44 50	9 57 12	16 43 32	15 40 30	5 36 40
30 M	14 47 31	4 ♏ 14 21	10 ♏ 29 29	0 ♊ 57 38	26 28 07	22 07 33	26 14 37	5 30 31	28 41 18	5 50 04	10 09 26	16 52 19	15 47 24	5 41 29

Notes

LONGITUDE

July 2042

Day	☉	0 hr ☽	Noon ☽	☿	♀	♂	⚵	⚳	♃	♄	⚷	♅	♆	♇
1 Tu	15 ♊ 52 47	16 ♏ 57 17	23 ♏ 21 48	3 ♊ 03 05	27 ♋ 43 35	22 ♌ 49 04	26 ♍ 28 18	5 ♏ 33 13	28 ♎ 46 04	5 ♎ 57 56	10 ♋ 24 14	17 ♋ 03 40	15 ♈ 56 48	5 ♒ 48 49
2 W	17 00 10	0 ♐ 01 24	6 ♐ 35 41	5 13 01	29 01 03	23 32 50	26 44 22	5 38 25	28 53 08	6 08 02	10 41 12	17 17 10	16 08 19	5 58 16
3 Th	18 08 51	13 26 11	20 09 43	7 26 25	0 ♌ 19 40	24 18 01	27 02 01	5 45 17	29 01 40	6 19 32	10 59 30	17 32 00	16 21 06	6 08 60
4 F	19 17 44	27 09 09	4 ♑ 00 41	9 41 58	1 38 20	25 03 30	27 20 08	5 52 44	29 10 35	6 31 20	11 18 02	17 47 03	16 34 04	6 19 55
5 Sa	20 25 38	11 ♑ 06 18	18 04 05	11 58 13	2 55 51	25 48 06	27 37 30	5 59 33	29 18 41	6 42 14	11 35 37	18 01 09	16 46 01	6 29 49
6 Su	21 31 32	25 12 56	2 ♒ 14 55	14 13 54	4 11 12	26 30 49	27 53 07	6 04 44	29 24 57	6 51 14	11 51 13	18 13 15	16 55 56	6 37 42
7 M	22 34 49	9 ♒ 24 23	16 28 40	16 28 07	5 23 48	27 11 01	28 06 22	6 07 41	29 28 47	6 57 44	12 04 14	18 22 46	17 03 13	6 42 57
8 Tu	23 35 27	23 36 55	0 ♓ 41 58	18 40 31	6 33 33	27 48 39	28 17 11	6 08 19	29 30 07	7 01 39	12 14 36	18 29 38	17 07 47	6 45 31
9 W	24 33 56	7 ♓ 48 13	14 52 55	20 51 21	7 40 60	28 24 15	28 26 06	6 07 11	29 29 30	7 03 31	12 22 51	18 34 22	17 10 12	6 45 55
10 Th	25 31 17	21 57 19	29 01 00	23 01 17	8 47 08	28 58 49	28 34 08	6 05 17	29 27 54	7 04 21	12 29 59	18 37 59	17 11 26	6 45 09
11 F	26 28 46	6 ♈ 04 16	13 ♈ 06 28	25 11 21	9 53 13	29 33 37	28 42 30	6 03 53	29 26 37	7 05 24	12 37 16	18 41 44	17 12 46	6 44 30
12 Sa	27 27 39	20 09 24	27 09 40	27 22 30	11 00 30	0 ♍ 09 53	28 52 29	6 04 13	29 26 53	7 07 56	12 45 56	18 46 53	17 15 26	6 45 13
13 Su	28 28 52	4 ♉ 12 42	11 ♉ 10 21	29 35 27	12 09 57	0 48 36	29 05 03	6 07 16	29 29 40	7 12 53	12 56 59	18 54 24	17 20 25	6 48 14
14 M	29 32 54	18 13 08	25 07 10	1 ♋ 50 27	13 22 02	1 30 14	29 20 38	6 13 30	29 35 27	7 20 46	13 10 51	19 04 44	17 28 12	6 54 04
15 Tu	0 ♋ 39 39	2 ♊ 08 26	8 ♊ 57 37	4 07 13	14 36 37	2 14 40	29 39 10	6 22 48	29 44 07	7 31 26	13 27 27	19 17 47	17 38 38	7 02 34
16 W	1 48 27	15 55 22	22 38 18	6 24 54	15 53 04	3 01 15	29 59 57	6 34 32	29 55 01	7 44 16	13 46 06	19 32 54	17 51 06	7 13 07
17 Th	2 58 16	29 30 10	6 ♋ 05 37	8 42 19	17 10 19	3 48 57	0 ♎ 21 58	6 47 38	0 ♏ 07 06	7 58 11	14 05 47	19 49 02	18 04 32	7 24 39
18 F	4 07 53	12 ♋ 49 18	19 16 24	10 58 08	18 27 10	4 36 33	0 44 00	7 00 53	0 19 11	8 12 00	14 25 17	20 04 59	18 17 44	7 35 58
19 Sa	5 16 11	25 50 13	2 ♌ 08 43	13 11 08	19 42 28	5 22 54	1 04 54	7 13 11	0 30 06	8 24 35	14 43 28	20 19 37	18 29 34	7 45 56
20 Su	6 22 17	8 ♌ 31 51	14 42 11	15 20 22	20 55 21	6 07 10	1 23 50	7 23 38	0 39 00	8 35 04	14 59 28	20 32 04	18 39 11	7 53 42
21 M	7 25 46	20 54 59	26 58 14	17 25 21	22 05 23	6 48 54	1 40 20	7 31 50	0 45 28	8 43 02	15 12 51	20 41 53	18 46 08	7 58 49
22 Tu	8 26 40	3 ♍ 02 09	9 ♍ 00 01	19 26 05	23 12 36	7 28 08	1 54 27	7 37 47	0 49 32	8 48 30	15 23 39	20 49 09	18 50 29	8 01 20
23 W	9 25 28	14 57 29	20 52 09	21 23 01	24 17 28	8 05 21	2 06 39	7 41 59	0 51 40	8 51 57	15 32 22	20 54 18	18 52 40	8 01 44
24 Th	10 22 59	26 46 22	2 ♎ 40 20	23 16 56	25 20 48	8 41 23	2 17 46	7 45 15	0 52 42	8 54 12	15 39 48	20 58 10	18 53 33	8 00 50
25 F	11 20 15	8 ♎ 34 56	14 30 56	25 08 53	26 23 38	9 17 15	2 28 49	7 48 37	0 53 40	8 56 18	15 46 60	21 01 48	18 54 09	7 59 40
26 Sa	12 18 20	20 29 43	26 30 27	26 59 53	27 26 59	9 54 01	2 40 51	7 53 07	0 55 36	8 59 18	15 54 59	21 06 15	18 55 31	7 59 18
27 Su	13 18 07	2 ♏ 37 01	8 ♏ 45 05	28 50 51	28 31 46	10 32 33	2 54 47	7 59 39	0 59 25	9 04 05	16 04 41	21 12 23	18 58 32	8 00 36
28 M	14 20 12	15 02 26	21 20 04	0 ♌ 42 23	29 38 33	11 13 29	3 11 11	8 08 49	1 05 42	9 11 15	16 16 41	21 20 50	19 03 49	8 04 11
29 Tu	15 24 43	27 50 18	4 ♐ 19 05	2 34 38	0 ♍ 47 30	11 56 56	3 30 12	8 20 46	1 14 37	9 20 57	16 31 08	21 31 43	19 11 31	8 10 13
30 W	16 31 23	11 ♐ 03 07	17 43 48	4 27 18	1 58 17	12 42 36	3 51 31	8 35 09	1 25 50	9 32 52	16 47 42	21 44 44	19 21 19	8 18 21
31 Th	17 39 25	24 41 04	1 ♑ 33 21	6 19 37	3 10 06	13 29 42	4 14 23	8 51 13	1 38 34	9 46 13	17 05 38	21 59 07	19 32 26	8 27 50

LONGITUDE

August 2042

Day	☉	0 hr ☽	Noon ☽	☿	♀	♂	⚵	⚳	♃	♄	⚷	♅	♆	♇
1 F	18 ♋ 47 45	8 ♑ 41 54	15 ♑ 44 20	8 ♌ 10 30	4 ♍ 21 53	14 ♍ 17 11	4 ♎ 37 41	9 ♏ 07 53	1 ♏ 51 46	9 ♎ 59 57	17 ♋ 23 51	22 ♋ 13 47	19 ♈ 43 47	8 ♒ 37 35
2 Sa	19 55 11	23 01 01	0 ♒ 11 09	9 58 49	5 32 27	15 03 51	5 00 15	9 23 59	2 04 15	10 12 53	17 41 10	22 27 33	19 54 13	8 46 26
3 Su	21 00 45	7 ♒ 32 10	14 46 56	11 43 32	6 40 47	15 48 42	5 21 06	9 38 29	2 15 01	10 23 60	17 56 35	22 39 25	20 02 44	8 53 22
4 M	22 03 48	22 08 27	29 24 41	13 24 02	7 46 15	16 31 07	5 39 35	9 50 47	2 23 25	10 32 40	18 09 29	22 48 47	20 08 40	8 57 46
5 Tu	23 04 16	6 ♓ 43 34	13 ♓ 58 25	15 00 16	8 48 46	17 11 00	5 55 37	10 00 46	2 29 23	10 38 50	18 19 47	22 55 31	20 11 59	8 59 34
6 W	24 02 38	21 12 38	28 23 59	16 32 40	9 48 47	17 48 52	6 09 42	10 08 56	2 33 24	10 42 57	18 27 56	23 00 08	20 13 08	8 59 14
7 Th	24 59 49	5 ♈ 32 44	12 ♈ 39 13	18 02 10	10 47 15	18 25 36	6 22 44	10 16 11	2 36 23	10 45 57	18 34 54	23 03 34	20 13 03	8 57 41
8 F	25 56 60	19 42 40	26 43 37	19 29 56	11 45 17	19 02 24	6 35 53	10 23 43	2 39 31	10 49 01	18 41 49	23 06 57	20 12 55	8 56 06
9 Sa	26 55 18	3 ♉ 42 30	10 ♉ 37 41	20 57 05	12 44 03	19 40 24	6 50 18	10 32 38	2 43 55	10 53 16	18 49 51	23 11 27	20 13 51	8 55 38
10 Su	27 55 37	17 32 46	24 22 10	22 24 29	13 44 23	20 20 27	7 06 51	10 43 50	2 50 28	10 59 35	18 59 51	23 17 56	20 16 43	8 57 08
11 M	28 58 22	1 ♊ 13 52	7 ♊ 57 28	23 52 31	14 46 42	21 03 01	7 25 57	10 57 44	2 59 36	11 08 24	19 12 15	23 26 49	20 21 59	9 01 02
12 Tu	0 ♌ 03 28	14 45 38	21 23 17	25 21 04	15 50 56	21 47 60	7 47 32	11 14 14	3 11 14	11 19 38	19 26 59	23 38 02	20 29 32	9 07 16
13 W	1 10 22	28 07 11	4 ♋ 38 38	26 49 34	16 56 30	22 34 50	8 11 03	11 32 48	3 24 48	11 32 44	19 43 29	23 51 02	20 38 51	9 15 16
14 Th	2 18 12	11 ♋ 17 05	17 42 04	28 17 04	18 02 30	23 22 40	8 35 37	11 52 32	3 39 27	11 46 48	20 00 52	24 04 55	20 49 01	9 24 11
15 F	3 25 55	24 13 47	0 ♌ 32 06	29 42 30	19 07 53	24 10 28	9 00 11	12 12 25	3 54 07	12 00 50	20 18 07	24 18 41	20 59 02	9 32 57
16 Sa	4 32 34	6 ♌ 56 03	13 07 44	1 ♍ 04 50	20 11 42	24 57 14	9 23 48	12 31 29	4 07 52	12 13 51	20 34 16	24 31 20	21 07 56	9 40 38
17 Su	5 37 24	19 23 23	25 28 51	2 23 16	21 13 08	25 42 15	9 45 42	12 48 57	4 19 55	12 25 06	20 48 33	24 42 08	21 14 56	9 46 28
18 M	6 39 60	1 ♍ 36 23	7 ♍ 36 29	3 37 16	22 11 47	26 25 06	10 05 29	13 04 26	4 29 53	12 34 10	21 00 34	24 50 40	21 19 40	9 50 02
19 Tu	7 40 19	13 36 56	19 32 57	4 46 46	23 07 36	27 05 44	10 23 06	13 17 53	4 37 43	12 41 01	21 10 17	24 56 55	21 22 04	9 51 19
20 W	8 38 42	25 28 10	1 ♎ 21 49	5 51 57	24 00 52	27 44 30	10 38 53	13 29 37	4 43 44	12 45 60	21 18 00	25 01 11	21 22 28	9 50 39
21 Th	9 35 46	7 ♎ 14 21	13 07 44	6 53 21	24 52 12	28 22 00	10 53 28	13 40 16	4 48 35	12 49 43	21 24 23	25 04 07	21 21 30	9 48 38
22 F	10 32 19	19 00 37	24 56 08	7 51 39	25 42 23	28 59 03	11 07 38	13 50 38	4 53 02	12 52 58	21 30 12	25 06 29	21 19 59	9 46 05
23 Sa	11 29 12	0 ♏ 52 45	6 ♏ 52 58	8 47 34	26 32 14	29 36 30	11 22 14	14 01 33	4 57 58	12 56 36	21 36 19	25 09 10	21 18 44	9 43 51
24 Su	12 27 11	12 56 40	19 04 13	9 41 42	27 22 29	0 ♎ 15 06	11 38 02	14 13 47	5 04 07	13 01 24	21 43 29	25 12 55	21 18 32	9 42 42
25 M	13 26 47	25 18 07	1 ♐ 35 26	10 34 26	28 13 38	0 55 23	11 55 34	14 27 51	5 12 01	13 07 52	21 52 15	25 18 16	21 19 55	9 43 09
26 Tu	14 28 14	8 ♐ 02 01	14 31 09	11 25 47	29 05 53	1 37 34	12 15 01	14 43 58	5 21 53	13 16 13	22 02 47	25 25 24	21 23 05	9 45 26
27 W	15 31 21	21 11 59	27 54 17	12 15 23	29 59 01	2 21 28	12 36 14	15 01 57	5 33 33	13 26 17	22 14 58	25 34 11	21 27 52	9 49 21
28 Th	16 35 37	4 ♑ 49 42	11 ♑ 45 28	13 02 32	0 ♎ 52 30	3 06 35	12 58 42	15 21 17	5 46 30	13 37 34	22 28 14	25 44 05	21 33 45	9 54 25
29 F	17 40 17	18 54 23	26 02 38	13 46 13	1 45 32	3 52 08	13 21 38	15 41 13	5 59 56	13 49 16	22 41 52	25 54 20	21 39 58	9 59 51
30 Sa	18 44 28	3 ♒ 22 33	10 ♒ 40 59	14 25 21	2 37 14	4 37 16	13 44 10	16 00 51	6 13 01	14 00 33	22 54 57	26 04 03	21 45 39	10 04 47
31 Su	19 47 24	18 08 13	25 33 23	14 58 52	3 26 46	5 21 12	14 05 33	16 19 25	6 24 58	14 10 37	23 06 45	26 12 30	21 50 02	10 08 27

Notes

September 2042

LONGITUDE

Day	☉	0 hr ☽	Noon ☽	☿	♀	♂	⚵	⚳	♃	♄	⚷	♅	♆	♇
1 M	20 ♌ 48 37	3 ♓ 03 36	10 ♓ 31 27	15 ♍ 26 03	4 ♎ 13 38	6 ♎ 03 28	14 ♎ 25 17	16 ♏ 36 27	6 ♏ 35 18	14 ♎ 18 60	23 ♋ 16 45	26 ♋ 19 10	21 ♈ 52 38	10 ♒ 10 22
2 Tu	21 47 60	18 00 25	25 26 52	15 46 29	4 57 41	6 43 56	14 43 14	16 51 49	6 43 54	14 25 34	23 24 51	26 23 57	21 53 20	10 10 26
3 W	22 45 50	2 ♈ 51 01	10 ♈ 12 35	16 00 12	5 39 11	7 22 54	14 59 43	17 05 48	6 51 04	14 30 38	23 31 22	26 27 09	21 52 26	10 08 55
4 Th	23 42 44	17 29 30	24 43 39	16 07 30	6 18 42	8 00 59	15 15 21	17 19 02	6 57 24	14 34 49	23 36 52	26 29 22	21 50 33	10 06 27
5 F	24 39 30	1 ♉ 52 05	8 ♉ 57 18	16 08 55	6 56 59	8 38 59	15 30 54	17 32 17	7 03 41	14 38 52	23 42 11	26 31 23	21 48 27	10 03 50
6 Sa	25 36 53	15 57 01	22 52 45	16 04 56	7 34 46	9 17 39	15 47 08	17 46 19	7 10 42	14 43 34	23 48 02	26 33 58	21 46 56	10 01 48
7 Su	26 35 29	29 44 09	6 ♊ 30 30	15 55 55	8 12 35	9 57 33	16 04 39	18 01 43	7 19 00	14 49 31	23 55 02	26 37 43	21 46 32	10 00 56
8 M	27 35 34	13 ♊ 14 12	19 51 44	15 41 58	8 50 41	10 39 00	16 23 42	18 18 45	7 28 54	14 56 58	24 03 27	26 42 53	21 47 35	10 01 33
9 Tu	28 37 07	26 28 23	2 ♋ 57 49	15 22 56	9 28 59	11 21 57	16 44 16	18 37 24	7 40 21	15 05 54	24 13 15	26 49 28	21 50 00	10 03 35
10 W	29 39 47	9 ♋ 27 51	15 49 58	14 58 29	10 07 05	12 06 05	17 06 02	18 57 19	7 53 00	15 15 59	24 24 07	26 57 06	21 53 30	10 06 44
11 Th	0 ♍ 43 03	22 13 39	28 29 13	14 28 10	10 44 26	12 50 51	17 28 27	19 17 59	8 06 22	15 26 42	24 35 30	27 05 18	21 57 33	10 10 27
12 F	1 46 19	4 ♌ 46 41	10 ♌ 56 24	13 51 39	11 20 22	13 35 40	17 50 55	19 38 48	8 19 48	15 37 26	24 46 48	27 13 25	22 01 31	10 14 09
13 Sa	2 49 02	17 07 46	23 12 20	13 08 45	11 54 17	14 19 57	18 12 52	19 59 12	8 32 46	15 47 37	24 57 28	27 20 55	22 04 52	10 17 15
14 Su	3 50 44	29 17 53	5 ♍ 18 04	12 19 37	12 25 40	15 03 17	18 33 52	20 18 43	8 44 48	15 56 49	25 07 03	27 27 22	22 07 10	10 19 21
15 M	4 51 12	11 ♍ 18 21	17 15 01	11 24 51	12 54 13	15 45 25	18 53 41	20 37 09	8 55 42	16 04 48	25 15 20	27 32 31	22 08 10	10 20 10
16 Tu	5 50 23	23 10 59	29 05 11	10 25 22	13 19 52	16 26 20	19 12 17	20 54 26	9 05 24	16 11 33	25 22 15	27 36 20	22 07 49	10 19 42
17 W	6 48 29	4 ♎ 58 12	10 ♎ 51 15	9 22 34	13 42 44	17 06 12	19 29 50	21 10 45	9 14 05	16 17 12	25 28 00	27 38 59	22 06 20	10 18 07
18 Th	7 45 47	16 43 05	22 36 35	8 18 05	14 03 02	17 45 19	19 46 39	21 26 25	9 22 05	16 22 06	25 32 53	27 40 48	22 04 01	10 15 45
19 F	8 42 44	28 29 20	4 ♏ 25 08	7 13 51	14 21 10	18 24 08	20 03 09	21 41 52	9 29 48	16 26 39	25 37 20	27 42 12	22 01 16	10 12 60
20 Sa	9 39 46	10 ♏ 21 16	16 21 26	6 11 49	14 37 29	19 03 04	20 19 46	21 57 30	9 37 40	16 31 18	25 41 47	27 43 37	21 58 33	10 10 18
21 Su	10 37 16	22 23 30	28 30 19	5 13 54	14 52 19	19 42 30	20 36 54	22 13 44	9 46 04	16 36 26	25 46 37	27 45 26	21 56 15	10 08 03
22 M	11 35 29	4 ♐ 40 53	10 ♐ 56 38	4 21 53	15 05 51	20 22 43	20 54 49	22 30 49	9 55 18	16 42 18	25 52 06	27 47 56	21 54 38	10 06 32
23 Tu	12 34 33	17 18 03	23 44 52	3 37 12	15 18 10	21 03 50	21 13 37	22 48 51	10 05 26	16 49 02	25 58 21	27 51 12	21 53 48	10 05 50
24 W	13 34 24	0 ♑ 19 02	6 ♑ 58 40	3 00 58	15 29 07	21 45 46	21 33 13	23 07 48	10 16 26	16 56 34	26 05 17	27 55 12	21 53 42	10 05 55
25 Th	14 34 49	13 46 47	20 40 12	2 33 56	15 38 26	22 28 18	21 53 26	23 27 25	10 28 03	17 04 41	26 12 43	27 59 42	21 54 07	10 06 32
26 F	15 35 29	27 42 27	4 ♒ 49 35	2 16 31	15 45 45	23 11 07	22 13 56	23 47 23	10 39 60	17 13 02	26 20 17	28 04 22	21 54 43	10 07 23
27 Sa	16 36 02	12 ♒ 04 54	19 24 22	2 08 51	15 50 39	23 53 53	22 34 22	24 07 21	10 51 54	17 21 19	26 27 41	28 08 53	21 55 10	10 08 08
28 Su	17 36 12	26 50 21	4 ♓ 19 19	2 10 54	15 52 49	24 36 17	22 54 26	24 27 02	11 03 29	17 29 12	26 34 35	28 12 56	21 55 11	10 08 28
29 M	18 35 48	11 ♓ 52 20	19 26 49	2 22 31	15 52 03	25 18 10	23 13 58	24 46 15	11 14 34	17 36 31	26 40 51	28 16 21	21 54 35	10 08 13
30 Tu	19 34 49	27 02 26	4 ♈ 37 46	2 43 32	15 48 17	25 59 31	23 32 57	25 04 59	11 25 07	17 43 16	26 46 26	28 19 08	21 53 20	10 07 22

October 2042

LONGITUDE

Day	☉	0 hr ☽	Noon ☽	☿	♀	♂	⚵	⚳	♃	♄	⚷	♅	♆	♇
1 W	20 ♍ 33 23	12 ♈ 11 21	19 ♈ 42 52	3 ♍ 13 44	15 ♎ 41 37	26 ♎ 40 26	23 ♎ 51 30	25 ♏ 23 20	11 ♏ 35 16	17 ♎ 49 34	26 ♋ 51 27	28 ♋ 21 22	21 ♈ 51 35	10 ♒ 06 03
2 Th	21 31 42	27 10 15	4 ♉ 33 59	4 52 51	15 32 17	27 21 09	24 09 50	25 41 33	11 45 14	17 55 36	26 56 08	28 23 17	21 49 32	10 04 29
3 F	22 30 01	11 ♉ 51 58	19 05 04	4 40 32	15 20 29	28 01 53	24 28 10	25 59 50	11 55 14	18 01 38	27 00 42	28 25 08	21 47 25	10 02 52
4 Sa	23 28 31	26 11 38	3 ♊ 12 35	5 36 21	15 06 28	28 42 50	24 46 43	26 18 23	12 05 29	18 07 51	27 05 21	28 27 04	21 45 26	10 01 25
5 Su	24 27 19	10 ♊ 06 57	16 55 24	6 39 41	14 50 21	29 24 08	25 05 34	26 37 19	12 16 04	18 14 21	27 10 12	28 29 14	21 43 41	10 00 15
6 M	25 26 25	23 37 44	0 ♋ 14 16	7 49 48	14 32 12	0 ♏ 05 46	25 24 45	26 56 38	12 27 00	18 21 09	27 15 15	28 31 38	21 42 12	9 59 23
7 Tu	26 25 46	6 ♋ 45 26	13 11 16	9 05 55	14 11 60	0 47 40	25 44 12	27 16 17	12 38 14	18 28 11	27 20 26	28 34 11	21 40 53	9 58 44
8 W	27 25 14	19 32 35	25 49 16	10 27 13	13 49 42	1 29 45	26 03 47	27 36 08	12 49 38	18 35 20	27 25 38	28 36 47	21 39 40	9 58 11
9 Th	28 24 44	2 ♌ 02 15	8 ♌ 11 26	11 52 53	13 25 19	2 11 52	26 23 24	27 56 04	13 01 06	18 42 30	27 30 45	28 39 20	21 38 24	9 57 38
10 F	29 24 09	14 17 39	20 20 58	13 22 11	12 58 50	2 53 58	26 42 57	28 16 01	13 12 32	18 49 35	27 35 41	28 41 44	21 37 00	9 57 01
11 Sa	0 ♎ 23 29	26 21 57	2 ♍ 20 55	14 54 31	12 30 23	3 35 60	27 02 26	28 35 56	13 23 55	18 56 34	27 40 25	28 43 57	21 35 29	9 56 17
12 Su	1 22 46	8 ♍ 18 08	14 14 05	16 29 23	12 00 09	4 18 01	27 21 53	28 55 53	13 35 18	19 03 28	27 44 60	28 46 03	21 33 51	9 55 29
13 M	2 22 05	20 08 54	26 03 02	18 06 23	11 28 22	5 00 07	27 41 22	29 15 56	13 46 45	19 10 25	27 49 29	28 48 05	21 32 12	9 54 42
14 Tu	3 21 33	1 ♎ 56 44	7 ♎ 50 11	19 45 12	10 55 21	5 42 23	28 01 00	29 36 12	13 58 22	19 17 28	27 54 01	28 50 12	21 30 39	9 54 02
15 W	4 21 15	13 43 58	19 37 51	21 25 33	10 21 22	6 24 56	28 20 54	29 56 46	14 10 17	19 24 46	27 58 40	28 52 28	21 29 18	9 53 37
16 Th	5 21 15	25 32 52	1 ♏ 28 19	23 07 12	9 46 42	7 07 49	28 41 06	0 ♐ 17 43	14 22 32	19 32 21	28 03 31	28 54 58	21 28 13	9 53 29
17 F	6 21 34	7 ♏ 25 47	13 24 02	24 49 51	9 11 36	7 51 03	29 01 38	0 39 01	14 35 07	19 40 13	28 08 34	28 57 41	21 27 23	9 53 39
18 Sa	7 22 06	19 25 11	25 27 39	26 33 11	8 36 11	8 34 33	29 22 23	1 00 38	14 47 59	19 48 19	28 13 43	29 00 34	21 26 44	9 54 03
19 Su	8 22 43	1 ♐ 33 49	7 ♐ 42 03	28 16 52	8 00 34	9 18 09	29 43 13	1 22 23	15 00 57	19 56 28	28 18 51	29 03 26	21 26 08	9 54 30
20 M	9 23 13	13 54 41	20 10 23	0 ♎ 00 33	7 24 48	10 01 41	0 ♏ 03 57	1 44 04	15 13 50	20 04 29	28 23 45	29 06 07	21 25 23	9 54 50
21 Tu	10 23 25	26 31 01	2 ♑ 55 56	1 43 53	6 48 56	10 44 57	0 24 23	2 05 31	15 26 27	20 12 11	28 28 13	29 08 24	21 24 17	9 54 51
22 W	11 23 09	9 ♑ 26 09	16 01 55	3 26 36	6 13 03	11 27 48	0 44 22	2 26 34	15 38 39	20 19 24	28 32 08	29 10 10	21 22 41	9 54 25
23 Th	12 22 23	22 43 11	29 31 07	5 08 35	5 37 22	12 10 11	1 03 52	2 47 11	15 50 22	20 26 07	28 35 25	29 11 21	21 20 33	9 53 28
24 F	13 21 13	6 ♒ 24 33	13 ♒ 25 21	6 49 51	5 02 12	12 52 12	1 22 57	3 07 26	16 01 43	20 32 23	28 38 12	29 12 03	21 17 59	9 52 07
25 Sa	14 19 52	20 31 26	27 44 49	8 30 34	4 27 59	13 34 04	1 41 51	3 27 34	16 12 54	20 38 28	28 40 40	29 12 29	21 15 12	9 50 35
26 Su	15 18 41	5 ♓ 03 01	12 ♓ 27 27	10 11 02	3 55 17	14 16 08	2 00 55	3 47 55	16 24 17	20 44 41	28 43 11	29 12 60	21 12 33	9 49 12
27 M	16 18 00	19 55 55	27 28 32	11 51 33	3 24 38	14 58 45	2 20 30	4 08 49	16 36 12	20 51 24	28 46 07	29 13 57	21 10 23	9 48 19
28 Tu	17 18 09	5 ♈ 04 02	12 ♈ 40 42	13 32 26	2 56 32	15 42 13	2 40 54	4 30 36	16 48 58	20 58 55	28 49 44	29 15 39	21 08 59	9 48 16
29 W	18 19 16	20 18 49	27 54 42	15 13 47	2 31 17	16 26 41	3 02 16	4 53 23	17 02 43	21 07 22	28 54 12	29 18 14	21 08 32	9 49 10
30 Th	19 21 17	5 ♉ 30 25	13 ♉ 00 36	16 55 33	2 08 58	17 12 06	3 24 32	5 17 08	17 17 23	21 16 42	28 59 27	29 21 38	21 08 57	9 50 58
31 F	20 23 56	20 29 02	27 49 24	18 37 27	1 49 25	17 58 10	3 47 26	5 41 32	17 32 42	21 26 37	29 05 12	29 25 35	21 09 58	9 53 24

Notes

LONGITUDE — November 2042

Day	☉	0 hr ☽	Noon ☽	☿	♀	♂	⚵	⚳	♃	♄	⚷	♅	♆	♇
1 Sa	21♎26 47	5♊06 33	12♊14 12	20♎19 02	1♎32 17	18♏44 28	4♏10 30	6♐06 11	17♏48 14	21♎36 43	29♋11 01	29♋29 38	21♈11 09	9♒56 00
2 Su	22 29 21	19 17 26	26 11 01	21 59 50	1 17 11	19 30 30	4 33 16	6 30 34	18 03 29	21 46 28	29 16 26	29 33 19	21 11 60	9 58 19
3 M	23 31 10	2♋59 16	9♋38 48	23 39 25	1 03 44	20 15 51	4 55 19	6 54 16	18 18 01	21 55 28	29 20 58	29 36 10	21 12 05	9 59 53
4 Tu	24 32 00	16 12 24	22 38 59	25 17 31	0 51 42	21 00 13	5 16 20	7 17 01	18 31 33	22 03 26	29 24 23	29 37 57	21 11 08	10 00 27
5 W	25 31 47	28 59 25	5♌14 55	26 54 06	0 41 03	21 43 34	5 36 17	7 38 44	18 44 03	22 10 19	29 26 37	29 38 34	21 09 06	9 59 57
6 Th	26 30 41	11♌24 26	17 31 03	28 29 21	0 31 59	22 26 04	5 55 22	7 59 36	18 55 41	22 16 17	29 27 51	29 38 15	21 06 10	9 58 34
7 F	27 29 07	23 32 21	29 32 27	0♏03 41	0 24 53	23 08 08	6 13 56	8 20 02	19 06 50	22 21 43	29 28 27	29 37 20	21 02 43	9 56 42
8 Sa	28 27 34	5♍28 22	11♍24 12	1 37 38	0 20 15	23 50 15	6 32 31	8 40 31	19 18 02	22 27 09	29 28 58	29 36 23	20 59 16	9 54 51
9 Su	29 26 38	17 17 28	23 11 04	3 11 47	0 18 39	24 33 01	6 51 42	9 01 39	19 29 51	22 33 09	29 29 58	29 35 57	20 56 24	9 53 36
10 M	0♏26 50	29 04 09	4♎57 18	4 46 41	0 20 34	25 16 57	7 12 01	9 23 57	19 42 48	22 40 15	29 31 58	29 36 34	20 54 38	9 53 30
11 Tu	1 28 34	10♎52 12	16 46 23	6 22 44	0 26 20	26 02 26	7 33 50	9 47 49	19 57 16	22 48 51	29 35 21	29 38 37	20 54 23	9 54 54
12 W	2 32 00	22 44 38	28 41 02	8 00 09	0 36 07	26 49 40	7 57 20	10 13 24	20 13 28	22 59 06	29 40 19	29 42 18	20 55 49	9 58 01
13 Th	3 37 05	4♏43 37	10♏43 12	9 38 51	0 49 47	27 38 34	8 22 28	10 40 40	20 31 18	23 10 57	29 46 48	29 47 32	20 58 52	10 02 46
14 F	4 43 28	16 50 38	22 54 10	11 18 33	1 06 58	28 28 49	8 48 53	11 09 17	20 50 27	23 24 04	29 54 27	29 53 59	21 03 12	10 08 50
15 Sa	5 50 36	29 06 39	5♐14 50	12 58 41	1 27 01	29 19 51	9 16 02	11 38 39	21 10 21	23 37 54	0♌02 43	0♌01 06	21 08 16	10 15 38
16 Su	6 57 46	11♐32 19	17 45 52	14 38 34	1 49 11	0♐10 57	9 43 13	12 08 06	21 30 17	23 51 43	0 10 54	0 08 11	21 13 22	10 22 29
17 M	8 04 13	24 08 21	0♑28 04	16 17 26	2 12 39	1 01 22	10 09 39	12 36 51	21 49 30	24 04 47	0 18 14	0 14 28	21 17 43	10 28 37
18 Tu	9 09 18	6♑55 47	13 22 34	17 54 42	2 36 43	1 50 28	10 34 43	13 04 17	22 07 22	24 16 27	0 24 05	0 19 19	21 20 43	10 33 23
19 W	10 12 38	19 56 05	26 30 58	19 29 56	3 00 56	2 37 50	10 58 00	13 29 59	22 23 29	24 26 19	0 28 03	0 22 19	21 21 56	10 36 24
20 Th	11 14 10	3♒11 17	9♒55 18	21 03 07	3 25 10	3 23 26	11 19 28	13 53 54	22 37 47	24 34 20	0 30 05	0 23 27	21 21 20	10 37 38
21 F	12 14 14	16 43 45	23 37 46	22 34 35	3 49 43	4 07 37	11 39 27	14 16 23	22 50 38	24 40 51	0 30 32	0 23 02	21 19 16	10 37 24
22 Sa	13 13 33	0♓35 42	7♓40 08	24 05 03	4 15 13	4 51 04	11 58 40	14 38 08	23 02 42	24 46 33	0 30 06	0 21 47	21 16 27	10 36 25
23 Su	14 13 01	14 48 33	22 03 02	25 35 27	4 42 33	5 34 43	12 18 01	15 00 04	23 14 57	24 52 23	0 29 43	0 20 38	21 13 47	10 35 36
24 M	15 13 36	29 22 02	6♈45 07	27 06 44	5 12 36	6 19 32	12 38 28	15 23 09	23 28 19	24 59 18	0 30 19	0 20 31	21 12 13	10 35 55
25 Tu	16 16 05	14♈13 25	21 42 25	28 39 38	5 46 05	7 06 16	13 00 47	15 48 08	23 43 34	25 08 03	0 32 41	0 22 13	21 12 33	10 38 07
26 W	17 20 50	29 17 05	6♉48 10	0♐14 33	6 23 21	7 55 18	13 25 22	16 15 25	24 01 04	25 19 01	0 37 11	0 26 07	21 15 09	10 42 36
27 Th	18 27 46	14♉24 50	21 53 27	1 51 22	7 04 12	8 46 32	13 52 05	16 44 54	24 20 45	25 32 07	0 43 45	0 32 06	21 19 55	10 49 16
28 F	19 36 16	29 26 53	6♊48 30	3 29 28	7 48 01	9 39 24	14 20 21	17 15 58	24 41 60	25 46 45	0 51 45	0 39 36	21 26 16	10 57 31
29 Sa	20 45 26	14♊13 31	21 24 18	5 07 53	8 33 50	10 32 56	14 49 15	17 47 43	25 03 53	26 01 59	1 00 17	0 47 41	21 33 15	11 06 25
30 Su	21 54 12	28 36 41	5♋34 11	6 45 33	9 20 32	11 26 07	15 17 44	18 19 05	25 25 22	26 16 45	1 08 18	0 55 17	21 39 51	11 14 56

LONGITUDE — December 2042

Day	☉	0 hr ☽	Noon ☽	☿	♀	♂	⚵	⚳	♃	♄	⚷	♅	♆	♇
1 M	23♏01 38	12♋31 14	19♋14 29	8♐21 28	10♎07 08	12♐18 00	15♏44 51	18♐49 08	25♏45 30	26♎30 09	1♌14 51	1♌01 28	21♈45 06	11♒22 07
2 Tu	24 07 07	25 55 23	2♌24 50	9 54 59	10 52 58	13 07 58	16 09 59	19 17 14	26 03 40	26 41 32	1 19 20	1 05 38	21 48 24	11 27 21
3 W	25 10 28	8♌50 25	15 07 35	11 25 50	11 37 48	13 55 49	16 32 57	19 43 13	26 19 41	26 50 44	1 21 32	1 07 35	21 49 34	11 30 27
4 Th	26 11 56	21 20 04	27 27 13	12 54 13	12 21 51	14 41 50	16 54 00	20 07 21	26 33 48	26 57 59	1 21 44	1 07 35	21 48 51	11 31 41
5 F	27 12 12	3♍29 43	9♍29 29	14 20 40	13 05 43	15 26 39	17 13 48	20 30 15	26 46 40	27 03 57	1 20 35	1 06 17	21 46 55	11 31 42
6 Sa	28 12 08	15 25 38	21 20 44	15 46 01	13 50 17	16 11 11	17 33 16	20 52 52	26 59 14	27 09 34	1 19 01	1 04 36	21 44 40	11 31 24
7 Su	29 12 48	27 14 15	3♎07 19	17 11 09	14 36 31	16 56 28	17 53 24	21 16 12	27 12 28	27 15 49	1 18 01	1 03 33	21 43 08	11 31 49
8 M	0♐15 06	9♎01 39	14 55 05	18 36 50	15 25 20	17 43 26	18 15 09	21 41 11	27 27 20	27 23 40	1 18 32	1 04 04	21 43 14	11 33 53
9 Tu	1 19 46	20 53 11	26 48 59	20 03 37	16 17 24	18 32 48	18 39 14	22 08 34	27 44 33	27 33 48	1 21 18	1 06 53	21 45 43	11 38 20
10 W	2 27 10	2♏53 02	8♏52 50	21 31 39	17 13 03	19 24 55	19 06 01	22 38 40	28 04 29	27 46 37	1 26 41	1 12 22	21 50 57	11 45 31
11 Th	3 37 15	15 04 08	21 09 02	23 00 39	18 12 11	20 19 45	19 35 26	23 11 28	28 27 03	28 02 03	1 34 36	1 20 27	21 58 51	11 55 22
12 F	4 49 29	27 28 00	3♐38 41	24 29 48	19 14 17	21 16 47	20 06 59	23 46 28	28 51 46	28 19 35	1 44 35	1 30 38	22 08 55	12 07 24
13 Sa	6 03 01	10♐04 53	16 21 36	25 57 54	20 18 26	22 15 08	20 39 46	24 22 42	29 17 45	28 38 20	1 55 43	1 42 02	22 20 18	12 20 44
14 Su	7 16 41	22 53 59	29 16 44	27 23 25	21 23 27	23 13 40	21 12 41	24 59 07	29 43 51	28 57 11	2 06 54	1 53 31	22 31 50	12 34 14
15 M	8 29 19	5♑53 59	12♑22 33	28 44 45	22 28 07	24 11 11	21 44 30	25 34 30	0♐08 53	29 14 55	2 16 55	2 03 54	22 42 20	12 46 41
16 Tu	9 39 52	19 03 28	25 37 42	0♑00 21	23 31 24	25 06 40	22 14 14	26 07 50	0 31 50	29 30 31	2 24 46	2 12 09	22 50 47	12 57 05
17 W	10 47 42	2♒21 31	9♒01 24	1 08 60	24 32 36	25 59 28	22 41 11	26 38 27	0 52 01	29 43 20	2 29 46	2 17 37	22 56 31	13 04 46
18 Th	11 52 41	15 48 06	22 33 51	2 09 56	25 31 34	26 49 26	23 05 15	27 06 13	1 09 20	29 53 14	2 31 49	2 20 11	22 59 26	13 09 37
19 F	12 55 16	29 24 09	6♓16 07	2 50 23	26 28 45	27 37 03	23 26 54	27 31 36	1 24 14	0♏00 41	2 31 22	2 20 17	22 59 58	13 12 05
20 Sa	13 56 25	13♓11 24	20 09 56	3 48 03	27 25 05	28 23 17	23 47 04	27 55 34	1 37 41	0 06 39	2 29 23	2 18 55	22 59 06	13 13 09
21 Su	14 57 25	27 11 46	4♈16 59	4 25 53	28 21 51	29 09 24	24 07 04	28 19 24	1 50 58	0 12 24	2 27 10	2 17 21	22 58 07	13 14 05
22 M	15 59 38	11♈26 33	18 37 60	4 56 50	29 20 22	29 56 45	24 28 14	28 44 27	2 05 25	0 19 18	2 26 03	2 16 56	22 58 21	13 16 14
23 Tu	17 04 09	25 55 33	3♉11 54	5 21 06	0♏21 43	0♑46 28	24 51 40	29 11 50	2 22 10	0 28 27	2 27 09	2 18 47	23 00 56	13 20 43
24 W	18 11 36	10♉36 13	17 55 09	5 38 25	1 26 30	1 39 07	25 17 59	29 42 08	2 41 48	0 40 27	2 31 05	2 23 31	23 06 28	13 28 09
25 Th	19 21 56	25 23 27	2♊41 46	5 47 57	2 34 40	2 34 42	25 47 09	0♑15 19	3 04 18	0 55 17	2 37 48	2 31 05	23 14 54	13 38 29
26 F	20 34 29	10♊09 52	17 23 55	5 48 22	3 45 32	3 32 32	26 18 30	0 50 45	3 28 59	1 12 16	2 46 39	2 40 49	23 25 36	13 51 02
27 Sa	21 48 07	24 46 60	1♋53 14	5 38 08	4 57 56	4 31 29	26 50 53	1 27 15	3 54 43	1 30 15	2 56 29	2 51 36	23 37 23	14 04 42
28 Su	23 01 30	9♋06 41	16 02 18	5 15 48	6 10 32	5 30 13	27 22 58	2 03 31	4 20 10	1 47 56	3 05 59	3 02 04	23 48 57	14 18 07
29 M	24 13 22	23 02 38	29 45 56	4 40 28	7 22 03	6 27 28	27 53 30	2 38 16	4 44 04	2 04 01	3 13 52	3 10 59	23 59 02	14 30 03
30 Tu	25 22 51	6♌31 14	13♌01 52	3 52 04	8 31 34	7 22 21	28 21 35	3 10 37	5 05 32	2 17 39	3 19 17	3 17 28	24 06 45	14 39 36
31 W	26 29 33	19 31 58	25 50 45	2 51 34	9 38 44	8 14 30	28 46 51	3 40 12	5 24 12	2 28 25	3 21 50	3 21 07	24 11 43	14 46 23

Notes

January 2043

LONGITUDE

Day	☉	0 hr ☽	Noon ☽	☿	♀	♂	⚵	⚳	♃	♄	⚷	♅	♆	♇
1 Th	27 ♐ 33 39	2 ♍ 07 09	8 ♍ 15 48	1 ♑ 41 02	10 ♏ 43 40	9 ♑ 04 05	29 ♏ 09 27	4 ♑ 07 12	5 ♐ 40 13	2 ♏ 36 32	3 ♌ 21 41	3 ♌ 22 08	24 ♈ 14 06	14 ♒ 50 35
2 F	28 35 49	14 21 16	20 22 08	0 23 25	11 47 03	9 51 45	29 30 05	4 32 15	5 54 15	2 42 38	3 19 32	3 21 10	24 14 35	14 52 51
3 Sa	29 37 04	26 20 14	2 ♎ 16 04	29 ♐ 02 19	12 49 52	10 38 32	29 49 45	4 56 23	6 07 20	2 47 44	3 16 22	3 19 15	24 14 11	14 54 14
4 Su	0 ♑ 38 35	8 ♎ 10 47	14 04 24	27 41 36	13 53 17	11 25 37	0 ♐ 09 37	5 20 47	6 20 38	2 53 01	3 13 24	3 17 33	24 14 04	14 55 53
5 M	1 41 30	19 59 42	25 53 52	26 24 60	14 58 26	12 14 08	0 30 50	5 46 34	6 35 18	2 59 38	3 11 45	3 17 12	24 15 23	14 58 57
6 Tu	2 46 44	1 ♏ 53 20	7 ♏ 50 35	25 15 44	16 06 13	13 04 59	0 54 19	6 14 41	6 52 14	3 08 29	3 12 20	3 19 08	24 19 02	15 04 20
7 W	3 54 48	13 57 06	19 59 35	24 16 15	17 17 09	13 58 42	1 20 34	6 45 37	7 11 57	3 20 06	3 15 41	3 23 53	24 25 33	15 12 34
8 Th	5 05 44	26 15 06	2 ♐ 24 28	23 28 01	18 31 15	14 55 20	1 49 38	7 19 26	7 34 29	3 34 30	3 21 50	3 31 27	24 34 59	15 23 42
9 F	6 19 04	8 ♐ 49 51	15 07 05	22 51 30	19 48 02	15 54 23	2 21 03	7 55 39	7 59 23	3 51 13	3 30 19	3 41 24	24 46 51	15 37 15
10 Sa	7 33 52	21 42 04	28 07 32	22 26 18	21 06 35	16 54 56	2 53 53	8 33 20	8 25 43	4 09 21	3 40 13	3 52 47	25 00 13	15 52 17
11 Su	8 48 56	4 ♑ 50 53	11 ♑ 24 14	22 11 21	22 25 38	17 55 47	3 26 55	9 11 16	8 52 15	4 27 38	3 50 18	4 04 24	25 13 53	16 07 35
12 M	10 02 56	18 14 03	24 54 25	22 05 08	23 43 53	18 55 36	3 58 49	9 48 08	9 17 40	4 44 48	3 59 16	4 14 56	25 26 31	16 21 51
13 Tu	11 14 43	1 ♒ 48 30	8 ♒ 34 44	22 06 11	25 00 12	19 53 14	4 28 28	10 22 48	9 40 50	4 59 41	4 05 59	4 23 14	25 36 60	16 33 56
14 W	12 23 35	15 31 07	22 21 59	22 13 13	26 13 49	20 47 59	4 55 07	10 54 32	10 01 02	5 11 33	4 09 44	4 28 35	25 44 34	16 43 06
15 Th	13 29 19	29 19 21	6 ♓ 13 47	22 25 28	27 24 33	21 39 38	5 18 36	11 23 10	10 18 03	5 20 15	4 10 18	4 30 49	25 49 05	16 49 11
16 F	14 32 24	13 ♓ 11 41	20 08 59	22 42 43	28 32 51	22 28 39	5 39 21	11 49 07	10 32 22	5 26 11	4 08 10	4 30 21	25 50 58	16 52 37
17 Sa	15 33 45	27 07 48	4 ♈ 07 34	23 05 18	29 39 40	23 16 00	5 58 20	12 13 21	10 44 55	5 30 20	4 04 18	4 28 10	25 51 12	16 54 21
18 Su	16 34 42	11 ♈ 08 19	18 10 19	23 33 53	0 ♐ 46 18	24 02 58	6 16 51	12 37 11	10 57 01	5 34 01	3 59 59	4 25 34	25 51 03	16 55 43
19 M	17 36 35	25 14 07	2 ♉ 18 03	24 09 12	1 54 05	24 50 54	6 36 15	13 01 57	11 09 60	5 38 33	3 56 34	4 23 54	25 51 54	16 58 03
20 Tu	18 40 31	9 ♉ 25 36	16 30 52	24 51 50	3 04 07	25 40 56	6 57 38	13 28 46	11 24 59	5 45 04	3 55 11	4 24 17	25 54 51	17 02 27
21 W	19 47 08	23 41 58	0 ♊ 47 28	25 41 53	4 17 02	26 33 40	7 21 38	13 58 16	11 42 36	5 54 11	3 56 26	4 27 20	26 00 31	17 09 33
22 Th	20 56 26	8 ♊ 00 45	15 04 47	26 38 54	5 32 51	27 29 07	7 48 16	14 30 28	12 02 51	6 05 55	4 00 23	4 33 05	26 08 56	17 19 22
23 F	22 07 52	22 17 44	29 18 11	27 41 55	6 50 60	28 26 44	8 16 57	15 04 46	12 25 10	6 19 42	4 06 26	4 40 57	26 19 32	17 31 21
24 Sa	23 20 24	6 ♋ 27 31	13 ♋ 22 07	28 49 32	8 10 25	29 25 29	8 46 40	15 40 11	12 48 33	6 34 31	4 13 33	4 49 55	26 31 16	17 44 27
25 Su	24 32 48	20 24 24	27 11 05	0 ♑ 00 10	9 29 54	0 ♒ 24 07	9 16 12	16 15 27	13 11 43	6 49 07	4 20 32	4 58 45	26 42 55	17 57 26
26 M	25 43 53	4 ♌ 03 18	10 ♌ 40 35	1 12 22	10 48 16	1 21 30	9 44 21	16 49 26	13 33 33	7 02 20	4 26 13	5 06 17	26 53 19	18 09 09
27 Tu	26 52 49	17 20 48	23 47 59	2 24 60	12 04 37	2 16 44	10 10 16	17 21 13	13 53 08	7 13 18	4 29 42	5 11 39	27 01 36	18 18 43
28 W	27 59 07	0 ♍ 15 31	6 ♍ 32 50	3 37 22	13 18 32	3 09 22	10 33 29	17 50 23	14 10 03	7 21 34	4 30 33	5 14 24	27 07 18	18 25 40
29 Th	29 02 50	12 48 21	18 56 52	4 49 20	14 30 01	3 59 26	10 54 02	18 16 57	14 24 18	7 27 10	4 28 49	5 14 34	27 10 28	18 30 04
30 F	0 ♒ 04 27	25 02 15	1 ♎ 03 40	6 01 11	15 39 34	4 47 27	11 12 24	18 41 24	14 36 23	7 30 35	4 24 59	5 12 37	27 11 34	18 32 23
31 Sa	1 04 46	7 ♎ 01 45	12 58 19	7 13 33	16 47 58	5 34 10	11 29 24	19 04 33	14 47 07	7 32 37	4 19 50	5 09 24	27 11 25	18 33 25

February 2043

LONGITUDE

Day	☉	0 hr ☽	Noon ☽	☿	♀	♂	⚵	⚳	♃	♄	⚷	♅	♆	♇
1 Su	2 ♒ 04 46	18 ♎ 52 29	24 ♎ 46 45	8 ♑ 27 19	17 ♐ 56 13	6 ♒ 20 38	11 ♐ 46 01	19 ♑ 27 23	14 ♐ 57 28	7 ♏ 34 16	4 ♌ 14 24	5 ♌ 05 52	27 ♈ 11 01	18 ♒ 34 10
2 M	3 05 29	0 ♏ 40 40	6 ♏ 35 21	9 43 21	19 05 18	7 07 48	12 03 14	19 50 54	15 08 26	7 36 31	4 09 39	5 03 03	27 11 21	18 35 38
3 Tu	4 07 43	12 32 36	18 30 23	11 02 22	20 16 04	7 56 32	12 21 54	20 15 56	15 20 52	7 40 13	4 06 27	5 01 46	27 13 16	18 38 39
4 W	5 12 02	24 34 09	0 ♐ 37 35	12 24 51	21 29 03	8 47 22	12 42 34	20 43 03	15 35 19	7 45 55	4 05 20	5 02 35	27 17 19	18 43 46
5 Th	6 18 35	6 ♐ 50 23	13 01 38	13 50 52	22 44 24	9 40 28	13 05 23	21 12 23	15 51 55	7 53 46	4 06 29	5 05 39	27 23 39	18 51 09
6 F	7 27 06	19 25 07	25 45 48	15 20 05	24 01 50	10 35 33	13 30 04	21 43 40	16 10 25	8 03 30	4 09 36	5 10 42	27 31 60	19 00 30
7 Sa	8 36 55	2 ♑ 20 35	8 ♑ 51 37	16 51 45	25 20 42	11 31 57	13 55 57	22 16 13	16 30 08	8 14 26	4 14 02	5 17 03	27 41 41	19 11 11
8 Su	9 47 05	15 37 15	22 18 39	18 24 55	26 40 03	12 28 45	14 22 07	22 49 09	16 50 08	8 25 39	4 18 52	5 23 48	27 51 47	19 22 15
9 M	10 56 37	29 13 42	6 ♒ 04 37	19 58 29	27 58 52	13 24 54	14 47 32	23 21 23	17 09 25	8 36 08	4 23 04	5 29 55	28 01 17	19 32 41
10 Tu	12 04 33	13 ♒ 06 54	20 05 42	21 31 31	29 16 12	14 19 31	15 11 17	23 52 02	17 27 02	8 44 58	4 25 44	5 34 28	28 09 16	19 41 33
11 W	13 10 17	27 12 38	4 ♓ 17 10	23 03 23	0 ♑ 31 28	15 11 57	15 32 44	24 20 29	17 42 22	8 51 30	4 26 13	5 36 51	28 15 05	19 48 15
12 Th	14 13 38	11 ♓ 26 17	18 34 11	24 33 49	1 44 27	16 02 01	15 51 41	24 46 31	17 55 14	8 55 34	4 24 22	5 36 53	28 18 35	19 52 35
13 F	15 14 51	25 43 28	2 ♈ 52 33	26 03 08	2 55 26	16 49 60	16 08 27	25 10 26	18 05 55	8 57 27	4 20 27	5 34 50	28 20 01	19 54 49
14 Sa	16 14 40	10 ♈ 00 41	17 09 12	27 31 58	4 05 06	17 36 35	16 23 40	25 32 54	18 15 05	8 57 49	4 15 09	5 31 23	28 20 05	19 55 40
15 Su	17 13 58	24 15 33	1 ♉ 22 10	29 01 16	5 14 23	18 22 41	16 38 19	25 54 52	18 23 41	8 57 38	4 09 25	5 27 29	28 19 43	19 56 03
16 M	18 13 45	8 ♉ 26 40	15 30 29	0 ♒ 31 58	6 24 14	19 09 18	16 53 20	26 17 18	18 32 41	8 57 50	4 04 13	5 24 07	28 19 54	19 56 57
17 Tu	19 14 48	22 33 09	29 33 34	2 04 54	7 35 29	19 57 13	17 09 31	26 40 60	18 42 53	8 59 15	4 00 21	5 22 03	28 21 24	19 59 08
18 W	20 17 36	6 ♊ 34 19	13 ♊ 30 48	3 40 29	8 48 33	20 46 53	17 27 20	27 06 24	18 54 43	9 02 18	3 58 17	5 21 46	28 24 42	20 03 05
19 Th	21 22 09	20 29 06	27 21 03	5 18 47	10 03 30	21 38 21	17 46 49	27 33 34	19 08 15	9 07 04	3 58 03	5 23 17	28 29 49	20 08 50
20 F	22 28 06	4 ♋ 15 57	11 ♋ 02 41	6 59 26	11 19 57	22 31 14	18 07 36	28 02 07	19 23 06	9 13 09	3 59 18	5 26 16	28 36 25	20 16 01
21 Sa	23 34 49	17 52 47	24 33 33	8 41 47	12 37 15	23 24 54	18 29 02	28 31 25	19 38 37	9 19 55	4 01 22	5 30 03	28 43 49	20 23 59
22 Su	24 41 30	1 ♌ 17 19	7 ♌ 51 25	10 25 04	13 54 38	24 18 35	18 50 20	29 00 41	19 54 02	9 26 36	4 03 29	5 33 52	28 51 15	20 31 58
23 M	25 47 26	14 27 28	20 54 20	12 08 34	15 11 21	25 11 30	19 10 46	29 29 09	20 08 36	9 32 26	4 04 55	5 36 58	28 57 59	20 39 12
24 Tu	26 52 01	27 21 42	3 ♍ 41 07	13 51 42	16 26 49	26 03 07	19 29 44	29 56 16	20 21 43	9 36 51	4 05 05	5 38 46	29 03 27	20 45 07
25 W	27 54 57	9 ♍ 59 27	16 11 38	15 34 11	17 40 44	26 53 06	19 46 56	0 ♒ 21 43	20 33 07	9 39 32	4 03 41	5 38 58	29 07 18	20 49 25
26 Th	28 56 13	22 21 21	28 26 57	17 15 59	18 53 03	27 41 26	20 02 21	0 45 28	20 42 43	9 40 29	4 00 41	5 37 33	29 09 33	20 52 03
27 F	29 56 03	4 ♎ 29 12	10 ♎ 29 23	18 57 23	20 04 02	28 28 20	20 16 11	1 07 45	20 50 48	9 39 55	3 56 20	5 34 45	29 10 24	20 53 17
28 Sa	0 ♓ 54 52	16 25 59	22 22 20	20 38 48	21 14 06	29 14 16	20 28 54	1 29 01	20 57 47	9 38 16	3 51 03	5 31 00	29 10 19	20 53 32

Notes

LONGITUDE — March 2043

Day	☉	0 hr ☽	Noon ☽	☿	♀	♂	⚵	⚳	♃	♄	⚷	♅	♆	♇
1 Su	1 ♓ 53 15	28 ♎ 15 38	4 ♏ 10 07	22 ♒ 20 50	22 ♑ 23 48	29 ♒ 59 46	20 ♐ 41 03	1 ♒ 49 49	21 ♐ 04 14	9 ♏ 36 06	3 ♌ 45 26	5 ♌ 26 51	29 ♈ 09 50	20 ♒ 53 22
2 M	2 51 46	10 ♏ 02 47	15 57 39	24 04 03	23 33 43	0 ♓ 45 25	20 53 12	2 10 43	21 10 41	9 33 59	3 40 01	5 22 54	29 09 32	20 53 21
3 Tu	3 50 55	21 52 33	27 50 14	25 48 58	24 44 21	1 31 42	21 05 50	2 32 13	21 17 40	9 32 25	3 35 19	5 19 37	29 09 55	20 53 59
4 W	4 51 01	3 ♐ 50 11	9 ♐ 53 09	27 35 56	25 56 01	2 18 59	21 19 18	2 54 40	21 25 31	9 31 45	3 31 41	5 17 22	29 11 20	20 55 37
5 Th	5 52 15	16 00 46	22 11 26	29 25 07	27 08 53	3 07 22	21 33 44	3 18 11	21 34 22	9 32 07	3 29 16	5 16 17	29 13 54	20 58 22
6 F	6 54 29	28 28 53	4 ♑ 49 20	1 ♓ 16 24	28 22 50	3 56 48	21 49 02	3 42 41	21 44 08	9 33 25	3 27 57	5 16 17	29 17 33	21 02 09
7 Sa	7 57 27	11 ♑ 18 13	17 50 04	3 09 31	29 37 36	4 46 59	22 04 55	4 07 53	21 54 30	9 35 23	3 27 27	5 17 04	29 21 58	21 06 42
8 Su	9 00 43	24 31 11	1 ♒ 15 15	5 04 02	0 ♒ 52 43	5 37 28	22 20 57	4 33 21	22 05 04	9 37 33	3 27 21	5 18 12	29 26 44	21 11 33
9 M	10 03 47	8 ♒ 08 29	15 04 38	6 59 27	2 07 43	6 27 46	22 36 39	4 58 35	22 15 19	9 39 28	3 27 10	5 19 12	29 31 22	21 16 14
10 Tu	11 06 14	22 08 52	29 15 51	8 55 19	3 22 09	7 17 27	22 51 33	5 23 10	22 24 49	9 40 41	3 26 28	5 19 39	29 35 26	21 20 18
11 W	12 07 45	6 ♓ 29 01	13 ♓ 44 33	10 51 18	4 35 44	8 06 14	23 05 23	5 46 47	22 33 17	9 40 55	3 24 57	5 19 14	29 38 37	21 23 29
12 Th	13 08 16	21 03 49	28 24 48	12 47 17	5 48 23	8 54 00	23 18 03	6 09 21	22 40 38	9 40 04	3 22 32	5 17 52	29 40 51	21 25 40
13 F	14 07 52	5 ♈ 46 55	13 ♈ 09 52	14 43 20	7 00 10	9 40 53	23 29 38	6 30 59	22 46 57	9 38 14	3 19 19	5 15 41	29 42 13	21 26 58
14 Sa	15 06 50	20 31 36	27 53 07	16 39 38	8 11 25	10 27 09	23 40 27	6 51 57	22 52 31	9 35 43	3 15 36	5 12 56	29 43 02	21 27 40
15 Su	16 05 33	5 ♉ 11 38	12 ♉ 28 46	18 36 31	9 22 28	11 13 11	23 50 50	7 12 37	22 57 43	9 32 54	3 11 45	5 10 01	29 43 39	21 28 09
16 M	17 04 22	19 41 53	26 52 29	20 34 12	10 33 41	11 59 20	24 01 10	7 33 22	23 02 55	9 30 07	3 08 08	5 07 16	29 44 26	21 28 45
17 Tu	18 03 34	3 ♊ 58 41	11 ♊ 01 23	22 32 50	11 45 21	12 45 52	24 11 42	7 54 27	23 08 22	9 27 39	3 05 01	5 04 59	29 45 39	21 29 46
18 W	19 03 17	17 59 51	24 54 03	24 32 24	12 57 35	13 32 55	24 22 34	8 16 00	23 14 12	9 25 39	3 02 31	5 03 17	29 47 26	21 31 18
19 Th	20 03 27	1 ♋ 44 26	8 ♋ 30 05	26 32 40	14 10 22	14 20 28	24 33 45	8 37 60	23 20 24	9 24 04	3 00 38	5 02 08	29 49 44	21 33 21
20 F	21 03 58	15 12 25	21 49 50	28 33 18	15 23 33	15 08 21	24 45 06	9 00 17	23 26 49	9 22 46	2 59 13	5 01 25	29 52 27	21 35 45
21 Sa	22 04 37	28 24 22	4 ♌ 54 05	0 ♈ 33 50	16 36 55	15 56 23	24 56 24	9 22 40	23 33 14	9 21 32	2 58 04	5 00 54	29 55 21	21 38 19
22 Su	23 05 11	11 ♌ 21 10	17 43 48	2 33 46	17 50 17	16 44 21	25 07 26	9 44 55	23 39 27	9 20 11	2 56 58	5 00 23	29 58 13	21 40 49
23 M	24 05 31	24 03 56	0 ♍ 20 07	4 32 38	19 03 27	17 32 05	25 18 03	10 06 54	23 45 18	9 18 32	2 55 45	4 59 43	0 ♉ 00 54	21 43 07
24 Tu	25 05 31	6 ♍ 33 51	12 44 15	6 29 59	20 16 23	18 19 30	25 28 09	10 28 30	23 50 41	9 16 31	2 54 20	4 58 48	0 03 19	21 45 06
25 W	26 05 11	18 52 15	24 57 34	8 25 27	21 29 02	19 06 36	25 37 44	10 49 44	23 55 38	9 14 08	2 52 44	4 57 38	0 05 28	21 46 47
26 Th	27 04 37	1 ♎ 00 37	7 ♎ 01 38	10 18 42	22 41 29	19 53 27	25 46 51	11 10 39	24 00 11	9 11 26	2 51 00	4 56 18	0 07 24	21 48 14
27 F	28 03 52	13 00 43	18 58 23	12 09 26	23 53 51	20 40 08	25 55 38	11 31 22	24 04 26	9 08 32	2 49 15	4 54 53	0 09 14	21 49 33
28 Sa	29 03 06	24 54 38	0 ♏ 50 03	13 57 19	25 06 14	21 26 48	26 04 10	11 52 00	24 08 32	9 05 32	2 47 36	4 53 31	0 11 05	21 50 50
29 Su	0 ♈ 02 23	6 ♏ 44 48	12 39 22	15 42 03	26 18 43	22 13 31	26 12 32	12 12 37	24 12 32	9 02 33	2 46 07	4 52 17	0 13 02	21 52 12
30 M	1 01 45	18 34 09	24 29 27	17 23 15	27 31 21	23 00 20	26 20 48	12 33 17	24 16 29	8 59 37	2 44 52	4 51 13	0 15 07	21 53 40
31 Tu	2 01 12	0 ♐ 25 60	6 ♐ 23 55	19 00 30	28 44 07	23 47 13	26 28 54	12 53 57	24 20 22	8 56 42	2 43 49	4 50 18	0 17 19	21 55 14

LONGITUDE — April 2043

Day	☉	0 hr ☽	Noon ☽	☿	♀	♂	⚵	⚳	♃	♄	⚷	♅	♆	♇
1 W	3 ♈ 00 39	12 ♐ 24 06	18 ♐ 26 40	20 ♈ 33 20	29 ♒ 56 56	24 ♓ 34 06	26 ♐ 36 48	13 ♒ 14 33	24 ♐ 24 06	8 ♏ 53 45	2 ♌ 42 54	4 ♌ 49 28	0 ♉ 19 34	21 ♒ 56 49
2 Th	3 59 60	24 32 31	0 ♑ 41 56	22 01 20	1 ♓ 09 43	25 20 53	26 44 22	13 35 00	24 27 35	8 50 39	2 42 01	4 48 37	0 21 46	21 58 18
3 F	4 59 08	6 ♑ 55 32	13 13 56	23 24 01	2 22 19	26 07 28	26 51 30	13 55 10	24 30 43	8 47 18	2 41 03	4 47 38	0 23 47	21 59 35
4 Sa	5 57 59	19 37 18	26 06 39	24 41 05	3 34 42	26 53 45	26 58 07	14 14 59	24 33 25	8 43 38	2 39 57	4 46 27	0 25 35	22 00 37
5 Su	6 56 34	2 ♒ 41 34	9 ♒ 23 25	25 52 14	4 46 51	27 39 46	27 04 13	14 34 27	24 35 42	8 39 39	2 38 41	4 45 04	0 27 08	22 01 22
6 M	7 54 57	16 11 10	23 06 18	26 57 21	5 58 51	28 25 35	27 09 53	14 53 40	24 37 38	8 35 26	2 37 22	4 43 35	0 28 32	22 01 57
7 Tu	8 53 19	0 ♓ 07 22	7 ♓ 15 31	27 56 24	7 10 53	29 11 22	27 15 17	15 12 47	24 39 23	8 31 09	2 36 10	4 42 09	0 29 58	22 02 32
8 W	9 51 53	14 29 15	21 48 54	28 49 27	8 23 09	29 57 21	27 20 39	15 32 01	24 41 11	8 27 03	2 35 19	4 41 00	0 31 38	22 03 19
9 Th	10 50 51	29 13 18	6 ♈ 41 37	29 36 34	9 35 53	0 ♈ 43 45	27 26 10	15 51 35	24 43 15	8 23 19	2 34 60	4 40 21	0 33 45	22 04 31
10 F	11 50 23	14 ♈ 13 22	21 46 21	0 ♉ 17 48	10 49 13	1 30 41	27 31 60	16 11 38	24 45 43	8 20 07	2 35 22	4 40 20	0 36 28	22 06 18
11 Sa	12 50 28	29 21 08	6 ♉ 54 13	0 53 04	12 03 09	2 18 10	27 38 07	16 32 10	24 48 35	8 17 27	2 36 26	4 40 58	0 39 47	22 08 39
12 Su	13 50 58	14 ♉ 27 13	21 55 53	1 22 13	13 17 32	3 06 04	27 44 24	16 53 01	24 51 42	8 15 11	2 38 04	4 42 05	0 43 34	22 11 25
13 M	14 51 35	29 22 37	6 ♊ 43 05	1 44 56	14 32 06	3 54 06	27 50 34	17 13 56	24 54 49	8 13 02	2 39 58	4 43 26	0 47 31	22 14 20
14 Tu	15 51 60	13 ♊ 59 58	21 09 36	2 00 56	15 46 29	4 41 54	27 56 15	17 34 33	24 57 33	8 10 38	2 41 47	4 44 40	0 51 17	22 17 04
15 W	16 51 51	28 14 20	5 ♋ 11 52	2 09 57	17 00 22	5 29 09	28 01 08	17 54 32	24 59 36	8 07 41	2 43 12	4 45 26	0 54 34	22 19 15
16 Th	17 50 56	12 ♋ 03 34	18 48 52	2 11 55	18 13 32	6 15 37	28 04 58	18 13 40	25 00 43	8 03 57	2 43 60	4 45 31	0 57 07	22 20 42
17 F	18 49 11	25 27 51	2 ♌ 01 43	2 06 58	19 25 54	7 01 15	28 07 42	18 31 52	25 00 51	7 59 23	2 44 06	4 44 51	0 58 52	22 21 19
18 Sa	19 46 44	8 ♌ 29 12	14 52 59	1 55 29	20 37 36	7 46 10	28 09 28	18 49 17	25 00 08	7 54 06	2 43 37	4 43 35	0 59 57	22 21 14
19 Su	20 43 51	21 10 48	27 26 06	1 38 06	21 48 56	8 30 39	28 10 32	19 06 11	24 58 50	7 48 23	2 42 53	4 41 58	1 00 40	22 20 46
20 M	21 40 57	3 ♍ 36 19	9 ♍ 44 49	1 15 35	23 00 18	9 15 07	28 11 19	19 22 59	24 57 22	7 42 40	2 42 15	4 40 26	1 01 24	22 20 17
21 Tu	22 38 29	15 49 29	21 52 46	0 48 53	24 12 08	9 59 60	28 12 15	19 40 06	24 56 11	7 37 22	2 42 12	4 39 25	1 02 36	22 20 14
22 W	23 36 50	27 53 48	3 ♎ 53 15	0 18 55	25 24 49	10 45 42	28 13 43	19 57 57	24 55 40	7 32 53	2 43 06	4 39 19	1 04 40	22 21 02
23 Th	24 36 19	9 ♎ 52 15	15 49 07	29 ♈ 46 36	26 38 41	11 32 30	28 16 02	20 16 50	24 56 07	7 29 32	2 45 16	4 40 25	1 07 54	22 22 58
24 F	25 37 02	21 47 22	27 42 43	29 12 43	27 53 50	12 20 33	28 19 18	20 36 52	24 57 40	7 27 26	2 48 49	4 42 51	1 12 25	22 26 10
25 Sa	26 38 58	3 ♏ 41 11	9 ♏ 36 02	28 37 54	29 10 13	13 09 47	28 23 29	20 57 59	25 00 15	7 26 32	2 53 42	4 46 34	1 18 09	22 30 34
26 Su	27 41 49	15 35 27	21 30 47	28 02 38	0 ♈ 27 35	13 59 56	28 28 18	21 19 55	25 03 36	7 26 35	2 59 38	4 51 18	1 24 51	22 35 54
27 M	28 45 10	27 31 45	3 ♐ 28 39	27 27 13	1 45 29	14 50 34	28 33 19	21 42 15	25 07 19	7 27 08	3 06 13	4 56 38	1 32 06	22 41 45
28 Tu	29 48 30	9 ♐ 31 45	15 31 26	26 51 52	3 03 24	15 41 09	28 37 60	22 04 26	25 10 50	7 27 39	3 12 53	5 01 60	1 39 20	22 47 34
29 W	0 ♉ 51 13	21 37 26	27 41 18	26 16 43	4 20 44	16 31 07	28 41 47	22 25 54	25 13 35	7 27 35	3 19 06	5 06 51	1 45 60	22 52 47
30 Th	1 52 51	3 ♑ 51 13	10 ♑ 00 55	25 41 59	5 37 02	17 19 59	28 44 10	22 46 09	25 15 06	7 26 27	3 24 20	5 10 41	1 51 35	22 56 56

Notes

May 2043

LONGITUDE

Day	☉	0 hr ☽	Noon ☽	☿	♀	♂	⚴	⚳	♃	♄	⚷	♅	♆	♇
1 F	2 ♉ 53 05	16 ♑ 16 09	22 ♑ 33 28	25 ♈ 07 57	6 ♈ 51 57	18 ♈ 07 25	28 ♐ 44 50	23 ♒ 04 52	25 ♐ 15 03	7 ♏ 23 54	3 ♌ 28 18	5 ♌ 13 12	1 ♉ 55 49	22 ♒ 59 40
2 Sa	3 51 50	28 55 48	5 ♒ 22 36	24 35 09	8 05 26	18 53 22	28 43 43	23 22 00	25 13 22	7 19 55	3 30 55	5 14 19	1 58 35	23 00 56
3 Su	4 49 22	11 ♒ 54 06	18 32 08	24 04 19	9 17 44	19 38 04	28 41 04	23 37 46	25 10 18	7 14 42	3 32 26	5 14 17	2 00 09	23 00 58
4 M	5 46 11	25 14 56	2 ♓ 05 33	23 36 23	10 29 20	20 22 01	28 37 22	23 52 41	25 06 21	7 08 48	3 33 21	5 13 37	2 01 02	23 00 17
5 Tu	6 42 59	9 ♓ 01 26	16 05 19	23 12 24	11 40 58	21 05 57	28 33 22	24 07 27	25 02 14	7 02 54	3 34 24	5 13 01	2 01 56	22 59 36
6 W	7 40 33	23 15 10	0 ♈ 31 52	22 53 25	12 53 23	21 50 37	28 29 48	24 22 51	24 58 44	6 57 48	3 36 19	5 13 16	2 03 36	22 59 41
7 Th	8 39 32	7 ♈ 55 14	15 22 52	22 40 18	14 07 16	22 36 40	28 27 19	24 39 31	24 56 30	6 54 08	3 39 47	5 14 60	2 06 43	23 01 11
8 F	9 40 18	22 57 27	0 ♉ 32 36	22 33 34	15 22 57	23 24 29	28 26 19	24 57 49	24 55 53	6 52 16	3 45 09	5 18 35	2 11 38	23 04 27
9 Sa	10 42 49	8 ♉ 14 17	15 52 17	22 33 15	16 40 25	24 14 01	28 26 45	25 17 44	24 56 53	6 52 12	3 52 23	5 24 01	2 18 19	23 09 29
10 Su	11 46 38	23 35 30	1 ♊ 11 02	22 38 58	17 59 13	25 04 51	28 28 10	25 38 47	24 59 02	6 53 28	4 01 03	5 30 49	2 26 20	23 15 49
11 M	12 50 59	8 ♊ 49 45	16 17 49	22 49 56	19 18 35	25 56 11	28 29 49	26 00 14	25 01 35	6 55 19	4 10 23	5 38 14	2 34 55	23 22 42
12 Tu	13 54 59	23 46 35	1 ♋ 03 15	23 05 13	20 37 38	26 47 08	28 30 48	26 21 11	25 03 38	6 56 50	4 19 29	5 45 23	2 43 10	23 29 13
13 W	14 57 48	8 ♋ 18 05	15 20 60	23 23 55	21 55 32	27 36 54	28 30 18	26 40 47	25 04 23	6 57 14	4 27 31	5 51 26	2 50 15	23 34 34
14 Th	15 58 56	22 19 52	29 08 20	23 45 27	23 11 46	28 24 55	28 27 48	26 58 32	25 03 17	6 55 59	4 33 59	5 55 52	2 55 40	23 38 14
15 F	16 58 13	5 ♌ 51 09	12 ♌ 25 51	24 09 34	24 26 12	29 11 06	28 23 10	27 14 18	25 00 14	6 52 56	4 38 44	5 58 33	2 59 16	23 40 03
16 Sa	17 55 56	18 54 04	25 16 36	24 36 25	25 39 06	29 55 41	28 16 39	27 28 20	24 55 29	6 48 23	4 42 03	5 59 44	3 01 19	23 40 19
17 Su	18 52 42	1 ♍ 32 45	7 ♍ 45 16	25 06 29	26 51 04	0 ♉ 39 17	28 08 54	27 41 15	24 49 39	6 42 56	4 44 32	6 00 03	3 02 27	23 39 38
18 M	19 49 20	13 52 28	19 57 18	25 40 29	28 02 57	1 22 44	28 00 44	27 53 51	24 43 34	6 37 24	4 46 59	6 00 19	3 03 28	23 38 49
19 Tu	20 46 42	25 58 45	1 ♎ 58 11	26 19 08	29 15 35	2 06 53	27 52 60	28 07 02	24 38 06	6 32 40	4 50 18	6 01 23	3 05 14	23 38 45
20 W	21 45 35	7 ♎ 56 51	13 52 58	27 03 07	0 ♉ 29 47	2 52 32	27 46 29	28 21 33	24 34 02	6 29 30	4 55 14	6 04 03	3 08 32	23 40 11
21 Th	22 46 32	19 51 19	25 45 53	27 52 50	1 46 04	3 40 13	27 41 46	28 37 58	24 31 55	6 28 28	5 02 22	6 08 52	3 13 55	23 43 42
22 F	23 49 48	1 ♏ 45 48	7 ♏ 40 16	28 48 26	3 04 42	4 30 11	27 39 04	28 56 30	24 31 60	6 29 49	5 11 54	6 16 03	3 21 38	23 49 32
23 Sa	24 55 16	13 42 56	19 38 27	29 49 41	4 25 34	5 22 19	27 38 18	29 17 03	24 34 10	6 33 25	5 23 46	6 25 31	3 31 33	23 57 33
24 Su	26 02 28	25 44 25	1 ♐ 41 55	0 ♉ 56 01	5 48 12	6 16 10	27 38 60	29 39 10	24 37 58	6 38 49	5 37 28	6 36 48	3 43 14	24 07 19
25 M	27 10 40	7 ♐ 51 16	13 51 29	2 06 35	7 11 51	7 10 59	27 40 24	0 ♓ 02 04	24 42 39	6 45 17	5 52 16	6 49 08	3 55 55	24 18 04
26 Tu	28 18 56	20 03 59	26 07 40	3 20 22	8 35 35	8 05 48	27 41 37	0 24 49	24 47 17	6 51 52	6 07 13	7 01 35	4 08 40	24 28 52
27 W	29 26 17	2 ♑ 23 05	8 ♑ 30 59	4 36 19	9 58 27	8 59 42	27 41 38	0 46 28	24 50 55	6 57 36	6 21 23	7 13 12	4 20 30	24 38 45
28 Th	0 ♊ 31 53	14 49 21	21 02 24	5 53 31	11 19 35	9 51 48	27 39 40	1 06 10	24 52 41	7 01 39	6 33 53	7 23 08	4 30 37	24 46 53
29 F	1 35 12	27 24 11	3 ♒ 43 33	7 11 22	12 38 28	10 41 35	27 35 09	1 23 21	24 52 04	7 03 29	6 44 11	7 30 50	4 38 25	24 52 43
30 Sa	2 36 04	10 ♒ 09 53	16 36 54	8 29 39	13 54 55	11 28 53	27 27 57	1 37 53	24 48 56	7 02 56	6 52 09	7 36 09	4 43 48	24 56 06
31 Su	3 34 50	23 09 32	29 45 41	9 48 39	15 09 17	12 14 02	27 18 23	1 50 04	24 43 34	7 00 20	6 58 06	7 39 25	4 47 04	24 57 21

June 2043

LONGITUDE

Day	☉	0 hr ☽	Noon ☽	☿	♀	♂	⚴	⚳	♃	♄	⚷	♅	♆	♇
1 M	4 ♊ 32 13	6 ♓ 26 49	13 ♓ 13 31	11 ♉ 09 03	16 ♉ 22 19	12 ♉ 57 46	27 ♐ 07 13	2 ♓ 00 40	24 ♐ 36 45	6 ♏ 56 27	7 ♌ 02 45	7 ♌ 41 22	4 ♉ 48 57	24 ♒ 57 13
2 Tu	5 29 17	20 05 28	27 03 45	12 31 52	17 35 02	13 41 09	26 55 30	2 10 42	24 29 32	6 52 18	7 07 11	7 43 03	4 50 31	24 56 46
3 W	6 27 11	4 ♈ 08 23	11 ♈ 18 30	13 58 15	18 48 37	14 25 19	26 44 24	2 21 21	24 23 05	6 49 04	7 12 33	7 45 38	4 52 56	24 57 08
4 Th	7 26 56	18 36 35	25 57 41	15 29 09	20 04 04	15 11 18	26 34 56	2 33 36	24 18 23	6 47 45	7 19 50	7 50 07	4 57 10	24 59 20
5 F	8 29 09	3 ♉ 28 13	10 ♉ 57 56	17 05 11	21 22 00	15 59 41	26 27 44	2 48 04	24 16 05	6 48 57	7 29 40	7 57 07	5 03 52	25 03 59
6 Sa	9 33 52	18 37 53	26 12 23	18 46 23	22 42 29	16 50 33	26 22 52	3 04 48	24 16 13	6 52 46	7 42 07	8 06 41	5 13 05	25 11 08
7 Su	10 40 35	3 ♊ 56 43	11 ♊ 31 05	20 32 12	24 04 57	17 43 21	26 19 48	3 23 16	24 18 17	6 58 38	7 56 38	8 18 17	5 24 17	25 20 15
8 M	11 48 16	19 13 38	26 42 39	22 21 37	25 28 26	18 37 05	26 17 32	3 42 27	24 21 17	7 05 34	8 12 12	8 30 55	5 36 27	25 30 20
9 Tu	12 55 41	4 ♋ 17 12	11 ♋ 36 17	24 13 23	26 51 40	19 30 32	26 14 51	4 01 08	24 23 58	7 12 19	8 27 36	8 43 21	5 48 21	25 40 09
10 W	14 01 43	18 57 45	26 03 44	26 06 21	28 13 32	20 22 31	26 10 39	4 18 09	24 25 12	7 17 46	8 41 41	8 54 27	5 58 51	25 48 34
11 Th	15 05 34	3 ♌ 08 58	10 ♌ 00 22	27 59 42	29 33 14	21 12 18	26 04 07	4 32 44	24 24 14	7 21 07	8 53 40	9 03 24	6 07 10	25 54 47
12 F	16 06 56	16 48 26	23 25 21	29 53 07	0 ♊ 50 30	21 59 34	25 55 01	4 44 35	24 20 46	7 22 06	9 03 17	9 09 58	6 13 02	25 58 32
13 Sa	17 06 07	29 57 18	6 ♍ 21 05	1 ♊ 46 51	2 05 36	22 44 35	25 43 37	4 53 58	24 15 05	7 20 59	9 10 47	9 14 23	6 16 41	26 00 05
14 Su	18 03 50	12 ♍ 39 26	18 52 13	3 41 32	3 19 14	23 28 05	25 30 39	5 01 36	24 07 53	7 18 28	9 16 52	9 17 22	6 18 51	26 00 09
15 M	19 01 03	25 00 21	1 ♎ 04 41	5 38 07	4 32 26	24 11 04	25 17 07	5 08 30	24 00 13	7 15 35	9 22 35	9 19 56	6 20 33	25 59 43
16 Tu	19 58 55	7 ♎ 06 21	13 04 53	7 37 37	5 46 16	24 54 38	25 04 09	5 15 44	23 53 09	7 13 24	9 28 59	9 23 10	6 22 52	25 59 55
17 W	20 58 23	19 03 40	24 58 56	9 40 54	7 01 45	25 39 47	24 52 44	5 24 19	23 47 42	7 12 57	9 37 05	9 28 05	6 26 47	26 01 44
18 Th	22 00 14	0 ♏ 57 59	6 ♏ 52 13	11 48 34	8 19 37	26 27 14	24 43 39	5 34 58	23 44 37	7 14 57	9 47 37	9 35 25	6 33 04	26 05 53
19 F	23 04 46	12 53 58	18 49 04	14 00 49	9 40 12	27 17 22	24 37 14	5 48 03	23 44 15	7 19 45	10 00 57	9 45 29	6 42 03	26 12 44
20 Sa	24 11 56	24 55 07	0 ♐ 52 36	16 17 21	11 03 26	28 10 03	24 33 24	6 03 27	23 46 30	7 27 16	10 16 57	9 58 14	6 53 38	26 22 12
21 Su	25 21 12	7 ♐ 03 43	13 04 39	18 37 26	12 28 48	29 04 47	24 31 40	6 20 39	23 50 51	7 36 59	10 35 07	10 13 07	7 07 19	26 33 45
22 M	26 31 41	19 20 52	25 25 59	20 59 57	13 55 23	0 ♊ 00 42	24 31 09	6 38 46	23 56 27	7 47 60	10 54 35	10 29 15	7 22 11	26 46 30
23 Tu	27 42 17	1 ♑ 46 45	7 ♑ 56 29	23 23 33	15 22 08	0 56 41	24 30 46	6 56 41	24 02 11	7 59 14	11 14 13	10 45 33	7 37 10	26 59 21
24 W	28 51 52	14 21 01	20 35 41	25 46 48	16 47 52	1 51 36	24 29 24	7 13 17	24 06 55	8 09 32	11 32 54	11 00 53	7 51 07	27 11 11
25 Th	29 59 26	27 03 16	3 ♒ 23 08	28 08 27	18 11 37	2 44 27	24 26 02	7 27 33	24 09 40	8 17 56	11 49 38	11 14 13	8 03 02	27 20 58
26 F	1 ♋ 04 21	9 ♒ 53 26	16 18 54	0 ♋ 27 33	19 32 42	3 34 34	24 20 04	7 38 51	24 09 47	8 23 45	12 03 46	11 24 56	8 12 16	27 28 05
27 Sa	2 06 24	22 52 12	29 23 51	2 43 38	20 50 58	4 21 48	24 11 18	7 46 57	24 07 05	8 26 48	12 15 05	11 32 50	8 18 37	27 32 19
28 Su	3 05 56	6 ♓ 01 12	12 ♓ 39 50	4 56 46	22 06 44	5 06 26	24 00 04	7 52 12	24 01 54	8 27 26	12 23 56	11 38 14	8 22 26	27 34 01
29 M	4 03 45	19 22 54	26 09 25	7 07 31	23 20 47	5 49 19	23 47 12	7 55 24	23 55 02	8 26 26	12 31 08	11 41 57	8 24 30	27 33 58
30 Tu	5 00 60	3 ♈ 00 13	9 ♈ 55 25	9 16 47	24 34 17	6 31 33	23 33 51	7 57 42	23 47 39	8 24 57	12 37 47	11 45 07	8 25 58	27 33 20

Notes

LONGITUDE

July 2043

Day	☉	0 hr ☽	Noon ☽	☿	♀	♂	⚵	⚳	♃	♄	⚷	♅	♆	♇
1 W	5 ♋ 58 56	16 ♈ 55 52	24 ♈ 00 10	11 ♋ 25 38	25 ♊ 48 29	7 ♊ 14 25	23 ♐ 21 18	8 ♓ 00 20	23 ♐ 40 60	8 ♏ 24 14	12 ♌ 45 11	11 ♌ 48 60	8 ♉ 28 06	27 ♒ 33 21
2 Th	6 58 40	1 ♉ 11 26	8 ♉ 24 26	13 34 60	27 04 30	7 59 02	23 10 40	8 04 25	23 36 12	8 25 25	12 54 26	11 54 42	8 32 00	27 35 10
3 F	8 00 54	15 46 21	23 06 38	15 45 25	28 23 02	8 46 05	23 02 39	8 10 39	23 33 58	8 29 12	13 06 13	12 02 56	8 38 22	27 39 26
4 Sa	9 05 45	0 ♊ 37 14	8 ♊ 02 05	17 56 55	29 44 12	9 35 41	22 57 24	8 19 10	23 34 25	8 35 41	13 20 40	12 13 48	8 47 20	27 46 19
5 Su	10 12 44	15 37 36	23 03 16	20 08 52	1 ♋ 07 30	10 27 21	22 54 25	8 29 27	23 37 03	8 44 23	13 37 17	12 26 49	8 58 23	27 55 18
6 M	11 20 50	0 ♋ 38 36	8 ♋ 00 46	22 20 11	2 31 57	11 20 05	22 52 44	8 40 30	23 40 54	8 54 19	13 55 04	12 40 60	9 10 33	28 05 23
7 Tu	12 28 49	15 30 20	22 44 50	24 29 35	3 56 17	12 12 39	22 51 07	8 51 04	23 44 43	9 04 13	14 12 47	12 55 04	9 22 33	28 15 19
8 W	13 35 30	0 ♌ 03 39	7 ♌ 07 14	26 35 49	5 19 20	13 03 50	22 48 22	8 59 59	23 47 19	9 12 55	14 29 14	13 07 51	9 33 14	28 23 57
9 Th	14 39 60	14 11 49	21 02 32	28 37 59	6 40 13	13 52 47	22 43 39	9 06 22	23 47 50	9 19 32	14 43 32	13 18 30	9 41 42	28 30 22
10 F	15 41 57	27 51 16	4 ♍ 28 37	0 ♌ 35 41	7 58 34	14 39 08	22 36 36	9 09 51	23 45 54	9 23 42	14 55 21	13 26 37	9 47 36	28 34 14
11 Sa	16 41 31	11 ♍ 01 50	17 26 33	2 29 05	9 14 33	15 23 01	22 27 24	9 10 35	23 41 41	9 25 35	15 04 48	13 32 22	9 51 05	28 35 42
12 Su	17 39 20	23 46 09	29 59 58	4 18 46	10 28 47	16 05 06	22 16 39	9 09 12	23 35 48	9 25 48	15 12 32	13 36 22	9 52 46	28 35 22
13 M	18 36 18	6 ♎ 08 55	12 ♎ 14 08	6 05 41	11 42 12	16 46 17	22 05 20	9 06 38	23 29 13	9 25 17	15 19 28	13 39 34	9 53 36	28 34 12
14 Tu	19 33 31	18 15 59	24 15 11	7 50 52	12 55 51	17 27 38	21 54 29	9 03 57	23 22 59	9 25 06	15 26 40	13 43 01	9 54 38	28 33 15
15 W	20 31 57	0 ♏ 13 34	6 ♏ 09 25	9 35 21	14 10 45	18 10 08	21 45 07	9 02 07	23 18 05	9 26 14	15 35 08	13 47 42	9 56 52	28 33 30
16 Th	21 32 21	12 07 44	18 02 45	11 19 52	15 27 38	18 54 34	21 37 59	9 01 54	23 15 17	9 29 26	15 45 36	13 54 23	10 01 02	28 35 43
17 F	22 35 08	24 03 48	0 ♐ 00 16	13 04 49	16 46 55	19 41 19	21 33 31	9 03 43	23 14 59	9 35 07	15 58 29	14 03 28	10 07 34	28 40 18
18 Sa	23 40 18	6 ♐ 06 08	12 05 57	14 50 11	18 08 35	20 30 21	21 31 41	9 07 33	23 17 11	9 43 16	16 13 45	14 14 56	10 16 25	28 47 13
19 Su	24 47 23	18 17 54	24 22 32	16 35 33	19 32 11	21 21 17	21 32 05	9 12 58	23 21 27	9 53 27	16 30 60	14 28 21	10 27 11	28 56 04
20 M	25 55 39	0 ♑ 40 60	6 ♑ 51 25	18 20 08	20 56 58	22 13 18	21 33 56	9 19 11	23 27 01	10 04 54	16 49 26	14 42 56	10 39 05	29 06 04
21 Tu	27 04 06	13 16 09	19 32 53	20 02 56	22 21 57	23 05 27	21 36 15	9 25 14	23 32 54	10 16 36	17 08 04	14 57 43	10 51 07	29 16 13
22 W	28 11 42	26 03 09	2 ♒ 26 16	21 42 55	23 46 05	23 56 40	21 38 01	9 30 04	23 38 04	10 27 34	17 25 52	15 11 39	11 02 16	29 25 30
23 Th	29 17 32	9 ♒ 01 07	15 30 27	23 19 09	25 08 29	24 46 04	21 38 20	9 32 49	23 41 37	10 36 51	17 41 56	15 23 50	11 11 38	29 33 01
24 F	0 ♌ 21 02	22 08 60	28 44 13	24 51 02	26 28 32	25 33 03	21 36 37	9 32 51	23 42 58	10 43 53	17 55 41	15 33 41	11 18 36	29 38 09
25 Sa	1 22 00	5 ♓ 25 58	12 ♓ 06 48	26 18 20	27 46 04	26 17 26	21 32 40	9 30 00	23 41 55	10 48 28	18 06 54	15 40 60	11 23 00	29 40 44
26 Su	2 20 42	18 51 45	25 37 60	27 41 18	29 01 20	26 59 29	21 26 45	9 24 33	23 38 45	10 50 53	18 15 52	15 46 02	11 25 06	29 41 02
27 M	3 17 50	2 ♈ 26 45	9 ♈ 18 23	29 00 35	0 ♌ 15 02	27 39 53	21 19 35	9 17 10	23 34 08	10 51 47	18 23 16	15 49 31	11 25 34	29 39 43
28 Tu	4 14 22	16 11 56	23 08 59	0 ♍ 17 06	1 28 08	28 19 37	21 12 08	9 08 50	23 29 04	10 52 11	18 30 03	15 52 22	11 25 23	29 37 47
29 W	5 11 21	0 ♉ 08 21	7 ♉ 10 44	1 31 53	2 41 42	28 59 43	21 05 27	9 00 37	23 24 36	10 53 06	18 37 19	15 55 41	11 25 36	29 36 16
30 Th	6 09 43	14 16 39	21 23 55	2 45 46	3 56 39	29 41 08	21 00 28	8 53 28	23 21 41	10 55 30	18 45 59	16 00 22	11 27 10	29 36 07
31 F	7 10 05	28 36 16	5 ♊ 47 24	3 59 19	5 13 35	0 ♋ 24 28	20 57 48	8 47 57	23 20 53	10 59 58	18 56 37	16 07 02	11 30 41	29 37 55

LONGITUDE

August 2043

Day	☉	0 hr ☽	Noon ☽	☿	♀	♂	⚵	⚳	♃	♄	⚷	♅	♆	♇
1 Sa	8 ♌ 12 32	13 ♊ 04 55	20 ♊ 18 11	5 ♍ 12 33	6 ♌ 32 37	1 ♋ 09 49	20 ♐ 57 34	8 ♓ 44 13	23 ♐ 22 21	11 ♏ 06 36	19 ♌ 09 21	16 ♌ 15 48	11 ♉ 36 14	29 ♒ 41 48
2 Su	9 16 44	27 38 26	4 ♋ 51 25	6 25 01	7 53 24	1 56 49	20 59 23	8 41 53	23 25 42	11 15 03	19 23 50	16 26 16	11 43 28	29 47 23
3 M	10 21 54	12 ♋ 10 55	19 20 44	7 35 52	9 15 08	2 44 43	21 02 31	8 40 13	23 30 10	11 24 33	19 39 16	16 37 43	11 51 37	29 53 55
4 Tu	11 27 04	26 35 36	3 ♌ 39 22	8 44 01	10 36 53	3 32 32	21 05 59	8 38 15	23 34 48	11 34 08	19 54 43	16 49 09	11 59 44	0 ♓ 00 26
5 W	12 31 19	10 ♌ 45 54	17 41 07	9 48 27	11 57 42	4 19 21	21 08 51	8 35 04	23 38 40	11 42 52	20 09 14	16 59 38	12 06 52	0 05 59
6 Th	13 33 55	24 36 29	1 ♍ 21 26	10 48 17	13 16 53	5 04 27	21 10 26	8 29 57	23 41 04	11 50 03	20 22 07	17 08 29	12 12 20	0 09 53
7 F	14 34 32	8 ♍ 04 03	14 37 60	11 43 05	14 34 05	5 47 28	21 10 21	8 22 34	23 41 38	11 55 19	20 32 60	17 15 20	12 15 45	0 11 46
8 Sa	15 33 13	21 07 39	27 30 50	12 32 42	15 49 20	6 28 29	21 08 41	8 12 59	23 40 26	11 58 43	20 41 56	17 20 14	12 17 10	0 11 41
9 Su	16 30 21	3 ♎ 48 37	10 ♎ 02 08	13 17 23	17 03 03	7 07 52	21 05 48	8 01 36	23 37 51	12 00 39	20 49 19	17 23 34	12 17 00	0 10 03
10 M	17 26 35	16 10 07	22 15 43	13 57 36	18 15 51	7 46 17	21 02 22	7 49 05	23 34 33	12 01 46	20 55 48	17 25 59	12 15 54	0 07 29
11 Tu	18 22 41	28 16 41	4 ♏ 16 32	14 33 57	19 28 31	8 24 28	20 59 08	7 36 10	23 31 16	12 02 49	21 02 08	17 28 15	12 14 36	0 04 46
12 W	19 19 23	10 ♏ 13 34	16 10 06	15 06 56	20 41 47	9 03 11	20 56 50	7 23 39	23 28 46	12 04 33	21 09 04	17 31 06	12 13 51	0 02 38
13 Th	20 17 17	22 06 16	28 02 01	15 36 58	21 56 15	9 43 01	20 56 05	7 12 07	23 27 38	12 07 34	21 17 11	17 35 09	12 14 16	0 01 40
14 F	21 16 43	4 ♐ 00 10	9 ♐ 57 35	16 04 11	23 12 15	10 24 19	20 57 12	7 01 55	23 28 13	12 12 11	21 26 50	17 40 43	12 16 10	0 02 14
15 Sa	22 17 46	16 00 07	22 01 25	16 28 25	24 29 51	11 07 08	21 00 16	6 53 08	23 30 35	12 18 30	21 38 04	17 47 52	12 19 38	0 04 24
16 Su	23 20 12	28 10 13	4 ♑ 17 20	16 49 13	25 48 50	11 51 15	21 05 02	6 45 34	23 34 29	12 26 15	21 50 40	17 56 23	12 24 26	0 07 54
17 M	24 23 31	10 ♑ 33 35	16 47 58	17 05 52	27 08 42	12 36 11	21 11 02	6 38 42	23 39 27	12 34 58	22 04 09	18 05 46	12 30 04	0 12 17
18 Tu	25 27 06	23 12 16	29 34 49	17 17 33	28 28 49	13 21 18	21 17 36	6 31 57	23 44 51	12 44 01	22 17 53	18 15 24	12 35 55	0 16 55
19 W	26 30 16	6 ♒ 07 06	12 ♒ 38 09	17 23 23	29 48 30	14 05 54	21 24 05	6 24 38	23 50 00	12 52 42	22 31 10	18 24 34	12 41 17	0 21 06
20 Th	27 32 25	19 17 51	25 57 10	17 22 35	1 ♍ 07 10	14 49 25	21 29 53	6 16 11	23 54 18	13 00 27	22 43 25	18 32 43	12 45 36	0 24 15
21 F	28 33 09	2 ♓ 43 21	9 ♓ 30 10	17 14 39	2 24 25	15 31 25	21 34 33	6 06 10	23 57 21	13 06 50	22 54 13	18 39 24	12 48 26	0 25 57
22 Sa	29 32 20	16 21 44	23 14 56	16 59 21	3 40 05	16 11 46	21 37 60	5 54 30	23 58 60	13 11 43	23 03 26	18 44 30	12 49 39	0 26 05
23 Su	0 ♍ 30 06	0 ♈ 10 51	7 ♈ 09 08	16 36 51	4 54 20	16 50 39	21 40 20	5 41 20	23 59 25	13 15 16	23 11 13	18 48 11	12 49 25	0 24 47
24 M	1 26 54	14 08 27	21 10 30	16 07 37	6 07 36	17 28 27	21 42 00	5 27 05	23 58 60	13 17 53	23 17 59	18 50 50	12 48 08	0 22 28
25 Tu	2 23 17	28 12 31	5 ♉ 17 07	15 32 26	7 20 26	18 05 44	21 43 33	5 12 21	23 58 20	13 20 09	23 24 19	18 53 02	12 46 23	0 19 43
26 W	3 19 53	12 ♉ 21 17	19 27 17	14 52 12	8 33 28	18 43 10	21 45 37	4 57 46	23 58 03	13 22 41	23 30 49	18 55 25	12 44 48	0 17 09
27 Th	4 17 13	26 33 02	3 ♊ 39 23	14 07 53	9 47 14	19 21 14	21 48 44	4 43 53	23 58 39	13 26 00	23 38 02	18 58 30	12 43 53	0 15 19
28 F	5 15 39	10 ♊ 46 00	17 51 38	13 20 22	11 02 04	20 00 17	21 53 12	4 31 03	24 00 30	13 30 28	23 46 16	19 02 37	12 43 60	0 14 31
29 Sa	6 15 12	24 58 04	2 ♋ 01 48	12 30 26	12 18 00	20 40 23	21 59 06	4 19 19	24 03 38	13 36 06	23 55 37	19 07 50	12 45 10	0 14 49
30 Su	7 15 42	9 ♋ 06 37	16 07 11	11 38 44	13 34 51	21 21 18	22 06 12	4 08 30	24 07 51	13 42 42	24 05 50	19 13 56	12 47 13	0 16 02
31 M	8 16 43	23 08 40	0 ♌ 04 42	10 45 51	14 52 14	22 02 40	22 14 08	3 58 14	24 12 46	13 49 54	24 16 34	19 20 32	12 49 44	0 17 46

Notes

September 2043 — LONGITUDE

Day	☉	0 hr ☽	Noon ☽	☿	♀	♂	⚵	⚳	♃	♄	⚷	♅	♆	♇
1 Tu	9 ♍ 17 48	7 ♌ 00 59	13 ♌ 51 08	9 ♍ 52 25	16 ♍ 09 38	22 ♋ 43 59	22 ♐ 22 24	3 ♓ 48 03	24 ♐ 17 53	13 ♏ 57 12	24 ♌ 27 17	19 ♌ 27 08	12 ♉ 52 15	0 ♓ 19 31
2 W	10 18 29	20 40 28	27 23 31	8 59 08	17 26 37	23 24 48	22 30 33	3 37 30	24 22 45	14 04 09	24 37 34	19 33 17	12 54 18	0 20 50
3 Th	11 18 25	4 ♍ 04 32	10 ♍ 39 39	8 06 55	18 42 51	24 04 47	22 38 14	3 26 15	24 27 02	14 10 24	24 47 04	19 38 40	12 55 33	0 21 24
4 F	12 17 27	17 11 31	23 38 16	7 16 48	19 58 09	24 43 46	22 45 18	3 14 11	24 30 34	14 15 48	24 55 37	19 43 06	12 55 51	0 21 02
5 Sa	13 15 37	0 ♎ 00 51	6 ♎ 19 21	6 30 01	21 12 34	25 21 46	22 51 45	3 01 19	24 33 24	14 20 22	25 03 15	19 46 36	12 55 13	0 19 47
6 Su	14 13 05	12 33 12	18 44 04	5 47 50	22 26 15	25 58 58	22 57 46	2 47 51	24 35 40	14 24 16	25 10 07	19 49 22	12 53 49	0 17 48
7 M	15 10 07	24 50 22	0 ♏ 54 47	5 11 33	23 39 30	26 35 39	23 03 38	2 34 04	24 37 39	14 27 48	25 16 31	19 51 39	12 51 56	0 15 22
8 Tu	16 07 02	6 ♏ 55 12	12 54 43	4 42 20	24 52 36	27 12 07	23 09 39	2 20 17	24 39 41	14 31 15	25 22 46	19 53 47	12 49 53	0 12 48
9 W	17 04 08	18 51 21	24 47 54	4 21 12	26 05 53	27 48 40	23 16 06	2 06 50	24 42 03	14 34 56	25 29 08	19 56 03	12 47 57	0 10 25
10 Th	18 01 39	0 ♐ 43 01	6 ♐ 38 48	4 08 55	27 19 32	28 25 31	23 23 13	1 53 57	24 44 59	14 39 04	25 35 52	19 58 41	12 46 23	0 08 24
11 F	18 59 41	12 34 46	18 32 05	4 05 59	28 33 42	29 02 48	23 31 07	1 41 44	24 48 35	14 43 46	25 43 04	20 01 48	12 45 17	0 06 55
12 Sa	19 58 15	24 31 16	0 ♑ 32 28	4 12 39	29 48 22	29 40 31	23 39 48	1 30 14	24 52 52	14 49 03	25 50 45	20 05 23	12 44 40	0 05 56
13 Su	20 57 16	6 ♑ 37 06	12 44 25	4 28 53	1 ♎ 03 27	0 ♌ 18 33	23 49 10	1 19 22	24 57 43	14 54 48	25 58 49	20 09 22	12 44 25	0 05 22
14 M	21 56 33	18 56 27	25 11 53	4 54 28	2 18 47	0 56 47	23 59 03	1 08 58	25 03 00	15 00 51	26 07 06	20 13 34	12 44 24	0 05 04
15 Tu	22 55 54	1 ♒ 32 57	7 ♒ 58 03	5 29 01	3 34 10	1 34 59	24 09 15	0 58 51	25 08 30	15 07 02	26 15 24	20 17 48	12 44 25	0 04 49
16 W	23 55 11	14 29 15	21 05 00	6 12 03	4 49 26	2 12 60	24 19 35	0 48 51	25 14 03	15 13 10	26 23 34	20 21 53	12 44 17	0 04 29
17 Th	24 54 15	27 46 49	4 ♓ 33 27	7 03 04	6 04 29	2 50 41	24 29 57	0 38 53	25 19 32	15 19 06	26 31 27	20 25 43	12 43 53	0 03 54
18 F	25 53 03	11 ♓ 25 38	18 22 30	8 01 33	7 19 14	3 28 02	24 40 17	0 28 53	25 24 54	15 24 50	26 39 01	20 29 14	12 43 10	0 03 04
19 Sa	26 51 39	25 24 02	2 ♈ 29 38	9 06 59	8 33 46	4 05 03	24 50 38	0 18 55	25 30 11	15 30 23	26 46 19	20 32 30	12 42 12	0 01 60
20 Su	27 50 08	9 ♈ 38 43	16 50 49	10 18 55	9 48 08	4 41 51	25 01 04	0 09 04	25 35 29	15 35 50	26 53 25	20 35 34	12 41 03	0 00 47
21 M	28 48 37	24 05 04	1 ♉ 20 59	11 36 48	11 02 28	5 18 32	25 11 43	29 ♒ 59 29	25 40 54	15 41 18	27 00 27	20 38 34	12 39 50	29 ♒ 59 33
22 Tu	29 47 11	8 ♉ 37 39	15 54 31	13 00 08	12 16 52	5 55 12	25 22 40	29 50 14	25 46 31	15 46 53	27 07 31	20 41 37	12 38 39	29 58 23
23 W	0 ♎ 45 54	23 10 51	0 ♊ 25 59	14 28 19	13 31 22	6 31 53	25 33 57	29 41 23	25 52 24	15 52 37	27 14 37	20 44 43	12 37 32	29 57 19
24 Th	1 44 42	7 ♊ 39 28	14 50 40	16 00 42	14 45 56	7 08 33	25 45 32	29 32 54	25 58 31	15 58 29	27 21 45	20 47 51	12 36 28	29 56 21
25 F	2 43 32	21 59 19	29 04 56	17 36 37	16 00 30	7 45 08	25 57 20	29 24 44	26 04 46	16 04 23	27 28 50	20 50 57	12 35 21	29 55 22
26 Sa	3 42 17	6 ♋ 07 18	13 ♋ 06 20	19 15 24	17 14 57	8 21 31	26 09 15	29 16 45	26 11 03	16 10 13	27 35 46	20 53 54	12 34 06	29 54 18
27 Su	4 40 53	20 01 36	26 53 32	20 56 27	18 29 12	8 57 37	26 21 12	29 08 55	26 17 17	16 15 54	27 42 26	20 56 37	12 32 38	29 53 02
28 M	5 39 17	3 ♌ 41 23	10 ♌ 26 03	22 39 15	19 43 14	9 33 25	26 33 09	29 01 11	26 23 27	16 21 25	27 48 51	20 59 04	12 30 55	29 51 34
29 Tu	6 37 34	17 06 31	23 44 03	24 23 28	20 57 06	10 08 58	26 45 10	28 53 37	26 29 37	16 26 49	27 55 03	21 01 20	12 29 01	29 49 57
30 W	7 35 52	0 ♍ 17 26	6 ♍ 48 02	26 08 50	22 10 57	10 44 24	26 57 22	28 46 23	26 35 53	16 32 15	28 01 11	21 03 32	12 27 04	29 48 19

October 2043 — LONGITUDE

Day	☉	0 hr ☽	Noon ☽	☿	♀	♂	⚵	⚳	♃	♄	⚷	♅	♆	♇
1 Th	8 ♎ 34 21	13 ♍ 14 45	19 ♍ 38 41	27 ♍ 55 12	23 ♎ 24 58	11 ♌ 19 54	27 ♐ 09 56	28 ♒ 39 38	26 ♐ 42 27	16 ♏ 37 52	28 ♌ 07 25	21 ♌ 05 52	12 ♉ 25 15	29 ♒ 46 51
2 F	9 33 13	25 59 15	2 ♎ 16 51	29 42 30	24 39 19	11 55 40	27 23 05	28 33 36	26 49 32	16 43 54	28 13 57	21 08 30	12 23 46	29 45 46
3 Sa	10 32 37	8 ♎ 31 48	14 43 28	1 ♎ 30 37	25 54 12	12 31 51	27 36 57	28 28 26	26 57 15	16 50 29	28 20 57	21 11 36	12 22 46	29 45 12
4 Su	11 32 40	20 53 21	26 59 41	3 19 26	27 09 39	13 08 32	27 51 37	28 24 13	27 05 43	16 57 42	28 28 29	21 15 16	12 22 21	29 45 15
5 M	12 33 19	3 ♏ 05 08	9 ♏ 06 53	5 08 46	28 25 42	13 45 43	28 07 03	28 20 56	27 14 54	17 05 33	28 36 32	21 19 29	12 22 29	29 45 54
6 Tu	13 34 26	15 08 41	21 06 53	6 58 20	29 42 11	14 23 14	28 23 09	28 18 28	27 24 39	17 13 52	28 44 59	21 24 06	12 23 03	29 47 01
7 W	14 35 49	27 05 57	3 ♐ 01 55	8 47 47	0 ♏ 58 53	15 00 53	28 39 40	28 16 35	27 34 46	17 22 28	28 53 36	21 28 53	12 23 48	29 48 21
8 Th	15 37 08	8 ♐ 59 27	14 54 46	10 36 44	2 15 30	15 38 21	28 56 17	28 14 59	27 44 56	17 31 00	29 02 04	21 33 33	12 24 28	29 49 38
9 F	16 38 05	20 52 12	26 48 49	12 24 47	3 31 43	16 15 19	29 12 43	28 13 21	27 54 51	17 39 11	29 10 04	21 37 47	12 24 43	29 50 32
10 Sa	17 38 25	2 ♑ 47 54	8 ♑ 47 54	14 11 37	4 47 16	16 51 33	29 28 40	28 11 27	28 04 13	17 46 46	29 17 22	21 41 19	12 24 17	29 50 48
11 Su	18 37 57	14 50 41	20 56 21	15 57 02	6 01 60	17 26 51	29 43 60	28 09 05	28 12 55	17 53 33	29 23 47	21 43 60	12 23 02	29 50 16
12 M	19 36 43	27 05 08	3 ♒ 18 45	17 40 59	7 15 55	18 01 15	29 58 41	28 06 17	28 20 55	17 59 34	29 29 20	21 45 49	12 20 56	29 48 56
13 Tu	20 34 51	9 ♒ 35 57	15 59 39	19 23 39	8 29 11	18 34 54	0 ♑ 12 56	28 03 13	28 28 25	18 04 58	29 34 10	21 46 57	12 18 12	29 46 59
14 W	21 32 43	22 27 35	29 03 09	21 05 19	9 42 09	19 08 09	0 27 03	28 00 13	28 35 43	18 10 06	29 38 39	21 47 44	12 15 08	29 44 46
15 Th	22 30 46	5 ♓ 43 44	12 ♓ 32 14	22 46 28	10 55 15	19 41 27	0 41 29	27 57 43	28 43 18	18 15 25	29 43 12	21 48 38	12 12 13	29 42 42
16 F	23 29 29	19 26 36	26 28 11	24 27 34	12 08 59	20 15 16	0 56 44	27 56 14	28 51 38	18 21 23	29 48 19	21 50 07	12 09 54	29 41 18
17 Sa	24 29 15	3 ♈ 36 16	10 ♈ 49 49	26 09 01	13 23 45	20 50 02	1 13 11	27 56 09	29 01 08	18 28 26	29 54 25	21 52 36	12 08 37	29 40 57
18 Su	25 30 20	18 10 05	25 33 10	27 51 03	14 39 46	21 25 57	1 31 04	27 57 41	29 11 60	18 36 46	0 ♍ 01 42	21 56 17	12 08 35	29 41 53
19 M	26 32 39	3 ♉ 02 30	10 ♉ 31 29	29 33 38	15 56 60	22 02 60	1 50 20	28 00 49	29 24 12	18 46 22	0 10 08	22 01 09	12 09 46	29 44 03
20 Tu	27 35 55	18 05 28	25 35 57	1 ♏ 16 29	17 15 08	22 40 50	2 10 40	28 05 12	29 37 26	18 56 53	0 19 24	22 06 53	12 11 50	29 47 09
21 W	28 39 34	3 ♊ 09 32	10 ♊ 37 05	2 59 03	18 33 37	23 18 55	2 31 31	28 10 18	29 51 07	19 07 46	0 28 57	22 12 55	12 14 15	29 50 38
22 Th	29 42 58	18 05 23	25 26 08	4 40 42	19 51 48	23 56 35	2 52 14	28 15 27	0 ♑ 04 37	19 18 24	0 38 08	22 18 36	12 16 21	29 53 50
23 F	0 ♏ 45 29	2 ♋ 45 13	9 ♋ 56 27	6 20 50	21 09 05	24 33 15	3 12 12	28 20 04	0 17 20	19 28 09	0 46 20	22 23 20	12 17 33	29 56 10
24 Sa	1 46 45	17 03 51	24 04 09	7 59 06	22 25 04	25 08 31	3 31 02	28 23 44	0 28 52	19 36 37	0 53 10	22 26 44	12 17 26	29 57 13
25 Su	2 46 40	0 ♌ 58 57	7 ♌ 48 02	9 35 25	23 39 40	25 42 16	3 48 38	28 26 21	0 39 06	19 43 44	0 58 32	22 28 42	12 15 56	29 56 54
26 M	3 45 29	14 30 43	21 09 14	11 10 02	24 53 07	26 14 46	4 05 15	28 28 12	0 48 19	19 49 43	1 02 42	22 29 28	12 13 17	29 55 28
27 Tu	4 43 44	27 41 16	4 ♍ 10 22	12 43 30	26 05 57	26 46 32	4 21 24	28 29 46	0 57 01	19 55 07	1 06 09	22 29 34	12 10 00	29 53 27
28 W	5 42 05	10 ♍ 33 45	16 54 50	14 16 31	27 18 52	27 18 15	4 37 47	28 31 46	1 05 54	20 00 37	1 09 37	22 29 42	12 06 49	29 51 32
29 Th	6 41 18	23 11 44	29 26 11	15 49 52	28 32 36	27 50 41	4 55 07	28 34 55	1 15 43	20 06 57	1 13 49	22 30 37	12 04 26	29 50 27
30 F	7 41 60	5 ♎ 38 34	11 ♎ 47 38	17 24 11	29 47 48	28 24 25	5 14 04	28 39 53	1 27 04	20 14 45	1 19 23	22 32 55	12 03 30	29 50 52
31 Sa	8 44 36	17 57 04	24 01 49	18 59 54	1 ♐ 04 52	28 59 56	5 35 02	28 47 03	1 40 25	20 24 27	1 26 46	22 37 04	12 04 27	29 53 10

Notes

LONGITUDE November 2043

Day	☉	0 hr ☽	Noon ☽	☿	♀	♂	⚵	⚳	♃	♄	⚷	♅	♆	♇
1 Su	9 ♏ 49 17	0 ♏ 09 24	6 ♏ 10 42	20 ♏ 37 11	2 ♐ 23 57	29 ♌ 37 20	5 ♑ 58 11	28 ♒ 56 35	1 ♑ 55 53	20 ♏ 36 12	1 ♍ 36 04	22 ♌ 43 10	12 ♉ 07 25	29 ♒ 57 32
2 M	10 55 51	12 17 04	18 15 39	22 15 51	3 44 53	0 ♍ 16 27	6 23 19	29 08 18	2 13 18	20 49 49	1 47 09	22 51 06	12 12 14	0 ♓ 03 47
3 Tu	12 03 49	24 21 05	0 ♐ 17 43	23 55 29	5 07 13	0 56 49	6 49 58	29 21 45	2 32 12	21 04 50	1 59 32	23 00 21	12 18 27	0 11 26
4 W	13 12 31	6 ♐ 22 16	12 17 47	25 35 21	6 30 13	1 37 44	7 17 27	29 36 11	2 51 53	21 20 33	2 12 31	23 10 14	12 25 21	0 19 48
5 Th	14 21 06	18 21 33	24 16 59	27 14 39	7 53 05	2 18 23	7 44 55	29 50 49	3 11 30	21 36 08	2 25 17	23 19 56	12 32 06	0 28 04
6 F	15 28 46	0 ♑ 20 18	6 ♑ 16 55	28 52 34	9 14 59	2 57 56	8 11 34	0 ♓ 04 49	3 30 16	21 50 46	2 36 59	23 28 37	12 37 54	0 35 23
7 Sa	16 34 49	12 20 35	18 20 00	0 ♐ 28 24	10 35 14	3 35 42	8 36 43	0 17 29	3 47 29	22 03 47	2 46 58	23 35 37	12 42 05	0 41 06
8 Su	17 38 51	24 25 22	0 ♒ 29 30	2 01 46	11 53 27	4 11 17	8 59 57	0 28 26	4 02 45	22 14 46	2 54 50	23 40 32	12 44 13	0 44 49
9 M	18 40 51	6 ♒ 38 34	12 49 36	3 32 37	13 09 35	4 44 39	9 21 14	0 37 37	4 16 02	22 23 41	3 00 32	23 43 19	12 44 18	0 46 29
10 Tu	19 41 09	19 04 59	25 25 13	5 01 18	14 23 59	5 16 09	9 40 56	0 45 22	4 27 40	22 30 53	3 04 25	23 44 20	12 42 39	0 46 27
11 W	20 40 27	1 ♓ 49 55	8 ♓ 21 35	6 28 28	15 37 22	5 46 29	9 59 43	0 52 25	4 38 23	22 37 05	3 07 11	23 44 16	12 39 60	0 45 26
12 Th	21 39 43	14 58 40	21 43 39	7 55 04	16 50 40	6 16 36	10 18 34	0 59 41	4 49 05	22 43 12	3 09 48	23 44 05	12 37 16	0 44 21
13 F	22 39 56	28 35 39	5 ♈ 35 04	9 22 05	18 04 54	6 47 29	10 38 28	1 08 11	5 00 49	22 50 15	3 13 15	23 44 47	12 35 30	0 44 16
14 Sa	23 42 00	12 ♈ 43 28	19 57 13	10 50 21	19 20 55	7 20 02	11 00 17	1 18 47	5 14 26	22 59 08	3 18 25	23 47 15	12 35 33	0 46 00
15 Su	24 46 26	27 21 39	4 ♉ 48 02	12 20 22	20 39 17	7 54 46	11 24 34	1 31 60	5 30 28	23 10 21	3 25 50	23 51 60	12 37 56	0 50 06
16 M	25 53 15	12 ♉ 25 57	20 01 29	13 52 04	21 59 59	8 31 41	11 51 19	1 47 51	5 48 57	23 23 55	3 35 30	23 59 03	12 42 42	0 56 36
17 Tu	27 01 56	27 48 02	5 ♊ 27 45	15 24 54	23 22 32	9 10 18	12 20 01	2 05 49	6 09 19	23 39 20	3 46 55	24 07 53	12 49 19	1 04 58
18 W	28 11 31	13 ♊ 16 30	20 54 39	16 57 48	24 45 56	9 49 36	12 49 43	2 24 56	6 30 39	23 55 37	3 59 07	24 17 33	12 56 48	1 14 14
19 Th	29 20 49	28 38 44	6 ♋ 09 53	18 29 31	26 09 01	10 28 26	13 19 12	2 44 00	6 51 44	24 11 35	4 10 54	24 26 50	13 04 00	1 23 13
20 F	0 ♐ 28 44	13 ♋ 43 16	21 03 13	19 58 51	27 30 41	11 05 41	13 47 23	3 01 56	7 11 29	24 26 08	4 21 10	24 34 40	13 09 48	1 30 49
21 Sa	1 34 33	28 21 48	5 ♌ 28 06	21 24 55	28 50 12	11 40 37	14 13 31	3 17 58	7 29 09	24 38 32	4 29 12	24 40 18	13 13 28	1 36 17
22 Su	2 38 01	12 ♌ 30 07	19 22 05	22 47 23	0 ♑ 07 20	12 12 60	14 37 24	3 31 54	7 44 31	24 48 34	4 34 45	24 43 30	13 14 47	1 39 26
23 M	3 39 30	26 07 58	2 ♍ 46 20	24 06 26	1 22 26	12 43 10	14 59 22	3 44 03	7 57 55	24 56 34	4 38 11	24 44 38	13 14 05	1 40 34
24 Tu	4 39 47	9 ♍ 18 07	15 44 32	25 22 39	2 36 19	13 11 56	15 20 13	3 55 15	8 10 10	25 03 20	4 40 18	24 44 29	13 12 11	1 40 32
25 W	5 39 59	22 05 16	28 21 51	26 36 56	3 50 04	13 40 23	15 41 02	4 06 34	8 22 25	25 09 58	4 42 11	24 44 10	13 10 10	1 40 23
26 Th	6 41 14	4 ♎ 34 53	10 ♎ 43 51	27 50 09	5 04 50	14 09 40	16 02 59	4 19 09	8 35 38	25 17 36	4 44 59	24 44 48	13 09 11	1 41 17
27 F	7 44 32	16 52 23	22 55 49	29 03 02	6 21 37	14 40 46	16 27 04	4 33 60	8 51 00	25 27 16	4 49 42	24 47 26	13 10 16	1 44 15
28 Sa	8 50 35	29 02 28	5 ♏ 02 09	0 ♑ 15 55	7 41 07	15 14 23	16 53 58	4 51 49	9 09 09	25 39 38	4 57 03	24 52 43	13 14 05	1 49 58
29 Su	9 59 39	11 ♏ 08 48	17 06 10	1 28 41	9 03 35	15 50 47	17 23 57	5 12 51	9 30 20	25 54 59	5 07 16	25 00 56	13 20 53	1 58 42
30 M	11 11 31	23 13 52	29 10 02	2 40 41	10 28 49	16 29 44	17 56 47	5 36 53	9 54 21	26 13 05	5 20 09	25 11 52	13 30 30	2 10 13

LONGITUDE December 2043

Day	☉	0 hr ☽	Noon ☽	☿	♀	♂	⚵	⚳	♃	♄	⚷	♅	♆	♇
1 Tu	12 ♐ 25 32	5 ♐ 19 06	11 ♐ 14 53	3 ♑ 50 45	11 ♑ 56 11	17 ♍ 10 35	18 ♑ 31 51	6 ♓ 03 17	10 ♑ 20 33	26 ♏ 33 17	5 ♍ 35 03	25 ♌ 24 53	13 ♉ 42 15	2 ♓ 23 54
2 W	13 40 42	17 25 03	23 21 07	4 57 20	13 24 39	17 52 22	19 08 09	6 31 02	10 47 56	26 54 37	5 50 59	25 38 58	13 55 10	2 38 45
3 Th	14 55 51	29 31 51	5 ♑ 28 51	5 58 36	14 53 03	18 33 51	19 44 29	6 58 57	11 15 19	27 15 52	6 06 45	25 52 57	14 08 02	2 53 35
4 F	16 09 47	11 ♑ 39 38	17 38 19	6 52 41	16 20 13	19 13 53	20 19 41	7 25 52	11 41 31	27 35 52	6 21 11	26 05 39	14 19 43	3 07 12
5 Sa	17 21 30	23 49 01	29 50 21	7 37 49	17 45 09	19 51 27	20 52 44	7 50 46	12 05 33	27 53 37	6 33 17	26 16 05	14 29 11	3 18 37
6 Su	18 30 23	6 ♒ 01 27	12 ♒ 06 45	8 12 34	19 07 12	20 25 55	21 23 01	8 13 02	12 26 46	28 08 30	6 42 25	26 23 36	14 35 49	3 27 13
7 M	19 36 17	18 19 35	24 30 29	8 35 55	20 26 13	20 57 08	21 50 23	8 32 29	12 45 02	28 20 21	6 48 26	26 28 04	14 39 28	3 32 51
8 Tu	20 39 35	0 ♓ 47 14	7 ♓ 05 39	8 47 24	21 42 36	21 25 29	22 15 13	8 49 32	13 00 43	28 29 33	6 51 43	26 29 50	14 40 32	3 35 52
9 W	21 41 06	13 29 14	19 57 20	8 47 03	22 57 11	21 51 47	22 38 20	9 04 59	13 14 39	28 36 57	6 53 07	26 29 47	14 39 50	3 37 08
10 Th	22 42 03	26 31 02	3 ♈ 10 53	8 35 23	24 11 09	22 17 14	23 00 57	9 20 03	13 28 03	28 43 43	6 53 49	26 29 06	14 38 33	3 37 50
11 F	23 43 43	9 ♈ 57 59	16 51 14	8 13 11	25 49 49	22 43 09	23 24 22	9 36 02	13 42 12	28 51 11	6 55 07	26 29 04	14 38 02	3 39 17
12 Sa	24 47 18	23 54 11	1 ♉ 01 38	7 41 25	26 42 21	23 10 41	23 49 45	9 54 05	13 58 17	29 00 31	6 58 12	26 30 54	14 39 26	3 42 40
13 Su	25 53 34	8 ♉ 21 22	15 42 27	7 00 58	28 01 31	23 40 37	24 17 53	10 15 00	14 17 04	29 12 28	7 03 51	26 35 20	14 43 32	3 48 44
14 M	27 02 41	23 17 41	0 ♊ 49 59	6 12 38	29 23 30	24 13 07	24 48 56	10 38 57	14 38 43	29 27 15	7 12 14	26 42 34	14 50 29	3 57 40
15 Tu	28 14 09	8 ♊ 36 53	16 16 11	5 17 05	0 ♒ 47 47	24 47 39	25 22 23	11 05 24	15 02 45	29 44 19	7 22 50	26 52 04	14 59 48	4 08 57
16 W	29 26 53	24 08 39	1 ♋ 49 21	4 14 57	2 13 18	25 23 09	25 57 09	11 33 17	15 28 04	0 ♐ 02 37	7 34 35	27 02 47	15 10 25	4 21 32
17 Th	0 ♑ 39 29	9 ♋ 40 03	17 16 09	3 07 02	3 38 39	25 58 14	26 31 52	12 01 12	15 53 16	0 20 44	7 46 05	27 13 19	15 20 54	4 33 59
18 F	1 50 38	24 58 00	2 ♌ 24 15	1 54 36	5 02 30	26 31 31	27 05 11	12 27 48	16 17 02	0 37 20	7 55 60	27 22 19	15 29 57	4 44 60
19 Sa	2 59 21	9 ♌ 51 45	17 04 30	0 39 29	6 23 51	27 02 03	27 36 06	12 52 08	16 38 22	0 51 28	8 03 21	27 28 50	15 36 34	4 53 35
20 Su	4 05 15	24 14 36	1 ♍ 12 10	29 ♐ 24 05	7 42 22	27 29 27	28 04 17	13 13 49	16 56 55	1 02 43	8 07 46	27 32 28	15 40 24	4 59 22
21 M	5 08 37	8 ♍ 04 21	14 46 48	28 11 14	8 58 18	27 53 58	28 29 59	13 33 06	17 12 57	1 11 24	8 09 32	27 33 30	15 41 43	5 02 38
22 Tu	6 10 17	21 22 41	27 51 22	27 03 54	10 12 29	28 16 26	28 54 01	13 50 50	17 27 16	1 18 18	8 09 28	27 32 47	15 41 20	5 04 11
23 W	7 11 24	4 ♎ 13 59	10 ♎ 31 06	26 04 54	11 26 04	28 37 59	29 17 34	14 08 09	17 41 03	1 24 36	8 08 44	27 31 26	15 40 25	5 05 13
24 Th	8 13 14	16 44 05	22 52 10	25 16 38	12 40 19	28 59 53	29 41 53	14 26 20	17 55 34	1 31 33	8 08 34	27 30 45	15 40 14	5 06 57
25 F	9 16 54	28 59 15	5 ♏ 00 53	24 40 49	13 56 21	29 23 16	0 ♒ 08 05	14 46 30	18 11 55	1 40 18	8 10 09	27 31 51	15 41 55	5 10 33
26 Sa	10 23 13	11 ♏ 05 22	17 02 54	24 18 26	15 14 60	29 48 54	0 36 59	15 09 27	18 30 56	1 51 37	8 14 14	27 35 32	15 46 15	5 16 49
27 Su	11 32 32	23 07 21	29 02 50	24 09 39	16 36 35	0 ♎ 17 09	1 08 56	15 35 32	18 52 57	2 05 53	8 21 13	27 42 10	15 53 37	5 26 04
28 M	12 44 41	5 ♐ 08 57	11 ♐ 04 04	24 13 52	18 00 59	0 47 51	1 43 47	16 04 35	19 17 49	2 22 56	8 30 55	27 51 35	16 03 50	5 38 12
29 Tu	13 59 04	17 12 40	23 08 39	24 29 52	19 27 32	1 20 22	2 20 54	16 36 00	19 44 54	2 42 09	8 42 43	28 03 10	16 16 18	5 52 33
30 W	15 14 40	29 19 50	5 ♑ 17 35	24 55 57	20 55 16	1 53 42	2 59 18	17 08 47	20 13 13	3 02 32	8 55 38	28 15 55	16 30 01	6 08 08
31 Th	16 30 18	11 ♑ 30 55	17 31 04	25 30 09	22 22 59	2 26 38	3 37 46	17 41 43	20 41 35	3 22 53	9 08 28	28 28 40	16 43 47	6 23 46

Notes

January 2044 LONGITUDE

Day	☉	0 hr ☽	Noon ☽	☿	♀	♂	⚵	⚳	♃	♄	⚷	♅	♆	♇
1 F	17 ♑ 44 45	23 ♑ 45 52	29 ♑ 48 55	26 ♐ 10 32	23 ♒ 49 28	2 ♎ 57 58	4 ♒ 15 07	18 ♓ 13 37	21 ♑ 08 46	3 ♐ 41 59	9 ♍ 20 01	28 ♌ 40 11	16 ♉ 56 25	6 ♓ 38 15
2 Sa	18 56 60	6 ♒ 04 40	12 ♒ 11 07	26 55 20	25 13 42	3 26 41	4 50 19	18 43 27	21 33 46	3 58 51	9 29 16	28 49 27	17 06 52	6 50 32
3 Su	20 06 23	18 27 42	24 38 12	27 43 13	26 35 01	3 52 05	5 22 43	19 10 32	21 55 54	4 12 47	9 35 33	28 55 50	17 14 30	6 59 59
4 M	21 12 43	0 ♓ 56 10	7 ♓ 11 35	28 33 21	27 53 14	4 13 59	5 52 07	19 34 42	22 14 59	4 23 36	9 38 40	28 59 06	17 19 06	7 06 24
5 Tu	22 16 18	13 32 18	19 53 51	29 25 29	29 08 38	4 32 40	6 18 48	19 56 14	22 31 20	4 31 37	9 38 56	28 59 36	17 20 59	7 10 05
6 W	23 17 53	26 19 23	2 ♈ 48 29	0 ♑ 19 50	0 ♓ 22 00	4 48 55	6 43 33	20 15 55	22 45 39	4 37 34	9 37 07	28 58 04	17 20 56	7 11 48
7 Th	24 18 35	9 ♈ 21 29	15 59 42	1 17 03	1 34 25	5 03 47	7 07 28	20 34 49	22 59 08	4 42 35	9 34 20	28 55 36	17 20 00	7 12 39
8 F	25 19 37	22 42 55	29 31 41	2 17 58	2 47 07	5 18 32	7 31 46	20 54 12	23 12 57	4 47 53	9 31 46	28 53 27	17 19 28	7 13 51
9 Sa	26 22 06	6 ♉ 27 29	13 ♉ 27 46	3 23 19	4 01 12	5 34 14	7 57 35	21 15 08	23 28 13	4 54 35	9 30 35	28 52 44	17 20 25	7 16 32
10 Su	27 26 48	20 37 29	27 49 19	4 33 33	5 17 27	5 51 40	8 25 41	21 38 26	23 45 43	5 03 27	9 31 33	28 54 12	17 23 39	7 21 28
11 M	28 33 59	5 ♊ 12 35	12 ♊ 34 41	5 48 39	6 36 06	6 11 04	8 56 17	22 04 18	24 05 40	5 14 43	9 34 53	28 58 07	17 29 22	7 28 53
12 Tu	29 43 16	20 09 07	27 38 40	7 08 01	7 56 48	6 32 04	9 29 03	22 32 24	24 27 45	5 28 02	9 40 14	29 04 07	17 37 15	7 38 27
13 W	0 ♒ 53 47	5 ♋ 19 51	12 ♋ 52 40	8 30 33	9 18 40	6 53 46	10 03 06	23 01 51	24 51 04	5 42 31	9 46 45	29 11 20	17 46 24	7 49 15
14 Th	2 04 22	20 34 42	28 05 46	9 54 53	10 40 31	7 14 60	10 37 16	23 31 28	25 14 26	5 57 01	9 53 15	29 18 35	17 55 40	8 00 09
15 F	3 13 49	5 ♌ 42 25	13 ♌ 06 47	11 19 41	12 01 10	7 34 33	11 10 22	24 00 04	25 36 40	6 10 19	9 58 33	29 24 41	18 03 50	8 09 57
16 Sa	4 21 16	20 32 33	27 46 12	12 43 55	13 19 44	7 51 32	11 41 29	24 26 46	25 56 54	6 21 33	10 01 44	29 28 45	18 10 02	8 17 45
17 Su	5 26 15	4 ♍ 57 20	11 ♍ 57 44	14 07 02	14 35 47	8 05 30	12 10 12	24 51 07	26 14 39	6 30 15	10 02 24	29 30 20	18 13 50	8 23 07
18 M	6 28 53	18 52 37	25 38 49	15 29 01	15 49 24	8 16 32	12 36 36	25 13 13	26 30 04	6 36 33	10 00 39	29 29 34	18 15 19	8 26 09
19 Tu	7 29 45	2 ♎ 17 49	8 ♎ 50 20	16 50 21	17 01 09	8 25 11	13 01 17	25 33 38	26 43 41	6 40 59	9 57 03	29 26 59	18 15 03	8 27 26
20 W	8 29 43	15 15 25	21 35 46	18 11 50	18 11 55	8 32 19	13 25 06	25 53 15	26 56 23	6 44 28	9 52 28	29 23 29	18 13 56	8 27 49
21 Th	9 29 46	27 49 51	4 ♏ 00 15	19 34 24	19 22 43	8 38 56	13 49 04	26 13 04	27 09 11	6 47 58	9 47 55	29 20 04	18 12 57	8 28 20
22 F	10 30 52	10 ♏ 06 38	16 09 35	20 58 56	20 34 27	8 45 58	14 14 06	26 34 01	27 22 60	6 52 26	9 44 19	29 17 40	18 13 03	8 29 54
23 Sa	11 33 41	22 11 32	28 09 36	22 26 05	21 47 50	8 54 04	14 40 55	26 56 47	27 38 32	6 58 33	9 42 24	29 16 59	18 14 55	8 33 13
24 Su	12 38 36	4 ♐ 10 00	10 ♐ 05 37	23 56 10	23 03 13	9 03 36	15 09 51	27 21 45	27 56 08	7 06 41	9 42 30	29 18 22	18 18 54	8 38 38
25 M	13 45 34	16 06 45	22 02 05	25 29 07	24 20 35	9 14 31	15 40 54	27 48 51	28 15 47	7 16 49	9 44 36	29 21 49	18 25 00	8 46 08
26 Tu	14 54 13	28 05 34	4 ♑ 02 26	27 04 32	25 39 31	9 26 27	16 13 39	28 17 44	28 37 05	7 28 32	9 48 19	29 26 55	18 32 49	8 55 19
27 W	16 03 50	10 ♑ 09 14	16 09 04	28 41 42	26 59 21	9 38 40	16 47 27	28 47 41	28 59 22	7 41 11	9 52 59	29 33 00	18 41 40	9 05 31
28 Th	17 13 37	22 19 34	28 23 25	0 ♒ 19 45	28 19 14	9 50 20	17 21 26	29 17 53	29 21 46	7 53 54	9 57 44	29 39 14	18 50 43	9 15 53
29 F	18 22 40	4 ♒ 37 36	10 ♒ 46 09	1 57 50	29 38 18	10 00 34	17 54 44	29 47 27	29 43 27	8 05 49	10 01 43	29 44 44	18 59 05	9 25 33
30 Sa	19 30 15	17 03 49	23 17 28	3 35 11	0 ♈ 55 49	10 08 38	18 26 37	0 ♈ 15 39	0 ♒ 03 38	8 16 13	10 04 11	29 48 46	19 06 02	9 33 46
31 Su	20 35 53	29 38 27	5 ♓ 57 28	5 11 17	2 11 16	10 14 02	18 56 35	0 41 58	0 21 51	8 24 34	10 04 41	29 50 52	19 11 05	9 40 04

February 2044 LONGITUDE

Day	☉	0 hr ☽	Noon ☽	☿	♀	♂	⚵	⚳	♃	♄	⚷	♅	♆	♇
1 M	21 ♒ 39 23	12 ♓ 21 47	18 ♓ 46 21	6 ♒ 45 60	3 ♈ 24 29	10 ♎ 16 34	19 ♒ 24 28	1 ♈ 06 16	0 ♒ 37 56	8 ♐ 30 44	10 ♍ 02 60	29 ♌ 50 49	19 ♉ 14 03	9 ♓ 44 15
2 Tu	22 40 56	25 14 24	1 ♈ 34 48	8 19 29	4 35 39	10 16 24	19 50 27	1 28 42	0 52 02	8 34 52	9 59 20	29 48 51	19 15 07	9 46 31
3 W	23 41 01	8 ♈ 17 24	14 53 60	9 52 13	5 45 14	10 14 03	20 14 60	1 49 45	1 04 39	8 37 29	9 54 11	29 45 25	19 14 47	9 47 20
4 Th	24 40 21	21 32 19	28 15 36	11 24 58	6 53 58	10 10 12	20 38 51	2 10 08	1 16 30	8 39 16	9 48 16	29 41 15	19 13 45	9 47 26
5 F	25 39 44	5 ♉ 00 55	11 ♉ 51 22	12 58 29	8 02 38	10 05 39	21 02 48	2 30 40	1 28 23	8 41 02	9 42 22	29 37 09	19 12 49	9 47 37
6 Sa	26 39 53	18 44 51	25 42 45	14 33 33	9 11 57	10 01 08	21 27 34	2 52 03	1 41 01	8 43 31	9 37 15	29 33 50	19 12 43	9 48 36
7 Su	27 41 19	2 ♊ 44 60	9 ♊ 50 13	16 10 39	10 22 26	9 57 08	21 53 39	3 14 49	1 54 55	8 47 12	9 33 23	29 31 49	19 13 58	9 50 54
8 M	28 44 12	17 00 56	24 12 38	17 49 59	11 34 14	9 53 51	22 21 14	3 39 06	2 10 15	8 52 16	9 30 58	29 31 17	19 16 43	9 54 40
9 Tu	29 48 21	1 ♋ 30 24	8 ♋ 46 53	19 31 23	12 47 10	9 51 04	22 50 09	4 04 46	2 26 50	8 58 32	9 29 49	29 32 03	19 20 47	9 59 44
10 W	0 ♓ 53 17	16 09 05	23 27 50	21 14 23	14 00 46	9 48 19	23 19 53	4 31 17	2 44 11	9 05 32	9 29 27	29 33 37	19 25 43	10 05 38
11 Th	1 58 21	0 ♌ 50 53	8 ♌ 08 42	22 58 20	15 14 21	9 44 57	23 49 47	4 58 01	3 01 38	9 12 35	9 29 13	29 35 21	19 30 50	10 11 40
12 F	3 02 53	15 28 36	22 42 05	24 42 35	16 27 16	9 40 17	24 19 12	5 24 17	3 18 32	9 19 02	9 28 27	29 36 34	19 35 27	10 17 13
13 Sa	4 06 21	29 55 00	7 ♍ 01 02	26 26 37	17 38 58	9 33 47	24 47 36	5 49 35	3 34 20	9 24 21	9 26 38	29 36 45	19 39 05	10 21 43
14 Su	5 08 29	14 ♍ 03 53	21 00 05	28 10 12	18 49 11	9 25 13	25 14 43	6 13 37	3 48 47	9 28 15	9 23 29	29 35 38	19 41 26	10 24 55
15 M	6 09 18	27 50 58	4 ♎ 35 55	29 53 20	19 57 55	9 14 34	25 40 32	6 36 24	4 01 53	9 30 46	9 19 02	29 33 13	19 42 31	10 26 49
16 Tu	7 09 02	11 ♎ 14 13	17 47 35	1 ♓ 36 17	21 05 25	9 02 06	26 05 19	6 58 12	4 13 52	9 32 08	9 13 30	29 29 45	19 42 35	10 27 40
17 W	8 08 07	24 13 51	0 ♏ 36 16	3 19 28	22 12 06	8 48 13	26 29 29	7 19 23	4 25 09	9 32 45	9 07 20	29 25 40	19 42 02	10 27 52
18 Th	9 07 01	6 ♏ 52 01	13 04 50	5 03 24	23 18 25	8 33 25	26 53 31	7 40 29	4 36 14	9 33 08	9 01 00	29 21 26	19 41 22	10 27 56
19 F	10 06 12	19 12 13	25 17 22	6 48 32	24 24 52	8 18 11	27 17 52	8 01 56	4 47 33	9 33 42	8 54 58	29 17 30	19 41 02	10 28 17
20 Sa	11 06 00	1 ♐ 18 48	7 ♐ 18 31	8 35 12	25 31 45	8 02 51	27 42 52	8 24 04	4 59 28	9 34 49	8 49 35	29 14 14	19 41 22	10 29 17
21 Su	12 06 37	13 16 33	19 13 14	10 23 36	26 39 15	7 47 38	28 08 43	8 47 04	5 12 08	9 36 41	8 45 02	29 11 48	19 42 34	10 31 07
22 M	13 08 04	25 10 16	1 ♑ 06 18	12 13 45	27 47 24	7 32 33	28 35 25	9 10 59	5 25 36	9 39 16	8 41 20	29 10 14	19 44 39	10 33 48
23 Tu	14 10 10	7 ♑ 04 32	13 02 10	14 05 28	28 56 02	7 17 29	29 02 50	9 35 38	5 39 41	9 42 28	8 38 21	29 09 23	19 47 27	10 37 10
24 W	15 12 42	19 03 29	25 04 43	15 58 28	0 ♉ 04 54	7 02 11	29 30 42	10 00 45	5 54 09	9 46 00	8 35 48	29 08 59	19 50 44	10 40 59
25 Th	16 15 19	1 ♒ 10 38	7 ♒ 17 10	17 52 24	1 13 38	6 46 21	29 58 41	10 26 02	6 08 40	9 49 33	8 33 23	29 08 42	19 54 08	10 44 54
26 F	17 17 42	13 28 52	19 41 58	19 46 54	2 21 56	6 29 41	0 ♓ 26 29	10 51 09	6 22 54	9 52 47	8 30 47	29 08 15	19 57 23	10 48 37
27 Sa	18 19 36	26 00 14	2 ♓ 20 42	21 41 40	3 29 33	6 11 60	0 53 50	11 15 51	6 36 37	9 55 28	8 27 45	29 07 22	20 00 12	10 51 53
28 Su	19 20 53	8 ♓ 45 58	15 14 09	23 36 28	4 36 20	5 53 09	1 20 36	11 40 00	6 49 39	9 57 27	8 24 09	29 05 54	20 02 27	10 54 32
29 M	20 21 32	21 46 31	28 22 18	25 31 12	5 42 14	5 33 09	1 46 45	12 03 34	7 02 00	9 58 43	8 19 57	29 03 50	20 04 07	10 56 35

Notes

LONGITUDE — March 2044

Day	☉	0 hr ☽	Noon ☽	☿	♀	♂	⚵	⚳	♃	♄	⚷	♅	♆	♇
1 Tu	21♓21 36	5♈01 34	11♈44 29	27♓25 50	6♉47 21	5♌12 07	2♓12 23	12♈26 38	7♒13 45	9♐59 21	8♍15 15	29♌01 17	20♉05 17	10♓58 05
2 W	22 21 18	18 30 11	25 19 29	29 20 23	7 51 51	4 50 18	2 37 41	12 49 24	7 25 05	9 59 32	8 10 14	28 58 23	20 06 07	10 59 15
3 Th	23 20 50	2♉10 59	9♉05 46	1♈14 55	8 55 57	4 27 55	3 02 50	13 12 03	7 36 11	9 59 28	8 05 07	28 55 23	20 06 51	11 00 15
4 F	24 20 24	16 02 18	23 01 34	3 09 24	9 59 48	4 05 13	3 28 03	13 34 48	7 47 16	9 59 22	8 00 06	28 52 29	20 07 41	11 01 19
5 Sa	25 20 06	0♊02 16	7♊04 59	5 03 44	11 03 34	3 42 21	3 53 28	13 57 46	7 58 28	9 59 21	7 55 19	28 49 47	20 08 43	11 02 34
6 Su	26 20 01	14 08 52	21 14 01	6 57 42	12 07 15	3 19 26	4 19 06	14 20 60	8 09 48	9 59 28	7 50 49	28 47 21	20 10 01	11 04 03
7 M	27 20 05	28 19 59	5♋26 29	8 50 56	13 10 48	2 56 28	4 44 57	14 44 27	8 21 16	9 59 41	7 46 33	28 45 08	20 11 32	11 05 43
8 Tu	28 20 13	12♋33 18	19 39 56	10 42 58	14 14 08	2 33 23	5 10 53	15 08 01	8 32 43	9 59 53	7 42 25	28 43 04	20 13 11	11 07 29
9 W	29 20 18	26 46 15	3♌51 40	12 33 20	15 17 07	2 10 07	5 36 49	15 31 37	8 44 05	9 59 59	7 38 20	28 40 60	20 14 50	11 09 14
10 Th	0♈20 15	10♌55 58	17 58 43	14 21 30	16 19 40	1 46 38	6 02 40	15 55 08	8 55 17	9 59 54	7 34 13	28 38 53	20 16 26	11 10 52
11 F	1 20 05	24 59 27	1♍57 57	16 07 02	17 21 46	1 22 58	6 28 24	16 18 35	9 06 17	9 59 36	7 30 03	28 36 42	20 17 57	11 12 25
12 Sa	2 19 49	8♍53 38	15 46 22	17 49 28	18 23 26	0 59 13	6 54 05	16 42 00	9 17 08	9 59 09	7 25 54	28 34 30	20 19 27	11 13 54
13 Su	3 19 35	22 35 38	29 21 17	19 28 25	19 24 47	0 35 32	7 19 50	17 05 30	9 27 57	9 58 40	7 21 52	28 32 24	20 21 01	11 15 25
14 M	4 19 29	6♎03 06	12♎40 41	21 03 31	20 25 54	0 12 04	7 45 45	17 29 12	9 38 51	9 58 14	7 18 03	28 30 30	20 22 47	11 17 07
15 Tu	5 19 37	19 14 23	25 43 24	22 34 20	21 26 54	29♍48 57	8 11 56	17 53 11	9 49 55	9 57 59	7 14 35	28 28 54	20 24 51	11 19 04
16 W	6 20 02	2♏08 47	8♏29 16	24 00 26	22 27 47	29 26 17	8 38 25	18 17 30	10 01 12	9 57 57	7 11 29	28 27 39	20 27 14	11 21 19
17 Th	7 20 41	14 46 38	20 59 13	25 21 17	23 28 30	29 04 03	9 05 09	18 42 05	10 12 39	9 58 04	7 08 42	28 26 42	20 29 55	11 23 49
18 F	8 21 26	27 09 19	3♐15 08	26 36 20	24 28 56	28 42 10	9 32 02	19 06 50	10 24 08	9 58 14	7 06 08	28 25 56	20 32 45	11 26 27
19 Sa	9 22 07	9♐19 10	15 19 48	27 44 59	25 28 52	28 20 31	9 58 53	19 31 34	10 35 28	9 58 15	7 03 37	28 25 10	20 35 34	11 29 02
20 Su	10 22 33	21 19 20	27 16 44	28 46 40	26 28 06	27 58 56	10 25 28	19 56 05	10 46 28	9 57 56	7 00 55	28 24 12	20 38 11	11 31 22
21 M	11 22 31	3♑13 43	9♑10 05	29 40 54	27 26 25	27 37 15	10 51 38	20 20 11	10 56 56	9 57 06	6 57 52	28 22 51	20 40 23	11 33 15
22 Tu	12 21 55	15 06 39	21 04 19	0♉27 17	28 23 43	27 15 26	11 17 15	20 43 46	11 06 46	9 55 38	6 54 22	28 20 60	20 42 04	11 34 36
23 W	13 20 44	27 02 49	3♒04 09	1 05 35	29 19 58	26 53 28	11 42 19	21 06 49	11 15 56	9 53 32	6 50 24	28 18 39	20 43 13	11 35 24
24 Th	14 19 06	9♒07 01	15 14 13	1 35 47	0♊15 15	26 31 32	12 06 57	21 29 27	11 24 34	9 50 54	6 46 05	28 15 55	20 43 58	11 35 45
25 F	15 17 15	21 23 48	27 38 52	1 58 02	1 09 47	26 09 54	12 31 22	21 51 54	11 32 53	9 47 58	6 41 39	28 13 01	20 44 32	11 35 53
26 Sa	16 15 28	3♓57 15	10♓21 43	2 12 36	2 03 52	25 48 53	12 55 54	22 14 29	11 41 12	9 45 03	6 37 25	28 10 17	20 45 14	11 36 07
27 Su	17 14 08	16 50 30	23 25 17	2 19 54	2 57 51	25 28 54	13 20 52	22 37 32	11 49 52	9 42 31	6 33 44	28 08 04	20 46 25	11 36 49
28 M	18 13 31	0♈05 21	6♈50 37	2 20 24	3 51 59	25 10 16	13 46 36	23 01 22	11 59 11	9 40 39	6 30 54	28 06 39	20 48 23	11 38 15
29 Tu	19 13 50	13 41 55	20 36 60	2 14 30	4 46 27	24 53 13	14 13 17	23 26 09	12 09 20	9 39 39	6 29 08	28 06 15	20 51 20	11 40 39
30 W	20 15 05	27 38 24	4♉41 47	2 02 32	5 41 15	24 37 46	14 40 55	23 51 56	12 20 20	9 39 32	6 28 25	28 06 52	20 55 16	11 43 59
31 Th	21 17 05	11♉51 12	19 00 37	1 44 44	6 36 08	24 23 46	15 09 18	24 18 29	12 31 58	9 40 06	6 28 33	28 08 18	20 59 59	11 48 05

LONGITUDE — April 2044

Day	☉	0 hr ☽	Noon ☽	☿	♀	♂	⚵	⚳	♃	♄	⚷	♅	♆	♇
1 F	22♈19 25	26♉15 11	3♊28 00	1♉21 14	7♊30 42	24♍10 49	15♓38 02	24♈45 25	12♒43 52	9♐40 57	6♍29 10	28♌10 09	21♉05 05	11♓52 33
2 Sa	23 21 35	10♊44 27	17 57 57	0 52 10	8 24 25	23 58 27	16 06 39	25 12 13	12 55 31	9 41 35	6 29 46	28 11 56	21 10 06	11 56 52
3 Su	24 23 05	25 13 11	2♋24 55	0 17 45	9 16 45	23 46 12	16 34 36	25 38 25	13 06 25	9 41 31	6 29 49	28 13 08	21 14 29	12 00 32
4 M	25 23 32	9♋36 21	16 44 25	29♈38 23	10 07 17	23 33 40	17 01 32	26 03 36	13 16 10	9 40 21	6 28 58	28 13 23	21 17 53	12 03 12
5 Tu	26 22 48	23 50 19	0♌53 26	28 54 48	10 55 51	23 20 44	17 27 18	26 27 38	13 24 38	9 37 57	6 27 04	28 12 31	21 20 08	12 04 41
6 W	27 21 01	7♌52 55	14 50 21	28 08 04	11 42 33	23 07 33	17 52 01	26 50 38	13 31 57	9 34 27	6 24 15	28 10 42	21 21 23	12 05 08
7 Th	28 18 34	21 43 20	28 34 46	27 19 29	12 27 44	22 54 31	18 16 06	27 13 02	13 38 31	9 30 15	6 20 54	28 08 18	21 22 02	12 04 56
8 F	29 16 02	5♍21 40	12♍07 01	26 30 34	13 11 58	22 42 12	18 40 06	27 35 23	13 44 54	9 25 55	6 17 37	28 05 55	21 22 38	12 04 41
9 Sa	0♉14 02	18 48 26	25 27 43	25 42 52	13 55 50	22 31 16	19 04 40	27 58 18	13 51 44	9 22 06	6 15 01	28 04 10	21 23 51	12 05 00
10 Su	1 13 10	2♎04 12	8♎37 25	24 57 48	14 39 51	22 22 15	19 30 22	28 22 23	13 59 34	9 19 21	6 13 40	28 03 36	21 26 13	12 06 27
11 M	2 13 47	15 09 21	21 36 27	24 16 31	15 24 22	22 15 33	19 57 35	28 47 59	14 08 48	9 18 04	6 13 58	28 04 38	21 30 07	12 09 25
12 Tu	3 16 03	28 03 55	4♏24 53	23 39 51	16 09 30	22 11 19	20 26 26	29 15 15	14 19 34	9 18 22	6 16 01	28 07 23	21 35 42	12 14 01
13 W	4 19 47	10♏47 45	17 02 41	23 08 16	16 55 02	22 09 22	20 56 46	29 44 01	14 31 41	9 20 07	6 19 42	28 11 42	21 42 49	12 20 07
14 Th	5 24 35	23 20 44	29 29 55	22 41 50	17 40 31	22 09 18	21 28 12	0♉13 54	14 44 47	9 22 54	6 24 35	28 17 10	21 51 02	12 27 19
15 F	6 29 52	5♐42 60	11♐47 03	22 20 22	18 25 20	22 10 32	22 00 06	0 44 17	14 58 14	9 26 08	6 30 06	28 23 12	21 59 47	12 34 60
16 Sa	7 34 56	17 55 14	23 55 07	22 03 28	19 08 43	22 12 21	22 31 47	1 14 28	15 11 21	9 29 06	6 35 31	28 29 06	22 08 20	12 42 28
17 Su	8 39 07	29 58 55	5♑56 00	21 50 40	19 49 58	22 14 05	23 02 35	1 43 47	15 23 27	9 31 08	6 40 11	28 34 11	22 16 03	12 49 03
18 M	9 41 52	11♑56 26	17 52 29	21 41 35	20 28 30	22 15 11	23 31 58	2 11 42	15 34 00	9 31 43	6 43 34	28 37 56	22 22 22	12 54 14
19 Tu	10 42 55	23 51 11	29 48 14	21 35 57	21 03 58	22 15 22	23 59 37	2 37 56	15 42 44	9 30 33	6 45 22	28 40 03	22 27 01	12 57 42
20 W	11 42 15	5♒47 25	11♒47 50	21 33 48	21 36 20	22 14 38	24 25 35	3 02 29	15 49 37	9 27 39	6 45 36	28 40 33	22 29 59	12 59 29
21 Th	12 40 13	17 50 14	23 56 27	21 35 25	22 05 52	22 13 18	24 50 10	3 25 40	15 55 00	9 23 20	6 44 36	28 39 45	22 31 37	12 59 53
22 F	13 37 24	0♓05 09	6♓19 37	21 41 18	22 33 08	22 11 58	25 13 58	3 48 06	15 59 29	9 18 14	6 42 58	28 38 16	22 32 31	12 59 32
23 Sa	14 34 36	12 37 44	19 02 38	21 52 07	22 58 51	22 11 25	25 37 46	4 10 33	16 03 50	9 13 06	6 41 29	28 36 51	22 33 27	12 59 11
24 Su	15 32 38	25 33 01	2♈10 04	22 08 34	23 23 47	22 12 28	26 02 24	4 33 51	16 08 54	9 08 47	6 40 58	28 36 23	22 35 15	12 59 41
25 M	16 32 14	8♈54 44	15 44 49	22 31 11	23 48 36	22 15 49	26 28 35	4 58 44	16 15 23	9 06 00	6 42 09	28 37 32	22 38 39	13 01 45
26 Tu	17 33 50	22 44 35	29 47 28	23 00 17	24 13 40	22 21 54	26 56 45	5 25 38	16 23 44	9 05 12	6 45 28	28 40 47	22 44 04	13 05 49
27 W	18 37 28	7♉01 27	14♉15 31	23 35 43	24 38 60	22 30 47	27 26 57	5 54 35	16 33 59	9 06 25	6 50 58	28 46 08	22 51 34	13 11 56
28 Th	19 42 44	21 41 02	29 03 19	24 16 55	25 04 06	22 42 02	27 58 47	6 25 11	16 45 44	9 09 16	6 58 15	28 53 14	23 00 44	13 19 42
29 F	20 48 52	6♊36 04	14♊02 36	25 02 55	25 28 08	22 54 50	28 31 27	6 56 39	16 58 12	9 12 57	7 06 31	29 01 15	23 10 47	13 28 19
30 Sa	21 54 49	21 37 17	29 03 41	25 52 33	25 50 02	23 08 12	29 03 57	7 27 58	17 10 21	9 16 27	7 14 46	29 09 12	23 20 42	13 36 47

Notes

May 2044 — LONGITUDE

Day	☉	0 hr ☽	Noon ☽	☿	♀	♂	⚵	⚳	♃	♄	⚷	♅	♆	♇
1 Su	22 ♉ 59 37	6 ♋ 34 59	13 ♋ 57 12	26 ♈ 44 40	26 ♊ 08 42	23 ♍ 21 06	29 ♓ 35 16	7 ♉ 58 08	17 ♒ 21 12	9 ♐ 18 48	7 ♍ 21 60	29 ♌ 16 04	23 ♉ 29 30	13 ♓ 44 06
2 M	24 02 32	21 20 45	28 35 39	27 38 22	26 23 24	23 32 48	0 ♈ 04 41	8 26 26	17 30 02	9 19 15	7 27 29	29 21 08	23 36 26	13 49 32
3 Tu	25 03 17	5 ♌ 48 38	12 ♌ 54 20	28 33 17	26 33 45	23 43 01	0 31 56	8 52 34	17 36 34	9 17 32	7 30 57	29 24 08	23 41 14	13 52 49
4 W	26 02 06	19 55 45	26 51 32	29 29 28	26 39 58	23 51 59	0 57 14	9 16 48	17 41 01	9 13 55	7 32 39	29 25 18	23 44 09	13 54 12
5 Th	26 59 41	3 ♍ 41 54	10 ♍ 28 03	0 ♉ 27 32	26 42 40	24 00 22	1 21 17	9 39 49	17 44 06	9 09 03	7 33 14	29 25 19	23 45 52	13 54 21
6 F	27 57 01	17 08 56	23 46 18	1 28 19	26 42 48	24 09 08	1 45 04	10 02 34	17 46 47	9 03 57	7 33 43	29 25 09	23 47 22	13 54 15
7 Sa	28 55 10	0 ♎ 19 46	6 ♎ 49 27	2 32 47	26 41 22	24 19 20	2 09 39	10 26 09	17 50 08	8 59 39	7 35 09	29 25 53	23 49 41	13 54 57
8 Su	29 55 02	13 17 33	19 40 40	3 41 47	26 39 17	24 31 53	2 35 56	10 51 27	17 55 03	8 57 06	7 38 27	29 28 26	23 53 46	13 57 25
9 M	0 ♊ 57 16	26 05 04	2 ♏ 22 32	4 55 50	26 37 09	24 47 24	3 04 34	11 19 09	18 02 12	8 56 55	7 44 16	29 33 26	24 00 15	14 02 15
10 Tu	2 02 06	8 ♏ 44 19	14 56 52	6 15 06	26 35 12	25 06 06	3 35 46	11 49 26	18 11 48	8 59 21	7 52 48	29 41 07	24 09 22	14 09 40
11 W	3 09 20	21 16 27	27 24 38	7 39 19	26 33 13	25 27 47	4 09 20	12 22 07	18 23 38	9 04 11	8 03 52	29 51 16	24 20 53	14 19 30
12 Th	4 18 21	3 ♐ 41 54	9 ♐ 46 11	9 07 49	26 30 36	25 51 48	4 44 40	12 56 35	18 37 05	9 10 50	8 16 52	0 ♍ 03 17	24 34 13	14 31 07
13 F	5 28 16	16 00 41	22 01 33	10 39 39	26 26 30	26 17 17	5 20 52	13 31 56	18 51 18	9 18 23	8 30 53	0 16 17	24 48 28	14 43 38
14 Sa	6 38 02	28 12 48	4 ♑ 10 53	12 13 44	26 19 55	26 43 09	5 56 53	14 07 09	19 05 11	9 25 48	8 44 53	0 29 13	25 02 35	14 56 00
15 Su	7 46 39	10 ♑ 18 39	16 14 51	13 48 60	26 09 53	27 08 23	6 31 43	14 41 12	19 17 46	9 32 05	8 57 51	0 41 03	25 15 34	15 07 13
16 M	8 53 17	22 19 23	28 14 59	15 24 36	25 55 39	27 32 09	7 04 31	15 13 16	19 28 12	9 36 24	9 08 58	0 50 59	25 26 35	15 16 27
17 Tu	9 57 25	4 ♒ 17 12	10 ♒ 13 50	17 00 01	25 36 50	27 53 58	7 34 48	15 42 50	19 35 58	9 38 15	9 17 43	0 58 30	25 35 07	15 23 11
18 W	10 59 01	16 15 31	22 15 11	18 35 10	25 13 27	28 13 42	8 02 29	16 09 50	19 41 02	9 37 34	9 24 03	1 03 32	25 41 07	15 27 22
19 Th	11 58 24	28 18 50	4 ♓ 23 51	20 10 21	24 45 59	28 31 44	8 27 56	16 34 37	19 43 43	9 34 42	9 28 17	1 06 26	25 44 56	15 29 20
20 F	12 56 20	10 ♓ 32 40	16 45 31	21 46 21	24 15 22	28 48 47	8 51 53	16 57 57	19 44 47	9 30 25	9 31 12	1 07 58	25 47 19	15 29 51
21 Sa	13 53 52	23 03 02	29 26 14	23 24 09	23 42 45	29 05 54	9 15 21	17 20 50	19 45 15	9 25 44	9 33 50	1 09 08	25 49 17	15 29 57
22 Su	14 52 05	5 ♈ 55 60	12 ♈ 31 47	25 04 54	23 09 28	29 24 11	9 39 29	17 44 25	19 46 16	9 21 47	9 37 16	1 11 05	25 51 57	15 30 44
23 M	15 52 02	19 16 45	26 06 42	26 49 36	22 36 44	29 44 37	10 05 16	18 09 41	19 48 49	9 19 34	9 42 32	1 14 49	25 56 21	15 33 13
24 Tu	16 54 22	3 ♉ 08 38	10 ♉ 13 14	28 38 54	22 05 25	0 ♎ 07 54	10 33 23	18 37 20	19 53 35	9 19 47	9 50 19	1 20 60	26 03 09	15 38 06
25 W	17 59 16	17 32 06	24 50 18	0 ♊ 33 01	21 35 55	0 34 12	11 04 01	19 07 32	20 00 44	9 22 36	10 00 48	1 29 49	26 12 32	15 45 33
26 Th	19 06 19	2 ♊ 23 46	9 ♊ 52 46	2 31 29	21 08 04	1 03 05	11 36 45	19 39 51	20 09 53	9 27 37	10 13 32	1 40 52	26 24 04	15 55 08
27 F	20 14 36	17 36 15	25 11 40	4 33 23	20 41 10	1 33 36	12 10 38	20 13 23	20 20 04	9 33 53	10 27 37	1 53 12	26 36 50	16 05 56
28 Sa	21 22 50	2 ♋ 58 55	10 ♋ 35 21	6 37 25	20 14 11	2 04 30	12 44 26	20 46 51	20 30 03	9 40 09	10 41 47	2 05 33	26 49 34	16 16 42
29 Su	22 29 47	18 19 37	25 51 44	8 42 19	19 46 06	2 34 32	13 16 51	21 19 00	20 38 34	9 45 11	10 54 46	2 16 41	27 01 01	16 26 10
30 M	23 34 28	3 ♌ 27 05	10 ♌ 50 27	10 47 05	19 16 12	3 02 43	13 46 58	21 48 53	20 44 40	9 48 01	11 05 37	2 25 39	27 10 14	16 33 22
31 Tu	24 36 32	18 12 48	25 24 34	12 51 17	18 44 20	3 28 39	14 14 23	22 16 06	20 47 58	9 48 15	11 13 57	2 32 02	27 16 49	16 37 56

June 2044 — LONGITUDE

Day	☉	0 hr ☽	Noon ☽	☿	♀	♂	⚵	⚳	♃	♄	⚷	♅	♆	♇
1 W	25 ♊ 36 11	2 ♍ 32 08	9 ♍ 31 07	14 ♊ 55 02	18 ♊ 10 58	3 ♎ 52 34	14 ♈ 39 20	22 ♉ 40 53	20 ♒ 48 41	9 ♐ 46 09	11 ♍ 19 59	2 ♍ 36 05	27 ♉ 20 60	16 ♓ 40 06
2 Th	26 34 13	16 24 14	23 10 39	16 59 04	17 37 04	4 15 14	15 02 34	23 04 01	20 47 37	9 42 28	11 24 31	2 38 34	27 23 34	16 40 38
3 F	27 31 44	29 51 12	6 ♎ 26 12	19 04 21	17 03 59	4 37 47	15 25 15	23 26 38	20 45 52	9 38 21	11 28 39	2 40 37	27 25 38	16 40 39
4 Sa	28 29 58	12 ♎ 56 53	19 22 08	21 11 59	16 33 07	5 01 24	15 48 34	23 49 56	20 44 41	9 35 01	11 33 37	2 43 27	27 28 25	16 41 24
5 Su	29 30 01	25 45 48	2 ♏ 03 07	23 22 52	16 05 45	5 27 11	16 13 37	24 15 00	20 45 09	9 33 32	11 40 31	2 48 10	27 33 02	16 43 56
6 M	0 ♋ 32 37	8 ♏ 22 17	14 33 21	25 37 34	15 42 45	5 55 52	16 41 08	24 42 36	20 47 59	9 34 41	11 50 03	2 55 29	27 40 11	16 49 01
7 Tu	1 38 03	20 49 53	26 56 10	27 56 07	15 24 32	6 27 42	17 11 24	25 12 59	20 53 30	9 38 42	12 02 32	3 05 41	27 50 10	16 56 55
8 W	2 46 06	3 ♐ 11 11	9 ♐ 13 49	0 ♋ 18 06	15 11 03	7 02 30	17 44 13	25 45 58	21 01 28	9 45 25	12 17 44	3 18 35	28 02 47	17 07 27
9 Th	3 56 08	15 27 40	21 27 34	2 42 36	15 01 45	7 39 37	18 18 56	26 20 53	21 11 15	9 54 12	12 35 02	3 33 31	28 17 23	17 19 57
10 F	5 07 12	27 40 05	3 ♑ 37 57	5 08 23	14 55 43	8 18 04	18 54 35	26 56 48	21 21 54	10 04 03	12 53 27	3 49 32	28 33 00	17 33 28
11 Sa	6 18 10	9 ♑ 48 40	15 45 09	7 34 03	14 51 56	8 56 43	19 30 02	27 32 34	21 32 18	10 13 52	13 11 52	4 05 30	28 48 31	17 46 53
12 Su	7 27 55	21 53 39	27 49 29	9 58 14	14 49 19	9 34 28	20 04 11	28 07 06	21 41 19	10 22 34	13 29 11	4 20 20	29 02 50	17 59 04
13 M	8 35 35	3 ♒ 55 40	9 ♒ 51 45	12 19 46	14 47 01	10 10 25	20 36 08	28 39 29	21 48 04	10 29 13	13 44 29	4 33 06	29 15 02	18 09 09
14 Tu	9 40 35	15 56 06	21 53 39	14 37 48	14 44 29	10 43 59	21 05 19	29 09 09	21 52 00	10 33 16	13 57 13	4 43 15	29 24 33	18 16 33
15 W	10 42 46	27 57 23	3 ♓ 57 56	16 52 00	14 41 34	11 15 02	21 31 36	29 35 58	21 52 58	10 34 35	14 07 13	4 50 39	29 31 16	18 21 08
16 Th	11 42 28	10 ♓ 03 05	16 08 32	19 02 27	14 38 34	11 43 52	21 55 16	0 ♊ 00 13	21 51 16	10 33 28	14 14 50	4 55 36	29 35 28	18 23 12
17 F	12 40 24	22 17 52	28 30 23	21 09 41	14 36 12	12 11 13	22 17 02	0 22 40	21 47 39	10 30 40	14 20 45	4 58 50	29 37 53	18 23 29
18 Sa	13 37 34	4 ♈ 47 12	11 ♈ 09 07	23 14 32	14 35 27	12 38 03	22 37 56	0 44 17	21 43 06	10 27 09	14 25 59	5 01 20	29 39 31	18 22 59
19 Su	14 35 06	17 36 53	24 10 29	25 18 02	14 37 24	13 05 32	22 59 05	1 06 13	21 38 46	10 24 06	14 31 41	5 04 15	29 41 31	18 22 50
20 M	15 34 04	0 ♉ 52 20	7 ♉ 39 28	27 21 05	14 43 03	13 34 41	23 21 32	1 29 31	21 35 42	10 22 32	14 38 53	5 08 38	29 44 55	18 24 06
21 Tu	16 35 12	14 37 41	21 39 21	29 24 21	14 53 07	14 06 16	23 46 00	1 54 55	21 34 39	10 23 12	14 48 20	5 15 13	29 50 28	18 27 30
22 W	17 38 45	28 54 34	6 ♊ 10 27	1 ♌ 28 01	15 07 48	14 40 31	24 12 46	2 22 41	21 35 53	10 26 22	15 00 17	5 24 17	29 58 26	18 33 19
23 Th	18 44 26	13 ♊ 41 13	21 09 16	3 31 43	15 26 43	15 17 08	24 41 31	2 52 30	21 39 04	10 31 44	15 14 26	5 35 29	0 ♊ 08 29	18 41 13
24 F	19 51 23	28 51 46	6 ♋ 28 09	5 34 36	15 48 59	15 55 17	25 11 25	3 23 31	21 43 24	10 38 27	15 29 56	5 48 01	0 19 48	18 50 24
25 Sa	20 58 28	14 ♋ 16 36	21 56 05	7 35 26	16 13 22	16 33 47	25 41 16	3 54 36	21 47 42	10 45 22	15 45 37	6 00 42	0 31 13	18 59 40
26 Su	22 04 26	29 43 41	7 ♌ 20 32	9 32 60	16 38 35	17 11 26	26 09 53	4 24 30	21 50 47	10 51 16	16 00 18	6 12 20	0 41 31	19 07 49
27 M	23 08 22	15 ♌ 00 45	22 29 49	11 26 20	17 03 39	17 47 16	26 36 19	4 52 18	21 51 41	10 55 13	16 13 00	6 21 57	0 49 45	19 13 55
28 Tu	24 09 49	29 57 39	7 ♍ 15 08	13 15 00	17 28 03	18 20 52	27 00 06	5 17 32	21 49 58	10 56 45	16 23 18	6 29 07	0 55 30	19 17 31
29 W	25 08 55	14 ♍ 27 48	21 31 39	14 59 07	17 51 51	18 52 19	27 21 23	5 40 21	21 45 47	10 56 02	16 31 19	6 33 59	0 58 52	19 18 45
30 Th	26 06 18	28 28 38	5 ♎ 18 28	16 39 18	18 15 39	19 22 18	27 40 48	6 01 23	21 39 47	10 53 42	16 37 42	6 37 11	1 00 30	19 18 16

Notes

LONGITUDE

July 2044

Day	☉	0 hr ☽	Noon ☽	☿	♀	♂	⚵	⚳	♃	♄	⚷	♅	♆	♇
1 F	27♋ 02 59	12♎ 01 01	18♎ 37 41	18♌ 16 34	18♊ 40 22	19♎ 51 47	27♈ 59 21	6♊ 21 38	21♒ 32 57	10♐ 50 44	16♍ 43 27	6♍ 39 42	1♊ 01 25	19♓ 17 03
2 Sa	28 00 02	25 08 14	1♏ 33 25	19 51 59	19 07 03	20 21 52	28 18 06	6 42 10	21 26 22	10 48 14	16 49 38	6 42 38	1 02 41	19 16 12
3 Su	28 58 26	7♏ 54 49	14 10 34	21 26 31	19 36 36	20 53 30	28 38 03	7 03 59	21 21 03	10 47 11	16 57 15	6 46 56	1 05 17	19 16 41
4 M	29 58 53	20 25 37	26 34 02	23 00 50	20 09 40	21 27 23	28 59 51	7 27 46	21 17 40	10 48 16	17 06 58	6 53 20	1 09 54	19 19 11
5 Tu	1♌ 01 39	2♐ 45 07	8♐ 48 10	24 35 13	20 46 30	22 03 47	29 23 49	7 53 47	21 16 31	10 51 45	17 19 05	7 02 04	1 16 50	19 24 00
6 W	2 06 37	14 56 60	20 56 25	26 09 31	21 26 53	22 42 35	29 49 48	8 21 55	21 17 27	10 57 32	17 33 27	7 13 03	1 25 56	19 31 01
7 Th	3 13 16	27 04 03	3♑ 01 17	27 43 10	22 10 16	23 23 16	0♉ 17 17	8 51 38	21 19 59	11 05 06	17 49 33	7 25 44	1 36 41	19 39 41
8 F	4 20 49	9♑ 08 13	15 04 24	29 15 22	22 55 49	24 05 01	0 45 28	9 22 10	21 23 20	11 13 38	18 06 37	7 39 20	1 48 18	19 49 13
9 Sa	5 28 20	21 10 45	27 06 49	0♍ 45 09	23 42 34	24 46 56	1 13 25	9 52 34	21 26 33	11 22 14	18 23 43	7 52 56	1 59 52	19 58 43
10 Su	6 34 55	3♒ 12 33	9♒ 09 19	2 11 34	24 29 33	25 28 05	1 40 15	10 21 56	21 28 46	11 29 59	18 39 55	8 05 37	2 10 28	20 07 15
11 M	7 39 49	15 14 27	21 12 45	3 33 48	25 15 59	26 07 44	2 05 11	10 49 32	21 29 13	11 36 08	18 54 30	8 16 39	2 19 21	20 14 05
12 Tu	8 42 33	27 17 39	3♓ 18 20	4 51 20	26 01 21	26 45 24	2 27 45	11 14 52	21 27 25	11 40 13	19 06 58	8 25 31	2 26 03	20 18 44
13 W	9 42 59	9♓ 23 51	15 28 01	6 03 57	26 45 28	27 20 56	2 47 48	11 37 48	21 23 16	11 42 05	19 17 11	8 32 08	2 30 24	20 21 04
14 Th	10 41 21	21 35 34	27 44 33	7 11 49	27 28 31	27 54 33	3 05 33	11 58 32	21 16 58	11 41 58	19 25 22	8 36 40	2 32 40	20 21 18
15 F	11 38 11	3♈ 56 08	10♈ 11 30	8 15 21	28 11 00	28 26 48	3 21 33	12 17 38	21 09 04	11 40 23	19 32 04	8 39 42	2 33 20	20 19 59
16 Sa	12 34 15	16 29 34	22 53 05	9 15 16	28 53 40	28 58 27	3 36 32	12 35 52	21 00 21	11 38 09	19 38 02	8 41 58	2 33 13	20 17 52
17 Su	13 30 26	29 20 18	5♉ 53 45	10 12 20	29 37 19	29 30 22	3 51 24	12 54 05	20 51 41	11 36 06	19 44 09	8 44 21	2 33 10	20 15 50
18 M	14 27 33	12♉ 32 39	19 17 36	11 07 15	0♋ 22 47	0♏ 03 23	4 06 57	13 13 07	20 43 55	11 35 03	19 51 15	8 47 41	2 34 01	20 14 43
19 Tu	15 26 12	26 10 08	3♊ 07 36	12 00 29	1 10 35	0 38 04	4 23 47	13 33 33	20 37 36	11 35 38	19 59 54	8 52 33	2 36 21	20 15 05
20 W	16 26 37	10♊ 14 35	17 24 39	12 52 10	2 00 57	1 14 40	4 42 07	13 55 38	20 33 02	11 38 04	20 10 22	8 59 12	2 40 24	20 17 13
21 Th	17 28 38	24 45 21	2♋ 06 43	13 41 60	2 53 41	1 53 02	5 01 47	14 19 11	20 30 02	11 42 11	20 22 28	9 07 27	2 46 01	20 20 54
22 F	18 31 41	9♋ 38 33	17 08 28	14 29 15	3 48 12	2 32 35	5 22 13	14 43 39	20 28 02	11 47 25	20 35 38	9 16 45	2 52 38	20 25 37
23 Sa	19 34 58	24 47 07	2♌ 21 26	15 12 57	4 43 38	3 12 30	5 42 37	15 08 12	20 26 14	11 52 58	20 49 03	9 26 16	2 59 25	20 30 31
24 Su	20 37 37	10♌ 01 26	17 35 14	15 52 06	5 39 06	3 51 56	6 02 05	15 31 59	20 23 47	11 57 58	21 01 52	9 35 10	3 05 32	20 34 46
25 M	21 38 55	25 10 52	2♍ 39 14	16 25 49	6 33 54	4 30 11	6 19 56	15 54 18	20 19 60	12 01 43	21 13 23	9 42 44	3 10 17	20 37 39
26 Tu	22 38 32	10♍ 05 33	17 24 24	16 53 34	7 27 37	5 06 52	6 35 48	16 14 46	20 14 30	12 03 51	21 23 13	9 48 36	3 13 16	20 38 49
27 W	23 36 28	24 37 56	1♎ 44 31	17 15 12	8 20 15	5 42 01	6 49 41	16 33 25	20 07 19	12 04 24	21 31 25	9 52 47	3 14 33	20 38 16
28 Th	24 33 05	8♎ 43 41	15 36 46	17 30 56	9 12 11	6 15 59	7 01 58	16 50 37	19 58 50	12 03 43	21 38 19	9 55 41	3 14 28	20 36 24
29 F	25 29 01	22 21 39	29 01 21	17 41 12	10 03 59	6 49 25	7 13 15	17 06 59	19 49 42	12 02 27	21 44 34	9 57 53	3 13 40	20 33 49
30 Sa	26 24 58	5♏ 33 17	12♏ 00 43	17 46 35	10 56 20	7 23 00	7 24 15	17 23 13	19 40 35	12 01 17	21 50 52	10 00 06	3 12 51	20 31 15
31 Su	27 21 35	18 21 53	24 38 50	17 47 35	11 49 53	7 57 23	7 35 35	17 39 58	19 32 10	12 00 52	21 57 51	10 02 59	3 12 39	20 29 19

LONGITUDE

August 2044

Day	☉	0 hr ☽	Noon ☽	☿	♀	♂	⚵	⚳	♃	♄	⚷	♅	♆	♇
1 M	28♌ 19 20	0♐ 51 40	7♐ 00 14	17♍ 44 34	12♋ 45 05	8♏ 33 01	7♉ 47 45	17♊ 57 42	19♒ 24 54	12♐ 01 41	22♍ 05 59	10♍ 07 00	3♊ 13 32	20♓ 28 29
2 Tu	29 18 26	13 07 09	19 09 34	17 37 42	13 42 08	9 10 09	8 00 56	18 16 38	19 19 02	12 03 56	22 15 30	10 12 22	3 15 44	20 28 60
3 W	0♍ 18 50	25 12 42	1♑ 11 04	17 26 55	14 40 58	9 48 42	8 15 06	18 36 43	19 14 31	12 07 35	22 26 21	10 19 03	3 19 12	20 30 48
4 Th	1 20 17	7♑ 12 11	13 08 28	17 11 60	15 41 18	10 28 25	8 29 57	18 57 40	19 11 05	12 12 20	22 38 14	10 26 46	3 23 39	20 33 36
5 F	2 22 18	19 08 56	25 04 47	16 52 34	16 42 40	11 08 50	8 45 03	19 19 03	19 08 17	12 17 47	22 50 44	10 35 03	3 28 39	20 36 59
6 Sa	3 24 24	1♒ 05 38	7♒ 02 29	16 28 20	17 44 31	11 49 27	8 59 52	19 40 20	19 05 35	12 23 21	23 03 18	10 43 24	3 33 39	20 40 24
7 Su	4 26 03	13 04 28	19 03 29	15 59 02	18 46 22	12 29 43	9 13 52	20 00 59	19 02 31	12 28 34	23 15 27	10 51 17	3 38 10	20 43 21
8 M	5 26 50	25 07 15	1♓ 09 23	15 24 38	19 47 45	13 09 14	9 26 39	20 20 36	18 58 38	12 33 00	23 26 44	10 58 18	3 41 47	20 45 25
9 Tu	6 26 29	7♓ 15 33	13 21 37	14 45 22	20 48 24	13 47 44	9 37 56	20 38 56	18 53 42	12 36 24	23 36 54	11 04 11	3 44 13	20 46 20
10 W	7 24 58	19 30 53	25 41 38	14 01 44	21 48 15	14 25 10	9 47 39	20 55 52	18 47 38	12 38 40	23 45 54	11 08 51	3 45 25	20 46 02
11 Th	8 22 21	1♈ 54 51	8♈ 11 03	13 14 34	22 47 24	15 01 37	9 55 54	21 11 34	18 40 35	12 39 57	23 53 49	11 12 26	3 45 29	20 44 38
12 F	9 18 58	14 29 18	20 51 45	12 24 55	23 46 07	15 37 24	10 02 58	21 26 16	18 32 48	12 40 31	24 00 56	11 15 13	3 44 42	20 42 25
13 Sa	10 15 11	27 16 16	3♉ 45 49	11 34 02	24 44 47	16 12 53	10 09 14	21 40 23	18 24 43	12 40 46	24 07 40	11 17 35	3 43 29	20 39 47
14 Su	11 11 26	10♉ 17 55	16 55 28	10 43 16	25 43 50	16 48 29	10 15 08	21 54 20	18 16 44	12 41 06	24 14 26	11 19 57	3 42 14	20 37 09
15 M	12 08 06	23 36 21	0♊ 22 40	9 53 58	26 43 36	17 24 37	10 21 01	22 08 29	18 09 15	12 41 56	24 21 37	11 22 43	3 41 21	20 34 54
16 Tu	13 05 26	7♊ 13 15	14 08 46	9 07 23	27 44 22	18 01 31	10 27 09	22 23 07	18 02 32	12 43 31	24 29 27	11 26 08	3 41 04	20 33 19
17 W	14 03 34	21 09 20	28 13 59	8 24 32	28 46 13	18 39 18	10 33 38	22 38 19	17 56 42	12 45 56	24 38 04	11 30 18	3 41 31	20 32 28
18 Th	15 02 22	5♋ 24 02	12♋ 36 58	7 46 16	29 49 03	19 17 52	10 40 22	22 53 59	17 51 38	12 49 07	24 47 22	11 35 08	3 42 36	20 32 16
19 F	16 01 38	19 54 56	27 14 21	7 13 11	0♌ 52 36	19 56 58	10 47 05	23 09 52	17 47 08	12 52 49	24 57 06	11 40 24	3 44 04	20 32 30
20 Sa	17 01 02	4♌ 37 41	12♌ 00 55	6 45 44	1 56 34	20 36 18	10 53 30	23 25 40	17 42 51	12 56 43	25 06 57	11 45 45	3 45 37	20 32 50
21 Su	18 00 14	19 26 12	26 49 50	6 24 15	3 00 37	21 15 33	10 59 15	23 41 03	17 38 30	13 00 29	25 16 35	11 50 53	3 46 54	20 32 58
22 M	18 59 01	4♍ 13 15	11♍ 33 37	6 09 06	4 04 29	21 54 28	11 04 08	23 55 47	17 33 51	13 03 54	25 25 48	11 55 34	3 47 43	20 32 38
23 Tu	19 57 16	18 51 26	26 05 05	6 00 36	5 08 05	22 32 57	11 08 01	24 09 45	17 28 46	13 06 51	25 34 29	11 59 42	3 47 57	20 31 45
24 W	20 55 02	3♎ 14 11	10♎ 18 21	5 59 09	6 11 26	23 11 02	11 10 55	24 22 59	17 23 20	13 09 23	25 42 39	12 03 18	3 47 38	20 30 21
25 Th	21 52 27	17 16 33	24 09 27	6 05 09	7 14 39	23 48 51	11 13 00	24 35 37	17 17 40	13 11 37	25 50 26	12 06 31	3 46 54	20 28 34
26 F	22 49 41	0♏ 55 43	7♏ 36 39	6 18 55	8 17 57	24 26 36	11 14 27	24 47 51	17 11 58	13 13 46	25 58 03	12 09 33	3 45 57	20 26 36
27 Sa	23 46 58	14 10 59	20 40 14	6 40 43	9 21 30	25 04 28	11 15 27	24 59 52	17 06 26	13 16 00	26 05 41	12 12 34	3 44 58	20 24 39
28 Su	24 44 25	27 03 31	3♐ 22 13	7 10 40	10 25 26	25 42 36	11 16 08	25 11 49	17 01 13	13 18 29	26 13 28	12 15 44	3 44 07	20 22 51
29 M	25 42 06	9♐ 35 57	15 45 47	7 48 43	11 29 50	26 21 03	11 16 34	25 23 44	16 56 23	13 21 16	26 21 29	12 19 07	3 43 27	20 21 17
30 Tu	26 40 02	21 51 53	27 54 56	8 34 41	12 34 40	26 59 51	11 16 46	25 35 39	16 51 56	13 24 22	26 29 43	12 22 43	3 42 58	20 19 55
31 W	27 38 08	3♑ 55 31	9♑ 54 02	9 28 16	13 39 54	27 38 53	11 16 38	25 47 29	16 47 47	13 27 41	26 38 06	12 26 26	3 42 37	20 18 43

Notes

September 2044

LONGITUDE

Day	☉	0 hr ☽	Noon ☽	☿	♀	♂	⚵	⚳	♃	♄	⚷	♅	♆	♇
1 Th	28 ♍ 36 19	15 ♑ 51 16	21 ♑ 47 30	10 ♍ 29 04	14 ♌ 45 23	28 ♏ 18 06	11 ♉ 16 06	25 ♊ 59 07	16 ♒ 43 53	13 ♐ 31 09	26 ♍ 46 32	12 ♍ 30 12	3 ♊ 42 16	20 ♓ 17 34
2 F	29 34 28	27 43 31	3 ♒ 39 38	11 36 37	15 51 04	28 57 22	11 15 02	26 10 28	16 40 06	13 34 40	26 54 55	12 33 55	3 41 52	20 16 24
3 Sa	0 ♎ 32 33	9 ♒ 36 27	15 34 26	12 50 28	16 56 51	29 36 38	11 13 25	26 21 28	16 36 24	13 38 09	27 03 13	12 37 31	3 41 19	20 15 07
4 Su	1 30 33	21 33 53	27 35 26	14 10 07	18 02 44	0 ♐ 15 54	11 11 11	26 32 06	16 32 45	13 41 37	27 11 24	12 40 60	3 40 38	20 13 44
5 M	2 28 31	3 ♓ 39 08	9 ♓ 45 38	15 35 10	19 08 46	0 55 12	11 08 26	26 42 25	16 29 13	13 45 06	27 19 30	12 44 23	3 39 51	20 12 17
6 Tu	3 26 31	15 54 53	22 07 24	17 05 10	20 15 01	1 34 37	11 05 13	26 52 29	16 25 54	13 48 40	27 27 38	12 47 47	3 39 03	20 10 52
7 W	4 24 42	28 23 11	4 ♈ 42 23	18 39 43	21 21 37	2 14 17	11 01 40	27 02 26	16 22 53	13 52 28	27 35 53	12 51 19	3 38 22	20 09 35
8 Th	5 23 08	11 ♈ 05 19	17 31 35	20 18 23	22 28 39	2 54 18	10 57 53	27 12 21	16 20 19	13 56 35	27 44 23	12 55 04	3 37 54	20 08 34
9 F	6 21 55	24 01 55	0 ♉ 35 17	22 00 42	23 36 10	3 34 42	10 53 55	27 22 18	16 18 12	14 01 05	27 53 10	12 59 06	3 37 42	20 07 51
10 Sa	7 20 60	7 ♉ 12 57	13 53 14	23 46 09	24 44 10	4 15 29	10 49 46	27 32 15	16 16 34	14 05 56	28 02 13	13 03 23	3 37 45	20 07 25
11 Su	8 20 17	20 37 50	27 24 40	25 34 07	25 52 31	4 56 32	10 45 18	27 42 05	16 15 18	14 11 03	28 11 27	13 07 50	3 37 57	20 07 10
12 M	9 19 37	4 ♊ 15 35	11 ♊ 08 28	27 23 59	27 01 04	5 37 42	10 40 23	27 51 38	16 14 13	14 16 14	28 20 39	13 12 16	3 38 07	20 06 55
13 Tu	10 18 46	18 04 55	25 03 15	29 15 07	28 09 34	6 18 45	10 34 47	28 00 41	16 13 07	14 21 16	28 29 38	13 16 28	3 38 02	20 06 29
14 W	11 17 33	2 ♋ 04 22	9 ♋ 07 24	1 ♎ 06 57	29 17 50	6 59 29	10 28 18	28 09 02	16 11 47	14 25 59	28 38 12	13 20 14	3 37 31	20 05 38
15 Th	12 15 50	16 12 16	23 19 05	2 59 00	0 ♍ 25 46	7 39 47	10 20 51	28 16 33	16 10 07	14 30 14	28 46 14	13 23 27	3 36 27	20 04 16
16 F	13 13 38	0 ♌ 26 42	7 ♌ 36 08	4 51 01	1 33 20	8 19 41	10 12 25	28 23 15	16 08 09	14 34 04	28 53 44	13 26 09	3 34 51	20 02 25
17 Sa	14 11 09	14 45 20	21 55 57	6 42 52	2 40 45	8 59 21	10 03 13	28 29 17	16 06 01	14 37 37	29 00 52	13 28 28	3 32 52	20 00 13
18 Su	15 08 38	29 05 25	6 ♍ 15 26	8 34 40	3 48 15	9 39 03	9 53 31	28 34 58	16 04 02	14 41 11	29 07 56	13 30 43	3 30 49	19 57 59
19 M	16 06 28	13 ♍ 23 37	20 30 60	10 26 32	4 56 13	10 19 09	9 43 42	28 40 38	16 02 33	14 45 08	29 15 18	13 33 15	3 29 02	19 56 04
20 Tu	17 04 59	27 36 09	4 ♎ 38 47	12 18 41	6 04 59	11 00 00	9 34 06	28 46 37	16 01 54	14 49 48	29 23 17	13 36 24	3 27 53	19 54 48
21 W	18 04 25	11 ♎ 39 03	18 34 58	14 11 14	7 14 48	11 41 51	9 24 60	28 53 10	16 02 21	14 55 25	29 32 08	13 40 25	3 27 35	19 54 27
22 Th	19 04 51	25 28 34	2 ♏ 16 06	16 04 08	8 25 43	12 24 45	9 16 27	29 00 20	16 03 57	15 02 04	29 41 56	13 45 22	3 28 14	19 55 04
23 F	20 06 10	9 ♏ 01 34	15 39 38	17 57 12	9 37 37	13 08 35	9 08 24	29 08 02	16 06 36	15 09 39	29 52 33	13 51 09	3 29 42	19 56 33
24 Sa	21 08 05	22 15 57	28 44 11	19 50 05	10 50 15	13 53 06	9 00 33	29 15 57	16 10 01	15 17 51	0 ♎ 03 43	13 57 28	3 31 43	19 58 37
25 Su	22 10 11	5 ♐ 10 54	11 ♐ 29 40	21 42 19	12 03 09	14 37 52	8 52 30	29 23 41	16 13 48	15 26 17	0 15 02	14 03 55	3 33 52	20 00 52
26 M	23 12 01	17 47 02	23 57 21	23 33 25	13 15 54	15 22 25	8 43 49	29 30 46	16 17 28	15 34 29	0 25 60	14 10 02	3 35 42	20 02 49
27 Tu	24 13 10	0 ♑ 06 17	6 ♑ 09 45	25 22 56	14 28 04	16 06 20	8 34 06	29 36 47	16 20 37	15 42 02	0 36 14	14 15 24	3 36 47	20 04 05
28 W	25 13 20	12 11 47	18 10 25	27 10 34	15 39 21	16 49 20	8 23 05	29 41 26	16 22 57	15 48 38	0 45 25	14 19 44	3 36 50	20 04 20
29 Th	26 12 25	24 07 37	0 ♒ 03 42	28 56 11	16 49 38	17 31 19	8 10 40	29 44 37	16 24 22	15 54 10	0 53 27	14 22 55	3 35 45	20 03 30
30 F	27 10 30	5 ♒ 58 34	11 54 32	0 ♏ 39 55	17 59 02	18 12 22	7 56 59	29 46 25	16 24 57	15 58 45	1 00 27	14 25 04	3 33 37	20 01 39

October 2044

LONGITUDE

Day	☉	0 hr ☽	Noon ☽	☿	♀	♂	⚵	⚳	♃	♄	⚷	♅	♆	♇
1 Sa	28 ♎ 07 55	17 ♒ 49 49	23 ♒ 48 07	2 ♏ 22 03	19 ♍ 07 52	18 ♐ 52 48	7 ♉ 42 21	29 ♊ 47 09	16 ♒ 25 03	16 ♐ 02 42	1 ♎ 06 43	14 ♍ 26 28	3 ♊ 30 47	19 ♓ 59 08
2 Su	29 05 09	29 46 39	5 ♓ 49 34	4 03 05	20 16 35	19 33 05	7 27 16	29 47 18	16 25 06	16 06 28	1 12 43	14 27 37	3 27 41	19 56 24
3 M	0 ♏ 02 44	11 ♓ 54 07	18 03 40	5 43 35	21 25 46	20 13 48	7 12 20	29 47 25	16 25 41	16 10 38	1 19 01	14 29 04	3 24 55	19 54 01
4 Tu	1 01 15	24 16 37	0 ♈ 34 24	7 24 08	22 35 58	20 55 29	6 58 06	29 48 03	16 27 21	16 15 45	1 26 10	14 31 22	3 23 01	19 52 33
5 W	2 01 09	6 ♈ 57 31	13 24 35	9 05 11	23 47 37	21 38 36	6 45 03	29 49 39	16 30 32	16 22 16	1 34 38	14 34 59	3 22 26	19 52 26
6 Th	3 02 39	19 58 50	26 35 32	10 46 59	25 00 57	22 23 23	6 33 26	29 52 27	16 35 30	16 30 25	1 44 38	14 40 09	3 23 24	19 53 56
7 F	4 05 43	3 ♉ 20 51	10 ♉ 06 46	12 29 32	26 15 58	23 09 47	6 23 16	29 56 25	16 42 12	16 40 09	1 56 09	14 46 49	3 25 55	19 56 59
8 Sa	5 10 03	17 02 02	23 56 02	14 12 31	27 32 18	23 57 29	6 14 12	0 ♋ 01 13	16 50 18	16 51 10	2 08 50	14 54 39	3 29 37	20 01 16
9 Su	6 15 02	0 ♊ 59 13	7 ♊ 59 35	15 55 20	28 49 22	24 45 53	6 05 41	0 06 14	16 59 12	17 02 50	2 22 05	15 03 05	3 33 55	20 06 11
10 M	7 19 54	15 07 58	22 12 38	17 37 16	0 ♎ 06 23	25 34 13	5 56 58	0 10 44	17 08 08	17 14 25	2 35 10	15 11 19	3 38 03	20 10 58
11 Tu	8 23 54	29 23 21	6 ♋ 30 14	19 17 33	1 22 37	26 21 44	5 47 20	0 13 55	17 16 21	17 25 08	2 47 17	15 18 37	3 41 16	20 14 53
12 W	9 26 27	13 ♋ 40 41	20 47 53	20 55 39	2 37 28	27 07 51	5 36 13	0 15 15	17 23 16	17 34 26	2 57 52	15 24 23	3 42 59	20 17 19
13 Th	10 27 19	27 56 09	5 ♌ 02 13	22 31 19	3 50 42	27 52 19	5 23 23	0 14 27	17 28 38	17 42 02	3 06 41	15 28 24	3 42 57	20 18 03
14 F	11 26 39	12 ♌ 07 12	19 11 05	24 04 43	5 02 28	28 35 17	5 09 02	0 11 41	17 32 37	17 48 07	3 13 53	15 30 47	3 41 20	20 17 14
15 Sa	12 25 00	26 12 30	3 ♍ 13 32	25 36 26	6 13 18	29 17 19	4 53 44	0 07 30	17 35 45	17 53 14	3 20 01	15 32 07	3 38 41	20 15 25
16 Su	13 23 12	10 ♍ 11 38	17 09 17	27 07 17	7 24 04	29 59 15	4 38 20	0 02 44	17 38 53	17 58 11	3 25 54	15 33 13	3 35 50	20 13 26
17 M	14 22 12	24 04 30	0 ♎ 58 16	28 38 14	8 35 39	0 ♑ 42 01	4 23 48	29 ♊ 58 17	17 42 56	18 03 56	3 32 29	15 35 01	3 33 42	20 12 13
18 Tu	15 22 47	7 ♎ 50 53	14 40 09	0 ♐ 10 06	9 48 54	1 26 25	4 10 60	29 55 04	17 48 44	18 11 18	3 40 36	15 38 22	3 33 08	20 12 36
19 W	16 25 33	21 30 01	28 13 59	1 43 28	11 04 23	2 13 03	4 00 30	29 53 33	17 56 51	18 20 51	3 50 47	15 43 47	3 34 42	20 15 08
20 Th	17 30 40	5 ♏ 00 26	11 ♏ 38 16	3 18 29	12 22 16	3 02 04	3 52 31	29 53 58	18 07 27	18 32 45	4 03 13	15 51 29	3 38 34	20 19 60
21 F	18 37 53	18 20 14	24 51 07	4 54 55	13 42 17	3 53 13	3 46 48	29 56 03	18 20 17	18 46 45	4 17 40	16 01 11	3 44 29	20 26 57
22 Sa	19 46 34	1 ♐ 27 19	7 ♐ 50 45	6 32 09	15 03 51	4 45 54	3 42 48	29 59 12	18 34 44	19 02 14	4 33 31	16 12 18	3 51 50	20 35 22
23 Su	20 55 52	14 19 56	20 35 48	8 09 18	16 26 04	5 39 14	3 39 38	0 ♋ 02 33	18 49 56	19 18 20	4 49 52	16 23 57	3 59 45	20 44 24
24 M	22 04 49	26 57 10	3 ♑ 05 54	9 45 23	17 47 58	6 32 16	3 36 23	0 05 07	19 04 56	19 34 05	5 05 47	16 35 10	4 07 17	20 53 04
25 Tu	23 12 31	9 ♑ 19 16	15 21 49	11 19 29	19 08 41	7 24 06	3 32 10	0 06 02	19 18 48	19 48 35	5 20 21	16 45 04	4 13 32	21 00 29
26 W	24 18 20	21 27 49	27 25 44	12 50 57	20 27 32	8 14 04	3 26 21	0 04 40	19 30 55	20 01 12	5 32 57	16 52 60	4 17 51	21 05 60
27 Th	25 21 57	3 ♒ 25 49	9 ♒ 21 06	14 19 26	21 44 15	9 01 54	3 18 40	0 00 42	19 40 59	20 11 38	5 43 15	16 58 39	4 19 56	21 09 19
28 F	26 23 28	15 17 33	21 12 33	15 45 01	22 58 54	9 47 40	3 09 15	29 ♊ 54 15	19 49 05	20 19 58	5 51 22	17 02 08	4 19 53	21 10 32
29 Sa	27 23 23	27 08 21	3 ♓ 05 39	17 08 08	24 12 00	10 31 53	2 58 34	29 45 49	19 55 43	20 26 42	5 57 47	17 03 56	4 18 13	21 10 08
30 Su	28 22 30	9 ♓ 04 16	15 06 32	18 29 32	25 24 21	11 15 20	2 47 29	29 36 12	20 01 40	20 32 38	6 03 18	17 04 52	4 15 42	21 08 57
31 M	29 21 47	21 11 35	27 21 25	19 50 08	26 36 54	11 58 60	2 36 57	29 26 24	20 07 56	20 38 45	6 08 54	17 05 53	4 13 20	21 07 55

Notes

LONGITUDE — November 2044

Day	☉	0 hr ☽	Noon ☽	☿	♀	♂	⚵	⚳	♃	♄	⚷	♅	♆	♇
1 Tu	0 ♐ 22 15	3 ♈ 36 23	9 ♈ 56 05	21 ♐ 10 52	27 ♎ 50 40	12 ♑ 43 53	2 ♉ 28 00	29 ♊ 17 25	20 ♒ 15 29	20 ♐ 46 02	6 ♎ 15 35	17 ♍ 08 01	4 ♊ 12 07	21 ♓ 08 04
2 W	1 24 43	16 23 50	22 55 07	22 32 28	29 06 29	13 30 48	2 21 30	29 10 04	20 25 11	20 55 20	6 24 10	17 12 04	4 12 52	21 10 14
3 Th	2 29 42	29 37 30	6 ♉ 21 15	23 55 20	0 ♏ 24 50	14 20 16	2 17 55	29 04 53	20 37 30	21 07 07	6 35 10	17 18 33	4 16 06	21 14 53
4 F	3 37 13	13 ♉ 18 38	20 14 36	25 19 23	1 45 46	15 12 19	2 17 19	29 01 54	20 52 29	21 21 26	6 48 36	17 27 29	4 21 50	21 22 05
5 Sa	4 46 47	27 25 39	4 ♊ 32 19	26 44 01	3 08 47	16 06 27	2 19 14	29 00 39	21 09 38	21 37 49	7 03 59	17 38 24	4 29 36	21 31 20
6 Su	5 57 30	11 ♊ 53 58	19 08 39	28 08 09	4 32 59	17 01 46	2 22 46	29 00 13	21 28 03	21 55 20	7 20 24	17 50 23	4 38 29	21 41 43
7 M	7 08 10	26 36 31	3 ♋ 55 40	29 30 25	5 57 10	17 57 04	2 26 42	28 59 25	21 46 31	22 12 46	7 36 40	18 02 13	4 47 17	21 52 02
8 Tu	8 17 34	11 ♋ 24 47	18 44 37	0 ♑ 49 23	7 20 06	18 51 08	2 29 51	28 57 03	22 03 51	22 28 56	7 51 33	18 12 43	4 54 47	22 01 06
9 W	9 24 47	26 10 25	3 ♌ 27 30	2 03 55	8 40 53	19 43 02	2 31 19	28 52 12	22 19 05	22 42 55	8 04 09	18 20 56	5 00 04	22 07 57
10 Th	10 29 24	10 ♌ 46 32	17 58 19	3 13 19	9 59 05	20 32 22	2 30 39	28 44 28	22 31 50	22 54 16	8 14 02	18 26 28	5 02 43	22 12 13
11 F	11 31 37	25 08 45	2 ♍ 13 46	4 17 30	11 14 55	21 19 21	2 28 07	28 34 04	22 42 17	23 03 12	8 21 24	18 29 32	5 02 57	22 14 04
12 Sa	12 32 13	9 ♍ 15 24	16 13 05	5 16 52	12 29 10	22 04 44	2 24 27	28 21 48	22 51 14	23 10 31	8 27 03	18 30 53	5 01 32	22 14 18
13 Su	13 32 24	23 06 56	29 57 27	6 12 14	13 42 60	22 49 43	2 20 52	28 08 51	22 59 51	23 17 22	8 32 08	18 31 43	4 59 40	22 14 06
14 M	14 33 26	6 ♎ 45 13	13 ♎ 29 06	7 04 25	14 57 43	23 35 36	2 18 40	27 56 31	23 09 26	23 25 05	8 37 59	18 33 20	4 58 37	22 14 45
15 Tu	15 36 31	20 12 31	26 50 21	7 54 07	16 14 29	24 23 33	2 19 01	27 46 02	23 21 09	23 34 48	8 45 44	18 36 54	4 59 36	22 17 26
16 W	16 42 26	3 ♏ 30 46	10 ♏ 02 59	8 41 34	17 34 07	25 14 23	2 22 45	27 38 10	23 35 48	23 47 21	8 56 14	18 43 14	5 03 24	22 22 57
17 Th	17 51 28	16 41 02	23 07 50	9 26 26	18 56 54	26 08 22	2 30 08	27 33 16	23 53 42	24 02 60	9 09 43	18 52 35	5 10 18	22 31 36
18 F	19 03 22	29 43 19	6 ♐ 04 44	10 07 46	20 22 32	27 05 14	2 40 55	27 31 02	24 14 32	24 21 29	9 25 57	19 04 44	5 20 02	22 43 06
19 Sa	20 17 21	12 ♐ 36 50	18 52 44	10 44 05	21 50 17	28 04 13	2 54 19	27 30 45	24 37 33	24 42 02	9 44 09	19 18 52	5 31 50	22 56 41
20 Su	21 32 19	25 20 15	1 ♑ 30 37	11 13 30	23 19 00	29 04 12	3 09 13	27 31 18	25 01 38	25 03 32	10 03 12	19 33 53	5 44 35	23 11 14
21 M	22 46 59	7 ♑ 52 21	13 57 23	11 34 00	24 47 28	0 ♒ 03 55	3 24 23	27 31 27	25 25 32	25 24 44	10 21 51	19 48 33	5 57 03	23 25 30
22 Tu	24 00 11	20 12 29	26 12 44	11 43 41	26 14 28	1 02 13	3 38 37	27 30 02	25 48 04	25 44 26	10 38 54	20 01 40	6 08 01	23 38 18
23 W	25 11 00	2 ♒ 21 07	8 ♒ 17 35	11 40 59	27 39 06	1 58 10	3 51 01	27 26 10	26 08 19	26 01 45	10 53 29	20 12 19	6 16 36	23 48 44
24 Th	26 18 58	14 19 58	20 14 09	11 24 53	29 00 53	2 51 17	4 01 05	27 19 23	26 25 47	26 16 11	11 05 04	20 20 02	6 22 19	23 56 19
25 F	27 24 03	26 12 17	2 ♓ 06 08	10 55 07	0 ♐ 19 49	3 41 33	4 08 50	27 09 41	26 40 29	26 27 43	11 13 40	20 24 48	6 25 10	24 01 01
26 Sa	28 26 45	8 ♓ 02 39	13 58 30	10 12 10	1 36 22	4 29 28	4 14 43	26 57 34	26 52 53	26 36 50	11 19 45	20 27 06	6 25 36	24 03 21
27 Su	29 27 56	19 56 47	25 57 16	9 17 23	2 51 26	5 15 54	4 19 38	26 43 57	27 03 52	26 44 26	11 24 13	20 27 50	6 24 32	24 04 10
28 M	0 ♑ 28 45	2 ♈ 01 12	8 ♈ 09 07	8 12 50	4 06 07	6 02 00	4 24 42	26 29 58	27 14 34	26 51 38	11 28 11	20 28 06	6 23 05	24 04 38
29 Tu	1 30 23	14 22 41	20 40 45	7 01 12	5 21 39	6 48 57	4 31 07	26 16 51	27 26 11	26 59 38	11 32 52	20 29 08	6 22 28	24 05 56
30 W	2 33 55	27 07 35	3 ♉ 38 11	5 45 31	6 39 05	7 37 49	4 39 57	26 05 39	27 39 47	27 09 31	11 39 19	20 31 58	6 23 44	24 09 07

LONGITUDE — December 2044

Day	☉	0 hr ☽	Noon ☽	☿	♀	♂	⚵	⚳	♃	♄	⚷	♅	♆	♇
1 Th	3 ♑ 40 02	10 ♉ 21 03	17 ♉ 05 50	4 ♑ 28 55	7 ♐ 59 07	8 ♒ 29 18	4 ♉ 51 53	25 ♊ 57 07	27 ♒ 56 03	27 ♐ 21 57	11 ♎ 48 15	20 ♍ 37 19	6 ♊ 27 35	24 ♓ 14 55
2 F	4 48 54	24 06 04	1 ♊ 05 32	3 14 18	9 21 55	9 23 35	5 07 05	25 51 26	28 15 09	27 37 07	11 59 48	20 45 22	6 34 12	24 23 28
3 Sa	6 00 08	8 ♊ 22 29	15 35 39	2 04 04	10 47 05	10 20 14	5 25 08	25 48 12	28 36 42	27 54 37	12 13 36	20 55 42	6 43 10	24 34 24
4 Su	7 12 45	23 06 30	0 ♋ 30 37	0 59 55	12 13 39	11 18 18	5 45 05	25 46 27	28 59 43	28 13 28	12 28 40	21 07 20	6 53 32	24 46 43
5 M	8 25 27	8 ♋ 10 35	15 41 29	0 02 55	13 40 18	12 16 28	6 05 36	25 44 56	29 22 54	28 32 23	12 43 41	21 18 59	7 03 59	24 59 07
6 Tu	9 36 52	23 24 28	0 ♌ 57 09	29 ♐ 13 34	15 05 42	13 13 24	6 25 19	25 42 16	29 44 52	28 49 60	12 57 19	21 29 18	7 13 09	25 10 16
7 W	10 45 58	8 ♌ 36 60	16 06 29	28 32 08	16 28 45	14 07 60	6 43 10	25 37 25	0 ♓ 04 35	29 05 14	13 08 28	21 37 11	7 19 59	25 19 04
8 Th	11 52 11	23 38 06	1 ♍ 00 22	27 58 55	17 48 58	14 59 46	6 58 38	25 29 53	0 21 30	29 17 34	13 16 38	21 42 08	7 23 58	25 25 02
9 F	12 55 42	8 ♍ 20 31	15 32 56	27 34 21	19 06 27	15 48 51	7 11 51	25 19 49	0 35 47	29 27 10	13 21 58	21 44 18	7 25 13	25 28 17
10 Sa	13 57 17	22 40 33	29 41 59	27 19 06	20 22 01	16 36 00	7 23 35	25 08 00	0 48 12	29 34 47	13 25 14	21 44 28	7 24 33	25 29 35
11 Su	14 58 06	6 ♎ 37 45	13 ♎ 28 16	27 13 56	21 36 50	17 22 26	7 35 02	24 55 39	0 59 56	29 41 37	13 27 36	21 43 48	7 23 08	25 30 09
12 M	15 59 31	20 14 03	26 54 33	27 19 33	22 52 15	18 09 28	7 47 30	24 44 07	1 12 19	29 49 00	13 30 27	21 43 38	7 22 18	25 31 19
13 Tu	17 02 43	3 ♏ 32 40	10 ♏ 04 23	27 36 24	24 09 27	18 58 19	8 02 12	24 34 36	1 26 33	29 58 08	13 34 56	21 45 12	7 23 16	25 34 16
14 W	18 08 33	16 37 01	23 01 18	28 04 29	25 29 16	19 49 48	8 19 58	24 27 58	1 43 29	0 ♑ 09 51	13 41 56	21 49 18	7 26 52	25 39 51
15 Th	19 17 19	29 30 03	5 ♐ 48 05	28 43 18	26 52 02	20 44 15	8 41 06	24 24 32	2 03 24	0 24 28	13 51 44	21 56 17	7 33 24	25 48 23
16 F	20 28 48	12 ♐ 13 48	18 26 33	29 31 47	28 17 31	21 41 27	9 05 22	24 24 06	2 26 07	0 41 46	14 04 07	22 05 55	7 42 40	25 59 39
17 Sa	21 42 17	24 49 20	0 ♑ 57 29	0 ♑ 28 28	29 45 01	22 40 40	9 32 05	24 25 58	2 50 54	1 01 02	14 18 23	22 17 29	7 53 58	26 12 55
18 Su	22 56 46	7 ♑ 16 54	13 20 58	1 31 37	1 ♑ 13 30	23 40 53	10 00 11	24 29 07	3 16 44	1 21 14	14 33 30	22 29 58	8 06 15	26 27 11
19 M	24 11 01	19 36 19	25 36 45	2 39 23	2 41 46	24 40 55	10 28 30	24 32 22	3 42 25	1 41 11	14 48 16	22 42 10	8 18 20	26 41 15
20 Tu	25 23 57	1 ♒ 47 23	7 ♒ 44 43	3 50 04	4 08 42	25 39 39	10 55 53	24 34 37	4 06 50	1 59 47	15 01 36	22 52 60	8 29 06	26 54 00
21 W	26 34 41	13 50 23	19 45 22	5 02 18	5 33 27	26 36 11	11 21 28	24 35 00	4 29 06	2 16 07	15 12 35	23 01 33	8 37 42	27 04 34
22 Th	27 42 41	25 46 26	1 ♓ 40 07	6 15 05	6 55 28	27 30 02	11 44 44	24 33 01	4 48 43	2 29 42	15 20 44	23 07 19	8 43 35	27 12 25
23 F	28 47 53	7 ♓ 37 44	13 31 32	7 27 56	8 14 42	28 21 06	12 05 35	24 28 35	5 05 35	2 40 27	15 25 58	23 10 14	8 46 41	27 17 30
24 Sa	29 50 38	19 27 41	25 23 25	8 40 53	9 31 29	29 09 44	12 24 22	24 22 04	5 20 04	2 48 43	15 28 37	23 10 39	8 47 23	27 20 08
25 Su	0 ♒ 51 40	1 ♈ 20 48	7 ♈ 20 40	9 54 19	10 46 32	29 56 40	12 41 48	24 14 12	5 32 53	2 55 12	15 29 26	23 09 17	8 46 22	27 21 04
26 M	1 51 55	13 22 36	19 29 02	11 08 57	12 00 50	0 ♓ 42 52	12 58 51	24 05 56	5 45 00	3 00 53	15 29 21	23 07 06	8 44 36	27 21 15
27 Tu	2 52 28	25 39 08	1 ♉ 54 44	12 25 37	13 15 26	1 29 22	13 16 33	23 58 22	5 57 28	3 06 50	15 29 27	23 05 09	8 43 10	27 21 44
28 W	3 54 17	8 ♉ 16 34	14 43 51	13 45 04	14 31 17	2 17 09	13 35 52	23 52 26	6 11 15	3 13 59	15 30 41	23 04 25	8 43 01	27 23 31
29 Th	4 58 02	21 20 26	28 01 31	15 07 50	15 49 05	3 06 53	13 57 30	23 48 50	6 27 02	3 23 03	15 33 44	23 05 35	8 44 51	27 27 15
30 F	6 03 59	4 ♊ 54 51	11 ♊ 50 58	16 34 02	17 09 07	3 58 52	14 21 40	23 47 51	6 45 05	3 34 17	15 38 53	23 08 55	8 48 55	27 33 13
31 Sa	7 11 55	19 01 30	26 12 37	18 03 17	18 31 07	4 52 50	14 48 10	23 49 16	7 05 10	3 47 27	15 45 54	23 14 11	8 54 59	27 41 10

Notes

January 2045

LONGITUDE

Day	☉	0 hr ☽	Noon ☽	☿	♀	♂	⚴	⚳	♃	♄	⚷	♅	♆	♇
1 Su	8 ♒ 21 09	3 ♋ 38 46	11 ♋ 03 08	19 ♑ 34 49	19 ♑ 54 25	5 ♓ 48 06	15 ♉ 16 17	23 ♊ 52 21	7 ♓ 26 35	4 ♑ 01 52	15 ♎ 54 05	23 ♍ 20 41	9 ♊ 02 23	27 ♓ 50 27
2 M	9 30 38	18 41 15	26 15 21	21 07 31	21 17 59	6 43 40	15 44 59	23 56 07	7 48 19	4 16 30	16 02 25	23 27 24	9 10 04	27 59 60
3 Tu	10 39 17	4 ♌ 00 02	11 ♌ 38 55	22 40 13	22 40 44	7 38 25	16 13 11	23 59 28	8 09 17	4 30 16	16 09 48	23 33 15	9 16 58	28 08 45
4 W	11 46 12	19 23 53	27 01 59	24 11 55	24 01 45	8 31 26	16 39 58	24 01 28	8 28 33	4 42 14	16 15 20	23 37 19	9 22 09	28 15 46
5 Th	12 50 52	4 ♍ 41 14	12 ♍ 13 21	25 42 04	25 20 31	9 22 13	17 04 48	24 01 39	8 45 37	4 51 55	16 18 30	23 39 07	9 25 08	28 20 34
6 F	13 53 19	19 42 11	27 04 17	27 10 39	26 37 05	10 10 48	17 27 42	24 00 01	9 00 31	4 59 20	16 19 20	23 38 38	9 25 55	28 23 09
7 Sa	14 54 03	4 ♎ 19 59	11 ♎ 29 41	28 38 08	27 51 55	10 57 41	17 49 12	23 57 04	9 13 44	5 04 58	16 18 19	23 36 23	9 25 00	28 24 02
8 Su	15 53 54	18 31 29	25 27 54	0 ♒ 05 19	29 05 53	11 43 42	18 10 06	23 53 39	9 26 07	5 09 41	16 16 19	23 33 13	9 23 15	28 24 04
9 M	16 53 51	2 ♏ 16 36	9 ♏ 00 10	1 33 09	0 ♒ 19 58	12 29 49	18 31 23	23 50 45	9 38 38	5 14 26	16 14 18	23 30 07	9 21 37	28 24 12
10 Tu	17 54 48	15 37 32	22 09 28	3 02 32	1 35 02	13 16 57	18 53 57	23 49 15	9 52 12	5 20 08	16 13 10	23 27 58	9 21 02	28 25 21
11 W	18 57 23	28 37 39	4 ♐ 59 38	4 34 05	2 51 45	14 05 44	19 18 25	23 49 47	10 07 25	5 27 25	16 13 32	23 27 24	9 22 06	28 28 09
12 Th	20 01 52	11 ♐ 20 41	17 34 33	6 08 02	4 10 22	14 56 26	19 45 04	23 52 39	10 24 36	5 36 33	16 15 43	23 28 43	9 25 07	28 32 52
13 F	21 08 10	23 50 09	29 57 36	7 44 19	5 30 48	15 48 57	20 13 48	23 57 44	10 43 37	5 47 26	16 19 35	23 31 49	9 29 58	28 39 25
14 Sa	22 15 50	6 ♑ 08 57	12 ♑ 11 32	9 22 29	6 52 37	16 42 50	20 44 10	24 04 35	11 04 03	5 59 37	16 24 42	23 36 14	9 36 13	28 47 21
15 Su	23 24 12	18 19 25	24 18 27	11 01 51	8 15 08	17 37 27	21 15 29	24 12 34	11 25 13	6 12 28	16 30 25	23 41 20	9 43 13	28 56 00
16 M	24 32 30	0 ♒ 23 17	6 ♒ 19 49	12 41 41	9 37 36	18 32 01	21 47 01	24 20 53	11 46 22	6 25 12	16 35 59	23 46 21	9 50 12	29 04 37
17 Tu	25 40 02	12 21 54	18 16 54	14 21 15	10 59 17	19 25 49	22 18 01	24 28 51	12 06 47	6 37 06	16 40 39	23 50 33	9 56 27	29 12 28
18 W	26 46 12	24 16 32	0 ♓ 10 52	15 59 60	12 19 38	20 18 17	22 47 55	24 35 51	12 25 52	6 47 35	16 43 52	23 53 23	10 01 23	29 18 60
19 Th	27 50 41	6 ♓ 08 35	12 03 11	17 37 35	13 38 17	21 09 04	23 16 22	24 41 34	12 43 18	6 56 19	16 45 18	23 54 30	10 04 39	29 23 51
20 F	28 53 23	17 59 53	23 55 45	19 13 56	14 55 10	21 58 05	23 43 17	24 45 56	12 58 59	7 03 14	16 44 51	23 53 49	10 06 12	29 26 57
21 Sa	29 54 29	29 52 46	5 ♈ 51 11	20 49 15	16 10 29	22 45 31	24 08 52	24 49 06	13 13 08	7 08 30	16 42 43	23 51 32	10 06 13	29 28 29
22 Su	0 ♓ 54 25	11 ♈ 50 17	17 52 44	22 23 58	17 24 37	23 31 47	24 33 29	24 51 29	13 26 08	7 12 31	16 39 19	23 48 03	10 05 05	29 28 51
23 M	1 53 43	23 56 07	0 ♉ 04 22	23 58 39	18 38 08	24 17 27	24 57 43	24 53 39	13 38 32	7 15 52	16 35 12	23 43 56	10 03 23	29 28 38
24 Tu	2 52 60	6 ♉ 14 29	12 30 29	25 33 55	19 51 39	25 03 06	25 22 10	24 56 11	13 50 57	7 19 09	16 30 59	23 39 47	10 01 42	29 28 25
25 W	3 52 49	18 49 54	25 15 38	27 10 20	21 05 43	25 49 18	25 47 22	24 59 40	14 03 57	7 22 55	16 27 14	23 36 10	10 00 38	29 28 46
26 Th	4 53 35	1 ♊ 46 44	8 ♊ 24 03	28 48 20	22 20 45	26 36 29	26 13 45	25 04 29	14 17 56	7 27 35	16 24 20	23 33 31	10 00 33	29 30 06
27 F	5 55 29	15 08 40	21 58 59	0 ♓ 28 08	23 36 55	27 24 48	26 41 29	25 10 49	14 33 05	7 33 20	16 22 30	23 31 58	10 01 40	29 32 35
28 Sa	6 58 26	28 58 03	6 ♋ 01 55	2 09 38	24 54 09	28 14 10	27 10 28	25 18 34	14 49 19	7 40 04	16 21 38	23 31 29	10 03 52	29 36 09
29 Su	8 02 07	13 ♋ 15 08	20 31 54	3 52 32	26 12 07	29 04 17	27 40 24	25 27 26	15 06 18	7 47 28	16 21 26	23 31 43	10 06 51	29 40 29
30 M	9 06 01	27 57 24	5 ♌ 24 57	5 36 22	27 30 20	29 54 38	28 10 46	25 36 55	15 23 34	7 55 04	16 21 23	23 32 12	10 10 08	29 45 04
31 Tu	10 09 39	12 ♌ 59 20	20 34 04	7 20 38	28 48 17	0 ♈ 44 44	28 41 03	25 46 29	15 40 34	8 02 19	16 20 59	23 32 24	10 13 11	29 49 24

February 2045

LONGITUDE

Day	☉	0 hr ☽	Noon ☽	☿	♀	♂	⚴	⚳	♃	♄	⚷	♅	♆	♇
1 W	11 ♓ 12 33	28 ♌ 12 41	5 ♍ 49 55	9 ♓ 04 53	0 ♓ 05 32	1 ♈ 34 06	29 ♉ 10 48	25 ♊ 55 42	15 ♓ 56 52	8 ♑ 08 47	16 ♎ 19 48	23 ♍ 31 52	10 ♊ 15 34	29 ♓ 53 02
2 Th	12 14 29	13 ♍ 27 34	21 02 13	10 48 53	1 21 49	2 22 31	29 39 46	26 04 17	16 12 14	8 14 13	16 17 34	23 30 23	10 17 02	29 55 43
3 F	13 15 25	28 33 52	6 ♎ 01 16	12 32 38	2 37 07	3 09 56	0 ♊ 07 56	26 12 15	16 26 38	8 18 37	16 14 17	23 27 54	10 17 33	29 57 27
4 Sa	14 15 34	13 ♎ 22 55	20 39 28	14 16 18	3 51 39	3 56 34	0 35 29	26 19 45	16 40 16	8 22 09	16 10 09	23 24 38	10 17 20	29 58 24
5 Su	15 15 15	27 48 33	4 ♏ 52 03	16 00 15	5 05 43	4 42 45	1 02 45	26 27 09	16 53 27	8 25 09	16 05 29	23 20 55	10 16 42	29 58 55
6 M	16 14 51	11 ♏ 47 29	18 37 12	17 44 51	6 19 43	5 28 52	1 30 07	26 34 47	17 06 34	8 28 01	16 00 40	23 17 07	10 16 02	29 59 22
7 Tu	17 14 42	25 19 12	1 ♐ 55 36	19 30 23	7 33 59	6 15 13	1 57 54	26 43 01	17 19 58	8 31 03	15 56 02	23 13 34	10 15 40	0 ♈ 00 05
8 W	18 15 01	8 ♐ 25 20	14 49 44	21 17 05	8 48 44	7 02 03	2 26 19	26 52 03	17 33 50	8 34 30	15 51 49	23 10 30	10 15 49	0 01 18
9 Th	19 15 53	21 08 55	27 23 10	23 04 58	10 04 02	7 49 26	2 55 26	27 01 57	17 48 16	8 38 25	15 48 06	23 07 59	10 16 34	0 03 05
10 F	20 17 14	3 ♑ 33 45	9 ♑ 39 58	24 53 58	11 19 50	8 37 18	3 25 13	27 12 40	18 03 13	8 42 46	15 44 49	23 05 58	10 17 51	0 05 22
11 Sa	21 18 56	15 43 57	21 44 17	26 43 51	12 35 60	9 25 30	3 55 30	27 24 02	18 18 30	8 47 23	15 41 49	23 04 19	10 19 31	0 08 01
12 Su	22 20 45	27 43 33	3 ♒ 40 00	28 34 21	13 52 17	10 13 51	4 26 04	27 35 51	18 33 57	8 52 03	15 38 53	23 02 48	10 21 22	0 10 49
13 M	23 22 30	9 ♒ 36 18	15 30 43	0 ♈ 25 11	15 08 31	11 02 08	4 56 44	27 47 55	18 49 20	8 56 35	15 35 52	23 01 14	10 23 13	0 13 34
14 Tu	24 24 01	21 25 35	27 19 34	2 16 04	16 24 33	11 50 11	5 27 19	28 00 04	19 04 30	9 00 50	15 32 34	22 59 27	10 24 52	0 16 07
15 W	25 25 13	3 ♓ 14 25	9 ♓ 09 19	4 06 48	17 40 16	12 37 56	5 57 45	28 12 13	19 19 22	9 04 42	15 28 55	22 57 23	10 26 17	0 18 23
16 Th	26 26 07	15 05 24	21 02 22	5 57 12	18 55 42	13 25 22	6 28 00	28 24 21	19 33 56	9 08 10	15 24 56	22 55 02	10 27 25	0 20 21
17 F	27 26 45	27 00 48	3 ♈ 00 51	7 47 08	20 10 53	14 12 33	6 58 10	28 36 31	19 48 15	9 11 20	15 20 39	22 52 27	10 28 22	0 22 05
18 Sa	28 27 14	9 ♈ 02 41	15 06 43	9 36 30	21 25 56	14 59 35	7 28 19	28 48 51	20 02 27	9 14 16	15 16 12	22 49 45	10 29 13	0 23 42
19 Su	29 27 41	21 12 59	27 21 52	11 25 07	22 40 57	15 46 35	7 58 35	29 01 27	20 16 37	9 17 07	15 11 42	22 47 02	10 30 06	0 25 18
20 M	0 ♈ 28 11	3 ♉ 33 32	9 ♉ 48 13	13 12 48	23 56 04	16 33 40	8 29 03	29 14 23	20 30 51	9 19 57	15 07 15	22 44 26	10 31 06	0 26 60
21 Tu	1 28 48	16 06 16	22 27 42	14 59 12	25 11 17	17 20 50	8 59 45	29 27 43	20 45 11	9 22 49	15 02 52	22 41 57	10 32 15	0 28 49
22 W	2 29 28	28 53 08	5 ♊ 22 21	16 43 55	26 26 35	18 08 05	9 30 41	29 41 24	20 59 37	9 25 41	14 58 33	22 39 35	10 33 32	0 30 44
23 Th	3 30 07	11 ♊ 56 05	18 34 04	18 26 25	27 41 53	18 55 19	10 01 43	29 55 21	21 14 02	9 28 29	14 54 14	22 37 15	10 34 51	0 32 40
24 F	4 30 39	25 16 54	2 ♋ 04 28	20 06 05	28 57 05	19 42 25	10 32 45	0 ♋ 09 27	21 28 20	9 31 05	14 49 46	22 34 49	10 36 07	0 34 30
25 Sa	5 30 55	8 ♋ 56 58	15 54 35	21 42 17	0 ♈ 12 02	20 29 17	11 03 41	0 23 34	21 42 24	9 33 22	14 45 04	22 32 11	10 37 11	0 36 07
26 Su	6 30 53	22 56 51	0 ♌ 04 21	23 14 23	1 26 42	21 15 50	11 34 25	0 37 39	21 56 09	9 35 17	14 40 03	22 29 17	10 38 01	0 37 27
27 M	7 30 34	7 ♌ 15 52	14 32 14	24 41 50	2 41 07	22 02 07	12 05 01	0 51 43	22 09 39	9 36 51	14 34 46	22 26 09	10 38 37	0 38 32
28 Tu	8 30 06	21 51 39	29 14 56	26 04 08	3 55 24	22 48 15	12 35 35	1 05 55	22 22 60	9 38 13	14 29 22	22 22 56	10 39 09	0 39 30

Notes

LONGITUDE

March 2045

Day	☉	0 hr ☽	Noon ☽	☿	♀	♂	⚵	⚳	♃	♄	⚷	♅	♆	♇
1 W	9 ♈ 29 42	6 ♍ 39 58	14 ♍ 07 10	27 ♈ 20 55	5 ♈ 09 45	23 ♈ 34 27	13 ♊ 06 20	1 ♋ 20 25	22 ♓ 36 25	9 ♑ 39 34	14 ♎ 24 02	22 ♍ 19 50	10 ♊ 39 47	0 ♈ 40 33
2 Th	10 29 37	21 34 42	29 02 09	28 31 48	6 24 27	24 20 57	13 37 30	1 35 29	22 50 08	9 41 10	14 19 01	22 17 04	10 40 48	0 41 57
3 F	11 30 02	6 ♎ 28 28	13 ♎ 52 10	29 36 25	7 39 40	25 07 58	14 09 19	1 51 19	23 04 23	9 43 13	14 14 32	22 14 53	10 42 24	0 43 53
4 Sa	12 31 04	21 13 27	28 29 40	0 ♉ 34 21	8 55 30	25 55 36	14 41 50	2 07 60	23 19 14	9 45 49	14 10 42	22 13 22	10 44 39	0 46 28
5 Su	13 32 40	5 ♏ 42 29	12 ♏ 48 15	1 25 02	10 11 57	26 43 48	15 15 03	2 25 30	23 34 40	9 48 55	14 07 27	22 12 28	10 47 32	0 49 38
6 M	14 34 40	19 49 58	26 43 26	2 07 53	11 28 47	27 32 23	15 48 45	2 43 37	23 50 28	9 52 20	14 04 37	22 12 00	10 50 52	0 53 13
7 Tu	15 36 44	3 ♐ 32 29	10 ♐ 12 60	2 42 14	12 45 44	28 21 04	16 22 39	3 02 04	24 06 22	9 55 45	14 01 54	22 11 41	10 54 21	0 56 54
8 W	16 38 34	16 48 57	23 16 58	3 07 31	14 02 26	29 09 28	16 56 23	3 20 28	24 21 59	9 58 51	13 58 57	22 11 09	10 57 37	1 00 21
9 Th	17 39 48	29 40 25	5 ♑ 57 15	3 23 15	15 18 34	29 57 17	17 29 38	3 38 31	24 37 01	10 01 18	13 55 27	22 10 05	11 00 21	1 03 15
10 F	18 40 14	12 ♑ 09 40	18 17 15	3 29 12	16 33 54	0 ♉ 44 17	18 02 10	3 55 59	24 51 14	10 02 51	13 51 11	22 08 16	11 02 20	1 05 21
11 Sa	19 39 46	24 20 41	0 ♒ 21 20	3 25 23	17 48 22	1 30 24	18 33 55	4 12 47	25 04 33	10 03 27	13 46 04	22 05 38	11 03 29	1 06 35
12 Su	20 38 32	6 ♒ 18 16	12 14 23	3 12 10	19 02 04	2 15 44	19 04 59	4 29 01	25 17 04	10 03 12	13 40 12	22 02 16	11 03 54	1 07 04
13 M	21 36 47	18 07 31	24 01 31	2 50 14	20 15 16	3 00 32	19 35 38	4 44 56	25 29 04	10 02 22	13 33 52	21 58 26	11 03 52	1 07 02
14 Tu	22 34 54	29 53 35	5 ♓ 47 43	2 20 31	21 28 22	3 45 12	20 06 14	5 00 57	25 40 55	10 01 19	13 27 28	21 54 32	11 03 45	1 06 55
15 W	23 33 21	11 ♓ 41 18	17 37 33	1 44 12	22 41 48	4 30 12	20 37 16	5 17 30	25 53 04	10 00 32	13 21 26	21 51 02	11 04 01	1 07 08
16 Th	24 32 34	23 34 57	29 35 00	1 02 34	23 56 01	5 15 57	21 09 09	5 35 02	26 05 59	10 00 27	13 16 14	21 48 22	11 05 06	1 08 09
17 F	25 32 55	5 ♈ 38 04	11 ♈ 43 15	0 16 60	25 11 22	6 02 50	21 42 15	5 53 54	26 20 01	10 01 25	13 12 13	21 46 52	11 07 22	1 10 18
18 Sa	26 34 34	17 53 18	24 04 33	29 ♈ 28 45	26 28 04	6 51 01	22 16 45	6 14 16	26 35 20	10 03 37	13 09 34	21 46 46	11 11 00	1 13 48
19 Su	27 37 31	0 ♉ 22 19	6 ♉ 40 13	28 38 59	27 46 03	7 40 29	22 52 38	6 36 08	26 51 56	10 07 03	13 08 17	21 48 02	11 15 59	1 18 36
20 M	28 41 30	13 05 50	19 30 36	27 48 37	29 05 06	8 30 59	23 29 38	6 59 14	27 09 32	10 11 27	13 08 07	21 50 23	11 22 04	1 24 28
21 Tu	29 46 02	26 03 43	2 ♊ 35 19	26 58 24	0 ♉ 24 44	9 22 02	24 07 16	7 23 05	27 27 41	10 16 21	13 08 34	21 53 23	11 28 45	1 30 55
22 W	0 ♉ 50 31	9 ♊ 15 12	15 53 29	26 08 52	1 44 19	10 13 01	24 44 57	7 47 05	27 45 46	10 21 07	13 09 03	21 56 24	11 35 27	1 37 20
23 Th	1 54 18	22 39 15	29 23 57	25 20 25	3 03 13	11 03 19	25 21 60	8 10 35	28 03 07	10 25 08	13 08 55	21 58 47	11 41 30	1 43 05
24 F	2 56 51	6 ♋ 14 48	13 ♋ 05 40	24 33 30	4 20 54	11 52 21	25 57 54	8 33 01	28 19 13	10 27 50	13 07 38	22 00 01	11 46 22	1 47 37
25 Sa	3 57 52	20 01 02	26 57 46	23 48 39	5 37 04	12 39 51	26 32 20	8 54 07	28 33 45	10 28 57	13 04 54	21 59 47	11 49 46	1 50 38
26 Su	4 57 22	3 ♌ 57 22	10 ♌ 59 37	23 06 35	6 51 44	13 25 50	27 05 20	9 13 53	28 46 46	10 28 29	13 00 45	21 58 08	11 51 42	1 52 10
27 M	5 55 44	18 03 24	25 10 36	22 28 15	8 05 18	14 10 41	27 37 17	9 32 42	28 58 37	10 26 50	12 55 33	21 55 25	11 52 34	1 52 36
28 Tu	6 53 39	2 ♍ 18 32	9 ♍ 29 46	21 54 45	9 18 25	14 55 05	28 08 51	9 51 15	29 09 59	10 24 40	12 50 01	21 52 20	11 53 02	1 52 36
29 W	7 51 55	16 41 28	23 55 17	21 27 10	10 31 55	15 39 49	28 40 51	10 10 20	29 21 42	10 22 48	12 44 56	21 49 42	11 53 56	1 52 60
30 Th	8 51 21	1 ♎ 09 49	8 ♎ 24 13	21 06 29	11 46 35	16 25 42	29 14 04	10 30 44	29 34 32	10 22 02	12 41 05	21 48 17	11 56 01	1 54 33
31 F	9 52 30	15 39 54	22 52 22	20 53 21	13 02 60	17 13 18	29 49 05	10 53 01	29 49 03	10 22 55	12 39 05	21 48 41	11 59 53	1 57 52

LONGITUDE

April 2045

Day	☉	0 hr ☽	Noon ☽	☿	♀	♂	⚵	⚳	♃	♄	⚷	♅	♆	♇
1 Sa	10 ♉ 55 35	0 ♏ 06 44	7 ♏ 14 30	20 ♈ 47 59	14 ♉ 21 22	18 ♉ 02 50	0 ♋ 26 06	11 ♋ 17 26	0 ♈ 05 29	10 ♑ 25 42	12 ♎ 39 07	21 ♍ 51 07	12 ♊ 05 45	2 ♈ 03 08
2 Su	12 00 28	14 24 37	21 25 03	20 50 08	15 41 32	18 54 08	1 04 57	11 43 47	0 23 40	10 30 11	12 41 02	21 55 23	12 13 27	2 10 13
3 M	13 06 34	28 27 55	5 ♐ 18 51	20 59 08	17 02 57	19 46 40	1 45 06	12 11 32	0 43 03	10 35 51	12 44 18	22 00 59	12 22 26	2 18 32
4 Tu	14 13 08	12 ♐ 11 55	18 51 60	21 14 03	18 24 50	20 39 38	2 25 46	12 39 53	1 02 51	10 41 55	12 48 07	22 07 07	12 31 55	2 27 20
5 W	15 19 17	25 33 30	2 ♑ 02 21	21 33 49	19 46 19	21 32 10	3 06 04	13 07 58	1 22 11	10 47 29	12 51 38	22 12 55	12 41 01	2 35 44
6 Th	16 24 14	8 ♑ 31 37	14 49 47	21 57 27	21 06 36	22 23 30	3 45 14	13 35 01	1 40 16	10 51 48	12 54 02	22 17 34	12 48 59	2 42 56
7 F	17 27 26	21 07 16	27 16 08	22 24 10	22 25 09	23 13 04	4 22 41	14 00 28	1 56 35	10 54 18	12 54 49	22 20 35	12 55 14	2 48 25
8 Sa	18 28 41	3 ♒ 23 20	9 ♒ 24 53	22 53 33	23 41 47	24 00 40	4 58 15	14 24 06	2 10 53	10 54 48	12 53 46	22 21 42	12 59 35	2 51 58
9 Su	19 28 09	15 24 11	21 20 49	23 25 33	24 56 38	24 46 28	5 32 05	14 46 07	2 23 21	10 53 27	12 51 02	22 21 08	13 02 12	2 53 44
10 M	20 26 21	27 15 15	3 ♓ 09 34	24 00 27	26 10 13	25 30 58	6 04 42	15 06 59	2 34 30	10 50 46	12 47 08	22 19 22	13 03 34	2 54 15
11 Tu	21 24 01	9 ♓ 02 31	14 57 11	24 38 47	27 23 18	26 14 56	6 36 49	15 27 28	2 45 04	10 47 30	12 42 50	22 17 09	13 04 28	2 54 14
12 W	22 22 02	20 52 07	26 49 38	25 21 15	28 36 44	26 59 14	7 09 20	15 48 27	2 55 55	10 44 31	12 39 00	22 15 21	13 05 45	2 54 36
13 Th	23 21 16	2 ♈ 49 51	8 ♈ 52 30	26 08 31	29 51 24	27 44 44	7 43 07	16 10 47	3 07 56	10 42 41	12 36 30	22 14 52	13 08 17	2 56 10
14 F	24 22 24	15 00 46	21 10 24	27 01 05	1 ♊ 07 58	28 32 06	8 18 50	16 35 09	3 21 48	10 42 42	12 36 01	22 16 21	13 12 45	2 59 40
15 Sa	25 25 50	27 28 42	3 ♉ 46 39	27 59 12	2 26 50	29 21 46	8 56 54	17 01 56	3 37 53	10 44 57	12 37 57	22 20 13	13 19 34	3 05 27
16 Su	26 31 33	10 ♉ 16 01	16 42 56	29 02 40	3 48 01	0 ♊ 13 41	9 37 17	17 31 09	3 56 13	10 49 27	12 42 18	22 26 26	13 28 42	3 13 33
17 M	27 39 07	23 23 14	29 59 05	0 ♉ 10 58	5 11 04	1 07 28	10 19 35	18 02 22	4 16 20	10 55 45	12 48 38	22 34 37	13 39 45	3 23 32
18 Tu	28 47 46	6 ♊ 49 07	13 ♊ 33 10	1 23 09	6 35 13	2 02 17	11 02 60	18 34 47	4 37 28	11 03 04	12 56 11	22 43 57	13 51 54	3 34 35
19 W	29 56 26	20 30 52	27 21 49	2 38 03	7 59 23	2 57 07	11 46 28	19 07 20	4 58 34	11 10 22	13 03 52	22 53 24	14 04 07	3 45 40
20 Th	1 ♊ 04 02	4 ♋ 24 37	11 ♋ 20 53	3 54 28	9 22 30	3 50 51	12 28 55	19 38 58	5 18 32	11 16 33	13 10 38	23 01 52	14 15 18	3 55 42
21 F	2 09 40	18 26 15	25 26 12	5 11 26	10 43 39	4 42 37	13 09 25	20 08 45	5 36 27	11 20 43	13 15 34	23 08 27	14 24 34	4 03 47
22 Sa	3 12 50	2 ♌ 32 03	9 ♌ 34 15	6 28 19	12 02 22	5 31 54	13 47 31	20 36 12	5 51 51	11 22 24	13 18 10	23 12 39	14 31 25	4 09 25
23 Su	4 13 34	16 39 23	23 42 45	7 45 07	13 18 39	6 18 44	14 23 12	21 01 20	6 04 46	11 21 36	13 18 28	23 14 31	14 35 52	4 12 38
24 M	5 12 27	0 ♍ 46 49	7 ♍ 50 37	9 02 18	14 33 06	7 03 41	14 57 05	21 24 45	6 15 44	11 18 54	13 17 04	23 14 37	14 38 30	4 14 00
25 Tu	6 10 28	14 53 59	21 57 39	10 20 51	15 46 42	7 47 47	15 30 08	21 47 25	6 25 48	11 15 19	13 14 57	23 13 56	14 40 19	4 14 32
26 W	7 08 50	29 01 02	6 ♎ 04 02	11 41 53	17 00 40	8 32 12	16 03 34	22 10 33	6 36 08	11 12 03	13 13 19	23 13 43	14 42 32	4 15 26
27 Th	8 08 43	13 ♎ 07 57	20 09 31	13 06 31	18 16 09	9 18 07	16 38 33	22 35 19	6 47 54	11 10 15	13 13 21	23 15 05	14 46 18	4 17 52
28 F	9 10 58	27 13 55	4 ♏ 12 59	14 35 34	19 34 01	10 06 22	17 15 54	23 02 33	7 01 57	11 10 48	13 15 52	23 18 54	14 52 27	4 22 39
29 Sa	10 15 56	11 ♏ 16 58	18 12 07	16 09 22	20 54 36	10 57 19	17 56 01	23 32 38	7 18 39	11 14 01	13 21 15	23 25 32	15 01 22	4 30 11
30 Su	11 23 26	25 13 57	2 ♐ 03 33	17 47 43	22 17 45	11 50 48	18 38 43	24 05 22	7 37 50	11 19 46	13 29 20	23 34 47	15 12 52	4 40 16

Notes

May 2045

LONGITUDE

Day	☉	0 hr ☽	Noon ☽	☿	♀	♂	⚵	⚳	♃	♄	⚷	♅	♆	♇
1 M	12 ♊ 32 49	9 ♐ 00 55	15 ♐ 43 24	19 ♉ 29 54	23 ♊ 42 46	12 ♊ 46 08	19 ♋ 23 17	24 ♋ 40 04	7 ♈ 58 47	11 ♑ 27 21	13 ♎ 39 24	23 ♍ 45 60	15 ♊ 26 16	4 ♈ 52 13
2 Tu	13 43 01	22 33 49	29 07 55	21 14 52	25 08 38	13 42 15	20 08 43	25 15 42	8 20 29	11 35 44	13 50 27	23 58 07	15 40 31	5 05 01
3 W	14 52 53	5 ♑ 49 15	12 ♑ 14 19	23 01 27	26 34 10	14 38 01	20 53 50	25 51 06	8 41 45	11 43 45	14 01 19	24 09 59	15 54 28	5 17 29
4 Th	16 01 21	18 45 10	25 01 16	24 48 33	27 58 18	15 32 22	21 37 33	26 25 12	9 01 31	11 50 19	14 10 53	24 20 31	16 07 02	5 28 32
5 F	17 07 36	1 ♒ 21 17	7 ♒ 29 13	26 35 23	29 20 14	16 24 28	22 19 05	26 57 11	9 19 00	11 54 40	14 18 24	24 28 56	16 17 26	5 37 23
6 Sa	18 11 17	13 39 10	19 40 25	28 21 33	0 ♋ 39 35	17 13 59	22 58 03	27 26 41	9 33 48	11 56 24	14 23 28	24 34 51	16 25 16	5 43 40
7 Su	19 12 29	25 42 11	1 ♓ 38 47	0 ♊ 07 11	1 56 28	18 00 59	23 34 33	27 53 48	9 46 01	11 55 37	14 26 11	24 38 21	16 30 38	5 47 28
8 M	20 11 42	7 ♓ 35 07	13 29 30	1 52 46	3 11 23	18 45 59	24 09 06	28 19 02	9 56 10	11 52 52	14 27 04	24 39 59	16 34 04	5 49 18
9 Tu	21 09 51	19 23 52	25 18 41	3 39 12	4 25 12	19 29 52	24 42 34	28 43 16	10 05 07	11 48 59	14 26 60	24 40 35	16 36 26	5 50 02
10 W	22 07 57	1 ♈ 14 52	7 ♈ 12 53	5 27 32	5 39 01	20 13 41	25 16 00	29 07 34	10 13 56	11 45 03	14 27 02	24 41 13	16 38 47	5 50 44
11 Th	23 07 05	13 14 40	19 18 32	7 18 51	6 53 51	20 58 31	25 50 30	29 32 60	10 23 41	11 42 08	14 28 14	24 42 59	16 42 11	5 52 28
12 F	24 08 11	25 29 23	1 ♉ 41 28	9 14 02	8 10 39	21 45 17	26 26 57	0 ♌ 00 27	10 35 16	11 41 08	14 31 31	24 46 46	16 47 33	5 56 09
13 Sa	25 11 47	8 ♉ 04 05	14 26 16	11 13 40	9 29 58	22 34 31	27 05 55	0 30 30	10 49 15	11 42 38	14 37 28	24 53 08	16 55 27	6 02 21
14 Su	26 17 59	21 02 15	27 35 38	13 17 50	10 51 53	23 26 20	27 47 30	1 03 15	11 05 44	11 46 44	14 46 08	25 02 11	17 05 59	6 11 09
15 M	27 26 24	4 ♊ 25 16	11 ♊ 09 60	15 26 05	12 16 01	24 20 19	28 31 18	1 38 17	11 24 18	11 53 02	14 57 09	25 13 31	17 18 44	6 22 09
16 Tu	28 36 07	18 11 59	25 07 10	17 37 31	13 41 28	25 15 35	29 16 25	2 14 43	11 44 04	12 00 38	15 09 38	25 26 15	17 32 49	6 34 28
17 W	29 45 59	2 ♋ 18 53	9 ♋ 22 33	19 50 53	15 07 03	26 10 58	0 ♌ 01 40	2 51 21	12 03 51	12 08 21	15 22 22	25 39 10	17 47 03	6 46 55
18 Th	0 ♋ 54 42	16 40 24	23 49 54	22 04 52	16 31 30	27 05 10	0 45 47	3 26 57	12 22 23	12 14 56	15 34 06	25 51 03	18 00 09	6 58 13
19 F	2 01 14	1 ♌ 09 56	8 ♌ 22 17	24 18 19	17 53 46	27 57 10	1 27 44	4 00 26	12 38 36	12 19 20	15 43 48	26 00 48	18 11 06	7 07 21
20 Sa	3 04 60	15 40 59	22 53 24	26 30 33	19 13 16	28 46 22	2 06 54	4 31 14	12 51 56	12 20 57	15 50 52	26 07 52	18 19 18	7 13 42
21 Su	4 05 60	0 ♍ 08 15	7 ♍ 18 33	28 41 27	20 30 01	29 32 46	2 43 19	4 59 20	13 02 22	12 19 50	15 55 18	26 12 15	18 24 45	7 17 17
22 M	5 04 50	14 28 19	21 35 01	0 ♋ 51 28	21 44 36	0 ♋ 17 00	3 17 35	5 25 23	13 10 33	12 16 34	15 57 43	26 14 34	18 28 04	7 18 44
23 Tu	6 02 37	28 39 42	5 ♎ 42 03	3 01 29	22 58 08	1 00 08	3 50 47	5 50 25	13 17 32	12 12 14	15 59 13	26 15 53	18 30 19	7 19 06
24 W	7 00 37	12 ♎ 42 25	19 40 08	5 12 36	24 11 54	1 43 27	4 24 13	6 15 46	13 24 37	12 08 08	16 01 05	26 17 30	18 32 50	7 19 42
25 Th	8 00 04	26 37 17	3 ♏ 30 16	7 25 49	25 27 06	2 28 12	4 59 06	6 42 38	13 33 01	12 05 31	16 04 31	26 20 39	18 36 48	7 21 45
26 F	9 01 52	10 ♏ 25 04	17 13 15	9 41 46	26 44 39	3 15 16	5 36 19	7 11 55	13 43 38	12 05 15	16 10 26	26 26 13	18 43 08	7 26 09
27 Sa	10 06 24	24 05 54	0 ♐ 49 01	12 00 36	28 04 57	4 05 02	6 16 16	7 44 01	13 56 51	12 07 45	16 19 14	26 34 36	18 52 13	7 33 17
28 Su	11 13 31	7 ♐ 39 01	14 16 37	14 21 51	29 27 49	4 57 22	6 58 49	8 18 46	14 12 32	12 12 50	16 30 45	26 45 38	19 03 54	7 42 60
29 M	12 22 33	21 02 44	27 34 15	16 44 36	0 ♌ 52 36	5 51 34	7 43 15	8 55 30	14 29 59	12 19 52	16 44 18	26 58 39	19 17 30	7 54 37
30 Tu	13 32 29	4 ♑ 14 53	10 ♑ 39 45	19 07 32	2 18 17	6 46 39	8 28 35	9 33 12	14 48 11	12 27 49	16 58 53	27 12 38	19 32 00	8 07 08
31 W	14 42 09	17 13 19	23 31 12	21 29 16	3 43 42	7 41 26	9 13 39	10 10 42	15 05 60	12 35 31	17 13 21	27 26 25	19 46 16	8 19 24

June 2045

LONGITUDE

Day	☉	0 hr ☽	Noon ☽	☿	♀	♂	⚵	⚳	♃	♄	⚷	♅	♆	♇
1 Th	15 ♋ 50 29	29 ♑ 56 27	6 ♒ 07 25	23 ♋ 48 26	5 ♌ 07 47	8 ♋ 34 50	9 ♌ 57 23	10 ♌ 46 55	15 ♈ 22 20	12 ♑ 41 55	17 ♎ 26 35	27 ♍ 38 57	19 ♊ 59 12	8 ♈ 30 18
2 F	16 56 40	12 ♒ 23 48	18 28 24	26 04 01	6 29 42	9 26 04	10 38 56	11 21 02	15 36 21	12 46 11	17 37 47	27 49 22	20 09 58	8 39 03
3 Sa	18 00 16	24 36 18	0 ♓ 35 35	28 15 22	7 49 01	10 14 39	11 17 53	11 52 38	15 47 38	12 47 52	17 46 32	27 57 16	20 18 09	8 45 12
4 Su	19 01 16	6 ♓ 36 21	12 31 54	0 ♌ 22 19	9 05 45	11 00 38	11 54 14	12 21 42	15 56 11	12 47 00	17 52 48	28 02 39	20 23 45	8 48 45
5 M	20 00 07	18 27 45	24 21 36	2 25 07	10 20 18	11 44 24	12 28 24	12 48 39	16 02 24	12 44 00	17 57 02	28 05 55	20 27 12	8 50 08
6 Tu	20 57 33	0 ♈ 15 30	6 ♈ 10 03	4 24 25	11 33 27	12 26 44	13 01 09	13 14 15	16 07 04	12 39 38	17 59 58	28 07 51	20 29 13	8 50 05
7 W	21 54 34	12 05 29	18 03 19	6 21 04	12 46 09	13 08 35	13 33 26	13 39 28	16 11 08	12 34 50	18 02 35	28 09 24	20 30 49	8 49 36
8 Th	22 52 09	24 03 59	0 ♉ 07 48	8 15 60	13 59 25	13 50 59	14 06 17	14 05 18	16 15 37	12 30 40	18 05 54	28 11 34	20 32 59	8 49 40
9 F	23 51 12	6 ♉ 17 17	12 29 43	10 10 03	15 14 08	14 34 49	14 40 35	14 32 40	16 21 24	12 27 59	18 10 48	28 15 17	20 36 36	8 51 12
10 Sa	24 52 19	18 51 05	25 14 24	12 03 45	16 30 56	15 20 40	15 16 57	15 02 09	16 29 05	12 27 25	18 17 53	28 21 07	20 42 18	8 54 47
11 Su	25 55 43	1 ♊ 49 51	8 ♊ 25 41	13 57 16	17 49 58	16 08 46	15 55 33	15 33 57	16 38 53	12 29 09	18 27 20	28 29 16	20 50 15	9 00 38
12 M	27 01 07	15 16 09	22 05 13	15 50 17	19 11 00	16 58 48	16 36 07	16 07 47	16 50 29	12 32 55	18 38 54	28 39 28	21 00 12	9 08 27
13 Tu	28 07 47	29 10 05	6 ♋ 11 50	17 42 05	20 33 18	17 50 05	17 17 56	16 42 57	17 03 12	12 37 60	18 51 51	28 50 60	21 11 24	9 17 31
14 W	29 14 42	13 ♋ 28 54	20 41 29	19 31 36	21 55 50	18 41 34	18 00 00	17 18 25	17 16 00	12 43 23	19 05 10	29 02 50	21 22 52	9 26 51
15 Th	0 ♌ 20 46	28 07 06	5 ♌ 27 25	21 17 43	23 17 31	19 32 10	18 41 11	17 53 04	17 27 47	12 47 57	19 17 44	29 13 52	21 33 28	9 35 18
16 F	1 25 03	12 ♌ 57 07	20 21 19	22 59 27	24 37 22	20 20 56	19 20 32	18 25 57	17 37 34	12 50 47	19 28 37	29 23 10	21 42 15	9 41 57
17 Sa	2 26 57	27 50 33	5 ♍ 14 40	24 36 16	25 54 51	21 07 17	19 57 30	18 56 32	17 44 50	12 51 18	19 37 14	29 30 08	21 48 40	9 46 13
18 Su	3 26 28	12 ♍ 39 34	20 00 06	26 08 04	27 09 55	21 51 12	20 32 03	19 24 45	17 49 31	12 49 27	19 43 35	29 34 46	21 52 40	9 48 04
19 M	4 24 03	27 18 05	4 ♎ 32 26	27 35 20	28 23 04	22 33 10	21 04 40	19 51 05	17 52 07	12 45 46	19 48 06	29 37 33	21 54 46	9 48 00
20 Tu	5 20 36	11 ♎ 42 20	18 48 57	28 58 54	29 35 09	23 14 03	21 36 12	20 16 26	17 53 30	12 41 06	19 51 42	29 39 20	21 55 48	9 46 53
21 W	6 17 11	25 50 44	2 ♏ 49 00	0 ♍ 19 48	0 ♍ 47 15	23 54 55	22 07 45	20 41 51	17 54 44	12 36 31	19 55 26	29 41 11	21 56 52	9 45 47
22 Th	7 14 48	9 ♏ 43 26	16 33 23	1 39 00	2 00 22	24 36 46	22 40 17	21 08 20	17 56 49	12 33 01	20 00 17	29 44 08	21 58 56	9 45 42
23 F	8 14 10	23 21 27	0 ♐ 03 30	2 57 12	3 15 13	25 20 21	23 14 34	21 36 36	18 00 29	12 31 21	20 07 01	29 48 52	22 02 46	9 47 22
24 Sa	9 15 37	6 ♐ 46 02	13 20 44	4 14 39	4 32 08	26 05 58	23 50 54	22 07 00	18 06 04	12 31 50	20 15 55	29 55 45	22 08 40	9 51 06
25 Su	10 19 03	19 58 11	26 26 03	5 31 12	5 51 01	26 53 32	24 29 11	22 39 25	18 13 26	12 34 21	20 26 55	0 ♎ 04 40	22 16 33	9 56 49
26 M	11 23 58	2 ♑ 58 24	9 ♑ 19 54	6 46 16	7 11 22	27 42 33	25 08 55	23 13 21	18 22 07	12 38 25	20 39 29	0 15 06	22 25 53	10 03 59
27 Tu	12 29 37	15 46 47	22 02 17	7 59 02	8 32 24	28 32 13	25 49 20	23 48 02	18 31 19	12 43 17	20 52 52	0 26 18	22 35 55	10 11 52
28 W	13 35 06	28 23 12	4 ♒ 33 04	9 08 32	9 53 16	29 21 43	26 29 34	24 22 36	18 40 12	12 48 04	21 06 11	0 37 24	22 45 48	10 19 35
29 Th	14 39 38	10 ♒ 47 37	16 52 19	10 13 53	11 13 09	0 ♌ 10 12	27 08 49	24 56 14	18 47 56	12 51 57	21 18 39	0 47 34	22 54 43	10 26 20
30 F	15 42 36	23 00 24	29 00 34	11 14 22	12 31 25	0 57 05	27 46 27	25 28 19	18 53 53	12 54 19	21 29 37	0 56 12	23 02 01	10 31 29

Notes

LONGITUDE — July 2045

Day	☉	0 hr ☽	Noon ☽	☿	♀	♂	⚵	⚳	♃	♄	⚷	♅	♆	♇
1 Sa	16 ♌ 43 38	5 ♓ 02 39	10 ♓ 59 12	12 ♍ 09 30	13 ♍ 47 45	1 ♌ 41 58	28 ♌ 22 07	25 ♌ 58 30	18 ♈ 57 44	12 ♑ 54 50	21 ♎ 38 45	1 ♎ 02 57	23 ♊ 07 22	10 ♈ 34 41
2 Su	17 42 42	16 56 18	22 50 30	12 59 10	15 02 04	2 24 51	28 55 46	26 26 44	18 59 26	12 53 27	21 46 00	1 07 45	23 10 45	10 35 54
3 M	18 40 04	28 44 16	4 ♈ 37 42	13 43 29	16 14 40	3 05 59	29 27 41	26 53 17	18 59 13	12 50 26	21 51 38	1 10 54	23 12 23	10 35 24
4 Tu	19 36 14	10 ♈ 30 25	16 24 59	14 22 51	17 26 02	3 45 53	29 58 21	27 18 40	18 57 37	12 46 17	21 56 08	1 12 52	23 12 48	10 33 41
5 W	20 31 52	22 19 23	28 17 17	14 57 48	18 36 49	4 25 11	0 ♍ 28 27	27 43 32	18 55 17	12 41 40	22 00 11	1 14 20	23 12 39	10 31 24
6 Th	21 27 41	4 ♉ 16 22	10 ♉ 20 00	15 28 55	19 47 46	5 04 37	0 58 41	28 08 36	18 52 56	12 37 18	22 04 30	1 15 60	23 12 39	10 29 16
7 F	22 24 19	16 26 52	22 38 42	15 56 42	20 59 30	5 44 49	1 29 41	28 34 29	18 51 13	12 33 50	22 09 42	1 18 31	23 13 27	10 27 57
8 Sa	23 22 14	28 56 14	5 ♊ 18 36	16 21 30	22 12 28	6 26 16	2 01 55	29 01 41	18 50 34	12 31 42	22 16 15	1 22 21	23 15 30	10 27 53
9 Su	24 21 39	11 ♊ 49 11	18 24 02	16 43 22	23 26 54	7 09 08	2 35 36	29 30 23	18 51 13	12 31 08	22 24 22	1 27 41	23 18 60	10 29 16
10 M	25 22 25	25 09 10	1 ♋ 57 43	17 02 06	24 42 39	7 53 19	3 10 35	0 ♍ 00 26	18 53 01	12 31 60	22 33 54	1 34 24	23 23 50	10 31 60
11 Tu	26 24 08	8 ♋ 57 45	16 00 11	17 17 09	25 59 18	8 38 23	3 46 29	0 31 28	18 55 34	12 33 53	22 44 28	1 42 05	23 29 34	10 35 39
12 W	27 26 11	23 13 59	0 ♌ 29 05	17 27 50	27 16 15	9 23 44	4 22 38	1 02 50	18 58 15	12 36 10	22 55 25	1 50 07	23 35 36	10 39 36
13 Th	28 27 51	7 ♌ 54 03	15 19 12	17 33 22	28 32 47	10 08 40	4 58 23	1 33 49	19 00 22	12 38 09	23 06 04	1 57 48	23 41 14	10 43 09
14 F	29 28 32	22 51 26	0 ♍ 22 48	17 33 08	29 48 18	10 52 32	5 33 05	2 03 51	19 01 18	12 39 13	23 15 47	2 04 30	23 45 50	10 45 41
15 Sa	0 ♍ 27 50	7 ♍ 57 39	15 30 42	17 26 45	1 ♎ 02 23	11 34 60	6 06 21	2 32 30	19 00 39	12 39 00	23 24 12	2 09 52	23 49 02	10 46 50
16 Su	1 25 43	23 03 29	0 ♎ 33 42	17 14 11	2 15 00	12 15 58	6 38 08	2 59 43	18 58 23	12 37 26	23 31 15	2 13 48	23 50 45	10 46 32
17 M	2 22 24	8 ♎ 00 25	15 23 58	16 55 49	3 26 23	12 55 41	7 08 41	3 25 46	18 54 45	12 34 45	23 37 10	2 16 34	23 51 15	10 45 00
18 Tu	3 18 23	22 41 47	29 55 55	16 32 18	4 37 02	13 34 40	7 38 29	3 51 07	18 50 13	12 31 27	23 42 27	2 18 40	23 51 02	10 42 46
19 W	4 14 16	7 ♏ 03 19	14 ♏ 06 30	16 04 28	5 47 32	14 13 30	8 08 08	4 16 23	18 45 24	12 28 08	23 47 41	2 20 41	23 50 40	10 40 25
20 Th	5 10 36	21 03 05	27 54 55	15 33 12	6 58 27	14 52 44	8 38 11	4 42 07	18 40 52	12 25 22	23 53 28	2 23 10	23 50 45	10 38 30
21 F	6 07 49	4 ♐ 41 06	11 ♐ 21 59	14 59 16	8 10 11	15 32 46	9 09 03	5 08 43	18 37 01	12 23 33	24 00 09	2 26 32	23 51 38	10 37 25
22 Sa	7 06 04	17 58 40	24 29 31	14 23 21	9 22 54	16 13 48	9 40 54	5 36 21	18 34 01	12 22 51	24 07 57	2 30 58	23 53 33	10 37 23
23 Su	8 05 18	0 ♑ 57 45	7 ♑ 19 47	13 45 55	10 36 34	16 55 47	10 13 41	6 04 60	18 31 51	12 23 14	24 16 47	2 36 24	23 56 25	10 38 18
24 M	9 05 17	13 40 35	19 55 07	13 07 20	11 50 55	17 38 26	10 47 09	6 34 22	18 30 14	12 24 27	24 26 25	2 42 35	23 59 58	10 39 56
25 Tu	10 05 37	26 09 24	2 ♒ 17 41	12 27 54	13 05 34	18 21 25	11 20 56	7 04 07	18 28 48	12 26 07	24 36 28	2 49 09	24 03 52	10 41 56
26 W	11 05 56	8 ♒ 26 18	14 29 31	11 47 57	14 20 08	19 04 17	11 54 36	7 33 49	18 27 10	12 27 49	24 46 31	2 55 40	24 07 40	10 43 51
27 Th	12 05 49	20 33 11	26 32 26	11 07 51	15 34 14	19 46 42	12 27 48	8 03 06	18 24 57	12 29 11	24 56 12	3 01 48	24 11 02	10 45 20
28 F	13 05 02	2 ♓ 31 59	8 ♓ 28 18	10 28 07	16 47 35	20 28 23	13 00 16	8 31 42	18 21 52	12 29 58	25 05 16	3 07 15	24 13 40	10 46 08
29 Sa	14 03 26	14 24 37	20 19 04	9 49 24	18 00 04	21 09 11	13 31 52	8 59 29	18 17 49	12 30 01	25 13 33	3 11 54	24 15 27	10 46 05
30 Su	15 01 01	26 13 13	2 ♈ 06 54	9 12 26	19 11 41	21 49 08	14 02 34	9 26 27	18 12 47	12 29 20	25 21 05	3 15 44	24 16 23	10 45 12
31 M	15 57 56	8 ♈ 00 13	13 54 23	8 38 04	20 22 33	22 28 20	14 32 33	9 52 44	18 06 55	12 28 03	25 27 58	3 18 53	24 16 36	10 43 37

LONGITUDE — August 2045

Day	☉	0 hr ☽	Noon ☽	☿	♀	♂	⚵	⚳	♃	♄	⚷	♅	♆	♇
1 Tu	16 ♍ 54 23	19 ♈ 48 24	25 ♈ 44 29	8 ♍ 07 11	21 ♎ 32 54	23 ♌ 07 01	15 ♍ 01 59	10 ♍ 18 32	18 ♈ 00 25	12 ♑ 26 24	25 ♎ 34 25	3 ♎ 21 35	24 ♊ 16 18	10 ♈ 41 33
2 W	17 50 39	1 ♉ 40 59	7 ♉ 40 37	7 40 39	22 42 58	23 45 27	15 31 10	10 44 08	17 53 34	12 24 37	25 40 43	3 24 05	24 15 45	10 39 15
3 Th	18 46 58	13 41 35	19 46 34	7 19 17	23 53 03	24 23 53	16 00 21	11 09 48	17 46 37	12 22 59	25 47 07	3 26 38	24 15 13	10 36 59
4 F	19 43 34	25 54 07	2 ♊ 06 24	7 03 43	25 03 20	25 02 33	16 29 44	11 35 43	17 39 47	12 21 42	25 53 49	3 29 28	24 14 55	10 34 59
5 Sa	20 40 36	8 ♊ 22 39	14 44 13	6 54 31	26 13 58	25 41 33	16 59 27	12 02 02	17 33 13	12 20 55	26 00 59	3 32 42	24 14 59	10 33 22
6 Su	21 38 04	21 11 07	27 43 47	6 51 59	27 24 59	26 20 57	17 29 34	12 28 46	17 26 57	12 20 39	26 08 36	3 36 23	24 15 27	10 32 10
7 M	22 35 55	4 ♋ 22 56	11 ♋ 08 08	6 56 19	28 36 18	27 00 39	17 59 58	12 55 53	17 20 55	12 20 51	26 16 38	3 40 25	24 16 14	10 31 18
8 Tu	23 34 00	18 00 30	24 58 58	7 07 32	29 47 47	27 40 33	18 30 33	13 23 12	17 14 58	12 21 22	26 24 56	3 44 42	24 17 12	10 30 40
9 W	24 32 10	2 ♌ 04 38	9 ♌ 16 02	7 25 37	0 ♏ 59 16	28 20 27	19 01 07	13 50 35	17 08 58	12 22 02	26 33 20	3 49 02	24 18 12	10 30 04
10 Th	25 30 16	16 33 55	23 56 40	7 50 26	2 10 37	29 00 12	19 31 33	14 17 52	17 02 45	12 22 42	26 41 40	3 53 16	24 19 04	10 29 23
11 F	26 28 11	1 ♍ 24 24	8 ♍ 55 33	8 21 56	3 21 42	29 39 44	20 01 43	14 44 58	16 56 14	12 23 16	26 49 52	3 57 20	24 19 42	10 28 29
12 Sa	27 25 56	16 29 34	24 05 03	9 00 04	4 32 32	0 ♍ 19 00	20 31 38	15 11 51	16 49 24	12 23 44	26 57 53	4 01 12	24 20 06	10 27 22
13 Su	28 23 32	1 ♎ 40 56	9 ♎ 16 02	9 44 49	5 43 09	0 58 05	21 01 21	15 38 34	16 42 20	12 24 09	27 05 49	4 04 55	24 20 19	10 26 06
14 M	29 21 07	16 49 08	24 19 13	10 36 10	6 53 40	1 37 05	21 30 58	16 05 15	16 35 07	12 24 36	27 13 43	4 08 36	24 20 28	10 24 47
15 Tu	0 ♎ 18 46	1 ♏ 45 35	9 ♏ 06 26	11 34 03	8 04 10	2 16 04	22 00 33	16 31 58	16 27 51	12 25 13	27 21 43	4 12 19	24 20 37	10 23 31
16 W	1 16 31	16 22 07	23 31 38	12 38 21	9 14 42	2 55 06	22 30 11	16 58 46	16 20 36	12 26 01	27 29 51	4 16 09	24 20 49	10 22 20
17 Th	2 14 23	0 ♐ 34 53	7 ♐ 31 22	13 48 49	10 25 15	3 34 11	22 59 50	17 25 39	16 13 22	12 26 60	27 38 05	4 20 03	24 21 05	10 21 13
18 F	3 12 16	14 21 24	21 04 43	15 05 08	11 35 44	4 13 13	23 29 26	17 52 32	16 06 03	12 28 05	27 46 23	4 23 59	24 21 20	10 20 07
19 Sa	4 10 04	27 41 47	4 ♑ 12 46	16 26 54	12 46 03	4 52 08	23 58 52	18 19 19	15 58 36	12 29 10	27 54 36	4 27 48	24 21 26	10 18 55
20 Su	5 07 42	10 ♑ 38 00	16 58 09	17 53 42	13 56 07	5 30 47	24 28 04	18 45 54	15 50 52	12 30 10	28 02 40	4 31 26	24 21 19	10 17 32
21 M	6 05 06	23 13 11	29 24 20	19 25 05	15 05 51	6 09 09	24 56 56	19 12 12	15 42 50	12 31 00	28 10 31	4 34 49	24 20 55	10 15 53
22 Tu	7 02 15	5 ♒ 31 07	11 ♒ 35 15	21 00 40	16 15 15	6 47 13	25 25 29	19 38 15	15 34 30	12 31 41	28 18 08	4 37 56	24 20 14	10 13 58
23 W	7 59 16	17 35 50	23 34 53	22 40 09	17 24 24	7 25 04	25 53 49	20 04 07	15 25 58	12 32 17	28 25 36	4 40 53	24 19 21	10 11 54
24 Th	8 56 16	29 31 16	5 ♓ 27 02	24 23 12	18 33 27	8 02 51	26 22 03	20 29 56	15 17 21	12 32 57	28 33 05	4 43 49	24 18 24	10 09 47
25 F	9 53 28	11 ♓ 21 07	17 15 12	26 09 35	19 42 35	8 40 45	26 50 23	20 55 55	15 08 52	12 33 53	28 40 45	4 46 54	24 17 35	10 07 51
26 Sa	10 51 03	23 08 42	29 02 30	27 59 03	20 52 00	9 18 58	27 19 01	21 22 15	15 00 43	12 35 17	28 48 49	4 50 21	24 17 05	10 06 16
27 Su	11 49 11	4 ♈ 56 52	10 ♈ 51 37	29 51 19	22 01 52	9 57 41	27 48 08	21 49 06	14 53 05	12 37 18	28 57 25	4 54 19	24 17 06	10 05 14
28 M	12 47 58	16 48 09	22 44 58	1 ♎ 46 04	23 12 17	10 36 59	28 17 48	22 16 34	14 46 04	12 40 02	29 06 41	4 58 55	24 17 43	10 04 49
29 Tu	13 47 25	28 44 42	4 ♉ 44 38	3 42 54	24 23 14	11 16 52	28 48 02	22 44 38	14 39 39	12 43 29	29 16 36	5 04 08	24 18 55	10 05 01
30 W	14 47 24	10 ♉ 48 30	16 52 34	5 41 18	25 34 37	11 57 13	29 18 42	23 13 12	14 33 45	12 47 33	29 27 03	5 09 51	24 20 36	10 05 45
31 Th	15 47 41	23 01 25	29 10 43	7 40 42	26 46 12	12 37 48	29 49 36	23 42 03	14 28 07	12 51 59	29 37 48	5 15 50	24 22 31	10 06 45

Notes

September 2045 — LONGITUDE

Day	☉	0 hr ☽	Noon ☽	☿	♀	♂	⚳	⚴	♃	♄	⚷	♅	♆	♇
1 F	16 ♎ 47 59	5 ♊ 25 21	11 ♊ 41 04	9 ♎ 40 29	27 ♏ 57 39	13 ♍ 18 19	0 ♎ 20 24	24 ♍ 10 50	14 ♈ 22 29	12 ♑ 56 28	29 ♎ 48 32	5 ♎ 21 48	24 ♊ 24 23	10 ♈ 07 44
2 Sa	17 47 56	18 02 21	24 25 43	11 40 03	29 08 39	13 58 26	0 50 46	24 39 15	14 16 29	13 00 42	29 58 55	5 27 23	24 25 52	10 08 21
3 Su	18 47 15	0 ♋ 54 38	7 ♋ 26 55	13 38 50	0 ♐ 18 54	14 37 50	1 20 24	25 06 58	14 09 50	13 04 20	0 ♏ 08 40	5 32 17	24 26 38	10 08 18
4 M	19 45 45	14 04 29	20 46 51	15 36 28	1 28 13	15 16 21	1 49 07	25 33 50	14 02 21	13 07 14	0 17 35	5 36 20	24 26 31	10 07 24
5 Tu	20 43 27	27 34 06	4 ♌ 27 22	17 32 45	2 36 34	15 53 58	2 16 56	25 59 49	13 54 04	13 09 21	0 25 39	5 39 31	24 25 32	10 05 40
6 W	21 40 31	11 ♌ 25 07	18 29 34	19 27 47	3 44 12	16 30 54	2 44 01	26 25 08	13 45 09	13 10 55	0 33 06	5 42 02	24 23 52	10 03 17
7 Th	22 37 23	25 38 04	2 ♍ 53 07	21 21 48	4 51 29	17 07 32	3 10 47	26 50 11	13 36 02	13 12 20	0 40 18	5 44 18	24 21 55	10 00 40
8 F	23 34 31	10 ♍ 11 49	17 35 49	23 15 14	5 58 56	17 44 23	3 37 44	27 15 28	13 27 14	13 14 05	0 47 47	5 46 49	24 20 12	9 58 18
9 Sa	24 32 29	25 02 58	2 ♎ 33 04	25 08 32	7 07 03	18 21 58	4 05 24	27 41 30	13 19 15	13 16 42	0 56 03	5 50 05	24 19 13	9 56 43
10 Su	25 31 38	10 ♎ 05 38	17 37 59	27 02 01	8 16 13	19 00 40	4 34 09	28 08 40	13 12 29	13 20 34	1 05 28	5 54 30	24 19 22	9 56 18
11 M	26 32 07	25 11 55	2 ♏ 42 02	28 55 47	9 26 36	19 40 38	5 04 08	28 37 08	13 07 05	13 25 50	1 16 13	6 00 13	24 20 47	9 57 12
12 Tu	27 33 48	10 ♏ 12 40	17 36 10	0 ♏ 49 40	10 38 03	20 21 42	5 35 12	29 06 43	13 02 56	13 32 20	1 28 09	6 07 04	24 23 21	9 59 17
13 W	28 36 15	24 58 59	2 ♐ 12 13	2 43 15	11 50 08	21 03 30	6 06 57	29 37 02	12 59 36	13 39 41	1 40 50	6 14 40	24 26 38	10 02 07
14 Th	29 38 55	9 ♐ 23 31	16 24 02	4 35 54	13 02 16	21 45 24	6 38 48	0 ♎ 07 29	12 56 32	13 47 18	1 53 41	6 22 24	24 30 04	10 05 07
15 F	0 ♏ 41 08	23 21 26	0 ♑ 08 10	6 27 01	14 13 48	22 26 47	7 10 06	0 37 26	12 53 05	13 54 31	2 06 04	6 29 40	24 32 59	10 07 40
16 Sa	1 42 23	6 ♑ 50 47	13 24 00	8 16 03	15 24 14	23 07 08	7 40 19	1 06 21	12 48 43	14 00 49	2 17 28	6 35 54	24 34 53	10 09 14
17 Su	2 42 20	19 52 20	26 13 18	10 02 41	16 33 13	23 46 07	8 09 09	1 33 56	12 43 09	14 05 53	2 27 33	6 40 49	24 35 27	10 09 30
18 M	3 40 58	2 ♒ 28 58	8 ♒ 39 41	11 46 55	17 40 43	24 23 42	8 36 33	2 00 07	12 36 20	14 09 41	2 36 16	6 44 21	24 34 37	10 08 25
19 Tu	4 38 31	14 45 07	20 47 55	13 28 59	18 46 58	25 00 08	9 02 45	2 25 10	12 28 31	14 12 28	2 43 54	6 46 45	24 32 40	10 06 14
20 W	5 35 28	26 46 03	2 ♓ 43 24	15 09 24	19 52 28	25 35 53	9 28 15	2 49 33	12 20 10	14 14 41	2 50 53	6 48 30	24 30 03	10 03 26
21 Th	6 32 27	8 ♓ 37 18	14 31 37	16 48 47	20 57 48	26 11 36	9 53 41	3 13 54	12 11 57	14 16 59	2 57 52	6 50 14	24 27 24	10 00 39
22 F	7 30 08	20 24 16	26 17 45	18 27 50	22 03 40	26 47 56	10 19 41	3 38 52	12 04 32	14 20 02	3 05 31	6 52 37	24 25 24	9 58 33
23 Sa	8 29 07	2 ♈ 11 50	8 ♈ 06 24	20 07 11	23 10 40	27 25 30	10 46 53	4 05 06	11 58 31	14 24 27	3 14 27	6 56 15	24 24 40	9 57 44
24 Su	9 29 51	14 04 08	20 01 21	21 47 17	24 19 14	28 04 44	11 15 44	4 32 60	11 54 21	14 30 39	3 25 06	7 01 35	24 25 37	9 58 39
25 M	10 32 32	26 04 20	2 ♉ 05 27	23 28 21	25 29 33	28 45 50	11 46 24	5 02 46	11 52 14	14 38 50	3 37 39	7 08 48	24 28 27	10 01 30
26 Tu	11 37 04	8 ♉ 14 38	14 20 34	25 10 18	26 41 31	29 28 43	12 18 49	5 34 19	11 52 04	14 48 55	3 51 60	7 17 48	24 33 04	10 06 11
27 W	12 43 02	20 36 17	26 47 37	26 52 44	27 54 43	0 ♎ 12 57	12 52 32	6 07 15	11 53 27	15 00 29	4 07 45	7 28 12	24 39 05	10 12 17
28 Th	13 49 48	3 ♊ 09 44	9 ♊ 26 52	28 35 01	29 08 31	0 57 54	13 26 56	6 40 53	11 55 44	15 12 53	4 24 15	7 39 19	24 45 50	10 19 09
29 F	14 56 32	15 54 51	22 18 03	0 ♐ 16 21	0 ♑ 22 04	1 42 44	14 01 11	7 14 24	11 58 07	15 25 17	4 40 41	7 50 20	24 52 29	10 25 58
30 Sa	16 02 23	28 51 20	5 ♋ 20 53	1 55 53	1 34 32	2 26 37	14 34 26	7 46 58	11 59 44	15 36 50	4 56 11	8 00 26	24 58 12	10 31 53

October 2045 — LONGITUDE

Day	☉	0 hr ☽	Noon ☽	☿	♀	♂	⚳	⚴	♃	♄	⚷	♅	♆	♇
1 Su	17 ♏ 06 41	11 ♋ 59 03	18 ♋ 35 16	3 ♐ 32 56	2 ♑ 45 12	3 ♎ 08 51	15 ♎ 05 60	8 ♎ 17 54	11 ♈ 59 54	15 ♑ 46 52	5 ♏ 10 04	8 ♎ 08 53	25 ♊ 02 18	10 ♈ 36 13
2 M	18 08 60	25 18 17	2 ♌ 01 34	5 07 07	3 53 41	3 49 01	15 35 27	8 46 45	11 58 13	15 54 57	5 21 56	8 15 18	25 04 22	10 38 34
3 Tu	19 09 21	8 ♌ 49 52	15 40 40	6 38 25	4 59 57	4 27 09	16 02 49	9 13 34	11 54 42	16 01 06	5 31 46	8 19 40	25 04 23	10 38 54
4 W	20 08 10	22 35 06	29 33 43	8 07 18	6 04 28	5 03 39	16 28 31	9 38 45	11 49 46	16 05 45	5 40 02	8 22 27	25 02 50	10 37 42
5 Th	21 06 17	6 ♍ 35 18	13 ♍ 41 44	9 34 34	7 08 02	5 39 22	16 53 24	10 03 09	11 44 17	16 09 43	5 47 32	8 24 28	25 00 31	10 35 47
6 F	22 04 45	20 51 11	28 04 48	11 01 15	8 11 42	6 15 20	17 18 28	10 27 48	11 39 15	16 14 04	5 55 18	8 26 44	24 58 28	10 34 11
7 Sa	23 04 35	5 ♎ 22 09	12 ♎ 41 26	12 28 24	9 16 29	6 52 35	17 44 48	10 53 44	11 35 45	16 19 48	6 04 24	8 30 19	24 57 45	10 33 55
8 Su	24 06 34	20 05 28	27 27 58	13 56 45	10 23 10	7 31 55	18 13 08	11 21 44	11 34 32	16 27 44	6 15 36	8 35 59	24 59 07	10 35 48
9 M	25 11 04	4 ♏ 56 06	12 ♏ 18 28	15 26 40	11 32 05	8 13 39	18 43 51	11 52 09	11 35 59	16 38 12	6 29 14	8 44 05	25 02 57	10 40 11
10 Tu	26 17 53	19 46 52	27 05 18	16 57 55	12 43 04	8 57 37	19 16 45	12 24 46	11 39 53	16 51 01	6 45 08	8 54 26	25 09 03	10 46 51
11 W	27 26 20	4 ♐ 29 26	11 ♐ 40 13	18 29 46	13 55 23	9 43 09	19 51 09	12 58 57	11 45 35	17 05 29	7 02 37	9 06 21	25 16 43	10 55 09
12 Th	28 35 24	18 55 40	25 55 48	20 01 12	15 08 02	10 29 11	20 26 02	13 33 38	11 52 03	17 20 36	7 20 39	9 18 48	25 24 57	11 04 03
13 F	29 43 57	2 ♑ 59 00	9 ♑ 46 40	21 31 01	16 19 53	11 14 38	21 00 16	14 07 43	11 58 11	17 35 14	7 38 06	9 30 41	25 32 38	11 12 26
14 Sa	0 ♐ 51 02	16 35 26	23 10 05	22 58 13	17 29 57	11 58 31	21 32 53	14 40 14	12 02 59	17 48 25	7 54 02	9 41 01	25 38 48	11 19 19
15 Su	1 55 60	29 43 53	6 ♒ 06 11	24 22 05	18 37 35	12 40 12	22 03 15	15 10 32	12 05 50	17 59 30	8 07 47	9 49 10	25 42 47	11 24 05
16 M	2 58 40	12 ♒ 26 02	18 37 36	25 42 22	19 42 36	13 19 31	22 31 12	15 38 27	12 06 34	18 08 21	8 19 11	9 54 58	25 44 27	11 26 33
17 Tu	3 59 21	24 45 47	0 ♓ 48 53	26 59 17	20 45 17	13 56 45	22 57 00	16 04 16	12 05 28	18 15 12	8 28 32	9 58 42	25 44 05	11 27 01
18 W	4 58 43	6 ♓ 48 32	12 45 48	28 13 26	21 46 19	14 32 35	23 21 22	16 28 40	12 03 14	18 20 47	8 36 30	10 01 03	25 42 21	11 26 09
19 Th	5 57 44	18 40 36	24 34 46	29 25 37	22 46 37	15 07 58	23 45 13	16 52 37	12 00 49	18 26 02	8 44 03	10 02 58	25 40 13	11 24 56
20 F	6 57 26	0 ♈ 28 29	6 ♈ 22 14	0 ♑ 36 47	23 47 13	15 43 57	24 09 37	17 17 08	11 59 15	18 31 59	8 52 13	10 05 30	25 38 44	11 24 23
21 Sa	7 58 46	12 18 24	18 14 10	1 47 43	24 49 06	16 21 29	24 35 32	17 43 12	11 59 30	18 39 36	9 01 58	10 09 37	25 38 51	11 25 29
22 Su	9 02 30	24 15 50	0 ♉ 15 44	2 59 00	25 52 56	17 01 20	25 03 40	18 11 33	12 02 18	18 49 38	9 14 01	10 16 02	25 41 19	11 28 58
23 M	10 08 57	6 ♉ 25 06	12 30 47	4 10 48	26 59 07	17 43 49	25 34 24	18 42 31	12 08 01	19 02 24	9 28 45	10 25 08	25 46 28	11 35 10
24 Tu	11 18 05	18 49 10	25 01 42	5 22 48	28 07 30	18 28 52	26 07 38	19 16 02	12 16 33	19 17 51	9 46 04	10 36 48	25 54 15	11 44 00
25 W	12 29 19	1 ♊ 29 23	7 ♊ 49 18	6 34 13	29 17 34	19 15 57	26 42 51	19 51 33	12 27 22	19 35 26	10 05 25	10 50 30	26 04 06	11 54 58
26 Th	13 41 45	14 25 35	20 52 51	7 43 50	0 ♒ 28 22	20 04 08	27 19 06	20 28 09	12 39 34	19 54 14	10 25 54	11 05 20	26 15 06	12 07 07
27 F	14 54 12	27 36 16	4 ♋ 10 24	8 50 10	1 38 43	20 52 16	27 55 13	21 04 39	12 51 57	20 13 04	10 46 20	11 20 07	26 26 05	12 19 16
28 Sa	16 05 29	10 ♋ 59 05	17 39 18	9 51 40	2 47 23	21 39 07	28 30 00	21 39 52	13 03 20	20 30 44	11 05 30	11 33 38	26 35 51	12 30 15
29 Su	17 14 35	24 31 27	1 ♌ 16 55	10 46 56	3 53 23	22 23 42	29 02 28	22 12 47	13 12 43	20 46 14	11 22 25	11 44 55	26 43 25	12 39 02
30 M	18 20 56	8 ♌ 11 08	15 01 07	11 34 54	4 56 04	23 05 25	29 31 60	22 42 49	13 19 29	20 58 58	11 36 29	11 53 20	26 48 10	12 45 03
31 Tu	19 24 29	21 56 46	28 50 50	12 15 04	5 55 26	23 44 15	29 58 34	23 09 55	13 23 39	21 08 56	11 47 41	11 58 53	26 50 04	12 48 16

Notes

LONGITUDE — November 2045

Day	☉	0 hr ☽	Noon ☽	☿	♀	♂	⚵	⚳	♃	♄	⚷	♅	♆	♇
1 W	20 ♐ 25 48	5 ♍ 48 08	12 ♍ 46 01	12 ♑ 47 27	6 ♒ 51 59	24 ♎ 20 45	0 ♏ 22 45	23 ♎ 34 39	13 ♈ 25 44	21 ♑ 16 39	11 ♏ 56 34	12 ♎ 02 07	26 ♊ 49 43	12 ♈ 49 14
2 Th	21 25 57	19 45 53	26 47 30	13 12 30	7 46 47	24 55 59	0 45 34	23 58 05	13 26 48	21 23 13	12 04 10	12 04 05	26 48 08	12 49 00
3 F	22 26 15	3 ♎ 51 08	10 ♎ 56 15	13 30 58	8 41 08	25 31 16	1 08 24	24 21 32	13 28 12	21 29 56	12 11 52	12 06 08	26 46 41	12 48 56
4 Sa	23 28 02	18 04 37	25 12 38	13 43 31	9 36 20	26 07 56	1 32 32	24 46 21	13 31 16	21 38 08	12 20 57	12 09 35	26 46 41	12 50 20
5 Su	24 32 21	2 ♏ 25 52	9 ♏ 35 35	13 50 31	10 33 26	26 47 02	1 59 01	25 13 32	13 37 01	21 48 52	12 32 28	12 15 28	26 49 10	12 54 15
6 M	25 39 42	16 52 38	24 02 08	13 51 51	11 32 52	27 29 02	2 28 21	25 43 37	13 45 57	22 02 37	12 46 55	12 24 18	26 54 38	13 01 11
7 Tu	26 49 54	1 ♐ 20 38	8 ♐ 27 27	13 46 49	12 34 28	28 13 49	3 00 23	26 16 25	13 57 56	22 19 15	13 04 08	12 35 55	27 02 56	13 10 59
8 W	28 02 13	15 43 57	22 45 18	13 34 12	13 37 29	29 00 36	3 34 21	26 51 11	14 12 12	22 37 59	13 23 24	12 49 34	27 13 19	13 22 53
9 Th	29 15 29	29 55 56	6 ♑ 49 16	13 12 35	14 40 40	29 48 13	4 09 05	27 26 44	14 27 34	22 57 40	13 43 30	13 04 04	27 24 37	13 35 43
10 F	0 ♑ 28 20	13 ♑ 50 21	20 33 44	12 40 38	15 42 40	0 ♏ 35 20	4 43 13	28 01 45	14 42 42	23 16 56	14 03 06	13 18 05	27 35 28	13 48 09
11 Sa	1 39 34	27 22 36	3 ♒ 55 01	11 57 31	16 42 14	1 20 43	5 15 34	28 34 60	14 56 23	23 34 36	14 20 60	13 30 24	27 44 42	13 58 57
12 Su	2 48 21	10 ♒ 30 19	16 51 48	11 03 10	17 38 30	2 03 33	5 45 16	29 05 38	15 07 47	23 49 49	14 36 21	13 40 12	27 51 26	14 07 19
13 M	3 54 20	23 13 44	29 25 16	9 58 29	18 31 05	2 43 29	6 12 00	29 33 20	15 16 34	24 02 13	14 48 49	13 47 07	27 55 21	14 12 52
14 Tu	4 57 43	5 ♓ 35 26	11 ♓ 38 48	8 45 25	19 20 08	3 20 42	6 35 57	29 58 16	15 22 55	24 12 02	14 58 35	13 51 21	27 56 40	14 15 50
15 W	5 59 10	17 39 56	23 37 27	7 26 46	20 06 19	3 55 54	6 57 46	0 ♏ 21 08	15 27 30	24 19 55	15 06 20	13 53 34	27 56 01	14 16 52
16 Th	6 59 41	29 33 05	5 ♈ 27 25	6 06 03	20 50 33	4 30 02	7 18 28	0 42 53	15 31 18	24 26 51	15 13 02	13 54 47	27 54 24	14 16 57
17 F	8 00 24	11 ♈ 21 28	17 15 25	4 47 04	21 33 57	5 04 17	7 39 12	1 04 42	15 35 30	24 34 01	15 19 52	13 56 07	27 52 59	14 17 16
18 Sa	9 02 26	23 11 47	29 08 08	3 33 32	22 17 35	5 39 45	8 01 03	1 27 40	15 41 10	24 42 29	15 27 56	13 58 42	27 52 53	14 18 53
19 Su	10 06 40	5 ♉ 10 22	11 ♉ 11 40	2 28 43	23 02 17	6 17 18	8 24 54	1 52 41	15 49 13	24 53 08	15 38 05	14 03 24	27 54 57	14 22 43
20 M	11 13 35	17 22 41	23 31 07	1 35 09	23 48 30	6 57 26	8 51 15	2 20 12	16 00 06	25 06 29	15 50 50	14 10 43	27 59 42	14 29 14
21 Tu	12 23 13	29 52 51	6 ♊ 10 03	0 54 23	24 36 11	7 40 10	9 20 06	2 50 17	16 13 51	25 22 32	16 06 12	14 20 40	28 07 08	14 38 28
22 W	13 35 04	12 ♊ 43 17	19 10 09	0 26 55	25 24 50	8 25 01	9 50 60	3 22 24	16 30 00	25 40 48	16 23 41	14 32 46	28 16 47	14 49 56
23 Th	14 48 14	25 54 29	2 ♋ 31 04	0 12 21	26 13 28	9 11 05	10 22 59	3 55 40	16 47 37	26 00 23	16 42 23	14 46 06	28 27 44	15 02 43
24 F	16 01 31	9 ♋ 24 56	16 10 29	0 09 33	27 00 49	9 57 08	10 54 54	4 28 53	17 05 30	26 20 04	17 01 06	14 59 28	28 38 48	15 15 37
25 Sa	17 13 40	23 11 30	0 ♌ 04 31	0 16 57	27 45 37	10 41 57	11 25 28	5 00 47	17 22 25	26 38 36	17 18 35	15 11 37	28 48 43	15 27 23
26 Su	18 23 38	7 ♌ 09 53	14 08 28	0 32 56	28 26 44	11 24 29	11 53 39	5 30 19	17 37 18	26 54 57	17 33 47	15 21 31	28 56 26	15 36 59
27 M	19 30 48	21 15 31	28 17 39	0 56 08	29 03 30	12 04 04	12 18 49	5 56 51	17 49 31	27 08 28	17 46 04	15 28 32	29 01 20	15 43 45
28 Tu	20 35 05	5 ♍ 24 24	12 ♍ 28 16	1 25 37	29 35 46	12 40 40	12 40 52	6 20 20	17 59 00	27 19 06	17 55 22	15 32 35	29 03 20	15 47 40
29 W	21 37 00	19 33 39	26 37 53	2 01 03	0 ♓ 04 02	13 14 48	13 00 21	6 41 15	18 06 17	27 27 22	18 02 11	15 34 11	29 02 59	15 49 13
30 Th	22 37 35	3 ♎ 41 46	10 ♎ 45 30	2 42 32	0 29 13	13 47 27	13 18 16	7 00 38	18 12 21	27 34 16	18 07 34	15 34 22	29 01 16	15 49 25

LONGITUDE — December 2045

Day	☉	0 hr ☽	Noon ☽	☿	♀	♂	⚵	⚳	♃	♄	⚷	♅	♆	♇
1 F	23 ♑ 38 05	17 ♎ 48 28	24 ♎ 51 09	3 ♑ 30 31	0 ♓ 52 32	14 ♏ 19 54	13 ♏ 35 53	7 ♏ 19 44	18 ♈ 18 30	27 ♑ 41 04	18 ♏ 12 45	15 ♎ 34 24	28 ♊ 59 28	15 ♈ 49 33
2 Sa	24 39 47	1 ♏ 54 03	8 ♏ 55 18	4 25 28	1 15 12	14 53 25	13 54 28	7 39 49	18 25 59	27 49 03	18 19 01	15 35 32	28 58 51	15 50 52
3 Su	25 43 39	15 58 42	22 58 03	5 27 38	1 38 07	15 28 59	14 14 58	8 01 53	18 35 46	27 59 10	18 27 20	15 38 46	29 00 23	15 54 22
4 M	26 50 10	0 ♐ 01 51	6 ♐ 58 33	6 36 51	2 01 44	16 07 04	14 37 54	8 26 22	18 48 21	28 11 56	18 38 12	15 44 34	29 04 35	16 00 31
5 Tu	27 59 15	14 01 45	20 54 45	7 52 27	2 25 52	16 47 35	15 03 10	8 53 13	19 03 39	28 27 14	18 51 30	15 52 51	29 11 19	16 09 14
6 W	29 10 16	27 55 30	4 ♑ 43 28	9 13 16	2 49 49	17 29 54	15 30 06	9 21 46	19 20 60	28 44 26	19 06 38	16 02 59	29 19 60	16 19 52
7 Th	0 ♒ 22 11	11 ♑ 39 24	18 20 57	10 37 52	3 12 32	18 12 59	15 57 43	9 51 01	19 39 24	29 02 32	19 22 33	16 13 57	29 29 35	16 31 26
8 F	1 33 50	25 09 33	1 ♒ 43 31	12 04 39	3 32 45	18 55 40	16 24 49	10 19 47	19 57 41	29 20 21	19 38 06	16 24 35	29 38 54	16 42 45
9 Sa	2 44 10	8 ♒ 22 43	14 48 19	13 32 14	3 49 22	19 36 54	16 50 21	10 46 59	20 14 47	29 36 50	19 52 12	16 33 49	29 46 54	16 52 44
10 Su	3 52 23	21 16 52	27 33 57	14 59 31	4 01 32	20 15 52	17 13 30	11 11 51	20 29 53	29 51 10	20 04 04	16 40 51	29 52 47	17 00 37
11 M	4 58 05	3 ♓ 51 38	10 ♓ 00 42	16 25 53	4 08 49	20 52 12	17 33 55	11 33 59	20 42 38	0 ♒ 02 59	20 13 19	16 45 19	29 56 10	17 06 00
12 Tu	6 01 21	16 08 26	22 10 40	17 51 10	4 11 13	21 25 58	17 51 38	11 53 27	20 53 05	0 12 20	20 20 02	16 47 17	29 57 08	17 08 58
13 W	7 02 39	28 10 22	4 ♈ 07 29	19 15 38	4 09 11	21 57 36	18 07 07	12 10 42	21 01 41	0 19 42	20 24 39	16 47 12	29 56 08	17 09 58
14 Th	8 02 43	10 ♈ 01 54	15 56 05	20 39 54	4 03 27	22 27 53	18 21 07	12 26 30	21 09 12	0 25 49	20 27 56	16 45 50	29 53 55	17 09 46
15 F	9 02 29	21 48 29	27 42 15	22 04 45	3 54 53	22 57 43	18 34 35	12 41 45	21 16 33	0 31 37	20 30 49	16 44 06	29 51 25	17 09 16
16 Sa	10 02 53	3 ♉ 36 09	9 ♉ 32 10	23 30 59	3 44 26	23 28 03	18 48 23	12 57 23	21 24 40	0 38 02	20 34 12	16 42 56	29 49 34	17 09 25
17 Su	11 04 41	15 31 04	21 32 00	24 59 17	3 32 53	23 59 38	19 03 20	13 14 11	21 34 18	0 45 49	20 38 52	16 43 06	29 49 07	17 10 59
18 M	12 08 22	27 39 02	3 ♊ 47 27	26 30 04	3 20 43	24 32 57	19 19 54	13 32 37	21 45 58	0 55 29	20 45 20	16 45 05	29 50 35	17 14 27
19 Tu	13 14 04	10 ♊ 05 07	16 23 12	28 03 24	3 08 08	25 08 09	19 38 13	13 52 49	21 59 47	1 07 08	20 53 41	16 49 03	29 54 06	17 19 58
20 W	14 21 31	22 53 08	29 22 27	29 38 57	2 54 54	25 44 57	19 58 01	14 14 30	22 15 28	1 20 31	21 03 41	16 54 42	29 59 23	17 27 15
21 Th	15 30 06	6 ♋ 05 14	12 ♋ 46 32	1 ♒ 16 04	2 40 30	26 22 45	20 18 40	14 37 05	22 32 25	1 35 01	21 14 43	17 01 25	0 ♋ 05 48	17 35 40
22 F	16 38 58	19 41 33	26 34 31	2 53 50	2 24 08	27 00 39	20 39 19	14 59 39	22 49 46	1 49 46	21 25 54	17 08 21	0 12 32	17 44 23
23 Sa	17 47 11	3 ♌ 39 59	10 ♌ 43 14	4 31 18	2 05 01	27 37 46	20 59 02	15 21 19	23 06 35	2 03 51	21 36 19	17 14 35	0 18 38	17 52 29
24 Su	18 53 57	17 56 27	25 07 38	6 07 40	1 42 30	28 13 16	21 17 01	15 41 15	23 22 04	2 16 26	21 45 09	17 19 18	0 23 18	17 59 07
25 M	19 58 44	2 ♍ 25 21	9 ♍ 41 26	7 42 22	1 16 11	28 46 38	21 32 43	15 58 56	23 35 42	2 27 02	21 51 55	17 21 60	0 26 01	18 03 49
26 Tu	21 01 28	17 00 23	24 18 12	9 15 18	0 46 12	29 17 46	21 46 04	16 14 16	23 47 22	2 35 32	21 56 30	17 22 34	0 26 42	18 06 27
27 W	22 02 26	1 ♎ 35 35	8 ♎ 52 11	10 46 48	0 13 01	29 46 59	21 57 22	16 27 34	23 57 24	2 42 15	21 59 12	17 21 19	0 25 38	18 07 21
28 Th	23 02 19	16 06 01	23 19 05	12 17 29	29 ♒ 37 33	0 ♐ 14 57	22 07 16	16 39 28	24 06 28	2 47 51	22 00 41	17 18 55	0 23 30	18 07 11
29 F	24 01 58	0 ♏ 28 14	7 ♏ 36 09	13 48 13	29 00 52	0 42 29	22 16 37	16 50 51	24 15 24	2 53 10	22 01 49	17 16 14	0 21 09	18 06 47
30 Sa	25 02 13	14 40 13	21 42 03	15 19 52	28 24 02	1 10 27	22 26 15	17 02 31	24 25 02	2 59 04	22 03 26	17 14 05	0 19 26	18 06 60
31 Su	26 03 43	28 41 00	5 ♐ 36 20	16 53 03	27 47 59	1 39 29	22 36 49	17 15 07	24 36 01	3 06 10	22 06 10	17 13 08	0 18 59	18 08 28

Notes

January 2046 — LONGITUDE

Day	☉	0 hr ☽	Noon ☽	☿	♀	♂	⚵	⚳	♃	♄	⚷	♅	♆	♇
1 M	27 ♒ 06 48	12 ♐ 30 17	19 ♐ 18 59	18 ♒ 28 07	27 ♒ 13 16	2 ♐ 09 55	22 ♏ 48 38	17 ♏ 28 59	24 ♈ 48 42	3 ♒ 14 49	22 ♏ 10 22	17 ♎ 13 42	0 ♋ 20 08	18 ♈ 11 32
2 Tu	28 11 25	26 07 51	2 ♑ 49 58	20 05 03	26 40 07	2 41 41	23 01 40	17 44 05	25 03 02	3 24 59	22 15 59	17 15 46	0 22 52	18 16 10
3 W	29 17 13	9 ♑ 33 26	16 08 59	21 43 28	26 08 25	3 14 27	23 15 33	18 00 01	25 18 38	3 36 16	22 22 39	17 18 57	0 26 47	18 21 58
4 Th	0 ♓ 23 36	22 46 29	29 15 30	23 22 49	25 37 50	3 47 35	23 29 40	18 16 13	25 34 55	3 48 07	22 29 47	17 22 39	0 31 19	18 28 23
5 F	1 29 53	5 ♒ 46 22	12 ♒ 08 52	25 02 25	25 07 56	4 20 26	23 43 22	18 31 60	25 51 13	3 59 50	22 36 42	17 26 14	0 35 47	18 34 44
6 Sa	2 35 28	18 32 33	24 48 38	26 41 41	24 38 19	4 52 23	23 56 02	18 46 44	26 06 55	4 10 48	22 42 47	17 29 04	0 39 35	18 40 23
7 Su	3 39 54	1 ♓ 04 50	7 ♓ 14 45	28 20 10	24 08 47	5 22 57	24 07 11	18 59 58	26 21 34	4 20 35	22 47 36	17 30 41	0 42 15	18 44 53
8 M	4 42 56	13 23 38	19 27 55	29 57 39	23 39 18	5 51 56	24 16 36	19 11 28	26 34 55	4 28 56	22 50 54	17 30 52	0 43 34	18 48 02
9 Tu	5 44 35	25 30 10	1 ♈ 29 39	1 ♓ 34 09	23 10 02	6 19 18	24 24 17	19 21 14	26 46 59	4 35 52	22 52 43	17 29 38	0 43 32	18 49 48
10 W	6 45 04	7 ♈ 26 29	13 22 22	3 09 55	22 41 24	6 45 18	24 30 27	19 29 29	26 57 59	4 41 35	22 53 14	17 27 11	0 42 22	18 50 26
11 Th	7 44 45	19 15 33	25 09 23	4 45 20	22 13 55	7 10 17	24 35 28	19 36 35	27 08 18	4 46 29	22 52 51	17 23 55	0 40 27	18 50 18
12 F	8 44 06	1 ♉ 01 05	6 ♉ 54 45	6 20 53	21 48 11	7 34 43	24 39 48	19 43 01	27 18 22	4 51 02	22 52 01	17 20 17	0 38 15	18 49 51
13 Sa	9 43 36	12 47 29	18 43 09	7 57 01	21 24 45	7 59 03	24 43 54	19 49 12	27 28 41	4 55 39	22 51 12	17 16 45	0 36 13	18 49 33
14 Su	10 43 36	24 39 34	0 ♊ 39 35	9 34 10	21 04 08	8 23 40	24 48 10	19 55 33	27 39 36	5 00 46	22 50 48	17 13 42	0 34 44	18 49 48
15 M	11 44 22	6 ♊ 42 21	12 49 10	11 12 35	20 46 39	8 48 50	24 52 51	20 02 18	27 51 23	5 06 37	22 51 03	17 11 24	0 34 05	18 50 51
16 Tu	12 45 60	19 00 49	25 16 48	12 52 21	20 32 27	9 14 37	24 58 01	20 09 32	28 04 07	5 13 17	22 52 03	17 09 56	0 34 19	18 52 47
17 W	13 48 23	1 ♋ 39 29	8 ♋ 06 43	14 33 25	20 21 27	9 40 55	25 03 34	20 17 09	28 17 42	5 20 40	22 53 42	17 09 11	0 35 22	18 55 29
18 Th	14 51 16	14 42 00	21 21 60	16 15 31	20 13 28	10 07 29	25 09 16	20 24 54	28 31 54	5 28 32	22 55 46	17 08 56	0 36 59	18 58 45
19 F	15 54 21	28 10 42	5 ♌ 04 06	17 58 19	20 08 10	10 33 60	25 14 47	20 32 28	28 46 22	5 36 32	22 57 54	17 08 51	0 38 49	19 02 12
20 Sa	16 57 15	12 ♌ 05 59	19 12 21	19 41 29	20 05 11	11 00 04	25 19 44	20 39 28	29 00 45	5 44 20	22 59 45	17 08 34	0 40 31	19 05 31
21 Su	17 59 42	26 26 00	3 ♍ 43 33	21 24 43	20 04 14	11 25 26	25 23 52	20 45 37	29 14 46	5 51 38	23 01 02	17 07 48	0 41 49	19 08 24
22 M	19 01 31	11 ♍ 06 26	18 32 12	23 07 50	20 05 08	11 49 54	25 26 59	20 50 46	29 28 14	5 58 15	23 01 35	17 06 23	0 42 32	19 10 40
23 Tu	20 02 41	26 00 47	3 ♎ 30 50	24 50 48	20 07 49	12 13 27	25 29 04	20 54 51	29 41 09	6 04 12	23 01 23	17 04 19	0 42 39	19 12 19
24 W	21 03 20	11 ♎ 01 05	18 31 09	26 33 45	20 12 23	12 36 13	25 30 15	20 58 02	29 53 38	6 09 35	23 00 34	17 01 43	0 42 17	19 13 29
25 Th	22 03 42	25 59 02	3 ♏ 25 04	28 16 49	20 18 60	12 58 23	25 30 45	21 00 30	0 ♉ 05 53	6 14 37	22 59 20	16 58 47	0 41 40	19 14 22
26 F	23 03 59	10 ♏ 47 06	18 05 48	0 ♈ 00 15	20 27 51	13 20 12	25 30 47	21 02 30	0 18 09	6 19 32	22 57 55	16 55 46	0 41 03	19 15 12
27 Sa	24 04 25	25 19 24	2 ♐ 28 32	1 44 09	20 39 05	13 41 51	25 30 33	21 04 13	0 30 38	6 24 32	22 56 33	16 52 53	0 40 36	19 16 12
28 Su	25 05 05	9 ♐ 32 07	16 30 35	3 28 34	20 52 44	14 03 26	25 30 10	21 05 45	0 43 26	6 29 44	22 55 18	16 50 13	0 40 26	19 17 27
29 M	26 05 60	23 23 33	0 ♑ 11 10	5 13 25	21 08 44	14 24 56	25 29 37	21 07 07	0 56 33	6 35 08	22 54 12	16 47 47	0 40 33	19 18 58
30 Tu	27 07 05	6 ♑ 53 40	13 30 59	6 58 32	21 26 58	14 46 18	25 28 51	21 08 13	1 09 55	6 40 39	22 53 10	16 45 30	0 40 54	19 20 41
31 W	28 08 13	20 03 42	26 31 42	8 43 39	21 47 14	15 07 23	25 27 43	21 08 58	1 23 24	6 46 10	22 52 05	16 43 16	0 41 20	19 22 29

February 2046 — LONGITUDE

Day	☉	0 hr ☽	Noon ☽	☿	♀	♂	⚵	⚳	♃	♄	⚷	♅	♆	♇
1 Th	29 ♓ 09 18	2 ♒ 55 38	9 ♒ 15 31	10 ♈ 28 30	22 ♒ 09 21	15 ♐ 28 03	25 ♏ 26 08	21 ♏ 09 13	1 ♉ 36 54	6 ♒ 51 35	22 ♏ 50 50	16 ♎ 40 58	0 ♋ 41 46	19 ♈ 24 14
2 F	0 ♈ 10 15	15 31 49	21 44 48	12 12 50	22 33 12	15 48 16	25 24 01	21 08 55	1 50 21	6 56 49	22 49 22	16 38 32	0 42 07	19 25 52
3 Sa	1 11 04	27 54 41	4 ♓ 01 56	13 56 25	22 58 41	16 07 58	25 21 22	21 08 03	2 03 44	7 01 51	22 47 40	16 35 58	0 42 23	19 27 24
4 Su	2 11 49	10 ♓ 06 35	16 09 11	15 39 03	23 25 48	16 27 15	25 18 14	21 06 41	2 17 07	7 06 46	22 45 47	16 33 19	0 42 38	19 28 53
5 M	3 12 35	22 09 43	28 08 39	17 20 31	23 54 36	16 46 11	25 14 43	21 04 55	2 30 35	7 11 39	22 43 50	16 30 41	0 42 57	19 30 25
6 Tu	4 13 30	4 ♈ 06 11	10 ♈ 02 24	19 00 37	24 25 09	17 04 53	25 10 58	21 02 52	2 44 17	7 16 39	22 41 57	16 28 13	0 43 28	19 32 08
7 W	5 14 40	15 57 60	21 52 30	20 39 01	24 57 28	17 23 28	25 07 04	21 00 40	2 58 18	7 21 50	22 40 14	16 25 60	0 44 18	19 34 07
8 Th	6 16 08	27 47 15	3 ♉ 41 09	22 15 19	25 31 34	17 41 57	25 03 05	20 58 20	3 12 41	7 27 16	22 38 44	16 24 06	0 45 29	19 36 26
9 F	7 17 53	9 ♉ 36 11	15 30 44	23 49 00	26 07 22	18 00 19	24 58 60	20 55 52	3 27 25	7 32 57	22 37 26	16 22 29	0 47 01	19 39 03
10 Sa	8 19 49	21 27 20	27 24 01	25 19 24	26 44 42	18 18 28	24 54 42	20 53 10	3 42 25	7 38 45	22 36 13	16 21 04	0 48 46	19 41 53
11 Su	9 21 45	3 ♊ 23 35	9 ♊ 24 05	26 45 42	27 23 21	18 36 12	24 50 02	20 50 03	3 57 28	7 44 30	22 34 57	16 19 40	0 50 36	19 44 45
12 M	10 23 28	15 28 13	21 34 27	28 07 02	28 03 03	18 53 18	24 44 46	20 46 20	4 12 23	7 49 60	22 33 23	16 18 04	0 52 16	19 47 26
13 Tu	11 24 46	27 44 55	3 ♋ 58 54	29 22 31	28 43 32	19 09 33	24 38 44	20 41 47	4 26 56	7 55 01	22 31 19	16 16 05	0 53 35	19 49 43
14 W	12 25 30	10 ♋ 17 37	16 41 25	0 ♉ 31 15	29 24 38	19 24 47	24 31 44	20 36 16	4 40 60	7 59 25	22 28 37	16 13 32	0 54 23	19 51 28
15 Th	13 25 37	23 10 20	29 45 47	1 32 30	0 ♓ 06 13	19 38 58	24 23 47	20 29 45	4 54 30	8 03 09	22 25 15	16 10 24	0 54 37	19 52 39
16 F	14 25 13	6 ♌ 26 40	13 ♌ 15 12	2 25 38	0 48 24	19 52 12	24 14 58	20 22 20	5 07 34	8 06 20	22 21 18	16 06 47	0 54 26	19 53 20
17 Sa	15 24 34	20 09 20	27 11 32	3 10 16	1 31 21	20 04 42	24 05 33	20 14 17	5 20 26	8 09 12	22 17 01	16 02 56	0 54 02	19 53 48
18 Su	16 23 60	4 ♍ 19 23	11 ♍ 34 45	3 46 06	2 15 24	20 16 49	23 55 52	20 05 58	5 33 27	8 12 07	22 12 47	15 59 12	0 53 47	19 54 23
19 M	17 23 55	18 55 29	26 22 05	4 13 02	3 00 54	20 28 56	23 46 21	19 57 44	5 47 00	8 15 27	22 08 58	15 55 58	0 54 05	19 55 29
20 Tu	18 24 38	3 ♎ 53 22	11 ♎ 27 50	4 30 58	3 48 08	20 41 22	23 37 18	19 49 58	6 01 25	8 19 32	22 05 53	15 53 35	0 55 14	19 57 25
21 W	19 26 20	19 05 49	26 43 36	4 39 51	4 37 14	20 54 16	23 28 54	19 42 49	6 16 53	8 24 32	22 03 44	15 52 12	0 57 26	20 00 20
22 Th	20 28 57	4 ♏ 23 20	11 ♏ 59 19	4 39 30	5 28 08	21 07 34	23 21 06	19 36 14	6 33 18	8 30 24	22 02 26	15 51 46	1 00 36	20 04 13
23 F	21 32 11	19 35 24	27 04 45	4 29 47	6 20 29	21 20 59	23 13 38	19 29 57	6 50 25	8 36 50	22 01 43	15 51 60	1 04 28	20 08 45
24 Sa	22 35 36	4 ♐ 32 16	11 ♐ 51 05	4 10 33	7 13 48	21 34 00	23 06 01	19 23 29	7 07 44	8 43 23	22 01 07	15 52 25	1 08 33	20 13 28
25 Su	23 38 39	19 06 19	26 12 11	3 41 52	8 07 32	21 46 07	22 57 45	19 16 20	7 24 45	8 49 30	22 00 06	15 52 31	1 12 19	20 17 51
26 M	24 40 53	3 ♑ 13 01	10 ♑ 04 59	3 04 04	9 01 10	21 56 49	22 48 22	19 08 03	7 40 59	8 54 44	21 58 13	15 51 48	1 15 19	20 21 26
27 Tu	25 41 59	16 50 54	23 29 23	2 17 53	9 54 24	22 05 50	22 37 35	18 58 20	7 56 08	8 58 47	21 55 09	15 50 01	1 17 15	20 23 55
28 W	26 41 56	0 ♒ 01 14	6 ♒ 27 33	1 24 29	10 47 09	22 13 05	22 25 23	18 47 10	8 10 11	9 01 36	21 50 53	15 47 06	1 18 05	20 25 15

Notes

LONGITUDE — March 2046

Day	☉	0 hr ☽	Noon ☽	☿	♀	♂	⚵	⚳	♃	♄	⚷	♅	♆	♇
1 Th	27 ♈ 40 55	12 ♒ 47 12	19 ♒ 03 13	0 ♉ 25 30	11 ♓ 39 36	22 ♐ 18 47	22 ♏ 11 59	18 ♏ 34 46	8 ♉ 23 19	9 ♒ 03 24	21 ♏ 45 37	15 ♎ 43 16	1 ♋ 18 00	20 ♈ 25 40
2 F	28 39 23	25 13 07	1 ♓ 20 57	29 ♈ 22 49	12 32 10	22 23 20	21 57 48	18 21 35	8 35 58	9 04 37	21 39 48	15 38 57	1 17 28	20 25 35
3 Sa	29 37 54	7 ♓ 23 46	13 25 29	28 18 33	13 25 22	22 27 18	21 43 26	18 08 11	8 48 42	9 05 49	21 33 59	15 34 43	1 17 01	20 25 33
4 Su	0 ♉ 37 03	19 23 51	25 21 23	27 14 48	14 19 48	22 31 16	21 29 30	17 55 11	9 02 07	9 07 34	21 28 46	15 31 10	1 17 16	20 26 11
5 M	1 37 22	1 ♈ 17 38	7 ♈ 12 40	26 13 32	15 15 58	22 35 46	21 16 32	17 43 08	9 16 45	9 10 27	21 24 41	15 28 49	1 18 45	20 28 01
6 Tu	2 39 14	13 08 44	19 02 41	25 16 27	16 14 13	22 41 09	21 04 55	17 32 26	9 32 59	9 14 48	21 22 09	15 28 05	1 21 50	20 31 25
7 W	3 42 49	25 00 01	0 ♉ 54 03	24 24 49	17 14 43	22 47 34	20 54 51	17 23 15	9 50 57	9 20 48	21 21 17	15 29 05	1 26 41	20 36 33
8 Th	4 47 59	6 ♉ 53 37	12 48 44	23 39 28	18 17 18	22 54 55	20 46 14	17 15 30	10 10 33	9 28 20	21 22 00	15 31 45	1 33 12	20 43 19
9 F	5 54 24	18 51 06	24 48 11	23 00 47	19 21 37	23 02 49	20 38 42	17 08 50	10 31 26	9 37 02	21 23 57	15 35 42	1 40 60	20 51 20
10 Sa	7 01 27	0 ♊ 53 38	6 ♊ 53 35	22 28 44	20 27 03	23 10 40	20 31 42	17 02 41	10 53 00	9 46 19	21 26 31	15 40 20	1 49 30	21 00 02
11 Su	8 08 25	13 02 19	19 06 06	22 02 56	21 32 52	23 17 45	20 24 30	16 56 20	11 14 32	9 55 28	21 29 01	15 44 58	1 57 59	21 08 40
12 M	9 14 35	25 18 26	1 ♋ 27 12	21 42 52	22 38 18	23 23 18	20 16 24	16 49 05	11 35 18	10 03 45	21 30 41	15 48 50	2 05 43	21 16 31
13 Tu	10 19 17	7 ♋ 43 44	13 58 48	21 27 58	23 42 42	23 26 42	20 06 47	16 40 18	11 54 38	10 10 30	21 30 55	15 51 19	2 12 04	21 22 57
14 W	11 22 10	20 20 36	26 43 29	21 17 47	24 45 42	23 27 33	19 55 16	16 29 38	12 12 10	10 15 21	21 29 18	15 52 01	2 16 38	21 27 34
15 Th	12 23 08	3 ♌ 12 03	9 ♌ 44 23	21 12 10	25 47 12	23 25 48	19 41 50	16 17 02	12 27 51	10 18 16	21 25 49	15 50 54	2 19 22	21 30 20
16 F	13 22 34	16 21 39	23 04 56	21 11 14	26 47 32	23 21 47	19 26 48	16 02 52	12 42 01	10 19 34	21 20 47	15 48 17	2 20 37	21 31 34
17 Sa	14 21 06	29 52 57	6 ♍ 48 21	21 15 27	27 47 22	23 16 08	19 10 53	15 47 49	12 55 20	10 19 54	21 14 53	15 44 52	2 21 02	21 31 56
18 Su	15 19 39	13 ♍ 48 53	20 56 51	21 25 25	28 47 35	23 09 48	18 55 00	15 32 48	13 08 42	10 20 13	21 09 01	15 41 31	2 21 32	21 32 21
19 M	16 19 10	28 10 47	5 ♎ 30 40	21 41 49	29 49 07	23 03 41	18 40 06	15 18 47	13 23 04	10 21 25	21 04 08	15 39 12	2 23 03	21 33 46
20 Tu	17 20 25	12 ♎ 57 25	20 27 06	22 05 09	0 ♈ 52 44	22 58 35	18 26 59	15 06 33	13 39 11	10 24 17	21 01 01	15 38 41	2 26 22	21 36 56
21 W	18 23 50	28 04 14	5 ♏ 40 07	22 35 31	1 58 50	22 54 54	18 16 04	14 56 34	13 57 30	10 29 15	21 00 04	15 40 24	2 31 53	21 42 17
22 Th	19 29 18	13 ♏ 23 15	21 00 31	23 12 36	3 07 21	22 52 34	18 07 17	14 48 44	14 17 55	10 36 14	21 01 13	15 44 15	2 39 33	21 49 44
23 F	20 36 18	28 43 56	6 ♐ 17 14	23 55 32	4 17 43	22 51 02	18 00 07	14 42 31	14 39 52	10 44 40	21 03 56	15 49 42	2 48 47	21 58 43
24 Sa	21 43 54	13 ♐ 54 46	21 19 12	24 43 09	5 28 58	22 49 21	17 53 38	14 37 02	15 02 26	10 53 38	21 07 16	15 55 49	2 58 40	22 08 20
25 Su	22 51 03	28 45 25	5 ♑ 57 19	25 34 11	6 40 05	22 46 29	17 46 49	14 31 14	15 24 35	11 02 04	21 10 10	16 01 32	3 08 09	22 17 30
26 M	23 56 48	13 ♑ 08 23	20 05 43	26 27 26	7 50 05	22 41 30	17 38 43	14 24 11	15 45 21	11 09 03	21 11 44	16 05 56	3 16 18	22 25 18
27 Tu	25 00 34	26 59 54	3 ♒ 42 18	27 22 07	8 58 23	22 33 48	17 28 46	14 15 19	16 04 08	11 13 58	21 11 20	16 08 24	3 22 30	22 31 08
28 W	26 02 11	10 ♒ 19 48	16 48 18	28 17 52	10 04 48	22 23 15	17 16 50	14 04 30	16 20 48	11 16 41	21 08 49	16 08 48	3 26 36	22 34 50
29 Th	27 01 58	23 10 58	29 27 28	29 14 51	11 09 40	22 10 10	17 03 14	13 52 03	16 35 39	11 17 30	21 04 32	16 07 26	3 28 56	22 36 44
30 F	28 00 38	5 ♓ 38 13	11 ♓ 45 11	0 ♉ 13 34	12 13 39	21 55 16	16 48 41	13 38 41	16 49 23	11 17 06	20 59 09	16 05 01	3 30 10	22 37 30
31 Sa	28 59 06	17 47 32	23 47 33	1 14 48	13 17 40	21 39 29	16 34 07	13 25 21	17 02 56	11 16 26	20 53 38	16 02 28	3 31 16	22 38 06

LONGITUDE — April 2046

Day	☉	0 hr ☽	Noon ☽	☿	♀	♂	⚵	⚳	♃	♄	⚷	♅	♆	♇
1 Su	29 ♉ 58 22	29 ♓ 45 05	5 ♈ 40 42	2 ♉ 19 27	14 ♈ 22 45	21 ♐ 23 51	16 ♏ 20 34	13 ♏ 13 05	17 ♉ 17 18	11 ♒ 16 30	20 ♏ 48 57	16 ♎ 00 47	3 ♋ 33 13	22 ♈ 39 31
2 M	0 ♊ 59 20	11 ♈ 36 45	17 30 17	3 28 16	15 29 45	21 09 17	16 08 57	13 02 47	17 33 22	11 18 12	20 46 02	16 00 53	3 36 54	22 42 38
3 Tu	2 02 38	23 27 39	29 21 05	4 41 47	16 39 19	20 56 26	15 59 54	12 55 06	17 51 47	11 22 11	20 45 31	16 03 24	3 42 59	22 48 08
4 W	3 08 34	5 ♉ 21 51	11 ♉ 16 45	6 00 11	17 51 44	20 45 38	15 53 44	12 50 20	18 12 50	11 28 43	20 47 41	16 08 37	3 51 45	22 56 16
5 Th	4 17 01	17 22 11	23 19 48	7 23 16	19 06 52	20 36 46	15 50 19	12 48 24	18 36 24	11 37 41	20 52 25	16 16 25	4 03 04	23 06 55
6 F	5 27 25	29 30 24	5 ♊ 31 34	8 50 24	20 24 10	20 29 20	15 49 09	12 48 44	19 01 57	11 48 33	20 59 11	16 26 15	4 16 23	23 19 33
7 Sa	6 38 54	11 ♊ 47 11	17 52 31	10 20 38	21 42 45	20 22 28	15 49 21	12 50 30	19 28 34	12 00 26	21 07 07	16 37 15	4 30 51	23 33 17
8 Su	7 50 24	24 12 33	0 ♋ 22 29	11 52 51	23 01 33	20 15 09	15 49 51	12 52 38	19 55 13	12 12 16	21 15 08	16 48 21	4 45 22	23 47 03
9 M	9 00 47	6 ♋ 46 16	13 01 12	13 25 50	24 19 25	20 06 17	15 49 33	12 54 01	20 20 45	12 22 55	21 22 06	16 58 25	4 58 49	23 59 43
10 Tu	10 09 06	19 28 12	25 48 40	14 58 38	25 35 25	19 54 58	15 47 31	12 53 42	20 44 13	12 31 27	21 27 06	17 06 29	5 10 15	24 10 20
11 W	11 14 45	2 ♌ 18 53	8 ♌ 45 35	16 30 34	26 48 55	19 40 37	15 43 08	12 51 06	21 05 02	12 37 15	21 29 31	17 11 59	5 19 04	24 18 19
12 Th	12 17 37	15 19 42	21 53 32	18 01 30	27 59 49	19 23 10	15 36 18	12 46 07	21 23 03	12 40 12	21 29 14	17 14 47	5 25 09	24 23 31
13 F	13 18 05	28 32 57	5 ♍ 14 58	19 31 48	29 08 31	19 03 03	15 27 25	12 39 09	21 38 41	12 40 43	21 26 39	17 15 17	5 28 54	24 26 21
14 Sa	14 17 04	12 ♍ 01 38	18 52 51	21 02 20	0 ♉ 15 52	18 41 11	15 17 24	12 31 04	21 52 49	12 39 40	21 22 40	17 14 21	5 31 11	24 27 43
15 Su	15 15 43	25 48 51	2 ♎ 49 59	22 34 15	1 23 04	18 18 49	15 07 25	12 23 07	22 06 38	12 38 14	21 18 27	17 13 12	5 33 12	24 28 46
16 M	16 15 19	9 ♎ 57 00	17 08 05	24 08 49	2 31 24	17 57 16	14 58 45	12 16 31	22 21 24	12 37 43	21 15 18	17 13 06	5 36 14	24 30 48
17 Tu	17 16 57	24 26 45	1 ♏ 46 44	25 47 06	3 41 54	17 37 37	14 52 28	12 12 23	22 38 11	12 39 09	21 14 16	17 15 05	5 41 19	24 34 52
18 W	18 21 13	9 ♏ 16 01	16 42 36	27 29 42	4 55 12	17 20 33	14 49 13	12 11 18	22 57 36	12 43 10	21 15 58	17 19 49	5 49 05	24 41 35
19 Th	19 28 07	24 19 28	1 ♐ 49 02	29 16 38	6 11 19	17 06 06	14 48 58	12 13 19	23 19 40	12 49 46	21 20 25	17 27 16	5 59 33	24 50 58
20 F	20 37 04	9 ♐ 28 46	16 56 46	1 ♊ 07 17	7 29 36	16 53 42	14 51 09	12 17 47	23 43 45	12 58 21	21 27 01	17 36 50	6 12 05	25 02 24
21 Sa	21 46 57	24 33 35	1 ♑ 55 23	3 00 34	8 48 59	16 42 19	14 54 39	12 23 39	24 08 46	13 07 50	21 34 40	17 47 26	6 25 37	25 14 47
22 Su	22 56 31	9 ♑ 23 32	16 35 07	4 55 12	10 08 11	16 30 41	14 58 12	12 29 37	24 33 26	13 16 55	21 42 05	17 57 47	6 38 51	25 26 52
23 M	24 04 33	23 50 01	0 ♒ 48 40	6 50 01	11 26 00	16 17 41	15 00 37	12 34 30	24 56 33	13 24 25	21 48 05	18 06 42	6 50 36	25 37 25
24 Tu	25 10 16	7 ♒ 47 32	14 32 05	8 44 12	12 41 38	16 02 32	15 01 05	12 37 30	25 17 20	13 29 32	21 51 51	18 13 22	7 00 03	25 45 39
25 W	26 13 20	21 14 15	27 45 00	10 37 27	13 54 45	15 44 59	14 59 18	12 38 18	25 35 28	13 31 57	21 53 06	18 17 28	7 06 55	25 51 16
26 Th	27 14 02	4 ♓ 11 38	10 ♓ 30 03	12 30 03	15 05 38	15 25 19	14 55 33	12 37 11	25 51 11	13 31 57	21 52 05	18 19 17	7 11 25	25 54 30
27 F	28 13 04	16 43 45	22 52 03	14 22 43	16 14 58	15 04 19	14 50 31	12 34 50	26 05 14	13 30 13	21 49 31	18 19 31	7 14 19	25 56 06
28 Sa	29 11 29	28 56 18	4 ♈ 57 07	16 16 27	17 23 48	14 43 01	14 45 14	12 32 18	26 18 37	13 27 48	21 46 26	18 19 12	7 16 35	25 57 03
29 Su	0 ♋ 10 23	10 ♈ 55 46	16 51 49	18 12 25	18 33 15	14 22 37	14 40 51	12 30 42	26 32 28	13 25 50	21 43 57	18 19 28	7 19 24	25 58 31
30 M	1 10 50	22 48 40	28 42 38	20 11 37	19 44 21	14 04 11	14 38 24	12 31 06	26 47 50	13 25 21	21 43 08	18 21 20	7 23 47	26 01 31

Notes

May 2046 LONGITUDE

Day	☉	0 hr ☽	Noon ☽	☿	♀	♂	⚵	⚳	♃	♄	⚷	♅	♆	♇
1 Tu	2♋13 37	4♉40 60	10♉35 18	22♊14 50	20♉57 54	13♐48 33	14♏38 41	12♏34 16	27♉05 29	13♒27 08	21♏44 46	18♎25 38	7♋30 32	26♈06 52
2 W	3 19 07	16 37 50	22 34 32	24 22 26	22 14 17	13 36 09	14 42 05	12 40 36	27 25 51	13 31 36	21 49 14	18 32 44	7 40 02	26 14 56
3 Th	4 27 17	28 43 01	4♊43 45	26 34 17	23 33 25	13 26 57	14 48 31	12 50 02	27 48 49	13 38 40	21 56 29	18 42 33	7 52 13	26 25 40
4 F	5 37 33	10♊59 01	17 04 55	28 49 48	24 54 47	13 20 27	14 57 29	13 02 02	28 13 53	13 47 48	22 05 58	18 54 35	8 06 33	26 38 31
5 Sa	6 49 03	23 26 59	29 38 42	1♋08 01	26 17 28	13 15 46	15 08 03	13 15 42	28 40 07	13 58 06	22 16 48	19 07 55	8 22 07	26 52 36
6 Su	8 00 37	6♋06 52	12♋24 39	3 27 39	27 40 19	13 11 48	15 19 05	13 29 51	29 06 23	14 08 26	22 27 49	19 21 24	8 37 48	27 06 45
7 M	9 11 04	18 57 48	25 21 35	5 47 25	29 02 09	13 07 23	15 29 24	13 43 20	29 31 30	14 17 36	22 37 51	19 33 50	8 52 23	27 19 47
8 Tu	10 19 22	1♌58 32	8♌28 08	8 06 08	0♊21 56	13 01 31	15 37 57	13 55 07	29 54 26	14 24 35	22 45 52	19 44 13	9 04 51	27 30 41
9 W	11 24 53	15 08 00	21 43 13	10 22 59	1 39 02	12 53 35	15 44 07	14 04 33	0♊14 33	14 28 45	22 51 14	19 51 54	9 14 33	27 38 48
10 Th	12 27 27	28 25 45	5♍06 32	12 37 36	2 53 16	12 43 27	15 47 43	14 11 27	0 31 40	14 29 55	22 53 46	19 56 43	9 21 21	27 43 58
11 F	13 27 27	11♍52 11	18 38 42	14 50 09	4 05 02	12 31 31	15 49 09	14 16 14	0 46 11	14 28 31	22 53 54	19 59 03	9 25 37	27 46 36
12 Sa	14 25 46	25 28 34	2♎21 09	17 01 15	5 15 12	12 18 41	15 49 17	14 19 45	0 58 58	14 25 22	22 52 28	19 59 48	9 28 13	27 47 32
13 Su	15 23 35	9♎16 44	16 15 39	19 11 49	6 24 57	12 06 07	15 49 17	14 23 11	1 11 11	14 21 42	22 50 40	20 00 06	9 30 20	27 47 59
14 M	16 22 08	23 18 23	0♏23 38	21 22 50	7 35 32	11 55 06	15 50 25	14 27 46	1 24 07	14 18 44	22 49 44	20 01 14	9 33 13	27 49 10
15 Tu	17 22 28	7♏34 20	14 45 19	23 35 03	8 47 59	11 46 42	15 53 42	14 34 33	1 38 47	14 17 32	22 50 45	20 04 15	9 37 55	27 52 09
16 W	18 25 14	22 03 37	29 18 56	25 48 49	10 02 57	11 41 32	15 59 47	14 44 11	1 55 49	14 18 43	22 54 19	20 09 46	9 45 04	27 57 33
17 Th	19 30 27	6♐42 60	14♐00 18	28 03 54	11 20 28	11 39 39	16 08 42	14 56 40	2 15 17	14 22 22	23 00 29	20 17 50	9 54 43	28 05 26
18 F	20 37 38	21 26 51	28 43 02	0♌19 30	12 40 00	11 40 33	16 19 55	15 11 29	2 36 38	14 27 55	23 08 44	20 27 55	10 06 19	28 15 16
19 Sa	21 45 46	6♑07 44	13♑19 22	2 34 24	14 00 36	11 43 15	16 32 28	15 27 40	2 58 54	14 34 26	23 18 05	20 39 03	10 18 55	28 26 04
20 Su	22 53 43	20 37 38	27 41 27	4 47 12	15 21 05	11 46 34	16 45 10	15 44 02	3 20 54	14 40 42	23 27 22	20 50 04	10 31 20	28 36 40
21 M	24 00 21	4♒49 17	11♒42 48	6 56 36	16 40 19	11 49 24	16 56 54	15 59 28	3 41 31	14 45 39	23 35 29	20 59 51	10 42 28	28 45 57
22 Tu	25 04 52	18 37 23	25 19 10	9 01 36	17 57 32	11 50 58	17 06 52	16 13 09	3 59 59	14 48 28	23 41 37	21 07 36	10 51 30	28 53 08
23 W	26 06 56	1♓59 20	8♓29 10	11 01 44	19 12 21	11 50 53	17 14 43	16 24 45	4 15 55	14 48 49	23 45 25	21 12 57	10 58 05	28 57 50
24 Th	27 06 40	14 55 20	21 14 02	12 56 58	20 24 55	11 49 17	17 20 33	16 34 22	4 29 26	14 46 47	23 47 02	21 16 03	11 02 20	29 00 13
25 F	28 04 37	27 28 01	3♈37 13	14 47 45	21 35 46	11 46 42	17 24 55	16 42 34	4 41 06	14 42 58	23 46 58	21 17 25	11 04 49	29 00 47
26 Sa	29 01 37	9♈41 51	15 43 46	16 34 51	22 45 44	11 43 60	17 28 41	16 50 09	4 51 45	14 38 10	23 46 06	21 17 55	11 06 22	29 00 25
27 Su	29 58 39	21 42 24	27 39 35	18 19 09	23 55 48	11 42 07	17 32 47	16 58 06	5 02 21	14 33 23	23 45 23	21 18 31	11 07 57	29 00 04
28 M	0♌56 38	3♉35 45	9♉30 50	20 01 33	25 06 53	11 42 00	17 38 09	17 07 22	5 13 49	14 29 33	23 45 46	21 20 07	11 10 30	29 00 39
29 Tu	1 56 18	15 27 55	21 23 28	21 42 42	26 19 43	11 44 23	17 45 31	17 18 38	5 26 54	14 27 23	23 47 57	21 23 30	11 14 44	29 02 56
30 W	2 58 05	27 24 24	3♊22 49	23 23 00	27 34 43	11 49 39	17 55 18	17 32 21	5 42 00	14 27 18	23 52 23	21 29 03	11 21 05	29 07 18
31 Th	4 02 01	9♊29 49	15 33 09	25 02 27	28 51 55	11 57 50	18 07 31	17 48 32	5 59 10	14 29 22	23 59 04	21 36 47	11 29 35	29 13 48

June 2046 LONGITUDE

Day	☉	0 hr ☽	Noon ☽	☿	♀	♂	⚵	⚳	♃	♄	⚷	♅	♆	♇
1 F	5♌07 43	21♊47 42	27♊57 31	26♌40 38	0♋10 57	12♐08 35	18♏21 49	18♏06 49	6♊18 00	14♒33 11	24♏07 40	21♎46 23	11♋39 51	29♈22 04
2 Sa	6 14 29	4♋20 15	10♋37 36	28 16 51	1 31 08	12 21 10	18 37 30	18 26 29	6 37 51	14 38 05	24 17 29	21 57 07	11 51 13	29 31 24
3 Su	7 21 27	17 08 22	23 33 41	29 50 10	2 51 33	12 34 43	18 53 38	18 46 39	6 57 47	14 43 09	24 27 36	22 08 06	12 02 46	29 40 54
4 M	8 27 38	0♌11 40	6♌44 50	1♍19 33	4 11 14	12 48 14	19 09 18	19 06 21	7 16 50	14 47 27	24 37 05	22 18 22	12 13 32	29 49 38
5 Tu	9 32 13	13 28 49	20 09 14	2 44 10	5 29 22	13 00 53	19 23 38	19 24 45	7 34 12	14 50 09	24 45 05	22 27 06	12 22 42	29 56 44
6 W	10 34 38	26 57 54	3♍44 38	4 03 25	6 45 25	13 12 08	19 36 06	19 41 18	7 49 19	14 50 42	24 51 03	22 33 44	12 29 43	0♉01 41
7 Th	11 34 46	10♍36 51	17 28 53	5 17 05	7 59 13	13 21 48	19 46 33	19 55 51	8 02 02	14 48 57	24 54 52	22 38 09	12 34 26	0 04 19
8 F	12 32 52	24 23 53	1♎20 15	6 25 25	9 11 02	13 30 10	19 55 15	20 08 39	8 12 38	14 45 11	24 56 47	22 40 35	12 37 08	0 04 56
9 Sa	13 29 35	8♎17 46	15 17 38	7 28 58	10 21 32	13 37 52	20 02 50	20 20 22	8 21 46	14 40 04	24 57 26	22 41 43	12 38 27	0 04 09
10 Su	14 25 49	22 17 49	29 20 29	8 28 34	11 31 35	13 45 46	20 10 12	20 31 53	8 30 17	14 34 28	24 57 45	22 42 25	12 39 17	0 02 52
11 M	15 22 29	6♏23 37	13♏28 26	9 25 03	12 42 08	13 54 48	20 18 16	20 44 07	8 39 10	14 29 19	24 58 37	22 43 38	12 40 33	0 02 02
12 Tu	16 20 23	20 34 36	27 40 49	10 19 09	13 53 58	14 05 43	20 27 49	20 57 51	8 49 10	14 25 26	25 00 51	22 46 08	12 43 03	0 02 24
13 W	17 19 58	4♐49 36	11♐56 10	11 11 13	15 07 32	14 18 59	20 39 19	21 13 32	9 00 44	14 23 14	25 04 54	22 50 23	12 47 15	0 04 28
14 Th	18 21 17	19 06 24	26 11 54	12 01 12	16 22 53	14 34 38	20 52 47	21 31 13	9 13 56	14 22 48	25 10 49	22 56 25	12 53 10	0 08 15
15 F	19 23 58	3♑21 38	10♑24 20	12 48 40	17 39 40	14 52 17	21 07 52	21 50 32	9 28 25	14 23 47	25 18 13	23 03 54	13 00 28	0 13 24
16 Sa	20 27 23	17 31 03	24 29 02	13 32 50	18 57 14	15 11 17	21 23 56	22 10 49	9 43 30	14 25 30	25 26 29	23 12 09	13 08 29	0 19 16
17 Su	21 30 44	1♒30 00	8♒21 24	14 12 50	20 14 46	15 30 48	21 40 09	22 31 17	9 58 24	14 27 10	25 34 47	23 20 24	13 16 25	0 25 03
18 M	22 33 15	15 14 08	21 57 24	14 47 48	21 31 32	15 50 06	21 55 46	22 51 10	10 12 22	14 28 03	25 42 24	23 27 53	13 23 32	0 29 60
19 Tu	23 34 24	28 40 31	5♓14 16	15 17 05	22 46 58	16 08 36	22 10 14	23 09 54	10 24 49	14 27 35	25 48 45	23 34 02	13 29 16	0 33 33
20 W	24 33 54	11♓45 60	18 10 48	15 40 19	24 00 47	16 26 00	22 23 16	23 27 13	10 35 31	14 25 30	25 53 33	23 38 35	13 33 20	0 35 27
21 Th	25 31 47	24 31 40	0♈47 32	15 57 29	25 13 03	16 42 21	22 34 54	23 43 08	10 44 27	14 21 49	25 56 52	23 41 34	13 35 45	0 35 43
22 F	26 28 21	6♈58 38	13 06 38	16 08 48	26 24 01	16 57 55	22 45 25	23 57 57	10 51 57	14 16 50	25 58 58	23 43 16	13 36 52	0 34 38
23 Sa	27 24 06	19 09 50	25 11 37	16 14 45	27 34 14	17 13 13	22 55 20	24 12 11	10 58 30	14 11 05	26 00 22	23 44 12	13 37 08	0 32 43
24 Su	28 19 38	1♉09 20	7♉06 56	16 15 53	28 44 16	17 28 48	23 05 13	24 26 23	11 04 42	14 05 08	26 01 39	23 44 58	13 37 10	0 30 34
25 M	29 15 31	13 01 57	18 57 38	16 12 51	29 54 42	17 45 16	23 15 40	24 41 10	11 11 07	13 59 35	26 03 24	23 46 08	13 37 32	0 28 46
26 Tu	0♍12 16	24 52 48	0♊49 01	16 06 08	1♌06 01	18 03 04	23 27 09	24 57 00	11 18 14	13 54 55	26 06 07	23 48 11	13 38 44	0 27 47
27 W	1 10 09	6♊47 05	12 46 15	15 56 10	2 18 32	18 22 31	23 39 59	25 14 10	11 26 22	13 51 26	26 10 05	23 51 26	13 41 04	0 27 56
28 Th	2 09 15	18 49 40	24 54 05	15 43 09	3 32 17	18 43 40	23 54 12	25 32 45	11 35 34	13 49 12	26 15 21	23 55 55	13 44 35	0 29 16
29 F	3 09 25	1♋04 51	7♋16 31	15 27 08	4 47 08	19 06 21	24 09 40	25 52 35	11 45 40	13 48 03	26 21 48	24 01 31	13 49 09	0 31 39
30 Sa	4 10 17	13 36 06	19 56 36	15 08 01	6 02 44	19 30 13	24 26 01	26 13 19	11 56 20	13 47 40	26 29 02	24 07 51	13 54 23	0 34 42

Notes

LONGITUDE — July 2046

Day	☉	0 hr ☽	Noon ☽	☿	♀	♂	⚵	⚳	♃	♄	⚷	♅	♆	♇
1 Su	5 ♍ 11 22	26 ♋ 25 47	2 ♌ 56 06	14 ♍ 45 37	7 ♌ 18 35	19 ♐ 54 45	24 ♏ 42 46	26 ♏ 34 27	12 ♊ 07 04	13 ♒ 47 32	26 ♏ 36 36	24 ♎ 14 26	13 ♋ 59 50	0 ♉ 37 58
2 M	6 12 10	9 ♌ 35 02	16 15 26	14 19 49	8 34 11	20 19 27	24 59 24	26 55 28	12 17 21	13 47 09	26 43 59	24 20 46	14 04 57	0 40 54
3 Tu	7 12 13	23 03 33	29 53 32	13 50 36	9 49 05	20 43 51	25 15 27	27 15 56	12 26 44	13 46 05	26 50 43	24 26 24	14 09 18	0 43 05
4 W	8 11 15	6 ♍ 49 41	13 ♍ 48 02	13 18 10	11 02 58	21 07 39	25 30 39	27 35 32	12 34 56	13 44 01	26 56 31	24 31 01	14 12 36	0 44 13
5 Th	9 09 09	20 50 36	27 55 32	12 42 59	12 15 46	21 30 46	25 44 54	27 54 11	12 41 51	13 40 54	27 01 18	24 34 34	14 14 45	0 44 12
6 F	10 06 03	5 ♎ 02 40	12 ♎ 12 02	12 05 44	13 27 37	21 53 18	25 58 19	28 12 02	12 47 37	13 36 50	27 05 11	24 37 09	14 15 54	0 43 11
7 Sa	11 02 18	19 21 48	26 33 24	11 27 23	14 38 50	22 15 36	26 11 13	28 29 22	12 52 34	13 32 10	27 08 30	24 39 06	14 16 21	0 41 28
8 Su	11 58 17	3 ♏ 44 03	10 ♏ 55 45	10 48 59	15 49 49	22 38 02	26 24 01	28 46 37	12 57 05	13 27 17	27 11 39	24 40 50	14 16 31	0 39 30
9 M	12 54 26	18 05 46	25 15 47	10 11 36	17 01 01	23 01 03	26 37 10	29 04 11	13 01 37	13 22 39	27 15 05	24 42 46	14 16 50	0 37 40
10 Tu	13 51 06	2 ♐ 23 50	9 ♐ 30 41	9 36 11	18 12 45	23 24 57	26 50 57	29 22 26	13 06 29	13 18 35	27 19 06	24 45 15	14 17 37	0 36 20
11 W	14 48 26	16 35 40	23 38 14	9 03 33	19 25 12	23 49 54	27 05 34	29 41 30	13 11 52	13 15 15	27 23 54	24 48 26	14 19 04	0 35 39
12 Th	15 46 26	0 ♑ 39 07	7 ♑ 36 32	8 34 17	20 38 21	24 15 54	27 21 01	0 ♐ 01 24	13 17 45	13 12 39	27 29 27	24 52 19	14 21 10	0 35 37
13 F	16 44 57	14 32 23	21 23 57	8 08 44	21 52 03	24 42 46	27 37 06	0 21 57	13 23 58	13 10 38	27 35 37	24 56 44	14 23 44	0 36 05
14 Sa	17 43 43	28 13 55	4 ♒ 59 04	7 47 09	23 06 01	25 10 14	27 53 34	0 42 53	13 30 16	13 08 55	27 42 06	25 01 26	14 26 32	0 36 47
15 Su	18 42 26	11 ♒ 42 23	18 20 43	7 29 42	24 19 59	25 38 01	28 10 08	1 03 56	13 36 21	13 07 14	27 48 39	25 06 07	14 29 15	0 37 25
16 M	19 40 53	24 56 46	1 ♓ 28 01	7 16 31	25 33 43	26 05 51	28 26 33	1 24 50	13 41 59	13 05 20	27 54 60	25 10 34	14 31 40	0 37 45
17 Tu	20 38 54	7 ♓ 56 29	14 20 33	7 07 46	26 47 03	26 33 36	28 42 41	1 45 27	13 47 01	13 03 05	28 00 60	25 14 35	14 33 38	0 37 39
18 W	21 36 27	20 41 25	26 58 29	7 03 42	27 59 56	27 01 11	28 58 27	2 05 42	13 51 23	13 00 26	28 06 37	25 18 10	14 35 05	0 37 03
19 Th	22 33 35	3 ♈ 12 06	9 ♈ 22 37	7 04 33	29 12 27	27 28 40	29 13 56	2 25 41	13 55 09	12 57 25	28 11 53	25 21 21	14 36 05	0 36 00
20 F	23 30 25	15 29 45	21 34 31	7 10 37	0 ♍ 24 41	27 56 09	29 29 13	2 45 28	13 58 26	12 54 11	28 16 56	25 24 15	14 36 45	0 34 39
21 Sa	24 27 07	27 36 15	3 ♉ 36 24	7 22 10	1 36 48	28 23 48	29 44 29	3 05 15	14 01 23	12 50 52	28 21 55	25 27 01	14 37 15	0 33 07
22 Su	25 23 49	9 ♉ 34 12	15 31 11	7 39 28	2 48 58	28 51 45	29 59 52	3 25 08	14 04 09	12 47 37	28 26 58	25 29 49	14 37 42	0 31 34
23 M	26 20 39	21 26 47	27 22 22	8 02 38	4 01 16	29 20 07	0 ♐ 15 29	3 45 16	14 06 51	12 44 34	28 32 13	25 32 45	14 38 14	0 30 07
24 Tu	27 17 39	3 ♊ 17 42	9 ♊ 13 53	8 31 46	5 13 47	29 48 57	0 31 23	4 05 40	14 09 31	12 41 45	28 37 43	25 35 52	14 38 55	0 28 49
25 W	28 14 50	15 11 03	21 10 01	9 06 51	6 26 30	0 ♑ 18 13	0 47 34	4 26 22	14 12 10	12 39 11	28 43 28	25 39 10	14 39 43	0 27 40
26 Th	29 12 08	27 11 12	3 ♋ 15 13	9 47 49	7 39 22	0 47 53	1 03 57	4 47 17	14 14 44	12 36 48	28 49 23	25 42 35	14 40 36	0 26 36
27 F	0 ♎ 09 28	9 ♋ 22 35	15 33 52	10 34 30	8 52 17	1 17 51	1 20 29	5 08 20	14 17 07	12 34 32	28 55 24	25 46 03	14 41 28	0 25 33
28 Sa	1 06 46	21 49 30	28 10 03	11 26 47	10 05 11	1 48 03	1 37 04	5 29 27	14 19 16	12 32 16	29 01 26	25 49 29	14 42 15	0 24 25
29 Su	2 03 58	4 ♌ 35 44	11 ♌ 07 12	12 24 33	11 18 00	2 18 24	1 53 38	5 50 34	14 21 06	12 29 60	29 07 26	25 52 49	14 42 53	0 23 10
30 M	3 01 05	17 44 16	24 27 38	13 27 41	12 30 46	2 48 56	2 10 13	6 11 41	14 22 39	12 27 42	29 13 24	25 56 05	14 43 23	0 21 48
31 Tu	3 58 11	1 ♍ 16 46	8 ♍ 12 10	14 36 10	13 43 31	3 19 41	2 26 52	6 32 52	14 23 58	12 25 27	29 19 25	25 59 19	14 43 49	0 20 23

LONGITUDE — August 2046

Day	☉	0 hr ☽	Noon ☽	☿	♀	♂	⚵	⚳	♃	♄	⚷	♅	♆	♇
1 W	4 ♎ 55 22	15 ♍ 13 06	22 ♍ 19 39	15 ♍ 49 59	14 ♍ 56 24	3 ♑ 50 47	2 ♐ 43 42	6 ♐ 54 15	14 ♊ 25 10	12 ♒ 23 23	29 ♏ 25 35	26 ♎ 02 39	14 ♋ 44 19	0 ♉ 19 02
2 Th	5 52 47	29 31 05	6 ♎ 46 49	17 09 06	16 09 32	4 22 22	3 00 50	7 15 57	14 26 23	12 21 36	29 32 01	26 06 13	14 44 59	0 17 54
3 F	6 50 32	14 ♎ 06 23	21 28 22	18 33 27	17 23 00	4 54 30	3 18 24	7 38 03	14 27 42	12 20 14	29 38 51	26 10 06	14 45 55	0 17 03
4 Sa	7 48 38	28 52 49	6 ♏ 17 31	20 02 52	18 36 51	5 27 14	3 36 23	8 00 37	14 29 11	12 19 17	29 46 05	26 14 21	14 47 11	0 16 32
5 Su	8 47 01	13 ♏ 43 05	21 06 48	21 37 04	19 50 60	6 00 29	3 54 45	8 23 32	14 30 43	12 18 42	29 53 39	26 18 52	14 48 40	0 16 17
6 M	9 45 30	28 29 44	5 ♐ 49 07	23 15 38	21 05 17	6 34 05	4 13 18	8 46 39	14 32 10	12 18 19	0 ♐ 01 24	26 23 31	14 50 13	0 16 07
7 Tu	10 43 53	13 ♐ 06 10	20 18 36	24 58 02	22 19 28	7 07 47	4 31 48	9 09 44	14 33 17	12 17 54	0 09 04	26 28 03	14 51 37	0 15 49
8 W	11 41 55	27 27 23	4 ♑ 31 10	26 43 44	23 33 20	7 41 23	4 50 03	9 32 33	14 33 52	12 17 13	0 16 28	26 32 14	14 52 38	0 15 09
9 Th	12 39 28	11 ♑ 30 18	18 24 40	28 32 16	24 46 44	8 14 41	5 07 53	9 54 57	14 33 43	12 16 07	0 23 24	26 35 56	14 53 07	0 13 58
10 F	13 36 28	25 13 45	1 ♒ 58 41	0 ♎ 23 12	25 59 36	8 47 39	5 25 14	10 16 53	14 32 50	12 14 33	0 29 51	26 39 04	14 52 60	0 12 13
11 Sa	14 33 01	8 ♒ 38 05	15 14 06	2 16 17	27 12 02	9 20 23	5 42 13	10 38 27	14 31 17	12 12 37	0 35 54	26 41 46	14 52 23	0 10 01
12 Su	15 29 21	21 44 42	28 12 36	4 11 20	28 24 17	9 53 06	5 59 02	10 59 52	14 29 18	12 10 33	0 41 47	26 44 14	14 51 31	0 07 33
13 M	16 25 46	4 ♓ 35 37	10 ♓ 56 19	6 08 17	29 36 38	10 26 06	6 16 01	11 21 26	14 27 12	12 08 39	0 47 47	26 46 47	14 50 40	0 05 10
14 Tu	17 22 37	17 13 02	23 27 27	8 07 06	0 ♎ 49 26	10 59 43	6 33 29	11 43 30	14 25 19	12 07 16	0 54 16	26 49 46	14 50 13	0 03 12
15 W	18 20 13	29 39 03	5 ♈ 48 04	10 07 43	2 02 59	11 34 16	6 51 45	12 06 21	14 23 57	12 06 42	1 01 31	26 53 28	14 50 27	0 01 56
16 Th	19 18 45	11 ♈ 55 37	18 00 04	12 10 01	3 17 29	12 09 56	7 11 01	12 30 13	14 23 19	12 07 09	1 09 46	26 58 06	14 51 35	0 01 35
17 F	20 18 18	24 04 27	0 ♉ 05 09	14 13 44	4 33 02	12 46 49	7 31 22	12 55 10	14 23 29	12 08 41	1 19 03	27 03 44	14 53 40	0 02 14
18 Sa	21 18 48	6 ♉ 07 08	12 04 58	16 18 30	5 49 32	13 24 47	7 52 41	13 21 06	14 24 22	12 11 14	1 29 18	27 10 18	14 56 39	0 03 48
19 Su	22 19 59	18 05 15	24 01 16	18 23 48	7 06 44	14 03 38	8 14 45	13 47 46	14 25 44	12 14 33	1 40 17	27 17 32	15 00 15	0 06 01
20 M	23 21 29	0 ♊ 00 35	5 ♊ 55 58	20 29 03	8 24 15	14 42 57	8 37 11	14 14 49	14 27 11	12 18 16	1 51 36	27 25 04	15 04 07	0 08 32
21 Tu	24 22 52	11 55 12	17 51 24	22 33 36	9 41 40	15 22 19	8 59 32	14 41 47	14 28 18	12 21 55	2 02 50	27 32 27	15 07 48	0 10 54
22 W	25 23 40	23 51 41	29 50 25	24 36 51	10 58 32	16 01 17	9 21 21	15 08 13	14 28 38	12 25 05	2 13 31	27 39 14	15 10 52	0 12 39
23 Th	26 23 33	5 ♋ 53 13	11 ♋ 56 24	26 38 18	12 14 28	16 39 28	9 42 17	15 33 47	14 27 48	12 27 22	2 23 17	27 45 04	15 12 56	0 13 27
24 F	27 22 18	18 03 32	24 13 18	28 37 37	13 29 16	17 16 40	10 02 07	15 58 14	14 25 38	12 28 36	2 31 56	27 49 45	15 13 48	0 13 06
25 Sa	28 19 55	0 ♌ 26 57	6 ♌ 45 28	0 ♏ 34 44	14 42 58	17 52 55	10 20 53	16 21 37	14 22 07	12 28 47	2 39 29	27 53 16	15 13 30	0 11 35
26 Su	29 16 41	13 08 00	19 37 19	2 29 50	15 55 48	18 28 26	10 38 48	16 44 11	14 17 32	12 28 10	2 46 12	27 55 54	15 12 16	0 09 11
27 M	0 ♏ 13 04	26 11 08	2 ♍ 52 56	4 23 21	17 08 15	19 03 43	10 56 22	17 06 23	14 12 20	12 27 14	2 52 32	27 58 07	15 10 34	0 06 21
28 Tu	1 09 39	9 ♍ 40 02	16 35 19	6 15 50	18 20 55	19 39 22	11 14 11	17 28 50	14 07 08	12 26 35	2 59 05	28 00 31	15 09 02	0 03 43
29 W	2 07 06	23 36 51	0 ♎ 45 34	8 07 54	19 34 27	20 16 01	11 32 53	17 52 11	14 02 35	12 26 51	3 06 31	28 03 45	15 08 18	0 01 54
30 Th	3 05 54	8 ♎ 01 22	15 22 06	10 00 03	20 49 21	20 54 11	11 52 58	18 16 55	13 59 11	12 28 33	3 15 20	28 08 18	15 08 52	0 01 25
31 F	4 06 20	22 50 15	0 ♏ 20 07	11 52 33	22 05 52	21 34 06	12 14 43	18 43 19	13 57 12	12 31 57	3 25 46	28 14 27	15 10 59	0 02 33

Notes

September 2046

LONGITUDE

Day	☉	0 hr ☽	Noon ☽	☿	♀	♂	⚵	⚳	♃	♄	⚷	♅	♆	♇
1 Sa	5 ♏ 08 18	7 ♏ 56 57	15 ♏ 31 44	13 ♏ 45 17	23 ♎ 23 56	22 ♑ 15 43	12 ♐ 38 02	19 ♐ 11 17	13 ♊ 56 33	12 ♒ 36 57	3 ♐ 37 46	28 ♎ 22 06	15 ♋ 14 35	0 ♉ 05 11
2 Su	6 11 22	23 12 06	0 ♐ 46 50	15 37 49	24 43 06	22 58 33	13 02 28	19 40 23	13 56 48	12 43 07	3 50 52	28 30 49	15 19 14	0 08 53
3 M	7 14 49	8 ♐ 24 60	15 54 45	17 29 28	26 02 38	23 41 55	13 27 19	20 09 54	13 57 14	12 49 45	4 04 22	28 39 53	15 24 11	0 12 56
4 Tu	8 17 50	23 25 20	0 ♑ 46 04	19 19 25	27 21 46	24 24 59	13 51 46	20 39 01	13 57 04	12 56 01	4 17 27	28 48 30	15 28 40	0 16 34
5 W	9 19 45	8 ♑ 04 56	15 13 57	21 07 00	28 39 46	25 07 04	14 15 07	21 07 03	13 55 35	13 01 14	4 29 25	28 55 58	15 31 59	0 19 02
6 Th	10 20 06	22 18 46	29 14 55	22 51 48	29 56 14	25 47 45	14 36 57	21 33 33	13 52 22	13 04 59	4 39 51	29 01 51	15 33 41	0 19 57
7 F	11 18 52	6 ♒ 05 11	12 ♒ 48 36	24 33 47	1 ♏ 11 06	26 26 57	14 57 13	21 58 30	13 47 23	13 07 13	4 48 42	29 06 06	15 33 44	0 19 15
8 Sa	12 16 22	19 25 18	25 57 05	26 13 18	2 24 42	27 05 01	15 16 15	22 22 12	13 40 57	13 08 15	4 56 17	29 09 04	15 32 29	0 17 16
9 Su	13 13 14	2 ♓ 22 17	8 ♓ 44 06	27 50 60	3 37 41	27 42 35	15 34 40	22 45 19	13 33 43	13 08 44	5 03 16	29 11 22	15 30 32	0 14 38
10 M	14 10 17	15 00 23	21 14 04	29 27 41	4 50 50	28 20 26	15 53 16	23 08 36	13 26 30	13 09 27	5 10 24	29 13 48	15 28 42	0 12 10
11 Tu	15 08 19	27 24 07	3 ♈ 31 30	1 ♐ 04 12	6 04 59	28 59 24	16 12 52	23 32 55	13 20 06	13 11 13	5 18 33	29 17 11	15 27 48	0 10 39
12 W	16 08 02	9 ♈ 37 44	15 40 27	2 41 14	7 20 47	29 40 09	16 34 10	23 58 55	13 15 12	13 14 44	5 28 21	29 22 12	15 28 31	0 10 48
13 Th	17 09 52	21 44 51	27 44 17	4 19 16	8 38 43	0 ♒ 23 08	16 57 36	24 27 03	13 12 16	13 20 26	5 40 17	29 29 18	15 31 19	0 13 03
14 F	18 13 57	3 ♉ 48 14	9 ♉ 45 31	5 58 24	9 58 55	1 08 28	17 23 19	24 57 28	13 11 27	13 28 28	5 54 29	29 38 37	15 36 18	0 17 33
15 Sa	19 20 06	15 49 50	21 45 55	7 38 29	11 21 08	1 55 58	17 51 04	25 29 57	13 12 31	13 38 36	6 10 42	29 49 57	15 43 16	0 24 04
16 Su	20 27 46	27 50 56	3 ♊ 46 38	9 18 57	12 44 53	2 45 06	18 20 22	26 03 57	13 14 57	13 50 19	6 28 27	0 ♏ 02 45	15 51 43	0 32 05
17 M	21 36 11	9 ♊ 52 23	15 48 32	10 59 03	14 09 23	3 35 04	18 50 25	26 38 44	13 17 60	14 02 51	6 46 56	0 16 15	16 00 51	0 40 50
18 Tu	22 44 27	21 54 59	27 52 28	12 37 52	15 33 43	4 25 00	19 20 19	27 13 22	13 20 45	14 15 17	7 05 16	0 29 34	16 09 46	0 49 24
19 W	23 51 41	3 ♋ 59 44	9 ♋ 59 42	14 14 32	16 57 01	5 13 59	19 49 11	27 46 58	13 22 19	14 26 44	7 22 32	0 41 47	16 17 35	0 56 55
20 Th	24 57 10	16 08 18	22 12 08	15 48 17	18 18 32	6 01 18	20 16 17	28 18 48	13 21 60	14 36 29	7 38 02	0 52 11	16 23 35	1 02 39
21 F	26 00 27	28 23 10	4 ♌ 32 33	17 18 42	19 37 50	6 46 31	20 41 12	28 48 28	13 19 21	14 44 05	7 51 19	1 00 21	16 27 19	1 06 09
22 Sa	27 01 30	10 ♌ 47 47	17 04 37	18 45 43	20 54 55	7 29 36	21 03 53	29 15 53	13 14 20	14 49 31	8 02 22	1 06 14	16 28 46	1 07 25
23 Su	28 00 43	23 26 29	29 52 50	20 09 42	22 10 09	8 10 56	21 24 44	29 41 29	13 07 23	14 53 10	8 11 33	1 10 13	16 28 20	1 06 49
24 M	28 58 53	6 ♍ 24 08	13 ♍ 01 59	21 31 25	23 24 18	8 51 17	21 44 30	0 ♑ 06 02	12 59 14	14 55 48	8 19 39	1 13 06	16 26 46	1 05 08
25 Tu	29 57 02	19 45 37	26 36 37	22 51 50	24 38 25	9 31 43	22 04 15	0 30 32	12 50 58	14 58 28	8 27 43	1 15 53	16 25 06	1 03 25
26 W	0 ♐ 56 15	3 ♎ 34 56	10 ♎ 39 53	24 12 03	25 53 36	10 13 18	22 25 04	0 56 07	12 43 39	15 02 15	8 36 49	1 19 41	16 24 27	1 02 44
27 Th	1 57 27	17 54 06	25 12 33	25 32 54	27 10 45	10 56 58	22 47 52	1 23 42	12 38 14	15 08 05	8 47 54	1 25 26	16 25 44	1 04 01
28 F	3 01 11	2 ♏ 41 56	10 ♏ 11 50	26 54 53	28 30 25	11 43 14	23 13 11	1 53 48	12 35 15	15 16 29	9 01 28	1 33 38	16 29 29	1 07 48
29 Sa	4 07 25	17 53 25	25 30 54	28 17 54	29 52 33	12 32 05	23 40 59	2 26 23	12 34 40	15 27 25	9 17 31	1 44 16	16 35 40	1 14 04
30 Su	5 15 31	3 ♐ 19 27	10 ♐ 59 20	29 41 15	1 ♐ 16 34	13 22 54	24 10 39	3 00 51	12 35 53	15 40 17	9 35 24	1 56 43	16 43 40	1 22 12

October 2046

LONGITUDE

Day	☉	0 hr ☽	Noon ☽	☿	♀	♂	⚵	⚳	♃	♄	⚷	♅	♆	♇
1 M	6 ♐ 24 27	18 ♐ 48 10	26 ♐ 24 38	1 ♑ 03 47	2 ♐ 41 22	14 ♒ 14 37	24 ♐ 41 08	3 ♑ 36 08	12 ♊ 37 51	15 ♒ 54 01	9 ♐ 54 05	2 ♏ 09 57	16 ♋ 52 26	1 ♉ 31 07
2 Tu	7 32 57	4 ♑ 06 52	11 ♑ 34 41	2 24 11	4 05 44	15 05 59	25 11 10	4 10 59	12 39 19	16 07 23	10 12 19	2 22 40	17 00 42	1 39 36
3 W	8 39 54	19 04 32	26 19 50	3 41 11	5 28 32	15 55 53	25 39 39	4 44 17	12 39 11	16 19 14	10 28 59	2 33 48	17 07 23	1 46 31
4 Th	9 44 36	3 ♒ 33 38	10 ♒ 34 23	4 53 57	6 49 03	16 43 37	26 05 52	5 15 19	12 36 44	16 28 53	10 43 21	2 42 36	17 11 45	1 51 10
5 F	10 46 52	17 30 50	24 16 46	6 02 12	8 07 08	17 28 60	26 29 39	5 43 56	12 31 50	16 36 10	10 55 16	2 48 56	17 13 39	1 53 23
6 Sa	11 47 08	0 ♓ 56 45	7 ♓ 28 56	7 06 08	9 23 12	18 12 27	26 51 25	6 10 32	12 24 53	16 41 29	11 05 09	2 53 12	17 13 29	1 53 34
7 Su	12 46 14	13 54 52	20 15 14	8 06 27	10 38 05	18 54 49	27 12 00	6 35 58	12 16 45	16 45 41	11 13 51	2 56 15	17 12 07	1 52 36
8 M	13 45 18	26 30 27	2 ♈ 41 24	9 04 03	11 52 54	19 37 12	27 32 32	7 01 20	12 08 32	16 49 53	11 22 27	2 59 11	17 10 38	1 51 33
9 Tu	14 45 27	8 ♈ 49 28	14 53 25	9 59 48	13 08 48	20 20 45	27 54 08	7 27 48	12 01 24	16 55 13	11 32 08	3 03 09	17 10 12	1 51 35
10 W	15 47 40	20 57 43	26 56 58	10 54 27	14 26 44	21 06 26	28 17 47	7 56 19	11 56 19	17 02 40	11 43 50	3 09 08	17 11 48	1 53 42
11 Th	16 52 37	3 ♉ 00 17	8 ♉ 56 48	11 48 21	15 47 23	21 54 55	28 44 09	8 27 33	11 53 57	17 12 54	11 58 14	3 17 46	17 16 04	1 58 30
12 F	18 00 30	15 01 11	20 56 37	12 41 23	17 10 58	22 46 24	29 13 27	9 01 44	11 54 32	17 26 06	12 15 33	3 29 18	17 23 14	2 06 16
13 Sa	19 11 07	27 03 15	2 ♊ 58 50	13 32 57	18 37 14	23 40 40	29 45 26	9 38 36	11 57 50	17 42 04	12 35 32	3 43 28	17 33 04	2 16 43
14 Su	20 23 46	9 ♊ 08 08	15 04 49	14 21 60	20 05 32	24 37 02	0 ♑ 19 26	10 17 30	12 03 12	18 00 06	12 57 31	3 59 37	17 44 53	2 29 12
15 M	21 37 28	21 16 36	27 15 03	15 07 05	21 34 52	25 34 31	0 54 29	10 57 27	12 09 37	18 19 14	13 20 31	4 16 45	17 57 43	2 42 43
16 Tu	22 51 04	3 ♋ 28 46	9 ♋ 29 36	15 46 33	23 04 03	26 31 56	1 29 22	11 37 15	12 15 56	18 38 17	13 43 21	4 33 42	18 10 22	2 56 07
17 W	24 03 22	15 44 39	21 48 27	16 18 46	24 31 55	27 28 07	2 02 57	12 15 45	12 21 01	18 56 05	14 04 52	4 49 18	18 21 42	3 08 12
18 Th	25 13 27	28 04 34	4 ♌ 12 07	16 42 13	25 57 33	28 22 08	2 34 17	12 52 00	12 23 52	19 11 41	14 24 05	5 02 35	18 30 45	3 18 03
19 F	26 20 42	10 ♌ 29 35	16 41 53	16 55 48	27 20 20	29 13 23	3 02 45	13 25 25	12 23 57	19 24 29	14 40 27	5 12 59	18 36 55	3 25 04
20 Sa	27 25 02	23 01 46	29 20 08	16 58 53	28 40 09	0 ♓ 01 44	3 28 16	13 55 53	12 21 08	19 34 23	14 53 50	5 20 23	18 40 07	3 29 09
21 Su	28 26 51	5 ♍ 44 18	12 ♍ 10 19	16 51 21	29 57 26	0 47 39	3 51 15	14 23 49	12 15 52	19 41 49	15 04 39	5 25 12	18 40 45	3 30 41
22 M	29 27 03	18 41 21	25 16 46	16 33 42	1 ♑ 13 05	1 31 58	4 12 34	14 50 05	12 09 01	19 47 38	15 13 47	5 28 18	18 39 42	3 30 36
23 Tu	0 ♑ 26 50	1 ♎ 57 35	8 ♎ 44 02	16 06 47	2 28 16	2 15 56	4 33 26	15 15 56	12 01 48	19 53 04	15 22 26	5 30 55	18 38 12	3 30 04
24 W	1 27 29	15 37 24	22 36 05	15 31 46	3 44 19	3 00 49	4 55 08	15 42 37	11 55 32	19 59 24	15 31 56	5 34 20	18 37 31	3 30 24
25 Th	2 30 10	29 43 57	6 ♏ 55 10	14 49 52	5 02 22	3 47 46	5 18 50	16 11 19	11 51 20	20 07 47	15 43 22	5 39 41	18 38 49	3 32 45
26 F	3 35 34	14 ♏ 17 55	21 40 35	14 02 08	6 23 06	4 37 28	5 45 12	16 42 41	11 49 57	20 18 54	15 57 29	5 47 41	18 42 47	3 37 48
27 Sa	4 43 46	29 16 26	6 ♐ 47 52	13 09 23	7 46 36	5 30 02	6 14 20	17 16 50	11 51 25	20 32 50	16 14 19	5 58 24	18 49 30	3 45 37
28 Su	5 54 11	14 ♐ 32 41	22 08 35	12 12 07	9 12 17	6 24 51	6 45 39	17 53 11	11 55 12	20 49 00	16 33 19	6 11 15	18 58 23	3 55 40
29 M	7 05 41	29 56 20	7 ♑ 31 23	11 10 45	10 39 02	7 20 48	7 18 01	18 30 35	12 00 10	21 06 17	16 53 21	6 25 07	19 08 19	4 06 46
30 Tu	8 16 54	15 ♑ 15 12	22 43 59	10 05 47	12 05 29	8 16 30	7 50 04	19 07 40	12 04 56	21 23 19	17 13 02	6 38 37	19 17 56	4 17 36
31 W	9 26 33	0 ♒ 17 31	7 ♒ 35 30	8 58 08	13 30 20	9 10 42	8 20 30	19 43 10	12 08 15	21 38 47	17 31 06	6 50 29	19 25 56	4 26 51

Notes

LONGITUDE — November 2046

Day	☉	0 hr ☽	Noon ☽	☿	♀	♂	⚳	⚴	♃	♄	⚷	♅	♆	♇
1 Th	10 ♑ 33 46	14 ♒ 54 05	21 ♒ 58 23	7 ♑ 49 18	14 ♑ 52 44	10 ♓ 02 30	8 ♑ 48 28	20 ♑ 16 13	12 ♊ 09 14	21 ♒ 51 51	17 ♐ 46 40	6 ♏ 59 50	19 ♋ 31 28	4 ♉ 33 39
2 F	11 38 15	28 59 43	5 ♓ 49 09	6 41 24	16 12 21	10 51 36	9 13 40	20 46 29	12 07 36	22 02 13	17 59 26	7 06 23	19 34 14	4 37 43
3 Sa	12 40 18	12 ♓ 33 15	19 08 18	5 37 01	17 29 33	11 38 20	9 36 24	21 14 19	12 03 41	22 10 10	18 09 43	7 10 26	19 34 32	4 39 22
4 Su	13 40 46	25 37 03	1 ♈ 59 17	4 38 57	18 45 06	12 23 30	9 57 30	21 40 32	11 58 17	22 16 33	18 18 21	7 12 48	19 33 13	4 39 25
5 M	14 40 44	8 ♈ 15 49	14 27 33	3 49 56	20 00 09	13 08 14	10 18 04	22 06 13	11 52 31	22 22 28	18 26 25	7 14 37	19 31 23	4 38 58
6 Tu	15 41 24	20 35 33	26 39 24	3 12 19	21 15 53	13 53 41	10 39 18	22 32 35	11 47 35	22 29 06	18 35 08	7 17 03	19 30 13	4 39 13
7 W	16 43 49	2 ♉ 42 32	8 ♉ 41 08	2 47 50	22 33 19	14 40 56	11 02 14	23 00 40	11 44 33	22 37 30	18 45 32	7 21 10	19 30 46	4 41 13
8 Th	17 48 42	14 42 42	20 38 29	2 37 27	23 53 13	15 30 41	11 27 36	23 31 11	11 44 07	22 48 23	18 58 21	7 27 40	19 33 45	4 45 41
9 F	18 56 21	26 41 07	2 ♊ 36 13	2 41 21	25 15 51	16 23 14	11 55 42	24 04 27	11 46 36	23 02 04	19 13 51	7 36 52	19 39 30	4 52 55
10 Sa	20 06 37	8 ♊ 41 39	14 37 50	2 58 58	26 41 04	17 18 25	12 26 21	24 40 18	11 51 50	23 18 22	19 31 54	7 48 36	19 47 48	5 02 45
11 Su	21 18 52	20 47 02	26 45 36	3 29 01	28 08 15	18 15 38	12 58 57	25 18 06	11 59 13	23 36 40	19 51 52	8 02 15	19 58 05	5 14 35
12 M	22 32 10	2 ♋ 58 45	9 ♋ 00 39	4 09 48	29 36 28	19 13 56	13 32 34	25 56 55	12 07 49	23 56 02	20 12 49	8 16 52	20 09 24	5 27 28
13 Tu	23 45 25	15 17 22	21 23 11	4 59 20	1 ♒ 04 36	20 12 12	14 06 05	26 35 40	12 16 30	24 15 22	20 33 39	8 31 22	20 20 38	5 40 18
14 W	24 57 30	27 42 50	3 ♌ 52 56	5 55 36	2 31 32	21 09 20	14 38 22	27 13 12	12 24 10	24 33 33	20 53 14	8 44 36	20 30 40	5 51 58
15 Th	26 07 30	10 ♌ 14 53	16 29 33	6 56 48	3 56 22	22 04 23	15 08 31	27 48 36	12 29 55	24 49 38	21 10 39	8 55 41	20 38 35	6 01 32
16 F	27 14 49	22 53 31	29 13 05	8 01 31	5 18 29	22 56 48	15 35 58	28 21 19	12 33 09	25 03 04	21 25 20	9 03 60	20 43 49	6 08 25
17 Sa	28 19 20	5 ♍ 39 20	12 ♍ 04 16	9 08 49	6 37 48	23 46 27	16 00 33	28 51 11	12 33 45	25 13 42	21 37 08	9 09 27	20 46 13	6 12 31
18 Su	29 21 25	18 33 44	25 04 47	10 18 20	7 54 37	24 33 39	16 22 37	29 18 33	12 32 03	25 21 53	21 46 24	9 12 21	20 46 08	6 14 09
19 M	0 ♒ 21 48	1 ♎ 39 05	8 ♎ 17 09	11 30 11	9 09 44	25 19 12	16 42 57	29 44 13	12 28 50	25 28 24	21 53 54	9 13 30	20 44 21	6 14 05
20 Tu	1 21 34	14 58 21	21 44 26	12 44 51	10 24 11	26 04 08	17 02 37	0 ♒ 09 12	12 25 10	25 34 17	22 00 42	9 13 56	20 41 55	6 13 25
21 W	2 21 51	28 34 36	5 ♏ 29 33	14 02 59	11 39 09	26 49 38	17 22 45	0 34 41	12 22 12	25 40 42	22 07 56	9 14 49	20 39 59	6 13 15
22 Th	3 23 41	12 ♏ 30 21	19 34 31	15 25 08	12 55 38	27 36 41	17 44 21	1 01 40	12 20 56	25 48 40	22 16 38	9 17 09	20 39 35	6 14 38
23 F	4 27 43	26 46 35	3 ♐ 59 28	16 51 34	14 14 17	28 25 57	18 08 06	1 30 48	12 22 02	25 58 49	22 27 27	9 21 36	20 41 21	6 18 12
24 Sa	5 34 04	11 ♐ 21 53	18 41 52	18 22 05	15 35 14	29 17 33	18 34 07	2 02 13	12 25 38	26 11 17	22 40 29	9 28 17	20 45 25	6 24 06
25 Su	6 42 19	26 11 59	3 ♑ 36 15	19 55 58	16 58 03	0 ♈ 11 04	19 01 58	2 35 30	12 31 19	26 25 40	22 55 20	9 36 47	20 51 22	6 31 53
26 M	7 51 36	11 ♑ 09 49	18 34 32	21 32 07	18 21 53	1 05 39	19 30 47	3 09 45	12 38 12	26 41 04	23 11 08	9 46 15	20 58 20	6 40 43
27 Tu	9 00 48	26 06 20	3 ♒ 27 14	23 09 12	19 45 37	2 00 10	19 59 28	3 43 54	12 45 12	26 56 24	23 26 46	9 55 33	21 05 13	6 49 28
28 W	10 08 52	10 ♒ 52 01	18 05 09	24 45 59	21 08 11	2 53 34	20 26 58	4 16 53	12 51 15	27 10 36	23 41 11	10 03 38	21 10 56	6 57 05
29 Th	11 15 02	25 18 33	2 ♓ 20 51	26 21 33	22 28 50	3 45 04	20 52 29	4 47 54	12 55 34	27 22 53	23 53 36	10 09 43	21 14 45	7 02 47
30 F	12 18 56	9 ♓ 20 05	16 09 48	27 55 25	23 47 11	4 34 20	21 15 41	5 16 37	12 57 50	27 32 55	24 03 41	10 13 29	21 16 18	7 06 15

LONGITUDE — December 2046

Day	☉	0 hr ☽	Noon ☽	☿	♀	♂	⚳	⚴	♃	♄	⚷	♅	♆	♇
1 Sa	13 ♒ 20 43	22 ♓ 53 57	29 ♓ 30 39	29 ♑ 27 39	25 ♒ 03 25	5 ♈ 21 31	21 ♑ 36 43	5 ♒ 43 12	12 ♊ 58 10	27 ♒ 40 49	24 ♐ 11 33	10 ♏ 15 04	21 ♋ 15 43	7 ♉ 07 36
2 Su	14 20 55	6 ♈ 00 29	12 ♈ 24 58	0 ♒ 58 39	26 18 03	6 07 08	21 56 06	6 08 09	12 57 07	27 47 10	24 17 46	10 14 59	21 13 34	7 07 23
3 M	15 20 20	18 42 31	24 56 27	2 29 11	27 31 52	6 51 59	22 14 39	6 32 16	12 55 28	27 52 43	24 23 06	10 14 03	21 10 38	7 06 23
4 Tu	16 19 52	1 ♉ 04 34	7 ♉ 10 09	4 00 04	28 45 47	7 36 57	22 33 14	6 56 28	12 54 08	27 58 23	24 28 28	10 13 09	21 07 48	7 05 31
5 W	17 20 19	13 12 04	19 11 48	5 32 05	0 ♓ 00 37	8 22 52	22 52 42	7 21 33	12 53 55	28 04 58	24 34 40	10 13 06	21 05 54	7 05 34
6 Th	18 22 18	25 10 39	1 ♊ 07 05	7 05 46	1 16 56	9 10 20	23 13 37	7 48 07	12 55 25	28 13 05	24 42 19	10 14 31	21 05 31	7 07 11
7 F	19 26 07	7 ♊ 05 43	13 01 19	8 41 25	2 35 05	9 59 38	23 36 19	8 16 29	12 58 57	28 23 02	24 51 42	10 17 42	21 06 59	7 10 37
8 Sa	20 31 43	19 02 02	24 58 60	10 18 59	3 55 00	10 50 44	24 00 44	8 46 36	13 04 28	28 34 46	25 02 47	10 22 35	21 10 15	7 15 52
9 Su	21 38 45	1 ♋ 03 30	7 ♋ 03 43	11 58 03	5 16 21	11 43 18	24 26 32	9 18 07	13 11 37	28 47 56	25 15 13	10 28 51	21 14 57	7 22 34
10 M	22 46 38	13 05 19	19 18 02	13 38 03	6 38 30	12 36 42	24 53 05	9 50 25	13 19 48	29 01 56	25 28 24	10 35 51	21 20 30	7 30 07
11 Tu	23 54 36	25 32 47	1 ♌ 43 29	15 18 13	8 00 44	13 30 13	25 19 41	10 22 46	13 28 16	29 16 02	25 41 35	10 42 57	21 26 09	7 37 46
12 W	25 01 56	8 ♌ 03 40	14 20 42	16 57 49	9 22 18	14 23 05	25 45 34	10 54 27	13 36 18	29 29 29	25 54 02	10 49 18	21 31 09	7 44 48
13 Th	26 07 60	20 46 05	27 09 38	18 36 13	10 42 35	15 14 42	26 10 07	11 24 48	13 43 14	29 41 39	26 05 07	10 54 18	21 34 54	7 50 33
14 F	27 12 23	3 ♍ 39 50	10 ♍ 09 48	20 13 01	12 01 11	16 04 39	26 32 55	11 53 27	13 48 42	29 52 09	26 14 27	10 57 35	21 36 60	7 54 40
15 Sa	28 15 00	16 44 29	23 20 36	21 48 07	13 17 60	16 52 50	26 53 52	12 20 16	13 52 34	0 ♓ 00 51	26 21 54	10 59 00	21 37 19	7 57 00
16 Su	29 16 02	29 59 39	6 ♎ 41 33	23 21 44	14 33 12	17 39 26	27 13 10	12 45 28	13 55 03	0 07 58	26 27 40	10 58 46	21 36 04	7 57 47
17 M	0 ♓ 15 57	13 ♎ 25 07	20 12 30	24 54 20	15 47 16	18 24 55	27 31 16	13 09 29	13 56 36	0 13 56	26 32 13	10 57 21	21 33 42	7 57 26
18 Tu	1 15 22	27 00 56	3 ♏ 53 35	26 26 33	17 00 49	19 09 55	27 48 49	13 32 58	13 57 50	0 19 24	26 36 10	10 55 23	21 30 51	7 56 37
19 W	2 14 59	10 ♏ 47 20	17 45 01	27 59 05	18 14 33	19 55 07	28 06 28	13 56 36	13 59 27	0 25 04	26 40 13	10 53 31	21 28 13	7 55 59
20 Th	3 15 24	24 44 24	1 ♐ 46 44	29 32 32	19 29 03	20 41 05	28 24 49	14 20 58	14 02 02	0 31 29	26 44 57	10 52 23	21 26 22	7 56 10
21 F	4 16 57	8 ♐ 51 39	15 58 01	1 ♓ 07 18	20 44 41	21 28 14	28 44 15	14 46 25	14 05 58	0 39 02	26 50 44	10 52 20	21 25 41	7 57 30
22 Sa	5 19 45	23 07 42	0 ♑ 16 59	2 43 27	22 01 33	22 16 36	29 04 50	15 13 04	14 11 18	0 47 49	26 57 38	10 53 27	21 26 15	8 00 05
23 Su	6 23 34	7 ♑ 29 52	14 40 28	4 20 49	23 19 25	23 06 01	29 26 22	15 40 42	14 17 51	0 57 36	27 05 28	10 55 31	21 27 52	8 03 42
24 M	7 27 58	21 54 15	29 04 03	5 58 58	24 37 51	23 55 60	29 48 24	16 08 51	14 25 10	1 07 57	27 13 47	10 58 06	21 30 04	8 07 55
25 Tu	8 32 25	6 ♒ 15 52	13 ♒ 22 28	7 37 22	25 56 18	24 46 01	0 ♒ 10 22	16 36 59	14 32 41	1 18 20	27 22 01	11 00 40	21 32 19	8 12 10
26 W	9 36 22	20 29 20	27 30 17	9 15 30	27 14 15	25 35 34	0 31 47	17 04 35	14 39 55	1 28 12	27 29 40	11 02 41	21 34 06	8 15 57
27 Th	10 39 27	4 ♓ 29 31	11 ♓ 22 42	10 53 01	28 31 19	26 24 15	0 52 14	17 31 16	14 46 28	1 37 11	27 36 20	11 03 46	21 35 03	8 18 54
28 F	11 41 30	18 12 16	24 56 09	12 29 45	29 47 21	27 11 54	1 11 34	17 56 51	14 52 09	1 45 06	27 41 53	11 03 45	21 34 59	8 20 49
29 Sa	12 42 34	1 ♈ 34 56	8 ♈ 08 46	14 05 47	1 ♈ 02 22	27 58 34	1 29 49	18 21 24	14 57 01	1 52 02	27 46 19	11 02 42	21 33 57	8 21 45
30 Su	13 42 51	14 36 39	21 00 28	15 41 18	2 16 36	28 44 27	1 47 13	18 45 07	15 01 19	1 58 09	27 49 53	11 00 49	21 32 09	8 21 56
31 M	14 42 41	27 18 14	3 ♉ 32 51	17 16 41	3 30 22	29 29 54	2 04 05	19 08 21	15 05 20	2 03 50	27 52 54	10 58 25	21 29 57	8 21 42

Notes

January 2047 LONGITUDE

Day	☉	0 hr ☽	Noon ☽	☿	♀	♂	⚷	⚴	♃	♄	⚸	♅	♆	♇
1 Tu	15♓42 26	9♉41 59	15♉48 50	18♓52 18	4♈44 03	0♉15 16	2♒20 46	19♒31 26	15♊09 27	2♓09 24	27♐55 43	10♏55 54	21♋27 42	8♉21 24
2 W	16 42 26	21 51 20	27 52 19	20 28 27	5 57 57	1 00 52	2 37 37	19 54 42	15 13 59	2 15 11	27 58 41	10 53 35	21 25 43	8 21 21
3 Th	17 42 53	3♊50 28	9♊47 47	22 05 24	7 12 18	1 46 57	2 54 50	20 18 24	15 19 10	2 21 26	28 02 01	10 51 40	21 24 14	8 21 48
4 F	18 43 54	15 44 02	21 40 03	23 43 13	8 27 13	2 33 35	3 12 32	20 42 36	15 25 05	2 28 13	28 05 48	10 50 16	21 23 21	8 22 50
5 Sa	19 45 28	27 36 45	3♋33 53	25 21 55	9 42 40	3 20 47	3 30 41	21 07 18	15 31 44	2 35 32	28 10 02	10 49 23	21 23 02	8 24 26
6 Su	20 47 27	9♋33 17	15 33 49	27 01 20	10 58 31	4 08 23	3 49 09	21 32 21	15 38 58	2 43 15	28 14 35	10 48 52	21 23 11	8 26 28
7 M	21 49 39	21 37 55	27 43 56	28 41 16	12 14 34	4 56 12	4 07 45	21 57 34	15 46 36	2 51 10	28 19 15	10 48 31	21 23 35	8 28 45
8 Tu	22 51 52	3♌54 27	10♌07 41	0♈21 30	13 30 37	5 44 03	4 26 16	22 22 45	15 54 25	2 59 04	28 23 49	10 48 09	21 24 02	8 31 04
9 W	23 53 54	16 25 56	22 47 38	2 01 48	14 46 30	6 31 42	4 44 32	22 47 43	16 02 13	3 06 47	28 28 07	10 47 34	21 24 21	8 33 14
10 Th	24 55 39	29 14 28	5♍45 18	3 42 03	16 02 04	7 19 05	5 02 24	23 12 20	16 09 55	3 14 12	28 32 02	10 46 39	21 24 25	8 35 09
11 F	25 57 06	12♍21 05	19 01 06	5 22 09	17 17 19	8 06 08	5 19 51	23 36 34	16 17 27	3 21 17	28 35 31	10 45 24	21 24 13	8 36 46
12 Sa	26 58 16	25 45 34	2♎34 09	7 02 06	18 32 17	8 52 55	5 36 57	24 00 29	16 24 54	3 28 04	28 38 38	10 43 50	21 23 47	8 38 08
13 Su	27 59 17	9♎26 31	16 22 29	8 41 57	19 47 05	9 39 32	5 53 46	24 24 11	16 32 20	3 34 40	28 41 29	10 42 04	21 23 13	8 39 22
14 M	29 00 16	23 21 26	0♏21 42	10 21 42	21 01 50	10 26 07	6 10 28	24 47 48	16 39 54	3 41 12	28 44 12	10 40 13	21 22 40	8 40 35
15 Tu	0♈01 19	7♏27 04	14 32 44	12 01 22	22 16 33	11 12 45	6 27 06	25 11 24	16 47 41	3 47 47	28 46 51	10 38 25	21 22 13	8 41 54
16 W	1 02 28	21 39 42	28 47 23	13 40 51	23 31 20	11 59 30	6 43 44	25 35 03	16 55 44	3 54 26	28 49 31	10 36 40	21 21 54	8 43 19
17 Th	2 03 41	5♐55 34	13♐03 33	15 19 59	24 46 27	12 46 18	7 00 21	25 58 43	17 04 01	4 01 07	28 52 08	10 34 57	21 21 42	8 44 51
18 F	3 04 53	20 11 14	27 18 01	16 58 27	26 01 21	13 33 04	7 16 49	26 22 17	17 12 25	4 07 46	28 54 37	10 33 11	21 21 32	8 46 22
19 Sa	4 05 58	4♑23 41	11♑28 05	18 35 57	27 16 06	14 19 42	7 33 01	26 45 39	17 20 50	4 14 15	28 56 52	10 31 15	21 21 15	8 47 46
20 Su	5 06 48	18 30 38	25 31 37	20 12 06	28 30 37	15 06 05	7 48 53	27 08 43	17 29 10	4 20 27	28 58 46	10 29 03	21 20 47	8 48 57
21 M	6 07 23	2♒30 06	9♒26 52	21 46 36	29 44 52	15 52 18	8 04 23	27 31 28	17 37 24	4 26 23	29 00 18	10 26 34	21 20 05	8 49 55
22 Tu	7 07 47	16 20 35	23 12 25	23 19 08	0♉58 54	16 38 09	8 19 34	27 53 56	17 45 35	4 32 05	29 01 31	10 23 52	21 19 15	8 50 42
23 W	8 08 08	0♓00 48	6♓47 01	24 49 27	2 12 53	17 24 02	8 34 35	28 16 20	17 53 52	4 37 43	29 02 36	10 21 06	21 18 25	8 51 28
24 Th	9 08 40	13 29 39	20 09 37	26 17 18	3 27 01	18 10 05	8 49 38	28 38 49	18 02 29	4 43 29	29 03 45	10 18 28	21 17 49	8 52 25
25 F	10 09 35	26 46 08	3♈19 19	27 42 23	4 41 32	18 56 32	9 04 58	29 01 37	18 11 37	4 49 36	29 05 10	10 16 12	21 17 38	8 53 48
26 Sa	11 11 04	9♈49 25	16 15 30	29 04 16	5 56 36	19 43 31	9 20 44	29 24 54	18 21 29	4 56 15	29 07 02	10 14 29	21 18 03	8 55 45
27 Su	12 13 11	22 39 05	28 57 60	0♉22 24	7 12 17	20 31 09	9 37 01	29 48 46	18 32 07	5 03 31	29 09 27	10 13 24	21 19 11	8 58 23
28 M	13 15 55	5♉15 08	11♉27 11	1 35 60	8 28 34	21 19 23	9 53 46	0♓13 09	18 43 30	5 11 21	29 12 22	10 12 53	21 20 57	9 01 38
29 Tu	14 19 04	17 38 14	23 44 09	2 45 22	9 45 07	22 08 02	10 10 50	0 37 55	18 55 28	5 19 35	29 15 37	10 12 49	21 23 13	9 05 22
30 W	15 22 24	29 49 45	5♊50 40	3 45 48	11 02 09	22 56 52	10 27 56	1 02 46	19 07 45	5 27 58	29 18 56	10 12 53	21 25 42	9 09 17
31 Th	16 25 34	11♊51 53	17 49 21	4 39 46	12 18 50	23 45 31	10 44 44	1 27 23	19 19 60	5 36 09	29 21 58	10 12 48	21 28 05	9 13 04

February 2047 LONGITUDE

Day	☉	0 hr ☽	Noon ☽	☿	♀	♂	⚷	⚴	♃	♄	⚸	♅	♆	♇
1 F	17♈28 14	23♊47 32	29♊43 28	5♉24 56	13♉34 60	24♉33 40	11♒00 55	1♓51 25	19♊31 54	5♓43 48	29♐24 25	10♏12 12	21♋30 01	9♉16 23
2 Sa	18 30 08	5♋40 25	11♋36 58	6 00 13	14 50 23	25 21 03	11 16 11	2 14 38	19 43 10	5 50 39	29 26 00	10 10 49	21 31 14	9 18 58
3 Su	19 31 08	17 34 48	23 34 19	6 24 48	16 04 51	26 07 31	11 30 25	2 36 51	19 53 40	5 56 33	29 26 35	10 08 33	21 31 36	9 20 40
4 M	20 31 15	29 35 28	5♌40 21	6 38 06	17 18 26	26 53 07	11 43 38	2 58 08	20 03 25	6 01 33	29 26 11	10 05 23	21 31 09	9 21 31
5 Tu	21 30 42	11♌47 25	17 59 24	6 39 55	18 31 01	27 38 01	11 56 02	3 18 39	20 12 30	6 05 51	29 25 02	10 01 33	21 30 06	9 21 44
6 W	22 29 51	24 15 30	0♍37 47	6 30 25	19 42 43	28 22 38	12 07 60	3 38 48	20 21 42	6 09 50	29 23 28	9 57 27	21 28 48	9 21 41
7 Th	23 29 10	7♍04 05	13 37 38	6 10 06	20 56 38	29 07 24	12 19 60	3 59 04	20 31 04	6 13 56	29 22 00	9 53 31	21 27 44	9 21 50
8 F	24 29 11	20 16 24	27 01 60	5 39 42	22 09 52	29 52 21	12 32 30	4 19 55	20 41 14	6 18 42	29 21 07	9 50 16	21 27 25	9 22 43
9 Sa	25 30 17	3♎53 59	10♎51 27	5 00 39	23 24 30	0♊11 39	12 46 00	4 41 47	20 52 38	6 24 31	29 21 14	9 48 06	21 28 14	9 24 42
10 Su	26 32 42	17 56 09	25 04 11	4 13 50	24 40 16	1 27 15	13 00 39	5 04 53	21 05 28	6 31 36	29 22 34	9 47 17	21 30 26	9 28 02
11 M	27 36 25	2♏11 19	9♏35 50	3 20 36	25 57 18	2 16 22	13 16 26	5 29 11	21 19 43	6 39 57	29 25 06	9 47 45	21 33 59	9 32 42
12 Tu	28 41 05	16 45 19	24 19 52	2 22 14	27 15 17	3 06 27	13 33 01	5 54 22	21 35 04	6 49 13	29 28 30	9 49 12	21 38 33	9 38 21
13 W	29 46 10	1♐46 19	9♐08 25	1 19 55	28 33 38	3 56 55	13 49 51	6 19 52	21 50 55	6 58 51	29 32 12	9 51 03	21 43 35	9 44 25
14 Th	0♉50 58	16 33 52	23 53 30	0 14 52	29 51 41	4 47 06	14 06 13	6 44 60	22 06 37	7 08 09	29 35 32	9 52 38	21 48 23	9 50 14
15 F	1 54 50	1♑13 60	8♑28 19	29♈08 19	1♊08 47	5 36 55	14 21 30	7 09 06	22 21 29	7 16 29	29 37 51	9 53 18	21 52 18	9 55 09
16 Sa	2 57 20	15 40 50	22 47 41	28 01 38	2 24 28	6 26 11	14 35 14	7 31 43	22 35 06	7 23 35	29 38 41	9 52 35	21 54 54	9 58 43
17 Su	3 58 19	29 50 50	6♒49 18	26 16 20	3 38 38	7 10 31	14 47 17	7 52 45	22 47 19	7 28 44	29 37 55	9 50 23	21 56 02	10 00 47
18 M	4 58 03	13♒42 40	20 32 37	25 54 04	4 51 30	7 55 34	14 57 53	8 12 24	22 58 22	7 32 46	29 35 47	9 46 56	21 55 58	10 01 37
19 Tu	5 57 03	27 16 55	3♓58 46	24 56 34	6 03 38	8 39 53	15 07 25	8 31 14	23 08 49	7 36 02	29 32 51	9 42 56	21 55 14	10 01 45
20 W	6 56 05	10♓35 20	17 04 25	24 13 15	7 15 45	9 24 13	17 08	8 49 60	19 24	7 39 16	29 29 51	9 38 39	21 54 35	10 01 57
21 Th	7 55 56	23 40 11	0♈08 00	23 22 06	8 28 40	10 09 21	15 27 18	9 09 28	23 30 54	7 43 17	29 27 35	9 35 23	21 54 48	10 02 58
22 F	8 57 16	6♈33 39	12 55 31	22 47 33	9 43 03	10 55 59	15 38 47	9 30 19	23 44 00	7 48 44	29 26 43	9 33 37	21 56 34	10 05 31
23 Sa	10 00 33	19 17 28	25 33 56	22 31 10	11 59 21	11 44 32	15 52 01	9 53 01	23 59 10	7 56 05	29 27 43	9 33 49	22 00 02	10 10 02
24 Su	10 55 51	1♉52 49	8♉04 18	22 07 01	17 42 12	12 35 26	16 07 08	10 17 41	14 16 30	8 05 28	29 30 42	9 36 07	22 06 15	10 16 39
25 M	12 13 09	14 20 17	20 27 11	22 00 45	13 57 52	13 27 38	16 23 55	10 44 05	25 45 48	8 16 39	29 35 28	9 40 19	22 14 05	10 25 09
26 Tu	13 21 42	26 40 09	2♊42 55	22 02 57	14 59 22	14 21 26	16 41 50	11 11 44	25 26 33	8 29 07	29 41 30	9 45 53	22 23 18	10 35 02
27 W	14 30 51	8♊52 41	14 51 59	22 12 34	15 49 07	17 00 09	17 00 09	11 39 51	25 17 59	8 42 08	29 48 03	9 52 04	22 33 10	10 45 31
28 Th	15 39 44	20 58 27	26 55 13	22 28 23	17 43 09	16 09 55	17 17 59	12 07 34	25 39 14	8 54 50	29 54 15	9 58 01	22 42 50	10 55 46

Notes

LONGITUDE

March 2047

Day	☉	0 hr ☽	Noon ☽	☿	♀	♂	⚵	⚳	♃	♄	⚷	♅	♆	♇
1 F	16 ♉ 47 30	2 ♋ 58 41	8 ♋ 54 12	22 ♈ 49 14	19 ♊ 03 46	17 ♊ 02 54	17 ♒ 34 31	12 ♓ 34 05	25 ♊ 59 30	9 ♓ 06 22	29 ♐ 59 17	10 ♏ 02 54	22 ♋ 51 27	11 ♉ 04 56
2 Sa	17 53 31	14 55 28	20 51 23	23 14 04	20 22 36	17 54 08	17 49 05	12 58 43	26 18 07	9 16 07	0 ♑ 02 30	10 06 05	22 58 23	11 12 23
3 Su	18 57 26	26 51 56	2 ♌ 50 16	23 42 11	21 39 16	18 43 14	18 01 20	13 21 08	26 34 43	9 23 42	0 03 32	10 07 11	23 03 15	11 17 44
4 M	19 59 14	8 ♌ 52 16	14 55 18	24 13 12	22 53 49	19 30 14	18 11 17	13 41 20	26 49 18	9 29 08	0 02 24	10 06 13	23 06 06	11 21 02
5 Tu	20 59 20	21 01 33	27 11 45	24 47 11	24 06 37	20 15 30	18 19 17	13 59 41	27 02 17	9 32 48	29 ♐ 59 31	10 03 36	23 07 17	11 22 39
6 W	21 58 26	3 ♍ 25 28	9 ♍ 45 20	25 24 32	25 18 24	20 59 47	18 26 06	14 16 56	27 14 22	9 35 26	29 55 34	10 00 02	23 07 34	11 23 18
7 Th	22 57 29	16 09 52	22 41 37	26 05 54	26 30 06	21 44 00	18 32 39	14 34 01	27 26 30	9 37 58	29 51 31	9 56 28	23 07 51	11 23 57
8 F	23 57 29	29 19 59	6 ♎ 05 20	26 51 59	27 42 41	22 29 09	18 39 55	14 51 54	27 39 40	9 41 23	29 48 22	9 53 54	23 09 08	11 25 33
9 Sa	24 59 15	12 ♎ 59 37	19 59 17	27 43 22	28 57 01	23 16 04	18 48 44	15 11 27	27 54 42	9 46 33	29 46 56	9 53 09	23 12 16	11 28 58
10 Su	26 03 19	27 10 06	4 ♏ 23 28	28 40 20	0 ♋ 13 36	24 05 16	18 59 37	15 33 09	28 12 07	9 53 56	29 47 45	9 54 45	23 17 45	11 34 42
11 M	27 09 43	11 ♏ 49 23	19 14 11	29 42 42	1 32 27	24 56 47	19 12 36	15 57 03	28 31 57	10 03 36	29 50 50	9 58 43	23 25 37	11 42 47
12 Tu	28 17 55	26 51 38	4 ♐ 24 00	0 ♉ 49 46	2 53 05	25 50 06	19 27 10	16 22 37	28 53 41	10 15 01	29 55 41	10 04 34	23 35 21	11 52 44
13 W	29 27 01	12 ♐ 07 33	19 42 31	2 00 26	4 14 34	26 44 17	19 42 23	16 48 57	29 16 23	10 27 17	0 ♑ 01 23	10 11 21	23 46 03	12 03 34
14 Th	0 ♊ 35 50	27 25 45	4 ♑ 58 03	3 13 21	5 35 42	27 38 11	19 57 04	17 14 50	29 38 53	10 39 12	0 06 45	10 17 54	23 56 30	12 14 09
15 F	1 43 14	12 ♑ 34 50	19 59 53	4 27 17	6 55 24	28 30 40	20 10 06	17 39 11	0 ♋ 00 03	10 49 39	0 10 41	10 23 06	24 05 38	12 23 22
16 Sa	2 48 29	27 25 27	4 ♒ 40 01	5 41 20	8 12 52	29 20 57	20 20 43	18 01 12	0 19 08	10 57 52	0 12 24	10 26 11	24 12 38	12 30 26
17 Su	3 51 19	11 ♒ 51 40	18 54 05	6 55 06	9 27 52	0 ♋ 08 49	20 28 40	18 20 39	0 35 53	11 03 37	0 11 39	10 26 54	24 17 16	12 35 05
18 M	4 52 02	25 51 17	2 ♓ 41 22	8 08 51	10 40 43	0 54 34	20 34 15	18 37 51	0 50 36	11 07 12	0 08 46	10 25 35	24 19 52	12 37 40
19 Tu	5 51 29	9 ♓ 25 18	16 03 56	9 23 17	11 52 13	1 39 01	20 38 17	18 53 36	1 04 06	11 09 26	0 04 33	10 23 01	24 21 14	12 38 60
20 W	6 50 45	22 36 57	29 05 36	10 39 24	13 03 30	2 23 16	20 41 53	19 09 01	1 17 30	11 11 26	0 00 08	10 20 21	24 22 28	12 40 09
21 Th	7 51 01	5 ♈ 30 31	11 ♈ 50 55	11 58 20	14 15 43	3 08 30	20 46 12	19 25 15	1 31 57	11 14 20	29 ♐ 56 40	10 18 43	24 24 45	12 42 19
22 F	8 53 16	18 10 28	24 24 16	13 21 01	15 29 52	3 55 43	20 52 14	19 43 18	1 48 28	11 19 12	29 55 11	10 19 08	24 29 05	12 46 31
23 Sa	9 58 12	0 ♉ 40 41	6 ♉ 49 20	14 48 04	16 46 38	4 45 36	21 00 41	20 03 52	2 07 44	11 26 39	29 56 21	10 22 18	24 36 09	12 53 24
24 Su	11 06 02	13 04 09	19 08 48	16 19 40	18 06 15	5 38 21	21 11 45	20 27 09	2 29 58	11 36 57	0 ♑ 00 23	10 28 25	24 46 09	13 03 12
25 M	12 16 31	25 22 45	1 ♊ 24 16	17 55 31	19 28 27	6 33 45	21 25 11	20 52 54	2 54 55	11 49 50	0 07 03	10 37 15	24 58 52	13 15 40
26 Tu	13 28 57	7 ♊ 37 26	13 36 29	19 34 53	20 52 32	7 31 05	21 40 18	21 20 26	3 21 54	12 04 36	0 15 39	10 48 07	25 13 36	13 30 07
27 W	14 42 20	19 48 29	25 45 40	21 16 45	22 17 31	8 29 22	21 56 06	21 48 44	3 49 53	12 20 16	0 25 12	10 59 59	25 29 20	13 45 33
28 Th	15 55 31	1 ♋ 55 55	7 ♋ 51 53	22 59 55	23 42 14	9 27 25	22 11 23	22 16 38	4 17 43	12 35 39	0 34 32	11 11 43	25 44 55	14 00 47
29 F	17 07 21	13 59 59	19 55 34	24 43 15	25 05 32	10 24 07	22 25 03	22 43 01	4 44 17	12 49 38	0 42 31	11 22 11	25 59 12	14 14 42
30 Sa	18 16 55	26 01 35	1 ♌ 57 53	26 25 48	26 26 30	11 18 33	22 36 11	23 06 56	5 08 39	13 01 17	0 48 15	11 30 27	26 11 17	14 26 22
31 Su	19 23 41	8 ♌ 02 33	14 01 05	28 07 00	27 44 35	12 10 09	22 44 12	23 27 51	5 30 17	13 10 05	0 51 10	11 35 60	26 20 37	14 35 16

LONGITUDE

April 2047

Day	☉	0 hr ☽	Noon ☽	☿	♀	♂	⚵	⚳	♃	♄	⚷	♅	♆	♇
1 M	20 ♊ 27 33	20 ♌ 05 59	26 ♌ 08 34	29 ♉ 46 48	28 ♋ 59 43	12 ♋ 58 51	22 ♒ 49 03	23 ♓ 45 41	5 ♋ 49 04	13 ♓ 15 55	0 ♑ 51 12	11 ♏ 38 43	26 ♋ 27 07	14 ♉ 41 17
2 Tu	21 28 55	2 ♍ 16 09	8 ♍ 24 59	1 ♊ 25 33	0 ♌ 12 17	13 45 02	22 51 07	24 00 50	6 05 25	13 19 11	0 48 44	11 39 01	26 31 10	14 44 50
3 W	22 28 37	14 38 22	20 55 51	3 04 05	1 23 05	14 29 33	22 51 13	24 14 06	6 20 10	13 20 44	0 44 38	11 37 43	26 33 37	14 46 44
4 Th	23 27 47	27 18 36	3 ♎ 47 11	4 43 33	2 33 16	15 13 30	22 50 29	24 26 37	6 34 25	13 21 40	0 39 59	11 35 58	26 35 33	14 48 07
5 F	24 27 36	10 ♎ 22 52	17 04 41	6 25 09	3 44 03	15 58 06	22 50 08	24 39 36	6 49 24	13 23 13	0 36 02	11 34 57	26 38 14	14 50 11
6 Sa	25 29 11	23 56 13	0 ♏ 52 43	8 09 59	4 56 29	16 44 28	22 51 15	24 54 08	7 06 11	13 26 28	0 33 52	11 35 46	26 42 43	14 54 02
7 Su	26 33 14	8 ♏ 01 46	15 13 12	9 58 47	6 11 19	17 33 16	22 54 33	25 10 56	7 25 30	13 32 07	0 34 11	11 39 09	26 49 44	15 00 23
8 M	27 39 55	22 39 23	0 ♐ 04 20	11 51 42	7 28 41	18 24 42	23 00 11	25 30 09	7 47 31	13 40 21	0 37 10	11 45 15	26 59 26	15 09 23
9 Tu	28 48 47	7 ♐ 44 50	15 19 60	13 48 18	8 48 09	19 18 18	23 07 42	25 51 19	8 11 45	13 50 41	0 42 21	11 53 35	27 11 21	15 20 35
10 W	29 58 48	23 09 35	0 ♑ 49 58	15 47 35	10 08 40	20 13 02	23 16 06	26 13 25	8 37 11	14 02 07	0 48 44	12 03 11	27 24 29	15 32 58
11 Th	1 ♋ 08 41	8 ♑ 41 46	16 21 30	17 48 15	11 28 56	21 07 37	23 24 02	26 35 09	9 02 32	14 13 21	0 55 00	12 12 42	27 37 32	15 45 13
12 F	2 17 08	24 08 17	1 ♒ 41 39	19 49 01	12 47 40	22 00 45	23 30 15	26 55 13	9 26 29	14 23 05	0 59 52	12 20 52	27 49 11	15 56 03
13 Sa	3 23 12	9 ♒ 17 18	16 39 49	21 48 56	14 03 56	22 51 29	23 33 46	27 12 40	9 48 07	14 30 22	1 02 24	12 26 44	27 58 30	16 04 31
14 Su	4 26 32	24 00 20	1 ♓ 09 19	23 47 40	15 17 20	23 39 28	23 34 16	27 27 08	10 07 02	14 34 51	1 02 14	12 29 56	28 05 08	16 10 16
15 M	5 27 25	8 ♓ 13 12	15 07 46	25 45 27	16 28 11	24 24 58	23 32 00	27 38 54	10 23 32	14 36 48	0 59 38	12 30 46	28 09 20	16 13 34
16 Tu	6 26 39	21 55 46	28 36 31	27 43 08	17 37 15	25 08 49	23 27 47	27 48 46	10 38 26	14 37 02	0 55 26	12 30 01	28 11 57	16 15 14
17 W	7 25 22	5 ♈ 10 55	11 ♈ 39 27	29 41 48	18 45 43	25 52 08	23 22 46	27 57 52	10 52 51	14 36 42	0 50 46	12 28 50	28 14 05	16 16 24
18 Th	8 24 50	18 03 23	24 21 45	1 ♋ 42 40	19 54 47	26 36 10	23 18 10	28 07 26	11 08 02	14 37 02	0 46 53	12 28 29	28 16 60	16 18 19
19 F	9 26 07	0 ♉ 38 29	6 ♉ 48 53	3 46 47	21 05 33	27 21 59	23 15 05	28 18 33	11 25 04	14 39 06	0 44 52	12 30 00	28 21 46	16 22 03
20 Sa	10 29 56	13 01 19	19 05 51	5 54 48	22 18 45	28 10 21	23 14 16	28 31 57	11 44 41	14 43 39	0 45 26	12 34 09	28 29 07	16 28 21
21 Su	11 36 35	25 16 12	1 ♊ 16 40	8 06 56	23 34 38	29 01 31	23 15 58	28 47 55	12 07 09	14 50 57	0 48 54	12 41 12	28 39 20	16 37 28
22 M	12 45 51	7 ♊ 26 22	13 24 15	10 22 53	24 52 60	29 55 16	23 19 59	29 06 12	12 32 16	15 00 49	0 55 02	12 50 57	28 52 12	16 49 14
23 Tu	13 57 04	19 33 58	25 30 24	12 41 51	26 13 11	0 ♌ 50 58	23 25 41	29 26 10	12 59 21	15 12 33	1 03 11	13 02 45	29 07 04	17 02 57
24 W	15 09 17	1 ♋ 40 08	7 ♋ 36 00	15 02 43	27 34 14	1 47 38	23 32 05	29 46 50	13 27 28	15 25 13	1 12 22	13 15 36	29 22 57	17 17 40
25 Th	16 21 20	13 45 26	19 41 27	17 24 11	28 54 58	2 44 08	23 38 02	0 ♈ 07 04	13 55 27	15 37 39	1 21 29	13 28 23	29 38 44	17 32 14
26 F	17 32 07	25 50 09	1 ♌ 47 02	19 44 55	0 ♍ 14 18	3 39 20	23 42 27	0 25 44	14 22 11	15 48 46	1 29 24	13 39 58	29 53 16	17 45 33
27 Sa	18 40 43	7 ♌ 54 48	13 53 19	22 03 49	1 31 18	4 32 22	23 44 26	0 41 56	14 46 46	15 57 38	1 35 12	13 49 28	0 ♌ 05 40	17 56 42
28 Su	19 46 35	20 00 30	26 01 41	24 20 02	2 45 24	5 22 37	23 43 24	0 55 06	15 08 38	16 03 43	1 38 21	13 56 19	0 15 23	18 05 07
29 M	20 49 35	2 ♍ 09 17	8 ♍ 14 24	26 33 10	3 56 29	6 09 60	23 39 14	1 05 07	15 27 40	16 06 51	1 38 43	14 00 23	0 22 15	18 10 41
30 Tu	21 50 02	14 24 12	20 34 53	28 43 17	5 04 51	6 54 49	23 32 17	1 12 16	15 44 10	16 07 23	1 36 37	14 01 59	0 26 37	18 13 42

Notes

May 2047

LONGITUDE

Day	☉	0 hr ☽	Noon ☽	☿	♀	♂	⚵	⚳	♃	♄	⚷	♅	♆	♇
1 W	22♋48 40	26♍49 23	3♎07 32	0♌50 46	6♍11 13	7♌37 47	23♒23 16	1♈17 19	15♋58 52	16♓06 03	1♑32 47	14♏01 52	0♌29 12	18♉14 55
2 Th	23 46 29	9♎29 44	15 57 22	2 56 21	7 16 37	8 19 56	23 13 12	1 21 14	16 12 47	16 03 50	1 28 13	14 01 00	0 31 00	18 15 21
3 F	24 44 37	22 30 26	29 09 34	5 00 50	8 22 08	9 02 23	23 03 12	1 25 10	16 27 01	16 01 53	1 24 04	14 00 33	0 33 09	18 16 05
4 Sa	25 44 04	5♏56 19	12♏48 28	7 04 57	9 28 47	9 46 08	22 54 19	1 30 06	16 42 36	16 01 12	1 21 19	14 01 30	0 36 40	18 18 09
5 Su	26 45 33	19 50 48	26 56 41	9 09 06	10 37 16	10 31 53	22 47 14	1 36 46	17 00 13	16 02 29	1 20 42	14 04 34	0 42 15	18 22 16
6 M	27 49 17	4♐14 54	11♐33 53	11 13 17	11 47 48	11 19 53	22 42 11	1 45 22	17 20 07	16 05 58	1 22 26	14 09 58	0 50 07	18 28 39
7 Tu	28 54 57	19 06 14	26 36 01	13 16 55	13 00 03	12 09 48	22 38 53	1 55 35	17 41 57	16 11 20	1 26 12	14 17 23	0 59 57	18 36 58
8 W	0♌01 43	4♑18 31	11♑55 06	15 18 59	14 13 12	13 00 48	22 36 29	2 06 35	18 04 55	16 17 46	1 31 10	14 26 01	1 10 55	18 46 24
9 Th	1 08 32	19 41 59	27 20 12	17 18 13	15 26 09	13 51 49	22 33 56	2 17 18	18 27 54	16 24 10	1 36 16	14 34 45	1 21 57	18 55 53
10 F	2 14 14	5♒04 49	12♒39 06	19 13 19	16 37 47	14 41 43	22 30 06	2 26 35	18 49 49	16 29 25	1 40 23	14 42 28	1 31 55	19 04 16
11 Sa	3 18 01	20 15 17	27 40 44	21 03 18	17 47 13	15 29 39	22 24 10	2 33 36	19 09 47	16 32 40	1 42 39	14 48 19	1 39 58	19 10 43
12 Su	4 19 27	5♓03 49	12♓16 56	22 47 42	18 54 05	16 15 14	22 15 43	2 37 57	19 27 26	16 33 33	1 42 41	14 51 55	1 45 43	19 14 50
13 M	5 18 42	19 24 25	26 23 25	24 26 30	19 58 30	16 58 36	22 04 55	2 39 46	19 42 52	16 32 10	1 40 37	14 53 24	1 49 17	19 16 45
14 Tu	6 16 20	3♈14 55	9♈59 37	26 00 15	21 01 03	17 40 20	21 52 21	2 39 38	19 56 42	16 29 07	1 37 03	14 53 21	1 51 16	19 17 03
15 W	7 13 14	16 36 31	23 07 58	27 29 44	22 02 36	18 21 18	21 38 55	2 38 25	20 09 48	16 25 17	1 32 51	14 52 39	1 52 32	19 16 38
16 Th	8 10 24	29 32 44	5♉52 44	28 55 52	23 04 07	19 02 31	21 25 36	2 37 07	20 23 08	16 21 39	1 29 00	14 52 16	1 54 05	19 16 28
17 F	9 08 41	12♉08 18	18 19 06	0♍19 29	24 06 29	19 44 50	21 13 17	2 36 36	20 37 36	16 19 06	1 26 24	14 53 06	1 56 46	19 17 25
18 Sa	10 08 44	24 28 24	0♊32 19	1 41 10	25 10 18	20 28 53	21 02 37	2 37 28	20 53 48	16 18 15	1 25 40	14 55 46	2 01 14	19 20 08
19 Su	11 10 49	6♊37 54	12 37 09	3 01 07	26 15 52	21 14 56	20 53 53	2 40 02	21 12 02	16 19 23	1 27 04	15 00 31	2 07 45	19 24 52
20 M	12 14 50	18 41 02	24 37 34	4 19 11	27 23 02	22 02 54	20 46 60	2 44 11	21 32 11	16 22 24	1 30 30	15 07 18	2 16 12	19 31 32
21 Tu	13 20 20	0♋41 09	6♋36 40	5 34 53	28 31 22	22 52 20	20 41 31	2 49 28	21 53 49	16 26 51	1 35 32	15 15 38	2 26 10	19 39 41
22 W	14 26 38	12 40 45	18 36 37	6 47 27	29 40 11	23 42 32	20 36 46	2 55 11	22 16 13	16 32 03	1 41 29	15 24 50	2 36 56	19 48 37
23 Th	15 32 54	24 41 38	0♌38 56	7 56 00	0♎48 36	24 32 41	20 31 56	3 00 32	22 38 34	16 37 11	1 47 32	15 34 04	2 47 42	19 57 31
24 F	16 38 20	6♌45 02	12 44 39	8 59 40	1 55 51	25 21 58	20 26 14	3 04 42	23 00 05	16 41 27	1 52 51	15 42 34	2 57 39	20 05 36
25 Sa	17 42 17	18 51 57	24 54 37	9 57 44	3 01 14	26 09 45	20 19 01	3 07 01	23 20 05	16 44 10	1 56 48	15 49 38	3 06 07	20 12 10
26 Su	18 44 19	1♍03 26	7♍09 53	10 49 40	4 04 19	26 55 35	20 09 52	3 07 05	23 38 08	16 44 56	1 58 56	15 54 52	3 12 40	20 16 50
27 M	19 44 18	13 20 52	19 31 55	11 35 19	5 04 58	27 39 21	19 58 41	3 04 46	23 54 08	16 43 38	1 59 10	15 58 08	3 17 12	20 19 26
28 Tu	20 42 28	25 46 08	2♎02 44	12 14 48	6 03 23	28 21 16	19 45 40	3 00 16	24 08 17	16 40 28	1 57 42	15 59 38	3 19 55	20 20 13
29 W	21 39 16	8♎21 43	14 44 60	12 48 30	7 00 01	29 01 49	19 31 20	2 54 05	24 21 03	16 35 54	1 54 59	15 59 51	3 21 18	20 19 38
30 Th	22 35 23	21 10 37	27 41 50	13 17 04	7 55 31	29 41 39	19 16 22	2 46 54	24 33 07	16 30 39	1 51 43	15 59 29	3 22 00	20 18 23
31 F	23 31 35	4♏16 08	10♏56 31	13 41 10	8 50 40	0♍21 33	19 01 31	2 39 28	24 45 14	16 25 26	1 48 40	15 59 15	3 22 48	20 17 12

June 2047

LONGITUDE

Day	☉	0 hr ☽	Noon ☽	☿	♀	♂	⚵	⚳	♃	♄	⚷	♅	♆	♇
1 Sa	24♌28 33	17♏41 20	24♏31 54	14♍01 27	9♎46 05	1♍02 11	18♒47 30	2♈32 27	24♋58 05	16♓20 57	1♑46 30	15♏59 52	3♌24 23	20♉16 46
2 Su	25 26 45	1♐28 31	8♐29 46	14 18 21	10 42 16	1 44 02	18 34 48	2 26 23	25 12 10	16 17 42	1 45 42	16 01 47	3 27 13	20 17 35
3 M	26 26 22	15 38 26	22 50 00	14 32 02	11 39 20	2 27 17	18 23 36	2 21 24	25 27 37	16 15 50	1 46 26	16 05 12	3 31 28	20 19 49
4 Tu	27 27 14	0♑09 39	7♑30 02	14 42 20	12 37 07	3 11 45	18 13 45	2 17 21	25 44 17	16 15 12	1 48 33	16 09 55	3 36 58	20 23 17
5 W	28 28 51	14 58 04	22 24 33	14 48 49	13 35 08	3 56 57	18 04 46	2 13 46	26 01 41	16 15 18	1 51 34	16 15 29	3 43 15	20 27 31
6 Th	29 30 36	29 57 03	7♒25 52	14 50 54	14 32 40	4 42 15	17 56 02	2 09 60	26 19 09	16 15 31	1 54 49	16 21 14	3 49 39	20 31 51
7 F	0♍31 47	14♒58 02	22 24 53	14 48 01	15 29 04	5 26 59	17 46 52	2 05 22	26 36 03	16 15 09	1 57 38	16 26 30	3 55 31	20 35 38
8 Sa	1 31 55	29 51 53	7♓12 35	14 39 50	16 23 47	6 10 36	17 36 47	1 59 23	26 51 50	16 13 42	1 59 31	16 30 45	4 00 18	20 38 20
9 Su	2 30 42	14♓30 16	21 41 24	14 26 15	17 16 31	6 52 52	17 25 30	1 51 47	27 06 13	16 10 53	2 00 11	16 33 44	4 03 45	20 39 42
10 M	3 28 10	28 46 56	5♈46 14	14 07 35	18 07 16	7 33 47	17 13 03	1 42 35	27 19 16	16 06 45	1 59 39	16 35 28	4 05 53	20 39 44
11 Tu	4 24 37	12♈38 17	19 24 46	13 44 24	18 56 19	8 13 39	16 59 45	1 32 05	27 31 14	16 01 35	1 58 14	16 36 14	4 07 00	20 38 43
12 W	5 20 31	26 03 25	2♉37 19	13 17 33	19 44 05	8 52 56	16 46 04	1 20 44	27 42 36	15 55 50	1 56 22	16 36 30	4 07 33	20 37 09
13 Th	6 16 21	9♉03 47	15 26 13	12 47 56	20 31 04	9 32 07	16 32 31	1 09 05	27 53 51	15 50 01	1 54 33	16 36 46	4 08 02	20 35 30
14 F	7 12 37	21 42 28	27 55 11	12 16 30	21 17 42	10 11 42	16 19 34	0 57 36	28 05 28	15 44 36	1 53 18	16 37 31	4 08 56	20 34 15
15 Sa	8 09 38	4♊03 33	10♊08 41	11 44 06	22 04 18	10 52 01	16 07 35	0 46 38	28 17 47	15 39 57	1 52 55	16 39 04	4 10 36	20 33 46
16 Su	9 07 35	16 11 31	22 11 21	11 11 25	22 50 60	11 33 14	15 56 44	0 36 20	28 30 58	15 36 12	1 53 35	16 41 37	4 13 10	20 34 10
17 M	10 06 26	28 10 54	4♋07 40	10 38 60	23 37 44	12 15 18	15 47 00	0 26 43	28 44 59	15 33 20	1 55 15	16 45 06	4 16 37	20 35 28
18 Tu	11 05 59	10♋05 57	16 01 46	10 07 14	24 24 18	12 58 03	15 38 12	0 17 35	28 59 39	15 31 11	1 57 45	16 49 20	4 20 46	20 37 26
19 W	12 05 55	22 00 28	27 57 12	9 36 23	25 10 19	13 41 10	15 30 02	0 08 38	29 14 39	15 29 25	2 00 46	16 54 02	4 25 18	20 39 48
20 Th	13 05 55	3♌57 43	9♌56 58	9 06 41	25 55 26	14 24 17	15 22 09	29♓59 32	29 29 36	15 27 41	2 03 56	16 58 48	4 29 51	20 42 10
21 F	14 05 35	16 00 24	22 03 29	8 38 20	26 39 15	15 07 04	15 14 13	29 49 56	29 44 12	15 25 39	2 06 55	17 03 20	4 34 06	20 44 14
22 Sa	15 04 42	28 10 43	4♍18 38	8 11 36	27 21 28	15 49 15	15 05 58	29 39 36	29 58 09	15 23 03	2 09 27	17 07 20	4 37 46	20 45 42
23 Su	16 03 05	10♍30 23	16 43 54	7 46 48	28 01 53	16 30 40	14 57 16	29 28 23	0♌11 19	15 19 44	2 11 22	17 10 40	4 40 41	20 46 25
24 M	17 00 44	23 00 47	29 20 23	7 24 22	28 40 26	17 11 19	14 48 06	29 16 16	0 23 39	15 15 40	2 12 40	17 13 18	4 42 51	20 46 23
25 Tu	17 57 44	5♎42 57	12♎09 02	7 04 47	29 17 10	17 51 17	14 38 34	29 03 23	0 35 16	15 10 58	2 13 27	17 15 20	4 44 21	20 45 42
26 W	18 54 16	18 37 46	25 10 37	6 48 36	29 52 15	18 30 47	14 28 52	28 49 56	0 46 22	15 05 51	2 13 54	17 16 59	4 45 24	20 44 32
27 Th	19 50 37	1♏46 01	8♏25 48	6 36 21	0♏25 53	19 10 02	14 19 16	28 36 11	0 57 11	15 00 32	2 14 15	17 18 28	4 46 13	20 43 10
28 F	20 47 01	15 08 15	21 55 06	6 28 30	0 58 15	19 49 19	14 10 01	28 22 23	1 07 58	14 55 17	2 14 47	17 20 03	4 47 05	20 41 49
29 Sa	21 43 38	28 44 52	5♐38 44	6 25 28	1 29 30	20 28 48	14 01 18	28 08 44	1 18 55	14 50 18	2 15 40	17 21 54	4 48 10	20 40 42
30 Su	22 40 36	12♐35 47	19 36 24	6 27 28	1 59 39	21 08 35	13 53 14	27 55 23	1 30 07	14 45 40	2 17 00	17 24 09	4 49 34	20 39 53

Notes

LONGITUDE — July 2047

Day	☉	0 hr ☽	Noon ☽	☿	♀	♂	⚵	⚳	♃	♄	⚷	♅	♆	♇
1 M	23♍ 37 53	26♐ 40 16	3♑ 46 59	6♍ 34 37	2♏ 28 41	21♍ 48 40	13♒ 45 48	27♓ 42 18	1♌ 41 34	14♓ 41 23	2♑ 18 47	17♏ 26 47	4♌ 51 17	20♉ 39 24
2 Tu	24 35 25	10♑ 56 41	18 08 21	6 46 54	2 56 25	22 28 57	13 38 56	27 29 26	1 53 10	14 37 23	2 20 56	17 29 41	4 53 13	20 39 09
3 W	25 33 04	25 22 18	2♒ 37 09	7 04 14	3 22 40	23 09 20	13 32 30	27 16 39	2 04 48	14 33 30	2 23 18	17 32 45	4 55 15	20 38 59
4 Th	26 30 40	9♒ 53 12	17 09 00	7 26 29	3 47 14	23 49 38	13 26 21	27 03 50	2 16 18	14 29 38	2 25 45	17 35 49	4 57 14	20 38 46
5 F	27 28 08	24 24 35	1♓ 38 41	7 53 33	4 09 59	24 29 47	13 20 23	26 50 54	2 27 35	14 25 39	2 28 10	17 38 48	4 59 04	20 38 25
6 Sa	28 25 28	8♓ 51 03	16 00 44	8 25 24	4 30 48	25 09 44	13 14 36	26 37 50	2 38 38	14 21 34	2 30 34	17 41 40	5 00 44	20 37 53
7 Su	29 22 40	23 07 16	0♈ 10 01	9 02 02	4 49 40	25 49 33	13 09 01	26 24 40	2 49 28	14 17 23	2 32 56	17 44 27	5 02 15	20 37 13
8 M	0♎ 19 51	7♈ 08 31	14 02 22	9 43 30	5 06 38	26 29 17	13 03 43	26 11 31	3 00 10	14 13 12	2 35 24	17 47 15	5 03 43	20 36 30
9 Tu	1 17 06	20 51 19	27 35 01	10 29 51	5 21 43	27 09 03	12 58 49	25 58 30	3 10 49	14 09 07	2 38 01	17 50 09	5 05 13	20 35 50
10 W	2 14 28	4♉ 13 36	10♉ 46 43	11 21 05	5 34 55	27 48 55	12 54 21	25 45 39	3 21 30	14 05 11	2 40 52	17 53 11	5 06 49	20 35 16
11 Th	3 11 59	17 14 57	23 37 52	12 17 09	5 46 12	28 28 53	12 50 21	25 33 02	3 32 13	14 01 26	2 43 57	17 56 24	5 08 31	20 34 48
12 F	4 09 35	29 56 25	6♊ 10 10	13 17 57	5 55 29	29 08 54	12 46 46	25 20 36	3 42 55	13 57 49	2 47 14	17 59 44	5 10 17	20 34 25
13 Sa	5 07 11	12♊ 20 18	18 26 30	14 23 20	6 02 35	29 48 53	12 43 30	25 08 16	3 53 30	13 54 13	2 50 36	18 03 06	5 12 01	20 34 00
14 Su	6 04 39	24 29 55	0♋ 30 33	15 33 07	6 07 20	0♎ 28 41	12 40 26	24 55 55	4 03 50	13 50 31	2 53 57	18 06 21	5 13 35	20 33 26
15 M	7 01 52	6♋ 29 13	12 26 30	16 47 06	6 09 36	1 08 12	12 37 25	24 43 27	4 13 48	13 46 38	2 57 08	18 09 22	5 14 52	20 32 35
16 Tu	7 58 47	18 22 38	24 18 52	18 05 08	6 09 15	1 47 22	12 34 26	24 30 48	4 23 20	13 42 27	3 00 05	18 12 06	5 15 48	20 31 24
17 W	8 55 22	0♌ 14 46	6♌ 12 12	19 27 09	6 06 15	2 26 10	12 31 26	24 17 58	4 32 25	13 37 59	3 02 49	18 14 32	5 16 23	20 29 52
18 Th	9 51 43	12 10 09	18 10 56	20 53 08	6 00 39	3 04 42	12 28 31	24 05 05	4 41 09	13 33 20	3 05 25	18 16 45	5 16 41	20 28 04
19 F	10 47 59	24 13 06	0♍ 19 05	22 23 09	5 52 37	3 43 06	12 25 51	23 52 17	4 49 40	13 28 39	3 08 01	18 18 54	5 16 52	20 26 09
20 Sa	11 44 24	6♍ 27 25	12 40 07	23 57 17	5 42 20	4 21 37	12 23 38	23 39 49	4 58 12	13 24 09	3 10 50	18 21 13	5 17 09	20 24 22
21 Su	12 41 12	18 56 09	25 16 41	25 35 38	5 30 03	5 00 28	12 22 07	23 27 56	5 06 59	13 20 05	3 14 08	18 23 56	5 17 47	20 22 56
22 M	13 38 35	1♎ 41 28	8♎ 10 23	27 18 15	5 15 58	5 39 51	12 21 31	23 16 51	5 16 13	13 16 39	3 18 07	18 27 15	5 18 57	20 22 03
23 Tu	14 36 41	14 44 21	21 21 42	29 05 04	5 00 16	6 19 55	12 21 56	23 06 42	5 26 02	13 13 58	3 22 53	18 31 18	5 20 48	20 21 52
24 W	15 35 28	28 04 37	4♏ 49 56	0♎ 55 51	4 42 57	7 00 39	12 23 22	22 57 29	5 36 24	13 12 03	3 28 27	18 36 03	5 23 18	20 22 21
25 Th	16 34 48	11♏ 40 54	18 33 14	2 50 11	4 23 55	7 41 52	12 25 40	22 49 03	5 47 12	13 10 43	3 34 38	18 41 23	5 26 19	20 23 21
26 F	17 34 24	25 30 51	2♐ 28 55	4 47 33	4 02 58	8 23 19	12 28 32	22 41 08	5 58 06	13 09 43	3 41 11	18 46 59	5 29 33	20 24 36
27 Sa	18 33 52	9♐ 31 27	16 33 48	6 47 14	3 39 48	9 04 37	12 31 36	22 33 21	6 08 44	13 08 39	3 47 41	18 52 28	5 32 38	20 25 42
28 Su	19 32 51	23 39 23	0♑ 44 33	8 48 33	3 14 08	9 45 21	12 34 29	22 25 21	6 18 44	13 07 09	3 53 46	18 57 29	5 35 10	20 26 16
29 M	20 31 02	7♑ 51 26	14 58 02	10 50 54	2 45 48	10 25 16	12 36 52	22 16 51	6 27 49	13 04 55	3 59 09	19 01 43	5 36 53	20 26 02
30 Tu	21 28 19	22 04 48	29 11 34	12 53 48	2 14 51	11 04 15	12 38 40	22 07 44	6 35 50	13 01 51	4 03 43	19 05 04	5 37 39	20 24 53
31 W	22 24 48	6♒ 17 07	13♒ 22 53	14 57 03	1 41 34	11 42 25	12 39 59	21 58 07	6 42 56	12 58 04	4 07 34	19 07 38	5 37 36	20 22 56

LONGITUDE — August 2047

Day	☉	0 hr ☽	Noon ☽	☿	♀	♂	⚵	⚳	♃	♄	⚷	♅	♆	♇
1 Th	23♎ 20 51	20♒ 26 25	27♒ 30 07	17♎ 00 39	1♏ 06 25	12♎ 20 04	12♒ 41 09	21♓ 48 21	6♌ 49 25	12♓ 53 54	4♑ 11 03	19♏ 09 46	5♌ 37 03	20♉ 20 30
2 F	24 16 54	4♓ 31 01	11♓ 31 30	19 04 44	0 30 07	12 57 43	12 42 37	21 38 54	6 55 47	12 49 48	4 14 38	19 11 56	5 36 29	20 18 03
3 Sa	25 13 31	18 29 10	25 25 17	21 09 32	29♎ 53 23	13 35 51	12 44 55	21 30 19	7 02 32	12 46 19	4 18 50	19 14 38	5 36 25	20 16 08
4 Su	26 11 07	2♈ 18 60	9♈ 09 35	23 15 15	29 16 54	14 14 58	12 48 31	21 23 02	7 10 08	12 43 55	4 24 07	19 18 22	5 37 19	20 15 12
5 M	27 10 02	15 58 29	22 42 26	25 21 55	28 41 12	14 55 20	12 53 43	21 17 23	7 18 53	12 42 53	4 30 46	19 23 24	5 39 28	20 15 33
6 Tu	28 10 19	29 25 34	6♉ 01 59	27 29 22	28 06 36	15 37 02	13 00 33	21 13 25	7 28 50	12 43 16	4 38 52	19 29 48	5 42 56	20 17 15
7 W	29 11 47	12♉ 38 26	19 06 46	29 37 16	27 33 09	16 19 53	13 08 50	21 10 57	7 39 48	12 44 55	4 48 13	19 37 24	5 47 33	20 20 06
8 Th	0♏ 14 03	25 35 47	1♊ 55 56	1♏ 45 02	27 00 43	17 03 28	13 18 12	21 09 37	7 51 24	12 47 26	4 58 25	19 45 47	5 52 55	20 23 43
9 F	1 16 34	8♊ 17 10	14 29 35	3 51 58	26 28 58	17 47 16	13 28 04	21 08 50	8 03 04	12 50 15	5 08 56	19 54 24	5 58 28	20 27 33
10 Sa	2 18 44	20 43 08	26 48 50	5 57 24	25 57 34	18 30 40	13 37 50	21 08 02	8 14 13	12 52 47	5 19 09	20 02 40	6 03 37	20 31 00
11 Su	3 20 01	2♋ 55 25	8♋ 55 51	8 00 41	25 26 11	19 13 08	13 46 59	21 06 41	8 24 18	12 54 29	5 28 33	20 10 03	6 07 50	20 33 33
12 M	4 20 01	14 56 48	20 53 53	10 01 22	24 54 40	19 54 17	13 55 08	21 04 23	8 32 56	12 54 59	5 36 44	20 16 09	6 10 43	20 34 47
13 Tu	5 18 37	26 51 07	2♌ 47 03	11 59 15	24 23 03	20 33 58	14 02 06	21 00 60	8 39 58	12 54 08	5 43 33	20 20 49	6 12 08	20 34 35
14 W	6 15 55	8♌ 43 01	14 40 13	13 54 25	23 51 39	21 12 18	14 08 01	20 56 39	8 45 31	12 52 04	5 49 08	20 24 11	6 12 12	20 33 03
15 Th	7 12 17	20 37 44	26 38 40	15 47 14	23 21 00	21 49 41	14 13 16	20 51 43	8 49 58	12 49 08	5 53 50	20 26 37	6 11 17	20 30 34
16 F	8 08 20	2♍ 40 46	8♍ 47 49	17 38 15	22 51 50	22 26 40	14 18 25	20 46 47	8 53 53	12 45 55	5 58 16	20 28 42	6 09 59	20 27 43
17 Sa	9 04 44	14 57 30	21 12 49	19 28 10	22 24 59	23 03 58	14 24 11	20 42 33	8 57 58	12 43 09	6 03 06	20 31 08	6 08 58	20 25 12
18 Su	10 02 11	27 32 42	3♎ 57 59	21 17 40	22 01 14	23 42 16	14 31 13	20 39 42	9 02 55	12 41 29	6 09 02	20 34 36	6 08 58	20 23 42
19 M	11 01 15	10♎ 30 01	17 06 17	23 07 18	21 41 14	24 22 07	14 40 05	20 38 47	9 09 16	12 41 30	6 16 37	20 39 39	6 10 30	20 23 46
20 Tu	12 02 12	23 51 22	0♏ 38 46	24 57 23	21 25 21	25 03 49	14 51 05	20 40 06	9 17 19	12 43 28	6 26 08	20 46 34	6 13 52	20 25 43
21 W	13 04 59	7♏ 36 30	14 34 12	26 47 52	21 13 36	25 47 19	15 04 09	20 43 36	9 26 59	12 47 20	6 37 33	20 55 19	6 19 01	20 29 27
22 Th	14 09 10	21 42 49	28 48 58	28 38 19	21 05 33	26 32 09	15 18 50	20 48 50	9 37 52	12 52 42	6 50 24	21 05 27	6 25 30	20 34 35
23 F	15 14 02	6♐ 05 26	13♐ 17 24	0♐ 28 01	21 00 32	27 17 37	15 34 25	20 55 05	9 49 13	12 58 47	7 03 58	21 16 14	6 32 37	20 40 21
24 Sa	16 18 38	20 37 55	27 52 39	2 16 04	20 57 37	28 02 46	15 49 58	21 01 25	10 00 07	13 04 42	7 17 19	21 26 45	6 39 25	20 45 50
25 Su	17 22 07	5♑ 13 15	12♑ 27 46	4 01 37	20 55 57	28 46 46	16 04 37	21 06 58	10 09 42	13 09 34	7 29 36	21 36 07	6 45 02	20 50 11
26 M	18 23 52	19 45 03	26 56 50	5 44 03	20 54 55	29 28 59	16 17 44	21 11 07	10 17 20	13 12 46	7 40 12	21 43 45	6 48 52	20 52 46
27 Tu	19 23 39	4♒ 08 25	11♒ 15 40	7 23 10	20 54 15	0♏ 09 11	16 29 08	21 13 40	10 22 49	13 14 06	7 48 53	21 49 24	6 50 42	20 53 23
28 W	20 21 46	18 20 25	25 22 08	8 59 14	20 54 14	0 47 40	16 39 02	21 14 51	10 26 24	13 13 50	7 55 55	21 53 21	6 50 47	20 52 17
29 Th	21 18 52	2♓ 20 02	9♓ 15 48	10 32 57	20 55 30	1 25 06	16 48 09	21 15 22	10 28 47	13 12 37	8 01 59	21 56 17	6 49 49	20 50 10
30 F	22 15 55	16 07 39	22 57 28	12 05 17	20 58 57	2 02 25	16 57 24	21 16 08	10 30 53	13 11 26	8 08 02	21 59 07	6 48 44	20 47 58
31 Sa	23 13 54	29 44 21	6♈ 28 22	13 37 12	21 05 34	2 40 39	17 07 48	21 18 12	10 33 44	13 11 16	8 15 04	22 02 53	6 48 33	20 46 42

Notes

September 2047 — LONGITUDE

Day	☉	0 hr ☽	Noon ☽	☿	♀	♂	⚵	⚳	♃	♄	⚷	♅	♆	♇
1 Su	24♏ 13 42	13♈ 11 19	19♈ 49 38	15♐ 09 36	21♎ 16 09	3♏ 20 38	17♒ 20 12	21♓ 22 23	10♌ 38 11	13♓ 12 59	8♑ 23 57	22♏ 08 27	6♌ 50 07	20♉ 47 13
2 M	25 15 52	26 29 14	3♉ 01 51	16 42 60	21 31 13	4 02 56	17 35 09	21 29 15	10 44 47	13 17 09	8 35 14	22 16 20	6 53 59	20 50 04
3 Tu	26 20 33	9♉ 38 10	16 04 55	18 17 33	21 50 50	4 47 42	17 52 47	21 38 55	10 53 40	13 23 52	8 49 02	22 26 42	7 00 18	20 55 25
4 W	27 27 25	22 37 29	28 58 14	19 52 56	22 14 40	5 34 37	18 12 48	21 51 06	11 04 32	13 32 53	9 05 05	22 39 15	7 08 46	21 02 56
5 Th	28 35 50	5♊ 26 14	11♊ 40 54	21 28 29	22 41 59	6 23 01	18 34 33	22 05 09	11 16 44	13 43 30	9 22 41	22 53 19	7 18 43	21 11 58
6 F	29 44 53	18 03 28	24 12 13	23 03 15	23 11 49	7 11 60	18 57 05	22 20 06	11 29 19	13 54 48	9 40 57	23 07 57	7 29 14	21 21 36
7 Sa	0♐ 53 32	0♋ 28 40	6♋ 32 02	24 36 11	23 43 05	8 00 32	19 19 24	22 34 58	11 41 18	14 05 47	9 58 50	23 22 11	7 39 17	21 30 49
8 Su	2 00 52	12 42 12	18 41 11	26 06 21	24 14 49	8 47 42	19 40 34	22 48 48	11 51 44	14 15 32	10 15 26	23 35 03	7 47 58	21 38 41
9 M	3 06 12	24 45 35	0♌ 41 38	27 32 59	24 46 14	9 32 49	19 59 53	23 00 55	11 59 56	14 23 19	10 30 02	23 45 52	7 54 34	21 44 32
10 Tu	4 09 11	6♌ 41 35	12 36 33	28 55 45	25 16 58	10 15 32	20 17 02	23 10 58	12 05 33	14 28 51	10 42 18	23 54 19	7 58 46	21 47 60
11 W	5 09 55	18 34 13	24 30 21	0♑ 14 39	25 47 02	10 55 56	20 32 04	23 19 03	12 08 41	14 32 10	10 52 20	24 00 27	8 00 39	21 49 11
12 Th	6 08 53	0♍ 28 37	6♍ 28 25	1 30 07	26 16 52	11 34 31	20 45 29	23 25 39	12 09 49	14 33 47	11 00 37	24 04 47	8 00 42	21 48 34
13 F	7 06 55	12 30 42	18 36 51	2 42 55	26 47 13	12 07 20	20 58 07	23 31 34	12 09 47	14 34 32	11 07 58	24 08 08	7 59 45	21 46 60
14 Sa	8 05 01	24 46 50	1♎ 01 54	3 53 60	27 19 05	12 49 44	21 10 59	23 37 50	12 09 35	14 35 25	11 15 24	24 11 32	7 58 48	21 45 28
15 Su	9 04 17	7♎ 23 09	13 49 28	5 04 19	27 53 27	13 28 26	21 25 08	23 45 32	12 10 18	14 37 31	11 24 00	24 16 01	7 58 57	21 45 04
16 M	10 05 34	20 24 54	27 04 11	6 14 40	28 31 11	14 09 07	21 41 27	23 55 30	12 12 48	14 41 42	11 34 38	24 22 30	8 01 03	21 46 40
17 Tu	11 09 25	3♏ 55 36	10♏ 48 34	7 25 27	29 12 43	14 52 18	22 00 29	24 08 18	12 17 37	14 48 31	11 47 50	24 31 29	8 05 39	21 50 48
18 W	12 15 50	17 56 07	25 02 12	8 36 34	29 58 02	15 38 01	22 22 13	24 23 56	12 24 47	14 57 58	12 03 37	24 42 60	8 12 46	21 57 29
19 Th	13 24 19	2♐ 24 03	9♐ 41 09	9 47 21	0♏ 46 35	16 25 43	22 46 09	24 41 53	12 33 47	15 09 32	12 21 28	24 56 31	8 21 52	22 06 11
20 F	14 33 51	17 13 28	24 38 09	10 56 38	1 37 19	17 14 26	23 11 17	25 01 08	12 43 35	15 22 13	12 40 22	25 11 03	8 31 58	22 15 56
21 Sa	15 43 11	2♑ 15 40	9♑ 43 30	12 02 58	2 28 55	18 02 53	23 36 20	25 20 26	12 52 57	15 34 46	12 59 05	25 25 20	8 41 48	22 25 28
22 Su	16 51 04	17 20 24	24 46 51	13 04 55	3 20 07	18 49 50	24 00 05	25 38 33	13 00 39	15 45 56	13 16 21	25 38 08	8 50 08	22 33 32
23 M	17 56 38	2♒ 17 56	9♒ 39 03	14 01 23	4 09 59	19 34 25	24 21 38	25 54 34	13 05 48	15 54 51	13 31 18	25 48 34	8 56 06	22 39 15
24 Tu	18 59 34	17 00 34	24 13 36	14 51 46	4 58 10	20 16 18	24 40 41	26 08 12	13 08 04	16 01 11	13 43 37	25 56 18	8 59 21	22 42 18
25 W	20 00 09	1♓ 23 47	8♓ 27 17	15 36 08	5 44 57	20 55 48	24 57 30	26 19 43	13 07 46	16 05 14	13 53 36	26 01 39	9 00 12	22 43 01
26 Th	20 59 15	15 26 11	22 19 53	16 15 01	6 31 09	21 33 46	25 12 59	26 30 01	13 05 47	16 07 54	14 02 06	26 05 29	8 59 32	22 42 14
27 F	21 58 06	29 08 53	5♈ 53 21	16 49 18	7 17 57	22 11 25	25 28 19	26 40 16	13 03 18	16 10 21	14 10 21	26 08 60	8 58 33	22 41 10
28 Sa	22 57 58	12♈ 34 35	19 10 48	17 19 54	8 06 36	22 50 02	25 44 47	26 51 45	13 01 36	16 13 53	14 19 37	26 13 29	8 58 32	22 41 06
29 Su	23 59 56	25 46 25	2♉ 15 30	17 47 33	8 58 10	23 30 43	26 03 29	27 05 35	13 01 48	16 19 35	14 30 59	26 20 02	9 00 34	22 43 08
30 M	25 04 44	8♉ 47 16	15 10 11	18 12 32	9 53 20	24 14 09	26 25 07	27 22 27	13 04 36	16 28 10	14 45 10	26 29 21	9 05 21	22 47 58

October 2047 — LONGITUDE

Day	☉	0 hr ☽	Noon ☽	☿	♀	♂	⚵	⚳	♃	♄	⚷	♅	♆	♇
1 Tu	26♐ 12 32	21♉ 39 12	27♉ 56 42	18♑ 34 38	10♏ 52 15	25♏ 00 34	26♒ 49 52	27♓ 42 32	13♌ 10 11	16♓ 39 50	15♑ 02 22	26♏ 41 38	9♌ 13 07	22♉ 55 48
2 W	27 23 03	4♊ 23 15	10♊ 35 53	18 53 06	11 54 36	25 49 37	27 17 26	28 05 31	13 18 15	16 54 14	15 22 15	26 56 33	9 23 30	23 06 19
3 Th	28 35 28	16 59 37	23 07 43	19 06 43	12 59 33	26 40 32	27 47 00	28 30 38	13 28 01	17 10 37	15 44 02	27 13 19	9 35 46	23 18 44
4 F	29 48 43	29 27 54	5♋ 31 47	19 14 01	14 06 01	27 32 13	28 17 31	28 56 47	13 38 23	17 27 53	16 06 39	27 30 53	9 48 48	23 31 58
5 Sa	1♑ 01 37	11♋ 47 32	17 47 39	19 13 25	15 12 46	28 23 30	28 47 46	29 22 45	13 48 11	17 44 51	16 28 54	27 48 01	10 01 24	23 44 49
6 Su	2 13 02	23 58 25	29 55 25	19 03 33	16 18 40	29 13 15	29 16 38	29 47 27	13 56 17	18 00 23	16 49 38	28 03 37	10 12 29	23 56 10
7 M	3 22 07	6♌ 01 10	11♌ 56 05	18 43 24	17 22 50	0♐ 00 36	29 43 16	0♈ 09 59	14 01 50	18 13 39	17 08 02	28 16 49	10 21 10	24 05 10
8 Tu	4 28 25	17 57 34	23 51 48	18 12 27	18 24 48	0 45 07	0♓ 07 12	0 29 56	14 04 23	18 24 09	17 23 38	28 27 10	10 27 01	24 11 22
9 W	5 31 55	29 50 38	5♍ 46 02	17 30 56	19 24 32	1 26 47	0 28 25	0 47 15	14 03 55	18 31 56	17 36 25	28 34 40	10 30 00	24 14 45
10 Th	6 33 06	11♍ 44 43	17 43 29	16 39 44	20 22 29	2 06 04	0 47 25	1 02 26	14 00 55	18 37 25	17 46 50	28 39 46	10 30 36	24 15 47
11 F	7 32 48	23 45 15	29 49 53	15 40 25	21 19 28	2 43 48	1 05 00	1 16 18	13 56 14	18 41 28	17 55 46	28 43 20	10 29 40	24 15 19
12 Sa	8 32 07	5♎ 58 26	12♎ 11 37	14 35 09	22 16 35	3 21 07	1 22 18	1 29 57	13 50 58	18 45 11	18 04 18	28 46 26	10 28 18	24 14 27
13 Su	9 32 14	18 30 48	24 55 08	13 26 28	23 14 58	3 59 09	1 40 28	1 44 34	13 46 18	18 49 45	18 13 35	28 50 17	10 27 40	24 14 22
14 M	10 34 11	1♏ 28 26	8♏ 06 09	12 17 02	24 15 39	4 38 58	2 00 33	2 01 11	13 43 15	18 56 10	18 24 41	28 55 52	10 28 48	24 16 05
15 Tu	11 38 37	14 56 08	21 48 39	11 09 27	25 19 17	5 21 12	2 23 12	2 20 26	13 42 29	19 05 08	18 38 14	29 03 53	10 32 22	24 20 17
16 W	12 45 42	28 56 20	6♐ 03 51	10 05 54	26 25 59	6 06 02	2 48 34	2 42 30	13 44 11	19 16 47	18 54 25	29 14 28	10 38 31	24 27 06
17 Th	13 54 59	13♐ 28 10	20 49 11	9 08 01	27 35 18	6 53 00	3 16 13	3 06 55	13 47 54	19 30 40	19 12 46	29 27 12	10 46 50	24 36 06
18 F	15 05 30	28 26 47	5♑ 57 59	8 16 53	28 46 16	7 41 09	3 45 10	3 32 44	13 52 40	19 45 50	19 32 19	29 41 05	10 56 19	24 46 20
19 Sa	16 15 58	13♑ 43 27	21 20 05	7 32 59	29 57 34	8 29 11	4 14 09	3 58 39	13 57 12	20 01 00	19 51 48	29 54 51	11 05 42	24 56 29
20 Su	17 25 05	29 06 51	6♒ 43 22	6 56 35	1♐ 07 54	9 15 49	4 41 52	4 23 23	14 00 13	20 14 52	20 09 54	0♐ 07 12	11 13 42	25 05 17
21 M	18 31 54	14♒ 24 59	21 56 11	6 27 52	2 16 17	10 00 05	5 07 20	4 45 57	14 00 46	20 26 27	20 25 39	0 17 11	11 19 20	25 11 46
22 Tu	19 35 60	29 27 30	6♓ 49 20	6 07 14	3 22 18	10 41 35	5 30 10	5 05 56	13 58 26	20 35 22	20 38 40	0 24 22	11 22 12	25 15 31
23 W	20 37 36	14♓ 07 20	21 17 21	5 55 19	4 26 11	11 20 32	5 50 35	5 23 35	13 53 28	20 41 51	20 49 12	0 29 00	11 22 33	25 16 47
24 Th	21 37 32	28 21 13	5♈ 18 35	5 52 59	5 28 43	11 57 45	6 09 23	5 39 42	13 46 40	20 46 41	20 57 56	0 31 54	11 21 10	25 16 21
25 F	22 36 55	12♈ 09 19	18 54 27	6 01 10	6 31 02	12 34 22	6 27 43	5 55 25	13 39 11	20 51 01	21 06 10	0 34 10	11 19 12	25 15 23
26 Sa	23 36 59	25 34 10	2♉ 08 19	6 20 37	7 34 21	13 11 37	6 46 49	6 11 58	13 32 16	20 56 06	21 15 03	0 37 05	11 17 54	25 15 05
27 Su	24 38 49	8♉ 39 34	15 04 20	6 51 46	8 39 44	13 50 35	7 07 43	6 30 24	13 26 58	21 02 58	21 25 39	0 41 40	11 18 18	25 16 33
28 M	25 43 06	21 29 30	27 46 36	7 34 32	9 47 52	14 31 56	7 31 09	6 51 25	13 23 59	21 12 19	21 38 40	0 48 39	11 21 07	25 20 27
29 Tu	26 50 03	4♊ 07 32	10♊ 18 30	8 28 19	10 58 58	15 15 55	7 57 19	7 15 14	13 23 34	21 24 23	21 54 19	0 58 13	11 26 34	25 27 02
30 W	27 59 25	16 36 22	22 42 31	9 32 00	12 12 45	16 02 15	8 25 57	7 41 36	13 25 26	21 38 54	22 12 21	1 10 08	11 34 23	25 36 00
31 Th	29 10 31	28 57 49	5♋ 00 11	10 44 03	13 28 33	16 50 16	8 56 22	8 09 48	13 28 56	21 55 12	22 32 04	1 23 43	11 43 55	25 46 43

Notes

LONGITUDE

November 2047

Day	☉	0 hr ☽	Noon ☽	☿	♀	♂	⚵	⚳	♃	♄	⚷	♅	♆	♇
1 F	0 ♒ 22 24	11 ♋ 12 52	17 ♋ 12 16	12 ♑ 02 41	14 ♐ 45 23	17 ♐ 38 60	9 ♓ 27 38	8 ♈ 38 55	13 ♌ 33 07	22 ♓ 12 18	22 ♑ 52 32	1 ♐ 38 01	11 ♌ 54 11	25 ♉ 58 12
2 Sa	1 34 01	23 22 02	29 19 09	13 26 05	16 02 13	18 27 25	9 58 41	9 07 53	13 36 55	22 29 10	23 12 41	1 51 58	12 04 08	26 09 24
3 Su	2 44 22	5 ♌ 25 42	11 ♌ 21 13	14 52 35	17 18 02	19 14 31	10 28 32	9 35 41	13 39 22	22 44 48	23 31 32	2 04 34	12 12 47	26 19 20
4 M	3 52 41	17 24 30	23 19 15	16 20 44	18 32 04	19 59 32	10 56 24	10 01 35	13 39 42	22 58 26	23 48 19	2 15 05	12 19 23	26 27 14
5 Tu	4 58 33	29 19 44	5 ♍ 14 43	17 49 33	19 43 52	20 42 01	11 21 51	10 25 08	13 37 29	23 09 39	24 02 36	2 23 03	12 23 28	26 32 40
6 W	6 01 54	11 ♍ 13 32	17 10 05	19 18 28	20 53 23	21 21 57	11 44 50	10 46 16	13 32 41	23 18 22	24 14 19	2 28 26	12 25 01	26 35 35
7 Th	7 03 05	23 09 03	29 08 51	20 47 22	22 00 57	21 59 39	12 05 42	11 05 20	13 25 37	23 24 57	24 23 48	2 31 34	12 24 21	26 36 19
8 F	8 02 45	5 ♎ 10 28	11 ♎ 15 30	22 16 33	23 07 13	22 35 46	12 25 06	11 22 59	13 16 59	23 30 02	24 31 43	2 33 06	12 22 08	26 35 32
9 Sa	9 01 47	17 22 47	23 35 17	23 46 34	24 13 04	23 11 13	12 43 55	11 40 07	13 07 40	23 34 31	24 38 58	2 33 56	12 19 15	26 34 06
10 Su	10 01 09	29 51 31	6 ♏ 13 50	25 18 04	25 19 26	23 46 56	13 03 06	11 57 41	12 58 38	23 39 21	24 46 30	2 35 01	12 16 40	26 33 01
11 M	11 01 44	12 ♏ 42 11	19 16 32	26 51 42	26 27 13	24 23 48	13 23 33	12 16 32	12 50 45	23 45 25	24 55 11	2 37 14	12 15 16	26 33 07
12 Tu	12 04 08	25 59 40	2 ♐ 47 47	28 27 51	27 36 59	25 02 25	13 45 50	12 37 18	12 44 38	23 53 19	25 05 38	2 41 11	12 15 38	26 35 01
13 W	13 08 33	9 ♐ 47 14	16 49 56	0 ♒ 06 35	28 48 58	25 42 60	14 10 11	13 00 11	12 40 30	24 03 16	25 18 02	2 47 04	12 17 60	26 38 56
14 Th	14 14 45	24 05 39	1 ♑ 22 25	1 47 29	0 ♑ 02 53	26 25 17	14 36 22	13 24 56	12 38 07	24 15 00	25 32 10	2 54 39	12 22 06	26 44 38
15 F	15 22 03	8 ♑ 52 21	16 20 56	3 29 46	1 18 05	27 08 37	15 03 41	13 50 53	12 36 49	24 27 52	25 47 20	3 03 15	12 27 17	26 51 25
16 Sa	16 29 31	24 01 04	1 ♒ 37 33	5 12 23	2 33 37	27 52 04	15 31 12	14 17 05	12 35 40	24 40 55	26 02 37	3 11 56	12 32 36	26 58 22
17 Su	17 36 10	9 ♒ 22 15	17 01 29	6 54 17	3 48 28	28 34 38	15 57 57	14 42 33	12 33 43	24 53 11	26 17 02	3 19 44	12 37 04	27 04 31
18 M	18 41 14	24 44 32	2 ♓ 20 59	8 34 38	5 01 54	29 15 33	16 23 08	15 06 31	12 30 09	25 03 52	26 29 48	3 25 51	12 39 56	27 09 03
19 Tu	19 44 18	9 ♓ 56 38	17 25 21	10 12 58	6 13 29	29 54 26	16 46 23	15 28 36	12 24 38	25 12 35	26 40 31	3 29 55	12 40 48	27 11 37
20 W	20 45 28	24 49 20	2 ♈ 06 41	11 49 20	7 23 19	0 ♑ 31 21	17 07 46	15 48 51	12 17 13	25 19 25	26 49 17	3 32 00	12 39 44	27 12 16
21 Th	21 45 13	9 ♈ 16 40	16 20 40	13 24 12	8 31 52	1 06 47	17 27 46	16 07 46	12 08 25	25 24 52	26 56 34	3 32 36	12 37 13	27 11 31
22 F	22 44 19	23 16 13	0 ♉ 06 25	14 58 17	9 39 53	1 41 30	17 47 09	16 26 07	11 58 60	25 29 40	27 03 09	3 32 27	12 34 03	27 10 07
23 Sa	23 43 35	6 ♉ 48 34	13 25 40	16 32 24	10 48 14	2 16 21	18 06 45	16 44 44	11 49 48	25 34 41	27 09 51	3 32 26	12 31 03	27 08 53
24 Su	24 43 47	19 56 20	26 21 54	18 07 19	11 57 38	2 52 05	18 27 19	17 04 21	11 41 34	25 40 38	27 17 25	3 33 15	12 28 57	27 08 36
25 M	25 45 25	2 ♊ 43 20	8 ♊ 59 15	19 43 30	13 08 35	3 29 10	18 49 21	17 25 29	11 34 50	25 48 02	27 26 21	3 35 25	12 28 17	27 09 45
26 Tu	26 48 39	15 13 40	21 21 58	21 21 09	14 21 17	4 07 49	19 13 02	17 48 18	11 29 46	25 57 04	27 36 50	3 39 08	12 29 12	27 12 31
27 W	27 53 23	27 31 15	3 ♋ 33 54	23 00 08	15 35 36	4 47 55	19 38 14	18 12 41	11 26 16	26 07 37	27 48 46	3 44 16	12 31 37	27 16 47
28 Th	28 59 14	9 ♋ 39 31	15 38 16	24 40 06	16 51 08	5 29 03	20 04 35	18 38 15	11 23 56	26 19 17	28 01 44	3 50 27	12 35 08	27 22 09
29 F	0 ♓ 05 36	21 41 18	27 37 40	26 20 27	18 07 19	6 10 41	20 31 30	19 04 26	11 22 14	26 31 31	28 15 10	3 57 05	12 39 10	27 28 05
30 Sa	1 11 54	3 ♌ 38 52	9 ♌ 34 07	28 00 35	19 23 32	6 52 10	20 58 22	19 30 36	11 20 31	26 43 40	28 28 28	4 03 34	12 43 07	27 33 56

LONGITUDE

December 2047

Day	☉	0 hr ☽	Noon ☽	☿	♀	♂	⚵	⚳	♃	♄	⚷	♅	♆	♇
1 Su	2 ♓ 17 32	15 ♌ 34 04	21 ♌ 29 16	29 ♒ 39 57	20 ♑ 39 12	7 ♑ 32 57	21 ♓ 24 36	19 ♈ 56 10	11 ♌ 18 14	26 ♓ 55 10	28 ♑ 41 03	4 ♐ 09 18	12 ♌ 46 24	27 ♉ 39 08
2 M	3 22 03	27 28 31	3 ♍ 24 36	1 ♓ 18 05	21 53 52	8 12 33	21 49 45	20 20 42	11 14 56	27 05 35	28 52 26	4 13 51	12 48 34	27 43 13
3 Tu	4 25 12	9 ♍ 23 48	15 21 39	2 54 47	23 07 16	8 50 44	22 13 33	20 43 56	11 10 22	27 14 38	29 02 24	4 16 59	12 49 22	27 45 57
4 W	5 26 58	21 21 41	27 22 17	4 29 60	24 19 23	9 27 28	22 36 00	21 05 50	11 04 30	27 22 18	29 10 54	4 18 37	12 48 45	27 47 17
5 Th	6 27 30	3 ♎ 24 19	9 ♎ 28 42	6 03 56	25 30 22	10 02 55	22 57 15	21 26 34	10 57 32	27 28 45	29 18 07	4 18 58	12 46 55	27 47 25
6 F	7 27 11	15 34 15	21 43 42	7 36 56	26 40 34	10 37 27	23 17 39	21 46 30	10 49 48	27 34 21	29 24 23	4 18 22	12 44 12	27 46 40
7 Sa	8 26 26	27 54 34	4 ♏ 10 30	9 09 30	27 50 27	11 11 30	23 37 40	22 06 05	10 41 46	27 39 32	29 30 09	4 17 17	12 41 05	27 45 31
8 Su	9 25 46	10 ♏ 28 40	16 52 38	10 42 08	29 00 30	11 45 34	23 57 46	22 25 47	10 33 56	27 44 47	29 35 56	4 16 12	12 38 01	27 44 27
9 M	10 25 36	23 20 07	29 53 42	12 15 16	0 ♒ 11 08	12 20 05	24 18 24	22 46 03	10 26 43	27 50 34	29 42 08	4 15 32	12 35 28	27 43 54
10 Tu	11 26 14	6 ♐ 32 17	13 ♐ 16 49	13 49 13	1 22 38	12 55 20	24 39 52	23 07 11	10 20 26	27 57 08	29 49 04	4 15 36	12 33 42	27 44 08
11 W	12 27 47	20 07 46	27 04 07	15 24 05	2 35 08	13 31 25	25 02 14	23 29 16	10 15 12	28 04 37	29 56 50	4 16 29	12 32 50	27 45 18
12 Th	13 30 07	4 ♑ 07 49	11 ♑ 16 02	16 59 48	3 48 30	14 08 15	25 25 26	23 52 12	10 10 53	28 12 53	0 ♒ 05 18	4 18 06	12 32 47	27 47 15
13 F	14 32 58	18 31 41	25 50 39	18 36 06	5 02 28	14 45 32	25 49 10	24 15 42	10 07 14	28 21 41	0 14 13	4 20 09	12 33 14	27 49 44
14 Sa	15 35 58	3 ♒ 16 09	10 ♒ 43 29	20 12 37	6 16 38	15 22 54	26 13 04	24 39 24	10 03 53	28 30 38	0 23 12	4 22 16	12 33 50	27 52 22
15 Su	16 38 44	18 15 24	25 47 28	21 48 58	7 30 39	15 59 57	26 36 45	25 02 55	10 00 27	28 39 20	0 31 52	4 24 05	12 34 12	27 54 46
16 M	17 40 58	3 ♓ 21 26	10 ♓ 53 48	23 24 53	8 44 11	16 36 25	26 59 55	25 25 57	9 56 38	28 47 30	0 39 55	4 25 18	12 34 03	27 56 39
17 Tu	18 42 33	18 25 05	25 53 10	25 00 14	9 57 08	17 12 10	27 22 27	25 48 24	9 52 20	28 55 02	0 47 14	4 25 47	12 33 15	27 57 53
18 W	19 43 30	3 ♈ 17 23	10 ♈ 37 06	26 35 04	11 09 31	17 47 14	27 44 24	26 10 16	9 47 35	29 01 56	0 53 52	4 25 35	12 31 51	27 58 31
19 Th	20 44 01	17 50 52	24 59 13	28 09 34	12 21 32	18 21 47	28 05 54	26 31 45	9 42 33	29 08 24	0 59 57	4 24 52	12 30 01	27 58 43
20 F	21 44 19	2 ♉ 00 24	8 ♉ 55 44	29 43 57	13 33 23	18 56 04	28 27 13	26 53 04	9 37 30	29 14 39	1 05 46	4 23 52	12 27 58	27 58 43
21 Sa	22 44 38	15 43 35	22 25 32	1 ♈ 18 27	14 45 20	19 30 19	28 48 36	27 14 28	9 32 39	29 20 56	1 11 32	4 22 51	12 25 59	27 58 46
22 Su	23 45 10	29 00 26	5 ♊ 29 44	2 53 15	15 57 32	20 04 43	29 10 11	27 36 07	9 28 12	29 27 26	1 17 25	4 21 58	12 24 13	27 59 02
23 M	24 45 59	11 ♊ 52 56	18 11 06	4 28 24	17 10 05	20 39 20	29 32 06	27 58 07	9 24 13	29 34 13	1 23 31	4 21 19	12 22 46	27 59 37
24 Tu	25 47 05	24 24 25	0 ♋ 33 28	6 03 53	18 22 58	21 14 11	29 54 18	28 20 26	9 20 42	29 41 16	1 29 49	4 20 52	12 21 36	28 00 29
25 W	26 48 22	6 ♋ 38 57	12 41 06	7 39 34	19 36 06	21 49 09	0 ♈ 16 43	28 43 00	9 17 34	29 48 32	1 36 14	4 20 35	12 20 40	28 01 35
26 Th	27 49 44	18 40 55	24 38 27	9 15 18	20 49 22	22 24 09	0 39 14	29 05 41	9 14 43	29 55 52	1 42 38	4 20 18	12 19 49	28 02 46
27 F	28 51 03	0 ♌ 34 42	6 ♌ 29 47	10 50 55	22 02 39	22 59 02	1 01 43	29 28 23	9 12 02	0 ♈ 03 10	1 48 56	4 19 55	12 18 58	28 03 55
28 Sa	29 52 16	12 24 28	18 19 03	12 26 18	23 15 52	23 33 45	1 24 07	29 51 01	9 09 25	0 10 21	1 55 02	4 19 22	12 18 01	28 04 60
29 Su	0 ♈ 53 20	24 13 59	0 ♍ 09 47	14 01 19	24 29 01	24 08 17	1 46 24	0 ♉ 13 34	9 06 52	0 17 24	2 00 55	4 18 38	12 16 58	28 05 57
30 M	1 54 20	6 ♍ 06 35	12 05 01	15 35 57	25 42 07	24 42 40	2 08 37	0 36 04	9 04 27	0 24 21	2 06 38	4 17 46	12 15 52	28 06 50
31 Tu	2 55 20	18 05 04	24 07 16	17 10 11	26 55 17	25 16 60	2 30 51	0 58 38	9 02 14	0 31 20	2 12 17	4 16 50	12 14 47	28 07 46

Notes

January 2048 — LONGITUDE

Day	☉	0 hr ☽	Noon ☽	☿	♀	♂	⚵	⚳	♃	♄	⚷	♅	♆	♇
1 W	3 ♈ 56 28	0 ♎ 11 43	6 ♎ 18 36	18 ♈ 43 60	28 ♒ 08 38	25 ♑ 51 24	2 ♈ 53 15	1 ♉ 21 22	9 ♌ 00 21	0 ♈ 38 25	2 ♒ 17 58	4 ♐ 15 60	12 ♌ 13 53	28 ♉ 08 50
2 Th	4 57 51	12 28 21	18 40 36	20 17 20	29 22 16	26 25 58	3 15 54	1 44 23	8 58 56	0 45 46	2 23 49	4 15 21	12 13 14	28 10 10
3 F	5 59 32	24 56 19	1 ♏ 14 30	21 50 05	0 ♓ 36 16	27 00 47	3 38 52	2 07 45	8 58 00	0 53 23	2 29 53	4 14 57	12 12 55	28 11 50
4 Sa	7 01 30	7 ♏ 36 40	14 01 15	23 21 60	1 50 36	27 35 50	4 02 08	2 31 27	8 57 35	1 01 19	2 36 10	4 14 47	12 12 56	28 13 48
5 Su	8 03 41	20 30 13	27 01 37	24 52 44	3 05 10	28 11 01	4 25 37	2 55 23	8 57 34	1 09 25	2 42 33	4 14 46	12 13 10	28 15 59
6 M	9 05 53	3 ♐ 37 38	10 ♐ 16 15	26 21 47	4 19 48	28 46 09	4 49 08	3 19 22	8 57 46	1 17 32	2 48 51	4 14 42	12 13 27	28 18 12
7 Tu	10 07 52	16 59 28	23 45 38	27 48 34	5 34 16	29 20 60	5 12 27	3 43 11	8 57 58	1 25 26	2 54 52	4 14 24	12 13 34	28 20 14
8 W	11 09 26	0 ♑ 36 07	7 ♑ 30 03	29 12 30	6 48 21	29 55 22	5 35 22	4 06 37	8 57 57	1 32 54	3 00 23	4 13 37	12 13 17	28 21 51
9 Th	12 10 28	14 27 44	21 29 20	0 ♉ 32 56	8 01 56	0 ♒ 29 06	5 57 44	4 29 33	8 57 36	1 39 48	3 05 14	4 12 14	12 12 29	28 22 57
10 F	13 10 57	28 33 55	5 ♒ 42 37	1 49 21	9 15 00	1 02 13	6 19 34	4 51 57	8 56 54	1 46 09	3 09 28	4 10 15	12 11 10	28 23 31
11 Sa	14 11 02	12 ♒ 53 25	20 08 03	3 01 18	10 27 43	1 34 52	6 41 01	5 14 00	8 56 02	1 52 05	3 13 12	4 07 50	12 09 29	28 23 43
12 Su	15 11 02	27 23 49	4 ♓ 42 29	4 08 25	11 40 22	2 07 21	7 02 23	5 36 00	8 55 16	1 57 55	3 16 45	4 05 17	12 07 45	28 23 50
13 M	16 11 20	12 ♓ 01 22	19 21 27	5 10 19	12 53 22	2 40 03	7 24 03	5 58 20	8 55 01	2 04 02	3 20 30	4 02 58	12 06 20	28 24 16
14 Tu	17 12 17	26 40 55	3 ♈ 59 20	6 06 36	14 07 03	3 13 21	7 46 24	6 21 21	8 55 38	2 10 47	3 24 49	4 01 17	12 05 38	28 25 23
15 W	18 14 11	11 ♈ 16 27	18 29 57	6 56 39	15 21 42	3 47 29	8 09 42	6 45 21	8 57 25	2 18 29	3 29 59	4 00 30	12 05 54	28 27 28
16 Th	19 17 06	25 41 37	2 ♉ 47 13	7 39 41	16 37 25	4 22 34	8 34 01	7 10 24	9 00 25	2 27 10	3 36 04	4 00 41	12 07 14	28 30 35
17 F	20 20 55	9 ♉ 50 38	16 46 03	8 14 40	17 54 03	4 58 28	8 59 14	7 36 23	9 04 32	2 36 45	3 42 58	4 01 44	12 09 30	28 34 38
18 Sa	21 25 18	23 39 03	0 ♊ 22 54	8 40 28	19 11 17	5 34 51	9 25 02	8 02 58	9 09 26	2 46 52	3 50 20	4 03 19	12 12 23	28 39 16
19 Su	22 29 46	7 ♊ 04 12	13 36 12	8 55 49	20 28 39	6 11 16	9 50 57	8 29 42	9 14 40	2 57 06	3 57 43	4 04 59	12 15 25	28 44 02
20 M	23 33 52	20 05 27	26 26 15	8 59 39	21 45 40	6 47 12	10 16 29	8 56 04	9 19 42	3 06 54	4 04 37	4 06 13	12 18 06	28 48 25
21 Tu	24 37 07	2 ♋ 44 07	8 ♋ 55 09	8 51 06	23 01 53	7 22 14	10 41 12	9 21 38	9 24 08	3 15 53	4 10 36	4 06 35	12 19 60	28 52 01
22 W	25 39 15	15 03 06	21 06 22	8 29 48	24 17 01	7 56 03	11 04 48	9 46 07	9 27 39	3 23 43	4 15 22	4 05 49	12 20 49	28 54 31
23 Th	26 40 12	27 06 32	3 ♌ 04 23	7 55 54	25 30 59	8 28 36	11 27 13	10 09 26	9 30 12	3 30 21	4 18 52	4 03 50	12 20 30	28 55 51
24 F	27 40 07	8 ♌ 59 22	14 54 19	7 10 13	26 43 58	9 00 03	11 48 37	10 31 46	9 31 56	3 35 56	4 21 14	4 00 48	12 19 13	28 56 12
25 Sa	28 39 22	20 46 59	26 41 32	6 14 09	27 56 19	9 30 45	12 09 22	10 53 28	9 33 13	3 40 51	4 22 51	3 57 04	12 17 19	28 55 54
26 Su	29 38 29	2 ♍ 34 52	8 ♍ 31 21	5 09 43	29 08 33	10 01 13	12 29 59	11 15 04	9 34 34	3 45 36	4 24 14	3 53 12	12 15 19	28 55 30
27 M	0 ♉ 38 03	14 28 11	20 28 42	3 59 20	0 ♈ 21 17	10 32 04	12 51 03	11 37 09	9 36 36	3 50 48	4 25 59	3 49 45	12 13 50	28 55 35
28 Tu	1 38 38	26 31 32	2 ♎ 37 49	2 45 39	1 35 05	11 03 51	13 13 10	12 00 18	9 39 51	3 57 01	4 28 40	3 47 19	12 13 26	28 56 43
29 W	2 40 41	8 ♎ 48 36	15 01 55	1 31 22	2 50 22	11 37 00	13 36 45	12 24 55	9 44 46	4 04 39	4 32 44	3 46 19	12 14 32	28 59 20
30 Th	3 44 25	21 21 53	27 43 01	0 18 56	4 07 21	12 11 45	14 02 00	12 51 16	9 51 35	4 13 58	4 38 22	3 46 59	12 17 22	29 03 40
31 F	4 49 47	4 ♏ 12 36	10 ♏ 41 44	29 ♈ 10 23	5 26 01	12 48 01	14 28 54	13 19 15	10 00 13	4 24 52	4 45 32	3 49 16	12 21 53	29 09 39

February 2048 — LONGITUDE

Day	☉	0 hr ☽	Noon ☽	☿	♀	♂	⚵	⚳	♃	♄	⚷	♅	♆	♇
1 Sa	5 ♉ 56 24	17 ♏ 20 31	23 ♏ 57 21	28 ♈ 07 16	6 ♈ 45 58	13 ♒ 25 28	14 ♈ 57 03	13 ♉ 48 32	10 ♌ 10 19	4 ♈ 37 02	4 ♒ 53 53	3 ♐ 52 48	12 ♌ 27 42	29 ♉ 16 55
2 Su	7 03 40	0 ♐ 44 10	7 ♐ 27 58	27 10 29	8 06 35	14 03 28	15 25 51	14 18 29	10 21 15	4 49 48	5 02 46	3 56 57	12 34 14	29 24 52
3 M	8 10 48	14 21 08	21 10 53	26 20 28	9 27 07	14 41 13	15 54 32	14 48 20	10 32 16	5 02 25	5 11 26	4 00 58	12 40 40	29 32 42
4 Tu	9 17 01	28 08 33	5 ♑ 03 09	25 37 16	10 46 44	15 17 57	16 22 17	15 17 17	10 42 32	5 14 05	5 19 04	4 04 02	12 46 14	29 39 38
5 W	10 21 40	12 ♑ 03 36	19 02 22	25 00 46	12 04 51	15 53 02	16 48 28	15 44 41	10 51 27	5 24 10	5 25 03	4 05 33	12 50 17	29 45 02
6 Th	11 24 27	26 03 60	3 ♒ 05 22	24 30 53	13 21 07	16 26 08	17 12 48	16 10 16	10 58 42	5 32 21	5 29 04	4 05 11	12 52 32	29 48 35
7 F	12 25 30	10 ♒ 08 10	17 11 46	24 07 42	14 35 40	16 57 22	17 35 22	16 34 06	11 04 23	5 38 46	5 31 15	4 03 03	12 53 05	29 50 25
8 Sa	13 25 20	24 15 17	1 ♓ 20 27	23 51 36	15 49 02	17 27 16	17 56 43	16 56 45	11 09 03	5 43 56	5 32 06	3 59 42	12 52 27	29 51 04
9 Su	14 24 47	8 ♓ 24 50	15 30 49	23 43 06	17 02 03	17 56 41	18 17 42	17 19 03	11 13 32	5 48 42	5 32 30	3 55 58	12 51 31	29 51 22
10 M	15 24 53	22 36 11	29 41 58	23 42 47	18 15 43	18 26 37	18 39 18	17 42 00	11 18 50	5 54 03	5 33 25	3 52 51	12 51 15	29 52 18
11 Tu	16 26 30	6 ♈ 48 01	13 ♈ 52 12	23 51 08	19 30 57	18 57 56	19 02 25	18 06 30	11 25 50	6 00 55	5 35 46	3 51 16	12 52 35	29 54 48
12 W	17 30 16	20 58 00	27 58 51	24 08 18	20 48 22	19 31 18	19 27 42	18 33 11	11 35 12	6 09 54	5 40 11	3 51 51	12 56 07	29 59 29
13 Th	18 36 25	5 ♉ 02 45	11 ♉ 58 19	24 33 60	22 08 11	20 06 54	19 55 21	19 02 15	11 47 07	6 21 14	5 46 52	3 54 48	13 02 04	0 ♊ 06 34
14 F	19 44 41	18 58 05	25 46 29	25 07 31	23 30 08	20 44 29	20 25 06	19 33 27	12 01 20	6 34 38	5 55 34	3 59 52	13 10 12	0 15 48
15 Sa	20 54 23	2 ♊ 39 44	9 ♊ 19 26	25 47 46	24 53 34	21 23 23	20 56 17	20 06 07	12 17 10	6 49 27	6 05 38	4 06 23	13 19 50	0 26 29
16 Su	22 04 36	16 04 00	22 34 08	26 33 22	26 17 32	22 02 39	21 27 59	20 39 19	12 33 42	7 04 45	6 16 06	4 13 25	13 30 02	0 37 43
17 M	23 14 17	29 08 27	5 ♋ 28 53	27 22 55	27 40 60	22 41 15	21 59 09	21 12 01	12 49 54	7 19 30	6 25 57	4 19 57	13 39 47	0 48 27
18 Tu	24 22 33	11 ♋ 52 22	18 03 48	28 15 09	29 03 04	23 18 22	22 28 53	21 43 18	13 04 52	7 32 47	6 34 18	4 25 04	13 48 09	0 57 48
19 W	25 28 45	24 16 52	0 ♌ 20 41	29 09 06	0 ♉ 23 07	23 53 09	22 56 33	22 12 34	13 17 56	7 43 60	6 40 30	4 28 09	13 54 32	1 05 07
20 Th	26 32 39	6 ♌ 24 48	12 23 01	0 ♉ 04 15	1 40 53	24 25 33	23 21 55	22 39 33	13 28 54	7 52 52	6 44 19	4 28 57	13 58 40	1 10 10
21 F	27 34 27	18 20 35	24 15 34	1 00 31	2 56 35	24 55 42	23 45 10	23 04 26	13 37 56	7 59 36	6 45 56	4 27 39	14 00 46	1 13 08
22 Sa	28 34 42	0 ♍ 09 42	6 ♍ 04 06	1 58 13	4 10 46	25 24 10	24 06 52	23 27 48	13 45 36	8 04 45	6 45 55	4 24 50	14 01 23	1 14 36
23 Su	29 34 16	11 58 21	17 54 52	2 57 59	5 24 17	25 51 47	24 27 51	23 50 29	13 52 44	8 09 11	6 45 07	4 21 21	14 01 22	1 15 24
24 M	0 ♊ 34 08	23 52 56	29 54 13	4 00 39	6 38 09	26 19 34	24 49 10	24 13 31	14 00 22	8 13 54	6 44 34	4 18 13	14 01 44	1 16 32
25 Tu	1 35 18	5 ♎ 59 36	12 ♎ 08 01	5 06 60	7 53 20	26 48 29	25 11 45	24 37 51	14 09 28	8 19 53	6 45 13	4 16 23	14 03 27	1 19 00
26 W	2 38 32	18 23 41	24 41 11	6 17 40	9 10 38	27 19 19	25 36 24	25 04 17	14 20 49	8 27 54	6 47 51	4 16 40	14 07 18	1 23 35
27 Th	3 44 17	1 ♏ 09 11	7 ♏ 37 00	7 32 58	10 30 29	27 52 30	26 03 33	25 33 14	14 34 50	8 38 24	6 52 56	4 19 30	14 13 44	1 30 42
28 F	4 52 33	14 18 12	20 56 47	8 52 45	11 52 51	28 28 01	26 33 12	26 04 44	14 51 32	8 51 22	7 00 26	4 24 52	14 22 44	1 40 22
29 Sa	6 02 50	27 50 38	4 ♐ 39 25	10 16 25	13 17 17	29 05 23	27 04 51	26 38 14	15 10 24	9 06 18	7 09 51	4 32 16	14 33 49	1 52 04

Notes

LONGITUDE — March 2048

Day	☉	0 hr ☽	Noon ☽	☿	♀	♂	⚵	⚳	♃	♄	⚷	♅	♆	♇
1 Su	7 ♊ 14 12	11 ♐ 43 58	18 ♐ 41 28	11 ♉ 42 58	14 ♉ 42 50	29 ♒ 43 40	27 ♈ 37 35	27 ♉ 12 51	15 ♌ 30 32	9 ♈ 22 18	7 ♒ 20 18	4 ♐ 40 48	14 ♌ 46 03	2 ♊ 04 53
2 M	8 25 29	25 53 38	2 ♑ 57 37	13 11 07	16 08 19	0 ♓ 21 41	28 10 12	27 47 24	15 50 43	9 38 10	7 30 34	4 49 17	14 58 15	2 17 39
3 Tu	9 35 28	10 ♑ 13 42	17 21 33	14 39 36	17 32 33	0 58 13	28 41 31	28 20 40	16 09 47	9 52 42	7 39 28	4 56 30	15 09 13	2 29 08
4 W	10 43 13	24 37 58	1 ♒ 47 05	16 07 24	18 54 34	1 32 19	29 10 34	28 51 42	16 26 45	10 04 57	7 46 02	5 01 30	15 18 01	2 38 25
5 Th	11 48 15	9 ♒ 00 57	16 09 13	17 33 59	20 13 53	2 03 30	29 36 52	29 20 01	16 41 09	10 14 26	7 49 48	5 03 50	15 24 08	2 45 00
6 F	12 50 42	23 18 50	0 ♓ 24 46	18 59 26	21 30 39	2 31 53	0 ♉ 00 34	29 45 46	16 53 07	10 21 17	7 50 54	5 03 36	15 27 44	2 49 02
7 Sa	13 51 17	7 ♓ 29 42	14 32 26	20 24 24	22 45 35	2 58 10	0 22 22	0 ♊ 09 39	17 03 21	10 26 13	7 50 03	5 01 32	15 29 31	2 51 12
8 Su	14 51 08	21 33 15	28 32 27	21 50 02	23 59 48	3 23 32	0 43 25	0 32 48	17 13 00	10 30 23	7 48 24	4 58 47	15 30 38	2 52 40
9 M	15 51 35	5 ♈ 30 16	12 ♈ 25 48	23 17 36	25 14 39	3 49 15	1 05 03	0 56 34	17 23 24	10 35 06	7 47 15	4 56 40	15 32 24	2 54 46
10 Tu	16 53 52	19 21 45	26 13 27	24 48 18	26 31 21	4 16 34	1 28 28	1 22 09	17 35 46	10 41 35	7 47 52	4 56 25	15 36 02	2 58 42
11 W	17 58 49	3 ♉ 08 08	9 ♉ 55 40	26 22 59	27 50 46	4 46 19	1 54 31	1 50 26	17 50 57	10 50 41	7 51 04	4 58 52	15 42 25	3 05 20
12 Th	19 06 47	16 48 56	23 31 40	28 01 56	29 13 12	5 18 49	2 23 33	2 21 42	18 09 17	11 02 45	7 57 12	5 04 23	15 51 52	3 15 00
13 F	20 17 29	0 ♊ 22 30	6 ♊ 59 36	29 44 54	0 ♊ 38 24	5 53 49	2 55 18	2 55 43	18 30 29	11 17 30	8 06 00	5 12 41	16 04 06	3 27 26
14 Sa	21 30 08	13 46 21	20 16 57	1 ♊ 31 05	2 05 35	6 30 31	3 28 58	3 31 42	18 53 47	11 34 10	8 16 41	5 22 59	16 18 21	3 41 51
15 Su	22 43 37	26 57 42	3 ♋ 21 07	3 19 22	3 33 37	7 07 46	4 03 25	4 08 31	19 18 03	11 51 36	8 28 08	5 34 09	16 33 29	3 57 06
16 M	23 56 40	9 ♋ 54 04	16 10 01	5 08 27	5 01 14	7 44 19	4 37 24	4 44 53	19 42 00	12 08 33	8 39 05	5 44 57	16 48 15	4 11 57
17 Tu	25 08 07	22 33 59	28 42 42	6 57 12	6 27 18	8 19 00	5 09 45	5 19 40	20 04 31	12 23 51	8 48 22	5 54 12	17 01 28	4 25 14
18 W	26 17 07	4 ♌ 57 24	10 ♌ 59 45	8 44 46	7 50 56	8 50 58	5 39 38	5 52 00	20 24 42	12 36 40	8 55 09	6 01 04	17 12 18	4 36 06
19 Th	27 23 16	17 05 54	23 03 20	10 30 45	9 11 45	9 19 48	6 06 37	6 21 29	20 42 11	12 46 34	8 59 01	6 05 08	17 20 21	4 44 08
20 F	28 26 39	29 02 45	4 ♍ 57 13	12 15 15	10 29 50	9 45 34	6 30 48	6 48 13	20 57 01	12 53 40	9 00 04	6 06 30	17 25 42	4 49 26
21 Sa	29 27 49	10 ♍ 52 37	16 46 30	13 58 49	11 45 43	10 08 49	6 52 44	7 12 43	21 09 46	12 58 29	8 58 51	6 05 42	17 28 53	4 52 33
22 Su	0 ♋ 27 40	22 41 20	28 37 16	15 42 22	13 00 19	10 30 27	7 13 18	7 35 54	21 21 20	13 01 57	8 56 16	6 03 39	17 30 49	4 54 22
23 M	1 27 19	4 ♎ 35 23	10 ♎ 36 10	17 27 02	14 14 45	10 51 34	7 33 38	7 58 54	21 32 50	13 05 09	8 53 25	6 01 28	17 32 37	4 56 01
24 Tu	2 27 54	16 41 30	22 49 53	19 13 57	15 30 09	11 13 19	7 54 52	8 22 49	21 45 23	13 09 15	8 51 28	6 00 17	17 35 24	4 58 37
25 W	3 30 23	29 06 01	5 ♏ 24 27	21 04 06	16 47 28	11 36 37	8 17 56	8 48 38	21 59 57	13 15 11	8 51 22	6 01 04	17 40 09	5 03 09
26 Th	4 35 21	11 ♏ 54 13	18 24 37	22 58 06	18 07 18	12 02 06	8 43 28	9 16 56	22 17 08	13 23 34	8 53 43	6 04 24	17 47 27	5 10 12
27 F	5 42 56	25 09 39	1 ♐ 53 03	24 56 03	19 29 46	12 29 51	9 11 33	9 47 50	22 37 03	13 34 30	8 58 38	6 10 25	17 57 24	5 19 53
28 Sa	6 52 41	8 ♐ 53 25	15 49 41	26 57 33	20 54 27	12 59 25	9 41 46	10 20 55	22 59 15	13 47 33	9 05 41	6 18 40	18 09 36	5 31 46
29 Su	8 03 42	23 03 39	0 ♑ 11 20	29 01 40	22 20 25	13 29 53	10 13 11	10 55 15	23 22 50	14 01 48	9 13 57	6 28 15	18 23 06	5 44 56
30 M	9 14 44	7 ♑ 35 31	14 51 50	1 ♋ 07 11	23 46 26	14 00 00	10 44 35	11 29 35	23 46 33	14 16 02	9 22 12	6 37 56	18 36 42	5 58 09
31 Tu	10 24 31	22 21 40	29 42 57	3 12 49	25 11 13	14 28 30	11 14 40	12 02 40	24 09 07	14 28 56	9 29 09	6 46 25	18 49 05	6 10 07

LONGITUDE — April 2048

Day	☉	0 hr ☽	Noon ☽	☿	♀	♂	⚵	⚳	♃	♄	⚷	♅	♆	♇
1 W	11 ♋ 32 00	7 ♒ 13 30	14 ♒ 35 46	5 ♋ 17 30	26 ♊ 33 44	14 ♓ 54 18	11 ♉ 42 24	12 ♊ 33 26	24 ♌ 29 30	14 ♈ 39 30	9 ♒ 33 47	6 ♐ 52 40	18 ♌ 59 14	6 ♊ 19 50
2 Th	12 36 40	22 02 37	29 22 16	7 20 41	27 53 27	15 16 53	12 07 14	13 01 22	24 47 09	14 47 10	9 35 33	6 56 10	19 06 36	6 26 43
3 F	13 38 36	6 ♓ 42 18	13 ♓ 56 36	9 22 25	29 10 27	15 36 19	12 29 17	13 26 32	25 02 11	14 52 02	9 34 33	6 56 60	19 11 17	6 30 54
4 Sa	14 38 28	21 08 18	28 15 35	11 23 21	0 ♋ 25 26	15 53 16	12 49 12	13 49 39	25 15 15	14 54 47	9 31 27	6 55 50	19 13 58	6 33 02
5 Su	15 37 25	5 ♈ 18 55	12 ♈ 18 32	13 24 33	1 39 30	16 08 51	13 08 08	14 11 48	25 27 30	14 56 33	9 27 24	6 53 49	19 15 45	6 34 15
6 M	16 36 44	19 14 33	26 06 32	15 27 13	2 53 58	16 24 20	13 27 21	14 34 19	25 40 12	14 58 36	9 23 41	6 52 14	19 17 58	6 35 52
7 Tu	17 37 36	2 ♉ 56 42	9 ♉ 41 30	17 32 27	4 10 01	16 40 56	13 48 04	14 58 21	25 54 34	15 02 09	9 21 30	6 52 16	19 21 47	6 39 03
8 W	18 40 53	16 27 12	23 05 22	19 40 58	5 28 29	16 59 27	14 11 05	15 24 46	26 11 25	15 08 02	9 21 41	6 54 47	19 28 02	6 44 38
9 Th	19 46 52	29 47 27	6 ♊ 19 28	21 52 56	6 49 42	17 20 12	14 36 46	15 53 53	26 31 06	15 16 34	9 24 34	7 00 05	19 37 04	6 52 58
10 F	20 55 23	12 ♊ 58 05	19 24 12	24 07 58	8 13 27	17 42 58	15 04 52	16 25 29	26 53 22	15 27 34	9 29 58	7 07 58	19 48 40	7 03 49
11 Sa	22 05 43	25 58 52	2 ♋ 19 14	26 25 11	9 39 02	18 07 03	15 34 43	16 58 54	27 17 34	15 40 18	9 37 09	7 17 46	20 02 07	7 16 31
12 Su	23 16 52	8 ♋ 48 60	15 03 39	28 43 19	11 05 28	18 31 26	16 05 18	17 33 05	27 42 39	15 53 47	9 45 09	7 28 26	20 16 26	7 30 02
13 M	24 27 41	21 27 27	27 36 30	1 ♌ 00 59	12 31 35	18 54 57	16 35 27	18 06 54	28 07 30	16 06 53	9 52 47	7 38 51	20 30 28	7 43 14
14 Tu	25 37 06	3 ♌ 53 30	9 ♌ 57 17	3 16 50	13 56 21	19 16 32	17 04 08	18 39 19	28 31 04	16 18 31	9 59 03	7 47 57	20 43 10	7 55 04
15 W	26 44 21	16 07 09	22 06 21	5 29 45	15 18 56	19 35 24	17 30 33	19 09 31	28 52 31	16 27 54	10 03 07	7 54 57	20 53 43	8 04 45
16 Th	27 48 59	28 09 30	4 ♍ 05 09	7 39 00	16 38 57	19 51 06	17 54 16	19 37 05	29 11 27	16 34 37	10 04 35	7 59 25	21 01 43	8 11 49
17 F	28 51 00	10 ♍ 02 52	15 56 28	9 44 15	17 56 22	20 03 37	18 15 17	20 01 60	29 27 52	16 38 40	10 03 27	8 01 22	21 07 08	8 16 18
18 Sa	29 50 49	21 50 51	27 44 17	11 45 32	19 11 36	20 13 20	18 33 59	20 24 40	29 42 09	16 40 25	10 00 06	8 01 10	21 10 24	8 18 35
19 Su	0 ♌ 49 07	3 ♎ 38 09	9 ♎ 33 41	13 43 16	20 25 22	20 20 58	18 51 05	20 45 49	29 55 01	16 40 38	9 55 15	7 59 34	21 12 13	8 19 23
20 M	1 46 52	15 30 20	21 30 30	15 38 02	21 38 35	20 27 27	19 07 32	21 06 21	0 ♍ 07 23	16 40 12	9 49 52	7 57 29	21 13 30	8 19 38
21 Tu	2 45 01	27 33 33	3 ♏ 40 59	17 30 30	22 52 13	20 33 44	19 24 17	21 27 16	0 20 15	16 40 07	9 44 54	7 55 53	21 15 14	8 20 18
22 W	3 44 25	9 ♏ 53 57	16 11 16	19 21 16	24 07 09	20 40 40	19 42 11	21 49 25	0 34 28	16 41 14	9 41 13	7 55 38	21 18 17	8 22 16
23 Th	4 45 41	22 37 11	29 06 39	21 10 39	25 23 58	20 48 49	20 01 51	22 13 22	0 50 36	16 44 08	9 39 24	7 57 19	21 23 14	8 26 05
24 F	5 48 59	5 ♐ 47 44	12 ♐ 30 59	22 58 36	26 42 50	20 58 23	20 23 26	22 39 20	1 08 51	16 49 01	9 39 39	8 01 07	21 30 16	8 31 58
25 Sa	6 54 05	19 28 06	26 25 41	24 44 40	28 03 31	21 09 06	20 46 43	23 07 03	1 28 58	16 55 38	9 41 44	8 06 49	21 39 08	8 39 39
26 Su	8 00 19	3 ♑ 38 06	10 ♑ 49 14	26 28 01	29 25 22	21 20 18	21 11 01	23 35 52	1 50 18	17 03 19	9 44 58	8 13 43	21 49 11	8 48 29
27 M	9 06 44	18 14 25	25 36 43	28 07 32	0 ♌ 47 25	21 31 01	21 35 23	24 04 49	2 11 53	17 11 08	9 48 25	8 20 54	21 59 27	8 57 31
28 Tu	10 12 19	3 ♒ 10 34	10 ♒ 40 18	29 42 05	2 08 41	21 40 15	21 58 48	24 32 54	2 32 42	17 18 03	9 51 04	8 27 20	22 08 56	9 05 44
29 W	11 16 15	18 17 41	25 50 14	1 ♍ 10 41	3 28 17	21 47 07	22 20 26	24 59 15	2 51 56	17 23 13	9 52 05	8 32 10	22 16 47	9 12 18
30 Th	12 18 01	3 ♓ 25 54	10 ♓ 56 34	2 32 46	4 45 45	21 51 08	22 39 47	25 23 25	3 09 03	17 26 11	9 50 59	8 34 57	22 22 31	9 16 43

Notes

May 2048

LONGITUDE

Day	☉	0 hr ☽	Noon ☽	☿	♀	♂	⚵	⚳	♃	♄	⚷	♅	♆	♇
1 F	13 ♌ 17 38	18 ♓ 26 05	25 ♓ 50 48	3 ♍ 48 14	6 ♌ 01 06	21 ♓ 52 18	22 ♉ 56 51	25 ♊ 45 23	3 ♍ 24 06	17 ♈ 26 56	9 ♒ 47 46	8 ♐ 35 39	22 ♌ 26 08	9 ♊ 18 59
2 Sa	14 15 35	3 ♈ 11 06	10 ♈ 26 58	4 57 27	7 14 47	21 51 04	23 12 05	26 05 36	3 37 30	17 25 55	9 42 54	8 34 44	22 28 06	9 19 34
3 Su	15 12 37	17 36 36	24 42 01	6 01 09	8 27 35	21 48 13	23 26 18	26 24 52	3 50 05	17 23 56	9 37 11	8 33 01	22 29 12	9 19 17
4 M	16 09 43	1 ♉ 40 55	8 ♉ 35 26	7 00 13	9 40 28	21 44 41	23 40 25	26 44 07	4 02 45	17 21 57	9 31 34	8 31 26	22 30 23	9 19 02
5 Tu	17 07 44	15 24 29	22 08 29	7 55 25	10 54 16	21 41 19	23 55 18	27 04 14	4 16 24	17 20 48	9 26 53	8 30 50	22 32 31	9 19 43
6 W	18 07 18	28 48 60	5 ♊ 23 23	8 47 19	12 09 38	21 38 46	24 11 35	27 25 49	4 31 38	17 21 07	9 23 48	8 31 51	22 36 12	9 21 56
7 Th	19 08 39	11 ♊ 56 39	18 22 33	9 36 08	13 26 49	21 37 14	24 29 29	27 49 08	4 48 43	17 23 09	9 22 33	8 34 44	22 41 43	9 25 56
8 F	20 11 40	24 49 37	1 ♋ 08 11	10 21 40	14 45 41	21 36 39	24 48 54	28 14 03	5 07 31	17 26 48	9 23 01	8 39 22	22 48 55	9 31 38
9 Sa	21 15 56	7 ♋ 29 43	13 42 01	11 03 28	16 05 49	21 36 33	25 09 24	28 40 08	5 27 36	17 31 37	9 24 47	8 45 19	22 57 24	9 38 33
10 Su	22 20 47	19 58 22	26 05 19	11 40 47	17 26 33	21 36 18	25 30 19	29 06 44	5 48 19	17 36 56	9 27 11	8 51 56	23 06 29	9 46 04
11 M	23 25 28	2 ♌ 16 37	8 ♌ 19 04	12 12 54	18 47 08	21 35 08	25 50 54	29 33 05	6 08 55	17 42 02	9 29 29	8 58 28	23 15 26	9 53 25
12 Tu	24 29 19	14 25 26	20 24 10	12 39 07	20 06 53	21 32 25	26 10 28	29 58 32	6 28 43	17 46 14	9 31 00	9 04 14	23 23 33	9 59 56
13 W	25 31 47	26 25 54	2 ♍ 21 46	12 58 53	21 25 18	21 27 35	26 28 29	0 ♋ 22 32	6 47 11	17 48 60	9 31 13	9 08 43	23 30 21	10 05 05
14 Th	26 32 37	8 ♍ 19 28	14 13 28	13 11 59	22 42 05	21 20 24	26 44 40	0 44 49	7 04 03	17 50 02	9 29 51	9 11 37	23 35 31	10 08 35
15 F	27 31 45	20 08 11	26 01 29	13 18 26	23 57 11	21 10 50	26 58 60	1 05 19	7 19 16	17 49 20	9 26 52	9 12 56	23 39 01	10 10 23
16 Sa	28 29 25	1 ♎ 54 45	7 ♎ 48 48	13 18 33	25 10 51	20 59 06	27 11 39	1 24 16	7 33 04	17 47 06	9 22 29	9 12 50	23 41 04	10 10 44
17 Su	29 26 02	13 42 38	19 39 09	13 12 53	26 23 28	20 45 39	27 23 05	1 42 06	7 45 50	17 43 45	9 17 07	9 11 47	23 42 06	10 10 02
18 M	0 ♍ 22 09	25 35 57	1 ♏ 36 57	13 02 09	27 35 36	20 31 02	27 33 48	1 59 19	7 58 09	17 39 51	9 11 20	9 10 18	23 42 38	10 08 50
19 Tu	1 18 20	7 ♏ 39 23	13 47 02	12 47 11	28 47 50	20 15 52	27 44 24	2 16 32	8 10 34	17 35 57	9 05 41	9 08 58	23 43 17	10 07 42
20 W	2 15 06	19 57 53	26 14 27	12 28 46	0 ♍ 00 40	20 00 40	27 55 24	2 34 15	8 23 36	17 32 35	9 00 43	9 08 18	23 44 32	10 07 09
21 Th	3 12 50	2 ♐ 36 18	9 ♐ 03 57	12 07 36	1 14 28	19 45 51	28 07 08	2 52 51	8 37 38	17 30 07	8 56 48	9 08 41	23 46 46	10 07 35
22 F	4 11 40	15 38 58	22 19 27	11 44 13	2 29 24	19 31 34	28 19 47	3 12 27	8 52 48	17 28 43	8 54 04	9 10 15	23 50 07	10 09 06
23 Sa	5 11 30	29 08 60	6 ♑ 03 24	11 18 58	3 45 21	19 17 45	28 33 13	3 32 57	9 08 60	17 28 15	8 52 26	9 12 54	23 54 30	10 11 38
24 Su	6 12 01	13 ♑ 07 43	20 16 00	10 52 00	5 02 01	19 04 07	28 47 07	3 54 03	9 25 55	17 28 26	8 51 33	9 16 18	23 59 35	10 14 51
25 M	7 12 45	27 33 54	4 ♒ 54 40	10 23 23	6 18 53	18 50 12	29 01 01	4 15 16	9 43 04	17 28 46	8 50 59	9 19 60	24 04 54	10 18 17
26 Tu	8 13 10	12 ♒ 23 29	19 53 50	9 53 08	7 35 29	18 35 32	29 14 23	4 36 04	9 59 56	17 28 44	8 50 12	9 23 28	24 09 56	10 21 24
27 W	9 12 51	27 29 34	5 ♓ 05 20	9 21 25	8 51 21	18 19 42	29 26 47	4 56 01	10 16 05	17 27 55	8 48 46	9 26 16	24 14 13	10 23 47
28 Th	10 11 32	12 ♓ 43 09	20 19 31	8 48 34	10 06 14	18 02 29	29 37 57	5 14 53	10 31 16	17 26 03	8 46 26	9 28 08	24 17 32	10 25 10
29 F	11 09 13	27 54 28	5 ♈ 26 36	8 15 10	11 20 08	17 43 54	29 47 51	5 32 37	10 45 26	17 23 07	8 43 11	9 29 05	24 19 51	10 25 32
30 Sa	12 06 04	12 ♈ 54 23	20 18 16	7 41 58	12 33 13	17 24 10	29 56 42	5 49 25	10 58 49	17 19 19	8 39 12	9 29 16	24 21 22	10 25 04
31 Su	13 02 28	27 35 45	4 ♉ 48 32	7 09 52	13 45 51	17 03 40	0 ♊ 04 50	6 05 38	11 11 44	17 14 59	8 34 51	9 29 04	24 22 25	10 24 08

June 2048

LONGITUDE

Day	☉	0 hr ☽	Noon ☽	☿	♀	♂	⚵	⚳	♃	♄	⚷	♅	♆	♇
1 M	13 ♍ 58 48	11 ♉ 53 58	18 ♉ 54 11	6 ♍ 39 48	14 ♍ 58 26	16 ♓ 42 52	0 ♊ 12 39	6 ♋ 21 40	11 ♍ 24 37	17 ♈ 10 33	8 ♒ 30 31	9 ♐ 28 51	24 ♌ 23 24	10 ♊ 23 07
2 Tu	14 55 25	25 47 05	2 ♊ 34 28	6 12 35	16 11 19	16 22 07	0 20 29	6 37 52	11 37 47	17 06 21	8 26 34	9 29 00	24 24 41	10 22 23
3 W	15 52 34	9 ♊ 15 19	15 50 33	5 48 54	17 24 44	16 01 45	0 28 34	6 54 28	11 51 29	17 02 37	8 23 14	9 29 45	24 26 30	10 22 10
4 Th	16 50 20	22 20 29	28 44 53	5 29 11	18 38 47	15 41 52	0 37 00	7 11 33	12 05 49	16 59 28	8 20 38	9 31 10	24 28 56	10 22 34
5 F	17 48 40	5 ♋ 05 21	11 ♋ 20 34	5 13 41	19 53 24	15 22 27	0 45 42	7 29 03	12 20 42	16 56 49	8 18 40	9 33 13	24 31 55	10 23 30
6 Sa	18 47 23	17 33 06	23 40 53	5 02 31	21 08 25	15 03 23	0 54 31	7 46 48	12 35 58	16 54 30	8 17 11	9 35 42	24 35 17	10 24 48
7 Su	19 46 15	29 47 01	5 ♌ 49 04	4 55 38	22 23 36	14 44 30	1 03 11	8 04 34	12 51 24	16 52 18	8 15 58	9 38 24	24 38 49	10 26 15
8 M	20 45 02	11 ♌ 50 14	17 48 09	4 52 60	23 38 43	14 25 36	1 11 29	8 22 07	13 06 45	16 49 58	8 14 46	9 41 06	24 42 16	10 27 37
9 Tu	21 43 34	23 45 40	29 40 52	4 54 30	24 53 35	14 06 32	1 19 13	8 39 15	13 21 51	16 47 21	8 13 25	9 43 36	24 45 28	10 28 42
10 W	22 41 43	5 ♍ 35 59	11 ♍ 29 47	5 00 08	26 08 05	13 47 16	1 26 17	8 55 52	13 36 33	16 44 18	8 11 47	9 45 47	24 48 16	10 29 23
11 Th	23 39 28	17 23 41	23 17 15	5 09 53	27 22 11	13 27 48	1 32 38	9 11 56	13 50 51	16 40 48	8 09 51	9 47 37	24 50 40	10 29 40
12 F	24 36 51	29 11 10	5 ♎ 05 39	5 23 50	28 35 56	13 08 13	1 38 18	9 27 28	14 04 48	16 36 55	8 07 40	9 49 09	24 52 43	10 29 34
13 Sa	25 33 60	11 ♎ 00 48	16 57 22	5 42 03	29 49 27	12 48 42	1 43 24	9 42 37	14 18 28	16 32 45	8 05 20	9 50 30	24 54 30	10 29 13
14 Su	26 31 00	22 55 05	28 54 57	6 04 39	1 ♎ 02 50	12 29 24	1 48 04	9 57 28	14 32 01	16 28 25	8 02 60	9 51 47	24 56 10	10 28 43
15 M	27 28 00	4 ♏ 56 39	11 ♏ 01 12	6 31 41	2 16 14	12 10 29	1 52 23	10 12 08	14 45 32	16 24 04	8 00 45	9 53 07	24 57 49	10 28 12
16 Tu	28 25 05	17 08 23	23 19 04	7 03 12	3 29 43	11 52 04	1 56 28	10 26 44	14 59 08	16 19 45	7 58 42	9 54 36	24 59 32	10 27 46
17 W	29 22 17	29 33 17	5 ♐ 51 42	7 39 09	4 43 19	11 34 15	2 00 20	10 41 17	15 12 50	16 15 31	7 56 53	9 56 15	25 01 22	10 27 25
18 Th	0 ♎ 19 33	12 ♐ 14 33	18 42 15	8 19 27	5 57 01	11 17 02	2 03 56	10 55 44	15 26 36	16 11 21	7 55 15	9 58 02	25 03 17	10 27 09
19 F	1 16 50	25 15 11	1 ♑ 53 38	9 03 57	7 10 44	11 00 22	2 07 13	11 10 02	15 40 22	16 07 11	7 53 45	9 59 54	25 05 12	10 26 52
20 Sa	2 14 03	8 ♑ 37 50	15 28 05	9 52 29	8 24 24	10 44 14	2 10 05	11 24 05	15 54 03	16 02 55	7 52 17	10 01 45	25 07 03	10 26 31
21 Su	3 11 07	22 24 16	29 26 43	10 44 56	9 37 55	10 28 33	2 12 28	11 37 48	16 07 35	15 58 29	7 50 48	10 03 31	25 08 44	10 26 01
22 M	4 08 02	6 ♒ 34 50	13 ♒ 48 58	11 41 12	10 51 17	10 13 22	2 14 21	11 51 12	16 20 56	15 53 54	7 49 16	10 05 12	25 10 16	10 25 20
23 Tu	5 04 51	21 07 57	28 32 03	12 41 17	12 04 34	9 58 45	2 15 47	12 04 19	16 34 10	15 49 11	7 47 46	10 06 49	25 11 42	10 24 34
24 W	6 01 42	5 ♓ 59 44	13 ♓ 30 52	13 45 15	13 17 53	9 44 50	2 16 52	12 17 16	16 47 24	15 44 30	7 46 23	10 08 31	25 13 08	10 23 47
25 Th	6 58 44	21 03 54	28 38 06	14 53 12	14 31 23	9 31 49	2 17 47	12 30 12	17 00 48	15 39 58	7 45 19	10 10 28	25 14 45	10 23 11
26 F	7 56 05	6 ♈ 12 19	13 ♈ 45 05	16 05 14	15 45 13	9 19 52	2 18 40	12 43 16	17 14 30	15 35 46	7 44 41	10 12 47	25 16 41	10 22 54
27 Sa	8 53 51	21 16 00	28 42 53	17 21 22	16 59 28	9 09 03	2 19 35	12 56 33	17 28 35	15 31 58	7 44 34	10 15 34	25 19 01	10 23 00
28 Su	9 52 01	6 ♉ 06 19	13 ♉ 23 34	18 41 34	18 14 07	8 59 23	2 20 31	13 10 01	17 43 01	15 28 32	7 44 57	10 18 47	25 21 42	10 23 29
29 M	10 50 26	20 36 11	27 41 15	20 05 38	19 29 01	8 50 44	2 21 19	13 23 32	17 57 41	15 25 21	7 45 42	10 22 17	25 24 38	10 24 12
30 Tu	11 48 53	4 ♊ 40 55	11 ♊ 32 32	21 33 19	20 43 57	8 42 55	2 21 46	13 36 51	18 12 21	15 22 12	7 46 35	10 25 53	25 27 36	10 24 55

Notes

LONGITUDE — July 2048

Day	☉	0 hr ☽	Noon ☽	☿	♀	♂	⚵	⚳	♃	♄	⚷	♅	♆	♇
1 W	12♎47 08	18♊18 25	24♊56 36	23♍04 18	21♎58 41	8♓35 40	2♊21 37	13♋49 45	18♍26 45	15♈18 49	7♒47 22	10♐29 18	25♌30 18	10♊25 25
2 Th	13 44 56	1♋29 00	7♋54 46	24 38 19	23 12 58	8 28 47	2 20 38	14 01 59	18 40 40	15 14 59	7 47 49	10 32 19	25 32 33	10 25 26
3 F	14 42 08	14 14 55	20 29 57	26 15 09	24 26 39	8 22 07	2 18 39	14 13 22	18 53 58	15 10 33	7 47 46	10 34 46	25 34 11	10 24 51
4 Sa	15 38 43	26 39 47	2♌46 10	27 54 43	25 39 42	8 15 38	2 15 39	14 23 55	19 06 35	15 05 29	7 47 13	10 36 39	25 35 09	10 23 36
5 Su	16 34 47	8♌47 57	14 47 57	29 37 02	26 52 15	8 09 29	2 11 43	14 33 42	19 18 38	14 59 55	7 46 14	10 38 02	25 35 36	10 21 50
6 M	17 30 34	20 44 09	26 39 58	1♎22 14	28 04 30	8 03 52	2 07 07	14 42 58	19 30 21	14 54 03	7 45 05	10 39 11	25 35 43	10 19 44
7 Tu	18 26 24	2♍33 04	8♍26 46	3 10 31	29 16 48	7 59 08	2 02 08	14 52 00	19 42 04	14 48 14	7 44 04	10 40 24	25 35 51	10 17 40
8 W	19 22 36	14 19 05	20 12 30	5 02 05	0♏29 28	7 55 38	1 57 09	15 01 12	19 54 07	14 42 48	7 43 33	10 42 02	25 36 21	10 15 57
9 Th	20 19 33	26 06 05	2♎00 49	6 57 06	1 42 52	7 53 41	1 52 28	15 10 51	20 06 50	14 38 06	7 43 52	10 44 26	25 37 33	10 14 57
10 F	21 17 27	7♎57 23	13 54 45	8 55 38	2 57 14	7 53 34	1 48 22	15 21 13	20 20 28	14 34 22	7 45 15	10 47 50	25 39 41	10 14 53
11 Sa	22 16 27	19 55 38	25 56 45	10 57 33	4 12 40	7 55 22	1 44 56	15 32 24	20 35 08	14 31 45	7 47 50	10 52 21	25 42 52	10 15 53
12 Su	23 16 28	2♏02 52	8♏08 38	13 02 34	5 29 08	7 59 02	1 42 08	15 44 21	20 50 46	14 30 09	7 51 32	10 57 56	25 47 03	10 17 53
13 M	24 17 16	14 20 35	20 31 47	15 10 10	6 46 23	8 04 20	1 39 43	15 56 48	21 07 07	14 29 22	7 56 08	11 04 19	25 51 59	10 20 39
14 Tu	25 18 27	26 49 54	3♐07 13	17 19 38	8 04 00	8 10 50	1 37 17	16 09 23	21 23 49	14 28 60	8 01 13	11 11 08	25 57 18	10 23 47
15 W	26 19 32	9♐31 41	15 55 48	19 30 13	9 21 31	8 18 05	1 34 22	16 21 35	21 40 20	14 28 32	8 06 19	11 17 52	26 02 28	10 26 48
16 Th	27 20 01	22 26 48	28 58 24	21 41 04	10 38 25	8 25 31	1 30 27	16 32 53	21 56 12	14 27 29	8 10 54	11 24 02	26 06 59	10 29 10
17 F	28 19 28	5♑36 12	12♑15 58	23 51 28	11 54 17	8 32 45	1 25 07	16 42 53	22 10 58	14 25 26	8 14 34	11 29 12	26 10 27	10 30 30
18 Sa	29 17 40	19 00 60	25 49 30	26 00 55	13 08 54	8 39 33	1 18 10	16 51 21	22 24 25	14 22 10	8 17 06	11 33 08	26 12 39	10 30 34
19 Su	0♏14 40	2♒42 17	9♒39 52	28 09 09	14 22 18	8 45 56	1 09 38	16 58 20	22 36 36	14 17 44	8 18 31	11 35 55	26 13 37	10 29 25
20 M	1 10 49	16 40 53	23 47 27	0♏16 15	15 34 50	8 52 14	0 59 52	17 04 10	22 47 52	14 12 28	8 19 12	11 37 52	26 13 42	10 27 23
21 Tu	2 06 39	0♓56 52	8♓11 40	2 22 33	16 47 04	8 59 00	0 49 27	17 09 24	22 58 46	14 06 57	8 19 40	11 39 32	26 13 26	10 25 02
22 W	3 02 54	15 28 59	22 50 21	4 28 31	17 59 41	9 06 56	0 39 04	17 14 44	23 09 60	14 01 51	8 20 39	11 41 39	26 13 34	10 23 04
23 Th	4 00 13	0♈14 07	7♈39 29	6 34 37	19 13 21	9 16 40	0 29 24	17 20 49	23 22 13	13 57 51	8 22 48	11 44 50	26 14 42	10 22 09
24 F	4 59 03	15 07 09	22 33 05	8 41 10	20 28 32	9 28 38	0 20 54	17 28 08	23 35 53	13 55 25	8 26 33	11 49 34	26 17 20	10 22 43
25 Sa	5 59 34	0♉01 06	7♉23 46	10 48 10	21 45 23	9 43 00	0 13 45	17 36 48	23 51 09	13 54 42	8 32 05	11 55 59	26 21 36	10 24 57
26 Su	7 01 33	14 48 03	22 03 40	12 55 19	23 03 42	9 59 33	0 07 43	17 46 37	24 07 49	13 55 30	8 39 12	12 03 55	26 27 19	10 28 38
27 M	8 04 30	29 20 09	6♊25 34	15 01 59	24 22 56	10 17 43	0 02 19	17 57 05	24 25 21	13 57 16	8 47 20	12 12 48	26 33 56	10 33 15
28 Tu	9 07 41	13♊30 54	20 24 04	17 07 23	25 42 23	10 36 47	29♉56 49	18 07 26	24 43 01	13 59 19	8 55 48	12 21 56	26 40 45	10 38 04
29 W	10 10 19	27 16 02	3♋56 09	19 10 43	27 01 17	10 55 59	29 50 28	18 16 55	25 00 04	14 00 52	9 03 49	12 30 32	26 46 58	10 42 19
30 Th	11 11 47	10♋33 55	17 01 19	21 11 17	28 18 60	11 14 39	29 42 39	18 24 53	25 15 51	14 01 17	9 10 45	12 37 59	26 51 59	10 45 21
31 F	12 11 42	23 25 23	29 41 27	23 08 40	29 35 08	11 32 24	29 32 57	18 30 56	25 29 59	14 00 10	9 16 12	12 43 53	26 55 23	10 46 49

LONGITUDE — August 2048

Day	☉	0 hr ☽	Noon ☽	☿	♀	♂	⚵	⚳	♃	♄	⚷	♅	♆	♇
1 Sa	13♏09 60	5♌53 27	12♌00 11	25♏02 49	0♐49 37	11♓49 08	29♉21 22	18♋35 02	25♍42 24	13♈57 29	9♒20 07	12♐48 10	26♌57 08	10♊46 38
2 Su	14 06 57	18 02 39	24 02 27	26 53 59	2 02 45	12 05 09	29 08 09	18 37 26	25 53 22	13 53 29	9 22 46	12 51 06	26 57 28	10 45 04
3 M	15 03 06	29 58 27	5♍53 52	28 42 43	3 15 03	12 20 58	28 53 52	18 38 40	26 03 27	13 48 44	9 24 42	12 53 15	26 56 58	10 42 40
4 Tu	15 59 11	11♍46 42	17 40 19	0♐29 44	4 27 15	12 37 18	28 39 16	18 39 28	26 13 20	13 43 58	9 26 39	12 55 19	26 56 20	10 40 10
5 W	16 55 59	23 33 14	29 27 23	2 15 51	5 40 10	12 54 56	28 25 08	18 40 37	26 23 51	13 39 57	9 29 23	12 58 07	26 56 23	10 38 22
6 Th	17 54 13	5♎23 22	11♎20 10	4 01 46	6 54 28	13 14 34	28 12 14	18 42 50	26 35 41	13 37 25	9 33 38	13 02 21	26 57 48	10 37 58
7 F	18 54 24	17 21 38	23 22 48	5 48 02	8 10 43	13 36 44	28 01 04	18 46 38	26 49 22	13 36 53	9 39 55	13 08 33	27 01 08	10 39 29
8 Sa	19 56 47	29 31 31	5♏38 20	7 34 54	9 29 08	14 01 38	27 51 54	18 52 16	27 05 08	13 38 35	9 48 28	13 16 55	27 06 36	10 43 10
9 Su	21 01 14	11♏55 14	18 08 34	9 22 14	10 49 35	14 29 08	27 44 37	18 59 35	27 22 51	13 42 25	9 59 09	13 27 22	27 14 05	10 48 54
10 M	22 07 17	24 33 47	0♐54 00	11 09 35	12 11 36	14 58 47	27 38 47	19 08 06	27 42 03	13 47 54	10 11 31	13 39 25	27 23 07	10 56 11
11 Tu	23 14 09	7♐26 58	13 54 05	12 56 11	13 34 25	15 29 45	27 33 37	19 17 05	28 01 57	13 54 15	10 24 47	13 52 16	27 32 55	11 04 17
12 W	24 20 53	20 33 42	27 07 27	14 41 05	14 57 05	16 01 07	27 28 12	19 25 33	28 21 37	14 00 32	10 37 59	14 05 00	27 42 32	11 12 13
13 Th	25 26 32	3♑52 24	10♑32 23	16 23 20	16 18 38	16 31 54	27 21 36	19 32 33	28 40 04	14 05 47	10 50 11	14 16 39	27 51 01	11 19 02
14 F	26 30 19	17 21 30	24 07 20	18 02 10	17 38 18	17 01 18	27 13 03	19 37 19	28 56 34	14 09 15	11 00 36	14 26 26	27 57 36	11 23 58
15 Sa	27 31 52	0♒59 52	7♒51 15	19 37 10	18 55 41	17 28 57	27 02 11	19 39 27	29 10 40	14 10 31	11 08 50	14 33 58	28 01 52	11 26 38
16 Su	28 31 14	14 47 02	21 43 46	21 08 25	20 10 51	17 54 53	26 49 05	19 39 01	29 22 29	14 09 40	11 14 57	14 39 18	28 03 55	11 27 06
17 M	29 28 58	28 43 10	5♓45 05	22 36 27	21 24 23	18 19 39	26 34 20	19 36 35	29 32 33	14 07 16	11 19 32	14 43 02	28 04 18	11 25 55
18 Tu	0♐26 02	12♓48 50	19 55 34	24 02 12	22 37 12	18 44 12	26 18 53	19 33 06	29 41 49	14 04 16	11 23 30	14 46 04	28 03 57	11 24 03
19 W	1 23 34	27 04 17	4♈15 06	25 26 48	23 50 27	19 09 38	26 03 55	19 29 42	29 51 25	14 01 47	11 27 60	14 49 34	28 04 01	11 22 37
20 Th	2 22 38	11♈28 49	18 42 23	26 51 17	25 05 12	19 37 02	25 50 29	19 27 27	0♎02 26	14 00 54	11 34 06	14 54 36	28 05 35	11 22 42
21 F	3 24 01	26 00 13	3♉14 29	28 16 24	26 22 15	20 07 10	25 39 25	19 27 09	0 15 38	14 02 25	11 42 35	15 01 56	28 09 24	11 25 04
22 Sa	4 28 00	10♉34 21	17 46 40	29 42 25	27 41 52	20 40 19	25 31 01	19 29 04	0 31 19	14 06 36	11 53 45	15 11 53	28 15 47	11 30 02
23 Su	5 34 23	25 05 29	2♊12 53	1♑09 02	29 03 49	21 16 12	25 25 03	19 32 59	0 49 14	14 13 13	12 07 21	15 24 11	28 24 28	11 37 21
24 M	6 42 23	9♊26 56	16 26 37	2 35 29	0♑27 22	21 54 07	25 20 48	19 38 08	1 08 38	14 21 33	12 22 38	15 38 05	28 34 45	11 46 16
25 Tu	7 50 58	23 32 16	0♋21 58	4 00 37	1 51 27	22 32 59	25 17 14	19 43 30	1 28 29	14 30 30	12 38 33	15 52 34	28 45 32	11 55 44
26 W	8 58 59	7♋16 16	13 54 41	5 23 17	3 14 57	23 11 38	25 13 13	19 47 55	1 47 38	14 38 59	12 53 58	16 06 28	28 55 43	12 04 37
27 Th	10 05 28	20 35 53	27 02 46	6 42 23	4 36 52	23 49 07	25 07 47	19 50 25	2 05 05	14 45 58	13 07 54	16 18 49	29 04 18	12 11 56
28 F	11 09 46	3♌30 29	9♌46 35	7 57 11	5 56 33	24 24 44	25 00 18	19 50 21	2 20 11	14 50 50	13 19 41	16 28 56	29 10 37	12 17 02
29 Sa	12 11 41	16 01 50	22 08 46	9 07 25	7 13 48	24 58 18	24 50 35	19 47 30	2 32 45	14 53 22	13 29 08	16 36 39	29 14 30	12 19 43
30 Su	13 11 29	28 13 44	4♍13 42	10 13 14	8 28 54	25 30 05	24 38 56	19 42 11	2 43 03	14 53 52	13 36 30	16 42 14	29 16 12	12 20 15
31 M	14 09 50	10♍11 28	16 07 03	11 15 11	9 42 30	26 00 44	24 26 02	19 35 02	2 51 44	14 52 57	13 42 28	16 46 19	29 16 23	12 19 18

Notes

September 2048

LONGITUDE

Day	☉	0 hr ☽	Noon ☽	☿	♀	♂	⚵	⚳	♃	♄	⚷	♅	♆	♇
1 Tu	15 ♐ 07 41	22 ♍ 01 15	27 ♍ 55 09	12 ♑ 14 04	10 ♑ 55 34	26 ♓ 31 12	24 ♉ 12 49	19 ♋ 27 00	2 ♎ 59 46	14 ♈ 51 37	13 ♒ 47 59	16 ♐ 49 54	29 ♌ 16 00	12 ♊ 17 49
2 W	16 06 05	3 ♎ 49 35	9 ♎ 44 32	13 10 50	12 09 08	27 02 32	24 00 24	19 19 11	3 08 11	14 50 55	13 54 06	16 53 60	29 16 08	12 16 53
3 Th	17 06 04	15 42 51	21 41 24	14 06 17	13 24 14	27 35 44	23 49 46	19 12 34	3 17 60	14 51 49	14 01 50	16 59 37	29 17 45	12 17 28
4 F	18 08 22	27 46 45	3 ♏ 51 06	15 01 01	14 41 37	28 11 34	23 41 42	19 07 55	3 29 58	14 55 07	14 11 55	17 07 33	29 21 38	12 20 21
5 Sa	19 13 22	10 ♏ 05 51	16 17 44	15 55 12	16 01 39	28 50 23	23 36 37	19 05 38	3 44 29	15 01 12	14 24 45	17 18 09	29 28 09	12 25 55
6 Su	20 21 01	22 43 15	29 03 45	16 48 35	17 24 17	29 32 08	23 34 27	19 05 39	4 01 27	15 09 59	14 40 15	17 31 22	29 37 15	12 34 05
7 M	21 30 44	5 ♐ 40 14	12 ♐ 09 44	17 40 20	18 48 57	0 ♈ 16 14	23 34 38	19 07 24	4 20 20	15 20 54	14 57 53	17 46 37	29 48 22	12 44 19
8 Tu	22 41 35	18 56 13	25 34 22	18 29 15	20 14 41	1 01 43	23 36 15	19 09 58	4 40 09	15 33 01	15 16 39	18 02 57	0 ♍ 00 32	12 55 38
9 W	23 52 20	2 ♑ 28 57	9 ♑ 14 45	19 13 51	21 40 17	1 47 24	23 38 06	19 12 07	4 59 42	15 45 06	15 35 23	18 19 10	0 12 33	13 06 50
10 Th	25 01 46	16 14 56	23 06 54	19 52 37	23 04 33	2 32 02	23 38 58	19 12 39	5 17 47	15 55 57	15 52 50	18 34 03	0 23 12	13 16 42
11 F	26 08 56	0 ♒ 10 10	7 ♒ 06 42	20 24 15	24 26 28	3 14 38	23 37 53	19 10 37	5 33 23	16 04 35	16 08 03	18 46 36	0 31 30	13 24 16
12 Sa	27 13 17	14 10 55	21 10 32	20 47 55	25 45 31	3 54 40	23 34 21	19 05 29	5 45 60	16 10 29	16 20 28	18 56 19	0 36 56	13 28 59
13 Su	28 14 53	28 14 26	5 ♓ 15 58	21 03 21	27 01 48	4 32 14	23 28 26	18 57 21	5 55 41	16 13 42	16 30 12	19 03 15	0 39 34	13 30 58
14 M	29 14 25	12 ♓ 19 14	19 21 53	21 10 52	28 15 57	5 07 57	23 20 48	18 46 53	6 03 07	16 14 55	16 37 53	19 08 05	0 40 04	13 30 50
15 Tu	0 ♑ 12 58	26 24 60	3 ♈ 28 16	21 11 15	29 29 05	5 42 55	23 12 35	18 35 11	6 09 24	16 15 15	16 44 37	19 11 54	0 39 32	13 29 43
16 W	1 11 53	10 ♈ 32 09	17 35 39	21 05 31	0 ♒ 42 31	6 18 29	23 05 06	18 23 37	6 15 51	16 16 00	16 51 45	19 16 03	0 39 19	13 28 56
17 Th	2 12 25	24 41 05	1 ♉ 44 15	20 54 41	1 57 32	6 55 54	22 59 38	18 13 27	6 23 44	16 18 27	17 00 32	19 21 47	0 40 39	13 29 46
18 F	3 15 29	8 ♉ 51 27	15 53 22	20 39 26	3 15 01	7 36 02	22 57 05	18 05 35	6 33 57	16 23 30	17 11 53	19 30 00	0 44 28	13 33 05
19 Sa	4 21 26	23 01 35	0 ♊ 00 55	20 20 02	4 35 21	8 19 16	22 57 49	18 00 25	6 46 52	16 31 30	17 26 08	19 41 04	0 51 06	13 39 18
20 Su	5 30 02	7 ♊ 08 22	14 03 25	19 56 15	5 58 16	9 05 22	23 01 37	17 57 42	7 02 15	16 42 13	17 43 04	19 54 45	1 00 20	13 48 08
21 M	6 40 31	21 07 31	27 56 29	19 27 27	7 23 01	9 53 32	23 07 42	17 56 42	7 19 19	16 54 54	18 01 54	20 10 17	1 11 23	13 58 50
22 Tu	7 51 46	4 ♋ 54 19	11 ♋ 35 30	18 52 51	8 48 29	10 42 39	23 14 57	17 56 17	7 36 56	17 08 24	18 21 31	20 26 31	1 23 09	14 10 16
23 W	9 02 31	18 24 24	24 56 39	18 11 47	10 13 23	11 31 27	23 22 07	17 55 13	7 53 52	17 21 29	18 40 40	20 42 13	1 34 21	14 21 11
24 Th	10 11 41	1 ♌ 34 39	7 ♌ 57 29	17 23 53	11 36 39	12 18 50	23 28 06	17 52 26	8 08 60	17 33 02	18 58 14	20 56 17	1 43 54	14 30 30
25 F	11 18 30	14 23 44	20 37 28	16 29 27	12 57 30	13 04 02	23 32 09	17 47 09	8 21 34	17 42 17	19 13 28	21 07 56	1 51 02	14 37 26
26 Sa	12 22 39	26 52 22	2 ♍ 58 04	15 29 25	14 15 38	13 46 45	23 33 57	17 39 06	8 31 16	17 48 57	19 26 02	21 16 53	1 55 27	14 41 41
27 Su	13 24 19	9 ♍ 03 12	15 02 37	14 25 26	15 31 13	14 27 08	23 33 40	17 28 27	8 38 16	17 53 10	19 36 08	21 23 17	1 57 18	14 43 25
28 M	14 24 05	21 00 35	26 55 55	13 19 45	16 44 52	15 05 47	23 31 55	17 15 49	8 43 09	17 55 34	19 44 22	21 27 45	1 57 12	14 43 14
29 Tu	15 22 54	2 ♎ 50 04	8 ♎ 43 53	12 14 58	17 57 28	15 43 37	23 29 37	17 02 09	8 46 52	17 57 04	19 51 37	21 31 11	1 56 05	14 42 04
30 W	16 21 48	14 37 56	20 32 59	11 13 57	19 10 07	16 21 43	23 27 49	16 48 30	8 50 27	17 58 42	19 58 59	21 34 40	1 54 59	14 40 58

October 2048

LONGITUDE

Day	☉	0 hr ☽	Noon ☽	☿	♀	♂	⚵	⚳	♃	♄	⚷	♅	♆	♇
1 Th	17 ♑ 21 51	26 ♎ 30 44	2 ♏ 29 46	10 ♑ 19 23	20 ♒ 23 51	17 ♈ 01 06	23 ♉ 27 36	16 ♋ 35 58	8 ♎ 54 58	18 ♈ 01 34	20 ♒ 07 31	21 ♐ 39 15	1 ♍ 54 59	14 ♊ 40 60
2 F	18 23 54	8 ♏ 34 47	14 40 22	9 33 38	21 39 32	17 42 37	23 29 47	16 25 24	9 01 15	18 06 28	20 18 02	21 45 45	1 56 54	14 42 59
3 Sa	19 28 26	20 55 33	27 09 55	8 58 31	22 57 37	18 26 46	23 34 52	16 17 17	9 09 47	18 13 55	20 31 02	21 54 41	2 01 14	14 47 27
4 Su	20 35 28	3 ♐ 37 16	10 ♐ 02 02	8 35 07	24 18 10	19 13 34	23 42 53	16 11 41	9 20 36	18 23 55	20 46 32	22 06 04	2 08 02	14 54 23
5 M	21 44 34	16 42 20	23 18 20	8 23 44	25 40 42	20 02 33	23 53 23	16 08 09	9 33 15	18 36 03	21 04 07	22 19 27	2 16 49	15 03 22
6 Tu	22 54 51	0 ♑ 11 03	6 ♑ 58 07	8 23 58	27 04 22	20 52 52	24 05 28	16 05 50	9 46 52	18 49 25	21 22 52	22 33 57	2 26 43	15 13 31
7 W	24 05 11	14 01 26	20 58 21	8 34 52	28 28 01	21 43 22	24 18 02	16 03 37	10 00 18	19 02 54	21 41 41	22 48 27	2 36 37	15 23 41
8 Th	25 14 22	28 09 25	5 ♒ 14 06	8 55 12	29 50 29	22 32 51	24 29 52	16 00 20	10 12 22	19 15 18	21 59 21	23 01 45	2 45 19	15 32 42
9 F	26 21 28	12 ♒ 29 30	19 39 16	9 23 44	1 ♓ 10 47	23 20 22	24 40 02	15 55 02	10 22 06	19 25 40	22 14 56	23 12 54	2 51 53	15 39 37
10 Sa	27 25 57	26 55 41	4 ♓ 07 44	9 59 29	2 28 24	24 05 24	24 47 59	15 47 12	10 28 60	19 33 28	22 27 53	23 21 21	2 55 45	15 43 53
11 Su	28 27 49	11 ♓ 22 28	18 34 18	10 41 52	3 43 22	24 47 56	24 53 45	15 36 52	10 33 03	19 38 44	22 38 14	23 27 10	2 56 58	15 45 32
12 M	29 27 40	25 45 42	2 ♈ 55 22	11 30 45	4 56 14	25 28 34	24 57 54	15 24 39	10 34 51	19 42 01	22 46 34	23 30 53	2 56 07	15 45 09
13 Tu	0 ♒ 26 28	10 ♈ 02 50	17 09 04	12 26 25	6 08 00	26 08 17	25 01 25	15 11 32	10 35 24	19 44 20	22 53 51	23 33 30	2 54 10	15 43 43
14 W	1 25 26	24 12 49	1 ♉ 14 55	13 29 14	7 19 52	26 48 16	25 05 30	14 58 44	10 35 52	19 46 52	23 01 18	23 36 14	2 52 20	15 42 26
15 Th	2 25 39	8 ♉ 15 34	15 13 10	14 39 32	8 32 55	27 29 37	25 11 15	14 47 21	10 37 22	19 50 43	23 09 60	23 40 09	2 51 43	15 42 24
16 F	3 27 57	22 11 15	29 04 09	15 57 22	9 47 59	28 13 08	25 19 27	14 38 13	10 40 42	19 56 41	23 20 45	23 46 05	2 53 06	15 44 25
17 Sa	4 32 38	5 ♊ 59 45	12 ♊ 47 39	17 22 19	11 05 22	28 59 08	25 30 27	14 31 40	10 46 12	20 05 07	23 33 55	23 54 21	2 56 50	15 48 49
18 Su	5 39 32	19 40 15	26 22 43	18 53 33	12 24 54	29 47 28	25 44 03	14 27 32	10 53 42	20 15 49	23 49 16	24 04 46	3 02 45	15 55 26
19 M	6 48 01	3 ♋ 11 12	9 ♋ 47 41	20 29 48	13 45 57	0 ♉ 37 28	25 59 37	14 25 13	11 02 33	20 28 10	24 06 13	24 16 43	3 10 12	16 03 37
20 Tu	7 57 11	16 30 32	23 00 28	22 09 36	15 07 37	1 28 14	26 16 15	14 23 48	11 11 51	20 41 15	24 23 50	24 29 17	3 18 17	16 12 29
21 W	9 06 02	29 36 08	5 ♌ 59 04	23 51 26	16 28 53	2 18 45	26 32 55	14 22 16	11 20 36	20 54 03	24 41 06	24 41 28	3 25 60	16 20 60
22 Th	10 13 38	12 ♌ 26 21	18 42 08	25 33 57	17 48 50	3 08 07	26 48 43	14 19 45	11 27 52	21 05 40	24 57 08	24 52 20	3 32 25	16 28 16
23 F	11 19 21	25 00 24	1 ♍ 09 17	27 16 06	19 06 50	3 55 41	27 02 59	14 15 35	11 33 00	21 15 27	25 11 15	25 01 14	3 36 54	16 33 38
24 Sa	12 22 52	7 ♍ 18 45	13 21 28	28 57 16	20 22 33	4 41 07	27 15 25	14 09 29	11 35 43	21 23 04	25 23 09	25 07 53	3 39 09	16 36 48
25 Su	13 24 16	19 23 09	25 20 57	0 ♒ 37 12	21 36 05	5 24 29	27 26 05	14 01 32	11 36 05	21 28 37	25 32 55	25 12 20	3 39 13	16 37 50
26 M	14 23 56	1 ♎ 16 44	7 ♎ 11 18	2 16 04	22 47 48	6 06 12	27 35 22	13 52 07	11 34 28	21 32 29	25 40 56	25 14 59	3 37 31	16 37 07
27 Tu	15 22 32	13 03 45	18 57 09	3 54 20	23 58 22	6 46 55	27 43 55	13 41 54	11 31 33	21 35 20	25 47 51	25 16 30	3 34 41	16 35 19
28 W	16 20 52	24 49 17	0 ♏ 43 55	5 32 36	25 08 34	7 27 25	27 52 33	13 31 42	11 28 08	21 37 56	25 54 29	25 17 40	3 31 32	16 33 13
29 Th	17 19 43	6 ♏ 39 03	12 37 29	7 11 31	26 19 14	8 08 31	28 02 01	13 22 20	11 24 60	21 41 07	26 01 36	25 19 17	3 28 52	16 31 39
30 F	18 19 47	18 38 55	24 43 46	8 51 41	27 31 02	8 50 52	28 13 03	13 14 28	11 22 50	21 45 33	26 09 55	25 22 02	3 27 22	16 31 16
31 Sa	19 21 30	0 ♐ 54 30	7 ♐ 08 16	10 33 24	28 44 24	9 34 57	28 26 03	13 08 33	11 22 05	21 51 40	26 19 51	25 26 21	3 27 28	16 32 32

Notes

LONGITUDE — November 2048

Day	☉	0 hr ☽	Noon ☽	☿	♀	♂	⚵	⚳	♃	♄	⚷	♅	♆	♇
1 Su	20 ♒ 24 59	13 ♐ 30 47	19 ♐ 55 36	12 ♒ 16 44	29 ♓ 59 27	10 ♉ 20 51	28 ♉ 41 08	13 ♋ 04 43	11 ♎ 22 53	21 ♈ 59 35	26 ♒ 31 32	25 ♐ 32 22	3 ♍ 29 18	16 ♊ 35 33
2 M	21 30 00	26 31 30	3 ♑ 08 50	14 01 23	1 ♈ 15 57	11 08 20	28 58 05	13 02 45	11 24 58	22 09 05	26 44 43	25 39 50	3 32 36	16 40 05
3 Tu	22 36 01	9 ♑ 58 37	16 49 02	15 46 45	2 33 21	11 56 52	29 16 20	13 02 05	11 27 49	22 19 37	26 58 52	25 48 14	3 36 52	16 45 36
4 W	23 42 15	23 51 57	0 ♒ 54 50	17 32 02	3 50 55	12 45 41	29 35 08	13 01 59	11 30 41	22 30 25	27 13 13	25 56 46	3 41 19	16 51 21
5 Th	24 47 55	8 ♒ 08 49	15 22 15	19 16 25	5 07 49	13 33 59	29 53 40	13 01 38	11 32 45	22 40 41	27 26 58	26 04 40	3 45 10	16 56 31
6 F	25 52 20	22 44 08	0 ♓ 05 09	20 59 11	6 23 23	14 21 05	0 ♊ 11 16	13 00 23	11 33 20	22 49 45	27 39 26	26 11 14	3 47 43	17 00 24
7 Sa	26 55 05	7 ♓ 31 07	14 55 59	22 39 56	7 37 12	15 06 35	0 27 30	12 57 49	11 32 02	22 57 11	27 50 12	26 16 04	3 48 34	17 02 38
8 Su	27 56 08	22 22 06	29 46 57	24 18 36	8 49 14	15 50 25	0 42 20	12 53 54	11 28 49	23 02 57	27 59 15	26 19 08	3 47 41	17 03 10
9 M	28 55 49	7 ♈ 09 50	14 ♈ 31 12	25 55 31	9 59 48	16 32 56	0 56 05	12 48 58	11 24 01	23 07 23	28 06 53	26 20 45	3 45 24	17 02 19
10 Tu	29 54 43	21 48 21	29 03 33	27 31 17	11 09 30	17 14 44	1 09 22	12 43 37	11 18 15	23 11 06	28 13 44	26 21 31	3 42 18	17 00 42
11 W	0 ♓ 53 34	6 ♉ 13 29	13 ♉ 20 49	29 06 38	12 19 04	17 56 31	1 22 53	12 38 34	11 12 13	23 14 47	28 20 29	26 22 10	3 39 08	16 59 02
12 Th	1 53 02	20 22 58	27 21 35	0 ♓ 42 15	13 29 09	18 38 58	1 37 19	12 34 31	11 06 36	23 19 09	28 27 50	26 23 21	3 36 34	16 57 58
13 F	2 53 36	4 ♊ 15 58	11 ♊ 05 45	2 18 36	14 40 14	19 22 33	1 53 07	12 31 54	11 01 53	23 24 38	28 36 15	26 25 34	3 35 04	16 58 01
14 Sa	3 55 28	17 52 41	24 33 56	3 55 55	15 52 31	20 07 28	2 10 30	12 30 58	10 58 17	23 31 28	28 45 56	26 29 01	3 34 50	16 59 22
15 Su	4 58 32	1 ♋ 13 48	7 ♋ 47 06	5 34 07	17 05 54	20 53 38	2 29 21	12 31 35	10 55 41	23 39 32	28 56 47	26 33 35	3 35 47	17 01 55
16 M	6 02 28	14 20 09	20 46 08	7 12 53	18 20 03	21 40 41	2 49 21	12 33 26	10 53 47	23 48 30	29 08 29	26 38 58	3 37 35	17 05 20
17 Tu	7 06 47	27 12 32	3 ♌ 31 49	8 51 44	19 34 28	22 28 10	3 09 59	12 36 02	10 52 04	23 57 54	29 20 31	26 44 39	3 39 45	17 09 09
18 W	8 10 58	9 ♌ 51 42	16 04 53	10 30 11	20 48 39	23 15 33	3 30 46	12 38 52	10 50 04	24 07 13	29 32 24	26 50 09	3 41 46	17 12 50
19 Th	9 14 36	22 18 22	28 26 04	12 07 48	22 02 09	24 02 23	3 51 14	12 41 28	10 47 18	24 15 59	29 43 40	26 54 59	3 43 11	17 15 57
20 F	10 17 19	4 ♍ 33 27	10 ♍ 36 19	13 44 17	23 14 39	24 48 21	4 11 03	12 43 33	10 43 28	24 23 53	29 54 01	26 58 52	3 43 42	17 18 10
21 Sa	11 19 01	16 38 10	22 36 59	15 19 30	24 25 60	25 33 19	4 30 05	12 44 57	10 38 26	24 30 47	0 ♓ 03 17	27 01 38	3 43 09	17 19 22
22 Su	12 19 44	28 34 13	4 ♎ 29 57	16 53 30	25 36 14	26 17 18	4 48 22	12 45 43	10 32 15	24 36 44	0 11 31	27 03 21	3 41 36	17 19 34
23 M	13 19 38	10 ♎ 23 51	16 17 43	18 26 31	26 45 31	27 00 30	5 06 05	12 46 01	10 25 06	24 41 54	0 18 54	27 04 10	3 39 13	17 18 58
24 Tu	14 19 01	22 09 56	28 03 25	19 58 49	27 54 11	27 43 11	5 23 32	12 46 08	10 17 16	24 46 34	0 25 43	27 04 23	3 36 18	17 17 51
25 W	15 18 13	3 ♏ 55 54	9 ♏ 50 47	21 30 47	29 02 31	28 25 43	5 41 01	12 46 26	10 09 06	24 51 05	0 32 20	27 04 21	3 33 12	17 16 33
26 Th	16 17 34	15 45 47	21 44 06	23 02 44	0 ♉ 10 53	29 08 25	5 58 53	12 47 14	10 00 56	24 55 47	0 39 02	27 04 24	3 30 13	17 15 24
27 F	17 17 20	27 43 59	3 ♐ 47 56	24 34 57	1 19 32	29 51 33	6 17 23	12 48 46	9 53 02	25 00 55	0 46 06	27 04 46	3 27 38	17 14 40
28 Sa	18 17 41	9 ♐ 55 10	16 07 03	26 07 36	2 28 36	0 ♊ 35 15	6 36 41	12 51 13	9 45 33	25 06 38	0 53 41	27 05 38	3 25 35	17 14 30
29 Su	19 18 37	22 23 55	28 45 58	27 40 43	3 38 07	1 19 34	6 56 48	12 54 35	9 38 33	25 12 58	1 01 49	27 07 01	3 24 08	17 14 56
30 M	20 20 03	5 ♑ 14 29	11 ♑ 48 37	29 14 12	4 47 60	2 04 24	7 17 37	12 58 48	9 31 54	25 19 50	1 10 24	27 08 49	3 23 10	17 15 52

LONGITUDE — December 2048

Day	☉	0 hr ☽	Noon ☽	☿	♀	♂	⚵	⚳	♃	♄	⚷	♅	♆	♇
1 Tu	21 ♓ 21 48	18 ♑ 30 17	25 ♑ 17 49	0 ♈ 47 54	5 ♉ 58 03	2 ♊ 49 33	7 ♊ 38 59	13 ♋ 03 39	9 ♎ 25 27	25 ♈ 27 02	1 ♓ 19 15	27 ♐ 10 52	3 ♍ 22 30	17 ♊ 17 07
2 W	22 23 39	2 ♒ 13 17	9 ♒ 14 37	2 21 35	7 08 03	3 34 49	8 00 39	13 08 56	9 18 59	25 34 21	1 28 09	27 12 55	3 21 55	17 18 27
3 Th	23 25 23	16 23 29	23 37 46	3 55 01	8 17 46	4 19 58	8 22 25	13 14 26	9 12 17	25 41 34	1 36 52	27 14 47	3 21 13	17 19 41
4 F	24 26 51	0 ♓ 58 22	8 ♓ 23 23	5 28 04	9 27 05	5 04 53	8 44 07	13 19 59	9 05 12	25 48 32	1 45 17	27 16 18	3 20 14	17 20 40
5 Sa	25 28 01	15 52 46	23 24 57	7 00 40	10 35 56	5 49 30	9 05 44	13 25 34	8 57 44	25 55 14	1 53 20	27 17 27	3 18 57	17 21 21
6 Su	26 28 56	0 ♈ 59 06	8 ♈ 34 02	8 32 53	11 44 21	6 33 52	9 27 18	13 31 13	8 49 56	26 01 41	2 01 06	27 18 16	3 17 24	17 21 47
7 M	27 29 43	16 08 22	23 41 18	10 04 47	12 52 29	7 18 07	9 48 55	13 37 03	8 41 54	26 08 02	2 08 39	27 18 53	3 15 43	17 22 05
8 Tu	28 30 29	1 ♉ 11 23	8 ♉ 38 00	11 36 28	14 00 26	8 02 23	10 10 45	13 43 11	8 33 47	26 14 24	2 16 10	27 19 25	3 14 02	17 22 23
9 W	29 31 21	16 00 03	23 17 02	13 08 00	15 08 17	8 46 44	10 32 52	13 49 45	8 25 42	26 20 53	2 23 43	27 19 58	3 12 26	17 22 48
10 Th	0 ♈ 32 19	0 ♊ 28 23	7 ♊ 33 43	14 39 23	16 16 05	9 31 13	10 55 18	13 56 44	8 17 41	26 27 29	2 31 19	27 20 34	3 10 58	17 23 21
11 F	1 33 22	14 32 56	21 25 51	16 10 29	17 23 45	10 15 47	11 17 60	14 04 05	8 09 41	26 34 12	2 38 58	27 21 11	3 09 34	17 23 58
12 Sa	2 34 23	28 12 38	4 ♋ 53 25	17 41 10	18 31 12	11 00 19	11 40 52	14 11 44	8 01 36	26 40 54	2 46 31	27 21 42	3 08 10	17 24 36
13 Su	3 35 17	11 ♋ 28 24	17 58 06	19 11 13	19 38 19	11 44 45	12 03 48	14 19 34	7 53 22	26 47 30	2 53 54	27 22 01	3 06 38	17 25 06
14 M	4 35 58	24 22 29	0 ♌ 42 34	20 40 28	20 45 01	12 28 58	12 26 42	14 27 28	7 44 54	26 53 55	3 01 01	27 22 04	3 04 55	17 25 25
15 Tu	5 36 27	6 ♌ 57 56	13 10 04	22 08 48	21 51 18	13 12 58	12 49 35	14 35 28	7 36 12	27 00 09	3 07 52	27 21 51	3 02 59	17 25 32
16 W	6 36 46	19 18 08	25 23 57	23 36 08	22 57 12	13 56 50	13 12 30	14 43 36	7 27 19	27 06 14	3 14 32	27 21 24	3 00 55	17 25 31
17 Th	7 37 05	1 ♍ 26 28	7 ♍ 27 29	25 02 27	24 02 51	14 40 41	13 35 35	14 52 01	7 18 26	27 12 20	3 21 07	27 20 53	2 58 52	17 25 31
18 F	8 37 35	13 26 04	19 23 40	26 27 43	25 08 27	15 24 43	13 59 02	15 00 54	7 09 43	27 18 38	3 27 50	27 20 29	2 56 60	17 25 42
19 Sa	9 38 27	25 19 48	1 ♎ 15 10	27 51 56	26 14 10	16 09 07	14 23 01	15 10 25	7 01 23	27 25 19	3 34 51	27 20 24	2 55 31	17 26 16
20 Su	10 39 52	7 ♎ 10 10	13 04 23	29 14 58	27 20 11	16 54 03	14 47 43	15 20 46	6 53 35	27 32 33	3 42 22	27 20 47	2 54 35	17 27 24
21 M	11 41 54	18 59 23	24 53 29	0 ♉ 36 36	28 26 33	17 39 37	15 13 13	15 31 60	6 46 26	27 40 26	3 50 27	27 21 43	2 54 19	17 29 10
22 Tu	12 44 34	0 ♏ 49 31	6 ♏ 44 34	1 56 29	29 33 17	18 25 48	15 39 30	15 44 08	6 39 55	27 48 57	3 59 05	27 23 14	2 54 40	17 31 35
23 W	13 47 44	12 42 34	18 39 42	3 14 04	0 ♊ 40 14	19 12 28	16 06 27	15 57 01	6 33 57	27 57 59	4 08 10	27 25 11	2 55 33	17 34 31
24 Th	14 51 11	24 40 41	0 ♐ 41 11	4 28 39	1 47 10	19 59 25	16 33 51	16 10 26	6 28 16	28 07 18	4 17 28	27 27 20	2 56 42	17 37 44
25 F	15 54 34	6 ♐ 46 12	12 51 34	5 39 22	2 53 45	20 46 18	17 01 21	16 24 04	6 22 35	28 16 34	4 26 39	27 29 22	2 57 50	17 40 55
26 Sa	16 57 35	19 01 51	25 13 43	6 45 15	3 59 39	21 32 48	17 28 38	16 37 34	6 16 34	28 25 28	4 35 23	27 30 58	2 58 36	17 43 43
27 Su	17 59 55	1 ♑ 30 43	7 ♑ 50 53	7 45 20	5 04 34	22 18 37	17 55 23	16 50 38	6 09 55	28 33 42	4 43 22	27 31 49	2 58 43	17 45 52
28 M	19 01 24	14 16 12	20 46 28	8 38 40	6 08 17	23 03 33	18 21 25	17 03 04	6 02 27	28 41 04	4 50 25	27 31 44	2 57 58	17 47 10
29 Tu	20 01 60	27 21 50	4 ♒ 03 46	9 24 26	7 10 48	23 47 36	18 46 45	17 14 53	5 54 11	28 47 34	4 56 32	27 30 43	2 56 22	17 47 36
30 W	21 01 56	10 ♒ 50 47	17 45 31	10 01 57	8 12 18	24 30 59	19 11 34	17 26 17	5 45 19	28 53 25	5 01 55	27 28 59	2 54 08	17 47 23
31 Th	22 01 37	24 45 21	1 ♓ 53 11	10 30 42	9 13 11	25 14 06	19 36 17	17 37 38	5 36 16	28 59 00	5 06 58	27 26 55	2 51 40	17 46 56

Notes

January 2049 — LONGITUDE

Day	☉	0 hr ☽	Noon ☽	☿	♀	♂	⚳	⚴	♃	♄	⚷	♅	♆	♇
1 F	23 ♈ 01 33	9 ♓ 06 06	16 ♓ 26 11	10 ♉ 50 19	10 ♊ 13 58	25 ♊ 57 29	20 ♊ 01 24	17 ♋ 49 30	5 ♌ 27 33	29 ♈ 04 51	5 ♓ 12 13	27 ♐ 25 03	2 ♍ 49 28	17 ♊ 46 45
2 Sa	24 02 17	23 51 10	1 ♈ 21 11	11 00 29	11 15 10	26 41 38	20 27 28	18 02 23	5 19 44	29 11 30	5 18 11	27 23 55	2 48 05	17 47 22
3 Su	25 04 14	8 ♈ 55 38	16 31 53	11 00 51	12 17 11	27 26 59	20 54 53	18 16 41	5 13 12	29 19 22	5 25 17	27 23 56	2 47 56	17 49 13
4 M	26 07 32	24 11 39	1 ♉ 49 21	10 51 01	13 20 10	28 13 43	21 23 49	18 32 36	5 08 10	29 28 36	5 33 41	27 25 17	2 49 12	17 52 28
5 Tu	27 12 05	9 ♉ 29 11	17 03 09	10 30 35	14 23 58	29 01 40	21 54 08	18 49 59	5 04 27	29 39 05	5 43 16	27 27 48	2 51 43	17 56 57
6 W	28 17 25	24 37 34	2 ♊ 03 03	9 59 08	15 28 07	29 50 24	22 25 23	19 08 22	5 01 40	29 50 21	5 53 33	27 31 03	2 55 03	18 02 16
7 Th	29 22 54	9 ♊ 27 11	16 40 38	9 16 32	16 31 59	0 ♋ 39 16	22 56 57	19 27 07	4 59 09	0 ♉ 01 47	6 03 55	27 34 24	2 58 35	18 07 44
8 F	0 ♉ 27 51	23 51 01	0 ♋ 50 26	8 23 06	17 34 51	1 27 37	23 28 07	19 45 34	4 56 14	0 12 40	6 13 42	27 37 12	3 01 37	18 12 43
9 Sa	1 31 43	7 ♋ 45 17	14 30 13	7 19 44	18 36 08	2 14 53	23 58 21	20 03 09	4 52 22	0 22 30	6 22 20	27 38 50	3 03 36	18 16 38
10 Su	2 34 10	21 09 28	27 40 45	6 08 04	19 35 30	3 00 42	24 27 18	20 19 31	4 47 14	0 30 55	6 29 28	27 39 02	3 04 13	18 19 09
11 M	3 35 12	4 ♌ 05 43	10 ♌ 25 06	4 50 22	20 32 56	3 45 07	24 54 59	20 34 41	4 40 49	0 37 55	6 35 07	27 37 46	3 03 26	18 20 17
12 Tu	4 35 06	16 38 05	22 47 45	3 29 28	21 28 41	4 28 23	25 21 40	20 48 55	4 33 27	0 43 48	6 39 35	27 35 20	3 01 35	18 20 19
13 W	5 34 26	28 51 40	4 ♍ 53 60	2 08 27	22 23 18	5 11 05	25 47 56	21 02 48	4 25 39	0 49 06	6 43 24	27 32 17	2 59 12	18 19 48
14 Th	6 33 53	10 ♍ 51 53	16 49 14	0 50 25	23 17 27	5 53 53	26 14 27	21 16 59	4 18 08	0 54 32	6 47 16	27 29 19	2 56 59	18 19 26
15 F	7 34 10	22 44 04	28 38 33	29 ♈ 38 12	24 11 49	6 37 30	26 41 56	21 32 13	4 11 37	1 00 49	6 51 54	27 27 09	2 55 38	18 19 55
16 Sa	8 35 54	4 ♎ 32 57	10 ♎ 26 24	28 34 11	25 07 01	7 22 35	27 11 01	21 49 05	4 06 44	1 08 32	6 57 55	27 26 23	2 55 47	18 21 53
17 Su	9 39 31	16 22 29	22 16 27	27 40 04	26 03 26	8 09 31	27 42 06	22 08 02	4 03 54	1 18 09	7 05 45	27 27 29	2 57 51	18 25 46
18 M	10 45 11	28 15 44	4 ♏ 11 24	26 56 52	27 01 13	8 58 30	28 15 23	22 29 13	4 03 17	1 29 48	7 15 33	27 30 35	3 02 01	18 31 44
19 Tu	11 52 45	10 ♏ 14 48	16 13 09	26 24 54	28 00 11	9 49 22	28 50 40	22 52 28	4 04 45	1 43 21	7 27 10	27 35 33	3 08 08	18 39 36
20 W	13 01 45	22 21 03	28 22 48	26 03 51	28 59 51	10 41 39	29 27 32	23 17 21	4 07 49	1 58 21	7 40 10	27 41 55	3 15 43	18 48 56
21 Th	14 11 30	4 ♐ 35 12	10 ♐ 41 01	25 52 52	29 59 30	11 34 40	0 ♋ 05 16	23 43 09	4 11 49	2 14 04	7 53 48	27 48 59	3 24 05	18 59 02
22 F	15 21 07	16 57 42	23 08 16	25 50 45	0 ♋ 58 13	12 27 32	0 42 59	24 08 60	4 15 53	2 29 39	8 07 15	27 55 54	3 32 22	19 09 02
23 Sa	16 29 44	29 29 05	5 ♑ 45 09	25 56 10	1 55 07	13 19 24	1 19 51	24 34 01	4 19 08	2 44 14	8 19 38	28 01 47	3 39 42	19 18 03
24 Su	17 36 38	12 ♑ 10 14	18 32 46	26 07 52	2 49 26	14 09 32	1 55 06	24 57 30	4 20 52	2 57 06	8 30 12	28 05 55	3 45 22	19 25 23
25 M	18 41 24	25 02 43	1 ♒ 32 50	26 24 51	3 40 44	14 57 31	2 28 21	25 19 00	4 20 39	3 07 49	8 38 34	28 07 53	3 48 56	19 30 36
26 Tu	19 44 01	8 ♒ 08 48	14 47 43	26 46 31	4 28 56	15 43 20	2 59 33	25 38 31	4 18 28	3 16 22	8 44 41	28 07 39	3 50 23	19 33 41
27 W	20 44 54	21 31 22	28 20 14	27 12 43	5 14 28	16 27 24	3 29 10	25 56 28	4 14 46	3 23 11	8 48 60	28 05 40	3 50 09	19 35 03
28 Th	21 44 53	5 ♓ 13 25	12 ♓ 13 03	27 43 44	5 58 06	17 10 33	3 57 59	26 13 41	4 10 21	3 29 05	8 52 19	28 02 46	3 49 04	19 35 33
29 F	22 45 02	19 17 21	26 27 53	28 20 07	6 40 53	17 53 52	4 27 05	26 31 13	4 06 19	3 35 08	8 55 44	27 59 60	3 48 12	19 36 14
30 Sa	23 46 27	3 ♈ 44 03	11 ♈ 04 35	29 02 29	7 23 50	18 38 26	4 57 35	26 50 11	4 03 45	3 42 27	9 00 19	27 58 27	3 48 38	19 38 13
31 Su	24 49 59	18 31 55	26 00 10	29 51 17	8 07 47	19 25 06	5 30 18	27 11 25	4 03 31	3 51 51	9 06 57	27 59 01	3 51 15	19 42 20

February 2049 — LONGITUDE

Day	☉	0 hr ☽	Noon ☽	☿	♀	♂	⚳	⚴	♃	♄	⚷	♅	♆	♇
1 M	25 ♉ 56 03	3 ♉ 36 09	11 ♉ 08 31	0 ♉ 46 30	8 ♋ 53 07	20 ♋ 14 17	6 ♋ 05 41	27 ♋ 35 20	4 ♌ 06 01	4 ♉ 03 47	9 ♓ 16 01	28 ♐ 02 05	3 ♍ 56 26	19 ♊ 48 60
2 Tu	27 04 30	18 48 46	26 20 38	1 47 40	9 39 37	21 05 51	6 43 33	28 01 47	4 11 06	4 18 05	9 27 23	28 07 31	4 04 02	19 58 04
3 W	28 14 36	3 ♊ 59 36	11 ♊ 26 02	2 53 43	10 26 32	21 59 04	7 23 12	28 30 04	4 18 05	4 34 02	9 40 21	28 14 36	4 13 22	20 08 50
4 Th	29 25 18	18 57 51	26 14 27	4 03 20	11 12 44	22 52 51	8 03 34	28 59 04	4 25 52	4 50 33	9 53 48	28 22 15	4 23 20	20 20 13
5 F	0 ♊ 35 23	3 ♋ 34 07	10 ♋ 37 47	5 15 02	11 56 57	23 46 02	8 43 26	29 27 37	4 33 15	5 06 27	10 06 34	28 29 17	4 32 46	20 31 00
6 Sa	1 43 49	17 41 55	24 31 08	6 27 35	12 38 06	24 37 33	9 21 46	29 54 41	4 39 14	5 20 42	10 17 37	28 34 40	4 40 35	20 40 12
7 Su	2 49 59	1 ♌ 18 25	7 ♌ 53 13	7 40 09	13 15 31	25 26 48	9 57 57	0 ♌ 19 37	4 43 10	5 32 40	10 26 19	28 37 45	4 46 12	20 47 08
8 M	3 53 43	14 24 13	20 45 55	8 52 24	13 48 58	26 13 37	10 31 50	0 42 17	4 44 54	5 42 12	10 32 30	28 38 26	4 49 27	20 51 41
9 Tu	4 55 25	27 02 46	3 ♍ 13 30	10 04 35	14 18 47	26 58 23	11 03 48	1 03 03	4 44 50	5 49 41	10 36 35	28 37 04	4 50 44	20 54 14
10 W	5 55 52	9 ♍ 19 24	15 21 45	11 17 20	14 45 41	27 41 53	11 34 36	1 22 41	4 43 43	5 55 53	10 39 19	28 34 26	4 50 48	20 55 33
11 Th	6 56 04	21 27 17	27 17 10	12 31 33	15 10 37	28 25 08	12 05 18	1 42 15	4 42 37	6 01 51	10 41 45	28 31 35	4 50 42	20 56 40
12 F	7 57 08	3 ♎ 12 29	9 ♎ 06 16	13 48 15	15 34 38	29 09 14	12 36 57	2 02 48	4 42 35	6 08 39	10 44 57	28 29 34	4 51 31	20 58 40
13 Sa	9 00 01	15 01 44	20 55 00	15 08 16	15 58 37	29 55 09	13 10 33	2 25 18	4 44 37	6 17 16	10 49 54	28 29 24	4 54 13	21 02 32
14 Su	10 05 25	26 53 36	2 ♏ 48 27	16 32 15	16 23 12	0 ♌ 43 35	13 46 46	2 50 28	4 49 23	6 28 23	10 57 17	28 31 45	4 59 30	21 08 56
15 M	11 13 38	8 ♏ 52 22	14 50 28	18 00 24	16 48 37	1 34 49	14 25 55	3 18 34	4 57 12	6 42 18	11 07 24	28 36 55	5 07 39	21 18 11
16 Tu	12 24 30	21 00 58	27 03 32	19 32 32	17 14 39	2 28 41	15 07 49	3 49 28	5 07 54	6 58 51	11 20 06	28 44 44	5 18 31	21 30 07
17 W	13 37 25	3 ♐ 21 01	9 ♐ 28 47	21 07 58	17 40 37	3 24 36	15 51 54	4 22 33	5 20 53	7 17 27	11 34 46	28 54 38	5 31 30	21 44 08
18 Th	14 51 26	15 52 50	22 06 12	22 45 42	18 05 31	4 21 37	16 37 10	4 56 50	5 35 11	7 37 06	11 50 27	29 05 38	5 45 38	21 59 17
19 F	16 05 23	28 35 50	4 ♑ 54 52	24 24 32	18 28 07	5 18 31	17 22 28	5 31 11	5 49 37	7 56 40	12 05 58	29 16 33	5 59 44	22 14 23
20 Sa	17 18 01	11 ♑ 28 53	17 53 31	26 03 13	18 47 08	6 14 08	18 06 35	6 04 21	6 02 60	8 14 55	12 20 07	29 26 11	6 12 37	22 28 12
21 Su	18 28 23	24 30 50	1 ♒ 01 03	27 40 44	19 01 33	7 07 26	18 48 31	6 35 21	6 14 18	8 30 51	12 31 53	29 33 33	6 23 16	22 39 46
22 M	19 35 51	7 ♒ 41 07	14 17 00	29 16 28	19 10 42	7 57 51	19 27 39	7 03 35	6 22 56	8 43 52	12 40 41	29 38 02	6 31 05	22 48 28
23 Tu	20 40 22	20 59 58	27 41 54	0 ♊ 50 18	19 14 28	8 45 17	20 03 55	7 28 58	6 28 50	8 53 54	12 46 26	29 39 34	6 36 00	22 54 14
24 W	21 42 25	4 ♓ 28 42	11 ♓ 17 11	2 22 46	19 13 20	9 30 15	20 37 51	7 52 01	6 32 30	9 01 27	12 49 38	29 38 40	6 38 31	22 57 35
25 Th	22 43 01	18 09 25	25 05 01	3 54 49	19 08 18	10 13 44	21 10 25	8 13 43	6 34 55	9 07 31	12 51 18	29 36 19	6 39 37	22 59 29
26 F	23 43 28	2 ♈ 04 26	9 ♈ 07 29	5 27 48	19 00 39	10 57 05	21 42 56	8 35 24	6 37 25	9 13 24	12 52 44	29 33 50	6 40 39	23 01 16
27 Sa	24 45 08	16 15 35	23 25 51	7 03 02	18 51 43	11 41 37	22 16 45	8 58 23	6 41 20	9 20 28	12 55 18	29 32 35	6 42 56	23 04 17
28 Su	25 49 06	0 ♉ 43 03	7 ♉ 59 27	8 41 37	18 42 38	12 28 27	22 52 59	9 23 47	6 47 46	9 29 48	13 00 04	29 33 38	6 47 35	23 09 37

Notes

LONGITUDE

March 2049

Day	☉	0 hr ☽	Noon ☽	☿	♀	♂	⚵	⚳	♃	♄	⚷	♅	♆	♇
1 M	26 ♊ 55 57	15 ♉ 24 44	22 ♉ 45 05	10 ♊ 24 08	18 ♋ 33 59	13 ♌ 18 09	23 ♋ 32 11	9 ♌ 52 10	6 ♎ 57 17	9 ♉ 41 59	13 ♓ 07 37	29 ♐ 37 36	6 ♍ 55 09	23 ♊ 17 51
2 Tu	28 05 35	0 ♊ 15 40	7 ♊ 36 46	12 10 31	18 25 43	14 10 38	24 14 16	10 23 27	7 09 50	9 56 55	13 17 53	29 44 23	7 05 35	23 28 55
3 W	29 17 18	15 08 19	22 26 21	14 00 02	18 17 12	15 05 11	24 58 32	10 56 55	7 24 39	10 13 54	13 30 09	29 53 16	7 18 09	23 42 05
4 Th	0 ♋ 29 53	29 53 46	7 ♋ 04 51	15 51 31	18 07 16	16 00 37	25 43 47	11 31 23	7 40 35	10 31 45	13 43 13	0 ♑ 03 03	7 31 40	23 56 09
5 F	1 42 00	14 ♋ 23 10	21 24 04	17 43 37	17 54 41	16 55 33	26 28 39	12 05 29	7 56 15	10 49 04	13 55 43	0 12 24	7 44 45	24 09 46
6 Sa	2 52 25	28 29 21	5 ♌ 18 01	19 35 07	17 38 18	17 48 48	27 11 55	12 37 59	8 10 26	11 04 40	14 06 26	0 20 05	7 56 13	24 21 43
7 Su	4 00 18	12 ♌ 08 01	18 43 43	21 25 13	17 17 27	18 39 30	27 52 44	13 08 03	8 22 17	11 17 42	14 14 33	0 25 16	8 05 11	24 31 10
8 M	5 05 22	25 18 04	1 ♍ 41 20	23 13 37	16 51 58	19 27 22	28 30 50	13 35 24	8 31 32	11 27 53	14 19 45	0 27 39	8 11 25	24 37 49
9 Tu	6 07 52	8 ♍ 01 25	14 13 48	25 00 36	16 22 17	20 12 41	29 06 29	14 00 18	8 38 27	11 35 28	14 22 20	0 27 33	8 15 09	24 41 57
10 W	7 08 34	20 22 17	26 26 02	26 46 56	15 49 21	20 56 11	29 40 25	14 23 30	8 43 46	11 41 13	14 23 02	0 25 40	8 17 09	24 44 18
11 Th	8 08 29	2 ♎ 26 26	8 ♎ 24 11	28 33 41	15 14 24	21 38 55	0 ♌ 13 41	14 46 02	8 48 32	11 46 11	14 22 54	0 23 03	8 18 26	24 45 55
12 F	9 08 48	14 20 24	20 14 57	0 ♋ 21 60	14 38 49	22 22 01	0 47 25	15 09 03	8 53 53	11 51 29	14 23 04	0 20 52	8 20 10	24 47 57
13 Sa	10 10 34	26 10 50	2 ♏ 04 55	2 12 57	14 03 53	23 06 34	1 22 42	15 33 37	9 00 53	11 58 12	14 24 37	0 20 11	8 23 25	24 51 28
14 Su	11 14 34	8 ♏ 03 54	14 00 02	4 07 22	13 30 39	23 53 22	2 00 20	16 00 32	9 10 21	12 07 09	14 28 20	0 21 48	8 28 59	24 57 15
15 M	12 21 14	20 04 54	26 05 15	6 05 38	12 59 48	24 42 49	2 40 43	16 30 11	9 22 40	12 18 42	14 34 38	0 26 07	8 37 16	25 05 44
16 Tu	13 30 29	2 ♐ 17 53	8 ♐ 24 09	8 07 41	12 31 29	25 34 50	3 23 46	17 02 32	9 37 46	12 32 48	14 43 28	0 33 05	8 48 11	25 16 49
17 W	14 41 48	14 45 25	20 58 44	10 12 59	12 05 27	26 28 55	4 08 58	17 37 01	9 55 08	12 48 56	14 54 16	0 42 08	9 01 14	25 29 59
18 Th	15 54 14	27 28 35	3 ♑ 49 29	12 20 36	11 41 03	27 24 07	4 55 23	18 12 45	10 13 49	13 06 09	15 06 09	0 52 23	9 15 29	25 44 20
19 F	17 06 40	10 ♑ 26 58	16 55 23	14 29 21	11 17 21	28 19 18	5 41 53	18 48 32	10 32 41	13 23 20	15 17 56	1 02 40	9 29 46	25 58 41
20 Sa	18 17 54	23 39 01	0 ♒ 14 25	16 38 01	10 53 27	29 13 17	6 27 16	19 23 14	10 50 33	13 39 16	15 28 27	1 11 48	9 42 56	26 11 51
21 Su	19 26 57	7 ♒ 02 29	13 44 02	18 45 33	10 28 33	0 ♍ 05 04	7 10 33	19 55 49	11 06 25	13 52 58	15 36 43	1 18 48	9 53 57	26 22 52
22 M	20 33 12	20 35 01	27 21 47	20 51 18	10 02 16	0 54 03	7 51 08	20 25 41	11 19 40	14 03 49	15 42 07	1 23 03	10 02 14	26 31 07
23 Tu	21 36 33	4 ♓ 14 42	11 ♓ 05 54	22 55 03	9 34 43	1 40 08	8 28 53	20 52 44	11 30 13	14 11 44	15 44 32	1 24 28	10 07 41	26 36 29
24 W	22 37 28	18 00 29	24 55 31	24 57 09	9 06 30	2 23 45	9 04 17	21 17 26	11 38 29	14 17 09	15 44 27	1 23 29	10 10 44	26 39 25
25 Th	23 36 50	1 ♈ 52 15	8 ♈ 50 47	26 58 24	8 38 43	3 05 49	9 38 13	21 40 40	11 45 24	14 20 60	15 42 45	1 21 01	10 12 18	26 40 50
26 F	24 35 52	15 50 35	22 52 24	28 59 49	8 12 39	3 47 32	10 11 54	22 03 38	11 52 09	14 24 26	15 40 38	1 18 15	10 13 34	26 41 56
27 Sa	25 35 46	29 56 14	7 ♉ 01 00	1 ♌ 02 27	7 49 41	4 30 08	10 46 32	22 27 34	11 59 57	14 28 42	15 39 20	1 16 26	10 15 47	26 43 56
28 Su	26 37 33	14 ♉ 09 25	21 16 27	3 07 03	7 30 52	5 14 35	11 23 07	22 53 27	12 09 47	14 34 47	15 39 50	1 16 32	10 19 55	26 47 49
29 M	27 41 45	28 29 04	5 ♊ 37 10	5 13 57	7 16 50	6 01 26	12 02 11	23 21 48	12 22 13	14 43 14	15 42 41	1 19 06	10 26 30	26 54 08
30 Tu	28 48 20	12 ♊ 52 26	19 59 48	7 22 48	7 07 37	6 50 40	12 43 43	23 52 38	12 37 12	14 54 01	15 47 50	1 24 07	10 35 32	27 02 51
31 W	29 56 43	27 15 04	4 ♋ 19 25	9 32 45	7 02 39	7 41 43	13 27 08	24 25 20	12 54 09	15 06 32	15 54 45	1 30 60	10 46 25	27 13 24

LONGITUDE

April 2049

Day	☉	0 hr ☽	Noon ☽	☿	♀	♂	⚵	⚳	♃	♄	⚷	♅	♆	♇
1 Th	1 ♌ 05 57	11 ♋ 31 19	18 ♋ 30 10	11 ♌ 42 28	7 ♋ 01 01	8 ♍ 33 35	14 ♌ 11 28	24 ♌ 58 57	13 ♎ 12 07	15 ♉ 19 51	16 ♓ 02 26	1 ♑ 38 47	10 ♍ 58 12	27 ♊ 24 48
2 F	2 14 53	25 35 07	2 ♌ 26 14	13 50 29	7 01 35	9 25 09	14 55 35	25 32 21	13 29 58	15 32 49	16 09 46	1 46 20	11 09 45	27 35 56
3 Sa	3 22 28	9 ♌ 21 12	16 02 52	15 55 22	7 03 17	10 15 23	15 38 27	26 04 29	13 46 38	15 44 24	16 15 42	1 52 36	11 20 00	27 45 45
4 Su	4 27 58	22 45 48	29 17 11	17 55 60	7 05 23	11 03 31	16 19 17	26 34 36	14 01 22	15 53 50	16 19 30	1 56 51	11 28 13	27 53 29
5 M	5 31 03	5 ♍ 47 21	12 ♍ 08 30	19 51 39	7 07 30	11 49 13	16 57 47	27 02 22	14 13 51	16 00 47	16 20 49	1 58 46	11 34 05	27 58 50
6 Tu	6 31 50	18 26 32	24 38 21	21 42 04	7 09 44	12 32 38	17 34 03	27 27 54	14 24 12	16 05 23	16 19 47	1 58 26	11 37 41	28 01 54
7 W	7 30 49	0 ♎ 46 00	6 ♎ 50 07	23 27 22	7 12 32	13 14 14	18 08 36	27 51 43	14 32 55	16 08 09	16 16 54	1 56 23	11 39 33	28 03 11
8 Th	8 28 47	12 50 05	18 48 35	25 08 01	7 16 39	13 54 48	18 42 12	28 14 35	14 40 45	16 09 49	16 12 58	1 53 23	11 40 27	28 03 28
9 F	9 26 37	24 44 05	0 ♏ 39 28	26 44 33	7 22 56	14 35 15	19 15 45	28 37 23	14 48 38	16 11 19	16 08 51	1 50 20	11 41 16	28 03 39
10 Sa	10 25 11	6 ♏ 33 53	12 28 45	28 17 33	7 32 10	15 16 26	19 50 06	29 00 59	14 57 24	16 13 30	16 05 26	1 48 05	11 42 53	28 04 35
11 Su	11 25 11	18 25 27	24 22 24	29 47 26	7 45 00	15 59 02	20 25 58	29 26 05	15 07 45	16 17 03	16 03 24	1 47 21	11 45 59	28 06 59
12 M	12 26 60	0 ♐ 24 18	6 ♐ 25 49	1 ♍ 14 22	8 01 47	16 43 28	21 03 43	29 53 05	15 20 04	16 22 22	16 03 09	1 48 30	11 50 57	28 11 13
13 Tu	13 30 41	12 35 18	18 43 31	2 38 10	8 22 29	17 29 45	21 43 24	0 ♍ 22 01	15 34 25	16 29 30	16 04 45	1 51 37	11 57 51	28 17 20
14 W	14 35 56	25 02 12	1 ♑ 18 47	3 58 21	8 46 45	18 17 36	22 24 44	0 52 34	15 50 28	16 38 09	16 07 52	1 56 22	12 06 21	28 25 03
15 Th	15 42 08	7 ♑ 47 27	14 13 27	5 14 07	9 13 53	19 06 24	23 07 04	1 24 08	16 07 37	16 47 41	16 11 54	2 02 08	12 15 52	28 33 43
16 F	16 48 29	20 51 58	27 27 43	6 24 33	9 43 03	19 55 19	23 49 37	1 55 54	16 25 03	16 57 18	16 16 02	2 08 08	12 25 34	28 42 33
17 Sa	17 54 07	4 ♒ 15 10	11 ♒ 00 12	7 28 40	10 13 18	20 43 32	24 31 31	2 27 02	16 41 54	17 06 08	16 19 27	2 13 30	12 34 36	28 50 42
18 Su	18 58 19	17 55 04	24 48 15	8 25 38	10 43 51	21 30 19	25 12 03	2 56 46	16 57 28	17 13 30	16 21 23	2 17 30	12 42 15	28 57 25
19 M	20 00 37	1 ♓ 48 36	8 ♓ 48 16	9 14 53	11 14 13	22 15 11	25 50 45	3 24 41	17 11 16	17 18 53	16 21 24	2 19 41	12 48 03	29 02 16
20 Tu	21 00 55	15 52 11	22 56 25	9 56 17	11 44 11	22 58 02	26 27 31	3 50 38	17 23 11	17 22 13	16 19 22	2 19 56	12 51 53	29 05 07
21 W	21 59 30	0 ♈ 02 14	7 ♈ 09 07	10 30 02	12 13 59	23 39 09	27 02 36	4 14 54	17 33 31	17 23 44	16 15 36	2 18 32	12 54 01	29 06 15
22 Th	22 56 56	14 15 35	21 23 27	10 56 43	12 44 10	24 19 08	27 36 36	4 38 06	17 42 49	17 24 03	16 10 39	2 16 04	12 55 04	29 06 15
23 F	23 54 00	28 29 49	5 ♉ 37 15	11 17 07	13 15 26	24 58 44	28 10 18	5 00 59	17 51 54	17 23 57	16 05 19	2 13 19	12 55 48	29 05 54
24 Sa	24 51 32	12 ♉ 43 05	19 49 00	11 32 04	13 48 33	25 38 47	28 44 30	5 24 21	18 01 32	17 24 14	16 00 25	2 11 05	12 57 01	29 06 01
25 Su	25 50 08	26 53 58	3 ♊ 57 27	11 42 16	14 24 04	26 19 53	29 19 51	5 48 52	18 12 23	17 25 30	15 56 34	2 09 60	12 59 20	29 07 12
26 M	26 50 10	11 ♊ 01 02	18 01 16	11 48 10	15 02 19	27 02 25	29 56 40	6 14 50	18 24 46	17 28 08	15 54 07	2 10 25	13 03 08	29 09 50
27 Tu	27 51 37	25 02 36	1 ♋ 58 43	11 49 56	15 43 12	27 46 22	0 ♍ 34 57	6 42 17	18 38 41	17 32 08	15 53 05	2 12 20	13 08 22	29 13 53
28 W	28 54 09	8 ♋ 56 37	15 47 41	11 47 25	16 26 22	28 31 23	1 14 23	7 10 52	18 53 49	17 37 08	15 53 07	2 15 25	13 14 45	29 19 02
29 Th	29 57 14	22 40 37	29 25 42	11 40 20	17 11 12	29 16 56	1 54 24	7 40 01	19 09 35	17 42 36	15 53 40	2 19 07	13 21 41	29 24 44
30 F	1 ♍ 00 11	6 ♌ 12 07	12 ♌ 50 21	11 28 20	17 56 60	0 ♎ 02 22	2 34 21	8 09 06	19 25 21	17 47 52	15 54 05	2 22 46	13 28 32	29 30 19

Notes

May 2049 LONGITUDE

Day	☉	0 hr ☽	Noon ☽	☿	♀	♂	⚵	⚳	♃	♄	⚷	♅	♆	♇
1 Sa	2 ♍ 02 26	19 ♌ 28 52	25 ♌ 59 37	11 ♍ 11 13	18 ♋ 43 08	0 ♎ 47 04	3 ♍ 13 38	8 ♍ 37 30	19 ♎ 40 31	17 ♉ 52 21	15 ♓ 53 47	2 ♑ 25 47	13 ♍ 34 42	29 ♊ 35 11
2 Su	3 03 32	2 ♍ 29 20	8 ♍ 52 17	10 48 57	19 29 08	1 30 37	3 51 49	9 04 49	19 54 38	17 55 38	15 52 20	2 27 43	13 39 46	29 38 55
3 M	4 03 16	15 12 54	21 28 12	10 21 52	20 14 44	2 12 49	4 28 42	9 30 49	20 07 31	17 57 29	15 49 32	2 28 24	13 43 31	29 41 18
4 Tu	5 01 42	27 40 07	3 ♎ 48 24	9 50 31	20 59 58	2 53 41	5 04 19	9 55 32	20 19 11	17 57 57	15 45 25	2 27 50	13 45 59	29 42 23
5 W	5 59 03	9 ♎ 52 44	15 55 05	9 15 45	21 45 00	3 33 28	5 38 54	10 19 13	20 29 53	17 57 16	15 40 14	2 26 17	13 47 24	29 42 24
6 Th	6 55 42	21 53 32	27 51 28	8 38 35	22 30 13	4 12 33	6 12 51	10 42 15	20 40 00	17 55 50	15 34 22	2 24 06	13 48 10	29 41 43
7 F	7 52 08	3 ♏ 46 13	9 ♏ 41 39	8 00 06	23 16 01	4 51 24	6 46 36	11 05 05	20 49 59	17 54 05	15 28 16	2 21 47	13 48 43	29 40 49
8 Sa	8 48 45	15 35 10	21 30 14	7 21 26	24 02 49	5 30 26	7 20 35	11 28 10	21 00 16	17 52 28	15 22 23	2 19 45	13 49 31	29 40 07
9 Su	9 45 55	27 25 09	3 ♐ 22 13	6 43 34	24 50 56	6 10 02	7 55 11	11 51 50	21 11 12	17 51 20	15 17 04	2 18 21	13 50 54	29 39 60
10 M	10 43 52	9 ♐ 21 07	15 22 35	6 07 24	25 40 34	6 50 23	8 30 35	12 16 19	21 23 00	17 50 55	15 12 33	2 17 48	13 53 05	29 40 38
11 Tu	11 42 37	21 27 55	27 36 06	5 33 33	26 31 45	7 31 33	9 06 51	12 41 39	21 35 43	17 51 15	15 08 52	2 18 09	13 56 07	29 42 07
12 W	12 42 05	3 ♑ 49 58	10 ♑ 06 57	5 02 30	27 24 18	8 13 25	9 43 52	13 07 43	21 49 14	17 52 13	15 05 54	2 19 17	13 59 53	29 44 18
13 Th	13 41 60	16 30 59	22 58 25	4 34 29	28 17 59	8 55 43	10 21 22	13 34 17	22 03 18	17 53 34	15 03 25	2 20 57	14 04 08	29 46 56
14 F	14 42 02	29 33 38	6 ♒ 12 32	4 09 40	29 12 26	9 38 08	10 59 01	14 00 59	22 17 34	17 54 58	15 01 05	2 22 50	14 08 31	29 49 42
15 Sa	15 41 50	12 ♒ 59 14	19 49 45	3 48 05	0 ♌ 07 17	10 20 19	11 36 30	14 27 30	22 31 42	17 56 05	14 58 33	2 24 34	14 12 44	29 52 15
16 Su	16 41 09	26 47 20	3 ♓ 48 41	3 29 47	1 02 13	11 02 00	12 13 31	14 53 34	22 45 25	17 56 38	14 55 34	2 25 53	14 16 27	29 54 18
17 M	17 39 48	10 ♓ 55 42	18 06 08	3 14 53	1 57 06	11 43 01	12 49 54	15 18 59	22 58 34	17 56 27	14 51 57	2 26 37	14 19 33	29 55 42
18 Tu	18 37 47	25 20 22	2 ♈ 37 18	3 03 34	2 51 51	12 23 21	13 25 39	15 43 45	23 11 07	17 55 32	14 47 41	2 26 45	14 22 00	29 56 26
19 W	19 35 12	9 ♈ 56 00	17 16 21	2 56 06	3 46 35	13 03 07	14 00 52	16 07 60	23 23 11	17 53 58	14 42 53	2 26 24	14 23 54	29 56 36
20 Th	20 32 17	24 36 32	1 ♉ 57 05	2 52 48	4 41 30	13 42 31	14 35 46	16 31 55	23 34 59	17 51 60	14 37 46	2 25 47	14 25 29	29 56 24
21 F	21 29 15	9 ♉ 15 52	16 33 41	2 53 57	5 36 48	14 21 48	15 10 36	16 55 45	23 46 45	17 49 51	14 32 36	2 25 08	14 26 58	29 56 07
22 Sa	22 26 20	23 48 35	1 ♊ 01 18	2 59 48	6 32 43	15 01 12	15 45 34	17 19 43	23 58 42	17 47 44	14 27 34	2 24 40	14 28 36	29 55 56
23 Su	23 23 41	8 ♊ 10 25	15 16 19	3 10 27	7 29 20	15 40 49	16 20 48	17 43 57	24 10 58	17 45 49	14 22 50	2 24 32	14 30 29	29 55 60
24 M	24 21 18	22 18 23	29 16 30	3 25 53	8 26 42	16 20 44	16 56 22	18 08 30	24 23 36	17 44 06	14 18 26	2 24 45	14 32 40	29 56 20
25 Tu	25 19 10	6 ♋ 10 46	13 ♋ 00 43	3 46 01	9 24 44	17 00 52	17 32 10	18 33 18	24 36 31	17 42 33	14 14 18	2 25 17	14 35 06	29 56 55
26 W	26 17 09	19 46 54	26 28 43	4 10 36	10 23 18	17 41 05	18 08 07	18 58 13	24 49 38	17 41 02	14 10 20	2 25 59	14 37 40	29 57 35
27 Th	27 15 08	3 ♌ 06 55	9 ♌ 40 54	4 39 27	11 22 15	18 21 18	18 44 04	19 23 09	25 02 47	17 39 27	14 06 24	2 26 46	14 40 14	29 58 15
28 F	28 13 00	16 11 24	22 38 01	5 12 21	12 21 30	19 01 24	19 19 57	19 47 60	25 15 54	17 37 41	14 02 24	2 27 30	14 42 42	29 58 48
29 Sa	29 10 44	29 01 17	5 ♍ 21 05	5 49 10	13 20 58	19 41 20	19 55 41	20 12 43	25 28 56	17 35 42	13 58 19	2 28 10	14 45 02	29 59 12
30 Su	0 ♎ 08 20	11 ♍ 37 42	17 51 15	6 29 48	14 20 40	20 21 08	20 31 19	20 37 18	25 41 54	17 33 31	13 54 10	2 28 47	14 47 16	29 59 28
31 M	1 05 52	24 01 55	0 ♎ 09 53	7 14 13	15 20 40	21 00 53	21 06 55	21 01 52	25 54 51	17 31 13	13 50 01	2 29 24	14 49 26	29 59 41

June 2049 LONGITUDE

Day	☉	0 hr ☽	Noon ☽	☿	♀	♂	⚵	⚳	♃	♄	⚷	♅	♆	♇
1 Tu	2 ♎ 03 27	6 ♎ 15 23	12 ♎ 18 32	8 ♍ 02 24	16 ♌ 21 02	21 ♎ 40 38	21 ♍ 42 34	21 ♍ 26 28	26 ♎ 07 55	17 ♉ 28 54	13 ♓ 45 58	2 ♑ 30 08	14 ♍ 51 39	29 ♊ 59 55
2 W	3 01 10	18 19 46	24 18 60	8 54 21	17 21 52	22 20 31	22 18 21	21 51 12	26 21 09	17 26 38	13 42 05	2 31 04	14 54 01	0 ♋ 00 16
3 Th	3 59 03	0 ♏ 17 03	6 ♏ 13 28	9 50 02	18 23 12	23 00 34	22 54 20	22 16 08	26 34 38	17 24 29	13 38 28	2 32 15	14 56 34	0 00 48
4 F	4 57 07	12 09 33	18 04 31	10 49 20	19 25 00	23 40 46	23 30 31	22 41 15	26 48 20	17 22 27	13 35 05	2 33 41	14 59 17	0 01 30
5 Sa	5 55 18	24 00 02	29 55 08	11 52 08	20 27 13	24 21 05	24 06 48	23 06 29	27 02 12	17 20 28	13 31 53	2 35 18	15 02 09	0 02 18
6 Su	6 53 28	5 ♐ 51 41	11 ♐ 48 44	12 58 13	21 29 43	25 01 23	24 43 06	23 31 43	27 16 06	17 18 25	13 28 45	2 36 59	15 04 60	0 03 05
7 M	7 51 28	17 48 06	23 49 09	14 07 23	22 32 21	25 41 30	25 19 15	23 56 47	27 29 54	17 16 09	13 25 32	2 38 34	15 07 41	0 03 43
8 Tu	8 49 10	29 53 18	6 ♑ 00 31	15 19 25	23 34 55	26 21 18	25 55 05	24 21 33	27 43 25	17 13 31	13 22 04	2 39 54	15 10 05	0 04 01
9 W	9 46 27	12 ♑ 11 30	18 27 03	16 34 10	24 37 22	27 00 40	26 30 31	24 45 55	27 56 35	17 10 25	13 18 16	2 40 54	15 12 04	0 03 54
10 Th	10 43 17	24 46 60	1 ♒ 12 52	17 51 34	25 39 37	27 39 36	27 05 31	25 09 51	28 09 21	17 06 49	13 14 07	2 41 32	15 13 37	0 03 20
11 F	11 39 47	7 ♒ 43 43	14 21 34	19 11 40	26 41 47	28 18 10	27 40 11	25 33 25	28 21 49	17 02 49	13 09 41	2 41 53	15 14 49	0 02 25
12 Sa	12 36 06	21 04 50	27 55 39	20 34 37	27 44 02	28 56 33	28 14 41	25 56 51	28 34 09	16 58 36	13 05 11	2 42 08	15 15 52	0 01 20
13 Su	13 32 33	4 ♓ 52 09	11 ♓ 55 59	22 00 39	28 46 37	29 35 02	28 49 18	26 20 22	28 46 38	16 54 27	13 00 52	2 42 34	15 17 01	0 00 21
14 M	14 29 23	19 05 28	26 21 08	23 30 03	29 49 51	0 ♏ 13 55	29 24 19	26 44 18	28 59 33	16 50 39	12 57 02	2 43 27	15 18 35	29 ♊ 59 45
15 Tu	15 26 52	3 ♈ 42 04	11 ♈ 07 08	25 03 02	0 ♍ 53 57	0 53 25	29 59 58	27 08 52	29 13 09	16 47 26	12 53 55	2 45 03	15 20 47	29 59 48
16 W	16 25 07	18 36 33	26 07 24	26 39 42	1 59 03	1 33 40	0 ♎ 36 23	27 34 12	29 27 33	16 44 56	12 51 39	2 47 29	15 23 44	0 ♋ 00 35
17 Th	17 24 05	3 ♉ 41 12	11 ♉ 13 27	28 19 58	3 05 04	2 14 37	1 13 31	28 00 14	29 42 41	16 43 06	12 50 11	2 50 41	15 27 25	0 02 05
18 F	18 23 31	18 46 53	26 16 05	0 ♎ 03 35	4 11 46	2 56 02	1 51 07	28 26 44	29 58 20	16 41 42	12 49 17	2 54 25	15 31 33	0 04 02
19 Sa	19 23 05	3 ♊ 44 31	11 ♊ 06 43	1 50 08	5 18 47	3 37 32	2 28 50	28 53 21	0 ♏ 14 06	16 40 21	12 48 34	2 58 19	15 35 48	0 06 05
20 Su	20 22 19	18 26 15	25 38 36	3 39 10	6 25 41	4 18 43	3 06 12	29 19 37	0 29 35	16 38 38	12 47 37	3 01 57	15 39 43	0 07 48
21 M	21 20 52	2 ♋ 46 37	9 ♋ 47 29	5 30 13	7 32 05	4 59 11	3 42 52	29 45 11	0 44 23	16 36 10	12 46 04	3 04 57	15 42 55	0 08 48
22 Tu	22 18 31	16 42 47	23 31 46	7 23 02	8 37 46	5 38 43	4 18 37	0 ♎ 09 50	0 58 18	16 32 45	12 43 41	3 07 05	15 45 13	0 08 53
23 W	23 15 14	0 ♌ 14 27	6 ♌ 52 05	9 17 29	9 42 42	6 17 19	4 53 26	0 33 32	1 11 19	16 28 22	12 40 28	3 08 21	15 46 34	0 08 01
24 Th	24 11 14	13 23 14	19 50 41	11 13 41	10 47 05	6 55 11	5 27 31	0 56 30	1 23 38	16 23 14	12 36 37	3 08 57	15 47 11	0 06 24
25 F	25 06 55	26 12 02	2 ♍ 30 47	13 11 51	11 51 18	7 32 41	6 01 14	1 19 07	1 35 37	16 17 42	12 32 32	3 09 16	15 47 28	0 04 27
26 Sa	26 02 44	8 ♍ 44 21	14 55 57	15 12 21	12 55 50	8 10 20	6 35 06	1 41 52	1 47 47	16 12 17	12 28 40	3 09 47	15 47 52	0 02 38
27 Su	26 59 14	21 03 47	27 09 43	17 15 29	14 01 12	8 48 37	7 09 36	2 05 16	2 00 36	16 07 30	12 25 34	3 11 01	15 48 56	0 01 27
28 M	27 56 49	3 ♎ 13 40	9 ♎ 15 16	19 21 28	15 07 47	9 27 59	7 45 11	2 29 43	2 14 32	16 03 45	12 23 39	3 13 23	15 51 03	0 01 20
29 Tu	28 55 46	15 16 51	21 15 16	21 30 20	16 15 54	10 08 42	8 22 05	2 55 31	2 29 50	16 01 20	12 23 11	3 17 10	15 54 31	0 02 34
30 W	29 56 09	27 15 39	3 ♏ 11 57	23 41 54	17 25 36	10 50 50	9 00 25	3 22 44	2 46 35	16 00 20	12 24 15	3 22 26	15 59 25	0 05 13

Notes

LONGITUDE — July 2049

Day	☉	0 hr ☽	Noon ☽	☿	♀	♂	⚵	⚳	♃	♄	⚷	♅	♆	♇
1 Th	0 ♏ 57 50	9 ♏ 11 59	15 ♏ 07 07	25 ♎ 55 45	18 ♍ 36 45	11 ♏ 34 14	9 ♎ 40 01	3 ♎ 51 12	3 ♏ 04 38	16 ♉ 00 36	12 ♓ 26 43	3 ♑ 29 03	16 ♍ 05 36	0 ♋ 09 09
2 F	2 00 27	21 07 24	27 02 21	28 11 14	19 48 57	12 18 34	10 20 32	4 20 36	3 23 37	16 01 46	12 30 12	3 36 38	16 12 41	0 14 00
3 Sa	3 03 29	3 ♐ 03 24	8 ♐ 59 15	0 ♏ 27 32	21 01 42	13 03 16	11 01 25	4 50 22	3 43 01	16 03 18	12 34 11	3 44 41	16 20 10	0 19 14
4 Su	4 06 18	15 01 37	20 59 38	2 43 45	22 14 22	13 47 46	11 42 04	5 19 54	4 02 09	16 04 36	12 38 04	3 52 33	16 27 25	0 24 15
5 M	5 08 18	27 04 04	3 ♑ 05 44	4 59 00	23 26 22	14 31 25	12 21 53	5 48 35	4 20 34	16 05 05	12 41 14	3 59 40	16 33 50	0 28 25
6 Tu	6 08 60	9 ♑ 13 21	15 20 22	7 12 32	24 37 11	15 13 45	13 00 22	6 15 56	4 37 39	16 04 14	12 43 12	4 05 31	16 38 56	0 31 17
7 W	7 08 09	21 32 43	27 47 01	9 23 52	25 46 35	15 54 31	13 37 15	6 41 43	4 53 11	16 01 49	12 43 43	4 09 52	16 42 28	0 32 34
8 Th	8 05 46	4 ♒ 06 06	10 ♒ 29 39	11 32 47	26 54 34	16 33 45	14 12 36	7 05 56	5 07 11	15 57 52	12 42 49	4 12 44	16 44 27	0 32 19
9 F	9 02 12	16 57 47	23 32 30	13 39 27	28 01 29	17 11 46	14 46 43	7 28 55	5 19 59	15 52 42	12 40 49	4 14 28	16 45 13	0 30 52
10 Sa	9 58 04	0 ♓ 12 05	6 ♓ 59 32	15 44 18	29 07 57	17 49 11	15 20 13	7 51 18	5 32 12	15 46 57	12 38 20	4 15 39	16 45 23	0 28 49
11 Su	10 54 07	13 52 35	20 53 39	17 47 58	0 ♎ 14 43	18 26 47	15 53 53	8 13 50	5 44 37	15 41 23	12 36 09	4 17 04	16 45 44	0 26 56
12 M	11 51 09	28 01 21	5 ♈ 15 47	19 51 08	1 22 36	19 05 21	16 28 29	8 37 20	5 57 60	15 36 47	12 35 04	4 19 30	16 47 02	0 26 01
13 Tu	12 49 48	12 ♈ 37 51	20 04 01	21 54 19	2 32 12	19 45 30	17 04 40	9 02 23	6 12 59	15 33 48	12 35 41	4 23 36	16 49 55	0 26 42
14 W	13 50 21	27 38 17	5 ♉ 12 55	23 57 46	3 43 49	20 27 33	17 42 43	9 29 19	6 29 51	15 32 43	12 38 18	4 29 38	16 54 41	0 29 17
15 Th	14 52 42	12 ♉ 55 16	20 33 46	26 01 16	4 57 20	21 11 22	18 22 31	9 57 59	6 48 30	15 33 25	12 42 49	4 37 29	17 01 13	0 33 37
16 F	15 56 17	28 18 32	5 ♊ 55 31	28 04 15	6 12 11	21 56 24	19 03 31	10 27 51	7 08 23	15 35 20	12 48 39	4 46 37	17 08 58	0 39 10
17 Sa	17 00 17	13 ♊ 36 30	21 06 45	0 ♐ 05 51	7 27 33	22 41 48	19 44 52	10 58 04	7 28 38	15 37 40	12 54 60	4 56 10	17 17 04	0 45 06
18 Su	18 03 45	28 38 14	5 ♋ 57 37	2 05 06	8 42 30	23 26 40	20 25 38	11 27 43	7 48 20	15 39 27	13 00 54	5 05 14	17 24 37	0 50 29
19 M	19 05 53	13 ♋ 15 24	20 21 21	4 01 13	9 56 12	24 10 10	21 05 01	11 55 58	8 06 41	15 39 54	13 05 34	5 12 59	17 30 48	0 54 30
20 Tu	20 06 13	27 23 14	4 ♌ 14 52	5 53 43	11 08 12	24 51 51	21 42 33	12 22 23	8 23 12	15 38 34	13 08 32	5 18 57	17 35 08	0 56 42
21 W	21 04 44	11 ♌ 00 40	17 38 29	7 42 32	12 18 28	25 31 40	22 18 12	12 46 54	8 37 51	15 35 23	13 09 45	5 23 07	17 37 36	0 57 01
22 Th	22 01 47	24 09 40	0 ♍ 35 09	9 28 06	13 27 21	26 10 00	22 52 20	13 09 54	8 51 01	15 30 44	13 09 36	5 25 51	17 38 35	0 55 52
23 F	22 58 05	6 ♍ 54 15	13 09 29	11 11 05	14 35 36	26 47 35	23 25 40	13 32 06	9 03 24	15 25 21	13 08 48	5 27 51	17 38 46	0 53 57
24 Sa	23 54 33	19 19 35	25 26 49	12 52 26	15 44 05	27 25 17	23 59 05	13 54 23	9 15 55	15 20 08	13 08 15	5 30 02	17 39 05	0 52 09
25 Su	24 52 05	1 ♎ 31 05	7 ♎ 32 31	14 33 01	16 53 42	28 04 01	24 33 31	14 17 41	9 29 27	15 15 59	13 08 51	5 33 18	17 40 25	0 51 23
26 M	25 51 28	13 33 50	19 31 27	16 13 39	18 05 15	28 44 35	25 09 44	14 42 45	9 44 47	15 13 40	13 11 22	5 38 25	17 43 32	0 52 26
27 Tu	26 53 10	25 32 09	1 ♏ 27 38	17 54 49	19 19 12	29 27 26	25 48 12	15 10 04	10 02 25	15 13 42	13 16 19	5 45 53	17 48 57	0 55 47
28 W	27 57 20	7 ♏ 29 24	13 24 07	19 36 39	20 35 43	0 ♐ 12 44	26 29 05	15 39 49	10 22 29	15 16 13	13 23 50	5 55 51	17 56 48	1 01 35
29 Th	29 03 46	19 27 56	25 22 59	21 18 56	21 54 32	1 00 16	27 12 08	16 11 43	10 44 45	15 21 00	13 33 41	6 08 04	18 06 50	1 09 36
30 F	0 ♐ 11 50	1 ♐ 29 13	7 ♐ 25 28	23 01 02	23 15 06	1 49 25	27 56 46	16 45 13	11 08 37	15 27 27	13 45 17	6 21 57	18 18 30	1 19 14
31 Sa	1 20 42	13 34 05	19 32 18	24 42 07	24 36 30	2 39 20	28 42 08	17 19 25	11 33 14	15 34 42	13 57 45	6 36 38	18 30 54	1 29 38

LONGITUDE — August 2049

Day	☉	0 hr ☽	Noon ☽	☿	♀	♂	⚵	⚳	♃	♄	⚷	♅	♆	♇
1 Su	2 ♐ 29 20	25 ♐ 43 02	1 ♑ 43 60	26 ♐ 21 09	25 ♎ 57 46	3 ♐ 28 60	29 ♎ 27 12	17 ♎ 53 20	11 ♏ 57 35	15 ♉ 41 45	14 ♓ 10 05	6 ♑ 51 07	18 ♍ 43 02	1 ♋ 39 48
2 M	3 36 47	7 ♑ 56 40	14 01 16	27 57 07	27 17 54	4 17 26	0 ♏ 10 59	18 25 59	12 20 41	15 47 38	14 21 19	7 04 24	18 53 55	1 48 43
3 Tu	4 42 13	20 16 05	26 25 26	29 29 12	28 36 07	5 03 51	0 52 42	18 56 32	12 41 44	15 51 32	14 30 38	7 15 43	19 02 46	1 55 38
4 W	5 45 12	2 ♒ 43 10	8 ♒ 58 35	0 ♑ 56 56	29 51 56	5 47 47	1 31 54	19 24 34	13 00 17	15 53 00	14 37 35	7 24 35	19 09 07	2 00 03
5 Th	6 45 43	15 20 42	21 43 49	2 20 14	1 ♏ 05 20	6 29 13	2 08 32	19 50 03	13 16 19	15 52 03	14 42 10	7 30 59	19 12 57	2 01 59
6 F	7 44 12	28 12 26	4 ♓ 44 57	3 39 31	2 16 48	7 08 37	2 43 05	20 13 26	13 30 16	15 49 05	14 44 48	7 35 23	19 14 44	2 01 52
7 Sa	8 41 31	11 ♓ 22 40	18 06 16	4 55 37	3 27 10	7 46 49	3 16 23	20 35 34	13 43 00	15 45 00	14 46 22	7 38 37	19 15 17	2 00 34
8 Su	9 38 48	24 55 42	1 ♈ 51 41	6 09 33	4 37 32	8 24 56	3 49 34	20 57 34	13 55 38	15 40 54	14 47 58	7 41 49	19 15 45	1 59 11
9 M	10 37 10	8 ♈ 54 57	16 03 48	7 22 26	5 49 05	9 04 08	4 23 46	21 20 35	14 09 19	15 37 57	14 50 46	7 46 08	19 17 17	1 58 54
10 Tu	11 37 36	23 21 48	0 ♉ 42 47	8 35 08	7 02 46	9 45 22	4 59 56	21 45 35	14 24 59	15 37 05	14 55 42	7 52 30	19 20 49	2 00 38
11 W	12 40 36	8 ♉ 14 32	15 45 20	9 48 05	8 19 03	10 29 09	5 38 35	22 13 03	14 43 10	15 38 49	15 03 17	8 01 26	19 26 53	2 04 55
12 Th	13 46 05	23 27 37	1 ♊ 04 19	11 01 06	9 37 54	11 15 23	6 19 39	22 42 55	15 03 46	15 43 06	15 13 26	8 12 53	19 35 22	2 11 39
13 F	14 53 24	8 ♊ 51 50	16 29 16	12 13 27	10 58 39	12 03 25	7 02 27	23 14 31	15 26 09	15 49 14	15 25 30	8 26 09	19 45 39	2 20 12
14 Sa	16 01 28	24 15 27	1 ♋ 48 05	13 23 54	12 20 12	12 52 10	7 45 54	23 46 47	15 49 12	15 56 09	15 38 23	8 40 09	19 56 37	2 29 28
15 Su	17 09 01	9 ♋ 26 21	16 49 18	14 31 06	13 41 17	13 40 23	8 28 45	24 18 25	16 11 40	16 02 36	15 50 50	8 53 39	20 07 01	2 38 11
16 M	18 14 57	24 14 17	1 ♌ 24 05	15 33 47	15 00 49	14 26 57	9 09 54	24 48 21	16 32 26	16 07 29	16 01 45	9 05 31	20 15 45	2 45 16
17 Tu	19 18 35	8 ♌ 32 32	15 27 29	16 31 08	16 18 07	15 11 11	9 48 39	25 15 52	16 50 50	16 10 05	16 10 26	9 15 05	20 22 08	2 50 01
18 W	20 19 47	22 18 27	28 58 35	17 22 50	17 33 01	15 52 57	10 24 51	25 40 50	17 06 43	16 10 18	16 16 44	9 22 12	20 26 01	2 52 18
19 Th	21 18 56	5 ♍ 33 10	11 ♍ 59 46	18 07 08	18 45 55	16 32 38	10 58 55	26 03 39	17 20 29	16 08 31	16 21 04	9 27 16	20 27 47	2 52 30
20 F	22 16 53	18 20 34	24 35 45	18 50 37	19 57 41	17 11 05	11 31 40	26 25 09	17 32 57	16 05 34	16 24 16	9 31 07	20 28 18	2 51 28
21 Sa	23 14 44	0 ♎ 46 15	6 ♎ 52 32	19 28 14	21 09 23	17 49 24	12 04 12	26 46 26	17 45 14	16 02 33	16 27 26	9 34 50	20 28 39	2 50 17
22 Su	24 13 35	12 56 26	18 56 27	20 02 52	22 22 08	18 28 42	12 37 39	27 08 37	17 58 27	16 00 35	16 31 40	9 39 34	20 29 57	2 50 06
23 M	25 14 26	24 57 17	0 ♏ 53 29	20 35 15	23 36 56	19 09 57	13 12 59	27 32 39	18 13 33	16 00 40	16 37 58	9 46 16	20 33 11	2 51 52
24 Tu	26 17 56	6 ♏ 54 16	12 48 50	21 05 48	24 54 25	19 53 49	13 50 50	27 59 14	18 31 13	16 03 26	16 46 59	9 55 36	20 38 60	2 56 15
25 W	27 24 18	18 51 46	24 46 31	21 34 30	26 14 49	20 40 31	14 31 28	28 28 32	18 51 40	16 09 08	16 58 55	10 07 47	20 47 37	3 03 29
26 Th	28 33 18	0 ♐ 53 00	6 ♐ 49 21	22 00 51	27 37 54	21 29 50	15 14 36	29 00 22	19 14 40	16 17 31	17 13 34	10 22 36	20 58 49	3 13 18
27 F	29 44 16	12 59 56	18 58 54	22 23 55	29 02 60	22 21 04	15 59 36	29 34 02	19 39 32	16 27 55	17 30 14	10 39 22	21 11 56	3 25 05
28 Sa	0 ♑ 56 13	25 13 27	1 ♑ 15 46	22 42 29	0 ♐ 29 06	23 13 16	16 45 28	0 ♏ 08 33	20 05 16	16 39 21	17 47 57	10 57 05	21 25 58	3 37 48
29 Su	2 07 58	7 ♑ 33 42	13 39 51	22 55 07	1 55 03	24 05 13	17 31 00	0 42 44	20 30 44	16 50 38	18 05 32	11 14 35	21 39 44	3 50 18
30 M	3 18 23	20 00 28	26 10 52	23 00 28	3 19 42	24 55 48	18 15 05	1 15 26	20 54 45	17 00 39	18 21 50	11 30 44	21 52 06	4 01 25
31 Tu	4 26 31	2 ♒ 33 39	8 ♒ 48 46	22 57 28	4 42 07	25 44 05	18 56 46	1 45 43	21 16 23	17 08 26	18 35 55	11 44 34	22 02 08	4 10 15

Notes

September 2049 LONGITUDE

Day	☉	0 hr ☽	Noon ☽	☿	♀	♂	⚵	⚳	♃	♄	⚷	♅	♆	♇
1 W	5 ♑ 31 49	15 ♒ 13 43	21 ♒ 34 11	22 ♑ 45 26	6 ♐ 01 44	26 ♐ 29 30	19 ♏ 35 29	2 ♏ 13 03	21 ♏ 35 05	17 ♉ 13 27	18 ♓ 47 14	11 ♑ 55 34	22 ♍ 09 17	4 ♋ 16 13
2 Th	6 34 14	28 02 00	4 ♓ 28 44	22 24 17	7 18 31	27 11 60	20 11 13	2 37 21	21 50 49	17 15 39	18 55 44	12 03 40	22 13 29	4 19 16
3 F	7 34 14	11 ♓ 00 53	17 34 59	21 54 34	8 32 54	27 52 03	20 44 24	2 59 05	22 04 01	17 15 29	19 01 52	12 09 19	22 15 13	4 19 54
4 Sa	8 32 43	24 13 35	0 ♈ 56 16	21 17 22	9 45 49	28 30 33	21 15 56	3 19 10	22 15 36	17 13 53	19 06 33	12 13 27	22 15 23	4 18 59
5 Su	9 30 53	7 ♈ 43 43	14 36 06	20 34 14	10 58 28	29 08 43	21 47 02	3 38 48	22 26 46	17 12 02	19 10 59	12 17 14	22 15 10	4 17 44
6 M	10 29 59	21 34 35	28 37 21	19 46 55	12 12 04	29 47 48	22 18 57	3 59 12	22 38 46	17 11 11	19 16 24	12 21 56	22 15 50	4 17 23
7 Tu	11 31 04	5 ♉ 48 11	13 ♉ 01 09	18 57 07	13 27 42	0 ♑ 28 49	22 52 42	4 21 27	22 52 39	17 12 22	19 23 52	12 28 36	22 18 26	4 19 01
8 W	12 34 43	20 24 12	27 45 58	18 06 15	14 45 56	1 12 23	23 28 54	4 46 07	23 08 58	17 16 12	19 33 57	12 37 48	22 23 32	4 23 11
9 Th	13 40 56	5 ♊ 19 09	12 ♊ 46 56	17 15 22	16 06 46	1 58 28	24 07 32	5 13 11	23 27 45	17 22 39	19 46 38	12 49 32	22 31 09	4 29 54
10 F	14 49 06	20 26 11	27 55 58	16 24 60	17 29 35	2 46 29	24 47 58	5 42 02	23 48 22	17 31 08	20 01 20	13 03 12	22 40 39	4 38 32
11 Sa	15 58 09	5 ♋ 35 44	13 ♋ 02 47	15 35 22	18 53 18	3 35 20	25 29 09	6 11 36	24 09 44	17 40 33	20 16 57	13 17 43	22 50 57	4 48 01
12 Su	17 06 48	20 37 03	27 56 49	14 46 37	20 16 40	4 23 46	26 09 48	6 40 38	24 30 36	17 49 38	20 32 14	13 31 49	23 00 50	4 57 06
13 M	18 13 56	5 ♌ 20 13	12 ♌ 28 59	13 58 60	21 38 32	5 10 39	26 48 47	7 07 57	24 49 50	17 57 16	20 46 03	13 44 21	23 09 07	5 04 38
14 Tu	19 18 47	19 37 46	26 33 17	13 13 08	22 58 09	5 55 13	27 25 21	7 32 49	25 06 38	18 02 41	20 57 36	13 54 34	23 15 03	5 09 52
15 W	20 21 06	3 ♍ 25 44	10 ♍ 07 20	12 30 06	24 15 16	6 37 13	27 59 13	7 54 59	25 20 47	18 05 37	21 06 41	14 02 13	23 18 23	5 12 31
16 Th	21 21 11	16 43 45	23 12 04	11 51 23	25 30 10	7 16 57	28 30 43	8 14 43	25 32 34	18 06 24	21 13 33	14 07 35	23 19 26	5 12 55
17 F	22 19 46	29 34 24	5 ♎ 51 07	11 18 43	26 43 35	7 55 08	29 00 32	8 32 47	25 42 43	18 05 43	21 18 57	14 11 25	23 18 54	5 11 48
18 Sa	23 17 51	12 ♎ 02 23	18 09 47	10 53 58	27 56 32	8 32 47	29 29 43	8 50 08	25 52 13	18 04 36	21 23 54	14 14 42	23 17 48	5 10 08
19 Su	24 16 30	24 13 33	0 ♏ 14 14	10 38 49	29 10 04	9 10 58	29 59 17	9 07 52	26 02 10	18 04 07	21 29 26	14 18 31	23 17 12	5 09 01
20 M	25 16 40	6 ♏ 14 06	12 10 42	10 34 40	0 ♑ 25 08	9 50 38	0 ♐ 30 14	9 26 56	26 13 29	18 05 13	21 36 32	14 23 49	23 18 04	5 09 23
21 Tu	26 19 02	18 09 55	24 04 57	10 42 24	1 42 26	10 32 29	1 03 12	9 47 59	26 26 52	18 08 35	21 45 52	14 31 16	23 21 03	5 11 56
22 W	27 23 54	0 ♐ 06 13	6 ♐ 01 54	11 02 21	3 02 14	11 16 46	1 38 30	10 11 20	26 42 35	18 14 29	21 57 42	14 41 09	23 26 28	5 16 56
23 Th	28 31 06	12 07 07	18 05 19	11 34 15	4 24 23	12 03 22	2 15 58	10 36 49	27 00 30	18 22 49	22 11 56	14 53 20	23 34 10	5 24 16
24 F	29 40 07	24 15 35	0 ♑ 17 44	12 17 15	5 48 22	12 51 43	2 55 05	11 03 53	27 20 05	18 33 00	22 27 60	15 07 17	23 43 36	5 33 23
25 Sa	0 ♒ 50 04	6 ♑ 33 25	12 40 30	13 10 07	7 13 19	13 41 00	3 34 58	11 31 42	27 40 27	18 44 12	22 45 02	15 22 08	23 53 55	5 43 24
26 Su	1 59 57	19 01 21	25 13 55	14 11 18	8 38 12	14 30 10	4 14 36	11 59 13	28 00 37	18 55 24	23 02 01	15 36 52	24 04 06	5 53 21
27 M	3 08 45	1 ♒ 39 17	7 ♒ 57 35	15 19 13	10 02 01	15 18 13	4 52 58	12 25 26	28 19 31	19 05 34	23 17 57	15 50 28	24 13 07	6 02 10
28 Tu	4 15 37	14 26 43	20 50 44	16 32 22	11 23 54	16 04 18	5 29 14	12 49 29	28 36 21	19 13 53	23 31 59	16 02 05	24 20 10	6 09 02
29 W	5 20 04	27 23 06	3 ♓ 52 47	17 49 35	12 43 23	16 47 55	6 02 53	13 10 54	28 50 36	19 19 50	23 43 37	16 11 14	24 24 43	6 13 28
30 Th	6 21 60	10 ♓ 28 15	17 03 35	19 10 05	14 00 23	17 29 01	6 33 52	13 29 35	29 02 12	19 23 21	23 52 47	16 17 50	24 26 43	6 15 23

October 2049 LONGITUDE

Day	☉	0 hr ☽	Noon ☽	☿	♀	♂	⚵	⚳	♃	♄	⚷	♅	♆	♇
1 F	7 ♒ 21 48	23 ♓ 42 36	0 ♈ 23 44	20 ♑ 33 34	15 ♑ 15 15	18 ♑ 07 56	7 ♐ 02 31	13 ♏ 45 53	29 ♏ 11 30	19 ♉ 24 48	23 ♓ 59 50	16 ♑ 22 15	24 ♍ 26 31	6 ♋ 15 08
2 Sa	8 20 13	7 ♈ 07 15	13 54 27	22 00 07	16 28 44	18 45 26	7 29 36	14 00 34	29 19 16	19 24 56	24 05 31	16 25 14	24 24 53	6 13 29
3 Su	9 18 13	20 43 47	27 37 25	23 30 03	17 41 50	19 22 29	7 56 05	14 14 37	29 26 27	19 24 43	24 10 50	16 27 45	24 22 46	6 11 25
4 M	10 16 50	4 ♉ 33 52	11 ♉ 34 05	25 03 50	18 55 33	20 00 08	8 22 59	14 29 01	29 34 05	19 25 12	24 16 46	16 30 50	24 21 13	6 09 56
5 Tu	11 16 55	18 38 32	25 45 06	26 41 45	20 10 45	20 39 13	8 51 11	14 44 40	29 43 02	19 27 13	24 24 13	16 35 21	24 21 05	6 09 55
6 W	12 18 58	2 ♊ 57 28	10 ♊ 09 29	28 23 49	21 27 55	21 20 13	9 21 08	15 02 01	29 53 47	19 31 16	24 33 38	16 41 47	24 22 51	6 11 51
7 Th	13 22 60	17 28 30	24 44 12	0 ♒ 09 36	22 47 05	22 03 11	9 52 54	15 21 07	0 ♐ 06 22	19 37 23	24 45 04	16 50 09	24 26 34	6 15 45
8 F	14 28 35	2 ♋ 07 13	9 ♋ 24 02	1 58 16	24 07 48	22 47 41	10 26 00	15 41 30	0 20 19	19 45 06	24 58 05	17 00 00	24 31 46	6 21 11
9 Sa	15 34 56	16 47 21	24 02 07	3 48 42	25 29 18	23 32 54	10 59 40	16 02 24	0 34 53	19 53 39	25 11 52	17 10 35	24 37 41	6 27 22
10 Su	16 41 06	1 ♌ 21 31	8 ♌ 30 55	5 39 41	26 50 37	24 17 55	11 32 58	16 22 51	0 49 05	20 02 06	25 25 29	17 20 55	24 43 22	6 33 22
11 M	17 46 14	15 42 22	22 43 30	7 30 04	28 10 55	25 01 52	12 05 01	16 41 59	1 02 04	20 09 34	25 38 05	17 30 10	24 47 57	6 38 19
12 Tu	18 49 43	29 43 49	6 ♍ 34 35	9 19 03	29 29 34	25 44 08	12 35 12	16 59 13	1 13 14	20 15 27	25 49 03	17 37 43	24 50 50	6 41 36
13 W	19 51 19	13 ♍ 21 55	20 01 15	11 06 12	0 ♒ 46 19	26 24 28	13 03 17	17 14 15	1 22 19	20 19 30	25 58 08	17 43 18	24 51 46	6 42 57
14 Th	20 51 08	26 35 13	3 ♎ 03 07	12 51 29	2 01 18	27 03 00	13 29 23	17 27 15	1 29 28	20 21 51	26 05 27	17 47 04	24 50 53	6 42 32
15 F	21 49 39	9 ♎ 24 40	15 42 04	14 35 15	3 14 58	27 40 11	13 53 57	17 38 38	1 35 06	20 22 56	26 11 28	17 49 27	24 48 37	6 40 47
16 Sa	22 47 30	21 53 11	28 01 44	16 18 03	4 27 59	28 16 41	14 17 37	17 49 03	1 39 53	20 23 25	26 16 49	17 51 06	24 45 38	6 38 21
17 Su	23 45 25	4 ♏ 05 05	10 ♏ 06 56	18 00 31	5 41 04	28 53 13	14 41 08	17 59 15	1 44 33	20 24 02	26 22 15	17 52 46	24 42 40	6 35 58
18 M	24 44 05	16 05 28	22 03 02	19 43 17	6 54 54	29 30 27	15 05 11	18 09 54	1 49 47	20 25 27	26 28 26	17 55 07	24 40 23	6 34 19
19 Tu	25 44 01	27 59 45	3 ♐ 55 33	21 26 49	8 09 59	0 ♒ 08 55	15 30 14	18 21 29	1 56 04	20 28 11	26 35 52	17 58 40	24 39 19	6 33 54
20 W	26 45 27	9 ♐ 53 11	15 49 39	23 11 19	9 26 34	0 48 52	15 56 34	18 34 16	2 03 40	20 32 29	26 44 50	18 03 39	24 39 41	6 34 59
21 Th	27 48 23	21 50 34	27 49 57	24 56 45	10 44 38	1 30 16	16 24 09	18 48 13	2 12 34	20 38 20	26 55 17	18 10 04	24 41 30	6 37 33
22 F	28 52 31	3 ♑ 55 58	10 ♑ 00 13	26 42 48	12 03 55	2 12 51	16 52 42	19 03 02	2 22 29	20 45 27	27 06 56	18 17 37	24 44 29	6 41 18
23 Sa	29 57 23	16 12 36	22 23 14	28 28 59	13 23 54	2 56 06	17 21 42	19 18 15	2 32 54	20 53 19	27 19 18	18 25 49	24 48 07	6 45 44
24 Su	1 ♓ 02 20	28 42 40	5 ♒ 00 43	0 ♓ 14 40	14 43 59	3 39 26	17 50 34	19 33 14	2 43 13	21 01 22	27 31 46	18 34 03	24 51 48	6 50 17
25 M	2 06 47	11 ♒ 27 21	17 53 20	1 59 16	16 03 33	4 22 13	18 18 40	19 47 22	2 52 49	21 08 58	27 43 43	18 41 42	24 54 55	6 54 18
26 Tu	3 10 14	24 26 54	1 ♓ 00 45	3 42 15	17 22 06	5 03 58	18 45 30	20 00 09	3 01 13	21 15 36	27 54 40	18 48 17	24 56 60	6 57 17
27 W	4 12 21	7 ♓ 40 39	14 21 55	5 23 20	18 39 19	5 44 22	19 10 45	20 11 16	3 08 05	21 20 58	28 04 18	18 53 29	24 57 42	6 58 57
28 Th	5 13 05	21 07 25	27 55 14	7 02 29	19 55 09	6 23 21	19 34 22	20 20 39	3 13 22	21 25 02	28 12 32	18 57 14	24 56 59	6 59 14
29 F	6 12 39	4 ♈ 45 36	11 ♈ 38 59	8 39 53	21 09 47	7 01 07	19 56 32	20 28 30	3 17 16	21 27 57	28 19 36	18 59 44	24 55 01	6 58 19
30 Sa	7 11 25	18 33 33	25 31 26	10 15 57	22 23 38	7 38 04	20 17 38	20 35 12	3 20 10	21 30 09	28 25 52	19 01 22	24 52 15	6 56 36
31 Su	8 09 55	2 ♉ 29 42	9 ♉ 31 03	11 51 14	23 37 12	8 14 44	20 38 12	20 41 16	3 22 36	21 32 09	28 31 52	19 02 41	24 49 10	6 54 37

Notes

LONGITUDE — November 2049

Day	☉	0 hr ☽	Noon ☽	☿	♀	♂	⚵	⚳	♃	♄	⚷	♅	♆	♇
1 M	9 ♓ 08 41	16 ♉ 32 33	23 ♉ 36 26	13 ♓ 26 16	24 ♒ 51 01	8 ♒ 51 37	20 ♐ 58 46	20 ♏ 47 14	3 ♐ 25 05	21 ♉ 34 28	28 ♓ 38 07	19 ♑ 04 12	24 ♍ 46 19	6 ♋ 52 54
2 Tu	10 08 08	0 ♊ 40 38	7 ♊ 46 06	15 01 29	26 05 32	9 29 11	21 19 44	20 53 32	3 28 03	21 37 31	28 45 04	19 06 20	24 44 06	6 51 52
3 W	11 08 30	14 52 17	21 58 20	16 37 09	27 20 56	10 07 37	21 41 20	21 00 22	3 31 43	21 41 33	28 52 54	19 09 19	24 42 46	6 51 44
4 Th	12 09 47	29 05 25	6 ♋ 10 52	18 13 15	28 37 14	10 46 56	22 03 34	21 07 43	3 36 05	21 46 32	29 01 39	19 13 09	24 42 19	6 52 30
5 F	13 11 45	13 ♋ 17 23	20 20 53	19 49 37	29 54 14	11 26 56	22 26 13	21 15 24	3 40 56	21 52 17	29 11 06	19 17 36	24 42 31	6 53 59
6 Sa	14 14 04	27 25 02	4 ♌ 25 04	21 25 54	1 ♓ 11 34	12 07 15	22 48 55	21 23 03	3 45 55	21 58 26	29 20 53	19 22 20	24 43 02	6 55 48
7 Su	15 16 20	11 ♌ 24 54	18 19 53	23 01 44	2 28 50	12 47 30	23 11 17	21 30 16	3 50 39	22 04 35	29 30 37	19 26 58	24 43 29	6 57 34
8 M	16 18 14	25 13 30	2 ♍ 01 59	24 36 48	3 45 44	13 27 21	23 32 58	21 36 42	3 54 48	22 10 26	29 39 58	19 31 09	24 43 31	6 58 58
9 Tu	17 19 33	8 ♍ 47 48	15 28 34	26 10 53	5 02 02	14 06 35	23 53 46	21 42 10	3 58 08	22 15 43	29 48 42	19 34 41	24 42 56	6 59 46
10 W	18 20 12	22 05 34	28 37 53	27 43 56	6 17 39	14 45 08	24 13 36	21 46 33	4 00 36	22 20 25	29 56 46	19 37 28	24 41 39	6 59 54
11 Th	19 20 15	5 ♎ 05 38	11 ♎ 29 17	29 16 02	7 32 40	15 23 04	24 32 32	21 49 57	4 02 15	22 24 33	0 ♈ 04 14	19 39 36	24 39 44	6 59 26
12 F	20 19 53	17 48 03	24 03 26	0 ♈ 47 21	8 47 15	16 00 33	24 50 43	21 52 30	4 03 15	22 28 19	0 11 15	19 41 14	24 37 23	6 58 33
13 Sa	21 19 20	0 ♏ 14 07	6 ♏ 22 10	2 18 09	10 01 37	16 37 49	25 08 23	21 54 27	4 03 50	22 31 57	0 18 04	19 42 36	24 34 47	6 57 28
14 Su	22 18 48	12 26 09	18 28 17	3 48 37	11 16 01	17 15 05	25 25 46	21 56 00	4 04 14	22 35 38	0 24 53	19 43 55	24 32 12	6 56 24
15 M	23 18 29	24 27 24	0 ♐ 25 27	5 18 58	12 30 35	17 52 32	25 42 60	21 57 20	4 04 36	22 39 34	0 31 53	19 45 22	24 29 46	6 55 33
16 Tu	24 18 28	6 ♐ 21 47	12 17 52	6 49 16	13 45 27	18 30 15	26 00 12	21 58 32	4 05 03	22 43 51	0 39 10	19 47 02	24 27 37	6 54 59
17 W	25 18 46	18 13 40	24 10 05	8 19 34	15 00 38	19 08 16	26 17 23	21 59 37	4 05 35	22 48 30	0 46 44	19 48 58	24 25 46	6 54 44
18 Th	26 19 21	0 ♑ 07 38	6 ♑ 06 46	9 49 46	16 16 03	19 46 31	26 34 30	22 00 32	4 06 10	22 53 28	0 54 34	19 51 04	24 24 09	6 54 45
19 F	27 20 05	12 08 19	18 12 28	11 19 47	17 31 37	20 24 55	26 51 24	22 01 11	4 06 40	22 58 37	1 02 31	19 53 16	24 22 40	6 54 55
20 Sa	28 20 51	24 20 09	0 ♒ 31 26	12 49 27	18 47 13	21 03 19	27 07 59	22 01 25	4 06 60	23 03 51	1 10 30	19 55 25	24 21 11	6 55 07
21 Su	29 21 35	6 ♒ 47 07	13 07 17	14 18 41	20 02 45	21 41 39	27 24 10	22 01 09	4 07 03	23 09 05	1 18 24	19 57 27	24 19 38	6 55 17
22 M	0 ♈ 22 13	19 32 25	26 02 42	15 47 23	21 18 09	22 19 51	27 39 53	22 00 21	4 06 46	23 14 15	1 26 10	19 59 18	24 17 58	6 55 20
23 Tu	1 22 46	2 ♓ 38 13	9 ♓ 19 09	17 15 33	22 33 29	22 57 58	27 55 08	21 59 02	4 06 11	23 19 24	1 33 51	20 01 01	24 16 12	6 55 19
24 W	2 23 20	16 05 16	22 56 35	18 43 13	23 48 48	23 36 04	28 10 02	21 57 16	4 05 24	23 24 35	1 41 30	20 02 39	24 14 25	6 55 19
25 Th	3 24 02	29 52 42	6 ♈ 53 14	20 10 28	25 04 14	24 14 15	28 24 40	21 55 11	4 04 30	23 29 56	1 49 16	20 04 21	24 12 45	6 55 26
26 F	4 24 57	13 ♈ 57 54	21 05 45	21 37 19	26 19 53	24 52 40	28 39 09	21 52 53	4 03 37	23 35 34	1 57 13	20 06 12	24 11 18	6 55 47
27 Sa	5 26 09	28 16 49	5 ♉ 29 28	23 03 44	27 35 48	25 31 19	28 53 31	21 50 26	4 02 47	23 41 30	2 05 26	20 08 15	24 10 06	6 56 26
28 Su	6 27 37	12 ♉ 44 13	19 58 57	24 29 38	28 51 57	26 10 13	29 07 45	21 47 47	4 01 60	23 47 45	2 13 53	20 10 30	24 09 09	6 57 20
29 M	7 29 12	27 14 31	4 ♊ 28 40	25 54 45	0 ♈ 08 13	26 49 13	29 21 43	21 44 49	4 01 07	23 54 09	2 22 25	20 12 47	24 08 19	6 58 22
30 Tu	8 30 42	11 ♊ 42 21	18 53 38	27 18 46	1 24 24	27 28 08	29 35 12	21 41 21	3 59 57	24 00 32	2 30 52	20 14 57	24 07 25	6 59 20

LONGITUDE — December 2049

Day	☉	0 hr ☽	Noon ☽	☿	♀	♂	⚵	⚳	♃	♄	⚷	♅	♆	♇
1 W	9 ♈ 31 57	26 ♊ 03 13	3 ♋ 09 54	28 ♈ 41 20	2 ♈ 40 18	28 ♒ 06 45	29 ♐ 48 01	21 ♏ 37 10	3 ♐ 58 18	24 ♉ 06 41	2 ♈ 39 01	20 ♑ 16 46	24 ♍ 06 13	7 ♋ 00 03
2 Th	10 32 45	10 ♋ 13 48	17 14 45	0 ♉ 02 07	3 55 45	28 44 56	29 59 59	21 32 08	3 55 60	24 12 27	2 46 43	20 18 04	24 04 36	7 00 20
3 F	11 33 04	24 12 04	1 ♌ 06 41	1 20 51	5 10 41	29 22 35	0 ♑ 11 03	21 26 10	3 52 60	24 17 45	2 53 52	20 18 49	24 02 28	7 00 08
4 Sa	12 32 57	7 ♌ 57 04	14 45 07	2 37 21	6 25 12	29 59 49	0 21 16	21 19 22	3 49 22	24 22 40	3 00 36	20 19 05	23 59 55	6 59 32
5 Su	13 32 38	21 28 41	28 10 09	3 51 35	7 39 30	0 ♓ 36 49	0 30 52	21 11 56	3 45 20	24 27 25	3 07 05	20 19 04	23 57 10	6 58 44
6 M	14 32 25	4 ♍ 47 15	11 ♍ 22 13	5 03 31	8 53 53	1 13 55	0 40 08	21 04 12	3 41 12	24 32 19	3 13 38	20 19 05	23 54 31	6 58 03
7 Tu	15 32 38	17 53 18	24 21 52	6 13 07	10 08 42	1 51 26	0 49 25	20 56 28	3 37 17	24 37 41	3 20 36	20 19 28	23 52 17	6 57 48
8 W	16 33 36	0 ♎ 47 21	7 ♎ 09 39	7 20 16	11 24 14	2 29 40	0 58 59	20 49 05	3 33 55	24 43 49	3 28 16	20 20 32	23 50 48	6 58 19
9 Th	17 35 31	13 29 54	19 46 09	8 24 42	12 40 42	3 08 51	1 09 04	20 42 14	3 31 18	24 50 56	3 36 51	20 22 28	23 50 16	6 59 47
10 F	18 38 25	26 01 27	2 ♏ 11 57	9 25 55	13 58 10	3 49 00	1 19 42	20 35 60	3 29 28	24 59 05	3 46 24	20 25 20	23 50 44	7 02 16
11 Sa	19 42 14	8 ♏ 22 38	14 27 56	10 23 12	15 16 31	4 30 03	1 30 46	20 30 15	3 28 21	25 08 10	3 56 48	20 29 01	23 52 06	7 05 39
12 Su	20 46 40	20 34 22	26 35 16	11 15 34	16 35 29	5 11 42	1 42 00	20 24 46	3 27 40	25 17 54	4 07 48	20 33 16	23 54 05	7 09 40
13 M	21 51 20	2 ♐ 38 04	8 ♐ 35 42	12 01 54	17 54 40	5 53 35	1 53 00	20 19 07	3 27 01	25 27 54	4 18 59	20 37 40	23 56 19	7 13 56
14 Tu	22 55 47	14 35 42	20 31 34	12 40 56	19 13 37	6 35 13	2 03 19	20 12 53	3 25 57	25 37 42	4 29 55	20 41 47	23 58 19	7 17 59
15 W	23 59 34	26 29 58	2 ♑ 25 52	13 11 20	20 31 54	7 16 11	2 12 30	20 05 37	3 24 02	25 46 53	4 40 08	20 45 10	23 59 40	7 21 22
16 Th	25 02 21	8 ♑ 24 19	14 22 20	13 31 53	21 49 10	7 56 07	2 20 11	19 57 00	3 20 56	25 55 04	4 49 19	20 47 29	24 00 01	7 23 46
17 F	26 03 58	20 22 51	26 25 18	13 41 33	23 05 15	8 34 53	2 26 12	19 46 52	3 16 28	26 02 07	4 57 17	20 48 32	23 59 11	7 25 01
18 Sa	27 04 28	2 ♒ 30 19	8 ♒ 39 36	13 39 35	24 20 12	9 12 30	2 30 37	19 35 17	3 10 43	26 08 04	5 04 05	20 48 25	23 57 15	7 25 09
19 Su	28 04 08	14 51 46	21 10 12	13 25 38	25 34 19	9 49 17	2 33 43	19 22 33	3 03 57	26 13 13	5 10 01	20 47 23	23 54 30	7 24 28
20 M	29 03 29	27 32 15	4 ♓ 01 53	12 59 44	26 48 05	10 25 44	2 35 59	19 09 11	2 56 42	26 18 04	5 15 35	20 45 58	23 51 26	7 23 27
21 Tu	0 ♉ 03 08	10 ♓ 36 14	17 18 31	12 22 25	28 02 09	11 02 27	2 38 03	18 55 49	2 49 34	26 23 14	5 21 24	20 44 47	23 48 40	7 22 46
22 W	1 03 42	24 06 53	1 ♈ 02 25	11 34 37	29 17 08	11 40 05	2 40 32	18 43 06	2 43 12	26 29 21	5 28 06	20 44 27	23 46 50	7 23 01
23 Th	2 05 43	8 ♈ 05 19	15 13 31	10 37 37	0 ♉ 33 33	12 19 09	2 43 57	18 31 34	2 38 07	26 36 56	5 36 11	20 45 29	23 46 28	7 24 43
24 F	3 09 26	22 29 57	29 48 49	9 33 02	1 51 39	12 59 54	2 48 33	18 21 28	2 34 35	26 46 14	5 45 55	20 48 09	23 47 48	7 28 07
25 Sa	4 14 43	7 ♉ 16 00	14 ♉ 42 15	8 22 38	3 11 20	13 42 13	2 54 13	18 12 43	2 32 29	26 57 08	5 57 12	20 52 20	23 50 44	7 33 07
26 Su	5 21 09	22 15 54	29 45 17	7 08 16	4 32 08	14 25 39	3 00 30	18 04 53	2 31 22	27 09 12	6 09 34	20 57 36	23 54 49	7 39 17
27 M	6 27 57	7 ♊ 20 10	14 ♊ 48 08	5 51 50	5 53 19	15 09 28	3 06 40	17 57 15	2 30 30	27 21 40	6 22 16	21 03 11	23 59 19	7 45 51
28 Tu	7 34 18	22 18 59	29 41 26	4 35 14	7 14 02	15 52 49	3 11 51	17 48 59	2 29 03	27 33 42	6 34 29	21 08 15	24 03 22	7 51 58
29 W	8 39 26	7 ♋ 03 53	14 ♋ 17 46	3 20 24	8 33 32	16 34 57	3 15 20	17 39 20	2 26 16	27 44 33	6 45 25	21 12 02	24 06 14	7 56 53
30 Th	9 42 54	21 28 55	28 32 28	2 09 14	9 51 21	17 15 23	3 16 37	17 27 53	2 21 42	27 53 45	6 54 39	21 14 06	24 07 28	8 00 10
31 F	10 44 38	5 ♌ 31 10	12 ♌ 23 53	1 03 39	11 07 26	17 54 06	3 15 40	17 14 34	2 15 17	28 01 15	7 02 06	21 14 23	24 06 59	8 01 44

Notes

January 2050 LONGITUDE

Day	☉	0 hr ☽	Noon ☽	☿	♀	♂	⚵	⚳	♃	♄	⚷	♅	♆	♇
1 Sa	11 ♉ 44 59	19 ♌ 10 30	25 ♌ 52 49	0 ♉ 05 29	12 ♉ 22 09	18 ♓ 31 26	3 ♑ 12 50	16 ♏ 59 48	2 ♐ 07 24	28 ♉ 07 24	7 ♈ 08 09	21 ♑ 13 14	24 ♍ 05 10	8 ♋ 01 58
2 Su	12 44 40	2 ♍ 28 50	9 ♍ 01 49	29 ♈ 16 22	13 36 11	19 08 05	3 08 49	16 44 15	1 58 44	28 12 54	7 13 28	21 11 22	24 02 42	8 01 32
3 M	13 44 32	15 29 21	21 54 20	28 37 42	14 50 24	19 44 56	3 04 30	16 28 50	1 50 10	28 18 36	7 18 56	21 09 38	24 00 27	8 01 19
4 Tu	14 45 29	28 15 37	4 ♎ 33 54	28 10 26	16 05 42	20 22 52	3 00 45	16 14 28	1 42 36	28 25 25	7 25 26	21 08 55	23 59 19	8 02 12
5 W	15 48 15	10 ♎ 50 56	17 03 44	27 55 07	17 22 49	21 02 36	2 58 19	16 01 52	1 36 47	28 34 04	7 33 42	21 09 59	24 00 02	8 04 56
6 Th	16 53 18	23 18 02	29 26 17	27 51 47	18 42 12	21 44 36	2 57 40	15 51 32	1 33 08	28 45 01	7 44 11	21 13 16	24 03 04	8 09 57
7 F	18 00 43	5 ♏ 38 50	11 ♏ 43 17	27 59 57	20 03 57	22 28 59	2 58 53	15 43 35	1 31 48	28 58 21	7 57 01	21 18 52	24 08 29	8 17 22
8 Sa	19 10 14	17 54 28	23 55 44	28 18 42	21 27 49	23 15 28	3 01 43	15 37 46	1 32 31	29 13 48	8 11 53	21 26 32	24 16 03	8 26 55
9 Su	20 21 15	0 ♐ 05 32	6 ♐ 04 13	28 46 43	22 53 11	24 03 27	3 05 34	15 33 29	1 34 39	29 30 47	8 28 12	21 35 38	24 25 09	8 37 59
10 M	21 32 55	12 12 24	18 09 11	29 22 28	24 19 11	24 52 05	3 09 35	15 29 54	1 37 24	29 48 25	8 45 07	21 45 20	24 34 56	8 49 43
11 Tu	22 44 17	24 15 33	0 ♑ 11 20	0 ♉ 04 19	25 44 52	25 40 23	3 12 47	15 26 06	1 39 46	0 ♊ 05 45	9 01 40	21 54 41	24 44 26	9 01 10
12 W	23 54 24	6 ♑ 16 01	12 11 57	0 50 43	27 09 19	26 27 27	3 14 17	15 21 08	1 40 51	0 21 51	9 16 54	22 02 44	24 52 43	9 11 23
13 Th	25 02 33	18 15 35	24 13 14	1 40 21	28 31 47	27 12 33	3 13 21	15 14 19	1 39 56	0 36 00	9 30 08	22 08 46	24 59 05	9 19 39
14 F	26 08 20	0 ♒ 17 07	6 ♒ 18 22	2 32 18	29 51 54	27 55 16	3 09 35	15 05 16	1 36 37	0 47 48	9 40 56	22 12 23	25 03 06	9 25 35
15 Sa	27 11 46	12 24 34	18 31 38	3 26 06	1 ♊ 09 39	28 35 39	3 03 01	14 54 01	1 30 56	0 57 15	9 49 20	22 13 36	25 04 49	9 29 11
16 Su	28 13 17	24 42 55	0 ♓ 58 11	4 21 45	2 25 30	29 14 06	2 54 06	14 41 01	1 23 19	1 04 49	9 55 45	22 12 52	25 04 39	9 30 54
17 M	29 13 44	7 ♓ 17 49	13 43 43	5 19 42	3 40 16	29 51 29	2 43 39	14 27 08	1 14 36	1 11 18	10 01 02	22 11 00	25 03 27	9 31 33
18 Tu	0 ♊ 14 10	20 15 07	26 53 50	6 20 40	4 55 01	0 ♈ 28 50	2 32 46	14 13 25	1 05 52	1 17 46	10 06 15	22 09 05	25 02 16	9 32 12
19 W	1 15 42	3 ♈ 40 02	10 ♈ 33 06	7 25 29	6 10 53	1 07 18	2 22 35	14 01 02	0 58 14	1 25 22	10 12 31	22 08 13	25 02 14	9 33 59
20 Th	2 19 18	17 36 06	24 43 57	8 34 50	7 28 48	1 47 48	2 14 03	13 50 56	0 52 40	1 34 60	10 20 45	22 09 22	25 04 17	9 37 51
21 F	3 25 29	2 ♉ 04 01	9 ♉ 25 33	9 49 01	8 49 18	2 30 54	2 07 43	13 43 40	0 49 42	1 47 15	10 31 32	22 13 05	25 08 58	9 44 19
22 Sa	4 34 14	17 00 38	24 32 56	11 07 48	10 12 22	3 16 34	2 03 35	13 39 15	0 49 20	2 02 05	10 44 49	22 19 19	25 16 16	9 53 23
23 Su	5 44 57	2 ♊ 18 36	9 ♊ 57 02	12 30 24	11 37 24	4 04 10	2 01 03	13 37 03	0 50 57	2 18 51	10 59 60	22 27 27	25 25 34	10 04 25
24 M	6 56 29	17 46 56	25 25 50	13 55 32	13 03 16	4 52 36	1 59 01	13 36 00	0 53 26	2 36 29	11 15 57	22 36 24	25 35 44	10 16 19
25 Tu	8 07 33	3 ♋ 12 49	10 ♋ 46 31	15 21 46	14 28 40	5 40 34	1 56 11	13 34 47	0 55 30	2 53 39	11 31 22	22 44 51	25 45 29	10 27 47
26 W	9 16 57	18 24 08	25 47 58	16 47 47	15 52 24	6 26 52	1 51 22	13 32 14	0 55 57	3 09 09	11 45 04	22 51 36	25 53 37	10 37 35
27 Th	10 23 54	3 ♌ 11 34	10 ♌ 22 33	18 12 41	17 13 41	7 10 43	1 43 50	13 27 35	0 54 00	3 22 12	11 56 15	22 55 52	25 59 21	10 44 59
28 F	11 28 13	17 29 54	24 26 53	19 36 14	18 32 21	7 51 56	1 33 25	13 20 40	0 49 31	3 32 39	12 04 45	22 57 29	26 02 31	10 49 47
29 Sa	12 30 22	1 ♍ 18 05	8 ♍ 01 26	20 58 48	19 48 50	8 30 59	1 20 34	13 11 55	0 42 55	3 40 55	12 11 01	22 56 55	26 03 33	10 52 26
30 Su	13 31 15	14 38 23	21 09 30	22 21 13	21 04 05	9 08 47	1 06 15	13 02 19	0 35 10	3 47 57	12 15 58	22 55 03	26 03 23	10 53 52
31 M	14 32 05	27 35 08	3 ♎ 56 01	23 44 39	22 19 17	9 46 32	0 51 41	12 53 02	0 27 26	3 54 56	12 20 49	22 53 08	26 03 13	10 55 17

February 2050 LONGITUDE

Day	☉	0 hr ☽	Noon ☽	☿	♀	♂	⚵	⚳	♃	♄	⚷	♅	♆	♇
1 Tu	15 ♊ 34 06	10 ♎ 13 41	16 ♎ 26 27	25 ♉ 10 17	23 ♊ 35 40	10 ♈ 25 28	0 ♑ 38 06	12 ♏ 45 20	0 ♐ 20 59	4 ♊ 03 06	12 ♈ 26 46	22 ♑ 52 22	26 ♍ 04 18	10 ♋ 57 54
2 W	16 38 18	22 39 17	28 46 00	26 39 05	24 54 15	11 06 36	0 26 33	12 40 13	0 16 49	4 13 28	12 34 52	22 53 46	26 07 37	11 02 45
3 Th	17 45 22	4 ♏ 56 34	10 ♏ 58 58	28 11 41	26 15 41	11 50 36	0 17 43	12 38 23	0 15 38	4 26 42	12 45 46	22 58 01	26 13 51	11 10 29
4 F	18 55 28	17 09 03	23 08 34	29 48 15	27 40 11	12 37 39	0 11 47	12 40 00	0 17 35	4 42 59	12 59 38	23 05 18	26 23 11	11 21 17
5 Sa	20 08 18	29 19 04	5 ♐ 16 46	1 ♊ 28 26	29 07 24	13 27 26	0 08 30	12 44 46	0 22 23	5 01 59	13 16 11	23 15 18	26 35 18	11 34 51
6 Su	21 23 08	11 ♐ 27 54	17 24 36	3 11 30	0 ♋ 36 37	14 19 12	0 07 06	12 51 57	0 29 18	5 22 59	13 34 39	23 27 15	26 49 28	11 50 26
7 M	22 38 52	23 35 60	29 32 19	4 56 20	2 06 45	15 11 53	0 06 34	13 00 29	0 37 15	5 44 54	13 53 58	23 40 07	27 04 36	12 06 57
8 Tu	23 54 18	5 ♑ 43 22	11 ♑ 39 56	6 41 43	3 36 36	16 04 17	0 05 41	13 09 08	0 45 02	6 06 30	14 12 55	23 52 40	27 19 29	12 23 12
9 W	25 08 16	17 50 06	23 47 38	8 26 29	5 04 58	16 55 12	0 03 18	13 16 46	0 51 28	6 26 38	14 30 19	24 03 44	27 32 57	12 38 01
10 Th	26 19 49	29 56 49	5 ♒ 56 16	10 09 41	6 30 55	17 43 43	29 ♐ 58 30	13 22 25	0 55 38	6 44 21	14 45 14	24 12 22	27 44 03	12 50 25
11 F	27 28 23	12 ♒ 05 02	18 07 42	11 50 45	7 53 54	18 29 15	29 50 45	13 25 32	0 56 58	6 59 05	14 57 07	24 18 02	27 52 14	12 59 53
12 Sa	28 33 55	24 17 25	0 ♓ 24 56	13 29 38	9 13 51	19 11 44	29 39 59	13 26 03	0 55 23	7 10 46	15 05 53	24 20 37	27 57 25	13 06 20
13 Su	29 36 50	6 ♓ 37 52	12 52 13	15 06 46	10 31 11	19 51 38	29 26 40	13 24 24	0 51 22	7 19 50	15 11 58	24 20 36	28 00 04	13 10 12
14 M	0 ♋ 38 02	19 11 22	25 34 45	16 43 02	11 46 49	20 29 48	29 11 43	13 21 30	0 45 46	7 27 10	15 16 16	24 18 51	28 01 02	13 12 23
15 Tu	1 38 43	2 ♈ 03 34	8 ♈ 38 12	18 19 39	13 01 56	21 07 26	28 56 20	13 18 31	0 39 49	7 33 59	15 19 59	24 16 35	28 01 33	13 14 03
16 W	2 40 11	15 20 04	22 07 53	19 57 56	14 17 49	21 45 51	28 41 52	13 16 46	0 34 48	7 41 33	15 24 23	24 15 05	28 02 53	13 16 32
17 Th	3 43 32	29 05 32	6 ♉ 07 40	21 39 01	15 35 36	22 26 10	28 29 25	13 17 22	0 31 52	7 51 01	15 30 37	24 15 28	28 06 10	13 20 56
18 F	4 49 32	13 ♉ 22 26	20 38 47	23 23 37	16 56 02	23 09 07	28 19 47	13 21 03	0 31 43	8 03 06	15 39 25	24 18 29	28 12 08	13 27 59
19 Sa	5 58 15	28 09 51	5 ♊ 38 34	25 11 54	18 19 12	23 54 47	28 13 03	13 27 56	0 34 29	8 17 55	15 50 52	24 24 15	28 20 55	13 37 48
20 Su	7 09 11	13 ♊ 22 36	20 59 58	27 03 18	19 44 34	24 42 39	28 08 44	13 37 28	0 39 38	8 34 54	16 04 27	24 32 12	28 31 56	13 49 51
21 M	8 21 12	28 51 15	6 ♋ 31 59	28 56 44	21 11 02	25 31 36	28 05 43	13 48 33	0 46 03	8 52 58	16 19 02	24 41 15	28 44 06	14 03 00
22 Tu	9 32 54	14 ♋ 23 23	22 01 29	0 ♋ 50 50	22 37 12	26 20 14	28 02 39	13 59 47	0 52 22	9 10 44	16 33 16	24 50 00	28 56 02	14 15 54
23 W	10 42 60	29 45 46	7 ♌ 15 43	2 44 18	24 01 45	27 07 16	27 58 13	14 09 52	0 57 15	9 26 51	16 45 48	24 57 09	29 06 24	14 27 11
24 Th	11 50 33	14 ♌ 47 04	22 04 42	4 36 14	25 23 46	27 51 45	27 51 33	14 17 52	0 59 48	9 40 26	16 55 43	25 01 46	29 14 18	14 35 59
25 F	12 55 17	29 19 35	6 ♍ 22 41	6 26 20	26 42 58	28 33 24	27 42 20	14 23 30	0 59 44	9 51 11	17 02 45	25 03 35	29 19 26	14 41 58
26 Sa	13 57 30	13 ♍ 20 08	20 08 15	8 14 57	27 59 40	29 12 32	27 30 57	14 27 05	0 57 22	9 59 24	17 07 13	25 02 54	29 22 07	14 45 30
27 Su	14 58 05	26 49 27	3 ♎ 23 35	10 02 57	29 14 44	29 50 03	27 18 15	14 29 29	0 53 34	10 05 59	17 09 58	25 00 37	29 23 14	14 47 25
28 M	15 58 11	9 ♎ 51 14	16 13 17	11 51 30	0 ♌ 29 20	0 ♉ 27 05	27 05 26	14 31 51	0 49 30	10 12 05	17 12 10	24 57 52	29 23 57	14 48 53

Notes

LONGITUDE

March 2050

Day	☉	0 hr ☽	Noon ☽	☿	♀	♂	⚵	⚳	♃	♄	⚷	♅	♆	♇
1 Tu	16♋59 02	22♎30 45	28♎43 04	13♋41 49	1♌44 41	1♉04 51	26♐53 43	14♏35 25	0♐46 24	10♊18 54	17♈15 04	24♑55 53	29♍25 28	14♋51 08
2 W	18 01 41	4♏53 52	10♏58 54	15 34 58	3 01 49	1 44 25	26 44 09	14 41 13	0 45 19	10 27 30	17 19 40	24 55 43	29 28 50	14 55 13
3 Th	19 06 48	17 06 07	23 06 11	17 31 36	4 21 27	2 26 28	26 37 27	14 49 56	0 46 55	10 38 34	17 26 42	24 58 04	29 34 46	15 01 48
4 F	20 14 39	29 12 15	5♐09 22	19 31 56	5 43 49	3 11 14	26 33 53	15 01 48	0 51 28	10 52 21	17 36 22	25 03 09	29 43 28	15 11 09
5 Sa	21 24 59	11♐15 53	17 11 43	21 35 44	7 08 40	3 58 30	26 33 12	15 16 36	0 58 44	11 08 36	17 48 29	25 10 46	29 54 44	15 23 01
6 Su	22 37 09	23 19 31	29 15 22	23 42 16	8 35 22	4 47 36	26 34 45	15 33 39	1 08 04	11 26 40	18 02 21	25 20 15	0♎07 54	15 36 45
7 M	23 50 12	5♑24 37	11♑21 27	25 50 32	10 02 56	5 37 34	26 37 37	15 52 00	1 18 29	11 45 36	18 17 01	25 30 38	0 22 00	15 51 23
8 Tu	25 03 02	17 31 53	23 30 27	27 59 22	11 30 17	6 27 18	26 40 40	16 10 33	1 28 53	12 04 17	18 31 24	25 40 49	0 35 56	16 05 49
9 W	26 14 33	29 41 38	5♒42 32	0♌07 34	12 56 20	7 15 45	26 42 51	16 28 11	1 38 14	12 21 39	18 44 24	25 49 44	0 48 38	16 18 60
10 Th	27 23 55	11♒54 13	17 58 03	2 14 12	14 20 14	8 02 01	26 43 18	16 44 05	1 45 37	12 36 49	18 55 10	25 56 31	0 59 14	16 30 02
11 F	28 30 35	24 10 22	0♓17 53	4 18 33	15 41 26	8 45 35	26 41 31	16 57 41	1 50 33	12 49 17	19 03 11	26 00 39	1 07 13	16 38 24
12 Sa	29 34 28	6♓31 35	12 43 45	6 20 23	16 59 51	9 26 21	26 37 23	17 08 53	1 52 55	12 58 56	19 08 20	26 02 01	1 12 27	16 44 00
13 Su	0♌35 54	19 00 17	25 18 22	8 19 49	18 15 49	10 04 40	26 31 14	17 18 02	1 53 03	13 06 06	19 10 57	26 00 59	1 15 18	16 47 11
14 M	1 35 36	1♈39 50	8♈05 19	10 17 20	19 30 03	10 41 14	26 23 49	17 25 50	1 51 41	13 11 31	19 11 46	25 58 14	1 16 28	16 48 40
15 Tu	2 34 35	14 34 17	21 08 49	12 13 41	20 43 34	11 17 04	26 16 08	17 33 16	1 49 49	13 16 10	19 11 47	25 54 48	1 16 58	16 49 26
16 W	3 33 55	27 47 60	4♉33 04	14 09 38	21 57 25	11 53 14	26 09 15	17 41 27	1 48 31	13 21 09	19 12 05	25 51 46	1 17 54	16 50 35
17 Th	4 34 35	11♉24 48	18 21 32	16 05 50	23 12 37	12 30 43	26 04 10	17 51 20	1 48 46	13 27 26	19 13 38	25 50 05	1 20 12	16 53 05
18 F	5 37 14	25 27 12	2♊35 52	18 02 32	24 29 48	13 10 09	26 01 32	18 03 34	1 51 14	13 35 39	19 17 06	25 50 26	1 24 32	16 57 35
19 Sa	6 42 02	9♊55 21	17 14 59	19 59 31	25 49 07	13 51 43	26 01 31	18 18 19	1 56 04	13 46 00	19 22 38	25 52 58	1 31 05	17 04 16
20 Su	7 48 38	24 46 12	2♋14 20	21 56 01	27 10 14	14 35 04	26 03 45	18 35 13	2 02 56	13 58 07	19 29 53	25 57 21	1 39 30	17 12 46
21 M	8 56 13	9♋53 17	17 26 01	23 50 46	28 32 21	15 19 22	26 07 27	18 53 27	2 11 00	14 11 10	19 38 03	26 02 45	1 48 56	17 22 17
22 Tu	10 03 45	25 07 11	2♌39 41	25 42 15	29 54 23	16 03 35	26 11 33	19 11 59	2 19 14	14 24 07	19 46 05	26 08 08	1 58 23	17 31 44
23 W	11 10 09	10♌17 01	17 44 17	27 28 59	1♍15 19	16 46 39	26 15 01	19 29 45	2 26 35	14 35 56	19 52 55	26 12 28	2 06 46	17 40 07
24 Th	12 14 41	25 12 15	2♍30 01	29 09 45	2 34 22	17 27 49	26 17 05	19 45 59	2 32 17	14 45 50	19 57 49	26 14 58	2 13 20	17 46 39
25 F	13 17 00	9♍44 39	16 49 60	0♍43 46	3 51 13	18 06 45	26 17 24	20 00 21	2 35 60	14 53 29	20 00 26	26 15 18	2 17 44	17 50 59
26 Sa	14 17 15	23 49 17	0♎40 50	2 10 48	5 05 59	18 43 35	26 16 07	20 12 59	2 37 52	14 59 02	20 00 55	26 13 37	2 20 09	17 53 16
27 Su	15 15 59	7♎24 43	14 02 33	3 30 60	6 19 14	19 18 51	26 13 47	20 24 26	2 38 27	15 03 01	19 59 49	26 10 28	2 21 05	17 54 04
28 M	16 13 59	20 32 31	26 57 50	4 44 48	7 31 45	19 53 23	26 11 12	20 35 29	2 38 32	15 06 15	19 57 55	26 06 40	2 21 22	17 54 10
29 Tu	17 12 09	3♏16 23	9♏31 06	5 52 48	8 44 26	20 28 03	26 09 14	20 47 01	2 39 01	15 09 37	19 56 08	26 03 05	2 21 52	17 54 28
30 W	18 11 15	15 41 09	21 47 35	6 55 28	9 58 03	21 03 37	26 08 41	20 59 49	2 40 39	15 13 53	19 55 12	26 00 29	2 23 22	17 55 43
31 Th	19 11 50	27 52 06	3♐52 41	7 53 08	11 13 09	21 40 39	26 10 04	21 14 24	2 43 60	15 19 35	19 55 43	25 59 27	2 26 25	17 58 29

LONGITUDE

April 2050

Day	☉	0 hr ☽	Noon ☽	☿	♀	♂	⚵	⚳	♃	♄	⚷	♅	♆	♇
1 F	20♌14 08	9♐54 19	15♐51 23	8♍45 51	12♍29 59	22♉19 22	26♐13 37	21♏31 02	2♐49 18	15♊26 59	19♈57 53	26♑00 12	2♎31 15	18♋02 60
2 Sa	21 18 05	21 52 16	27 47 58	9 33 20	13 48 26	22 59 41	26 19 16	21 49 36	2 56 27	15 35 58	20 01 37	26 02 39	2 37 46	18 09 10
3 Su	22 23 17	3♑49 44	9♑45 54	10 15 07	15 08 08	23 41 14	26 26 36	22 09 43	3 05 04	15 46 11	20 06 33	26 06 24	2 45 36	18 16 38
4 M	23 29 08	15 49 37	21 47 46	10 50 30	16 28 29	24 23 23	26 35 02	22 30 46	3 14 34	15 56 60	20 12 04	26 10 53	2 54 09	18 24 45
5 Tu	24 34 56	27 54 05	3♒55 22	11 18 47	17 48 47	25 05 28	26 43 51	22 52 05	3 24 14	16 07 43	20 17 29	26 15 23	3 02 42	18 32 52
6 W	25 40 01	10♒04 36	16 09 55	11 39 18	19 08 20	25 46 46	26 52 22	23 12 56	3 33 23	16 17 41	20 22 07	26 19 13	3 10 35	18 40 16
7 Th	26 43 48	22 22 15	28 32 12	11 51 36	20 26 36	26 26 45	27 00 01	23 32 47	3 41 28	16 26 18	20 25 24	26 21 50	3 17 14	18 46 24
8 F	27 45 58	4♓47 50	11♓02 55	11 55 28	21 43 14	27 05 03	27 06 27	23 51 17	3 48 07	16 33 15	20 26 60	26 22 53	3 22 18	18 50 55
9 Sa	28 46 24	17 22 13	23 42 51	11 51 04	22 58 09	27 41 36	27 11 35	24 08 20	3 53 16	16 38 26	20 26 49	26 22 17	3 25 43	18 53 45
10 Su	29 45 20	0♈06 26	6♈33 05	11 38 52	24 11 31	28 16 34	27 15 36	24 24 07	3 57 06	16 42 03	20 25 03	26 20 14	3 27 39	18 55 04
11 M	0♍43 09	13 01 52	19 35 04	11 19 40	25 23 47	28 50 22	27 18 54	24 39 04	4 00 02	16 44 30	20 22 07	26 17 08	3 28 32	18 55 18
12 Tu	1 40 26	26 10 11	2♉50 32	10 54 30	26 35 29	29 23 36	27 22 04	24 53 44	4 02 38	16 46 23	20 18 36	26 13 34	3 28 55	18 55 01
13 W	2 37 49	9♉33 12	16 21 13	10 24 32	27 47 17	29 56 51	27 25 43	25 08 44	4 05 31	16 48 17	20 15 07	26 10 10	3 29 27	18 54 51
14 Th	3 35 51	23 12 26	0♊08 29	9 50 55	28 59 43	0♊30 40	27 30 23	25 24 38	4 09 14	16 50 47	20 12 13	26 07 28	3 30 40	18 55 19
15 F	4 34 53	7♊08 48	14 12 46	9 14 44	0♎13 08	1 05 26	27 36 26	25 41 47	4 14 10	16 54 13	20 10 15	26 05 51	3 32 57	18 56 49
16 Sa	5 35 01	21 21 52	28 33 01	8 36 48	1 27 39	1 41 14	27 43 58	26 00 16	4 20 24	16 58 43	20 09 21	26 05 24	3 36 22	18 59 26
17 Su	6 36 06	5♋49 34	13♋06 18	7 57 44	2 43 05	2 17 54	27 52 48	26 19 57	4 27 45	17 04 05	20 09 19	26 05 57	3 40 46	19 03 00
18 M	7 37 44	20 27 53	27 47 45	7 17 57	3 59 03	2 55 01	28 02 32	26 40 23	4 35 51	17 09 56	20 09 47	26 07 07	3 45 45	19 07 07
19 Tu	8 39 23	5♌11 02	12♌30 54	6 37 46	5 15 02	3 32 05	28 12 40	27 01 05	4 44 09	17 15 46	20 10 13	26 08 23	3 50 49	19 11 17
20 W	9 40 34	19 52 03	27 08 30	5 57 28	6 30 32	4 08 35	28 22 41	27 21 33	4 52 11	17 21 03	20 10 08	26 09 15	3 55 27	19 14 59
21 Th	10 40 55	4♍23 45	11♍33 32	5 17 27	7 45 11	4 44 10	28 32 12	27 41 24	4 59 34	17 25 27	20 09 10	26 09 21	3 59 18	19 17 52
22 F	11 40 15	18 39 45	25 40 17	4 38 16	8 58 49	5 18 39	28 41 04	28 00 28	5 06 07	17 28 47	20 07 09	26 08 31	4 02 11	19 19 46
23 Sa	12 38 38	2♎35 20	9♎24 56	4 00 37	10 11 28	5 52 05	28 49 19	28 18 48	5 11 54	17 31 05	20 04 08	26 06 48	4 04 08	19 20 42
24 Su	13 36 16	16 07 54	22 45 56	3 25 17	11 23 22	6 24 40	28 57 09	28 36 36	5 17 08	17 32 36	20 00 19	26 04 25	4 05 24	19 20 55
25 M	14 33 30	29 16 60	5♏43 47	2 53 06	12 34 51	6 56 45	29 04 55	28 54 12	5 22 08	17 33 38	19 56 04	26 01 43	4 06 18	19 20 44
26 Tu	15 30 40	12♏04 05	18 20 46	2 24 49	13 46 14	7 28 40	29 12 56	29 11 57	5 27 15	17 34 33	19 51 42	25 59 01	4 07 11	19 20 30
27 W	16 28 04	24 32 02	0♐40 21	2 01 05	14 57 51	8 00 43	29 21 32	29 30 09	5 32 47	17 35 39	19 47 33	25 56 38	4 08 21	19 20 31
28 Th	17 25 55	6♐44 44	12 46 46	1 42 20	16 09 53	8 33 07	29 30 52	29 48 60	5 38 57	17 37 08	19 43 48	25 54 47	4 10 00	19 21 00
29 F	18 24 17	18 46 32	24 44 34	1 28 51	17 22 26	9 05 56	29 41 03	0♐08 34	5 45 48	17 39 04	19 40 33	25 53 32	4 12 13	19 22 01
30 Sa	19 23 08	0♑42 00	6♑38 20	1 20 41	18 35 27	9 39 07	29 52 02	0 28 50	5 53 20	17 41 27	19 37 46	25 52 52	4 14 58	19 23 33

Notes

May 2050 LONGITUDE

Day	☉	0 hr ☽	Noon ☽	☿	♀	♂	⚵	⚳	♃	♄	⚷	♅	♆	♇
1 Su	20 ♍ 22 21	12 ♑ 35 35	18 ♑ 32 26	1 ♍ 17 45	19 ♎ 48 47	10 ♊ 12 33	0 ♑ 03 39	0 ♐ 49 37	6 ♐ 01 22	17 ♊ 44 06	19 ♈ 35 17	25 ♑ 52 37	4 ♎ 18 07	19 ♋ 25 25
2 M	21 21 42	24 31 27	0 ♒ 30 50	1 19 51	21 02 15	10 46 01	0 15 43	1 10 46	6 09 44	17 46 51	19 32 57	25 52 36	4 21 27	19 27 28
3 Tu	22 21 01	6 ♒ 33 17	12 36 58	1 26 46	22 15 39	11 19 18	0 28 01	1 32 03	6 18 13	17 49 29	19 30 32	25 52 37	4 24 46	19 29 29
4 W	23 20 07	18 44 17	24 53 40	1 38 16	23 28 49	11 52 16	0 40 24	1 53 18	6 26 39	17 51 51	19 27 52	25 52 31	4 27 55	19 31 18
5 Th	24 18 54	1 ♓ 06 57	7 ♓ 23 03	1 54 07	24 41 38	12 24 46	0 52 44	2 14 25	6 34 55	17 53 50	19 24 53	25 52 10	4 30 47	19 32 48
6 F	25 17 20	13 43 06	20 06 31	2 14 11	25 54 05	12 56 48	1 04 59	2 35 21	6 43 01	17 55 24	19 21 31	25 51 33	4 33 21	19 33 58
7 Sa	26 15 28	26 33 45	3 ♈ 04 42	2 38 24	27 06 11	13 28 23	1 17 12	2 56 10	6 50 57	17 56 36	19 17 49	25 50 42	4 35 38	19 34 50
8 Su	27 13 24	9 ♈ 39 15	16 17 34	3 06 42	28 18 04	13 59 38	1 29 29	3 16 56	6 58 50	17 57 31	19 13 54	25 49 44	4 37 45	19 35 31
9 M	28 11 15	22 59 15	29 44 29	3 39 05	29 29 49	14 30 38	1 41 55	3 37 47	7 06 48	17 58 17	19 09 53	25 48 46	4 39 49	19 36 06
10 Tu	29 09 07	6 ♉ 32 47	13 ♉ 24 16	4 15 29	0 ♏ 41 34	15 01 29	1 54 37	3 58 49	7 14 55	17 58 60	19 05 52	25 47 53	4 41 55	19 36 43
11 W	0 ♎ 07 03	20 18 30	27 15 23	4 55 50	1 53 21	15 32 15	2 07 38	4 20 04	7 23 14	17 59 42	19 01 53	25 47 09	4 44 08	19 37 24
12 Th	1 05 03	4 ♊ 14 41	11 ♊ 16 03	5 39 58	3 05 09	16 02 54	2 20 57	4 41 33	7 31 46	18 00 24	18 57 58	25 46 32	4 46 25	19 38 08
13 F	2 03 02	18 19 21	25 24 10	6 27 41	4 16 55	16 33 22	2 34 30	5 03 10	7 40 27	18 01 01	18 54 01	25 46 01	4 48 44	19 38 53
14 Sa	3 00 57	2 ♋ 30 19	9 ♋ 37 28	7 18 47	5 28 33	17 03 33	2 48 11	5 24 51	7 49 10	18 01 28	18 49 58	25 45 28	4 50 59	19 39 32
15 Su	3 58 41	16 45 11	23 53 25	8 13 03	6 39 59	17 33 22	3 01 54	5 46 31	7 57 50	18 01 39	18 45 43	25 44 49	4 53 04	19 40 00
16 M	4 56 12	1 ♌ 01 18	8 ♌ 09 10	9 10 19	7 51 09	18 02 46	3 15 38	6 08 06	8 06 26	18 01 34	18 41 15	25 44 01	4 54 58	19 40 16
17 Tu	5 53 33	15 15 46	22 21 41	10 10 32	9 02 07	18 31 48	3 29 25	6 29 39	8 14 59	18 01 13	18 36 36	25 43 08	4 56 43	19 40 21
18 W	6 50 50	29 25 28	6 ♍ 27 44	11 13 43	10 12 59	19 00 32	3 43 22	6 51 18	8 23 37	18 00 44	18 31 53	25 42 16	4 58 26	19 40 22
19 Th	7 48 15	13 ♍ 27 08	20 24 04	12 19 57	11 23 55	19 29 11	3 57 38	7 13 12	8 32 30	18 00 18	18 27 17	25 41 35	5 00 17	19 40 31
20 F	8 45 58	27 17 39	4 ♎ 07 44	13 29 20	12 35 07	19 57 54	4 12 25	7 35 32	8 41 48	18 00 05	18 22 59	25 41 17	5 02 28	19 40 57
21 Sa	9 44 07	10 ♎ 54 17	17 36 18	14 41 57	13 46 43	20 26 48	4 27 50	7 58 27	8 51 40	18 00 14	18 19 08	25 41 29	5 05 06	19 41 49
22 Su	10 42 46	24 14 55	0 ♏ 48 11	15 57 46	14 58 46	20 55 59	4 43 57	8 22 00	9 02 10	18 00 48	18 15 46	25 42 16	5 08 15	19 43 12
23 M	11 41 52	7 ♏ 18 21	13 42 42	17 16 42	16 11 14	21 25 21	5 00 43	8 46 08	9 13 14	18 01 45	18 12 52	25 43 35	5 11 52	19 45 01
24 Tu	12 41 16	20 04 27	26 20 21	18 38 34	17 23 56	21 54 47	5 17 59	9 10 42	9 24 43	18 02 55	18 10 17	25 45 17	5 15 49	19 47 09
25 W	13 40 43	2 ♐ 34 09	8 ♐ 42 36	20 03 03	18 36 40	22 24 00	5 35 30	9 35 27	9 36 24	18 04 05	18 07 46	25 47 07	5 19 50	19 49 20
26 Th	14 39 58	14 49 28	20 51 58	21 29 52	19 49 07	22 52 45	5 52 59	10 00 07	9 47 58	18 04 57	18 05 04	25 48 48	5 23 40	19 51 18
27 F	15 38 43	26 53 20	2 ♑ 51 47	22 58 43	21 01 02	23 20 45	6 10 11	10 24 25	9 59 11	18 05 16	18 01 53	25 50 05	5 27 02	19 52 47
28 Sa	16 36 48	8 ♑ 49 29	14 46 02	24 29 24	22 12 14	23 47 47	6 26 52	10 48 10	10 09 50	18 04 50	17 58 03	25 50 46	5 29 44	19 53 35
29 Su	17 34 08	20 42 14	26 39 12	26 01 48	23 22 36	24 13 47	6 42 59	11 11 17	10 19 50	18 03 35	17 53 29	25 50 47	5 31 42	19 53 38
30 M	18 30 46	2 ♒ 36 19	8 ♒ 36 01	27 35 58	24 32 14	24 38 48	6 58 35	11 33 50	10 29 16	18 01 34	17 48 15	25 50 11	5 32 60	19 52 60
31 Tu	19 26 55	14 36 34	20 41 16	29 12 07	25 41 19	25 03 02	7 13 51	11 56 00	10 38 19	17 58 59	17 42 33	25 49 10	5 33 49	19 51 52

June 2050 LONGITUDE

Day	☉	0 hr ☽	Noon ☽	☿	♀	♂	⚵	⚳	♃	♄	⚷	♅	♆	♇
1 W	20 ♎ 22 55	26 ♒ 47 44	2 ♓ 59 27	0 ♎ 50 33	26 ♏ 50 12	25 ♊ 26 49	7 ♑ 29 09	12 ♐ 18 08	10 ♐ 47 20	17 ♊ 56 11	17 ♈ 36 44	25 ♑ 48 05	5 ♎ 34 31	19 ♋ 50 36
2 Th	21 19 11	9 ♓ 14 05	15 34 27	2 31 41	27 59 15	25 50 32	7 44 51	12 40 38	10 56 42	17 53 34	17 31 12	25 47 19	5 35 28	19 49 34
3 F	22 16 05	21 59 01	28 29 08	4 15 54	29 08 54	26 14 34	8 01 21	13 03 53	11 06 48	17 51 32	17 26 21	25 47 16	5 37 04	19 49 10
4 Sa	23 13 56	5 ♈ 04 45	11 ♈ 45 02	6 03 30	0 ♐ 19 26	26 39 14	8 18 59	13 28 12	11 17 59	17 50 23	17 22 29	25 48 16	5 39 40	19 49 44
5 Su	24 12 56	18 31 52	25 21 57	7 54 37	1 31 01	27 04 41	8 37 52	13 53 45	11 30 23	17 50 17	17 19 46	25 50 27	5 43 23	19 51 26
6 M	25 12 59	2 ♉ 19 10	9 ♉ 17 52	9 49 10	2 43 35	27 30 50	8 57 59	14 20 28	11 43 56	17 51 10	17 18 10	25 53 46	5 48 10	19 54 10
7 Tu	26 13 50	16 23 39	23 29 05	11 46 50	3 56 53	27 57 25	9 19 01	14 48 04	11 58 23	17 52 47	17 17 23	25 57 57	5 53 46	19 57 42
8 W	27 14 59	0 ♊ 40 46	7 ♊ 50 35	13 47 06	5 10 24	28 23 56	9 40 30	15 16 04	12 13 13	17 54 38	17 16 56	26 02 30	5 59 40	20 01 31
9 Th	28 15 53	15 05 09	22 16 49	15 49 18	6 23 34	28 49 47	10 01 51	15 43 54	12 27 52	17 56 08	17 16 16	26 06 51	6 05 18	20 05 04
10 F	29 15 58	29 31 15	6 ♋ 42 26	17 52 48	7 35 51	29 14 25	10 22 31	16 11 00	12 41 48	17 56 45	17 14 50	26 10 28	6 10 07	20 07 48
11 Sa	0 ♏ 14 52	13 ♋ 54 10	21 02 56	19 57 08	8 46 52	29 37 27	10 42 08	16 37 01	12 54 37	17 56 06	17 12 14	26 12 57	6 13 46	20 09 19
12 Su	1 12 28	28 10 12	5 ♌ 15 10	22 02 02	9 56 29	29 58 45	11 00 34	17 01 49	13 06 14	17 54 05	17 08 23	26 14 11	6 16 06	20 09 32
13 M	2 08 60	12 ♌ 17 03	19 17 20	24 07 33	11 04 57	0 ♋ 18 31	11 18 03	17 25 37	13 16 50	17 50 54	17 03 29	26 14 25	6 17 21	20 08 38
14 Tu	3 04 55	26 13 48	3 ♍ 08 42	26 14 00	12 12 43	0 37 13	11 35 02	17 48 54	13 26 54	17 47 03	16 58 02	26 14 06	6 17 60	20 07 08
15 W	4 00 55	9 ♍ 59 41	16 49 15	28 21 49	13 20 27	0 55 32	11 52 13	18 12 20	13 37 07	17 43 11	16 52 41	26 13 54	6 18 42	20 05 41
16 Th	4 57 40	23 35 24	0 ♎ 19 13	0 ♏ 31 28	14 28 52	1 14 06	12 10 17	18 36 37	13 48 11	17 40 01	16 48 09	26 14 32	6 20 10	20 04 59
17 F	5 55 47	7 ♎ 00 52	13 38 42	2 43 17	15 38 32	1 33 33	12 29 48	19 02 20	14 00 40	17 38 08	16 45 02	26 16 35	6 22 60	20 05 37
18 Sa	6 55 37	20 15 57	26 47 32	4 57 22	16 49 49	1 54 12	12 51 10	19 29 51	14 14 56	17 37 54	16 43 40	26 20 25	6 27 31	20 07 58
19 Su	7 57 14	3 ♏ 20 12	9 ♏ 45 17	7 13 30	18 02 47	2 16 07	13 14 25	19 59 13	14 31 03	17 39 23	16 44 09	26 26 05	6 33 50	20 12 04
20 M	9 00 23	16 12 56	22 31 26	9 31 09	19 17 11	2 39 02	13 39 18	20 30 12	14 48 47	17 42 20	16 46 13	26 33 20	6 41 40	20 17 41
21 Tu	10 04 33	28 53 35	5 ♐ 05 40	11 49 32	20 32 30	3 02 25	14 05 19	21 02 16	15 07 35	17 46 13	16 49 22	26 41 40	6 50 30	20 24 19
22 W	11 09 02	11 ♐ 21 56	17 28 09	14 07 41	21 48 00	3 25 35	14 31 45	21 34 43	15 26 46	17 50 22	16 52 52	26 50 23	6 59 39	20 31 15
23 Th	12 13 05	23 38 31	29 39 47	16 24 35	23 02 58	3 47 44	14 57 50	22 06 48	15 45 35	17 54 01	16 56 01	26 58 43	7 08 21	20 37 43
24 F	13 15 60	5 ♑ 44 43	11 ♑ 42 25	18 39 22	24 16 41	4 08 12	15 22 54	22 37 51	16 03 20	17 56 28	16 58 06	27 05 58	7 15 55	20 43 03
25 Sa	14 17 18	17 43 02	23 38 57	20 51 19	25 28 40	4 26 28	15 46 27	23 07 20	16 19 32	17 57 16	16 58 38	27 11 41	7 21 52	20 46 46
26 Su	15 16 47	29 36 59	5 ♒ 33 13	23 00 04	26 38 43	4 42 19	16 08 17	23 35 05	16 33 58	17 56 11	16 57 25	27 15 37	7 25 59	20 48 38
27 M	16 14 35	11 ♒ 31 03	17 29 58	25 05 34	27 46 56	4 55 53	16 28 30	24 01 12	16 46 46	17 53 20	16 54 34	27 17 56	7 28 24	20 48 49
28 Tu	17 11 07	23 30 29	29 34 35	27 08 09	28 53 46	5 07 34	16 47 34	24 26 07	16 58 22	17 49 12	16 50 32	27 19 02	7 29 34	20 47 43
29 W	18 07 05	5 ♓ 40 59	11 ♓ 52 44	29 08 25	29 59 54	5 18 05	17 06 09	24 50 32	17 09 28	17 44 26	16 46 01	27 19 38	7 30 08	20 46 02
30 Th	19 03 19	18 08 13	24 29 52	1 ♐ 07 05	1 ♑ 06 10	5 28 13	17 25 05	25 15 17	17 20 52	17 39 53	16 41 50	27 20 33	7 30 58	20 44 36

Notes

LONGITUDE July 2050

Day	☉	0 hr ☽	Noon ☽	☿	♀	♂	⚵	⚳	♃	♄	⚷	♅	♆	♇
1 F	20♏ 00 39	0♈ 57 19	7♈ 30 38	3♐ 04 57	2♑ 13 22	5♋ 38 48	17♑ 45 11	25♐ 41 11	17♐ 33 26	17♊ 36 22	16♈ 38 49	27♑ 22 37	7♌ 32 53	20♋ 44 15
2 Sa	20 59 45	14 12 08	20 58 08	5 02 37	3 22 11	5 50 29	18 07 07	26 08 54	17 47 47	17 34 34	16 37 38	27 26 29	7 36 32	20 45 39
3 Su	22 00 56	27 54 30	4♉ 53 06	7 00 23	4 32 57	6 03 36	18 31 15	26 38 46	18 04 18	17 34 49	16 38 38	27 32 31	7 42 16	20 49 08
4 M	23 04 10	12♉ 03 37	19 13 27	8 58 11	5 45 36	6 18 04	18 57 29	27 10 44	18 22 53	17 37 04	16 41 44	27 40 38	7 50 02	20 54 38
5 Tu	24 08 57	26 35 35	3♊ 54 01	10 55 30	6 59 37	6 33 24	19 25 20	27 44 18	18 43 04	17 40 48	16 46 27	27 50 20	7 59 19	21 01 39
6 W	25 14 24	11♊ 23 42	18 47 06	12 51 27	8 14 09	6 48 42	19 53 56	28 18 35	19 03 57	17 45 11	16 51 56	28 00 45	8 09 16	21 09 20
7 Th	26 19 31	26 19 21	3♋ 43 36	14 44 60	9 28 10	7 02 55	20 22 14	28 52 34	19 24 31	17 49 08	16 57 08	28 10 52	8 18 50	21 16 39
8 F	27 23 17	11♋ 13 22	18 34 35	16 35 10	10 40 40	7 15 05	20 49 17	29 25 16	19 43 48	17 51 44	17 01 04	28 19 41	8 27 02	21 22 36
9 Sa	28 25 05	25 57 41	3♌ 12 49	18 21 18	11 51 00	7 24 30	21 14 24	29 56 01	20 01 08	17 52 17	17 03 06	28 26 34	8 33 15	21 26 33
10 Su	29 24 43	10♌ 26 31	17 33 37	20 03 13	12 58 59	7 31 00	21 37 24	0♑ 24 39	20 16 19	17 50 38	17 03 02	28 31 19	8 37 15	21 28 18
11 M	0♐ 22 31	24 36 54	1♍ 35 08	21 41 14	14 04 57	7 34 54	21 58 38	0 51 29	20 29 42	17 47 06	17 01 12	28 34 16	8 39 24	21 28 12
12 Tu	1 19 16	8♍ 28 26	15 17 50	23 16 09	15 09 40	7 36 59	22 18 52	1 17 18	20 42 03	17 42 28	16 58 25	28 36 12	8 40 28	21 27 02
13 W	2 16 01	22 02 35	28 43 48	24 49 00	16 14 11	7 38 16	22 39 10	1 43 10	20 54 26	17 37 47	16 55 41	28 38 10	8 41 30	21 25 49
14 Th	3 13 52	5♎ 21 50	11♎ 55 42	26 20 52	17 19 35	7 39 51	23 00 35	2 10 09	21 07 55	17 34 10	16 54 07	28 41 16	8 43 35	21 25 40
15 F	4 13 42	18 28 50	24 56 12	27 52 38	18 26 46	7 42 38	23 24 04	2 39 10	21 23 26	17 32 30	16 54 38	28 46 23	8 47 38	21 27 30
16 Sa	5 16 07	1♏ 25 46	7♏ 47 21	29 24 51	19 36 18	7 47 12	23 50 09	3 10 47	21 41 31	17 33 21	16 57 47	28 54 06	8 54 13	21 31 52
17 Su	6 21 13	14 14 03	20 30 20	0♑ 57 37	20 48 19	7 53 39	24 18 59	3 45 08	22 02 19	17 36 52	17 03 43	29 04 32	9 03 28	21 38 54
18 M	7 28 40	26 54 18	3♐ 05 38	2 30 35	22 02 27	8 01 41	24 50 13	4 21 52	22 25 30	17 42 42	17 12 05	29 17 22	9 15 02	21 48 15
19 Tu	8 37 45	9♐ 26 26	15 33 08	4 02 59	23 17 59	8 10 33	25 23 07	5 00 15	22 50 19	17 50 09	17 22 09	29 31 51	9 28 12	21 59 13
20 W	9 47 28	21 50 07	27 52 36	5 33 46	24 33 55	8 19 17	25 56 42	5 39 18	23 15 47	17 58 12	17 32 56	29 46 60	9 41 58	22 10 48
21 Th	10 56 45	4♑ 05 10	10♑ 04 03	7 01 49	25 49 09	8 26 47	26 29 53	6 17 56	23 40 49	18 05 46	17 43 22	0♒ 01 44	9 55 15	22 21 54
22 F	12 04 34	16 11 59	22 08 13	8 26 03	27 02 40	8 32 05	27 01 39	6 55 09	24 04 25	18 11 52	17 52 25	0 15 02	10 07 02	22 31 31
23 Sa	13 10 11	28 11 56	4♒ 06 51	9 45 41	28 13 44	8 34 26	27 31 15	7 30 12	24 25 49	18 15 45	17 59 22	0 26 10	10 16 36	22 38 56
24 Su	14 13 14	10♒ 07 28	16 02 49	11 00 15	29 21 58	8 33 29	27 58 20	8 02 42	24 44 40	18 17 02	18 03 50	0 34 46	10 23 34	22 43 44
25 M	15 13 47	22 02 22	28 00 14	12 09 46	0♒ 27 24	8 29 18	28 22 57	8 32 43	25 01 01	18 15 49	18 05 52	0 40 54	10 27 59	22 46 02
26 Tu	16 12 19	4♓ 01 29	10♓ 04 17	13 14 37	1 30 33	8 22 26	28 45 36	9 00 46	25 15 23	18 12 35	18 06 00	0 45 03	10 30 22	22 46 18
27 W	17 09 43	16 10 36	22 20 57	14 15 33	2 32 16	8 13 44	29 07 07	9 27 41	25 28 36	18 08 11	18 05 04	0 48 04	10 31 35	22 45 23
28 Th	18 07 03	28 36 01	4♈ 56 29	15 13 33	3 33 35	8 04 17	29 28 37	9 54 33	25 41 44	18 03 42	18 04 09	0 51 03	10 32 40	22 44 23
29 F	19 05 23	11♈ 23 53	17 56 45	16 09 35	4 35 36	7 55 14	29 51 09	10 22 28	25 55 55	18 00 14	18 04 21	0 55 04	10 34 45	22 44 23
30 Sa	20 05 41	24 39 27	1♉ 26 22	17 04 27	5 39 15	7 47 31	0♒ 15 41	10 52 21	26 12 02	17 58 43	18 06 34	1 01 04	10 38 44	22 46 19
31 Su	21 08 28	8♉ 26 03	15 27 38	17 58 33	6 45 03	7 41 42	0 42 43	11 24 45	26 30 39	17 59 41	18 11 23	1 09 34	10 45 11	22 50 42

LONGITUDE August 2050

Day	☉	0 hr ☽	Noon ☽	☿	♀	♂	⚵	⚳	♃	♄	⚷	♅	♆	♇
1 M	22♐ 13 46	22♉ 44 12	29♉ 59 30	18♑ 51 45	7♒ 53 01	7♋ 37 50	1♒ 12 18	11♑ 59 40	26♐ 51 46	18♊ 03 09	18♈ 18 47	1♒ 20 37	10♌ 54 06	22♋ 57 35
2 Tu	23 21 03	7♊ 30 41	14♊ 57 05	19 43 22	9 02 35	7 35 24	1 43 52	12 36 35	27 14 52	18 08 36	18 28 15	1 33 39	11 04 57	23 06 25
3 W	24 29 17	22 38 24	0♋ 11 43	20 32 11	10 12 44	7 33 25	2 16 25	13 14 28	27 38 54	18 15 01	18 38 46	1 47 39	11 16 43	23 16 11
4 Th	25 37 13	7♋ 57 06	15 32 11	21 16 46	11 22 11	7 30 39	2 48 41	13 52 03	28 02 38	18 21 07	18 49 02	2 01 22	11 28 08	23 25 37
5 F	26 43 38	23 15 08	0♌ 46 45	21 55 45	12 29 45	7 25 54	3 19 28	14 28 08	28 24 50	18 25 42	18 57 54	2 13 35	11 37 59	23 33 31
6 Sa	27 47 43	8♌ 21 34	15 45 23	22 28 04	13 34 32	7 18 24	3 47 54	15 01 53	28 44 41	18 27 57	19 04 29	2 23 28	11 45 27	23 39 03
7 Su	28 49 11	23 08 07	0♍ 21 14	22 53 16	14 36 18	7 07 53	4 13 45	15 33 02	29 01 54	18 27 35	19 08 32	2 30 45	11 50 15	23 41 56
8 M	29 48 24	7♍ 30 10	14 31 18	23 11 32	15 35 22	6 54 46	4 37 21	16 01 55	29 16 50	18 24 58	19 10 25	2 35 46	11 52 46	23 42 31
9 Tu	0♑ 46 14	21 26 43	28 15 54	23 23 31	16 32 37	6 39 58	4 59 35	16 29 27	29 30 23	18 20 59	19 10 59	2 39 26	11 53 50	23 41 43
10 W	1 43 54	4♎ 59 34	11♎ 37 47	23 30 15	17 29 12	6 24 42	5 21 39	16 56 47	29 43 44	18 16 49	19 11 27	2 42 54	11 54 40	23 40 41
11 Th	2 42 36	18 12 11	24 40 53	23 32 48	18 26 22	6 10 15	5 44 45	17 25 10	29 56 05	18 13 42	19 13 03	2 47 26	11 56 30	23 40 40
12 F	3 43 23	1♏ 08 38	7♏ 29 25	23 32 03	19 25 07	5 57 42	6 09 57	17 55 38	0♑ 14 30	18 12 40	19 16 47	2 54 02	12 00 21	23 42 42
13 Sa	4 46 55	13 52 44	20 07 07	23 28 34	20 26 05	5 47 45	6 37 53	18 28 50	0 33 37	18 14 23	19 23 21	3 03 23	12 06 53	23 47 27
14 Su	5 53 20	26 27 33	2♐ 36 45	23 22 26	21 29 26	5 40 37	7 08 43	19 04 56	0 55 37	18 19 01	19 32 53	3 15 37	12 16 16	23 55 03
15 M	7 02 19	8♐ 55 05	15 00 06	23 13 21	22 34 47	5 36 00	7 42 07	19 43 35	1 20 08	18 26 13	19 45 03	3 30 25	12 28 09	24 05 11
16 Tu	8 13 06	21 16 25	27 18 00	23 00 37	23 41 23	5 33 12	8 17 19	20 24 02	1 46 25	18 35 15	19 59 05	3 47 01	12 41 46	24 17 05
17 W	9 24 37	3♑ 31 57	9♑ 30 43	22 43 22	24 48 08	5 31 12	8 53 15	21 05 13	2 13 25	18 45 02	20 13 56	4 04 21	12 56 05	24 29 42
18 Th	10 35 44	15 41 43	21 38 18	22 20 41	25 53 52	5 28 54	9 28 47	21 45 59	2 39 57	18 54 25	20 28 27	4 21 16	13 09 55	24 41 53
19 F	11 45 21	27 45 57	3♒ 41 05	21 51 54	26 57 29	5 25 17	10 02 49	22 25 15	3 04 59	19 02 21	20 41 33	4 36 41	13 22 13	24 52 32
20 Sa	12 52 39	9♒ 45 24	15 40 05	21 16 43	27 58 08	5 19 34	10 34 32	23 02 12	3 27 40	19 07 59	20 52 26	4 49 48	13 32 10	25 00 51
21 Su	13 57 13	21 41 47	27 37 19	20 35 19	28 55 22	5 11 22	11 03 31	23 36 24	3 47 34	19 10 55	21 00 38	5 00 10	13 39 18	25 06 24
22 M	14 59 02	3♓ 37 53	9♓ 35 56	19 48 29	29 49 10	5 00 43	11 29 45	24 07 52	4 04 41	19 11 08	21 06 10	5 07 47	13 43 39	25 09 11
23 Tu	15 58 34	15 37 41	21 40 17	18 57 31	0♓ 39 56	4 48 08	11 53 41	24 37 01	4 19 28	19 09 06	21 09 29	5 13 06	13 45 39	25 09 39
24 W	16 56 37	27 46 13	3♈ 55 41	18 04 14	1 28 29	4 34 27	12 16 08	25 04 40	4 32 44	19 05 37	21 11 24	5 16 57	13 46 07	25 08 36
25 Th	17 54 14	10♈ 09 17	16 28 06	17 10 44	2 15 48	4 20 47	12 38 09	25 31 54	4 45 32	19 01 45	21 12 58	5 20 21	13 46 05	25 07 07
26 F	18 52 32	22 52 56	29 23 30	16 19 13	3 02 59	4 08 15	13 00 51	25 59 48	4 58 58	18 58 36	21 15 17	5 24 25	13 46 42	25 06 17
27 Sa	19 52 29	6♉ 02 47	12♉ 47 06	15 31 46	3 50 58	3 57 52	13 25 10	26 29 20	5 14 00	18 57 08	21 19 19	5 30 08	13 48 54	25 07 04
28 Su	20 54 40	19 43 05	26 42 18	14 50 05	4 40 19	3 50 17	13 51 45	27 01 06	5 31 15	18 57 57	21 25 41	5 38 06	13 53 18	25 10 05
29 M	21 59 15	3♊ 55 37	11♊ 09 33	14 15 19	5 31 08	3 45 37	14 20 41	27 35 14	5 50 49	19 01 12	21 34 29	5 48 25	14 00 02	25 15 27
30 Tu	23 05 45	18 38 47	26 05 32	13 48 00	6 22 55	3 43 29	14 51 32	28 11 17	6 12 17	19 06 26	21 45 18	6 00 40	14 08 38	25 22 44
31 W	24 13 17	3♋ 46 57	11♋ 22 46	13 28 04	7 14 44	3 42 60	15 23 25	28 48 21	6 34 43	19 12 44	21 57 13	6 13 56	14 18 12	25 31 01

Notes

September 2050

LONGITUDE

Day	☉	0 hr ☽	Noon ☽	☿	♀	♂	⚵	⚳	♃	♄	⚷	♅	♆	♇
1 Th	25 ♑ 20 41	19 ♋ 10 40	26 ♋ 50 26	13 ♑ 15 04	8 ♓ 05 23	3 ♋ 42 59	15 ♒ 55 08	29 ♑ 25 15	6 ♑ 56 58	19 ♊ 18 56	22 ♈ 09 03	6 ♒ 27 02	14 ♌ 27 35	25 ♋ 39 08
2 F	26 26 48	4 ♌ 38 06	12 ♌ 16 05	13 08 26	8 53 41	3 42 20	16 25 32	0 ♒ 00 51	7 17 51	19 23 54	22 19 40	6 38 50	14 35 36	25 45 56
3 Sa	27 30 47	19 57 03	27 27 60	13 07 48	9 38 44	3 40 14	16 53 49	0 34 18	7 36 34	19 26 46	22 28 13	6 48 29	14 41 27	25 50 36
4 Su	28 32 20	4 ♍ 57 17	12 ♍ 17 16	13 13 09	10 20 12	3 36 22	17 19 37	1 05 18	7 52 47	19 27 16	22 34 23	6 55 41	14 44 47	25 52 47
5 M	29 31 42	19 32 02	26 38 48	13 24 56	10 58 16	3 30 60	17 43 13	1 34 04	8 06 45	19 25 36	22 38 26	7 00 40	14 45 53	25 52 45
6 Tu	0 ♒ 29 36	3 ♎ 38 25	10 ♎ 31 25	13 43 54	11 33 39	3 24 53	18 05 20	2 01 22	8 19 12	19 22 32	22 41 04	7 04 10	14 45 27	25 51 13
7 W	1 27 04	17 16 59	23 56 53	14 11 04	12 07 18	3 19 03	18 26 59	2 28 12	8 31 08	19 19 04	22 43 20	7 07 13	14 44 31	25 49 14
8 Th	2 25 11	0 ♏ 30 40	6 ♏ 58 58	14 47 19	12 40 16	3 14 36	18 49 15	2 55 39	8 43 39	19 16 18	22 46 18	7 10 52	14 44 10	25 47 52
9 F	3 24 53	13 23 37	19 42 14	15 33 20	13 13 25	3 12 28	19 13 04	3 24 38	8 57 40	19 15 09	22 50 53	7 16 04	14 45 19	25 48 02
10 Sa	4 26 44	26 00 18	2 ♐ 11 13	16 29 23	13 47 17	3 13 15	19 39 01	3 55 45	9 13 46	19 16 12	22 57 42	7 23 24	14 48 34	25 50 20
11 Su	5 30 56	8 ♐ 24 52	14 29 57	17 35 14	14 22 01	3 17 08	20 07 17	4 29 12	9 32 09	19 19 40	23 06 54	7 33 03	14 54 06	25 54 57
12 M	6 37 15	20 40 40	26 41 32	18 50 11	14 57 18	3 23 54	20 37 37	5 04 42	9 52 33	19 25 17	23 18 16	7 44 47	15 01 40	26 01 39
13 Tu	7 45 04	2 ♑ 50 14	8 ♑ 48 13	20 13 06	15 32 30	3 32 57	21 09 26	5 41 42	10 14 23	19 32 28	23 31 12	7 57 59	15 10 41	26 09 50
14 W	8 53 33	14 55 15	20 51 29	21 42 36	16 06 42	3 43 26	21 41 53	6 19 19	10 36 49	19 40 21	23 44 50	8 11 48	15 20 18	26 18 39
15 Th	10 01 46	26 56 56	2 ♒ 52 18	23 17 12	16 38 55	3 54 26	22 14 03	6 56 38	10 58 54	19 48 03	23 58 16	8 25 21	15 29 35	26 27 11
16 F	11 08 51	8 ♒ 56 08	14 51 28	24 55 25	17 08 13	4 05 06	22 45 03	7 32 48	11 19 47	19 54 40	24 10 37	8 37 44	15 37 41	26 34 33
17 Sa	12 14 09	20 53 51	26 49 59	26 36 00	17 33 52	4 14 45	23 14 13	8 07 08	11 38 47	19 59 33	24 21 14	8 48 17	15 43 55	26 40 06
18 Su	13 17 17	2 ♓ 51 27	8 ♓ 49 21	28 18 02	17 55 28	4 23 01	23 41 11	8 39 16	11 55 32	20 02 19	24 29 44	8 56 38	15 47 56	26 43 28
19 M	14 18 13	14 50 56	20 51 49	0 ♒ 00 55	18 12 53	4 29 52	24 05 55	9 09 09	12 10 00	20 02 58	24 36 05	9 02 45	15 49 41	26 44 37
20 Tu	15 17 16	26 55 08	3 ♈ 00 26	1 44 26	18 26 22	4 35 35	24 28 44	9 37 08	12 22 30	20 01 47	24 40 35	9 06 57	15 49 29	26 43 51
21 W	16 15 01	9 ♈ 07 41	15 19 08	3 28 43	18 36 29	4 40 47	24 50 13	10 03 46	12 33 37	19 59 22	24 43 51	9 09 49	15 47 56	26 41 46
22 Th	17 12 15	21 32 56	27 52 28	5 14 05	18 43 55	4 46 13	25 11 09	10 29 52	12 44 08	19 56 31	24 46 39	9 12 09	15 45 49	26 39 09
23 F	18 09 48	4 ♉ 15 37	10 ♉ 45 11	7 01 00	18 49 28	4 52 43	25 32 22	10 56 14	12 54 53	19 54 02	24 49 49	9 14 45	15 43 57	26 36 50
24 Sa	19 08 25	17 20 20	24 01 43	8 49 51	18 53 48	5 01 02	25 54 36	11 23 38	13 06 36	19 52 41	24 54 05	9 18 23	15 43 05	26 35 34
25 Su	20 08 34	0 ♊ 50 56	7 ♊ 45 24	10 40 49	18 57 21	5 11 36	26 18 21	11 52 31	13 19 47	19 52 57	24 59 57	9 23 31	15 43 43	26 35 49
26 M	21 10 24	14 49 39	21 57 31	12 33 45	19 00 14	5 24 34	26 43 44	12 23 04	13 34 33	19 54 57	25 07 32	9 30 18	15 45 57	26 37 44
27 Tu	22 13 41	29 16 14	6 ♋ 36 27	14 28 12	19 02 10	5 39 41	27 10 31	12 54 60	13 50 39	19 58 28	25 16 36	9 38 29	15 49 35	26 41 04
28 W	23 17 48	14 ♋ 07 16	21 37 17	16 23 24	19 02 30	5 56 19	27 38 06	13 27 44	14 07 30	20 02 54	25 26 34	9 47 28	15 53 60	26 45 14
29 Th	24 21 59	29 16 03	6 ♌ 51 48	18 18 23	19 00 29	6 13 41	28 05 43	14 00 30	14 24 20	20 07 28	25 36 38	9 56 28	15 58 25	26 49 26
30 F	25 25 27	14 ♌ 33 07	22 09 36	20 12 14	18 55 16	6 30 60	28 32 33	14 32 30	14 40 20	20 11 23	25 46 01	10 04 43	16 02 04	26 52 54

October 2050

LONGITUDE

Day	☉	0 hr ☽	Noon ☽	☿	♀	♂	⚵	⚳	♃	♄	⚷	♅	♆	♇
1 Sa	26 ♒ 27 36	29 ♌ 47 43	7 ♍ 19 47	22 ♒ 04 17	18 ♓ 46 19	6 ♋ 47 38	28 ♒ 58 02	15 ♒ 03 08	14 ♑ 54 56	20 ♊ 14 02	25 ♈ 54 07	10 ♒ 11 37	16 ♌ 04 19	26 ♋ 55 03
2 Su	27 28 09	14 ♍ 49 31	22 12 46	23 54 08	18 33 21	7 03 18	29 21 53	15 32 08	15 07 49	20 15 11	26 00 40	10 16 52	16 04 56	26 55 34
3 M	28 27 14	29 30 23	6 ♎ 41 40	25 41 51	18 16 30	7 18 05	29 44 12	15 59 36	15 19 07	20 14 53	26 05 45	10 20 35	16 04 00	26 54 35
4 Tu	29 25 13	13 ♎ 45 14	20 42 58	27 27 46	17 56 14	7 32 23	0 ♓ 05 22	16 25 55	15 29 14	20 13 35	26 09 48	10 23 09	16 01 55	26 52 29
5 W	0 ♓ 22 44	27 32 12	4 ♏ 16 12	29 12 27	17 33 14	7 46 48	0 26 01	16 51 43	15 38 45	20 11 51	26 13 23	10 25 13	15 59 18	26 49 54
6 Th	1 20 25	10 ♏ 52 12	17 23 24	0 ♓ 56 33	17 08 14	8 01 58	0 46 47	17 17 38	15 48 19	20 10 22	26 17 11	10 27 23	15 56 48	26 47 27
7 F	2 18 52	23 48 03	0 ♐ 08 05	2 40 35	16 41 53	8 18 26	1 08 14	17 44 15	15 58 32	20 09 41	26 21 45	10 30 15	15 54 58	26 45 45
8 Sa	3 18 25	6 ♐ 23 39	12 34 35	4 24 58	16 14 43	8 36 35	1 30 46	18 11 56	16 09 45	20 10 12	26 27 28	10 34 12	15 54 12	26 45 08
9 Su	4 19 15	18 43 20	24 47 19	6 09 47	15 46 59	8 56 31	1 54 30	18 40 49	16 22 06	20 12 02	26 34 28	10 39 20	15 54 38	26 45 45
10 M	5 21 14	0 ♑ 51 21	6 ♑ 50 30	7 54 58	15 18 45	9 18 09	2 19 20	19 10 48	16 35 29	20 15 05	26 42 40	10 45 35	15 56 10	26 47 31
11 Tu	6 24 04	12 51 31	18 47 48	9 40 12	14 49 53	9 41 10	2 44 57	19 41 34	16 49 36	20 19 03	26 51 43	10 52 37	15 58 29	26 50 06
12 W	7 27 19	24 47 13	0 ♒ 42 19	11 25 04	14 20 08	10 05 06	3 10 56	20 12 43	17 04 01	20 23 30	27 01 13	11 00 01	16 01 09	26 53 05
13 Th	8 30 31	6 ♒ 41 13	12 36 36	13 09 06	13 49 14	10 29 29	3 36 49	20 43 44	17 18 15	20 27 58	27 10 41	11 07 18	16 03 43	26 56 00
14 F	9 33 13	18 35 53	24 32 44	14 51 53	13 16 59	10 53 52	4 02 08	21 14 13	17 31 52	20 32 00	27 19 41	11 14 03	16 05 44	26 58 25
15 Sa	10 35 07	0 ♓ 33 10	6 ♓ 32 31	16 33 07	12 43 17	11 17 55	4 26 35	21 43 49	17 44 33	20 35 18	27 27 54	11 19 55	16 06 53	26 59 60
16 Su	11 36 02	12 34 51	18 37 33	18 12 38	12 08 10	11 41 27	4 50 00	22 12 23	17 56 06	20 37 41	27 35 09	11 24 46	16 06 59	27 00 34
17 M	12 35 58	24 42 39	0 ♈ 49 32	19 50 28	11 31 55	12 04 28	5 12 22	22 39 54	18 06 34	20 39 08	27 41 27	11 28 33	16 06 03	27 00 09
18 Tu	13 35 04	6 ♈ 58 23	13 10 18	21 26 46	10 54 55	12 27 06	5 33 51	23 06 31	18 16 03	20 39 50	27 46 56	11 31 28	16 04 15	26 58 54
19 W	14 33 37	19 24 03	25 41 56	23 01 51	10 17 40	12 49 37	5 54 43	23 32 32	18 24 52	20 40 03	27 51 53	11 33 46	16 01 50	26 57 04
20 Th	15 31 57	2 ♉ 01 52	8 ♉ 26 43	24 36 03	9 40 46	13 12 22	6 15 18	23 58 16	18 33 19	20 40 08	27 56 38	11 35 47	15 59 09	26 55 01
21 F	16 30 25	14 54 16	21 27 08	26 09 44	9 04 47	13 35 38	6 35 57	24 24 04	18 41 46	20 40 24	28 01 32	11 37 53	15 56 33	26 53 05
22 Sa	17 29 16	28 03 34	4 ♊ 45 27	27 43 12	8 30 13	13 59 43	6 56 56	24 50 12	18 50 29	20 41 08	28 06 51	11 40 19	15 54 17	26 51 32
23 Su	18 28 41	11 ♊ 31 50	18 23 26	29 16 36	7 57 26	14 24 46	7 18 25	25 16 50	18 59 37	20 42 30	28 12 45	11 43 15	15 52 33	26 50 33
24 M	19 28 41	25 20 18	2 ♋ 21 53	0 ♈ 49 60	7 26 38	14 50 46	7 40 25	25 43 59	19 09 12	20 44 30	28 19 15	11 46 43	15 51 21	26 50 07
25 Tu	20 29 09	9 ♋ 29 00	16 40 02	2 23 16	6 57 56	15 17 37	8 02 50	26 11 32	19 19 07	20 47 04	28 26 13	11 50 35	15 50 34	26 50 10
26 W	21 29 52	23 56 15	1 ♌ 15 16	3 56 14	6 31 15	15 45 05	8 25 26	26 39 17	19 29 09	20 49 57	28 33 29	11 54 40	15 49 60	26 50 27
27 Th	22 30 38	8 ♌ 38 20	16 02 50	5 28 39	6 06 32	16 12 55	8 47 60	27 06 59	19 39 04	20 52 55	28 40 47	11 58 43	15 49 25	26 50 46
28 F	23 31 13	23 29 36	0 ♍ 56 12	7 00 21	5 43 42	16 40 56	9 10 20	27 34 28	19 48 41	20 55 49	28 47 56	12 02 32	15 48 38	26 50 55
29 Sa	24 31 32	8 ♍ 22 52	15 47 43	8 31 13	5 22 45	17 09 00	9 32 20	28 01 37	19 57 52	20 58 29	28 54 50	12 06 01	15 47 32	26 50 47
30 Su	25 31 34	23 10 20	0 ♎ 29 35	10 01 15	5 03 48	17 37 06	9 53 58	28 28 24	20 06 38	21 00 56	29 01 27	12 09 10	15 46 06	26 50 21
31 M	26 31 24	7 ♎ 44 39	14 55 01	11 30 31	4 46 58	18 05 17	10 15 20	28 54 54	20 15 02	21 03 16	29 07 52	12 12 02	15 44 25	26 49 42

Notes

LONGITUDE — November 2050

Day	☉	0 hr ☽	Noon ☽	☿	♀	♂	⚵	⚳	♃	♄	⚷	♅	♆	♇
1 Tu	27 ♓ 31 09	21 ♎ 59 47	28 ♎ 58 57	12 ♈ 59 08	4 ♓ 32 26	18 ♋ 33 42	10 ♓ 36 33	29 ♒ 21 16	20 ♑ 23 12	21 ♊ 05 34	29 ♈ 14 13	12 ♒ 14 45	15 ♎ 42 37	26 ♋ 48 58
2 W	28 30 57	5 ♏ 51 48	12 ♏ 38 36	14 27 14	4 20 23	19 02 26	10 57 44	29 47 36	20 31 16	21 07 58	29 20 37	12 17 28	15 40 49	26 48 17
3 Th	29 30 53	19 19 00	25 53 22	15 54 53	4 10 55	19 31 34	11 18 58	0 ♓ 13 59	20 39 18	21 10 33	29 27 09	12 20 13	15 39 05	26 47 42
4 F	0 ♈ 30 57	2 ♐ 21 47	8 ♐ 44 35	17 22 04	4 04 03	20 01 08	11 40 16	0 40 26	20 47 18	21 13 21	29 33 49	12 23 04	15 37 28	26 47 15
5 Sa	1 31 08	15 02 14	21 15 04	18 48 43	3 59 44	20 31 02	12 01 36	1 06 54	20 55 15	21 16 18	29 40 36	12 25 55	15 35 54	26 46 54
6 Su	2 31 19	27 23 42	3 ♑ 28 37	20 14 44	3 57 51	21 01 13	12 22 51	1 33 18	21 03 02	21 19 19	29 47 23	12 28 44	15 34 18	26 46 32
7 M	3 31 24	9 ♑ 30 20	15 29 36	21 39 57	3 58 18	21 31 33	12 43 56	1 59 31	21 10 34	21 22 18	29 54 04	12 31 22	15 32 34	26 46 04
8 Tu	4 31 19	21 26 38	27 22 36	23 04 16	4 00 56	22 01 57	13 04 45	2 25 29	21 17 45	21 25 10	0 ♉ 00 35	12 33 45	15 30 37	26 45 25
9 W	5 31 02	3 ♒ 17 15	9 ♒ 12 11	24 27 37	4 05 43	22 32 24	13 25 18	2 51 10	21 24 35	21 27 54	0 06 54	12 35 53	15 28 25	26 44 34
10 Th	6 30 37	15 06 40	21 02 37	25 49 57	4 12 37	23 02 56	13 45 37	3 16 38	21 31 05	21 30 32	0 13 04	12 37 47	15 26 03	26 43 34
11 F	7 30 10	26 59 02	2 ♓ 57 50	27 11 20	4 21 44	23 33 40	14 05 49	3 41 59	21 37 23	21 33 12	0 19 12	12 39 35	15 23 37	26 42 32
12 Sa	8 29 52	8 ♓ 57 60	15 01 09	28 31 52	4 33 11	24 04 46	14 26 05	4 07 23	21 43 40	21 36 04	0 25 28	12 41 28	15 21 17	26 41 38
13 Su	9 29 54	21 06 35	27 15 14	29 51 37	4 47 05	24 36 26	14 46 37	4 33 03	21 50 06	21 39 20	0 32 05	12 43 37	15 19 16	26 41 04
14 M	10 30 27	3 ♈ 27 06	9 ♈ 42 02	1 ♉ 10 39	5 03 33	25 08 50	15 07 34	4 59 09	21 56 53	21 43 11	0 39 13	12 46 13	15 17 44	26 41 01
15 Tu	11 31 38	16 01 03	22 22 43	2 28 56	5 22 38	25 42 04	15 29 04	5 25 47	22 04 07	21 47 43	0 46 59	12 49 23	15 16 47	26 41 36
16 W	12 33 27	28 49 11	5 ♉ 17 45	3 46 19	5 44 16	26 16 07	15 51 06	5 52 57	22 11 48	21 52 55	0 55 21	12 53 05	15 16 27	26 42 48
17 Th	13 35 45	11 ♉ 51 34	18 26 58	5 02 28	6 08 16	26 50 52	16 13 33	6 20 32	22 19 48	21 58 41	1 04 13	12 57 13	15 16 34	26 44 29
18 F	14 38 17	25 07 45	1 ♊ 49 46	6 16 54	6 34 19	27 26 03	16 36 09	6 48 16	22 27 51	22 04 45	1 13 19	13 01 31	15 16 54	26 46 25
19 Sa	15 40 44	8 ♊ 36 53	15 25 12	7 29 04	7 02 00	28 01 19	16 58 34	7 15 49	22 35 39	22 10 47	1 22 19	13 05 40	15 17 08	26 48 16
20 Su	16 42 45	22 17 58	29 12 12	8 38 19	7 30 57	28 36 21	17 20 28	7 42 51	22 42 49	22 16 26	1 30 53	13 09 18	15 16 53	26 49 41
21 M	17 44 02	6 ♋ 09 57	13 ♋ 09 39	9 44 02	8 00 47	29 10 50	17 41 33	8 09 04	22 49 05	22 21 25	1 38 43	13 12 09	15 15 55	26 50 23
22 Tu	18 44 30	20 11 43	27 16 16	10 45 44	8 31 22	29 44 39	18 01 43	8 34 22	22 54 20	22 25 38	1 45 43	13 14 06	15 14 05	26 50 15
23 W	19 44 12	4 ♌ 22 02	11 ♌ 30 33	11 43 03	9 02 43	0 ♌ 17 53	18 21 03	8 58 49	22 58 40	22 29 10	1 51 58	13 15 15	15 11 30	26 49 23
24 Th	20 43 29	18 39 16	25 50 33	12 35 51	9 35 05	0 50 50	18 39 51	9 22 45	23 02 22	22 32 19	1 57 46	13 15 53	15 08 28	26 48 04
25 F	21 42 46	3 ♍ 01 14	10 ♍ 13 35	13 23 60	10 08 53	1 23 58	18 58 35	9 46 36	23 05 55	22 35 32	2 03 35	13 16 28	15 05 25	26 46 48
26 Sa	22 42 36	17 24 54	24 36 15	14 07 26	10 44 35	1 57 47	19 17 46	10 10 55	23 09 49	22 39 21	2 09 56	13 17 31	15 02 54	26 46 04
27 Su	23 43 26	1 ♎ 46 22	8 ♎ 54 21	14 45 56	11 22 35	2 32 45	19 37 52	10 36 08	23 14 31	22 44 14	2 17 17	13 19 31	15 01 23	26 46 21
28 M	24 45 35	16 01 10	23 03 21	15 19 04	12 03 09	3 09 09	19 59 10	11 02 33	23 20 21	22 50 28	2 25 55	13 22 45	15 01 09	26 47 57
29 Tu	25 49 05	0 ♏ 04 35	6 ♏ 58 50	15 46 07	12 46 18	3 47 02	20 21 44	11 30 14	23 27 21	22 58 06	2 35 54	13 27 16	15 02 16	26 50 54
30 W	26 53 43	13 52 21	20 37 03	16 06 02	13 31 45	4 26 11	20 45 21	11 58 58	23 35 17	23 06 57	2 47 01	13 32 51	15 04 30	26 54 60

LONGITUDE — December 2050

Day	☉	0 hr ☽	Noon ☽	☿	♀	♂	⚵	⚳	♃	♄	⚷	♅	♆	♇
1 Th	27 ♈ 59 05	27 ♏ 21 10	3 ♐ 55 27	16 ♉ 17 36	14 ♓ 19 02	5 ♌ 06 10	21 ♓ 09 34	12 ♓ 28 18	23 ♑ 43 45	23 ♊ 16 32	2 ♉ 58 49	13 ♒ 39 05	15 ♎ 07 26	26 ♋ 59 49
2 F	29 04 35	10 ♐ 29 10	16 53 02	16 19 28	15 07 31	5 46 24	21 33 50	12 57 40	23 52 09	23 26 19	3 10 45	13 45 23	15 10 30	27 04 46
3 Sa	0 ♉ 09 36	23 16 07	29 30 21	16 10 19	15 56 34	6 26 17	21 57 30	13 26 28	23 59 52	23 35 40	3 22 11	13 51 07	15 13 04	27 09 15
4 Su	1 13 37	5 ♑ 43 27	11 ♑ 49 31	15 49 10	16 45 37	7 05 16	22 20 05	13 54 09	24 06 23	23 44 04	3 32 35	13 55 47	15 14 38	27 12 45
5 M	2 16 18	17 54 04	23 53 58	15 15 27	17 34 17	7 43 01	22 41 12	14 20 23	24 11 22	23 51 10	3 41 39	13 59 03	15 14 51	27 14 54
6 Tu	3 17 34	29 52 04	5 ♒ 48 10	14 29 12	18 22 27	8 19 28	23 00 49	14 45 05	24 14 43	23 56 53	3 49 16	14 00 49	15 13 38	27 15 39
7 W	4 17 37	11 ♒ 42 27	17 37 16	13 31 14	19 10 16	8 54 48	23 19 05	15 08 28	24 16 39	24 01 26	3 55 38	14 01 17	15 11 11	27 15 10
8 Th	5 16 54	23 30 45	29 26 50	12 23 06	19 58 10	9 29 27	23 36 28	15 30 57	24 17 37	24 05 16	4 01 13	14 00 54	15 07 57	27 13 56
9 F	6 16 02	5 ♓ 22 40	11 ♓ 22 28	11 07 07	20 46 44	10 04 04	23 53 37	15 53 11	24 18 13	24 08 59	4 06 38	14 00 19	15 04 34	27 12 33
10 Sa	7 15 45	17 23 41	23 29 22	9 46 10	21 36 39	10 39 21	24 11 12	16 15 53	24 19 12	24 13 19	4 12 35	14 00 13	15 01 46	27 11 45
11 Su	8 16 42	29 38 39	5 ♈ 51 59	8 23 32	22 28 34	11 15 59	24 29 57	16 39 42	24 21 13	24 18 57	4 19 47	14 01 19	15 00 12	27 12 13
12 M	9 19 26	12 ♈ 11 21	18 33 33	7 02 29	23 22 58	11 54 28	24 50 20	17 05 11	24 24 47	24 26 23	4 28 43	14 04 05	15 00 25	27 14 27
13 Tu	10 24 10	25 04 09	1 ♉ 35 46	5 46 06	24 20 03	12 35 03	25 12 36	17 32 32	24 30 10	24 35 52	4 39 38	14 08 48	15 02 37	27 18 41
14 W	11 30 48	8 ♉ 17 39	14 58 28	4 36 50	25 19 43	13 17 37	25 36 39	18 01 40	24 37 13	24 47 18	4 52 25	14 15 21	15 06 44	27 24 51
15 Th	12 38 51	21 50 35	28 39 39	3 36 25	26 21 26	14 01 43	26 02 01	18 32 07	24 45 31	25 00 11	5 06 37	14 23 15	15 12 16	27 32 26
16 F	13 47 34	5 ♊ 39 58	12 ♊ 35 46	2 45 47	27 24 25	14 46 32	26 27 55	19 03 05	24 54 14	25 13 47	5 21 26	14 31 44	15 18 27	27 40 42
17 Sa	14 55 59	19 41 35	26 42 13	2 05 06	28 27 42	15 31 10	26 53 24	19 33 38	25 02 28	25 27 07	5 35 56	14 39 51	15 24 22	27 48 41
18 Su	16 03 12	3 ♋ 50 42	10 ♋ 54 15	1 34 07	29 30 22	16 14 40	27 17 34	20 02 52	25 09 19	25 39 18	5 49 14	14 46 43	15 29 06	27 55 28
19 M	17 08 33	18 02 52	25 07 37	1 12 20	0 ♈ 31 43	16 56 24	27 39 46	20 30 07	25 14 05	25 49 40	6 00 38	14 51 40	15 31 58	28 00 26
20 Tu	18 11 48	2 ♌ 14 36	9 ♌ 19 13	0 59 17	1 31 30	17 36 07	27 59 43	20 55 08	25 16 33	25 57 59	6 09 54	14 54 26	15 32 45	28 03 18
21 W	19 13 11	16 23 42	23 27 17	0 54 47	2 29 56	18 14 02	28 17 42	21 18 10	25 16 57	26 04 28	6 17 18	14 55 17	15 31 42	28 04 19
22 Th	20 13 24	0 ♍ 29 14	7 ♍ 31 11	0 58 51	3 27 41	18 50 51	28 34 23	21 39 54	25 15 59	26 09 49	6 23 29	14 54 54	15 29 29	28 04 11
23 F	21 13 27	14 31 06	21 30 56	1 11 47	4 25 46	19 27 34	28 50 47	22 01 20	25 14 39	26 15 04	6 29 30	14 54 17	15 27 07	28 03 55
24 Sa	22 14 25	28 29 24	5 ♎ 26 35	1 33 51	5 25 14	20 05 18	29 07 59	22 23 34	25 14 03	26 21 16	6 36 24	14 54 33	15 25 42	28 04 35
25 Su	23 17 16	12 ♎ 23 55	19 17 41	2 05 15	6 27 02	20 44 57	29 26 56	22 47 33	25 15 08	26 29 23	6 45 10	14 56 37	15 26 11	28 07 09
26 M	24 22 36	26 13 35	3 ♏ 02 54	2 45 47	7 31 45	21 27 09	29 48 14	23 13 53	25 18 29	26 40 01	6 56 23	15 01 07	15 29 09	28 12 13
27 Tu	25 30 33	9 ♏ 56 24	16 40 06	3 34 55	8 39 30	22 12 02	0 ♈ 12 02	23 42 42	25 24 16	26 53 20	7 10 11	15 08 10	15 34 46	28 19 56
28 W	26 40 47	23 29 39	0 ♐ 06 32	4 31 38	9 49 58	22 59 15	0 37 59	24 13 39	25 32 09	27 08 57	7 26 15	15 17 27	15 42 42	28 29 57
29 Th	27 52 34	6 ♐ 50 17	13 19 27	5 34 35	11 02 20	23 48 04	1 05 19	24 46 00	25 41 21	27 26 08	7 43 49	15 28 12	15 52 11	28 41 30
30 F	29 04 50	19 55 41	26 16 38	6 42 13	12 15 36	24 37 25	1 33 02	25 18 43	25 50 51	27 43 52	8 01 51	15 39 24	16 02 11	28 53 35
31 Sa	0 ♊ 16 32	2 ♑ 44 04	8 ♑ 56 57	7 52 57	13 28 39	25 26 15	2 00 01	25 50 42	25 59 35	28 01 02	8 19 16	15 49 57	16 11 37	29 05 06

Notes

www.ingramcontent.com/pod-product-compliance
Lightning Source LLC
Chambersburg PA
CBHW080326170426
43194CB00014B/2484